中華大典

中華大典

醫藥衛生典

四川出版集團·巴蜀書社

中華大典·醫藥衛生典

藥學分典

《藥學分典》總目錄

藥學分典 二

藥材總部　藥性理論總部

目錄

《藥材總部》提要

《藥材總部》主要反映天然物在人力促成下，最終形成可服用藥材這一過程中所涉及的各項内容。其下分八部，依次為『辨藥部』、『名實異同部』、『炮製製劑部』、『藥出州土部』、『收采藏留部』、『用藥劑量部』、『栽培馴養部』、『藥業部』。以上各部，次第彙集藥物來源的鑒別，同藥異名與異藥同名現象，藥物的炮製與製劑，藥物出產地區，藥物的采集貯藏，古代用藥劑量的規定，藥用原植物栽培與原動物的馴養，以及藥業中與藥物流通貿易相關的内容。

本總部『藥出州土部』下的『綜述』，彙集各地方志之藥物資料，但其排列順序不以年代先後為序，而以地區為綱。具體做法是將相當於當今同一省區的地方志排列在一起。各省排列順序為：吉林、河北、河南、山西、陝西、寧夏、山東、江蘇、安徽、湖北、浙江、江西、湖南、四川、雲南、貴州、廣東、廣西、福建、臺灣。各省内的同一縣（或州、府等）之志書，則按成書年代為序排列（如《乾道臨安志》置於《咸淳臨安志》之前）。

藥材總部

題解

宋・唐慎微《證類本草》卷一《序例上》《本經》 〔藥有〕陰乾、暴乾，採造時月，生熟，土地所出，真偽陳新，並各有法。

〔梁・陶弘景《本草經集注》〕 右本說如此。又有分劑秤兩，輕重多少，皆須甄別。若用得其宜，與病相會，入口必愈，身安壽延；若冷熱乖衷，真假非類，分兩違舛，湯丸失度，當差反劇，以至殞命。醫者意也，古之所謂良醫者，蓋善以意量得其節也。諺云：俗無良醫，枉死者半；拙醫療病，不如不療。喻如宰夫，以鱔鼈為蓴羹，食之更足成病，豈充饑之可望乎？故仲景云：如此死者，愚醫殺之也。

論說

宋・沈括《夢溪筆談》卷三《補筆談》 藥有用根，或用莖葉。雖是一物，性或不同。苟未深達其理，未可妄用。如仙靈脾，《本草》用葉，南人却用根。赤箭，《本草》用根，今人反用苗。如此，未知性果同否？如古人遠志用根，則其苗謂之小草；澤漆之根，乃是大戟；馬兜零之根，乃是獨行，其主療各別。推此而言，其根、苗蓋有不可通者。如巴豆能利人，唯其殼能止之。甜瓜蒂能吐人，唯其肉能解之。坐拏能懵人，食其心則醒。楝根皮瀉人，枝皮則吐人。邕州所貢藍藥，即藍蛇之首，能殺人，藍蛇之尾能解藥。鳥獸之肉皆補血，其毛、角、鱗、鬣皆破血。鷹鸇食鳥獸之肉，雖筋骨皆化而獨不能化毛。如此之類甚多。悉是一物，而性理相反如此。山茱萸能補骨髓者，取其核溫澁，能秘精氣。精氣不泄，乃所以補骨髓。今人或削取肉用而棄其核，大非古人之意。如此皆近穿鑿。若有《本草》中主療，只當依本說。或別有主療，改用根、莖者，自從別方。

清・齊秉慧《痢證匯參》卷一〇 古製用藥大畧 㕮咀者，古製也。咬碎合如蓖麻，或為粗末，將藥貯於缶器中，用木槌搗碎，不經鐵刀，恐犯藥性，用水煎服，使藥清潔，飲於腹中，則易升散，速於奏功也。故古制之方，皆以㕮咀。或槌為粗末，若有細末，不分清濁矣。《經》云：清陽發腠理，濁陰走五臟。果何謂也。又曰：清陽實四肢，濁陰歸六腑是也。㕮咀之藥，取其汁清，易循經絡故也。若治至高之病，加以酒煎，取其升散。如去寒濕，必加生薑。補脾開胃，加以大棗。疏散風寒，加以葱白。去上隔之病，以蜜煎。散者，細辛也，不循經絡，止去隔病。凡藥之氣味，厚者㕮咀，煎服。氣味薄者，槌細，和(查)〔渣〕服之。丸者，治下部之疾，其丸如彈子大而咀嚼者，治中焦之病。治上焦之病，宜極細也。麪糊為丸，取其遲化，直至下焦。或醋糊為丸者，取其收斂之意也。用南星、半夏麪糊丸，去濕化痰。薑汁糊丸，制其毒也。滴水為丸，取其易化而速奏效也。蜜丸，取其遲化而氣循經絡也。蠟丸，取其難化而旋旋取效也。湯者，蕩也，如麻黃、承氣之屬，去大病者用之。散者，散也，去急病者用之。丸者，緩也，不能速去其病，取其舒緩而治之之意也。而古方之劑，錙銖分兩與今不同，云水一升，即今之飲盞是也。云銖，六銖為一分，即今之二錢半是也。二十四銖為一兩。云三兩者，即今之一兩也。云二兩者，即今之六錢半也。料例大者，只合三分之一足矣。

清・王西林《溫病指南》 用藥須知 鮮生地不易得，藥市皆乾地黃。每用至輕亦須五七錢，始稍有力。乾麥冬、乾元參均失滋潤本性，每劑必三四錢方可。溫病以防邪入心為要，故麥冬不用去心，使專走心經。梔子除瓜蒂散內生用，餘俱用炒。若生用則引吐矣。黃芩宜用炒條芩，勿用枯芩。半夏用製夏片，勿用法夏。大黃宜酒浸，遇氣弱不可服大黃者，以蓖麻仁一二錢研泥代之，大佳。石膏非一二兩無功，且須先煎百沸。阿膠如無真者，用好黃明膠炒珠代之。洋參即西洋參，其性滋陰，能生津液。切勿誤用日本東洋參，即高麗參。潞黨參亦不相宜。杏仁宜用甜者，泡去皮尖研泥。桃仁去殼照製。瓜蔞仁研泥，不必去油。真桔梗肉實味苦。假者味淡，乃薺苨也，用之無益。龜板、鱉甲均用醋炙，並宜重用。亦須先煎數十沸。蘆根鮮者有力，以大把熬湯煎藥，病人代茶飲尤妙。淡竹葉係野生，花作翠色，俗名蝴蝶花。藥市多以綠竹葉相混。芒硝即皮

硝，又每與火硝不分。　童便不宜見火。　人中白、人中黃無佳者，竟不必用。　海參、淡菜等物入湯劑，味腥易嘔，殊非古法。　即雞子黃雖有用者，亦宜斟酌。　此用藥大概，不能備論。　是在醫家開方慎重，病家檢藥細心也。少蓮附贅。

清・王燕昌《王氏醫存》卷一五　藥肆之誤　價貴者少給，價賤者多給，一誤也。　炮製不合，銖兩不戥，二誤也。　夾雜他藥，三誤也。　幼徒未識藥材，隨手妄給，四誤也。　器具不潔，五誤也。　張冠李戴，以假混真，六誤也。

清・養晦齋主人《醫家必閱》　執方取藥之弊　用藥分兩不等，所謂君臣佐使也。　主病謂之君，輔君謂之臣，應臣謂之佐，引經謂之使。　或多或少，如有制之兵，所向克敵，則病愈矣。　今服藥家搆一藥方，向市取藥，只知省費，殊不知開店之人，惟利是圖，價貴者與少，價賤者與多，則君臣佐使紊矣，何能應效？　且製不如法，藥亦無功。　如棗仁生熟不同，當歸頭尾各異。　酒焙者上行，鹽炒者下達。　牛膝之生破、熟補，地黃之生涼、熟溫。　枇杷葉毛刷不淨則令人嗽。　麥門冬不去心則令人煩。　種種宜忌，難以盡述，取藥須當細察也。

清・徐延祚《醫粹精言》卷一　用藥須知　夫治病最難，而用藥則尤難。目今藥店所賣之藥，不依古炮炙，只徒顏色好看。　又真偽雜投，好歹不辨。　譬即或有精通陰陽之醫，方能中病，而點名具數之藥不惟無益，反覺有損。　譬之五穀，最能養人，或腐朽濕蝕，則反傷人，而藥材亦然。　故醫者病家，藥材宜選擇，炮炙要精工。　二者所關甚大。　余是以反復丁甯，再三提揭。　果能方與藥俱盡美盡善，則藥到病除。　醫家病家，俱獲益無窮矣。　然醫為性命所關，易學難精。　非得高人指示醫中三昧，何能了然？　是醫有性命之學，能調燮陰陽，功補造化，斯為上醫。　余望舉世皆為良醫，使天下蒼生盡登春臺，何樂如之？　彼用藥時，必須質堅性全者，方選入手。　能人人皆然，處處盡是，庶辨買藥材之輩，壞藥無用，選擇自精。　推其流弊，皆由病家慳吝，總思價廉，不求功倍。　在辦藥賣藥者，概以假藥壞藥欺人。　而病人所服，皆是有損之藥，又安能起其沉疴哉？　彼未得高人指示之醫，用方用藥，故每每誤人。而不辨藥之好歹真偽，不講究炮炙生熟，以人命為兒戲者，充滿宇內。　吾願病家莫惜銀錢，務求上品好藥。　而醫家當細心代為選擇，賣藥家體帖天良，貨真價實，不以假藥壞藥欺人。　庶醫持方以治病，病得藥以全愈，亦不無小補云爾。

辨藥部

題解

梁・陶弘景《本草經集注》卷一　又市人不解藥性，惟尚形飾。　上黨人參，殆不復售；　華陰細辛，棄之如芥。　且各隨〔世〕〔俗〕相竟，顺方切須，不能多備諸族，故往往遺漏。　今之所存，二(伯)〔百〕許種耳。　眾醫(覩)〔都〕不識藥，唯聽市人；　市人又不辨究，皆委采送之家。　采送之家，傳習治(拙)〔作〕，真偽好惡〔並皆〕莫測。　所以有鍾乳酢煮令白，細辛水漬使直，黃耆蜜蒸為甜，當歸酒灑取潤，螵蛸膠著桑枝，(吴公)〔蜈蚣〕朱足令赤。　諸有此等，皆非事實。　世用既久，轉以成法，非復可改，末如之何。　又依方分藥，不量剝治。　如遠志、牡丹，(裁)〔纔〕不收半；　地黃、門冬，三分耗一。　凡去皮除心之屬，分兩皆不復相應。　病家唯依此用，不知更(稱)〔秤取足〕。　又(公)王〔公〕貴勝，合藥之日，悉付群下。　其中好藥貴石，無不竊(遣)〔換〕。　乃(言)〔有〕紫石〔英〕、丹沙吞出洗取，一片(動)經十數過賣。　諸有此(等)例，巧偽百端，皆非事實。　雖復鑒檢，(初)〔終〕不能覺，以此治病，理難即效。　〔如〕斯並〔是〕藥家之盈虛，不得咎醫人之淺拙也。

唐・孫思邈《千金翼方》卷一《藥錄纂要》　藥名第二

論曰：　有天竺大醫耆婆云：　天下物類皆是靈藥，萬物之中，無一物而非藥者。　斯迺大醫也。　故《神農本草》，舉其大綱，未盡其理，亦猶咎繇創律，但述五刑，豈卒其事，且令後學者因事典法，觸類長之無窮竭，則神農之意從可知矣。　所以述錄藥名品，欲令學徒知無物之非藥耳。

玉泉　玉屑　丹砂　空青　綠青　曾青　白青　扁青　石膽　雲母　朴硝　硝石　芒硝　滑石　石鍾乳　紫石英　礬石馬齒礬、絳礬、黃礬、青礬　白石英　五石脂　太一餘糧　紫禹餘糧　石中黃子　禹餘糧　黃禹餘糧　金屑　銀屑　水銀汞粉附　雄黃　雌黃　殷孽　孔公孽　石腦　石硫黃

熏黃　陽起石　凝水石　石膏　磁石　玄石　理石　長石　膚青　石黛　鐵落　鐵　生鐵　鋼鐵　鐵精　鐵漿　食鹽　光明鹽　綠鹽　蜜陀僧　桃花石　珊瑚　石花　乳牀　青琅玕　礜石　特生礜石　握雪礜石　方解石　蒼石　土殷孽　代赭　鹵鹹　大鹽　戎鹽　青鹽　赤鹽　白堊　鉛丹　錫粉　錫銅鏡鼻　銅弩牙　金牙　石灰　冬灰　炭　鍛竈灰　伏龍肝　東壁土　半天河　地漿　硇砂　薑石　赤銅屑　銅礦石　銅青　白瓷瓦屑　烏古瓦　石鷰　梁上塵　不灰木　青芝　赤芝　黃芝　白芝　黑芝　紫芝　赤箭　天門冬　麥門冬　朮　女萎　萎蕤　黃精　乾地黃　昌蒲　遠志　小草　澤瀉葉、實附　署預　菊花　甘草　人參　石斛　牛膝　卷柏　細辛　獨活　升麻　柴胡　防葵　蓍實　菴藺子　薏苡仁　車前子葉附　菥蓂子　茺蔚子　木香　龍膽　菟絲子　巴戟天　白英　白蒿　肉蓯蓉　地膚子　忍冬　蒺藜子　防風葉附　石龍芻　絡石　千歲蘽　黃連　沙參　丹參　藍實　景天　天名精　王不留行　蒲黃　蘭草　決明子　芎藭　香蒲蒲根附　蘼蕪　續斷　雲實　黃耆　徐長卿　杜若　蛇牀子　茵蔯蒿　漏蘆　茜根　飛廉　營實　薔薇根　薇銜　五味子　旋花　白菟藿　鬼督郵　白花藤　當歸　秦艽　黃芩　芍藥　藁本實附　乾薑生薑附　麻黃根、子附　葛根汁、葉、花附　前胡　知母　大青　貝母　栝樓實、莖、葉附　玄參　苦參　石龍芮　石韋　狗脊　萆薢　菝葜　通草　瞿麥　敗醬　白芷　杜蘅　紫草　紫(苑)〔菀〕　白鮮皮　白薇　葈耳　茅根　百合　酸漿　王參　女萎　淫羊藿　蠡實花、葉附　款冬花　牡丹　防己　女苑　澤蘭　地榆　王孫　爵牀　白前　百部根　王瓜　薺苨　高良薑　馬先蒿　蜀羊泉　積雪草　惡實　莎草　大小薊　垣衣　艾葉　海藻　昆布　葒草　陟釐　蘚草　鳧葵　井中苔萍藍附　鱧腸　蒟醬　百脉根　蘿藦子　白藥　蘹香子　鬱金　薑黃　百兩金　阿魏　大黃　桔梗　甘遂　葶藶　芫花　澤漆　大戟　蕘花　旋覆花　鉤吻　藜蘆　赭魁　及己　天雄　烏頭附射罔、烏喙　附子　側子　羊躑躅　茵芋　射干　鳶尾　貫眾花附　半夏　由跋　虎掌　莨菪子　蜀漆　恒山　青葙子　牙子　白斂　白及　蛇含　草蒿　雚菌　連翹　白頭翁　藺茹　苦芙　羊桃　羊蹄　鹿藿　牛扁　陸英　蒴藋　藎草　夏枯草　烏韭　蚤休　虎杖　石長生　鼠尾草　馬鞭草　馬勃　松脂實、葉、根、節、花等附　蛇莓　苧根　菰根　狼跋子　弓弩弦　敗天公　敗蒲席　敗船茹　屋遊　赤地利　赤車使者　三白草　牽牛子　猪膏母　劉寄奴草　紫葛　蓖麻子　葎草　格注草　獨行根　狗舌草　烏蘞苺　豨薟　狼毒　鬼臼　蘆根　甘蕉根　萹蓄　酢漿草　茴實　蒲公草　商陸　女青　水蓼　角蒿　白附子　鶴虱　魚網　馬絆繩　昨夜何草　破扇　破故紙　甑帶灰　鬼蓋　屐屧鼻繩　雀麥　茯苓茯神附　琥珀玉附　柏實葉皮等附　麻布叩幅頭　菌桂　牡桂　桂　杜仲　故麻鞋底　楓香脂皮附　乾漆生漆附　蔓荊實　牡荊　女貞實　蕤核　五加皮　沉香薰陸香、雞舌香、藿香、詹糖香、楓香等附　丁香　蘗木根附　辛夷　木蘭　桑上寄生　榆皮花附　酸棗　槐實枝、皮等附　枸杞　楮實葉、皮、莖、白汁附　蘇合香　龍眼　厚朴　猪苓　竹葉根、汁實、瀝、皮、茹、笋、附　枳實刺茹附　山茱萸　吳茱萸根附　秦皮　梔子　檳榔　合歡　秦椒　衛茅　紫葳　蕪荑　食茱萸　椋子木　折傷木　每始王木　茗苦搽　蜀桑根　松蘿　桑根白皮葉耳、五木耳、桑灰等附　白棘　安息香　龍腦　菴摩勒　棘刺花實、棗針附　毗梨勒　紫鉚　麒麟竭　胡桐淚　黃環　石楠實附　巴豆　蜀椒　莽草　郁李仁根附　鼠李　欒華　杉材　楠材　釣樟根皮　榧實　蔓椒　雷丸　溲疏　欅樹皮　白楊皮　水楊葉　欒荊　小蘗　莢蒾　釣藤　藥實根　皁莢　楝實根附　柳華葉、實、汁附　桐葉花附　梓白皮　蘇方木　接骨木　枳椇　木天蓼　烏臼木　赤爪木　訶梨勒　楓柳皮　賣子木　大空　紫真檀　胡椒　椿木葉樗木附　橡實　無食子　楊櫨木　槲若　鹽麸子　紫荊　髮髲　亂髮　人乳汁　頭垢　尿溺　龍骨白龍骨、齒、角等附　牛黃　麝香　象牙齒膽等附　馬乳　牛乳　羊乳　酥　熊脂膽附　白膠　阿膠　醍醐　底野迦　酪　犀角　羚羊角　鹿茸　羖羊角髓、肺、骨、肉、齒、骨頭、血、肚、脂、靨、蹄、屎附　牛角䚡髓、膽、腎、心、肝、齒、眼、尾、脂、肉、喉嚨、臍中毛、耳中垢、屎溺、屎中豆等附　麢骨肉、脂等附　豹肉・狼牙　狸骨肉、陰莖等附　虎骨膏、爪、肉、尾附　兔頭骨腦肝肉等附　筆頭灰　六畜毛蹄甲　鼺鼠　麋脂角附　豚卵蹄、心、腎、膽、肚、䏶、毛、筋、齒、膏、肉、耳中垢　鼹鼠　獺肝肉、屎附　狐陰莖五藏、腸、屎等附　猯膏肉、胞等附　野猪黃　驢屎屎、乳、軸垢等附　豺皮　野駝脂　敗鼓皮　白馬莖頭、蹄、齒、心、肝、肺、肉、骨、鬐膏、鬐毛、溺通汁、屎中粟等附　狗陰莖腹、心、腦、齒、血、肉、糞中骨等附　丹雄雞白雄雞、黃雄雞脂，烏雄雞肉、膽、心、血、冠血、肪、肝、屎白、腸、肶胵、裏黃皮、左右翅毛，黑雌雞、黃雌雞雞子卵中白皮、雞喙、東門上雞頭等附　白鵝膏毛、肉、子等附　鶩肪　鴈肪　鷓鴣

雉肉喉下白毛附　鷹屎白脂、鶡屎附　鸛骨　雄鵲　鴝鵒　鷰屎　雀卵腦、頭、血、屎附　伏翼　天鼠屎　孔雀　鸕鷀屎頭附　鴟頭　石蜜　蜜蠟白蠟附　牡蠣　桑螵蛸　蜂子黃蜂、土蜂附　海蛤　文蛤　魁蛤　石決明　真珠　秦龜　龜甲　蠡魚　鮑魚　鯉魚膽骨肉附　鮧魚　鱓魚血附　鯽魚　黃魚膽　蝟皮　石龍子　露蜂房　樗雞　蚱蟬　白殭蠶　木䖟　蜚虻　䗪蟲　蠐螬　蜚蠊　蛞蝓　蝸牛　水蛭　水馬　鼈甲肉附　鮀魚甲肉附　蟹爪附　原蠶蛾屎附　蠶子紙　烏賊魚骨　鰻鱺魚　鮫魚皮　紫貝　蝦蟆　鼉　牡鼠肉、糞附　蚺蛇膽膏附　蝮蛇膽肉附　陵鯉甲　蜘蛛　蜻蛉　石蠶　蛇蛻　蛇黃　烏蛇　蜈蚣　馬陸　蠮螉　雀甕　鼠婦　螢火　衣魚　螻蛄　蜣蜋　白頸蚯蚓　斑猫　芫青　地膽　馬刀　葛上亭長　貝子　甲香　珂　田中螺汁　豆蔻　葡萄　蓬藟　覆盆子　大棗生棗及葉附　藕實莖　雞頭實　芰實　栗　櫻桃　橘柚　橙葉　梅實　枇杷葉　柿　木瓜　甘蔗　石蜜　沙糖　芋　烏芋　杏核仁花、實附　桃核仁花、梟、毛蠹、皮、葉、膠、實、附　李核仁根、實附　梨葉附　柰　安石榴殼、根附　白瓜子　白冬瓜　瓜蒂子附　莧實　冬葵子根、葉附　苦菜　薺　蕪菁　萊菔　龍葵　菘　芥　苜蓿　荏子　蓼　葱實　薤　白蘘荷　菾菜　蘇　水蘇　假蘇　香薷　薄荷　秦荻梨　苦瓠　水斳　馬芹子　蓴　落葵　蘩蔞　雞腸草　蕺　葫　蒜　堇　芸薹　胡麻葉附　青蘘　麻蕡子附　飴糖　大豆黃卷生寸豆附　赤小豆　豉　大麥　穬麥　小麥　麥奴　青粱米　黃粱米　白粱米　粟米　丹黍米　蘗米　秫米　陳廩米　春杵頭糠　酒　腐婢　藊豆葉附　黍米　粳米　稻米稻穰附　稷米　醋　醬　華豆

右六百八十種，皆今時見用藥，並可收採以備急要用也。

宋・王欽臣《王氏談錄》　辨藥　公示京師市藥，須當精別。市中藁本多雜以威靈仙，不可稱辨，往往誤售，入藥遂不為效。藁本蓋柔細而芳香者是。

明・陳嘉謨《本草蒙筌・總論》　貿易辯假真　醫藥貿易，多在市家。辯認未精，差錯難免。諺云：賣藥者兩隻眼，用藥者一隻眼，服藥者全無眼，非虛語也。許多欺罔，略舉數端。鍾乳令白醋煎，細辛使直水漬，當歸酒灑取潤，枸杞蜜伴為甜，螵蛸膠於桑枝，蜈蚣硃其足赤。此將歹作好，仍以假亂真。薺苨指人參，木通混防己。古壙灰云死龍骨，苜蓿根謂土黃耆。麝香搗荔枝攙，霍香採茄葉雜。研石膏和輕粉，收苦薏當菊花。薑黃言鬱金，土當稱獨(滑)〔活〕。小半夏煮黃為玄胡索，嫩松梢鹽潤為肉蓯蓉。金蓮草根鹽潤亦能假充。草豆蔻將草仁充，南木香以西呆抵。煮雞子及鯖魚枕造琥珀，熬廣膠入蕎麥麵炒黑作阿膠。枇杷蕊代欵冬，驢脚骨捏虎骨。松脂攪麒麟竭，番硝插龍腦香。桑根白皮，株幹者豈真；牡丹根皮，枝梗者安是。如斯之類，巧詐百般。明者竟叱其非，庸下甘受其侮。本資卻病，反致殺人。雖上天責報於冥冥中，然倉卒不能察實，或誤歸咎於用藥者之錯，亦常有也。此誠大關緊要，非比小節尋常。務考究精詳，辯認的實，修製治療，庶免乖違。

咀片分根梢　古人口咬碎，故稱㕮咀。今以刀代之，惟憑剉用。猶曰咀片，不忘本源。諸藥剉時，須要得法。或微水滲，或略火烘。濕者候乾，堅者待潤，纔無碎末，片片薄勻。狀與花瓣相侔，合成方劑起眼。仍忌剉多留久，恐走氣味不靈。旋剉應人，速能求效。根梢各治，尤勿混淆。生苗向上者為根，氣脉行上；入土垂下者為梢，氣脉下行。中截為身，氣脉中守。上焦病者用根，中焦病者用身，下焦病者用梢。蓋根升梢降，中守不移故也。

製造資水火　凡藥製造，貴在適中，不及則功効難求，太過則氣味反失。火製四：有煅、有炮、有炙、有炒之不同。水製三：或漬、或泡、或洗之弗等。水火共製造者，若蒸、若煮而有二焉。餘外製雖多端，總不離此二者。匪故巧弄，各有意存。酒製升提，薑製發散。入鹽走腎臟，仍使軟堅；用醋注肝經，且資住痛。童便製，除劣性降下；米泔製，去燥性和中。乳製滋潤回枯，助生陰血；蜜製甘緩難化，增益元陽。陳壁土製，竊真氣驟補中焦；麥麩皮製，抑酷性勿傷上膈。烏豆湯，甘草湯漬曝，並解毒致令平和；羊酥油、猪脂油塗燒，咸滲骨容易脆斷。有剜去瓤免脹，有抽去心除煩。大概具陳，初學熟玩。

明・蕭京《軒岐救正論》卷六　偽藥必辨　今病者既擇名手，復得好方。而藥非地道，雜以偽者，非惟無功，適足取害耳。如沙參之假人參，苜蓿根之假黃耆，藁本頭之偽川芎，浙貝母之偽川貝母，廣黃連之偽川黃連，紫棟根之偽巴戟，南當歸之充秦歸，浙地之充懷地，建山藥之充懷山藥，丁茄葉之偽藿香，染獨活之偽當歸，麄鵝管之偽鍾乳，金蓮根之偽肉蓯蓉，浙枸杞之偽甘枸杞，黃絲子之偽菟絲，西五味之亂北五味，杜蘅之亂細辛，楓香之雜乳香，黑束之亂沉香，沙石之雜靈脂，牛膠之偽阿膠，川烏之偽附子，土防己、野馬肝

之亂何首烏，諸如此類，不可勝窮。小人既售贋器，君子當具灼鑒。

清・顧元交《本草彙箋・總略》　論藥真僞新陳採製時日諸法出諸家焉文云：　草木不能自言，聖人體物，亦不能意爲援斷。不過因其生長收成之候，以別其得何氣而生，得何氣而成。又分根、苗、頭、尾、花、實、莖、葉，以各辨其能力功用。復考諸方土，原隰山川，以驗其種之真僞，氣之厚薄，性之燥潤，於是以合臟腑，治乖沴，百不失一也。凡讀《本草》者，不可不知其地，知其時。而時則又有生成之時，有採用之時，以及修事、畏、惡等例。諸本載之極詳，《彙箋》之刻，卷帙既簡，記載多略。蓋諸書所備，已不必再費棗梨，冗滋煙楮，學者務宜博覽群集，然後約其指歸，則茲集特爲成材之一助云。

清・張志聰《侶山堂類辯》卷下　官料藥辯　所謂官料藥者，乃解京納局之高品。近時有謂火癉、黃疸、腫脹諸證，不宜服官料藥者，真齊東野人之語也。大官料亦多係草根木皮，又何分草藥之非官料，而官料之非草藥乎？夫草藥自神農至今，計六百一十餘種，又雜草九種，有名未用者一百五十三種，內多有名而不識其草者，有草而不知其名者。若按《圖經》以對草之形，以草之主治何病以對經，未嘗不可。若憑荷擔之野人，在彼亦不能識，而胡亂以命名，即欲按經索草，彼亦胡亂付之，在所取之，人亦不知其是與非也，是烏可嘗試哉？

清・汪昂《本草備要》卷首　藥之爲用，或地道不真，則美惡迥別；或市肆飾僞，則氣味全乖；或收採非時，則良楛異質；或頭尾誤用，則呼應不靈；或製治不精，則功力大減。用者不察，顧歸咎于藥之罔功。譬之兵不精練，思以蕩寇克敵，適以覆衆輿尸也。治療之家，其可忽諸？

清・黃凱鈞《橘旁雜論》卷下　古今藥味不同論　古之為醫，躬親藥物，如韓伯休之賣藥，賣藥即醫也。《千金方》載採藥以時，故有雷公之炮炙，仲景之㕮咀，無一不入山採藥，以救世人之疾。樂府雖有飛龍落藥店之句，然至宋季，始立和劑局，復多藥鋪。是時醫人尚攜藥籠，貯一切丸散，其飲片則取給於店鋪矣。藥乃各方所產，皆本天生。《白朮贊》曰：　津如玉液，味似瓊漿。人參必釘頭鼠尾，黃耆必金井玉欄。至於近世，藥既有鋪，聚必有行，若漢口集川陝兩湖兩廣之藥，號稱為藪，天下之商販咸集焉。艨艟巨艦，日以百計，運行四方，而所產之地界不加廣，生不敷銷，無以應天下之求。土著者乃有下子分根之法，如茯苓乃百年松脂所化，近以松枝埋於土中，三年可採。鳳州黨參，陝州黃耆，於潛白朮，無不種者，安能氣味純厚，得及上古哉？出處道地，最為難得，欲求天生者，非我所知也。即人參一味，從長白發祥，得地靈氣厚，功魁群草；尚有下子分苗，名曰秧參，味淡而氣薄，辛叨朝廷嚴禁，罪偽行真，功力如前。薄荷、青蒿，極賤之品，吳中山野，幾遍原隰，餘者可知矣。惟金石血肉之品，與結子採葉之藥，無分古今也。

論說

宋・莊綽《雞肋編》卷上　蘭、蕙葉皆如菖蒲而稍長大，經冬不凋，生山間林篁中。花再重，皆三葉，外大內小，色微青，有紫文。其內重一葉，色白無文，覆卷向下，通若飛蟬之狀。以春秋二時開。莖短，每枝一花者為蘭；莖長，一枝數花者為蕙。《本草》載蘭草、馬蘭、澤蘭、山蘭四種。蘭草葉似澤蘭，尖長有枝，花紅白色而香，生下濕地；澤蘭生下地水傍，葉似蘭草，赤節，四葉相值歧節間；馬蘭生澤傍，氣臭，花似菊而微紫；山蘭生山側，似劉寄奴，葉無椏，不對生，花心微黃赤。又有木蘭，乃大樹。皆非騷人所歌詠者。又云零陵香，一名蕙草。既唯生零陵山谷，而莖葉都不與蕙相類。豈二物不入藥用而遺之乎？後至衢州開化縣，山間多春蘭，而醫僧允濟謂蘭根即白薇也。按：白薇一名白幕，又名薇草。《本草》乃云生平原川谷。陶隱居謂近道處處有之。又與蘭小異，然藥肆皆收貨為白薇，未知是否？夷齊采食，豈謂是邪？味雖苦鹹大寒而無毒也。

宋・劉昉《幼幼新書》卷四〇《論藥敘方》　玉石部第一　丹砂：一名真朱。　雲母：　楊損之云：　黑者不任用，害人。　石鍾乳：《本草》云：不鍊，服之令人淋。　朴消：《本草》云：　色黃者傷人，赤白者殺人。　滑石：　雷公云：　色似冰，白青色，畫石上有白膩文者方使。餘色者有毒，殺人。　石膽：　一名膽礬。　綠青：　一名石碌。　黃鹽：　陶隱居云：　北海鹽，黃，草粒麄，以作魚鮓及鹹菹。　石亭脂：　俗以生硫黃中揀出色赤黃者，以為石亭脂。　水銀：　一名汞。　陶隱居云：　燒時飛著釜上灰名汞粉。俗呼為水銀粉。　凝水石：　一名寒水石。色如雲母，可析者良。　鐵爇：

陳藏器云：以竹木爇火於刀斧刃上燒之，津出如漆者是也。方中云鐵上燒取瀋者，即此也。　鐵華粉：一名鐵衣。方中或云鐵焰粉、鐵印粉、鐵精粉、鐵粉，皆此粉也。　光明鹽：一名石鹽。　伏龍肝：一名竈心土。或云竈底黄土、釜下土、釜月下土，皆此土也。　礜石：《本草》云：不鍊服則殺人。　鐺墨：一名釜底煤。或名釜墨，或稱為是百草霜。今鍋底煤亦云。　粉錫：一名胡粉。一名定粉，又名光粉，或云南粉、英粉、韶粉。或用燒粉家洗瓮水，皆此粉也。　戎鹽：《本草》云：西羌北地酒泉福禄城東南角。北海青，南海赤。又陶隱居云：河南鹽池，自有凝鹽如石片，打破皆方，青黑色。故今言青鹽者，亦或以為戎鹽。　大鹽：《唐本》注云：即河東印鹽也。　白堊：一名白善。日華子云：入藥燒用。方中或云白(鱔)〔墡〕土、白土、畫粉，皆此土也。　金牙：日華子云：入藥並燒淬，去麁汁乃用。　井泉石：《本草》云：用之當細研為粉，不爾使人淋。

草部第二　茺蔚子：一名益母草。　獨活：一名羌活。陶隱居云：羌活形細而多節軟潤，氣息猛烈；獨活色微白，形虛大。　薯蕷：一名山藥。　澤瀉：扁鵲云：多服病人眼昏。　遠志：《本草》云：葉名小草。　赤箭：《唐本》注云：芝類也。故方中或云赤箭芝。　蘼蕪：《本草》云：芎藭苗也。　黄耆：一名蜀脂。　決明子：一名馬蹄決明。又名草決明。　旋花：一名鼓子花。　蘭草：一名都梁香。　蛇床子：日華子云：入服食藥，即挼去皮、殼，取仁微炒，殺毒用。　地膚子：《唐本》注云：田野人名為地麥草。　景天：一名慎火。或名護火草。　茵蔯蒿：一名山茵蔯。　杜若：一名杜蘅。　葈耳實：一名常思。或名蒼耳。俗呼為道人頭。　當歸：雷公云：破血使頭節，止血、止痛用尾節。　麻黄：陶隱居云：根、節止汗，沐令人煩。　蠡實：一名馬藺子。

白芷：《本草》云：葉名蒚音歷麻，可作浴湯。　淫羊藿：一名仙靈脾。　黄芩：(丸)〔圓〕者名子芩。　白鮮皮：一名白羊鮮。　石韋：《本草》云：用之去黄毛，微炙。　惡實：一名牛蒡子。又名鼠黏子。王瓜根：一名土瓜根。陳藏器云：有小毒，宜少進之。　防己：《本草》云：文如車輻理解者良。《唐本》注云：其青白虛軟者，名木防己。　蘹香子：一名茴香子。一名土茴香。　補骨脂：一名破故紙。俗以為蕃韭子也。　零陵香：一名薰草。　積雪草：一名連錢草。　烏頭：一名烏喙。其汁煎之名射罔。　草蒿：一名青蒿。　鈎吻：一名野葛。　射干：一名烏扇。一名烏翣。　蛇合音含：一名蛇銜。　蜀漆：《本草》云：常山苗也。　藿菌：一名藿蘆。　澤漆：《本草》云：大戟苗也。

貫眾：一名管仲。　牙子：一名狼牙。　商陸：一名章陸。一名章柳。方中或名中庸。《唐本》注云：有赤、白二種。白者入藥。赤者見鬼神，甚有毒，但貼腫外，若服之傷人，乃至痢血不已而死。　菰根：一名菰蔣草。　萹蓄：一名萹竹。　豨薟：一名火杴草。　白頭翁：一名野丈人。　鬼臼：一名馬目毒公。陶隱居云：馬目毒公如黄精，根臼處似馬眼而柔潤。鬼臼似射干、术輩，有兩種。然二藥實一物也。　女青：《本草》云：蛇銜根也。　蛇莓：一名蛇胞子。　赤地利：一名山蕎麥。蚤休：一名紫河車。　烏蘞莓：一名五葉莓。　蒲公草：一名鳧公英。或名僕公英。　昨葉何草：一名瓦松。　屋遊：一名瓦青衣，即瓦屋上青苔衣也。　草三稜：一名雞爪三稜。

木部第三　牡桂：一名桂枝。桂枝者，桂條，非身幹也。　松脂、松黄：松脂，一名松糖，或名瀝青。松黄即松香。　枸杞：一名地骨。一名西王母杖。　五加皮：一名豺漆。　楓香脂：一名白膠香。　雞舌香：一名丁子香。　桑根白皮、桑耳：《本草》云：桑根白皮，出土上者殺人。桑耳，一名桑菌，又名桑黄。　梔子：一名越桃。皮薄而(丸)〔圓〕小者入藥用，其大而長者不堪入藥。　紫鉚音礦、騏驎竭一名血竭：《本草》云：二物大同小異。別本云：二物同條，功效全別。　紫葳：《本草》注云：即凌霄花也。　胡桐淚：一名胡桐律。胡或作梧。　白棘：一名棘鍼。《圖經》云：有鈎、直二種。直者入補藥，鈎者入癰腫藥。　仙人杖：《本草》云：此是笋欲成竹時立死者，色黑如漆。　衛矛：一名鬼箭。　大腹：孫真人云：鴆鳥多栖此樹上，宜先酒洗，仍以大豆汁洗，方可用。　伏牛刺：一名隔虎刺。　救月杖：《本草》云：此即月蝕時救月擊物木也。

蜀椒：《本草》云：口閉者殺人。　楝實：一名金鈴子。或名川楝子。郁李仁：一名車下李。　莽草：《本草》云：用沐勿令入眼。　無石子：一名沒石子，又名墨石子。　雷丸：《本草》云：赤者殺人。日華子云：入藥炮用。　槲皮：葛洪謂之赤龍皮。　鼠李：一名牛李。　小蘗：一名山石榴。　赤爪木：一名鼠查。　榼藤子：一名象豆。日華

子云：入藥炙用。　蔓椒：一名豬椒。

人部第四　黄龍湯：陶隱居云：别塞空罌口，内糞倉中，積年得汁，甚黑而苦，名黄龍湯。日華子云：臘月截淡竹去青皮，浸滲取之。

獸部第五　白膠：一名鹿角膠。　羚羊角：陶隱居云：真者，耳邊聽之集集鳴者良也。　犀角：《本草》注云：凡見成犀物，皆被蒸煮。又有牸犀，並不堪藥用。牸犀，文理細膩，斑白〔而不〕分明。　虎骨、虎膏、虎膽、虎睛：陳藏器云：凡中毒自死者勿使，傷人。　狸骨、狸屎：《唐本》注云：家狸亦好，一名猫也。　震肉：《本草》云：此畜為天雷所霹靂者是。　膃肭臍：《圖經》云：取置睡犬傍，其犬忽驚跳若狂者真。

禽部第六　雄雀屎：一名白丁香。　燕屎：陳藏器云：慎勿入口，毒人。　伏翼：一名蝙蝠。又名仙鼠。　天鼠屎：一名夜明砂。

蟲魚部第七　龜甲：《本草》云：勿令中濕。日華子云：卜龜鑽遍者名敗龜。　桑螵蛸：《本草》云：螳蜋子也。用當火炙，不爾令人泄。以桑上者好。　海蛤：一名魁蛤，細如巨勝，潤澤光淨。又别有一種魁蛤，形似紡軠音狂，小、狹長，外有(蹤)〔縱〕横文理，與此海蛤一名魁蛤者為異。烏賊魚骨：一名海螵蛸。　白殭蠶：《本草》云：直者佳。中暑即有毒。　石龍子：一名蜥蜴。一名蝎虎。一名守宮。又名壁宮子。　蝦蟆：一名蟾蜍。或名蟾。又大者名田父。　白頸蚯蚓：一名地龍。　蚺蛇膽：《本草》注云：取如粟，着水中，浮游行走者真。其多着亦沉散。蛇蜕：《藥性論》云：白如銀色者良。　蠮螉：一名土蜂。　蜈蚣：《本草》云：赤頭足者良。日華子云：入藥炙用。　水蛭：陳藏器云：此物雖加火炙，得水猶活。日華子云：修製須細剉後用微火炒令色黄乃熟，不爾入腹生子為害。　斑猫：日華子云：入藥除足、羽，熟炒。用生即吐瀉人。餘修製見芫青條。　地膽：一名蚖青。一名青珪。修製見芫青條。　芫青：《圖經》云：凡用斑猫、芫青、地膽，當以糯米同炒，看米色黄黑即為熟，便出之，去頭、足、翅、羽，更以亂髮裹之，掛屋東榮一宿，然後用之，即去毒矣。　貝子：一名貝齒。　雀瓮：一名棘剛子。一名天漿子。或名雀兒飯瓮。　白花蛇：《圖經》云：頭尾一尺内有大毒，尤甚，可不用。　蜣蜋：《本草》云：臨用當炙。勿置水中，令人吐。　蝎：《本草》云：緊小者名蛜蜥，良。　螻蛄：陶隱居云：腰以前甚澀，腰以後甚利。　鯪鯉甲：一名穿山甲。　鼠婦：一名濕生蟲。陶隱居云：鼠在坎中，背則負之，故又名鼠負。　衣魚：一名白魚。又名衣中白魚。今人亦呼為壁魚。

果部第八　荳蔻：一名草荳蔻。俗亦呼為草果子。　枇杷葉：《藥性論》云：用須火炙，拭去毛。　桃梟：一名桃奴。是實着枝不落，實中者。　杏仁：《本草》云：雙仁者殺人。

米部第九　胡麻：一名巨勝，葉名青蘘。　小麥奴：陳藏器云：麥苗上黑黴是也。　醋：一名苦酒。　腐婢：《本草》云：小豆花也。罌子粟：一名御米。

菜部第十　蕪菁：一名蔓菁。　石胡荽：一名鵝不食草。　香薷：一名香柔。或名香戎。

《本草》雖無而人可識者第十一　西壁土：西壁上土，取夕陽久照，受日氣之多。　胞衣瓶中水：胞衣在瓶中，久年而化為水。　蟬蚷：蟬蛻前二足為蚷。　救月蝕鼓皮：月蝕之夜，撾鼓救月，其鼓皮可以為藥。釜月下灰：釜月，釜耳也。　勞水：再三揚之，使力乏，為勞水。如敗車輻之為勞辛木也。　苦鱉魚：今黄姑魚。中有頭大而鯿，生赤黑班者。減杖花：似紅木香，生紅花，漸白而微香。其木有刺，人呼為野薔(微)〔薇〕花。　獨角仙：林木上多有之，似夾豉蟲而獨角，色黑而麤硬可畏。　鵂鶹：翩彼飛鶚，集于泮林。鵂鶹，惡鳥也。俗呼作木兔，又呼為禿梟。　蘧蒢：苕帚也。　地尾：人以車前草為地尾草。　烏牛葹草：烏牛食草而葹之者。

《本草》既無而人未識者第十二　皮巾子　托胎或云是今羊托胎。　乳釜魚　竈横麻　花消　海附子　龍骨草根　黄皮　萆子　鹿活草　山瞿麥　大莓草　狗蟲　窮賊子　石地松　獨脚瓜　山槐　土消花　鈴石　紫金粉　靈石　紫龍水　赤消　羊消花　魚茗子

宋・郭坦《十便良方》卷七　辨驗藥材美惡之訣　凡丹砂、雄黄、硫黄，皆須光明映澈，色理鮮淨者為佳。不然令人身體乾燥，發熱口乾。　凡雌黄，須如金色，可拆片者佳。　凡赤石脂，要如桃花者佳。　凡白石脂，要入口嚼如脂膩者佳。　凡陽起石，要色白、肌理瑩明如狼牙者佳。　凡磁石，要色紫黑、吸鐵緊者佳。　凡黄丹，要久停不變色，炒得輕鬆者佳。　凡蒼

朮，要肥實大塊者佳；　白朮，要肌肉肥厚、白色者佳。　凡地黃，要麄肥、沉水者佳。　凡遠志，要無心、味辛痹者佳。　此物間有偽者。　凡澤瀉，要白色有粉，輕鬆不木硬，如牛蹄，而採造處根眼不深大者佳。　凡甘草，要橫紋、有粉者佳。　凡人參，要堅實塊大而中有紫暈者佳，虛泡者不中。　凡牛膝，要麄肥、長莖者佳，久停潤而繞指者尤妙。　凡細辛，以細如絲髮、折之而裏白者佳。　俗有石臼草一種，可以相雜，只是味不辛爾，修合者先可嘗。　凡獨活、羌活，要以氣味甜淡者為上。　如氣烈而臭者，乃所出不地道也。　凡柴胡，其尖如針者佳。　前胡，要鐵脚者為上。　凡木香，須如枯骨、嚼之粘齒者良。　世有南北根子一件可以相雜，只是紋理順而斜裂重實，不佳。　凡菟絲子，須細而圓者是。　若細而扁者，乃是莨蕩子，不可服，服之令人發狂。　凡巴戟，要心上紫色、肥滿者佳。　俗有以黑豆煮令紫色者，不可不辨。　凡蓯蓉，要麄肥肉厚，而裏無骨者佳。　凡防風，要麄肥者有力。　世有野胡蘿蔔根相亂，不可不辨。　凡芎藭，要肉白無油、味辛甘者佳。　凡黃耆，要身有縠紋起，柔軟如威茂州所出，暖，木條肥長而無白班者佳。　凡五味子，要五味全，而白霜結在上，鹹甘偏勝而不苦者佳。　凡黃連，如鷄爪堅實者佳。　凡大黃，切之如錦紋者佳。　凡當歸，要麄肥成蔂，如馬尾者，方有氣度。　凡芍藥，白而輕鬆有粉者補，赤者瀉。　凡麻黃，要折之其中理通而陳久者佳。　凡萆薢，要輕鬆有粉者佳。　凡白芷，要如猪胴腸頭，塊大而膏潤，切之有暈而香美者佳。　凡高良薑，要以紫色而重實者佳。　白者不甚好。　又俗以杜若亂之，不可不辨。　凡肉豆蔻，要重實而大者氣度足。　凡縮砂、白豆蔻，要顆大而仁肥者佳。　凡桔梗，要白肥、蠶皺小者不佳。　凡烏頭，要真似老烏之頭、重實而周正者頭鼠尾者佳。　歧頭者不可使。　凡附子，要乳頭少、蹲坐周正、每箇近一兩者佳。　愈大者恐不真。　凡白附子，肥實而長白者是。　短淺、輕鬆、色黯者是甘遂。　凡半夏，要小而清水、陳久者佳。　凡吳茱萸、枳實、橘皮，要陳久者良。　凡天南，要裏白而無班點者佳。　凡茯苓，堅實、雪白者補。　赤者瀉。　凡猪苓，要塊大、裏白、皮不甚皺者佳。　凡琥珀，色深瑩澈、摩面熱、可以拾芥者良。　凡桂，要味辛甘者佳。　凡沉香，要如黑角，味苦辛，而一直沒水者良。　凡乳香，要明淨如滴出者良。　世有以楓香松脂亂真，不可不辨。　凡丁香，要紫色、有油者佳。　凡枳殼，要肌肉厚而反唇裏外者真。　凡檳榔，要如鷄心有尖者是。　如無尖、平頭而扁者，乃大腹子也。　凡龍骨，要五色具者乃各主五臟也。　凡牡蠣，合於地，人面向午位，以牡蠣頂向子，視之口，口在左者為左顧，可使。　凡乾蠍，以緊小者良。　凡鹿茸、麋茸，以皮脫而輕酥者佳。　亦有硬骨而酥者，不可不辨。　凡麝香，世無有真者，萬一有之，乃自採得為真爾。　但作偽，分數少者佳。　有紅紫貳色、味苦而辛者可使。　凡菖蒲，雖以一寸九節者為佳，今往往一寸有十四五節者。　蜀中以嚴道者為勝。　第不若堅實而裏白、一寸十餘節者，皆可使也。　凡牛黃，生取、死取皆出於牛。　而生得者，如雞子黃大、其重疊可拆、輕氛而氣香者佳。　此物多偽，人多試之以揩指甲上，透甲黃者為真。　其殺死而在角中得者，名角中黃。　心中剝得者，名心黃。　初在心中如漿汁，取得便投水中，霑水乃硬，如碎蒺藜或如皂莢子。　肝膽中得之，名肝黃。　雖皆可使，然皆不及牛吐出，照水喝廹得者為最勝。　凡烏蛇，以背有三稜如劒脊，色黑如漆，而尾梢纖細長可穿鐵錢五六十枚者為真。　若以它蛇熏黑亂之，但眼不光為異耳。　凡白花蛇，諸蛇鼻皆向下，獨此蛇褰鼻向上，背有方勝白花紋，以此為真。　已上皆真是州土之藥，須一一精新始佳，不爾不堪服食。

宋·陳衍《寶慶本草折衷》卷一《序例萃英上》　敘辨藥之論舊文計七章，新集二段。　唐謹微序例述陶隱居序凡二章。　其一章：　按諸藥所生，皆的有境界。　秦漢以前，當言列國。　今郡縣之名，後人所改爾。　維此後所改，尤多推據經註紀載也。　江東已來，小小雜藥，多出近道，氣力性理，不及本邦。　假令荊益不通，則全用歷陽當歸，錢塘三建，詳見天雄續說。　豈得相似？　所以療病，不及往人。　蜀藥及北藥，雖有去來，亦非復精者。　且市人不解藥性，惟尚形飾。　上黨人參，世不復售；　華陰細辛，棄之如芥。　且各隨俗相競，不能多備，往往遺漏。　今之衆醫，都不識藥，惟聽市人。　市人又不辨究，皆委採送之家。　採送之家傳習造作，真偽好惡，並皆莫測，所以鍾乳醋煮令白，細辛水漬使直；　黃耆蜜蒸為甜，當歸酒灑取潤。　螵蛸膠著桑枝，蜈蚣朱足令赤。　俗用既久，轉以成法，非復可改。　其二章：　凡採藥時月，皆是建寅歲首。　則從漢太初後所記也。　前漢太初元年，始用夏正，以寅為正月也。　其根、華音花、實、莖、葉，各隨其成熟歲月。　亦有早晏，不必都依本文也。　新集：　沈存中《良方》論採藥云專論草木二藥：　古者採草藥，多用二八月，此殊未當。　大率

用根者，若有宿根，須取無莖葉時採，則津澤皆歸其根；其無宿根者，則候苗成而未有花時採，則根生定，而又未衰。用葉者，取葉初長足時採。用芽者，取葉未舒時採。用花者，取花初敷時採。用實者，取實成時採。如丁香，惟有一種。《本草》以二月八月採其實，後之釋者，一謂盛冬生花結實，至次年春採，故云二月採也。一謂二三月開花，至七月方始成實，故云八月採也。然丁香皆生於東南溫暖之地，收時猶且不同如此。皆不可限以時月。緣土氣有早晚，天時有愆伏，如平地三月花者，深山中須四月花。白樂天遊大林寺在今江州詩云：人間四月芳菲盡，山寺桃花始盛開。《禮記・月令》云：仲春桃始華。註謂建卯之月，此山寒，故開後時也。〇華，音花。此地勢高下之不同也。嶺嶠微草，淩冬不凋；洴毗名切汾扶云切喬木，望秋先隕。諸越則桃李冬實，朔漠則桃李夏榮。此地氣之不同也。同畝之稼，則糞溉者先芽；一坵之禾，則後種者晚實。此人力之不同也，豈可一物拘以定月哉？論曰：夫一種藥而採月不一者，蓋前後述《本草》之人居方不同。故居陽和之方者，見庶物先發而採早；其居陰寒之方者，見庶物晚成而採遲。各因所居之方，以紀所採之月。要之，隨地適時，則物性正而功力全矣。

又述《唐本》序凡一章。動植形生，因方舛性。春秋節變，感氣殊功。離其本土，則質同而效異；乖於採摘，乃物是而時非。名實既爽，寒溫多繆。必考擇去取，以拯生靈之性命。

又述掌禹錫按徐之才等序凡一章。古之善為醫者，皆自採藥，審其體性所主，取其時節早晚。早則藥勢未成，晚則盛勢已歇。

又述《圖經》序凡一章。五方物產，風氣異宜。名類既多，贗偽難別。以虺牀蛇床子也當蘼蕪芎藭苗也，刪訖以薺苨亂人參。古人猶且患之，況今醫師所用，皆出於市賈，市賈所得，蓋自山野之人。隨時採獲，無復究其所從來。所以敘物真偽，使人易知，有所依據。新集：《良方》論辨藥云：觀藥之所生，秦、越、燕、楚之相遠，而又有山澤、膏瘠、燥濕之異稟，豈能物物盡其所宜？採者固未嘗恤也。抑又取之有早晚，藏之有良苦；或有惡火者，必日之而後咀。然安知採藏之家，不嘗烘焙一作烤哉？又不能必，此辨藥之難也。

又述《補註》并《圖經》序凡一章。非獨察脉用方之為難，而辨藥最其難者。金石草木，飛潛動植，乃欲真偽無逃於指掌間，則本草何可須臾離也。

寇宗奭序例凡二章。其一章：序例此言隱居序例。藥有酸、鹹、甘、苦、辛五味，寒、熱、溫、涼四氣，今詳之，凡稱氣者，即是香臭之氣；其寒熱溫涼，則是藥之性。其四氣，則是香、臭、臊、腥，故不可以寒熱溫涼配之。如阿魏、鮑魚刪訖則其氣臭；雞、魚、鴨、蛇，則其氣腥；狐狸、人中白溺白垽也，則其氣臊；沉、檀、龍、麝，則其氣香。如此方可以氣言之。其序例中氣字，當改為性字，則義方允。其二章：凡用藥必須擇州土所宜者，則藥力具，用之有據。

清・李延昰《藥有真偽論》〔《藥品化義》卷首〕 草木昆蟲，產各有地，失其地則性味異而優劣判矣。或一本而根梢有異，或一味而咀吹不同，豈可指鹿為馬，徒取充籠；認魯為魚，漫誇具眼。致令奇方聖劑，介於效與不效之間，可不惜乎！如人參，古推上黨，今則更推清河。川西之當歸，彰明之附子，雅州之黃連，濟州之半夏，華州之細辛，杭州之麥冬，懷慶之地黃，蘇州之薄荷，甘州之枸杞，於潛之白朮，松江之天花粉、地骨皮，嘉定之荊芥，江右之撫芎，蘄州之白花蛇，阿井之阿膠。又如東壁土、冬月灰、半天河水、熱湯、漿水之類，皆有一定而不易之理。今之醫者，粗曉方書，不識藥物，惟求諸市肆，市人又不辨究，皆買之商販，採取之家，傳習造作，真偽好惡，並皆莫測。螵蛸膠於桑枝，（吳公）〔蜈蚣〕朱足令赤。以虺床當蘼蕪，以薺苨亂人參，松黃和蒲黃，樟腦雜龍腦，古壙灰云死龍骨，苜蓿根為土黃芪，麝香搗荔核攙，藿香采茄葉雜，煮半夏為元胡索，鹽松梢為肉蓯蓉，草仁充草豆蔻，番白芷代南木香，熬廣膠入蕎麵作阿膠，煮雞子及魚枕為琥珀，枇杷蕊代款冬，驢脚脛作虎骨，松脂混麒麟竭，番硝和龍腦香，巧詐百般，甘受其侮。商賈貪什一之利，援有實無。醫者昧元黃之辨，以甲代乙。病家不察，貿貿從事服之，不惟無益，而且害之。諺云：賣藥者兩眼，用藥者一眼，服藥者無眼。信哉！余每見通都大邑，藥肆之中，莫不百貨駢集，名動一時。病者或百計湊補，奔走購藥，以求愈病，而肆中與藥不真，輕者重，而重者至死，醫者與病者反各疑於服藥之未多。嗟乎！幽冥沉冤，誰之咎乎？醫者宜日夜講求真偽之理，則不為市人所欺，不負病人之望矣。

清・陳訏《本草述考識》 右《本草述》目錄，劉先生原稿多與《綱目》先後互異。乃有舊存未完刻本，及原本前所錄草目，則悉依《綱目》。按先生此書多發前人所未發，即藥品去留、體裁、位置，俱自成一家，並不依傍前刻，何

獨於原稿已定之次序，必易置而從《綱目》？茲臆測先後所互異處，似俱有微意存焉。乃知從前草目，蓋錄者不知作者之意，漫依《綱目》鈔寫，意便簡閱，不知究與原稿次第不符，而未完刻本則潦草授梓，非先生生前之志也。今藥品斷依原稿，并書中纂錄詮次，附識數則於左：按：土部蚯蚓泥，《綱目》在糞坑底泥前，今次於後，蓋與烏爹泥俱名泥，實非泥也，故為同類。至《綱目》伏龍肝後，墨次之。今伏龍肝、百草霜、釜臍墨相次，蓋俱竈中物也。墨則成於人工，且膠烟雜和，故又次之。按：金部赤銅屑，《綱目》列自然銅之先，今更置之先，自然也。又黃丹、粉錫，同出於鉛。黃丹以醋點成，粉錫以醋養火，今人以作粉，不盡者炒成丹。《綱目》先粉錫，似謂丹出於粉也。先生先黃丹，蓋取醋點者為佳。按：石部丹砂為上藥，故冠諸石之首。水銀從丹砂出，故次之。靈砂、汞粉、粉霜，又從砂汞出，故又次之。自雄黃至石英，皆石與石類。《綱目》以石英為玉類，列於石前，不如丹砂之當也。至石英、鍾乳、餘糧，皆石氣所凝。《綱目》鍾乳在浮石前，餘糧在赭石後，今俱同類相次。按：山草部貫眾、仙茅、白頭翁、白及，《綱目》俱列芩、連前，今概置於後。胡黃連，《綱目》列黃連後，今列仙茅前，其間進退，尚多不同《綱目》。按：芳草部，《綱目》蛇床子在芎藭後，蓽茇在益智後，蘭草、澤蘭在藿香後。今蛇床子、蘭草、澤蘭俱列水蘇之後。蓋沮洳下溼所產，故同類相附。抑芳烈之氣不同於香附、藿香、香薷、薄荷、荊芥、紫蘇、水蘇，故不可混雜歟？至白豆蔻、草豆蔻、肉豆蔻，名同實異，連類比附，昭其辨也。《綱目》則異是。按：隰草部菴蕳非上品藥，《綱目》列於第二，今抑之使與馬蘭、萹蓄為伍。菊居首，艾蒿次之，最為允當。至《綱目》有蠡實，蘇恭云即馬藺子，蘇頌云蠡草，花實皆入藥，先生則曰：蠡草於方書諸證主治不概見，而花則僅見於淋證及疝耳。又曰：本草以治疝，歸實，乃方書治疝盡主於花，故改蠡實為馬藺花。又蕺、百合、蒲公英，《綱目》在菜部，先生移入隰草部。按蕺即魚腥草，因《說文》訓菹菜，《綱目》仍之，遂列菜部。但《左傳》云：蘋蘩薀藻之菜，今何常不入水草部，乃疑於蕺耶？百合生山隰間，雖可采食，實隰草也。蓋本草可為菜食者多，但非韭、芥之類，必待人種者，俱當還其山隰之本。然蒲公英亦其例矣。按：毒草部，《綱目》狼牙在商陸後，澤漆在大戟後，續隨子在甘遂後，常山在蓖麻後，白附子在草烏後，半夏在天南星後，今大率與《綱目》異。按：蔓草部，《綱目》有白斂，今附白及後。至五龍草，《綱目》不載，亦自昔本草所無，先生以其治癰毒神驗，故補入。按：石草部末列馬勃、卷柏，蓋卷柏生於石，即石草也。馬勃發於溼地，亦地錦之類也，《綱目》別列苔草部。夫苔亦草中之一，豈能別異於草，自列一部乎？故併入之，削苔草部。按：穀部，《綱目》先粟，次粱，次秫。先生特更易之，粟為主，粱、秫皆附見。以粱即粟之粗，而秫即粟之粘者也，甚合於粟為黍、稷、粱、秫總稱之義。至豆為五穀之一，《綱目》列於薏苡仁、罌子粟之後，誠為失倫。先生特更置之，乃併列於粟與粱、秫之前。蓋以其為高粱、小米、五穀之別種，不可與豆衡也。至舂杵頭細糠，《綱目》在穀部末、燒酒之後，今改列諸麴之次，麥芽、飴糖及醋、酒、燒酒之前。蓋諸麴不離五穀本質，糠應次之。若麥芽、飴糖、醋、酒，則穀之變化，盡離其質矣，奚復及糠為乎？按：果之味部，《綱目》列胡椒於吳茱萸、食茱萸之前。二茱萸皆椒類而產中土，今列蜀椒之次。胡椒來自舶上，番產也，故又次之。按：香木部，檀香、降真香以上，皆木之生而香者，烏藥最下，故殿之。乳香、沒藥之下，皆木之液而香者，胡桐淚、楓香脂最下，故殿之。《綱目》以楓香脂先於沒藥，失其等矣。按：喬木部，自黃蘗以至巴豆，皆取木之或本、或葉、或子入藥。至漆則取其汁矣。故列於末。《綱目》以漆居海桐、楝、槐之前，何所取諸？按：寓木部，《綱目》雷丸在桑寄生前。桑寄生寄於桑，雷丸寄於竹。等寄也，喬苞則有辨矣，故先生更之，有先後之異。按：介部，龜，四靈之一，故首之。《綱目》次瑇瑁。瑇瑁殊方所產也，今居介部之末。禽部，《綱目》先水禽，今先家禽，且先德禽，而林禽、水禽次焉。獸部，《綱目》先豕，今先馬。蓋地用莫如馬也。而牛、羊、豕、狗，依乎牲之序。其山林諸獸則次焉。按：天一生水，故水部居本草之首。本草所以養人也，人為貴，故人部居本草之末。銅山西崩，洛鐘東應。古人於紫河車尚深致意焉，仁術也。今人血、人骨、人勢、人膽等，《綱目》載之，充不忍人之心，奈何以所以仁人者害人乎！故此書於虛荒難信者弗錄。如水之醴泉、玉井、上池之類是也。乃人血種種，概從删削，其用心微矣。

方書充棟，先生此書，自成一子，非所例，亦非所伍。於藥品或先後焉，別其序也。於主治或更置焉，由所專以及所兼也。於畏惡使或去取焉，存可信、删不可信也。於禁忌修治則殿焉，盡人事以全先天之功用也。於引據諸子百家多闕焉，但取實用，無事夸博也。於附方或前後互見焉，先本治又證

所從治也。於所引書或有裁剪，非複則類，筆削間有微意也。視李時珍《綱目》徒部署整齊，睎觀有餘矣。海昌後學陳訏言揚氏謹識。

清・高佑釲考識〔《本草述》卷九下〕　蕺於歷代本草俱在菜部，至劉先生始改入隰草部，是有特見。按李東璧氏《本草綱目》仍載蕺於菜部柔滑類，但言其葉腥氣，俗呼為魚腥草，且引趙叔文云：紫蕺可以養豬。顧不同菜部荊芥、薄荷、紫蘇、香薷等味。移入草部者，蓋泥於蕺菜之名，而未能更定耳。春秋時越王勾踐曾有采蕺事，想亦不過臥薪嘗膽之意。若因此遂謂蕺必可食，則盡信書之過矣。即蘇恭謂江左人好生食之，然究為隰地所生，不必待人種蒔，則草類無疑。宜劉先生獨斷而移之草部也。

蒲公英、百合，先生亦自菜部改入草部，雖未易窺測其意，然蒲公英、百合，以及生薑、乾薑、蘹香、薯蕷，乃東璧氏同在草部移入菜部者。今先生於薑、蘹等味仍從之，何獨至於蒲公英、百合則復歸諸草部？是必有說以處此。況觀於蕺，可以類推矣。較訂是書，盡依原本，正不必與《綱目》合符。故蔓草部白斂附山草、白及後，服帛部青布附隰草青黛後，得並從其舊。而五爪龍草，乃從昔《本草》皆不載，先生因其能治癰疽，特增補《綱目》所未備，今亦仍以殿蔓草云。檇李後學高佑釲念祖氏附識。

清・高世栻《醫學真傳》　辨藥大略　藥品浩繁，不下千百餘種，其尋常日用者，不過百十種，而百十種之中，藥有真偽好惡，用有宜與不宜，皆當明辨而詳悉者也。如赤芍藥、銀柴胡、赤小豆、龍骨、巨勝子、半夏麯，皆偽藥也。《本草崇原》俱已辨明，但未梓行，茲且言之。　芍藥花開赤、白，赤花者為赤芍，白花者為白芍，總屬一種，豈有二耶？今兒科、外科，多用赤芍，謬矣。又以白芍為酸斂之藥，豈知《本經》主治邪氣腹痛，除血痹，破堅積，寒熱疝瘕，氣味苦平。性功如是，寧酸斂耶，試將芍藥咀嚼，酸味何在？可以正其誤矣。　柴胡有硬、輭二種，硬者為大柴胡，軟者為小柴胡。然必出于銀州者為勝，故有銀柴胡之名。非大小柴胡之外，復有銀柴胡也。　赤小豆，穀類也，粗而大者為赤豆，細而小者為赤小豆。今藥肆中一種草子，赤黑相兼，不可煮食，豈得謂之豆乎？　巨勝子，即胡麻也。出于胡地之大宛者為勝，故有巨勝之名。劉阮誤入天台，仙家飼以胡麻飯，即巨勝子也。今藥肆中一種有殼無仁，乃狗蝨也，以狗蝨而充巨勝，妄立壁蝨胡麻之名。欲覓巨勝子，不若竟用大脂麻矣。　龍骨，《本經》上品藥也，乃上天所謫之龍，海濱深山，間或有之。今一種粘舌之石，乃北地深山之石蠪骨，而非上天所降之龍。又龍為陽物，能興雲布雨，故《傷寒論》中發汗名大青龍，行水名小青龍。今欲止汗，反用龍骨，豈理也哉？其龍骨止汗者，乃以真龍之骨，研為細粉，撲其周身，固其汗孔，即本論以溫粉撲之之義，非服食止汗之謂也。　《神農本經》止有半夏，並無半夏麯。今藥肆中以明礬浸煮半夏，所剩礬脚及半夏屑，大半和以麥麪，印成藥餅，為半夏麯。時人厭常（新喜）〔喜新〕，方中每用，何益哉？　夏麯之外，復有神麯，用白麪百觔，青蒿、辣蓼、蒼耳搗汁，赤小豆、杏仁搗爛，拌麪成餅，罯黰為麯。兒醫認為健脾、止瀉、消食之藥，每每用之，不知其弊。別藥煮飲，各有氣味，若用神麯，則藥如稠粥之飲，有形之麪，俱入于胃。夫嬰兒有病，必忌麪食，此黰過之麪，與醬黃同，雖有藥與草汁，並非健脾之品，用無益也。　又藥有好惡，如桂枝、細辛、五味、乾薑是也。仲師桂枝湯，用桂枝去皮者，止取稍尖嫩枝，內外如一，氣味辛香甘辣，若外皮內骨，便去之而不用。如是之枝，可多得耶？即連皮用，亦必辛香甘辣，名為川桂枝方可。今藥肆中辛香甘辣之桂枝不可得，即有亦暫而不久。數十年中，余闕之不用，不得已而以官桂代之。　北細辛，其細如髮，辛香觸鼻。苟細不如髮，辛不觸鼻，便為杜衡，用之無益。　五味子，惟遼五味最佳，其黑如漆之有光，其酸如醋之滴牙，上口生津。次則北五味，其色紅紫，久則黑，其味亦酸，微有香氣，今一種黑色如李乾，兼苦無酸味者，用無益也。

又生薑為子薑，宣胃；乾薑為母薑，溫脾。脾胃有母子之分，而乾薑、生薑亦有母子之分。必得三衢、溫、台之種薑，切片堅實黃亮，方能入脾，今但以本地之生薑晒乾偽充，入口最辣，止能辛散，不入脾經，用無益也。　至藥之宜與不宜，先須知藥之性，次須知人之病，投之中欵方宜。今世俗每用而不加詳察者，略舉十數種言之。今醫發散，每用前胡，前胡乃《別錄》所收，陶弘景云：上古止有柴胡，而無前胡，晚來醫多用之。是弘景雖收之，而實疑之也。且前胡氣味辛竄，耗散消削，不若柴胡之芳香，清熱解表，柴胡足矣。前人不究藥性，有病在太陽，而早用柴胡，有引邪入于少陽之說。夫柴胡名地勳，苗甚芳香，從中土而達于太陽，正太陽經藥也。《傷寒論》云：無太陽柴胡證。又云：本太陽病不解，轉入少陽者，與小柴胡湯。謂可從少陽而外達于太陽，非少陽經之主藥也。其性自下而上，從內而外，根氣虛者不可用，用之是猶揠苗助長，故本論有柴胡不中與之誡。　至于升麻，亦拔根之

藥。今人遇元氣虚脱之證，每用升麻，欲提之使上。豈知升麻，《本經》名周麻，以其具升轉週遍之功，初病發散可用；若裏虚氣陷，當補益其元，助之使上，不可升提，升提則上下離脱，即便死矣。　葛根，藤蔓延引，乃太陽經脉之藥。本論云：太陽病，項背強几几，無汗惡風，葛根湯主之。以明葛根治太陽經脉之病，而非陽明之主藥也。但色白味辛，可資陽明之燥。是從陽明而達太陽，與柴胡之從少陽而達太陽者，其義一也。　石膏，色白，味辛，性寒，為陽明之主藥。既為陽明主藥，必確有陽明燥熱之證，而元氣不虚，可用；若元氣虚而燥熱，必配人參，本論所以有人參白虎湯方。今人但知石膏清熱瀉火，遇傷寒大熱之證，不審虚實陰陽，每用石膏，用之而其病如故，復更用之。夫用之不效，與病便不相宜，粗工固執不解，明者視之，真堪墮淚！余治傷寒，必審陰陽虚實，更必審似陰實陽、似陽實陰，確為陽明燥熱之證，不涉太陽之熱，不涉少陽之火，裏氣不虚，始投石膏，配合成方，必一劑而奏功。此鎮墜寒凝之藥，不可屢用而常試者也。至兒科治痘，亦用石膏，以為必先瀉其火毒，方可順序行漿。以此不經之見横據胸中，無論痘之順逆，至三五日間，必用石膏以解毒。夫氣血調和，其毒自解。石膏解毒，未之聞也。且痘原係先天火毒，必遇君火相火司天在泉之歲，其出也廣，是痘非火不出，非火不長，非火不漿，非火不合者也。夫痘毒之外，復有他火，可以暫用，而痘内之火，無容瀉也。其餘雜證，或病陽明燥熱，亦可用石膏以治，然非調和培養之藥，不可不慎其用也。　醫治傷寒發熱，必用黄芩清熱，謂小柴胡湯有黄芩也。夫既病傷寒，其身必熱，而熱有皮毛、肌腠、經脉之不同，更有寒熱相兼、假熱真寒之各異。黄芩内空腐，外肌皮，空腐則内清腸胃之熱，肌皮則外清肌表之熱，有徹内徹外之功。必審其内外皆熱，原本壯實，胃氣不虚，外不涉于毫毛，内不涉于經脉方用。若泛泛然舉手便用，其種禍不知幾許矣！本論云：反與黄芩湯徹其熱，腹中應冷，當不能食，戒之也。

黄芩之外，更有知母。知母肉白皮黄，皮上有毛，氣味苦寒，稟寒水之性，而兼秋金之氣，猶水之知有母也，故名知母。土炎燥而皮毛熱，可内資中土之燥，外清皮毛之熱。若以知母為補藥，則非矣。　葳蕤，《本經》名女萎，女子嬌柔之義也。一名玉竹，色白如玉，根節如竹也。一名青粘，苗葉青翠，根汁稠粘也。凡此命名，皆取陰柔之義。後人妄稱葳蕤有人參之功，不審陰陽寒熱，用為補劑。若陰盛陽虚，宜溫補者，此藥大忌。　麥冬，《本經》主治心腹結氣，傷中傷飽，胃絡脉絶。以麥冬横生土中，有十二餘粒，其中則一心相貫，能横通胃絡而補中，故治傷中；能横通胃絡而散結，故治傷飽。後人用必去心，大非先聖格物窮理之意。妄謂連心服之則心煩，蓋即以連心麥冬煮水飲之，煩與不煩，可立辨矣。　澤瀉，生于水中，其根如芋，能行水上滋。水氣必上行而後下降，非專利小便之藥也。今人不明《經》義，謂目疾不可用，恐下洩其水則目枯，豈知澤瀉正行水上滋之藥也。《太陽篇》五苓散用澤瀉，治消渴，小便不利。以澤瀉行水上滋，故治消渴、水氣；上而始下，故利小便，猶木通之横通旁達，則小便自利。二者皆非下行之藥也。　參、术、苓、甘，加橘、半，為六君子湯。此健脾和胃、補瀉兼行之方也。今人治大寒大虚證，既用參、芪、术、薑、桂、附，而廣皮、半夏，戀戀不捨，以六君子湯有橘、半故也。大抵臨證施治，當就病用藥，勿執成方。廣皮、半夏，乃辛散發汗之藥，不可不知也。溫補藥中，有不宜歸、芍者，以其潤洩也。歸、芍不宜，而棗仁滋潤亦不宜也。凡人抱病，陰不和陽，陽不和陰，自不能睡，如用棗仁，便即能睡，則天下無不睡之病矣。《經》云：人卧則血歸於肝。身卧而血不歸肝，則不能睡。又陰陽交會于坤土，太陰土虚，陰陽不歸，則不能睡。又陽明胃脉，其氣下行，陽明氣逆，上而不下，則不能睡。又厥陰主闔，陽明亦主闔，或陽明闔而厥陰不闔，或厥陰闔而陽明不闔，或陽明、厥陰皆不能闔，亦皆不能睡。當審其所以不睡之故而施治焉，庶其可爾！八味丸，有熟地、桂、附，所以助三焦之火，益腎藏之水，乃陰陽兼補，水火並治者也。如陰虚而陽不虚，不宜桂、附；若陽虚而陰不虚，便不宜熟地矣。今人遇陽虚之證，認為陰虚，大用熟地，奚可哉？　辛香下氣，寬胸快膈，有沉香、丁香、木香、豆蔻、砂仁諸品，氣味皆屬辛香，而功用各有不同。沉香從胸膈而下丹田，有下沉之義，故曰沉。丁香其性溫熱，助三焦之火以溫胃土，丁者火也，故曰丁。木香，《本經》名五香。五者，土也。採根陰乾，一月方枯。人身經血，一月一週，肝木主之，故曰木。白豆蔻，寬胸藥也。肺居胸膈之上，肺氣不布，則胸膈不通。豆蔻能達肺金之氣，肺屬金，其色白，故曰白豆蔻。砂仁，原名縮砂蔤，安胎藥也，有歸宿丹田、退藏于密之義。香附，乃莎草根中之子，子結于根，亦有宿密之義，故亦主安胎，功用與縮砂略同。凡此辛香之藥，臭味雖同，而功用稍殊，當辨明而用，不可概投混施也。　天麻，苗如赤箭，故《本經》有赤箭之名。有風不動，無風獨摇，故能制風。苗不可得，但有

其根，是為天麻。與蜀漆不可得，但有常山，一理也。天麻在土，形如大魁，似皇極之居中，周環十二子，如十二辰，以輔皇極。味甘氣平，主補中土，便從中土以通十二經。今人認為祛風之藥，但品味甚優，誤用亦無害也。 今人治瘧，不用常山，以常山為截瘧藥，截之早，恐成臌脹。豈知常山乃治瘧之要藥，三陽輕淺之瘧，不必用也，若太陰脾土虛寒，而為脾寒之瘧，及間二日發，而為三陰之瘧，必須溫補之劑，佐以常山，方能從陰出陽，散寒止瘧。又謂若服常山，終身不可食雞。嗟嗟！此皆齊東野人之語，而明理之醫，亦宗此說，良可嗤矣！夫土虛脾敗，天地不交，則成臌。瘧既愈矣，何臌之有？

鵝、鴨、鰻、鼈，其性陰寒，病後宜忌。雞性溫平，補肝暖胃，瘧後正可食也。終身必禁，是誠何說哉？ 《本經》止有南星，並無膽星。南星色白味辛，稟金氣而祛風豁痰，功同半夏。今人以牛膽製為膽星，味苦性冷。中風痰涎上湧，多屬三焦火虛，土崩水汎，斯時助正散邪，壯火祛寒，尤恐不濟，而粗工昧昧，不審其本，但治其末，服以苦冷之膽星，加以清涼之竹瀝，必至生陽絕滅而死。

蒺藜，有刺蒺藜、白蒺藜二種。白蒺藜形如羊腎，微有腥氣，乃從腎達肺之藥。刺蒺藜色白有刺，秉堅金攻伐之質，破積行瘀，乃大消大削之藥。《詩》云：墻有茨。即刺蒺藜也，後人誤以白蒺藜為沙苑蒺藜，茨蒺藜為白蒺藜。以攻伐之茨，認為健脾調補之藥，豈不謬哉？ 余每用銀花，人多異之，謂非癰毒瘡瘍，用之何益？蓋銀花《別錄》名忍冬藤。以銀花之藤，至冬不凋，乃宣通經脈之藥也。又一本之中，花有黃、白，氣甚芳香，故有金銀花之名。金花走血，銀花走氣，又調和氣血之藥也。通經脈而調氣血，何病不宜？豈必癰毒而後用之哉！

清・王士禛《香祖筆記》卷八 《南國漫錄》云：桂有桂樹之桂，有桂花之桂。桂樹則《楚詞》桂酒、箘桂之類，今醫藥所用，取其氣味甘辛，乃用其皮也。桂花之桂，則詩詞所言，今人家園囿所植，取其香氣郁烈，乃尚其花也。類書所載，皆未別白，雖《白孔六帖》亦然。

清・錢峻《經驗丹方彙編》 貿藥辨真假凡藥必選原枝定切方妙，若現成切片者，恐真偽高下難辨。 醫藥貿易，多在市家。辨認未精，差錯難免。諺云：賣藥者雙眸，用藥者隻眼，服藥者盲瞽。非虛語也。許多欺罔，百般巧詐，明者竟叱其非，暗者甘受其侮。本資治病，反致殺人。雖上天責報于冥冥，然倉卒不能察，實或誤歸咎于用藥者之錯，亦常有也。但惻隱皆所固有，市家豈獨無情？皆因人畏價昂貨真，實有眼不識。世樂物賤價廉，反接踵相售，是以偽飾多充，不顧罪積也。今峻歷遭其禍，目擊心傷，辨真察類，將親所試驗者，略舉數端，考正于後。此誠生死大關緊要，非比小節尋常，務要考究精詳，辨其形色，察嘗氣味，真偽了明，修製治療，庶免乖違，寧出高價，毋為自欺。

人參：短壯堅實，圓而光潤力全。今假者遍行，不可不察。但切開有心，味雖甜，收口略苦，津反凋膩，不如真者生津，其色帶呆，餘者無二。今人買通賣婆，詐稱鄉宦帶剩，或央親及親，詐稱病後遺多，俱當細察。 阿膠：真者明徹如冰，味甜，全不焦苦，世上甚少，竟勸勿服。假者或帶綠，或焦苦，或帶臭氣，皆係牛膠墨煎成，損胃傷脾；更有雜用賤藥煎成，或枯燥，或柔倰，或味香有砂，黑漆色帶綠光，俱假。目今時醫動必用阿膠、秋石等藥，然後設計，借名親友珍藏，代買取利，害人不淺，遇此切不可信。 淡秋石：輕鬆，入口即烊者真。稍帶硬者，必充小粉石膏，忌服。自製辨正。 鹹秋石：雪亮者真。 紫金錠：店中亦有真者，但內麝香甚貴，少以加入。須嘗，口中香竄，麝入觸鼻者真，香緩者無效。 犀角：明亮氣香者真。今多牛角做充，不香或帶氣味可辨。 龍骨：紋細，五色，舐竟粘舌者佳。青黑勿用。 膽星：必牛臊氣暈苦異常，黃黑明亮堅倰者真。今多用猪膽假造悮人，或枯乾，或黑軟摠不明潤，可辨。 牛黃：要嫩黃輕虛，重叠可揭，氣息微香，摩指甲竟透者真。 龜膠：或黃色帶臭氣者真。 麝香：味辛，手指捻去鬆者真。倰如丸者假。原個要皮薄、帶黃毛少、飽滿而軟真。皮黑厚硬，毛多味淡者假。 冰片：如梅花細(辨)〔瓣〕輕潔微白，氣甚熏人者真。若質重，如砂細碎者假。其片要厚薄不等，若做成光圓者假。 熊膽：偽者甚多，但取一粟米大，滴入水中，若線不散者真。或以米粒大點水中，運轉如飛者良，緩者假也。 虎脛骨：黃白可服。稍帶黑色，乃藥傷，大毒，忌服。要長帶圓者真。若帶圓脊駝，缺陷不平，如三角樣者假。 羚羊角：須看角灣中尖細有掛痕者真。或耳邊聽之集集有聲者良。其疎漫無痕枯老者，假也。 鹿茸：要如琥珀色，三四五寸長，肉飽滿者力全；太長或枯黑無用，恐是麋茸。太細短，又嫩，恐是毛茸。 滴乳石：必要如雪冬淋糖，長五六寸，明亮中空，色白者真。若乳突出而不如淋糖長者假。 翠膽礬：成塊如雞卵大，顏色青碧如琉璃，擊碎縱橫解皆成疊方真。今市多以

青礬用醋揉假充，宜辨。　雲母：要白澤，作片成層可折，通透輕浮者真。　陽起石：要明亮如鷺鷥毛者真。　琥珀：要如血色熟透，于布上拭吸得芥子者真。　硃砂：有以雄黃充入，宜細看。　蛤蚧：有花斑，起發光亮者真。以四脚蛙充者當辨。　花蕋石：打開有花白斑點者真，無者假。　輕粉：明如雪片，粒粒鎗芒起者真。色暗粒細，無鎗芒者假。　蟾酥：舐舌上甜麻揭舌者真，不麻者假。　沉香：油潤，切如黃蠟者真。今賣黑色如牛角樣者假，忌用。　母丁香：如棗核大者真，如細釘者少效。　木香：多有用青木香欺人，宜辨。要堅硬，形如枯骨，苦口粘牙者真。　青木香細小。　蘇合香油：只用如膏油，赤色無滓，香極芬烈，塗上手背香透手心，或如藕膠者真。　陳皮：凡使勿用乳柑皮、皺子皮，忌服。今市家多用充入悮人，不可不辨。真橘皮紋細色紅而薄，內多筋脉，其味苦辛香為真。柑子皮紋粗，色黃而厚，肉多白膜，其味反甜而辛，無效。柚子皮其味甜多辛少，最厚而虛，其紋更粗，色黃，內多膜，無筋，性冷害人，忌服。　川貝：味甜，輕鬆者真。質硬味苦者假。　白术：味甜，枝苗極細，根多，雖棄有迹，方是野术，有效。賣者多種，味淡或苦，枝苗粗大光沃，無力，勿服。　地黃：皮老瘔疙堅實，菊花心者佳；　光潤者土種，雖大無效。　蘇子：假充甚多，需帶青草香氣者真。　雲茯苓：堅硬，切片光亮玉色者真；　白而鬆者土出，無效。　羌獨活：紫色節密為羌，黃色成塊為獨。　黃耆：直如箭幹，柔軟如綿，肉白心黃，味甜者佳。　血竭：敲斷如鏡光亮，取摩指甲紅透方妙。　川續斷：要如雞脚節節斷皮，黃皺者方真。　巴戟：要中心紫而鮮潔者為真。　乳香：透明如滴乳頭者良。有用松香假充，須察。　阿魏：切開五色柔軟者真。太軟如泥者假。　川芎：形擇重實潔白為良，油者勿用。　桂枝：味辛甜香竄者真，味淡者無用。　川連：類鷹爪連珠，根毛細密，有菊花黃心者真。若皮色太黃，或毛粗而疎，或頭尾等粗實心者，俱忌服。　白荳蔻：味辛香，入口暈涼真。草蔻充者味不暈涼，可辨。　棗仁：粒粗飽滿，色紫佳。細扁色淡者無用。　首烏：有做成大者，置地中年餘即生成，但皮嫩有筋，可辨。　啞片：假者甚多。要柔軟必帶青香者真。　附子：頂平，肉如鐵色，滋潤者佳。西附子肉乾白，大而無力。　三七：味甜，以末投猪血中，血化為水者真。　漆：濕者以物蘸起細而不斷，斷而急收，塗竹木上速乾者佳。　山茹菇：根鬚多者真，根少者假。　香薷：直長香烈者真。細短不香者是土出，食之腹痛，忌用。　藿香：味辛香烈者真。不香者假，忌用。　懷山藥：堅實細白者真。大而空鬆者假。　沙蒺藜：色黑色粒粗者真。青色粒細者假。　肉桂：紫潤味甜，甚辛香烈人者真。今多假者，色紫，油潤可觀，但切片有細花白點，不甚辛香者，忌用。

清·楊友敬《本草經解要附餘·考證》　贋品宜辨

龍骨古壙灰充。　麝荔核攙。　輕粉石膏攙。　藿香茄葉攙。　黃精萊菔攙。　鬱金薑黃充。　防己木通充。　款冬枇杷蕊充。　阿膠廣膠入蕎麥麪充。　虎骨驢脛充。　麒麟竭松脂攙。　龍腦香番消攙。　肉蓯蓉鹽松梢充。　元胡索小半夏煮黃充。　草荳蔻草仁充。　南木香西芎充。　鍾乳醋煮令白。　細辛水漬使直。　當歸酒洒取潤。　枸杞蜜拌令甜。　琥珀舊用雞子魚枕偽造，今更能吸芥，或云楓脂為之。本真粘性也。　人參贋品不止薺苨，近有首尾真參，中插土參，曾被欺。咀試味帶苦辣也。此外未易枚舉，宜細察之，方免因誤致損也。

清·李文炳《仙拈集》卷首　藥要辨真，假者悮人。仍無的確認法，何以辨之？

人參：短壯堅實，圓而光潤者力全。今假者遍行，不可不察。　水苓：堅硬，切片光亮，玉色者佳。　阿膠：明徹如冰，味甜，全不焦苦。世上甚少，竟勸勿服。　川連：類鷹爪，細密，有菊花心者真。　陳皮：勿用乳柑皮、皺子皮。今多充入，悮人，不可不辨。　啞片：柔軟，必帶青香者真。假者甚多。　附子：頂平，肉如鐵色，滋潤者佳。　三七：味甜，以末投猪血中，血化為水者。　犀角：明亮，氣香者真。今多牛角充做。　黿膠：或黃色。帶臭氣者假。　牛黃：要嫩黃，輕虛，重疊可揭，氣息微香，摩指甲竟透者真。　鹿茸：要如琥珀色，三四五寸長，肉滿者佳。　冰片：如梅花細瓣，輕潔微白，氣甚熏人者真。今升潮腦充。　硃砂：有以雄黃充入者，宜細看。　滴乳石：必要如雪冬淋糖，長五六寸，明亮中空，色白真。　雄黃：透紅明亮者真。　膽礬：顏色青碧如琉璃，擊碎縱橫解成叠。今醋揉青礬，假。　花蕋石：打開有花白斑點者真，無者假。　琥珀：要如血色熟透，於布上拭，吸得芥子者真。　蟾酥：舐舌上，甜麻揭舌者真，不麻者假。　輕粉：明如雪亮，粒粒鎗鋩起者真。　硼砂：白色透明者真。

清·趙學敏《串雅外編》卷三　偽品門

假冰片　真片腦形如冰雪。如假造者，其性亦寒，用之頗與同功，往往

欺人，亦得高價。用新磚一枚納於廁中，一二月取出，同新汲水洗十分淨。於室中陰處下用新磚閣，上用新磚蓋之。待霜出冰雪收之。如此數次，霜盡而止。用甆罐與潮腦同包，取其香氣。智者辨之。庚生按：辨冰片法：以片置甆盤中，以火點之，漸化如糖者真。點之作黑烟，遇火即(撚)〔燃〕者偽。近時藥肆真者日稀，皆以樟(水)〔木〕蒸取。

樟冰　樟腦不拘多少研細，同篩過，壁土拌勻，攤碗內。以薄荷汁洒土上，又以一碗合定，濕紙條固縫，蒸之。少時，樟腦飛上碗底，即成冰片腦子。又：用銅盆，以陳壁為粉糝之，却糝樟腦一重，又糝壁土，如此五重。以薄荷安土上，再用一盆覆之，黃泥封固，於火上欵欵炙之。須以意度之，不可太過不及，勿令走氣。候冷取出，則腦升於上盆。如此三次，可充冰片〔也〕。又：樟腦每一兩，用黃連、薄荷六錢，白芷、細辛四錢，荊芥、密蒙花二(兩)〔錢〕，當歸、槐花一錢。以新土盌鋪冰片於底，安藥在上，入水半盞，洒腦於上，再以一碗合之，糊口，安火煨之。待水乾取開，其腦自升於上。以翎掃上，形似松脂，可入風熱眼藥。人亦多以此亂片腦，不可不辨。庚生按：此方宜用於眼藥、吹藥及牙痛藥，比冰片為妙。庚生常試用有效。今真冰片日少，(以)〔此〕法可用。

假雄黃　荷葉灰、頭髮灰、桑木灰、石灰各等分，以上好石黃放灰內，微煑，數日取出，透明即成雄黃。

假膽礬　漆綠半斤，以(萆)〔蓖〕麻葉一斗許搗汁，淨猪膽四個，河水一大碗同煑。將乾，入磠砂一錢五分攪勻，至乾為度。每七兩，用淨盆硝一斤，一處以有嘴砂銚鎔開，攪勻。用明礬研碎，入猪膽中，陰乾取出。如色欠(錄)〔綠〕，再換新膽如上法，或牛膽。〔又〕：朴硝入牛膽中，陰乾。隔年後取，其色與膽礬同，其礬亦相去不遠也。庚生按：用硝，不及用明礬為妙。

假胡椒　用豌豆，以蓼子、草烏、生薑三味切碎搗爛，取汁浸豆，蒸軟。如此三度，換新汁浸。次用石灰末，以文武〔火〕炒豆，皮縐為度，其味如真。

假乳香　擇有瘿松樹，鋸開瘿，就上(鑒)〔鑿〕一孔。以糯米一升作飯，鹽一斤拌勻，再杵成糍，入孔中。却以元鋸下(下)瘿，封之，鹽泥固濟，百有二十日足，取出，即成乳香矣。

假象皮膏　治撲打及金刃傷，血出不止者，用之。并收口，如神。蠶豆炒去殼，取豆搗細和勻，蠟鎔為膏，攤貼如神。庚生按：西醫有象皮膏，治一切傷口如神。(延古)〔其方〕用魚膠一兩，用清水三兩浸開，再加濃酒三兩，共貯甆碗內，隔水燉烊，攪和。用大帚塗(去)薄綢綾上，或桑皮紙上。用時以水上熱氣烘之，封口生肌，神效。

清・徐大椿《慎疾芻言》　詭誕　醫藥為人命所關，較他事尤宜敬慎。今乃炫奇立異，竟視為兒戲矣！其創始之人，不過欲駭愚人之耳目，繼而互相效尤，竟以為行道之捷徑，而病家則以為名醫異人之處在此，將古人精思妙法，反全然不考，其弊何所底止？今略舉數端於下。

人中黃：腸胃熱毒，偶有用入丸散者。今入煎藥，則是以糞汁灌人而倒其胃矣。人中白：飛淨入末藥，若煎服，是以溺汁灌人矣。鹿茸、麋茸：俱入丸藥，外症、痘症偶入煎藥。又古方以治血寒久痢。今人以治熱毒時痢，腐腸而死。河車、臍帶：補腎丸藥偶用。今入煎劑，腥穢不堪。又臍帶必用數條，肆中以羊腸、龜腸代之。蚌水：大寒傷胃。前人有用一二匙，治陽明熱毒。今人用一碗半碗，以治小兒，死者八九。蚯蚓：痘症用一二條，酒沖，已屬不典。今用三四十條，大毒大寒，服者多死。蜈蚣、蠐螬即桑蟲、蠍子、胡蜂：皆極毒之物，用者多死，間有不死者，幸耳！石決明：眼科磨光鹽水煮，入末藥。今亦以此法入一切煎劑，何義？白螺殼：此收濕摻藥。亦入煎劑，其味何在？雞子黃：此少陰不寐引經之藥。今無病不用。燕窠、海參、淡菜、鹿筋、丑筋、魚肚、鹿尾：皆食品，不入藥劑。必須洗浸極淨，加以薑、椒、葱、酒，方可入口。今與熟地、麥冬、附、桂同煎，則腥臭欲嘔。醋炒半夏、醋煅赭石、麻油炒半夏：皆能傷肺，令人聲啞而死。橘白、橘內筋、荷葉邊、枇杷核、楂核、扁豆殼：皆方書所棄。今偏取之以示異。更有宜炒者反用生，宜切者反用囫圇，尤不可枚舉。

以上各種，其性之和平者，服之雖無大害，亦有小損。至諸不常用及腥毒之物，病家皆不能炮製，必至臭穢惡劣。試使立方之人，取而自嘗之，亦必伸舌攢眉，嘔吐噦逆，入腹之後，必至脹痛瞀亂，求死不得，然後深悔從前服我藥之人，不知如何能耐此苦楚，恨嘗之不早，枉令人受此荼毒也。抑思人之求治，不過欲全其命耳！若以從未經驗之方，任意試之，服後又不考其人之生死而屢用之，則終身無改悔之日矣。嗟乎！死者已矣，孰知其父母妻子之悲號慘戚，有令人不忍見者乎？念及此，能不讀書考古，以求萬穩萬全之法者，非人情也。以上所指，皆近時之弊。若後世此風漸改，必不信世間

有如此醫法，反以我言為太過者，豈知並無一語虛妄者乎！又有疑我為專用寒涼攻伐者，不知此乃為誤用溫補者戒，非謂溫補概不可用也。願世之為醫者，真誠敬慎，勿用非法之方；世之求治者，明察知幾，勿服怪誕之藥，則兩得之矣。

清·吴瑭《醫醫病書》 偽藥論　古人醫者自採藥，詳辨其形色氣味，屢試確當者，方敢為人醫病。近日藥肆買之藥行，藥行買之客人，客人買之大馬頭坐客，坐客買之各省山農，其中作偽不可悉數。即如黄河以南所用之黨參，係青州軟苗防風。本京所用之黨參，係北口薺苨。間有山西潞州之防風、薺苨，美稱之曰潞黨、西黨。按上黨所產之參，與遼產無二形，其價亦相若。現在王氣在東，上黨所產甚少，不能發賣。豈有數百文買參一斤之理？豈天下之大，四海之廣，藥舖之多，大者積數百斤，中者數十斤，上黨一山，豈竟能產如許之參，以待天下之用？不待智者而知其偽也。且黨參可用，何必以重價買人參哉？何世醫僉不知之，而必以黨參代人參之用？豈真不知哉？以為便於行也。不知醫便於行而用假藥，是欺病人也。病人賴醫者救命，可設一騙局以欺之哉？他如石蓮子，係蓮子之老而堅者，落水入污泥中，經年不壞，其功能濇下焦滑脱。蓮子甘多鹹少，石蓮則鹹多甘少矣。近日藥肆中所備之石蓮，係野樹之子，黑殼黄肉無心，其味極苦，最能瀉人。李時珍著《本草》時，已謂其斷莊二百餘年，滑脱之病，反用極苦瀉之，不死不止。赤小荳，即五穀中之小荳，皮肉俱赤。近日藥肆中用廣中半紅半黑之野荳，色可愛，而性大非，斷不堪用。〔新絳紗，係三品生絲，既能通絡，又能補絡。紅花生血和血，單以幾微皂礬化瘀。今人概以帽幃代之，斷不可用也。〕如四君子湯，人參既是假，茯苓係安苓，白朮係種朮，只餘甘草一味，又不敢重用，挾何術以取效乎？其他偽藥，不可盡述，有心救世者，當自考之。

清·王學權《重慶堂隨筆》卷下　曉嵐先生又云：雄雞卵能明目，理不可解。愚謂此等不易得之物，可置弗論。惟賽空青尚易造，且亦近理。其法於冬至日取大蘆菔一枚，開蓋挖空，入新生紫殼雞卵一個在內，蓋仍嵌好，埋淨土中約四五尺深，到夏至日取出，用女人衣具包裹，藏瓷器中，否則恐遇雷電，被龍攝去也，謹之！卵內黄白俱成清水，用點諸目疾，雖瞽者可以復明，乃神方也。惜余未試，錄此以待將來。

〔王孟英〕刊：不易得之藥，出重價而購得之，亦恐不真，如狗寶、空青之類，辨別甚難，慎疾者不可試也。俞硐花云：一村人自言病噎瀕危，一日其子早起，見草際一蟾蜍方蜕，素聞人言蟾蜕可治噎膈，急往取之，僅得其半。持以進父，服之良愈。是亦一奇方也。惜蟾蜍不常蜕，即蜕亦隨自食之，人不易得耳。如此類之不易得者，可遇而不可求之謂也，一旦遇之，人人共識，苟或需此而竟得之，雖償以重價可焉。

本草自李氏《綱目》集其大成，世皆宗之。後有劉氏之《本草述》，倪氏之《本草匯言》，盧氏之《半偈》，隱庵之《崇原》，石頑之《逢原》，香巖之《解要》，皆各抒心得，多所發明，學者所當互參也。而趙恕軒先生《綱目拾遺》，搜羅繁富，辨正多條，尤為李氏功臣，惜無刊本，世罕知之。茲錄其切於常用者如左。

《本經》鹵鹼即石鹼也，當以《逢原》為是。李氏遺鹵鹼而補列石鹼，誤矣。

朴硝、硝石，《本經》錯簡，李氏不察，諸家踵誤，亦以《逢原》辨正為是。

硇砂有二種：一種鹽硇，出西戎，狀如鹽塊，得濕即化為水，或滲失；一種番硇，出西藏，有五色，以大紅者為上，質如石，并無鹵氣。李氏所引皆鹽硇也，真藏硇能化血肉為水，雖煅煉亦不可服。

〔王國祥〕注：本草謂能化人心為水者，正指藏硇為言也。中其毒者，生綠豆研汁恣飲之。

山慈姑：處州人以白花者良，形狀絕似石蒜。李氏于山慈姑集解下注云：冬月生葉，二月枯即抽莖，開花有紅、黄、白三色。于石蒜集解下注：春初生葉，七月苗枯抽莖，開花紅色，又一種四五月抽莖，開花黄、白色。余昔館平湖仙塘寺，沈道人從遂昌帶有慈姑花一盆來，親見之，其花白色，儼如石蒜花。據土人言，無紅、黄花者。其花開于三月，而《逢原》慈姑下注云：開花于九月，則誤以石蒜為慈姑矣。李氏于慈姑條下附方引孫天仁《集效方》用紅燈籠草，此乃紅姑娘草，專治咽喉口齒，即《綱目》所載酸漿草是也。乃不列彼而列此，豈以慈姑又名鬼燈檠而誤之耶？夫慈姑雖解毒，不入咽喉口齒，何得誤入？又引《奇效方》吐風痰用金燈花根，不知石蒜亦名金燈花，慈姑根食之不吐，石蒜根食之令人吐，則《奇效方》所用乃石蒜，非慈姑也。李氏且兩誤矣。

〔王國祥〕注：今人以慈姑入咽喉方中，皆承李氏引《集效方》之誤也。

然恕軒先生目擊其花，故知其誤而辨之。其未見者，惡從而辨之？辨藥之難，于此可見。苟非人所共識共知之藥，可擅用哉！

草以蘭名者有數種，今人呼為奶孩兒者，澤蘭也。方莖紫花，枝根皆香。人家多植之，婦女暑月以插髮。入藥走血分。省頭草則葉細碎如瓦松，開黃花，氣微香。生江塘沙岸旁，土人采之，入市貨賣，婦人亦市以插髮，云可除膩垢，未見有入藥用者。汪訒庵所謂町畦賤品，不可誤以為《本經》之蘭也。又有香草，葉如薄荷而小，香氣與薄荷迥別，五六月間人家采以煎黃魚，云可殺腥代葱，此即所謂羅勒是也，未聞有入藥者。又有孩兒菊，葉如馬蘭而長，近皆以此作澤蘭用，云可入藥治血。此四種皆香草。香而惡濁，略無清芬之氣，非聖人所謂王者之香也，指以為蘭，是認陽貨為孔子矣。惟奶孩兒香尤峻烈。李氏于蘭草釋名下，概以省頭草、孩兒菊混列一類，至集解所詳形狀，則又以孩兒菊為澤蘭，附方中則又認省頭草為蘭草，皆誤也。《經》云：因於濕，首如裹。蓋濕熱濁氣上熏，則元神之府昏重而失其清靈之恒矣。省頭草，氣猛，能上行辟濁，故有此名。又謂羅勒即蘭香，而《逢源》云羅勒與蘭香迥別，當以張說為可信。蘭香，吳人入藥，名曰佩蘭。夫氣香之藥性，皆辟濁理氣，張氏以為即《內經》之蘭，亦誤也。

清・孫德鍾《活人一術初編》卷二　廣德丸：全當歸　自然銅醋煅　石菖蒲　宣木瓜　香附　骨碎補　虎骨以上各陸兩　續斷　巡骨風　大茴香　桂枝　青皮　五加皮　延胡索　川芎　乳香去油　沒藥去油　秦艽　牛膝　枳殼　三七　防己　陳皮　薑黃　桑白皮　赤芍　杜仲　劉寄奴草　血竭另研，以上各肆兩　紅花叁兩　沉香　木香　母丁香以上各貳兩　外加草藥叁味　樂得打　接骨靈　接骨草以上各肆兩

叁味全有固妙，或止有壹、貳味亦可。各草形分繪於後：

樂得打初生形：味辛、苦，葉大，梗叁稜，有小白毛。

樂得打長大形：味辛、苦、微甜，香，梗圓，有小白毛，枝長尺餘。

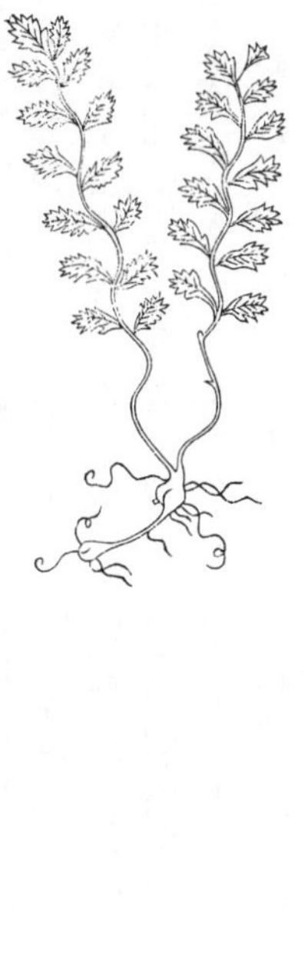

樂得打將老形：氣味與長大時同，葉較密。

接骨靈形：枝葉相對生，梗方，有小白毛，開小紅紫花，味甜、微苦、辛，地肥節紅，地瘠節綠，此枝乃柒捌月結子，子形如穭稻而小，多刺，粘人衣。

接骨草形：枝葉對生，梗方，有小白毛，葉如芹菜，花黃似野菊而小，子細如簪，挺長貳分許，多毛刺，粘人衣，黑色。味苦、辛。

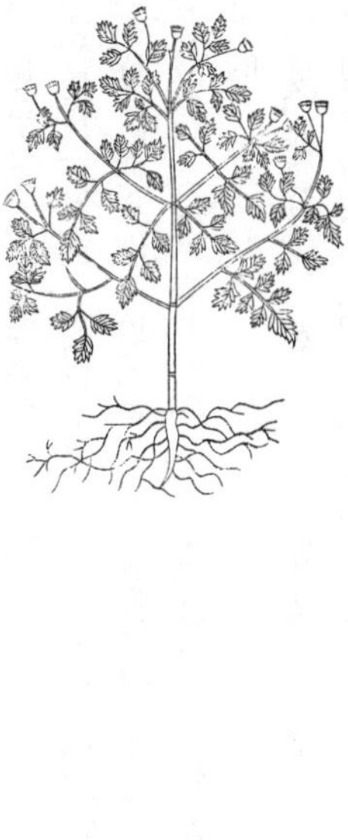

以上各藥，不見火，共為極細末，惟血竭另研，拌入，用蘇木叁斤，砂鍋內熬濃汁，和為丸，每丸重叁錢。

凡跌打骨折骨損，並金刃極重之傷，用黃酒，或童便，或小便化開貳丸，

服之立刻止痛。如痛極昏暈，藥渣不能下咽者，用黃酒清水各半盌，入砂鍋內煎叁丸，灌下立甦。受有重傷者，必須先服此丸，再用外治，則見效乃速，且免進風。凡四支不仁，筋骨疼痛，每服壹丸，黃酒化服，以瘥為度。凡用力勞乏，行路疲憊，用開水化服壹丸，靜臥片時，便精神如舊。

清·陸以湉《冷廬醫話》卷五 藥品　草藥形狀相類者甚多，如宕芋似何首烏，鉤吻似黃精，透山根似蘼蕪，天灸似石龍芮，雞冠子似青葙子，赤柳草根似茜草根等，不勝枚舉，良毒各殊，服食家均宜慎辨。

清·徐士鑾《醫方叢話》卷七 阿魏、三七試驗　阿魏狀如桃膠，其色黃如栗瓣者為上，色黑者不堪用。劉純詩云：阿魏無真却有真，臭而止臭乃為珍。驗法：以半銖安熟銅器中一宿至明，沾處如白銀，永無赤色，即真。三七合金瘡止血有奇效。試法：以末糝猪血中，血化為水者真《調燮類編》。

清·羅越峰《疑難急症簡方》 藥辨真假損益　鹿茸東雙橋裘賡三說：最好是關東茸，額闊黃毛，無黑色，并順逆柔軟不硬。角頂高者為高莊，即低者亦佳，取粗壯為是。魚茸是鯊魚所化，額內有黑毛，且硬不柔，不中用。

蒙桂又：此桂最好，出自獅子做窠之處。原來皮外有蛀蟲眼。又說：凡桂油，留一線就好。

燕窩又：有七十八種，最好出是緬甸。如拳者，名拳燕。亦有似瓢者，名瓢羹燕。熟後冷而復熱，其肉不硬，此外復熱則硬。

胖大海《道聽集》：味甘淡，治火閉痘，服之立起，並治一切熱症，勞傷吐衄下血，消毒去暑，時行赤眼，風火牙疼，去積下食，痔瘡漏管，乾咳無痰，骨蒸內熱，三焦火症諸瘡皆效，功難盡述。按：此肉味佳，可以並服。

黃精《食物》：仙書：太陽之草名黃精，食之長生。太陰之草，名鉤吻，食之即死。越遇餘姚藥客駱說：黃精有根，如根硬者，食之死，未卜是否。

馬齒莧丁氏：一名長命菜，性清涼，內服外敷，神效之至。亦名瓜子菜。按：一名豆版莧。

清·丁肇鈞《見症知醫》卷六 藥真病假　藥求道地，製得其法，藥真也。病何以假？得真藥治病，病不敵藥而病退，則病假矣。倘藥不辨，而草率從事，將藥假病真，至藥不應，始措手無及，汗顏自愧，反不如置身事外之高雅矣。藥味假者甚多，僕亦不能盡辨。但所列之方，本有指寔，故敢載其知者數條，亦謂藥之真假，病之臧否係之。治症者，斷不可不辨藥。

真吐牛黃　山陝北地，畜牛甚廣，故出牛黃。其形如鷄子，體質輕鬆，易剝落，每箇約重四錢五六分者，入研有香味即真，不必以透甲為驗。若重至一兩多，便是假黃，不可用。然土產有四方者，乃係殺黃，物真力微，加倍用之亦可。并有一種，如大鴨蛋大者，係駱駝黃，亦不可用。

熊膽　熊形類人，左食管，右氣管。難得其真而全者。土人所得，以灰麵混入，則一分可做二三分，以要重價。故真者甚難。真膽乃眼藥中之秘寶，點舌丹內之神丹，有訣云：身似琵琶色似漆，天時炎燥軟且濕。務求雙管管生珠，方是人熊身上的。

蟾酥　蟾酥乃毒門要藥，難覓其真。然自捕取之，如反掌得珍，貴于善事利器，萬事免至求人。可打一銅鉗子，兩旁有邊，收攏如盒子式，以一人捉住蝦蟆，一人用鉗夾住眉眼，頃刻有白酥滮出，在銅鉗盒內，或夾數箇，即用篾片刮下蟾酥，磁碟收聚。每日令人捕三十餘箇，有十日之積，即敷用矣。每年四五月，蝦蟆最多。後列有鉗式。

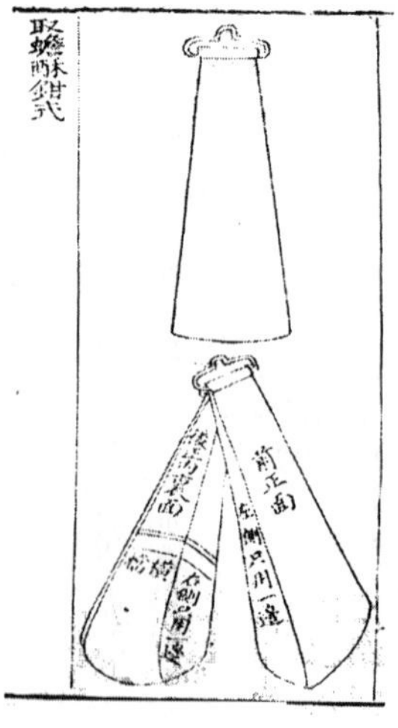

取蟾酥鉗式

魚子黃　即廣西阿地所出，名阿硫黃，價不甚昂，其性按之《本草》，金石之毒，若無秘製，切記勿亂服。其製法：每硫黃一斤，用明礬一斤，共研碎，以小酒罎一箇，盛礬黃于內，表心紙一張，蓋礬黃上，又以亂松柏枝鬆放入罎內，又用松柏紮成一把，塞緊罎口，又用大酒罎一箇，要配定小罎口，正合套在大罎口之內，將大罎盛水大半罎，埋一半在土內，用黃泥紙筋搗濕，封口牢固，四圍糠皮擁護，用炭火四邊引着，煅煉一日對週，退火半日，即將罎取出，其硫黃盡鑽入在大罎水內，結成大小塊；明礬俱昇在小罎頂上，礬棄不用，將黃打碎，裝入在猪大腸尾結內，兩頭線紮，水煮半日，取出，用清水浸，每日

水漂三次，計三日取起，用豆腐煮半日，又以水漂一日，再用黑豆煮半日，取出漂一日，又入甘草水煮半日，取出，水漂三日，以油盡為度，方研碎入藥。所謂松柏透礬闋，製法莫善于此。〇其壜週身用生薑搽之，見火則不爆裂。

夜明砂　蚊蟲之眼，夜則更明。蝙蝠善食蚊，然蚊已化，而眼睛不化，故名曰夜明砂。其取法：將蝙蝠糞內淘出蚊蟲眼睛，乃為真正夜明砂。第用者不過空有其名，何從辨別？必將此物置之太陽中照之，金光燦爛，寶氣騰騰，又能淘盡泥土，毫無灰塵，方是淨砂。今蘇州嘉定縣南翔鎮大寺鴛鴦殿尚人之頂，淨夜明砂，價合四換，入配眼藥，再無佳于此者。

土鱉　土鱉處處皆有，而礱坊木礱底下尤多。其製法：用小瓶可盛二三十箇，以紅花末入瓶，與鱉蟲食之，食盡紅花，大蟲即吃小蟲，養至一月，取出，只有數枚，入燒酒浸，烘乾，研末則力大精壯，以之配藥，最為神奇。

珍珠　用珠必要二三四鳌重者，粗糙歪損，俱可入用，只求明亮為上。最忌魚眼湖珠，及俗名藥珠，乃細碎不堪者，以入眼藥，必損瞳人，不如勿用。而點舌丹中有好珠更佳，如無，即歪糙明亮者亦可，惟魚眼湖珠斷不可用。

清・鄭奮揚著，曹炳章注《增訂僞藥條辨》　勸戒芻言　一勸辨藥宜真也。余閩人，在閩言閩，閩地僻處海嶠。凡兩廣及外洋要藥，皆自香港辦來。江、浙、川、陝、遼、冀各地道，皆自上海辦來。全省大小藥肆，多向南北幫購置。此書所列僞藥，十有六七非閩省所產。藥棧為藥店領袖，必當辦運真藥以利濟群生。回憶二十年前，藥幫傳單議禁，實為無量功德。不意日久玩生，禁者自禁，而售者自售。夫藥之真僞，醫家病家固未能周知，藥棧無不知之。明知故作，又奚可覩？竊願好善君子，存仁交義取之心，矢濟世濟人之志，清流塞源，永遠禁絕，則廣種福田，不僅鄙人持一瓣香禱祝以求之耳。

一勸販藥宜審也。凡藥棧之莊友，藥商之經手，一切辦貨批貨，均須驗明正地道貨色。如遇有假藥，貨寧缺而不買，價雖賤而不收，存利濟之善心，絕鑽營之貪念。即外府州縣，窮鄉僻壤，客載來省購貨，亦須認貨交易，勿貪小利而昧天良，勿便私圖而害人命。語云：救人一命，勝造七級浮屠。彼蒼福佑善人，報施原不爽也。

一勸買藥宜慎也。凡病家請醫治病，為其欲愈也。有真方無真藥，盧扁莫何。凡一方到手，須問明方中有無要藥，特向藥鋪只取真藥，不論價錢。與其服僞藥數十劑而無功反害者，何如服真藥一二劑而奏效如神也。勿先評價錢而後購，勿第貪便宜而相商。凡方中有涉假藥者，尤宜審問而明辨之，自不至為其所誤矣。

一勸用藥宜謹也。醫為司命之人，臨症開方，凡方中有涉及假藥者，須與病家詳說某藥有假，購藥時切宜明辨，為之提醒，自不致墜其術中。在我稍費片言，於人受益非淺。至貴重之品，如人參、牛黃、麝香、琥珀、海狗腎、麒麟竭、珍珠、阿膠、犀角、羚羊之屬，尤宜謹慎。儻無真藥，徒費病家之錢，於病無濟。必不得已而用之，須囑力求真品，或能稍收功效。吾願同志諸君，力挽頹風，隨時隨地，留心察訪，嚴別真假，以立吾道之防，則活人之心，差堪稍慰已。

一勸買藥宜誠也。項元麟曰：病家買藥，原係去病求生，固非泛常日用者可比，幸勿希圖價廉，多打折扣，故意拖欠，使彼貨賣之家，折本含怨。請思經營問利，誰甘虧折？不得已將形色相似者代之，孰知雲泥之隔，冰炭之殊。買藥者，惟圖價值便宜。服藥者，亦大受其損矣。病情輕，尚可苟延殘喘。病情重，以致殞命捐軀。買賣之際，生死交關，其可不慎？況世俗皆以藥業為暗行，不知其如何利息。殊不知剔選正藥，去頭除稍，再去泥雜沒屑，沾惠甚微。偶或驟讓，甚至淨欠不還，以致賣者進貨折本不計。所以買者貪而無誠，而賣者作僞，亦毋怪其然矣。又有土人商賈魚目混珠，來路不清，亦非關藥肆之弊，乃進貨者經驗閱歷不到，受人欺騙耳，罪在奸商貪利忘義之徒。總之，藥之良窳，關人生命，賣者買者，宜各本天良，思之味之。

清・方仁淵《倚雲軒醫案醫話醫論》　鹿茸人參治驗　人參、鹿茸為極補之藥，皆昂貴。然鹿茸雖貴，真者尚易得，以其難假而易辨也。人參價貴而假者多，其地道難辨，種參甚多，惟野生者始有力，種者無力。以天下之大，安得有許多野人參以應世用？人參能補氣，亦能補血。鹿茸能補精血，接先天元氣。老年精血衰弱，頭眩耳鳴，足膝無力，服之頗有效。補精血亦能補氣也。新種人參亦能補氣，惟不如野生者耳。今人一服人參，欲望能起死回生，望之太奢。不知人參不過草木中之補氣藥耳。病在不治，亦何益哉。古方動輒用人參，今以價貴，貧者無力，不敢浪用，亦以望之過奢，一有不當，怨謗叢生。至不得已而用之，恐其晚耳。人參之抱屈多矣！

徐珂《清稗類鈔・藝術類》　僞藥致誤　金良玉明經銓工詩善醫，作劑宗法東垣，審藥尤嚴，逐味揀之。自謂一生謹慎，然幾誤生命者屢矣。一為

某家五歲兒病肺風，初用麻黄三分，不應；　益以五分，又不應，第三劑益至七分，而額汗如珠，脈亦欲脱矣。急以人參五味止之，糝以牡蠣、龍骨，始痊。訪之，則前所用皆偽者，七分則真麻黄，不覺已過重矣。一為某店一主計，病水腫，以十棗湯逐之，再劑不應。因鑒前轍，索藥驗之，朽敗絕無氣味，命赴他店易之，一劑而愈。

名實異同部

題解

宋・趙佶《聖濟總録》卷三《敘例》　藥品　藥品有物異名同者，有物同名異者。稱呼既別，性用不一，修合之際，多有疑貳，今悉改正。如通脱木、木通二物，皆名通草，古方既不分別，故用木通者，不知與通脱木為異，此物異名同者也。古方用乾地黄，不分蒸暴、生乾二者，治藥性用不同，今以生熟為別，此物同名異者也。至如藥名中有從神農正經者，有從諸家註解者。蓋取世俗稱呼行用多者，庶無所惑。

清・張志聰《侶山堂類辯》卷下　藥性形名論　按《本草綱目》金、石、草、木、禽、獸、果、穀，自神農及今，計一千六百餘種，命名之義，各有思存。如黄連、白芷、青黛、玄參之類，以色而命名也。甘草、苦參、酸棗、細辛之類，以味而命名也；　寒水石、溫肭臍、火硝、香薷之類，以氣而命名也；　桑皮、橘核、杏仁、蘇子之類，以體而命名也；　夏枯草、欵冬花、長春、秋葵之類，因時而命名也；　防風、續斷、決明、益智之類，以功能而命名也；　鈎藤、兜鈴、狗脊、烏頭之類，以形象而命名也。命名之義，不能枚舉。施于治道，各有功用。如五氣分走五藏，五味逆治五行；　皮以治皮，節以治骨，松節、杉節及草根之多堅節者皆能治骨。　核以治丸，荔核、橘核之類治睾丸。　子能明目；　藤蔓者治筋脉，血肉者補血肉。各從其類也。如水草、石草，其性主升，稍杪子實，其性主降。甘香之品，能橫達于四旁；　寒熱之氣，性浮沉于上下；　在土之根荄，本乎上者親上，本乎下者親下；　在外之枝幹，在根者治本，在枝者行于四支。此物性之自然也。又如夏枯之草，夏收之朮，半夏之生，麰麥之成，皆得火土之氣而能化土。秋英之菊，秋鳴之蟬，感金氣而能制風。淩冬不凋者，得寒水之氣而能清熱；　先春而發者，秉甲木之性而能生升。此感天地四時之氣，而各有制化也。甘溫者補，苦寒者瀉；　色赤者走血，色白者走氣；　赤圓者象心，白瓣者象肺，紫尺者益脾，香圓者入胃，徑直青赤者走肝，雙仁圓小者補腎，以形色之相類也。以象形而治五藏，詳《金匱要略》。陽者主上，陰者主下。陰中之陽升，陽中之陰降。輕清者主上，重濁者主下。濁中之清升，清中之濁降。凡物感陰陽之氣而生，各有清濁升降之質性者也。又如山梔炒黑而降，黑豆黄卷而升，紅麴生血，神麴化秔，此假醸而得化功者也。因名而取實，因象以用形，得其性之升降浮沉，氣之溫涼寒熱，色之青黄赤白，味之甘苦酸辛。一千六百餘種，大概不越乎此矣。

清・汪昂《本草備要》卷首　藥有以形名者，人參、狗脊之類是也；　有以色名者，黄連、黑參之類是也；　有以氣名者，豨薟、香薷之類是也；　有以味名者，甘草、苦參之類是也；　有以質名者，石膏、石脂、歸身、歸尾之類是也；　有以時名者，夏枯、款冬之類是也；　有以能名者，何首烏、骨碎補之類是也。

論説

唐・段成式《酉陽雜俎・前集》卷二　藥草異號

丹山魂：　雄黄。五精金：　陽起石。陸虛遺生：　龍骨。絳晨伏胎：　茯苓。

宋・張世南《游宦紀聞》卷一　鄱郡官書，有《本草異名》一篇。盡取諸藥它名登載，似覺繁冗。今摘常用者書于此，以備博知。荊芥曰假蘇香，附子曰莎草根，金鈴子曰楝實，訶子曰訶黎勒，花謝欲結子，爲風吹墮者曰隨風子，嘉禾散所用者是也，今醫家只以緊實小訶子代之。山藥曰薯蕷，一名玉延。簡齋嘗作《玉延賦》。蒼耳曰葈耳實，馬(蘭)〔藺〕花曰蠡實，仙靈脾曰淫羊藿，牛蒡子曰惡實，茴香曰蘹香子，破故紙曰補骨脂，乳香曰薰陸香，柏子仁曰柏實，淩霄花曰紫葳，餘甘子曰菴摩勒，菱角曰芰，蘿蔔曰萊菔。以上藥

名，間亦有醫者所未盡知。

宋·莊綽《雞肋編》卷上　《本草》：麻蕡，一名麻勃，云此麻花上勃勃者。故世人謂塵為勃土。果木諸物，上浮生者皆曰衣勃。和麪而以乾者傳之，亦曰麪勃。浙人以米粉和羹，乃謂之米糐，音佩，而從力者韻無兩音。《大業雜記》載尚食直長謝諷造《淮南王食經》，有《四時飲》，凡三十七種，並加米糐。乃知此書如茶飲、茗飲、桂飲、酪飲皆然，未知與今同否也？

宋·周密《癸辛雜識》前集　三建湯　三建湯所用附子、川烏、天雄，而莫曉其命名之義。比見一老醫云：川烏建上，頭目之虛風者主之；附子建中，脾胃寒者主之；天雄建下，腰腎虛憊者主之。此說亦似有理，後因觀謝靈運《山居賦》曰：三建異形而同出。蓋三物皆一種類，一歲為莂子，二歲為烏喙，三歲為附子，四歲為烏頭，五歲為天雄，是知古藥命名，皆有所本祖也。

宋·張杲《醫說》卷二　藥名之異　《本草》一物而有數名者，詳載《本經》。至有日常用之藥，乃有異名，一時難以尋討，今直指其名，表而出之，庶有益於後學。牡蒙乃紫參。衛矛即鬼箭。紫葳今凌霄花。蘹香子即茴香也。莎草根今香附子是。北亭砂乃硇砂。茗苦荼者，茶也。無食子，沒石子是。南燭枝，今烏飯葉。菰根，茭筍也。惡實即牛蒡子。蠡實即馬藺。淫羊藿即仙靈脾。假蘇是荊芥。葫是大蒜。牙子乃狼牙。馬勃乃馬屁菌也。商陸即當陸根。敗天公，人戴竹笠之敗者。薰陸香，乳香也。訶黎勒初未成實風吹之墜地，謂之隨風子。《太平廣記》載南威，橄欖也；石蜜，櫻桃也；盧橘，枇杷也；木蜜，棗也；壓，塵也；葱，白涼青熱，通九竅；韮，白暖地之羊肉，青涼閉九竅；萊菔乃蘿蔔；小草即遠志葉；半天河，竹籬頭水也；署蕷今之山藥；神屋即龜甲；五靈脂，寒號蟲糞也；芰實，菱也；烏芋即慈菇；蚤休即紫荷車；浮石載石蟹條下；慎火草即景天也。

明·李詡《戒庵老人漫筆》卷五　本草品類分併：《本草》中宜併而分者，其類甚多，如菥蓂、薺菜子，如蘼蕪、芎藭苗，如蒲黃、香蒲花，如青黛、藍葉，如地筍、澤蘭根之類。其宜分而混者，如烏芋兼收荸薺、茨菰之類。

明·傅懋光《醫學疑問》　問：已下各種藥性，小邦未能詳知，各種名下產出之處，用藥之方，且解俗名，俱願詳教。　答：土茴香：土字未詳。葉似老胡荽，極踈細，作叢，至五月高三四尺，七月生花頭如傘蓋，黃色，結實如麥而小，青色。北人呼為小茴香。療惡毒癰腫等症。　土芎藭：土字未詳。生川蜀、秦地者良。若土者，乃各處所產，難以入劑。　土當歸：土字未詳。同前。　土烏藥：土字未詳。出天台山乃曰台烏藥，別處產者俱云土烏藥也。　舶上茴香：舶字未詳。一名蘹香子，產交廣諸蕃及近郡有之，入藥多用蕃舶，故名之。味辛，平，無毒。主諸(瘰)〔瘻〕，霍亂及蛇傷，膀胱冷氣，調中止痛。　巴戟天：天字未明。生巴郡，乃天明則出苗。又曰不凋草也。能補先天元氣，故有天字。　隨風子：即訶子。初成實，風落地者。　金星鳳尾草：味苦，氣寒，無毒。多生陰濕石上，葉長，凌冬不凋，背有黃點兩行，狀若金星相對，故名。專理外科。凡諸未潰陽毒，沿頸瘰癧，發背癰疽，或剉碎煮酒頻吞，或研末調水旋服亦可。　枳椇：味平，甘，無毒。主頭風，小腹拘急。一名木蜜。其木皮，溫，無毒。主五痔，和五臟。以為屋，屋中酒則味薄，此亦奇物。其樹徑尺，葉如桑柘。其子作房，似珊瑚，核在其端，人皆食之。　火麻子：即火麻仁。潤腸，通結滯。　荊瀝：多截莖條，磚架火上炙熏，瀝取兩頭流滴。加薑汁傳送，消痰沫如神。虛痰用竹瀝，實痰用荊瀝。二味俱開經絡，行血氣要藥也。　紅娘子：即樗雞。味苦，平，有小毒。出岐州。有二種：五色具者雄，入藥良；其青黑質白者是雌，不入藥。凡用去翅足，以糯米麪炒黃色，去米麪。用治心腹邪氣，益精強志，補中輕身，通血閉，行瘀血，主瘰癧，散目中翳。　乾菜子：即萊菔子，又名蘿蔔子。　桕油木：乃桕樹也。其子外白，作燭燒明，子內肉打油，南人用之點燈照明也。　地菘：即天名精。味鹹。止金瘡血，解惡蟲螫毒。生人家及路傍陰處有之，高二三寸，葉似菘葉而小。　黃荊子：即黃荊條所生之子。其子炒為末，雞子清調敷腫毒，乾則以水潤之，神效。又能治婦人赤白帶下。又治心疼，炒為末，酒調下二錢。　山裏棗：即山查。因其赤色而名之也。　京墨：京字未詳。乃佳墨也。因帝王建都之處所產，故名。今墨多出南京。　木饅頭：即木蓮蓬。能澁精之藥。　桑羊：即桑螵蛸。止小便遺瀝，又固精。　魚腥草：南方水邊處處有之。葉如桑，(臭)〔嗅〕之則其腥如魚。煎湯洗痔，可以消縮止痛。　乞火婆蟲：即螻蟈，又螻蛄，又名土狗。通水道之藥。〔螻蟈即蝦蟇，非土狗也。〕　節皮：即華皮也。治癰腫諸毒。　鹿苴根：即敗醬。　橄欖：出嶺南。樹大數

圍，實長寸許，其子先生向下，後生者漸味酸。甘，溫，無毒。開胃，下氣，止瀉。　螺青：　乃青魚之膽也。因此魚食螺蛳者，故名之。其膽汁點火眼甚效。　女青：　是蛇含根，釋名雀瓢。生平澤。葉似羅摩，兩相對，子似瓢，形大如棗許，我國多未用。　啾唧：　即促織，又名蟋蟀。乃利小便之藥也。　紫金皮：　註見藤條。　江茶：　山茶花。去瘀血，能引血歸經。因產浙江，名江茶也。　縮砂蜜：　生南地。味苦辛。苗莖似高良薑，高三四尺，葉青，長八九寸，闊半寸，三四月開花，五六月成實，五七十枚作一穗，狀似益智，皮緊厚而皺。主氣腹痛及安胎等證。　石絲：　即寒水石。出趙郡。有縱理，横理不同。　楊芍藥：　即白芍藥。楊樹曰白楊樹，故名楊芍藥也。　木猪苓：　木字未詳。生衡山山谷，今蜀州、眉州亦有之。舊説是楓木苓，今則不必楓根下乃有。生土底皮黑，作塊似猪糞，故名之。又有施州刺猪苓。　杜茴香：　杜字未詳。佛經土字讀作杜字。　乾桑黄茹：　味甘，有毒。療月水不調，治癖飲積聚。處處生之，取根用。皮即桑白皮。　晚禾根：　禾有早、中、晚三種。其味甘，入陽明之經。其色白入肺而解熱。惟十月收者謂之晚禾，以冬時其氣在根也。　釣鈎藤：　微寒，無毒。出涼州。葉細莖長，節間有刺若釣鈎。治小兒寒熱，十二驚癇。　敗醬：　一名鹿首。生江夏川谷。花黄，根紫色，似柴胡，作陳敗豆醬氣，故以為名。味苦、鹹，平，微寒，無毒。治暴熱火瘡，赤氣疥癬，瘺腫結毒。　蕈：　味甘，寒，無毒。主消渴熱痺。　槐：　即槐枝也。槐花、槐角、槐膠，有槐白皮。處處有之。　懷地黄：　出懷慶府，故名之。　沙苑蒺藜：　味苦、辛，氣溫，微寒，無毒。多生同州沙苑。治婦人癥結積聚，止男子遺溺泄精。　仙茅：　生西域，今川、湖、兩浙皆有之。葉青如茅而軟，或稍闊，面有縱理，冬盡春初乃生。味甘，微溫，有小〔毒〕。補暖腰脚，久服能輕身，益顔色，故名仙茅。　淩霄花：　即紫葳。味酸，微寒，無毒。莖葉俱用。主婦人崩中，癥瘕血閉，寒熱產乳餘疾，羸瘦，養胎。　紫金藤：　出福州山中。春初單生葉青色，至冬凋落，其藤似枯條，採其皮晒乾，為末，治丈夫腎氣。　椿根皮：　即臭椿根皮。味苦，澁，氣寒，有小毒。南北俱生。主疳䘌。惟白者良。止血功同，女科任用。　川藥：　即山藥也。　大青：　即藍葉也。青黛即其汁所成。

明・傅懋光《醫學疑問》　問：　諸方中藥材之難辨者，不可盡記，姑以其中要用之切者言之：　巨勝子方家或云黑芝麻，然耶？且麻種有胡麻、大麻、火麻、芝麻不同，詳細分辨。生於粉種，亦有胡粉、膩粉、鉛粉、胤粉、定粉、韶粉、輕粉、粉霜之號，各各不同。切願詳知。　答曰：　巨勝子有七稜，色赤味酸澁者為真，非黑芝麻之一種，此方家怪誕之語。再問麻種不一，有胡麻、大麻、火麻、芝麻，已答前篇，不贅。又問粉種，胡粉、膩粉、鉛粉、胤粉、定粉、韶粉、輕粉、粉霜之類。胤粉即鐵華粉，銅鐵飛煉而成也。鉛粉、定粉、胡粉、韶粉俱化鉛為之英也。定者，言其形；胡者，和脂以糊面也；韶者，出於韶州也。膩粉、輕粉、粉霜皆水銀升煉之類也，膩粉言其性，輕粉言其質，粉霜以汞粉轉升成霜也。

清・王端履《重論文齋筆錄》卷一〇　《爾雅》所載，多古藥名，即以《釋草》言之，如薜、山蘄爲當歸，赤枹薊爲蒼朮，萑蓷爲益母，熒、委萎爲葳蕤，蒡，隱葱，爲桔梗之類。其與今名同者如茵，貝母；蕈、葶藶；茨，蒺藜；苄，地黄；濼，貫眾之屬。尤不可勝數。嘗欲取《爾雅》全書，區分五藥種類，《周禮・天官・疾病》五藥，鄭註：　草、木、蟲、石、穀也。別著《釋藥》一篇，已得數十條。今老病侵尋，知不能償此願矣，故散附《筆錄》中。其釋《爾雅》而不關藥名者，亦並存焉。

清・陸以湉《冷廬醫話》卷五　藥品　《龍木論》治内障眼有五退散，用龍退蛇皮、蟬退、鳳凰退烏雞卵殼、佛退蠶紙、人退男子退髮等分，一處同燒作灰，研為細末，每服一錢，用熟羊肝喫，不拘時候，日進三服。佛退、人退之名甚新，可補入藥品異名中也。

竹茹從竹，而俗或從草作茹，青葙子從草，而俗或從竹作箱，皆誤。【略】

今之所云沙苑蒺藜，即古之白蒺藜。今之所云白蒺藜，乃古之茨蒺藜也。今之所云木通，即古之通草，今之所云通草，乃古之通脫木也。今之所云廣木香，即古之青木香，今之所云青木香，乃古之馬兜鈴也。岐黄家用藥，豈得泥古而不從今耶？

清・陸以湉《冷廬雜識》卷二　錫：　臨海洪僉事若皐《南沙文集》，謂方書金、銀、玉、石、銅、鐵，俱可入湯藥，惟錫不入。間用鉛粉，亦與錫異，錫白而鉛黑，且須煅作丹粉用之。明名醫戴元禮嘗至京，聞一醫家術甚高，治病輒效。親往觀之，見其迎求溢戶，酬應不暇。偶一求藥者既去，追而告之曰：　臨煎時加錫一塊。元禮心異之。叩其故，曰：　此古方爾。殊不知古方乃餳字，餳即今糯米所煎糖也。嗟乎！今之庸醫，妄謂熟諳古方，大抵皆

不辨錫、錫類耳。余謂：今之庸醫，不特未識古方也，即尋常藥品，亦不能辨其名。有書新會皮作會皮，蓋不知新會是地名也。有書撫芎作撫川芎，蓋不知川與撫爲二地也。此皆余所目見者。

清・周學海《讀醫隨筆》卷五 金銀薄荷湯下、金銀花薄荷湯下、金銀箔錢仲陽《小兒直訣》方中，涼驚丸、五色丸後，有金銀薄荷湯下之文。他書引此，每於金銀下加花字。《絳雪園古方選注》真珍圓下，有金銀花薄荷湯下。此方出許叔微《本事方》，原書並無花字，是花字之為妄增無疑矣。凡此等方，皆治小兒驚癇與大人痰厥諸病，金銀之氣，能鎮肝逆，薄荷之氣，辛散通絡，義本昭然，於花何與耶？又《顱顖經》治驚牛黃丸方下有云：加金銀箔五片。攷箔薄古通用，故敗脈之象，有如懸薄，即謂寬散如簾箔之懸也。況金銀箔更因其形體之薄而立名，其通用更不僅音之相近矣。竊恐錢、許方中，不但花字衍文，即荷字亦恐後人附會妄增耳！第相沿已久，不敢定斥為誤，姑論而存之。後閱一年，得讀《全幼心鑒》，書中極論金錢入藥之誤，謂薄荷家園葉小者，名金錢薄荷，銀字誤也。此說雖異，而用意正與予同，是讀書細心者也。存以參攷。

綜述

唐・梅彪《石藥爾雅》卷上 釋諸藥隱名 玄黃花：一名輕飛，一名鉛飛，一名飛流，一名火丹，一名良飛，一名紫粉。鉛黃華：一名黃丹，一名軍門，一名金柳，一名鉛華，一名華蓋，一名龍汁，一名九光丹。錫精：一名黃精，一名玄黃，一名飛精，一名金公，一名黃芽，一名伏丹，一名制丹，一名黃輕，一名黃轝，一名紫粉，一名黃華，一名黃龍，一名黃池，一名河車，一名太陰，一名金精，一名金公河車，一名素丹白豪，一名假公黃。

鉛精：一名金公，一名河車，一名水錫，一名丹白豪，一名太陰，一名素金，一名天玄飛雄，一名幾公黃，一名立制太陰，一名虎男，一名黑虎，一名玄武，一名黃男，一名白虎，一名黑金，一名青金。水銀：一名汞，一名鉛精，一名神膠，一名姹女，一名玄水，一名子明，一名流珠，一名玄珠，一名太陰流珠，一名白虎腦，一名長生子，一名玄水龍膏，一名陽明子，一名河上姹女，一名天生，一名玄女，一名青龍，一名神水，一名太陽，一名赤汞，一名沙汞。水銀霜：一名金液，一名吳沙汞金，一名白虎腦，一名金銀虎，一名赤帝體雪越楚，一名水雲銀。丹砂：一名日精，一名真珠，一名仙砂，一名汞砂，一名赤帝，一名太陽，一名朱砂，一名朱鳥，一名降陵朱兒，一名赤帝精，一名赤帝髓，一名朱雀。雄黃：一名朱雀筋，一名白陵，一名黃奴，一名男精，一名石黃，一名太旬首中石，一名天陽石，一名柔黃雄，一名丹山月魂，一名深黃期，一名帝男精，一名帝男血，一名迄利迦。雌黃：一名帝女血鍊者，一名玄臺月半鍊者，一名黃龍血生，一名黃安鍊者，一名赤廚柔。赤雌：鍊者，一名帝女迴，一名帝女署生、帝女血黃、安赤廚柔雌。已上鍊者，玄臺丹半。石硫黃：一名黃英，一名煩硫，一名硫黃，一名石亭脂，一名九靈黃童，一名黃硫砂，一名山不住。硇砂：一名金賊，一名赤砂，一名狃砂，一名濃砂，一名白海精，一名狃砂黃，一名黃砂，一名赤狃砂。曾青：一名樸青，一名赤龍翹，一名青龍血，一名黃雲英。空青：一名青要中女，一名青油羽，一名青神羽。磁石：一名玄石拾針，一名玄水石，一名處石。不拾針者，一名綠秋，一名伏石母，一名玄武石，一名帝流漿，一名席流漿。陽起石：一名白石五精全陽，一名五色芙蓉，一名五精金精，一名五精陰華。理石：一名立制石，與石膽同名。一名肥石，一名不灰木。胡同律：一名梧桐淚，一名屈原蘇。金牙：一名虎脫幽。石鍾乳：一名公乳，一名盧布，一名殷孽，一名薑石，一名乳華，一名通石，一名乳牀石，一名夏乳根，一名殷孽根，一名孔公孽，一名逆石，一名石華。胡粉：一名錫粉，一名鉛粉，一名丹地黃，一名流丹，一名解錫。龘者，一名鵲粉，一名流丹白豪，一名白膏。

白玉：一名玉札，一名純陽主，一名玄真赤玉，一名天婦，一名延婦。白青：一名魚目青。綠青：一名碧青，一名畢石，一名扁青即。石綠：又名銅勒。石膽：一名黑石，一名碁石，一名銅勒，一名石液，一名立制石，一名擅搖持，一名制石液。雲母：一名玄石，一名雲華五色，一名雲末赤，一名雲英青，一名雲液白，一名雲沙青，一名璘白石，一名雲膽黑，一名雲起，一名泄涿，一名雄黑，一名雨華飛英，一名鴻光，一名石銀，一名明石，一名雲梁石，一名浮雲滓。消石：一名北帝玄珠，一名昆涛梁，一名河東野，一名化金石，一名化金石生，一名水石。朴消：一名東野，一名單丹，一名海末。白礬石：一名羽澤，一名黃石，又名黃老。雞矢礬：一名玄武骨，一名赤龍翹，一名尋不見石赤者。滑石：一名石液，一名共石，又名脆石，一名番石，一名雷河督子，一名冷石，一名留石。紫石英：一名紫陵文質。白石脂：一名白素飛龍。白石英：一名素玉女，一名白素飛龍，一名銀華，一名水精，一名宮中玉女五色。青石脂：一名五色赤石味，一名黑石脂，一名黑石。太乙禹餘糧：一名石腦，一名餘糧，一名天師食，一名山中盈脂，一名石飴餅。雞矢礜石：一名青鳥，一名鹵礜，一名五色山脂。握雪礜石：一名化公石。特生礜石，一名鼠生母。太陰玄精：一名監精，一名玄明

龍膏，與汞同名。　太陽玄精：一名無主。　凝水石：一名水石，一名寒水石，一名凌水石，一名冰石。　礜石：一名白虎，一名白龍，一名制石，一名秋石，一名日礜，一名固羊，一名太石，一名倉鹽石膏，一名細石。　長石：一名方石，一名土石，一名直石。　青琅玕：一名石味，一名青珠，一名白碧珠。　方解石：一名黃石。　石黛：一名碧城飛華，一名青帝流石，一名碧陵文侯，一名青帝流池，一名帝流青。　牡蠣：一名四海分居，一名石雲慈。　金：一名庚辛，一名天真，一名黃金，一名東南陽日，一名男石上火。　熟銀：一名山凝，一名白銀，一名女石下水，一名西北墮月。　鍮石：一名黃石。　白鑞：一名丹陽，一名赤銅。　鉛白：一名丹地黃，一名金公，一名青金。　白鑞：一名崐崘毗。　水精精：一名陰運，一名真珠，一名夜光明，一名蜯精，一名明合景。　紫石英：一名西龍膏，一名浮餘，一名上白丹戎鹽，一名仙人左水，一名西戎上味，一名西戎淳味，一名石鹽，一名寒鹽，一名冰石，一名光明鹽，一名紫女，一名上味，一名石味，一名倒行神骨。　代赭：一名血師，一名白善，一名白玉。　鹵鹹：一名青牛落，一名石脾。　大鹽：一名石鹽，一名印鹽，一名海印末鹽，一名帝味，一名倉鹽，一名味鹽。　石鹽：一名石味。　黑鹽：一名黑帝味，一名玄武味，一名玄武腦，一名北帝髓，一名北帝根。　赤鹽：一名赤帝味。　白鹽：一名白帝味。　青鹽：一名青帝味。　右四鹽併合藥，造作諸物，名聖無知。　烏頭：一名黃烏首。　附子：一名烏煙，一名香附子，一名烏頭子。　鬱金：一名五帝足，一名黃鬱，一名烏頭。　五牙者，穀、粟、豆、黍、大麥等牙是也。又一本云粟、黍、蕎、豆、麥也。　桑汁：一名帝女液，一名鵠頭血。　葱涕：一名空亭液。　覆盆子：一名缺盆，一名龍膏，一名雲水，一名白馬汁，一名秋膠，一名義物錫。　西龍膏：一名黃龍膏，一名黃澤，一名五穀孽，一名童兒禾。　桑樹上露：一名上清。　白雲汁：一名白雲滋。　蚯蚓屎：一名龍通粉，一名蚓場土，一名地龍粉，一名寒獻玉，一名土龍屎。　白茅：一名白羽草。　桑木：一名蠶命食。　蘇膏：一名三變柔，一名三變澤生，一名谷釜生。　白(頭)〔頸〕蚯蚓汁：一名玄龍地強汁，名土龍膏，一名土龍血。　白殭蠶：一名蟻強子，一名白荷。　白狗膽：一名瓠汁，一名陰龍瓠汁，一名陰色白狗糞，一名龍膏。　狗尿：一名陰龍汁。　白狗耳上血：一名白龍柒，一名陰龍膏瓠汁。　黑狗糞汁：一名黑龍，一名陰龍膏。　黑狗血：一名陰龍汁。　牛乳汁：一名蠢蠕漿，一名首男乳。　牛膽：一名陰獸當門。　黃牛糞汁：一名陰獸精汁。　水牛脂：一名烏衣脂，一名黑帝烏脂，一名烏帝肌。　羊脂：一名味物脂。　猪頂上脂：一名負革脂，一名黑龍脂，一名黑帝孫肌，一名玄生脂。　猪脂：一名陰龍膏。　大蟲睛：一名山君目，一名王母女瓜。　母猪足、猴猻頭：一名封君，一名二千石腦。　鸛鵲血：一名陰烏汁。　雨水汁：一名雲光液。　野鵲腦：一名飛駿馬。　鯉魚眼睛：一名水人目。　馬糞：一名馬通，一名靈薪。　蛸脂：一名猛虎脂。　螢火蟲：一名後宮遊女，一名夜遊好女兒。　蜂子：一名飛軍，一名飛粽。　蜂：一名羅叉。　蜜：一名百卉花醴，一名眾口華芝。　葦麻火：一名虛消薪。　鰾膠：一名騏驎竭，一名天筋縫縹。　蝦蟆皮：一名龍子單衣。　蛇蛻皮：一名龍子衣，一名脫皮，一名蛇符弓皮。　牆上草：一名土馬騣。　楸木耳：一名金酒芝，一名金商芝。　章陸根：一名芬華，一名六甲父母。　桃膠：一名薛側膠。　竹根：一名恆生骨。　松根：一名千歲老翁腦。　柏根：一名太陰玉足。　石苔衣：一名長生石。　松脂：一名丹光之母，一名木公脂，一名丹光母，一名波羅脂。　牡丹：一名兒長生。　青牛苔者：一名鹹。　西獸衣者：一名駝毛。　石灰：一名五味，一名白灰，一名味灰，一名惡灰，一名希灰，一名染灰，一名散灰。　甘土：一名白單，一名白墡，一名丹道，一名土精。　黃土：一名黃牛母。　赤土：一名赭堊。　黃鸚頭：一名黃鳥首。　莧根：一名地筋。　鼎：一名天器，一名登瓦，一名陰華明蓋，一名赤色門。　鐵釜：一名金匱，一名登日，一名地下釜。　土釜：一名天器，一名神室，一名赤門，一名神釜，一名非赤堅，一名土鼎。　陰華羽蓋：一名釜蓋，一名登瓦。　陽曹蕁：一名釜底。　越竈：一名風爐。　酢：一名左味，一名玄池，一名華池，一名玄明，一名玄水，一名弱水，一名神水，一名苦酒，一名青龍味，一名西海父母，一名醋，一名醯。　銅青：一名黃龍汋。　五加皮：一名牙石。　地榆：一名豚榆係。　蜂：一名切蜂精。　砌黃：一名黃龍華，一名赤帝華精。　井華水：一名五水，一名露霜，一名雪雨。　鉛丹：一名黃龍肝。　燭燼：一名夜光骨。　桑寄生：一名木精。　地黃：一名十精。　黃精：一名重樓，一名兔竹，一名豹格，一名救窮。　茯苓：一名天精。　天門冬：一名大當門根。　蜂子蜜：一名白葩。　澤瀉：一名萬歲。　未嫁女子月水：一名童女月。　小兒尿：一名水精仙人水。　水泡沫：一名海潮沫。　五茄地榆匹：一名紫灰。　肉蓯蓉：一名地精。　死人血：一名文龍血。　杏人：一名木落子。　白昌：一名地心。　持子屎：一名摩幾。　烏頭沒：一名黃附琴。　人糞汁：一名玄精。　紫鉚：一名尚田丹。　千尋子：一名大調汁。　牡荊子：一名夢子。　蝙蝠：一名伏翼。　青蚨：生嶺南，形女蟬也。

更有子東灰、紫亭脂，此是大丹之事。至藥元君，不許妄傳，為盟誓重，此不敢載矣。

後唐・侯寧極《藥譜》

苾蒻清本良於醫，藥數百品，各以角貼，所題名字詭異。余大駭，究其源底，答言：天成中進士侯寧極戲造《藥譜》一卷，盡出新意，改立別名。因時多艱，不傳于世。余以禮求假錄一通，用娛閑暇。

假君子牽牛　昌明章子川烏頭　淡伯厚朴　木叔胡椒　雪眉同氣白扁豆　金丸使者椒　醎毒仙預知子　貴老陳皮　遠秀卿沉香　化米先生神麴　九日三官吳茱萸　醦叟硫黃　三閭小玉白芷　中黃節士麻黃　時美中蒔蘿　導河掾木猪苓　嗽神五味子　曲方氏防風　削堅中尉三稜，中一作都。　白天壽吳术　洞庭奴隸枳殼　黃英石檀香　綠創真人菖蒲　魏去疾阿魏　禹孫澤瀉　橐籥尊師僊靈脾　風稜御史史君子　雪中來白庶　風味團頭縮砂　郝肺侯欵冬花　骨鯁元君萆薢　苦督郵黃芩　調睡參軍酸棗仁　黑司命蓯蓉　知微老白薇　太清尊者朴硝　既濟公升麻　冷翠金剛石南葉　脫桃嬰兒桃仁　澀翁訶梨勒　抱靈居士香附子　隨陽給事中甘遂　斜枝大夫草龍膽　野文白頭翁　建陽八座蛇床子　玄房仲長統皂莢　虆生藥王覆盆子　仁棗川楝子　石仲寧滑石　命門錄事安息香　隱上座郁李仁　水狀元紫蘇　飛風道者牙硝　帝膏蘇合香　畢和尚蓽澄茄　金山力士自然銅　麝男甘松　冰喉尉薄荷　草東牀大腹皮　胥曹都尉葫蘆巴　壽祖威靈仙　玲瓏霍去病藿香　千眼油蕤人　延年卷雪桑白皮　水銀腊輕粉　黃香影子梔子　六亭劑五味子　顯明犯阿膠　出樣珊瑚木通　中央粉蒲黃　瘡帚何首烏　支解香丁香　洗瘴丹檳榔　海腊麒麟竭　水磨橄欖金鈴子　無名印地榆　無憂扇枇杷葉　鬼木串槐角　黑煞星夜明砂　續命筒乾漆　鑾龍舌血沒藥　羽化魁五加皮　清涼種香薷　度厄錢連翹　湯主山茱萸　聖龍鬆瞿麥　翻胃木常山　醒心杖遠志　玉皇瓜馬兜鈴　偷蜜珊瑚甘草　德兒杏仁　混沌螟蛉寄生　永嘉聖脯乾薑　紅心石赤石脂　藥本五靈脂　靜風尾荊芥　正坐丹砂附子　迎陽子菟絲子　山屠黃蘗　脾家瑞氣肉荳蔻　甜面淳于蜜陀僧　剔骨香青皮　痰宮劈歷半夏　玉虛飯龍腦　鎖眉根苦參　黑龍衣鱉甲　小帝青青鹽　百辣雲生薑　縷帶米麥蘖　半夏精天南星　夜金雄黃　沙田髓黃精　無聲虎大黃　小昌明草烏頭　草兵巴豆　巢煙九助烏梅　百子堂草果子　皺面還丹人參　琥珀孫松脂　賊參薺苨　不死麵茯苓　火泉竹汁　比日沉香烏藥　陸續丸蔓荊子　地白瓜蔞根　天豆破故紙　滴膽芝黃連　新羅白肉白附子　瘦香嬌丁黃，一作丁香。　破關符蓬莪术　王絲皮杜仲，一作王孫发。　血櫝牡丹皮　川元蠹川芎，一作几元。　九女春鹿茸　百藥綿黃耆　英華庫益智　通天柱杖牛膝　赤天佩薑黃　丹田霖雨巴戟　百丈鬚石斛　飛天蒞旋覆花　安神隊杖麥門冬　鄆芝天麻　錦繡根芍藥　草魚目薏苡仁　茅君寶篋蒼朮　尉陀生桂　錬形松子栢子仁　蘆頭豹子柴胡　丑寶牛黃　肚裏屏風艾　九畹菜澤蘭　女二天當歸　天通綠木香　旱水晶鵬歸，一作硼砂。　還元大品地黃　兩平章羌活　死冰白殭蠶　一寸樓臺蜂巢　三尺籙枸杞　無情手硇砂　拔萃團麝香　綠鬚薑細辛　笑靨金菊花　走根梅乾葛　八月珠茴香　銀條德星山藥　埋光烏藥良薑　椹聖蓽撥　破軍殺大戟　吉祥杵桔梗　金母蛻鬱金　線子檀芽香　良醫七首葶藶　產家大器秦艽　滴金卯延胡索　鬼丹蘆苓，一作盧會鬼，一作鬼。　宜州樣子白荳蔻　瓦壠班貝母　孝梗知母　萬金茸紫菀　秦尖蒺藜　西天蔓前胡　蕨臣卷栢　五福鸞白斂　保生藁藁本　狨奴狗脊　蒜腦諸百合　備身弩芫花　玉靈片石膏

宋・陳衍《寶慶本草折衷》卷二《序例萃英下》

敘名異實同之說舊文計一章。

縉雲名義條例凡一章。本草名字，隨方不同。夫一藥而有數名，各隨方書所載。如莎草根一物，《唐本》注謂之香附子，《本草》以莎草根立條，諸家以香附子著方。若就《本草》目錄中檢香附子，終莫得而見似此者多矣。名義既別，循方合和，其可不辨？

昔初虞世著《養生必用方》，嘗立此例於卷之首矣。後縉雲雖加增廣，而猶未適其當。因為損益刊正，特括日用之名最顯而尤切者，具列如左。

朱砂、辰砂即丹砂　白礬音煩，即礬石　焰消即消石　盆消即芒消　英消、甜消即馬牙消　膽礬即石膽　絳礬即綠礬　輕粉、膩粉即水銀粉　竈中黃土即伏龍肝　百草霜即鐺楚庚切墨　北亭砂即硇女交切砂　黃丹即鉛丹　胡粉、定粉即鉛粉　青鹽即戎鹽　白善一作礡即白堊烏格切　鵬砂即蓬砂　蛇含石即蛇黃　山藥、山芋即薯蕷　刺蒺藜即白蒺藜子　啜蜜藤即忍冬　落帚子即地膚子　蒼耳子即葈私以切耳實　瓜蔞、天花粉即栝樓　木通即通草　馬藺音吝子即蠡音禮實　仙靈脾即淫羊藿　牡蒙即紫參　牛蒡子、鼠黏子和梂者也即惡實　茴香即蘹音懷香子　破故紙即補骨脂　香附子即莎草根　青蒿即草蒿　金沸草即旋復一作覆花　火杴草即豨音喜薟音杴　胡孫薑即骨碎補　土青木香即獨行根　膠香即松脂　槐角和莢者也即槐實　枸杞根皮即地骨皮　黃松節附茯神後即茯神中心木梗　黃檗博厄切、黃柏皮即蘗木　白膠香即楓香脂　血竭即騏驎竭　腦子即龍腦香　淩霄花即紫葳音威　鬼箭即衛矛　夜合皮即合歡　金鈴子、川楝子即楝實　鹿角膠即白膠　夜

明砂即天鼠屎　斑鳩、錦鳩即斑鵻　真珠母即石決明　蝱蟲即蜚蝱　地龍即白頸蚯蚓　天漿子即雀甕一作瓮　蛜音衣蜝音其即緊小蝎　土狗即螻音婁蛄音姑　穿山甲即鯪鯉甲　蓮子、石蓮黑老者即藕實　芡音儉即雞頭實　葧臍即烏芋　桃奴即桃梟　脂麻即胡麻　粳粟米即粟米　糯米、秫稻即稻米

御米殼即罌一作罌粟殼　鵝不食草即石胡荽　蘿蔔即萊菔音蔔　荊芥即假蘇　龍腦薄荷、雞蘇即水蘇　菝傍不切⿰犭周火个切即薄荷　大蒜即葫　小蒜即蒜　慈菰附剪刀草後即剪刀草根

敘名同實異之分舊文計一章。　縉雲名義條例凡一章。

本草名字，品目相重，甚致差互。真珠蚌子云即丹砂真珠乃蚌中之子也，而丹砂亦名真珠之類。○珠，一作朱。　文蛤、五倍，全引海蛤。文蛤乃海中之蛤殼也，而五倍子亦名文蛤。《三因方》治渴，正用五倍子，今稱文蛤散之類。　性理必殊，其可不辨？昔《圖經》於王瓜之條，嘗言物有異類，同名甚多，不可不辨。故縉雲衷斯例，以釋重複之疑。其用心與力勤矣，而統紀亦未甚明。因為損益刊正。凡名全然相同者，如石膽、理石、礜音豫石三物，皆名立制石。此等固已搜羅殆盡。至於名之大同而小異者，如牽牛子之名金鈴，而楝實之名金鈴子。又如旋花之名金沸，而旋復花之名金沸草。更有六物俱名崑崙者。○白斂正名崑崙。○石硫黃名崑崙黃。○青葙子名崑崙草。○赤甘蔗名崑崙蔗。○紫紅桃名崑崙桃。○紫茄名崑崙瓜。　此等皆大同小異之名，更不編入也。

墨蓋子惟此篇用之，與唐謹微所用不侔也。　丹砂亦名真朱一作珠。黃芽續附伏火丹砂後亦名金芽一作牙。○石硫黃、金屑刪訖皆亦名黃牙一作芽。○石硫黃、大黃，皆名將軍。○大黃實、大黃有條，其實刪訖。　羊蹄實附羊蹄後。皆名金蕎一作蕎麥。　雲母、雲實刪訖，皆名雲英。○雲實、石龍芮，皆名天豆。○石龍蒭亦名龍朱。一作珠，併刪訖。　礬音煩石亦名理石。○理石、長石，皆名長理石。○理石、白肌石刪訖，皆名肌石。○石膽、理石、礜音豫石，皆名立制石。○礜石、光明鹽刪訖，皆亦名食一作石鹽。○握雪礜石刪訖、太一餘糧，皆亦名石腦石腦刪訖。○石腦又亦名握雪礜石併刪訖。○綠礬音煩亦名石膽。○長石、方解石刪訖，皆名方石。○雄黃、方解石，皆名黃石。○石膏亦名方解石。○雄黃又亦名石黃石黃刪訖。　二石脾兩條併刪訖皆亦名消一作消石。　水銀灰附水銀後、水銀粉，皆名澒一作汞，並紅董切。粉。　生銀、忍冬花續附忍冬後，皆名老翁鬚。○麥門冬亦名忍冬。○麥門冬、師草實刪訖，皆亦名禹餘糧。○忍冬、陳思岌，魚及切，刪訖。皆亦名千金藤。○麥門冬、垣衣刪訖，皆亦名烏韭。一作韭貝，烏韭刪訖。○陟釐、烏韭併刪訖，皆名石髮。○天門冬、麥門冬，皆名虋音門冬。○天門冬、營實、蛇牀子，皆名蘠一作薔，又作牆。　蘼。一作薇。○天門冬又亦名淫羊藿及百部。○天門冬苗、天門冬有條具苗，刪訖。　白棘，皆名棘刺。○淫羊藿、續隨子，皆名千兩金。○百部、白前刪訖，皆名嗽藥。○百部、枸杞，皆名地仙苗。○枸杞又亦名仙人杖仙人杖刪訖。○枸杞子亦名羊乳。○枸杞葉附枸杞子後，亦名甜一作菾菜。○羊乳此在有名未用類者，刪訖。　亦名地黃。地黃今分生、熟兩條。　磁石、玄石，皆名處石。　陽起石、枳音止椇音矩木枳椇有條，其木刪訖。皆名白石。○枳椇、白蜜，皆亦名木蜜木蜜刪訖。○白蜜又亦名石蜜。　殷孽亦名薑石薑石刪訖。　鏳楚庚切墨、竈額上墨，皆名百草霜併見鏳墨續說。　硇女交切砂亦名伏翼伏翼刪訖。　鉛丹、鉛粉，皆名鉛華。　白堊烏恪切、鱓音善魚，皆名白善一作鱓。黃精、蚤休，皆名重樓。○黃精又亦名萎蕤、今作女萎、萎蕤立條。　白及。○黃精、女萎、萎蕤、乾漆葉，乾漆有條，其葉刪訖。皆亦名黃芝。黃芝刪訖。○女萎、萎蕤、乾漆葉，皆名地節及青黏。○玄參、蚤休，皆名重臺。○玄參、敗醬，皆名鹿腸。○玄參、丹參，皆名逐馬。　菖蒲、白昌刪訖，皆名昌陽。○商陸又亦名白昌。　黃甘菊花、雀翹刪訖，皆名更生。○黃甘菊花又亦名節華及玉英。節華、玉英皆刪訖。○白菊、元附黃甘菊花註，刪訖。　蓮心，附藕實後。　皆名苦薏音意。○木蓮、藕實老黑者，皆名石蓮。　人參亦名鬼蓋鬼蓋刪訖。　甘草、旋花刪訖、葶藶，皆名美一作麋草。○蒼朮、旋花，皆亦名山薑。山薑兩條併刪訖。○蒼朮、續斷，皆名馬薊古麗切。○續斷、大薊，皆名山牛蒡。○續斷又亦名大薊。○續斷、桑耳，皆亦名桑上寄生。○桑上寄生又亦名續斷。○蒼朮、何首烏，皆名山精。○何首烏蔓、何首烏有條，其蔓刪訖。　合歡，皆名夜合。菟絲子、松蘿，皆名女蘿。　杜牛膝、續附牛膝後。　虎杖，皆名苦杖。虎杖又一名班杖，今蒟蒻條所論班杖者，即虎杖也。　茺蔚子、地膚子，皆名益明。○茺蔚苗附茺蔚子後亦名夏枯草。○地膚子、葈私以切耳實，皆名地葵。○葈耳實、惡實，皆名鼠黏一作粘子。　防葵刪訖、桔梗，皆名利茹一作如。○栝樓、桔梗，皆亦名白藥。○栝樓實附栝樓後、胡瓜在甜瓜內，皆名黃瓜。○栝樓、蠮音壹螉，烏紅切。○蠮螉刪訖，其土房有條。　皆名果一作蜾蠃一作蠃。　蠮螉亦名土蜂。土蜂元附蜂子條，刪訖。○桔梗亦名薺苨奴禮切。　茈音柴胡、紫草，皆名藐。　獨活苗、獨

活有條，其苗刪訖。　鬼督郵刪訖，皆名獨搖草。○赤箭、栘音施楊，元附白楊皮註，刪訖。皆名獨搖。○扶栘木亦名栘楊併刪訖。○郁李人一作仁、扶栘木，皆名唐一作常棣。○獨活、白頭翁，皆名胡王使者。○赤箭、徐長卿刪訖，皆亦名鬼督郵。○石下長卿亦名徐長卿併刪訖。　升麻、蜘蛛，皆名落一作絡新婦。○蜘蛛又亦名蚍章悅切蟱。音謀。蚍蟱刪訖。　車前葉附車前子後、地菘音嵩，皆名蚵胡多切蚾薄稗切草。○圓車前葉、海蛤、菘菜、馬齒莧，皆名豘耳。又詳見豘草注，其草刪訖。○海蛤亦名魁蛤。魁蛤刪訖。　木香、沉香，皆亦名蜜香蜜香刪訖。　薯蕷、知母、芫花，皆名兒草。○薯蕷又亦名山羊。山羊續附羚羊角後。○沙參亦名知母。○知母、海藻，皆名蕁徒南切。○沙參、欵冬花，皆名虎鬚。　遠志、細辛，皆名細草。　石斛、木蘭，皆名林蘭及杜蘭。　白英刪訖、羊蹄、樗木皮、石南，皆亦名鬼目鬼目刪訖。　旱藕刪訖、紫參、王孫刪訖，皆名牡蒙。唐謹微於藕實後，及寇宗奭於千歲虆後皆引《唐書》，以旱藕為牡蒙也。○虆，力軟切。○黃耆或作芪亦名王孫。○黃耆、旋復或作覆花，皆名戴椹。　馬藍在藍實內、酸漿，皆名葴音針。　芎藭亦名馬銜。　地錦、地朕刪訖皆名地噤。○螢火、地朕皆名夜光。○地朕又亦名地錦。　土鼓藤、千歲虆刪訖，皆名常春藤。唐謹微於藕實後，及寇宗奭又皆以千歲虆為常春藤也。　防風、狗脊，皆名百枝。○狗脊、萆薢古諧、庚買二切。皆名赤節。　漏蘆亦名木藜蘆木藜蘆刪訖。○飛廉刪訖亦名漏蘆。○藜蘆、萱草花，附萱草後。皆名鹿葱。○藜蘆、葱涕，出葱葉中，附葱實後。皆名葱苒音斬。○藜蘆又名亦山葱。附葱實後葉內。○飛廉、白茯苓，皆名伏一作茯兔一作菟。　天名精刪訖、蠡音禮實，皆名豕首。　決明子、青葙子，皆名草英一作決明。○決明子、芰音伎實，皆名薐一作蔆。○山茱萸亦名魃音伎，一作芰。實。○青葙子又亦名草蒿。　蘭草刪訖、澤蘭，皆名水香及蘭香。○蘭草、昨葉何草、羅勒，又皆名蘭香。　茵陳蒿、水蘇，皆名龍腦薄荷。○水萍亦名水蘇。○烏芋亦名水萍。○蠐螬、烏芋，皆名勃一作葧齊一作蠐。○蠐螬、木蠹刪訖，皆亦名蝎一音曷。○烏芋、剪刀草根，附剪刀草後。皆名茨一作慈菰。　杜若亦名杜蘅併刪訖。　葛根亦名鹿藿鹿藿刪訖。　苦參、馬先蒿刪訖，皆名虎麻。○苦參、苦耽刪訖，皆亦名苦蘵音式。　通草、葡萄苗，附葡萄後。皆名木通。○通脫木亦名通草。新改增條名訖。　白芍藥亦名白朮縉雲條例同。○赤芍藥、牡丹花，牡丹有條，其花刪訖，皆名木芍藥。○牡丹、鼠婦，皆亦名鼠姑鼠婦刪訖。○牡丹又亦名百兩金百兩金刪訖。　瞿音劬麥、雀麥，皆名蘥麥。　貝母、蜚蝱，皆名蝱。○貝母又亦名苦菜。　白茅根亦名地筋地筋刪訖。　白薇、天雄，皆名白幕。○白薇、莽草，皆名春草。　蘿藦子、女青併刪訖，皆名雀瓢。　零陵香亦名薰草薰草刪訖。○零陵香、薰草，皆名燕一作鷰草及蕙草。　積雪草刪訖、石薄荷在薄荷內，皆名連錢草。　葒音紅草刪訖、木蓼在蓼實內，皆亦名天蓼天蓼刪訖。○葒草、天蓼，又皆名水紅一作葒。　鯉或作鱧腸、連翹，皆名旱蓮一作連子。○鯉腸又亦名蓮一作連翹。○連翹、藕實，皆名連一作蓮。　附子、川烏頭，皆名奚毒。○川烏頭、側子，皆名茛。○川烏頭、蒴藋徒吊切，皆名芨居及切及堇草。○陸英刪訖亦名蒴藋。　虎掌刪訖亦名天南星。　酸模、蕪菁，皆名須及蕵蕪。○蕪菁又亦名芥。○芥亦名梨。此芥在有名未用類，刪訖。　萹音褊蓄、藎音盡草刪訖，皆名綠一作菉竹。　蘆花、蘆根有條，其花刪訖。　紫葳音威，皆名茗徒彫切。○紫葳又亦名女葳一作萎。　鬼臼、山豆根，皆名解毒。　鼠尾草、南燭枝葉，皆名烏草。　酢漿草刪訖亦名酸漿。　白松脂在松脂內、楓香脂，皆名白膠香。○松皮綠衣元附松脂註亦名艾[蒳]奴答切，一作納香並刪訖。　子蘗、博厄切，附蘗木後。小蘗刪訖，皆名山石榴。○子蘗亦名小蘗。　牡荊實、溲音搜疏、音踈，刪訖。　楊櫨木刪訖，皆名空疏。○牡荊實、溲疏，又皆名陽一作楊櫨。○溲疏又亦名牡荊。　母丁香、番棗核，乳香中有之。皆亦名雞舌香。併見雞舌香續說。　乳香亦名瓶香。併見乳香續說。其瓶香刪訖。　厚朴子元附厚朴後亦名逐折。或又稱杜仲子為逐折，併刪訖。○逐折又亦名百合。　秦椒、蔓椒，皆名樛居虯切。　龍眼亦名益智。　五倍子亦名文蛤。　巴豆、蜀椒，皆名巴椒。　楝實亦名石一作食茱萸。　鼠李、休李，附李核人後。皆名趙李。○鼠李、椑音卑柿，皆名椑。　紫荊木子元附紫荊木註亦名紫珠併刪訖。　榼藤子亦名象豆象豆刪訖。　柯樹皮刪訖、橘橘肉也，附橘皮後。皆名木奴。　豬屎附豬蹄後，亦名豬零一作苓。　鴈肪音方亦名鶩音牧肪鶩及鴈各有條，其兩肪併刪訖。　天鼠屎亦名石肝石肝刪訖。　鮧音夷魚亦名河豘音屯及鮠五回切魚鮠魚刪訖。○河豘又亦名規一作鯢魚刪訖及鮠魚。　蚱音乍蟬、蟬殼有條，其蚱蟬刪訖。　螻音婁蛄音姑，皆名蟪蛄。○螻蛄又亦名螻蟈古麥切。○螻蟈元在鼃內，刪訖。　蜚蠊刪訖、莢蒾音菊，皆名盧一作蘆蜰。一作萉，皆音肥。　蝦音遐蟇音麻亦名䵹。音秋，一作鰍，附鰻鱺魚後。　車螯亦名紫貝紫貝刪訖。　地膽、鼃音蛙，皆名青蛙。○地膽又亦名蚖一作芫青。○小鼃在鼃註內又亦名青鼃。一作蚨，其青蚨刪訖。　衣魚刪訖亦名白魚。

橙或作棖子皮、枇杷實附枇杷葉後，皆名盧橘。　胡麻、白油麻刪訖，皆名脂麻。並寇氏云。併見麻油續說。　赤小豆葉名藿，音鑿，此葉刪訖。　韭名藿。音育。見《爾雅》。○藿、藿，字刊多誤，今改正，附此。凡觀書皆當訂正。　丹黍米、稷米，皆名黃米。　胡荽及葫，皆名薰一作葷菜。　水蘄音芹亦名水英水英刪訖。　紫加石，亦名石血。石血元附絡石註，併刪訖。　路石亦名陵石併刪訖。　五母麻刪訖亦名天麻。　姑活刪訖亦名冬葵子。

右按唐謹微元排次序，就中掇取名之相似者，聯遞成段，逐段加墨蓋子表而出之。凡元有正名者，則謂之亦名也；凡已刪其條而復具名於此者，欲觀《證類本草》之人，庶乎亦有所考也。

消石非芒消據陶隱居辨訂。　磁石非玄石據《圖經》辨訂。　獨活非羌活據《圖經》辨訂。　柳華非柳絮據陳藏器辨訂。　蝦音遐蟇音麻非蟾蜍據陳藏器辨訂。　蓬虆力軌切非覆盆據寇宗奭辨訂。

右六者，名皆混殽，非其他同名之比。先賢皆以辨訂之矣，兹特括出，別為一段，仍於各條之首，分註而辨焉。

石脾二條，今皆刪。一條元在玉石部上品，刪訖。○又一條元在有名未用類，亦刪訖。　石蟹二條，今並存之。一條今在玉石部中品。○又一條今續附在蟲魚部上品蟹之後。　石蠶二條，今皆刪。一條元在玉石部下品，刪訖。○又一條元在蟲魚部下品，亦刪訖。　白蒿二條，今並存之。一條今在草部上品之上。○又一條今附在草部上品之下茵陳蒿《圖經》內。　甘藍二條，今皆刪。一條元附在草部上品之下藍實註內，刪訖。○又一條元在菜部上品，亦刪訖。　羊乳二條，今存其一。一條今在獸部上品。○又一條元在有名未用類，刪訖。　石蜜二條，今並存之。一條今作白蜜，在蟲魚部上品。○又一條今在果部中品。　山薑二條，今皆刪。一條元附在果部上品草豆蔻之後，刪。○又一條元在外草下類，亦刪訖。　麥苗二條，今存其一。一條今附在米穀部中品小麥之後。又一條元在米穀部下品，刪訖。　芥二條，今存其一。一條今作青芥，在菜部上品。○又一條元在有名未用類，刪訖。

右十者，其音及字一一皆同，而各有兩條，非亦名，皆名之比。外此雖有條名相重，音同而字異者，如草部有飛廉而蟲魚部又有蜚蠊並刪訖之類，則不入此例也。

題宋・滕伯祥《走马急疳真方》　藥品異名括　太清尊者朴硝爾，偷蜜珊瑚甘草名。脾家瑞氣内豆蔻，抱靈居士香附更。羽硠羽澤皆礬石，銅華精即是銅青。乾胭脂做片胚子，苦督郵只為黃芩。痰宮霹靂當半夏，大通綠染木香形。鑾龍古血沒藥也，鎖眉根號曰苦參。茅君寶篋蒼朮鮮，連翹便是度厄錢。顛勒羊韭天麥冬，熟地生地為芑苄。黃香影子山梔子，赤鉛華煉作黃丹。雄黃異名黃食石，麝香和作拔萃團。溺中涎號人中白，金釵石斛成林蘭。百蟲倉即五倍子，松脂化作琥珀絲。獨活號稱兩平章，珠子香焚即乳香。風兒肉喚大風子，崑崙黃配作硫黃。陳皮久曰陳貴老，無聲虎畏伏大黃。洞庭奴隸為枳殼，甘草又名國老當。黃芩亦可為腐賜，黑金屑即鐵屑稱。風稜御史使君子，黑麪是散雪玉塵。綬米帶乃麥芽號，神麯乃化米先生。淳膽芝即是黃連，諸般藥品多異名。

明・皇甫嵩《本草發明》卷五金石部下　比類隱名　土青木香馬兜（苓）〔鈴〕　野天麻茺蔚　鬼油麻漏蘆　甜桔梗薺苨　山牛蒡大薊　草續斷石龍芻　杜牛膝天名精　野脂麻玄參　甜葶藶菥蓂　木羊乳丹參　天蔓菁天名精　草甘遂蠶休　黃芫花蕘花　杏葉沙參薺苨　野雞冠青葙子　山莧菜牛膝　黃大戟芫花　胡薄荷積雪草　龍腦薄荷水蘇　青蛤粉青黛　野紅花大戟　竹園荽海金砂　野園荽鵝不食草　野胡蘿蔔　草鵐頭貫眾　野茴香馬芹　野甜瓜土瓜　野萱花射干　野天門冬百部　黑狗脊貫眾　草血竭地錦　水巴戟香附　土細辛杜衡　獐耳細辛及己　草鳶頭鳶尾　草天雄草如蘭狀　草附子香附　土附子草烏頭　木藜蘆鹿驪　山蕎麥赤地利　金蕎麥羊蹄　鬼蒟蒻南星　山大黃酸模　牛舌大黃羊蹄　土萆薢土茯苓　刺猪苓同　白菝葜萆薢　赤薜荔赤地利　龍鱗薜荔常春藤　夜牽牛紫（苑）〔菀〕　便牽牛牛蒡　山甘草紫金藤　水甘草　木甘草　草雲母雲實　草流黃茺實　草鍾乳韭菜　草鼈乾茄　山地栗土茯苓　羞天草海芋　羞天花鬼臼　土質汗茺蔚　茅質汗　野蘭漏蘆　木天蓼　木芙蓉拒霜　木蓮蓬木饅頭　胡韭子補骨脂　野槐苦參　草麝香欝金香　石菴蕳骨碎補　硬石膏長石　白靈砂粉霜　野茄蒼耳　木半夏　野生薑黃精

明・李時珍《本草綱目》卷二《序例》　藥名同異

五物同名：　獨搖草羌活　鬼臼　鬼督郵　天麻　薇御

四物同名：　堇堇菜　蒴藋　烏頭　石龍芮　苦菜貝母　龍葵　苦苣　敗醬　鬼目白英　羊蹄　紫葳　麂目　紅豆赤小豆　紅豆蔻　相思子　海紅豆　白藥桔梗　白藥子　栝樓　會州白藥　豚耳猪耳　菘菜　馬齒莧　車前

三物同名：　美草甘草　旋花　山薑　山薑美草　蒼朮　杜若　蜜香木香　多香木　沉香　女萎萎蕤　蔓楚　紫葳　鬼督郵徐長卿　赤箭　獨搖草　土孫黃芪　猢

猕 牡蒙 百枝萆薢 防風 狗脊 接骨草山蒴藋 續斷 攀倒甑 虎鬚款冬花 沙參 燈心草 鹿腸敗醬 玄參 斑龍腸 解毒子苦藥子 鬼臼 山豆根 羊乳羚羊乳 沙參 枸杞 豕首猪頭 蠡實 天門冬 山石榴金罌子 小蘗 杜鵑花 狗骨犬骨 鬼箭 貓兒刺木 苦識敗醬 苦參 酸漿草 仙人杖枸杞 仙人草 立死竹 木蓮 木饅頭 木蘭 木芙蓉 白幕天雄 白英 白薇 立制石理石 礜石 石膽 守田半夏 莔草 狼尾草 水玉半夏 玻瓈 水精石 芑地黃 薏苡 白黍 黃牙金 硫黃 金牙石 石花瓊枝菜 烏韭 鍾乳石汁 淡竹葉水竹葉 碎骨子 鴨跖草 牛舌牛之舌 車前 羊蹄 虎膏虎脂 豨薟 天南星 酸漿米漿水 燈籠草 三葉酸草 石龍蜥蜴 葒草 絡石 木蜜大棗 蜜香 枳椇 石蜜乳糖 櫻桃 蜂蜜

二物同名： 淫羊藿仙靈脾 天門冬 黃芝芝草 黃精 黑三稜京三稜 烏芋 知母蝭母 沙參 地精人參 何首烏 龍銜蛇含 黃精 金釵股釵子股 忍冬藤 薺苨桔梗 杏葉沙參 神草人參 赤箭 芰草黃芪 菱 長生草羌活 紅茂草 仙茅長松 婆羅門參 水香蘭草 澤蘭 兒草知母 芫花 千兩金淫羊藿 續隨子 墻蘼蛇床 營實 香草蘭草 零陵草 逐馬玄參 丹參 百兩金牡丹 百兩金草 牡蒙紫參 王孫 香菜香薷 羅勒 地筋白茅根 菅茅根 都梁香蘭草 澤蘭 杜蘅杜若 馬蹄香 香蘇爵牀 水蘇 鼠姑牡丹 鼠婦蟲 孩兒菊蘭草 澤蘭 漏蘆飛廉 鬼油麻 蘭根蘭草 白茅 地血紫草 茜草 木芍藥牡丹 赤芍藥 白及連及 黃精 蕳根蘭草 防風 藥實貝母 黃藥子 夏枯草乃東草 茺蔚 黃昏 合歡 王孫 夜合合歡 何首烏 戴椹黃芪 旋覆花 甘露子地蠶 甘蕉子 雷丸 竹苓 菟葵 馬薊朮 大薊 龍珠赤珠 石龍芻 不死草卷柏 麥門冬 苦薏野菊 蓮子心 烏韭石髮 麥門冬 地葵蒼耳 地膚子 紫河車蚤休 人胞衣 伏兔飛廉 茯苓 草蒿青蒿 青葙子 黃蒿鼠麴 黃花蒿 馬肝石何首烏 烏鬚石 火杴 茺蔚 豨薟 露葵葵菜 蓴 益明茺蔚 地膚 千金藤解毒之草 陳思岌 忍冬金銀藤 麥門冬 香茅鼠麴草 菁茅 麗春罌粟 仙女蒿 仙人掌草 射干 旱蓮鱧腸 連翹 石髮烏韭 陟釐 蘭華蘭草 連翹 羊婆奶沙參 蘿藦子 大蓼葒草 馬蓼 石衣烏韭 陟釐 鬼鍼鬼釵草 鬼齒爛竹 血見愁茜草 地錦 山蔥茖蔥 藜蘆 地椒野小椒 水楊梅 斑杖虎杖 攀倒甑 雞腸草蘩縷之類 鵝不食草 鹿蔥萱草 藜蘆 地節葳蕤 枸杞 芒草芭茅 莽草 鳳尾草金星草 貫衆 扁竹扁蓄 射干 莞草白芷 茵芋 妓女萱草 地膚苗 紫金牛草根似巴戟 射干 通草 木通 通脫木 天豆雲實 石龍芮 重臺蚤休 玄參 臙脂菜藜 落葵 羊腸羊之腸 羊桃 白草白斂 白英 更生菊 雀翹 燕尾草蘭草 慈姑 白昌商陸 水菖蒲 臭草雲實 茺蔚 地菵草 赤地利 紅內消紫荊皮 何首烏 龍鬚席草 海菜 水萍浮萍 慈姑 林蘭石斛 木蘭 承露仙人肝藤 伏雞子根 象膽象之膽 蘆薈 水葵水苔 蓴 杜蘭石斛 木蘭 冬葵子葵菜 姑活 馬尾馬之尾 商陸 水芝芡實 冬瓜 屏風防風 水苔 三白草候農之草 牽牛 鴉臼烏柏木 鵓鳩鳥 天葵菟葵 落葵 赤葛何首烏 烏斂莓 猢猻頭鱧腸 地錦 鹿藿野緑豆 葛苗 水花浮萍 浮石 酸母酸模 酢漿草 菩提子薏苡 無患子 景天慎火草 螢火蟲 山芋山藥 旱芋 鬼蓋人參 地菌 相思子木紅豆 郎君子蟲 王瓜土瓜 菝葜 石南風藥 南藤 蘿藦雀瓢 百合 雞骨香沉香 降真香 黃瓜胡瓜 栝樓 胡菜胡荽 芸薹 甜藤甘藤 忍冬 白馬骨獸之骨 又木名 金罌金櫻子 安石榴 胡豆蠶豆 豌豆 朹子山查 楊梅 金盞銀臺水仙花 王不留行 木綿古貝 杜仲 水栗芰實 萍蓬草根 陽桃獮猴桃 五斂子 胡王使者羌活 白頭翁 獐頭獐首 土菌 獨搖白楊 扶移 菥蓂大薺 白棘 桑上寄生桑耳 鼠矢鼠糞 山茱萸 苦心知母 沙參 日及木槿 扶桑 芨堇 烏頭 烏犀犀角 皂莢 梫木桂 又木名 大青大青草 扁青石 茆蓴 女菀 文蛤海蛤 五倍子 樺木樺皮 木芙蓉 絡石草 石 榛榛子 厚朴 果蠃蠮螉 栝樓 風藥石南 澤蘭 將軍大黃 硫黃 椑鼠李 漆柿 石鮁絡石藤 穿山甲 冬青凍青 女貞 石芝芝草 石腦 櫬梧桐 木槿 鉛華胡粉 黃丹 處石慈石 玄石 石腦石芝 太一餘糧 寒水石石膏 凝水石 石緑緑青 緑鹽 石英紫石英 水晶 石鹽礜石 光明鹽 蜃車螯 蜃蛟 石蠶沙虱 甘露子 占斯樟寄生 雀甕蟲 鷂田間小鳥 魚狗鳥 地蠶蠐螬 甘露子 地雞土菌 鼠婦 沙虱水蟲 石蠶 鳩伯勞 杜鵑 青蚨蚨蟬 銅錢 蟪蛄蟬 螻蛄 鼫鼠螻蛄 鼺鼠 飛生飛生蟲 鼯鼠 蝸蠃蝸牛 螺螄 負蠜鼠負 阜螽 負盤蜚蠊 行夜 黃頰魚鱤魚 黃顙魚 土龍蚯蚓 鼉龍 白魚鱎魚 衣魚 魚師有毒之魚 魚狗鳥 魚虎土奴魚 魚狗鳥 人魚鯑魚 鯢魚 鯊魚吹沙魚 鮫魚 天狗獾 魚狗鳥 水狗獺 魚狗鳥 山雞翟雉 鷩雉 扶老禿鶖 靈壽木 鬼鳥姑獲鳥 鬼車鳥 醴泉瑞水名 人口中津 無心薇銜 鼠麴草 朝開暮落花木槿 狗溺臺

比類隱名： 土青木香馬兜鈴 野天麻茺蔚 鬼油麻漏蘆 甜桔梗薺苨 山牛蒡大薊 草續斷石龍芻 杜牛膝天名精 野脂麻玄參 甜葶藶菥蓂 木羊乳丹參 天蔓菁天名精 草甘遂蚤休 黃芫花蕘花 杏葉沙參薺苨 野雞冠青

葙子　山莧菜牛膝　黃大戟芫花　胡薄荷積雪草　龍腦薄荷水蘇　青蛤粉青黛　野紅花大戟　竹園荽海金沙　野園荽鵝不食草　野胡蘿蔔　草鴟頭貫衆　野茴香馬芹　野甜瓜土瓜　野萱花射干　野天門冬百部　黑狗脊貫衆　草血竭地錦　水巴戟香附　土細辛杜衡　獐耳細辛及己　草鳶頭鳶尾　草天雄草如蘭狀　草附子香附　土附子草烏頭　木藜蘆鹿驪　山蕎麥赤地利　金蕎麥羊蹄　鬼蒟蒻天南星　山大黃酸模　牛舌大黃羊蹄　土萆薢土茯苓　刺猪苓土茯苓　白菝葜萆薢　赤薜荔赤地利　龍鱗薜荔常春藤　夜牽牛紫菀　便牽牛牛蒡　山甘草紫金藤　水甘草　木甘草　草雲母雲實　草硫黃芡實　草鍾乳韭菜　草鱉甲乾茄　山地栗土茯苓　羞天草海芋　羞天花鬼臼　土質汗芫蔚　茅質汗　野蘭漏蘆　木天蓼　木芙蓉拒霜　木蓮蓬木饅頭　胡韭子補骨脂　野槐苦參　草麝香鬱金香　石菴蕳骨碎補　硬石膏長石　白靈砂粉霜　野茄蒼耳　木半夏　野生薑黃精

清·包誠《十劑表》 凡藥有官名、有俗名，閱者每易淆混。今特逐一分別，註俗名於官名之下，以便查覽，而免歧誤。

伏龍肝即灶心土。　百草霜一名竈突墨。　銅青一名銅綠。　密陀僧銀冶底灰。　磁石一名吸鐵石。　石膽即膽礬。　戎鹽即青鹽。　貫眾即鳳尾草，俗呼管仲。　萎蕤即玉竹。　淫羊藿一名仙靈脾。　紫參一名牡蒙。　肉豆蔻一名肉果。　補骨脂一名破故紙。　蓬莪茂茂音述，一名廣茂。　水蘇即雞蘇。　旋覆花葉名金沸草。　茺蔚子即益母草子。　牛蒡子一名鼠粘子，又名大力子。　葈耳子即蒼耳。　酸漿草一名燈籠草。　鼠麴草一名佛耳。　決明子此馬蹄決明，子形如馬蹄也。青葙子亦名決明，功用遜此。　瞿麥俗名十姊妹，一名南天竺，用(芷)〔蕊〕殼不用莖葉。　天名精根名杜牛膝，子名鶴蝨。　王不留行一名剪金花、禁宮花。　旱蓮草即鱧腸草，一名金陵草。　常山苗名蜀漆。　蒲公英即黃花地丁。　續隨子一名千金子，土人呼為半枝蓮。　藜蘆一名鹿葱。　澤漆即猫兒眼睛草。　茵芋一作茵蕷。　茜草一名過山龍。　紫葳即凌霄花。　石南藤一名丁公藤。　瓜蔞根即天花粉。　絡石草一名鬼係腰。　忍冬藤花即金銀花，一名左纏藤。　昆布一名綸布。　薜荔一名木蓮，一名木饅頭。　石胡荽即鵝不食草。　骨碎補俗名猴薑。　大麻仁一名火麻。　地錦一名血見愁。　萊菔即蘿蔔子。　罌子粟即御米。　薯蕷即山藥。　蘹香子即大茴香子。　雞距子樹名枳椇。　芸薹即紫色苔菜。　南天燭取莖葉擣汁，浸米煮飯，名青精飯。　龍腦香即冰片。　白膠香即楓香脂。　騏驎竭即血竭。　訶黎勒即訶子。　沒石子一名無食子。　楮實即穀樹子。　檉柳即觀音柳。　螻蛄俗名土狗，即打火蟲。　水蛭俗名馬蝗。　蘄蛇即白花蛇。　盤蝥俗名斑貓　䗪蟲一名地鼈。　蜚蟲即蝱蟲。　蠐螬即地蠶。　蜣螂一名推丸。　石首魚乾者名白鯗。　夜明砂即蝙蝠屎。　寒號蟲五靈脂。　鼃即水雞。　蠡魚俗名烏魚。　蚶一名魁蛤，一名瓦壟子。　鵜鶘油俗名陶鵝鳥。

炮製製劑部

題解

宋·唐慎微《證類本草》卷一《序例上》〔《本經》〕　藥性有宜丸者，宜散者，宜水煮者，宜酒漬者，宜膏煎者，亦有一物兼宜者，亦有不可入湯酒者，並隨藥性，不得違越。

〔梁·陶弘景《本草經集注》〕　右本說如此。又按：病有宜服丸者，服散者，服湯者，服酒者，服膏煎者，亦兼參用，察病之源，以為其制也。

宋·趙佶《聖濟經》卷一〇《審劑篇》　〔宋·吳禔注〕：因藥以制劑，猶設官焉。因劑以療疾，猶分職焉。人足以任官，官足以稱職，則政治舉矣。調藥之劑，詎可苟耶？聖經於此，所以欲致其審而不忽也。

清·葉桂《本草再新》卷首　(泡)〔炮〕製論　(泡)〔炮〕製之法，變化之意也。一藥本性，譬如只可入一經，(泡)〔炮〕製一次，可多入一經，再(泡)〔炮〕製一次，又可多入一經。其(泡)〔炮〕製之論，豈可忽而不詳？此亦變化藥之本性，以期補偏救弊。大凡酒製升提，薑製溫散。入鹽走腎而軟堅，用醋注肝而收斂。童便除烈性而降下，米泔去燥性而和中。乳潤枯生血，蜜甘緩益元。土以藉氣而補脾，血乃取澤以養心。即此數種可以類推。

論說

梁・陶弘景《本草經集注》卷一　今諸藥採治之法，既並用見成，非能自掘，不復具論其事，惟合藥須解節度，列之如左。【略】

凡湯酒膏藥，舊方皆云㕮敷汝(反)〔切〕咀(暴汝反)〔子與切〕者，謂秤畢擣之如大豆者，又使吹去細末。此於事殊不允〔當〕。藥有易碎、難碎，多末、少末，秤兩則不復均〔平〕，今皆細切之，較略令如㕮咀者，差得無末，而又粒片調〔和，於藥力同出，無生熟〕也。【略】

凡丸散藥，亦先細切，暴燥，乃擣之。又有各擣者，有合擣者，隨方所言。其潤濕藥，如〔天〕門冬、乾地黃輩，皆先切，暴，獨擣令(扁)〔偏〕碎，更出細擘，暴乾。值陰雨，亦以微火烘之，既燥，小停冷，仍擣之。

凡濕潤藥，燥皆大耗。當先增分兩，須得屑乃秤為正。其湯酒中不〔須〕如此。

凡篩丸藥，用重密絹令細，於蜜丸易成熟。若篩散草藥，用輕疏絹，於酒中服則不泥。其石藥，亦用〔細〕絹篩〔令〕如丸者。凡篩丸散藥竟，皆更合於臼中，以杵(研)〔擣〕之數百過，視〔其〕色理和同為佳。

凡湯酒膏中用諸石，皆細擣之如粟米，亦可以葛布篩令調，並〔以〕新綿別裹內中。其雄黃、朱沙輩，細末如粉。

凡煮湯，欲微火，令小沸。其水數依方多少，大略二十兩藥，用水一(升)〔斗〕，煮取四升，以此為率。然則利湯欲生，少水而多取；補湯欲熟，多水而少取。好詳視〔之〕，(所得寧令)〔不得令水〕多少。用新布，兩人以尺木絞之，澄去泥濁，紙覆令密。〔溫湯〕勿令鐺器中有水氣，於熱湯上煮令暖亦好。服湯家小熱易下，冷則嘔涌。

〔凡〕云分再服、三服者，要令力(熱)勢足相及，並視人之強羸，病之輕重，以為進退增減之，不必悉依方說。

凡漬藥酒，〔皆須細切，生絹袋盛之，乃入酒密封〕，隨寒暑日數，視其濃烈，便可漉出，不必待至酒盡也。滓可暴燥微擣，更漬飲之；亦可作散服。

凡建中、腎瀝諸補湯，滓合兩劑，加水煮，竭飲之，亦敵一劑新藥，貧人〔可〕當依此〔用〕，皆應先暴令燥。

凡合膏，初以苦酒漬取，令淹，溲浹，不用多汁，密覆勿泄。云晬時者，周時也，從今旦至明旦。亦有止一宿者。〔煮膏，當〕三上三下，以泄其(燋)〔熱〕勢，令藥味得出。上之使迊迊沸仍下之，下之使沸靜良久乃上，寧欲小生。其中有薤白者，以兩頭微燋黃為候。有白芷、附子者，亦令小黃色(也)〔為度〕。猪肪勿令經水，臘月彌佳。絞膏亦以新布〔絞之〕。若是可服之膏，膏滓亦堪酒煮(稍)飲之。可摩之膏，〔膏〕滓即宜以薄病上，此蓋貧野人欲兼盡其〔藥〕力〔故也〕。

凡膏中有雄黃、朱沙輩，皆別擣細研如麪，須絞膏竟乃投中，以物疾攪，至於凝強，勿使沉聚在下不調也。有水銀者，於凝膏中研令消散。有胡粉亦爾。

凡湯酒中用大黃，不須細剉。作湯者，先水漬，令淹浹，密覆一宿。明旦煮湯，臨熟乃以內〔湯〕中，又煮兩三沸，便絞出，則力勢〔猛〕，易得快利。丸散中用大黃，舊皆蒸，今不須爾。

凡湯中用麻黃，皆先別煮兩三沸，(料)〔掠〕去其沫，更益水如本數，乃內餘藥，不爾令人煩。麻黃皆折去節，令理通，寸斬之；有小草、瞿麥，五分斬之；細辛、白前，三分斬之；丸散膏中，則細剉也。

凡湯中用(皃)〔完〕物，皆擘破，乾棗、(枝)〔梔〕子、栝樓子之類是也。用細核物亦打碎，山茱萸、五味〔子〕、蕤核、決明〔子〕之類是也。細花子物，正爾完用之，旋(伏)〔覆〕華、菊華、地膚子、葵子之類是也。米、麥、豆輩亦完用之。諸蟲先微炙，惟螵蛸當中破之。生薑、(夜)〔射〕干皆薄切之。芒消、飴糖、阿膠皆須絞湯竟，內汁中，更上火兩三沸，烊盡乃服之。

凡用麥門冬，皆微潤抽去心。杏人、桃人，湯柔撻去皮。巴豆打破，剝〔其〕皮，刮去心，不(不)爾令人悶。石韋(刮去毛)、辛夷刮去毛〔及心〕。鬼箭削取羽皮。藜蘆剔取根，微炙。枳實去其(核)〔瓤〕，止用皮，亦炙之。椒(云)〔去〕實，於鐺器中微熬令汗出，則有勢力。(樊)〔礬〕石於(凡)〔瓦〕上若鐵物中熬令沸，汁盡〔即止〕。礜石皆〔以〕黃土泥苞，使燥，燒之半日，令(勢熱)〔熟〕而解散。犀角、靈羊角皆〔鎊〕刮(截)作屑。諸齒骨並炙擣碎之。皂莢去皮子炙之。

凡湯、丸、散用天雄、附子、烏頭、烏喙、側子，皆煻灰火炮炙，令微(炘)

〔坼〕，削去黑皮，乃秤之。惟薑附子湯及膏酒中生用，亦削去皮乃秤，直理破作七八片。隨其大小，(並)〔但〕割削除(氷)〔外黑尖處〕處〔令盡〕。

凡湯、酒、膏、丸、散中，用半夏皆且完，以熱湯洗去上滑，手挼之，皮釋隨剝去，更復易湯挼之，令滑盡。不爾，戟人咽〔喉〕。舊方〔云〕廿許過，今六七過便足。亦可直煮之，〔一兩〕沸一易水，如此三〔四〕過，仍挼洗(便)畢〔便〕訖，〔暴乾〕； 隨其大小，破為細片，乃秤以入湯。若膏酒丸散，皆須曝燥乃秤之也。丸散止削上皮用之，未必皆洗也。

凡丸散用膠，皆先炙，使通體沸起，燥乃可擣。有不(浹)〔沸〕處，更炙之。

〔凡〕丸方中用(臈)〔蠟〕(洋)〔皆烊〕，投少蜜中，攪調以和藥。若用熟艾，先細擘，合諸藥擣，令散； 不可篩者，別擣內散中和之。

凡用蜜，皆先火上煎，(料)〔掠〕去其沫，令色微黃，則丸經久不壞。(剋)〔掠〕之多少，隨蜜精麁。

凡丸散用巴豆，〔去皮心膜〕，杏人、桃人、(亭歷)〔葶藶〕、胡麻諸有膏脂藥，皆先熬黃黑，別擣令如膏。指攕視泯泯爾，乃以向成散； 稍稍下臼中，合研擣，令消散，仍復都以輕疏絹篩度之，須盡，又內臼中，依法治數百杵也。湯膏中用，亦有熬之者，雖生並擣破。

凡用桂〔心〕、厚朴、杜仲、秦皮、木蘭輩，皆〔削〕去(削)上虛軟甲錯〔處〕，取裏有味者秤之。茯苓、猪苓，削除去黑皮； 牡丹、巴戟天、遠志、冶葛等，皆槌破去心； 紫菀洗去土皆畢，乃秤之； 薤白、葱白除青令盡； 莽草、石南草、茵芋、澤蘭，〔皆〕剔取葉及嫩莖，去大枝； 鬼臼、黃連皆除根毛； 蜀椒去閉口者及目熬之。

唐・孫思邈《千金要方》卷一　凡煮湯，當取井華水，極令净潔，升斗分量勿使多少，煮之調和，候火用心，一如鍊法。

凡煮湯，用微火，令小沸。其水數依方多少，大略二十兩藥，用水一斗，煮取四升，以此為率。皆絞去滓而後酌量也。然則利湯欲生，少水而多取汁者，為病須快利，所以少水而多取汁。補湯欲熟，多水而少取汁者，為病須補益，是以多水而少取汁。好詳視之，不得令水多少。湯熟，用新布，兩人以尺木絞之，澄去沍濁。分再服、三服者，第二、第三服以紙覆令密，勿令泄氣。欲服，以銅器於熱湯上暖之，勿令器中有水氣。【略】

凡擣藥法，燒香洒掃淨潔，不得雜語喧呼，當使童子擣之，務令細熟，杵數可至千萬，杵過多為佳。

凡合腎氣、署預，及諸大補、五石、大麝香丸、金牙散、大酒煎膏等，合時煎時，並勿令婦人、小兒、產母、喪孝、固疾、六根不具足人，及雞犬六畜等見之，大忌，切宜慎之。其續命湯、麻黃等諸小湯，不在禁忌之限。比來田野下里家因市得藥，隨便市上雇人擣合。非止諸不如法，至於石斛、菟絲子等難擣之藥，費人功力，賃作擣者隱主，悉盜棄之。又為塵埃穢氣入藥中，羅篩麤惡，隨風飄揚，眾口嘗之，眾鼻齅之，藥之精氣，壹切都盡，與朽木不殊。又復服餌，不能盡如法，服盡之後，反加虛損。遂謗醫者，處方不效。夫如此者，非醫之咎，自緣發意甚誤，宜熟思之也。

唐・孫思邈《千金要方》卷一　合和第七　問曰：凡合和湯藥，治諸草石蟲獸，用水升數，消殺之法則云何？答曰：凡草有根、莖、枝、葉、皮、骨、花、實，諸蟲有毛、翅、皮、甲、頭、足、尾、骨之屬，有須燒鍊炮炙，生熟有定，一如後法。順方者福，逆之者殃。或須皮去肉，或去皮須肉，或須根莖，或須花實。依方鍊治，極令淨潔，然後升合秤兩，勿令參差。

藥有相生相殺，氣力有強有弱，君臣相理，佐使相持。若不廣通諸經，則不知有好有惡。或醫自以意加減，不依方分，使諸草石強弱相欺，入人腹中，不能治病，更加鬭爭； 草石相反，使人迷亂，力甚刀劍。若調和得所，雖未能治病，猶得安利五藏，於病無所增劇。

例曰：諸經方用藥，所有熬鍊節度，皆脚注之。今方則不然。於此篇具條之，更不煩方下別注也。

凡藥治擇熬炮訖，然後秤之以充用，不得生秤。凡用石藥及玉，皆碎如米粒，綿裹內湯酒中。凡鍾乳等諸石，以玉槌水研三日三夜，漂鍊務令極細。凡銀屑，以水銀和成泥。凡礜石，赤泥團之，入火半日，乃熟可用，仍不得過之。不鍊，生入藥，使人破心肝。凡朴消、礬石，燒令汁盡，乃入丸散。芒消、朴消，皆絞湯訖，內汁中，更上火兩三沸，烊盡乃服。凡湯中用丹砂、雄黃者，熟末如粉，臨服內湯中，攪令調和服之。凡湯中用完物，皆擘破，乾棗、梔子之類是也。用細核物，亦打碎，山茱萸、五味子、蕤核、決明子之類是也。細花子物，正爾完用之，旋覆花、菊花、地膚子、葵子之類是也。米麥豆輩，亦完用之。凡橘皮、吳茱萸、椒等，入湯不㕮咀。凡諸果實人，皆去尖及雙人者，

湯挼撻去皮，仍切之。用梔子者去皮，用蒲黃者湯成下。凡麥門冬、生薑入湯，皆切，三擣三絞，取汁，湯成去滓下之。煮五六沸，依如升數，不可共藥煮之。一法：薄切用。凡麥門冬，皆微潤，抽去心。凡麻黃，去節，先別煮兩三沸，掠去沫，更益水如本數，乃內餘藥，不爾令人煩。寸斬之。小草、瞿麥，五分斬之。細辛、白前，三分斬之。膏中細剉也。凡牛膝、石斛等入湯酒，拍碎用之。石斛入丸散者，先以碪槌極打令碎，乃入臼，不爾擣不熟。入酒亦然。凡桂、厚朴、杜仲、秦皮、木蘭之輩，皆削去上虛軟甲錯，取裏有味者秤之。茯苓、猪苓，削去黑皮。牡丹、巴戟天、遠志、野葛等，皆槌破去心。紫菀洗去土，暴乾乃秤之。薤白、葱白，除青令盡。莽草、石南、茵芋、澤蘭，剔取葉及嫩莖，去大枝。鬼臼、黃連，皆除根毛。石韋、辛夷，拭去毛。辛夷又去心。蜀椒去閉口者及目。用大棗、烏梅，皆去核。用鬼箭，削取羽皮。凡茯苓、芍藥，補藥須白者，瀉藥唯赤者。凡菟絲子，暖湯淘汰去沙土，乾漉，暖酒漬，經一宿，漉出，暴微白，擣之。不盡者更以酒漬，經三五日乃出，更曬，微乾擣之，須臾悉盡，極易碎。凡用甘草、厚朴、枳實、石南、茵芋、藜蘆、皂莢之類，皆炙之。而枳實去穰，藜蘆去頭，皂莢去皮子。凡用椒實，微熬令汗出，則有勢力。凡湯丸散，用天雄、附子、烏頭、烏喙、側子，皆煻灰炮，令微坼，削去黑皮乃秤之。唯薑附湯及膏酒中生用，亦削去皮乃秤之，直理破作七八片。凡半夏，熱湯洗去上滑。一云十洗四破，乃秤之以入湯。若膏酒丸散皆煻灰炮之。凡巴豆去皮心膜，熬令紫色。桃人、杏人、葶藶、胡麻，諸有脂膏藥，皆熬黃黑，別擣令如膏，指㨿視泯泯爾，乃以向成散，稍稍下臼中，合研擣，令消散，乃復都以輕絹篩之須盡，又內臼中，依法擣數百杵也。湯膏中雖有生用者，並擣破。凡用麥蘖、麴末、大豆黃卷、澤蘭、蕪荑，皆微炒。乾漆炒令煙斷。用烏梅入丸散者熬之。用熟艾者先炒，細擘，合諸藥擣令細。散不可篩者，內散中和之。凡用諸毛羽、齒牙、蹄甲，龜、鼈、鯪鯉等甲，皮、肉、骨、角、筋、鹿茸等，皆炙之。蛇蛻皮微炙。凡用斑猫等諸蟲，皆去足翅，微熬。用桑螵蛸，中破炙之。牡蠣熬令黃色，殭蠶、蜂房微炒之。凡湯中用麝香、犀角、鹿角、羚羊角、牛黃，須末如粉，臨服內湯中，攪令調和服之。凡丸散用膠，先炙，使通躰沸起燥，乃可擣。有不沸處更炙之。斷下湯直爾用之，勿炙。諸湯中用阿膠，皆絞湯畢，內汁中，更上火兩三沸令烊。凡用蜜，先火煎，掠去沫，令色微黃，則丸經久不壞。掠之多少，隨蜜精麤，遂至大稠，於丸彌佳。凡丸中用蠟，烊，投少蜜中，攪調以和藥。凡湯中用飴糖，皆湯成下。諸湯用酒者，皆臨熟下之。

凡藥有宜丸者，宜散者，宜湯者，宜酒漬者，宜膏煎者，亦有一物兼宜者，亦有不入湯酒者，並隨藥性，不得違之。其不宜湯酒者列之如左：

朱砂熟入湯　雌黃　雲母　陽起石入酒　礬石入酒　硫黃入酒　鍾乳入酒　孔公孽入酒　礜石入酒　銀屑　白堊　銅鏡鼻　胡粉　鉛丹　鹵鹹入酒　石灰入酒　藜灰

右石類一十七種。

野葛　狼毒　毒公　鬼臼　莽草　蒴藋入酒　巴豆　躑躅入酒　皂莢入酒　藋菌　藜蘆　蔄茹　貫衆入酒　蕪荑　雷丸　狼牙　鳶尾　蒺藜入酒　女菀　葈耳　紫葳入酒　薇銜入酒　白及　牡蒙　飛廉　蛇銜　占斯　辛夷　石南入酒　楝實　虎杖入酒單漬　虎掌　蓄根　羊桃入酒　麻勃　苦瓠　瓜蒂　陟釐　狼跋子入酒　雲實　槐子入酒　地膚子　蛇床子入酒　青葙子　茺蔚子　王不留行　菥蓂子　菟絲子入酒

右草木之類四十八種。

蜂子　蜜蠟　白馬莖　狗陰　雀卵　雞子　雄鵲　伏翼　鼠婦　樗雞　螢火　蠮螉　殭蠶　蜈蚣　蜥蜴　斑猫　芫青　亭長　蛇膽　䖟蟲　蜚蠊　螻蛄　馬刀　赭魁　蝦蟆　蝟皮　生鼠　生龜入酒　蝸牛　諸鳥獸入酒蟲魚膏、骨髓、膽、血、屎、溺

右蟲獸之類二十九種。

附：日·丹波康賴《醫心方》卷一　合藥料理法第六

《千金方》云：凡搗藥法，燒香，灑掃潔淨，勿得雜語。當使童子搗之，務令細熟，杵數可至千萬，過多為佳。和合已訖，量於佛前案上，啟告十方、三寶、藥王、藥尚、耆婆、菩薩、俞附、扁鵲，一心求請，咒願具述，本心即有神助，八方生氣，充溢四體。當以四時王相日造，所求皆得，攘灾滅惡，病者得差，死者更生。

凡合腎氣、署預及諸大五蟲、大麝香丸、金牙散、大酒煎膏等，合時勿令婦女、小兒、產婦、喪孝、固疾、六根不具之人，及雞犬六畜等見之，凶。其續命、麻黃、大黃等諸小湯，不在禁限。比來田野下里家因市得藥，隨便市上雇人搗合，非止眾見，諸不如法；至於石斛等諸難搗之藥，費人功力，作者悉

盜棄之。又為塵埃穢氣皆入藥中，羅篩麄惡，隨風飄揚，眾口嘗之，眾鼻嗅之，藥之精氣，一切都盡，與朽木不殊。又復服餌，不能如法，服盡之後，反加虛損，遂謗醫者處方不効。夫如此者，非醫之咎，宜熟思之。

凡百藥，皆不欲數數曬曝，多見風日，氣力即薄歇無用，宜熟知之。諸藥未即用者，候天晴時，烈日一日曝之。今火乾，火乾以新瓦瓮貯之，泥頭密封。須用開取，即急封之，勿令中風，雖經年亦如新也。其丸散以瓷器貯，蠟封之，勿泄，則卅年不壞。諸杏人及子等藥，凡器貯則鼠不能得之。凡貯藥法，皆去地四尺，則土濕之氣不中之。

凡藥治擇熬炮訖，然後秤之，以依方，不得生秤。凡藥治擇，凡諸菓子人皆去尖頭、赤皮、雙人，仍切之。凡伏苓夕藥，須白者；瀉藥，唯赤者。凡石斛，皆以硬搥打令碎，乃入臼。不爾，擣不可熟。牛膝、石斛等入湯，擘碎用之。凡菟絲子暖湯，洮汰去沙土，乾漉，暖酒漬經一宿，漉出，曬微白，皆擣之，不盡者更以酒漬經二五日，乃出更曬，微乾擣之，須臾悉盡極易碎。凡枳殼、厚朴、甘草、桂、黃蘗諸木皮，及諸毛、羽、貝、齒、牙、蹄、甲、龜、鼈、鯪鯉等甲、皮、肉、骨、角、筋、鹿茸等，皆炙之。虵蛻皮微炙。凡諸湯用酒者，皆臨熟下。凡湯中用麝香、犀角、鹿茸、羊角、牛黃、蒲黃、丹沙者，湯熟，細末如粉，臨服內湯中，攪令調和合服之。凡生麥門冬、生薑入湯，皆切，三擣三絞，取汁，湯成去滓，內煮五六沸，依如升數，不可共藥煮之。一法薄切用。凡銀屑，皆以水銀和成泥。凡用乳等諸石，以玉鎚，水研三日三夜，漂練務令極細。凡用麥蘗、麴米、大豆黃卷、澤蘭、蕪荑、殭蠶、乾漆、蜂房，皆微炒。

《本草》云：凡湯酒膏藥，舊方皆云㕮咀者，謂秤畢擣之如大豆，又使吹去細末。此於事殊不允，藥有易碎難碎，多末少末，秤兩則不復均。今案新注云：㕮咀者，兼擣之義。《葛氏方》：㕮咀者，皆應細切也。今皆細切之，較略令如㕮咀者，差得無末，而粒片調〔和〕，於藥力同出，無生熟也。今案《范汪方》云：皆當去末，末則濁，難飲，不除令人煩。

凡丸散藥，亦先細切，曝燥乃擣之。有各擣者，有合擣者，隨方所言，其潤濕藥，如門冬、乾地黃輩，皆先切，曝乾，獨擣令偏碎，更出細擘，曝乾。值陰雨，亦以微火烘之，既燥，小停冷，仍擣之。凡濕藥，燥皆太耗，當先增分兩，須得屑乃秤为正。今案《新注》云：夫濕藥细切，日乾三分，一分耗。其湯酒中，不須如此。凡篩丸藥，用重(蜜)〔密〕絹令細，於蜜丸易熟。若篩散草藥，用輕踈絹，於酒服則不泥。其石藥亦用細絹，篩如丸者。凡篩丸散藥竟，皆更合於臼中，以杵研治之數百過，視色理和同為佳。今案《范汪方》云：乃口着蜜熟擣之。凡湯酒膏中用諸石藥，皆細擣如粟米，亦葛布篩令調，並新綿別裹內中，其雄黃、朱沙細末如粉。凡煮湯欲熟，微火令小沸，其水數依方多少，大略升兩藥用水一斗，煮取四升，以此为率。然則(和)〔利〕湯欲生，少水而多取，補湯欲熟，多水而少取。好詳視所得，寧令水少多。用新布，兩人以尺木絞之，澄去垽濁，紙覆令密。溫湯勿令鎗器中有水氣，於熟湯上煮令暖亦好。服湯寧令小熱易下，冷則嘔涌。云分再服、三服者，要令力勢足相及，并視人之強羸，病之輕重，以爲進退增減之，不必悉依方說也。今案《新注》云：但看病之輕重，形之羸疲，除加乃至四五服亦好，故曰不依方。凡漬藥酒，隨寒暑日數，視其濃烈，便可漉出，不必待至酒盡也。今案《新注》云：凡漬藥酒，冬日七宿，春秋五宿，夏日三宿。辛貞日、冬日者，必須七宿一時。藥酒皆盛瓷瓶，以紙蓋口，勿令氣泄。二月、三月、八月、九月五四宿，四月、五月三宿，六月、七月若廿两藥酒一斗五升，漬藥二日宿，初溫二合，日再服，便視酒漬，更增一升酒，日別添着一升。如此法者，不必酒迴酢，春秋冬日如常法用。凡建中腎瀝諸補湯，滓合兩劑，加水煮竭飲之，亦敵一劑新藥，貧人當依此用，皆應先曝令燥。凡合膏，初以苦酒漬取，令淹浹浸，不用多汁，密覆勿洩。今案《新注》云：淹浹者，酢藥得相和，不用多汁。云晬時者，周時，從今旦至明旦，亦有止一宿者。今案《新注》云：有言半日者，從旦至暮也，又一宿意同半日。三上三下，以洩其焦勢，令藥味得出，上之使匝匝沸仍下，下之取沸，靜良久乃上，寧欲小生。其中有薤白者，以兩頭微焦黃为候。有白芷、附子者，亦令小黃色也。今案《新注》云：膏藥不欲得焦，微生，若過焦者氣力小也。猪肪皆勿令經水，臈月彌佳。絞膏亦以新布。若是可服之膏，膏滓亦堪酒煮，稍飲之，可摩之膏，則宜以薄病上。凡膏中有雄黃、朱沙輩，皆別擣細碎如麵，須絞膏竟乃投中，以物疾攪，至乾凝強，勿使沉聚在下不調也。有水銀者，於凝膏中研令消散。胡粉亦爾。凡湯酒中，用大黃不須細剉，作湯者先水漬，令淹浹，覆一宿，明旦煮湯，臨熟乃以內中，又煮兩三沸便絞出，則力勢猛，易得快利。丸散中用大黃，舊方皆蒸，今不須爾。凡湯中用麻黃，皆先別煮兩三沸，斷去其沫，更益水如本數，乃內餘藥。不爾，令人煩。麻黃，皆折去節，令理通，寸斬之。小草、瞿麥，五分斬之。細辛、白前，三分斬之。丸散膏中，則細剉也。凡湯中用完物，皆擘破，乾棗、(枝)〔梔〕子、栝樓子之類是也。用細核物，亦

打碎，山茱萸、五味子、蕤核、決明子之類是也。細莖子物，正爾完用之，旋復花、菊花、地膚子、葵子之類是也。米、麥、豆輩，亦完用之。諸蟲先微炙，亦完煮之，唯螵蛸當中破之。生薑、(夜)〔射〕干，皆薄切。芒消、飴糖、阿膠，皆須絞湯竟，內汁中，更上火兩三沸，烊盡乃服之。凡用麥門冬，皆微潤，抽去心。今案《新注》云：於(鎗)〔鐺〕微熬，抽去心。今時不潤抽心也。杏人、桃人，湯柔撻去皮。巴豆打破，剝去皮，劄去心，不爾，令人悶。石韋、辛夷，刮去毛，辛夷去心。今案《録驗方》云：石韋湯漬，刮去外黃毛。鬼箭削取羽及皮，今唯取羽。梨蘆剔取根，微炙。枳實去其核心，用皮，亦炙之。柳雲實於(鎗)〔鐺〕器中微熬，令汗出則有勢力。礬石於瓦上，若鐵物中熬，令沸汁盡。二礬皆黃土泥包使燥，燒之半日，令熱而解散。犀角、羚羊角，皆刮截作屑。諸齒骨並炙，擣碎之。皂莢去皮子，炙之。凡湯丸散用天雄、附子、烏頭、烏喙、側子，皆爐灰中炮之，令微焦，削去黑皮，乃稱之。唯薑附子湯及膏酒中生用，亦削去皮及稱之，直理破作七八片，隨其大小，並割去冰黑處者。凡湯酒膏丸散用半夏，皆且完，以熱湯洗去上滑，手挼之，皮釋隨剝去，更復易湯，挼令滑盡，不爾，戟人咽。舊方廿許過，今六七過便足。亦可直煮之一兩沸，易水，如此三過，仍挼洗便畢訖，隨大小破為細片，乃稱以入湯。若膏酒丸散，皆須曝燥乃稱之。今案《千金方》云：凡半夏，熱湯洗去上滑，一方十洗四破，乃秤以入湯。若膏酒丸散，皆爐灰炮之。《録驗方》炮之如建法，削去燋皮。凡丸散用〔阿〕膠，皆先炙使通體沸起，燥，乃可擣。有不(浹)〔沸〕處，更炙之。今案《千金方》云：斷下湯直爾用之，勿炙也。又云：既細碎不炙，於鎗子熬亦得。凡丸中用臈，烊投少蜜中，攪調以和藥。若用熟艾，先細擘合諸藥，擣令散，不可以篩者，別擣，內散中和之。凡用蜜，皆先火上煎，斷去沫，令色微黃，則丸經久不坏，尅之多少，隨蜜精麁。今案《千金方》：凡丸藥一兩，草藥散用蜜一合。雖然乾地黃、牛膝、天门冬、麥门冬等藥，小用蜜。苦參、白术多用蜜也。凡丸散用巴豆、杏人、桃人、葶藶、胡麻諸有膏脂藥，皆先熬令黃黑，別擣令如膏脂，指攤視泯泯爾，乃以向成散，稍稍下臼中合研，擣令消散，乃復都以輕踈絹篩度之須盡。今案《新注》云：巴豆熬紫色，餘皆熬黃黑。泯泯者，滑利之貌。又內臼中，依法擣數百杵也。湯膏中用亦有熬之者，雖生，並擣破。凡用桂、厚朴、杜仲、秦皮、木蘭輩，皆削去上虛軟甲錯，取裏有味者稱之。茯苓、猪苓削除黑皮。牡丹、巴戟天、遠志、冶葛等，皆搥破，去心。紫菀洗去土皆畢乃稱之。薤白、葱白，除青令盡。莽草、石南草、茵芋、澤蘭，剔取葉及軟莖，去大枝。鬼臼、黃連，皆除根毛。蜀椒去閉口者及目之。凡狼毒、枳實、橘皮、半夏、麻黃、吳茱萸，皆欲得陳久者，其餘唯須精新。《范汪方》云：术、夕藥，刮去皮。《録驗方》云：蜜臈膏髓類者，皆成湯，內烊令和調也。又合湯用血及酒者，皆臨熟內之，然後絞取湯也。《葛氏方》云：凡直云末者，皆是擣篩。

宋・王懷隱《太平聖惠方》卷二　論合和　凡合和湯藥，務在精專。甄別新陳，辨明州土，修製合度，分兩無差，用得其宜，病無不愈。若真假非類，冷熱相乖，草石昧其甘辛，炮炙失其體性，篩羅粗惡，分劑差殊，雖有療疾之名，永無必愈之效。是以醫者，必須慇懃注意，再四留心。不得委以他人，令其修合，非但多少不等，兼亦失本方之意。擣和之後，妍醜難明。眾口嘗之，眾鼻齅之，藥之精氣，一切都盡，而將療病，固難得效。此蓋是合和之盈虛，不得咎醫方之淺拙，孰宜思慎之也。又古方藥味，多以銖兩，及用水皆言升數，年代綿歷寖遠，傳寫轉見乖訛。或分兩少而水數多，或水數少而分兩多，輕重不等，器量全殊。若不別其精麁，何以明其取捨。今則加減合度，分兩得中，削舊方之參差，洽今時之行用。其方中凡言分者，即二錢半為一分也。凡言兩者，即四分為一兩也。凡言斤者，即十六兩為一斤也。凡煮湯，云用水一大盞者，約一升也。一中盞者，約五合也。一小盞者，約三合也。務從簡易，庶免參差。俾令修合煎調，臨病濟急，不更冗繁，易為曉了也。凡草有根、莖、枝、葉、皮、骨、花、實，諸蟲有毛、翅、皮、甲、頭、足、尾、骨之屬，有須燒〔煉〕炮炙，生熟有定，一如其法。順方者福，逆方則殃。或須肉去皮，或須去肉，或須根莖，或須花實，依方揀鍊，事褫理削，極令淨潔。然後秤定分兩，勿得參差。藥有相生相殺，氣力有強有弱。君臣佐使，若不廣通諸經，則不知有好有惡。或醫自以意加減，不依方分，使諸藥石強弱相欺，入人腹中，不能治病，更相鬭爭，草石相反，使人迷亂，力甚刀劍。若調和得意，雖未能去病，猶得安利五臟，於病無所增劇也。

凡煮湯，當以井華水，極令淨潔。其水數依方多少，不得參差。常令文火小沸，令藥味出。煮之調和，必須用意。然則利湯欲生，少水而多取。補湯欲熟，多水而少取。用新布絞之。服湯寧小熱即易消下，若冷即令人嘔逆。云分再服、三服者，要令勢力相及，并視人之強羸，病之輕重，以為進退增減之，不必悉依方說也。

凡擣羅圓藥，用重密絹令細，於蜜中和則易熟。若羅草藥為散，以輕細絹，於酒中調服則不泥。其石藥亦用細絹羅，然後研理數百過，視色理和同為佳也。

凡湯酒中用諸石藥，皆細擣羅之如粟米。亦可以葛篩令調，並新綿裹，內湯酒中同煎。凡合圓散藥，先細切曝燥，乃擣之。有各擣者，有合擣者，並隨方所言。其潤濕藥，如天門冬、乾地黃之類，皆先切曝，獨擣，令遍碎更出，細擘曝乾。若逢陰雨，亦以微火烘之，既燥小停，冷乃擣之。

凡濕藥，燥皆大耗，當先增分兩，須得屑乃秤之為正。其湯酒中不須如此也。

凡漬藥酒，皆須細剉，用生絹袋盛之，乃入酒密封，隨寒暑日數，視其濃烈，便可漉出，不必待服至酒盡也。滓可曝燥微擣，更漬飲之，亦可為散服。

凡合膏藥，初以酒或醋漬令淹浹，不用多汁，密覆勿洩，從今旦至明旦，亦有止一宿者。微火煎之，命三上三下，以洩其熱勢，令藥味得出。上之使帀帀沸，乃下之，使沸靜良久乃止，寧欲小小生。其中有薤白者，以兩頭微焦黃為候。有白芷、附子者，亦令小黃色也。猪肪皆勿令經水，臘月彌佳。絞膏以新布絞之。若是可服之膏，膏滓亦可酒煮飲之。可摩之膏，膏滓則宜以傅病上。此蓋欲兼盡其藥力故也。膏中用雄黃、朱砂、麝香之輩，皆別研如粉。候絞膏畢，乃可投中，以物疾攪至於凝強，勿使沉聚在下不調。有水銀、胡粉者，於凝膏中研令消散。

凡修鍊神仙延年圓散，皆須先淨其室，燒香灑掃，勿令浪語。當使童子擣之，務令細熟，杵數可至千萬過，以多為佳。勿令婦女、小兒、喪孝、產婦，及痼疾、六根不具之人及六畜見之，皆不效也。其逐急諸小湯散，則不在此限爾。

唐・孫思邈《千金方》〔見宋・唐慎微《證類本草》卷一《序例上》〕　凡諸藥子人，皆去皮尖及雙人者，仍切之。凡烏梅皆去核，入丸散，熬之。大棗擘去核。凡用麥蘖、麴、大豆黃卷、澤蘭、蕪荑、殭蠶、乾漆、蜂房，皆微炒。凡湯中用麝香、犀角、鹿角、羚羊角、牛黃、蒲黃、丹砂，須熟末如粉，臨服內湯中，攪令調和服之。凡茯苓、芍藥，補藥須白者，瀉藥惟赤者。凡石蟹，皆以槌極打令碎，乃入臼；不爾，擣，不可熟。牛膝、石斛等入湯酒，拍碎用之。凡菟絲子，暖湯淘汰去沙土，乾，漉，暖酒漬，經一宿漉出，暴，微白，皆擣之；不盡者，更以酒漬，經三五日乃出，更曬微乾，擣之，須臾悉盡，極易碎。凡斑猫等諸蟲，皆去足翅微熬，用牡蠣熬令黃。凡諸湯用酒者，皆臨熟下之。凡用銀屑，以水銀和成泥。凡用鍾乳等諸石，以玉槌水研三日三夜，漂鍊，務令極細。

宋・沈括《夢溪筆談》卷二六《藥議》　古方言：雲母麁服則著人肝肺不可去，如枇杷、狗脊毛不可食，皆云射入肝肺，世俗似此之論甚多，皆謬說也。

宋・唐慎微《證類本草》卷一《序例上》〔《雷公炮炙論》〕　凡云散，只作散；丸，只作丸。或酒者，或醋，或乳煎，一如法則。凡方煉蜜，每一斤秖煉得十二兩半，或一分。是數若火少，若火過，並用不得也。凡膏煎中用脂，先須煉去革膜了，方可用也。凡修事諸藥物等，一一并須專心，勿令交雜，或先熬後煮，或先煮後熬，不得改移，一依法則。凡修合丸藥，用蜜，秖用蜜；用餳，秖用餳；用糖，秖用糖。勿交雜用，必宣瀉人也。

宋・唐慎微《證類本草》卷一《序例上》〔唐・蘇敬《唐本草》〕注云：　㕮咀，正謂商量斟酌之，餘解皆理外生情爾。

〔宋・掌禹錫《嘉祐本草》〕　看詳：㕮咀，即上文細切之義，非商量斟酌也。

宋・寇宗奭《本草衍义》卷一《序例上》　《本草》第一序例言犀角、羚羊角、鹿角，一概末如粉，臨服內湯中。然今昔藥法中，有生磨者，煎取汁者。且如丸藥中用蠟，取其能固護藥之氣味，勢力全備，以過關鬲而作效也。今若投之蜜相和，雖易為丸劑，然下嚥亦易散化，如何得到臟中？若其間更有毒藥，則便與人作病，豈徒無益，而又害之，全非用蠟之本意。至如桂心，於得更有上虛軟甲錯處，可削之也？凡此之類，亦更加詳究。

今人用麻黃，皆合搗諸藥中。張仲景方中，皆言去上沫。序例中言，先別煮三兩沸，掠去其沫，更益水如本數，乃內餘藥，不爾，令人發煩，甚得用麻黃之意，醫家可持此說。然云：折去節，令通理，寸剉之。寸剉之，不若碎剉如豆大為佳，藥味易出，而無遺力也。

宋・寇宗奭《本草衍義》卷二《序例中》　右隱居以謂凡篩丸散藥畢，皆更合於臼中，以杵搗數百過，如此恐乾末湔蕩不可搗，不若令力士合研為佳。又曰：凡湯酒膏中用諸石，皆細搗之如粟，亦可以葛布篩令調勻，並以綿裹

內中，其雄黄、朱砂輩，細末如粉。今詳之：凡諸石雖是湯酒中，亦須稍細，藥力方盡，出效亦速。但臨服須澄濾後再上火；不爾，恐遺藥力不見效。湯酒中尚庶幾，若在服食膏中，豈得更如粟也。不合如此立例，當在臨時應用詳酌爾。又説㕮咀兩字，《唐本》注謂為商量斟酌，非也。《嘉祐》復符陶隱居説為細切，亦非也。儒家以謂有含味之意，如人以口齒咀齧，雖破而不塵，但使含味耳。張仲景方多言㕮咀，其義如此。

宋・趙佶《聖濟總錄》卷三《敘例》　煎煮　凡煎藥當取新水，令極清潔，微火小沸。若利湯欲少水而多取，補湯欲多水而少取，此古法也。其湯劑大小，古今升兩不同，當依世俗見行之法，大約每用藥三錢匕，以水一盞，煎取七分為率。其餘多少增損，當視病之輕重大小。【略】

治擇　凡藥有燥濕精麤不同，必先治擇炮焙訖乃秤之。若用巴豆則不然，當先秤，然後治擇。其言巴豆霜者，當依分兩用之。

宋・趙佶《聖濟經》卷一〇《審劑篇》　表裏深明章第二　流變在乎病，主治在乎物，制用在乎人，三者並明，則可以語湯醴散劑，疾徐緩急之用，夫豈循常守數，以狥世俗之耳目哉。古今異習，情有醇薄；容色異見，氣有淺深；經絡之別，候有表裏；府藏異同，形有內外。蕩滌浸漬，先後之序也。發散收斂，陰陽之辨也。清濁高下，緩急之意也。多寡輕重，久新之證也。要在去邪輔正，以平為期。循名責實，未可以一概論。

〔宋・吳禔注〕：失陰陽之和，則病之傳也無已。有病矣，必因物而治其病。有物矣，必因人而用其物。三者並明，則人足以用物，物足以治病。推而明之，變而通之，故可以語湯醴散劑，疾徐緩急之用，夫豈循常守數，以狥世俗之耳目也哉。上古之始，湯醴以為備爾，民情之醇也。中古以來，湯醴以為服焉，民情之薄也。此所謂古今異習，情有醇薄。其色見淺者，湯液主治，而疾已之期近；其色見深者，醪醴主治，而疾已之期遠。此所謂容色異見，氣有淺深。至若候有表裏者，表為陽，裏為陰。形有內外者，內主藏，外主府。湯液之用亦各有異，蕩滌為先，浸漬為後，是為先後之序。發散為陽，收斂為陰，是為陰陽之辨。以其治有緩急，故為之清濁高下之節。以其病有久新之證，故為之輕重多寡之權。凡若是者，皆所以去其邪，輔其正，以平為期而已。循名責實，未可以一概論，在夫能適事之宜爾。

故內治者自內以達外，湯醴丸散丹之類，見于服飲者是也。治外者由外以通內，膏熨蒸浴粉之類，藉于氣達者是也。夫湯液主治，本乎腠理。凡滌除邪氣者，于湯為宜。傷寒之治，多先於用湯者如此。醪醴主治，本乎血脈。凡導引痺鬱者，於酒為宜。風痺之治，多專於漬酒者如此。散者取其漸漬而散解，其治在中。久病痼疾，劑多以散者，理如此也。丸者取其收攝，而其治在下。腹中之病及不可散服者宜用丸也。至於成丹，則火力烹養，有一陽在中之宜，金石之類多取焉。

〔宋・吳禔注〕：病之內外，常相應也。治內者必達於外，治外者必通于內，此表裏之符也。納之府藏之中，所以治內，故有湯醴丸散丹之類，見於服飲者焉。施諸肌膚之間，所以治外，故有膏熨蒸浴粉之類，藉於氣達者焉。夫湯液烹煎而成，以取其漬而不污。其主治則本乎腠理，蓋流衍而至于腠理也。醪醴醞以稻米，炊以稻薪，其主治則本乎血脈，蓋發散而至於血脈也。故凡滌除邪氣者，於湯為宜。傷寒之治，多先於用湯也。導引痺鬱者，於酒為宜。風痺之治，多專於漬酒也。散之於湯為稠而濁，故其治在中。丸之於散為會而聚，故其治在下。至於成丹，則火力烹養，熱所蘊焉，一陽之所藏也。若此者所謂見於服飲者也。

膏取其膏潤以祛邪毒，凡皮膚蘊蓄之氣，膏能消之，又能摩之也。熨資火氣以舒寒結，凡筋肉攣急，頑痺不仁，熨能通之也。蒸言其氣之熏，以發腠理，燒地為之，所以啓元府也。浴言其因於湯浴，以泄皮膚，而利肌肉也。粉則粉密其空隙也。

〔宋・吳禔注〕：以膏之澤，而其治也淺而緩。故皮膚蘊蓄之氣，膏能潤之，又能摩之。以熨之熱，而其治也深而達。故筋肉攣急，頑痺不仁，熨能通之也。蒸以發之，故腠理玄府由是開焉。浴以滌之，故皮膚肌肉由是泄焉。至於粉則有所閉，是謂粉密其空隙。若此者所謂藉於氣達者也。

宋・刘昉《幼幼新書》卷二　敘修合藥第六　《嬰童寶鑒》云：凡修合藥餌，切要分別州土，深曉好惡，明辨真偽，然後精細潔淨，炮、爁、炙、煿，一一都了。乃依方分兩，仔細秤定，始可合和。

又，合和之際，當須用不津器盛藥，勿令嘗齅。《太平聖惠方》云：不可眾鼻齅之，眾口嘗之，恐損藥精氣，用之無靈效耳。

又，不可全用古方，恐分兩差悮。今之與古，風俗尚乃不同，豈得更用古

方之分兩也。今時醫人，修合小兒藥物，惟少是妙，故別立圭則，以表今時。凡古用一刀圭者，即今用一錢匕。一錢匕者，以錢滿抄一錢末也。或云：一錢重者，是等秤之一錢也。明此二說，更無疑焉。夫秤二錢半為一分，四分為一兩，但依此修合，必無差誤。為小兒臟腑與大人不同，故立此一篇耳。

金・張元素《醫學啟源》（任應秋輯本）卷下　藥性生熟〔用〕法　黃連、黃芩、知母、黃蘗，〔治〕病在頭面及手梢皮膚者，須酒炒之，借酒力上升也。咽之下，臍之上〔者〕，〔須〕酒洗之；在下者，生用。凡熟〔升〕生〔降〕也。大黃須煨，恐寒傷胃氣。至於烏頭、附子，〔須〕炮去〔其〕毒也。用〔上焦〕藥，〔須〕酒洗曝乾。黃蘗、〔知母〕等，寒藥也，久弱之人，須合〔之者〕，酒浸曝乾，恐寒傷胃氣也；熟地黃酒洗，亦然。當歸酒浸，助發散之用也。

宋・陳衍《寶慶本草折衷》卷一《序例萃英中》　敘製劑之法舊文計十二章，新集一段。

唐謹微序例述陶隱居序凡六章。　其一章：半夏有毒，用之必須生薑，此是取其所畏以相制爾。其相須、相使者，不必同類。猶如和羹調食，魚肉葱豉，各有所宜，共相宣發也。　二章：依方分藥，不量剝除。只如遠志、牡丹，纔不收半；地黃、門冬，三分耗一。凡去皮、除心之屬，分兩皆不復相應。病家惟依此用，不知更秤取足。　其三章：凡濕藥燥，皆大耗，當先增分兩。須得屑，乃秤之為正。　其四章：凡篩丸藥，用密絹令細，於蜜丸易熟。若篩散草藥，用輕疎絹，於酒中服即不泥去聲。其石藥亦用細絹篩。　其五章：利藥欲生，少水而多取汁。其間或性毒者，亦須熟煮。補湯欲熟，多水而少取汁。　其六章：凡建中、腎瀝諸補湯滓，合兩劑，加水煮竭飲之，亦敵一劑。新藥先暴令燥。

寇宗奭序例凡三章。　其一章：如丸藥中用蠟，取其能固護藥之氣味，勢力全備，以過關鬲而作效也。今若投之蜜，相和雖易為丸劑，然下咽亦易散化，如何得到臟中？若其間更有毒藥，則便作病，全非用蠟之本意。　其二章：隱居即陶公也謂：凡篩丸散藥畢，皆更合於臼中，以杵搗數百過，如此恐乾末湔蕩，不可搗，不若今力士合研為佳。　新集：王兗《博濟方》云：搗羅藥竟，恐有鐵屑，以好磁石攬熁取之，即須再羅。凡合和元藥成團，必須再杵千百下，視其色理和同，亦易為元撚。　其三章：㕮方矩切咀齊呂切兩字，《唐本》註謂為商量、斟酌，非也。《嘉祐》復符陶隱居說為細切，亦非也。儒家謂有含味之意，如人以口齒咀嚙五狡切，雖破而不塵，但使含味耳。仲景方多言㕮咀，其義如此。仲景云：切如麻豆大，謂之㕮咀，欲清汁傳遠經絡而無滯也。今《易簡方》亦如之。

許洪註《局方・總論》凡三章。　其一章：古方藥味，多以銖兩。及用水，皆言升數。年代綿歷浸遠，傳寫轉見乖訛，今則加減合度，分兩得中。其方中凡言分者，即貳錢半為壹分也。凡言兩者，即肆分為壹兩也。凡言斤者，即拾陸兩為壹斤也。凡言等分者，即諸藥斤兩多少皆同也。凡煮湯，云用水大盞者，約壹升也；壹中盞者，約伍合也；壹小盞者，約叁合也。　其二章：凡草有根莖枝葉皮骨花實，諸蟲有毛翅皮甲頭足尾骨，有須炮炙生熟，一如其法。或須肉去皮，或須皮去肉；或須根莖，或須花實，依方揀鍊，極令淨潔。然後秤定分兩，勿得參差。藥有相生相殺，氣力有強有弱，若不廣通諸經，則不知有好去聲有惡烏路切。或自以意加減，不依方分兩，使諸藥石強弱相欺，入腹不能治病，更相攻擊。草石相反，使人迷亂，力甚刀劍。若調和得意，雖未能去病，猶得安和五藏，於病無所增劇也。　其三章：凡煮湯，當以井花水，極令淨潔。其水數多少，不得參差。常令文火小沸，初煮亦須烈火，俟一沸減火令微，緩煮小沸。令藥味出。分再服、叁服者，要令勢力相及，并視人之強弱，病之輕重，以為進退增縮。

宋・陳衍《寶慶本草折衷》卷二《逢原紀略》　記湯、散、元難互用　《蘇沈方》云：湯、散、元，各有所宜。欲達五臟四肢者，莫如湯；欲留腸胃中者，莫如散；久而後散者，莫如元。大率湯劑氣勢完壯，與元、散倍蓰。氣勢五倍曰蓰。消息用之，要在良工，難可定論拘也。

《泊宅編》云：朱肱論醫，尤深於傷寒。盛次仲疾作，召肱視之，曰：小柴胡湯證也。併進三服，至晚覺滿。問所服藥安在，取視，乃小柴胡散也。肱曰：古人制㕮咀，謂剉如麻豆大，煮清汁飲之，名曰湯，以入經絡，攻病取快。今為散，滯在鬲上，所以胸滿而病自如也。因依法各製，自煮，進二服，是夕遂安。

論曰：夫湯者，剉劑；散者，末劑也。今均此小柴胡也，末服則滯，剉服則安，故知若湯若散，皆當謹其用而正其名焉。然衆方或稱剉藥曰散，或稱末藥曰湯者，乃沿襲差互，莫之能革也。

元・王好古《湯液本草》卷二《東垣先生〈用藥心法〉》　用藥酒洗曝乾

黃芩、黃連、黃蘗、知母，病在頭面及手梢皮膚者，須用酒炒之，借酒力以上騰也。咽之下、臍之上，須酒洗之。在下生用。大凡生升、熟降。大黃須煨，恐寒則損胃氣。至於川烏、附子須炮，以制毒也。黃蘗、知母，下部藥也，久弱之人，須合用之者，酒浸曝乾，恐寒傷胃氣也。熟地黃，酒洗亦然。當歸，酒浸曝，發散之意也。

元・齊德之《外科精義》卷下　論炮製諸藥及單方主療瘡腫法　夫藥者，治病之物。蓋流變在乎病，主治在乎藥，製用在乎人，三者不可闕一也。凡用一味，炮炙修製，及單方主療，該引方書出處，不必隨方標寫。

硃砂：　須研細，水飛，濾乾。若入膏中者，待熬膏成，稍凝冷，即下急攪，勿令沉聚。大凡石類，一一如此。　雲母：　即須用鍊成熟粉。曾經婦人手拈者不效。《聖惠方》治湯火瘡，羊髓和膏，塗之神良。《千金方》如治金瘡及諸惡瘡，依上塗傅，大效。　礬石即白礬：　凡用，須木炭火上枯汁盡。主陰蝕惡瘡，去鼻中瘜肉，生含嚥津，治急喉閉。《肘後方》治耳中卒腫痛，或有膿水者，以筒吹一字於耳中，以綿塞之立效。又治諸毒蟲惡獸咬傷，傅之則差。《千金方》以醋煮湯，漬蝎螫立差。王氏《博濟》治驢馬汁毒傷人，瘡腫痛，和黃丹傅之。《靈苑方》治傷折瘡腫，以沸湯投枯礬漬浴之。《御藥院方》治陰汗，以枯礬投沸湯中浴之。　水銀：　主疥瘻痂傷白禿，入膏，令膏冷凝下之，攪令勻散如星，勿令沉聚。　水銀粉即輕粉：　主瘰癧，殺疥癬蟲，酒齄風。以羊髓和如膏，塗及貼臁瘡，一上可。　石灰：　主疥癬、骨疽、金瘡風化者良。《外臺秘要》方治風疹以漿水調熱掃之，隨手差。孫真人治疥，淋石灰水溫洗之，千年者尤佳。　白麥飯石即麤理黃石：　曾磨刀者佳。凡用，須用釅醋淬之，令屑落醋中者良。亦單用治發背，《神農本草》曰：　大凡石類，多主癰疽。　花蘂石：　主金瘡止血。合硫黃木炭火炒良，或只刮花蘂石末效。　黃芪：　主癰疽久敗瘡，排膿止痛，兼五痔、鼠瘻止渴。《聖惠》《千金》《外臺秘要》方治發背、腦疽，托裏止渴，用黃芪六兩，甘草一兩，剉細水煎，溫服無時，大效。　葈耳即蒼耳：　《千金翼方》：　丁腫，用根莖葉，炒灰存性，為末，醋泔淀和如泥塗之，一日三易之。三日腫消，根丁自拔出。亦治諸腫，掃之尋瘥。　麻黃：　凡用根節煮三沸，掠去沫，曬乾，剉。　黃芩：　凡用去腐蘆，揀細實者佳。《梅師方》治諸丹，作末，水調掃之。亦治湯火傷。

烏頭、附子：　凡用，須炮裂，去皮臍。　半夏：　凡用，湯洗七次，去滑。

羊蹄根：　主乾癬疥頭禿，取根醫塗之效。《簡要濟眾方》：　治癬瘡久不差，取新者絞汁，和膩粉為膏，塗之。《千金》《聖惠》《外臺》等方，皆治癬，和醋或白礬，或硫黃，塗之愈。　狼毒：　主癰疽、惡瘡、鼠瘻。《聖惠方》治癬瘡積年，搔之黃汁出，痒痛，以末傅之，或猪膏和塗差。　芭蕉根：　主瘡腫。搗根汁塗之良。《百一方》治發背，根汁塗之。　土青木香即馬兜鈴根：　治頭風、搔痒、禿瘡。　連翹：　主寒熱、鼠瘻、癰疽、惡瘡、癭瘤，同甘草服食。

蒲公草：　主乳癰。煮汁飲之自消。《梅師方》傅之亦消。　滑石：　本草不言療瘡腫，本體較治諸瘡久不愈，消熱毒腫及金瘡血不止，湯火燒瘡，用之尤良。　白石英：　主肺癰吐膿咳嗽及膈上風熱痰、肺瘻、消渴、陰瘻，補五臟。　赤石脂：　治瘡疽、痔瘻、瀉利，加芎藭末等分，粥飲調服一錢重，神效。寒者，加乾薑服。　白石脂：　治癰疽，排膿生肌，新生兒臍濕。　雄黃：　主寒熱、鼠瘻、惡瘡、疽痔、死肌、疥癬。　硫黃：　主女人陰蝕，疽痔、惡瘡、疥癬，殺蟲。　雌黃：　主惡痂疥、頭禿、下部䘌瘡，殺蟲。　磁石：　消癰腫，主鼠瘻頸核、喉痛。　蜜陀僧：　主金瘡止血，口瘡疳瘻，面上瘢䵟。

伏龍肝：　糝主惡瘡，水調掃丹腫，酒調封發背，令內消。　礜石：　主寒熱、鼠瘻、惡瘡，蝕肌死。　薑石：　搗末，雞子清調，敷丁腫、丹瘤、乳癰。麤理黃石：　堪作碓磑者，即磨刀麤石。齊馬嗣明治楊遵彥發背，取此石猛火煅赤，投釅醋中。因有屑落取為末，醋熬如糊，厚塗立愈。大凡石頭，多主癰疽。　爐甘石：　主愈瘡止血，治目赤瘡。　燈心：　主破傷血出，每用貼破上，封之立差。　槐根皮：　主痔及白皮，煎湯薰浴良，入荊芥尤妙。　地骨皮：　主疽瘡經年，以粗皮煎湯洗之，細沫白穰別碾，糝之即差。　黃蘗：　主瘡腫神良，每用去粗皮，塗蜜炙，剉。諸方用作湯漬陰瘡良。搗末，蜜水調，敷腫。　枳殼：　凡用，須麩炒去穰，剉。枳實亦同。　厚朴：　凡用，須去粗皮，生薑塗製炙微焦，剉。　皂角：　凡用，須不蛀者。去黑皮弦子，酥炙黃色，剉。　木鱉子：　凡用，去殼。主惡瘡毒腫。《孫用和方》治痔用仁三五枚，研如泥，以沸湯浸用，汗先薰，但通手即浴洗，日三度。　楸樹白皮：　單用熬膏，貼癰疽、惡瘡、疳瘻、痔疾。用其白馬牙燒灰，治發背初生，用糝瘡頭上，以膏封之。　兔頭：　連皮骨，臘月細剉，瓶中封之百日，塗發腦疽、發背、惡瘡。出《百一方》。　兔腹下白毛：　治湯火瘡已破者，先用膠水掃之，後用兔白毛貼之，毛落平復。《勝金方》治痔，用玩月砂，即兔糞也，和

乳香末，酒調三錢，溫服，日三服，即差。　蜜：凡鍊，須煎令沸，掠去沫。《外臺》治陰頭生瘡，以蜜煎甘草末塗之神效。《肘後方》單用塗湯火瘡。　牡蠣：凡用，木炭灰炒通赤，濕地上放經宿方用。《經驗方》治瘰癧，用牡蠣四兩，玄參三兩，為末，糊丸如梧桐子大。酒服三五十丸，食後服，藥盡患亦除根。《集驗方》治一切癰腫，水調牡蠣粉掃之，乾即再掃，即消，名拔毒散。　蛇退皮：諸方用初虞世治瘰癧，用和甘草末，茶調三錢，服之神效大驗。　蜘蛛：治丁雜惡瘡，十年不較者，全用炒存性，猪膏和塗之，其驗神效。《聖惠》治瘰癧，不問新舊，或成瘻者，曒乾為末，酥和如糊貼之，日三度，大效。《千金》治發背瘡，亦治鼠瘻，神良。《譚氏》治贅瘤厖目，以網絲作線，際根繫之，一宿自落。　蜣蜋：《聖惠》治一切惡瘡，端午日收乾為末者，油調傅之神效。《子母秘錄》治忽得惡瘡，未辨識者，取新者絞汁傅其上大效。古今諸方，治丁瘡欲死者，取蜣蜋心腹下度取之稍白者是，以針刺丁瘡當心及四畔，以心塗貼之，百苦立已。經宿，其丁自拔出。大忌食羊肉，多不效。

陳橘皮：凡用溫水浸去白。青橘皮亦然。　枇杷葉：主嘔逆下氣。凡用，去毛刺，甘草湯洗，三葉重一兩者佳。　桃杏仁：凡用，須湯浸去皮尖雙仁，炒剉或研。　無心草：凡用，去蘆苗，煎洗甲瘭疽，神效。　防風：凡用去叉蘆。　藜蘆：凡用去苗。　犀角：凡用，生不曾見火者，即鎊錯為末。　茯苓：凡用，去粗皮，白者佳。　芍藥：亦用白者佳。　牽牛子：凡用，黑成熟者微炒。假如一斤，取頭末四兩。

元・徐彥純《本草發揮》卷四　藥性生熟用法　黃連、黃芩、知母、黃蘗，治病在頭面及手梢、皮膚者，須酒炒之，藉酒力上升也。治在咽之下、臍之上者，須酒浸之。治在下者，生用。凡熟升生降也。大黃須煨，恐寒傷胃氣。至於烏頭、附子，須炮去其毒也。用上焦藥須酒浸，曝乾。黃蘗、知母，治下部之藥也。久弱之人，須合之者，酒浸曝乾，恐寒傷胃氣也。熟地黃酒浸，亦然。當歸酒浸，助發散之用也。【略】

吹咀之藥　古之用藥，治病擇淨，口嚼，水煮服之，謂之吹咀。後人乃以〔刀器〕細剉，桶內剉過，以竹篩齊之也。

明・寇平《全幼心鑒》卷一　修合和藥法　修製合和藥餌，早晨至午時三刻止，陽也，未時為陰氣也。選揀道地藥材，務在精專，依方製度，心須慇懃。每藥一味另杵擣，或碾篩羅極細為末，然後秤定各等分兩，勿得參差，同入乳鉢內研勻，搜和為圓，為散，為膏。我命與病人命一體。

明・寇平《全幼心鑒》卷一　炮製法　《雷公藥性論》：藥之有方，猶樂之有調也。樂備眾調始和其音，藥備眾方始和其劑。藥調十七方亦如之，曰炮，曰爁，曰炙，曰煿，曰煨，曰炒，曰煆，曰煉，曰製，曰度，曰飛，曰伏，曰鎊，曰掇，曰曒，曰爆，曰露是也。然用則各有宜焉。

明・陳嘉謨《本草蒙筌・總論》　咀片分根梢　古人口咬碎，故稱吹咀。今以刀代之，惟憑剉用。猶曰咀片，不忘本源。諸藥剉時，須要得法。或微水滲，或略火烘。濕者候乾，堅者待潤，纔無碎末，片片薄勻。狀與花瓣相侔，合成方劑起眼。仍忌剉多留久，恐走氣味不靈。旋剉應人，速能求效。根梢各治，尤勿混淆。生苗向上者爲根，氣脈行上；入土垂下者為梢，氣脈下行。中截為身，氣脈中守。上焦病者用根，中焦病者用身，下焦病者用梢。蓋根升梢降，中守不移故也。

製造資水火　凡藥製造，貴在適中，不及則功效難求，太過則氣味反失。火製四：有煆、有炮、有炙、有炒之不同；不製三：或漬、或泡、或洗之弗等。水火共製造者，若蒸、若煮而有二焉。餘外製雖多端，總不離此二者。匪故巧弄，各有意存。酒製升提，薑製發散。入鹽走腎臟，仍使軟堅；用醋注肝經，且資住痛。童便製，除劣性降下；米泔製，去燥性和中。乳製滋潤回枯，助生陰血；蜜製甘緩難化，增益元陽。陳壁土製，竊真氣驟補中焦；麥麩皮製，抑酷性勿傷上膈。烏豆湯，甘草湯漬曝，並解毒致令平和；羊酥油、豬脂油塗燒，咸滲滑容易脆斷。有剜去瓤免脹，有抽去心除煩。大概具陳，初學熟玩。

明・張四維《醫門秘旨》卷三　用藥丸散有別　仲景云：剉如麻豆大，吹咀，同取清汁，循其經絡，故治至高之病也。加酒以煎，俾騰經絡而升上。去濕加生薑，補元氣以大棗，發散風邪以葱白。膈上之疾以細末者，不循經絡，止去脾胃上疾及臟腑之疾。氣味厚者，白湯調服；氣味薄者，煎以和渣服。去下部之疾者，其丸極大；而去中焦之疾及上焦者，極小。糊丸取之易化。直之下焦者，或酒或醋，取其收散之意也。犯半夏、南星，或欲去濕者，宜生薑汁稀糊，取其易化。水浸一宿，蒸餅為丸者，又易化也。煉蜜為丸，取其遲化也，而氣尋經絡也。蠟丸者，取其遲化而旋旋施功矣。大抵湯者，盪也，去新久病者皆能之；散者，散也，去急疾用之；丸者，緩也，舒緩

而治之也。

明・李時珍《本草綱目》卷一《序例》 華佗曰：病有宜湯者、宜丸者、宜散者、宜下者、宜吐者、宜汗者。湯可以盪滌臟腑，開通經絡，調品陰陽。丸可以逐風冷，破堅積，進飲食。散可以去風寒暑濕之邪，散五臟之結伏，開腸利胃。可下而不下，使人心腹脹滿煩亂。可汗而不汗，使人毛孔閉塞，悶絶而終。可吐而不吐，使人結胸上喘，水食不入而死。

杲曰：湯者蕩也，去大病用之。散者散也，去急病用之。丸者緩也，舒緩而治之也。㕮咀者，古制也。古無鐵刃，以口咬細，煎汁飲之，則易升易散而行經絡也。凡治至高之病，加酒煎。去濕以生薑，補元氣以大棗，發散風寒以葱白，去膈上痰以蜜。細末者，不循經絡，止去胃中及臟腑之積。氣味厚者，白湯調；氣味薄者，煎之和滓服。去下部之疾，其丸極大而光且圓。治中焦者次之，治上焦者極小。稠麵糊取其遲化，直至中下。或酒或醋，取其收散之意也。犯半夏、南星，欲去濕者，丸以薑汁稀糊，取其易化也。水浸宿炊餅，又易化；滴水丸，又易化。煉蜜丸者，取其遲化而氣循經絡也。蠟丸取其難化而旋旋取效，或毒藥不傷脾胃也。

元素曰：病在頭面及皮膚者，藥須酒炒；在咽下臍上者，酒洗之；在下者，生用。寒藥須酒浸曝乾，恐傷胃也。當歸酒浸，助發散之用也。

明・李時珍《本草綱目》卷一《序例》 凡湯酒膏藥云㕮咀者，謂秤畢擣之如大豆，又吹去細末。藥有易碎難碎，多末少末，今皆細切如㕮咀也。恭曰：㕮咀，商量斟酌之也。宗奭曰：㕮咀有含味之意，如人以口齒咀嚙，雖破而不塵。古方多言㕮咀，此義也。杲曰：㕮咀，古制也，古無鐵刃，以口咬細，令如麻豆，煎之。今人以刀剉細爾。

明・李時珍《本草綱目》卷一《序例》 時珍曰：凡諸草木藥及滋補藥，並忌鐵器，金性剋木之生發之氣，肝腎受傷也。惟宜銅刀、竹刀修治乃佳。亦有忌銅器者，並宜如法。丸散須用青石碾、石磨、石臼，其砂石者不良。

凡篩丸散，用重密絹，各篩畢，更合於臼中，擣數百遍，色理和同，乃佳也。巴豆、杏仁、胡麻諸膏膩藥，皆先熬黄，擣合如膏，指擵莫結切。視泯泯，乃稍稍入散中，合研擣散，以輕疏絹篩度之，再合擣匀。

凡煮湯，欲微火令小沸。其水依方，大略二十兩藥，用水一斗，煮取四升，以此爲準。然利湯欲生，少水而多取汁；補湯欲熟，多水而少取汁。不得令水多少。用新布，兩人以尺木絞之，澄去垽濁，紙覆令密。溫湯勿用鐵器。服湯寧小沸，熱則易下，冷則嘔涌。

明・吳文炳《醫家赤幟益辨全書》卷三 製藥古法歌 凡藥入肺蜜製，入脾薑製，入腎用鹽，入肝用醋，入心用童便。凡藥用火炮、湯泡、煨炒者，制其毒也。醋浸、薑製、酥炙者，行經活血也。且如知母、桑白皮、麥門冬、生熟地黄、何首烏，忌鐵器，用竹刀、銅刀切之，犯鐵必患三消。遠志、巴戟、門冬、蓮子之類，如不去心，令人煩燥。猪苓、茯苓、厚朴、桑白皮之類，如不去皮，耗人元氣。栢子、火麻、益智、草果之類，如不去皮，令人心痞。當歸、地黄、蓯蓉酒洗去土，生精活血，無令滿悶。桃仁、杏仁雙仁有毒傷人，用去皮尖，不生疔癤。蒼术、半夏、陳皮用湯泡洗去燥性。麻黄泡去頭汁，庶不煩心。人參、桔梗、常山去苗蘆，庶不嘔。當知水飛、火炟、醋淬、酒浸、另研等項，必遵古法，毋逞新奇。

明・杜文燮《藥鑑》卷一 用藥分根稍 大凡用藥須要得法，或微水滲，或略用火烘溫者，候乾，堅者待潤，纔無碎末好看。仍忌剉多，留久恐走氣味不靈，旋剉應人，方能取效。根稍各治，尤勿混淆。生苗向上者為根，氣脉上行。入土垂下者為稍，氣脉下行。中截為身，氣脉中守。上焦病者用根，中焦病者用身，下焦病者用稍。蓋根升稍降，中守不移，故也。

製藥資水火 大都製藥要在適中，過與不及，其失則一。火製四：有煅，有炮，有炙，有炒之不同。水製三：有漬，有泡，有洗之弗等。水火合製者二：有蒸，有煮之不同。餘外製法雖多，總不離此二端。匪故巧為異法，然皆各有意。在酒製升提，薑製發散，鹽製走腎仍伏軟堅；用醋注肝經，且資住痛；童便製除劣性，降下；米泔製去燥性，和中；乳製助生陰血，蜜製增益元陽，土製補益中焦，麩製勿傷上膈；黑豆湯、甘草湯漬曝，並能解毒；羊酥油、猪脂油塗燒容易脆研；剜去瓤者，免脹；抽去心者，除煩。

用藥丸散例 治至高之病者以酒煎，去濕以生薑引，補元氣以大棗引，發散風寒以葱白引，去膈上痰以蜜引，通秘結以鐵銹水引，回胃氣以陳壁土引。散者，細末也。不循經絡，止去胃中及臟腑之積氣。去下部之疾者，其丸極大而光；中焦者，丸如梧桐子大；上焦者，丸如菉豆大。發散用酒糊，收斂用醋糊，調理脾胃用神麯糊，去濕用薑汁糊。滴水丸者，取其易化也。煉蜜丸者，取其緩化而氣循經絡也。用蠟丸者，取其難化而旋旋取

效也。

明・杜文燮《藥鑑》卷一　用藥生熟法　芩、連、知、栢治病者，頭面及手稍皮膚。略用酒炒，借酒力以升上也。治咽之下，臍之上者，略用酒浸。臍之下者，生用。熟則升，生則降也。凡用上焦藥，須酒浸晒乾。黄栢、知母乃治下部之藥，久弱之人，必須酒浸曬乾，恐寒傷胃也。大黄酒煨，生、熟地黄酒洗，皆是此意。　用附子去皮臍，先將鹽水、薑汁各半碗，入砂鍋内煮六七沸，再入黄連、甘草各五錢，童便煮六七沸，良久撈起，以磁器盛之，伏地氣一夜，晒乾聽用。　用麻黄須要去節，用滾醋略浸片時，晒乾，恐大發汗。冬月及表實之人生用。用吴萸將鹽水拌炒，以殺小毒。

明・涂坤《百代醫宗》卷七　用蜜煉蜜法　凡藥中用蜜，須量藥末多少。下蜜煉畢，又將蜜與藥各度等分，方可和匀。於石器中擣百數杵，視其色合，仝為嘉丸。　藥末須用(蜜)〔密〕絹作羅底，剉散藥，用竹篩篩過，庶藥汁清利。

凡煉蜜之法，不可率意下水，須稱蜜十兩，水亦十兩，如過多則仝過多，過少則同過少。仝煎去沫，準令水盡，取出，稀稱得淨蜜十兩，則是水〔少〕，蜜在，庶不焦損。　又每蜜一斤，但要煉成的十一兩或十二兩為佳。若□□多，並用不得。

明・羅周彦《醫宗粹言》卷四　炮製十七法　《雷公藥性論》：藥之有方，猶樂之有調也。樂備眾調，始和其音；藥備眾方，始和其劑。方劑十七法，如之：　曰炮、曰爁、曰煿、曰炙、曰煨、曰炒、曰煅、曰煉、曰製、曰度、曰飛、曰伏、曰鎊、曰搬、曰𦦨、曰曝、曰露是也。然則用者各盡其宜。【略】

製法備録　醫之治疾，製藥以待用，正如將之制敵，練兵于平時，倉卒急用，所以收奇績而成全功也。今見醫者，救急之際，切以知方，顧無成藥，奈何可以濟困而持危，亦惟束手待斃而已，可謂醫師之良乎？　韓文公曰：青芝赤箭，玉札丹砂，敗鼓之皮，牛溲馬勃，蓄用無遺者，醫師之良也。蓋謂蓄藥頗易，製藥為難，市廛坊肆，惟有生藥。而凡製煉之精要者，為尤難得。若非醫家從容製煉以備倉卒之需，又安能解倒懸之厄耶？　不然，則如臨陣用兵，總非素練，曷以取勝。目擊斯弊，故悉考製法，裒集成帙，以為好生共焉。

藥劑丸散湯膏各有所宜不得違製

藥有宜丸宜散者，宜水煎者，宜酒漬者，宜煎膏者。亦有一物兼宜者，亦有不可入湯酒者。並隨藥性，不可過越。湯者，盪也，煎成清汁是也，去大病用之。散者，散也，研成細末是也，去急病用之。膏者，熬成稠膏也。液者，擣鮮藥而絞自然真汁是也。丸者，緩也，作成圓粒也，不能速去病，舒緩而治之也。漬酒者，以酒浸藥也，有宜酒浸以助其力，如當歸、地黄、黄栢、知母，陰寒之氣味，假酒力而行氣血也。有用藥細剉，如法煮酒，密封，早晚頻飲以行經絡，或補或攻，漸以取効是也。

一稱劑，分兩輕重多少，皆須甄别，若用得其宜，與病相合，入口必愈。若冷熱乖戾，分兩違舛，湯丸失度，當差又劇，喻如宰夫以鱔鼈與蓴羹食之，更足成疾，豈充飢之可望乎？　故仲景云：　如此死者，醫殺之耳。

仲景言剉如麻豆大者，與㕮咀同意。夫㕮咀，古之制也。古人無鐵刀，以口咬細，令如麻豆，為粗藥煎之，使藥水清，飲于腸中，則易升易散。今人以刀剉如麻豆大，此㕮咀之易成也。㕮咀之，取其煎熬得出而汁易行經絡。若至高之病，加酒煎；　去濕，以生薑；　補元氣，發散風寒，以葱白；　去膈上痰，以蜜；　開痰結，以生薑汁。凡諸湯用酒，臨熟加之。

細末者，不循經絡，止去胃中及臟腑之積，及治肺疾咳嗽為宜。氣味厚者，白湯調；　氣味薄者，煎之和查服。丸藥去下部之病者極大而光且圓，治中焦者次之，治上焦者極小。麵糊丸取其遲化，直至下焦；　或酒或醋，取其收斂；　凡半夏、南星，欲去濕者，以生薑汁稀糊丸，取其易化也。湯泡蒸餅又易化，滴水尤易化。煉蜜丸者，取其遲化而氣循經絡也。蠟丸者，取其難化而遲取効也。

凡修丸藥，用蜜秖用蜜，用錫秖用錫，勿交雜用。且如丸藥用蠟，取其能固護藥之氣味，勢力全備，以過關膈而作効也。今若投蜜相和，雖易為丸，然下咽亦易散化，如何得到臟中。若其更有毒藥，則便與人作病，非徒無益而又害之？　全非用蠟之本意。

凡煉蜜，皆先掠去沫，令熬色微黄，試水不散，再熬二三沸。每用蜜一斤，加清水一酒杯，又熬一二沸，作丸則收潮氣，而不粘成塊也。

冬月煉蜜成時，要加二杯水為妙。《衍義》云每蜜一斤，秖煉得十二兩，是其度數也。和藥末要乘極滾，蜜和之臼内，用擣千百杵，自然軟熟，容易作條好丸也。

凡丸散藥，亦先細切，曝燥乃擣之。有各擣者，有合擣者，其潤濕之藥，如天門冬、地黄輩，皆先切曝之，獨擣，或以新瓦慢火炕燥，退冷擣之則為細

末。若入眾藥，隨以和之，少停回潤則和之不均也。又濕藥欲燥皆蝕耗，當增分兩稱之。

凡篩丸藥，用密絹令細。若篩散藥，尤宜精細。若擣丸，必于臼中擣數百過，色理和同為佳。

凡藥漬酒，皆須切細，生絹袋盛，乃入酒密封，隨寒暑日數，視其濃烈，便可漉出，不須待酒盡也。渣則暴燥微擣，更漬飲之，亦可散服之。

凡合膏，或以醋，或酒，或水，或油，須令淹浸密覆，至煮膏時當三上三下，以洩其熱勢，令藥味得出，上之使匝匝沸，下之要沸靜，良久乃上之，如有韭白在中者，以兩段漸焦黃為度。如有白芷、附子者，亦令小黃為度。絞膏要以新布。若是可服之膏，滓亦可以酒煮飲之；可磨之膏，滓亦宜以傅患處，此蓋欲兼盡其藥力也。

凡湯酒膏中用諸石藥，皆細擣之，以新絹裹之內中。《衍義》云：石藥入散，如鍾乳粉之屬，用水研乳極細，必要二三日乃已，以水漂澄極細，方可服耳。豈但擣細以絹裹之為例耶？

凡煎膏中有脂，先須揭去革膜子，方可用之，如猪脂，勿令經水。臘月者尤佳。

凡膏中有雄黃、硃砂輩，皆當另研如麪，俟膏畢乃投入，以物杖攪之。不爾，沉聚在下不匀也。

凡草藥燒灰為末，如荷葉、栢、茅根、薊根、十灰散之類，必燒焦枯，用器蓋覆以存性。若如燒燃柴薪煅成死灰，性亦不存，而罔効矣。

凡諸膏膩藥，如桃仁、麻仁輩，皆另擣如膏，乃以內成散中，旋次下臼，合研令消散。

明・孫志宏《簡明醫彀》卷一《要言》 製藥法　今人製藥，勢不能悉依雷公矣。然如地黃犯鐵，男損榮，女損衛，久服令人腎消。沉木香、乳香、沒藥、荳蔻、砂仁等，取氣味不取形質，世俗常配入藥中，殊不知見火則辛香盡失，惟存其熱性助火損血。凡取香氣者，皆宜另研末調入服。如人參，不去蘆反不效；山茱萸固精，核反滑精；麥門冬清心，其心反煩心；酸棗仁安神而得睡，生用則反不寐之類。不勝枚舉，必宜遵之。又製藥專在取效，不必膠泥古法。如鹿茸、虎骨、龜板酥炙久無真酥，焦極成末，氣味何在？宏變煮法。世以阿膠炒珠同煎，滾起粘於藥罐之口。宏阿、鹿、龜膠，必切片頓化，作丸，酒蒸和入。如地黃、胞衣等，酒蒸煮擣膏和入，雖不犯鐵，春夏黴蛀。至於炒枯研末者，滋潤之性全無，血少陰虛何賴？無利而有害矣。用藥必要求真，如阿膠、膃肭臍、丁皮、馬蘭花、紫草之類，難得其真，莫如不用。

人參亮潤、沙參、玄參、丹參、苦參、防風、白芷、桔梗、秦艽、藁本、升麻綠、膽草、靈僊、撫芎、漏蘆、茜根、前胡、柴胡軟苗性柔、銀柴胡細潤、續斷川、地榆、羌活、獨活、羌活內揀黃白色者是，香者名土當歸，無用羌。胡黃連折有烟起、大小薊並去蘆、烏藥、木通、防己、天粉、猪苓、澤瀉俱白、良薑、乾葛、萆薢川赤、薑黃並洗淨、蔓荊、決明、牛蒡、白芥、槐角、韭子、蒿子、紅豆、草蔻、黑丑、白丑並研細、薄苛、澤蘭、益母紫花、青蒿、蘄艾、側栢、豨薟、紫蘇、葉散邪，子降氣，梗下氣。已上並取葉。金銀花、凌霄、旋覆、蜜蒙、欵冬花、甘菊、山茶、葛花、槐花、紅花、並取花。枳殼、枳實、綠枳實、麸炒。橘皮、廣東去白消痰下氣，留白暖胃和中。陳香圓、青皮、並去穰。桃仁、杏仁、泡去皮尖。瓜蔞仁、栢子仁、去殼，研，並去油。益智、草果、郁李核、並取仁。肉桂、海桐、樗皮、臭椿根，去粗皮。牡丹皮、地骨皮、五加、白鮮皮、桂枝、並去骨。薏苡仁、神麯、並炒。蘿蔔子、麥芽、酸棗仁、並炒研。蒼术炒、白术、土炒，並米泔浸。荊芥、香薷、瞿麥、劉寄奴、夏枯草、並取穗。三稜、蓬术、川芎、天麻、並火煨，切。山茱萸、金櫻、金鈴去核、訶子、煨剝去核。石斛川、射干、貫眾、石菖蒲、並去根鬚。茯苓、白補、赤利。茯神、去皮木，並取雲南堅白者。天門冬、麥冬、百部、貝母、蓮肉、並去心。胡麻、青蘘、葶藶、地膚子、蛇床子、並揀淨。桑寄生、山豆根、三七、並廣西佳。蒺藜、蒼耳、並炒，擂去刺。海藻、昆布、全蝎、並洗去鹹。血竭、蘆薈、孩兒茶、並取脆嫩。黃耆、桑皮、並拌蜜炒。藜蘆、瓜蔕、微炒研末。骨碎補、知母去毛、赤芍、延胡、並酒洗。遠志、巴戟、甘草、黑豆煮汁泡透，剝肉。半夏、南星、湯泡七次。萹蓄、淡竹葉、地丁、並去根。百合、蓮蕋、覆盆、去蔕。五靈脂、荊芥、蒲黃、生用行血，炒用止血。皂刺、辛夷、並去枝。茵陳鈴兒、藿香、枝梗者真。厚朴、紫厚，薑炒。黃栢、黃厚補腎，鹽炒。杜仲、去皮切，薑汁炒斷絲，有絲再炒。檳榔雞心、山藥、懷慶者佳。五味子、遼肥潤紫。黃連川者，蒼黃多鬚，心空，性堅，先煎數沸；土者，外光內實。鬱金蟬肚、枸杞子甘州、麻黃、去根節，根止汗。黃芩、枯片瀉肺火，條實瀉大腸火，調經，頭疼遍身痛，酒炒。海石、研細。連翹、黑色開口。甘遂、用壹分研，勿多。當歸、頭止血上行，身養血中守，稍破血下流，全活血不走。兆鈴、用仁。肉果、麵裹煨熟。斑猫、用壹個製，勿多。甘草、生則分身稍而瀉火，炙健脾胃而和中，解毒藥用節。紫菀、取茸。白附子、略炮。木鱉、壹貳個，多發

寒。白芍藥、生用瀉脾，止腹痛後重，酒炒補脾止瀉痢，益血。蘇木、打細。梔子、研碎炒。使君子、肉色如栗。車前子、有殼粗大者真，取鮮草搗絞汁入藥服更效。白及明亮、牛膝、去蘆，酒浸。紫草、取茸，久無真者。山查、肉能消痰下氣，核能消食健脾，傷葷腥肉食者加用。常山、酒煮。細辛、北細而香。竹茹、去外青，刮內青。大黃錦紋滋潤者，去大熱生用，欲緩酒潤，紙包煨煮又緩。蟬退、去上。蕪荑、微炒取仁。青黛、水淘取漂去脚。犀角、劈直開如竹絲者真，斜開者偽，入藥磨或剉細末。蜂房、火炙。吳茱萸、湯泡。京墨、火煆烟盡研。羚羊角、明亮光澤，照近稍有血色者佳，枯焦燥裂不堪。丁香、去枝。赤小豆廣東、黑大豆細馬料豆、沉香、紫黑色，上火成油珠者真；黑綠色，上火成炭灰者偽。故紙、炒鹽。淡豆豉江西、白扁豆、研，薑汁炒。乳香、沒藥、新瓦上略炙出汗，研細末，調入藥服效。粟殼、取皮。川椒去閉口、目。鱉甲、童便或醋炙研。枇杷葉、刷去毛，塗蜜炙。皂莢、炙去皮弦，猪牙者佳。芒硝、化服。殭蠶、洗淨，炒研。大腹皮、黑豆湯洗。熊膽、置水上一絲掛下真。商陸、治腫效必復，可外敷。石韋去毛、乾漆、炒烟盡。蛤粉、松江大厚，殼煆。牡蠣、火煆，醋淬三次，研細。木香、形如枯骨，咬之粘牙。決明、火煆。龍骨、五花者佳。穿山甲、炙黃研末。大小茴香、鹽水拌炒。冰麝。諸香氣藥，皆忌見火。

製附子： 平正重一兩者，灰火炮去皮臍，或切開，薑汁浸透，用甘草、黃連各貳錢，童便煮乾。天雄大、川烏小、烏喙雙尖、側子，五名一種。

製香附： 搗光。散寒理氣生用，散鬱醋炒。如四製：一米醋，一童便，一人乳，一鹽酒。浸透，晒，焙乾。或同艾醋煮，搗作餅，晒。

製膽星： 南星白膩圓小者真，粗黑臍凹扁大皆非。以薑湯泡透，研末，拌入臘月牛膽，掛至次冬，又拌，如此七年。牛黃同功。

半夏麯： 湯泡七次，為末，九兩，麯一兩，薑汁拌，踏餅，竹紙包，掛久佳。南星、半夏、薑、礬、甘草，皂莢水浸透，煮乾，切晒，用效。

製神麯： 麯二十斤，辣蓼草汁八合，青蒿汁六合，蒼耳汁四合，赤小豆、杏仁各二合，研細和勻，踏餅，黴過，晒，藏。

製麥芽： 大麥水浸一週時。濾竹籮內，作窩，上蓋濕草，日洒水三遍，芽出。

地黃末： 懷，酒浸透，入甑蒸，或入瓶包固，或蒸、或重湯煮一日，搗膏。諸藥為末，將地擦勻，重晒磨末，入蜜和丸，如生地浸、搗、擦、晒、磨。

蓯蓉末： 取大者，酒洗去鱗甲，晾乾，搗膏，拌末晒，重磨丸。天門冬、五味、枸杞皆可用此法。如炒，涸滋潤之性。地黃犯鐵俱無功。

製河車： 先用米泔水洗淨，以銀簪脚挑去血筋，好酒砂鍋煮至極爛，重十五兩，乾重一兩二錢，首男胎。預成藥末，候煮乾，搗，擦勻，晒，重磨。未有末，新瓦焙乾切磨。

竹瀝法： 淡竹現砍者，截斷打碎，插新大口烏罈高尺許者內，一新鉢掘地坑埋，鉢口平地，竹罈合上，鉢口罈肩縫布條塞緊，布外堆泥，罈背上堆礱糠三斗，點火，煨三時後掃去灰、泥併布，瀝在新鉢內。每瀝一盃，夏入薑汁一分，冬二分。糠成灰即取出，經宿味酸不堪。

製虎骨： 脛骨一對，鋸八片，好酒一觔，砂鍋慢煮酒汁小半盃。將骨上筋膜剝下搗膏，骨切極薄片，研末，同膏汁入末，加蜜丸。

製鹿茸： 茸截下，劈八條，如前煮。將茸條搗膏，同汁入藥，加蜜。

用膠法： 鹿膠、阿膠、龜膠，入煎藥切片，藥煎成汁蒸化服。入丸藥用酒少許蒸化，同蜜和勻。如蒸不化者，偽膠也。

取麻仁： 新鮮麻子揀淨，入小苧袋，下百沸湯滚透，懸過夜，次早芽出，傾碗內飯上蒸過，晒燥。操板二塊，合磨碎，播去殼。

巴豆霜： 取肉壹兩研細，草紙包打油盡，霜重一錢用。琉璃店鐵板打，甚便。

菟絲餅： 菟絲子絹袋淘淨，好酒浸二日，砂鍋添酒煮，皮搭絲出酒乾，石臼搗膏捏餅，晒燥入藥，形細性堅，否此不成末。

煉血餘： 壯盛人亂髮，米泔洗，次豆腐漿洗黑亮，入罈中封固。外以鹽鹵泥搪灰滲乾，先微火，次炭火，燒青烟盡取起，待冷開。

玄明粉： 真來路硝，切勿誤用皮店硝，皮中出，可入洗藥。每斤用蘿蔔一斤切片，鋪鍋底，上放硝，水煮化，麻布絞去蔔汁，傾淨鉢，去脚，次早結成芒硝。再煮，或鋪豆腐上蒸一遍，取硝。濾乾，紙包掛當風。火煉費力。

飛硃砂： 鮮紅光明牆壁砂，研極細，水攪，輕者隨水飛過，定下之粗者，又研飛盡，澄出清水，晒燥，重研二萬下，揚之不墜乃佳。珍珠、雄黃、滑石、礞石、石膏等同法。青黛亦水中揚過，澄出者用。

煅藥法： 蛇含石，先微火煨數日，次用銷銀罐或瓦上燒紅，投米醋中淬之，再燒再淬，如此七次，色紅可研為度，未酥打碎燒淬。

煅代赭石法同前。

煅爐甘石廣東舊坑：　點眼藥，先煎黃連濃汁，次以甘石入銷銀罐，瓦蓋，燒紅透，投入黃連汁內，如此三遍，再燒，投童便內一遍，將酥化者洗下研，水飛，燒不化，硬青石去之。

蒸藥法：　何首烏，滿觔者佳，雄赤、雌白，對用。竹刀刮去皮，切片。拌細黑豆、牛膝，九蒸九晒。　大胡麻揀淨。　好酒浸透，九蒸九晒。　豨薟草，酒拌和蜜少許，九蒸九晒。

煎膠法：　鹿角截斷、龜板去肋、鱉甲，俱換水浸三日，刷洗極淨，打碎。　新砂鍋，桑柴煎汁多次，煨過夜，汁濃粘為度，汁濾入砂鍋，慢火熬稠，和藥，欲成餅，磁碟晒乾。

煉膏法：　止嗽、益金諸膏，新砂鍋煎首汁，濾查煎二汁，再煎三汁，麻布絞去查，濾第三汁，入鍋煎減半，入二汁，又減半，下首汁熬。　入糖蜜，慢火收稠，傾碗中，坐水內一週，每半盃，重湯頓溫服。

人中黃：　竹截斷，兩頭留節，外餘寸許，鑽一眼繫繩，節上鑽一眼，入甘草末，裝滿，竹釘楔緊。　竹筒外劈去青，浸糞缸內，繩懸縛。　四十九日，劈開取甘草晒燥用。　若空筒浸久，內汁即糞清。　糞製功同。

人中白：　僧房數十年夜壺，入米醋滿，瓦蓋口，鐵絲扎定，用鹽泥摶固，礱糠火煨至醋乾，炭火煅紅，待冷打開刮取。　或長流水多浸刮用亦可。　圊桶底垢，鑿取火煅，或置屋上，日晒雨露數月亦可用。　黃，治一切熱毒。　白，主養陰退陽，皆能除傷寒大熱過經不解壞證，退骨蒸勞熱神藥。　糞清解一切毒。　罈成埋久更佳，童便說見火證。

明・傅仁宇《審視瑤函》卷一　用藥生熟各宜論　藥之生熟，補瀉在焉。劑之補瀉，利害存焉。　蓋生者性悍而味重，其攻也急，其性也剛，主乎瀉。　熟者性淳而味輕，其攻也緩，其性也柔，主乎補。　補瀉一差，毫釐千里。　則藥之利人，判然明矣。　如補藥之用製熟者，欲得其醇厚，所以成其資助之功。　瀉藥製熟者，欲去其悍烈，所以成其攻伐之力。　用生用熟，各有其宜，實取其補瀉得中，毋損於正氣耳，豈為悅觀美聽而已哉！　何今之庸醫，專以生藥餌人。　夫藥宜熟而用生，生則性烈，臟腑清純中和之氣，服之寧無損傷？　故藥生則性瀉，性瀉則耗損養正，宜熟豈可用生？　又有以生藥為嫌，專尚炮製稱奇，夫藥宜生而用熟，熟則其性緩，臟腑鬱滯不正之邪，服之難以驅逐，故藥熟則性緩，性緩則難攻，去邪宜生，豈可用熟？　殊不知補湯宜用熟，瀉藥不嫌生。　夫藥之用生，猶夫亂世之賊寇，非強兵猛將，何以成摧堅破敵之功。藥之用熟，猶夫治世之黎庶，非禮樂教化，何以成雍熙揖讓之風。　故天下亂則演武，天下治則修文，醫者倣此用藥，則治病皆得其宜，庶不至悮人之疾也。　噫！　審諸。

明・佚名氏《異授眼科》　製藥法　硇砂、丹、鹽，不製有毒。　螵蛸、磁石，不製難碾。　務須碾細，揀擇停當。　或火煉，或水飛，或投入藥汁者，必煉煅令蘇入汁，候乾再入。　如火煉者，必用瓦放藥在上，以炭火罩漏旺扇者，火候不可太過，不可不及。　如水飛者，必須研細，放入水中，攪沉數次，將上浮起者，另傾別器，澄出清水，晒乾再研。　其餘草藥，不過煮浸淨洗而已。【略】

研藥法　珍珠、琥珀、瑪瑙、珊瑚，皆所難研者。　古人有用火煅者，雖易碎，去其真性，又近於燥，不可用。　水磨者，蕩去細塵，虧者太過，又不可。　不如用布數層包定，鐵鎚打碎，放開，揀細者入抒缽內，輕輕慢研細篩，真性不失，虧者不多也。

明・蕭京《軒岐救正論》卷六　製藥必親　陶弘景曰：　王公貴勝，合藥之日，群下竊換好藥，終不能覺。　以此療病，故難責效。　余以為製藥必親者，非親自監督，必委之素親信之人，始可托也。　若竊換猶是小事，甚有仇家妬嫉及競產爭寵，蕭墻內寡，因而暗藏殺機，或賂奸醫，或誘婢僕，加入砒硇，或乘順使投入蠱毒。　每見病家不及覺察，屢被傾生。　迨至事洩，噬臍何及，此不容不謹也。

明・王象晋《三補簡便驗方》卷首　製藥　醫家製藥，往往遵古法。　近得數法，頗出古人意表。　如麥冬去心，古法湯泡少時，今以銀銚火上微炙，隨手漸剝，極易為力，又不損藥味。　乳香、沒藥最難研，若作丸藥，以乳缽研略細，用酒糊丸者入酒研，麪糊丸者水研，甚省力，無滓脚而易細，且不耗失。乳香先置壁隙中半日，入指甲二三片，擂之不粘而易成末。　山查和水浮炭同收，色不變而肉不壞。　犀角、羚羊角先鎊為片，紙裹入懷中，久之出碾即為末。　碾菟絲子，撚紙條數枚，實其間則馴帖易成粉。　香附子先去皮毛，炒焦熟，投水中候浸透，漉出暴微燥，入搗臼應手糜碎。　艾葉柔軟，不可着力，入白茯苓三五片同碾，即時為末。　苦瓜蔞搗汁，用煅過蛤粉拌勻，作餅晒乾，名海石，入藥最能破痰。　蓋蛤生海中，得鹹能軟堅，而瓜蔞又去痰之藥，若以海中浮石為海石，非是。

明・李中梓《本草通玄》卷下　丸、散、湯、液，當顧名思義。湯者蕩也，蕩滌其邪鋒。丸者緩也，緩養其正氣。散者散也，解散其結塞。

下焦丸藥，宜大而堅；中焦次之，上焦宜小而鬆。如蒸飯麪糊為丸，取其遲化；蒸餅稀糊，取其易化，滴水則尤為易化；煉蜜，取其遲化；蠟丸，取其難化。

製藥貴得中，不及則無功，太過則損性。煅則通紅，炮則煙起，炒則黃而不焦，烘則燥而不黃。酒製升提，鹽製潤下，薑取溫散，醋取收斂。便製減其溫，蜜製潤其燥，壁土取其歸中，麥麩資其穀氣，酥炙者易脆。去穰者寬中，抽心者除煩。

清・潘楫《醫燈續焰》卷二〇《醫苑》　采芝八則明州蔣式金著　製藥宜求精，不宜就簡：質本五行，各宜其用，製法咸宗雷公矣。然考諸出處，或一本而根梢異治，或一味而㕮咀不同。所產有地土之殊，所藏有新舊之別。慎毋指鹿為馬，徒取充寵。認魯為魚，漫誇具眼。致令奇方聖劑，竟介於效與不效之間。不惟無以起沉疴，而適足以損令望。

清・顧元交《本草彙箋・總略》　湯藥丸散製用之別出諸家焉文云：醫，仁術也，而今爲市道矣。乃不論何症，先投湯劑，繼以或丸或膏，以要其厚貲，襲爲故套，其宜湯，宜散，宜丸，概勿究也，特採諸家規則，以備覽焉。

病家宜湯、宜丸者，宜散者，宜下者，宜吐者，宜汗者。湯，以蕩滌臟腑，開通經絡。丸，以逐風冷，破堅積，進飲食。散，以去風寒暑濕之邪，散五臟之結伏，開腸利胃。可下而不下，使人心腹脹滿煩亂。可汗而不汗，使人毛孔閉塞，悶絕而死。可吐而不吐，使人結胸上喘，水食不入而死華佗。

湯者，蕩也，去大病用之。散者，散也，去急病用之。丸者，緩也，舒緩而治之也。㕮咀者，古制也。古無鐵刃，以口咬細，煎汁飲之，則易升易散，而行經絡也。凡治至高之病，加酒煎，去濕以生薑，補元氣以大棗，發散風寒以葱白，去膈上痰以蜜。細末者，不循經絡，止去胃中及臟腑之積氣。味厚者，白湯調。氣味薄者，煎之，和滓服。去下部之疾，其丸極大而圓，治中焦次之，上焦者極小。稠麵糊丸，取其遲化，直至中下。或酒取其散，或醋取其收，犯半夏、南星欲去濕者，丸以薑汁稀糊，取其易化。水浸宿，炊餅，又易化。滴水丸，尤易化。煉蜜丸，取其遲化，而氣循經絡也。蠟丸，取其難化，而旋旋取效。或毒藥不傷脾胃也李杲。

病在頭面及皮膚者，藥須酒炒。在咽下臍上者，酒洗之。在下者，生用。寒藥須酒浸，曝乾，恐傷胃也。當歸酒浸，助發散之用。凡諸湯用酒，須臨熟下之張元素。

製藥，貴在適中，不及則功效難求，太過則氣味反失。火製四：煅、炮、炙、炒也。水製三：漬、泡、洗也。水火共製：蒸且煮也。法造雖多，不離乎此。酒製升提，薑製發散。入鹹走腎而軟堅，用醋注肝而住痛，童便製除劣性而降下，米泔製去燥性而和中，乳製潤枯生血，蜜製甘緩益元，陳壁土製竊真氣驟補中焦，麥麩製抑酷性勿傷上膈，烏豆湯漬曝並解毒，製令中和。羊酥油、豬脂油塗燒，咸滲骨，容易脆斷。去穰者，免脹。抽心者，除煩。大概具陳，所宜熟講陳嘉謨。

清・張志聰《侶山堂類辯》卷下　炮製辯　上古以司歲備物，謂得天地之專精。如君相二火司歲，則收取薑、桂、附子之熱類；如太陽寒水司歲，則收取芩、連、大黃之寒類；如太陰土氣司歲，則收取芪、术、參、苓、山藥、黃精之土類；如厥陰風木司歲，則收取羌活、防風、天麻、獨活之風類；如陽明燥金司歲，則收取蒼术、桑皮、半夏之燥類。蓋得主歲之氣以助之，則物之功力倍厚。中古之世，不能司歲備物，故用炮製以代天地之氣。如製附子曰炮，製蒼术、桑皮曰炒，蓋以火助熱，以炒助燥也。製白术以土拌，製黃連以水浸，皆所以助之也。近有製附子以水煮，曰陰製；用芝麻炒蒼术，以蜜拌桑皮曰潤燥；以薑酒炒芩連；按《傷寒》《金匱》諸方，芩連俱生用。以半夏作麯餅。此皆由狐疑而無力量故也。昔齊相徐之才論藥，有宣、通、補、洩、輕、重、滑、濇、燥、濕之十劑，元人王安道補出寒、熱二種，是宜用寒者專取其寒，用熱者專取其熱，宜濇者專取其燥，宜洩者專取其滑，若反制其性而用之，何異束縛手足而使之戰鬬哉？

清・郭章宜《本草匯》卷一　五用　藥性有宜丸者，作成丸粒，舒緩而治之也。治下焦之疾，如梧桐子大。治中焦之疾，如菉豆大。治上焦之疾，如米粒大。因病不能速去，取其舒緩，逐旋成功。故曰：丸者，緩也。用水丸者，或蒸餅作稀糊丸者，取至易化，而治上焦也。用稠麪糊丸者，或飯糊丸者，取略遲化，能達中焦也。或酒、或醋丸者，取其收散之意也。或神麯糊丸者，取其消食。山藥糊丸者，取其止澁。煉蜜為丸者，取其遲化而氣循經絡。

蠟丸者，取其難化，能固護藥之氣味，勢力全備，直過鬲而作効，或毒藥不傷脾胃也。有宜散者，研成細末，去急病用之也。宜旋製合，不堪久留，恐走泄氣味，服之無効耳。不循經絡，可以去風寒暑濕之邪，散五臟之結伏。故曰：散者，散也。有宜水煮者，煎成清液，使易升易散，而行經絡也。補須要熟，利不嫌生。去暴病用之，取其蕩滌臟腑，調品陰陽。治至高病加酒煎，去濕以生薑，補元氣以大棗，發散風寒以葱白，去膈上痰以蜜煎，止痛以醋煎。故曰：湯者，盪也。有宜酒漬者，酒漬，煮藥酒也。藥須細剉，絹袋盛之，入酒罐密封，如常法煮熟，地埋日久，氣烈味濃。蚤晚頻吞，經絡速達，或攻或補，並著奇功。滓漉出，曝乾，微搗末，別漬，力雖稍緩，服亦益人。補虛損證，宜少飲旋取効。攻風濕證，宜多飲速取効。有宜膏者，熬成稠膏，去久病用之也。絞聚濃汁，熬厚咀飲，取其如飴力大，滋補膠固。故曰：膏者，膠也。

製造資水火　嘉謨曰：【略】病在頭面及皮膚者，藥須酒炒。在咽下臍上者，酒浸之；在下者，生用。寒藥須酒浸曝乾，恐傷胃也。當歸酒浸，助發散之用也。【略】

修合條例　東垣云：古之方劑，錙銖分兩，與今不同。謂如㕮咀者，即今剉如麻豆大是也。云一升，即今之大白盞也。云銖，蓋六銖為一分，即今二錢半也。二十四銖，為一兩也。云三兩，即今之一兩。云二兩，即今之六錢半也。曰字，二分半也。銖，四分也。四字曰錢，十分也。二十四兩曰鎰，一斤半也。一升即二合半也。古之一兩，今用一錢可也。

《本草》云：凡散藥有云刀圭者，取十分方寸匕之一，准如梧子大也。方寸匕者，作匕正方一寸，抄散，取不落為度。錢五匕者，今五銖錢，邊五字者以抄之。一撮者，四刀圭也。匕，即匙也。

藥以升合分者，謂藥有虛實輕重，不得用斤兩，則以升平之也。

凡丸散藥，亦先咀細片曝燥，纔依方派輕重，稱淨分兩和勻，共磨細末。其天門冬、地黃輩濕潤難乾者，切曝獨搗，若逢陰雨，微火烘之，既燥，停冷搗之。

凡丸藥云如細麻者，即胡麻也。如黍粟亦然。如大麻子者，准三細麻也。如胡豆者，即今青斑豆也。如小豆者，今赤小豆也。如彈丸及雞子黃者，以四十倍梧子准之也。

凡煮湯，欲微火令小沸，其水依方多少，大約二十兩，藥用水一斗煮取四升，以此為准。然利湯欲生，少水而多取汁。補湯欲熟，多水而少取汁。湯中用酒，須臨熟下之。

凡湯中用芒硝、飴糖、阿膠，須候湯熟，絞淨清汁，方納于內，再上火兩三沸，烊盡乃服。

凡湯中加酒、醋、童便、竹瀝、薑汁，亦候湯熟，絞汁盞內，加入便服。

凡湯中用麝香、牛黃、沉、木香、乳、沒藥、犀、羚角、蒲黃、阿膠等藥，須研細末，待湯熟納入，攪和服之。時珍云：凡煎藥宜銀、瓦罐封固，令小心者看守，須識火候，不可太過不及。火用木炭、蘆葦為佳。若發藥，必用緊火熱服。攻下藥，亦用緊火煎熟，下硝、黃，再煎溫服。補中藥，宜慢火溫服。陰寒急病，亦宜緊火急煎服之。又有陰寒煩躁，及暑月伏陰在內者，宜水中沉冷服。

凡熬貼癰疽、風濕諸病膏者，先以藥浸油中三日乃煎，煎至藥枯，以絹濾淨，煎熟，下黃丹或胡粉，或蜜陀僧，三上三下，煎至滴水成珠不散，傾入器中，以水浸三日，去火毒用。若用松脂者，煎至成絲，傾入水中拔扯數百遍乃止。俱宜謹守火候。其有朱砂、雄黃、龍腦、麝香、血竭、乳香、沒藥等料者，並待膏成時投之。黃丹、胡粉、密陀僧，並須水飛，瓦炒過。松脂須鍊數百遍乃佳。

凡丸藥用蜜，每藥末一斤，則用蜜十二兩，文武火煎鍊，掠去沸沫，令色微黃，則丸藥經久不壞。若火少火過，並不得用也。

凡通大便丸藥，或有巴豆，或加硝、黃丸成者，必用川蠟溶化為衣，取其過膈不化，能達下焦。若投以蜜，下咽即散，如何得到臟中？

清・汪昂《本草備要》卷首　凡藥火製四，煅、煨、炙、炒也；水製三，浸、泡、洗也；水火共製二，蒸、煮也。酒製升提，薑製溫散。入鹽走腎而軟堅，用醋注肝而收斂。童便製，除劣性而降下；米泔製，去燥性而和中。乳製潤枯生血，蜜製甘緩益元。陳壁土製，藉土氣以補中州；麵裹麴製，抑酷性勿傷上膈。烏豆、甘草湯漬，並解毒致令平和；羊酥、猪脂塗燒，咸滲骨容易脆斷。去穰者免脹，去心者除煩，此製治各有所宜也。

清・汪昂《本草備要・藥性總義》卷首　《千金》云：凡藥須治擇熬炮畢，然後秤用，不得生秤。濕潤藥皆先增分兩，燥乃秤之。

清・李世藻《元素集錦・戒律》　製藥之法，有毒者則久浸之，無毒者則但潤之可耳，若久浸之則損藥力。即有毒者，亦去其毒而止，太過亦損藥力也。是故方雖善，而藥不佳，則亦不能取效。況炮炙不備，及陳腐之藥哉？《語》云：工欲善其事，必先利其器。其斯之謂與。

清・馮兆張《馮氏錦囊秘錄・雜症痘疹藥性主治合參》卷一　咀片分根梢【略】　凡服百藥，忌食其心，心有毒也。

清・张叡《修事指南》卷上　炮製論上　藥有生熟，製有修事。烏得鹵莽決裂，概言咀片可用也。近世用藥，疇無修治，惜不得其傳。曷不思藥草創於神農，炮製始於雷斅。若不宗神農《本經》，安知藥草之精良；不遵雷斅脩事，安知炮製之真妙也。夫藥性出自本草，炮製亦出自本草，使夫本草參徹，何愁藥性不靈，炮製不效耶。其不效者，皆由炮製之不的，始於後人謬撰湯頭、藥性，妄名雷公炮製，及檢閱斯書，並無炮製之說。以致炮製不明，藥性不確，則湯方無準，而病症不驗也。予因檢本草，知雷公始創製度，時珍輩增補脩事。有時以物製藥者，有時以藥製藥者，有時熱藥而製冷藥者，有時良藥而製毒藥者，有時潤藥而製燥藥者，有時緩藥而製烈藥者，有時霸藥而製良藥者，有時瀉藥而製補藥者，有時補、瀉、良、霸而各製者。又有蒸煮者，烘爆者，陰乾者，火煅者，微炒者，煨熟者，隔湯煮者，文武火煎者；亦有片刻而製者，終日而製者，數日而製者，數十日而製者，有逢節届而脩者，有經年屢月而煉者；有炭火製者，有桑柴火製者；有用銀器製者，有用砂鍋炮者；有鎊末而和入者，有水磨而和入者；有紙裹懷中乾燥而研者，有烘乾者，有水飛者；有經鐵器者，有用竹刀刮剖者；有去鱗甲者，有去筋髓者，有去頭蘆者，有去筋膜者，有剖去核者，有抽去心者，有炒斷絲者，有刮去皮者，有去油者，不去油者；有乾收者，有濕收者；有酥油炙者，麻油浸者，猪油浸者，有酒浸者，酒洗者，酒炒者；有蜜水潤者，蜜炙者，蜜炒者，蜜蒸者，白糖拌炒者；有人乳煮者，黃牛乳蒸者，烏牛乳浸蒸者；有鹽水浸者，鹽水炒者；有薑汁炒者，薑渣煨者；有米醋炒者，有陳壁土炒者，有糯米拌炒者，飯米拌蒸者，有麸皮炒者，有乾麵煨者；有生薑渣和黃泥包煨者，有篁竹葉煮者，青荷葉蒸者；有米泔水浸者，有烏豆水煮者；有猪膽汁浸者，牛膽汁(套)〔浸〕者；有童便浸者，秋石炒者，白礬湯洗者，皂角汁浸者；有蕎麥灰汁煮者，有乾漆水浸者，有芭蕉水浸者，有漿水煮者；有楮葉包者，有蒲草蒸者；有吳萸汁拌炒者，有枸杞湯浸者，有黑芝麻同炒者，有牡蠣粉拌炒者，有蛤蜊粉拌炒者；有稻草拌煮者，有稻灰汁蒸浸者，有甘草水煮者，有黃精自然汁蒸者；有限香一炷至三炷煮者，有限九蒸九晒者，有日晒夜露者；有千杵萬搗者，有經火而煅煉者，有不經火而收藏者；有雞犬不聞而脩者，有婦女不見而煉者；有一物而一製者，有一物而數製者；有略製而效者，有甚製而不驗者；或地道不真則美惡迥別，或市肆餙偽則氣味全乖；或收採非時則良枯異質，或頭尾悮用則呼應不靈，或製法不精則功力大減。炮煉之妙，殆未易言，故更逐條疏解，庶使脩治無舛云。

炮製論下　藥固虔脩，製法迥別，而氣味相殊，各歸所喜也。凡酒製，升提；薑製，溫散；鹽製，走腎而耎堅；醋製，注肝而收斂；童便製，除劣性而降下；米泔製，去燥性而和中；乳製，潤枯而生血；蜜製，甘緩而益元；陳壁土製，藉土氣而補中州；麵煨麯製，抑酷性而勿傷上膈；烏豆、甘草湯漬製，並解毒而致令中和；羊酥、猪脂、麻油塗燒，咸滲骨而易於脆斷；吳萸汁製，抑苦寒而扶胃氣；猪膽汁製，瀉膽火而達木鬱；牛膽汁製，去燥烈而清潤；秋石製，抑陽而養陰；枸杞湯製，抑陰而養陽；麸皮製，去燥性而和胃；糯飯米製，潤燥而澤土；牡蛤粉製，成珠而易研；黃精自然汁製，補土而益母；黑芝麻製，潤燥而益陰；礬湯製，去辛烈而安胃；皂角水製，利竅而疏通；乾漆水製，去血塊而瀉伏火；蒲草蒸製，歸水臟而益坎宮；芭蕉水製，益陰而縮膀胱；楮荷葉包製，入中宮之意；青荷葉包蒸，取震卦之象；而煅者，去堅性；煨者，去燥性；炙者，取中和之性；炒者，取芳香之性；浸者，去燥烈之性；泡者，去辛辣之性；洗者，取中正之性；蒸者，取味足；煮者，取易爛；煎者，取易熟；陰者，取性存；晒者，取易乾；烘者，取易脆；搗杵者，取性和；鎊末者，取性在；水磨者，取性真；懷乾者，取性全；銀器製者，取煅煉而去毒；砂鍋製者，取煎熬而味真；竹刀製者，不改味而遵舊法；鐵氣製者，犯虔脩而失炮規；去穰者，免脹；去心者，免煩；去頭蘆者，免吐；去核者，免滑；去皮者，免損氣；去絲者，免昏目；去筋膜者，免毒在；去鱗甲者，免毒存也。凡脩事，各有其故。因藥殊製者，一定之方；因病殊製者，變化之用。又須擇地、擇人，敬慎其事。得清淨之地，庶不至穢污混雜；得

細心之人，庶不至苟且錯亂也。謹以條目疏列於左。

清・亟齋居士《亟齋急應奇方》 炒藥之法，先將藥放碗內，或酒、蜜、鹽、醋、薑汁、童便之類，拌勻，候略乾，入銚以小火不住手炒至變色，以紙攤地退火。惟棗仁炒極熟，白芍炒至黃，黃連炒焦，杜仲炒斷絲，乾薑炒褐色。若吐血用，則炒成黑灰。亦是言乾薑也。言之不盡，各依本方。

煨藥，如附子、肉豆蔻，以草紙厚包，水浸濕，以水和麵包成團，將熱灰碎火埋蓋少時，上下轉換，候麵熟，去麵紙用。如煨薑，只用濕紙包。

炙藥，將兩火快架火上，將藥橫放筋上烘熱，或酒、蜜、水、醋，或羊酥，以鵝毛刷上，又烘又刷，如此數次，以勻為妙，不宜太焦，如甘草以透心為度。鱉甲以酥脆為度。惟虎骨堅硬，須要久炙。

煅藥，用硬炭火燒透紅取出，如龍骨之類是也。或入傾銀礶燒，或燒後用藥水淬，淬過又燒，如爐甘石之類是也。

凡香藥，不可見火，如麝香、肉桂、木香、白芷之類是也。

飛藥，如硃砂之類，入缽乳千下，入水攪渾，細者隨水傾出，粗者仍留缽底，即帶水再乳千下，又攪又傾三四次，其餘脚子不用，只將傾出者去水晒乾，再乳千下。

取竹瀝，用淡竹、箽竹，但笋味不苦者可用，斑竹最苦勿用。取法：以磚二塊側放地上，旋砍新竹鋸一尺多長，破寸許闊，水浸一時，將竹青朝上，橫擔兩磚上，硬炭小火放兩磚內燒紅，竹子兩頭滴水，以杯接之，即是竹瀝。荊瀝亦用此法取。

搗汁，如薑汁，只將薑入臼搗碎，不見水，以布絞出汁，名自然汁。他物亦然。

凡用酒者，但用白酒即黃酒。無灰者好，燒酒不入藥。用醋者，用米醋，雜醋不用。酥用羊奶酥。香油是麻油。

丸藥、散藥，以細為妙。小兒科藥尤其要細。生肌末藥，須研數千下。至於眼藥、下疳藥，須研數萬下。

熬蜜，須用小火，入鍋化開，將夏布濾過，重復入鍋，候鍋中轉動將滾時，其蜜已熟，即便取起；若候太滾，其蜜已老，反能泛潮不妙。不必滴水成珠也。

清・吳澄《不居集》卷二〇 藥當退火 凡修合丸藥，必須炮製精工。退火之後，方可服餌。倘火氣未退，急欲服之，或面赤發火，或耳腫齒痛，口舌生瘡，或咳嗽帶紅，口乾咽燥，必疑丸藥之不合症，而不知其火氣之未退也。當識此意，勿更棄之。

清・黃庭鏡《目經大成》卷上 製藥用藥論 製藥如理刑，出入寒熱之間，生死所係。用藥如將兵，整練生熟之際，成敗攸分。銖黍之差，雲泥迴隔，可不慎與？今之庸醫，但見目病，即作火治，或難之，謬引非熱不發、非寒不止之說為據，詎知本科有許多陰憊陽衰、假寒假熱，當用甘溫滋養之屬，曷可獨言是火而概施寒劑也。夫寒藥傷胃損血，恐標未退而本先虧，本虧愈不能驅邪外散，久之必加甚。彼仍不省察，再投再煎，病變不可為矣。然亦不宜熱，設是火證，投以熱品，此澆油滅火，其焰尤烈。或性癖辛溫，稍涉清涼便憎而怖，其伎倆去庸醫遠甚。若乃藥之生熟，生者性悍而味薄，其行也急，宣劑用之，所以專其攻伐。熟者性醇而味厚，其行也緩，補劑用之，所以藉其資助。市醫貲力不繼，輒採鮮卉應急，弗思藥有道地，《本草》不錄則名號不正，而道地奚自，縱合式非王道耳。苟藥氣偏勝，而臟氣能無偏絕乎？抑有以生藥為嫌，專尚烹煉稱奇。要知藥有氣味，水火太過則氣味已易，而精英悉去，所存者特死魄耳，其才力既不及，而為政可冀有成乎？且藥酸鹹無升，甘溫無降，苦寒無浮，辛熱無沉，性也。升者納以鹹寒，則降而直達下元。沉者和以薑酒，則浮而上至巔頂。是性雖在藥，而使在人也。故夫四郊多壘，非耀德觀兵，不能覩雍熙之治；車書一統，非刑齊禮教，何以敦仁讓之風。而曰用藥如將兵，制藥如理刑，豈虛語哉？粗工全不理會，居常生熟失宜，寒熱互錯，不致生者死而成者敗也，鮮矣！噫噫！

清・徐大椿《醫學源流論》卷上 製藥論 製藥之法，古方甚少，而最詳于宋之雷斅，今世所傳《雷公炮炙論》是也。後世製藥之法，日多一日，內中亦有至無理者，固不可從；若其微妙之處，實有精義存焉。凡物氣厚力大者，無有不偏，偏則有利必有害。欲取其利，而去其害，則用法以制之，則藥性之偏者醇矣。其制之義又各不同，或以相反為制，或以相資為制，或以相惡為制，或以相畏為制，或以相喜為制。而制法又復不同，或制其形，或制其性，或制其味，或制其質，此皆巧于用藥之法也。古方製藥無多，其立方之法，配合氣性，如桂枝湯中用白芍，亦即有相制之理，故不必每藥制之也。若後世好奇眩異之人，必求貴重怪僻之物，其制法大費工本，以神其說。此乃

好奇尚異之人造作，以欺誑富貴人之法，不足憑也。惟平和而有理者，為可從耳。

清・許豫和《小兒諸熱辨》 論廣東蠟丸及人家製送丸散之悞　藥之治時病，務在臨時變通，非調補之有賴於丸也。以時行之風痰壅閉，理當隨時用藥，自製丸散，尚不可服，而何有於蠟丸？　蠟丸製於粵東，挾利者貨之四方，愚夫愚婦悞服而受害者，不知凡幾。醫家執而從悞，是誠何心？　孔子云未達不敢嘗。予嘗語送藥之家，必繫以方，使服者坦然無疑。若送藥無方，昧者求之，有識之士，其肯服乎？

清・莫枚士《研經言》卷一　製藥論　自雷斅著炮製之論，而後世之以藥製藥者，愈出而愈奇，但因此而失其本性者亦不少。藥之有利必有弊，勢也；　病之資利不資弊，情也；　用之去弊勿去利，理也。古方能使各遂其性，如仲景小半夏湯類，凡生薑、半夏並用者，皆一時同入之，非先時專製之，正欲生半夏之得盡其長，而復藉生薑以隨救其短。譬諸用人，自有使貪、使詐之權衡，不必胥天下之菲材而盡桎梏之，使不得動也。各遂之妙如此。若後世專製之法，在臨時修合丸散而即服者猶可，倘預製備售，則被製者之力已微，甚而至再、至三、至十餘製，則取其質而汩其性，其能去病也幾何？　近見人治痰瘧，於肆中求半貝丸服之無效，取生半夏、貝母為末，和薑汁，服之即效，但微有煩狀耳！　於此可類推已。或薄古法為疏，盍思之！

清・談鴻鋆《藥要便蒙新編》卷下　製藥各有所宜總義：　凡藥宜火製者四：　一曰煅，二曰煨，三曰炙，四曰炒也。宜水製者三：　一曰浸，二曰泡，三曰洗也。宜水火共製者二：　一曰蒸，二曰煮也。欲和中者，製以蜜；　欲潤枯者，製以乳；　欲溫散者，製以薑；　欲升提者，製以酒；　欲收斂者，製以醋；　欲益元者，製以蜜；　欲降下者，製以童便；　欲去燥者，製以米泔；　欲補中州者，製以陳土；　欲抑酷性者，製以麵麩也。

清・龍之章《蠢子醫》卷二　毒藥製好能治大病　毒藥真正製得好，大病一見便能了。憶昔一時大家瘧，惟有土信稱至寶。麵包燒紅用醋洗一兩，明雄二兩石膏生熟各二兩共豆綠豆粉半斤搗。併合一處為仙丹，以治濕瘧真絕妙。又嘗糯米炒斑蝥，以治下焦血滯竅。又嘗沙土炒馬前，以治偏枯身潦倒。多少名醫不以痊，惟此三味一筆掃。休說諸藥甚是毒，斬關奪隘他最巧。試看興王佐命臣，那有一個和平老。

清・徐士鑾《醫方叢話》卷七　論泡藥沃藥諸法　凡泡紫蘇、薄荷之類，先貯滾湯，後投以藥而覆之，則秀氣濃而色淺。先投以藥劑，後沃以湯，則色濃而香氣淺，其味則皆同也。凡欲升上之藥，則泡之如此法，用其氣也。降下則熟煮之，用其味也。近日因訪同避地一友沈思誠，留坐久，忽云我以上焦燥熱，喉痛眼赤，乃用黃連解毒湯四味藥，剉碎，先以沸湯，後投以藥，而覆之半時許服之，其香烈而味清，蓋欲升上也。質之王韶卿，乃云：　獨不知大黃必候他藥將熟，而旋投之，即傾服，亦取氣能瀉也。吾始得其義如此，因記之。

清・唐宗海《本草問答》卷下　問曰：　《雷公炮製》一書，專以言製藥之法，若有不製則不可用之意。而仲景用藥則或製，或不製。五方風氣不同，四川皆用生藥，廣東皆用製過之藥，孰得孰失，請詳言之。答曰：　《雷公炮製》一書為本草門中添一別解，欲以炮製二字爭勝於各家本草，故幾於藥不炮製便不可服也。廣東藥肆，炫其精潔，故炮製太過，藥力太薄。四川藥賤，雖極力炮製，亦不能得重價，故賣藥者無意求精。然皆偏也，藥有當生用者，乃一定之理，未可一律論也。如仲景炙甘草湯，取其益胃則用炙，而氣升。芍藥甘草湯取其平胃則用生，而氣平。甘草乾薑湯、側柏葉湯，其薑皆炮過，則溫而不烈。四逆、理中則乾薑不炮，取其氣烈乃能去寒。附子古用火炮，正是去其毒也。或解為助附子之熱，非也。予四川人，知四川彰明縣採製附子必用鹽醃，其醃附子之鹽，食之毒人至死，並無藥可解，可知附子之毒甚矣。然將醃附子之鹽放於竹筒中，用火煅過則無毒。入補腎藥，又溫而不烈，反為良藥。據此則知仲景炮附子亦是製其毒也。其用生附，又是以毒追風，毒因毒用，一生一炮，有一定之理。讀《金匱》者可考而別之。葶藶不炒則不香，不能散，故必炒用。蘇子、白芥必炒用，與此同意。半夏、南星非製不用，去其毒也。礞石必用火硝煅過，性始能發，乃能墜痰。不煅則石質不化，藥性不發，又毒不散，故必用煅。山甲不炒珠則藥性不發。雞金不煅，其性亦不發。古銅錢、花蕊石均非煅不行，乃世不察，而今言炮製，有硃砂亦用火煅者，不知硃砂中含銀水，煅則水走，失硃砂之性矣。地黃用砂仁、生薑酒煮，反寒為溫，殊失藥性。童便煎作秋石，以為滋陰。實則大鹹走血，反能發熱，毫非童便本性。熟地燒炭則燥，安有滋潤之功？　若銀花炭、槐花炭，輕虛之質，火氣之餘，故反能退火，與熟地炭有別。此最當審，未能盡述，大抵

性平之藥不可太製，以竭其力。性猛峻有毒者，非製不堪用。且有製得其宜，而功益妙者，是在善於審量也。有如大黃直走下焦，用酒炒至黑色，則質轻味淡，能上清頭目，不速下也。獨黃丸雜以他藥，九蒸九晒，清潤而不攻下，名清甯丸。真有天得一以清，地得一以甯之意。巴豆悍利，西洋人烘取去油，變其辛烈之味為焦香，名曰咖啡茶，消食利腸胃，並不攻瀉，真善製巴豆者也。外科用巴豆為末，加雄黃炒至黑色，為烏金膏，化腐肉妙，不傷好肉，皆是善於製藥之法。總之用其長而去其短，善炮製者也。損其長而益其短，不善炮製者也。

清・徐延祚《醫醫瑣言》卷上 修治 後世修治之法甚煩，如煨、炮、炒中黑、微炒、酒浸、酢浸、九蒸九曝，與作飯、作餅、為羹、為韲之法，去酷烈之本味，偏性之毒氣，以為鈍弱可狎之物，何能除毒治病哉？蓋毒即能，能即毒。製以益毒則可也，殺毒則不可也。

清・黃傳祁《醫學折衷勸讀篇》卷下 製藥論 製藥之法，《本經》所無。《金匱》《傷寒》諸方製法極少。《千金》《外臺》猶然。自宋雷斆著《炮炙論》，而製藥始有專書。元明以來，製法日多一日，謬妄駁雜，不可勝窮。積習相沿，奉為聖法。蓋古人用藥，審病確而配合精，藥病相須，不爽毫髮。後人識粗膽小，大力之藥，畏其傷人，用法製之，使中病有功，不中亦無大害。貌似詳慎，實則為庸醫開簡便之路，長敷衍之風，非良醫之所貴也。然此法既行，一概混良醫即行之以成其變化。故微妙之義，亦往往寓其中。特近世本草，一概混收，其至無理者，殆居其半。如用牛膽套南星，用醋炒半夏、赭石、延胡索、艾絨、柴胡，用黃連製附子，九蒸白朮，熟地焙炭，阿膠炒成珠，薑汁炒梔子之類，不可枚舉。其世俗流傳，不見本草之謬法，尚不在此數中。其不必製而製者，又居十二。如蜜製黃耆、遠志、甘草等，水炒牛膝之類。大抵皆矯揉造作，利少害多。不知古人製方配合氣味，監制之法即在其中，故所用之藥得以各效其能，無虞牽掣。醫者用藥，與朝廷用人同。付重任於人，又疑而多方掣其肘，雖有才力，萬難奏功。用藥而必製之，則氣味改移，專長盡失，不如不用此藥之為愈矣。市醫之言曰，地黃生用寒涼，以砂仁、薑汁九製，則甘溫補腎。白朮生用太燥，水漂蒸曬則甘溫益脾。醫家病家，莫不篤信。攷之古訓，則殊不然。《本經》言乾地黃逐血痺，填骨髓，作湯除寒熱積聚，除痺，生者尤良。故唐以前方但用乾者、生者以涼血養血，專取其滑利流行。製之熟，則膩滯不涼，本性全失，究竟止宜於陰虛火旺之體。若其人不能服生地，則熟地亦不相宜。所謂天下本無事，庸人自擾之也。白朮亦然，脾濕則不能運，朮性燥，能勝濕，濕去則脾陽建運，食入易消。久漂久蒸，燥性盡去，糟粕盡存，縱日數斤，必無寸效。彼服生朮而覺其太燥者，乃其人脾本無濕，不應服朮，非因此而信為宜製也。天下有盡去其性而可仍當此藥用者乎？其所以習而不覺者，補劑本無速效，非若汗下諸劑，稍不得力，功效便相懸殊。遂至踵謬承訛，而末由顯見其失。加以時醫方劑，藥品繁多，雜置其間，得失更無從區別。冥冥貽害，曾莫之知。自明者觀之，則藥之不效半由於斯，特未堪為世人道耳。至於虛人痼疾，攻補兩難，經絡虛邪恐傷藏府，製藥施治，於法為宜。更有峻厲之方，毒烈之品，舍之則病不去，用之則元氣傷，製而用之，但藉其力而不蒙其害。如子龍丸之製甘遂，小金丹之製番木鼈，皆得此意。精思巧法，於治療實有所裨。若以寒製熱，如黃連製吳萸之類。以斂製散，如醋製柴胡、艾絨之屬。則古方原有反佐之法，何必執一藥而求其兩全？如桂枝湯中用白芍以斂營，即散中之斂。試觀《傷寒論》中瀉心湯用芩、連、大黃而加乾薑，或附子白通湯、通脉四逆湯重用薑、附而加猪膽汁，其他亦多寒熱並用，攻補雜施。神妙無方，變化莫測。能知此意，則後人炮製之法，大半無所用之矣。又何取紛紛者為耶？總之以水、火、酒製藥者，尚多可信，以藥製藥者，什九皆無稽之言。金石之品宜製者稍多，草木之常用者，古方製法絕少。善學之士，博綜而慎擇之，所造既深，自知去取。舉其大略，餘可例推。藥品盈千，固非臚舉所能盡也。

綜述一

宋・龐安時《傷寒總病論》附錄 修治藥法方中有不脩治者，今不載。

芍藥赤白利，補。 甘草炙，或炒。 乾薑炮。 大黃或生，或煨。 芒消生。

黃芩不枯者，即子芩是也。 黃連洗去鬚土。 乾葛須家葛乾者。 梔子去殼。

橘皮陳者去白。 生薑薄切。 桂枝刮去麄皮。 大棗去核。 麻黃去根節。

細辛去苗，洗。 附子去皮尖，丸散炮，惟湯生用。 雞子黃藥熟方下。 阿膠同上。 吳茱萸湯洗。 人參去蘆。 桔梗微炒。 猪苓去黑皮。 茯苓赤利，白補。 澤瀉去苗。 滑石研。 猪膚去膜，切。 枳實去穰，麸炒。 柴胡去蘆。

烏梅去核，取肉。　當歸去蘆，洗。　川椒去目，并閉口者。　黄蘗刮去麄皮，或酥，或蜜炙黄紫色。　赤小豆浸牙生，暴乾，惟狐惑證如此。　天門冬去心皮。　石膏研。　白朮去蒂。　粳米淘。　杏仁去皮尖，麩炒黄。為湯劑不炒。　瓜丁即瓜蒂也，末之。　龍膽去蘆。　梁上塵篩過。　小麥奴即小麥秀出黑者。如無，炒小麥焦黑。　飴糖藥熟方下。　淡竹葉剉。　半夏湯洗七遍。　牡蠣粉炒。　防風去蘆。　蕘花炒。如無，以桃花不炒代之。　竹茹刮淡竹。　李根甜李根，入土者刮去麄皮，取白皮，細剉。　五味子去梗。　厚朴薑炒。　茵蔯蒿去梗。　芫花醋拌，新瓦上熳火炒焦紫色。　甘遂濕帋裹，煨用，赤皮連珠者。　大戟炒。　藁本去苗，洗。

木通刮去麄皮。　鼈甲去裙肉，醋炙焦黄色。　豉惟湯中以絹袋煮之。　水蛭水浸，去血子，米炒。　䗪蟲去翅足，糯米炒。　桃人去皮尖，麩炒研，惟入湯生用。　蜀漆洗去腥。　龍骨研。　朴硝生。　葶藶子隔紙炒研，甜者用。　栝樓焙，無黄脉者。　貝母去心，麩炒。　雄黄研。　硫黄研。　太陰玄精石味鹹者。　硝石研。　代赭杵碎細，如入湯用則綿裹。　地黄汁取自然汁，若用濕地黄則切。　芎藭即川芎。　漢防己紋如車輪氣連者。　黄耆去蘆。　薏苡人去殼。　檳榔半生半煨。　旋復花去梗。　赤石脂塊剉。　禹餘糧槌碎。　連鬚葱白寸切。　荊芥穗去梗。　茅根洗剉。　薤白切。　熟艾炒焦碾末，以竹篩篩過。　麝香研。　丹砂研。　肉豆蔻煨。　石蓮肉炒。　茴香炒。　丁香不焙。　枇杷葉炙，刷去毛。　大青葉去根莖。　秦艽去蘆。　吳藍用葉。　甘菊須家園單葉者，或鄧州白菊亦佳。　竹瀝淡竹二尺長，截兩頭，以塼閣起，中間火燒，兩頭即竹瀝滴處，以椀盛之。

生艾汁如無，以水濃研熟艾亦得。　牡丹皮去心。　大麻人炒鳴取出，冷地上攤以新磚，磨破，簸去皮，以密篩篩過，擇去殼。　秦皮剉，以湯浸，傾硯中碧色者真。　犀角屑懷中令暖，即杵碎，如無，以升麻代之。

薔薇莖葉切。　五倍子去内中蟲，炒。　生射干去鬚。　猪脂切。　硼砂研。　苦參取皮。　青黛研。　藜蘆去蘆，炙。

殭蠶炒，須白直者，而不濕黑者。　草烏頭尖去黑皮用之。若用烏頭，則皮并尖亦去之。炒焦紫色，惟荊芥散生用。　硇砂研。　白礬枯，與礬石同，惟鵬砂散生用之。　霜梅上白鹽無，以白鹽代之。　焰消生。　薤根切。　猳鼠矢頭尖硬者。　蘆根去鬚，切。　葛取粉擣篩取之。　生乾地黄生乾者。　躑躅醋炒。　貝齒燒研。　石菖蒲去毛。　獨活去蘆。　苦酒米醋是也。　手足指甲裩隱處燒。　沙參去蘆。　吳朮去皮。　漏蘆葉無以山梔子代之。　樺皮細切。　沉香不焙。　乳香研。　真腦子研。　燈心切。　桑白皮切。　紅花子槌碎。　猪膽用汁。　菝葜去鬚。　零陵香去梗。　柏實去殼，研。　虎頭骨鎊。　陵鯉甲、蝟皮殺鬼丸内生用，餘皆炙焦。　羖羊角鎊。　樗鷄去翅足，無即以芫青代之，芫青壹枚，可準樗鷄叁枚。　空青或無，以石碌代。　螢火焙。　鬼箭取羽，去木。　東門上鷄頭焙。　蒺藜炒，以新塼磨去刺。　鐵鎚柄入鐵槌燒焦者。　車前草切。　生葛根切。　□叁去蘆。　羚羊角鎊，杵。　寒水石洗。　前胡去蘆。　紫(苑)〔菀〕去蘆。　白茅根去鬚，洗。　白薇去苗。　亂髮皂角水洗，以清水洗之。　羌活去蘆。　白鮮皮去心。　生麥門冬去心。　牛膝去蘆，酒浸三宿，夏間一宿。　白石脂燒。　紫石英光明者，研。　粉霜研。　龍齒研，須極大者。　蛇蜕皮纏竹柱上，慢火炙。　小麥淘。　糯米淘。　茯神去皮木。　釣藤皮刮皮鉤用。　蒼朮去麄皮。　青橘皮去白。　猪牙皂角刮去黑皮，或酥，或蜜炙。　牽牛子半生半炒，壹兩取末半兩，入一下。　枳殼麩炒，去穰。　鹿角屑杵。　藕汁切，研汁。　生薑汁用自然汁，惟不用滓。　荷葉焙。　天南星炮，惟荊芥散生用。　不蚛皂角去兩頭及皮子。　巴豆去皮心膜，或炒焦紫色，或用湯煮，研細，壓去油皆可，惟茵蔯丸生用。　趙泉黄膏去皮，槌碎。　百合去心。如入湯用，則水浸一宿，拍碎，去白沫。惟百合滑石散□□□□　麻黄湯末　桂枝　□□□□□　藥方皆在可發汗證，□□□皆秤一半，和匀煎服。

宋・寇宗奭《本草衍义》卷一《序例上》　今人用巴豆，皆去油訖生用。茲必為《本經》言生溫、熟寒，故欲避寒而即溫也。不知寒不足避，當避其大毒。矧《本經》全無去油之說。故陶隱居云：熬令黄黑，然亦太過矣。日華子云：炒不如去心膜，煮五度，換水，各煮一沸為佳。其杏仁、桃仁、葶藶、胡麻，亦不須熬至黑，但慢火炒令赤黄色，斯可矣。

宋・張世南《游宦紀聞》卷一　諸藥中，犀最難細擣。必先鎊屑，乃入眾藥中擣之。已而眾藥篩盡，犀屑猶存。偶見一醫僧元達者，解犀為小塊子，方一寸半許，以極薄紙裹置懷中近肉，以人氣蒸之。候氣薰蒸浹洽，乘熱投臼中急擣，應手如粉，因知人氣之能粉犀也。今醫工皆莫有知者。【略】

今醫家脩製藥品，往往一遵古法；如本草炮炙，及許學士方前所載，亦既詳矣。世南在蜀得數法，頗出古人意表；如麥門冬去心，古法，湯泡少時則易去，今只以銀石銚火上微烙，隨手漸剝，極易為力，又不為湯漬去藥味。乳香沒藥最難研，若作元子藥，則以乳鉢研略細，更入酒或水研，頃刻如泥，更無滓脚。若酒糊元，則入酒研；若以麫，則入水研，甚省力而易細，且不

飛走、虧耗分兩。

宋・張永《衛生家寶方》 藥件修製總例

人參： 先去蘆頭，切作片子，慢火焙乾用。如用新羅國者尤良。 附子、川烏頭： 凡用先於慢灰火內炮烈，取出，急投沸湯中，浸一茶時，却削去皮臍，切片子用。 天雄： 用時須尖長重壹兩者妙。於慢火中炮烈，去皮臍，并尖上少許毒，亦用刀子削去。 綿薑、乾薑： 皆微炮烈用之。 草烏頭： 生削去皮尖臍，以鹽同炒，令微變色。如中心帶青黑者，不堪入藥。若使旌德縣出者最效，味緊。 吳茱萸： 揀去枝梗，先用水煮三二十滾，漉出控乾，曬焙或炒用。 白扁豆： 凡用入生薑自然汁於鐵銚中，炒用。況扁豆有少毒，所以用生薑炒也。唯香薷散中白扁豆不炒。 川楝子： 有專使皮者，有去核者，有用肉者，臨期詳度，看方用之。 天南星： 慢火中炮烈，微黃色，略削去皮用。 京三稜、蓬莪茂： 慢火內煨令透，取出，揉擦去灰，乘熱切碎用。 茴香： 須用舶上者，如無，但擇輕者亦得。用時慢火銚內微炒過。 乳香： 凡用時，只以糯米三二十粒一處，輕手於乳鉢中研，須臾作末。莫用籜葉火上炙化，往往走失香味。 木香： 先以刀切碎，日色中曬乾，或用連紙包定，懷中懷乾用。不得火炒。 麝香： 用真者。令於乳鉢內研，羅細，入眾藥中。 白膠香： 擇揀通明者，用清虀汁一椀，煮數十滾，却傾在冷水中，少時其滓漬在水面上，漉出，候控乾，要用時，逐旋令研入藥。 腦子、牛黃、血竭、真珠、琥珀： 皆選揀好者，并係別研入藥。 香附子： 用時先入木臼中杵去毛，次以水一半，醋一半，與香附一處浸一兩宿，漉出，就濕入碾中碾碎，却入焙籠內火焙乾方可，與眾藥碾，都為末也。 狼毒： 如用，須炮過使。 破故紙： 慢火炒令香，候冷入藥用。 薏苡仁： 揀淨，微炒令香用之。 牛蒡子： 用慢火炒，須不住手攪，候炒作聲，傾出用。 蘿蔔子： 揀令淨，慢火炒香用。 黑、白二牽牛： 揀淨，炒令極熱用，或有用一出末者，乃不炒，生為末。 枳殼： 先用溫湯浸少時，以竹刀子刮去穰，切作片子，再用麩炒令黃色用。 白蒺藜： 先炒令透，再於砂盆內擂去尖刺用。 全蝎： 去尾後些尖毒，微焙用之。 蒼朮： 用米泔水浸一宿，次日漉出，控乾，微刮削去黑皮，切作片子，候乾用。或再用麥麩炒微黃色，却篩去麩皮用之。 杜仲： 先削去麄皮，橫切碎，却用細灰，不以多少，一處於鐵銚內炒令無絲為度，篩去灰用。 杏仁： 用時須揀好者，恐有桃仁相夾，以滾湯浸泡三、兩次，去皮尖用。或有雙仁者，麥麩炒少時，羅去麩用。 高良薑： 切作小塊子，於鐵銚內用蔴油少許，炒勻令香。 乾漆： 凡用只取漆，用須揀去漆中竹皮淨，搥碎，銚內炒令煙出。 桑上寄生： 洗淨，候乾切碎，微炒。 馬蘭花： 揀去枝梗，以醋拌勻，炒，時用。 芫花： 揀淨，用米醋拌勻，從慢至緊，炒令煙出，存性用。 益智： 先揀去枝梗，次剝去殼，取仁剉碎，慢火微炒。 厚朴： 用梓州者。削去麄皮，切碎，再用生薑不以多少，搗碎，一處拌勻，罨一宿，要用時先微炒，後焙乾。 神麯： 乃辰日作者麴，唯是隔年陳者最佳。搥碎，微炒，如淡鵝黃色用之。 肉荳蔻： 揉去粉，用水和麵劑子裹，慢灰火中煨，勿令焦，候少時取出，剝去麵劑，切碎，要用却不必再炒也。 檳榔： 須用雞心樣者。以水和麵劑裹，慢灰中煨少時，剝去麵劑，切碎用。 麥蘖： 揀淨，慢火鐵銚中炒，不住手攪，候響作聲時，傾出候冷。 車前子： 水淘洗令淨，漉出控乾，日色中先曬後炒用。 蓽撥： 揀淨，切碎微炒。 甘草： 用慢火炮炙皆可，或有生使者，詳方用。 阿膠： 先剉碎，以蛤粉末一處炒令如水泡子起時，傾出候冷，以布篩羅去蛤粉末用之。 葶藶子： 有甜、苦二種。凡用揀淨，隔紙銚內炒用。 金毛狗脊： 火焰上燎去毛，先以生薑自然汁塗，炙用。或以少酥炙亦得。 桑螵蛸： 真者蜜水灑，慢火炙。 黃芪： 略搥動，用蜜水灑勻，慢火上炙微變黃色。 虎骨、馬骨、敗龜殼： 先洗，後以酥多少時，勿令太焦，須炙十餘遍，方可入藥。 鱉甲： 先洗淨，以好醋炙令微黃色，用時須去盡裙襴。 蜈蚣： 有生用者，有酒灑火上炙者，有去頭用者，有和頭入藥者，可選用之。 （櫻）〔罌〕粟殼： 去子及頂上花，并殼內一重薄皮，剉碎，以蜜水灑，拌勻，銚內慢火炒乾，再入焙籠中又焙少時用。 鹿茸： 火上來去燎去毛，酥塗炙，勻透火，不要太猛炙，凡一二十次，塗酥要炙令透，候冷剉碎用。 赤土、赤石脂： 炭火中煅通赤，別研令細。 皂角： 不蚛者，削去皮弦，并取去子，却以生薑汁塗炙，令微黃色。 蛇蛻： 先洗淨，候乾，塗麻油炙。一法： 只用熨斗盛火，隔紙熨三二十次用之。 蟬蛻： 揉去土，再用紗羅子隔去土，須令土淨為度。 細墨： 凡要用，須入甘鍋子中火煅，令甘鍋子通紅為度，取出候冷，別研入藥中。 牡蠣： 左顧者。不須用鹽泥固濟煅，但只以好墨研濃汁，遍塗勻，入火中煅用最快。 石膏： 先搥碎，入甘鍋子內，上用瓦片蓋定，煅，以甘鍋子裏外通紅為度，候

冷取出，研令細，然後又以水飛過，滲乾用。　寒水石：　乃軟石膏也。　於炭火中煅紅，取在地上去火毒，研細，水飛過，滲乾用。　犀角、生玳瑁：　鎊細，作屑入藥。　禹餘糧、古文錢、自然銅、磁石、金牙石、蛇黄石、青礞石、紫石英、代赭石：　用時皆以甘鍋子盛，入火中煅通紅，再取出藥，以好醋淬七遍，再研細用。或用水飛過，滲乾使。　蜜陀僧：　先研細，水飛過用。　蝸牛：　新瓦上慢火煿乾，去殼用。　滑石：　先以刀子削下，再研細入藥。　朱砂、龍骨、雄黄、太陰玄精石、井泉石：　須好者，令研極細用。　木鱉子：　去殼，剉碎研細，或入碾中碾爛如膏，入藥時却將衆藥末子碾中展碾(中)。　銅青：　別研細入藥。　栢子仁、白芥子：　揀淨，別研入藥中。　麻仁：　用時先於砂盆中擂去上面一重麄皮，方可入藥。　續斷、蓯蓉：　皆用酒浸一宿，次日漉出，控乾，剉碎，焙乾用。　天麻、牛膝：　先洗淨，次去蘆頭，再以酒浸一宿，漉出，切碎，焙乾用。　烏蛇、白花蛇：　先刷洗過，再以酒浸一宿，次日取出，剝去皮并骨，只將蛇肉慢火焙。　川山甲：　切碎，以蛤粉炒少時，離火傾出，用布羅子篩去蛤粉用。　青皮、陳皮：　唯隔年者最佳。用麄篩中揉擦去白。　羌活、獨活、藁本、防風、龍膽草、柴葫、秦艽、桔梗：　凡使先揀擇好者，須洗淨，各去苗并蘆頭用。　威靈仙：　鐵脚者佳，勿使土著。洗去土用。　甘松：　揀淨，只揉去土。　赤小豆：　微炒用。　紫菀：　只使茸，不用根，去盡土用之。　地龍：　用新麻布包定，石上搥去土用。　五靈脂：　不夾石者，別研細用。　沒藥：　不夾石者，令研細用。　蓮花鬚：　陰乾。　骨碎補：　於麄篩揉擦去土并毛用。　石菖蒲：　緊短瘦細者是真也。凡用，勿以水菖蒲代之。如得一寸九節者良，露根者不可用。如要用時，出盡毛，剉碎，微炒焙之。　枇杷葉、石韋：　拭去毛用。　何首烏：　以漿水煮令軟，切作片子，曬乾用。　熟地黄：　須是九次甑中蒸九次，於日色曝曬乾。勿用煙燻過，黑者斷不中入藥用。　麥門冬、天門冬：　皆用湯浸少時，剝去心，再焙乾用。　生地黄、萱草根、萎蕤、玄參、五加皮、牛蒡根、羊蹄根、商陸根、栝蔞根：　各揀洗淨，剉碎焙之。　貝母：　剉開，揀去心，用時微炒。　烏藥：　凡用天台出者最佳，勿用土者。　巴戟：　去心，炒用之。　諸種花品：　皆揀去萼及枝梗用。　遠志：　搥碎，須去心并根，只取皮用。　菟絲子：　先以水淘洗三五次，令淨，漉出，控少時，再用好酒浸一夜或二三夜，入甑中蒸微熟，取出候冷，入碾中碾如膏，却担餅子，於日色中曬乾，次入焙籠內，揭口，焙令極燥，又取出，再攤在淨潔地上少時，候還性時便入碾，易碾為末也。　海桐皮、黄栢皮：　各削去麄皮用。又有黄栢皮，用蜜水灑勻，慢火上炙一二十次用，尤妙。　桑根白皮：　須採不出土真者。去黑皮，洗淨剉碎，炒焙用。《本草》云：　出土者能殺人。　官桂：　如是合解肌發散藥，須用桂枝，輕薄者是。其他藥中但只用肉桂，辛辣味香。皆削去麄皮，用時不得見火，只於日色中曬乾。或用連紙裹懷中懷乾，亦得。　細辛：　須用高麗國出者。去土。并如桑葉大者，名馬蹄香，不可入藥。　麻黄：　去根節，用湯泡少時，辟去湯，控乾，焙令燥用。　木賊：　去根并節用。　僵蠶：　須揀白直者，剉碎，慢火炒去絲觜用。　半夏：　揀元小陳者，滾湯泡洗七次，去滑令淨，每箇再破作四小塊，又以生薑自然汁并薑滓一處拌勻，製一宿，次日和薑銚內炒焙令乾用。或作半夏麴用尤穩也。　酸棗仁：　揀淨，慢火微炒過，用滾湯泡少時，逐箇剝去皮，焙乾用。　郁李仁：　揀淨，滾湯泡去皮用。　蕤仁：　去殼，研取霜用。　山梔子：　小者是，大者不中入藥，名水梔子也。　白荳蔻、縮砂、草荳蔻、草菓子：　用時皆去殼，取仁微炒用之。　烏賊魚骨：　洗淨候乾，去硬處骨，以刀子刮削軟處如粉者用。　班貓：　去頭、足、翅，以糯米三五十粒同炒少時，傾出，揀去糯米，庶免微毒也。　雞蘇、紫蘇、香薷：　皆揀淨，篩去土用。唯是署中合香薷散，其香薷不必見火炒也。　白茯苓：　削去皮，須是緊實雪白者，方中入藥。　黄連：　去鬚用。　茯神：　削去皮，并中心木。　覆盆子：　揀去蒂用之。　木豬苓：　水浸一時辰，以刀子削去黑皮，或以鐵錯錯去黑皮尤快。　馬屁勃：　用時以兩隻麄青大椀，將藥撚碎，入當三錢十文在椀內，合定，手中(毒)搖三五十搖，候少時，揭開椀，將搖下藥末用椶刷子且掃下，餘麄者又以椀合定，再搖，取細末，却秤分兩入藥中。　巴豆：　先於小錢眼中取去殼，次以竹刀兒取去兩重皮，再破作兩片，又剝去膜并心，却入乳鉢內，研令如膏子，續用竹皮二様紙裹定，上以重石壓少時，取出，再換紙壓五七次，遍數多尤好，又換紙緊包定，熨斗貯火，火不宜多，翻覆熨三五遍，去紙，再用新瓦上薄攤，日色中曬，其巴豆取不盡者油都滲在新瓦中也，刮下，用皮紙或油紙貼，要用時看多少入藥中。所以名爲巴豆霜者，取盡油後自然似霜乾。　藿香、紫蘇、荊、薄荷：　切勿要先取離枝梗，少走氣味，每臨修合藥時，看分兩多少，旋取葉或穗子用。　艾葉：　只如此與衆藥碾

時，必難作細末，須先用糯米粉打極稀糊，灑拌令勻，於日色中曬，後入焙籠內焙乾，候艾葉冷，入碾中。假令用艾葉四兩，入雪白茯苓一兩半，切作一二十塊，同艾葉一處碾三二百碾，即成末也。　大黃：　揀錦紋者，用濕紙三五重裹，慢灰火中煨少時，取出候冷，剉碎用。如切開色青黑，不中入藥。　黑豆：　凡用須銚內炒透，切勿使生者，如多服必動藏氣。　(懸)〔玄〕胡索：　不要用猛火炒，只剉碎焙乾，與眾藥一處碾。　鈎藤：　須多使鈎子，少用藤。　青葙子：　瓦上炒用。　青黛：　擘開，裏外如螺青色者，方可入藥。如色澤稍淡，或帶微青白，即偽，不中入藥用。　沒石子：　用水和麵劑子裹，慢灰火中略煨少時，令透取出，剉碎用。　礜石：　凡用以甘鍋子盛礜石上，用塼或瓦子蓋鍋子口四下，用猛火煅，候甘鍋通紅，取出，以好醋淬，如此七遍，候冷研細用。又有一法：　將礜石不以多少，安在小藏瓶內，外用鹽泥固濟，不緊不慢火養一二日，次又用猛火煅通赤為度，取出去火毒，研令極細用。　訶子：　又名訶棃勒。用水和麵劑子裹，慢灰火中煨令透，取出，候訶子冷，剉碎用。　丁子：　須揀味辛辣稍大者用。如不甚香，或味短，再用生薑汁少許，與丁香一處搓擦過，候少時，即使香味全。若用薑擦製了，香味仍舊，短時不中入藥用。　枳實：　切碎，用麸皮炒令微黃色，篩去麸皮用。如傷寒病合大柴胡湯，只剜去穰，不須麸炒。　陽起石：　凡用時，以甘鍋子盛，火中斷不作聲者方是真也。如火斷作聲響爆時，乃狗牙石，更不中入藥。

栢葉：　如合婦人藥，先以極沸湯中，下栢葉在滾湯中，急煠過，漉出，控乾，焙曬用之。合其餘藥，不須湯煠過，只炒焙使。　常山：　切不得生使，如生用，即令人又吐。須用水大半椀，將常山於銚內煮，候水乾，再添水半大椀，又煮水乾，漉出控乾，剉碎，炒焙用。　乾木瓜：　街市貨者，即是一種酸梨，不中入藥。要用須使宣州花木瓜，切作片子，於日色中曬後，用慢火焙乾用。　側子：　係與天雄、附子、川烏皆是一種，治療疾病頗同。用之先以湯浸少時，漉出，慢灰火中炮裂，削去皮臍，切作片子，焙乾入藥。　青木香：　一種蜀中者，嚼碎，其色微青，今呼為南木香是也。又有一種土出者，亦名青木香，用時去根，洗淨，剉，微炒。二味皆治氣，及瀉腎氣。　木通：　凡使，用川中輕者，剉碎微焙。紋縷麄或重，此是土木通，不中入藥。　竹茹：　即是新青竹竿上刮下者，臨用旋刮入藥。　蠶沙：　收時候蠶將老，取於日色中曬乾，名晚蠶沙。如要用，淘洗淨，焙曝乾，或微炒用。　紫金藤皮：　池州出者最佳。用之揀淨，剉焙，勿得炒。　馬兜鈴：　凡用有使子去皮者，有和皮子俱使者，更詳方中揀用。　百部：　緊實者剉焙用。　盆硝、朴硝：　臨用時於乳鉢內別研細，傾出紙上，却於日色中曬乾，方可入在眾藥內，拌勻。盆硝亦名焰硝。　丁皮并枝杖：　凡用剉碎，不見火，只曬乾使。　佛耳草：　此藥出在河北，尋常市中貨者即偽，往往用之不效。有一種出於番界者尤妙，剉碎，慢火焙乾用。　鈆白霜：　須真者，用時別研，更令極細用。　蒲黃：　色深黃者極好，如帶淡黃色，或微白者不真，難入藥中用。　白茅花根：　有二種，採洗淨，曬焙或窨乾用。　夏枯草：　須經霜採者妙。洗揀淨，曬焙乾，剉碎用。　芸薹子：　細小者好。用時水淘洗令淨，曝乾，隔紙銚內炒透。顆粒稍大者勿用。　苦楝根皮：　採冬月者妙。洗淨，剉，焙乾用。　槐根白皮：　是槐樹皮根。用時洗淨，剉炒，或焙乾使。亦名槐東引根。　椿根白皮：　淨洗，剉碎，炒或焙乾用。亦名椿東引根。　亂髮：　係男子梳退下者。用之洗淨，曬乾，燒灰，研細入藥。又有亂油髮一種，是婦人頭上者，用時亦洗淨，燒灰研令極細入藥，又名血餘。　五倍子：　洗淨，剉碎，微炒焙乾用。勿使蛀者。　白鮮皮：　先洗淨，曝乾，切碎略炒，或焙乾用。　防己：　採體輕者，剉碎，微炒用。　土茴香：　比之舶上者顆粒稍大，如用之，揀淨微炒。　蒼耳子：　秋後採緊小者好。剉碎，焙乾用。　鹿角霜：　須用火煅，如未熟，再煅成雪霜白時，方中入藥。　桃奴：　是秋深樹上不中喫者桃。採時須就樹上摘落，如被風雨搖落地下者，勿用。　半夏麴：　以元小半夏，先湯洗七次，令滑盡，切碎。假令用半夏四兩，却用生薑六兩，切碎，與半夏一處入碾，碾碎取出，貯在盆器中罨一宿，次日取出，撩作大小樣餅子，先曬後焙乾，收之頓多時尤佳，要用剉碎，微炒過用。　大(復)〔腹〕子：　連皮用時細剉，勿使火炒，但只微焙乾用。其皮要用旋剪碎入藥。

豬牙皂角：　用時慢火炙令熱，再以生薑汁塗，又炙，如此數遍，以刀刮去黑皮用。　天仙藤：　洗淨，剉碎焙乾用。有一種麄大者，不是仙藤，難入藥。　釜煤：　是鍋底黑墨，要用旋刮，研細，熏過。亦名百草霜。唯村落間者尤良。　大蒜：　以五月五日採，先剝去上面一重皮，要用以濕紙裹三兩重，慢灰火中煨令蒜香熟，取出，乘熱砂盆中研如膏，更看藥方中作如何用。又一法：　水和麵劑子裹，煨熟用。　雞冠花：　採時須於十月內採，曝乾，剉焙。如用白色者，力勝似紫色花也。　竹葉：　凡葉細長枝瘦、色帶青白

者，名為淡竹葉。其葉麄大、色深青者不是淡竹葉，不中用。　茜根：　切斷中間，不與外面色茜者乃真。用時不得猛火炒，只慢火焙乾用。　椶櫚：　有剪細生用者，有燒灰用者，更詳方中使。出西川者最佳。　牛角(䚡)〔鰓〕：　用黃牛角好。要用旋鎊錯取屑。　刺蝟皮：　有剉碎用者，有燒灰用者，却看方中用度。　蕪荑：　去皮取仁，慢火焙乾用。　苦參：　揀莖輕細者，洗淨，剉，焙乾用。　益母草：　採四月及七八月間，窨乾用。　旱蓮草：　是旱地上生者。採，陰乾，或曝乾亦得，用時慢火焙。　蝎梢：　用時須去盡梢上毒，不得火炒，只曬乾，入藥中碾。　灰莧灰：　係莧菜曝乾，燒作灰，旋羅過，秤用。　純白灰：　是硬炭燒過者灰，要用重羅過，秤用。　當歸：　洗淨，去蘆頭，切片子，焙。亦有使酒浸一宿，切焙。如獨莖大者妙，用時去細稍佳。　川芎：　剉碎焙用。塊大者名芎藭。　白朮：　去蘆頭，切片子焙，曬乾用。　楮實：　採經霜者，曝乾剉碎，焙。亦名楮桃兒。　甘遂：　連珠者先以湯浸少時，辟去湯，切碎，炒焙用。合藥時不得與甘草一處，為相反故也。　赤白芍藥：　二種洗淨，剉碎，焙乾用。　香白芷：　去苗，剉碎，焙乾用。太平州出者最佳。　澤瀉：　剉碎，勿炒，只焙乾用。不可多服，《本草》云多服病人眼。　水銀、硫黃：　二味可於定器內，或甘鍋子盛，結砂子，更看方中用度。　左纏藤：　凡用水洗淨，去根，剉碎，曬焙乾使。　澗間呼為鷺鷥藤，《本草》中名曰忍冬，亦名金銀藤。　橘葉：　有二種，一曰綠橘，二曰金橘。採取洗淨，曬、焙乾用。　硇砂、鵬砂：　凡用先於乳鉢內別研令細，却放在日色中曬乾，切。不得見火，要用時看分兩多少，旋拌入藥。　紫蘇子：　須自種真紫蘇，葉上下通紫色，葉心如花者，至九月收子，用水淘洗去浮者，焙乾用。今市中賣者，即偽，不中入藥用。　芥菜子：　即辣菜子，採於春及秋時，洗淨，焙乾用。　韭子：　係韭菜子。九月採，窨、曬乾，用時再炒過使。　(蓽)〔蓖〕麻子：　凡用去殼，乳鉢中研令極細。　葵子：　揀淨後洗過，控乾，曬焙用之。　蛇床子：　揀淨，慢火焙令香用。　陳欓子：　是多年石茱萸。用時揀去枝梗，微炒焙。　赤茯苓：　削去皮，剉，焙乾用。　王不留行：　凡用洗淨，慢火炒乾用。　瞿麥：　揀洗令淨，曬焙，剉碎使。　天靈蓋：　即是死人頭頂骨。凡用先以香水洗令淨，控乾，以酥塗炙令黃。　浮石：　輕者妙，搥碎入藥。重者不中用。　蛤蚧：　有雌、雄二種。凡用壹對，以酥塗，慢火炙透，剉碎使。　知母：　薄切片子，慢火焙乾，却再秤分兩多寡入藥。　苦杖：　用時洗淨，剉碎，焙、曬乾用。　鹿角膠：　凡用，以麵拌炒過使。　五味子：　揀去枝梗，微炒，或焙乾用。有一種向北出者，尤佳。　萆薢：　切碎，焙乾入藥。唯川中者最妙，輕薄者是。　前胡：　揀洗淨，控乾，剉碎，炒或焙用之。　地榆：　洗淨，曬乾，焙或炒過使。　蓽澄茄：　揀淨，不得火炒，只慢火焙乾用。　沉香：　剉碎，不得見火，只懷乾用。　檀香：　剉碎，不得炒，只於日中曬乾入藥。　茆香：　切碎，以蜜湯灑拌令勻，先微炒，後焙乾用。　零陵香：　用時連枝剉細，大葉者非真也。不見火，日中曬乾用。今宜州及廣德軍出者好。　山藥：　剉碎，勿炒，只慢火焙乾用。亦名薯蕷。　椒：　火炒，傾地上，用椀蓋定少時，令出汗。或有藥中去目者，有只使椒目者，詳方中使。如用胡椒，不須出汗。　桃仁：　凡用，炒令透，揀去雙仁者。入藥或先以湯浸少時，去皮尖尤好。　牡丹皮：　凡使，揀去枝細者，剉碎，微炒，或焙乾用。　石亭脂：　是老硫黃。用時研令極細末。　石楠葉：　須採經霜者妙。剉碎，微焙用之。　海金沙：　以水飛過，控乾，日曝，或隔紙銚內炒用。　茵草：　凡用，揀洗令淨，曬、焙使。　山茱萸：　秋間採，窨或曬乾，要用剉碎，慢火焙使。　石茱萸：　揀去枝梗，微炒過入藥。　茵芋：　切細，炒用。有使酒蒸者，亦妙。　無名異：　別研細末，拌入藥中。　黃絲瓜：　採於秋深，經霜尤好。剝去上面一重青嫩皮，燒灰用。亦名天蘿。　雲母石：　須是一重重揭得下，如鏡面者，方可入藥。　石中黃：　凡用，須是石中心色深黃者，力緊。取出別研，令極細。如未甚細，再研入藥。　淡豉：　凡用，先以湯浸少時，或再剝去上面一重薄皮，乘潤乳鉢內研如膏，要用却以藥末拌和。　黃芩：　用時揀淨，剉碎，慢火焙乾用。　乾葛：　剉碎，焙乾用。勿使土者，今宣州出者最佳。　枸杞子：　凡用，揀去枝梗，曬、焙乾用。　胡麻子：　輕小者，微炒少時用。　鐵粉：　須真者，再研令細，或水飛過，滲乾，旋入藥用。　地骨皮：　揀洗淨，控乾，曬、焙乾，剉碎入藥。　石斛：　凡用去根并苗，剉碎，慢火炒焙乾用。又有酒浸一宿，焙乾用者。　阿魏：　須使真好者，以水和麵劑子裹，慢灰火中煨令麵透，取出，剝去麵，却於乳鉢中研細用，研時入醋少許同研，尤佳。　青鹽：　別研細，或微炒用。　伏龍肝：　是竈中心土，取出別研，令極細，要用旋入藥中。　白及：　切碎，慢火炒少時用。　黃丹：　不得十分炒，恐變色，亦恐力短，但只旋研入藥中。亦名號丹。

北棗： 凡用，不問多少，以水滿貯砂銚內，煮三五十滚，候棗肥泛浮起時，入好麻油十餘滴，攪匀，再滚數沸，取出，棗皮易剝也。 白附子： 用時慢灰火中炮匀裂，微削去皮，剉碎，炒焙乾用。 青礬、石礬、緑礬： 凡用，鐵銚內枯乾，研令細。 黄白二藥子： 剉碎，火焙乾用。出川中者可入藥。 薑黄： 剉碎，勿炒，只焙乾用。出德安府者是真也。犯蓬朮做底不是薑黄。 瓜蔕： 凡用須是甜瓜蔕，苦瓜蔕不中合藥。剉焙乾使。如一瓜上有雙蔕者，服之損害人命。 (史)〔使〕君子： 凡用，切細，慢火焙乾。有去殻，只使子； 有連殻入藥。詳方中用。 鶴虱： 用時揀淨，火微炒過。有使醋煮用者。如合牙疼藥，須是醋煮透，若生用損人齒。 白薇、白斂： 凡用，揀洗令淨，細剉，炒或焙乾用。 鵞不食草、穀精草： 採，窨乾，要用不得炒，剉碎，日色中曬乾用。 花蘂石： 細研，水飛如粉，或有火煅者，更看方中用。 蜣蜋蟲： 夏月採，最多。炙，去頭、足、翅用。 板藍根： 用時揀色帶白厚者，剉碎，焙乾用。 紫河車： 凡用，先將河水煮透，控乾，剉碎，慢火焙乾入藥。 麒麟竭： 須使真者，研令極細。 皂角刺： 取紫色，淨洗，於石臼中搗去骨，揀去枯者，或有燒灰用者。 天竺黄： 凡用揀真者，不得火炒，只於乳鉢內研細入藥。 續隨子： 用時揀令淨，慢火焙，或曬乾使。亦名隨風子。 蔓荊子： 用時先揀篩去白皮，慢火焙乾用。 羚羊角： 凡用揀篩密角，色黑潤者好，旋鎊屑入藥。 夜明砂： 用水淘洗淨，控乾，於日色中曬乾，或用慢火略炒使。 草決明： 用時揀洗令淨，控乾微炒。 秦皮： 輕薄者最佳。剉碎，慢火焙乾用。 地膚子： 篩去塵土，慢火略炒少時用。 連翹： 凡用，勿使陳者，新香底好，剉碎，微焙用。

仙靈脾： 用時拭揀令淨，不得炒，剉，微焙入藥。亦名仙靈脾藥。 紫藤香： 凡用剉碎，勿炒，只焙少時使。 升麻： 用時去蘆頭，輕者最佳，剉碎，略炒。重者即土升麻。 敗醬： 用之揀擇令淨，更看方中用度。 虎睛： 有雌雄二種，更詳方中使。 膽礬： 輕膩，色帶青者佳。用之水磨，令極細。 熊膽： 凡用時，將藥安在水中，漸漸色如金黄者真也。如黑色，或大段黏手，即偽。要用於乳鉢內研拌入藥，或有慢火熬使者。 玄明粉： 色膩，仍白者妙，令研極細使。 蘆薈： 用時須使真者，令於乳鉢中細細研如粉，拌和入藥。 紫草： 向北出者好。用時只使紫草茸，不得火炒。 銅緑： 須乾者，令研入藥中。 龍齒： 用時研為細末，以水飛過。有一法，用甘鍋子盛，火煅，傾出，細研如粉，水澄滲乾使。 藜蔞： 以好釅醋煮去砂土用。 藜蘆： 用蜜塗炙，如合搐鼻藥，不須使蜜炙。 粉霜： 色瑩明淨者佳，用之別研，令極細。 北亭： 凡用，揀洗淨，火炒或焙用。有燒使者，詳方中用度。 葫蘆巴： 用時揀令淨，微炒，或焙乾。又有使酒浸一宿用者。 青蒿子： 凡用，揀去枝梗，勿炒，只慢火焙乾。或有使童子小便浸一宿，次日漉出，控乾，先曬後炒，入藥。 狼牙根： 用時洗淨，剉碎炒。

貫眾： 如用，洗令淨，細剉，炒焙使。 大薊、小薊： 凡用揀洗令淨，剉碎，不得猛火炒，只剉碎，略焙乾用。是野地生，又名刺芥，採時須花紅者妙，作效尤速。 白頭翁： 用時須勿要陳者，炒、焙使。更詳方中用度。

又製度法

附子、川烏頭： 每用溫水浸一時許，或以皮紙濕裹一重，文武灰火炮，以透裏香烈為度，去皮臍用。 黄耆： 以硬物打匾，三二寸許截了，以蜜看多少，相度用沸湯化開，蜜浸少時，微令乾，火焙乾用。 乳香： 以蒻葉上下鋪蓋了，以熨斗盛火，熨令香，少溶放冷，研細用。 沒藥、五靈脂、安息香： 亦如乳香法，略熨過，放冷研細用。 京三稜、蓬莪茂： 如用，須沙器內水滿上，用皮紙裹三兩重，緊蓋，用慢火煮三兩時，候軟，切作片子，焙乾。

全蝎： 以生薑汁浸了，少時瓦上焙乾。 杏仁： 雙仁者不可用，能害人命。

貫眾： 用水洗，切片子，略以薑汁浸焙。 牽牛： 黑牽牛瀉腎氣邪毒。用沙銀器中炒香熟，碾，只一次，末用，其餘不用。白牽牛瀉肺中邪氣，同前炒用。黄牽牛瀉脾積邪氣，亦同前炒法用。 常山： 須用米醋煮了，切片子，再以醋炒乾用，使人不吐。 馬屁勃： 以麄絹羅子，用手緊於羅子內，磨下末用。 桑白皮： 如黄耆法，亦打匾用。蜜湯浸少時，取出焙乾用。 巴豆： 去油，去皮膜了，研細，用新瓦一片，塗上三兩次，其油方淨用之。 大黄： 錦文者，如要去病，不耗元氣。以米醋，或清酒浸少時，飰甑上磁碗盛，碟蓋，蒸飰熟用。 燈心、通草： 以白磁瓦，不以多少，一處碾細為末，水中澄，浮者焙乾用。 棗： 不以多少，用砂銚盛水滿浸，上有一指許水，用燈心一杷子，盤於水棗中，以炭火煮棗軟，其皮核自相離，取肉用。

絡石草： 淨洗，焙乾用。

宋·張銳《雞峰普濟方》卷一 炮製法

玉石藥： 鍾乳粉 硫黄別研 寒水石煅紅 石膏煅 丹砂別研 玉屑醋

和研　曾青煅　石膽　雲母　白礬枯　滑石　石脂　紫石英　白石英　金牙石煅，酒淬。　理石煅　礬石煅貳晝夜。　陽起石煅壹晝夜。　玄石煅，酒淬。　代赭煅　青鹽　牛黄　自然銅煅紅　鉛霜　禹餘糧醋淬，研。　硇砂火飛　鵬砂火飛　石鷰燒　花蘂石煅　已上並研如粉。　草木肉藥：　烏頭　附子　側子　漏藍子　烏喙　天雄　已上炮去皮臍。　半夏　已上湯洗七遍去滑。　半夏麴　已上每半夏一兩，用生薑二兩，同擣捏作片子，焙乾。　人參　沙參　玄參　紫參　丹參　甘草　柴胡　羌活　獨活　防風　茜根　當歸　秦艽　黄芩　藁本　苦參　前胡　紫(苑)〔菀〕　桔梗　萎蕤　白薇　石斛去根　防葵　紫草　已上並去苗。　菟絲子浸了，研。　牛膝　蓯蓉　烏蛇去骨、去皮。　白花蛇去骨、去皮。　已上酒浸一宿，焙乾。　茯苓　茯神去木　杜仲炒剉　黄蘗　厚朴薑製　桂　已上並去麄皮。　天門冬湯浸　麥門冬湯浸　遠志　已上去心，焙乾。　澤蘭　石楠　莽草　藿香　已上用葉。　鹿茸　虎骨　蛤蚧　天靈蓋　已上酥炙黄。　紫河車(皃)〔貌〕孩兒者尤佳，用釅醋浸伏時，瀝乾，火上炙焦，搗羅為細末。　鱉甲醋炙黄　犀角　龍角　羚羊角　已上錯成麄末。　杏仁　桃仁　已上湯去皮尖，麩炒。　大棗　訶子　已上去核。　白豆蔻　麻子　縮紗　薏苡　已上去皮。　麝香　沒藥　蘆薈　阿魏　伏龍肝　大青　青黛　蛇黄　琥珀　松脂　楓香脂　天竺黄　龍腦　乳香　白膠香　已上細研。　細辛　菖蒲　已上用根。　巴豆　已上去皮去油。　阿膠　菖蒲　水蛭　白殭蠶　地龍去土　蕪荑　赤小豆　小麥　麴　茴香　吳茱萸　破故紙　胡蘆芭　已上並炒。　班猫　蚖蜻　殭蠶　已上炒變色。　艾葉　已上先用清麵絲遍灑，焙乾後方擣，可免作熟艾難羅也。　(芘)〔枇〕杷葉　石韋　莽草　金毛狗脊　已上並去毛。　菊花　欵冬花　旋覆花　覆盆子　薄荷　紫蘇　吳茱萸　丁香　已上去枝杖。　車前子　葶藶　葛根剉　地龍　已上去土。　甘草　蜈蚣　已上炙。　乾薑　天南星　白附子　已上炮(烈)〔裂〕。　亂髮燒灰　牡蠣　石決明　蠶退　墨　已上並燒。　高良薑剉細，炒。　牛角(鰓)〔䚡〕　已上並剉。　麻黄　已上去節。　烏鴉　兔頭　牛膽　猪肪　野狸肝　已上臘水收。　商陸　已上切焙。

古人戒用飛走殺命藥，合藥救人，只當以自死者代之為上，若能以金石或草藥代之尤佳。　晚蠶蛾　虻蟲　水蛭　蚯蚓　鳩　班猫　烏鴉　桑螵蛸　魚　蝸牛　(元)〔芫〕青　龜　蜘蛛　雀　蛇　蠏　蝎　鱉　獺　兔

宋・郭坦《十便良方》卷七

六十四藥炮炙制度　凡丹砂，先研細料，水飛過，灰碗內鋪紙滲乾，始入藥。　如欲【下殘】。　凡狗脊，先以火燎去其毛，剉，或以酒浸一宿，焙乾使。　急使不浸。　凡萆薢，先以酒浸一宿，焙乾使。　急則不浸。　凡白芷，先剉，焙乾使。　凡紫菀，先洗去土，剉，微炒使。　凡欵冬花，去枝莖，焙乾使。　凡高良薑，先片剉，以麻油少許炒過使。　凡肉豆蔻，先以麵裹炮，麵熟為度，去麵，剉，焙乾使。　凡白豆蔻，先去皮取人，焙乾使。　凡草豆蔻，先去皮取人，焙乾使。　或和皮炮過，去皮使。　凡縮沙，先和皮慢火炒，去皮取人使。　凡蓬莪茂，先以醋煮乾，片剉，焙使。　或熱灰火中炮熟使。　凡天麻，先以濕紙裹炮，取出片切，以酒浸一宿，焙乾使。　凡京三稜，先以醋煮乾，剉，焙或熱灰火中炮熟使。　凡使君子，先於灰火中和皮炮，去皮取人，焙使。　凡補骨脂，一名破故紙。　或以酒浸一宿，焙乾，或只以鹽同炒香，去鹽使。　凡桔梗，先去蘆頭，剉，焙使。　凡烏頭，先炮裂，去皮(劑)〔臍〕并夾使。　或陰制，以東流水浸七日，去皮臍，片切，焙乾使。　凡附子，先炮裂，去皮(劑)〔臍〕，剉，焙使。　凡天雄，先炮裂，去皮臍，焙乾使。　凡白附子，先灰火中炮裂使。　凡半夏，先以沸湯浸，俟溫，洗去滑。　如此七次。　如入湯劑中，且先用。　如尚凝戟人喉舌，但將半夏杵為末，以生薑等分擣研，和滓和為劑，罨一宿，捏作餅子，焙乾使。　如更杵為末，再以薑和劑罨之，焙乾尤佳。　此用合湯妙。　〔凡〕天南星，先以煻灰中炮裂，焙乾使。　凡茯苓，先去麄皮，剉，焙乾使。　凡茯神，先去麄皮并中心所抱木，剉，焙乾。　凡猪苓，先去黑皮，剉，焙使。　凡桂，先去麄皮，令見心中有味處，剉，不見火使。　如妊娠，合所需藥，仍炒了使。　凡杜仲，先去麄皮令盡，以生薑汁塗之，炙香，令無絲使。　或先去皮，剉碎，以薑汁拌炒，令絲絕使。　凡沉香，剉碎，別杵末入藥。　凡(霍)〔藿〕香，先去枝梗淨，挼去土，焙乾，取葉使良。　凡乳香，先頓在風射緊者密隙中兩三時，然後入針，急敲碎，研細使。　凡丁香，微火焙乾使。　凡檀香，剉杵，不見火，別為末使。　凡酸棗人，先慢火炒十分香，熟研破使。　凡厚朴，先去麄皮，令見赤心，以生薑汁塗炙令香，塗炙三次，剉，使。　凡枳實、枳殼，先去穰，以麩炒，令麩焦、藥香為度，剉使。　陳者最佳。　凡山茱萸，先槌破，焙乾使。　沈存中有和核使之說，甚善。　見《筆談》。　凡吳茱萸，先以沸湯浸洗七次，微火

炒使。 攻外病不入口者，不洗。 凡檳榔，不見火，剉使。 凡大腹皮，剉，焙乾使。 凡訶黎勒，先灰火中炮，槌去核，取肉使。 凡胡椒，如入湯劑，先槌破使。 如為細散，研細使。 凡龍骨，先以酒浸一宿，焙乾，研使。 如急使，以酒煮乾，焙使。 凡牡蠣，先炭火煅赤，放冷，研如粉使。 凡蝎，先去足，微炒使。 凡鹿茸，先去皮毛，塗酥炙令黃使。 麋茸同法。 凡鹿角，先鎊屑，熬令黃使。 凡鹿角膠，先剉，炒令通體沸起燥，乃可擣，有不沸者更炒之。 凡麝香，先研細後入藥使。 右凡修合，先依法製，治畢令十分乾燥，方秤分兩，庶幾藥力不致偏勝。

宋・許洪《指南總論》卷上 論炮炙三品藥石類例

玉石部 丹砂、雄黃、雌黃： 凡使，先打碎，研細，水飛過，灰碗內鋪紙滲乾，始入藥用。 如別有煅煉，各依本方。 石鍾乳： 凡使，先依法煮，候日數足，入水細研不滲，方可入藥服食。 白礬： 凡使，用光明者，先于鐵銚子內，或刀上，火中煅過，方研細入藥用。 如生用者，各依本方。 赤石脂、白石脂： 凡使，須于炭火中煅通赤，取出放冷，研細，水飛過，方入藥用。 如緩急則研令極細，不飛亦得。 硫黃： 凡使，先細研，水飛過，方入藥用。 如別煅煉，各依本方。 陽起石： 凡使，先以炭火燒通赤，好酒內淬七遍。 如只以好酒煮半日亦得。 並研細，水飛過，方入藥用。 磁石： 凡使，先以炭火燒通赤，釅醋內淬九遍，擣碎羅過，細研，水飛，方入藥用。 如入湯劑，即杵，水淘去赤汁使。 黑鉛： 凡使，先以鐵銚炭火鎔開，取出，瀉于新瓦上，濾去渣脚，如此一兩番，取淨鉛稱用。 如或結砂子，各依本方煅煉。 黃丹： 凡使，先炒令色變，研令極細，再羅過，方入藥用。 硝石： 凡使，先研令極細，以瓷瓶子盛，于炭火中煅令通赤，方入藥用。 如緩急，只炒過研細使亦得。 食鹽： 凡使，先須炒過，研細，方入藥用。 石灰： 凡使，須用風化為末者佳。 先以醋浸一宿，漉出候乾，用火煅令腥穢氣盡，候冷研細，方入藥用。 如別煅煉，各依本方。 伏龍肝： 即灶中對釜月下土也。 凡使，先火燒赤，研細，水飛過，方入藥用。 如急用，只燒過研使亦得。 百草霜： 凡使，須研令極細，再羅過，方入藥用。 滑石： 凡使，先以刀刮下，以牡丹皮同煮一伏時，取出，用東流水研，飛過，日中晒乾，方入藥用。 如急用，只研細亦得。 禹餘糧、紫石英、石膏、寒水石、代赭、石燕等： 凡使，并用火煅，醋淬七遍，擣研，水飛令極細，方入藥用。 太陰玄精石： 凡使用，擣碎細研，水飛過，晒乾，方入藥用。 白堊： 即白善土也。 凡使，每修事一兩，用鹽一分，投于斗水中，用銅器中煮十餘沸，然後用此沸了水飛過，方入藥用，免結澀人腸也。 自然銅： 凡使，用火燒令通赤，以醋淬九遍，細研，羅過用。 花蕊石： 凡使，當以大火煅過。 如緩急，不煅亦得。

草部 菖蒲： 用石上生節密者佳。 凡使，須剉碎，微炒用。 或只焙乾亦得。 菊花： 凡使，須去枝梗，焙乾，方入藥用。 人參： 凡使，先去蘆頭，剉，焙乾，稱，方入藥用。 不去蘆，令人吐，慎之。 天門冬、麥門冬： 凡使，先以湯微潤，抽去心，焙乾稱用。 甘草： 用大者。 凡使，先破開，火上微炙黃赤色，方入藥用。 如稍，只爁炒亦得，或生用，亦依本方。 熟乾地黃： 凡使用，須淨洗過，以酒浸一日夜，漉出，蒸三兩炊，焙乾，方入藥用。 如急用，只以酒洒蒸過使。 不蒸亦得，不若酒浸蒸過為佳。 生乾者只生用，不用酒浸。 蒼朮： 凡使，先以米泔浸，春五，夏三，秋七，冬十，逐日換水，日足刮去皮，焙乾，方入藥用。 如緩急，不浸亦得，但稍燥爾。 菟絲子： 凡使，先以水洗，澄汰去沙土了，却以好酒浸一晝夜，漉出蒸過，乘熱杵為粗末，焙乾，然後入藥同擣。 擣之不盡者，更以漬，經三五日乃出，更晒微乾擣之，須臾悉盡，熱即易碎。 川牛膝： 凡使，先洗去蘆頭，剉碎，以酒浸一日夜，焙乾方用。 如急切，用酒浸蒸過使，不蒸亦得。 柴胡、前胡等： 凡使，先去蘆頭，洗剉焙乾，方入藥用。 車前子： 凡使，須微炒燥，方入藥用。 如只焙乾亦得。 木香： 凡使，不見火，須細剉，日乾用。 如為細末，薄切，微火焙乾使亦不妨，然不若晒乾之為妙也。 山藥、川芎等： 凡使，須剉碎，焙乾用。 薏苡仁： 凡使，須以糯米同炒乾用。 遠志： 凡使，先須去心，焙乾，方入藥用。 如不去心，令人煩悶。 更能以甘草湯浸一宿，漉出，焙乾用，尤妙。 草龍膽： 凡使，先去蘆，剉碎，用甘草浸一宿，漉出曝乾用。 如緩急，不浸亦得。 澤瀉： 凡使，用酒浸一宿，漉出，焙乾用。 不浸亦得，或有炮製，各依本方。 石斛： 凡使，先洗去根土，用酒浸一宿，漉出，蒸過，曝乾，方入藥用。 如急用，不蒸亦得，如別有炮製，各依本方。 巴戟天： 凡使，先去心，以酒浸一晝夜，剉，焙乾使。 如急用，不浸亦得。 黃連： 凡使，先淨去鬚，剉碎，用蜜拌，慢火炒乾，方入藥用。 蒺藜子： 凡使，須淨揀擇，蒸一伏時，晒乾，于木臼中舂令刺盡，用酒拌，再蒸，取出曝乾用。 黃耆： 凡使，先須用擘開，塗蜜，炙微赤色，却薄切，焙乾稱，方入藥

用。　肉蓯蓉：凡使，先須以溫湯洗，刮去上粗鱗皮，切碎，以酒浸一日夜，漉出，焙乾使。如緩急要用，即酒浸煮過，研如膏，或焙乾使亦得。　防風：凡使，先須去蘆及叉頭叉尾者，洗剉，焙乾，方入藥用。叉頭者，令人發狂；叉尾者，令人發痼疾，切宜慎之。　蒲黃：即是蒲上黃花，須仔細認，勿誤用松黃。凡使，須用隔三重紙，焙令色黃，蒸半日，却焙令乾用之妙。破血消腫即生使，補血止血即炒用之。　續斷：凡使，先剉碎，用酒浸一伏時，漉出焙乾，方入藥用。如急用，不浸亦得。　細辛：凡使，先去土並苗，焙乾，方入藥用。　五味子：凡使，先須淨揀去枝、杖方用。如入湯劑用，搥碎使之。　蛇床子：凡使，先須慢火微炒過，方入藥用。　山茵陳：凡使，先須去根土，細剉焙乾，方入藥用。勿令犯火。　王不留行：凡使，須先渾蒸一伏時，却下漿水浸一宿，至明漉出，焙乾，方入藥用。　乾薑：凡使，先須炮令裂，方可入藥用。　苦參：凡使，不拘多少，先須用濃糯米泔浸一宿，漉出蒸一伏時，却細切焙乾用之為妙。　當歸：凡使，先須去塵並蘆頭尖硬處一分已來，用酒浸一宿，漉出焙乾方用。或微炒用，各依本方。若要補血，即使頭一節。若要止痛破血，即用尾。若一時用，不如不使，服食無效也。　麻黃：凡使，先去根節，寸剉令理通，別煮十數沸，掠去其沫，却取出碎剉過，焙乾用。不盡去之，令人煩悶。如用急，只去根節亦得。　木通：凡使，先須剉去節，方入藥用。　芍藥：凡使，須剉碎焙乾，方可入藥用。　蘧麥：凡使，只用蕊殼，不用莖葉。若一時使，即令人氣咽，及小便不禁。　仙靈脾：凡使，用羊脂拌炒過，候羊脂盡為度。每修事一斤，用羊脂四兩。　黃芩：凡使，先須剉碎，微炒過，方入藥用。　狗脊：凡使，先以猛火燎去毛令淨，以酒浸一宿，蒸過焙乾用。如緩急，不酒浸亦得。　紫菀：凡使，先須淨洗去土，微炒過，方入藥用。　石韋：凡使，先以粗布拭去黃毛，用羊脂炒乾，方入藥。如緩急，微炙過使亦得。　萆薢：凡使，先須淨洗，以酒浸一日夜，焙乾使為妙。如緩急，不在此限。　白薇：凡使，先去苗，用糯米泔浸一宿，漉出蒸過用。　艾葉：凡使，先去枝梗，杵成茸，以稀糯米粥拌匀，焙乾用。或慢火炒使，恐難擣。　牛蒡子：凡使，要淨揀，勿令有雜子，然後用酒拌蒸一伏時，取出焙乾，別擣如粉，方入藥用。　天麻：凡使，先以紙包浸濕，于熱灰中煨熟，取出以酒浸一宿，却焙乾，入藥用。　阿魏：凡使，先于淨鉢中研如粉了，卻于熱酒器上滚過，任入藥用。　高良薑：凡使，先剉碎，以麻油少許拌匀，炒過用。　百部根：凡使，用竹刀劈開，去心，酒浸一宿，漉出細剉，焙乾用。　茴香：凡使，用舶上者。淘洗令淨，却以酒浸一宿，漉出曝乾，炒過用。如緩急，只炒過用亦得。　牡丹皮：凡使，須淨揀，酒拌蒸，細剉，晒乾，方入藥用。　京三稜、蓬莪茂：凡使，先以醋煮，剉碎，焙乾用。或火煻灰中炮熟用亦得。　補骨脂：性本大燥毒熱。凡使，用酒浸一宿，漉出，却用東流水浸三日夜，再蒸過，曝乾，入藥用。如緩急，只以鹽同炒令香，去鹽用亦得。　縮砂：凡使，先和皮慢火炒令熱透，去皮取仁，入藥用。　附子、天雄等：凡使，先炮裂令熟，去皮臍，焙乾，方入藥。　烏頭：凡使，先炮裂令熟，〔去皮臍，方入藥用。或陰製，以東流水浸七日夜，〕去皮、臍、尖，切片，焙乾用亦得。　肉豆蔻：凡使，先以麵裹，于煻灰中炮，以麵熟為度，去麵，剉，焙乾用。　半夏：凡使，先以沸湯浸，候溫洗去滑，如此七遍方用。如入湯劑，切片完用。或尚戟人咽喉，可杵為末，以生薑等分擣，研和為劑，淹一宿，捏作餅子，焙乾使。如更杵為末，再以薑和劑淹之，焙乾尤佳，此用合湯妙。　大黃：凡使，或蒸過用，或煻灰中泡熟用。若取猛利，即生焙乾用。　旋覆花：一名金沸草。凡使，須蒸過入藥用。緩急不蒸亦得。　常山：凡使，剉碎，酒浸一晝夜，蒸過方入藥用。　天南星、白附子：凡使，于熱灰中炮裂，方入藥用。或別有制度，各依本方。　馬兜鈴：凡使，須微炙過，方入藥用。　骨碎補：凡使，用刀刮去上黃皮、毛令盡，細剉，用酒拌蒸一日，取出晒乾用。緩急，只焙乾，不蒸亦得。　葫蘆巴：凡使，微炒過，入藥用。　使君子：凡使，先于熱灰中和皮炮，却去皮取仁，焙乾入藥用。　桔梗、大戟、延胡索、葶藶子、牽牛子等：並微炒過，方入藥用。　川芎、白芷：並剉碎焙乾，方入藥用。

木部　肉桂：凡使，不見火，先去粗皮，令見心中有味處，剉，方入藥用。如婦人妊娠藥中，仍微炒用為妙。　茯苓、猪苓：凡使，須先去黑皮，剉碎，焙乾用。　茯神：凡使，先去粗皮，並中心所抱木，剉碎，焙乾入藥用。　酸棗仁：凡使，先以慢火炒令十分香熟，方研破用。　黃蘗：凡使，先去粗皮，蜜塗炙，方入藥用。　乾漆：凡使，須擣碎，炒熟，入藥用，不爾損人腸胃。　蔓荊實：凡使，用酒浸蒸一伏時，取出焙乾用。　杜仲：凡使，先去上粗皮令淨，以生薑汁塗，炙令香熟，令無絲為度。或只剉碎，以薑汁拌炒，令絲絕亦得。　沉香、檀香：凡使，先別剉碎，擣羅為細末，方入

藥用。　桑白皮：　凡使，先剉碎，微炒過，方入藥用。　吴茱萸：　凡使，先以沸湯浸洗七次，焙乾微炒過，方入藥用。若治外病不入口者，不洗亦得。

檳榔：　凡使，須取存坐端正堅實者，先以刀刮去底，細切，勿經火，恐無力效，若熟使，不如不用。　梔子：　凡使，先去皮、鬚子，用甘草水浸一宿，濾出，焙乾，入藥用。　枳實、枳殼：　凡使，要陳者，先以湯浸，磨去瓤，焙乾，以麩炒焦，候香熟為度。　厚朴：　凡使，先刮去粗皮，令見赤心，以生薑汁炙三次，取令香熟為度。或只剉碎使，薑汁炒亦得。　山茱萸：　凡使，先須搗碎，焙乾用。或只和核使亦得。　大腹皮：　凡使，先須以酒洗，再以大豆汁洗過，剉碎，焙乾，方可用。　巴豆：　凡使，先去殼並心膜，爛搗，以紙裹壓去油，取霜入藥用。又一法：　去殼、心、膜了，以水煮，五度換水，各煮一沸，研，不爾令人悶。　蜀椒：　凡使，先去枝梗並目及閉口者，微炒過，隔紙鋪在地上，以盞蓋，令出汗，方入藥用。　皂莢：　凡使，要揀肥長大不蛀者，削去皮絃並子，塗酥炙令焦黄，方入藥用。　訶黎勒：　凡使，先于煻灰中炮，去核取肉，酒浸蒸一伏時，取出焙乾，方入藥用。　楝實：　凡使，先以酒浸潤，候上皮核剝去虛皮，焙乾，以麵炒，入木臼內，杵為粗末，羅過，去核，方入藥用。　蕪荑：　凡使，先須微炒過，方可用。　龍腦、麒麟竭、乳香、松脂等：　凡使，並須別研，令極細，方可入藥用。

獸部　龍骨：　凡使，要黏舌者。先以酒浸一宿，焙乾細搗，羅研如粉了，以水飛過三度，日中晒乾用之。如緩急，只以酒煮焙乾用亦得。他有炮製，各依本方。　麝香、牛黄：　凡使，先用別研令細，然後入藥用之。　阿膠及諸膠：　凡使，先搗碎炒，候沸燥如珠子，方可入藥用。　鹿茸：　凡使，用茄茸連頂骨者，先燎去毛令淨，約三寸已來截斷，酒浸一日，慢火炙令脆方用。或用酥塗炙，各依本方炮製。　虎骨：　凡使，先斫開，取出內中髓，却塗酒及酥等，反復炙令黄赤色，方用。　膃肭臍：　凡使，先用酒浸，慢火反復炙令熟，方入藥用。

禽魚蟲部　夜明砂：　即伏翼屎也。凡使，須微炒過，方入藥用。　白蜜：　凡使，先以火煎，掠去沫，令色微黄，則經久不壞。掠之多少，隨蜜精粗。　牡蠣：　凡使，用火煅令通赤，候冷細研如粉，方可用。　真珠：　凡使，要取新淨未曾傷破及鑽透者，于臼中搗令細，絹羅重重篩過，却更研一二萬下了，任用之。　桑螵蛸：　凡使，先用炙過，或蒸過亦得。　鱉甲、龜甲：　凡使，先用醋浸三日，去裙，慢火中反復炙，令黄赤色為度。如急用，只蘸醋炙，候黄色便可用。　露蜂房：　凡使，先炙過方可用。或炒亦得。　白蟬蛻：　凡使，先去嘴、足，湯浸潤，洗去泥土，却曝乾，微炒過，任用之。僵蠶：　凡使，要白色條直者，先去絲嘴，微炒過方用。或有只生用者，各依本方。　原蠶蛾：　凡使，去翅、足，微炒過，方入藥用。　蠶砂亦用炒。　蝦蟆：　凡使，先以酥塗，或酒浸，慢火中反復炙，令焦黄為度。或燒灰存性用。他有炮製，各依本方。　蛇蛻：　凡使，先須炙過方可用。或燒成灰，入藥用，各依本方炮製。　烏蛇、白花蛇：　凡使，先以酒浸三日夜，慢火上反復炙，令黄赤乾燥，去皮骨，取肉入藥用。　地龍：　凡使，先搓去土，微炒過方用。　蜈蚣：　凡使，先要炙過，方可入藥用。　斑蝥：　凡使，先去足、翼，用糯米同炒熟，方可入藥用。生即吐瀉人。　天漿子：　凡使，須微炒過用之。　蜣螂：　凡使，先去頭、翅、足，炙過用之。　五靈脂：　凡使，先以酒研飛煉，淘去沙石，晒乾，方入藥用。

果菜部　草豆蔻：　凡使，須去皮，取仁焙乾用。或只和皮煻灰中炮熟，去皮用亦得。　陳皮、青皮：　凡使，先以湯浸，磨去瓤，曝乾麩炒入藥用。或急用，只焙乾亦得。　烏梅：　凡使，先洗，搥去核，取肉微炒過用之。木瓜：　凡使，先去瓤並硬子，剉碎焙乾，入藥用。　杏仁、桃仁：　凡使，先以湯浸去皮尖及雙仁者，控乾，用麵炒，令黄赤色為度。　胡桃：　凡使，去殼，以湯浸去皮，却研，入藥用之。　韭子：　凡使，先須微炒過用之。　亦有生用者。　胡麻：　即黑油麻也。凡使，先炒過用。或九蒸九曝用亦得。黑豆、赤小豆、大豆黄卷、麥糵、神麯、白扁豆、綠豆等：　凡使，并用炒過，方入藥用。　凡有修合，依法炮製，分兩無虧，勝也。

宋・陳自明《婦人大全良方》卷首　辨識修製藥物法度　凡藥有宜火、宜酒者，有用子、用皮者，有去子、去皮者，有去苗、蘆者，有別研入藥者，有煎成湯去滓後入者，若此之類，各各不同。今備於前，無復更註於逐方之下。

辰砂如鏡面粉，旋者為上。　雄黄如鷄冠，通明者為上。　雌黄無夾石者為上。石硫黄如鵝兒黄色為上，赤者名石亭脂。　伏龍肝正對釜月下土是也。　太陰玄精石已上并研，令極細如麵、無聲為妙。

禹餘糧　代赭石　磁石極細者妙。　自然銅　紫石英有紫色如箭簇者為上。雲母石　太乙餘糧　已上并用火煅，令通赤，釅醋淬，如此七次或十次，方

可研令極細如麵，或用水飛尤妙。

赤石脂　白石脂　陽起石有雲頭雨脚，輕鬆如狼牙者，產於此地方可用。若是鋪茸茁角者不可用。已上并用火煆，一出時研如麵，或有生用者。　青礞石每一兩用硝石二兩，入銀鍋子内煆一日一夜，自然解散。研為麵，仍用水飛為妙。　梁上塵炒令煙盡，研如粉。

絳礬　青礬并生研細。　白礬枯過，亦有生用者。　石膏如無真者，以方解石代之。凡諸石入湯，并碎以綿裹。　滑石出桂府者，明白而堅者，方可用。若赤色而暗者，是吉州所產。色黑者名黳石，皆不可用。　蘇合香油先用生布絞去滓，秤；却用煉熟蜜解開用。　竹茹輕輕刮淡竹皮是也。　桑寄生僕隨倉使吳常丞寓廣州方識此物。枝梗類木，其葉如柘，對節而生，根侵入樹柯上而生，度冬不凋，夏生小花，用之果有奇效。剉細用。

木通有川木通，有錢子木通，即拏藤者為正。今之所用者力淺，但得隨眾，宜去皮節，細切。

罌粟殼去鬚、蒂、筋膜，淨洗，蜜水淹一宿，炒令焦黃。　阿魏以麵搜和成餅，炙黃用。

葛根當用家葛，切片曬乾用。今人多取於鋪家者，乃野葛也，有大毒，能動胎氣。多見醫者贖鋪家現成升麻葛根湯，孕婦服之動了胎孕。小兒藥中亦不宜用。　麻黃揀小者為上，去根節。若以止汗用根節，用水煮，去黃沫，焙乾。不爾，令人發煩躁。　人參揀色黃明瑩，裹麵有澤而不油者為上。《本草》云：不去蘆則吐人。仍煎煮，喜河水。　北細辛揀直而極細、味辛辣如川椒者為上。　地榆　威靈仙　柴胡　前胡　羌活　獨活宜用紫色，言有蠶頭、節稀者為上。王子亨云：獨活乃是極大羌活。自是有臼如鬼眼狀。尋常白色者乃是老宿前胡，謹不可用。《本草經》云：二物同一類。今人以紫色節密者為羌活，黃色作塊者為獨活。又云：獨活即羌活母類也。療風宜用獨活，兼水宜用羌活。　白薇

紫菀取茸蘆如北細辛者良，以牢山出者為上，沂、兗次之。鄆以東，市上皆有之，形色、氣味皆與《神農本經》、唐注、日華子相應，此藥肺病最為急需。今京師所有，皆車前草、旋覆花根以赤土染之。又味鹹，大抵鹹走血，又能熱中腹，利小便。且肺病本因亡津液而得之，今又服走津液藥，為害滋甚，醫者宜思之。　秦艽　茜根　藁本　升麻　漏蘆　防風揀軟而裹麵有澤，蘆似蠶頭者為上，去叉、股、蘆。　桔梗今人多以薺苨為之。要揀味苦、肥白者為上，或生或炒皆有用。　已上并洗，去苗、蘆，細切，曬乾，秤用。

木香揀如朽骨，氣味辛辣甚者為上。近時川人採南雲根以亂真，其性大寒，利大小便。《本草》謂之青木香，《證類》謂之獨行根。又云土青木香，不堪入藥。凡方書云當用青木香者，皆當用南木香。　沉香種類不一，惟色黃而沉者為上。　丁香　檀香　白芷　官桂愈嫩則愈厚，愈老則愈薄。仍用紫色緊卷者，去皮至有油處，別為末用。　藿香　荊芥

薄荷　紫蘇　諸香藥并不可見火，或急用，宜多紙裹懷㸒用。

北艾先去梗，焙燥碾爛，以馬尾羅隔去灰末，祇留黃。先秤分量，卻用糯米粉打糊捏成餅子，炙黃用。或以酒炒亦可。　敗醬即今之苦薔也。　喝起草即蒼耳也。　澤蘭葉　紫蘇　藿香　荊芥　薄荷　香薷音柔。　柏葉　茵芋　大青　莽草　樗枝　菴蕳　石楠葉　石韋去毛。　枇杷葉先用溫水浸，刷去毛，却用薑汁炙。　已上并去梗取葉，以紗隔去塵土。惟紫蘇、藿香飲藥中宜兼嫩梗，大能下氣。

黃連宜揀大而似鷹爪者尤佳。　石菖蒲一寸九節者佳。此種類甚多，取生於石上，葉有劍脊者真，無劍脊者名溪蓀，生於泥中者名昌陽，可解巴豆毒。二味并去鬚，細切。　舶上茴香　北茴香　葫蘆巴酒炒。　破故紙　蛇床子　薏苡仁　紫蘇子除是自種自取方是真者，可以伐病。雖云細而香者是真，今人多采野蘇子以亂其真。其子亦小，却以真蘇葉挼令香，更不可辨。　菴蕳子　葶藶子甜者，揀細而脆者真。要分甜、苦。　黑牽牛亦有半生半炒。　牛蒡子　芫花醋浸過，炒令黃色去梗。　已上并隔紙炒香。

五味子色黑内有羊腎者佳。入補藥中宜炒用，入嗽藥中宜生用。　木鱉子去殼切，以麩炒。　巴豆川中來者似菘子而差小者為上。去殼及皮，必用皮紙裹打去油，如此者三五次油方盡。或有不去油者。　車前子　菟絲子二味先用溫水淘洗，去泥砂，控乾，以好酒浸四五日，蒸四五次，研令極爛，捏成餅子，焙乾，方可為末。　香附子　金毛狗脊　骨碎補并細切，炒令黃色，舂擦去毛令盡方秤。　石斛揀色黃如金、大者，去根皮，細切，用好酒浸一宿，蒸一炊久，慢火炒燥秤用。　卷柏　甘松并洗，去根土用。　肉蓯蓉揀香而肥有鱗甲分明者，乃其端有心者方真。有鹽霜者不用。　當歸揀如馬尾重半兩已上，氣香味甜者為上。微炒。　川牛膝揀如鼠尾，軟而甜者為上。　并去蘆，酒浸半日，不可太過，久則失味。洗淨，慢火焙乾，切，方秤分兩。

五加皮　桂心補藥用厚者，發散用薄者。　海桐皮　黃蘗皮　楊梅皮　白鮮皮　杜仲　厚朴　桑白皮或炙炒。今人多以橘樹根皮為偽，最要仔細辨。　并削去粗皮，細切方用。惟杜仲、厚朴，每一斤，用生薑一斤，研取自然汁罨一宿，次日炒令黃色。

甜瓜子　瓜蔞子　冬瓜仁去皮。　杏仁　桃仁　郁李仁并先去尖、雙仁，却用水煮一二沸，去皮，以麥麩炒黃，秤用。　酸棗仁去皮，炒香用。　柏子仁揀去殼，別炒、研用。　皂角去皮弦子，酥炙。　川椒揀色紅而口白辛香者為上。去棱目及閉口者，然後慢火炒令色變，以紙乘於地上，碗覆出汗為度。　山梔小者佳，一名越桃。　縮砂　白豆蔻　益智　草果并去皮，取仁秤。　檳榔如鷄心者佳。　大腹子二味生用。　肉豆蔻三味麵裹炮，令麵黃為度。　山茱萸　訶子炮去核，取肉秤。雙核者名訶藜勒，

獨核名訶子。　川楝子蒸，去皮核，炒秤。　大黃濕紙裹煨令香熟。亦有酒洗生用。
三稜亦有以紅蒲根為偽者。　蓬莪茂二味并用濕紙裹，炮令香軟，細切。或更用釅醋浸半日用。　鬱金　狼毒　紫河車三味并洗，切，焙。　神麴　半夏麴　麥芽　穀芽並搗碎，炒黃用。　白薑出大通池州者尤佳。　天雄重兩半已上，有象眼者佳。　附子揀圓而堅實者為上。　草烏　川烏重七、八錢如鵝腦者為上。　五味并用灰火炮裂，去皮、尖、臍用。

天南星重一兩者佳，忌用虎掌。炮去皮，或以白礬水浸一二宿。　吳茱萸去枝葉。

半夏　二味并用，湯泡七次。

半夏麴以洗過半夏為末，以生薑自然汁捏為餅子，炙黃用。　生地黃洗，焙乾秤。亦用研取自然汁。　熟地黃溫水淨洗，焙乾，却以好酒發濕，却用巾子乘於甑上蒸，再用酒灑，九蒸九爆，焙燥秤。地黃生者平宣，熟者溫補。虛人須補藥，當用熟。《本草》云：男子宜用熟者，女子宜用生者。　滴乳香用蚌粉略炒，掛窗孔中風乾，研。　延胡索去根皮。　貝母去心，薑浸一宿。　山藥　川芎　芍藥　知母　續斷川中來者，色赤而瘦者佳。

小薊根已上略洗，細切，慢火焙乾用。　巴戟揀紫色者為上，水浸軟。　牡丹皮　枸杞根即地骨皮也。初虞世云：此藥至賤，都下并無真者。大抵都人雖一賤亦作偽。　石蓮　烏藥洪州者為上。　麥門冬　天門冬略用水浸軟。此二門冬去心，子，火上焙熱，即當風涼之，如此不過三、四次即易乾，仍不損藥力。它藥并宜如此。　遠志泔浸一宿。黃芩一名枯腸草，刮去朽者。　已上有心者并搥去心，只取肉焙乾秤用。

青橘皮　橘皮取多年揀小而紅者佳；若大而黃者，柑皮也，恐不堪入藥。大治產後肌浮。雷公云：產後肌浮，柑皮酒服者此也。　二味用溫水洗淨，却於砂盆內磨去白，焙乾秤。

枳殼揀小而實者為上，去穰，麩炒黃用。《本草》有枳實一條。王子亨云：此物本名曰枳，凡草木有花必有實。夫枳殼即枳實之類也。　茯苓補藥宜用白色，利水藥宜赤色。堅者佳。　茯神去木用，色白者為上。　猪苓水浸軟。　已上三味，并去黑皮，細切，焙燥秤。

蒼朮取茅山者為上，米泔浸二三宿，打洗去皮，切，焙。　白朮揀白而肥者，方是浙朮；瘦而皮黃色者，出幕阜山，力弱不堪用。油者去之。　二朮并去蘆，切細，焙乾，却以麥麩炒令黃燥用。

甘草炙黃。　黃耆揀如箭簳，直而甜者佳。去叉蘆，剉令長四五寸，搥扁，以蜜水或鹽水浸透，炙令酥脆為上。　甘菊花取自栽可以烹茶者，俟花未開者採之佳。　旋覆花

鶴虱　諸花并去萼、蒂。

血餘皂角水洗盡，燒存性。　童子小便夏月要入薄荷浸之，方免臭壞。　龍齒　龍骨并揀有布紋者佳。色白為上，五色者次之，黑者為下。火煅通赤，以乳缽炙令極細，不可犯鐵器。或有生用者。　虎頭骨　虎脊骨　天靈蓋　虎前脛骨　龜甲　鱉頭

鹿茸揀嫩而有血色者佳。大者為麋茸，小者為鹿茸。冬至日麋角解，夏至日鹿角解。麋得陽而角解，所以利補陽；鹿得陰而角解，是以利補陰。麋茸性熱，鹿茸性溫。并洗，燎去毛，塗酥，炙令黃脆。無酥，以好酒浸炙。　并用酥炙黃用。

紫梢花即湖澤中魚生卵於竹木之上，如餹狀者是，去木用之。　鹿角膠　阿膠揀明亮者為上。阿膠不必須東平，自為之甚佳。補虛用牛皮膠，治風用驢皮膠。東平皆京師偽膠，雜以馬皮，并故鞍韉鞋底之類，其惡為甚。　二味并細切，以蚌粉炒燥如珠方用。

桑螵蛸去木，塗酥，炙黃，或以酒炒亦可。　真珠母取未鑽者研令極細。　玳瑁宜生用。　犀角有竹紋者色黑為上。　羚羊角有馬鞭節，仍有掛煅痕者佳。

諸角宜用馬齦先鎊取屑，懷爍為末，方可入藥。

牡蠣取左顧者佳。用鹽泥固濟煅用。　地龍以生布袋盛，搥出沙土，只取皮秤。烏賊骨一名海螵蛸，去殼用。　殭蠶去嘴，切，炒令絲盡。　穿山甲又名鯪鯉甲。去大皮，細切，蛤粉炒燥用。　水蛭偽者以血調麵而為之，宜仔細辨認，以鹽炒黃。　虻蟲　蚖青　紅娘子　斑猫并去頭、翅、足，用糯米同炒，令米赤為度。　蜈蚣去頭、足，炙黃用。　全蝎去毒，略炒。　蛇蛻揀全而頭向下者為妙，燒存性用。亦有纏於青竹上，炙黃焦用。　蟬蛻溫水洗去土石，仍去前足。　石蜥蜴　蛤蚧并酒炙用。　烏蛇揀尾小穿得一百二十錢者，仍眼如活者為上。　白花蛇揀眼如活者，尾端有佛指甲，腹兩邊有念珠斑者為上。　二蛇并用酒浸一二百宿，去皮骨，取肉炙香用，仍經久不蛀。

晚蠶砂炒　鱉甲揀大而有九肋生者尤佳。先用淡醋煮去裙，却用釅醋炙令黃脆為妙。　五靈脂揀似鼠屎者為上，似砂糖者次之。先以水浸，淘去沙土，日乾碎之，亦有炒用。

乾漆碎之，炒令煙盡。　猪羊腎及肝并去脂膜，仍不可經水。　鯉魚鱗　猪左懸蹄甲　蜩皮　露蜂房　牛角鰓　蠶蛻　并用火燒存性，研為細末用。

鹿角霜研細用。　麝香揀味辣者真，名生麝。亦有用當門子者。研極細用。　獺肝炙乾用。　并用研細為末用。

蓮蓬　荷葉　棕櫚為墨刷者妙。　用荷葉中心蒂者，生用。

益母草去根，陰乾。今名大香，其子名茺蔚子。　鬼臼去毛用。　鬼箭羽去骨，取翎用。

五倍子去心中灰蟲。　麒麟竭　安息香去砂石。　沒藥　乳香　琥珀

五味并細研。

元・羅天益《衛生寶鑑》卷二一　㕮咀藥類

古人用藥治病，擇淨口咀嚼，水煮服，謂之㕮咀。後人用鍘刀細剉，桶內剉過，以竹篩齊之。藥有氣味厚薄，升降浮沉補瀉，各各不同。今詳錄之，及揀擇製度脩合之法，具列于後。

風升生味之薄者，陰中之陽。味薄則通，酸、苦、鹹、平是也。　防風：氣溫，味辛。療風，通用瀉肺實，散頭目中滯氣，除上焦風邪之仙藥也。悮服瀉人上焦元氣，去蘆并叉股，鍘碎剉，桶內剉過，竹篩齊之用。　升麻：氣平，味微苦。此足陽明胃、足太陰脾行經藥也。若補其脾胃，非此為引用不能補。若得葱白、香白芷之類，亦能走手陽明後陰，能解肌肉間熱，此手足陽明傷風之的藥也。刮去黑皮，兼腐爛裏白者佳。鍘碎剉，桶內剉過，竹篩齊之用。　羌活：氣微溫，味苦、甘，平。治肢節疼痛，利諸節，手足太陽風藥也。加川芎治太陽少陰頭痛，透關利節。去黑皮并腐爛，鍘碎剉，桶剉過，竹篩齊之用。獨活：氣微溫，味苦、甘，平。足少陰腎行經藥也。若與細辛同用，治少陰經頭痛。一名獨搖草，得風不搖，無風自搖動。去皮淨，鍘碎剉，桶剉過，竹篩齊之用。　柴胡：氣平，味微苦。除虛勞煩熱，解肌去熱，早晨潮熱。此少陽厥陰行經藥也，婦人產前產後必用之藥。善除本經頭痛，非他藥能止。治心下痞，胸膈痛。去蘆，鍘碎剉，桶剉過，竹篩齊之用。　前胡：氣微寒，味苦。主痰滿，脇中痞，心腹強氣，治傷寒熱實，明目益精，推陳致新。半夏為使，鍘剉用。　葛根：氣平，味甘。治脾胃虛而渴，除胃熱，解酒毒，通行足陽明之經。去皮，鍘碎剉，桶剉，竹篩齊之用。　威靈仙：氣溫，味甘。一作苦。主諸風濕冷，宣通五臟，腹內癖滯，腰膝冷疼，及治折傷。鐵足者佳。去蘆，鍘細用。

細辛：氣溫，味大辛。治少陰頭痛如神，當少用獨活為使。去蘆并葉。華州者佳。鍘細用。　香白芷：氣溫，味大辛。治手陽明頭痛，中風寒熱。解利藥也。以四味升麻湯中加之，通行手足陽明經。先鍘碎剉，桶內剉過，竹篩齊之用。　桔梗：氣微溫，味辛、苦。治咽喉痛，利肺氣。去蘆，米泔浸一宿，焙乾，鍘碎剉，桶剉，竹篩齊用。　鼠粘子：氣平，味辛。主風毒腫，利咽膈。吞一枚可出瘡疽頭。搗細用。　藁本：氣溫，味大辛。此太陽經風藥。治寒氣鬱結於本經頭痛，大寒犯腦，令人腦痛，齒亦痛。鍘細用。　川芎：氣溫，味辛。補血，治血虛頭痛之聖藥也。妊婦胎動數月，加當歸，二味各二錢，水二盞，煎至一盞，服之神效。搗細，以紗羅羅細用。　蔓荊子：氣清，味辛、溫。治太陽頭痛，昏悶，除頭昏目暗。散風邪之藥也，胃虛人不可服，恐生痰。揀搗用。　秦艽：氣微寒，味苦。主寒熱邪氣，寒濕風痹，下水利小便，療黃病骨蒸，治口噤及腸風瀉血。去蘆頭，鍘碎剉，桶內剉，竹篩齊之用。

天麻：氣平，味苦。治頭風諸風濕痹，四肢拘攣，小兒風癇驚氣，利腰膝，強筋骨。剉用。苗謂之定風草。　麻黃：氣溫，味苦。發太陽少陰經汗。去蘆，鍘，微搗碎，煮三二沸，掠去上沫，不然，令人心煩。　荊芥穗：氣溫，味辛、苦。辟邪毒，利血脉，宣通五臟不足氣，能發汗，除勞冷。搗和醋封毒腫。去枝，手搓碎用。　薄荷：氣溫，味苦、辛。能發汗，通關節，解勞乏，與薤相宜。新病人不可多食，令人虛汗不止。去枝莖及黃葉，搓碎用之。

熱浮長氣之厚者，陽中之陽。氣厚則發熱，辛、甘、溫、熱是也。　黑附子：氣熱，味大辛。其性走而不守，亦能除腎中寒甚。白朮為佐，謂之朮附湯，除寒濕之聖藥。溫藥中少加之，通行諸經，引用藥也，及治經閉。慢火炮裂，鍘細用。

川烏頭：氣熱，味大辛。療風痹血痹，半身不遂，行經藥也。先以慢火炮裂，刮去皮臍，鍘細用。　肉桂：氣熱，味大辛。補下焦相火不足，治沉寒痼冷之病，及表虛自汗。春夏為禁藥也。去皴，搗用。　桂枝：氣熱，味甘、辛。仲景《傷寒論》發汗用桂枝。桂枝者，乃桂條也，非身幹也，取其輕薄而能發散。今又有一種柳桂，乃嫩小桂條也，尤宜入治上焦藥用也。以鍘碎用。木香：氣熱，味辛、苦。除肺中滯氣。若療中下焦氣結滯，須用檳榔為使。廣州者佳。鍘細用。　丁香：氣溫，味辛。溫脾胃，止霍亂，消痃癖，氣脹反胃，腹內冷痛，壯陽，暖腰膝，殺酒毒。搗細用。　白荳蔻：氣熱，味大辛。蕩散肺中滯氣，主積冷氣，寬膈，止反胃吐逆，消穀，下氣，進食。去皮，搗細用。

草荳蔻：氣熱，味大辛。治風寒邪客在於胃口上，善去脾胃客寒，令人心胃痛。麪裹煨熟，搗細用。　益智仁：氣熱，味大辛。治脾胃中受寒邪，和中益氣，治多唾。於補中藥內兼用，不可多服。去皮，搗細用。　川椒：氣熱，味辛。主邪氣，溫中，除寒痹，堅齒髮，明目，利五臟。凡用，炒去汗及合口者，手搓細用。　縮砂仁：氣溫，味辛。治脾胃氣結滯不散，主虛勞冷瀉，心腹痛，下氣消食。搗細用。　乾薑：氣熱，味大辛。治沉寒痼冷，腎中無陽，脉氣欲絕，黑附子為引，用水同煎，薑附湯是也，亦治中焦有寒。水洗，慢火炮裂後，剉細用。　玄胡：氣溫，味辛。破血治氣，婦人月水不調，小腹痛，溫暖

腰膝，破散癥瘕。擣細用。　乾生薑：氣溫，味辛。主傷寒頭痛鼻塞，上氣痰嗽，止嘔吐。生薑同治，與半夏等分，治心下急痛。剉用。　良薑：氣熱，味辛。主胸中冷，霍亂，腰痛，反胃嘔食，轉筋瀉利，下氣，消宿食。剉細用。　吳茱萸：氣熱，味苦、辛。治塞在咽嗌，噎塞胸中。《經》言咽膈不通，食不下，食則嘔，令人口開目瞪，寒邪所結，氣不得上下，此病不已，令人寒中，腹滿膨脹，下利寒氣，用之如神，諸藥不可代也。洗出苦味，晒乾，擣用。　厚朴：氣溫，味辛。能除腹脹。若虛弱人，雖腹脹宜斟酌用之，寒脹是也，大熱藥中兼用。結者散之，神藥也。誤服脫人元氣，切禁之。紫色者佳。去皮，剉碎，薑製，微炒剉，桶剉，竹篩齊用。　茴香：氣平，味辛。破一切臭氣，調中止嘔，下食。炒黃，擣細用。　紅花：氣溫，甘、辛。主產後口噤，血暈，腹內惡血不盡絞痛，破流血神驗。手搓碎用。　神麯：氣溫，味甘、辛。消食，治脾胃食不化，須用於脾胃藥中少加之。微炒黃用。

濕化成中央戊濕，其本氣平，其兼氣溫涼寒熱，在人以胃應之。己土，其本味鹹，其兼味辛甘鹹苦，在人以脾應之。　人參：氣溫，味甘。治脾肺陽氣不足，及肺氣促，短氣。非升麻為引用，不能補上升之氣，升麻一分，人參三分，可為相得也。若補下焦元氣，瀉腎中火邪，茯苓為之使。甘草稍子生用為君，此藥能補中緩中，短氣少氣，瀉肺脾胃火邪，善去莖中痛。或加苦楝，酒煮玄胡為主，尤好尤效。去蘆，剉細用。　黃芪：氣溫，甘，平。治虛勞自汗，補肺氣，實皮毛，瀉肺中火，脉弦，自汗，善治脾胃虛弱，血脉不行。瘡瘍內托，陰證瘡瘍必用之。去蘆、皴，剉碎剉，桶剉，竹篩齊之用。　甘草：氣平，味甘。生用大涼，瀉熱火。炙則溫，能補上中下三焦元氣，調和諸藥，共為力而不爭。性緩，善解諸急，故有國老之稱。去皮，剉碎剉，桶剉，竹篩齊之用。　當歸：氣溫，味甘。和血補血。尾破血，身和血。用以溫水洗去土，酒製，焙晒乾，去蘆，剉細用。　熟地黃：氣寒，味苦。酒晒蒸如烏金，假酒力則微溫，大補血虛虛損，血衰人須用。善黑鬚髦。忌蘿蔔。剉用。　半夏：氣微寒，味辛，平。治寒痰及形寒飲冷，傷肺而咳，大和胃氣，除胃寒，進飲食。太陽厥痰頭痛，非此藥不能除也。湯泡七次，剉細用。　白术：氣溫，味甘。能除濕益燥，和中益氣，利腰膝間血，除胃中熱。擣碎，紗羅子羅過用。　蒼术：氣溫，味甘。主治與白术同。若除上濕發汗，功最大。若補中焦除濕，力少如白术。泔浸，刮去皮，擣細用。　橘紅：氣溫，味微苦。能益氣。加青皮減半，去氣滯，推陳致新。若補脾胃，不去白。理胸中肺氣，去白。擣細用。　青皮：氣溫，味辛。主氣滯，消食，破積結膈。去穰，擣細用。　藿香：氣微溫，味甘、辛。療風水，去惡氣，治脾胃吐逆，霍亂心痛。去枝莖，用葉，以手搓細用。　檳榔：氣溫，味辛。治後重如神。性如鐵石之沉重，能墜諸藥至於下極。擣細用。　廣茂：氣溫，味苦，平。主心膈痛，飲食不消，破痃癖氣最良。火炮，剉開擣細，紗羅羅過用。　京三稜：氣辛，味苦。主老癖癥瘕結塊，婦人血脉不調，心腹刺痛。火炮，剉開擣細，紗羅羅過用。　阿膠：氣微溫，味甘，平。主心腹痛，血崩，補虛安胎，堅筋骨，和血脉，益氣，止痢。慢火炮，肥搓細用。　訶子：氣溫，味苦。主腹脹滿，飲食不下，消痰下氣，通利津液，破胸膈結氣，治久痢赤白腸風。去核，剉用。　桃仁：氣溫，味甘、苦。治大便血結，血秘血燥，通潤大便。七宣丸中用之，專療血結，破血。湯泡，去皮尖，研如泥用。　杏仁：氣溫，味甘、苦。除肺燥，治氣燥在胸膈。麩炒，去皮尖用。　大麥蘖：氣溫，味鹹。補脾胃虛，寬腸胃。先擣細，炒黃色，取麵用。　紫草：氣寒，味苦。主心腹邪氣，五疸，補中益氣，利九竅，通水道，療腹腫脹滿。去土用茸，剉細用之。　蘇木：氣平，味甘、鹹。主破血，產後血脹滿欲死，排膿止痛，消癰腫瘀血，月經不調，及血運口噤。剉細用。

燥降收氣之薄者，陽中之陰。氣薄則發泄，辛、甘、淡、平、寒、涼是也。　茯苓：氣平，味甘。能止渴，利小便，除濕益燥，和中益氣，利腰臍間血為主治。小便不通，溺黃或赤而不利，如小便利或數。服之則大損人目，如汗多人服之，損元氣，夭人壽。醫云：赤利白補，上古無此說。去皮，擣細，紗羅過用。　豬苓：氣平，味甘。大燥，除濕，比諸淡滲藥，大燥亡津液，無濕證勿服。去黑皮，白者佳。擣羅過用。　琥珀：氣平，味甘。安五臟，定魂魄，消瘀血，通五淋。擣細，紗羅過用。　澤瀉：氣平，味甘。除濕之聖藥也。治小便淋瀝，去陰間汗。無此疾服之，令人目盲。擣碎，紗羅過用。　滑石：氣寒，味甘。性沉重，能泄氣，上令下行，故曰滑則利竅。治前陰竅澀不利，利竅不比與滲淡諸藥同。白者佳。擣，水飛用。　瞿麥：氣寒，味苦。主關格諸癃結，小便不通，治腫癰排膿，明目，去翳，破胎墮子，下閉血，逐膀胱邪熱。去枝用，穗剉細用。　車前子：氣寒，味甘。主氣癃閉，利水道，通小便，除濕痹，肝中風熱衝目赤痛。擣細，紗羅過用。　木通：氣平，味甘。主小便不通，導小腸中熱。去麄皮，剉碎剉，桶剉，竹篩齊用。　燈草、通草：氣平，味甘。通陰竅澀不

利，利小水，除水腫，治五淋閉。鍘細，生用。　五味子：氣溫，味酸。大益五臟之氣。孫真人云：五月常服，補五臟氣。遇夏月季月間人困乏無力，乃無氣以動也。以黃芪、人參、麥門冬，少加黃蘗，剉，煎湯服，使人精神神氣兩足，筋力湧出。生用。　白芍藥：氣微寒，味酸。補中焦之藥。得炙甘草為輔，治腹中痛。如夏月腹痛，少加黃芩。若惡寒腹痛，加肉桂一分，白芍藥三錢，炙甘草一錢半。此仲景神品藥也。如冬月大寒腹中痛，加桂一錢半，水二盞，煎一盞。去租，鍘碎剉，桶剉，竹篩齊用。　桑白皮：氣寒，味苦、酸。主傷中五勞羸瘦，補虛益氣，除肺中水氣，止唾血，熱渴，消水腫，利水道。去皮，鍘剉，桶內剉，竹篩齊之用。　天門冬：氣寒，味微苦。保肺氣，治血熱侵肺，上喘氣促，加黃芪、人參用之為主，如神。湯浸去心，曬乾用。　麥門冬：氣寒，味微苦。治肺中伏火，脉氣欲絶。加五味子、人參二味，謂之生脉散，補肺中元氣不足。湯浸去心用。　犀角：氣寒，味苦、酸。主傷寒溫疫頭痛，安心神煩亂，明目鎮肝，治中風失音，小兒麩豆風熱驚癇。鎊為末用之。

烏梅：氣平，味酸。主下氣，除熱煩滿，安心調中，治痢止渴。以鹽豉為白梅，亦入除痰藥。去核，鍘細用。　牡丹皮：氣寒，味苦。治腸胃積血，及衄血吐血之要藥，犀角地黃湯中之一味也。鍘細用。　地骨皮：氣寒，味苦。解骨蒸肌，主消渴，去風濕痹，堅筋骨。去骨用皮，剉細用。　連翹：氣平，味苦。治寒熱瘰癧，諸惡瘡腫，除心中客熱，去胃蟲，通五淋。以手搓細用。

枳殼：氣寒，味苦。治胸中痞塞，泄肺氣。麩炒去穰，搗細，紗羅過用。

枳實：氣寒，味苦、酸、鹹。除寒熱，破結實，消痰痹，治心下痞，逆氣，脇痛。麩炒去穰，搗羅過用。

寒沉藏味之厚者，陰中之陰。味厚則泄，酸、苦、鹹、寒氣是也。　大黃：氣寒，味苦。其性走而不守，瀉諸實熱，大腸不通，蕩腸胃熱，專治不大便。去皮，鍘碎，竹篩齊用。　黃蘗：氣寒，味苦。治腎下膀胱不足，諸痿厥，腰脚無力，於黃芪湯中少加用之，使兩足膝中氣力湧出，痿軟即時去也。蜜炒，為細末，治口瘡癰瘓必用藥也。去皮，鍘碎剉，桶剉，竹篩齊用。　黃芩：氣寒，味微苦。治肺中濕熱，療上熱，目中赤腫，瘀肉壅盛必用之藥。泄肺受火邪，上逆於膈，上補膀胱之寒水不足，乃滋其化源。去皮并黑腐，鍘細剉，桶剉，竹篩齊用。　黃連：氣寒，味苦。瀉心火，除脾胃中濕熱，煩躁惡心，鬱熱在中焦，兀兀欲吐，治心下痞滿。仲景云：治九種心下痞，瀉心湯皆用之。去鬚，鍘碎用之。　石膏：氣寒，味甘、辛。治足陽明經發熱惡熱，躁熱，潮熱自汗，小便濁赤，大渴引飲，身體肌肉壯熱，苦頭痛，白虎湯是也。善治本經頭痛。若無此證，醫者悞用，有不可勝救也。搗細，羅用。　草龍膽：氣寒，味大苦。治赤目腫痛睛脹，瘀肉高起，痛不可忍，以柴胡為主，治眼疾必用之藥也。去蘆，鍘碎剉，桶剉，竹篩齊用。　生地黃氣寒，味苦。涼血，補益腎水真陰不足。此藥大寒，宜斟酌用，恐傷人胃氣。鍘細用。　知母：氣寒，味大辛。治足陽明火熱，大補益腎水膀胱之寒。刮去黑皮。苗裏白者佳。鍘細用。

漢防己：氣寒，味大苦。療腰以下至足濕熱腫盛脚氣，補膀胱，去留熱，行十二經。去皮，鍘細剉，桶剉，竹篩齊用。　茵蔯蒿：氣微寒，味苦平。除煩熱，主風濕寒熱邪氣，熱結黃疸，通身發黃，小便不利。去枝用葉，手搓碎用。

朴硝：氣寒，味苦、辛。除寒熱邪氣，逐六腑積聚，結固血癖，胃中食飲熱結血閉，去停痰痞滿，消毒。生用。　瓜蔞根：氣寒，味苦。主消渴，身熱，煩滿大熱，補虛安中，通月水，消腫毒瘀血，及熱狂瘡癧。搗細，羅過用。　牡蠣：氣微寒，味鹹，平。主傷寒寒熱，溫瘧，女子帶下赤白，止汗，心痛氣結，澁大小腸，治心脇下痞。燒白，搗羅用。　苦參：氣寒，味微苦。足少陰腎經之君藥也，治本經須用。鍘細剉，桶剉，竹篩齊之用。　地榆：氣微寒，味甘、酸。主產乳七傷帶下，月經不止，血崩之病，除惡血，止痛，治腸風泄血，小兒疳痢。

性沉寒，入下焦，治熱血痢用。　川楝子：氣寒，味苦，平。主傷寒大熱煩躁，殺三蟲，疥瘍，通利大便小便。搗細用。　山梔子：氣寒，味微苦。治心煩懊憹，煩不得眠，心神顛倒欲絶，血滯，小便不利。搗細用。　香豉：氣寒，味苦。主傷寒頭痛，煩躁滿悶。生用之。

明・許宏《金鏡內臺方議》卷一二　《內臺》用藥性品製

性大熱，溫經回陽衛氣者：　附子回陽者，炮用，去皮臍。解急者，生用，不去皮臍。　乾薑治寒者，炮。解急者，生。　桂枝削去粗皮，解肌表，中風用，又能止汗。　桂厚者削去皮，溫經通氣，利小便用。

性熱，溫中破氣，散濕逐痰飲者：　吳茱萸湯炮七次，去黃水，再日乾用。　生薑常用，薄片，同藥煎。急用，搗取自然汁。　白朮生，洗淨用。　厚朴去皮，㕮咀，每一斤用生薑一斤，搗汁浸炒。　半夏湯煮，再用水去涎，㕮咀，日乾用。　蜀椒微炒汗出，去目及合口者。　旋覆花洗淨，生用，必須棉布濾過。　細辛洗淨，去土用。

性溫，補中益氣而緩者：　人參洗淨用。　甘草治陰病者，炙。治陽病者，生。

膠飴即飴糖。　大棗去核用。　黄芪蜜炙。　阿膠治熱病者生用，治補者炒成珠。　鷄子或用黄，或用白。　猪膚雄猪皮膚。　白蜜白糖炒。　蜂蜜慢火熬。　米粉即粳米粉。

性輕而温，能發汗者：　麻黄去根節，湯煮一頃，再洗用。　葱白去青，用白。　通草

性輕而凉，發汗利水道者：　葛根生用。　猪苓生用。　竹葉生用。　蕘花生用。

性凉，能入營氣者：　芍藥赤者瀉熱病用，白者補虚用。

性温，能補營氣者：　當歸頭止血，身養血，尾破血。

性温味辛，能利氣潤燥者：　杏仁水浸，去皮尖。　桃仁去皮尖。　薤白去青。　麻仁取净。

性温，能破結利氣者：　茯苓去皮，白補，赤瀉。

性平，能安中利水道者：　柴胡　黄芩　知母　升麻　萎蕤俱洗净，生用。

性寒，能治諸熱在裹者：　黄連　黄柏　白頭翁　秦皮　茵陳俱洗净，生用。　生地黄洗净，生搗汁用。　梔子去殼。　猪膽取汁。　栝蔞根生用。　石膏研碎，生用。　麥門冬去心。

性寒，能治諸熱在上者：　葶藶研爛。　桔梗生用。　栝蔞實搗碎，生用。　天門冬去心。

性寒，能治諸熱在下者：　連軺洗，生用。　蜀漆即常山。　梓白皮去皮，生用。　商陸生用。　赤小豆生用。

性寒，能泄水氣者：　海藻洗，生用。　澤瀉生用。　文蛤生用。

性寒，能下泄熱氣者：　大黄有炮，有生。　芒硝去泥土。

性烈，能下泄水氣者：　芫花洗净，水煮乾用。　大戟水煮，再去心木。　甘遂麵裹煨。　巴豆去殼皮心，研。

性烈，能破血者：　水蛭洗，炙。　蝱蟲洗。

性澀，能止固津液者：　牡蠣煅成粉。　龍骨　石脂生用。

性重，能下鎮墜者：　代赭石煅。　鈆丹煅。　禹餘糧煅。

性寒味苦，能宣吐者：　瓜蒂　淡豆豉江西出者佳。

性酸，能收斂者：　烏梅去核。　五味子生用。　苦酒

性平，能下肺氣者：　貝母去心。

附：　用藥加減法　有汗不得服麻黄湯；　無汗不得服桂枝湯；　無汗喜渴，不得用白虎湯。　陽明自汗引飲，不得用五苓散；　太陽自汗數尿，勿妄投桂枝湯。　諸脉浮者，不得用大黄并下法；　諸脉沉者，不得用發汗法。　諸陽脉，不得用薑、附。　燥渴者，除半夏加栝蔞根；　腹痛者，減黄芩加芍藥；　動氣者，去朮加桂；　小便不利者，加茯苓；　小便數者，去桂、茯苓，加芍藥。　中滿者，去甘味；　下利者，勿發汗。　病人舊微溏者，勿用梔子豉湯；　嘔家，勿用建中湯。　傷寒諸下法，不得用丸子；　服下泄藥後，不得用補藥。　傷寒病已愈後，雖四肢虚弱無力，不得用補藥。

明・釋景隆《慈濟方》　製度藥法　人言裝砂罐中，好紙糊罐口，煅半日，紙上起黑霜為度。　巴豆，去殼，槌碎，紙包多層，捍去油，再換紙包，捍去油盡。　蓖麻子、山梔子、木鱉子、郁李仁、栢子仁、芡實，各去殼。　火麻子、香附子、蕪荑仁、蘇子仁、川椒皮、錫灰、蠶沙，炒過。　三稜、蓬术，粗紙包四五層，水濕慢火煨之，煨出便剉碎。　半夏，湯泡七次，切片晒乾，薑汁浸一宿。　青皮，去肉。　黄耆，用綿黄耆，去蘆，蜜拌炙，或鹽水炙。　陳皮，去白。　針砂，炒紅，兆入砂鉢，用醋淬，如是五次。　茯苓，去皮。　川烏、附子，粗紙包五層，水濕煨，去皮臍。　菖蒲，去毛。　黄蘗，去粗皮，切片，酒拌炒至褐色。　芫花，醋煮。　天門冬、麥門冬、蓮肉、巴戟，各去心。　車前子，焙。　當歸、生地黄、熟地黄，好酒浸一宿。　乳香，另碾。　蒺藜，麻布包，敲打去刺，炒出，剉碎。　木香，另碾。　自然銅，火燒赤，醋淬，如是治七次。　沉香，另碾。　沉香、木香、丁香、檳榔，忌見火。　人參、桔梗、柴胡，去蘆。　大黄，合熟用者，則如三稜煨。　茯神、黄芩，去皮與心。　骨碎補，去皮毛，切碎，酒拌蒸。　赤石脂，煅至紅色。　厚朴，去粗皮，切片，薑汁拌炒。　大戟，刮去皮并心。　枳實、枳殼，去肉，切，麩皮同炒。　石膏、滑石，碾末用。　穿山甲，熱灰中煨，出便剉碎。　牡丹皮，酒拌蒸用。　蓯蓉、續斷、胡蘆巴，酒浸一宿。　菟絲子，酒浸炒碾。　蒼术、何首烏，濃米泔多浸。　白丁香，石礦灰炒。　知母，切片，好酒拌之，炒用。　吳茱萸，泡洗焙用。　杜仲，切碎，薑汁拌，炒斷絲。　乾薑，紙包，水濕煨。　蒼耳子，麻布包，敲打去刺。　木通、麻黄，去節。　皂角，煨，去皮弦、核，便搗細。　訶（利）〔梨〕勒皮，去核。　小薊、大薊，其花與根皆好。　鹿茸，牛乳塗炙。　阿膠，切碎，滑石末炒成珠。　虎骨，羊乳塗炙。　黄連，去毛，合

熟用者則炒。　斑毛，去頭、足、翅。　牽牛，每斤只取頭末四兩。　乾漆，炒至盡烟。　甘草，合熟用者，則水濕炙。　神麯，炒至黃色。　防風，去蘆，雙股者不用。　草烏，刮去皮毛。　遠志，去骨，甘草同煮過。　藿香，去土并枝。　川牛膝，去苗，好酒浸過。　川（槤）〔楝〕子，去核。　南星，切片，薑汁浸一宿。　鱉甲，醋拌炒。　生熟地黃，皆忌見鐵。　地骨皮，去心。　連翹、五味子，敲碎用。　全蝎，去尾尖。　肉桂，去粗皮，忌見火。
殭蠶，炒去絲。　桃杏仁，湯泡，去皮尖。　牡蠣，燒存性。

明·陶華《殺車槌法》　製藥法　用附子，去皮臍，先將鹽水、薑汁各半盞，用沙鍋煮七沸，後入黃連、甘草各半兩，再加童便半盞，再煮七沸。住火良久，撈起入磁器盛貯，伏地氣一晝夜，取出曬乾，以備後用，庶無毒害。頂圓臍正，一兩一枚者，佳。此為良法。　用川大黃，須錦紋者，佳。剉成飲片，用酒拌均，燥乾，以備後用，不傷陰血。如年壯實熱者，生用，不須製之。此為良法。　用麻黃，去節，先滾醋湯略浸片時，撈起，以備後用，庶免太發。如冬月嚴寒，腠理至密，當生用者，不須製之。此為良法。　用茱萸，將鹽水拌均，炒燥，以備後用，庶無小毒。此為良法。

明·錢大用《活幼全書》卷九　辨識修製藥物法度　凡藥有宜酒、宜火者，有用子、用皮者，有去子、去皮者，有去苗蘆者，有別研入藥者，有煎成湯後入者。若此之類，各各不同，今備于後。
辰砂如鏡面箭鏃者為上。　雄黃如鷄冠通明者為上。　石硫黃如鵝兒黃為上。赤者名石亭脂。　伏龍肝竈中心黃土是也。　代赭石赤硃是也。　雌黃無夾石者佳。　已上並研令極細如麪，無聲為妙。　赤石脂有火煅，或有生用者。　青礞石每一兩用硝石二兩，入銀鍋子內煅一日一夜，自然解散，研令極細，仍用水飛為妙。　白礬枯過用。　石膏如無，真者少，方解石代之。　滑石明白而堅者為上，赤黑者亦可用。　蘇合香油先用生布絞去渣，稱，却用煉熱蜜解開用。　竹茹刮下青竹皮是也。　木通去皮節，細切。　罌粟殼去頂蒂，用蜜〔裏調油〕炙，有醋炙者。　葛根當用家葛，切片晒乾用者佳。　麻黃細小者為上，去根節；　止汗用根節。　人參擇色黃明瑩，裏面有暈而不油者佳。　北細辛擇直細，味辛辣如椒者為佳。　地榆　柴胡　前胡　羌活兼水宜用羌活。　獨活療風宜用獨活。　紫（苑）〔菀〕如北細辛者良。　升麻　防風去蘆。　桔梗擇味苦肥白者為上。　藿香去土。　荊芥　薄荷　紫蘇　香薷去根。　枇杷葉洗去毛，薑汁炙熟用。　已上並洗去苗、蘆，惟紫蘇、藿香連梗，大能下氣。　木香揀如朽骨，氣味辛辣甚者為上。近時川人採南雲根以亂為真，其性大寒，利大小便不用。　沉香種類不一，惟色黃而沉者為上。　丁香大者為母丁香。　檀香　白芷　官桂　丁皮　乳香即薰陸香是也。　沒藥　諸香不見火，別研令極細，秤用。　黃連似鷹爪者佳，去鬚梗用。　石菖蒲一寸有九節者佳。　小茴香舶上者佳。　薏苡仁俗名菩提珠是也，去殼用。　紫蘇子自種自收者真。　蘿蔔子萊菔同名。　黑牽牛半生半炒，研末。　牛蒡子即鼠黏子是也。　（莞）〔芫〕花醋浸過，炒用黃色。　已上並隔紙炒香。　五味子黑色，內有羊腎者佳，入補藥宜炒用。　木鱉子去殼，麪炒。　巴荳去皮殼心，用皮帋裹，打去油，或有不去油者。　車前子　香附子　肉蓯蓉有鹽霜者勿用。　當歸　川牛膝軟而甜，似鼠尾為上。　金毛狗脊　並去蘆，酒浸半日，不可太過，久則失味，洗淨，焙乾用。　五加皮　桂心補藥用厚者，發散用薄者。　黃蘗皮即黃皮也。　白鮮皮　杜仲　厚朴　桑白皮或炙，或炒。　苦楝皮　萱草即鹿葱是也。　並削去粗皮用，惟杜仲、厚朴以薑汁炒過用。　冬瓜仁去皮。　杏仁去皮、尖。　桃仁去皮。　酸棗仁去皮殼，炒香。　皂角去皮弦子，酥炙。　山梔子小者佳，名越桃。　縮砂　白豆蔻　益智　草果去皮。　檳榔如鷄心者佳。　大腹皮大腹子同一類，宜洗淨用。
肉豆蔻麪裹煨令香熟。　山茱萸去核，蒸過取肉用。　訶子炮去核。雙核者名訶藜勒。　川楝子蒸，去核，即金鈴子。　大黃濕帋裹煨令香。　三稜炮。　莪术□□□，或用醋浸半日用。　鬱金大者莪术，小者土金。　神麯　麥芽一名麥蘖，即麸麥皮也。　白薑炮。　天雄有寸半長者，生鬚者佳。　附子員如堅實者為上，炮。　草烏炮。　川烏重七八錢如鵶腦者為上，炮。　吳茱萸去枝葉。　天南星大者員白為上。　半夏炮七次。　並用灰火炮裂，去皮臍用。惟南星或以薑汁炒用。　半夏麯洗過為末，以薑汁捏為餅，炙乾用也。　生地黃洗或酒浸，亦有研取汁用。　熟地黃酒浸用。　滴乳香蛤粉炒研用。　延胡索炒。　貝母薑汁浸一宿用。　山藥　川芎　芍藥　知母　巴戟連珠者水浸軟，取皮用。　牡丹皮　地骨皮枸杞根是。　石蓮子去皮、心。　蓮肉去皮、心。　烏藥洪州者為上。　麥門冬去心，焙用。　天門冬去心，焙用。　遠志水浸取皮用。　黃芩一名枯腸，刮去枯者。　青皮去穰。　陳皮去白膜。　鈎藤　百合　白扁豆炒，去皮。　紫草去蘆。　射干去蘆，即扁竹根是也。　有心者取去心；　去皮者只取肉，焙乾稱用。　枳殼去穰，麪炒用。　枳實炒黃色。　花椒去目，炒。　蒼术米泔（米）浸二三宿，焙。　白术揀白而肥者，油者不用。　使君子去殼，炒。　天竺黃無，天花粉代之。　天花粉

去皮。即栝樓根是也。　常山　已上並切片炒用，惟天竺黃、天花粉不見火。　茯苓去皮。　茯神去木。　猪苓水浸軟，去皮。　已上並去黑皮，細切秤用。　甘菊花未開者，用家園栽者佳。　旋覆花去梗。　鶴虱火炊草花是也。　松花即松樹嫩花是也。　燈花研，即燈頭花。　青葙子白（圭）〔雞〕冠花子是也。　已上花並去萼蒂用。　血餘頭髮是，燒存性。　龍齒酥炙，或燒存性。　人牙酥炙，或燒存性。　龍骨煅。　虎骨酥炙。　天靈蓋酥炙，或燒存性。　鹿茸酥炙。　並用酥炙黃用，惟人牙、天靈蓋燒存性，研。　紫梢花即湖澤中鯉魚生卵於竹木之上是也。　鹿角膠　阿膠即驢皮膠為真。　二味切細，以蚌粉炒如珠方用。　桑螵蛸去木，酥炙，或酒炒。　甘草炙。　黃耆酥炙，或蜜水、或鹽浸炙。　犀角有竹紋者，黑色為上。　羚羊角有馬鞭節者佳。　鼠婦生人家地上。　二角鎊取硝，為末用。惟鼠婦搗爛用。　牡蠣左顧者能用，鹽泥固燒細用。　地龍以生袋盛，搥出土，取皮用。　烏賊骨一名海螵蛸，去殼用。　殭蠶去觜，炒去絲用。　穿山甲蛤粉炒。　班猫去頭、翅、足，用糯米炒，米赤為度。　蜈蚣赤者佳，去頭足，用南星切片夾定，炙用黃丹。　全蝎去毒，炒用。　蛇蛻燒存性。　蟬退法去土石，仍用前足。　烏稍蛇揀尾穿得一百二十錢者，仍眼如活者為上。　白花蛇揀眼如活者，尾端有佛指甲，腹兩邊有念珠斑者為上。　蝙蝠糞如夜明沙，燒存性。　二蛇並用酒浸一二宿，去皮、骨，取肉，炙香用。　五靈脂圓沙鼠屎者佳，水浸，焙乾，研用。　麝香味辣者真，名生麝。亦有用當門子者，研細用。　金銀箔研細用。　血竭研細用。　琥珀研細入藥。　銅青研，即銅緑是也。　胡粉研，名定粉，俗名光粉，今鉛粉同。　輕粉研，即水銀升者也。　腦子無，以金銀薄荷代之，研。　蚌粉即蛤粉，研。　蘆薈研，一名象膽。　青黛即靛是也。焙，研用。　水粉研，即鉛粉。　白粉即米粉是也。　玄明粉朴硝造成是也。研。　馬牙硝研，朴硝、芒硝、消石同類。　馬勃研。　已上並研極細入藥。　甜葶藶隔帋炒用。　木瓜　龍膽草即草龍膽。去梗。　白及研。　白斂　白蒺藜　胡黃連折之有熖出者佳。　蒲黃研。　烏梅去核。　益母草即野天麻是。　五倍子去心中灰蟲。　躑躅羊誤食其苗葉則躑躅而死，故名之。　已上並切片焙用。　竹節風揀如竹節，楓樹上纏者為上，味香甜者佳，可代防風用之。　防己　牛黃焙研，無，以金、玉代之。　膽礬研。　決明子研。　已上並切細研用。　蜣螂即推車客，俗名滾屎蟲也。　蜥蜴與蛤蚧相形。　蟾蜍即蝦蟆是也。　地龍即蚯蚓是。研末。　蛙即水雞是也。人多用為美饌，能補。　土狗即螻蛄是也。　人黃即人糞燒灰，研用，□□者佳。　人中白即尿桶底刮取白是也，燒。　並用酥炙用，惟土狗、地龍焙研，人黃、人中（黃）〔白〕燒灰。

明・繆存濟《識病捷法》卷九　炮製藥品便覽　人參：如人形，色黃潤，照見通明、結實。去蘆，蒸用。　黃芪：皮黃肉白，味甘佳。外科生用，內科蜜水炙。　甘草：瀉火熱生用，和補宜炒用。　乾山藥：生用刮去黑皮。形如小指。淮慶者佳。　茯苓：去皮紅筋，不損目。　茯神：去皮，去心中間木，去紅筋，不損目。　陳皮：廣東皮薄者、陳久良。　白术：暖胃炒用，其餘皆可生用。　白扁豆：微炒。　芡實：去殼，生用有力。　蒼术：米泔浸炒。出茅山佳。　沙參：去蘆。須要真者。　玄參：用蒲草重重相隔蒸熟。如犯鐵器害喉目。　苦參：酒拌炒。　丹參　貝母：灰中炮黃。如用獨顆不分瓣，損筋脈。　知母：微炒。勿犯鐵器。酒炒行於肺胃。　黃栢：上用酒炒，中用蜜水炒，下用鹽水炒。　黃連：酒炒上行頭目；薑汁炒，辛散中熱有功。　胡黃連：形似枯楊枝，外黃裏黑，折之塵如煙。　片黃芩：心中枯者名片芩。上部用宜酒炒。　條芩：堅實細者名條芩。凡用宜水煮。　天門冬：水洗，去心皮。　麥門冬：水洗，去心。如不去心，令人煩心。　生地黃：酒洗。不犯鐵器。　熟地黃：酒洗。不犯鐵器。　當歸：酒洗。　白芷：水洗。不宜見火。　川芎：形塊重重結實，微大而黃色，不油者良。實大堅重，內外俱白，切之成片者乃西芎，不入藥。　芎藭：形小者名芎藭。　藁本：去蘆，不見火。　白芍藥：或生用，或平炒，或酒拌炒。　桔梗：去蘆及兩傍腐枝，米泔拌烘乾。　烏藥：去土，刮去皮。　厚朴：花紫形實。薑汁拌炒。　山梔：去殼，薑汁拌炒。形大者名伏尸，不用。　青皮：凡用去穰，麩皮同炒。　枳殼：凡用去穰，麩皮同炒。　枳實：同麩皮炒。　半夏：滾湯洗六七次，令滑淨，薑汁製。　南星：製法與半夏同。　前胡：去蘆去土，用甜竹瀝潤，晒乾。味甘氣香是真，胡味粗酸是野蒿根，誤食令人反胃不受食。　柴胡：形長軟，皮赤黃，有鬚。勿見火。似竹葉勿用。　葛根：去皮切片，取末。白者佳。　升麻：形輕堅實，青綠色者佳。去腐爛黑皮用。　薄桂：凡用刮去粗皮。形薄味淡名薄桂。　麻黃：青色，陳久者良。凡用摘去節根，先煮一二沸，掠去沫，則不令人煩悶。　肉桂：凡用刮去粗皮。形厚味濃名肉桂。　玄胡索：形如半夏，色黃如蠟。凡用鹽水拌炒。　紫蘇：葉莖紅者佳。　蘇子：色紅者佳。炒研入藥。　胡

蘆巴：即是番蘿蔔子。春生苗，夏結子。　補骨脂：即破故帋。酒浸洗，蒸半日，晒乾入藥。　骨碎補：一名(侯)〔猴〕孫薑。凡用刮去毛。　狗脊：一名金毛狗脊。去毛，酒拌蒸一二時。　菟絲子：酒拌蒸熟，杵爛作餅，晒乾，研末入藥。　胡麻：三角胡麻，四角者佳。　大麻子：入土者損人。用布包，滾湯浸之，冷取出，垂井，勿令着水，次日取起，放瓦上炒去殼用之。　金櫻子：有刺，搗汁。去根，熬膏取用。　肉蓯蓉：酒浸，刮去浮甲，劈破，去白膜脚，酥炙。　鎖陽：即蓯蓉根。酒浸洗，去浮甲膜脚，酥炙。　牛膝：形長大，柔潤者佳。去蘆，酒洗，晒。　杜仲：去皮，鹽水拌炒無絲。　訶子：用六稜者。色黃帶黑，肉厚佳。煨熟，去核。　白薇：形如葱管者佳。　白及：川廣出者佳。　白附：形似天雄。新羅出者佳。凡用炮過入藥。　川烏：炮。　附子：頂圓方正，重一兩或七八錢是附子。童便煮炮令裂，內外俱黃，去皮臍用。　天雄：即附子之長者。麵包煨黃。去皮臍用。　石斛：去根，酒洗蒸用。　細辛：揀去雙葉，不害人。須去頭、土。用瓜水浸一時，濾出晒，不見火。凡用只三分為止，多用塞死。　側子：即附子旁出者，如棗核大。治風疹神妙。木鱉子是喙、附、雄、烏、側中毗患者名木鱉，損眼目。　續斷：節節斷，皮皺者為真。酒浸，取出焙。去梗、心。　遠志：用甘草湯煮一時，去心用，不令人煩。　砂仁：去殼，微炒熟，研細。　白豆蔻：去殼研碎。　草豆蔻：麵裹煨熟，研碎。　草果：去殼研碎。　肉果：麵裹煨黃熟，草帋包，打出油。　香附子：用童便、醋、鹽、米泔浸炒。　水薑：去皮熱，留皮涼，其皮性寒。

乾薑：生用性熱，炒用性溫。　川椒：揀去目及閉口者，炒出汗用。　秦椒：去目及閉口者。　蓽澄茄：酒拌蒸。　吳茱萸：用滾湯泡去苦汁二三次，鹽水炒。　山茱萸：去核，如不去核，泄精。　大蒜：獨囊者尤佳。　蘿蔔子：微炒，研碎。　山查：去核用。　木瓜：忌犯鐵器。

瓜蔞仁：去殼，草帋包打去油。　地骨皮：去骨，洗去土。　南五味：去根，炒，打碎。　北五味：去梗，打碎。　薏苡仁：去殼，微炒。　石蓮子：去殼用。　蓮葉、蓮房：蓮葉取蒂如銅錢大，晒末敷瘡。　(鶯)〔罌〕粟殼：去膈膜、頂蒂，蜜水拌炒用。此藥急能殺人，不宜輕用。服此藥，諸藥鮮獲効。　何首烏：忌犯鐵器。用刀切作片子，晒乾，木杵搗之。有雌雄二種，雄者赤色，雌白色，須雌雄相合用。　蒲黃：生用破血。隔帋炒用止血。忌犯鐵器。　菖蒲：一寸九節者佳。去根毛。　艾：川出者佳。生用性寒，炒用性溫。　荊芥：陳久者佳。　香薷：江西出，生石上者佳。　神麯：陳久者佳。炒令香用。　麥芽：炒熟，搗去殼。　酒：麯造者入藥。　醋：陳久者佳。米造者入藥。　淡豆豉：出江西，無鹽者佳。　綠豆：去殼入藥。　威靈仙：去蘆、泥。鐵脚者佳。　防風：新實脂潤者佳。叉頭叉尾勿用。　羌活：紫色節密者為羌活。去土。　獨活：黃色作塊而氣香者獨活。去土。　天麻：濕草帋包，煨熟用。　赤箭：莖似箭幹，赤色，花葉如箭羽，其子似苦楝子，五六稜，中肉如麵。　定風草、赤箭共一物，根是天麻。　(苾)〔萆〕薢：川薢形體壯大，切開白帶粉。販者多以荊崗腦充賣，形雖似，其色紅，味苦澁，切開白色者是真。　桑寄生：惟桑樹上生者佳。　楓寄生：其子及莖葉不可食，令人笑不止，地漿解之。　淫羊藿：洗去土。得酒良。　牛蒡子：結實者佳。炒香微研。

山牛：即冷飯團，又名土萆薢。湖廣出者，其形員如胡桃大者佳。忌犯鐵器、鵝、羊、牛肉、茶。　佛耳草：過食損目。　蒼耳子：酒浸去風。燒灰敷疔腫。炒香。忌猪肉。　益母草：有二種，花白者入爐火，花紫者入藥。忌鐵器。〇茺蔚子即益母草子，多入眼科。　蓖麻子：去殼。　蔓荊子：微炒。　白蒺藜：不入湯，止入丸散。炒，微研，去刺。　木賊草：川地者佳。去節，水潤濕，烘乾。　蔤蒙花：背白色有細毛。酒拌陰乾，蜜拌蒸。　旋覆花：又名滴滴金。其花如菊色黃。　菊花：去青蒂。　欵冬花：微見蘂，未開花者佳。　過東藤：不入丸散，但可煎湯熏洗。　石楠葉：即丁公藤。如枇杷葉，有刺紫點。　芙蓉葉：其花同功。為末入散藥，不入湯丸。　尤美葉：葉尖長，背白。為末，入敷藥，不入湯丸。　白鮮皮：去骨，用根皮。　白楊皮：葉員如大杏葉。　紫荊皮：乃牛頭藤蔓生者。非田氏紫荊。　牡丹皮：去心木，洗淨。忌鐵器。　桑白皮：細皮佳，外面皮殺人。忌鐵器。蜜拌炒。　杏仁：湯泡去皮尖，炒黃色。雙仁不用。　桃仁：湯泡去皮尖，研碎。雙仁者不用。　桃梟：即樹上小桃子，自乾不落中實者。正月收。　郁李仁：去殼。　栢子仁：入藥微炒。　蘇子：炒黑酒淬。　乾漆：炒令煙盡入藥。見鷄子、蟹化為水。忌油脂。　京三稜：味苦色黃，體重，形如小鯽魚。火炮用。難得真者。生時略麻人口舌，乃是真三稜。　阿魏：凡用去枯者，缽中研細入瓦器內

煮二三沸。難得真者。將五六分安在熱銅器中一宿至曉，沾阿魏處白如銀，無赤色者乃是真也。　大黃：　酒拌，晒乾，不傷陰血。川大黃錦紋者佳。

　鬱金：　只十二葉為百藥之英，其花狀如紅藍，採其花即香，古人用鬱金釀酒以降神，即此花也。　蓬朮：　酒醋拌炒。　雷丸：　色白者佳，赤黑者殺人。以湯浸，晒乾用之。　巴豆：　苦欲急治，為水穀道路之劑；　去殼、皮、心、膜，草帋包打去油。若欲緩治，為消堅磨積之劑；　去殼，炒烟盡，色黃微黑，則其性又甚緩。　大腹子：　尖長小者名檳榔，大而匾者名腹子。　大腹皮：　先用酒洗後，黑豆汁洗用。　檳榔：　形如鷄心尖長，心不虛、不油者佳。　皂莢：　有數種，有長尺餘者，有如猪牙短小者良。去皮子、絲筋，酥炙為末，入虫藥用其刺，即皂角刺也。　牽牛：　有黑、白二種，每斤炒，取頭末四兩。　商陸：　又名樟柳，形類人，花有赤白，根白者入藥。　秦艽：錦紋者佳。　先去土用。　防己：　去皮用。紋如車輪者佳。　澤瀉：　去毛土，不油不蛀者佳。　車前子：　炒研入藥。　昆布：　形如卷麻，水洗去沙土，醋、薑汁拌蒸用之。　海藻：　水洗沙土，用黑豆汁拌蒸一時。　芫花黃精：　須辨真者，如誤用鉤吻能殺人。　甘遂：　去莖，用甘草水浸二日，待水如墨汁，漉出晒乾，又用水洗六七次，令水清為度方用。　大戟：　凡用勿用附生者，誤服令洩氣不禁，即煎薺苨子湯解之。採來切片，海芋葉拌蒸一時，晒乾。　巴戟：　水洗去土，去心，酒拌晒。根紫如連珠，肉厚。　萎蕤：　葉似黃精，即黃精也。誤用鉤吻能殺人。　蕤仁：　去殼衣，有纏絲紋，未油者佳。　女萎：　凡用根，不用葉。非白頭翁，亦非萎蕤。　冬瓜：霜降後皮上白如粉，名白冬瓜，久病可。　冬瓜仁：　去殼用。　茄子：　能發遠年之疾。　芸薹菜：　損氣，生腹中蟲，且能發病。　橘子仁：　炒去殼，研用。　酸棗仁：　去殼用。　大棗：　入藥去核，否則令人煩。　烏梅：　安蟲，安蟲散中必用之藥，去核。　白梅：　去核用。　椿白皮：　有花，木中虛，名樗；　無花，木中實，名椿。白皮用蜜炙之，然後入藥為佳。石榴皮：　忌鐵器。漿水浸一時，未酸者為佳。　梨木皮：　為末入敷藥，不入湯丸。　梨實：　多食成冷痢，產後、金瘡科禁食。　川楝子：　酒拌蒸熟，剝去皮，取肉去核，只單用其核，搥，用水煮一時。使肉不使核，使核不使肉。　楝根白皮：　根白有子者入藥，根赤無子者令人吐瀉不止，有至死者。柿乾：　即柿餅。青州出者佳。　枇杷葉：　火炙去毛，如不去毛，成嗽不止。　椰子：　即廣東茄瓢，用飴糖潤佳。　大小茴香：　小茴香炒用，大茴香不必炒。　青蒿：　即蒿草，根、苗、子、葉皆可入藥。以童便浸，凡用子不用葉，用根勿用枝，若同用反致病。　石韋：　微炒去毛，否則射肺，令嗽不治。　地榆：　洗去土。　百合：　有紅、白二種，葉細花紅者不入藥，葉大莖長粗、花白者宜入藥內。　百部：　其根數相連，似天門冬而小。　火炙酒淬佳。　紫(苑)〔菀〕：　去蘆，蜜水拌一時炙乾。　松香：　用黃白色者佳，黑色不用，入敷藥膏藥中。　零陵香：　酒拌佳。　沉香：　入水沉、堅實色黑者佳。　丁香：　雄丁香形小力少，雌者形大力大，名母丁香。　乳香：用箬葉酒炒出油。　沒藥：　生波斯國，似安息，色黑。炒出油用之。　蘇合香：　天竺出此香，是諸香汁煎成，非一物也。惟堅實芬芳如石，燒之灰白者佳。　安息香：　似松脂，黃黑色。　血竭：　真者味甘鹹，似梔子氣，嚼不爛，如蠟者佳。　冰片：　粗壯瑩白，大片如梅花瓣者名梅花片，佳。　蛇床子：　去皮殼，取仁，微炒。如煎湯洗病生用。　木香：　形如枯骨，苦口粘牙。凡入藥不見火。形類犀涯，但犀涯大苦，不入藥。又與番白芷形相似，能殺人，番白芷成片似樹皮，有點起如包釘然。　牛李子：　實似五味子，色皆黑，味苦。酒拌九蒸。　馬兜苓：　即青木香。生園中久腐處，虛軟，狀如狗肺，彈之紫塵噴出。用敷諸瘡良。　木鱉子：　其形似鱉，故以為名。　鶴虱：　敷惡瘡殺蟲，解砒毒，蜜湯下；　蟲心痛，肉汁下。　狼毒：形似商陸，而沉水者佳。　木蘭：　即〔牡桂〕也，其氣香美。　羊躑躅：　取根刮去粘泥，薄皮取內皮，醋拌炒，伏地出火毒。入藥量大人、小兒，用不可多服，能殺人。　羊蹄根：　即禿菜根，以酒拌炒。　蕪荑：　葉員厚如榆差小。　馬鞭草：　俗呼為鐵掃幕，苗似狼牙，又(數)〔類〕益母，莖員花紫，葉微似蓬蒿。　辛夷：　去心及粗皮，拭去毛，其毛射肺，令嗽。取其蕋未開者佳。凡用微炒入藥。　蘆薈：　即波斯國木脂。　藜蘆：　去蘆頭，微炒。

　草龍膽：　去蘆、泥，酒拌晒。　紫葳花：　生藤蔓，依大木至頂始開花黃赤色。　夜合花：　似梧枝柔弱，細葉而繁，其葉兩兩相向，至暮而合，五月開紅花如絲茸，至秋結莢子薄細。　剪金花：　花紅白色，子似松子，如黍粟，其葉尖如小匙頭，亦有如槐葉者，花亦有黃紫者。　黃蜀葵子：　凡用炒研入藥。　雞冠花：　炒研，入藥宜用白者。　青葙子：　即野雞冠子。花紫白，實角子黑扁小。　槐花：　去梗炒用。　槐實：　似銅鎚，打碎，將牛

乳拌蒸。　槐枝：春採嫩枝，燒存性，為末，揩齒去蟲。　側栢葉：凡服食，用酒拌一宿，炒。　卷栢：生用破血，炒用止血。　茅根：即茅笋也。　白茅：即茅花也。　仙茅：忌鐵器、牛乳。凡用米泔浸去赤汁出毒。其葉青如茅而軟，稍潤，面有縱理；又似棕櫚，至冬枯，春初生，三月有花如梔子黃，不結子，根獨莖而直，旁有細根附生，肉黃白，皮褐色。　常山：形如鷄骨者佳。　葶藶：酒拌炒。　荊瀝：取大牡荊莖條，截作尺餘，平架火上燒之，兩頭以碗盛瀝汁。　竹瀝：用篁竹或苗，截二尺餘，架火上燒之，碗盛瀝。　竹青：用苦竹刮取皮炒用。　苦竹：與淡竹同功。　淡竹葉：淡竹篁為上，苦竹次之，餘不用。　竺黃：間有黃白。出天竺國。　桑黃：其軟如耳，黑色者。止可作蔬，不入藥。　樺木皮：其木似山桃。　棕皮：燒存性用。　沒石子：出西番。有竅者佳。　夏枯草：有紫、白二種，白者不入藥。　莨菪子：即浪蕩子。多食令人見鬼發狂，雖用童便煮三日夜，尚出苗，其毒可知，特載其異耳。　旱蓮草：花細白，子若小蓮房，苗似旋覆，其苗實皆有汁出，須臾黑，可染鬚。　敗醬：即苦薺菜，陳久佳。甘草水拌蒸二時。　金星草：生石上者佳。殺硫黃、陀毒。　剪草：生婺州者佳。生蜜九蒸。治一切失血。　蘆柴根：土中取出者佳，浮土上者勿用。　浮萍：採取晒乾，為末用。　山慈菇：得醋同用佳。即金燈花。　射干：陰乾。出土用其花，黃者是。　鬼臼：有毒，不入湯藥。　芭蕉：根可生用，不入群方，搗汁塗遊風風疹。　芭蕉油：取油法：用竹筒削尖，刺入皮中受油。　屋遊：即屋上青苔，入藥煮服之。　垣衣：即古墻垣上苔。在井為之井苔。　胡桐淚：黃色，得水便化。腹滿，水調服，取吐佳。　伏龍肝：即竈心泥也。　白石灰：治金瘡得韭良。不入藥。貼骨疽、積聚。　陳壁土：東邊朝日者佳。　無名異：生大食國，磨滴鷄血化為水者真。　雌黃：不入湯藥。　(碙)〔硇〕砂：凡用飛澄去土石，入磁器中重湯煮極熟，入藥如生用殺人，慎之！其形如牙硝，光淨者佳。　雄黃：透明者佳。人佩之辟邪，解山川蟲蝎毒，物不敢傷，孕婦佩生男。　鐵粉：即鐵銹。　硫黃：以砂鍋溶化，傾入水中出火毒用。　輕粉：即水銀升鍊成者。畏磁石，忌一切血。　黃丹：炒令紫色，研細用。如有砂，水飛過後炒用。　水銀：用唾研如泥，入瘡科。　銅青：不入湯丸，但煎膏用之。　辰砂：出辰州者佳。若用細研入藥，須以磁石引去鐵屑，次以水淘去細白砂石方用。　赤銅屑：出武昌。打之不裂佳。熟銅不可用。　秤錘：凡用燒紅，淬酒熱服。　自然銅：出信州鉛山縣銀塲銅坑中，似馬屁勃，色紫重味澀。凡入藥切勿悮用方金牙，若悮餌，吐殺人。火煅，醋淬七次。　石燕：凡用須去泥沙石，細研，水飛過入藥。　珍珠：用無孔者佳。肉汁煮過，洗淨，研細入藥。　瑪瑙：色紅黃。以之研木不熱者真，熱者非真也。　琥珀：以手摩熱，琥珀可拾芥者為真。　膽礬：出信州。其形色如鴨嘴，能匝鐵為銅是真。　白礬：入藥有宜生用者，有宜煨熟用者。　玄明粉：即朴硝煉成，入藥無佐使，殺人甚速。　空青：出信州。形如荔枝，中空，有醬色，青翠可愛。欲取其汁，得成箇全殼者，埋地中一二夜即有汁。　曾青：形如黃連、朴黃土色而鬆，內紫內而堅，兩頭或尖小，中大，或直如黃連，皆有一孔通貫者真也。　鍾乳粉：出道州。明白光潤輕鬆，色如煉硝石者佳。輕薄如鵝翎管，碎之如爪甲，疑是鵝管石也。　朴硝：色青白佳，黃色者傷人，赤色者殺人。　芒硝：取朴硝淋汁，煎煉，傾盆中結芒刺有稜者。　滑石：白如凝脂軟活佳。須甘草和之。青黑殺人。　石膏：細紋理白潤佳。凡用火煅之。　白石英：大如指，長二三寸，六面削白有光佳。　紫石英：明如水精，紫色，達頂如樗蒲者佳。　代赭石：染甲不渝皮。　玄精石：出山西解州縣。其色青白如龜背佳。　青礞石：合焰硝煅成金色，研細用。　鵝管石：色白，形如鵝翎管者佳。　代赭：染指甲不污皮。上青滑，中紫如雞肝者佳。用火煅醋淬七次，研細，水飛過，然後用之。　蛇黃石：形如彈丸，外黃內黑，醋淬煅七次。　磁石：引針石也。以綿裹之，能引針跳起佳。　烏古瓦：取塔上年深之瓦。　信石：不宜多用。醋煮殺其毒。此石即砒霜也。　寒水石：即鹽之精。燒過用，其末投水中成冰。　水花：即水沫也。　陽起石：形如狼牙，雲頭雨脚、鷺鷥毛者佳。凡用研，水飛，用器盛，以帋密覆上，晒日下其石自起，停帋上者為真陽起石也，拂下聽用。　石決明：七九孔佳，十孔不用，去粗皮，鹽水煮。　井泉石：此石如土色，形方員不一，但重重相疊。出饒陽郡佳。研細為粉用，否則令人淋。　花蕊石：出陝州靈鄉縣。其色正黃，石中有淡白點，火煅用，性堅如硫黃，力治金瘡不及。煅為末用。　禹餘糧：火煅，醋淬七次，研細，水飛過入藥。出潞州。形如鵝鴨卵，有殼重疊，中有黃細末如蒲黃，無沙石者佳。其石中之黃，味甘可服，

不甘者勿用。　塚井中水：有毒，人中之立死。欲入塚井，先以鷄毛投入試之，毛直下者無毒，如迴旋似下不下者，為水有毒也。以醋數斗投之，則能解其毒矣。　天靈蓋：即死人頂骨十字解者，陽人用陰，陰人用陽。須陳久者佳。洗去泥土，童便煮，炙黄為末。　天生柴：即孩兒骨。此藥殘忍傷神，以別藥代。　人牙齒：火煅存性。　人脫：即手足指甲，燒黄為末用。　經餘：即室女經水來，拭血有血布也。　交餘：即男女交接時拭布也。　血餘：即頭髮，用男子二十左右者佳。以苦參水浸一宿，取入瓶內燒烟盡，研末。　紫河車：即胞衣，先水洗，以針挑破青絡，排去其血，次用醋煮後，加水煮爛，去筋膜，研細入藥末內。　裩襠、袴襠：即男女布褌。凡用取當陰之處，剪取方員六七寸許，燒存性，為末用之。　人中白：即尿桶內垢結成。火煅用。多年者佳。　人中黄：即人糞，燒存性，為末。　人糞清：臘月截竹為筒，去青皮，兩頭留節，略開細小孔，入甘草在內，仍將緊塞，用石同縛，投坑側中，待年時，取筒內汁甘草晒乾，為末用之。　童便：即童子尿，須用無病肥壯童子小便，清淨者佳。多服令人血反虛，無熱之人甚勿多服。　秋石：即小便煉成者。極能破血耗血，不宜多服。　淋石：即人患石淋尿中出者，收取洗淨，水磨服。　桑螵蛸：桑樹上螳螂子也。惟桑樹上者入藥用，二三月收，鹽水浸蒸之，火炙用，否則令人瀉。　牡蠣：鹽泥固濟，入火煅通紅，取出去火毒，研末。　海螵蛸：即烏賊魚骨。　蚯蚓：一名土龍，用白頸者佳。　蝸牛：即負殼蜒蚰，入藥炒用。　蛤蚧：形如守宮，守宮即蜥蜴也。凡取存其尾，去頭足，洗去鱗鬣，酥炙用。男用雌蚧，女用雄蚧。　蝦蟇：或炙或乾，為末入藥。　蟾酥：即老蝦蟇，眉間脂汁取出，用輕粉收，日晒。　螻蟈：一名土狗，自出者佳。凡入藥炒用。治水腫用螻蟈下半身，甚利小便。　班猫：去頭足，以米同炒至米黄色，去米不用，研末入藥。若生用之，即令人吐瀉不止也。　殭蠶：蠶籃，蠶山上自死取下佳。去絲嘴炒用。　蜈蚣：入藥炙用。　天仙子：即推糞黑殼蟲，去翅、足，火炙用。　全蝎：形緊小者佳。去腹中土并刺，用稍力尤甚。　水蛭：即馬蝗。火炙經年得水尤活，不可輕用。　海馬：大小如守宮，其形似馬，無足，黄褐色者。　蜚盲蟲：取腹中有血者佳。去翅足炒用。　白蠟：即蜜蠟也。　土蜂：即大蜂。凡用在蜂房中取頭足未成者佳。以鹽炒暴乾用之。　蜂蜜：凡煉蜜必須火化開，以帛覆經宿，帛上去蠟盡，再熬色變，不可過度。　露蜂房：火炙用。　蟬蛻：其蛻殼頭上有一角如冠狀者，名蟬花，佳。　蛇蛻：但入膏藥，如入藥炒焦黄色，研末用。　烏蛇：酒浸去頭尾，炙熟，去皮骨，入藥連皮亦好。　白花蛇：酒浸，去頭尾、皮骨。（去藥）出蕲州，頭有角，口有齒，尾有甲，身有鱗者真。　龜板：卜過者名敗龜，大者佳。凡用醋炙，酒亦可。　鱉甲：七九肋者真。凡用醋炙黄。　川山甲：凡用燒存性，去火毒。　刺蝟：得酒佳。　蝙蝠：燒存性，為末，大者佳。白者可服，未白勿用。　夜明沙：即蝙蝠糞也。　白丁香：直立者爲母丁香，佳。即麻雀糞也。　猪膽汁：與人糞同功。　五靈脂：生用行血，炒用止血。以酒研碎，淘去沙石方可用。即寒號糞也。　猪腎：久食令人腎虛少子。　猪齒：作灰治小兒驚疾。　野猪黄：其黄在膽中，治金瘡止血生肌。　犬肉：純黄黑為上。　牛肉：自死者有大毒。　狗頭骨：治金瘡、久痢。　黄牛角鰓：燒存性，為末服。止血，治赤白帶。　牡牛尿：治九竅出血。　牛黄：今市中多是殺出在肝膽中員黄成塊者，此是嫩黄，功力薄。〇凡牛有黄者，皮毛光澤，眼如火色，時復鳴吼，又好照水浴水，與群行爭先，若觸有力，好狂。人欲取其黄，將牛於夏日繫木樁上，晒之令其熱渴，以水一盆，放牛口邊與飲，其牛渴甚欲飲而不得，久即吐黄出，焰影如日，令一人急以濕布蔽牛口鼻，一人急捉取黄，其牛見取其黄，即時自裝死，其黄如鷄子黄大，重疊芬芳而輕鬆，生時色黄赤，乾久外如烏金色，此其老黄也。多產晉地。　牛膽：臘月取膽入天南星末，連膽汁置當風處踰月。用治風痰。　牛乳：生食令人痢，熟食令人口乾，勿多食，患冷人亦勿多食，患熱風人宜多食。　阿膠：切開有紅綠五色者真。凡用蛤粉炒成珠。　馬肉：食馬不飲酒，能殺人。孕婦忌食。　龍骨：其色青白，粘舌者佳。五色皆用，黑色不用。　獺肝：治熱病，不治冷病，不可一概用。　虎精：凡用先浸羊血中一宿，烘乾用。　虎脛骨：骨中絲瓜絲起者真，雄者勝，酥炙用。　羚羊角：或燒存性，調酒或剉入湯丸，或磨服。此角有神，夜宿以角掛樹而眠，身不着地，但取角彎中深鋭有掛痕者是真。又云置耳邊聞之，覺有唧唧之聲者，乃是真羚角也。　犀角：帛包置懷中良久，取出則擣易碎。忌鹽，若磨服，取角尖佳。又云惡雚菌，此山犀也，有二角，以頭上者為勝。又一種角上有一白縷如線，直上至端，名通天犀，角有神妙，此水犀也。　牯犀角：紋理細膩，班白分明，一名

班，一名文犀，其角甚長，不入藥。 鹿茸：長四五寸，茸端如瑪瑙紅者良。又要不破損，未出卻血者佳，其力全在血中也。陰乾，不可鼻嗅，有細蟲入鼻為害。用酥油塗上，以炭火炙之。入藥爲佳。 鹿角膠：切寸段煮汁熬成膏。 鹿角霜 麝香：凡用，子日開妙。反蒜。 靈猫莖：非家猫，即狸類，又謂狐狸射香。 兔肝：治目暗和決明子佳。 兔肉：多食損人陽，女食生子缺唇。 乏筆頭：得藕汁良。 諸畜筋 諸畜血

宋·竇漢卿撰，明·竇夢麟續增《瘡瘍經驗全書》卷一〇 炮製法

人參去蘆，飯上蒸。 陳皮去白即橘紅。 半夏滾湯泡浸，去皮，再用生薑汁浸，或菜油拌炒，大能豁痰。 黃芪去根，或鹽水拌，或蜜炙。 白术米泔浸，炒，瀉用陳壁土炒。 茯苓去粗皮。赤、白二種，隨症用。 甘草或生或炒。細小者能治小便痛。 當歸酒洗。 川芎大者撫芎，小者又有種西芎，傷寒科可用，餘不可用。 白芍藥或生用，或白炒，或酒炒。 赤芍藥 台术去梗，微炒。 淮生地酒洗。不犯鐵器。 淮熟地酒洗。同上。 升麻去鬚。 乾葛剉片取末。白者佳。 藿香水洗去泥土。味香者真。 白山藥微炒。 防風去蘆。 荊芥去梗取穗。 羌活去泥土并蘆。 獨活去蘆。 薄荷去梗。 黃芩去蘆，水煮二沸，上部用酒拌炒。 條芩酒煮。堅實者是胎前用。 桔梗去蘆頭，炒。 天花粉白色佳。去油色。 玄參去老根。 白芷水洗，不宜見火。 蒼术米泔浸後，用鹽拌炒。茅山者佳。 厚朴紫實者佳。薑汁拌炒。 紫蘇葉梗紅色者佳。 前胡去蘆。 硬柴胡去蘆。 軟柴胡去蘆，水洗。 麥門冬水洗，去心。 天門冬水洗，去心。 杏仁湯泡去皮尖，并雙仁不用。 桃仁去皮尖并雙仁。 黃連去苗，或用酒，或用薑汁拌炒。 黃栢去粗皮，鹽酒拌炒褐色。 知母去毛，鹽酒拌炒。 山梔去殼，薑汁拌炒。大者名伏尸，不用。 猪苓去砂石，醋拌炒。 澤瀉炒。 五味子去梗搥碎。 吳茱萸鹽水煮三四滾，取出晒乾，再炒去梗。 山茱萸去核。 枳實同麩皮炒。 枳殼去穰，同麩皮炒。 烏藥不見火。 青皮同麩皮晒。 秦艽洗去泥土，酒拌炒。 官桂味濃肉厚者名肉桂，形薄味淡者名薄桂，能行經絡。 續斷去蘆。 桑寄生忌火。 鼠粘子即牛蒡子。炒研用。 龍膽草酒拌炒。須洗去泥土。 紫蘇子去泥土，微炒研末。 蔓荊子炒。 麻黃滾湯內去沫。 南星白礬、皂莢同煮。 貝母去心。 連翹去梗，碾。 金銀花 瞿麥 白蒺藜去刺，炒。 紅花 牡丹皮水洗，去梗骨。 地骨皮去梗，水洗。 阿膠蛤粉炒，或生用。 百合水洗。 茵陳去梗，不宜見火。 紫菀去根。 牛膝去老梗，酒洗。 杜仲去粗皮，鹽酒拌炒斷絲。 檳榔微炒。 大腹皮黑荳汁煮，晒乾再炒。

玄胡索微炒。 香附炒黃，或用童便、醋、鹽水浸，任用。 辛夷去蒂。 蒲黃炒，或生用。 蔔子炒，碾碎。 兜鈴去筋膜。 江子去殼去油。即巴豆。 乾薑或煨，或煅灰用。 木鱉子去殼。 皂角刺酒拌炒。 皂莢去絲筋。 猪牙皂角炙。 砂仁微炒，研末。 木香不見火。 肉果糯米粉使稠，包火內煨熱，麵亦可，剉片，紙包，打去油用。 天麻子去殼。 苦參酒拌炒。 冷飯糰米泔洗，木槌碎之。忌鐵。 白者佳，紅色者能殺人。 萆薢 山查研碎炒，磨末去子。 神麯炒黃色。 麥芽炒。 白匾荳 香薷 滑石碾末，水飛。 大黃或生，或酒煨，或蜜水浸煎。 寒水石或生用，或煅。 車前子炒。 遠志甘草水浸，去骨。 細辛不見火。 藁本去蘆，不見火。 石斛去頭土，酒浸一宿，晒乾。 赤根即麻黃根。止汗。 天麻明亮者佳。 三稜醋拌炒。 蓬术醋拌晒，炒。 附子炮。 白及川廣者佳。 白蘞 何首烏 威靈仙酒洗。忌茶。 牽牛子去皮取末。 殭蠶炒。 薑黃 槐花炒。 牛膠或生用，或麩皮炒。 五加皮酒拌炒。 丁香大者為母丁香，去蒂。 淡竹茹淡竹先刮去青，用第二層。 海桐皮不見火。 益智 甘菊眼科用，酒拌晒。 射干 薏苡仁炒。 木瓜紅色者佳。 瓜蔞仁去殼。 地榆水布揩淨。 牡蠣火煅，童便浸，再煅。 川烏炮。 菖蒲九節者佳。 蟬蛻水洗去土。 欵冬花去梗。 茴香忌火。 麻子研。 酸棗仁去殼取仁，微炒。 茯神去皮木。 白鮮皮去梗。 川槿皮去粗皮。 桑白皮去黃皮，炒，或蜜炙。 甜瓜子微炒。腹中壅不可缺。 枇杷葉布揩去毛，薑汁拌炒。 艾葉去梗。 玄明粉即皮硝，冬天用白蔔煮三四沸，取出，傾入缸內夜露，早辰取明亮者另入一器風化，用其汁，再如前取之。 芥菜子晒乾，碾。 鳳仙子微火炒。 黃蜀葵子微炒。 馬鞭草去老根。 豨薟草去梗。 麝香不宜見火。藥店上多將泥土及荔枝核炙焦，研末和之。 鹿角火煅。 犀角鎊，或用水磨。 羚羊角鎊。 冰片客商多有番硝和之。火上燒，火起是硝，香者片也。 雄黃夾石者不宜用。 硫黃青色者不宜用。 牛黃口中苦後香甜者真。 珍珠入荳腐煮一伏時。 輕粉明亮輕浮者真。 五倍去內蟲窠。 絨灰有羊絨、大紅絨煅灰，摻藥內用。 人中白煅。 雞內金即雞肫內黃皮，焙乾研末，或煅灰存性用。 白礬或生，或火煅。 韶粉即麵粉。 樟冰 風子去殼取肉。 乳香箬葉上慢火炙黃，同滑石研方細。今有假者似之。 沒藥 血竭香紅色者真，腥氣者假。 孩兒茶 蟾酥 菉荳粉微火焙乾，水飛，摻藥內用。 辰砂水飛。 青靛散者佳，成糰者有石灰和之。 膽礬 穿山甲灰火內炮。 昆布水洗去沙土，圍藥中用醋煮，加薑汁。 海藻水洗去泥土，用烏荳蒸一時，可用。 續隨子去殼去油。 琥珀拾得芥者真。

銅青火上微煅。　金箔多有假者。　赤石脂粘唇者佳。　蛤粉紫口蛤蜊煅灰研末。

磠砂去石，即撓砂。　龍骨火煅。　海螵蛸去塵土。　鱉甲或煅，或醋炙。　龜甲童便浸七日，長流水洗淨，醋煅酥潤之。　花蘂石火煅醋淬。　象皮剉片火炙。　丁皮不見火。　橘葉洗淨剪碎。　橘核　皂莢子　澤蘭　旋覆花去蒂。　穀精草　細茶去梗。　天竺黄今有假者，以化過人骨代之。　蘆薈水中兩塊相移近者真。

草決明　石決明　冬青子飯上蒸。　白沙參　紫花地丁

明・周之幹《周慎齋遺書》卷四　炮製心法　黄耆：　米泔水煮補腎，蜜炙補肺，醋炒入肝，酒炒發表，鹽水炒亦入腎。　防風煎湯炒亦走表止汗；　附子煎汁炒則走表助陽，能退表虚之熱。　白术：　米泔浸洗晒乾生用，或用土拌炒，或薑棗煎湯拌炒，或蒼术煎湯拌炒，或丁香湯拌炒，或同大棗煮晒乾用，或用附子汁拌炒，則守中以止瀉，能止裏虚之瀉。　附子：　或童便浸煮，或麵裹煨熟，或黄連甘草湯煮。　麵煨者走而不守，其勢上行，可以壯陽於表。童便製者守而不走，其勢下行，可以回陽於裏。　以寒藥監製者，是用之而又畏之也，譬之用人，正欲任使之，而又束縛之，安能盡其才哉？　生熟地：　薑汁炒用，可以不膩膈。　陳皮：　鹽水泡去白，可以消痰下氣。　大小茴：　鹽、酒炒。　白(藕)〔藊〕豆：　湯泡去皮，薑汁炒。　乾薑：　溫湯洗浸，春夏炒黑，秋冬炒焦，初春、初秋帶焦。　柴胡：　酒洗。　升麻：　酒洗。　遠志：　甘草湯浸去骨，同茯神用開胸膈，而使火下降。　荊芥：　醋炒。　補骨脂：　鹽、酒拌炒，或麵拌炒。　烏藥：　附子汁煮，晒用。　赤白芍：　或酒炒，或肉桂煎濃汁拌炒。　芍味酸，瀉肝；　桂味辛，製芍，則溫肺平肝。　治寒熱如瘧，蓋木得桂則柔，金得桂則沉也。　黄連：　酒炒，或吳茱萸炒。　神麯：　薑汁炒消痰。　五味：　吳茱萸炒。　木瓜：　吳茱萸鹽湯煮，晒乾用。　厚朴：　薑汁炒。　吳茱萸：　鹽水炒。　細辛：　酒洗。　芡實：　米炒黄色。　砂仁：　薑汁同鹽水拌炒，能使陽氣下達。　杜仲：　鹽、酒拌炒則不燥，薑汁拌炒則疎肝。

明・葆光道人《秘傳眼科龍木總論》卷一　合藥矜式　凡眼病多因五臟壅熱上沖使然，故湯飲之劑，不可見火。　蓋藥性得火則熱，投之臟腑，恰如揚湯止沸，非謂無益，又且害之。　須是淨洗向日，如遇陰雨，亦當風乾。　若食前補實等藥，或炮或炙，一依方法。　今具於左。　烏頭、附子，生用〔去〕皮尖，熟則用灰火炮裂去皮尖。　牡蠣生用則去泥，熟用鹽泥固濟，炭火燒通赤，取淨。　須左顧者。　諸角先鎊，治為細末，然後入藥和合。　寶石亦然。　大黄，古方亦用濕紙裹煨，或甑上蒸。　近世生用，當量虚實，生熟用之。　天麥二門冬、牡丹、巴戟天、遠志、地骨皮，皆去心，茯苓去皮，芍藥去心，補藥用白者，瀉藥用赤者。　當歸去蘆，淨洗，入補藥則用水洗，烈日曬乾；　入湯飲，酒浸十宿。　羌活、黄連、藜蘆，去根蘆，淨洗。　礬石，須於新瓦上或銅器中熬令沸，汁盡即止。石南，剔去葉嫩莖，去大枝。　菟絲子，酒浸曝乾，火焙，亦得用紙條子同碾，即為末；　又用鹽拌，碾則易碎。但只(用)酒浸爛，而碾為膏，却焙再碾，念老鷹聲不輒則易碎。　杏仁、蕤仁，濕去皮尖。　柴胡、藁本、前胡去苗淨。　桂心、陳皮去皮。　枳殼去瓤，麩炒。　諸花去萼及梗，洗淨。　香附子麩炒，春去毛。　白僵蠶直者去絲、嘴，炒。　防風去叉股者。　蝎蟲去足翅毒，微炒。　荊芥、白芷、白及、白斂不見火。　蟬蛻洗去土，曬乾，微炒。　細辛去葉，洗淨。　乳香，尋常用。　指甲爪、燈心草、糯米之類，同研及水浸，乳鉢研之皆費力，惟紙裹放壁隙中，良久碎，即粉碎。　麝香須着少水研之，自然碎極細，不必羅也。

煉蜜法：　稱蜜十兩，水十兩，同煎去沫，准令水盡，取出稀，稱得淨蜜十兩，則是水耗而蜜在，庶不焦損。　又每蜜一觔，祇煉得十二兩半，或一分是實數，若火少火多，並用不得。　凡膏中用蠟，皆烊攪，調以和藥。

凡膏中用脂，皆先煉，去草，方可用。　凡膏中有用雄黄、硃砂輩，皆別擣細研，飛過如麪，絞膏畢，乃投膏中，以物疾攪，勿使凝強不調。　凡膏中用水銀，須於凝膏中研令消散。　胡粉亦然。　若水銀誤傾在地，不可收，宜以雉尾收之。川椒亦嘉。　凡藥中用蜜，先稱藥末兩數若干，次稱煉了蜜與藥等分，方可搜。　搜畢，更於石臼中擣百數杵，視其色理合同為嘉。　丸藥末須用密絹作羅底，剉散藥，用竹篩篩過，方得藥汁清利。

明・張四維《醫門秘旨》卷一五《炮炙門》　諸藥煅煉炮炙，其中有為伏性者，有為去毒者，有為引經絡者。　其法不同，其理不一，各有所說，不可一例而拘之耳。　且如騰經絡者，則用酒浸、酒洗、酒炒之屬；　伏性者，則火煅、火炮、火煨之類；　潤燥者，則用蜜炙、酥炙；　祛毒者，則用便煮、醋煮；　引經者，則用鹽水、香湯；　補益者，則用人乳、羊滂；　疏通者，油炒，佐長流之水；　開導者，薑汁，繼萊菔之湯，酼之味也。　若斯之概，各從其黨，當審詳之。

炮炙法　川黄栢去粗皮。　乳拌炒一分，鹽水浸炒一分，酒浸炒一分，童便浸炒一分，

分為四製。下部補藥。　肥知母去皮毛。鹽水浸炒，鹽酒浸炒。補藥內用，忌鐵器。　天南星用土挖一窩，火燒紅，用米醋澆上，將南星片入內，蒸半時取出聽用。　真磁石火煅紅，好醋淬。不碎又煅又淬，如此七次。又法用稻草灰和泥包之，外用紙包，入火煅，(火)去泥用。　蒸熟地用懷慶生地，不拘多少，以酒浸洗，入柳甑內，蒸一次，晒一次，如此九蒸九晒，心黑為度。忌鐵器。　大黃蒸用酒浸一遍，蒸一遍，晒一遍，如此九次，以黑為度。忌鐵器。生者用入〔下〕行藥。　何首烏用米泔水浸去皮，要赤白雌雄，九蒸九晒。忌鐵。　女貞實用無灰酒〔浸〕一次，蒸一次，如此九次聽用。　大附子用童便浸煮，以殺其毒。　石決明用鹽調水煮數沸，研粉用。　菟絲子用酒浸蒸，晒乾聽用。　廣陳皮去白，鹽水浸，晒乾。痰藥多用。　敗龜板用童便浸，酥炙，去筋膜。　松香不拘多少，用長流水淋桑柴灰汁，煮拔三次，甚則七八次。又用無灰好酒煮拔二次，完則用長流水煮拔一次，白，味不苦澁為度，陰乾聽用。　黃連去鬚毛，炒。上膽酒炒，餘生炒，褐色為度。　半夏薑水泡七次聽用。　蒲黃炒黑止血，生用破血。　蒼朮米泔浸一宿，焙乾。　阿膠剉片，用蛤粉炒成珠。　枳殼麩炒七次，俱去穰。　莪朮一味用紙包，醋浸煨透。　杜仲酥炙，炒斷絲為度。　遠志去骨，用甘草煎湯煮過。　肉蓯蓉酒浸、酒拌，炒去心。　瓜蔞仁用紙層層包裹，細搥去油盡，成(雙)〔霜〕聽用。　蕤仁如瓜蔞仁製法。　巴豆亦如前製法。　枳實麩炒七次。　厚朴薑汁拌炒。　殭蠶炒去絲用。　白朮土炒去油。　鱉甲醋浸酥炙。　珍珠用白豆腐挖一孔，入珠在內，上以腐蓋，煮數沸，用珠。　琥珀製法同上。　黃芪蜜炙。　川山甲酥炙。　五加皮酒炒。　三稜去皮毛，醋濕紙包煨。　杏仁去皮尖，雙者殺人。　桃仁各去皮尖用。　槐角、槐花、黃芩、牽牛、神麯、破故紙、郁李仁、白蒺藜以上俱炒。　牡蠣、龍骨、石蟹、海石、石燕俱火煅。　陽製白茯堅白者不拘多少，去皮膜，切片，入乳，晒乾再浸。每晒每斤重二兩為度。　陰製白茯潔白者不拘多少，去皮膜，切片，為末，將井花水澄過五七次，必將筋膜撈淨，取澄水陰乾。

明·張四維《醫門秘旨》卷一五《製造門》　製半夏法　半夏一斤、白礬四兩、皮硝四兩。用水十大椀煮滾，入磁盆內，候前三味入內，攪勻，晒數日，一日攪數次，待嘗半夏心中不麻為度。去前水，換新水清浸之，如前法日攪數次，待半夏心中不白為度。一日常換水二三次，如法取起，扎。每一斤入薄荷三兩、甘草二兩或三兩任用。

製香附法　香附，主氣分之藥，香能竄，苦能降，推陳致新，諸書皆云益氣，而俗有耗氣之訛，女科之專藥也。治本病略炒，兼血以酒煮，痰以薑汁，虛以童便浸，實以鹽水煮，積以醋浸、水煮。婦人血用事，氣行則無疾；　老人精枯血閉，惟氣是資；　小兒氣充，形乃曰嬰。大凡有病，則氣滯而餒，故香附(余)〔於〕氣分為君藥，世所罕知。佐以木香，散滯洩肺；　以沉香無不降，以小茴香可行經絡；　而鹽炒則補腎間元氣。香附為君，黃芪為臣，甘草為佐，治虛怯甚速。佐以厚朴之類決壅，用三稜之類攻其甚者。予嘗避諸藥之熱，而用檀香佐附，流動諸氣，極妙。

製當歸　當歸主血分之病，川產力剛可攻，秦產力柔可補。凡用本病酒製，而痰獨以薑汁浸透。導血歸源之理，熟地黃亦然。血虛以人參、石脂為佐，血熱以生地、條芩不絕生化之源，血積配以大黃。婦人形肥，血化為痰，二味薑汁浸，佐以利水道藥。要知血藥不能舍當歸，故古方四物湯以為君，〔芍〕藥則為臣，地黃分生、熟為佐，芎為使，可與要云。

藥性制中有製歌　芫花本利水，無醋不能通。菉豆本解毒，帶殼不見功。　豆蔻大止瀉，有油反又通。住瀉用白朮，還當一去油。　草果消膨脹，連殼反脹胸。黑丑生利水，遠志苗有毒。　蒲黃生通血，熟補血運週。地榆醫血藥，連稍不住紅。　陳皮專理氣，連白補脾中。附子救陰藥，生用走皮風。　草烏解嵐瘴，生用使人蒙。人言燒過用，赭石火煉紅。　入醋能為末，制度必須工。川烏炒去汗，生用去痹風。　後學要精理，藥靈莫妄攻。

造神麯法　六月六日乃諸神聚會日也，非此日不為神麯。用灰麵十斤、赤小豆四合、杏仁三合去皮尖，共為細末，同麵拌勻，入小蓼汁二椀，蒼耳草、青蒿汁各一椀，和勻為粑，於缸內似合麯一般，待黃毫生，十月取出，晒乾聽用。

造鹿角膠霜法　用鹿角剉為一寸，不拘多少，於長流水浸五七日，刮去粗皮，入砂鍋，桑柴火煮水乾，再添熟水，內用桑柴攪，不絕火，以角手捻如粉為度。其角名霜，其汁再熬乾，即鹿角膏也。

造紫霞盃法　用浮萍煎湯五六椀，將硫黃四兩入內，熬一炷香，覺硫氣稍除為度。先用做盃木模，將制過硫黃傾入，以朝腦搽於杯，外面用紙包之。臨用以酒傾入，過夜服之，固陽久戰，有驗。

造硃砂盃法　用硃砂四兩為細末，入白蠟生化開，入砂末，即入木模內成盃。以酒於內，服之安神清心，屢驗。

造玉露霜法　用豆粉一斤、龍腦薄荷半斤去梗，用烏梅水洗淨，鋪於蒸籠槅上，上用粉鋪之，粉一層，薄荷一層，如此粉盡葉完為度，蒸一炷香，去薄

荷不用。如粉一斤，入柿霜半斤，或毛糖亦可，共一處和勻，即玉霜。

造百藥煎法　用五倍子二三斤打碎，去枝梗蟲淨，如豆大小塊，入瓦罐內。却用大瓦罐煎十分滾水，入茶葉一大把，再滾，不必濃煎，要清些，即傾入倍子內，滰過一指。其滾水要一起傾入，不可陸續下。先作一草窩，放磚在內，又將草厚蓋一夜，取出，將磚相合，倒翻轉按平。如前煎茶一罐傾入，不必滰過，只要浸透。又放草窩內，單蓋一夜取出，捏作鵝蛋大丸。又用白酒麴為末，摻上為衣，用新稻草厚鋪底，將丸勻擺草上，厚草蓋之，仍將草薦蓋之，要大熱。過三日以手探之，四邊大熱，翻轉再過四日，共七日足取出，吊陰處三四日，却晒大乾聽用。

明·皇甫嵩《本草發明》卷一　五用

湯：　煎成清液也。補湯要熟，利不嫌生，去暴病用之。易升易散，易行經絡，故曰湯者，盪也。行至高加酒煎，去濕平寒加薑，補元氣加棗，發散風寒加葱，去膈痰以蜜，開痰結以薑汁。發表攻裏惟煎取頭藥，不必再煎查，從緩從急之不同耳。　散：　研成細末，宜旋製合。久留恐走泄氣味，去急病用之。不循經絡，只去胃中及臟腑之積，故曰散者，散也。　丸：　作成丸粒，因病不能速去，取其舒緩，逐漸收功，故曰丸者，緩也。治上焦如米粒大，治中焦如菉豆大，治下焦如梧桐子大。用水作丸，或稀糊丸，取最易化，治上焦也。用稠糊丸，或飯糊丸，取略遲化，能達中焦。或酒或醋丸者，取其收散之意。去濕痰，(犯)〔凡〕半夏、南星，用生薑作稀糊丸，亦取其易化也。以神麯糊汁丸者，取其消食也。山藥糊丸者，取其止澁也。煉蜜丸者，取其遲化而氣循經絡也。熔蠟丸者，取其難化，能固護藥之味，勢力全備，直過格而作效也。　膏：　熬成稠膏也。藥分兩宜多，水煎宜久，渣滓復煎，絞取濃汁熬成。去久病用之，取其力大，滋補膠固，故曰膏者，膠也。可服之膏，或水或酒，隨熬去滓調飲。可摩之膏，或油或醋，隨熬隨搗，患處敷蓋，兼盡藥力。　漬酒：　煮藥酒也，剉藥，以絹袋盛之，入酒罐煮熟，地埋多日，氣烈味濃，或攻或補，並著奇功。補虛損者宜少飲，旋取也。攻風濕症宜多飲，速取效也。如用酒浸時日，常服更好。

明·張潔《仁術便覽》卷四　炮製藥法　人參，去蘆，蘆與參相反。吐藥中有用蘆者。　玄參，南產黑者好，去鬚、蘆，水洗，晒乾用。　沙參，去蘆，刮去浮皮，水洗，晒切。　丹參，去根，酒洗，晒乾用，切。　苦參，刮去薄黄皮，酒製。　白朮，去梗，及油黑者不用，米泔浸，切炒。土炒燥濕健脾胃，薑汁炒燥濕痰寒痰。　甘草，刮去赤皮，炙。瘡科用節，下部用稍，緩火用生。大者好。　當歸，去蘆、土。酒浸行經活血；薑汁浸焙不戀膈。頭止血，身活血，尾破血，有全用者。　川芎，雀腦者。上部用川芎，經絡痛用撫芎，即茶芎。開鬱，用黑者不好。　生地黄，生血涼血，熟者補血溫血。酒浸入經，薑汁浸焙，補藥中不戀膈生痰。忌鐵。　芍藥，白者補血，補脾陰不足。赤者破血行積。火煨用，有酒浸、薑汁浸，各炒。　蒼朮，刮去毛、土，米泔浸一日夜，切炒。有薑汁炒者。茅山者佳，製同。　生白毛者好。　南星，圓大、白者佳。濕紙包，火煨裂用。有薑汁浸者，有同生薑、白礬、皂角煑透焙用者。有為末，冬至日裝入牛膽中，懸通風無日處，立春日取出，陰乾，即膽星也。

半夏，圓白大者佳。滾水泡七次，去度臍，切用。有同薑、礬、皂角煑透切用者。有生薑汁浸三次，焙用。有油炒用，不損胎，降肺火，消痰。　半夏麯用半夏細末一斤，白礬半斤，生薑汁合成塊，楮葉包，伏日製，陰乾。　黄芩，刮去皮(上)〔土〕。有用頭，用尾，用腐，用片，用條直鼠尾者，有生用、酒炒、薑製者。　黄連，去鬚。如鷹爪者好。水潤，切，有酒炒、薑汁炒，有生用，乳汁浸用者。　黄芪，刮去皮、蘆，水洗，切，有蜜炙、薑汁炙、生用者。　防風，去蘆及雙股者。有生用、焙用者。　荊芥，去根、土，用穗。有生用、焙用、燒灰用，有連梗用者。　薄荷，南產者佳。　去梗、土，洗，用葉。　羌活，川產，節密者佳。去蘆、土，洗晒，切。　柴胡，軟者好。去苗、土，水洗，切。　威靈仙，去蘆、土，酒浸用。　獨活，去毛、土，洗晒，切。　猪苓，洗去黑皮，切。

藁本，去土、毛，洗，切。　升麻，川者佳。水洗，去鬚、土，晒切。　細辛，北者好。去土、葉。　桔梗，去蘆、土，泔水洗，切，焙。　白芷，水潤切片，有焙用、生用，有同黄精拌蒸者，夏日頻晒，免生蟲，伏日切片好。　澤瀉，刮去毛，水洗潤，切，有酒浸，有皂角水浸，切，焙用。夏月頻晒，不生蟲。　紫蘇，去根、土，水洗。有用梗，用葉，有梗葉同用者。　枳殻、枳實，內白外黑，圓緊者佳。水浸，去穰，切。麩炒枳實，綠者不好。　大黄，川者、錦紋者佳。有生用、酒浸蒸者，有酒拌晒者，不傷陰血，有酒炒，有濕紙包，火煨者。　乾薑，黄白色，堅實者佳，黑爛者不好。有生用、炮用，有炒黑用者。　生薑，洗去土，有全用，有用肉、用皮、搗汁用者，有火煨用者。　菖蒲，石上生，一寸九節佳。去毛，焙，有酒浸、薑浸，焙。　有嫩桑枝拌蒸者。忌鐵。　五味子，北者佳。去枝，水洗，晒乾。有劈破，蜜拌蒸者。　大附子，濕紙包，火炮裂，去皮臍，切，有同黄連、甘草、童便煑，有鹽水、薑汁煑者。　草果，去皮膜，

切，焙。　牛膝，去苗，酒浸，焙。　車前子，去粃、土，炒。　韭子，酒浸，焙。

蘿蔔子，炒，研。　蓖麻，去皮，研。　紫蘇，去土，水洗，晒，炒。　鼠粘子，水洗，晒乾，炒，研。　烏藥，大者去鬚。　童便煮，切。　地榆，刮去鬚、土，水洗，切。　菟絲子，酒浸三日，酒煮爛，搗爛捏成餅，焙乾收用。　漏蘆，去腐土、蘆，甘草水拌蒸，切，焙。　紫(苑)〔菀〕，去蘆、土，有童便洗、薑汁製者，有蜜水浸一宿、火焙者。　麻黃，去根節，滾醋湯泡片時，去沫，發汗。根，止汗。　有連根節全用者。　砂仁，去皮，熨斗內微火炒用行氣，研碎。有生用者。　栝蔞仁，去皮，炒研如泥用。　有連皮、連穰全用者。　天花粉，即栝蔞根。　有薑汁浸用，有為細末，水澄去黃漿，數次成粉，晒收者。

遠志，甘草湯浸一宿，去心，晒乾。　苗即小草，去苗用者多。　天麻，瓜者佳。有生用，有火煨用。　羊角者次之。　天門冬、麥門冬，水潤，略蒸，去心。有酒浸，有薑汁浸，免戀膈，伏日洗，抽心極妙。　益智仁，去皮，焙，研用。

薏苡仁，微炒，用研。　酸棗仁，好睡用生，夜不能眠炒熟用，俱研碎。　紅花，頭次採者佳。　酒浸、醋浸者，略焙。　貝母，去心及嘴上白丹如米顆者。　薑汁浸，焙。　有同糯米炒，去米用。　知母，南者佳。　去皮毛，酒浸炒，有蜜水浸炒者。　欵冬花，去枝梗，甘草湯浸一宿，晒乾用。　菊花，黃色、白色者入藥，南者尤好。　去枝蒂，有酒洗者。　青莖，不應時開者不用。　阿魏，真者少，惟馬肉色者好。　醋浸用，有生用者，另研。　大麥芽，焙乾，有為麵用者。　神麯，六月六日，水六品，藥味全踏收，用青蒿、蓼子、蒼耳苗葉，各取汁；　赤小豆、杏仁研爛，和白麵，共和一處，踏實，楮葉包，吊通風處。

大茴、小茴香去枝梗，青鹽水拌炒，入腎經。　乾山藥，肥白大者佳。焙，夏日晒，不生蟲。　連翹，去枝梗、心，研。　乾葛，南產有粉者好。　水洗，晒乾，切。　乾漆，燒煙盡，研細用。　仙靈脾，即淫羊藿。　去葉邊上刺，羊油炒。　香薷，去枝、土。　用穗、葉。　蓮肉，去皮，微焙，研。　玄胡，南產緊小者佳。　微焙。　常山，雞骨者，剉。　白扁豆，炒去皮，研碎。　阿膠，明脆者真。　蛤粉炒成珠，研。　前胡，去蘆、毛，薑製用。　蒲黃，黃細者好。微焙。　秦艽，去蘆、毛，酒洗浸。　百部，去枝、土，酒浸一宿，焙。　瑣陽，酥油炙，或羊油炙透用。　瓜蒂，焙，另研。　烏頭、草烏，川產者佳。　濕紙包，溫火炮裂，去皮臍尖用。　肉蓯蓉，酒浸一宿，去鱗甲及心中白絲，焙。不去膈人，心氣不散，正氣不出。　酥炙者。　米殼，水潤，去頂膈，蜜炒黃色。有生用者，不可輕用。　百合，蜜拌蒸軟，切。有炒黃色者。　槀本，去枝葉，洗去土，晒。　木瓜，酒浸，切，晒。　木賊，去節，焙。　巴戟，連珠者佳。甘草湯浸去心，有酒浸者，有枸杞湯浸者。　石斛，去根、毛，酒浸一宿，晒；　有酥油拌蒸三時者。　芫花，醋浸，微火焙黃色，去毒。　甘遂，麵裹，煮透用。　三稜，去毛，有火煨，切；　有醋煮、醋炒、酒炒者。　莪朮，同三稜製法。　何首烏，酒浸軟，切大片，黑豆一層，何首烏一層，蒸、晒各七遍，聽用。忌鐵器。　牽牛，黑者利水，白者亦利水，不損氣，焙，取頭末用。　萆薢，川者佳。　有酒浸、泔浸、童便浸、鹽水浸之別。　香附米，製法同，當炒。　龍膽草，去蘆、土，酒浸，晒。　蛇床子，有生用，有生地汁拌蒸三時。

益母草，五月五日、七月七日五更採，去根，枝、葉、子全用。忌鐵器。　穀精草，立夏前採，去根葉、土，晒乾。　茵蔯蒿，穀雨前後採，酒洗，陰乾。　因有宿根，復生色白者是，有角者非。　夏枯草，花盛吐時採，去根、土，洗淨，熬膏用。　有生用、煎湯用者。　赤、白葵花，去萼，略焙。小葵子去苞，焙，研用。　草豆蔻、白豆蔻，去皮膜，略焙，研用。　烏梅、小棗，俱去核，用肉。棗有煮去皮核用者，有生用者。　地骨皮，洗去土、骨，甘草水浸一宿，焙。

破故紙，用東流水洗淨，同鹽、酒浸一宿，同芝麻焙聲絕，去麻。　續斷，去蘆、絲，酒浸一時，晒，焙。　孩兒茶，研細，膈紙略焙。　厚朴，去粗皮，洗。紫厚香者佳。　有生用，有薑汁浸炒者。　黃栢，去粗皮，洗，切，有酒炒、蜜炙、鹽水炒，有(牛)〔生〕用，有臘月猪膽炙透用者。　青皮，四花，圓緊者好。水泡去穰，切，焙，有晒乾用，有醋炒用。　大腹皮，揉去土，有酒洗，有薑汁浸去毒，有連子用者。　牡丹皮，去木，水洗，有醋浸焙，有酒拌蒸用者。桑根白皮，刮去赤〔皮〕，有蜜拌炒。　忌鐵器。　東行根出土者有毒。　茯苓，赤者利水，白者亦利水，帶補。　去皮，有焙用，有為末，水澄去筋膜，晒乾用。

檳榔，白而堅者好。　有火煨，切。　有酸米飯裹，濕紙包，火煨者。　有生用，有石灰製者。　枸杞子，甘州紅小者佳。　去蕚，酒浸用，同菊花拌焙，去菊花。　山查，南者佳。　水潤蒸，去核。　草果，去皮膜，切，焙，有麵裹煨者。

山梔子，紅小者佳。　有用仁、用皮、有仁皮同用者，炒，研碎。　川楝子，去皮、核，焙。　槐花，水洗，去枝，焙乾收。　訶子，去皮核，煨，有生用者。郁李仁，泡去皮，壓去油，研。　杜仲，去粗皮，切，薑汁拌炒絲盡，有酥油拌炒者，有酒浸炒者。　桃仁、杏仁，湯泡去皮尖，炒，有生用，有連皮尖用者，

各研。雙仁有大毒，不可用。　皂角，炙去黑皮，子另研，大小不等，各有用。　皂角刺，切，焙。　木通，大者、色黃白者佳。去皮。　通草，白者佳。二味通氣。　木香，廣者佳。有不見火，為末用者。有火煨，有水研用者。　青木香，同製法。　吳茱萸，去枝，滾水加鹽泡五次，去毒，炒用。　山茱萸，水泡，去核用肉，焙。　側栢葉，按四時方位採，焙，有陰乾、生用者。　栢子仁，水浸，略蒸，晴日晒爆，開口取仁，焙，另研。　川椒，去皮梗，合口及黑子。焙出汗，地上盆合一時，去火毒，為末用。　巴豆，去皮心膜，有生用、焙用、連皮用，壓去油，取霜用。有醋煮用者。　陳皮，廣者、紅者佳。去白，利痰用。連白，入脾胃。有鹽水浸焙者。　丁香，去頂上小泡子及枝梗，另研。母丁香力大。　肉豆蔻，麵裹，煨去油，切。　椿根白皮，切，焙。　乳香，明淨者佳。粘則難研，同燈草研或膈紙略焙，研。　琥珀，同豆腐漿，水煮百沸，略炙，另研。拾芥者真。　官桂，補用肉厚者，下行。和榮衛，上行，橫行，用枝。俱剉。有不見火用者。　石膏，軟白者佳。有同甘草水澄用，有生用，有火煅用，俱研細。　赤石脂，火煅，研細；　有生用者。　寒水石，有薑汁煮用，有火煅，有生用者，俱為末。　自然銅，火煅紅，醋淬七次，研細用。　磠砂，醋和，麵包慢火煨麵熟，殺毒。　針砂，傾銀鍋內，火煅紅，醋淬。　人言醋浸一宿，除毒。不可輕用，亦不可買賣。　人手足甲，新瓦上焙存性，另研。　人糞，乾者研水調服。殺杏仁毒極効。有燒用者。　人髮，童子年壯少者好。燒研。　人小便，二三歲以上，十歲以下，色清者佳。

天靈蓋，年久者好，火煅另研。　人牙，火燒，另研。　龍骨，五色具者佳。白者、粘舌者好。火煅，另研。亦有生用者。　虎骨，前腿脛骨髓滿者佳。酥油炙透，有酒炙者。　象牙，生者好。燒存性，另研。年久有油者，不堪。

龜板，去裙，酥油炙透；　有酒炙者。　鱉甲，醋炙，或酒炙透，去裙。　全蝎，去毒，水洗去鹽，焙。　五靈脂，為末，水澄去土，焙；　有生用者。　蜈蚣，金頭赤足者佳。去頭足，炙透。　蟬蛻，去嘴、足、翅、土，焙，研。　白花蛇、烏稍蛇，酒浸，去皮骨，焙。　穿山甲，沙土炒，另研。　珎珠，新鮮者用綿絮包裹，火燒不振，另研。　牡蠣，左顧者佳。煅研。　班猫、紅娘子，去頭、足、翅，水略潤，同糯米微火炒透熟，去米另研。　酒，用無灰釄者佳。醋，用米造陳者佳。　油，用白芝蔴者佳。　水，用甜井、新汲者佳。　凡治病在頭面、手稍、上部者，用酒炒藥。治咽喉以下，肚臍以上中焦者，用酒浸晒。在臍下至足者，多用生藥。凡熟升生降之意。　製藥用心，不可太過，過則反失藥力。　凡炒藥，大、中、小分三等，作三次炒，庶無生熟之患。凡七、八、九月，遇晴明天氣，預製咀片過冬；　冬月天寒水冰，製則失藥力。萬曆十三年春仲月吉臨邑清泉張潔選集。

明・張梓《藥證類明》卷下法製門

玉石部　諸石煅，制其燥烈也。花蘂石、寒水石、蛇含石、陽起石、磁石、蘆甘石、赤石脂、密陀僧，諸石皆煅是也。

青礞石，煅，平其燥烈也。煅用硝，硝能化石毒，兼假其消化驅逐之力也。

滑石，炒，制其大寒也。同牡丹皮煮，是雷公製法也。滑石能逐凝血，又假牡丹皮行血之力，治血證之所宜也。　白礬，煉枯，衰其寒，成其燥也。

自然銅，煅，毀其堅也。醋淬，使入血也。淬必七次，約其當也。　硇砂，醋煮，使入血也。　海浮石，煅，平其燥烈也。醋煮，使入血也。　鹽，炒，燥其滷苦，又假其溫也。　砒，醋煮，制其毒也。　石鹼，醋化，使入血也。針砂，醋炒，使入肝也。　鉛丹，炒去其硝，潤也。　錫灰，醋炒，使入肝也。

青礬，醋煮，制其毒也，又使入肝也。

草部　黃芩，炒，折其寒也。酒炒，假上行也。酒浸，寒因熱用也。　猪膽，炒，引入足少陽也。藍葉汁浸，涼肝也。　威靈仙，酒洗，助其上行、橫行之勢也。　草龍膽，酒炒，強其上行、外行也。酒浸，寒因熱用也。　黃芪，炙，益其溫也。　炙用蜜，補其火耗之液，且不乏其甘也。　知母，炒，折其寒，使不犯胃也。鹽、酒炒者，鹽鹹入腎，酒以熱為用也。　黃連，炒，折其寒也。薑炒，假辛衝熱有力也。酒炒，假上行也，又寒因熱用也。土炒，引入足陽明、太陰也。同吳茱萸炒，使入足厥陰也。同巴豆炒，假其動蕩之氣也。同益智炒，使入足太陰也。用猪膽炒，引入足少陽也。　蒼朮，米泔浸，緩其性也。又假穀味，入脾也。炒，益其燥也。　芍藥，炒，折其寒也。酒炒，欲其行經也。　半夏，湯泡，去其灰滑也。泡必七次，約其當也。薑制，殺其毒也。炒黃，益其燥也。同皂角煮，假其通利之勢也。醋煮，使行左也。油炒，潤其燥也，又姙婦用之，不犯胎。　附子，童便、鹽水先煮而泡者，鹽殺其毒，童便助下行之捷，熱因寒用也。制烏頭、天雄同法。　甘草，炙，假其溫也。

當歸，酒浸洗，假上行也。酒洗，假外行也。　草豆蔻，煨。　貝母，湯泡，去其灰滑也。　薑炒，假辛衝散有力也。　肉豆蔻，濕煨，助其溫中之力也。

麵煨，助其油也。　紅花，酒洗，假上行、外行，及行血捷也。　蓬莪茂，炒，防其散泄之過也。　醋煮，使入血也。　白朮，炒，益其燥也。　土炒，助脾也。炒須黃色，約其當也。　延胡索，炒，防其散泄之過也。　大黃，酒浸，使入太陽也。　酒洗，使入陽明也。　酒蒸，使上行也。　酒浸、火煨，寒因熱用，不使犯胃也。　蒲黃，炒黑，使入陰分也。　青蒿，童便浸，益其寒，又下行入血也。　紫草，酒洗，假行血之捷也。　菟絲子，酒洗，假其力捷于脉也。　牽牛，炒，制其猛烈也。　木香，煨，益其熱也，以其壯火之氣也。　生地黃，酒洗，假其上行也。　熟地黃，蒸，假火力以補腎中元氣也。　蒸必九次，約其當也。　蒸用酒，假其力捷于行血也。　薑汁炒，不使泥膈也。　茴香，炒，成其溫也。　炒用鹽湯，歸于腎也。　牛膝，酒蒸浸，假其力捷于行血也。　罌粟殼，炒，欲其澀也。　醋炒，助其收澀也。　蜜炒，緩其收澀也。　海藻，水洗，除其鹹也。　甘遂，煨，制其毒也。　宜遠大毒者，則易煅為煮也，煮用麪裹，使湯不漬於內也。　麻黃，湯泡，去其（涞）〔沫〕也，其沫令人煩故也。　撫芎，酒浸，成其上騰之勢也。　瓜蔞根，酒制，和其寒，又假上行也。　薏苡仁，炒，折其寒也，又助其燥也。　續斷，酒浸，助其行血之捷也。　菴蕳子，炒，成其溫也。　車前子，炒，絕其微寒也。　桔梗，炒，助其升也。　蒺藜，炒，絕其微寒也。　遠志，薑炒，假其辛，以成散行鬱遲之功也。　薯蕷，酒浸，假外行也。　續隨子，炒，枯其油也。　艾，炒，使之溫也。　酒浸炒，又欲其溫之甚也。　縮砂，炒，抑其散也。　香附，炒，防過泄也。　醋煮，使入肝也。童便浸炒，使下行捷，又假其寒也。　茵陳蒿，酒炒，絕其微寒也。　南星，湯制煮，去其灰滑也，泡七次，代煮也。　薑制，殺其毒也，又假辛衝散也。　同皂莢煮，假其過關利節之勢也。　牛膽制，引入中膽也，又假其涼也。　苦參，炒，假上行也，又制其寒也。　蒼耳草，酒蒸，假火酒之力，以行寒濕也。肉蓯蓉，酒浸，益其溫也，又假酒力捷于血也。　瑣陽，酒擣，制其下滑也。

白附子，□益其（濕）〔溫〕以成行藥之勢也。　萆薢，鹽水炒，使入腎也。

防己，酒浸，制其寒也，又助其通十二經之捷也。　大戟，煮焙，制其大寒之氣也，絕其小毒也。　葶藶，炒，緩其性急下行之力也。　三稜，炒，制其過耗也。　醋煮，使入肝經血分也。　豨薟草，酒煮，假火酒之力，以行其寒濕。　（黍）〔鼠〕粘子，炒，耗其潤也。　蒸，助其潤也。　生治裏，熟治外，或炒或蒸，皆熟之以治外也。　故東垣用半生半熟以治表裏也。　片薑黃，煨，欲其溫也。　草烏，童便浸，去黑水。炒，殺其熱，及去其毒也。　蜀漆，酒洗，去其腥也。　瓜蔞仁，炒，枯其油也。　澤瀉，酒浸，未詳。

木部　黃柏，炒，折其寒也。　炒褐色，約其中也。　炒黑，入陰分也。　鹽炒，入腎也。　酒炒，寒因熱用，不令犯胃也。　蜜炙，和其苦燥也。　酥炙，補其火耗之液也。　童便浸炒，使下行血分也。　厚朴，薑炒，制其毒也。　山梔子，炒，折其寒也。　薑炒，假辛衝熱有力也。　同吳茱萸炒使入足厥陰也。枳殼，炒，防過泄也，又折其寒也。　炒用麩，使其不攬色。　枳實制法同。　桑白皮，炒炙，防過散也，又絕其小寒之氣。　炙用蜜，補其火耗之液，又假其甘補也。　側柏葉，酒蒸，其性善守，假火酒之氣，行速也。　炒黑，使入陰分也。鹽炒，使入血及腎也。　槐花，炒，折其涼也。　杜仲，炙炒，為去絲也，又益其溫也。　炒用薑汁，益其辛也。　麩炒，使熱漸漸逼入，不攬焦色也。　大腹皮，先酒洗，又大豆汁洗，制鴆毒也。　薑汁炒，假辛散。　吳茱萸，湯浸，去其苦烈也。　鹽湯洗，制其小毒也。　火炒，平其熱也。　益智仁，炒，制其辛熱也。　皂莢，炙，絕其小毒也。　炙用酥蜜，補其火耗之液也。　乳香，微炒，殺毒也，又使不粘，可作末也。　芫花，醋炒，制其毒也。　其性本苦，酸苦相合，而為湧泄也。　巴豆，炒，枯其油。　同粳米炒，使入胃也。　乾漆，炒煙盡，絕其毒氣也，又緩其性急也。　檳榔，炒，制過泄也。　阿魏，醋煮，使入肝也。　沒藥，微炒，使不粘，可作末也。　川楝子，炒，假其溫也。　烏藥，炒，防過泄也，又益其溫也。　樗根皮，炒，成其苦澀之性也。　草果仁，炒，折其燥散也。　棠毬，炒，欲其溫和也。　蜀椒，炒，去汗，防有毒也。　栢子仁，炒，枯其油也。　酸棗仁，炒，枯其油也。

果部　枇杷，焦炒，絕其小冷也。　炒用薑汁，假辛與其本性之苦，以成散泄之功也。　烏梅，炒，防其湧泄，而無收斂之功也。　橘皮，炒，防耗散也。

橘核，炒，防過泄也。　青皮，炒，防過泄也。　炒黑，使入陰血之分也。　肉汁煮，緩其烈也，又益脾也。　桃仁，炒，枯其油也。　去尖，防其銳也。　杏仁，炒，枯其油也。

菜部　萊菔子，炒蒸，皆制其過于破泄也。　炒，耗其油潤也。　蒸，助其油潤也。　紫蘇葉，炒，不令其發散也。　紫蘇子，炒，防過泄也。　生薑，煨，緩其發散之力也。　乾薑，炒，使其味苦，一于止而不行也。　炒黑，使入陰分。　燒灰，取其不足也。　白芥子，炒，枯其油也。　瓜蒂，炒，防有毒也。

何以謂之防？ 日華子言其無毒，《本草》言其有毒也。

穀部　陳倉米，炒，使其香温也。 同巴豆炒，借其動盪之氣也。 白扁豆，炒，使其香溫也。 薑汁炒，假其辛有開散之義也。 赤小豆，炒熟，使其香溫也。 紅麯，炒，欲其溫也。 神麯，炒，益其溫暖之。 薑汁炒，假其辛以開導也。 大麥蘖，炒，助其溫以成腐熟之功也。 炒須黃色，約其當也。

浮麥，炒，假其溫也。

人部　人中白，煅，絕其穢也。

獸部　虎骨，炙，炙用酥、酒，使不焦枯也。 阿膠，炒，絕其穢也。 炒用滑石末，使不粘也。

蟲魚部　蟬殼，炒，絕其毒也。 花蛇，酒浸，假升散也。 穿山甲，炙炒，制其大毒。 炙用酥，使不焦枯也。 蜜煉，去其蠟末也，蜜不同性也。 龍骨，煅，成其澀燥也。 煅須用赤，約其當也。 水蛭，炒煙盡，絕其毒也。 五靈脂，生行，炒，欲其止也。 醋煮，使入血也。 蚶殼，煅，欲其燥也。 醋煮，使入血也。 蛤粉，火煅，益其燥也。 蝎，炒，絕其毒也。 龜甲，炙，不經火炙，堅硬，不堪入藥。 用酥、酒、猪脂炙，使不焦枯也。 鼈甲，炙，不經火炙，堅硬，不堪入藥。 炙用醋，使入血也。 酥炙，使不焦枯也。 牡礪，煅，欲其燥也，又絕其微寒也。 殭蠶，炒，防有毒也，又絕其絲也。 炒用薑汁，助其辛散之力也。

明・李詡《戒庵老人漫筆》卷四　煮煉鹿霜膠法　新麋鹿角各一對，截二寸，汲長流水浸三日，刷去腥垢，每斤用楮實子一兩，桑白皮、黃蠟各二兩，無油淨鍋魚眼湯，不斷火慢煮，勿令露角，常添熱湯，不可用水。 三晝夜取出，削去黑皮，薄切曬乾碾末，即成霜也。 右將煮角汁濾去滓，慢火如法熬濃，傾磁盆內，候冷凝，切作片，陰乾成膠。　煮麋角霜法：　新麋角一具，寸截，流水內浸三日，刷腥穢，以河水入砂瓶或銀瓶內，以桑葉塞瓶口，勿令漏氣。 炭火猛煮，時時看候，如湯耗，旋益熱湯。 一日許，其角爛似熟山芋，掐得酥輭即止，未輭更煮，慎勿漏氣，漏氣則難熟。 取暴乾為粉，其汁澄濾，候清冷以綿濾，作膠片，盌盛，風中吹乾。 麋角膠別入藥。

明・芮經《杏苑生春》卷三　藥品製度　藥之製度，猶食品之調和也。 雖食品之加五味，非調和不能全其美。 藥石之攻百病，非製度不能足其功。 況藥又有酷劣峻利者，不以泡、炮、浸洗，豈能和其性而製其毒耶？ 假如黃芩、黃連、黃(藥)〔蘗〕，用在頭面、手稍、皮膚者，須用酒炒，以其沉寒，借酒力以上騰也。 用在中焦酒洗，在下焦生用。 黃連去痰火，必薑汁拌炒，去胃熱和土炒，治吞酸和吳茱萸炒，此是各合其宜也。 大黃用行太陽經酒浸，陽明經酒洗。 況其性寒有毒，若氣弱之人，須用煨蒸，不然必寒氣傷胃也。 地黃、知母，下部藥也，用之恐寒氣犯胃，須用酒浸。 地黃用治中風，非生薑汁浸炒，恐泥膈也。 龍膽草、苦參酒浸者，制其苦寒也。 當歸、防己、天麻酒浸者，助發散之意也。 川烏、天雄、黑附子，其性最劣，須灰火中慢慢炮裂，去皮臍尖，用童子小便浸一宿，制其燥毒也。 半夏湯泡七次，南星水洗，俱臘月冰凍三兩宿，去其燥性；　用治風痰，俱以生薑汁浸一宿。 南星用治驚癇，以黃牛膽釀陰乾，取壯其膽氣也。 吳茱萸味惡，須沸湯泡七次，去其劣性。 麻黃先煑一兩沸，去上沫，免令人煩悶。 山梔仁用瀉陰火，炒令色變。 水蛭、䖟蟲、班猫、乾漆，非炒烟盡，不能去其毒，生則令人吐逆不已。 巴荳性速，大毒，不去油，焉敢輕用？ 大戟、芫花、甘遂、(雙)〔商〕陸，其性尤暴而毒，非炒用峻利不已。 蒼朮氣烈，用米泔浸一兩宿，緩其燥性。 凡用金石并子仁之藥，須各另研極細，方許入劑。 但製度得其宜，而藥能施功矣。 其諸湯散膏丸等類藥之製度，欲方方注意，恐繁反有失悮，故併錄於此，取其捷便。 倘隨症自有別法製度，不拘此例者，就注原方項下。 大凡修合，亦依此式，務在至誠敬謹，毋得忽也。 後凡炒煅者，必隔紙放地上，去其火毒方用。

黃芩去腐心。　黃連去鬚，胃弱人炒用。　黃蘗去麄皮，若瀉炒用火酒。　黃芪蜜水拌炒。　大黃胃弱酒浸，煨熟用。　熟地黃酒浸焙。　蒲黃破血生用，止血炒黑。　白蒺藜去刺蒸。　生地黃酒洗。　麻黃去節，煎一兩沸，去上沫。　白艾葉去梗，揉軟，焙。　白礬火上飛過。　赤白芍藥炒。　白朮去蘆，焙。　紫(苑)〔菀〕去蘆、土。　紫葳去枝。　青皮去穰，焙。　金銀花去梗。　龍膽草去蘆，酒浸。　金沸草去梗、葉。　草菓去殼。　木瓜去穰。　欵冬花去枝、土。　楮實去浮者。　縮砂仁去殼，孕婦焙。　郁李仁湯泡去皮尖，另研。　桃仁湯泡去皮尖，麩皮和炒微黃。　栢子仁去殼，取仁。　麻子焙，去殼，取仁另研。　杏仁去皮尖、雙仁者。　麥麩炒微黃。　大風子去殼。　薏苡仁去殼，糯米和炒，去米。　酸棗仁去殼，焙炒。　蕤仁去殼，另研。　芡實去殼。　槐花炒黃。　芫花炒。　甘菊花去枝。　木賊去節。　木通去皮節。　穀精草去根。　馬鞭草去根。　甘草去蘆。若和胃炒用，瀉火生用。　青鹽火煅，另研。　紫蘇去梗。　蘿蔔子炒。　白芥子焙。　枸杞

子去枝。　白附子炮。　訶子麵裹煨，去核。　紫蘇子焙。　五倍子水洗去垢，焙。　栝蔞仁去殼。　牡丹皮酒洗，焙。　蝟皮炙焦。　草荳蔻去殼，和麵炒。　肉荳蔻麵裹煨。　人參去蘆，存蘆無效。　大腹皮薑汁拌炒。　地骨皮去骨。　使君子去殼，焙。　鼠黏子炒，研碎。　車前子焙，研。　菟絲子水洗去土，酒浸軟，研餅，炒。　楝子去核。　蓖蔴子去殼。　木鱉子去殼。　蛇床子焙。　冬葵子焙，另研。　續隨子去殼，取仁。　白荳蔻去殼。　黑附子炮去皮臍，童便浸。　韭菜子炒。　山梔子去殼，瀉陰火，務炒色變。　五味子去殼，搗碎。　陳橘皮治痰去白。　椿根皮焙乾。　桑白皮去麄皮，蜜水拌焙。　苦參酒浸。　巴荳去殼取肉，研細，紙壓去油。　荳豉綿裹煎。　蘇合香酒浸，另研。　藿香水洗，去土、梗。　香薷去梗。　硇砂黄丹，石灰作櫃，煅，另研。　蛇含石火煅，另研。　代赭石煅紅，醋淬七次。　磁石煅紅，醋淬九次，另研水飛。　紫白石英煅紅，醋淬七次，另研。　乾薑溫胃炮，發散生。　柴胡去蘆。　胡蘆芭酒浸，焙。　良薑炒。　川烏炮去皮臍。　赤白石脂火煅紅，另研。　石斛去根。　陽起石火煅，醋淬七次，另研。　花蕋石火煅，另研。　大茴香焙。　小茴香炒。　安息香酒浸，另研。　苦丁香焙。　赤白茯苓去皮。　麝香去皮毛，另研。　香附子炒去毛，或四製尤妙。　針砂火煅紅，醋淬，另研。　寒水石火煅紅，另研。　石燕煨紅，醋淬七次，另研。　爐甘石火煅紅，黄連湯淬七次。　烏梅去核。　前胡去蘆。　牛膝去蘆，酒洗，焙。　鱉甲醋炙黄。　穿山甲蛤粉和炒。　敗龜板酥炙焦黄。　鹿茸去毛，酥炙。　龍齒另研。　龍骨煅，另研。　虎睛炒。　虎骨酥炙黄。　班猫去頭足翅，糯米和炒，去米。　殭蠶去嘴絲，炒。　蟬退去翅足，洗。　蠶蛾入葱管陰乾，焙去翅足。　土狗焙。　全蝎去毒，炒。　花蛇、烏蛇酒浸，炙，去頭、尾、皮、骨。　牡蠣煅紅。　海馬酥炙。　蛤蚧酥炙。　海螵蛸去骨。　桑螵蛸炒。　䖟蟲去翅足，炒黄。　水蛭炒黄。　地龍去土，炒。　五靈脂炒烟起，另研。　青紅娘子炒。　官桂去皮。　防風去蘆并叉者。　黑白牽牛每斤止取頭末四兩。　石決明另研極細。　防己酒洗，但治肺生用。　神麯炒黄。　大麥蘗炒去殼取□。　枇杷葉去毛，焙。　秦艽去蘆、土。　百合蒸。　山茨菰去殼衣。　三稜醋浸，去皮，炒黄。　蓬术醋浸，去皮，炒黄。　川椒炒(止)〔出〕汗。　去目并合口者。　甘遂麩皮和炒。　巴戟去心，酒浸，焙。　大戟焙。　天麻酒浸，濕紙包煨香。　升麻去黑腐。　枳殼去穰，麩皮和炒。　枳實麩皮和炒。　二門冬水潤，去心。　貝母去心。　知母去毛衣，酒洗，焙。　澤瀉去毛。　南星臘月中煉去燥性，用軟柴炭火中炮製，去皮臍。治驚癇，黄牛膽內陰乾。　當歸去蘆，酒洗。　猪苓去黑皮。　蒼术濃米泔浸一宿，洗淨，(內)焙。　白芷去蘆，焙。　連翹去枝。　薄荷去梗。　阿魏醋浸，另研。　荊芥去梗。　常山去蘆，酒浸。　半夏湯泡七次，去皮臍。　威靈仙炒。　瞿麥去梗。　厚朴去皮，薑汁炒。　桔梗去蘆，焙。　遠志甘草湯，去心苗。　乾漆炒盡烟。　萆薢酒浸，焙。　石菖蒲去鬚，焙。　續斷酒浸，焙。　破故紙酒洗，炒。　射干去苗。　益智仁去殼。　粟殼去蒂穰，蜜水拌炒。　茵陳去枝。　牙皂角酥炙黄。　天雄炮去皮臍。　側栢葉焙。　茯神去皮、木。　馬兜鈴焙。　大棗去核。　肉蓯蓉酒洗，焙。　鎖陽酒洗，焙。　商陸焙。　緋丹湯泡去黄水，炒紫，另研。　自然銅煅紅，醋淬九次，另研。　雷丸醋浸去黑皮，焙。　藁本去蘆。　禹餘糧煅，另研。　葶藶炒焦。　苦楝根取東南者，炒黄。　吳茱萸湯泡七次，去水，晒乾，炒。　山茱萸水潤，去核。　硃砂另研，水飛。　伏龍肝煅，研細用。　食鹽煅，研。　狗脊去毛，酒浸，焙。　仙靈脾每四兩用羊脂一兩，炒脂盡為度。　石韋去毛，焙。　百部去心，酒洗，焙。　補骨脂湯入水浸三日，炒。　阿膠蛤粉和炒成珠。　草烏去皮臍，炮，童便浸一宿。　滑石另研，水飛。　石膏煅，另研。　馬藺花醋炒。　澤蘭葉去梗。　夜明砂淨。　青蛤粉另研。　骨碎補去皮毛，酒浸，焙乾。即猴薑。　蔓荊子酒浸，焙。　杜仲去皮，酥炙，去絲。　栝蔞根即天花粉。去皮。　鐵粉

明・羅周彦《醫宗粹言》卷四　諸藥製法

白术：　去皮梗。　去濕利水用麩炒微黄色，補胃用淨土炒黄色。　補脾用淛术，其味甘而氣厚，利水燥濕宜用。　各處山术其味淡而能滲，醫不可不審也。　蒼术：　去皮用米泔水浸一宿，切片暴乾，淡淡鹽水微炒黄色，再暴乾貯之，久而不吐霜汁，可羨鹽水製過，其慓燥之烈性頗純，不傷真液。　出茅山緊小沉重為佳。　陳皮：　消痰理氣，用福州紅色者，謂之橘紅，其味辛而性燥，要去白穰淨而力愈大。　若和中補脾胃，不必去白，惟去粗穰而已。　用廣州者，宜其味甘辛而性溫和，所以善和中而益脾也。　今觀廣皮厚而軟潤，福皮薄而剛燥，從可知矣。　炒則氣耗而力微。　青皮：　溫水浸一時，去穰，切片，用麩炒。　疎肝氣積滯用醋炒燥。　枳殼：　熱水浸一時，取起(亮)〔晾〕乾，慢火煨透熱即起，切片用。　破至高之氣，消食去積滯用麩炒，不爾氣剛，恐傷元氣。　半夏：　用滾水入明礬或皮硝同泡，泡之時勿得動，一時湯冷，又易滾湯泡之，泡五七次者為佳，切片，仍以生薑搗汁拌，微炒過用。　去風痰濕痰，皆用此。　若理脾止瀉，如六君子湯中用者，宜半夏麯，麯之性不甚燥，

而得中和故也。其造法在後。　天南星：用陳久者，滾湯明礬同泡如半夏例，亦以薑汁拌和。其驚風風痰，小兒方中用者，以泡過者為末，裝入臘月黃牛膽汁中，透風處陰乾，待用之。　人參：去蘆，其蘆能上涌吐痰。無製，惟用黃亮結實者其力大，鬆放輕虛者無力。遼東本地名清和者，最取好參。　黃耆：北地如箭幹者佳。削皮，劈開，用蜜水塗之，慢火炙過，用補中益氣如是。若實腠理以固表，須酒炒。　當歸：去土，劈開，用酒浸洗，晒乾切片。　生地黃：用無灰酒洗過，晒乾。用鮮地黃搗汁熬膏，用木石臼，忌鐵器。胃弱者用薑汁炒。脾氣滯而膈間痞悶，不能服陰藥者須用之，以砂仁水濕，同生地黃炒，則皆無碍也。　熟地黃：用無灰酒洗，晒乾用。若作丸，以酒浸爛，木石臼中搗如泥；若蜜丸，先以和蜜勻，然後入眾藥，則不患不均矣。　芍藥：熱水泡半日，切片，酒炒過，則不患酸寒伐生氣。行血分，得酒製尤力大。脾胃不足嘔噦者，有用薑炒。　茯苓：無製，惟揀雲南結實而雪白者為佳，去皮淨。若消浮腫水腫，腫病不必去皮，五皮散單用茯苓皮是也。四君子湯中用，必須南苓；五苓散中用必須西苓方可，論淡滲，西苓尤速也。　猪苓：鋒刀削去黑皮，滾水泡透用，搥打實，切之成片。　澤瀉：削去毛，熱水浸半時，切片。　黃連：酒炒，去頭目之火；薑汁炒，去痰火、胃火，不傷脾胃；去實火，三黃解毒湯中用，不必製，只要去毛淨。　黃芩：治頭目疾須酒炒，去肺火生用，去虛痰火薑汁炒。治上病用片芩，治下病用條芩。　黃檗：酒炒，腎家用鹽水炒。　梔子：破，微炒。去浮火連殼用。瀉小腸火獨用仁，炒過研破，煎得味出。凡仁入煎，俱要研碎。　知母：治嗽酒炒，入腎鹽水炒。去毛皮淨。　牛膝：去蘆，酒洗，乾切。　杜仲：去粗皮，切，薑汁炒斷絲，不斷又復炒。孕娠用糯米同炒之。　破故紙：微炒香。　巴戟天：熱水泡透，以木槌打碎，擘去心。小茴香：微炒，入煎藥研碎。　滑石：揀去粗者，擇細膩者，研為極細末，水飛入藥。今粗入煎湯，皆不作効。　石膏：研極細，調入藥尤効。　作散者煅熟，入煎劑半生半熟。　麥門冬：熱水泡一時透，去心用，如不去心，服反令人煩躁悶塞。　天門冬：製同麥冬。　入丸藥酒浸極爛，搗如泥，調和眾藥。　厚朴：去粗皮，切片，薑汁炒。　白扁豆：炒熟去殼，微搗碎用。　薏苡仁：微炒黃色。　桃仁：泡去皮尖及雙仁者。云雙仁能殺人，縱不殺人必有毒。　杏仁：製同上。入煎劑研如泥用。　瓜蔞仁：打去殼取仁，研碎入煎。　大黃：陝西莊南衛者有力，不作腹痛；川者力遲而痛。瀉實者生用，虛弱者酒蒸熟用。　朴硝：冬天度一次者尤妙，未度擇，定分兩入盞，以熱藥泡之。同入煎眾藥，查中滲去而力不全。　葶藶：紙炒，研碎入煎。　車前子：微炒，研碎入煎。　海藻、海帶、海粉、昆布：俱去鬚，微曬乾入藥。　青鹽：熱水洗淨，晒乾入藥。　木香：不得見火，准為末，入煎磨汁，內熟湯中服。　沉香、檀香：同上法。　丁香、砂仁、白豆蔻：俱宜為末，調入湯煎劑，必待煎半熟方入可也。不爾香氣皆洩散去，所以不作効。　三稜：熱水泡浸一時，慢火煨透，切。　莪朮：製同上。　何首烏：乾者米泔水浸透，竹刀刮去皮，切片，用黑豆以水浸透，同何首烏蒸之，豆熟為度，九次者佳。　白蒺藜：炒研去刺，研碎入煎。　山茱萸：熱湯泡軟，剝去核。　吳茱萸：熱湯泡去頭水，晒乾用。　巴豆：去油淨。《本草》云生溫有毒，熟寒無毒。今之去油生用為避寒也，殊不知寒不足避，當避其大毒。況《本經》全無去油之製法，陶氏煮令黃黑，然亦太過，不如去其心膜者，五度換水，各煮一沸為佳。《局方》化滯丸而巴豆不去油，只以巴豆煮熟用之，深得其性也。　牽牛：微炒，搗取頭末有力。　班猫：去頭足，同糯米炒令黃。有以牡蠣同炒之。　川山甲：同蛤粉炒黃色，研末，調入藥。　蜈蚣：慢火炙去頭足，研末入湯。　桑螵蛸：當中破，慢火炙之。　甘遂：麪包煨熟，去麪。　阿膠：打碎如豆大，用蛤粉同炒成珠用。入湯藥不可眾藥同煎，必藥熟起去查，復以同阿膠入淨湯中化清服。　膃肭臍：內滾水泡去毛淨，切片，新瓦上下慢火炕乾入藥。　紫河車：用熱米泔水洗淨，然後用麝香湯洗，上下新瓦炕乾入藥。有鮮煮食，必用椒薑。　使君子：慢火煨香熟用。　肉豆蔻：麪包煨去油，熟，切入藥。　茯神：去木，研細，水飛過用。　陽起石：用火煅透紅，研極細麪入藥。　硫黃：用芭蕉搗汁煮之，後以甘草湯煮之，庶無毒。牡蠣：火煅淬醋盤中，又煅又淬五七次為佳。　蠶白：微炒，研末入藥。　皂角：去皮弦，慢火炙黃色用。　藿香：洗去土淨，晒乾用。　乾漆：用新瓦上下合定，火煅黑烟盡方可用。以其性氣大悍，服之大傷血氣。若去烟而用之，止破瘀血而不傷元血。若血暈不省人事者，即燒烟薰之立甦，足可以見其悍也。　砒霜：凡入藥劑，如鼾喘丸、三品斬鬼丹，亦不能棄之不用也。用之者不知製度，其不殺人者幾希。每將砒石一兩，打碎，用

明礬一兩為末，蓋砒上貯礶中，入明火一煅，以枯礬為度。砒之悍氣隨烟而去，駐形于礬中者，庶幾無大毒，用之不傷也。用砒霜即用礬霜是也。　黄丹：　凡用丹入藥，如生肌膏、生肌散皆必用之。緣丹性寒，得火煉形，而陰中之陽有坎離之義，集之生肌去毒者也。今市肆售利牽假，河沙混之，其不飛澄沙石用之，必然無効。凡丹須淨器以水飛過，仍炒乾丹入劑。　桑白皮：　刮去紅皮，切碎，用酒炒微黄色為度。　常山：　用酒浸過宿，切，用則不吐。　大腹皮：　擘去垢黑，用溫水洗淨，又用酒洗用。有用大豆汁洗方可用。孫真〔人〕云：　鴆鳥多棲此樹，遺屎在皮上不淨，恐有毒。今人可之不製，曾有人服之而致死者，其可忽諸？　青鹽：　溫水洗去塵土，火煅過用。　蛤蚧：　用酒洗（溫）淨，慢火炙熟，研入藥。　白硼砂：　用口含過，得溫用。　（蘆）〔爐〕甘石：　用傾銀礶煅紅，傾出在三黄湯內，三五次尤佳，然後用三黄湯懸飴煮乾，露一夜，焙乾用。　珍珠：　豆腐內蒸過，鐵臼內搗末研用。有用火煅，非其製也。一說入目貴乎生用。　瑪瑙：　犬肉內煮之，火煅紅，醋淬用。　琥珀：　用細布包，內豆腐鍋中煮之，然後灰火略煨過。一云安心神俱宜生搗，入目製過用。　血（結）〔竭〕：　用燈草同研則成粉。　磁石：　火煅淬過。　硇砂：　成塊者搥碎，乳汁浸二宿，（氣）〔瓦〕器烙乾，乳用。　石蟹：　火煅，醋淬過。　白丁香：　入目者三黄湯煮乾，焙用。　針粉：　用鬲紙，有用火煅黄色。　石燕：　火煅，醋淬用。　石決明：　火煅，童便淬。　龍膽：　水化開，點目焙乾，研為末入散用。　龍骨：　火煅。　巴豆：　去油淨，成粉，用白絹包，甘草水煮，焙乾用，方可入目。　海螵蛸：　用濕紙包煨，碾碎用。　鷹條：　用三黄湯飛，甘草湯煮一次，焙乾用。　罌粟殼：　用熱水泡軟，擘去筋膜，切成絲用。蜜水微炒，晒乾用。忌蒜、醋、胡椒。　蕤仁：　去衣，綿紙包，研去油。　花蜘蛛：　醋浸死，瓦上烙乾，去足用。　翠白：　用傾銀礶煅如膏，醋中淬，焙乾。　香附子：　春去毛，用淨米，童便浸一宿取起，用淨水洗過，炒乾用。婦科以醋復燥之。　玄參：　用酒洗去塵土，切片晒乾用。玄參行表，治浮游無根之火，得酒氣而力愈健。　連翹：　擇去枝根及心，研碎入火煎。　蔓荊子：　破，以酒炒過入煎。今人往往不研不炒而用之，多不見効。　決明子、蘿蔔子、芥子、蘇子、韭子、青葙子：　凡藥中用子者，俱要炒過研碎入煎，方得味出。若不碎，如米之在穀，雖煮之終日，味豈能出哉？　乾薑：　生用發表汗，炒過溫脾而守中。胃間熱虛甚者，如補中益氣湯加之，當慢火煨焦黑色。　紫（苑）〔菀〕茸：　用酒洗去土，晒乾用。　桂皮：　有謂肉桂則厚桂，以滋腎者也，當刮去粗皮，惟存其肉而用之，故曰肉桂。其餘行血循經，止用薄桂。　遠志：　熱水泡浸一時，破肉去梗，和甘草煮半伏時，去草不用。　枇杷葉：　治咳嗽去毛不淨，反令人嗽。《本草》云：　四月採葉暴乾，用時須火炙，以布拭去毛，去毛不淨，以粟稈作刷刷之令盡。有用甘草湯洗，有用薑湯洗，有以酥塗炙用。初採濕者一葉重一兩，乾則三錢重一葉方好。　石斛：　用酒洗炙乾，或蒸過焙乾用，俱可。　甘草：　涼藥中生用，溫以補脾，必須炙熟。　仙茅：　糯米泔水浸三宿，用竹刀刮去皮，木砧上切片，陰乾用。　續斷：　酒浸一宿，搥碎，去筋，晒乾用。　松香：　用明淨者，名瀝清。入滾水煮三炷香，撈起放于涼水缸中拔之一時，復入鍋煮三炷香，又入涼水拔，如此七次，微入灰湯并酒，量水一石，入灰湯、酒各一斗煮之，再拔便晒乾聽用。此藥最要製法極精，稍有不精，服之殺人。《續醫說》有人製造不精，服之腸塞而死。然則製藥之法，可不慎哉？

明·龔廷賢《壽世保元》卷一《本草門》　藥有五法【略】

漬酒，【略】補虛損症，宜少飲，緩取效。攻風濕症，宜多飲，速取效。凡丸藥用蜜，每藥末一斤，則用蜜十二兩，文火煎煉，掠去沸沫，令色黄，滴水成珠為度。再加清水四兩和勻，如此丸庶可曝乾，經久不壞。或用重湯熬煉成珠，尤妙。

明·聶尚恒《活幼心法》卷一　精炮製用藥之法　凡用寒涼藥品，陰陽症、傷寒熱積痢症及諸實熱等症外，其餘若用之降炎上之火，用之清血分之火，俱有寒因熱用之義，須依酒炒、酒製之法，最為緊要。同一寒藥也，依法用之則取效，不依法用之則為害。若痘瘡中前後所用解毒諸寒藥，皆因毒火燥血，而用入血分以涼血活血者，是以芩、連、梔、柏、花粉、大黄等味，必用酒拌濕，炒燥。牛蒡子必炒香，研碎。當歸、白芍、生地、紅花、紫草、牡丹皮、地骨皮之類，必以酒臨時洗用，此要法也。而時醫苟簡粗率，每每不依法炒製，而生用寒涼，不惟無益，而反以致害者多矣。此其失非小，而人不知也，不惟病家莫之知，而醫家亦竟不悟也。倘悟其失，豈其省此微勞，而貽此大害哉？予故表而出之，以訓將來也。製之大概，有熱者，甘草、黄芪、白芍俱生用。虛寒者，甘草炙熟，黄芪蜜炙，白芍酒炒。

明・陳實功《外科正宗》卷三　諸藥製法第一百五十八　前方諸藥，未詳製法，今開列於後，不須製者不録。

人參潤色明亮堅實為上，輕鬆不堪。　天門冬湯泡去心。　麥門冬去心。　生地黃酒蒸。　熟地黃酒蒸。　白术米泔浸炒。　蒼术米泔浸炒。　黃耆蜜水拌炒。　甘草消毒生用，補托炙用。　酸棗仁炒研。　遠志湯泡去心，微炒。　五味子炒研。　肉蓯蓉去鱗，酒洗。　牛膝酒洗。　破故紙炒。　當歸酒洗。　白芍微炒黃色。　白蒺藜去刺。　玄參去根。　香附童便浸炒。　柴胡去蘆。　黃芩酒炒。　黃連解毒生用，止嘔薑汁拌炒。　龍膽草酒炒。　知母鹽水拌炒。　瓜蔞仁去殼去油。　貝母去心。　陳皮去白。　桔梗微炒。　防風去蘆。　乾薑炒黑。　附子童便浸煮。　半夏薑汁水煮。　川烏湯泡去皮尖。　草烏湯泡去皮尖。　巴戟湯泡去心，微焙。　南星煨，有為末入牛膽內者。　威靈仙去根。　仙茅米泔浸，蒸去皮。　三稜湯泡。　澤瀉蒸。　大黃實人生用，虛人炙用。　海藻酒洗。　昆布酒洗切絲。　牡丹皮去梗。　王不留行炒研。　牛蒡子炒研。　連翹去梗、心，研。　金銀花去梗、葉。　牽牛生用，炒用。　地骨皮去梗。　肉桂去粗皮。　茯苓去粗皮。　枸杞子去蒂。　琥珀布包搥碎，燈心同研，研如麪細。　山梔研，炒焦。　黃柏鹽水拌炒。　山茱萸去核。　杜仲鹽水拌，炒斷絲。　桑白皮蜜水拌炒。　辛夷去蒂。　乳香去油為末。　沒藥去油為末。　枳殼麩皮炒。　厚朴薑汁製炒。　巴豆去油為霜。　皂莢去皮弦子，煨。　五倍子去蛀末，炒。　蓮肉泡去皮心。　山查去核。　桃仁泡去皮尖。　杏仁泡去皮尖。　芒硝湯煮提淨。　石膏煅研末。　雄黃透紅明亮。　硫黃去脚。　硇砂淨明潔白。　硼砂白色透明。　砒霜白色明亮者，有生、煅兩用。　自然銅醋煅七次。　黃丹水飛炒紫。　龍骨生用，煅用。　牛黃輕虛色黃。　麝香去毛皮。　犀角鎊末。　羚羊角鎊末。　龍齒煅存性。　蜂蜜煉去白沫。　蟬蛻去土。　斑蝥用米炒去翅、足。　僵蠶去絲微炒。　全蝎酒洗去毒。　蜈蚣炙去頭、足。　蚯蚓翻去腹土。　田螺去殼晒乾。　牡蠣煅研。　石決明煅。　珍珠豆腐內煮數滾，布包搥碎，同燈心研末。　人中白煅研。

明・焦竑《焦氏筆乘・續集》卷六　造海石法：　用苦瓜蔞擣碎，同煅過蛤殼粉，拌勻作餅，曬乾入藥。　用此物最去痰，蓋鹹能軟堅，蛤生海中，凝結成殼，得鹹性多，故能破痰之牆壁，而瓜蔞又去痰之藥，故用之相和，則攻去凝結之老痰極有效。　或以海浮石爲海石者，非是。

明・繆希雍授，莊繼光錄《炮炙大法》　按：　雷公炮製法有十七：　曰炮、曰爁、曰煿、曰炙、曰煨、曰炒、曰煅、曰煉、曰製、曰度、曰飛、曰伏、曰鎊、曰摋、曰曒、曰曝、曰露是也。用者宜如法，各盡其宜。

水部　雨水：　立春節雨水。梅雨水，芒種後逢壬為入梅，小暑後逢壬為出梅。液雨水，立冬後十日為入液，至小雪為出液，得雨謂之液雨。　冬霜：　凡收霜以鷄羽掃之，瓶中密封陰處，久亦不壞。　臘雪：　用淨瓶收淨雪，築實，密封瓶口，置於陰室中，不見日色。春雪有蟲，水亦便敗，所以不收。　神水：　五月五日午時有雨，急伐竹竿，中必有神水，瀝取為藥。　半天河：　此竹籬頭水及空樹穴中水也。　流水：　千里水、東流水二水皆堪蕩滌邪穢，煎煮湯液。　勞水，即揚泛水，張仲景謂之甘瀾水。　用流水二斗，置大盆中，以杓高揚之千萬遍，有沸珠相逐，乃取煎藥。　蓋水性本鹽而體重，勞之則甘而輕，取其不助腎氣而益脾胃也。　虞摶《醫學正傳》云：　甘瀾水，甘溫而性柔，故烹傷寒陰證等藥用之。　順流水，性順而下流，故治下焦腰膝之證及通利大小便之藥用之。　急流水，湍上峻急之水，其性急速而下達，故通二便、風痹之藥用之。　逆流水，洄瀾之水，其性逆而倒上，故發吐痰飲之藥用之也。　井泉水：　反酌而傾曰倒流，出磁未放曰無根，無時初出曰新汲，將旦首汲曰井華。　地漿：　此掘黃土地作坎，深三尺，以新汲水沃入攪濁，少頃，取清用之。　熱湯：　須百沸者佳。　若半沸者，飲之反傷元氣，作脹。生熟湯：　以新汲水、百沸湯合一盞，和勻，故曰生熟。　今人謂之陰陽水。菊潭水：　山澗兩岸，有天生甘菊花，其下流泉是也。　漿水：　漿酢也，炊粟米熱，投冷水中，浸五六日，味酢，生白花，色類漿，故名。　若浸至敗者，害人。　米泔水：　即淘米汁也。　繅絲湯：　以磁瓶收、密封，埋淨土地中，任經數年，久而愈妙。

火部　桑柴火：　凡一切補藥、諸膏，宜此火煎之。　炭火：　櫟炭火，宜煅煉一切金石藥。烰炭火，宜烹煎焙炙百藥丸散。　蘆火、竹火：　宜煎一切滋補藥。　凡服湯藥，雖品物專精，修治如法，而煎藥者鹵莽造次，水火不良，火候失度，則藥亦無功。　觀夫茶味之美惡，飯味之甘餲，皆係於水火烹飪之得失，即可推矣。　是以煎藥，須用小心老成人。　以深罐密封，新水活火，先武後文，如法服之，未有不效者。　火用陳蘆枯竹，取其不強，不損藥力也。

土部　黃土：　三尺以上曰糞，三尺以下曰土。　凡用當去上惡物，勿令入客水。　東壁土：　此屋之東壁上土爾，當取東壁之東邊，謂常先見日光，

刮取用之。　伏龍肝：　凡使勿誤用竈下土。其伏龍肝是十年以來，竈額內火氣積久，自結如赤色石中黃，其形貌八稜。取得後細研，以滑石水飛過兩遍，令乾，用熟絹裹，却取子時安於舊額內一伏時，重研了用。　墨：　陳久而料精者入藥，新而粗者不堪。　百草霜：　此乃竈額及烟爐中墨烟也。其質輕細，故謂之霜。山莊人家者良。　梁上塵：　須去烟火遠，高堂殿上者，拂下篩用之。　一云：　凡用倒掛塵，燒令烟盡，篩取末，入藥。雷氏所說，似是梁上灰塵，今人不見用。

　金部　金、銀、銅、鐵：　凡使只可渾安在藥中，借氣生藥力而已。勿入藥服，能消人脂。　赤銅屑：　即打銅落下屑也。或以紅銅火煅、水淬亦自落下，以水淘淨，用好酒入砂鍋內，炒見火星，取研末用。　自然銅：　生出銅處，方圓不定，色青黃如銅。凡使用甘草湯煮一伏時，至明漉出，攤令乾，入臼中搗了，重篩過，以醋浸一宿，至明用六一泥泥瓷盒子盛二升，文武火養三日夜，纔乾，用蓋蓋了，火煅兩伏時，去土，研如粉用。凡修事五兩，以醋兩鎰為度。今人只以火煅醋淬七次，研細，水飛過用。　一云：　製後半年，方可入藥，否則殺人。　銅青：　生熟銅皆有，青則銅之精華。大者即空綠，以次空青也。銅青則是銅器上綠色者，淘洗用之。近時人以醋製銅生綠，取收晒乾貨之。　鉛：　凡用以鐵銚鎔化，瀉瓦上濾去渣脚，如此數次，收用其黑錫灰，則以鉛沙取黑灰，白錫灰不入藥。　鉛霜：　以鉛打成錢，穿成串，瓦盆盛生醋，以串橫盆中，離醋三寸，仍以瓦盆覆之，置陰處，候生霜，刷下仍合住。　鉛丹：　即黃丹也。生鉛一味火煅，研成細末，水飛過用。今貨者多以鹽消、砂石襍之。凡用以水漂去消鹽，飛去砂石，澄乾，微火炒紫色，地上去火毒，入藥。　密陀僧：　凡使搗細，安甆堝中，重紙袋盛柳蛀末焙之，次下東流水浸滿，火煮一伏時，去柳末紙袋，取用。近人以煎銀鑪底代之，誤矣。　鑪底能消煉一切衣帛，焉可服耶！　如無真者，勿用。　制狼毒。　古文錢：　周秦漢五代者，方可用。以火煅微紅，淬醋中六七次用。入目者磨用，入散者用胡桃研成粉。　鐵鏽：　此鐵上赤衣也，刮下用。

　石部　丹砂：　即朱砂也。有數種：　硫砂，如拳許大，或重一鎰，有十四面，面如鏡。若遇陰沉天雨，即鏡面上有紅漿汁出。有梅柏砂，如梅子許大，夜有光生，照見一室。有白庭砂，如帝珠子許大，面上有小星現。有神座砂，又有金座砂、玉座砂，不經丹竈，服之而自延壽命。次有神錦砂、芙蓉砂、箭鏃砂。已上九種皆可入藥。用丹砂入藥，秖宜生用，慎勿升煉，一經火煉，餌之殺人。研須萬遍，要若輕塵，以磁石吸去鐵氣。惡磁石。畏鹽水、車前、石韋、皂莢、決明、瞿麥、南星、烏頭、地榆、桑椹、紫河車、地丁、馬鞭草、地骨皮、陰地厥、白附子。忌諸血。　雲母：　凡使色黃黑者，厚而頑。赤色者，經婦人手把者，並不中用，須要光瑩如冰色者為上。凡脩事一斤，先用小地膽草、紫背天葵、生甘草、地黃汁各一鎰，乾者細剉，濕者收汁了，於甆堝中安雲母於諸藥了，下天池水三鎰，著火煮，煮一日夜，水火勿令失度，其雲母自然成。碧玉漿在鍋底，却以天池水猛投其中，將物攪之，浮如堝涎者即去之，如此三度，淘淨了，取沉香一兩搗作末，以天池水煎沉香湯三升已來，分為三度，再淘雲母漿了，日中晒，任用之。澤瀉為之使。惡徐長卿、羊血。畏鮀甲、礬石、東流水、百草上露、茅屋漏水。制汞。伏丹砂。　石鍾乳：　凡使勿用頭粗厚并尾大者，為孔公石，不用。色黑及經大火驚過，并久在地上收者，曾經藥物製者，並不得用。須要鮮明薄而有光潤者，似鵝翎筒子為上，有長五六寸者。凡修事，法以五香水煮過一伏時，然後漉出，又別用甘草、紫背天葵汁漬，再煮一伏時。凡八兩鍾乳，用沉香、零陵、藿香、甘松、白茅等各一兩，以水先煮過一度了，第二度方用甘草等二味各二兩再煮了，漉出拭乾，緩火烘之，然後入臼杵如粉，篩過，却入鉢中，令有力少壯者三兩人，不住研三日夜勿歇，然後用水飛澄了，以絹籠之，於日中晒令乾，又入鉢中研二萬遍後，以瓷盒子收貯用之。蛇床為之使。惡牡丹、玄石、牡蒙、人參、二朮。忌羊血。畏紫石英、蘘草、韭實、獨蒜、胡葱、胡荽、麥門冬、貓兒眼草。　礬石：　生用解毒，煅用生肌。甘草為之使。惡牡蠣。畏麻黃、紅心灰藋。芒硝：　水飛過，用五重紙滴過，去脚，於鐺中乾之，方入乳鉢研如粉，任用。芒硝是朴硝中煉出，形似麥芒者，號曰芒硝。火為之使。惡苦參、苦菜。畏女菀、杏仁、竹葉。　滑石：　以刀刮去浮面黃者，研如粉，以牡丹皮同煮一伏時，出去牡丹皮，取滑石，却用東流水淘，飛去下脚七次，於日中晒乾方用。白如凝脂，軟滑者良。石韋為之使。惡曾青。制雄黃。　赤石脂：　研如粉，新汲水飛過三度，晒乾用，亦有火煅水飛者。惡大黃、松脂。畏芫花、豉汁。畏黃芩、大黃、官桂。　白石英：　可煮汁用。張仲景只令㕮咀，不為細末。惡馬目毒公。　紫石英：　煮汁用，或火燒醋淬為末，傅毒。長石為之使。得茯苓、人參、芍藥主心中結氣。得天雄、菖蒲主霍亂。惡鮀甲、黃連、

麥句薑。畏扁青、附子及酒。　爐甘石：　以炭火煅紅，童便淬七次，水洗淨，研粉，水飛過，晒用。　綠礬：　火煅通紅，淬入米醋中，烘乾研如飛粉。畏醋。　雄黃：　取透明，色鮮紅質嫩者，研如飛塵，水飛數次。畏南星、地黃、萵苣、地榆、黄芩、白芷、當歸、地錦、苦參、五加皮、紫河車、五葉藤、鵝腸草、鷄腸草、鵝不食草、圓桑葉、蝟脂。　石硫黃：　研如飛塵，用以殺蟲，行血。曾青、石亭脂為之使。畏細辛、朴消、鐵、醋、黑錫、猪肉、鴨汁、餘甘子、桑灰、益母、天鹽、車前、黄蘗、石韋、蕎麥、獨帚、地骨皮、地榆、蛇牀、蓖麻、菟絲、蠶沙、紫河、波稜、桑白皮、馬鞭草。　食鹽：　凡鹽多以礬、消、石灰之類雜之，入藥須用水化，澄去脚滓，煎鍊白色乃良。漏蘆為之使。　水銀：　凡使草中取者，并舊朱漆中者，經別藥製過者，在屍過者，半生半死者，俱勿用。在朱砂中產出者，其色微紅，收得後用葫蘆收，免遺失。先以紫背天葵并夜交藤自然汁二味同煮一伏時，其毒自退。若修十兩，用前二味汁各七鎰，和合煮足為度。畏磁石、砒石、黑鉛、硫黃、大棗、蜀椒、紫河車、松脂、松葉、荷葉、穀精草、金星草、萱草、夏枯草、莨菪子、鴈來紅、馬蹄香、獨脚蓮、水慈姑、瓦松、忍冬。　水銀粉：　凡水銀一斤，用明礬、焰硝、皂礬、食鹽各二兩，同一處研，以不見汞星為度。用烏磁盒二箇，以藥鋪盆內，上用一盆合定，以鹽泥、石膏、蜜、醋調封盆口，勿令泄氣，下盆底用鐵釘三脚支住四五寸高，用炭火先文後武蒸半日，次日冷定，輕輕取起上盆，則輕粉盡騰其上，以鵝翎掃下聽用。此乃真正輕粉，生肌立效。市肆多攙寒水石、銀母石、石膏，焉得有用乎？黄連、土茯苓、陳醬、黑鉛、鐵漿可制其毒。　戎鹽：　即青鹽。溫水洗去塵土淨，晒乾入藥。　石膏：　雪白有牆壁者真，即市之寒水石也。石臼中搗成粉，以密絹羅過，生甘草水飛過了，水澄令乾，重研用之。作散者煅熟，入煎劑半生半熟。鷄子為之使。畏鐵。惡莽草、巴豆、馬目毒公。　磁石：　欲驗者，一斤磁石，四面只吸鐵一斤者，此名延年沙；四面只吸得鐵八兩者，號曰續夫石；四面只吸得五兩已來者，號曰磁石。修事一斤，用五花皮一鎰，地榆一鎰，故綿十五兩，三件并細剉，以槌於石上碎作二三十塊子，將磁石於甆瓶中，下草藥，以東流水煮三日夜，然後漉中拭乾，以布裹之，向大石上再搥令細了，却入乳鉢中研細如塵，以水沉飛過了，又研如粉用之。柴胡為之使。殺鐵毒、消金。惡牡丹、莽草。畏黄石脂。伏丹砂，養汞，去銅暈。　起陽石：　用火煅透紅，研極細如麪。桑螵蛸為之使。惡澤瀉、雷丸、菌桂、石葵、蛇蛻皮。畏菟絲子。忌羊血。　瑪瑙：　犬肉內煮之，火煅紅，醋淬用。試瑪瑙法，以砑木不熟者為真。　石灰：　凡使，用醋浸一宿，漉出待乾，下火煅，令腥穢之氣出，用瓶盛著密蓋放冷，拭上灰令淨，細研用。去錫暈。制三黃、硇砂、消石。　砒霜：　凡使用小甆瓶子盛後，入紫背天葵、石龍芮二味，三件便下火煅，從巳至申，便用甘草水浸，從申至子，出，拭乾入瓶盛，於火中煅，別研三萬下用之。一法：　每砒霜一兩，打碎用明礬一兩為末，蓋砒上貯礶中，入明火一煅，以枯礬為度。砒之悍氣隨烟而去，駐形於礬中者，庶幾無大毒，用之不傷也。用砒霜即用礬霜是也，似簡便。畏菉豆、冷水。青鹽、鶴頂草、消石、蒜、水蓼、常山、益母、獨帚、木律、菖蒲、三角酸、鵝不食草、波稜、萵苣皆能伏砒。　礞石：　與火硝相半，入陽成鑵封固，煅存性，研如飛塵，入藥。得焰硝良。　花乳石：　出陝華諸郡，色正黄，形之大小方圓無定。凡入丸散，以罐固濟，頂火煅過出火毒，研細水飛，晒乾用。　蓬砂：　即硼砂也。白如明礬者良，研如飛塵。畏知母、芸薹、紫蘇、甑帶、何首烏、鵝不食草。

草部　人參：　色微黄，皮薄，滋潤明亮，闊而獨株，味甘回味不苦者良，去蘆。茯苓、馬藺為之使。惡鹵鹹、溲疏。畏五靈脂。　天門冬：　劈破去心，用柳木甑燒柳木柴蒸一伏時，洒酒令逼，更添火蒸，出曝。地黄、貝母、垣衣為之使。忌鯉魚。畏曾青、浮萍。制雄黄、硇砂。　麥門冬：　產杭州莧橋，細白而皺者良。水洗去心，大抵一斤須減去五六兩，凡入湯液或以水潤去心，或以瓦焙乘熱去心。若入丸散，須瓦焙熟即於風中吹冷，如此三四次即易燥，且不損藥力，或以湯浸搗膏和藥亦可，滋補藥則以酒浸擂之。地黄、車前為之使。惡欵冬、苦芙、苦瓠。畏苦參、青葙、木耳。伏石鍾乳。　甘草：　須去頭尾尖處，頭尾吐人，截作三寸長，劈破作六七片，以甆器盛之用，浸蒸，從巳至午，出爆乾，或用清水蘸炙，或切片，用蜜水拌炒，如瀉火生用。术、苦參、乾漆為之使。惡遠志。忌猪肉。　生地黄：　大如大指，堅實者佳。酒洗晒乾，以手擘之有聲為度，好酒拌勻，置甆甕內包固，重湯煮一晝夜，勝於蒸者，名熟地黄，生者酒洗用。得酒、麥門冬、薑汁、縮沙良。惡貝母。畏蕪荑。忌葱、蒜、蘿蔔、諸血。製地黄勿犯銅鐵器，令人腎消并白髮，男損榮，女損衛也。　菖蒲：　勿用泥菖、夏菖，其二件相似，如竹根鞭形，黑氣穢味，腥不堪用。石上生者，根條嫩黄堅硬節稠，長一寸有九節者是真也。

用銅刀刮上黃黑硬節皮一重了，用嫩桑枝條相拌蒸，出曝乾。秦皮、秦艽為之使。惡麻黃、地膽。忌飴糖、羊血、鐵器。　黃連：非真川黃連不效。折之中有孔，色如赤金者良。去鬚切片，分開粗細各置，薑汁拌透，用綿紙襯，先用山黃土炒乾研細，再炒至將紅，以連片膈紙放上炒乾，再加薑汁，切不可用水，紙焦易新者，如是九次為度。赤痢用濕槐花拌炒，上法入痢藥中。至於治本臟之火，則生用之。治肝膽之實火，則以猪膽汁浸炒。治肝膽之虛火，則以醋浸炒。治上焦之火，則以酒炒。治中焦之火，則以薑汁炒。治下焦之火，則以鹽水或朴硝炒。治氣分濕熱之火，則以茱萸湯浸炒。治血分塊中伏火，則以乾漆水炒。諸法不獨為之導引，蓋辛熱能制其苦寒，鹹寒能制其燥性，在用者詳酌之。黃芩、龍骨、理石為之使。忌猪肉。畏牛膝、款冬。惡冷水、菊花、玄參、白殭蠶、白鮮、芫花。　胡黃連：似乾柳枝，心黑外黃，折之塵出如烟者真。忌惡同黃連。忌鐵。　菊花：真者味甘色黃，單瓣光心去蒂用。朮、枸杞根、桑根白皮、青葙葉為之使。　白朮：米泔浸去油者，山黃土裹，蒸晒九次，洗淨去皮切片晒乾。防風、地榆為之使。忌桃、李、雀肉、菘菜、青魚。　蒼朮：出茅山，細而帶糖香味甘者真。米泔浸洗極淨，刮去皮，拌黑豆蒸，又拌蜜酒蒸，又拌人乳透蒸，凡三次，蒸時須烘晒極乾，氣方透。忌同白朮。　菟絲子：米泔淘洗極淨，略晒，揀去稗草子，磨五六次，酒浸一宿，慢火煮乾，木槌去殼。一法用酒煮一晝夜，搗作餅晒乾，然後復研方細。一法：以白紙條同研方細。薯蕷、松脂為之使。得酒良。惡雚菌。　牛膝：酒浸蒸，曝乾，形長二尺五寸已上者方佳。蜀地及懷慶產者良。惡螢火、龜甲、陸英。畏白前。忌牛肉。　茺蔚子：花紅者良。忌鐵。制三黃、砒石。　柴胡：凡使莖長軟皮赤黃髭鬚，出在平州平縣，即今銀州銀縣也。西畔生處，有白鶴、綠鶴於此翔處，是柴胡香直上雲間，若有過往聞者，皆氣爽。此種治骨蒸，不入發表藥，去髭并頭，勿令犯火，立便無效也。半夏為之使。惡皂莢。畏女菀、藜蘆。　前胡：切開白色者良。水洗用竹刀刮去蒼黑皮并髭、土了，細剉，以甜竹瀝浸令潤，日中曬乾用。使惡畏同柴胡。　獨活、羌活：細剉，拌淫羊藿裛二日後曝乾，去淫羊藿用，免煩人心，此服食家治法，尋常去皮或焙用爾。蠡實為之使。　升麻：綠色者良。治滯下，用醋拌炒。　車前子：自收玄色者良。賣家多以葶藶子代充，不可不辨，使葉勿使蕊、莖。入補益藥中，用米泔淘淨蒸；入利水、治泄瀉藥，炒為末用。常山為之使。　木香：形如枯骨，油重者良。忌見火，入煎藥磨汁內熟湯中服，若實大腸宜麪煨熟用。　薯蕷：補益藥及脾胃中熟用，外科生用，切用銅刀。紫芝為之使。惡甘遂。　萎蕤：凡使勿用黃精并鉤吻。二物相似，萎蕤上有鬚毛，莖班葉尖處有小黃點為不同。采得以竹刀刮去節皮，洗淨，以蜜水浸一宿，蒸了焙乾用。畏鹵鹹。　薏苡仁：顆小，色青味甘，用糯米炒，咬着粘人齒。凡一兩，以糯米一兩同炒，令糯米熟，去糯米取使，或以鹽湯煮過亦得。一法瀼湯泡三次，去油蒸氣，日乾用。　澤瀉：不油不蛀者良。細剉，酒浸一宿，漉出曝乾用。一法：米泔浸，去毛蒸，或搗碎焙。畏海蛤、文蛤。忌鐵。　遠志：去心，若不去心，服之令人悶。去心了，用熟甘草湯浸一宿，漉出曝乾用之。得茯苓、龍骨、冬葵子良。畏真珠、飛廉、藜蘆、齊蛤。　龍膽草：甘草湯中浸一宿，至明漉出曝乾用。勿空腹餌之，令人溺不禁。貫眾、赤小豆為之使。惡地黃、防葵。　細辛：揀去雙葉，服之害人。洗淨去泥沙。曾青、草根為之使。忌生菜、狸肉。惡黃芪、狼毒、山茱萸。畏滑石、消石。　石斛：長而中實，味不苦者真。去頭土了，用酒浸一宿，漉出於日中曝乾，却用酥蒸，從巳至酉，却徐徐焙乾用。石斛、鎖陽澀丈夫元氣。如斯修事，服滿一鎰，永不骨痛。暫使酒蒸用，服餌當如法。陵英為之使。惡凝水石、巴豆。畏雷丸。　巴戟天：去心，用枸杞子湯浸一宿，待稍軟漉出，却用酒浸一伏時，又漉出，用菊花同熬令焦黃，去菊花用布拭令乾用。今法惟以酒浸一宿，剉焙入藥。若急用只以溫水浸軟去心也。覆盆子為之使。惡雷丸、丹參、朝生。　菴藺子：煮汁作飲，為末作散，俱可。荊子、薏苡為之使。　芎藭：形塊重實，色白者良。白芷為之使。畏黃連。伏雌黃。　刺蒺藜：淨揀擇了蒸，從午至酉，出，日乾，於木臼中舂令皮上刺盡，用酒拌再蒸，從午至酉出，日乾用。一法炒研去刺為末。如入煎藥臨時調服，不入湯煎。烏頭為之使。　沙苑蒺藜：綠色，形如腰子，細而香如天池茶者真，即同州多偽者。或炒或酒漿拌蒸，亦不入湯藥。　黃耆：軟如綿，直而細，中有菊心，味甘者良。補氣藥中蜜炙用，瘡瘍藥中鹽水炒用，俱去皮。茯苓為之使。惡白鮮、龜甲。　肉蓯蓉：肥大者良。用清酒浸一宿至明，以椶刷上去沙土浮甲盡，劈破中心，去白膜一重，如竹絲草樣是。此偏隔人心前氣不散，令人上氣不出。凡使用，先須酒浸，并刷草了，却蒸，從午至酉出，又用酥炙得所。忌鐵。　防

風：實而潤頭節堅者良。去蘆并叉頭叉尾者，形彎者令人吐，勿用。畏萆薢。惡乾薑、藜蘆、白斂、芫花。　蒲黃：自採者真，勿用松黃并黃蒿，其二件全似，只是味粗及吐人。凡欲使蒲黃，須隔三重紙焙令色黃，蒸半日，却焙令乾用之妙。行血，生用。止血，炒用。　續斷：皺皮黃色，折之烟塵起者良。用酒浸一伏時，搥碎去筋焙乾用。地黃為之使。惡雷丸。　漏蘆：枯黑如漆，味不苦酸者真。細剉，拌生甘草相對，蒸從巳至申，去甘草揀淨用。連翹為之使。　天名精：一名過冬青，即荔枝草。吳人又呼為天麻地菘。搐汁服。垣衣、地黃為之使。　決明子：炒研。著實為之使。惡大麻子。　丹參：去蘆，賣家多染色，須辨之。畏鹽水。　茜根：勿用赤柳草根，真似茜根，只是滋味澁，不入藥中用。若服令人患內瘴眼，速服甘草水解之。凡使用銅刀於槐砧上剉，日乾，勿犯鐵并鉛。畏鼠姑。制雄黃。　五味子：遼東者佳。去枯者，銅刀劈作兩片，用蜜浸蒸從巳至申，或晒或烘炒。蓯蓉為之使。惡葳蕤。勝烏頭。　忍冬：花四月采，藤葉不拘時采，俱陰乾，不見日火。　蛇床子：凡使須用濃鹽汁、百部煎濃汁二味同浸三伏時，漉出日乾，却用生地黃汁相拌蒸，從午至亥，日乾用。惡牡丹、貝母、巴豆。伏硫黃。　茵陳蒿：須用葉有八角者，採得陰乾，去根細剉用，勿令犯火。山茵陳俗呼為帝鐘茵陳，即八角也。伏硇砂。　沙參：去蘆，白實味甘者良。惡防己。　王不留行：拌濕蒸之，從巳至未，以漿水浸一宿，焙乾用。　乾薑：馬湖者良。微炒，若治產後血虛發熱及止血俱炒黑。溫中，炮用。散寒邪，理肺氣，止嘔，生用。秦椒為之使。惡黃芩、黃連、天鼠糞。殺半夏、南星、莨菪毒。　生薑：不宜使熟，宜搗絞汁，待藥煎成傾入，方不失生字之義。如入藥煎，乃熟薑，非生薑矣。使、惡、殺同乾薑。　葈耳實：蒸用或炒熟搗去刺用。忌猪肉、馬肉、米泔。　葛根：雪白多粉者良。　葛花：消酒，煎飲。　（括）〔栝〕樓根：雪白多粉者良。枸杞為之使。惡乾薑。畏牛膝、乾漆。　（括）〔栝〕樓仁：搗碎，用粗紙壓去油。　苦參：先須用糯米濃泔汁浸一宿，上有腥穢氣，并在水面上浮，並須重重淘過，即蒸從巳至申出，曝乾，細剉用之，不入湯藥。玄參為之使。惡貝母、漏蘆、菟絲子。伏汞、雌黃、焰硝。　當歸：色白味甘者良。去塵并頭尖硬處一分已來，洗淨酒浸一宿，若要破血，即使頭一節硬實處。若要止痛止血，即用尾。若一概用，不如不使，服食無效。單使妙也。惡藺茹、濕麪。制雄黃。畏菖蒲、生薑、海藻、牡蒙。　麻黃：陳久者良。去節并沫，若不盡，服之令人悶。用夾刀剪去節并頭，槐砧上用銅刀細剉，煎三四十沸，竹片掠去上沫盡漉出，熬乾用之。厚朴、白薇為之使。惡辛夷、石韋。　白芍藥：以刀刮去麄皮并頭土了，剉之，將蜜水拌蒸，從巳至未，曝乾用之。今人多以酒浸蒸切片，或用煩亦良。須丸、烏藥、（末）〔没〕藥為之使。惡石斛、芒硝。　赤芍藥：製度并使、惡同白芍藥。　瞿麥：只用蕋殼，不用莖葉。若一時使即，空心令人氣咽，小便不禁。凡欲用先須以（菫）〔篁〕竹瀝浸一伏時，漉出晒乾用。牡丹、蘘草為之使。惡螵蛸。伏丹砂。　玄參：墨黑者良。用蒲草重重相隔，入甑蒸兩伏時後出乾，勿令犯銅鐵。餌之噎人喉，喪人目。揀去蒲草盡了用之。一法：用酒洗去塵土，切片晒乾用。惡黃芪、乾薑、大棗、山茱萸。　秦艽：凡使秦并艽，須於脚文處認取，左文列為文，即治疾，艽即發脚氣。凡用秦，先以布拭上黃肉毛盡，然後用童便浸一宿，至明出日乾用。菖蒲為之使。畏牛乳。　百合：白花者良。酒拌蒸。　知母：皮黃肉白者良。於槐砧上細剉，焙乾，木臼杵搗。一法：去毛蜜炙，勿令犯鐵器。得黃蘗及酒良。伏蓬砂、鹽。　貝母：黃白輕鬆者良。先於柳木灰中炮令黃，劈破，去內口鼻上，有米許大者心一小顆後，拌糯米於銚上同炒，待米黃熟，然後去米取出，其中有獨顆團不作兩片無皺者，號曰丹龍精，不入藥用，若誤服令人筋脈不收，用黃精、小藍汁合服立愈。厚朴、白薇為之使。惡桃花。畏秦艽、莽草、礜石。　白芷：白色，不蛀者良。當歸為之使。惡旋覆花。制雄黃、硫黃。　淫羊藿：細剉，用羊脂相對拌，炒過，待羊脂盡為度。每修事一斤，用羊脂四兩為度也。薯蕷、紫芝為之使。得酒良。　黃芩：入肺經，用枯芩去腐，酒浸切炒。入大腸或安胎等俱用子芩，酒浸切炒。龍骨、山茱萸為之使。惡葱實。畏丹砂、牡丹、藜蘆。　狗脊：凡修事，火燎去毛，細剉了，酒拌蒸，從巳至申，出曝乾用。萆薢為之使。惡莎草、敗醬。　茅根：洗淨搗爛，勿用露根。　紫菀：用東流水淘洗令淨，用蜜浸一宿，火上焙乾用。凡修事一兩，用蜜二分。欵冬為之使。惡天雄、藁本、雷丸、遠志、瞿麥。畏茵陳。　紫草：真者方佳。須用蠟水蒸之，待水乾取去頭并兩畔髭，細剉用。每修事紫草一斤，用蠟三兩，於鐺中鎔淨，便投蠟水作湯用。　通草：即木通也。有紫白二色，紫者皮厚味辛，白者皮薄味淡，二者皆能通利。　藁本：去蘆水洗切。惡藺茹。畏青葙子。　石韋：背有黃毛，須

拭極淨，羊脂拌炒焦黃色。滑石、杏仁、射干為之使。得菖蒲良。制丹砂、礬石。　萆薢：其根細長淺白者真。酒浸一宿焙乾。忌鐵。薏苡為之使。畏前胡、柴胡、牡蠣、大黃、葵根。　土茯苓：忌鐵、茶。　白薇：用糯米泔汁浸一宿，至明取出去髭了，於槐砧上細剉，蒸從巳至申出用，夏月浸二時許。惡黃芪、乾薑、大棗、山茱萸、大黃、大戟、乾漆。　大青：處處有之，三四月采莖陰乾。　艾葉：產蘄州者良。入藥用新，灸火用陳。苦酒、香附為之使。　惡實：一名鼠粘子，一名牛蒡子，一名大力子。用酒拌蒸，待上有薄白霜重出，却用布拭上，然後焙乾擣如粉用。　水萍：紫背浮萍。七月采之，揀淨以竹節攤晒，下置水一盆映之，即易乾也。　王瓜：根能吐下。子生用潤心肺。治黃病炒用；治肺痿、吐血、腸風、瀉血、赤白痢、反胃、吐食。取汁，制雄、汞。　地榆：切之如綿者良。酒洗。得髮良　。惡麥門冬。伏丹砂、雄黃、硫黃。　大小薊根：消腫，擣汁止血，燒灰存性。　海藻：凡使先須用生烏豆并紫背天葵和海藻，三件同蒸一伏時，候日乾用之。近人但洗淨鹹味，焙乾用。反甘草。　澤蘭：凡使先要別識雄雌，其形不同。大澤蘭形葉皆圓，根青黃，能生血調氣，與榮合小澤蘭迥別。採得後看葉上斑，根須尖，莖方。此藥能破血、通久積。凡修事大小澤蘭須細剉之，用絹袋盛，懸於屋南畔角上，令乾用。防已為之使。　昆布：凡使先用弊甑簞同煮去鹹味，焙細剉用。每修事一斤，用甑簞十個，用昆布細剉，二味各一處，下東流水，從巳至亥，水旋添勿令少。　防己：凡使勿使木條，以其木條已黃腥皮皺，上有丁足子不堪用。凡使防己，要心花文黃色者，然後細剉，車前草根相對同蒸半日後出，取去車前草根，細剉用之。一法：用酒洗切。殷孽為之使。惡細辛。畏萆薢、女菀、鹵鹹。殺雄黃、硝石毒。　天麻：透明者良。天麻十兩，用蒺藜子一鎰，緩火熬焦，熟後便先安置天麻十兩於瓶中，上用火熬過，蒺藜子蓋內，外便用三重紙蓋并繫，從巳至未時，又出蒺藜子，再入熬炒，准前安天麻瓶內，用炒了蒺藜子於中，依前蓋，又隔一伏時後出，如此七遍，瓶盛出後，用布拭上氣汗，用刀劈焙之，細剉單擣。一法：麪裹煨透，切。　阿魏：凡使各有訛偽。有三驗：第一驗，將半銖安於銅器中一宿至明，霑阿魏處白如銀汞，無赤色；第二驗，將一銖置於五斗草自然汁中一夜至明，如鮮血色；第三驗，將一銖安於柚樹上，樹立乾便是真色。黑者力微，黃溏者力上。凡使先於淨鉢中研如粉了，於熱酒器上裛過，任入藥用。　香薷：八九月開花着穗時采之，去根留葉，陰乾勿令犯火。服至十兩，一生不得食白山桃也。　百部根：去心皮，用酒浸一宿，漉出焙乾，細剉用。　欵冬花：花未舒者良。去梗蒂，甘草水浸一時，晒乾用。杏仁為之使。得紫菀良。惡玄參、皂莢、消石。畏貝母、麻黃、辛夷、黃芩、黃芪、連翹、青葙。　紅藍花：自種者真。得酒良。　牡丹皮：凡使採得後日乾，用銅刀劈破去骨了，細剉如大豆許，用清酒拌蒸，從巳至未出，日乾用。潤而厚者良。忌蒜、胡荽。伏砒。畏菟絲子、貝母、大黃。　三稜：去毛，米醋浸一日，切片炒，或煮熟焙乾，入藥乃良。　青黛：水飛去脚，緣中有石灰，入服餌藥中，宜飛淨用。一法：用青布浸汁代之。　鬱金：色赤似薑黃，蟬肚者良，置生雞血中，化成水者真。磨汁，臨服入藥。　蘆薈：上有青竹文斑，并光膩味極苦，勿便和眾藥擣。此藥先擣成粉，待藥末出，然後入藥中。　延胡索：產茅山谿陵澗，粒粒金黃色者良。醋煮，切。　肉豆蔻：不油不蛀不皺皮者佳。糯米作粉。使熱湯搜。裹豆蔻於糖灰中炮。待米團子焦黃熟，然後出去米粉用。勿令犯銅鐵。　白豆蔻：藥煎成，方炒研入，一二沸即起，入丸待諸藥細末後方入，勿隔宿。　砂仁：略炒，吹去衣，研用。入湯丸法同白豆蔻。得白檀香、豆蔻為使。入肺，得人參、益智為使。入脾，得黃檗、茯苓為使。入腎，得赤白石脂為使。入大小腸，得訶子、白蕪荑、鱉甲良。　補骨脂：即破故紙。形圓實色黑者良。此藥性本太燥，每用酒浸一宿後，漉出浮者去之，却用東流水浸三日夜，却蒸，從巳至申，出，日乾用。忌鐵。得胡桃、胡麻良。惡甘草。忌諸血、芸薹。　蓬莪茂：凡使於砂盆中用醋磨令盡，然後於火畔吸令乾，重篩過用。一法：火炮，醋浸，煨，切。得酒、醋良。　白前：用生甘草水浸一伏時後，漉出去頭鬚了，焙乾，任入藥中用。　薺苨：解百藥毒。生擣汁服，或末煮俱可。　白藥子：末用。　香附：細者佳。去毛，以水洗淨，揀去砂石，於石臼內擣去皮，用童便浸透，晒擣用，或以酒、醋、酥、鹽水、薑汁浸，俱瓦上焙乾。得芎藭、蒼术、醋、童子小便良。忌鐵。　鱧腸：即旱蓮草。性太寒，宜熬膏用，須日色中。忌鐵。　使君子：慢煨香熱用，或云七生七煨食亦良。忌飲熱茶，犯之即瀉。　蒴草：治肺熱吐血有神。舊出婺州，今產寧州。　附子：底平有九角，如鐵色，一箇重一兩即是，氣全堪用。修事十兩，於文武火中炮令皺，折者去之，用刀刮上孕子，并去底尖，微細劈破，於屋

下午地上掘一坑，可深一尺，安於中一宿至明，取出焙乾，用麩炒。欲炮者，灰火勿用櫟木火，只用柳木最(多)〔妙〕。若陰製，使即生去尖皮底，薄切，用東流水并黑豆浸五日夜，然後漉出，於日中曝令乾用。凡使須陰製，去皮尖了。每十兩，用生烏豆五兩，東流水六升。一云，此物性太烈，古方用火炮，不若用童便煮透尤良。地膽為之使。得蜀椒、食鹽，下達命門。惡蜈蚣、豉汁。畏防風、甘草、人參、黃芪、綠豆、烏韭、童溲、犀角。　半夏：陳久者良。若修事四兩，用搗了白芥子末二兩，頭醋六兩，二味攪令濁，將半夏投中洗三遍用之。半夏上有巢涎，若洗不淨，令人氣逆，肝氣怒滿。若入治痰飲藥，用白礬湯入薑汁浸透洗淨用，無白星為度。造麴法：用半夏不拘多少，將滾湯泡過宿，搗爛，每一斗入生薑一斤，同搗之，作餅子。用乾稻稈或粟麥稈盦之，如盦麴法，乾久用。射干、柴胡為之使。惡皂莢、海藻、飴糖、羊血。畏生薑、乾薑、秦皮、龜甲、雄黃。　大黃：細切，內文如水旋斑，緊重剉蒸，從巳至未，晒乾，又用臘水蒸，從未至亥，如此蒸七度，却洒薄蜜水，再蒸一伏時，其大黃譬如烏膏樣，於日中晒乾用之為妙。下藥，酒浸一時，煮二三沸即服。黃芩為之使。惡乾漆。忌冷水。　桔梗：味苦而有心者良。凡使，去頭上尖硬二三分已來，并兩畔附枝子，於槐砧上細剉，用百合水浸一伏時，漉出，緩火熬令乾用。每修事四兩，用生百合五分，搗作膏投於水中浸。一法：用米泔浸一宿，微焙用。節皮為之使。畏白及、龍膽、龍眼。忌猪肉。伏砒。　草蒿：即青蒿。葉細而香自採佳。陰乾。凡使，唯中為妙，到膝即仰，到腰即俛。使子勿使葉，使根勿使莖，四件若同使，翻然成痼疾。採得葉不計多少，用童溺浸七日七夜後漉出晒乾。伏硫黃。　旋覆花：去裹花蕊殼皮并蒂，蒸從巳至午，曬乾用。　射干：不辣者良。米泔水浸一宿漉出，然後用篁竹葉煮，從午至亥，漉出日乾用之。　常山：如鷄骨者良。春使莖葉，夏秋冬使根。酒浸一宿，至明漉出日乾，熬搗少用，勿令老人、久病者服之，切忌。畏玉札。忌葱、菘菜。伏砒石。　甘遂：用生甘草湯，小薺苨自然汁二味，攪浸三日，其水如墨汁，更漉出，用東流水淘六七次，令水清為度，漉出於土器中熬令脆用之。一法：麪包煨熟，去麪。瓜蒂為之使。惡遠志。　白斂：生取根搗爛，可傅癰腫。代赭為之使。　白及：水洗，切。紫石英為之使。惡理石。畏杏仁、李核仁。　貫眾：洗淨，切片，炒。藋菌、赤小豆為之使。伏石鍾乳。　何首烏：冬至後採者良，入春則芽而中空矣。北人以贋種欺人，香氣不能混也。臨用勿去皮，以苦竹刀切，米泔浸經宿，同豆九蒸九晒，木杵臼搗之。勿犯鐵器。茯苓為之使。忌葱、蒜、蘿蔔、諸血、無鱗魚。　威靈仙：去蘆，酒洗。忌茶、麪湯。　牽牛子：即草金零。入水中淘，浮者去之，取沉者晒乾，拌酒蒸，從巳至未，晒乾。臨用，舂去黑皮用之，黑者力速。磨取頭末入藥。得乾薑、青木香良。　蓖麻子：形似巴豆，節節有黃黑斑點。凡使，先須和皮，用鹽湯煮半日，去皮取子，研過用。忌炒豆。伏丹砂、粉霜。　天南星：陳久鬆白者良。滾湯明礬或薑汁拌和泡用。一用泡過者為末，入臘月黑牛膽中陰乾用。蜀漆為之使。得火牛膽良。惡莽草。畏附子、乾薑、防風、生薑。伏雌黃、丹砂、焰硝。　豨薟：方赤莖者良。採葉陰乾，醇酒拌，九蒸九晒。忌鐵。　苧根：此物大能補陰而行滯血，方藥以其目前賤物，多不用。　白頭翁：花、子、莖、葉同。蠡實為之使。得酒良。　蘆根：逆水生并黃泡肥厚味甘者良。露根勿用，去鬚節并赤黃皮用，其汁消痰開胃，下氣除熱，解一切食物、魚蝦、河魨毒。　馬兜鈴：凡使，採得後去葉并蔓了，用生絹袋盛，於東屋角畔懸令乾了，劈作片，取向裏子。去革膜并令淨，用子〔并皮〕，勿令去革膜，不盡，用之并皮炒入藥。　仙茅：刮上皮，於槐砧上用銅刀切豆許大，却用生稀布袋盛於烏豆水中浸一宿，取出用酒濕拌了蒸，從巳至亥，取出曝乾，勿犯鐵斑、人鬚鬢。禁食牛乳及黑牛肉。　劉寄奴：凡使去梗，以布拭上薄殼皮令淨，拌酒蒸，從巳至申，出，曝乾用之。莖、葉、花、子皆可用。　骨碎補：生江南，根着樹石上，採得用銅刀刮去上黃赤毛盡，便細切用，蜜拌令潤，架柳甑蒸一日後，出，曝乾用。一法：去毛細切後，用生蜜拌蒸，從巳至亥。　連翹：黑而閉口者良。去蒂、根，研。　續隨子：凡用去殼，取色白者，以紙包壓去油，取霜用。　山豆根：或末，或研，或噙咽。　白附子：竹節者良。炮去皮。得火良。　預知子：去皮。研服。　木賊草：去節，童便浸一宿，焙乾。　蒲公草：自採鮮者，入湯藥煎，入丸末，傅瘡毒搗爛用。　穀精草：土瓜為之使。忌鐵。伏汞砂。　夏枯草：土瓜爲之使。忌鐵。伏汞砂。　山慈菰根：出浙江處州府遂昌縣洪山地方，市中無真者。形光無毛，《本草注》中云有毛，誤也。　燈心草：蒸熟待乾，折取中心白穰燃燈者，是為熟草；不蒸者，生乾剝取為生草。入藥用之，最難研。以粳米粉漿染過，晒乾研末，入水澄之，浮者是燈心也，晒乾用。　海金沙：或丸，

或散。沙及草，俱可入藥。　萱草根：晒乾為末，或用水煎，酒煎，研汁，皆可服。　藿香：自種者良。揉之如蘹香氣者真，薄荷香者非也。　絡石：凡採得後，用麄布揩葉上、莖蔓上毛了，用熟甘草水浸一伏時，出，切，日乾任用。杜仲、牡丹為之使。惡鐵落。畏貝母、菖蒲。殺孽毒。

木部　桂：凡使勿薄者，要紫色厚者，去上麄皮，取心中味辛者使。每斤大厚紫桂，只取得五兩。取有味厚處，生用加末用，即用重密熟絹并紙裹，勿令犯風。其州土只有桂草，元無桂心，用桂草煮丹陽木皮，遂成桂心。凡用即單搗用之。得人參、甘草、麥門冬、大黄、黄芩調中益氣。得柴胡、紫石英、乾地黄療吐逆。忌生葱、石脂。　桂枝：即桂之枝條輕薄者。　槐實：凡采得後，去單子并五子者，只取兩子、三子者。凡使用銅槌搥之令破，用烏牛乳浸一宿，蒸過用。景天為之使。　槐花：未開時收採，陳久者良。入藥揀淨，酒浸微炒。若止血，炒黑。　枸杞根：即地骨皮。凡使根，掘得後，用東流水浸，以物刷上土了，待乾破去心，用熱甘草湯浸一宿，然後焙乾用。其根若似物命形狀者上，春食葉，夏食子，秋食根并子也。制硫黄、丹砂。　枸杞子：去蒂及枯者，酒潤一夜，搗爛入藥。　栢實：去油者，酒拌蒸，另搗如泥或蒸熟、曝烈、春簸取仁，炒研入藥。瓜子、牡蠣、桂為之使。畏菊花、羊蹄、諸石及麪麯。伏砒硝。　栢葉：向月令採之，春東、夏南、秋西、冬北。使、畏、伏同實。　茯苓：堅白者良。去皮搗為末，於水盆中攪三次，將濁浮者去之，是茯苓筋。若誤服之，令人眼中童子并黑精點小，兼盲目，切記。如飛澄淨，晒乾，人乳拌蒸用。赤茯苓則不必飛也。使、惡、畏、忌同茯神。　茯神：去皮木用。馬(問)〔間〕為之使。得甘草、防風、芍藥、麥門冬、紫石英，療五臟。惡白斂。畏地榆、秦艽、牡蒙、龜甲、雄黄。忌米醋及酸物。　琥珀：凡用紅松脂、石珀、水珀、花珀、物象珀、瑿珀、琥珀。紅松脂如琥珀，只是濁，太脆，文横。水珀多無紅，色如淺黄，多麄皮皺。石珀如石重，色黄不堪用。花珀文似新馬尾松，心文一路赤，一路黄。物象珀其内自有物命動，此使有神妙。瑿珀，其珀是眾珀之長，故號曰瑿珀。琥珀如血色，於布上拭，吸得芥子者真也。大率以輕而透明者為佳。入藥中用水調，側栢子末安於甆鍋子中，安琥珀於末中了，下火煮，從巳至申，別有異光，別搗如粉，重篩用。一法：用細布包，内豆腐鍋中煮之，後灰火略煨過。入目，製用。安心神，生用。　酸棗：粒粒粗勿碎皮者良。炒爆研細入藥，如砂仁法，勿隔宿。惡防己。　黄蘗木：即黄蘗也。凡使，用刀削上麄皮了，用生蜜水浸半日，漉出晒乾，用蜜塗，文武火炙，令蜜盡為度。凡修事五兩，用蜜三兩。一法：用鹽酒拌炒褐色。惡乾漆。伏硫黄。　楮實：凡使採得後，用水浸三日，將物攪旋投水浮者去之，晒乾，用酒浸一伏時了，便蒸，從巳至亥，出，焙令乾用之。　松脂：凡用以胡葱同煮二十沸，入冷水揉扯數十次，晒乾用。　降真香：以番舶來者，色較紅，香氣甜而不辣，用之入藥殊勝，色深紫者不良。　茗苦樤：入清頭目藥，用苦樤；消食下氣，用佳茗。　南燭：莖葉搗汁，漬米炊飯子，入滋精補益藥用。　乾漆：火煆黑烟起盡存性，研如飛塵。半夏為之使。畏雞子、紫蘇、杉木、漆姑、草蟹。忌油脂。　五加皮：五葉者是。剝皮去骨陰乾。遠志為之使。畏玄參、蛇皮。　蔓荊實：凡使去蒂子下白膜一重，用酒浸一伏時後蒸，從巳至未，出，曒用。一法：炒，搥碎用。惡烏頭、石膏。　辛夷：凡用去麄皮，拭上白赤毛了，去心，即以芭蕉水浸一宿漉出，用漿水煮過，從巳至未，出，焙乾用。若治眼目中患，即一時去皮，用向裏實者。芎藭為之使。惡五石脂。畏菖蒲、黄連、蒲黄、石膏、黄環。　桑上寄生：凡使在樹上自然生，獨枝樹是也。採得後用銅刀和根枝莖細剉，陰乾了用。忌火。　杜仲：極厚者良。削去麄皮，每一斤用酥一兩，蜜三兩和塗，火炙以盡為度。一法：用酒炒斷絲，以漸取屑方不焦。惡玄參、蛇蛻皮。　女貞實：按《本草》，女貞實與冬青似是而非也。女貞葉長四五寸，子黑；冬青葉圓，子微紅。俱霜後採，陰乾，去粗皮，内更有細皮實白色，酒拌黑豆同蒸九次。　楓香脂：凡用以虀水煮二十沸。入冷水中，揉扯數十次，晒乾用。　蕤核：凡使湯浸去皮尖，擘作兩片，用芒硝、木通草二味和蕤仁同水煮一伏時後，漉出，去諸般藥，取蕤仁研成膏，任加減入藥中使。每修事四兩，用芒硝一兩，木通草七兩。一法：去衣，綿紙包研，去油用。　丁香：凡使有雄雌，雄顆小，雌顆大，似檈棗核。方中多使雌，力大；膏煎中用雄。若欲使雄，須去下蓋乳子，發人背癰也。入煎藥，為未調入，或將好投入一二沸即傾。畏鬱金。忌火。　沉香：凡使須要不枯色黑潤者良。如觜角硬重，沉於水下為上也，半沉者次也。入散中用，須候眾藥出，即入拌和用之。入煎磨汁。忌見火。　乳香：圓小光明者良。古方以燈心同研，或以糯米數粒同研，或以人指甲二三片同研，或以乳鉢坐熱水中乳之，云皆易細，總不如研細，和人乳略蒸，再研勻，晒

乾，研如飛塵為鈔藥，將沉下一二沸即起，勿多煮。　沒藥：　透明者良。製同乳香法。　金櫻子：　熬膏服，或和藥，霜降後採。金櫻子不拘多少，以粗氣微搗去毛刺淨，復搗破去子，約有一斗，用水二斗，煮之一飯時，漉起清汁，又入白水煮之，又漉起，又入白水煮三次，之後其渣淡而無味，去之，止將淨汁復以細密絹濾過，淨鍋熬之如飴乃止，收貯磁樽中，坐涼水內一宿用。服之大能固精。《良方》二仙丹即此膏加入芡實粉。　桑根白皮：　自採入土東行者，或竹刀，或銅刀刮去黃粗皮，手析成絲，拌蜜，瓦上炙。根浮土上者殺人。桂心、續斷、麻子為之使。忌鐵器。　桑葉：　煎湯研汁，為末。俱可經霜者，另取洗眼用。　淡竹葉：　篁竹葉，別有用。　竹瀝：　用取新鮮金竹，鋸尺許，中留節，兩頭去節，劈兩開，不拘多少，用磚二塊架定竹兩頭，出磚二寸許，各以磁盤置於下，候瀝滴其中，用烈火薰逼，則兩頭濈濈滴瀝於盤中，竹將自燃，瀝便盡矣。就將滴過瀝竹為薪，又架新竹於磚上，如前燒逼，任取多少。淡竹、篁竹、苦竹、慈竹惟四種，各有瀝堪用。薑汁為之使。　竹皮茹：　取極鮮竹刮皮，磋去外硬青勿用。止淡竹、筀竹、苦竹堪用，餘不入藥。　吳茱萸：　凡使先去葉核并樸物了，用大盆一口，使鹽水洗一百轉，自然無涎，日乾，任入丸散中用。修事十兩，用鹽二兩，研作末，投東流水四斗中，分作一百度洗，別有大效。若用醋煮，即先沸醋三十餘沸，後入茱萸，待醋盡，晒乾，每用十兩，使醋一鎰為度。蓼實為之使。惡丹參、消石、白堊。畏紫石英。　檳榔：　凡使，取外存坐穩心文如流水，碎破內文如錦紋者妙。半白半黑并心虛者，不入藥用。凡使須別檳與榔，頭圓身形矮毗者是榔，身形尖紫文麄者是檳，檳力小，榔力大。欲使先以刀刮去底，細切，勿經火，恐無力效。若熟使，不如不用。　梔子：　凡使勿用顆大者，號曰伏尸梔子，無力。須要如雀腦，并鬚長有九路，赤色者上。凡使先去皮鬚了，取九稜者，仁以甘草水浸一宿，漉出焙乾，搗晒如赤金末用。大率治上焦、中焦連殼用；下焦去殼，洗去黃漿炒用；　治血病炒黑用。　麒麟竭：　凡使勿用海母血，真似麒麟竭，只是味(鹽)〔鹹〕并腥氣，麒麟竭味微(鹽)〔鹹〕甘，似梔子氣是也。欲使先研作粉，重篩過，丸散膏中任使用，勿與眾藥同搗化作飛塵也。　龍腦香：　即冰片也。形似白松脂，作杉木氣，明淨者善，久得蜜陀僧良。經風日或如雀屎者不佳。今人多以樟腦身打亂之，不可不辨也。云合糯一作粳。米灰，相思子貯之，則不耗膏。主耳聾。　蕪荑：　炒去殼，氣嗅如信者真。　枳殼：　凡使勿使枳實，緣性效不同。若使枳殼，取辛、苦、腥并有隟油，能消一切痛。要陳久年深者為上，用時先去瓤，以麩炒過，待麩黑焦遂出，用布拭上焦黑，然後單搗如粉用。產江右者良。　枳實：　色黑，陳久者良，去穰，麩炒黃色。　厚朴：　凡使要用紫色有油質厚者良。去麄皮，用酥炙過。每修一斤，用酥四兩炙了，細剉用。若湯飲中使用，自然薑汁八兩，炙一升為度。乾薑為之使。惡澤瀉、消石、寒水石。忌豆。　山茱萸：　凡使勿用雀兒酥，真似山茱萸，只是核八稜，不入藥用。圓而紅潤肉厚者佳。酒拌，砂鍋上蒸，去核了，一斤取肉皮用，只秤成四兩已來。凡蒸藥用柳木甑，去水八九寸，水不泛上，餘悉準此。蓼實為之使。惡桔梗、防風、防己。　胡桐淚：　形似黃礬而堅實，有夾爛木者，木淚乃樹脂流出者，其狀如膏油，石淚乃脂入土石間者，其狀成塊，以其得鹵斥之氣，故入藥為勝。伏砒石。　猪苓：　用銅刀削去麄皮一重，薄切下，東流水浸一夜至明漉出，細切，蒸一日出，曬乾用。一云，猪苓取其行濕。生用更佳。　烏藥：　連珠者良。洗淨，切。　龍眼：　生者沸湯瀹過食，不動脾。　安息香：　或燒薰，或末服。　仙人杖：　此是筍欲成時立死者，色黑如漆，五六月收之。　海桐皮：　酒浸服，亦可入煎。　五倍子：　或生，或炒，俱為末，入藥。　大腹：　擘去垢黑，用溫水洗淨，再用黑豆汁洗方可用，日乾。此樹鴆鳥多棲之，遺屎在皮上，不淨恐有毒。今人用之不製，大誤。　天竺黃：　輕者真。伏粉霜。　蜜蒙花：　凡使先揀令淨，用酒浸一宿漉出，候乾，却拌蜜令潤，蒸從卯至酉，出，日乾，如此拌蒸三度，又却日乾用。每修事一兩，用酒八兩浸，待色變用蜜半兩蒸為度。此元名水錦花。　巴豆：　凡使巴之與豆及剛子，須在仔細認，勿誤用殺人。巴顆小緊實，色黃；　豆顆有三稜，黑色；　剛子顆小似棗核，兩頭尖。巴與豆即用，剛子勿使。凡修事巴豆，敲碎去油淨用，白絹袋包，甘草水煮，焙乾或研膏用。每修事一兩，以酒、麻油各七合，盡為度。為瘡瘍敷藥，須炒黑存性，能去瘀肉生新肉有神。芫花為之使。得火良。惡蓑草、牽牛。畏大黃、藜蘆、黃連、蘆笋、醬、豉豆汁、冷水。　蜀椒：　一名南椒。凡使須去目及閉口者，不用其椒子，先須酒拌令濕，蒸從巳至午，放冷密蓋，除下火，四畔無氣後取出，便入甕器中盛，勿令傷風用也。杏仁為之使。得鹽良。畏款冬花、防風、附子、雄黃、槀吾、冷水、麻仁漿。　皂莢：　凡使須要赤膩肥并不蛀者，用新汲水浸一宿，用銅刀削上麄皮用，酥反覆炙，酥盡

為度，取出搥之，去子搗篩。皂莢一兩，酥二分，子收得，揀取圓滿堅硬不蛀者，用瓶盛，下水於火畔煮，待炮熟，剝去硬皮一重了，取向裏白嫩肉兩片，去黃，其黃消人腎氣。將白兩片，用銅刀細切，於日中乾用。一法：面裹煨，去核。栢實為之使。惡麥門冬。畏空青、人參、苦參。伏丹砂、粉霜、硫黃、硇砂。　訶子：本名訶黎勒。凡使勿用毗黎勒、罨黎勒、榔精勒、雜路勒。若訶黎勒文只有六路，或多或少，並是雜路勒。毗路勒個個毗，雜路勒皆圓，露文或八路至十三路，號曰榔精勒，多澀不入用。凡修事先於酒內浸，然後蒸一伏時，其訶黎勒以刀削路，細剉，焙乾用之。　赤檉柳：治痧瘄聖藥也。得之毒自出，可不死。　楝實：凡采得後晒乾，酒拌浸令濕，蒸，待上皮軟剝去皮，取肉去核，勿單用。其核搥碎，用漿水煮一伏時了用，如使肉即不使核，使核即不使肉。茴香為之使。　椿木：椿木根，凡使不近西頭者上，及不用其葉，只用根，採出拌生葱蒸半日，出，生葱細剉，用袋盛掛屋南畔陰乾用。偏利溺澁也。一法：用根皮漂淨，酒拌蒸。　無食子：凡使勿令犯銅鐵并被火驚者，顆小文細上。無杴米者炒，用漿水於砂盆中或硬石上研令盡，却焙乾研了用，勿搗，能為黑犀色。　雷丸：赤色者殺人。取肉白者，用甘草水浸一宿，銅刀刮上黑皮，破作四五片，又用甘草湯浸一宿後蒸，從巳至未，出，日乾，却以酒拌如前，從巳至未蒸，日乾用。一法：用蒼术湯泡去皮切。厚朴、芫花、蓄根、荔實為之使。惡葛根。　蘇方木：紅潤者良。凡使去麤皮并節了。若有中心文横如紫角者，號曰木中尊色，甚緻，倍常百等。須細剉了，重搗拌細條梅枝，蒸從巳至申，出，陰乾用。　楜椒：凡使只用内無皺殼者，用方大漢椒使殼，胡椒使子。每修煉了，於石槽中碾碎成粉用。　益智子：去殼炒，臨用研。　樺木皮：主諸黄疸，濃煮汁飲之良。　榧實：同鵝肉食，生斷節風，又上壅人。皮反緑豆，能殺人。忌火氣。　木鼈子：入藥，去油者。　柞木子：能開交骨，所以催生有神。　椶櫚子：入藥燒灰用，不可絶過，即是煆存性，研如飛塵。散瘀止血之神藥也。　木槿：入藥炒用，取汁度絲，使得易落。

果部　豆蔻：俗名草菓者是也。去蒂并內裏子後，取皮同茱萸於鍋中緩炒，待茱萸微黄黑，即去茱萸，取草豆蔻皮及子杵用之。　蓮肉：去心，勿去皮。分作兩片，每片分作四小塊，瓦上焙焦色。一法：每一斤用豶豬肚一個，盛貯煮熟，搗焙用之。得茯苓、山藥、白术、枸杞子良。　荷鼻：採荷葉近蒂者是。畏桐油。伏白銀、硫黄。　橘皮：真廣陳皮豬鬃紋，香氣異常。去白時不可浸於水中，止以滾湯手蘸三次，輕輕刮去白，要極淨。橘核：以新瓦焙香，去殼取仁，研碎入藥。　青皮：以湯浸去瓤，切片，醋拌，瓦炒過用。　大棗：去核。有齒病、疳病、蟲䘌人及小兒不宜食。忌與葱同食，令人五臟不和。與魚同食，令人腰腹痛。　栗：日中曝乾食。下氣，補益。火煨去汗亦佳。生食有木氣，不補益人。蒸炒熟食壅氣。凡患風人及小兒不可食。解羊肉羶。　覆盆子：凡使用東流水淘去黄葉并皮蒂，(盡)〔取〕子用酒拌蒸一宿，以東流水淘兩遍，晒乾方用為妙也。　雞頭實：凡用蒸熟，烈日晒裂取仁，亦可舂取粉用。入澀精藥，有連殼用者。一云：芡實一斗，以防風四兩，煎湯浸過用，且經久不壞。　烏梅：去核，微炒用。造法，取青梅籃盛於突上熏黑，若以稻灰淋汁潤濕蒸過，則肥澤不蠹。忌猪肉。　木瓜：産宣州者真。即彼處多以小梨充之。勿令犯鐵，用銅刀削去硬皮并子，薄切，於日中晒，却用黄牛乳汁拌蒸，從巳至未，其木瓜如膏煎，却於日中攤晒乾用也。今止去穰，搥碎用。　柹：不用火烘日晒，采青者收置器中，自然紅熟，澁味盡去而甘。不可與蟹同食，作瀉。惟木香磨汁飲可解。　柹霜：用大柹去皮捻遍，日晒夜露至乾，內甕中，待生白霜，乃取出。市者多偽，不入藥。　烏芋：即荸薺也。能消瘴氣。　枇杷葉：凡使採得後，秤濕者一葉重一兩，乾者三葉重一兩，是氣足，堪用。以麤布拭上毛令盡，用甘草湯洗一遍，却用綿再拭極淨。每一兩，以酥一分炙之，酥盡為度。如治肺病，以蜜塗炙。治胃病，以薑汁塗炙。此物治咳嗽，如去毛不盡，反令人嗽也。　甘蔗：榨漿飲，消渴，解酒，痧瘄最宜。　桃仁：七月采之，去皮尖及雙仁者，麩炒研如泥，或燒存性。用此破血、行瘀血之要藥也。雷公法：用白术、烏豆二味，和桃仁，同於垍堝子中煮一伏時後，漉出，用手擘作兩片，其心黄如金色，任用之。行血，宜連皮尖生用。香附為之使。　桃花：三月三日采，陰乾之。勿使千葉者，能使人鼻衄不止，目黄。凡用揀令淨，以絹袋盛於檐下，懸令乾，去塵用。　桃梟：是千葉桃花結子在樹上不落者，於十一月內采得。一云：正月采之，中實者良。凡修事，以酒拌蒸，從巳至未，焙乾，以銅刀切，焙，取肉用。一法：搗碎，炒。若止血，炒黑存性。　杏仁：五月采之，以湯浸去皮尖及雙仁者，麩炒研用。治風寒肺病，藥中亦有連皮尖用者，取其發散也。　梨子：消熱痰。加牛黄末，療小兒

風疾痰湧有神。解熱毒，久服不患癰疽。　橄欖：　中河豚毒，煮汁服，或生嚼。　山查：　水潤蒸，去核，淨肉用。

米穀部　胡麻：　凡修事以水淘，浮者去之，沉者漉出，令乾，以酒拌蒸，從巳至亥，出，攤晒乾，於臼中舂令麄皮一重盡，拌小豆相對同炒，小豆熟即出，去小豆用之。蒸不熟，令人髮落。與茯苓相宜。　麻子：　極難去殼，取帛包置沸湯中浸，至冷出之，垂井中一夜，勿令着水，次日日中曝乾，就新瓦上挼去殼，簸揚，取仁粒粒皆完。畏牡蠣、白茯苓、白薇。　飴糖：　糯米作者，入藥。粟米者次之。餘但可食耳。　生大豆：　或搗、或煮汁、或炒屑，各有用。得前胡、烏喙、杏仁、牡蠣、諸膽汁良。惡五參、龍膽。豆黃屑忌猪肉，小兒以炒豆、猪肉同食必壅氣，致死十有八九。十歲以上不畏也。　赤小豆：　法同大豆。合魚酢食，成消渴。　大豆黃卷：　或研爛絞汁，或炒為末，用黑大豆為糵，牙生五寸長便乾之，名為黃卷。一法：　壬癸日以井華水浸大豆，候生芽取皮陰乾用。得前胡、杏子、牡蠣、烏喙、天雄、鼠屎，共蜜和良。惡海藻、龍膽。　酒：　人為火燎，以陳酒浸之，止痛。拔出火毒，令人不死。　粟米：　即小米。陳者良。與杏仁同食，令人吐瀉。　秫米：　小兒、病人不宜多食。　粳米：　陳者下氣，病人宜之。　糵米：　凡穀皆可生糵，有粟、黍、穀、麥、豆諸糵，皆水浸脹，候生芽曝乾，去鬚，取其中，米炒研麪用。其功皆主消導。粟糵、稻糵、穬麥糵各有用。　舂杵頭細糠：　凡穀皆有糠，粳稻、粟秫者勝。北方多用杵，南方多用碓，入藥並用。丹家云：　糠火煉物，力倍於常。　小麥：　浮者止汗，須揀淨焙用。　麥麩：　性涼，用炒諸藥。　蕎麥：　壓丹石毒。作麪和猪羊肉熱食，不過八九頓，即患熱風，鬚眉脫落，還生亦希。涇汾以北多此疾。又不可合黃魚食，家常多犯，故特拈著。　麯：　凡使須陳久者，搗作末後，掘地坑深二尺，用物裹，內坑中至一宿，明出，焙乾用。　神麯：　五月五日、六月六日、或三伏日為諸神集會之辰，故名神麯。如過此日造者，非也。法用白虎白麪一百斤，勾陳蒼耳自然汁三升，騰蛇青蓼自然汁四升，青龍青蒿自然汁三升，玄武杏仁四升，泡去皮尖，搗爛入麪，朱雀赤小豆三升，煮熟去皮，搗爛和麪一處勻。一如造酒麪法，以麻葉或楮葉包罯，如造醬黃法，待生黃衣，晒收之。凡用須火炒黃，以助土氣。陳久者良。　藊豆：　紫花者良。炒去殼，打碎。解酒、河豚魚、一切草木毒。生嚼及煮汁飲。　淡豆豉：　出江西者良。黑豆性平，作豉則溫，既經蒸罯，故能升能散。得葱則發汗，得鹽則能吐，得酒則治風，得薤則治痢，得蒜則止血，炒熟則又能止汗。　紅麯：　亦出江西，陳久者良。吹淨，炒研用。　綠豆：　生研絞汁或煮食。用之宜連皮，去皮則令人少壅氣，當是皮寒肉平故也。圓小綠者佳。反榧子殼。忌鯉魚酢。解金石、砒霜、一切草木諸毒。連皮生研水服。　醋：　米造陳者良。醋酒為用，無所不入，故製藥多用之。服茯苓、丹參，不可食醋。　醬：　豆作者良。麥作者不用，以久久為佳。又有肉醬、魚醬，皆呼為醢，不入藥用。　罌子粟：　用熱水泡軟，擘去筋膜，切成絲，用蜜水或米醋拌，微炒，晒乾用。忌蒜、醋、胡椒。

菜部　瓜蒂：　凡使勿用白瓜蒂，要採取青綠色瓜，待瓜氣足，其瓜蒂自然落在蔓莖上。採得，未用時，使櫛櫛葉裹於東牆有風處，挂令吹乾用。　白冬瓜：　此物經霜後，皮上白如粉塗，故云白冬瓜也。被霜後，取置經年，破取核，水洗，燥去殼，擂仁用。一用皮肉搗，絞汁服。　白芥子：　研用。

萊菔：　生食、熟食俱可，治久脾泄，百藥不效，煮食經年，無不效者。但不可與地黃同食。多食動氣，惟生薑能制其毒。伏硇砂。　萊菔子：　炒研，能消食。性峻利，傷人真氣，勿久服。　黃蜀葵花：　瘡家要藥。作末及浸油俱可。　葱頭：　取根白一二寸，連鬚用，洗淨。忌蜜及常山。　韭：　絞生汁飲。其子入藥，揀淨蒸熟，暴乾，簸去黑皮，炒黃，研用。忌蜜及牛肉。伏石鍾乳、乳香。　荊芥：　陳者良。去梗取穗，若用止血，須炒黑。　蘇子：　自收方真，市者俱偽。略炒，研極細，煎成藥，投入二三沸即傾。　紫蘇：　兩面俱紫，自種者真。　薄荷：　產蘇州龍腦者良。　苦瓠：　即苦壺蘆也。凡用須細理瑩淨，無黶翳者乃佳，不爾有毒。　馬齒莧：　凡使勿用葉大者，不是馬齒莧，亦無水銀。忌與鼈同食，食之俱變成鼈，嚙人腹，至不可治。　蕺菜：　治肺癰，俗名魚腥草。生陰處。　木耳：　桑槐樹上生者良。煮羹食，有用礶盛，大火內煅去烟，存性為末，入藥。

人部　髮髲：　凡使，是男子年可二十已來，無疾患，顏貌紅白，於頂心剪下者髮是。凡於丸散膏中，先用苦參水浸一宿，漉出，入瓶子，以火煅之，令通赤，放冷研用。　人乳汁：　白而不腥者良。　人牙齒：　入藥燒用。

人糞：　宜用絕乾者，搗末，沸湯沃服之。一名金汁，埋地中年久者良。　人溺：　肥白無病童子，味不鹹，雪白者良。　人中白：　溺器中者良。火煅研。　褌襠：　取中裩近隱處，男用女，女用男，或取汁，或燒灰服。　天靈

蓋：凡用，彌腐爛者佳。有一片如三指濶者，取得用煻灰火罨一夜，待腥穢氣盡，却用童便於甆鍋中煮一伏時，漉出，於屋下握得一坑深一尺，置骨於中一伏時，其藥魂歸神玅，陽人使陰，陰人使陽，男骨色不赤，女骨色赤，以此別之。一法：同檀香湯洗過，酥炙用，或燒存性用。紫河車：置酒內，覆者男胎也。首胎重十五兩以上，先將酒洗數次，血水方盡，用銀簪脚剔去筋膜，封固銀鍋內，加酒重湯煮一晝夜，或文武火焙乾。一法：米泔浸淨，入猪肚中蒸爛，搗膏入藥。忌犯鐵。

獸部　龍骨：骨細文廣者是雌，骨麄文狹者是雄，骨五色者上，白色者中，黑色者次，黃色者稍。得經落不淨之處，并婦人採得者不用。洗淨，摶研如粉極細，方入藥，其效始神。但是丈夫服，空心，益腎藥中安置，圖龍骨氣入腎臟中也。雷公所云生用法也。一法：用酒浸一宿，焙乾研粉，水飛三度用。如急用，以酒煮焙乾。或云凡入藥，須水飛，晒乾。每斤用黑豆一斗，蒸一伏時，晒乾用，否則着人腸胃，晚年作熱也。得人參、牛黃、黑豆良。畏石膏、鐵。忌魚。龍齒：搗碎入丸，煅研。得、畏、忌同龍骨。麝香：其香有三等，一者名遺香，是麝子臍閉滿，其麝自於石上用蹄尖撣臍，落處一里草木不生，並焦黃，人若收得此香，價與明珠同也。二名膝香，採得甚堪用。三名心結香，被犬獸驚，心破了，因茲狂走，襍諸群中，遂亂投水，被人收得，擘破見心流在脾，結作一箇乾血塊，可隔山澗早聞之香，是香中之次也。凡使麝香，並用子日開之方用，細研篩用之也。當門子良，凡用另研。忌大蒜。牛黃：凡使有四件：第一件是生神黃，賺得者；次有角黃，是取之者；又有心黃，是病死後，識者剝之，劈破取心，其黃在心中，如濃黃醬汁，採得便投於水中，黃霑水後，便如碎蒺藜子許如豆者，硬如帝珠子；次有肝黃，其牛身上光眼如血色，多玩弄好照水，自有夜光，恐懼人，或有人別採之。凡用須先單搗細，研如塵，却絹裹，又用黃嫩牛皮裹，安於井面上，去水三四尺已來，一宿至明方取用之。人參為之使。得牡丹、菖蒲，利耳目。惡龍骨、龍膽、地黃、常山、蜚蠊。畏牛膝、乾漆。象牙：刮取屑，細研用。

鹿角膠：自煎者良。酒化服為上，或用麥門冬、橘紅、砂仁煎湯化服。入丸用酒，或水頓化，和蜜，或炒成珠亦得。得火良。畏大黃。阿膠：油綠色，光明可鑒者真。凡使先於豬脂內浸一宿至明出，於柳木火上炙，待炮了可研用。只以蛤粉炒成珠用為便。薯蕷為之使。得火良。畏大黃。白馬莖：凡收當取銀色無病白馬，春月遊牝時，力勢正強者。生取陰乾百日用。一法：以銅刀破作七片，將生羊血拌蒸半日，晒乾，以粗布去毛及乾血，挫碎用。鹿茸：須茄茸，如琥珀紅潤者良。凡使先以天靈蓋作末，然後鋸解鹿茸作片子，以好羊脂拌，天靈蓋末塗之於鹿茸上，慢火炙之，令內外黃脆了如褐色，用鹿皮一片裹之，安室上一宿，其藥魂歸也，至明則以慢火焙之令脆，方搗作末用之。每五兩鹿茸，用羊脂三兩，炙盡為度。茸中有小白蟲，視之不見，入人鼻必為顙蟲，藥不及也。切不可以鼻嗅。麻勃為之使。牛膽：臘月黃牛、青牛者良。牡狗陰莖：六月上伏日取，陰乾百日，切片，酥拌炒。羚羊角：帶黃色者，角彎中深銳緊小，有掛痕者真，耳邊聽之集集鳴者良。凡修事勿令單用，不復有驗。須要不折原對，以繩縛之，將鐵錯子錯之，旋旋取用。勿令犯風，錯末盡處，須二重紙裹，恐力散也。錯得了，即單搗搗盡，背風頭重篩過，然後入藥中用，免刮人腸也。一說：密裹藏懷中，取出搗易碎。犀角：凡使以黑如漆，黃如粟，上下相透，雲頭雨脚分明者為上，次用烏黑，肌麄皺折裂，光潤者良。近人多巧偽，藥染湯煮，無所不至，須辨之。凡修治，錯其屑入臼中，搗令細，再入鉢中研萬匝，方入藥中用之。一說：入人懷內一宿易碎，或磨汁入藥用。松脂、升麻為之使。惡雷丸、雚菌、烏頭、烏喙。忌鹽，妊婦勿服，能消胎氣。虎骨：脛骨良，頭頸骨俱可用，色黃者佳。雄虎者勝，藥箭射殺者不可入藥，其毒浸漬骨血間，能傷人也。製法：並搥碎，去髓，塗酥或酒或醋，各隨方法，炭火炙黃入藥。

猪懸蹄：古方有用左蹄甲者，有後蹄甲者，酒浸半日，炙焦用。猪四足：母猪者良。猪膽：陰乾，汁亦可和藥。猪肚：猪，水畜，而胃屬土，故方藥用之補虛，以胃治胃也。麋角：煎膠與鹿角膠同法。取霜用角，水浸七日，刮去皮錯屑，以銀瓶盛牛乳浸一日，乳耗再加，至不耗乃止，用油紙密封瓶口，別用大麥鋪鍋中三寸上安置，再以麥四周填滿，入水浸一伏時，水耗旋加，待屑軟如麪，取出焙，研成霜用。狐陰莖：炙為末，酒服。

獺肝：炙脆，研。諸畜肝葉，皆有定數，惟獺肝一月一葉，十二月十二葉，其間又有退葉，用之須見形乃可驗，不爾多偽也。猯肉：膏油入膏藥中，拔濕如神。趙府膏藥中用之。膃肭臍：此物多偽。海中有獸，號曰水鳥龍，海人採得殺之，取腎，藥中修合，恐有誤。其物自殊，有一對，其有兩重薄皮，裹丸氣肉核，皮上自有肉黃毛，三莖共一穴，年年陰濕，常如新，兼將於睡

着犬，躡足置於犬頭，其驀驚如狂，即是真也。用酒浸一宿後，以布裹，微微火上炙令青，細剉單搗用也。以漢椒、樟腦同收則不壞。

禽部　雄雀屎：凡使勿用雀兒糞，其雀兒口黃，未經淫者，糞名雀蘇，不入藥。雄屎兩頭尖圓者是。凡採得，先去兩畔有附子生者勿用，鉢中研如粉，煎甘草湯浸一宿，(頭)〔去〕上清甘草水盡，焙乾任用。日華子云：凡鳥左翼掩右者是雄，其屎頭尖挺直。　伏翼：凡使要重一斤者，先拭去肉上毛及去爪腸，留肉翅并嘴脚，以好酒浸一宿，取出以黃精自然汁五兩塗，炙至盡，炙乾用。一法：止煅存性。近世用者，多煅存性耳。莧、雲實為之使。

天鼠屎：即伏翼糞。方言名天鼠爾，一名夜明砂。凡採得以水淘去灰土惡氣，取細砂晒乾，焙用。其砂乃蚊蚋眼也。惡白斂、白薇。

蟲魚部　石蜜：凡煉蜜只得十二兩半是數，若火少火過並用不得。凡煉蜜每斤入水四兩，銀石器內，以桑柴火慢煉，掠去浮沫，至滴水成珠，不散乃用，謂之水火煉法。又法：以器盛置，重湯中煮一日，候滴水不散取用，更不傷火。　蜜蠟：蠟乃蜜脾底也。取蜜後煉過，濾入水中候凝，取之色黃者名黃蠟，煎煉極淨，色白者名白蠟。一說新則白，久則黃，非也，與今時所用蟲造白蠟不同。惡芫花、齊蛤。　牡蠣：左顧者良，東流水入鹽一兩，煮一伏時後，入火中燒令通赤，然後入鉢中研如粉用也。一法：火煅醋淬七次，研極細如飛麪。貝母為之使。得甘草、牛膝、遠志、蛇床子良。惡麻黃、辛夷、吳茱萸。伏硇砂。　真珠：於臼中搗令細，以絹羅重重篩過，却便研二萬下了用，不細則傷臟腑。凡使要不傷破，及鑽透者可用也。一法：入豆腐內蒸易碎。入目生用，不用蒸，依上法為是。　瑇瑁：入藥生用，以其性味全也。既經陽火即不堪用，與生熟犀角義同。　桑螵蛸：凡使勿用諸襍樹上生者，不入藥中用。須桑樹畔枝上者，採得去核了，用沸漿水浸，淘七遍令水遍沸，於甆鍋中熬令乾用。勿亂別修事，却無效也。得龍骨止精。畏旋覆花、戴椹。　石決明：即真珠母也。七九孔者良。先去上麄皮，用鹽并東流水，於大甆器中煮一伏時了，漉出拭乾，搗為末，研如粉，更用東流水於甆器中如此淘之三度，待乾再研一萬匝，方入藥中用。凡修事五兩，以鹽半分，則取服之十兩，永不得食山桃，令人喪目也。　海蛤：此即鮮蛤子，雁食後糞中出。有文彩者為文蛤，無文彩者為海蛤。鄉人多將海岸邊爛蛤殼被風濤打磨瑩滑者偽作之。凡修事一兩，於漿水中煮一伏時後，却以地骨皮、栢葉各二兩，又煮一伏時後，於東流水中淘三遍，拭乾細搗，研如粉用。蜀漆為之使。畏狗膽、甘遂、芫花。　文蛤：修事法同海蛤。　蠡魚：俗名烏魚，亦名黑魚。諸魚中惟此膽甘可食。　鯽魚：子不宜與猪肉同食，同沙糖食生疳蟲，同芥菜食成腫疾，同猪肝、鷄肉、雉肉、鹿肉、猴肉食生癰疽，同麥門冬食害人。　蝟皮：作猪蹄者妙，鼠脚者次。炙脆研用。　露蜂房：治癰腫，醋水調塗；治瘡，煎洗入藥，炙用。惡乾薑、丹參、黃芩、芍藥、牡蠣。　蟬蛻：用沸湯洗淨泥土，去頭、足、翅。用攻毒，全用。　烏賊魚骨：凡使要上文順渾，用血鹵作水浸并煮一伏時了，漉出，於屋下掘一地坑，可盛得前件烏賊魚骨多少，先燒坑子，去炭灰了，盛藥一宿，至明取出用之，其效倍多。惡白及、白斂、附子。　原蠶蛾：炒去翅、足用。　蠶退：近世醫家多用蠶退紙，而東方諸醫，用蠶欲老眠起所蛻皮，雖二者之用各殊，然東人所用者為正，用之當微炒。　白殭蠶：凡使除絲綿并子盡，以糯米泔浸一宿，待蠶桑涎出，如蝸牛涎浮於水面上，然後漉出，微火焙乾，以布淨拭蠶上黃肉毛，并黑口甲了，單搗篩如粉用也。白而直，折開如瀝青色者佳。惡桔梗、茯苓、茯神、萆薢、桑螵蛸。　蛞蝓：即蜒蚰也。畏鹽。　蝸牛：此即負殼蜒蚰也。生研服，入藥炒用。畏鹽。　䗪蟲：即俗名地鼈也。生人家牆壁下土中濕處。治傷寒，損續絕及消瘧母，為必須之藥也。能行瘀血。畏皂莢、菖蒲、屋遊。　青魚膽：鮮者可煮服，乾者用醋及水磨用。鼈甲：七九肋者良。醋炙透焦，研細，再拌醋，瓦上焙乾，再研如飛麪。惡礬石、理石。　蠍：形緊小者良。酒洗淨，炙乾研。　蟾酥：端午日取蝦蟇眉脂。其法：取大蝦蟇，用蛤蜊殼未離帶者，合蝦蟇眉上，用力一捻則酥出於殼內，收在油明紙上，乾收貯用。蝦蟇放去而酥復生，仍活。　鼠糞：牡鼠者良。其糞兩頭尖。　蚺蛇膽：人多以猪膽、虎膽偽為之。試法：剔取粟許，着淨水中，浮游水上，迴旋行走者為真，偽者亦走，但遲耳。其徑沉者，諸膽血也。勿多着，亦沉散也。　蛇蛻：凡使勿用青、黃、蒼色者，要用白如銀色者。凡欲使，先於屋下以地掘一坑，可深一尺二寸，安蛇皮於中一宿，至卯時出，用醋浸一時，於火上炙乾用之。得火良。畏慈石及酒。白頸蚯蚓：凡使，收得後，用糯米水浸一宿，至明漉出，以無灰酒浸一日，至夜漉出，晒令乾後，細切，取蜀椒并糯米及切了蚯蚓三件同熬之，待糯米熟，去米、椒了，揀淨用之。凡修事二兩，糯米一分，椒一分為準。畏葱、鹽。

蜈蚣：凡使勿用千足蟲，真似，只是頭上有白肉，面并嘴尖。若誤用，并聞着腥臭氣，入頂致死。凡治蜈蚣，先以蜈蚣、木末，不然用柳蚛末於土器中炒，令木末焦黑後，去木末了，用竹刀刮去足甲了用。蜈蚣木，不知是何木也？今人惟以火炙去頭足用，或去尾足，以薄荷葉火煨用之。畏蛞蝓、蜘蛛、白鹽、鷄屎、桑白皮。　蛤蚧：凡使須認雄雌。若雄為蛤，皮麄，口大身小，尾粗；雌為蚧，口尖，身大尾粗。男服雌，女服雄。凡修事服之，其毒在眼，須去眼及去甲上尾上腹上肉毛，以酒浸，方乾，用紙兩重於火上緩隔紙焙炙，待兩重紙乾焦透後，去紙取蛤蚧，於甆器中盛，於東舍角畔懸一宿取用，力可十倍。勿傷尾，效在尾也。一云：只含少許，急奔百步，不喘者真。

水蛭：極難修製，須細剉後，用微火炒令色黄乃熟，不爾，入腹生子為害。一法：采得，以簺竹筒盛，待乾，用米泔浸一夜，曝乾，展其身，看腹中有子皆去之，以冬豬脂煎令焦黄，然後用。畏石灰、食鹽。　斑蝥：入藥除翼足，以糯米拌炒，米黄黑色，去米取用。生用吐瀉人。一法：用麩炒過，醋煮用。馬刀為之使。畏巴豆、丹參、空青。惡膚青、甘草、豆花。斑蝥、芫青、亭長、地膽之毒，靛汁、黄連、黑豆、葱、茶皆能解之。　白花蛇：一云：去頭尾各一尺，有大毒不可用，只用中段。一云：黔蛇長大，故頭尾可去一尺。蘄蛇止可頭尾各去三寸，亦有單用頭尾者。大蛇一條，只得淨肉四兩而已。久留易蛀，惟以湯浸去皮骨，取肉炙過，密封藏之，十年亦不壞也。其骨刺須遠棄之，傷人，毒與生者同也。凡酒浸春秋三宿，夏一宿，冬五宿，取出炭火焙乾，如此三次，以砂瓶盛埋地中一宿出。得酒良。　烏蛇：製同上法。　蜣螂：五月五日取蒸藏之，臨用當炙，勿置水中，令人吐。　五靈脂：此是寒號蟲糞也。此物多夾砂石，絕難修治。凡用研為細末，以酒淘飛澄，去砂脚，日乾，醋拌炒。惡人參。　穿山甲：正名鯪鯉。或炮，或燒，或酥炙，醋炙，童便炙，或油煎，土炒，蛤粉炒，當各隨本方。未有生用者，仍以尾甲乃力勝。

明・黄承昊《折肱漫録》卷三　丹砂、雄黄乃金石之藥，非水飛極細者不可服，服亦不宜多。

明・佚名氏《異授眼科》　炮煉法

珍珠：用人乳拌一宿，入豆腐內煮熟，熟者生光，生者傷睛。　瑪瑙：火煅，醋淬三次。　礬石：燒過。　琥珀：生碾。　石燕、石蟹：煅，俱用醋淬四五次。　熊膽：用篾盛上下去鮮血，不斷絲者乃真。　麝香：用手撚如線者佳。　石決明：用青鹽和泥包煨煅。　牛黄：如千層餅樣，一層黑一層黄者佳。　文蛤：一名海蛤，即雲南錢，同甘石一樣煅。　硼砂：燒乾不製。　白砒：同明礬入瓦盆內，燒烟盡為度。　乳香：用銅勺滾水煮之成塊，在箬上炙煅去油。　沒藥：箬上炙去油。　海螵蛸：三黄湯煮，黄連、黄柏、黄芩。　牙硝：蘿蔔湯煮過，冷定取面上結浮者佳。　輕粉：燒過。　蛤粉：燒過。　銅青：放在薑內，外以紙包，火煨煅過。　翠青：即青黛，滾水泡過。　青礬：若有硇砂，不可同用。　韶光：炒。　翠白：即上好白磁器，醋燒煅九次。　樟腦：要升過。　綠礬：濯水煮，再入瓦礶內煮乾。　雲母石：炒脆。　膽礬：用紅棗去核，入礬在內，火上燒，半生半熟。　雄黄：大者打開，內有一層粉，即是雄精。　青鹽：入草決明內，鹽泥封固煅過用。　白丁香：即麻雀糞。用水淘浮，于水上白者，是丁香，餘不用。　蕤仁：熱水煮過，去油打粉。　夜明砂：水浸爛，用稀布袋盛之，內去粗泥，外存泥沙，又用夏布袋盛水中漂淨，如尖頭者真。　海金砂：〔製如夜明砂法。〕　鵝不食草：即野芫荽，一名天芫荽。五月五日午時取來，陰乾為末。

清・尤乘《壽世青編》卷下　藥品製度法　藥之製度，猶食品之調和也。食品之加五味，非調和不能足其味。次藥有良毒，不藉修治，豈能奏效？假如芩、連、知、栢，用治頭面手足皮膚者，須酒炒，以其性沉寒，借酒力可上騰也。用治中焦，酒洗；下焦，生用。黄連去痰火，薑汁拌炒；去胃火，和土炒；治吞酸，同吴茱萸炒。此各從其宜也。大黄用行太陽經，酒浸；陽明經，酒洗。況其性寒力猛，氣弱之人，須用煨蒸，否則必寒傷胃也。地黄、知母，下焦藥也，用之須用酒浸，亦恐寒胃。地黄用治中風，非薑汁浸炒，恐泥膈也。苦參、龍膽酒浸者，制其苦寒也。當歸、防己、天麻酒浸者，助發散之意也。川烏、天雄、附子其性劣，灰火中慢慢炮之裂，去皮臍及尖，再以童便浸一宿，制其燥毒也。半夏湯泡七次，南星水浸，俱於臘月冰凍兩三宿，去其燥性更妙；用治風痰，俱以薑汁浸一宿。南星治驚癇，以黄牛膽釀，陰乾，取壯其膽氣也。吴茱萸味惡，須湯泡七次。麻黄先煮兩沸，去沫，免令人煩悶。山梔仁用瀉陰火，炒令色變。水蛭、虻蟲、斑蝥、乾漆，非烟盡不能去其毒，生則令人吐逆不已。巴豆性最急劣，有大毒，不去油莫用。大戟、芫花、

甘遂、商陸，其性亦暴，非炒用峻利不已。蒼术氣烈，非米泔浸經宿，燥性不減。凡用金石并子仁之類，須各另研細，方可入劑。但製度得法，而藥能施功矣。余見今人索方入市，希圖省儉，不顧有誤，不惟炮製失宜，抑且真偽未明，多少不合，全失君臣佐使用藥之法。大非求藥治病之心，使反為致誤，伊誰之咎耶？凡事修合，必須選料製度，一如後法，務在至誠，毋得忽也。用火煅者，必於地上取去火毒為妙。倘隨症自有製法，不拘此例。

人參去蘆，人乳拌蒸。生地酒洗。熟地酒洗，焙。二門冬水潤，去心。蒼术米泔浸，炒。白术米泔浸，蒸，切片，蜜水拌炒褐色。黄芪蜜炙。遠志甘草湯浸透，去梗，焙。升麻、柴胡忌火。菖蒲去鬚，焙。萎蕤蜜水蒸。山藥蒸。苡米炒。當歸去根，酒洗。二芍酒拌炒。木香生用理氣，煨用止泄。甘草生用瀉火，熟用補中。石斛酒浸蒸。牛膝、川芎去淨。知母去毛，酒炒。五味嗽生用，補焙用。貝母去心，焙。紫(苑)〔菀〕水淨，蜜水焙。澤瀉去毛，酒焙。續斷酒炒。甘菊去蒂。車前酒焙，研。萆薢酒浸，焙。苦參泔水浸，蒸晒。白芷焙。防風去蘆并叉者。金銀花去枝葉。茺蔚子忌鐵。麻黄去根節。黄柏去皮，酒炒。黄芩酒蒸。天麻酒浸，濕紙包煨。乾葛生用墮胎，熟解酒毒。龍膽酒炒。香附醋、酒、童便可製。何首烏米泔浸，黑豆蒸。桔梗略焙。白豆蔻去衣，微炒。草豆蔻同上。白附炮，去皮臍。草果去殼。肉豆蔻麵裹煨，忌鐵。砂仁去殼炒，研。玄胡索、莪术酒炒。三稜醋炒。款冬花去枝，蜜水炒。百部去心，酒洗，焙。旋覆花去蒂，焙。兜鈴水淨。枳殻麩炒。半夏薑湯泡，煮透。南星炮，去皮臍，冬月研末，入牛膽，掛風處。蒺藜酒炒，去刺。大黄酒蒸，晒。天雄、附子童便浸，去皮，切四片，另再用童便加甘草、防風，煮乾為度。巴戟酒浸，焙。杜仲酥炙。仙茅泔浸去赤水。淫羊藿羊油拌炒。肉蓯蓉酒洗，去甲。菟絲子酒煮，打作餅，晒為末。補骨脂酒炒。益智鹽水炒研。覆盆子去蒂，酒炒。骨碎補去毛，蜜蒸。狗脊去毛，酒炒。商陸黑豆拌蒸。芫花醋煮，晒。大戟水煮，去骨。甘遂麵裹煨。郁李仁去皮，研如膏。常山去蘆，酒炒。蓖麻子去殼。續隨子研，去油。葫盧巴淘淨，酒焙。牛蒡酒炒，研。桑白皮蜜水炒。山梔子炒黑。乾薑炮。厚朴薑汁炒。桃杏仁湯泡，去皮尖，研。神麯炒研。麥芽炒。萊菔子炒研。白芥子炒研。紫蘇子炒研。蓮子去心炒。山茱萸去核，焙。吴茱萸去閉口，鹽湯泡三次，焙。蜀椒去合口、核，炒。訶子蒸，去核，焙。青蒿童便浸一宿，晒。枇杷葉胃病薑汁炙，肺病蜜炙，去毛。椿、樗白皮醋炙。雷丸酒蒸，去皮。密蒙花酒潤，焙。麻仁炒，研。扁豆炒。乳香、沒藥箬上烘出油，同燈心研之則能細。山查去核。生薑去皮熱，留皮寒。乾漆炒盡烟為度。粟殼醋炒。韭子炒。葱、蒜忌蜜。黑白丑酒蒸，研。蘇合香酒浸，另研。丁香忌火。水蛭、全蝎炒去毒。烏藥酒炒。大腹皮水洗，晒。酸棗仁生醒寐，熟安神。栢子仁炒。牡丹皮酒炒。地榆忌火。白及略焙。決明子炒，研。蟬退去羽足，洗。斑蝥去頭足翅，同大米炒。葶藶子同米炒。連翹酒炒。白殭蠶米泔浸經宿，待涎浮水面取起，焙乾，去絲及黑口，研。穿山甲土炙、酒入炙，研。代赭煅，醋淬，水飛。雄黄、硃砂另研，水飛。石膏煅，研。赤白石脂火煅，研，水飛用。自然銅、磁石煅，醋淬九次，細研，水飛。滑石研，水飛。爐甘石、青礞石、花蕊石、伏龍肝火煅，研，水飛。陽起石火煅，酒淬七次，水飛。白礬煅。龍骨火煅，水飛，酒煮。阿膠蛤粉炒。石決明鹽水煮，研，水飛。牡蠣火煅，童便淬，研。真珠絹包入豆腐中，煮一香，研。鱉甲去肋，酥炙。鹿茸烙去毛，酥炙。虎脛骨酥炙。五靈脂酒飛，去沙。龜甲酒浸，炙。墨火煅，研。髮入瓦罐中，鹽泥封固，煅存性。鹵火煅，水飛。海螵蛸炙。桑螵蛸蒸透再焙。昆布水淨。海藻水淨，焙。緋丹湯泡去黄水，炒令紫色，研。石硫用猪大腸盛之，水煮三日夜，以皂角湯淘去黑水，再以紫背浮萍同煮，消其火毒。畏細辛、醋及諸般血。土硫黄辛熱腥臭，止可入瘡科外治，不堪服餌。

清・李世藻《元素集錦》　本草修治　甘草，去頭尾尖處，吐人。炙用，去皮，長流水蘸濕，炙七次。忌猪肉，反甘遂、大戟、海藻、芫花。　黄芪，去頭，刮皮，蜜水炙七次；　亦生用。勿用木芪，味苦。惡白鮮、龜甲。　人參，去蘆。醇酒潤透，竹刀切咀，焙用。亦生用。忌鐵器。收藏用細辛相間，密封盛瓶中，勿見風日。入丸散，陰乾，惡鹵鹹，反藜蘆，畏五靈脂。　沙參，去蘆。惡防己，反藜蘆。　桔梗，勿用木梗。去頭生尖硬二三分，兩畔附枝，泔浸一宿，切，微炒用。忌猪肉。　黄精，勿用鉤吻。入甕内令滿，蜜蓋，蒸至氣溜，即暴。如此九次。　萎蕤、女蕤，竹刀刮去節皮，洗淨，蜜水浸一宿，蒸過，焙乾用。　知母，上行酒浸炒，下行鹽水潤焙。忌鐵器。　肉蓯蓉，清酒浸一宿，以鬃刷刷去沙土浮甲，劈破中心，去白膜一重，如竹(糸)〔絲〕草様，有此能隔人心前氣不散。以甑蒸之，從午至酉，取出，又用酥炙得所。　天麻，洗淨，以濕紙包，于糠火中煨熟，取出切片，酒浸一宿，焙乾用。勿用御風草，害人。　白朮，去皮，泔浸一宿，以人乳潤蒸，切炒。入脾以陳壁土和炒。忌桃菓、杏、李、菘菜、雀、鴿、青魚。　蒼朮，去皮，泔浸二日，換水浸，切片焙乾用。亦酒浸炒。忌同白朮。　狗脊，去毛鬚，剉，炒用。　貫眾，去毛及花萼，剉，焙用。　巴戟天，溫水浸軟，去心，酒浸一宿，剉，焙。　遠志，甘草湯

浸一宿，去心，晒乾用。畏藜蘆。　淫羊藿，每斤用羊脂四兩，拌炒，脂盡為度。　仙茅，竹刀刮切，糯米泔浸去赤汁。忌鐵器、牛乳。　元參，水潤，以竹刀切，晒乾用。大忌銅、銀，犯之噎喉喪目。反藜蘆。　丹參，畏鹹水，反藜蘆。　紫草，去頭並兩畔鬚用。　白頭翁，酒洗，剉用。　白及，惡理石，反烏頭。　黄連，去毛，各隨方炒。惡菊花、元參，忌冷水、猪肉，令人瀉。胡黄連，惡菊花、元參，忌猪肉，令人瀉不已。　黄芩、枯芩，去枯，酒炒。　條芩，生用。惡葱實。　秦艽，勿用右文者。湯浸一宿，日乾用。畏牛乳。柴胡，去鬚及頭，用銀刀刮去赤薄皮，以布拭淨。勿令犯火，立便無效。　前胡，刮去蒼黑皮並髭土，竹瀝浸，晒乾用。惡皂莢。　防風，勿用叉頭者，令人發狂。勿用叉尾者，發人痼疾。黄色而潤者佳。惡藜蘆。　羌活、獨活，去皮，焙用。　升麻，去髭頭蘆，剉用。　苦參，糯米泔浸一宿，去腥穢氣，淘過，蒸切，晒用。惡貝母、菟絲，反藜蘆。　延胡，炒過，切片，亦酒炒用。鬼督郵，剉細，生甘草煮一伏時，晒乾用。　貝母，去心膜，糯米同炒，米黄為度。勿用油實者，有毒。反烏頭。　慈菇，去毛殼用。　茅根，洗去衣皮。忌鐵器。　膽草，銅刀切去鬚上頭，剉細，甘草湯浸一宿，晒乾用。亦酒浸炒用。　細辛，切去頭，水浸，晒用。勿用雙葉者，害人。忌生菜、狸肉，反藜蘆。　白微，去鬚，酒洗用。　白前，生甘草水浸一伏時，去頭鬚，焙乾用。當歸，去蘆，酒洗用。晒乾，乘熱紙封甕收之，不蛀。　蛇床子，挼去皮殼，取仁，微炒用。　白豆蔻，去皮，炒用。　白芷，水洗，炒用。並炒黑豆用。用石灰拌收，不蛀。　牡丹皮，銅刀剉，酒拌蒸用。忌胡荽、蒜。　木香，生用，不見火。亦麵裹，煨熟用。　高良薑，炒用，亦土炒用。　草豆蔻，麵煨熟，去皮用。　蓽茇，去挺用頭，刮去皮粟子淨，醋浸一宿，焙乾用。　蒟醬，刮去粗皮，搗細，每五錢用生薑汁五兩拌之，蒸一日，晒乾用。　肉豆蔻，麵裹煨熟用，亦生用，忌鐵器。　補骨脂，酒浸一宿，仍用東流水浸三日，蒸，晒乾用；　亦鹽炒用。晒乾用。惡甘草，忌芸薹、羊肉、諸血。　蓬莪茂，麵裹煨，醋炒用。　荊三稜，麵裹煨，醋浸一宿，焙乾用。　香附，生用。炒用酒、醋、童便、薑汁，各隨方炒用。忌鐵。　香薷，陰乾，勿犯火。服至十兩者，終身不得服白山桃。　荊芥，反驢肉及一切無鱗魚、蟹，犯之令人吐血死。以地漿水解之。入藥焙用。　薄荷，收采先夜以糞水澆之，或雨後刈收，則涼，不爾不涼。新病後忌食，令虛汗不止。　紫蘇，刮去青薄皮，剉用。忌鯉魚，生毒瘡。　艾葉，揀淨葉，石臼內木杵搗去青渣，取白者，再搗柔爛，焙燥用。入丸散用醋煮，乾搗成餅子，烘乾，再搗為末，入茯苓三五片同碾，即時可作細末。煎宜新，炙宜陳。　青蒿，使子勿使葉，使根勿使莖，以童便浸七日七夜，晒乾用。　益母草、子，炒香，去殼取仁用。莖、葉，陰乾用。忌鐵器。勿用開白花者。　旋復花，去蕋并殼、皮、蒂、子，蒸巳至午，晒乾用。　青葙，先燒鐵杵、臼，乃搗用。　蠡實，炒用；　治疝，醋拌炒用。　續斷，橫切，去向裏硬筋，酒浸一伏時，焙乾用。　漏蘆，細剉，以生甘草相對拌蒸，從巳至申，揀出，晒乾用。　飛廉，刮去粗皮，杵細，以苦酒拌一夜，漉出，日乾，杵細用。　蓖蔴子，袋盛蒸熟，晒乾，柳木杵搗，去焦殼用。　胡蘆巴，淘淨，酒浸一宿，晒乾，蒸熟，或炒用。　牛蒡子，揀淨，以酒拌蒸，待有白霜重出，以布拭之，焙乾，搗粉，蒸熟，晒乾用。　蒼耳實，炒熟，搗去刺用。忌猪肉、馬肉、米泔，害人。莖、葉蒸用，忌同。　鶴虱即地(衆)〔菘〕子，搗篩用。忌猪、酒。木賊，去節，炒用，生用。　豨薟，洗淨，晒乾，入甑中，層層洒酒、蜜蒸，又晒，如此九次。　蘆根，取逆水生者，去鬚節、赤黄皮。忌巴豆。出水者殺人。　蘘荷，勿用革牛草。白者佳。銅刀刮去粗皮一重，細切，入砂盆中研如膏，取自然汁鍊作煎，新器攤冷，如乾膠狀，刮取用。　燈心草，以糯米粉漿染過，晒乾研末，入水澄之，浮者燈心，取晒乾用。此為末法。　麻黄，去節、根，水煮十餘沸，以竹片掠去沫用。　地黄，以好酒，入砂仁末在內拌之，潤蒸，晒乾，再拌蒸九次用。忌蘿蔔、葱、蒜、諸血。　牛膝，去蘆頭，酒浸，蒸焙用。生用，酒浸不焙。忌牛肉。　紫菀、女菀，洗淨，去頭，每一兩用蜜二分，化水浸，焙乾用。　麥冬，以滾水潤濕，少傾抽心，酒浸用。入丸散，焙熱，即于風中吹冷，如此三四次，即易燥，且不損藥力。反鯽魚。　葵菜，同蒜食，勿用心，有毒。黄背紫莖者勿食。忌鯉魚、黍、鮓，害人。曾被風犬咬者，食即發。　敗醬，以甘草葉相拌對蒸，從巳至未，去甘草葉，焙乾用。欵冬花，去向裏裹花蘂殼并實，如栗零殼并枝葉，甘草水浸一宿，晒乾用。瞿麥穗，用蕊殼并子，不用莖葉，令人氣噎。　王不留行苗子，酒蒸從巳至未，再以醬水浸一宿，焙乾用。　葶藶，隔紙炒用，或以糯米合炒，米熟去米，搗用。　車前子，水淘洗，去泥炒，晒乾，炒用。入丸散以酒浸蒸，搗爛作餅，晒乾，焙研用。使葉擇九葉者，勿使莖，剉細，放新瓦上攤乾用。　蛇含草，用葉，晒乾。勿犯大根，莖不可用。勿用竟命草，令人吐血不止，速服知時子

解。　旱蓮草，端午取，陰乾，露一宿用。　連翹，去梗合仁研用，去心之說誤也。　青黛，水飛淨灰脚用。　蒺藜，炒黃，杵去刺，亦生用。　商陸根，赤花者有毒。用白花者，銅刀刮去皮，切，以東流水浸兩宿，以黑豆葉重重相間蒸之，從午至亥，去豆葉，晒乾用。無豆葉，以豆代之。　狼毒，勿用浮水者，醋炒用。　狼牙，勿用中濕腐爛生衣者，殺人。　防葵，勿用浮水狼毒，甘草湯浸一宿，晒乾，以黃精汁拌，土器中炒汁盡用。　大戟，醬水煮軟，去骨，晒乾用。勿用綿戟，色白，服之令人吐血。勿用附生者，令人洩氣不禁。煎薺苨解之。反甘草，犯者菖蒲解之。服大戟，忌鹹物百日。　甘遂，麵裹煨熟用。反甘草，服者忌酸、鹹半月。　續隨子，去殼取仁，紙裹，壓去油，研成霜用。　莨菪子，每十兩好醋一盌，煮乾，以黃牛乳浸一宿，乳汁黑即是真者，晒乾，搗篩用。亦炒熟用。勿用水莨菪，令人狂亂吐血，以甘草汁解之。　蓖麻子，以鹽湯煮半日，去皮取仁，研用。作油，以仁五升，搗爛，水一斗，煮，有沫撇起，沫盡乃止，去水，煎沫至滴水不散為度。忌鐵器。凡服此，終身不得食炒豆，犯之脹死。　常山，苗名蜀漆。酒浸蒸熟，或炒熟用。春夏用苗，秋冬用根。忌菘菜、雞肉、葱。　白附子，去皮臍，炮用。　五味子，打破，蜜蒸，焙乾用。亦生用。忌鐵器。　藜蘆，去蘆，炒用。反細辛、芍藥、人參、沙參、元參、丹參、苦參。服藜蘆吐不止，葱湯解之。　附子，水浸，去皮臍，每一個用甘草二錢，薑汁、童便各半盞，同煮熟，出火毒一夜，切，晒乾，炒內外俱黃用。生用，去皮臍，炮。　天雄，每十兩以酒浸七日，掘土坑，用炭半称，煅赤，去火，以醋二升沃之，候乾，乘熱入天雄，在內小盆合一宿取出，去臍用。忌豉汁。　烏頭，用烏大豆同煮熟，出火毒用。忌豉汁。　南星，以生薑湯泡七次用。或濕紙包，於煻火中煨製，用膽星生研末，臘月取黃牯牛膽，和填膽內，懸風處乾之，數次年久者佳。　半夏，沸湯泡七次，仍加薑汁浸炒。造麴，以薑汁、白礬湯和作餅，楮葉包，置籃中，待生黃衣，日乾用。洗滑不盡，令人氣逆。忌羊血、海藻、飴糖。反烏頭。　蚤休，即金綠重樓。洗去皮，切，焙用。　鬼臼，去毛用。不入湯，止作散。　射干，即扁竹。米泔浸一宿，日乾用。紫花者佳。　芫花，炒令赤用。　茵(蕷)〔芋〕，莖、葉炙用。　(兔)〔菟〕絲子，水洗去沙，酒浸，杵爛成餅，晒乾，研末用。　覆盆子，去皮蒂，取子，酒拌蒸用。　使君子，取仁用。亦煨用。殼亦煎湯用。忌熱茶，犯之即瀉。　木鱉子，去油者麸炒過，切碎再炒，去油盡為度。　馬兜鈴，去革膜，取淨子，焙用。　牽牛，水洗去浮者，或炒或生，并取頭末用。　紫葳，即凌霄花。勿近鼻聞，傷腦。　瓜蔞仁，磚壓，去油一次用。　天花粉，去粗皮用。作粉，寸切，換水浸五日，取出搗研，濾過，澄粉用。　天門冬，蒸，去皮去心用。忌鯉魚。中毒，浮萍汁解。　百部，以竹刀劈開，去心，酒浸，焙乾用。　白蘞，洗去黑皮，日乾用。反烏頭。　何首烏，竹刀刮去皮，米泔浸三夜，切，晒乾或焙乾用。作末，木杵搗之。　萆薢、土茯苓，白色者佳。去皮，酒浸，烘乾用。去節刺。忌茶茗、鐵器。　女萎，去頭并白蕻，剉細，拌豆淋酒蒸，從巳至未，晒乾用。　黃藥子，緊重者佳。洗剉用。　防己，酒洗，晒乾用。　威靈仙，去蘆，酒洗用。忌茗、麵湯。　茜草根，勿用赤柳根。忌銅、鐵器。　絡石，去毛、子，以熟甘草水浸一伏時，切，晒乾用。　石菖蒲，一寸九節者真。銅刀刮去毛，微炒用。忌鐵器，犯則吐逆。　澤瀉，去鬚，剉，酒浸，晒用。　蒲黃，隔三重紙炒用，亦生用。　浮萍，紫背者佳。揀淨，以竹篩攤晒，下置水一盆映之，易乾。　海藻，洗淨鹹味，晒乾用。反甘草。　昆布，水煮，去鹹味，晒乾用。　石斛，中實有肉者佳。去根頭，酒浸一宿，蒸，晒乾用。或徐徐焙乾用。　骨碎補，銅刀刮去黃赤毛，蜜潤，晒乾、焙用。或炒三次，令黑用。忌鐵器。　石韋，去黃毛，去梗，拌羊脂，炒乾用。　卷栢，破血、生血、止血，炙用。　馬氣勃，以生布張開，將氣勃于上摩擦，以盤承取末用。　胡麻，水淘去浮者，以酒拌蒸熟，晒乾，春去粗皮，炒用。　麻仁，帛包，置沸湯中浸，至冷出之，垂井中一宿，勿令着水，次日日中晒乾，新瓦上挼去殼，簸揚取仁，則粒粒皆完。　米殼，水淘，去蒂及筋膜，醋拌炒用。　阿芙蓉，忌米醋，令人腸斷。　黑大豆，惡五參、龍膽。炒。忌食猪肉。反(萆)〔蓖〕麻子，令人脹死。　大豆黃卷，壬癸日，以井華水浸大豆，生芽，去皮，陰乾炒用。　神麴，六月六日，用白麵一百斤，青蒿、蒼耳、蓼子自然汁各三升，赤小豆去皮，杏仁去皮尖，各三升，為末泥，用汁和麵、豆、杏仁，作餅，麻葉包，待生黃衣，晒收，剉豆大，炒黃用。　菉豆，反榧子殼，忌鯉魚。　白扁豆，去皮，炒熟用。亦生用。　酒，反茶，忌牛肉、芥菜及辛辣物。有灰者，不入藥。　韭菜子，揀淨，蒸熟，晒乾，簸去黑皮，炒黃用。　生薑，消腫用皮，散寒用肉，化痰用汁。勿同酒食，發痔。　白芥子，揀淨，微炒用。　乾薑，炒用，炒黑用，生用。　蘹香子，切炒用。　蒲公草，三四月采，陰乾用。　芋，以薑同煮，換水再煮。　薯蕷，忌鐵器，惡甘遂。　李根皮，取東行者，

刮去皺皮，炙黃用。　杏仁，勿用雙仁者。湯浸，去皮尖，炒黃用。　烏梅，去核，微炒用。忌猪肉。　桃奴，銅刀切取肉用，或焙用。　桃仁，勿用雙仁者。湯浸，去皮尖，炒黃用，或生用。　桃花，勿犯人手，以棘刺取，陰乾用。勿用千葉者，令人吐血。　木瓜，忌銅鐵。以竹刀切片，晒乾用。　山楂，蒸，去子，晒乾用。子炒用。　酸石榴皮及東引根，勿用乾者。以漿水浸一夜，取出用。忌鐵器。　橘皮，勿用柑柚皮，害人。陳皮薄，色紅味苦，紋細，肉多筋。柑柚皮厚，色黃，味不苦，紋粗，肉無筋。以淡鹽水洗潤，刮去白用。餘各隨方用。　青皮，湯浸，去穰炒用，或醋炒用。　橘核，炒香，去殼取仁，研碎用。　枇杷葉，以穀草作刷，刷去毛，免射人肺。蜜水塗炙，或薑汁塗炙。　橡實即旋網子，取子，換水十五次，淘去澁味，蒸極熟食之。　橡實斗殼，搗細，炒焦用，或燒存性用。　荔枝核，炒焦用。　榧實，反菉豆，殺人。忌鵝肉，生風。　石蓮肉，去澁皮，去心，焙用。　檳榔，半白半黑，心虛者勿用。心堅有錦文者佳。　大腹皮，先以醇酒浸過，後以黑豆湯再洗，晒乾，切焙用。　川椒，去目及閉口者，炒令出汗，入筒中，以杵搗去裏面黃殼，只取外紅，隨搗隨播，取盡用。或炒熟，鋪地上，以碗覆待冷，碾取紅用。　蓽澄茄，去梗及皺皮，酒浸，蒸從巳至酉，搗細，晒乾用。　吳茱萸，深湯浸去苦汁七次，焙用。去梗、葉及閉口者。　瓜子仁，晒乾，杵細，以馬尾羅篩過，成粉，三重紙裹，壓去油用。甜瓜、西瓜同。　瓜蒂，勿用白瓜者，青綠色者佳。懸屋東，風吹乾用。　芡實，蒸熟，晒乾，取仁用。芡實一斗，以防風四兩煎湯浸過，經久不壞。　栢子仁，去皮，酒浸，晒乾用。亦去油用。　桂，去粗皮用。忌生葱、石蜜。　側栢葉，春東，夏南，秋西，冬北，杵成餅，陰乾焙用。或生用。　桂心，以肉桂去外粗皮及內薄皮，即為桂心。　辛夷，刷去毛，去心焙用。　龍腦，同燈草盛礶中，不耗。　乳香，沒藥同。微炒殺毒，則不粘。以燈草同研，則易細。　血竭，勿用海母血，嚼之不爛如蠟者真。另研末，同眾藥研，皆化塵飛去。　阿魏，黃散者佳，黑色者次。研細，熱酒器上裛過用。　蘆薈，置器中，以器覆之，鹽泥合濟，用穀糠火煨，化出火毒用。　胡桐淚，磁礶貯封，勿令溶化。　黃栢，去粗皮，酒浸，炒用。亦生用。　厚朴，刮去粗皮，每一斤薑汁八兩，浸汁盡，晒乾炒用。忌諸豆，食之動氣。　杜仲，刮去粗皮，切成薄片，以薑汁浸透，炒去絲用。惡元參、蛇蜕。　樗根皮，刮去粗皮，取白皮，蜜炙用。　海桐皮，刮去粗皮，酒浸，剉用。　楝實即金鈴子，酒拌蒸，刮去皮，取肉用。核，搥碎，水煮，晒乾用。凡用肉不用核，用核不用肉。　苦楝根，雄者根赤，有毒，殺人。雌者每一兩，入糯米五十粒同煎，殺毒。　槐實，十月巳日采，去單子及五子者，只用二、三、四子者，炒用，或燒用。　槐花，未開時采，炒用。陳久者良。　合歡皮，去粗皮，炒用。　皂角子，圓滿堅硬不蛀者佳。以瓶煮熟，去硬皮，去向裏白肉，去黃，銅刀切，晒用。　皂莢，赤肥不蛀者佳。以新汲水浸一宿，去皮弦子，蜜炙、酥炙、炒、燒灰，各依方用。　沒食子，紋細，無秋米，蟲食成孔者佳。以砂盆盛，漿水浸，硬者研盡，火烘乾用。忌銅鐵。　訶黎勒，勿用毗黎勒。八路至十三路者，濇不堪用。六路者佳，去路取肉，焙乾用。或煨，去核用。　蕪荑，大者佳。取仁，炒用，生用。　蘇木，去粗皮，去節用。　櫻皮，年久敗櫻，炒，燒灰存性用。　酸棗仁，去皮尖，炒用，生用。惡防己。　蕤核仁，去皮尖，壓去油用。　山茱萸，酒浸，去核用。　金櫻子，去刺及子，焙用。　女貞實，酒浸，蒸透，晒乾用。　郁李仁，湯泡去皮尖，研用。去雙仁者。　五加皮，酒洗，微炒用。不炒則瀉。忌鐵器。　衛矛即鬼箭羽，只用箭頭，拭去赤毛，每一兩用酥一錢，拌勻，緩炙用。　地骨皮，洗去土，切，甘草湯浸，焙用。　枸杞子，揀淨，酒潤，搗爛用。　蔓荊子，去蔕膜，打碎用。　猪苓，忌鐵器。銅刀刮去皮，切用。　蜜蒙花，揀淨，酒浸一宿，漉出候乾，拌蜜令潤，蒸，日乾用。　茯苓，去皮去心，搗細，于水盆中攪澄，浮者濾去，不損目。忌米醋酸物。　雷丸，甘草水浸一夜，以銅刀刮去皮，炒用。肉白者佳，赤者有毒，殺人。　桑寄生，銅刀連根、枝、莖、葉切細，陰乾用，不見火。　竹瀝，用瓶一個，鹽泥固濟，截竹五六寸入瓶中，仍用一瓶對承，鹽泥固濟，將一瓶埋入地內，留泥瓶在外，周圍以火燒之，其瀝即注下瓶，取用。　蜜，煉蜜置器中，于湯中煮一日，候滴水成珠用，無火毒也。　百藥煎，五(部)〔倍〕子一斤，為粗末，真茶一兩，煎濃汁，入酵醋四兩，拌勻，和器盛，置糠缸中署之，待發起如麵狀即成，捏作餅，晒乾用。　桑螵蛸，二三月采，以熱漿水浸一伏時，焙乾，柳木灰中炮黃，去子用。　白殭蠶，白色條直者佳，勿令中濕，有毒殺人，以糯米泔浸去涎炒，去絲子用。　蠶沙，晒乾淘淨，再晒，可久收不壞。　樗雞，即紅娘子。去翅足，以糯米同炒，米黃，去米用。　班猫，青娘子、亭长、地胆，俱同修治。去翅足，以糯米同炒，米熟，去米用。生用吐人。　蠍，去毒，炒用。　蟬蛻，以沸湯洗去泥土，漿水煮過，晒乾用。　水蛭，細剉，微火炒焦

黃用。中毒，以黃土水飲之，即解。　蠐螬，去足嘴，以糯米同炒，米焦，去米用。亦生用。　蜣螂，五月五日取，蒸，藏之，臨用火炙。勿置水中，令人吐。　土狗即螻蛄，去翅足，炒熟用。　䗪蟲，即簸箕虫。去足焙用，生用。　䖟蟲，即瞎蠓。去翅足，炒熟用。　青鼃，即田雞，音蛙。正月有毒，勿食。　去皮骨，炙用。　蟾蜍，蝦蟇同。目赤，腹無八字者，勿用。去皮爪，酒浸一宿用。或焙用。　蜈蚣，勿用千足蟲。頭上有白肉者，去頭尾足，以薄荷葉裹，煨用。　蚯蚓，乾者炒作屑用，生者或燒灰，或化水用。　龍骨，齒角同治。咀片，酒浸，焙乾用。入丸散，煅赤，研末，水飛用。　穿山甲，各方不同治，俱不生用。　石龍子，醋炙用。　守宮，即蠍虎。生用，焙用。　牡蠣，鹽水煮一伏時，火煅赤，研粉用。　蛤蚧，其毒在目，去目及頭足，洗去鱗鬣內不淨者，酥炙，或蜜炙用。其力在尾，勿傷之。　蛇蛻，以皂莢水洗淨，纏竹上，酒炙、醋炙、燒煅，各依方用。　白花蛇，其頭尾大毒，各去一尺，只用中段。乾以酒浸，去皮骨，其骨刺毒人。如生者，須遠棄之。其肉酒浸，春秋三宿，冬五宿，夏一宿，取出，炭火焙乾，盛砂瓶中，埋地一宿，出火毒，密封，藏之十年不壞，服之忌見風。　烏賊魚骨，勿用沙魚骨。上文橫者假，順者真。炙黃用。　龜甲，上中下甲，鱉甲，俱同治。去四邊，酥炙，酒、醋、猪脂炙，各方用。十二月忌服，害人。　蠏，反柿子、荊芥。中毒，木香汁解。　鱉甲，醋炙。忌馬齒莧、雞子。　蛤粉，用紫口蛤蜊，煅赤，研細用。　真珠，無鑽孔者，研極細用。不細，則傷臟腑。　石決明，鹽水煮一伏時，研末，水飛用。　貝子，煅用，或醋拌蒸，清酒淘過，研用。　海粉，勿用游波蟲骨，相似，但面上無光，誤服令人狂走，以醋解之。每一兩，用地骨皮、柏葉各二兩，同煮一伏時，東流水淘三次，搗粉用。　瓦壟子，陳久者佳。炭火煅赤，醋淬三次，出火毒，研粉，飛用。　田螺殼，泥中及墻上年久者佳。煅用。　雞矢白，臘月取白雄雞矢白，炒，或酒漬用。　左盤龍，即白鴿矢。炒用，或燒用。　伏翼，去腸翅，煅用。　白丁香，即雀矢。臘月收采，去兩畔附著者，鉢中研細，甘草水浸一宿，去水，焙乾用。　夜明砂，水淘，去灰土、惡氣，取細砂，晒乾，焙用。

五靈脂，研細，酒飛去石砂，晒乾用。或炒用。忌人參，害人。　猪脂膏，十二月上亥日煉取，入新瓶中，埋亥地百日用。　猪懸蹄甲，酒浸半日，炙焦用。　猪肉，反烏梅、桔梗、黃連、胡黃連，犯之令人瀉痢。蒼耳犯之，令人動氣。　羊肉，忌銅。反半夏、菖蒲。　牛膽，臘月取黃牛、青牛者用。　阿膠，蛤粉炒成珠，或酒化膏，各方用。　牛角鰓，角尖中堅骨也，水牛、黃牸牛者佳。燒灰用。　牛黃，黃透指甲者真。　虎骨，黃色者佳。搥碎，去髓，酥炙用。　象膽，乾者有青竹文斑，光膩者真。搗成粉用。　犀角，生犀佳，成器者不堪用。以紙裹于懷中蒸燥，乘熱搗之，即成粉。　熊膽，以米粒大點水中，運轉如飛者真。他膽亦轉，但緩。　羚羊角，二十四節者為神角，研極細用，不刮人腸。　鹿茸，以酥薄塗勻，于烈火中灼之，令毛盡，酥炙、酒炙、焙、酒蒸焙，各方用。　鹿角，置器中，以泥裹，大火燒一日，如玉，粉用。

麝香，當門子尤妙。以子日開取，微研，不必苦細。　膃肭臍，酒浸一日，紙裹，炙香，剉用。同川椒收，不壞。　鼠膽，臘月取活鼠，熱湯浸死，破喉，以真紅色者即是。　雄鼠糞，兩頭尖者是，炒用。　蝟皮，燒灰用，或剉細，炒黑用。　童便，十二歲以下者，去頭尾用。　亂髮，以皂角水洗淨，入罐中固濟，煅存性用。　人中黃，以竹筒盛，甘草片塞，置大糞缸中，浸七七日，取出，懸風處陰乾，破竹取用。　人中白，溺中沉下者，十二月取收，風日久乾者佳。以瓦煅過用。　漿水，炊粟米熟投入冷水中，浸五六日，味酸，生白花色用。若浸壞，殺人。　土粉，每二兩用鹽一分，作湯，飛過，燒用。　百草霜，他家者，炒，研細用。　伏龍肝，(皂)〔灶〕中當心黃土，年久者佳。研細，水飛用。　自然銅，火煅，醋淬七次，研細，水飛用。勿用方金芽，殺人。

黑錫，以鐵鉢溶化，瀉瓦上，濾去渣脚，如此數次，收用。煉灰，取黑者，白者不入藥。　鉛霜，以鉛雜水銀十五分之一，合煉，作置醋甕中，密封，經久成霜，取用。　蜜佗僧，體重如龍齒，碎之有金色者佳。研極細用。　白石英，六稜，白色，如水晶石者，(咬)〔㕮〕咀煎服，不可粉服。　紫石英，煎服同白。入丸散，火煅，醋淬七次，研末，水飛，晒乾同。　硃砂，先日齋戒，取研細，水飛三次，去渣，晒用。入火有毒，殺人。忌一切血。　水銀，同黑鉛、硫黃結砂服，餘不可服。忌一切血。　輕粉，銀硃同水銀煉成者，有毒，不可輕服。黃連、陳醬制其毒。忌一切血。　靈砂，以桑灰淋醋煮伏過用。　石膏，火煅，研用。忌鐵器。　雄黃，勿用氣臭及黑色並夾石者。以米醋入蘿蔔汁，煮乾，水飛，澄去黑者用。或水飛九次，竹筒盛蒸七次用。　雌黃同。　俱忌婦人、犬、雞，犯則變黑。　滑石，以竹刀刮去紅筋，用牡丹皮同煮一伏時，水飛，晒乾用。　赤、白石脂，火煅，水飛過用。　井泉石，細研，水飛用。不細，令人淋。　爐甘石，火煅紅，童便七次，水洗淨，研粉，水飛，晒用。　石

鍾乳，忌參、朮，終身不可犯，犯則死。難有練服之法，不必録。　陽起石，火煅赤，酒淬七次，研細，水飛用。　磁石，代赭石同。火煅，醋淬七次，研細，水飛用。　禹餘糧，細研，水淘取汁，澄之，勿令有沙土，或火煅，醋淬用。　太乙餘糧，黑豆五升，水一斗，煮取二升半，置鍋中，下餘糧二兩煮之，旋添，汁盡為度，搗研萬次用。　大緑，研，水飛用。　砒石，醋煮殺毒用。　膽礬，塗銅鐵上，燒之即紅色者真。　礬石，黄泥包，炭火燒一日夜用。不煉則殺人。煅成灰者，假也。　青礞石，用坩鍋一箇，入礞石四兩，火焰硝四兩，拌匀，炭火十五斤，煅至硝盡，出火毒，研細，水飛，去硝毒，晒乾用。　花蘂石，以礶固濟，頂火煅過，出火毒，研細，水飛，晒乾用。　金牙石，燒赤，去粗用。　石蠏，研細，水飛用。　蛇黄，燒赤，醋淬三四次，研末，水飛用。　寒水石，薑汁煮乾，研粉用，或煅用。　大鹽，以水化開，澄去渣，煎煉用。或燒，或炒，各隨方用。　芒硝，以朴硝同水化開，盆取芒用。　(鐃)〔硇〕砂，水飛淨，醋煮，乾如霜，刮用。　風化硝，以芒硝袋盛，冬月掛檐下，風吹自成輕飄白粉。　硝石，溶化，投甘草入內，伏火毒用。忌苦參、苦菜、曾青。　硫黄，勿用青、赤色及半白半青、半赤半黑者。黄色，內瑩淨者佳。打碎，袋盛用，無灰酒煮三伏時用。入丸散，以蘿蔔剜空，入硫黄在內，合定，稻糠火煨熟，去其臭氣，以紫背浮萍同煮過，消其火毒，以皂角湯淘之，去其黑漿用。　白礬，生用，煅用。　緑礬，醋拌，火煅用。

清・朱純嘏《痘疹定論》卷三　炮製用藥之法　黄耆毒火盛生用，虛寒蜜炙用。　甘草毒火盛生用，虛寒蜜炙，俱去皮用。　白朮陳東壁土拌炒，去土用。　半夏薑汁拌炒用。　香附去毛，切成片，淘米水拌炒用。　蒼朮亦如之。　(柯)〔訶〕子煨熟去核用。　肉豆蔻麵裹煨熟，搥去油用。　紫草茸研末，用整塊煎不化。　縮砂去皮炒研用。　白芍藥大能歛血歸竅成漿有力。世人罕能用之，予特表揚其功效，亦以見久吾聶氏訂方之深意。　毒火盛酒洗生用，虛寒酒炒用。　厚朴薑汁炒用。　黑附子一兩重，或一兩二錢重為止，切作四片，用童子小便入甘草三錢，水三碗，煮兩個時辰取出，埋於土內一晝夜，去其猛烈之毒，取出應用。　麥芽炒用。　乾薑切成片，炒黑用。　牛蒡子炒香，研末用。　連翹去心用。　人參去蘆用，若不去蘆，令人作乾嘔。　黄芩酒炒用。若孕婦出痘，必用條芩酒炒用。　梔子仁酒炒用。　黄柏酒炒用。　花粉酒拌蒸用。　麥門冬、天門冬俱去心用。　蟬蛻去頭足用。　地骨用皮。　滑石澄末用。　木通去皮用。　當歸酒洗用，倘滑瀉，則以陳東壁土拌炒用；　如泄瀉不止，去當歸不用。　歸頭生血，歸身養血，歸尾破血。　南山查去核用。北山查性寒，不堪入藥。　大黄酒蒸三五次，晒三五次，應用必要蒸透過，心黑如墨者更佳。　白附子磨熟水服。　穿山甲前足甲片土炒焦，研末用；　蓋取前足挖土有力，攻漿亦取挖痘攻毒之意。　皂刺取刺尖有力。　車前子炒用，不炒不可入藥。　白龍骨煅過用。　福元補心虛寒，用作引相宜。　公丁香切碎用。　赤石脂火煅七次用。　五味子搥碎用。　酸棗仁炒熟研末用。　山藥炒用。　白礬炒用。　福建蓮肉去心用，他處所産功力不及。　生薑作引能和胃氣，若嘔吐煨熟用。　燈心清火。　紅棗走表，初用作引。　紅花酒洗用。　酒能活血，長漿時用其作引導，藥味直達氣血之中，神麯炒用。　川黄連酒炒，若毒火作嘔，薑汁拌炒用。　至於麻疹用引與痘不同。

清・王維德《外科證治全生集》卷三《諸藥法製及藥性》　用藥如用兵也。兵有勇猛，藥有燥烈。烈藥經製則純，勇兵經練則精。兵精破賊不難，烈藥治病易癒。苟炮製不妥，猶勇兵之武藝未備也。今人不精於製，而視性之烈燥者，畏如蛇蠍，諉之曰一效難求。余初讀藥性，繼攻炮製。然藥之性，古今之議未遠，炮製之法，卻有不同。余留心四十餘年，深得製度烈藥之法，用之功靈效速，萬無一失，方悉烈藥之力如勇兵，製藥猶如演武也。因古書獨於烈藥之處未詳，是以録登是集，為炮製之補遺云爾。

銅青：　酸，平，微毒。治惡瘡疳瘡，殺蟲吐風痰。　鉛粉：　酸，冷，無毒。消中風痰，止驚吐逆。　黄丹：　臨用炒紫色，篩入膏內，生肌，療濕，殺疥癬蟲。　密陀僧：　研，水浸煮，澄去水，日乾入膏，消痞殺蟲。　鐵鏽：　殺疥蟲。　丹砂：　研粉水飛，養神安魄，除中惡腹痛，驚癇胎毒。　水銀：　磨，依方製用，有微毒。治惡瘡白禿，下死胎。　輕粉：　有毒。除爛孔毒根，驚癇瘙癢，惡瘡癩癬。　銀朱：　有微毒。療疥癬，殺蟲止癢，殺蝨。　雄黄：　名腰黄，透明者佳。水飛。治惡瘡死肌，消癰毒，化腹中瘀血。　滑石：　丹皮對分煮透，取石，研，水飛。通九竅，利六腑，生津液，分水道，行積滯，逐凝血，降心火，解暑熱。　(磈)〔砒〕石：　經製無毒，不傷人畜。同鉛入器內，(磈)〔砒〕放鉛底，火鎔煙盡為度，鉛上刮下者，名金頂(磈)〔砒〕。取香油一兩，生(磈)〔砒〕一錢，研，入油煎沫盡煙絕，擦鵝掌風。取紅棗去核，

以(硇)〔砒〕代核，髮紮，入炭火煅至煙盡，研細粉，名赤霜，治走馬牙疳，久潰不斂者，撒上數次收功。生者可療冷哮，不傷人畜。　元精石：鹹，溫，無毒。治小兒驚癇鞭舌。　寒水石：性寒。火煅用。治潮熱，中暑，牙痛。

硼砂：性暖。止嗽，療喉去翳，口齒諸瘡，津蘸點目。立癒閃頸促腰。硫黃：敲細粒，以蘿蔔擣爛絞汁煮，再換紫背浮萍湯煮，再煎角莿湯，飛過，去盡毒臭，日乾研粉，色白，取豬臟淡煮爛熟，每日早晚各取一段，蘸粉分餘食，治久痢滑瀉，命門不足，虛損洩精，壯陽道，補筋骨，殺臟蟲，長肌肉，治陰蝕。生用殺瘡蟲，癒瘟雞。　白礬：透明者佳。蝕惡肉，固齒，以橄欖蘸食味佳。癒癩證，解腸中毒，治癰痔頑痰。　綠礬：即皂礬。療疳黃胖，燥脾濕化痰。　伏龍肝：即竈心土，再燒紅，研，水飛，日乾乳調，立療湯火爛孔。　甘草：切三寸一段，水浸透，放炭火鐵篩漫炙，炙至汁將出，即取離火，暫冷再炙，炙至草熟，去皮切片。熟者健脾和中。甘平之品，乃九土之精。生者化百毒，和藥性，潤肺，解瘡疽胎毒，利咽喉。　黃芪：去心，蜜水潤炙。如入補腎藥，以鹽水潤炙。切片，炙為補氣藥。生有托毒功。　人薓：補氣，獨入肺經。肺主諸氣，蓋肺旺則四臟皆旺，精自生而形自盛。補中益氣，一切虛證。　沙薓：清肺火，益心，治久嗽肺痿，消癰排膿。　桔梗：去頭枝浮皮，泔水浸一宿，切片微炒。職稱肺經，消痰理欬，清上焦熱，治咽喉，排膿，口鼻諸證。　知母：去尾切片。上行酒潤焙，下行鹽水潤焙。瀉有餘之相火。多服令人洩。　白术：浸一宿，切片，土拌蒸透，去土，勿炒。於术浸刮，飯上蒸曬如棗黑，黃土炒。於术功勝白术，乃中宮和氣補脾之藥。　蒼术：泔水浸，去粗皮，切片，日乾，土炒炭。治脾胃寒濕，消痰逐水，不伏水土，止瀉痢霍亂，久服延年。　元薓：蒸曬。忌銅器。消癰，滋陰降火，利咽喉，通小便。　地榆：水洗去骨，切曬磨粉。癒惡肉，湯火膿血，犬傷。　丹薓：色赤，酒潤炒，血分藥也。補心血，養神志，生新血，安生胎，落死胎，為胎前產後要藥。每晚酒送末二錢，連服四十日，可療痛經即孕。　白及：療瘡，嚼塗手足燥裂。　三七：止血定痛，癰腫蛇傷。　黃連：大寒，治實火。凡痢疾目疾，非實火誤服致命。為倒胃之藥，唯驚能療，解巴豆、輕粉之毒。胡黃連性同。　黃芩：苦寒。風痰骨蒸，喉膽癰毒，養陰退陽。　秦艽：去毛浸一宿，曬乾，切片。搜肝膽伏風，養血榮筋，理肢節痠麻不遂。大便滑泄者忌用。　天麻：酒浸透，以粗紙黏餘酒裹煨，切片焙用。治風濕四肢拘攣，助陽通血脈，利腰膝強筋，頭風眩暈。

柴胡：去皮，切，忌經火。苦，寒。行兩脇，入膽經，暢氣血，肩背痛。銀柴胡亦同，勞羸者尤宜。根上升，梢下行。　前胡：去净皮鬚，入竹瀝內浸潤，日乾切用。微寒。肝膽中風痰，非此不療。柴胡主升，前胡主降。　散風祛熱，消痰下氣，開胃化食，止嘔喘嗽，安胎，治小兒夜啼。　防風：甘，溫。走膀胱，瀉肺實火。頭風眼淚，祛濕。而黃芪得之，其功愈大，乃相畏而相使也。　獨活、羌活：去皮焙用。治一切痛風，散癰毒惡血，腎間邪風。　升麻：內白外黑者佳。治脫肛遺濁，小便閉塞，用此提氣。下元虛者忌用。

苦薓：泔水浸，蒸切，曬乾。主風熱蟲證，腸風血精下痢，治大麻風。　虛弱忌服。　延胡索：破血利氣，通經止痛。　紅花：酒洗，焙。少用通經活血，多用破血，去瘀血。　水紅花子：研損用。剋堅消痞，痰積惡滯。貝母：去心，糯米炒黃。治肺家燥痰，敷惡瘡。浙貝，去心，炒。專消癰疽毒痰。　茅根：甘，寒。入胃。治內熱煩渴，利小便，止喘，黃疸。　龍膽草：去頭鬚，切細，甘草湯拌曬。味濇大寒。相火寄在肝膽，瀉肝、膽、膀胱之熱火，療咽喉。　細辛：去頭爪，水浸一宿，切曬。治牙癰頭風，通疔竅。

當歸：酒浸，曬乾，切用。上部用頭，中部用身，下部用梢。頭身活血，梢破血，全用定血，引血歸經。除頭痛，和血補血，潤腸胃、筋骨、皮膚，排膿止痛。　芎藭：不油者佳。忌獨用。主一身氣血，開鬱，去瘀血，調經種子，排膿生肌，頭風目淚多涕，去濕。　白芷：水浸去灰，切炒。消癰蝕膿，頭風中風，辟(硇)〔砒〕毒。　白芍：外科用酒炒。固腠收斂。　赤芍：消癰腫，破堅積惡血，下氣，生肌，止痛。　丹皮：酒拌蒸。產後要藥。治骨蒸。　麪裹煨熟，厚大腸。　木香：下降，療腫毒，止吐痢消積，止腹痛，統理氣分。　高良薑：土炒。療寒邪，痞癖，瘴瘧，宿積。　縮砂仁：順氣，開鬱結，炒研。安胎，產後停惡露，小腹作痛，生研六錢，滾水衝蓋溫服，立療。

香附：去皮，童便浸，水洗，曬擣，醋、鹽水拌炒。解鬱，消癰，積聚，痰飲，調經。　藿香：治腫毒，去惡氣，止霍亂，溫中快氣，吐逆。　澤蘭：治癰疔，通九竅，利關節，破宿血，生肌，利小腸。　荊芥：散風熱，清頭目風，利咽喉，瘡腫，賊風。　薄荷：治賊風，發汗，利咽喉口齒，瘰癧結核。　紫蘇：葉發汗，梗安胎，子消痰喘。葉梗為末，治囊脫。　白甘蘜：治目風熱，梗枝葉解癰疔毒，煎湯洗結毒。　陳艾：用粉糊，漿透日乾，杵去粉并

葉屑，則成白絨，謂之熟艾。調經，加硫黄少許作團，灸百病。　茵蔯：治黄疸濕熱，通關節，去滯熱，利小便。　青蒿：七月中節內生紅蟲，取出，共輕粉、硃砂和入，擣為丸如粟米大，每丸裹以金薄，每歲一丸，乳汁送服，療治急慢驚風。　夏枯草：性寒。以治瘰癧，從無一效，久服則成癧癆。　牛蒡子：酒拌焙乾，研損。達肺利咽，消痘疹毒。根莖葉苦寒無毒，混名氣殺醫生草。生擣，塗消一切癰毒，塗輭一切堅肛。入爛孔拔毒生肌，入膏煎貼癰癤，煎湯洗楊梅等毒。　續斷：酒浸，炒。性微溫。入肝家。續筋骨，助血氣，消血結，胎產跌撲，行血止血。　蒼耳子：去毛敲損。治黄疸脾濕。

益母草：女科諸證皆良，活血破血，調經止痛，下水消腫。　麻黄：連根發表，用梗不表。甘溫，開腠理凝滯閉塞。　燈芯：利小便，清心火。取活竹一段，兩頭留節，中間一眼以芯塞實，外以原刻下竹，仍填原眼，外加泥裹，入糠火內煨至竹成一炭，取出去泥，俟冷，去竹炭，內是燈芯炭也。治骨鯁，敷陰疳，入護心散。　地黄：生用性寒，涼血滋陰解熱，水煮至中心透黑，然後每斤入滾陳酒半斤，炒砂仁末一錢，再煮，煮至汁盡，瀝起曬乾，仍入收盡原汁，再曬乾。忌金鐵器。補陰，壯真氣，生肌填髓。同肉桂引火歸元，療陰分虛虧。　芊藤：酒拌蒸則補，生用下行，補腎，強四肢腰膝，莖痛。

麥門冬：去心，酒浸則補，湯泡則微寒，袪熱毒浮腫，洩肺中伏火，安臟心腹。　淡竹葉：解煩熱，利竅，治中風，口瘡目痛，胸痰熱毒。藥店有賣，葉如竹葉，甚薄，梗如柴心，甚細，七寸長者是。今醫家以開綠花草誤用，可歎！

蜀葵：根水煎服，可癒白帶。花一兩，擣爛，麝香五分，水一大碗，煎服，可癒二便閉。無花時，根亦可。子催生落胎，花末酒服可下横生倒產。

車前子：酒拌炒，研損。分理陰陽，利小便，止暑濕瀉痢，益精養肝肺，強陰止痛。　馬鞭草：苦，微寒。熬膏，空心酒服半杯，治癥瘕，殺蟲，通經活血；塗癰癤。煎湯熏洗陰腫，洗楊梅惡毒。　連翹：瀉心火，脾胃濕熱，結熱腫毒，心家客熱，通經。　紫花地丁：療癰疔，輭堅肛；　稻麥芒黏咽喉，嚼爛嚥下即安。　大黄：每斤用陳酒五斤，煮爛日乾，名熟軍，治燥結熱毒，清實火，下宿積，化停食。生熟功同，熟者純。　蔏陸：有毒。忌鐵器。擣敷石疽，消溺哽，通二便，疏洩水腫，有排山倒岳之力，腰腹背忌敷貼。

大戟：苦，寒，有毒。去附枝，水煮透，去骨，切曬。消頸腋痰塊癥結，下痞墮胎，治鼓脹，利二便。　甘遂：每斤用甘草四兩，煎湯浸三日，湯黑去湯，河水淘洗，取清水日淘日浸，每日換水數次，三日後去心再淘，浸四五日，取一撮入白瓷盆內，隔一宿，次日盆中水無異色乃妥，再淘三四次，瀝乾，以麪裹如團，入糠火煨，煨至麪團四面皆黄，內藥熟透，取出曬乾，入鍋炒透，磨粉。其苦寒之毒，經製則淨，不苦而甜，不寒而溫。專消堅結痰塊毒核。　蓖麻子：辛，熱，有毒。研粉去淨油方妥。拔毒。孕婦忌用。　常山：生用損神喪氣。切薄片，曬乾。每一斤用陳酒對浸，浸透，取瀝曬乾，收盡斤酒，曬透，炒至焦脃。瘧痰非此不消，炙甘草對分，截瘧聖藥。　川附子：昔產深山，有毒。今民家栽種，無毒。用水浸一二宿，日易水，浸去鹹，麪裹火煨，切片日乾。補腎肝陰虛，治中風癱瘓，陰陽疝氣。　川烏：功同附子，性緩助陽，補命門不足，破積冷痢。　草烏：有烈毒。去皮取白肉，每斤用綠豆半升同煮豆開花，去豆取烏，切曬磨粉。治風痰手足拘攣，逐凝結，追筋絡寒痰，開腠理。以黑皮炙研醋調，治蛀髮癬。　半夏：選肥者，生薑、明礬湯浸透，煮透，切片日乾。消痰墮胎。生研細末，立療刀斧跌破止血。　蚤休：即紫河車草。去皮毛，切，焙。微寒，治乳癰疔毒。　五味子：鹽水拌蒸。滋腎水不足，強陰固精，主收斂。　黑白牽牛仁：酒拌曬。除濕熱壅結，通大腸閉，殺蟲袪積。　番木鼈：水浸半月，入鍋煮數滾，再浸熱湯中數日，刮去皮心，入香油鍋中，煮至油沫盡，再煮百滾，透心黑脃，以鐵絲篩撈出，即入當日炒透土基細粉內拌，拌至土粉有油氣，入粗篩篩去油土，再換炒紅土粉拌一時，再篩去土，如此三次，油淨，以木鼈同細土鍋內再炒，入盆中拌，罨一夜，取鼈去土，磨粉入藥，獨有木鼈之功，而無一毫之害。能搜筋骨入骱之風濕，袪皮裏膜外凝結之痰毒。煎木鼈之油，俟熬化核膏入用。　天花粉：治痼熱，脣乾口燥，癒熱癰排膿。　天門冬：去心，酒潤。治陽物不起，潤五臟，欬嗽，消痰降火，去風熱，煩悶中風。　土茯苓：清熱，泄瀉骨蒸，利關節。若云治楊梅毒，謊語也，未見用癒一人。　白蘞：苦，平，無毒。生肌止痛，解狼毒、蟲毒。　木通：微寒。開未開之月經，通閉塞之經水，和血脈，利小便，清伏熱，散癰腫，下乳。　防己：寒。酒潤。治膀胱蓄熱，利二便，療下部紅癰。　金銀花：消癰毒，取活藤煎膏，以花拌入收曬，其解毒之功勝花百倍。暑天日取錢許，滾湯衝當茶。

藤黄：酸，濇，有毒。蛀齒點之便落。忌喫菸。　澤瀉：通利小便，走腎膀胱。有洩濁者忌用。　海藻、昆布：性寒。稱治瘰癧聖藥，卻謬，當禁

用。　仙人對坐草：四季梗葉長青，臨冬不衰。毒蛇咬，擣汁飲，以渣塗，立癒。　穀芽：啟脾進食，寬中消食。　浮麥：止虚汗盜汗，虚熱。　麥芽：開胃消食，和中。　大麻仁：利大腸熱燥，大便熱結。　薏苡仁：補肺益脾，去濕，消水腫，理脚氣。　小黑豆：同甘草除瘡，胃中虚熱，臟中結積。　白豆豉：解(磇)〔砒〕毒，除痰欬。同生(磇)〔砒〕為丸，療冷哮。　神麴：消食健脾暖胃，止瀉吐，破堅結。　紅麴：炒。消食活血，健脾胃，療痢。酒服除産後惡血。　白芥子：炒研。皮裏膜外陰寒之痰，非此不消。　生薑：溫中去穢，除風邪，暖胃，消寒痰，解食菜毒。乾用止嗽嘔。炒成炭，性純陽，如誤服寒劑，非此不解。　蒲公英：又名乳汁草。甘，平，無毒。書載療乳癰結核，皆謊。炙灺存性，火酒送服，療胃脘痛。　紅棗：解烏頭、附子、天雄毒。和陰陽，調榮衛，生津液。　杏仁：去皮尖。除肺熱，氣逆，潤大腸，氣閉。　松子仁：潤肺，治燥結，欬嗽。同柏子仁治虚閉。　烏梅：酸濇斂肺，安三蟲，拔毒根。　楊梅：患疝病者忌食。燒酒同食致斃。　橙子：患惡核瘰癧痰證者，食之成功，癒後復發。　陳皮：治脾不化穀，膀胱熱，利小便，殺寸白蟲。去白名橘紅，消痰止洩，欬，開胃，治吐清水，腸閉，解大毒。　青皮：順逆氣，開鬱，解疔毒。　山楂：浸透去浄其核，日乾炒炭，除産後惡血，消肉積，積滯宿食。　橄欖：形尖入心經。清心火，解魚鼈毒，生津止渴，醃明礬食味佳。豁痰。　檳榔：健脾破結，療痢裏急後重，截瘧。　吳茱萸：浸熱湯七次，去浄苦烈。治瘡，生炒研用。　甘蔗：甜，寒。絞汁可療小兒衣多罨熱之病。　蓮鬚：固精，烏髮悦色，益血止血。　芡實：炒。治遺精濁帶，益精開胃，助〔腎〕明目。　山藥：開矇，補精血，健脾胃。　柏子仁：甘，平，無毒。興陽道，益壽元，潤腸寧神。　松香：先取胡葱煎湯，去葱，以湯分三次煮香，每俟湯溫，在湯內手扯洗其油去盡，冷凝磨粉。專療濕風，治白禿。生入膏生肌。　肉桂：純陽，引火歸元，解陰寒凝結。去皮曰桂心，更純。桂枝性横，走手臂發表。　官桂：理陰分，解凝結，癒瘧疾，行血分，通毛竅。　沉香：乾，研末，或酒磨，以煎劑衝服。治腫毒心腹痛，調中補臟，益精神，壯陽。　丁香：辛，溫。治霍亂痞塊，吹鼻癒腦疳。反胃，開膈關，腹中腫毒，鼻中息肉，乳頭裂破。　樟腦：每兩用椀對合，濕紙封口，火升半時，則成樟冰。治中邪腹痛，風痰，加花椒同升，殺牙蟲，止牙𤻲。　芸香：即白膠香。水煮三度，俟湯溫，手扯油浄，冷即鞕，磨粉。解疽毒，止痛。　輕粉對研，豬油調敷爛孔。　冰片：苦，寒。治舌口咽喉火毒，研水調吞，治難産。　乳香：每斤用燈芯四兩同炒，炒至圓脆可粉為度，扇去燈芯，磨粉用。消癰止痛，託裏護心，治遺精，産難。　沒藥：製法與乳香同。破堅，散惡血，消腫生肌，墮胎去翳。　血竭：散滯血，止諸痛，生肌。　阿魏：酒拌曬研。殺蟲解臭，消痞，解死獸肉毒，肉積。　厚朴：去皮切片，每斤取帶皮薑四兩，切片，同煮，汁乾炒透，去薑。溫中消痰，厚腸胃，除積冷，宿血宿食。　金鈴子：即川楝子。酒拌透蒸，去皮。入丸，用核搥細，不用肉；入煎，用肉不用核。苦，寒，有小毒。産於川者佳，本地者細。以入火燒存性，能託毒水，治久潰爛孔。　杜仲：去皮，每斤用蜜三兩，塗炙，蜜盡為度。肝經藥也。補中益腎，補肝虚，堅筋強志。　楝樹根：去皮，取白肉。殺腹內諸蟲。皮赤者忌用。　皂角刺：名天丁。五月初取嫩者擣爛，醋煎成膏，療癬。生用穿癰。無醋者可療橫痃。　巴豆仁：研壓數次，油盡如粉，名巴〔豆〕霜。拔毒。孕婦忌用。　桑白皮：取白肉切焙。瀉肝火，降大小腸氣，散惡血。　柘樹：取皮裏白肉，甘溫無毒。治血結，補損虚。　枳實、枳殼：即細皮香圓，六月摘者實，八月摘者殼。陳蛀者佳，竝去穰核，以麩炒。實寒，消食積，開胸結；殼亦寒，健脾開胃，止吐消痰，除裏急後重。　枸橘：陳者佳，全用。療子癰。炙存性，研，陳酒送服，療疝氣。核治腸風下血，方中橘核即此。往有以爛橘核誤用，蘇城醫家尚未認得枸橘。　山梔炭：苦，寒，無毒。熱厥頭痛，疝氣湯火。　萸肉：選浄。補精益腎。　白茯苓：蒸透，切。逐水暖脾，生津止洩，除虚熱，開腠理。　赤茯苓：破結氣，瀉心、小腸、膀胱濕熱，行竅行水。　茯神：安魂魄，養心血，治心神不安。　琥珀：用側柏子末，入瓦鍋煮，有異光，取起，入燈芯對分研粉。清肺，利小腸，安五臟，定魂魄，消瘀血，明目。　天竹黄：治小兒驚痰，每二錢，加雄黄、牽牛末各一錢，研勻，麪和丸粟米大，每服五丸，薄荷湯送下，治失音不語。　蜂房：露天有蜂子在内者佳。炙研。能托毒，療久潰，止痛。同頭髮、蛇蜕燒灰，日以酒送錢許，治臟腑歷節，惡疽疔毒。以炙存性，酒拌服，治失禁遺溺。煎湯洗毒孔。無蜂者不效。　土蜂窠：在嚴凍大雪中，以布袋袋之能取，取入蒸桶蒸死，連窠炙研，以醋調塗癰癤即消。以蛇蜕同煅，治疔毒走黄；乳調服，療小兒吐瀉。　五倍子：斂肺生津，消酒毒，收濕，療瘡

脫肛。　殭蠶：　糯米泔水洗淨，炒研。治中風喉痺，散風痰，消瘰癧，風瘡陰癢，療驚，癒疔痔。　蜘蛛：　炙研粉。豬乳調，治啞驚。　蟬蛻：　滾湯洗去泥、翅足，曬乾。治目昏翳障，痘疹疔腫。　蠍子：　水洗三次，去鹹，炙研用。治驚中風。　推車蟲：　即蜣螂。五月晴日，有蟲捕人糞一團，如推車者是。火炙研粉，和乾薑末敷，出多骨。忌經水，生擣為丸，塞糞門，引痔蟲出盡永瘥。　癩團：　即癩蝦蟇。大者佳。生用填爛孔，拔深毒，輭年久毒肛。取酥，捉老蟾仰天，以其頭入等殼內，取等箍箍上，蟾之腦中放出白漿是。去蟾，以等殼曬乾，刮下配藥。消癰拔疔，止牙𧏾，絞腸沙痕。　蜈蚣：　取活者，香油浸死，蛀髮癬。擣爛塗足指雞眼，一宿脫落，癒而不發。　蚯蚓：　藥鋪有賣。破腹去泥，以酒洗曬乾，每四兩配糯米、花椒各一兩同炒，炒至米黃透為度，去椒米磨粉。治歷節風痛，手足不仁，疽毒，腎囊腫。　蚯蚓糞：　入火煅紅，每兩入輕粉一錢，研至粉內無星為度。取活紫花地丁，擣爛絞汁，調塗爛腿，日洗日塗，數日癒。以甘草煎汁調塗，小孩腎囊腫痛。　龍骨：　白淨黏舌者佳。捉燕子，破腹棄腸，以骨填腹，懸井內，離水尺許，候準一周時，取出，生研水飛，曬乾用。蓋龍有病，食燕而癒，得水而騰。忌經火，生肌歛瘡，治鼻紅。　穿山甲：　尾上細甲良。同土炒至鬆脆，研。通經絡竅，殺蟲消癰，逐邪風，祛積濕，癒痔。　蛇蛻：　豎蛻不經地者佳。泥裹火煅，去泥研粉。治疔腫，以蛇蛻不煅，煎汁，敷白點風，洗惡瘡。　白花蛇：　即蘄蛇。鼻向上，有方勝花紋。去頭尾，酒浸，除皮骨，炙則不蛀。治濕癢。　石首魚：　即白鯗。開胃益氣，首中腦石燒研，入冰片，治害耳膿出。患肺疽者，終身戒食。　朱鼈：　大如錢，腹赤如血，又名金錢鼈。出深山石澗中。廣德州最多。甘，無毒。炙存性，研粉。能消漏管。　牡蠣：　童便浸七日，硫黃末醋調塗，黃土裹煅，止夢遺、赤白濁，補腎安神，除盜汗，消痰塊。　真珠：　入豆腐煮一炷香，取出，與燈芯同研極細，去芯。除翳障，安魂魄，療驚逐痰，止遺精白濁，解痘疔毒，下死胎胞衣，生肌肉。　田羸：　擣爛塗結鞕痰核，塗命門，通小便。入冰片癒痔。如入膏內煎，必預敲碎其殼，以杜油暴，暴則近人受湯黏衣。　雞裹金：　炙透磨粉。消久停宿食，療疳𤸷。　白丁香：　麻雀矢，雀身細，頭圓翅長者乃雄，入籠取矢，冬月佳。甘草湯冷浸一宿，焙研。咬癤頭，拔疔毒。　五靈脂：　研末，酒飛，日乾。止經水過多，赤帶不絕，男女一應𧏾，血凝齒痛。　山羊血：　解鮮菌、河魨毒，傷損惡血。　山羊矢：　曬乾，炒成炭存性，入罎悶熄磨粉。療潰爛，生肌，酒送二錢；　療雷頭風，水粉各一升，浸一夜，絞汁頓熟，每午刻服；　疳痢欲死者，三服全癒。　線膠：　剪細同牡蠣粉炒如珠，去蠣為粉，性溫。補腎益精，止遺精白濁。　皮脂：　即烟膠。硝皮鋪刮下諸皮之膜，入鍋炒炭，磨粉。生肌肉，療濕風，膿窠濕爛等瘡。　象皮：　炙成糰，存性，研粉。生肌肉。　麝香：　定神療驚，解果毒，消癰疽，開經絡竅，墮胎。　貓矢：　在屋上曬白者，多收，以土裹火煨，研粉，黃餹拌食，治童子癆、傳尸癆，真仙丹，曾癒多人。　鼠矢：　尖者佳。要揀淨，恐有蛇蟲毒矢和內，炒透，研粉。治易證，療爛孔，追毒水。　頭髮：　壯年人者佳。以皂角煎湯洗淨，曬乾，同油煮成餅，浮起枯色為度。入膏生肌長肉，止血。　指甲：　瓦上土炒成炭存性，研粉；　吹止鼻紅；　加冰片吹治咽喉；　塵屑入目，以津磨甲膩，點睛立癒。　人中黃：　臘月取孩結糞，陰乾，泥裹煨炭。治熱狂痘毒，脚麻麻至小腹而死，或頭麻麻至心口而死者，一日死甦幾次，取末三錢，豆腐調服立癒。　人中白：　係夫婦之精，入馬桶歸坑，凝於底者是，俗名坑凝。蘇松常鎮以缸作坑，廣產僧寡家者不佳。入火煅煙盡，悶熄研用。治咽喉、口齒瘡疳，諸竅出血，血汗。

清・李文炳《仙拈集》卷首

藥要炮製，生用害人。藥宜生用者不少，是何言也？

人參去蘆根。黃芪蜜水拌炒。白朮土炒。茯苓去皮、紅筋。甘草〔解〕毒，生用，補蜜炙。當歸酒洗。川芎酒炒。白芍酒微炒。生地酒浸。熟地酒蒸晒九次。麥冬去心。五味炒，研。山藥炒。山萸去核。蓮肉泡去皮心。柏仁湯泡去心。遠志去心，微炒。神麴炒。麥芽炒。山查去核，研炒。枳殼去穰，麩炒。半夏薑汁炒。杏仁泡去皮尖。柴胡去蘆。桔梗微炒。棗仁炒，研。防風酒炒。連翹杵。梔子炒黑。黃芩酒炒。巴戟湯泡去心。故紙炒。牛膝酒洗。枸杞酒蒸。蓯蓉去鱗，酒洗。附子童便浸煮。乾薑炒黑。吳萸泡去水。杜仲鹽水炒。肉桂去粗皮，杵。知母鹽水拌炒。黃連薑汁拌炒。殭蠶去絲，微炒。骨皮去梗。黃柏鹽水炒。川烏湯泡去皮。草烏湯泡去皮。海藻酒洗。全蝎去毒，炒。蟬蛻去足、翅、土。牽牛生、炒兩用。牙皂去皮弦子。巴豆去油。昆布酒洗。大黃酒蒸。銀花去梗、葉。瓜蔞去殼、油。槐花炒紫色。乳香去油，為末。沒藥去油，拌炒。珍珠豆腐內煑數滾，布包搥碎，同燈心研末。琥珀布包搥碎，燈心同研，研極細末。犀角鎊末。羚羊角鎊末。龍骨生、煅兩用。牡蠣煅研。石決明煅。石膏煅。芒硝湯煮，濾淨。黃丹水飛，炒紫。硫黃去脚。自然銅醋煅七

次。田螺去殼，晒乾。砒霜生，煨兩用。

此擇緊要之藥，存炮製之大略耳。餘詳《雷公炮製論》，可細玩之。

清・陳奇生《痘科扼要》 治痘藥須炮製 凡治痘者，固貴謹其始終，而藥品尤不可不精為炮製，使一念少忽，為害滋大，可不慎歟！痘科中前後所用解毒諸涼藥，皆因毒火燥血而用，入血分以涼血活血者，是以芩、連、梔、柏、花粉、大黄等味，必酒拌濕，炒燥。大力子必炒香，研碎。當歸、白芍、生地、紅花、紫草、丹皮、青皮之類，必臨時酒洗用。此要法也。有熱者，甘草、黄芪、白芍須臨時以酒洗之；虛寒者，甘草炙，黄芪蜜炙，白芍酒炒。

方中須用藥品炮製之法

氣藥類 人參：去蘆，乳拌蒸。得升麻補上焦之氣，瀉肺中之火。得茯苓補下焦之氣，瀉腎中之火。肺熱者，鹽水泡過用。黄芪：蜜水拌炙，達表行滯。酒炒補腎，及崩帶鹽水炒。白朮：米泔浸蒸，切片，蜜水拌勻，炒令褐色。補脾土炒。官桂：即肉桂薄者，忌見火，刮去粗皮用。木香：生用理氣，炙用止瀉。形如枯骨，味苦粘牙者良。丁香：味辛，氣溫，純陽，入手太陰肺、足陽明胃、少陰腎。凡痘色白，胃寒嘔逆瀉泄，腹脹不食者必用。若寒戰咬牙足冷者，與桂同用。蓋丁香救裏，官桂發表也。非此，痘不可用。去丁蓋、乳子，不可見火。肉豆蔻：麪裹煨，去油，忌鐵。又糯米粉裹煨，去粉用。五味子：嗽藥生用，補藥微炒。白茯苓：切薄片用。茯苓借松之餘氣而成，得土氣最全，故能利水止瀉。陳皮：去白消痰，留白厚胃。筋膜及蒂並去之。青皮：味苦、辛，氣微寒。氣味俱厚，沉而降，陰也。入手少陽三焦、足厥陰肝。散滯氣，瀉肝氣，消食破積。溫水洗淨，切開去穰，剉碎，晒乾用。治痘瀉肝邪，令不成水泡而作痒也。乾薑：味辛，氣大熱。氣味俱厚，可升可降，陽中陰也。能溫脾理中，止吐瀉，去臟腑沉寒。生用發諸經之寒，炮用泡令胖鬆為度。生薑：能殺半夏之毒。蒼朮：味苦、甘、辛，氣溫。味厚氣薄，陰中陽也。入足陽明胃、足太陰脾。主除惡氣，辟疫癘，健脾安胃，寬中進食，發汗。痘瘡溼痒及不結痂者宜用之。宜房中常燒，以辟不正之氣。堅寔中白淨者，米泔浸透，去皮晒乾，研，芝蔴拌蒸三次用。麻黄：味苦、甘，氣溫。氣味俱薄，陽也，升也。入手太陰肺、足太陽膀胱、手少陰心、陽明大腸經。發散風寒，泄衛寔，去榮中寒。凡痘出遲，黑陷倒靨者宜用，陳久者佳。去根節，根節止汗。煮數沸，掠去沫，沫令人煩。酒、蜜各半，浸良久，微炒用。白芷：味辛，氣溫。氣味俱輕，陽也。主一切瘡症，排膿止痛，內托生肌。通行手足陽明經。凡痘瘡發表及潰爛者，手足發癰者宜用。擇白而堅寔者用。蟲蛀肉黑者，俱不可用。大附子：味辛、甘，大熱。其性走而不守，可升可降，陽也。補助陽氣不足，溫暖脾胃，治四肢厥逆。凡痘瀉泄，內虛手足冷，寒戰咬牙，色灰白痒塌者，宜用。其餘不可妄用。重一兩以上，頂平圓臍，正矮而乳節少者佳。童便浸一日，慢火炮極熟，去皮臍，切四片，再用甘草、防風煎湯，煮汁盡，烘乾用之。半夏：味辛、苦，氣平。沉而降，陽中陰也。入手陽明胃、太陰脾、少陽膽經。化痰，止嘔吐，益脾胃之氣。痘灌膿時慎用。渴煩者，忌用。白淨臍正而圓者佳。溫水浸七日，水隨日換，去皮臍，切片晒乾，薑汁炒用。又薑汁、明礬、皂角同煮透，晒乾用。砂仁：味辛、苦。入手足太陰經、陽明經、太陽經。治痘虛寒，腹中煩悶，不思飲食，吐瀉嘔噦，溫裏進食。去殼，炒研碎用。同檀香、白蔻能下氣安胎，同熟地、茯苓能納氣歸腎，得白朮、陳皮能和氣益脾。藿香：味甘、辛，氣微溫。氣厚味薄，浮而升，陽也。入手足太陰經。芳香助脾開胃，溫中快氣，治吐逆止嘔。入烏藥順氣散則理肺，入黄芪四君子湯則理脾。紫蘇：味辛、甘，氣溫。解肌發表，治心腹脹滿，開胃下食。剉細用。葉發散風寒，梗行氣安胎，子消痰定喘。惟發表湯藥用之。蘇葉即紫蘇葉。厚朴：味苦、辛，氣溫。味氣俱厚，體重濁而漸降，陰中陽也。溫中益氣，厚腸胃，走冷氣，消宿食，治腹痛脹滿，散結之聖藥。肉厚色紫者佳。削去粗皮，以生薑自然汁塗，慢火炙透用。白龍骨：味甘，氣微寒。陽也。止脫，固氣，澁腸。治痘滑泄之要藥。色白者佳。火煉，水飛，酒煮，研極細末用。稍研不細，粘着腸胃，晚年作熱。枳殼：味苦、酸、辛，氣微寒。味薄氣厚，浮而升，微降，陰中陽也。主胸膈痞塞，散結氣，走大腸，瀉肺氣。又治遍身風疥大風在皮膚中如麻豆苦痒，通關節，主皮毛。陳久堅厚不爛不蟲蛀者佳。以溫水浸洗，刮去穰白，麩炒用。與枳寔同功。小者名枳寔，性速，治血分病。枳殼性緩，治氣分病。檳榔：味辛、苦，氣溫，沉而降，陰中陽也。破滯氣，洩胸中至高之氣。形如鷄心，中不空虛，切開錦紋者佳。刮去皮臍，見火無功。大腹皮：味辛，氣微溫。下一切氣，健脾開胃。先以酒洗去濁，再以黑荳汁洗之，晒乾用。赤石脂：味甘、酸，氣溫。陰中之陽。止瀉痢。澀可去脫。火煅，水飛，研

細用。痘新起發者，勿驟用，乃收斂之劑也。　枯白礬：　味酸，澀，氣寒。止瀉痢，又治疳蝕瘡。火煅過用。性能却水，多服損肺。　石菖蒲：　味辛、苦，氣溫。通九竅，出音聲，主瘡腫偏身，熱毒痛痒。一寸九節者佳。水浸去粗皮用。痘瘡驚癇，神昏譫語必用之。痘不結痂，潰爛成疥瘡者，亦宜用。

　細辛：　味辛，氣溫。氣厚于味，陽也。散浮熱，治內寒。細莖，氣烈者佳。去蘆並葉，溫水洗過，晒乾用。痘初發表及痒塌者宜用。　貝母：　味辛、苦，氣平，微寒。主咳嗽上氣，消痰。肥白輕鬆者，去心用。　大棗：　味甘，氣平，溫。氣厚，陽也。安中養脾，助十二經，補胃氣，少氣少津液，身中不起。　杏仁：　味甘、苦，氣溫。入手太陰肺。主咳逆上氣，下氣定喘，潤心肺，肺經風咳嗽，消心下急滿痛，散結潤燥。溫水泡去皮用。雙仁者不宜用。

　川山甲：　氣微寒。取嘴爪上甲，以東向陳壁土拌炒焦黃色，研末。痘陷伏者用之，引導諸藥，非此不可。用多恐耗氣血。　麝香：　味辛，氣溫。痘黑陷者用之，發表解毒，直入骨髓，透臟腑，拔毒氣，使之發越。非黑陷隱伏者，不可妄用。　酒：　味苦、甘、辛，氣大熱。能行諸經，引藥達經絡。凡痘瘡解毒藥，須酒浸洗炒用，可以通行一身之表。　以上氣分類，共三十七味。

　血藥類　當歸：　去蘆鬚，酒洗微焙。頭主血而上行，稍破血而下行，身養血而守中，全活血而不走。　川芎：　酒洗。治一切風，一切氣，一切血。頭痛必用之藥。小者撫芎，專主開鬱。形如雀腦，重實者佳。　麥門冬：　溫水浸去心。凡入丸藥劑，水潤搗膏。畏其寒者，酒浸搗。　天門冬：　味苦、甘，氣寒。氣薄味厚，陰也。入手太陰肺、足少陰腎經。瀉肺火，療熱侵肺，吐衄妄行，定肺氣咳逆，喘息促急，潤燥，止消渴。肥大者，湯浸去皮心，晒乾用。　白芍：　煨熟，酒炒。《通玄》云：　避其寒用酒炒，入血藥用醋炒。　赤芍：　凡痘瘡初發表，或血熱，或小便不利，宜用。切片，炒過用。

　牡丹皮：　味辛、苦，氣寒。陰中微陽，入手厥陰經、足少陰經。瀉陰中火，除衄血吐血。去心用。　蘇木：　味甘、酸、鹹，氣平。陽中之陰。主破血，排膿止痛，消癰腫。剉碎，酒煮，取汁入藥。　生地黃：　味苦，氣寒。陰中之陽。能行血解熱。其用有四：　涼心火之血熱，瀉脾土之濕熱，止鼻中之衄熱，除五心之煩熱。酒洗用，其性寒，恐其妨食。　熟地黃：　味苦、甘，氣寒。氣薄味厚，沉而降，陰也。入手足少陰經、厥陰經。能補腎中元氣，補血滋腎，安魂。治痘無膿，而血虛者，宜用。用薑汁炒，其性滯，恐其泥膈。

蒲黃：　味甘，氣平。主利小便，止血，消瘀血，一切吐血、腸風血、衄血、尿血。若破血消腫生用，補血止血炒用。　紅花：　味辛、甘，氣溫。陰中之陽。多用破血，少用養血。清血熱用花，起黑陷用子。汁及胭脂，能點黑斑。治痘血凝不行，污血化成班點，用此行滯。酒洗晒乾用。子呑數粒，主天行。痘子不出，炒，打碎用。　牛膝：　味苦、酸，氣平。主四肢拘攣，不可屈伸，活血生血，能引諸藥下行，腰腿之疾不可缺。長大而柔潤者佳。去蘆，酒洗，陰乾用。　桃仁：　味苦、甘，氣平。陰中陽也，入手足厥陰經。主瘀血閉鬱，血結血燥，通潤大腸。用湯浸去皮尖。此與杏仁同潤大腸，但杏仁治氣秘，桃仁治血秘。雙仁者不可用。　香附米：　味甘，氣微寒。陽中之陰。能下氣開鬱，又逐去凝血。能引血藥至氣分而生血，婦人之仙藥也。石臼中杵淨，勿犯鐵。以童便浸，晒乾。炒黑止便血補血，鹽炒潤燥，酒炒行經絡，醋炒消積，薑汁炒化痰。　地骨皮：　味苦，氣寒。陰也，入足少陰、手陽明經。主五內邪氣，熱中消渴，及去肌熱，涼血涼骨。洗淨砂土，去心木，微炒用。即枸杞根皮也。腎肝二經之症，悉賴以治。　茅根：　味甘，氣寒。補中益氣，利小便，除瘀血，消渴，解腸胃熱。掘取新者，肥大白淨者，搗爛，絞取自然汁用。　大小薊根：　味甘、苦。氣溫。主養精保血，止衄血吐血下血。婦人出痘疹，經血妄行，非此不除。　地榆：　見火無功。稍能行血，必當去之。　以上血分藥，共十九味。

　解毒藥類　葛根：　味甘，氣平。性輕浮，陽也。入足陽明胃經。主消渴，身大熱，解毒，解肌發表出汗。治脾虛而渴，能升提胃氣，除胃熱，治天行時病，壯熱煩渴，熱毒。凡發表解肌熱，切片用。若止渴，搗爛，以糯米泔濾汁用。生用墮胎，熟解酒毒。痘疹已出後，忌用。　升麻：　味苦、甘，氣平，微寒。味薄氣厚，浮而升，陽也。陽明經引經藥，亦走手陽明、太陰經。主解百毒，辟瘟疾邪氣時氣。主脾胃，解肌肉間熱及發散本經風邪。若元氣不足，陽氣下陷者，用此升提陽氣上行。忌火。凡上盛下虛者勿用。痘疹已出後忌用。　桔梗：　味苦、辛，氣微溫。味厚氣輕，陽中之陰。治鼻塞，咽喉痛，利胸膈之氣。治肺熱咳逆，消痰涎，肺癰。又能開提氣血，載諸藥不下沉。去蘆及皮尖，以百合搗爛，同泔浸一日，微炒，陰乾用。　防風：　味甘、辛，氣溫。純陽，脾胃二經引經藥，太陽本經藥。乃卒伍卑賤之職，隨所引而至也。瀉肺寔，散頭目滯氣。治上焦風邪用身，下焦風邪用稍。又能治濕。

去蘆并叉。　前胡：　味苦，氣微寒。主心腹結氣，治時氣發熱，推陳致新。治風寒咳嗽，痰涎。去蘆用。叉尾者不宜用，此主下降。　柴胡：　味苦，氣平，微寒。氣味俱輕，陽也，升也，少陽、厥陰引經藥。主寒熱邪氣，推陳至新。能引清氣行陽道，升提胃氣上行。去蘆用。忌火。欲上升者用根，欲下降者用稍。　木通：　味辛、甘，氣平。味薄，陽也。除脾胃寒熱，通利九竅血脉關節。治五淋，利小便，膀胱癃閉，導小腸熱，出音聲，療耳聾，治鼻塞，散癰腫諸結不消。去皮用。　荊芥：　味辛苦，氣溫。辟邪氣，通利血脉，傳送五臟。能發汗，能破瘡瘍結聚之氣。凡痘出不快不透者用穗，炒黑治下焦血有功。　黃連：　味苦，氣寒。肥大堅寔者，去鬚，酒拌炒。清心火生用，清肝膽火吳茱萸拌炒，清上焦火酒炒，中焦火薑汁炒，下焦火鹽水炒。　黃芩：　味苦，氣平，寒。味薄氣厚，可升可降，陽中陰也。中枯而飄者，瀉肺金之火，而消痰，兼退熱于肌表。細寔而堅者，瀉大腸之火，而滋陰兼退熱于膀胱。柴胡為使，酒浸微炒。　麥芽：　味鹹、甘，氣溫，無毒。治胃虛，食難消化，腹中脹滿。即大麥水浸生芽者，炒黃去芒。　白扁荳：　味甘，平，氣溫，無毒。主和中下氣，止吐瀉痢。炒去皮臍用。　神麯：　味甘，氣溫。消食下氣，能熟腐五穀。研細炒。須與參、术、香砂同用為佳。　羌活：　味苦、辛。氣味俱薄，陽也。散肌表風邪，和肢節疼痛，乃手足太陽表裏引經藥。痘症發熱身痛頭疼，及痘後瘡腫目疾，皆用其氣雄，可理遊風。與獨活均為風藥，獨活氣緩，可理伏風。　白附子：　味甘、辛，氣溫，有小毒。治痘四肢風熱不退及頭目不清用。散風利熱，解毒。薑汁浸透，炮去皮臍，製熟用。　沉香：　水磨有降氣之功，無破氣之害。磨細澄粉，忌見火。　檀香、白檀：　調氣，佐以薑、棗、葛根、砂仁、荳蔻。水磨極細用。　鹿茸：　味酸、甘、苦、辛，氣溫，無毒。凡痘氣虛血虛，脾寒陷伏不起而色白者用，烙去毛，酥炙。長大為角，與茸同功，而力則少遜。　乳香：　箬上烘去油，用燈心研之則細，或以酒研如泥，水飛，晒乾。　天花粉：　味苦，氣寒。味厚，陰也。主消渴身熱，煩滿大熱，唇乾口燥，排膿，消腫毒，生肌肉，利胸膈，治熱痰止嗽。去皮切片，水浸三日，逐日換水，搗如泥，絹攄澄粉，薄荷襯蒸。　猪苓：　味苦、甘、淡，氣平，寒。氣味俱薄，升而微降，入足太陽、少陰經。解傷寒瘟疫大熱，除濕，利水道，止渴。水浸去皮，切片用。　梔子：　味苦，氣寒。氣薄而味厚，氣浮而味降，陽中陰也。入手太陰經。主五内邪熱，治心煩不得眠，瘡瘍目赤，熱痛煩燥，治肺煩。凡痘壯熱，吐血衄血，或七竅中出血，必用之藥。七稜、肉鮮紅者佳。仁炒黑，去内熱。連皮酒製，去肌表熱。虛寒者不可用。　澤瀉：　味甘、鹹，氣寒。氣味厚，沈而降，陰也。入手太陽、少陰經。治淋閉，逐三焦膀胱停水，瀉腎除濕。擇白淨者，酒潤焙乾，去皮毛。　車前子：　味甘、鹹，氣寒。主利小便而不走氣，治熱淋，療肝中濕熱衝目赤痛。與茯苓同功。去泥土，酒拌，炒研，熟用。　燈心：　味苦，氣微寒。主五淋，清心解熱。燒灰，吹急喉痺，傅陰疳。　薏似仁：　味甘，氣微寒。入肺脾二經。益氣助胃，除風濕，理脚氣。淘淨，去殼，晒炒用。　山藥：　味甘，平，氣溫。入肺脾二經。補中益氣，強陰。痘瀉泄者，炒用。　訶子：　味苦、酸，氣溫。性急善降，開胃澁腸，止瀉痢。又治肺氣因火傷火欝，遏脹滿喘急咳嗽。味苦、酸，故有收歛降火之功。去核生用，清肺行氣。煨熟，溫胃固腸。　決明子：　味酸、苦，氣平，微寒。炒熟研細，清肝，去目翳，理赤眼淚出。　家蓮子：　去皮心，炒。補中養神，清心固精，定瀉。　酸棗仁：　不寐炒用，多睡生用。　大黃：　味苦，氣大寒。氣味俱厚，沉而降，陰也。入足陽明經。蕩滌腸胃，通利水穀。性走而不守，瀉諸寔熱不通，心腹脹滿，大便結，煩燥。胃弱酒蒸熟用。欲行下者生用。邪在上者，始用酒製。　沒藥：　味辛，氣平。破血理氣，止痛療癰。治痘餘毒，箬上烘去油，同燈心研之則細。　滑石：　味甘，氣性沉重。入足陽明經。主燥濕寔六腑，化食毒，行積滯，逐凝血，解燥渴，補脾胃，降邪火。白如凝脂，軟滑者佳。水飛，研細用。痘瘡潰爛，以此敷。　雄黃：　研細，水飛。瀉肝風，解百毒，理蛇傷，能化血為水。　龍腦片：　即冰片。味辛、苦，氣溫。治傷寒舌出，小兒痘陷不省人事。　珍珠：　透裏入堅，解骨中髓中之熱，鎮心安神。點除目翳。絹包，入豆腐中煮一炷香時，取出，研細用。　石膏：　性寒，味甘、辛。寒則能除熱，甘則能調胃，辛則能解肌，又有發散之義。火煅，研末。壯人生用，虛人糖拌炒，恐妨脾胃。　黃栢：　味苦、微辛，氣寒。氣味俱厚，沉而降，陰也。足少陰經、太陽引經藥。主五臟腸胃中結熱，瀉膀胱熱，清小便，制下焦命門陰中之火。去皮，切片，酒炒。若入腎，則鹽水拌炒。

綿繭：　燒存性，研細末。　五倍子：　功用甚多，不可殫述。大抵歛肺降火，解熱毒，諸瘡不可少之藥。炒，研。　人髮：　入灌中，鹽泥封固，火煅存性，研細入藥。汁調服，補陰甚捷。能止血。痘中衄血，燒灰研細，吹入鼻中

立止。　知母：　味苦、辛，氣寒。氣味俱厚，沉而降，陰也。足少陰經藥。主消渴熱中，補腎水，瀉腎中火，消痰止嗽，潤心肺。患人口乾用之。去毛皮，酒炒如褐色。　薄荷：　味辛、苦，氣涼。氣味俱薄，浮而升，陽也。入手太陰、厥陰經。能引諸藥入榮衛，發汗，通利關節。治痘壯熱，風涎驚搐。　青黛：　今皆靛花代之。酒淘數次，取浮漂者用。　硼砂：　味甘，微鹹，涼。除上焦胸膈痰熱，生津止嗽，治喉痺，口齒病。　辰砂：　味甘，氣微寒。痘將出，蜜調服之，解痘毒，令出快，鎮心神。形如箭簇透明者佳。研細，水飛過用。　人中黃：　即金汁水。主熱病發狂，痘瘡血熱，解一切毒。　萹蓄：　苦，寒。利小便，驅濕熱，殺諸蟲。　朴硝：　味苦、辛、鹹，氣薄味厚，沉而降，陰也。主諸寒熱邪氣，逐六腑積聚，破宿血，停痰痞滿，大小便不通，推陳致新，治天行熱痰，消腫毒，排膿軟堅。非大小便秘結煩燥者，不可輕用。　殭蠶：　味鹹、辛，無毒。治驚風痰壅熱甚，亦能發痘。米泔浸一日，待涎浮水上，取出，火焙，去絲及黑口。　白蒺（莉）〔藜〕：　味苦、辛，氣微寒。治身體風痒，去惡血，長肌肉，明目輕身。亦能補腎，消痰。凡痘痒潰爛者，宜用。　黃菊花：　味苦、甘，氣平，寒。明目，養目血，去翳膜。治痘後目病。應候開者佳。去蒂，水洗過，晒乾用。忌火。　蜜蒙花：　酒、蜜拌，微炒。主目痛赤膜，多淚羞明，障翳。　木賊：　味甘、微苦。與麻黃同形同性。主目疾，退翳膜，明目，益肝膽。亦能發汗散火。洗淨，去節，以酒潤濕，火上烘乾用。　穀精草：　味辛，氣溫。洗淨，剉用。主頭風翳膜，痘後目翳。　瞿麥：　味苦、辛，氣寒。陽中微陰。主關格諸閉，小便不通，決壅腫，排膿，明目去翳，破血利竅。非久任之品也。　牛黃：　味甘、酸、鹹，氣平，涼，有小毒。解心中火毒，凡痘驚熱狂亂，發班，痘色紫赤，可用。氣血充足，日至不斂者，亦宜用。　犀角：　味苦、酸、鹹，氣寒，無毒。能安心神，止煩亂，鎮肝明目，涼血。屬陽，性走散。痘後用此，散餘毒。若血虛小兒，忌用。取尖磨。　荔枝殼：　煎湯，發痘疹。但多食發熱發痒。肉治痘虛作瀉，陷伏不起，用此養脾。　濕濕蟲：　治痘水泡，拏六七個，水研三四匙，澄清服之。　鷄冠血：　味甘、辛，氣微溫。以無灰酒調服，能發痘。蓋鷄屬巽風，故易起發。況頂血至高純陽之處，用神效。　胡荽酒：　痘疹初見標，用胡荽銅錢粗一支，黃酒二斤，入淨砂鍋內，蓋嚴，熬數滾，先取出一鍾，澄清亮冷，與兒飲後，乘熱以手用酒與兒遍身洗之，不洗頭臉，以酒噴被褥，臥席下鋪胡荽亦妙。

以上藥味，有發表者，有攻裏者，發表寓解散之義，攻裏有開竅活動之功，故皆著于解毒類中。以下則解毒藥也。

甘草：　生用清火，炙用和中健脾。節能消腫毒，稍去莖中痛。　山查肉：　去核，煮老鷄硬肉，入核數粒易爛，核亦不可棄。　連翹：　味苦，氣平，微寒。氣味俱薄，陽也，可升可降。手足少陽經、陽明經，入手少陰心經。瀉心火，降脾胃濕熱，除心經客熱，主諸癰毒惡瘡有神功。去梗去穰用。久服有寒中之患。　牛蒡子：　一名惡實，一名鼠粘子，一名大力子。辛，溫。入肺，利咽喉，消痰毒。酒炒，研碎用。　元參：　味甘、鹹，氣微寒。足少陰君藥。乃樞機之劑，管領諸藥上下諸清，治空中氤氳無根之火，清腎火，解痘毒。去蘆，稍用，忌鐵。　蟬退：　味酸、甘，氣寒，無毒。能發痘解毒，而退風熱。若熱盛紅紫可用，寒症忌之。凡痘出不快，或倒陷黑陷，勿去翅足，研細，入湯調服。去目中翳，去翅足，洗晒研用。　紫草茸：　去蘆用。嫩而染手紫色者佳。　淡竹葉：　味辛、甘，氣寒。涼心經，除煩熱，止渴。　山豆根：　味苦、甘，氣寒。主解諸毒，消瘡腫，治咽喉腫痛，解痘毒。凡用磨水，入藥內服。　（菀）〔豌〕豆：　性平，味甘。氣薄。能解毒，故痘中用之，以拔疔毒也。　黑豆：　能解毒，和諸藥而兼利小便，又解腎中之毒，治其相火。　赤小豆：　味甘、辛、酸，氣溫，平。陰中之陽。主下水，排癰腫膿血，熱中消渴，止瀉，利小便，解諸熱毒，又解心經之毒，治其君火。凡一切腫毒，為末塗之。小兒未出痘者，宜煮服。皮浸水，治目翳膜。　菉豆：　味甘，氣寒，無毒。除熱氣，解痘疔毒。治痘煩熱，消渴，又解心經之毒，治其君火。　蜜：　味甘，氣平，溫，無毒。主心腹邪氣，安五臟諸不足，益氣補中，止痛解毒。治痂不落，用湯調，時以羽翎刷之，易落無痕。　人糞：　氣寒。主時行大熱狂走，解諸毒。治痘瘡黑陷，燒過服之甚佳。于臘東行，取絕乾者，以火燒令烟盡，研細用。

方中須用藥品共一百一十九味，今為之詳其氣味，別其清濁，分其升降，明其經絡，並言其所治何症，宜如何炮製，以便業是科者之垂覽焉。

清・吳鋼《類經證治本草》　又歌曰：　知母桑皮天麥冬，首烏生熟地黃分。偏宜竹片銅刀切，鐵器臨之便不馴。　又歌曰：　烏藥門冬巴戟天，蓮心遠志五般全。並宜剔去心方妙，否則令人煩躁添。　又歌曰：　厚朴猪苓

與茯苓，桑皮更有外皮生。四般最忌連皮用，去盡方能不耗神。又歌曰：益智麻仁柏子仁，更加草果四般論。並宜去殼方為妙，不去令人心痞增。又歌曰：何物還須湯泡之，蒼朮半夏與陳皮。更宜酒洗亦三味，蓯蓉地黃及當歸。

清·蘊真子《賽金丹》卷上　藥性炮製

洋參甘苦。補氣血，瀉虛火，堅實者良。蜜炙益元，米炒補胃。蘇條甘。補肺氣，下行。蜜蒸或炒。潞黨補中氣，生津。綿軟，味甘者佳。蜜蒸，或炒。防黨略同。泡參甘苦，微寒。補陰氣，清肺火。蜜製，或生用。黃芪甘，溫。補氣固表，生陰血。生用走表，蜜炙補中。白朮甘，溫，苦。補氣生血，(糁)〔燥〕脾去濕，利腰臍。米泔浸，陳土炒。山藥甘。補脾肺，濇精。微炒。蓮米甘，溫。補心脾腎，濇精固腸。去心，蜜蒸，焙乾。蓮心清心。白藕甘，寒。熟補心益胃，生涼血散瘀。粉，補陰。節，止吐衄。芡實甘，濇。補脾濇精。揀淨，蒸熟，搗粉。苡仁甘，淡，微寒。補脾肺，行水。擇淨，炒熟，微研。扁豆甘，溫。腥香補脾，除濕消暑。連皮炒研。龍眼甘，溫。補心脾。去殼。大棗甘，溫。補脾胃，潤心肺，調營衛，和百藥。去核，蒸熟。甘草甘。補中和藥，炙用，宜大。瀉火解毒，生用，宜細。黃精甘，平。益氣，安五藏，益脾胃，潤心肺，填精髓。九蒸九晒。玉竹甘。補氣血，去風濕。甜酒蒸。燕窩大養肺，滋陰化痰。煮汁服。黃母雞甘，平。補虛溫中，治久痢。烏骨者良，補虛癆。羊肉甘，熱。補虛益氣，發瘡。白蜜甘，平。補中，潤(糁)〔燥〕滑腸。熟性溫，生性涼。以上補氣健脾。地黃熟，平。補肝腎，養血。甜酒蒸晒九次。生，甘苦。涼血。棗皮辛，溫。酸濇補腎固精，滋肝強陰。去核，甜酒蒸。首烏苦，溫，甘。補肝腎，調氣血。赤白各半，竹刀切，黑豆拌蒸。沙蒺藜苦辛，溫。補腎瀉肺，散肝風，益精明目。炒用。桑葚甘，涼。補肝腎。甜酒蒸。女貞子甘苦而平，滋陰降火，甜酒蒸。楮實子甘，寒。助陽氣，補虛勞，明目，充肌，壯筋骨。覆盆子甘酸，微溫。平補肝腎。巨勝子甘，平。補肝腎，潤臟滑腸。九蒸九晒。黑豆甘，寒。補腎，解毒。甜酒蒸，或鹽水煮。血餘苦，寒。補陰消瘀，通關利便。皂角水洗，沙鑵封，煅存性。龜板甘，平。補陰。甜酒塗炙，研末。磁石辛鹹。補腎。火煅醋淬，研末，水飛。枸杞甘，平。滋肝益腎。甜酒蒸。菟絲甘辛。補三陰。酒煮，研破。蓯蓉甘酸鹹，溫。補腎命，滑腸。竹刀切，漂三次，晒乾。巴戟甘辛，微溫。補腎祛風。去心，酒浸微炒。仙茅辛，熱。補腎命，暖筋骨。去皮，米泔浸一宿，蒸熟。忌鐵器。石斛甘鹹。除虛熱，濇元氣，益精強陰。酒浸。淫羊藿辛香，甘，溫。補腎命。羊脂炒。杜仲甘，溫，微辛。補腎，壯腰膝。鹽水炒。故紙辛苦，溫。補命火，止瀉降氣。酒浸蒸，或鹽水炒。益智仁辛，熱。補心腎，暖脾胃，解鬱。隨方製。胡桃甘，熱。補腎命三焦。潤燥去皮，斂濇連皮。鹿茸甘，溫。大補陽虛，添精養血。切片，麻油炙。以上補腎滋陰。

當歸甘苦辛，溫。補血，潤(糁)〔燥〕滑腸。入補藥，甜酒蒸黑。川芎辛，溫。和血升陽，解鬱，散瘀搜風。酒浸。白芍苦酸，微寒。補血，瀉肝斂肺，酒炒。退熱生用。丹參苦，平。去瘀生新。甜酒蒸。丹皮辛苦，微寒。生血瀉火，去瘀。酒拌蒸。益母草辛、微苦，寒。生血去瘀。蜜炒。阿膠甘，平。潤燥和血，補陰。以上補血和血。

志肉苦辛，溫。通心腎，豁痰開鬱。甘草水煮，去心。棗仁甘酸。補肝膽，斂汗，寧心醒脾。炒香，研末。柏子仁辛甘。補心脾，滋肝腎。炒研去油。茯神甘，溫。開心益智，安魂養神。去皮及中木用。琥珀甘，平。安神，散瘀行水。同柏子仁煮半日，研末。硃砂甘，涼。鎮心泄熱，辟邪。研細，水飛三次。紫石英甘，平。鎮心養肝。同上製。以上補心安神。

菖蒲辛苦而溫。通竅入心。甜酒蒸。牙皂辛鹹。通竅驅風。火炮，研末。冰片辛，溫，香竄。通諸竅，散鬱火。樟腦辛，熱，香竄。除濕殺蟲，通關利滯。麝香辛，溫，香竄。通竅開經。以上通關竅。

浮麥鹹，涼。斂汗。微炒。五味性溫。備五味，斂肺濇精。蜜或甜酒蒸。白菓甘苦，溫，濇。斂肺，去濁痰。生熟隨用。訶子苦酸，溫，濇。斂肺濇腸。去核，酒蒸。五倍子酸鹹，性濇。斂肺，止盜汗。或生或炒用。文蛤鹹。斂肺。甜酒蒸。烏梅酸，濇。濇腸斂肺。去核，微炒。粟殼酸，濇，微寒。固腸斂肺。去筋、蒂，蜜炒。臭椿苦，寒。濇血燥濕。蜜炒，或醋炙。石榴皮酸濇而溫。濇腸止痢，治崩帶、脫肛。蓮鬚甘溫而濇。清心通腎，止夢洩、吐崩諸血。金櫻子酸，濇。固精秘氣，治瀉痢、夢洩、便數。去刺核。石脂甘，酸。固大小腸。研末，水飛。龍骨甘，濇，微寒。濇精固腸，鎮驚。酒煮，研末，水飛三次。牡蠣鹹。濇精補水，軟堅。鹽水煮一時，火煅為末。地榆苦酸，沉濇。止血取上截，炒黑。稍反行血。棕子苦，濇。止血，陳敗棕尤良。炒黑。以上收濇。

麻黃辛，溫。發汗。入太陽經。桂枝辛甘而溫。解肌，調營衛。入太陽。羌活辛苦，性溫。發表，祛風勝濕。入太陽。防風辛甘，微溫。發表，祛風除濕。入太陽。藁本辛，溫。祛風治頭痛。入太陽。白芷辛，溫。祛風散濕。入陽明。升麻甘辛微苦。升陽解毒。入陽明、太陰。葛根辛甘。解肌，升陽散火。粉者佳。入陽明。柴胡苦，微寒。發表，和裏退熱，升陽解鬱，調經。入少陽。細辛辛，溫。散風寒濕，行水氣，通竅。入少陰。獨活辛苦。搜風去濕。入少陰痧症要藥。乾薑辛。發表散寒，開痰止嘔。煨和平，皮和脾行水。蔥白辛，溫。發汗解肌。淡豆豉苦，寒。發汗解肌。紫蘇辛香。發表散寒。梗，順

氣，性少緩。浮萍辛。發汗，祛風行水。七月半採，晒乾。秦艽苦辛。去風濕，下行。前胡辛甘苦，寒。解表下氣，治風痰。辛夷辛，溫。散上焦風熱。去毛，炒。蔓荊辛苦，微寒。散上部風熱。酒炒，打碎。薄荷辛，涼。升浮，散風熱。荊芥辛苦。芳香發表，祛風。炒黑理血。桔梗苦辛。瀉火散寒，載藥上升。米泔浸，微炒。香茹辛，溫。清暑利濕。穀精草辛，溫。明目退翳。白菊甘苦。祛風濕，明目，補肺腎。蒙花甘，寒。潤肝明目。酒浸，炒。蕤仁甘，溫。明目，消風清熱。打碎，取仁蒸研。刺蒺藜苦辛。明目，疏肝瀉肺。木賊甘苦，微溫。發汗，解肌散火。青葙子苦，寒。明目瀉肝。決明子甘苦鹹，平。明目清肝。青菜子苦辛。明目，清火，利水收淚。甘石鹹。點眼要藥。沙罐貯，黃泥封固，白炭火煅，水飛十次。天麻辛，溫。祛風濕，疏痰氣。威靈仙辛鹹。祛風行氣。勾藤甘苦，寒。除風濕，定驚。松節苦，溫。祛風燥濕。搗碎，酒浸。海桐皮苦溫而辛，祛風濕。五加皮辛苦而溫。祛風濕，壯筋骨。桑枝甘辛。祛風。桑寄生苦甘。堅腎助筋，固齒長髮，追風濕。石楠葉辛苦。去風堅腎。陳艾苦辛。逐寒濕，理氣血。白附子辛，熱。祛風濕，治面百病。牛膝苦酸。壯筋骨下行。出西川懷慶，紅大者良。甜酒蒸。續斷苦辛而溫。補肝腎，理筋骨。酒浸。骨碎補苦，溫。堅骨行血，治折傷。蜜拌蒸晒，或酒炒。防己辛苦，寒。瀉下焦血分濕熱，理脚氣。木瓜酸，濇。舒筋斂肺。陳者良。土茯苓甘，淡。祛濕熱，消腫毒。（華）〔萆〕薢甘苦。祛風濕，補下焦。川烏辛苦。逐風。草烏辛苦。開頑痰，攻毒。二味大（糝）〔燥〕濕，俱薑汁炒。虎骨辛，熱。去風健骨。甜酒炙，研末。殭蠶辛鹹。祛風化痰。全蝎辛甘。祛風。蟬退甘，寒。散風熱。去翅足用。蛇退甘鹹。去風毒。皂莢水洗淨，酒炙黃。以上祛風寒強筋骨。

枳殼苦酸。泄氣行痰。陳者良，麪炒。陳皮辛苦。理氣調中，（糝）〔燥〕濕消痰，脾肺要藥。青皮辛苦。瀉肝破氣，散積。去穰，醋炒。檳榔苦辛而溫。破氣下行，消食殺蟲。忌火。腹皮辛，溫。下氣行水。酒洗。厚朴苦辛。下氣散積。紫油者良，薑汁炒。烏藥辛，溫。順氣。酒浸一宿，炒。木香辛，溫。行氣。廣者良，磨沖。沉香辛，溫。調氣暖胃。沉水者真，磨沖。忌火。茴香辛，溫。理氣開胃。藿香辛，溫。去惡氣。香附辛苦。調氣解鬱。隨方製用，為婦科、痧症要藥。吳茱萸辛，熱。下氣開鬱，（糝）〔燥〕脾殺蟲。蘇子辛香。降氣化痰，止咳喘。炒研。蘿蔔子辛甘。破氣化痰，消食。炒研。山查酸甘鹹，溫。消食破氣，散瘀化痰。神麯辛甘。消食行氣，化痰。自製方真。炒研。酒麯不可用。麥芽鹹，溫。消食行氣，微炒。穀芽性更溫中健脾。三棱苦，平。破血中之氣。莪术辛苦。破氣中之血。同上，俱打積，行氣散瘀。醋炒。巴豆辛，熱。大泄大（糝）〔燥〕。去殼炒，布包去油，研末。以上行氣消食。

紅花辛苦甘，溫。行血潤（糝）〔燥〕，少養血，多行血。桃仁苦甘。破血潤（糝）〔燥〕，行血。連皮尖潤（糝）〔燥〕，去皮尖炒研。延胡辛苦。活血利氣。打碎，醋炒。鬱金辛苦。散鬱消瘀，痧症攻心，非此不能。蘇木甘鹹辛，涼。行血解表，多破血，少和血。王不留行甘苦而平。通行血脉。藕葉苦，平。升陽散瘀。澤蘭苦辛，甘香。行血消水，產後要藥。茜草溫酸而鹹。行血用根。蒲黃甘，平。生滑，行血；炒濇，止血。薑黃苦辛。破血行氣。側柏苦，濇，微寒。清血分濕熱。茅根甘，寒。涼血消瘀，止噦。苧根甘，寒。補陰破瘀。馬鞭草苦。破血通經，消脹殺蟲。韭菜辛，溫，微酸。散瘀逐痰，治吐衄。子，辛甘，治遺洩，炒研用。芸薹辛，溫。散血消腫。三七甘苦，微溫。破瘀定痛。乳香苦辛。活血舒筋，止痛。沒藥苦辛。散瘀定痛。二味俱缽坐熱水中，燈心同研，水飛。自然銅辛。活血，續筋骨。火煅醋淬，研用。童便鹹，寒。降火消瘀。靈脂甘，溫。行血止痛。研末，酒飛，去砂石。生，行血；醋炒，止血。以上破血行血。

蒼朮甘，溫。辛烈燥濕，升陽解鬱。米泔浸，晒乾，同芝麻炒。茯苓甘，淡。利竅除濕，寧心益脾。堅白者佳，去皮。補陰乳蒸。猪苓甘淡而苦，行水。去皮用。澤瀉甘，淡，微鹹。利水，瀉膀胱濕熱。鹽水炒。木通甘，淡。行水，瀉心、小腸火。車前草甘，寒。行水瀉熱，涼血。前仁甘，寒。利水，清肝肺。燈草甘，淡。利水，降心火。瞿麥苦，寒。利水，逐膀胱邪熱，為治淋要藥。茵陳苦，寒。利濕熱，治諸黃。滑石寒，甘，淡。行水瀉火。大戟苦，寒。瀉臟腑水濕。甘遂苦，寒。除經墜水濕。麪包煨。丑牛辛，熱。大瀉氣分濕熱，下命門。去皮，酒蒸，研。大黃苦，寒。大瀉，下有形積滯。酒蒸稍緩，生用更猛。芒硝辛苦鹹，寒。大瀉，潤脾軟堅。海藻鹹。潤下軟堅，行水泄熱，消癭。海帶功同海藻。昆布功同海藻而少滑，治水腫癭瘤。冬瓜甘，寒。利二便，消水腫，止消渴。通草淡。利小便，下乳汁。麻仁甘，平。緩脾潤（糝）〔燥〕，利便通乳。穿山甲鹹，寒。善竄通經絡，治風濕冷痺，下乳消腫。以上利水去濕下行。

半夏辛。燥濕痰，止嘔，利水。小便浸七日，洗淨，切片，薑汁炒。南星辛。祛痰燥濕。竹刀切片，晒浸一宿，不麻乃止。常山苦，寒。祛痰截瘧，行水。甘草水蒸，或酒炒。草菓辛。除痰截瘧。火炮，去殼用仁。芥子辛。化痰行氣。炒研。貝母苦辛，微寒。潤肺化痰。去心，糯米拌炒黃，研末。瓜蔞甘，寒。瀉火潤肺，治熱痰，止嗽。去油用。瓜蒂苦，寒。吐風熱痰涎。花粉酸、甘，微苦，寒。生津潤燥，消痰解渴。芫花苦，溫。去水飲痰癖。藜蘆辛，寒。至苦，引吐痰涎。天竺黃甘，寒。瀉熱豁痰。竹瀝甘，寒。滑痰潤燥。荊瀝甘，平。化痰祛風。硼砂甘鹹。去痰熱。青礬酸，濇。燥濕化痰。白礬酸，寒。治同上。煅用，性溫生肌。以上化痰。

天冬甘苦，大寒。潤肺補腎，除痰。去心，酒蒸。麥冬甘苦，微寒。潤肺清心。去心，酒浸。百合甘，平。潤肺止嗽。廣產佳。土者不可用，令人嘔。蜜蒸。百部甘苦，微溫。潤肺殺蟲。酒蒸用。杏仁潤肺解肌，甜者佳。苦者發表可用。連皮搗，餘去之。紫（苑）〔菀〕辛，溫。潤肺下氣。蜜炒。欵冬花辛，溫。潤肺瀉熱，止咳。甘草水浸，晒乾。枇杷葉苦，平。瀉肺降氣。蜜炙。桑皮甘辛而寒。瀉肺行水。蜜炙。白前辛甘，微寒。瀉肺降氣，化痰。白薇苦鹹。益陰清熱。玄參苦鹹。清無根火，補陰。蒸用。苦參苦，寒。瀉火燥濕，補陰。地骨皮甘，寒。除虛熱，涼血。黄芩苦，寒。瀉火除濕，入少陽膽。黄栢苦，寒。瀉相火，燥濕清熱。酒、蜜、鹽三製，隨方用。知母辛苦，寒，滑。瀉火補水，潤燥滑腸。槐實苦，寒。瀉風熱，涼大腸。花性同功。打碎，微炒，牛乳拌蒸。青蒿苦，寒。瀉熱。膽草苦，寒。清肝膽火，下焦濕熱。梔子苦，寒。瀉肝膽火。內熱用仁，外用皮，生熟隨宜。連翹苦，寒。散結瀉火，瘡科、痧症要藥。黄連苦，寒。瀉火（糝）〔燥〕濕。蜜炙。胡黄連苦，寒。瀉熱，治骨蒸，療驚疳。竹葉辛，淡，甘，寒。清上焦煩熱。竹茹，涼血除熱。犀角苦酸鹹，寒。清心胃火熱。磨沖。羚羊角苦鹹，微寒。瀉心肝火，磨沖。射干苦，寒。瀉火解毒，散血消瘀，咽痛要藥。山豆根苦，寒。瀉熱解毒，治咽痛。石膏甘辛，寒。清胃火，解肌消疹。研細，甘草水飛，火煅性緩。青黛鹹，寒。清胃火，平肝。大青微苦鹹，大寒。瀉心胃熱毒，治陽毒發斑。人中黄甘，寒。解疫熱。甘草末貯竹筒內，冬浸糞中，春取。以上潤燥瀉火。

肉豆蔻辛，溫。理脾暖胃，調中濇腸。麵包，煨去油。白蔻辛，溫。暖胃行氣。丁香辛，溫。溫胃暖腎。砂仁辛，溫。溫中進食，行氣。土炒。入腎鹽水炒。胡椒辛，熱。快膈消痰。川椒辛，熱。散寒（糝）〔燥〕濕，補火安蚘。炒去汗，搗去裏面黄殼。乾薑辛，溫。逐寒發表，通脉。炮則苦熱，除胃冷而守中。良薑辛，熱。溫胃散寒。土炒。肉桂辛，熱。補命門，平肝通血，引火歸元。去皮。桂心苦辛，火燥。補陽活血，散寒。乃桂樹中檄皮。官桂辛。調冷氣，散寒。附子辛，熱，大燥。回陽補火，逐寒濕。甘草水製。硫黄酸，大熱。補陽，殺蟲。番舶佳。以上溫胃燥火。

貫眾苦，寒。瀉熱解毒。夏枯草辛苦，微寒。解毒，散結消瘰。金銀花甘，寒。除熱解毒。芙蓉花辛，平。涼血，解毒消腫。蒲公英甘。瀉熱解毒，消腫核。絲瓜甘，平。涼血解毒。綠豆甘，寒。解毒清熱。連殼用。山慈菰甘，平。瀉熱解毒。蓖麻子辛甘。拔毒。牛蒡子辛。瀉熱解毒。漏蘆鹹苦。瀉熱解毒，殺蟲。扁竹苦，平。殺蟲疥，蚘咬腹痛，蟲蝕下部。榧子甘，濇。潤肺殺蟲。去殼用。苦楝子苦，寒。瀉濕熱，治疝殺蟲。使君子甘，溫。健脾殺蟲，消積。煨熟，去殼、皮、尖。雷丸苦，寒。消積殺蟲。甘草水泡，蒸用。鶴虱苦辛。殺五藏蟲，治蚘嚙腹痛。露蜂房甘辛。殺蟲，止風蟲牙痛。炙用。水銀辛，寒。外用殺蟲。雄黄辛，溫。去毒殺蟲。明亮者佳。醋浸，入萊菔汁煮。黄丹辛。殺蟲拔毒。水飛，去焰硝。以上解毒殺蟲。

清・趙晴初《存存齋醫話稿》卷一　〔十九〕婁全善《醫學綱目》治血崩類用炭藥，以血見黑則止也。香礬散用香附醋浸一宿，炒黑為炭，存性，每一兩，入白礬二錢，米飲空心調服。一法用薄荷湯更妙。許學士曰：治下血不止，或成五色崩漏，香附是婦人聖藥。此氣滯者用行氣炭止之也。五靈脂散治血崩，用五靈脂炒令煙盡，為末，每服一錢，溫酒調下。一法每服三錢，水酒、童便各半盞煎服，名抽刀散。此血污者用行血炭止之也。荊芥散治血崩，用麻油點燈，多著燈心，就上燒荊芥焦色，為末，每服三錢，童便調下，此氣陷者用升藥炭止之也。治崩中不止，不問年月遠近，用槐耳燒作炭為末，以酒服方寸匕，此血熱者用涼血炭止之也。如聖散治血崩，棕櫚、烏梅各一兩，乾薑一兩五錢，並燒炭存性，為細末，每服二錢，烏梅酒調下，空心服，久患不過三服愈，此血寒者用熱血炭止之也。棕櫚、白礬煅為末，酒調服，每二錢，此血脫者澀血炭止之也。按：同一血崩證，同一用炭藥，而條分縷析有如是，治病用藥，首貴識證，可一隅三反矣。炭，原本作灰。

綜述二

宋・沈括《夢溪筆談》卷二六《藥議》　湯、散、丸，各有所宜，古方用湯最多，用丸、散者殊少，煮散古方無用者，唯近世人為之。本體欲達五臟四肢者莫如湯，欲留膈胃中者莫如散，久而後散者莫如丸。又無毒者宜湯，小毒者宜散，大毒者須用丸。又欲速者用湯，稍緩者用散，甚緩者用丸。此其大槩也。近世用湯者全少，應湯皆用煮散。大率湯劑氣熱完壯，力與丸、散倍蓰，煮散者一啜不過三五錢極矣，比功較力豈敵湯勢？然湯既力大，則不宜有失消息，用之全在良工，難可以定論拘也。

宋・趙佶《聖濟總錄》卷三《敘例》　湯散　古方湯法，㕮咀謂剉如麻豆散法，治羅謂治擇擣羅。蓋卒病賊邪，須湯以蕩滌；久病痼疾，須散以漸漬。近世一切為散，遂忘湯法。今以剉切㕮咀，或麤擣篩之類為湯，擣羅極

細者為散。又如丹、丸、膏、煎之名，不知異用之實。蓋丹者，烹鍊而成，有一陽而在中之義；丸者，取其以物收攝而已；膏者，謂摩傅之藥；煎者，取其和熟為服食之劑。今火鍊及色赤者為丹，非鍊者為丸，以服食者為煎，塗傅者為膏。審此數者，他可推類而知也。

宋・張世南《游宦紀聞》卷一　世南在蜀中，拜訪林下人，求獨鍊法，鮮有能者。忽一日，得青城山道友傳授云：《丹經》謂：捉得龍，伏得雄。言雄黃見火，則飛走為煙焰，最難伏也。其法用雄黃不拘多少，研細。甘鍋火內，煅令通紅，取出。攤雄黃末入焰硝內，急用桃枝攪轉，即成水矣。急傾出瓦碟內，微側碟子，則清者一邊。俟凝取出，去麤者，研細，以宿蒸餅為元，如菉豆大，每服三元至七元。如前法，服雄黃末一兩，大約用焰硝一錢。此乃丹竈家祕法，得之甚艱。古人云：施藥不如施方。故詳記之。

宋・許叔微《傷寒發微論》卷上　論傷寒慎用圓子藥：仲景論中百一十三方，為圓者有五：理中、陷胸、抵當、麻人、烏梅是已。理中、陷胸、抵當，皆大彈圓，煮化而服之，與湯無異。至於麻人治脾約證，烏梅治濕䘌證，皆欲必達下部，故用小圓。其它皆欲入經絡逐邪毒，破堅癖，導瘀血燥屎之類，須憑湯劑以滌除也。余見俗醫用小圓藥巴豆以下邪毒而殺人者，不可勝數。蓋巴豆止導食積而不能去熱毒，既下之後，藏氣虛而邪毒宛然猶在，更再以大黃、朴消下之，鮮不致斃。大抵下藥，欲其必中，必當一服而止也，故不可不慎歟！

宋・程迥《醫經正本書》　辯《活人書》以湯為煮散第十：仲景治傷寒為方百一十有三，其間為湯者百有八。如桂枝湯，五味十有五兩，水七升，煮三升，適寒溫服一升。若《活人書》務省藥料，但剉如麻豆，每服五錢匕，水一盞半，生薑四片，棗一枚，煮至八分，溫服。昔之三服者，今約為十五服矣。肱又曰：病勢重者當依古劑法。魏炳記於龐安常方後曰：㕮咀者，今之粗末是也。每四錢，水一盞半，煮八分；內有半夏、附子有毒藥之類，每四錢，水二盞，入生薑三片，煎七分；內或用朴硝、阿膠、飴糖、焰硝、雞子黃等物，皆煎成湯後，去滓下之；或用竹瀝煎者，每四錢，水一盞二分，煎至七分，下竹瀝三分，再煎至七分；內或用大黃者，虛人入大黃同煎之，如難得通利人，每服四錢，水一盞半，煎至一盞，別入大黃半錢同煎至七分，又難得利者，以湯浸濃大黃汁三二分同煎之，以取利為度。迥謂《活人書》不立凡例，煎煮未有定法，可視魏炳為約法也。龐安常有不可為煮散者十四方，即肱所謂依古劑法之類。若用古劑減半，或三分之一，猶愈於煮散也。

《千金方》：古人湯劑雖大，而日飲不過三數服，而且方用專一。今又數藥並進，豈不反多乎？又昔人長將藥者多作煮散法，蓋取其積日之功云。

元・王好古《湯液本草》卷二《東垣先生用藥心法》　用丸散藥例　仲景言：剉如麻豆大，與㕮咀同意。夫㕮咀，古之制也。古者無鐵刃，以口咬細，令如麻豆，為粗藥。煎之，使藥水清，飲於腹中則易升易散也，此所謂㕮咀也。今人以刀器剉如麻豆大，此㕮咀之易成也。若一概為細末，不分清濁矣。經云：清陽發腠理，濁陰走五臟，果何謂也？又曰：清陽實四肢，濁陰歸六腑。㕮咀之藥，取汁易行經絡也。若治至高之病，加酒煎。去濕，以生薑；補元氣，以大棗；發散風寒，以葱白；去膈上痰，以蜜。細末者，不循經絡，止去胃中及臟腑之積。氣味厚者白湯調，氣味薄者煎之，和柤服。去下部之疾，其丸極大而光且圓；治中焦者，次之；治上焦者，極小。稠麵糊取其遲化，直至下焦。或酒、或醋，取其收、其散之意也。犯半夏、南星，欲去濕者，以生薑汁。稀糊為丸，取其易化也；水浸宿炊餅，又易化；滴水丸，又易化。煉蜜丸者，取其遲化而氣循經絡也。蠟丸者，取其難化，而旋旋取效也。大抵湯者蕩也，去大病用之；散者散也，去急病用之；丸者緩也，不能速去之，其用藥之舒緩而治之意也。

元・朱震亨《局方發揮》　或曰：舍利別非諸湯之類乎？其香辛甘酸，始有甚焉，何言論弗之及也？

予曰：謂之舍利別者，皆取時果之液，煎熬如餳而飲之，稠之甚者，調以沸湯，南人因名之曰煎。味雖甘美，性非中和。且如金櫻煎之縮小便，杏煎，楊梅煎、蒲桃煎、櫻桃煎之發冒火，積而至久，濕熱之禍，有不可勝言者。僅有桑椹煎無毒，可以解渴。其餘味之美者，並是嬉笑作罪，然乎？否乎？

明・彭用光《體仁彙編》卷之四　丸散說　藥性有宜丸者，宜散者，宜水煮者，宜酒漬者，宜膏煎者，亦有一物兼宜者，亦有不可入湯酒者，並隨藥性。○湯者，盪也，去火病用之。散者，散也，去急病用之。圓者，緩也，不能速去之，舒緩而治之也。彭用光詳考仲景論剉如麻豆大者，即如㕮咀，古之制也。古者無鐵刃，以口咬細，令如麻豆，為粗藥，煎之使藥水清，飲於腹中，則易升易散。今人以刀器剉如麻豆大，此㕮咀之易成也。㕮咀之藥，取汁易行

經絡。若治至高之病，加酒煎。去濕，以生薑。補元氣，發散風寒，以葱白。去膈上疾，以蜜。開痰結，以生薑汁。〇細末者，不循經絡，止去胃中及臟腑之積。氣味厚者，白湯調。氣味薄者，煎之和滓服。〇丸藥，去下部之疾者，極大而光且圓。治中焦者次之，治上焦者極小。麵糊取其遲化，直至下焦。或酒，取其散。或醋，取其收。犯半夏、南星欲去濕者，以生薑汁稀糊為丸，取其易化也。水浸宿，炊餅，又易化。滴水丸，尤易化。煉蜜丸者，取其遲化，而氣循經絡也。蠟丸者，取其難化，而旋旋取効也。業醫之士，務宜留心，丸散精製，不宜粗糙，生熟得宜，藥之有効，資全人壽。體天地生物之仁，其可不盡心乎？

明・陳嘉謨《本草蒙筌・總論》 五用　湯：　煎成清液也。補須要熟，利不嫌生。並先較定水數，煎蝕多寡之不同耳。去暴病用之，取其易升、易散、易行經絡。故曰：　湯者，盪也。治至高之分，加酒煎。去濕，加生薑煎。補元氣，加大棗煎。發散風寒，加葱白煎。去膈病，加蜜煎。止痛，加醋煎。凡諸補湯，渣滓兩劑併合，加原水數復煎，待熟飲之，亦敵一劑新藥。其發表、攻裏二者，惟煎頭藥取効，不必煎渣也，從緩從急之不同故爾。　膏：　熬成稠膏也。藥分兩須多，水煎熬宜久。渣滓復煎數次，絞聚濃汁，以熬成爾。去久病用之，取其如飴，力大滋補膠固，故曰：　膏者，膠也。可服之膏，或水、或酒隨熬，滓猶酒煮飲之。可摩之膏，或油、或醋隨熬，滓宜搗敷患處。此蓋兼盡藥力也。　散：　研成細末也。宜旋製合，不堪久留，恐走泄氣味，服之無効爾。去急病用之，不循經絡，只去胃中及臟腑之積，故曰：　散者，散也。氣味厚者，白湯調服。氣味薄者，煎熟和柤服。　丸：　作成圓粒也。治下焦疾者，如梧桐子大。治中焦疾者，如菉豆大。治上焦疾者，如米粒大。因病不能速去，取其舒緩，逐旋成功，故曰：　丸者，緩也。用水丸者，或蒸餅作稀糊丸者，取至易化，而治上焦也。用稠麵糊丸者，或飯糊丸者，取略遲化，能達中焦也。或酒、或醋丸者，取其收散之意。犯半夏、南星。欲去濕痰者，以生薑自然汁作稀糊為丸，亦取其易化也。神麯糊丸者，取其消食。山藥糊丸者，取其止澁。煉蜜丸者，取其遲化，而氣循經絡。蠟丸者，取其難化，能固護藥之氣味，勢力全備，直過膈而作効也。　漬酒：　漬煮藥酒也。藥須細剉，絹袋盛之，入酒罐密封。如常法煮熟，地埋日久，氣烈味濃。蚤晚頻吞，經絡速達。或攻或補，並著奇功。滓漉出曝乾，微搗末別漬。力雖稍緩，服亦益人。為散亦佳，切勿傾棄。補虛損證，宜少飲旋取効；　攻風濕證，宜多飲速取効。

明・李時珍《本草綱目》卷一《序例》 時珍曰：　別有釀酒者，或以藥煮汁和飯，或以藥袋安置酒中，或煮物和飯同釀，皆隨方法。又有煮酒者，以生絹袋藥入罎密封，置大鍋中，水煮一日，埋土中七日，出火毒乃飲。

明・李時珍《本草綱目》卷一《序例》 時珍曰：　凡熬貼癰、疽、風、濕諸病膏者，先以藥浸油中三日乃煎之，煎至藥枯，以絹濾淨，煎熱下黄丹，或胡粉，或密陀僧，三上三下，煎至滴水成珠不散，傾入器中，以水浸三日，去火毒用。若用松脂者，煎至成絲，傾入水中，拔扯數百遍乃止。俱宜謹守火候，勿令太過不及也。其有朱砂、雄黄、龍腦、麝香、血竭、乳香、沒藥等料者，並待膏成時投之。黄丹、胡粉、密陀僧並須水飛瓦炒過。松脂須煉數遍乃良。

凡丸中用蠟，皆烊投少蜜中攪調以和藥。　杲曰：　丸藥用蠟，取其固護藥之氣味勢力，以過關膈而作效也。若投以蜜，下咽亦易散化，如何得到臟中。若有毒藥，反又害之，非用蠟之本意也。

凡用蜜，皆先火煎，掠去其沫，令色微黄，則丸藥經久不壞。　雷斅曰：　凡煉蜜，每一斤止得十二兩半是數，火少火過，並不得用也。修合丸藥，用蜜只用蜜，用餳只用餳，用糖只用糖，勿交雜用，必瀉人也。

明・涂坤《百代醫宗》卷七 余考諸丸散，各有一義，其細末者不循經絡，止去胃中及臟腑之積氣。味厚者，白湯調服。氣味薄者，煎之，和粗服。其丸藥去下部之疾，丸極大而光且圓，治中焦者丸次之，治上焦者極小。麪糊取其遲化，直至下焦。或酒，取其散。或醋，取其收。犯半夏、南星，欲去濕者，以生薑汁稀糊為丸，取其易化也。水浸、炊餅、滴水，皆取易化。煉蜜丸者，取其遲化，而氣循經絡也。蠟丸者，取其難化，而旋旋取効。業醫之士，宜留心焉。

明・羅周彦《醫宗粹言》卷四 升粉霜法　用水銀二兩，鹽一兩，明礬一兩，皂礬一兩，硝五錢，共研一處，以水銀不見星為度，用固濟礶一箇裝入前藥，礶口用鐵燈盞固封密，鐵線纏緊，安百眼爐上，先文後武煉三炷香，燈盞炷水冷定取下，升在盞上者掃下為粉霜，墜下者可以洗瘡毒，傅腫毒。

明・羅周彦《醫宗粹言》卷四 煉青金法　水銀一斤，用淨硫黄四兩，先入鍋内溶汁，即傾水銀入汁内，急以棒攪匀如飯，以鐵鏟鏟起，冷則成青土塊

收用。鎮墜藥之最有力者，如靈丹以之墜痰，顛病以之鎮祟，蓋不可無也。

打靈砂法　用青金或一斤或二斤，入固濟礶中，量有半礶，上用鐵燈盞坐口，存一孔如筯大出烟，先用文火，漸加武火，盞內着水，煉一日住火，次日取開，靈砂盡結燈盞之下，一餅明如朱砂，是為靈砂。

升打靈砂礶式

煉銀硃法　用靈砂鉢內乳細，入膠水，同乳飛在羅底絹內，不過絹者復入乳之，久又飛入絹內，直以過絹盡為度，煎烏梅湯乘滚泡入硃中，則澄而紅，去水成硃。

明·佚名氏《異授眼科》　煎膏法　凡用膏子，不拘官料草藥，必要洗淨切細，或煎汁，或搗汁，皆要澄濾濁脚為是。取上面清者，入礶煎熬，十去七分，將三分存下，方入薄細磁器內，隔水燉厚，下蘆薈末收乾。要老要嫩，但憑所宜。然焦則無力，嫩則難收。【略】

合藥法　務將合藥料預先研細，秤定包好，煎定膏子，各用器盛定，無一不備。方將各末子秤準，併立一處，重篩去粗末。次將熟蜜入器內，次秤膏子入蜜化勻，次入細藥攪勻得所，方下黄丹、麝香，收定，連器下窨出火毒，然後入磁礶收用，愈久愈佳。若驟用，則火猛耳。

清·王子固《眼科百問》卷下　第一百零九問：　製點藥有何妙法？

答曰：　妙在蕤仁火候。凡製眼藥，將別眼樣藥俱依法製造精工，方取蕤仁，用平面鐵碾輪，在平面光厚木板上，起油數十次，紙用簍紙、古連紙，或川連紙俱好。但不可用緜紙，以緜紙有石灰，多致眼澁疼，決不可用。起淨油，即合一處，或不用蜜霜，用蜜亦可，蓋用蜜可久貯不乾，直勝乳汁多多矣。

清·尤乘《壽世青編》卷下　用藥例丸散湯膏各有所宜　藥有宜丸宜散者，宜水煎者，宜酒漬者，宜煎膏者，亦有一物兼宜者，亦有不可入湯酒者，並隨藥性不可過越。湯者，蕩也，煎成清汁是也，去大病用之。散者，散也，研成細末是也。丸者，緩也，作成丸粒也。不能速效，舒緩而治之也。漬之者，以酒浸藥也。有宜酒浸以助其力，如當歸、地黄、知母、黄栢，陰寒之氣味，假酒力而行氣血也。有用藥剉細，如法煎酒密封，早晚頻飲，以行經絡，或補或攻，漸以取效是也。

細末者，不循經絡，止去胃中及府藏之積及治肺疾欬嗽為宜。氣味厚者，白湯調；氣味薄者，煎之，和查服。丸治下焦之病者，極大而光且圓，治中焦者次之，治上焦者極小。麪糊者，取其遲化，直至下焦。或酒取其散，醋取其收。如半夏、南星及利濕者，以生薑汁稀糊丸，取其易化也。湯泡蒸餅，尤易化，滴水亦然。煉蜜丸者，取其遲化，而氣循經絡也。蠟丸者，取其能達下焦，而治腸澼等疾。

凡修合丸劑，用蜜祗用蜜，用飴祗用飴，勿相雜用。且如丸藥，用蠟取其固護藥氣，欲其經久不失味力，且過膈關而作效也。今若投蜜相和，雖易為丸，然下咽亦即散化，如何得致腸中？若或有毒藥，不宜在上化，豈徒無益，而反為害，全非用蠟之本意。

凡煉蜜宜先掠去沫，令熬色微黄，試水不散，再熬一二沸，作丸則收潮，而不粘成塊也。

冬月煉蜜，煉時要加二杯水為妙。《衍義》云：　每蜜一觔，祗煉得十二兩，是其度數也。和藥末要乘極滚時和之，臼內搗千百杵，自然軟熟，容易作條，好丸也。

凡為末，先須細切曬燥，退冷搗之，有宜合搗者，有宜各搗者，其滋潤之藥，如天麥冬、生熟地黄、當歸輩，皆宜切曬之，獨搗。或以慢火隔紙焙燥，退冷搗之，則為細末。若入眾藥，少停回潤，則和之不勻也。凡濕藥，燥皆大耗蝕，當先增分兩，待燥稱之乃准。其湯酒中不須如此。

凡合丸藥用蜜，絹令細篩。散藥尤宜精細。若搗丸，必於石臼中杵千百過，色理和同為佳。

凡欲浸酒，皆須細切，上絹袋盛，乃入酒密封，隨寒暑日數，視其濃烈，便可漉出，不須待酒盡也。查則暴燥微搗，更漬飲之，亦可為散服。

凡合膏子，須令膏少之料先淹浸，先煎其汁，乃下有膏之料，煮時當杖以三上三下，以泄其火氣，勿令沸騰，不妨旋取藥汁，查須再煮，務令力盡而已。

然後漸漸慢火收厚如飴，如煉蜜，收貯磁瓶，出火氣七日，二七日，聽用。

凡煎摩貼之膏，或醋、或酒、或油，須令淹浸，然後煎熬，用杖三上三下，以泄其熱勢，令藥味得出。上之使咂咂沸，下之要沸靜良久乃上之。如有葱白及薑在內，以漸焦為度。如有附子、木鱉者，亦令焦黃，勿令枯黑。濾膏必以新布。若是可服之膏，查亦可酒煮飲之；可摩之膏，查亦可敷，亦欲兼盡其藥力也。

凡湯膏中用諸石藥皆細研之，以新絹裹之納中。《衍義》云：石藥入散，如硃砂、鍾乳之類，用水研乳極細，必要二三日乃已，以水漂澄極細，方可服餌。豈但研細絹裹為是。

凡草葉之藥，如柏葉、荷葉、茅根、薊根、十灰散類，必要焦枯，用器蓋在地上，出火性，〔存本性〕，倘如死灰則白，無效矣。

凡有脂膏，如桃、杏、麻仁等，須另末，旋次入眾味，合研則勻。

凡湯劑中用一切完物，俱破殼研之，如豆蔻、蘇子、益智、骨脂之類。不則如米之在穀，雖煮之終日，米終不熟，職是故也。

凡用香燥，如木香、沉香、砂仁、豆蔻，不宜久煎，點泡尤妙。

清・楊陳允《眼科指掌》　製丹頭法　白礬　青礬　硝　食鹽　青鹽生　硼砂各一錢　硃砂一錢　用水銀一錢，交糊諸藥，後用鎔銀鍋二個，藥張在銀鍋內，用炭火燉鎔滾，令藥半乾時，粘住鍋，取一磁器碗，(孑)〔盆〕二個，每銀鍋一個，碗底一個，覆上鍋內，上連碗底，俱用濕火或濕泥半乾糊對，略露鍋底，覆倒在地，把炭火煽烈，極處團爌火烈後，俟其漫漫煅煉，俟燒二尺線香之久為度。又法：將封好之藥鍋，覆在碗瓦盆內，則柴炭盛滿瓦盆，煽烈時令其火炭自化為度。把各銀鍋取出，候涼，劈開封泥，以碗底內滴結一點汗珠，此是為真丹，後加珍珠二分，氷片一分，共為細末，即成的丹真金丹也，諸目藥為無不神效。

清・張宗良《喉科指掌》卷二《製藥法》　製西瓜硝　覓上號頭藤西瓜，或一個，或二個，用稻柴墊好，放在乾燥廚內，至立冬日，將瓜蓋挖去，腹中瓤取去七分，皮上肉剩三分，用皮硝二斤或斤半，看瓜之大小，蓋好，用線絡之，懸向背陰屋檐下，至冷凍之期，其硝自飛出瓜皮外，顏色如霜月，刷箒輕輕拂下，以盤盛之，包好，至三五日一取，至春間將瓜內所剩之硝安好，候到立冬，將新鮮瓜盛之，再加半斤或一斤，仍舊懸好，皮外飛出，取之，如此二次，中間之硝亦好，不必再做。可治喉癬喉疳，諸火症潰爛者，吹之不痛。〇外皮飛出者，名銀粉雪，其功可並紫雪。

製人中黃　將大毛竹筒一個，兩頭留節，鑿一圓眼，用大粉草，不拘多少，為末，細填滿為度，用生漆將眼針好，刮去竹皮，通身鑽滿細眼，抛入大坑中，十年止好，六七年亦可用得。能治結毒咽喉，爛牙疳，傷寒發班，俱稱聖藥。

製扁栢汁　用栢葉嫩頭，摘在井水內浸一次，即帶水撈入石臼中，打爛，若乾，冲白礬水少許，出汁，收在磁器中。用時再冲白礬湯，連漱喉間，能治一切火症鬱熱，爛喉爛疳。〇其性涼血潤燥，清肝胃之火，況得松栢之氣，醫方珍之，不可輕忽。

製膽礬　用鯖魚膽，不拘幾個，和白礬拌之，入猪尿胞內，掛在背陰之所，明年再入膽汁，仍舊風乾，如此三次。遇急症，泡湯灌吐。

清・尤氏《尤氏喉科秘書》　製藥法則　製硝礬法：別名玉丹，又名雪霜。先用生礬一兩，打碎如豆大，入銀罐，內入爐，用桴炭火煅烊，以食筯刺入罐底，攪之無塊為妙。次將上好硝三錢，打小塊投下，約十分之三。再次將白硼砂三錢，打碎投下，亦十分之三，少頃再投入生礬，逐漸投下，候烊盡。照前投硝、硼少許，如是逐漸投完，直待浦起罐口，發如饅頭樣，方可加起炭火，燒至乾枯。然後用淨瓦一大張，覆罐口一時取起，將牛黃少許為細末，用清水五六匙調和，以匙超滴丹上，將罐仍入火內烘乾，即取起，連罐覆潔淨地上，先以紙襯地，罐上仍用碗覆之，過七日，收貯聽用。須輕鬆無堅紋者佳，如有堅紋者不堪用，或留作蜜調用，亦好算敷藥。煅時初起火宜緩，然亦不可太緩，恐致礬僵，定難鎔化，後必堅實有紋；中間及後，須用武火，又加礬末烊盡，即投硝、硼，必不能全化，以致堅實有紋矣。須用傾過之舊罐，取其入爐不爆碎也，如用新罐先將炭烘過，然後入爐，亦不可放濕炭上烘，使濕氣入罐，經火必碎。又說：傾銀過之罐，恐猶有毒氣。此丹宜製備，愈久愈妙。

清・徐大椿《醫學源流論》卷上　薄貼論　今所用之膏藥，古人謂之薄貼。其用大端有二：一以治表，一以治裏。治表者，如呼膿去腐，止痛生肌，并摭風護肉之類，其膏宜輕薄而日換，此理人所易知；治裏者，或驅風寒，或和氣血，或消痰痞，或壯筋骨，其方甚多，藥亦隨病加減，其膏宜重厚而

久貼，此理人所難知，何也？ 蓋人之疾病，由外以入內，其流行于經絡藏府者，必服藥乃能驅之。 若其病既有定所，在于皮膚筋骨之間，可按而得者，用膏貼之，閉塞其氣，使藥性從毛孔而入其腠理，通經貫絡，或提而出之，或攻而敗之，較之服藥尤有力，此至妙之法也。 故凡病之氣聚血結而有形者，薄貼之法為良。 但製膏之法，取藥必真，心志必誠，火候必到，方能有效，否則不能奏功。 至于敷熨吊溻種種雜法，義亦相同，在善醫者通變之而已。

清・顧世澄《瘍醫大全》卷七　製藥油法　每真小磨蔴油一觔，用象皮、當歸、赤芍各二兩，入油內，春夏浸三日，秋冬浸七日，將油熬至藥枯，濾去渣，復入淨鍋內熬至滴水成珠為度，務須勤看老嫩。

製松香法每老嫩各半，松香一百觔，用葱一百觔，生薑一百觔，搗爛取汁。 又將渣入水煑汁，去渣濾淨，將汁入鍋內，用蒸籠鋪松毛於籠內，再將松香老嫩配搭，鋪松毛上蒸化，松香汁滴在鍋裏葱薑汁內，撈起，扯撥數百遍，放潔淨地上數日，聽用。

凡用，取熬過松香一觔，加熬過藥油四兩，夏月只用三兩五錢。 入鍋內熬化，看老嫩火候得法，取起傾缽內，再入後藥： 乳香去油淨，沒藥去油淨，血竭，龍骨。煅，各五錢。 右各乳細，入膏內，用槐柳條攪勻，再入磦砝、角砝，俱研至無聲為度，各二兩。 又攪均勻，連缽頭放在潮濕地上，頓多日出火毒，任攤貼。

清・俞廷舉《金臺醫話》　丸藥不可概以治病　凡服丸藥，唯先將湯劑之方，服有成效，然後製之，庶可無虞。 若熱湯劑未效，不可驟服丸散，以病萬變百出，原是不一，加減出入，貴乎因時制宜。 若製成丸藥，則諸藥合入，難于撿出，恐一味不投，反致悮事。 所以治小兒者，往往因此害事，不如用湯劑者之為得也。

清・王學權《重慶堂隨筆》卷下　又云： 世俗遇食物凝滯之病，即以其物燒灰存性，調水服之。 余初斥其妄，然亦往往驗。 審思其故，此皆油膩凝滯者也。 蓋油膩先凝，食物稍多，則遇之必滯。 凡藥物入胃，必湊其同氣，故某物之灰，能自到某物凝滯處。 凡油膩得灰即解散，故灰到其處，滯者自行，猶之以灰浣垢耳。 若脾弱之凝滯，胃滿之凝滯，氣鬱、血瘀、痰結之凝滯，均非灰所能除矣。 按此理人所未悟，先生見理甚明，故有此妙解。

清・沈善謙《喉科心法》卷下《製藥類》　西瓜蜒蚰硝： 用秋季老西瓜一個，切去蓋上一片，挖去瓜肉、瓜子，內留瓜汁。 再用蜒蚰一大碗，清水洗過，再加净皮硝二斤或一斤半，與蜒蚰同入瓜腹內。 仍將切下之蓋蓋上，週團用竹釘釘好，裝入夏布袋內，（褂）〔掛〕於有風無日無雨處，下張磁盆，以接滴下之水。 此水能成白霜，候乾透，研細末，收貯聽用。 如瓜皮外有白霜，亦須（掛）〔撣〕下，名曰冰雪，能治喉癬並喉風之輕者。 用時，亦加冰片少許。 其瓜內之硝留存，至秋末，如法再入瓜內，加净皮硝半斤，蜒蚰半碗。 仍掛有風無日無雨處，至次年取下，瓜內之硝可入藥矣。 一年者亦可用，不若二年之為妙也。

西瓜鎗硝： 用提净大塊鎗硝，即頂好火硝，一斤，杵碎如黃豆大。 將西瓜外翠衣，用刀切下，搗汁半缽頭許。 將鎗硝浸入，以筷一把，攪二三十轉。 待浸一夜，即將翠衣汁濾去。 其硝再用翠衣汁浸沒，晒乾。 如此再浸，再晒，或五次，或三次，晒乾聽用。 鎗硝不用瓜製，吹入則痛。 且西瓜翠衣能降火消痰，製在硝內，而硝更靈矣。 或將硝裝入瓜內做亦可。 惟第一次，必照此法，待浸一夜，將汁濾去，再入瓜內可也。

清・吳師機《理瀹駢文・略言》　《內經》用桂心漬酒以熨寒痹，用白酒和桂以塗風中血脉，此用膏藥之始。 仲景桂枝湯治風寒，調和營衛，實祖於此。 今以湯頭還為膏藥，於義為反其本，以為妄變古法者，非也。

外治之理即內治之理，外治之藥亦即內治之藥，所異者法耳。 醫理藥性無二，而法則神奇變幻。 上可以發洩造化五行之奧蘊，下亦扶危救急層見疊出而不窮。 且治在外則無禁制，無窒碍，無牽掣，無沾滯。 世有博通之醫，當於此見其才。【略】

膏與藥分為二，臨症活變在此。 有但用膏而不必藥者，有竟用藥而不必膏者，有膏與藥兼用者。 有膏自膏、藥自藥，以相反相濟為用者。 有膏即藥、藥即膏，以相佐相益為用者。 古人於熬者曰膏，撮者曰藥。 茲合之而兩全。 今人混言膏藥，茲離之而各妙。

膏，綱也，藥，目也。 膏判上中下三焦，五臟六腑，表裏寒熱虛實，以提其綱。 藥隨膏而條分縷析，以為之目。 膏有上焦心肺之膏，有中焦脾胃之膏，有下焦肝腎之膏，有專主一臟之膏，臟有清有溫。 有專主一腑之膏，腑有通有濇。 又有通治三焦，通治五臟，通治六腑之膏。 又有表裏寒熱虛實分用之膏，互用之膏，兼用之膏。 藥則或糝膏內，或敷膏外，或先膏而用洗擦，或後

膏而用熏熨。膏以帥藥，藥以助膏。景嵩厓謂觀《大易》陰陽消長，可知內治之理。愚謂觀一部《周禮》，六官分職，陳殷置輔，敷布精密，水洩不漏，可為用膏用藥之法。讀書人當識此意。膏內糝藥，可取單方驗者，研末備用。敷藥宜作錠，餘藥皆現製。

膏方取法不外於湯丸。凡湯丸之有效者皆可熬膏。不僅香蘇、神术、黃連解毒，木香導滯，竹瀝化痰，以及理中、建中、調胃、平胃、六君、六味、養心、歸脾、補中益氣等為常用之方也。或謂用湯丸熬膏，何不內服？不知吾惟不敢為內服，故用膏耳。自來相戒，誤人非必毒藥也。所見不真，桂枝下咽，承氣入胃，並可以斃。即一味麻黃，一味黃連，一味白术，一味熟地，用不得當，貽害無窮。愚者自是而不知其非，旁觀皆竊笑之。明者心知之而不肯自言，未嘗不愧且悔也。然焉能吐而出之乎。或又云良工可不患此。亦思良工古今有幾？且良工亦不廢外治。昔葉天士用平胃散炒熨治痢，用常山飲炒嗅治瘧。變湯劑為外治，實開後人無限法門。吾之用膏，即本於此。使必內服而後可，無論妄為下藥，藥適加病，倘遇不肯服藥之人，不能服藥之症，而其情其理，萬萬不忍坐視者，又將何法以處之？【略】

膏中用藥味，必得通經走絡，開竅透骨，拔病外出之品為引。如薑、葱、韭、蒜、白芥子、花椒，以及槐、柳、桑、桃、蓖麻子、鳳仙草、輕粉、山甲之類，要不可少，不獨冰麝也。補藥必用血肉之物，則與人有益。如羊肉湯、猪腎丸、烏骨雞丸、鱉甲煎、鯽魚膏之類，可以倣加。若紫河車，則斷不可用。或用牛胞衣代之，其力尤大，此補中第一藥也。須知外治者，氣血流通即是補，不藥補亦可。

膏中用藥味，必得氣味俱厚者方能得力。雖蒼术、半夏之燥，入油則潤。甘遂、牽牛、巴豆、南星、木鼈之毒，入油則化，並無碍。又炒用、蒸用，皆不如生用。勉強湊用，不如竟換用。如銀花換忍冬藤，茯苓換車前子之類。統領健兒，斬關奪門，擒賊殲魁，此兵家之所以制勝也，膏藥似之。若以今醫所處和平輕淡之劑相繩，則見者驚走矣。

膏藥熱者易效，涼者次之，熱性急而涼性緩也。攻者易效，補者次之。攻力猛而補力寬也。然大熱之症，受之以涼，其氣即爽。極虛之症，受之以補，其神即安。虛人喜按者，其空處有以實之也，況得補膏乎？只在對症耳。若夫熱症亦可以用熱者，一則得熱則行也，一則以熱引熱、使熱外出也。即從治之法也。虛症亦可以用攻者，有病當先去、不可以養患也。且以氣相感，虛人亦能勝，無虛虛之禍也。此又在臨症之斟酌而變通也。寒多冰伏瘀積，不去愈補愈劇。

古湯頭治一症，往往有寒熱並用者，有消補兼行者，膏藥何獨不然？《精要》有貼溫膏、敷涼藥之說，足為用膏藥者之一訣。推之亦可貼補膏、敷消藥也，此即扶正以逐邪之義也。若治兩症則寒熱消補雖同用，而上不犯下，下不犯上，中不犯上下，更無顧忌。

清・趙晴初《存存齋醫話稿》卷二

熊三拔《泰西水法》云：凡諸藥係草、木、果、蓏、穀、菜諸部，具有水性者，皆用新鮮物料，依法蒸餾得水，名之為露。以之為藥，勝諸藥物，何者？諸藥既乾既久，或失本性。如用陳米為酒，酒力無多。若以諸藥煎為湯飲，味故不全，間有因煎失其本性者。若作丸散，并其渣滓下之，亦恐未善。然峻厲猛烈之品，不得不丸以緩之。凡人飲食，蓋有三化，一曰火化，烹煮熟爛；二曰口化，細嚼緩嚥；三曰胃化，蒸變傳化。二化得力，不勞於胃。故食生冷，大嚼急嚥，則胃受傷也。胃化既畢，乃傳於脾，傳脾之物，悉成乳糜。次乃分散，達於周身。其上妙者，化氣歸筋；其次妙者，化血歸脈。用能滋益精髓，長養臟體，調和營衛。所謂妙者，飲食之精華也。故能宣越流通，無處不到。所存糟粕，乃下於大腸焉。今用丸散，皆乾藥合成，精華已耗，又須受變於胃，傳送於脾，所沁入宣佈，能有幾何？其餘悉成糟粕下墜而已。若用諸露，皆是精華，不待胃化脾傳，已成微妙。且蒸餾所得，既於諸物體中最為上分，復得初力，則氣厚勢大。不見燒酒之味醲於他酒乎？按：古人丸散湯飲，各適其用，豈可偏廢。諸藥蒸露，義取清輕。大抵氣津枯耗，胃弱不勝藥力者，最為合宜。其三化之說，火化、口化，不必具論，胃化一言，深可玩味。蓋飲食藥物入胃，全賴胃氣蒸變傳化。所以用藥治病，先須權衡病人胃氣及病勢輕重，此古人急劑、緩劑、大劑、小劑之所由分也。如驟病胃氣未傷，勢又危重，非用大劑、急劑不可，杯水輿薪，奚濟於事？一味穩當，實為因循誤人。倘或病人胃氣受傷，無論病輕病重，總宜小劑、緩劑，徐徐疏瀹，庶可漸望轉機。以病人胃氣已傷，藥氣入胃，艱於蒸變轉化，譬如力弱人，強令負重，其不顛踣者幾希。

〔三〕上條言諸藥蒸露，為輕清之品，氣津枯耗，胃弱不勝藥力者，最為合宜。請更申其說焉。元儀曰：陰虛有三，肺胃之陰，則津液也；心脾之

陰，則血脈也； 肝腎之陰，則真精也。液生於氣，惟清潤之品可以生之。精生於味，非粘膩之物不能填之。血生於水穀，非調中州不能化之。是則人身中津液精血皆屬陰類，津液最輕清，血則較醲，精則更加厚矣。讀《內經》腠理開發，汗出溱溱，是謂津； 穀入氣滿，淖澤注於骨，骨屬屈伸洩澤，補益腦髓，皮膚潤澤，是謂液。則知津與液較，液亦略為醲厚矣。竊謂津者，雖屬陰類，而猶未離乎陽氣者也。何以言之？《內經》云： 三焦出氣，以溫肌肉，充皮膚，為其津，其流而不行者，為液。豈非液則流而不行，津則猶隨氣流行者乎？《內經》又云： 上焦開發，宣五穀味，薰膚，充身，澤毛。若霧露之溉，是謂氣。霧露所溉，萬物皆潤，豈非氣中有津者乎？ 驗之口中氣呵水，愈足徵氣津之不相離矣。氣若離乎津，則陽偏勝，即氣有餘，便是火是也； 津若離乎氣，則陰偏勝，即水精不四布，結為痰飲是也。蒸露以氣上蒸而得露，雖水類而隨氣流行，體極輕清，以治氣津枯耗，其功能有非他藥所能及。泰西贊謂不待胃化脾傳，已成微妙。余謂病人胃弱，不勝藥力者，最為合宜。然其力甚薄，頻頻進之可也。其氣亦易泄，新蒸者為佳。余治傷陰化燥證，清竅乾澀，每用之獲效。《內經》謂九竅者，水注之器。清竅乾澀者，病人自覺火氣從口鼻出，殆津離乎氣，而氣獨上注歟。

藥出州土部

題解

《史記·貨殖列傳》 夫山西饒材、竹、穀、纑、旄、玉石； 山東多魚、鹽、漆、絲、聲色； 江南出枏、梓、薑、桂、金、錫、連、丹沙、犀、瑇瑁、珠璣、齒革； 龍門、碣石北多馬、牛、羊、旃裘、筋角； 銅、鐵則千里往往山出棊置，此其大較也。皆中國人民所喜好，謠俗被服飲食奉生送死之具也。

《史記·貨殖列傳》 南則巴蜀。巴蜀亦沃野，地饒卮、薑、丹沙、石、銅、鐵、竹、木之器。【略】九疑、蒼梧以南至儋耳者，與江南大同俗，而楊越多焉。番禺亦其一都會也，珠璣、犀、瑇瑁、果、布之湊。

梁·陶弘景《本草經集注》卷一 案諸藥所生，皆的有境(堺)〔界〕。秦、漢已前，當言列國。今郡縣之名，後人所改耳。自江東已來，小小雜藥，多出近道，氣勢(性)理，不及本邦。假令荊、益不通，則(令)〔全〕用歷陽當歸，錢唐三建，豈得相似。所以治病不及往人，亦當緣此故也。蜀藥及北藥，雖有去來，亦非復精者。

宋·寇宗奭《本草衍義》卷二《序例中》 凡用藥，必須擇州土所宜者，則藥力具，用之有據。如上黨人參、川蜀當歸、齊州半夏、華州細辛； 又如東壁土、冬月灰、半天河水、熱湯、漿水之類，其物至微，其用至廣，蓋亦有理。若不推究厥理，治病徒費其功，終亦不能活人。聖賢之意不易盡知，然捨理何求哉？

明·陳嘉謨《本草蒙筌·總論》 出產擇地土 凡諸草木、昆蟲，各有相宜地產。氣味功力，自異尋常。諺云： 一方風土養方民。是亦一方地土出方藥也。攝生之士，寧幾求真，多憚遠路艱難，惟採近產充代。殊不知一種之藥，遠近雖生，亦有可相代用者，亦有不可代用者。可代者，以功力緩緊略殊，儻倍加猶足去病。不可代者，因氣味純駁大異，若妄餌反致損人。故《本經》謂參、耆雖種異治同，而芎、歸則殊種各治，足徵矣。他如齊州半夏，華陰細辛，銀夏柴胡，甘肅枸杞，茅山玄胡索、蒼朮，懷慶乾山藥、地黃，歙白朮，綿黃耆，上黨參，交趾桂，每擅名因地，故以地冠名。地勝藥靈，視斯益信。又宜山谷者，難混家園所栽，芍藥、牡丹皮為然； 或宜家園者，勿雜山谷自產，菊花、桑根皮是爾。云在澤取滋潤，澤傍匪止澤蘭葉也； 云在石求清潔，石上豈特石菖蒲乎？ 東壁土及各樣土至微，用亦據理； 千里水併諸般水極廣，烹必合宜。總不悖於《圖經》，纔有益於藥劑。《書》曰： 慎厥始，圖厥終。此之謂夫。

論說

唐·孫思邈《千金翼方》卷一 藥出州土第三 論曰： 按《本草》所出郡縣，皆是古名，今之學者，卒尋而難曉。自聖唐開闢，四海無外，州縣名目，事事惟新。所以須甄明，即因土地名號，後之學者容易即知。其出藥土地，

凡一百三十三州，合五百一十九種，其餘州土皆有，不堪進御，故不繁錄耳。

關内道　雍州：柏子仁、茯苓。　華州：覆盆子、杜蘅、茵芋、木防己、黃精、白术、柏白皮、茯苓、茯神、天門冬、署預、王不留行、欵冬花、牛膝、細辛、鱉甲、丹參、鬼臼、白芷、白斂、狼牙、水蛭、松花、鼈頭、桑螵蛸、松子、松蘿、兔肝、遠志、澤瀉、五味子、茇葜、桔梗、玄參、沙參、續斷、山茱萸、萆薢、白薇、通草、小草、石南、石韋、龜頭、麥門冬。　同州：寒水石、班猫、麻黃、䗪蟲、麻黃根、蕪荑、蒲黃、麻黃。　岐州：鬼督郵、樗雞、麞骨、麞髓、及己、藜蘆、秦艽、甘草。　寧州：菴蕳子、芫青、萹蓄、菴蕳花、荊子、蝱蟲。　鄜州：芍藥、蕳茹、黃芩、秦艽。　原州：野狼牙、蓯蓉、黃耆、楓柳皮、白藥。　延州：蕪荑。　涇州：澤瀉、防風、秦艽、黃芩。　靈州：代赭、野猪黃、蓯蓉、狟脂。　鹽州：青鹽。

河南道　洛州：秦椒、黃魚膽、黃石脂。　穀州：半夏、桔梗。　鄭州：秦椒。　陝州：栝樓、柏子仁。　汝州：鹿角、鹿茸。　許州：鹿茸。　虢州：茯苓、茯神、桔梗、桑上寄生、細辛、栝樓、白石英。　豫州：吳茱萸、鹿茸。　齊州：阿膠、榮婆藥、防風。　萊州：牡蠣、蕳茹、海藻、馬刀、七孔決明、文蛤、牛黃、海蛤、烏賊魚。　兖州：防風、羊石、仙靈脾、雲母、紫石英、桃花石。　密州：海蛤、牛黃。　泗州：麋脂、麋角。　徐州：桑上寄生。　淄州：防風。　沂州：紫石英。

河東道　蒲州：龍骨、紫參、蒲黃、五味子、石膽、龍角、龍齒。　絳州：防風。　隰州：當歸、大黃。　汾州：石龍芮、石膏。　潞州：赤石脂、不灰木、人參、白石脂。　澤州：人參、禹餘糧、防風、白石英。　并州：白菀、鬼督郵、白龍骨、柏子仁、礬石、礜石、甘草。　晉州：白堊、紫參。　代州：柏子仁。　蔚州：松子。　慈州：白石脂。

河北道　懷州：牛膝。　相州：知母、磁石。　箕州：人參。　滄州：藿菌。　幽州：人參、知母、蛇膽。　檀州：人參。　營州：野猪黃。　平州：野猪黃。

山南西道　梁州：小蘗、芒消、理石、皂莢、蘇子、狟脂、防己、野猪黃。　洋州：野猪黃、狟脂。　鳳州：鹿茸。　始州：重臺、巴戟天。　通州：藥子。　渠州：賣子木。　商州：香零皮、厚朴、熊膽、龍膽、楓香脂、昌蒲、楓香木、秦椒、辛夷、恒山、獺肝、熊、杜仲、莽草、枳實、芍藥。　金州：獺肝、枳茹、莽草、蜀漆、獺肉、枳實、枳刺、恒山。

山南東道　鄧州：夜干、甘菊花、蜥蜴、蜈蚣、梔子花、牡荊子。　均州：萎蕤。　荊州：橘皮。　襄州：石龍芮、藍實、蜀水花、茗草、雷丸、陵鯉甲、烏梅、牽牛子、乾白鸕鷀頭、橙葉、梔子花、蜥蜴、蜈蚣、孔公孽、敗醬、貝母。　夔州：橘皮。　硤州：杜仲。　房州：野猪黃、狟脂。　唐州：鹿茸。

淮南道　揚州：白芷、鹿脂、蛇床子、鹿角。　壽州、光州、蘄州、黃州、舒州：並出生石斛。　申州：白及。

江南東道　潤州：躑躅、貝母、卷柏、鬼臼、半夏。　越州：榧子、劉寄奴。　婺州、睦州、歙州、建州：並出黃連。　泉州：乾薑。

江南西道　宣州：半夏、黃連。　饒州：黃連。　吉州：陟釐。　江州：生石斛。　岳州：杉木、蟬蛻、楠木、鼈甲。　潭州：生石斛。　郎州：牛黃。　永州：石鷰。　郴州：鈞樟根。　辰州：丹砂。

隴右道　秦州：防葵、芎藭、狼毒、鹿角、獸狼牙、鹿茸、蘼蕪。　成州：防葵、狼牙。　蘭州：蓯蓉、鹿角膠。　武州：石膽、雄黃、雌黃。　廓州：大黃。　宕州：藁本、獨活、當歸。

河西道　涼州：大黃、白附子、鹿茸。　甘州：椒根。　肅州：肉蓯蓉、百脉根。　伊州：伏翼、葵子。　瓜州：甘草。　西州：蒲桃。　沙州：石膏。

劍南道　益州：苧根、枇杷葉、黃環、鬱金、薑黃、木蘭、沙糖、蜀漆、百兩金、薏苡、恒山、乾薑、百部根、慎火草。　眉州：巴豆。　綿州：天雄、烏頭、附子、烏喙、側子、甘皮、巴戟天。　資州：折傷木。　嘉州：巴豆、紫葛。　邛州：賣子木。　瀘州：蒟醬。　茂州：升麻、羌活、金牙、芒消、馬齒礬、朴消、大黃、雄黃、礬石、馬牙消。　嶲州：高良薑。　松州、當州：並出當歸。　扶州：芎藭。　龍州：側子、巴戟天、天雄、烏頭、烏喙、附子。　柘州：黃連。

嶺南道　廣州：石斛、白藤花、丁根、決明子、甘椒根。　韶州：石斛、牡桂、鍾乳。　賀州、梧州、象州：並出蚺蛇膽。　春州、封州、瀧州：並出石斛。　恩州：蚺蛇膽。　桂州：滑石、蚺蛇膽。　柳州：桂心、鈞樟根。　融州：桂心。　潘州：蚺蛇膽。　交州：檳榔、三百兩銀、

龍眼，木藍子。峰州：豆蔻。馬牙石一名長石，一名大乳，一名牛腦石，出在齊州歷城縣。

論曰：既知無物非藥，及所出土地，復採得時，須在貯積，以供時急，不得虛棄光陰，臨事忽遽，失其機要，使風燭不救，實可悲哉！博學人深可思之，用為備耳。

明・沈德符《萬曆野獲編》卷二一 滇南異產：范石湖《桂海虞衡志》紀山獺，云出宜州溪洞，性最淫毒，山中一有此獸，則牝者皆遠避，獺不得雌，抱木而枯，取以為媚藥甚驗。又周草窗云：出粵西之南丹州，號曰插翹，夷人珍之，不令華人得售。初疑其言之過，今雲南孟艮府小孟貢江產肥魚，食之能日御百女，故夷性極淫，無貴賤，一人有數妻，不相妒忌，此正堪與山獺對，為水陸珍藥。又其地產鸞薑，人餌刀圭，即終世不復能行人道，土人專以飼牡馬，此又與肥魚相反極矣。宇宙間真何所不有，媚藥中又有膃肭臍，俗名海狗腎，其效不減眘卹膠，然百中無一真者，試之，用牝犬牽伏其上，則枯腊皮間陽莖挺舉，方為真物。出山東登州海中，昔張江陵相，末年以姬侍多，不能遍及，專取以劑藥，蓋薊帥戚繼光所歲獻，戚即登之文登人也。藥雖奇驗，終以熱發，至嚴冬不能戴貂帽。百官冬月雖承命賜暖耳，無一人敢御，張竟以此病亡。

清・方仁淵《倚雲軒醫案醫話醫論》 说辨参朮 味所言性味功用，與新產地方，互有不同。此以時代變易，其土宜物性，亦因之變遷，理有固然者。如人參，古以上黨為佳。然明代則以遼東、百濟為上。本朝則以長白山、吉林所出者為上。白朮，古出漢中、南鄭，並不分蒼、白。至陶隱居始分二種，至明代則以於潛為上。蒼朮以茅山為上。今則於潛絕無。白朮惟以徽州黃山者為佳，已難得。而茅山仍出蒼朮。即以參朮而論者，出處之變遷不同，此且真偽難辨。此外品味甚多，地道不一。藥肆中但知利己，不顧害人。故今醫治病不若古人，非徒技術不如，亦藥料不及古時精粹耳。

清・方仁淵《倚雲軒醫案醫話醫論》 徐靈胎云業醫知各藥出產性味

徐靈胎先生云：凡業醫者，不可不知藥之真偽美惡。以雖有良方而用偽藥，必不效矣。古今本艸雖載出處，而時移世易，久已不同，且多人工種植而成者，不特人參、於朮為然也。余祖明於藥材，童時得其指教，故於藥之精粗良偽，尚能鑒別一二焉。

〔如大生地〕今以懷慶府出者，性柔糯而多脂膏，肥大為上，其形直長，故名直地。亳州者名毛節，少滋膏而粳，剖開色帶黃，形粗短，市所用者，毛節為多。山藥亦懷慶出者，白色而肥潤，味甘糯，較別處為佳。

牛膝亦懷慶者柔軟多脂為佳。亳州者粗肥而長，色白根少，故鄉人喜亳膝不喜懷膝，價賤而美觀也。當歸有西歸、秦歸、川歸之別。西歸乃山西出，柔潤多油，味甘多辛少，氣香，勝於他處。次陝西出謂秦歸，尚可。四川出謂川歸，性燥味劣不香，最下。白芍藥，浙江寧波出者，性糯，色較紅，質結，謂東陽白芍者佳。亳州者色較白而鬆大味薄。川芎藭，四川出者味辛氣香，紋如雀腦，名雀腦川芎，最佳。秦中亦出，不如也。黨參，潞州上黨出者，肉白皮粗鬆燥，而多細橫紋，味甜無辣氣，質柔軟，最佳。別處如亳州、鳳陽等皆產，有鳳黨、方黨、副潞等名色甚多，皆不及西潞黨也。黃芪出山西大同等處名西芪。以肉白心黃，柔軟粗長如箭幹，氣香味甜者佳，所謂金井玉欄也。道、咸間名大有芪，今名元紀芪。此牌號，非地名也。別處者，色味俱劣，四川者最下，性硬味薄無香矣。更有天津芪，無香甘味而有腥辣氣，用之害人。枸杞子出甘肅蘭州者，味香甘，多肉質潤，大者名棗杞，次名箱杞。江南各處皆出，色雖粗紅，而香甘之味遠遜，肉薄有青滋氣。藥肆每攙雜甘杞中，人不識也。麥門冬，杭州莧橋者，味甜潤，多肉身長，名花提。江北者甜味減，帶辣味，身短胖，名包面。小者名統冬。黃菊花，杭州者氣香味甘，勝於他處。白菊花，滁州產者，色淡綠，清香勝他處。大約地高山多，得清潔之氣多也。貴重之品，如犀牛角，以暹邏國產者，其牛頭上一角名正角，彎長，肩膝亦生角，名偏角，尖短根粗。以正角黑尖野牛為上。越南、雲南、野番諸處亦產，即以其地名之。以暹邏者氣香味清為佳。他處磨之不香，而有血腥，性常溫。辨識者以線紋粗直到尖，氣香者，暹邏也。他角即不然矣。犀牛黃亦暹邏國產為上。其色深黃帶黑，染於指甲，其色一時難退。體鬆氣香，大如雞卵，小如桂圓。劈開其紋層層包裹者佳。廣西出者名廣黃，其色淡黃悅目，大者一顆有兩許，價遜暹邏者數倍。亦以體香氣鬆為佳，不及暹邏也。今日本亦出矣。珍珠，產廣東珠崖海中，蚌腹所出，名濂珠。不論粗細，以光彩耀目者佳。又有石珠，形與珍珠同，色呆白而無光彩，價賤濂珠數倍，未知是否蚌腹中產。麝香亦產暹邏、越南、野番外國，雲南邊地亦出。麝如小鹿，香乃臍中之污結成也。結成粒者名當門子，最

佳。此貨有牌號，從前以杜字香為好，今不知以何號為佳。琥珀產於西南嵩華深山中。乃松脂落土中結成。諺謂百年成苓、千年成珀，非也。大約百年成珀耳。真西珀色轉黑，在日光中照之，色明如血，故名血珀。入口嚼之，鬆不粘齒。今市賣者，乃松香煉成，加以紅色，名炒珀，又名雲珀。其色光潤鮮明，嚼之少鬆而粘齒，以不離松香之本質耳。羚羊角產西北深山中，野羊之一種也。其角如竹鞭形而彎，掛角而睡，以避猛獸之害。即鎊為片，亦可辨識。以有竹鞭節，別種羊角所無。高麗參，採高麗國之浪山為佳，又名浪山參。今名之曰別直參，未知取義。欲辨地道真贋，在皮質粗而結實，其蘆如蒻殻，蘆與近根處並不束細，竟連本身一樣粗細，亦或有根蘆交界處稍束細者，然總與關東參形狀不同。若根蘆緊小處皮細而文雅可觀者，乃關東種參。其小而品貌佳者，即充人參賣矣。余少年時，高麗參每兩價一元，漸漲至四五元，今且每兩十四五元。羚羊角每斤四五元，今且八十元。不知何故。聞為藥客壟斷，一人收盡，他客向買，須足其欲而後已。梅花冰片，產南洋島國，古名腦子。明淨、香透於腦者真也。色昏而不明，氣香而帶樟腦味者，樟腦煉成，名曰升片，假也。其價相懸。他如中等貴品，厚朴產西川為上，要氣香味辛，肉厚，亦不必過厚，反多枯皮矣。山、陝亦產，氣味薄劣，名平朴，不可用。川朴之次者，名捲朴。厚者名根朴。杜仲亦產川中，要絲濃皮厚者佳。然過厚亦枯皮多而力反遜。川貝母亦產川中，有平蕃、京川子兩種。平蕃粒大頂平，京川粒稍小，頂尖色白，微有斑。以京川為佳。川黃連產雅州府，毛多身小者名毛連，最佳，次水連，毛少身稍大，亦可用。又有筒連、馬連、雲連等，身粗大，性味不同。大約產雲貴等處，斷不可用也。參三漆，亦產川中，形如白芷根而曲屈，折斷中黑色有光，味甘帶苦，氣香者佳。鄉人以野白芷根作參三漆，其狀固仿佛，無怪以誤傳誤耳。金釵石斛出廣西深山澗中，得至陰之精，肥短，身扁，色如黃金，味甘微苦，多滋液，名廣斗。西川漢中府亦出，滋稍遜，身長次之，名漢斗。雅州府亦出，名雅斗，又次之。安徽霍山所出，名霍石斛。短而色帶綠，有細毛，多滋液，最貴。木通與通艸，從前本艸每多錯繆，謂其色白味皆淡。不知木通色黃，味極苦，瀉小腸丙火而走膀胱，亦瀉心脾蘊熱，又名通脫木。乃藤本，體輕通透，故名木通。通艸色純白，淡而無味，體更輕，草梗也。故通肺氣，專走膀胱，利小便，與木通功用不同。

徐珂《清稗類鈔・農商類》 西藏農業：【略】地高而氣候寒者，如裏塘、德榮格、甘孜、三巖、江卡、乍了、昌都等處，則盛產藥材之屬。

徐珂《清稗類鈔・農商類》 粵西商況：粵西土產，以藥料為大宗。潯桂田三七，其最著也，餘如桂枝、桑寄生之類。大舟捆載，有同柴薪，分向廣東、湖南兩路而去。外則米糧接濟廣東，每年出境，約值銀二百萬兩，地方生計，賴以轉輸。【略】

道孚商務：【略】〔道孚縣〕至麝香、鹿茸、沙金、狐皮各項，因收採不宏，故出口者較他縣為少。惟販蠻鹽、暨貝母、冬蟲夏草諸藥品，隨收隨售，則由資本不充也。【略】

大理商業：大理北控吐蕃，西界驃國，東有若水，南扼昆彌，一大都會也。其商業以羊毛毡毯及藥材為大宗。藥材一項，年約有一百餘萬元之出口，運銷地點以香港、上海及湖北、湖南為多。其富人稱貸權子母而不好賈，賈皆自他方來，貿易繒綵，以致厚蓄。故水土之利，多歸客商。【略】

茶葉大黃之互市：西北游牧諸部咸視茶為第二之生命，蓋以其日食羶酪，甚肥膩，非此無以清營衞助消化也。喀爾喀及蒙古回部無不仰給焉。西洋賈舶來華，所需之物，亦惟茶是急。俄羅斯則又以我國之大黃視為珍藥，其入口處曰恰克圖。政府曾以其渝約，禁止大黃出口，後復如初。

徐珂《清稗類鈔・植物類》 西藏植物：西藏植物，藥品為多，而紅花、青果、蔻仁、棗等，則尤著名。他如干布產麝香，巴塘產牛膝、兒茶，巴塘、江卡產紫草、蘆菔，巴塘、德榮產花椒，巴塘、河口產桑皮，裏塘產羌活，乍了產雪蓮花、雪猴子，德格、乍了產人參果、茜草，巴塘、乍了產木瓜，裏塘、甘孜產大黃，登科產雄黃，裏塘、德格產冬蟲夏草，巴塘、鹽井產杏仁、桃仁，德格、稻城產貝母，桑昂、雜瑜產黃連，裏塘、火竹卡產老鸛草。

綜述

清・張鳳臺《長白徵存錄》卷五 物產

穀類　麥：麥類分大麥、小麥，小麥名來，又作麳。《爾雅》：小麥，麳。《廣雅》：來，小麥也。本草麥字從來，從夂。來象其實，夂象其根。苗

初生如韭，長成似稻，高二三尺。實居殼中，生時色青，熟時色黃。大麥，亦名牟。《爾雅》：大麥，麰。《廣雅》：牟，大麥也。本草：麥之苗粒大於來，故得大名。牟亦大也。莖葉與小麥相似，但莖微粗，葉微大，殼與粒相黏，未易脫。小麥磨麪為用甚廣，大麥本質少麤，均以秋種夏熟方佳，亦有春種夏穫者。長白地氣極寒，冬春地凍不生活，春末夏初方可播種，秋末成熟。麥麪不如內地，本境種小麥者多。　粟：粟，粱屬，名曰穀，脫殼名曰小米。普通食品。稈高三四尺，中空，有節，葉似蘆，穗似蒲，顆粒成簇。種色甚夥，有宜早、宜晚之分。長郡種穀不分早晚，夏種秋熟，苗碩大，收穫頗豐。　蜀黍：一名蜀秫。種自蜀來，故以蜀名。其黏者近秫，故借名為秫。又名高粱。亦粱屬。高且大也。莖高丈餘，狀似葦荻而內實，穗大如帚，粒大如椒。殼有紅、白各色，米性堅實而不精細。《農政全書》謂蜀黍於五穀中為下品，不宜麥禾者乃種之。長郡種此者，多用以釀酒，或飼畜牲。　玉蜀黍：一名玉高粱。一名戎麥。一名御麥。幹葉與蜀黍相類，但肥而倭，苗心直上，開花成穗，節間別出一苞，如椶魚形。苞拆子見，顆顆攢簇，子粒如芡實，大而瑩白。磨麪可作餅餌，並可煮飯作粥。土人名為包米。亦曰玉米。此物最宜北地，為遼東食物大宗，長郡居民家家蓄積。　黍：黍者，暑也。待暑而生，暑後乃成也。一名秬。一名秠。有黃、白、黎三色，米較粟微大，北人呼為黃米。其性黏，其味甜，可煮粥，可釀酒，作飴糖。《孟子》云，五穀不生，惟黍生之最宜。長郡收穫較早。　稻：稻有紫芒稻、赤芒稻、青芋稻、蓋下白稻。粳之紅白大小不同，芒之有無長短不同，米之堅鬆軟硬不同，性之溫涼寒熱不同，味之香甜濃淡不同。北稻涼，南稻溫，赤稻熱，白稻寒。又有水種、旱種兩大區別。本境多旱種。其種色有來自關內者，購自高麗者，米尚潔白，較南方佳種不及遠甚。　蕎麥：一名烏麥。一名荍麥。一名花麥。莖色紅青，翹然而蓬茂，開小白花，甚繁密。花落結實，形成三稜，嫩時色青，老時則烏黑。去其殼，可磨作麪。但色黑而膩，遜於小麥麪云。　稗：本草：稗乃禾之卑賤者，故字從卑。陳藏器曰：稗有二種，一黃白色，一紫黑色。北人呼為烏禾。《爾雅》：稗與稊，二物也。皆有米，而細小。按：稗亦粟屬，苗葉似穇子，稍頭出扁穗，結子如黍粒。味微苦。每一斗出米三升，水旱皆宜，足救荒歲。　豆：《群芳譜》：豆者，莢穀之總名也。約有數種，曰黃豆、綠豆、黑豆、豇豆、豌豆。可食，可醬，可豉，可腐，榨取豆油以佐食。有令其生芽充菜者，名曰豆芽。按：豆類皆蔓生，莖葉蔓延，葉圓有尖，開花成簇，結莢有大小。熟而折之，播其莢，豆乃出。遼東以豆爲大宗。本境種黃豆者實占多數。

菜蔬類　蘿蔔：一名萊菔。有長圓兩種。紅、白、青、紫各色。莖高尺餘，葉大如掌，皆可採食，根蒂所結方為蘿蔔。可生，可熟，可葅，可虀。味辛甘，食含水質。鹽漬之，可製為醬。其汁可取作糖。乃蔬中之易生而用廣者，開黃花，結子粒如芥。長郡蘿蔔形橢圓，且碩大，但性辣質硬，土人云地脈使然。　白菜：一名菘。有春菘，有晚菘。本草：最肥大者曰牛肚菘。淩冬不彫，四時常有。根盤結不可食，莖扁而厚，葉薄大拱抱。高矮不等，高大者一株可數十觔。本境白菜莖葉粗大，味亦濃厚，其脆嫩不及內地。　蔓菁：一名蕪菁。一名葑。一名須。根大而白，莖葉一如蘿蔔。味辛含甜質，食用與蘿蔔同。　茄子：株幹高三四尺。葉大如掌，開紫花，有蒂，蒂包為茄，茄大有瓤，瓤有子。生熟皆可食。有紫、青、白各色。紫者，形圓而小，殊鮮嫩。青白者，形長而大，不及紫色之美。王氏《農書》：一種渤海茄，色白而實堅，最肥大。本境所種，形長大而色白，種與渤海茄相類。　南瓜：附地蔓生，莖麤而空，葉大而綠。引蔓甚繁，一蔓可延十餘丈。節節有根，近地即著，開黃花結瓜。有花而不實者。其結實者，先實後花，花後而瓜益長大，大者可十數觔。煮飯作羹，味甜淡，不可生食。種出南番，故又名番瓜。　北瓜：一名倭瓜。蔓生。形類哈嘧。種自倭國來，故名。長白此瓜最多，食用與南瓜同。　黃瓜：一名胡瓜。張騫使西域得來此種，故名。又名王瓜，以其為瓜中之首見者也。蔓生。莖葉類南瓜而柔細，開小黃花。瓜形橢長，附瓜有刺如針，質脆嫩多汁漿。瓜有長數寸者，有長一二尺者，愈小而味愈佳。長屬地寒，發生較遲，味仍脆美。生食熟食皆可。並可用鹽漬，留以御冬。　絲瓜：《通雅》：架而垂生。莖細，葉綠，瓜長尺餘。名曰紡絲瓜。按：本境此瓜有長至三四尺。可熟(時)〔食〕，不可生食。　菜瓜：北方名苦瓜。蔓生。瓜味淡脆，可入菜品。色青而形長，有白紋，界之如溜。並可生食。　冬瓜：俗名東瓜。蔓生。經霜後皮白如粉塗，故本草亦名白瓜。亦菜瓜之類也。　葱：一名芤。本草：草中有孔，故字從孔。初生曰葱針，葉曰葱青，衣曰葱袍，莖曰葱白，根曰葱鬚。《清異錄》云：葱名和事草，言用以調和眾味，若藥劑中多用甘草以和解之也。味辛，無毒，為

用甚廣。長屬所產較齊豫諸省，其味少遜。　韭：《說文》：一種而久穫，因謂之韭。象形，在一之上。一者，地也。又名嬾人菜，以其不須歲種，故名。叢生豐本，長葉青翠。莖名韭白，根名韭黃，花名韭菁。均可食。其味辛，其性溫補。長白韭甚肥大，皆夏種秋食，冬則根死。地寒故也。　芥：芥菜味辣。可作俎，冬月食者呼為臘菜。俗名辣菜。性溫，無毒。莖葉似菘而有毛，花黃而味香，子小而色紫，根葉皆可食。子粒可研末，泡為芥醬。　蒜：一名葫。以來自番中，又稱胡蒜。栽種，苗生。葉如蘭，莖如葱，根盤結分瓣如水仙。苗心起薹，名曰蒜薹。皆可食。味辛，解毒，有百益而不利於眼。食多者恒得眼疾。　菠菜：一名菠斯草。一名赤根菜。一名鸚鵡菜。莖柔脆，中空，葉細膩，直出一尖，傍出兩尖，似鼓子花葉之狀而稍長大。色甚綠，而味頗清腴。愈嫩愈佳，老則由中心起薹，高尺餘，開碎白花，叢簇不顯，而分雄雌者。結實有刺，狀如蒺藜。雄者不結實。此物至南省經霜雪味尤美，長地苦寒，諸物不能耐冬。　蒝荽：許氏《說文》荽作葰。本草云：即香荽。又名胡荽。莖青而柔，葉細而花，根軟多鬚。味清香，可通心竅，和脾胃。大有將之作用。　薇：一名野豌豆。一名大巢菜。本草項氏曰：巢菜有大、小二種。大者即薇，乃野豌豆之不實者。《爾雅》：薇，垂水。注：生於水邊。疏：似藿。《群芳譜》：生麥田及原隰中。按：薇菜莖葉氣味皆似豌豆，作蔬入羹皆宜。　蕨：陸璣《詩疏》：山菜也。周秦曰蕨，齊魯曰鼈。《埤雅》：狀如大雀拳足，又如其足之蹶也，故謂之蕨。俗云初生亦類鼈脚，故曰鼈。長白山中處處有之，初生時拳曲狀如兒拳，長則寬展如雉尾，高三四尺。莖嫩時無葉，採來加以熱湯，去其涎滑，曬乾作蔬，味甘滑。肉煮甚美，薑醋拌食亦佳。其根色微紫，類薇而細，亦救荒之野菜也。　同蒿：一名蓬蒿。以形氣相同，故名。莖葉肥綠，甘脆滑膩。起薹高二尺餘，開花深黃色，狀如單瓣菊花。一花結子百十粒成毬，宜水地，最易繁茂。　芹：一名水英。一名楚葵。《爾雅》楚葵注：今水中芹菜。《群芳譜》：有水芹、旱芹，水芹生江湖陂澤之涯，旱芹生平地，有赤、白二種。本境芹菜多生山上，土人呼為野芹。其苗滑澤，其莖有節有稜而中空，其葉對節而生。採取用鹽醋拌食最佳。氣清芬，醒人眉目，解鬱悶之氣，乃菜中之雅品也。　地豆：一名朱藷。一名番藷。《群芳譜》所謂甘藷是也。蔓生，莖葉延十數丈，節節生根，其根撲地，如山藥、甘芋之類。形圓而長，肉紫皮白，質理膩潤，氣味甘滑，可以益氣力、健脾胃。此物耐寒易生，遼東種者極多。土人用以煮飯及蒸食，名為地豆，從俗也。　披辣：莖葉與蘿蔔等，而紛披撲地，不可食。可食者惟根，形圓色白，味辣質硬，不及蘿蔔之甘脆。土名披辣，或即蕪菁之別種歟。　雲豆：蔓生。開紫花，結莢，長者至四五寸。嫩時炒食、煮食均可。子色黎黑，而大如拇指，煮飯食，甚美。較扁豆、眉豆之屬，肥而大。土人名為雲豆，亦不知種自何來。《拾遺記》：樂浪之東有融澤，生挾劍豆。其莢形似人挾劍，橫斜而生。《群芳譜》謂挾劍豆即刀豆，長白古樂浪，所產雲豆故類此。

瓜果類　西瓜：蔓生。葉尖而花，花後結實。味甘，多液。胡嶠《陷虜記》云嶠征回紇得此種，故名西瓜。本草云：可解暑氣，故夏令人多食之。有用其皮瓤雜入醬豉中，味殊甘美。瓜子亦果品，以子大而仁滿者佳。長白節候不齊，熟時已及秋中，形質較內省少小，而味亦稍遜云。　甜瓜：一名甘瓜。性寒滑，不宜多食。以甜而脆者為佳，可生食，未能熟食。亦蔓生。莖葉與黃瓜相仿。　松子：本草：蘇頌曰：松歲久則實。中原雖有，不及塞上之佳。馬志曰：海松子狀如小栗，三角。其仁香美，東夷當果食。李時珍曰：海松子出遼東及雲南，其樹與中國松樹相同，惟五葉一叢者，毬內結子，如巴豆大，而有三稜。至馬志謂如小栗，殊失本體。按：長白松樹，樹極多而結子頗少。土人云惟紅松結子，形如蓮子，仁極香脆。　榛子：樹低小如荊，叢生，而枝幹疏落，質頗堅硬，開花如櫟花，成條下垂，長二三尺。葉之狀如櫻桃，多皺文，邊有細齒。子形如栗子，殼厚而堅，仁白而脆，味甘香，無毒。其皮軟者，其中空。諺曰：十榛九空。長屬盛產此味，每歲三倍於松子。　山梨：野生。即《詩》所謂甘棠也。北人謂之杜梨，南人謂棠梨。《爾雅注疏》云：其在山之名曰樆，人植曰梨。長白此樹多生山上，土人謂之山梨。其樹如梨而小，葉似榛子葉而大，亦有圓者、三叉者，邊皆有鋸齒，色黲白，結實如楝子。霜後可食，但味頗酸澀少汁，且梨小而子大。此其野生之本質然也。如用佳種接之，當可化莠為良云。

木類　松：《群芳譜》：松，百木之長，猶公，故字從公。磥砢多節，盤根樛枝，皮麤厚，望之如龍鱗。四時常青，不改柯葉。三針者為栝子松，七針者為果松，又有赤松、白松、鹿尾松，秉性尤異。按：長境森林，松居多數。土人象形命名，率無所考，然皆具有取義，其色黃而有文者，謂之黃花松；

色白而有光彩者，謂之白松；膠多味惡，名為臭松；質堅色赤，名為紅松。最上等而少見者，為石砬中所出抱松，此松堅硬如金石，有紋盤旋如刺繡，其枝曲，其針短，其體幹微小，不過拱把之大。蓋生於嵯峨山半間，為巉巖怪石所障蔽，鬱不得伸。如梏，如槁，如死灰，幾無生理，仰賴春雨秋陽之涵滋，發而為偃蹇奇特之靈質。名為抱松，取其為山石拱抱，曠世挺生，而非木之本性也。此外如棵松、沙松、赤柏松、魚鱗松、五葉、二葉各松，皮相懸擬，名色亦別云。柞：《釋名》：即鑿木。以其木堅細，可為鑿柄。陳藏器曰：柞木生南方，今之作梳者是也。李時珍曰：此木山中往往有之，高者數丈，其木及葉皆針刺，經冬不彫，五月開碎白花，不結子。木理堅細，色微白，皮味苦辛，無毒，入藥品。長地此木高十數丈，大而且多，松樹之外，柞木占一部分焉。椴：皮厚質堅，葉最大，有類團扇者。《群芳譜》云：其皮可以當麻，取製魚網，牢固異常。本境椴木大者數圍，其作用不亞於松。有用皮葺房以代瓦者。樺：樺木似山桃，皮上有紫黑花，可燃作燭炬。樺古作檴。李時珍云畫工以皮燒煙熏紙，又云樺木生遼東及臨洮諸地，其木色黃，有小斑點，皮厚而輕，匠家用襯韉裏及刀靶之類，謂之暖皮。其皮并可入藥品，性溫暖，無毒。楸：本草：李時珍曰：即梓之大者也。生山谷間，與梓樹本同末異。《爾雅》：椅梓。郭璞注：即楸也。《詩》云：北山有楰。陸璣注疏謂溼楰即楸。江東人謂之虎梓，或謂苦楸。《齊民要術》以白色有角者為角楸，又名子楸。黃色無子為椅楸，又名荊黃楸。俱以子之有無為別。按：此樹長白土人名刺楸，皮色黃白，上有斑點，高十數丈。木溼時甚脆，乾時則堅，可為什器。榆：一名零。本草：榆莢飄零，故曰零。榆一名櫙荎。《爾雅注》：即今之刺榆。《群芳譜》：榆有數種，今人不能別，惟知莢榆、白榆、刺榆、榔榆而已。其木堅細，未葉時，枝上生瘤，纍纍成串，及開則為榆莢，嫩時色青，老時色白，形圓如小錢，故又名榆錢。中有仁，微苦，葉長尖，似山茱萸葉。長地榆樹枝幹灣曲，無甚偉大者。柳：本草：柳，一名小楊。一名楊柳。陳藏器曰：江東人通名楊柳，北人都不言楊。李時珍曰：楊枝硬而揚起，故謂之楊。柳枝弱而垂流，故謂之柳。蓋一物而二種也。按：柳樹易生之木，折枝植地，顛倒皆生。俗云倒植則枝條下垂，謂之楊柳，亦不盡然。其樹於天氣稍暖則生柔荑，層層鱗起，如粟之附穗，老則敗落，散而為絮。性質宜水，不耐乾燥，木理細膩柔脆，未能經久，蓋其生長最速故也。長地嚴寒，木質之堅不及南省，柳質尤遜。黃楊：木質細緻，頗難生長，每歲只長一寸，閏月年反縮一寸，謂之厄閏。《爾雅》謂桐與茨菰皆厄閏，不獨黃楊。其葉圓大而有尖，光潤而厚，色青微黃，未葉先花，纍然如柳絮。但長大色成紅紫，其老而落也，亦如柳絮之弱不禁風。《群芳譜》云：取此木，應於陰晦夜無一星時取之，木方不裂。本草：楊木堅細，作梳剜印最良。抱馬子樹：木理堅硬，入土不朽。以火炙之，砰然有聲，如爆竹。葉似桃柳葉，色微黑。土人謂其葉味香微苦，可作茶。曰抱馬子，亦從俗名之也。荊：本草：杜荊，又名黃荊，又名小荊。李時珍曰：古者刑杖用荊，故字從刑。按：荊叢生而疏，作科不作蔓，枝節堅勁，葉如麻，開花成穗，紅紫色，結子如胡荽子。落地即生，多有採荊作薪者。《詩》云錯薪束楚，即此也。棘：棘心赤而外有刺，其刺有直者，有彎曲成鉤者。枝幹花葉俱如棗，結實形圓而小，味甘而酸。俗名酸棗。叢生成科，其木頗堅。長境多山，此物最□□□屈曲，未易成材，山間陌上往往有之。

夜光木：樹老根朽，水浸之久，夜則有光。土人謂之夜光木，或曰雷擊木。潮溼處多有之，河邊尤夥。

花類

冰花：地凍初開，天氣稍暖，此花翹楚群芳，挺然開放。單瓣短鬚，狀類杭菊。赤日當午則槁，早晚獨盛。為時不久。未見其子，其根盤結多毛，莖色青紫。高五六寸，弱不禁風。長境盛產此花，土人名為冰凌花。按：與欵冬花之賦性相同，而形質異。淡泊花：花容雅淡，似黃似白，五瓣叢生，微有幽香。根深尺許，莖細如針，花謝後即為眾草所沒，隱約難窺矣。紫囊：草本，叢生。葉大而尖，花色紫而中空，如囊。大如雞卵，微有皺文，上有口，口上有一瓣倒覆，口旁復列兩小瓣，如牙，花心吐一蕊，如舌，纍纍下垂，耐久無香。又一種開花如豇豆殼，形亦似之。青袋：花形長方，中空如袋。每莖數花，大如拇指，最嬌嫩，折之則槁。根短小而莖高二三尺，亦草本之奇品也。野丁香：長地多丁香，酷類丁香而香味稍薄，由於天然，故名曰野。山梨花：即杜梨。結實入果品。花白而香，多生山畔，但枝幹短小，未見高大成材者。芍藥：葉似牡丹而狹長，開花有紅、黃、紫數色。劉攽《芍藥譜》云：花之紅葉黃腰者，號金帶圍。崔豹《古今注》云：芍藥有二種，有草芍藥、木芍藥。按：本境野生草本，花單薄而色多粉白，仲夏始開，抑遼東地氣使然耳。玫瑰：灌生，細葉，莖紫色，多

刺，花類薔而色淡紫，青橐黃蕊，嬌豔芬芳。花謝後結實，如海棠果，皮□子多，味甘稍澁。按：本境野生，質味雖不及內地美，山陽水淀，在在多有。如採取以製糖、製油、製胰皂之屬，亦當居出產之一，紛紛墮地，長人無掇取者，惜哉。　山丹花：一名紅百合。即百合之類也。但其根體小而瓣少，味不甚純，其葉長尖，頗似柳葉。開紅花，六出，無香。按《群芳譜》云：百合有三種，苗高三尺，幹粗如箭，葉生四面如雞距。開白花，長五寸許，六出四垂。其根如蒜瓣，而味甘膩者，百合也；一種幹高四五尺，開紅花帶黃，上有黑斑點，花瓣反捲，葉形長尖，根亦似百合，而不堪食用者，名為卷丹，與本草所載山丹一種相類。本境所出，長人呼為百合，亦取其色相耳。　步步登高花：花如雞爪，色紅而豔，葉長尖，旁有鋸齒。莖長尺許則開花，花謝後莖由花心復出，稍高則開花仍舊，花萎莖生，莖長花放。待莖高數尺，而花亦續開五六層矣。至秋則結子如芥。以此命名，亦從俗之稱也。

草類　烏拉草：蓬勃叢生，高二三尺，有筋無節，異常綿軟。凡穿烏拉鞋者，將草錘熟，墊藉其內，冬夏溫涼得當。故諺語云：關東有三寶，人葠、貂皮、烏拉草。其功用與棉絮同。土人珍重之，遼東一帶率產此草，出自白山左近者尤佳。　安春香：莖高尺許，葉似柳葉，供香可供祭祀。俗呼安息香。生山岩潔淨處，產長白山上者尤異。　七里香：枝葉似安春香，惟葉大而厚，生於長白山上，別處無所見。　倒根草：白山左近溝渠中有草，紅色，根浮水上，葉褊而長在水下，名倒根草。長人謂性溫行血，分治紅白痢，並一切吐瀉等症。此草尚待研究，未敢列入藥品。　松香草：味香，研為末，配做香料，可敵藏香之味。產東山一帶，烏扯總管每年照例入貢。　通煙袋草：茹細而長，性綿而直，吸煙草者藉以通袋管，故名。長人名為通煙袋草。

動物類　鳥族　鴻：即鴈也。以其多集江渚，故曰鴻。鴻字，從江，從鳥。《詩疏》云：小曰鴈，大曰鴻。鴻者，大也。狀似鵝，而羽翮疏長，善飛，遍身漆黑如烏。漢唐書載有五色鴈，今則罕見之。按師曠《禽經》：鳿、鳽。張華注云：皆音鴈。冬則適南，集於水干，故字從干；春則向北，集於山岸，故字從岸，鴈為陽鳥，冬南翔，夏北徂，皆從陽也。故孳育於北，而終年飛振不休，古人豢以為媒。《禮》敦奠鴈，今則否。　鵠：鵠鳴聲哠哠，故謂之鵠。大於鴈，羽毛白澤，其翔極高，所謂鵠不浴而白，一舉千里者是也。李時珍曰：有黃鵠、丹鵠。出遼東及湖海江漢之間。《釋名》謂鵠為天鵝。天者亦大之義也。　鷹：鷹以膺擊，故謂之鷹。其頂有毛角，故又名角鷹。性爽猛，故又名鷞鳩。《禽經》云：小而鷙者，皆曰隼；大而鷙者，皆曰鳩。《爾雅翼》云：在北為鷹，在南為鷂。一云：大為鷹，小為鷂。梵書謂之嘶那夜。李時珍曰：鷹出遼東者為上等，北方及東北者次之，北人取雛豢養，南人媒取其大者，用以圍獵攫擊兔屬。其毛色蒼黑，嘴爪皆如利鉤，飛揚神速，所至披靡，莫能當其鋒焉。　鵰：鵰似鷹而略大，尾長翅短，悍戾異常，空際盤旋無微不覩，能搏鴻鵠犬豕之屬，人莫可馴致之。時亦弋獲，用羽製扇。長白山谷中往往有之，春秋則翱翔騰擊，冬則伏。　鴟：即《詩》所謂鳶也。其聲叱咤，故謂之鴟。似鷹而稍小，尾如舵，善高翔，捕雀而食。《爾雅》謂之茅鴟。俗呼老鴟。　鴞：鴞與鴟，二物也。周公合而詠之，後人遂以鴞鴟為一鳥，誤矣！按：鴞即梟，貓眼，狗臉，毛色黃雜，狀如母雞而小。晝不見，夜則飛行，捕鼠雀食，性狠惡，生而食其母，鳴聲格格如笑。不祥鳥也。古人於□至殛之，故其字從鳥從木，首在木上，取見則殺之之義。　鶚：鶚狀可愕，故謂之鶚，亦鵰類也。李時珍曰：鶚土黃色，深目好峙，雌雄相得，交則雙翔，別則異處。能翱翔水上捕魚食，江表人呼為食魚鷹，亦啖蛇。《詩》云雎鳩即此。并言其視雎健，故謂之雎。長白江洲間多有此鳥。　鶯：嘴尖，眉黑，爪色紅青，遍身黃如甘草，羽及尾有黑毛相間，拂柳穿花，鳴聲圓滑。本草云：冬月則鶯藏蟄入田塘中，以泥自裹如卵，至春始出。《荊州志》云：農人冬月於田中掘二三尺，得土堅圓如卵，破之則鳥在焉。無復羽毛，春始生羽，破土而出，故鶯身之味頗臭。曰蒼庚，曰商庚，曰鶯黃，曰離黃，曰鶬鶊，曰鸝庚，曰黃栗留，曰楚雀，曰黃袍，曰搏黍，曰黃鳥，曰黃鸝，皆鶯之名稱也。長屬地寒，節候較內省為遲，此鳥發聲最晚。　燕：《釋名》：乙鳥。乙者，其鳴自呼也。《說文》：元鳥。元，其色也。大如雀而身長，籋口豐頷，布翅歧尾，鳴聲上下，飛舞不停，營巢避戊己日，能知休咎。春社來，秋社去。其來也，啣泥巢於屋宇之下；其去也，隱身蟄於窟穴之中。或謂其秋後即渡海，謬甚。長屬之燕，仲夏始見，節候使然。　烏：烏家篆文象形。即鴉也。一作鵶。《禽經》云：鴉聲啞啞，故謂之鵶。此鳥初生，母哺六十日，長則反哺六十日，故有慈烏、孝烏之稱。李時珍曰：烏有四種，身黑嘴小，反哺者，慈烏也。似慈烏而嘴大，腹下白，不反哺者，鴉

烏也。似鴉烏而大，白項者，燕烏也。似鴉烏而小，赤嘴，穴居者，山烏也。按：烏種色稍殊，性皆貪鷙，鳴聲哽咽不朗暢，故人多惡之。長地之烏較內地為稀，地寒故也。　鵲：鳴聲唶唶，故謂之鵲。一名飛駁鳥。一名喜鵲。一名乾鵲。其色駁雜，故曰駁。靈能報喜，故曰喜鵲。性惡溼，故曰乾鵲。大如烏，而長尾尖嘴，黑爪白腹，背含有綠毛相間，上下飛鳴，以音感而孕，至秋初則毛毨頭禿，俗云牛女會於七夕，用鵲填河漢之橋。其說荒誕，蓋鵲經暑熱而後毛有鼎革故耳。　翠鳥：大如燕，喙尖而長，足紅而短，背毛翠色，翅尾黑色，亦有斑白者，俱能水上取魚。《釋名》謂水狗、魚狗。《禽經》謂魚師、翠碧鳥。蓋謂此鳥能害魚，故以此類命名。李時珍曰：處處水涯有之，亦翡翠鳥之類也。長屬瀕江所產翠鳥，其文彩亦斐然可愛。　雀：短尾小鳥也。字從小從隹。隹音錐，解作短尾。《釋名》謂瓦雀、賓雀。蓋以雀息檐瓦之間，如賓客然。俗呼老而斑者為麻雀，小而黃者為黃雀。其性最淫，卵生，群飛田間，於禾稼熟時為害尤甚。　野雞：《釋名》：即雉也。漢呂后名雉，高祖改雉為野雞。其實雞類也。直飛若矢，一往而墮，故字從矢。斑色繡翼，雄者文采而尾長，雌者文暗而尾短，故《尚書》謂之華蟲，《曲禮》謂之疏趾。長地野雞極多，獵取烹食，味嫩而美，冬令尚可售之他方。　雞：雞者，稽也。能稽時也。卵生，短羽，不能高飛，雄者感時而鳴，雌者應時而卵。至於老雞人言者，牝雞雄鳴者，雄雞生卵者，乃賦氣不正，本草謂其忌有毒，不可用以入藥。馬志曰：入藥取朝鮮者最良。李時珍曰：雞類甚多，五方所產大小形色往往亦異。朝鮮一種長尾雞，尾長三四尺；遼陽一種食雞，一種角雞，味俱肥美；南越一種長鳴雞，晝夜啼叫；南海一種食雞，潮至即鳴；蜀中一種鶤雞，楚中一種傖雞，並高三四尺；江南一種矮雞，脚僅二寸許也。長白雞亦無異，屬境韓僑雖多，未見蓄長尾雞者。　鴨：《釋名》：□□也。其鳴呷呷，故曰鴨。舒而不疾，故又名舒鳧。似鷄而大，翅短，尾禿，不能飛。雄者綠頭文翅，雌者黃斑色，亦有純黑純白者。又有白而烏骨。性質本喜水，能游泳水中，捕魚蝦食。雌者生卵，較鷄卵為大。長屬瀕江蓄鴨者無多，蓋此物盛產於南省云。　鳧：《釋名》：野鴨。《詩疏》謂野鶩、沉鳧。即俗呼水鴨是也。短羽高飛，江海湖泊中皆有之，似鴨而小，雜青白色，背上有文，短喙長尾，卑脚紅掌，水鳥之謹愿者也。此物喜暖，盛產於南省，長境雖地瀕鴨綠，間而有之。

獸族　牛：牛在畜屬土，有坤道焉。性柔緩，多力，歧蹄而戴角，鼻大可穿。《說文》云其耳聾，其聽以鼻，其齒有下無上，食物則利用其舌。長白畜類，牛占多數，且有用韓產者，耕田運物最為得宜。　馬：《說文》云：馬，怒也，武也。其字體象頭、尾、四足之形。色類甚多，以出雲中者為上。本境馬多弱劣，高麗所產之馬尤小，未能駕車任重，韓僑用以騎載，類中土川省所產云。　騾：騾大於驢，而健於馬。其力在腰股，後有鎖骨，故不孳育。《說文》云：驢父馬母。性純陰。本草謂騾有五種：牡驢交馬而生者騾也；牡馬交驢而生者為駃騠；牡驢交牛而生者為駝䭾；牡牛交驢而生者為𩦠䮾；牡牛交馬而生者為駏驢，今則通呼為騾云。　驢：驢，臚也。力在臚也。長頰廣額，磔耳修尾，夜鳴應更。性善馱負，有褐、白、黑三色。《正字通》云：女真遼東地出野驢，似驢而色駁尾長，人恒食之，今罕見。　豬：豬在卦屬坎，以性趨下而喜污穢也。骨細筋多，皮肉肥厚。牡曰豭，牝曰彘，蠢蠢無知，祇供食品。近人講生理學者，用顯微鏡察其肉，含有寄生蟲最多。食之無節，損人脾胃。本境畜豬往往成群，其種與關內稍異，有頭蹄白色者，耳小而體亦不大，罕過百斤。味薄寡脂，蓋因牧以草芻故耳。　羊：羊，詳也。字體象頭、角、尾、足之形。性柔順，芻食喜群。肉味羶而溫補。皮毛之用甚廣。長地牧羊之家不及畜豬十分之一云。　犬：犬高四尺曰獒，多毛曰尨。《爾雅注》云：田犬善獵，家犬善守。長人多畜犬，有用其(者皮)〔皮者〕製衣褥禦寒。　貓：《釋名》：家貍也。鳴聲苗茅，故曰貓。有黃、黑、白、雜各色。貍身而虎面，長尾而細齒，其眼睛按時輪轉，作圓形、橢圓形、直線形，光閃灼可畏。體最輕便，善捕鼠，喜肉食，乃小獸中之貪黠者。長境畜貓者頗多，以長地多鼠，兼可避蛇云。　虎：《說文》：虎，百獸之君也。《風俗通》謂虎乃陽物，百獸之長。按：虎狀如貓，大如牛，黃質而黑章，鋸牙而鉤爪，鬚健而尖，舌長大，倒生芒刺，目光若電，吼聲如雷，風從而生，百獸震恐。《易卦通驗》云：立秋虎始嘯，仲冬虎始交。或曰月暈時乃交。又云：虎不再交，孕七月而生子。白山一帶產虎為多。據日本調查，謂與孟加拉地方之虎同種，自頭至尾長九尺餘。獵者以其皮骨輸出遠方，頗獲厚資云。　豹：本草引《禽蟲述》云：虎生三子，一為豹。按：豹似虎而略小，俗謂能食虎。蓋其性暴，敢與虎鬭也。毛赤黃，間有黑色。其文尖長如艾葉者曰艾葉豹，有黃文如線者曰金線豹，冬至後黑斑

內生有黃毛、外圓而中空如錢者曰金錢豹。其皮質稍薄，不及虎之美，長人終歲獵獲之數與虎等，惟價值次之。　熊：　熊大如豕，而猛憨多力，虎亦畏之。遇人則人立而搏噬，故俗謂之人熊。豎目黃睛，睫毛遮蔽，如不見物，土人因名黑瞎子。龐然蠢物，重可千觔，然升樹攀巖異常輕捷。冬時蟄伏樹孔中，不出覓食，飢則舐其掌。俟春暖則橫出攫搏，喜食松子、蜂蜜及含有甜質之物。土人於禾稼成熟時，苦熊為甚。蓋熊性貪殘而褊急，群入蜀黍田中，意揚揚在吞盡而止。以左右爪互相攫取，挾於腋下，然伸臂物墮則不計也。自謂滿載而出，顧所獲者僅三五，因而憤怒，復入田間，連茹拔茅，肆行踐踏，折落一空，害何可堪，態之愚於此可見。按：　熊膽入藥最良，有銅膽、鐵膽之分。熊掌味最美，居八珍之一，其皮革厚，獵戶見之，未敢輕於一發云。羆：　類熊，皮色微黃。陸璣謂羆為黃熊，是矣。頭長脚高，動作一與熊同。或云：　羆即熊之雄。長白熊多而羆少。　鹿：《釋名》：　即斑龍。按《乾甯記》云：　鹿與游龍相戲，必生異角。則鹿之稱龍，或以此歟？　馬身羊尾，長項高脚，性淫而樂群，食則相呼，行則同旅，居則環角外向，臥則口朝尾閭。喜食龜，能別良草，清潔自愛，不與惡畜伍。《埤雅》所謂仙獸者是也。　其貴在角。本草云：　牡者有角，夏至則解。大如小馬，黃質白斑，俗稱馬鹿。牝者無角，小而無斑，毛雜黃白色，俗稱麀鹿。鹿孕六月而生子。今人謂黃色白斑為梅花鹿，其茸角最佳。色蒼無斑者為馬鹿，其茸角次之。統以近夏至日獲之為良，至於鹿胎、鹿尾、鹿鞭，均入藥品，為用甚廣。長白獵戶歲入以此為大宗，計終所獲牝牡價值約四千餘金。　麋：　鹿屬也，今本草云：　麋似鹿而色青黑，大如小牛，肉蹄，目下有二竅，為夜目，南方(准)〔淮〕海邊最多，千百為群。牡者有角，十月取之。鹿喜山而屬陽，故夏至解角；　麋喜澤而屬陰，故冬至解角。按日本調查，謂滿洲出麋，本境獵戶則不知，有十月取之說。　豺：《埤雅》云：　豺，柴也。俗稱體瘦如豺是矣。其形似狗，而色頒白，長尾細體，前倭後高，毛象髼鬆，健猛多力，食小獸，並喜食羊，其肉腥臭不可食。皮質薄，無甚用處。　狼：《釋名》稱毛狗。謂其毛色如狗也，銳頭尖喙，白額騈脇，高前廣後，腰細而小。性最貪，喜肉食，皮厚毛長，可作禦寒之物。惟產虎豹之區，狼則遠避，故長人所獵，歲值不過數百餘金。麞：《釋名》：　即麕也。本草：　蘇頌曰：　麞類甚多，麕乃總名，有有牙者，有無牙者，有牙出口外者，均不傷人。秋冬居山，春夏居澤，似鹿而小，無角，黃黑色，皮細軟，勝於鹿皮。或曰麞亦有香，如栗子，能治惡疾。李時珍曰：　麞無香，有香者麝也。謂麞有香，誤矣。　麝：　麝之香氣遠射，故謂之麝。其形似麞而小，黑色。常食栢葉，又噉蛇、蝎。其香在陰莖前皮內，別有膜袋裹之，或謂其香在皮，或謂其香在臍。長白所獲，歲值無幾。蓋麝以南省西地為良，長產無多，其香亦次。　野豬：　形如家豬，然肥大，可千觔。牙長出口外，性憨力猛，群行覓食，獵人惟敢擊其最後者，後者殪則前者躐行不顧，若擊其在前者，則群相散搏以傷人。其肉色微赤，味勝家豬，牝者尤美，皮革亦堅厚，為用甚廣。　山羊：《釋名》：　即野羊。《圖經》謂羱羊。其角有節，殊疏大，不入藥品。有謂山羊為羚羊者，按羚羊之貴在角，山羊之貴在血。本草謂其角有(卦)〔掛〕痕者為羚羊，無者為山羊。李時珍曰：　山羊有二種，一種大角盤環，體重至百斤；　一種角細者，謂之莧羊。本境山羊較家羊為大，其血最熱，有散淤止痛、滋陰補血之功用。近今價值頗昂。惟長屬所產無多，獵者所得，歲值約三四百金，蓋山羊以滇、蜀、粵產為良，遼產惟銷本省。　貛：《釋名》：　狗貛。蜀人謂之天狗，穴土而居，形如家狗而脚短。食果實、草子之屬。肥大多脂，其脂油能療治燒瘡。肉亦甘美，皮質脆而光澤，有用作褥者，然暖度則少差焉。　獺：　獺狀如犬，頸長似馬，四足俱短，頭與尾皆褐色，若紫帛然。大者自頭至尾長三尺餘。有山獺、水獺、海獺數種。《正字通》云山獺性淫毒，山中有此，牝獸皆避去。又海獺生海中，毛入水不濡。李時珍云：　今人取其毛為風領，亞於貂。水獺生溪邊，食魚，居水中，亦休木上。王氏《字說》云：　水獺於正月、十月，兩祭魚。一說謂獺取魚以祭天也。皆報本反始之意。長白所產無多，有山獺、水獺(否)之分，二種均不多覯。　麠：　一作麃。《說文》云：　麃屬麠，大鹿也。按：　麠形似鹿而無角，毛角蒼黃，皮可障潮溼，肉味平甘，可作脯，亦野味之一也。　貂：　許慎《說文》云：　貂，鼠(尾)〔屬〕，大而黃黑，出零丁國，即今遼東高麗諸地。其鼠大如獺，而尾粗如狐，毛深寸許，用皮為裘帽、風領等物，最能禦寒，遇風更暖，著雪即消，入水不濡。本草謂塵沙眯目，以裘袖抆之，即出。誠毛革中之奇品也。白山左近森林蔭翳，產貂尤佳。有黑色、赤鮮、褐色數種。以毛皮之濃淡分價值之高低，且亦因其居處異其毛色。按：　產於松杉之林者，毛帶黑色，品格最貴。棲於白楊之林者，色稍鮮明，而品格次之。產落葉松及五葉松之林者，毛皮極鮮明，而品格為下。其次於貂鼠、而毛皮亦

重貴者為栗鼠。然類貂，惟多見者能辨之。《釋名》謂貂鼠即栗鼠。《爾雅翼》注謂貂鼠即松狗。均係籠侗言之，尚未辨及纖微云。　灰鼠：　似鼠而尾大毛長，色如土灰，製裘甚輕，然暖不及狐。生山谷中，群出覓食，鷙鳥悍獸往往見而搏噬焉。長屬甚產此種，惟皮質較吉江兩省少遜云。　狐：　尖鼻大尾，後腿長而行速，腋毛純白，謂之狐白。皮毛製裘輕暖，故世尚狐裘云。　狸：　《釋名》謂野貓，穴居薶伏之獸也。黃質黑斑，毛甚脆嫩。其肉味臭，食蟲鼠及草根。以其狀類虎，故俗稱虎狸是矣。　猞猁猻：　猿屬，而體小如貓，臉如狗，嘴尖似狐，毛色微黃，含有白針，極其滑澤，較狐皮尤佳，產於三姓為多，長白間或有之。　兔：　篆文象形。一云：　吐而生子，故曰兔。有蒼、白、黑各色，大如狸，然皮毛質脆，可製筆，用以禦寒不甚堅緻也。

山狗：　身長尺餘，毛色黃者最夥，形類小犬，行則成群，足捷善走，山獸皆畏之。每遇獸，則一呼嘷皆至，圍而食之，須臾食盡，餘則埋之。土人喚為山砲手，亦曰豺狼狗子。長郡左近最多。

介族　鯉：　鱗有文理，故曰鯉。無大小，皆三十六鱗。色鮮味美，為諸魚之冠。長白地瀕鴨綠，魚類甚夥，所產之鯉不及內省為多。　魴：　《釋名》謂鯿魚。小頭縮項，高脊闊腹，扁身細鱗，其色青白，腹內有肪，味最美。肪音房，脂也，肥也。按：　鴨綠江中肥而美者為魴魚。　鯽：　《埤雅》云：　鯽魚，旅行以相即也。形似小鯉，色黑而體促，腹大而脊隆，大者祇至三四斤，喜偎泥，不食雜物，其肉美，厚補人脾胃。　鱮：　《釋名》謂即鰱魚。好群行相與也。頭小形扁，細鱗肥腹，其色最白，失水易死，故亦謂之弱魚。　鱅：　魚之庸常以供饈食者。漢鄭康成作溶魚，味溶淡故也。其目旁有骨，名乙骨。《禮記》云食魚去乙，即指鱅魚而言，或謂海上鱅魚，其臭如尸，海人食之，是或別有一種歟？　鱖：　一名水豚。本草：　李時珍曰：　鱖，蹶也。其體不能屈曲，如僵蹶。鱖文斑如織花之罽，味如豚，故名水豚。春時食之最肥美。　鱧：　本草：　李時珍曰：　鱧首有七星，夜朝北斗，有自然之禮，故曰鱧。能蛇交，性至難死，猶有蛇性也。形長體圓，頭尾相等，細鱗黑色有斑點，有舌，有齒，形狀可憎。南人有珍之者，北人惡絕，不常食。道家指為水厭。土人所謂七星魚是也。　鰻鱺：　《釋名》謂白鱓。《本草綱目》謂蛇魚。乾者為風鰻。按：　此魚有雄無雌，以影漫於鱧魚，其子附於鱧鬐而生。故許氏《說文》謂鱺與鱧同。其〔影〕漫於鯉而生者。曰蛇、曰鱓，象形也，而究非鱓魚也。　鱓：　《釋名》：　黃鉭。腹黃故也。形似鰻鱺而細長，亦似蛇而無鱗。鴨綠江中有青、黃二色。青質黑章體多涎沫，色雖惡而味殊美。又有一種蛇變者，名蛇鱺。有毒，害人。用者當細審之。　鰒：　本草：　李時珍曰：　鰒生江湖中，體圓厚而長，似鱤魚，而腹稍起，扁額長喙，口在頷下，細鱗，腹白，背微黃色，亦能噉魚，大者二三十斤。按：　長郡多韓僑，韓人所售之魚多類此，但無甚大者。　鱒：　《說文》：　赤目魚也。孫炎云：　鱒好獨行，故字從尊。身圓而長，赤脈貫瞳，青質赤章，好食螺蚌，善於遁網。土人云鴨綠江中有紅目魚，然魚肆陳列多模糊莫辨。按其體則似有鱒魚云。　青魚：　本草：　李時珍曰：　青亦作鯖，大者名䱇，生江湖間，南方多有，北地時或有之。身長而色青，其頭中枕骨疏落而堅硬，南人有用作梳篦者。　蛤蛣：　形如螃蟹，前爪甚長，尾短而細，如蝎虎狀，味美可食。　蜜蜂：　蜂尾垂鋒，故謂之蜂。蜜蜂之鋒不甚毒，長股短翅，飛聲作響。冬居穴中，春出採花蕊甜質以釀蜜，作用甚宏。遼東產蜜，盛行內省，長境山巖林木間往往有之。土人如能加意收養，當更繁衍而獲厚資焉。　蚊：　一作螡，從昬、從虫。以虫之昬時出現者。《說文》云：　蚊長吻如針，嚙人飛蟲也。本境蚊蟲較關內為大，土人呼為小咬，喙最毒，所嚙之處，肌膚高腫數月不消。故人多燃樺油以防之。　蛇：　紆行蜿蜒，色類甚夥。《爾雅翼》云：　蛇草居，常飢，飽食則脫殼。《埤雅》云：　蛇以眼聽。本境蛇多黑色，叢林中有大至丈餘、圍可盈尺者，草甸岡坡在在多有。冬蟄春出，毒惡為甚。　蠍：　《說文》云：　蠆尾蟲也。葛洪云：　蠍前為螫，後為蠆。按：　蠍尾垂芒，其毒在尾。遼地嚴寒，此物少生，不如內地為多。　蛺蝶：　美鬚大翅，茱茱紛飛，有媒介諸花之用。《博物志》云：　蝶之發生分三期，第一期從卵孵化；　第二期成蛹；　第三期成虫。一名蝴蝶。有草蝶、水蝶之分。長境當仲夏之交，山岩多花，蝶亦繁盛。種色之佳不減內地，亦邊荒特色也。

清・張鳳臺《長白徵存錄》卷六　藥品

草部　黃耆：　《綱目》名黃耆。《本經》名戴糝。《藥性論》名王孫。李時珍曰：　耆者，長也。為補藥之長，俗通作芪。本草集解：　根長二三尺，獨莖叢生，枝幹去(十一)〔地二〕三寸，其葉扶疎，作羊齒狀，如蒺藜苗。時珍謂黃耆葉似槐葉而微尖，小如蒺藜葉而闊大，青白色，開黃紫花，大如槐花，結小尖角，長寸許。根長二三尺餘，以堅實如箭幹而綿者良。出綿上及

泉鄉者為上。惟土黃耆味苦而堅，不適於用。性甘溫，補中用炙，達表用生，人（涂）〔深〕秋初冬采根，陰乾，亦有仲春采者，長屬每歲所產足售遠方。人蔆，參：　古本作蔆。《別錄》名神草，名土精。《廣雅》名地精。時珍曰：人參，年深浸漸長成，根如人形者有神，故謂之人參。集解：人參生上黨山谷及遼東，仲春、初夏、中秋采根，竹刀刮，暴乾，勿令見風，根如人形者，良。《人參讚》云：　三椏五葉，背陽向陰，人來求我，椴樹相尋。椴樹似桐，甚大，蔭廣則參生。初生小者三四寸許，一椏五葉，始生有三葉者，四五年後生兩椏五葉，未有花莖。至十年後生三椏，年深者四椏，各五葉，中心生莖，俗名百尺杵。三月、四月有花，細小如粟，蕊如絲，紫白色。秋後結子或七八枚，如大豆，生青熟紅，自落，亦可收子，於十月下種，如種菜法。高麗參者居多，來中土互市，江淮間亦產。土人參味極甘美，力不足與遼參敵。遼參以種黃白而潤，紋質緊實者佳，偽造煮沙參、薺苨、桔梗根，亦足亂真。其似人形者尤多贗偽。真者生甘苦微涼，熟甘溫，大補肺中元氣。能回生氣於無何有之鄉，偽者誤用，流毒不淺。今遼東偽者甚夥，並有山參、秧參之分，不可不辨。長屬所採所種，行銷內省，每歲所收價值約萬金。按：　中土岐黃家不知參苗所產，通稱高麗參，或曰遼參。究竟真贗懸殊。高麗參不及中參遠甚，中參以臨江迤東白山迤西一帶岡嶺所產稱最上品。湯河左近即擬設□松縣治參園甚夥，名曰秧參。以十二年成參為上品，次則八年，或四、六年，一年參紋一道，確有明驗，每年六七月間高麗人輒向湯河參戶以布疋紙張易參，而轉售於中土，獲利頗重。今年緣新開龍華岡，同民行至十五道溝，予遇高麗數十人，紗帽白衣，牽黃牛十餘頭，駝布疋紙張等物，如業商者然，詢其所之，則曰赴湯河。問何業，則曰以紙布易參也。以是知高麗所售之參，確係湯河秧參無疑。　刨參土俗：　土人名參為榜棰，象形也。每年至七月間，入山刨參，名曰放山。身佩紅線繩數條，繩頭繫青銅錢一個，手柱小木杖一根，披荊撥草，蹣跚而行，一見參苗特出，則疾趨向前，大聲呼之曰榜棰。以紅線繩繫之，青銅錢鎮之，並伏地叩頭以謝山神。然後四圍掘坑，寬至四五尺，深至五六尺不等，緣參苗以鬚為貴，恐損其鬚故也。掘出後，以土包之，如大甕形，售之參商，再加以蒸煉法。　參條：　《從新》云：　遼參之橫生蘆頭上者，力已薄，只可用以調理常症，價值亦廉。　參鬚：　《從新》：　參之橫生蘆頭上而甚細者，性與參同而力薄，貧乏者往往用之，今市中皆由分別出售云。

人參子：　《拾遺》云：　如腰子式，生青熟紅，近日販客從遼東帶歸內省者，多青綠色，如豆大，以北地霜早，入山采取不及熟紅也。售價頗昂，發痘引漿，無癢塌之患。按：　蘇人呼極小生參為子參，亦名太子參。即遼參之極小者，近盛行於吳中。參葉初歸，客帶入內地，餽遺代茶，生津潤肺，蘇州市中漸有貨者，價值日增。特補錄，以廣消售。近時有用參子催生，僉云有效。　貝母：　《爾雅》名莔。陶氏弘景曰：　形似聚貝子，故名貝母。時珍曰：　《詩》云言采其蝱，即貝母。一作莔。蝱根狀如蝱也。集解：　貝母生晉地，十月採根，暴乾，葉似大蒜葉，四月蒜熟時採之，若至十月，苗枯，根亦不佳。出潤州荊襄者佳。川省及江南諸州多有之，豫皖各省均產貝母。蘇頌云：　二月生苗，莖細，色青，葉似蕎麥。七月開花，碧綠色，形如鼓子，八月可采。陸（機）〔璣〕《詩疏》云：　莔，貝母也。葉如栝蔞而細小，其子在根下，如芋子。郭璞《爾雅註》謂花白，葉似韭，此種今罕見矣。雷斆曰：　貝母中有獨顆團滿，不分兩片，無皺紋者，號丹龍精。不入藥品，誤服令人筋脈不收，惟黃精小藍汁可解。足徵種類不一。性微寒，苦瀉心火，辛散肺鬱，解諸瘡毒，亦外科中之佳品。長地所產頗堪適用，消售價值約在東錢四千串之譜。　沙參：　《別錄》名鈴兒草，名虎鬚，又名苦心。弘景曰：　此與人參、苦參、元參、丹參是為五參。其形不盡相類，而主療頗同，故皆有參名。集解：　沙參生河內川谷。二月、八月採根，暴乾。又淄、齊、潞、隨、江、淮、荊、湖皆有之。時珍曰：　沙參處處山原有之。二月苗生，葉如初生小葵葉，而圓扁不光，八九月抽莖，高一二尺，莖上之葉尖長，如枸杞葉，小而有齒。葉間開小紫花，長二三分，如鈴鐸狀，五出，白蕊，亦有白花者。結實大如冬青，實有細子，霜後苗枯。根生沙地者長尺餘，大一虎口，生黃土中則短而小。莖根皆有白汁。八九月采者白而實，春采者黃而虛。偽造者蓻蒸壓實以亂人參，但體輕鬆，味淡短耳。性甘苦微寒，專補肺氣，宜肺熱，不宜肺寒。《備要》云：　人參補五臟之陽，沙參補五臟之陰，肺熱者用之以代人參。產北地者良。故近有遼沙參之名。　桔梗：　時珍曰：　此草之根結實而梗直，故名。分甜、苦二種。《本經》以薺苨為甜桔梗。至《別錄》始發明薺苨條，分為二物，其性味功用有同有不同。當以《別錄》為是。集解：　桔梗今在處有之，根如指大，黃白色，春生苗，莖高尺餘，葉似杏葉而長橢，四葉相對而生，嫩時亦可煮食。夏開小花，紫碧色，頗似牽牛花。秋成結子，八月采根，暴

乾。性苦辛而平，肺經主藥。本草謂有小毒。經諸家辯之，仍以苦辛平為宜。長屬所產行消頗遠。

薺苨：《圖經》名杏參。《綱目》名甜桔梗。時珍曰：薺苨多汁，有濟蒎之狀，故以名之。濟蒎，濃露也。其根如沙參而葉如杏，故河南人呼為杏葉。沙參俗名亦呼甜桔梗。《別錄》分而晰之，《備要》謂似人參而體虛無心，似桔梗而味甘不苦，薺苨、桔梗以有心、無心分之，皮色亦稍異，惟奸賈偽造以亂人參，不可不辨。性甘寒無毒，利於肺。長屬亦間有之。

薄荷：長地所產，氣味甚濁，不適於用。土人采之，不成價值，即奉省行消者，以南來為上。

黃精：《拾遺》名救荒草。《瑞草經》名黃芝。弘景曰仙人餘糧。《蒙筌》名野生薑。俗名山生薑。集解：黃精生山谷，二月采根，處處有之，二月始生，一枝多葉，葉狀如竹而短，根如鬼臼，柔而有脂。《備要》云以其得坤土之精，久服不飢。植物中鉤吻類黃精，惟葉尖有毛，不可不辨，誤服傷人。黃精性甘平，無毒，治法必九蒸九晒為宜。長產只消本省。

萎蕤：《別錄》名玉竹。《本經》名女萎。時珍曰：此草根長多鬚，如冠纓下垂之緌，故以名之。集解：處處山中有之，根橫生似黃精，差小。服食家亦有用之者。葉青黃色，相值如薑葉，三月開青花，結圓實。性味甘平，可代參耆，仲春初秋皆可采，竹刀刮皮，陰乾。

蒼朮：時珍曰：蒼朮，古名山薊，處處山中有之，以茅山出者為佳。苗高二三尺，其葉抱莖而生，梢間葉似棠梨葉，其脚下葉有三五叉，皆有鋸齒小刺。根如老薑，蒼黑色，肉白有油膏。采時以深冬為良，二三月、八九月亦可采，米汁浸後焙乾，同芝麻炒，以制其燥。集解：古方不分蒼白二朮。經陶隱君發明，自宋而後，始言蒼朮。性苦辛，氣芳烈，與白朮之性苦甘、氣和平，各適其用。後人主之白朮以皖浙產者為佳，即蒼朮亦茅山、嵩山為上品。東境之朮芳烈稍遜云。

貫眾：《本經》名貫節、貫渠。《綱目》名黑狗脊。《圖經》名鳳尾草。《本草注》：葉莖如鳳尾，其根一本而眾枝貫之，故葉名鳳尾，根名貫眾。時珍曰：多生山陰近水處，數根叢生，一根數莖，根大如筋，其涎滑，葉則兩兩對生，如狗脊之葉而無鋸齒，青黃色，面深背淺。其根曲而有尖，嘴黑，鬚叢簇，亦似狗脊根而大，狀如伏鴟。性苦微寒，有毒，能解邪熱之毒。二三月及八月采根，陰乾。浸水可避時瘟。

淫羊藿：《唐本草》名仙靈脾。弘景曰：服之使人好為陰陽。西川北部多羊，一日百合，服此所致，故名淫羊藿。時珍曰：生大山中，一根數莖，莖粗如綫，高三尺，莖三椏，一椏三葉，葉長二三尺，如杏葉及豆藿，面光背淡，甚薄，細齒，有微刺。集解：四月開白花，花分白、紫二色，五月采葉，曬乾。《蜀本草》言生處不聞水聲者良。湖湘生者，其葉經冬不凋，其性辛香甘溫，根葉皆可用，遼產次之。

紫草：《爾雅》作茈草。猺獞人呼為鴉銜草。花紫，根紫，可以染色，故名。集解：生碭山山谷及楚地，三月采根，陰乾。又云：所在皆有。二月開花，八月熟實。時珍曰：種紫草三月下種，九月子熟，春秋前後采根，陰乾。其根有毛如茸，當未花時采者佳。《備要》：古方用茸，取其初得陽氣，以類觸類，用發痘瘡。今人不達此理，惟品其性，曰甘鹹氣寒，一概用之，誤矣。

紫草茸：《拾遺》云：紫草茸以西藏采製者爲佳。遼東之紫草茸仍來自內地，遼產紫草售之本省市中而已。

防風：《別錄》名屏風。時珍曰：防者，禦也。其功療風最要，故名屏風。防風者，隱語也。集解：汴東州縣、江淮徐青齊一帶產者良。正月生，初葉紫紅色，漸分青綠色，似青蒿而短小，五月花有黃、白二種，六月結實。采根以二月、十月為宜，季春、季夏亦可采，取根，暴乾。性甘辛微溫，為祛風瘟之要藥，長白所產行消本省。

獨活：《本經》：即羌活。弘景曰：一莖直上，不為風搖，故名獨活。《別錄》云：此草得風不搖，無風自動，又名獨搖草。古方惟用獨活，後人謂獨活為羌活之母，是一類二種。遂分用。《備要》亦分為二。註云：節疎色黃為獨活，節密色紫、氣猛烈者為羌活。並出蜀漢。又云：自羌(活)中來者為羌活。集解云：春生苗葉如青麻，六月開花作叢。分黃、紫色，結實時葉黃者是夾石所生，葉青者土脈中所生。二月、八月采根，暴乾。以出蜀漢者良，遼產亦佳，足行消內地云。

天麻：《藥性》名赤箭芝。有風不動，一名定風草。集解：四五月、八月采根，暴乾。葉如芍藥而小，中抽一莖，直上如箭，莖端結實，狀如續隨子，至葉枯時，子始黃熟，其根連一二十枚，猶如天虋冬之類，形如王瓜，亦如蘆菔。大小不定，以生於齊鄆者獨佳，他處雖有，多不適用。長屬所產，遼市並售之。

赤箭：即天麻根莖。本草：性辛溫，無毒。集解謂赤箭與天麻主治不同。(明)〔宋〕太史沈括常為辯論。惟古方用天麻，不用赤箭，用赤箭，不用天麻。又是為一物矣。時珍曰：《本經》止有赤箭，後人稱為天麻，足徵一物。至主治不同之說，按蘇頌《圖經》謂天麻自表達裏，赤箭自裏達外，性味悉屬甘溫，後人遂分為二，醫家亦依以為據矣。

還筒子：《本草綱目》：即天麻子。功用性味悉同天麻。

升麻：時珍

曰：其葉似麻，其性上升，故名。集解：升麻生益州山谷，二月、八月采根，暴乾。弘景曰：舊以寗州為第一，其形細黑堅實。出益州者細削、青緑色，亦佳。《拾遺》云升麻以緑色者為佳，性甘辛微苦，用之散表風邪。北部多有，實不堪用，賈人亦妄售焉。

苦參：時珍曰：苦以味名，參以功名。《別錄》曰：生汝南山谷及田野，三月、八月、十月采根，暴乾。弘景曰：近道處處有之，葉極似槐葉，春生冬凋，花黄白色，子作莢，根味至苦惡。集解云：其根黄色，長五七寸，粗如駢指，三五莖並生，秋日結子如小豆子。惟河北生者無花，子五月、六月、十月采，其性苦寒入腎，腎虚者忌之。長地所産尚堪適用。

龍膽草：《綱目》：葉如龍葵，味如苦膽，因以為名。集解云：根狀似牛膝，味甚苦，苗高尺餘，四月生，葉如嫩蒜，莖細如小竹枝，七月始花，如牽牛花，青碧色，冬後結實。其葉有經霜不凋者，亦同類而別種也。性大苦大寒，瀉肝膽之火。舊說生齊朐山谷，弘景亦謂以吳興者為勝。今遼東所産行消内地。

細辛：《綱目》：出華陰者真，根細而味極辛，故名。弘景曰：今用東部臨海者，形段亦好，而辛烈不及華陰。高麗産亦可用，須去頭節。集解：細辛如葵，赤黑，一根一葉相連，今處處有之，不及華陰之真良也。草中有杜蘅、鬼督郵、徐長卿皆足亂之，不可誤用。采時揀去雙葉者。遼東所産甚夥，行消内省，長屬所采，每年亦足售千金。

白薇：《別錄》名薇草。時珍曰：微，細也，其根細而白也。集解：白薇生平原川谷，三月三日采根，陰乾。弘景曰：近道處處有之，莖葉俱青，頗類柳葉。六七月開紅花，八月結實，根黄白色，類牛膝而短。性味苦鹹而寒，治陰虚火旺生痰，尤宜婦人。古法以三月三采，今人多八月采之。

赤芍藥：《綱目》名將離。《圖經》：赤者名木芍藥。時珍曰：芍藥，猶綽約也。綽約，美好貌。此花容色綽約，故以為名。集解：芍藥處處有之，淮南者勝。春生紅芽，作叢，莖上三枝五葉，似牡丹而狹長，高一二尺，夏初開花，有紅、白、紫數種。結子似牡丹子而稍小，秋時采根，暴乾。揚州芍藥甲天下，十月生芽，至春始盛，三月開花，其品凡三十餘種，有千葉、單葉、樓子之分。入藥用單葉者之根，今藥中所用仍以淮南者為佳。性味苦酸微寒，主治與白者同，惟瀉邪行血少利耳。長地所産惟赤色者，行消遼東，每歲所得價值約三百金。

澤蘭：弘景曰：一名都梁香。吳人呼為水香草。俗名孩兒菊。生於澤旁，山谷亦生。今藥家不分澤蘭、山蘭，同而采之。蘭草、澤蘭一類各種，俱生下濕，紫莖素枝，赤節緑葉，葉對節生，有細齒，但以莖圓節長、葉光有歧為蘭草，莖方節短、葉有毛者為澤蘭，不難辯也。此草浙、閩、江、皖、鄂、湘為最勝。性味苦甘辛香，為女科要藥。舊說以三月三日采取，陰乾。今人多七月、八月采之，惟長白節候尤遲，百物發生不能應時，因地適宜，萬勿膠柱可也。

益母草：《本經》名茺蔚。《會編》名野天麻。《外臺》名夏枯草，因其夏至後即枯。另有名夏枯草者，別一種也。時珍曰：此草及子皆茺盛密蔚，故名茺蔚。性味辛甘微溫，無毒。又云：辛微苦寒，能明目益精，為經産良藥。其功宜於婦人，故名益母。陸(機)〔璣〕云：《爾雅》名蓷。蓷，益母也。故曾子見之感思。集解云：茺蔚，生海濱地澤。又云：處處有之。今之園圃及其田野尤多，葉似荏，方莖類麻，花分白紫，生節間，節節生花，實似雞冠子，其色黑，益母以五月采之，九月采實。

茺蔚子：《備要》：即益母草實。主治略同，久服有子。長屬所産甚夥，惜此物不成價值云。

夏枯草：《綱目》：此草夏至後即枯，蓋稟純陽之氣而生，得陰氣則枯，故有是名。集解：夏枯草，處處有之，原野間甚多。苗高一二尺許，冬至後生，葉似旋覆，三四月開花作穗，紫白色，似丹參花，結子亦作穗，五月便枯，四月采之。

漏盧：時珍曰：屋之西北黑處，謂之漏。凡物黑色，謂之盧。此草秋後即黑，故有漏盧之名。集解：此藥亦名莢蒿，莖葉似白蒿，花黄，生莢長似細麻之莢，大如筯許，有四五瓣，七八月後皆黑，異於眾草。今曹、兖、沂、秦、淮、海所産，花色不一，葉頗相類，但秦、海生者，葉作鋸齒狀，一物而殊類也如此。入秋葉莖皆黑者為真。《備要》云：閩中莖如油麻，葉黑如(膝)〔漆〕者，尤佳。醫家常用莖葉，性味苦鹹而寒，軟堅泄熱。用根者尠。陳氏藏器曰：南人用苗，北人用根。《別錄》八月采根之說，不為無據。長屬所産行消未廣。

木賊：時珍曰：此草以之治木，磋擦光潔，猶云木之賊也。掌禹錫《嘉祐本草》謂木賊出秦隴華成諸郡近水地，苗長三四尺，叢生，每根一幹，無花葉，寸寸有節，色青，凌冬亦不凋。四月采之。集解：所在近水處多有之，采無定時，其節中空輕揚，形同麻黄而粗過之，性溫味微甘少苦，能治目疾。遼産亦佳，行消内省。

馬蘭花：時珍曰：俗稱物之大者為馬。馬蘭，其葉似蘭而大，花似菊而紫，故名。集解：馬蘭生澤旁，如澤蘭而氣臭，北人呼其花為紫菊，以其似單瓣菊而紫也。性味辛平，葉皆可用，破血甚良，惟《備要》不載，醫家偶有用者，行消亦滯。

紫菀：

《綱目》名返魂草。許氏《說文》作茈菀。時珍曰：其根色紫而柔宛，故名。集解：紫菀生漢中房陵山谷及真定、邯鄲，沂、兗、皖省皆有之。弘景謂近道處處有之，其生布地，花紫色，本有白毛，根甚柔細。陳自明云：紫菀以牢山出者良，今人多以車前、旋覆根染以赤土偽充，貽害肺病，不可不慎。真者性味辛溫潤肺也，采之以二月、三月為時宜，陰乾，根葉悉入藥。長產惟消本省。女菀：《綱目》：即紫菀之色白者。功與紫菀相似，自紫菀行，而醫家用者尠矣。市中混入紫菀者有之。地膚子：《本經》名地葵。《別錄》名地麥。弘景云：一名掃帚。《藥性》名益明。北人名涎衣草。時珍曰：地葵，因其苗味似也。麥，因子形似也。益明，子能明目也。莖可為帚，故名掃帚。涎衣者以葉細極弱，不能勝舉也。初生薄地，五六十根，形如蒿，莖赤葉青，大如荊芥，三月開黃白花，結子青白色，性甘苦而寒，可入補劑，八月采實，陰乾。紫蘇：時珍曰：蘇，性舒暢，行氣和血，故謂之蘇。蘇亦荏類，特味辛如桂耳，故《爾雅》謂之桂荏。弘景曰：蘇葉紫色而氣甚香。非紫色似荏不香者，謂之野蘇、白蘇，皆不堪用。集解：紫蘇，夏采莖葉，秋采子，子與葉同功。潤心肺，下氣定喘。《備要》云：葉，發汗散寒；梗，順氣安胎；子，降氣開鬱。各有功用。長地所產，價值歲約三四百金。車前子：《本經》名當道。按《爾雅》云芣苡、馬舄、牛遺、車前，皆指此。陸(機)〔璣〕云：此草好生道邊馬跡中，故有車前、當道各名。《詩疏》謂之牛舌。集解：車前，江湖淮汴及北地處處有之，春初生苗，布地如匙面，累年者長及尺餘。中抽數莖，作長穗如鼠尾，花甚細密，青色微赤。結實如葶藶，赤黑色，故性味甘寒，利水。今人五月抽苗，八月采實。舊說五月五日采取，陰乾。車前根，北人采之暴乾，偽作紫(莞)〔菀〕，不可誤用。扁蓄：時珍曰：許氏《說文》作扁筑。筑與竹同，故弘景謂為扁竹。《綱目》曰粉節草，以節間有粉也。集解：此草處處有之，春中布地生道旁，苗似瞿麥，葉細綠如竹，赤莖如釵股，節間生花甚細，青黃色，亦有細紅花者。根如蒿根。性苦平，能殺蟲疥，以四五月采苗，陰乾。蒲公英：《綱目》名黃花地丁，入菜部，以其苗嫩可食也。《拾遺》載白鼓釘，即此。《備要》入草部，葉如萵苣，花如單瓣菊花，四月開花，花殘飛絮，斷之莖中有白汁。鄭方升曰：一莖兩花、高尺許者，掘下數尺，根大如拳，旁如人形拱抱，搗汁和酒，治膈噎如神。性味甘平，李氏東垣曰苦寒，腎經君藥，通淋妙品，不止解毒消癰也。此草處處有之，功用甚大，不可謂物以罕珍，置之常品也。紫花地丁：時珍曰：處處有之，其葉似柳而細微，夏開紫花，結角。平地生者，起莖；溝壑邊生者，起蔓。性味苦辛而寒，主治癰疽發背、惡瘡、無名腫毒。草中佳品也。有白花者，時珍謂別一種。故近世尚不以白花者為良云。柴胡：《綱目》作茈胡。茈，古柴字。集解：關陝江湖間近道皆有之。以銀州者為勝。二月生苗，甚香。莖青紫堅硬，微有細綫，葉似竹葉而稍緊小，亦有似斜蒿者，亦有似麥門冬葉而短者。七月開黃花，根淡赤色，似前胡而強過之。生丹州者結青子，與他處者不類，其根似蘆頭，有赤毛如鼠尾，獨窠長者良。時珍曰：銀州即延安府地。二八月采根，暴乾。采銀柴胡，用銀刀削去赤薄皮，以粗布拭淨，勿令犯火。凡病非柴胡不可者，銀柴胡一付可愈。南方者，須三付。南產根軟，所謂軟柴胡也。軟者治虛熱獨良。北地今人謂之北柴胡，入藥亦佳。觀此，用藥以道地為妙的矣。牛蒡子：《別錄》：古名惡實。名鼠粘子。《綱目》名大力子。時珍曰：其根葉皆可食，因狀惡多刺，名惡實。鼠過子墮，粘不可脫，亦名鼠粘。集解：處處有之。葉大如芋，子殼似粟，實細長如茺蔚子。性辛平，潤肺解熱。根苦寒，竹刀刮淨，汁和(密)〔蜜〕，治中風、惡瘡。長屬所產實夥，到去價廉，不能遠消。蒼耳子：名見《爾雅》。《本經》名枲耳。《詩經》名卷耳。《綱目》名豬耳。弘景云：俗名羊負來。《記事珠》名進賢菜。本草以耳名者，因實得名也。陸(機)〔璣〕《詩疏》：其實如婦人耳璫。今人又謂之耳璫。鄭康成謂為白枲。幽州人呼為爵耳。《博物志》：洛中有人驅羊入蜀，胡枲子多刺，粘綴羊毛，遂至中國，故名羊負來。如鼠粘子之類。《別錄》：枲耳生安陸川谷及六安田野，實熟始采。集解：今處處有之。時珍曰：按《救荒本草》云，葉青白色，類黏糊菜，秋間結實似桑椹，短小而多刺，嫩苗水浸熟食，可救飢。子苦甘性溫，善發汗散風濕。古方根葉皆入藥。長屬所產惟消本省。菟絲子：《別錄》名赤網。《爾雅》名玉女，又名唐蒙。《呂氏春秋》云：菟絲無根，根不屬地，茯苓是也。《抱朴子》云：菟絲之草，下有伏菟之根，無則絲不得生，茯菟抽則菟絲死，恐不盡屬也。舊說菟絲初生之根，其形似菟，掘取割其血以和丹，服之立能變化。則菟絲之名因此也。弘景曰：下有茯苓，上有菟絲，不必爾也。朱震亨謂：菟絲未常與茯苓同類。女羅附松而生，不相關涉，皆承訛而言也。意謂抱朴(云所子)〔子所云〕今未見，豈別一類

乎？按孫炎釋《爾雅》云：唐也，蒙也，女羅也，菟絲也，一物四名。本草唐蒙為一名。《詩》曰蔦與女蘿，毛氏萇云女（女）〔蘿〕即菟絲也。本草菟絲無女蘿之〔名〕，豈二物皆寄生同名，而本草脫漏乎？《別錄》：菟絲子生朝鮮川澤田野間，蔓延草木之上，九月采實，暴乾。色黃而細者為赤網，色淺而大者俗名菟虆。功用並同。集解：近道處處有之，夏生苗，初如細絲，布地不能自起，得他草梗則纏繞而生，其根漸絕於地而寄空中，他草多被纏枯，始開花結子，子如碎黍米粒。或云無根，假氣而生，信然。性味甘辛和平。入秋采子，暴乾，得酒更良。主治強陰益精，祛風明目。遼產行消內地，長屬所產亦足售遠方。五味子：《爾雅》名荎藸。五味肉甘酸，核辛苦，都有鹹味，五味具也。時珍曰：五味分南北產。南產者色紅，北產者色黑。性味屬溫。風寒在肺，宜南產；入滋補劑，以北產為良。集解：生齊山山谷及代郡，八月采實，陰乾。蒲州、藍田、河中府皆產之，今河東、陝西州郡尤多，杭越間所產即南產也。弘景曰：五味第一出高麗，多肉而酸甜；次出青冀，味過酸；又產建平者，肉少味苦，亦良。五味春初生苗，引赤蔓於高木，其長六七尺，葉尖圓類杏葉。季春初夏開黃白花，狀類蓮花。七月成實，叢生，莖端如豌豆許大，生青熟紅或紫黑。種類不一，大抵相近。采時蒸乾。長屬界高麗，所產宜良，行消內地，每歲所得價值次於人參。馬兜鈴：寇宗奭曰：蔓生，附木而上，葉脫時其實尚垂，狀如馬項之鈴，故得名也。集解：馬兜鈴，今關中、河東、河北、江、淮、夔、浙諸州郡皆有之。春生苗，作蔓繞樹而生，葉如山蕷葉，而厚大過之，背面白色。六月開黃紫花，類枸杞花。七月結實如大棗，狀似鈴，作四五瓣。其根名雲南根，微似木香，大如小指，赤黃色。七八月采實，陰乾。性味苦寒，主治肺熱。長屬亦產，行消未廣。金銀花：《綱目》名忍冬。一名金銀藤。弘景曰：處處有（時之）〔之。時〕珍曰：忍冬附樹延蔓，莖紫，對節生葉，葉似薜荔，色青有毛，面澀。三四（猜）〔月〕開花長寸許，一蒂兩花，二瓣一大一小，如半邊狀，長蕊，花初開色白，經二三日則變黃矣，新舊相映，故呼金銀花。氣甚芬芳，四月採花，陰乾，葉四季皆可采，陰乾為宜。性味甘寒，亦苦酸，（熱解）〔解熱〕毒。長屬所產甚夥，惟消本省。木通：《備要》：古名通草。又通脫木一名通草。宋《本草》混而為一，時珍分而明之。弘景曰：產近道，繞樹藤生，莖有細孔，吹之兩頭皆通者良。此物大者徑三寸，每枝二三枝，枝有五葉，夏秋開紫花、白花。結實子長三四寸，核黑瓤白，食之甘美。正二月采枝，陰乾。舊說澤、（路）〔潞〕、漢中、江淮、湖南州郡悉產之。性味甘淡。雷公云：味苦。甄權云：味寒。以苦寒得平。遼產亦良，長屬所采，售值亦等於五味云。卷柏：《綱目》名長生不死草。弘景曰：近道多有，叢生石上，用時去在下近沙石處。《別錄》：生山谷石間。五七月采，陰乾。宿根紫色（名）多鬚。春生苗，似柏葉而細，拳拳如雞足，高三五寸，無花、子，性最耐久，俗呼為萬年松。生用辛平，破血，炙用辛溫，止血。長屬亦產此物，以常山、關陝、兖、沂諸州為多。馬勃：《別錄》：馬勃，生園中久腐處。宗奭：生溫地朽木中，狀如狗肝，紫色虛軟，彈之粉出，夏秋采之，有大如斗者，小如升勻。韓退之所謂牛溲馬勃俱收並蓄者是。性辛平，清肺解熱，惟市中行消未廣也。遼黨參：《拾遺》引《本經》謂：產山西太行者，名上黨參。雖無甘溫峻補之功，却有甘平清肺之力。不似沙參性寒，專泄肺氣味也。《百草鏡》云：黨參，一名黃參。黃潤者良。出山西潞安、太原等處，有白色者，總以淨、軟、實、壯、味甘者佳。《從新》引古本草云：參須上黨者佳。真黨久已難得，市中黨參種類甚多，多不堪用。翁有良辯誤云：黨參以山西出者為勝，陝西次之，川黨蓋因陝西毗連，移種栽植，皮白味淡，形類桔梗，不堪適用。長屬亦產，較晉省所產形狀相同，惟皮色稍粗，藥人售之。可知物亦不以地囿也。性味功用尚待品評焉。牽牛子：《綱目》名黑丑。《備要》云：此藥漢前不入本草。故仲景方中無此。《別錄》載：宋後始多用者。弘景謂：此藥始出田野，人牽牛謝藥，故以名之。有黑、白二種。名黑丑、白丑者，蓋以丑屬牛而隱語也。集解：處處有之，二月種子，三月生苗，蔓繞籬牆，高二三丈，葉青，生三尖角，花微紅帶碧，亦有紫色帶白者。八月結實，白皮裹毬，內包子四五枚，大如蕎麥，形生三稜，九月采之。性辛溫，有毒。黑者力能速於攻下云。青蒿：集解：葉似茵陳而背不白。高四五尺。仲夏采，暴乾，入藥。《詩》云：呦呦鹿鳴，食野之蒿。即此。沈括《夢溪筆談》：青蒿，一類二種，分青、黃二色。本草獨取青蒿，自有別也。青蒿深秋不黃，其氣芬芳，入秋花黃，花細香遠，實結細子。《備要》：性苦寒。二月生苗，得春木少陽之氣，最早，治骨蒸勞熱。凡藥苦寒傷胃，惟青蒿香芬入脾，宜於血虛有熱之人，毫不損胃。葉、莖、根、子，功用並同。惟用時，使子勿使葉，使根勿使莖耳。此藥雖處處有之，亦藥中之佳品也。藜蘆：《別錄》名山葱。時珍

曰：　北人謂憨葱，南人謂之鹿葱。　集解：　藜蘆，處處有之，三月生苗，如初出椶心，葉如車前，其大逾之，花肉紅色，莖似葱白，青紫色，高五六寸，上有黑皮，采根，陰乾。　性辛寒至苦，有毒。　入口即吐，風癇症多用之。　瞿麥：《爾雅》作蘧麥。一名大菊。《別錄》名大蘭。《日華本草》名石竹。《綱目》名南天竺草。　弘景曰：　子似麥，故名瞿麥。　韓佃解《韓詩外傳》云：　生於兩旁，謂之瞿。此麥之穗旁生故也。　時珍曰：　葉似地膚而尖小，又似初生小竹葉而細窄，其梗纖細有節，高尺餘，梢間開花，田野生者，花大如錢，紅紫色，人家種者，花稍小而嫵媚，有細白、粉紅、紫赤、斑斕數色，俗呼為洛陽花。結實如燕麥，內有小黑子。　弘景曰：　按《經》云采實。　雷斆曰：　用蕊殼勿用莖葉。《備要》亦謂用蕊殼。　性苦寒，利小腸，治五淋之要藥。　梗葉尤利下部，恐使人小便不禁也。

　　木部　黃蘗：　時珍曰：　名義未詳。　舊說謂木可染色。《本經》言蘗〔木及根〕，今用皮，古時豈木與皮通用乎？　蘗字俗省作柏。《別錄》：　生漢中山谷及永昌。　弘景謂出邵陵者，薄而色深，出東山者，厚而色淺。　集解：按《蜀本草圖經》云：　樹高數丈，葉如吳茱萸，如紫椿，經冬不凋。　皮外白裏深黃色，其根結塊，如松下茯苓。　今所在有之，他處生者樹小，形同石榴。　又一種小而多刺，以川產肉厚色深者為上品。　性苦寒微辛。　生，降實火。　炙，不傷胃。　炒黑，能止帶崩。　以五月采皮，陰乾。　遼亦行內地，長屬所產足售遠方。　枸杞子：　枸杞古作枸檵。《爾雅》：　檵音計。《別錄》作枸忌。《詩疏》作苦杞。《抱朴子》名天精。《圖經》名甜菜。《本草》名西王母杖。一名仙人杖。　舊說枸、杞，二樹名。　此物棘如枸之刺，莖如杞之條，故兼名之。道書言：　千載枸杞，其形如犬。　故得枸名。　未悉然否。　集解：　生常山平澤、阪岸及諸陵壑。　今處處有之。　春生苗，葉如石榴葉而軟薄，堪食，其根幹高三五尺，作叢，六七月生小紫紅花，結紅實，形微長，如棗核，其根名地骨。時珍謂古時枸杞、地骨以常山為上。　後世惟取陝西，而又以甘州者絕佳。　今蘭州、陵州、九原以西並成大樹，葉厚根粗。　河西甘州者，子圓如櫻桃，暴乾，緊小少核，乾亦紅潤甘美，如葡萄，可作果品，異於他處。　沈存中《筆談》亦言陝西極邊生者，其高逾丈，可作柱木，葉長數寸，無刺，根皮如厚朴，入藥應以河西為上也。《備要》謂南方所產高數尺，西北所產並成大樹。　本草云其性苦寒。《備要》言甘平，入滋補劑。　遼產輸出無多，其品亦次。　天精草：《備要》：　即枸杞葉。　性味甘苦而涼，清上焦心肺客熱。　代茶，治消渴。　古方葉、根、子並重，今用者尠矣。　地骨皮：《綱目》：　枸杞根。　味苦寒。《備要》云淡甘而寒。　治五內邪熱，兼補正氣。《別錄》：　枸杞根大寒，子微寒。　冬采根，春夏采葉，秋采莖實。　蔓荊子：　時珍曰：　其枝小，弱如蔓，故曰蔓荊。　集解：　蔓荊生水濱，苗莖延蔓長丈餘，因舊枝而生小葉，五月葉成，似杏葉。　六月有花，紅白色，黃蕊。　九月有實，黑斑，大如梧子而輕虛，葉未凋以前采實。　性味辛苦而寒，治頭面風虛之症，用時蒂下有白膜一重，去膜打碎。　安息香：　時珍曰：　其香辟惡，安息諸邪。　按段成式《酉陽雜俎》云：　安息香，樹出波斯國，呼為避邪樹。　長亦有二三丈者，皮色黃黑，葉有四角，經寒不凋，二月開花，色黃，花心微碧，不結實。　刻其樹皮，膠出如飴，六七月堅凝，乃取之。　焚時通神避惡，名安息香。《吉林外志》謂長白山一帶出安椿香，即安息香。　安椿者，土名也。

　　果部　松子：　時珍曰：　松子，出遼東、雲南，松鬣毬五鬣，內結子。　集解：　松子，狀如小栗，三角。　其中仁味香美，亦有南北之分，產華陰者，形小殼薄，有斑，極香；　塞上者，肉香味美。　性甘溫，潤肺胃，除風散水，治咳嗽。長屬所產，行消內地，每歲約價值千餘金。　榛子：　集解：　生遼東山谷，高丈許，子如小栗，軍行食之，當糧，止飢。　鄭元云：　關中甚多，惟新(蘿)〔羅〕者榛子肥白最良。　時珍曰：　榛樹低小如荊，冬月開花如櫟花，成條下垂，二三五相間，一苞一實，生青熟紅。　其殼厚而堅，其仁白而圓，大如杏仁，亦有皮尖，然多空者。　諺云：　十榛九空。　陸(機)〔璣〕《詩疏》云：　榛有兩種，有大小之分。　性味甘平，調中開胃。　長屬之榛，行消關內，價值約三倍於松子云。　山樝：《唐本草》名赤爪子。《圖經》名棠梂子。《食鑒》名山裏果。俗本俗作山查。　時珍曰：　赤爪、棠梂、山查，一物也。　古方罕用，故《唐本草》雖有赤爪，後人不知即此。　丹溪朱氏始著山樝功效，而後遂成要藥。　其類有二種，一種小者，可入藥用，樹高數尺，葉有五尖，椏間有刺，三月內開五出之小白花，實分赤、黃二色，形如小林檎，如指頭，九月乃熟。　性味酸甘鹹溫，消積散氣。　長地所產，價值約東錢四千串云。　核桃：《綱目》：　性甘平而溫。　蘇頌曰：　性熱，不可多食。　皮濇，斂肺定喘，固腎濇精，有金櫻蓮鬚之功。　長屬山中所產甚夥，惟皮厚而大，堅多肉少，其殼甚厚，椎之方破。與劉恂《嶺表錄》所載山胡桃同，入藥恐非上品也。

穀菜部　蕎麥：詳見本志穀類。《備要》：性味甘寒，降氣寬腸，治腸胃沉積，鍊五臟垢穢，敷痘瘡，解湯火傷，虛寒人勿服。《綱目》謂：甘平寒。思邈曰：酸微寒，食之難消，久食動風。葉下氣利耳目，稭燒灰淋汁，蜜收膏，爛癰疽、蝕惡肉最良。遼產甚夥，隨麥豆高粱亦行消外處云。　山百合：《拾遺》：此百合之野生者。瓣斜長而味甘，山人採貨之。又云百合有三種：白花者，入藥；紅花者，名山丹；黃花者，不入藥。舊說謂：檀香百合，可食；虎皮百合，食之傷人；山百合花遲，不香。與《百草鏡》所云百合有三種，大致相同。百合以野生者良，分甜、苦二種，甜者良。取如荷花瓣、無蒂無根者佳。性甘平，解傷寒及百合病。尤治久嗽，朱二允曰：久嗽肺虛則宜斂，百合之甘斂，勝於五味之酸收。長地野生者頗多，采而售之，行消必廣。　山丹：即紅花百合。入食品，不及白花者良。《綱目》名紅百合。時珍曰：山丹，根似百合，小而瓣少，莖亦短小，其葉狹長而尖，頗似柳葉，與百合少異。四月開花，六瓣，不四垂，不結子。其根氣味甘涼，主治瘡癰、驚邪、婦女崩症。花可和血。蕊散疔毒、惡瘡。長地亦產山丹，無貨者。　薤：《綱目》名大葱。時珍曰：韭類也，故字從韭。薤數枝一本，葉狀似韭。韭葉中實而扁，有劍脊，薤葉中空，如細葱而有稜，氣亦如葱。二月開細花，紫白色，根如小蒜。一本數顆相依而生，五月葉青即掘之，否則肉不滿也。性味辛平苦澀滑，調中助陽，利產安產。白樂天詩云：酥暖薤白酒。以酥炒薤白入酒，飲之可和血脈。長地並產野薤，性味略同，即《爾雅》白(勁)〔葝〕山薤是也。又一種葉似金登，稍闊而薄，性味尤遜。　蔓菁子：《別錄》名蕪菁。《綱目》名諸葛菜。詳本志菜類。子入藥，性味苦辛。時珍曰：其性可升可降，能汗、能吐、能下，利小便，明目，解毒，功用甚佳。世罕知用，何哉？敷蜘蛛咬毒。藏器曰：蔓菁園中無蜘蛛，相避忌也。根葉悉載本草。敷一切瘡疽，并治陰囊如斗。此物到處有之，各消本地，不足言外售云。　蘑菰蕈：《綱目》：甘寒，無毒。《正要》謂有毒。動氣發病，不可多食。時珍謂化痰理氣。諸書悉未發名功用，近世醫家主提發小兒痘漿，謂勝雞肉、魚肉，鮮而不生火。蘑菰以西口產者為良，俗名口蘑。緊小潔白如釘者，呼為蘑菰釘。至片蘑花蘑均其次也。長屬所產者近次歲值統計約八百金。　木耳：《綱目》：味甘平，有小毒。主治益氣不飢，輕身強志。時珍曰：斷穀，治痔。《備要》：多食動風氣，發病。木耳，惡蛇蟲經過者即有毒。楓樹所生木耳，食之令人笑不止。赤色、仰生、夜視有光，並有毒，不可食。誤食者，宜搗冬瓜蔓汁解之。長屬所產價值歲約二百金。

金石部　金：按許氏《說文》：五金，黃為之長。《綱目》《備要》悉云辛平有毒。要知性質堅剛重墜，與血肉之體不宜，服者致死，非有毒也。人被金銀灼者，並不潰爛，無毒明矣。精金碎玉，世之寶器，豈有毒哉？入藥特藉其寶氣也。古方紅、紫雪二丹，皆金銀煮汁，假其氣耳。煎劑同藥並煮，鎮心肝，安魂魄，治驚癇風熱，肝膽各病。長屬不乏金礦，近未開採，棄寶於地，良可惜也。　銀：《綱目》：辛寒，無毒。主治與金略同，其質次之，長屬有礦，近未開採。　浮石：《綱目》名海石。舊名水花。時珍曰：浮石乃江海間細沙水沫凝聚日久而成，狀如水沫及鍾乳石，有細孔如蟲窠，白色體虛，入水即浮。性味鹹寒，潤下降火。俞琰《席上腐談》云：肝屬木，當浮而反沉，肺屬金，當沉而反浮，何也？肝實而肺虛，石入水即沉，東海有浮水之石木，入水即浮，南海有沉水之香，虛實之反如此。長白臨江，江源出長白山之天池，水沫迴環，波湧浪激，日久多成浮石云。

鳥獸部　雉：詳見本志。《釋名》：野雞。雉肉：《綱目》：味酸，微寒。日華：味平，微毒。不可常食，損多益少。利秋冬，不利春夏。死而爪甲不伸者，尤不可食，發五痔諸瘡。孫思邈曰：雉嘴燒研，敷蟻瘻。時珍曰：雉腦塗凍瘡，雉尾燒灰和油，塗天火瘡。雉屎主治久瘧不止。雉當時而食。《周禮》庖人供六禽，雉其一也，亦食品之貴者。諸書云有小毒，不多食耳。長產歲值東錢二百串。　虎：詳見本志獸類。長屬每歲(臘)〔獵〕得者價值約二千五百金。全虎功用甚大，特為條列於左。虎骨：《綱目》：味辛，微熱。虎屬金而制木，故嘯則風生。追風健骨，定痛避邪。治風痺攣拘，驚悸，癲癇，犬咬，骨骾等症，以頭骨、脛骨良。藏器曰：有威骨在脇，破肉取之，如乙字形，可為佩帶。全骨配合熬膏，傅貼筋骨各症功效甚著。惟藥箭射者，其毒入骨，不可不察云。肉：《綱目》：酸平，微鹹。弘景曰：俗方言虎肉傷齒。舊說正月食虎傷神，主止嘔益力，治瘧疾。《拾遺》：醉虎肉，主治稀痘。《三岡識略》：壬子正月初十日，福山戍卒縛醉虎，獻於王大將軍，將軍剖肉分贈郡紳之小兒食之，云可以稀痘。是虎正月亦可食。按：虎食人與楊柳及狗皆醉。《宦遊筆記》載山人捕虎法，虎嗜犬，食之必醉，如人中酒然。以劣犬縛於山凹，犬嘷不已，虎聞聲而前，果腹而醉，不能

遠去，人跡而捕之，百不失一。血：《綱目》：壯神強志。時珍曰：飲虎血以壯神志。《抱朴子》云：三月三日取虎血、雞血，和初生草實服，可以移形易貌。肚：《綱目》：主治反胃。腎：《綱目》：主治瘰癧。時珍曰：芍藥丸中用之。膽：《綱目》：治小兒驚癇，疳痢，神驚。《拾遺》：治打傷垂死，瘀血在心，黃酒和研，茯苓為使，陳酒為引，灌之立愈。睛：《綱目》：虎睛多偽，自獲乃真，凡用睛，須問明獵人，分雌雄老嫩。中毒自死者，勿用，用則傷人。用時以生羊血浸一宿，漉出，微火焙乾，搗粉用。虎睛丸治小兒百病。時珍曰：明目去翳。《備要》：虎睛散，竹瀝為引，治小兒驚癇夜啼。鼻：《別錄》：治癲疾，小兒驚癇。弘景曰懸戶宜男，舊說懸虎鼻宜子孫，此與古人胎教欲見虎豹之義同，取其以勇壯為貴也。爪牙：《別錄》：爪繫小兒臂，避諸惡魅。《綱目》：牙，治瘡疽，殺蟲勞。皮：《綱目》：治瘧疾，避邪魅，應劭《風俗通》云：虎為陽精，百獸之長，能避鬼魅。今人中惡，燒灰作飲，或繫衣服，皆甚驗也。《起居雜記》云：有瘡症，勿臥虎豹皮，毛入瘡，有大毒，不可不慎。鬚：弘景云：治齒痛。《酉陽雜俎》云：許遠齒痛，鄭思遠贈以虎鬚，插齒際，其痛立止。屎屎中骨：《別錄》：敷惡瘡。時珍曰：療瘭疽痔漏。研酒服，治獸骨鯁。屎中骨研屑，治火瘡及破傷風等症。魄：《綱目》：主治驚邪，避惡鎮心。藏器曰：凡(骨)〔虎〕夜視，一目放光，一目視物。獵人候而射之，(努)〔弩〕箭纔及，目光即墮入地，得之如白石者是也。宗奭曰：陳氏所謂乙骨及目光墮地之說，終不免於誣。時珍曰：乙骨之說不為怪，目光墮地亦猶人縊死者，魄入於地，隨及掘之，狀如麩灰之義。按《茅亭客話》云：獵人殺虎，記其頭頂之處，月黑掘下尺餘，得物狀如石子琥珀，此虎之驚魄流入地下所凝，主治小兒驚癇之疾。其說甚詳，寇氏尚未達此理耳。油：《物理小識》謂：虎一身皆入藥。本草未載虎油之功，其油治臘梨瘡及大麻瘋，塗之即愈。按《綱目》載，膏脂治狗嚙瘡，及五痔下血等症。時珍曰：治小兒頭瘡白禿，服之止反胃。《藥性考》所載與《綱目》主治相同，油膏本入藥也。豹：詳見本志。長屬獵豹貨皮，價值約千六百金。藏器曰：豹皮，生瘡者不可臥，毛入瘡，有毒。與《起居雜記》所載相同。豹骨：《綱目》惟載頭骨燒灰淋汁，主治頭風白屑。時珍曰：按《五行志》載，豹骨作枕避邪。肉：《綱目》：酸平，無毒。思邈曰：正月勿食，傷神損壽。《別錄》：冬食利人，安五臟，補絕傷，輕身，壯筋骨。宗奭曰：此獸猛捷過虎，食肉有以上各益。舊說食豹肉令人志氣粗豪，食之便覺少頃即化，久食亦然。脂鼻：《綱目》：脂能生髮，朝塗暮生。鼻：時珍曰：按《外臺》治夢與鬼交，避狐狸精魅。熊：詳見本志。長屬每歲所得，價值約東錢萬串。熊掌：《綱目》：禦風寒，益氣力。脂：《綱目》：熊白。弘景曰：熊白乃背肪也。色白如玉，味甚美，性甘微寒。亦云微溫，寒月則有，夏月則無。腹中肪及身中脂鍊膏入藥，而不中噉。《別錄》云：不可燃燈，其煙損目，失明。主治筋急，風痺不仁，敷頭瘡白禿，長髮，澤面，酒鍊沖服，補虛損，殺勞蟲，並止飲食嘔吐。肉：性味與脂同，主治亦同。弘景曰：有痼疾，不可食。食之終身不除。若腹有積聚寒熱之類，十月勿食，食之傷神，與正月之虎豹等。古方熊肉可補虛羸。時珍曰：按劉河間云，熊肉振羸，兔目明視，皆氣有餘始補不足也。膽：《備要》：性味苦寒，涼心，平肝，明目，殺蟲，治驚癇。五痔，塗之即愈。古方主治時氣盛熱，變為黃(胆)〔疸〕，暑月(酒病)〔久痢〕心痛等症，服甚(般)〔良〕。并傅諸疳惡瘡，功用甚大。惟偽者甚多。舊說：但取一粒滴水中，一道若線者真。時珍曰：熊膽佳者通明，以一粒點水，運轉如飛者良。餘膽亦轉，但緩耳。周密《齊東野語》云：熊膽性喜避塵，撲塵水上，投膽少許，豁然而開。腦髓：《綱目》：主諸聾，療頭旋，摩頂去白禿風屑，生髮。髓：主治相同。血骨：《綱目》：主治小兒客忤，骨作湯，浴歷節風，及小兒客忤。鹿：詳見本志。長屬所得，歲值三四千金，藥人配全鹿丸，悉取生鹿云。鹿茸：《綱目》：性甘溫。《別錄》：酸，微溫。《備要》：鹹熱，純陽。治一切虛損勞傷。茸初生逾寸，分歧如鞍，紅如瑪瑙，破之如朽木者良。不可鼻臭，有蟲入顙。取之得時，太嫩亦血不足。《抱朴子》云：得鹿以活為貴。取茸，然後斃之者，以血未散也。不破未出血者，最難得。獵人得鹿，死者居多，收藏不宜，易臭而力減。沈存中《筆談》云：凡含血之物，肉易長，筋次之，骨最難。人生二十歲，骨髓方堅，麋鹿角及兩月有至二十斤者，凡骨之生，無速於此，草木不及。頭為諸陽之會，鍾於茸角，豈與凡血比哉？故取茸有時過期，則有毫釐千里之差也。角：《綱目》：鹹溫。《備要》：生用則散熱，行血，消腫，避邪，治夢與鬼交。鍊霜造膠，則專於滋補。時珍曰：鹿乃仙獸，純陽多壽，能通督脈。非良草不食，故其角、肉，食之有益無損。鹿一名斑龍，西蜀道士貨斑龍丸，歌曰：尾閭不禁滄海竭，九轉靈

丹都漫說。惟有斑龍頂上珠，能補玉堂闕下穴。蓋用茸角霜膠所配耳。齒骨：《綱目》：主治鼠瘻，(流)〔留〕血，心腹疼痛。《綱目》云：味甘微熱。安胎下氣，酒浸補骨，除風。燒灰，治小兒洞注下痢。肉：《綱目》：性味甘溫。補中益氣，秋深冬月堪食。白臆豹文者，不可食，炙之不動，見水而動，暴之不燥者，並傷人。同雉鮠蝦蒲等味並食，發惡瘡。《禮》云：食鹿去胃、頭。肉作膠，彌良。兼治消渴，夜夢鬼物。蹄肉治諸脚風，膝骨疼痛，不能履地。專用鹿蹄，以氣感也。脂：《綱目》：主治癰腫，頭風，活四肢，通腠理。髓腦：《綱目》：性味甘溫。治丈夫、女子傷中，絕脈，補陰強陽，生精益髓。腦：潤面澤肌，刺入肉不出，敷之半日即愈。精：《綱目》：主治益虛羸，補勞損。古方有鹿峻丸，取精配合者也，大起虛羸瘵危。取精之法：以牡隔檻，誘之以牝，欲合不得，精自流溢，鋪以蕉葉，盛以磁器，收而藏之，入滋補劑，絕上品也。血：時珍曰：大補虛損，益精血，解痘毒及藥毒。腎膽：《綱目》：味甘平。補腎壯陽，入補劑良，羸弱者可用。膽：《綱目》：苦寒。時珍曰：主治消腫散毒。靨皮：《綱目》治氣癭，酒〔漬〕炙乾，再入酒中，含嚥其汁。皮：時珍曰：燒灰，和猪脂，傅一切漏瘡。糞：《經驗良方》：治經久不產，乾、濕糞各三錢，研末，薑湯沖服，立效，並解諸毒。胎：瀕湖《綱目》於鹿全身諸條發明，惟胎之主治少略。《拾遺》另例鹿胎一條詳辯，可采錄出，以補其遺。凡胎中鹿，其嘴、尾、蹄跲與生鹿無異，色淺形瘦，若色深形肥者，為麋胎，慎勿誤用，能損真陽。若獐胎與鹿胎相類，但色皎白，且其下唇不若鹿之長於上唇也。其他雜獸之胎，與鹿總不相類。真者氣味甘溫，補陽益精，大助真元，近世補劑彌重之。乳餅：《茗陰札記》：孝豐深山產鹿，土人計其產子時，夜伺洞(測)〔側〕，鹿乳子必五更，乳畢出洞，至暮方歸。每日乳小鹿一次，食乳於腹，十二小餅，每一時消餅。土人俟母鹿出洞，即取乳鹿而歸，剖腹出餅，持貨他方，價值兼金。餅式如雲南棋子大，色微黃，久乾作老黃色，腥氣最烈，食之大能強陰，起命門衰火，於老羸虛損怯弱最宜。發小兒痘漿，通女子血勞。乳餅《綱目》失載，前或未發明，不以為珍品。攷《拾遺》載乳餅一條，姑誌之以廣傳聞。今長郡亦未聞以乳餅貨也。脛骨：《綱目》鹿條，詳列鹿骨，指全體而言，至脛骨，不聞有用法。今時醫有班龍散，純取脛骨，此藥去毒生肌，收口甚速。惟煨研時以黃色為度，如焦黑，則過性無用矣。此條採諸《拾遺》。　麋：　詳見本志。《綱目》謂麋肉甘溫，補五臟之氣。時珍則謂：鹿以陽為體，其肉性燠，麋以陰為體，其肉性寒。觀此則《別錄》之麋脂痿陽。孟詵云麋肉弱房及角肉不同功用之說，亦此意也。妊婦尤不可食。至麋脂辛溫，主治癰腫惡瘡，四肢攣拘，及骨治虛勞，皮除脚氣，引諸方書，未悉驗否。今備採之，以資考證。茸：採亦有時，收藏修治同於鹿茸。《綱目》：性味甘溫。時珍曰：主治陰虛勞損，筋骨腰膝一切酸痛，其功勝於鹿茸。古方重之。角：《綱目》：甘熱，滋陰養血，與茸同功。《備要》云：鹿，陽獸，喜居山；麋，陰獸，喜居澤。麋似鹿，色青而大，性皆淫，一牡輒交十餘牝。鹿補陽，麋補陰。故夏至鹿角解，冬至麋角解也。詵：鹿茸角罕能分別。雷斆曰：鹿角勝麋角。而孟(麋)〔詵〕、蘇恭、蘇頌並云麋角、麋膠勝於鹿，獨時珍謂鹿補右腎精氣，麋補左腎血氣。揭千古之微秘，發前人未發之理，足以破醫家之聚訟也。　麞：　詳見本志。《綱目》載麞肉甘溫，補益五臟，釀酒並有祛風之功。正誤據孟詵云：麞中往往得香，如栗大，不能全香，亦治惡病。時珍曰：麞無香，有香者皆麝類。俗稱麝為香獐是也。今並正之。　麝香：　麝見本志。《爾雅》名射父。時珍曰：俗呼香麝，其香在臍，見人捕之，自行剔出，其香是為生香，猶難得。其香聚處，草木皆黃。市人或攙荔枝核偽之。忌蒜，不可近鼻，防蟲入腦，與茸相類。香中以當門子為猶良。性味辛溫遠竄，開經絡，通諸竅。凡用麝香，不可太過，以香烈入髓耳。長人所獵麝臍，歲約東錢二十串，蓋麝以內省西地、南方者良，遼產次之。　野豬：　詳見本志。《綱目》：肉味甘平，治癲癇，腸風，瀉血，久痔。臘月鍊脂沖服，令婦多乳。除風腫，治疥癬。膽治毒瘡，及小兒疳症。齒：燒灰，敷毒蛇咬。頭骨：主治邪瘧積年下血。外腎：連皮燒灰存性，治崩中，帶下，瀉血，血淋。皮：燒灰，塗鼠瘻，惡瘡。豬黃：生膽中，三年始成，亦不常有。性味甘平，主治金瘡，止血，生肌，祛惡毒，小兒癲癇，血痢，疰病肝病，客忤天吊等症，功用頗多，獵人往往忽之。　山羊血：　山羊詳見本志。《綱目》載山羊肉性味甘熱，治筋骨急強，虛勞冷勞，山嵐瘧痢，婦人赤白帶，下利，產婦不利，時疾。於血獨失載，近世不主用肉，惟血為醫家所珍惜，真者難得，特採《拾遺》所載補之。其血治跌損傷，及諸血症。凡撲跌氣未絕者，以一分和酒，飲之遂甦，神效立見。惜性喜踰高歷險，生捕最難。得者以竹鋒活刺取血，陰乾可以攜遠。宰取者不堪矣。凡物以心為主，山羊性活，心血尤良，近

世醫家以心陰乾研用，亦不離宗旨也。《拾遺》謂山羊油，治心疝及疝症。山羊糞，治心痛不分遠年、近年，立效。并入外科收口藥方，主潰爛生肌，治疳(神)尤神。足補本草諸書所未備。惟胎未經諸家發明功用，獵人往往混別胎以售，當細辨也。山羊以蜀、滇、粵產為良。遼產行消本省，長屬所得歲值亦約四百金。　狐：　詳見本志。《綱目》載狐肉甘溫無毒，治瘡疥不瘥，去風，補虛，邪氣、蠱毒皆宜食之。《禮》云食狐去首，為害人也。孟詵謂肉有小毒，五臟及腸肚苦微寒，有毒。主治蠱毒、惡瘡，祛狐魅，醫瘧疾，小兒驚癇，大人見鬼。然用者卒尠。惟肝燒灰，治風癇破傷風，口緊搐強。古方中之狐肝散，《衛生寶鑒》中神應散，《普濟》中之金烏散，並用之。陰莖，《綱目》謂甘微寒，有毒，主治絕產，陰癢、陰癩、陰脫、陰腫。時珍謂：狐頭，燒灰，傅瘰癧。狐目，治破傷風。狐鼻，治狐魅病。狐唇，治惡刺入肉。狐涎，入媚藥。狐尾，避邪魅。狐皮，燒灰避惡。狐四足，治痔漏。雄狐糞，治瘟疫，治肝氣心痛。諸方散見群書，《綱目》博採兼收，未悉驗否，因長屬產狐，筆而誌之。　貉：　詳見本志。蘇頌《圖經》謂：貉，甘(瘟)〔溫〕無毒。主治臟腑虛勞，女子虛憊。長屬偶獲，所產無多。　貛油：　詳見本志。《綱目》：肉甘酸平，無毒。蘇頌《圖經》：治小兒疳瘦，殺蛕蟲。舊說貛皮為褥，益痔瘡，功用緩矣。油，《拾遺》謂：貛油力凝，燃火禦風不滅。入膏，拔濕如神。療白禿、痔瘡，擦火烤瘡，尤神效。欬血哽噎，胸中怵怵，氣如蟲行，貛油和酒，飲下自消。其油功效頗著，《綱目》失載，近世多用，推行甚廣。　豺：　詳見本志。《綱目》：豺肉酸熱，有毒。皮，治冷痺軟脚，纏之即愈。燒灰，酒服，治疳症，及腹中瘡症。　狼：　詳見本志。《綱目》謂狼肉鹹熱，無毒。填骨髓，祛積冷。時珍曰：狼牙，佩之避惡。研服，治猘犬傷。《聖惠良方》謂：服喉靨，治噎病。皮，避邪惡，去頭風。《正要》：尾，避邪。《外臺》：糞，(瘰治)〔治瘰〕癧。《千金方》：屎中骨，止小兒夜啼。《經驗良方》：治破傷風。各方雜見他書，未悉驗否。長屬獵得者，取皮售之，歲值約八百金。脂：《拾遺》云：狼性追風，逆行。其糞燒烟，逆行而上。燒灰，水服，治骨鯁。性逆行而無阻滯也。狼脂，摩風首〔推〕。而本草不錄，亦一欠事。《周禮》冬獻狼，取其膏聚也。《綱目》狼膏下，瀕湖僅據《正要》載其潤燥澤肌，塗惡瘡而已。不知其大功在驅逐風邪，散逆結之氣，何可昧也？故急補之。原為之發明，曰：入風膏，能除積久之風痺，和酒服，能散逆結之滯氣。

兔：　詳見本志。《綱目》：肉辛平，補中益氣。孟詵曰：酸冷。時珍曰：甘寒。弘景曰：妊婦忌食。不同芥食。藏器曰：不可久食。死而眼合，不可食。惟八、九、十、三月食之為宜。崔元亮《海上方》：治消渴，羸瘦。《藥性》：小兒臘月食兔醬，稀豆瘡。時珍曰：解熱毒，利大腸。《綱目》謂血鹹寒，主涼血和血，解胎中熱毒，催生易產。腦髓，塗痘瘡，滴耳聾，催生滑胎。骨，治內熱消渴，霍亂吐痢，鬼疰瘡疥，刺風頭風。味甘酸平。連毛燒灰，和酒，治頭眩癲疾，婦人難產，餘血不下，產後陰脫。煮汁，治小兒疳痢，消渴，並敷癰疾惡瘡。皮毛燒灰，治難產，胎衣不下，餘血搶心。用臘月收者良。諸方《綱目》博採群書，兼收並載，未悉驗否。惟兔肝明目，經汪氏昂發明，確然有效。《備要》未載，肉血皆有功用，想他方亦非無據云。明月砂：《備要》：即兔糞。主治：殺蟲，明目，勞瘵，五疳，痘後生翳，立可見效。近世醫家益重之。　獺：　詳見本志。《綱目》謂：獺肉，甘酸而寒，療疫氣，除瘟病，治婦科骨蒸血勞。弘景曰：不可同兔肉食。腎，益男子。膽，治眼疾。髓，去瘢痕。骨，下魚鯁，並止嘔吐。獺足，治手足皴裂，研末酒服，並殺勞蟲。皮毛，煮汁飲，利水癊病。糞，敷魚臍瘡，神效。服之，治下痢。獺之全條，惟肝功用甚大，《備要》深為發明，茲特條列於後，以廣功效。肝：《綱目》：甘溫，有毒。甄權曰：鹹熱，無毒。《備要》：甘鹹而溫。蘇頌曰：獺肉五臟皆寒，惟肝獨溫，益陰補虛，殺蟲止嗽。治傳尸鬼疰，有神功。疰症有三十三種，變至九十九種，傳染滅門。古方獺肝丸，主治尸疰，鬼疰。獺肝一月一葉，其間又有退葉，他獸肝皆有葉數，惟獺肝獨異。須於獺身取下者乃真，不爾多偽。　獮猴：　猨也，俗作猿。詳見本志。《綱目》謂：猿肉，酸平，無毒。唐慎微曰：釀酒，治風勞，作脯，治久瘧。時珍曰：食之避瘴疫。頭骨，治瘴瘧、鬼瘧。手，治小兒驚癇，口噤。屎，治小兒臍風，撮口，急驚，塗蜘蛛咬。皮，治高瘟。經：《拾遺》：猴經入藥，名申紅。深山群猴聚處極多，覓者於草間得之，紫黑成塊，夾細草屑，母猴月水乾成，治乾血勞極良。時珍曰：猴經粘草，馬食之則百病不生。故畜馬者，畜母猴。未言治他症，諸書未詳，今據《拾遺》，採而出之，以廣功用。　貂鼠：　《爾雅翼》曰：松鼠好食栗。土人名松狗。按許氏《說文》，貂鼠尾大，黃黑色，出丁零國。今高麗遼東多有之，大者如獺，尾粗，毛深寸許，蔚而不耀，飾為裘帽風領，得風更暖，濯水不濡，得雪即消，拂面如燄，拭眯即出，亦奇物也。

《拾遺》云：燒貂鼠尾存性，敷凍瘡，即愈。《綱目》惟載其肉甘平，無主治。皮毛拭目眯塵沙，而遺尾之功用，故為補之。長人售灰鼠皮者甚夥，貨貂鼠皮者尠，住長半歲，只見其二，大如水獺，行甚遠，想所產亦無多也。

鱗介昆蟲部　蛇退：《綱目》名龍退。《本經》名龍子衣。性鹹平而甘，無毒。甄權曰：有毒。《備要》：鹹甘，無毒。避邪惡，治鬼魅蠱毒而善祛風。治驚癇風瘧喉風，殺蟲，一切瘡瘍腫毒。妊婦忌用。遼產諸蛇，悉不入藥，即蛇退亦來自南方。惟土人得蛇退售諸市中，藥人亦間用之，取色白如銀者良。　真珠：《綱目》：甘鹹，性寒。諺云：上巳有風，梨有蠹；中秋無月，蚌無珠。其質感水精而孕，故能制火。入心、肝二經。鎮心安魂，墜痰，去翳，一切瘡毒。收口，生肌，功效極良。藥中上品也。滿洲自古產珠，惟長屬一帶無多，亦尠巨者，故採得亦無定值云。　蜂蜜：《備要》：蜜，以白膏良。聚草木菁英，合露氣以釀成。生，涼，清熱；熟，溫，補中。甘解毒，柔潤燥。除百病，和百藥，與甘草同功。多食滑腸，泄瀉與中滿者忌之。遼省頗多，售諸內省。　黃蠟：《綱目》：甘溫，無毒。《備要》云：止痛生肌，療下痢，續絕傷。按：蠟皆蜂釀而成，一經煎洗，蜜味至甘，蠟味至淡，故言無味者，謂之嚼蠟。入藥亦良品也。

清・薩英額《吉林外記》卷七　貂鼠：吉林寍古塔、三姓、阿勒楚喀諸山林多有之，甚輕暖。英俄嶺以南者色黃，嶺北者色紫黑，三姓、下江、黑津皮極高，除貢皮三千六百張外，餘准通商貿易。　白貂鼠：另有一種稱千年白者，非但不能似黑、黃色者多耳。　猞猁猻：類野狸而大，耳有長毫，白花色明，《一統志》謂之土豹。　狐：色赤而大，夜擊之火星迸出，毛極溫暖，集腋為裘，尤貴重。　元狐：出下江，大於火狐，色黑毛暖，最貴。又次黑毛稍微黃者名倭刀。　沙狐：生沙磧中，身小色白，腹下皮集為裘，名天馬皮，頦皮名烏雲豹。　貂熊：大如狗，紫色，出寧古塔者頭紫黑，兩肋微白。　銀鼠：吉林省諸山中有之，毛色潔白，皮禦輕寒。　灰鼠：吉林省諸山中有之，灰白為上，灰黑者次之。　東珠：盛京以東各河蛤蚌皆產珠，惟吉林、黑龍江界內松花江、嫩江、艾琿各江河產者最佳，每年烏拉總管分派官兵，乘船裹糧，溯流尋採，遇水深處用大桿插入水底，採者抱桿而下，入水搜取蛤蚌攜出，眼同採官剝開，或百十內得一顆。包裹用印花封記，至秋後方回，將軍同總管挑選，如形體不足分數，或不光亮，仍棄之於河，以示嚴禁，不敢自私，亦漢時鍾離意委地之廉潔也。至冬底入貢驗收，按成色給賞綢緞布疋，近來折發銀兩，牲丁更沾實惠矣。　樺皮：樹皮似山桃，有紫、黑、黃花紋，可裹弓及鞍鐙諸物，吉林諸山皆有之。烏拉向有樺皮屯，世管佐領帶領兵丁剝取入貢，雍正年間裁去世管佐領，將兵丁撥給官地交糧，改為吉林八旗官兵剝取。除額貢之外，有以樺皮作船，大者能容數人，小者挾之而行，遇水輒渡，游行便捷。又以樺皮蓋窩棚，並有剝薄皮縫聯作油單，大雨不漏。　菸：東三省俱產，惟吉林省極佳，名色不一。吉林城南一帶名為南山菸，味豔而香。江東一帶名為東山香，味豔而醇。城北邊台菸為次。寍古塔菸名為台片。獨湯頭溝有地四五晌，所生菸葉止有一掌，與別處所產不同，味濃而厚，清香入鼻，人多爭買，此南山、東山、台片、湯頭溝之所分也，通名黃菸。　麻：有線麻、綠麻之別。線麻堅實，凡城堡一切繩套捆縛需用無窮。吉林城北一帶種麻者居多，每歲所收不減於菸，秋後入店售賣，販者菸麻並買，轉運內地，名為菸麻客。此吉林出產一大裝，每歲約計賣銀百餘萬兩，菸麻店生理大獲其利。　松塔：吉林、烏拉、寍古塔諸山皆產，而窩集中所產更勝，其形下豐上銳，層瓣鱗砌，望之如窣堵，每瓣各藏一粒，既熟則瓣開而子落。　松子：生松塔中，烏拉總管每歲入貢。　安春香：生於山巖潔淨處，高一尺許，葉似柳葉而小，味香，可供祭祀。生於長白山者尤異常，俗呼為安息香。　七里香：枝葉似安春香，葉大而厚，惟產於長白山，別處無所見。　烏拉草：俗語云：關東有三寶，人參、貂皮、烏拉草。夫草而與(而)人參、貂皮並立為三，則草之珍異可知。吉林山內所產尤為細輭，北地嚴寒，冰雪深厚，凡穿烏拉或穿塔塔馬者，必將烏拉草錘熟，墊於其內，冬夏溫涼得當，即嚴寒而足不覺凍，此所以居三寶之一也。戊辰，奉天學政茹棻考古命題烏拉草，吉林優貢沈承瑞有任他冰雪侵鞋冷，到處陽春與脚隨之句。學使賞識，拔為尤焉。　渠麻菜：城外各地邊外之地多有之，忽東忽西，時有時無，諺云有搬家之說，其滋生多在興旺之地。　小蒜：稱為小根菜，吉林田原向陽處，開凍時百草未萌，小根菜先見青芽，味辛清香，可供廚饌，性消火毒，洵野蔬之異品，歲以入貢。　山蔥：《爾雅》謂之茖，俗稱為寒蔥，產於輝法城一帶諸山中最為肥嫩。有寒蔥嶺。採取時必就寒蔥之水洗淨，即時用鹽盛罐，方不能壞，易水未能良也。其味深長，炎熱時青蠅不能沾落，係潔淨之品，歲以入貢。　山韭：莖一葉，《爾雅》謂之藿，《詩》六月

食鬱，即此。出輝法城一帶者尤佳。　蕨菜：　即《詩》云言采其蕨，美其名吉祥菜，產於吉林山中，莖色青紫肥潤，每歲晒乾入貢。　蘑菇：　諸山中皆有之，種類不一。生榆者為榆蘑，生榛者為榛蘑，生樟者為香樟蘑，而榆蘑生榆樹窟中，尤鮮美，即古所謂樹雞是也。　紫皮蘿蔔：　蘿蔔皮色帶紫者間亦有之，獨三姓所產紫皮蘿蔔不但皮紫，內肉亦紫，味逾冰梨，爽脆適口。　托盤：　產於吉林山中，類似楊梅，名曰托盤，取象形焉，色紅鮮豔，味更酣美，惜採摘逾夜即化為紅水，清晨吸飲香美，尤為獨絕。　海參：　形如蟲，有肉刺，琿春出者尤佳。　海紅：　形似海參，能滋補，出琿春。　海茄：　形似團哈，皮肉似海參，無刺，滋陰勝品，功同海參，出琿春。　海藻：　出東海，黑色亂如髮，葉似藻葉，因名海藻。本草云有二種，〔一種〕生於淺水，黑色，短如馬尾；一種生於深海中，葉大如菜。《唐書·渤海傳》：　生於南海者亦細，名為昆布。其名雖殊，其實一類。今琿春所出頗盛。　海帶：　似海藻而粗，柔勁而長，紫赤色。今採者並海藻通呼為海菜。　海蘊：　葉似亂絲，亦海藻之類。　鱘鰉：　即尋鰉也。長丈餘，鼻長有鬚，口近頷下。　鯽魚：　細鱗魚：　頭尖而色白。　哲鱸魚：　似鱸魚，色黑，味美不腥。　鱖魚：　大口細鱗，有斑彩，即鰲花魚也。　鯿魚：　細鱗，形窄腹扁，頭尾似小鯿花，出盜古塔南湖者極佳。　鮁魚：　縮項穹脊，細鱗，即鯿花也。　鰟魚：　細鱗，形窄腹扁，頭尾向上，即白魚。　以上同諸色魚歲以入貢。　人參：　俗稱棒錘，有巴掌、燈檯、二夾子、四披葉、五披葉、六披葉之名。產於吉省烏蘇哩、綏芬、英俄嶺等處深山樹木叢林之地，秉東方生發之氣，得地脈淳精之靈，生成神草，為藥之屬上上品。《人參贊》云：　三椏五葉，背陽向陰，欲來求我，椵樹相尋。　鹿茸：　鹿乃仙獸，能別良草。《述異記》云：　鹿千歲為蒼，又五百歲為白，又五百歲為玄。遼東山闊草壯，鹿得以蕃息，其茸角膠血力精足，入藥自為上品。　虎骨膠：　虎之一身筋節氣力皆出前足脛骨，帶脛骨用全虎骨熬膏膠，治一切風寒溼潮腿疾虛虧之症，亦有專用脛骨熬膏膠者，其效如神。　牛黃：　《經疏》云：　牛食百草，其精華凝結成黃。或云牛病乃生黃者，非也。牛有黃必多吼喚，以盆水承之，伺其吐出，迫喝即墮水，名曰生黃。揭折輕虛而氣香者良。殺死，角中得者名角黃，心中者名心黃，肝膽中者名肝膽黃，或塊或粒，總不及生得者。但磨指甲上，黃透指甲者為真。　熊膽：　本草稱為上品，本不易得，吉省深山密林中樵採者時常遇之，獵戶捕之，易得也。　膃肭臍：　即海狗腎。《綱目》云：　出西番，壯似狐而尾長大，臍似麝香，黃赤色。按《臨海志》云：　出東海水中，狀若鹿，頭似狗，尾長。又出登、萊州，其狀非獸非魚，但前足似獸而尾似魚。觀此，似狐、鹿者，其毛色也，似狗者，其足形也。似魚者，其尾形也。今琿春、三姓地近海邊亦有之，醫家以滋補藥多用之。　五味子：　性溫，五味皆備，皮甘肉酸，核中苦辛，都有鹹味。《爾雅》謂之（莖）〔荎〕藸。子少肉厚者為勝，出吉林者最佳。　細辛：　一名少辛。《管子》云五沃之土，群藥生，小辛是也。醫家以吉省細辛為佳，通行各省。　黃精：　處處山谷皆有之，服食上品。以其得神土之精，久服益壽。吉林山土肥壯，自然甘美勝他處。《博物志》云：　太陽之草名黃精，食之可以長年。太陰之草名鉤吻，食之立死。黃精、鉤吻形植之別，詳見《綱目》。　萎蕤：　根似黃精小異，莖幹強直，似竹箭有節，葉狹而長，表白裏青，性柔多鬚。　赤芍：　即芍藥根，亦有白者。此處所產尤勝他處。　黃芩：　有枯芩、條芩之別。中虛者名枯芩，內實者名條芩，其用自異。此處所產俱備，惟深色堅實者良。　柴胡：　北產者如前胡而軟，入藥亦良。南產者不似前胡，如蒿根硬，不堪用。　升麻：　其葉似麻，其氣上升，故名。《綱目》云：　形細而黑，極堅者為佳。今則通取裏白外黑而堅實者，去鬚蘆用之，俗名為鬼臉升麻，其苗呼為窟窿芽。　紫草：　根花俱紫，可以染。紫草山產粗而色紫，入藥。紫梗園產細而色鮮，只染物，不入藥。　北山查：　有大小二種，北者小，肉堅，去核用亦有力。　益母草：　《綱目》云：　小暑、端午或六月六日採益母莖葉花實，用治百病尤良。　王牟牛：　生於深山密林朽木上，性溫，其形長有寸許，細如花莖，色黑肉白，能下乳，不易得。產於綏芬、烏蘇哩諸山中，刨參人有認識者，採來售賣。此藥《本草綱目》所無。　防風：　黃潤者良。　麝：　形如麞，一名香麞，喜食柏，臍血入藥名麝香，出三姓。　通草：　有細細孔，兩頭皆通，故云通草，即今所謂木通。　桔梗：　此草之根結實而梗直，故名。根如指，黃白色，春生苗莖高尺餘，葉似杏葉而長，味苦辛者真。　威靈仙：　威言性猛，靈仙言其功神。生先於眾草，方莖，數葉相對，其根稠密多鬚，年深旁達一根，叢鬚數百條，長者二尺許，初時黃黑色，乾則深黑色，人稱鐵脚威靈仙，但色或黃或白者不可用。　火麻仁：　即線麻子。　薏苡仁：　形如珠，稍長，青白色，味甘，咬粘人齒如糯米，可作粥飯，本地多種之。又本草云：　一種粘牙者尖而殼薄，即薏苡也；

一種圓而殼厚堅硬者，即菩提子，其米少，可穿作念珠。　馬齒莧：　葉有大小之別，大葉者為豘耳草，不堪用。小葉並比如馬齒而性滑利似莧，柔莖布地，細細對生者為是。入藥須去莖，其莖無效，本地多採苗煮晒為蔬。　翻白草：　高不盈尺，一莖三葉，尖長而厚，有皺紋鋸齒，面青背白，開小黃花，結子皮赤肉白如雞肉，故又名雞腿根，生食煮熟皆宜。　卷柏：　叢生，多出石間，苗似柏葉而細，拳攣如雞足，青黃色，高三五寸，無花子，宿根紫色多鬚，其性耐久，故又名長生不死草。　穀精草：　穀田餘氣所出，葉似嫩穀秧，白花如碎星，故名。此處尤多。　狼毒：　葉似商陸及大黃，莖葉上有毛，根皮黃，肉白，以實重者為良。　旋覆花：　多生水旁，長二尺許，細莖，葉似柳，花如菊，大如銅錢，故又名金錢花。　鼠尾草：　以穗形命名，野田平澤中甚多，紫花，莖葉俱可採滋染皂。　瞿麥：　莖纖細有節，高尺餘，一莖，生細葉有尖，花開紫赤色者居多，子頗似麥。《爾雅》謂之大菊，俗呼為落陽花。　豬苓：　多生楓樹下，塊色黑如豬屎，皮黑肉白而實者良。本草謂之木之餘氣所結，亦如松之結茯苓之義。　以上物產藥材，有《志》內未載，載而未詳者，今擇其著名貴重者攷查增錄，以補《志》之未詳備也。

宋・黃罃、齊碩、陳耆卿《赤城志》卷三六　風土門・土貢

舊貢　金漆：　其木似樗，延蔓成林。種法以根之欲老者為苗，每根折為三四，長數寸許，先布於地，一年而發，則分而植之，其種欲疎不欲密，二年而成，五年而收，收時每截竹管鋭其首，以刃先斫木寸餘入管。舊傳東鎮山產之，以色黃，故曰金漆云。　乾薑：　陶弘景云：　乾薑惟臨海章安二三村善為之，其法以水淹三日，去皮，置流水中，更六日又去皮，然後曬乾，置甕甌中，謂之釀也。今章安城門黃杜所出尤佳。齊孔琇之為守，至以為獻，則其來久矣。　乳柑：　出黃巖斷江者佳。他如方山下亦有之，然皮厚味酸，且香韻亦差減，每歲雨多則倍長，未霜以餉行都，貴游謂之青柑。其徑至八九寸者，絕為艱得，園丁豫擇以待需焉。曾守宏父詩有一從溫台包貢後，羅浮洞庭俱避席之句。　甲香：　一名流螺。《臨海記》云：　生東鎮山。《傳信方》亦云：　出台州，小者佳。其法先以酒煮去腥涎，云可聚香使不散也。《南州異物志》曰：　甲香大者如甌，其面邊長數寸，殼有刺，惟以眾香和爇則愈芳，若獨爇則否。　鮫華：　蘇恭云：　形似鱉，無足而有尾。《山海經》曰：　鮫沙皮可以飾劍。今南人但謂之沙魚。《本草》云：　皮有二種。其最大而長喙如鋸者曰胡沙，小而皮麄者曰白沙。　飛生鳥：　《本草》云：　鼺鼠出山都平谷，即飛生鳥也，狀如蝙蝠，大如鴟鳶，毛紫色，常夜飛生子，南人多以為怪。藏其皮，諺謂臨產者持之則易娩。《元和郡國志》：　甲香三十斤、鮫魚皮一百張。《元豐土貢錄》：　《九域志》：　金漆三斤、甲香三十斤、鮫魚皮一十張。

今貢・土產

穀之屬　稻：　《臨海異物志》云：　丹邱穀夏冬再熟，言其土所宜也。夏熟者曰早禾，冬熟者曰晚禾。其最早者曰六十日，曰隨犁歸，曰梅裹白，曰便糧。其次早者曰白婢暴，曰紅婢暴、八月白。晚者曰白香，曰白堇，曰大禮、細禮。若是數者名最著，土人通藝焉。又以色言之，則大青、矮青、光頭青、黃散秈、馬鬃紅、金珠之類是也，而馬鬃紅尤香而甘。以次言之，則獻臺、相連、寄生、第二偏之類是也，而獻臺最貴。至於旱稜宜旱倒，水賴宜水，是又其性之相反者也。糯之種相傳有數十，而可記者有流水糯、白糯、黃糯、麻糯、荔枝糯、烏鹽糯，皆以其色近似。至葉婆糯、郎君糯，則因其人得名。而矮子糯則以其穗短而稱焉。占城，自占城國至；　剡秈自剡至。大中祥符五年，以淮浙微旱，使於福建取種三萬斛，分給種之，至今土俗謂之百日黃，是又其得之閩中者也。名色雖多，總其目曰秔，曰糯。《爾雅》所謂黏與不黏者，是其別歟。　麥：　有小大二種。《廣雅》云：　大麰也，小秾也。今小者有赤白二色，以赤與白名者取其色。又有名穬麥、蠶麥者。別種曰蕎麥，秋花冬實。　麻：　胡麻可飯，油麻可壓油，大麻可為乳酪。　粟：　有秈、糯二種。江東呼曰粢。　荳：　有赤、白、紫、褐、黑五色。又有形如虎爪、羊角或刀鞘者。又一種名白扁荳，生籬落間，可〔藥可食。一種名蠶荳，蠶熟時有之〕。

花之屬　牡丹：　多種。歐陽公《花品序》云：　南出越州吳，越錢氏喜栽植，其盛若菜畦。今天台最著。　芍藥：　多種。亞牡丹。　酴醾：　一名木香。有花大而獨出者，有花小而叢生者，叢生者尤香。舊傳洛京歲貢酒，其色如之。江西人采以為枕衣。黃魯直詩所謂風流徹骨成春酒，夢寐宜人入枕囊是也。　海棠：　紅色，以木瓜頭接之則色白。又有二種，曰黃海棠，曰垂絲海棠，垂絲濇紅而枝下向。　巖桂：　一名木犀，紅者號丹桂。又有黃、白、紫、碧四色與重臺及四時開者，而黃者尤香。　山茶：　有紅白二

色。　薔薇：紅紫色，枝榦有刺，又有黃色者。　拒霜：一名木芙蓉。有紅白二種及百葉者。　山礬：極香，木高數尺，北人呼曰瑒花。　菊：有四十餘種，今可記者曰黃，曰白，曰紫，曰御袍，曰金銀荔枝之類，則取其色。曰甘，則取其味。曰毬子，曰玉繡毬，曰金盞銀臺，則取其形之類。曰酴醾，曰桃花，曰茉莉，則取其花之同。至是而獨頭開者曰佛羅菊，狀似嬰兒者曰孩兒菊，高與籬落等者曰東籬菊，自海外得種者曰遇海菊，餘不可勝載云。　瑞香：張祠部以瑞為睡，故其詩有曾向廬山睡裏聞之句。而蘇文忠詠此花詞乃云領巾飄下瑞香風。俗但稱瑞香。　丁香：有紫白二色，出海山。　杜鵑：俗號映山紅，一曰紅躑躅，王荊公詩所謂亦見舊時紅躑躅是也。又有一種紫色，唐開元中僧自天台鉢中以藥養其根，種闞林寺，或見紅裳女子游花下，俗傳花神，即此花也。　麗春：莖生花，媚而香。　金錢：深黃，花圓如赤仄。　玉簪：質素而香，其形似之。　金棣棠：淡金色。　迎春：一名黃雀兒花。　金沙：有紫色者，黃魯直詩所謂紫綿揉色染金沙是也。　錦帶：長條而花綴其上，有若錦然。王元之目為海仙，作詩云：錦帶為名卑且俗，為君呼作海仙花。　金鳳：有數色，狀若飛鳳，一又曰鳳仙。　八仙：狀如瓊花，八蝶簇一心。又有小蝶簇聚如碧玉者，曰玉蝴蝶。　雪玫瑰：白色，又有紫色者，曰徘徊花。　長春：紅色，一名月月紅。　山丹：一歲著一花。　木筆：初發如筆狀。一名辛夷，見韓退之《感春》詩。　凌霄：附木蔓生，有毒，或凌晨仰視，花露滴目則能喪明。　木槿：《詩》名舜華。一曰日及花。施肩吾詩所謂但看日及花，唯是朝可憐是也。　玉繡毬：白圓如毬。　翦金：葉分數歧如翦裁之狀。　寶相：蔓生，類長春。　密標：紅黃色，千葉。歐陽公《牡丹記》作此標字，俗云密友者，非。　水仙：本名雅蒜。黃魯直謂質可比梅而枝不及，有只比江梅無好枝之句。又有一種曰金盞銀臺。　梔子：一作支子，一名鮮支。《上林賦》：鮮支黃礫司馬彪。注：鮮支，支子也。佛書稱薝蔔花，六出。按：黃魯直云八出者勝。近有一種，花瓣尤多且大，名川梔。　蜀葵：《爾雅》曰眉戎葵。釋曰：蜀葵也。一種曰夏葵，有紅、白、紫三色。　石竹：一名曰錦竹，頗多種。李太白詩所謂石竹繡羅衣是也。　百合：紅白色，根如胡蒜，疊生二三十瓣。又有川百合，先實後花，杏黃色，上有黑點如灑墨然。　罌粟：以狀如瓶罌，其中似粟，故名。《本草》有罌子粟，正用此字。俗云鶯粟者，誤。　雞冠：其狀似之。佛書所謂波羅奢花是也。

紫荊

藥之屬　百藥祖、黃寮郎、催風使、含春藤、石南藤、清風藤、耆婆藤、天壽根、千里急、紫葛、烏藥、百稜藤。右十二品按《本草》皆出天台山。　黃精：白居易《贈天台鄭隱君》詩有黃精花未茸之句。山中人九蒸九暴而食。　仙茅：一名香茅，出天台洞天宮者最勝。傳云千斤乳石不及一斤仙茅，言其功力也。　朮：白者葉大有毛，甘而少膏，赤者反是。貫休詩：黑壤生紅朮。指天台也。杜光庭《空明洞》詩：芝朮迎風香馥馥。指黃巖也。　茯苓：松脂入地而生，傍根者為茯神。　根子：出天台蒸餅峰後，向東者佳。今貨於市者多國清、天封所產，故不能愈疾。　附子：出仙居黃皮山，比蜀產為下。　草烏：出蒼山。　芍藥：有赤白二種。　天南星：葉兩頭相抱，穗似榴子，根似芋而圓如蒟蒻。　天門冬：《爾雅》謂之蘼。一名虋冬。夏生白花，秋結黑子。　苦參：根黃，莖並生，一名水槐。　元參：陶弘景云：道家用以合香。　薏苡：形如珠而稍長。　地黃：有三種。以水浸試，其浮者曰天黃，沉者曰地黃，半沉半浮者曰人黃，然人黃為下。　枸杞：一名王母杖。　茱萸：似椒而淺青色者曰山茱萸，粒大而黃黑者吳茱萸。又有一種紫色，九日人以泛觴。　白芷：近城及天台仙居多種之。　卷柏：叢生石上，以葉似柏卷，故名。　半夏：獨莖生，皮黃肉白。　椒：紅色，香勝蜀椒。今天台獨盛。　細辛：白者良。陶弘景云：出臨海。　牽牛子：有黑白二色，蔓生籬落間，一名鼓子花，碧色。陶弘景云：此藥始出野，人牽牛以易之，故名。　蛇牀子：一名蛇米，每枝上有花頭百餘，結同一窠。　車前子：土人呼為蝦蟆衣。　決明子：葉似苜蓿而大，實似馬蹄者號馬蹄決明，又有草決明。　蒼耳：一名羊負來。　何首烏：赤者雄，白者雌。本名交藤，因何姓服之首烏，故名。　五味子：以五味具，故名。俗名南藤。　菖蒲：生石罅者曰石菖蒲，葉細生陂澤者曰水菖蒲，葉微大。　五倍子：子青，大者如拳。　覆盆子：以老者食之，可溫水臟，故名。　葶藶：《月令》孟夏靡草死。注云：靡草，薺、葶藶是也。　萆薢：莖有刺者根實，無刺者根虛，虛者勝。　黃連：狀若連珠，其九節者妙。　瓜蔞：［一］名黃瓜。《詩》所謂果臝之實是也。　龍膽：狀似牛膝，味苦，故以膽名。　艾：俗名蓬蒿。土人於重午一日收其

葉以製藥。　橘皮：　有青陳二種。　香附子：　叢生道旁，一云蓑草。　蓖麻：　紫莖，子青褐色。　藷藥：　一名玉延。一種出臨海寧海山中，根圓而長，名山藥。其下品曰水藷藥。又一種紫黃色，曰虎掌藷，其形似，故名，多出黃巖。　豨薟：　一名火枕草。　骨碎補：　一名胡孫薑。唐明皇以其主折傷有奇效，故名。　石斛：　按《本草》：　溫台亦有之，以廣南者為佳。　茵陳：　有山茵陳、家茵陳二種。　婆荷　芎藭　蒲黃　天羅　馬蘭　羊蹄：　一名蓄，或又名秃。

菓之屬　梅：　多種，花白者為盛，餘則有綠萼梅、紅梅、雙梅、香梅、千葉梅、夏梅、寒梅，其實之酸則一也。又有黃色者為蠟梅，無實。　桃：　多種，以天台水南為勝，皆夏熟。惟紫桃，一名崑崙桃，以秋熟。更有名寒桃，以十月熟。又有實小如梅者，曰御愛桃。又有水蜜桃、綿桃、餅子桃。其無實者為碧桃、緋桃。　李：　花與梨花類。有綠李、蠟李、朱李、紫抹李數種。　杏：　花類紅梅。舊傳天台山有六出五色者，號仙人杏。　梨：　花雪白。有雪梨、梅梨、青消梨、水梨、紅縻、黃縻等數種，其大小不類。　蓮：　花有紅白二種，俱結實。又有碧蓮、府蓮、朝日蓮。　安石榴：　花有單葉、百葉。一種號花石榴，藏其實至花開不壞。　枇杷：　葉陰密不凋，冬花夏實。　橘：　花頗香。有榻橘、綠橘、乳橘、朱橘等種。　金柑：　黃色，如彈丸。　橙：　皮辛色黃，有青橙、緺橙、香綿橙等種。　朱欒：　實大如甌，理粗而皮厚，其瓣堅，酢不可食。俗呼沙柑。又有香欒、蜜覃二種。　柚：　《爾雅注》云：　似橙實。今土產大者如甌盂。　楊梅：　《臨海異物志》云：　子如彈丸，赤色，五月中熟。近歲土人所植多大而甘。　櫻桃：　一名荊桃，一名含桃，一名鸎桃。《呂氏春秋》以鸎嘗含其實，故名鸎桃。俗但云櫻桃。　林檎：　本名來禽，出天台者佳。　蒲萄：　二種。紫者微酸，青綠者甘，甘者名水晶，味尤勝，出仙居。　栗：　《本草》栗注云：　剡及始豐，皮薄而甜。相傳有人病足，往其下食數升即能起行。始豐，今天台也。小者號茅栗。　榛：　似栗而圓小。又有二種，曰鉤栗，俗呼巢鉤。　椎：　小而圓黑。又一種名櫧，差大而味澀，俗呼曰苦櫧。　銀杏：　本名鴨脚，後以其色白，易今名。　棗：　有馬頭棗、鍾棗、鹽官棗數種。又一種名棘子，實小而圓。　椑：　形似柿，青黑色，一名綠柿。　楊桃：　《臨海異物志》云：　色青黃，其核似棗，蓋今山棗。又一名羊桃，《本草》名藤梨，或名獼猴桃。　瓜：　有金瓜、銀瓜等種。又有名八稜、約青、笄筲者。　木瓜：　一名木梨，比宣城為下。　榧：　花實相續而生，天台仙居有之。　菱：　有牛頭菱、綠菱、二角菱等數種。　芡：　俗名雞頭，陂塘間有種者。　荸薺：　生水田中。　藕：　出臨海蔡嶺者佳。　甘蔗：　有竹、荻二種，出黃巖、亢山等處。　葛：　春生，苗引蔓，根大如臂。　茨菰：　即鳧茨。《東漢書》作鳧茈。　葉有稏如燕尾，生水田中。今蔡嶺為多。

蔬之屬　芥：　一名水蘇。有紫芥、黃芥、青芥、油芥數種。出石罅者曰山芥，味極辛，出黃巖仙居。　菘：　大曰白菜，小曰菘菜。又有白頭、牛肚、早、晚等數種。　波棱：　葉尖理細如波紋。《劉禹錫嘉話》云：　出頗棱國。有僧攜子而至，俗訛為波棱。按《唐・西域傳》，正觀〔二〕十一年，泥婆羅遣使入獻波棱菜，非頗棱也。　韭：　一名草鍾乳。《四時纂要》云：　一翦一加糞，歲不過五翦云。　胡荽：　一云元荽。《幼幼新書》又云鵝不食草。　蕨：　《爾雅》曰蕨鼈。郭注初生者可茹，土人多以配筍焉。　葱：　四時有之，惟冬其白愈長。　萵苣：　《遯齋閒覽》云出萵國。　苦蕒：　字書曰苦藘，蠶婦所忌。　莙薘：　其莖和灰汁可澣衣。　筍：　有早笙、晚笙、江南、含肚、石筍、箭筍、燕筍、鞭筍、苦筍等種。　薤：　似韭而葉濶多白。　莧：　有五種，赤、白、紫三色，又有馬莧、五色莧。　葫：　大蒜也。一呼曰葫蒜，舊傳天寶中此州李木生一枚，呼為葫蒜，俄而祿山叛，乃先兆也。　蕈：　多種，出仙居稠皋者勝，其地有左溪、右溪、中溪，中溪者最香。又天台萬年山出合蕈，土人珍之，多暴以致遠，仙居亦有之。　薑：　《本草》云出臨海章安者佳。　萊菔：　俗名蘿蔔，宜於沙地，出黃巖潮際者尤大。　牛蒡：　三歲一花，根可食，土人以中元日脯之。　木耳：　生木上。又有生石上者，曰石耳。生水上面細者曰天花蕈。　瓜：　有冬瓜、秋瓜、瓠瓜、稍瓜等數種。　芋：　若蹲鴟，謂之芋魁。今出城西沙田者佳。　苔：　生海水中，出寧海古洞者佳。　紫菜：　莖纖而稀，生海崖石上，土人以春初者為貴。《吳都賦》：　綸組紫絳。注：　紫，紫菜也。　海藻：　生海中。又一種甚大，俗名大菜。又一種細而紫色，名鹿角菜。　香菜：　有細大二種。　蘇：　有紫蘇、花蘇、板蘇三種。

草之屬　芝：　《抱朴子》云：　芝草出蓋竹、括蒼山。晉許邁云：　天

台、臨海山多有仙人芝草。《耳目記》亦云：赤城山頂有青芝二根焉。蘭：每榦一花而香濃者蘭，五七花而香薄者蕙。萱：《埤雅》云一名鹿葱，可以忘憂，夏開者高而葉大，秋開者短而葉細。又有䩄紅百葉者，有鵝黃而香者。茜：生山谷中，三棱，可以染絳。茭：生浦中東，其葉可為薦藉。有白色者，其根號茭手，可食。蒲：生陂湖中。三白：農人云三葉白則稻熟。藍：三種。中有梗者曰木藍，可為澱者曰松藍，可染碧者曰蓼藍。燈心：澤地叢生，莖細圓，可為席。馬鞭：莖方花鈿色，下如鞭（梢）〔鞘〕。仙掌：生石壁上，如人掌，故名。蕢：《爾雅》謂之蒀。江生者為淡蕢，近海生者為鹹蕢。土人以為纜，為席，為屨。萍：《爾雅》萍注云小萍也。江東呼為薸。有青紫二色，紫者以壅田，極腴，又圓葉白花者曰白蘋。蓼：江岸者曰紅蓼，道旁者曰辣蓼，可造麯糵。蘆：或謂之葭。小者曰蘿。

木之屬　金松：按唐李德裕賦序云：於顏太師猶子舊宅睹奇木，枝似樫松，葉如瞿麥，訪其名，曰金松，得於台嶺，故為之賦。其略云：風入葉而成韻，露垂柯而流液，含春靄而葱青，映夕陽而的皪。疑翠羽之群翔，笑金潭之旁射。亦猶處子在於隱闕，奇材遺於山澤。琪樹：按孫綽賦云：琪樹璀璨而垂珠。李善注云：仙都所產，未言其狀也，至唐人詩咏始盛。李紳詩注云：垂條如弱柳，結子如碧珠。三年子乃一熟，每歲生者相續，一年者綠，二年者碧，三年者紅，綴條上璀錯相間，此言其狀。而其詩云：石橋峰上棲元鶴，碧澗巖邊蔭羽人。冰葉萬條垂碧實，玉珠千日保青春。月中泣露應同色，澗底侵雲尚有塵。徒使伏根成琥珀，不知松老化龍鱗。又許渾詩云：月明琪樹陰。鮑溶詩：閒踏莓苔繞琪樹。皆謂此也。松：土產最盛。天台有怪松，大數圍，高不四五尺。陸龜蒙嘗讚之。寧海梁王寺亦有偃松，極古怪。柏：葉扁而香。檜：有御愛檜、海檜二種。梓：《爾雅》云椅梓，註云即楸也。桂：天台山有八桂。槐：《爾雅》作櫰，葉大而黑。杉：有刺杉、細杉、瑞杉等種。樟：色微赤，氣辛。桐：有黃桐、毛桐、梧桐等種。楓：脂可為香。《名山略記》云：天姥山有長楓，千餘丈，今無之。檀：黃色，或名黃檀。樫：杜光庭題空明洞有松樫蔽日影森森之句。楠：根生瘤。《吳都賦》云楠瘤之木。支：謝靈運《名山志》云樓石山多有之。檟：實可食。欓子：似茱萸而香。榆：其類有十葉，同而理異。柞：性堅，得土之正，可為梳材。櫟：葉似栗，可染皂，其實橡也。朴：皮麄。楮：一名穀。舊傳皮斑而有瓣者為楮，皮白而無瓣者為穀。枕：出樓石山。冬青：宮中號萬年枝，四時常青。樺桃：皮可為燭，唐人所謂朝天樺燭香是也。金荊：木堅有文，可為牀。楝：子可熟絹。樗：形榦類椿，葉脫處有痕如樗蒲子，故名，然無用。《莊子》所謂匠者不顧是也。黃心：以其心黃，故名。烏（臼）〔桕〕：實如雞頭，液如豬脂，可壓油為燭。栟櫚：《吳錄》云出臨海山中。一名椶櫚。柳：其葉下垂，細者曰西河柳。又一種曰欅，杜甫詩所謂欅柳枝枝弱是也。黃楊：歲長三寸，遇閏則縮一寸，東坡所謂厄閏年是也。水楊：葉圓而闊，且梗短，生水濱。苦條：材可為弓。桑：有黃桑、青桑、花桑、水桑、過海桑。柘：葉不類桑，蠶惟三眠者食之。皂莢：《南史》云：黃塵汚人衣，皂莢相料理。又一種田肥皂可澣衣。椆：其實可食。

竹之屬　斑：暈紫黑而點大，又號越竹。紫：紫色。張文潛所贊紫君是也。筀：生二三月為早筀，其皮暴乾可照夜。生四五月者稱晚筀。方：以莖方，故名。出天台玉霄峰。箭：會稽之竹箭是也。淡：肉薄節間有粉，可造紙。南人多燒取瀝焉。石：節疎而平，可鞭壁。狗：《竹譜》云：節間有毛，生臨海。筋：肉厚竅中，可為弩。慈：又名子母竹，叢生。苦：以筍味苦，故名。《海物記》云：越人以苦毒竹為槍，中虎即斃。江南：榦葉蒼翠異他竹。佛面：以根如人面，故名。釣絲：可為竹竿。桃枝：《爾雅》云：凡竹相近四寸有節者名桃枝。今所產其節相去踰尺，可為笯筍，不假丹漆，又曰蒲葵竹。茅：俗名笆籬竹。公孫：長尺許，成叢。四季：長筍不絕。篠：葉云箬葉，以裹物不漬潤。

畜之屬　牛：有黃牛、水牛二種。馬：種有自他境貿易而至，然皆駑材。羊：地宜草而肥息。彘：《爾雅》豬也。色黑，有白蹢者名花豬。犬：有黃、白、黑等種。貓：毛色等異。雞：有黃、白、烏、花色，大者喜鬬。又有潮雞，遇潮長則鳴。孟浩然《天台》謂雞鳴信潮早是也。鴨：《爾雅》謂之鶩。又有一種名野鴨。鵝：有蒼、白二種。

禽之屬　烏：《說文》云：一名慈烏，以其能反哺而名，其腹白者曰

鴟。又一種名寒鴟，狀差小，初冬來自西北云。　鵲：俯鳴則陰，仰鳴則晴。聞其聲則喜，故曰喜雀。　鸛：陶弘景云有兩種。似鵠而巢木者為白鸛，黑色曲頸者為烏鸛。　鷹：蒼黑色，亦名鷙鳥。又有呞哳而聲悲者曰鷂，蒼褐色而似鵰者曰隼。　鳩：斑色。《方言》曰鵭。又一種色不斑，人視其鳴為耕候，曰布穀。　黃鸝：一名倉庚，俗呼為黃鶯。　雉：即《書》名華蟲。　竹雞：自呼為泥滑滑。俗傳白蟻聞之即化為水。　山雞：觜與足皆紅色。　鵪鶉：《列子》云蛙變為鶉。又云鼠亦為鶉，善鬬，人以密網取之。　鴝鵒：人畜其雛，以竹刀剔其舌，可使能言，似鵙而有幘者是。

鴿：一曰舶鴿。　鷗：似水雞而色白。　翠碧：毛可為飾。南方人呼為紅翠。　郭公：身赤而頭尾黑。　畫眉：白眉褐質，善鳴好鬬。　雪姑：毛羽黑白相間。　白頭翁：似雀而大，首有白點。　謝豹：一名杜鵑，又名子規，曰謝豹者，似其聲。　雀：斑褐色。又有黃色者，曰黃雀。八九月群飛稻田間，人取為披綿鮓，或曰海魚所化，八月為雀，十月復入海為魚。　啄木：按《本草》：褐者為雌，斑者為雄，穿木食蠹。　搗藥禽：其聲丁當似之。　婆餅焦：似雀而大羽褐色。　青絲：似雀而小，羽青色如絲。　山鵲：長尾而碧色，觜與足皆紅。　伯勞：一名鵙，一名博勞。　鵜鶘：頤下有皮可容二升物。又名淘河。　青菜：嫩綠色，腹下黃色。　黃頭：褐色善鬬。　鴞：似鵬而小，一名鵂鶹。　鸂鶒：《臨海志》云：毛五色，善勑水取魚。　鸕鷀：口中吐雛，土人以捕魚。　鷺：足修而羽白。《南越志》云〔能〕隨潮上下。　鷗：臆白翅青。《南越志》云能隨潮上下。　鳧：飛甚速。　鴛鴦：毛羽五色，雌雄相逐水濱。

紅鸛：身白，觜與足皆赤。　鶻：似鷹而小。又有一種名鶻鵃，似鵲，尾短。《東京賦》云鶻鵃春鳴是也。　花臈：似雀而大，色黃褐，白黑相間如花，善鳴。　噪天：似雀而大，色如之，性善鳴，愈鳴即飛愈高。　百舌：一名孟桑。遇春初作百鳥鳴。　十二紅：羽毛紅褐，碧綠相間。

獸之屬　虎　豹：有赤黑二種。又有文圓者，名金錢豹。　豺：方言曰豺犬。　狼：似虎而小。　野豬：牙利如鐮刃，毛黑如錐，一名豪豬，即封豕也。　山羊：有筋力，善走。　麂：《爾雅》：麂，大麕也，旄毛狗足。又有一種相類曰鹿。　香狸：形如羊而小有力，味甚珍。一名牛尾狸。　兔：《博物志》云：望月而孕。《論衡》云：舐雄毫而孕。

猿：貫休詩：黃猿領白兒。許渾詩鐘盡隴猿吟，指台山也。　猴：舊傳大曆中有數百集寧海杉木中，里人伐木，欲殺之，有一老者飛出，縱火爇其木，於是人走救火，猴得脱去，其黠如此。　鯪鯉：似鯉而有四足，能陸能水。一名鱗鯉，又名穿山甲。　刺蝟：足短多刺，近人則縮。　獺：似犬而口鋭，毛〔細〕，水不能濡，善捕魚。人有魚鯁，以其爪爬項即愈。　鼠狼：生田野中，似鼠而尾如帚，善捕鼠。　鼯：《爾雅》云似小蝙蝠。　栗鼠：一名鼟鼢鼠。　竹鼦：贊寧云凡竹刺入肉不能出者，啗此物立消，以其食竹，故能化竹毒也。

魚之屬　鱸：肉脆者曰脆鱸，味極珍。又有江鱸，差小。　石首：一名鯼魚，頭大尾尖，腦有雙小石瑩如玉，故名。鱗色如金。其小者曰郎君，曰黃衫。又其次盛於春者曰春魚，僅尺許。　鮭：一名鯢，俗稱烏狼。腹多刺，肝毒殺人，烹之必去齒目涎血，冬月為上味，腹有腴，白如酥，名西施乳。又一種小而黃，春半方出，名黃鮭。　鮸：俗作鰵。三腮曰鮸，四腮為茅狂。　鱅：似鮸魚而膩，宜鹽煎炙。　鯧：板身而鋭，狀若鎗刀，曰鯧扁。

沙：二十四種。有白蒲沙、黃頭沙、白眼沙、白蕩沙、青頓沙、烏沙、斑沙、牛皮沙、狗沙、鹿文沙、鮧沙、鱷沙、燕沙、虎沙、犁到沙、昌沙、丫髻沙、刺沙。其類甚眾。　比目：雙則比目，單則王餘魚，狀如牛脾，鱗細，紫黑色，眼相合乃行。　楓葉：形小，味極珍，土人重之。《海物異名記》云楓葉入水所化也。　鯗：子多而肥，夏初曝乾可以寄遠。又有大者曰馬鯗，可膾，一名魛魚。　鯔：身圓長而鱗細黑，味甘。　鯉：無大小行皆三十六鱗。陶弘景稱為魚王。　銀：口尖身鋭如銀條，以為鮓，尤美。　鰣：一名箭魚。小者曰康鯗。　白：板身肉美，多細鯁。　鯌：似鱅而目大，似鯉而鱗麤，能以鬣刺水蛇食之。　鯽：出海中曰海鯽，出陂塘中者止曰鯽，其形皆扁而鯽首味甘。　梅：首大，朱口金鱗。土人暴以致遠，次於鯗。　魛：骨多而肉白。　馬鮫：無鱗而鋸齒青斑色。　短：項縮而短。又有一種曰鸚哥魚。　火：頭巨尾小，身圓通赤，故以火名。　鱭：身如膏髓，骨柔無鱗。　竹夾：近魛，尾有硬鱗。　白袋：形似牛而白，每自海入江則為水潦之兆。　謝豹：杜宇鳴時有之。　烏澤：與鯔相類。　柿核：一名秀才魚。　魟：形圓似扇，無鱗，目向下，尾長於身，最大曰鯨魟，次曰錦魟，又次曰黃魟。　鱵：形似魟，以鹽裛暴乾，俗呼老鴉蕎。

地青：尾有刺，甚長，逢物則撥之，毒能中人。色白者曰地白，與魟、鱵相類，又名邵陽魚、鼠尾魚。　細鱗：生溪塘中，以鱗細，故名。　石勃卒：一名末魚。　鮎：《爾雅》：鯷魚大者長尺餘，無鱗，亦名鰋，又呼為鮀子，身圓，宜爲鱐。　苗至小，宜爲鱐。　華臍：形如蒻笠，有帔，可食。一名老婆魚。　帶：《南海異名記》云修若練帶，曰帶魚。　鱔：黃色，狀如蛇。或傳荇蓼根莖所化。　鰻：山海中者齒尤銛利，冬晴鱐之名風鰻，宜於致遠。出溪洞者曰鮫鰻，江湖者曰湖鰻。又有一種曰鯧鰻，或曰鰥鰻，形似箬，江海俱有之。　鰫：背青無鱗，多腴，目旁有骨名乙，《禮》曰魚去乙。鄭注云：東海鰫魚也，品最下，不登賓俎，惟鹽裛以為羹則佳。暴其肚名赤魚鰾云。　鰍：生泥中，品頗下。　章巨：八足首圓。《南海異名記》：正名曰蜛蝫。郭璞《江賦》蜛蝫森衰而垂翹是也。海濱人訛曰章魚，又曰章舉。一種足似之而小，曰望潮。魁首駢足，目在腰股，其足長三五尺許者曰石拒。　江珧：以甘為珍。東坡有《江珧傳》，言其甘。郭璞《江賦》曰玉珧。　螺：多種。揜白有香曰香螺，味辛曰辣螺，有刺曰刺螺。又有丁螺、斑螺、黃螺、白螺、田螺之類。又有生深海中，可為酒杯者曰鸚鵡螺。　車螯：歐陽公詩：璀璨殼冰玉，斑斕點生花。美此物也。一名冒蛤，一名魁蛤。　蝦：有赤、白、青、黃、斑數色。青者大如掌，土人珍之，以餉遠。梅熟時曰梅蝦，蠶熟時曰蠶蝦，狀如蜈蚣而大者曰蝦姑。身尺餘，鬚亦二三尺曰蝦王，不常有。皆產於海。其產於陂湖者曰湖蝦，二鉗比他種其長倍之。　鱉：一名團魚。　烏賊：腹有墨，性嗜烏，浮水上伺烏啄其腹則以鬚卷食之，骨名海鰾蛸，土人以元夕陰晴卜多寡云。　蛤蜊：善醒酒。山谷詩商略督郵風味惡，不堪持到合利前是也。一種小而殼薄者名蛤蜊姑。　蟶：大者曰竹蟶，長二三寸，大如指而頭開。　蚶：《爾雅》謂之魁陸。有瓦壟蚶、毛蚶數種。《臨海土物志》有云：有側徑四寸者。又有烏頭而似蚶者，一名蝛云。　蜼：似蛤而長，殼有毛。　龜脚：以狀似之。郭璞《江賦》石蜐應節以揚葩是也。　牡蠣：陶弘景云百歲鵰所化。《本草》以左顧為牡蠣，生海際崖石上，磈礧相連如房曰蠣房。又有一種曰金錢牡蠣云。　蝤蛑：八足二螯，隨潮退殼，一退一長。最大者曰青蟳，斑者曰虎蟳，後二足扁闊名撥棹云。　蟹：類蝤蛑而殼銳，螯銛利，斷截如翦，故一名曰蠘。有赤膏者俗呼為丹蟹，冬以鹵漬之曰剛蟹，其無膏者曰白蟹。　螃蟹：俗呼曰蟹，螯跪帶毛，糟之可致遠。東坡云蟹微生而帶糟是也。　彭越：《爾雅》名彭蜎。土人以其色青，呼為青越。螯赤者名擁劍，名執火。又一種為彭蜞，性極寒，正蔡謨所謂讀《爾雅》不熟，幾為所誤是也。　千人擘：《海物異名記》：聚刺獷殼，擘之不能入。　蚌：有珠。郭璞《江賦》曰瓊蚌晞曜而瑩珠。　海月：形圓如月，亦謂之蠣鏡。土人刮磨其表，取通明者鱗次以蓋天窗。謝靈運詩所謂挂席拾海月是也。　石帆：生海中石穴，紫黑色，枝柯相連。　石蠤：形圓色紫而有刺。　鱟：雌常負雄而行，漁者雙取之。子如麻，醬之可致遠。韓愈詩云鱟實如惠文，首眼相附行是也。　蛇：一名水母，形如覆釜，常有蝦隨食其涎縷，其膚縮以礬，可致遠。　蛤：每一潮生一暈。姚寬《天台》詩所謂春潮生蛤暈是也。海濱人以苗栽泥中，伺其長，然後出，生吳都者佳。　淡菜：一名夾殼，或有產珠者。　蟟：一名老婆牙，生於巖或篙竹上。

蟲之屬　蛇：十種。青竹蛇，與竹同色。黃花蛇黃色，喜捕鼠。蝮蛇，胎化腹裂子生，最毒。惟烏蛇不螫人。　蜈蚣：腐草所生，足多，有青赤二色。　蜥蜴：似蛇四足，以備四色者為雄，餘為雌。緣籬落而黑色小者名蝘蜓，在壁名守宮。　蠅虎：似蜘蛛而灰色，善捕蠅。　鼀：三足者名蟾蜍，大者名封蛤，水中鳴者名蝦蟆。　蚯蚓：俗名曲蟮。　蜘蛛：織網取蚊，小者名蟢子。　蟻：有黃白二種。　蝱：能啖牛馬血。　蝸：雨時涎壁如銀色。　蜻蜓：小而黃者曰胡梨。　蜂：有蜜蜂、沙蜂、山蜂數種。　蝶：大者曰蛺蝶，有黃、白、黑數種。　蠅：色蒼，其首赤而差大者呼為影跡，見歐陽公賦。　螢：《淮南萬畢術》：螢火却馬。注云：取螢火裹以羊皮置土中，馬見之鳴却不敢行。　螳螂：青色長臂。　蜩：《詩》云五月鳴蜩。本生土中，夏則登木而蛻，秋鳴為蟬。　蟋蟀：一名促織。有尾爲雌，無尾爲雄。雄者，能鳴。鳴於九月，後爲寒蛩。

明・高濬《霸州志》　物産

穀之類二十二　黍、稷、稻、粟、大麥、小麥、蕎麥、芝蔴、薥秫、黑豆、黃豆、紅豆、菉豆、白豆、龍爪豆、犁豆、茶豆、酒豆、匾豆、刀豆、豌豆、羊眼豆。

蔬之類二十一　葱、韭、蒜、芥菜、芹菜、茄、菁菜、莧菜、菠菜、薺菜、蘋、蘩、蒿菜、蘿蔔、莙蓬菜、芫荽、萵苣、蒲笋、蒔蘿、銀條菜、蔓菁。

瓜之類八　王瓜、西瓜、冬瓜、甜瓜、菜瓜、絲瓜、瓠子、地王瓜。

菓之類十七　梨、棗、桃、杏、李、蓮房、菱角、沙菓、瓶菓、櫻桃、葡萄、芡實、石榴、核桃、頻婆、藕、虎喇賓。

草之類二十一　蒲、葦、艾、蓼、荻、蘆、茅、藻、苔、蘭、龍鬚、水葱、檾麻、大藍、小藍、猪牙、節節、莧稗、羊蹄、牛舌、垂盆。

卉之類三十　葵、萱、荷、菊、剪春羅、丁香、牡丹、芍藥、木槿、十姊妹、迎春、玉簪、石竹、馬藍、紫蝴蝶、薔薇、罌粟、鷄冠、牽牛、南萵苣、匾竹、月季、金盞、茨梅、望江南、馬纓、夜落金錢、六月菊。

木之類九　椿、楊、槐、榆、柳、栢、桑、棘、棠。

藥之類二十三　地黃、牽牛、羊蹄、枸杞、茴香、益母、蒲黃、三稜、菟絲、艾、薏苡、瓜蔞、猪草、瞿麥、蛇床子、地榆、藍實、蒺藜、莨蕩、茅根、山藥、菖蒲、蠶蛾。

禽之類二十一　鴉、鵝、鴈、鶴、鸛、鷺鷥、鳩、梟、鷖、鴨、鵲、燕、鵪鶉、野鷄、慈烏、反舌、畫眉、蠟嘴、水鴨、黃鸝、白頭翁。

獸之類十三　牛、馬、驢、騾、羊、豕、兔、狐、狸、獾、犬、貓、田鼠。

鱗之類十九　鱘魚、鱓魚、鯉魚、鯽魚、魝魚、鯖魚、鮊魚、鱝魚、魴魚、鱓魚、鰱魚、鮎魚、鰍魚、薊魚、鱒魚、鯙魚、鯯魚、鮣魚、鱸魚。

蟲之類二十一　蛇、螽、蜂、蛙、蛾、蠶、蟬、蝶、蝘、蟻、蝎、蚊、螻蛄、蚯蚓、蝎虎、蜉蟹、蜥蜴、蟋蟀、蝍蛆、螟蛉、螳螂。

介之類五　蟹、蝦、螺、蚌、鱉。

明・唐錦《大名府志》卷三　物産大名府各屬同。

穀類　黍、稷、粱、小麥、大麥、蕎麥、粟、秫薥、黃豆、青豆、黑豆、菉豆、小白豆、赤小豆、豌豆、姜豆、扁豆、羊眼豆、龍爪豆、蛾眉豆、芝麻、胡麻。

蔬類　白菜、芥菜、蘿蔔、蔓菁、葱、韭、蒜、芹、莙蓬、波稜、萵苣、茄、莧、芫荽、同蒿、胡蘿蔔、黃瓜、甜瓜、西瓜、菜瓜、絲瓜、冬瓜、瓠子、葫蘆。

花類　菊、葵、木槿、萱草、石竹。

果類　杏、桃、李、梨、柿、沙果、石榴、核桃、櫻桃、葡萄。

木類　榆、槐、柳、椿、楊、桑、栢、桐、棠。

藥類　草烏、枸杞、地黃、羌活、蒼朮、貫仲、前胡、香附、車前、蒼耳、菟絲、蛇床、牽牛、槐角、紫草、燈籠草、蒺梨、瓦松、桑白皮、地骨皮、鳳眼草。

雜植　麻、檾、綿花、紅花、藍。

鳥類　鵲、鴉、燕、雀、蠟嘴、黃鶯、雞、鵝、鴨。

獸類　狐、狸、貛、貉、馬、牛、驢、騾、犬、豕、羊。

魚類　鯉、鯽、鮎、鱖、鰱、鯖。

雜産　絲、綿、絹、綾、布、硝、鹻、鹽、南粉、枝頭乾、紫斑石。

明・樊深《河間府志》卷七　土産

百穀　白粳：味甘色白。　香稻　糯稻：性軟，色白粒圓，芒長寸許。　小青稻：早熟。　赤稻：味甘性軟，色赤。　野稻：不種而天成者。隋時滄州魯城縣地生野稻、水穀二千餘頃，燕魏之飢民就食之。唐因更名乾符縣，元仁宗時河間等路見嘉禾，有異畝同穎及一莖數穗者，命集賢學士承旨趙孟頫繪圖，藏諸秘書。　黑黍：古為秬。　秬：同上，周名。蘇氏註云：以黑黍為酒，合以鬱鬯，所以祼也。此最黍之良者。《詩》曰：維秬維秠。　白黍：米色如粳。　紅黍　青黍　以上俱以色名。　大白黍　粱穀：色名。類稻，粱，粒圓。　竹根青　水穀：見上野稻下。　金蠶兒　金苗兒　長稈兒　水裏紅　粑齒金　大葉黃　瓦屋裏　羅裙帶：穗青而長。　柳根赤　朱裏紗　箭稈白：穗白而長。　毛穗穀：形大而長。　子母齊　龍爪金　齊頭白　壓翻車　靠山黃　奪麥場：早熟。　豬矢穀：色黑。　山黃米　虋：俗名虋，赤苗禾也。即今之赤粱粟。　粟：穀之有稃者曰粟。《禹貢傳》所謂去其穗而納穀是也。　穄：似黍不粘曰穄。　穇子：穗如豬矢，水潦則茂。　秋小麥：古以小麥為麳。又云秾以下有春小麥，故別言之曰秋。《玉篇》云：有芒之穀，秋種夏熟。漢元狩三年，遣謁者勸有水災郡縣種宿麥，即此。《白虎通》曰：麥，金也。金旺而生，火旺則死。　宿麥：見上。　春小麥：視宿麥浮而不實。　大麥：古云麰麥。又云穬麥。　火麥：與宿麥同種。又云：燒麥視宿麥早熟半月。　米大麥：又名白麥。稃薄而脆，無芒，以手搯之即成米，故名。　蕎麥：其粒似黑牽牛子而有三稜。六月種，九月盡熟。霜早即枯，無霜則大熟。　燕麥：《爾雅》謂之蘥雀麥。《本草》云：生故墟野林中，苗似小麥而弱，莖似穬麥而細，在處皆有之。唐人所謂燕麥，元非麥是也。　芝麻：有黃、白二種。　菰蔣米：古云菰米，今謂之菰蔣米。出茭草中。　菉豆：性涼，色綠。　赤豆：又名紅小豆。　黃豆　黑豆　江豆：有青、紫、黑三種。　裙帶豆：味與上江豆同，而其顆粒最大，其長至(至)一

尺許者，故名。　青豆：　黄豆之屬。　白豆：　又名白小豆。　花豆：　又名黎小豆。禾傷水不登而此豆獨茂，獲之倍於常歲。　豌豆：　北地二月初種，四五月熟。　匾豆：　有二種：　紫緑者硬不可食，白緑者俱可用。　狐狸豆：　以其黑而黄故名。　菜豆：　或云與下麵豆同質。　龍眼豆：　黄豆屬，實大而圓。　麵豆：　皮實皆輭。　大刀豆：　以形似名。　大豆：　《爾雅》謂之戎菽。又云荏菽。孫炎云即今胡豆。《詩・大雅・生民》云：　荏菽旆旆。鄭箋、樊光、李延、郭璞、管子皆云大豆。或云即上江豆。　葛秫

蔬　薤：　《爾雅》曰：　䪥，山韰。《說文》曰：　菜也。　韭：　《爾雅》曰：　藿，山韭。　葱：　《傳》云：　五葷鍊形，葱其一也。　蒜：　《爾雅》云：　蒚，山蒜。《說文》云：　葷菜也。　芹：　杜詩所謂香芹碧澗羹也。

白菜：　有數種。國朝管訥白菜詩曰：　白白霜痕嫩，青青兩甲鮮。蒼生無此色，四海正豐年。　黄芽菜　蔓菁菜：　白菜屬，可食，其味稍苦。《詩》云采葑是也。　赤根菜：　莖細長，葉如箭鏃。根赤，故名。　薺菜：　科小葉花。　芥菜　蔞蒿：　葉如艾而莖圓，叢生水澤濱。《詩・召南》云：　于以采蘩，于沼于沚。《毛傳》曰白蒿也。郭璞、《本草》俱云白蒿。陸（機）〔璣〕云：　凡艾白色者為皤蒿。　苦藚：　其種有二，皺葉者闊，尖葉者長。南人呼為苦馬菜。野生，無處無之。　落籬菜　灰條菜：　色如灰。　白花菜：　色白。　蘿蔔：　其種有四。　茄子　芫荽：　一名胡荽。香菜也。　荼：　苦菜。《詩・邶風・谷風》：　誰謂荼苦。一名苦菜，一名苦草。野生。《易緯通卦驗玄圖》云：　苦菜生於寒秋，經冬，立春乃成。　莙蓬菜　蕈：　即蘑菇。方書所謂地漿是也。　莧菜：　有紅、紫、白三種。《埤雅》：　以字從見，言莖葉高大而見也。　萵苣　春不老：　莖葉俱緑，莖似芥而圓。　芥藍：　葉厚如莙蓬而圓，穠翠如藍葉而大。　地皮：　狀如木耳，比木耳嫩而薄。出老樹下不耕之地，草蕩之間。夏月驟雨過，處處有之。　青薊菜：　其葉有刺，酢可食。　香椿　紫蘇菜：　熟可食。　茭心菜　杏仁　槐芽：　與椿芽同。　蒔蘿　榆仁　葵　荇菜：　郭璞云：　叢生水中，葉圓在莖端，長短隨水淺深。《詩・周南・關雎》云參差荇菜是也。　荷：　芙蕖。《詩・陳風》云：　彼澤之陂，有蒲與荷。又曰：　有蒲與蓮。又曰：　有蒲菡萏。是也。　蓴菜：　蓴音純。出水中，生白花，長四五尺。即張翰之所思者。　蒲笋：　出水中。　藕　茨菰：　有藍花、黄花二種。　茭白：　即菰蔣也。生水中。元土貢有茭苗苕蔕。　雞頭菜：　《詩》所謂采蘩采蘋。《左傳》所謂澗溪沼沚之毛，蘋蘩薀藻之菜。此類是也。　木瓜：　《詩》所謂投我以木瓜是也。　甜瓜：　有數種。形圓而長。　王瓜：　《爾雅》謂之菟瓜。《月令》所謂王瓜生是也。唐人謂之黄瓜。貞觀中鹽州合歡黄瓜生。　西瓜：　性寒，有數種。　冬瓜　絲瓜　莦瓜　瓠　壺盧：　匏屬。似匏而圓者名壺盧。又曰胡盧。　地瓜：　又云土瓜。

草　莎草：　《詩・小雅》云：　南山有臺。陸（機）〔璣〕云：　夫須，莎草也，可以為笠。　茨：　蒺藜。《詩・小雅》楚楚者茨是。　葴：　馬藍。　蒿：　祭祀以脂爇之為香。　車前草　葦：　即蘆之成者。　蔦：　蘿蔦托松而生者。又蔦寄生。　葐：　音盆。覆盆草也。　萩：　即荻蒹也。又云蘆蒹。　莞：　《玉篇》云草可作席者。　蒲：　葉如劍，出水中，有長丈餘者。　水葱：　形圓如箭稈，可以為扇。　藺：　俗呼馬藺草。金河間土貢藺草。　萆稗：　草名。　蓬：　草名。《詩・召南・騶虞》云彼茁者蓬是也。　蒼耳草：　其子有刺。　苜蓿　蓚：　他笛切，蓨也。景州舊名蓚縣。　艾　萑：　細葦也。又云即上莞。　茄：　音加。荷莖也。　菅：　茅屬。　萱草　菌：　瑞草。又名芝。　蘼蕪草　鬱金香草：　俗名酒豆。　書帶草：　草名。帶長如書帶，故名。　荊條　馬鞭草

木　杜：　今之杜梨。一名甘棠。又云白者為棠，赤者為杜。　檉：　檉一名河柳，俗名西河柳。性浮，為舟可以負重。　椒：　《爾雅》云：　椴，大椒。郭璞云：　今椒樹叢生實大者。　棗　槐　梨：　古云山樆，言其在山之名曰樆，人植之曰梨。　桑：　葉宜飼蠶。《說文》曰：　桑實曰葚。有有葚者，有無葚者。無葚者為桅。《書》曰桑土既蠶是也。　榆白枌：　榆之皮色白者名枌。龔遂為渤海時，令民口種十樹。　楊柳　椿　松栢樅檜：　《爾雅》云：　松葉栢身為樅，栢葉松身為檜。《詩》曰：　檜楫松舟。葉如禾穗者為松，側匾葉者為栢。　楸：　又名椅梓。　梧桐　銀木：　理文細密如牙，可以為笏。　桂樹：　《舊志》：　桂巖在任丘縣境，深邃如巨室。巖多桂木，甚幽雅可愛。此州之勝概也。　皂角樹　紫荊　檀　柘：　桑柘。　竹：　庭砌園亭，各有種植。

花　牡丹　碧桃花：　有粉紅、大紅、粉白三種。俱千葉、一樹三色者。唐韓文公《碧桃》詩：　百葉雙桃晚更紅，窺窗映竹見玲瓏。應知侍史歸天

上，故伴仙郎宿禁中。　芍藥：有數種。有深紅，有淺紅，有雪白者，俱千葉，單葉者多。　槿：有數種。而銀紅千葉者為第一品。　轉枝牡丹　菊花：有百餘種。　竹葉梅：枝如竹而曲，花色藍。　薔薇：有數種，俱有刺。國初亦有五色薔薇。梁潛有詩云佳種何年此地栽，繁花五色照蓬萊之句。　鷄冠：有紅、白二種。　鳳仙化：又名金鳳花。　棠棣：花白。　蜀葵：有紅、白、黃三種。　石竹子花：莖如竹而細，花有數種。而千葉名十姊妹者第一，即瞿麥。　葉落金錢：本名金錢。　剪春羅：此亦石竹之類。視十姊妹為次。　紅花：花細而雜。　槐花　紫薇：花細小如絮而團。有紫紅者，有淺紅者。　玉簪　望江南：紅黃如槐而厚，葉可食。　馬蘭花　水蓬花：好生泥淖中，其花纍纍可愛，即紅蓼。　山丹：野生。　滴滴金：花黃而質弱。　百合：有二種。其麝香百合佳。

牽牛郎花　金蓮花：唐滄州金蓮花研之如泥，繪綵與真金無異。　山芥花：如回回菊而差小。　珍珠花　木芙蓉

果　小桃　匾桃　接桃　絡絲桃：即金桃。　秋桃　紅絲桃：擘開其瓤如紅絲，故名。　櫻桃：含桃曰櫻。　核桃：又名胡桃。　銀杏　杏　葡萄　李　柿：有數種。以羊棗樹接之。　沙果　頻婆　柰子：子小而澁，形類沙果。　石榴：有紅、白、酸三種。　文官果　無花果　栗　梨：有數種。　地梨：布生水澤旁。一名葧臍，即鳧茨也。俗誤為地梨。

芡實　菱：有青、紅二種。　薜〔荔〕(膝)〔藤〕

藥　地黃：藥草也。一名地髓，一名芑(陶)。　枸杞：《爾雅》云：杞，枸檵。郭璞云：今枸杞也。　胡桐淚：檉樹流沫之附者為胡桐淚。

牽牛：有黑、白二種。　薄荷：性涼。　芍藥：有數種，赤、白者多。

紫蘇　桃仁　槐實　杏仁　甘草　蒼朮　瞿麥：即十姊妹花。　半夏

黃精　蓖麻子：又名大麻子。　野菊　桑白皮　茴香　萹蓄　茵陳　益母草：方莖，對節而生。又名茺蔚。　桑寄生　榆皮　栢屑　以上俱可為香。　秦王草　菖蒲　艾　蒼耳草　山藥　荊芥　車前子：即《詩》所謂芣苡。俗謂之蝦蟆衣。　蒲黃　牡蠣　防風　蔓荊子　馬兜鈴　蟬退

蒲公英　鳳仙子　荷葉　菟絲子　紫花地釘草　翻白草　蓮蕋　浮萍　香附子：即莎草根。　楮實子　小茴香　蘇子　絡絲　鷄黃皮　鴇油　鸛油　斑毛：亦云斑猫。　木鱉子：取諸古牆之下。　鹿茸　木瓜：《大明會典》云：河間府歲辦木瓜二千一百七十七斤。　靛花　雲實：《本草》云：生河間川谷。一名員實，一名雲英，一名天豆。

枲　綵麻　火麻：又名線麻、黃麻。　邪文布　無縫綿：即綿花。以下四種俱唐土貢。又名木綿。　絲　絹　粗布：俗云家機布。其闊者又名闊白布。　平機布：視粗布稍細而闊。　土綾：景州吳橋各州縣亦有織者。　麻履

羽　鷄　野鷄：本名雉。又曰文鷄。《書》曰華蟲。　鵝：有白鵝、鴈鵝、野鵝三種。　天鵝　鴨：有白鴨、花鴨二種。　野鴨：大小有數種。　姑丁：狀如鷄，又名水鷄。　呼蚊蟲：呼則腹中之蚊盡出，可食。

鵓鴿　鴻：大曰鴻，小曰鴈。　鴈：種類不一。唐武宗即位，滄州劉約獻白鴈。淮陰李珏以中書門下平章事請却之，以示四方。　鵪鶉：即鴿鶉。《說文》曰：鶉鴿也。　鶯　鳶：鴟類。　斑鳩　鴟鴞　鵜鶘：好群飛，沉水食魚，故曰洿澤，俗呼之為淘河。又名禿鶖。　鳭鷯：江東呼為葦虎。　鷦鷯：劉向《說苑》曰：鷦鷯巢於葦苕，繫之以髮，其巢至精密，以麻紩之，如刺韈然，故名韈雀。化輒為鵰，始小而終大也。《埤雅》云：工雀又名女匠，曰巧婦。　脊令：即古鶺鴒，雀屬。飛則鳴，行則搖。　燕：有數種。唐人謂之烏衣。至自華胥國。白項群飛謂之燕，身翅有黃曰巧燕，好穿城壘而居者曰土燕。《月令》所謂玄鳥來是也。　鸕鷀　鸂鶒：或云即水札。　黃鸝：一名黃鳥，一名黃鶯，一名倉庚，一名黎黃。《月令》所謂倉庚鳴是也。　翠鷸：青羽鳥也，女冠。魯僖二十四年，鄭子臧好聚鷸冠。《漢書》：尉佗見翠鳥毛可以餙。即翡翠。　蝙蝠：或謂之仙鼠。《方言》曰蝙蝠。　鸛　鷗：水鳥。　鴛鴦：《詩·大雅》鳧鷖在涇是也。　烏鴉

鶴　鷺鷥　鸜鵒　鴇　乾雀　啄木　鶖鶬　黃雀　信天緣：見下。　謾畫：松江曹安先生《讕言長語》云：瀛之水上有二鳥。一類鵠，色正蒼而喙長，立水際不動，魚過其下則取之，無魚終不易地，其名曰信天緣。一類鶖，奔走水上，不問水腐泥沙，啅啅然必盡索之而後已，無一息少休，其名曰謾畫。信天緣無能者乃與謾畫均度一日無飢色，視謾畫加壯大。然則人之一飲一啄莫非前定？視二物之為何如哉？　䴈鳺　青雀：又名青鳥。

黑鷹：首似愁胡。　鶻：雄立如人，俗謂魚鷹。《韓子》有鵶鶻行，即此鳥。　白兔鷹：渤海高歡常得一白兔。鷹逐赤兔於沃野中。　漁陽白

東道白　黑皂鷴　白皂鷴　鴞：小鷹，能擊雉。亦曰鸇，善驅雀。　鶚：鵰鶚，鷹之大者。　白頭翁　青鵁：出水澤而巢於大木之顛。　鳳凰：靜海縣西五里有鳳凰臺遺址。相傳昔有鳳凰見于此，故名。　喜雀　灰鶴：又謂之玄鶴，又謂之青鳥。

毛　馬：有數十種。　牛：有數種。　豬　羊　犬：以其高大也。其最惡者曰啀喍，善守家畜。犬者不可飼糟，蓋恐其醉不能吠也。　猫　騾　狐狸　貂：狐貉。　鼠　鼢　鼬鼠　貛　兔　白兔：北魏孝文時瀛州刺史王質獲白兔，嘗託高聰為表以獻。又太延元年白兔見於渤海。又周世宗時滄州有白兔見，今有白兔村。又永樂十六年獻白兔於上。　赤兔：北齊神武帝嘗得白鶯，獵赤兔於沃野。

鮮　鱖魚　鯉　鱣　鮎魚　鯶魚　鰕　鱒魚：鯶之子。　魴：鯿。　魛魚：蔑魛魚也。　鯽魚　鰍　鯵魚　白眼魚　以下俱出海中。　鮻魚：如梭身長而青。　白魚　銀魚：即俗所謂麵條魚。唐人謂之白小。杜詩所謂白小群分命，天然二寸魚。細微霑水族，風俗當園蔬。入肆銀花亂，傾箱雪片虛。生成猶拾卵，盡取義何如。　鱮　鰱魚：有黃、白二種。

鏡魚　河魨　閔魚　鰳魚：腹下有骨，如鋸可勒，故名。　詰魚　黃劫

海蟄　八帶魚　青魚　黃姑魚：有二種。大者長四五寸。　黑鯉　鱸魚　龍：龍為諸鱗之長而載諸後者何？以其非常鱗而亦不常有也。唐開元初景州水見一龍三頭者。貞觀鹽州白龍見。貞元中滄州白龍見。又滄州有龍池，見則雨至，其尾禿，相傳滄州禿尾龍。任丘有五龍潭、白龍廟。南皮有龍鄉，慶雲有龍王廟，興濟有龍祠。　鱧　鯚：唐土貢鱧鯚。　乾魚：《金史》：河間產乾魚。鹽山縣有香魚舘。國朝事例：凡魚課，每歲南京戶部編印勘合，通計四川等布政司并直隸河間府州縣河泊所等衙門，該勘合六百八十九道，皆以河字為號。南京戶部領回，發各該衙門收掌，各記所收魚課米鈔若干，年終進繳。其勘合底簿仍送本部，如各衙門繳到勘合，務比對硃墨字型大小相同，於上明白填寫，以憑查考。成化二十三年計天下河泊所，河間府原設泊所三處：任丘縣河泊所、天順元年以所收課鈔不及萬貫革罷。靜海縣河泊所、鹽山縣河泊所。

介雜蟲附。　螃蟹：唐平原郡貢糖蟹，採於河間。　白蜆：海邊人掜沙取之。　蛤蜊：即《月令》入大水為蛤者。　蟶：又名蟶蟷。　海螄　螺蚌　土蛈　蝌蚪　鱉　海蟄　黿　蚰蜒　蟬：一名蟪蛄。又名蜩。　蛭：水蟲。　蟣蠓：飛小蟲。　水牛：本《爾雅》所謂蠰齧桑。江南呼為齧髮。形似天牛，俗呼為水牛。體有白點，喜齧桑作孔入其中，故名。　蟋蟀：今促織也。　蚯蚓　螳螂：有斧蟲也。　蜻蜓　白魚　蠶蛾　馬螘　蜘蛛　土蜂　蠐螬　果臝、蒲蘆：即細腰蜂也。　螟蛉、桑蟲：《詩·小雅》云：螟蛉有子，果臝負之。　螢火　桑繭　螟：食苗心曰螟，食葉曰螣，食節曰賊，食根曰蟊。　斑毛：又見藥。　刺蝟　蚊蟲　碎草蟲　蝴蝶　蝎　蠆　蚤　蟯螂　蜜蜂

明·張才《弘治保定郡志》卷七《食貨三》　土產

穀屬　粟：《爾雅》云粢，稷也。《曲禮》曰明粢，江東人呼粟為粢，是一物而有三種也。《本草》又以稷米在下品，粟米在中品，又似二物。今見粟可為飯，而稷米亦可為飯，比之粟，味多香甘，《本草》之言為是。　黍：《爾雅》云：眾，秫也。謂黏粟也。《說文》云：稷之黏者，與穀相似而米黏，北人用之釀酒，其莖稈似禾而粗大。《孟子》謂北(六)〔貉〕五穀不生，惟黍生之是也。　戎叔：《爾雅》云荏菽也，即今之大豆。穀梁氏謂戎菽即胡豆。郭氏謂胡戎，皆是夷名。　麥：《廣雅》云大麰、小麳，即今人之大麥、小麥是也。《爾雅》又云：蚍衃，荍麥也。秋花冬實，遇霜則枯。即今人之蕎麥是也。　豆：世傳菽是也，種類不一。大者紫、黃、青、黑四色，小者赤、菉二色。又有虎班、虎爪、羊角、刀鞘及黑白褊豆，亦名鵲豆，可藥可食。又有蠶豆，四月有之，俗名彎豆是也。　麻：有二種。一曰胡麻，《廣雅》云巨勝，即今之芝麻，有膏可以壓油。一曰大麻，《爾雅》云枲，皮可績布，其實為黂，可以為乳酪。又有一種葉大花黃，俗謂之縈麻。　旱稻：《爾雅》云：秫也。秫，黏稻也。此云旱稻者，以秫類而非一種，植於旱地，不須水灌，其味香甘，與粳米同，亦是江東秔之一類耳。　薥秫：幹長葉長，其形如蔗而尤長盛，其實可食，味平無毒，與黍稷同熟。【略】

花屬　芍藥：《韓詩》註云離草，言將離別贈此草也。王元之謂見毛鄭詩，百花之中，其名最古。　海棠：花如紫綿。又有垂絲海棠，色淡紅，多葉而枝下白。　棣棠：《詩》棠棣。梅聖俞所謂韡韡芸黃殿後花是也。　薔薇：有五色，枝條多刺。東坡詞：笑怕薔薇看。又有野薔薇，香亦清冽。　丁香：一名百結香。杜少陵詩：〔細〕葉帶浮毛，疎枝披素豔。

菊：《爾雅》云：治蘠，其種不一，夏開而秋浸盛。東坡與朱遜之論菊多接花，遜之曰：菊當以黃為正。東坡遂賦之曰：坤裳有正色，鞠衣亦令名。一從人偽勝，遂與天力爭。金沙：似紅薔薇。山谷詩紫綿揉色似金沙。長春：一名曰四季花。東坡詩：幽芳本長春，暫(悴)〔瘁〕如蝕月。玉簪：一名白鶴，質素而香，其狀類之。古詩云：燕罷瑤池阿母家，飛瓊扶上紫雲車。玉簪墮地無人拾，化作東南第一花。迎春：一名黃雀兒。晏元獻詩：淺豔侔鶯羽，纖條結莬絲。剪金：花如金茸，類剪刻。夜合：一名合昏，一名合歡。嵇康云：合歡蠲忿。《古今註》云青裳，陳後山所謂探囊一試黃昏湯，即花也。山丹：東坡所謂錯落瑪瑙盤是也。百合：《本草》云摩羅，或云蚯蚓所化。根類胡蒜，花色淺黃，上有黑點如灑墨然。罌粟：《本草》云罌子粟。蘇潁濱詩：罌小如罌，粟細如粟，與麥偕種，與穄偕熟，研作朱乳，烹為佛粥。石竹：叢生，花如纈綿。李太白有石竹繡羅衣之句。蜀葵：《爾雅》云：菺戎，葉有紅、紫、白、錦四色，惟黃者如金杯，然至秋方開。滴滴金：一名滴露。陶弼詩：九秋珠露滴成芽。含笑：有紫、白二色。丁晉公詩：花名含笑笑何人。麗春：多色，花四出，葉端如綿稜。少陵詩：白草競春榮，麗春應最勝。金燈：莖直上，末分數枝，枝一花，光焰如燈。晏元獻之說如此。牽牛：蔓生籬垣，花可漬薑。聖俞詩：持置梅窗間，染薑奉盤羞。鷄冠：佛書云：波羅奢花。山谷詩：紫冠黃鈿網絲窠。玉屑：一名真珠花。張芸叟詩：千璣萬琣照庭隅。又云：緣堦遶砌總真珠。金鳳：一名鳳兒花，有數色。文與可詩：花有金鳳為小叢，秋色已深方秀發。躑躅：生山谷間。苗高三四尺，花似淩霄，紅黃色，夏初盛開。唐人詩：五渡溪頭躑躅紅。蓮花：有紅、白二種，清香幽遠可愛。十樣錦：葉似赤莧而大，高者三四尺，至和經霜葉皆或紅，或白，或紫，或赤，變態不一，時人呼為十樣錦。

果屬　桃：多種。唐明皇名為銷恨花，有緋、碧、白桃皆千葉無實。小春開者為小桃，其實有御愛桃、餅子桃、崑崙桃、錦桃數種，惟十月熟者為寒桃。杏：花類紅梅而豐豔。東坡詩：零露泫月蘂，溫風散晴葩。實有丹杏、金杏。李：花如積雪，元微之有葦綃開萬朵之句。實有麥熟、橫枝、紫綠數種。李直方第果品以綠李為首。又有郁李，一名雀李，花粉紅色，實如朱櫻。梨：花如李而大，最宜月下。前輩詩云梨花院落溶溶月，其實難得佳者。蓮：《詩註》：扶渠，其花菡萏。《爾雅》云：芙蕖，亦名水芝。宋之問《秋蓮賦》序云：天地清冷，紅蕖菡萏。以清冷對菡萏。蓋謂菡萏為花開之狀。花有紅、白、碧三種，皆結實，名為湖目。又有千葉者無實。藕：白花者乃甘脆。昌黎詩：冷比雪霜甘比蜜，一片入口沉痾痊。其條初抽可茹。柳子厚云：珍蔬折五茄。榴：一名丹若，又名天漿，有紅、黃二種。王元之詩：誰家巧婦殘針線，一撮生紅熨不開。秋實甚大。又有紅千葉者，大如酒杯。櫻桃：《爾雅》云：楔。一名荊桃，一名含桃，俗呼櫻桃，有丹、蠟二色。韓偓詩：合充鳳食留三島，誰許鶯偷過五湖。來禽：俗呼林檎，王逸少有來禽青李帖。陳後山詩：來禽花高不受折，昨暮胭脂今日雪。秋子：似來禽而小，文與可嘗有詩。海紅：似海棠，結子如彈。蒲萄：一名馬乳，色紫。又如水晶者味尤勝。昌黎詩：若欲滿盤堆馬乳，莫辭添竹引龍鬚。栗：《詩》云：山有嘉卉，侯栗侯梅。其實熟則罅拆。又有榛栗，似栗而小。又有錐栗，小而圓黑。銀杏：一名鴨脚子。舊傳三十年方開花着子。歐公詩：始摘纔三四，歲久子漸多。驗之信然。棗：有大、小二種。《詩》云：八月剝棗。注：剝，撲也。王金陵《字說》乃謂剝其皮而進之，舛矣。柿：細大不等，色皆綠，滲以灰瀋，則表裏俱紅，皮薄而味甘。胡桃：一名羌桃，本生西羌。張騫歸致其種，外剛撲而內柔甘。孔文舉書云：多惠胡桃，深知篤(實)〔意〕。

瓜屬　西瓜：形如匾蒲而圓，色極青翠，而其味甘冷，可留致遠，載《松漠紀聞》。近多此種，或刳其中漬以蜜，經旬皆成汁，渴飲甚佳。木瓜：《詩注》云：楙木。《爾雅》云：楙。宋何承天謂嘉木，嘗作賦。唐蕭嵩亦有《嘉木》詩。菱：《爾雅》云蔆，蕨攈。注：今水中芰。引《字林》云：楚人名蔆為芰，可食。《國語》：屈到嗜芰。俗云菱角是也。《武陵記》：兩角曰蔆，四角曰芰，通謂之水栗。人多以芰為荷。《魏都賦》云：丹藕淩波，綠芰汎濤。則二物判然矣。芡：《莊子》云鷄雍。注：鷄頭，一名鴈頭，亦謂水硫黃，以其日中開花，性甚暖。聖俞詩謂：蝟毛蒼蒼礫不死，銅盤矗矗釘頭生。吳鷄鬪敗絳幘碎，海蚌扶出真珠明。葛：春生苗引蔓，根大如臂，煮食甚甘，可以止渴解飢。棠毬：生山野間，有紅、黃二色，能消宿食。

蔬屬　蕨：《爾雅》云：蕨，虌。《草木疏》：周秦曰蕨。齊魯曰虌（脚），以其初生似虌脚。唐人詩蕨芽已作小兒拳。東坡云慚愧春山筍蕨甜，蓋多取以配筍焉。　蒲：葉長，春月其芽可食，俗謂之蒲笋。　芥：有紫芥、黄芥，惟臺心最辛脆，又有芥苗。東坡詩：蘆菔（有）〔生〕兒芥有孫。　菘：多種，四時皆有。冬初其本尤壯，可作虀，即周顒所謂（冬）〔秋〕末晚菘是也。　瓜：有稍瓜、冬瓜、香瓜、甜瓜、黄瓜數種。　瓠：《詩》云瓠犀。《爾雅》云棲瓣。注：瓠中瓣也。味甘，間有苦者。又一種名（匏）〔瓢〕，所謂瓜匏之瓠，即今胡盧。唐盧懷謹嘗蒸以召客。東坡詩云：爛蒸鵝鴨乃瓠壺。　茄：《酉陽雜俎》云：茄，蓮莖之名。當作革遐反。又名昆侖瓜，有紫、白二種。　胡荽：一名園荽，又一種為竹園荽。《幼幼新書》云鵝不食草。　香菜：有細、大二種，而細者尤香。　甘菊：莖紫味香，葉可茹。又一種莖青味苦不堪食者，名（可）〔苦〕薏。　馬蘭：《廣雅》云馬薤。葉微似波稜。　蔓菁：葉似芥而青，根如蘿蔔，味香甘，葉梗可作虀，根與米同煮，膠練香美，又易飽，菜中之絶品也。　茼蒿：葉如艾，梗香脆可食，亦可點茶。東坡云：着眼應誇美，入牙不塞齦。以言其脆軟也。　葱：有二種。生於水者為水葱，葉長而肥，不可食。生於地者可食，能消食通氣，寬胸發汗。　薤：葉如馬蓮而小，春芽最香脆。刀割之後即生，與韭同類。其利及人，與葱等。今人謂茹葷，正不用此味耳。　蒜：味辛辣，能消諸積食油膩，解諸肉毒，殺諸蟲。五月五日出土，而獨瓣者能治諸瘡。　菠稜：赤根也，俗名青菜，以其冬月長青也。南北地方在在有之，此地用之最廣。　芹：青色，軟脆香美可食。性冷，多用傷脾。和羹入此，香美可食。　杜子云：香芹碧澗羹。春秋野人食芹之美，欲獻其君。　白菜：味淡而美，可以久食。取葉清水煮食，謂之青絲湯，能消食，解上焦熱，開胃通氣，能通利關竅。

藥屬　菖蒲：《周禮》云昌本。《左傳》云昌歜。《本草》云昌陽，亦云堯韭。《别説》云：陽羨生水石間，根葉極緊細，一寸不啻九節。人多以瓦石器種之。又一種葉闊而長，隱起如劍脊，大寧山、大茂山間有之。　蕷藥：一名王延，又名修脆。紫莖細蔓，葉似牽牛而光澤，開細白花，結實如鈴，根白色而膩。　麥門冬：一名羊韭，亦名馬韭，花淡紅如蓼，結實如青珠，根如穬麥。　半夏：一名守田，又名地文。苗一莖，莖端三葉，有二根相重，上小下大，外黄内白。　蘇：《爾雅》云：蘇，桂荏。注：以味辛類荏也。一種紫而香，又一種兩葉相當，花紫白色，味辛而香，為蘇，亦名雞蘇。　荊芥：一名假蘇，以其香氣似蘇。亦名薑芥，蓋聲之訛爾。　椒：《詩》：椒聊。陸（機）〔璣〕疏云：似茱萸有針刺，莖葉堅而滑。　何首烏：一名野苗，又名地精，本名交藤，因何姓人服之得名。秋冬取根，赤者雄，白者雌。　薄荷：莖葉似荏而尖，經冬不枯。　薏苡：一名屋菼，又云芑實。春生苗，莖高三四尺，葉類黍，開紅白花，成穗結實如珠，亦名薏珠子。生交趾者名榦珠。　香薷：一名香菜，似水蘇而葉細，俗呼香茸。　桑白根：採以銅刀，刮去麄皮，取其白霜後乃佳。　牛蒡子：一名惡實，葉大如芋，結子殼類栗，梂小而多刺，俗呼鼠黏子。　菟絲子：《爾雅》云唐蒙，又云女蘿。《本草》云赤網。《吕氏春秋》云菟絲無根，言根不屬地。今觀其苗，初生若絲遍地，不能自起，得他草梗纏繞而上，根漸絶焉。　蛇牀子：一名馬牀，葉似芎藭，花白，子如黍粒，黄白色，生下濕地。《爾雅》云：盱，虺牀。　香附子：一名莎草，根生田野間，苗葉如薤而瘦，根如筯頭大，周匝多毛，又名三稜草。　蓖麻子：可壓油。　枸杞：《爾雅》云：杞，枸檵。又名地骨。莖幹高起作叢，葉如石榴，實如棗核，又類枸棘，但無刺爾。　芍藥：一名餘容，春生紅芽，作叢，莖上三枝五葉，似牡丹而狹長，夏着花，紅白數種。《本草》云：生川谷者可入藥。　百合：苗高，榦麄如箭，葉如雞距，根如胡蒜，重疊數十片，俗呼強仇。　防風：一名茴草，又名百蜚。根黄色，莖葉俱青緑色，莖深而葉淡，類青蒿，差短小爾。　白芷：根長尺餘，白色。葉相對，婆娑，紫色。花黄白色，□名芳香。　細辛：根柔韌極細直，深紫色。葉如葵，黑色。相傳裏海間有細而黄白色者，乃鬼督郵，非此。　蟾酥：《元志》：宋村有蟾池。　茯苓：出大松下，附根而生，大者至數斤，皮黑，有赤、白二種。《本草》云：似人形、龜形者佳。　地菘：一名天門精，又名蟾蜍蘭，夏秋抽條如薄荷，花紫白色，葉如松葉而小。《爾雅》乃謂菥蓂、豕首者是也。　鶴虱：一名鵠虱，葉皺如紫蘇而尖，生黄白花似菊，結實極細。《夢溪筆談》名地菘。　牽牛子：《酉陽雜俎》云盆甑草，《本草》名金鈴，亦云草金鈴。　栝樓：《詩》云果臝之實。《爾雅》云天瓜。《本草》云地樓。蔓生，花淺黄色，實在花下，亦名黄瓜。　薺苨：《爾雅》云莀苨。莖似人參而葉小異，根又類桔梗，但無心耳。　羊蹄：《詩》云蓄。《本草》云

鬼目。葉狹而長類萵苣，花開成穗，俗呼禿菜，蓋蓄訛為禿。　射干：一名烏扇，又名烏翣。花圃多種，亦名鳳翼。秋生紅花，中有赤點。　商陸：《爾雅》云：遂薚，馬尾。注：《廣雅》云馬尾。商陸，《本草》云薚，江東呼為當陸，莖青赤至柔脆。　蓯蓉：唐山出。　馬勃：一名馬庀，生園中久腐處，虛軟如紫絮，彈則有粉。　連翹：《爾雅》云異翹。注：連苕。《本草》云旱蓮英，類水蘇，花黃色，結子作房似（連）〔蓮〕而小。　馬鞭草：莖似細辛，葉微類蓬蒿，花紫色。　車前子：《詩》云芣苢。注：馬舄。江東呼為蝦蟆衣。大葉長穗，生道旁，亦名當道。　瞿麥：一名雀麥，亦名燕麥。莖生細葉，花紅、紫、赤色。劉禹錫所謂兔葵燕麥者是也。　王瓜：一名土瓜，生籬落間，子如楊梅。　鼠黏子：《爾雅》云：性溫，平氣。主風毒，利咽膈。吞一枚可出癰疽、瘡痘。又云潤肺散氣。　桔梗：《本草》云藥中舟楫，諸藥中有此一味不能下沉。治鼻塞，又治胸脇痛。易老云：與國老同行，為舟楫之劑，欲諸藥至胸中，非此不可。　蒼朮：《本草》云：入足陽明、太陰，能健胃安脾，有止發之異。若泔浸火炒能出汗，與白朮能止汗，特異用耳。又能消食化氣。　葛根：《本草》云：療虛渴，除胃熱。又云：虛渴者非此不能除。朱奉議云：頭疼如欲破者，連鬚葱白湯飲之。不止者，葛根葱白湯。解酒毒表證。又云解巴豆百藥毒。　瓜蒂：治身面四肢浮腫，殺蠱毒，欬逆上氣，及食諸果病在胸腹中者，皆吐下之。　除偏頭風，出鼻中黃水。又云治胸中寒氣。

草屬　芝：其色有五，生則為瑞。　萱：《詩》云諼草。《本草》云忘憂。《博物志》萱草、忘憂，又名鹿葱。有千葉者，俗呼宜男草。阮籍詩諠草樹蘭房，蓋諠字與諼同。　藍：葉如水蓼。陶隱居云：即今染緑碧者。亦名菘藍，汁可作澱。又有紅藍花，亦名黃藍。《博物志》謂張騫所至。春苗夏花，可染真紅。　莎草：葉細如茸。宋景文詩：青莎秀滿堦。　苔：花細如粟。少陵詩：雨過苔花潤。　荇：《爾雅》云：莕，接餘，其葉苻。注：叢生水中，葉圓在莖端，長短隨水淺深。《本草》云鳧葵，亦名猪蓴，開小黃花，俗呼金錢花。王融《雙聲》詩云：葫荇曄（光）〔黃〕華。　藻：《爾雅》云：薄，石衣。注：水苔。　蓼：一云紫蓼，即水紅花。一云青蓼，葉辛辣可和麴蘖。其大者名紅草。《詩》云游龍。《爾雅》云紅龍古。俗呼蘢鼓。　萍：《爾雅》云蓱。注：江東謂之薸，其大曰蘋。舊傳楊花入水，經宿即為萍。或糝蒸為茹，所謂萍齏是也。　蘆葦：《爾雅》云：〔蘆〕名葭華，葦名葭葦。小如葦而實者為菼亂，其萌虇。注：即今蘆筍，其花皆名苕。　蔣草：一名菰，有米如粟。《西京雜記》謂之雕胡。少陵詩願作冷秋菰，又云滑憶雕胡飯。　時蘿：《本草》名慈謀〔勒〕，如馬芹而辛香，故云。　菀草：採以稇履織薦。　鴈來紅：似馬芹色黑而重，時蘿色褐而輕。　苦葴：似藿而葉端色黃，即玉樹後庭花也。又一種名映日紅，其葉盡赤。　苦葴，寒漿也，今酸漿草也。陶隱居注云：處處人家多有，葉亦可食，子作房，房中有子如梅李大，皆黃赤色，江東人呼為苦葴。　靛青：澱也，有大澱，有小澱。大者葉如白菜，小者葉如冬青樹，春種夏花，收種必用宿根。二種雖殊，成澱則一。或云小澱染藍，其色妖嫩。　萹竹：竹，萹蓄也。李巡曰：一物二名也。似小藜，赤莖節，好生道旁，可食，又殺蟲。《本草注》云：處處有，布地而生，節間白花，葉細緑，人謂之扁竹，煮汁與小兒飲療蚘蟲。　蒿：《爾雅》云即莪也。《詩》曰青青者莪。陸（機）〔璣〕云：莪，蒿也。一物而四種。一名蘿蒿，生澤田，葉細如絲，莖可生食，又可蒸，葉香美。一名蓬蒿，葉細可食。一名蔞蒿，香美異常。一名臭蒿，榦高大，處處有之，其實可療胸中飽悶。

木屬　松：花上黃粉名松黃，人多以湯瀹之。其節為松明，東坡詩：坐看十八公，俯仰灰燼殘。樹皮緑蘚艾〔蒳〕或傳可和香。　檜：《爾雅》云栢葉松身。獨孤公手植三本，詳見古跡。　栢：樊宗師《園〔記〕》：謂栢為蒼官，其子香而可爇。東坡詩：銅爐（然）〔燒〕栢子。又有側栢。　杉：《爾雅》云被。一名煔。注：煔似松，生江南。《本草》云：木類松而勁直，葉附枝生，若針刺。　槐：《博物志》：槐初生曰兔目，或以汁溲麪作湯餅。少陵所謂碧鮮俱照筯是也。　桐：《爾雅》云櫬，一名梧。《酉陽雜俎》謂其孫枝為鳳條。　梓：《爾雅》云：椅，梓。注：即楸也。陸（機）〔璣〕：梓者楸之疏理、色白而生子者，梓實銅皮為椅（梓）。　檀：色黃而性堅，或云黃檀。　櫟：《詩》云苞櫟。注：柞櫟，又云苞栩。《爾雅》云杼，又云栩，又云櫟。其實梂所謂橡實。陸（機）〔璣〕云：柞、櫟、杼、栩，皆橡櫟之通名。《莊子》狙公賦芧疏云：橡子也，似栗而小。　榆：《詩》云樞。《爾雅》云：樞，荎。春生莢，古人採以為糜羹。張文潛詩云：修柯遏雲日，老枿干虹霓。　樗：《爾雅》：栲，山樗。北人謂之山椿，木疏而氣

臭。《莊子》所謂擁腫曲拳，不中繩墨規矩是也。　椿：與樗相似，木實而葉香。　楮：俗呼為穀，生子如彈，秋深則紅，皮可搗紙。東坡有《宥老楮》詩。　楊：葉圓闊而赤，枝柯短硬。昔有喻植楊云：楊，天下易生之木也。倒植之而生，橫植之而生。然一人植之，一人伐之，雖千日之功皆棄。　柳：葉(夾)〔狹〕長而青，枝柯長軟。　黃楊：歲長一寸，閏則縮一寸。東坡所謂厄閏年，歐公嘗有賦。　白楊：《爾雅》云移。葉圓帶弱，無風自動，亦云蒲楊。又有水楊，生水際。《爾雅》所謂旄，澤柳是也。　桑：有黃桑、花桑，採以飼蠶。　柘：葉勁而有紋。　皂莢：《南史》云：黃塵汚人衣，皂莢相料理。　棠梨：似樗櫟，其木惟可鐫刻。　樲棘：棘也。《爾雅》曰：樲棘，酸棗也，樹小實酢。《孟子》曰：養其樲棘。孟康曰：枝小而有刺者是。　樫：《爾雅》曰：河柳也，今河旁赤莖小楊。陸(機)〔璣〕云：皮正赤。一名雨師，枝葉如松。　椵樹：《爾雅》云：大椒也。大者為椵，小者為椒。郭云：今椒樹叢生實大者名為椵。陸(機)〔璣〕云：似茱萸有針刺。　杞：《爾雅》：枸杞也。《詩》云集于苞杞是也。陸(機)〔璣〕疏云：一名苦杞，一名地骨皮。又云：春取莖，夏取葉，秋取子，冬取根皮，服之益壽延年。

竹屬戴凱之《竹譜》：竹有生日，謂五月十三日移植最宜。亦謂竹醉將枯則生花。或云：劈竹多用辰日。山谷詩：夏栽醉竹(逾)〔餘〕千箇。又云：根須辰日斸。　竹：肉厚而葉長闊，以為鎗，中虎而肉薄，節間有粉，燒以取瀝，可入藥。斃，其筍俗呼其苦筍。

禽屬　烏：純黑而反哺者曰慈烏，腹白而不反哺者曰鴉，亦名鵶烏。《詩》所謂鸒。又一種名寒鵶。　鵲：俯鳴則陰，仰鳴則晴。聞其聲則喜，故云喜鵲。《西京雜記》云：乾鵲噪而行人至。佛書呼為芻尼。　鷹：蒼黑色，亦名鷙鳥，通謂鷹隼。　鷂：《酉陽雜俎》：世傳鵲生三子，則一為鷂，即鳶也，俗呼鷂鴟。　鸇：似鷹而小。　鶻：柳子厚有《鶻說》，亦謂之鷙。　鶻嘲：《爾雅》云：似鵲，尾短，多聲。《東京賦》云鶻嘲春鳴，或言骨雕。　鸜鵒：似鵙而有幘，人捕得之則剪其舌，可使能言。　鶴：射生戶多得灰色者，其白者產淮鄉。　鸛：《詩注》：水鳥也，將陰雨則鳴。陶隱居云：有二種。似鵠而巢樹者為白鸛，黑色曲頸者為烏鸛。或取其子則旱，以能飛薄雲霄，激散空雨。　鴈：《詩注》：大曰鴻，小曰鴈。《玉堂閒話》云：鴈，宿洲渚，必有伺察者，謂之鴈奴。金陵詩云：人將伺其殆，奴輒告之亟。舉群寤而飛，機巧無所得。　鷺：《詩注》《爾雅》皆云春鉏。皮日休詩：數點春鉏烟雨微。　鸕鷀：善捕魚。山谷詩：鸕鷀密伺魚蝦便。　鴛鴦：《荊楚記》云：鄧木鳥，羽毛五色，雌雄相逐。　鸂鶒：尾五色如船柂，小於鳧，能食短狐。杜臺卿賦云鸂鶒尋邪而逐害是也。　鶯：《詩》云倉庚。疏云黃鶯，又名黃鸝、鸝鶊、黃公、黃栗留。昌黎詩：麥黃韻鸝鶊。東坡云：苦厭黃公聒晝眠。歐公云：黃栗留鳴桑葚熟。　燕：《禮記》云乙鳥，《爾雅》云鳦。一云玄鳥。陶隱居云：有二種。胸紫身小者為越燕，胸斑黑而聲大者為胡燕。昌黎詩：陶喧逐風鳦。　雀：斑褐色，又有黃色者為黃雀。　鳩：《爾雅》云：鴶鵴。注：今之布穀。牝牡飛鳴，以羽相拂。江東呼為撥穀，一名桑鳩。土人謂之脫却布袴。東坡詩：不(愁)〔辭〕脫袴溪水寒，寒水照見催租瘢。《本草》云斑鷦，又名斑鳩。春分化為黃褐，侯秋分復為斑鳩。　百舌：《禮記》云反舌。《說文》云：五月陽盛於上，陰萌於下，百舌無陰，故無聲。《朝野雜記》云：春囀夏止。張芸叟詩云：學盡百禽語，終無自己聲。　山鷓：尾長色碧，嘴距皆紅。

雉：《書》云華蟲，一名山雞，俗呼雉雞。　竹雞：俗呼泥滑滑，其聲如之。東坡詩：泥深竹雞語。又云：泥深厭聽雞頭鶻。　鵜鶘：《詩》云鵜。注：鵜鶘，味喙也。《莊子注》云陶河。一名提壺，其聲云提胡盧。山谷詩：提壺惟解勸酤酒。　練帶：似鵲而小，尾長如帶。　黃頭：褐色，善鬪。　繡眼：似鵲而小。　蠟觜：色黃褐而喙黃。　啄木：《爾雅》云鴷。《淮南子》云斲木愈齲。《古今異傳》云：雷公採藥吏所化。歐公有詩。　鶉：《列子》云：蛙變為鶉。又曰：鼠變為鶉。即《月令》田鼠化為鴽。《素問》云鴽鶉。至道間，京師鬻鶉者積於市門，而水中絕無蛙聲，人有得於水次，半為鶉，半為蛙。　鴿：多種。張燕公令其遞書，雖遠必達。名為飛奴，人多畜之，又有野鴿。　鴞：《周禮》云：惡鳴鳥，若鴞鵂。賈誼云：鵩似鴞，實一物，亦云梟。晝目不見物，夜則飛鳴。　姑惡：水鳥也。俗傳婦以姑虐死，其聲故云。　鬼車：遇陰晦則飛鳴，或云鬼車十首，一為犬所斷，聞其聲則擊犬，使以厭之。歐公有詩。　蝙蝠：《本草》云伏翼，又名仙鼠，謂在山竅食乳髓，皆千歲。頭有冠，淳白，大如鳩鵲，如鶉。未白者，皆百歲，而倒懸之於石乳中。仙經所謂肉芝也。

獸屬　虎：陽羨有白額虎，為周孝公所射。宋有獲二十六虎者，劉漫塘宰有詩。　豹：《爾雅》云：貘，白豹。注：似熊而小頭庳脚，黑白駁文。又有赤豹。　狼：大如犬，色蒼，其鳴諸孔皆涕。　狐：形似狸而黃，鼻尖尾大。　兔：《禮記》云明視。《文選・木蘭歌》云：雄兔脚撲朔，雌兔眼迷離。　香狸：微有麝氣，肉可作羹臛。荀輿嘗寫《狸骨方帖》，謂能療風。　麞：陶隱居云：野田之中，麞鹿可食，生不腥羶，又非辰屬，故道家取以為脯，亦名麕，有牙者佳。《古今注》云：麞有牙而不能噬，鹿有角而能觸。　鹿：《詩注》：牝鹿曰麀。　獺：《淮南子》云：養池魚者不蓄猵獺。　刺蝟：狀微類猯，脚短多刺，尾長寸餘，人觸之便藏頭足，其刺不可嚮邇，惟見鵲則反腹受啄，人欲掩取，猶蚌鷸然。　鼠狼：生田野中，似鼠而尾如帚，善捕鼠。　山羊：野羊也，出易州淶水山後蔚州界，頂有黑角，皮可製裘。

鱗屬　龍：有黑白二種，潛於深淵，神化不測，歲旱禱雨輒應。淶水縣釜山有二龍，名曰大青、小青，詳見山川。　鱸：鱗細肉脆而味珍，出江中。其小者生於陂澤，隋煬帝所謂金虀玉膾，東南之佳味，蓋芼之以橙縷也。　鱣：《爾雅注》：江東呼為黃魚，鼻口在頷下，甲無鱗，肉黃，大者長二三丈。《本草》云鱑。　鯿：味甚肥美。少陵詩：謾釣槎頭縮項鯿。　鯉：陶隱居云魚王。唐人謂之赤鯶公。脊中有鱗，自首至尾無小大，皆三十六。又有一種名黑鯉，身圓而紋黑，謂之老重，又名魴鯉。　青魚：似鯉而背青色。　白魚：版身肉美，多細鯁，出湖中者佳。少陵詩云：白魚切如玉。

鯽：《本草》云稷米所化，宜臛食。少陵所謂鮮鯽銀絲膾是也。　銀魚：《博物志》：昔吳王江行食膾，棄其餘，悉化為魚。今出湖中有大如指者，腊之可致遠。梅聖俞詩：乾若會稽筍，色比荊州銀。　鰍：春初出江北，味甚腴。梅聖俞有下筯勝紫鱗之句。　鰻鱺：似鱔而腹大，色青黃。《本草》謂善攻碕岸，使輒頹圮。　鮎：《詩》云鰋。《爾雅》云：鰋，鮎。注：江東呼為鯷。《本草》云鮧。　鱔：《漢書》：鸛雀啣三鱣。鱣即鱔字，或作鱓。陶隱居謂：荇芩根所化。《風土記》云：夏出東蟄。　黃顙：《本草》云黃顙，一名鉠䰳，似鮎而小，背黃腹白。　黃鱨：《詩注》云鱨。　針頭魚：《山海經》云：其喙如針。江東水中有之。　餐魚：似針魚而匾，此類尚多，細不足錄。《說苑》謂之陽鱎。　豆角魚：似小鰍，七月後從雄縣大湖中西經白溝定興河至淶水，成群作隊，逆水至山西廣昌河。味美無骨，其母似鰍而褊，俗呼為豆角母。每年夏五月由山西河東順流而至雄縣湖中。

介屬　黿：細大不等，又背有綠毫者。《史記》云：黿千歲則巢於蓮葉之上。　鱉：盧仝云：寒黿、夏鱉一種味，當以其肉充臛。　蟹：雄縣草澤中所產尤美。　蚌：細大不等，多產淺水泥中，大者孕珠。蘇秦謂鷸蚌相持，即此也。　蝦：種有大小，生於海者大，生於湖者小。此地所生最小，而味同也。　螺：即螺螄也。廣地所生，其大如拳，肉美而蚵，其殼可為酒器，製之嵌於漆器中，其工巧可玩。此地所產即小螺也。

明・戴銑《弘治易州志》卷二　土產

穀類　粟：《爾雅》云：粢，稷也。江東人呼粟為粢，《本草》又以稷居下品，粟居中品，似是二物。今以稷為飯，比粟味多香甘，竊意《本草》為是。　黍：《爾雅》云：眾，秫。謂黏粟也。《說文》云：稷之黏者與穀相似，米黏，北人用以釀酒。莖稈似禾而粗大。　麥：《廣雅》云：大麰、小麰，即今大麥、小麥。《爾雅》云：莜，蚍衃。按舊音翹，疑即今之蕎麥。　豆：《爾雅》云戎叔，謂之荏菽，即胡豆。孫炎疏以為大豆，其種不一。大者紫、黃、青、黑四色，小者赤、菉二色。又有虎斑、虎爪、羊角、刀鞘及黑白褊豆。又有豇豆，俗謂之彎豆。　麻：有二種。一曰胡麻，《廣雅》云巨勝，俗呼脂麻，可壓油。一曰大麻，《爾雅》謂之枲，皮可績布，其實為黂，可以為乳酪。又有一種葉大花黃，俗謂之䔢麻。　旱稻：《說文》云：秔，稻屬。《字林》云：秔，稻不黏者。《本草》有粳米、稻米。此云旱稻，謂不黏之秔也。　薥秫：榦長數尺，其形如蔗，與黍稷同熟。　帛類　紬　絹　布【略】

蔬類　山藥：《本草》名薯蕷。蔓生，莖紫葉青，開細白花，結實如鈴。　白菜　蘿蔔：《本草》名萊菔。又一種細葉根黃色，味甘而香，曰胡蘿蔔。　萵苣：《遯齋閑覽》云：出咼國，紫白二種。又名褊苣。　茄：一名落蘇，又名崑崙瓜，有青、紫、白三種。　瓜：有稍瓜、冬瓜、香瓜、甜瓜、黃瓜數種。　瓠：《爾雅》謂之棲瓣，註云：瓠中瓣也。一名匏，即胡盧。　芥：有紫芥、黃芥，又有芥苗。　胡荽：一名園荽，并人呼為香荽，亦名鵝不食草。　茼蒿：一名蔞蒿，葉如艾，梗香脆。　葱：有二種。生於地者可食，生於水者為水葱，葉長而肥，不可食。　薤：葉如馬蓮而小，芽最香

脆，刀割之即生。　蒜：大者曰胡蒜。有無瓣者，俗呼獨脚蒜。　韭：《爾雅》謂之茖，叢生豐本。　蕨：《爾雅》云：蕨，虌。《草木疏》周秦曰蕨，齊魯曰虌脚，以其初生似虌脚也。　莧菜：《格物論》云：莧有諸種，人莧、白莧入藥用，餘皆作蔬。　莙蓬：葉微厚而光滑，莖灰淋汁洗衣，白如玉色。　菠薐：出自西域波陵國，故訛為菠薐。　芹：一名水英，《爾雅》謂之楚葵。　葉紫，莖大如（著）〔箸〕。　蔓菁：葉似芥而青，根如蘿蔔，與米同煮，膠練香美，菜中之絕品者。　香菜：有細、大二種。細者尤香。

黃花菜

果類　栗：《史·貨殖傳》云燕秦千樹栗。何晏論云：中山好栗，然則北土之多栗舊矣。又有榛子，似栗而小。錐栗小而圓黑。　棗：有大小二種。《格物論》云一種可入藥，即紅棗也。　梨：《格物叢話》云：梨實數種，有青、黃、紫三色，肉白於雪，核小無查者佳。　杏：《本草》云：葉似梅花差大而微紅，實有丹杏、金杏，仁可入藥。　頻婆：大如鵝卵而圓，色紅碧，北果之最美者。　虎喇檳：大如頻婆而小，色紅紫。按此二果名不知何謂。豈種出胡地流入中國，訛傳其音歟？　胡桃：一名羌桃。本出羌胡，張騫得其種，歸種之。《本草》云：胡桃大而皮脆。　桃：花有緋、碧、白三色，其實數種，千葉者無實，十月熟者為寒桃。　李：花白，實有數種。又有郁李，花粉紅色，實如朱櫻，仁可入藥。　柿：《格物論》云：柿，朱果也。大者如楪，次者如拳，如牛心，如雞鴨卵，其種不一，核小者佳。

來禽：洪玉父云：以味甘來眾禽也。俗謂之林檎，又名沙果。司馬相如《上林賦》：果則沙棠。註云：果之美者。　柰子：有白、丹、紫、綠四色，其大如升，或如兔頭。　櫻桃：《爾雅》云楔，一名荊桃，一名含桃，俗呼櫻桃，有丹、蠟二色。　榛：見前。　蒲萄：一名馬乳，色紫。又如水晶者，味尤勝。　秋子：似來禽而小。　銀杏：一名鴨脚，以其葉相似也，實如枇杷。　榴：《格物叢話》云：其始自安石國來，故名石榴、安榴。亦有自海外新羅國來者，名海榴。花種不一，秋實甚大。　西瓜：形如毬，色極青翠。　羊棗：《孟子註疏》云：樲棗之屬。又謂之羊矢棗。

藥類　黃精：莖頗似桃枝，開細青白花，根如嫩薑黃色。　菖蒲：《周禮》曰昌本。《左傳》曰昌歜。《本草》曰昌陽，亦名堯韭，《別說》曰陽羨。生水石間，根葉極緊細。又一種葉闊而長，隱起如劍脊，大寧山間有之。人參：《圖經》云：根如人形者神。　地黃：葉生布地上，有皺文。根如手指通黃色。　蒼朮：長如大姆指，肥實，皮色褐。　柴胡：苗甚香，莖青紫，葉似竹葉稍緊，花黃結青子。　升麻：葉似麻青色，花白似粟，穗根紫如蒿，多鬚。　車前子：《詩》云芣苢。註：馬舄，江東呼為蝦蟆衣。大葉長穗，生道旁，亦名當道。　遠志：《爾雅》云：葽繞，棘菀。註：今遠志也。似麻黃，赤華，葉鋭而黃，名小草。　細辛：根柔韌，極細直，深紫色。葉如葵，黑色。　肉蓯蓉：《本草》云：野馬精落地所生，生時似肉。

防風：一名茴草，又名百蜚，極黃色，莖葉俱青綠色，莖深而葉淡，類青蒿。　蒼耳：即枲耳。《詩》謂之卷耳。葉青白似胡荽，白華細莖蔓生。

芍藥：一名餘容，花紅、白數種。《本草》云：生川谷者可入藥。　知母：一名薚，根黃色，似葛蒲而柔潤，花青如韭花。　葛根：一名雞齊根，一名鹿藿。藤蔓紫色，葉頗似楸葉而青。　草烏頭：一名烏喙，有兩歧，其蒂狀如牛角，葉與蒿相似。　半夏：一名守田，又名地文。苗一莖，莖端三葉，有二根相重，上大下小，外黃內白。　桔梗：其名不一。根如小指大，黃白色。葉似杏葉而長，花紫白色。　牽牛子：《酉陽雜俎》云盆甑草，《本草》云金鈴，亦名草金鈴。　蘇：《爾雅》云：蘇，桂荏。一種紫而香，又一種花紫白色。亦名雞蘇。　薄荷：莖葉似荏而尖。　荊芥：一名假蘇，亦名薑芥。　茯苓：出大松下，附根而生，皮黑，有赤、白二種。《本草》云：似人形、龜形者佳。　郁李仁：見果類。　鹿茸：見獸類。　蟾酥：《元志》：宋村有蟾池。　杏仁：見果類。　蓖麻子：莖赤有節，葉似大麻，大數倍，子殼有刺，實類巴豆，青黃斑色。

花類　牡丹：一名木芍藥，花品第一，世謂之花王，種色甚多。　芍藥：《韓詩註》云離草，王元之謂此花見毛鄭，謂其名最古。　薔薇：有五色，枝條多刺。又有野薔薇。　蜀葵：《爾雅》云菺戎。一名戎葵。《格物叢話》云：葵名不一，有白、黃、紅、紫四色，黃色俗號一丈紅。　蓮花：《爾雅》云：荷，芙蕖。其莖茄，其葉蕸，其本蔤，其華菡萏，其實蓮，其根藕，其中的，的中薏有紅、白二色。　八仙花：一名聚八仙，與瓊花相類。鄭興裔《花辨》云：聚八仙花小而瓣薄，色微青，葉麤而有芒，蘂低於花而結子，不香。　玉簪：一名白鶴，質素而香，其狀類之。　長春：一名四季花。

丁香：一名百結香。　山丹：楊誠齋詩云：花似鹿葱還耐久，葉如芍

藥不多深。　雞冠花：　佛書云波羅奢花。梅聖俞詩云：　乃有秋花實，全如雞幘丹。　金鳳花：　一名鳳仙花，有數色。　菊：　《爾雅》名治蘠，《本草》名節華，其種不一。《遯齋閑覽》云：　南方花發較北地常先一月，獨菊花開最遲。有一種花，深黄色如滴滴金者夏開。　滴滴金：　見上。一名滴露。　石竹：　叢生，花如纈綿。　木槿：　《埤雅》云：　一名舜，又名日及，花有紫、白、粉紅三色，又有瑩白如玉者。

草類　萱：　《詩》曰：　焉得諼草。一名鹿葱。《本草》謂花名宜男。　夏開者莖高而葉大，秋開者莖短而葉小。　蘆葦：　《爾雅》名葭華，葦名葭葦，小如葦而實者為菼薍，其萌虇。註：　即今蘆筍，其花皆名苕。　蒔蘿：　《本草》名慈謀〔勒〕，如馬芹而辛香，故云。馬芹色黑而重，蒔蘿色褐而輕。　靛青：　澱也。有大、小二種。大者葉如白菜，小者葉如冬青樹，收種必用宿根。小澱染藍，其色嬌嫩。　蔣草：　一名菰，有米如粟。《西京雜記》謂之雕胡。

木類　松：　花上黄粉名松黄，其節為松明，脂為白膠，樹皮綠蘚衣名艾蒳香。　檜：　《爾雅》云：　栢葉松身。　栢：　樊宗師《園記》謂：　栢為蒼官。其子香而可爇，又有側栢。　槐：　《爾雅》謂之茂，《博物志》云：　槐初生曰兔目。　梓：　《爾雅》云：　椅，梓。註：　即楸也。陸（機）〔璣〕云：　梓者楸之疏理、色白而生子者，梓實桐皮為椅（梓）。　榆：　《爾雅註》云：　蘊，莖。今之刺榆。又云：　榆之皮色白名枌，先生葉，即著莢。　椿：　枝葉與樗相似，木實而葉香。　楊：　葉圓闊而赤，枝柯短硬。　柳：　葉尖長而青，枝柯長軟。　桑：　有黄桑、花桑。　柘：　葉勁而有紋。　漆：　樹身如柿，葉亦如之，其汁可髹器。　檉：　《爾雅》曰：　河柳也。今河旁赤莖上小楊。陸（機）〔璣〕云：　皮正赤。一名雨師，枝葉似松。　椴樹：　《爾雅》云大椒也，大者為椴，小者為椒。陸（機）〔璣〕云：　似茱萸，有針刺。　竹：　北地舊無竹，近時好事者種之，亦能成林。

畜類　馬：　《格物總論》云：　馬，武獸，種族甚繁。　騾：　《說文》云：　騾，驢父馬母。《漢書・匈奴傳》云：　匈奴奇畜即驢騾也。　驢：　見上。　牛：　《說文》云：　犅、特，牛父也。犢，牛子也。犉，黄牛黑脣也。牷，純色牛也。　羊：　有黑、白二種。《曲禮》云：　柔毛。　豕：　《方言》云：　〔兆〕燕朝鮮之間謂之猳，關東謂之彘，或謂之豕。其子謂之豚。吳揚之間謂之豬子。《曲禮》云：　剛鬣。　犬：　《爾雅》云：　長喙獫，短喙猲獢，絕有力，狣，龍狗也。《曲禮》云：　美獸。　猫：　一名蒙貴，一名烏圓。《埤雅》云：　猫，旦暮目睛皆圓，及午即從斂如線，其鼻端常冷，唯夏至一月暖。　雞：　《格物總論》云：　雞，知時畜。《曲禮》云：　翰音。《爾雅》云：　雞大者蜀，蜀子雉。郭璞註云：　雞有蜀、魯、荊、越諸種。　鵝：　一名舒鴈。《埤雅》云：　鵝伏隨日。東坡云：　鵝能警盜，亦能却蛇。蓋其糞能殺蛇也。　鴨：　《格物總論》云：　鴨，家鶩也。自呼其名，但雄者其聲小。一名舒鳧。

禽類　雉：　《書》云華蟲。一名山雞，俗呼雉雞。　鶡：　似雉而大，青色有角。《漢書音義》云：　鶡鳥之暴跳者。顏師古云：　俗謂鶡雞。　黄鴨：　水鳥，毛色淺紅。　鵪鶉：　《列子》云：　蛙變為鶉。又曰鼠變為鶉。即《月令》田鼠化為鴽。宋至道間京師鬻鶉者積於市門，而水中絕無蛙聲。人有得於水次，半為鶉，半為蛙。　竹雞：　俗呼半翅，一名泥滑滑。　蠟觜：　色黄褐而喙黄。　黄頭：　褐色善鬭。　鶺鴒：　一名雝渠，小鳥也。　鵓鴣：　《埤雅》云：　鵓鴣灰色無繡項。一種名斑鳩，項有繡文。　鴿：　一名飛奴，人家多畜之。亦有野鴿。　雀：　斑褐色，又有黄色者，為黄雀。　鶯：　《詩》名倉庚，疏名黄鶯，又名黄鸝、鸝鶊、黄公、黄栗留。　燕：　《禮記》名乙鳥，《爾雅》名鳦，一云玄鳥。陶隱居云：　有二種。胸紫聲小者為越燕，胸斑黑而聲大者為胡燕。　鴻鴈：　《詩注》：　大曰鴻，小曰鴈。《玉堂閒話》云：　鴈宿洲渚必有伺察者謂之鴈奴。　鸛：　《詩注》：　水鳥也。將陰雨則鳴。陶隱居云：　有二種。似鵠而巢樹者為白鸛，黑色曲頸者為烏鸛。　鷺鷥：　《詩注》《爾雅》皆云舂鉏。　鴛鴦：　《爾雅翼》云：　大如鶩，其質杏黄色，頭戴白長毛，垂之至尾，尾與翅皆黑。　鷹：　蒼黑色，亦名鷙鳥，通謂之鷹隼。　鵲：　一名喜鵲。《西京雜記》云：　乾鵲噪而行人至。　烏：　純黑而反哺者曰慈烏，腹白而不反哺者曰鴉。《詩》謂之鷽。又一種名寒鴉。　鶚：　《西陽雜俎》云：　世傳鶚生三子，一為鶚。即鳶也。　鸇：　似鷹而小。　鳧：　野鴨也。頸上有毛，又名水鳥翁。　鷗：　水鳥。一名水鴞，色白，數百為群。　鵠：　禽之大者，有白、黄、丹三色，喜高翔。

獸類　鹿：　《埤雅》云：　鹿性警防，分背而食，食則相呼，群居則環其角，外向以防物之害己。　茸可入藥。　麞：　亦名麕，有牙者佳。《古今註》

云：麞有牙而不能噬。《爾雅註》云：麃即麞也，亦作獐，俗呼爛毛獐。山羊：野羊也。出山後蔚州界，頂有黑角，皮可製裘。又一種名咸羊。兔：《曲禮》云明視。口缺，吐而生子。野猪：亦名山猪。狀似家猪，但腹小脚長。虎：《埤雅》云：虎奮衝破，又能畫地卜食。豹：《爾雅》云：貘，白豹。註：似熊而小頭庳脚，黑白駁文。又有赤豹。熊：形大似豕而性輕健，能攀緣上高樹。狼：大如犬，色蒼，其鳴諸孔皆涕。貛：《爾雅》云：狼牡貛牝。狐：形似狸而黃，鼻尖尾大。

鱗類　龍：淶水縣釜山有二龍，名大青、小青。見山川類。鯉：陶隱居云魚王，唐人謂之赤鯶公。又有一種名黑鯉，又名魴鯉。鯽：《本草》云：稷米所化。宜臛食。鰻鱺：似鱔而腹大，色青黃。《本草》謂善攻碕岸，使輒頹圮。豆角魚：似小鰍，味美無骨，其母似鰍而褊，俗呼豆角母。每年夏五月，由山西河東順流至雄縣大湖中，七月後逆流西經白溝定興河至淶水，成群入廣昌河。

介類　鼈：《埤雅》云：鼈以眼聽，彎脊連脇，俗呼團魚。蟹：《埤雅》云：蟹外骨內肉，旁行，俗謂之旁蟹。蚌：細大不等，多產淺水泥中。

蟲類　蠶：《書·禹貢》曰：桑土既蠶。《周禮註》云：蠶，龍精，與鳥同氣。又黃帝元妃西陵氏始養蠶。蜂：《格物總論》云：蜜蜂有三種。一種在林木上作房；一種在人家作窠，其形甚小微黃，蜜皆濃美；一種黑色，在石崖上作房，蜜味尤勝。其他種類不一。蠍：晉庾峻曰：今山林之士，利出一官，商君謂之六蠍。韓子詩照壁喜見蠍。

明·謝庭桂《嘉靖隆慶志》卷三　物産

穀之屬　黍、有五色，可釀酒。稷、有五色。稻、粱、粟、麥、秫、小黍、黑豆、有黃、黑、白三種。黃豆、菉豆、豇豆、有四色。小豆、有紅、白、黑、黧四種。匾豆、有大、小、刀三種。豌豆、有白、黑二種。蕎麥、有甜、苦。胡麻、荏子。

枲之屬　絲、麻、檾麻。

木之屬　松、栢、椿、槐、榆、柳、楊、棠、杜、桑、楸、樺、楝、櫟、椵、樗、荊、苦梨、苦檀、不落、多羅、銀木、三春柳。

蔬之屬　葱、韭、蒜、薤、瓠、葫蘆、茄、芹、白菜、莴苣、蘿蔔、紅、白。胡蘿蔔、菠菜、蕨、薇、葑、芥、莙蓬、胡荽、莧、蓼、茼蒿、葵、山葱、山韭、山藥、山菠菜、玉蔓菁、貫仲、龍牙、木耳、黃花、榛蘗。

瓜之屬　黃瓜、菜瓜、西瓜、冬瓜、甜瓜、絲瓜。

果之屬　桃、杏、李、梨、棗、榛、栗、柰、胡桃、櫻桃、來禽、平波、沙果、蒲萄、忽剌必。

花之屬　蓮、蓮花池舊有，今無。菊、葵、芍藥、萱草、蔓枝蓮、雞冠、玉梅、刺梅、卷丹、山丹、松丹、金盞、鳳仙、金蓮、石竹、珍珠、丁香、六月菊、金雀。

藥之屬　黃芩、蒼朮、甘草、芍藥、枸杞、車前、五味、薄荷、麻黃、細辛、郁李仁、柴胡、防風、升麻、三稜、澤瀉、南星、黃精、遠志、地黃、荊芥、蒺藜、知母、黃蘗、欵冬、藁本、半夏、大黃、桔梗、葶藶、藜蘆、貫仲、威靈仙、馬兜鈴、木賊、狼毒、地骨皮、益母、漏蘆、天仙子、夏枯草、地榆、商陸、沙參。

禽之屬　烏、鵲、鴉、燕、鴈、雀、鳶、鷺、鳩、鴿、鶉、鴇、鴿、鸛、鷹、鶯、雕、鶻、鵝、鴨、雞、野雞、角雞、雉雞、鶴雞、沙雞、梟、梟、鷲老、淘河、白鵰、狠虎、又名鸎狐。黃鸝、青肩、啄木、阿藍、巧婦、半痴、噪天、拜天、鴛鴦、鵜鴣、硬翠、拖白練。

獸之屬　虎、豹、熊、狼、豺、鹿、麞、麅、兔、狐、貛、貍、蝟、獺、野猪、山羊、夜猴、山撾、黃鼠、鼠狼。

鱗之屬　鯉、鰍、鰱、鯽、鮎、鰕、黃骨、鱓。

介之屬　鼈、蛤蜊、蝸牛。

土貢　《禹貢》定三等之制，《周官》立九貢之法，有貢其來遠矣。本州地臨邊境，土寒氣冽，無異產以充貢。惟歲辦藥物四品，差官解太醫院收用。

本州歲辦：甘草三百斤，黃芩三百斤，蒼朮二百斤，芍藥二百斤。

永寧縣歲辦：甘草一百五十斤，黃芩一百五十斤，蒼朮一百斤，芍藥一百斤。

前項藥材自成化年來折銀解京，計丁出辦，事頗煩擾。嘉靖二十七年，知州劉雲鴻屬民集議，隨糧辦納，每地五十畝，納藥半斤，折銀二分五釐，輕而易集，民稱便焉。

明·王齊《雄乘》卷上　土産

穀　多黍，多稷，多粟，多穄，有麥，來、牟、蕎。有粱，有稻，多糜，多蔔美。有菽，黃、黑、豌、菉、紅、小、雜文、羊眼、蛾眉。有麻，黃、白、黑。有蘇子，多菰米，有稗米，有穇。

畜　多牛，多馬，多驢，有騾，有特，多羊，多豕，多犬，有田犬，有猫，而家禽則有雞，有鵝，多鴨，多鴿。

果　有桃，有李嘉，多杏，有梅杏，有柰，多沙果，有甜果，有瓶果，有櫻桃，有匾桃，有胡桃，多梨嘉，有櫨小梨，有楸，有榴，有葡萄，有椹，有癩荔枝，有無花果，有荸薺，有地梨，有茈菰，有蔗。

蔬　多芥，多葱，多蒜，有韭，有薤，多芹，多蒿，茼、蔞、莪。有白菜，有莧，有薺，有芫荽，有苣，有莙蓬，有菠，有芑苦蕒，有藍，有葵，有白華，多黄華，有葴蘭，多荇，多菰，多銀條，有蓴，多蒲筍，有蘋，有蘩，有灰，有馬齒，多豆，豇、刀、匾。有甘露子，有玉環，有地瓜，有地皮，有蘑菇，有蒔蘿。

蓏　多茨，多芰菱，多蓮的，多藕，有茄，多瓜甜、王、西、冬、絲、菜、稍。多瓠，多壺，有匏，有芋，有葖羅蔔，有葑蔓菁，有芆。

鱗　有鱘，有鰉，有鱣，多鯉嘉，多鱉刀魚，有鯖，有鮊，多鯡，有鱮，有鮰，有鰋，多魴嘉，多鯶，多鰱美，有鰻，有鰺，有鮪，多黄骨，有鱧，多鮎，多鱒，多黄頰，多鯽嘉，有鰍，多鱠，多薊美，多鯿，多鱔嘉，多針，有羊鱎，有石鰱美。

介　多鼈，多蟹美，多蝦嘉，多螺，多蚌，多蚹蠃蝸。

獸　有狐，有狸，有貛，有兔，有田鼠，有鼠狼，有彙蝟。

木　多椿，多槐，多榆，多柳，有檜，有栢，有桑，有柘，有楊，有垂楊，有楮，有移唐棣，多杜，有樗，多櫟，有荊，有棘，有檉，有辣，多蓖麻。

花　多菊，多葥蜀葵，多菫，多蘐萱，多荷，有玉簪，有石竹，有馬藍，有薔薇，有金鳳，有罌粟，有黄葵，有雞冠，有鳳仙，有荼蘼，有牽牛，有匾竹，有長春月季，有迎春，有馬纓，有八仙，有竹葉青，有剪春羅，有十姊妹，有十樣錦，有百日紅，有轉枝蓮，有紫蝴蝶，有夜落金錢。

禽　有鴻，多鴈，有鶴，有天鵝，多鸗，多鸛，有鳷鵲，有鳵，有鸝，有倉庚，有鳦燕，有鳲，有鶡，有鶌鳩，有鵙，多鵲，多鷹，多雞，有隼，有鸇，有慈烏，有鴟虎，有鴞，有鸒，有鶬鶊，有榆葉，有鴷啄木，多鸎山鵲，有刁鷯，有鷂，有鷺，多雀，多反舌，多鶉，有畫眉，有繡眼，有鴞，有蠟嘴，有鬼車，多鴛鴦，多鶖鶬鸊鷉，有梟，有鷖，多鷗，多鷺，多鵜鶘，多鸂鶒，多水鴨，多水雞，多鴨，有野，有樹。多鶩，有脊令。

草　多䔡，多茅，多蒲，多葦，多萍，有芣苢，多蓼，多游龍水葒，多臺莎，有菖蒲，有羊蹄，有牛舌，有茈，多藻，多莠，有龍鬚，多蒿，多椐馬鞭，有菟絲，多苜蓿，多水葱，有三稜，多茨荻，有茨蒺藜，有苔。

蟲　有蛟，有蜥蜴，有蛇，有蟋蟀，多蠆，有蝍蛆，多螽，多服翼，多蜂，有螟蛉，多蛙蛙，有蟰蛸，有蚱蜢，多蜩蟬，有螗蜋，有螢，有伊威，有莎雞，有蠹，有蟻，多蚪斗，有蛾，有蠶，有蠐螬，有蟫蠹魚，多虰蛵，多蚊，多蝱，有螻蛄，有蟭蟟，有蟦，有蛭，有蝶，有蚰蚓，多蠅，有蠅虎，多蝎，多蠍虎，多蜉蝣，有蝘。

藥　有䕡甘草，有半夏，有地黄，有牽牛，有蓄羊蹄，多枸杞，有地骨皮，有茴香，多蓷益母，多蒲黄，多薄荷，有艾，有蕩商陸，多茵陳，有紫蘇，有荊芥，有薏苡，有葫蘆巴，多大戟，有小戟，多瓜蔞，有穀精草，有猪牙草，有遠志，有豨薟草，有蛇床子，有香附子，有金沸草旋覆花，有麥門冬，有栢子仁，有蟾酥，有馬勃，多瞿麥，有苦參，多蘼蕪，有葶藶，有紫花地釘，有濮公纓，有地榆，有山藥。重出者略。

貨　多水產。有荷葉，多席，有蒲，有葦。有扇，有筐，俱蒲。有絲，有土絹，有綿花，有布，有麻，緥、線。有靛，多菊酒，有紅花，有蜜，有蠟，有油，有鹽，多鹻，有硝，多網罟，有蒲團。

明·蔡懋昭《趙州志》卷九　物産

穀類　黍、稷、大小麥、五色豆、芝蔴、穀、蜀秫、蕎麥俱有。水稻惟隆平有之。

貨類　絲、綿、布、絹、緥麻、紅花、木棉花、藍靛、麯、皮俱有。惟絲、綿頗貴，布亦麄惡。

蔬菜類　有各色瓜、瓠、莙蓬、茼蒿、萵苣，雜品不一。惟蕨產臨城，若蘑菇、猴頭、天花雖世所尚，然罕有之。

果實類　桃、杏、李、梨、棗、菱、蓮房、葡萄、石榴，菱與蓮，水澤處間有，惟梨、棗、杏、李擅名於時。何晏《九州論》曰：真定好梨。《大業拾遺錄》曰：信都獻仲思棗，長四寸，紫色細文，核肥有味。《廣志》曰信都大棗即此。盧毓《冀州論》曰：魏郡好杏，地產不為無珍。陸士衡《果賦》云：中山之縹李。趙地今屬真定，舊屬魏郡鉅鹿，而中山、信都壤地相接。然則物品之佳，蓋自古記之矣。

木類　有松，有栢。《周禮》曰：冀州其材松栢。趙乃《禹貢》冀州之域，故此二木比南方產者為堅。有楸，有棠，有椿，有榆，有桐，有柘，有楊，有杞柳，可屈曲以為器。《管子》曰：五沃之土宜柳。有桑，亦不甚蕃。《後苑

錄》曰：遼川無桑，及慕容廆通於晉，求種江南。今北地之桑悉由吳來。張天錫歸晉，孝武帝問之曰：北方何物為美？錫對曰：桑椹甘香，鴟鴞革響。蓋絕無僅有，故溢美之也。

禽類　鵝、鴨、鵓鴿俱有。惟鵝少，頗貴。餘如鳧、鴈、雉、雀雜品，去來無常，原非地產。

獸類　牛、羊、驢、騾、犬、豕，在北地田牧，素稱蕃庶，而惟馬尤良。《魏都賦》：冀馬填廄而駟駿。唐《天文志》曰：冀之北土，馬牧之所蕃庶，故天苑之象存焉是也。貓、虎、猱、兔，惟臨城贊皇二縣間有，俱出太行山中。黃伯曰：余左執太行之猱，而右搏雕虎。鹿，舊時本州亦有，昔李曾為趙郡太守，令行禁止，賊於常山界得一鹿，疑是趙郡，即送過界，人語之曰：詐作趙郡(麂)〔鹿〕，猶勝常山粟。觀此可信。今絕無，止出太行山。

鱗介類　黿、鼈、魴、鯉，於洿下水澤處亦有，而水澤常涸，不甚蕃息，頗貴。《洛陽伽藍記》曰：伊洛魴鯉，貴於牛羊。言其得之難也。此地亦然。

花卉類　名品甚多。春有牡丹、芍藥、迎春、薔薇、鳳仙、玉簪、淩霄、酴醿、紫蝴蝶、火楊梅、剪春羅、望江南，秋有黃葵及各色奇菊。終歲開者，月季花，餘不盡載。

草類　草有羊角、馬鞭、垂盆、佛耳者，異名天王。按：《山記》曰：恒山路有神草九十種，服之成仙。《神農本草》云：常山郡有草，名神護，置之門上，每咤叱人。今人不盡識其種。他如蘆稗、莎葦、茅蓼、苜蓿之類，在在有之，不能盡載。苜蓿可以飼馬。

藥類　藥有五十餘種。升麻、防風、黎蘆、藁本、天花粉、地骨皮、茯苓、芍藥、當歸、鹿茸、龍虎骨、蒼白朮、黃芩、蓮，復有石髓，特出太行山。《神仙傳》曰：王烈入太行石孔中，常得石髓，云五百歲一開，服之與天地相畢，蓋奇物云。

蟲類　有蛇。《孫子》曰：善用兵者如率然。率然者，常山之蛇也。擊首則尾應，擊尾則首應，擊其中則首尾皆應。趙地屬常山郡，正此地所產。有蜂，《方言》曰蜂。燕趙之間謂之蠓螉，或謂之蚴蛻。大者有蜜，謂之胡蜂，即蜜蜂，乃摘百花以釀蜜者也。有蝟，有蠍，俱可為藥材。蝟似鼠而毛縮，見鵲則仰以待啄。《史記》云蝟辱於鵲，即此。蠍蠆，尾能螫人。高緯為冀州刺史，暴橫不法。齊後主聞之，詔鎖詣行在，至而宥之，問在州何者最樂，對曰：多取蠍將蛆混看，極樂。後主即令索蠍得三升，置諸浴斛，使人裸臥其中，號泣宛轉，帝與緯臨視，喜噱不已。謂緯曰：如此樂事，何不馳驛奏聞？由是觀之，高緯之罪固不容誅，而此地亦信多蠍，為可畏也。

清・金志節、黃可潤《口北三廳志》卷五　物產

穀之屬　黍　稷　粱　粟　麥　黑豆　蠶豆：《群芳譜》：一名胡豆。《太平御覽》云張騫使外國，得胡豆種歸，指此也。《本草綱目》云：豆莢狀如老蠶，故名。王楨《農書》謂其蠶時始熟，故名。亦通。豌豆：《群芳譜》：種出西戎，北土尤甚多。百穀之中，最為先熟。蕎麥：許有壬《圭塘小藁・上都十詠・粗麵》云：坡遠花全白，霜輕實便黃。杵頭麩退墨，磑齒雪流香。玉葉翻盤薄，銀絲出漏長。元宵貯膏火，蒸黑笑南鄉。自注：南鄉蕎麵黑甚，熟時堅實若瓦石，可代陶盞貯膏火。莜麥：與蕎麥別為一種。味濇微苦。《群芳譜》以為即蕎麥者，非。燕麥　胡麻　穈子　東廧：《齊民要術》：東廧色青黑，粒似葵子，似蓬草。十一月熟，出幽涼及烏桓地。《魏志》：烏桓地宜東廧，能作白酒。

蔬之屬　白菜：《圭塘小藁》許有壬《上都十詠・白菜》云：土膏新且嫩，筐筥薦紛披。可作青精飯，仍携玉版師。清風牙頰響，真味士夫知。南土稱秋末，投簪要及時。菠薐菜　蘆菔：《圭塘小藁・上都十詠》詩：性質宜沙地，栽培屬夏畦。熟登甘似芋，生薦脆如梨。老病消凝滯，奇功直品題。故園長尺許，青葉更堪齏。沙蘆菔：《北征錄》：沙蘆菔，根白色，大者莖寸，長二尺許，下支小者如筋，氣味辛辣微苦，食之亦作蘆菔氣。沙葱：《北征錄》：金剛阜地生沙葱。皮赤，氣辛臭。葱　韭：許有壬《圭塘小藁・上都十詠・韭花》云：西風吹野韭，花發滿沙陀。氣校葷蔬媚，功於肉食多。濃香跨薑桂，餘味及瓜茄。我欲收其實，歸山種澗阿。蒜　胡荽　蕨菜　葵　蔓菁：《廣群芳譜》：蒙古人呼其根為沙吉木兒。茄　蘑菇：一名沙菌。許有壬《圭塘小藁・上都十詠・沙菌》云：牛羊膏潤足，物產借英華。帳脚駢遮地，釘頭怒帶沙。齋廚供玉食，毳索出氊車。莫作垂涎想，家園有莫邪。自注：此物喜生車帳卓歇之地，夏秋則環繞其迹而出。山葱：《群芳譜》：茖葱，山葱也。生於山谷，似葱而小，細莖大葉。水葱：《丹鉛總錄》：水葱生水中，如葱而中空，又名翠管。可為席。瓠　薺　馬藍　黃花菜　地椒：許有壬《圭塘小藁・上都十詠・地

椒》云：凍雨催花紫，風輕散野香。刺沙尖葉細，敷地亂條長。楚客收成裹，奚童擷滿筐。行厨供草具，調鼎爾非良。　擘藍：《群芳譜》：一名芥藍。芥屬也。葉大于菘，根大于芥薹，苗大于白芥，子大于蔓菁。葉可作靛染帛，勝福青。　榆耳：出獨石口外，能補中氣。八月采之，令人不飢。按《藜床餘瀋》云：榆肉，榆蕈也。腴脆無比，大者數觔。　孝文韭：本草生塞北山谷，狀如韭。人多食之，云是魏孝文帝所種。　南瓜

果之屬　桃　杏：樹木不大，結果小而味澁。　歐李：《敬業堂詩》註：歐李，一名□喇柰子。如櫻桃而大，味微甘而(醡)〔酢〕。　榛　栗　棗　山查：俗呼為山裏紅。結果較□地差小，味酸，食之能化積滯。　花紅　巴欖仁：皆灤京所產。見元楊允孚詩註。

木之屬　松　栢　椿　榆　樺：本草：樺古作檴。畫工以皮燒烟熏紙作古畫字，故名檴。俗省作樺字。《魏書・禮志》：魏先之居幽都也，鑿石為祖宗之廟。真君中，遣中書侍郎李敞詣石室，告祭天地，以皇祖先妣配。既祭，斬樺木立之，以置牲體而還。後所立樺木生長成林，其民益神奉之，咸謂魏國感靈祇之應也。《元詩選・彭桷〈戲題樺皮〉》詩：褐裳新脫玉層層，紅葉朱蕉謝不能。擬製小冠韜短髮，意行雲水一枝藤。　柳　沙柳：高不過六尺，圍不過五分，有紅、黃二色，生于沙灘，如荊棘。然間亦作花颺絮。　椵：《廣群芳譜》：椵木葉最大，有類團扇，其皮可以當麻，取為魚網之綱，牢固殊常。　荊　杄松：生獨石口外黑龍山中。有青杄、紅杄二種。《廣群芳譜》：一名白松，其幹直上，枝葉如盤，下枝長，以上漸短，遠望無異浮圖。其體最輕。　落葉松：生獨石口外黑龍山中。其葉比青杄稀少，至冬輒落。《廣群芳譜》：落葉松，塞外興安嶺多有之。其皮，蒙古無茶時可以當茶。木性最堅，其刺有毒，入肉即爛，入水即沉，所以木商不取。其幹直挺条天，枝葉蔚然，恍若九檐羽葢，以塞北高寒，經秋葉脫，至春復生。聖祖仁皇帝《幾暇格物論》：五臺及口外興安嶺高寒之地，有樹名落葉松。枝幹與杉無異，而針亦青葱如葢。惟霜雪後則葉盡脫，其木質甚堅，有微毒。斫伐時誤入肌膚，驟難平復。根株歷久不朽，沉埋水土中則變為石，可供磨礪之需，亦松杉之別種也。

花之屬　金蓮花：生獨石口外，花瓣似蓮，較制錢稍大，作黃金色，味極涼，佐茗飲之，可療火疾。《廣群芳譜》：花色金黃，七瓣環繞其心，一莖數朵，若蓮而小，六月盛開，一望偏地金色爛然。至秋花乾而不落，結子如粟米而黑，其葉綠色，瘦尖而長，或五尖，或七尖。【略】　芍藥：較內地差小，有紅、白二種。元楊允孚《灤京雜詠》詩註：內園芍藥迷望，直上數尺許，花大如斗，揚州芍藥稱第一，終不及上京也。又詩自註，草地芍藥，初生軟美，居人多采食之。　野薔薇　刺蘪：有紅、黃二種。　萱花：花未開時，嶺外土人名為白菓膽兒，採食之，味甚美。花半開，土人名為琵琶抽兒，其味稍次。及花既開，則名為黃花菜。　翠雀：一名藍雀花。《廣群芳譜》：其花如雀，有身，有翼，有尾，有黃心如兩目，或云即茱萸花也。　山丹：《群芳譜》：一名紅百合。其性與百合同，根同百合，可食，味少苦。　千佛頭：其花未開之時，每朵含葉，數十攢聚一蔕，有紫紅者，有淡紅者，開時俱作白色，極可愛玩。　鳳仙　石竹　金盞：一名長春花。《宛陵詩集注》：一名醒酒花。　鶯粟　轉枝蓮：土人名為粉團花。　蜀葵　珍珠花　菊：元楊允孚《灤京雜詠》詩注：紫菊花，惟灤京有之，名公多見題品。　青囊花：《五代史》：胡嶠自契丹亡歸中國，云：湯城淀地最溫，多異花，一曰青囊，如中國金燈，而色類藍，可愛。　馬蹄蘭：《群芳譜》：馬蹄蘭，生平地亂草，開葉劍樣，如建蘭，其花翠色可愛，秋則結苞成子，塞外尤多。　長十八：塞外草花也。元廼賢《金臺集・塞上曲》：雙鬟小女玉娟娟，自卷氊簾出帳前。忽見一枝長十八，折來簪在帽檐邊。　金雀花：《北征錄》：花似決明，莖似枸杞，有刺，葉圓而末銳，人捋取其花食之。

卉之屬　藍：《說文》：染青草也。《爾雅疏》：葴，馬藍。今為澱者是也。案：今四海冶口外，珍珠泉左右，種藍尤甚。　蕪荑　茅　蓬　青蒿　莎　息雞草：胡嶠《記》：塞外有息雞草，尤美，而本大，馬食不過十本而飽。　蝎子草：《廣群芳譜》：蝎子草，塞外多有之，高四五尺，叢生亂草間，其葉最毒，人誤觸之，立即紅腫，如蝎子所螫，故名。馬亦不敢近之，惟駞能食。按：蝎子草，即藙草，一名蕁麻。杜工部有《除藙草》詩。　特勒蘇草：《廣群芳譜》：塞外叢生，葱翠挺拔，經秋霜則變而為白，取之組織為涼帽，光皎異常。　薜荔　女蘿　鳳尾草：其苗初生即蕨菜也。　地椒草：元楊允孚《灤京雜詠》詩注：地椒草，牛羊食之，其肉香肥。　苔　蒲　萍　赤芝：《敬業堂詩》注：赤芝，產落葉松根。

藥之屬　黃耆：產獨石口外好來溝。　甘草　枸杞　黃芩　白蒺藜

車前　蒲公英　澤瀉　蒲黃　木賊　地榆　茱萸　白頭翁　芍藥　艾　地膚　紫背天葵　夏枯草　牽牛　押不盧：《湛淵集》詩注：漢北有草，名押不盧。食其汁，立死。以他藥解之，即甦。元白珽《續演雅》：草食押不盧，雖死元不死。未見滌腸人，先聞棄簀子。

禽之屬　鷹：有青鷹、白鷹二種。八九月間出，人皆捕之。　鵰　鶻　畫眉　鴇　鸛　鵲　山雀　鴉　子規　胡燕　鳩　鴿　梟　鴈　火雞：《菽園雜記》：火雞，軀大于鶴，毛羽雜生，好食燃炭。　沙雞：一名突厥雀。產塞外沙土中。《爾雅》：鵽鳩。郭璞注：鵽，大如鴿，似雉，鼠脚，無後指，歧尾，為鳥憨急，群飛。　石雞：較雉差小，味極肥美。　半翅：似竹雞而小，其性憨急，故又云半痴。　白翎雀：形似鶺鴒，長身短足，善學百鳥之音，性馴可畜。《靜志居詩話》：陳雲嶠云，白翎雀生於烏桓朔漢之地，雌雄和鳴，自得其樂，世祖因命伶人碩德閭製曲以名之。楊廉夫云，白翎雀能制猛獸，尤善擒駕鵝。廉夫有二詩詠之，張思廉、王子充、張光弼皆有作。　天鵝：《遼史・營衛志》：春捺鉢：曰鴨子河濼。皇帝正月上旬起牙帳，約六十日方至。天鵝未至，卓帳冰上，鑿冰取魚。冰泮，乃縱鷹鶻捕鵝鴈，晨出暮歸，從事弋獵。皇帝每至，侍御皆服墨綠色衣，各備連鎚一柄，鷹食一器，刺鵝錐一枚，於濼周圍相去各五七步排立。皇帝冠巾，衣時服，繫玉束帶，於上風望之。有鵝之處舉旗，探騎馳報，遠泊鳴鼓。鵝驚騰起，左右圍騎皆舉幟麾之。五坊擎進海東青鶻，拜授皇帝放之，鶻擒鵝墜，勢力不加，排立近者，舉錐刺鵝，取腦以飼鶻。皇帝得頭鵝，薦廟，群臣各獻酒果，舉樂。更相酬酢，致賀語，皆插鵝毛於首以為樂。賜從人酒，遍散其毛。　雉

獸之屬　虎：《遼史・營衛志》：秋捺鉢：曰伏虎林。七月中旬自納涼處起牙帳，入山射鹿及虎，林在永州西北。嘗有虎據林，傷害居民畜牧，景宗領數騎獵焉，虎伏草際，戰慄不敢仰視，上舍之，因名。　豹　熊　鹿：《遼史・營衛志》：秋捺鉢：於伏虎林射鹿，每歲車駕至，皇族而下分布濼水，伺夜將半，鹿飲鹹水，獵人吹角效鹿鳴，既集而射之，謂之舐鹹鹿，又名呼鹿。　麋　麂　麅　麞　獾　橐駞　馬　騾　驢　牛　羊　黃羊：味極肥美，元時以為玉食之奉，《圭塘小藁》許有壬《上京十詠・黃羊》詩云：草美秋先腯，沙平夜不藏。解絛文豹健，鬻炙宰夫忙。有肉須供世，無魂亦似麞。少年非好殺，假爾試穿楊。　秋羊：《圭塘小藁・上京十詠・秋羊》詩云：塞上寒風起，庖人急尚供。戎鹽春玉碎，肥羜壓花重。肉淨燕支透，膏凝琥珀濃。年年神御殿，頒餕每霑儂。楊允孚《灤京雜詠》詩注：橘綠羊，或四角，或六角者，謂之迭角羊。迭義未詳。以其角之相對，又曰對角。毛角雖奇，香味稍別，故不升之鼎俎，于以見天朝之玉食有差等也。　羱羊：一名盤羊。《埤雅》：羱羊善鬬。一云狀若騾而群行，暑天塵霧在其角上，生草戴行，愛之獨寢。　狐　兔　狼狸　獺　鼠　黃鼠：《鹵廷事實》：沙漠之野地多黃鼠，畜荳穀於其穴以為食，村民欲得之，則以水灌其穴，遂出而有獲。見其城邑有賣者，去皮剖腹，甚肥大，鹵人相說，以為珍味。則知蘇屬國奉使時，胡婦掘野鼠而食之者，正謂此也。《霏雪錄》：黃鼠元時以為玉食之供，人不得取。《居易錄》：《澠水燕談》云，契丹國產大鼠，曰毗貍，以為殊味。或即此也。《陸氏舊聞》云：畏日，為隙光所射，輒死。按：今宣府人有籠盛黃鼠而賣者，並未畏日輒死也。陸氏所記似未確。　夜猴：能捕黃鼠。《菽園雜記》：捕黃鼠必以鬆尾鼠，一名夜猴兒，能嗅知黃鼠穴，知其有無，有則入嚙其鼻而出，如蜀人養烏鬼以捕魚也。　蹷鼠：土人名為跳兔。形如兔而大，相負而行。《北征錄》：次大甘泉，上令衛士掘沙穴中跳兔，與幼孜等觀之。大如鼠，其頭目毛色皆兔，爪足則鼠，尾長，其端有毛，或黑或白，前足短，後足長，行則跳躍，性狡如兔，犬不能獲之。案《韓詩外傳》：西方有獸，其名曰蹷。前足兔，後足鼠，得甘草必銜以遺邛邛巨虛，將為假足故也。　鼢鼠：《爾雅注疏》：地中行者，所謂犂鼠者，即此也。《說文》：地行鼠，伯勞所化也。一曰鼴鼠。金幼孜《北征錄》：過鳴鑾戍，沙中多穴，上指示曰，此鼢鼠穴也。　野馬　野騾：《北征錄》：發鳴鑾戍，適中官射一野馬來進，上曰：野馬如馬，此野騾，非野馬，汝輩詳觀之。北來每物，見之足廣見聞。　猫　犬

鱗之屬　鯉　鯽　細鱗魚：產多倫諾爾東北九十里四道河，巨口細鱗，重不過觔餘，味頗鮮美。冬月冰堅難取，惟四月至八月方可捕。《敬業堂詩》註：細鱗魚，重唇，身有黑斑。　畫魚：產黑河，狀類鱖而差小，遍體斑文如畫，故名。　哈魯魚：產達爾諾爾，每三四月其魚溯流而進，填塞河內，民人隨意取之，醃以代蔬。　黿　鼈　鰍　鱣　螺蛤

蟲之屬　蛇：獨石口外多有之。　螻蛄　蜥蜴：《敬業堂詩》註：山中蜥蜴長四寸許，頭以下色如翡翠，有紋如魚鱗，尾作金色，吐氣為雲。土

人呼為雲虎。　螢：《敬業堂詩》註：塞外流螢極大，光可燭三尺許。蚜蚄　蛣蟯　天牛　蜘蛛　寅　蝎　蟻　蠅：聞之走旗人云，蒙古地夏月蠅最毒，囁人即遺卵膚內，人極畏之。　蚊：《北征錄》：長樂鎮草間多蚊，大者如蜻蜓，拂面囁嚼，拂之不去。　蠓蠛　蜂　蝶

清・吳廷華、王者輔等《宣化府志》卷三二　物產

穀屬　黍：《爾雅翼》：黏者別名秫。北人謂之黃米。　稷：本草：黏者為黍，不黏者為稷。　稻：宣化保安懷來出。　粱：即粟也。《廣群芳譜》：北方直名之曰穀，脫殼，則謂之小米。　麥　蜀秫：紅、白二種。俗呼高粱。性不耐久，經歲則蒸腐生蟲。宣郡下地砂磧人多種此。更有一種味苦難食，土人止用以燒酒。　蕎麥　莜麥　麻　胡麻：《鎮志》：南路出。　大豆　小豆：赤、白二種。　豌豆　菉豆　黑豆　眉豆　蠶豆　扁豆　莎米：《宣化縣志》：蓬蒿結實者，沙灘所生。

蔬屬　芥　芹　蕨　莧　菁　菠薐　同蒿　葱　蒜　韮　薤　茄　瓠　萵苣　芫荽　莙蓬　白菜　萊菔　蔓菁　山藥　胡蘿蔔　黃花菜　苦蕒　龍芽：《續宣鎮志》：北路出，土人即以為升麻也。三四月間採食。諸葛菜　地輭：《續宣鎮志》：一名地耳，一名地踏菜。狀如木耳，雨後生腴地上。　蘑菇：一名地蕈。《金史・世宗本紀》：上諭尚書石琚等曰：聞蔚州採地蕈，役夫數百千人，朕所用幾何，而擾動如此？自今差役凡稱御前者，皆須稟奏，仍令附冊。　天花：《續宣鎮志》：蔚州出。　地椒　瓜屬　王瓜　菜瓜　西瓜　南瓜　甜瓜　苦瓜　絲瓜

果屬　榛　梨　桃　李　杏　柰　棗　栗　葡萄　櫻桃　蘋果　沙果　林檎　檳子：一名虎喇檳。　松子：杜佑《通典》：安邊郡蔚州，貢松子一石。　無花果　胡桃：《續鎮志》：東路出。　楔棗：一名羊棗。山木瓜

木屬　松　栢　槐　椿　榆　楸　柳　楊：懷來縣舊志：楊木長柴產寶鳳山，柴烟直上，為郊壇焚燎之用。每年四月入山斫伐，九月編筏起解，於冬至前交納。　桑　樺：《唐書・地理志》：媯州土貢：樺皮。《畿輔通志》：張家口出，皮有紫黑花者，可裹弓。皮厚者為炭木，可鑲器物。椵：舊《宣鎮志》：大白陽堡南四里有椵樹山，上有古椵樹。　杄：似松，而有刺。　檜　檀　柞　棠：《續鎮志》：東路出。　檉：俗名西河柳。　漆：《續鎮志》：東路出。　荊　枇：《續鎮志》：無枇木，南路出。

花屬　牡丹　芍藥：《續宣鎮志》：南路東城北山上有清虛觀，其上觀之內有芍藥一叢，盛開時，人莫敢折取一枝，折即萎。　丁香　迎春　探春　月季　菊　薔薇　罌粟　鳳仙　榴　珍珠：《續宣鎮志》：一名米殼，其莖似木芙蓉，葉似榆。白花，無香。按：珍珠花，樹高丈餘，開花與白丁香相似，滴水崖山中最多。　石竹　蜀葵　錦葵　萱花　山丹　玉簪　金盞　雞冠　水葓　金蓮：《宣鎮志》：黃色，花開似芙蓉而小，北路金蓮以□此得名。　扁竹　秋海棠　金芙蓉　紅刺梅　玫瑰　轉枝蓮：一名粉團。　紅娘子　十樣錦：即雁來紅。　藍菊　向日葵　望江南　蝴蝶花　郁李　黃金帶：即連翹花。　文無：俗名荷包牡丹。　翠雀　麗春：一名虞美人。　金雀

草屬　艾　稗　葦　蓖麻　菖蒲　線蒲　龍鬚　茅　馬蘭　薺　苜蓿　藍　烟草　水葱　鈴兒草　蝎子草　刷箒草　垂盆草　蒿　藋　女蘿　蒲公英　藜

藥屬　黃耆　黃精　黃芩　甘草　桔梗　牽牛　紫草　狼毒　貫仲　麻黃　芍藥　防風　杏仁　木賊　枸杞　車前　藁本　苦參　益母　升麻　葶藶　漏蘆　藜蘆　荊芥　地榆　沙參　甘松　欵冬花　牛蒡子　威靈仙　豨薟　白鮮皮　馬兜鈴　茵陳　知母　芫花　地骨皮　破故紙　金櫻子　菟絲子　胡盧巴　大戟　柴胡　葛根　郁李仁　秦艽　五味子　蒺藜

石屬　瑪瑙：《宣化縣志》：鎮城四角洞出，然亦僅見。　水晶：《續鎮志》：出鎮城北黃夫山，有採取者，惡風必至。　紅石：《續鎮志》：出鎮城馬鞍山。　花班石：《續鎮志》：出保安衛及蔚州。　磁石　赭石：《續鎮志》：俱出龍門衛。　礪石：保安、蔚州、萬全、西寧俱出。火石：《懷來縣志》：火石嶺產五色火石。　礞石：《龍門縣志》：出礞石。　石炭：宣化、保安、懷來、西寧、蔚州俱出。　煤：宣化出。　青礬　白礬　土粉：《續鎮志》：俱出礬山。　紅土　白土：可以堊墻。綠土　包金土：《宣化縣志》：鎮城及蔚州出，色微黃，中帶金星。　琉磺：出蔚州南山。

禽屬　鶴　鵲　鴈　鷹　鷂　鵰　鸛　雉　鳩　鴉　燕　鴿　鵓　鶉

角雞　沙雞：《續鎮志》：大如鴿，似雌雉，鼠脚，無後趾，歧尾。為鳥憨急，群飛。出北方沙漠地。一名鵽鳩，一名冠雉，即史所謂突厥雀也。　半痴　啄木　石雞：《續鎮志》：色似班鳩，有黑文，而大若雌雉，短尾，觜距有赤。　鶡鴠　黃鶯　雀　噪天　杜宇　鳶　水鴨　鷗　山畫眉　脊令　蝙蝠　訓狐　鵝　鴨　雞

獸屬　馬　驢　騾　駝　牛　羊　犬　豕　虎　豹：《唐書·地理志》：蔚州土貢：豹尾。　熊：《唐書·地理志》：蔚州土貢：熊鞹。《明一統志》：蔚出熊膽。　鹿　麅　麞　麝：《通典》：嬀川郡貢麝香十顆。　狼　猬　狐　兔　貛　豺　野猪　黃鼠　地猴：一名黃鼠郎。　青羊：《續鎮志》：一名羷，其角盤三匝。　□羊：一名羳。無角，善走。《明一統志》：其味甚美。　秋羊：一名羱羊。　碩鼠　會鼠：《續鎮志》：鼴鼹也。一名土鼠，無目，黑色，穿土而行，天將雨則鳴。行必成群，脚尾魚貫而進，俗稱瞎老。　猫

鱗屬　鯉：出懷來縣嬀河。味極肥美，懷邑人名之曰嬀魚。餘邑無。　鯽：出嬀河及庙街□蓮花池，延慶州沽河，蔚州壺流河，餘無。　鱓魚：延慶州。　鮎　鼈　螺　蚌　蛤蜊：懷來出。

蟲屬　蠭　蝶　莎雞　麥蛪　蜘蛛　蛾　地鼈　蟻　蜥蜴　蠍　班蝥　牛蠓　螋蛷　蜣螂　蟫　螟蛉　蠅　蚊　䖟　蚜蚄　蛙

明·劉芳等《長垣縣志》　土產穀　黍　穀　小麥　大麥　蕎麥　芝蔴：有三種。　薥秫　匾豆：色黃，大者可釀酒。　雜豆　斧斬齊：穗秀出齊頭，米色白勝他穀。　醂穀：皮米皆黑，醂地內出，味不佳，可釀燒酒，荒年亦可充飢。　紅穀：皮紅米黃。　白穀：穀與米俱白。　黑穀：皮黑米黃，味比他穀不如。　春大麥：麵白，春正月種，故名。　秋大麥：又名三月黃，麵青。　和尚大麥：無皮尖，出麵青色。　春小麥：麵最白，春正月種。　秋小麥：隔年秋種，以別春麥。《漢書》宿麥是也。

黃芝蔴：色黃，可作油。　白芝蔴　黑芝蔴：色紫黑，亦可作油。　露米薥秫：皮薄，半露米。　白粘薥秫：色白，可作燒酒。　黑馬尾薥秫：穗長色黑。　珍珠簾秫：粒圓色白，散垂。　回回牙：黑色，豐顯白米。

豌豆　小匾豆：角銳，粒如粟，黑色味佳。　酒豆：與麥同熟。　白豆　黑豆　青豆　黃豆　黑眼豆　大豆　菉豆　赤小豆　白小豆　黎小豆　紫小豆：其角六七寸，可作菜。　白不老：其角六七寸，可作菜。

菜　葱、韭、薤、蒜、白菜、小菜、芥菜、萵苣、蔓菁、蓄之可救荒年。莙薘菜、芹菜、茼蒿菜、甘露兒、莧菜、西瓜、甜瓜、冬瓜、菜瓜、王瓜、葫蘆、瓠、茄、菠薐。

果　鵝梨、紅綃梨、大柿、牛心柿、杵頭柿、軟棗、柿種。石榴、核桃、沙果、夏李、秋李、夏桃、秋桃、大接桃、冬桃、杏、李、梅、紅棗、九月青棗。

藥　香附子、甘草、天花粉、南星、半夏、蒲黃、地龍、匾竹、金銀花、栢子、羊蹄根、猫兒眼、天仙子、楮桃、透骨草、車前子、荊芥、鳳眼草、黑牽牛、白牽牛、菟絲子、茵陳。

花　葵花、玉簪花、萱草、石竹、金盞、刺蘪、雞冠、菊花。品彙最多。

木　樗、槐、榆、柳、桑、棗、青楊、棠、白楊、椿。

枲　蔴、綿花、絲、檾、蔴布。有立機，有布機。

羽　鵝、鴨、雞、鴉、鴈、燕、鵪鶉、鴿、鵲、雀、鳩、鷹。

毛　馬、牛、騾、驢、猪、羊、犬、兔。

鱗　鯉、鱣、鯽、鰷、鱨、鰋、魴、鱉、蝦。

明·高要潘《鄧州志》卷一〇　物產州縣同

穀　多粟，多麥，多菽，多脂蔴，有黍，有稻，有稷，有蕎。

蔬　多芥，多瓠，多蘿蔔，多王瓜，多冬瓜，有菠稜，有南瓜，有芋頭，內淅多木耳，多竹笋，多蕨薇，多石芥。

果　多桃，多榴，多西瓜，多林檎，多黃梅，多葡萄，多核桃，有蓮藕，有菱角，有棗，有柿，內淅多銀杏。

藥　有益母草，有天花粉，有酸棗仁，有紫蘇，有槐角，有乾菊，有豨薟草，內淅有麝香，有鹿角，有百合，有何首烏，有風藤。

花　有木槿，有薔薇，有千葉榴，有千葉梅，有千葉桃，有木犀，有牡丹，有芍藥，有紫荊，有紫薇，有梔子，有鳳仙，有蓮花，有玉簪，有石竹，有山丹，有蜀葵，有菊花，有恨春遲。

木　多楊，多栢，多槐，多榆，多椿，多楓，多桐，有楝，有楸，有冬青，有黃楊，內淅有漆，有梓，有竹。

鳥　多鵓鴿，多鵪鶉，多鴻鴈，多喜鵲，有鴛鴦，內淅多雉，多鸛鴿。

獸　多兔，多羊，內淅多鹿，多狐，多貛，多野猪，有豹，有熊。

鱗　有鯉，有鯽，有鰱，有鮎。

介　內淅有龜，有鼈。

蟲　多蟬，多蝎，多螳螂，多蟋蟀，有蜂，有蛇，有蛙，有螢，有蠶。

貨　有布，有麻，有綿花，有藍靛，有紅花，有手帕，有紗包，內淅有蜂蜜，有黃麻，有狐皮，有黃絹。

論曰：盡信書，顧不泥哉。《一統志》云：紫石英產於鄧府。《志》云：石青產於內鄉。今訪，二石則絕無之，豈當時偶有所產耶？抑姑索諸四方以應上之求耶？余乃從實刪去而復著於此，庶袪世人之惑焉。

明・張梯，葛臣《固始縣志》卷四　次七曰產貢。志曰：古者則壤制貢，遴材備物，瑤琨、篠簜、齒革、羽毛，不責有于無，取盈于縮。夫五土異宜，四方異產。用籌正供，以防旁索，歲辦藥料：杏仁五十斤，麂皮三百一張，俱均徭折銀。徵解詳見徭役。

土產有五穀稻：有黑稻、紅稻、黃瓜秈、駝犁回、毛紅稻、老鴨翎、望水白、上馬看、下馬看、水葡萄、羊鬚糯、紅殼糯、七里香、柳條糯、大粒秈、直頭秈、四節秈、大紅穀、小紅穀、三百零、鯽魚糯、秕六升、閃風齊、科場白、西瓜白、烏節糯、虎皮糯、桐毛晚、籬下黃、童子晚、馬牙糯、雁來、烏麻、秈稻、竹根糯、起趑糯、鵲不知、馬綜糯、揚三摺、青篇秈、蜜蜂糯。　黍：黑黍、粘秫、紅秫、白秫、米秫、黑秫、白黍、勾兒秫、老鴉坐、春不霧、女兒紅。　稷：寒粟、凍穀、紅穀、黑穀、金苗穀、奪麥場、狼尾穀、龍爪穀、串魚穀、耙齒穀。麥：大麥、小麥、火麥、蕎麥、和尚麥、三月黃、米大麥、玉小麥、饒州麥若蕎麥。　菽：蠶豆、刀豆、茶豆、跎菉豆、黃豆、黑豆、青豆、白扁豆、青稨豆、紫羅帶、紅江豆、黎小豆、蛇皮豆、龍爪豆、白豌豆、紅小豆、白小豆、羊眼豆、雲南小豆。　芝蔴【略】

有庶果　水：藕、菱、芡、蓮房、荸薺、茨菇、茭白。　陸：桃、李、杏、柿、梨、栗、榴、棗、櫻桃、胡桃、銀杏、拐棗、花紅、葡萄。　有花：菊、荷、桂、牡丹、芍藥、芭蕉、金盞、秋葵、萱草、鳳仙、玉簪、石竹、匾竹、山丹、捲丹、芙蓉、月季、罌粟、地棠、梔子、鷄冠、藍草、滿地嬌、醉楊妃、剪裙羅、火蝴蝶、蝴蝶、夜落金錢。

藥　艾、木賊、半夏、蒼朮、黃栢、乾葛、藁本、地黃、茱萸、苦參、白及、牽牛、桔梗、蒼耳、瓜蔞、薄荷、紫蘇、荊芥、菖蒲、槐實、鶴虱、百合、川芎、天門冬、天花粉、何首烏、益母草、枸杞子、香附子、香白芷、地骨皮、桑白皮、車前子、鷺絲藤、透骨草、忍冬藤、旋覆花。

竹　班、紫、青、黃、鳳尾、水、觔。

木　椿、松、栢、桑、柘、槐、榆、梓、桐、檀、槿、楊、柳、楝、楓、楮、朴、檜、烏臼、冬青、白楊、棠梨、皂角。

有蔬　芥、白薑、薺、莧、芹、荇、韭、葱、蒜、茄、蘆菔、莙蓬、菠薐、馬齒、蘿蔔、茼蒿、萵苣、芫荽、天菜、苦麻、天茄、春不老。

瓜　香、冬、西、菜、絲、王、苦、葫蘆、瓠子、癩、葡萄。

有鳥　烏、鶯、鳩、鵲、燕、雀、鸛、野鷄、野鴨、錦鷄、鴛鴦、鷺絲、鶺鴒、黃雀、鷲、鵪、鷄、鵝、鴨、鴿、鶖、鷗、鴇。

獸　牛、馬、驢、騾、羊、鹿、大豕、熊、狐、虎、狼、貍、鼠、兔、猴、野猪、水牛。

鱗介：鯉、鯽、鯖、鰱、魴、鱣、鰍、鱉、烏魚、河豚、胖頭、龜、蚌、蟹、蜆、螺、蛤、蝦、鮎、魟釘、鱘、鰉、馬郎。

蟲　蚊、蠅、蜂、蟬、蜩、螢、螽、蜻蜓、蝙蝠、螳螂、螟蛉、蚉、蟢、蛇、蠶、土蛭、蝎、蚓、蝸、蟻、蟋蟀、蝍蛆、蝌蚪、蠐螬、蜈蚣。

有服食　布、葛、紬、絹、絲、綿、麻、苧、茶、芋、椒、蜜、豉、腐、醬、鮓、臘、酒糟、醃魚肉、鵝、鴨、饗糖、爐餅。

明・沈紹慶《光山縣志》卷四　物產

稻類　紅稻、白稻、黑稻、麻秈稻、黃瓜秈、西瓜白、駝犁回、七十二日熟。望水白、直頭秈、紅毛晚。

糯類　羊鬚糯，粒細長。柳條糯，五月種，八月熟。紅殼糯，五月種，八月熟。飛上倉，旁有兩翼如鳥狀，故名。土黃糯、滿缸浮。

粟類　寒粟、紅穀赤色、繩兒穀、凍穀。

秫類　黏秫，可釀酒，穗倒垂。勾兒秫，穗大倒垂，亦可釀酒。紅秫。味頗澀，難炊。

黍類　黑黍，可釀酒。尖頭黍。稷類。

麥類　大麥、小麥、蕎麥。

菽類　菉豆、黃豆，其種不一，顆有大小、肥瘦之分。黑豆、豌豆、羊眼豆，顆如羊眼，故名。青皮豆、白紅豆、豇豆、刀豆，似形得名。龍爪豆，形似龍爪。紫羅帶、色紫，長如帶。扁豆。

芝麻類　白芝麻、黑芝麻。

菓類　黄梅、櫻桃、李梅、接李而成，夏熟，味微酸。杏、有三種。李、有三種。桃、種多自四月歷十月，相續成熟。銀杏、柿、種不一。蓮房、橑、栗、有大、小二種。梨、種亦多。棗、榴。

花類　牡丹、海棠、芭蕉、薔薇、有白色者，有深紅、淺紅，二色一本。金盞、赤色，單葉，花深如盞，四時生秀，至冬不絕。萱、蜀葵、一種單葉，一種千葉，俗名蜀菊。鳳仙花、玉簪、有白，紫二色。石竹花、葉幹如竹而朵小，有千葉、單葉二種。鷄冠花、二種。月季花、千葉，紅粉色，月月盛開，雖霜雪不變。蘭、芍藥、罌粟花、俗名米殼花，五色，有千葉、單葉之分。蓮花、菊花。

蔬類　萵菜、葱、蒜、菠菜、葫蘆、芹、藏菜、四時皆有，冬可醃而藏，有名蓮花白，有名箭幹白者。芥、韭、芋、茄、有紫、白二種。莙蓬、藤蒿、胡蘿蔔、萊菔、有紅、白二種。蔓菁、馬齒莧、筍、有竹萌，有蒲蒻。莧。紅、白二種。

木類　椿、松、有馬尾，刺松之類。柳、杉、槐、花有青、黄二色，可用染衣，黄為上。冬青、栢、桐梓、桑、榆、槿、棠、栗、石榔、檀、楝、楊、楮。

竹類　黄竹、一名金竹。鳳尾竹、叢生而小，又名苦竹。水竹、青小竹、紫竹、桂竹、苦竹。

瓜類　香瓜、西瓜、冬瓜、菜瓜、黄瓜、絲瓜、象牙瓜。

水實類　菱、二角者為家菱，四角者為野菱。芡、一名鷄頭，其莖可充蔬食。葧薺、俗名地梨。藕、茨菇、茭白、即菰也。蒲。

藥類　黄芩、蒼朮、桔梗、香附子、細辛、石菖蒲、黄連、山茨菰、香白芷、天門冬、麥門冬、青木香、八角茴香、天花粉、金銀花、王不留行、茱萸、白茯苓、赤白芍藥、半夏、山查、南星。

鱗介　鯉、鯽、鮎、鰱、魴、鱔、有青、白、黄三種。胖頭、䱗魚、鰍、草魚、鱉、黿、蚌、蛤蜊、螺螄、青魚。

禽類　鵓鴿、鶯、鶺鴒、鸛、啄木、布穀、鷗鷺、鷹、鵲、鴛鴦、野鴨、烏、雉、雀。

獸類　虎、豹、狼、猴、野猪、獺、狐狸、兔、野猫、獐。

畜類　水牛、黄牛、羊、馬、騾、驢、猪、犬、鷄、鵝、鴨、自昔相傳云：浮光多美鴨。猫。

雜產類　土豆、仙藥、苧麻、靛、小藍、木綿花、椒、蜜、蠟、葛、紅花、䕸麻。

明·李希程《蘭陽縣志》卷二　藥品　敘曰：按《本草》云：上藥為君，主養命以應天；中藥為臣，主養性以應人；下藥為佐，主治病以應地。《內經》謂：味厚者為陰，薄為陰之陽；氣厚者為陽，薄為陽之陰。是故採蓄有時，修製有法，酌土方十劑而定湯液焉。吾邑藥物雖無多品，然土之所宜必以此地為良，而川廣則非其出也。新增。

木部　桑寄生、歲貢五斤八兩，今乏。杏仁、竹葉、桑白皮、栢葉、槐花、桃仁、大皂角、楮實。

草部　薄荷、牽牛、紅花、荊芥穗、車前子、艾葉、茵陳、米殼、瞿麥、紫蘇子、枸杞子、大薊、小薊、莨菪、香附、劉寄奴、蓖麻子、蛇床、韭子、蒼耳、地釘、益母草、小茴香、淩霄、金銀花、瓜蔞子、馬蘭花、王不留行、冬瓜仁、蘿蔔子、葫蘆巴、萱草根。

蟲部　蟬退、蝟皮、蜂房、桑螵蛸、蛇退、班猫、蜂蜜。【略】

農業【略】　麥、芒大麥、紅小麥、蕎麥、米大麥、白小麥。黍、白黍、黄黍、黑黍。穀、青穀、白穀、黄穀、紅穀。稻、豆、紅豇豆、青豆、黑豇豆、黄豆、白豇豆、青豌豆、黑小豆、紅小豆、黑豆、花豇豆、白豌豆、白小豆、蠻小豆、花豆。秫薥、米秫薥、粘秫薥。芝麻、紅芝麻、黑芝麻、白芝麻。綿花、䕸麻。　辨異曰：據《內經》云五穀為養，《本草》謂麥為五穀之長。小麥味甘，大麥味鹹。然《內經》以麥屬酸，黍屬苦，稷屬甘，豆屬鹹，稻屬辛。似與《本草》相戾，而養生者咸宗之，義各有取爾也。至於木綿，則又備為衣之用，故作詩者有禦寒功倍絲蠶之詠焉。新增。【略】

蔬果　敘曰：按天文有瓠瓜。五星主掌瓜果，其星明則果實碩茂，民不飢，不明則果物皆惡不可食。夫古人稼圃並稱，亦謂不熟為饉。故《內經》云：五穀為養，五果為助，五菜為充。養生者於此焉。資吾邑蔬果，雖無嘉品，然民用攸賴，姑以備一方之土產也。

蔬類　蘑菇、春、秋二季月生，季秋者尤佳。古書未見收載，惟元《飲膳正要》略及之。蔓菁、一名諸葛菜。山藥、一名薯蕷。胡荽、石勒改為香荽，今人謂之鹽荽。黄瓜、本名胡瓜，北人為石勒諱因(不)〔而〕改。大蒜、蘿蔔、有紅、白二種。萵苣、赤根、莙蓬、葫蘆、有數種。瓠子、冬瓜、菜瓜、絲瓜、刀豆、龍爪豆、眉豆、有數種。苜蓿、白菜、芹菜、韭菜、芥菜、葱、茄、西瓜、甜瓜、白花菜。

果類　石榴、葡萄、桃、杏、柿、梨、棗、李、文官、杏梅、沙果、櫻桃、李桃、核桃。【略】

花木 敘曰：按《說文》云：花，荂，榮也。觀物者以化工芬芳蕃秀，馥鬱襲人，是之取爾。《月令註疏》謂：木，觸也。陽氣動躍觸地而出也。惟桑於眾木叢中苦最居多，其餘各以材顯。吾邑所生無異草奇卉，第以土宜易植者致用焉。新增。

花類 葵，有二種。菊，有五色。六月菊，有二種。荼蘼、萱草，一名忘憂，一名宜男。薔薇、玉簪、海棠、芍藥、五臘梅、四季槐、月季，有二色。觀音竹、牡丹、石竹、扁竹、金橙、銀燈、蓮，有數種。紫薇、棣棠、木槿，有二種。金雀、鳳仙、佛見笑、上馬嬌、金沙、寶廂、綉壁、碧桃，有二種。剪紅羅、紫荊、丁香、金盞、合歡、迎春、玉馬鞭。

木類 桑、榆、柳、椿、槐、梧桐、楝、花□、棠、楊、楸、楮、栢。【略】

畜類【略】

羽蟲 鷄、鵝、鴨、燕、鴿、鵓鴿、鷺鷥、啄木、鵲、鸛、鶯、雀、烏鴉、布穀、戴勝。

毛蟲 牛、騾、驢、犬、兔、馬、猪、羊、猫。

鱗蟲 鯉魚、鯛魚、鯽魚、魴魚、鮎魚。

介蟲 鱉、蝦。

明·孫鐸《魯山縣志》卷二 物産

穀類 黍、稷、稻、粱、粟米、大麥、大麥、小麥、蕎麥、黄、黑豆、青豆、菉豆、豌、紅小豆、薥秫、芝麻、蔓。

枲類 絲、綿、絹、綿花、布、紬、黄麻、檾麻、椴麻。

石類 石灰、石煤、石炭。

植類 楊、柳、椴、栗、青楊、楝、槐、榆、椿、楸、梓、杞柳、棠梨、桐、栢、松、楮、檀、烏桑、桑、棗、梧桐、山荊、黄楝、檜、椒、竹、葦。

菓類 桃、李、梨、柿、石榴、梅、杏、栗、棗、核桃、芡、葡萄、白果、棠梨。

蔬 葱、韭、蔓菁、蘿蔔、芥、白菜、萵苣、蒜、茄、菠薐、芫荽、莧菜、王瓜、冬瓜、葫蘆、瓠子、薑，此因天旱，今絕其種。絲瓜、菜瓜、西瓜、甜瓜、蕨菜、紅椿菜、木耳、眉豆、胡蘿蔔。

藥材 半夏、蒼朮、山藥、黑牽牛、白牽牛、荊芥、菖蒲、烏藥、地榆、香附子、大黄、厚朴、桔梗、遠志、何首烏、川烏、細辛、麝香、白花蛇、草烏、熊膽、升麻、防風、苦參、車前子、天南星、天門冬、麥門冬、枸杞子、地骨皮、白芷、猪苓、黄栢、藁本、山梔子、柴胡、紫蘇、葛根、威靈仙、瓜蔞、薄荷、蟬蛻、巴戟、菟絲子、罌粟、地黄、杏仁、天麻、高良薑、菊花、班猫、牛膝、黄精、五味子、滑石、出團城。黄芩、茴香、蛇床子、百合。

花類 菊，種類甚多，又有六月菊。薔薇、牡丹、山丹、木槿、金盞、石竹、葵、黄、黑、紅、白四色。萱草、淩霄、珍珠、玉枚、茨梅、粉團、月(寄)〔季〕、洛陽、地棠、玉簪、芍藥、鷄冠、剪紅紗、三春柳、四季槐、十樣錦。

羽族 鷄、鵝、鴨、鴿、鸚鵡、鴉、鳩、鵙、鴈、鸛、鵲、雀、鶉、雕、水鷄、雉、梟、鷺鷥、野鷄、鶯、百勞、鷹、燕、黄鸝、鷺鷥、紅鶴、鴛鴦、布穀。

毛族 牛、馬、驢、騾、犬、虎、豹、鹿、兔、豕、熊、獐、狼、狐、狸、山羊、綿羊、貉、猴、豺、白眉，一名白面狸。野豕、獾。

鱗族 鯉、鯽、鱔、鮎、蛇。

介族 蜻蜓、蝴蝶、蟬、螳螂、蜜蜂、蠶、蜘蛛、螢。

甲族 龜、蟹、螺、蛤蜊、鱉。

時用：【略】紅花、蜂蜜、靛，大藍、小藍、槐藍。黄蠟、木炭、鐵、鉛。

明·承天貴《汝州志》卷三 物産州縣同

穀類 黍、稷、粱、秔稻、白糯、粟、大麥、小麥、芝麻、蕎麥、黑豆、菉豆、白豆、豌豆、匾豆、赤豆、黄豆、薥秫。

木類 栢、柳、椿、槐、楝、榆、楮、桑、椴、青楊、白楊、棠梨、梧桐、皂莢。

蔬類 葱、韭、蒜、茄、芥、萵苣、蔓菁、瓠子、菠菜、白菜、蘿蔔、東瓜、王瓜、菜瓜、莧菜、甜瓜、芫荽、芹、木耳。出魯山縣。

果類 桃、李、杏、梨、柿、栗、棗、核桃、石榴、西瓜、蒲萄、櫻桃。

花類 葵、菊、蓮、萱、蘭、淩霄、木槿、玉簪、鳳仙、鷄冠、月季、刺梅、薔薇、珍珠、芍藥、玉梅、千葉榴、滴滴金。

藥類 蒼朮、草烏、杜仲、山藥、黄精、紫蘇、細辛、薄荷、木瓜、半夏、地黄、牛膝、防風、木通、枸杞、百合、牽牛、茴香、川芎、罌粟、紅花、藍靛、何首烏、車前子、香附子、地骨皮、茱萸、艾、蟬蛻，以上州縣俱出。大黄、厚朴、桔梗、遠志、麝香、熊膽、升麻、猪苓、天麻、柴胡、天南星、天門冬、麥門冬、威靈仙、白花蛇、巴戟、斑毛、菟絲子、菖蒲，以上出魯山縣。荊芥。出伊陽縣。

禽類 鶯、鴈、鴉、鳩、鵲、鸛、鷺、燕、雀、雉、鵓鴿、鶺鴒、鵝、鴨、鷄、紅鶴。

獸類 獐、鹿、虎、狼、狐、兔、猴、熊。

鱗類　鯽、鯉、鮎、鱔、赤眼、魴。

畜類　牛、羊、馬、騾、驢、猪、犬。

蟲類　蠶、蟬、蠍、蛇、蛙、蜂、蟋蟀、蝴蝶、蜻蜓、蚱蜢、螳螂、蠅、蚊。

明·汪心《尉氏縣志》卷一　物產

穀類　黍，曰赤，曰黄，曰白，曰糙，曰爛皮，曰奪麥場，言其早也。曰坌麥。言遲也。　稷，黄色，似黍而大。　粱，似穀而大。　粟，曰青，曰白，曰紅，曰黄，曰黑，曰大青，曰小青，曰六月先，曰獨覺旱，曰龍爪，曰七里香，曰搭過粱，曰瓦屋裏，曰驢馱糙，曰箭簳糙，曰京裏糙。　脂麻，曰白，曰黄，曰黑，曰霸王鞭，曰一條鞭。　大麥，曰春大麥，曰米大麥，曰三月黄，曰絲兒。　小麥，曰蛐子，曰黄皮，曰糙，曰坌，曰光頭，曰春小麥，曰白麥，曰黑芒，曰紅芒，曰白芒，曰鐵桿糙，曰玉麥。　蕎麥　稻，紅芒、白芒二種。　蜀秫，曰麥黄，曰椒子，曰酒，以其堪造酒，故名。曰野老糙，曰比八升。以其一斗止可比之八升也，故名。　豌豆　黄豆　黑豆　菉豆　紅小豆　白小豆　茶褐豆　銅皮豆　羊眼豆　老鴉眼豆　天鵝彈豆　花斑石豆　鷄虱豆　青豆　江豆，曰紅，曰白，曰鐵孄齒，曰羅裙帶，曰鴈過紅，曰雲南江，曰白不老。

果類　桃，有十月桃。　李，種多。　杏　梨，種多，有爇梨。　柿　棗　梗棗　栗　榴　文冠果　白果，一名銀杏。　蒲萄　梅　核桃　沙果　地梨，一名荸薺。　蓮房　西瓜　甜瓜　芡　山荔枝　杜梨，俗名棠梨。

菜類　葱　韭　大蒜，無小蒜。　蘿蔔　胡蘿蔔　茄，青、白、黑三色。　王瓜　冬瓜　葫蘆　瓠子　蕫，俗名水葫蘆秧。　銀花菜，俗呼猪屎科，言其賤也。　莧菜　莧陸，俗呼馬齒莧。　甘露，江南呼為地蠶。　蘑菇　菜瓜　苦瓜　蕈菜　菠薐　白菜　芫荽，一名胡荽。　苦菜，俗呼蘧蘧菜。　紫蘇　甘菊　圓香菜　五香菜　萵苣　刀豆　龍爪豆　虎爪豆　匾豆　眉豆　絲瓜　藕，四時有之，較諸南方者欠肥。俗以肉汁烹食之，亦佳。　茼蒿　芹　蒲　薺　蔓菁　莙薘　灰菜　茴香　蒔蘿　萵笋　丁香茄

藥類　半夏　麻黄　貝母　花椒　香附子　葶藶子　薄荷　益母草　牽牛，俗名江鈴子，花有黑、白二種。　地骨皮　生地黄　艾　雲桑，俗名金桑。　野西瓜　罌粟，其花名米殼。　枸杞子　荊芥　蓖麻子　菖蒲　蒺藜　瓜蔞子　天花粉　青葙子，俗名野鷄冠花。　旱蓮　菟絲子　車前子　茵陳　麥門冬　桑白皮　凌霄花　皂角　葫蘆巴　瓜蒂　王不留行　酸棗仁　大戟　小戟　紫草　朴硝　甘草　地榆　透骨草　馬兜鈴　澤蘭

木類　桑　榆　槐　栢，一名側栢。　柳，別有三春柳。　楊，青、白二種。　椿，香、臭二種。　楝　楮　柘　楸　棠棣　棗　荊棘，最多。　杞柳，謝村榆林多有之，人取之以為簸箕、柳斗等器。

花類　牡丹　蓮　芍藥　芙蓉　葵　小葵　鷄冠　木槿　榴，有千葉者。　菊　萱　夜合，俗名絨花。　金錢　金盞　玉簪　石竹　龍鬚　芭蕉　四季槐　後庭　月季　地棠　荼蘼　刺蘼，蘼，一作梅。　薔薇　佛見笑　紫丁香　紫荊　碧桃　孤燈　錦蝴蝶，即石匾竹花。　金雀，一名金鳳。　米殼　山丹　卷丹　迎春，色白，逢春先開。　春蘭　寶象　蕙，俗呼寢頭香。　拳丹　海榴　海棠　鼓子花，俗名狗兒秧。

草類　蘭，一名馬蘭。　葦　荻　莎　茜　苜蓿　蓬，曰刺，曰鏇。　茅　蓼　莠　紅藍，一名紅花。　蓼藍　俗名小藍，染綠。　大藍，俗名靛，如芥染碧。　槐藍：如槐染青。已上三藍皆可作澱。趙岐云：陳留人以種藍染紺為業，藍田彌望，不種黍、稷，慨其棄本逐末。　稗子　萍　菌，俗呼狗溺臺。

羽類　鵝　鴨　鷄　鴿　烏　鴉　喜鵲　雀　斑鳩　鶺鴒　青絲，即鶺鴒也。　鷺鷥　燕　鴛鴦　鳶　鴟　隼　鷂　鸇　梟　鴞　鸛　鶚　鳧　水鴨，俗名野鴨。　鸂鶒　水鷄　練鵲，俗名麻野鵲。　鶬鶊　啄木　伯勞，俗名黑老婆蟲，又名瘦蟲兒，又名後熯蟲，形類杜宇，其聲稍異。　角鸞　戴勝，多在苜蓿地中。《詩經注》云：鳲鳩，秸鞠也，亦名戴勝。　今之布穀也。

毛類　牛　羊，曰羝，曰羯，曰綿山羊，曰臊䍽，曰羺羖。　馬　騾　驢　豕　犬　兔　猫　鼠　狐　獾　黄鼠狼，尾毛製筆。　蝟　糞鼠　搬倉

鱗類　鯉　鯽　鱖　鰱　魴　鮎　白條　鱔，一作鱣。　鰕　鰌，一作鰍。　鼈

蟲類　蠶　蜂　螘　蝶　斑貓，俗名紅娘子。　蝙蝠　蟬　螃蟹　蟋蟀　蝦蟆　蠅　蚱蜢　蟣蠓　蛭　蝤子　螳螂　匾擔　蜒蝣　蛇　蠍　蛇豎　虢，俗呼蠍虎。　蠅虎　蜘蛛　蚯蚓，俗名朐䏰。　羌蜋　喜子　蝸牛　蚊　蛾　螟蛉，俗名土蜂。　蠮螉，俗名馬蜂，即細腰之蜂。　天水牛，《詩經注》云：蜉蝣，渠略也，似蛣蜣，身狹而長，角黄黑色，朝生暮死。　蟲

蟲，俗名牛蠓。　蛙　蝌蚪

明・鄭相《夏邑縣志》卷一　物産

穀類　黍、黃、白、黑。稷、稻、水、旱。麥、大、小。穇、粟、蕎麥、菉豆、黃豆、黑豆、豌豆、紅豆、青豆、扁豆、小豆、蜀秫、芝蔴。黃、黑、白。

蔬類　芫荽、菠菜、白菜、藤蒿、芥、萵苣、蘿蔔、葫蘆、山藥、芑、苦蕒。王瓜、菜瓜、苦瓜、馬齒莧、芹、葱、蒜、瓠、絲瓜、薺、芋、韮、茄、甘露子、藕、葑、蘑菇、冬瓜、玉環、地瓜、蒲笋、白花、黃華、莙薘。

菓品　柿、李、杏、桃、石榴、梅、棗、梨、柰、沙菓、葡萄、蓮的、西瓜、甜瓜、核桃、菱角、雞頭、櫻桃。【略】

木類　桑、榆、槐、柳、楝、楮、桐、柘、楊、椿、棠、栢。

草類　葦、蘆、莠、稗、茅。

花品　雞冠、萱草、葵、菊、月季、玉簪、薔薇、芍藥、石竹、木槿、紅花、金鳳、鶯粟、鳳仙、山丹、牡丹、海棠、迎春、地棠、芙蓉、紫荊、十樣錦、剪春羅、剪紅羅、轉枝蓮、紫蝴蝶、夜落金錢。

藥品　車前子、地黃、香附子、蟬蛻、蛇床子、桑白皮、蠶蛾、蓖麻子、米穀、小茴香、天仙子、班猫、麥門冬、瓜蔞、枸杞子、大黃、茱萸、蕩商陸、薏苡、猪芽草、紫地丁、紫蘇、蟾酥。

羽族　鵓鴿、黃鶯、布穀、慈烏、斑鳩、紫燕、蠟嘴、鴷啄木、鶯山鵲、鶉、鵲、鷹、鸇、雀、鸛、梟、鶖、鷺、鷂、鶏、鵝、鴨。

毛族　牛、犬、羊、馬、騾、驢、豕、猫、兔。

蟲類　蛇、蟋蟀、蠆、螽、螟蛉、蜩蟬、螳螂、螢、莎鶏、蟻、蛾、蠶、蟬、蠐螬、蚪、蚊、蝶、蚯蚓、螻蛄、蠅、蠅虎、蝘、蝎、蝎虎、蜉蝣。

水族　鯉、鮎、魴、鯽、烏魚、鰷、鮦、鰕、鱉、黃頰、鱣。

明・李錦《新鄉縣志》卷二　土産

穀　黍、稷、稻、穀、黃豆、黑豆、菉豆、青豆、匾豆、（菀）〔豌〕豆、小豆、（薑）〔豇〕豆、大麥、小麥、蕎麥、蜀秫、芝麻。

帛類　絲、絹、紬、綾、綿花、綿布、綠、麻。

植類　榆、柳、桐、楸、白楊、椿、槐、松、栢、青楊、桑、柘。

蔬類　葱、韮、蒜、芥、菠菜、莧菜、蘿蔔、茄、瓠、葫蘆、萵苣、藤蒿、西瓜、冬瓜、黃瓜、菜瓜、甜瓜、絲瓜、白菜、蔓菁、芹菜。

果類　桃、杏、李、梅、石榴、棗、柿、梨、羊棗、核桃、莎果、木瓜、蒲萄。

花類　菊、榴、葵、萱草、刺蘪、木槿、米殼、紫荊、鷄冠、石竹。

藥類　薄荷、瓜蔞、兜苓、栗殼、枸杞子、透骨草、半夏、車前子。

羽族　鷄、鵝、鴨、鵲、烏鴉、鴈、雀、鳩、鸛、黃鶯、野鷄、鶩、鷗、鷺、鴛鴦、野鴨。

毛族　馬、騾、牛、驢、猪、羊、犬、兔、狐、獾。

鱗族　青、白、鯉、鮎、鯽。

介族　龜、鱉、螺、蚌。

明・佚名《許州志》卷三　土産屬縣附。

穀類　旱稻大米、水稻大米、黑黍、黃黍、龍爪黍、早穀、晚穀、黃穀、青穀、白穀、大麥、小麥、裕麥、即穬麥。蕎麥、蜀秫、黃豆、白豆、菉豆、赤豆、豌豆、芝麻、胡麻。

果類　石榴、銀杏、林檎、即蘋果。沙果、蓮房、芡實、即雞頭。菱角、桃、李、杏、棗、柿、梨、栗、藕、葡萄、核桃。

蔬類　葱、韮、蒜、茄、芥、白菜、蔓菁、萵苣、白芥、胡荽、白蘿蔔、胡蘿蔔、王瓜、菜瓜、西瓜、甜瓜、絲瓜、葫蘆、冬瓜、菠菜。

花類　萱、牡丹、芍藥、石竹、金鳳、木槿、玉簪、玫瑰、刺梅、錦葵、菊、葵。

藥類　蠍、紅娘子、蟬蛻、黑牽牛、香附、麥門冬、百合、益母草、茴香、蓖麻子、扁豆、火麻子、地膚子、即掃箒草子。粟、吳茱萸、蒺藜。

木類　桑、榆、槐、柳、栢、椿、楝、楮。

禽類　鷺、雉、鴿、梟、鵝、鴨、雞。

獸類　牛、馬、驢、騾、猪、羊、犬、兔。

魚類　鯉、鮎、鯽、魴。

明・劉訒《鄢陵志》卷三　土産

紅花：　成化以前種者多。《一統志》云：　鄢陵尤盛。邑人程鶴倅贛州時，張東海汝弼守南安，贈之詩曰：　鄢陵紅花紅且香，摘來堪染舜衣裳。上方有路無人獻，却向章江洗夕陽。詩固不為詠物，而物以詩亦重矣。

五穀：　惟粟類最夥，其色有青、白、紅、黃，其名有六月先、七里香、八百光、鐵𡒄齒者，皆嘉。他如鶏腸、兔蹄、龍爪、猴尾，隨象立名，動以百計焉。稻：　不秧種，紅澁欠佳。　黍：　亦有白、紅、黎三色。其最早者曰奪麥

場。　麥：　秋種，亦有春種者。大麥，三月黃，嘉；　小麥，自黃皮、蛸子之外，有白麥、御麥，為最嘉。其他曰紅桿，曰鐵桿，曰光頭，曰條兒之類，類難悉舉。　豆：　有青、白、黃、紅、黑、茶、褐等色，天鵝彈、老鴉眼、花斑鷄虱、羊眼等名。然大青豆及羊眼、黑豆堪作豉。江豆曰羅裙帶，白不老者堪為菜。紅小豆堪入藥。餘皆尋常。　芝麻：　有白、黑、黃三色，葉葉三異名。

菜之類：　不盡載。惟蘿蔔產馬坊者嘉。萵笋近年亦有之，頗敵京口者矣。

瓜之屬：　與他處同。

菓之類：　凡接生者俱佳，不能盡載。異者曰文冠果。其最佳者，杏曰海東紅，李曰硃砂斑、玉黃。近年有瓶梨、開州梨，而大甜梨則本處故嘉者也。

竹木：　率同他處，不載。

花卉：　名品甚多。近年有仕秦者，移牡丹十餘種，其最佳者曰武夷青、平頭紫，觀音面、獅子頭、玉樓春、寶樓臺、出嘴白、醉楊妃、鶴翎紅、真紫粉梢。雜花，春有紫丁香、金地棠、紫匾竹、藍玉簪、淩霄、酴醾、夜合，殊佳。秋則黃葵及各色奇菊，終歲開者月季花、四季槐，芍藥，以下不盡載。

藥類：　數十，皆不著名。

禽類：　數十。有名後懊蟲者，其形類杜宇，聲稍異，亦猶橘、枳隨風土而變者焉。

獸：　產本處者亦同他處，有原無而忽有者則異矣。

鱗介、昆蟲，處處有之，不殫紀。

明・魏津《偃師縣志》卷一　土產

穀類　黍、粟、小麥、大麥、黑豆、芝麻、蕎麥、稷、菉豆、青豆、豌豆、白豆。

枲類　綿花、紅花、絲、麻。

植類　楊、柳、槐、榆、椿、栗、桑、棗、檜、楓、樗、楮、桐、梓。

蔬類　蔓菁、蘿蔔、萵苣、菠薐、白菜、葱、韮、芥、蒜、瓜、瓠、茄。

花品　菊花、牡丹花、桃花、木槿花、月季花、海棠花、杏花、薔薇花。

果品　石榴、核桃、杏、桃、李、棗、梅、栗、柿、梨。

藥品　車前子、天花粉、香附子、牽牛、枳實、瓜蔞、芍藥、玄胡、防風、瞿粟、細辛、黃芩、桔梗、蒼朮、柴胡、杏仁、荊芥、前胡、百合。

毛族　牛、馬、羊、鹿、兔。

羽族　野鷄、烏、鵲、雉、鳩、鴨、黃鸝、子規。

鱗族　魴、鯉、鯖、鯤、□。

甲族　龜、鼈、黿、蟹。

明・高汝行《太原縣志》卷一　土產

穀屬　稻有秔、糯二種。安仁、王索、東莊等鄉出。　黍有軟、硬二種。　稷　粱　麥有大、小二種。　粟有百種。　蕎麥　荳有黑、綠、黃、莞、薑、匾、小七種，又有羊眼、龍爪等諸荳。　蔴子

果屬　棗有十數種。　梨　核桃出晉祠，皮薄仁滿。　櫻桃，西山出。　桃　杏有卜、丹、海、東、紅數種。　李有玉黃、朱皮二種。　葡萄有紫、白二種。　紅果　苹卜，天龍寺出。　軟棗　林檎

菜屬　蘿蔔十斤　胡蘿蔔　芥　白臺　胡芹　莙蓬　馬齒莧　葱　韭　蒜　黃花菜　木欒芽　石耳，即地骨攣，雨後生。　蔓菁　藤蒿　茄　瓠　刀豆　萵苣　菠菜　蘑菇　香菜　西瓜　冬瓜　菜瓜　甜瓜　黃瓜　絲瓜

木屬　松　栢　樺　栝　榆　槐　柳　桑　棗　芊　楺　椴　梨，刊書用。　椿　梧桐　楸　楮　青楊

藥屬　甘草　地黃　酸棗仁　遠志　大黃　小茴香　瓜蔞　班猫　蜂房　芍藥　黃芩　蕤仁　蒼朮　芫花　菖蒲　苦參　麻黃　澤瀉　防風　乳香　河參　荊芥　升麻　商陸　薄荷　柴胡　紫蘇　水蛭　茵蔯　茅香　麝香　栢子仁　牛蒡子　天門冬　夏枯草　天花粉　旋覆草　椒　欵冬花　益母草　郁李仁　墓頭灰

禽屬　天鵝　野鴨　淘河　鷺鷥　青鵝　紅鶴　鴛鴦　鸕鷀　魚虎　鵁鶄　鶺鴒　鸛　以上俱水鳥，出晉澤。　黃鸝　戴勝　石鷄　訓狐　啄木　布穀　雉　鴈　鴇　鷹　鳶　鷂　以上俱出西山。

獸屬　牛　馬　羊　鹿　虎　豹　狐　兔　獾　麝　豺　麞　狼　野豬

魚屬　鯉　鯽　鮎　鰍　鰱　鱔　金　鱉　蝦　螺　蚌　俱出晉水澤中。

花屬　牡丹　芍藥　黃葵　薔薇　馬櫻　海棠　芙蓉　碧桃　茉莉

地檀 欵冬 金銀 木槿 石榴 八仙 菊 梅 葵 蓮，有並頭者。 玉簪，白、紫。 雞冠 山丹 萱草 鳳仙 剪紅羅 紫蝴蝶

草屬 芭蕉 薜荔，即巴山虎。 葦 荻 珍珠蘭 棕櫚 藤蘿 浮萍 垂盆 蒲 鏡面菹

竹屬 慈竹 水竹 班竹 紫竹 俱晉祠園中出。【略】

色屬 礬紅 羅粉 藍靛 紅花 以上俱晉祠出。 黃蘆 茜草【略】

雜類 鹽，濱河鄉村俱出。 礬，黑、白二色，柳子谷出。 煤炭，西山俱出。 石灰 石鍾乳 黃礬 琉黃 磠砂 柳絮礬 自流礬 石硯，黑色金星。 鵝管石 以上俱柳子谷窑內出。 錫靈芝 寒水石 馬牙石，俱西山出。 草紙

清·馬家鼎、張嘉言《壽陽縣志》卷一〇 物產第三

穀屬 梁： 有稾曰禾，其實曰粟，其米曰粱，北方混稱之為穀。惟一種米色極白者稱粱穀。舊志粟粱竝出，非是。為種甚多，其苗有赤白之殊。《爾雅·釋草》虋，赤苗；芑，白苗，正謂此耳。實有黃白赤黑諸色，米有黃白青諸色。其一種性黏者，別名輭穀，為實亦有赤有白，而米色則皆黃，壽陽氣候特寒，穀雨播種，秋分載穫，立苗之疏約一尺許，得天時者既久，食地力者亦厚，故粒較他處獨大且堅云。 稷： 一名穧，穧字亦作穄。播種最先，又最高大，故《月令》謂之首種，俗謂之高粱，為種亦多，其黏者為秫，重呼之則曰秫秫，故俗呼高粱為秫秫，又呼秫秫為輭高粱，其色赤，故俗又呼紅粱。《群芳譜》云： 蜀黍一名高粱，一名蜀秫，一名蘆穄，一名蘆粟，一名荻粱。以種來自蜀，形類黍稷，故有諸名。不知蘆荻皆象其形，蜀黍為秫秫之聲轉，穄為稷穧之聲轉，而字因以譌耳。若俗書蜀作薥，戴侗《六書故》指此為黍，則又譌之譌者也。陸清獻公《靈壽縣志》雖加辨析，終為舊說所迷。惟國朝程氏瑤田《九穀考》，除麥之外，於諸穀辨之最審，其略云，唐蘇恭誤解陶通明稷與黍相似之云，遂欲於黍中求稷，乃曰本草載稷不載穄，因以穄為稷，不知黍中之有穄，猶稷中之有秫，稻中之有秔。北方稷穄音相邇，穄奪稷名，因謂稷穄一物，而以黏不黏分黍稷，失之矣。《說文》穈穄互釋，稷穧互釋，其為二物明甚。 黍： 種類亦多。先種後熟者為大黍，後種先熟者為小黍。其色有白黑紅黎之別，俗混稱大黍為穄黍，失之。又有一種米白似稻，俗謂之黍大米。 穈： 一名穄。《說文》穈，穄也，是也。北直呼為飯黍，似黍而不黏，其種熟有先後，亦猶黍之有大小也。或以之當稷，失之。穈黍穰皆可為帚，而穈穰者尤適用。 菽： 即豆也。豆本古食肉器名，漢以後始名菽為豆，此乃聲之轉而字之譌假，猶續竇同從賣聲而異讀也。有大豆、小豆、扁豆、豌豆、豇豆、刀豆、黑豆、綠豆、白豆、黃豆、紅豆、鼠皮、羊眼各種。而小豆又有赤黑綠三色，豌豆又有大小二種，黑豆又有夏秋小大之別，紅豆亦名眉豆，《靈壽志》云即南方羊眼豆。又有赤白黃紫數種，其莢可為蔬。舊志菽豆竝出，非是。 麥： 有春麥，於春分前後種之。有宿麥，於秋分前後種之，皆至伏乃刈，地氣特寒故也，而為種各不相假。《九穀考》以為一種，誤矣。其一種無芒者謂之和尚頭。然百畝之中，種麥者不過三五畝，不足本邑之用，故有自直隸來者，有自歸化城來者，而有東麫北麫之別焉。又有草麥、拐麥，拐麥亦名大麥，皆穫在夏至。拐，依王氏筠說，《玉篇》無拐，當作枴。

幽麥： 一名燕麥，以其出幽燕之地，故名。俗書幽為莜，或為油，讀燕為去聲，竝誤。莜與蓧同，且此麥無油也。種有早晚，而穫亦因之，其為種則一而已。又有一種七十日即熟者，別呼為小幽麥。 蕎麥： 穀之有稜者。《唐·高承簡傳》以莜為蕎，誤。然為物絕不類麥，而以麥名，殊不可解。邑地特寒，凡穀一年祇一種，惟此於刈麥之田種之，至秋分後可熟。又有一種六十日即熟者，別呼為小蕎麥。又有苦蕎，苗葉花實皆與蕎麥相似，而味較苦，非以酸漿和之不可食，而種者亦絕少。 諸穀種植之法，《馬首農言》備載之，兹不贅。 玉秫秫： 莖葉似秫秫，為實大而有光澤似玉，故名。一名玉茭茭，蓋秫聲之轉而字之譌，猶之菽椒同從叔聲而異讀也。 麻： 即大麻。本草謂之火麻。皮可為繩，子可壓油食，幹可引火。為物一種，而其生有華而不實者俗謂之華麻，即《禮》所謂牡麻也。有實而不華者俗謂之子麻，子或作芓，或作荸，即《說文》所謂麻母也。又有蕡麻，蕡，《說文》作𦮼，皮亦可為繩，而不及火麻之堅紉。 胡麻： 一名油麻，其實似脂麻而赤，壓油可食，亦可然燈，渣可糞田。沈存中《筆談》云，張騫始自西域得來油麻種，故又名胡麻。或以之為黑脂麻，誤。黑脂麻一名巨勝子，見本草。又脂麻，壽陽亦可種，而種者絕少脂，俗作芝，譌。又有西番穀，種出西域，苗有赤白二種，惟造錫者用之，種者亦少。

蓏屬 黃瓜： 熟則色黃，故名，然亦有生而即黃者。種出胡地，故又名胡瓜。舊志從俗以王瓜當之，誤。王瓜一名土瓜，見本草。又有菜瓜、甜瓜、

香瓜、絲瓜諸種。　倭瓜：　種類甚多，相傳出倭國，故名，即太原南瓜之屬，俗謌倭字為窩。　中瓜：　平定謂之東瓜，或稱北瓜，太原謂之西葫蘆，有圓長之別。　南瓜：　亦有圓長之別，其臭羶。又有翻瓜，亦其類也。　西瓜：　邑產舊無此種，所用皆自榆次來，道遠價昂，人鮮食之。邇來種者輒以數百畝計，以有用之良田為尠益之種植，而費無算之貲財，已屬不可，況瓜戰之風既甚，瓜田不啻賭場，其為害可勝言哉，有風化之責者宜急禁之。　葫蘆：　本名壺，象其形也，見《詩・七月》篇。一名瓠。《傳》云，壺，瓠也，是也。俗謂之葫蘆，葫與壺雙聲，蘆與壺疊韻，葫蘆正壺音之切脚也。有長頸、短頸、細腰之別。　茄：　一名洛蘇，有赤白二種。

蔬屬　白菜：　即菘也。其別種有回頭者，一名飽肚菘，因謂此為順白菜，而壽陽所產皆不逮他處之肥實。近又有回回白菜，相傳種出回國，農家率皆種之，然其香美遜菘遠甚。　芥：　有大小二種，大者季夏種之，葉根俱可食。小者春種之，葉可食，子可壓油食，而根則較細，漸老而漸木矣，不可食。　蘿蔔：　《唐韻》：　秦人名蘿蔔。《後漢・劉盆子傳》稱蘆菔。《爾雅》云突蘆萉，郭註：　萉宜為菔。本草作萊菔，壽俗又呼蘿葍，王氏筠云蔔亦作菔，古服葡同音，故《關雎》服側為韻，《易》服牛乘馬，《說文》引服作犕。《靈壽縣志》云紫花菘者，今之蘿蔔。芥菘者，今之芥菜。晚菘者，今之白菜。菘是總名。按：　萊與蘿、蘆，菔與葡、萉、葍，皆聲之轉而字之變也，然當以《爾雅》為正，蓋蘆猶顱也，萉猶葑也，以形名者耳。《韻會》云：　一名來服，言來牟之所服也。穿鑿不可從。其種有圓長之別，壽陽所產不及他處之大，而較堅實，蓋地氣使然也。又有胡蘿蔔，相傳種出胡地，其色紅，故又呼紅蘿蔔，而別呼蘿蔔為白蘿蔔，然亦有黃色者。　玉蔓菁：　亦回回白菜之類。但彼食葉此食根為異耳。俗呼為片藍。　蔓菁：　芥類。一名蕪菁，一名諸葛菜，即《詩》之葑也，俗呼為好菜。種於初夏者為大蔓菁，種於末伏者為小蔓菁，而為種則一。　山藥：　本草一名薯蕷。邑地所產不及他處之肥大。近又有回回山藥，相傳亦出回國，其形圓，其味似薯蕷，種者頗多。　芫荽：　一名胡荽，相傳張騫自西域得種歸。芫，一作蒝。又有胡芹菜，亦芫荽類。又有蒿苣、莙薘、菠菜、馬齒諸種。　葱、蒜、韭：　王氏筠云：　按《說文》，葷臭菜也。釋典以葱、蒜、韭、薤、興渠為五葷，道家易興渠以芸薹，皆謂其有氣臭也，惟薑、芥辛而不葷。　金鍼：　狀類萱，其華乾之可為蔬。按：　舊志又有藤蒿、香菜、黃花，今不知為何物。　蘑菇：　即菌也，俗呼為蘑菇。感腐草腐木之氣而生，種類之多不可殫述。

果屬　柰：　俗呼小果，惟盂語尚存本名。又有接果、香果、蘋果、檳果，皆柰類。蘋檳本一聲之轉，而其果乃顯分二種，疑莫能明也。　棗：　本邑惟南鄉產之，然不足用，所用多自直隸平山、贊皇等處來。又有狗牙棗、酸棗，野生無植者。　林檎：　一名來禽。其生於山者為實較小，別呼山林檎。　核桃：　即本草之胡桃，相傳出西域，張騫得其種歸，故名。邑人植者絕少，所用多自直隸平山及盂縣來。　桃：　有夏秋二種。又有山桃，生山中，不中食。　杏：　種類甚多。熟有蚤晚，核有苦甜黏離之別。　梨：　有香水梨有瓜梨二種，瓜梨耐久而不及香水之佳。又有杜，亦梨類，但結實小而酸濇，野生無植者。　李：　有赤白二種。　榛：　方山傍近諸山皆有之。　石榴：　邑地特寒，此種皆盆植之，故無大樹而結實亦少。　葡萄：　葡萄為泡之切脚，象形為名也。《漢書》字作蒲陶，有數種，而以形如牛乳者為佳。

木屬　松：　山墳壇廟所在多有，其木有赤白二種，而赤者尤堅緻，然以地磽瘠，必近百年乃可成材。　柏：　山墳壇廟偶有植者，其木亦有赤白二種，亦以赤者為良，而成材較松為尤難。又有側柏、捲柏，皆其別種。　杄：　植者尤少，其木亦有赤白二種。　檜：　間一有之，其實因年易形，如子年象鼠頭，丑年象牛頭之類，亦可異矣。　桑：　有結葚不結葚之別，其不結葚者俗呼為穅桑，相傳鳩食葚而糞中之葚未化者，其生則仍結葚；　其葚落自生者，則成穅桑，然皆可飼蠶。壽地桑少，地氣亦寒，發葉較遲，又不知繅絲法，故飼蠶者尠。然蠶種得暖而出，若春時置於清涼之所，則其出可遲，而桑葉既生，可及其食矣。第所食甚多，欲飼蠶者，宜先廣植桑耳。《馬首農言》云：　邑不飼蠶，不種稻，地氣晚寒，或非所宜。然《唐》《魏》風凡三言桑，《汾沮洳》詩，鄭箋直以采桑為視蠶事。《鴇羽》之三章曰不能藝稻粱，其所藝固不僅黍稷也。今太原迆南郡縣多稻，且有蠶織者。邑之南鄉近亦有水田，可種稻。志載物產有桑有絲絹，由來已久。乾隆中，余家從伯父樹桓妻張氏嘗飼蠶，手織繭紬，數十年來此風寂然，十畝之外閑閑泄泄，豈盡關地氣耶。　槐：　有黃黑二種。子生者木理堅緻，萌生者遜之，再萌者則又遜矣。　榆：　其木多病蛀蝕，或謂於其幼也移地而植之則不患此。　楊、柳：　楊有青白二種，其青者又分大葉、小葉二種，而大葉者其枝又有上揚、下垂之別。

柳亦有二種，一則枝上揚，一則枝下垂，亦若楊。然古書多楊柳連稱，說者遂混楊於柳，失之矣。又有杞柳，多植於田界，以為栲栳、簸箕諸器。　椿：為木堅緻而色赤，俗呼香椿，以其葉之可食也。此外又有樗，亦椿類，俗呼臭椿，為木似椿而色白，然與土檀楸採皆自生山野耳。要之壽土之木，楊柳為多，松次之，榆槐又次之，餘又以次而少。而為用之廣以榆槐為最，故有家有榆槐，寸寸成材之諺。　毛竹

藥屬　甘草　黃芩　地黃　遠志俗名小雞苗。　大黃　知母俗名馬馬草。　大戟　芍藥　蒼朮　牽牛　苦參　沙參一名鈴兒草，象花形也。　米殼俗名萵苣蓮，亦象形也。　防風　葶藶　升麻　薄荷　紫蘇　茵陳　柴胡俗名羊鬍髭。　茅香　班貓　蒺藜　車前子　郁李仁　酸棗仁　益母草　款冬花　蒲公英　蒼耳　艾　瓦松　王不留行　夏枯草　何首烏　荊芥　黃精　萹竹　牛蒡子　地骨皮　山查　紫花地丁　大小薊　落花生　石膏　地龍骨

按：《通志·壽陽物產》止收沙參、防風二物。

花屬　紅白芍藥　紅白牡丹　葵花　紫荊　雞冠　山丹　鳳仙　石竹　玉簪　金盞　珍珠　萱草　迎春　地曇　五色薔薇　菊　五色梅　長春　探春　蝴蝶藍　馬藍　木槿　四季紅　水紅花　荷包即魚兒牡丹。　夜合槐　金絲菊　金銀花　榴花　玫瑰　海棠

草屬　葦　蘆　萍按：藥屬、花屬之中，木本之外餘皆草屬。他或土人能呼其名，或不能呼其名，殆不可殫述云。

禽屬　雉　鵲　山鵲　鴉按：即烏也。有純黑者，有紅喙者，有白項者。　鳩　燕按：有紫燕、胡燕、麻燕。　鷂　鷹　鵰　鳶按：俗名花鴇。　鴿　鶉　雀　鸛　布穀　提壺　啄木　黃鸝　金翅　石雞　魚虎　雀虎　水鴨　河雞　醋雞　火燕一名紅裙，一名黃翅。　榆葉　松皮以上皆土人所能名者，其不能名者猶多，至於北令錫嘴、蠟嘴、碌破頭、菊花頭、交嘴等每秋自他方來者不竝志。又舊志有青鵲、紅鶴，今皆不知為何物。

獸屬　虎今無。　豹　土豹　狼　狐　狸　兔　獾有猪獾、狗獾、人獾三種。　黃腰　獐今無。　麞今無。　貓　鼠　獺　鼠狼　夜猴　黑老　各黎按：黑老、各黎皆田鼠也。

畜屬　牛：邑產特高大，以耕作負重勝於常產，四方爭販易焉。然所產無多，故亦橼用山牛、犍牛。畜牧之法，詳《馬首農言》。　馬、騾、驢：三物皆自他處販易而來，惟驢間有生駒者，然亦無他異。舊志謂邑產驢特高大，與牛竝稱，失其實矣。羸俗作騾。　犬：種類甚多，俗呼為狗。《說文》云：犬，狗之有懸蹏者。段氏玉裁云：有懸蹏謂之犬，叩氣吠謂之狗，名異必由實異。《莊子》曰：狗非犬。按：犬之為字，象其形也。狗之言鉤，因其交也。段氏附會許說，不可從。牛、馬、羸、驢、犬皆有功於人，邑俗非殘廢及自死者不殺食，猶見厚道之存。然亦不若牲死則埋，於禮為尤合耳。　豬：糞以肥田，故皆圈畜，飼以糟糠，必和以秫麫熟豆等物，乃可肥，故畜者少而價特重。　羊：農家畜此類為糞田計，無故鮮有殺者，皮則多為順德府人買去，以俗少衣之者也。　雞、鵝、鴨：以食艱之故，畜者既罕，值亦因之而重，故無故不殺也。

蟲屬　蠶　蜂　蛇　蝎　蛙　蝶　蚓　蜻蜓　蟋蟀　蚰蜒　吳公　蝎虎　蛇師　螢　蠅　蚊　牛蝱　蠹　果蠃　蜘蛛　螃蠈按：此外土人不能名者不可殫述。

清・賴昌期、譚澐、盧廷芬《陽城縣志》卷五　物產

粱：今通呼為穀，粟米之連殼者。種分五色，名目甚繁，不止《周禮》謂九穀。脫殼即北人日用之小米。穀又有黏者，可釀酒，即古所謂秫，今之紅穀是也。　稷：百穀之長。《禮》稱明粢，一名穄，謂光滑明潔，足以供祭，故古者稱穀神曰稷。　黍：即《詩》云秬秠，分黃、白、黑、黎四色。俗呼軟黍，可釀酒，有黏、不黏之別，宜早收，遲則風落。　麥：備四時之氣，先秋而成，續穀之不足。與麰殊種。俗呼麰為大麥，又有莜、蕎兩種。蕎畏霜霧，犯之歉收，莜惟深山種之。　菽：豆名。種分五色，又有豇、豌、蠶、扁之目。早種，無莢。至山人呼土豆者，係芋屬。　稻：在昔不產，邇年宜。固左近藉蘆水少有栽種者，脫粟較粳米尤硬。近沁溪者皆宜習種。　御麥：種自西番來。花開於頂，實結於節，穗包如拳而長，鬚吐紅絨，粒如芡實。以曾經進御，故名。俗稱玉蕉籽，山產者肥大。　穇子：一名龍爪粟。苗葉似穀，自頂抽莖有三稜，開細花，穗分數歧，子如黍而細，俗呼玉穀即此。　蓖麻：色黎而圓，與山產之荏，皆可榨油。亦種芝麻，不多。以上穀屬。

【略】

硫黃：產於白桑諸山。昔多私採，嗣以為軍中火攻要需，歸於官辦。凡各直省需買者，文咨本省巡撫，由司檄府飭縣開採，掘洞極深，出鑛狀如生

銅。融黃之甕高二尺，徑一尺，以一甕埋土中，以一甕實鑛塊，其中反覆，其上圍石炭，煅之一晝夜，融液乃成。佳者着耳瑟瑟有聲。事訖即行封禁，不許私採。黑礬採燒於黃洞左近，至黑鉛白鉛，山南原有鑛穴，利微工倍，遂無採者。　麻：　宜於涼地，故惟深山種之。漚成色蒼，不若外販之光潔。　蜜：　山產者佳。蓋以山草皆藥，春夏之交，高下盡成花田，採以釀蜜，用之足以卻病。　靛：　即藍汁。種宜於圃，立伏後，取藍投水，攙以石灰，以棒攪之，乃成。業染家販之。《本草綱目》：藍汁浮水面者，為靛花。其色勝母，所謂青出於藍而愈於藍也。　藥：　山參紋粗，較黨參力厚。山萸獨生於莽山。貝母、菖蒲只產於西坪。蒼朮、黃芩、升麻、豬苓、荊芥、薄荷、黃精、桔梗、百合、藁本、知母、秦艽、連翹、木通、山查、牽牛、益母、車前、地錦、沙參、柴胡、前胡、地榆、獨活、天門冬、麥門冬、欵冬花、淫羊藿、郁李仁、五靈脂、禹餘糧、五味子、酸棗仁，山南皆產。前志曰：何首烏，其藤以子午自交，含抱靈氣，不易可得，土人常以至巨者詭人，不知至巨者俗名老牛肝，不及首烏心分菊花、堅實精采，迥不同形，何能亂真？山南實有產其真者。至《唐六典》縣貢石英，今已絕無矣。以上方物。

木：　邇年蠶事多而桑柘少，每致桑葉昂貴。故前令徵廉刊有《蠶桑說》廣勸栽桑，宜仿其說而行之。且採皮作紙，封銀固結不破。孔寨為操作之區，外省爭購之。野蠶資於㯃葉，惟竹林頂左近多植㯃樹，供飼野蠶者，利與耕桑埒，皆宜仿之。前志引陸(機)〔璣〕《草木疏》云栩本皂角樹，境多植之。至構皮造紙，橡殼染皂，青棡造軸，靈壽作杖，柞枝染綠，而利產尤奇。核桃結實而木紋獨秀，漆樹資割取之財，椴木利斧斤之器，皆岩居者取以為資焉。縣人貴柏以為棺槨，故境內柏多松少，富人大賈時來購採。至於楊、柳、椿、槐、桐、楸、榆、檜之屬，隨地皆植，不勝志也。

草：　芝草偶有生者。萱草春初葉將出土，截寸許，肥美可食，俗曰川筍。葦荻皆可織席，金針苜蓿素稱清品。紫草、白茅、藤蘿、葛莎、馬蘭、豬鬉、羊蹄、虎耳、鳳尾、龍鬚，名繁不勝志。

果：　縣舊無柿。明萬曆中，知縣新鄭王良臣憫其地瘠寡產，人少物利，乃自其鄉携種至，使戶植之。初以為煩苦，未幾柿長成林，取材落實，民皆受其利。近城沙石山植者，味甘美。縣南山盡青石，產柿味澀，食之令人嘈嚨。榛栗育於盤亭叢林，榅桲產於神泉左近。至於桃、棃、李、杏、蘋果、木瓜、石榴、葡萄之屬，曷勝志焉。

卉：　莽山產蘭，山民杜人徵求斷其根株，遺種懸崖，萬難羅致。牡丹、芍藥、迎春、月季，此山寄根尤多。薔薇、茨蘼、海棠、淩霄、紫薇、玉簪、金盞、木香、夜合、剪紅羅、晚香玉、夾竹桃、虞美人、梅、菊、竹筠，園林多植之。若蓮花、水仙、酴醿、茉莉，種自外販移來。玉蘭，惟海會寺一本高出重檐，圓徑一圍，花時競觀，香聞里許。至於紫荊、棠棣、雞冠、鳳仙之屬，隨處皆植，未能縷志也。

山蔬：　猴頭、木耳、樹莪、葛葱，生於巉崖絕壁。鄉村人慮雜藜蘆葉，食者寥寥，皆鬻於城市。樹莪惟桃莪最佳。　圃蔬：　秋菘甲於鄰邑，俗呼白菜。韭、芹、菠、莧、茄、瓠、葫蘆、萵苣，品尚清美。至於葱、蒜之屬，無庸志。

田蔬：　農家比戶種瓜。至秋紅實離離，有以北瓜補粟之缺者。至於絲、王、甜、菜、冬、西分名，並萊菔、蔓菁之屬，到處皆產，不必贅志。

禽：　四山石雞最多，雉極華美。鵰鷹每逢於山麓，鷺鷥屢見於沁濱。黃鸝、布穀，鳴於春樹。燕、鴿、雞、鴨，育於人家。烏、鵲、鳩、鸛、啄木、鴞、鶉，隨處皆有。惟錯錯、兒歸鳥，延君壽明府謂：兒蓺麻，母烹子，死兒兒生，生兒兒死。兒歸鳥係死兒所化，錯錯則其母化也。

獸：　昔林木蓊密，虎易藏匿，邇年斧斤濯濯，近城五十里鮮虎跡。析城王屋間尚有匿者，豹仍不少。鹿、麞、麝香亦多於此間孳息。猿猱惟莽山濛有之。狐、兔、狼、(驪)〔獾〕，鄉村常遇。至牛、馬、驢、羸、羊、犬、猫、豕，與人馴習，到處皆然，不志可也。

蟲：　蠶有兩種。家蠶食桑，胡蠶食㯃，即飼於野。蜂、蝶、蟬、螢、蟋蟀、蜻蜓，數蟲皆有風韻。螽斯、蜥蜴、蚰蚓、蛇、蝎、果蠃、螟蛉、寒號蟲、打絲蟲，類多不勝記。

望莽之南，有試劍山，幻峪水所出。其地林木翳蔽，猿猱族處山間，人多捕得，脯而食之。西南諸山多虎，尤多豺。或言有駮。【略】昔魚宏為刺史，歸舟粮絕，飢甚。見洲上獼猴數百，悉殺食之，因得以濟事。蓋偶然耳。今山中人且時用脯膊，亦土風之所習矣。【略】邑中魚類絕少，沁河間或有之，故舊志不載魚之屬。然今青蘿河、西冶河，均有嬰魚一種，聲如嬰兒，聞雷則奔竄山谷。案《山海・北次三經》云：太行之山，東北二百里曰龍侯之山，

無草木，多金玉，泱泱之水出焉，而東流注于河。其中多人魚，其狀如鯑魚，四足，其音如嬰兒，食之無癡疾。疑即此類也。

舊志曰：【略】山之所出，硫黄、石炭及鉛，與鐵、硫黄輸用于官，其在人者，不能什一。聞諸山產鉛，亦曾試採，因其出不豐，不敷工本，久已封禁，礦穴民亦莫敢有私採者矣。

明·李遇春《略陽縣志》卷三 土產

五穀部 鮮稻、山黄稻、紅芒稻、百日早、粦麥、小麥、藍麥、青稞、蕎麥、大黄黍、龍爪穀、青穀、金黄穀、青皮豆、滿場白、大小黄豆、茶褐豆、菉豆、黎小豆、紅小豆、白小豆、紅江豆、白江豆、大豌豆、蠶沙豆、羊眼豆、刀豆、火高糧、米高糧、蟲豆。

菜部 大小葱、蒜、韭、白菜、蘿蔔、青菜、赤根菜、芹菜、灰菜、生菜、芥菜、虀菜、馬齒莧、蔓菁菜、白莧、紅莧、苦苿菜、蓬蒿、茄子、芫荽、冬瓜、萵苣菜、均薘菜、王瓜、貟王瓜、葫蘆、絲瓜、竹笋、蕨菜。

草部 芭蕉、刺刺草、茅草、牛尾蒿、麥蘭草、覆盆草、蓬蒿。

果部 桃，夏、秋、冬，惟秋熟者佳。核桃、栗子，少實而小。柿子，數種，大者八兩。銀杏、石榴、杏子、青皮杏、李玉皇、梅子、梨、棗，核大肉薄。軟棗、葡萄、木瓜、賴葡萄、桑椹子、菱角、芡、沙果、榛子、橘。

木部 栢、松、槐、榆、桑、柳、柘、楮、椿、楸、青楊、白楊、水荊、苦楝、楝、冬青、皂角、棠梨、紅椿、丁木、椴木、梨木、江桐、漆樹、白蠟。

竹部 紫竹、水竹、苦竹、甜竹、石竹、木竹、荊竹、茨竹。

花部 芍藥、牡丹、雞冠，紅、白。石竹花，紅、白、粉、紫。鳳仙、金盞、菊花，黄、白、紅、粉。萱花、玉簪、川草花、石榴花，千層，內無子。山茶花、四種葵，黄、白、紅、粉。十樣錦、夜落金錢、梔子花、淩霄花。

藥部 蒼木、芍藥、桔梗、麝香、防己、烏藥、荊芥、黄精、厚朴、木通、南星、半夏、何首烏、菖蒲、大黄、車前子、(大黄)、山藥、五倍子、桂皮、黄(白)〔柏〕、薄荷、破故(芷)〔紙〕、紫蘇、地骨皮、覆盆子、馬鞭草、川芎、茶芎、白扁豆、桑白皮、茴香、牽牛，黑、白二色。枸杞子、蒼耳草、杏仁、木瓜、木賊、茱萸、土椒、桃仁、麥門冬、黄芩、三稜、牛膝、柴胡、前胡、劉寄奴、龍膽草。

羽部 天鵝、鴿、鶺鴒、水鷄、水鴨、鷗、鴇、雕、鷺、野雀、鴟梟、寒鴉、青鵲、鵓鴨、鴨、白鵰、鶉、喜雀、倉鷹、魚鷹、鳩、烏鴉、鶯、紫燕、沙燕、銅嘴、啄木、青鵪、黄鵪、布穀，種穀時叫，曰種穀。錦鷄、雉鷄、馬鷄、早回，雌曰早回，而雄曰早回去。紅鶴、翡翠、杜宇。一曰杜鵑，一曰子規，一曰陽雀，三月來叫蜀國亡，出血而止。

毛部 獐、狼、虎、豹、狐、狸、兔、馬、騾、驢、獺、山羊、綿羊、水牛、黄牛、熊、麂、狨、崖羊、竹留、犬、猿猴、山驢、猪。

鱗部 青鯉、鰱、鯽、鱔小、桃花魚、嘉魚。赤尾細鱗，巨口，每歲至清明及冬月有。

甲部 龜、鱉、蟹小、蝸牛、螺、蝦。小，無肉。

蟲部 蠶、蜜蜂、黄蜂、烏蜂、螟蛉、蝦蟆、蚰蜒、促織、蟋蟀、蝶、蟬、蛙、蜉蝣、蜈蚣、螳螂、刀郎、蝎虎。害苗稼蟲賊之類猶多，不足記。

孳牧無。

清·李榕蔭《華嶽志》卷三 物產

金石：《爾雅》：西南之美者，有華山之金石焉。注：黄金、礝石之屬。球：《尚書》：大玉天球。注：大玉，華山之球也。玉：《前燕錄》：石季龍使人上華山採藥，得玉版。琥珀：王處一《志》：嶽頂西南峰上有五粒松，下時生琥珀，夜即有光，如荷花，可書字，晝如牛目，服之遐舉。《博物志》：松脂淪入地中，千年化為茯苓，又千年化為琥珀。洗石：《五代史·一行傳》：華山五粒松脂，入地千年化為藥，能去三尸。《(困)〔西〕山經》：華之首曰錢(萊)〔來〕之山，其下多洗石。注：可磢體去垢圿。白石英：《(卉)〔本〕草》：生華山，味甘辛，大如指，長二寸，面如刺，白澈有光。握雪礬石：《峋嶁神書》：此石或在山，或在水，色白而粗糯，至冬月有脂液出其上，且則見日而伏。當于日未出時，以銅刀刮置器內，采時用白雞清酒祭之。華山出。陵石：《名醫別錄》：陵石出華山，其形薄澤。水晶石：王山史：仙掌拇下有穴，產石如水晶，有五色，然脆不可用。以上金石。

松：王處一《志》：西南峰有五粒松。《酉陽雜俎》作鬣。平如偃蓋，上有青羅，長百尺。《癸辛雜志》：凡松皆雙股，故世以為松釵。獨括松每穗三鬚，而高麗所產乃五鬚焉。今所謂華山松也。松花：《群芳譜》：二三月間抽蕤生花，長三四寸，開時用布鋪地，擊取其蕊，名松黄，和沙糖作餅，甚清香，宜速食，不耐久。松子：《群芳譜》：吳瑞曰松子有南松、北松。華山松子形小而殼薄有香。栢：《唐·地理志》：華山生文栢，一名黄

腸。王處一《志》：東北峰上有紫栢，葉際有碧露，五月五日以油囊接之，食者可作地仙。栢葉：《化源記》：田鸞入華山求仙，見黃冠指栢葉曰：此長生藥也。栢子：《千金翼方》：取沉者為末，每服寸匕，漸增三五合，欲絕穀，恣食取飽，飢則飲水，久服延年。檜：王處一《志》：黃神谷神姑林松檜數萬株。又曰：山之西南一林侵天松檜，乃嶽神遊宴之所，名黑山林。《爾雅》：檜，栢葉松身。孔氏《禹貢》：栝栢。注：栢葉松身。

石楠：《本草圖經》：生華陰山谷，味辛苦，葉似莽草，色青黃，背有紫點，女子不可久服，令思男。李白詩注：石楠生華陰山谷，葉如枇杷。無憂樹：《華山志》：玉泉院山蓀亭大石旁有無憂樹。王士正《(祖香)〔香祖〕筆記》：玉泉院無憂樹四株，閱內典，頻頭婆羅王立瞻婆國婆羅門女〔為〕第一夫人，生子名無憂，又生子名離憂，其無憂即阿育王也。後王出外國遊戲，見無憂樹花極盛，王已見此樹與我同名，心大懽喜。蓋此樹與青柯坪娑羅樹皆西域種。《彙苑詳注》：女子觸之，其花始開。娑羅樹：李裕《登華》：娑羅坪舊有娑羅樹，大合抱，頂如華蓋，葉七出，如掌，白花綠萼，二寸許。文翔鳳《記》：娑羅即菩提樹。《邑志》云：非菩提。王士正《驛程記》：娑羅坪有娑羅樹一。王宜輔《志》：今存者名七星樹。寂寞樹：《太華山筆載》：聚仙臺南有二檀，貼壁并生，而末只齊臺，名寂寞樹。

龍藤：《華山聞見錄》：山蓀亭有龍藤十二，夭矯多節，節皆凹，枝幹皆空，相傳為希夷所植。枇杷：《華山記》：華山講堂西頭有枇杷園。今無。栗：《華山記》：西山麓中有栗林，藝植以來蕭森繁茂。王處一《志》：上方有栗子林。今無。柿：《華山記》：朱柿出華山，皮薄而甘。

以上果木。

千葉白蓮：王處一《志》：玉井生千葉白蓮花，服之令人羽化。布帛：《爾雅》：布似布，帛似帛，華山有之。郭璞注：草葉有似布帛者，因以為名。《雍勝略》：細辛即古所稱西嶽布是也。萬年松：《圖書編》：萬年松出華山。蕙：《華山志》：華山有蕙，亦蘭類。孟雲野謂劒蘭即華山蕙，誤。花時在春，一幹數花，或謂山蘭。以上花卉。

芝：《神農本草經》：白芝生華山。《雍勝略》：一名玉芝。《抱朴子》：山芝者，韓眾所食也。與天地相極，延年壽，通神明。《宋史》：丁少微隱華山，赴闕以元芝獻。華筍：《華峰蔬食譜》：春間生葉如萱草，根色白，細削如指，長四五寸，山中于初夏掘取，儲作蔬食，味甘芳，稱為華筍。

龍鬚：《縣志》：在華山，可以為蔬。鹿耳：《華峰蔬食譜》：草屬，綠幹有葉，歧如鹿耳狀，長三五寸，四五月間採食，味鮮如菊，故一名山菊，熟甘美。山藥：《華州志》：華陰山藥，天下之異品也。山產者良。《吳氏本草》：秦名玉延。《延綏志》：薯蕷。程棨曰：唐改為薯藥，宋名山藥。《王輔志》：薯蕷得石之精，堅而味甘。曹毗《杜蘭傳》：食薯蕷可避霧露。

百合：《縣志》：山產者良。《王輔志》：百合花色白，六出，長萼有香。卷丹花紅而有黑點。山丹花小而純紅色，葉似柳竹者微苦，細葉無子者味甘。《食療本草》：百合紅者為山丹。蕈：《華峰蔬食譜》：松蕈生松根，秋八月間雨後尤多。蓮花菌芝：出華山，不常有。雲盤蘑菰：出華山。蓮花白菜：華山者佳。以上蔬食。

黃精：《真仙通鑒》：道士王暉居熊牢嶺，種黃精於溪側。《福地記》：日食三寸，絕穀不飢，久之度世。陶先生謂之西嶽佐命是也。茯苓：《唐本草》：茯苓第一出華山。《蜀本草》：惟華山最多。形埌無定，以似烏龜者為佳。《華山志》：嶽頂五粒松下生茯苓，具如人形。《後山叢談》：毛女峰有隸刻曰：茯苓諸山皆假，惟此者真。一旦一丸，三斗三升。疑為服茯苓法也。朮：《抱朴子》：南陽文氏，其先祖漢中人，值亂逃華陰山中，困飢欲死，有二人教之食朮，遂不飢。後還鄉里，顏色更少，氣力轉勝，故朮一名山精。《神藥經》曰：必欲長生，當服山精。細辛：《雍勝略》：細辛坪在嶽頂東南隅，方圓三四畝盡是細辛。一曰少辛，服之令人遍體生香。沈括《筆談》：華山細辛極細而直，深紫色，味極辛，嚼之習習如椒而更甚。菖蒲：《華山志》：嶽頂東南隅菖蒲池，其菖蒲葉細如劒脊，根每寸九節，服之令人強健，延年益壽。《本草》：韓蒙服菖蒲十三年，目視〔書〕萬言，冬袒不寒。按：韓蒙即韓眾。《運斗樞》：一名堯韭，一名昌陽。禹餘糧：《本草》：禹餘糧出華山，禹常採此當糧，根如盞，皮如茯苓，人取以當穀，不飢。《博物志》：禹餘糧是還魂石中黃子，鬼神禽獸守之，不可妄得，所謂蒒也。七月稔熟，食之如大麥。靈豆：《貴耳集》：華山陳希夷有大靈豆，服一粒四十九日不飢，筋力如故，顏色如嬰兒。沙蔘：《唐本草》：沙蔘出華山者為善。威靈仙：《本草圖經》：出華山，葉似柳，花淺紫，根生稠密，冬月丙丁戊己日採，以不聞水聲者良。石

(葦)〔韋〕：《本草》：生華山谷石上，味甘溫。一名石皮，葉如柳，背有毛而斑點如皮，以不聞水聲及人聲者良。赤地利：《本草圖經》：惟華山者佳。春夏生苗，作蔓繞草木上，莖赤葉青，七月間白花，結子青色，根若菝葜，皮紫赤，肉黃赤，味甘平。天門冬：《本草》：天門冬一名顛勒，味苦，殺三蟲。在華山名松管。以上藥。

五色鷲：《華山志》：牛心谷其山岩間多五色鷲鳥。三青鳥：王處一《志》：焦道廣居雲臺峰，有三青色鳥報未然之事。避株：《禽經》：有鳥名避株，頭有綵囊。張華注：此鳥出華嶽，天晴則出綵囊，遇樹木則避之，故名。螐渠：《西山經》：松果之山有鳥焉，其名螐音彤渠。其狀如山雞，黑身赤足，可以已䑋。郭璞注：謂皮皺起也。陸德明《經典釋文》云：即鷴鴒也。羬羊：《西山經》：錢(萊)〔來〕之山有獸焉，其狀如羊而馬尾，名曰羬羊，其脂可以已腊。郭璞傳：羊六尺謂之羬。《王輔志》：似羚羊，色青，其角有掛痕者為羚羊，無者為山羊。羚羊：《王輔志》：細角有圓紋，夜則懸角木上以防患，山中人僅一見也。《名醫別錄》：羚羊角出華山谷。㸲牛：《西山經》：小華之山，其獸多㸲牛。郭璞傳：今華山中多野牛山羊，肉皆千斤，牛即此牛也。以上鳥獸。

肥𧔥：《西山經》：太華之山有蛇焉，名肥𧔥。六足四翼，見則天下大旱。《述異記》：虵一首兩身者名曰肥𧔥，西嶽華山中有也。湯時此蛇見陽山下。鼯鼠：《漢中府志》：褒城縣北乾龍洞中達華山洞約三十里，其中飛鼠如鳩。《西京賦》注：鼯鼠狀如小狐，肉翅，飛且乳。以上昆蟲。

清·吴炳《隴州續志》卷三　物產

大莞豆蔬屬：□□□□□□□□□□人以刀截瓣，入油炸令爆開，名蘭花豆。土人值凶歲用白水煮食充飢，近亦解如南方製法，并用以飼馬。

蕓薹蔬屬：九月十月下種，生葉形色微似白菜，冬春採薹心為茹，三月則老，不可食。開小黃花四瓣，如芥花，結莢收子亦如芥子。隴地氣苦寒，冬月多種此菜，能歷霜雪。近有油利，種者亦廣《本草綱目》。山藥：產咸宜關，色白而大，味殊甘美，不減華陰仙掌。百合：大小二種。大者味甘鮮，小者味微帶苦，須泡去苦水再煮，方適口。雖未如華陰之夥，亦可隨地種植。土人不解採取貨賣，甚有終身未覩不識何物者。間欲得之，但雇人赴山覓取，動輒盈筐，洵稱隴產翹楚。胡黃連藥屬：今秦隴間有之，初生似蘆，乾似楊柳枯枝，心黑外黃，折之塵出如烟者乃為真也《圖經本草》。薇銜：《本草拾遺》：一名無心草，一名鹿銜。叢生似芫蔚，葉有毛，赤莖。《圖書編》云出隴州。精草：收穀後生荒田中，叢生，葉似嫩穀秧，莖頭小白花點點如亂星。又有一種，莖硬長有節，根微赤，出秦隴《廣群芳譜》。大黃：今陝西州郡皆有，秦隴來者謂之土番大黃。葉似蓖麻，大者如扇，根如芋，大者如盌《圖經本草》。商陸：《爾雅》謂之蓫薚，《廣雅》謂之馬尾，《易經》謂之莧陸，《救荒本草》云幹粗似鷄冠花幹，微有線楞，色微紫赤，極易生植。《圖書編》云出隴州。黃藥子：秦隴山中有之《圖經本草》。骨碎補：陝西州郡皆有，生木或石上，多在背陰處，引根成條，上有黃赤毛及短葉附之，又抽大葉成枝，葉面青綠色，有青黃點，背青白色，有赤紫點。《圖書編》云出隴州。乳香：薰陸即乳香，為其垂滴如乳頭也。《圖書編》云出隴州。烏蛇：烏蛇能療疾，出隴州《明一統志》。羚羊角：今秦隴金商州皆有之，其角長一二尺，有節如人手指握痕，最堅勁《圖經本草》。鐵貨屬：隴州汧陽郡汧源有鐵《唐書·地理志》。○今境內並不產此。核桃木木屬：製大小器具，以本身油擦之，殊雅潔，雖廣楠不啻也。蔓荊：秦隴多有之，莖高四五寸，對節生枝，夏有花，作穗淡紅色，蘂黃白色，秋結子《圖經本草》。大空：秦隴人名獨空，葉似楮小，圓厚，根皮赤色《唐本草》。鶡鴠禽屬：鶡鴠，自關而西秦隴之內謂之鶡鴠《方言》。鳥似鷄，五色，冬無毛赤倮，晝夜鳴鄭註。鸚鵡：宋太祖建隆二年七月隴州進黃鸚鵡，上以為瑞，遂作金鸚鵡等旗。見《宋史》。鸚鵡出隴，李昉名為隴客。見《本草錄》。韓奉議為隴州通判，家人得鸚鵡，忽語家人曰：數日來甚思鄉。家人憐而放之。後韓使何忠自隴差至京，鸚鵡曰：記我否？我便是韓通判家鸚哥也。到京師為我傳語，到鄉甚快活。見《春渚紀聞》。關中商得鸚鵡於隴山，能人言，商愛之，偶以事下獄，旬日歸，嘆恨不已。鸚鵡曰：郎在獄數日已不堪，鸚鵡遭籠閉累年奈何？商感之，攜往隴山，泣涕放之。去後每商之同輩過隴山，鸚鵡必於林間問郎無恙，托寄聲也《聞見前錄》。金正大六年夏五月，隴州防禦使石抹冬兒進黃鸚鵡，詔曰：外方獻珍禽異獸，違物性損人力，令勿復進見《金史·紀》。狨獸屬：似猴而大，毛黃赤色，人取其皮作鞍褥，出隴州《明一統志》。羚羊：秦隴金商州山中皆有，其形似羊，青色而大《圖經本草》。蝙蝠豸屬：自關而西秦隴之間謂之蝙蝠《方言》。紅蝙蝠出隴州，皆

深紅色，惟翼脉淺黑，多雙伏紅蕉花間，採者若獲其一，則一不復去《北戶錄》。

炳按：物產舊志所記各類指不勝屈，有陝東西州邑所同，無須贅設者。今取隴產最著，暨載《通志》彰彰耳目者，特為標出。如右攷《唐史・地理志》隴州土貢榛實、龍鬚席，《宋史・地理志》隴州土貢席，《寰宇記》蠟燭二種俱隴州貢。近代不聞上供，且并不產此物，然亦隴地一典故也，附錄之。

清・張心鏡《蒲城縣志》卷三　物產

穀屬　黍：舊志有粘、粳二種。《馬志》：飯黍、酒黍兩種。酒黍黏，飯黍不黏，飯黍惟關中有之，種類有紫蓋黍，有罩籬糜，有鵓鴣卵，有牛尾串。其黑者曰秠，曰秬。其黏者釀酒，關東所謂黃米酒也。不黏者炊飯，關西所謂黃米飯也。　稻：《府志》：惟下馬澗有。《字林》：糯，黏稻也。秔，稻不黏者。又曰稉。《馬志》有數十種，黏者釀酒，不黏者炊飯。　麥：《爾雅》：小麥，麳；大麥，麰。《本草拾遺》：小麥出關中者為上品。《馬志》：關中有黑芒麥，無芒者為和尚麥，色白者為白麥，紫者為紫麥，色白而粒肥大者為御麥，早熟者為三月黃，皆小麥也。大麥隨處有之，有早熟者，三月輒可食。穗有六稜者，為六稜麥。有紅皮者，為酒麥。《爾雅翼》云：生於杏後二百日而秀，秀後五十日而成，宜為飯。又為醋，其糵可為餳。舊志：麥有二種，又有莜麥。《廣群芳譜》：一名烏麥。立秋前後下種，八九月熟，性畏霜。　大豆：《廣雅》：大豆，菽也。《馬志》：關中處處有之，以二月中旬種者佳。菽五色各出，形味不一，黃、白、青、黑者，皆可為腐。　赤小豆：《本草綱目》：宗奭曰，關西多食之，枝葉似豇豆莢，三青二黃時取之。　綠豆：《開寶本草》：圓小者佳，大者名植豆。　豌豆：《廣群芳譜》：豌豆，一名草豆。一名胡豆。《農書》云：大者名淮豆。　蠶豆：《本草綱目》：二月開花如蛾狀，結角如蠶形。《馬志》：關中有蠶豆。　豇豆：《廣群芳譜》：莢有紅、白、紫、赤、斑駁數色。《馬志》：關中有之。　扁豆：《廣群芳譜》：一名沿籬豆。一名蛾眉豆。　脂麻：《本草綱目》：胡麻，即芝麻。舊志：脂麻有黑、白、紅三種。

蔬屬　韭：《周禮・天官》：朝事之豆，其實韭菹。《爾雅疏》：韭生山中者名藿。　葱：《蜀本草》：冬葱，即凍葱。夏衰冬盛，莖葉俱軟。　蒜：伏侯《古今注》：蒜，茆蒜也。俗謂之小蒜。十子一株者，名胡蒜，俗謂之大蒜。　芫荽：《本草綱目》：俗呼蒝荽。　蔓菁：（陵）〔陸〕《疏》：葑，關西謂之蔓菁。《馬志》：味甘，根葉俱可食。　藤蒿：《廣群芳譜》：一名蓬蒿。　白菜：《省志》：菜以黃緺無絲者佳，經霜愈美。所謂秋末晚菘也。　芥：《府志》：芥，似菘而有毛，味辛，可為菹，夏種秋成。　菠薐：劉禹錫《嘉話錄》：本自頗陵國流入中國，語訛。能解酒毒。《唐會要》：太宗時，尼波羅國獻波薐菜，類紅藍，實如蒺藜，火熟之，能益食味。　莧：《蜀本草》：莧六種，赤莧、白莧、人莧、紫莧、五色莧、馬莧也。舊志：莧有馬齒、仁二種。　莙薘：《本草綱目》：葉似白菘，實如茱萸梂。　蘿蔔：《唐本草》：嫩葉為生菜食，大葉可熟啖。秦最多。舊志：有紅、白二種。　萵苣：《合璧事類》：苣有數種，白苣、苦苣、紫苣。彭乘《墨客揮犀》：萵菜，自咼國來，故名。　芹：《詩・小雅》：言采其芹。箋：芹，菜也。可為菹。《周禮》：芹菹。　茄子：《本草衍義》：出新羅國，味甘，冷，不可多食。　菜瓜：《詩・小雅》：疆埸有瓜，是剝是菹。傳：剝瓜為菹也。　黃瓜：《本草綱目》：名胡瓜。張騫使西域得種，故名。杜寶《拾遺錄》：隋大業四年，避諱，改胡瓜為黃瓜。　冬瓜：《清異錄》：果中子繁者，惟冬瓜。故嗜果者目瓜為百子甕。　南瓜：《省志》：形、色、味俱不一，斑者曰番瓜，黑者曰北瓜。　苦瓜：《本草綱目》：一名錦荔枝，內有紅瓤，甘，可食。《通志》：今陝地多有之。

果屬　梅：《周禮・天官》：饋食之籩，其實乾穣。注：乾（撩）〔穣〕，梅也。　杏：《杏譜》：金杏，大如梨，黃如橘，武帝上林遺種也。一名漢帝杏。《廣群芳譜》：巴旦杏，一名八擔杏，關西諸處皆有。　桃：《圖經本草》：桃，陝西者尤大而美。《廣群芳譜》：桃，有甘核者，名八旦桃。一又有扁桃、李光桃，味佳。花有千葉者，曰碧桃、絳桃、緋桃，惟山桃花開最早。　李：《詩・召南》：華如桃李。《述異記》：李，大者謂之夏李，尤小者謂之鼠李。舊志：李有黃、赤二種。　梨：《馬志》：昔人言梨以京兆為稱，今關中諸處有之。　柰：《本草綱目》：有白、赤、青三色。皆夏熟。關西人以赤柰楸子取汁，塗器中，名果單。《廣群芳譜》：一名頻婆，西土最豐。　蘋果：《廣群芳譜》：果如梨而圓滑，生青，熟則半紅半白。按本草，柰與蘋果為一物，而《廣群芳譜》謂為一類二種。朱彝尊又謂蘋果即《召南》所稱甘棠。　蒲萄：《上林賦》注：蒲萄似燕奧，可作酒。《博物志》：張騫使西域還，得蒲萄。　林檎：《述異記》：林檎佳美，（單）

〔關〕輔乃有。　棗：舊志：棗有數種。《府志》：馬牙者佳。　柿：《西安府志》：關中柿有數種，實可備饑。《廣群芳譜》：柿之小而卑者，一名漆柿，一名花柿。　安石榴：《博物志》：張騫使西域，得塗林安石榴種以歸，故名。舊志：石榴有甜、酸二種。　榛：《詩・大雅》：榛楛濟濟。《禮記》鄭註，榛似栗而小，關中正多。《爾雅翼》：關中，秦地也，榛之從秦，蓋取此意。　胡桃：《圖經本草》：漢張騫使西域始得種還，植之秦中，大樹厚葉多陰，實亦有房，秋冬採之。　西瓜：《天禄識餘》：五代時，胡嶠於回紇得西瓜種，培以牛糞，結實如斗，味甘。《府志》：瓜田百畝，夏秋之交，肩任背負，綴屬輻輳，達於四境。　甜瓜：《本草綱目》：葉大數寸，五六月開黃花，六七月熟，其類有圓、長、扁、尖，大徑尺，小或一捻，色有青、綠、黃、斑、糝斑。《通志》：陝地多有之。　無花果：《廣群芳譜》：一名映日果。一名優鉢曇，最易生，在處有之。

藥屬　甘草：《圖經本草》：陝西州郡皆有之。　長松：《本草拾遺》：生關内山谷中，草似松葉。　黃芩：《圖經本草》：陝西近郡多有之。　升麻：《圖經本草》：陝西州郡多有之。《本草綱目》、張揖《廣雅》、《吴普本草》並云一名周升麻。蓋指周地所出，如呼川升麻之義。　朮：《范子》：出三輔，黃白色者善。《圖經本草》：陶隱居言有二種。《爾雅》所謂抱薊，即白朮也。　半夏：《圖經本草》：諸山皆出。　芫花：《太平御覽》：出三輔。《本草綱目》：俗因其氣惡，呼頭痛花，根名黃大戟。案：芫，黃、紫二色，黃者入藥，紫者誤用殺人。　菟絲子：陸《疏》：蔓連草上生，黃赤如金。《省志》：隨地俱有。　牽牛子：《本草綱目》：因其蒂似茄，蜜餞為果食，呼天茄。有黑、白二種。　金銀花：《本草綱目》：即忍冬。一名鴛鴦藤。　元葠：《太平御覽》：出三輔，色青者善。　遠志：馬志：苗名小草。《圖經本草》：陝西州郡有之。　香附子：《本草綱目》：莎草，其根名香附子。　旋花：《本草綱目》：狀如軍中所吹鼓子，故有旋花、鼓子之名。千葉者，俗呼纏枝牡丹。《本草衍義》：今關陝田野中甚多，最難鋤艾，治之又生。　何首烏：《圖經本草》：赤者雄，白者雌。《本草綱目》：凡深山產者，即大而佳。　澤瀉：《圖經本草》：今陝地有之。　枸杞：《詩・小雅》：集于苞杞。陸《疏》：杞，枸(繼)〔檵〕也。一名苦杞。一名地骨。

草屬　蘼蕪：《名醫別錄》：蘼蕪，一名江蘺。芎藭苗也。生雍州川澤。　芍藥：《本草綱目》：白者名金芍藥。赤者名木芍藥。《范子》：出三輔。　蜀葵：《西京賦》注：戎葵，今蜀葵。陳虞繁《蜀葵賦》：惟茲珍草，懷芬吐榮，挺河渭之膏壤，吸昴井之元精。　蓮：《類要》：蓮有紅、白二種。《上林賦》注：張揖曰，蓮根則藕。《寰宇記》：雍州產藕粉。　夾竹桃：《廣群芳譜》：花淡紅類桃花，葉狹類竹。　白蒿：《詩・召南》：于以采蘩。《毛傳》：蘩，皤蒿。　水蒿：《詩・周南》：言刈其蔞。孔疏：馬云，蔞，蒿也。郭云，似艾，生水澤中。　蒲：《詩・小雅》：依于其蒲。《唐本草》：香蒲，即甘蒲；菖蒲，臭蒲也。舊志：蒲可織薦。　蘆：《詩・毛傳》：葭，蘆也。《集傳》：亦名葦。　蘋：《毛傳》：蘋，大蓱也。《本草綱目》：白蘋生水中，青蘋生陸地。　萍：《范子》：水萍，出三輔，色青者善。《本草綱目》：一種面背皆綠者，一種面青背紫者，謂之紫萍。　菅：《詩・小雅》：白華菅兮。《爾雅》：茅，菅，白華。一名野菅。《西京賦》注：郭璞曰，菅，茅屬。又《西京賦》蒯亦菅類。《聲類》曰：蒯，草中為索。　莗荔：《說文》曰：荔莗似蒲。　蒺藜：《名醫別錄》：生馮翊各澤，或道旁。《本草衍義》：蒺藜有二等，一等杜蒺藜，一等白蒺藜。出同州各處。

木屬　松：《醫要》：松為靈木，取用極多，松(手)〔子〕中和，神仙所餌。松葉有功於皮毛，松節有功於肢節，各從其類也。又，茯苓假松之餘氣而成，得坤厚之精；茯神抱根而生，有依守之義。　栢：《本草衍義》：陝西高阜處，望栢樹千萬株皆一一西指。蓋此木受金之正氣所制也。舊志：八景有堯山古栢。　石楠：《唐本草》：葉似藺草，經冬不凋。關中者葉細為好。　楓：《上林賦》注：張揖曰楓，欇也。脂可以為香。《廣群芳譜》：關陝甚多，樹高大如白楊，有赤、白二種。　楮：《詩・小雅》：其下維穀。《集傳》：今之楮樹也。《類要》：皮可作紙，實入藥。　椿：《本草綱目》：椿、樗、栲，一類三種。《類要》：□□□□□為菜。　柳：《詩・小雅》：有菀其特。□□□□□□□□□□□州皆夾路樹柳。　檉柳：《詩・大雅》：其檉其椐。陸《疏》：檉，河柳，生水旁，一名雨師，枝葉似松。　白楊：《本草衍義》：白楊，陝西甚多。(同)〔永〕耀間，居人修蓋多此木也。　棘：《詩・小雅》：在彼杞棘。《馬志》：《別

錄》云生雍州川谷，一名棘鍼。一名棘刺。　杻：《詩·小雅》：北山有杻。《爾雅》郭注：關西呼杻子。一名土橿。　桑：《詩·秦風》：阪有桑。《類要》：桑有數種，葉沃者曰沃桑，不實，可飼蠶；結椹者，有黑、白二種。　牡丹：《摭異記》：開元禁中初重木芍藥，即今牡丹也。舊志：牡丹芍藥，邑中間有。　海棠：徐積《海棠花序》：海棠，秦中者為次。其株翛然如出塵高步，俯視眾芳，有超群絕類之勢。　紫荊：《廣群芳譜》：有紫、白二種。其花最為清冽。　杜鵑：《廣群芳譜》：杜鵑，一名紅躑躅，一名山石榴。　山茶：《本草綱目》：深冬開花，紅瓣黃蕋。　蠟梅：《廣群芳譜》：蠟梅，雖盛開，常半含，名磬口梅。次曰荷花。又次曰九英。舊志：山茶、蠟梅，間有之。　竹：舊志：竹有三種，鳳尾竹、苦竹、叢竹。

禽屬　黃鸝：《詩·秦風》：交交黃鳥。陸《疏》：黃鳥，黃鸝留也。或謂之黃栗留。一名倉庚。一名商庚。一名鵹黃。一名楚雀。關西謂之黃鳥，當椹熟時來往桑間。　鶺鴒：《詩·小雅》：脊令在原。《集傳》：脊令，雝渠，水鳥也。　鶴：《詩·小雅》：鶴鳴于九皋。陸《疏》：多純白，亦有蒼色者。舊志：邑產灰鶴。　斑鳩：《草木疏》：鳴鳩，斑鳩也。《方言》：自關而西，秦漢之間，謂之鵴鳩。　鳴鳩：《詩集傳》：鳴鳩，今之布穀也。《方言》：尸鳩，自關而西謂之服鶝。《山陽縣志》：布穀，一名郭公鳥。　烏鴉：《爾雅》：小而腹下白，不反哺者，謂之雅烏。《說文》：鴉，一名鸒。秦謂之鴉。　山烏：《本草綱目》：似鴉烏而小者，山烏也。一名鷀，生西方。　乾鵲：《詩·周南》：維鵲有巢。《類要》：其翼左覆右，為雄。右覆左，為雌。人謂之喜鵲。　燕：《本草綱目》：一名乙鳥。一名天女。《別錄》曰：紫胸輕小者是越燕，斑黑聲大者是胡燕。　雀：《省志》：以色名麻雀。以常在階除，名賓雀。以居檐中，名瓦雀。　鶉：《本草綱目》：大如雞雛，頭細而無尾，夜則群飛，晝則草伏。《通志》：秦人養之以鬭。　鷦鷯：《詩·周頌》：肇允彼桃蟲。陸《疏》：桃蟲，今鷦鷯是也。孔疏：關西謂之桑飛。《方言》：桑飛，自關而西或謂之(懱)〔蠛〕爵。　蠟嘴：《詩·小雅》：交交桑扈。《陸疏廣要》：此鳥今謂之蠟嘴。　鷹：《詩·小雅》：鴥彼飛隼。陸《疏》：隼，鷂屬也。或謂之雀鷹。春(花)〔化〕為布穀。《西京雜記》：茂陵少年以鷹鷂逐雉兔，皆為之佳名。鷹則有青翅、黃眸、青冥、金距之屬。鷂則有從風鷂、孤飛鷂。　鶻：《寰宇記》：同州舊貢鶻。　鴞：《本草拾遺》：鴞，即梟也。一名鵩。陸《疏》：自關而西謂梟為流離。《天中記》訓狐，關西呼訓猴。　鴨：《曲禮》孔疏：家鴨曰鶩。《上林賦》注：郭璞曰，鶩，鴨屬。　雞：《方言》郭注：雞雛，關西曰鷇。　雁：《詩》毛傳：大曰鴻，小曰雁。《方言》：自關而西謂之鳴鵝。

獸屬　牛：《通志》：牛，白頭黃身者為牛中之王。農家畜此，主大富，純黃者尤為上乘。　馬：《詩·秦風》：有馬白顛。《史記·張儀傳》：秦馬之良，探前趹後蹄間三尋騰者，不可勝數。　驘：《上林賦》：駃、騠、驢、驘。　豹：《西山經》郭注：豹似熊而小，毛淺有光澤。《筆談》：秦人謂豹為程。　虎：舊志：北山有之。　狼：《通志》：秦地處處山中有之。舊志：明崇(貞)〔禎〕壬申春夏，狼成群噬人，濠深三丈，廣六丈，環高牆三重，猶夜越城傷人，說者曰，此兵兆也。　驢：《香祖筆記》：陝西民家有千里驢。　羊：《詩》毛傳：小曰羔，大曰羊。《唐本草》：羖攊羊，出陝西。　豕：《方言》：豬，關西或謂之彘。或謂之豕。《本草綱目》：豬，天下畜之，而各有不同，生梁雍者足短。　犬：《詩》毛傳：尨，狗也。　鹿：《馬志》：鹿，出南北山。　獾：《方言》：獾，關西謂之猯。《本草綱目》：猯，豬獾也；獾，狗獾也。

蟲屬　蠶：《通志》：陝西之蠶，民不多育。　蜂：《本草綱目》：蜂三種，蜜蜂小而微黃。舊志：蜂有數種。《省志》：蜂釀蜜者，民亦養之。　蛇：《西山經》：多眾蛇。　負蠜：《詩·召南》：趯趯阜螽。陸《疏》：阜螽，蝗子。一名負蠜。《本草綱目》：蟲螽，一名蚱蜢，在草上者，曰草螽。在土中者，曰土螽。似草螽而大者，曰螽斯。《爾雅》邢疏：《周南》作螽斯，《七月》作斯螽，雖字異文倒，其實一也。　蟬：《詩·大雅》：如蜩如螗。陸《疏》：蜩，蟬也。螗，蟬之大而黑色者。《方言》：秦晉之間謂之蟬。　蟯螂：《本草綱目》：一名蛣蟯。弘景云，其類三四種。《通志》：今各縣有之。　蜉蝣：《方言》：秦晉之間謂之蝶蠌。　蟪蛄：《方言》秦謂之蛥蚗，或謂之蝭蟧，或謂之蜓蚞。《本草衍義》：立夏夜鳴，如蚯蚓。《月令》螻蟈鳴者是也。　蜥蜴：《方言》：秦晉或謂之蜥易。其在澤中者謂之易蜴。　蝎：《方言》：秦晉之間謂之蠆。或謂之天螻。《圖

經本草》：陝郡皆有之。　蟋蟀：《詩·豳風》：十月蟋蟀入我牀下。《類要》：諺云，蟋蟀鳴，嬾婦驚。　蝴蝶：《本草綱目》：大曰蝶，小曰蛾。蝶美於鬚，蛾美於眉，故又名蝴蝶，俗謂鬚為胡也。其種甚繁，所在有之。　蠅：《詩·小雅》：營營青蠅。《方言》：自關而西，秦晉之間謂之蠅。　蚊：《本草綱目》：處處有之。　螢：毛傳：熠燿，燐。燐，螢火也。　蜘蛛：《方言》：鼅鼄，鼄蝥也。自關而西，秦晉之間謂之鼄蝥。　壁錢：《本草拾遺》：蟲似蜘蛛，作白幕如錢，貼牆壁間。《通志》：各縣俱有之。　蠅虎：崔豹《古今注》：蠅狐也。善捕蠅，一名蠅豹。《通志》：處處有之。　蟻：《西京賦》注：韋昭曰：蚳，蟻子也。可以為醢。《西陽雜俎》：秦中多巨黑蟻，好鬬，俗呼為馬蟻。　蝸牛：《日華本草》：即負蚰蜒也。《通志》：各縣有之。　蝙蝠：《方言》：自關而西，秦隴之間謂之蝙蝠。　蝦蟇：《類要》：五月五日取，陰乾，東行者佳。

附水族　鯉：《詩·小雅》：炰鱉鱠鯉。　鯽：《類要》：鯽魚，似鯉，色黑而體促。　鱧：陸《疏》：似鯉頰而厚。《爾雅》曰：鱧，鮦也。　鰋：《詩》毛傳：鰋，鮎也。舊志：魚洛河間有。　鱉：舊志：洛河下馬澗間有之。

清·孔繁業、高維嶽《綏德州志》卷三　物產

稷：即粟，俗謂小穀。《元和志》：綏州、勝州貢粟。《曲禮》：稷曰明粢。郭璞曰：今天下所謂粟米者，正稷米也。味甘寒，益氣利胃，宜脾治熱，人誤圖為舒散之穗，則黍穗也。〇按：諸書多混黍稷為一物，非也。《爾雅翼》：稷，百穀之長也，故祀為神以配社，蓋此粟處處有之，日日用之，人賴以生，祀為穀神，可該百穀。其種甚多，有赤、黃、白、黑數色，輭、硬二性，《通志》所辨極詳。　秫：即粟之黏者，可以釀酒，土人呼為酒穀。　西米：似粟而小，土人炒熟入餳。　黍：俗謂糜子，似粟而大，皮光滑。《詩》曰：豐年多黍多稌。《爾雅翼》云：以大暑而種，故謂之黍。孟秋熟，故庶人薦黍。其穗舒散，有黃、灰、黑、白數色，有飯黍、酒黍兩種，較小穀後種先熟，味甘溫，益氣補中。酒黍可作餻，包角黍與糯米同。　蜀黍：種始自蜀，故名，俗謂高粱，莖高丈許。州產最廣，農人賴以果腹，味甘澀，溫中，莖可織席、供爨。　玉黍：俗呼金稻黍，穗秕苞節間，食之調中開胃。　大麥：《爾雅》：大麥，麰。麰，大也。春種，夏先熟，接絕續乏之穀，蓋當青黃不接之際，可以濟食也。性微寒，皮粗可為麯，春皮亦可煮飯作麨。　小麥：《爾雅》：小麥，來。《詩》云：貽我來牟。秋種冬長，春秀夏實，具四時之氣，自寒溫皆備，故麥涼麯溫，麨熱麩冷，宜其然也。有春種夏收者，曰春麥，另係一種，可以挂麨，惟四氣不足，微有毒。　穬麥：俗謂青稞，味微寒，食之令人輕身。　雀麥：俗稱燕麥，又名莜麥，為燕雀所食，故名。鄉人間種之。　蕎麥：一名荍麥，一名烏麥，又名花蕎。立秋前種，八九月收，莖弱畏霜，性平寒，能鍊五臟滓穢，麨作煎餅及河漏。　黑豆：有大小數種，味甘寒，大者可作豆豉，小者可入藥，並供雜食、作腐及飼牛馬之用。　黃豆：並有青、白、班、華數種，可煮食，亦可作腐。《詩》曰：蓺之荏菽。凡黃黑各種，大者皆菽類也，州境所產黑者為多。　紅豆：四月種，六七月結角，嫩時可作蔬，乾則可以磨麨。　赤小豆：小豆曰荅，白豆、綠豆皆小豆也，並可作飯，惟赤者可入藥。　綠豆：四月種，六七月結實，可煮飯，可作粉，可生芽作菜，州產頗多，味甘寒，可消熱，解一切牛馬金石諸毒。　豌豆：《爾雅》曰戎菽，《唐史》作畢豆，一名回鶻豆，有青、麻數色，春種夏熟，可磨麨作醬，麯飼騾馬之用。　豇豆：一名䜺䝤，莢必雙生，故名。味鹹平，益氣補腎，紫班色，可以煮飯作麨。　萹豆：一名沿籬豆，形扁，白灰色，蓋延蔓生也。　脂麻：一名巨勝，即胡麻。本自西域來，故名。方莖白花，形如蝨，性甘平，可治各病，取油極佳，調食和藥皆宜。　胡麻：本草為亞麻，又名壁蝨胡麻，可榨油，氣味惡，不可食，農人多於田邊種之，防食田也。　小麻：本草謂之大麻，有雄雌二種，雄者無子，皮可為繩，曰綫麻，俗謂花麻。雌者有子，可榨油，名苴。　蓖麻：俗呼為大麻，葉青而大，殼有刺，無刺者佳，油可供燈，並可印色。

蔬屬　菘：即白菜。《埤雅》云：菘菜四時皆有，淩冬晚雕，有松之操，故名。州有數種，青黃者為黃葉白，綠者為青原白，莖直者為箭桿白。性甘溫，利通腸胃，臨霜尤佳，故食以秋末晚菘為貴。　芹：即堇葵。《爾雅》云苦堇，《說文》：堇根如薺。性甘平，根經數年，莖葉粗大，其根亦可煮食。　韭：《禮》曰豐本，一名草鍾乳。《說文》：韭字象葉出地上形，一種而久生，故名。莖名韭白，冬以糞壅之生數寸，曰韭黃，極佳。性味辛微酸，歲三四割。　山韭：俗呼野韭，《爾雅》名藿。　葱：名菜伯，一名和事草，初生曰葱鍼，莖曰葱白。境有夏冬二種，夏葱種自園圃，呼曰水葱，歲割數次，

老則結子，曰老葱。冬葱栽自四鄉，無子，以葱果子栽之，冬間供食，曰龍葱。
薙：名藠子，葉類葱而根如蒜。《爾雅》云：（勒）〔葝〕，山薙也。氣味辛滑，有赤白二種。 蒜：一名葷菜。本草以蒜為小蒜，胡蒜為大蒜，以其出自西域也。味辛溫，有毒，久食損目。 山蒜：俗呼為小蒜，野生，三四月採食之。《爾雅》曰蒚。 芥菜：氣味辛烈，醬乾最佳，子為末，可調菜，利九竅，葉似菘而有毛。《博物志》云：食芥墮淚。 蔓菁：本草為蕪菁，又名諸葛菜，武侯行軍，種之為糧，以鹽菹之可以禦冬，家戶常食之。 萊菔：俗呼羅蔔，味辛甘，下氣消穀。一種小者曰水羅蔔，夏時已登。皆有赤白二色。 胡荽：俗稱蒝荽，種自西域來，故名。莖柔葉細，可鹽可菹，五葷之一，合諸菜食之味香。 菠薐：俗呼菠菜，自菠薐國來，冬種春生。 胡羅蔔：元時始自胡地來，葉如蒿，冬月掘根，生熟皆可啖，黃赤二種。 萵筍：一名千金菜，其種自萵國來，抽長莖，莖肉脆嫩可食，極佳。 莙薘：一名蒸菜，蒸與甜同。 百合：獨枝如箭，根如蒜，食之益氣，州西合龍山有之。 芸薹：一名油菜，薹嫩可作蔬。 地蠶：一名地牯牛，肥白，形如蠶，俗名得留兒。 苦苣：俗名苦菜，生田邊，農人多採食之。 甜苣：與苦苣同類，味不苦，根葉皆可食。 蒔蘿：其子為小茴香，味辛溫。 黃花：食與苦苣同，一名蒲公英，見藥類。 莧：赤白二種。《爾雅》謂之蕢。 馬齒莧：葉如馬齒，故名。一名五行菜，以其葉青、梗赤、花黃、仁白、子黑也。 灰翟：俗呼灰條菜。 茄：一名落蘇。自夏及秋供膳，最耐久。並可撓鹽，以供冬用，見《農政全書》。 地軟：春雨後生沃地上，味如木耳，一名地耳。 地椒：葉細味香，野生。 長苗：根味甘，名甜苗。

摘蒙：葉似山韭，秋出薹亦似韭花，煉油食之最佳。 辣角：一名海椒，有大小二種。 茄藍：俗呼芥蓮，似蔓菁而大魁外露。 回回白：菘類也。本似椶，葉包裹如蓮，又名蓮花白。 山藥：古名薯蕷，避諱改名山藥。 金鍼：即萱草。花未開時收乾用，尤宜羊肉。 菜豆：形如豇豆，莢長盈尺，嫩時炒食最佳。 藊豆：一名蛾眉豆。 刀豆：莢形如刀。

瓜屬 西瓜：夏前種，七月熟。《詩》七月食瓜，謂可生食者。 瓤有紅黃二色，雖不及東陵瓜之美，而味亦佳，並可消暑也。 甜瓜：似菜瓜長大，熟則味甜色黃。 夏瓜：夏先登，不及秋瓜之味。 甘瓜：俗呼小瓜，種亦不一，有綠、黃、麻、班數色。 冬瓜：形如長枕，皮青。經霜有白色如塗粉者，味清烈。 南瓜：有圓、長、匾各形，農人藉為接口糧，老則味愈甘，種出南番，故名。 菜瓜：生食可充菜蔬，醬豉皆宜。一名越瓜，一名稍瓜。 苦瓜：一名癩葡萄。生青熟黃，皮痱癗如癩。味苦，炒食可以去火。 黃瓜：一名胡瓜，張騫使西域得種，故名。後避諱改稱黃瓜。或以為《月令》之王瓜，誤矣，王瓜乃野生，如核桃大，可入藥。 壺盧：《詩》：八月斷壺。蔓生莖長，大小數種，乾可為瓢。 西番壺盧：長圓，青麻色，七月開，可為羹助食。 翻瓜：較南瓜微小，味亦異，青紅二色。

果屬 杏：花千葉者曰文杏。又有巴旦杏，實大子甜。 桃：實不大，惟河東有，截條者大且佳。 李：生青熟紅，有截條。一種名玉黃，色黃味佳。 棗：有長團兩種，各村皆有，惟近黃河一帶者形長肉厚。 梨：一名快果，產福樂坪者質細味香。 蘋果：生青，熟則半紅半白，光潔可愛，極佳，山人不待熟而取之。 林檎：俗呼為花紅果、白果兒。一名來禽，熟時能來眾禽於林，故名。柰之小而圓者。 柰：似林檎而大，生青熟赤，又名紅蘋。 杜李：《詩》：蔽芾甘棠。毛傳：甘棠，杜也。按：此果不中食而善化生，凡花紅蘋果等品，皆以此樹截去本枝皮，而以各樹皮裹之即成，各果枝芽結果乃佳，甚至接梨接桃接玉黃皆倣此，有一樹而接數種者。 胡桃：俗名核桃，南鄉間有之。 葡萄：種自西域來，人家院落亦栽之，架以木，八月熟，青紫色，至冬土壅之以避霜雪。 木瓜：境南間有之。 羊棗：俗名酸棗，色赤而圓小，其味酸。 榛子：生野山中，如松子，亦少，俗以榛茂則次年饑。

木屬 柏：枝葉蒼秀，經冬不雕，多植在寺廟墳塋間，自兵燹後焚毀已多，而東南鄉山間尚多存者，特大材不易購耳。 松：疏幹虯枝，歲久皮皴，境內衹有數株矣。 桑：魯桑多植村落，在地界邊者為條桑。州中飼蠶者不多，故條桑多供篩籠之用。 榆：《爾雅翼》：秦漢故塞，其地多榆，性堅，春間莢可為羹，皮亦遇荒充飢，每青黃不接，鄉民有鬻於市者。 槐：亦作櫰樹，最耐久，色青，六月開黃花，語云：槐花黃，舉子忙。 椿樗：俗呼柜樹，香者為椿，臭者為樗，州境所產，樗多椿少。 楸：皮白而葉大，遇秋先落，故名。 柳：柳有金綫者，俗呼為倒弔柳，枝弱而垂，亦名垂楊。 欅柳：俗呼為柴柳，亦可為椽，於樹之上截取之。陶朱公書：凡種千樹則足柴。 檉柳：《詩》：其檉其椐。陸疏：檉河柳皮正赤，枝葉

似松。一名沙柳，一名三春柳，治糠症之聖藥也。　杞柳：俗呼臥柳，叢生地界內，性柔，刮皮制為箕斗之器。　水楊：《詩》隰有楊，即所呼倒弔柳者。唐張敬忠詩：二月垂楊未挂絲。即詠此。　白楊：俗呼為青楊，幹直而高，葉尖圓，枝頗勁，風來則葉動，瑟瑟有聲，如雨聲然。　棘：《詩》：在彼杞棘。生山崖間，土人用以載牆，故試院云棘闈。　紫荊：其花芳香撲人，產崖嶺間。

花屬　芍藥：一名將離。本草：花千層者大如蓮，紅白二色，異色者曰金帶圍。《唐・地理志》：榆林郡貢芍藥。　牡丹：一名木芍藥，木本也。《延安志》有延安紅、丹州紅，皆產之傑然者。雕山書院植有二本，兵燹後竟寥寥矣。　蜀葵：俗呼大蜀薺，花紅，一葉一花，次第開放，至八九月，歷時最久，又名一丈紅。　紫蜀葵：俗呼紫花兒，可染衣。　錦葵：俗呼小蜀薺。　向日葵：一本一花，常偏向日，花黃，子多，可炒食。　龍葵：俗呼天茄子。　玉簪：花白如玉，形長如簪，武帝後宮人名之。　茉莉：一名抹麗，芳香襲人，能掩眾芳也。原出波斯，移植南海，北土名柰。《晉書》都人簪柰，則此花入中國久矣，惟葭州多。　萱：俗呼川草花，一名金鍼，見蔬類。　石榴：五月開花，州境結子者少。　碧蟬花：俗呼淡竹，一名竹菜，嫩時可食。　罌粟：一名米囊花。唐雍陶詩：馬前初見米囊花。又名懶擡頭，子可榨油。　鳳仙：俗呼指甲花。　金盞：色黃，一名長春菊，四時皆有。　雞冠：花多赤色，形如雞冠。　虞美人：一名後姚婆，舜母也。　石竹：葉叢生如竹，花小，亭亭可愛。　牽牛：春生，七月開花，微紅帶碧色。　水仙：冬日開水石中，有重樓、金杯、玉盞等名目。刺梅：一名玫瑰。玫瑰，火齊珠也，花色似之。味醲香，糖餞可作餅，可泡酒，極佳。　月季：花逐月開放。　夾竹桃：葉似竹而花似桃，不結實。　解渴兒：一名木羅。　酒醉兒：形小如球，紫色。　金菊：色黃，夏月開。　山丹：即百合花，見蔬類。　蓼花：俗呼水紅花，生水旁。《詩》云隰有游龍，即此。　菊：品亦不一，有七八月開者，九月菊佳，有紅白二種，經霜愈豔。　老少年：俗呼老來紅。

藥屬　甘草：《圖經》：春生苗，高一二尺，七月開花，冬結角如畢豆。州屬皆有之。《群芳譜》：甘平無毒，為眾藥之主，故有國老之稱。　柴胡：葉名芸蒿，辛香可食，花黃，根淡赤色，名柴胡，子青，產綏德者佳。　知母：俗名兔兒草，根黃白者善，一名蝭母。　遠志：俗名野扁豆，根黃色，苗似麻黃而青，名小草，又如畢豆葉。　地榆：俗名麻布團。《圖經》：宿根三月生苗布地，獨莖直上，高三四尺，葉似榆，花如椹，根外黑內紅，似柳根。　薄荷：俗稱也。一作菝蔄，方莖中虛，味辛烈。　黃芩：苗長尺餘，莖麤如筯，葉四面叢生，根如知母，長四五寸。　零陵香：一名薰草，一名蕙草。古者燒香草以降神，故曰薰。《楚辭》：既滋蘭之九畹，又樹蕙之百畝。○綏人家園多植此，亦佳。　苦參：其根黃色，長五七寸，葉似槐，花黃，實如小豆。　麻黃：根皮色黃，長者近尺。　龍莎，麻黃也。　狗骨，麻黃根也。　地黃：葉似車前，有皺紋，花似油麻，紅紫色，根如人指，黃色。　大黃：生河西山谷，葉似蓖麻，根如芋，大者如盌。　木賊：苗長尺許，叢生，無花葉，寸寸有節，色青。　荊芥：假蘇一名荊芥，似落黎而細。　葶藶子：苗葉似薺，根白色，枝莖俱青，花黃，結角，子小如黍粒，黃色。　馬兜鈴：《圖經》云：關中河東州郡皆有之，苗作蔓，葉似山蕷而厚大，背白花黃紫，實如棗，似鈴，作四五瓣，俗呼臭管子。　急性子：指甲花子也。　車前子：一名當道，喜在牛馬迹中生，故名車前、當道也。味甘性冷，止痛明目。　萹蓄：《爾雅》：似小藜，赤莖節，好生道旁，可食，俗名道生草。　益母：《爾雅》曰：萑，蓷。今茺蔚也。苗可食，謂之蔞菜，白花者為蓷，紫花者為蕢，一物二種。《本草》：白花者用之特少。　穀精草：收穀後生荒田中，叢生，葉似嫩穀秧，莖頭白花。　牽牛子：藤蔓繞籬牆，斷之有白汁，葉三尖，七月生花如旋花而大蒂，有黑白二種，曰天茄，見花類。　茵陳蒿：雖蒿類，經冬不死，因舊苗而生，故名。茵陳，俗呼鐵梗黃蒿。　青蒿：俗呼香蒿，綏境蒿叢中時有一二窠，迥然青色，至秋餘蒿盡黃，此蒿獨青，其氣芬芳。　菟絲子：俗呼黃絲兒，蔓生草上。陸佃言：在水為女蘿，在草為菟絲。　地膚子：俗呼突埽兒子。　狼毒：葉似商陸，有毛，根皮黃，肉白，州東石堆山產者佳。　莨菪子：一名天仙子，根有毒甚於子，雖能治病，無病服之令人發狂。　地骨皮：枸杞根也。子赤而苦，不如甘境枸杞。　紫花地丁：其葉似柳而微細，有紫花、黃花二種。　艾：葉如蒿，背白，以短者為良，味苦，主灸百病，三五月採，夏則用以薰蚊。　酸棗仁：即棘實。《爾雅》謂之樲。　杏仁：有甜苦二種，甜者無毒，並可生食。

草屬　菸草：產自園圃，有大菸、小菸二種。　白蒿：香可食。《詩》于以采蘩，即白蒿也。　黃蒿：一名臭蒿，此蒿帶淡黃色，氣辛臭。　茅：可以覆牆。　蓬：梗硬可以為薪。形團，隨風轉行田間，古人鑿以作車輪。

棉蓬：子多而味苦，泡之可以為糧，荒年取以充飢。　棉花：東南鄉產者佳，紡織成布為綫索，西北諸鄉所需皆運自韓城及東省，但不及本境之暖、堅韌。　葶條：有茨，生山崖間。　蒺藜：《爾雅》名茨蔓，生田野間。突埽兒：束之可以為帶，子即地膚子，可入藥。　蘆：《詩》：彼茁者葭。葭，蘆也，亦名葦，俗轉音為羽。子宜下溼地，似竹而薄，中空，秋後採以織席。　苜蓿：宛馬嗜苜蓿，漢使取其種來，四鄉多種之，有宿根，刈之復生，嫩時人兼食之。　馬藺：俗名馬蓮，一名紫菊，園圃路旁種之，有宿根，歲取以束菜。　陟釐：水苔也。　垣衣：即古牆陰青苔也。　烏韭：苔之生石上者。　馬土駿，牆上苔也。　瓦松：形似松，生瓦間。

羽屬　雞：司晨之禽，有五德，家家畜之。　山雞：類斑鳩而嘴足皆紅，可畜為窗禽。　野雞：一名雉，避呂后諱改名。尾五色，長數尺。鵝：長脰善鳴，峨首似傲，故曰鵝。　鴨：《曲禮》疏：家鴨曰鶩。《周禮》：庶人執鶩。　野鴨：《爾雅》：舒鳧，鶩。註疏：野曰鳧，家曰鴨，大河邊間有之。　鴿：唐明皇呼為飛奴，宿屋檐間。　斑鳩：《爾雅註〔疏〕》：鶌鳩，一名鶻鵃，即今之斑鳩也。雌喚雨，雄呼晴。　布穀：《爾雅》：鳲鳩，鴶鵴。註：布穀也，又名催耕鳥。　慈烏：純黑而反哺者為慈烏，得仁孝之端，故名。　烏鴉：頸白而小，不能反哺者，為烏鴉，一名鷽。《詩》曰弁彼鷽斯是也。　山烏：小而赤嘴穴居者，山烏也。《延綏鎮志》：鴉有赤嘴、白項二種。　戴勝：頭有花毛如角，俗呼臊鴰鴰。鵲：知風，善為巢，仰鳴則晴，俯鳴則陰，謂之喜鵲。　燕：一名乙鳥，一名天女。有二種，紫胸輕小者是越燕，斑黑而聲大者是胡燕。州中所謂沙燕，即胡燕也。　鷃：一名鵪。　鶉：無尾，伏地上，無斑者為鵪，有斑者為鶉，善鬭搏，人或畜之。　啄木：一名鴷。《禽經》云：鴷志在木，鵜志在水。《博物志》謂能以嘴畫字，令蟲自出。　鴟：《詩朱子集傳》：鴟鴞，鵂鶹，攫鳥子而食者也。頭目如貓，一名訓狐，其聲然也。　鵩：俗呼鴟怪，晝伏夜出，聲如老人，初若呼，後若笑。皆惡鳥也，州有此二種。　鷂：一名隼。《詩》：鴥彼飛隼。　鷹：鷂屬。大為鷹，小為鷂，春化為布穀者也。有青翅、黃眸、青冥、金距名目，皆鷙鳥也，性好擊搏。　雕：翎可以飾箭括。　雀：以色名麻雀，以常在階除名賓雀，以居檐中名瓦雀。　鷗：一名鷖。《詩》：鳧鷖在涇。常居水上，如忘世君子。　百舌：出邊境，人以畜之籠中，春來則鳴，能像百鳥聲，故名百舌，夏至後無聲，一名反舌。

毛屬　狐：《詩》：錦衣狐裘。出山鄉間，獵者常得之。　貉：《字說》云：貉與貛同穴各處，故字從各。形如小狐，毛深溫厚，可為裘，性好睡，故曰貉睡。　貒：貛，關西謂之貒，二種相似而略殊。毛質麤，灰白色，人取以作褥。　狼：《詩》：狼跋其胡。《山海經》：盂山，獸多白狼。今境多麻色者。　牛：三歲二齒，四歲四齒，五歲六齒。境有黃黑數色，用以耕田。　馬：騏騮騧驪，產自邊地者甚繁，州產亦不少。　驢：長耳，有黑灰數色，可耕田，亦資以販運，州所產較馬為多。　贏：《說文》：驢父馬母。《正字通》：贏似驢而健，馬力在膊，驢力在臚，贏力在腰。　駝：脊上肉鞍隆高，曰封牛，長項，性耐寒畏熱，種自邊外來，畜之以運貨。羊：《曲禮》：羊曰柔毛，又白曰羒，黑曰羭，多毛曰[羊歷]，無角曰[羊童]。今俗謂色黑者曰山羊，色白者曰緜羊。　豕：彘也，俗謂豬，《禮》曰剛鬣。　犬：犬有三種，曰田犬，曰吠犬，曰食犬，州所產無食犬，止以守夜。　兔：《曲禮》：兔曰明視，視月而生。王充《論衡》：兔舐毫而孕，及其生子，從口吐出。　鼠：小獸，善為盜。《詩》：穹窒熏鼠。　田鼠：《詩》：碩鼠，俗呼兔鼠，頭耳如兔，為田害者。　黃鼠：攫食同田鼠，一名禮鼠，出穴見人則交前足如拱揖狀，《詩》所謂相鼠有體是也。　吉靈鼠：蒼質白文，取皮以佩能辟不祥，俗呼吉靈為格利。　鼷鼠：一名甘口，俗名翦姑兒。鼠之小者，《春秋》云食郊牛角，即此。　貓：《禮》迎貓，為其食田鼠也。陸佃曰：貓睛子午卯酉如一綫，寅申巳亥如滿月，辰戌丑未如棗核。鼻端常冷，惟夏至一日暖。陰類也，戶皆畜之。　瞎回：《百感錄》云：西北有獸類黃鼠，短喙而無目，性狡，聞人足音輒匿。

鱗屬　魚：水急而混，少產，溝澗中偶見之，俗謂蛇魚，惟東鄉西河驛、棗林坪等村瀕黃河，鯉、鯽各魚皆有，遇水泛漲時多。

介屬　鼈：俗謂之團魚，食之滋陰。

蟲屬　蟾蜍：多生人家下溼處，俗呼旱蝦蟆，端午取之可醫瘡。　蝦蟆：在溪水中，與蟾蜍異。　蛙：一名田雞，農人以聲之早晚大小卜豐

歎。唐張孝標詩：田間無五行，水旱卜蛙聲。　蝌斗：《爾雅疏》：蝦蟆子。頭圓大而尾細，古文似之，故孔安國皆云蝌斗文字是也。俗呼為黑斗兒。　水馬：群游水上，長寸許，水涸則飛。　水蛭：俗名馬蟥。　蝘蜓：俗呼為蝎虎兒。　蚰蜒：有毛有光者，入人竅為害。　蜥蜴：《說文》：在草曰蜥蜴，在壁曰蝘蜓。蝘蜓色黑，蜥蜴五色，俗呼為蛇樹子。蛺蝶：一名蝴蝶，飛遊花草間。　蜻蜓：俗呼為水棒槌。詩：點水蜻蜓款款飛。　阜螽：《詩》：五月斯螽動股。　螻蛄：立夏後至夜則鳴，《月令》螻蛄鳴，即此。　螳螂：兩臂如斧，當轍不懼，俗呼為草猴子。　蜣蜋：一名蛣蜣，一名推車客，俗呼糞爬牛。　蜉蝣：出糞土中，朝生暮死。　蛇：毒蟲也。蛇以眼聽。《埤雅》云有水草木土四種。　蝎：尾有毒，曰蠆尾，俗名護背蟲。　蜘蛛：結網屋角間以捕蠅蚊，秦晉謂之鼅鼄，類不一，網之有綱有目者為蜘蛛；細身長脚者為蟢子，見者有喜；網無綱目，縱橫錯亂者為蠨蛸；形小而矯健善捕者為蠅虎；壁上結幕如錢者為壁錢，其幕可以止血。　蜂：尾垂鋒，故謂之蜂，一名范，有禮範也，見《禮記》。《化書》云：蜂有君臣之禮。鄉人以採蜜蠟。蜂類不一，多蜜者為蜜蜂，穴居者為土蜂，結泥於牆隙者為果蠃，作層房者為黃蜂，尾無鍼者為緜蜂。　促織：蟋蟀也，俗呼秋蟬兒。　蠶：鄉人飼以吐絲，境內不多。蛾：有多種，出於繭者為蠶蛾，肥身而飛作汶汶聲者，俗呼為風葫蘆，短翼長嘴者為老婆舌頭，夜趨燈光者為燈蛾，翼上有殼趨燈者，俗呼為油葫蘆。　蠅虎：似蜘蛛而小，善捕蠅，一名蠅豹。　壁魚：衣魚。一名蟫魚，書壁間生之。　蟻：一名蚍蜉，有君臣之義，故字從義。　蚊：晝伏夜飛，細身利喙。　蠅：隨香而集，不召自來，處處有之。　蝸牛：即負殼蟲也。如螺螄而小，有肉角。《莊子》：國於蝸之角。　蝙蝠：形如鼠，有肉翅。《爾雅》：蝙蝠，服翼。或謂之飛鼠，或謂之仙鼠，其矢即夜明砂。韓愈詩：黃昏到寺蝙蝠飛。　螢：《月令》：腐草為螢。大暑後感大火之氣而化。

明・胡汝礪《寧夏新志》卷一　物產

鉛礬：俱賀蘭山出。　鐵：麥垛山出。　鹽：地生。　麻、碧瑱、馮牙、鰜、紅花、藍靛、鏤鐵器物。以上貨類。

稻、穀、稷、大麥、小麥、豌豆、黑豆、青豆、胡麻、秫、青稞、茶豆、黍、菽，以上穀類。

薔薇、石竹、金盞、鳳仙、珍珠、雞冠、玉簪、萱草、菊、荷、戎葵、罌粟、寶(像)〔相〕、百合，以上花類。

杏、桃、李、梨、花紅、白沙、桑椹子、菱、林檎、藕、葡萄、棗、柰、秋子、櫻桃、沙棗，以上果類。

松、栢、樺、椿、白楊、榆、柳、檉、梧，以上木類。

芥、芹、葱、蒜、韭、胡蘿蔔、白蘿蔔、菠薐、葫蘆、莙薘、芫荽、萵苣、莧、白菜、茄、西瓜、絲瓜、黃瓜、冬瓜、白菜、瓜瓠、茄、蓮，以上菜類。

蓯蓉、枸杞、木瓜、甘草、葶藶、地骨皮、三稜、紫蘇、苦參、茴香、知母、菖蒲、青鹽、鎖陽、薄荷、寒水石、青木香，以上藥類。

馬、駝、牛、羊、羸、驢、猪、鹿、野豕、兔、貛、狐狸、黃鼠、黃羊，以上畜獸類。

雞、鵝、鴨，以上禽類。

鯉、鯽、鮎、白魚，以上鱗類。

土貢：唐夏州貢氈、角弓、拒霜；齊靈州貢紅藍、甘草、蓯蓉、代赭、白膠、青蟲、鵰鶻、白羽、麝、野馬、鹿革、馬、豬、黃吉莫、鞾鞸、氈、庫利、赤檉、馬策、印鹽、黃牛膽。

明・陳甘雨《萊蕪縣志》卷三　物產

穀　粟、黍、稷、小麥、大麥、豆、芝麻、蕎麥、秫薥。

果　杏、桃、李、棗、栗、柿、柰、石榴、花紅、葡萄、核桃、櫻桃、瓜。

蔬　葱、韭、蒜、芥、芹、薺、蔓菁、茄、莧、萵苣、蘿蔔、瓠。

花　蓮、芍藥、葵、菊、薔薇、地棠、月季、玉簪、千葉榴花、牡丹、紫蝴蝶、楝花、萱草。

草　蓼、萍、藻、馬鞭、茵蔯、蒼耳、繡墩、茜。

木　松、柏、梧桐、楸、椿、椒、楊、柳、槐、桑、榆、荊。

藥　蒼朮、黃芩、防風、遠志、黃精、桔梗、芍藥、細辛、香附、柴胡、益母草、烏頭、天麻。

羽　雞、鵝、鴨、鴿、雁、鳩、鴉、烏、布穀、啄木、鵲、鷺鷥、黃鸝、小雀、小鴇。

毛　牛、羊、猪、狗、馬、驢、騾、鹿、兔、狼、猫、狐狸。

明·佚名《臨朐縣志》卷一　物産

穀之類　粟、稷、黍、大麥、麥、稻、粱、蕎、秫、蔄、稗、芝蔴、蘇子、麻子。

豆之類　黄豆、菉豆、黑豆、赤豆、豌豆、豇豆、扁豆、豍豆。

菜之類　芥菜、春不老、白菜、生菜、葱、韭、蒜、芹菜、茼蒿、菠稜、芫荽、莙蓬、蔓菁、蘿蔔、胡蘿蔔、茄。

瓜之類　西瓜、冬瓜、黄瓜、菜瓜、甜瓜、絲瓜、瓠、葫蘆。

果之類　桃、杏、李、柰、柿、棗、栗、銀杏、石榴、花紅、蜜果、核桃、葡萄、木瓜、櫻桃、楔棗、梨、平波果、文官果、無花果。

木之類　桑、楸、槐、栢、松、柘、柞、榆、柳、枰柳、椿、樗、青楊、白楊、梧桐。

藥之類　柴胡、防風、黄芩、蒼朮、天麻、紫草、黄精、杏仁、麻黄、菟絲子、地黄、桔梗、瓜蔞、枸杞、半夏、天門冬、麥門冬、益母草、豨薟草、車前子、蒺藜、射干、三稜、莪朮、薏苡仁。

花之類　芍藥、荼蘼、薔薇、棣棠、刺梅、金鳳、金錢、玉簪、石竹、長春、木槿、萱、葵、菊、雞冠。

畜之類　牛、馬、驢、騾、羊、猪、犬、猫、鵝、鴨、鷄、鴿。

禽之類　雉、鳩、鵲、鴉、雀、黄鸝、鵪鶉、鴛鴦、水鴨、鷺、鷲鶬、淘河、天鵝、鴇、雁、鸛、啄木、鵂鶹。

獸之類　鹿、麞、狐、貉、兔、野貍、貛、狼。

鱗之類　鯉、鯽、鱒、魴、鱧、鮎、白鰷、鰻鱺、鱖。

明·易時中《夏津縣志》卷二　物産

穀之類九　稷、黍、粟、麥、菽、穇、蔄、苴、芝蔴、韭、芥、芹、葱、茄、莧、薺、蓼、茶、白菜、萵苣、菠薐、芫荽、茼蒿、萊菔、蔓菁、莙蓬、眉豆、玉環、白花菜、馬齒莧、胡蘿蔔。

蓏之類十　西瓜、甜瓜、黄瓜、筲瓜、絲瓜、冬瓜、地瓜、瓠、壺、匏。

果之類十有一　李、柰、桃、杏、棗、梨、梅、蘋婆、葡萄、石榴、沙果。

木之類十有二　椿、槐、桑、榆、楊、柳、杜、棠、栢、柘、楮、桐。

花之類十有六　菊、萱、榴、葵、金盞、玉簪、鳳仙、雞冠、薔薇、刺薇、石竹、木槿、扁草、水蓬、十姊妹、滴滴金。

草之類十有五　葦、蒿、莎、萍、蘆、稂、莠、芣苢、桑夷、苜蓿、馬藍、牛舌、蓬、猫眼、茨。

畜之類十有二　馬、牛、羊、驢、騾、豕、猫、犬、鷄、鵝、鴨、鴿。

獸之類八　兔、狐、狸、貛、蝟、鼬鼠、鼢鼠、鼫鼠。

鳥之類十有四　鳩、鷹、雀、鵲、烏、鸛、梟、玄鳥、華蟲、鶉、鷃、斲木、蝙蝠、鶺鴒。

鱗之類七　鯉、鯽、鮎、魴、鰱、鱧、鱔。

介之類四　鱉、蚌、蝦、螺。

蟲之類二十有八　蠶、蠋、蚓、蟬、螬、蚤、蛙、蟻、蚊、蠅、蛇、蝎、蜂、蛾羅、螻蟈、伊威、蜘蛛、蟋蟀、螽斯、莎鷄、蜾蠃、蝸牛、螟蛉、蝴蝶、蜻蜓、守宫、蚰蜒、蜣蜋。

藥之類三十　枸杞、栝樓、牽牛、艾葉、蒼耳、紅花、瓦松、蒺藜、茵陳、益母、荊芥、菊花、薄荷、葶藶、瞿麥、王瓜、鱧腸草、海納子、地骨皮、菟絲子、仙靈皮、天仙子、車前子、馬兜鈴、天花粉、桑白皮、郁李仁、小茴香、紫花地丁、蓖麻子。

明·諸忠《莘縣志》卷二　土産

穀之品　黍、稷、粟穀、大麥、小麥、蕎麥、蔄秫、黄豆、黑豆、緑豆、豌豆、芝蔴。

草之品　蓼、蓬、蒿、莠、艾、蒲、茅、葦、蘆、靛青、蒺藜、莎草。

木之品　栢、槐、楊、柳、桑、柘、椿、楸、楮、榆、桐、棠。

花之品　菊、葵、萱草、木槿、金雀花、滴滴金、雞冠花、扁竹花、石竹花、玉簪花。

菓之品　梅、杏、柰、李、桃、棗、梨、柿、沙菓、軟棗、葡萄、石榴。

蔬之品　芥菜、白菜、菠菜、萵苣、蘿蔔、蔓菁、芫荽、莙蓬、苦菜、香菜、茄、葱、韭、蒜、芹、莧、冬瓜、甜瓜、菜瓜、絲瓜、黄瓜、匏子、地瓜、胡蘿蔔。

藥之品　牽牛、枸杞、蓖麻子、天仙子、茵陳、榆皮、小茴香、車前子、蒼耳、地黄、益母草、菟絲子、酸棗、蛇床子。

羽之品　鵝、雞、鴨、鵓鴿、啄木、鵂鶹。

毛之品　馬、騾、驢、牛、羊、猪、猫、狗、兔、鼠。

明·王琮《淄川縣志》卷二　物産

其穀　粟、黍、稷、小麥、大麥、豆、芝蔴、蕎麥、秫蔄。

其蔬　葱、韭、薤、蒜、芥、芹、薺、蕪菁、菠薐、同蒿、萵苣、芫荽、生菜、莙薘、辣菜、白菜、莧、白花、白蘿蔔、胡蘿蔔、茄、瓠、葫蘆、西瓜、冬瓜、甜瓜、黄瓜、稍瓜、絲瓜。

其果　杏、桃、李、棗、栗、榴、柿、柰、花紅、蘋婆、蒲萄。

其竹　石竹。

其木　檜、栢、梧桐、楸、椿、楊、柳、槐、桑、柘、榆、槲、荊、椒。

其花　荷、芍藥、葵、菊、薔薇、地棠、月季、玉簪、萱草、金盞、珍珠、山丹、穿湅、雞冠、金錢、十樣錦、丁香、指甲桃、滴滴金。

其草　蘭、蓼、萍、藻、茜、莎、馬鞭、麗春、茵蔯。

其雜植　綿花、紅花、大藍、小藍、繩麻、線麻、葦、荻、芋。

其毛羽　牛、羊、猪、狗、馬、驢、騾、兔、狼、猫、刺蝟、狐狸、鷄、鵝、鴨、鴿、燕、鷂、鵲、布穀、啄木、烏鴉、鷺、鶯、黄鸝、班鳩、鵪鶉、小雀。

其鱗介　鯉、鮎、鱔、鼈、蝦蟆。

其蟲　蠶、蝎、守宫、蝸牛、蜘蛛、蚯蚓、螻蛄、螳蜋、鼠婦、蜂、水蛭、虻蟲、樗鷄、蠐螬、螟蛉、促織、蜩螗、蜻蜓、蝴蝶、螢。

其藥　徐長卿、狗脊、貫眾、蕳茹、葥胡、柴胡、沙參、拳參、茅、香芥、心草、黄精、遠志、薯蕷、漏蘆、白斂、黄芩、栝樓、桔梗、防風、半夏、木賊、蒼朮、牽牛、薄荷、紫蘇、皂莢、芫花、玄參、丹參、苦參、楝子、菟絲子、蓖麻子、枸杞子、車前子、蘹香子、山查子、麥門冬、益母草、馬兜鈴、郁李仁、酸杏仁、赤芍藥、白편豆、王不留行、木瓜、無名異、禹餘糧、露蜂房、艾葉、石菖。

宋・馬光祖、周應合《建康志》卷四二　土貢

唐歲貢筆及甘棠梨。　皇朝歲貢羅二十疋。

物産

穀之品　稻、粳、來牟、餅餌，皆勝它郡。　菽、麻、粟。

帛之品俗勤蠶桑，帛冠它郡。　羅絹紗、花絹、花紗、四緊紗溧陽最多。　夏紡絲、冬紡絲、綿。

金之品　金句曲山、銅、鐵赤山、銅器句容。

藥之品　玉屑、《淮南子》云出鍾山。　石鍾乳、《本草》云茅山土石相雜，偏生茅草，以茅津相滋，乳色稍黑而滑潤，謂之茅山乳，性微寒。　禹餘糧、《本草》云茅山甚有好者，狀如牛黄，重重甲錯，其佳處刀紫色，泯泯如麵，齧之無碜，然用之宜細研，以水洮取汁澄之，勿令有沙土也。　黄精、《本草》云葉大根麄，黄白色，至夏有花實。　生人葠、阮孝緒因母疾，用藥須得生人葠，舊傳鍾山所出，孝緒躬鍾幽險，累日不獲。忽一日，鹿前行至一所，遂不見，就求之，果得。　鹿梨、《本草》云江寧府出一種小梨，名鹿梨，葉如茶，根如小拇指，彼處人取其皮治瘡癬及疥癩，云甚效，八月採。　朮、陶隱居云蔣山、白山、茅山者為勝。　卷柏、《建康記》云出卷柏。　石腦、陶隱居云今茅山、東西平山竝有，鑿土龕取之。　芍藥、陶隱居云今出白山，蔣、茅山最好，白而大。　乾地黄、陶隱居云板橋者為勝。　柴胡、麥門冬、茵蔯、王不留行、前胡、敗醬、石韋、菝葜、地榆、京三稜、甘遂、牙子、天南星、鬼臼、仙茅、連翹、紫葛、桑上寄、地蜈蚣、蕁麻、茵蔯蒿、按：《本草》以上竝出江寧。　桔梗、菟絲子、香附子、罌粟、荊芥、蒼朮、元參、百合、百部、白斂、白及、地黄、地榆、貫眾、芫花、半夏、天門冬、天仙藤、威靈仙、劉寄奴、何首烏、夏枯草、穀精草、按：《本草》并出溧陽縣。　芝草、菖蒲、南燭、山桃、按：《本草》竝出句曲山。　覆盆子、吳茱萸、按：《本草》竝出溧陽縣。　溪蓀草、側柏，竝出句曲山。　芝草。龍仙芝、參成芝、燕胎芝、夜光洞、草芝、䕲玉芝、熒火芝、夜光芝、琅葛芝，竝出茅山。

香之品　黄連香出茅山。

果之品　來禽、大杏、海紅、金錠、梅紅、桃綠李、相公李，出句容。　秦公梨、櫻桃、繡蓮藕、芡實、菱實、蒲萄、海門柿、石榴、香查、西瓜、甜瓜、梧桐子、地栗、橘、橙、乳柑、竹蔗、荻蔗，出府境。　福鄉柰出句曲。

菜之品　萵筍、大蔥、蘿蔔溧水、冬瓜、筍、茭白、芹、蔞蒿、防風菜、甘露子。

禽之品　鳧、鶉、鳩。

魚之品　鱘魚、鱸魚、邵魚，狀如鳶。　蟹、河魨、石首、鱭魚、鯿魚、鮰魚、金魚、銀魚、比目魚、鰣魚。

獸之品　獐、鹿。

宋・朱長文《吳郡圖經續記》卷上　物産

吳中地沃而物夥，其原隰之所育，湖海之所出，不可得而殫名也。其稼則刈麥種禾一歲再熟，稻有早晚，其名品甚繁。農民隨其力之所及，擇其土之所宜，以次種焉。惟號箭子者為最，歲供京師。其果則黄柑香碩，郡以充貢。橘分丹綠，梨重絲蔕，函列羅生，何珍不有？其草則藥品之所錄，《離騷》之所詠，布護於皐澤之間。海苔可食，山蕨可掇。幽蘭國香，近出山谷，人多玩焉。其竹則大如篔簹，小如箭桂，含露而班，冒霜而紫，修篁叢筍，森

萃簫瑟，高可拂雲，清能來風。其木則栝栢松梓棕楠杉桂，冬巖常青，喬林相望，椒梂梔實，蕃衍足用。其花則木蘭、辛夷著名，惟舊牡丹多品，遊人是觀，繁麗貴重，盛亞京洛。朱華淩雪，白蓮敷沼，文通樂天，昔嘗稱詠。重臺之菡萏，傷荷之珍藕，見於傳記。其羽族則水有賓鴻，陸有巢翠鶤雞鵠鷺鶂鶄鷗鶩之類，巨細參差，無不咸備，華亭仙禽，其相如經，或鳴皋原，或擾樊籠。其鱗介則鯿鱨鰋鯉鮔鱭漸離乘鱟黿鼉，蟹螯螺蛤之類，怪詭舛錯，隨時而有，秋風起則鱸魚肥，楝木華而石首至，豈勝言哉？海瀕之民以網罟蒲蠃之利而自業者比於農圃焉。又若太湖之怪石，包山之珍茗，千里之紫蒓，織席最良，給用四方，皆其所產也。若夫舟航往來，北自京國，南達海徼。衣冠之所萃聚，食貨之所叢集，乃江外之一都會也。

宋・范成大、汪泰亨等《吳郡志》卷二九　土物上

石井、松江二水，唐張又新品第，東南烹茶之水為七等，以虎丘石井為第三，吳松江為第六。今劍池傍經藏之後有大石井，面闊丈餘，嵌巖自然，上有石轆轤，歲久堙塞。今寺僧乃以山後寺中土井為石井，甚可笑。紹興三年，主僧如璧始淘古石井，去淤泥五丈許，四傍皆石壁，鱗皴天成，下連石底，漸窄，泉出石脉中，一宿水滿井，較之二水味甘冷，勝劍池。時郡守沈揆虞卿聞之往觀，大喜，為作屋覆之，别為亭於井傍，以為烹茶宴坐之所，自是古跡復出，邦人咸喜。　松江水在水品第六，世傳第四橋下水是也。橋今名甘泉橋，好事者往往以小舟汲之。　白雲泉在天平山腰，乳泉也。【略】　憨憨泉在寶華山寺之東山半，極清冽。相傳為得道僧名憨憨和尚者卓錫所出。法雨泉在穹窿山。　隱泉在洞庭西山毛公壇道側，《真誥》所謂白芝隱泉，其水紫色。

白礡出陽山，鑿山為坑，深數十百丈始得，初如爛泥，見風漸堅，膩滑精細，它處無比者。土人亦當白石脂用。《本草》注吳郡貢石脂，則知可作石脂用。又有一等紅紫色者，亦以當赤石脂用也。

彩牋：吳中所造，名聞四方。以諸色粉和膠刷帋，隱以羅紋，然後砑花唐皮。陸有倡《和魚牋》詩云：向日乍驚新繭色，臨風時辨白萍文。注：魚子曰白萍，此豈用魚子耶？今法不傳。或者紙紋細如魚子耳。今蜀中作粉牋正用吳法，名吳牋。

五酘徒鬬反酒，白居易守洛時，有《謝李蘇州寄五酘酒》詩。今里人釀酒，麴米與漿水已入甕，翌日又以米投之，有至一再投者，謂之酘，其酒則清冽異常。今謂之五酘，是米五投之耶。李蘇州疑是李紳。【略】

鵁鶄：水禽。陸龜蒙嘗得之於震澤。黑襟青脛，丹爪觸色幾及項。龜蒙哀其野逸而囚錄籠檻，為賦詩焉。詞賦曾誇鸀徒角切鳿牛欲切流，果為名悮别滄洲。雖蒙靜置疏籠晚，不似閑栖折葦秋。自昔稻粱高鳥畏，至今珪組野人讎。防微避繳無窮事，好與裁書謝白鷗。

炙魚：吳公子光將殺王僚，與專諸謀之。專諸曰：王好何味？光曰：好嗜魚之炙也。專諸乃去，從太湖學炙魚，三月得其味。光饗王僚，王僚被棠銕之甲三重，專諸置魚腸炙魚中以進，擘炙魚，推匕首刺王僚，貫甲達背焉《吳越春秋》。　魚鱠：吳王聞三師將至，治魚為鱠。將到之日，過時不至，魚臭。須臾子胥至，闔閭出鱠而食不知其臭，復重為之。吳人作鱠自闔閭始也《吳越春秋》。　鱠殘魚：吳王孫權江行，食鱠有餘，因棄之中流，化而為魚。今有魚猶名吳餘鱠者，長數寸，大如筯，尚類鱠形，案此即今之鱠殘魚《博物志》。　鱸魚：生松江，尤宜鱠。潔白鬆軟又不腥，在諸魚之上。江與太湖相接，湖中亦有鱸。俗傳江魚四鰓，湖魚止三鰓，味輒不及。秋初魚出，吳中好事者競買之，或有遊松江就鱠之者。後漢左慈嘗在曹操坐，操曰：今日高會珍羞略備，所少吳松鱸魚耳。慈曰：此可得也。因求銅盤貯水，以竹竿餌鉤於盤中，須臾引一鱸魚出。操曰：一魚不周坐席，可更得乎？慈乃更餌沉之，須臾復引出，皆長三尺餘，生鮮可愛。操使鱠之，周浹會者。鱸鱠為世所珍久矣。晉張翰，字季鷹，為大司馬東曹掾，因秋風起，思鱸魚鱠菰葉羹，遂罷官歸。《金谷園記》謂鱸魚常以仲秋從海入江。菰葉，南越人以箭笋和為羹，甚珍。魚白如玉，菜黃如金。隋人已呼為金羹玉鱠。大業中吳郡嘗獻鱸鱠絲鱠，事具鮸魚條。陶弼《江上漁者》詩云：江上往來人，但愛鱸魚美。君看一葉舟，出沒風波裏。東坡《和文與可洋州金橙徑》詩：金橙縱復里人知，不見鱸魚價自低。須是松江煙雨裏，小舡燒薤擣香虀。　白魚：出太湖者為勝。舊說此魚於湖側淺水菰蒲之上產子，民得採之，隨時貢入洛陽。吳人以芒種日謂之入梅，梅後十五日謂之入時，白魚於是盛出，謂之時裏白。　石首魚：《吳地記》：吳郡魚城下水中有石首魚，至秋化為鳧，鳧頂中有石。《吳錄》又云：婁縣有石首魚，至秋化為鳧，鳧頭中猶有石。今惟海中其味絕珍，大略如巨蟹之螯，為江海魚中之冠，夏初則至，吳人甚珍之，以楝花時為候，諺

曰：楝子花開石首來，笥中被絮舞三臺。言典賣冬具以買魚也。此時已微熱，魚多肉敗氣臭。吴人既習慣嗜之，無所簡擇，故又有忍臭喫石首之譏。二十年來沿海大家始藏冰，悉以冰養魚，遂不敗，然與自鮮好者味終不及。以有冰故，遂販至江東金陵以西，此亦古之所未聞也。海上八月間又有一種石首，此時天涼，不假冰養而自鮮美，謂之回潮石首。　河豚魚：世傳以為有毒，能殺人。魚無頰無鱗，與目能開闔及作聲者有毒。而河豚備此四、五者，故人畏之。此魚自有二種，色淡黑有文點謂之斑子，尤毒，然人甚貴之。吴人春初會客有此魚則為盛會。晨朝烹之羹成，候客至率再溫之以進，云尤美。或云其子不可食，其子大如一粟，浸之經宿則如彈圓。又云中其毒者水調炒槐花末及龍腦水，至寶丹皆可解。橄欖子亦解魚毒，故羹中多用之。反烏頭、附子、荊芥諸風藥，服此等藥而食河豚及食河豚而後即服藥皆致死。蘇文定公轍嘗記：吴人丁驁因食河豚而死，以為世戒《明道雜志》。　針口魚：口有細骨半寸許，其形如針，春時群集於松江長橋之下，土人撈取以為乾餉遠，味甚腴。

菰葉羹：晉張翰所思者。按：菰即茭也。菰首吴謂之茭白，甘美可羹。而葉殊不可啖。疑葉衍或誤。今人作鱸羹乃芼以蓴，尤有風味。

熙寧七年，太和宫得大龜，徑二尺，其尾五介，甲甚堅，人云計數百歲。

蟹：江湖海浦皆有之，《松陵倡和》有《海蟹》詩。然能發風生疾，故皮日休詩云：病中無用雙螯處。陸龜蒙詩云：藥盃應阻蟹螯香。蓋吴人所嗜也。相傳稻之登也，率執一穗以朝其魁，然後從其所之早夜觱沸，指江而奔，漁者緯蕭承其流而障之，曰蟹斷。得遯者，奔紛越軼以入於江，則形質浸大矣。漁者又斷而求之，其得遯者遂入於海，形質益大，海人亦異其稱謂矣《笠澤叢書》。

宋・范成大、汪泰亨等《吴郡志》卷三〇　土物下

彭蜞：吴人呼為彭越，蓋語訛也。足上無毛，堪食。吴越間多以鹽藏，貨於市《嶺表錄異》。

白魚種子：隋大業六年，吴郡貢入洛京，敕付西苑内海中，以萬把別遷着水，十數日即生小魚。取魚子法：候夏至前三五日日暮時，白魚長四五尺者群集湖畔淺水中有菰蔣處，產子着菰蔣上，三更產竟散去，漁人刈取草之有魚子着上者，曝乾為把，故洛苑有白魚《大業雜記》。

鮸魚：出海中，鱗細，紫色，無細骨，不腥。隋大業六年，吴郡獻鮸魚乾膾十四瓶。浸一瓶，可得徑尺盤十所。又獻其作乾膾法：五六月海中取此魚，縷切曬乾，盛以瓷瓶，密封泥，欲食開取，以新布裹大盆盛井底浸，久出布，瀝却水，則皦然散著盤上。帝以示群臣曰：昔術人介象於殿庭，釣得海魚，此幻化耳。今日之膾乃是東海真魚，亦一時奇味。又獻鱸魚乾膾六瓶，作膾法如鮸魚《大業雜記》。

鮸魚鹹肚：隋大業六年，亦吴郡獻之，多至千頭，六七月取魚長二尺，珍者皮光徹如黃油，鹹有味，賢於石首含肚，時有口味，使大都督會稽人杜濟者作此等食法以獻煬帝《大業雜記》。

海蝦子：大業六年，吴郡獻四十挺，挺一尺，闊二寸，厚寸許，先取海中白蝦子以小布袋盛，末鹽封之，日曬，夜則平板壓，乾則破袋出之，包如赤瑠璃，美勝鱭子。其說又云：白蝦一石，僅約五升，暴殄之酷，無烈於此。今鱭子猶存，而蝦子則人不忍作矣《大業雜記》。

鯉腴鮓：出太湖。隋大業十二年，吴郡獻之。純以鯉腴為之，一瓶用魚四五百頭，味過鱣鮪《大業雜記》。

蜜蟹、擁劍：皆大業六年吴郡所獻。蜜蟹，糖蟹之類。擁劍，即《吴都賦》所謂烏賊擁劍者。自白魚子而下至蜜蟹等，皆煬帝窮侈縱欲之時吴郡以為貢，多殺物命以供口腹，旋致喪亡之禍。《續圖經》言之切矣。此等物今不復製作。但其事登載未詳，故重錄之，併以為世戒。

紅蓮稻：自古有之。陸龜蒙《別墅懷歸》詩云：遙為晚花吟白菊，近炊香稻識紅蓮。則唐人已書此米。中間絕不種，二十年來農家始復種，米粒肥而香。

再熟稻：一歲兩熟。《吴都賦》：鄉貢再熟之稻。蔣堂《登吴江亭》詩云：鬱日草青牛引犢，經秋田熟稻生孫。注云：是年有再熟之稻。細考之，當在皇祐間。今田間豐歲已刈而稻根復蒸，苗極易長，旋復成實，可掠取，謂之再撩稻。恐古所謂再熟者即此。

綠橘：出洞庭東西山，比常橘特大，未霜深綠色，臍間一點先黃，味已全可啖，故名綠橘。又有平橘，比綠橘差小，純黃方可啖，故品稍下，而其皮正入藥。今市賣橘皮多雜以柑皮及永嘉匾橘皮，不可不察。《芝田錄》云：韋蘇州《寄橘》詩云：書後欲題三百顆，洞庭須待滿林霜。蓋南(史)〔朝〕有

人題書尾曰洞庭霜橘三百顆，韋正用此事。余按：王右軍帖亦云：奉橘三百枚，霜未降不可多得。同出於此。【略】

真柑：出洞庭東西山，柑雖橘類而其品特高，芳香超勝，為天下第一。浙東、江西及蜀果州皆有。柑香氣標格，悉出洞庭下，土人亦甚珍貴之。其木畏霜雪，又不宜旱，故不能多植。及持久方結實，時一顆至直百錢，猶是常品，稍大者倍價。併枝葉剪之飣盤，時金碧璀璨，已可人矣。安定郡王以釀酒，名洞庭春色。蘇文忠公為作賦，極道包山震澤土風，而極於追鴟夷而酌西子，其貴珍之至矣。又有三日手猶香之詞，則其芳烈又不待言而知。【略】

海杏：大杏也。范蠡宅在湖中，有海杏大如拳。今吳下杏猶有如小兒拳大者《地理誌》。

連根柿：吳令顧脩期言縣西鄉有柿樹，殊本合條《義熙起居注》。

方蒂柿：出常熟。蒂正方，柿形亦方，色如鞓紅，味極甘鬆，它紅柿無能及者。近年城中園戶亦接其種，然味不及常熟。

韓梨：出常熟韓丘。皮褐色，肉如玉，每歲所生不多，價極貴。凡梨削皮切片，不移時色必變，惟韓梨雖經日不變，所以獨貴。

頂山栗：出常熟頂山。比常栗甚小，香味勝絕，亦號麝香囊，以其香而軟也，微風乾之尤美。所出極少，土人得數十百枚則以綵囊貯之，以相饋遺。此栗與朔方易州栗相類，但易栗殼多毛，頂栗殼瑩淨耳。

蠟櫻桃：自唐已有吳櫻桃之名。今之品高者出常熟縣。色微黃，名蠟櫻，味尤勝，朱櫻不能尚。白樂天《吳櫻桃》：含桃最說出東吳，香色鮮穠氣味殊。洽恰舉頭千萬顆，婆娑拂面兩三株。鳥偷飛處銜將火，人摘爭時踏破珠。可惜風吹兼雨打，明朝後日即應無。

《梅譜并序》：梅，天下尤物。無問智愚賢不肖，莫敢有議。吳下所出，而成大得而植於范村者十二種，嘗為譜之，今掇其名狀略志於此。【略】

蜜林檎：實味極甘，如蜜，雖未大熟，亦無酸味。本品中第一，行都尤貴之。他林檎雖硬大且酣紅，亦有酸味，鄉人謂之平林檎。或曰花紅林檎，皆在蜜林檎之下。

金林檎：以花為貴。此種紹興間有，南京得接頭至行都。禁中接成其花，豐腴艷美，百種皆在下風。始時折賜一枝，惟貴戚諸王家始得之，其後流傳至吳中。吳之為圃畦者，自唐以來則有接花之名。今所在園亭皆有此花，雖已多，而其貴重自若。亦須至八九月始熟，是時已無夏果，人家亦以飣盤。

蓮花海棠：花中之尤也。凡海棠雖艷麗然皆單葉，獨蜀都所產重葉，丰腴如小蓮花。成大自蜀東歸，以瓦盆漫移數株置船尾，纔高二尺許，至吳乃皆活，數年遂花，與少城無異。

桂：本嶺南木，吳地不常有之。唐時尚有植者。白樂天謂：蘇之東城，古吳都城也。今為樵牧之場。有桂一株，生乎城下，惜其不得地，因賦三絕句以唁之。近世乃以木犀為巖桂，詩人或指以為桂，非是。白居易：子墮本從天竺寺，根盤今在闔閭城。當時應逐南風落，落向人間取次生。舊說杭州天竺寺每歲秋中有丹桂子。霜雪壓多雖不死，荊榛長疾欲相埋。長憂落在樵人手，賣作蘇州一束柴。遙知天上桂華孤，試問姮娥有更無。月宮幸有閑田地，何不中央種兩株。

柳：以垂者為貴。吳下士大夫家有得鳳州種者，其半拂地復堆如尺，石湖綺川兩傍亦有之。樂天《蘇州柳》：金谷園中黃嫋娜，曲江亭畔碧婆娑。老來處處遊行徧，不似蘇州柳最多。絮撲白頭條拂面，使君無計奈春何。婆娑，一作毿娑。

扶芳：初生纏繞它木，葉圓而厚，夏月取葉火炙香，煮以為飲，色碧綠而香。隋大業五年，吳郡貢二百本入洛京，植之西苑。時尚食直長謝諷造《食經》，具四時飲，春有扶芳飲《大業雜記》。

牡丹：唐以來止有單葉者，本朝洛陽始出多葉、千葉，遂為花中第一。頃時朱勔家圃在閶門，內植牡丹數千萬本，以繒綵為幕，彌覆其上，每花身飾金為牌記其名。勔敗，官籍其家，不數日墟，其圃牡丹皆拔而為薪，花名牌一枚估直三錢。中興以來，人家稍復接種，有傳洛陽花種至吳中者。肉紅則觀音、崇寧、壽安王、希疊羅等紅，淡紅則風嬌又名勝西施、一捻紅，深紅則朝霞紅又名富一家、鞓紅、雲葉及茜金毬、紫中貴、牛家黃等，不過此十餘種，姚魏蓋不傳矣。【略】

菊：所在固有之，吳下尤盛。城東西賣花者所植彌望，人家亦各自種。圃者伺春苗尺許時掇去其顛，數日則歧出兩枝。又掇之，每掇益歧。至秋則一幹所出數百千朵，婆娑團欒如車蓋薰籠矣。人力勤，土又膏沃，花亦為之屢變。淳熙丙午歲，成大植於范村者正得三十六種，嘗為譜之。今掇其名狀之略，志於此。【略】

萱草：一名紫萱，又名忘憂草。吳中書生呼為療結花《王子年拾遺》。

麝香萱：吳中有之。《述異記》謂：香似紅藍而甚芳。今吳下所植，

其花淡黄，比常萱差瘦弱，香全類末利，為可貴也。

錦帶花：　又名海仙，蓋王元之名也。此花雖處處皆有，吳中者特香，略如瑞香、山礬輩，圃中夾路多植之。梅摯《海仙花》：　泥根捧入故吳宮，暖力迎隨帶漸紅。是花本名錦帶，王内相禹偁易今名。　栽近木蘭殊有意，留連文酒礬春風。　舊牧孫冕學士傳釀法於木蘭堂，因以名酒。

石竹花：　草花也，狀如金錢。陸龜蒙《石竹花詠》所謂金錢買春風者。陸龜蒙：　曾看南朝畫國娃，古羅衣上碎明霞。而今莫共金錢鬪，買却春風是此花。

鼓子花：　野花也。皮日休《虎丘》詩云：　鼓子花明白石岸。

金竹：　不甚大，色如金，今多不見。蔣堂嘗有詩：　百鎰先寒一徑深，潛疑造化鑄成林。貪夫或有凭欄者，不見脩篁但見金。

哺雞竹：　葉大，多濃陰，雖圍徑難得極大者，而至易種。其筍蔓延滿地，若雞之生子眾多，故名。哺雞，吳人謂雞鶩伏卵為哺。

桃枝竹：　皮日休《虎丘汎舟》云：　桃枝竹覆翠嵐溪，白芷一名藥世傳。吳白芷以吳中所出者為貴。【略】

楕李花：　小碎花也，繁縟可愛。陸龜蒙有《楕李花賦》云：　一枝上能萬其膚萼，一萼中自条其丹白。狀其實也。

薔薇花：　有紅、白、雜色。陸龜蒙詩所謂倚墻當戶一端晴，綺者，紅薔薇也。皮日休《泛舟》詩所謂淺深還（看）〔礙〕白薔薇者，則是野薔薇耳，水邊富有之。紅花又有金沙、寶相、刺紅、紫玫瑰、五色薔薇等。白花又有金櫻子、佛見笑等，皆薔薇類也。又有黄薔薇一種，格韻尤高。

蓴：　味香滑，尤宜芼魚羹。晉陸機入洛見王濟，濟指羊酪謂機曰：　吳中何以敵此？機云：　千里蓴羹，未下鹽豉。時人以為名對《晉書》。

菘菜：　唐人有云：　闊葉吳菘，巨根蜀蒻。

五色瓜：　吳威王時會稽生五色瓜，梁時吳中亦有五色瓜，歲充賦《述異記》。

藕：　唐蘇州進藕，最上者名傷荷藕。傷荷之名，或云葉甘為蟲所傷，傷其葉則長其根也。【略】

芰：　即菱也。今人但言菱，諸家草木書亦不分別，唯《武陵記》云：　四角、三角曰芰，兩角曰菱，今蘇州折腰菱多兩角《酉陽雜俎》。折腰菱，唐甚貴之，今名腰菱，有野菱、家菱二種。近世復出餛飩菱，最甘香，腰菱廢矣。

宋・項公澤、淩萬頃、邊實《玉峰志》卷下　土産

稻　紅蓮稻：　米半月有粒，碓時紅，粒先白，其味甚香。陸龜蒙《別墅懷歸》詩云：　近炊香稻識紅蓮。　再熟稻：　田家遇豐歲，苗根復蒸長，旋復成實，可掠取。俗謂之再撩稻。《吳郡賦》云：　國稅再熟之稻。　香稻、烏野稻、雪裏揀、白野稻、閃西風、趕麥長、輭稈青、時裏白、六十日稻、百日稻、半夏稻、金城稻，皆稻禾之早者。　烏口稻，其穀色黑，稻米最晚者。　舜耕稻，有兩翅。　烏粒稻，眼黑。　睦州紅、粑秠稻、彷徨稻、山烏稻、瓣白稻、稻裏揀、紅蒙子、下馬看，皆常種之稻。　趕陳糯、杜交糯、烏絲糯、歸女糯、金州糯、定陳糯、宣州糯、佛手糯、師姑糯，皆糯米之常種者。

水族　石首魚：　《吳地記》：　崑山縣石首魚冬化為鳧，土人呼為鷗鳴。小魚長五寸，秋化為黄雀，食稻，冬還海，復為魚蟹，江湖間有之，吳人所嗜。相傳於稻登時，其螯率執一穗以朝其魁，然後從其所之，早夜觱沸，指江而〔奔〕，捕魚者緯蕭承其流而障之，曰（蟹）〔斷〕，得遯者奔紛日軼以入於江，則形質浸大。漁者又斷而求之，其得遯者遂入於海，質益大，然發風疾，故皮日休詩云：　病中無用雙螯處。陸龜蒙詩云：　藥杯應阻蟹螯香。　河豚魚：　凡近江皆有之，有南江、北江之別，俗重北江者，蓋取其肥。春初得此魚則為盛饌。世傳以為有毒，〔反〕烏頭、附子、荊芥等諸風藥也。　田雞：　即水蛙，為脯饋遠方，得者甚珍重之。

食物　楊莊瓜：　出縣西三里外，有仙人以瓜遺村民，種之花尖俱小，而味極甘。東楊莊所種差大，味不逮西楊莊者。　菱：　《酉陽雜俎》云：　四角、三角曰菱，兩角曰芰，金腰菱多兩角。又有野菱、家菱二種。近復出餛飩菱，是家菱遂不足道。　藥棋麵：　細僅一分，其薄如紙，可為遠方饋，雖都人朝貴亦爭致之。

藥物　蛇牀子、何首〔烏〕、揩冠草。

香　清遠香：　舊嘗入貢。

元・脫因、俞希魯《至順鎮江志》卷四　土産

穀　稻：　有秔有糯。秔之種又有大小之分，土人謂大稻秔，小稻秈。大稻之種十有六，曰香子，曰鯽魚，曰灰鶴，曰時裏白，曰八月白，曰蘆花白，曰浪裏白，曰白蓮子，曰紅蓮子，曰早紅芒，曰晚紅芒，曰青川黄，曰稈川烏，曰馬尾烏，曰老了烏，曰下馬看。小稻之種六，曰白〔尖〕，曰紅尖，曰晚秈，曰

六十日、八十日、百日者，又皆以熟之先後為名。百日本自占城來，《宋會要》大中祥符五年，遣使福建取占城禾，給江淮兩浙分種之。穤之種亦有九，曰芒，曰香，曰晚，曰抄社，曰羊脂，曰牛蝨，曰虎斑，曰栢枝，曰長稈。江南稻種甚多，不可枚舉。然茲土之所宜者大率不過此數種也。按：《詩集傳》稻即南方所謂稻米，水生而色白。《說文》：沛國呼稻為穤。徐鍇曰：穤，懦也。許慎謂稷為秫，稻為穤。今則同之。《爾雅》：稌，稻。注：今沛國呼稌。《詩》十月穫稻以釀酒。《月令》秫稻必齊，則稻是穤。《論語》食夫稻，則稻是秔。《周禮注》：稌，稉也。《內則》牛宜稌，則稌是秔。《詩》豐年多黍多稌，為酒為醴，則稌是穤。故《急就章注》：稻者，有芒之穀總名也，亦呼為稌。《字林》云：穤，黏稻，而秔稻不黏，此其異耳。　黃粟：《唐・地理志》：潤州土貢黃粟，然今無此種。按：《爾雅》粢，稷。注：今江東人呼粟為粢。疏：粢，稷。《左傳》云：粢食不鑿。粢者，稷也。《曲禮》云稷曰明粢，然則粢也，稷也，粟也，正是一物。而《本草》稷米在下品，別有粟米在中品，故先儒共疑焉。又《本草注》：孟詵云：粟米顆粒小者是，粢米粒麤。又陶隱居云：青粱、白粱、黃粱，皆是粟類，惟其牙頭色異為分別耳。唐注：黃粱出蜀漢，商浙間亦種之，食之甘美，逾于諸粟，人號竹根黃，故《內則》云飯黃粱，粱食之美者故稱膏粱。互見土貢門。　麥：有大小之分。大麥之種有二，曰春，自十月至正月皆可種，然又早熟，曰黃稈。後熟小麥之種有三，曰赤殼，曰白殼，曰宣州。晉大興元年詔曰：徐、揚二州土宜三麥，可督令熯地，投秋下種，至夏而熟，繼新故之交於以周濟，所益甚大。昔漢遣輕車使者氾勝之督三輔種麥，而關中遂穰，勿令後晚，其後頻年麥雖有旱蝗，而為益尤多。按：《廣雅》曰：大，麰也；小，麳也。《本草注》：大麥即青稞麥，形似小麥而大，皮厚，故謂之大麥。小麥秋種夏熟，受四時氣足，兼有寒溫，面熱麩冷，宜其然也。又有蕎麥，秋花冬實，亦堪作麪。　豆：亦有大小之分。大豆其色有青、黃、黑、紫、褐之異，其名有雁來青、雁來枯、痴黃、半夏黃之別。小豆亦有赤、綠、白、黑四種。又有江豆、豌豆、佛指豆、十六粒豆、蠶豆，隔歲種之，蠶熟時可採。黑白藊豆蔓生籬落間，採其莢，蒸食甚美。白者可入藥。按：《爾雅》：戎菽謂之荏菽。注：即胡豆也。《詩》：藝之荏菽。鄭箋亦以為大豆。《春秋》：齊侯來獻戎捷。《穀梁傳》曰：戎，菽也。《管子》亦云：北伐山戎出冬蔥及戎菽，布之天下。戎胡俱夷名，故以戎菽為胡豆也。　麻：有二種，曰胡麻，曰白麻。胡麻可飯，白麻可壓油，土人亦以之薦茶。《筆談》曰：胡麻直今油麻耳，中國之麻謂之大麻。張騫始自大宛得其種，亦謂之麻，故以胡麻別之。則是自漢始來中夏矣。然《本草》已載胡麻，未知孰是。陶隱居注《本草》：胡麻入穀中最良，本生大宛，故名胡麻。【略】

飲食　酒：晉桓溫云：北府酒可飲。謝元度曾蒞此鎮，與親舊書稱京口酒美可飲。《輿地志》：京口出酒，號曰京清埒。于曲阿又云：曲阿出名酒，淳烈，後湖水所釀也。故朱彬詩：暫入新豐市，猶聞舊酒香。梁武帝《輿駕東行記》有覆船山、酒罌山、高驪山。傳云：昔高驪女來此，東海神乘船致酒聘之，在不肯，海神撥船覆酒，流入曲阿，故酒美(未)〔味〕。州郡戎司總所酒名不一，若錦波、清心、坐嘯、介壽、燕凱、百禮、其軍、愛山，是以堂得名。若京口、還京、秦潭、浮玉、第一江山，是以地得名。若真珠、中泠、不老，是以泉得名。見《嘉定志》。　麵：礶麥為之，南北商販多出于此。　麯：土人成造，精粗不一，貨于他郡，多有達京師者。　醬：鄰境多仰給于此。《急就章注》：醬之為言將也。食之有醬如軍之須將，取其率領進導之也。　鱘鮓：潤州土貢鱘鮓，見《唐・地理志》。宋紹興中，韓世忠嘗以為獻高宗，却之其色瑩白如玉，故名玉版鮓。土人以之饋遠。互見土貢門。

牛乳：出丹陽者為佳。舊志稱其凝白如酥。　酢：出金壇，極釅且美，今以充貢。《釋名》醯，苦酒，即今之醋也。《魏名臣奏》曰：今官販苦酒，與百姓爭錐刃之利。按：《說文》：酢，醶也，倉故切。醋，客酌主人也，在各切。今俗酢醋互用，誤耳。互見土貢門。　青飿飯：出茅山。唐張賁以青飿飯分送皮日休、陸魯望，有詩云：誰屑瓊瑤似青飿，舊傳名品出華陽。皮日休和云：分泉過屋青春稻。自注：此飯以青龍稻造之。見《潤州類集》。　餅餌：其名有寬椒、側厚、緩帶之別。又有名金花者，出金壇，可以饋遠。

器用　鐵器：作溫器、燒器等物。以錫鍍之，其色如銀而耐久可用，他郡稱之。　銅器：潤州貢伏牛山銅器，見《唐・地理志》，今無之。互見土貢門。　火石：出丹徒，圖山縣之山多土，而此山獨石，遠望巉岩間有紋石如瑪瑙，擊之火生，人多取以為用。　石墨：《茅山記》：費長房遇壺公，得其術，寓茅山之東，書符救人有功。一日出山，傾硯水澗中，其石變色，因

號石墨，至今取以書符。　茅山石：　次玉，有瑕，可以為器，豈所謂碔砆耶？

香　黃連香，出茅山，以黃連樹脂皮為之，焚之可辟濕氣。　又有樺木，亦可為香，出近地。　柳箕：　柳箕可用，見《祥符圖經》，今無之。

花　華而不實者彙聚于此，其有實者則入果類，不重出也。　杜鵑：　在鶴林寺，高丈餘，每至春月開花，爛漫傾城，士女游賞。寺僧相傳唐貞元中有外國僧，自天台鉢盂中以藥養其根來種之，每春末開時，或窺二女子共游花下，俗傳花神也。其後有殷七七者，名文祥，又名道筌，周寶舊于長安中識之，及寶自涇原移鎮浙西，七七忽到，寶師敬益甚。一日謂七七曰鶴林之花天下奇絕，常聞能開，非時花，今重九將近，能開此以副佳節乎？　七七曰可，乃前（三）（二）日〔往鶴林宿焉。〕中夜聞女子來，曰妾為上帝司此花，今與道者開之，然此不久當歸閬苑矣。晨起寺僧忽訝，花漸破蘂。九日盛開如春，寶驚異，燕賞累日。後因兵火焚寺，根株不存，信乎其真歸閬苑耶？　見《續仙傳》。按：　樂天東坡詩注并《容齋隨筆》所載皆云山石榴、映山紅、山躑躅，即此花也。宋咸淳八年，主僧慶清遂以躑躅花補其舊，迪功郎光州司戶參軍蘄春、朱正國作記刻石，未幾枯瘁。歸附後延祐丙辰里人戈道恭家圃有此花，乃移植故處，蜀郡青陽翼為記其略云：　凡天下事物，失易得難，失而復得尤難。潤城古竹院相傳有奇卉，由唐末失去，近得之，北里戈氏復歸之，寺人謂是華託根禪寂幽夐之境，絕跡塵囂汗陋之域，固有以見異于世。今失之數百載，而幸得之，且復歸于舊而不失其所以貴。竊觀人之有生，內本外末有所不容。失者失之，或不以為異，而又不知勉力以求復之，則是華之復可不謂難乎？　觀者宜有感矣。　玉蘭：　出丹徒馬迹山紫府觀，遇者以為瑞。其花表裏瑩白，其色如玉，其香如蘭，不根而植，不蓓而花，或自東生，或自西出，然不常有，每遇開時多于暮春。宋淳祐間此花忽開，郡守李迪作詩歌之，見《咸淳志》。陳輔之有《玉蘭》詩二首，見《京口集》，乃為丹陽凝禧觀作。近年茅山溪谷中亦往往有之，或開于秋冬間。《山志》載：　其蘭芽刻玉氣甚幽，亦芝英之別種，蓋其產無定在，其開無定時，真山林間之靈植也。　牡丹：　亭館中多種之，其品不一。然單葉而色紫者居多，枝幹特盛。王彥照鶴林故居千葉牡丹號淺糙紅，有詩見《京口集》。唐人謂之木芍藥。　芍藥：　土人謂之草牡丹。按：　劉貢父《芍藥譜》云：　天下名花，洛陽牡丹，廣陵芍藥為相侔埒，其名品甚眾。京口于廣陵為近，大抵治花之法又與廣陵相似，故比他處特盛焉。府治內舊有芍藥亭，《譜》中有茅山冠子、紫樓子、茅山紅三種。　海棠：　有二種。有多葉者，有五出者。初極紅，及開則漸成纈暈，落則若宿妝殘粉矣。又有一種，柔條長蒂，垂英向下，而色淺紅者，俗謂之垂絲海棠。　巖桂：　一名木犀，紅者名丹桂。又有黃白二色，氣尤清馥。有一歲開四次者，有一秋開二三次者，但著蘂不繁耳。　山茶：　紅白二種。有千葉者，柯葉四時常青，隆冬盛開，不畏霜雪。　山丹：　山茶之別種，形色甚相類，但華萼極大，亦有紅白二種。紅者謂之日丹，白者謂之月丹。　蠟梅：　木身與葉如蒴藋，香氣似梅而加郁烈，華亦五出，類刻蠟而成，又與梅開同時，故名蠟梅，實非梅也。以花瓣之肥大者為貴，細薄如蠅翅者為下。　紫薇：　樹高而膚薄，爪之則動搖如怕痒然，故東坡詩注云：　紫薇花小而叢，其色紫，俗所謂怕痒花也，今土人呼為不耐痒。唐省禁中多植之。又名百日紅，謂其花自夏徂秋開落僅百日也。楊誠齋詩云：　誰道花無紅十日，紫薇常放半年花。　紫荊：　花色紫而叢生，花謝後始生葉。　辛夷：　木叢生，葉似柿而長，正二月開花，夏秋再開，初生如筆狀，故又名木筆。《本草》：　陳藏器云：　北人呼為木筆，南人呼為迎春。　木槿：　一名日及，即《詩》所謂舜華也。其花淡紅如葵而小，朝榮夕悴，人家多種以抵籬落。《爾雅》：　椵木槿、櫬木槿。注：　別二名也。陸璣《草木疏》：　齊魯之間謂之王蒸。　八仙：　狀如瓊花，八蝶簇一心。又有小蝶，簇聚如碧玉者，曰玉蝴蝶。前人謂此花大率類瓊花，而不同有三。瓊花大而瓣厚，其色微黃，葉柔而瑩澤，蘂與花平而香，此八仙之無有也，識者自能辨之。　玫瑰：　紅白二種。一名徘徊。按：　《說文》：　玫瑰，火齊也。今南方出火珠。《史記·司馬相如傳》注：　玫瑰，石珠也。《異物志》：　火齊如雲母。一曰石之美者。《說文·通釋》：　火齊，象珠赤色，起之層層各異，花色似之，故名。　梔子：　《本草圖經》云：　白花，花皆六出，甚芬香，俗說即西域薝蔔也。山梔子，一名越桃，實圓小，堪入藥。其大而長者止可作染色，其葉經冬不凋，故杜詩云：　紅取風霜實，青看雨露柯。　棠：　叢生，莖心如通草，高數尺許，花黃色，多葉，籬落間多種之，非《詩》所謂維常之華也歟。　凌霄：　附木蔓生，其花上露有毒，淩晨仰視或滴入眼中，令人喪明。　木香：　黃白二種，花叢生，白而紫心者更香也。　酴醾：　白酒名酴醾，世以此花顏色似之，故

取以名。採之可為枕囊。故黃魯直詩云：名字因壺酒，風流付枕幃。　金沙：花萼有大小二種。大者開遲而色鮮明，小者開早而色殷重。　月季：類金沙而叢低，每月花一開，一名長春，又名月紅。　薔薇：有紅、紫、黃數色，枝條間有刺。又有野薔薇，香亦清遠。　錦帶：條長花密，爛若錦帶，故名。王元之謂其得于海州山谷間，易名曰海仙，作詩云：錦帶為名卑且俗，為君呼作海仙花。　瑞香：叢低花繁，香甚烈，故詩人擬之錦薰籠。蘇文忠公有《刁景純賞瑞香〔花〕憶先朝侍宴》詩，見《京口集》。　結香：枝柔可結，未葉先花，色黃白，微香，即丁香也。李商隱詩云：芭蕉不展丁香結，同向東風各自愁。　素馨：《龜山志》云：舊名那悉茗。昔劉王有侍女，名素馨，其冢上生此花，因以得名。閩中人以之薰香，然此土之所產色黃無香，而閩中所產者則花蘂稍大，色白而香，但枝葉甚相類，當別是一種也。

　迎春：類素馨。晏同叔詩云：淺豔侔鶯羽，纖條結菟絲。　罌粟：又名御米花，紅白二色。有千葉、單葉二種，一名象穀，一名米囊，《本草》謂之罌子粟，蓋以其狀如瓶罌中有粟。可食，亦可作腐。張祜《丹陽閒居雜題》詩云：碧抽書帶草，紅結米囊花。　麗春：花類罌粟，四出，葉端如錦稜，跗上有軟刺。色媚而香，土人呼為百般嬌。　山礬：《雜志》：一名鄭花，一名七里香。黃魯直《山礬花》序云：江南野中有一種小白花，木高數尺，春開極香，野人謂之鄭花。王荊公嘗欲作詩，而陋其名，予請名曰山礬，謂其可以染也。按：周益公《玉蘂花辯證》跋語引《南史・劉杳傳》云：杳在任昉坐，有人餉昉榓酒而作榐字，昉問杳此字是否。答曰：葛洪《字苑》作木旁吝，榓音陣，予嘗得醞法，芳烈異常。山谷似不以杳傳爲據，而徇俗訛榓作鄭。而江南鄉音又呼鄭為瑒，復疑未安，于是創山礬之名。瑒，音杖梗切。

　玉繡球：一蒂而眾花攢聚，圓白如流蘇，故名。《佩韋集》有《賦湯提刑南園玉繡毬花》詩二首。　粉團兒：叢高數尺，花如月季，朱粉適均，色極嫵媚。　佛見笑：大類粉團，謂使佛見之亦欣然而笑，甚言其可愛也。　真珠：花細白，叢開，狀若珠璣，一名玉屑。　木芙蓉：《草木記》：產于陸者曰木芙蓉，產于水曰草芙蓉。按：《楚辭》：搴芙蓉兮木末。特假物為喻，言芙蓉在水，而求之木末，不可得也。二花顏色相類，後人借此語以名之爾。蘇子瞻以其九月霜降時開者，易名曰拒霜，然亦有夏秋二種之分也。蘭：高資山谷中多有之。紫莖赤節，綠葉光潤。《左氏傳》所謂〔蘭〕有國香而人服媚之者，《記》佩帨茝蘭，蓋古人以此為佩也。　蕙：蘭之屬。《本草》云：薰草也。亦產山谷中。黃魯直云：一榦一花而香有餘者蘭。一榦五七花而香不足者蕙也。　菊：舊譜名品甚多，今人巧于種植，花亦屢變，其高有丈許而花大如杯者，昔所未見。《月令》：鞠有黃華。今紅、紫、白、黑不可枚舉，要皆以黃為正。《爾雅》：鞠，治蘠。注：今之秋華菊，又一種冬深始開，謂之臘菊。　葵：《爾雅》：菺，戎葵。注：華如木槿，今蜀葵也。疏：戎蜀皆其所自。《草木記》云：葵有數種。一取其花，名蜀葵。一取其葉，名蒲葵。一取其食，名葵菜。又花小而紫色名錦葵。惟黃葵秋芳，尤雅潔可愛。　蓀：李德裕《平泉記》：芳蓀生茅山東溪。陶隱居稱蓀紫色，生淺水中。相傳女仙人錢妙真所種。又德裕《寄茅山孫鍊師》詩云：石上溪蓀發紫茸。又有《詠茅山芳蓀》詩云：楚客重蘭蓀，遺芳今未歇。葉依清淺水，花照暄妍節。紫豔映渠鮮，輕香含露發。離居若有贈，暫與幽人折。　水仙：本自南方來，冬深始芳。倘非培植之勤，則不著花，蓋此近淮，氣候稍寒故也。有千葉者，有單葉者。楊誠齋云：世以水仙為金醆銀臺，蓋單葉者耳。至千葉水仙，則其花下輕黃，而上淡白如染，與酒杯之狀殊不相似，安得以俗名辱之？要之，單葉者當命以舊，千葉者乃真水仙云。　玉簪：以形似得名，其氣清馥，一名白鶴。又一種名紫鶴，花葉甚類而小，色淺而紫，初夜先開。　雞冠：亦以形似得名，有紅白二種。佛書謂之波羅奢花。　萱草：花有千葉、單葉，色有紅、黃二種。《詩》作諼草。嵇康《養生論》：萱草忘憂。《本草》：根名鹿葱，花名宜男。　金燈：紅黃二種。花攢莖頂如燈吐燄，《本草》謂之山慈菇。　金錢：花色深黃，圓如赤仄，生堦砌間，晝開夜落。《酉陽雜俎》曰：毗戶沙，一名日中金錢花。本出外國，梁大同二年進來中土。　金鳳：一名鳳仙，俗呼鳳兒花。有紅、白、紫數種。又有川鳳兒，與此稍異。　石竹：一名錦竹，叢生，不及尺許，爛如錦纈。李白詩：石竹繡羅衣。　水紅：《詩》：隰有游龍。毛云：蘢，紅草也。陸璣云：一名馬蓼，葉大而白色，生水澤中，高丈許。《爾雅》：紅蘢。古注：俗呼紅草為蘢鼓，語轉耳。　翦金：色甚黃，葉分數歧，渾類翦刻。　滴滴金：一名滴露，花謝著地即生。　牽牛：籬落間蔓生，如鼓子花而稍大，作碧色。《本草補註》曰：始出田野，人牽牛易藥，故以名之。　玉蝴蝶：叢生，闊葉，花類蝴蝶狀，故名。　碧蟬：其花與玉

蝴蝶相類，而青碧可愛。　密友：　紅黃，千葉。歐陽公《牡丹記》作櫁字。

百合：　紅白色，根如蒜疊生數十瓣，可蒸食，甚甘。又一種名川百合，杏黃色，上有洒墨點，花鬚翹起，鬚端紫粒，搖搖若懸綴。　黃雀兒：　土人用編籬落。　郁李：　樹小而花繁。《詩》：　常棣之華。陸璣云：　奧李也。一名雀梅，亦名車下李。所在山皆有，其華或白或赤，六月中熟，大如李子，可食。今此花淡紅色而不實，恐非常棣。　山木瓜：　劉言史有《王侍御莊看山木瓜花》詩云：　裛露凝氛紫豔新，千般婉娜不勝春。年年此樹花開日，出盡丹陽郭里人。見《潤州類集》。

寶相：　枝繁花密，色類郁李。　紫笑：　舊丹徒縣圃有此花，春時開，最可愛。亭名紫香，取此〔名〕。見《咸淳志》。　金梅：　黃花，五出，初夜時開。

笑靨：　枝葉柔細，花繁而小，盛開之際如雪封條。　天燭：　花如粟粒，結子甚紅，深冬可翫。

果　梅：　有白有紅，皆五出，其實有圓消梅、蔥管消梅、金定梅、苦梅。未熟曰青梅，熟曰黃梅。惟千葉者花而不實。　杏：　花類紅梅而豐豔，未開時尤可翫，實有大小兩種。　桃：　花極穠豔。又有緋白二種，而白者極少。其實之小而先熟者曰御愛桃，曰紅穰離核桃。品之佳者曰金桃、餅子桃、細葉紅桃、水（密）〔蜜〕桃、油桃。黑黃曰昆侖桃，曰毛桃者，品之下也。《唐會要》：　貞觀九年十一月，康國獻金桃，詔令植于苑。又云：　康國獻黃桃，大如鵝卵，其色如金。然則唐世始傳金桃也。《通典》作康居，云貞觀二十一年。茅山燕洞有碧桃。見《詩話》。　李：　花最繁，丹徒縣東南大港多種之，其實之品目亦夥，顆大而色朱或紫者有相公、金沙、紫灰、水菘等稱。抗條其最下者。白李，出茅山，展仙人遺種，見《茅山志》。又有名早傳根者，俗呼為麥熟李，實小而脆。《本草》云：　京口有麥熟李。《爾雅》：　痤，接慮李。郭云：　今之麥李。邢疏云：　與麥同熟，故因名。　櫻桃：　花繁，色頗淡薄，實最先熟。紅者曰朱櫻，正黃明者曰臈櫻。《爾雅》：　楔荊桃。注：　今櫻桃。《廣雅》云：　櫻桃，含桃也。《月令》：　羞以含桃。《呂氏春秋》曰：　以鶯嘗含其子，故名櫻桃。　枇杷：　冬華夏實，味甘，多核。《上林賦》云：　盧橘夏熟。是也。　來禽：　花如海棠，微覺淺淡，俗呼林檎。劉楨《京口記》：　南國多林檎。　石榴：　有紅白二種。亦有千葉者。一名丹若，其實有甜酢。《酉陽雜俎》：　甜者為天漿。《博物志》：　陸機《與弟雲書》曰：　張騫為漢使外國十八年，得塗林安石榴種。蓋自西域來中國也。

蒲萄：　本出大夏。《漢・西域傳》曰漢使采蒲萄、苜蓿種歸是也。《雜志》云：　一名馬乳，有青紫二種，形亦有圓銳之異。青者名水晶蒲萄，其味尤勝。《本草》云：　汁可釀酒。今本路所貢舍利別，即其所造也。詳見土貢門。　木瓜：　實小而酢，人家園館中或種之，比宣城則為劣矣。《爾雅》：　楙，木瓜。疏：　木瓜一名楙，實如小瓜，酢可食。《詩・衛風》投我以木瓜是也。　銀杏：　葉類鴨脚，樹身極高大。俗傳三十年方結子，然又有雄雌，雌者實，而雄者不實。皮肉不可食，可食者核耳。　胡桃：　一名羌桃，本出西域，亦張騫所致，然亦其核可食。土產者殼堅而仁少，比北來者不侔矣。　梨：　花極清麗，實曰快果。有磬口梨、水（密）〔蜜〕梨、消梨、青梨、芝蔴梨、麋梨。　柿：　大者曰方柿，就樹熟者曰樹頭紅，有以火熇而熟者曰烘柿，以石灰湯燖而熟者曰爁柿，小而圓者曰火珠，橢者曰牛奶。一種生山野中，僅如拇指大，不可食，釀其滲可為漆。　棗：　有數種。實大味美而色瑩白者名牙棗。銳其兩端者名梭棗。小而圓者名羊矢棗，叢生山逕間。實小而酢者名酸棗。《爾雅》：　櫅白棗、樲酸棗、遵羊棗。　栗：　有社栗、獨顆栗、茅栗。《詩》：　樹之榛栗。陸璣云：　栗，五方皆有之。吳越被城表裏皆栗，栗房當心一子謂之栗楔。　橙：　脆橙、錦橙可食。一種徑三寸許，理麤而皮厚者名木橙，不可食。或絡而流蘇，或置之几席，賞其香韻而已，又名香欒。《淮南子》云：　食之則美，嗅之則香。　西瓜：　本自西羌來，故名西瓜。其形有圓有橢。子有紅、黑、黃三種。剖之子稀而肌理若卷雲者名雲頭瓜，味尤甘。　甜瓜：　種有大小。小而黃者曰金瓜，白者曰銀瓜，碧者曰香瓜。又名一握青。其大而青質斑紋者曰華瓜。豈陸璣所謂黃𤬪白（縛）〔𤬪〕，小青大斑之類乎？　榠樝：　《本草圖經》云：　木葉花實，酷類木瓜。大而黃，欲辨之，看蒂間別有重蒂如乳者為木瓜，無此者為榠樝也。又榲桲，注云：　似樝子而小。《圖經》曰：　榲桲大抵類樝，但膚慢多毛，味尤甘。今此土所產者不過如桃杏大，與木瓜殊不相亂。乍食酢澁味之轉甘，豈所謂榲桲者與？《禮記・內則》鄭注：　樝，梨之不藏者。陶隱居云：　《爾雅》樝梨曰鑽之，鄭公不識樝故云。然古亦以樝為果，今則不入例爾。邢昺疏：　鑽之謂一一鑽看其蟲孔。　棠毬：　生山野間，有紅、黃二色。土人謂山裏果子。一名毛樝子，一名小石榴。　無花果：　不花而實，其甘如飴。　蓮：　花有

紅，有白。紅者實佳，白者藕勝。又有重臺者，又或有雙頭者，人以為瑞。舊傳丹陽練湖蓮花開，邑人必有位執政者。【略】 藕：見上注。土產以金壇為勝，夏間花開時所取白花下藕，味尤甘脆而美，勝于常時也。

菱：即芰也。《離騷》注：菱生水中，葉浮水上，花黃白色，實紫色，兩頭銳。《爾雅》：蔆，蕨攈。注：蔆，今水中芰，一名蕨攈。《字林》云：楚人名蔆曰芰，可食。《國語》曰：屈到嗜芰。俗云：蔆四角曰芰，又謂之水栗。 芡：一名鴻頭，一名雁頭，一名雞頭，皆取其苞之形似耳。《仇池筆談》云：蔆寒芡暖者，蔆開花背日，芡開花向日也。 茨菇：一名燕尾草，以其葉有椏也。根如芋子，或名田酥，或名白地栗。 荸薺：一名鳧茈。《爾雅》：芍，鳧茈。注云：生下田，苗似龍鬚而細，根如指頭大，黑色可食。芍，音戶了切。《本草》謂之烏芋，又名地栗，可作粉。

蔬 菘：秋末晚菘，菜之美者也。白根青葉，高二尺許，配鹽蓄之可以禦冬。又有冬種而春茂者，名沓心，其蕻亦高一二尺，肥美可茹，差小者名白菜。又有夏菘菜，尤小，土人避都統夏菘諱，呼曰蔓菁。然蔓菁與菘本皆一類也。按：《周禮》：菁菹。注：蔓菁也。《詩》采葑。箋云：蔓菁之類，上下可食。陸璣云：葑，蕪菁也。郭璞云：葑，菘菜也。江南有菘，江北有蔓菁，相似而異。《爾雅翼》云蔓菁春食苗，夏食心，秋冬食根，此正謂江北之所產。張文潛詩云蕪菁至南多變菘是也。《呂氏春秋》：菜之美者，具區之菁。此地與具區相邇，則菜之美有自來矣。 芥：有青、紫二種。紫者尤辛。《內則》芥醬。注：芥，辛菜。《方言》：蕪菁，趙魏之郊謂之大芥，其小者謂之辛芥，或謂幽芥。 菠薐：菠薐本是頗陵語訛爾，種自頗陵國來，見劉禹錫《嘉話》。又《唐·西域傳》：貞觀十一年，尼婆羅遣使入獻菠薐菜，土人但呼為波菜。 蒿：有茼蒿、蔞蒿二種。茼蒿家園多種之，蔞蒿生江皋水澤中。《本草》菜部有邪蒿、茼蒿，而草部又有白蒿、青蒿，皆可食，要之，非一類也。 薺：乃野生。《詩》：其甘如薺。《急就章注》：薺，甘菜也。《本草》陶注：薺類多，此是可食者。葉作菹，根亦佳。 韭：韭之言久也，一種則久生，見《急就章注》。《夏小正》曰正月囿有韭，《詩》四之日祭韭是。蓋正二月間乍出，肥嫩，其味尤美。《曲禮》：韭曰豐本。《廣雅》云韭其華謂之菁，其性溫暖，故《本草》謂草鍾乳也。 胡荽：葷菜，土人以之薦茶。《廣雅》云：張騫使西域，得大蒜，名胡荽，以自胡中來，故名。今俗呼為元荽。 蕨：生山石間，芽如握拳，色紫，葉稍舒則不可食。《爾雅》：蕨，鱉。注：初生無葉，可食。《搜神記》曰：郗鑒鎮丹徒，二月出獵，有甲士折一枝食之，覺心中淡淡成病，後吐一小蛇，懸之屋前，漸乾成蕨，明此物不可生食也。 薤：葷菜，有赤白二種，似韭而葉闊，多白少實。《爾雅》：一名鴻薈。《本草》謂之菜芝。《少儀》為君子擇葱薤，則絕其本末。 葱：有數種。有實而秧種者，謂之青葱。無實而分種者，謂之科葱。抽莖高二尺許，歧生而作花者，謂之樓子葱。《爾雅》：青謂之葱。本白而末青。《急就章注》：葱，青白雜色之名也。科乃去聲，《廣韻》：滋生也。

萵苣：有早晚二種。中抽薹如筍，故土人謂之萵筍。《遯齋閑覽》云：本出萵國。 苦蕒：味苦，可生食。《廣韻》：江東呼為苦蕒，吳人呼為苦藘，音苣。 莙薘：味甘而滑，又名甜菜。《本草》：莖灰淋汁洗衣，白如玉色。 蘿蔔：出金壇丹陽者肥大而脆美。《爾雅》：葖，蘆葩。注云：葩宜為菔。疏：紫花菘也。俗呼溫菘，似蕪菁，大根。一名葖，俗呼雹葖，一名蘆菔，今謂之蘿蔔是也。《本草》謂之萊菔。蘆，音蘿；菔，蒲北切；葖，音突。土人至今呼為葖子。又有一種名胡蘿蔔，葉細如蒿，根長而小，微有葷氣，故名。 莧：有家莧，有野莧。野莧即《本草》所謂人莧。家莧則有赤白二種，又名馬齒莧，亦野生，近人多採之以充蔬茹。 生菜：有二種。葉多者謂之盤生，極脆嫩，不勝烹瀹，止可生茹，故以生名之。土人用薦春盤。杜詩：春日春盤細生菜。 薄荷：或書作茇（獮）〔蕳〕。有兩種，謂之龍腦薄荷者為佳，土人以和蔗糖食之。 香菜：酷似薄荷，土人採其葉以配黃瓜，食之香美。 胡蒜：葷菜也。《本草》：胡大蒜、小蒜。城西有蒜山，《寰宇記》山生澤蒜，因以為名。《爾雅》：蒚，山蒜。《廣韻》：張騫使西域，得大蒜、胡荽，以自胡中來，故名胡蒜。《說文》：䔉，小蒜也。音煩，字書䔉，百合蒜也。 冬瓜：大如斗，長二三尺許，皮厚而有毛，初生正青綠，經霜則白如塗粉，可藏蓄經年。《本草》：白瓜子即冬瓜仁。《廣雅》：一名地芝。 菜瓜：又名梢瓜，可生食。 黃瓜：有白黃二種。《本草》：胡瓜黃色，北人亦呼為黃瓜，因石勒諱。 瓠：有圓長二種。而此土所產皆圓，味甘。《詩》：瓠犀。《爾雅》：棲瓣。注：瓠中瓣也。張蒼肥白如瓠。又一種名瓢，又名葫蘆，不可食。 茄：有紫白二種。《本草》名落蘇，《酉陽雜俎》名昆侖瓜。 芋：有紫白二種，紫芋出茅山。《本

草圖經》云：可當糧食，以度饑年。左思《三都賦》所謂餌躑鴟之沃，則以為濟世陽九是也。　蕈：生山野間，亦有數種，惟茅山玉蕈為勝。　山花菜：生巖石間，及嫩時採長三四寸，紅瑩可愛，味辛而爽，或云即防風苗。　葵：苗葉可作菜。《本草》：葵葉為百菜主。《急就章注》：葵，衛足之菜。《詩》七月烹葵，此之謂也。　蓼：辛菜，見《說文》。然土人但以之作麴，不以供蔬茹。　茭白：一名菰首，人家池塘間有之，中作墨點，比他處為劣。　山藥：即薯蕷。秦楚名玉延，鄭越名土藷。紫莖蔓生，葉如牽牛，白花，結實如懸鈴。茅山有一種形如手掌，名佛掌薯。　黃獨：出茅山，莖蔓、花、實絕類山藥，葉大而稍圓，根如芋而白鬚，味微苦而爽。杜少陵詩：黃獨無苗山雪盛。　甘露子：莖葉如薄荷而纖弱，根狀如蠶。土人相傳種時不欲多人知，相取時不欲聞人聲，聞人聲則所獲者少也。　蘇：葉下紫色而香，俗呼紫蘇。《南都賦》：蘇蔱紫薑，拂徹羶腥。《內則》注：（香）〔薌〕蘇，荏之屬。《方言》：周鄭謂之公蕡，沅湘謂之䓿，音轄，其小者謂之釀菜。《說文通釋》：荏，白蘇也。桂荏，紫蘇也。　馬藍：紫，微似菠薐，見《廣雅》，郊野多有之，而土人不食。　甘菊：葉香可茹，土人採以薦茶。

藥　芝：出茅山。《太元〔真人〕內傳》：句曲山有神芝五種：一曰龍仙芝，二曰參成芝，三曰燕胎芝，四曰夜光洞草，五曰白萪玉芝。又有熒火芝，《真誥》良常山有熒火芝，得食之心孔明，可夜書。又有九莖紫菌琅葛芝，見《茅山志》。　石馬乳：出茅山。《本草》云：有茅山乳者，其山土石相雜，徧生茅草，以津相滋，乳色稍黑而滑潤，謂之茅山乳，乳性微寒。　石腦：出茅山。《本草》一名石胎餅。隱居云：亦鍾乳類，形如曾青，〔而〕白色〔黑斑，軟脆〕易破，今茅山有之。茅山（志）〔定〕錄君嘏言出方山北穴下，繁陽子姜伯真昔嘗取服。　禹餘糧：出茅山。《本草》：茅山甚有好者，狀如牛黃，重重甲錯，其佳處乃紫色，泯泯如麯，嚙之無糝，然用之宜細研，以水淘取汁澄之，勿令有沙土也。隱居云：茅山鑿地得之，極精好，乃有紫花靡靡。仙經服食用之。又見《茅山志》。　南燭：出三茅四平山中。《茅山志》：《清虛真人內傳》曰：其樹似木而葉似草，故號南燭。《本草》一名猴菽草，一名男續，一名維那，木之王也。許真人曰：方山大有猴菽草異佳，葉乃大，吳越間亦呼染菽。《登真隱訣》云：三茅四平山乃不多，而樹大，其子如茱萸，八九月熟，酸美可食，葉不相對，似茗而圓厚，味小酢，冬夏常青，枝莖微紫，大樹亦高四五丈，而甚脆，易摧折。沈存中《良方》所謂即南天燭，非也。又見于《本草》。　朮：出茅山，有赤白二種。《本草》隱居曰：出茅山者為勝。《圖經》曰：取生朮去土，水浸再三，煎如飴糖，酒調飲之更善。今茅山所製朮煎是此法也。隱居又云：白朮少膏，可作丸散。赤朮多膏，可作煎用。然則赤朮乃蒼朮耳。　芍藥：有赤白二種。《本草》陶云：茅山者最好，白而長大。　黃精：出茅山，九蒸九暴，服之駐顏。陶隱居云：為仙經所貴，根葉花實皆可餌服。　菖蒲：出茅山潭中，一寸十二節。《本草別錄》云：二浙人家以瓦石器種之，旦暮易水則茂，水濁及有泥滓則萎，近方多稱用石菖蒲，必此類也。茅山燕洞有紫菖蒲。見《詩話》。　何首烏：本名交藤，因何首烏服而得名。首烏之祖名田兒，生而闇弱，服此藥百日，舊疾皆愈，十年而生數男，後改名能嗣。又與其子庭服，皆壽百六十歲，首烏服之亦年百三十歲。唐元和僧文像遇茅山老人傳其事，李翺因著方錄云。見《本草圖經》。　附子：出茅山名茅附，比蜀產者實小而氣劣，性大熱，去濕。　烏頭：同上。　芎窮：出茅山者謂之茅芎。　貝母：《本草圖經》云：鄭、蔡、潤、滁州皆有之，二月生苗，莖葉俱青，葉如蕎麥葉，七月開碧綠色花，形如鼓子花，八月採根，根有瓣，子黃白色如聚貝子，故名。　白鮮：《本草圖經》云：滁州、潤州有之，莖葉如槐，四月開花淡紫色，采根用。　白薇：《本草圖經》云：滁、潤亦有之，莖葉俱青，類柳葉，六七月開紅花，採其根用。　積雪草：《本草圖經》云：莖細而勁，蔓延溪澗側，葉圓如錢，一名地錢草，一名連錢草，丹陽郡極多。　薺苨：《本草圖經》云：根苗都似人參，而葉小異，根似桔梗而但無心，潤州尤多，人家收以為果菜，或作脯啖，味甚甘美。　翦草：《本草》：出潤州。　連翹：《本草圖經》云：生澤、潤、淄、兗等州，有大翹、小翹二種。　羊躑躅：《本草》：出潤州。　劉寄奴：莖似艾蒿，葉似柳，實似黍而細，一莖上有數穗互生。宋高祖劉裕微時伐荻，見大蛇，射之傷，明日復至，聞杵臼聲，覘見童子于榛中搗藥，問故，答曰：我王為劉寄奴所射，合藥傅之。帝叱之皆散，收藥而反，遇金瘡，傅之良驗。寄奴，高祖小字，微時正居京口也。　王不留行：《本草圖經》云：今處處有之，江浙尤多。　蜈蚣：土人呼為百脚，赤頭足者良。陶曰：赤足者多出京口，于腐爛積草處得之。　水蛭：俗呼為馬

蝗，歲貢二斤，多取之河渠中。互見土貢門。　茯苓、枸杞、澤瀉、黃連、決明、桔梗、細辛、前胡、防風、元胡索、天南星。《茅山志》云：皆出山中。　半夏、射干、茹蘆、茅根、大薊、小薊、木賊、澤蘭、瞿麥、百部、元參、丹參、苦參、沙參、白及、芫花、鬼箭、貫眾、商陸、地榆、栝樓、茈胡、荊芥、蒼耳、豨薟、枳實、茵蔯、虎杖、酸漿、香薷、牛膝、木通、漏蘆、藜蘆、艾、馬兜鈴、馬鞭草、天門冬、麥門冬、威靈仙、車前子、菟絲子、生地黃、旋覆花、地膚子、桑寄生、香附子、蛇床子、地骨皮、青葙子、青木香、地錦草、蓖麻子、羊蹄根、天花粉、金銀藤、鷺鷥藤、穀精草、地萹竹、山豆根、桑白皮、牛蒡子、吳茱萸、山茱萸、龍膽草、馬蹄香、木饅頭、烏虵、蝱、螻蛄、蟬蛻、芫青、斑猫、無名異。以上諸品，《本草圖經》雖不載本郡所出，然今皆有之，姑敘于此。

草　大麻：俗名火麻，皮可績布。《禮記》苴麻之有蕡是也。《爾雅》：一名枲。　苧：麻屬。《詩》東門之池，可以漚紵是也。績其皮可為細布。《說文》：檾屬。《晉・樂志》白紵、舞紵，本吳地所出。　檾：《廣韻》：枲草。土人以為索。　芭蕉：葉甚大，館亭中多植之，卷心中抽榦作花，初生大萼，如倒垂菡萏，有十數層，層皆作瓣，漸大則花出瓣中，紅黃色，即《本草》所謂紅蕉。　紫藤：附木而生，其花可茹。　薜荔：蔓生木石垣墻間。又一種土人呼為木龍，人家亭圃假山中種以為飾，即《本草》所謂絡石也，冬夏常青。又有結實者，名木蓮，一名常青藤，一名龍鱗薜荔。　藍：葉如蓼，作畦種之。菘藍可為澱，蓼藍可染碧。又有紅藍，土人謂之紅花，可染紅。《博物志》：張騫所致也。　莎：葉細而叢生，冬夏常青，土人謂之堦緣草，又謂之繡墩草。　苔：生古垣墻陰。《本草》：在屋曰昔邪，在藥曰陟釐，散巖竇名石髮，鋪空田名垣衣。　鳳尾：生巖石及墻垣間，以形似得名。　虎耳：生庭砌間，紫莖，葉間有毛，狀若虎耳，開花後引鬚長尺許，鬚端著地即生根葉，又謂之虎鬚草。　萬年青：葉長尺許，闊一二寸，冬夏常青。　絲瓜：蔓生，實中有絲如織，又名天羅瓜。　萍：浮根水上，相傳柳花所化。《爾雅》：苹，萍。其大者蘋，江東人謂之薸。　藻：水草也。陸璣云：生水底，有二種：其一種葉如雞蘇，莖大如箸，長四五尺；其一種莖大如釵股，葉如蓬蒿，謂之聚藻。　茭：生岡山江邊，莖如大箸，長三四尺，柔韌可繫物也。　蘆：生江浦中，大而虛中者謂之蘆，細而實中者謂之荻。《秦詩》所謂蒹葭，《衛詩》所謂葭菼，皆是也。其筍初生時亦可食。《爾雅》：其萌蘿。註：今江東呼蘆筍為蘿，音綣。

竹　慈：叢生，冬稚筍在外，夏則處中，莖圓節疏，明皇謂之義竹，又名公孫竹，又名子母竹，又名攢竹。　紫：枝幹皆紫色。張文潛稱為紫君。　斑：青質紫章。陳輔之有《詠慈雲院斑竹》詩。注：慈雲因此謂之斑竹院。見《京口集》。　筀：有四月筀、五月筀，以抽筍之先後得名。　水：叢生水際，宜為篾。　侯：節大而促。　筋：為篾柔韌難斷，故名。　苦：以筍味苦，故名。節間長二尺許，可為槍。　淡：肉薄，節間有粉，燒以取瀝，葉可入藥。　燕：以燕來時抽萌，故名。　金碧：幹碧而節溝中黃者謂之碧玉間黃金，幹黃而節溝中碧者謂之黃金間碧玉。　象牙：筍味至美而質白，故名。然竹不堪用。　篠：散生山野間。土人以之充薪用，或編籬障用。　筍：竹萌之總名。《說文》：竹胎也。

木　松：山中皆有之。土人柴薪仰給于此，拱把中輒伐之。有羅漢松，其葉如薤。夏侯元宋紹聖丁丑通判潤州有《栽松記》，在長山白龍王廟。　柏：其葉有圓者，有側生者，惟側柏葉可入藥用。陳輔之有《丹陽朝陽寺雙柏》詩，見《京口集》，朝陽今名普甯茅山。崇壽觀太元殿前有經臺柏，宋末有道人自咸陽老君說經臺移本植此，檀欒翠碧，非凡木也。見《茅山志》。　檜：柏葉松身，晉許長史手植左紐檜在茅山玉晨觀。見《茅山志》。郗尊師手植雙檜，左一株四幹，敷花而不實，右一株二幹，不花而實，在金壇清真觀殿前。唐李衛公手植雙檜，在北固山，火後不存。又《京口集》載梅聖俞刁經臣家綿檜詩云：翠色淩寒豈易衰，柔條堪結更葳蕤。松生柏葉能相似，勁拔緣何不自持。　楸：俗以立秋日採其葉戴之，又以之作浴。　梓：楸類也。《爾雅》：椅，梓。《草木疏》曰：楸疏理白生子者為梓。梓實桐皮曰椅。《說文》：椅，梓也。梓，楸也。檟，楸也。然則一木而四名耳。　槐：似櫰而葉小。《爾雅》：櫰槐大葉而黑，守宮槐葉晝聶宵炕。注：聶合炕張也。《莊子》槐之生，季春五日而兔目，十日而鼠耳，更旬而始規，二旬而葉成。又有身擁腫枝下垂如蓋者，名矮槐。　桐：有數種，實可食。《爾雅》：榮，桐木。注：即梧桐。《周書時訓》：清明之日，桐始華，桐不華，歲有大寒。《夏小正》三月，拂桐芭。《管子》：五粟、五沃之土宜桐。　杉：《爾雅》：柀，一名煔。注：煔似松，生江南。《本草》：木類而勁直，葉附枝生，若針刺然。　黃楊：歲長二寸，遇閏則縮。東坡所謂厄閏年

者是也。　楓：樹高大，葉三角。《爾雅》：楓，欇欇。注：似白楊，葉圓而歧，有脂而香。《說文》：厚葉弱枝，善搖。一名欇欇。　檀：《急就章注》：堅韌木也。《詩》：伐檀。可以為車。　椿：有香臭二種。《禹貢》：杶幹，字或作櫄。《左傳》：雍門之楢。《集韻》楢通作椿，《說文》無椿字。　樗：形類椿。《詩》：蔽芾其樗。注：惡木也。《本草》：樗有花者無莢，有莢者無花。《急就章注》：樗似椿而木虛惡，唯堪薪燎，或曰葉脫處有痕如樗蒲子，故名之。　榆：曰枌也。《爾雅》注：枌榆先生葉，却著莢，皮色白。《詩》：東門之枌。注：白榆也。採實取仁可以為醬。　樟：葉細樹大而氣辛，即豫(章)〔樟〕也。《說文》無樟字。　柳：《晉・地理志》：山多赤柳，故名丹楊。又一種枝弱下垂者名垂柳。　水楊：葉圓而枝短，生水濱。　桑：葉可飼蠶，有數種。有花者葉小而薄。　柘：類桑，葉小而厚，亦可以飼蠶。　楮：實可入藥，亦名穀樹。　朴：類楮皮，鱗皴而厚。　楝：實可入藥。　櫟：似樗而堅，土人以充薪，實曰橡。《爾雅》：櫟其實梂。注：有梂彙自裹。疏：其子房生為梂也。　枳：叢生多棘，實不堪食，俗呼狗橘。《考工記》：橘逾淮而北為枳。潤雖江南，然不宜。唐張祐《丹陽新居》詩：架倚薔薇立，籬因枳殼編。　娑羅：七葉並生，故一名七葉樹。府治內舊有娑羅亭。　冬青：冬夏常青，名萬年枝。　石楠：經霜葉紅如染。　黃荊：葉可染色，條可為筐。　椶櫚：木高一二丈，傍無枝條，葉歧生，有皮相重，被于四旁，每皮一匝為一節，又名栟櫚，花黃白色，未出時剖皮得之，狀如魚子，東坡所謂木魚也。　皂莢：類槐而有刺，樹極有高大者。　槲：與櫟相類，亦有實，名橡斗。一種小而叢生，土人呼為孛落，以之充薪。

畜　牛：水黃二種。　羊：山羊毛色多白，間亦有黑色、褐色者。　猪：純黑無白者。《方言》：燕、朝鮮之間謂之豭；關東西謂之彘，或謂豕；南楚謂豨。其子謂之豯，吳揚之間謂之猪子。　狗：有數種。短足者名海狗，長毛名猱獅狗，眼鼻赤者名獾狗，短毛者名鹿尾狗。　猫：毛色不一，《本草》謂之家狸。【略】　雞：有大小數種。　鵝：金壇縣子鵝肥美特異他處，初生無百日即可食。羅隱《京口送楊子蒙東歸》詩云：東吳逸客棲船後，拋擲子鵝離京口。刁景純《懷南徐所居寄二弟》詩云：京口子鵝宜薦俎，壩頭醇釀好飛觴。見《京口集》。　鴨：土人罕畜之。《爾雅疏》：鳧，鶩。李巡曰：野曰鳧，家曰鶩。

禽　鷹：一歲為黃鷹，二歲為鴘鷹，謂其蒼黃也，三歲為蒼鷹。　鷂：鷹類。《西京雜記》：世傳鶻生三子，則一為鷂。師曠《禽經》：骨曰鶻，瞭曰鷂。張華注：瞭，能遠視也。　鸇：鷂類。《爾雅》：晨風鸇。陸璣云：燕頷勾喙，嚮風搖翅，擊鴈鴿燕雀食之。　鶻：雄小而雌大，土人謂之呀鶻。金山之東有石山，鶻常棲息其上，因名鶻山。　鵝：似鶻而小，能擊燕雀。　烏：純黑而反哺者名慈烏，腹頸白者名燕烏。《爾雅》：燕，白脰烏。《小爾雅》云白項而群飛者謂之燕烏，喙大而聲厲者曰老鴉。又一種名寒鴉。師曠《禽經》：慈烏反哺，白脰烏不祥，巨喙烏善警。　鵲：俗呼喜鵲，謂喜事將至能先知，鳴以報人也。《淮南子》：鵲知風之所起。太陰所建，鵲巢嚮而為戶。金壇張恪居母喪，致白鵲來巢。見人材門孝友類。　鳶：俗呼為餓老鴟，以其善攫也。《爾雅》：鳶，其飛也翔。注謂：其布翅翱翔。《曲禮》注：鳶鳴則將風。《禽經》：鳶不擊有貪。注：不善搏擊，貪于攫肉也。　燕：一名元鳥。《月令》：仲春之月，元鳥至，以其色元，故謂之元鳥。又名鳦。《詩》：天命元鳥，降而生商。而緯候皆言簡狄吞鳦卵而生契，是元鳥又名鳦也。又有白者。《宋志》：元嘉十八年六月，白燕産丹徒。二十七年五月甲戌，白燕產京口。《陳・馬樞傳》：樞隱于茅山，有白燕一雙，巢其庭樹，馴狎櫩廡，時至几案，春來秋去，幾三十年。　雀：《說文》：依人小鳥也，字或作爵。　鸛：水鳥也，將陰雨則鳴。《詩》：鸛鳴于垤。《禽經》：伏卵則鸛入水。注：伏卵時數入水，冷則鰕，取礜石周卵以助暖氣，故方術者以鸛巢礜石為真也。　鷗：字亦作漚。《禽經》：鷗，信鳥也。注：鷗，水鳥。如鵁鶄而小，潮至則翔。　鷺：《爾雅》：鷺，春鉏。注：頭翅背上皆有長翰毛，今江東人取以為睫攡，名之曰白鷺縗也。　鸎：土人謂之黃鳥。《爾雅》：皇，黃鳥。陸璣《疏》：一名楚黃鳥，黃鸝留也。幽州人謂之黃鸎。一名鶬鶊，一名商庚，一名鵹黃，一名楚雀。齊人謂之摶黍，嘗以葚熟時來。　雉：俗呼野雞。《爾雅》：雉類不一。有曰江淮而南青質，五采皆備成章，曰鷂，則潤之所產乃鷂雉也。漢呂后名雉，故呼野雞。唐高宗名治，小字雉奴，故相承諱至今。　鳩：其羽斑，俗呼斑鳩。《方言》：蜀謂之拙鳥。《禽經》：鳩拙而安。注：不善營巢，取烏巢居之，雖拙而安處也。又一種惟頸間有斑毛者，土人呼為鵓鴣，即

布穀也，語訛耳。《爾雅》：鳲鳩鴶鵴。注：今之布穀也，江東人呼為穫穀。　鴿：土人呼家畜者為鵓鴿，毛采不一，各有其名。又一種野生者，名野鴿。梁張僧繇，吳人，潤州興國寺苦鳩鴿棲梁上穢污尊容，僧繇乃東壁上畫一鷹，西壁上畫一鷂，皆側首向檐外看，自是鳩鴿等不敢復來。見《太平廣記》。　鴝鵒：土人呼為唎哥。《說文》：似鶪而有幘。《淮南子》：寒臯鴝鵒也，斷舌可使言語。《禽經》：鴝鵒剔舌而語。今俗以五月五日者用蒲酒撚其舌，則能如百舌語。　郭公：身赤而頭尾黑，人以其聲為名。　百舌：一名反舌。《月令》：反舌無聲。《易通卦驗》：能反覆其舌，隨百鳥之音，又名桑遇。　鶻鵃：《爾雅》：鵰鳩，鶻鵃。注：似山鵲而小，短尾，青黑色，多聲。今江東亦呼為鶻鵃，音骨朝。《左氏傳》：鶻鳩氏，司事也。杜注云：鶻鳩也。春來秋去，故為司事。　鴉舅：狀如鵴，黑色長尾，鴉甚畏之，故名鴉舅。張祐《丹陽閒居雜興》詩：落日啼烏舅，空林露寄生。　餓烏：云自海上來，嗉中有砂石如黍粒，亦名金剛鑽。唐元稹《和浙西大夫述夢》詩云：金剛錐透玉。　竹雞：鳴則泥滑滑，蓄之久則鳴聲數愈多。　姑惡：其名自呼，終夜不息，俗傳婦被姑虐而死，化為此鳥。東坡有《姑惡》詩。　畫眉：褐羽，眉白如畫，能鳴而好鬭。　雪姑：毛羽黑白相錯，飛則鳴，行則搖，豈所謂脊令者耶？　練帶：土人謂之拖白練，似鵲而小，尾長如曳帶，亦名喜相逢。又有赤色者。　斲木：雌者色褐，雄者色斑，舌端有勾，能食木蠹。《爾雅》：鴷，斲木。注：口如錐，長如寸，嘗斲樹食蟲，因名。　山鷓：長尾而碧色，觜距皆紅。　蘆鶩：雀屬也。飛鳴蘆葦中，其聲扎扎然。《爾雅》所謂鳭鷯剖葦，恐是此鳥。其注云：好剖葦皮，食其中蟲，因名云。江東呼為蘆虎。　巧婦：形甚渺，其巢如織，唐張祐《丹陽閒居雜興》詩：懸巢巧婦子，拂水翦刀花。　黃頭：似雀而小，性剽疾而善鬭。　青菜：背綠腹黃，善鳴。　伯勞：一名鶪，又名博勞。《左氏傳》：伯趙氏司至。杜注云：伯趙，伯勞也。以夏至鳴，冬至止。　噪天：又名告天，似雀而稍大，愈鳴則飛愈高，力乏則自空投地，伏于草中。《爾雅》：鷚，天鸙。注：大如鷃雀，色似鶉，好高飛作聲，江東呼為天鷚，豈謂是與？鷚，亡侯切，音藥。　蠟觜：以喙黃得名，又名銅觜，擲物與之，能仰口承取。　偷倉：似雀而差小，籠蓄易馴，雌雄遞放而不相失。土人相傳橙樹未實者，此鳥來巢，則是年著花必實，驗之果信。　油蠟：似雀，黃身黑翎，童子多蓄之以為戲。　秀眼：如偷倉大，色青黃，棲竹間。　金翅：似雀而翅間有黃翎。　黃鶺：似鶉而小，羽足俱黃。　十二紅：翅尾各十二翎，翎端各有紅點。又有十二黃，亦然。　白頭翁：羽毛微綠而顛有白毛，故名。　婆餅焦：其聲似之。梅聖俞有《婆餅焦》詩。《事物紀原》：昔人有遠戍，其婦山頭望之，化為石，其姑為餅將以為餉，使其子偵之，恐其焦不可食也。往已無及矣，因化此物，但呼婆餅焦也。土人呼為山裏鬼叫。　提胡蘆：以聲得名。梅聖俞、朱元晦皆有詩。　脫却布袴：亦以其聲名之。子瞻、魯直皆有詩。土人呼為麥熟椀大，又呼為看蠶看火，以此鳥當蠶熟時則鳴故也。　烏頭白頰：以形得名。　山和尚：似鳩而差大，緇羽而圓頂，故名。其聲類猫。　山楝子：似鳩群飛，喜食楝實。　鴛鴦：毛色褐而頭白，雄雌相遂。　鸂鶒：毛備五采，尾如船柁，小于鳧，能食短狐。　鸕鷀：口中吐雛，能捕魚，土人謂之水老鴉。　淘河：即鵜鶘，又名洿澤。陸璣《疏》：形似鶚而極大，(原)〔喙〕長尺餘，直而廣，口中正赤，頷下胡大如數升囊，若小澤中有魚，便群共抒水，滿其胡而棄之，令水竭盡，魚在陸地，乃共食之。　鸌：水鳥，名以聲得。　鴞：惡鳴之鳥。陸璣云：賈誼所謂鵩是也。晝目不見物，夜則飛鳴。　鬼車：人莫識其狀，遇陰晦則飛鳴。云此鳥有十首，一為犬所斷，聞其鳴則嗾犬使吠以厭之。歐陽文忠公有《鬼車》詩。其略云：此鳥十頭有十口，口插一舌連一喉。一口出一聲，千聲百響更相酬。昔時周公居東周，惡聞此鳥憎若讎。夜呼庭氏帥其屬，彎弧射逐出九州。射之三發不能中，天遣天狗從空投。自從狗嚙一頭落，斷頸至今清血流。每逢陰黑天外過，乍見火光輒驚墜。有時餘血下點涴，所遭之家家必破。其言必有所自。　蝙蝠：藏屋瓦中，形類鼠而有翼，晝伏夜起，一名伏翼。

獸　虎：茅山有黑虎，出沒不常，蓋神物也。　豺：俗呼為豺狗。《急就章注》：深毛而狗足。劉子曰：豺形似犬而健于犬。《禮記》：豺，祭獸，知報本也。　鹿：解角獸也。《爾雅》：牡麚，牝麀，其子麛，其迹速，絕有力麉。《晉志》：太興三年四月，白鹿見南東海丹徒。　獐：有牙而能噬。道家以為無魂，用供養星辰，以其非辰屬。《宋志》：明帝泰始三年五月癸酉，白獐見東海丹徒。　麂：似獐而小。《說文》以為大麋，《爾雅》以為大麢。要之，非此所謂麂也。　野猪：狀類豢豕而褐毛。　兔：

《古今注》：兔口有缺，尻有九孔。《論衡》：兔舐毫而孕，及其生子，從口而出。《爾雅》：其子曰㝃，其跡迒，絕有力欣。 狸：狐之類，口鋭而尾大，狸口方而身文，黃黑彬彬，蓋次于豹，故稱聖人虎別，君子豹別，辯人狸別是也。 貛：有猪貛、狗貛。《淮南子》曰：貛貉為曲穴。 獺：狀如小狗，或青或褐，水居食魚，知報本之獸也。《記》曰：獺祭魚。《淮南子》：獺穴知水之高下。 鼠：穴居，晝伏夜動，亦有白色者。又有松鼠、栗鼠。又一種名鼠狼，善捕鼠，雀見之群聚而噪。 刺蝟：土人以其皮治紕絹。《埤雅》云：刺端分兩歧者曰蝟，如棘針者曰㹠。

魚 鱘：出揚子江中，大者長丈餘，鼻端有脆骨四分，身之兩頰有肉，名鹿頭，土人呼鱘黃魚。作鮓，舊以充貢。然鱘與黃固是兩種，鱘魚肉色白，黃魚肉色黃也。 鰣：三月出揚子江中，鱗爛白如銀，味極肥美，然多骨而速腐。刁景純《懷京口故居》詩云：鱭鰣美味供春網，柑橘清香寄夜航。《南海志》：一名三鯬魚。彭淵材所謂一恨鰣魚骨是也。 鮆：初春出揚子江中，形色如刀，俗呼為刀鮆。《爾雅》：鮤，鱴刀。注：今之鮆魚也。俗亦呼為刀魚。《說文》鮆，飲而不食，刀魚也，作鱭非。 鮰：狀類鮎而頭鋭，出揚子江中。東坡所謂粉紅石首仍無骨，雪白河豚不藥人者是也。 河豘：出揚子江中，初春時甚貴。春末雖肥大，然土人則賤之矣。常以蔞蒿、蘆芽淪而為羹，烹炰失所輒能害人，歲有被害而死者，然人嗜之不已。 白：出揚子江者亞于淮白。 鱸：巨口細鱗，出揚子江中，然有二種，曰脆鱸，曰爛鱸。 鯉：出江中者謂之赤梢。《本草圖經》：赤鯉魚脊中鱗一道，每鱗上有小黑〔點〕，至三十六鱗。陶隱居謂：鯉為魚之(主)〔王〕，神變，琴高乘之。 金：有鯽，有鯉，初生正黑色，稍大而斑文若瑇瑁，漸長乃成金色，既老則色如銀矣，人家池塘多畜之。 青：似鯉、鯇而背正色青，土人亦以作鮓，枕可器皿。 鱖：細鱗，背有黑斑。《本草》：昔仙人劉憑嘗食石桂魚。今此魚猶有桂名，恐是此也。 鯿：頭小而身濶，出揚子江甚大，杜老所謂縮項鯿。 鰱：巨首細鱗，池塘中多畜之。 鯇：似鯉，生江湖中。 鱓：似鯉而身圓，味亦差劣。 鰽：狀類白魚而色黃，土人謂之黃頰。 鰡：身圓頭匾，骨軟，生江中，食泥。 鱓：黃色類虵，生沙際蘆葦中，或云荇芹根所化，或云人髮所化。隱居曰：此魚腹中有子，不必盡是化也。鱓，一作䱇。《玉篇》：䱇，市演切，魚似虵。梁邵陵王綸攝南徐州事，輕險躁虐，喜怒不常，遨遊市里，雜于廝隸，嘗問賣䱇者，曰：刺史何如？對者言其躁虐，綸怒，令吞䱇以死。 鰍：似鱓而短，黑色，生汙瀆中。 鰻鱺：類鱓而肥大，生揚子江中，秋間遇風雨則出。 針口：首戴針芒，身長五六寸許，舊出揚子江蒜山下，今徙他所。 銀條：色白如銀，舊出石公渡頭，今亦徙他所。又出金壇長塘湖中，大者長尺許。 吐鮫：首大而身小，黑色，出金壇湖溪。 黃顙：一名鉠軋，兩頰有骨如鋸。《本草》云：能醒酒。 橋丁：圓長細鱗，大者不過尺許。 邵陽：出揚子江中，形圓如扇，無鱗，色黃，口生腹下，尾細而長，浙東人呼為魟魚。 江豚：生揚子江中，狀如豚，黑色，出沒波濤間，鼻中作聲，其出必有大風，土人以此占候。許渾詩：江豚吹浪夜還風。陳藏器云：其脂作燈，照樗蒲則明，照讀書則闇。言懶婦所化。 黿：出揚子江中。《本草圖經》：鼈之大者為黿。或有闊一二丈者，南人捕而食之，其肉有五色，生卵大如雞鴨子，一產二百枚，人亦掘取，以鹽淹可食。 龜：有山龜、水龜。西門永安寺聖井中產綠毛金線龜。《齊志》：永明八年，延陵縣前澤畔獲毫龜一枚。 鼈：土人呼為團魚。《本草》：鼈生丹陽池澤中，其甲九肋者為勝，今練湖所產或有九肋者。《唐志》：貞元三年，潤州魚鼈蔽江而下，皆無首。 蟹：俗呼旁蟹，以其橫行故也。義見《周禮疏》。《本草》：蟹至八月即銜稻芒兩莖，長寸許，東嚮至海，輸送蟹王之所。陸魯望所謂執穗以朝其魁是也。 螺：小者名螺螄，大者名曰田螺。 蠃：生河渠中。又有小者，名蜆。 蝦：長鬚，有青白二種。

蟲 蟬：即蜩也。《詩》五月鳴蜩，秋鳴者曰蟬。土人謂之蝍蟟，飲而不食，有大小數種，大者元，小者碧。《詩疏》海岱之間謂之蟬，此通語也。《本草》又名蛁蟟。 蝶：種類甚多，要皆草木蠹蟲所化。《古今注》：江東謂之撻末，色白背青者是也。其大如蝙蝠，或黑色，或青斑，名曰鳳子，又名鳳車。 蜂：細腰者名黃蜂。黑而大者名胡蜂。釀蜜者名蜜蜂。日有兩衙，應潮候，皆能螫人。 蜻蜓：水蟲所化。《爾雅》：虰蛵，負勞。注：即蜻蜓也。江東呼為狐梨。 螳螂：奮臂若斧，捕蟬而食。《爾雅》：一名不過，一名莫狢，其子名螵蛸。《月令》仲夏螳螂生。狢，音鶴，土人呼為蚚蝆。 促織：蛬蟋蟀、蜻蛚、莎雞、絡緯，皆其別名。陸璣又云：楚人謂之王孫，幽州人謂之趨織，趨音促。自昔皆不言其善鬬。今土人多畜

而鬬之者。　螢：腐草所化，夜飛腹下有光。《爾雅》：螢火即炤。《詩》：熠耀宵行。《古今注》：一名燐，一名宵燭，一名丹鳥。《大戴禮》：丹鳥羞白鳥。丹鳥，謂丹良也。白鳥，蚊蚋也。有翼者為鳥。　蚱蜢：種類不一，長股善躍。《詩》喓喓草蟲，趯趯阜螽是也。陸璣云：幽州人謂之舂箕，以兩股相切作聲，然不能鳴者，其類尤多。　蚯蚓：白頸者可入藥。《孟子》所謂上食槁壤，下飲黃泉者也。此物本不能鳴，其鳴者螻蛄耳。陳簡齋詩云不知墻角蚯蚓方長哦，蓋誤也。　鼅鼄：性巧，善結網取飛蟲以充食。《爾雅翼》：在地中布網者名土蜘蛛。絡幕草上名草蜘蛛。又一種名蟢子。能捕蠅者曰蠅虎。　蝸牛：俗呼為旱螺蝸。一作蛞蝓而負殼者也。蛞蝓俗呼為蜒蚰。　蝦蟆：《本草》：一名蟾蜍。《埤雅》云：蝦蟆背有黑點，身小，能跳接百蟲，善鳴，與蟾蜍不同，蟾蜍腹大背黑，皮上多痱磊，行動遲緩。蝦蟆之子謂之科斗。　鼃：似蝦蟆而長踦，瞋目如怒，一名水雞，土人謂之田雞，可食。韓昌黎所謂近亦能稍稍是也。背著青綠色謂之青蛙。背著黃文謂之金線蛙，亦謂之蛤。　蜥蜴：似蛇而小，四足備，五色者為雄，餘者為雌，喜緣籬壁，形小而黑者蝘蜓。東方朔云是非守宮即蜥蜴，如此則蝘蜓又名守宮矣。又一種名蛇師，又名蝎虎。茅山池中有小龍子，狀類蜥蜴，腹下有朱書若符篆者，可謂靈物也。　蜣蜋：一名蛣蜣。《莊子》云：蛣蜣轉丸。關尹子曰：蜣蜋轉丸，丸成精思之，而有蝡白者存丸中，俄去殼而蟬，彼蜣不思，彼蝡奚白？　蠅：有數種。《酉陽雜俎》：其類有蒼者，聲雄壯。負金者，聲清聒，其聲在翼。身青者能敗物，巨者頭如火。　蟻：有大小數種。又有飛蟻，善蠹。《爾雅》：翼有翅而飛者名螱，其子名蚳。

蚊：一名白鳥，見前螢注。又名黍民，見崔豹《古今注》。《辯疑志》云：潤州城南萬歲樓，俗傳樓上煙出不祥。開元前以潤州為凶闕。董琬為江東採訪使，嘗居此州。其時盡日煙出，刺史皆憂懼。乾元中復然，圓可一尺餘，直上數丈。吏密伺其煙迺出于樓角隙中，迎而視之，即蚊蚋也。今郡城中惟嘉定橋南上河街無之，理不可詰。　蛇：種類不一。曰赤練，曰青竹，曰菜花，曰土灰，曰慈鰻，曰皂角斑，惟烏稍可入藥。　蛓：生樹葉間，有毒，能螫人。《說文》：毛蟲。《爾雅》：蜭，毛蠹。《楚辭》云：蛓緣兮我裳。音千字切。　蝎：金壇縣唐大曆中有北人為主簿，以竹筒齎蝎十餘枚置于廳，事後遂孳育至百餘。為土氣所蒸而不能螫人，南民不識，呼為主簿蟲。見《太平廣記》。

元·張鉉《至正金陵新志》卷七　物產

穀之品　稻、粳、來牟、菽、麻、粟。【略】

金之品　金句曲山、銅、鐵赤山、銅器句容。

藥之品　玉屑：《淮南子》云：出鍾山。　石鍾乳：《本草》云：茅山土石相雜，偏生茅草，以茅津相滋，乳色稍黑而滑潤，謂之茅山乳，性微寒。

禹餘糧：《本草》云：茅山甚有好者，狀如牛黃，重重甲錯，其佳處乃紫色，泯泯如麵，齒之無磣，然用之宜細研，以水洮，取汁澄之，勿令有沙土也。

黃精：《本草》云：葉大根粗，黃白色，至夏華實。　生人葠：阮孝緒因母疾，用藥須得生人葠，舊傳鍾山所出，孝緒躬歷幽險，累日不獲，忽一白鹿前行至一所，遂不見，就求之，果得。然此見南朝偏都，北藥罕至，故以偶得為異，今不然耳。　鹿梨：《本草》云：江寧府出一種小梨，名鹿梨，葉如茶，根如小拇指。彼處人取其皮治瘡癬及疥癩，云甚效，八月採。　朮：陶隱居云：蔣山、白山、茅山者為勝。　卷栢：《建康記》云：出卷栢。

石腦：陶隱居云：今茅山、東西平山並有，鑿土龕取之。　芍藥：陶隱居云：今出白山、蔣山、茅山最好，白而大。　乾地黃：陶隱居云：板橋者為勝。　柴胡、麥門冬、茵蔯、王不留行、前胡、敗醬、石韋、菝葜、地榆、京三稜、甘遂、牙子、天南星、鬼臼、仙茅、連翹、紫葛、桑上寄生、地蜈蚣、蕁麻、茵蔯蒿。按《本草》以上並出江寧。　桔梗、菟絲、香附子、罌粟、荊芥、蒼朮、玄參、百合、百部、白斂、白及、地黃、地榆、貫眾、芫花、半夏、天門冬、天仙藤、威靈仙、劉寄奴、何首烏、夏枯草、穀精草。按《本草》，並出溧陽州。　芝草、菖蒲、南燭、山桃。按《本草》，並出句曲山。　覆盆子、吳茱萸。按《本草》，並出溧水州。　溪蓀草、側栢。並出句曲山。　芝草龍仙芝、条成芝、燕胎芝、夜光洞草芝、萪玉芝、熒火芝、夜光芝、琅葛芝，並出茅山。

香之品　黃連香：出茅山。

果之品　來禽、大杏、海紅、金錠梅、紅桃、綠李、相公李。出句容。　秦公梨、櫻桃、繡蓮藕、芡實、菱實、蒲萄、海門柿、石榴、香查、西瓜、甜瓜、梧桐子、地栗、橘、橙、乳柑、竹蔗、荻蔗。出府境。　福鄉柰出句容。

菜之品　萵筍、大蔥、蘿蔔，出溧水州。　冬瓜、筍、茭白、芹、蔞蒿、防風菜、甘露子、竹。

禽之品　鳧、鶉、鳩。

魚之品　鱘魚、鱸魚、邵魚狀如鳶、蟹、河魨、石首、鱭魚、鯿魚、鮰魚、金魚、銀魚、比目魚、鮒魚、魴魚、鮻魚、蜆。

獸之品　獐、鹿。以上係舊志所載。

酒：　李白詩：　堂上三千珠履客，甕中百斛金陵春。唐人多以春名酒。金陵春，當時酒名也。宋酒名有繡春堂、留都春等。至今市酤皆通販，他郡罕及其美，或謂水味然也。【略】

空青：　《江乘地記》曰：　樵采者常於山上得空青，此山一朝出雲，零雨必降，民人以為常占。　礬：　出句容。　茅山石：　石次玉。又有恠石。雨華臺石：　朱希真《獵較集》有以金陵小石種石。《菖蒲》詩云：　雨華臺上五色石。《慶元志》：　其地名瑪瑙岡，出五色小石，堪為環珥。　石墨：《茅山記》：　費長房遇壺公，得其術，寓茅山之東，書符救人，有功。一日出山，傾硯水澗中，其石變色，因號石墨。至今取可書符。

附子、烏頭、茯苓、白朮、枸杞、澤瀉、黃連、決明、芎、細辛、貝母、防風、玄胡索、黃獨、山藥、玉蕈、紫芋、金罌子、茗、《茅山志》：　並出山中。芎曰茅芎，附子山中名茅附，比蜀產者實小而氣劣，性大去濕，烏頭同。　紅花今充賦。　懷香：　嵇含《懷香賦》序：　余以太簇之月，登于歷山之陽，仰眺崇巒，俯察幽坂，及覩懷香，生蒙楚之間，曾見斯草植于廣廈之庭，或被帝王之圃，在其遐棄，遂遷而樹于中唐，華麗則珠米婀娜，苦實則可以藏書。卞敬宗《懷香贊》曰：　有卉維翠，因實制名。濛濛綠葉，茬茬弱莖。寄芬微風，寓秀閒庭。懷而芳之，為翫于情。懷，《唐本草》作蘹，後作茴，皆俗改也，與番舶來者不同。近圃多種，苗葉亦療病。　蘼蕪：　《唐志》曰：　香草也。魏武帝以藏衣中。見碉內。

甘棠：　唐貢。蓋即海紅，景定重出。《呂氏春秋》：　果之美者棠實。唐人詩有《棠梨花》。　樝：　二種。《本草圖經》云榠樝，木葉花實，酷類木瓜，又曰樝子，處處有之，孟州特多。主霍亂轉筋。並煮汁飲之，可敵木瓜，食之去心間醋痰。實初熟時其氣芬馥，人將置衣笥中亦香，此一種也。曾極詩：　五和糝奇無處覓，榠樝新熟壓枝香。注云：　隱居五和糝中用之，謂此。又曰陳藏器云：　樝子本功外，食之去惡心酸咽，止酒痰黃水，小於榅桲而相似，北土無之，中都有。鄭注：　《禮》云樝梨之不藏者。隱居云：　樝梨曰鑽之，鄭公不識樝，故云。然古亦以樝為果，今則不入例爾。又榅桲似樝子而小。《圖經》云：　舊不著所出，今關陝有之，沙苑出者更佳。其實大抵類樝，但膚慢而多毛，味尤甘。治胸膈中積食，去醋水下氣，止渴。生熟皆宜。此所謂樝又一種也。今熟之者則呼為榅桲。　棗、橙、胡桃梁沈約有《為柳世隆謝賜樂遊胡桃啟》。

菘：　大菘，近城十月出，極大而美，中鹽虀。梁太子有《謝敕賚大菘記》。　頗陵：　劉禹錫《嘉話錄》：　菠陵本是頗陵語訛爾，種自頗陵國來，土人呼菠菜。

以上見《戚氏志》。

宋·史能之《重修毗陵志》卷一三　土產

穀之屬　稻：　《爾雅》：　稌，稻。注：　沛國呼為稌。《說文》謂稻為秔。稉，稌屬也。稉之名秫。《字林》云：　稉，粘稻，而秔稻不粘，此其異耳。今夏熟者曰早禾，冬熟者晚禾，品色不一，難以枚數。　粟：　《爾雅》云：　稷有禾穄二種，江東呼為粢。　麥：　《廣雅》云：　大，麰也；小，秾也。又有莜麥，《爾雅》云蟂蛶，秋花冬實。　麻：　有二種。一曰胡麻，《廣雅》云巨勝，膏可壓油。一曰大麻，《爾雅》云枲，皮可績布，其實為黂，用以為乳酪。豆：　《詩》云菽。大者紫、青、黃、黑四色，小者赤、綠二色。又有虎爪、羊角、刀鞘及黑、白稨豆，亦名鵲豆，可藥可食。一種名蠶豆，四月間有之。【略】

貨之屬　茶：　《詩》云荼，《爾雅》云檟，苦茶。陸羽《茶經》云：　浙西以湖州為上，常州次之，產宜興。【略】

花之屬　牡丹：　多種，唐人呼為木芍藥。蘇東坡嘗賦《太平寺牡丹》。芍藥：　多種。韓詩注云離草，言將離別贈此草也。王元之謂見毛鄭詩。百花之中其名最古。　海棠：　花如紫錦。又有垂絲海棠，色淡紅，多葉而枝下白。　山茶：　色紅。東坡詩云：　葉厚有稜犀甲健，花深少態鶴頭丹。又有白山茶，山谷嘗有賦。　巖桂：　一名木犀，有丹、黃、白三色及四時開者。　棣棠：　《詩》云棠棣，梅聖俞所謂韡韡芸黃殿後花是也。　紫薇：　俗謂怕痒花，以其木膚時自脫也。楊誠齋詩云：　誰道花無紅十日，紫薇長放半年花。　酴醾：　蔓生，承之以架，春晚盛甚。黃山谷詩云：　風流徹骨成春酒，夢寐宜人入枕囊。舊傳洛京貢酒，其色如之。江西人採以為枕衣。

木香：　花似酴醿而小，有黃、白二種，而白者香。　薔薇：　有五色，枝上多刺。東坡詞云：　笑怕薔薇看。又有野薔薇，香亦清洌。　瑞香：　一名錦薰籠。張祠部以瑞為睡，故云曾向廬山睡裏聞。東坡詞云：　領中飄下瑞香風，驚起謫仙春夢。其意甚婉。　丁香：　一名百結香。杜少陵詩云：　細葉帶浮毛，疎枝披素艷。　秋香：　榦弱花柔，香甚清遠。　菊：　《爾雅》云治蘠。其種不一，夏已開而秋浸盛。東坡與朱遜之論菊多接花，遜之曰菊當以黃為正，東坡遂賦之曰：　坤裳有正色，鞠衣亦令名。一從人偽勝，遂與天力爭。　梔子：　一作支子。《上林賦》云：　鮮支黃礫。注：　鮮支，支子也。謝靈運賦云：　林蘭迎雪而揚猗。注：　林蘭，亦支子也。佛書呼為薝蔔，故東坡有花開薝蔔人間佛之句。　木芙蓉：　一名拒霜，有夏、秋二種。宋景文詩云：　木末芙蓉語，當時不是真。今來木末見，愁殺擬騷人。自注：　《楚詞》搴芙蓉兮木末，蓋假之為喻爾。　水仙：　一名雅蒜，有二種，而多葉者佳。山谷有山礬是弟梅是兄之句。　錦帶：　一名海仙。王元之謂其種得于海州山谷，故云枝長花密若錦帶然。少陵詩云：　香聞錦帶羹。言可茹也。　金沙：　似紅薔薇。山谷詩云：　紫綿揉色似金沙。　長春：　一名月季。東坡詩云：　幽芳本長春，暫(碎)〔猝〕如蝕月。　玉簪：　一名白鶴，質素而香，其狀類之。古詩云：　燕罷瑤池阿母家，飛瓊扶上紫雲車。玉簪墮地無人拾，化作東南第一花。　紫鶴：　似白鶴而小，色淺紫，初夏先開。　玫瑰：　一名徘徊，花有紫、白二色。　辛夷：　一名木筆，初發似之。白樂天詩云：　紫粉筆含尖火焰，紅胭脂染小蓮花。　迎春：　一名黃雀兒。晏元獻詩云：　淺艷侔鶯羽，纖條結菟絲。　八仙：　狀類瓊花而八蝶簇一心。有小蝶簇聚者曰玉蝴蝶。　山丹：　東坡所謂錯落馬瑙盤是也。　剪金：　花如金茸，全類剪羽。　夜合：　一名合昏，一名合歡。嵇康云合歡蠲忿，《古今注》云青裳。陳后山所謂探囊一試黃昏湯，即是花也。　百合：　《本草》云摩羅，或云蚯蚓所化。根類胡蒜，花色淺黃，上有黑點如灑墨然。

罌粟：　《本草》云罌子粟。蘇潁濱詩云：　罌小如罌，粟細如粟。與麥偕種，與穄偕熟。研作牛乳，烹為佛粥。　杜鵑：　唐正元中有僧移種鶴林寺，或見紅裳女子遊花下，俗傳花神即此花也。　石竹：　發生花如纈錦。李太白有石竹綉羅衣之句。　蜀葵：　《爾雅》云：　菺，戎葵。有紅、紫、白、錦四色，惟黃者如金盃，然至秋方開。　滴滴金：　一名滴露。陶弼詩云：　九秋珠露滴成芽。　含笑：　有紫、白二色。丁晉公詩云：　花名含笑笑何人。

麗春：　多色，花四出，葉端如線稜。少陵詩云：　百草競春榮，麗春應最勝。　金燈：　莖直上，末分數枝，枝一花，光焰如燈。晏元獻之說如此。　木槿：　《詩》云舜華，朝榮夕悴，言色易衰爾。一名日及花。施肩吾詩云：　但看日及花，惟是朝可憐。　牽牛：　蔓生籬垣，花可漬薑。梅聖俞詩云：　時置梅滷間，染薑奉盤羞。　雞冠：　佛書云波羅奢花。山谷詩云：　紫冠黃鈿網絲窠。　玉屑：　一名真珠花。張芸叟詩云：　千璣萬琣照庭隅。又云：　綠階遶砌總真珠。　金鳳：　一名鳳兒，花有數色。文與可詩云：　花有金鳳為小叢，秋色已深方秀發。　天竺：　花如粟而成穗，結子甚赤，深冬可翫。　凌霄：　附木蔓生，有毒。凌晨仰視，花露滴目則喪明。左太沖詩云：　鬱鬱澗底松，離離山上苗。以彼徑寸莖，蔭此百尺條。注謂凌霄也。

赤藤：　亦附木而茂，或照影水中，青紅可愛。詳見《庵畫溪》。　紫荊：　《本草》云田氏之荊。周景式謂：　古有兄弟意欲分異，覩三荊同株，驚歎復合。　躑躅　良薑：　莖葉如薑，花紅紫色。

果之屬

梅：　多種，石亭蘚梅最奇古。楊誠齋詩云：　一祖南枝派五房，黃紅萼綠蠟鴛鴦。又有千葉者，名江梅，其實惟團消，甚酸。山谷謂京洛間有一種花，香氣如梅，類女工撚蠟所成，因名蠟梅，因此盛于京師，與千葉皆無實。　桃：　多種。唐明皇名為銷恨，花有緋、碧、白，桃皆千葉無實。小春開者為小桃，其實有御愛桃、餅子桃、崑崙桃、錦桃數種，惟十月熟者為寒桃。　杏：　花類紅梅而豐艷。東坡詩云：　零露泫月蘂，溫風散晴葩。實有丹杏、金杏。　李：　花如積雪，元微之有葦綃開萬朵之句。實有麥熟、橫枝、紫綠數種。李直方第果品，以綠李為首。又有郁李，一名雀李，花粉紅，實如朱櫻。　梨：　花如李而大，最宜月下。前輩詩云梨花院落溶溶月，其實難得佳者。　蓮：　《詩注》：　扶蕖，其華菡萏。《爾雅》云：　芙蕖，亦名水芝。宋之問《秋蓮賦》序云：　天地清冷，紅渠菡萏。以清冷對菡萏，蓋謂菡萏為花開之狀。花有紅、白、碧三種，皆結實。名為湖目。又有千葉者，無實。　藕：　白花者乃甘脆。昌黎詩云：　冷比雪霜甘比蜜，一片入口沉痾痊。其條初抽可茹。柳子厚云：　珍蔬折五茄。　榴：　一名丹若，又名天漿，有紅、黃二種。王元之詩云：　誰家巧婦閑針線，一撮生紅熨不開。秋實甚大。又有紅千葉者，大如酒杯。　枇杷：　一名盧橘，一名壺橘。謝瞻

賦云：稟金秋之清條，抱青陽之和煦。肇寒葩于結霜，成炎果乎纖露。言備四時之氣也。楊梅：色紫而味甘者不減越梅。東坡詩云南村諸楊北村盧，謂楊梅，盧橘也。橙：皮皺而色黃，或縷為藥，或搗為虀，可薦膾斫螯之味。張芸叟詩云：異味欲搗虀，寒香先漬手。櫻桃：《爾雅》云楔，一名荊桃，一名含桃，俗呼鶯桃，有朱、蠟二色。韓偓詩云：合充鳳（實）〔食〕留三島，誰許鶯偷過五湖。來禽：俗呼林檎，王逸少有《來禽青李帖》。陳後山詩云：來禽花高不受折，昨暮胭脂今日雪。秋子：似來禽而小。文與可嘗有詩。海紅：似海棠，結子如彈。蒲萄：一名馬乳，色紫。又有水晶者，味尤勝。昌黎詩云：若欲滿盤堆馬乳，莫辭添竹引龍鬚。栗：《詩》云：山有嘉卉，侯栗侯梅。其實熟則罅拆。又有榛栗，似栗而小。又有椎栗，小而圓黑。銀杏：一名鴨脚子。舊傳三十年方開花著子。歐公詩云：始摘才三四，歲久子漸多。驗之信然。棗：有小、大二種。《詩》云：八月剝棗。注：剝，撲也。王金陵《字說》乃謂剝其皮而進之，舛矣。柹：細大不等，色皆綠，滲以灰瀋，則表裏俱紅，皮薄而味甘。胡桃：一名羌桃，本生西羌，張騫歸致其種，外剛樸而內柔甘。孔文舉書云：多惠胡桃，深知篤意。瓜：二種。有外青而內白者，表裏如碧玉色者最甘。西瓜：形如匾蒲而圓，色極青翠，其味甘冷，可留致遠，載《松漠紀聞》。近多此種，或刳其中漬以蜜，經旬皆成汁，渴飲甚佳。木瓜：《詩注》云楙木，《爾雅》云楙，宋何承天謂嘉木，嘗作賦。唐蕭嵩亦有《嘉木》詩。菱：《爾雅》云：蔆，蕨攈。注：今水中芰。引《字林》云：楚人名菱為芰，可食。《國語》：屈到嗜芰。俗云菱角是也。《武陵記》：兩角曰菱，四角曰芰，通謂之水栗，人多以芰為荷。《魏都賦》云：丹藕淩波，綠芰汎濤。則二物判然矣。芡：《莊子》云雞雍。注：雞頭。一名鴻頭，亦謂水硫黃，以其日中開花，性甚暖。聖俞詩云：蝟毛蒼蒼磔不死，銅盤矗矗釘頭生。吳雞鬬敗絳幘碎，海蜂扶出真珠明。葛：春生苗引蔓，根大如臂，煮食甚甘，可以已渴。葧薺：《爾雅》云：芍，鳧茈。注：生下田，苗如龍鬚而細，根如指頭，黑色，可食。茨菰：一名田酥，一名白地栗，葉如翦服，幹如嫩蒲，開小白花，根大如杏。棠毬：生山野間，有黃、紅二色。

蔬之屬　山花：或曰防風，苗莖纖弱而長，味甚甘脆，與竹姑並產宜興，惠茂吉嘗有賦。竹姑：春初雨過則漫山皆紅，柔嫩甘鮮尤可茹。陳子高有吐鮫爛斑竹姑赤之句。蓋二物同時而出，皆珍品也。筍：《爾雅》云竹萌。春初早出謂燕筍，而四月浸盛。又有貓頭筍及苦筍，皆產宜興。山谷賦云：甘脆惬當，小苦而反成味。又詩云：貓頭突兀鼠穿籬。蕨：《爾雅》云：蕨，鼈。《草木疏》：周秦曰蕨，齊魯曰鼈脚，以其初生似鼈脚。唐人詩云：蕨芽已作小兒拳。東坡云：慚愧春山筍蕨甜。蓋多取以配筍焉。芥：有紫芥、黃芥，惟薹心最辛脆。又有芥苗。東坡詩云：蘆菔生兒芥有孫。菘：多種，四時皆有，冬初其本尤壯，可作虀，即周顒所謂秋末晚菘也。芸薹：其子亦可壓油。茭白：一名菰首，春亦生筍，其大者如兒臂，亦謂菰。（平）〔薹〕中有墨者，名茭鬱。瓜：有梢瓜、冬瓜二種。瓠：《詩》云瓠犀，《爾雅》云棲瓣。注：瓠中瓣也，味甘，間有苦者。又一種名瓢，所謂瓜瓠之瓠，即今胡盧。唐盧懷謹嘗蒸以召客。東坡詩云：爛蒸鵝鴨乃瓠壺。蕷：一名蹲鴟。《本草》名土預。其大如甌，皮紫而肉白者名藷蕷。東坡詩云作玉糝羹。茄：《酉陽雜俎》云：茄，蓮莖之名，當作革遐反。又名崑崙瓜，有紫、白二種。胡荽：一名園荽。又一種為竹（明）〔園〕荽。《幼幼新書》云：鵝不食草。香菜：有細、大二種，而細者尤香。甘菊：莖紫味香，葉可茹。又一種莖青，味苦不堪食者，名苦薏。馬蘭：《廣雅》云馬薤，葉微似波稜。

藥之屬　石蠶：陶隱居云：形類老蠶，附石而生，猶海中蠣蛤輩，亦動物。杏葉草：一名金盞草，蔓生籬下，葉葉相對，秋後有子如雞頭。石逍遙草：冬夏常（有），無花實，生亦不多。《本草》謂此三品產常州。紫菫：《本草》云：晉陵郡名水萵萊。菖蒲：《周禮》云昌本，《左傳》云昌歜，《本草》云昌陽，亦云堯韭，《別說》云陽羨，生水石間，根葉極緊細，一寸不啻九節，人多以瓦石器種之。又一種葉闊而長，隱起如劍脊。蘋藥：一名王廷，又名修脆，紫（莖）細蔓，葉似牽牛而光澤，開細白花，結實如鈴，根白色而膩。麥門冬：一名羊韭，亦名馬韭，花淡紅如蓼，結實如青珠，根如穬麥。半夏：一名守田，又名地文苗，一莖，莖端三葉，有二根相重，上小下大，外黃內白。蘇：《爾雅》云：蘇，桂荏。注：以味辛類荏。一種色紫而香，為紫蘇。又一種兩葉，根花繁，白色，味辛而香，為蘇，亦名雞蘇。荊芥：一名假蘇，以其香氣似蘇，亦名薑竹，蓋聲之訛爾。椒：

《詩》：椒，聊。陸璣《疏》云：似茱萸有針刺，莖葉堅而滑。白蒿：《爾雅》云：蘩，皤蒿。其葉似艾，俗呼蓬蒿。何首烏：一名野苗，又名地精，本名交藤，因何姓人服之得名，秋冬取根，赤者雄，白者雌。薄荷：莖葉似荏而實，經冬不枯。薏苡：一名屋菼，又云起實，春生苗，莖高三四尺，葉類黍，開紅白花，成穗，結實如珠，亦名薏珠子，生交趾者名幹珠。茱萸：《禮記》云藙，《博雅》云欓，九日取以配菊。山谷《煎茶賦》云或去藙而用鹽是也。香薷：一名香茅，似水蘇而葉細，俗〔呼〕香茸。桑白根：採以銅刀刮去麄皮，取其白霜後乃佳。牛蒡子：一名惡實，大如（頷）〔鈴〕，結子殼類栗實，小而多刺，俗呼鼠粘子。菟絲子：《爾雅》云唐蒙，又云女蘿，《本草》云赤網，《呂氏春秋》云蔓生無根，言根不屬地。今觀其苗，初生延緣遍地，不能自起，得定草便纏繞而上，根漸絕焉。鶴虱：一名鵠虱，葉皺如紫蘇而尖，生黃白花似菊，結實極細。《夢溪筆談》名地松。牽牛子：《酉陽雜俎》云盆甑草，《本草》名金鈴，亦曰草金鈴。栝樓：《詩》云果（蓏）〔嬴〕之實，《爾雅》云天瓜，《本草》云地樓。蔓生，花淺黃色，實在花下，亦名王瓜。薺苨：《爾雅》曰芪苨。莖似人參而葉小異，根又類桔梗，但無心耳。羊蹄：《詩》云蓄，《本草》云鬼目。葉狹而長，類蒿芭，花開成穗，俗呼禿菜，蓄蓄訛為禿。積雪草：葉圓如錢，莖細而勁，謂之地錢，亦名連錢草。垣衣：一名昔邪，又名天韭、垣嬴，生牆陰，其在屋上者名屋遊。射干：一名烏扇，又名烏翣。花圃多種，亦名鳳翼，秋生紅花，中有赤點。商陸：《爾雅》云蓫薚，馬尾。注：《廣雅》云：馬尾，商陸。《本草》云：薚，江東呼為當陸。莖青赤，至柔脆，開紅紫花，成朵。馬勃：一名馬疕，生園中，久腐處虛軟如紫絮，彈射有粉。連翹：《爾雅》云：異翹。注：連苕。《本草》云旱蓮英，類水蘇，花黃色，結子作房似蓮而小。灰藋：一名金鎖天，葉莖赤，葉心有白粉。馬鞭草：莖似細辛，葉微類蓬蒿，花紫色。青葙子：又名草決明，苗高尺許，葉細而軟，花紫白色，實小似莧實。天南星：苗如荷梗，莖如蒟醬，兩枝相抱，花黃色，結實成穗如石榴子，根似蘋而圓。狶薟：俗呼火枚草，苗葉似芥而狹長，秋有花如菊，實類鶴虱。馬兜鈴：苗如藤蔓，葉如山蘋，開黃紫花，結實如鈴作四五瓣，根名雲南，亦云青木香。車前：《詩》云芣苢。注：馬舄。江東呼為蝦蟆衣。大葉長穗，生道傍，亦名當道。瞿麥：一名雀麥，亦云燕麥，莖生細葉，花紅紫赤色。劉禹錫所謂兔葵燕麥者是也。茅根：《詩》云菅茅，春生茅，布地如針，俗呼茅針，夏開白花茸茸然，根至潔白。王瓜：一名土瓜，生籬落間，子如楊梅。

草之屬　芝：其色有五，生則為瑞。蘭蕙：山谷云：一幹一花而香有餘者蘭，一幹五七花而香不足者蕙，多產宜興。萱：《詩》云諼草，《本草》云忘憂，《博物志》云萱草忘憂。又名鹿葱。有千葉者，俗呼宜男。阮籍詩：（諠）〔萱〕草樹蘭房。蓋（諠）〔萱〕字與諼同。芭蕉：葉碧而脆，茂密如林。張文潛詩云：翠旍舒曉日，綠錦障西風。方芽甲時移植水石，則柔弱可翫。薜荔：蔓生木石垣牆間。少陵詩所謂青綠薜荔。鳳尾：生垣牆間，其狀類之。藍：葉如水蓼。陶隱居云：即今染紺碧者，亦名菘藍，汁可作澱。又有紅藍花，亦名黃藍。《博物志》謂張騫所致，春苗夏花，可染真紅。黃草：莖有密節而葉類麻，其皮可紉為布。莎草：葉細如茸。宋景文詩云：青莎秀滿堦。苔：花細如粟，少陵詩云：雨過苔花潤。〔荅：〕《爾雅》云：荅，接余。其葉苻。注：叢生水中，葉圓，在莖端，長短隨水深淺。《本草》云鳧葵，亦名猪蓴，開小黃花，俗呼金錢花。王融《雙聲詩》云：湖荇曄黃華。藻：《爾雅》云藻，石衣。注：水苔。蓼：一名紫蓼，即水紅花。一云青蓼。味辛辣可和麴糵。其大者名紅草。《詩》云游龍，《爾雅》云紅（龍）〔蘢〕，古俗呼蘢鼓。萍：《爾雅》云蓱。注：江東謂之薸。其大曰蘋，舊傳楊花入水經宿即為萍，或糝蒸為茹，所謂萍齏是也。蘆葦：《爾雅》：蘆名葭華，葦名葭葦。小如葦而實者為菼薍，其萌虇即今蘆笋，其花皆名芀。蔣草：一名菰，有米如粟，《西京雜記》謂雕胡，少陵詩云願作冷秋菰，又云滑憶雕胡飯。時蘿：《本草》名慈謀〔勒〕，（勁）〔莖〕如馬芹而香辛，故云馬芹色黑而重，時蘿色褐而輕。莞草：採以捆屨織席。燈薪：叢生，莖圓而勁。鴈來紅：似藿而葉端色黃，即玉樹後庭花也。又一種名映日紅，其葉盡赤。

木之屬　松：花上黃粉名松黃，人多以湯瀹之。其節為松明，東坡詩云：坐看十八公，俯仰灰燼殘。樹皮綠蘚〔名〕艾〔蒳，〕或傳可和諸香。檜：《爾雅》云柏葉松身，獨孤公手植三本，詳見古跡。柏：樊宗師《園記》謂柏為蒼官，其子香而可爇。東坡詩云銅爐燒柏子。又有側柏。杉：《爾雅》云柀，一名煔。注：煔似松，生江南。《本草》云：木類松而勁直，

葉附枝生，若針刺。　楓：《爾雅注》云：似白楊葉圓，有脂而香。　槐：《博物志》云：槐初生曰兔目，或以汁搜麪作湯餅。少陵所謂碧鮮俱照筯是也。　桐：《爾雅》云：櫬，一名梧。《西陽雜俎》謂其孤枝為鳳條。　梓：《爾雅》云：椅，梓。注：即楸也。陸璣云：梓者，楸之疏理色白而生子者。梓實桐皮為椅。　檀：色黃而性堅，或云黃檀。　桂：葉如柿，中有縱紋。　槻：性堅而勁。　櫟：《詩》云苞櫟。注：柞櫟。又云苞栩。《爾雅》云杼，又云栩，又云櫟，其實梂，所謂橡實。陸璣云柞櫟杼栩，皆橡櫟之通名。《莊子》狙公賦芧。疏云：橡子也，似栗而小。　楠：春生白花成簇，秋結細實。蜀人謂之讓木，言其生直上，枝葉不相妨。明皇呼為端正樹。　橡：似柞而子可食。《山海經》云作屋柱難腐。　槲：與櫟相類。　榆：《詩》云樞，《爾雅》云：樞，荎。春生英，古人採以為(麋)〔糜〕羹。張文潛詩云：修柯過雲日，老枿干雲霄。　樗：《爾雅》：栲，山樗。北人謂之山椿，木疎而氣臭。《莊子》所謂臃腫曲拳，不中繩墨規矩者也。　椿：與樗相似，木實而葉香。　楮：俗呼為穀，生子如彈，秋深則紅，皮可擣紙。東坡有《宥老楮》詩。　朴：皮鱗皴而厚。　楝：《東皐雜錄》：江南自春至夏有二十四風信，梅花最先，楝花最後，唐人詩云楝花開後風光好。　楊：葉圓潤而赤，枝柯短硬。昔有喻植楊之利，天下易生之木也，倒植之而生，橫植之而生。然一人植之，一人拔之，雖千日之功皆棄。　柳：葉狹長而青，枝柯長軟。　檉：葉細而枝柔，一名西河柳，又名春柳，夏著花，粉紅如粟。又一種曰欅。少陵詩云欅柳枝枝弱。　黃楊：歲長三寸，閏則縮一寸。東坡所謂厄閏年，歐公嘗有賦。　白楊：《爾雅》云栘，葉圓蒂弱，無風自動，亦云蒲楊。又有水楊，生水際，《爾雅》所謂旄，澤柳是也。　桑：有黃桑、花桑，采以飼蠶。　柘：葉勁而有致。　冬青：其葉常青，四時不改，許渾詩云：未秋紅實淺，經冬綠陰寒。唐禁中呼為萬年枝。韓子蒼詩云：無人知是萬年枝。　烏臼：葉似梨杏，花黃白而子黑也。　椶櫚：亦名栟櫚。梅聖俞詩云：青青栟櫚樹，散葉如車輪。　枳：叢生多刺，實不堪食，俗呼狗橘。　皂莢：《南史》云：黃塵污人衣，皂莢相料理。　棠梨：似樗櫟，其木惟可鐫刻。

竹之屬　戴凱之《竹譜》：竹有生日，謂五月十三日移植最宜，亦謂竹醉。將枯則生花，或云栽竹多用辰日。山谷詩云：夏栽醉竹餘千箇。又云根須辰日斷。　慈：叢生，冬稚筍在外，夏則處中，莖圓節疎。明皇謂之義竹，前輩屢有詩。　堇：《竹譜》音斤，堅而疎，節體圓而質勁。　筀：有三月筀、五月筀，產筍甚多。　淡：肉薄，節間有粉，南人燒以取瀝，葉可入藥。　苦：肉厚而葉長闊，以為鎗，中虎而斃，其筍俗呼甜苦筍。　金：色如金，其抽枝處仍碧，所謂黃金間碧玉。外有斑、紫、水、石、篠數種。

禽之屬　烏：純黑而反哺者曰慈烏。腹白而不反哺者曰鴉，亦名鴉烏，《詩》所謂鸒。又一種名寒鴉。　鵲：俯鳴則陰，仰鳴則晴。聞其聲則喜，故曰喜鵲。《西京雜記》云：乾鵲噪而行人至。佛書呼為芻尼。　鷹：蒼黑色，亦名鷙鳥，通謂鷹隼。　鷂：《西京雜記》：世傳鶻生三子則一為鷂，即鳶也。俗呼鷂鷹。　鸇：似鷹而小。　鶻：柳子厚有《鶻說》，亦謂之鷙。　鶻嘲：《爾雅》云：似鵲，尾短，多聲。《東京賦》：鶻嘲春鳴。或云骨嘲。　鸜鵒：似鵙而有幘，人捕得之則翦其舌，可使能言。　鶴：射生戶多得灰色者，其白者產淮鄉。　鸛：《詩注》：水鳥也。將陰雨則鳴。陶隱居云：有二種。似(鵠)〔鵲〕而巢樹者為白鸛，黑色曲頸者為烏鸛。或取其子則旱，以能飛薄雲霄，激散雲雨。　鴈：《詩注》：大曰鴻，小曰鴈。《玉堂閑話》云：鴈，宿洲渚，必有伺察者，謂之鴈奴。金陵詩云：人將伺其殆，奴輒告之亟。舉群瘖而飛，機巧無所得。　鷺：《詩注》《爾雅》皆云春鉏。皮日休詩云：數點春鉏烟雨微。　鸕鷀：善捕魚。山谷詩云：鸕鷀密伺魚蝦便。　鴛鴦：《荊楚記》云：鄧木鳥，羽毛五色，雌雄相逐。　鸂鶒：尾五色如船柂，小于鳧，能食短狐。杜臺卿賦云鸂鶒尋邪而逐害是也。　鶯：《詩》云倉庚，疏云黃鶯。又黃鸝、鸝鶊、黃公、黃栗留。昌黎詩云：麥黃韻鸝鶊。東坡云：苦厭黃鶯聒醉眠。歐公云：黃栗留鳴桑葚熟。　燕：《禮記》云乙鳥，《爾雅》云鳦，一名玄鳥。陶隱居云：有二種。胸紫身小者為越燕。胸斑黑而聲大者為胡燕。昌黎詩云：陶喧逐風鳦。　雀：斑褐色。又有黃色者，為黃雀。八九月飛稻苗間。　鳩：《爾雅》云鵲鳩，注：今之布穀。牝牡飛鳴以羽相拂。江東呼為撥穀，一名桑鳩。土人謂之脫却布袴。東坡詩云：不辭脫袴溪水寒，水中照見催租瘢。《本草》云斑鷦，又名斑鳩。春分化為黃褐，候秋分復為斑鳩。　桑扈：《詩》云：交交桑扈。注謂：竊脂鳴于三月，其聲似之。賈逵所謂為蠶驅雀者也。《爾雅》扈作鳸，《說文》作雇，又作鸛。　子規：《離騷》云鵜

鳺，《反騷》云鷤鴂。顏師古注：一名子規，一名杜鵑。至三月衆芳皆歇，其聲云不如歸去，晝夜不止。　伯勞：《禮記》云：仲夏鵙始鳴。注：伯勞夏至應陰鳴。《詩》云七月鳴鵙。箋云：伯勞鳴，(時)〔將〕寒之候也，五月則鳴，豳地晚寒。《左傳》云伯趙司至是也。　百舌：《禮記》云反舌，《說文》云五月陽盛于上，陰萌于下，百舌無陰，故無聲。《朝野雜記》云：春轉夏止。張芸叟詩云：學盡百禽語，終無自己聲。　山鷓：尾長色碧，觜距皆紅。　雉：《書》云華蟲，一名山雞，俗呼雉雞。　竹雞：俗呼泥滑滑，其聲如之。東坡詩云：泥深竹雞滑。又云：泥深厭聽雞頭滑。　鵜鶘：《詩》云鵜〔鴮〕。注：鵜鴮，味喙也。《莊子注》云：淘河，一名提壺，其聲云提葫蘆。山谷詩云：提壺唯解勸酤酒。　練帶：似鵲而小，尾長如帶。　青莢：色嫩綠而股黃。　黃頭：褐色，善鬬。　畫眉：色褐眉白。梅聖俞詩云：山鳥本無名，兩眉如粉畫。　繡眼：似雀而小。　蠟嘴：色黃褐而喙黃。　雪姑：羽毛黑白相錯。　白頭翁：似雀而大，首有白點。　穿鼻：似雀而小，鼻端有竅。　噪天：善鳴，愈鳴即飛愈高。　啄木：《爾雅》云鴷，《淮南子》云斲木愈齲，《古今異傳》云雷公採藥吏所化，歐公有詩。　婆餅焦：梅聖俞《四禽言》云婆餅焦，兒不食。　新羅雀：色紅，多集水中，俗傳至自新羅。梅聖俞詩云：赤羽異蒿鴳，來自東夷國。　十二紅：羽毛紅綠、碧綠相錯。　鴽：《列子》云蛙變為鴽，又曰鼠變為鴽，即《月令》田鼠化為鴽。《素問》云：鴽鶉。至道間京師鬻鶉者積于市門，而水中絕無蛙聲，人有得于水次，半為鶉，半為蛙。　鴿：多種。張燕公令其遞書，雖遠必達。名為飛奴，人多畜之。又有野鴿。　鴞：《周禮》云：惡鳴之鳥若鴞鵂也。賈誼云鵩似鴞，其實一物。亦云：梟晝日不見物，夜則飛鳴。　鶬鴰：一名禿鶬。梅聖俞所謂禿鶬尚欲遠飛去是也。　姑惡：水鳥也。俗傳婦以姑虐死，其聲故云。　鬼車：遇陰晦則飛鳴，或云鬼車十首，一為犬所斷，聞其聲則擊犬使鳴以厭之。歐公有詩。　蝙蝠：《本草》云伏翼，又名仙鼠。謂在山竅食乳髓，皆千歲，頭有冠淳白，大如鳩鵲。其如鶉未白者，皆百歲而倒懸之于石乳中，仙經所謂肉芝也。

獸之屬　虎：陽羨有白額虎，為周孝公所射。近歲有獲二十六虎者。劉漫堂宰有詩。　豹：《爾雅》云：貘，白豹。注：似熊而小頭卑脚，黑白駁文。又有赤豹。　狼：大如犬，色蒼，其鳴諸孔皆沸。　狐：形似狸而黃，鼻尖尾大。　兔：《禮記》云明視，《文選・木蘭歌》云：雄兔脚撲朔，雌兔眼迷離。　香貍：微有麝氣，肉可作羹臛。荀輿嘗寫《貍骨方帖》，謂能療風。　麞：陶隱居云：野肉之中，麞鹿可食，生不腥羶，又非辰屬，故道家取以為脯。亦名麕，有牙者佳。《古今注》云：麞有牙而不能噬，鹿有角而不能觸。　鹿：《詩注》：牝鹿為麀。　麂：《爾雅》云麠，一名大麢，旄毛狗足。　野豬：一名封豕。《山海經》云豪豬，狟豬也。夾髀有麄毫三數尺，狟或作豲，吳楚呼為鸞豬，冬月食橡子，肉色赤，味勝于豬。　猯：一名(權)〔獾〕㹠，極肥。　猴：一名馬留。《抱朴子》云獼猴壽八百歲即變為緩，猨五百歲變為玃，玃千歲變為蟾蜍。　獺：《淮南子》云：養池魚者不畜猯獺。　刺蝟：狀微類猯，脚短多刺，尾長寸餘，人觸之便藏頭足，其刺不可嚮邇，惟見鵲則反腹受啄，人欲掩取，如蚌鷸然。　鼠狼：生田野中，似鼠而尾如帚，善捕鼠。

鱗介之屬　鱸：鱗細肉脆而味珍，出江中。其小者生于陂澤，隋煬帝所謂金虀玉鱠，東南之佳味。蓋芼之似橙縷也。　鱣：《爾雅》云：江東呼為黃魚，鼻長。按《爾疋注》：似鱏而短，鼻口在頷下，體有邪行，甲無鱗，肉黃，大者長二三丈，《本草》云鱑。　鱘：鼻肉作脯名鹿頭，一名鹿肉，出江中。　鮭：一名鯢，俗呼為河豚，出江中，開歲即有，盛于二月，江陰最先，春深則溯流而上。梅聖俞詩云：春洲生荻芽，春岸飛楊花。河豚生此時，貴不數魚蝦。蓋謂是也。腹有腴，白如酥，名腹腴，亦名西施乳。　鰣：骨纖肉膩而味甚腴。梅聖俞詩：四月鰣魚連浪花，漁舟出沒浪為家。甘肥不入罟師口，一把青錢趁槳芽。　鮰：生江中。東坡詩云：粉紅石首仍無骨，雪白河豚不藥人。寄語天公與河伯，何妨乞與水晶鱗。　鱭：《爾雅》：鮤，鱴刀。春初出江魚。又子鱭四月最盛。又有湖鱭，出太滆湖。《山海經》所謂刀魚是也。　鱖：《山海經》注云：大目，大口，細鱗，有斑彩。東坡賦謂：狀如松江之鱸。張志和詩云：桃花流水鱖魚肥。　鯿：味甚肥美。少陵詩云：漫釣槎頭縮項鯿。　鯉：陶隱居云魚王，唐人謂之赤鯶公。脊中有鱗，自首至尾無小大，皆三十六。又有一種名黑鯉，身圓而色黑。　青：似鯉而背青色。　白：板身肉美，多細鯁，出湖中者佳。少陵詩云：白魚切如玉。　鯽：《本草》云稷米所化，宜臛食。少陵所謂鮮鯽銀絲膾是也。　銀：《博物志》：昔吳王江行食鱠，棄其餘，悉化為

魚。今出湖中，有大如指者，腊之可致遠。梅聖俞詩云：乾如會稽筍，色比荊州銀。吐鮫：陳子高所謂吐鮫斕斑是也。鯔：身圓鱗細，骨軟味甘。鯧：似鯔而頭甚大。橫管：似鯔而小。鰍：春初出江北，味甚腴。梅聖俞有下筯勝紫鱗之句。鰻鱺：似鱔而腹大，色青黃。《本草》謂善攻碕岸，使輒頽圮。鮎：《詩》云鰋。《爾雅》云：鰋，鮎。注：江東呼為鯷。《本草》云鮧。鱔：《漢書》：鸛雀啣三鱣。鱣即鱔字，或作鱓。陶隱居謂：荇芩根所化。《風土記》云：夏出冬蟄。黃顙：《本草》云黃賴，一名䱀魟，似鮎而小，背黃腹白。黃鱔：《詩注》云：鱨。針頭：《山海經》云：其頭如針，江東水中有之。餐：似針魚而扁，此類尚多，細不足錄。龜：細大不等，又皆有綠毫者。《史記》云龜千歲則巢于蓮葉之上。鼈：盧仝云：寒龜夏鼈。一種味當以其肉充臛。黿：似鼈而大。今忠佑廟鳳凰池有一黿，徑餘三尺。蟹：宜興谿中所產尤美。

宋・孫應時、鮑廉《重修琴川志》卷九　叙産

穀之屬吳地宜秔稻，玉粒香甘，為天下甲，其種名不一。　穲稏：粒白無芒，熟最早。　閃西風：八月熟。　紅蓮：米之最佳者。芒紅粒大，有早晚二種。陸龜蒙詩曰：近炊香稻識紅蓮。　箭子稻：此品最高，晚熟。朱樂圃《續吳門志》稱之。　香糯米：米粒甚香，晚熟。著數合餘飯皆香。　鼠郎黃、野稻、赤芒，早晚二種。鵪鶉斑、雪裏尋、有芒，粒大，晚熟。雪裏揀、(捍)〔稈〕軟有芒，粒尤大。師姑秔、無芒，晚熟。稻公揀、早晚二種。顧公揀、白稻、早晚二種。舜哥稻、兩重殼，如蠅翅。稻裏揀、雪裏扮、揀出稻、九節稻、無名稻、麥爭場，六月熟。已上竝秔稻。　趕陳糯、矮糯、晚熟。抄社糯、未交社先熟。師姑糯、無芒，皮黃而光，晚熟。秋風糯、或名瞞官糯，白芒，早熟。青稈糯、晚熟。金釵糯、皮糠黃，有芒，粒匾。鐵梗糯。已上竝糯稻。　節澳稻：早熟，或稱時裏白，或稱珠兒稻。　六十日：次熟，或八十日熟。　金成：早晚二色。赤色者有人或蒸而食之。　先禾：白色，晚熟。一曰秈禾，乃早熟之稻，悮為晚耳。已上竝先稻。　烏口稻：再蒔晚熟，米之最下者。　赤穀稻：立秋日看如東南風不撒種。已上名色甚多，姑舉其概耳。　穄：有二種，穄、蘆。穄如麻子粒。　粟：穀九重。　麥：大麥、小麥、蕎麥、舜哥小麥。　豆：黃豆、青豆、紫路豆、黑豆、赤豆、菉豆、白匾豆，可入藥。黑匾豆、江豆。豌豆，俗呼為蠶豆。佛手豆，如指大，名長十六。雁來紅，豆粒大且紅。八月白。豁裏豆，未當豆熟時先熟。山韓豆，粒如蠶豆。牛腿烏。　麻：油麻，可壓油。大麻，可作乳酪，其皮可緝。【略】

藥之屬　天南星、半夏、何首烏、地骨皮、天花粉、蒲公英、麥門冬、枸杞子、山(菰)〔慈〕姑、菟絲子、雁鳴子、蒼耳子、細辛、瓜蔞、落得打、紫蘇、荊芥、旱蓮草、薄荷二種、馬蘭、天羅、香附子、叢生道傍，一名蓑草。黑牽牛、花碧色，蔓生籬落間。車前子、俗乎為蝦蟆。羊蹄菜、一名禿菜。篦麻、紫莖，子青褐色。菖蒲、生陂澤，葉微大。決明子、黃花。天仙藤、八月取。金星鳳翼草、四月取。虎杖、三月取，一名苦杖。金剛根、三月取。夏枯草、五月取。鐵脚草、八月取，常熟山出。穀精草。八月取，常熟山出。

果之屬　梅、多種。杏、香櫞、桃、蓮、李、安石榴、有百葉者。梨、枇杷、舊有無核者，出頂山上方院，今無之。柚、大者如甌盂。林檎、蒲萄、二種。銀杏、棗、柿、多種。瓜、多種。菱、多種。荸薺、藕、茨菰、重臺碧蓮。出破山寺沼中。　櫻桃：出虞山南，有二種。白蠟櫻，色如蠟，稍大，味甘肉厚。曰火櫻，味略酸，絕不逮蠟櫻矣。　方蒂柿：出虞山南。蒂正方，柿形亦方，色如鞓紅，味極甘。又皮有沙者在眾品之上。　頂栗：出頂山，香味絕勝，微風乾之尤軟矣。又有一種曰麝香囊，在寺南院。又有鴛鴦栗，剖之其肉皆雙。　韓梨：出縣河陽山之北十餘里，曰韓村。皮褐色，肉如玉，香甘無比，削之色經時不變，雖腐壞不糜，近年頗艱得真者。《慶元志》以為從木從亘，以犯獻陵諱，易曰韓村。　自櫻桃以下皆土產，他處所罕有者。

蔬之屬　韭、薤、蒜、菘、芥、蓴、甜菜、生菜、波稜、萵苣、香菜、芸(臺)〔薹〕、同蒿、苦蕒、有二種。一種尖葉，可羹。蕨、虞山之北有之。蔥、冬瓜、生瓜、黃瓜、瓠、茄、蔓菁、甘露子、斜蒿、可煮鯖羹。胡荽、蘿蔔、有一種。又有胡蘿蔔。絲瓜、裙帶豆、莧、蕈、筍。

畜之屬　牛、羊、兔、彘、犬、獾、猫、雞、鵝、鴨。有一種名鴴鴨，味佳。

禽之屬　烏、鵲、十二黃、鸛、鷹、十二紅、鳩、一種青鳩，秋風至。黃鶯、竹畫眉、鶇、雉雞、子規、鵪鶉、鵓鴿、山鵲、鴿、噪天子、白頭翁、婆餅焦、雀、啄木、鈎舟、青采、鷺絲、百舌、山老鴉、山白頭翁、二月為小白頭，八月為隨鷹子。鵓鴣、櫻桃鳥、紅嘴，白頭，黑身。魚虎子、翠羽，可飾冠披。繡眼兒、最小而巧。偷倉兒、最小，飛入倉，能食米穀。黃頭兒、最小，善鬭。竹雞、竹嘈、布穀鳥、葛公、聲叫之葛公。

刺毛鷹，食刺毛，又名桑扈。黃雀、豹頭兒、燕子、鷂、鷹之類。黃鶺，色黃，托爪善食。雪姑兒、鴣鴣、野鴨、獐雞、江鷗、海燕、鶩。

獸之屬　豺、香狸、兔、刺蝟、獺、鼠狼、獐、鼠、獾，有二種，猪獾可食，狗獾不可食。野猫、鹿、虎。

魚之屬　鱖、鮊、鯽、鯉、鮎、鰌、鯿、鱸、黃鱨、黃顙、青魚，首有魫，古作鯖。鰻、鰻鱺、鼈、鱧、鱔、鱹魚、鯔魚、針口、肉貯，小而肥。吹沙浪，《爾雅》云：鯊沙，今吹沙是也。時俗亦謂推沙魚，張口吹沙。蜆，生於泥中。《本草》：蜆殼陳久主痢。蟹、蚌、蝦、水雞、螃蜞。　河魨：出揚子江中，有三種：大曰河魨，正月以後有之。次曰班兒，又次曰冬易子，皆冬月有之。《本草》云：肝有毒，食忌風藥。出吳江者曰南江河魨，味迥不及。至江鄉則三月間方有。梅聖俞詩云：春洲生荻芽，春岸飛楊花。河魨當此時，貴不數魚蝦是也。初出價高，爭市以饋鄰里親舊。　橫鮆：出揚子江，與河魨同時，或曰刀鮆，以其形似之。　黃尾鮆：出揚子江，四五月有之，多子。又曝為乾，俗呼曰螳蜋子。出湖中者曰湖鮆，有大小二種。　鱠殘魚：出揚子江，清明時有之，俗謂吳王斫鱠，棄其餘於江中，遂化為此魚。又有一種白鱘魚，狀如鱠殘，味淡淡。出湖中，四時有之。又其甚小者則曰銀魚。　鰣魚：出揚子江肥美，四月有之。　鮰魚：夏初有之。坡翁所謂粉紅石首，雪白河魨是也。　脆鱸：出揚子江，亦曰鮆鱸，皮肉俱脆，夏初有之。　黃魚：出揚子江。　鱘魚：出揚子江。　鯊魚：出揚子江，有沙。用湯浸而食之。　蛤蜊：出揚子江。《本草》：蛤蜊煮之醒酒毒，止渴開胃，性冷，服丹人不可食。　白蟹：出揚子江。　車螯：出揚子江。　蝤蠓：出江中。　沙筍：　箬魚：如箬之薄，出江中。　赤魚：形如釜鬵，俗謂之老鴉魚，出江中。　赤眼魚

[illegible]　橫魚：細鱗，骨多肉厚。

橘踰淮而北為枳，地産各有宜也。吳中地沃而物繁，原隰湖海之所出未易枚數，志曾不一載。朱樂圃《續吳門志》雖載物品，然包舉全吳，匪專吾邑，故為表而出之云。

明·劉啟東《高淳縣志》卷一　物産

穀屬　稻：有早、晚、烏、白數種。　秈：早、晚二種。　糯：早、晚二種。　麥：大、小、蕎。　豆：黃、黑、菉、赤、豌數種。　芝麻

蔬屬　菘、芥、葱、韭、蒜、茄、莧、芹、竹笋、茭笋、瓜，王、冬、稍、絲數種。春不老、蘿蔔、苦蕒、胡荽、葫蘆、匾豆、荇。

果屬　桃、梅、杏、蓮、藕、菱、芡、石榴、櫻桃。

竹屬　筀、水、紫。

木屬　松、栢、楡、槐、桑、柳、椿、楓、檀。

藥屬　車前子、覆盆子、吳茱萸、益母草、香薷、蛇床子、枸杞子、蒼朮、五加皮、瓜蔞仁、天花粉、麥門冬、香附子、金銀花藤、白匾豆、百合、天南星、良薑。

禽屬　雞、鵝、鴨、雉、鴈、梟、鸕。

獸屬　牛，水、黃。馬、驢、騾、猪、羊、猫、犬、獐、兔。

蟲屬　蠶、蜜蜂。

魚屬　鯉、鯽、鮎、鱖、鰱、鱤、鯿、鱔、鰍、鯇、鰕、蟹、螺、鱉、蜆、蚌。

明·張峰《海州志》卷二　土産

五穀　曰稻：有秔、糯二種，有早、晚二熟，有紅、黃、紫、赤、班數色。名品甚多，不能悉載。　曰黍、稷：俱有黃、白二種。　曰穄：粒大于稷。曰稊稗子：俗名穇子。有黃穇子，實有種，可種。小者饑年燒草，掃實充食。　曰麥：有大、小、蕎三種。大、小二麥，秋種夏熟；蕎麥夏種秋熟。曰菽：有大荳、豇荳、荅荳、玉荳、荸薺、刀荳、匾荳。青、紫、赤、黑、白、綠數色，名品甚多，俱可日用。　曰薥秫：有秔、糯二種。　曰芝麻：有黑、白二色。　張氏論曰：海州水田少而旱地多，故民間以麥為重，穀次之，黍荳又次之。夫寒暑燥濕，丘陵藪澤，性各有宜。兼殖五種以備災害，勤生者之事也。相天時，度地利，勸課農桑，使野皆穀，土民無懸耜，其長民者之責哉。

果實　曰桃，曰杏，曰梅，桃李接成曰杏梅，與嶺南冬花春實者異。曰李，曰梨，曰柹，曰棗，曰石榴，曰銀杏，一名白果。曰櫻桃，曰胡桃，曰蒲萄，曰菱，曰芡，曰藕，曰蓮子，曰荸薺。　張氏論曰：果實之榮落與風雨氣候相為占驗，然其栽培護視亦必有法，如世所傳種樹書者。惜州人之業於此少也。縱有數品，其圓結滋味與名土所産者絕差。豈魚鹽之邦而地力不宜與？

菜之類　曰菜瓜，其類有西瓜、冬瓜、甜瓜、香瓜、王瓜、苦瓜、絲瓜，凡八種。曰瓠子，曰葫蘆，曰萵苣，曰菠稜，曰莙薘，曰茄子，曰蔓菁，曰茼蒿，曰蔞蒿，曰胡荽，曰莧菜，曰薺菜，曰烏蘭，曰茭白，曰白菜，曰黑菜，即紫芥。曰芑菜，俗名苦

蕒菜。曰菘菜，曰大蒜，曰小蒜，曰芥菜，曰苦菜，曰馬齒菜，曰水芹，曰荇菜，曰蒲蒻，曰茭瓜，曰蓴，曰葱，曰薤，曰韭，曰蘿蔔，曰薹菜。出海水石上，三四月生。　張氏論曰：　州地廣而價廉，人各有園圃以為種殖，且市廛稀疎，日食鮮少，而民亦不甚勤於蔬菜以佐資用。余居官舍，取不時得，城市且然，況鄉村乎？　足以見治生之薄也。《周禮》：　宅不毛者有罰。《漢書》言：　千畝卮茜，千畦薑韭。其人與千戶侯等，可不謂重哉？

食貨之類　曰鹽，曰絲，曰靛，曰黃蠟，曰白蠟，曰蘆蓆，曰木綿，曰綠麻。俗名山麻、火麻，可績線結網，不知織。　張氏論曰：　余嘗登高以望板浦、徐瀆、臨洪三場，海壖曬池累累如阡陌，沿河至安東，商船無慮千艘，晝夜連絡行不絕，其利可謂博矣。一不幸有水旱之災，而竈戶先受其病，何哉？　蓋鹽多而價廉，衣食仰給，計日而曬，未必足用也。加以官司之徵斂，團長之侵漁，巨賈之估算，又安得不貧乎？　諸貨唯鹽為大，故著而論之。

花之類　曰牡丹，曰碧桃，曰芙蓉，曰瑞香，曰海棠，曰薔薇，曰芍藥，曰紫薇，曰荼蘼，曰淩霄，曰棣棠，曰月季，曰山茶，曰石竹，曰蜀葵，曰玉簪，曰鶯粟，曰金沙，曰水仙，曰諼草，曰金盞，曰雞冠，曰木槿，曰百合，曰珍珠，曰金燈，曰黃雀，曰木犀，曰良薑，曰孤燈，曰繡毬，曰粉團，曰金鳳，曰木香，曰鴛鴦，曰迎春花，曰佛見笑，曰百日紅，曰金絲桃，曰千葉蓮，曰金絲荷，曰滴滴金，曰榴，曰梅，曰菊，曰蘭，曰蕙，曰荷，以上俱花。　曰芭蕉，曰吉祥，曰虎鬚，曰繡墩，曰茭，曰莎，曰莞，曰芒，曰茅，以上俱卉。　張氏論曰：　花卉，園池之勝也。州勤生以待官府之政令，雖有良家，亦多茅舍，華門掩富為貧，惴惴然惟慮賦役之累及也，固不暇為此。況其地居邊海，無達官游士、騷人墨客之題咏，其民亦安於耳目之儉樸，又不知為此。然其根莖花實，色香氣味，以攻疾養生，皆有益於人也。故備論之，亦可以觀民風焉。

竹木之類　曰筀竹，曰淡竹，曰慈竹，曰水竹，曰紫竹，曰斑竹，曰紫荊，曰石楠，曰皂角，曰冬青，曰梧桐，曰棠梨，曰桑，曰柘，曰松，曰栢，曰檜，曰槐，曰榆，曰椿，曰樗，曰楊，曰柳。　張氏論曰：　竹可編器用。木如松栢之類，皆作室之材也。州人一竹一木，皆取給商賈，而土人鮮知植焉。予巡視鄉村，見諸大家稱富厚者，其材木亦屈曲拳腫，間架踈漏，苟以蔽風雨而已，豈非竹之少哉？　山居千章木，渭川千畝竹，古之治生者，亦取諸此云。

鳥之類　曰雎鳩，曰鴛鴦，曰鶺鴒，曰鴝鵒，曰鷩鴼，曰白鷗，曰鵜鶘，曰鷺鷥，曰鵓鴿，曰鵪鶉，曰鵜鶘，曰黃鸝，曰天鵝，曰黃頭，曰蠟嘴，曰伯勞，曰戴勝，曰山鵲，曰雉雞，曰野鴨，曰練雀，曰鶴，曰鵲，曰鷹，曰鷂，曰官雞，曰章雞，曰鴨。

獸之類　曰虎，東海亦有海虎，西海有狼無虎。曰鹿，有大馬鹿。曰麞，曰麂，曰狐，俗名大兔。曰兔，曰貛，似狐而小，善睡，皮可製裘。一名睡貉。曰蝟，曰狼，曰香貓。　張氏論曰：　鳥獸之中惟鹿、兔為薦廟之羞。鶴為超塵之物，州人喜養之。若夫肉不登於俎，皮革、齒牙、骨角、毛羽不登於器，雖有殊絕，猶無濟於民生也。物有良惡，時有去留，與政事實相流通。如虎北渡河，雊雉傍車，物感之徵，有是理哉？

鱗介之類　曰鯉魚，曰鯽魚，曰青魚，曰白魚，曰鱸魚，曰鱖魚，曰魴魚，曰鰷魚，曰鱅魚，曰鯧魚，曰鯔魚，曰鯿魚，曰鰻魚，曰鱔魚，曰鮎魚，曰金魚，曰銀魚，曰馬鮫，曰河豚，曰烏賊，曰海蜇，曰蛤蜊，曰簖蟹，曰車螯，曰蝤蛑，南方曰䱜。　曰螺螄，曰龜，曰鼈，曰鰕，曰蟶，曰蟹，有幾種，一種遮羞，二螯一大一小，行則豎大螯，故名。　曰淨瓶魚，一名鎖管。　曰彭越蟹。南方云彭蜞。

畜之類　曰牛，曰馬，曰驢，曰羊，曰犬，曰豕，曰貓。

藥材　曰金銀花，曰五加皮，可浸酒，出東海。曰菟絲子，曰天南星，曰車前子，曰香附子，曰麥門冬，曰劉寄奴，曰旋覆花，曰蛇牀子，曰夏枯草，曰菴蕳子，曰馬鞭草，曰大小薊，曰青葙子，曰牽牛子，曰桑白皮，曰玄胡索，曰何首烏，曰天仙藤，曰三稜蒲，曰地骨皮，曰土牛膝，曰竹園荽，曰馬芹子，曰柴胡，曰半夏，曰槐角，曰地榆，曰荊芥，曰桔梗，曰菖蒲，曰射干，曰商陸，曰紫茅，曰鶴蝨，曰大青，曰玄參，曰苦參，曰蒲黃，曰大戟，曰枳實，曰茴香，曰芫花，曰艾，曰王不留行，曰漏蘆，曰卷栢，曰草烏，曰蒼朮，曰百部，曰百合，曰骨碎補，曰青木香，曰紫花地丁，曰豨薟，曰威靈仙，曰白蒺藜，曰木澤。　張氏論曰：　州人信巫鬼，不尚醫藥，故藥品雖多，取而蓄之以治疾者少也。夫風寒暑濕過則生疾，臟腑癥結，豈鬼物所能湔浣漱滌者乎？　甚矣，人之愚也！　五加皮可以益酒，則取之窮山谷而為民擾矣，是藥不足以治疾而反生疾也，雖多何為哉？

明・楊仁甫《嘉靖崑山縣志》卷一　土產

粳之屬十有九　紅蓮、香粳、旱粳、青芒、紅芒、早白稻、小白稻、晚白稻、中秋白、紅綠稻、金裹銀、下馬看、救公饑、薄十分、靠山黃、雪裏揀、閃西風、

麻子烏、黃粳仙。

糯之屬十有四　早糯、珠糯、榧子糯、水晶糯、小娘糯、虎皮糯、牛腿糯、羊脂糯、羊鬚糯、趕陳糯、香子糯、竈王糯、楊梅香、矮糯。

麥之屬四　大麥、小麥、穬麥、蕎麥。

荳之屬八　白藊荳、紫羅荳、豌荳、蠶荳、江荳、刀荳、赤荳、毛荳。

布之屬五　綿布、苧布、麻布、黃草布、藥斑布。出安亭鎮。

楊莊瓜：《淩志》云：楊莊在縣西三里。仙人傳瓜種甚佳。又柯九思有《乞楊莊瓜》詩，今無可考。　婁縣菱：出婁縣村者大而味美。　蔚遲蟹：出蔚洲村者大而肥美。土人藏之至元宵日鬻于市，俗謂看燈蟹。　石首魚：《吳錄》云：出自婁縣，至秋化鳧。今惟海中有之，蓋古婁縣地界瀕海，故云。　箭頭魚：首闊尾狹，狀如箭鏃。惟吳淞江有之。　黃雀：七八等保有之，每歲秋間自海邊飛來食穀，土人網之以為珍味。

明·張袞《江陰縣志》卷六　土產

穀之屬　黃粳稻：粒大性堅，品最上。　紅蓮稻：芒紅粒大，米最佳。陸龜蒙詩云：近炊香稻識紅蓮。　白稻：皮芒白，米赤。其種有早白、晚白。　烏鬚稻：熟最早，性柔稈弱。　紫芒稻：紫穀白米。張方平云：鱸鱠飯紫芒。　香子稻：米色斑，粒小而長，入他米炊之則飯皆芬芳。　金城稻：四月種，七月熟。米紅而尖，性硬，穀之下品。　辮穲稻：綴粒甚密，顆稍圓細。　鐵梗穤稻：梗勁色黑。　光頭穤稻：穀無芒。　虎皮穤稻：五月種，十月熟。色斑。　趕陳穤：四月種，七月熟。米粒最長。　稷：俗呼為蘆穄。色如蠟，其苗類黍，其穗如稻，有粳穤二種。大麥：古謂之牟，有早、晚二種。凡麥秋種冬長，春秀夏實，具四時中和之氣，故為五穀之貴。　小麥：古謂之來，其種不一。有舜歌麥，無芒，熟早。　穬麥：有粳、穤二種。　蕎麥：花白，粒似黑牽牛子。七月種，九月熟。遇霜即枯。　黃豆：有小有大，名珍珠、烏眼者為上。　青豆　黑豆　紫羅豆：五月種，九月熟。色紫粒大，有青黑花紋。　僧衣豆：褐色而差匾。　菉豆：實小而性涼，可造粉。　赤豆：似菉豆而色赤。　豇豆：色赤黑。四月種，六月熟。　裙帶豆：有青、紫二種。蔓生而長，故名。蠶豆：一名寒豆。九月種，明年蠶時熟，故名。　豌豆：一名小寒豆。九月種，三月熟。蜀中以此豆之不實者為巢菜，雜彘肉作籠餅。　匾豆：七八月延籬而生。青者可食，白者中藥。　刀豆：以形似名。乘莢嫩時採，可入醬為蔬。　角豆：形似羊角。　芝麻：粒細而味腴，宜糝餅，可壓油。

菜之屬　菘菜：其性淩寒不凋，有松之操，故字從松。唐人所謂闊葉吳菘是也。　芥菜：似菘而有毛，其子如粟粒，三月間薹長尺餘，榦大如指，味辛爽可醃藏。　白菜：其形類菘，莖闊而短，四時皆有，惟冬種者至春生薹，擷食，旁復生，苗作花。夏初取其子壓油。　箭幹菜：肥白而長，冬月醃藏以備歲，故又名藏菜。　莙薘：葉厚莖短，冬種至春三月收。煮暴為乾蔬。今呼為甜菜。　菠菜：根赤，葉如箭鏃，味極甘美。相傳種出波稜國，因名。　萵苣：味脆爽，有毒，百蟲不敢近，蛇觸之目即瞑，人中其毒以薑解之。　葱：薤屬。重臺者名龍爪葱。一種如韭，剪而復生。蒜：人家畦種多有之。　韭：韭者，久也。一種永生，故名。葉細而辛香。一種似韭而大，名薤。禮祭宗廟，韭曰豐本。　胡荽：一名芫荽。葉如碧芸而香，宜芼，亦宜生。入茶中多香氣。　薺：葉細而香，生田野間。古謂之甘菜。　茼蒿：葉似蔞蒿，味香美，至春着黃花如菊。　蕨：《爾雅》云蕨，虌，以其初生似虌脚也。又似小兒拳。　蔞蒿：叢生澤濱，葉似艾，春時摘苗，鹽漬曝乾，味香。　馬齒莧：一名五行草，以其根白、莖赤、葉青、花黃、子黑也。　馬蘭：〔馬〕薤，葉微似菠稜。　芹：叢生水際，紫莖綠葉，有節，其味香辛。　茄：有紫、白二種。　瓜：圓者為西瓜，出青陽者佳；稍長而深稜者為甜瓜，為香瓜；長者為菜瓜；黃者為黃瓜，土人多入醬為菹；大如枕者為東瓜；皮脆而中有絲者為絲瓜。　壺盧：匏也。種多異形，其味甘者可食，苦者堅實，可作器。　瓠子：似壺盧而長，可食。芼羹尤佳。　蘆菔：蕪菁之屬，俗呼蘿蔔。根大而白。一種暮春時有之，形細長，味鬆脆，名楊花蘿蔔。一種根小而長，色赤味甘，名胡蘆菔。　芋：古謂之蹲鴟。大者名芋魁，傍生小者為芋奶。一種色微黃，味美，名香芋。別一種引蔓生花，花落即生，雖類香芋而味不及。　茨菇：《本草》名烏芋。生稻田中，其葉上銳下歧。　山藥：即薯蕷也。其苗蔓生，大者一本或至數斤，結子亦可食。　蘘荷：俗呼甘露子。白瑩如蠶蛹，莖葉如薄荷，能治蠱毒。詳註《本草》。冬月取根雜鹽菜藏之，味極甘脆。茭白：即菰也。生水中，八九月中心生薹如小兒臂，又名茭手。　蕈：即

菌。多生山林陰翳處，味類蘑菇，微澀，有小毒，以生薑同煮，色變者可辨。

果之屬　梅：多種。惟硝梅最為酸脆。鶴頂梅大而美。七月熟者名秋梅，十月始熟者為冬梅。　桃：五月熟者最大，名五月桃。惟六月熟者最多。色黃者名金桃，色紅者名胭脂桃，其扁者為餅桃，有罅者則寄書桃也。有十月熟者，名寒桃。　櫻桃：《禮》曰含桃是也。俗呼櫻珠，色紅。其黃者名蠟櫻，後熟味尤佳。出月城南北最盛。　李：多種名。青脆者為最佳，出陳墅高岸。紅心，秋熟者出石橋。　杏：花類紅梅而豐豔。《埤雅》言：北人不辨杏、梅。　枇杷：秋蕊冬花，春結夏熟，實如金丸，味苦，膚肉薄，多核。　棶檎：一名來禽。其形圓如柰。　葡萄：白而圓者名水晶，紫而長者名馬乳。　蓮菂：其紅花者實小而甘，白花者實大而淡。　藕：紅蓮、白蓮皆有之。白者大而甘脆。　石榴：種有酸、淡，花單葉，有大紅、桃紅、淡白，旋結實，子紅，秋後經雨皮自裂。又一種子瑩白者味甘，謂之水晶石榴。其千葉花者色豔不實。　棗：最小者名矢棗，大而皺裂者名白棗，最大者名東瓜棗。惟純赤者味最甘。　菱：一名芰。根生水底，葉浮水面，其花黃白色，花落而實生漸向水中。有四角，有兩角。　芡：葉平鋪水面，似荷而大，至秋作房如雞頭，實藏其中，故俗名雞頭。有粳、糯二種。

梨：多種，十月熟者最大。　胡桃：一名羌桃，其種自西羌，殼剛而肉柔甘。土生甚少。　栗：有小、大二種。　柿：朱而圓者為火珠柿，色綠稍大者名綠柿。　橙：若柚而香，木有刺，可以芼，鮮可以漬蜜。　橘：如柚而小，白花赤實。　金橘：樹低實小，瓤酸而皮甘。　金柑：實小如彈丸，味帶微酸，其本高三尺許，纍纍金色。一種長寸許，名馬柑。　香櫞：橙類，形圓色黃，大如杯盂，香氣馥烈，取其瓤作湯。　銀杏：俗名白果。

藥之屬　菖蒲：叢生石上，葉勁細。一種葉闊而長，狀如劍脊，產於水濱。《本草》：一名堯韭，一名昌陽。　半夏：一名守田，又名地文。苗一莖，莖端三葉，有二根相重，上小下大，皮黃肉白。　枸杞：郊甸叢生，秋結子如棗核，有紅、綠二種，其根曰地骨皮。　貝母：《詩》云言采其蝱是也。一名商草根。有瓣，子黃白色如聚貝，故名。一種圓而白花。葉似韭者罕。　芍藥：有赤、白二種。　山查：一名棠毬。生山谷間。　百合：根類胡蒜，數十片相累。一名重邁，一名重匡。　茱萸：有三種。惟色綠而變紫者霜後採，泡去苦水用之。　紫蘇：葉背面俱紫，氣最芳烈。　荊芥：一名假蘇，以其香似也。細莖者佳。　白蒿：其葉似艾，俗呼蓬蒿。春初最先諸草而生。　何首烏：其名有三，曰野苗，曰地精，曰交藤。秋冬取根，赤雄白雌。《本草》：何姓人服之而黑髮，故名。　薄荷：莖葉似荏而尖。　薏苡：一名屋菼。葉如黍，花紅白，實如珠。　香薷：一名香茅。似水蘇而葉細。　大黃：葉似蓖麻，根如大芋，旁生細根如牛蒡。　蛇床子：一名馬床。生下濕地，葉似芎藭，花白，子如黍粒黃白色。　香附子：即莎草根。生田野間，莖葉三稜，根如蒼耳子有毛。　枳實：如橘而小，葉似根多刺，白花，春生秋實。　防風：一名茴草根。黃莖，葉俱青綠色，類青蒿，差短小。　鶴虱：一名鵠虱。春生苗，葉皺如紫蘇而尖長，莖高二尺，七月生黃白花似菊，八月結實極細。　牛蒡子：一名惡實。葉大如蘋，結子，殼類栗蓬小而刺。　牽牛子：有黑、白二種。二月種子，三月生苗，七月生花，八月結實，九月後收之。　麥門冬：俗呼為階前草。根如穬麥，結實如青珠。　桑白根：採以竹刀刮去麄皮，取其白霜後乃佳。　菟絲子：初生若絲，得他草梗纏繞而上。《呂氏春秋》曰：其根不着地，茯苓是也。　細辛：紫色，其葉如葵，以根細味辛，故名。　薺苨：莖似人參而葉小異，根無心類桔梗。　瞿麥：一名雀麥。實類麥而無粉。　金銀藤：蔓生，二花相聯，一黃一白。　連翹：葉類水蘇，莖赤色，花黃，秋結實作房，似蓮翹出眾草，故名。　天南星：花黃，結子作穗，如石榴，子紅色，根似蘋而圓。　車前子：《詩》云芣苢，俗呼為蝦蟆草。大葉長穗，生道旁。

王瓜：一名土瓜。生籬院間，子如彈丸，根似葛，細而多糝。《月令》云王瓜生是也。　栝樓：一名天瓜。蔓生，花淺黃色，實在花下。《詩》所謂果贏之實是也。　地松：一名天門精。夏秋抽條，頭如薄苛，花紫白，葉似松而小。　白芷：根白，長尺餘，葉相對婆娑，色紫，花白微黃。　蓖麻子：斑如巴豆。　茅根：春生布地如針，夏開白花，根至潔白。　玄參：莖似人參而長，紫赤色，葉如掌，根甚黑，微香。　豨薟：葉圓而末銳，秋着小黃花，子黑如鶴虱。採葉以酒蒸曝九次，丸服之治風濕。　坦衣：一名昔邪。生牆陰，其在屋上者名屋遊。　射干：一名鳳翼。秋生紅花，中有黑點。

商陸：俗呼當陸。多生人家園圃中，莖青赤，至柔脆，開紅紫花，根如蘆菔而長。　馬勃：生園中久腐處，虛軟如絮，彈則有粉。　莽草：一名芒草。木似石楠而葉稀無花。《爾雅》云葞，春草。　蒔蘿：苗花實大，類蛇

床而香辛。　花椒：　似茱萸而小，赤色，內含黑子如點。　馬鞭草：　莖似細辛，花紫色，葉微類蓬蒿，村墟陌甚多。　馬兜鈴：　苗如藤蔓，葉如山蘋，開黃紫花，結實如鈴作四五瓣，根似木香。　羊蹄草：　葉狹而長類萵苣，根似牛蒡而堅實。　積雪草：　葉圓如錢，莖細而勁。

木之屬　松：　《玉策記》曰千歲松如偃，蓋松樹皮中有聚脂。　檜：　栢葉松身。　栢：　側葉赤皮。別一種葉大而匾曰羅漢栢，其木理堅。　杉：　似松而勁直，葉附枝生若針刺。　槐：　幹似榆，葉細而長，花黃可染。一種盤槐，天然樛屈，枝葉皆倒垂，蒙密如幄。　桐：　《詩義疏》曰：　梓實桐皮曰椅，今人云梧桐也。有白桐，有青桐，有赤桐。雲南牂牁人績以為布，其材良者中琴瑟。　梓：　《埤雅》：　梓為木王。《詩註》：　楸之疏理白色，而生子者，其質輕。　檀：　最堅，有黃、白二種。　梘：　質堅而勁，多葉繁陰，人家門巷多植之。　桑：　葉宜飼蠶。　柘：　葉勁而有紋。　楓：　似白楊葉厚枝弱，善搖，故字從風。霜後色丹，又謂丹楓。　楊：　葉圓闊而赤，枝短而勁，顛倒植之皆生。一種白楊葉圓蒂弱，無風自動。一種生水畔，為水楊。　柳：　柔脆易生，與楊同類。　楝：　似榆而踈，幹易長，質輕而堅，其根枝多自然樛曲，宜為犁轅及牛牽。　榆：　有數種。惟細葉者堅韌，宜為農器，春盡生莢。　椿：　樹高聳而枝葉踈，與樗不異。葉香者椿，臭者樗也。　楮：　生子如彈，秋深則紅，皮可搗紙。　檉：　葉細而枝弱。一名西河柳。　黃楊：　一種直脚，枝楊而葉踈。一種名錦塾，枝柔而葉繁，婆娑可愛，最艱於長。　石楠：　冬夏常青，開碎白花，結紅子。　鵶臼：　葉似梨，經霜則紅紫可愛，花如粟，花穗而長，子外白為蠟，核仁可壓油。　椶櫚：　葉似摺扇而末散，皮有毛如織。　棠梨：　木宜鐫書，赤者尤良。　天竹：　叢生，開細白花，冬結紅子。　冬青：　四時青不改，子可放蠟。

竹之屬　金竹：　色黃，故名。　筀竹：　質厚而堅，古稱出吳越，即今晚筆。　燕竹：　燕來時筍生。　淡竹：　質淡，節間有粉。　斑竹：　質脆，其文斑。　紫竹：　初解籜猶青，久之色乃變。　慈竹：　叢生，節踈。陸(機)〔璣〕《草木疏》：　南方生子母竹，今慈竹是也。　篁竹：　節高質勁。　台竹：　俗名滑皮。質韌而節高。　黃侯竹：　皮黃力韌，為用最少。　瀟湘竹：　冬生，葉最繁，可翫而不可用。　鳳尾竹：　蕭踈如鳳尾。　石竹：　節踈中實。

花之屬　玉蘭：　多以辛夷花本接之，先花後葉，其瑩如雪。　海棠：　有二種：　其一粉紅長蒂，名垂絲；　其一磬口深紅，綴枝作花，名貼梗。　山茶：　單葉者多。其千葉深紅者曰寶珠。朱長文詩云：　留芳占春月，弄蘂耐秋風。　紫薇：　夏開至秋暮不斷，故又名百日紅。　凌霄：　附木蔓生。左太沖詩云：　以彼徑寸莖，蔭此百尺條。註謂凌霄也。　杜鵑：　狀如躑躅，紅而最繁。　躑躅：　生山谷間，莖高三四尺，夏開花似凌霄，紅黃色。唐人詩云：　五渡溪頭躑躅紅。　紫荊：　高樹柔條，花叢生而色紫。　梔子：　色白而香。佛書曰檐蔔花。　木樨：　俗呼巖桂，有黃、白、紅三種。紅者謂之丹桂。　郁李：　小花，繁縟可愛。　芙蓉：　一名拒霜。有紅、白二種，多生水傍。陸生者為木芙蓉。范〔成〕大詩云：　豔粉髮妝朝日麗，濕紅浮影晚波清。　木槿：　《詩》曰舜華。朝生夕悴。　辛夷：　初春開，葉如柿而小，花白帶紫，未開如筆，故一名木筆花。　薔薇：　有紅、白、雜色數種。紅花有金沙、寶相、刺紅、紫玫瑰、五色、十姊妹等。白花有金櫻子、佛見笑等。皆薔薇也。　酴醾：　綠葉青條，有稜，叢生，多刺，花白而香清。　木香：　細朵，有黃、白二種，其花芳馥。　牡丹：　其名多見歐譜。人家所植，惟壽安、紅玉、樓春為多。深紅者已為難得。　芍藥：　百花之中名最古。《詩》曰：　贈之以芍藥。　瑞香：　一名錦薰籠。　萱：　一名忘憂，即《詩》言樹之背者。　蘭：　香草也。《離騷》曰：　羅生兮堂下，綠葉兮紫莖。　蕙：　《廣雅》曰蕙草。綠葉紫花。魏武帝以為香燒之。　迎春：　一名黃雀兒。晏元獻詩云：　淺豔侔鶯羽，纖條結莬絲。　麗春：　多色，花四出，葉端如線稜。少陵詩云：　百草競春榮，麗春應最勝。　含笑：　有紫、白二色。　素馨：　花細而香幽。　玉簪：　葉大如扇，花雪色，未開如簪，故名。　夜合：　一名合昏，又名合歡。花細如絲，朝開暮合。　錦帶：　長枝繁花如錦帶然，故名。王禹偁詩云：　一堆絳雪壓春叢，嫋嫋長條弄晚風。借問開時何所似，好將繡被覆薰籠。　玫瑰：　一名徘徊。花有紫、白二種。　八僊：　類瓊花八蝶簇一心。有小蝶簇叢者曰玉蝴蝶。　綉毬：　似八仙大朵作團，故以為名。　水僊：　一名雅蒜。有單葉、千葉二種。單葉者俗呼金盞銀臺。　渥丹：　色猩紅，的的可愛。　長春：　四時相繼開，故名。　罌粟：　即米囊花。其千葉者色爛然。　金鳳：　有紅紫、淺紅、純白數色。又名鳳仙花。文與可詩云：　花有金鳳為小叢，秋色已深方秀發。

金錢：一名子午花，以其朝開暮落也。俗呼夜落金錢。　玉屑：一名真珠。張芸叟詩云：遶砌總真珠。　剪金：花如金茸，類剪刻。　金燈：莖直上，末分數枝，枝一花，光焰如燈。　金沙：似紅薔薇。山谷詩云：紫綿揉色似金沙。　剪春羅：其碎穀若剪。　滴滴金：一名滴露。陶弼詩云：九秋珠露滴成茅。　朱藤：附木而生，花青紅色，可茹。　石竹：草花也。莖如竹枝，葉如苕，花如金錢而紫。李白所謂石竹繡羅衣也。

雞冠：有紅、白二色。山谷詩云：紫冠黃鈿網絲窠。　紫鶴：似白鶴而小，色淺紫，初夏先開。　截毛：似薔薇而瓣細多刺。　古臘：似薔薇而色紫。　西番蓮：葉如菊，花如寶相，色淡青，與諸花異。　百合：花色淺黃，上有黑點，離離如灑濃墨然。　秋海棠：花類垂絲海棠，色嬌秋開，宜幽砌。　蜀葵：《爾雅》曰：菺，戎葵。今蜀葵也，如木槿花。　晉傅玄序曰：其苗似瓜匏，既大而結，鮮紫色，耀日。一種黃者尤佳。

秋香：幹弱花柔，香甚清遠。　菊：《爾雅》曰：菊，治蘠。今之秋菊也。其品最多。邑中所佳曰御袍黃，曰相袍紅，曰狀元紅，曰探花白，曰粉西施，曰醉楊妃，曰金銀鶴翎，曰金銀芍藥，曰錦荔枝，曰紫霞觴，曰水晶毬，曰御愛黃，曰八鑾寶相，曰紫綬金章，曰二色桃，曰寒菊。

草之屬　木棉：有白、紫二種，種宜高地。元熊潤谷《木綿歌》：秋陽收盡枝頭露，烘綻青囊翻白絮。　藍：即馬藍。刈其葉漚為澱，可以染青。　紅花：苞黃，萼多刺，宜染大紅。　芝：其色有五，生則歲凡三四刈。　芭蕉：一名芭苴。堅之如樹，株大者一圍，重皮相裹，葉廣尺，長有丈。張文潛詩云：翠旍舒曉日，綠錦障西風。　薜荔：蔓生木石垣牆間。

旱蓮草：莖圓葉尖，對節而生，花如野菊。　莎：葉細如茸。宋景文詩：青莎秀滿堦。　苔：水衣也。花細如粟。少陵詩：雨過苔花潤。

鳳尾：多生牆垣間，以形似名。　鴈來紅：似莧而大，經霜則莖杪嫩葉猩紅最媚，故名老少年。一種黃、紅、紫、綠間色，名十樣錦。　映山紅：葉如冬青，紅子可愛。　翠雲：葉如璚芝，碧紫可愛。　虎耳：開細白花。

蘆：大者曰蘆，如蘆而叢生者曰荻。《詩義疏》曰：薍或謂之荻。至秋堅成(小)者曰萑，似葦而小曰菼。《爾雅》曰：菼，薍也。　蘋：萍之大者，白花，生於水際。　蓼：《爾雅》曰：薔，虞蓼。虞澤蓼也。有青蓼、紫蓼，即水紅花。　荇：叢生水中，葉圓在莖端，長短隨水淺深。　藻：水草之有文者。其字以澡，言自潔如澡也。　萍：蘋，萍也。其大曰蘋。《周禮》曰：穀雨一日萍始生，萍不生陰氣增盈。

獸之屬　牛　馬　騾　驢　豕　羊　犬　貓　麝：形如小鹿，肉細而美。

兔：口有缺，吐而生子，故謂之兔。　獾：一名貒。善穴土為窟。

狐：似狸而黃，尾大，性好疑。　野貓：鼠善害苗，而貓能捕鼠，去苗之害，故貓之字從苗。　狸：文彩斑然，性善擬度。　狼：大如狗，青色，作聲諸竅皆涕。　蝟：狀如鼠，性極獰鈍，物少犯，近則毛刺攢起如矢。　獺：似狐而小，青黑色，水居食魚。

鳥之屬　雞：《爾雅》曰：雞大者絕有力奮。雞三尺為鶤。　鵝：貴白色。《廣志》曰：駕鵝，野鵝也。　鴨：《廣雅》曰：鳧、鶩，鴨也。白色烏嘴者貴。　鶴：以足有龜紋者貴。　鸛：似鶴而頂不丹，好巢高危處。

鸌：有青、黑、黃、白，大小數種。　雉：俗呼野雞，一名山雞。《尚書》謂之華蟲。《本草》：微寒無毒，補中益氣。有痼疾者不可食。不可與胡桃、菌子、木耳同食。　竹雞：斑褐色，似雞而山棲，俗呼泥滑滑。東坡詩云：泥深竹雞滑。　鴿：多奇種。　烏：純黑能反哺，又名慈烏。《詩》所謂鷽。　鴉：似烏而頂白。又一種名寒鴉。赤者為火鴉。　鵲：一名喜鵲，一名乾鵲。　山鵲：頭黑身淺藍。　燕：《爾雅》云鳦，一云玄鳥。有二種：紫身，小者為越燕；胸斑黑而聲大者為胡燕。　雀：斑褐色，俗呼麻雀。一種微赤者為川雀，秋冬則有之。一種黃者名黃雀，骨肉細脆，味最肥佳，九月有之，出蘆蕩間。　鳩：《爾雅》云鴶鵴，今謂之布穀。雌雄飛鳴，以羽相拂。小者名鵓鴣。　鸜鵒：黑色而有幘，人捕得之，剪其舌使能言。　鶯：一名鶬鶊，一名黃鸝。　百舌：似鸜鵒而無幘，能作百鳥鳴。

子規：一名杜鵑。至三月鳴則眾芳皆歇。其聲云不如歸去，晝夜不止。

畫眉：色褐，眉如粉畫。　蠟觜：褐色黃喙。　白頭翁：白顛，似雀而大。　告天：斑褐色，善鳴，鳴愈急則飛愈高，決起直上淩摩雲霄，凝停而鳴，若有所告，倦則流擲而下如落星。　鴉舅：又名催耕。似百舌而輕疾。

桑扈：竊脂也。鳴於三月，其聲似之。　山鷓：尾長色碧，觜距皆紅。　黃頭：褐色。　偷倉：能竊穀。　綉眼：最小而巧。　楊葉：頭白頸黑身灰。　青菜：色嫩綠而腹黃。　練帶：似鵲而小，尾長尺餘。　雪姑：黑白相錯。　十二紅：紅、紫、碧、綠相錯。　採桑

子：喙紅身黑頭頸白，桑椹熟時有之，故又名桑白頭。穿鼻：似雀而小，鼻端有竅。鶻嘲：褐色多聲。啄木：五綵長喙，啄木取蟲食之。鷹：鷙鳥。其羽勁蒼黑。鶻：鷙屬。柳子厚有《鶻說》。鷂：似鶻而小。世傳鶻生三子，一為鷂。《爾雅》曰：鷂負雀鷂也。《詩義疏》曰：隼，鷂也。或曰雀鷹春化為布穀。此屬數種，皆為隼。鶚：似鷹而小。伯勞：惡聲之鳥。姑惡：水鳥。俗傳婦以姑虐死，其聲故云。鴈大曰鴻，小曰鴈。鷺：春鋤也。生澤中。皮日休詩云：數點春鋤煙雨生。鷗：色白，浮游水上。鳧鷖：有大、小二種。狀如鴨，俗名野鴨。鵜鶘：一名提壺。山谷詩：提壺雅解勸酤酒。鴛鴦：羽五色，偶常並游。鸂鶒：類鴛鴦而尾小異。鶺鴒：雝渠，水鳥也。飛則鳴，行則搖。鶬鴰：一名禿鶬。魚虎：翠羽，短尾長喙，巢於水際，善啄魚。

魚之屬　鯉魚：脊中鱗一道，每鱗上有小黑點，大小皆三十六鱗，諸魚之最貴者。鰣魚：銀鱗粲粲，骨纖肉膩而味甚腴。鱭魚：春初出江中，形如刀而長者名鱭。又子鱭四月最盛，歲以充貢。鱸魚：皮豐肉踈，潔白甘脆。鱖魚：大目大口，細鱗，有斑彩。鯿魚：縮項細鱗，味甚腴。少陵詩云：謾釣槎頭縮項鯿。鰱魚：頭尖腹闊者名白鰱。一種頭尾相等，一種頭大尾小而色黑。青魚：有烏青、草青。黄鱨魚：燕頭魚身，頰骨正黃，魚之有力解飛者。白魚：似黃鱨而大，色白。少陵詩：白魚切如玉。鯔魚：身圓鱗細，骨柔味甘。《本草》云：能開胃，利五藏。以此魚食泥，百藥不忌。鯽魚：一名鮒。此魚旅行名之，義以鯽相即，鮒相附也。至冬日寒，鯽味更美。別種有金、銀、玳瑁三色，人家池沼畜之為玩。鰷魚：形狹而長若條然。鱧魚：一名玄鱧。諸魚中唯此魚膽可食。有鱗，細花文。燕魚：狀類鱖，色如燕，有翅。蘆筍魚：四月出，味最佳。比目魚：身形如箬，故一名箬魚。亦曰板鞁。味極美。針頭魚：喙如針，身細而長。鱣魚：鼻、口在頷下，肉黃，大者二三丈。鱘魚：鼻長與身等，眼細如黍，骨脆，大者或百斤。鮰魚：出江中。東坡詩云：粉細石首仍無骨，雪白河豚不藥人。鮎魚：巨口，豐腹，銳尾。黃顙魚：似鮎而小，背黃腹白，脊鬣有刺如針。河豚魚：一名鯸。立春出江中，盛於二月，無頰無鱗，口目能開及作聲，凡腹子、目精、脊血有毒，治必棄之，熟食始無患。又梅聖俞詩云：春洲生荻芽，春岸飛楊花。河豚當是時，貴不數魚鰕。其狀已可怪，其毒亦莫加。忿腹若封豕，怒目如吳蛙。庖煎苟失所，入嘴為鏌鋣。若此喪軀體，何須資齒牙。持問南方人，黨獲復矜誇。皆言美無度，誰謂死如麻。我語不能屈，自思空咄嗟。退之來朝陽，始憚餐龍蛇。子厚居柳州，而甘食蝦蟆。二物雖可憎，性命無舛差。斯味曾不比，中藏禍無涯。甚美惡亦稱，此言誠可嘉。韶陽魚：狀如釜蓋。俗呼為鑊䰩魚。吐鮫魚　有斑文。陳高子所謂吐鮫爛斑是也。鰕虎魚：類吐鮫而肥紅若虎，善食鰕。橋丁魚：狀如丁，俗謂之肉兔郎。鱠殘魚：形如玉簪，無骨，出江中。一種小者名銀魚，出湖塘河。鰻鯏魚：似鱔而大，腹白背青，肉味濃厚稍腥，盛於八月。《埤雅》：有雄無雌，以影漫於鱧之鬐鬣而生，故謂之鰻鱺。鱔魚：陶隱居謂苻苓根所化。背黑腹黃而尾銳。鰌魚：似鱔而短，味腴。梅聖俞詩云：下箸勝紫鱗。

介之屬　龜：外骨內肉，腸屬于首，廣肩無雄，與蛇為匹。《爾雅》曰：龜三足曰賁。鼈：水居陸生。穹脊連脇，細腰純雄，大腰純雌。黿：似鼈而大，鼈以為雄，故黿鳴而鼈應。蟹：水蟲。八跪二敖，殼堅而脆，團臍為牝，尖者為牡。陶隱居曰：未被霜者有毒。蟛蜞：蟹屬而小。螺：大者曰田螺，小者曰螺螄。蚌：大者如盤，小者如酒杯。蜆：似蚌而小，僅如錢。蝦：大小不一。一種白而軟，名鱉蝦。

蟲之屬　蠶：再生者曰蠡。蜘蛛：善結絲，以網飛蟲。蜥蜴：《說文》曰：蜥蜴、堰蜓，守宮也。日十二時變色，故曰易。蜈蚣：俗名百足，性能制蛇。蟋蟀：又名促織。似蝗而小，善跳，正黑，有光澤如漆。蜂：其尾垂穎如鋒，故謂之蜂。蝶：粉翅有鬚。蟬：土蟲所化。大者名蜩，小者名螿。蜻蜓：六足四翼，其翅輕薄如蟬，水蟲所化，好集水上欵飛。螳螂：其臂如斧，奮之當轍不避。蚱蜢：蝗屬。絡緯：至秋則鳴于籬落間，其聲如紡。

明・陳文仲《句容縣志》卷三　貢辦　前代歲貢土物：翎毛捌千壹百根，貉皮壹千玖百捌十陸張，茅山蒼朮貳百斤。

國朝歲辦土物：活鹿壹十壹隻，活雁伍十捌隻，活鶖鵚貳十捌隻，活兔叁隻，薦新山藥肆十斤。

土產

穀之品　早稻、晚稻、糯稻、大麥、小麥、蕎麥、黄荳、紅荳、粟穀、芝麻。

帛之品　絲、綿、紬、絹、麻。

金之品　金：舊志：出句曲山。今無。銅鐵：舊志：出赤山。今無。銅器：舊志：出句容境内。今文廟有唐宋古祭器。

石之品　茅山石：石之次玉而堅潤者。石墨：出茅山。

藥之品　石鍾乳、禹餘糧、蒼朮、芍藥、石腦、茯苓、白朮、澤瀉、細辛、金櫻子、防風、烏頭、枸杞、決明、何首烏、玄胡索。

草之品　溪蓀草、菖蒲草、龍仙芝、紫成芝、燕胎芝、洞草芝、萪玉芝、熒火芝、夜光芝、琅葛芝。

香之品　黄連香：出茅山。

菓之品　來禽、大杏、海紅、金錠、黄梅、紅桃、緑李、相公李、福鄉柰、櫻桃。

花之品　牡丹、芍藥、薔薇、荼蘼、山茶、蜀葵、菊花、梔子、金鳳、雞冠、瑞香、玉簪、木犀。

木之品　松、檜、槐、榆、桑、柘、柳、椿、楸、栢。

蔬之品　山藥、芋頭、蘿蔔、萵苣、胡荽、白菜、芥菜、茄瓜、莧葱、韭蒜。

禽之品　鵝、鴨、雞、鴉、鵲、雉、鳧、鳩、鴿、鸛、鴛、鶉、鴝。

魚之品　鰣、鱭、鯿、鯽、青、白、鰱、鮎、鯉、鱉。

獸之品　猪、羊、獐、鹿、麂、兔、狸。

明·沈明臣《通州志》卷四　物産海門同

稻稅之屬　黄稜、烏節、大香斑、秈白、殼白、芒早白、晚白、晚黄、赤鬚、黑皮焦、黄烏口、下馬看、鷺鷥、白了田、青掠、饑公、粳子、籠下歡、潮水白。

粳之屬　早粳、晚粳、白粳、黄粳、羊鬚、麻勈、虎皮、猪鬃、粉皮。

麥之屬　大麥、小麥、圓麥、蕎麥。

黍之屬　秫黍、粳黍。

稷之屬　秫粟、粳粟、類粟而大者。芝麻附。

菽之屬　菉豆、赤豆、白豆、黑豆、蠶豆、豇豆、青豆、扁豆、黄豆、豌豆、早豆、晚豆。

枲之屬　絲麻、苧麻、白麻、葛靛附。

蔬之屬　笋芋、香芋、薯蕷、茄、白蘿蔔、胡蘿蔔、甘露子、菘、萵苣、菠薐、薤、韭、芹、茼蒿、莙薘、莧、茭兒菜、茭首、蕈、蘘荷、能解瘴毒，形似蓮花。胡荽、鹽莢、大蒜、小蒜、葱、白菜、甜菜、豆牙、椿牙、藤菜、蔓菜、菁菜。按：蘿蔔當作蘆菔。

果之屬　桃、李、梅、杏、榴、梨、柿、林檎、櫻桃、核桃、枇杷、銀杏、棗、橙、橘、蜜橙、葡萄、松子。

蓏之屬　西瓜、餘東場者佳。冬瓜、甜瓜、王瓜、菜瓜、香瓜、苦瓜、絲瓜、南瓜、葉葉瓜、葫蘆、瓠子、黄獨、俗呼黄精，誤。滴水生即落花生。

水實之屬　蓮子、藕、菱、有紅、野、風三種。茨菰、荸薺、茭白、芡實。

木之屬　椿、栢、榆、檀、槐、楝、檜、楓、楮、桑、樗、柏、棘、椒、梧桐、楊、柳、槿、梓、椶、冬青、皂角、石楠、黄楊、黄楝、白楊、松楊。

草之屬　蘆、荻、茅、蒲、菅、莎、織履。芒、編簾。藻、蓼、蘋。

花之屬　牡丹、有紅、白、紫三種。芍藥、紅、白二種。海棠、木香、薔薇、芙蓉、芭蕉、紫荊、紫薇、棣棠、山茶、山丹、荼蘼、長春、鳳仙、鶯粟、雞冠、玉蘭、蠟梅、百合、夜合、刺蘼、茶梅、茶花、瑞香、木槿、孤燈、水仙、洛陽桂、萱、菊百種、葵、金絲桃、水木犀、旱金蓮、到線紅、秋海棠、剪春羅、剪秋紗、金蓮、寶像、夜落金錢、白者為銀錢。郁李、粉團、辛夷、繡毬、八仙、黄雀、錦帶、玉簪、梔子、茉莉、素馨、結香。

竹之屬　斑竹、紫竹、勈竹、淡竹、苦竹、慈孝竹、鳳尾竹。

羽之屬　鶴、出呂四場，足有龜文者佳。鸛、鳩、鴿、雉、鶻、鷗、燕、雀、鳧、鴈、鷹、鵝、鴨、鴉、鵲、鸕、章鷄、花鷄、秋日來自海東外，大者名麻鷄。白鶴別種，烏翎、黄鸝、鸜鵒、鷺鷥、鶺鴒、鸂鶒、鷘鵅、鵪鶉、喜鵲、布穀、啄木、鴟鴞、鴛鴦、百舌、禿鶖、白頭翁、山練子、十二紅、蠟嘴、野鴨、伯勞、練鵲、百舌、青鷁、山鵲。

毛之屬　鹿、麢、麞、兔、獾、獺、牛、羊、犬、馬、騾、驢、猪、猫、狸。

鱗之屬　鯉、鯯、鱘、鰉、鰣、鰕、鱸、魦、鰱、有青、白二種。鯽、鱝、鮫、鯖、鰋、鱧、即黑魚。鱭、鰍、鱔、鯧、鮰、一名白頰。鯿、鰻鱺、河豚、麪魚、銀魚、烏賊、黄鮎、石首、針口、馬鮫、吹沙、比目、黄脊、沙釘、獅口、梅頭、鱠殘、燕尾、白鰷、閏魚。閏年自海出，骨可為橋。

介之屬　龜、鱉、蜆、海螺、蚌、車螯、螃蟹、蠘蟹、蝤蛑、蟛蜞、蛤蜊、毛蟶、土蝶、海蛳、對鰕、竹蟶。

蟲之屬　蠶、蜂、蟻、蛇、蝦、蠆、田鷄、蚯蚓、蜈蚣、蠅虎、蚊、蠅、蜘蛛、螢、

蜻蜓、蝙蝠、蜉蝣、蟬蜩、螳螂、蚱蜢、螻蟈、促織、絡緯、蠹魚、蟾蜍、鼠婦、蟋蟀、守宮、果蠃、鼠蛾、蝌蚪。

貨之屬　鹽，各場出。剪刀、汗巾刀、裁刀、苧帨、蚊帳，以上出餘東場者佳。鯯、鯗、蒲鞋、藍靛、鰾膠、蒲包、蝦米、蒜種、麻線、鰕。

藥之屬　甘菊、半夏、薄荷、紫蘇、栝蔞、蒼耳、瞿麥、蓖麻、豨薟草、蒔蘿、蒲黃、蠡實、紅花、香附、茴香、貝母、蒺藜、茱萸、射干、葶藶、山藥、大薊、小薊、桃仁、艾葉、何首烏、商陸、麥門冬、蒲三稜、玄胡索、益母草、金銀花、車前子、蛇床子、蒲公英、穀精草、茵陳蒿、青木香、牛蒡子、土牛膝、五加皮、地骨皮、淡竹葉、天門冬、天花粉、海鰾蛸、鶴虱、草木瓜、太陰玄精石、出鹽場。紫(苑)〔菀〕、即車前草根。菟絲子、夏枯草、澤蘭、杏仁、黃蘗、蒼朮、魚腥草。

明·申嘉瑞《儀真縣志》卷七　食貨攷

凡穀產　多糯，曰燕口，曰紅芒，曰麻觔，曰社前黃。多晚，曰江南白，曰駝兒白，曰深水紅，曰長芒白。多秈，曰瓜熟，曰龍爪，曰鯽魚，曰斑秈，曰葉裏藏。有黑稻，曰鶴脚烏，曰猪林。多麥，曰大麥、小麥、蕎麥。多豆，青、黃、赤、白、黑，凡五種。又有茶、菀、鶴䳍、班、江、扁、刀。有黍，有菽，有燕麻，有苧，有檾、秋冬田家競製麻窩鞋，入市最廣。蠶絲、賣黃、白藕，市多鐔酒，多單布襪，多芒屨。

凡畜　宜五擾，牛、馬、羊、犬、豕、驢、騾。

其羽擾多鵝、鴨、雞。

凡果蓏　多李，多桃、杏，多櫻桃、石榴，有枇杷，有林檎，有梅，有棗，有梨、栗，有柿，有銀杏、核桃，有橘、柚，有橙，有葡萄，有蓮房、芡實，多菱，多藕、葧薺、凡二種，大者栽植田蕩，野者蔓生，貧人掘以賣食。茨菰。

凡蔬品　多菁、白芥，多韭，多萵苣，多莧，多葱、蒜，多芹，多茼蒿、蘘荷、芋、蘿蔔、菠、茼蒿、苦蕒，多瓜、瓠、茭白、天蘿。

凡鳥　多鴉，多鵲，多鸜鴿，多鳩，多鴿，多雉，多野鳧、麻雀、鶺鴒、鶺鶉，多鷺，多鸛、鵲、鵁鶄、睢、鳩、鷹、鶻、啄木、黃鸝、鵪鶉，春多燕，秋冬多陽鳥。

凡獸　有兔，有獾，有貍，有獺。

凡鱗介　多鯉，多鯽，多鰷、鱨，多鯿、鮰、鰱，多鮎、鱓，有鰣，有鰶，多魴、鱸，多鰻、鱔，多鰍，有黿，有鼋鼉，多鼈，多蚌、螺，多蝦、蟹。

凡蟲　多蚓，多玄蝗，多蜂、蝶，多斯螽、莎雞，多螻蟈、蜩蟬、羌蜋、虵、蛭，多守宮，多蚊、蠅。

凡木　多楊，多柳，多槐、榆、椿、松、栢、檜、桑、柘、桐、楮、烏桕、白楊、棠梨、苦(櫟)〔櫟〕、黃連，多竹。竹有五種。

凡草　多茭，多葦，多莎，多芬茅，有蘋，有藻，多蓼，多蘼蕪、萍、荇。

凡藥　有白芷，有南星、半夏、桔梗，有地黃，有紫蘇、薄荷，多車前，多充蔚、苦參，多瓜蔞、枸杞，多蛇床，多艾，多茵陳，多忍冬藤、蒲公英，多澤蘭，多菖蒲。

凡花卉　有牡丹，多芍藥、木香，多莪葵，多萱，多海棠，多菊，品有百種。多桂，多芙蓉，多槿，多紅梅、蠟梅，有蘭，有蕉，多荷，多薔薇、地棠。

清·何紹章、楊履秦《丹徒縣志》卷一七　物產

穀屬　稻：《詩·周頌》：豐年多黍多稌。《爾雅》云：稌，稻也。《嘉慶志》引《淮南子》云：江水肥而宜稻，稻種各殊，名稱亦夥。《康熙志》云：大稻之種十六，小稻之種六，糯之種九。今約而計之，凡有四等：一曰秈，一作秈。其熟最早，八月即刈，土人謂之早實，又曰小稻。一曰杭，粳同。作粳者俗字。九月始刈，土人通謂之秈，又曰晚稻，或稱大稻，米色青白而粒尖長，故有長腰杭米之稱。其粒團長而色或白或赤者，沙土之所產也。一曰香稻，亦晚實，米色淺碧，粒小而香氣馥郁，異於他種。以上三種，昔人通謂之杭，皆稻之不黏者，以為飯食。一曰稬糯同，稻之黏者，以為酒及餻餌粢糉之屬。《嘉慶志》云：黃省曾《理生玉鏡》：京口大稻謂之粳，小稻謂之秈。其粒細長而白，味甘而香，九月而熟，是謂稻之上品。黃粟：《康熙志》云：《唐·地理志》潤州土貢黃粟，今無此種。按：穀之未去殼者，古人通謂之粟，不必為粱秫專稱。今馬蹟山下所產之稻色黃，米極香美，他土所無。土人亦甚重之，云是貢品。《唐志》所稱蓋謂此也。麥：《詩》曰：貽我來牟。來，小麥，牟，大麥也。大麥二種：曰芒曰圓。圓者，又曰淮麥。《康熙志》云大麥之種，二曰春即芒麥。自十月至正月皆可種，早熟，道光朝，江潮頻漲，濱江居民或以正月種麥，皆穫豐收。曰黃稈即圓麥。後熟小麥之種三：曰赤殼，曰白殼，曰宣州。又有蕎麥，秋花冬實，亦堪食，旱歲種之。豆《康熙志》：菽也。大豆有青、黑、黃、紫、褐諸種。小豆有紅、綠、黑、白諸種。其蠶豆、刀豆、豌豆、絳白豇豆、紫白扁豆之屬，皆可充蔬。胡麻：俗呼脂麻，一曰油麻。葉曰青蘘，莖曰麻藍。有遲、早二種，黑、白、赤三色。黑者曰巨勝，其莖皆方，故亦名方莖。道家有胡麻飯，即此《康熙志》。按：稷、俗呼

蘆穄，結子疏散成枝而實不黏者。黍、俗呼黍黍，與稷相似，結子叢聚攢簇而實黏者。梁、俗呼小米，粟之不黏者。秫、粟之黏者。玉蜀黍、俗呼玉米。薏苡仁俗名菩提珠。之屬，土人亦間植之，但不以為日用常品，故不備列。

蔬屬　菘：《康熙志》云：以其淩冬不凋，有松之操，故名。按：菘四時常有，而種類各殊。今土人通呼為青菜，以本邑所產者色青味美，異於他處之白菜也。一種大者，秋種冬刈，一本至七八斤，或十餘斤，名曰大菜。小雪入市，色白者佳。土人醃以為葅，以為禦冬旨蓄。《嘉慶志》引《通雅》云：京口菘為上，曰箭竿白。以下園蔬。　芥：青芥似菘，有毛。紫芥莖葉紫，子芳辛，研末可和食《康熙志》。花芥葉多刻缺，茸茸如蒿，土人謂之猱獅芥。孫真人云：芥同兔肉食，成惡邪病。同鯽魚食，發水腫。　諸葛菜：葉如虎耳，莖葉皆有細毛，叢生如盤。二月起薹，則葉尖，開紫碧花，結角如蘿菔，根無大頭，味苦。徒邑人嗜之，用薦春盤。野生者亦食之，他處弗食也。此菜於古無考，不知正作何名。《康熙志》以為即諸葛所種之蕪菁，則誤也。蕪菁見根實屬。　菠薐：劉禹錫《嘉話錄》云：種出西域頗陵國，訛為菠薐。土人呼為菠菜《康熙志》。　莧：有家莧、野莧、馬齒莧。不可與鼈同食。同上。　茼蒿：葉類蒿，花如黃菊《康熙志》。花罷吐絮，春秋皆可種。　茄：一名落蘇《康熙志》。按《五代貽子錄》作酪酥。有紫、白二色。紫者有長有團，白者有團有扁，老則俱黃。一種小如鳥卵，嫩白老黃，名曰天茄，土人植以供玩，不之食也。根入藥，用莖，用馬溲浸三日，燒存性，點齒即落。　萵苣《康熙志》：似苦菜而大，色青。三月抽薹，高二三尺，其圓徑寸，土人醃晒糟醬以備方物，謂之萵筍。《嘉慶志》引王世懋《瓜蔬疏》云：萵苣絕勝於京口，鹹食脆美，即旋摘烹之亦佳。　苦菜：一名荼。一名蕒。一名游冬。《詩》謂之芑。葉似萵苣，色白味苦。土人旋旋剝其葉食之，謂之剝菜。其白汁塗疔腫，拔根。《康熙志》謂之芳蕒。蕒原誤作賣。按：蕒音續。《爾雅》曰：牛脣也。《詩疏》云：今澤蕮。云敷蛇蟲咬傷。　生菜：葉似萵苣而闊。宋《嘉祐本草》謂之白苣。《康熙志》云：有二種。葉原誤作菜。多者謂之盤生，極脆嫩，不勝烹瀹，止可生茹。土人用薦春盤。　莙薘：土名甜菜。一曰光菜。按：甜，一作恭，音同。光，言其葉光滑也，原作先，誤。莖灰淋汁洗衣，白如玉色《康熙志》。按：甜菜狀似菠薐，味亦略同。　芹：一名水英。三月八日不可食《康熙志》。按：芹，《爾雅》謂之楚葵。又有野芹，微有藥氣。土人以清明或三月三日採，醃，暴乾，端午日食之，云能辟惡。考之本草，蓋馬蘄也。　韭：一名草鍾乳《康熙志》。《爾雅翼》云：物（老）〔久〕則變，故老韭為莧。鄭康成云：（久）〔政〕道得利，陰物變為陽。故葱變為韭。　葱：有數種。有實而秧蒔者，謂之青葱。無實而分種者，謂之科葱。抽莖長二尺許，歧生而作花者，謂之樓子。葱《康熙志》，按青葱一名冬葱，又曰大葱。曰木葱、科葱，葱葉細小，一名慈葱。又曰蒜葱，以其本類小蒜也。樓子葱，又曰龍爪葱。其野生者名茖，一曰山葱。本《爾雅》。水生者曰水葱，長六七尺而細如龍須也。　蒜《康熙志》：小蒜曰蒜。《爾雅》萵山蒜是也。大蒜曰葫。孫愐《唐韻》：張騫使西域，始得大蒜種歸。是也。李時珍《本草綱目》云：家蒜有二種，根莖俱小而瓣少，辣甚者，蒜也，小蒜也。根莖俱大而瓣多，味辛而帶甘者，葫也，大蒜也。小蒜之種，自萵移栽。《嘉慶志》引王禎《農書》云：京口有蒜山，多出蒜。　薤：《綱目》云，葉似水仙花葉，中空，外光滑，不留露。氣味如葱，根如小蒜，一本數顆相依而生。菜之最益人者，故有菜芝之稱。野生者曰山薤，《康熙志》云一名蕎子。按：蕎當作藠，音叫，作蕎者非。舊志以為小蒜，誤也。　葫荽：土人曰蒝。舊作芫，誤。荽，道家五葷之一。小兒禿瘡，煎油敷之《康熙志》。能辟一切不正之氣，出痘家床帳左右宜懸之。　茭菰菰同：土音呼高瓜。葉如蒲葦。八月中心結實如小兒臂，曰菰。昔人謂之菰手。一作首。《爾雅》出隧、蘧蔬，郭璞註云，生菰草中，狀似土菌，即此物也。嫩時肥白，生熟皆甘脆香美。漸老則有黑點，不甚中啖。黑點者，其子也。再老則中空而外成殼，若罌粟然，子在其中，是為雕菰一作胡。米。秋深殼綻，粟浮水上，如一片黑云。杜子美詩，波漂菰米沈雲黑，斯之謂矣。一曰茭白。茭菰，《康熙志》作菰白，云《爾雅》謂之葯茭，結實為雕胡米。按《爾雅註》云：今江東呼藕經緒如指、空中可啖者為茇茭。茭，胡巧切。疏云：筍類也，非一種。則（筠）〔葯〕茭非菰審矣。　香菜：《康熙志》云：似薄荷。土人採葉以配黃瓜，食之香美。按《本草》：香菜原名羅勒。掌禹錫曰：羅勒有三種：一種似紫蘇葉，一種葉大，二十步內即聞香，一種堪作生菜。子可安入目中去翳，少頃溼脹，與物俱出。陶隱居云：術家取羊角、馬蹄，燒作灰撒溼地，遍踏之，即生。又案香薷一名香菜。潤地人家頗蒔之。《康熙志》云似薄荷者，蓋是此種。見草部。但香薷辛散太甚，不宜多食，近人亦罕食之。　落葵：一名蔠葵。《爾雅》蔠葵，繁露是也。藤生，故俗謂之藤菜。葉如

菩葉，子可染紫，及作燕支，故又云燕支菜。《攷工記》：大圭長三尺，終葵首。言形如其葉也。以下新增園蔬。 蕹菜：水陸皆可種。嵇含《南方草木狀》云：蕹菜，葉如落葵而小，性冷味甘，南人編葦為筏，作小孔，浮水上，種子於水中，則如萍根浮水面，及長成，莖葉皆出葦筏孔中，隨水上下，南方之奇蔬也。治治《本草》作野。葛毒，以汁滴其苗則萎死。世傳魏武啖冶葛至一尺，云先食此菜也。 豆：諸豆之可以充蔬者，已見穀屬。蠶豆食子，豌豆食葉，餘豆則並子莢食之。 筍：《爾雅》曰：竹萌也。春初出者，曰燕筍。三四月出者，曰牙筍。諸竹之筍，皆不如也。李時珍《本草綱目》云：痘瘡大不宜飲筍湯，暗受俗醫之害者不知若干人，戒之戒之。 川芎菜：芎窮苗也。大葉似芹者，曰江蘺。細葉似蛇床者，曰蘼蕪。入藥以蜀產者為勝。土人因通呼為川芎菜。 雪裏蕻：芥類。味尤辛辣。冬月生，故名。一曰麻菜。 蒔蘿：一名小茴香。《本草》：花實大，類蛇床而簇生，辛香，今人多用和五味。 番椒：一曰大椒。又名辣子。方莖綠葉，葉似野莧菜，兩頭皆尖，夏秋開小白花，結實如蘿藦，赤而有光，味極辛烈，性至熱，嗜之者能噉嚼數枚，不常食者，入口唇且焮腫，入腹腸胃燥裂，以致便血。而嗜者乃謂能清大腸之火也。一種小者，纖細如婦人小指，有紅黃二色，俗謂之佛手椒。一種圓扁有棱，狀如小柿，色亦正赤，俗謂之柿子椒。其赤而正圓者，名櫻桃椒。此物不聞於古，蓋種出自北番，而近世始流播於中土也。

薺《康熙志》：按：薺有二種，小者味甘美，大而有毛者曰菥蓂，見《爾雅》。味遜。其子曰蒫，其莖作挑燈杖，可辟蚊蛾，故又名護生草。以下野蔬。 馬蘭：一名紫菊。李時珍曰：其葉似蘭而大，其花似菊而紫，故名。俗稱物之大者曰馬也。《康熙志》云：舊志誤作馬藍。 蔞蒿：生水澤中。葉似艾青，白色《康熙志》。一曰白蒿，言白於眾蒿也。一曰蘩。《爾雅》云蘩，皤蒿，皤亦白也。一曰由《雅》疏作游。胡。《夏小正》謂之旁勃。 蕨《康熙志》：一名虌。初生無葉，狀如鼈脚，又如小兒拳，灰白色，長則展開如鳳尾。此物不甚宜人，土人亦不多食。 山花菜：生巖石間，紅瑩可愛，味辛爽《康熙志》。 菌：一名地蕈。大者曰中馗。見《爾雅》及注。生山中草木根及牛糞上，雨後鬱蒸之氣所發也。五色俱備，土人隨其形色而為之名。惟松根生者謂之松菌，雷雨後生者謂之天雷。味皆甘鮮。生楊樹頂上者，大可斤許，謂之天花，尤美。但諸菌之中，閒有大毒，食之不審，或至殺人。煮時投以薑屑、飯粒或燈心，或以銀器探之，若色黑，是有毒也。即無毒者，亦不宜人。陳藏器云：菌夜中有光者，欲爛無蟲者，煮之不熟者，煮訖照人無影者，上有毛下無紋者，仰卷赤色者，並有毒，殺人。地漿及糞汁解之。李時珍曰：中其毒者，必笑不止。解之以苦茗、白礬，勺新水並咽之，無不立愈。生木上者名蕈，《康熙志》云：香蕈生於冬，別是一種。 枸杞菜《康熙志》：即枸杞初生之嫩芽也。徒人嗜之。子名枸杞子，根名地骨皮，俱入藥用。《嘉慶志》云：《續仙傳》潤州開元寺大井旁生枸杞，歲久，飲其水，甚益人。 茭兒菜：茭，亦音高。野菰也。春末，中心白薹香脆可生啖。潤地茭白之名，當謂是耳。《康熙志》以茭菰為菰白，入於蔬屬。以此為菰，入於草屬。其花曰蓬。《康熙志》云：《爾雅》齧雕蓬，薦黍蓬。雕蓬者，米茭也，秋結實，謂之雕胡米，故曰齧。黍蓬者，野茭也，不能結實，惟堪作薦，故曰薦。按：謂之黍蓬，蓋以其葉似黍也。以上所引，見鄭樵《通志》。《廣志》云：菰可以為席，溫於蒲。 苜蓿：一曰黃花菜。俗呼為三葉菜。沙洲人蒔以壅田，謂之秧草。以下新增野蔬。 阿藍菜：一莖直上，葉附莖而生，色青，三月開小白花，氣葷。 灰藋：俗作灰蓧。《爾雅》云蓧、蔏，蓋謂此也。一曰藜，一曰萊。《詩》：北山有萊。陸璣云萊即藜是也。大者名拜，又曰蔏藋。亦見《爾雅》。即今之紅心灰藋也。亦通稱為藜。其莖可以為杖，故曰藜杖。葉並可茹，昔人所謂藜藿豆葉。之食是也。 薇：一名野豌豆。以其莖、葉、氣味皆相似也。一曰巢菜。東坡云：菜之美者，蜀鄉之巢。故人巢元修嗜之，因謂之元修菜。李時珍以為即《爾雅》之柱夫搖車也。 鵝腸菜：一名蘩縷。葉似落葵而小如指頂。有二種，莖青葉稍大者為鵝腸，作蔬甘滑。莖紫葉小者為雞腸，作蔬不如鵝腸。其莖斷之中空，皆有一縷如絲，或以有絲者為鵝腸，無絲者為雞腸，非是。 葵：葉似蜀葵，小而光滑，秋生者，經冬歷春，開小花，紫黃色，結子名冬葵子。入藥用，一曰露葵。古人種為常食之品，今人不復蒔之，其野生者，人或採以為葅，呼為棋盤菜。 地踏菰：一名地耳。生邱陵地上，狀如木耳，雨過即採，見日不堪食矣。 根實屬凡根實之屬，皆可以代糧，可以充蔬。 蘿菔：一名雹突。一名溫菘。形有圓、長。色有紅、白及紫。制豆腐、麪毒。《康熙志》云：本草名萊菔，帶露勿鋤，鋤則生蟲。 胡蘿菔《康熙志》：其種相傳元時來自胡地，今遍地有之。葉似蛇床，家種者根長近尺。色黃而圓，土人呼為黃蘿菔。味甘而不中噉，凶年人以代糧。 芋：

一名土芝。一名蹲鴟《康熙志》。為畦種之，不可脫水，當心出苗者，曰芋魁。俗呼芋頭。四旁附生者，曰芋孏，一曰芋子。別有野芋，不由種植而生，有大毒，食之殺人。　蕪菁《康熙志》：一名九菘英，子曰蔓菁。入藥用。劉禹錫《嘉話錄》：諸葛武侯將軍所止，必令軍士皆種蕪菁。故蜀人呼蔓菁為諸葛菜。按：本草蕪菁是芥類，葉類菘芥，根如蘿菔。《詩》：采葑采菲。陸璣《疏》云：葑，蕪菁也。幽州人謂之芥，趙魏謂之大芥。蓋即今土人呼為大頭芥者是矣。　山藥：本名薯蕷。初避唐代宗諱豫改名薯藥，後避宋英宗諱曙改名山藥。一名玉延《康熙志》。子生葉間，大小不一。本草謂之零餘子。亦可食，味如其根。　山丹：一名紅百合。根苗俱似百合，但實小而瓣短，味苦。土人通呼百合。花色紅，采得晒乾，名紅花菜。案百合非潤產，所產者惟此，《康熙志》百合、山丹並見花卉部，蓋未審也。　黃獨：莖蔓花實絕類山藥，葉大而稍圓。根如芋而有鬚，味微苦《康熙志》。按：本草黃獨名土芋。解藥毒，生研水服，當吐出惡物。　甘露子：莖葉如薄荷而纖弱，根如蠶。一名地蠶《康熙志》。　龍芽：根如小指大，長寸許。潔白生脆，醋淪作茹。同上。　薑：三四月種，五六月發芽，嫩如指，名子薑。發生後仍攢其旁土，取出原種，名母薑《康熙志》。　山芋：種宜山土，藤生。葉似山藥，根如芋而微長，赤黃色，味甘。生熟皆可啖，最能療飢，歉歲代糧，勝胡蘿菔十倍增。

瓜瓠屬　甜瓜：種類各殊，形色亦異，土俗以黃者為金瓜，青者為淮瓜，白者為梨瓜，餘總呼為香瓜。蒂入藥用。方書瓜蒂散，用此瓜之蒂也。《康熙志》云：夏月食之，不中暑氣。但不可多食。深秋作痢，最為難治。落水沉者、雙頂雙蒂者，皆有毒。不可食。　西瓜：皮有深碧、淺碧、深淺間作棱形諸色，瓤有深紅、淺紅、黃、白諸色，形皆正圓。江甯有長如枕者。食之解暑，有天生白虎湯之號。然亦不宜多食。《康熙志》云：《五代史》胡嶠隨蕭翰入西夏，得其種，故名。　萷瓜萷一作稍：皮青，長尺餘。觩然如角《康熙志》。　一名越瓜，俗呼菜瓜。　黃瓜：原名胡瓜。北人避石勒諱稱黃瓜，因而不改《康熙志》。　冬瓜：一名白瓜，為其皮上有白霜也。《康熙志》云：熱者食之佳，冷者食之瘦。　絲瓜：一名天羅。長五六尺，其狀似蛇，老則團縮，筋絲羅織，故有絲羅諸名。六月采葉，刷去毛，陰乾為極細末，治刀石湯火傷極佳。愈後略無斑痕。《康熙志》云：老者皮筋子，燒存性，研末，蜜調，服三錢，治男女惡瘡乳疽疔瘡等病。　南瓜：一蔓十餘丈，實如甜瓜，稍扁，有棱。色紅肉黃。本草不載《康熙志》。大者可二三斤，土人惟以供玩，不入食品。花似苦瓜花。案此瓜南北皆謂之北瓜。　番瓜：一曰飯瓜，為其甘美可當飯也。種有遲早，實有小大，色有青赤。棱則或有或無，皮則或光或癩，形則有圓有扁有極扁。土名榼子瓜。有下圓上殺，有長頸大腹諸狀，亦有長如枕者。花葉皆似南瓜而大，早者六月已熟，遲則九十月方成。其至大者，重可至二十斤。其蔓上嫩頭亦可充蔬。《康熙志》稱為北瓜。云一名飯瓜。按：此瓜他處皆稱南瓜。李時珍《本草綱目》南瓜條下云：種出南番。二月下種，宜沙沃地。四月生苗，引蔓甚繁。一蔓可延十餘丈，節節有根，近地即着，其莖中空，其葉狀如蜀葵而大如荷葉。八九月開黃花此遲者，如西瓜花。結瓜正圓，大如西瓜，皮上有棱，如甜瓜。一本可結數十顆。其色或綠，或黃，或紅。其子如冬瓜子，肉厚色黃，不可同羊肉食，令人氣壅。詳李氏所說。南瓜與今俗所謂番瓜正同，種出南番。亦與番名相合。然則呼北瓜者，非矣。惟謂花如西瓜花，西瓜花類甜瓜花，小如指頂而五出。結實正圓，亦如西瓜，則與今番瓜不類。即與潤地所謂南瓜者，亦不類耳。南瓜之名，明見《綱目》，而《康熙志》云本草不載，豈亦有所疑邪。《學圃雜疏》云：南瓜有奇狀殊色。則南瓜為今之番瓜無疑。潤地南、北二瓜，名稱似宜互易。　筍瓜：形如胡瓜，而色黃赤。縷切微炒，脆如筍也。此瓜原出江北，避寇者攜其種來種之。但味同嚼蠟，嗜者亦無多也增。　苦瓜：一名錦荔枝。俗呼癩葡萄。以其葉似葡萄，而實多痱磊也增。　瓠《康熙志》：《正字通》云：瓜類也。其類有瓠，有匏，有壺。古訓初無分別，近人以長如胡瓜者為瓠，長柄大腹者為匏，剖之為瓢，小而無長柄者為壺。亦通稱匏。一曰壺盧。其兩頭大中央細者，為細腰壺盧。瓠甘可食，人以充蔬。然亦有苦如膽者，《物類相感志》云：牛踏土則苦。或云雞糞壅之則苦。餘皆味苦，僅以供用，不堪食也。

果屬　梅《康熙志》。以下山園果。　杏同上。　桃：實有先後，種類各殊，名則隨時隨色稱之。《康熙志》云：服朮人忌之，又，不可與鼈同食。李：邑中所出者，品目亦多，其麥熟李最早，圓小而美《康熙志》。陶弘景《本草》：京口有麥李，麥秀時熟，小而甜美，核不入藥。今無此種《嘉慶志》。櫻桃：《禮》曰含桃，注作鸎桃，謂鸎之所含也。《爾雅》謂之荊桃。《康熙志》云：多食令人吐。　來禽：一名林禽。字或作檎。《康熙志》云：俗

呼花紅。劉稹《京口記》：荊國多林禽。

柿《康熙志》：有方柿、火珠柿、牛奶柿、烏椑柿諸種。《吴都賦》平仲君遷，君遷邊，即牛奶柿也。烏椑柿雖熟亦青，食之脆如梨，搗漚為汁，染紙不漏，故又名漆柿，汁曰柿漆。

銀杏：土名白果，同鰻魚食，令人軟。花夜開晝落《康熙志》。一曰鴨脚子，以葉之形似名也。

梨《康熙志》：先熟而小者曰落花梨，大者曰秋梨。

棗：有馬牙棗、酸棗二種。《康熙志》云：酸棗，所謂樲棘也。

栗：《康熙志》云：有社栗、獨顆栗。按《本草》：栗之大者，曰板栗、錐栗。疑此二種是也。社栗、獨顆乃俗名耳。一種極小，土人謂之穅栗。亦曰茅栗。本草：茅栗似板栗，而細如橡栗。即《爾雅》所謂栭栗也。

枇杷：秋蕊，冬花，春實，夏熟《康熙志》。一名盧橘。案《本草綱目》金橘條下註云：此橘生時青盧色，青黑曰盧。故名盧橘。註《文選》者以枇杷為盧橘，誤矣。司馬相如《上林賦》云：盧橘夏熟，枇杷橪柿。以二物並列，則非一物明矣。此物冬夏相繼，金橘在樹，隔年至夏乃熟，色轉青黑，皮瓤皆甜。故云夏熟。裴淵《廣州志》謂之夏橘。

葡萄《康熙志》：按本邑無葡萄，所謂葡萄，乃蘡薁也。《詩》曰六月食鬱及薁，即此是矣。《本草》：蘡薁生江東，蔓葉，花實與葡萄無異，但實小而酸，亦有青紫二色。土人直稱葡萄。其青者為水晶葡萄，或以為是瑣瑣葡萄者，誤。瑣瑣葡萄出西方，大如五味子，無核。

石榴：《康熙志》：陸（機）〔璣〕《與弟雲書》云，張騫使外國，得金林安石榴。《酉陽雜俎》云：甜者謂之天漿，酸者入藥。

梧桐子《康熙志》

橙：橘類也。有大小二種。見《本草》。今土人以扁而小者為橙，以圓而大者為香櫞。香櫞又有二種：一種皮細而光，土人呼為文櫞，一種皮粗而皺，土人呼為癩櫞。供玩則文櫞爲佳，供食則癩櫞為美。《綱目》云：橙葉有刻缺如兩段。《事類合璧》：橙樹高，枝葉不甚類橘。橘葉兩頭尖。亦有刺，其實大者如盌，頗類朱欒。柚別名。皮厚蹙衄如沸，香氣馥郁。其皮可以薰衣，可以芼鮮，可以和葅醢，可以為醬虀，可以蜜煎，可以糖製為橙丁，可以蜜製為橙膏。按：《合璧》所言橙狀，即是今之香櫞。其云蹙衄如沸，即所謂癩櫞也。其皮云云，今製亦然。其主治消痰下氣、利膈寬中、解酒，則橙櫞並同。然則土人分橙櫞為二，而《康熙志》因之者，非矣。又香櫞當作香圓。蓋合形與氣名之。俗書作櫞。《康熙志》亦曰枸櫞，疑亦非是。案本草，枸櫞乃佛手柑也。《康熙志》橙條下又云：一種大，徑三寸許，理麄而皮厚硬者，名木橙，不堪食。此種今未之見。

木瓜：《爾雅》：楙，木瓜。實如小瓜。稟得木之正，故入肝，利筋骨。以蜜與糖煎之，或作餻，俱可食《康熙志》。

樝子：一曰和圓子。《埤雅》以為木桃。李時珍曰：樝子，乃木瓜之短小而味酢澀者也。王禎《農書》云：樝、梨、橘、柚，皆可於口。土人通呼木瓜。劉言史有《王侍御莊看山木瓜》詩，見《潤州類集》。《康熙志》云：《本草圖經》榠樝，木、葉、花、實，酷類木瓜，大而黄，欲辨之，看蒂間別有重蒂如乳者，為木瓜。無此者，為榠樝也。似樝子而小者，為榲桲，味尤甘。凡食樝子，須拭淨去毛。不爾，損肺。

山樝《康熙志》：一名朹。《爾雅》朹，繫梅是也。《圖經》作棠梂子。土名山裏紅。今亦曰棠梂。樝，俗作查，誤也。

枳音己椇：一名白石李。以味言之，則曰木蜜。以形言之，則曰木珊瑚。或稱雞距。土人開口讀椇，音若家也。其木及果，俱能敗酒，中酒者宜之。釀者，雖鄰家亦不可有此木也。椇一作枸。見《詩・南山有枸》疏。以下新增山園果。

楊梅

何首烏：此別一種果烏，非藥烏也。根細而長，冬月以為果，味甘，微苦。

雙果：生麥田中。葉如老韭，一科僅二三葉，花略似蕙，色白，根下有雙果，似慈姑而小，村童掘食之。云單者有毒。

向日葵：二月下種，一莖直上，高近丈，麄細如竹，葉似蜀葵而大，莖端着黄花一朵，如盤，其大徑尺，向日而傾，盤中子數百粒，炒食香美。子有黑、白、褐三色，黑者，莢可染皂。

蓮子《康熙志》：有紅白二種，花紅者，蓮多藕劣。花白者，蓮少藕佳。蓮者，實也。同房各子，俗呼蓮蓬。其子曰菂，俗曰蓮子。子中青心，曰薏，俗曰蓮心。以下水果。

藕同上：芙蕖根也。冬月至春，皆可掘取。土人於六七月即掘而市之，曰花香藕。藕凡三四節，每節生蒻長丈餘，曰蔤節，生二莖。一為藕荷，其葉貼水，其下旁行生藕。一為芰荷，其葉出水，其旁莖生花。

菱芰：一名水栗。三角、四角者，為芰。兩角者，為菱。一種大菱，兩角彎卷如弓，冬月取之，風戾為果，名曰烏菱。俗曰風菱。其野生者，實小角有硬刺，亦可食。俗曰鬼菱。《康熙志》云：菱花晝合宵炕，隨月轉移。

芡：一名雞頭。《管子》謂之卯菱。《莊子》謂之雞雍。《康熙志》引《爾雅翼》云：芡花向日，菱花避日。蒸曝作粉，老人食之延年。

葧臍《康熙志》：一名烏芋。《爾雅》謂之鳧茈。或謂之地栗。苗似龍鬚，根大如慈姑，圓扁而黑，其腹有臍，臍有短鬚勃勃然，故名。皮色正黑者，肉硬。赤黑者，佳。野生者，小如指頂，能消銅

為水。　慈姑：《康熙志》作茨菰。　種水田中，葉有椏，狀如錍箭鏃。根似芋子而小，黃黑色《康熙志》。按：慈姑色青黃。《綱目》云：一根歲生十二子，如慈姑之乳諸子，故以名之，作茨菰者，非矣。邑人喜食之，謂能滋陰。據本草則甚不益人，惟主治百毒。其葉搗爛，塗小兒遊瘤丹毒，即消退，甚佳。亦治諸惡瘡及蛇咬，搗爛封之。

木屬凡已見果屬者，不復重出。　松：種有三。紹聖間通判夏侯元栽松，記刻長山白龍王廟中《康熙志》。其花曰松花粉。　柏：側柏也，俗呼扁柏。《康熙志》云：種有二。　檜：俗呼圓柏。亦有二種。《康熙志》云：唐李衛公手植雙檜於北固山，火後不存。又，《京口集》載梅聖俞刁經臣綿檜詩云：翠色淩寒豈易衰，柔條堪結更葳蕤。松身柏葉能相似，勁拔緣何不自持。　桑《康熙志》：本邑產者向惟野桑及柘，道光朝雖有植湖桑者，傳亦未廣。同治初觀察沈公秉成始設課桑局，購湖桑教民種之，而桑園、桑田遂遍境內。　梓、楸：木理白者為梓，赤者為楸。梓結角細長如箸，楸不結實。又，梓之美文者為椅。楸之小者為榎檟同。《埤雅》云：梓為木王，屋室以為梁，則餘材皆不震。《康熙志》云：俗以立秋日採其葉，戴之。又，煎湯洗浴。今不復爾矣。　柳：《晉志》云：山多赤柳，故名丹陽。非潤之丹陽。舊志引之，誤也。俗名楊柳，一種枝弱而下垂者，名垂楊柳《康熙志》。一種蒲柳，似柳而小，好生水旁，一名水楊。其粗枝勁韌，可為箭笴，《左傳》所謂董澤之蒲是也。又曰雈苻。其細枝可編為笆斗，故又名笆斗柳。　楮《康熙志》：《詩》曰：無集于穀。謂此木也。一曰構。《酉陽雜俎》云：葉有瓣曰楮，無曰構，其皮斫之有白汁出，名曰構膠，可粘物。子似楊梅，本曰楮桃，土音訛為苦桃，因名其樹為苦桃，一曰朴樹。　冬青同上：即蠟樹也。其實曰女貞子，色黑。別有一種凍青，其子色紅為異。　椿、樗並見《康熙志》：一類二種。香者名椿，初生嫩葉可食，臭者名樗，樗最無用，其生於山者曰栲。見《爾雅》。　合歡：一名青裳，一作青棠。一名合昏，一名夜合。葉如皂莢葉，至昏則合，故名。其花如敗筆頭，紫色，亦如馬纓。唐人詩云門前一樹馬纓花，謂此花也。為末，和酒飲之，可除抑鬱，故嵇康《養生論》云：合歡蠲忿，萱草忘憂。《康熙志》云：俗名櫰樹。　榆：白者名枌，先生莢，後生葉，莢狀似小錢成串，故曰榆錢。其白皮可以為麪，儉歲人亦食之。溼搗為糊，用粘瓦石，甚有力也。《康熙志》云：取莢與皮合漬之，即蕪荑。《〔博〕物志》云：食枌榆則眠不欲覺。　棠梨：本梨樹所生。梨一核有十餘子，種之惟一二子生梨，餘皆生杜。杜即棠梨，不結實，可鏤書板，製梳《康熙志》。案《爾雅》杜有赤、白二種。通名曰棠。《疏》云：子白者為白棠，甘棠也。赤棠，子澀而酢，無味。其木理韌，可作弓幹。花類林禽、木瓜，或以之為海棠，誤也。　櫟：土人以充薪，實曰橡《康熙志》。陸(機)〔璣〕《詩疏》云：即柞櫟也。或謂之栩。其子有斗，可以染皂，一種不結子而心赤者，為柞棫。　槲：櫟類也。一名大葉櫟。實亦有斗，木雖堅，不堪充材，止宜作薪。《康熙志》云：土人呼為孛落。　椶櫚：本高一二丈。無枝條，葉大如扇，而條條分析，萃於樹杪。其下有皮，重重裹之，絲毛如織，可以作繩及薦。每歲必二三剝之，否則樹死，或不長也。花有毒，然治之得法，亦可食。《康熙志》云：花黃白色，未出時，剖皮得之，狀如魚子。東坡謂之木魚。　枳《康熙志》：木似橘，高而多刺，可為籬落，即藥家枳殼也。　枸骨：葉有五刺，俗名貓兒刺，木皮可煎膏《康熙志》。陳藏器曰：《詩》云南山有枸。皮健腰脚，枝葉治白癜。今土人取其葉，治勞力咳嗽、吐血，名十大功勞。　接骨木：以功言也。花葉都類蒴藋草名，故一名木蒴藋。木輕虛而無心，斫枝扦之便生。《康熙志》云：俗名扦扦活。　烏臼木《康熙志》：葉如小杏葉，可以染皂，子可以壓油，然燈甚明。土人謂之油樹。　皂莢同上：俗以四月一日採其葉，戴之。　柜櫸同柳《康熙志》：一名杞柳。俗音譌。為鬼柳，木理頗細，然不耐溼，以為几案面亦可觀也。　槐　檀　楝　桐　杉　楓　樟　石楠　黃楊　黃荊　吳茱萸以上諸名亦見《康熙志》。　茶：一名檟。《爾雅》謂之苦茶。古無茶字，茶即茶耳。郭璞云：早采者為茶，晚取者為茗。一曰荈。徒邑迤西諸山皆有之。五州出者尤佳，名雲霧茶。但土人不善焙，故名不聞耳。以下新增。　沙棠：樹大而壽，枝極扶疏，葉類榆葉，三月開碎黃花，結子似冬青子，而味甘。土人以其葉擦錫，色白如銀，擦竹器，其光如鏡。其木不中器物，而古人乃以之造舟，李白詩云木蘭之枻沙棠舟是矣。　椐：案《漢書》孔光年老賜靈壽杖。顏師古注云：木似竹，有節，長不過八九尺，圍三四寸，自然有合杖制，不須削理。陸(機)〔璣〕《詩疏》云：椐，即靈壽。今徒邑所產，及他處所出，皆是大木堪為器物者，不知在古作何名也。　枸橘：一曰臭橘。結實正圓，形如枳實，而殼薄不香，市儈或收小實，偽充枳殼、青橘皮售之。　檉：《爾雅》曰河柳，俗呼為觀音

柳。《群芳譜》云：一名三眠柳。　海桐：一名刺桐。葉如梧桐，皮有巨刺，如鼃甲之刺。然此木人第知產於嶺南，而不知潤州大山中實有之也。

椒

苞屬　毛竹：李大澄詩：毛竹巖深藏羽客，柯山日暑更舒長。李清叟詩：雲藏毛竹深深洞，烟起香爐裊裊風。字皆作毛，今作茅及貓者，非。　慈竹：任昉《述異記》：南中生子母竹，慈竹是也。《酉陽雜俎》：慈竹，夏雨滴汁入地而生。按：此竹夏生，放梢而不放葉，至來春始解籜而生筍，此種今尚見之。　象牙竹：筍味至美，而質白如象牙，故名。　筀竹：有早竹、晚竹、綿竹。　斑竹：陳輔之有《詠慈雲院斑竹》詩，注：慈雲因此謂之斑竹院。見《京口集》。　筋竹：《羅浮山疏》曰：筋竹堅利，南土以為矛，筍未竹時，堪為弩弦。　紫竹　水竹　候竹　石竹　苦竹　淡竹　燕竹　灰竹　閃竹　鳳尾竹　瀟湘竹以上俱見《康熙志》，其間多所未見，姑備錄之，以俟考證。

箬一作篛：根莖皆似小竹，節籜與葉皆似蘆荻。其葉可作笠，及裹鹽茶諸物。　蘆荻：案《爾雅》蘆有葭、葦、蒹、薕、菼、薍諸名。《綱目》云：長丈許，中空，皮薄，色白者，葭也，蘆也，葦也。短小於葦，而中空，皮厚，色青蒼者，菼也，薍也，荻也，萑也。其最短小，而中實者，蒹也，薕也。皆以初生已成得名，其根入藥，性味皆同。今按短小而實者，徒邑所產無多，人家以為簾箔者，皆來自海濱，味鹹，雨從箔上淋下，草木沾之，皆枯死。此種應不入藥用，其筍名蘿。其秀名荼。《夏小正》云：萑未秀為菼，葦未秀為蘆。以上二名，亦見《康熙志·草屬》。　仙人杖竹：小竹也。高不過五六尺，近根二節，天然屈曲，山行用以為杖，甚韻。焦山、南山俱有之增。按：諸竹上粉點，本草謂之竹蝨。云久便能動，百十成簇，形大如蝨，蒼灰色，取之陰乾，可治中風。竹根餘氣生雷丸浮土上，如葡萄顆，無枝葉。附識於此。

草屬《康熙志》有草屬，有藥屬。檢草屬止二十餘種，除采入他屬外，僅賸數種，按之本草無不可以入藥，又藥屬如蛇、蟲之類，已有專條，桃、李、杏仁、旋覆、青葙之類，又重花木。餘所謂藥，無非草也。今依《爾雅·釋草》之例，並為一條，題為草屬。至於主療，自有專門之學，茲第誌吾邑之所有者而已。若夫草經所無，而為吾邑所有，近人或以之治病者，則略著其功效，以待後人之考訂焉。　芝：《康熙志》引《太元內傳》云有神芝五種，然潤地未聞，所見皆木芝耳。生大山朽木根上，有黃、紫諸色，人家但以之點綴花卉，弗之服也。以下山草。　沙參《康熙志》：苗葉如初生小葵葉、莀苨。注而團扁不光，莖葉則尖長如枸杞葉而小，有細齒，秋開小紫花，如鈴鐸，五出，一名鈴兒草。亦有白花者。　薺苨同上：《爾雅》：苨，莀苨。注云：薺苨也。一名杏葉沙參。一名甜桔梗。明周(憲)〔定〕王《救荒本草》云：葉似杏葉而小，微尖，背白，邊有叉牙，杪間開五瓣白盌子花，亦有碧色者。《嘉慶志》云：《明一統志》：汝山出薺苨。蘇頌《本草圖經》云：根苗俱似人參，而葉小異，根似桔梗而無心，潤州無多，人家收以為果菜或作脯噉，味甚甘美。案今汝山出一種藥材，味甘淡而無心，生曝乾，絕類高麗參。煠過去皮，則似桔梗。俗稱為明黨參，以為補益之品，並行遠方，其實即薺苨也。昔人云薺苨亂人參，信不誣矣。　桔梗同上：花葉俱似薺苨，但薺苨葉下光明潤澤無毛為異。根有心而味苦，此草處處皆有，並非珍品，而藥市所用者多是薺苨，殊為難解。　貫眾同上：生山陰近水處，一名鳳尾草，以葉之形似也。莖多涎滑，根曲而有尖，黑鬚叢簇，狀如伏鴟。　地榆同上：葉似榆而狹，有細齒，子如桑椹而長，似棗。　丹參同上：一名逐馬，言治風軟脚，可逐奔馬也。方莖對節，一枝五葉，葉如薄荷而尖，有毛，開花成穗，紅紫色。　茈俗作柴胡同上：似韭而短，春時采藥者來收，多是此種。　白茅《康熙志》：初生曰茅鍼，其根曰茹。　苦參同上：一名地槐苗。高三四尺，葉極似槐葉，花黃，子作莢，根味至苦惡。　山慈姑：生山中溼地。冬生，葉如水仙葉而狹，二月中枯，一莖如箭簳，高尺許，莖端開花，白色，亦有黃色、紅色者，上有黑點，其花乃眾花簇成一朵，如絲鈕成。《康熙志》謂之金燈花。根如慈姑，有毛殼包裹。此物花葉不相見，謂之無義草。　龍膽草同上：苗高尺餘，四月生葉，如嫩蒜，細莖如小竹枝，七月開花，作鈴鐸狀，青碧色。有山、草二種。蘇頌云：山龍膽，葉經霜雪不凋，山人用治四肢疼痛。與此同類而別種，今潤之采藥者云：山產者佳。但二種功效不同，用之似宜分別。　白鮮《康熙志》：一作白羶。又曰白羊鮮。以根白色而作羊羶氣也。其子纍纍如椒，故又名金雀兒椒。《圖經》云潤州有之，苗高尺餘，莖青葉稍白，如槐，亦似茱萸，四月開花，淡紫色，似小蜀葵花，根似小蔓菁。　玉竹：一名葳蕤。《爾雅》曰熒，委萎是矣。莖幹強直，似竹箭簳，有節，節間多鬚，葉狹長，如薑對生，亦似竹葉，葉尖處有小黃點，三月開小青花，香如蘭蕙。以下新增山草。　淫羊藿：一名仙靈脾。柳子厚文作仙靈毗，毗，人臍也。又曰：三枝九葉，草生大山中，一根數莖，高一二尺，一莖三椏，一椏三葉，葉如杏葉

及豆藿，薄而有細齒，齒有微刺。　白頭翁：　一名野丈人。一名胡王使者。一曰柰何草。蘇恭《唐本草》云：　葉似芍藥而大，抽一莖，莖頭開花，紫色，似木槿花。實大者如雞子，白毛寸餘，皆披下，似纛頭，正似白頭老翁，故名。陶言近根有白茸，似不識也。根似續斷而扁。蘇頌云：　叢生，狀似白微而柔細，稍長，葉生莖頭如杏葉，上有細毛，而不滑澤，近根有白茸，根紫色。今案蘇恭所說形狀，潤地山中固常見之，取像命名，當如恭說。　白及：　一科一莖，莖葉如生薑，花長寸許，紅紫色，中心如舌，根似菱米，白色，有臍，三角。　三七：　一名金不換。本出番峒中，近來邑人蒔一種，苗高二三尺，葉似菊而長大，有歧尖，莖有赤棱，花蕊如金絲盤紐，花罷吐絮，根如牛蒡，根葉味皆甘，云是三七。亦曰金不換。亦治上下血病，及金瘡折傷、出血等症，甚效。　貝母：　《詩》曰：　言采其莔。《爾雅》云：　莔，貝母也。《唐本草》云：　出潤州者最佳。《圖經》云：　潤州有之，葉青似蕎麥葉，七月開花，碧綠色，形如鼓子花。子在根下，如羊子，正白，四方連累相着，有分解。《爾雅注》言白花葉似韭，此種罕復見之。　石蒜：　苗、葉、花、根，俱類山慈姑。花葉亦不相見，但春初生葉，七月而枯，然後抽莖作花爾。花色鮮紅，亦如紐成，玲瓏可玩，俗名龍爪花。其根類水仙花根，而有小毒。　芒：　《爾雅》曰莣。又曰杜榮。似茅叢生，葉闊而長，捋之傷人，如鋒刃。　鬼督郵：　生山中。有必叢生，一莖一葉，葉生莖端，團團若繖，而有花歧，花生葉心，黃白色，無風自動，一名獨搖草。土人呼為天蓬草。根橫生，黃白色，無鬚。　白微：　《圖經》云：　潤州有之，莖葉俱青，頗類柳葉，六七月開紅花，八月結實，根黃白色，似牛膝而短小，柔軟能彎。　白前：　苗高尺許，葉似柳，或似芫花，根似牛膝，粗長堅直易斷。　孩兒參：　一名太子參。出蒼山、高麗山。　馬蹄香《康熙志》：　即杜衡。《爾雅》謂之土鹵。生山陰水澤下溼地。葉似蓴，圓而有缺，狀如馬蹄，之下貼地生花，似見不見，根似細辛，色黃，卷曲，乾則作團。以下芳草。　蛇床同上：　《爾雅》曰盱。又曰虺床。葉青碎作叢，似小葉芎藭。四五月開白花如繖，數百粒同一窠，若碎米攢簇而成，子兩片相合，似蒔羅子而細長。至輕虛，亦有細棱。李時珍《本草綱目》云，凡花實似蛇床者，當歸、芎藭、水芹、藁本、胡蘿葍是也。　蘭同上：　《詩》謂之蕑。又名都梁香。見《荊州記》。俗名孩兒菊。今藥市又稱佩蘭，以別於澤蘭。與澤蘭一類二種，俱生下溼處，紫莖素枝，赤節綠葉，葉對節生，似菊葉而光潤，其臭甚香，八九月開花成穗，紅白色，一曰薰草。　澤蘭同上：　狀似蘭，而葉尖微有毛，莖微方，節短，花白。　荊芥同上：　原名假蘇。方莖，細葉，似獨帚葉而狹小，淡黃綠色。八月開小花，作穗，成房，食黃顙即黃鱨鱤。及一切無鱗魚者，忌服。與蟹同食，動風。　薄荷同上：　原名茇葀一作苦。見揚雄《甘泉賦》，或作茇蔄。方莖，赤色，其葉對生，初圓而長，抽莖則尖，子皆在葉間，如荊芥子，而不成穗。　積雪草：　一名地錢草。一名連錢草《康熙志》。　又名胡薄荷。多生宮院寺廟磚石間，葉圓似錢，引蔓搏地，香如細辛。　蘇《康熙志》：　莖方，葉圓而有尖，四面有刻齒，面背皆紫者，為紫蘇，《爾雅》謂之桂荏。其面背皆白者，為白蘇，即荏也。花皆作穗成房，白而不香者，名野蘇。其生水旁，而葉稍長，氣如蘇者，為水蘇，一曰雞蘇，又曰龍腦薄荷。似水蘇而葉長有毛，氣臭者，為薺薴。《康熙志》云：　紫蘇煎汁，飲之，治蟹毒。　莎草：　根名香附子。一名雀頭香。葉如老韭而硬，光澤，有劍脊棱。五六月中抽一莖，三棱，中空，莖端復出數葉，開青花，成穗，大體皆如荊三稜，但短小耳，根鬚下結子一二枚，轉相延生，子有細黑毛增。　艾《康熙志》：　《爾雅》謂之冰臺。以下隰草。　茵陳同上：　《綱目》：　二月生苗，莖如艾葉，如淡色青蒿，而背白葉歧，緊細而扁，整花實與菴蕳相似。　益母草同上：　《爾雅》：　萑，蓷。注云：　今茺蔚也。葉似荏，方莖白華，華生節間，又名益母。《雅》又云：　蘈、牛蘈。注云：　方莖，葉長而鋭，有穗，穗間有華，華紫縹色。今按：　益母草，邑中多有之，方莖對節，葉似艾，背面皆青，四五月開花，有紅白二色。《綱目》謂紅者入血分，白者入氣分。萑、蘈，即紅、白花之別。其云葉似荏者，誤。其子每萼四粒，大如茼蒿子，有三棱，褐色。《圖經》謂其子黑色似雞頭子者，亦誤。其草生時有臭氣，夏至後即枯，故又有鬱臭草、夏枯草諸名。　劉寄奴同上：　寄奴，宋高祖劉裕小字也。伐荻新洲，因射蛇，得此草，以敷金瘡，良驗。詳見《人物志》宋系條。因以名之。《綱目》云：　劉寄奴，一莖直上，葉似蒼朮，蘇頌云：　似柳。尖長糙澀，九月莖端分開數枝，攢簇十朵小花，白瓣黃蕊，如小菊花狀，花罷有白絮，如苦藚花之絮。《嘉慶志》鄭樵曰：　江東謂之烏藤菜。　大小薊同上：　其莖有刺，故名雞項草，又曰千針草。其花紫色，如髻。大薊高三四尺，葉皺，小薊高一尺許，葉不皺。　漏盧《康熙志》、飛廉：　飛廉一名漏盧。諸家所說，花葉俱不同。李時珍云：　二物氣味、功用俱不相遠，似可通用。豈或一類有數種，而古今名稱各處不同

乎？ 案今潤地所產漏盧，亦有二種，一種莖下如葱，輕有皮起，根下多鬚，名葱管漏盧。此與大明所謂類葱本者合。 一種根多歧而無鬚，直名漏盧。疑即飛廉。然其根皆不如元參之黑，惜未得其花葉辨之。《唐本草》：漏盧，莖葉似白蒿，花黃，生莢，類油麻葉莢而小。陶隱居云：飛廉似苦芙。案：苦芙葉如地黃。 大麻同上： 即黃麻。一曰火麻。有子者為苴。無者為枲。其子曰蕡。葉如益母，五六月開細黃花成穗，葉及子之入土者，並有毒，殺人。花曰麻勃。疔腫人見之即死。 苎麻同上： 苗高七八尺。葉如荏而大，有短毛，夏秋抽細穗，作花，青白色。 茼麻： 茼，一作蕢。《康熙志》作檾。 即白麻，苗高五六尺，葉似杏葉而大，六七月開黃花，五出，結實如半磨形。 牛蒡子《康熙志》： 一名惡實。又名鼠粘子。術人隱其名，曰大力子，或呼為夜叉頭，葉大如芋葉而長，四月開淡紫花成叢，實多鉤刺，似栗梂而小，一梂凡數十子，根大者如臂，長近尺。 蒼耳：《康熙志》云： 俗名野茄棵。即《詩》之卷耳也。《爾雅》謂之苓耳，大葉如豬耳，亦似茄葉，子如婦人耳璫而多刺，故又有羊負來、道人頭諸名。 豨薟《康熙志》： 氣臭如豬而味薟螫，故名。一曰火枕草。又曰豬膏母。此草與地菘即天名精。 相似，故沈括《筆談》云：世人妄認地菘為火枕。《綱目》云：豬膏草，素莖有直棱，兼有斑點，葉似蒼耳而微長，似地菘而稍薄，對節而生，莖葉皆有細毛，八九月開小花，深黃色，中有長子如茼蒿子，外萼有細刺粘人。地菘則青莖，圓而無棱，無斑，無毛，葉皺，不對節。 木賊同上： 近水之地皆有之。叢生直上，長者二三尺，每莖一幹，無花葉，寸寸有節，色青，淩冬不凋，土名竹節草。 牛膝《康熙志》： 苗高二三尺，方莖暴節，葉皆對生，頗似莧葉而長，且尖艄。秋月開花作穗，結子尖如小鼠負蟲。 淡竹葉： 根名碎骨子。生原野，苗高數寸，細莖綠葉，儼如細竹，根鬚上結子，似麥門冬而堅硬，八九月抽莖，結小長穗。按：此草與鴨跖草相似而不同。《康熙志》誤合為一。 鴨跖草： 亦名淡竹葉。又名碧蟬花。生平地，葉如竹，高一二尺，六月開花，深碧，如蛾形，畫家取為碧色。 車前《康熙志》：《詩》曰芣苢。一名馬舄。《爾雅注》云：江東呼為蝦蟆衣，春初苗葉布地，叢生如盤，葉如匙頭，穗如鼠尾。 地膚同上： 一科數十枝，團團攢簇，莖赤葉青，大似荊芥，其子極繁，老堪為帚，故有落帚、獨帚諸名。《爾雅》謂之王蔧，蔧亦帚也。俗呼為鐵掃帚。因其枝繁而頭多，故又號千心妓女。 王不留行： 一名禁宮花。葉尖如小匙頭，亦有似槐葉者，四月開花，黃紫色，狀如鈴鐸，結實如燈籠草狀。生白熟黑。《康熙志》云：俗名金盞銀臺。亦曰翦金花。 馬鞭草《康熙志》： 方莖，葉似益母，對節生，夏秋開細紫花作穗，如車前穗而長，歧出，一莖凡四五穗。 旱蓮草同上： 葉似柳，青黑色，五月開細白花，實若小蓮房，斷其莖，有汁出，須臾而黑，故又有鱧腸之名。 連翹： 本名連。又名異翹。見《爾雅》。後人乃合稱連翹。葉似蓮。《康熙志》引《本草圖經》云：生澤、潤、當、兗等州，有大翹、小翹二種。 蒲公英《康熙志》： 一名黃花地丁。葉似苦苣，有細刺，貼地四散而生，四月抽莖，高六七寸，中空，莖端開黃花一朵，狀如甘菊，莖葉斷之皆有白汁，花罷吐絮成毬，圓而中空，一絮一子，隨風飛散，着地即生。 藍同上： 作畦種之。葉如蓼者，曰蓼藍，土人謂之小藍。葉如菘者，曰菘藍，土人謂之大藍，又曰板藍，其根曰板根。《康熙志》云：菘藍可為澱，蓼藍可為碧。又有紅藍即紅蕉，土人謂之紅花，可染紅。李時珍云：木藍如決明，高者三四尺，分枝布葉，葉如槐葉，七月開淡紅花，結角長寸許，其子亦如馬蹄、決明子而微小，迥與諸藍不同，而作澱則一。按：今有草如上狀，土人以其實治小兒驚風，謂之驚豆，其即此藍也歟。 虎杖同上：《爾雅》謂之蒤。莖似紅蓼，葉圓似杏，皆有淡墨斑，枝黃似柳，花似菊，色紅如桃。 穀精草同上： 生刈稻後荒田中，葉似嫩秧，細莖，開小白花，點點如亂星。 紫花地丁同上： 葉似柳而微細，夏開紫花，結角，平地生者，起莖。溝壑邊生者，起蔓。《康熙志》云：俗名米布袋。 佛耳草： 見《康熙志》，今未詳。 菴蕳： 莖白似艾而粗，葉似菊葉而薄，多細子，面背皆青，八九月開淡黃細花，藝花者以之接菊。以下新增隰草。 青蒿：《爾雅》謂之菣。一曰香蒿。一曰邪蒿。無子者曰牡菣。《詩》謂之蔚，似青蒿而葉淡黃、氣辛臭者，曰黃花蒿。其白色而生水旁者，為蔞蒿。已見蔬屬。《詩》曰：食野之苹。苹即陸生之蔞蒿也。《爾雅》謂之蘈蕭。注云：即今蘈蒿是也。 莪蒿：《爾雅》：莪蘿。注云：一名藘蒿。陸（機）〔璣〕云：生澤田沮洳之處，似邪蒿而細，莖可生食，亦可蒸茹，香美，味頗似蔞蒿。一曰抱娘蒿，言其抱根而叢生也。 角蒿： 葉似蒿，歧少而末微圓，色淡，四月開淡紅花，似胡麻花，結角，長寸許，微彎。 牛尾蒿： 一莖直上，葉細如絲，狀似牛尾，色深青。 齊頭蒿： 葉扁而小，抱莖而生，本狹末奓，有禿歧，秋開細黃花。李時珍以此為牡蒿。云其子微細不可見，故人以為牡蒿也。 馬先蒿： 按《本草綱目》先當作

矢，謂其氣如馬矢也。又曰馬新，音之訛也。花、葉並類茺蔚，但茺蔚短小，四五月花，其子夏中熟。馬先蒿長大，七月始花，子八九月乃熟，且結角耳。

夏枯草：《神農經》謂之夕句。又曰乃東。莖微方，葉對節生，似旋覆葉而長大，有細齒，莖端作穗，長寸許，開紫淡小花，每房有細子四粒，冬至後生，夏至即枯，蓋稟純陽之氣也。　天名精：貼地而生，葉似皺葉菘芥，故有天蔓菁、地菘、蚵蚾草諸稱。微有狐氣，故《爾雅》謂之豕首。長則起莖，開小黃花，如小野菊花，結實如茼蒿，子亦相似，最粘人衣，狐氣尤甚，名曰鶴虱。其根曰土牛膝。　龍常草：《爾雅》：蔨，鼠莞。注云：纖細似龍鬚，可為席。即此草也。俗以之繫角黍，呼為糉心草。《綱目》云：蓋龍鬚之小者。龍鬚一名石龍芻。蘇揚諸郡蒔以織席。　菟葵：一名天葵。生下澤田間。《爾雅注》云：頗似葵而小葉，狀如藜，有毛。寇宗奭曰：葉如蜀葵，花似拒霜，其形至小，劉夢得所謂菟葵燕麥搖動春風者也。其面青背微赤者，名紫背天葵，生於崖石。　雀麥：即燕麥。苗似小麥而弱，穗細長而疏，每穗又分小叉，其實微細，隨風動搖。又有一種鬼麥，生麥田中，穗長而尤疏，每穗僅十餘粒，粒皆作三角形，大四五分，有弱梗繫之，其實亦至微細。　龍葵：其曰天茄，以葉名。一曰老鴉眼睛草，以子名。《綱目》云：子數顆同綴，味酸，生青熟黑者為龍葵，赤者為龍珠。一種生陰溼地，葉似菊花而紫，子類枸杞者，名蜀羊泉。一曰漆姑草。　燈籠草：《神農經》謂之酸漿。《爾雅》曰葴。又曰寒漿。葉似茄而小，實五棱而合為一泡，生青熟紅，形如撮袋，極似古人皮弁，中空，內藏一子，其色亦赤，其圓如珠，故又有皮弁草、王母珠、洛神珠諸名。　敗醬：初生布地，葉狹長，有鋸齒，夏秋莖高二三尺，數寸一節，節間生葉，葉似水莨，四散如繖，顛頂開白花成簇，如蛇床花，結小實成簇。陶隱居云：根作陳敗豆醬氣，故以為名。　葶藶：《圖經》：春初生苗，葉高六七寸，似薺，根白色，枝莖俱青，三月開花微黃，結角。又《爾雅》：蕇，葶藶。注云：實葉皆似薺，一名狗薺。李時珍云：甜葶藶也。　莠：一名狗尾草，象穗形也。方士稱為阿羅漢草。土俗乃呼為狗阿羅，合二名稱之也。原野垣墻多有之，苗葉似粟而小，穗亦似粟而無實，撚於掌中乃有小黑蟲出其莖，可治目疾，故又稱光明草。　蒴藋：一名接骨草。每枝五葉，葉似水芹，花白，子初青如綠豆顆，每朵如盞而大又平，凡一二百子，十月方熟而紅。　三白草：生水旁。葉似青葙，開花成穗，如蓼而色白，微香，四月至五月，莖端三葉以次變白如粉，餘葉仍青。農人伺之，以為時雨之候。　萹蓄：一曰竹，見《爾雅》。陶隱居謂之扁竹。布地而生，苗似瞿麥，葉如竹及落帚葉而不尖，赤莖如釵股，節間有粉。三月開細紅花，如蓼藍花，結細子。《詩・衛風》：菉竹猗猗。說者曰：菉，王芻；竹，扁蓄也。　菉：《爾雅》曰：王芻。注云：菉，蓐也。今呼鴨脚莎。一曰藎草。生平澤溪澗側，葉似竹而細薄，莖亦圓小，以染黃色，極鮮好。

地蜈蚣草：生村落塍野間，左蔓延右，右蔓延左，其葉密而對生，如蜈蚣形，其穗亦長，俗呼過路蜈蚣。其延上樹者，呼飛天蜈蚣。　棉：草木棉也。一曰終古，狀如小樹，葉有三尖，似楓，入秋開花，如黃蜀葵花而小，結實大如小桃，老則綻裂，綿滿其中，曰綿花。綿亦分瓣，中有子可榨油，燃燈損目。痘家尤忌之。有紫、白二種。按：棉之根莖能斷鴉片烟癮。葉青背紫者，良。無即用青者，亦效。方士隱其名，謂之紫背金牛草。取得不着水洗，曝乾，惟去泥土，截為碎段，每用二三錢，沸湯沃以代茗，吸烟之前，先服一盌，如常照吸，毫無所苦，久則自減。一二月後，不欲吸矣。戒烟簡便之方，無過於此。無如溺於烟者，甘趨死路，雖知是方，不肯照服，且造為致病致死諸說，以惑世人，殊堪痛恨。　菸音烟：一莖直上，高四五尺，葉似商陸而大，面背皆淺青色，味辛。六月莖端抽穗，開紅紫花，采葉曝乾，切作絲，以竹木為管，安銅斗於其端，納草於內，火燃之而吸其烟，以代古人膳薰之義，謂之烟草。一曰相思草，言既吸之則不能離也。此風始於明季，而盛於今，其草已采入《本草備要》。邑中東北鄉多蒔之。　八棱麻：葉似苎麻而大，莖有八棱，莖端作穗，花淡黃色，結子成簇，赤而圓堅，如南天燭子。土人用其莖葉治撲跌傷，甚效。諺云：打得着地爬，須用八棱麻。　荔枝草：苗、葉俱似車前，而葉面蹙衂，似荔枝殼狀，故名。案《本草綱目》，荔枝草治蛇犬咬傷及破傷風，而不言其形狀，不知即此草否。土人取其莖葉，煎湯薰洗溼熱潰爛。　小桃紅：生小麥田中，葉似鵝腸，入夏開小黃花，結實類桃，大如椒實，內有生蟲一枚，芒種前採之，蓋早則蟲未生，遲則蛻而飛去。土人以治跌打內傷，甚效。一云功用在蟲，酒服良。　骨牌草：葉似大薺而無刻缺，面青背白，背多圓點，疏密不一，儼若戲具內之骨牌，但全副者難得。土人謂產北固山下者得全，云能治鬼魅。一云能治產後血證。　菟絲《康熙志》：生荒園古道及田野墟落中。夏生苗如細黃絲，不能自起，得他草梗則纏繞而生，其根漸絕於地而寄空中，無葉，有花白色微紅，香亦襲人，結實如

粃豆而細，色黃。案《詩》： 爰采唐矣。《傳》云： 唐，蒙也。《爾雅》： 唐、蒙，女蘿； 女蘿，菟絲。注云： 別四名是也。又《爾雅》： 蒙，玉女。注云： 女蘿別名。是此草有五名也。陸佃云： 在木為女蘿，在草為菟絲。以下蔓草。

覆盆子： 苗曰蓬虆。子曰覆盆。《爾雅》： 缺葐。注云： 覆盆，實似莓而小。《康熙志》云： 以二麥收時採之，因有大、小麥莓之名，大麥莓尤鮮肥可噉。別有一種蛇莓，不堪用。今案小麥莓一名插田藨，土人呼為栽秧果，色烏赤，似葚而扁，是覆盆也。大麥莓色紅，子如櫻桃，為薅田藨，不入藥用。蛇莓圓大，色鮮紅，皮有黑刺，有毒，不可食。葉大小並如白蘇，一枝五葉，若三葉，莖俱有鉤刺。

馬兜鈴《康熙志》： 繞樹而生，葉如山蘋葉而厚大，背白，六月開黃紫花，結實如馬項之鈴。根名青木香，一曰獨行根，有毒。能吐利人。嶺南人用以治蠱，隱其名為三百兩銀藥。

旋花： 一名鼓子花《康熙志》。逐節蔓延，葉類菠薐而狹小，頗似劍形，花紅色，不作瓣，正如軍中所吹鼓子。一曰旋葍。與金沸草同名異實。一種千葉者，《康熙志》云俗名纏枝牡丹。

瓜蔞《康熙志》： 一名栝樓。果蠃之實也，葉似甜瓜而窄，作叉，花似壺盧花，淺黃色，實大如拳，生青熟黃，赤根曰天花粉。

土瓜同上： 即《月令》王瓜。《爾雅》謂之睽姑。其蔓多鬚，葉如馬蹄而有尖，瓜長二寸許，圓而尖長，熟時色黃赤。

葛： 其蔓延長，取治可作絺綌，葉有三尖如楓葉而長，其花成穗，紅紫色，結莢如小黃豆莢，根長七八尺。《康熙志》云： 掘而蒸之，以登俎豆，謂之麫葛。

百部《康熙志》： 葉似竹葉，亦有似茴香者，根多至五六十莖。

何首烏同上： 一名交藤。一名夜合。葉如桃柳，有光澤，莖黃白者為雄，黃赤者為雌，根並入藥用，土人謂之藥烏。一種莖青而根細長者，土人謂之果烏，已見果屬。

威靈仙同上： 方莖如釵股，數葉對生，七月開花，六出，淺紫或碧白色，作穗。實青，九月采，根色黑者良，名鐵脚威靈仙。黃白者，不可用。

茜草茜一作倩： 《詩》曰茹藘。一曰茅蒐，見《爾雅》。十二月生，苗蔓延數尺，中空，有筋，外有細刺，數寸一節，每節五葉，葉似棗葉，頭尖下闊，莖葉俱澀，實如椒，根可染絳。《康熙志》云： 俗名過山龍，亦曰血見愁。

翦草《康熙志》： 《圖經》云： 出潤州。陳藏器曰： 葉如茗而細，此草久無識者，或云即茜草也。

蘿藦： 《詩》曰芄蘭。葉似落葵，長大而厚，莖葉斷之俱有白汁，結實長二寸許，一頭尖，嫩時有漿，故有羊婆嬭之稱。老則滿腹皆白絨，一絨一子，故俗名婆婆針線包。土人呼為婆婆英。其子能合金瘡，故又名斫合子。《康熙志》云： 以敷丹毒赤腫，蛇蟲毒，即消。蜘蛛傷，治不愈者，搗封二三度，能爛絲毒為膿。一種莖葉頗相似而氣臭，子圓大如豆，生青熟紅者為女青。

五加《康熙志》： 一曰五佳。仙經謂之金鹽。《圖經》云： 江淮所生者，根類地骨皮，輕脆芬香，苗莖有刺，類薔薇，長者至丈餘，葉五出，五枚作簇，亦有三四葉者。香氣如橄欖，結實如豆粒，青色，得霜乃紫黑，俗名為追風使，以為藩籬，不知其為真五加也。

烏蘞莓： 《詩》曰蘞蔓于野，即此草也。葉似榆而色淡，一枝五葉，對節生鬚，葉左右互生，鬚亦左右互出，一名五爪龍增。

柴豆： 生蘆葦中。附莖纏繞而上，葉如扁豆葉而薄，秋結角，長二寸許，子扁而黑，小於黍粒，古方不見用此，時醫以為補腎之品增。

商陸《康熙志》： 一名蓫薚。一作募。一名馬尾。俱見《爾雅》。《圖經》謂之章柳。多生人家廢圃中，麤莖大葉，莖似雞冠，微有線棱，葉如牛舌而大，夏秋開紫白花成簇，根如大芋而長，色白者佳。土人謂之抱母雞。赤黃者有毒，但可貼腫。本草云： 赤花者，根赤。白花者，根白。以下毒草。

蓖麻同上： 莖赤有節，如甘蔗，高丈餘，葉大如瓠葉，每葉五尖，夏秋間椏裏抽出花穗，纍纍黃色，結實成毬，外有軟刺，攢簇如小栗狀，內有子三四粒，扁而有班點，狀如牛蜱。牛蜱，牛蝨也。

藜蘆同上： 一名山葱。根下極似葱而多毛，其蘆有黑皮裹之，故名。黎，黑色也。苗葉似初出椶心，又似車前，莖似葱白，青紫色，高五六寸，花肉紅色。

半夏同上： 二月生苗，一莖，莖端三葉，頗似竹葉。蘇恭云： 亦有似芍藥葉者。根如珠白色，《月令》仲夏之月半夏生，謂其根也。

羊躑躅： 一名黃杜鵑。一名鬧羊花。小樹高二尺，葉似桃葉，花黃，似瓜花，氣味俱惡。《康熙志》引本草云： 出潤州。

芫花《康熙志》： 俗名老鼠花。紫色成穗，花落葉生，葉小而尖，似楊柳枝葉。小人取其葉挼擦皮膚，輒作赤腫，如被傷狀，以誣人。

甘遂《嘉慶志》： 苗似澤漆，莖短小而葉有汁，根皮赤，肉白，作連珠，大如指頭。《嘉慶志》引陶弘景《本草》云： 本出太山江東，比來用京口者，大不相似，赤皮者勝白皮者。

狼毒： 葉似商陸及大黃。莖葉上有毛，根皮黃，肉白，以實重者為良。案： 狼毒出秦晉地，不出近道，今藥市所收本地之狼毒，蓋草蕳茹也。李時珍云今人往往以草蕳茹為狼毒是矣。草蕳茹亦毒草。時珍云： 處處有之，生山原中，苗高二三尺，根長大如蘿菔蔓菁狀，或有歧出者，皮黃赤，肉白色，汁黃。蕳茹斷時

汁出，凝黑如漆，近人以燒鐵烙草薗茹頭令黑，以當漆。莖葉如大戟而葉長微闊不甚尖，大戟葉如柳葉。折之有白汁，抱莖有短葉相對，團而出尖。葉中出莖，莖中分二三小枝，二三月開細花，結實如豆大，一顆三粒相合，生青熟黑。以下新增毒草。　澤漆：生原澤平陸。一科分枝成叢，莖如馬齒莧，葉如苜蓿葉，色黃綠，莖頭凡五葉團布，中抽小莖五枝，每枝開青綠細花，恍如貓睛，花下復有五小葉承之，齊整如一，故有綠花、綠葉、五鳳、貓兒眼睛草諸名。折其莖，有白汁粘人，故又名為澤漆。　雲實：《綱目》云：山原甚多。赤莖中空，有刺，其葉如槐，三月開黃花，纍然滿枝，莢長三寸許，如肥皂莢。　天南星：《神農本草經》謂之虎掌，以葉之形似也。一窠生七八莖，每莖一葉，兩枝相抱，歧為八九尖，形似虎爪，中起一莖，頗似蛇頭，內藏一穗，則其花也。年久者根大，新者根小。大者為南星，小者為由跋。一種苗葉極相似，但多斑點而花紫者，為蒟蒻，其根亦似南星。家種者大如芋也。　蚤休：一名紫河車。一名金線重樓。又曰七葉一枝花。生深山陰溼地。一莖獨上，莖當葉心，葉綠色似芍藥，凡二三層，每層七葉，莖頭夏月開紫花，一朵七瓣，有金線蕊，長三四寸，根如尺二蜈蚣，大如肥紫菖蒲。　石龍芮：一名水堇。一名堇葵。一名胡椒菜。以其葉如芹而作蔬辛滑也。寇宗奭曰：有兩種，水中生者，葉光而子圓，陸地生者，葉毛而子銳。兩種者一石龍芮，一毛茛也。李時珍曰：石龍芮，生近水下溼地，三月生苗，一枝三葉，葉青而光滑，有三尖，多細缺，四五月開細黃花，結小實如初生桑葚，青綠色，搓散則子甚細，如葶藶。毛茛一名毛堇，山人截瘧，采葉挼貼寸口，一夜作泡如火燎。故又呼為天灸、自灸。下溼處即多，與石龍芮苗葉一樣，但有細毛為別。黃花五出，甚光豔。結實狀如欲綻青桑葚，如有尖峭。按：古以石龍芮為蔬，而毛茛則有大毒，不可食。今則並以為有毒，概不之食。惟取其葉挼貼寸口取泡，以截瘧及治齒痛。五月五日婦女采其實戴之，謂之渴睡果。　羊蹄大黃《康熙志》：苗名牛舌。一曰蓄。《爾雅》：藬，牛蘈。疏引《詩》言采其蓫。箋云：蓫，牛蘈。陸璣云：蓫即蓄字。今之羊蹄也。葉似萵苣而色深青，節間紫赤，開青白花成穗，結子三棱，名金蕎麥。其生山岡平陸者，根葉花形並同，但小而味酸為異，水生者味苦。名曰酸模。模，一作母。《爾雅》謂之薞蕪，蓋酸模之轉音也。治河豚毒。以下水草。　水萍同上：字一作蓱。《爾雅》：苹，蓱。郭注(去)水中浮萍是也。一葉經宿即生數葉，葉下微鬚，則其根也。《月令》季春之月萍始生。或云楊花所化，入藥紫背者良。　蘋：《爾雅》所謂大苹也。生止水中，葉浮水面，莖連水底，其大如錢，四葉合成，中折十字如田字形，夏秋開小白花，故曰白蘋。其生於稻田沮洳處者，曰青蘋。《康熙志》云：土人呼為田字草，亦曰四葉蘋。　莕：《詩》作荇。一名接余。其葉曰荇。俱見《爾雅》。《楚詞》謂之屏風。俗呼荇絲，葉似蓴，而微尖長，與蓴並生池澤中，俱葉浮水面，根連水底，夏秋俱花，花俱有黃、白二色，結子俱如棠梨。　蓴一作蒓：葉似莕而圓厚光澤，叢生如盤。《康熙志》云：葉似馬蹄而圓者，蓴。微尖長者，荇。　藻：生水中。有二種，一種葉如雞蘇，兩兩對生，莖如箸，長四五尺者。《爾雅》之莙，牛藻也。一種細葉蒙茸，如絲可愛，節節連生，每節長數寸者，聚藻也。舊說《左傳》蘋蘩蘊藻之蘊，即此藻也。《康熙志》云：水藻，一名馬藻。聚藻，一名水蘊，俗名鰓草。言其狀類魚鰓也。又名牛尾蘊。　香蒲、蒲黃：蒲，水中之蒲草；黃，花中之蕊屑也。春初生嫩葉，出水時紅白色，其中心入地白蒻，可生噉，甘脆。亦可漬以為葅。《周禮》曰：蒲葅。《詩》曰：其蔌維何？維筍及蒲。謂此蒲也。夏抽莖於叢葉中，花附莖端，長可六七寸，狀如棒杵，醮油燃之，可以代燭。故土人呼為水燭。其花捋散，有類蘆花，可以褚薦，其草亦可為薦，輭滑而溫增。　萍蓬草：一曰水栗。根名水栗子。生池澤中，葉似莕葉而大，如初生荷葉，夏秋開黃花，結實如角黍，長二寸許，內有細子，若罌粟，根大如栗，食之作藕香，味如栗增。　石胡荽：俗名鵝不食草。《康熙志》：生陰溼處石縫中。小草也，高二三寸，冬月生苗，宛如嫩胡荽，其氣辛薰，鵝亦不食，故名。夏開細黃花，結細子，極易繁衍，僻地則鋪滿也。以下石草。　酸漿《康熙志》：一名三葉酸。生牆陰石縫及花盎中，一莖三葉，一葉兩片，頗似苜蓿，但弱小耳。向夕葉皆自合，四月開小黃花，結小角，長一二分，味酸，野行嚼之，可以止渴。其葉擦銅，色白如銀，土人呼為擦銅草。　地錦同上：《本草綱目》：一名醬瓣草。一名猢猻頭草。以其治諸血證，故又名血見愁。生階砌間，莖葉細弱，就地而生，赤莖黃花黑實，狀如蒺藜之朵，斷莖有汁。按：以此草命名及實如蒺藜朵之語詳之，蓋即土人所謂如意草者也。如意草，見花卉。　絡石：帖石而生，其蔓折之有白汁，葉似細橘葉，亦有圓葉者，淩冬不凋，一名耐冬。以下新增石草。　螺靨草：一名鏡面草。蔓生石上，狀似螺靨，微帶赤色而光如鏡，背有少毛，小草也。　卷柏：生

山中石上，高三五寸，似柏葉而細，拳攣如雞足，其生石上而葉如松者，曰玉柏。高一二尺者，曰石松。其生屋上而葉肥大，作灰褐色者，曰瓦松。《唐本草》謂之(乍)〔昨〕葉何草。似瓦松而生石上者，曰石花。一曰烏韭。一曰石馬騣。生牆上者，曰土馬騣。　地豇豆：　生石縫陰地。葉似薺而近本處有刻缺。夏月抽莖，開淡紫花，結角高寸許。四向槎枒，狀似鹿角。土人以之搗敷金瘡及湯火傷。按《本草拾遺》有金瘡小草，亦治血證。陳藏器述其花葉略與此同，但不言其結角，疑正是一物也。　苔《康熙志》：　水中石上生者，名陟釐。一作側理。一曰石髮。《爾雅》曰藫。又曰石衣。生水中如綿者，曰水衣，一曰水綿。在地者，曰地衣，一曰莓。其點點如錢者，曰澤葵，一曰地錢。在牆陰者，曰垣衣，一曰昔邪。在屋上者，曰屋游，一曰蘚。在石上，曰石濡，亦曰石髮。　馬勃：　生溼地及腐木上，紫色，虚形，狀如狗肝，彈之粉出。增。按：菌內有一種灰菌，亦謂之馬勃，人不之食，今藥市所市馬勃，皆是物也。

清·何紹章、楊履泰《丹徒縣志》卷一八　花卉屬　梅花：　有水紅、硃砂、玉蝶、綠萼諸種。其花紅白而瓣單者，俗名山梅，結實者也。以下木本。　文杏：　花色嬌豔，頗類海棠。　桃花：　有紅、白、淺紅三色。其千葉者，土人統謂之碧桃。植之庭除，灼灼可玩。　梨花：　一蒂凡數十枝攢聚成毬，似玉繡毬。按：以上四種，《康熙志》俱列果部，今因其花為人共賞，故重出於此。　榴花：　有紅、黃、白諸種，又有諸色相間者，名瑪瑙石榴。冬花者，名海榴。見唐李德裕詩。詩見藝文。《康熙志》云：　榴，一名丹若。　杜鵑：　有紅、白二種。近人又以羊躑躅為黃杜鵑。唐時鶴林寺杜鵑稱為天下奇絕，後燬於兵火。詳見人物。後人即其地建樓，曰杜鵑樓。《康熙志》云：　案樂天、東坡詩注並《容齋隨筆》所載，皆云山石榴、映山紅、山躑躅即此花也。餘詳古蹟。　玉蘭：　《花疏》：　玉蘭，早於辛夷，千幹萬蕊，不葉而花，當其盛時，可稱玉樹。《康熙志》云：　出馬蹟山紫府觀，其花表裏瑩白如玉，香如蘭，不根而植，不蓓而花，開時多於春暮，遇者以為瑞。宋淳祐間忽開，郡守李迪作詩歌之，見《咸淳志》。陳輔之有《玉蘭詩》二首，見《京口集》。按：馬蹟山玉蘭，據土人云花是草本，開無定處，歲不常有，有則其方以為瑞兆，如是乃與所謂不根而植、不蓓而花者合。　辛夷《康熙志》：　一名木筆。花似玉蘭而色紫，土人呼為紫玉蘭，又名木末芙蓉花。見王右丞詩。　山茶：　紅、白二種。有千葉者，名寶珠《康熙志》。案此花一名都勝，一名曼陀羅樹，往時上河街楊宅有五色山茶一株，遠近罕覯，咸豐間燬於兵火。　海棠：　鐵梗、垂絲、西府、祝家棠，凡四種《康熙志》。　巖桂：　一名木犀。一作樨。有黃、白二色《康熙志》，黃者曰金桂，亦曰丹桂，白者曰銀桂。銀山舊有二株，大可合抱，高及十尋，為闔邑之冠，土人建雙桂閣護之，今亦燬於兵火。　水木犀：　其花大類木犀，頗香而不甚遠《康熙志》。案：此花近人不知不辨，為草為木。《群芳譜》云：水木犀，四月開花。今江岸有一種草，狀似落帚而葉稍大，每枝三葉，如豆葉，霜降始抽莖，開細黃花，一莖數十朵，絕似木犀，嗅之甚香，而不及遠。疑即此種。但花時與《群芳譜》不合耳。　蠟一作臘梅《康熙志》：　凡三種，色淺黃、瓣尖香淡者，為狗蠅。色深黃、瓣圓向內、香濃者，為磬口。類磬口而素心者，為檀香，品之至佳者也。　玉繡毬：　一蒂而眾花攢聚，圓白如流酥，故名。俞德鄰《佩韋集》有《賦楊提舉南園玉繡毬花》詩《康熙志》。　郁一作奧李：　《康熙志》云：　即《詩》之唐棣。《爾雅》謂之移。其花或赤或白，反而後合。《群芳譜》云：先開後合。按：《爾雅》：　唐棣，移；常棣，棣。陸璣《詩疏》：　唐棣，郁李也。一名雀梅。一名車下李。六月中熟，大如李。常棣，白棣也。子如李而小如櫻桃，色正白。又有赤棣，子正赤，如郁李而小。蓋一類數種，大略皆相似耳。　娑羅：　《康熙志》云：　七葉並生，一名七葉樹。府治內舊有娑羅亭。按：《彙苑》娑羅作莎羅，云其木大小不常，與凡木全別，每七葉、九葉叢生，苞如人面，眉目宛然，花似牡丹，相倚而生，色似拒霜，香如菡萏。　紫薇：　俗名怕癢花。又名百日紅《康熙志》。由六月開花，直至深秋，故名。花亦成毬，搔其本則枝葉搖顫，故又有怕癢之名。　木槿：　一名日及，花似蜀葵，朝開暮落。土人多以編籬，謂之籬槿，其子謂之朝天子。《康熙志》云：　一種花瑩白如荼蘼者，名蕣。《爾雅》：　舜，木槿。《詩》曰顏如舜英是也。　梔子：　其花六出，其實七棱，可為藥。《草經》謂之木丹。方書謂之越桃。釋氏謂之薝蔔《康熙志》。一種千葉而花大者，土人謂之荷花梔子。　迎春柳《康熙志》：　小黃花，四出，迎春而開，故名。詞家所謂小桃，即此花也。　瑞香：　蘇文忠公有《刁景純家賞瑞香憶先朝侍宴》詩，見《京口集》。其花黃、紫二色，有紫瓣而緣金者，其大者名錦薰籠《康熙志》。《清異錄》廬山一比邱晝寢盤石上，夢中聞花香酷烈不可名。既覺，尋香求之，因名睡香。四方奇之，謂乃花中祥瑞，遂以瑞易睡。王十朋詩：　真是花中瑞，本朝名始聞。　江南一夢後，天下仰清芬。《群芳譜》：　一名風流樹，冬春之交開花成簇。　紫荊《康熙志》：　一名滿條

紅。叢生，春開紫花，甚細碎，數朵一簇。　南天竹《康熙志》：一名闌天竹。竹字或並作燭。有二種，矮者子多而垂，高者子稀而硬，垂者品勝。凡花皆賞其花，此獨賞其子，以其淩冬不凋不落，數百子累累成聚，而色鮮紅如珊瑚珠也。　夾竹桃：花幹皆似桃，而葉如竹增。　金絲桃：葉似桃，花黃，心有黃鬚，四散，花外若金絲然增。　玉蕊：舊在招隱寺方丈庭中。唐李衛公德裕有《招隱山觀玉蕊奉寄沈傳師大夫閣老》詩，見古蹟。自注：以下見《康熙志》。此花吳人不識，因予賞玩乃得此名。內院沈大夫閣前有此花，每花落，空中回旋久之，方積庭砌，暇嘗邀予同賞。宋《蔡寬夫詩話》載此詩，云碑今裂為四段，在通判廳中，而招隱無復此花矣。餘詳古蹟。以下蔓花。　八仙花：狀如瓊花，八蝶簇一心，有簇聚如碧玉者，曰玉蝴蝶《康熙志》。按：此花與周文忠公必大《玉蕊辨證》詳古蹟。所云玉蕊花，大略相同，頗疑即是玉蕊。惜今亦未之見。　山礬：《康熙志》云一名鄭當作棔花。一名七里香。黃魯直《山礬花》詩序云：江南野中有一種小白花，本高數尺，春開極香，野人謂之鄭花。王荊公嘗欲作詩，而陋其名，予請名曰山礬。謂其可以染也。《韻語陽秋》：野人取其葉以染黃，不借礬而成色。按周益公《玉蕊花辯證》跋引《南史·劉杳傳》云，杳在任昉坐，有人餉昉棔酒，而作榐字，昉問杳此字是否。答曰：葛洪《字苑》作木旁吝音陣字。嘗得釀法，芳烈異常。山谷似不以杳傳為據，而徇俗譌棔作鄭，於是創山礬之名。今按山礬本名瑒音帳花，《容齋隨筆》：玉蕊即瑒花，黃魯直易為山礬者，詳見古蹟。瑒者，玉名，言其白也。音轉為棔，為鄭。蓋即土人所謂野薔薇也，花類梅而有檀心。山谷詠水仙花詩有山礬是弟梅是兄之語，益知山礬即此花矣。其花甚香，可以釀酒，今溧陽猶有此品，亦可以蒸露漬粉。多生村墟籬落間，不知者乃誤以為玉蕊，殊可哂也。　月季：一名長春花。《康熙志》云：俗名月月紅。按近又有一種月季，稱為細種，具黃、白、水紅諸色，亦月月開花。　薔薇：有紅、紫、黃、白數色，名有醉西施、倚欄嬌、紅木香。又有野者即瑒花。生籬落間，採蒸露，可為粉澤《康熙志》。按《群芳譜》：薔薇一名刺紅，一名山棘，粉紅者名粉團，他如寶相、金鉢盂、佛見笑、七姊妹、十姊妹，體態相類。又月桂一種，花應月圓缺。又按《康熙志》有紫笑一種，云舊丹徒縣圃中有紫笑花春開，亭名紫香，取此。見《咸淳志》。蓋亦薔薇之類也。　玫瑰：花豔香濃，可以製食，可以蒸露、燻茶、入酒，無所不宜，近人又以之入藥，云治肝疾。《康熙志》云：有紅、白二種。　木香：有黃、白二色，白而紫心者，尤香《康熙志》。按：城西東嶽廟黃木香最盛，土人為建木香亭。今燬於兵火。　酴醿：《康熙志》云：有白色、蜜色二種。案：酴醿本酒名，世以花色似之，故名。花白而微碧，香微而清。　金銀花《康熙志》：初開色白，將萎則黃，香亦清烈，其藤左纏，有鴛鴦、鷺鷥諸名，其葉淩冬不凋，故又有忍冬之號。　素馨：一名耶悉茗花，或作野悉蜜。來自西域，枝幹裊娜，似茉莉而小。《康熙志》引《龜山志》云：劉王南漢劉隱有侍女名素馨，其塚上生此花，因名。按：此花色青，似他花之蒂，入夜轉香，故俗名夜來香。　紫藤《康熙志》：即朱藤。　淩霄：《詩》謂之苕。一曰紫葳。《康熙志》云：附喬木直上，高數丈，色紅，花盛開時，紛如列錦，花氣觸鼻，易於傷人。　錦帶：花如海棠、木瓜，而枝長蕊密，繁麗婀娜，若錦帶然。一名文官花。見《杜詩注》。《康熙志》云：王元之禹偁易名海仙。又云文官花，鎮江范氏所植，唐時惟學士院有之。胡翰有贊，見《文衡》。案《華夷花木考》，邛州有弄色木芙蓉，一日白，次日淺紅，三日黃，四日深紅，比落紫色。人號文官花。范氏所植，不知孰是。《志》既出錦帶，又出文官花，亦不知其是一是二也。　棣棠：《康熙志》作地棠。四月開黃花，花類酴醿而小，單瓣者，名金盌。　金雀花：叢生，有柔刺，一簇數葉，花生葉旁，色黃形尖，旁開兩瓣，勢如飛雀。《康熙志》謂之黃雀兒。云土人用以編籬落，花可薦茶。　牽牛花《康熙志》：葉有三尖，花如軍中鼓子，深碧色，見日則紅而萎，野生，纏於籬落，大助秋色，子入藥用。　茉莉：北人名柰花。原出波斯，移植南海。今潤地亦蒔之。花六出，白而香，對之可以銷暑增。　子午花：蔓生，花淡紫色，六出，午開子合，故名增。　牡丹：一名鼠姑。又曰木芍藥。人家園亭多植之，品色不一，而綠花者最奇，曩時下河街胡宅有二本，今則不復覯矣。以下草本。　芍藥：一名可離，又曰將離，崔豹《古今注》：古人相贈以芍藥，相招以文無。文無一名當歸，芍藥一名將離，故也。又曰婪尾春，言其殿春也。有黃、紅、白、紫諸色，略如牡丹。《康熙志》云：府治舊有芍藥亭。　蘭蕙：山谷中多有之，春花者為蘭，夏花者為蕙《康熙志》。案：蘭本香草之名，其狀與艾相似，今之葉如麥門冬，而花開五出，心作卷舌狀者，自是一物，與蘭無關。故美之者謂之幽蘭，而譏之者且謂之盜蘭。但其本名則昔人終莫之定，今據《離騷》以正之。《騷》曰昔日芳草，今為蕭艾。芳草謂蘭，言其以形似而化也。又曰荃

蕙化茅，豈非以荃蕙為一類，而謂與茅形似而化歟？舊以一幹數花而夏開者為蕙，則一幹一花而春開者為荃，其義應無疑惑。　菊《康熙志》：甘菊色黄，瓣長蕊小，味甘氣香，服食宜之。野菊一名苦薏，形色類菊，而瓣短蕊大，味苦氣惡，治癰腫疔毒瘰癧。土人通謂之黄菊。一種藍菊，花大如錢，有藍、白、紅、紫諸色，並又有雜色者，人家植以為玩及簪。近時又尚洋菊，花大如盤，形色詭異，其類近百。單瓣者為麄種，瓣作鵝翎管者為細種，人力不至，則花不奇。所謂人巧奪天工者也。邑人所蒔，甲於諸郡矣。　僧鞋菊同上：葉類菊，花似僧鞋，紫色。　荷：《詩疏》云：花未發為菡萏，已發為芙蕖。《爾雅注》：江東呼荷花為芙蓉，有紅、白二種。《康熙志》：唐李德裕《白芙蓉賦》序云：金陵城西池有白芙蓉，漾舟淥潭，不覺隆暑。金陵謂潤州，淥潭即秦潭也。　木芙蓉《康熙志》：葉有五尖，花似緋色牡丹，朝開暮落，性不畏霜，故蘇子瞻易名拒霜。　罌粟：一名米囊花，有雙葉、單葉二種《康熙志》。備紅、白、紫、黑諸色。花罷結實如罌，長寸許，西洋人刺取其汁，和之以土，雜以毒物，為藥，治疾，曰阿芙蓉，一曰鴉片。每服不過一分，中病即止。其物流入內地，中土人乃以吸菸之法吸之，且能如法置造，而鴉片之害遂流毒於天下矣。治烟癮方見草屬木棉條。　麗春：罌粟別種也。一名虞美人，根、苗止一類，而色種種不同。高濂《藝花譜》云：單瓣飛舞，儼如蝶翅扇動，草花中妙品。《康熙志》云：土人呼為百般嬌。　玉簪：一名白鶴。又一種花葉小、色淺紫者，名紫鶴《康熙志》。姙婦忌之。　萱：通作藼，一作蕿。一名忘憂。妊婦佩其花生男，故又名宜男草。曬乾為茹，名黄花菜《康熙志》。一曰金針菜。《康熙志》：萱草，一名鹿葱。《留青日劄》云：萱葉綠而尖長，鹿葱圓而翠綠；萱葉與花同茂，鹿葱葉枯而後花；萱莖實，而花五六朵節開，鹿葱莖虛，而花五六朵並開於頂；萱六瓣而光，鹿葱七八瓣而斑。本草註：萱即鹿葱。誤。今按二種邑皆有之，貨金針菜者，僉言有斑紋者食之殺人。《宋氏種植書》亦言：萱，千葉者食之殺人。然則《綱目》謂萱生肥土，則花厚色深，有斑文，起重臺，瘠土所生則否者，蓋考之欠審矣。　水仙：本自南方來，冬深始芳菲，非培植之勤則不花《康熙志》。按：此花有單瓣、雙瓣兩種。單瓣者勝，檀心素蕊，名金盞銀臺。　蜀葵《康熙志》：《爾雅》：菺，戎葵。注：即今蜀葵，花如木槿，有黄、白、紅、紫諸色，土名淑氣花。端午日，婦女配蒲、艾、榴、萱、燕麥、毛莨子及彩勝、長命縷諸物戴之。千葉者，尤可玩。　扁竹《康熙志》：一名蝴蝶花，以形似名也。其葉横張如烏翅狀，故一名烏翣花。有紫碧、赤黄二色，瓣皆有點及斑文，其根即射干也。或曰花紅黄而莖高者為鳳翼，是為射干。紫碧者名鳶尾，不入藥用。《古今注》通名萬蓮。　旋覆花：俗名金錢花《康熙志》。花類菊，開以六月，故又名六月菊。《爾雅》謂之盜庚。一曰金沸草。土人又呼為滴滴金。　長春：花似甘菊，金黄色，四圍簇起如盂。四季俱開《康熙志》。一名金錢花。　金鳳：一名鳳仙。又曰鳳兒。宋避光宗李后諱，宮中呼為好女兒花。子名急性子《康熙志》。　雞冠：以其形似得名《康熙志》。有紫、白、黄諸色，其一朵而紫、黄各半者，名鴛鴦雞冠。一種矮者，高不及尺，名壽星雞冠，土人呼為波斯雞冠。一種花穗尖長如兔尾者，為野雞冠，一曰雞冠莧。其子入藥，名青葙子。　石竹：《康熙志》又謂之石菊。青節絳花，枝柔葉細，千瓣者名洛陽花。子頗似麥。故有瞿一作蘧麥之稱。《爾雅》謂之大菊。《康熙志》云：一名綿竹。按：《志》苞屬內已有石竹、綿竹二名，與此不知是一是二。　翦春羅《康熙志》：一名翦紅紗。花大於錢，六出，每瓣刻缺細碎，有若翦成，故名。一種秋花者，名翦秋羅。羅，《康熙志》作紗。一曰漢宮秋，緋色。　蓼花：《詩》曰游龍。《爾雅》曰紅，曰龍古，大者曰蘬。陸璣云：一名馬蓼。今謂之水紅花，亦植於園亭以為玩。《本草圖經》：馬蓼，每葉中間有墨點，一名墨記草。水蓼，生於水旁，穗短，色淡，葉狹，是為虞蓼，亦可點綴陂塘秋景。一曰辣蓼，以其子味辛也。古人用以和食，故《康熙志》列入蔬部。今土人惟取以製細麴，不入食品。　金沙：花萼有大小二種。大者開遲而色鮮明，小者開早而色殷重《康熙志》。　珍珠：一名玉屑《康熙志》。《農圃書》云：葉如金雀，三月開細白花綴枝上，繁密如孛婁狀。俗名孛婁花。　笑靨《康熙志》：《藝花譜》：一名御馬鞭，花細如豆，一條千花，望之若堆雪。　蜜友：紅黄色，千葉。歐陽公《牡丹記》作櫁字《康熙志》。　結香、金梅：名俱見《康熙志》。今未詳。　荷包牡丹：葉類牡丹，一莖綴花數朵，小如指頂，絕類緋色荷包，因以名之。以下新增。　萬壽菊：蒂有長鼻，花類棣棠，赤黄色。《康熙志》有番菊，或謂此也。　倭緞菊：花似長春而小，五瓣中有墨圈，瓣茸茸如倭絨。　草繡毬：花似繡毬而小，色青紫。　秋葵：一名黄蜀葵。葉如雞距，故又名雞脚葵，花黄色，極嬌豔。開時用箸夾下，浸入麻油，可治湯火傷。其皮如麻，可絞繩索。　秋海棠：《採蘭雜志》：舊傳有女子，懷人不至，淚灑地遂生此花，如美婦

而甚媚，故又名斷腸花。有紅、白二種，白者不可與紅者並植，並則改色。草茉莉： 花類鼓子，大如指頂，有紫、黃、白三色，亦有各色相間者。子似梧子而紋如鏤刻，皮黑肉白，搗粉傅面，勝於鉛粉。 萬年紅： 本高二三尺，葉似番椒葉，莖多歧頭，夏秋之交，每莖開小紫花數朵，大如指頂，碎瓣攢簇若毬，間以黃蕊，折下乾之，瓣不脫落，常以燒酒噀之，經冬歷春，顏色如故，好事者戲名之曰醉楊妃。 景天： 一名辟火草，俗云盆置屋上，可以辟火。葉似蠶豆葉，作層而上，秋開淡紫花，如毛成片，勢若火燄，故又名火燄草。

洋花： 按自通商後，洋人攜來洋花數種，植於洋房，其花皆類翦綵所為，無生動之致。邑人或分其種蒔之，統謂之洋花。至其名目功用，則有不暇詳考者矣。 翠蘿： 亦洋花也。弱蔓延長可至數丈，細葉如毛，青翠可玩，能因物以賦形，故又名獅子草。然皆內地之名稱也。秋開小紫花，如草茉莉花而六出，子如鼠矢。 芭蕉《康熙志》： 一名芭苴，即甘蕉也。一種美人蕉，類甘蕉而小，夏開紅花如蘭，俗因通呼芭蕉為美人蕉，而轉謂美人蕉為紅蕉。染家所用紅花，即此蕉之花也。以下園亭諸卉。 菖蒲《康熙志》作蓀： 一名昌陽。《離騷》曰蓀。生池沼者，葉長三四尺，曰白菖，一曰泥蒲。生溪澗者，葉長及尺，曰溪蓀，一曰水蒲。生水石間，葉細如韭葉而有劍脊者，石菖蒲也。一種錢蒲，一曰虎鬚蒲，葉長寸許，以瓷石器盛水養之，不令着土，置之几案，云能收燈烟，令不薰眼，亦曰石菖蒲。 雁來紅： 俗名老少年《康熙志》。其黃者曰雁來黃，白者曰雁來白，紅、紫、黃、綠相雜者，曰錦西風。 天門《爾雅》作蘴。冬《康熙志》：《爾雅》曰髦。曰顛蕀。一曰天蕀，蔓生長可丈餘，葉如絲，莖滑有柔刺，俗名獅子草。亦有澀而無刺者，莖短而葉稍大，土人呼為文竹。天門冬，其根也。 薜荔： 緣樹木墻垣而生，不花而實，實名木蓮。《康熙志》云： 土人呼為木饅頭，夏月取以為粉，貨之，曰涼粉。 虎耳草《康熙志》： 一名金絲荷葉。莖間有紅絲繚繞之，生陰溼地，葉圓而有白紋，莖、葉皆有白毛。 鳳尾草同上： 生牆陰及古井內。其葉離披，下豐上殺，儼如鳳尾。 吉祥草同上： 叢生如蕙，抽莖數寸，綴細碎淡紫花，花不歲有，有則以為吉祥，故名。 萬年青同上： 葉長近尺，闊二寸許，面背皆深綠色，潤而光滑，經冬不枯，春末生花，長一二寸，形如玉蜀黍，凡數十，粒粒類人齒，氣壯者結實成簇，生青熟紅。《農圃六書》云： 一名千年蒀。潤俗出痘之家則懸其葉於門，示外人知所避云。 麥門冬： 一名忍冬。一名禹韭。俗名繡墩草。根入藥用。以下新增。 虎刺： 細葉，繁枝，多刺，結子紅如丹砂，經冬不落。 含羞草： 狀類夜合，人偶觸之，其葉自合，再觸之，枝皆下垂，萎頓若死，俄頃視之，已枝起葉炕，風流如故矣。 翠雲草： 長莖細葉，其根遇土即生，可延至數丈，性喜陰，畏日，見日即萎。 如意草： 生陰地，葉色仿佛虎耳而形尖，抽莖高二三寸，開紫白花，結實宛似如意。惡豫： 凡花皆畏麝，牡丹尤甚。此草一莖直上寸許，一葉附莖而生，葉似商陸葉而小，臭惡遠聞，足禦麝氣，故蒔牡丹者多並植之。《傳》曰： 一薰一蕕，十年尚猶有臭。薰為澤蘭，此草即蕕。蕕、豫，一聲之轉耳。

羽屬 雞《康熙志》： 人家常畜之品。一種脚矮身小而彩色可愛或純白者，曰廣雞，云種出自廣東也。一種雌雄羽毛皆純白而反捲，冠紫色，狀如荔枝，耳碧而肉及骨俱黑者，曰烏骨雞，俗云畜之，小兒不患驚風，黑舌者尤良。

鴨同上： 一曰鶩。一曰舒鳧。俱見《爾雅》。一曰鴨。《禮記》說〔者以〕鳴為鶩是也。 鵝： 《爾雅》謂之舒鳧。《康熙志》： 羅隱《京口送楊子蒙東歸》詩云： 東吳送客樓船後，拋擲子鵝離京口。刁景純《懷南徐所居寄二弟》詩云： 京口子鵝宜薦酒，壩頭醇酒酒字疑釀字之訛。可飛觥。見《京口集》。雉： 俗呼野雞。《化書》云雉不自合，信也。陸佃云： 雉飛不越分界，一界之內以一雉為長。江淮而南，青質五彩皆備成章，曰鷂。《康熙志》。案江淮以下，見《爾雅》。 鶖： 俗呼鵜鶘，似鶴，色青蒼，性貪惡，毛辟水毒《康熙志》。按《綱目》云： 凡鳥至秋毛脫，獨此鳥頭常禿如秋，故名禿鶖。 鵜鶘： 俗呼淘鵝。亦曰淘河。一名捓向，一名鴮《康熙志》。《爾雅》曰： 鵜，鴮鸅。即此鳥也。陸璣《詩疏》云： 形如鶚而大，喙長尺餘，口中正赤，頷下大如數升囊，小澤中有魚，共抒水滿而棄之，水竭魚出，乃食之。按： 今所見淘河大於鵝數倍，羽純白色。 鳧： 俗呼野鴨。亦名鶩。小而好沒水者名鸊鵜《康熙志》。蓋即《爾雅》所謂鸍，沉鳧也。鵜一作鷉。 鷗《康熙志》： 白鳥也。《詩》謂之鷖。一曰水鴞。形似白鴿，長喙長脚，群浮水上，將乳則結小巢，亦浮水上。 鷺： 林棲水食，潔白如雪，頂有長毛十數莖，毿毿如絲，欲取魚則弭之。《爾雅》謂之舂鉏。《禽經》云： 步於淺水，好自低昂，如舂如鉏也。一種似鷺而頭無絲，脚黃色者，俗名白鶴子。《康熙志》引《蔡邕傳》云鷺啄則絲偃，鷹捕則角弭，藏殺機也。《桂萱錄》云： 鷺，一名碧繼翁。東坡呼鷺為雪衣兒。李昉名曰雲一作雪。客。 鴛鴦： 一名匹鳥《康熙志》。大如小鴨，

雌雄不相離，並游溪湖，棲於土穴，質杏黃色，有文彩，紅頭，翠鬣，黑翅，黑尾，紅掌，頭有白長毛垂之至尾。　鸂鶒：　五色尾，有毛，如船舵，小於鴨，能食短狐，以其溪中刺邪逐惡，故名《康熙志》。按：　鸂鶒，五色而多紫，首有纓，亦好並游，左雄右雌，群伍不亂，故一稱紫鴛鴦。　鸕鷀：《康熙志》：《爾雅》：　鷀，鶿。《埤雅》云：　鸕鷀，水鳥。似鶂而黑。鶂色白。一名烏鬼。土人謂之水老鴉。　案杜詩云：　家家養烏鬼，頓頓食黃魚。所謂烏鬼，即此鳥也。俗呼魚鴉。　魚狗《康熙志》：《爾雅》之鴗，天狗也。一曰魚虎。一曰魚師。大如燕，喙尖而長，足紅而短，背毛翠色，翅亦帶翠，土人取為婦人首飾，呼為翠雀。　蘆虎：《爾雅》：　鳭鷯剖葦。郭注云：　好剖葦皮，食其中蟲，故名。江東呼為蘆虎。似雀，青斑，長尾。《康熙志》謂之蘆蟚。　鵓鴿《康熙志》：　有家鴿、野鴿。家鴿人作房飼之，野鴿則棲於古寺。唐張九齡以鴿傳書，名曰飛奴。　燕《康熙志》：《禮》曰元鳥。《爾雅》曰鳦乙同。小而臆白者為越燕，俗呼草燕。大而臆斑者為胡燕，俗謂為蘆燕。常以春社來，秋社去，其來也，銜泥而巢於人家，其去也，蟄於窟穴塘均泥土中，俗謂其去而渡海者，謬也。一種巢於巖穴者，曰石燕。燕巢有艾則不居，凡狐貉皮見燕則毛脫。陶隱居云：　胡燕巢能容二匹絹者，人家富。故俗以其來巢為喜。其營巢必於樓閣之下，或兩椽之間，有長至尺餘者。宋元嘉時，白燕兩產丹徒。見祥異條。　烏《康熙志》：　有數種，純黑嘴小者，慈烏也，反哺之烏也，一曰寒鴉。鵶同，本作雅。大嘴，腹下白而性貪者，鴉烏也。《詩》謂之鸒斯。《爾雅》謂之鵯鶋。白項者，燕烏也，一曰白脰烏。其冬月千百為群者，風烏也。土人云是大蚌所化，而總謂之老鴉。聞其聲則以為不祥。《廣雅》云：　南人喜鵲惡鴉，北人反之。師曠以白項者為不祥也。　鵲《康熙志》：　性惡溼，故稱乾鵲。俗以其鳴為報喜，呼為喜鵲。　斑鳩斑一作鳻：　鳥之謹愿孝順者，一曰鶉鳩。見《爾雅》隹一作鵻其、鳺鴀。注：《左傳》祝鳩氏司徒，即此鳩也。將雨則逐其婦，晴則呼之。語云：　天將雨，鳩逐婦。其性不噎，故杖端肖其形以扶老。《埤雅》云：　斑鳩項有繡文斑然，無繡者，謂之鵓鳩。《康熙志》云：　土人呼為鵓鴣，拙於為巢者也。　鶺鴒：《爾雅》作鵰鴒。云：　雝渠也。注云：　雀屬，飛則鳴，行則搖。案：　鶺鴒色蒼似雪，鳴則天當大雪，故《物類相感志》云：　鶺鴒一名雪姑。《禽經》云：　鶺鴒共母者，飛鳴不相離，詩人取以喻兄弟相友之道也。俗云人取其一，則其類皆死。

《康熙志》云：《爾雅》戴鵟、鶺鴒，郭璞云：　鵟即頭上勝，今亦呼為戴勝。土人名雪姑。按《爾雅》：　鶝鴔，戴鵟。字從皀從乏，音如必匹，即《月令》所謂戴勝降於桑者。非鶺鴒也。　鸜鵒同鴝：　俗名八哥。身首俱黑，兩翼下各有白點，頭上有幘，嫩則口黃，老則口白。其鳥不自為巢，或居鵲之成巢，或居樹穴及人家屋脊中。其鳴自呼，食桑葚則醉，亦鳩類也。《攷工記》云：　鸜鵒不踰濟。故《春秋》以其來巢為異。《康熙志》云：　五月五日，用蒲酒撚其舌，則能語。　鴉舅《康熙志》：《爾雅》曰：　鴰鳩，鵧鴰。郭云：　小黑鳥，鳴自呼，江東名為烏臼。按：《爾雅注》作烏鵙，羅願。《爾雅翼》云：　江東謂之烏臼，音匊，又曰鵶鴟。小於烏，三月即鳴，今俗謂之駕犁，農人以為候。五更輒鳴，曰架架格格，至曙乃止。古有催明之鳥曰喚起者，蓋即此也。按：　此鳥似鸜鵒，無冠而長尾。羅願云：　大如燕，黑色，長尾有歧，頭上戴勝。多在山寺樹楹間，亦名鵯鵊，今按此鸟曰鶪曰鴂，皆與伯勞之名相同，疑是一物。《月令》：　仲夏之月，鶪始鳴。《爾雅》曰：　鶪，伯勞也。《夏小正》五月鴂則鳴。《傳》曰：　鴂，百鷯也。張華注《禽經》云：　伯勞，似鸜鵒，鸜鵒喙黃，伯勞喙黑。按：　伯鷯，即伯勞。一曰博勞，一曰伯趙。但始鳴之時不同，或據《爾雅翼》之文，以為是即戴勝，義亦通也。　山鵲《康熙志》：《爾雅》曰鷽。音五覺反。狀如鵲而烏色，有文彩，赤嘴，赤足，長尾，俗名鷽子。諺云：　朝鷽叫晴，晚鷽叫陰。《說文》以為知來事鳥也。一種似山鵲而小，短尾，青黑色，多聲者，《爾雅》之鷗鳩、鶻鵃。《埤雅》云：　鶻鳩，春來秋去。故《左傳》以為司事，又曰一名鳴鳩。　郭公《康熙志》：　即鳲鳩。《爾雅注》云：　一名布穀。一名穫穀。《埤雅》云：　一名搏黍，江東呼為郭公。按：此鳥四月始鳴，本自呼布穀布穀，聞者疑似，因有郭公郭婆、割麥插禾、脫却布袴諸稱。《月令》鷹化為鳩，即此鳩也。《禽經》及《方言》並謂鳲鳩即戴勝，按之《爾雅》，乃二物也。或曰鳲鳩即鳴鳩。　桑扈：　郭璞云：　俗謂之青雀。今名蠟嘴。性慧可教《康熙志》。　百舌：　反舌也。小於鴝鵒，蒼毛，一云色黑如鴝鵒，尖嘴。一名望春。一名喚起。江南謂之喚春。聲圓轉如絡絲見《山堂肆考》。能變易其聲，做百鳥之音。《康熙志》引《汲冢周書》云：　芒種之節，反舌無聲，反舌有聲，佞人在側。　姑惡：　俗名苦鵽。水鳥，類鷺。按：　此鳥如小白雞，首有赤冠，背有赤毛。哀鳴終夜不息，俗傳婦被姑虐而死，化為此鳥。東坡有《姑惡》詩，字書有鵞鵽，皆水鳥，當是此種《康熙志》。按昔人多以鶪為姑惡，云如鳩，黑色，以四月鳴，其鳴曰苦苦。今姑惡哀鳴，正曰苦

苦，但非黑色，誌以備考。　鸜《康熙志》：《詩》曰黄鳥。曰倉庚。亦作鶬鶊。
《雅》曰鵹一作黧、離。黄，曰楚雀，曰商庚。注疏家又有摶黍、黄鸝鶹一作栗留。
諸名。明皇呼為金衣公子。今曰黄鸝，曰黄鶯。　畫眉：梅聖俞詩：山
鳥本無名，兩眉如粉畫《康熙志》。此鳥能效各物之音，今人常籠畜之。　練
鵲：似鴝鵒而小，黑褐色，尾長而白，如練帶然。《康熙志》云：土人謂之
拖白練，亦曰喜相逢。　啄木鳥：《爾雅》：鴷，斲木。注云：口如錐，長
數寸，常斲樹食蟲，因名。即啄木也。《康熙志》引《聞見後錄》云：啄木巢
木穴中，人或塞之，以嘴書符於地，其塞自開。　桃蟲：即鷦鷯也。俗呼黄
脰《康熙志》。一名桑飛。《詩》肇允彼桃蟲，拚飛維鳥。《傳》云：桃蟲，鷦
也。鳥之始小終大者。陸璣《疏》云：今鷦鷯是也。微小於黄雀，其雛化而
為鵰，故俗謂鷦鷯生鵰。案：此鳥取茅秀為巢，以麻紩之，精密完好，類人
所作小筐，故有巧婦、工雀、韤雀諸名。以其雛化為鵰，故又有鸋鴂之號。諸
名並見《爾雅》及《疏》。　鸋鴂，鴟類也。　竹雞：形如鳴鵲，帶紅色，鳴則雨。
本草：竹雞，一名山菌子。狀如小雞，無尾，鳴音泥滑滑，又是一種《康熙
志》。　鷚：《爾雅》曰天鸙《康熙志》。注云：大如鷃雀，色似鶉，好高飛作
聲。俗呼告天。亦曰叫天。　金翅《康熙志》：似雀，雄者翅間有黄翎，能
鳴。九月成群而至，相傳以為蛤蚧所化，俗呼花鵐。春時亦有之，謂之菜花
鵐，因呼秋至者為菊花鵐。　偷倉：似雀而差小，籠蓄易馴，雌雄遞放不
失。土人相傳，橙樹未實者，此鳥來巢，則是年著花必實，驗之果然《康熙志》。
案：此鳥飛集成群，俗呼為十姊妹。　黄鶴：《康熙志》：似鶉而小，羽
足俱黄。案《夏小正》云：三月田鼠化為鴽，八月鴽為鼠。傳云：鴽鴾鶴
同也。一曰鴳。一曰鷃。《月令》注云：鴽，關東謂之鶉。《爾雅》：鶉、
鶉。注云：鵪屬。又曰：鶉子鳼，鴽子鸋。是鷯鶉。注與鶉一類二種。
今統呼為鵪鶉，性善鬬。　白頭翁：羽毛微綠，而顛有白毛，故名《康熙志》。
十二紅：翅尾各十二翎，翎間各有朱點，又有十二黄，亦然同上。　婆餅
焦：梅聖俞詩：婆餅焦，兒不食，爾又向何之，爾母山頭化為石。山頭化
石可奈何？遂作微禽啼不息。土人呼為山裹鬼同上。　餓鳥：相傳至海
上來，嗉中有砂如黍粒，名金剛鑽同上。　蝙蝠《康熙志》：《爾雅》曰伏翼。
一曰飛鼠。一曰仙鼠。狀如鼠，腋下有肉翅，晝伏夜飛，集則倒挂梁間，食蚊
蚋。屎曰夜明砂。夜值庚申乃伏。　鷂《康熙志》：鷹類，鷙鳥也。《爾雅》
謂之鸇。又曰負雀。《左傳》謂之鶆鳩。一曰鴟。一曰鳶。一曰隼。或曰：
隼者，鷙鳥之總稱也。其曰鸇，曰晨風，亦其類。故《列子》云鷂為鸇，鸇為布
穀，布穀為鷂。其尾上白者名鷹。《綱目》云：鷂似鷹而稍小，其尾如舵，極
善高翔。土人謂之鷂鷹，其大者曰鶆鷹。《爾雅》：鷹，鶆鳩。郭從《左傳》作鷞，謂
《雅》誤也。然《左傳》誤鶆作鷞，亦未可知。　鵰：《詩》曰鶉。音團。鷹類，鷦鷯之
子所化也。其一名鷲者，北土所產，非潤地所有，《康熙志》以此鵰為鷲，恐
非。　鶻：亦鷂類也。《詩》曰睢鳩。一曰鶚。一曰魚鷹。《康熙志》云：鶻
土人謂之呀當作鴉鶻。金山之東有石山，鶻常棲息其上，因名鶻山。案：鶻
山，即善才石，其上久無鶻棲。詳見金山。而焦山東北之松寥山，乃常有鷹棲
止。土人謂之鷹山，山色純白，皆鷹糞也，相傳鷹吐能治膈。　鴟鵂《康熙
志》：一名怪鴟。一名鵋鶀。一名鉤一作鴝。鵅。皆見《爾雅》及注。一名角
鴟。身似鴟，頭目如貓，其耳則兩毛角也。俗呼為貓兒臉。一曰恨呼。舊云
鳴作笑聲，當有人死，今病家聽其恨聲，則云當死。頗有驗也。又有一種鵂
鶹，即《爾雅》之雚，老兔，頭目相似而小，鳴聲連轉如云休留，鳴則有風。俗
謂之轂轆鴟。亦不祥之鳥也。其鳴皆以夜。　鴞：字一作梟。《爾雅》之
梟鴟也。一名鵩。惡聲之鳥，狀如母雞，有斑文，頭如鴝鵒，目如貓目，其名
自呼。古云長則食母，今土人目驗者云梟胎生，在腹食母，其母忍痛，口銜樹
枝而死，及子出，骨肉俱盡，惟頭懸於樹上，故懸惡人首以警眾謂之梟示，取
此義也。《康熙志》以為王睢，蓋誤。　鬼車：俗名九頭鳥《康熙志》。暝晦
則飛，鳴聲如轉車，陳藏器云：能入人家，收人魂氣。相傳此鳥舊有十首，
犬齧其一，常滴血，血着人家則凶。荊楚人夜聞其聲，俱滅燈見火光則集也。
打門捩狗耳以厭之，言其畏狗也。潤俗亦然。　鸛　雁　鵁鶄鳩。按：以鵁
鶄為鳩，其說未詳。　油蠟　提胡盧　山和尚　山楝子　烏頭白頰諸名並見《康
熙志》。　雀：古作爵字。俗曰麻雀，小而口黄者，為黄雀。巢人家瓦縫中，
一曰瓦雀，一曰賓雀。以下新增。　黄褐侯：一曰青鴿，狀如鶉鳩而綠褐
色，長其聲如小兒吹竽，而尾音二字極清脆，有若人語。　鷓鴣：其鳴曰格
磔鉤輈，誤之者曰行不得哥哥。今潤州山中頗聞其聲，但未覩其狀耳。《圖
經》云：形似母雞，頭如鶉，臆前有白圓點如珍珠，背毛有紫赤浪文。
　毛屬　牛：牡曰牯。牝曰𤛓，曰牸。去勢曰犍。其子曰犢。有㹻牛、
水牛二種。㹻牛，土人不問何色，統呼之為黄牛。其牯犍諸名，則無異也。

羊：　牡曰羖，曰羝。牝曰牂。毛多者曰羖䍽。去勢曰羯。其子曰羔。土人以直毛小尾者為山羊，此是家畜之羊，非野生之山羊也。拳毛大尾者為綿羊。

豕：　一曰豨。牡曰豭，曰牙。牝曰彘，曰豝。求孕者曰貗。去勢者曰獖。其子曰猪豬同。曰豚。土人統呼曰豬。小者曰秧豬。

犬：　一名尨。《爾雅》云：狗也。有獵犬、守犬二種。其充饌者曰食犬，潤人弗畜。

驢：　李時珍云：馬力在膊，驢力在臚，臚，腹前也。

貓：　一名家貍。《格古論》：一名烏圓。

貍：　俗呼野貓。《正字通》云：貍有數種。毛色似貓，圓頭大尾者，為貓貍。斑如貙虎，銳頭方口者，為虎貍。似虎貍，尾黑白錢文相間者，為九節貍。文如豹而作麝香氣者，為香貍，即靈貍也。一種面白而尾似牛，專上樹食百果者，為牛尾貍，亦曰玉面貍，又稱果子貍。香貍、果子貍，潤地不產也。

鹿：　馬身羊尾，頭側而長，高脚而行速，毛雜黃白。有斑有角者，牡。無者，牝。山林中間有之，不可多得。

麞獐同：　一曰麕。似鹿而小，無角，黃黑色，牡者有牙出口外。

狼：　豺類。大如狗，銳頭尖喙，白頰，色黃黑，亦有蒼褐色者。豺體細瘦而健猛，黃褐色。《康熙志》有豺無狼。

兔：　似鼠而大，尾短耳長，上唇缺而無腮，長鬚而前足短，色蒼褐，一種類兔而色潔白，或純黑，或黑白間者，土人名為麂子。然非《爾雅》麂、大麕之麂也。一曰銀鼠，孕二月而生，一歲凡五六孕，人家畜以為玩，且以充饌，性畏貓。

野豕：　似猪而大，牙出口外，毛色似水牛，能銜草木作室而居。此物及後條貙虎，往昔俱不常有，粵寇蹂躪以後，各鄉人迹希疏，二物乃蕃，並為人害，蓋暴戾之氣所感也。以上諸名俱見《康熙志》，原無論說，今並增之，《志》又有馬、騾二名，以非土產，故不錄。

貛：　有猪貛、狗貛《康熙志》。皆以形似名也。猪貛，一名貒。《爾雅》：貒子貗。注云：貗，豚也，一名貛。狗貛一名天狗。

獺：　水居，食魚《康熙志》。一名水狗，似狐而長尾，足短身褊，毛色青黑，若故紫帛。俗呼為水獺貓。其肝可治肝疾。

鼠：　厥類甚多，邑所產者，則有鼫鼠，即人家常鼠。一曰老鼠，以其善穴而壽最大也。《抱朴子》云：鼠壽三百歲。地鼠，一名鼩鼱，小鼠穴地中者，李巡曰即鼷鼠。水鼠在水中，食菱、芡、魚、蝦者。田鼠在田野地中，一名鼹鼠。一名鼢鼠。一名隱鼠。一名鼸鼠。《夏小正》：鼸鼠化鴽。《說文》云：伯勞所作也。櫛魚即鯽魚。亦化之。見《本草綱目》。鼬鼠，一名鼪鼠，俗呼黃鼠狼，尾毛可以製筆。《康熙志》云善攘雞，而漁船畜之，云能致鳧。栗鼠，一名松鼠，《爾雅》謂之鼲鼠，注云如鼠而大，尾大如鼬。蒼色，在樹木上，即此鼠也，性頗馴，土人常畜之以為玩。尾毫亦可製筆。東坡詩所謂栗尾書溪藤者是也。鼷鼯音離艾。鼠，孫愐云：小鼠也。相銜尾而行。《蟫史》云：目瞽氣臭。李時珍云，按《秦記》及《草木子》皆載，群鼠數萬相銜而行，以為鼠妖者，即此。今按《康熙志》祥異條有崇禎十七年北來鼠數萬銜尾渡江之語。咸豐三年，粵寇之亂，東鄉群鼠亦銜尾渡江，亂平，又銜尾而歸。此事雖異，然以《唐韻》言之，則世間固自有此一種鼠也。

狐：　形似小黃狗，鼻尖尾大。許慎云：妖獸鬼所乘也。以下新增。

貙虎：　《爾雅》：貙，似貍。郭注云：今貙虎也。大如狗，文如貍，是即今之所謂狗頭虎也。

猬：　古作彙，一作蝟。狀如鼠而尾脚俱短，蒼白色，毛粗硬如針。《爾雅》謂之毛刺。人犯之，則藏頭足而伏，如栗房也。

鱗屬

鼉：　《博物志》謂之土龍。《康熙志》云：圓首利牙，值陰霧，輒騰起丈餘。《詩疏》：鼉似蜥蜴，長丈餘，其甲如鎧，皮堅厚，可冒鼓。本草：鼉性能橫飛，不能上騰，其聲如鼓，夜鳴應更，謂之鼉更。道光朝，河帥麟慶嘗放鼉於焦山，作窟棲之，常游江中，亦能遠去，然久之必還其所。兵燹後乃不知其所往。今山之東麓有麟公放鼉處。

鯉：　出江中者肥美。《正字通》引《神農書》曰：鯉為魚王，無大小脊旁（鱗）皆三十有六，鱗上有小黑點，文有赤、白、黃三色。《康熙志》云：出江中者，謂之赤梢。

鰣：　《雨航雜錄》：鰣魚者，夏以時至，故名《嘉慶志》。《康熙志》云：本海魚，季春出揚子江中，游至漢陽生子，化魚，而復還海。鱗細白如銀，多骨而速腐。按《爾雅》：鮥，當魱。郭璞注云：海魚也。似鯿而大鱗，肥美多鯁，即此魚也。有兩長鱗，可以治疔，麻油浸收。

魛刀同：　《嘉慶志》云：《爾雅》：鮤，鱴刀。郭璞注：今之鮆同鱭。魚也。亦呼為刀魚。《雨航雜錄》又作鱽魚。《養魚經》：鮆魚，狹薄而首大，長者盈尺。朱彝尊詩，京口刀魚尺半肥。一名望魚。見《魏武食志》。按：刀魚，產揚子江中，至清明始肥大，春初者，形小味薄，土人謂之風鱭，或以為別是一種，恐非。曝乾，可以代燭。

鱘：　出揚子江中。大者長丈餘《康熙志》。背青腹白，無鱗，目小如豆粒，口在頷下，鼻端有脊骨，形如鸛嘴，下廣上銳，長等其身，色白而明，土人名曰鱘槍，又曰鱘衡。骨上肉肥美如粉，外有細刺點點作梅花形，曰梅花粉骨，亦甘肥中噉，兩頰有肉，曰鹿頭，又曰鱘龍。讀普鑾切。《爾雅·釋魚》疏引《字林》

云：鱏音鱘，長鼻魚也，重千斤。《傳》云，伯牙鼓琴，鱏魚出聽。見《說文》。鱘、鱏，古今字也。《康熙志》云作鮓，舊以充貢。《嘉慶志》云：見《唐書・地理志》。　鱣：《爾雅注》：大魚，似鱏而短，鼻口在頷下，體有邪行甲，無鱗，肉黃，大者長二三丈，今江東呼為黃魚。黃一作鱑，通作鰉。陸璣《詩疏》：鱣，身形似龍，背上腹下皆有甲，縱廣四五尺，大者千餘斤。案：此魚膏肉相間，黃者其脂也，俗稱鱘鰉。《嘉慶志》引《京口錄》云：鱘、鰉是兩種。鱘，肉色白；鰉，肉色黃。　鮪：《詩疏》：鮪，似鱣而青黑腹白，頭小而尖，似鐵兜鍪，口在頷下，大者名王鮪，小者名鮛鮪。案：鮪，形色類鱘而無長鼻，其頭尖處，土人謂之道士冠，猶鐵兜鍪之遺語也。四時常有，三九月為盛，故有菜花鮪、菊花鮪之稱。今俗呼為鮰魚，音之訛也。案：字書無鮰字，《蘇東坡集》有《戲作鮰魚一絕》，為鮰字始見。《本草綱目》以鮠魚為鮰魚，按：《類篇》云：鮠，鯷之小者。《本草圖經》：鮧魚口小，背黃腹白，名鮠。鯷、鮧皆鮎魚別名，是鮠乃鮎之別種，非鮰魚也。《正字通》云：鮠似鮎而大，白色。與郭注《爾雅》鱯魚同。然鮰與鮎固迥不相類。而指鱘魚為鮪魚。《焦氏筆乘》又以鰣魚為鮰魚。《康熙志》從《綱目》作鮠。《嘉慶志》同。且謂四月鰣魚盡則入市，鰣魚盡則石首入市，石首海魚，俗呼黃魚。四五月之交，繼鰣魚而入市者僅此。並誤。　魴：一名魾。即鯿也。《爾雅注》：江東呼魴魚為鯿魚。陸璣《詩疏》：魴廣而博，肥恬而小力，細鱗，魚之美者。《正字通》：鯿魚，小頭縮項，闊腹穹脊，細鱗，色青白，腹內肪甚美。案：江魴有蒼、赤二種，大者長二三尺。土人呼蒼色者為蒼鯿，一曰鵲鯿。鵲即蒼之訛音。赤色者為火燒鯿。蒼者味美。《康熙志》引習鑿齒《襄陽耆舊傳》云，漢水中鯿魚甚美，禁人捕，以槎斷水，謂之槎頭鯿。今揚子江中鯿，絕清美，當不殊漢上耳。　鰱《康熙志》：郭璞《江賦》：鯪鯉鰩鰱。一名鱮。陸璣云：似魴，厚而頭大，魚之不美者，故里語曰：網魚得鱮，不如啖茹。徐州人謂之鰱，或謂之鱅。按：江中大鰱頭及腹腴至為肥美，土人頗重之，池畜者多土氣，里語云云蓋為池畜者言之。有赤、白二種，白者曰銀鰱，赤者尤勝，謂之血鰱。《嘉慶志》引《京口錄》云，巨首細鱗，池塘中多畜之。　黃頰魚：《詩》謂之鰥。一謂之鱨。陸璣曰：鱨，一名黃頰魚是也。魚形似鰋，頭尖色黃，兩頰及鰭尤勝。一名鱤魚。《山海經》：減水多鱤魚。注：鱤魚，一名黃頰魚。今曰黃鰭，土音轉讀若脊。亦曰鱤子。最善食魚，畜魚者多惡之。故本草云：鱤魚，一名鮨魚，又名鰥魚。鱤，敢也。鮨，脂也，食而無厭也。吞脂同類，力敢而脂物者也。其性獨行，蓋眾魚避之，非其性也。故曰鰥。《康熙志》以黃鱓當之，誤。其云與荊芥同食殺人，則本草之說也。

青魚《康熙志》：《本草圖經》：青魚，古作鯖字。《正字通》：鯖魚，形似鯇，青色，即青魚。今江中出者，色青赤，尤肥美。李時珍云：頭有枕骨，蒸令氣通，曝乾，狀如琥珀，作酒器、梳篦，甚佳。　鯇同上：狀似鯖而鱗色類鯉。《爾雅》：鯇。註云：今鯶魚，似鱒而大。又云：鱒似鯶子，赤眼，今出塘溪者，謂之草鯶。餘則鯇鯶通稱，而鱒之名隱焉。　鰷鯈同：《詩傳》曰：白鰷也。《爾雅》：鮂，黑鰦。注：今白鰷，俗亦曰白鰷。其赤尾者曰紅苗。《康熙志》云：赤尾者名船。按字書無船字，蓋舩之誤也，舩音公，不音紅。魚形似鰲，非白鰷類也。　鮎《康熙志》：《爾雅注》云：別名鯷。江東通呼鮎為鮧。《爾雅翼》：鮧魚，偃額，言其額扁。兩目上陳，口方，頭大，尾小，身滑無鱗，謂之鮎魚，言黏滑也。按：《翼》狀鮎之形，可謂曲盡。惟口旁有二肉鬚，未載。背上色青，大者出江中，一種口小背黃腹白者，名鮠魚，亦常見之品也。　鱧同上：一名鮦。見《爾雅注》。《正字通》云：今烏魚，字又作蠡，或曰烏蠡。大頭圓尾，青質黑章，首常向北，奉道者忌食之，以為水厭。　鯽：似鯉而小，脊黑者佳。《爾雅翼》：鮒，鰿也。今作鯽。陸佃《埤雅》：此魚好旅行，吹沫如星以相即，謂之鯽。以相附，謂之鮒。《康熙志》云：產江中者，味甘美。本草：諸魚皆屬火，惟鯽性屬土，食之能健人脾。按：《嘉慶志》有土附魚，引《養魚經》云，似黑鯉而短小，附土而行，故名。詳此形狀，即鯽魚也，名以土附，亦猶昔人之稱鮒耳。乃又引《京口錄》云，首大而身小，謂之吐魰，則混渡父為土附矣。渡父見後。　杜父魚：一作渡父。又曰船矴魚。本草：生溪澗中，長二三寸，狀如吹沙而短，其尾歧，大頭闊口。按：此魚頭銳，口有短肉鬚。色黃黑，有斑文，脊上有鬐刺，螫人。李時珍云：杜父，當作渡父，言渡父所食也。言其味劣。見人則以喙插入泥中，如船矴也。《嘉慶志》引《京口錄》云頭大而身小，謂之吐魰，正此魚耳。今土俗名為矴師魚。亦曰矴公魚。猶昔言渡父耳。　鱖：《爾雅》謂之鯞。扁形闊腹，大口細鱗，形似鱸魚，而斑彩特甚。一名鯚魚。又稱桂魚。鱖本姑衛反，稱桂，以音同也。《康熙志》云：仙人劉憑常食石桂魚，即此。按：《志》說見本草。《延壽書》云：鬐刺凡十二，以應十二月，誤鯁害人，惟橄欖核磨水可解。亦見本草。又云諸魚皆畏橄欖，無則用核。俗曰鯚花，又曰鯚婆。　鱸《康熙志》：產江

中，形似鱖而稍狹，色白而有黑點，《嘉慶志》云：《京口錄》鱸有二種，曰脆鱸，曰爛鱸。謝元《與兄書》：北固山下大有鱸魚，一出手釣得四十九枚。

鰵同上：形類白鰷，長四五寸，產南閘即老人閘。河中者佳。俗曰烙魚，言宜烙而食也。河豚豚一作魨：《正字通》：河豚別名鯸鮐。鮐又作鮔。一曰胡夷。又曰鮭魚。鮭又作鯢。皆一物也。《吳都賦》注：鯸鮐魚，如科斗，大者尺餘，腹下白，有芒刺，能鼓氣作脬。背上青黑，有黃文，尾單，性有毒。即今之河豚也。其出有時，東坡詩蔞蒿滿地蘆芽短，正是河豚欲上時是矣。《嘉慶志》引《養魚經》云：河豚出於江海，有大毒。能殺人。按：河豚之毒曰血，曰子，曰眼。諺云：血麻子脹眼睛酸。然子與眼人知去之，血藏肪內，肪至肥美，有西施乳之稱，食者必不肯棄，苟治不如法，則危矣。羊蹄菜俗云牛舌頭，根極解其毒，潤有估人舟行，見舟人食河豚，治不如法，甚為憂慮。閱日竟無恙。他日復食，舟人詣岸，采羊蹄菜一握，入魚同煮，問之，云所以食之無妨者，賴有此也。估人遂同食之，亦無恙。又橄欖、甘蔗、蘆根、糞汁，並解其毒。又方，槐花微炒，與乾臙脂等分，同搗粉，水調灌之。又，鮫魚皮，即沙魚皮，燒研水服。俱見本草。無頰無鱗，目與口能開闔作聲。《康熙志》云，食後服藥，有荊芥、附子，必死。按：菊花、甘草、桔梗、烏頭，並與河豚相反。過清明不可食。諺云：蘆青長一尺，莫與河豚作主客。則其時毒尤甚矣。鰻鱺：似鱓而腹微粗，銳首，背青腹白，一曰白鱓。《康熙志》云：出江中。按：河池水中皆有之，但瘦小耳。秋時遇風雨則出。鱓鱔同：《本草圖經》：鱓似鰻鱺而細長，亦似蛇而無鱗，有青黃二色，生水岸泥窟中。按：今潤俗呼為長魚，以其形也。《康熙志》誤讀《詩疏》，乃以鱓之黃色者為黃頰魚，以當《詩》之鱨魚，誤甚。鱓一作鮔，見《山海經》注，又通作鱣，見《顏氏家訓》。

鰌《康熙志》：《爾雅》：鰼，鰌。注：今泥鰌。或作鰍字。《正字通》：生下田淺淖中，似鱓而短，首銳，色黃黑，有漦，濡滑難握，穴泥中，與他魚牝牡。

鯔：本草：似鯉，身圓頭扁，骨軟，謂之蛇頭鯔。《康熙志》：生江中，味埒鯖魚，謂之鯖舅。《嘉慶志》引《吳都賦注》，鯔魚形如鯇，長七尺，今京口之鯔纔尺許。按：《吳都賦》之鯔，別是一物，今海魚有名鯔者，不應與江鯔較長短也。橋丁魚：圓身細鱗，其大如拇，長不盈尺，然皆肉也《康熙志》。

針魚：首戴針芒，身長五六寸許，舊出揚子江蒜山下，今徧他所《康熙志》。案：針魚，長儘三四寸，其針黑色。銀魚：長一二寸，無骨無鱗，目如點漆，身明瑩如銀。杜子美詩所謂天然二寸魚者也。又名白小。《康熙志》云：舊出石公山渡頭，多暴為脯，及作鮝，晶瑩可愛。膾殘魚：長七八寸，身圓而白，無骨無鱗。《康熙志》云：俗名魠當從《嘉慶志》作鮀。魚，亦曰麫條魚。《博物志》：吳王江行，食膾有餘，棄於中流，化為魚，名吳王鱠餘。又曰膾殘。按：膾殘與銀魚雖極相似，而種類不同，舊皆誤合為一，今正之。金魚：小魚也。初生色黑，久則變紅、白、黑諸色，亦有諸色相間成斑文者，然皆帶金色。其類有單尾、如常魚之歧尾。雙尾、二歧尾也。鳳尾、身短而二歧尾極長。龍眼、眼暴於外。蛋魚無脊鬐，身短而圓。諸名，人畜以供玩，不入食品。畜於寬水，亦可重至一二斤。《康熙志》云有鯽、鯉、鰌、鰵一作鼈。數種，鰌、鰵最難得，獨金鯽耐久。據此文，則昔之金魚，其皆單尾歟。間有藍色。海鷂：《康熙志》云：生江中，亦名邵陽魚。形圓如扇笠，無鱗，色黃，眼生腹下，尾細而長，浙東人呼為魟魚。案：此魚即俗所稱鍋蓋魚也。本海族，江中亦時有之。江豚：本草：江豚，大如猪，數枚同行，一浮一沒，謂之拜風《嘉慶志》。生江中，狀如豚，黑色，出沒波濤間，鼻中作聲，其出，必有大風。土人以此占候。許渾詩：江豚吹浪夜還風。燃其脂，能逆風延熾。明萬曆間，兵部檄取，以為火攻具，而黠甚，竟不可餌《康熙志》。《說文》：江豚，一名鱄魣。俗曰江猪。蛇：《康熙志》云：不甚毒者，曰鬫縵，疑是水蛇別名。水蛇一名公蠣。曰烏稍。毒者，曰赤練，當作楝，象其色也，一作蝀。曰黃風，曰菜花。毒甚者，曰青竹，曰土虺。亦有兩頭蛇，常有人見之不死也。案：潤地山中有一種野雞項蛇，頭類野雞，身潛草中而昂其首，昔有獵者誤以火槍擊之，迎烟疾馳，嚙之立斃。本草所謂雞冠蛇最毒者也。望板歸：《康熙志》：按《字林》云睩聽形如蜥蜴，居樹上，見人則跳下嚙之，嚙已還樹，垂頭聽聞哭聲乃去。即此也。俗傳嚙已即升木，而望棺入乃歸，故得此名。本草名千歲蝮。《埜翁方》名斫木蛇。以升木時作聲云博叔博叔者，猶可治，若云斫木斫木者，不可救也。舊傳無藥可療，今案用嫩黃荊葉搗爛，敷之。又方，用細辛、雄黃等分為末，內瘡中，日三四易。又方，以栝樓根、桂枝著管中，密塞勿令走氣，佩之，中毒急敷之，緩即不救。今古屋深山往往有之，不可不知此方。案：此物亦蛇類也，俗誤歸為龜。乃謂龜脫甲則化此物，殊謬。

白魚：《詩》：鰷鱨鰋鯉。郭璞《爾雅註》：鰋，今偃額白魚，偃額，言其額微陷也。大目細鱗，身狹而肉厚，味至純美。以下新增。比目魚：《爾雅》：東方有比目魚焉，不比不行，其名謂之鰈。註：狀似牛脾，細鱗，惟

一面有之。紫黑色，一眼，兩片相合乃得行。左太沖《吴都賦》云雙則比目，片則王餘是也。《異物志》：一名箬魚。俗呼鞋底魚。《臨海志》曰婢屣魚。《風土記》曰奴屩魚。今潤人亦呼為草鞋底。　斑魚：似河豚而小，大者不過四五寸，腹下白，有芒刺，能鼓氣作脝，皆與河豚同。惟背上斑文如瑇瑁，一名瑇瑁魚。《食物本草》謂之鰯魚。有小毒，不至殺人。秋出江中，風痺、肝病人忌食之。或以為即河豚苗，則謬矣。　鯊：一名鮀。《通雅》：鯊，吹沙小魚。黄皮黑斑，正月先至，身前半闊而扁，後方而狹。即此種也。鬐刺甚硬，其尾不歧，俗名虎頭鯊。以其味美如斑子，故又號曰春斑。　婢妾魚：《釣磯立談》：婢妾魚，游必三，一前二後。《爾雅》：鱊鮬，鱖鯞。注：小魚也。似鮒子而黑，俗呼為魚婢。江東呼為妾魚。《爾雅翼》又名旁皮。案：今俗亦稱旁皮，大不過二寸許，絶類鯿魚，脊黑而腹紺碧。《爾雅》鱊鮬蓋旁皮，鱖鯞則鱖魚也，宜分釋。郭注似誤。　人面魚：面似人形，魚身，無鱗而尖尾，色殷赤，見者不祥。俗呼美人魚，出江中。　魚苗：俗名魚秧。一曰魚花。出高資孩溪江中，三四月間，諸魚哺子，於是漁人結小方囊，連綴數十，置沿江淺水中取之。市者千里爭集。以琖取水，視之纔如蚊芒，輒能辨其種類多寡，船載肩挑，雲屯霧散。然須晝夜搖動，瞬息不敢稍休，於是貧民無賴在於出處及沿途勒索，所費不貲。同治初年，漁人控諸撫憲丁公日昌，揭示通衢，令所屬文武佐貳各官，在在彈壓，由是費減，而苗亦漸稀矣。　鯪鯉：即穿山甲。本草：狀如鼉而小，背如鯉而闊，首如鼠而無牙，腹無鱗而有毛，長舌尖喙，尾與身等，尾鱗尖厚，有三角，常吐舌，誘蟻食之。此物非潤州常產，然間亦有之，咸豐六年曾見於汝山下。

介屬　黿：《爾雅翼》云：介蟲之元也。本草：如鼈而大，背有臑腴，青黄色，大頭黄頸，腸屬於首，以鼈為雌，卵生思化。《康熙志》云：出江中，俗呼癩頭黿。　龜：《康熙志》：有山龜、水龜、攝龜，俗名呷蛇龜。永安寺聖井中產緑毛金線龜。《齊志》：永明八年，延陵縣前澤畔獲毫龜一枚。案：長山白龍王廟池中產白龜。　鼈《康熙志》：一名團魚。又曰神守。俗呼脚魚。本草云：《禮記》食鼈去醜，謂頸下有軟骨如龜形者也，食之令人患水病。凡鼈之三足者，赤足者，獨目者，頭足不縮者，其鼈無裙，謂之納鼈。目四陷者，腹下有王字、卜字者，腹有蛇文者是蛇化也，在山上者名旱鼈，並有毒，殺人，不可食。又不可合雞子、莧菜食。以赤莧同包，置溼地，經旬皆成生鼈也。　蟹同上：生江河水中，亦有陸居者。其生沙港者，不入涵洞。九十月結隊越隄而過，以入於江，有數十百枚互相箝結成毬者，此蓋入海輸稻之説所由起也。是物本地雖產，但苦不多，近年以來，焦山門忽然大出，日可得數石，或一二十石不等，惟味少遜於湖蟹耳。本草：獨螯，獨目，兩目相向，六足，四足，腹下有毛，臍團者，沿臍皆有毛，不在此列。腹中有骨，頭背有星點，足斑目赤者，並有毒，害人。又云：未被霜，甚有毒。今人除所忌外，有則食之，未見有恙，即所忌者，亦不經見也。凡蟹螯鉗人，捺其目則釋。一種石蟹，生山澗水中，大如錢，治久疽瘡，解漆毒，尤良。　鰕同上：江河溝池皆有之，色青為上，出南閘者佳。一種色白而殼軟者，曰白米鰕，亦可充饌。一種類青鰕而極小，色黑而殼硬者，謂之風鰕，不堪食。　蚌同上：江河池澤皆有之，大者至六七寸，老則含珠，殼堪為粉。俗曰河鮭。一種似蚌而小，形狹而兩頭尖鋭，則本草所謂馬刀也。俗並稱為蜆子，色黑。　蜆同上：似蛤，大如拇指，有黑、白兩色。《隋書・劉臻傳》：臻好啖蜆，以父諱顯，因呼蜆為扁螺。　螺：同上，一作蠃。有數種，田螺生田野池澤中，春初生子，土人鬻而食之。尖螺小而尖長，殼堅，有棱，生陰溼地上。《別錄》謂之蝸螺。蘇常人嗜之，潤人弗食也。蝸牛生草樹間及人家陰地，類田螺而扁小，殼薄而色青白，負殼而行，狀如蜒蚰，四角，一名蜒蚰螺。《爾雅》謂之蚹蠃。又曰螔蝓。土人謂之旱螺。性喜升高，涎盡則死。東坡詩云：升高不知危，竟作粘壁枯。謂此螺也。其生草間者，大數倍，牛食之，脹死。土人謂之脹螺。　蟶：蚌屬。圓而色青，頗似蘆管，首尾皆見甲外，本屬海錯，而邑之丁角河中乃常有之增。

昆蟲　蠶《康熙志》：陽物也，惡水溼而不飲，三眠三起，二十七日而老。《周禮》禁原蠶。原，再也。京口向無湖桑，民家不以育蠶為事，自觀察沈公秉成設局課桑，而繭絲之利遂溥。　蟾蜍同上：《爾雅》曰蟾諸。又曰鼀䵹。郭注似蝦蟆，居陸地。《埤雅》云：蟾蜍，吐生。腹大背黑，皮上多痱磊，跳行舒遲。此即今之癩蝦蟆也。一名蚵蚾。居溼地而不解鳴，眉間有白汁，謂之蟾酥。一種三足蟾，相似而小，兩足在前，一足在尾，間一見之，不多有也。　蝦蟇、鼃蛙同：其類甚繁，名亦不一。凡所謂田雞、水雞、土鴨、坐魚、蛤魚，皆其類也。似蟾蜍而小，無痱磊，治蝮蛇螫毒，其肝尤良。一種嘴尖腹細，背作純青色，或間有金線者，則《爾雅》所謂黽，《禮記》所謂螻蟈，而

今之所謂青蛙也。皆居水田、陂澤、溝渠中，跳行捷疾，善以脰鳴，其聲蛙蛙蛤蛤，竟夜不休，以其能跳食蟊蟦，有功於稼，故禁食之。三月生子水中，鳴以聒之，則科斗出。所謂以聲抱也。其子頭大尾細，色正黑，狀如古文科斗形，一曰活東。《康熙志》云：俗呼蝦蟇黽。　守宮：《爾雅》：蠑螈，蜥蜴；蜥蜴，蝘蜓；蝘蜓，守宮。注云：轉相解，別四名。《通雅》：蜥蜴總曰螭，大者曰山龍子，《康熙志》曰石龍子。緣木曰蝘蜓，在草曰蠑螈，在屋曰守宮。按：守宮形小，身闊，腹白，背灰褐色，好緣人家牆壁間。俗呼壁虎。《康熙志》曰蠍虎。其在山間草際者，長而色黃。《說文》曰蛇醫，以注鳴者也。俗呼四脚蛇。亦曰蝘蜓子。本草言蜥蜴有五色，昔人又謂蜥蜴能致冰雹，興雲雨。今潤之嘉山、句容之茅山空青山諸池中，咸有物如守宮而長，腹赤背金黑，或紺碧，有靈異，人以為龍，即蜥蜴也。　螽：《康熙志》題蚱蜢。凡螽之屬，皆類蝗。昔人謂之蚱蜢。土人總呼為螞蚱。其短翅而以翅鳴者，《詩》謂之草蟲，《爾雅》謂之負蠜。其長翅長股，股斑似瑇瑁，能飛不能鳴者，則阜螽也。《詩疏》：斯螽長而青，長角長股，股鳴者也。又云，五月中，以兩股相切作聲，聞數十步，此種蓋即負蠜，而謂翅鳴為股鳴也。《爾雅》(負)〔蛗〕螽、蜤斯同螽、草螽別訓，蓋亦廣異名耳。《雅》又有土螽，謂之曩蠰螇，此即今之一種小螽，形似初生小蝗而色如土者也。《拾遺記》石蟹形如蚱蜢而小，身長，兩股如蟹，在草頭能飛，螽之類也。今有一種秋生蚱蜢，小而頭銳，腹下赤，能飛入人家，其初生者，搦而嗅之，氣如蘭蕙，俗呼臙脂婆，一曰尖頭婆，蓋其類。《爾雅》曰：蟿螽、螇蚸。注云細長飛翅作聲者，疑即此物，但不作聲耳。　蟋蟀《康熙志》：一曰蛩。一曰促織。《爾雅》曰蛬。《方言》曰蜻蛚，一曰王孫。小蟲也。《詩傳》以為蝗屬，正黑，有光澤如漆，有角有翅，翅有文而能鳴善鬭者為雄，反是為雌。雄者尾二歧，雌者尾三歧，處暑後則夜鳴，故古諺云：蟋蟀鳴，嬾婦驚。　螳螂：《說文》一名蚚父。俗呼刀螂。《康熙志》曰斫螂。《爾雅》之不過，蟷蠰也。其子曰蜱蛸，蜱蛸今謂之螵蛸。　蜂：《康熙志》蜂一作蠭。有數類，一曰蜜蜂，《禮》謂之范。能釀蜜，人家作房畜之，《化書》云蜂有君臣之禮，謂是蜂也。京口有義蜂塚，詳見古蹟。一曰黃蜂，又曰胡蜂，俗呼胡音若吳。作房於人家屋宇及竹木山石間，狀若倒垂蓮房。一曰穿木蜂，名見《山堂肆考》。似蜜蜂而大，身黑背黃，穴人家檐椽，作房如刀錐所穿者，土人呼為鋼蜂。《雅》有木蜂之名，疑即此也。一曰細腰蜂，又名蠮螉，類胡蜂而小，色黑，腰極纖細，《詩》謂之果蠃，《爾雅》謂之蒲盧，能穴地作房，或在竹管中育子，俗呼土蜂。此數種，皆不作蜜。凡蜂螫人皆以尾。《五雜俎》：蜂螫人，皆復引其芒去，惟蜜蜂螫人，芒入人肉不可復出，蜂亦尋死。今俗云蜂王驗其無芒，則殺之也。　蟬同上：腐朽木根所化，在土曰腹育。蛻殼而出殼曰蟬退。一曰蟬衣。曰蟬，曰蜩，曰螗，曰蝘。亦有數種，其以小暑候鳴，色黑而音咋咋者，馬蜩《爾雅》也，良蜩《夏小正》也，咋蟬也。小於咋蟬而色青綠，白露始鳴，聲接續而急疾，音作蜘蟟蜘蟟者，寒蜩《爾雅》也，寒蟬也，寒螿也。其色青紫者，蟪蛄也，《爾雅》之蜓蚞、螇螰也。一種音類咋蟬而形細小，四月鳴咋咋者，蟰蟬也，即《詩》所謂螓，《夏小正》所謂札，而《爾雅》所謂蜻蜻也。此種惟有槲櫟之山有之，疑即其根所化。今總謂之蜘蟟。　蝴蝶：一名蛺蝶。《採蘭雜志》又號春駒。《康熙志》云，種類繁多，要皆草木蠹蟲所化，其大如蝙蝠，或黑色，或青斑，如瑇瑁者名鳳子，又名鳳車，俗名梁山伯。　蜻蜓《康熙志》：一名蜻蛉。或作青亭。《爾雅》謂之虰蛵，又曰負勞。黃色者多，赤者《古今注》謂之赤卒，亦曰天雞。其大而色蒼碧，目若青琉璃者，土人呼為琉璃釭。一種類蜻蜓而純黑，息而翼能斂者，俗謂之鬼蛺蝶。一種似鬼蛺蝶，色黃而小者，俗謂之豆娘。皆水中蟲及蝦子之類所化，豆娘則目驗其為水蠆之所化也。蜻蜓溺禾上，則生蟲。　螢：《月令》：季夏之月，腐草為螢。《爾雅》謂之即炤。《夏小正》謂之丹鳥。傳曰丹良。一種四五月間生陰溼地，狀如蛆，腹下有光者，宵行也，久亦蛻為小螢，意秋螢亦由蛻而化也。食蚊蚋。《康熙志》引《古今注》云，螢一名輝夜，一名燐，一名夜光，一名宵燭。《鬼谷子》云：螢名照夜。　蜘蛛《康熙志》：《爾雅》作鼅鼄。結網空中如會，其絲右繞，遺尿着人，令人生瘡。畏雄黃，治病用此種。其在草上者，曰草蜘蛛。有數種，花者最毒，絲能纏斷牛尾。　蠨蛸：一曰喜子。一曰喜母。《爾雅》云：長踦也。一名長脚。布網空中，一如蜘蛛，但身狹而脚長，觸之則前後脚皆直並，形如一莖草也。《康熙志》云，俗名喜珠。　顛當：即《康熙志》所引《爾雅》之土蜘蛛也。形似蜘蛛，穴地而居。《雅》又謂之蛈蝪。《酉陽雜俎》：顛當巢深，如蚓穴，網絲其中，土蓋與地平，大如榆莢，常仰捭其蓋，伺蠅蠖過，輒翻蓋捕之，纔入復閉，與地一色，無隙可尋，而蜂復食之。秦中兒謠云：顛當顛當牢守門，蠮螉寇汝無處奔。　壁鏡《康熙志》：一曰壁蠨。一曰壁錢。類蜘蛛而極扁，白質

而黑章，作繭壁間，其大如錢，其光如鏡，封子於內，而自外抱之，俗呼蟢子。云來着人衣則有喜，若昔人之喜蛸蠨也。　蠅虎同上：　形似小蜘蛛，色灰白，能躍而捕蠅，一曰蠅豹。　蠅：　有青、蒼、麻三種。生於積灰，子為蛆，蛆復為蠅。青者善亂色，蒼者善亂聲。其生狗身上者，形似牛蝱，謂之狗蠅，冬月則藏狗耳中。《爾雅》曰：　蠅醜扇。蠅醜，謂蠅類也。《康熙志》云《爾雅》名蠅為醜扇，誤甚。　蜈蚣：　土人呼為百脚，赤頭足者良。陶隱居云，赤頭足者，多出京口。於腐爛積草處得之《康熙志》。《爾雅》謂之蝍蛆，能制蛇。《莊子》：　蝍蛆甘帶。帶，蛇也。一種背赤黃足金黃色者，土人呼為金絲百脚。入夜有光，如火而碧。《嘉慶志》引《續文獻通攷》云：　天下歲辦藥材，鎮江府赤頭蜈蚣四十五條。相傳京峴山出飛蜈蚣，廣客歲來收之，以制叫蛇。土人咸知其說，然卒未之覩也。　蟻：　《爾雅》：　蚍蜉，大螘同蟻。小者螘、蠪、朾、螘。注：　赤駮蚍蜉。螱飛螘，其子蚳。《夏小正》謂之元駒。今統呼馬蟻。其絕大者曰山蟻，或曰風蟻。一種白者，曰白蟻。生溼地，穴土而居，蠹木而食，大為宮室棺槨之害。《康熙志》云：　畏焒炭、桐油。　蚯蚓：　一曰螾。《爾雅》曰蟺。註曰：　蛩蟺。即曲蟺也。善長吟於地中，江東謂之歌女。《蟫史》：　蚓與阜螽同穴而為雌雄。陶隱居云，入藥用白頸，是其老者。《康熙志》云，今小兒陰腫，多以為此物所吹，以鹽湯浸洗則愈。　馬陸：　形似蚯蚓。赤黑色，其足比比至百，而皮極硬，節節有橫紋，如金線，觸之即側臥，蜷曲如環，雞食之，醉悶至死。此即古所謂百足也《康熙志》。按：　此蟲死亦蜷曲，故魯連子謂，百足之蟲，死而不僵。一名刀環蟲。《爾雅》謂之馬蠲。又稱馬蚿。《莊子》：　夔憐蚿，蚿憐蛇。註云：　夔一足，蚿多足。謂是蟲也。俗呼為秤桿蟲。　蚰蜒：　一曰螾蠼。類馬陸而細小，長纔寸餘，色黃有節，而無金線，其側臥蜷曲，諸狀一如馬陸。故亦名刀環蟲。《爾雅》螾蠼入耳。本草云：　是蟲好脂油香，故入人耳及諸竅中，以其身有酒氣，故俗名燒酒娘。《康熙志》：　《淮南子》云，昌羊去蚤虱而來蚙窮，一作蛩。即此。按李氏《本草》所云搜夾子，見後。相傳亦能入人耳中。　水蛭：　一曰馬蟥。蟥《志》作蝗。大者長尺許，頭尖腰麤，色赤，咂牛馬人血成瘡。其在深山草間者，曰草蛭。又有泥蛭、石蛭諸稱。着人脛股不覺，入於人肉者為蟣是也。《康熙志》云歲貢二斤，多取之河渠中。　蠷一作蠼螋：　一曰蛷螋。陳藏器曰：　狀如小蜈蚣，色青黑，長足，能溺人，令人發瘡，如熱痱而大，若繞腰匝，不可療。山中者，毒更猛。惟扁豆葉，傅之即瘥。《康熙志》用此說。李時珍曰：　《周禮》赤犮氏，凡隙屋，除其貍蟲蛷螋之屬，乃求而搜之也。其蟲隱居墻壁及器物下，長不及寸，狀如小蜈蚣，青黑色，二鬚六足，足在腹前，尾有叉歧，能夾人物，俗名搜夾子。其溺射人影，令人生瘡，身作寒熱。古方用犀角汁、雞腸草汁、馬鞭草汁、梨葉汁、茶葉末、紫草末、羊髭灰、鹿角末、燕巢土，但得一品塗之皆效。按：　陳、李二說，形狀不同。陳氏所說，今之蓑衣蟲也。《康熙志》亦用此名。長角多足，頗類蜈蚣，而足長於身，足凡三節，每節皆有倒刺，能刺人成瘡，踏之死，足離體猶能伸縮，吱吱作聲。李氏所說，今之夾子蟲，亦曰草鞋蟲者也。小不及寸，色黑，身扁，腹微闊，不似蜈蚣，行則自蹻其尾，尾有夾子，俗云能夾人。二蟲邑俱有之，不聞溺射人影之說，但畏蜘蛛溺耳。然有一種蛇窠瘡，初起如暑痱，漸乃成泡，若生於腰，繞匝則不可療，一曰蛇纏瘡，俗謂之火〔丹〕，村嫗能以術收之，豈即此蟲射影之所致歟。　蜒蚰：　蚰一作蝣。一名蛞蝓。俗呼鼻涕蟲。生陰溼地，狀如蝸牛螺，二角而無殼，大者可二寸許，小者纔二三分。《說文》云負殼者蝸牛，無殼者蛞蝓是矣。昔人以為一物，且云蛞蝓是蝸牛之老者，誤矣。此蟲以火逼之，則化為水。《康熙志》云：　身有涎，能制蜈蚣。　蜣蜋：　《爾雅》曰蛣蜣。註：　黑甲蟲，噉糞土。《莊子》云：　蛣蜣之智在於轉丸。李氏《本草》：　蜣蜋以土包糞，轉而成丸，雄曳雌推，置於坎中，覆之而去，數日有小蜣蜋出。蓋孚乳於中也。《康熙志》云：　俗名滾矢蟲。今俗又曰推矢蜣蜋。　螻蛄《康熙志》：　《爾雅》：　螜，天螻。注：　螻蛄也。疏云：　《夏小正》三月螜則鳴，螜，天螻是也。俗曰土狗。李氏曰：　此蟲曰螻蛄，同蟬名；螻蟈，同蛙名；石鼠，同碩鼠名；梧鼠，同飛生名。皆名同物異也。蘇頌曰：　《荀子》所謂梧鼠五技而窮，蔡邕所謂碩鼠五能不成一技者，皆指此也。寇宗奭曰：　此蟲立夏後至夜則鳴，聲如蚯蚓。　蠐螬：　《爾雅注》云：　在糞土中。《康熙志》：　俗名土蠶。《爾雅》又有蝤蠐、蛣蝠諸名。注云：　木中蠹蟲，其在朽桑中者，曰桑蠹。　天牛：　一名天水牛。李氏云：　諸樹蠹所化也。夏至後則有之，出則主雨。案：　此蟲狀類蜉蝣，甲黑而有白點，翅在甲下，兩角極長，白節蹙蹙。其在桑者為齧桑，蒼黃色，專食桑皮，匝則桑枯，植桑者惡之。《康熙志》引《爾雅》蠰、齧桑注云，狀似天牛。東坡詩云：　兩角徒自長，空飛不服箱。為牛竟何益，利吻穴枯桑。則所謂天牛，即齧桑也。

樗雞：《爾雅》：翰，天雞。注：小蟲，黑身赤頭，一曰莎雞。又曰樗雞。按：此蟲生樗樹即臭椿樹。上，故曰樗雞。其曰莎雞，音之訛耳。《雅疏》引《詩》六月莎雞振羽之疏，以釋天雞，則誤合二蟲為一。《康熙志》云：俗呼紅娘子。　水黽：俗呼水馬《康熙志》。寸許小黑蟲也。四脚，有翼，群躍水上，疾捷如馬，水日奔流而步不移寸。嗜蠅，以髮繫蠅餌之，即獲。　蝱眉耕切：《康熙志》有牛蝱，有木蝱。按：牛蝱，生牛身上者是。木蝱，從木葉中蜺化而出，綠色，如小蟬，在林木中飛，薨薨作聲者是。　蚊《康熙志》蚊同蟁。一名蚋。一名黍民。《夏小正》謂之白鳥。色黃者，腐草中蟲所化。一種翅有紋，芒尤利者，土人謂之白蛉。其色黑而有白章者，水中孑孓蟲所化，昔人謂之豹脚，孑孓一作蛣蟩。《爾雅》謂之蜎蠉。《蟫史》謂之水蛆。　蛓音刺：《康熙志》：俗呼刺毛。其房名雀甕。毛螫人最毒。以淡豆豉、清油拌搗，厚敷之，或鍋底黃土為末，醋和，捏成團，於患處滾之，皆能出其毛。亦可用蒲公英根莖白汁敷之。按：《爾雅》蛅，毛蠹。注云：即蛓。本草：此蟲好在果樹上，背上有五色斑毛，有毒，能刺螫人。俗呼為楊瘌子是也。似蠶而色黃。　芫青：青黑色，二三月在芫花上者，《康熙志》云，俗呼青娘子。其身黑頭赤，六七月在葛花上者，曰葛上亭長。其黃黑斑點，八九月在豆花上者，曰斑蝥。冬月在地中者，曰地膽。　䗪：俗呼地鼈《康熙志》。一曰地蜱。陸師農云：逢申日則過街，故又名過街蟲。　鼠負負一作婦：生甕器底及磚石上，形似衣魚衣魚生衣物書籍中。《爾雅》曰蟫，一曰白魚，今訛為辟魚。而多足，背有橫文蹙起，觸之則蜷曲如毬。《康熙志》：俗呼為蒲鞋蟲。今亦呼為溼生蟲。《詩》伊威在室，鄭箋以為即此蟲。伊威，《爾雅》又曰委黍。　竈馬：俗呼竈雞。《酉陽雜俎》云：俗言竈有馬，足食之兆《康熙志》。　蜚蠊《康熙志》　絡緯：崔豹《古今注》：絡緯，一名莎雞。陸璣《詩疏》云：如蝗，斑色，毛翅數重，其翅正赤，六月中飛而振羽，索索作聲。《兼明書》莎雞狀如蚱蜢，其羽晝合不鳴，夜則氣從背出，吹其羽，振振然，其聲有上有下，正似紡車是也。此蟲身小而翅長大，色青，內翅微赤，潤人呼為紡績娘。以下新增。　油胡盧：狀如雌蟋蟀。能飛能鳴，鳴聲啾啾然。兩翅尖長，其中尾即兩翅之合也。《事物紺珠》亦曰油胡盧。　度古：一曰水蠱蟲。一曰土蠱。《酉陽雜俎》：土蠱形似衣帶，色類蚯蚓，長一尺餘，首如鏟，背上有黃黑襴，稍觸即斷，常趁蚯蚓掩之，則蚓化為水，有毒，鷄食之則死。案：此蟲，今俗謂之馬帶。亦曰馬蟥。　蜉蝣：《爾雅》曰渠略。注云：似蛣蜣，身狹而長，有角，黃黑色，叢生糞土中，朝生暮死，豬好啖之。按：此蟲狀類天牛，角短而身長，甲亦光澤如漆，而無斑點，甲下有翅，雨後群飛。今人亦以飼豬，但所見者皆暮出而朝死，與古所云異也。　尺蠖：細黑蟲也。土名量天尺。《爾雅注》曰蝍蝛，又曰步屈。形如粗髮，長寸許，其行以尾就首，曲身若環，屈而後伸。《易》曰：尺蠖之屈，以求信也。《埤雅》：今人布指求尺，一縮一伸，如蠖之步。得其狀矣。又云：尺蠖似蠶，食葉，老亦吐絲作室。此種未獲見之，今樹上一種黑蟲，狀如蠶，頭有金線，自小即能吐絲，雜樹上梗葉為室，潛身其中，行則負之，前伸後縮，俗謂之嬾婦蟲。但非以尾就首。《爾雅》云：螵，蛅蟴。注云：蛓屬。疑此是也。　黃蟲：《名醫別錄》云：生地上，赤頭長足，有角，群居。案：此蟲好群居人家房屋幽暗處，曲躬如蝦，黃色，善躍，長角，尾如蟋蟀，亦有三歧、二歧之異，俗呼跎蟲。　金龜子：一曰金花蟲。鄭樵《通志》云：《爾雅》蛂，蟥蛢，甲蟲，大如虎豆，綠色，似金。李時珍曰：頭面似鬼，其甲黑硬如龜狀，四足二角，身首皆如泥金。俗謂之金娘子。　叩首蟲：狀似蜉蝣而小。李氏曰：大如斑蝥，黑色。按其後則叩頭有聲，能入人耳，灌以生油則出。

材用屬　黑石：出覆舟山，以鐵擊之則火出，人多取以為用《康熙志》。今曰火石。《府志》云出岡山，蓋二山俱產也。　無名異：石類藥材也。《康熙志》有此名，而未詳其所產。　白石：一名礬石。出香山，用為坊表欄檻。甚光潔《嘉慶志》。

清·王祖畬《太倉州志》卷三　婁地濱海，岡身土磽瘠，自城而東距於海，其田畝鍾，其種宜棉、今誤稱木棉，不知木棉出交廣，木〔本〕本州地所產乃草本者。四月下種，秋初結實，中有白棉，亦有紫色者，收花時販客雲集，利用最溥。麻、薯。自南鄉而東距於海，其田上中錯，其種宜棉，其畜雞、魚，其樹宜竹。自北鄉而東距於海，其田中下錯，其種宜棉，窪者宜稻，其畜魚、羊，其樹宜木穀，有雀不知、諸稻禾熟，此先登場，故名。此稻宜沙土，沿海多種之。【略】旱稻、秔者白色，糯者紫黑色，北方高仰處多有之。按：宋時有江翺者，建安人，為汝州魯山令，邑苦旱，乃從建安取旱稻種，耐旱而繁實，且可久蓄，高原種之，歲歲足食。種法大率如種麥，治地畢，預浸一宿，然後打潭下子，用稻草灰和水澆之，每鋤草一次澆糞水一次，至三而秀矣。黃豆、種大小各別。黑豆、大小二種。羊眼豆、扁黃中有黑暈，絕似羊眼。僧衣豆、一名砂仁豆，□□大。香

珠豆、色黑而香。茨菰、青牛、踏扁、花色，顆粒大。茅茨團、其短莢密。莢莢三、粒最細。穭豆、即馬料豆。稨豆、種類頗多，惟純白色者味香性軟，為邑佳產。菉豆、草裏菉豆、似赤豆而粒細。赤豆、刀豆、嫩時連莢醬食，亦可蜜□。豇豆、赤白二種。又一種莢短晚熟，名□□豇。蠶豆、俗呼寒豆，出雙鳳鎮法輪寺前者佳。近□□□宣公廟前後出者尤勝，因號宣公豆。豌豆、□麥、即穬麥，有黃赤二種。小麥、大麥、番麥、有夏秋兩種。薏苡、芝麻有黑白二種，黑者名巨勝子。蘆穄、俗呼蘆粟，其莖可啖，味甘如蔗，子如高粱。之屬。

蔬果有韭芽、冬末春初，壤土生芽，為園蔬上品。蒜、薤、即小蒜，俗名混葱。葱、春菜、即烏菘菜。油菜、春初生薹，摘啖極佳，摘後再發者曰二劍，至初夏子實取以碾油，邑人重之，故言春熟者必曰菜麥。馬蘭、春時摘嫩苗為蔬，清香殊勝，且性涼，解熱毒，晒而藏之可代蓄菜。芥菜、味美而性熱。莧菜、青赤二種。萵苣、俗呼苣筍。薺菜、俗呼野菜。芹、有水旱二種。蘿蔔、紅白二種。茭白、筍、種類甚多，以燕竹、護基二者為勝。護基又作哺雞，蓋哺雞時所生。辣椒、有紅黃二色，形類不一，可和食品，能清大腸之熱。菜瓜、俗名醬瓜，亦可醃藏。王瓜、生瓜、絲瓜、冬瓜、大者重二三十斤，皮、子均可入藥。西瓜、出雙鳳者佳，俗名徐家青。又一種皮最薄，聞雷即破裂，名馬稜瓜，亦名驚雷瓜，瓤有紅白黃三色。香瓜、□□瓜種類不一，亦以出雙鳳者為上。又西新橋離瓜、沙頭老鼠瓜亦最有名。南瓜、俗名番瓜，邑種最繁，蘇人大艑販載而去。壺、俗名葫蘆，有數種，惟名合盤者甘淡可食。瓠、俗名扁蒲。茄子、有大小二種。芋、俗名芋艿，有水旱二種。香芋、味甘膩，品居芋上。落花生、植沙土中，蔓生花落入土而成，不從根實。勃臍、一作荸薺，一名地栗。桃、蟠桃最佳，水蜜桃亦為上品，並出城南，出小西門內者味尤鮮潔。李、杏、梅、有消梅、鶴頂紅、金剛拳諸佳種。柿、種極多，以花包、牛奶二種為佳。枇杷、州地所產極多，較外來者味勝。林檎、俗名花紅，州屬所產味勝他處。香橼、有春秋二種，以皮粗而大者為勝。櫻桃、菱、青紅二種，老而入泥則為烏菱。棗邑產惟宜鮮食。之屬。

藥有薄荷、邑產者香而辣，與蘇州所產名□□者無二。蒸為油，涼沁心目，治頭風，省貴之。荊芥、紫蘇、葉、梗及子俱入藥。旋覆花、夏枯草、冬至後生葉如旋覆，《內經》名夕勾，秉純陽之氣，至夕則屈其首。夏至陰生則枯。金銀花、一名忍冬藤，其子能稀痘。牛蒡子、車前子、俗呼蝦蟆草，《詩》采采芣苢，即此。蛇牀子、益母草、一名茺蔚，花有紅白二種，以白者為佳。《詩》中谷有蓷，即此。佩蘭、甘菊、花有黃白二種，黃者杭產為佳，白者州產為上。栝蔞實、其根磨為天花粉。五加皮、根皮入藥治勞傷。青木香、治咽喉神效，出小西門外。馬兜鈴、即青木香藤子。枸杞子、地骨皮、香附、即莎草根，岡身路一帶尤盛。何首烏、舊名九真藤，至夜則交。昔有何姓老人，服之鬚髮返黑，故名。扦扦活、一名接骨草。樂得打、即商陸根。薊、有大小二種。以上三味俱治折傷。藿香、有大小葉二種，小葉者佳。蒲公英、俗名羊奶草，治乳癰效。見腫消、即白花地丁。薯蕷、即山藥，子名零餘子，功倍山藥。天名精、即土牛膝，治淋。其子名鶴蝨，殺寸白蟲，俗呼為狗屎粘。天門冬、苗名天棘。麥門冬、山茅根、葉尖長，有刺，根紅色，治癬，出小西門外。蒼耳子、俗呼野茄樹。《詩》采采卷耳，即此。蓖麻子、本草：蓖麻油能拔病氣出外。故以煎膏藥。良薑、即牆頭草花根，子名紅豆蔻。土大黃、治癬效。土茯苓、一名仙遺糧，治腫毒。苦草、虎跡草、治黃疸神效。虎耳草、一名金絲荷葉，治耳聤。青蒿、茴香、半枝蓮、治蛇毒。鵝不食草、一名野園荽，治頭風目翳。天南星、石菖蒲、淡竹葉、即鴨跖草，花碧色，主利水。荔支草、葉深綠色，多皺紋，治腎囊風。土三七、威靈仙、花名鐵線蓮，綠色，可玩。雞距子、俗呼金鈎子，味甘，解酒毒。之屬。

草有田草、八九月種，春時摘食嫩苗，謂之草頭，亦名金花菜，小滿後刈以壅田，最肥，農人與二麥並重。茜草、出茜涇，因是得名。可染絳，《詩》茹藘在阪，即此，今無。天藍、冬初下種，亦可壅田。菅、出茜涇，土人捆以為履，名菅草鞋，邑農賴之。蒲、鄉中浜漊皆藝之，名曰蒲蕩，刈□為包以囊木棉，利厚于田。蓼、一名紫荷花，俗名紅花，亦可染絳，老則刈以壅田，與金花菜同。藍、葉如菘菜，三月下種，五月翦其葉，浸水，日去渣，攪之成靛青，勝於閩產，翦已復生，歲常三四收，江浙染坊資以為用。藺、俗名三角草，粗者為繩，細者為錢串。蘆、為簾以曝木棉，為蓆以藩宮室，為蓆以佐舟車，資用實繁焉。蒀、俗呼烏蒀，蘆屬。甘蕉、俗呼甘羅，葉大陰濃，書窗多植之。吉祥草、葉如萱而狹，冬夏常青，喜慶中事多用之。老少年、秋深葉層簇，紅黃可愛。之屬。

木有榆、槐、楊、柳、椿、葉香者椿，臭者為樗。女貞、一名冬青，邑人種木棉者謂其花不落溼地，伺其開否以驗晴雨。合歡、俗呼烏絨樹，其葉夜合，皮可入藥。皂角、莢去油垢，刺入藥。朴、桕、子可榨油澆燭，葉經霜後紅紫，燦然可觀。黃楊、檉、一名西河柳。檀、山樊、銀杏一名白果。之屬。

卉有牡丹、紫及粉紅者居多，白、深紅為上品，大紅尤罕見。城中潮音庵向有大紅牡丹，兵燹後不復見矣。芍藥、往時太原相國東園極盛，多集名品，今鞠為茂草矣。玉蘭、天竹、以葉似竹得名，冬間子熟，殷紅成簇。有鬼臉、木雕、獅尾、飯團等名。桂、一名木樨，虬枝叢密為上品，俗稱雙鳳種。又一種四季開花，紅色結子，別名丹桂。菊、邑多佳種，老圃植之，花時移置盆盎，供人遊玩，別有萬壽菊、二至菊、僧鞋菊等，皆似菊而耐久。蓮、紅白二種，千葉者名佛座蓮。又有四面蓮。子午蓮、生水中，引蔓如菱葉，花淡綠色，六瓣，絕似蓮

花，午開子合。金蕚花、俗名忽地笑，有紅、黄、白、紫、粉紅各色。大紅者名緑葱，州境穿山最盛，故亦謂之葱嶺。花葉不相見，謂之無義草。蠟梅、有狗蠅、磬口之别，素心者尤貴。海棠、有貼梗、西府、垂絲諸品，各具媚態。又有草本一種，名秋海棠。八仙、俗名繡毬。又草本一種名洋繡毬。迎春、玫瑰、薔薇、有紅、白、黄、紫各色。又一種名三醉，自辰至酉三變其色。他如月季、十姊妹、佛見笑、小麥紅，皆其類也。芙蓉、有紅白二種。錦葵、蜀葵、向日葵、秋葵、紫薇、有紅、白、紫、碧四色。紫荆、紫藤、木香、有黄白二色，紫心者佳，大者名荼蘼。喜梅、即棠棣，一名郁李子，如櫻桃，可食。金鳳、俗名鳳仙，洋種，緑心千葉者佳。玉簪、一名白鶴仙，亦有紫色者。山茶、雞冠、五色俱備。一種名馬尾者子絕稀，尤可觀。珍珠佩、花白色，蔓生，纍纍如貫珠。柳穿魚、一名十二紅，以形得名。花紅色，相綴成串。金絲桃、長春、蛺蝶、瑞香、有紅白二種。滴滴金、萱花、一名宜男草，有金萱、密萱二種。木槿枝葉柔韌，人家以之結籬，花有紅白二色，朝開暮落。《詩》顔如舜華，即此。之屬。

羽毛有雞、鴨、鵝、雉、即野雞。鳧、即野鴨。鵲、善為巢，其戶必避太歲，土人以巢之高下占水之大小。又有小鳥名石鵲，聲極清脆。黄雀、中秋前後集海壖蘆葦間，肉腴骨脆，稱佳品。麻雀、鵜鶘、一名淘河。鵪鶉、群栖田畔，尾短色斑，飛不高遠，性善鬭，土人捕之，雄者握之以決勝負，雌者以充庖廚。《月令》田鼠化為鴽，即此。布穀、一名催耕鳥。斑鳩、俗呼鵓鴣，其鳴可以驗晴雨。鴉蘆軋軋、潛蘆葦中，北鄉謂之蘆鴉，夏秋入饌。啄木、偷倉、小鳥，善為巢，出入群飛，一名秃鶬。截毛鷹、三四月間食截毛蟲，肉極肥美。善食蠹，樹有小孔能以啄，畫符于木，啄之則蟲自出。百舌、俗呼烏春，其音百轉，清嚦可聽，入夏則無聲。魚虎、腹紅背黑，尾羽紺翠，飛掠水面，啄水小魚。噉楝、飛食楝實，肉肥可食，出東北鄉。稻雞、一名花雞。黄頭、蠟嘴、二鳥俱喜鬭，土人每籠養為玩。牛、羊、豕、犬、猫、兔、貒、俗呼猪貛，野味珍品，别有狗貛，皮輕暖，可緝為裘。香貍、一名靈猫，能一體自為牝牡，皮骨皆香，其外腎可以代麝，東北鄉古墓有之。水獺、松狗、刺蝟遍身叢刺，俗呼偷瓜猷。之屬。

鱗介有鯉、鱮、即白鰱。魴、即鯿魚。鯇、細草魚。鯽、出璜涇者佳。鱅、即花鰱，俗呼胖頭。鱖、鯔、以上八種皆池蓄。鱸、鱧、即黑魚。鮎、鮒、一名土鮒。蝦虎、白獅、菜花吐、一名玉筋魚，三四月間菜花開時有之，長寸許，多肉。銀魚、味鮮肉細，不減鶯脰湖產。鰻魚、鱓、箬鰈魚、鰈音榻，一名鞋底魚，形如箬葉，夏秋間出，實非比目。時裏白、多子，四五月出。以上溪河皆有之，謂之野魚。鰣魚、其來以時，不多得，味絕腴美。鱭、俗名刀鱭，多細刺。鱭、俗名子鱭，出茜涇楊林六公市七丫等處。河豚、有毒，能以口開合作聲，子及血皆殺人，然修治得法，味絕佳。腹有白，名西施乳，諺云蘆芽長一尺，莫與河豚作主客，言過此則不可食。鱘鰉、俗呼著甲，大者重二三百斤，骨脆肉腴，味鮮美。以上五種俱係江鮮，因海口為江溜所經之處，故州人時網得之。鰳、腹有骨勒人，故名。出海北洋，五月中漁人載鹽網得，醃至州發販，亦間有鮮者，蘇郡人和蝦子煎製，名蝦子鯗，以供餽遠。魰魚、形圓如箕，口在腹下，味如鱘鰉，有黄魰、青魰之别，青者味劣。鮠魚、俗呼白鮲，無鱗而肥。《中吳紀聞》云：鮠字《集韻》吾回切。皮日休詩曰：因逢二老如相問，正滯江南為鮠魚。是又作去聲讀矣。石首魚、俗呼黄魚，首中有白石，故名。腹有鰾，可膠物，亦入饌。又一種名黄花魚，形似而小，味尤鮮美，出冬春之交。張采志云：石首魚四五月有之，溫、台、寧波漁戶歲駕船出海，抵金山太倉近處網捕，因此處太湖淡水東注，為魚聚地。金山太倉近海漁戶僅取供時鱻。溫、台、寧波取以曬乾，名白鯗，又取其膠利用。凡漁船出海得魚則已，不得則行劫，間至殺人者。鯧魚、俗名車片，身薄口小，鱗細骨輭，浮游水面隨食諸魚之涎，有似乎娼，故名。鱠殘、瑩白輭骨，長三寸，清明前後出海口，州人祀先必薦之。箭頭魚、以形得名，長三寸，無鱗，頭尾細，清明後半月出海口。以上俱係海鮮。蟹、出西門外及雙鳳、□□等處者大而肥美。蛑、蟶、出七浦及瀏漕者最佳，名小娘蟶，糟食作湯均美。蜆、出北瀏漕。沙蛤、俗呼軟超，似淡菜而味遜之。鼈、俗呼團魚。蝦、四五月間出者大而多子，腦有紅膏，俗呼時蝦，色白者曰白蝦。銀鉤蝦米、出茜涇劉河海口，擇鮮蝦之小而白者，乘天晴一日暴乾，去其殼，内肉堅白如銀鉤，故名。螺螄、海螄之屬。

宋·趙不悔、羅願《新安志》卷二　穀粟

新安之穀大率宜秈而不甚宜秔。土人謂秈為小米，秔為大米。其秈有大白歸生、小白歸生。又有紅歸生，米粒紅成熟最早，然不廣種，少蒔以接糧耳。有桃花紅者，穀粒微紅，而米粒正白，亦先熟。古太守秩之任昉去郡，唯有桃花米二十石是也。《太平寰宇志》云：今休寧縣尤多，為飯香輭。又有冷水白。有筆頭白，穟端少許不生穀，如筆之象。有肥田跂，大率秈不耐肥，唯此種能於肥田中自植立也。有早十日，有中歸生，又有晚歸生，近八月社熟，米色不甚鮮明。占禾本出於占城國，其種宜旱。大中祥符五年，詔遣使福建取三萬斛，並出種法而布之江淮浙之間，亦曰旱稻秔。有大栗黄，亦名硬稈栗黄，有小栗黄，此二種有常，不至瘁。有蘆黄，遇熟則顆粒多往往倍收，故一名富不覺，然不熟亦連畎皆死。珠子稻，顆圓如珠。烏鬚稻，芒正黑。有婺州青，其來自婺州。有葉裏青，其長沒人揬色責切，皆藏葉中。有斧腦白，有赤芒稻，並早而易成，偕號為六十日，然不叢茂，人不多種。有九里香，亦名五里香。有馬頭紅，穀粒紅

而米白，亦有香，然稃厚米少。有萬年陳。其色如糯。有沙田白。有寒青，寒青最遲。糯有青稈、羊脂、白矮之名，白矮釀之多得酒。有牛蝨糯，顆粒大，難為地力，價高於白糯。有早歸生，盡六月可熟。有交秋糯，七月熟，米亦好，釀之可以及社節，然無叢箭，其粒赤而長，故又名金釵糯。有秧田糯，善耐肥，蒔之早者亦可及社。大麥則有早麥、中期麥、青光麥。又有高麗麥，亦呼高頭麥，挼之則粒出，然難為地力。有糯麥，宜為飯。小麥則有長穬麥，麩厚而麵少。白麥，麵白，亦少。赤殼麥，麩薄而麵多。蕎麥，姿荏弱，榦赤花白，不類他麥，秋種而冬食。火麻則有早、晚、中期三色。又有梅麻，梅雨後始可拔。其油麻則有白麻，早成。有赤殼麻，或落地自生，多變為大炭麻。又有六合麻，圓而六稜。凡菽、苧、菜草子皆有膏油，但可照灼，至服食須麻膏豆。有大白、小白、大紫、小紫、大黑、小黑、褐豆。大青而黑者為豉，極良。有油綠豆，視綠豆尤小，宜為粉。有紅斑沙豆，大如綠豆。羊角豆，纖而長。藊豆者，大莢，實籬上豆也，實或白或黑。龍牙豆者，大如皂莢。又有豌豆、秋豆、尾秋豆。尾秋一名米豆，可雜秔為飯。粟則有早粟、寒粟，寒者晚也。有毛粟，成亦晚。有薑葉，赤者無芒。又有赤稈、白稈。有望秔青。有糯粟，山中人以為酒，則味澁而不清，令人善酲。有罌子粟，結房如缾，罌如髇箭，華艷好而實細美，非他粟之類。其穄有三。黑穄者，秈穄也；赤穄者，糯穄也。秈、糯，本稻之名，秈瘠而糯腴，故穄粟之類，借此以別之。二穄皆長大如蘆，故俱號蘆穄。紅黃穄則低小，格以古則秈秔稻也。糯，稌也。大麥、小麥，來麰也。火麻，蕡也。油麻，胡麻也。豆，菽也。粟，粱也。古者米帶稃，皆謂之粟。粱之粟尤小，故後世直以為粱之名也。穄，稷也，音之變也。

蔬茹　蔬亞於穀，故后稷能殖百穀百蔬，而蔬不熟之歲為饉，然則此不錄。至五穀又只載其總名，而獨錄草木之華，非為政之急，蔬之美者有石上之芥焉。細者益辛，薑、蓼、芹、芥，辛菜也。蔥、韰、韭、蒜，葷菜也。芹生竹中曰竹芹，生水中曰水芹。蒜之大者曰胡蒜，自西域來者也。蓼蕎，氣葷如小蒜而長，本草以為乳婦食之良。蘭，香羅勒也，避石勒名，世稱蘭香。胡荽亦諱言胡，故稱圓荽。又有芸薹，此皆蔬之同臭味者也。苜蓿者，漢離宮所殖，其上常有兩葉丹紅，結繸如穄，率實一斗者，舂之為米五升。亦有秈，有糯。秈者唯以作飯，須熱食之，稍冷則堅凝。糯者可摶以為餌，土人謂之灰粟。軍達、頗稜，唐世自外國來者也。頗稜，以所出之國為名。胡蘆菔，甘而不快於口。蘆菔，則土人雜香菜以為葅。百合，似蒜而不葷。鼠黏之根為牛蒡芋，即蹲鴟。預藥，似藷，蓋嘗以為貢，唐世諱預，至本朝治平間復諱其上字，今謂之山藥。茭首者，菰根是也。菌之為物，美而類甚多，或能殺人，亦使人善笑。其最下者曰麥熟菌，所謂軟濕青紅者也。木耳者，古燕豆之芝也。石耳，生大山之崖，山羊所不能緣也，垂綆以取之。地蠶者，澤蘭根也，肥白而促節，大如三眠蠶，以冬掘取之，亦曰地筍也。蒟蒻者，黃獨是也，以灰鬻之歛，人所用為喪食也。葛，則饑歲擣取其粉，蒸之以接糧。枸杞，《詩》之芑也。芺，味苦，《說文》所謂江南食以降氣者也，土人摶粉為餌，假以為色，青綠而可喜。萘菜，其味甜也。周花，蔓生而繸略如豆花。香蒿，所以點食為香也。蘇，所以煮飲為香也。決明，明目，至苣則損矣。苦蕒，苦苣也。苦薏，花如菊，菊甘而薏苦，故諺曰苦如薏也。蔓菲，以芼雉羹。及馬蘭、繁縷、薺、莧、藜、蕨，皆物之旅生者，貧者所資也。藜，赤莖而多枝，利以為帚，亦曰獨掃。藋，似苜蓿而青白，陸德明以為堇，所謂堇荼如飴者，土人謂之灰藋徒弔切。瓠，甘瓠也。瓜有胡瓜、越瓜，有崑崙之瓜，崑崙瓜者，茄之別名，其色有如銀者。

藥物　庶草之繁廡，其施於藥餌者，芝、蘭、芍藥、菟絲、昌羊。昌羊石生而細者為昌蒲。大觀中繪《本草》，朮所出之州，七歙與一焉。陳藏器以為麥門冬出江寧者小而潤，出新安者大而白。陶隱居以黃連出西間者色淺而虛，不及東陽新安諸縣。掌禹錫又以為香菜，壽春及新安有之。石上生者莖葉細而尤辛香，用之益佳，彼人謂之石香薷，此見於前載者也。火杴，豨薟也。香附子者，莎根是也。薢珠者，薏苡，馬援所載者也。萹竹，射干也。蝦蟆衣者，車前。車前，芣苡也。蒼耳，卷耳也。（陵）〔凌〕霄，緣高林絕壁而為華，所謂苕之華也。羊蹄，禿菜也，言采其蓄者也。樟柳者，當陸，所謂莧陸夬夬者也。三白之草，土人為之五葉白，始生而青，入夏則葉轉而為白，田家候之，每三葉白時農事亟矣，五葉皆白則農者益閑，至秋皆復青。金罌結實如缾罌，味甘澀，霜後取之以熬糖，又取甜藤以代飴。菝葜之根赤，用藏皂子，烏藥。卮藍，與茈所以染也，今西安之染者用歛之茈。菊，種類尤多，頃歙人有王子發者，為圖凡八十一種。牡丹，出於黟，本自洛移植，其後歲盛，中興無洛花，好事者於此取之，然無益於俗，不足廣載。黃精者，生山之陰，視其

華之白以別。鉤吻，土人號為甜蕨，亦曰胡孫薑。仙靈脾者，淫羊藿是也。天仙之藤，其子為馬兜。五倍子，大者如桃，其中皆蟲，一名敷檻桃。桔梗之大而無心者為薺苨，或用作假葠賣之於他郡。厚朴之薄者，或刮其皮，以物煮之為假桂。又有地黃、茯苓、五味、茈胡、白及、黃蘗、旋覆、菴閭、木賊、穀精、五加、細辛、鶴蝨、百部、通草、木通、玄參、狼毒、栝樓、地松、荓、艾、苦參、謹火、忍冬、萱草、卷柏、蓖麻、草犀、杜仲、蒴藋音朔濯、茜草、蜀葵、金星、地錦、葎草、夏枯、蘹香、薄荷、覆盆、草烏、瞿麥、芫花、白斂、前胡及天門冬、霹靂矢、何首烏之屬。

木果　木則松、梓、櫬、栢、檮、榆、槐、檀，赤白之櫧，歲聯為桴，以下淛河，大抵松、櫧為尤多，而其外則紙、漆、茶、茗以為貨。桑之類有花桑，遇葉少時亦可以食蠶。柘，有青柘，有柿柘。柿柘葉如柿，結實如楮而絕紅，然能病蠶。黃柘最少而最宜蠶。藿堅而不彫，實小於橡，或甘或苦。檜，則土人謂之圓栢桖，葉如柀而子赤，材理麤，謂之桖栢。栟櫚，葉大如車輪。樟，豫章也。橡則櫟也。石柟，聳而蒙密，古之交讓也。楝之實甘，故為鳳所食。冬青，歲晏不彫，所謂萬年枝也，相思似之。巖桂，秋後作華，四出而絕香，山中人謂之小相思。山桂，葉銳而可喜。木(堇)〔槿〕，以夏華。桐，首春而榮，其別有三。桐材輕利，頃歲有悞發正觀中藏者，其桐棺如故，問之鄉人，云桐材既乾，復以其膏漬之則終古不壞。梧，碧梧也，有乳者也。柳與楊之類最多，柜柳枝弱，黃楊性堅，以閏為厄。椿、欅、白楊、紫荊、狗骨，皆散木也。楓，散木也，而有香。梁任昉為太守，調香二石，始入三斗，遽出教止之。烏臼，可為燭而歛之人不取。南燭叢生，春晚苗葉紅赤，照耀山谷，道家用作飿飯，其色青，故又謂之青精飯，非人家庭館所植南天竹也。櫢檻，結穗，霜後白如鹽而酸鹹。椒欓、茱萸，所以去濕。皂之為物。莢，《經》所謂宜皂物者也。夜夾蓂者，夜合也，可以治藺，即合歡蠲忿者也。楤，小木之多刺而無枝者。椰栗，小木，可用以為杖。柞，以為櫛。石膚之屬，以為炭。棕，以為觿。枸，以為鞍。詹戒，木高，華白而下垂，花如百合。棗，或脆而多津，或大而理疎。丁香棗者，紫黑不類棗，其蒂核皮肉正柿之絕小者耳，一名牛乳柿，蓋古之椑也。山棗，似橄欖而圓，剝之正白如涕。栗則或毛或澤，小者獨顆而圓，狙公所賦芧也。榛，花長而實細。枳椇，味在枝杪，霜後絕甜，一曲一直，如枅之承栱，故一名曲枅，一名木蜜，一名堅枸。木以其材為柱，能敗室中酒味。古以椇為婦贄，今不復貴。木瓜，實小不及宛陵。榠樝者，若木瓜而不臧者也。香樝，甚小，所謂榲桲也。棠，甘棠也。棠有霜後黑而糜者。曰青沙爛。梨之類多種，大抵歙梨皆津而消，其質易傷，蜂犯之則為瘢，故土人率以柿油漬紙為囊，就枝苞封之，霜後始收，今出丁字橋者名天下，近城多。楊梅，南朝時太守所採，任昉以冒險多物故而停絕。銀杏，葉如鴨蹠，實外有皮，山中人貯之及柿之紅者以為酢。椑，似柿而青黑，所謂烏椑之柿也。《本草圖經》：椑柿出宣、歙、荊、襄、閩、廣諸州，柿美而益人。椑又制丹石毒。柀之小而美者出於黟，古稱柀，出玉山，世以為上饒，而《漢志》歙有玉山，未知孰是。其木為什器几案則明潔而宜漆。《爾雅》曰：櫧，柀。按：二物葉甚相類，但櫧聳而柀垂。柀又有佳實，此為不同耳。其外則桃、李、梅、杏、含桃、來禽、枇杷、胡桃、安石榴、橙、橘、柚之屬。大率山寒不宜橘柚，種者築池，中為交午之道，列植其上，水氣四面薄之，則不畏霜雪。婺源則有金橘。竹，有苦、淡、紫、斑、簞筀之名。老竹長尺則曲。桃枝四寸有節，慈竹叢生不離母，又四時有筍，一名四季竹。對青竹，枝榦皆金色，唯一邊起枝處青碧，大率金碧相輝可愛。休寧有拜竹、苦竹之極大者也。婺源苦竹之筍大者為花菌筍。又有冬筍，縝理而甘。祁門時有猫頭竹。

水族　歙居山間無大陂澤，其溪流清淺，春夏潦水注之則深，往往有魚而不常得。疏池以養者多鯉、鯇與鯖。鯉黃鯇黑而鯖青，大率相類。首春鬻魚苗者來自湖口界中，買纔數寸，日取草飼之。又蓄鰱其中，使相從以長。鰱，鱮也，大頭而細鱗，魚之不美者也。是數魚者不過終歲盈尺矣。其隨水所在而有者為鯿，為鯽，為烏鱧，為鮎，為鱖。鯿，古之魴也。鯽，鮒也。烏鱧比他魚為鮏，古之鱧也，以其與鯉音相近，故以其色繫之也。鮎，古之鰋也。其大而多鬚者曰鱯。鱖，巨口而細鱗，其牡文采尤鮮明，繫之溪中可以致群牝。或以鮮明者為鱸，鱖亦曰蘆花鱖，大率盛夏藏石罅中，徒手捫得之，仙人寧封子所食石桂也。重脣，乘桃花水而上，味極腴。陸璣所謂吹沙小魚，蓋古之鯊也。童魚亦以二月來，小而為群，首如科斗，古之童子魚也。白鯈，白如銀，即鯈魚也。石斑，青而揚赤，夏月食其子，令人善嘔。土步，鱗黑而肉白，即土父也。鱓魚，鬣赤，一去極遠，絕有力者。鰄，州南大潭中截溪為網，大率鯿、鯉、鯈、鱖，色別為群，唯鰄為大將，其群以先，欲觸網破則群魚隨之而出，網不破往往悶絕，此魚之豪橫耿介者也。鱒，赤目，多獨行，或二三相

從，見網輒遁。鮰魚，味美而不常有。鰭魚，略似鯇，多纖骨。黃尾魚，如鰭而尾黃，婺源謂之黃姑魚。鰌，伏泥中。鮔，黃質黑章。黃魞，鉠魞也，色黃無鱗，搦之有聲，亦名黃頰。鰻，長如蛇，伏深泥中，負黑抱白，無鱗而甚腴。溪中小魚，掌禹錫云：鰻鱺五色者出歙州。舊經又有檻都，不知何魚也。凡五六十種。鱖有三：竹管鱖，體圓。蘆花鱖，長大。板鱖，似鯽，乃石鱖也。鉠魞亦有三：有長而纖者，有頭大而促者，有極小如指者，名各不同。石鯽長而尾紅。旁皮魚，似石鯽而尾青。石活魚常在石中。鉤子魚、黃公魚皆以春三月團聚而上。梭子魚首尾銳，其大如指。師官魚亦如指大，有長鬚四五，略如鉠魞。沙鰌上脣如鷹咮，長者尺有五寸。古僂儸魚，色黑斑，有蟲寄其腹中，或一或二，大者如負盤，小者如鼠婦，穴其鬐旁以食。餘不可勝載。其外骨則鼉、鼈、螺、蚌。倮蟲則蛙、蛇之屬。

羽族　羽物則翬雉，五色。黃鳥黧而黃。鶌公，布穀也，食麥即去。鶉鴣者，鶉雄也。斑鳩，最拙，古之頒鶌也。青鳩，色蒼綠，人多蓄之。鶉，小而善鬬。鶻嘲，能為聲。秭歸，候歲而先鳴。鶪，逢春則聲圓美而可喜，至夏不復鳴，故《詩》曰懷我好音。夏雞，以五六月終夜號田中。竹雞，如鷓鴣，天將雨則為泥滑滑之聲，蠹蝝聞之則化而為水。白鷴，大如雞，白質黑章，其穉純黑，南越尉佗所獻也，耿介不可馴，古稱黃山之馴者伏以家雞。山雞，文采似白鷴而小。綠雞，色綠。皆雉之類。鷹鷂，善搏。啄木，善啄。鵀，戴勝也，頭有華勝，故以降于桑，為蠶事之候。山鵲，色蒼綠，咮足皆赤，特其首尾輕翹而好為聲，要為鵲之類。水鵲，甚似鵲而小，好在水旁，人以其聲為喜也。鴟鵂，鳴將旦，體雖小，鷹與烏不能敵也，其尾如匕，一名青鴟，一名鴟臼。燕、雀、伏翼，棲集人家者也。胡燕大而越燕紫，其巢亦異。百舌，反舌也。唰唰，一名花鴿，能為聲。其在瓦中，色蒼者為鸜鴿。婆餅焦者，巧婦，其巢如刺欌也。搖鶺者，脊令，行則自搖其鶺也。喚姑，大如鳩，黑色長尾，唯兩翅赤而不鮮，其音呱呱。淘河者，鵜淘去河水而取魚也。鸕鷀，約頸以環，使沒水取魚，為人用者也。魚鷹，翔水上，以兩爪搦魚，挽就水次啄食之，小鮮則銜以飛。鸌，兩翼白，其鳴自呼，好在田中。又有鳥，大小如鸌，黑而長喙，林宿而水食，其聲澌而不揚，令人惡聞者，名曰賣瓦，鳴則當晴。鷺之類而翼下紅者曰紅鶴。翠碧、鸂鶒、鵁鶄，皆水鳥也。俗之言駕去鵝者，鸛也。白頭翁者，頭白。畫麋，眉似畫也，在水曰水畫，在籬塹中者曰塹畫，小者石畫，亦取其聲以候陰晴。白練，小雀，尾如曳練也。山雀，如家雀，稍大而微赤。青菜，言菜色也。困子，似山雞而小，無尾。鶬鳥，一名楚雞，尤愛其羽，中矰弋則守死不動徒河切，《郡國志》曰翎下有青紅相應如垂綬，其狀如蜀雞，背若朱蛇。又有紅鵲、鷓鴣、山鸜鵒、同力。自困以下凡六物《祥符經》所書。

獸類　吳赤烏中新都言白虎見，宋元嘉中太守到元度又得白熊以獻，皆見於史。土人以熊之高大而似馬者為馬熊，卑小似豬者為豬熊。野豕，有奇牙，大者數百斤，類能傷人，冬伏於深谷聚籜之下，獵者矛籍之，號槍鬃。豪豕，〔豪〕如簪，長五六寸，能激以射人。蝟，似鼠而毛勁縮之如栗房，其皮可以治練。山羊，角細而驄色，能越峻險，大山乃有之。豺似黃狗而長，數十為群，好竊羊以食。狸，有猫斑者，有豹文者。牛尾狸的頰而大尾，蟄則不食，舐掌而肥，別名曰白額，亦曰玉面狸也。竹狗，似之而臊。獾豚體促，可三四斤，頰亦白。獺之小者土人謂之抓鰌。鯪鯉，四足而巨鱗，其光如鯉，能陸能水，可以已蟻螻。山中時有鹿麛，而尤多麢、兔、狐、沐猴之屬。麢之驄色者麖，其大如麢而黑者俗謂之郭。舊經有獐、猨，則未知二者之果有否也。鼠之豐尾者曰栗鼠，亦曰松狗，漢侍中所珥貂也。鼯者，五技之鼠，大而有翼，飛且乳，夜呼為怪祥者也。鼠狼似鼠而腰脊長，善捕鼠，亦以媒鳥雀。

畜擾　其畜擾有蜀馬，亦頗有驢、騾、馲䮆之屬。馲䮆者，馬父驢子也。水牛，色蒼而多力，其角如環，古所謂吳牛也。黃牛小而垂胡，色雜駁不正黃，土之所產，亦有從江西來者。自績溪以往，牛羊之牧不收。歙之南境，羊晝夜山谷中，不畏露草。豚，買於宛陵界中，中家以上歲別飼大豕，至二三百斤，歲終以祭享，謂之年彘。而《方輿記》以火肉、石芥為民之珍，其餘則雞、犬、鵝、鶩。雞，高而善鬬者，所謂魯雞也。烏雞冠珥皆青，肉色如墨，時或有之號能已病。

明・彭澤《弘治徽州府志》卷二　土產

穀粟【略】　秈穀：新安大率宜秈。土人謂秈為小米，其名有大白歸生、小白歸生。【略】　秔穀：新安不甚宜秔，惟婺源、績溪多。人謂秔為大米，其名有大粟黃，亦曰硬稈粟黃。有小粟黃。此二種有常，不至瘁。【略】　糯穀：有青稈、羊脂白。矮之名白矮，釀之多得酒。【略】　大麥：有早麥、青光麥、中期麥。又有高麗麥，亦呼高頭麥，挼之則粒出，然難

為地力。有穤麥，宜為飯。　小麥：　有長禾穬麥，麩厚而麪少。有白麥，麪白，亦少。有赤殼麥，麩薄而麪多。自古言之小麥及大麥皆來牟也。　蕎麥：　姿荏弱，幹赤花白不類他麥。秋種而冬食。　麻：　有火麻，中期、早、晚三色，古之蕡也。又有梅麻，梅雨後始可拔。其油麻則有芝麻、白麻。早成有赤殼麻，或落地自生，多變為火炭麻。又有六合麻，圓而六稜，皆古之胡麻也。凡菽苧、菜草子皆有膏油，但可照灼，至服食須麻膏。　豆：　有大白、小白、大紫、小紫、大黑、小黑、褐豆。大青而黑者為菽，極良。有油綠豆，視他豆尤小，宜為粉。有泥豆，有赤小豆，有班沙豆，大小如綠豆。羊角豆纖而長。藊豆者大莢實，籬上豆也，實或白或黑。龍牙豆者大如皂莢。又有豌豆、秋豆，尾秋豆，一名米豆，可雜秔為飯。祁門縣又有六月黃、九月黃。合而言之，皆古之菽也。　粟：　有早粟、寒粟，寒謂晚也。有毛粟，成亦晚。有薑葉，赤者無芒。又有赤稈、白稈，有望秔青，有穤粟。山中人以為酒，則味澁而不清，令人善醒。有罌子粟，結房如缾，罌如髇箭，華豔好而實細美，非他粟之類。有山粟。合而言之，皆古之粱也。然古者，米帶稃皆謂之粟，而粱之粟尤小，故後世直以粱名之也。　穄：　有三。黑穄者，秈穄也；　赤穄者，穤穄也。秈穤，本稻之名，秈瘠而穤腴，故穄粟之類借此別之。二穄皆長大如蘆，故俱號蘆穄。若黃穄則低小。大抵穄乃古之稷也，音之變也。

　蔬茹　前志云：　蔬亞於穀，故后稷能殖百穀、百蔬，而蔬不熟之歲為饉。然前此不錄。　芥：　蔬之美者。有石上之芥焉，細者益辛。《方輿記》以石芥為民之珍。　薑、蓼、芹，上三種並辛菜也。芹生竹中曰竹芹，生水中曰水芹。　葱、薤、韭、蒜，上四種並葷菜也。蒜之大者曰胡蒜，自西域來者也。　蓼蕎：　一名蕌，氣葷如小蒜而長。《本草》以為乳婦食之良。　蘭香：羅勒也。避石勒名，世稱蘭香。　胡荽：　亦諱言胡，故稱芫荽。　芸薹：蔬之同臭味者也。　苜蓿：　漢離宮所植，其上常有兩葉丹紅，結穟如穄。率實一斗者舂之為米五升。亦有秈，有穤秈者，唯以作飯須熱食之，稍冷則堅凝。穤者可摶以為餌，土人謂之灰粟。　莙薘、波稜，上二種並唐世自外國來者。波稜以所出之國為名。　胡蘆菔：　甘而不快於口。　百合：　似蒜而不葷。　鼠黏：　根為牛蒡。　芋：　即蹲鴟。　莧：　有紅、白二種。

　馬齒莧：　根白莖赤，葉青花黃子黑，謂之五行草。　（預）〔蕷〕藥：　似藷，蓋嘗以為貢。唐世諱預，至宋治平間復諱其上字。今謂之山藥。　茭首：　菰根是也。　菌：　為物美而類甚多。或能殺人，亦使人善笑。其最下者麥熟菌，所謂軟濕青黃者也。　木耳：　古燕豆之芝也。　笋：　出問政山者味尤佳。　石耳：　生大山之崖，山羊所以不能緣也，垂綆以取之。

　地蠶：　澤蘭根也。肥白而促節，大如三眠蠶，以冬掘取之。亦曰地笋。蒟蒻：　黃獨是也。以灰煮之，歙人所用為喪食也。　葛：　饑歲搗取其粉食之以接糧。　枸杞：　《詩》之芑也。　芺：　味苦。《說文》所謂江南食以降氣者也。土人摶粉為餌，假以為色，青綠而可喜。　蒜菜：　其味甜。

　周花：　蔓生而穟略如豆花。　香蒿：　所以點食為香者也。　蘇：　所以煮飲為香者也。　決明：　明目，至茝則損矣。　苦蕒：　苦苣也。　苦薏：　花如菊，菊甘而薏苦。故諺曰：　苦如薏也。　蔓菲：　以芼雉羹。馬蘭、繁縷、薺、莧、藜、蕨：　皆物之旅生者，貧者所資也。蕨之苗可採食，其根搗而濾之，澄之以取粉，山人每恃之以接糧。然性冷味甘而滑韌。藜長則赤莖而多枝，利以為帚，亦曰獨掃。　藋：　徒弔反。似苜蓿而青白。陸德明以為堇，所謂堇茶如餳者。土人謂之灰藋。　蘆菔：　俗呼蘿蔔。土人雜香葇以為植。　油菜：　其子可取膏油。　茄：　有紫、白二種。別名崑崙瓜。其色有白如銀者。　瓠：　甘瓠也。　瓜：　有胡瓜、越瓜、王瓜、絲瓜、冬瓜、甜瓜。

　藥材　芝　蘭　芍藥　菟絲　昌羊：　石生而細者為昌蒲。宋大觀中繪《本草》載：　所出之州七，歙與一焉。　麥門冬：　陳藏器以為麥門冬出江寧者小而潤，出新安者大而白。　黃連：　陶隱居以黃連出西間者色淺而虛，不及東陽、新安諸縣。　香葇：　掌禹錫以為香葇壽春及新安有之。石上生者莖葉細而尤辛香，用之益佳。土人謂之石香葇。　火杴：　豨薟也。

　香附子：　莎根是也。　薢珠：　薏苡也。馬援所載者也。　萹竹：　射干也。　蝦蟆衣：　車前也，即芣苢也。　蒼耳：　卷耳也。　茴香　淩霄：　緣高林絕壁而為華，所謂苕之花也。　羊蹄：　禿菜也。言采其蓄者也。　樟柳：　當陸也。所謂莧陸夬夬者也。　三白：　土人謂之五葉。自始生而青，入夏則葉轉而為白。田家候之，每三葉白農事亟矣。五葉皆白則農者益勤。至秋皆復青。　金罌：　結實如瓶。罌味甘澁，霜後取之以熬糖。　甜藤：　取之以代飴。　菝葜：　其根赤，用藏梟子，亦曰金剛藤。旁其：　先歲七日採其枝葉，插門戶以禦厲。土人謂之旁皮。其根為烏藥。

卮藍：所以染也。茈：亦所以染也。今西安之染者用歙之茈。土芎菊：其種類甚多。宋歙人有王子發者，為圖八十一種。牡丹：出於黟。本自洛移植，其後歲盛。宋南渡無洛花，好事者於此取之，然無益於俗，不足廣載。黃精：生山之陰，視其花之白以別鉤吻。土人號為甜蕨，亦曰胡孫薑。仙靈脾：淫羊藿是也。天仙藤：其生子狀如鈴，故名曰馬兜鈴。五倍子：大者如桃，其中皆蟲。一名敷檻桃。萱草 桔梗：大而無心者為薺苨。或用作假葠，賣之他郡。厚朴：薄者或割其皮以物煮之為假桂。南星 白扁豆 地黃 茯苓 五味 柴胡 白及 黃蘗 旋覆 菴蕳 木賊 穀精 五加 細辛 鶴蝨 百部 通草 木通 玄參 苦參 狼毒 栝蔞 地松 萍 艾 謹火 忍冬 卷柏 蓖麻 草犀 杜仲 蒴藋 茜草 蜀葵 金星 地錦 葎草 夏枯 蘹香 薄荷 覆盆 草烏 瞿麥 芫花 白斂 前胡 天門冬 霹靂矢 何首烏 白石英：陶隱居云：今醫家用新安所出極細長白澈者。壽陽八公山多大者，不正用之。仙方大小並用，惟須精細無瑕者。

竹木菓實附。 笙竹 苦竹 淡竹 金竹 水竹 篁竹 紫竹 斑竹 簺竹 老竹：長尺則曲。桃枝竹：四寸有節。慈竹：叢生不離母，四時有笋。一名四季竹。對青竹：枝幹皆金色，惟一邊起枝處青碧，大率金碧相輝可愛。拜竹：苦竹之極大者也，休寧有之。婺源苦竹之笋大者為花茵笋。又有冬笋，縝理而甘。貓頭竹 梓 槻 栢 檮 榆 槐 檀 松 赤樧：樧與杉同。白樧：大抵新安之木松樧為多，必栽植，始成材，而婺源祁門之民尤勤於栽植。凡栽樧以三十年為期乃可伐。桑：有花桑。遇葉少時亦可以食蠶。檿：俗呼山桑。柘：有青柘，有柹柘，葉如柹，結實如楮而絕紅，然能病蠶。黃柘最少而最宜蠶。葦：即槠也。堅而不凋，實小於橡，或甘或苦。檜：土人謂之圓栢。桖：葉如柀而子赤，材理粗，謂之桖栢。栟櫚：葉大如車輪，其毛可以隮用。樟：豫章也。橡：即櫪也。石柵：聳而蒙密，古之交讓也。楝：實甘，故為鳳所食。冬青：歲晏不凋，所謂萬年枝也。相思：似冬青。山桂：葉銳而可喜。岩桂：秋後作華，四出而絕香，山中人謂之小相思。木槿：夏華。桐：首春而榮，其別有三，桐材輕利。昔宋時有誤發唐貞觀中藏者，其桐棺如故。問之鄉人，云：桐材既乾，復以其膏漬之，終古不壞。桐子樹：其子可取油。凡栽杉必先種此樹，以其葉落而土肥也。梧：碧梧有乳者也。柳：柳之類最多，柜柳枝弱。楊：其類最多。黃楊性堅，以閏為厄。椿 樗 白楊 紫荊 狗骨 皆散木也。楓：亦散木也，而有香。梁任昉為太守，調香二石，始入三斗，遽出教止之。烏臼：其子可為燭。南燭：叢生，春晚苗，葉紅赤，照耀山谷。道家用作飿飯，其色青，故又謂之青精飯。非人家庭館所植。南天竹也。櫢檻：結穗，霜後白如鹽而酸鹹。椒欓、茱萸：並所以去濕。皂莢：《經》所謂宜皂物者也。夜夾萁：夜合也。可以治蠲，即合歡蠲忿者也。樬：小木，多刺而無枝者也。椰栗：小木，可用以為杖。柞：以為櫛。石膚：以為炭。枸：以為鞍。櫟：以為觵。詹戒：木高花白而下垂，花如百合。棗：或脆而多津，或大而理踈。惟績溪多。柿：實極大者為牛心柿，其樹心多黑。《圖經》載：新安貢柿心黑木。丁香棗：紫黑不類棗，其蒂核皮肉正柿之絕小者耳。一名牛乳柿，蓋古之梗也。山棗：似橄欖而圓，剝之正白如涕。栗：或毛或澤，小者獨顆而圓。狙公所賦芧也。榛：花長而實細。枳椇：味在枝杪，霜後絕甜。一曲一直，如枅之承栱，故一名曲枅。一名木密，一名堅枸木。以其材為柱，能敗室中酒味。古以椇為婦贄，今不復貴。木瓜：實小不及宛陵。榠樝：若木瓜而不臧者也。香樝：甚小，所謂榅桲也。棠：甘棠也。棠有霜後黑而糜者，曰青沙爛。梨：其類多種。大抵歙梨皆津而消，其質易傷，蜂犯之則為瘢。故土人率以柿油漬紙為囊，就枝包封之。霜後始收。今出丁字橋者尤佳。楊梅：近城多，南朝時太守所採。梁任昉以冒險多物故而停絕。銀杏：葉如鴨蹠，實外有皮。山中人貯之及柿之紅以為酢。椑：似柿而青黑，所謂烏椑之柿也。《本草圖經》：椑柿出宣歙、荊襄、閩廣諸州，柿美而益人。椑又制丹石毒。柀：小而美者出於黟，古稱柀出玉山，世以為上饒。而《漢志》歙有玉山，未知孰是。其木為什器几案則明潔而宜漆。《爾雅》曰：樧，柀。按：二物葉甚相類，但樧聳而柀垂。柀又有佳實，此為不同耳。桃 李 梅 杏 含桃 來禽 枇杷 胡桃 安石榴 橙 橘 柚：大率山寒不宜橘柚。種者築池，中為交午之道，列植其上，水氣四面薄之則不畏霜雪。金橘：婺源有之。

鱗族　徽居山間無大陂澤，其溪流清淺，春夏時潦水注之則深，往往有魚而不常得，疏池以養者多有之。　鯉：　色黃。　鯇：　色黑。　鯖：　色青。　以上三魚大率相類。首春蓄魚苗者來自湖口界中，買纔數寸，日取草飼之。　鰱：　鱮也。大頭而細鱗，魚之不美者也。蓄於鯉、鯇、鯖之中，使相從以長。是數魚者終歲不過盈尺。　鯿：　古之魴也。　鯽：　鮒也。鮎：　古之鰋也。其大多鬚者為鱯。　烏鱧：　比他魚為鮭，古之鱧也。以與鯉音相近，故以其色繫之也。　鱖：　巨口而細鱗，其牡文采尤鮮明，繫之溪中可以致群牝。或以鮮明者為鱸鱖，亦曰蘆花鱖。大率盛夏藏石罅中，徒手捫得之。仙人甯封子所食石桂也。鱖有三種：　竹管鱖體圓；　蘆花鱖長大；　板鱖似鯽，乃石鱖也。　重唇：　乘桃花水而上，味極腴。陸(機)〔璣〕所謂吹砂小魚，蓋古之鯊也。　童魚：　亦以二月來，小而為群，首如科斗。古之童子魚也。　白條：　白如銀，即鯈魚也。　石斑：　青而揚赤，夏月食其子令人善嘔。　土步：　鱗黑而肉白，即土父也。　鱓魚：　鬣赤，一去極遠，絕有力者。　翼魚：　四足而色蒼黑，狀如蝘蜓能緣木。　歙浦及紫陽山南塢池中有之。　鰄：　府南大潭中截溪為網，大率鯿、鯉、鯈、鱖色別為群，唯鰄為大，將其群以先。若觸網破則群魚隨之而出，網不破往往悶絕，此魚之豪橫耿介者也。　鱒：　赤目，多獨行或二三相從，見網則遁。　鮰魚：　味美而不常有。　鱷魚：　略似鯇，多纖骨。　黃尾魚：　如鱷而尾黃。　婺源謂之黃姑魚。　鰌：　與鰍同伏泥中，謂之泥鰌。　鮔：　與鱓同，黃質黑章。　黃魞：　鉠魞也。魚黃無鱗，搦之有聲，亦名黃顙。凡鉠魞有三種：　有長而纖者，有頭大而促者，有極小如指者，名各不同。　鰻：　長如蛇，伏深泥中，負黑抱白，無鱗而甚腴。掌禹錫云：　鰻鱺五色者出歙州。　檻都：　舊經有檻都，不知何魚也。　石鯽：　長而尾紅。　旁皮魚：　似石鯽而尾青。　石活魚：　常在石中。　鉤子魚　黃公魚：　二魚皆以春三月團聚而上。　梭子魚：　首尾銳，其大如指。　師官魚：　亦如指大，有長鬚四五，略如鉠魞。　沙鰌：　上唇如鷹咮，長者尺有五寸。　古樓羅魚：　色黑斑。有蟲寄其腹中，或一或二，大者如負螌，小者如鼠婦，穴其鬣旁以食。

黿　鼉：　大如馬蹄者其味佳。　螺　蚌　蛙　蛇

羽類　翬雉：　五色。　黃鳥：　黧而黃。　鴉公：　布穀也。食麥即去。　鵓鴣：　鵓雄也。　斑鳩：　最拙。古之頒鷗也。　青鳩：　色蒼綠，人多畜之。　鵯：　小而善鬪。　鶻嘲：　能為聲。　秭歸：　候歲而先鳴。杜宇：　俗呼叫春鳥。　鴞：　逢春則聲圓美而可喜，至夏不復鳴。故《詩》曰：　懷我好音。　夏雞：　五六月終夜號田中。　竹雞：　如鷓鴣。天將雨則為泥滑滑之聲，蠹蝝聞之則化而為水。　白鷴：　大如雞，白質黑章，其穉純黑。南越尉佗所獻也，耿介不可馴。古稱黃山之馴者伏以家雞。山雞：　文采似白鷴而小。　綠雞：　色綠。皆雞之類。　鷹、鷂：　二鳥皆善搏。　啄木：　善啄。　鴽：　戴勝也，頭有華勝，故以降于桑為蠶事之候。　山鵲：　色蒼綠，咮足皆赤，特其首尾輕翹而好為聲，要為鵲之類。水鵲：　甚似鵲而小，好在水旁，人以其聲為喜也。　烏：　大而反哺。　慈烏：　小而多聲。　鵯鵊：　鳴將旦，體雖小，鷹鳥多不能敵也，其尾如匕。一名青鵶，一名鵶臼。　燕、雀、伏翼：　並棲集人家者也。胡燕大而越燕紫，其巢亦異。　百舌：　反舌也。　唎唎：　一名花鴿，能為聲。其在瓦中色蒼者為鸜鴿。　婆餅焦：　巧婦也。其構巢如刺轍。　搖鶺：　脊令也。行則自搖其鶺。　黃頭：　即黃雀。　喚姑：　大如鳩，黑色長尾，唯兩翅赤而不鮮，其音呱呱。　水鴨　鴛鴦　淘河：　鵜也。淘去泥水而取魚也。鸕鷀：　約頸以環，可使沒水取魚為人用者。　魚鷹：　翔水上，以兩爪搦魚，挽就水次啄食之，小鮮則啣以飛。　鸌：　兩翼白，其名自呼，好在田中。又有鳥大小如鸌，黑而長喙，林宿而水食。其聲嘶而不揚，令人惡聞者，名曰賣瓦，鳴則當晴。　鷺　紅鶴：　鷺之類而翼下紅。　鶴　夜鳩：　又名重姑。其目夜光，無尾，將旦則鳴，其聲令人惡聞。　翠碧、鸂鶒、鵁青。　上三種並水鳥也。　鸛：　俗言駕去鵝者也。　白頭翁：　頭白。　畫麋：　麋作眉，眉似畫也。在水曰水畫，在籬塹中曰塹畫，小者石畫。亦取其聲以候陰晴。　白練：　小雀，尾如曳練也。　山雀：　如家雀稍大而微赤。　青菜：　色如菜。　困子：　似山雞而小，無尾。　鴕鳥：　鴕，徒河反。一名楚雞。尤愛其羽，中矰弋則守死不動。《郡國志》曰：　翎下有青紅相應如垂綬，其狀若蜀雞，背若朱蛇。　紅鵲　鷓鴣　山鸚鵡　同力　自困子以下六名皆《祥符經》所書。

獸類　虎：　吳赤烏中，新都言白虎，事見於史。　熊：　有黃熊、黑熊。土人以熊之高大似馬者為馬熊。卑小似猪者為猪熊。宋元嘉中太守到元度得白熊以獻，事見於史。　野豕：　有奇牙，大者數百斤，類能傷人，冬伏於

深谷聚獐之下。獵者矛鑹之，號槍鬆。　豪豕：豪如簪，長五六寸，能激以射人。　蝟：似鼠而毛勁，縮之如栗房，其皮可以治練。　山羊：角細而驄色，能越峻險，大山乃有之。　豺：似黃狗而長，數十為群，好竊羊以食。

狸：有猫斑者，有豹文者。牛尾狸的類而大尾，蟄則不食，舐掌而肥，別名曰白額，亦曰玉面狸也。其膚理至腴，獵者取為奇品，郡以充歲貢。宋郡守謝侯采伯謂戕物命以資口腹，遂罷。梅聖俞詩云：吾鄉雖處遠，佳味頗相宜。沙地馬蹄鼈，雪天牛尾狸。高宗嘗問歙味於學士汪藻，藻以此對。　竹狗：似狸而臊。　青真：狀類狗。　貛：豚體促而可三四斤，類亦白。　獺：獺之小者，土人謂之抓䲡。　鯪鯉：四足而巨鱗，其光如鯉，能陸能水，可以已蟻瘺。　鹿、麝：山中時有。　麂　麐　兔　狐　沐猴

麞：麐之驄色者。　郭：大於麐而黑，俗謂之郭。　獐　猨：此獸舊經有之，未知果有否也。　猴孫　栗鼠：鼠之豐尾者。　松狗：漢侍中所珥貂也。　鼯：五技之鼠，大而有翼，飛且乳，夜呼，為怪祥者也。　鼠狼：似鼠而腰脊長，善捕鼠，亦以媒鳥雀。　畜擾　蜀馬　騾　驢　馲駱：馬父驢子也。　豕：豕豚買于宛陵及嚴之遂安、衢之開化界中。中家以上歲別飼大豕，或至二三百斤，歲終以之祭享，謂之年豬。而《方輿記》以火肉為民之珍。洪潛夫云：徽人夏月梅潦，雖殺辛亦罕入市，多於入臘前後宰彘，貯甕中醝淹糟沃近兩旬，出而燎之乾，略帶濡，置於間屋當風處，名曰火肉，亦曰臘肉。楊誠齋謝休甯金尚書惠臘肉詩云：老夫畏熱飯不能，先生餽肉香傾城。霜刀削下黃水晶，月斧斫出紅松明。君家豬肉臘前作，此時雪沒吳山脚。公子彭生初解縛，糟丘挽上淩煙閣。試將一臠配兩螯，世間那有揚州鶴。可以想其風味矣。　水牛：色蒼而多力，其角如環，古所謂吳牛也。　黃牛：小而垂胡，色雜駁不正黃，土之所產亦有從江西來者。　羊：績溪牛羊之牧不收，歙之南境羊晝夜山谷中，不畏露草。　猫　犬　鵝　鶩　雞：高而善鬬者所謂魯雞也。　烏雞冠珥皆青，肉色如墨，時或有之，食之能已病。

明・王崇《嘉靖池州府志》卷二　土產

穀　多稻，有菽，有黍，有稷，有麥，有粦，有蕎，有芝蔴。出六邑。

菜　多笋，有蕨，多荻芽，有芹，有荇，多蔞蒿，多馬蘭，有茭，有芡。

藥　有香附子，有乾薑，有香薷，多荊芥，多茴香，有茱萸，有蒼朮，有桔梗，有黃連，有半夏，有南星，有薄荷，有紫蘇，有茵蔯，有槐子，有柴胡，有葛根，有瓜蔞，多金櫻子，有甘菊，有車前子，有枸杞，有天門冬，有麥門冬，有百合，有草蒲，有艾。

果　有梅，有李，有杏，有桃，有梨，有栗，有柿，有棗，有橙，有香圓，有石榴，有蓮房，有藕，有菱，有芡實，多山栗紅。

花　有芍藥，有梔子，有月桂，有薔薇，有躑躅，有棣棠，有萱，有蘭，多金鳳，有夜落金錢，有蜀葵，有玉簪，有雞冠，有蓮，有芙蓉，有菊。

草　多茅，有芒，有蒿，多蘆，多葦，有蘋，有蓼，有萍，有藻。

木　有椿，有松，有栢，有杉，有櫧，有梓，有桐，有楡，有槐，有楓，有檀，有楊，有柳，有桑，有柘，有竹。

禽　多鸛，多鷗，多烏，多鵲，多鴈，多燕，有鷹，有鷂，有雉，有水鴨，有鴛鴦，有鸕鷀，多鷺，有畫眉，有斑鳩，有百舌，多鵓鴿，有鶺鴒，有鵪鶉，有杜鵑，有布穀，有姑惡，有百頭。

獸　多虎，有豹，有豺，多茅狗，有鹿，有麂，多麞，多兔，有狐，多貛，有猴，有獺。

鱗　有鯉，有鱘，有鰉，有鯖，有鮊，有鱅，有鰱，有鯇，有鱖，有鱖，有鮎，有鱓，有鮰，有鯮，多鰺，多鯽，有鯿，有鰶，有鲀，有鰣，多鰍，多鱔，多鰻。

介　有黿，有鼉，有龜，有鼈，有蟹，多蚌蛤，多蝦，多螺螄。

蟲　有蚇蠖，有螳螂，有蛙，有蛇，有蛭，有蚱蜢，有蟋蟀，有蟬，有蜻蜓，有蜂，有蝶，多螢，多蚊。

明・栗永祿《嘉靖壽州志》卷四　物產

穀類　麥、大、小、蕎三種。稻、壽霍有稻田，種稻頗多，蒙則差少。粟、黍、稷、蜀秫、芝蔴。豆、黃、黑、菉、赤、青、江、菀、小、扁、豇、酒，凡十二種，黃、黑、菉三種為多。

蔬類　白菜、芥菜、菠菜、莧菜、芹菜、韭菜、萵苣、莙蓬、茼蒿、苦蕒、芫荽、茄子、瓠子、葫蘆、蘿蔔、白、紅、胡三種。瓜、王、菜、冬、絲、甜、苦六種。葱、蒜、生菜。

果類　桃、李、杏、棗、梨、梅、栗子、柿子、石榴、菱芡、蓮房、白果、核桃、葡、椰櫇、花紅、沙果、櫻桃、荸薺、西瓜、文官果。

草類　莞、可席。葦、可箔。芭、可覆屋。艾、蓼、蒿、蘆、菖蒲、苜蓿、益母、車前、虎耳、虎鬚、萱草。

木類　桑、柳、楮、槐、榆、椿、松、栢、檜、楝、白楊、黃楊、梧桐、紫荊、棠棣、烏桕。

竹類　水竹、苦竹。

花類　葵、菊、牡丹、芍藥、梔子、荼蘼、玉簪、鳳仙、紫薇、金盞、薔薇、石竹、木槿、芙蓉、山丹、瑞香、碧桃、月(繼)〔季〕、金燈、珍珠、火蝴蝶、剪春羅、龍爪花、棣棠。

藥類　柴胡、桔梗、玄參、苦參、麻黃、遠志、大戟、百部、漏蘆、細辛、牛膝、南星、黃精、半夏、薄荷、紫蘇、萆薢、罌粟、瞿麥、瓜蔞、烏頭、香附子、天仙子、牛蒡子、地黃、蛇床子、桑白皮、何首烏、商陸、麥門、金銀花、旋覆花、枸杞、地骨皮、龍膽草、三白草、牽牛、杏仁。

毛類　牛、馬、騾、驢、羊、豕、犬、狼、猫、兔、狸、貉。

羽類　天鵝、賀鷄、鶖鶬、鷄、鵝、鴨、鵪鶉、梟鷺、鴿、雉、鵲、鴉、鷹、鸛、鷺、鴛鴦、鸊鴿、燕、雀。

鱗類　鯉、鱖、鯽、鰱、鯿、魴、鱣、鰽、鰷、鱔、鰍、黃顙。

介類　龜、黿、鼈、蝦、蟹、螺。

貨類　綿、絲、火麻、綠麻、布、絹、蠟、靛、藍、紅花。

明·余鍧《嘉靖宿州志》卷二　物產

穀類十有九　麥、大、小、蕎三種。　粟、稷、蜀秫、稻、靈壁有稻田，種稻頗多。宿惟東北鄉間有之。　粱、豆。黃、黑、菉、赤、青、豇、菀、茶、管、小、扁十一種。黃為多，黑次之，菉又次之，餘皆少。

蔬類二十有五　白菜、芥菜、菠菜、莧菜、赤根菜、葱、蒜、韭、萵苣、莙薘、芫荽、茄子、瓠子、葫蘆、蘿蔔、白、紅、胡三種。　瓜、王、菜、冬、絲、甜、苦六種。　芋、蒲茭。

果類十有七　梅、杏、桃、李、棗、梨、栗子、柿子、石榴、沙果、葡萄、蓮子、白果、核桃、花紅、菱角、西瓜。

草類七　靛、藍、紅花、苜蓿、菖蒲、艾蒿。

木類十有四　桑、柳、楮、槐、榆、椿、松、栢、櫟、青楊、白楊、黃楝、苦楝。

食貨

竹類一　水竹惟夾溝北山頗多。

花類十有二　葵、菊、木槿、雞冠、薔薇、萱、玉簪、芍藥、蓮、鳳仙、扁竹花、石竹花。

藥類二十有六　何首烏、宿之西北鄉所產最佳。　蒼朮、茅香、地骨皮、黃精、細辛、葛根、草烏、遠志、半夏、南星、香附子、車前子、瓜蔞、旱蓮草、王不留行、桔梗、苦參、葶藶、菟絲子、牛蒡子、牽牛子、柴胡、地黃、紫蘇、全蝎。

羽類十有四　鵪鶉、野雞、梟鷺、老鴉、鷺、鳩、鷹、雀、鵲、燕、鴿、雞、鴨、鵝。

毛類十有三　獐、鹿、兔、狼、狐狸、牛、水、黃二種。　馬、驢、騾、猪、羊、猫、犬。

鱗類十有九　鯉、鮎、鰱、鰋鰷、鮠、鯽、鱔、鰶刀、鯇、蒿里串、黃魞、鯊魚、馬郎、船丁兒、尖頭、魴、鯿、白魚、青魚。

介類四　黿、鼈、蟹、鰕。

明·李士元《嘉靖銅陵縣志》卷一　土產凡九

穀類　稻、有多種。　麥、有大、小二種。　粟，有秈、糯二種。　芝、有黑、白二種。　豆、有數種。　蕎麥、有二種。　黍、稷。

蔬類　白菜、芥菜、莧菜、萵苣、蘿蔔、有黃、白二種。　生薑、山藥、苦蕒、青菜、豆角、油菜、葱、蒜、茄、韮、薤、筍、芹、蕨、瓜。有數種。

菓類　梅、桃、杏、棗、石榴、梨、柰、柿、橙、栗、櫻桃、銀杏、菱角。

花品　牡丹、海棠、芙蓉、芍藥、玉簪、雞冠、萱草、銀桂、薔薇、月月紅、金鳳、瑞香、菊、葵。

藥品　柴胡、蒼朮、桔梗、細辛、苦參、烏藥、半夏、南星、瞿麥、黃精、石膏、地黃、天花粉、百合、赤芍藥、青藤、葛根、牛膝、枸杞、麥門冬、白匾豆。

羽族　黃鶯、布穀、慈烏、斑鳩、紫燕、蒼鷹、黃雀、畫眉、鷓、鵲、梟、鷺、鷄、鵝、鴨、雉。

毛族　虎、豹、鹿、獐、野猪、貛、兔、馬、騾、驢、牛、豕、猫。

水族　鯉、鯽、青、白、鱘、鰠、鰣、鱔、鱉、蟹、鰱、鯿。

明·劉節《正德潁州志》卷三　土產

物貨部　絲、綿、繭、綿紬、綿花、綿布、紅花、蜜、油、絹、藍靛、脂麻、黑麻、茄皮麻、火麻、線麻、白蠟、蠟蟲、黃蠟、山藥。

五穀部　鮮稻、黑稻、烏芒、獐牙鮮、西天旱、山黃稻、火旱稻、紅芒稻、望水白、挨天黃、虎皮糯、飛上倉、紅皮糯、鯽魚糯、龍骨早、青芒稻、七十日稻、

大麥、小麥、火麥、蕎麥、春麥、黑黍、黃黍、大黃黍、龍爪穀、寒穀、青穀、糙穀、薥秫、狼尾秫、珍珠秫、黑殼秫、鳩眼秫、金苗秫、大小黃豆、滿場白、茶褐豆、菉豆、大小黑豆、黎小豆、紅小豆、白小豆、紅江豆、白江豆、六月豆、大豌豆、小豌豆、蠶豆、羊眼豆、花豆、鴨彈青小豆、刀豆、土豆。

菜部　大小葱、蒜、韭、白菜、蘿蔔、赤根菜、青菜、芹菜、灰菜、生菜、芥菜、薺菜、馬齒莧、蔓菁菜、白莧、紅莧、苦苿菜、蓬蒿、鷄頭菜、茄子、芫荽、冬瓜、菜瓜、苦瓜、西瓜、萵蘧菜、均薘、胡蘿蔔、王瓜、甜瓜、葫蘆、瓠子、絲瓜、芋藻、蒲笋、茭白、藕絲。

草部　蒲、根可食。嬌爪草、生食。茅子草、根可食。稗子草、實可食。芭蕉、可食。苜蓿、苗可食。荸薺草、頭可食。穇子草、實可食。芺苗草、根可食。雞爪草、根可食。刺刺草、可食。茅茅草、可食。白蓬草、嫩可食。牛尾蒿、萵蘭草、麥蘭草、水葫蘆草。

果部　桃、夏、秋、冬有熟，惟秋熟者佳。櫻桃、味酸。核桃、仁瘦。栗子、火實而小。柿子、數種，大者八兩。銀杏、火實。石榴、子小微酸。杏子、小而微酸。李、數種，紫色者。李梅、實火。沙果、小而味淡。梨子、剝接者味佳無楂。棗、核大肉薄。軟棗、顆小。葡萄、木瓜、太硬。賴葡萄、臭。桑椹子、梧桐、火結。花紅、顆小味淡。蓮子、菱角、小而刺。藕、有楂。茨菰、小而味澁。芡、無花果。

木部　栢、槐、榆、松、桑、柳、栢、楮、椿、桐、櫟、棣、楸、青楊、白楊、紫荊、水荊、苦楝、冬青、皂角樹、棠梨。

竹部　筀竹、紫竹、斑竹、水竹、苦竹、小竹。

花部　牡丹、薔薇、芍藥、鷄冠、石竹花、鳳仙、木槿、芙蕖、月桂、山丹、紅花、甘菊、萱花、龍鬚、千葉桃、刺蘼、紅綿花、間產。青綿花、間產。千葉榴、川草花、山茶花、百種菊、四種葵。

藥部　何首烏、櫻粟殼、生地黃、荊芥、苦參、紫蘇、破故芷、地骨皮、天南星、大黃、半夏、薄荷、覆盆子、馬鞭草、香附子、川芎、芍藥、蒔蘿、白扁豆、黑扁豆、桑白皮、莞花、郁李、茴香、黑牽牛、枸杞子、蒼耳草、杏仁、木瓜、地榆、化骨草、透骨草、枳實、枳殼、茱萸、土椒、車前草、桃仁、秫梗、麥門冬。

羽部　天鵝、鴈、鴿、鵪鶉、水鷄、水鴨、鷗、鶴、鸛、鴇、雕、鷺、鴟梟、青鵻、鵝、鴨、鷄、雀、鶺鴒、鸕鷀、倉鷹、鷂、鶻、鷁、魚鷹、浮鵝、鷦鷯、鳩、烏、鴉、鶺鴒、鵝、俗呼為水拖車。鴛鴦、江四兩、鶯、紫燕、江燕、鵲、銅嘴、斲木、布穀、鴝鴿、白鷴、錦鷄、雉鷄、紅鶴、翡翠、告田。

毛部　鹿、獐、狼、虎、貛、貉、貍、狐、兔、馬、騾、驢、獺、山羊、綿羊、刺蝟、水牛、黃牛。

鱗部　黃鮐、黃鲂、鱘、鱖、鯇、青鯉、金鯉、黑鯉、鰱、鱅、鯖、白魚、小而味美。妖魚、祭刀、鯽、鮎、鰍、馬郎、河豚、比目、鱔、鰻、鱌。

甲部　黿、白眼黿、有毒，食之殺人。鱉、蟹、蛤蚌、大者七八寸徑，舊傳產珍珠。蝸牛、魭、螺、鰕。

蟲部　蠶、蜜蜂、黃蜂、烏蜂、螟蛉、蝦蟆、蚰蜓、促織、蟋蟀、蝶、蟬、蛙、蜉蝣、蜈蚣、長七八寸，能殺人。螳螂、(蛸)〔蟰〕蛸、蝍蝛、刀郎、蝎、蝎虎。

清・任壽世、劉開、陳恩德《亳州志》卷二一　土產

穀類　大麥：牟麥也，早熟。又有米大麥，立夏即熟。　小麥：秋種冬長，春秀夏實，具四時中和之氣，故為五穀之貴。有白麥、五花頭之分。　蕎麥：《詩》作荍，一名烏麥，三伏種，霜降前收。　旱稻：毫無水田，而稻皆種於旱地，其味厚於水稻。　黃豆：有芽豆、平頂、五紫、花角、八月綻、鐵角黃、繭殼、二糙諸名。　黑豆：有兩種，殼內黃者曰料豆，殼內青者曰藥黑豆。　紅小豆：似豇豆而小，《廣雅》名答。　菉豆：即鹿豆，可為粉，有明灰、小大之別。　青豆：似大黃豆，而包肉俱青，似茶豆。　豌豆：《爾雅》名戎菽，今多種麥地中。先摘角而後刈麥，其角亦蒸食。　藊豆：俗名梅豆，有黑、白、赤、斑四色，白者可以入藥。　小藊豆：形似豌豆而小，色紅。　刀豆：《酉陽雜俎》云樂浪有挾劍豆，即此。可以醬食。

蠶豆：豆莢狀如蠶。又蠶熟時始熟，故名。　豇豆：俗訛曰江豆，其形如黑豆而色白，角亦可食。　藜豆：形似黃豆而皮多斑點。　白果豆：即黃豆之大者。　脂麻：俗曰芝麻，有白、黑二種，即胡麻也。或又曰黑者為胡麻。　薥秫：即高粱，高大如荻蘆，有黃羅傘、仙人帚、鵪鶉黎、黃金塔諸名。有白而黏者，味似糯米，其品最上。　黍：《爾雅》云，赤黍曰虋，曰黍，曰芑，黑黍曰秬。《詩緝》：不粘者為黍，黏者為秫。俗通以黏、飯分之。

稷：與穄、粢皆一物，俗呼曰穄子。　粟：《韻會》：粟為五穀之首，米之有甲者，今俗通呼曰粟穀。去穀為小米，有黃、青、紅三色，飯、黏二種。

粱：《韻會》云：粱，粟類。　玉薥秫：粒似秫而大，色白，節節生穗，江南名包羅，苗高三四尺，六七月成穗。　薏苡仁：莖高三四尺，葉如黍，開

紅白花，種出交趾，見《馬援傳》。　玉米：　似薏苡仁而形小。

蔬類　白菜：　莖肥白而葉青，即菘也，亳產最佳，俗曰黄芽白。　箭桿白：　似黄芽而葉長莖肥，可以醃食。　黑白菜：　葉深青色，霜降後極肥美，味厚於黄芽，即瓢兒菜。　芥菜：　本草：　葉似菘而有毛，味辛。《博物志》云：　食芥者必墮淚。俗名辣菜。　芹菜：　亳產多生於旱地，味高於水芹，霜降始佳。　莧菜：　《博雅》：　莔也。有赤莧、青莧、野莧，皆可食。　菠菜：　《玉篇》：　菠薐菜，又名赤根菜。　韭菜：　叢生，春種夏栽，每月一剪，冬日覆以土則長逾尺，名曰韭黄，味愈鮮而微辛。　大頭菜：　俗名辣肐胳，味辛似芥菜。　生菜：　四五月生，可以生食，葉似萵苣。　苦菜：　俗曰苦麻菜，葉長而細，味微苦。　茼蒿：　似荊芥而葉細。　薺菜：　春生，味甘美，一名靡草。　蔓菁菜：　似大頭菜而小，種名菜子。　諸葛菜：　似蔓菁而葉寬莖細，四時皆生，開紫花，諸葛亮行軍所種，故得名。　金鍼菜：　花似萱草而色淡。考《群芳譜》，亦萱之一種也。初生芽清嫩似荻筍，夏月摘花之未放者蒸之，香苞而未啜，質柔而不靡，南北商販甚夥。　葱：　本白末青，一名和事草，一名菜伯，一名鹿胎。《爾雅》：　青謂之葱。　芫荽：　胡荽也，一名蒝荽，可以醃食。　薑：　亳產多絲，而薑芽最佳。　蒜：　《爾雅》：　大蒜為胡，小蒜為蒜。有獨頭、碎瓣二種。觀音堂集產者最佳。　小蒜：　即薤也，葉似韭，根似蒜，皆野生，無種殖者。　擘藍：　見《廣群芳譜》。亳產最佳，甘脆在大頭芥之上。　茄子：　《拾遺》名落蘇，又名崑崙（奴）〔瓜〕，有紫白二種。　蘿蔔：　《本草》名萊菔。《爾雅注》：　名雹突。有紅白二種。又有臙脂紅一種，尤佳。　胡蘿蔔：　有紅黄二種。　葛花：　色紫味甘，蒸食可以解酒。　蘑菰：　遇陰雨則生，形與菌同，多食有毒。　甘露：　形似藕節，醬食最佳。　瓠子：　形似冬瓜而小。《說文》名瓠瓜。　葫蘆：　匏瓜也，有大小二種。又亞腰葫蘆亦有大小二種，大者可以為酒器。　芋頭：　葉似荷葉，新生者名芋頭，老根名芋頭母。　香芋：　體圓而小，味微麻。　番薯：　俗呼曰紅薯，有紅白二種，蔓生，栽種不用根苗，雖大旱不枯，多蓄藏，可以備荒。　山藥：　名薯蕷，又名土薯，有二種，形似雲片者最佳，《江南通志》稱亳產者堅膩味腴。　萵苣：　自萵苣國來，故名，俗呼曰薹子，初冬另苗新薹，暴之風日中者名薹乾，調和下酒，味極清脆。　百合：　形較山丹而小，山丹味苦，不及百合之甘膩，亳產甲於南方。　黄瓜：　即胡瓜也，有青白二種，俗以為王瓜者，悮。　地瓜：　有青白二色，笨酥二種，酥者白色，味甘脆。　冬瓜：　《廣雅》曰地芝，味甘淡。　西瓜：　種出西域，故名西瓜，有紅、白、黄三色，亳西北鄉產者良，皮薄而味甜。　南瓜：　四月生苗，引蔓甚繁，皮上有稜，其色或綠，或黄，或紅，霜後始可食。　北瓜：　即番瓜也。皮似南瓜，有圓長二種。　甜瓜：　其種最多，有青黄二色。又有鴨蛋酥、核桃酥之名。　絲瓜：　一名蠻瓜，形細而長，味微苦。　攬瓜：　冬日風乾，以箸攪之，縷縷如絲。　筍瓜：　形似北瓜。　鄭瓜：　形亦似北瓜。　金瓜：　色黄而體圓，味香。　茭瓜：　生於水中，味極鮮嫩。

果類　桃：　有仙鶴頂、桂枝白、桂花桃、蟠桃、鞭桿桃諸名。　杏：　亳產極肥大，有麥黄杏、觀音臉、水波杏諸名，最佳者曰巴旦杏，其仁甜，可生食。　李：　名佳興子，有紫色、青色、灰色，其相類者又有青脆、輝子諸名。　梅：　花白而實小，不如南產之佳。　櫻桃：　《禮記注》名鸎桃，《月令》名含桃，亳產桃微大，而味亦甘美。　林檎：　俗曰花紅，以其色可愛得名。味甘美，甲於他邑。其相類者曰秋子，味微酸。　洪玉父云：　此果味甘，能來眾禽，故右軍有來禽帖。唐高宗時紀王李謹貢五色林禽，帝大悅，賜為文林郎，故又名文林果。　蘋果：　一名頻婆，似花紅而大，或曰平果謂平仲果者，非也。新鮮者味不及花紅，封藏至冬至後泡茶味始美。　無花果：　《廣州志》名優曇鉢，《便民圖纂》名映日果，以其無花、映日而生也。　文官果：　皮青子白，類梧子而大，一房數隔，味清香而微苦。　白果：　即銀杏也。祇樹園南二株，柯葉蔭畝餘，數百年物也。　蓮子：　《爾雅》：　其根藕，其實蓮。郭璞云：　蓮乃房也，菂乃子也。　藕：　花葉皆耦生，故名曰藕。或云：　藕善耕泥，故字從耦，耦者耕也。　芡：　俗名鷄頭子，《古今注》名雁頭，韓退之名鴻頭，《莊子》名雞雍，《管子》名卯蔆。　菱：　三角四角者為芰，兩角者為菱。《爾雅》名（厥）〔蕨〕（欜）〔攈〕，《風俗通》名水栗。　落花生：　花落於土而生實，故名。一名長生果。　葡萄：　本出大宛，張騫使西域所得。一名馬乳，一名黑水晶。有紫白二色，圓長二種。　柿：　一名烏椑，一名朱果。柿有七絕：　一壽，二多蔭，三無鳥巢，四無蟲，五霜葉可愛，六嘉實，七落葉肥大。有花蓋、牛心、四方、磨盤、蜀紗紅等名。又有似柿而小者曰軟棗，實亦可食。　梨：　名玉乳，又名蜜父，俗名曰水白者味最佳。　栗：

古有侯栗、榧栗等名。《本草》云：人有脚弱病者，啖數升即愈。　棗：《爾雅》云：大者棗，小者棘。棘，酸棗也。有圓鈴、蓮子、亞腰葫蘆、九月青、核桃紋、馬牙酥等種。　石榴：張騫得自安石國，本名若榴，以其來自安石，故名石榴。紅花紅實，白花白實，有酸甜二種，烏金、剛皮、冰糖子、瑪瑙子、鴛鴦子等名。　荸薺：本名葧臍，凫喜食之，故《爾雅》名凫茈。今產有二種，大者曰荸薺，小者曰地栗。　甘蔗：《廣州志》名石蜜，俗呼曰甜秫稭。　柰：似李而小。　核桃：即胡桃，因石勒諱胡，更名核桃。又曰羌桃，以來自西羌，故名。　瓜子：子大如指，仁甜而香，較之汴中有過之無不及也。

木類　松：有刺松、馬尾松二種，皆小本，無踰丈者。　柏：《六書精蘊》：萬木皆向陽而柏獨西，蓋白者西方之色也，故名曰柏。亳土最宜，數百年者不可枚舉。　檜：俗呼曰圓柏，而檜與樅相類，柏葉松身，葉與身皆曲者，檜；松葉柏身，葉與身皆直者，曰樅。亳產亦最多。　楊：幹長而葉圓，其高者多五六丈，俗呼曰白楊，以其皮色白也。　柳：有枝短而揚起者，有枝長而弱下垂者。又有簸箕柳，可以為箕斗者。　椿：《禹貢》作杶，《說文》作櫄，有香椿、白椿、油椿三種。　榆：榆即白楊，有莢榆、六駁榆、白榆、苗榆諸種。　槐：六月花，七月實，花可染色，實可入藥。有青槐、黃槐、猪齒槐三種。　梓楸：本二種，俗皆混為一種，其實木亦相類，但有花無子者方為楸。　桑：有女桑、桋桑、山桑、白桑、紫桑諸名，其木堅實。　楝：葉似椿而小，花紫實白，名曰金鈴子。　烏桕：葉綠子白，可染黑色，故名。　梧桐：《爾雅》云：榮，桐。始生桐柏山，故名。　冬青：葉如桂，實如桂子，故俗以冬青接桂。　銀杏樹：俗呼曰白果樹，其木最堅細。　黃楊：無大樹，非土宜。　楮：陸(機)[璣]《詩注》：江南人績其皮為布為紙。其子名楮實，俗呼曰楮桃，其汁最黏。　皂莢：一名烏犀，可去油膩。又有肉皂，形短而肉厚。　柘：桑屬，木裏有紋，可鏇為器。　棠梨：《爾雅》云杜，甘棠也，多生於路旁。　核桃木：亳產最佳，形色似花梨木。　杉：幹直而葉細。　泡桐：白桐也，不結實。　合歡木：一名合昏。《古今注》：蠲人之忿，則以青裳。其葉似皂莢而細，五月花發紅白，上有綠茸，秋實作莢子，俗呼曰榮華樹。　檉柳：《古今注》名赤楊，《爾雅》名河柳，《詩疏》名雨師，《綱目》名人柳，今俗呼曰觀音柳。　枸橘：多刺，人家種以為籬，夏開小白花，結實大如李，經霜而黃，其子入藥。　竹：有青、紫、斑三種。　篠：葉較竹而大，多叢生。　白蠟條：放蠟蟲則生白蠟，大者可以為鎗桿。　楓：香樹也。似白楊而大，其脂名松。

花類　牡丹：一名鹿韭，一名鼠姑，唐人謂之木芍藥。亳產甲於天下，土肥，開最盛，其大如斗。其雜色極佳者有御衣黃、姚黃、伍黃、祁綠、柳墨、馬墨、五色、琪玉等種。紅者有疊翠、蕊珠、飄錦、翠盤、醉仙桃、桃花、湛露、支紅、胡紅、劉紅、孟紅、穆家大紅等名。白者有孟白、新孟白、鄭家白、僧白、瑤池春、十二連城、雪塔等名。紫者有魏紫、沈紫、朱紫、大紫。藍者有補天石、磚色藍等名。　芍藥：《韓詩外傳》云：芍藥名將離草，唐人又謂之為婪尾春，以其晚春開，同婪尾酒也。亳產有藥芍、看芍二種。藥芍鄉間以頃畝論，其花差小，亦不令其多開，恐防根也。至園亭中看芍，其花有盛於牡丹者，名類亦不一。　菊：菊本名鞠，《埤雅》曰：鞠，草有花至此而窮，故謂之鞠。又曰，鞠如聚金，鞠而不落，故曰鞠。土產有百餘種，而以粉大荷、紅大荷、蠟瓣黃、黃羅繖、慶雲紅、落紅萬點為上品。　藍菊：有五色。又有洋藍菊，千瓣，花繁。　繡毬：有大小二種，八寶繡毬第一。　玉蘭：即辛夷，一名木筆，花白色，或曰紫者為辛夷。　蓮花：有白蓮、大紅、十八瓣、蕊蓮、並頭蓮諸種。　虞美人：其色不一。亦有千瓣者，俗曰滿池嬌。　雞冠：有紅、黃、紫、白、鴛鴦諸色。又有壽星雞冠，幹短而冠大。　鳳仙：俗名曰桃紅花，又曰指甲草。有紅、白、紫、綠諸色。又有洋桃紅，龍爪桃紅為上品。　秋葵：花黃色，幹直高。　萱花：一名忘憂，又名鹿葱，以鹿食解毒之草，萱其一也。又名宜男草，婦人有孕者宜服之。　龍爪：幹似萱花而色紅，五月開花，花葉不相見，有大毒。　剪夏羅：細瓣，黃色，莖短。　剪秋羅：紅色，而花似金錢，莖微長。　秋海棠：宜陰，多生砌下，有紅白二色。　山丹花：似百合而大，花紅色。　珍珠花：莖長花也，三四月開白花。　金盞：一名四時花，開花如盞，故名。亦有千瓣者，俗曰洋金盞。　玉簪：宜陰，生砌下，一名鶴仙。六月開白花，亦有紫色者。　石竹：瞿麥也。《爾雅》名蘧麥，花小而色紫。有千瓣者，俗曰獅子頭。　美人蕉：葉似芭蕉，開紅花。　夜落金錢：花形似錢，晝開夜落，故名。　老少年：葉變五色，最嬌艷。　雁來紅：似老少年而葉紅，一名漢宮秋。　纓絡：秋長紅穗，高五六尺餘。　西番蓮：一名轉枝蓮。

荷包牡丹：葉似牡丹，花似荷包，故名。根即當歸。　金線桃：俗名金絲桃。　金雀：葉似荷葉，花如雀形，色黃。　藍翠：花成簇而色藍。　蓼花：宜水，俗呼曰水紅花。　杏花：有二種，三奇杏最佳，花艷，實甘，核甜，故名三奇。　桃花：有碧桃、絳桃、鴛鴦桃三種。　榴花：有紅白二種。又有千葉榴，俗曰海石榴，花大如盞。　迎春：交春花即開，故名。　月季：一名勝春花，又名月月紅，其別種有十姊妹、佛見笑、琥蠟梅等名。　海棠花：一名將離，一名可離，有西府、垂絲、貼梗三種。　木香：有二種，白而香者曰木香，黃而香者曰荼蘼。　紫薇花：俗呼曰百日紅，有紅黃二種。　紫荊：花成團，或呼曰弟兄花。　丁香：有紅白二種。　薔薇：即刺蘼也，有紅黃二種。　罌粟：一名麗春，種類甚繁，時復變態。　木芙蓉：《相如賦》謂之華木，一名拒霜，俗直呼之曰芙蓉花。　玫瑰：似月季而色艷，香甜多刺。　木槿：紅、白、藍三色，朝開暮斂，一名朝開暮落花。　夾竹桃：葉似竹而花似桃，故名。　玉馬鞭：花細而枝長，白色。　桂花：有金桂、銀桂、丹桂、四季桂諸種。　梅：有紅、白、綠三種。亳地寒，不甚茂。　蠟梅：叢枝尖葉，臘月開，以磬口素心為上品。　穿心梅：碎瓣黃花，花心長出如針。　吾亳牡丹年來浸盛，俗所稱嬌容三變，猶在季孟之間。等此而上，有天香一品、妬榴紅、勝嬌容、宮袍紅、琉璃貫珠、新紅，嬌艷不一而足。又有大黃一種，輕盈光膩之色尤為可愛。至如佛頭青，為白花第一，此時極多，尚無難致。其淺紅色則花子紅、銀紅、桃紅為上，帶紫色如木紅，則卑卑不足數矣。亳之土脉頗宜花，好事者皆能以子種成，就根分移，其捷徑者惟取方寸之芽，於下品牡丹全根上如法接之，長一尺餘即著花一二朵，至二三年轉盛，種類甚繁，花色時變，皆其裁接之幻化者也。節錄夏之臣《牡丹評》。　芍藥之種類亳亦甚繁，花視他處尤大。昔之廣陵，今之豐臺以多取勝而已。若花之光豔豐滿，亦推此都獨擅《鄭志》。

藥類　紫菀：其名不一，曰青菀，曰紫蒨，曰返魂草，曰夜牽牛，三月內布地生苗，其葉二四相連，五六月開黃白紫花，結黑子，根柔細者佳。　白芷：一名白茝。王安石《字說》云：茝香可以養鼻，又可以養體，故茝字從𦣞，𦣞音怡，養也。《說文》云：晉謂之虈，齊謂之茝，楚謂之蘺。花白微黃，立秋後苗枯，二月八月采暴，以黃澤者為佳。　菴蕳：一名覆閭，狀如蒿艾。　車前子：圓葉似瓢菜，其子黑色。　半夏：《月令》五月半夏生，蓋當夏之半也。二月生苗，一莖二葉。《本經》名曰守田，又名曰水玉。　赤白芍：名將離草。《爾雅翼》言制食之毒莫良於芍，故以芍藥名。有草芍藥、木芍藥二種。根之赤白隨花之色也。　地骨皮：即枸杞根皮也。　枸杞：《爾雅》名枸檵，《衍義》名枸棘，《詩疏》名苦杞，《抱朴子》名天精，俗曰甜菜芽。　葛根：一名鹿藿，鹿食九草，此其一也。春生苗，引藤蔓長一二丈，其葉似楸葉而小，花根入藥。　瓜蔞：本名果蠃。《詩》云果蠃之實，亦施于宇是也。　芫花：一名兒草，一名蜀桑，俗名頭痛草。葉青色，花紫、赤、白三色，苗高二三尺。　南星：一名虎掌，一名由跋，形似半夏而大，四邊有子如虎掌。　茴香：葉似蒿而香。　刺蒺藜：《爾雅》名茨，與馬薸子相類而微大，多生道傍及墻上，葉布地，子有刺，故《內經》又名正行。　金銀花：本名忍冬花，以其經冬不凋也。又名鴛鴦藤，有黃、白、紫三色。　紫蘇：《爾雅》謂之桂荏，葉底紫色，氣甚香。有不香似荏者，名野蘇。　菟絲子：無根無葉，其生最速，多生於豆地，其子纍纍如貫珠。　棗仁：苦辛無毒，以陳三年者佳。　杏仁：有苦甜二種。　牽牛：有黑白二種。苗似藤蔓，葉青，有三尖角如楓葉。　葶藶：《爾雅》名(簟)〔蕈〕，一名蕈蒿，即俗呼酸蘼也。子細而黃，味苦。　蓖麻子：夏生苗，葉似葎草而大，莖赤有節如甘蔗，高丈餘，秋生細花，隨梗結實，殼上有刺，狀如巴豆，子有斑點。　桑白皮：即桑根皮，刮去外面粗黃者，其中色白，故名。　蒼耳：本草名葈耳，《詩經》名卷耳，《詩疏》謂如婦人耳璫，故又名耳璫草。《博物志》云，有人驅羊入蜀，葈耳多刺，綴羊毛上，遂至中國，故名羊負來。其葉青白，似胡荽白花。　甘菊花：《別錄》言菊花味甘，以甘者為菊，苦者為苦薏，惟取甘者入藥。　茵陳：經冬不死，更因舊苗而生，故名。　楮實：即楮樹之實，紅色。　地黃：皆生於野，無大者。　胡盧巴：一名苦豆，本草云，種出海南，即其國蘆菔子也。春生苗，夏結子，子作細莢，秋采。　小薊：根似牛蒡，鄭樵《通志》謂即《爾雅》之蘻。大薊生山谷，小薊生平澤，二月生苗，作菜茹食甚美。　草三七：葉似菊艾而莖厚，有歧尖，有赤稜，夏秋開黃花，蕊如金絲，俗呼為見腫消。　荊芥：本草名假蘇，又名薑芥，皆因氣味辛香。亳產最多。　青蒿：蒿草之高者，《衍義》名曰香蒿。　地膚子：《爾雅》名王蔧，郭璞名王帚。　白藊豆：詳穀類。　益母草：其葉似荏，生路旁。又似馬鞭草，節節生花，花紅者佳。《爾雅》名蓷。　蒲

黃：　即香蒲也。　薄荷：　陳士良《食信本草》作菝蔄，揚雄《甘泉賦》作茇葀，孫思邈《千金方》作蕃荷。莖葉似荏而尖長。又有胡薄荷，與此相類。　罌粟殼：　即罌粟花之殼，多種於麥田中。　蛇牀子：　其葉如蒿，花如碎米。《爾雅》名虺牀，又名馬牀。　青葙子：　即野雞冠子也。《唐本》謂之崑崙草。　花粉：　即栝蔞根也。結實者根細，長花粉則不結實。　射干：《別錄》名草薑，本草名野萱花，時珍曰：　射干，即今扁竹也。今人所種多紫花，俗呼為紫蝴蝶，結房大如拇指，一房四隔。　萊菔子：　即蘿蔔子。　香附：　即莎草根也。《爾雅》名侯莎，《廣雅》名地毛，可以為簑笠，土人呼曰老鸛頭。

草類　葦：　《詩疏》云：　蘆之初生曰葭，未秀曰蘆，長成曰葦。　艾：《爾雅》名冰臺，《埤雅》名黃草，王安石《字說》云：　艾可乂疾，久而彌善，故字從乂。　蒿：　野蒿也。與香蒿相類。　萍：　有三種，大者曰蘋，小者曰荇，小者即水上浮萍，《爾雅》名蓱，義同。　茅：　《別錄》名地筋。夏花者為茅，秋花者為菅，其根名茹，《易》曰拔茅連茹是也。　蒲公英：　春初道旁開黃花為白鵝菜，又名地丁，可以入藥。　莎：　根即香附也。　藟：　本草一名陵藟，一名陰藟。陸(機)[璣]云似巨苽，《唐韻》云似艾。《詩・周南》云葛藟纍之是也。　稗：　有黃、白、紫、黑色四種。　藻：　有二種。一葉如雞蘇，莖似筋。一葉如蓬蒿，莖如釵股。《詩》云于以采藻，即此。　茜：　一作蒨，本草名風車草，又名過山龍，今染絳色皆茜草也。　吉祥草：　冬夏長青，故名吉祥。　慈菰：　一根生十二子。　苜蓿：　《西京雜記》名懷風，馬食之多肥。　荻：　葦之實心者為荻。　香蒲：　生水際，葉青色，扁而長，二三月採苗，名蒲筍。《詩》其蔌伊何，惟筍及蒲是也。　茴草：　葉似茅細而圓，可以覆屋。　書帶草：　葉如蘭，四時常榮。　馬藍草：　葉似建蘭而粗，□細長，藍花。　莠：　苗葉似粟而小，其穗亦似穀。《詩》維莠驕驕是也。　蘋：　四葉合成，中折十字，大如指頂，浮於水面，所謂田字草也。

禽類　鵝：　本草名家雁，一名曰舒雁，似雁而舒遲也，有蒼白二色。　鴨：　名家鳧，以別於野鳧，因其相類也。　雞：　徐鉉曰：　雞者，稽也，能稽時也。　雞有三種，一扁毛，一絨毛，一短腿，俗呼為廣東雞。又有一種鬪雞，高脛珧頭，倍大於家雞，俗呼曰青雞。　烏鴉：　一名慈鴉，一名孝烏。小而純黑，細嘴反哺者，慈烏也。似慈烏而大嘴，腹下白，不反哺者，雅烏也。似雅烏而大，白頂者，燕烏也。似雅烏而小，赤嘴穴居者，山烏也。惟白頂者不祥。《禽經》云：　慈烏反哺，白脰不祥。　鵲：　陶弘景名飛駁烏，俗呼曰喜鵲，又名曰乾鵲，佛經謂之芻尼。　鶉：　鶉性醇，無常居而有常匹，故謂之鶉。其卵初生謂之羅鶉，至秋初謂之早秋，秋後謂之白唐，蓋一物而四名也。俗皆呼曰鵪鶉。　雀：　時珍曰：　短尾小鳥，故字從小從隹，棲息檐瓦之間，馴近階除之際，如賓客然，故曰瓦雀，又曰賓雀。俗呼為麻雀。又有山雀，形小而微異。　黃雀：　似麻雀而色黑黃。　斑鳩：　宗奭曰：　斑鳩有有斑者，有無斑者，有灰色者，有大者小者。《左傳註》名祝鶉鳩。　鷹：　時珍曰：　鷹以膺擊，故謂之鷹。其頂有毛角，故又名角鷹。其性爽猛，故又名鶆鳩。　雉：　《尚書》謂之華蟲，《曲禮》謂之疏趾，雉飛如矢，一往而墮，故從雉。俗名曰野雞。　鴿：　本草名鵓鴿，一名飛奴。凡鳥皆雄乘雌，鴿獨雌乘雄，故其性最淫，有青、白、皂、斑數色，眼目有大、小、黃、赤、綠數色。　鶯：　《詩經》名黃鳥，《說文》名黃鸝，《爾雅》名鵹黃，《月令》名倉庚，《左傳》名青鳥，又淮人謂之黃伯勞，唐元宗呼為金衣公子。立春後即鳴，其音圓滑，體黃，羽及尾有黑色相間，黑眉尖嘴，青脚。　鷺：　《禽經》名鷺鷥，陸龜蒙名絲禽，李昉名雪客，又名春鋤。林棲水食，群飛成序，潔白如雪，頸細而長，脚青善翹，高尺餘，頂有長毛十數莖，如絲。又，似鷺而頭無絲，脚黃色者，《禽經》名朱鷺。　鷗：　本草名鷖，又名水鴞，長喙長脚，以其浮水上，輕漾如漚，故名鷗，白青色。　啄木：　《爾雅》名斲木，又曰鴷，以其斲裂樹木，取蠹食之，故名。色斑者雄色，褐者雌。　百舌：　一名反舌，居樹窟穴中，狀如鴝鵒而小，身略長，灰黑色，微有斑點，喙亦尖黑。　練鵲：　似鴝鵒，黑褐色，其尾長，白色如練帶者是也。　鷦鷯：　《爾雅》名須贏，俗云即黃雀也。　鶺鴒：　《詩》作脊令，《爾雅》作䳭鴒，俗呼曰告天。　鸕鷀：　《爾雅》名鷧，《衍義》名水老鴉，即今漁人畜以捕魚者。　野雞：　即秧雞，白頰長嘴短尾。　野鴨：　即鳧也。狀似鴨而雜青白色，背上有文。　八哥：　即鸜鵒也。《唐韻》名唎唎鳥，剪去舌端能言。　桑鳸：　《爾雅》曰竊脂，即蠟嘴也。　布穀：　鳲鳩也。《爾雅注》：　名擭穀，即聲呼麥黃快割者也。

獸類　牛：　亳地無水田，有黃牛而無水牛。　馬：　牡馬曰騷馬，牝馬曰課馬，去勢曰騸馬。　騾：　騾大於驢而健於馬，其力在腰。　驢：　其力在臚，故名。牡驢曰叫驢，牝驢曰草驢。　羊：　有山羊、綿羊二種。　狗：

《說文》名犬，本草名地羊。有三種，田犬長喙善獵，吠犬短喙善守，食犬體肥供饌。　猪：《本經》作豬，俗呼牡猪曰牙猪，牝而擇曰豚猪。　狐：形似狗而鼻尖尾粗。　貉：形似小狐，毛黄褐色。貉與貛同穴各處，故從各。　貛：穴土而居，形如家狗而腿短，俗曰貛狗。　兔：《禮記》謂之明眎，大如貍而毛黄。又有家兔，有黑、白、灰三色，不甚畏人。　貓：俗呼牡曰郎貓，牝曰女貓。

鱗類　鯉魚：有十字文理，故名鯉。陶弘景云：鯉為諸魚之長，形既可愛又能神變。　鯽：形似小鯉，色黑而體促，肚大而脊隆，大者至二三斤。本草名鮒魚。　鰱：即鱮魚也。狀如鱅而頭小形扁。　鮎：魚無鱗，大首偃額，大口大腹，鮠身鱧尾。　鱖：一名罽魚，一名石桂，一名水豚，俗曰鯚花魚。　鯿魚：即魴魚。　鰻：即俗呼曰白鱓也。本草名鰻鱺魚，以其有雄無雌，其子皆附鱧鬐而生，故名。似鱓魚而腹大，青黄色，背有肉鬣連尾。　鱓：本草名䱇魚，生水岸泥窟中，似鰻而細長，似蛇而無鱗。　鰕：俗作蝦，蝦音霞，以其入湯則色紅如霞也。其腸屬腦，其子在腹外，有大小二種，青白二色。　鼈：俗呼曰團魚。　金魚：有鯉鯽數種，獨金鯽耐久，初生黑色，久乃變為紅，亦有變白者，亦有紅白相間者。《博物志》云：食橄欖渣肥，得白楊皮不生蝨。　鱅：似鰱而胖頭者。　烏魚：俗呼曰火頭魚，身圓多肉，黑色麻斑。

蟲類　蠶：孕絲蟲也，有黄白二種。　蠟蟲：即生白蠟者，養於白蠟樹上。　蜘蛛：《爾雅》名次蟗，有數十種。　促織：即蟋蟀也。　蜜蜂：本草名蠟蜂，又名蜚，《禮記》云：范則冠而蟬有緌。《化書》云蜂有君臣之禮。亳產東太清宮者佳，融結成片，如凝脂截玉，入袖不沾人，皆矜為仙品。　蝦蟆：生陂澤中，背有黑點，身小能跳接百蟲，解作呷呷聲者是也。　蝴蝶：一名蝱蝶，一名蛺蝶。　蜉蝣：一名渠略，朝生暮死。　蜻蜓：《爾雅》名負勞，有青黄二種。　虻螟：有蜚虻，有木虻，咬畜蟲也。　斑蝥：生豆葉上，花紋斑駁，故名。　壁錢：似蛛而扁，作白幕貼墻者。　叩頭蟲：大如斑蝥，黑色，按其後則叩頭有聲。　蟾蜍：《說文》作詹諸，身大，青黑無點，不能跳，不能作聲，行動最遲緩。　守宫：俗呼曰蝎虎，又曰壁虎。按《爾雅》，蠑螈、蜥蜴、蝘蜓、守宫，一物而四名也。　蛇：類甚多，有水蛇、赤鏈蛇、蝮蛇等名。　蜂：有數種，土蜂、黄蜂、盧蜂。　蝌蚪：《山海經》名活師，《爾雅》名活東，《古今注》名元魚，即蝦蟆兒也。　蜣螂：有四種，一名蛣蜣，一名推丸，一名推車客，一名夜游將軍。

明・曹璘《光化縣志》卷三　土產類

穀品　秔、稻、糯、黍、稷、粟、大麥、小麥、大豆、小豆。

菓品　白菓、石榴、櫻桃、栗、柿、桃、梅、杏、李、橙、橘、棗、梨。

服用　絲、綿、綿花、絲。

蔬品　葱、蒜、韭、茄、芋、瓠、芥、王瓜、冬瓜。

藥品　半夏、通草、桔梗、百合、瓜蔞、遠志、白及、厚朴、五倍子、五加皮、何首烏、石菖蒲、枸杞子、蛇(麻)[床]子。

竹品　白竹、水竹、筀竹、苦竹、紫竹、斑竹。

木品　桑、柘、櫟、榆、檀、柳、槐、椿、栗。

花品　蘭、菊、荷、葵、萱草、薔薇。

牲畜品　牛、馬、驢、騾、羊、豕、犬、猫。

禽品　鷄、鵝、鴨、白鵬、野雉、畫眉、竹鷄、山鷄、鷹、鴉、老鸛、鵪鶉、黄鶯、鴿、喜、麻鵲。

魚品　鯉、鯽、白鰱、鯿、鮎、鯇、鱉、蚌、鱔、螺、鰍。

明・盧希哲《黄州府志》卷二　土產

黄岡縣　五穀　秈穀、六十日、九十日、四節穀、百日穀、落田百日回食。秔秈穀、麻秈穀、糯穀、黄殼糯、紅殼糯、白殼糯、黑晚穀、晚穀、髭鬚晚、白鬚脫、麰麥、小麥、蕎麥、大黍、小黍、早粟、寒粟、蘆粟、芝麻、蠶豆、刀豆、黄豆、紅豆、江豆、綠豆、黑豆、蛾眉豆、菀豆、龍爪豆。

蔬菜　芥菜、白菜、皺眉菜、花芥、莧菜、萵苣、苦蕒、菠、莙蓬、芹、葫荽、芫荽、蘿蔔、葫蘆、齒根、瓠子、笋、葱、蒜、薤、韭、茄、芋、冬瓜、蕨、稍瓜、王瓜、香瓜、甜瓜、菜瓜、元修菜。似芥而味美。蘇東坡因西蜀有此菜，偶遇故人楊元修帶此菜經過，坡得之以種東坡下，果效，因名元修菜。今失其真種也。

果品　梨、榴、杏、李、桃、梅、橙、橘、棗、栗、柿、木瓜、葡萄、鷄頭、蓮子、藕、菱、柑、西瓜、白果、核桃、枇杷、花紅、芡、烏桃、無花果。

藥材　天南星、茯苓、黑牽牛、桑白皮、乾葛、芍藥、烏藥、杏仁、青藤、厚朴、蟬蛻、貝母、蓖麻子、蓮房、粟殼、地骨皮、紫蘇、麥門冬、百合、鱉甲、五倍子、烏蛇、皂角、黄精、松香、花椒、蒼朮、桔梗、香附子、車前子、半夏、牛膝、商

陸、香茹、升麻、五加皮、白葛、連翹、松蘿、□□、藁本。

竹　水竹、筀竹、班竹、叢竹、苗竹、瀟湘竹、苦竹、荊竹、鳳尾竹、紫竹。

木　松、栢、檜、桑、柘、槐、櫨、柳、椿、楊、榆、梧桐、桐子、蠟、楓、株、梨、栗、棗、李、桃、梅、杏、榴、櫪、白楊、冬青、荊、楮、檀、茱、椒、朴、烏桕、柘、苦連、漆、榔、柚、鬼柳、白果木、柿、柑、核桃木、枇杷木、烏桃、橘、橙。

花草　牡丹、芍藥、萱草、紫荊、木犀、玉簪、地棠、滴滴金、桂、石竹、珍珠、鷄冠、鶯粟、荷、金鳳、梔子、蜀葵、芙蓉、菡萏、菊、荼蘼、海棠、姊梅、月月紅、夜落金、山丹、蘭、炭、虎耳、樓葱、小葵。

草　茅、蓑、菓、蕨箕、蒲、稗、藍、靛、蘆、荻、芹、艾、蓬、蒿、茭、萍、蓼。

養牲　水牛、黄牛、馬、騾、驢、豕、羊、猫、犬、鵝、鴨、鷄。

飛禽　天鵝、鴛鴦、鶺鴒、鷺鷥、鴻鴈、鷓鴣、黄鶯、布穀、啄木、鷺鷥、鸛、鶴、鴉、鵲、鷹、鷂、鵓鳩、反舌、杜宇、白鵰、梟鷗、野雉、燕雀、野鴨、野鷄。

野獸　虎、豹、豺、狼、獐、鹿、麋、麂、兔、獺、狐、狸、猪犴、狗犴、猴。

水族　鱘、鱑、鯖、鮊、鯽、鱖、魴、鰱、鯉、鮠、鯘、鮬、鯤、鯇、鯛、鱤、鮻、鯿、黄鱢、黄鱓、鰞鰂、鰍、鮎、黿鼉、龜、鱉、螃蟹、鰻鱺、螺、鮒、草鰓、蚌蛤、魛鮆、鰕、魮、鮄、赤眼、魶、音諾，俗呼邵荷皮。鯆魷、音蒲孚，俗呼江豚。魠。音托，俗呼黄頰。

毒蟲　蚊、虻、蠅、蚤、蛇、鼠、蜈蚣、螟、蝗、蜂、蠆、白蟻、蚍蝨。【略】

麻城縣　白艾：龜峰山産，蘄州蘄水、羅田亦産。

黄陂縣　葛麻布、猿猴、貂鼠、野猪、獨活、前胡、枸杞子、當歸、荊芥、天門冬。

羅田縣　錦鷄、猿、野猪、風藤、細辛。

蘄州　蘄竹：亦名笛竹（簟），以色瑩白者為簟，節疏者為笛，帶鬚者為杖。唐韓愈詩：蘄州笛竹天下知，鄭君所寶尤瓌奇。攜來當晝不得卧，一府爭看黄琉璃。白居易詩：笛愁春盡梅花裏，簟冷秋生薤葉中。近年射利者多作偽焉。　白花蛇：頂有方勝，尾有指甲，人劃破其腹則自赴水以指甲洗去其腸，蟠屈而死，其長尺餘，能愈風疾。近以醫和熱藥太多，服者不驗云。　綠毛龜：背有綠毛，浮水中則泛起，壓置壁間數年不死，能辟飛塵，至冬多悶死。　羅漢菜：三角山舊傳有異僧種之而去，若雜以葷物即無味。　茶：出本州。　蘄笛

黄梅縣　和尚麥、白蕊、天花粉、茵陳、山藥、柴胡、枳殼、九節菖蒲。

右各州縣物産并同黄岡。

明・甘澤《蘄州志》卷二　土産

貨類　綿花　芝麻：一名胡麻。石勒之時諱言胡字，改曰芝麻。　麻餅：《本草》云：芝麻碎。　麻：《六貼》化洽絲〔枲〕。枲，麻也。麻之藝各有所宜，而緝布之用類不出此。【略】

穀類自穀食之教興而穀之種類徧天下矣。後宋真宗、太宗聞占城國之穀耐旱，遣使求之，遂名曰占穀。今占穀之名實自此始焉。　占穀、江西早、臨江早、王瓜早、七十日、柳條赤、青管赤、茅杠秈、三友稻、糯穀、交秋糯、虎皮糯、蜜蜂糯、見缸消、晚穀、光頭晚、銀朱晚、香稻晚。

黍類《說文》曰：以大暑而種之，故名曰黍。　白黍　黑黍：《爾雅》曰：秬，黑黍。又曰：秠，一稃二米。註曰：是亦黑黍。

粟類《說文》曰：粟之為言續也。　白粟：《爾雅》曰：芑，白苗。　赤粟：《爾雅》曰：虋，赤苗。　黏粟：《爾雅》曰：衆，秫。

麥類　來，大麥也。牟，小麥也。《詩》曰：貽我來牟，帝命率育。又曰：于皇來牟，將受厥明。蓋言來牟為嘉穀之占，來牟熟則百穀無不熟矣。

豆類總名曰菽。　黄豆、紅豆、綠豆、黑豆、豌豆、蠶豆。

蔬類蔬菜也。　芹：《爾雅》曰：芹，楚葵。一名水英。　韭：《論衡》曰：韭者，久也。《說文》曰：一種而久者，故謂之韭。　莧：有三色：紅莧、白莧、紫莧。《爾雅》曰：蕢，赤莧。即今紅莧是也。莖葉皆高大而見，故其字從見。　芥：劉佃曰：芥，似菘而有毛，其子如粟。又曰：芥，辛菜也。食芥墮淚。　菘：劉佃曰：菘，性淩冬不凋，四時長見，有松之操也。　葱：《爾雅》曰：青謂之葱。《埤雅》曰：韭屬，宜白輭良地。種法一本率七八支，支多者科輒圓大。　壺蘆：《古今註》：壺蘆，瓠之無柄者也。《埤雅》曰：壺性善浮，要之可以涉水。南人謂之腰舟。　大蒜：張騫使西域得大蒜而還。大蒜自漢有之也。　胡荽：《博物志》曰：張騫使大夏得胡荽。《鄴中記》曰：石勒改為香荽。今人謂之鹽荽。　笋：一名萌，一名蒻，一名箈，一名虇，一名竹胎，一名茁，一名初篁。

果類　梅：梅，果中之嘉實也。　杏：《埤雅》曰：梅，一名枏，杏類也，則杏為梅類。　棗：棘大者棗，小者棘。蓋若酸棗，所謂棘也。於文重

束為棗，並束為棘。一曰：棘實曰棗。蓋棗性重，喬棘則低矣。其製字如此。　梨：魏文詔曰：可解煩結。　柿：《酉陽雜俎》曰：柿有七絕。

橘：《書》曰：厥包橘柚。安國疏：小曰橘，大曰柚。劉佃曰：橙亦橘屬。《淮南子》曰：橘踰淮而北為枳。　栗：劉佃曰：栗，味鹹，北方之果也。有莍蝟自裹。又曰：今栗房秋熟，罅發其實，驚躍如爆，去根幹甚遠。所謂栗駭，其以此歟？　石榴：《博物志》曰：張騫使安石國得種，植中國，故名石榴。　櫻桃：《埤雅》曰：櫻桃為木多蔭，其果先熟。一名荊桃，一名含桃。許慎曰：鸎之所含食，故曰含桃。謂之鸎桃，則亦以鸎之所含食，故謂之鸎桃也。　桃：《埤雅》曰：桃有華之盛者，其性早華。諺曰：白頭種桃。曰桃三李四。故首雖白，其華子之利可待也。然皮束莖幹頗急，四年以上宜以刀劙其皮，不然，皮急則死。　李：《素問》曰：李、韭皆酸。李，東方之果，木子也，故其字從木從子。性頗難老，雖枝枯，子亦不細。其品居桃上，故果屬有六，桃最為下。　菱：許慎曰：菱，稜也。《楚辭》註曰：即菱也。　芡：許慎曰：芡，雞頭也。《傳》云：蓮，芡之屬。有櫜韜，一名雞頭。其蓬蹲似雞首，故曰雞頭。一名雞壅。　藕：《爾雅》曰：其本蔤，其根藕。蓋莖下白蒻在泥中者曰蔤。藕，偶生，又善耕泥引長，故藕之文從耦，名之亦曰藕。

瓜類　王瓜：《爾雅》曰：鉤，藈姑。郭璞註曰：鉤瓤也。一名王瓜。實如瓝瓜，正赤味苦。　西瓜：宋太史濂曰：瓜產西域，中國取而食之，故名西。　甜瓜：體輪菌穰，甘如蜜。　瓝瓜：尾銳如頭。今俗呼為菜瓜。　冬瓜：《本草》：冬瓜性急而能走，肉有疾者不可食。

花類　桂花、菊花、葵花、芍藥、玉簪、梔子、海棠、鹿葱、薔薇、雞冠、芙蓉、水仙、紫荊、茉莉、鳳仙。

木類　松：《禮記》：其在人也，如松栢之有心也。故貴四時不改柯易葉。　栢：性堅緻，有脂而香。《史記》曰松栢，百木之長，而守宮闈。劉尚書曰：栢視松也，猶伯視公。　椿：《莊子》曰：上古有大椿，八千歲為春，八千歲為秋。　桐：種有四：曰青桐、曰梧桐，宜植近齋閣；曰白桐，材中琴瑟；曰岡桐，子大有油。　楓：《釋木》云：楓，欇欇，似白楊，有脂而香。今之香楓是也。葉作三春，霜後色丹，謂之丹楓。　槐：《元命苞》曰：樹槐，聽訟其下。註：槐之言歸也，情見歸實也。今之庭陛植槐本此。　榆：龔遂為渤海，勸民種桑榆。鄭澤為魏郡，課百姓植榆為籬。　柳：柔脆易生，與楊同類。

竹類　蘄竹：一名笛竹。以色潤者為簟，節踈者為笛，帶鬚者為杖。　猫竹、水竹、斑竹、紫竹、苦竹。

藥類　益母草：《爾雅》：萑，蓷。郭璞註曰：今茺蔚也。葉似荏，方莖白華，華生節間，又名益母。《廣雅》云：艾，《爾雅》曰：艾，冰臺。其字從乂，草之可以乂病者也。一名灸草。　茶：《淮南子》曰：茶能解藥毒。　芣苢：一名馬舃，一名車前，一名當道。《爾雅》曰：芣苢，馬舃，車前。景純註：大葉長穗，好生道傍。　薄荷、山梔子、南星、紫蘇、蒼朮、山查、牛膝、半夏、栝樓、香附子、麥門冬。

羽類　鷄：《春秋題辭》：鷄為積陽，火德之精。故陽出鷄鳴，以類感也。《玄中記》：桃都山有大樹曰桃都，枝相去三千里，上有天鷄。日初出照此木，天鷄即鳴，天下鷄隨之。　鵝：《爾雅》：一名舒鴈。江東人謂之鳴。《廣志》：駕鵝，即野鵝也。　鴨：《爾雅》：鴨，一名野鳧。《風俗通》：鷄伏鴨卵，雛成入水，鷄母隨岸呼之，雛出而(不)隨母。鴨雞異類，能相隨也。　伯勞：《爾雅》：鶪，伯勞也。《廣雅》：一名博勞，一名伯趙。《月令》：仲夏之月鶪始鳴。　鷹：《廣雅》：一歲為黃鷹，二歲為撫鷹，三歲為青鷹。《月令》：驚蟄之日，鷹化為鳩。　鸜鵒：《說文》：似鶪而有幘。今俗呼為八哥。　雉：《史記》呂后名雉，改曰野鷄。　烏：《爾雅》：一名鴉。禽烏之白脰者，南人謂之鬼雀，鳴則凶咎。　鵲：乾鵲，一名乾鵲。陸賈《新語》：乾鵲噪而行人至。　鶯：《說文》：黃鸝，倉庚也。鳴即蠶生。《詩疏》：名不一，曰黃鶯、倉庚、商庚、鵹黃、楚雀、黃袍。

燕：《爾雅》：燕，玄鳥也。《說文》：燕，布翅歧尾。作巢避戊己日。　百舌：《易通》：能反覆其舌，隨百鳥之音。　鳩：《爾雅註》：今之布穀，江東呼為撥穀。《方言》：大者謂之斑鳩，或謂之佳鳩。　啄木：《爾雅》：鴷，啄木也。《異物志》：啄木，大如雀，喙足皆青翠，舌長〔五〕寸，杪有刺針。　雀：《說文》：雀，依人小鳥。《古今註》：雀，一名嘉賓。言栖宿人家如賓客。又《淮南子》：大廈成而燕雀賀。

毛類　馬：李伯樂《相馬經》：馬生下墮地無毛行千里，尿舉一脚行百里。蘭筋竪者千里，馬膝如團曲千里。馬一歲上下齒，二十四歲齒黃，三

十三歲齒白。【略】 驢：《篇訓》曰：似馬長耳，一名衛子。《世本》曰：衛靈公好乘驢，故人目驢為衛子。或曰：晉時衛珍好乘跛驢為戲，當時稱驢為衛子，以譏珍。故又有蹇衛之稱，云蹇，跛驢也。 牛：《經》曰：青牛、黑牛、㸷牛，頭上一荅黄者謂之黄額牛。黄牛胸前一荅白如掌許大，謂之白胸牛。白牛頭黄者名牛中之王。角闊相去一尺者名龍門牛。黄黑色牛當脊背上一條白者名曰蒿春牛，養之主大吉慶。若牛身有鹿斑，有頭白，有黑身，頭白尾白，有頭脚俱黄，角白者，此牛養之皆不吉利。 羊：《周禮》：羊曰柔毛。 豕：《爾雅》：豕，猪也。《曲禮》：豕曰剛鬛。 貓：《酉陽雜俎》：貓目精旦暮圓，及子午豎斂如線。其鼻端常冷，惟夏至一日暖。俗言貓洗面過耳則客至。一名蒙貴，一名烏圓。又劉尚書曰：鼠善害苗而貓能捕鼠，故貓之字從苗。 狗：《爾雅》曰：未成豪狗，家獸也。故劉佃孔子曰：狗，叩也，叩氣吠以守也。許慎：以從犬句聲，蓋狗從苟。韓子曰：蠅營狗苟，故從苟也。 鹿：《列仙傳》：一千年為蒼鹿，又百年化為白鹿，又五百年化為玄鹿。 麞：道書言：麞鹿無魂，故可食。 兔：舐雄毫而孕，故生子從口中而出。

鱗類 鯉：今之赬鯉也。一名鱣鯉。魚之貴者也。 魴：一名魾，即今之青鯿也。 鱧：今玄鱧是也。諸魚中惟此魚膽甘可食。有舌，鱗細有花文，一名文魚。與蛇通氣，其首戴星，夜則北嚮。 鰷：身狹而長若條然，故曰鰷也。 鱣：大魚似鱏，口在頷下，無鱗，長鼻輭骨，俗謂之玉板。大者長二三丈。江東呼為黄魚。 鰐、鰱、鯖、鮎、鰣、鮹、鱔、鰻、鯽、鮊、鰷、鱠、鱅。

介類 龜：劉佃曰：龜，舊也。外骨内肉，腸屬於首，廣肩無雄，與蛇為匹，故龜與蛇合謂之玄武。 蟹：許慎曰：蟹，醢也。劉佃曰：蟹，八脆而二敖，水蟲，殼堅而脆。團臍者牝，尖者牡也。八月腹内有芒真稻〔芒〕也。未被霜，食之有毒。外骨内肉，旁行，故今里語謂之旁蟹。 蝦：馬援為武陵太守，賑貧羸，薄賦稅，蝗入海化為蝦。 鼈：以眼聽，穹脊連脇，水居陸生。《養魚經》曰：魚滿三百六十，龍為之長而引飛出水。内鼈則魚不復去，故鼈亦名神守。 蚌：小蚌，非唇蚌也。 螺

明・陳之良《應山縣志》卷上 土産

穀 稻、麥、蕎、粟、豆、麻、黍、稷。

蔬 芥、薑、葱、韭、蒜、茄、瓜、瓠、芋、莧、萵苣、莙薘、波薐、蘆菔、芫荽。

藥 何首烏、三稜、瓜蔞、防己、南星、半夏、麥門冬、牽牛、車前子、石菖蒲、蒼朮、香附、荊芥、牛膝、薯蕷、青葙子、地黄、白芷、紫蘇、天門冬、山茱萸、蒔蘿、獨活、香薷、旋覆花、地榆、苦參、茴香、罌粟、白及、馬兜苓、覆盆子、葶藶、益母草、地骨皮、桔梗、木瓜、芎窮、柴胡、連翹、川烏、草烏、茯苓、芍藥、狼毒、紫草、茜草。

竹 紫竹、班竹、猫竹、筀竹、淡竹。

木 松、栢、柘、椿、槐、檀、柳、梧、桐、楮、楸、椵、梓、櫟、楊、桑、槭。

花 牡丹、海棠、芍藥、鹿葱、瑞香、蘭、蜀葵、紫荊、玉簪、薔薇、凌霄、繡毬、石竹。

果 棗、梨、杏、桃、李、柿、栗、石榴、菱、藕。

鱗 鯉、鯿、鯽、鯖、鰱、鮎、鱖。

介 鼈、龜、蚌、螺、花蛇。

羽 鶴、雀、雉、鷺、錦鷄、鷂、鳩、梟、鷗、百舌、鸜鴿、戴勝。

毛 虎、豹、鹿、麂、麞、兔、狐、獺、狢、玉面狸。

畜 牛、羊、羸、騾、馬、驢、豬、犬、鵝、鴨、鷄、猫。

宋・張淏《寶慶會稽續志》卷四 鳥獸草木

鳥獸草木，越中所産，其名品之夥，未易以一二數也。今掇其見稱於書傳間者，備錄於此。

花 牡丹：自吳越時盛於會稽，剡人尤好植之。仲皎有詩云：玉稜金線曉糊寒，妙入天工不可干。老去只知空境界，淺紅深紫夢中看。 芍藥：越中所植，其花大有過尺圍者，而剡尤盛。李易《剡山》詩：斑竹筍行三畝地，紅藥花開一尺圍。王十朋《剡館芍藥》詩：已過花王候，纔聞近侍香。來遊禁酒地，免作退之狂。 海棠：李德裕《平泉草木記》曰：木之奇者，會稽之海棠。沈立《海棠記》曰：花中帶海者從海外來。 紅桂：《平泉草木記》：木之奇者，稽山之海棠，剡溪之紅桂。《記》又有《訪剡溪樵客得紅桂移植郊園》詩云：來自天姥岑，長凝翠嵐色。前有越叟遺數株，周人未嘗識之句。意此桂在唐唯龍門敬善寺及剡中有之，今所至婆娑森立，不特剡也。 百葉木芙蓉：《平泉草木記》：宛陵之紫丁香，會稽之百葉木芙蓉。 四季桂：有植于剡之雪館者，城圃亦有之。白居易詩：有木名

丹桂，四時常馥馥。棗據詩：芳林挺脩榦，一歲三四花。山茶：《平泉草木記》曰：得會稽之貞同、山茗。在唐唯會稽有之，其種今遍于四方矣。

貞同：《平泉草木記》云：稽山之貞同，其花鮮紅可愛而且耐久。蘭：《越絶書》曰：句踐種蘭渚山。舊經曰：蘭渚山，句踐種蘭之地。王謝諸人脩禊蘭渚亭。茶蘼：王十朋《剡館茶蘼》詩：日烘香倍遠，雨浥韻尤清。此但白茶蘼爾。近時士大夫圃中有黄者，尤可愛。石巖花：與杜鵑花本一種。石巖先敷葉，後着花，其色丹如血。杜鵑先着花，後敷葉，色差淡。【略】四時杜鵑花：《平泉草木記》：得剡中之真紅桂，稽山之四時杜鵑。杜鵑花：王十朋《會稽風俗賦》：天衣杜鵑，東山薔薇。注云：天衣寺有杜鵑花，最奇，每歲盛開，觀者競集。【略】瑞香：剡中西太白山有此花。盧天驥《剡山睡香花》詩云：入夢生香酒力微，不須金鴨裊孤馡。為嫌淡白非真色，故着仙家紫道衣。時盧正在西山也。了元《瑞香譜》曰盧山瑞香比他郡最香，信乎？風物各有相宜。吴曾《漫錄》曰：盧山瑞香花，天聖中始傳。東坡諸公悉作瑞字。《盧山記》中載瑞香花及納禪師詩：山中瑞采一朝出，天下名香獨見知。張祠部以瑞為睡，其詩曰：曾向盧山睡裏聞，香風占斷世間春。竊花莫撲枝頭蝶，驚覺南窗半夢人。今餘姚、上虞二邑之地亦宜此花。城圃亦多，不特剡也。古梅：會稽、餘姚皆有之。老榦奇怪而緑蘚封枝，苔絲四垂，疎花點綴，極為可愛，他處所未見也。俞亨宗議云：疎疎瘦蘂含清馥，矯矯虬枝綴碧苔。疑是髯龍離雪殿，蒼鱗遥駕玉妃來。紅梅：城圃中及他邑皆有。【略】千葉黄梅：剡中為多。王梅溪詩：菊以黄為正，梅惟白最嘉。徒勞千葉染，不似雪中花。

蠟梅：越中近時頗有，剡中為多。花有紫心者、青心者。紫者色濃香烈，謂之辰州本蠟梅，聲名自蘇黄始。【略】菊：前志云：昌安門内朱氏莊有佳菊數十種，今上原所蓺名品亦多。剡中高氏雪館種菊一二百本，最奇者紫菊、丹菊。白丁香：剡山絶多。薝蔔花：越山處處有之，唯剡中為盛，山谷榛篁間最多，即梔子花也。薔薇：越中頗多，自舊見稱於人。李白題東山云：不見東山久，薔薇幾度花。又有重臺百葉者，《平泉草木記》：稽山之重臺薔薇。又曰：宛陵之紫丁香，會稽之百葉薔薇。凌霄：前志云：山陰多有，其蔓倚木直上，故名。元稹詩：寒竹秋雨重，凌霄晚花落。杏：與梅異，前志已詳。【略】碧桃：張說《題剡金庭觀》云：他日洞天三十六，碧桃花發共師遊。李光云：吾里桃花色白而多，葉跗萼皆碧，世謂之碧桃，有詩見光文集。木蘭：吴蜕《鎮東軍監軍使院記》云：大廈前木蘭特異，越城之中稱為一絶。鴛鴦梅：王十朋《會稽風俗賦》云：越有鴛鴦梅，雙頭千葉。

果　青檽子：出餘姚縣四明山。【略】李：越中固多，唯剡溪者頗見稱。唐李紳遊剡龍宫精舍，晝寢，有老僧見一黑蛇上刹前李樹，食其子，復望東序而去，入紳懷中。僧曰：公睡中有所覩否？李曰：夢中登李樹食李，甚美。似有一僧相逼，乃寤。僧知非常，延遇甚謹。櫻桃：越有大小二種，蕭山者勝，剡亦有之。李易《剡山》詩：豆角嘗新小麥秀，來禽向長櫻桃肥。枇杷：始寧墅多植此，剡坑吴莊最多。林檎：越中自昔有之，故謝靈運《山居賦》曰：枇杷林檎，帶谷映渚。蓮藕：前志但稱禹廟前羅文藕而已。今上虞亦出此。大率越多陂湖，蓮最富。杜荀鶴《送人游越》詩：有園皆種橘，無渚不生蓮。可謂越之實錄也。木瓜：《本草》云：陶隱居曰山陰蘭亭尤多，彼人以為良。果最療轉筋，患時但呼其名及書患處作木瓜字，皆愈，不可解。瓜：已見前志。又剡之西太平鄉產奇瓜，紺翠如箭，味絶佳。庾信所謂美酒含蘭氣，甘瓜開蜜筒。齊靈敏：剡人種瓜營，葬朝採夕生。棗：前志云：其品之美者出諸暨、蕭山。然嵊縣嶀山棗灣又有一種青者。石榴：越固有，唯剡中者佳。地近東陽，故多榴房。

蒲萄：《廣志》曰：蒲萄，黄、黑、白三種。越中間有碧蒲萄。【略】栗：《本草》云：生山陰。陶隱居曰：今會稽最豐。諸暨形大皮厚，不美；剡及始寧皮薄而甜。榧：《平泉草木記》曰：木之奇者，稽山之榧。東坡詩：彼美玉山果，粲為金槃實。玉山屬東陽，剡實接壤，榧多佳者。棖：越中固有，而剡為多。張籍詩：山路黄棖熟，沙田紫芋肥。真剡中風物也。梅聖俞詩：越蘆根熟久，楚飯稻春初。橘：任昉《述異記》曰：越多橘柚園，越人歲稅，謂之根橘戶，亦曰橘籍。今非其舊。柚：《列子》曰：吴越有木焉，曰櫾碧，樹冬青，實丹而味酸。《爾雅音義》曰柚，亦作櫾。

蔬　蕺：唐趙璘《戒珠寺碑》云：蕺，蔬類也。句踐故城東北三里有山曰蕺。傳云昔越君所嗜，故常採於此，遂以名山。《本草》云：作蔓生，莖紫赤色，葉似蕎麥而肥，關中謂之葅菜。王十朋有《采蕺》詩。見《續掇英》，他已

見前志。　越瓜：《本草》云生越中。陳藏器云越瓜大者色正白，越人當果食之，去煩熱，解酒毒。又自有黃瓜、菜瓜，可充蔬茹云。

草木　卷栢：俗呼長生不死草。生餘姚四明山，雖甚枯槁，得水即蔥翠，甚為異也。謝靈運《山居賦》卷栢萬代而不殞。則此物越山皆有之，不特產於四明山也。　仙茅：出少微山。齊唐有詩云：玉澤反嬰看術驗，少微山是小三茅。　山蔓菁：惟餘姚縣龍泉山有之。劉綱夫婦所種，婦先綱飛昇，約綱云菜熟，亦仙去。朱翌詩云：天上佳招飛鸞鶩，人間春色到蔓菁。　茄草：《輿地志》云：出上虞縣夏駕山上，人織以為席，甚細密，多接者為精。蕭山亦有夏駕山，亦云出茄草，當考。　鹿胎草：獵士陳惠度射鹿剡山，鹿孕而傷，舐子死，其處生草曰鹿胎草。　恒春草：唐方士梁鍾進《恒春》詩：東吳有靈草，生彼剡溪傍。既亂莓苔色，仍連菡萏香。金膏徒騁壽，石髓莫矜良。儻使露涓滴，還遊不死方。　石耳：生四明山絕壁，少微山亦有。齊唐有詩。【略】　貝多木：出諸暨縣寶掌巖，寶掌禪師所植，蓋數百年矣。　檀：可為車，故曰彊韌之木。南渡初製五輅，須檀為車軸，取諸剡。至今郊年文移如舊。　櫟：《水經》曰：謝靈運與惠連聯句，刻孤潭櫟側。《詩》曰：山有苞櫟。《爾雅注》曰：櫟，有梂彙自裹。　梓：梅福《四明山記》：山生梓、松、栢。《水經》：謝玄居嶀山起樓，樓側桐梓森梃。　桐：謝車騎嶀江所居桐梓森梃，人號桐亭。　楝：見謝靈運《山居賦》有花詩，人稱之。【略】　椿：剡溪谷多此木。孔德紹詩：歲積松方偃，年深椿欲秋。用莊子事妙絕。　楮：《說文》曰：穀也。陸璣《草木疏》曰：江南以楮搗紙，剡溪作冰紙亦取此。　黃楊：梅福《四明山記》：山生黃楊、茗樹。　樫：出越中，四明山為多，見梅福《四明山記》及謝靈運《山居賦》。《爾雅》曰：樫，河柳。張衡《南都賦》注曰：樫似栢而香。　檜：《平泉草木記》曰：木之奇者，會稽之檜。《爾雅》曰：檜，栢葉松身。　橡：出剡中。許渾詩：霜肥橡栗留山鼠，月冷孤蒲散水禽。　柞：周處《風土記》曰：始寧剡界山多柞木。吳越之間名柞為櫪。《爾雅》曰：栩杼，柞樹也。漢五柞宮即此木。　石楠：李白詩：水春雲母碓，風掃石楠花。祖詠詩：不知疊嶂夜來雨，清曉石楠花亂流。石楠，二月花開。剡山谷多此，冬葉尤可愛。　樟：出剡中。《酉陽雜俎》曰：江東人以樟為船。張嵲詩：白水汪汪滿稻畦，樟花零落徧前溪。　檫：《輿地志》曰：越太平山生檫木，剡亦多此木，最宜為櫨。　櫧：越山有之。李嘉祐詩：子規夜啼櫧葉暗，遠道春來半是愁。　相思木：《平泉草木記》：得稽山之相思木。《述異記》曰：戰國時魏有民戍秦，妻思之，卒，塚上生木，枝葉皆向夫，所謂之相思木。《吳都賦》曰：相思之樹。注曰：樹理堅斜，斫之有文，可作器。　栟櫚：《十道志》曰：會稽有椶山，剡山谷多植。《山海經》注曰：椶，一皮一節。《廣志》曰：栟櫚，葉如車輪，二月一採，轉復一生。　柘：越中多有之。非但葉可供蠶事，其木交理縝密而黃色可愛，堪為器具，謝靈運《山居賦》所謂木之美者。　楸：梓屬也。　榆：白粉也。　檿：山桑也。　以上皆越山有之，並見謝靈運《山居賦》。

茶　前志載：越中茶品甚詳而獨遺剡茶。按：唐僧清晝詩：越人遺我剡溪茗，採得金芽爨金鼎。則剡茶自唐已著名矣。華鎮《剡中瀑布嶺仙茶》詩云：烟霞密邇神仙府，草木微滋亦有靈。則剡茶見稱，不特清晝而已。剡茶有九：曰西太白山瀑布嶺仙茶，曰五龍茶，曰真如茶，曰紫巖茶，曰鹿苑茶，曰大崑茶，曰小崑茶，曰焙坑茶，曰細坑茶。見高氏《剡錄》。

竹　箭竹：《左傳》曰：東南之美，有會稽之竹箭。謝靈運《山居賦》曰：二箭殊葉。注曰：箬箭大葉，笄箭細葉。戴凱之《竹譜》曰：會稽箭最精，節間三尺堅勁，中矢。　篔竹：《西京雜記》：會稽貢竹篔，號流黃篔。　毛竹：《四明洞天記》：毛竹叢生澗邊。又剡中金庭曰：毛竹，洞天有毛竹。李清叟詩：雲藏毛竹深深洞，烟起香爐裊裊風。　斑竹：《博物志》曰：洞庭二女以涕揮，竹盡斑。《述異記》：越中有顧家斑竹，至今人用以作牀椅及其他器具，甚清雅。　燕竹：越人以其燕來時作筍，取其早也，因以為名。【略】　苦竹：山陰縣有苦竹城，越以封范蠡之子，則越自昔產此竹矣。謝靈運《山居賦》曰：竹則四苦齊味，謂黃苦、青苦、白苦、紫苦也。越又有烏末苦、頓地苦、掉顙苦、湘篔苦、油苦、石斑苦、苦筍。以黃苞推第一，謂之黃鶯苦。孟浩然詩：歲月青松老，風霜苦竹餘。　水竹：謝靈運《山居賦》曰：水竹別谷。注曰：水竹依水而生，甚細密，然亦有大者。　石竹：謝靈運《山居賦》注曰：石竹科叢大，以充屋榱。巨者竿挺之屬。　慈竹：生越山，剡中尤多。任昉《述異記》曰：南中生子母竹，慈竹是也。《酉陽雜俎》曰：慈竹，夏雨滴汁入地而生。　桃枝竹：梁元帝詩：柯亭臨絕澗，桃竹夾細流。《書》曰：篾席黼純。孔安國曰：篾，桃

枝竹也。　筀竹：越中俱有，而剡為多。字書曰：筀，竹名也。有早竹、晚竹、䌖竹。梅聖俞詩：侵天筀竹溪西東。　筋竹：越中處處有之，剡為名。《羅浮山疏》曰：筋竹堅利，南土以為矛矟，未竹時堪為弩絃。　對青竹：每節青黃左右相間，越俗呼為黃金間碧玉。又曰閃竹，又曰間竹，或云越閃竹，即宋景文、黃太史所謂對青竹。宋公贊曰：翠溝如畫。太史賦曰：金碧其相。　紫竹：剡山谷間往往有之。宋景文《紫竹贊》曰：竹生三歲，色乃變紫。　黃竹：出蕭山。《越絶書》云：范蠡遺鞭於此，生筍為林，竹色皆黃。　方竹：中堅而外方。王岑山所植，張忠定公詠《方竹》詩：筍從初茁已方堅，峻節淩霜更可憐。　人面竹：剡山有之。竹徑幾寸，近本逮二尺，節極促，四面參差。《竹書》曰：如魚鱗而凸，頗類人面。　淡竹：越中有之，竹類不一。而《本草》所載惟筀竹、苦竹、淡竹耳。　蘆栖竹：嵊縣崿山有蘆栖灣。王十朋《崿山賦》：靈禽忽翥於蘆栖。《竹譜》曰：竹膚是蘆，浙江以東以為篪，空於筆。　笙竹：今樂部作笙，率以會稽卧龍山竹為貴。　銀筍：梅福《四明山記》：山生毛竹銀筍。

藥石　禹餘糧：會稽及嵊縣了溪有之。《博物志》曰：禹治水，棄餘食於江，為禹餘糧。顧況詩云：宛委山裏禹餘糧，石中黃子黃金屑。　石燕：《四明山記》曰：南峰之北巖生石燕。　雲母：《本草》云：今杭越間亦有之。生土石間，或作片，成層可析，明滑光白者為上。　紫石英：《本草》云：生泰山或會稽者形和石榴子，楓橋採仙者佳。　蛇黃：《本草》云：出嶺南，蛇腹中得之，重如錫，黃黑青雜色。有吐出者，野人或得之。《圖經》曰：今越州亦有之，大如彈丸，堅如石，外黃内黑，二月採。云是蛇冬蟄時所含土，到春發蟄吐之而去。越所有者，此也。　紫菀：《平泉草木記》：得稽山之紫菀。剡縣西山有之，其苗謂之麝香菜。　地黃：剡地種之。按謝靈運《山居賦》曰：采石山之地黃。則越產地黃其來久矣。　朮：《本草》云：生杭越等州，葉葉相對，上有毛，方莖，莖端生花，淡紫、碧紅數色。　續斷：《本草》云：越州亦有之，三月已後生苗，幹四稜，似苧麻，葉亦類之，兩兩相對而生，四月開花，紅白色，似益母花。　五味子：《本草》云：杭越間亦有，春初生苗，引赤蔓於高木，其長六七尺，葉尖圓，似杏葉，三四月開黃白花，類小蓮花，七月成青實，熟乃紅紫。　白及：《本草》云：生冤句及越山，春生苗，長尺許，似栟櫚及藜蘆，夏開花，七月結實，根似菱米有三角。　劉寄奴：《本草》云：今出越州，葉似菊，高四五尺，花白，實黃白，作穗，蒿之類也。　蔓荆子：《本草》云：越州多有之。苗莖高四尺，對節生枝，初春因舊枝生葉，至夏盛茂有花，作穗淺紅色，蘂黃白色，花下有青萼，至秋結實，斑黑如梧桐子，大而輕虛。　木鼈子：《本草》云：今杭越亦有之。春生苗作蔓，四月生黃花，六月結實似栝蔞，生青，熟則紅，其核似鼈，故以為名。每一實其核三四十枚。　細辛：出諸暨縣細辛隴山，山多細辛，因以為名。　黃精：出諸暨縣石鼓山。人採之，以黑豆同煮或蒸，甘美可食。【略】　黃蘗：出諸暨縣黃蘗山，山以多黃蘗，故名。　厚朴：出剡中。《平泉草木記》：稽山之榧檜，剡溪之厚朴。

紙　敲冰紙：剡所出也。張伯玉《蓬萊閣》詩：敲冰成好手，織素競交鴛。註：越俗呼敲冰紙。《新安志》：紙，敲冰為之，益佳。剡之極西，水深潔，山又多藤楮，故亦以敲冰時為佳，蓋冬水也。

禽獸蟲魚　鷳：項斯詩：更望會稽何處是，沙連竹箭白鷳群。　子規：前志已詳。李易《剡山》詩：丁寧杜宇往江北，為喚故人令早歸。仲皎《懷剡川故居》詩：蝴蝶夢中新歲病，杜鵑聲裏故鄉愁。越人謂之謝豹。　畫眉：越所在有之，剡林谷唯多。以其眉如畫，故名。　拖白練：剡玉岑山最多，尤可玩愛。　黃雀：白露來，霜降去。張芸叟詩所謂黃雀知時節，清江足稻粱是也。　鵯鵊：鴉舅也。盧天驥《剡中》詩：【略】胡文恭公宿詩：二月辛夷猶未落，五更烏舅最先啼。言鵯鵊啼最早也。　吐綬雞：剡太白山有雞五色，吐綠綬，號吐綬鳥。《古今注》曰：吐綬鳥曰錦囊。【略】　牛尾狸：剡山谷產玉狸。東坡所謂牛尾狸也。　白魚：剡崿祠下巨潭，白魚所聚，大者二三尺，頭昂者第一，尾赬者謂之追紅白。　自鳥獸至是多見高氏《剡錄》。

宋·胡榘、方萬里、羅濬《寶慶四明志》卷四　敍產【略】

草之品　席：江東多席草，人業于織著名四方，曰明席。　三白：農人以此驗歲，云三葉白則歲熟。　卷柏：俗呼長生不死草，生四明山，雖甚枯槁，得水即蔥翠。謝靈運《山居賦》云：卷柏萬代而不死。　蓴：本作蒓，生水中，今東湖多有之。　苔：《吳都賦》：海苔之類。註云：苔生水中，正青，狀如亂髮，乾之赤，鹽藏有汁，名曰濡苔，出象山。　紫菜：《吳都賦》曰：綸組紫絳。註云：紫菜。郭璞《江賦》云：紫茢爍曄以叢被。

註云：　莢，紫菜也。定海昌國海岸中有之，出伏龍山者著名。　海藻：《爾雅》曰薚，又名海藻，生海中，黑色如亂髮而大。《埤雅》曰：《本草》以《爾雅》所謂綸似綸，組似組，東海有之，正謂二藻也。又云：　按《本草》：海藻、昆布、青苔、紫菜皆療瘤癭結氣。又一種細者，紫色，曰紫角英。

果之品　楊梅：　越之楊梅著名天下，而奉化所產不減于越。有邵家烏，有金家烏、許家烏、韓家晚、大荔支、小荔支。鄞之小溪亦有之，色紅不逮奉化之紫黑。產東湖者色白，名酪密脚，又其次也。　榧：　翠山、香山、雪竇皆有之，惟雪竇榧著名。　鳧茨：　一名荸薺。最大者與閩中地栗形質相似而甘脆差減，俗謂之土地栗。　青檽子：　出四明山。陸龜蒙有詩，見《松陵集》。今名存實亡矣。

羽之品　頻伽：　佛書著此名。昌國補陀山有之，鄞縣句章北巖亦有。

水族之品　鱸魚：　數種。有塘鱸，形雖巨不脆。有江鱸，差小而味淡。有海鱸，皮厚而肉脆，曰脆鱸，味極珍，邦人多重之。　石首魚：　一名鯼。郭璞《江賦》曰：　鯼鮆順時而往還。注：《字林》曰：　鯼魚出南海，頭中有石，一名石首，常以三月、八月出，故曰順時。然俗呼冬天簿中者曰石首，三四月業海人每以潮汛竟往採之，曰洋山魚。舟人連七郡出洋取之者多至百萬艘，鹽之可經年，謂之郎君鮝。鯼，子公反。　鯢魚：　一名河豚，豚又作狆，江淮河皆有之。《本草》：　鯢魚肝及子有大毒，入口爛舌，入腹爛腸。肉小毒，人亦食之。煮之不可近鐺，當以物懸之。一名鶘夷魚，以物觸之即嗔，腹如氣毬，亦名嗔腹魚。白背，有赤道如印，目得合，與諸魚不同。又名鰗魚，又名吹肚魚，又名鯱魚。海中大毒者惟橄欖木，魚茗木解之，次用蘆根、烏蓲草根汁。一云獨眼者尤毒，腹多刺，去其頭尾，取其身白肉，用橄欖、甘蔗煮之，橄欖以解毒，甘蔗以驗其有毒即黑。若其腹肉肝腸膏肭與猫犬，隨斃。昔永嘉有廚人，喜其肥美，竊食之，即仆噤不語，欲絕。以黑豆、槐花研汁攪不潔，大藥進之，久乃嘔吐而活。　春魚：　似石首而小，每春三月業海人競往取之，名曰捉春，不減洋山之盛。冬天簿中有者，曰簿春。　鮸魚：狀如鱸而肉粗，三鰓曰鮸，四鰓曰茅。鮸小者曰鮸姑。鮸，眉辯反。　鯧鯸：　一名鏘魚，身扁而銳，狀若鏘刀，身有兩斜角，尾如燕尾，鱗細如粟，骨軟，肉雪白，于諸魚甘美第一，春晚最肥。　鯊魚：　皮上有沙，故曰鯊。有白蒲鯊、黃頭鯊、白眼鯊、白蕩鯊、青頓鯊、烏鯊、斑鯊、牛皮鯊、狗鯊、鹿文鯊、鮧鯊、鱋鯊、燕尾鯊、虎鯊、犁到鯊、香鯊、熨斗鯊、髻鯊、劍鯊、刺鯊，其種類甚眾。　比目魚：《吳都賦》曰：　雙則比目，片則王餘。注：　比目，東海所出。王餘魚，其身半也。俗曰越王食鱠魚未盡，因以其半棄之為魚，無其一面，故曰王餘也。　帶魚：《海物異名記》：　修若練帶，曰帶魚。　鰻：海中者極大，似蛇而色青，白齒鋸利，冬晴鱐之名風鰻，江湖河中者曰慈鰻，小而色黃。《埤雅》曰：　鰻有雄無雌，以影漫鱧而生子。今鰻腹自有子，未必皆漫鱧也。　華臍魚：　一名老婆魚，一名壽魚。壽，一作綬。腹有帶如帔，子生附其上，或云名綬者以此。《吳都賦》曰：　琵琶魚。注云：　琵琶魚無鱗，其形似琵琶，冬初始出者俗多重之，至春則味降矣。　鱘鰉魚：　極大而骨脆肉肥，亦可為鮓。　烏賊：《本草》云：　是鶡烏所化。今其口脚具存，猶相似爾。腹中有墨，今作好墨用之。陳藏器云：　昔秦皇東遊，棄算袋于海，化為此魚。其形一如算袋，兩帶極長，墨猶在腹也。《蜀本》云：　背上骨厚三四分。日華子云：　又名纜魚，鬚脚悉在眼前，風波稍急即以鬚粘石為纜。《圖經》云：　一名烏鰂，能吸波噀墨，溷水以自衛，使水匿不為人所害。又云：　性嗜烏，每暴水上，有飛烏過，謂其死便啄其腹，則卷而食之，以此為名，言其為烏之賊也。形若革囊，口在腹下，八足聚生，口旁只一骨，厚三四分，似小舟輕虛而白。又有兩鬚如帶，可以自纜，故別名纜魚。《南越志》云：　烏賊有矴，遇風便虬前鬚下矴而住，矴，亦纜之義也。腹中血并膽正如墨，可以書也。世謂烏賊懷墨而知禮，故俗謂之海若白事小吏。有最小者，俗呼墨斗。　章巨：　大者曰石拒，居石穴，人或取之，能以脚粘石拒人，故名。亦曰章巨，次曰章舉。石拒形似大算袋，八足長及二三尺，足上突出，磈礧戢戢如釘，每釘有竅，浮于海沙，布形如死，烏烏啄之，卷以入水，噓釘吸之，以此充腹。其次者曰章舉，亦曰章魚，以大小呼之。石拒如斗，章舉如升。南方有石拒，此惟章舉耳。章舉之又小者曰望潮，身一二寸，足倍之。又一種曰鎖管，亦其類，脚短無釘。　鯽魚：　板身多鯁，長不五六寸，味極肥腴，以糟浥之可作湯。或同章舉，與蝦合為鮓，謂之三和鮓，最美，可致遠。《世說》：　晉虞嘯父答晉帝云：　天時尚溫，鯽鮓未熟。即此也。　箭魚：即江湖鱭魚。海出者最大，甘肥異常，腹下細骨如箭鏃，俗名箭魚，味甘在皮鱗之交。土人和鱗煮供之，春晚與笋尤稱。　鮆魚：　子多而肥，夏初曝乾可以致遠。郭璞《江賦》曰：　鯼鮆順時而往還。《山海經》註曰：　鮆狹薄而

長，大者長尺餘，一名刀魚，常以三月、八月出，故曰順時。　銀魚：口尖身鋭如銀條。又一種極小者，名麪魚。　鰐魚：身如膏髓，骨柔無鱗。　白魚：板身肉美。　梅魚：首大，朱口金鱗。　火魚：頭巨尾小，身圓通赤，故以火名。又一種名石教卒。　短魚：項縮而短，為鯗極美，色微紅。

魟魚：形圓似扇，無鱗，色紫黑，口在腹下，尾長于身，如狸鼠。其最大曰鮫魟，即與鮫魚可錯靶者同。是鮫與魟，皆一類矣。其次曰錦魟，皮亦沙澁，擦去沙，煮爛與鱉裙同。又次曰黄魟，差小，背黑腹黄。其餘有斑魟、牛魟、虎魟，皆凡魚。　池青魚：尾有刺甚長，逢物則撥之，毒能中人。色白者曰池白，與魟相類，又名邵陽魚、鼠尾魚，可作鯗。　竹夾魚：近鲂魚，尾有硬鱗，色青黑，一名土鱧。　肋魚：似箭魚而小，身薄細，骨滿肋，肥者僅充口，瘦即無所取。　馬鮫魚：形似鯆魚，味似鯧魚，品在鯧、鯆之間。　鯔魚：似鯉，生淺海中，著底專食泥，身圓口小，骨軟肉鬆，甘平無毒，食之令人身健。吳王論魚，以鯔為上。　鱲魚：形似魟，肉亦凡。惟以鹽浥之曝為鯗，名曰鱲鯗，俗又呼老鴉鯗，去皮，生擘成絲，供飣。　吹沙魚：《埤雅》曰：鯋鮀，今吹沙小魚，常開口吹沙，故曰吹沙鯊。性善，沉大如指，狹圓而長，有墨點，俗呼為新婦臂，味甘。今奉化結埼鎮多有此，頗以為珍品。　泥魚：似吹沙而首大，江河中皆有之。　箬魚：其形似箬。又有極大者，曰鰨鰻。　黄滑魚：似春魚而肉細。又有一種曰烏眼、白眼，皆相類。　吐哺魚：東湖有之，本名土附，以其附土而行也。　鬮胡：形如小鰍，大者如人指，長二三寸許，頭有斑點，簇簇如星，潮退，數千百萬跳躑塗泥中，海婦挾箸取之，如拾芥，名曰鬮胡，一名彈塗，以跳躑取名。土人芼以米脯辣煮之，醒酒，然雖細物，以盂覆活者數百于地，旦起發覆，視之駢首俱拱北，無一參差，亦異矣。　鮀魚：《本草》作蜡，一名乍魚，一名水母，一名樗蒲魚。生東海，形如覆笠，肉如血衉，大者如席，小者如斗，腹下如垂絮，純赤無腸胃眼目，以蝦為目，蝦動鮀沉，故曰水母目蝦，如駏驉之與蛩蛩相假矣。　蝤蛑：《明越風物志》云：蝤蛑并螯十足，生海邊泥穴中，潮退探取之，四時常有，雌者掩大而肥，重者踰數斤，其小而黄者謂之石蝤蛑，最大者曰青蟳，小者曰黄甲，後足闊者又曰撥棹子。東坡《答丁公默送蝤蛑》詩有半殼含黄宜點酒，兩螯斫雪勸加餐之句。郡之城東江濱有蝤蛑廟，俗傳有漁人獲一巨蝤蛑，力不能勝，為巨螯鉗而死。今廟即其地，前賢多呼四明曰蝤蛑州。　舒懶堂述里諺云：八月蝤蛑健如虎。《埤雅》曰：蝤蛑兩螯至強，能與虎鬬。

籃：俗呼為蟹。圓臍者牝，尖者牡也。經霜則有赤膏，俗呼母蟹，亦曰赤蟹。無膏曰白蟹，有子者曰子蟹。《本草》以蟹性敗漆，燒之致鼠。　螃蟹：俗呼毛蟹，又曰田蟹，螯跪帶毛。山谷詩云：怒目横行與虎爭，寒沙奔火禍胎生。　彭越：《爾雅》名彭蜞，螯赤者名擁劍。一種為彭蜞，性寒甚。蔡謨謂：讀《爾雅》不熟，幾為《勸學》所誤。又一種名桀步。《埤雅》曰：以其横行，故謂之桀步。又一種曰沙蟹。　蚌：有珠。郭璞《江賦》曰：瓊蚌晞耀而瑩珠。定海招寶山下有巨蚌，光彩逼人。　海月：形圓如月，亦謂之海鏡。土人鱗次之以為天囪。郭璞《江賦》曰：玉珧海月。謝靈運詩曰：掛席拾海月。　蝦：有赤、白、青、黄、斑數色。青者大如兒臂，土人珍之以餉遠。梅熟時曰梅蝦，蠶熟時曰蠶蝦，狀如蜈蚣而大者曰蝦姑。身尺餘，鬚亦二三尺。曰蝦黄，不常有，皆產于海。其產于陂湖者曰湖蝦，生于河者曰蝦公，二鉗比他種其長倍之。郭璞《江賦》云：水母目蝦。註曰：水母無耳及目，不知避人，常依蝦隨之。　鱟：形如覆斗，其大如車，青褐色，十二足，長五六寸，尾長二三尺，其殼堅硬，腰間横紋一綫，軟可屈摺，每一屈一行，尾尖硬，有刺能觸傷人，口足皆在覆斗之下，海中每雌負雄，漁者必雙得，以竹編為一甲鬻焉。牝者子如麻子，土人以為醬或鮓。牡鱟無子。《本草》云：牝牡相隨，牝者背上有目，牡者無目，牡得牝始行，牝去而牡死。韓退之詩：鱟實如惠文，骨眼相(附)[負]行。　蛤：每一潮生一暈，海濱人以苗栽泥中，伺其長。八月十六日，雀入水化蛤，海濱有見之者。　淡菜：亦名殼菜，形似珠母，一頭尖，中銜少毛，甚益人。生[東]南海，有東海夫人之號。土人燒令汁沸，出肉食之。若與少米先煮，熟後去兩邊鎖及毛，更入蘿蔔、紫蘇同煮，尤佳。　蜁：生于海巖或篙竹。又一種曰老婆牙。　蠣房：其大者如駝蹄，小者如人指面，亦曰牡蠣。陶隱居云：牡蠣是百歲鵰所化。道家以左顧者是雄，故名牡蠣。右顧則牝蠣。向南視之口邪，向東為左顧。此物附石而生，磈磊相連如房，故名蠣房。一名蠔山，晉安人呼蠔莆。初生纔如拳石，四面漸長有一二丈，嶃巖如山，每房内有蠔肉一塊，亦有柱肉之大小，隨房廣狹，每潮來則諸房皆開，有小蟲入則合之以充腹。海人取之皆鑿房，以烈火逼開，挑取肉食之，自然甘美，更益人，美顏色，細肌膚，海族之最貴者也。　蟶：俗呼曰生蟶，似蛤而長殼有毛，俗又曰毛蛤，一曰蝛

蜼。　江珧：以柱為珍。東坡有《江珧傳》。一種小者曰沙珧。　螺：多種。掩白而香者曰香螺，有刺曰刺螺，味辛曰辣螺。有曰拳螺、劍螺，又曰丁螺、斑螺。又有生深海中可為酒杯者，曰鸚鵡螺。郭璞《江賦》曰：鸚螺蜁蝸。註云：《異物志》曰：鸚鵡螺，狀如覆杯，頭如烏頭，向其腹視如鸚鵡，故以名也。舊說曰：蜁蝸，小螺也。一種曰海螄。　車螯：歐陽公詩曰：璀璨殼如玉，斑斕點生花。美此物也。一名昌蛾，一名魁蛤。奉化鮚埼間有之。　蛤蜊：善醒酒。山谷詩云：商略督郵風味惡，不堪持到蛤蜊前。　蟶子：生海泥中，長二三寸，如大拇指，其肉甚肥，殼不足以容之，口常開不閉，時行病後不可食，切忌之，飯後食之佳。　蚶子：《爾雅》謂之魁陸。有瓦壟蚶、毛蚶、芽蚶。《土物志》曰：有側徑四尺，皆似瓦壟有文。郭璞《江賦》曰：洪蚶專車。　龜脚：以狀似之。郭璞《江賦》云：石蜐應節而揚葩。　蜆：小于蛤蜊，生水泥中，殼薄肉多，含沙，以水浸，隔日令吐沙盡，方可煮食。《本草》：蜆殼陳久者止痢，冷無毒，候風雨能以殼為翅飛也。　肘子：殼下尖而闊，中有肉黏之，膏屎皆在尖，厨人去下體取面肉脆，供入湯。稍久即韌不入品。　沙噀，塊然一物，如牛馬腸臟，頭長可五六寸許，胖然如水蟲，無首，無尾，無目，無皮骨，但能蠕動，觸之則縮小如桃栗，徐復擁腫。土人以沙盆揉去其涎腥，雜五辣煮之，脆美，味為上物。

元・郭薦、馮福京《大德昌國州圖志》卷四　敘物產

土地所生，風氣所宜，不可以不書。而多識於鳥獸草木之名，《爾雅》之注不可誚也。　五穀田之近山者多旱乾，近海者多斥鹵，粳與糯咸不宜焉，則平土能有幾何？故歲得上熟，僅可供州民數月之食，全藉浙右客艘之米濟焉。　粳、糯、大麥、小麥、蕎麥、黍、麻、粟、黑豆、菉豆、赤豆。　布帛斥鹵之地，桑麻皆非所宜。民戶間有高阜之地始能種植，可以株計，故絲枲之利絕少。　絹、苧麻、麻布。

禽類　頻伽，佛書著名，補陀有之。　鵲、鴿、鳩、山鵲、雀、鷹、鸛、鷗、鷺、鶯、燕、鷓鴣、姑惡、婆餅焦、野鴨、畫眉、鵓鴿、白頭翁、繡眼、黃頭、山鷓、百舌、雪姑、紅鶴、蠟嘴。　海族海物惟錯，此固《禹貢》之所賦，州雖在海中錯物，視台溫及閩中最少，未可概以海錯責之是州，今書其實有者。　魟魚、鱸魚、鮸魚、鯧魚、梅魚、春魚，似石首而小者。　鱅魚、石首魚，一名鰀，又名洋山魚。　鰉魚，可為鮓。　帶魚、鯊魚、魩魚、箬魚、比目魚、泥魚、短魚、華臍，一名壽魚，一作綬，一名老婆魚，一名琵琶魚，以其形似之。　烏魚、鯔魚、鰣魚、邵洋魚、烏鯽、鯢魚，一名河豚，一名烏郎。　書篋魚、黃魚、鱟、海鯽、馬鮫魚、黃鯽、鰻、水母、竹夾魚、章巨、鰨、望潮、香螺、赤蝦、苔蝦、蛤蜊、淡菜、蝤蛑、赤蟹、蟵、桀步、彭越、蟶子、白蟹，有子者曰子蟹。白蝦、瓦壟、辣螺、丁螺、拳螺、生蜼、地青、龜脚、彈塗。

河塘魚　鯉、鯽、鱔、鰍。

畜類　牛、羊、犬、豕、雞、鴨。

獸類　獺、野豕、麂、猴、陵鯉甲。

花類　牡丹、芍藥、海棠、山茶、丁香、蘭、瑞香、錦帶、紫笑、望春、八仙、棠棣、紫荊、山丹、酴醾、月(計)〔季〕、緋桃、鄭花、石竹、千葉桃、薔薇、荷花、蜀葵、紫薇、薝蔔，即梔子花。　雞冠、麗春、鳳仙，又名滿堂紅。（鶯）〔罌〕粟、萱，又名忘憂草。　玉屑、木屑、丹桂、芙蓉、菊、蓀，即秋蘭也。　梅花、紅梅、水仙、苔梅、玉簪。

果實　櫻桃、楊梅、梅、李、瓜、梨、蓮、蒲萄、棗、枇杷、柿、椑、銀杏、林檎、桃、栗、橘、橙、杏、香欒、石榴。

竹類　班竹、苦竹、紫竹、淡竹、筋竹、南竹、筆竹、桃枝竹、四季竹、公孫竹。

藥類　艾、黃精、磁石、白蒺藜、半夏、苦參、天南星、香附子。

蔬菜　冬瓜、梢瓜、黃瓜、筍、瓠、茼蒿、莧、苦蕒、薺、菘、萊服、芥、蔥、薤、韭、芹、茄子、蒜、莙薘、菠薐、紫菜、香菜、蕨、道士裙、鹿角菜、白菜、油菜、芸薹。

木類　樟、櫧、檡、楝、松、杉、柏、檜、梧、楓、檮、柳、朴、橡、樺桃、楮、欓、椒、烏桕、皂角、黃楊、槿、柘、木蘭、椶、桑、槐、女貞一名冬青。

宋・羅叔韶、常棠《澉水志》下卷　物產門【略】

花：芍藥、荼蘼、薔薇、木香、瑞香、紫莢、長春、牡丹、萱草、月丹、海棠、石榴、山茶、水仙、粉團、鳳仙、芙蓉、金沙、雞冠、石竹、佛手、棠棣、玉簪、夜合、木樨、梔子、聚仙、雀梅、罌粟、金橙、荔春、白鶴、葵、梅、桃、真珠佩、李、芭蕉、茶、菊、蘭、荷、荇、杏、槿。

果：桃、梅、李、杏、梨、柿、橘、柚、蓮、棗、枇杷、木檎、榴、栗、葡萄、銀杏。

菜：蘿蔔、冬瓜、甜瓜、菠稜、萵苣、苦蕒、山菰、茄、菘、芥、薤、蔥、莧、蒿、蕈、蕨、韭、蒜、雞頭、芋頭、枸杞、胡蘿蔔。

竹：笙、篠、紫、斑、筋、金。

木：松、桑、檜、柏、杉、柳、楮、椿、榆、楝、柘、楓、梧、桂、槐、檀、楊、朴、椒、楠、皂莢、烏桕。

藥：菖蒲、連翹、茴香、韭子、杏仁、龍腦、槐花、半夏、枳實、瞿麥、紫蘇、荊芥、青蒿、良薑、牛膝、桑皮、赤小豆、車前子、枸杞子、香附子、天花粉、桑螵蛸、穀精草、麥門冬、黑牽牛、白殭蠶、香白芷、白茅根、密蒙花、紫蘇子、羊蹄根、淡竹葉、馬屁勃、海浮石、馬鞭草、白扁豆、地錦草。

禽：鷹、雁、鸛、鷗、鷺、鴉、鵲、鴿、鳶、雀、鳩、鶉、鵃、鶻、雉、鶩、百舌、啄木、杜鵑、竹雞、布穀、野鴨。

畜：牛、羊、犬、馬、鵝、鴨、雞、豬、猫、狗、驢、騾。

海味：鯔、鯧、鰵、鮫、鰳、鱸、梅、蠣、鰕、鰻、鯊依刻本補、蛤、鯗、鱒、鰌、蟶、蜆、銀魚、鯿、拳螺、香螺、淡菜、帶魚、鰞鰂、蟛蠘、白蟹、黃鯜、土鐵、沙蟹、蚌蛤、老婆蟹、沙魚、海(蟄)〔蜇〕、望潮魚。

河味：鯽、鯉、鮎、鱖、銀、鱉、鰍、鱔、黿、蛙、鰕、蟹、黃頰、吐哺、白鰷、黑魚。

宋・沈作濱、施宿等《嘉泰會稽志》卷一七　草部

會稽之產稻之美者，紫珠、便糧、穲、散、黃秈、音仙，字書云秈，稻也。今會稽獨有黃秈之名，它無以秈名者。徽饒之間例謂小米為秈，與此不同。秔貫、烏黏秔貫。越人謂芒為黏，下同。其蚤熟曰蚤白稻、一名回犂望。烏黏蚤白、宣州蚤、一名下馬看。蚤占城。凡占城，土人皆謂之金成，不知何義世。一名六十日。相傳云唐太宗伐占城國，得其種。《國史》：祥符五年，上以諸路微旱則稻悉不登，遂遣使福建取占城稻三萬斛，分給江南〔准南〕兩浙三路轉運使，令擇民田之高印者，分給蒔之，謂之早稻，仍出種法示民。其次則曰白婢暴、紅婢暴、八十日。三者亦占城之屬，秋初乃熟，其收晚於蚤占城。八月白、紅穲、紅蓮子、上稈青、一名中秋白。赤殼、大張九、小張九、紅黏、白稻。泰州紅、黃巖硬稈白、稉稈白。三者亦占城之屬。午內、青絲、青蝦、便撩撒、它穀浸近兼旬芽而後撒，此一種但浸一夕遽撒之也。掘泥烏、冷水烏、山鄉地寒處所宜種也。下路烏、紅占城、八月乃刈，似婢暴而晚。葉裏藏。謂禾柴挺然山穗之上，與它稻異。其得霜乃熟，曰寒占城、見霜稻、狗蜱稻、九里香。七月始種，得霜即熟曰黃稑。後種先熟曰稑。《說文》云：稑，疾熟也。再熟曰魏撩，刈稻之後，餘穭再熟。稉之屬。曰長黏稉、一名白稻稉。師姑稉、黃秈稉、高脚稉、海漂來稉、仙公稉、旱稉、陸種如粟。光頭稉、謂禿芒也。光頭白稻稉、紅黏稉、自知稉、暴之不變，非其主不知也。定陳稉、晚稉、一名紅穲稉，汁釃而清。馬融云：今之宜成，會稽稻米，消似宜成，以為酒名。蓋諸秫為酒，不如稻稉之清也。紫珠稉、赤殼稉、金釵稉。粒細多汁，亦占城之屬。凡五十六種，職方氏云揚州、荊州，其穀宜稻是也。山陰、會稽山澤所殖，大概如此，雖不盡，無幾矣。若通屬邑言之，當不止此，博詢遠，尚以俟後之君子。

攷穄，稷也，會稽謂之穄粟。穄，非粟也。《呂氏春秋》曰：飯之美者，有陽山之穄。高誘曰：關西謂之穈，冀州謂之緊，苦見反。《廣雅》云：緊，穄也。字書云：緊，穈也。又云：穈，穄也。釋《本草》者云：楚人謂之稷，關中謂之穈，先儒以為粟類，或言粟之上者，其辭疑而未決。蓋未始深究耳。大抵稷、穄、穈、緊，一物而四名，各因其俗為之名爾。沈存中《筆談》云：稷乃今之穄也。齊晉之人謂即積，皆曰祭，乃其土音，無他義也。《齊民要術》精博可愛於此，乃置而不辯。崔寔曰：穈，黍之秫熟者，一名穄。亦非也。今吳越澤國，唯山鄉高原有種穄者，而謂之穄粟，以其米頗類粟也。蓋嘗攷之。今會稽山鄉所種穄，其苗類黍，其穗如稻，殊與粟異。米大於粟，稈大於指而高。《詩》云：黍、稷、稻、粱、禾、麻、菽、麥，是為八穀。董仲舒云：禾是粟苗。汜勝之《種殖書》云：禾即是粟。《說文》曰：禾，嘉穀也。粟，嘉穀之實也。八穀已有禾，不應云稷復是粟明矣。《本草》有稷而不載穄，亦明稷即是穄也。《爾雅》云：粢稷。郭璞注云：今江東人呼粟為粢。然則郭亦誤意稷為粟也。按：《周禮疏》云：《爾雅》言粢稷者為稷是。五穀長在器曰盛。簠盛稻粱，簋盛黍稷，故曰粢盛。總而言之，六穀皆是粢。故《小宗伯》云辨六粢之名物是也，豈謂稷為粟哉？又疏云：《月令》中央土食稷與牛，五行土為尊，故知稷是五穀長。許慎《說文》亦云：稷為五穀之長。韓子曰：黍為五穀之長，祭先王以為上盛。它有類此者，亦各因其說為主。然以稷名粢，當以《爾雅》為正。蚤粟，二月中種，夏熟，名蚤黃粟，其別曰椎頭蚤粟。晚粟五月種，秋熟，一名丹糠粟，皮色微紅。稉粟與晚粟同熟。《爾雅》曰眾秫。郭璞注云：黏粟也。大要稉粟為秫稻，秫為稉。黍、稷、粟皆曰秫。《內則》有稻醴、黍醴、粱醴，則粱亦有秫。《本草》注云：凡黍稷、粟秫，秔稉是也。今越人不復辨，秔粟皆謂之稉。今從其俗。木粟，稈大徑寸，苗如蘆，高丈餘，粒比粟殊大，皮黑性黏，亦是秫爾，鄉民但用作餈，入秋始熟，蓋亦黍屬。

北方宜黍，其高可蔽人畜野獸，故北人謂之黍林。越人名曰木粟，以其似粟而高大也。《齊民要術》所引木稷、木禾，亦此義也。《月令》孟秋農乃登穀注云：黍稷之屬，及是始熟。疏云：鄭司農注先種後熟曰穜，後種先熟曰稑。而不見穀名。後鄭引《詩》云黍稷穜稑，意黍稷皆有穜。稑云百箭粟，秋熟似稗而米糲性疎解，鄉民以和稉粟作飯，取其黏解相濟。羊角粟，一名章家蚤。牛繩稉粟與百箭粟同時。椎頭稉粟穗短而大，以釀勝它粟。白稈粟，以稈白得名。毛粟，如狗尾草，色黃米白。它粟皆無毛。《本草》：惟青粱、黃粱、白粱有毛。陶隱居云：凡云粱米，皆是粟類。唐注云：出蜀漢，商浙間亦種之，然則亦黃粱耳。丁鈴粟，穗生兩歧，狀如丁鈴。胭脂稉粟，苗、稈、穗皆赤，殆亦丹黍之屬也。灰粟，樹葉皆如灰藋，苗頭如丹，高丈許，米如莧子。或云灰粟即苜蓿，漢使採其種西域，天子益種離宮旁者。《西京雜記》曰：苜蓿，一名懷風，或謂光風。其花有光彩，故名苜蓿、懷風。罌子粟，《本草》云：和竹瀝煮作粥食之，極美。一名象穀，一名米囊，一名御米。花紅白色似髇箭，頭中有米。嵩陽子曰：其花四葉，有淺紅暈子。今醫家皆用其殼治滯下之疾，而《本草》於本條內不載。烏禾，似稗。見《本草》。會稽鄉民直謂之稗子，歲不熟則民藝之以代糧，與黃稑同時，其收倍而多熟。《氾勝之書》曰：稗既堪水旱，種無不熟之時。又特滋茂，〔易生〕蕪穢。良田畝得二三十斛，宜備凶年。稗米擣取炊食之，不減粱米。又可釀作酒，酒勢美釀，尤踰黍秫。魏武使典農種之，頃收二千斛，斛得米三四斗，大儉可磨食之，豐年可飯牛馬。《漢志》曰：種穀必雜五種，以備菑害。《廣雅》曰：大麥，麰也；小麥，麳也。《說文》曰：麥，金也。金王而生，火王而死。故《月令》仲秋乃勸種麥，孟夏農乃登麥。大麥立夏前熟，新穀未登，民屑麥作飯，賴以濟飢，故《月令》仲秋乃勸種麥，毋或失時。鄭玄注云：麥者，接絕續乏之穀，尤宜重之。西漢云士食半菽，亦如今之屑麥飯也。曰晚大麥，種長而子多，與小麥齊熟。曰六稜麥，曰中蚤麥，曰紅黏稉麥，堪作酒，皆大麥之別。曰小麥，小滿前熟。曰蚤白麥，曰松蒲麥，禿芒如松房。曰娜麥，穗如大麥而米則小麥也，皆小麥之別。曰蕎，七月種，九月熟，然畏霜，得霜輒枯，秋無霜則蕎大熟。凶年民飢，有教以寄種蕎者，於麥隴間雜下蕎子，麥苗未長而蕎已刈，是歲霜晚蕎熟，民賴以濟。然浙東藝麥晚，有至九月者，故土人亦或刈蕎而種麥。董仲舒曰：《春秋》他穀不書，至於麥禾不成則書之，以此見聖人於五穀最重麥禾也。楊泉《物理論》曰：粱者，黍稷之總名。稻者，溉種之總名。菽者，眾豆之總名也。先儒曰大豆，胡豆也。疏《本草》者大要指烏豆為大豆爾。《生民》之詩曰：藝之荏菽。荏菽，即大豆，后稷之所殖也。《爾雅》曰戎菽謂之荏菽，豆角謂之莢，其葉謂之藿，其莖謂之萁。今淮潁間謂豆田為角田，蓋以此。會稽所產其植者曰烏豆、白豆、青豆、褐豆、赤豆、菉豆、茶菉豆、赤小豆、白小豆、五月烏豆、豌豆、七日豆一名毛豆。三收豆，黑豆之小者。《廣志》云重小豆一歲三熟是也。其蔓生曰羊角豆、白藊豆。黑者曰白眼豆。一名鵲豆，言斑駁似鵲。紫花者結實而芽紫，曰紫眼豆。皆一種爾，其莢可蒸食。蠶豆、江豆、刀鞘豆，莢長尺餘，豆顆大於棋子。苽米，彫胡也。《周官》云：魚宜苽。疏云謂：同是水物，相宜爾。其根生薹曰菰菜是也。吳中苽米為多。會稽菰菜亦富，而米絕少。《西京雜記》云：會稽顧循事母至孝，母好食彫胡飯，循常躬自採擷。家近大湖，湖中自生彫胡，無復餘草。竹：本出會稽。所謂會稽之竹箭者，蓋二物也。戴凱之《竹譜》曰：竹之別類有六十一焉。蓋總而言之也。今會稽之產曰早筀，曰晚筀，曰黃筀，曰䌛筀。曰箭。箭之別名曰篠箭，為矢材，故亦謂矢為箭。《爾雅》曰：篙，箭萌。音徒哀反。《周禮》有箈菹、筍菹。鄭康成云：竹萌曰筍，箭萌曰箈，音迨。曰簕竹，曰慈竹。《酉陽雜俎》云：簕竹，筍未成竹時堪為弩弦。慈竹，夏月經雨，滴汁下地，生蓐似鹿角，色白，食之已痢。曰水竹。曰桃枝竹，作篾殊韌，堪織簟。《書》云：篾席黼純。孔安國云：篾，桃枝竹也。曰石竹桃枝，石竹小而密，人家多殖之以當籬援。謝靈運《山居賦》云水竹依水生，甚細密，吳中以為宅援。然水竹大者圍數寸，其細密乃不能如桃枝、石竹也。曰黃苦，曰青苦，曰白苦，曰紫苦，是四苦，亦出《山居賦》。曰頓地苦，堅中可以為矛。曰掉顙苦，節疎。曰湘簟苦，曰油苦，曰石班，曰烏末，曰淡竹。曰刧竹，今會稽煮以為紙者皆此竹也。苦竹，亦可為紙，但堪作寓錢爾。曰湘斑，曰金竹，一名閔竹。曰角竹，曰紫竹，曰油竹。曰木竹，堅中。曰方竹。曰公孫竹，高不盈尺，可為几案之玩。篠之葉曰箬。凡此非土產則不錄。《爾雅》曰：莽，數節。桃枝，四寸有節。粼，堅中。簢，筡中。一疏、一數、一虛、一實，亦以見竹之類不一也。黃魯直以為竹種類至多，而著為書如《竹譜》之類，皆不詳，欲作《竹史》一書，竟不果成。《山海經》曰：竹六十年易根，易根必花實而枯死，實落土復生，六年而成疃了。

作穗，似小麥。竹花曰復死，曰箹丈九切。唐末隴西民飢相食，是年忽山中竹皆放花結子，色紅而纖，春治作飯，香美，珍於秔稻，民相挈就食如市。或雜葷肉食之輒中毒嘔噦，有斃者，自此竹皆立枯。政宣間越州竹生花，徐州栢生花，太師蔡京《賀表》云：獨挺歲寒之節，誕敷朝艷之榮。百萼勻紅，耀鶴棲之舊幹。七枝競翠，佇鳳實以來儀。議者謂竹生花則實而枯，非可賀也。竹性亦喜東南引生，故古之種法云：斸取東南引根，於園角西北種之，久之自當滿園。語曰：西家種竹，東家治地。言其滋引而生來也。《漢書》曰：齊魯千畝桑，渭川千畝竹。此其人皆與千戶侯等。荇：《爾雅》曰莕，接余，亦或謂之鳧葵，故會稽人亦謂之荇菜。叢生水中，莖如釵股，葉在莖端，隨水淺深。陸璣《爾雅疏》云：接余上青下白，鬻其白莖，以苦酒浸之，脆美可案酒。蘋：《韓詩》曰：沉者曰蘋，浮者曰藻。蓋藻，萍類也，似槐葉生道旁淺水中，與萍雜，至秋則紫。今會稽謂之馬薸，亦呼紫薸。藻：水草之有文者。生乎水下而不能出水之上。孔子曰：管仲鏤簋而朱紘，山節而藻棁。說者以為藻取其文。蓋藻非特為取其文，亦以禳火。今屋上覆橑謂之藻井，取象於此。《風俗通》曰殿堂宮室，象東井形，刻作荷菱，所以厭火，與此同義。海藻：《爾雅》曰：薚，海藻。如水藻而大，似髮黑色，生深海中。陳藏器《本草》以為《爾雅》所謂綸似綸，組似組，東海有之，正為二藻也。善療瘤瘿，夫頸處險而瘿。今汝洛間多焉。而浙右閩廣山嶺重阻，人鮮病之者。按《本草》海藻、昆布、青苔、紫菜皆療瘤瘿結氣，被海之邦食此，故能療之也。菱：一名芰。屈到嗜芰，即此是也。亦名薢茩。《說文》云：楚謂之芰，秦謂之薢茩，越人謂小者為刺菱，大者為腰菱。今俗但言菱芰，諸草木書亦不分別。惟《武陵記》云：四角、三角曰芰，兩角曰菱，其花紫色，晝合宵炕，隨月轉移，猶葵之隨日也。越中所產進羅文菱最大，即所謂腰菱也。虞蓼：此即蓼之生水澤者也。《詩》曰：其鎛斯趙，以薅荼蓼。荼，陸草也；蓼，水草也。以薅荼蓼則高下無所不治，且因暑雨化之則草不復生而地美。蓋非特去草之害，亦以釀其田疇，故荼蓼朽止，於是黍、稷茂止也。《月令》季夏燒薙行水利以殺草，如以熱湯，可以糞田疇，可以美土疆，此之謂也。《詩》曰未堪家多難，予又集于蓼。蓼，言辛苦也。《吳越春秋》曰：越王念復吳怨，臥則切之以蓼，冬則抱冰，夏則附火。言其刻志如此。芡：葉似荷而大，生而有芒刺。越人云：荷華日舒夜斂，芡華晝合宵炕。此陰陽之異也。《方言》曰：北燕謂之葰，青徐淮泗之間謂之芡，南楚江淮之間謂之雞頭，或謂之鴈頭。《周官》籩人，加籩之實，菱芡栗脯，所謂籩豆之實，水陸之品也。今山陰梅市之雞頭最盛，有一戶種及十八里者。然亦有數等，小白皮最佳。大白皮、中白皮，其皮頗堅，難齧，黃嫩又太軟，皆不逮也。其柄又可為葅，甚美。越人謂之藕梗，其實芡柄耳。苹：一名蓱，無根而浮，常與水平，故曰苹也。會稽謂之薸，言無定性，漂流隨風而已。《周官》萍氏掌水禁。鄭氏云：以不沉溺取名，蓋使之幾酒謹酒也。《月令・季春》曰萍始生。舊說萍善滋生，一夜七子。一曰萍浮於流水則不生，於止水則一夕生九子，故謂之九子萍。《淮南子》曰：夫萍樹根於水，木樹根於土，天地之性也。世說楊華入水化為浮萍，不知信否。水仙：本名雅蒜，元祐間始盛得名。黃魯直、張文潛皆極稱之。魯直初以為可比梅，故曰乞與江梅定等差。既而曰但枝不及梅耳，故又曰只比江梅無好枝。今山陰此花有兩種：一曰水仙，一曰金盞銀臺。金盞銀臺香既差減，格韻亦稍下，故徐師川《水仙》詩曰金盞銀臺何足比也。園丁以為此花六月并根取出，懸之當風，八月復種之則多花。或曰多糞之，花自多。又曰但勿移，三四年數灌溉之而已，不必它法也。荷：總名也。華葉等名具衆義，故以不知為問，謂之荷也。昔人正名百物，有是哉。故曰萬物有成理而不說。郭璞以為芙渠一名芙蓉。按《說文》，未發為菡藺，已發為芙蓉。芙蓉，華之號也。蓋亦通曰芙蕖。《毛詩傳》云：荷，芙蕖也，其華菡藺。《說文》以為其華曰芙蓉，其秀曰菡藺，其實曰蓮，蓮之茂者曰華。今其菂中有青為薏，皆倒生兩芽，一成芰荷，一蕅荷也。又生一芽為華。蕅荷帖水生蕅者也。芰荷無蕅，卷荷也，與華偶生，出乎水上，亭亭如纖，是亦謂之伎荷。薏，音憶，伎立也。山陰荷最盛，其別曰大紅荷，小紅荷，緋荷，白蓮，青蓮，黃蓮，千葉紅蓮，千葉白蓮。大紅荷多藕，小紅荷多實，白蓮藕最甘脆多液。千葉蓮皆不實，但以為翫耳。出偏門至三山多白蓮。出三江門至梅山，多紅蓮。夏夜香風率一二十里不絕，非塵境也。而游者多以晝，故不盡知。藕：《爾雅》曰：其本蔤，其根藕。蓋莖下白蒻在泥中者曰蔤。藕，偶生，又善耕泥引長，故藕之文從耦名之，亦曰藕。趙辟公《雜(記)〔說〕》曰：藕能移，鯉能飛，龜能守。越人謂六七月間藕最佳，謂之花下藕。又特出羅文，在禹廟前，它皆不逮。其梢纖細者，可和芥為葅，甚美。芹：《詩》曰：觱沸檻泉，言采其芹。水菜也，一名水英。《爾雅》

謂之楚葵。《列子》以為客有獻芹者，鄉豪取而嘗之，蜇於口，慘於腹也。芹實嘉蔬。今和芥，或以醯醬和之為葅，絕妙。列禦寇之言殆出北方，未嘗食芹者爾。越城白馬山產芹，最美。蓴字，一作蒓，泮宮曰思樂泮水，言采其茆。茆即蓴也。久食大宜人。合鮒魚食之佳，尤宜老人。葉如荇菜而紫，莖大如箸，柔滑可羹。《齊民要術》云：蓴性易生，水深則莖肥而葉少，水淺則葉多而莖瘦。陸士衡云：吳中有千里蓴羹，但未下鹽豉爾。然蕭山湘湖之蓴特珍，柔滑而腴。方春小舟采蓴者滿湖中，山陰故多蓴，然莫及湘湖者。或云溫病起者勿食，犯之輒死。鞠：《爾雅》曰：鞠，治蘠。今之秋華鞠也。《月令·季秋》云：鞠有黃華。曰有者，非其有之時也。《春秋傳》曰：有者不宜有也。《周官》后蠶服鞠衣，鞠衣色黃象鞠。鞠，蓋華於陰中，其華則又中之色也。故鳥獸草木之名，孔子欲學者之多識，而記禮者以為衣服在身而不知其名為罔也。會稽昌安門內朱通直莊有佳菊數十種。劉寄奴：治金瘡，其詳見《宋·武帝紀》，此其得名之始也。《本草》總云：生江南。掌禹錫注云：出越州。日華子注：治心腹痛，止霍亂暴下。今鄉民每腹痛輒煮飲其汁，亦多驗。馬兜鈴：《本草》日華子注云：越州七八月採。

玉芝：出陶宴嶺。一名鬼臼，一名山荷葉，一名唐婆鏡。花色正紅，生葉下，故又名羞天花。其根一歲生一臼，取其臼以麪如餛飩皮裹，炊熟，吞之，日三枚，可以辟穀。令人精神旺而力不衰，蓋仙藥也。《本草》注云：亦出會稽，一名九臼。忍冬：一名老翁鬚，一名金銀藤，一名毛藤，一名鷺鷥藤，一名鴛鴦藤。出秦望山、鵝鼻山、三山及鏡湖中水涯，香如荼蘼、末利之屬，亦可植園圃軒檻，為架承之。治疽瘡，解百毒有奇效。醫家類能言之，故不詳載。蕨：《爾雅》曰蕨虌。初生無葉，可食，狀如大雀拳足。黃魯直詩云蕨芽新長小兒拳，蓋此意。齊魯曰虌，《廣雅》曰：蕨，紫綦。非也。《爾雅》曰綦月爾。郭璞注云：綦，即紫綦也，似蕨可食。郭注亦非也。本會稽山間有一種，似蕨而毛紫色，土人謂之蕨綦，亦謂之毛蕨，乃不可食，鄉人但以藏繭及藉楊梅，取其性疎而不浥鬱也。蕨青而綦紫，故曰紫綦也。今會稽人以蕨配筍為茹，尤珍美。東坡詩云慚愧春山筍蕨甜是也。大蓼：一名馬蓼。莖大而赤，生水澤中，高丈餘。《說文》云：籠，天蘥也。《詩》曰：山有扶蘇，隰有荷華，山有橋松，隰有遊龍。蓋一名遊龍。橋，高也；遊，縱也。以縱故謂之龍，上聳曰橋。《山海經》曰：其上多橋木。而鄭讀曰槁，誤矣。山陰池澤所在有之。葛：性柔韌，蔓生可衣，女事之煩縟者。故《葛覃》引以為賦，蓋知稼穡之艱難，則可以為王矣。知女功之勤勞，則可以為王后矣。夫禮后織玄紞，今乃親葛事如此者。蓋王后親蠶以勸女功之正事，親葛以勸女功之餘事。絲麻者，本事也；蕒葛者，餘事也，葛所以為絺綌也。今五雲門外有葛山焉。《吳越錄》曰：越王種葛於此。其民歌曰嘗膽不苦味如飴，令我採葛以作絲是也。蕺 蕺山所產最多。葉似蕎麥，肥地亦能蔓生，莖紫赤色，多生山谷陰處。《吳越春秋》云：越王嗜蕺，常採於此，故以名山。《本草》云：關中謂之葅菜。《齊民要術》亦有蕺葅法。然生擷之小有臭氣，凶年民斸其根食之。諺云：豐年惡爾臭，荒年賴爾救。

菰菜：菰蔣草也，江南呼為茭草，秣馬甚肥。《爾雅》云：出隧，蘧蔬。郭璞注云：似土菌生菰草中。今江東啖之。音氍毹，蓋一名出隧也。張揖云：氍毹，毛席，取其音同。《本草》注云：生江東池澤。菰葑上如菌葑，是菰根歲久浮在水上者。葑，越人讀如諷刺之諷，暴乾可供然燒。《呂氏春秋》曰：菜之美者，越路之菌是也。今謂之茭首，蓋茭心生薹，至秋如小兒臂，其白如藕而軟美異常，每年移根濯洗極潔，種之則無黑脉，經年不種則黑脉生矣。《本草》名菰首，乃知俗謂之茭首，亦有所本。昌蒲：今會稽有一種，葉有脊如劒，謂之鴈蕩昌蒲。生石上，節殊密，當不止一寸九節也。今人多以拳石或沙中種之，為几案之翫。陶貞白言真昌蒲。古人謂之蘭蓀，四月、五月亦作小鼇花也。今東間溪側又有名溪蓀者，根形氣色極似石上昌蒲，而葉正如蒲無脊，俗亦呼為昌蒲，誤矣。此物但能辟蚤蝨，不堪服食，即今之水昌蒲，一名白昌，一名昌陽。韓退之云訾醫師以昌陽引年是也。此物種之易茂，但須歲一移種則根大，不然漸小。《周禮》朝事之豆有昌本、麋臡。說者謂昌本。昌蒲根切之四寸為菹。《左傳》饗有昌歜，白黑形鹽。服氏云：昌歜，昌本之菹，然四寸切之，恐非溪蓀之根不如是之大，則通謂之菖蒲可也。香草之類，大率多異名。所謂茝，即今之白芷是也。蕙，今零陵是也。芸，今七里香是也。葉類豌豆作小叢生，其花極芬香，經秋葉間微白如粉汗，辟蠹殊驗。蒲萄：盛於西北。會稽有漿水、馬腦二種。味亦佳。魏武有言：末夏涉秋尚有餘暑，酒醉宿醒，掩露而食，甘而不飴，酸而不酢。庾信言北地園種戶植接蔭連架。今會稽雖富有此果，然俗乃謂不利主人，果成主多徙去，故居室忌種之。又俗謂梓、芭蕉皆不利主，民盧了無一本。惟

士大夫園宅及僧寺乃時有之。　凌霄花：　天下凌霄，藤必依大樹，獨西都富韓公園歸政堂前一株，不附它木而生，高三四丈，歲著花數百。晁以道《寄〔富〕季申》詩云：　故園多謝凌霄木，直到丹霄上上頭。　蓋指此也。　今山陰最多。　有一歲三著花者。　三白草：　出鏡湖澤畔，初生不白，入夏葉端方白，農人候之以蒔田，三葉白，苗畢秀矣。　菘：　性陵冬不彫，四時長見，有松之操，故其字會意。而《本草》以為交耐霜雪也。　舊說菘菜北種，初年半為蕪菁，二年菘種都絕。　蕪菁南種亦然。　蓋菘之不生北土，猶橘柚之變於淮北。　蕪菁即蔓菁，似菘而小，有臺。　一名葑，一名須。《爾雅》曰：　須，薞蕪也。《方言》曰：　陳楚之間謂之豐，趙魏之郊謂之大芥。　其紫華者謂之蘆菔，一名來菔，所謂溫菘是也。　來菔，言來麰之所服也。　今浙西種蕪菁者寖多，臨安亦盛，唯越土不宜。　漢桓帝詔曰：　橫水為災，五穀不登。　令所傷郡國皆種蕪菁，以助民食。　此可以度凶年，救饑饉，往歲會稽嘗有人種，乃不生根，久亦變為菘。　張右史文潛詩云：　蔓菁至南皆變菘，菘美在上，根不食是也。　䪥：　種法一本率七八支。　諺曰：　蔥三䪥四，言種蔥者三支一科，䪥即四之。　支多者科輒圓大，故䪥本難拔。　古以拔䪥譬強宗，乃取此義。《爾雅》曰䪥，鴻薈，即此是也。　蔥亦薤屬。《齊民要術》以為種蔥，良地三翦，薄地再翦，八月止，不止則蔥無袍而損白，蓋蔥青謂之袍。　會稽園夫蓺蔥有兩等，其小而美者曰太官蔥。　韭者，久也，一種永生。《說文》曰：　一種而久者故謂之韭。《內則》曰：　膾，春用蔥，秋用芥。豚，春用韭，秋用蓼。　蔥與芥，陰物也；　韭與蓼，陽物也。　瓜：　性惡香，尤忌聞麝，麝氣觸之乃至一蔕不收。《詩》曰：　綿綿瓜瓞。　大曰瓜，小曰瓞。《爾雅》曰：　瓜曰華之，桃曰膽之。　華取譬於華，膽取譬於膽。《禮》為天子削瓜，副之，巾以絺。　為國君削瓜，華之，巾以綌。　蓋華若草木之華，副絕而不屬，華析而不絕。《墨子》曰：　甘瓜苦蔕，天下物無全美也。　越有銀瓜、握青瓜、算筩瓜。　握青，謂其小可藏握中；　銀，以色名；　筩，以狀名。　又有蜀阜瓜。《圖經》：　越有蜀阜山，豈以是得名與？　吳桓王時，會稽嘗有五色瓜。　出《述異記》。　莧：　有紅莧、白莧、紫莧三色。　今會稽園蔬但白莧爾。　傳曰青泥殺鼈，得莧復生。　今人食鼈忌莧，其以此乎？　紅莧，一名馬齒莧。《本草》云：　節葉間有水銀，每莧十斤可得水銀多至十兩。　水銀曰汞，會稽謂草芽，亦曰莍。　今人呼刺莍菜，莍之類是也。　凡草大率多汞，故曰莍。　今夫挺然茂擢者，汞使之然也。故曰：　汞貢而上，鉛沿而下，豈獨草為然哉？　苦蕒：　即苦蘧。　字書云：　苦蘧，江東人呼為苦蕒，野生。　今會稽市中所賣乃園蔬，肥嫩不澁，與萵苣不遠。　然野苦蕒擷五六過則味益甘滑，反勝種者。　舊說云蠶婦忌擷苦蕒，手有苦蕒氣，令蠶蛾青爛，食之者亦忌入蠶室，蓋苦蕒氣能損蠶。　今人多不以為意，何也？　蘧，音巨，亦作苣。　杜少陵詩序有云：　苦苣、馬齒，掩乎嘉蔬。　則苦苣當非美茹矣。、　薑：《字林》云：　薑，禦濕之菜。　茈，音紫，生薑也。　潘尼云：　南夷之薑。《博物志》云：　妊娠不可食薑，令子盈指。　生犍為川谷及荊揚之土。　陶弘景云：　乾薑，今唯出臨海、章安，兩三村解作之。　蜀漢薑舊美，荊州有好薑，并不能作乾者。　今縣州乾薑為天下第一，臨海乃不聞出乾薑，豈以縣薑大售，故不復作邪？　薑畏日而喜露，故薑棚覆以干，干亦苫之屬也。　葉旁銛利若干戚之干，故得名。　夜冷露零則干卷而薑濡，日出晝燠則干舒而蔭濃，性與它草木異，故越人種薑必覆以干。

蒜：　一名葫。　取其條上子，初年種之成獨子葫，明年則復其本也。《廣志》曰：　蒜有胡蒜、小蒜、黃蒜，長苗無科。　王逸曰：　張騫周流絕域，始得大蒜、葡萄、苜蓿，南人或謂之齊葫。　又有澤蒜。《齊民要術》有種澤蒜法。　或作齏以啖鱠。　此物煮羹臛極美，足為饌中之俊。　陶云不中煮，自當是未經試耳。《本草》謂：　能伏邪惡。《禮》云：　膳於君有葷桃茢。　葷菜，所以辟凶邪也。　近世以灸癰疽，率得奇效。　其法切蒜如崇寧錢厚，置患處，灼艾丸其上，痛則易蒜，可至百壯。　初覺即灸，蚤灸無不愈者。　會稽山間又有鹿木，治疽神良。　取根，以醇酒煎飲之，蘊毒悉解。　蓋叢灌小木爾，葉如水楊而長，近花處則葉圓，花為穗，色紫。　茄：　一名落蘇。　越人乃止謂之落蘇。《酉陽雜俎》云：　嶺南茄子，宿根成樹，高五六尺。　又云：　花時取葉布行路，以灰規之人踐之，子必繁，謂之嫁茄子。《四時纂要》以十二月晦嫁樹，《齊民要術》以元日及上元日嫁李，亦此意也。　今會稽有水茄，亦名銀茄，云是新羅種，形如雞卵。　隋大業末名茄子為崑崙紫瓜，出《芝田錄》。　黃魯直詩云君家水茄白銀色，殊勝埧裏紫膨脝。　蜀人生蔬不下箸，吾與北人俱眼明是也。

莎：　《釋草》云：　臺，夫須，可以為笠，又可以為蓑，疏而無溫。《詩》曰：　臺笠緇撮。　又曰：　南山有臺。　莎之別種曰侯莎。　此草易茂，歲歲繁滋，薙之一日已復生。　會稽人惡之，常苦其不能去。　然北方以罕有貴之。　唐河南西士曹有莎廳，晏元憲在許亦作《庭莎記》是也，其根亦見《本草》，謂之莎根，

今俗乃謂之香附子。　木部　楸：《釋木》云：　大而皵，楸小而皵榎。《述異記》云：　越人多橘柚園，歲出橘稅，謂之橙橘戶。中山又有楸戶，著名楸籍者也。舊說椅即是梓，梓即是楸。蓋楸之疏理而白色者為梓，梓實桐皮曰椅。其實兩木大類同而小別也。《傳》曰：　橋者，父道也；　梓者，子道也。然今越人不喜種楸，云不利人家。惟僧居則否。《十道志》云：　越城多生豫章樹，每風雨時聞鐘鼓聲。今無復存。豫章即梓也。　松：　其為木也最壽。郭氏《玄中記》曰：　松脂淪入地中，千歲為扶芩。《抱朴子》曰：　松樹三千歲，皮中聚脂如龍形，名曰飛節芝。《玉策記》曰：　千歲之松，望之如偃蓋。今會稽惟卧龍及蕺山絕頂僅有數樹為百年之木爾。　穀：　惡木也。而取名於穀者，穀，善也。惡木謂之穀，則甘草謂之大苦類也。《本草》曰：　楮，一名穀。陶氏云：　即今高宗廟諱木誤矣。先賢以為皮斑者是楮，皮白者是穀；　有瓣者曰楮，無瓣者曰高宗廟諱。古之剡藤名天下。今剡中楮紙寖有佳者，亦不在徽池之下。　桃之品不一，上原之金桃、御桃、櫂核桃、十月桃，廟山之早緋紅桃，湖南之大緋紅桃，蕭山之水蜜桃，唐家桃、邵黃桃、杏桃、川桃、晚秋桃、孩兒面桃，諸暨烏石之鷹觜桃，諸家園中有崑崙桃、匾桃、矮桃之類，不可悉數。又有碧桃、白桃、緋桃、二色桃，皆千葉，花不實。今鏡湖之西，如花涇、容山諸處，彌望連崗接嶺皆桃李，略無雜木。方春時花盛發如錦繡裹山谷，照水如雲霞，怳然異境。邦人踏青時競出，皆走東湖，故有不知者。　甘棠：　《釋木》云：　杜，甘棠。甘棠，今之杜梨也。又曰：　杜，赤棠；　白者，棠。樊光云：　赤者為杜，白者為棠。市人多蒸熟賣之。越人目為梨頭，蓋其實不如北方之美爾。然會稽非梨所出，姑舉大概如桃源之水蜜梨、紅糜梨，木柵之馮家梨、映日紅，破塘之青消梨，何塔之五朵梨，東關之葫蘆梨，諸暨烏程之蚤稻梨、滿殿香梨、廿兩梨，孝義之蜜梨、雪梨，白水之黃匾梨、黃糜梨，前塘之趙拗梨，上金之麻盦梨是也。自烏程以下皆諸暨地名。　梅：　一名柟，杏類也。越州昌原梅最盛，實大而美。項里容山直步石龜多出古梅，尤奇古可愛。綠蘚封枝，苔鬚如綠纓，疎花點綴，其上夭矯如畫。山谷間甚多樹，或蔭數十步，好事者移植庭檻，縱不槁，苔蘚亦輒剝落，蓋非凡物也。今江湘二浙四五月之間，梅欲黃落則水潤土溽，礎壁皆汗，蒸鬱成雨，其霏如霧，謂之梅雨。沾衣服皆敗黦，故自江以南，三月雨謂之迎梅，五月雨謂之送梅，轉淮而北則否，梅至北方多變而成杏。故人有不識梅者，地氣使然也。賈思勰曰：　按梅華蚤而白杏華晚，而紅梅實小而酸，杏實大而甜；　梅可以調鼎，杏則不任此用。世人或不能辨，言梅杏為一物，此則北人不識梅也。越中又有映水梅，其實甚美而頰紅。消梅其實脆而無滓，其始傳於花涇李氏，故或謂之李家梅。越人謂鴨脚子為杏，而謂杏為杏梅。　棗：　棘大者棗，小者棘，蓋若酸棗。所謂棘也，於文重朿為棗，竝朿為棘。蓋棗性喬，棘則低矣，故其制字如此。蕭山縣有白蒲棗、水菱棗、馬棗、亳州棗、木棗。諸暨有棘子，其實圓，九花九實，謂之九熟棗，近城亦有之，然不及也。　石榴：　舊說以枯骨置枝間，石壓其根則結子繁盛。今越中石榴、蒲萄斫枝插土中輒生，不須種也。郡齋舊有海榴亭，李公垂有詩，宋考功在會稽亦有《玩郡齋海榴》詩，李義山詩有云山榴海栢枝相交。恐海榴各是一種。　橘：　如柚而小，白花赤實，蓋亦渡淮而變，《考工記》所謂：　橘踰淮而北為枳。橙亦橘屬，若柚而香。《物類相感志》曰：　葉有兩刻缺者是也。杜荀鶴《送人遊越》詩云：　有園皆種橘，無渚不生蓮。　㮚：　味鹹，北方之果也。有梂彙自裹。《國語》曰：　婦摯不過棗㮚，以告虔也。今諸暨孝義有茅㮚、榛㮚。《筆談》云：　茅則《莊子》所謂狙公賦芧者，此文相近之誤也。或謂諸暨有三如，曰如錦之桑，如絲之布，如拳之㮚。　柿之別亦多。今會稽所產有紅柿、牛心柿、(烟)〔胭〕脂柿、綿紅柿、八月白柿、重暈柿、花柿、木柿、丁香柿及長紅、團紅、白紅之名。又有綠柿，會稽謂之椑，故有油椑、馬蹄椑。《文選》有梁侯、烏椑之柿，殆此類歟。上虞有蠟柿，亦椑之別也。古云柿有七絕，一壽，二多陰，三無鳥巢，四無蟲，五霜葉可翫，六嘉實，七落葉肥土。　楊梅：　《異物志》曰：　楊梅如彈丸，味酸。蓋昔人未識會稽楊梅。今出項里、何塔、六峰、塘裏，其品之最佳者曰官長梅，色深紫，香味俱絕。曰綠梅，一名稜梅，其實有紋隆隆如線，故名。色尤紫，實大核小，亦可亞官長梅也。曰烏婁梅，色黑而韻下。曰孫家梅，色紅而酢，越人多漬以餹或鹽以案酒。曰聖僧梅，色白。曰白蔕梅，曰何塔蚤梅，曰金家晚梅，曰三線梅，斯為下矣。方楊梅盛出時，好事者多以小舫往游，因置酒舟中高飣，楊梅與樽罍相間，足為奇觀。婦女以簪髻上，丹實綠葉繁麗可愛。又以雀眼竹筥盛貯，為遺道路，相望不絕，識者以為唐人所稱荔支筐不過如此。　李：　《釋木》云：　休無實李。言李有美蔭可休，則無實可食。故道旁之李所以不食者，苦也。郭璞云：　休無實李。一名趙李，痤接。慮李，今之麥李。駁赤李，其子赤也。

《西京雜記》曰：漢武上林苑有朱李、黃李、紫李、綠李、青李、綺李、青房李、車下李、顔回李、合枝李、羌李、燕李、猴李。《鄴中記》曰：華林園有春李，冬華春熟。《廣志》有黃建李、青皮李、馬肝李。然則李之屬，其品為多。會稽有蠟李、麥熟李、迎瓜李、皺李、白淡李、紫末李。五夫有風山李、蠟瓜李。諸暨有井亭李。餘姚有粉翠李、茄李，其實類茄，七夕後始熟。柰：《晉起居注》：嘉柰一蔕十五實或七實，生於酒泉。《西京雜記》曰：漢上林苑有白柰、綠柰。《武帝內傳》有圜丘之紫柰。會稽有果名棎，亦柰屬也。方棎花開時，鏡湖上容山項里間亦數百樹為園花，春特甚，亦可喜也。其佳品曰馬面棎。林禽與柰絕相似，但差小，所謂來禽也。吳越時有錢仁俊貶於會稽，所居有林禽，一本枯已十年，及是茂盛多實，已而仁俊果復用。山茶：《酉陽雜俎》云：山茶葉如茶樹，高丈餘，葉大盈寸，色如緋，十二月開。一說山茶似海石榴，出桂州，蜀地亦有，然今會稽甚多。昌安朱通直莊有樹高三四丈者，蜀地乃絕少。成都海雲寺僅有一樹，每歲花發則蜀帥率郡僚開燕賞之，邦人競出，士女絡繹於路，數日不絕。梔子：諸花少六出者，唯梔子花六出。陶貞白言：梔子翦花六出，刻房七道，芬香特甚。相傳即西域薝蔔也。今會稽有二種：一曰山梔，生山谷中，花瘦長，香尤奇絕。水梔，生水涯，花肥大，倍於山梔而香差減。近歲有千葉梔，六月初始盛。韓退之云：芭蕉葉大梔子肥。蓋謂水梔也。藥亦用之，然必用山梔。牡丹：歐陽公《花品序》云：牡丹出丹州、延州，東出青州，南出越州，惟洛陽者天下第一。王文公有《越人以幕養花》詩二首。吳越時錢傳〔瓘〕為會稽，喜栽植牡丹，其盛若菜畦，其成叢列樹者顔色葩房率皆絕異，時人號為花精。會稽光孝觀有牡丹，亦甚異，其尤者名醉西施，熙寧間程給事公闢鎮越，嘗領客賞焉。公與坐客皆賦詩，刻石觀中，詩存而花亡。曹娥廟前牡丹二株亦不凡，雖單葉而著花至數百苞，至今存。杜鵑花：以二三月杜鵑鳴時開。一名映山紅，一名紅躑躅。會稽有二種：其一先敷葉，後著花者色丹如血；其一先著花，後敷葉者色差淡。近時又謂先敷葉後著花者為石巖，以別之。然鄉里前輩舊但謂之紅躑躅，尚未謂之石巖，不知石巖之名起於何年。荊公《送黃吉父歸臨川》詩云：亦見舊時紅躑躅，為言春至即傷心。則江西亦謂之紅躑躅也。越人多植庭檻間，結縛為盤盂翔鳳之狀。惟法華山奉聖寺佛殿前者特異，樹高與殿檐等，而色尤紅，花正發時照耀楹桷牆壁皆赤。舊例花苞欲拆時，寺僧先期以白郡府，守倅率郡僚往燕其下，邦人亦競出。久之寺僧厭其擾，陰戕之，今枯已二十年。郡齋有杜鵑樓，今廢，李公垂有詩自注云：樓前植杜鵑，因以為名。王性之詩云杜宇啼時花正開是也。法華、雲門諸山皆有之。上虞縣南有釣臺山，山足二石筍特起五六十尋，其顛皆有花，春夏照爛，望之有若人立而飾其冠冕者。自國朝太祖、太宗、真宗遏密之時，花枯瘁者皆三載乃復，此齊賢良唐所記也。

蟲部　蜂：有兩衙應潮，其主之所在，眾蜂為之旋繞如衛，誅罰徵令絕嚴，有君臣之義。一名蠟蜂，蠟生於蜜，而天下之味莫甘於蜜，莫淡於蠟。崖蜜生崖石空中。山陰法雲寺僧云：毗村民家墓木空中有蜂集焉，歲得蜜甚多，或嫉之投燎焚之，蜂衛其王不去，盡死，亦可異也。螢：《月令·季夏》曰：腐草為螢。一名挾火，一名據火，一名熠燿。一說螢非熠燿。熠燿，行蟲爾。今卑濕處有蟲如蠶蠋，尾後載火行而有光，俗謂之熠燿。越人謂此物多則有年。又謂入人室則有客至。蝶：蛺蝶，粉翅有鬚。一名蝴蝶。《列子》曰：烏足之根為蠐螬，其葉為蝴蝶。蝴蝶，胥也。嘗見園蔬其葉有為蝶者，三分二已蝶矣，其一尚葉也。又嘗見山陰澤中木葉化蝶亦如此。干寶云：稻成蛬，麥成蛺蝶。豈虛語哉？蠶：陽物也，惡水。《淮南子》曰：蠶食而不飲，蟬飲而不食，蜉蝣不食不飲。再蠶謂之原蠶，一名魏蠶，以晚葉養之，先王禁焉。《淮南子》曰：原蠶再登非不利也，然王者之法禁之，為其殘桑也。鄭云蠶為龍精，月直大火則浴其種，是蠶與馬同氣，物莫能兩大，禁原蠶者，為害馬歟。然則原蠶有禁，非特欲以護桑，又以害馬故也。今蠶負馬迹，亦其驗歟。土人謂之夏蠶，亦曰熱蠶，亦曰晚蠶。自世衰道微，先王之禁不行，而民間一歲至有三蠶者矣，是以桑弱而馬耗也。《蠶書》曰：飼蠶勿用雨露濕葉，蓋蠶性惡濕，大抵春蠶多四眠，餘蠶皆三眠。越人謂蠶眠為幼，謂之幼一，幼二，幼三，幼大。蠶死則謂之眠熟，故諱之而謂之幼。

魚部　鯔：色黑如緇衣，故曰鯔魚。《本草》云：生江海淺水中。今會稽瀕海處皆有之。魚之最美者，故吳王與會稽介象論鱠之美，乃陷地置鉤餌，果得鯔焉。侍中徐景山云：獺嗜鯔魚，乃不避死。餘姚瀕海以桃花時為絕勝。鱸：鏡湖中小者纔數寸許，最珍。海鱸絕有大者，煮熟則韌，淪以沸湯，亟取乃脆美可食。張季鷹為齊王東曹掾，在洛見秋風起，因思吳中

菰菜蓴羹鱸魚鱠，曰人生貴適意耳，遂命駕歸。　鯉：　今會稽池澤中，大者亦十餘斤。魚唯鯉最壽，有至千歲者，故曰詹何之釣，千歲之鯉不能避也。越人謂鯉之小者為鯉花，鱸之小者為鱸鮁，鯽之小者為鯽核，鱧之小者為鱧膹，鮎之小者為鮎䰾，皆莫詳其義。　鯽：　一名鮒。呂子曰：　魚之美者，洞庭之鮒。鮒，小魚也。故《易》曰：　井谷射鮒。《莊子》曰車轍中有鮒魚焉。鏡湖中鯽纔數寸。《酉陽雜俎》云：　東南海中祖洲鯽長八尺，食之宜暑而避風。潯陽有青林湖，大者亦二尺，可止寒熱。越人謂鯽喜聚游。鯽言相即，鮒言相附。蕭山湘湖之鯽珍美，為越中之冠。　鱓：　舊說是荇苓根所化。又云是人髮所化。今其腹中自有子，不必盡是變化也。府學大成殿前池中有鱓，其大幾二尺圍，歲旱池涸有見之者。《後漢・楊震傳》有冠雀銜鱣魚集講堂前。注云：　冠雀，鸛也；　鱣，鱓也。蓋古字多通用。　鰽：　性浮而善飛躍，故一曰揚。今黃鰽魚是也。陸璣曰：　今黃頰魚，燕頭魚身頰骨正。黃魚之有力解飛者，一名黃楊。舊說魚膽春夏近下，秋冬近上。土人謂之黃鰽，亦曰白條魚。　鱅：　鰱鱮也，弱鱗而色白，北土皆呼白鱮。《西征賦》曰：　華魴躍鱗，素鱮揚鬐。《傳》曰：　連行魚屬，以其性旅行也。《上林賦》有鰫魚，音常容反。注云：　似鰱而黑，然則二物也。《六韜》曰：　緡隆餌重則嘉魚食之，緡調餌芳則庸魚食之。鱅，庸魚也，魚之不美者。會稽諸暨以南，大家多鑿池養魚為業。每春初，江州有販魚苗者，買放池中輒以萬計。方為魚苗時飼以粉，稍大飼以糠糟，久則飼以草，明年賣以輸田賦至數十百緡。其間多鱅、鰱、鯉、鯇、青魚而已。池有僅數十畝者，旁築亭榭臨之，水光浩渺，鷗鷺、鵁鶄之屬自至，植以蓮、芡、菰、蒲、拒霜，如圖畫然，過者為之躊躇。《漢書》曰：　水居千石魚陂，與千戶侯等。蓋謂此也。　石首魚：　《本草》云：　和蓴作羹，開胃益氣。加鹽暴乾食之，名為鮝音想。土俗愛重以為益人，雖乳婦在蓐亦可食，至為之語曰：　此養人之魚也。炙食之，主消瓜成水。魚初出水能鳴，夜視有光。又野鴨頭中有石，云是此魚所化。舊說北人有寓南海者，夜視糞筐中有光，燭之，但魚頭爾，去燭復然，以為不祥。及啟食奩，窺其餘臠亦有光，益恐。明日詢之土人，乃知此海魚之常。近歲舟行蕭山道中，晦夕潮汛甚大，溢入漕渠，鹹水為船頭所激，爍爍有光，以篙擊水，迸散如星火。《嶺表異物志》云：　遇夜陰晦，海波如燃火，有月即不復見。海中魚蝦置暗處則有光。又引木玄虛《海賦》云：　陰火潛然。《本草》固已言之。蔡謨食彭蜞，瀕死歎曰：　讀《爾雅》不熟，幾為《勸學》所誤。事類如此。　春魚：　似石首而小，歲以仲春至，豈以此故得名歟？鹽浥而乾之，名曰含肚，見《大業拾遺記》。越人饁耕以含肚鮝為上饌。傭耕者至，有置不敢食，包裹歸為親養者。或不設，則皆不樂。　梅魚：　小於春魚而頭大，最先至。一曰當名麋魚，以善爛得名。　比目魚：　一名鞋底魚。《爾雅》云：　東方有比目魚焉，不比不行，其名謂之鰈音牒。《說文》云：　音土盍反。土人謂之箬魚，以其形似箬也。《上林賦》：　一名魼，音去魚反。注云：　比目魚也，狀似牛脾，細鱗，紫色。　鮆：　《爾雅》云：　鮤，鱴刀。注云：　今之鮆魚也。亦呼為魛魚。然有二種魛魚堪鱠，亦曰刀鮆。《說文》云：　飲而不食刀魚也。九江有之。今當塗、建業瀕江所產，甚美。會稽謂之江鮆，其小者謂之海鮆，春時子多而肥，為差勝耳。　銀魚：　浙河以北所產大如指，此州所有僅如箸末，然軟美過之。《博物志》謂吳餘鱠魚，云是孫權食鱠，棄其餘水中，化為魚也。樵風溪酒甕山下間有之，甚大。　烏鰂：　舊說烏鰂有矴，遇風則虯前一鬚下矴。一名纜風魚，風波稍急即以鬚黏石爲纜，遇大魚輒噀墨，周其波以衛身害。若小蝦魚過前即吐墨涎惹之。《南越志》曰：　烏賊懷墨而知禮，其腸名鰦鮧。宋明帝好食蜜漬鰦鮧，然古所謂餹蟹如何太祖廟諱嗜餹蟹。鍾岏謂蟹之將餹，躁擾彌甚之類，皆謂糟蟹耳。當時語如此。沈存中以為蜜漬鰦鮧之比。又云北人嗜甘，故魚蟹加餹蜜。皆非也。好食蜜漬鰦鮧乃宋明帝，豈北人耶？今淮浙貢酒漬車螯柱，謂之蜜丁，曾子開有《蜜丁》詩，然實未嘗用蜜也。蜜鰦鮧類此，史官妄加漬字爾。　水母：　一名蝦蛇，閩人直曰蛇。大小不等，形如覆帽而無口眼。今三江斗門海浦潮退，人可拾取，常有蝦寄其上方，其浮泛水上，人欲捕之輒歘然而沒，乃是蝦有所見耳。《越絕書》曰海鏡，蟹為腹，水母，蝦為目也。然其性暖，能已河魚之疾，或以蝦醋如鱠食之最宜，亦物類相攝耳。　蟹：　《酉陽雜俎》云：　蟹，八月腹內有芒，真稻芒也，長寸許，向東輸與海神，未輸芒不可食，燒其殼能致鼠。會稽往歲有蟹蓄、小蟹無數，相虯結大如三斗器，隨潮入浦，散入瀕海諸鄉，食稻為盡，螟蝗之害不加於此。《國語》云：　越王與范蠡謀吳曰今其稻蟹不遺種。蓋謂此也。　蝦：　字書云：　長鬚蟲也。海中有蝦，鬚長二丈。海蝦擣潑生食以案酒，殊俊快。河蝦殼強可烹食爾。越人謂杜鵑曰社豹，社豹啼時漁人賣小蝦，名社豹蝦。又有小蝦，大如糠覈，曰糠

蝦。　蝦蟆：背有黑點，身小，能跳接百蟲，善鳴，與蟾蜍不類。《本草》云：蝦蟆一名蟾蜍，非也。《酉陽雜俎》云：鸛影抱，蝦蟆聲抱。今里俗聞其春鳴謂之聒子，其子謂之科斗。大盡先生前足，小盡先生後足。蟾蜍腹大背黑，皮上多痱磊，跳行舒遲，其肪塗玉則軟，刻削如蠟。《本草》所謂能合玉石者也。今其一種似蝦蟆而長踦，瞋目如怒，謂之鼃。越王揖怒蛙而武士歸之，即此是也。《周禮·蟈氏》注云：蟈，今御所食蛙也。《漢書》曰：丞相擅減宗廟羔、菟、鼃。此何等物，而漢人以供玉食及宗廟之薦邪？然則北人未嘗不喜食之。韓文公詩以為南烹，恐或不然。齊會稽孔稚珪不樂世務，宅中草沒人，春日蛙鳴，僕射王晏鳴笳鼓造之，聞蛙聲曰：此殊聒人耳？答曰：我聽鄉鼓吹，殆不及此。晏有媿色。又有竹蛙，春中能升高而鳴，吐白沫如斗大，懸竹樹間，沫中皆小黑子，大抵蛙之屬皆吐生也。又有蛤蚧，亦蛙之屬，或名半蛤。《本草》云：生嶺南山谷及城牆或大樹間，長四五寸，尾與身等，形如守宮，一雄一雌，常自呼其名，曰蛤蚧。最護惜其尾，或見人欲取之，多自齧斷其尾。首如蝦蟆，背有細鱗如蠶子，土黃色。今秦望、諸暨山谷間皆有之。捕者必以月之上寅日，不然則往往藏穴中不出。

鳥部　鵲：《淮南子》曰：太陰所建，蟄蟲首穴而處，鵲巢向而為戶。又曰：蟄蟲、鵲巢皆向天一。蓋鵲巢向天一而背歲也。先儒以為鵲巢居而知風，蟻穴居而知雨。歲多風則去喬木巢旁枝，故能高而不危也。古謂七夕鵲上天河為橋，雖未必然，今山陰七夕鵲絕少見。　鸛：《禽經》曰：鸛俯鳴則陰，仰鳴則晴。《拾遺記》曰：鸛能聚水巢上，故人多聚鸛鳥以禳却火災。然往歲會稽市火相去尚遠，忽有熛燄如流星獨焚倉，西鸛巢鸛飛鳴空中竟不能救，又不知何異也。　鵝：左氏曰：鄭翩願為鸛，其御願為鵝。舊說言江淮謂群鸛旋飛為鸛井，則鸛善旋飛盤薄霄漢，與鵝之成列正異。故古人陣法或願為鵝，或願為鸛也。會稽戒珠蘭亭有右軍養鵝池存焉。　鶌鳩：《釋鳥》云：鶌鳩，鶻鵃。今江東亦呼鶻鵃。《左傳》曰：鶻鳩氏司事。先儒云鶻鳩春來秋去，故為司事。一名鳴鳩。《月令》所謂鳴鳩拂其羽者是也。一名鷽鳩。《莊子》所謂蜩與鷽鳩笑之者是也。蓋此似山鵲而小。《釋鳥》曰：鷽，山鵲也。故此一名鷽鳩。又其短尾，青黑色，多聲，故此一名鳴鳩也。陸璣云：鶻鳩，一名斑鳩，似鵓鳩而大，鵓鳩灰色，無繡項，陰則屏逐其匹，晴則呼之，語曰：天將雨，鳩逐婦者是也。斑鳩項有繡文斑然；故曰斑鳩，則與此鶻鳩全異。璣之言非。今此鳥喜朝鳴，故一曰鶻嘲也。凡鳥朝鳴曰嘲，夜鳴曰咹。《禽經》曰：林鳥以朝嘲，水鳥以夜咹。咹，音夜，字見《龍龕手鏡》。　鵜：《釋鳥》云：鵜，鴮鸅。郭璞曰：今之鵜鶘也。好群飛，沉水食魚，故名洿澤鵜。形似鶚而大，人足，其鳴自呼，頷下胡大如數升囊，因以盛水貯魚。一名淘河，一名洿澤。會稽不常有，有輒大水。土人占之頗驗。　鷓鴣：自呼其名，常向日而飛，飛數隨月，蓋若正月一飛而止，畏霜露，早晚稀出，有時夜飛，飛則以木葉自覆其背，臆前有白圓點文，多對啼，志常南向，不思北徂。《本草》曰：鷓鴣形似母雞，鳴云鉤輈格磔。會稽諸暨山間頗多。　鷺：一名春鉏。步於淺水，好自低昂，故曰春鉏也。《方言》鶂鳴謂之獨春，與此同意。鶂鳴亦其鳴聲如春。鷺色雪白，頂上有絲毿毿然，長尺餘，欲取魚則弭之。山陰瀕水人家多畜之，皆馴不去，惟白露一日必籠之，不然飛去。　鷰之往來避社而嗛土不以戊己，籥口布翅枝尾。齊人呼鳦，蓋取其鳴自呼，故曰鳦也。一名玄鳥，蓋取其色之玄，故曰玄鳥也。一名鷾鴯，目之所不宜，處不給視，雖落其實，棄之而走，其畏人也。而襲諸人間，此燕安之道也。舊說紫胸、輕小者謂之越燕；胸斑黑，聲大者謂之胡燕。胡燕，土人謂之社鷗，多巢村墟人家門外，其為巢有極長者，山陰人家每候燕，多社前到，但不入人屋爾，必過玄鳥至之日乃入而營巢。　黃鳥：黃栗留也。一名倉庚，一名皇。齊人謂之摶黍，亦或謂之黃袍，常葚熟時來啄桑間，亦應節趨時之鳥也。凡《詩》言黃鳥者，興也；言倉庚者，賦也。　斲木：《釋鳥》云：鴷，斲木。郭璞曰：口如錐，長數寸，常斲木食蟲，因名。云此鳥有大，有小，有褐，有斑。褐者是雌，斑者是雄。又有青黑者，頭上有紅毛，生山中，土人呼為山斲木，大如鵲。　鴨：鶩也。《尸子》曰：野鴨為鳧，家鴨為鶩。不能飛翔，如庶人守耕稼而已。《周官》庶人執鶩，工商執雞。工商，欲其知時，又上之所畜也，故執雞。庶人雖亦上之所畜，欲其不散遷而已，故執鶩。《說苑》曰：鶩無佗心，故庶人以為摯。《物類相感志》云：雞鶩伏卵忌磨，若聞礱磨之聲則不生矣。《曲禮》曰：庶人之摯匹。匹，鶩也。今雄雞能鳴，其雌不能鳴。雌鶩能鳴，其雄不能鳴。　脊令：《釋鳥》曰：鶺鴒，雝渠。蓋雀之屬，飛則鳴，行則搖。大如鴳，長脚，尾腹下白，頸下黑如連錢，故杜陽人謂之連錢。會稽人呼為雪姑，其色蒼白似雪，鳴則天當大雪，極驗。　杜鵑：一名子規，一名怨鳥。夜啼達旦，血漬草木。

凡始鳴皆北嚮啼，苦則倒懸於樹。《說文》所謂蜀王望帝化為子巂。今謂之子規是也。至今寄巢生子，百鳥為哺其雛，尚如君臣云。《爾雅》曰巂周，即此鳥也。越人謂之謝豹。顧況詩云：緑樹陰中謝豹啼。又名射豹。戴勝：《釋鳥》云：鵖鴔，戴鵀。郭璞曰：鵀即頭上勝。今亦呼為戴勝。一名戴鵀，頭上有毛花成勝，故曰戴勝也。三月飛在桑間，蓋蠶生之候。《月令》所謂戴勝降於桑是也。越人云降桑遇金日主穀賤。烏：《說文》曰：烏，孝烏也，象形。《益州耆舊傳》曰：張霸為會稽太守，舉賢勸講，一郡慕化。道路但聞誦聲，野無遺寇。民語曰：城上烏鳴哺父母，府中諸吏皆孝子。王子年《拾遺錄》云：越王入國，有丹烏夾王而飛，故句踐起望烏臺以紀其瑞。燕烏，《釋鳥》曰：燕，白脰烏。《廣雅》云：純黑而反哺者謂之烏；小而腹下白，不反哺者謂之雅烏；白項而群飛者謂之燕烏，白脰烏也。雅烏，鸒也。山陰又有一種名寒鴉，比常鴉頗小，歲十月自西北來，其陣蔽天，及春中乃去。秦太虛樂府云：寒鴉萬點，流水繞孤村。不至越者殆不知也。

獸部　兔：口有缺，吐而生子，故謂之兔。兔，吐也。舊說兔者明月之精，視月而孕。故《楚辭》曰顧兔在腹，言顧兔居月之腹而天下之兔望焉，於是感氣。《禮》曰兔曰明視，其以此歟？《說文》無免字，以兔為免。兔生自口出，宜有留難，吐而後免，故字又通為免。獺：似狐而小，青黑色，膚如伏翼，水居，食魚自祭。其先記曰獺祭魚，然後漁人入澤梁是也。獺取鯉於水裔，四方陳之，進而弗食。世謂之祭魚。山陰澤居，亦時見之。羊：《禮》云：羽鳥曰降，四足曰漬。曰漬者，謂死相瀸漬而善耗敗也。六畜之死皆善耗敗，而羊為甚。《禮》曰：羊曰柔毛。柔毛，謂其不疾瘯蠡也。《詩》曰：羊牛下來。先羊後牛者，羊性畏露，晚出而早歸，常先於牛。會稽往歲販羊臨安，渡浙江，置羊艎版下，羊齧船茹，舟漏而沉溺者甚眾。至今人以為戒。牛：《詩》曰：爾牛來斯，其耳濕濕。濕濕，言潤澤也。蓋牛之為物，病則耳燥，安則溫潤而澤，故古之視牛者以耳。舊云牛相，璧堂欲闊，膺廷欲廣，豪筋欲就，雋骨欲垂，插頸欲高，排肋欲密，尾不用至地，頭不用多肉，角欲得細，身欲得圓，眼欲得大，口方易飼，鼻廣易牽，倚欲如絆馬，行欲如羊，形欲如卷，懸蹄欲如八字，亂睫好觸，龍頸突目好跳，毛拳角冷有病。毛少骨多有力，歧胡有壽，常有似鳴有黃。《戎右》曰贊牛耳，桃茢。牛耳無竅，以鼻聽也。盟者聽於神人，故執牛耳而正，以不聽為戒。中州平潼取酥酪以雍酥為冠。今南方亦皆作，而會稽者尤佳。會稽諸邑又推諸暨為冠，蓋吳中酥雖絕多，大抵味淡不可與會稽班也。晉王武子指羊酥示陸士衡云：卿江東何以敵此？疑當時南方未有酥酪也。猫：鼠善害苗，而猫能捕鼠，去苗之害，故字從苗。《記》曰：迎猫為其食田鼠也，迎虎為食田豕也。今海州猫最佳，俗云海州猫，曹州狗。猴：《呂子》曰：狗似玃，玃似母猴，母猴似人。猴善候，其字從侯。《白虎通》曰：侯，候也。楚人謂之沐猴。舊云此獸無脾，以行消食。柳子厚云：猿好踐稼蔬，所過狼籍，山之小草木必（陵）〔凌〕挫折撓之。會稽山間陸種如豆、麥、胡麻、萊服、蔬果、竹萌之類多為殘毀。天衣寺僧法聰令捕一老猴，被以衣巾，多為細縫使不可脫，縱之使去，老猴喜得脫，跳趨其群，群望而畏之，皆捨去老猴，趨之愈急，相逐日行數十百里，其害遂稍息。

藥石部　紫石英：《本草》但云生太山山谷。陶貞白云：會稽諸暨石形色如石榴子。掌禹錫云：生太山或會稽。《十道志》云：謝敷少時遊諸暨烏帶山，夢神語云：當以千千萬萬相遺。旦至主人林下，有異色石，乃紫石英，主人云出此山。敷遂往採，掘得其穴，所獲甚多。《元和郡志》亦云：烏帶山出紫石英，或以為烏豆山，或以為當讀如烏豎，或以為字當作笪，未知孰是也。今諸暨楓橋山間每雷雨後，民競往採之，然必祠神而後入山，蓋用謝敷故事。但土豪為壟斷，民得石多歸之，他人未易得也。自此至婺州，地產紫石英甚多，但不如諸暨之瑩潔有光彩爾。都下及吳中藥肆所賣紫石英皆此石也。婺州雙林寺輒謂之飯石，以神其說。太一餘糧：按《本草》，太一餘糧及禹餘糧一物，而以精麤為名。會稽王屋、澤潞諸山皆有之，嵊縣了溪有餘糧嶺，產禹餘糧，故得名。

宋・談鑰《嘉泰吳興志》　物産

秔：唐本州供尚食廚黃糙米一百九十八石，今發上供米僅三分存二一。按：秔或作粳。字書粳秔二字同音。陶隱居云：此即常所食米，但有赤、白、大、小異族四五種，同一類也。《急就章注》：秔，謂稻之不黏者。舊經作秔稻。《本草》米穀部有粳米，又有稻米。陶隱居云：道家方藥有俱有稻、秫粳米。此則二種矣。唐注云：稻者，穬穀通名。《齊民要術》却有水稻。注云：《爾雅》曰：稌，稻也。郭璞注曰：沛國呼稻為稌。《廣志》

曰：有虎掌稻、紫色稻。又云：粳有烏粳、黑穬之類，今並無之。舊編云十里香、師姑秔為上，齊頭白、八月白、八月烏次之，穲稏、金成為下。冷水紅為白稻。詢之農人，秔名不止此數種，往往其名鄙俚不足載。大率多壩田所種，山田易旱，惟種金成，俗呼為箭子，以其米細而長且耐旱也。 稉：唐本州供尚食廚糯米二千餘石，今歲納糯米一萬五千餘石。按：《本草》有稻米。禹錫等注云：《說文》稻即糯也，江東呼稉，乃亂切。《齊民要術·水稻篇》有秫稻，一名糯米。糯，音奴亂切。有九格秫、雉目秫、大黃秫之類十餘名，今無之。稉名類亦不一，惟金釵稉細而長，尤宜釀酒。 粟：《續圖經》載：今山鄉人種黃、白二種。又有一種，曰稉粟。《本草》有粟米，陶隱居注：今江東所種及西門皆是，其粒細於粱。米熟舂令白，以當粱米，俗呼為白粱粟。又秫米，《唐本》注曰：今呼粟糯為秫，稻糯為糯。北土人多以粟秫釀酒。又《爾雅》曰：粟，秫也。孫炎曰：秫，黏粟也。《廣志》曰：秫，黏粟。有赤有白者。今世有黃粱穀秫、桑根秫、穗秫、梧秫，本土無之。 麥：梁吳興太守周敏勸人種麥。《本草》有大麥、小麥、穬麥三種。陶隱居曰：今倮麥，一名麰麥，似穬麥，惟皮厚耳。穬麥是馬所食者。《唐本》注曰：大麥出關中，即倮麥，是形似小麥而大，皮厚，故謂之大麥，殊不似穬麥也。《齊民要術·大小麥篇》注：《廣雅》曰大麥，麰也；小麥，秫也。世有半夏、小麥、禿芒、大麥、黑穬麥。落麥者，禿芒是也。又別有青倮麥，今本土有大、小麥，有穬麥，俗呼為大麥。又有禿芒者，即落麥也。《本草》又有蕎麥，本土亦有。 麻：《續圖經》載：今鄉人種，先收牡麻，取其皮以緝布充衣，後收草麻，取其子以供食。《本草》有麻蕡、麻子。陶隱居云：麻蕡，即牡麻，牡麻則無實。今人作布及履用之。又《爾雅》曰：蕡，枲實。《禮》云：苴麻之有蕡。注：有子之麻為苴。《齊民要術》載崔實曰：牡麻無實，好肥。苴麻之有蘊者，苧麻是也。又有胡麻，一名巨勝，宜為油。白者油多，土人謂之油麻。陸田亦種之。 豆：《續圖經》載：豆種最多。《本草》有大豆、赤小豆、白豆、菉豆。《齊民要術》有大豆、小豆二篇曰：今世大豆有黑、白二種及長稍、牛踐之名，小豆有菉、赤、白三種。黃高麗豆、黑高麗豆、鷰豆、豍豆，大豆類也。豌豆、江豆、營豆，小豆類也。豍，音方迭切。今鄉人種豆，大豆有黑、白，小豆有菉、赤、白。又有鷰豆、豌豆、江豆。小大豆可為醬豉，山田尤多種。【略】 橘：太湖洞庭山產綠橘，號洞庭橘。韋蘇州《送橘》詩曰：信後欲題三百顆，洞庭須待滿林霜。橘種不一，《本草》注有朱橘、乳橘、塌橘、山橘，入水村人家多種成林。晝溝塍，常運水灌溉，有至數百樹者。 柑：唐貢乳柑。《本草》：乳柑、沙柑、青柑、山柑。注：柑類有朱柑、黃柑、石柑。而土人以乳柑為貴，與橘同種而不蓄，人其珍之。 柚：《禹貢》：揚州包貢。郭璞注：《爾雅》云柚似橙而大於橘。孔安國注：《尚書》云：小曰橘，大曰柚。今土人亦與橘同植。 木瓜：唐貢木瓜糝並煎。顧渚泉上有木瓜堂，列植木瓜，梅谿者尤勝。東坡謂紅勝頰也。 楊梅：《吳興記》云：吳興本無楊梅，太史慈葬卞山，三州來祭，越有楊梅，因種，號卞山楊梅。又生石槨山。《風俗記》云：張華《博物志》曰：地名石槨，故生楊梅。 棗：《爾雅》有壺棗、酸棗、羊棗等。《本草》有大棗、仲思棗。《齊民要術》又有民棗、木棗、桂棗之類。多北地所宜，今土人亦種之。徐陵《孝義寺碑》有弱棗，今添。 桃：《爾雅》有旄桃、山桃。《西京雜記》又載櫻桃、緗桃桃、霜桃、綺蒂桃、紫文桃，此土植桃頗多，種亦不一。徐陵《孝義寺碑》碑有甘桃。舊編載以早紅桃為上，楊葉桃次之，御愛桃紅白可玩，崑崙桃表黑肉赤。又有楊桃，藤生山谷。《本草》所謂獼猴桃也。 （槑）〔梅〕：梅生江南，湖郡尤盛。《吳興記》云：烏程有梅墟、梅林、梅亭，德清有梅埭。舊編云：今武康德清縣亘山谷，其種以堂頭梅為上，橫枝梅、清梅次之。又有紅梅、重梅、鴛鴦梅、千葉細梅、蠟梅。惟紅梅、鴛鴦梅有實，菁山等處亦多。 杏：《續圖經》載：據《廣志》有白杏、赤杏、黃杏、柰杏，土人所種惟紅杏。 栗：《續圖經》載：據《本草》栗類有枝栗、陸栗、芳栗。今山間栗木甚多，有大栗，實大而少味，即板栗也。有小栗，謂之茅栗。又有細大之間者，謂之茶果栗。 柿：《續圖經》載：柿即紅柿也。又有椑柿，色青黑。《齊民要術》注又載稉棗如柿。又土人種柿種類頗多，有紅匾柿、牛乳柿、火珠柿、水柿。又烏椑柿，俗呼為綠柿。舊編云：安吉多火珠柿。 李：《續圖經》載：《爾雅》再體李、駮李。《西京雜記》有朱李、黃李、紫李、綠李、青李、綺李、車下李。今世有水李，實大而美。《本草》注：陶隱居云：麥李，麥秀時熟。本土有米李、條李，熟最早。透明李，其色明澈。蠟李，色深黃。明州李，色深赤。茄李，色深綠。皆可口。車下李，細甚不堪食。 梨：《本草》云：有消梨、黃梨、茅梨、桑梨。《西京雜記》：有紫梨、芳梨、大谷梨之類。今鄉土梨類亦不一，有黃梨、青消梨、麋梨，品俱下。

獨安吉陳公梨，舊編云：東南有名，風味亞於鵝梨，在雪梨之上，甘美而香。

安石榴：《續圖經》載：按陸(機)〔璣〕曰：張騫使外國，得塗林、塗林安石榴也。《廣志》曰：有甜酸二種。今鄉土所種亦有甜者、酸者，其實紅白光潔者，醋榴也。紫黯皴散者，乃為甜榴，多出安吉及諸山鄉。又有白花一種，千葉紅花一種，近年園中所栽。枇杷：《續圖經》載：《本草》有枇杷。注云：江南今處處有，鄉土多有之。林檎：《續圖經》載：陳士良云有三種，長者為柰，圓者林檎，小者為梣。今鄉土有之。舊編云：武康德清林檎絕佳。又有金林檎，實小而花極可觀。櫻桃：今添禮謂之含桃。《本草》有櫻桃。陶隱居注曰：即今朱櫻，味甘可食。今出烏程下徐村。蒲萄：《續圖經》載：《本草》注云：子有紫白二色。又有似馬乳者，有圓者。又蘡〔薁〕名山蒲萄。今鄉土有紫白二種，皆藉人力，□□實率如馬乳，白者號漿水蒲萄，尤佳。亦有櫻薁，是野生山谷間者，實正圓皮厚，味酸澁不中食。甘蔗：《續圖經》載：《三都賦》謂之諸蔗。《本草》甘蔗注云：有兩種，赤色名崑崙蔗，白色名荻蔗。今土人亦種兩種。蓮藕：《爾雅》：荷，芙蕖，其實蓮，其根藕。今鄉土多水泊，遶郭三二十里多種之，夏月彌望如錦繡。芙蕖有紅白二種，紅者蓮腴而甜，藕硬。而淡白者蓮嫩而淡，藕瑩而甜。故鄉人以紅荷蓮，白荷藕為貴。秋晚實黑取紅謂之石蓮子。又嫩莖初出曰藕條，為蔬甚美。又有千葉蓮花，極可愛而無實。《梁陳故事》云：章氏宅邊水中出重臺千葉蓮花，蘇夫人感而有孕，生宣皇后。又有章浦，多生重臺蓮花，識者云：主生美人。自後果生章后，因名。今有此種蓮，蓬內生實處皆出花瓣，為重臺。又間生雙頭蓮。舊編載：郡學內齋館後池有紅蕖。賈安宅預貢時池生雙頭蓮，明年廷試中第一。其後莆陽黃公度來游學，寓池上又生雙蓮，次年公度亦為狀元。菱：《本草》謂之菱，一名芰，即屈到所嗜者。陶隱居云：廬江間取火燔以為米充糧。《蜀本圖經》云：實有二種。一四角，一兩角，今鄉土種此成蕩，不止二種。兩角者有果菱，差小。有湖趺菱，色紅。又有青菱，色青角而曲利。四角者有野菱，最小，角極銛。有太州菱，實豐而美，土人所重。近又有無角者，謂之餛飩菱，以其形似也。秋晚采實，竹箔曝乾，去殼為米，亦為果，有收至十數斛者。地名有菱湖，皎然詩曰：路入菱湖深。芡：《本草》謂之雞頭，一名芡。陶隱居曰：以花似雞冠，故名雞頭。陳士良云：有輭根名莈菜，可作蔬菜食之。今土人多種。葉如盤，貼水多刺，實大如雞頭，破之得數十子，顆顆勻圓，用沙淅去滑膩內之黃者。肉嫩青者肉硬。惟半青黃者謂之合熟，甘滑有佳味。又言芡性暖，謂之水硫黃，以其花日中開也。菱花夜開晝合，故性寒。莈菜，土人呼為雞冠菜，以充蔬，亦可煮為羹。鳧茨：今添。《本草》有烏芋。注：茨菰有烏者，根相似，細而美，呼為鳧茨，恐此也。《後漢書》云：今下田種。茨菰：今添。《本草》有藉(茹)〔菇〕，生水田中。一名茨菰，又謂之團慈，(茹)〔菇〕根如蒜，今下田亦種。右果屬本郡山鄉與平土宜木果，水鄉有水實，鮮潔勝他郡，故詳載。薑：舊編云：近太湖地宜薑。蔥：舊編云：近太湖地宜蔥。《本草》注：蔥有四種，冬蔥夏衰，冬盛莖葉俱軟美。漢蔥冬枯，莖硬味薄。胡蔥葉麄短。茖蔥生山谷。今鄉土惟種冬蔥，特宜於汙下之地。薤：《本草》注：有赤白二種。今鄉土宜白薤。韭：舊編云：韭薤土宜塗泥，春初尤佳。蒜：《本草》有大小二蒜，今山鄉皆有之。菘：舊編云：春宜菘。《本草》云：有一種牛脛菘、紫菘、白菘。今鄉土有青菘、白菘、蚵皮菘，葉皴而叢大，最晚菘也。芥：《唐本草》注云：有三種。有葉麄大者，有葉小子細者。又有白芥，又云白芥生太原。今鄉土有大葉者，取其心充蔬甚辛美，收子貯為薤。又有赤芥，色深赤。茄：《陳書》蔡樽為太守，於郡齋種紫茄供常廚。《本草》云：一名落蘇，鄉土有三種，有紫茄，有白茄，有水色茄，色亦白而甜嫩，可生食。莧：蔡樽郡齋種白莧供廚。《本草》注：有赤莧、白莧、人莧、馬莧、紫莧，五色六種。今鄉土惟種赤白二莧。芹：《吳興記》云：烏程溫山出御芹。《本草》注：芹有三種，荻芹根白色，赤芹莖葉青紫，堪作菹。今鄉土種惟白芹，冬至後作沮，甚甘美，春後不食，俗云入春生蟲子。瓜：舊編云：烏程甜瓜有名。《本草》：瓜有數種，有白冬瓜、胡瓜，有胡瓜，有越瓜。甜瓜有青白二種。胡瓜北人呼為黃瓜。越瓜生白小者糟之，今鄉土皆有之。越瓜郡俗呼生瓜，謂可生食也。瓠：《本草》：瓠有甜苦二種。又有瓠犪。今鄉土皆有之。有一種俗呼匾葫者，人尤喜食，園圃多種之。芋：《本草》注：芋有六種，有青芋、紫芋、真芋、白芋、連祥芋、野芋。又有薑芋，味辛。紫芋根大，有重斤許者，但種不多。薑芋、野芋不中食。真芋、青芋、連祥芋未詳，今鄉土多種白芋。蓴：今添。《統記》云：長興縣西湖出佳蓴，嘗供。德清沈顗兵荒，采蓴芹根供食，今水鄉亦種。夏初來賣，軟

滑宜羹。夏中輒黿溢不可食,不如吳中者。至秋初亦軟美,此張翰所以思也。　蘿蔔：舊編云：合谿者最佳,歲常入貢。蘇東坡所謂：消梨嫩者,鹽水漬之可以致遠。性便黃土,故山鄉尤宜種。《本草》作萊菔,《爾雅》曰：葖,蘆葩。皆音蔔。注云：紫花菘。又云：濕菘。　菰白：今添。《本草》：菰根,一名茭白菰。三年以上心中生臺如藕白,軟中有黑脈,堪噉。今水鄉亦多種。色白者美,帶黑點者不佳。　蔓菁：舊編云：雖非土產,近亦有之。　萵苣：《本草》有萵苣。又云：有紫色者。又有白苣。又云：吳人無白苣,嘗植野苣供廚饌。今鄉土無句苣。　苦蕒：《本草》有家苦蕒,又有野者,今鄉土有之,僧道菴寺尤多種,可頻采,食耐久,故諺云：三月食苦。又有生菜,杜工部所謂春盤生菜細者是也。　菠薐　薄荷

　茵陳　胡荽　芸臺。以上九種今添。　右蔬屬蘆菔之屬,宜山。葱、薑之屬,宜濕地。蓴、芹之屬,宜水。故本郡兼有。又有筍類,不一,附竹下藕條。莜菜附藕芡下,蒿薺之類多野采。甜菜、雍菜、莙薘近來自他郡,人亦稍有種者,說併附見。　牛：舊編云：農家畜水牛。按：《本草》有黃犍牛、烏牯牛、白牛、水牛。今鄉土水牛有烏白二種,止用耕稼,牸者或取乳。冬月取酥以烏戍者為勝。黃牛角屈向前者呼沙牛,少畜,水鄉不用負挽,又不能取酥也。　羊：舊編云：安吉長興接近江東多畜白羊。按：《本草》以青色為勝,次烏羊。今鄉土間有無角、斑黑而高大者,曰胡羊。　馬：《山墟名》云卞山有項王走馬埒洗馬池。《吳興記》云：卞山有項王繫馬樹,石間有項王馬蹄。《輿地志》：長興有白馬潭。《入東記》云：吳興牧馬岡,吳王牧馬之處。今菰城每歲殿司馬軍屯駐牧馬數千匹,鄉土多水,民間惟事舟楫,獨土族山家間養一二匹而已。　犬：《統記》云：太常卿邱泉之,烏程人,童幼時握得犬子九頭,識者曰犬為人守,此兒大當為九郡守,後泉之果歷九郡。今鄉人多畜以警盜。又有田犬、獵犬,所養有直數千者。近又有胡犬,小而捷。有北犬,甚高大,皆來自北地。　貓：又家畜以捕鼠。近有黃斑者,有毛長如獿者,雖似可愛,但不能捕鼠,實無用也。　豕：舊編云：田家多豢豕,皆置欄圈,未嘗牧放,樂歲尤多。搗米有杜糠以為食,歲時烹用供祭祀賓客,糞又宜桑。　豪：考《山海經》云：浮玉之山有獸,其狀如虎而牛尾,其音如豕吠犬,其名曰彘,是食人,今未詳。《續圖經》有豪豬,俗呼野豕。《禮》所謂田豕,即《山海經》彘之類,山間往往有之,如豬而大,且有力,口有二牙長,肩有豪長三四寸,堅利如錐,五七為群在田食稻,在山食芋蔬,殊為人害,捕之能觸齧傷人,故獵者以強弓毒矢而後可獲,有重百斤者。　虎：《統記》：納和尚至道場,山人曰山多虎。又郭文隱武康為虎探,取□骨虎,致一死鹿於屋前。又石頤山有虎跑泉,詳見武康護國院。又《遯齋閑覽》云：武康多虎。有姓朱人,數搏之,號朱虎殘,見搏虎橋下。今深山叢薈間有獵戶,亦能穽捕。　猿：江淹《游黃蘗澗》詩曰：猿嘯青崖間。顏魯公《杼山》詩曰：山僧狎猿狖。又有猴,性劣,曩歲居民稀少,故老言：猿猴在山,掇蔬果,蹂稻粟,多為人害,後居人漸蕃設檻穽掩取,今遂遠徙矣。

　鹿：見虎下。　麞：舊編云：安吉長興武康山多麞、麂、狸、兔。今近城西南山亦有麂,《本草》作麂。　狸　兔　獺：今添。水鄉處處有之,蒐捕魚食。《本草》云：是以魚祭天者,多出谿岸邊,其骨亦療食魚骨鯁。

　右獸屬牛羊之類,性獿,為人所畜。麞兔之類性野,不受羈制,以鄉土多水,視平陸州郡為不蕃。山獸有貛、豺等,間有一二,今不載。　雞：陸龜蒙《霅上紀事記》云：雞豚聊饋餉甫火。謝朏為吳興太守,以雞卵賦人,收雞數十隻。《爾雅》曰：雞大者蜀,蜀子雓。《本草》有丹、白、烏、黃四色。《齊民要術》：雞種取桑落時生者,形小,淺毛脚細短,守窠少聲,善育子,今田家多畜,秋冬月、樂歲尤多,蓋有栖穀之類為食也。　鵝：《統記》：德清沈朝家有孝鵝,今水鄉田家多畜。　鴨：舊編云：田家畜家鳧取子煎,杬木汁藏之,謂之杬子。《南史》：陳武帝與齊軍相拒,文帝送米二千石,鴨千頭,即炊米煮鴨,誓軍攻之,齊軍大潰。今水鄉樂歲尤多,畜家至數百隻,以竹為落,暮驅入宿,明旦驅出已收之田,食遺粒,取其子以賣。《齊民要術》云：嘗令肥飽,一鴨便生百卵,視他禽尤有息。　鶴：今添。《吳興記》云：姚紾化為白鶴。又唐沈齊家有鶴降於庭廡,鳴甚哀,笓之得睽之離,果二雛為漁人所獲。　溪鶒：舊編云：溪泊中多有。　鴛鴦：劉禹錫《送韓中丞之吳興口號》曰：溪上鴛鴦避畫旗。《山墟名》云：長興忻湖蓮菱之下鵁鶄,所集使人忻悅。今添。　啄木：今添。長興有啄木嶺,《山墟名》云叢薄中多啄木鳥,故名。　杜鵑：今添。李益《顧渚茶山》詩：子規一聲山草綠。一名子規。今鄉土山間多有。　伯勞：今添。皎然《顧渚行》曰：伯勞飛日芳草滋。《本草》云：鶪,伯勞也。今山間有之。　伏

翼：今添。《山墟名》云：伏翼澗多產。伏翼有素翼赤腹，千載倒掛者。

鸛以下十五物並《續圖經》載。 鷗 鷺 鸕鷀 鳧：即野鳧也。冬初出盛，俗所貴，尚以為饋送，大者號對數。 鶻：《爾雅》：鶻，鶌鳩。注：今呼鶻鵃。 鷙 鵜鴣：《爾雅》：鵜，鴮鸅。注：今之鵜鴣也。好群飛，沉水食魚，故名洿澤，俗呼為淘河，故老相傳：郭璞遷城時有鳥輒銜標去伺之，乃淘河也，得而刎之，至今賣此鳥必去頭。 烏鵲 鶯 燕：苕谿《漁隱叢話》云：余曩歲冬間於吳興山中營，先隴闕一山路傍有數巨石，其穴頗深，試令僕輩劚之，見鶯燕蟄於其間甚眾，急掩之。 鳩：《左傳》有五鳩。《爾雅》：鳺鳩，布穀也。《本草》：斑鷦，一名斑鳩。又有青鷦。今鄉土皆有斑鳩，價高於布穀，青鳩又倍。 雀：冬初有一種黃雀，在田間，甚肥美，所謂披緜者。 雉：《左傳》有五雉，今山間有，文備五采，獵戶能射之以貨，人亦多食。 鴿以下三物舊編載云：山林多鳩鴿，亦有鷹雕。 鷹 雕 右禽屬，本郡多水，故家禽蓄鵝、鴨，野禽多鷗鷺，而近山林則有鳩雉之類。《續圖經》、舊編所載及今添，殊不能備也。《山墟名》載長興鳳亭鄉云：昔有鳳棲於此。鳳非常禽，《統記》載慈禽不知其名，亦略去。 鱸：本出松江、太湖，魚性泝流遇水漲上，人苕霅，肉細美宜羹，又可為膾。張翰所思者。 太湖鮆：《山海經》云：苕水多鮆魚。注：鮆魚狹薄而長，頭大者尺餘。太湖中今饒之。《爾雅》：鮤，鱴刀。注：今之鮆魚也。出太湖，肥美。鮆，作啟切，一名刀魚。煎炙為饌，肥美兼可為膾，細者可謂鮮。 白魚：舊編云：湖白次鱸。今鄉土四五月水漲，漁人競於苕霅間釣網，得之有一二十斤者，鄉人以為珍味。《本草》云：大者六七尺，色白者是。 青魚：《統記》云：《風俗占》云：青魚噴浪，天必大風。舊編云：止可為鮓。《本草》云：作鮓與服石人相反。 鱖：舊編云：鱖次白。鄉土頗貴此魚。張志和《漁父詞》云：桃花流水鱖魚肥。 鯽：舊編云：鯽次鱖。《本草》：可和蓴作羹，又可作鱠。今鄉土為鱠，尤尚此魚。 鯉：《本草》云：形既可愛，又能神變。故琴高乘之。可作鮓。今鄉人以為鮓，極肥美，為膾次之。 鮎：《本草》作鮧。可作臛食，今亦饒有。 鱧：《本草》作蠡，云可作鱠。今鄉人罕食，或作熟鱠羹。 鰽：今添。詳鰷鱨。今鄉土謂之黃鰽魚。 銀魚：舊編云：銀魚雖細，惟州富有，亦出太湖。一名鱠殘，色白如銀，骨細而嫩。 鰻鱺魚：今添。《本草》云：形似鱓，能緣木。

鱓魚：《本草》云：有青黃二色，生水岸泥窟中，今鄉人取以為臛。 鰌魚：《本草》云：形似鰻而短。 右魚屬。郡有漁戶，專以取魚為生。風朝雨暮，月夜雪天，鼓柮鳴榔，披蓑垂釣，悠揚波上，宛若圖畫。又有據水畔設網，編葦為斷，又獨籠罩，機械不一，四時不停，隨得隨貨，俗喜鮮食，多寡皆盡，至於桃花水生，黃梅潦漲，湖魚泝急流而群上，漁人至施長網，截巨川而取之，舉網至數十尾，市價為俯，家率飫，且為鮓以寄遠，非時暑又為鱠。

蜂：蜂類不一，維成蜜者名為蜜蜂。山家率為筒，塗蜜以致之，蜂以類至，采花釀蜜，至冬取之，必餘其半，以為蜂食，不爾無噍類矣。有黃蜂，《爾雅》云在樹上作房，江東亦呼為木蠭。有黑蜂，甚大，名土蜂。《爾雅》注云：江東呼大蜂。在地作土房者為土蠭。二蜂皆毒，皆螫人。 鼃：鼃類不一，唯色帶青而肱長者為人所食。《漢書·東方朔傳》：上林南山，水多鼃魚，貧者得以人給家足。惟鼃形似蝦蟆而小，長脚。人亦取食之，今鄉土惟貧乞取以貨，名田雞。近有知梁谿楊迪云：判跋云：紹興庚申歲，故相朱公勝非為湖州守者，首禁采捕甚嚴。一日謂僚屬曰：某係面奉玉音云：朕前夕夢數百白衣人逐朕乞命。問之臣等，乃蝦蟆。緣江渚人好食啖田雞，嘗受刀砧之苦，今又將備禁中品饌，乞詔免采捕。朕嗟異而許之。此事甚異，降旨禁戢，卿為朕記之。當更舉察此文見印，施本郡每歲夏初即舉行揭榜禁捕。 蛟：《吳興記》云：天目山有蛟龍池。耆老相傳，入山之人嘗見山邊有美人，是蛟所化也。 蛇：杼山有避它城。按《說文》：它，蛇也。上古患蛇，而相問曰：得無它乎？蓋古人築城以避它也。陸洞《杼山記》所載如此。《本草》有烏蛇、白花蛇，又有赤䗢蛇。黃頷蛇多在人家屋上，食鼠子雀雛。又有蝮蛇，蝮色鼻反，□長身短，頭尾相似，大毒。今鄉土皆有之。烏梢、黃頷不甚毒。赤䗢亦能傷人。惟蝮蛇大毒，俗呼土灰蛇，以其色似也，夏夜多橫臥當道，人踐之即被囓，不急治有致死者。山間人自有草藥能療。或多以水調白芷末飲亦能治。《本草》又云：蝮蛇七八月中毒盛，時吐口中涎沫於草木上，著人身即腫成瘡，卒難治療，名蛇漠瘡。又一種小蛇，色極青，能登木竹，采樵人多為所傷。又一種如蛙而長，色如竹葉，多在竹上。土人云：蝮蛇一產三物，故其毒均。 蜘蛛：《本草》云：蜘蛛數十種。《爾雅》所載七八種耳。有色黑而黃斑，足長身大者，為網罥花木上，能螫人。又有緣壁而大者，能囓人影成瘡腫。 蜈蚣：《本草》云：(有)〔生

大〕吳川谷，有赤頭足者，又有黃足者，性能制蛇，亦嚙人。以桑汁、白鹽塗之即愈，今鄉土有之。　螻蛄：　一名蟪蛄。今鄉土有之，夜出撲燈，亦能嚙人。《本草》云：　今人夜忽見出，多打殺之。云為鬼所使也。　蚊：　蘇東坡為湖守，有詩云：　風定軒窗飛豹脚，《苕谿漁隱》曰：　吳興澤國，春夏之交，地尤卑濕乃多蚊蚋。豹脚者，黑花蚊也，俗稱草蚊，日間亦飛，嚼人膚能成疽。其尤多者，灰色蚊，昏曉聚檐間成聲。《統記》云：　江子匯自昔多蚊蚋，馬自然泊舟後至今無之。蚋自一種，極小而黑，亦日間飛出嚙人，惟山間草多處有，城市罕見。　龜：　長興縣有神蔡里，昔人於其地獲靈龜。又《南史》陳章后母蘇氏遇道士遺五彩龜。事見貴涇下。又吳興見漁人籠得一白龜，買而放於溪中，其龜三顧而沒，後其人封侯鑄印，龜亦三鑄三顧，其人悟，取而佩之。又《符瑞圖》宋明帝大始二年，吳興獻六眼龜，六年報八眼龜。元嘉十年烏程縣有白龜見，太守袁思道進之。又梁故鄣令夏侯琟上六眼龜，表云：　據縣民黃安世於所居渚次見神龜一頭，自水登岸，流精出彩，群龜數十同行，齊整有如衛從。唐則天朝德清縣百姓沈命長家生五色龜，雲化中得龜長一尺二寸，遂表獻之，敕改其年為長壽。　鼈：　今谿港有之，取為臛，《詩》言炮鼈。古為佳饌。　黿：　舊編云：　鄉土有黿。人不以為珍。《左傳》宰夫解黿食大夫。《本草》云：　黿鼉，此等老者，能變化為邪魅，自非急弗食。烏程烏將軍廟前大池中有大黿，甚多，人不敢捕。　蟹：　杜牧之吳興，詩曰：　吳谿紫蟹肥。舊編云：　八九月谿蟹大者如椀，極珍美。《本草》云：　蟹八月腹內有稻芒，向東輸海神，食之無毒。俗語云：　十月雄鬬大蟲。謂之螯大而有力，亦稱螃蟹。　蝦：　《本草》云：　小者生水田，有小毒。無鬚者，白色者，不可食。及腹下通黑者，亦不可食。今有二種，黑者出谿，白者出湖，皆為饌。　螺：　今添。《本草》有田螺生水面及湖濱，大如桃李，今有之。又有細者，曰螺螄，田時皆有之。又有白而圓者，名海螺。黑而銳者，名海螄。種於田澤，春月取賣。　蚌：　大觀元年，烏程漁山有漁者邵宗，蓋以取贏蚌為業，夢僧叩門，粵四日剖蚌見珠，得阿羅漢，偏袒右肩，矯首左顧，現行脚相。領封，發誓不復食蚌。《本草》：　蚌為大蛤。又有蜆形如海蛤而殼厚者，有細長如蜌者，俗呼輭岸，皆宴人所食。珠羅漢今在慈感寺，有郡人劉壽刻石記。　右蟲屬。凡居陸安水蠕動之類皆曰蟲，厥彙最夥，今舉其可紀者。昔《周官》二訓掌道地慝，說者曰：　地慝，地所生惡物害人者，若虺蝮之屬。禹鑄鼎象物，百物為備，使民知神姦。鄉土有數物能螫嚙人，或為異，所謂地慝，今復附見，使人知所避也云。卞山黃龍洞禎明中有黃龍現。《統記》：　禎明中杭州差軍將吳承裕與道正等齎龍簡詣卞山金井洞，設醮已畢，有黃龍現於洞中，可長二丈，爪牙鱗鬣，光照山川，遂於洞側置祥應宫。靈物不常有，故不載。　桑：　《吳興記》：　烏程東南三十里有桑墟。《梁陳故事》：　吳興太守周敏勸人種桑。顏真卿《西亭記》：　烏程令李清種桑盈數萬。《本草》有山桑，有家桑，葉椏者名雞桑。《爾雅》有女桑、檿桑。《齊民要術》有荊桑、蛇桑。今鄉土所種有青桑、白桑、黃藤桑、雞桑，富家有種數十畝者。檿桑，山桑也，生於野。　柘：　潘煒《吳興》詩曰：　桑柘遠連雲。　松：　《輿地志》：　戍山周回十五里悉產青松，法華寺前有松，徑數里。長興有松村。今處處山有。　杉：　唐高智周《精舍寺》詩曰：　院古〔皆種杉〕。　柏：　德清文墅山郭先生手種柏千株。太玄觀遶壇有古柏十九。　檜：　長興大雄寺殿前古檜中空裂為四枝，蔭半庭，堅如金石，相傳陳高祖手植，號陳朝檜。　楓：　陳武帝在田時有楓木下見一人，謂曰：　子後當富有四海，言訖不見。出《梁陳故事》。又《本草》云：　楓脂淪於地，千年變為琥珀。又云：　松脂千年為茯苓，又千年為琥珀。今人往往於松下得茯苓，有重斤許者。　桂：　杼山有青、白、紫桂，號三桂棚。出寺碑。　榆：　《山墟名》云：　長興有赭石山，多產刺榆。《本草》云：　江東無白榆。又云：　榆皮可入藥，莢可為羹，實可為醬，材可為器用。《齊民要術》有白榆、刺榆、梜榆。今鄉土有刺榆、梜榆二種。　桐：　《吳興記》云：　烏程縣南百里有胡墟。錢林居梓山，(味)〔梧〕桐映井。《本草》注：　桐有四種：　青桐似梧桐，無子。白桐有花有子，子可為油。岡桐無子，堪作琴瑟。又有梧桐，鄉土俱有之。　櫱：　烏程有黃櫱山、黃櫱澗。《本草》有櫱木，注黃櫱也。　櫧：　《山墟名》云：　貴峴山多產櫧。《玉篇》：　櫧木名冬不彫。　栲：　《山墟名》云：　鳳亭山多產栲櫟。　櫟：　見上。　杬：　唐貢杬子，以杬木汁煎，浸鴨子也。　柳：　《吳興記》云：　烏程縣南百五十里有柳墟，又有柳湖。又金石山多蒲柳。　梓：　德清黃山有梓華廟。　漆：　舊編云：　縣脚嶺多漆林。又貢上漆器三十事，今廢。　槐　樟　栩：　《本草》云：　即橡斗也。　檉：　《爾雅》：　檉，河柳。《本草》云：　今水邊赤楊也。　楮　杞　枳：　枳，橘類。《本草》注：　今江南俱有，江北有枳無橘。　吳茱萸：　《本草》云：　以其出吳中，以別山茱萸

也。　椶櫚：　舊編：　德清太玄觀遶壇有椶櫚三株。　牡丹：《本草》云吳牡丹。　右木屬，《續圖經》多載。內檜、櫱、栲、漆、栩、楮、杞、枳九種，新添。茱萸、牡丹，元係藥屬。按：《本草》云：　藥之屬，木者附木，今不別條。　箊竹：　舊《圖經》云：　左太沖《吳都賦》曰：　其竹則篔箊。《統記》云：　今斑竹呼瑇瑁竹。　苦竹：《吳興記》：　今石山多苦竹。武康有黃竹村。　箬竹：《山墟名》云：　箬峴山以產箬為名。又長興縣有上箬、下箬里。　筀竹：《吳都賦》作桂。舊編云：　早筀食筍，晚筀養竹。　淡竹　觔竹　篌竹　水竹　以上四種皆宜為器，並《續圖經》所載。　燕竹：　筍最早，燕至即生。　篾竹：　宜為篾絲。　紫竹：　色紫。　慈竹：　四時皆出，筍周生外，故曰慈。　間竹：　有黃竹而間青者，本出會稽，曰黃金間碧玉。又有青竹而黃間者。　貓竹：　筍出如貓頭，本出於江西。今有之，筍甚大。　象牙竹：　筍白而大。　哺雞竹：　今添。　右竹屬。古揚州有篠簜。《爾雅》：　東南之美，有會稽竹箭。郡地舊屬會稽郡，郡之產竹自古然矣。嘗觀《齊民要術》云：　北方之竹不過苦、淡二種。《本草》於苦淡外，有䈽音謹而已。《吳都賦》有簹簝簩。李善云：　皆出嶺外。本郡竹類亦可謂多也。　苕：　郡有苕谿。《統記》曰：　葦花蘭心曰苕，谿以兩岸生苕，故為名也。　蘋：　郡有白蘋洲。柳惲《江南曲》曰：　汀洲採白蘋。《統記》曰：　蘋似蓴而不滑。蓴花黃，蘋花白，故曰白蘋。吳興風俗以為蒸嘗菜。《詩注》謂大萍，誤矣。　菰：　郡有菰郡，即茭也。《本草》有菰白，俗呼茭白，又名蔣。《唐韻》曰：　蔣，菰也。東遷僧喬，半蔣席體。　蒲：　古樂府云：　拔蒲五湖中。　蘭：《山墟名》：　南嶼山有蘭芷畹，西施種香之所。《本草》：　蘭草生大吳池澤。又一種今諸山有，松竹蔭處皆野生。錢林居梓山，芝蘭送馥。　荻：　郡有荻塘。隋錄沈宏居荻塘，夜燒荻自照讀書。　蕙：　德清有蕙圃里。一名菖蒲，別名。　芷：　蘭芷畹，見上。　茅：《梁陳故事》：　白茅山生續茅。今山中多有之。　葛：　朱少帝《前谿曲》：　黃葛生爛漫。袁高山詩：　捫葛上欹壁。今山間多有之。　薇：　吳均《何山》雜詩云：　參差澗裏薇。　苔：　李騂《法華寺》詩云：　莓苔又絕壁，薜荔依高林。　荇：　德清沈顗兵荒，采蓴荇根供食。　薀　藻　朱藤：《山墟名》：　紫花澗之下生朱藤，三月間紫花滿澗。　紅躑躅：《統記》載云：　名山石榴。　海紅：《統記》云：　生上強。一名海薔薇。　朮：　舊編云：　天目山多種朮。　艾：　舊編云：　蘭蕙苕艾，陸藥芹菰蒲。　右草屬，根荄之類草最多。今特紀其著者，又有半夏、香附子、何首烏等。《續圖經》元附藥類。又武康有芝田里，長興有靈芝鄉。芝為瑞物，今俱不載。

銀：《吳興記》：　烏牛山有古銀、鉛、硼三所。又安吉縣移風鄉鄉銀坊，即古采銀之所。　銅：《輿地志》：　長興銅官山下有兩坎，深數丈，方圓百丈。云古采銅之所。《山墟名》：　銅峴山，即吳王采銅之所。《括地志》云：　安吉銅山，吳采鄣山之銅即此山也。又封山有銅。又趙監采銅而死，廟在銅官山，詳見廟祠。　錫鉛：《括地志》云：　白楊山上有兩穴，古采錫之所。烏牛山有阬鉛。　瑤琨：《吳興記》云：　卞山洞中有石似玉，時謂之瑤琨石。　白礬山：《吳興記》：　長興白石山出白礬，故名。　紫石英：《吳興記》：　龍山有紫石英。　鍾乳石牀：《吳興記》云：　卞山下有石穴。晉太守王思執炬入數步漸深澗，見鍾乳，恐人采之，猶有乳牀并石獸存。

宋・潛說友《咸淳臨安志》卷五八　物產

穀之品　秔：　早占城早熟、紅蓮中熟、礌泥烏、雪裏盆、去聲，晚熟。　赤稻、黃秈。　稉：　金釵、社、光頭、蠻。　麥：　大麥、小麥。　麻：　白、赤、烏、黃。　豆：　大黑、大紫、大白、大黃、大青、大褐、白扁、黑扁、白小、赤小、臘月煮粥者，吳中風俗也。　菉、小紅、樓子菉、白江、青豌、白豌、白眼、刀、其大如小刀。羊眼性最涼。

菜之品城東橫塘一境種菜最美。諺云：　東菜西水，南柴北米。　薹心、矮黃、二種，春間最盛。　大白頭、小白頭、黃芽、冬間取巨菜覆以草，積久而去其腐葉，黃白纖瑩，故名。　芥、柴而辣者難得。　生菜、波稜、萵苣、食取其根，名萵筍。　苦蕒、薑、土貢。　蔥、出板橋。　薤、韭、大蒜、小蒜、茄、有圓白瑩嫩者，名水茄。　梢瓜、黃瓜、冬瓜、葫蘆、土人呼曰扁蒲。　瓠、芋、《本草》載：　陶隱居云：　錢塘最多。今處處有之。　山藥、形如手掌者名佛手。　牛蒡、蘿蔔、一名蘆菔，西溪為勝，天目山者亦佳。　甘露子、三四節連生，如貫珠。　茭白、蕨、芹、菌。多生山谷竹松間。東坡《與參寥師行園中得黃耳蕈》詩云：　老楮忽生黃耳蕈，故人兼致白芽薑。其大者淨白，名玉蕈，最貴。黑者名茅，赤者名竹孤，皆下品。

果之品　橘：　富陽王洲其地宜橘。　橙：　有脆、緜、木數種。　梅：　有消、硬、櫨、透數種。　桃：　有金、銀、水、蜜、紅穰、細葉、紅等種。　李：　有蜜、透明等名。　杏　柿：　有方頂、牛心、紅椑、牛奶、水柿、火珠等種。

梨：有雪、糜、玉、消數種。 棗：鹽官者最著名，然不甚大。 蓮：聚景園後湖中者名繡蓮，極貴。 瓜：有青、白、黃等色。類有金皮、沙皮、蜜、甕、算筒等名。土人尤稱周家青瓜皆不若謝村櫟林者酥白而大。 藕：錢塘有西湖下湖者，仁和有北新橋北護安村，舊名范堰，產扁眼者最著名。 菱：初生嫩者名沙角，硬者名餛飩。湖中生如栗樣者極鮮。秋末古塘產大紅菱，尤甘肥。東坡《望湖樓醉書五絶詩》云：烏菱白芡不論錢。 林檎：土人以鄔氏園者貴，謂之花紅。 木瓜：《祥符舊志》云：產木瓜，瓜色青而小，土人切作片，暴乾入藥。都城以糖煎，名糖木瓜。 枇杷：無核者名椒子，嘉會門外舊有真覺院，蘇東坡《同景文賞枇杷》詩云：綠暗初迎夏，紅殘不及春。魏花非老伴，盧橘是鄉人。出於潛黃嶺前烏巾山小錫塘塢者尤珍。白色者上，黃次之。高宗皇帝嘗密遣訪，倍直酬之。 櫻桃：紫者反不若淡紅之甘。 石榴子顆大而白者名玉榴，紅者為下。 楊梅：舊載楊梅石塢，今在煙霞嶺瑞峰寺側金姆家者佳，東幕嶺十八澗亦盛，臯亭山產者尤甜。 銀杏：以三稜者為上。 雞頭：古名芡，又名雞壅平聲。今錢塘之梁渚窯頭仁和之藕湖、臨平湖所產特佳，西湖者尤勝，然不多也，可篩為粉。 蒲萄：有黃紫二色，紫者稍晚，黃者名珠子御愛。其圓大透明者名瑪瑙。 甘蔗：舊貢。今仁和臨平小林多種之，以土窖藏至春夏，可經年味不變。小如蘆者曰荻蔗，亦甘。

竹之品 竹：碧玉間黃金，筀、淡、紫、斑、金、鶴膝、天竺僧贊寧作譜載：出靈隱山，節密而內實，略如天壇藤，間有突起者，故名。 苦。 筍：南路、出璗山。 白象牙、哺雞、出稍早，和靖詩煙崖早筍肥。 苦、端午前多充饋遺，以其性涼也。 黃鶯、晚筀、出楊墳。 貓頭。大者一莖重數斤，品為劣。

木之品 桑：數種，曰青桑、白桑、拳桑、大小梅、紅雞爪之類。 梓 柘 柏：孤山陳朝柏最古。 松：數種，惟天目山者針短而犀健。 栝子松、三針、華山松、四針。白公詩：拂城松樹一千株。指萬松嶺言，今多不存。九里松猶有合抱者。 桐 檜：鹽官悟空塔前雙檜，東坡當嘗以詩。 柟：東坡詩云：中和堂後石柟樹，與君對牀聽夜雨。 櫧 櫟 槐 杉 桂 檀 槤 楓 榆 柳：今御路湖隄植柳最盛。垂者為楊，長條可翫。 椶：一名栟櫚。東坡《椶筍》詩云：贈君木魚三百尾，中有鵝黃子魚子。夜叉剖瘿欲分甘，籜龍藏頭敢言美。 椶筍可蒸煨食之，味微苦。 青神、鳳集：見李衛公《平泉草木記》云：木之奇者，天目之青神、鳳集。

花之品 牡丹：昌化富陽者頗大，古杭城中吉祥寺最多。東坡有詩，又有《留別釋迦院牡丹》詩。又有一種冬月開者，和述古詩云一朵嬌紅翠欲流，春光回照雪霜羞者是也。 芍藥：今艮山門外范浦鎮多植此花，冠於諸邑。有早緋、玉白、綴露，又有千葉白者，土人尤貴之。 梅花：白文公去郡後有《憶杭州梅花詩》。孤山之梅自唐以來已著稱，和靖居此山，詩於梅花最多。東坡《和秦太虛》云：西湖處士骨應槁，只有此詩君壓倒。又云：江頭千樹春欲暗，竹外一枝斜更好。《又和潛師》《又和楊公濟十詩》有云：綠鬢尋春湖畔回，萬松嶺上一枝開。今此花有數品，綠萼、千葉、香梅尤清絶。 紅梅：舊志有紅梅閣，東坡亦有《紅梅詩》有云：寒心未肯隨春態，酒暈無端上玉肌。今土人有福州紅、潭州紅、柔枝、千葉、邵武紅等種。 蠟梅：東坡有《在杭日贈趙景貺蠟梅詩》云：蜜蠟採花作黃蠟，取蠟為花亦奇物。又云：萬松嶺上黃千葉，玉蘂檀心兩奇絶。今此花亦有數品，以檀心磬口者為佳。 碧蟬 棣棠 海棠：羅隱為錢塘令，手植海棠，王公元之有詩紀之。 金林檎 郁李 長春 桃花：嘉會門南包家山冷水峪舊名桃源，花最盛處。 杏花 玉簪 水仙 薔薇：園圃多用以編籬屏。有寶象、月季等名。 粉團徘徊：此花極香，宮苑以雜腦麝為佩帶珠。 佛見笑 聚八仙 百合 滴滴金 石竹：林和靖有《石竹二叢》詩云：深枝苒苒裝溪翠，碎片英英翦海霞。 萱草 梔子 密友 金鐙 金沙 山丹 迎春 真珠：又名蘸水。青條白蘂，粲然可愛。 翦紅羅 錦帶 錦堂春 笑靨 大笑 蜀葵：有紫、白、黃、紅數種。小者名胡蜀葵。 菊：品最多。要當以黃者為正，名大小金錢。 荷花：白公《郡齋》詩云：遶郭荷花三十里。指西湖而言也。 瑞香：舊真覺院有此花。東坡詩云：幽香結淺紫，來自孤雲岑。骨香不自知，色淺意殊深云云。今馬塍種最多，大者名錦熏籠。 蕙：東坡《題楊次公蕙花》詩：蕙本蘭之族，依然臭味同。曾為水仙佩，相識楚詞中。 蘭：東坡《題楊次公春蘭》詩：春蘭如美人，不採羞自獻。時聞風露香，蓬艾深不見。云云。 紫薇：東坡有《次韻錢穆父紫薇花》詩云：虛白堂前合抱花，秋風落日照橫斜。云云。 紫楊：禪宗院山有山花一本，色紫而香，無人知名，白公樂天名為紫楊花，賦詩。 紅辛夷：唐時靈隱寺有此花，鮮紅可愛，白公有詩。 雞冠 鳳

仙：撒子即生，紅白璀璨，遇霜而隕。杜鵑：錢塘門外菩提寺有此花，甚盛。東坡有《南漪堂杜鵑花》詩，今堂基存此花，所在山多有之。映山紅：大概如杜鵑，但色淡質麤耳。櫻桃花：唐時樟亭驛有雙櫻樹。白公詩云：南館西軒兩樹櫻，春條長足夏陰成。素華朱實今雖盡，碧葉風來別有情。榴花：唐時孤山有石榴花。白公有詩云：山榴花似結紅巾，容豔新妍占斷春。色相故開行道地，香塵擬觸坐禪人。云云。靈隱舊亦多海石榴，樂天亦有詩云：宿因月桂落，醉為海榴開。木犀：有黃、紅、白三色，舊天竺山多有之。東坡有《天竺山送桂花分贈元素》云：月闕霜濃細蘂乾，此花元屬桂堂仙。鷲峰子落驚前夜，蟾窟枝空記昔年。云云。霅川（陳）〔程〕大昌《衍繁露》載：明之〔象山〕士子史〔本〕，有木犀忽變紅色，異香。因接本以獻闕下，高宗愛，賞畫為扇面，仍製詩以賜從臣云：秋入幽巖桂影團，香深粟粟照林丹。應隨王母瑤池宴，染得朝霞下廣寒。木芙蓉：東坡倅杭日，有《和陳述古中和堂木芙蓉》詩。今蘇隄及湖岸多種，秋日如霞錦云。山茶：今東西馬塍色品最盛。陳了齋有《接花》詩云：花單可使千，色黃可使紫。末意乃歸於，不能違時以。謂天者卒不可易也。今觀馬塍栽接有一本而十色者，有早開而晚發者，大率變物之性，盜天之氣，雖時亦可違矣。它花往往皆然，惟山茶在今為甚。木香、酴醿。已上二種皆柔條，有黃白二種，白而心紫者尤香。

藥之品　雲母、藁本、茵芋、鬼臼、木鼈。已上五種《本草》載，杭州有之。地黃、歲貢。牛膝、仁和、藺橋、白石多種。乾薑、上二種舊貢。蛇牀子、生白石。躑躅花、生錢塘富陽。白芷、千金草、生仁和藺橋。白朮、苦參、並生於潛。茱萸、澤蘭、鬼箭、烏藥、釣藤、覆盆子、並生富陽。木通、富陽小井。威靈仙、生富陽山。何首烏、劉寄奴、並生富陽小井。藜蘆、草烏、秦皮、百部根、並生天目山。菖蒲、桑白皮、芍藥、荊芥、薄苛、紫蘇、天南星、生於潛昌化。麥門冬、白及、牽牛、地骨皮、牛蒡、地膚、百合、香附子、乾葛、出富陽者良。天花粉、即瓜蔞根。馬兜鈴、青木香根。白薇、白鮮皮、石竹子、名瞿麥。山蘋、黃精、生餘杭於潛山。枸杞、茯苓、半夏、貫眾、生龍井口。山豆根、牡丹皮、車前子、石燕、九邑山洞中皆有之。枳實、續斷、千年潤、土人呼為地蜈蚣草。青蒿子、香薷、石膏、錢塘縣西五十七里有石膏山，出石膏，若雪瑩白。又縣治亥地獄產石膏，雨霽時出，藥用為最。益母草、生龍井山谷，亦名草天麻。寒水石、軟者寒水石，硬者石膏。生南高峰塔山下。地扁蓄、苦楝皮、蒲黃、榆白皮、風眼草、金星草、生南高峰。黃皮。生於潛，舊錢塘雷峰塔亦有之。

禽之品　雀、《宋書》：鹽官屢有白雀之異。鵝、雞、鴨、烏、鵲、鴿、鵰、雉、鶴、鷗、鷺、鸛、鳩、鷹、鷂、鶻、鴟、燕、鶯、鸜鵒、鶺鴒、亦名雪姑。竹雞、鵁鶄、鶻鵃、紺練、鸕鷉、亦名鸕鷀。鑽沙、魚虎、章雞、白頭翁、黃頭、青頭、烏頭白頰、蠟觜、告天子、百舌、和靖詩云：百種堪憐巧言語，一般惟欠好毛衣。杜鵑、布穀、畫眉、婆餅焦、偷倉、即家鶉。黃雀、亦名披緜。提壺、和靖《過下湖別墅》詩：多謝提壺鳥，留人到落暉。鸂鶒、林和靖《春日即事》詩，鴛鴦如綺杜衡肥，鸂鶒夷猶翠潋微。鉤輈。和靖詩云：雲木叫鉤輈。

獸之品　馬、昔錢氏牧馬於錢塘門外東西馬塍，其馬蕃息至三數萬，當時號馬海。今餘杭、臨安、於潛三邑猶有遺種。豕、牛、羊、鹿、麂、狐、兔、獺、貍、牛尾玉面。於潛、昌化山谷有之。犬、《太平廣記》載：靈隱造北高峰塔有寺犬自山下銜磚石至巔，吻為流血，人憐之，乃繫磚其背，塔成犬斃，寺僧葬之寺門八面松下。又錢塘地名狗葬橋，名良犬，故老云昔人被火燎幾斃，犬入水以水濡之復蘇，犬後死，立冢旌之。昔賢詠宮中桃花犬，著其義以為人戒，皆此類也。猫。都人蓄貓有長毛白色者，名曰獅貓，蓋不捕之貓，徒以觀美，特見貴愛。

蟲魚之品　鯉、鯽、西湖產者骨輭肉鬆。鱖、西湖獨無此種。鱠、鯿、鱧、鯔、鱣、鱸、鱭、鯶、鮎、吐哺、箬葉、黃顙、白頰、石首、王右軍帖云：此魚首有石，云是野鴨所化。鰵、鯊、肋、白、鰣、六和塔江邊生者極鮮腴，江北者味差減。鮈、鰷、鰲、金魚、東坡詩云：我識南屏金鯽魚。又曰，金鯽池邊不見君。則是魚固舊所有，亦有銀白、玳瑁色者。今錢塘門外多蓄養，入城貨賣，名魚兒活。黿、鰍、蚌、鼈、內骨之屬。一名神守。蝦、湖生者殼青，江產者色白。蝤蛑、產鹽官。蟹、《淮南子》云：蚌、蟹、珠、龜與月盛衰，皆陰屬也。西湖舊多葑田產蟹。土人呼湖蟹。和靖詩云：草泥行郭索。又《湖西晚歸》詩云：水痕秋落蟹螯肥。今湖蟹絕難得。螺、有田螺、螺螄、海螺、海螄，皆螺類。蟶、產鹽官者大。蜆、蛤、蟛蚏。

宋・周淙《乾道臨安志》卷二　物產【略】

今產　穀　秔、稉、粟、麥、麻、豆。衣　綾、絹、布、綿、羅、紬、紗。貨　茶、鹽、絲、蜜、蠟、紙。藥　白朮、茱萸、菖蒲、桑白皮、芍藥、五加皮、地榆、白芷、地黃、荊芥、罌粟、薄苛、紫蘇子、麥門冬、天南星、白及、香附子、牛膝、何首烏、百合、牽牛、地骨皮、牛蒡子、地膚子、乾葛、天花粉、馬兜鈴、丹參、苦參、沙參、白鮮皮、石竹、白薇、藜蘆、恒山、萆薢、劉寄奴、威靈仙、五倍

子、茵陳、山藥、黄(菁)〔精〕、瞿麥、旋復花、菊花、枸杞、草烏頭、鬼箭、山豆根、茯苓、半夏、貫眾、牡丹皮、杜仲、車前子、石燕子、秦皮、前胡、寒水石、枳實、續斷、青蒿子、千年潤、益母草、香薷、千金草、澤蘭、蛇牀子、鉤藤、黄皮、地萹蓄、藁本、獨活、升麻、烏藥、苦楝皮、百部根、躑躅花、蒲黄、榆白皮、鳳眼草、金星草、木通、覆盆子。　果　橘、橙、梅、桃、李、杏、柿、栗、棗、瓜、梨、蓮、芡菰、藕、菱、枇杷、櫻桃、石榴、木瓜、林檎、楊梅、雞頭、銀杏、甘蔗。　花　牡丹、芍藥、酴醾、棣棠、海棠、金林檎、御李、緋桃、滴滴金、碧桃、紅杏、長春、玉簪、山茶、玉梅、薔薇、佛見笑、聚八仙、粉團、水仙、海紅、徘徊、百合、梔子、翦紅羅、石竹、萱草、密友、金鐙、蜀葵、千葉蓮、佛頭蓮、紅榴、木犀、丹桂、木芙蓉、黄菊、山丹、白菊、臘梅、香梅、千葉梅、福梅、瑞香。　木　桑、梓、柘、松、柏、桐、櫧、櫟、槐、杉、楮、桂、楝、檀、樟、楓、柳、榆。　竹　筀、筀、金、淡、紫、班。

宋・吴自牧《夢粱錄》卷一八　藥之品：　雲母、藁本、茵芋、鬼臼、木鱉、以上《本草》載杭州所有。地黄、牛膝、仁和藺橋白石種。乾薑，上各件竝歲貢。蛇床子白石生、躑躅花、根名天門冬，生錢塘富陽。白芷、千金草藺橋生、威靈仙、茱萸、澤蘭、鬼箭、烏藥、鉤藤、覆盆子、麥門冬、白及、牽牛、地骨皮、牛蒡子、地膚、百合、香附子、乾葛、并出富陽。木通、何首烏、劉寄奴生富陽小井、藜蘆、草烏、秦皮、百部根生天目山、菖蒲、桑白皮、芍藥、荊芥、薄荷、紫蘇、天南星、生於潛、昌化。天花粉即瓜蔞根、馬兜鈴、椿白皮、白鮮皮、石竹子瞿、山蘋、黄精生於潛餘杭山、枸杞、茯苓、半夏、貫眾、地扁蓄、苦楝皮、益母草生龍井山谷、山豆根、牡丹皮、車前子、石膏、錢塘縣西有山出，如雪瑩白，舊縣治亥地有獄產此。寒水石、南高峰塔下生，軟者寒水，硬者石膏。蒲黄、榆白皮、鳳眼草、金星草生南高峰、黄皮、生於潛及雷峰塔下。石燕、九邑山洞中皆有之。枳實、續斷、青蒿子、香薷、千年潤、土人呼為地蜈蚣草。石香菜。

宋・史安之、高似孫《剡錄》卷九　草木禽魚詁上

木　松：　酈道元《水經》曰：　嵊山臨江，松嶺森蔚。　戴逵《松竹贊》：猗歟松竹，獨蔚山皋。肅肅修竿，森森長條。戴公文章世少見之，此贊甚簡古森嚴。　柏：　謝靈運《山居賦》曰：　木則松、柏、檀、櫟。《會稽郡記》曰：　會稽境多名山水，峰崿隆峻，吐納雲霧，松栝楓柏枝擢幹聳，鄭僧保剡人孝感甘露降松柏條。　檀：　《傳》曰：　檀可為車，故曰彊韌之木。陸璣《草木疏》曰：　檀木皮青滑澤，宋南渡初製五輅，須檀為車軸，取諸剡，至今郊年文移如舊。　櫟：　《水經》曰：　謝靈運與惠連聯句，刻孤潭櫟側。《詩》曰：　山有苞櫟。《爾雅注》曰：　櫟有梂彙自裹。　梓：　《水經》曰：謝車騎居嶀山東北，江曲起樓，樓側桐梓森聳。　桐：　謝車騎嶀江所居桐梓森聳，人號桐亭。丹池山在剡之東，舊曰桐柏山。道經曰：　上有桐柏合生。　楝：　出謝靈運《山居賦》楝有花，詩人稱之。梅聖俞《楝》詩：　紫絲暈粉綴鮮花，綠羅布葉攢飛霞。陳后山詩：　密葉已成蔭，高花初著枝。椿：　剡溪谷多此木。孔德紹詩：　歲積松方偃，年深椿欲秋。用莊子事妙絕。　杞：　謝靈運詩：　滮池溉粳稻，輕雲暖松杞。齊唐詩：　楩柟非給燎，魴鱮必施罛。　楮：　出《越經》。《說文》曰：　楮，穀也。陸璣《草木疏》曰：　江南以楮搗紙，剡溪作冰紙亦取此。東坡詩：　膚為蔡侯紙，子入桐君錄。李易《剡貴門卜築》詩：　趁時務擷茗，餘力工搗楮。謂作紙也。　檉：出《山居賦》、《越經》。《爾雅》曰：　檉，河柳。張衡《南都賦》注曰：　檉似柏而香。江淹《檉頌》曰：　碧葉菴藹頳。柯翕《絶喻梟》詩：　曉壇檉葉露，春圃朮苗風。　檜：　李德裕《平泉草木記》曰：　木之奇者，會稽之檜。《爾雅》曰：　檜，柏葉松身。越僧□忠詩：　山檜影寒猶帶雪，溪流聲澁未銷冰。剡谷間有絲檜，益奇。　橡：　《漢書》注曰：　橡，栩實也。顧況《書堂銘》曰：　橡栗梟險，猨猿相爭。許渾詩：　霜肥橡栗留山鼠，月冷菰蒲散水禽。柞：　周處《風土記》曰：　始寧剡界山多柞木，吴越之間名柞為櫪。《爾雅》曰：　栩杼，柞樹也。漢五柞宮即此木。　石楠：　李白詩：　水舂雲母碓，風掃石楠花。祖(巳)〔咏〕詩：　不知疊嶂夜來雨，清曉石楠花亂流。魏王《花木志》曰：　石楠樹野生，二月花開，剡山谷多此，冬時葉尤可愛。　厚朴：　《平泉草木記》曰：　厚朴得之剡溪。　樟：　出《越經》。《酉陽雜俎》曰：　江東人以樟為船。張嵊詩：　白水汪汪滿稻畦，樟花零落徧前溪。　櫲：　《輿地志》曰：　越太平山生櫲木。剡多此木，非止太平山也。　櫧：　出《越經》。李嘉祐詩：　子規夜啼櫧葉暗，遠道春來半是愁。　相思木：　《平泉草木記》曰：　相思木得之剡溪。《三異記》《述異記》皆曰：　戰國時魏有民戍秦，妻思之卒，塚上生木，枝葉皆向夫所，謂之相思木。《吴都賦》曰：相思之樹。注曰：　樹理堅邪，斫之有文，可作器。陸龜蒙詩：　樹號相思枝滿地，鳥語提壺聲滿溪。權德輿《相思木》詩：　空見相思樹，不見相思人。

栟櫚：《十道志》曰：會稽有椶，剡山谷多植。《山海經注》曰：一皮一節。《廣志》曰：栟櫚，葉如車輪，二旬一採，轉復上生。郭璞《栟櫚頌》曰：異木之生，疑竹疑草。攢叢石徑，森蓯山道。此八字奇。東坡《椶子》詩：贈君木魚三百尾，中有鵝黃子魚子。仲皎《椶子》詩：緣木求魚不是難，夜叉頭上捏波瀾。皮剜龍甲淩雲老，子入魚胎帶雪寒。　竹：許敬宗《竹賦》曰：篔谷著美，稽山見知。衛稱淇澳，梁賦夾池。吳筠《竹賦》曰：渭川千畝，山陽數林，會稽潤玉，羅浮色金。竹在會稽尚矣。剡左右沙村最宜竹。

箣竹：《爾雅》曰：東南之美，有會稽之竹箭。剡謝巖五龍山尤多。靈運《山居賦》曰：二箭殊葉。注曰：箬箭大葉，笄箭細葉。戴凱之《竹譜》曰：會稽箭最精，節間三尺，堅勁中矢。《字統》曰：箭，竹之別形。小身大葉曰箭竹。原父《箭竹》詩：冉冉東南美，托根那在茲。黃太史《箭筍》詩：會稽竹箭天下聞，青嶺霜笴搖紫雲。巽中詩：適越長懷冬箭美，游吳未數蓴絲滑。　毛竹：金庭山毛竹洞天有毛竹。李大□詩：毛竹巖深藏羽客，柯山日晷更舒長。李清叟詩：雲藏毛竹深深洞，烟起香爐裊裊風。

斑竹：《博物志》曰：洞庭二女以涕揮，竹盡斑。唐蔣防《湘妃泣竹賦》曰：帝舜兮南巡不迴，二妃兮心傷已摧。淚浪浪而墮睫，竹冉冉而凝苔。李端詩：雲去低斑竹，風來動白蘋。李易《剡山》詩：斑竹筍行三畝地，紅藥花開一尺圍。　燕竹：燕來時作筍，取其早也。王梅溪在剡有詩：問訊東牆竹，佳名始得知。龍孫初迸處，燕子正來時。　苦竹：《山居賦》曰：竹則四苦齊味。注謂：黃苦、青苦、白苦、紫苦也。越又有烏末苦、頓地苦、掉顙苦、湘簟苦、油苦、石斑苦。苦竹以黃苞推第一，謂之黃鶯苦。剡亦有之。孟浩然詩：歲月青松老，風霜苦竹餘。亦有油竹。　水竹：《山居賦》曰：水石別谷。自注曰：水竹依水生，甚細密。　石竹：《山居賦》注曰：石竹本科叢大，以充屋榱。巨者竿梃之屬，細者蕪箐之流。《閩中記》曰：勞竹似石竹。　慈竹：任昉《述異記》曰：南中生子母竹，慈竹是也。《酉陽雜俎》曰：慈竹夏雨滴汁入地而生。王勃《慈竹賦》曰：如母子之鉤帶，似閨門之悌友。喬琳《慈竹賦》曰：類宗族之親，比同朋友之造膝。宋景文公《慈竹贊》曰：根不他引，是得慈名。注曰：竹性土產，根不外引，密不容笱，生夏秋也。　桃枝竹：《書》曰：篾席黼純。孔安國曰：篾，桃枝竹也。《爾雅》曰：桃枝竹四寸有節。又有梁簡文帝《竹賦》曰：玉潤桃枝之麗，魚腸雲母之名。梁元帝詩：柯亭臨絕澗，桃枝夾細流。皮日休詩：鼓子花明白石岸，桃枝竹引翠嵐溪。　筆竹：字書曰：筆，竹名也。有早筆、晚筆、黃筆、⿱髟系筆。梅聖俞詩：侵天筆竹溪西東。　筋竹：《羅浮山疏》曰：筋竹堅利，南土以為矛，筍未竹時堪為弩絃。皮日休詩：烏紗任岸穿筋竹，白袷從披趁肉芝。　閃竹：越閃竹，即宋景文、黃太史所謂對青竹。宋公贊曰：翠溝如畫。太史賦曰：金碧其相。　紫竹：剡山谷間往往有之。宋景文《紫竹贊》曰：竹生三歲，色乃變紫。　方竹：玉岑山所植。贊寧《筍譜》曰：辰山有方竹，其方二寸。《桂苑叢談》曰：李德裕遊甘露寺，贈僧方竻竹杖，後數年至寺，僧圓之矣。陸龜蒙《筍賦》曰：洪纖靡定，方圓不均。注曰：南方有方竹。宋景文《方竹贊》曰：竹箇皆圓，此獨方形。張忠定公《方竹》詩：筍從初茁已方堅，峻節淩霜更可憐。王平父《方竹》詩：方竹同吾操，端然直物間。　人面竹：剡山有之。竹徑幾寸，近本逮二尺，節極促，四面參差。《竹書》曰：如魚鱗而凸，頗類人面。　淡竹：《本草》曰：竹類不一，而《農經》所載惟筆竹、苦竹、淡竹耳。　蘆栖竹：嵊山有蘆栖灣。王梅溪《嵊山賦》：靈禽忽翥於蘆栖。《竹譜》曰：竹膚是蘆。浙江以東以為篪，空於筆。

花

牡丹：仲皎《牡丹》詩：玉稜金線曉妝寒，妙入天工不可干。老去只知空境界，淺紅深紫夢中看。擇璘《牡丹》詩：東君著力為渠栽，妙絕真姿不受埃。嗟我一觀如夢幻，倚欄非為愛花來。　芍藥：李易《剡山》詩：斑竹筍行三畝地，紅藥花開一尺圍。王梅溪《剡館芍藥》詩：已過花王候，纔聞近侍香。來遊禁酒地，免作退之狂。　海棠：《草木記》曰：木之奇者，會稽之海棠。沈立《海棠記》曰：德裕言花中帶海者從海外來。程琳《海棠》詩所謂海外移根灼灼奇是也。海棠以蜀本為第一，今山間所有多野海棠。王梅溪在剡有《海棠》詩：欲與春爭媚，嫣然一笑芳。雨中如有恨，疑是為無香。先公在剡《謝人海棠》詩：富貴天姿錦里人，高華全比玉堂臣。綠嬌紅嫩精神足，肯折園林兩樹春。注曰：《花譜》以海棠比翰林學士。唐吳融《海棠》詩：太尉園林兩樹春，年年奔走看花人。此詩全成讖也。　桂：《草木記》以剡中丹桂為奇。德裕有《訪剡溪樵客得紅桂》詩曰：昔聞紅藥枝，獨秀龍門側。越叟遺數株，周人未嘗識。來自天姥峰，長凝翠風色。《記》中曰：又得剡中真紅桂。李白詩：何以折相贈，白花青

桂枝。雖然剡溪興，不異山陰時。劉長卿《寄剡中諸官》詩： 桂香留客處，楓暗泊舟時。梅溪王公記《周氏天香亭》曰： 巖桂數百根，皆古木也。蒼然成林，森然(而)〔成〕陰，洞然而深，窅徑通幽而亭乎其中。主人日與客游焉，如入宜人之林而夏不知暑，如登飛來之峰而香飄自天，如騎蟾蜍游兔宮而下視人間世，真剡之絕境也。先公《次韻楊少雲桂花》詩： 溶溶漠漠秋光淡，耿耿寥寥夜色清。不是靈根函爽氣，如何醖得此香成。玉兔搗霜千萬粒，淒風折作四花凝。廣寒慣識朝真趣，一笑秋空意欲淩。少雲，名寅，為兵部侍郎，時同在剡。 四季桂： 予雪館嘗植四季桂。白居易詩： 有木名丹桂，四時常馥馥。 稾據詩： 芳林挺芳幹，一歲三四花。據，晉人也。 雪桂： 雪館雪中桂有花，坐客以為自古未有，余曰： 李賀詩： 雪下桂花稀。杜牧詩： 桂花香帶雪。古人已見之。 山茶： 《平泉草木記》曰： 得會稽之山茗，越山固多也。陶弼《山茶》詩： 淺為玉茗深都勝，大曰山茶小海紅。先公《雪館山茶》詩： 江南嘉木蔚蒼蒼，能與山梅次第芳。葉厚耐擎三寸雪，飛初怯受一番霜。 石巖： 花比杜鵑尤紅。石巖先放葉，後著花。仲皎《石巖花》詩： 朱英歷歷爍晴空，過了花間幾信風。明日晝欄供徙倚，却須有句到芳叢。 酴醿： 王梅溪《剡館酴醿》詩： 日烘香倍遠，雨浥韻尤清。山谷詩： 雨浥何郎試湯餅，日烘荀令炷爐香。其用日烘，乃山谷詩中來也。先公《剡中賦酴醿花》詩： 羽蓋朱旛上下蒙，倚欄碧動舞蛟龍。誰憐澹素朝天面，自現光明滿月容。楊柳風柔霑絮濕，薔薇露重染衣濃。典型猶帶醺酣力，醖得餘春百倍醲。 杜鵑： 剡僧擇璘《杜鵑花》詩： 蠶老麥黃三月天，青山處處有啼鵑。懸崖幾樹深如血，照水晴花暖欲然。三嘆鶴林成夢寐，前生閬苑覓神仙。小山拄頰愁無奈，又怕聲聲聒夜眠。剡人謂之映山紅。唐僧修睦有《映山紅》詩： 山前幾見烟邊重，溪畔曾逢雨後斜。 瑞香： 西太白山有此花。盧天驥《剡山瑞香花》詩： 入夢生香酒力微，不須金鴨裊孤霏。為嫌淡白非真色，故著仙家紫道衣。時盧正在西山也。了元《瑞香譜》曰： 盧山瑞香比他郡最香，信乎？ 風物各有相宜。吳曾《漫錄》曰： 盧山瑞香花，天聖中始傳。東坡諸公悉作瑞字。此《廬山記》中載瑞香花及訥禪師詩： 山中瑞采一朝出，天下名香獨見知。張祠部以瑞為睡，其詩曰： 曾向端州睡裏聞，香風占盡世間春。竊花莫撲枝頭蝶，曾見南窗半夢人。先公翰林詩： 雲岑深處獨翹翹，香逐吳山一夢銷。味入禪心清透徹，錦熏篝暖不容招。 紅梅： 盧天驥《迎薰堂紅梅》詩： 河陽滿縣栽桃李，風過落花吹不起。潘郎遠韻故不凡，為米折腰聊爾爾。剡溪詩尹亦可人，作堂餉客名迎薰。雖無桃李繼潘令，紅梅一窠香入雲。自憐多病繡衣客，百年未半鬢先白。長鞭短帽飽霜露，田園將蕪身未索。何日背琴攜瘦筇，鳴絃堂上迎薰風。梅香已斷葉初暗，滿枝著子雙頰紅。寄聲艇子可留意，為我沿溪撐短篷。王梅溪《紅梅》詩： 桃李莫相妒，天姿元不同。猶餘雪霜態，未肯十分紅。 千葉黃梅： 王梅溪詩： 菊以黃為正，梅惟白最嘉。徒勞千葉染，不似雪中花。先公翰林詩： 一夢梨花失曉雲，晚貪黃裏弄精神。寒枝染透薔薇露，猶向人間犯色塵。 蠟梅： 花有紫心者、青心者。紫者色濃香烈，謂之辰州本蠟梅，聲名自蘇黃始。徐師川詩所謂江南舊時無蠟梅，只是梅花臘月開也。王梅溪《剡館蠟梅》詩： 非蠟復非梅，誰將蠟染肥。游蜂見還訝，疑自蜜中來。 菊： 朱放《剡溪舟行》詩： 漠漠黃花覆水，時時白鷺驚船。此溪邊有菊花也。先公於雪館西坡手種一二百本，最奇者紫菊、丹菊。杜荀鶴詩： 雨勻紫菊叢叢色，風弄紅蕉葉葉聲。庾信詩層霄映紫芝，潛澗汎丹菊是也。先公有《種菊》詩： 菊載神農經，不見詩三百。周官敘鞠衣，一言僅可摘。黃華紀呂令，落英餐楚客。伯始飲得壽，桐君書探賾。移根候萌動，需時當甲坼。我羨柴桑里，敢希履道宅。不種兒女花，朱朱與白白。閱譜品雖多，求栽地恐窄。揠苗助其長，抱甕溉以澤。朗詠黃為正，流播風騷格。寒香紫茝蘭，晚節銅柯柏。相繼早梅芳，一笑巡檐索。 丁香： 剡山白丁香絕多，殊不惡。李賀詩： 亂繫丁香梢，滿欄花向夕。錢起《丁香》詩： 露香濃結桂，池影鬬蟠虬。 薝蔔： 此花生山谷，榛篁間最多。禪月所謂白薝蔔，花露滴也。韓渥詩： 整釵梔子重，呵酒菊花香。杜甫《梔子》詩其實也。王梅溪詩： 禪友何曾到，遠從毘舍園。妙香通鼻觀，始悟佛根源。 水仙： 水仙自魯直、文潛詩得名。有單葉者，先公詩： 朝朝暮暮泣陽臺，愁絕冰魂水一杯。巫峽雲深迷昨夢，瀟湘雪重寫餘哀。菊如相得無先意，梅亦傾心敢後開。惱徹會心黃太史，他花從此不須栽。 薔薇： 李易《剡山》詩： 剡山無數野薔薇，黃雲爛熳相因依。李白《題東山》亦曰： 不見東山久，薔薇幾度花。 淩霄： 山谷老松，淩霄直上與松柏雨花零署。元稹詩： 寒竹秋雨重，淩霄晚花落。白居易詩： 有木名淩霄，擢秀非孤標。

果　梅：　皇甫冉《寄袁郎中經剡》詩：　受律梅初發，班師草未齊。崔顥《入剡》詩：　山梅猶作雨溪橘，未知霜仲皎次韻。王性之《梅花》詩：　白玉叢邊碧玉流，見花無復為花羞。春風細雨溪山路，洗盡去年今日愁。春到寒林雪得知，雪中誰解認芳姿。溪山飛上一輪月，香滿風前獨立時。擇璘《梅花》詩：　花老香微春始來，禁寒唯有雪相陪。無情誰為添愁怯，雨後風前亦可哀。江朝宗《梅花》詩朝宗，栝蒼人，有詩名。小小人家短短籬，冷香溼雪兩三枝。寂寥竹外無窮思，正倚江天日暮時。月淡霜清驛路長，一枝春信到江鄉。西山餓死魂猶瘦，洛浦仙遊佩亦香。先公翰林次韻：　新新數點照疏籬，又折今年第一枝。只為知心無著處，雪中獨立最多時。踏雪歸來水路長，親曾相見白雲鄉。風來風去都無那，吩咐行人一點香。杏：　盧天驥《剡中》詩：　山杏枝頭鵯鵊兒，來傳春意語多時。王銍《杏花》詩：　玉人半醉點豐肌，何待武陵花下迷。記得鞦韆歸後約，黃昏新月粉牆低。醉裏餘香夢裏雲，又隨風雨去紛紛。人間春色知多少，莫掃殘花不盡魂。桃：　張燕公《題金庭觀》詩：　他日洞天三十六，碧桃花發共師遊。東坡詩云：　劉氏宅邊霜竹老，戴公山下野桃香。王梅溪《白桃》詩：　洗盡夭夭色，泠然眾卉中。却將千葉雪，全勝幾株紅。李：　林概《剡郊野思》詩：　故園桃李今年別，一望歸心繞翠蹊。越桃李品最繁，剡亦多佳種。翠李、胭脂桃最高。李紳遊剡，龍宮精舍晝寢。有老僧見一黑蛇上刹前李樹食其子，復望東序而去，入紳懷中。僧曰：　公睡中有所覩否？　李曰：　夢中登李樹食李，甚美。似有一僧相逼，乃寤。僧知非常，延遇甚謹。櫻桃：　李易《剡山》詩：　豆角嘗新小麥秀，來禽向長櫻桃肥。盧天驥《鹿苑》詩：　把酒憐櫻筍，臨流憶鱖魚。沈約詩：　野棠開未落，山櫻發欲然。剡山固多山櫻。枇杷：　謝靈運《七濟》曰：　朝食既畢，摘果堂陰，春惟枇杷，夏則林禽。春安得有枇杷也。始寧墅多植此，剡坑吳莊最多。宋謝瞻《枇杷賦》曰：　肇寒葩於結霜，成炎果乎纖露。則熟乎夏矣。宋周祗《枇杷賦》曰：　四序一采，素花冬馥。八字環妙。林檎：　《山居賦》曰：　枇杷林檎，帶谷映渚。青李來禽出羲之帖。梅聖俞詩：　右軍好佳果，墨帖求林檎。李易《剡山》詩：　豆角嘗新小麥秀，來禽向長櫻桃肥。蓮：　剡少陂隰，蓮芰非利。錢昭度《剡溪》詩：　到處楊柳色，幾家荷葉聲。尚言此也。擇璘《荷花》詩：　雙雙白鷺墮青空，飛入花汀雜翠紅。煙火一篷漁舍晚，歸時蕩漾小船風。全似惠崇《大年小景》。瓜：　剡之西太平鄉產奇瓜紺翠如筩，味絕佳。庾信所謂美酒含蘭氣，甘瓜開蜜筒。齊靈敏：　剡人種瓜營葬，朝採夕生。棗：　棗在嵊山間，往往青棗耳。韓愈詩：　棗圃落青璣，瓜畦爛文貝。唐詩：　雨顆青璣密，風香白雪翻。若蕭山則赤棗甚奇。庾肩吾詩：　踴躍赬魚醉，參差絳棗浮是也。石榴：　剡近東陽故多榴。房晉、潘尼、張載、張協、應貞、潘岳、夏侯湛若、庾儵、范堅、宋顏測皆有《安石榴賦》，古人愛之若此。葡萄：　《廣志》曰：　葡萄黃、黑、白三種。越剡間多碧葡萄。王梅溪《剡館葡萄》詩：　珠帳纍纍挂，龍鬚蔓蔓抽。從渠能美釀，不要博涼州。木瓜：　越剡所產多青瓜，不復丹色如宣城梅溪者。何承天《木瓜賦》曰：　維茲木之在林，亦超類而獨劭。方朝華而繁實，比沙棠而有曜。佳語也。胡桃：　《尚書故實》曰：　右軍《禽李帖》又曰：　胡桃種已成矣。木元虛《四明山記》曰：　芙蓉峰山足生胡桃。今新剡間種此。晉鈕滔母《答吳國書》：　胡桃外剛樸，內柔甘，質似古賢，欲以奉貢。善形容如此。柿：　剡所多也，種亦不一。謝靈運《山居賦》曰：　椑柿披實於長浦。簡文《賜柿啟》有云：　懸霜照采。四字甚奇。椑：　潘岳詩：　前庭樹沙棠，後園植烏椑。梨：　剡梨多種。蓋杜詩所謂塞柳行疎翠，山梨結小紅者。然更有大且重者。庾信詩：　寒谷梨應重，秋林栗更肥。栗：　始寧墅有栗圃。陶隱居曰：　栗，會稽最豐。諸暨形大皮厚不美，剡及始寧皮薄而甜。秦系《謝朱放訪山居》詩：　土栗添初味，殊花帶老顏。又《山中寄錢起苗發》詩：　稚子唯能覓梨栗，逸妻相共老煙霞。榧：　《平泉草木記》曰：　木之奇者，稽山之榧。東坡詩：　彼美玉山果，粲為金盤實。玉山屬東陽，剡暨接壤，榧多佳者。僧巽中《棐湯》詩：　久厭玉山果，初嘗新棐湯。棐肉和以生，蜜水腦作湯。奇絕。其木宜製書几。王昌齡詩：　爐香淨棐桉，松影閒瑤墀是也。柑：　剡素無柑，近有種者，擷實類橘，風味不減黃巖。胡公《柑賦》：　處漢之南，背江之陰。水帶清流，山向高岑。種柑法也。橙：　張籍詩：　山路黃橙熟，沙田紫芋肥。真剡中風物也。梅聖俞詩：　越齏橙熟久，楚飯稻春初。橘：　崔顥《入剡》詩：　山梅猶作雨，溪橘未知霜。任昉《述異記》曰：　越多橘柚園，越人歲稅謂之橙橘戶，亦曰橘籍。柚：　《列子》曰：　吳越之間有木焉，曰櫾碧樹而冬青，實丹而味酸。《爾雅音義》曰：　柚，柞櫾。崔琦《七蠲》曰：　于斯江澤實產橘柚，紫葉元實，綠裹朱莖。謝惠連詩：　含苞者柚，忘

憂者萱。實摘柯摧，葉殞條繁。

鍾乳：《山居賦》曰：訪鍾乳於洞穴。靈運自注曰：近山之所，剡崖谷亦生焉。梅福《四明山記》：南一峰石壁數穴生石乳。沈約《遊金庭觀》詩：朋來握石髓，賓至駕輕鴻。剡固有此也。又詩：玉竇膏滴瀝，石乳室空籠。鮑昭詩：銅溪晝森沈，乳竇夜滴瀝。劉珊詩：石牀新溜乳，金竈欲成丹。姚邰詩：玉英含石乳，黃粉落松花。皮日休詩：鶴聲入夜歸雲屋，乳管逢春落戶牀。張籍詩：石洞新生乳，寒泉舊養龍。李適詩：捫壁窺丹井，梯臺瞰乳穴。章孝標詩：露寒鍾乳結，風定玉花香。古人詩中多喜用此。

朱砂：崖谷間亦有之，人不知采耳。李白《剡中》詩：無以墨綬苦，來求丹砂要。《寰宇志》曰：會稽歲貢丹砂。

禹餘糧：舊經曰：嵊北餘糧嶺產禹餘糧。《博物志》曰：禹治水棄餘食於江，為禹餘糧。李群玉詩：澗有堯時韭，山餘禹代糧。逋翁《剡紙歌》：宛委山裏禹餘糧，石中黃子黃金屑。

雲母石：剡山接地壁嶺道間所生，石色晶熒。葛洪《丹經》用雲子者，雲母也。白居易詩：朝餐雲母散，夜吸沆瀣精。張籍詩：鍊成雲母休煩爨，占得雷公當吏兵。皮日休詩：深夜數甌唯柏葉，清晨一器是雲華。注曰：雲華，雲母別名。

石燕：梅福《四明山記》曰：南峰之北巖生石燕。

茯苓：《山居賦》曰：茯苓千歲而方知。杜甫《茯苓》詩：翻動神仙窟，封題鳥獸形。李益《茯苓》詩：松膏為茯苓，妙者龜鶴形。章孝標詩：注餅雲母滑，漱齒茯苓香。剡山多喬松，松下多茯苓。《典術》曰：松脂入地千歲為茯苓。

朮：剡山有朮。《爾雅》曰：朮，山薊也。庾肩吾《朮煎啟》曰：綠葉抽條生於首峰之側，紫花標色出自鄭巖之下。楊侃詩：結茅野客前溪住，採朮幽人絕頂行。方干詩：雲迷收朮路，雪隔出溪時。秦系詩：霓裳雲氣潤，石徑朮苗春。

黃精：舊經曰：石鼓山多黃精。《博物志》曰：太陽之草名黃精。謝靈運《游名山志》曰：天室山多黃精。秦系《期王鍊師》詩：黃精蒸罷洗瓊杯，林下從留石上苔。昨日圍棋未終局，且乘白鶴下山來。

藷萸：《本草》曰：齊越名山芋。《異苑》曰：野人謂之土藷。張師正《倦游雜錄》曰：薯蕷，唐代宗名預，改為藥。英廟諱上一字，却呼蕷藥。溫公《送薯蕷苗》詩：客從魏都來，遺我山藷實。則曰山藷。王荊公、王岐公《和蔡樞密山藥》則曰山藥。黃魯直《和七兄山蕷湯》詩則曰山蕷。

地黃：《山居賦》曰：采石上之地黃。剡地種之。白樂天《採地黃》詩：採之將何用，持以易餱糧。

仙茅：《齊唐集》曰：少微山有仙茅。詩曰：仙方上品誇靈種，忽怪靈芝坼紫苞。玉澤返嬰看驗術，少微山是小三茅。李商老詩：聞說仙茅勝鍾乳，移根遠自西山阿。剡亦有焉，人少採耳。

草芝：鄭僧保，剡人，〔居父母喪廬墓十載，〕芝生於墓。

蘭：《越絕書》曰：勾踐種蘭於蘭渚山。舊經曰：蘭渚山，勾踐種蘭之地。王謝諸人脩褉蘭渚亭。《山居賦》曰：風生浪於蘭渚，日倒影於椒塗。豈惟蘭渚多蘭？剡蘭固自漫山競秀，但花不如蘭渚豐挺耳。仲子陵《幽蘭賦》曰：貞正內積，芬華外揚，和氣所資，精明自得。此十六字超出筆墨蹊逕，其知蘭者乎？王拱辰《送陸軫守越》詩：棋墅風煙清早夏，褉亭蘭茝暗殘春。一時稱傑句錄之。

秋蘭：《山居賦》曰：水香送秋而擢蓓。注曰：水香，蘭草也。當是秋蘭。秋蘭，古人最所鍾愛。一經靈均，風騷之士競知慕焉。《離騷》曰：秋蘭兮蘼蕪，羅生兮堂下，綠葉兮素枝，芳菲菲兮襲子。又曰：秋蘭兮青青，綠葉兮紫莖。張衡《思元賦》曰：纗幽蘭之秋華。《東京賦》曰：芙蓉覆水，秋蘭被涯。魏武帝《陌上桑》曰：柱杖桂枝佩秋蘭。曹植《迷迭香賦》曰：芳暮秋之幽蘭兮，麗崑崙之英芝。又詩：繁華將茂，秋霜悴之，君不垂眷，豈云其誠？秋蘭可喻，桂樹冬榮。又詩：秋蘭被長坂。晉傅元《秋蘭篇》：秋蘭蔭玉池，池水清且芳。又詩：秋蘭豈不芬，鮑肆亂其芳。元鼓吹曲又曰：謀言協秋蘭，清風發其芳。陸機詩：氣惠秋蘭。潘尼詩：流聲馥秋蘭。一秋蘭之微，而詞人眷眷如此，是亦瓌貞挺秀可以比德歟。此從永嘉移本，大略如蕙，擢花八九月之交，香特重於春蘭也。

蕙：《廣雅》曰：蕙草，綠葉紫華。林概詩：吳娘晚唱穿菱葉，楚客春心託蕙叢。

長生草：剡之東四明山生草，曰長生不死草，雖甚枯槁，得水即蔥翠，甚為異也。東方朔《神異經》曰：會稽橫山有草，莖赤葉青，人死服之活。《十洲記》曰：不死草出祖洲田，人既死者活。《述異記》曰：漢武帝時，月支國獻活人草。《仙傳拾遺》曰：祖洲不死草生瓊田中，名養神芝，葉似菰，苗叢生；一株活一人。杜光庭《神仙傳》曰：秦皇時，苑中多疫死者，有鳥銜草覆其面，即活。王右丞《長生草》詩：老根那復占春晴，能住虛空自發生。

鹿胎草：獵士陳惠度射鹿剡山，鹿孕而傷，舐子，死，其處生草曰鹿胎草。

恒春草：唐方士梁鍠《進恒春草》詩：東吳有靈草，生彼剡溪傍。既亂莓苔色，仍連菡萏香。金膏徒騁妙，石髓莫矜良。儻使沾涓

滴，還游不死方。　菖蒲：《左氏傳》曰昌歜，《說苑》曰昌本，陶隱居曰昌陽。東坡《石菖蒲贊序》：蒲有昌陽之辨。盧天驥《定林寺沿溪采石菖蒲》詩：曉行隱隱入花邨，小雨初晴水氣昏。莫厭僧家能冷淡，且穿芒屩采溪蓀。仲皎詩：□破雲根溼蒼玉。擇璘詩：寒石一拳添瘦削。皆佳句也。

麝香菜：西山有之，即紫(苑)〔菀〕苗也。　石耳：生四明山絕壁，絕甘滑。

茶品　會稽山茶以日鑄名天下，余行日鑄嶺，入日鑄寺，綆日鑄泉，瀹日鑄茶，茶與水味深入理窟。茶生蒼石之陽，碧澗穿注，茲乃水石之靈，豈茶哉？山中僧言：吾左右巖鄔能幾何茶入京都奉臺府供？好事者何可給？蓋取諸近峰，剡居半。然則世之烹日鑄者多剡茶也，日鑄以水勝耳。建溪、顧渚溪以茶名者，水也。剡清流碧湍，與山脈絡，茶胡不奇。余留剡幾年，山中巨井清甘深潔，宜茶。方外交以茶至者皆精絕，篋中小龍幺鳳至鐍不擊。唐僧清晝詩：越人遺我剡溪茗，採得金芽爨金鼎。剡茶聲唐已著。李易《剡山》詩：雲谷移佳茗，風潭遶古松。栽種也。趁時務擷茗，餘力工搗楮。採擷也。丹鼎山頭氣，茶爐竹外煙。烹試也。仲皎《贈剡僧秀蘊點茶成梅花》詩：未飛三白雪，却報一枝春。皆風流人也。　作茶品　瀑嶺仙茶、五龍茶、真如茶、紫巖茶、鹿苑茶、大崑茶、小崑茶、焙坑茶、細坑茶。

泉品　陸羽水品二十，劉伯芻水品七。品藻，天下名泉也。余盡取剡中潭谷水，入茶三歎，茶非水不可，水得茶方神耳。盧天驥《玉虹亭試茶》詩：纔見飛泉眼即明，玉虹垂地半天聲。何時蕭散無公事，洗鉢重來汲淺清。又：航湖未逐鴟夷子，得水今同桑苧翁。試遣茶甌作花乳，從教兩腋起清風。斯人殊有風度。　作泉品　葛仙翁井泉　瀑布泉：縣西，太白山絕崖如壁，林木蔭翳，上有葛仙翁祠。　五龍潭：縣西北，山多竹箭，山有寺，兩山合。　簟山三潭：縣東，四明山山危峭，怪石□□□四立上，深入山根中，在山之半石□□□有大士，下一在山。　石門潭：縣西。　響巖潭：縣西。　動石潭：縣北。　三懸潭：縣西南之北，石壁峭拔，老蝙蝠大如鴉，棲□中。　紫巖潭：縣西，其山危拔入雲。　槖潭：縣西北，山絕危峻，下一潭曰浮潭，言人之不可及也。然後造上。　亞父潭：縣西。　雪潭泉：上乘寺。　偃公泉　龍藏大井　明覺大井　竹山大井　謝巖潭：下有穴，水出焉。　獅子巖大井：巖頭。

禽　鶴：張籍詩：春雲剡谿口，殘月鏡湖西。水鶴沙邊立，山鼯竹裏啼。李易《剡山》詩：魚跳破浪奮赤鬣，鶴唳投松翻縞衣。盧天驥《剡中》詩：但數十家看鶴戶，與兩三隻釣魚船。　鵠：出《山居賦》。《廣志》曰：黃鵠出東海。徐幹《七喻》曰：雲鶴水鵠。張伯玉詩：冷風徐引江鵠飛，白雲迴首青猿啼。李易《剡山有浴鵠沼》詩：沼從鵠舉添蕭索，峰似鸞翔解歎嗟。又鵠沼開新鑑，纖塵莫遺遮。　鴇：布老切。性不上樹。出《山居賦》。朱超詩：綠草間遊蜂，青葭集輕鴇。謝脁詩：田鶴遠相叫，沙鴇忽爭飛。郭璞《上林賦》註曰：鴇似雁，無後指。　鷮：居苗反。出《山居賦》。陸璣疏曰：兩足之英有鷮。《爾雅》曰：鷮雉長尾，走且鳴。曰：雉有擅澤之鷮。　雉：《爾雅》：雉，鸐也。元稹詩：馴鷗眠淺瀨，驚雉入平蕪。齊唐詩：纖綸魚蜀尾，鳴鏃雉摧斑。晉王叔之《翟雉賦》曰：雉見質而不陋，翟表文而不華。晉孫楚《翟賦》曰：班五色之奇章，揚噭噭之清音。《爾雅》曰：鸐，山雉。尾長。溫庭筠詩：冉冉山雞紅尾長，一聲樵斧驚飛起。江濤《剡中》詩：麥隴將雛馴乳雉，柳塘遺子漾游魚。　鷳：項斯詩：更望會稽何處是，沙連竹箭白鷳群。《西京雜記》曰：鷳有白鷳，有黑鷳。李白詩：請以雙白璧，買君雙白鷳。詩人所樂尚者。　子規：李易《剡山》詩：叮嚀杜宇往江北，為喚故人令早歸。仲皎《懷剡川故居》詩：蝴蝶夢中新歲病，杜鵑聲裏故鄉心。《成都記》曰：蜀王杜宇稱望帝死化為鳥，名杜鵑，一名子規。《爾雅》曰：嶲周即此鳥也。越人謂之謝豹。　鶯：出《舊經》。《詩義疏》曰：黃鳥，鸝鶹也。或曰黃栗留，或曰黃鳥，一名倉庚。謝靈運《酬惠連》詩：嚶鳴已悅豫，幽居猶鬱陶。　畫眉：梅聖俞詩：山鳥本無名，兩眉如粉畫。文與可《畫眉》詩：百囀千聲隨意移，山花紅紫樹高低。始知鏁向金籠聽，不及林間自在啼。剡林谷雅多此也。

拖白練：張九齡詩：山禽毛如白練帶，棲我庭前栗樹枝。張祜詩：紅蕉心半卷，白練尾長垂。文與可詩：磐石坐深林，不欲人求見。隔岸誰品絃，數聲拖白練。玉岑山最多，尤可玩愛。　黃雀：剡人候雀曰：白露來，霜降去。張芸叟詩所謂黃雀知時節，清江足稻粱是也。蘇子由亦曰：秋風下，黃雀飛。禾田熟，黃雀肥。其曰百箇同缶仍相依者可醢也。　婆餅焦：梅聖俞詩《婆餅焦兒》：不食爾父向何之，爾母山頭化為石。山頭化石可奈何，遂作微禽啼不息。先公翰林《集高亭》詩：山亭十月晏溫朝，倚

檻一聲婆餅焦。舌澁力微寒氣早，不成清亮却成嬌。　啄木：《爾雅》曰：啄木，鴷也。白居易詩：豈無啄木鳥，嘴長將何為。賈島詩：經年抱疾誰來問，野鳥相過啄木頻。　布穀　戴勝：出舊經。《爾雅》曰：戴勝，鵀也。《春秋考異郵》曰：孟夏戴絍降。《春秋說題辭》曰：戴絍出，蠶期起。傳元《陽春賦》曰：覩戴勝之止桑，聆布穀之晨鳴。梅聖俞詩：名暈依麥雉，戴勝繞枝翔。文與可詩：戴勝入園春已老，栗留過壟麥將熟。程致道《戴勝賦》曰：惟戴絍氏知與時通，降於柔桑，以趣女工。　鳩：盧天驥《剡中》詩：強呼膏雨鳩閑管，乍有香泥燕猛忙。　巧婦鳥：出舊經。鷦性巧，巢至精若刺韈，又名韈雀。張祜詩：舊巢飛巧婦，新葉長宜男。梅聖俞《巧婦鳥》詩：巧婦口流血，辛勤非一朝。莠荼時補綻，風雨畏漂搖。　伯勞：出舊經。《周書時訓》曰：五月鶪始鳴。蔡邕《章句》曰：鶪，伯勞也。李嘉祐詩：映花雙節駐，臨水伯勞飛。　鵯鶋：盧天驥《剡中》詩：山杏枝頭鵯鶋兒，來傳春意語多時。歐陽詹詩：郵店月西入，山枝鵯鶋聲。鵯鶋，鵼舅也。張祜詩：落日啼烏舅，空林長寄生。胡文恭詩：二月辛夷猶未落，五更烏舅最先啼。此詩說盡鵯鶋啼最早也。　山鷓鴣：白居易《山鷓鴣》詩：山鷓鴣，朝朝暮暮啼復啼，啼時露白風淒淒。黃茅岡頭秋日晚，苦竹嶺下寒月低。剡山中最多。　竹雞：梅堯臣詩：恐傷爾心不敢泣，春岡細雨聞竹雞。林和靖詩：晝巖松鼠靜，春墅竹雞深。王性之詩：慘慘風林叫竹雞，冥冥山路曉光微。又德操詩：山盡路迴人蹟絕，竹雞時作兩三聲。陶岳《零陵記》曰：竹雞狀如鶉，尾少長。《北夢瑣言》曰：竹雞食半夏。　吐綬鳥：剡太白山有雞五色，吐綠綬，號吐綬鳥。《埤雅》曰：綬雞似雉，吐物數寸，食必蓄嗉，慮觸其嗉，行每遠草木。《古今注》曰：吐綬鳥曰錦囊。劉禹錫《吐綬鳥》詩：越中有鳥翔寥廓，嗉中吐綬光若若。李易《太白山吐綬雞》詩：昔人仙去斷丹梯，憔悴深山吐綬雞。百囀和鳴非我事，漫將文采慰幽棲。　鶉：《博雅》曰：鶉善鬭。梅聖俞《鶉》詩：脫命秋隼下，鳴鬭自(相捋)〔爲勇〕。夏為黃鶉，秋冬為白鶉。夏鶉入饌絕勝，人多籠。《致李白》詩：君看海上鶴，何似籠中鶉。　鸕鷀：剡溪上漁舟所載者也。裴冕詩：淺沙游蚌蛤，危石起鸕鷀。《蒼頡篇》曰：鸕鷀似鶂而黑。楊孚《異物志》曰：鸕鷀不生卵而孕，雛於池澤間，又吐生。以環掛其項入水捕魚，日得數百。　翡翠：李紳詩：魚驚翠羽金鱗躍，蓮脫紅衣紫葯摧。于仲文詩：花驚飛翠羽，萍散躍赬鱗。柳宗元詩：古苔凝青枝，陰草溼翠羽。《倉頡解詁》曰：鷸，翠別名也。韓渥詩：天長水遠網羅稀，保得重重翠碧衣。則謂之翠碧鳥。蔡邕《翠鳥》詩：迴顧生碧色動搖，揚縹青錢起翠鳥。詩：壁波得潛魚，一點翠光去。形容盡矣。李易《剡山浴鵠沼》詩：翠光爭水鳥，紅影湛山花。謂此也。　鷗：秦系《剡中》詩：家中匹婦空相笑，池上群鷗盡欲飛。《倉頡篇》曰：鷗大如鳩。《山海經》注曰：鷗，水鴞也。《南越志》曰：鷗在水中隨潮上下，常以三月風至乃還洲嶼。頗知風雲，渡海以此為候也。　白鷺：朱放《剡溪》詩：漠漠黃花覆水，時時白鷺驚船。趙湘《剡溪唐郎中所居》詩：開池延白鳥，掃樹帶清秋。《詩義疏》曰：鷺好潔白。齊魯謂之舂鋤，吳越謂之白鷺鳥。　鳧：梁簡文詩：戲鳧乘洑下，漁舟冒浪前。又詩：旅雁同洲宿，寒鳧夾浦飛。許敬宗詩：波擁群鳧至，秋飄朔雁歸。皆剡中風景。毛萇《詩傳》曰：鳧，水鳥。鄭元《詩箋》曰：鷖，鳧屬也。《方言》曰：野鳧甚小，好投水，謂之鷿鵜。《倉頡解詁》曰：鷗，名水鴞。晉張望《鷿鵜賦》曰：惟鷿鵜之小鳥，託川湖以繁育，能率性以閑放，匪窘惕於籠畜。謝朓《野鳧賦》曰：碎文錦之丹臆，納綺綠之翠衿。　鸂鶒：溫庭筠詩：剡溪漁客賀知章，任達憐才愛酒狂。鸂鶒葦花隨釣艇，蜻蜓菰菜夢橫塘。謝惠連《鸂鶒賦》曰：覽水禽之萬類，信莫麗乎？鸂鶒服昭晰之鮮姿，憩川湄而偃息。《臨海異物志》曰：鸂鶒食短狐在溪中，無毒氣。古人《淮賦》曰鶒尋邪而逐害是也。陳昭裕《圖經》曰：鸂鶒宿渚若有敕令，其浮游也雄左雌右，皆有式度。　鵁鶄：《周禮》曰：會稽宜鳥獸。注曰：孔雀、鸞、鵁鶄之屬。歐陽詢曰：鵁鶄似鳧，高脚毛冠。晉摯虞賦曰：鵁鶄呈儀，若刻若畫，巧態多姿，乍浮乍沒。　脊令：出《越經》。杜公所謂沙晚脊令寒者，越人曰雪姑，贊寧《物類相感志》亦曰雪姑。《爾雅》曰：雝渠，脊令也。飛則鳴，行則搖。又有坑鵲，殊小。　魚鷹：舟過嵊江，一禽如雪，擒魚健於隼，問之，漁人曰魚鷹也。溫公《魚鷹》詩：翩然下林表，不憚風湍惡。歐公詩：輕飛若下鞲，豈畏風灘惡。人歸晚渚靜，獨傍漁舟落。

獸　麖：靈運自注《山居賦》曰：麖，音京。能踔擲。字書曰：麖，大鹿也。一角而牛尾。王梅溪《嵊山賦》曰：皇書亭畔，又看麖滯之蹤。　麕：出《山居賦》。《詩傳》曰：麕，獐也。伏侯《古今注》曰：齊人謂麕為

獐。《吳越春秋》曰：獐者，慞惶也。麕性膽怯，見水輒奔。魏文帝詩：彎弓忽高馳，一發連兩麕。張九齡詩：雲雁號相呼，林麕走自索。黃太史詩：何處驚麕觸禍機，煩公走騎割輕肥。麂：或作麈，音几。《爾雅》曰：麂，大麕。旄毛狗足。元稹詩：庭狎仙翁麂，池游縣令鳧。葉清臣詩：山迴人逢麂，江清客厭魚。杜甫《麂》詩：永與清溪別，蒙將玉饌俱。剡其庶乎？羱：出《山居賦》。《爾雅注》曰：羱羊似吳羊而大，其角橢，出西方。《義訓》曰：羱羊養草以盤旋。注曰：暑天塵露，在其角上取生草戴之而行，愛之獨寢。又《廣志》曰：羱羊角重於肉。《代都賦》曰：大角謂之羱。豕埃：舊經：劉禹錫《進野猪狀》曰：收刈之餘，田獵有獲。異於芻豢，著在方書。熊：李白詩：湖月照我影，送我至剡溪。又曰：熊咆龍吟豕冬蟄。《說文》曰：當心有脂曰熊白，味美。好舉木引氣。《莊子》所謂熊經鳥伸。冬蟄不食，飢則舐其掌，其美在掌。盧象詩：明月聞山鳥，寒崖見蟄熊。李端詩：熊寒方入樹，魚樂稍窺泉。陳陶詩：鶴鳴高崖裂，熊鬬老樹倒。梅聖俞詩：霜落熊升木，林空鹿飲溪。羆：出《山居賦》。《詩傳》曰：黃羆、赤羆大如熊，脂白而麤。柳宗元《羆說》曰：羆之狀被髮人立，絕有力。狸：《說文》曰：狸，伏獸。《淮南子》曰：狸頭似鼠。剡山谷產玉面狸，東坡所謂牛尾狸也。劉原父詩：狸品牛尾貢，茶芽鷹爪長。洪駒父詩：官酷初□鴨頭綠，滿眼俱來牛尾狸。貛：出《山居賦》。《百官名》曰：三公拜賜貛皮一。《北史》曰：老羆當道臥，貛子那敢過。剡山有之。猿：虞騫《嵊亭》詩：澄潭寫度鳥，空嶺應鳴猿。李白《剡中》詩：猿近天上啼，人移月中棹。又曰：謝公宿處今尚在，綠水蕩漾青猿啼。劉長卿詩：鳥道通閩嶺，山光落剡溪。暮帆千里思，秋夜一猿啼。仲皎《東太白山嘯猿亭》詩：挂煙群木冷，啼月一山秋。狐：《詩傳》曰：狐色赤。《述征記》曰：狐聽冰無聲乃渡。張說詩：啼猿抱山月，飢狐獵野霜。豺：出《山居賦》。《爾雅》曰：豺，狗足。《說文》曰：體細瘦謂之豺，季秋取獸四面陳之，謂之祭獸。嘗行黃沙道中，見一豺與一野豕，絕大，為野丁所得。獺：出《山居賦》。《埤雅》曰：獺似狐而青小，膚似伏翼，水居食魚。《廣雅》曰：獺一歲二祭，豺祭方，獺祭圓。《續方言》曰：水居知水，嘗於江見獺祭，以□大魚陳之石上，甚整。宋之問詩：飲水畏驚猿，祭魚常見獺。玃：剡太白山趙廣信鍊丹登仙之處有赤玃。《爾雅》曰：玃父善顧。郭璞注曰：似猴而大，能攫持人，好顧盼。《呂氏春秋》曰：猴五百年化為玃。盧天驥《鹿苑寺》詩：飢鼯愁玃號窮冬，層巒秀壁撐晴空。兔：越山谷間產兔，剡尤多。王充《論衡》曰：兔舐雄毫而孕，口中生子。《博物志》曰：兔望月而孕子。沈約《宿東園》詩：茅棟嘯愁鴟，平岡走寒兔。王維詩：設置守毚兔，垂釣伺游鱗。皆剡中景物也。鼯：李嶠詩：棲鼯抱寒木，流螢飛暗篠。張籍詩：水鶴沙邊立，山鼯竹裏啼。賈島詩：磧鳥辭沙立，山鼯隔水啼。《爾雅》曰：鼯，狀如小狐。盧天驥《鹿苑寺》詩：飢鼯愁玃號窮冬。

鱗介 鱸：李白詩：此行不為鱸魚膾，自愛名山入剡中。項斯《寄剡中友》詩：山晚迴尋蕭寺宿，雪寒誰與戴家期。夜來忽覺秋風急，應有鱸魚觸釣絲。羊士諤詩：山陰道上桂花初，王謝風流滿晉書。會作江南步從事，秋來還復憶鱸魚。白魚：嶀山下巨潭，白魚所聚，大者二三尺，頭昂者第一。尾赬者謂之追紅白。杜甫詩：白魚困密網，黃鳥喧佳音。方干詩：山鳥踏枝紅果落，家僮引釣白魚驚。韋應物詩：沃野收紅稻，長江釣白魚。白居易詩：青青芹蕨下，疊臥雙白魚。青魚：青魚，頭色微青。劉卲《七華》曰：洞庭之鮒青顱朱尾。蓋即此類。池中所蓄不及溪中者。向過娥江，漁人數連網得此魚，可三四尺。剡水所有，乃江中物也。鱧：出《山居賦》。《爾雅》曰：鱧，鮦也。陸璣疏曰：魴，鱧也。《本草經》曰：蠡，今作鱧字。鮒：出《山居賦》。王肅《易注》曰：鮒，小魚。《廣雅》曰：鯖，鮒也。劉卲《七華》曰：洞庭之鮒出於江岷，素腴青顱，朱尾碧鱗。鰱：鰱即鱮也。《詩箋》曰：鱮似魴而大頭，魚之不美者。土語曰：買魚得鱮，不如啖茹。《埤雅》曰：吳越呼鱅鰱魚。齊唐《越吟行》：梗柟非給燎，魴鱮必施罛。鱒：出《山居賦》。陸璣疏曰：鱒似鯶魚而鱗細於鯶，赤眼，多細文。孫炎《爾雅正義》曰：鱒好獨行。鯇：《爾雅》曰：鱧，鯇也。陸璣疏曰：鯇似鱧狹而厚，江東呼為鱧魚。今剡魚謂之逆者，鱒鱧之類也。鯉：李易《剡山》詩：魚跳破浪奮赤鬣，鶴唳投松翻縞衣。赤鬣，鯉也。范蠡《魚經》有養鯉法。剡人有治陂池蓄之者。

宋・董弅、陳公亮《嚴州圖經》 物產【略】

今產 穀：秔、稬、粟、麥、稌、麻、豆。 衣：絹、紬、綿、紗、布、苧。 貨：《唐志》、建德、遂安縣皆有銅，今無。絲、漆、茶、蜜、蠟、紙。 藥：《唐

志》：遂安縣石英山有白石英。款冬、半夏、菊花、地榆、白朮、菖蒲、麥門冬、萆薢、芍藥、瓜蔞、天門冬、枸杞、何首烏、苦參、地黃。果：梅、李、桃、栗、椑、柿、梨、杏、棗、橘、柚、榧、楊梅、枇杷、石榴。木：櫧、楓、椆、櫟、椶、桑、楊、柳、松、檀、柏、槻、梓、桐、櫸。竹：苦、淡、筋、筀。畜：牛、馬、羊、豬、犬、雞、鵝、鴨。禽：鸕鷀、雉、杜鵑、百舌、鳩、鷗、烏、鵲、鵪鶉、鷂、谿鵁、鵰、鸛、百勞、鶯、鷁。獸：熊、猴、麂、狸、虎、豹、豺、狼、兔、鹿、鼯、猨、狖、獺、豪豬、野豬、白面狸。魚：鯽、魴、鯿、鯉、鱸、鮎、鱖、鰣、鰟、鮊、鱔、龜、鼈。

元・王元恭、王厚孫、徐亮《至正四明續志》卷五　土產【略】

市舶物貨　細色　珊瑚、玉、瑪瑙、水晶、犀角、琥珀、馬價珠、生珠、合經抽解。熟珠、舶務合收稅錢。倭金、倭銀、象牙、玳瑁、龜筒、翠毛、南安息、蘇合油、檳榔、血竭、人參、鹿茸、蘆薈、阿魏、烏犀、膃肭臍、丁香、丁香枝、白荳蔻、(苾)〔蓽〕澄茄、沒藥、砂仁、木香、細辛、五味子、桂花、訶子、大腹子、茯苓、茯神、舶上茴香、黃芪、松子、榛子、松花、黃熟香、麤熟、黃熟香、□香、沉香、暫香、箋香、蟲漏香、沒斯寧、蟹殼香、蓬萊香、登樓眉香、舊州香、生香、光香、阿香、委香、嘉路香、吉貝花、吉貝布、木棉、三幅布單、番花棋布、毛駝布、襪布、鞋布、吉貝紗、胡椒、降真香、檀香、糖霜、苓苓香、麝香、腦香、人面乾、紫礦、龍骨、大楓油、澤瀉、黃蠟、八角茴香、金顏香、硃砂、天竺黃、桔梗、曆香、剉香、鵬砂、新羅漆、篤耨香、烏黑香、搭泊香、水盤香、肉荳蔻、水銀、乳香、噴嚏香、龍涎香、梔子花、紅花、龍涎、修割香、硇砂、牛黃、雞骨香、雌黃、樟腦、赤魚鰾、鶴頂、羅紋香、黃緊香、賴核香、黑腦香油、崖布、綠礬、雄黃、軟香、脊蛉皮、三泊、馬鴉香、萬安香、交趾香、土花香、化香、羅斛香、高麗青器、高麗銅器、(苾)〔蓽〕撥、沙魚皮、桂皮。粗色　紅豆、殼砂、草荳蔻、倭枋板柃、木鼈子、丁香皮、良薑、蓬朮、海桐皮、滑石、藿香、破故紙、花梨木、麝香、㧌木、烏木、蘇木、赤藤、白藤、螺頭、鮓鮎、瓊芝菜、倭鐵、苧麻、硫黃、沒石子、石斛、草菓、廣漆、使君子、益智、香脂、花梨根、椰子、鉛錫、石珠、爐甘石、條鐵、紅柴、螺殼、相思子、荳蔻花、倭條、倭櫓、蘆頭、椰簟、三賴子、蕪荑仁、硫黃泥、五倍子、白朮、銅青、甘松、花蕊石、合蕈、印香、京皮、牛角、桂頭、鑊鐵、丁鐵、銅錢、麂皮、鹿皮、鹿角、山馬角、牛皮、牛蹄、香肺、焦布、手布、生布、藤棒、椰子殼、生香粒、石決明、梔明、雲白香、真爐、黃丁、斷白香、暫脚香、畫黃、杏仁、歷青、松香、磨珠、細削香、條截香。　五穀　粳、糯、大麥、小麥、蕎麥、黍、芝麻、粟、白豆、黑豆、菉豆。　藥材　山藥：一名薯蕷，出四明者佳。春生苗，蔓延籬援，莖紫葉青，有三尖，角似牽牛，更厚而光澤，夏開細白花，秋生實於葉間，狀如鈴，二月八月採根，今人冬春采刮之白色者為上，青黑者不用，曝乾，今入貢。　骨碎補：根生大木或石上，多在背陰處引根成條，上有黃赤毛及短葉附之。又有大葉成枝，面青綠色，有青黃點，背青白色，有赤紫點，春生葉，至冬乾黃，無花實，惟根入藥，採無時，削去毛用之，本名胡孫薑，今入貢。　黃藥：見《本草》，出明州，藤生，高三四尺，根及莖似小桑，十月採根。　艾葉：見《本草》，出明州，苗莖類蒿而葉背白，以苗短者良，三月三日、五月五日採。按舊志云：出昌國岸峉山。　蜀漆：見《本草》，出明州。葉似茗而狹長，兩兩相當，莖圓有節，三月生紅花，青萼，五月結實青圓，三子為房，苗高者不過三四尺，根似荊，黃色，五月採葉，八月採根，陰乾，為治瘧要藥。　蓖麻：夏生苗，葉似葎草而厚大，莖赤，有節如甘蔗，高丈許，秋生細花，隨便結實，殼上有刺，實類巴豆，青黃斑褐，宛如牛蜱，故名。　天名精：見《本草》，出明州。夏秋抽條，頗如薄荷，花紫白色，葉如菘而小，故南人謂之地菘，其味甘辛。　楮實：有二種，其實初夏生，如彈丸，青色，至六七月漸紅，八月九月採，水浸去皮穰取子，日乾。　天花粉：味苦寒，無毒。蔓生，十二月採根用。　莎草根：又名香附子，生田野間，苗莖葉都似三稜根。老，子周匝多毛，近道生者苗葉如薤而瘦，根如筋頭大。　半夏：在處有之，二月生苗一莖，莖端出三葉，淺綠色，頗似竹葉而光，根下相重生，上大下小，皮黃肉白，五月八月採根。　菖蒲：生池澤，春生青葉，長一二尺，其葉中心有脊，狀如劍，無花實，以五月五日收其根，盤屈有節，狀如馬鞭大，一根旁引三四根，旁根節尤密，一寸九節者良。　菊花：初春布地生細苗，夏茂，秋花冬實，然種類頗多。有紫莖而氣香葉厚至柔嫩可食者，其花微大，味甚甘，此為真。正月採根，三月採葉，五月採莖，九月採花，十一月採實，皆陰乾。　何首烏：春生苗，葉相對如山芋而不光澤，其莖蔓延竹木牆壁間，夏秋開黃白花，結子有稜，如蕎麥而細，纔如粟大，秋冬取根，大者如拳，各有五稜，瓣如小甜瓜，有二種，赤者雄，白者雌。採時乘溼以布帛拭去土，後用苦竹刀切，米泔水浸一宿，曝乾，忌鐵器。一云：春採根，秋採花，九蒸九曝乃可服。　牽牛子：二月種子，三月生苗，作藤

蔓遶籬牆，高者或二三丈，其葉青，有三尖角，七月生花，微紅帶碧色，似鼓子花而大，八月結實，外有白皮裹作毬，每毬内有四五子，如蕎麥大，有三稜，有黑白二種，九月後收子。　天南星：　二月生苗似荷梗，莖高一尺以上，葉如蒟蒻兩梗相抱，五月開花，似蛇頭黄色，七月結子，作穗似石榴，子紅色，根似芋而圓，二月八月採根。一說即虎掌也。其小者有毒。　絡石：　葉圓如細橘，正青，冬夏不凋，其蔓延節著處即生根鬚，包絡石上，因以得名。花白子黑，薜荔與此相類。　茯苓：　出大松下，附根而生，無苗葉花，實作塊如拳，在土底，大者數斤，似人、龜形者佳，皮黑，肉有赤白二種，或云多年松脂所成。　地膚子：　初生薄地五六寸，根形如蒿，莖赤葉青，大似荊芥，三月開黄白花，八九月採實陰乾。　茵陳蒿：　春初生，苗高三尺，似蓬蒿而葉緊細，無花實，秋後葉枯，莖餘經冬不死，至春更因舊苗而生，故名因陳。　五月七月採莖葉，陰乾。今謂之山茵陳。　馬蘭：　又名烏蘭，生水澤傍，頗似澤蘭。陳藏器以為《楚辭》所喻惡草即此也。北人呼為紫菊，以其花似之也。

葛根：　春生苗，引藤蔓長一二丈，紫色，葉頗似楸葉而香，七月著花似豌豆，花不結實，根形如手臂，紫黑色，五月五日午時採根曝乾。　栝樓：　《詩》所謂果蠃之實是也。根亦名白藥。皮黄肉白，三四月生苗引藤蔓，葉如甜瓜，有細毛，七月開花似胡蘆，花淺黄色，實在花下，大如拳，生青，至九月熟赤黄色，二月八月採根，刮去皮曝乾，三十日成。鹵地生者有毒。　茅根：　春生芽，布地如針，夏生白花，至秋枯，其根潔白而甘美，六月採根用。

桑白皮：　桑根東行者佳。出土上者不用，要得十年以上者，採其東畔嫩根益佳，取無時，去粗皮，取白皮用。　蘇：　葉下紫色，因名紫蘇。其氣甚香，夏採莖葉，秋採實。然有數種，有水蘇、白蘇、魚蘇，皆是荏類，以其味辛而形類蘇，乃名之。　罌子粟：　一名米囊，一名御米花。人家園多種，花有紅白二種，九月布子，涉冬，至春始生苗，候其罌焦黄則採之，其殼亦入藥用。

薄荷：　莖葉似荏而尖長，根經冬不死。又有蔓生者，春採莖葉，人家庭院多蒔之。　蒺藜子：　生平澤及道傍，布地蔓生，細葉，花黄紫色，子有三角刺如菱狀，七月八月採實，今軍家鑄鐵為之，名鐵蒺藜，以布敵路。　苦參：　一名水槐，生山谷田野，其根黄色，長五七寸許，兩指粗細，三五莖竝生，苗高三四尺以來，葉碎，青色，極似槐，故有槐名。春生秋凋，其花黄白，七月結實作莢如小豆子，三月八月十月採根曝乾。　烏賊骨：　詳見水族烏賊注。

草木　茶：　出慈溪縣民山，在資國寺岡山者為第一，開壽寺側者次之，每取化安寺水蒸造精擇，如雀舌細者入貢。　席草：　甬東里多種席草，民以織席為業，計所贏優於農畝。　卷柏：　俗呼長生不死草，生四明山，雖甚枯槁，得水復鮮活。謝靈運《山居賦》云：　卷柏萬代而不死。　蓴：　（木）〔又〕作蒓，多生東錢湖，近年湖葑不泛，而蓴亦不生。　苔：　生海水中，如亂髮，人採納之窖，片片整之，俗呼曰苔脯。又一等綠苔，乾而作小束，謂之苔結，出象山。　紫菜：　生定海昌國海岸，一云出伏龍山者著名，乾則黑。《吴都賦》曰：　綸組紫絳。注云：　紫菜。郭璞《江賦》云：　紫萸榮曄以叢被。注云：　萸，紫菜也。　海藻：　《爾雅》曰薅，又名海藻，生海中。《埤雅》曰：　《本草》以《爾雅》所謂綸似綸，組似組，東海有之，正謂二藻也。又云：　按《本草》海藻、昆布、青苔、紫菜皆療瘤癭結氣。又一種細莖，叢生海石上，謂之鹿角菜。　蓀：　秋蘭，一榦數花，比蕙則瘦而香過之，出昌國巖竇間。　芹：　奉化溪澗多生。　竹：　名品各異，有龍鬚竹、筆竹、斑竹、紫竹、筋竹、桃枝竹、四季竹、公孫竹。　海檜：　栝柏類也。葉尖如杴，冬秀，其質體刻成龍鳳形，懸根而植之盆盎，可致遠。　紅木犀：　出象山縣，初邑士史本得此種獻闕下，高宗雅愛之，畫為扇面，製詩以賜從臣榮薿，曰：　月宮移就日宮栽，引得輕紅入面來。好向蟾宮承雨露，丹心一一為君開。惟邑境所種者色深而香烈，移之四方則色香少損，此地氣然也。　黄楊：　俗說歲長一寸，遇閏年退三寸，喻其慳長耳。其質貞堅葉細，多依巖石生。　冬青：　一名女貞，江左謂之萬年枝，經冬不凋。　椶櫚：　一名栟櫚，葉似車輪乃在顛上，有皮纏之，附地起，二旬一採，轉復上生。椶笋，狀如魚子，味如苦笋而加甘芳，蜀人以饌佛，僧甚貴之，而南方不知可食。笋生膚毳中，蓋花之方孕者。正二月間可剝而取，過此苦澁不可食矣。取之無害於木而宜於飲食，法當蒸熟，所施略與竹笋同，蜜醋浸可致千里外。　豫章：　古樟木也。生溪谷間，歷數百載不衰，老根盤踞高突地面，屯陰數畝。王儉曰：　栝柏豫章，雖小已有棟梁器矣。

果實　楊梅：　越之楊梅著名天下，而奉化所産不減於越，其名有軟條串，核小而實大味甘。有邵家烏、金家烏、許家烏、韓家晚、大荔枝之名，小溪所産色紅不逮。奉化東湖所産色白，名酪蜜脚，又其次也。　榧：　雪竇山所産著名，翠山、香山皆有之，實細而甘。　茨菰：　生低田中，可種，葉有兩

歧，如燕尾而大，白花，一莖收十三實，歲有閏則十三實三出。　金柑：　出慈溪，飽霜者甘。　金子瓜：　形如西瓜而小，子有紅黃黑三色，出鄞縣同嶴。　林檎：　出慈溪，一名花紅。　甜瓜：　有名一捻青者味極香甜。　青檽子：　陸龜蒙《松陵集》云：　出四明山極甘。見《七觀》。　李子：　出小溪地，名仲夏，極甘脆。　凫茨：　一名荸薺，生湖泊下田中，亦可種，苗似龍鬚而細，根似指頭，黑色，其大者與閩中地栗相似，而甘脆不逮耳。　銀杏：　一名鴨脚子，其葉形似鴨脚，故名。　枇杷：　一名盧橘，出慈溪，味甘，核細如椒子。　柿：　有數種。鉢盂柿大而色朱，一點紅重蒂，紅臙脂柿、匾柿、綠柿、椑柿。　栗：　多出奉化山中，然亦隨處有之。又茅栗極小而味甘，出慈溪。　梅：　亦多種，早梅、晚梅、消梅、夏梅。　菱：　生湖池，春種夏實，有紅綠二色。又有刺菱。　芡：　種池塘，葉大如盤，面有皺紋，夏實，形如大雞頭，剖其子圓如珠。【略】

毛族　虎：　山林有而不多，官以皮賦，反鬻於他郡充之。　豹：　身似虎而小，圓斑尾長，亦間有之。　麂：　似麞而小，有牝牡。　貍：　有數種，然貴在九節貍，玉面貍極少。　猴：　一名猢猻，海山多有之。　獺：　水狗，形類犬，鼻尖尾大，四足俱短，頭與身尾俱褊，毛色紫褐，食魚，居水中，出水亦不死。海獺大如狗，脚下有皮如人胼拇，毛著水不濡。　貉：　踰汶則死，地氣使然也。今二州四縣以皮賦。

羽族　頻伽：　舊志謂：　昌國補陀山有之，鄞縣句章北巖亦有。　畫眉：　出慈溪山谷間。　雉：　有數種，避呂后諱改曰野雞。而質五色，有純白為中瑞，純黑為下瑞。　鵲：　出海島中，然亦少得。　鴿：　有家鴿、野鴿之分。　鴝鵒：　隨處有之，人取端午前新雛，去其舌本麤皮，則能如鸚鵡言。　黃頭：　善鬭，故人取育之。　鳧：　野鴨為鳧，江湖水泊多有之。　燕：　玄鳥也。春社來，秋社去，謂之社燕。二種，紫胸輕小者是越燕，胸斑黑聲大者是胡燕。

水族　鱸魚：　海中四腮，鱸皮緊而肉厚，呼曰脆鱸，邦人重之。　有江鱸，差小而兩腮，味淡。　有塘鱸，形雖巨而不脆。　石首魚：　魚首有魫，堅如石，故得名，冬月得之。　又緊皮者良，三月八月出者次之，至四月五月海郡民發巨艘入洋山競取，有潮汛往來，謂之洋山魚，皮軟而肉薄，用鹽醃之。　破脊而枯者曰鮝，全其魚而醃曝者謂之郎君鮝，皆可經年不壞，通商販於外方。云舊志、《爾雅翼》皆曰一名鯼。　鯢：　鯢字或作鮭，一名河豚，腹下白，背上青黑有黃文，眼能開能閉，觸物輒嗔，腹脹如鞠，浮於水上，一名嗔腹魚，味至美，其肝與子有大毒，食之殺人，其腹無膽，頭無腮，故肝最毒。　舊言甚於野葛，惟橄欖木、魚茗木解之。　一云獨眼者尤毒，腹多刺，去其頭尾，取其身白肉，用橄欖、甘蔗煮之，橄欖以解魚毒，甘蔗以驗其有毒則黑。　大抵出海中者大毒，江中者次之。又一等名白河豚，又名鯱魚，其狀相類，無毒。　春魚：　似石首而小，每春三月業海人競往取之，名曰捉春，不減洋山之盛。　冬月簖中得者名簖春。　鮸：　狀似鱸而肉麤。三腮曰鮸，四腮曰茅鮸，小者曰鮸姑。鮸，眉辨反。　鯧鯸：　一名鱂魚，身扁而銳，狀若鏘刀，身有兩斜角，尾如燕尾，細鱗如粟，骨軟肉雪白，於諸魚味甘美，春晚最肥，腊而薨之良。　鯊魚：　皮上有沙，故曰鯊。有白蒲鯊、黃頭鯊、白眼鯊、白蕩鯊、青頓鯊、斑鯊、牛皮鯊、狗鯊、鹿文鯊、鰱鯊、鯔鯊、燕尾鯊、虎鯊、犂到鯊、香鯊、熨斗鯊、丫髻鯊、劍鯊、刺鯊、鋸鯊，其類甚多。　比目魚：　細鱗而身匾若半片，然止一目，狀比鯧鯸而小，舟人捉春時得之，則曝乾為鱐，可致遠。　《爾雅》云：　魚以左右分，不比不行。　帶魚：　無鱗，身似帶，長可四五尺，故名。　鰻：　有二種。生海中者如蛇形，其脊青而肚白，長可六七尺，冬月鱐之，名風鰻。江湖河生者小如鰌，曰慈鰻，色黃。　華臍魚：　一名老婆魚，一名綬魚，蓋其腹有帶如帔，子生附其上，故名綬，其形如科斗，而大者如盤。《吳都賦》曰：　琵琶魚無鱗而形似琵琶，冬初始出者俗多重之，至春則味降矣。　鰐鰉魚：　極大而骨脆肉肥，可為鮓。　烏賊：　賊字或作鰂，狀如算囊，口旁兩鬚若帶極長，風波稍急，以鬚黏石為纜，其腹有墨。《圖經》云：　一名烏鰂，能噀墨溷水以自衛，使水匿不為人所害，然群行水中，人見墨水至輒可笱羅而得之。　有骨厚三四分，形如樗蒲子而長，輕脆如通草可刻，名海螵蛸，可入藥。　章巨：　大者名石拒，居穴。人或取之，能以脚黏石拒人，故名。亦曰章舉，巨舉，聲諧，本一物。形如大算袋，八足長及二三尺，足上戢戢如釘，每釘有竅。又別一種者生海塗中，名望潮，身一二寸，足倍之，土人呼為塗蟢。又一種曰鎖管，脚短而無釘。　鯯魚：　板身多鯁，長不五六寸，味極肥腴，以糟浥之可作湯。《世説》晉虞嘯父答晉帝：　天時尚溫，鯯鮓未熟。即此。　鮆魚：　鮆，亦作鱭，前啟切，又曰刀魚。頭狹薄，其腹背如刀刃，故名。其長大者可尺餘，子多而肥，夏初曝乾可以致遠，又可為鮓，其

子曝乾名寸金鰿子。郭璞《江賦》曰：鯼鮆順時而往還。蓋常以三月八月出，故名順時。　銀魚：口尖，身銳如銀條。又一種極小，名麪魚。《爾雅翼・釋魚》：王餘長五六寸，身圓如筯，潔白而無鱗，但目兩點黑耳。即此類。然舊志在比目項下引《吳都賦》曰：雙則比目，片則王餘。注：比目東海所出，王餘魚其身半，俗曰越王食鱠魚未盡，因以其半棄之為魚，無其一面，故曰王餘。實附會之說，非也。　鱘魚：身如膏髓，骨柔無鱗。　白魚：板身肉美，江海俱有。　梅魚：首大朱口，金鱗，長可三四寸。　火魚：頭巨尾小，身圓通赤，故以火名。又一種名竹夾，頭身俱匾，微紅而青色，形頗相類，或曰近魴，有鯁，鱗色青黑，又名土鯉。　短魚：項縮而短，色微紅，為鯗極美。　魟魚：形圓似扇，無鱗，色紫黑，口在腹下，尾長於身，如狐尾，其最大曰鮫魟，即與鮫魚可錯靶者同，是鮫與魟皆一類矣。其次曰錦魟，皮亦沙澁，擦去沙，煮爛與鱉裙同。又次曰黃魟，差小，背黑腹黃。其餘有斑魟、牛魟、虎魟，皆凡魚。魟字或作鯕。　鰳魚：似箭魚而小，身薄細，骨滿肋，夏初多出。　馬鮫魚：形似鯆，其膚似鯧黑斑，最腥，魚品之下。　鯔魚：似鯉，生淺海中者肥，專食泥，身圓口小，骨軟肉細。　鱵魚：形似魟，肉亦凡，惟以鹽裛之，曝為鯗，名曰鱵鯗，俗又呼曰老鴉鯗。去皮生擘成絲，充果飣。　吹沙魚：《埤雅》曰：鯊、鮀，今吹沙小魚，常開口吹沙，故名。性善沉，大如指，狹圓而長，有黑點，俗呼為新婦臂，味甘。今奉化鮚埼鎮多有此，為珍。《爾雅翼》釋魚鯊即此，謂正月輒至，生流水中，非可畜於池沼者。　泥魚：似吹沙而首大，江河中皆有。　箬魚：其形似箬。又生海中，極大，名鰨鰻，取其形似，實非一種。　黃滑魚：似春魚而肉細，冬月得之味美。又有一種烏眼、白眼，皆相類。　吐哺魚：東湖有之，(木)〔又〕名土附，以其附土而行也。　闌胡：形如小鰍而短，大者如人指，長三五寸許，潮退，數千百跳躑泥塗中，土民施小鉤取之，一名彈，塗椒醬乾腊之。

蝤蛑：八跪二螯，蟹其類也。生海邊泥穴中。後足差闊者嶺南人呼為撥棹子，以後足形如棹，隨潮退殼，一退一長。《淮南子》曰：蛤蟹珠龜，與月盛衰。今凡蟹屬，月明則瘦，月晦則肥。大者曰蟳，有虎斑文。隨潮堙淪者名虎蟳，小者名黃甲。　蟹：一名簠，字或作蠏，八跪二螯，八足折而容俯故謂之跪，兩螯倨而容仰故謂之螯。七八月出者曰白蟹，經霜後腹膏紅者曰赤蟹。以臍大小為雌雄，雄曰狼蟹，雌曰博帶，有子曰子蟹，其類頗多，皆出海中。　螃蟹：俗呼毛蟹，兩螯多毛，生湖泊淡水中，能橫行，故曰螃蟹。秋後方盛，有溪蟹，小而性寒，搗碎愈漆瘡。　蟛蝛：一名蟛蜞，赤者名擁劍，一螯大，一螯小，又名桀步。以大螯鬭，小螯食物。見潮往來出穴，舉螯迎之者名招潮，潮退徐行塗中者名攤塗，在蠣殼中為蠣，拾食復入蠣腹者曰蠣奴。又有倚望、竭朴、沙狗、蘆虎、沙蟹之名，皆其賤類也。　蝦：有赤、白、青、黃、斑數色。青者大如兒臂，長尺餘，鬚長二三尺，土人珍之。梅熟時曰梅蝦，蠶熟時曰蠶蝦，似蝗。馬棱為廣陵太守，賑貧薄稅，蝗飛入海為蝦，見《東觀漢記》。又有生於湖，生於河，皆青黑色。生於江，多白色。　鱟：形如覆斗，青褐色，十二足，長五六寸，尾長一二尺，其殼堅硬，腰間橫紋一線，軟可屈摺，每一屈一行，尾尖硬有刺，能觸傷人，口足皆在覆斗之下。海中每雌負雄，漁者必雙得，以竹編為一甲鬻焉。牝者子如麻子，土人以為醬或鮓。牡鱟無子。《本草》云：牝牡相隨。牝者背上有目，牡者無目。牡得牝始行，牝去牡死。韓退之詩：鱟實如惠文，骨眼相附行。《爾雅翼》云：鱟形如惠文，亦如便面。惠文者，秦漢以來武冠名。便面，古扇名。　蛤：每一潮生一暈，殼有紋，海濱人以苗栽泥中，候其長而取之。　淡菜：亦名殼菜，形似珠母，一頭尖，中銜少毛，多生南海。　蠊：生於海巖或篙竹。又一種曰老婆牙。　蠣房：形如駝蹄，又如拳，附巖石生，磈礧相連如房，故名。道家以左顧者為雄，故名牡蠣。右顧則牝蠣。向南視之，口邪向東為左顧。一名蠔山，晉安人呼為蠔莆。初生纔如拳，石四面漸長，有一二丈，嶄巖如山，每房內有蠔肉一塊，亦有柱，肉之大小隨房廣狹，每潮來則諸房皆開，有小蟲入則合之以充腹，海人取之者鑿房，以烈火逼開挑取肉，以鹽漬之。鮚埼海巖生者僅如人指面，挑取肉謂之梅花蠣。篙竹結成謂之竹蠣。

雌：俗呼曰生雌，似蛤而長，殼有毛，土人亦呼毛蛤，一曰蝛。　江珧：形如大蛤而長，口闊而末尖，海人亦取苗種於海塗，隨長至口闊一二尺者為佳，然以柱為珍，多出鮚埼。　螺：多種。掩白而香者曰香螺。殼尖長者曰鑽螺，味次之。有刺曰刺螺。其味辛曰辣螺。有曰拳螺、劍螺、丁螺、斑螺。又有生深海中，可為酒盃者曰鸚鵡螺，狀如覆盃，頭如鳥頭向其腹視如鸚鵡，故名。　車螯：殼厚，亦蛤類，生海中，殼可製奇器。歐陽公詩有云：璀璨殼如玉，斑斕點生花。美此物也。　蛤蜊：亦云圓蛤。殼口有紫暈者肥美，善醒酒。山谷有詩云：商略督郵風味惡，不堪持到蛤蜊前。

蟶子：生海泥中，長二三寸，如大拇指，肉甚肥，含津，口常開不合，時行疾後休食。　蚶子：《爾雅》謂之：魁陸有瓦壟。蓋殼上有稜似之，故名。有茅蚶，殼稜細而肉肥，多出鮚埼，冬月有之，亦採苗種之海塗，謂之蚶田。郭璞賦曰：洪蚶專車。　龜脚：以形似而得名。　蜆：小於蛤蜊，生水泥中，殼薄肉多。　肘子：殼下尖而上闊，中有肉黏之，有掩膏屎皆在尖，惟取上面肉為饌。　土鐵：蝸屬，形如豆大，殼薄，生海塗中，梅月盛，有土人取之盈筐，滌去涎，然後鹽浥之。　海月：形圓如月，亦謂之海鏡，土人鱗次之為天窗。謝靈運詩曰：掛席拾海月。　鮓魚：《本草》作蜡，一名水母，生東海，形如覆笠，肉白皮赤，腹下有赤血如芝，謂之頭。然常泛海水，則有蝦立其上，人將取，蝦先跳，則鮓沒矣，故曰蝦鮓。有微毒，土人以薑醋食之，其白肉縷切用礬浸，謂之水母線，可致遠。　綠毛龜：深寧居士《七觀》：宋祥符七年，明州獻青毛金文龜。今溪洞有小如金錢者，取育於池沼中，亦漸長大。　蜥蜴：形如蝘蜓，瘦而澤，四足皆有金絲，生深山石潭中，凡禱雨所至，輒應禱出水面，附罩至城，既雨則送故處。

明·姚鳴鸞《淳安縣志》卷四　物產

穀　秔：有早稻、晚稻、紅稻、白稻。　糯：有秋糯、晚糯。　粟：有秔粟、糯粟。　麥：有大麥、小麥、蕎麥。　麻：有黃麻、白麻、黑麻。　豆：有黃豆、綠豆、赤豆、黑豆、蠶豆。【略】

竹　苦竹、淡竹、筋竹、筀竹、斑竹、紫竹、水竹、廣竹、猫竹、箭竹、雷竹。

木　松、柏、株、杉、樟、檜、桐、梓、桑、柘、楓、柳、檀、槐、榆、櫟、白楊、冬青。

果　梅、李、桃、栗、椑、柿、梨、杏、棗、榧、橘、橙、菱、芡、石榴、枇杷、楊梅、銀杏、櫻桃、葡萄、蓮房、蓮心、林檎、西瓜。

菜　菘、芥、茄、莧、芹、蕨、芋、匏、葱、韭、薤、蒜、蘿蔔、苦藚、萵苣、冬瓜、黃瓜。

花　菊、桂、蘭、蕙、葵、荷、牡丹、芍藥、海棠、酴醾、薔薇、芙蓉、山茶、水僊、萱草、鷄冠、杜鵑、紫荊、玉簪、鳳僊、蠟梅、剪金、木槿、梔子、木犀。

藥　茯苓、前胡、半夏、欵冬、地榆、白朮、菖蒲、枸杞、苦參、地黃、瓜蔞、萆薢、天門冬、麥門冬、何首烏、車前子、天南星、吳茱萸、桔梗。

羽　鷄、鵝、鴨、鴈、鴉、鵲、鶯、燕、鷗、鷺、鸛、雀、鳩、鴿、鷹、鷂、雉、鵬、鴛鴦、鴝鵒、鷓鴣、姑惡、畫眉、子規、竹鷄、啄木、百舌、鵁鶄。

毛　牛、馬、騾、驢、羊、豕、犬、猫、虎、豹、豺、狼、熊、猴、狸、獺、鹿、麞、麂、兔、野猫、豪猪、竹狗、松鼠。

鱗　鯉、鱖、鯿、鯽、鰣、鱸、鰱、鱓、鯖、鱧、鱤、鰷、鰻、鮎、石斑、河豚。

介　龜、鼈、蝦、蟹、蚌、螺、烏蛳。

明·崔桐《海門縣志》集之二　土產

穀類　粳稻、糯稻、穄麥、蕎麥、黍、芝麻、黃豆、赤豆、菉豆。

蔬類　王瓜、西瓜、甜瓜、冬瓜、瓠、菜瓜、茄、韭、葱、蒜、莧、萵苣、萊菔、白菜、芥、胡荽、菠菜、胡蘿蔔。

果類　梅、桃、李、杏、柿、櫻桃。

藥類　麥門冬、甘菊、半夏、薄荷、枸杞子、紫蘇、菖蒲、益母、茴香、蒼耳、車前子、茵陳蒿、良薑、蒲黃、天南星、香附。

竹木類　椿、栢、榆、槐、楝、楊、冬青、枸橘、竹。

花類　牡丹、芍藥、薔薇、荼蘼、菊、水僊、木槿、蜀葵、玉簪花、葵、金鳳、罌粟花、雞冠花、萱。

草類　蒲、茅、蘆、荻、蓼。

禽類　鶴、鴈、鷺、鸛、鳩、白頭翁、喜鵲、雀、鸗、鵝、鴨、鷄。

獸類　牛、馬、獐、兔、麕、驢、豕、猫。

鱗類　鯉、鰣、鰳、鯩、鱸、鯊、鰱、鯽、鰟、鯖、鱔、鯧、鰻鱺、黑魚、鯿、鮰魚、針口魚、板魚。

介類　龜、鼈、蟹、蟛蜞、蟶、蠘蟹、蛤蜊、車螯、螖蛑、蜆。

蟲類　蛇、蜈蚣、蚯蚓、蜂、蝶、蜻蜓、蛾、果蠃、鼠、蜘蛛、蟋蟀。

明·袁應祺《黃巖縣志》卷三　物產

穀之屬　稻：地暴有紅有白。白散，烏散。占城，以來自占城名。旱稜宜高田，水稜宜下田。縮頭紅，嚴州旱，八月白，遲青。隨犁歸，一名六十日。已上皆秔。旱稉，晚稉。冷水稉宜山田。矮稉秋中穫。黃稉，烏節稉，胭脂稉。　稷：稷為五穀之長，北方謂之穄米。秔宜飰，稉宜釀。　黍：大曰粱，小曰粟。本土少粱多粟。有秔有稉，山鄉種之。　麥：大麥有早有遲。有紅筋，裸麥顆大。小麥有赤有白。蕎麥。　麻：來自大宛曰胡麻。莖方者曰巨勝。　豆：即菽也。有黑豆、黃豆。白豆有六月白、八月

白。寒豆，綠豆，赤豆，川豆，豇豆，飯豆。豌豆，亦曰蠶豆。虎爪豆，羊角豆，刀鞘豆，白扁豆。茶豆有青、紅二種。

蔬之屬　芥：有紫芥、黃芥、青芥、冬芥、油芥、山芥。出石罅味辛，俗名芥辣。　菘：大者曰白菜。　波稜：有僧自頗稜國攜子來，俗訛呼波稜。　蒿：一名同蒿。　薺：有花薺，有紅薺。　韭　胡荽：一名元荽。　蕨：初生可茹。　葱　莴苣　苦蕒：即芸臺菜，蠶婦所忌。　莙薘：一名甜菜。其莖和灰汁可滌衣。　荀：多種。　薤：似韭，葉闊多白。　莧：有紅、白、紫點數種。一種野莧名五行草，節葉間有水銀。　芹：可作菹。有荻芹、赤芹。生高處者可食；春後在水中者有蛟龍精，不可食。　葫：俗名大蒜。能散癰腫、風邪。小者曰葍槌，曰小蒜。　薑　萊菔：俗名蘿蔔。沙地尤大。　木耳：生木上。細者曰天花蕈，石上者曰石耳。　瓜：有冬瓜、王瓜、甜瓜、西瓜、瓠瓜，絲瓜俗名天羅瓜，錦荔枝瓜，香瓜，南瓜。　苔：一種溪苔，味佳。　紫菜：出海山石上。　海藻：亦生海山。一種細而紫曰鹿角菜，又有鬓菜。　蘇：紫蘇、花蘇、白蘇，莖高子大，味香美。　茄：有紫茄、白茄。　薯蕷：有紅、白二種。俗呼藷藥。　天茄　紅蘿蔔　芋：一名蹲鴟。

菓之屬　梅：白花者結實黃，熟火熏之為烏梅，鹽之為鹽梅，青實糖漬之為糖梅。又有綠萼梅、相見梅、品字梅。疊瓣蠟梅，花黃。　桃：有紫桃、金桃、方桃諸種。碧桃花白，緋桃花紅，千葉桃疊瓣無實。　李：有綠李、朱李、紫玉李、黃李諸種。　杏：圓曰金杏，匾而青曰木杏。　梨：有雪梨、青消梨、水梨、山梨、梅梨。　蓮子　藕：白蓮不結子，藕美。紅蓮結子，藕劣。其節應月，閏則益一。又有並頭蓮，花不實。又有千葉蓮。　安石榴：花有單葉，有千葉。　枇杷　橘　柑：有乳柑、花柑、朱柑、金柑，金色大如彈丸。乳柑尤美。元檢閱林昉有記。　橙：有香橙，綿橙。　柚：似橙。　朱欒：實大如甌。又有香欒、密罈。　楊梅：有紅、白、紫三色。　櫻桃　林檎：一名花紅。　葡萄：紫者微酸，青綠者味甘。　栗：有油栗、毛栗。　榛：似栗小而圓。　椎：俗名為苦櫧。　銀杏：北方名白果。煮食之能縮小水。　棗　柿：有紅綠、牛奶、丁香、水柿等種。小者一名柿棗。　木瓜：花紅味酢。　菱：有紅菱、綠菱。三角者曰芰。　芡：俗名雞頭。　茭手：即菰也。生水中，八九月中心生薹，甘美可食。　荸薺：善毀銅。土人製為粉，甚佳。　甘蔗　葛：能解酒毒。　茨菰：能愈血疾。　柰：似李味珍。　園藕：一名地蠶。　獼猴桃：俗呼藤梨。　金豆：生山中，蜜煮之香美。

藥之屬　茯苓：生松下。附根曰茯苓，抱根曰茯神。　芍藥：有赤、白二色。　天南星：苗似新荷，子似榴子，根似芋而圓。　天門冬：蔓似絲。　麥門冬：形如裸麥。　苦參　薏苡：似珠而長。　地黃：有三種：以水試之沉者曰地黃，最佳；半沉者曰人黃，次之；浮者曰天黃，為下。　枸杞：其根曰地骨皮。　茱萸：吳茱萸似椒，九日以泛觴。山茱萸大而色紅。　卷栢：叢生石上。　半夏　椒：香勝蜀椒。　細辛：白者良。　牽牛子：有黑、白二色。　蛇床子　車前子：一名蝦蟆衣。　決明子：似馬蹄者曰馬蹄決明。又有草決明。　蒼耳　何首烏：赤者雄，白者雌。　覆盆子：一名紅莓。　菖蒲：生石罅者曰石菖蒲。　五倍子：子青大如拳。　萆薢　黃蓮：九節者佳　瓜蔞　艾：重午日收。　橘皮：有青皮、陳皮。　香附子　蓖麻　香薷　山梔子　小而多稜者佳。　豨薟　骨碎補　金銀花　桑螵蛸：桑枝上螳螂蛹也。　桑白皮：不出土者乃可用。　乾葛　罌粟殼：一名御米殼。　百合：花白者入藥。　大小薊　益母草　茵陳：類香薷而細。　旋覆花　玄參　側栢　牛蒡子　僊人飯：俗呼山阿娘。　五加皮　葶藶　龍膽　薄荷　荊芥　菟絲子　蔓荊子　蒲公英　絡石　海桐皮　馬藺　大戟　蜀漆：即土常山苗　石斛　地膚子：即絡箒子。　貫眾　土芎　淩霄：一名苕。　商陸：《廣雅》云形如馬尾。有如人形者有神，俗呼章柳。　女貞實：即冬青樹子。

花之屬　牡丹　芍藥　酴醿：一名木香。　海棠：紅色，以木瓜頭接之則色白。有黃海棠、垂絲海棠。　桂：一名木犀。紅者曰丹桂，黃者尤香。月開名月桂。　山茶：紅、粉二色。　薔薇：有紅、紫、黃三色。　拒霜：即木芙蓉。　山樊：極香，木高數尺。又一種葉可醃蛇。　菊：多種。　丁香：有紫、白二色。有金綫葉者。　杜鵑：一曰紅躑躅。自川來曰川鵑。　麗春花：罌粟別種。　罌粟　玉簪　棣棠　錦帶　玫瑰：紫、白二色。　長春：一名月月紅。　山丹：一歲一花。　木筆：一名辛夷。　木槿：有紅、白、粉三色。一名日及，又名舜花。　王

繡毬　水僊：有一種曰金盞銀臺。　梔子：佛書曰檐蔔花。瓣多者曰川梔。　蜀葵：黃者入藥。　石竹：一名錦竹。　雞冠：佛書曰波羅奢花。　紫荊：俗呼百日紅。　金鳳：有五色。又有紅黑斑者，葉可染指。　迎春：一名金雀兒。　密檽　玎玲　鼠柳　紫薇　佛掌　午時：午開子落。　茉莉　蘭：一榦一花，香清曰蘭；一榦數花，香烈曰蕙。又一種漳蘭。　丈紅：葵類，有數花。　天棘

草之屬　芝：瑞草類菌蕈。　萱：一名鹿葱。　蒲　浮萍：亦曰藻。　白蘋　蓼：家蓼高而大。水蓼生水旁。辣蓼生道旁，汁可造麯。　三白：一葉白則稻熟。　馬鞭　蘆：一名葭。小者曰荻。　茅　燈心草：細圓者可為席。　菅：榦可織壁。　龍鬚草：可為履。　稗：實亦可食。　蓍：相傳生蓍嶴山。　芭蕉　風蘭　蚊草：中生蚊。　觀音草　鴨蹠　鳳尾　老少年　魚腥草　龍鱗

竹之屬　斑竹：紫黑大點。　紫竹　筀竹：有早筀、晚筀。　方竹：莖方可杖。節間有刺名刺竹。　箭竹：小而勁。　淡竹：可造紙，取竹瀝。　石竹：節踈而平，可編壁。　篁竹　促節肉厚，可為弩。　慈竹：叢生。一名子母竹。　苦竹：以笋苦名。可為槍。　佛面竹：著根數節如佛面。　桃枝竹　公孫竹：叢生尺許。　篠竹：葉大可裹物。　猫竹：極大而堅。　江南　四季：四時有筍。　簹竹　搖絲竹

木之屬　松　栢：葉匾者側栢。　檜：有香檜、垂絲檜。　槐　杉：有刺杉、胖杉。　樟　桐：有黃桐、花桐、梧桐。　檀：黃者曰黃檀。　檉：即河柳。似松皮赤，可為棬胚。　楠　櫧：實可食。材中宮室。　榆：凡十種。　柞：可為梳。　櫟：葉可染皂，其實曰橡。　朴：皮麄。　楮：一名穀。　冬青：一名萬年枝。　樺　桃　金荊：堅而有文。　樗：類椿。　烏桕：實如雞頭，液可為燭。　柳：葉下垂者曰垂楊。　黃楊：歲長三寸，遇閏則縮一寸。故蘇詩曰厄閏年。　桑：葉可飼蠶。　柘：亦可蠶。　楓：脂香可爇。　苦楝　猪牡：梓，美材也。茲土所無。一種猪牡不中材用。往年求梓木，土人誤以是應之，官民擾擾。　橡：實可食。俗名茶鉤。　冬紅　赤髓

貨之屬　茶：近山多有，惟黃土嶺、寧溪、嵛山者佳。　蜜　木綿花：本島夷所產，元時方入中國。　藍靛：有木藍、蓼藍。其細葉者曰細靛。　蠣灰：蠣殼燒之，為圬者用。亦可糞田。　黃蠟：煎蜂窠成之。　白蠟：小滿日用蟲子繫冬青樹或苦錦樹枝，次年小滿前數日掊之成蠟。　紅花：可染絳。　椶櫚：可作繩及雨具。　槐花：可染黃綠。　桕油　桐油　香油：即芝麻油。　茶油：山茶子為之。　菜油：油芥子為之。　苧：一年三收，可織。　絡麻　葛：純葛為布最佳。或兼絲，或兼苧。　桑絲：用為紬絹。　柘絲：宜絃琴瑟。　綿：原蠶繭為之。　紬：有線紬、平紬、綿紬。【略】　皂夾　金漆　炭　鹽：煮海而成。瀌土取鹵，以蓮子重者試之。鹵浮三蓮、四蓮味重，五蓮尤重。蓮子取其浮而直，若二蓮直或一直一橫即味差薄。若更薄即蓮沉於底而不成鹽。其法由宋姚寬。今或用雞子試之，亦以浮沉為鹵厚薄。

畜之屬　馬：間有畜者，似馬而小，曰驢。驢馬相合生曰騾。　牛：有黃牛、水牛。　羊：未成曰羜。　猪：亦曰彘、曰豕、曰豨子、曰豚。　狗：亦曰犬，善守。能獵者曰獵犬。　雞：有五德，亦曰德禽。《詩》之三物，雞其一也。　右六擾之外有猫，以捕鼠。有鵝，即《曲禮》之舒鴈。有鴨，即《爾雅》之舒鳧。皆家畜也。

禽之屬　烏：以能反哺名慈烏。腹白曰鴉。又寒鴉狀差小。　鵲：俯鳴則陰，仰鳴則晴。鳴而喜至，故曰喜鵲。以其好晴，故名乾鵲。　鸛：大而白。其小而黑者曰烏鸛。　鷹：蒼黑色，亦曰鷙。其聲喝嘶而悲者曰鷂。蒼褐色似鷂者曰隼。　鳩：斑色。有不斑而鳴於耕時者曰布穀。　黃鸝：即蒼庚，俗名黃鶯。　雉　竹雞：多聲。相傳白蟻聞聲即化為水。　山雞：嘴、足皆紅。　鴝鵒：五月五日取其雛剪舌，畜之能為人語。　翠碧：毛可為飾。　郭公：身赤頭尾黑。　畫眉：褐質白眉，善鳴好鬪。　白頭翁：似雀而大，頭有白點。　射豹：以聲名之，即杜鵑，亦名子規。　雀：斑褐色。黃者曰黃雀。　啄木：穿木食蠹。　婆餅焦：似雀。　伯勞：一名鶪。　鷴：似山雞而白。　黃頭：褐色喜鬪。　鸂鶒：毛五色，善勅水取魚。　鸕鷀：善捕魚。　鷺：白羽修足，頂上有絲。　鷗：臆白翅青。　鳧：其飛甚迅。　鴛鴦：五色，雌雄相逐。　鶻：似鷹而小。　百舌：一名桑烏。春間作百鳥鳴。　燕：春來秋去。　鵜鶘：一名淘河。頤下有胡，可容二升物。　錦雞：一名吐綬。　鴉舅：色黑，大如鳩，善擊鴉。　楚魂　鬼車：一名負版，俗呼九頭鳥。

夜鷹：俗呼夜胡，一名鬼東郭。 鶺鴒 脊令 泥滑滑：尾長色白者雄，尾短色赤者雌。春末自呼其名。《郡志》誤註竹雞下。 練雀：有紅、白二色。 長尾鳥：形類鸚鵡。 鴿：俗呼舶鴿。

獸之屬 虎：號則風生，食不擇肉，謂之山君。 熊：類犬豕而輕捷，好緣樹。其背有脂曰熊白。其掌珍美，入鹽食殺人。其膽入藥。 豺：似犬。 狼：似虎。 野猪：牙利如刃，即封豕也。 山羊：其大如牛，其角如螺，善走。 山犬：似犬，赤色黑文，食果實。 鹿：性善驚。角解新生謂之茸。似鹿而小曰麂。 香狸：味甚珍。 兔：視月而孕，張口而產。相傳孕婦見之，產子唇缺。 猴：猿類，最黠。 狐 鯪鯉：似鯉而四足，能陸能水。又名穿山甲。 獺：似犬而口鋭，善捕魚。患魚鯁者以其爪爬項即愈。 鼠狼：似鼠而善捕鼠。 鼯：似蝙蝠。 栗鼠：能緣木。 竹鼬：患竹刺入肉不能出者，嚼之良愈。 箭猪：身多箭。 麞：似鹿。

魚之屬 鱸：類鱖能食魚，養魚者必去之。 石首：首有白石，一名黃魚，盛於春。醃暴為鯗，有鰾有膠。 鮭：即河豚也，味甚美。其白名西施乳，其膏曰烏狼膏。染塵殺人，惟蘆芽能制之。 鰵：三腮曰鮸，四腮曰茅狂，最小為烏肚鰵姑。 鯧：身扁如鎗，故名。一云與百魚交，名為娼魚。 馬鮫：身圓而狹。 比目：二魚相合乃行，單則為王餘。 楓葉：肉薄味佳。 鯊：子多而肥大者曰馬鯊，亦曰魴。 鯔：圓長而黑。 鯉：背有三十六鱗。 鱧：頭有七星，膽甘，能食諸魚。 銀魚：尖鋭如銀條。 鰣：味甘多骨。 鯽：甘而益人。 鰽：似鰡而大目。 梅首：類石首而小，俗名梅童。 鮂：類鰣。 火魚：身圓而赤，隨潮結隊而行。又一種盆池所畜，亦名火魚。 白袋：一名白距。形如牛，自海入江則兆水潦。 烏澤：類鯔。 魟：俗名鮃。似扇無鱗，口在身下，尾長於身，種最多。 鯊：凡二十四種。曰白浦、黃頭、白眼、白蕩、青頭、牛皮、鹿皮、犁頭、丫髻、烏鯊、斑鯊、狗鯊、鰊鯊、燕鯊、虎鯊、昌鯊、刺鯊、鮩鯊、鋸鯊、淺鯊、雷鯊、香鯊、斗鯊、梭鯊。 鮎：無鱗頭大。 地青：魟類。尾有刺，逢物則撥，甚毒。色黃，腹下一口者為魟，味頗美。二口為鱵，味劣。 香魚：香而無腥，青色，以火焙之如黃金。一名細鱗。每月長一寸，至十月而止。 石斑 赤耍 石勃卒：一名末魚。 華臍：一名老婆魚。形如笠，有帔可食。 子魚：味美不減通應所產，但不常有。 帶魚：若練帶。 鱔：如蛇而細。 鰻：有海鰻、溪鰻、湖鰻。一種鰻鱺魚，《圖經》云：焚其骨，蚊化為水。 鰫：目旁有骨。《禮》云魚去乙是也。 海鰌：甚大，不入饌。 鱞：骨柔無鱗，身如膏髓。一名龍頭魚。 青鱗：大如拇指。 鰍：生泥中。 烏蠟：腹有墨，常游水上，伺烏來啄則以鬚卷而食之。骨名海鰾鮹，乾之俗名明脯。 章巨：八足圓首，即郭璞《江賦》所謂鋸蛣也，俗呼章魚。一種曰望潮，差小，尤珍。 跳魚：生海塗，色黑，土人呼曰彈塗。 江珧：《爾雅》：蜃小者曰珧，以柱為珍。《江賦》曰玉珧。 螺：多種。有香螺、田螺、辣螺、溪螺、丁螺、斑螺、黃螺、白螺、相打螺。又一種小者名海螄。 車鰲：蛤之大者。其殼光澤，色微黃，肉堅含漿，用火炙開之，加椒酒令滾，味佳。 蝦：有赤、白、青、黃、斑數種。取大者兩枚合炙之，曰對蝦。狀如蜈蚣者曰蝦姑。產於陂湖者曰湖蝦。有一種蝦蟣。 鱉：俗名團魚。邊肉四垂曰裙，最珍美。五爪者、目深者、腹下紅者食之殺人。 蛤蜊：善醒酒。 蟶：殼蒼白，頭有兩歧。 蚶：有瓦壟蚶、毛蚶。 龜脚：郭璞《江賦》曰石蜐。 牡蠣：生海厓石上，相連如房，曰蠣房。 蝤蛑：八足二螯，隨潮退殼，一退一長。其肉隨月盈虧，月盈則虛，晦則滿。 蟹：有白蟹、螃蟹、田蟹、石蟹。 彭越：一名彭蜞。 蚌：孕珠。 海月：形圓如月。一名蠣鏡。土人取之以蓋天窻。 石帆：生海中石穴，紫黑色。 鱟：多足，雌負雄而行，故常雙得。子如豌豆，宜醬食。 蛇：即水母也。形如覆釜，蝦集其上，蝦驚即沉，故云以蝦為目。 淡菜：俗名殼菜。 䗬：生海巖或篭竹上。 龜：甲蟲之長。背文應八卦，脇文應二十四氣。 沙蒜：一種曰塗筍。 酒盞：俗呼鴉碗。 蜼：一名香蜼。 坭螺：一名土鐵，俗呼沙委。

蟲之屬 蠶：有桑、柘二種。又野生者曰天蠶。 蛇：種甚多。白花者入藥，即蝮蛇也。舊志云：出鳴山者佳。又烏蛇，亦入藥。名佛蛇、青蛇，噬人輒不救。 蜈蚣 蜥蜴：雄者備四色。緣籬落者名蝘蜓，在壁者名守宮。飼以朱砂，取血點婦人身，姤男子始脫去。 蠅虎：善捕蠅。 鼁：三足者蟾蜍，水中鳴者蝦蟆，土人釣而食之曰田雞。 蚯蚓：俗名曲蟮。 蜘蛛：又名蟢子。 蟻：有黃、白二種。 蝱：咂牛蠅。 蝸：雨時涎壁。 蜻蜓 蜂：有蜜蜂、沙蜂、山蜂。 蝶：其種多。大者曰蛺

蝶。　蠅：　色蒼。一種首赤者名景跡。　螳螂：　長臂。　蜩：　初生土中，蛻殼登木為蟬，大小數種，其殼為蟬蛻。　蟋蟀：　一名促織。雄者善鬪。　蝙蝠：　亦名伏翼。　斑猫：　生大豆上。　水蛭：　俗呼馬蝗。

蚊　鼠負　螢：　取螢火裹以羊皮置土中，馬見鳴却不敢行。

明·佚名《樂清縣志》卷三　土産

穀之品　稻　秔：　地暴，粒尖細，紅白二色。紅芒，芒赤。占城，自占城國得種，故名。白散，多芒，色白。水稜，粒大純赤。軟稈，穀白粒大，秋中熟。百箭，芒勁如箭。　稷：　早稷，初秋熟。晚稷。冷水稷，宜山田。矮稷，秋中穫。　麥：　大麥、小麥、光頭麥、蕎麥。　麻：　芝麻。　菽：　黑豆、綠豆、赤豆、白豆、白匾豆、三收豆、豌豆、蠶豆。　粟：　黃粟。

芋之品　水芋、山芋、紫芋、薯蕷。【略】

花之品　海棠、薔薇、蘭、荷、茉莉、菊，色品不一，花不甚豐。　芙蓉、木犀、山茶、水仙、百合、葵、紫荊、常春、石榴花、宜男、重葉梅、紅梅。

果之品　沙柑、橙、梅、楊梅、李、桃、杏、蓮、藕、柿、石榴、菱。

蔬之品　菜：　芥菜、菘菜、菠薐、萵苣、生菜、莧菜、蘿蔔、蕨、葱、韭、蒜、茄、筍、石髮菜、苔。　瓜：　蠶瓜、刺瓜、甜瓜、瓠瓜、冬瓜、天羅瓜。

藥之品　生薑、乾葛、麥門冬、枸杞、香附子、枳殼、鼠粘子、枳實、香薷、紫蘇、甘菊。

竹之品　江南竹、慈竹、筀竹、石竹、簹竹、苦竹、紫竹、筋竹、淡竹、箘竹、篛竹。

木之品　榕、檜、栢、楡、楓、朴、槐、櫟、桑、柘、楊、柳。

草之品　綠草、菖蒲、蓼、萍、萱、茅、席草、鹹草。

畜之屬　牛、驢、馬、羊、犬、猫、豬。

羽之屬　鸛、鴈、鷓鴣、鷹、鵲、鴉、鴿、鳩、燕、鶯、雀、黃頭、畫眉、百舌、白頭翁、綉眼、雉、竹鷄、鷄、鵝、鴨、鳧、鷗、鷺鷥。

毛之屬　虎、狸、獺、猴、兔、鼠。

鱗之屬　白蒲鯋、鋸鯋、餞鯋、雷鯋、丫髻鯋、香鯋、虎鯋、犬鯋、梭鯋、牛鯋、斗鯋、賴魟、鮫鯋、牛魟、黃魟、班魟、虎魟、烏郎、黃鮈、鰻、鱸魚，巨口細鱗。鱉魚，似鱸鱗粗。　鯧魚、石首魚，一名黃花魚。　箭魚、鯆魚、勒魚、時鮐魚、帶魚、青魚、地青魚、地白魚、馬鮫、竹夾魚、海鷂魚、吳鰤、鰆鰻、比目魚，兩魚各一目，駢附而遊。　鰯魚、紅鱗、針魚、銀魚、鯯魚、烏賊、烏魚、鯔魚、海鯽魚、海鱟魚、弓魚、毛魚、鹿角魚、青鱗魚、黃混魚、黃鰣魚、闌胡、白鰣魚、鮀魚，即水母綫。章鮔、鮭鯃、沙噀、鹿魟、鯉魚、鮎魚、鯽魚、小白魚、澤魚、湖鰻。

介之屬　黿、鱉、蠣房、西施舌，一名沙蛤。　蝛、海螄、江瑤、車螯、蛤蜊、殼菜、蟶子、蝛蜒、龜脚、蜆、鮮蛤、江蟹、蝤蛑、蟳、擁劍、螠、花螺、香螺、蓼螺、刺螺、馬蹄螺、蝦，有青、黃、赤、白色。　蚶、鱟。

蟲之屬　蠶、蜂、蛇、蝶、蟬、蟋蟀、蝸、蚓、螻蟻、蚱蜢、蜻蜓。

貢賦　貢【略】

國朝歲進

海味　水母綫、石首魚、鱉魚、鰻魚、鱸魚、鯔魚、黃鰣魚、龜脚、蝛蜅、殼菜、蝦米、石髮菜。

明·毛鳳韶《浦江志略》卷二　土産

五穀　邑土高磽，五穀多早種，乃有穫。

芥菜　浦江市不賣菜，俗諺云魚龍、鷄鳳、菜靈芝，皆言其少也。惟芥近頗有焉。

桑　浦民少植桑，故絲縷全無所出。或曰地不宜也，然亦視栽培之力何如耳？【略】

附錄

稻類　曰望秈回，七月熟；　曰大紅稻，七月終熟；　曰早秈，八月熟；　曰黃芒秈，九月熟；　曰紅芒秈，九月熟；　曰晚秈，九月、十月熟，曰黃稷，七月熟；　曰白稷，一名江城稷，八月熟；　曰烏稷，九月、十月熟。

黍類　曰華黍，九月熟。

麥類　曰大麥，四月初熟；　曰小麥，四月終熟；　曰蕎麥，九月終熟。

菽類　曰夏白豆，六月熟；　曰秋白豆，八月熟；　曰田豆，十月熟；　曰赤豆，八月熟；　曰菉豆，八月熟；　曰蠶豆，四月熟。

麻類　曰芝麻，黃、白二種，九月熟。

粟類　曰秈粟，十月熟；　曰稷粟，十月熟；　曰苜粟，十月熟。

貨類　曰木綿布，曰木綿花，曰蠶絲綫，興賢鄉出。　曰桕油蠟，曰苧布，興賢鄉出。　曰苧麻，曰麻布，通化、興賢二鄉出。　曰黃麻，曰茶，二都、三都、二十四都、二十八都出。　曰紙，興賢鄉出。　曰蜂蜜。

蔬類　曰蘿蔔，曰萵苣，曰菠薐，曰苦蕒，曰茭白，曰茄，曰菘，早、晚二種。曰莧，曰蒲，曰蕨，曰芹，曰葱，曰薤，曰韮，曰蒜，曰胡荽，曰芋，曰筍，曰瓠，曰稍瓜，曰王瓜，曰冬瓜，曰西瓜。

果類　曰桃，曰李，曰梅，曰杏，曰棗，通化鄉出。曰栗，政內、興賢二鄉出。曰梨，曰榴，曰橘，曰柿，曰蓮，曰橙，曰椑，曰菱，曰藕，曰林檎，曰櫻桃，曰枇杷，曰胡桃，曰銀杏，曰葡萄，曰木瓜，曰楊梅。

藥類　曰半夏，曰茱萸，曰菖蒲，曰茵陳，曰紫蘇，曰薄荷，曰罌粟，曰地黃，曰烏梅，曰紅花，曰香附子，曰石菖蒲，曰車前子，曰金櫻子，曰苦楝子，曰蜀葵子，曰桑白皮，曰鼠粘子，曰商陸，曰百合，曰牛膝，曰蜂房，曰芍藥，曰烏藥，曰椒，曰藍，曰荊芥，曰麥門冬，曰馬兜鈴，曰紫金皮，曰淩霄，曰茺蔚子，曰鶴虱，一名地松。曰白茯苓，曰赤茯苓，曰黃精。

花類　曰臘梅，曰木樨，曰茶花，曰月桂，曰瑞香，曰玉簪，曰蘭花，曰海棠，曰麗春，罌粟別種。曰荷花，曰牡丹，曰芍藥，曰薔薇，曰酴醿，曰萱草，曰鷄冠，曰鳳仙，曰木筆，曰石竹，曰菊花，曰水仙，曰媚李，曰木香，曰山礬，曰梔子，曰毬花，曰滴滴金，曰金地棠，曰葵花。

木類　曰桑，曰柘，曰松，曰栢，曰槐，曰杉，曰梓，曰桐，曰楓，曰樟，曰櫧，曰檀，曰椿，曰樺，曰桂，曰杞，曰柳，曰榆，曰檜，曰楮，曰櫸，曰楊，曰椶，曰檲，曰薥棶。

竹類　曰苦竹，曰筋竹，曰筀竹，曰紫竹，曰班竹，曰雷竹，曰淡竹，曰箭竹，曰猫竹，曰方竹。出左溪寺，有棱四方。

羽類　曰鷄，曰鵝，曰鴨，曰雉，曰鷹，曰鸛，曰鵰，曰燕，曰烏，曰鷂，曰鳩，曰鶯，曰鴿，曰鵲，曰雀，曰梟，曰鸂鶒，曰鷺鷥，曰杜鵑，曰百舌，曰鵂鶹，曰鵁鶄。

毛類　曰牛，曰驢，曰犬，曰馬，曰猫，曰羊，曰虎，曰㺇，曰豺，曰豹，曰麂，曰麞，曰獺，曰鹿，曰狸，曰野猪，曰猴，曰兔，曰鼠。

鱗類　曰鯽，曰鯉，曰鱖，曰鰻，曰鰻，曰鰍，曰鱣，曰鯖，曰鮊。

甲類　曰龜，曰鼈，曰螺，曰蝦，曰蚌，曰潮溪蟹。

蟲類　曰蜂，曰蝶，曰蠅，曰蚊，曰蟻，曰蝸牛，曰蚯蚓，曰蝪蜥，曰蛇，曰蠮螉，曰蜈蚣，曰蝦蟆。

明・葉海峰《太平縣志》卷三　物產

穀之類　稻：《異物志》云：丹丘穀，夏、秋、冬三熟，夏熟曰早禾，秋熟曰中禾，冬熟曰晚禾。　早禾：蒙裏白，一名梅裏白。穀有芒，又名糯米白色如糯米。隨犁歸，一名六十日。占城種來自占城。九十日，滿三月而熟。旱稜宜高田，水稜宜下田。　中禾：紅地暴，一名紅婢暴，米紅。白地暴，米白。班地暴，穀班。八月白，烏散、金裹銀、遲青、稈地暴、早糯、糖糯、烏節糯。　晚禾：白粘秈、黃才秈、纏枝秈、烏觜秈、櫻株秈、黃板秈、白香秈、釣竿秈。白錦，一名白堇。烏稜，南稜。黃糯。西糯，一名細糯。麻糯、矮子糯、胭脂糯，一名荔枝糯。混酒糯，寄生，以寄種早禾中，故名。一曰晚兒。金城。〇水鄉畏水，晚稻少；山鄉畏旱，晚稻多。宋大中祥符五年以兩浙微旱，使於福建取種三萬斛分給種之。今土俗謂之百日黃。穀之種類雖多，總其目曰秔曰糯爾，所謂黏與不黏者是其別云。　稷：稷為五穀之長，北方所謂穄米。其秔者宜為飰，其糯者宜為酒。　黍：粟與粱相類。其顆粒大者為粱，小者為粟。今人多不能辨。《唐本》注云：粟類多種而並細於諸粱，北土常食。陶隱居曰：凡云粱米多是粟類，惟其牙頭色異為分別耳。蘇恭云：青粱穀穗有毛粒；青米亦微青而細於黃白米也；黃粱穗大毛長，穀米俱麄於白粱；白粱穗亦大，毛多而長，穀麄扁長，不似粟之圓也。　麥：麥有三種，有大麥、小麥、米麥。米麥顆大。《本草》所謂穬麥也。俗呼裸麥，亦謂之大麥云。小麥有赤、白二色。又有茴香麥。早齊、光麥皆小麥也。《本草注》謂：北地麥秋種冬長，春秀夏實，得四時全氣，故無毒。南地麥冬種春秀夏熟，少一氣，故有毒。　麻：胡麻即脂麻也。以其種出於大宛，故云胡麻。與白油麻為一等。《圖經》云：胡麻，巨勝也。陶隱居云：其莖方者為巨勝，圓者為胡麻。巨勝者大勝也，言八穀之中此為大勝云。又一種大麻，可為乳酪。　豆：菽謂之大豆，有黑豆、黃豆、白豆。山田中所種白豆顆粒大，有六月白，有八月白。有菉豆，可為粉，名真粉，能解酒毒。又有赤豆、川豆、豇豆、飯豆、豌豆，一名蠶豆，田豆，一名寒豆，虎爪豆、羊角豆、刀鞘豆、白扁豆。筋豆，有青、紅二種，宜點茶，亦謂茶豆云。

蔬之類　芥：一名水蘇。有紫芥、黃芥、青芥、油芥數種。出石罅者曰山芥，味極辛，俗呼山芥辣。　菘：大曰白菜，小曰菘菜。又有白頭、牛肚、早晚等數種。　波稜：葉尖理細如波紋，出頗稜國，有僧攜子而至，俗訛為波稜云。　蒿：一名同蒿。又有蔞蒿，葉細而香。　薺：有花薺、紅薺二

種。　韭：一名草鍾乳。一剪一加糞，歲不過五剪云。　胡荽：一云元荽，又云鵝不食草。　蕨：《爾雅》曰：蕨，虌。郭注：初生者可茹。土人多以配笋焉。　葱：四時有之，惟冬其白愈長。　萵苣：出萵苣國。　苦蕒：《字書》曰苦藘。蠶婦所忌，即芸薹菜。　子菜：以其子可榨油，故名。即油芥也。冬種春成。　莙蓬：一名甜菜。其莖和灰汁可澣衣。　筍：有早筀、晚筀、江南、含肚、石筍、箭筍、燕筍、苦筍等種。　薤：似韭而葉闊多白。　莧：莧有數種，赤、白、紫三色。又有馬莧、五色莧。　芹：《本草》作蘄。《爾雅》云：芹，楚葵，一名水英。可作葅及瀹食之。有兩種：荻芹取莖葉，白色；赤芹取莖葉，赤色。生在高者宜食之，生在水中者不宜食。　葫：有重薹者，有獨子者。其味辛溫，有毒，主散癰腫風邪。　蒜：按《本草》：蒜，小蒜也。《爾雅》所謂蒚山蒜是已。苗如葱針，頭如葫而小，俗呼為藠頭。　蕈：多種，出深山。　薑：有黃、紫二色。

萊菔：俗呼蘿蔔。生沙地者尤大。　牛蒡：三歲一花，根可食。土人以中元日脯之。　木耳：生木上。又有生石上者，曰石耳。生木上而細者曰天花蕈。　瓜：有冬瓜、王瓜、甜瓜、西瓜、瓠瓜、稍瓜、荔枝瓜等數種。

芋：若蹲鴟，謂之芋魁。今出沙田者佳。　苔：出山門鄉海中。　紫菜：莖纖而稀，出松門海山石上。土人以春初者為貴。　海藻：生松門海山。又一種甚大，俗名大菜。又一(名)〔種〕細而紫色，名鹿角菜。又一種鬆菜。　香菜：有細、大二種。　蘇：有紫蘇、花蘇、板蘇三種。　茄：其爺切。一名落蘇。有紫、白二色。　薯蕷：有紅、白二種。生山中曰山藥。

菓之類　梅：多種。花白者為盛，餘則有綠萼梅、紅梅、雙梅、香梅、千葉梅、夏梅、寒梅。其實之酸，一也。實之熟者以火熏之作烏梅，以鹽殺之為鹽梅，青者以糖和之作糖梅，以蒜、醋和之作蒜梅。又有一種花黃色者名蠟梅，無實。　桃：種皆夏熟。惟紫桃，一名崑崙桃，秋熟。更有名寒桃，十月熟。又有實小如梅者，曰御愛桃。又有水蜜桃、綿桃、餅子桃。其無實者為碧桃、緋桃。　李：花與梨花類。有綠李、蠟李、朱李、紫抹李數種。　杏：花類紅梅。圓者曰金杏，褊而青者曰木杏。又一種曰梅杏。舊傳天台山有六出五色者，號仙人杏。　梨：花雪白。有雪梨、梅梨、青消梨、水梨、紅糜、黃糜等數種，其大小不類。　蓮子：花有紅、白二種，俱結實。又有碧蓮、朝日蓮。　藕：《爾雅》云：其本蔤，其根藕。蓋莖下白蒻在泥中者曰蔤；藕，偶生，又善耕泥引長，故藕之文從耦。俗云：藕生應月，月生一節，閏輒益一。　安石榴：花有單葉、百葉。一種號花石榴，藏其實至花開不壞。　枇杷：葉陰密不凋，冬花夏實。　橘：花頗香。有楊橘、綠橘、乳橘、朱橘等種。　柑：有乳柑、青柑、山柑數種。又有金柑，金色如彈丸。

橙：皮辛色黃。有青橙、香綿橙、皺橙等種。　朱欒：實大如甌，理麄而皮厚，其瓣堅，酢不可食，俗呼沙柑。又有香欒、蜜覃二種。　柚：《爾雅注》云：似橙實。今土產大者如甌盂。　楊梅：子如彈丸，赤色，五月中熟，出消村金嶴。　櫻桃：一名荊桃，一名含桃。蓋此果絕小，鶯鳥含之，故以名。亦名鶯桃。　林檎：本名來禽，謂味甘來諸禽云。　葡萄：二種。紫者微酸，青綠者甘。甘者名水晶，味尤勝。　栗：《本草》注云：剡及始豐，皮薄而甜。始豐，今天台也。本縣出桃夏湖、霧消村。小者號茅栗。

榛：似栗而圓小。又有二種，曰鉤栗，俗呼巢勾。　椎：音與株同，科子也，小而圓黑。又一種名儲差，大而味澁，俗呼曰苦櫧。　銀杏：本名鴨脚子，言葉如鴨脚也。後以其色白易今名。北人呼為白果。子煮食之，截小水。　棗：有馬頭棗、鍾棗、鹽官棗數種。又一種名棘子，實小而圓。　柿：有紅、白、烏、黃數色及牛奶、八稜、無核、丁香等種。又有椑柿，形似柿，青黑色，一名綠柿。　楊桃：《臨海異物志》云：色青黃，其核似棗。蓋今山棗。又一名羊桃。《本草》名藤梨，或名獼猴桃。　瓜：有金瓜、銀瓜等種。又有土瓜，藤如葛，其根入地結為瓜，味甘香，解醒。　木瓜：一名木梨。春深未發葉先開花，結實如瓜而小，味酢，用作蜜煎佳。　菱：有牛頭菱、綠菱、三角菱等數種。　芡：俗名鷄頭。陂塘間有種者。　茭手：即菰也。生水中，八九月間中心生薹如小兒臂，甘美可啖。　荸薺：一曰葧臍。種宜硬底田，蓋根入土到硬處則盤結。【略】　甘蔗：有竹、荻二種。其莖有節，春種冬成。其汁煮之則成黑糖，又煮則成白糖。今閩人糖霜多取諸此。　葛：春生苗引蔓，根大如臂，主解酒渴。　茨菰：即鳧茨。《東漢書》作鳧茈。葉有稏，如燕尾生水田中。

藥之類　茯苓：老松餘氣入地而生。離根者為茯苓，傍根者為茯神。

芍藥：有赤、白二種。　天南星：二月生苗，似荷莖，葉兩頭相抱，五月開花似蛇頭，黃色，七月結子作穗似榴子，根似芋而圓，如蒟蒻。　天門冬：

《爾雅》謂之虋。杜詩作天棘。其藤柔弱輕盈，冬夏生白花，秋結黑子，俗呼貫藤。　麥門冬：　葉似韭，冬夏長青，其子附根生，形如穬麥，故名。俗呼沿街草。　苦參：　春生夏凋，開花黄，結子作莢，根味至苦。一名水槐。　元參：　陶弘景云：　道家用以合香，能通氣去瘋。　薏苡：　形如珠而稍長。　地黄：　有三種：　以水浸試，沉者曰地黄，最佳；　半沉者曰人黄，次之；　浮者曰天黄，為下。　枸杞：　一名王母杖。其根即地骨皮。　茱萸：　似椒而淺青色者曰山茱萸，大而黄黑者曰吳茱萸。又有一種紫色，曰食茱萸，九日人以泛觴。　卷柏：　叢生石上。以葉似柏卷，故名。　半夏：　獨莖生，皮黄肉白。一名守田。　椒：　紅色，香勝蜀椒。　細辛：　白者良。土名馬蹄香。　牽牛子：　有黑、白二色，蔓生籬落間。一名鼓子花，碧色。陶弘景云：　此藥始出野人牽牛以易之，故名。　蛇牀子：　一名蛇米。每枝上有花頭，百餘結同一窠。　車前子：　俗名七根草，叢生，大葉長穗。又呼蝦蟆衣。　決明子：　葉似苜蓿而大。實似馬蹄者號馬蹄決明。又有草決明，類細靛。　蒼耳：　一名羊負米，俗呼兼絲子。　何首烏：　赤者雄，白者雌。本名交藤。因何首烏服之，故名。　覆盆子：　以老者食之可溫水臟，故名。俗呼大麥莓音妙。　菖蒲：　生石罅者曰石菖蒲，葉細。生陂澤者曰水菖蒲，葉大。　五棓子：　子青，大者如拳。　葶藶：《月令》：　冬夏靡草死。注云：　藤草薺，葶藶是也。　萆薢：　莖有刺者根實；　無刺者根虛，虛者勝。又一種俗名山阿娘。　黄連：　狀若連珠，其九節者妙。　瓜蔞：　一名黄瓜。《詩》所謂果蠃之實是也。　龍膽：　狀如牛膝，味苦，故以膽名。　艾：　類蓬蒿。土人於重午前一日收其葉以製艾。

　橘皮：　有青、陳二種。　香附子：　即莎草根，叢生道傍。一名蓑草，俗呼地久僵。　蓖麻：　紫莖，子青褐色。　藷藥：　一名工延。一種根圓而長，名山藥。其下品曰水藷藥。又一種紫黄色，曰虎掌藷，以形似，故名。　土人參：　出王城山。　香薷：　生唐嶺南者佳。　婆荷：　經久根不死。

　山梔子：　一種百葉者，開花不結。其結子者多是單葉。然亦有二種小而多稜者入藥用。　豨薟：　一名火枕草。　骨碎補：　一名胡孫薑。唐明皇以其主折傷有奇效，故名。　乾薑：　氣溫生氣，微溫去皮熱。　芎藭：　一曰胡藭，即蘼蕪根。　過海藤：　出海山中，治瘋。生穿硼者佳。　馬蘭：　一生澤旁，如澤蘭氣臭。　羊蹄：　一名蓄，或又名禿菜。　金銀花：　一曰金釵股，一曰忍冬花。以其花一黄一白相間，故謂之金銀花。藤右纏曰威毒藤。　桑螵蛸：　即桑枝上螳螂蛹也。一枚出子百數，因得桑皮津氣，故入藥用。　桑白皮：　取桑皮去外殼為之。又其枝可取油。　紅花：　與根俱入藥品。　乾葛：　解消渴。　（鶯）〔罌〕粟殼：　一名御米殼。　茜：　俗呼過山龍，又呼五葉藤。　百合：　花白者入藥佳。　蜀漆：　即土常山苗。　紫蘇：　下氣發表。　大小薊：　即牛口茨根。　益母草：　即茺蔚子，俗呼野天麻。　地膚子：　一名落帚。　石斛：　按《本草》：　溫台亦有之。以廣南者為佳。　茵陳：　葉類香薷而細。有山茵陳、家茵陳二種。　旋（茯）〔覆〕花：　一曰金沸草，俗呼金錢花。

　花之類　牡丹：　多種。五季時錢氏喜栽植，盛若菜畦。今富家多有。　芍藥：　多種，亞牡丹。　酴醿：　一名木香。有花大而獨出者，有花小而叢生者。叢生者尤香。　海棠：　紅色，以木瓜頭接之則色白。又有二種：　曰黄海棠，曰垂絲海棠，以櫻桃為接頭，垂絲淡紅而枝下向。　巖桂：　一名木犀。紅者號丹桂。又有黄、白、紫、碧四色與重薹者，而黄者尤香。　山茶：　有紅、白二色。　薔薇：　紅紫色，枝榦有刺。又有黄色者。　拒霜：　一名木芙蓉。有紅、白二種及白葉者。　山（樊）〔礬〕：　極香，木高數尺。北人呼曰瑒花。　菊：　有四十餘種。又有自海外得種者，曰過海菊。　瑞香：　一曰睡香。　丁香：　一名異花，有紫、白二色。又一種有金線葉，出海山。　杜鵑：　俗號映山紅，一曰紅躑躅。又有一種紫色。　麗春：　莖生，花媚而香。　金錢：　深黄花圓如赤仄。　玉簪：　質素而香，其形似簪。　金棣棠：　淡金色。　迎春：　一名黄雀兒花。　金沙：　有紫色者。　錦帶：　長條而花綴其上，若錦帶然。　金鳳：　有五色，狀若飛鳳。一又曰仙鳳。　八仙：　狀如瓊花，八蝶簇一心。又有小蝶簇聚如碧玉者，曰玉蝴蝶。　雪玫瑰：　白色。又有紫色者，曰徘徊花。　長春：　色紅。一名月月紅。　勝春：　名月季，又名鬪雪紅。今按：　此花與長春相類而加富麗。　滴滴金：　黄色。一名滴露花。　山丹：　一歲着一花。　木筆：　初發如筆狀。一名辛夷。　淩霄：　附木蔓生，有毒。或淩晨仰視，花露滴目則能喪明。　木槿：《詩》名舜華。一曰日及花。　玉繡毬：　白圓如毬。　剪金：　葉分數歧，如剪裁之狀。　寶相：　蔓生，類長春。　密樝：　紅黄色，千葉。歐陽公《牡丹記》作此樝字。俗云：　密友者非。　水仙：

本名雅蒜。又有一種曰金盞銀臺。　梔子：一作支子，一名鮮支。佛書稱薝蔔。花六出。近有一種花瓣尤多且大，名川梔。　蜀葵：《爾雅》曰：菺，戎葵。釋曰：蜀葵也。一種曰夏葵，有紅、白、紫三色。　石竹：一名錦竹，頗多種。　百合：紅白色，根如胡蒜疊生二三十瓣。又有川百合，先實後花，杏黃色，上有墨點如洒墨然。　罌粟：以狀如瓶罌，其中似粟，故名。俗云鶯粟者誤。　雞冠：其狀似之。佛書所謂波羅奢花是也。　紫荊：俗呼百日紅。　刺桐：其枝榦有刺，葉如桐，其華側敷如掌，形如金鳳。先葉後花則年豐之兆。

草之類　芝：按：芝與菌蕈等皆不種而生。菌蕈是土木氣所蒸而生，芝是天地和氣所蒸而生，故芝瑞草也，世不常有。　蘭：每榦一花而香濃者蘭，五七花而香薄者蕙。　萱：一名鹿葱，可以忘憂。夏開者高大，秋開者短而葉細。　蒲：生陂湖中，似莞而褊，有脊，其根可絲為蜜煎。　浮萍：考《本草》浮蘋，江東人呼曰薸，乃今池塘溪澗中所生。葉浮泛水上，無根蒂，其生最易蕃。治惡瘡。又五月採取陰乾，燒煙去蚊子。　白蘋：或云蘋，開白花，而蓼開紅花，故世稱白蘋紅蓼。今考《本草》，收入水萍項下而別其體性與蘋異。蘋葉圓闊寸許，葉下有一點如水沫，始生可糝蒸為茹，古采蘋供祭祀，即此。若浮萍則不可食。　蓼：有二三種。其高而大者為家蓼；秋開花，作穗紅白色，生江岸者曰水蓼；生道傍者曰辣蓼，可造麵藥。又一種曰水葓，比水蓼稍大。　三白：農人云：一葉白則稻熟。　茜：生山谷中。三稜可以染絳。　馬鞭：莖方花銀色，下如鞭鞘。　僊掌：生石壁上，如人掌，故名。　蘆：或謂之葭，小者曰萑。　蕒：《爾雅》謂之蓲，又曰芒。江生者為淡蕒，近海生者為鹹蕒。土人以為纜，為席，為屨。　茖：可為箒。　絡帚：可為箒。　茅：可用覆屋。　燈心草：澤地叢生，莖細圓，可為席。　菅：榦可織壁。　龍鬚草：可用結鞋。　莎：緣地遍生。　稗：實赤可食。　蓍草：出蓍嶴，今稀有。　候潮草：葉間有莢如榆莢，潮至則開，退則合。

竹之類　班竹：暈紫黑而點大，又號越竹。　紫竹：紫色，張文潛所贊紫君是也。　筆竹：生二三月為早筆，其皮暴乾可照夜。生四五月者稱晚筆，此竹色蒼白，其性堅硬可破篾箍桶。　方竹：以莖方，故云。　箭竹：《爾雅》謂之篠箭，即《禹貢》會稽之竹箭是也。　淡竹：肉薄，節間有粉，可造紙。南人多燒取瀝云。　石竹：節踈而平，可編壁。　狗竹：《譜》云：節間有毛。　䈽竹：音與斤同。堅而促節，肉厚竅中，可為弩。　慈竹：又名子母竹。叢生。　苦竹：以筍味苦，故名。《臨海異物記》云：以苦毒竹為槍，中虎即斃。　江南竹：一曰雪竹。榦葉蒼翠異他竹。　佛面竹：節如人面。　釣絲竹：可為釣竿。　桃枝竹：《爾雅》云：凡竹，相近四寸有節者名桃枝。今所產其節相去逾尺，可為笯箚，又可為簟，不假丹藤。又曰蒲葵竹。　茅竹：俗名笆籬竹。　公孫竹：長尺許，成叢。　四季竹：長筍不絕。　篠竹：葉云箬。葉以裹物不漬潤。　猫竹：此竹極大，兩二本足一人擔，越歲益堅。取其近本者破之，可與鐵釘互釘椽板。

木之類　松：土產最盛。皮皴散如鱗，其葉每三鬣共一簇，材中梁棟。山谷間有恠松如畫，富室園亭又有蟠松。　杜松：杉葉柏身。　柏：葉匾而香。又一種名側柏。　檜：有御愛檜、海檜二種。　梓：《爾雅》云：椅，梓。《注》云：楸之屬。　桂：香酷烈。今天台山有八桂。　槐：《爾雅》作櫰。葉大而黑。　杉：有刺杉、細杉、瑞杉等種。　樟：此樹最大，可解為船及屋梁。色微赤，氣辛。　桐：有黃桐、毛桐、梧桐等種。　楓：厚葉弱枝，善搖，脂可為香。　檀：黃色，或名黃檀。　檉：河柳也，俗呼天杉。其樹似松，皮赤，葉可以捲胚。　楠：根生瘤。《吳賦》云：楠瘤之木。　支：材美，中室料。　橨：其實可食。　欓：子似茱萸而香。　榆：其類有十，葉同而理異。　柞：性堅，得土之正，可為梳材。　櫟：葉似栗，可染皂，其實橡也。　朴：皮麁朴，故名。　楮：一名穀。舊傳皮班而有瓣者為楮，皮白而無瓣者為穀。　冬青：宮中號萬年枝，四時常有。　樺桃：皮可為燭。唐人所謂朝天樺燭香是也。　金荊：木堅有文，可為床。　（練）〔楝〕：子可熟絹。　樗：形榦類椿，葉脫處有痕如樗蒲子，故名，然無用。《莊子》所謂匠者不顧是也。　黃心：以其心黃，故名。　烏臼：實如鷄頭，液如猪脂。可壓油為燭。　柳：其葉下垂，細者曰西河柳。又一種曰欅。杜甫詩所謂欅柳枝枝弱是也。　黃楊：歲長三寸，遇閏則縮一寸。東坡所謂厄閏年者是也。　水楊：葉圓而闊且梗短，生水濱。　苦條：材可為弓。　桑：有黃桑、青桑、花桑、水桑、過海桑。　柘：葉不類桑，蠶惟三眠者食之。　椆：其實可食。

貨之類　茶：近山處多有之，惟紫高山、鵝鼻山者頗佳。　鹽：出迂浦、沙角、高浦、平溪、青林、車路、湖霧。率於二月、六月、八月間取土滲滷，用鐵盤煎成。或夏、秋多雨，鹽土被傷即鹽貴。　蜜：近山人家多產。岩穴中亦有產者。　木綿花：山田多產，春夏間種。秋開色白者上，淡黃下。

藍靛：有三種：曰木藍，曰松藍，曰蓼藍。近自汀得種，然終不似汀之宜染。　蠣灰：濱海民率取蠣殼，寘窑爐中燒為灰。細者鏝壁，麄者糞田。

黃蠟：煎家蜂窠成之佳。　白蠟：小滿日用蟲子繫冬青樹枝或苦錦樹成，次年小滿前數日掊之成蠟。　紅花：可用染絳。　椶櫚：一名栟櫚。鬚可作繩，耐水。葉可為帚。　槐花：可用染黃綠。　桕油：烏桕樹冬月結白實，可以壓油。王原道詩曰無燭盡燒烏桕子，即此。　油燭：炊烏桕子，取外脂為燭，其仁為心，油合仁脂為桕油。　桐油：桐實大如鷄子，八月取壓油。　香油：用芝麻壓為油。　茶油：用山茶子壓為油。　菜油：用油芥子壓為油。　麻：有白麻、黃麻、青麻。【略】今罕種，以苧易緝故也。梅溪人多緝麻。　苧：一年三收或四收，出古城。桃夏純用苧功織布，漂白染紅佳。兼絲成者曰苧兼絲。　葛：山鄉多產，采剝煮熟用水漂白。惟純用葛織布者佳，兼絲次之。轉致他郡染紅紫佳。　桑絲：宜為紬絹。今諸家婦女多治蠶，其絲比杭湖稍次云。　柘絲：作琴瑟絃，清鳴響亮，勝桑蠶絲。【略】　皂莢：可用浣膩。又一種名肥皂，可浣衣。《南史》云：黃塵汙人衣，皂莢相料理。　金漆：其木似樗，延蔓成林。種法：以根之欲老者為苗，每根折為三四，長數寸許，先布於地，一年而發則分而植之，其種欲踈不欲密。二年而成，五年而收，取汁塗物似金。宋時入貢，今絕稀少。　冶鐵：鍋、釜、犁、鋤等器，出澤庫街。

畜之類《周禮》以馬、牛、羊、豬、狗、鷄為六擾，是為家畜。　馬：蹄圓，其尾毛而散垂，其力健，用以騎乘。又有似馬而小者曰驢。驢與馬相牝牡而生曰騾。　牛：有黃牛、水牛。其首角、其蹄枝、其耳無竅；其齒有下無上，尾肉而末毛；其食齝齝音怡，謂既食復出而嚼之也。是謂耕農之畜。《禮》謂：太牢，亦充賓祭。　羊：其首、其蹄、其齒與牛同。註：其尾禿，其未成羊曰羜，《禮》謂少牢，以充賓祭。　豬：別呼為彘，為豕，為豨。其喙長，其足枝，其尾善搖。豬子曰豚。其為牲在羊之次。　狗：其耳垂，其尾卷，其牙相制，其足蹯。蹯後有懸爪曰犬，性善守，遇非其主則嗥，近則噬。又有獵犬，長喙曰獫，短喙曰猲獢。又家畜有猫，能捕鼠云。　鷄：雄者有冠，有距，毛羽爛班。雌者闇然無章。其鳴知時，其食相呼，其鬬勇。古三牲，鷄居其一，今為常食。又按：家畜有鵝，《禮》所謂舒鴈也。有鴨，《爾雅》所謂舒鳧也。六擾未嘗及之，今附見。

禽之類　烏：《說文》云一名慈烏，以其能反哺而名。其腹白者曰鵶。又一種名寒鵶，狀差小，初冬來自西北云。　鵲：俯鳴則陰，仰鳴則晴，聞其聲則喜，故曰喜鵲。　鸛：有兩種，似鵠而巢木者為白鸛，黑色曲頭者為烏鸛。　鷹：蒼黑色，亦名鷙鳥。又有啁哳而聲悲者曰鷂，蒼褐色而似鴟者曰隼。　鳩：斑色，方言曰鵻。又一種色不斑，人視其鳴為耕候，名布穀。　黃鸝：一名倉庚，俗呼為黃鶯。　雉：即《書》華蟲。　竹雞：自呼為泥滑滑。俗傳白蟻聞之即化為水。　山雞：觜與足皆紅色。　鵪鶉：《列子》云蛙變為鶉。又云鼠亦為鶉。善鬬，人以密網取之。　鴝鵒：人畜其雛，以竹刀剔其舌可使能言。似鵙而有幘者是。　鴿：一名舶鴿。　翠碧：毛可為飾。南方人呼為紅翠。　郭公：身赤而頭尾黑。　畫眉：白眉褐質，善鳴好鬬。　雪姑：毛羽黑白相間。　白頭翁：似雀而大，首有白點。　謝豹：一名杜鵑，又名子規。曰謝豹者以其聲。　雀：斑褐色。又有黃色者曰黃雀，八九月群飛稻田間，人取為披綿鮓。或云海魚所化。八月為雀，十月復入海為魚。　啄木：按《本草》：褐者為雌，斑者為雄。穿木食蠹。　搗藥禽：其聲丁當似之。　婆餅焦：似雀而大，羽褐色。　青絲：似雀而小，羽青色如絲。　山鷓：長尾而碧色，觜與足皆紅。　伯勞：一名鵙，一名博勞。　鵜鶘：頤下有皮，可容二升物。又名淘河。　鸊：似水雞而色白。　青菜：嫩綠色，腹下黃色。　黃頭：褐色，喜鬬。　鶚：似鵬而小。一名鵰鶚。　鸂鶒：毛五色，善勑水取魚。

鸕鷀：口中吐雛。土人以捕魚。　鷺：足脩而羽白。《南越志》云：隨潮上下。　鷗：臆白翅青。《南越志》云：能隨潮上下。　鳧：飛甚速。　鴛鴦：毛羽五色，雌雄相逐水濱。　紅鶴：身白，觜與足皆赤。　鶻：似鷹而小。又有一種名鶻鵃，似鵲尾短。　花膔：似雀而大，色黃褐，白黑相間如花，善鳴。　噪天：似雀而大，性善鳴，愈鳴即飛愈高。　百舌：一名孟桑。遇春初作百鳥鳴。　十二紅：羽毛紅褐、碧綠相間。

獸之類　虎：山獸虎為之君。口中牙有棱，上下相胳合無縫，其舌生

倒刺，爪鉤戟藏縮不露，其毛淺，其鬚剛，其臟無小腸，及怒而作勢則毛張爪露，大號風颯颯，生食不擇肉。豹：有赤、黑二種。又有文圓者名金錢豹。熊：形類犬豕而性輕健，好攀緣上樹，見人則自投而下，背上有脂曰熊白，寒月有，夏則無之。其掌為珍味，膽可入藥。豺：方言曰豺犬。狼：似虎而小。野猪：牙利如鐮刃，毛黑如錐。一名豪猪，即封豕也。

山羊：有筋力善走。山犬：似家犬，赤色黑文，好食果實。鹿：瘦身高脚，長頸禿尾，色黃有白點，性最驚虞，角脫新生為茸，補虛勞。麂：似鹿而小。麞：亦似鹿而小，毛麄。香狸：形如羊而小，有力，味甚珍。一名牛尾狸。兔：兔生缺唇，前兩足短，後兩足長，其行必跳，其尾下糞竅一歲生一竅云。猿：猿善援，故名。有通臂猿，左引則右短，右引則左短，其臂可作簫。猴：亦猿類，最黠。狐：似狗而小，尾如長箒，能作妖惑人。鯪鯉：似鯉而有四足，能陸能水。一名鱗鯉，又名穿山甲。刺蝟：足短多刺，近人則縮。獺：似犬而口銳毛細，水不能濡，善捕魚。人有魚鯁，以其爪爬項即愈。鼠狼：生田野中，似鼠而尾如帚，善捕鼠。鼯：似蝙蝠。栗鼠：一名鼯鼪鼠。竹鼦：凡竹刺入肉不能出者，啗此物立消。以其食竹，故能化竹毒云。

魚之類　鱸：肉脆者曰脆鱸，味極珍。又有江鱸，差小。然此魚與鱖魚相類，能食諸魚。凡池塘放魚秧揀而出之，不然則敗魚。石首：一名鯼魚，首有兩白石，故呼石首魚。其色黃，能消瓜，故一呼黃瓜魚，又呼金鱗魚。其小者曰郎君，曰黃衫。又其次盛於春者曰春魚，僅尺許。此魚醃暴為鯗，不醃而暴曰白鯗。其鰾可作膠。鮭：一名鯢，俗稱烏狼。腹多刺，肝毒殺人，烹之必去齒目涎血。冬月為上味。有脂白如酥，名西施乳。又一種小而黃，春半方出，名黃鮭。鱭：似鰳魚而膩，宜鹽煎炙。鰵：本名鮸魚，俗呼作鰵。三腮曰鮸，四腮為茅狂。鯧：身褊而短蹙，色蒼，無鱗與鯁，以其首銳、腹廣、尾細，有似鏢鎗，故呼鯧魚。或謂當作鎗。鎗從倉，言其色也。或又言其與百魚交，字當作娼云。馬鮫：身圓而狹長，色亦蒼，無鱗與鯁。諺云：山食鷓鴣麞，海食馬鮫鯧。皆言其美也。其實馬鮫亞於鯧。沙：二十四種：有白浦沙、黃頭沙、白眼沙、白蕩沙、青頓沙、烏沙、斑沙、牛皮沙、狗沙、鹿文沙、鰊沙、鮭沙、燕沙、虎沙、犁頭沙、昌沙、丫髻沙、刺沙，其類甚眾。比目：雙則比目，單則王餘魚。狀如牛脾，鱗細，紫黑色，眼相合乃行。楓葉：形似楓葉而肉薄味佳。《海物異名記》云：楓葉入水，化質為魚。鮆：鮆，前啟切。子多而肥，夏初暴乾可以寄遠。又有大者曰馬鮆，可膾，亦呼魴魚。鯔：身圓長而鱗緇黑，味甘。鯉：無大小，行背有三十六鱗。陶弘景稱為魚王。銀魚：口尖身銳如銀條，以為鮓，尤美。鰣：一名箭魚。最膏腴，但多骨。鯯：亦鮆類。小者曰康鯯。白魚：板身肉美，多細鯁。鯺：似鯔而目大，似鯉而鱗麄，能以鬣刺水蛇食之。鯽：出海中曰海鯽，出溪塘中者止曰鯽。其形皆匾而鯽首味甘。梅首：形類石首魚而小，俗呼梅童。土人暴以致遠，次於鮆。鰳：與鰣魚相似，但薄耳，骨多肉白。火魚：隨潮滿江結陣而來，身圓通赤，故以火名。鰤：身如膏髓，骨柔無鱗。竹夾：近鰳，尾有硬鱗。白袋：形似牛而白，每自海入江則為水潦之兆。烏澤：與鯔相類。柿核：一名秀才魚。魟：形似扇，無鱗，口向下，尾長於身。最大曰鯨魟，次曰錦魟，又次曰黃魟。鱵：形似魟，以鹽裛暴乾，俗呼老鴉鯗。地青：尾有刺，甚長，逢物則撥之，毒能中人。色白者曰地白，與紅鱵相類，又名邵陽魚、鼠尾魚。細鱗：生溪塘中。以鱗細，故名。石勃卒：一名末魚。鮎：《爾雅》鯷魚。大者長尺餘，無鱗。亦名鰋，又呼為鮠。子魚：味最珍，亞鰣魚。華臍：形如箬笠，有帔，可食。一名老婆魚。帶魚：脩若練帶，故名帶魚。鰳鱔：黃色，狀如蛇。或傳荇蓼根莖所化。鰻：出海中者齒尤銛利。冬陰乾之名風鰻，宜於致遠。出溪洞者曰鮫鰻，出江湖者曰湖鰻。鰫：背青無鱗，多腴，目旁有骨名乙。《禮》曰：魚云乙。鄭注云：東海鰫魚也，品最下，不登賓俎。惟鹽裛以為鯗則佳。青鱗：大如拇指，長四五寸，色青鱗厚。鰍：生泥中，品頗下。章巨：八足首圓，正名曰蛣蛣。郭璞《江賦》蛣蛣森衰而垂翹是也。海濱人訛曰章魚，又曰章舉。一種形似之而小，曰望潮。江珧：《爾雅》：蜃小者曰珧，以柱為珍。郭璞《江賦》曰玉珧。螺：多種。其蜃白可作香，曰香螺；其味辛辣者曰蓼螺；身長有刺者曰刺螺。又有丁螺、斑螺、黃螺、白螺、田螺之類。又有生深海中可為酒杯者，曰鸚鵡螺。車螯：乃蛤之大者。其殼光澤，色微黃，肉堅，含漿不放，用火炙開之加椒酒令滾，其味甚豐。一名魁蛤。蝦：有赤、白、青、黃、斑數色。青者大如掌，土人珍之，多以餉遠。梅熟時曰梅蝦，蠶熟時曰蠶蝦。狀如蜈蚣而大者曰蝦姑；

身尺餘，鬚亦二三尺者曰蝦王，不常有，皆產於海。其產於陂湖者曰湖蝦，二鉗，比他種其長倍之。　鱉：一名團魚。其肉四邊垂者曰裙，乃食品之珍者。　烏鰂：一名烏鯽。腹有墨，性嗜烏。浮水上伺烏，啄其腹則以鬚卷食之。骨名海鰾鮹。土人以元夕陰晴卜多寡云。　蛤蜊：善醒酒。一種小而殼薄者名蛤蜊姑。　蟶：大如指，長二三寸，殼蒼白，頭有兩巾出殼外，割其紐煮食之，味甘。　蚶：《爾雅》謂之魁陸。有瓦壟蚶、毛蚶數種。又有烏頭而似蚶者，一名蝛云。　蜌：似蛤而長，殼有毛。　龜脚：以狀似之。郭璞《江賦》石蜐應節以揚葩是也。　牡蠣：生海際崖石上，磈礧相連如房曰蠣房。又有一種曰金錢蠣云。　蝤蛑：八足四螯，隨潮退殼，一退一長，肉亦隨潮而生。潮大則虛，小則滿。其最大者曰青蟳，斑者曰虎蟳，後二足扁闊名撥掉云。　蟹：類蝤蛑而殼銳，螯銛利，斷截如剪，故一名曰蠘。有赤膏者，俗呼為母蟹。冬以滷漬之曰剛蟹，其無膏者曰白蟹。　螃蟹：俗呼曰蟹。螯跪帶毛，糟之可致遠。東坡云蟹微生而帶糟是也。　彭越：《爾雅》名彭蜞。土人以其色青，呼為青越螯。赤者名擁劍，名執火。又一種為彭蜞，性極寒。　千人擘：《海物異名記》：聚刺橫殼，擘之不能入。　蚌：有珠。郭璞《江賦》曰：瓊蚌晞耀而瑩珠。　海月：形圓如月，亦謂之蠣鏡。土人刮磨其表，取通明者鱗次以蓋天窻。謝詩所謂掛席拾海月是也。　石帆：生海中石穴，紫黑色，枝柯相連。　石磕：形圓色紫而有刺。　鱟：雌常負雄而行，漁者雙取之。子如麻，醬之可藏。　蛇：一名水母。形如覆釜，常有蝦隨，食其涎縷，其膚縮以礬，可致遠。　蛤：每一潮生一暈。海濱人以苗栽坭中，伺其長然後取。　淡菜：一名夾殼。或有產珠者。　蠊：一名老婆牙。生於岩或篙竹上。　龜：甲蟲龜為之長。背有文應八卦，脇肋有文應二十四氣云。　跳魚：生海邊泥塗中，其大如指，色黑味豐。土人呼為攤塗。一曰彈塗。

蟲之類　蛇：十餘種。青竹蛇與竹同色；花蛇黃色，喜捕鼠；腹蛇胎化，腹裂子生；最毒惟烏蛇，不螫人。　蜈蚣：腐草所生。足有青、赤二種。　蜥蜴：似蛇四足，以備四色者為雄，餘為雌。緣籬落而黑色者名蝘蜓，在壁名守宮。　蠅虎：似蜘蛛而灰色，善捕蠅。　鼃：三足者名蟾蜍，大者名封蛤，又水中鳴者名蝦蟆。　蚯蚓：俗名曲蟮。　蜘蛛：織網取蚊，小者名蟢子。　蟻：有黃、白二種。　蝱：能啗牛馬血。　蝸：雨時涎壁如銀色。　蜻蜓：小而黃者曰胡梨。　蜂：有蜜蜂、沙蜂、山蜂數種。　蝶：大者曰蛺蝶。有黃、白、黑數種。　蠅：色蒼。其首赤而差大者呼為影跡。　螢：《淮南〔萬〕畢術》：螢火却馬。注云：取螢火裹以羊皮置土中，馬見之鳴却不敢行。　螳螂：青色長臂。　蜩：《詩》云五月鳴蜩。本生土中，夏則登木而蛻，秋鳴為蟬。　蟋蟀：一名促織。有尾為雌，無尾雄。雄者能鳴，鳴於九月後為寒蛩。　蝙蝠：一名伏翼，又名天鼠。　斑猫：生大豆葉上。　蚊：有水草之交則生蚊，善咂人。　水蛭：蛭音質。俗呼馬黃。　鼠負：甕器底蟲。　蠶：有蠶，有原蠶。原蠶者，再登之蠶也，俗呼二季蠶。

明・駱文盛《武康縣志》卷四　物產

穀之屬　曰秔稻，曰大黃稻，曰小黃稻，曰中秋稻，曰小白稻，曰矮赤稻，曰山白稻，曰赤穀稻，曰晚白稻，曰烏稻，曰紅稑晚稻，曰金裹銀稻，曰赤糯，曰湖西糯，曰長鬚糯，曰栗殼糯，曰胭脂糯，曰鐵秔糯，曰烏香糯，曰大麥，曰小麥，曰蕎麥，曰黃荳，曰赤荳，曰蠶荳，曰寒荳。

蔬之屬　曰蘿蔔，曰青菜，曰芥菜，曰莧菜，曰油菜，曰苦蕒，曰東瓜，曰黃瓜，曰葫蘆，曰葱，曰韭，曰芹，曰蕁，曰蒜，曰茄，曰芋，曰茭。

果之屬　曰梅，曰桃，曰柿，曰棗，曰杏，曰李，曰菱，曰藕，曰芡，曰栗，曰橘，曰橙，曰荸薺，曰茨菰。

麻之屬　曰苧麻，曰黃麻，曰絡麻。

藥之屬　曰桑白皮，曰紫蘇，曰薄荷。

竹之屬　曰江竹，曰猫竹，曰筀竹，曰篾竹，曰石竹，曰苦竹，曰篌竹，曰台竹，曰班竹，曰紫竹。

木之屬　曰桑，曰柘，曰槐，曰柳，曰檀，曰梓，曰楓，曰松，曰楊，曰榆，曰樅，曰朴，曰椿，曰杉，曰栢，曰冬青。

花之屬　曰葵，曰山茶，曰鳳僊，曰木樨，曰薔薇，曰鷄冠，曰芍藥，曰海棠，曰牡丹，曰萱，曰菊。

草之屬　曰蘋，曰蒿，曰荇，曰茅，曰藻，曰車前。

羽之屬　曰鷄，曰鵝，曰鴨，曰鷺鷥，曰鳩，曰布穀，曰雉，曰烏鴉，曰鷹，曰鵲，曰鴿，曰雀。

毛之屬　曰猪，曰羊，曰牛，曰馬，曰驢，曰騾，曰犬，曰鹿，曰麞，曰獐，曰

兔，曰猫。

鱗之屬　曰鯽魚，曰白魚，曰鱔魚，曰黑魚，曰鱖魚，曰鰍。

甲之屬　曰龜，曰鱉，曰螺，曰蚌。

明·田琯《新昌縣志》卷五　物産志

穀之屬　稻：其種不一。　麥　蕎麥　荳：其色不一。　稷：俗名蘆穄。　粟　芝蔴　山稻：種出占城。

蔬之屬　芥　油菜　蘿蔔　白菜　萵苣　菠薐：劉禹錫《嘉話錄》：本出西域頗稜國，今得其種，訛呼為菠薐。　苦蕒　胡荽：俗名芫荽。　莧　茄　薑　蒜　葱　韭　薤：《本草圖經》云：似韭葉闊，白多無實。　冬瓜　西瓜　絲瓜：俗呼天蘿瓜。　蒲瓜　黃瓜　芋　笋　芹　茭笋　蒿菁

果之屬　栗　珠栗　棗　山胡桃：狀如核桃，略尖細，殼厚實少。　柹　梨　石榴：紅、白二色，有千瓣者名寶珠榴。　橘　香橙：俗云香欒。　桃：有碧桃、紅桃、蟠桃。　梅　楊梅　李　杏　枇杷：一名盧橘。　榧　花紅　櫻桃

木之屬　松　栢　杉　楓　梓　柳　槐　桕：一名槿。取油作燭。　桐　楝：宮室多用之。　桑　柘　棕櫚　杞　楮：亦謂之穀樹，其皮可作紙。

竹之屬　黃甘竹　毛竹：大者可作簾。　班竹　箭竹　鳳尾竹　紫竹　雷竹：雷奮即出，因名雷竹，又名淡竹。　苦竹　孝順竹：四季出筍，大者不過三尺，花砌中多植。

花之屬　牡丹：粉、紫二色。　芍藥：紅、白二色。　菊：其種不一。　荷　薔薇　荼蘼　海棠　山茶：一名寶珠，一名鶴頂。　山丹　罌粟　石竹　梔子花　一丈紅　芙蓉：一名拒霜花。　郁李：即棠棣。　雞冠：紅、白二色。　瑞香：一名錦薰籠。　萱草：俗名鹿葱。　蘭　桂：有丹、黃、白三種。　鳳鮮花：一名蕃桂。　木香　杜鵑　玉簪：一名白鶴。　紅梅　碧桃

藥之屬　白朮：出彩烟山，即《本草》所謂越州朮也。今山背遁山亦出。　黃精：出天姥山。　紫蘇　薄荷　馬鞭草　山查　蓖麻子　茯苓　茱萸　香附子　菖蒲　何首烏　羊蹄：禿菜也。又名癬大王。　益母草　木瓜　地骨皮　金銀花：一名左纏藤。　桑白皮　山梔子　枇杷葉　苦楝子　白扁豆　豨薟草　荊芥：一名假蘇。　茵蔯：俗名青蒿。

鱗之屬　鯉　鰱　鯖　鯽　鮎　鰻　鱔　細鱗　桃花魚

介之屬　黿　鼈　螺　鯪鯉：即穿山甲。　蚌

禽之屬　鸛　鷀　鷺　鵲　烏　班鳩　鸜鵒　鶯　燕　鷹　雀　白頭公　鶺鴒　畫眉　鸕鷀　鷗　鴛鴦　鳧：俗呼水鴨。　翠：《爾雅》云翠鷸，似燕，其毛可以為飾。　雉　桑扈：怨鳥，麥熟候鳴，不分晝夜。　杜鵑：俗名謝豹。　鵓鴣

獸之屬　虎　豹　鹿　麂　野猪　玉面狸　豺　兔　山犬　豪猪　獺　狐狸　貛猪

布帛之屬　木綿布　葛布　苧布　素綾　土紬　綿紬

明·劉應時、秦鈁《青州府志》卷七　物産

穀之品　有稻、秫、蘜、黍、稷、麥、穄、穇、菽、粟、粱、芝麻、蘇子、麻子、稗。荳：有綠荳、豌荳、小荳、豍荳。

蔬之品　有石花、胡荽、芹、菠薐、甘露、白菜、芥菜、春不老、臺菜、生菜、莧菜、茼蒿、蔓菁、蘿蔔、胡蘿蔔、萵苣、葱、韭、蒜、澤蒜、蘇、茄、薺、芋、薯蕷、蘘、蘇荷、薄荷、莙薘、茴香、海蒿、海栗、海韭、龍鬚、鹿角、雞爪、鳳爪、牛尾、猪毛、砂根、昆布、絲帶、屋粱、蓬子、大葉絲臺、裙兒帶、老子勈、王瓜、冬瓜、西瓜、南瓜、稍瓜、甜瓜、苦瓜、絲瓜、瓠瓜、葫蘆。

果之品　有文官果、桃、李、杏、柰、棗、柿、梨、榛、蓮、核桃、櫻桃、絡絲桃、秋桃、冬桃、花紅、林檎、蘋婆、蒲萄、石榴、銀杏、軟棗、荸薺、菱、芡、芰、地梨、蜜果、李梅。

花之品　有木綿、紅花、芍藥、牡丹、木槿、薔薇、紫荊、萱、菊、金鳳、雞冠、菡萏、芙蓉、石竹、珍珠、玉簪、蜀葵、長春、月季、迎春、棠棣、丁香、郁李、夜落金錢、刺梅、粉團、紫蝴蝶、荼蘼、木香、參草、荷花、蘭。

木之品　有桑、柘、松、栢、楸、桐、槐、柳、榆、椿、樗、椒、櫟、楮、檀、杜、楊、柞。

藥之品　有蜂蜜、白礬、黑礬、黃丹、杏仁、赤芍藥、地榆、玄參、苦參、砂參、紫參、丹參、山查、木瓜，以上出益都縣。半夏、南星、蛤粉、石決明、菖蒲、米穀，以上出壽光縣。澤瀉、蒲黃、菟絲子、紫蘇、薏苡仁，以上出樂安縣。京

三稜、蒺藜、藕節、蓮肉、蓮心、蓮蕋，以上出博興縣。阿膠、殭蠶、龍骨、海納子，以上出臨淄縣。知母、天仙子、葶藶子、牛蒡子，以上出高苑縣。桔梗、黃芩、寒水石、遠志、車前子，以上出安丘縣。防風、石膏、地骨皮、百合、白薇、漏蘆、乾葛，以上出昌樂縣。連翹、柴胡、金銀花、玄胡索、何首烏、秦艽、全蝎、草烏、狼毒、天花粉，以上出臨朐縣。細辛、白附子、五味子、石花、荊芥，以上出日照縣。龍膽草、蒼朮、透骨草、穀精草、貫眾，以上出諸城縣。地膚子、旱連草、銀母石、青蒙石、磁石、海螵蛸，以上出莒州。旋覆花、桑寄生、劉寄奴草、王不留行、卷栢、酸棗仁、蟬蛻，以上出沂水縣。蒙茶、藁本、天麻、(篇)〔扁〕竹、瞿麥、石韋、威靈仙、馬兜鈴、郁李仁、栢子仁，以上出蒙陰縣。

羽毛之品　有鶴、雉、鴈、鷺鷥、鴛鴦、青鵏、鵪鶉、黃鸝、鶺鴒、燕、梟、鳩、鷗、啄木、鷂、淘河、天鵝、鴇、布穀、雀、鵲、鴉、鵝、鴨、鵞、雞、鴿、牛、馬、驢、騾、羊、犬、猫、猪、鹿、兔、獐、麞、狐、狸、貉、狼。

鱗介之品　有鯉、鯽、魴、鯔、鯧、鱖、鮎、鰷、鰻、鱣、鱔、青魚、黑魚、蟹、鯉、鼈、水母。

蟲之品　有蠶、蜂、蝎、蒿蟲、茴香蟲、蟬、蟯螂、螳螂、螻蛄、鼫鼠、蜻蜓、蝴蝶、螢火、鼁、蝦蟆、蝎虎、蟋蟀。【略】

金石之品【略】　鉛：　出沂水縣。　黃丹：　出益都顏神鎮。《本草》謂之鉛丹。　丹砂：　本出武陵、西川諸處，今蒙陰山谷間亦有，土人得之。雖無牆壁，顆粒光瑩，頗大。　雲母：　《圖經》云：　出琅邪北定山石間。《抱朴子》謂：　雲母有五種，而人莫能別。當舉以向日，視其色可知。多青者名雲英，多赤者名雲珠，多白者名雲液，多黑者名雲母，但有青、黃二色者名雲砂，晶晶純白者名磷石，皆可服也。古人服五雲之法雖多，然亦不可輕餌。

碑材：　《古樂府》謂之石澗。石澗，漢碑之名。歐陽修奉母喪，載青州石鐫《阡表》，其石綠色，高丈餘，光可鑒。今不聞有綠色者，恐萊石也。　礬：　出顏神鎮，皆山石也。採而碎之，合石炭中黑石，名曰銅，漬，入鑊煎煉乃成。有白礬、黑礬，又有礬精、礬蝴蝶，皆煉白礬時，候汁極沸有濺溢，狀如物飛出，以鐵接之作蟲形者，礬蝴蝶也。但成塊，光瑩如水晶者，礬精也。此二種入藥，取效倍常。　朴硝：　出高苑縣。　紫石英：　出沂水縣。　硝煤：　出顏神鎮後峪者堅硬耐煉。又有石炭，亦可炊也。土人謂之焦子。東坡有《石炭行》。　長石：　出臨淄。一名方石，一名土石，一名直石。理如馬齒，方而潤澤如玉者佳。　馬牙石：　出顏神鎮。凡琉璃物皆需此石與焰硝入火，鍛熟方製。　代赭：　一名血師。　白堊：　出顏神鎮。一名白墡。　砂：　出彌水涯。《本草》云：　河中熱砂熨脚氣，聖劑也。如急用，入釜炒熱亦佳。　理石：　出諸城盧山。味辛，性寒，無毒。一名立制石，一名肌石。如石膏順理而細。《唐本》注云：　此石夾兩石間，如石脈；或在土中，則皮黃肉白也。　鹽：　出樂安、壽光二縣。

明・饒文璧《東鄉縣志》卷上　土產第十一

穀之屬　占：　宋大中祥符間，遣使由福建往占城國取穀種，得三萬斛并種法，布江淮兩浙，故名曰占。其種不一。　早占：　殼薄，米小而白，香而味美，立秋前熟，田宜高原，稼雖甚茂，穀亦不多，農家少種之。　救公饑：　一名五十日占，比早占更早熟十數日。此尤穀少，農家種以續食。　白沙占：　立秋後乃熟，宜為粉線。宋時崇仁人善製經進，名曰米欖。　倉背笑：　穀大殼厚而少米。　秋風占、夏桃紅、池州鮮、　麻占　秔：　《字林》云：　稻之不粘者為秔。即今晚禾。一名淮禾。八九月熟，田宜隰。　竹椏占、師姑早、冬占。　稬：　《字林》云：　稻之粘者為稬。　早稬：　立秋後熟，米白而多以釀酒，酒清而多，田宜隰，糞宜多。　晚稬：　與晚稻同熟。撫人造紅麯用晚稬。　白殼稬、青絲稬、重陽稬、胡椒稬。　焦紅稬：　以色得名，又名猪血稬，皆晚稻也。　粟：　所謂稷也，白色。　鹿尾椿、禾粟、繩粟、占粟、稬粟。　黍：　俗呼蘆粟，黑色。　麥　小麥：　所謂來也。高田山地皆可種。　大麥：　所謂牟也。有二種：　一名穀麥，芒深而殼厚，早熟。一名，殼薄而少芒。二種皆可炊飯。　莜音蕎麥：　種之令田瘠，食之令胃寒。諺云：　露上莜麥露下菜。言一當在白露前種，一當在白露後種。

豆：　所謂菽也。　六月爆：　三月種，六月熟。山地高田可種。　泥豆：　刈禾後即種。　黑豆、花豆、豌豆。　赤豆：　與泥豆同時種，收則須用數番。莢黑者先收，遲則綻落。　冬豆　菉豆：　可作粉。　寒豆、飯豆、蠶豆、虎爪豆。　麻：　俗呼芝麻。四月種，九月熟。宜高原沙地，凡田地多草者，種之則草少。

蔬之屬　薑：　芒種後用老薑栽，覆以棚避暑，新芽既生，從旁取其母食，至霜降後採其子，薑窖藏之，以待來歲，曰老薑。齊孔琇之守臨川，廉甚，還朝，獻乾薑二斤。張徵詩曰：　那知子薑汝水秀，翠葉覆壟紅玉芽。

芋：土芝也。蜀人呼為蹲鴟。東鄉有數種：一種乾芋，葉青稍白，種宜乾濕相得；一種葉色深青，則水不可以暫，乾糞宜多，耘耔宜頻，種宜踈。法曰：不怕樹林，只怕自林。言密則不宜種，得其道，芋一畝可當稻六畝；一種曰人頭芋，味最佳，又名觀音芋，其種來自廣東，葉心生花，紅色，種之土宜常潤。 諸：《本草》云：性涼而能補。 芥：撫人稱芥者，江北人呼為春不老。別有一種花葉者，北人用為芥辣者，乃名芥，南人云此中芥子亦可為芥辣。冬種春刈之作鹽虀，曝乾蒸過，黑脆香美，可收數年。 莧：夏秋食之，亦可曝乾以備冬菜。性寒滑，宜作羹。勿與鱉同食。 菘：有割葉菘，有割頭菘。 葱 韭 蒜 藠：根似蒜而小脆，葉似韭而圓。山畬種之。用醋漬甕藏可久，味美。 萵苣：少種。 葫荽：少種。 蓊菜：尤少。 茼蒿：少種。 冬瓜 絲瓜：蔓生。俗名紡線。 莙薘 匏：俗名葫蘆，蔓生。 瓠：匏類，秋熟。 木耳 蕈：有數種，山氣蒸而生。正月為茅菰，五月、七月最多生，一二日即壞，不可采。其名不一，五色具備，其下分瓣如絲者可食，味甚美；無瓣者至毒，誤食即殺人。人中其毒者，掘地坑，注井泉，攪泥汁飲之，謂之地漿可解。亦有用土埋其身，留頭在外而獲生者。 苦藚 萊菔：俗呼為蘿蔔。解麵毒。

果之屬 銀杏：俗名白果。 棗 栗 梅 柿：有數種。大柿、鈞柿作柿乾。又用以作團花。 桃 李 茅栗 蔗：可作黑砂糖。 椑：俗名沙椑。能已胃熱。 柰 枇杷 梧桐子：其實炒之去殼，供茶香美。

葡萄 鷄頭實：即芡。 葧薺：即鳧茨。 石榴

草之屬 大約東鄉所產之草，可供藥物者甚多。民不知採，用藥則買於市耳，惟外科瘍醫多用之，往往得師口傳而改易其名，難證以《本草》也。

大黃、獨活、半夏、黃連、茱萸、桔梗、枸杞、菖蒲、烏梅、百合、香附子、紫蘇、薄荷、香薷、車前、澤蘭、扁豆、山藥、蓖麻、益母草、紅花、天南星、石菊、山查、何首烏、麥門冬、茯苓、芍藥、地黃、五加皮、大薊、小薊、地黃、葶藶、土恒山、金銀花、五倍子、紫河車、穀精草、百枯草、鐵掃箒、酸漿、馬齒莧、鼠尾草、商陸、茅、朱時本軍歲有常貢。芭蕉、糖杭、芝、間生。馬鞭、萱、一名鹿葱。蒿、艾、可灸。蕨、凶年，民掘其根為粉充飢。蓼。

木之屬 黃楊、松、栢、圓葉者多，扁葉者少。樟、杉、冬青、槐、檀、椶櫚、柞、檜、柳、柯、楓、桑、柘、烏桕、實可取油，名木油。椿、苦楝、山梔、水栢、櫟、實可為粉，作糕。皂角、楊、櫧、槲、朗木。理細甚堅，可作器用。

花之屬 木犀、名桂花。蘭、菊、紫荊、薔薇、躑躅、金鳳、山礬、即春桂，又名杜鵑花。月桂、似薔薇，月月開花，故名，北方名月季，未詳孰是。雞冠、其苗為草決明，可為菜。芙蓉、木槿、百合、山茶、紅花、葵、玉簪、剪春羅、蓮。

竹之屬 貓竹、宜高地。筀竹、宜下地。白竹、其篾甚柔韌，可代黃藤。黃竹、桃竹、二竹叢甚易盛，可護垣屋。紫竹、斑竹、實竹、金竹。諸竹東鄉惟種以護屋，非有他邑筍竹之利。

禽之屬 鴛鴦、翡翠、子規、啄木、杜鵑、鶺鴒、練雀、布穀、竹鷄、野鷄、畫眉、鵪鶉、八哥、鷂、即隼。百舌、鵲、俗名喜鵲。鴉、鴿。

獸之屬 鹿、麂、麞、兔、狐、貍、虎、豪猪。

畜之屬 牛、馬、猪、羊、犬、貓、鷄、鵝、鴨。

鱗介之屬 鰱、鯇、鱅、鯉、四魚皆畜之池。鮎、鯽、蝦、鰌、鱣、蛙、龜、螺、蚌、鱉、烏鯉，東鄉之境無大川，故不多產。

蟲之屬 蚱、即《國風》斯螽、莎鷄、蟋蟀，一物隨時變化而異其名。班猫、食豆花小蟲。蚯蚓、一名地龍。螢、蜻蜓、蜈蚣、果蠃、螳螂、蜘蛛、鼠、蟬、蝶、蟻、蚊、蠅、蛾、蜜蜂。能采花釀蜜，人家以木櫃栖之，因取其蜜。蠶少養。

明·陳玒《贛州府志》卷四 物產十縣差同

穀 麵稻、光稻、早晚稻、秋分稻、南來粘、饒粘、大穀粘、鼠牙粘、火燒粘、三夾粘、葉底粘、六旬黃、頃齊黃、矮黃、筋竹白、冷水白、八月白、落坑烏、大穀紅、閃霜紅、黃鐵錘、早晚糯、赤節糯、椒子糯、黃梔糯、羊毛糯、蝦鬚糯、重陽糯、竹絲糯、師姑糯、竈君糯、早晚秔、蕎麥、大小麥、黍、粟、芝麻。

豆 黃、綠、青、黑、赤、彎、刀、蠶、眉、扁。

菜 芥、薑、葱、蒜、韭、薤、菘、莧、白菜、甕、芹、瓠、茄、薯、芋、筍、蕨、葫荽、蘿蔔、菠薐、苦藚、木耳、茼蒿、萵苣、莙薘、香蕈。

瓜 西、冬、黃、白、木、甜、苦、土、稍、絲。

花 御愛、木樨、薔薇、茉莉、山丹、玉籠鬆、御仙、木槿、酴醾、薝蔔、海棠、衮綉毬、蘭、紫薇、淩霄、玉屑、珍珠、白鶴、紫羅傘、蕙、紫荊、長春、玉簪、金錢、金鳳、剪金紅、葵、瑞香、含笑、夜合、芙蓉、白檀、紅荳蔻、芝、粉團、忘憂、百合、芍藥、金線、白牡丹、金盞銀盤、五九菊、火煉金、寶珠茶、夾竹桃、黃白鵝毛、狀元紅、黃西施、剪春羅、滴滴金。

果　桃、李、梨、橙、杏、楂、蓮、櫻桃、枇杷、梅、柰、橘、栗、棗、柑、柿、楊梅、無花、林禽、白果、甘蔗、甜株、茨菰、石榴、菱角、葡萄、香圓、葧薺。

藥　茱萸、地龍、木通、地黄、苦參、玄參、紫參、皂角、茵陳、葛根、澤蘭、黄連、白及、紫蘇、松脂、香薷、蟬蛻、山藥、黄精、厚朴、乾薑、黑牽牛、香附子、五倍子、鈎藤、半夏、薄荷、白扁豆、枸杞子、蛇床子、木鼈子、山梔子、蓖麻子、何首烏、地骨皮、苦楝子、車前子、劉寄奴、青木香、桑白皮、天南星、栢子仁、瓜蔞仁、淩霄花、草決明、麥門冬、仙茅根、水菖蒲、石菖蒲、蒼耳草、益母草、大仙藤、左纏藤、夏枯草、石楠藤、紫金藤。

竹　慈、苗、筀、實、淡、苦、白、班、黄、紫、緑、方、瀟湘、江南、單、箭、筋、水、横枝、籬經。

木　椿、榕、松、杉、桑、柘、栢、楠、樟、柞、檀、榛、櫟、梧桐、烏桕、槐、楊、榆、柳、楓、杞、梓、冬青、棕櫚。

羽　雞、鵝、鴨、鴿、燕、雀、鵲、鴉、鳩、雉、鸛、鶻、鷹、鷂、鶯、鷗、鷺、鳧、鴈、竹雞、鵾雞、畫眉、銅嘴、白鷴、玄鳥、杜鵑、鵓鴿、鸕鷀、鶺鴒、鴛鴦、鷓鴣、百舌、烏翼、白頭翁。

毛　牛、羊、馬、豕、犬、猫、虎、豹、豺、狼、麞、麂、兔、狸、獺、鹿、猿、猴、石羊、山羊、山牛、山豕、野豕、豪豕。

鱗　鯉、鯇、鰱、鱅、鱤、鱖、鯽、鯿、鰕、鰍、鱔、鮠、黎黄、麻粲、鑑刀、白小。

介　黿、鼈、螺、蚌、蝦、蟹、穿山甲。

明・韓轍《建昌府志》卷三　物產

穀之屬　救公饑：三月種，五月熟。他種青黄不接而此種先可食，故云可以救公饑也。　六十日占：種入地僅兩月而熟，故名。米粒小而純白。　白沙占：三月種，六月熟。米色白圓而大。　大穀占、細穀占：二種以粒大小異名耳。　中占：遲於六十日占，而早於白沙占，故名。　池州占、龍牙占、油麻占、麻陽占。　冬占：穀粒似早占而芒刺長。　上各種俱出占城國，故名。宋大中祥符中遣使由福建至占城國，取三萬斛并種法，故江淮間多種之。　八月白：晚稻，極早熟者，香白尤可貴。又名銀珠米。韓駒詩起炊曉甑八月白是也。　白粳米：即粳也。《字林》云：稻之黏者為粳。冷齋詩白粳留滯汝江濆是也。　青絲粳：四月種，九月熟，米色温潤而白。　赤珠粳：色純紅而堅。　鐵脚粳：米性堅而難煮，新城尤多。　重陽糯：應節候而熟，故名。　占禾糯：與早稻同熟。　青油糯：穀秕白而米長。　老人糯：芒刺長而穀赤。　麥：十月種，四月收。　蕎麥：七月種，十月收，粒黑而粉白，味亦甘滑。　毛豆：六月種，九月收，即黄豆也。　絹帶豆：莢長尺許。　羊角豆：名出世老。　江豆：色赤黑，四月種，六月熟，莢短而叢生。　蠶豆：一名寒豆。九月種，明年蠶時熟。【略】　刀豆：莢長而形似刀削。　羊眼豆：短莢白花而實大，煮熟似羊眼。　赤豆：小於江豆，可澄沙作餡。　菉豆：形圓小而色綠。

蔬之屬　菘：土有二種。一名大荷菘，一名皺眉菘。《埤雅》：以為隆寒不凋，有松之操者也。　白菜：有二種。根大而莖短名蓮花白，根圓而長名箭竿白。　波菜：《本草》云能解諸藥毒。北人呼為赤根菜也。世傳此種初出於波稜國。　莧菜：有紅、紫、白三色，莖葉皆高大而見，故字從見。　韭菜：《禮記》曰豐本，《說文》曰：一種而久者，故謂之韭。《齊民要術》曰：韭高三寸便剪，凡剪不用日中。故諺曰：觸露不掐葵，日中不剪韭也。　蘿苩：《本草》名萊菔。　苦蕒：俗呼黄麥菜。　萵苣：性毒，百蟲不敢近。　莙薘：葉微厚而滑，味甜可羹，又名甜菜。　蒜：有分瓣者，有獨頭者。重陽先種，次年端午先收。　葱：傳曰：五葷鍊形，葱其一也。有木葱，有水晶葱。以白長為上。　茄：有紫、白二色。惟廣昌一種為佳。　葍：葉如葱然，但根圓大過之。　薑：有黄色者，有紫色者，種自閩至者乃生。張徵詩翠葉覆隴紅玉芽是也。　芫荽：《潮山集》曰：圓荽，一名胡荽，香菜也。　蕈菜：味辣，出新城縣。　川芎：香菜也。　空菜：莖空而蔓，宜近水。　蕨菜：葉初長如拳，可食。根可粉，甘滑而性冷。廣昌縣尤多。　芋：古謂蹲鴟，然有二種。宜燥地者名火蕷，宜濕地者名麪蕷。　薯：皮紫而肉白，脆膩堪食。　山藥：莖小於薯而白，嫩脆過之。　王瓜：瓜之最早熟者，故曰瓜之王也。　白瓜：似王瓜而色白，熟最後。　筲瓜：皮青而長尺餘，觩然如角。　西瓜：有黑子者，有紅子者。近時有紅瓤者，北方種也。鄭坊河壠產者為上，南豐最蚤熟而小，味亦不佳。　冬瓜：初生苗，漸大如斗，未露色青，經霜色白。　土瓜：蔓長而瓜實在地中，清爽有味。　壺盧：似匏而圓，有二種。甘者可食，苦者可器用。《記》曰器用陶匏，即此。《埤雅》曰：壺性善浮，故曰中流失船，一壺千金。又謂之要舟。　絲瓜：土人呼為紡線。味甜性冷。

瓠：長而瘦。一種短莖大腹，蓋匏也。　茭白：即菰也。生水中，八九月間中心生薹如小兒臂，甘美可啖。杜詩曰秋菰成黑米是也。　芹：《埤雅》云：芹，水菜也。一名水英，潔白而有節，其氣芬芳。　香蕈：生深山，香滑而味全。初出為奇品，新城所出尤多。【略】

果之屬　桃：一名夏至桃，一名觀音桃，一名臙脂桃，一名秉子桃，一名墨桃，種類甚多。【略】　梨：土產名青霄梨。【略】　梅：味酸。其實小者為石梅，大者為水梅。【略】　李：一名牛心，一名彷柿，一名麥李，一名苦李。《素問》曰：李韭皆酸。李，東方之果，木子也。故其字從木從子。

橘：有火橘、金橘、蜜橘、金星、金豆等類。《考工記》曰橘踰淮而枳是也。柑：樹葉類橘而實圓大倍之，有蜜團、獅頭、金柑等類，近歲大寒，槁死殆盡。　橙子：似柑而皮辛，一種香者為貴。【略】　枇杷：味甘脆，惟南城硝石實繁而美。　蒲萄：紫色而汁甘。有綠色而實差小者，名水晶蒲萄。　柿：味甘。日華子云：潤心肺，止渴。　栗：《埤雅》曰：栗，味鹹，北方之果也，有莍蝟自裹。孟詵云：生食治腰脚，蒸炒令人患風水氣。棗：大者曰棗，小者曰棘，蓋若酸棗所謂棘也。棗實未熟，雖擊不落，已熟則不擊自墮。　榴：土人呼為石榴子，味甘酸。　林檎：以柰根接之，實圓如柰而大，然亦稀有之。　楊梅：生青熟紅，肉在核上，無皮殼，樹若荔枝，形若水梅子。　菱角：其葉似荇，白華，實有紫角，刺人。有色青而嫩者，曰青菱。《武陵記》云：四角、三角曰芰，兩角曰菱。其花紫色，晝合宵炕，隨月轉移，猶葵之隨日也。　蓮：各縣多白蓮，花房小而少實，惟南豐紅蓮實繁而大。　藕：《爾雅》云：其本蔤，其根藕。蓋莖下白蒻在泥中者曰蔤。藕，偶生，又善耕泥引長，故藕之文從耦。俗云藕生應月，月生一節，閏輒益一。　櫻桃：一名荊桃，一名含桃。許慎曰：鶯之所含食，故曰含桃也。　葛：山林中有之。主解肌熱。　杏：以梅枝接桃樹生者曰杏桃，以桃枝接梅樹生者曰杏梅。二種紅色，味酸。　榛栗：似栗而圓小，味甘。　茅栗：似栗而小。　苦櫧：實小而圓，味苦澁，粉可作糕。　葧薺：一名地栗，即鳧茨也。惟新城為佳。

藥之屬　香薷：《本草》：味辛，微溫。　石菖蒲：近水有之。一寸九節者佳。　麥門冬：即沿堦草根，又名向子草。　瓜蔞：一名天花粉。皂角　紫蘇：園畦恒有之。　澤蘭　車前子：又名馬舄，又名當道，即《詩》之所謂芣苢也。長穗，好生牛馬跡中。　益母草：方莖綠節生花，五月五日取可治產難。　半夏　槐實：丁通服槐實，謂能明目、益氣、黑鬚髮也。　淡竹葉　桑白皮：桑根也。欲取桑白皮，必得明道之僕，謂其不欺。蓋以取白見日能殺人。　生地黃：味甘，無毒，主填骨髓，長肌肉。　香附子：即莎草根也。　土白芷：味辛溫，無毒。　茴香　白赤芍藥：惟南城產之。　五加皮：一名豺漆，一名豺節。似藤蔓高三五尺，上有黑刺，葉生五叉作簇者良。人恒取以釀酒。　枳殼、枳實：即柚未及熟而厭落者。大者為枳殼，小者為枳實。

竹之屬　猫竹：方言謂之茅竹。大者可屋，其嫩者可作紙。　紫竹：皮紫，大可徑許。　苦竹：堅利可代鎗戟，亦可備楮材。　實竹：可筆。觀音竹：可供花石之玩。　方竹：可杖，然稀有之。　白竹：可簟。黃竹　水黃竹：可籬。　筀竹：凡器用宜之。　斑竹：種自湘江，猶有湘妃淚痕。　菰竹：節踈而直，可箭。【略】　笋：凡竹皆有之。惟冬生而未出土，與夏生而着根者為貴。

木之屬　松：有五鬣者，有三鬣者，用之水中可千年不壞。其花為松黃，可餅食。節為松明，脂為白膠香。【略】　栢：有圓栢，有扁栢，有刺栢。性堅緻，有脂而香。一名椈。【略】　梓：《埤雅》云：梓為木王。作室得之，必為梁者，亦貴之也。　冬青：一名蠟樹，又名萬年枝。宋禁中多植之。盧多遜詩好風吹動萬年枝是也。　杉：類松勁直，葉附枝生。李旴江詩：小杉高尺餘，體直立還孤。任過千年雪，應無一節枯。鬼狂從髮解，龍長怕鱗麄。怪狀春寧笑，清聲月所娛。地終存古氣，景合在仙圖。不作明堂用，良工莫厚誣。　樟：一名豫樟。其文理細澤，可鏤刻器用。　楓：似白楊有脂而香，木厚葉弱，枝善搖，故字從風。葉作三脊，霜發色丹，所謂丹楓。　桐：白桐無子，冬結似子者乃是明年之華房。賈思勰曰：桐葉華而不實者，曰白桐。實似胡椒而皮青者，曰梧桐。實大如鷄子可壓油者為油桐。【略】　椶櫚：一名栟櫚。梅聖俞詩：青青栟櫚樹，葉散如車輪。桑、柘：二種樹色略同。《蠶書》：柘葉飼蠶，其絲作琴瑟弦，清鳴響亮，勝於凡絲遠矣。　槐：其陰甚密，庭院多植之。花可染，實可藥。　檀：性堅，實有黃、白二種。　柳：有垂絲柳，有楊柳，有柜柳，通名之柳。雖縱橫顛倒植之，但近水即生。【略】　烏桕：冬月結白實，可以壓油，俗名木油。

株：村落間有之，其大者可蔭一二丈。黄楊：葉青，霜雪不改色。三年僅長寸餘，然甚堅實。椿：有香椿，嫩菜可食。

花之屬　牡丹：有淡紅者；有深紅，大朵瓣邊微白者；又有純白，中有大金蕋如盃者。氣味清遠，風格天閑，佳品也。【略】芍藥：《韓（書）〔詩〕》曰：芍藥，離草也。榮於仲春，華於孟夏，華有至千葉者。世謂牡丹為花王，芍藥為花相。又或以為華王之副也。【略】菊：種類甚多，應譜者亦數十品。【略】並頭蓮：近自浙中得種，分植郡城，最為奇品。【略】 葵：有紫葵，有黄蜀葵，隨日光轉移而傾心向之。木犀：即桂花，當秋盛開如粟，有紅、黄、白三色。芙蓉：一名拒霜花，又名木蓮。【略】萱：《本草》名宜男，一名丹棘，一名忘憂。董子曰欲蠲人之忿，則贈之以青裳，欲忘人之憂，則贈之以丹棘是也。夜落金錢：朝開暮落，故名。花紅，圓大如錢。夾竹桃：竹葉而桃花。【略】金鳳：又名鳳仙花。梔子：花瓣重疊者名玉樓春。海棠：花有水紅、深紅二色。其花黄者名棣棠。瑞香：有紫口、粉口二種。近有自閩移植。葉痕金線與純白花者尤貴重之。李盱江詩：聞說仙花玉染紅，别留春色在壺中。瑤臺若見飛瓊面，不與人間夢寐同。蘭：黄山谷云：一榦一花而香有餘者曰蘭，一榦數花而香不足者曰蕙。然皆宜佩。《傳》曰：德芬芳者佩蘭。古之佩者各象其德，故也。羅圭峰詩：翠袖舞春暉，光風聖得知。夜深渾不寐，玉露點羅衣。茉莉：重臺者名茉莉，單臺者名素馨，香氣一也。【略】山茶：深紅色，近有閩種。花瓣重疊名寶珠茶。【略】百合　月桂：每月一度紅花盛開，故名。水仙：似鹿葱花。薔薇：花開五色。酴醿：花色白甚。荷花：即蓮花。李盱江詩：昔人詩筆説蓮花，不嫁春風早可嗟。今日倚闌添懊恨，池臺多是屬僧家。玉蝴蝶花：又有紫蝴蝶花，根莖類扁竹，花差異耳。李盱江詩：蝴蝶生來足愛花，春工描樣作奇葩。莊周有夢何曾覺，冰雪膚肌落幾家。梅花：賈思勰曰：梅花早而白，花黄者曰蠟梅。又一種花色微紅似桃杏，春深迺開曰紅梅。【略】

草之屬　浮萍：俗呼為瓢，言隨水漂流，無定性也。蒲：水草也。似莞而褊，有脊，生水涯，其根可絲為蜜煎。新城所產為盛。艾：一名灸草。《爾雅》：艾，冰臺。其字從乂。草之可以乂病者也。蓼：《詩傳》曰：在陸為荼，在水為蓼。茅：叢生如禾而大，可覆屋者。《詩》曰晝爾于茅是也。芒：似茅而大，可綯亦可履也。虎耳：生石壁。龍芽：又名長生草。

畜之屬　牛：土產多黄牛，水牛間有之。羊：每成群則要以一牡為主，舉群聽之。《詩》曰羊牛下來，先羊後牛者，羊性畏露，晚出而早歸故也。豕：彘也。《林氏小說》曰：以其食不潔，故名之豕。鷄：種類多。以烏肉白毛者貴。【略】鵝：宜草食，方言為草鴨。李盱江詩：逸少曾留玩，人因喚右軍。烏名加爵號，不離羽毛群。狗：凡狗以純黄、純黑者為良。土產，今皆有之。《莊子》曰：狗，叩也。叩，氣吠以守也。鴨：種自閩來者宜畜。先時有自浙來者白身烏骨，名白鳳。今失種矣。

禽之屬　喜鵲：《禽經》云：鵲俯鳴則陰，仰鳴則晴。人聞其聲則喜，故名喜鵲。【略】鴉：項白身黑曰鴉，純黑而反哺者曰慈烏。每鳴作鴉鴉聲，人多忌之。羅圭峰詩：汝為先知累，多言世不容。吉凶人自致，緘口睡東風。鵓鳩：俗名斑鳩。項背俱有斑點若珠，故云。天陰則屏其疋，晴則呼之。歐陽永叔詩：天將陰，〔鳴〕鳩逐婦鳴中林，鳩婦怒啼無好音。天雨止，鳩呼婦歸鳴且喜，婦不亟歸呼不已。雉：一名翬雉。以其素質五采皆備成章也。避（武）〔呂〕后諱，雉名野鷄，至今未變云。鵂鶹：畏霜露早晚稀出，有時夜飛，飛則以木葉自覆其背。鶯：即倉庚也。一種又名黄鸝。李盱江詩：纔轉歌喉碧樹枝，驚飛還避巧丸兒。可憐蜂蝶無言語，入徧花房人未知。燕：紫胸輕小者為越燕；胸斑黑、聲大者為胡燕。作巢喜長，或謂可容一匹絹者，令家富。目之所不宜處，不給視，雖落其實，棄之而走。一名玄鳥，一名鷾鴯。李盱江詩：繡戶珠簾見最頻，暖來寒去且安身。翟公門下時飛入，全勝交情斗頓人。布穀：一名搏黍，一名郭公。雌雄飛鳴，以翼相拂，不自為巢，據鵲之成巢而居之。馮衍《逐婦書》曰口如布穀，言其多聲也。畫眉：性好鬭而善鳴。杜鵑：晝夜苦鳴，其聲淒切。俗謂割麥遇荒，疑其聲相似也。鸛：類鶴而小，丹頂。鷺鷥：色白，頭上有絲，毵毵然長尺餘，欲取魚則弭之。《禽經》曰鷺啄則絲偃是也。鸕鷀：不卵生，口吐其雛。善捕魚，今漁人多畜之。鴛鴦：物之有思者也。《古今註》曰：鴛鴦，鳧類也。雄雌未嘗相離，人得其一，一必思而死。【略】

獸之屬　虎：居山林中，每出以（瓜）〔爪〕坼地，觀奇偶而行。今人畫

地觀奇偶者，亦曰虎卜云。　豹：　斑文如錢，故謂之金錢豹。性廉，有所程度而食，故字從勺。《古詩》曰餓狼食不足，飢豹食有餘是也。　麞：　陂澤淺草中多有之。有牙而不能噬。　麂：　亦麞類也。皮作履舄為佳。　兔：　胎生，子從口出，故娠婦禁食之。　鹿：　性善警防，分背而食，以備人物之害。角有斑痕，紫色。行或有涎出口，不復能急走也。　山羊：《爾雅》謂之羱羊。似吳羊而大角。角善鬭，至死不可牢畜。　野猪：　形類家猪，但腹小脚長，牙利，人不敢近。又一種名豪猪，鬃有箭，怒則奮以射人，其箭可簪。　獺：　似狐而小，膚如伏翼，水居食魚。　狐：　鼻黄尾尖。【略】　狸：　有虎斑者，有貓斑者。性善擬度，故大射以狸皮張三侯。　貓：《埤雅》云：　鼠善害苗，貓能捕鼠，去苗之害，故字從苗。旦暮目睛皆圓，及午即縱斂如線。　猴：　性躁囂。一名沐猴。此獸無脾，以行消食。

鱗之屬　鯇魚：　即草魚。一種名烏鰡鯇，腹背俱黑，能食魚。　鯉魚：　脊中鱗一道，每鱗上有小黑點文。　鰱魚：　身扁口小而鱗細。　鯽魚：　腹大而體短。　鰌：　似鱓而短，無鱗。《爾雅》曰：　鰼，鰌也。尋習其泥，厭其清水。　鱓：　俗名黄鱣，無鱗似蛇。　蝦蟆：　俗名田鷄，可食。背青有黑點，入夏鳴聲不絕。【略】

介之屬　青螺：　有生田中者，有生溪沼中者。　團魚：　俗名水鷄。或謂性暖益人。　蚌蛤：《本草》：　性冷無毒，止消渴，除煩解熱毒。

蟲之屬　蛇：　一名烏梢蛇，一名菜花蛇。俱性毒，能殺人。每盤常向壬地。　蜈蚣：　多在土石屋壁間，多足，雖寸寸斷之亦能行動。　蚯蚓：《考工記註》云：　却行螾屬，土精也。善長吟於地中，江東謂之歌女。　蟻：　其大者常不出穴，飼之者群蟻也。將雨則出而壅土成峰。　蜩：《詩》謂五月鳴蜩是也。【略】　蟬：　秋鳴為蟬。【略】　蜂：　兩衙應朝，其主之所在，眾蜂為之旋繞。其毒在尾，垂穎如鋒。　蝶：　俗名蝴蝶，粉翅有鬚。《列子》曰：　烏足之根為蠐螬，其葉為蝴蝶。　蜻蜓：　六足四翼，其翅輕薄如蟬，晝取蚊寅食之，遇雨則多，好集水上欻飛，又名蝀蚸。《字說》云：　動止常廷，故謂之蛉。　螢：　夜飛，腹下有火，故字從螢。《月令》曰：　腐草為螢。不言化者，不復為腐草也。　蚊：　長喙如針，善嚙。性惡煙，以艾熏之則潰。《說文》云：　齧人飛蟲，從（蟲）〔䖵〕民聲。　一或從昏，以昏時出也。　蠅：《埤雅》云：　蠅好交其前足，有絞繩之象，故蠅之為字從繩。段氏云：　蒼蠅聲雄壯，青蠅聲清聒。　蛾：《博物志》云：　蛾者蛹之所化。夜飛善拂燈火。　果蠃：　即細腰土蜂。《列子》曰：　純雄，其名穉蜂，蓋其類也。摙泥作房如併竹管，取桑蟲負之，七日而化為子。　螳螂：　有斧蟲也，俗呼為虎螳螂。當轍不避，捕蟬而食，執木葉以自蔽。　蜘蛛：　布網如罾，其絲右繞。《字說》曰：　設一面之網，物觸而後誅之。知誅義者也。　鼠：　有齒無牙，常畏人，夜動。一種見人則交其前足而拱，謂之禮鼠，又名拱鼠。　蠶：　性惡水，食而不飲。《蠶書》曰飼蠶勿用雨露濕葉者以此。

明・李汛《九江府志》卷四　物産　食用之屬【略】　茶：　五色俱産。惟廬山者味香可啜。　苧蔴：　多出德安。　白蔴：　出德化三洲。　緑蔴：　可以為綈綷者。　蔴穰：　即苧之末雜，可以造舟。出德安瑞昌。　漆：　出瑞昌。　桐油：　出瑞昌。【略】　紅花：　五邑俱種。　藍靛：　有木藍、蓼藍二種。　蜜：　多出瑞昌。　蠟：　有黄、白二樣，俱出瑞昌。　蓖：　德化鈔關前及楊家穴造者可用。　龜板：　性靈可卜。　無名土：　入漆。出德化濂溪書院、嶺麓。

穀屬　蚤穀：　有駝犁回、留姑早、王瓜早、六十日、九十日等名。　白穀：　有竹丫占、蘆花白、大白穀等名。　紅穀：　有鴨掌、秈柳、條赤等名。　晚稻：　米白而質膩，種後晚生。　烏穀：　穀黑而多芒，五月始種，晚生耐旱。　芒穀：　一名種穀。有烏、白二種。　糯穀：　有早糯、紅殼糯、黄金糯、哽鷄糯數種。　麥：　有大麥、小麥、蕎麥三種。　豆：　有黄、紅、黑、緑、豌、刀、匾、蠶數種。　粟：　有早粟、大粟、草粟數種。　黍：（以）〔似〕粟而大。　芝蔴：　有黄、白、赤三色。

蔬類　芥菜：　色青味辣，子可為芥末。又有花芥。　青菜：　種田畦間，宜糞。　苦蕒：　一名苣。青白色，肥可生食，亦可蒸為茹。　白菜：　有水白、箭幹白數種。惟箭幹白經霜可菹。　莧菜：　有紅、白、紫三色。　萵苣：　性毒，百蟲不敢近。　芹菜：　生水澤中，氣馨味美。　茼蒿：　花黄，葉如蒿，初生可食。　芫荽：　一名胡荽，味香可食。《博物志》云張騫使西域得胡荽，即此。　蘿蔔：　亦有紅、白二種，白者為多耳。　芋：　有泥芋、乾芋二種。　荇：　黄花，葉（以）〔似〕蓴，可菹。　石耳：　可茹。　生廬山五老峰巔，取之甚難。　蔞蒿：　即蒿之始生者。香美可茹，熟而淹之烘以火，可久蓄。出德化官湖。　馬蘭：　亦生德化湖澤中，香美可茹。亦可

乾用。　茭筍：生湖澤中。初生時采而擇之，香美可食。　茄：有紫、白二色。　瓠：長而瘦曰瓠，短項大腹曰匏。俱有甘苦，苦者可蓄涉水。《詩》曰匏有苦葉是也。　蕨：甘滑而性冷，蓄之可茹。　蒜：有分瓣，有獨頭者。重陽種，次年端午先收。　王瓜：先眾瓜而熟，故名。　絲瓜：味甜性冷，其長者近四尺，可食。　冬瓜：大者數十斤，經霜色白，可久蓄。　筲瓜：皮青而長，觩然如角。德化三洲為盛。　西瓜：中美，善潰。土生而熟者亦可用。　葱：大者為蘆葱，小者為湯葱，皆可調羹。亦有曰胡葱者，蓋野產也。　韭：《說文》曰：一種而久者，故謂之韭。《齊民要術》曰：韭高三寸輒翦之，翦不用日中。故諺曰觸露不掐葵，日中不翦韭也。見《埤雅》。　筍：竹萌也。春三月始生。亦有生於冬月者，曰冬筍，味尤美。　蘆筍：即蘆之始生者，采擇作羹甚佳。性解河豚毒。

果屬　桃：紅色者為臙脂桃，白者為粉桃，生於十月者曰冬桃。　梅：味酸大者為杏梅，其熟紅而形如楮實者曰楊梅。　李：臍深而大、色紅黃者可食。一種味苦者不可用。又四月熟者曰麥熟李。　杏：色紅而大者可食，小而黃者微酸。　棗：八月熟，味甘可食。　柿：有大稜柿、牛乳柿等名。小而青者不可食，但可取油耳。　枇杷：色黃如金，味美核大。　榧子：形如橄欖，肉在殼內。　銀杏：俗名白果。夜間開花，性冷。　石榴：有紅、白二色，味甘酸。其開花可愛而不結實者，俗名海石榴。　核桃：一名胡桃。味甘氣溫，食之令人肥健，油可潤髮。　櫻桃：為木多蔭，其實先熟。　葡萄：色紫而味甘。有色白而實小者名水晶葡萄。　柑：類橘，圓大倍之。有獅頭、蜜團等名。　橙：大而香者佳，皮可蜜煎。　橘：似柑而小。有金橘、蜜橘等類。　栗：味鹹氣寒，主益氣厚腸胃，多食則滯氣。見《本草集要》。又有實小者曰茅栗，尖圓者曰尖栗。　梨：有數種，香水梨為佳。《本草集要》云：味甘酸，氣寒，酒病、煩渴宜之。金瘡、乳婦不可用。　蓮：紅、白二種，紅者為多。葉為芙蕖，華為菡萏，其實曰蓮，其根曰藕。　藕：說見上。　菱：種有二。葉似荇，浮水面。湖泊野生者小，種於家者色青而大。　芡：一名鷄頭。葉似荷，其上有數蹙衄如沸，球生而有芒刺，其中有米曰芡。見《埤雅》。味甘氣平，久服輕身不飢。見《本草》。　荸薺：生水田中，味香甘，其性漬銅。　苦株：實小而圓，味苦澁。亦可作粉。

藥屬　烏藥：味辛，氣溫，無毒。主順氣。　白及：味辛、苦，氣平微寒，可斂瘡疾。　紫菀：味苦辛，氣溫，無毒。主益肺氣，消痰止喘。　蒼朮：一名仙朮。氣味辛烈，平胃刼濕。　南星：味苦、辛，有毒。主除風痰，利胸膈。　藁本：味辛、苦，氣溫。主清頭目。與川芎同功。　荊芥：一名假蘇。味辛、苦，氣溫。取花實成穗者暴用之，能治風熱。亦可合麯釀酒。　半夏：味辛，微寒，有毒。消痰涎，止嘔吐。一莖三葉。五月採則虛小，八月採則實大。　菊花：味苦、甘，氣平寒，無毒。主除煩熱，明目。　茯苓：松之精。有赤、白二種。味甘，氣平，久服延年。　厚朴：味苦、辛，氣溫，無毒。消痰下氣，散結之神藥。虛弱者不可服。　桔梗：味辛、苦，有小毒。治嗽化痰，主清上膈。　細辛：根細而味辛。　乳香：有石乳、楓乳。石乳味辛、苦，氣溫，止痛生肌。　沒藥：味甘，氣平，無毒。主破血止痛，療金瘡。　百合：味甘，氣平，無毒。花白入藥者佳。　當歸：味甘、辛，氣溫，無毒。主和血。　芎：味辛。生於川者擅名，土產者亦可用。　山藥：一名薯。味甘，氣溫，久服延年。亦可蔬食。　黃芩：味苦，氣平寒。主治肺熱，亦能安胎。　紫蘇：味辛、甘，氣溫。解肌發表。汁可治蟹毒。　椒：氣馨味辛，祛濕溫中。　薄荷：一名龍腦。蘇州擅名，土產者亦可用。　薏苡：味甘，氣微寒，無毒，輕身益氣。漢馬援服之，老能矍鑠。　瓜蔞：一名天花粉。如土瓜而葉有叉。《詩》所謂果蠃之實是也。　蓖麻：味甘、辛，有毒。其子可治產難。　青藤：可以熬膏治風。　南藤：即丁公藤。生依楠樹，故名。味辛氣溫，可益衰老。　牽牛：有黑、白二種。味辛烈，血氣虛不可服。　青木香：味辛、苦，氣溫，無毒，可調諸氣。　山茨菰：一名鹿蹄草，又曰鬼燈檠。有小毒。生山陰濕處。外科多用。　枸杞子：根、葉、實皆可用。春、夏採葉，秋採實，冬採根。實為枸杞子，根為地骨皮。子能明目益腎，根可清痰熱。　地骨皮：說見上。　五加皮：味辛、苦，氣溫，無毒。五月、七月採莖，十月採根，陰乾。久服耐老，釀酒可治風痹。　車前子：一名芣苢。大葉長穗，好生道傍。強陰益精，令人有子。　獨脚蓮：生廬山陰谷中，一葉獨莖。可療瘡疾。　山楂：有紅、白二色。能健胃消食。　續隨子：味辛，溫，有毒。善除痰飲積滯。　雲母：味甘，氣平，無毒。有五色，黑者不可用。　黃精：味甘，性溫，久服輕身。瑞昌製者佳。　玄參：味苦、鹹，氣微寒，無

毒。補腎明目。　石斛：味甘，氣平，無毒。生石上，採莖陰乾，酒洗蒸用，強陰益精，虛損兼治。　紫河車：一名蚤休，俗呼重樓金線。味苦，氣微寒，有毒。五月採根暴乾。主治驚癇，解諸毒。　香附子：即莎草根。下氣開鬱，婦人要藥。　益母草：方莖圓節，可治產難。　山梔子：味苦而性涼，葉尖而莖多。山谷中有之。　桑白皮：味甘、辛，氣溫，無毒。消痰止渴，治肺疾。　葛根：味甘，氣平，能解酒毒。歲歉，鄉民多煮之以療飢。　石菖蒲：味辛、苦，氣溫，無毒。開心竅，明耳目。近水有之，惟廬山九節者佳。　金銀花：味辛，氣溫，葉圓如錢。可攻外感。　艾：可灸。乾久益善。　茵陳：即蒿。初生時狀如松苗，四月採之。主解煩熱。　蘆根：味甘氣寒，化痰助胃。誤中河豚毒者，取汁灌之即瘥。　何首烏：味甘、苦，性溫。久服黑鬚髮，益血。　女貞實：即冬青子。味苦，氣平，無毒。久服可祛百病。

竹屬　猫竹：大者如椽，笋可食。　筀竹：可製器用。　苦竹：節踈體勁，可備擊刺。　水竹：體柔，可為束縛。　筋竹：其大次於猫竹。　箭竹：節踈肉厚，可為矢幹。　叢竹：夏月始笋，不可食。叢生茂密，鄉民多種之以代藩籬。亦可製筆。　紫竹：皮紫，其大徑寸。　班竹：古傳湘妃灑淚成痕。《瑞昌志》云：蘇東坡謫黃州過瑞邑，援筆賦詩，洒墨於竹而成班，故潯多班竹。

木屬　松：耐寒，葉新舊相繼。《詩》云如松柏之茂，無不爾或承是也。花為松黃，可餅食；脂為白膠，香可入藥。　栢：有圓、匾、刺三種。性堅而香。　杉：似松而直。　椿：有二種。葉初生而紅、多芒者不可食，色白者香美可茹。材堪為棟。古詩：草有靈芝，木有椿。　楠：有水楠、香楠二種。　梓：可作琴瑟。蓋木莫良於梓，故《書》以《梓材》名篇，《禮》以梓人名匠。見《埤雅》。　桂：性堅，秋始華。華有白、紅、黃三色。合抱者冬無積雪，性熱故也。　桐：三種。有油桐，實可取油；有白桐，華而不實，體甚輕；有梧桐，生高岡，實如豆，味似菱芡。　桑柘：二種相類，可為弓。幹葉可飼蠶。《蠶書》曰：柘葉飼蠶，其絲作琴瑟弦，清亮勝於他弦。　棗：見果類。　榆：皮可合香。　槐：虛星之精，性暢茂多蔭，故曰：槐棘醜喬，桑柳醜條。見《埤雅》。　楓：似白楊有脂而香，經霜色丹。　樟：木香，文理細澤，可鏤器用。　株：材堪作室，江南多尚之。蓋江南下濕多蟻，株味辣，蟻不能近。　檀：性堅，實有黃、白二種。又有至夏始生葉者，俗呼為傲春檀。　栗：有麻栗、板栗、尖栗三種。板栗可炭，尖栗可作屋材。　檜：栢葉松身，亦物之堅緻者。《禹貢注》：栢葉松身曰栝。與此一也。　楢：柔忍有性，可製器用。　楊：有黃、白、青、赤四種。白楊葉圓，堪為屋材；青楊葉長；赤楊霜降則葉赤，材理亦赤；黃楊性堅緻難長，可供清玩。　柳：有垂柳、柜柳等名。柔脆易生，葉甚茂，望秋先零。　楮：皮可造紙，實堪入藥。　冬青：一名蠟樹。經霜不變。　棕櫚：葉如扇，皮可綸繩。　烏桕：木堅而葉厚，子經霜綻白者可壓油為燭。

花屬　牡丹：花之富貴者。有淺紅、深紅、微白、純白四色。　芍藥：榮於仲春，華於孟夏，亦花之富者。世謂牡丹為花王，芍藥為花相。　金鳳：一名鳳仙。有紅、白、藍、紫數色。　葵：有白、紅、黃三色，隨日光轉移而傾心向之。古詩云：惟有葵花向日傾。　鷄冠：有紅、白、長、矮四種，花如鷄冠。　鶴頂紅：一莖挺生，花開如鶴頂，鮮紅可愛。　石竹：葉小如竹，花色紅麗。　海棠：一名棣棠。色黃，繁衍。　山茶：有野產，有家種。色紅。　木犀：即桂。說見木類。　薔薇：蔓生有刺，花有深紅、淺紅、純白三色。　荼蘼：葉如棣棠而大，花白而香。詩云：滿架荼蘼一苑香。　玉簪：以形似名，色白可愛。　木槿：一名佛桑。有紅、白、紫數色，純白無間者名舜英。《詩》云顏如舜英是也。　紫荊：花開無葉，色紅滿樹。　瑞香：葉如桃，花附葉間，森然如粟，色紅而香。　諼草：諼，忘也，食之可以忘憂。《詩》曰：焉得諼草，言樹之背。俗名鹿葱，蓋以鹿常食此。妊婦佩其華則生男，一名宜男。　芙蓉：一名拒霜。色紅花豔。　蘭：一幹一花而香有餘者曰蘭，一幹數花而香不足者曰蕙。　蕙：見上。　茉莉：性畏寒，花香而清。　菊：有大紅、桃紅、回子眼、黃羅傘、金荔枝、銀絞絲、火煉金、金盞、銀盤數名。　映山紅：野生。三月開之，遍山色紅。　剪裙羅：色紅，花瓣如剪就者。　夜落金：其高僅尺許，花紅而小，朝開夕落，故名。

草屬　莎：其根即香附子。　茅：叢生如禾，可為覆蓋。《詩》云晝爾于茅是也。　蓼：在陸為荼，在水為蓼。　蘆葦：一名萑葦。大者曰蘆，小者曰葦。　蘋：生水上。芳潔可羞神明。　虎鬚：即小菖蒲。狀

如虎鬚，故名。　虎耳：葉如錢而大，叢生於石。　芝：氣化而生，不易得者。今深山處多有之。亦茵類耳。　蒿：《晏子》曰：蒿，草之高者也。《爾雅》曰：蘩之醜，秋為蒿。蓋蘩之類至秋則高大矣，故通呼為蒿也。　芭蕉：大葉，叢生。　芒：似茅而大。可索，亦可為履。　萍：柳絮入水而生，浮無定在。

羽屬　鷄：其類不一。烏骨白羽者宜入藥。　鵝：一名家鴈。《食物本草》云：白者善，蒼者發疾。　鴨：水禽。一名鶩，一名舒鳧。種自淮者大。　鶬：即倉庚也。一名黃鸝。其色黧黑而黃。《詩》曰：有鳴倉庚。　杜鵑：一名子規。其聲淒切，無間晝夜。　雉：一名鷸，一名翬。漢避呂后諱改呼野鷄。性耿介，善鬬，羽文五彩。　鸛：狀如鶴，清濁則有間矣。　鷹：鷙鳥。一曰題肩，一曰征鳴，齊人謂之擊征，皆言其猛而能擊。《詩》曰：時維鷹揚。　鴈：大者曰鴻，小者曰鴈。性畏寒，秋南春北。一名陽鳥。　鳧：水鳥如鴨者。《埤雅》云：野鴨為鳧，家鴨為鶩。鳧善飛，家者不能。　烏鴉：不祥之物，其聲人所厭聞。《詩》曰莫黑匪烏即此。　鷂：似鷹而小，亦速疾。《爾雅》云：青質，五彩皆備。　燕：一名鳦。應社南北巢於室□。詩曰玄鳥。　鳩：俗名班鳩，項背俱有班點如珠。知雨，故天將雨輒呼之。　鴿：狀類班鳩，名色不一。亦家禽耳。　鴛鴦：匹鳥。失其一，不食而死。　鸊鷉：水鳥。飛則鳴，行則搖。　鸕鷀：觜曲如鉤，食魚。　鷺：一名舂鋤。色白，頭上有絲，善捕魚。《禽經》云：鷺啄則絲偃，鷹捕則角彌。藏殺機也。　鸇：食爵之鳥。《孟子》曰：為叢敺。雀者，鸇也。　鷗：水鳥，生江湖，似鴿小而群飛。杜詩曰：白鷗波浩蕩。　鵰：色白尾長。謝惠連《雪賦》云鵰失素，即此。　喜鵲：俯鳴則陰，仰鳴則晴。人聞其聲則喜，因名。　山鵲：似鵲而有文，尾長，觜脚赤。　白頭翁：小而頂白。　練鵲：色白尾修，頭有長羽。　麻雀：小而多群，不時鳴躍。　鴟梟：惡鳥。攫鳥子而食者，聲惡，肉美可作羹。晝伏夜見。欲取，舉火燭之即墜。　鵪鶉：色黃赤，夏出秋藏，飛必附草。　竹鷄：似鷄而小，棲竹間。　翠：有二種：大者色青，食魚，江東呼為水狗；小者名鷸，似燕紺色，生欝林，羽可為儀。　伯勞：一名鶪。五月鳴，應陰氣也。其聲鶪鶪得名。《詩》又云：七月鳴鶪。　百舌：宛轉多音，即布穀。

毛屬　牛：土畜，司耕。有黃、水二種，黃者耐暑。　馬：稟火氣而生，健決躁速，故能馳。　驢：似馬，耳長。　騾：致遠力健，有勝於馬。　羊：性剛，喜燥惡濕，易生易耗。　豕：家畜，在在有之，日用之常饈耳。　猫：能捕鼠，目睛可以定時。　犬：有田犬、食犬、吠犬三種。　山牛：一名兕。重千斤，一角青色，其皮堅厚可以製鎧。　野猪：形類家畜，腹小脚長，牙利，人不敢近。一種名豪猪，鬃有箭，怒則奮以射人，可為簪。　麞：一名麕。鹿屬，無角，生陂澤中，牙而不能噬。　麂：麞類。大者為麖，小者為麂。　鹿：《字說》曰：鹿性警防，分背而食以備害，愛其類發於天性。《詩》曰：鹿斯之奔，維足伎伎。宜疾而舒，留其群也。　兔：月之精，視月而孕，口吐而生，性陰狡。《詩》曰：有兔爰爰，雉離于羅。亦言以狡得脫也。　虎：西方猛獸，性善搏噬。　豹：小於虎，毛黃而文黑如錢。　豺：似狗而尾長頰白，高前廣後，其色黃。《詩》曰：取彼譖人，投畀豺虎。豺亦以殺為性者，俗云群豺可以窘虎也。　狐狸：性多疑，邪媚之獸。其皮有虎班、猫班，皆可為裘。　猴：一名猱。性善升木。《詩》曰：毋教猱升木。老者為玃，長臂者為猿。猿靜緩，猴多急躁。　獺：似狐而小，青黑色，膚如伏翼，陸居，食魚。《月令》云：孟春獺祭魚，然後漁人入澤梁。

鱗屬　鯉：魚之貴者。《爾雅·釋魚》以鯉冠篇。俗云成龍。惟鯉壽有至千歲者。　魴：身廣而薄，少力細鱗，即今之鯿魚也，味美。《詩》云：豈其食魚，必河之魴。俚語云：洛鯉河魴，貴於牛羊。　鰱：身扁，口小而鱗細。　鱅：狀似鰱，首大尾小為稍異耳。　鱣：俗名黃魚。似龍黃色銳頭，口在頷下，背上腹下皆有甲，大者千餘斤，可作醢。　鮪：俗名鱘魚。似鱣而小，色青黑。《詩》曰：有鱣有鮪。《月令》曰：季春薦鮪。　鱖：《赤壁賦》云巨口細鱗，狀如松江之鱸，即此。　鯽：體促腹大而脊隆，味肥美。《本草》云：諸魚性熱，惟鯽性溫，可理脾。　鱤：身厚而長，背青腹白，巨口食魚。　鯮：身似鱤尖銳。　鱨：燕頭魚身，頰骨正黃。魚之有力解飛者。　鮰：似鱨而大，色白無鱗，味肥美。　鯶：一名鯇魚。身厚而圓，有青、白二色，草食，俗名草魚。青者，膽可入藥。　鱒：似鯶而鱗細赤眼，好獨行，字從尊，以此。　鰣：形似白鰱，仲夏始出，魚之極美者。多出彭澤。　鮆：刀魚，味美多刺。楊花飛始出，故俗呼為楊花鮆，

亦謂之時魚。　河豚：　形似鱠而大，無頰骨，子有毒，肉極美。東坡云：　不食河豚不知魚之豐味。性畏蘆，觸之即斃，出湖口。　鰷：　形狹而長若條然，故名。性喜浮，似鱠色白，俗謂之飡魚。　鱔：　類蛇而無鱗，可治瘵。　鰻：　似鱔而大，青色白腹，亦無鱗，俗呼為白鱔。其骨熏煙可辟蠹，有雄無雌，以影漫鱧而生子。見《埤雅》。　鰍：　俗名泥鰍。似鱔而短，無鱗。　鱧：　一曰鮦，俗名烏魚。膽甘可食。其首戴星，夜則北嚮。道家以為厭者也。　鮎：　大首方口，背青黑無鱗，多涎。別名鯷魚。　鱯：　似鮎而大，色白。　白魚：　色白巨口，形扁狹而長。　鰕：　體曲而多鬚，湖澤中有之，古以為蝗蟲所化，而諺語亦云鰕荒蟹亂，或然。　龍：　神物，飛潛變化莫測。廬山有烏、白等龍潭。　蛟：　龍屬。其狀似蛇而四足細頸，頸有白嬰，大者數圍。出則山崩石裂，水溢數丈，乃陰毒之物。廬山多有之。　蛇：　種類不一，俱有毒。惟烏稍尾貫百錢者可以已大風，療瘡癘，故俗呼為風稍。　鼉：　一名土龍。鱗甲黑色，性嗜睡，目睛常閉，能吐霧致雨，善頹岸橫飛，聲如鼓，故取其皮以冒鼓。《詩》曰：　鼉鼓逢逢，欲雨則鳴。故里俗以鼉識雨。　穿山甲：　色烏而有鱗，伏土中食蟻，可入藥。

介屬　龜：　行氣導引，善久藏，性靈可卜，大者為貴。《漢志》云：　龜不盈尺不得為寶。　鱉：　形小而白，俗名團魚。性暖益人，古人設燕多此。《詩》曰炰鱉鮮魚是也。　黿：　鱉之大者。鱉以為雄，故黿鳴則鱉應。《淮南子》曰燒黿致鱉，此以其類求之。　蟹：　團臍為牝，尖臍為牡。經霜後團臍者多黃，味尤美。　蚌：　《埤雅》云：　物有非其類而化者，若蚌蛤無牝牡，雀鴿所化，故久者能生珠，專一於陰也。性冷無毒，除煩熱。　螺：　湖澤溪港中多有之。性冷無毒，可食。

蟲屬　蠶：　陽物，惡水，食而不飲。再蠶謂之原蠶，一名晚蠶。《淮南子》曰：　原蠶再登，非不利也，王者之法禁焉，為其殘桑而害馬也。　蜂：　有土蜂、蜜蜂等名。有君臣之義，旋繞如衛護。然其毒在尾，垂穎如鋒，故名。　蟻：　亦有君臣之義。大者常不出穴，群蟻取食飼之。將雨則聋土為塚以避濕。　蝦蟆：　一名蛙。有黃、黑二色，春夏交鳴聲不絕，其子名科斗。　田鷄：　似蝦蟆而小，色青可食。　蚯蚓：　無心之蟲。一名曲蟺，一名土龍。引而後伸，故名蚓。　蜈蚣：　生卑濕處，身黑頭赤，足黃而多。大者生鱗，性能制蛇。　蠅：　好交前足，有絞繩之象，故字從繩。有青、蒼二色。青者汙穢能變黑白，蒼者聚聲如雷，故曰：　青蠅亂色，蒼蠅亂聲。《淮南子》曰：　爛灰生蠅，蠅溺死取置灰中，須臾即活。　蜘蛛：　《論衡》曰：　蜘蛛結絲以網飛蟲。《字說》曰：　設一面之網，物觸而後誅之，知誅義者也，故名。　蠨蛸：　今小蜘蛛，長股者亦布網。《詩》曰：　蠨蛸在戶，垂絲著人衣，當有喜慶。俗又名蟢。　蝶：　蛺蝶粉翅有鬚。一名蝴蝶，有純白、純黃、五彩三樣。　蛾：　繭而出者曰蠶蛾；　夜拂燈者曰飛蛾，一名慕光，所謂不安其昧而樂其明者也。　螢：　夜飛腹下有光而明。《月令》：　季夏腐草為螢。不言化者，不復為腐草也。　蚊：　齧人飛蟲，長喙如針，善螫。性畏煙，以艾熏之即潰。見《埤雅》。　蜻蜓：　六足四翼，其翅輕薄如蟬，晝取蚊虻食之，遇雨則多好集水上欻飛。　鼠：　物之害人者。有齒無牙，能穿墉作穴。　蜉蝣：　渠略也。似蛣蜣身狹而長，角黃黑色，朝生暮死，有浮游之義，故名。　蟬：　一名蜩，一名螗。《詩》曰：　如蜩如螗。夏鳴者曰蟪蛄，秋鳴者曰寒蟬。《淮南子》曰：　蟬飲而不食，好鳴柳間。　蜾蠃：　即今細腰土蜂。好禁蜘蛛。無雄，取桑蟲負之空木中，七日化為己子。《詩》曰：　螟蛉有子，蜾蠃負之。　蠓：　小蟲，似蟎亂飛者。一名醯雞。《列子》曰醯雞生乎酒。又曰食醯。郭璞曰：　蠓飛磑則天風，春則天雨。磑謂旋飛，春謂一上一下也。　螳螂：　色青而形瘦。《莊子》所謂怒臂以當車轍者也。捕蟬而食，執木葉以自蔽。　蝙蝠：　鼠之有翼者。敗室朽柱、檐隙皆有之。羅蚊虻而食。糞為夜明砂，入藥。　蟋蟀：　似蝗而小，正黑，光澤如漆，有角翅，善躍，或謂之促織。俚語云：　促織鳴，懶婦驚。《詩》曰：　蟋蟀在堂，歲聿其莫。蓋暑則在野，寒則依人也。　蚱蜢：　蝗屬。青色，長股疊翅，即螽斯也。一種黑身赤首，名莎鷄，能振羽作聲。《詩》曰：　六月莎鷄振羽。一物隨時而異也。

明・劉松《臨江府志》卷六　土産

稻：　名目不一，大約春社日前後漬種，立夏前後蒔秧，至秋而熟。有一種最早熟者，名救公饑，色白味香甘。有團穀早、雲南早諸種，孚甲薄而米堅好。有秋風占、簑衣占諸種，色赤甲厚。有金穀占，田之低窪者種之，六月插秧，九月方熟。有晚稻，至冬乃熟，色白粒長，種之者少，而性則冷。又有蚕糯、有晚糯，竝堪釀酒。　麥：　有大麥、小麥、米麥，秋種冬生，春秀夏熟，特地氣下濕，不逮北方。又有蕎麥，味甘滑，性寒，另為一種。　菽：　有紅、

黄、赤、白、黑、綠諸種。　黍　稷　芝麻

蔬　芥、白菜、菘菜、莧菜、豆角、萊菔、南瓜、筲瓜、西瓜、冬瓜、王瓜、絲瓜、莙蓬、蓊菜、芫荽、苦蕒、茼蒿、菠薐、茄、瓠、葱、蒜、韭、薤、莜。

果　棗、栗、柿、梅、桃、李、梨、菱、橙、橘、柑、蜜甕、楊梅、銀杏、石榴、梧桐、枇杷、荸薺、茨菰、苦株、甜株、茆栗、山棗、柚子、花椒。

藥　茗、白藥、玄參、苦參、粉葛、栝蔞、半夏、茱萸、烏藥、紫蘇、菖蒲、罌粟、木瓜、薄荷、百部、百合、香附、茯苓、菊花、家蜜、鶴虱、枳實、枳殼、陳皮、左纏藤、天南星、五加皮、蛇床子、淡竹葉、山查子、鷄頭實、穀精草、夏枯草、何首烏、益母草、車前子、桑根皮、地骨皮、甘菊花、金櫻子、豨薟草、旱連草、蒼耳草、劉寄奴、山梔子。

竹　貓竹、紫竹、篁竹、菉竹、班竹、水白竹、苦竹、實竹、黄竹、筀竹。

木　松、栢、樟、楓、槐、蠟樹、檀、柞、櫟、柳、杉、櫧、榆、樫、櫸、棕、梧桐、油桐、烏桕、山茶、香椿、椶櫚、黄楊、桑、柘。

花　蘭、芍藥、荷花、海棠、棠棣、金鳳、山礬、蜀葵、萱草、金錢、木樨、薔薇、酴醿、水仙、紫荊、瑞香、茉莉、梔子、芙蓉、月桂、寶珠茶、玉簪、鷄冠、山茶、菊花、夾竹桃、牡丹、蕙。

禽　鷄、鵝、鴨、雉、鵲、鷺鷥、鶉、鴿、鳩、雀、畫眉、燕、鶯、鴈、鷹、翡翠、隼、鸛、鸂鶒、鷓鴣、鶺鴒、啄木、鴛鴦、野鴨、鸜鵒、百舌、烏、鴉、鷂、杜鵑。

獸　牛、馬、騾、驢、羊、豺狼、虎、豹、兔、鹿、豪猪、犬、豕、狐、獺、猫、麞、麂。

鱗　鯉、鱅、鰱、鯇、鱖、鮎、鰻、鰣、鱵、鰣、鯿、鰍、鱔、鯽。

介　黿、鱉、螺、蚌、蝦、蟹、穿山甲。

蟲　蠶、蝙蝠、螳螂、螽斯、莎鷄、蟋蟀、蜻蜓、蝴蝶、蟬、螢。

明・陳霖《南康府志》卷五　物産

穀類　早稻、仙稻、糯稻、大麥、小麥、蕎麥、菉豆、黄豆、紅豆、蠶豆、油麻。

藥類　半夏、梔子、烏藥、百合、紫蘇、牽牛、菖蒲、山藥、香薷、茱萸、花椒、枸杞、白皂、白及、黄精、金櫻子、罌粟、蚌粉、茴香、紫金藤。

花類　菊、葵、荼蘼、芍藥、紫荊。

果類　桃、李、杏、石榴、棗、梅、梨、楊梅、栗、楂、柿、西瓜。

菜類　莧菜、白菜、芥菜、菠菜、石耳、茄。

木類　松、株、樟、楓、冬青、槐、柳、桑、柘。

畜類　牛、羊、馬、騾、猪、犬、鵝、鷄、鴨。

魚類　鮎、鯉、鯽、河豚、蚌、黄顙。

禽類　鶯、燕、鴈、雉、布穀、鵲、鴉。

獸類　虎、鹿、麕、麞、野猪、兔、麂。

右土産，四縣俱同。

明・劉儲《瑞昌縣志》卷一　物産

穀　秫、糯、麥大、小、蕎。黍、稷、粟、芝麻、荳。紅、黑、綠、豌、黄、刀、匾、蠶。

蔬　芥、莧、芹、菠、白菜、荇、茭、葱、苦蕒、韭、薤、蒜、萵苣、笋、茄、菘、茼蒿、芋、芫荽、蘿蔔、馬蘭、王瓜、冬瓜、蔞蒿、瓠、葫蘆。

菓　梅、桃、李、杏、棗、柿、枇杷、蓮、菱、柑、橙、橘、栗、藕、楂、櫻桃、銀杏、西瓜、石榴、甜瓜。

藥　百合、烏藥、白及、蒼朮、半夏、茯苓、桔梗、山藥、紫蘇、薄荷、瓜蔞、蓖麻、青藤、青皮、陳皮、枳殼、茱萸、花椒、青木香、石南藤、山茨菰、地骨皮、天南星、何首烏、車前草、獨脚蓮、天門冬、香附子。

竹　猫、筀、苦、水、筋、慈、叢、箭、紫、斑。

木　椿、松、栢、桂、杉、桐、桑、黄楊、白楊、柘、棗、榆、槐、楓、楊柳、冬青、山桑、樟、株、檀、栗、栖、楮、烏桕、椶櫚。

草　蘭、藍、艾、莎、茆、蓼、蘆、茭、葦、荇、蘋、藻、芝、萱、蕪、蒿、菖蒲。虎鬚、狗尾。

羽　雞、鵝、鴨、鴿、鵲、鴻、梟、鷹、鷂、鴉、鳩、鶯、燕、鴃、烏、鷗、鷺、鸇、蜚、翠、鵐、練鵲、麻鵲、鴝鵒、鵪鶉、畫眉、野雞、竹雞、鷓鴣、杜鵑、鴛鴦、鶺鴒、天鵝。

毛　牛、馬、驢、騾、羊、豕、猫、犬、獐、鹿、兔、虎、豹、豺、狼、猴、獺、鼠、蝟、野猪、狐狸。

鱗　鯉、鰱、鯿、白、鱅、鯮、鮎、鯽、鱖、鯖、鱓、鱣、鰍、魛。

介　黿、蛇、鼉、鰕、蚌、蜆、螃蟹。

蟲　蠶、蛩、蠅、蛾、蛙、螢、蟬、蚊、蜂、蟻、蟢、蝶、蜻蜓、螟蛉、蜘蛛、蝦蟆、蚯蚓。

明・林有年《瑞金縣志》卷一　土產

穀類　早稻、晚稻、糯稻、大糯、金包銀、水珠糯、羊鬚糯、湖廣糯、陝西糯。

蔬類　薑、芥、芹、葱、韭、莧、薤、蒜、芋、茄、薯、莙、蕨、瓠、白菜、莙薘、芫荽、菠薐、茨菇、黄瓜、豆角、蘿蔔、冬瓜、西瓜、稍瓜、絲瓜、苦蕒。

藥類　香薷、香附子、山梔子、蓖麻子、車前子。

竹類　筀竹、苦竹、紫竹、猫竹、黄竹、方竹。

木類　柳、松、栢、梓木、樟木、杉木、桐木、樢櫧、冬青、楓木。

菓類　桃、李、梅、梨、棗、柿、橙、橘、柑、藕、柰、楊梅、石榴、金橘、菱角、蓮實、圓株、苦株、香椿。

花類　蘭、菊、瑞香、茉莉、長春、桂花、山茶、鳳毛、木槿、芙蓉、賽菊、白桃、鷄冠、千葉榴花。

魚類　鯇、鯉、鰱、鯽、鼊、鰍、鱔、鱅。

羽類　鵲、鴉、鷹、鴿、雉、斑鳩、鷓鴣。

毛類　牛、馬、猪、鹿、麂、兔、羊、豺、猴、虎、獐、獺、猿、豹、熊、山羊、山牛、野猪、狐狸、⿰鼠登⿰鼠令鼠。

蟲類　蛇、蜂、蝶、螢、蟻、蛾、蜻蜓、蝙蝠、蜘蛛、蜣螂、蚯蚓、蟋蟀。

明・管景《永豐縣志》卷三　物產

景曰：有天地，然後有萬物，豐於人而嗇於物。中華文明之地，地靈人傑。然奇珍異具，每每出於海外諸夷，此大造之公也。古人不貴異物，貴用物。伏覩《大一統志》之敘物產，每區多不過四三，少惟一二而已，視他志之濫漫收者自殊。今茲取特取用，不取諸凡，非略也。永豐民惟稼穡五穀，種備有白穀、紅穀、晚穀、糯穀等類。而早稻惟先，種先而熟早，有救公饑、三朝齊、六十日占、九十日占，取其早穫，可種雜穀。在植物，惟杉惟櫧，地多白蟻，木易腐，二木味酸而堅，治屋者尚之。惟樟，一名豫樟，其文理細澤，可鏤器用。惟檀，性堅實，可為車軸。惟棕櫚，葉如車輪，無枝節，取棕可用。所眾貴者曰烏桕，冬月結白實，可以壓油澆燭。一名木油，處處種之。曰桑，曰楮，二木之皮可作紙，桑葉又能飼蠶。有竹品，類甚多。王貞白《洗竹》詩：道院竹繁教略洗，鳴琴酌酒看扶踈。不圖結實來雙鳳，且要長竿釣巨魚。錦籜裁冠添散逸，玉芽修饌稱清虚。有時記得三天事，自向琅玕節下書。又有竹絲，出十五都，可作毛邊紙。有花香，有芸香，俱出十五都。在食物曰茶，充歲貢。曰蕨粉，舊乘云：產永豐。曰筍，有冬筍、春筍。曰早荷心，一名蓮心，出二十七都。曰石蜦，土人訛呼為石卵，出十五都山谷間，性熱，食之去瘋，類肖蝦蟆，兩廣多有之，謂之山雞，即此。曰石乳，出永豐山。曰石耳，性涼，生白石嶺，不多。曰甜珠，類錐栗而小。曰栗，出十三都，大而甘甜。曰石榴，土名呼為石榴子，出四十九都，其大有似碗者。曰石碌，味酸寒，無毒。一名綠青。《本草》云：即信州石碌是也。在器物曰紙，舊志云楮皮紙出自湖廣，今永豐縣東鄉亦造之。有連四，有咨呈，有呈文，出十都。曰白蠟，可澆燭，土人名冬青蠟，出三十三都。曰紬，舊志云永豐產。以絲成者曰叢絲。紬以綿抽絲成者曰綿紬，以絲雜木綿線成者曰假紬。曰燈籠，以細篾為之，六方如梔子樣。曰草蓆，以蓆草為之，出三十三都，比蘇蓆稍粗。曰桕燭，以桕油灌之，六縣皆有，永豐稍佳。曰銕作，投壺盥架之類，細巧可用。在貨物曰銀，舊志出柘洋坑，在永豐縣東六十里，比因閩浙盜竊，甚為地方騷擾，舊設官軍守衛，後革。惟僉民兵分守，尚歲費數百金。幸際聖明之日，封禁其山，民免荼毒之苦。夏太僕尚朴題《平洋坑》詩云：兹山信奇特，寶氣夜光寒，何不鍾英傑，坐令天下安。按：物產泛同者不錄，無用者不錄。兹紀有取諸益，無取諸損。未有有損而紀者，存鑒戒也。

明・徐璉《袁州府志》卷二　土產

穀　占穀：紅、白二種。其種有五十日占，俗名救(工)〔公〕饑，熟最早，然不廣種，少蒔以接糧。有六十日占、八十日占、百日占，有大占、鬚占，又有晚穀，熟稍遲，為飯香軟。有贛州早、團穀早。又有旱穀，陸地可種。糯穀：早糯，以七月早熟，土人仰此以為新酒。晚糯，以十月糯，粒大而堅，用此造經冬酒，其名不一，有白殼糯、矮脚糯、燕口糯、鴨婆糯、重陽糯、椒子糯。麥：有大麥、小麥。九月種，四月登。蕎麥：姿莖弱，幹赤花白，秋種而冬食。粟：有占粟、糯粟、黍子粟、草子粟等名，皆古之粱也。藝者絕少，山鄉涸田或植之。荳：有黄荳、青皮荳、紅荳、黑荳、絳荳、綠荳、豌荳、泥荳，秋刈稻，涸田種之，十月刈，用為腐。芝麻：有黄、白。

蔬　薑　芥　芹　葱　水晶葱　蕹菜　白菜　薤　蒜　韭　莙薘　茭白：菰根是也。　藷　萵苣　蕈：出武功山。　芫荽　菠薐　百合　菘蕎：氣葷，如小蒜而長。　芋：即蹲鴟。農家藉此以助歲計。　茨

菰：生水澤中。　薯：即玉延。種於圃，大者四五斤。一名山藥。莧：有紅、白。　石耳　石髮：出萍鄉。　玉板筍　筍　蕨：歲饑，搗其根為粉以食。　蘿蔔　油菜：子可作油。　瓠：俗名葫蘆。　甜瓜　冬瓜：即白瓜。　稍瓜　王瓜：翠蔓頗姿。　絲瓜

藥　黃精：宜春出。　黃藥　白藥　香附子：即莎草根。　荊芥　枸杞：其根名地骨皮。　香薷　天門冬　麥門冬　瓜蔞：根名天花粉。　紫金藤　蒼耳　楮實子　石楠　白及　白斂　木通　烏藥　何首烏　劉寄奴　厚朴　山藥　薄荷　金沸草　山梔子　薏苡仁　紫蘇　地黃　茴香　青木香　五棓子　益母草　蓖麻：治產難，出肉中刺。　車前子：即芣苡。

竹　筀竹：筍美根多，竹工絲以製器。　苦竹：夏筍味苦。　斑竹　方竹：短小形方。　義竹　紫竹：色紫。

木　梓　栢　楠　樟　檀：黃、白二種。　杉：土人用作室。　檜：似栢葉細。　椿　血栢：木紅。　柞：性堅可作弩幹。　葦：即櫧也。性堅不凋，實小可食，或甘或苦。　梧：子可食。　黃楊　銀杏木：即白果樹。　栟櫚：俗名棕，葉大如車輪，毛可用。　茶子樹：冬花，子可作油。　白楊　桐子樹：子可取油，凡栽杉先植此樹，以其葉落而上肥。　樢柏：取子壓油為燭。　冬青：歲晏不凋。

果　桃　李　梅　杏梅　楊梅　石榴　梨　棗　栗：小者曰茅栗。　柿　椑：似柿而青黃。　枇杷　橙　橘　柚：似橙而大。　香櫞：類橙色黃，形圓而香。　柑　金橘：實小彈丸，色如金。　木瓜　鳧茈　紅菱　西瓜：出萍鄉。　布帛　棉布　苧布：官稅所徵。　葛布：績葛為布，有兼絲者。　絹：宜春、萍鄉間出。　紬　土綾：出萍鄉。土產之絲麄類。

物貨　茶　茶油：茶子搗之為油。　桐油　棕毛　火紙　白蠟　木炭　石炭　蜜　竹紙　草蓆：出萍鄉，甚麄，名龍鬚草，生田中。　燈草：出萍鄉，生水澤中。　鐵

魚　鯉：小而金色者曰金鯉。　鯇：色青，俗名草魚。首春蓄苗者來自醴陵界中，買纔數寸，日以草飼之。　鰱：鱮也，大頭而細鱗。　鯽：鮒也。　鯿：魴也。縮項細鱗，魚之美者。　鱖：巨口細鱗，在石罅中。比目魚：靈泉池有，今罕見。　鰷魚：白如銀。

禽　青鶴　鷲鵝：似鶴，色青，頂微紅。　翬雉：五色，俗名野雞。山鳳凰：一名錦雞。　竹雞　練雀

獸　虎　鹿　麞　麂　兔　猿　猴　白猿　金線猿：出木平山，每啼有佳客至。　玉面狸：膚理至腴。　山羊　山牛　野猪：大者數百斤，類能，傷人。　豪猪：豪如簪，長五六寸，能激以(謝)[射]人。

清・彭家桂、張圖南等《婺源縣志》卷四　地產

地產：舊志徒載其名，今倣《府志》及他志加以註釋，且別增入以資多識。

穀之屬　稻、秈、秔、糯：稻者，秈、秔、糯之總名。婺之稻有早，有中，有晚。大率高田宜種早稻。田無水源，仰雨澤於天，雨不時則槁，幸而得雨則穀早熟，可濟夏月之乏。其低田有水源，為陂堨以溉，則宜種秈、秔、糯。晚熟之稻，早者六月熟，中者七八月熟，晚者霜降後熟。而中熟之稻為多，大率皆秈也。土人謂之福建秈，蓋福建有占禾，本出南海占城國，宋大中祥符五年，詔遣使福建取三萬斛，并出種法，而布之江淮浙之間，此秈之早者也。早熟之稻四月種，以六十日為期，一歲可兩種，其地亦不多。《府志》云：新安大率宜秈，有大白歸生，小白歸生，又有紅歸生，成熟最早，然不廣種，少蒔以接種耳。有桃花紅者，穀粒微紅而米粒正白，亦先熟，桃花米是也。又有冷水白，有筆頭白，有肥田跂，大率秈不耐肥，惟此種能於肥田中自植立也。有早十日，有晚歸生，又有晚歸生近八月社熟，米色不甚鮮明。其秔稻，《府志》云惟多蓺於婺，績其種，有大粟黃，有小粟黃，有蘆黃，有珠子稻，烏鬚稻，有婺州青，有葉裏青，斧腦白，赤芒稻，九里香，萬年陳，沙田白，有寒青最遲。按：此諸名各處農家所呼不一，大率晚稻為飯不如秈稻之多，而歷時久，體質重，炊之而粘，食之耐飢，宜於養老，不宜於食，少少者以早米為益也。晚米土人或呼曰老米，稻之多芒而粒黏，可釀酒者為糯。《府志》：糯有青稈、羊脂、白矮之名。白矮釀之多得酒，有牛蝨稉，顆粒大，難為地，價高於白糯。有早歸生，有交秋糯，七月熟，米亦好，其粒赤而長，又名金釵糯。糯其晚者與秔同時收。糯者，古之秫稻。《府志》謂古之稌，非也。稌，猶稻耳。　麥、大麥、小麥：芒穀金旺而生，火旺而死，食四時之氣，為繼絕續乏之穀。性畏冰喜雪，婺惟水田不宜，餘皆可種。麥喜涼畏熱，倘驟雨驟晴，溼熱熏烝則

發黃，刈麥時又不宜雨，俗謂之籠裏麥，言收入籠始為己有，難成易壞之穀也，而民食首重之。二麥熟，民有數月之食矣。而米價亦恒視麥以為低昂。大麥曰麰，小麥曰來。《府志》： 大麥有早麥、青光麥、中期麥，又有高麗麥，亦呼高頸麥，挼之則粒出，然難爲地利。有穤麥，宜為飯。小麥有長穬麥，麩厚而麪少。有白麥，麪白，亦少。有赤穀麥，麩厚而麪多。大麥櫱可取飴餹，樂平多用之以作燒酒。 蕎麥： 蕎亦作荍，苗高一二尺，赤莖，開小白花，結實有小角，不類他麥，秋種而冬食。一名烏麥，粉亞於麥麪，能發病。又一種苦蕎麥，莖青多葉，似蕎麥而尖，結實味苦，濟荒者擣為粉烝食，多食傷胃，發諸病。 粟： 即古之粱也。穗大毛長粒粗為粱，穗小毛短粒細為粟。苗皆似茅，種類甚多。《府志》： 有早粟、寒粟，寒謂晚也。有毛粟，成亦晚。有薑葉，赤者無芒。又有赤稈、白稈，有望秔青，有穤粟，山中人以為酒，味澀而不清，令人善醒。有罌子粟，結房如瓶，實細，非粟類。有山粟，古者米帶稃皆謂之粟，今則以粱之細者為粟。 麻： 古之蕡也，麻子為蕡。《府志》有火麻，中期、早、晚三色。又有梅麻，梅雨後始可拔。其油麻則有芝麻，早成，有赤殼麻，或落地自生，多變為火炭麻。又有六合麻，圓而六稜，皆胡麻也。胡麻一名巨勝，即黑脂麻也。有黑白二種，服食宜黑。凡菽、苧、菜草子皆有膏油，但可照灼，服食須麻豆油。 豆： 古之菽也。大豆謂之戎菽，亦曰荏菽。《府志》有大白、小白、大紫、小紫、大黑、小黑、六月黃、九月黃。有褐豆，大青而黑者宜為豉。有豇豆，一種蔓長，一種蔓短，花紅白二色，莢白、紅、紫、赤、斑駁色，豆紅色，微曲如人腎形，可同粥飯食。有綠豆，視他豆尤小，宜為粉。有赤小豆，入藥。有斑沙豆，大小如綠豆。羊角豆，纖而長，同莢食。有扁莢豆，一名沿籬豆，花如小蛾，有翅尾，莢纍纍成枝，白露後實繁，亦同莢實。又一種豆子粗圓，色白，名白扁豆，入藥。又黎豆，一名貍豆，或呼泥豆，非也。黑豆中最細者曰穭豆，亦曰料豆，以食馬有力，食之益人。又刀豆，古謂之挾劍豆，以莢形似劍脊三稜也。《府志》謂黑龍牙豆，土人謂之刀鞘豆。又豌豆莢長寸許，子圓。又蠶豆殼堅，可充茶果食。《府志》： 尾秋豆一名米豆，可雜秔為飯，故亦曰飯豆。 穄： 古之稷也，有三種。黑穄者，秈穄也。赤穄者，穤穄也。借穤秈之名以別黏不黏也。二穄皆長如蘆葦，俱號蘆穄。若黃穄，則低小。 稗： 苗葉似穇子，有水旱二種，雜生苗中，害稼。稗中有細米，種之亦可備凶年。

蔬之屬 菘菜、白菜： 菘為白菜之類，有二種。一莖圓厚微青，一莖扁薄而白，性隆冬不凋。周顒謂秋末晚菘。晚菘，今之白菜也。 芥菜： 似菘而有毛，又有皺葉，味辛。又石芥低小，紫芥葉紫如蘇。芥類八九月下種，冬月食者呼臘芥，春月食者為春芥，四月食者為夏芥。花黃色，四出，結莢一二寸，子大如蘇子。 油菜： 一名芸薹，冬種，春抽嫩心，開花黃如金，摘心為菜茹，其旁心作角，結子可榨油，人利之，種者廣。《本草》謂此菜易起薹，須採其薹食，則分枝必多，故名。 葵菜： 葵為滑菜，有紫莖、白莖二種。有春葵、秋葵、冬葵。 萵苣： 正二月種，其葉折之有汁。又白苣，似萵苣，葉有白毛。又白苣菜，一名生菜，似萵苣，葉色白，四月開黃花如苦蕒，結子亦同，宜生食。又味苦者為苦苣，色紫者為紫苣，《樂平志》謂紫苣有毒，蛇虺觸之則目瞑。 菠菜： 一名菠薐，種自西方頗陵國，莖柔脆，中空，根色赤，《本草》謂下氣調中，止渴潤燥，根尤良。 莙薘： 今之菾菜也。秋種冬茂，滑可羹。 葱： 本作蔥，葷菜，外直中空，本曰蔥白。有冬蔥，即凍蔥，一名慈蔥，夏衰冬盛，莖葉柔美。有漢蔥，莖實，梗味薄，冬即葉枯。有樓蔥，即龍爪蔥，每莖上有歧如龍爪狀。有胡蔥，莖葉粗，一曰蒜蔥，因其根似胡蒜也，來自胡地。冬蔥無子，漢蔥春末開花，子味辛，色黑，有皺文，可種，古用以調品味。 韭： 葷菜，春初生芽，未出土者謂之韭黃。韭性溫補。 薤： 韭類，葉似韭而闊，韭之美在黃，薤之美在白。 藠： 似蔥中空，莖有稜。藠薤同類，分二種。俗呼薤曰藠子，以薤根白如藠也。 蒜： 小蒜古謂之卵蒜，又大蒜為胡蒜。十許子其一幕裹之，辛於小蒜，張騫使西域得之。二蒜能殺腥羶蟲魚之毒。 芫荽： 胡荽也，張騫使西域得之。初生柔莖圓葉，葉有花歧，根耎而白，冬春采之香美可食，亦謂香荽。 苦蕒： 一名天香菜，又名游冬菜。生醃食止泄。又水苦蕒，一名謝婆菜，葉似苦蕒，根似白朮而耎，二八九月采根食之，根主風熱上壅，咽喉腫痛，治風癧，酒磨服良。 莧菜： 赤莧根葉深赤，味辛。紫莧莖葉皆紫，四月始食。方書： 青泥殺鼈，得莧復生。又以莧包鼈肉入土成小鼈，故食鼈忌食莧。 馬齒莧： 苗與家莧別，葉柔根小，味小酸，根白、莖赤、葉青、花黃、子黑，謂之五行草。 芹菜： 水芹一名水英，潔白有節，其氣芬芳。亦有生陸地者，為旱芹。 茭首： 菰根也。菰草生澤中，葉如蔗荻，莖梗秋生，米名彫胡，亦曰苽，心中生(臺)〔薹〕如藕，至秋似小兒臂，謂之茭白，亦曰茭首。 蒟蒻： 一名鬼芋，

食之者必用灰汁煮方成，積粉如葛粉狀，以辛物芼之。　鼠粘：　根名牛蒡，根葉作菜茹益人。　苜蓿：　二月生苗，一科數十莖，莖似灰藋，葉似決明，小如指頂，可茹，秋後結實，米如穄，可為飯餌，土人謂之灰粟。　茄：　一名落蘇，來自暹羅，有青紫白三種，老則黃。　絲瓜：　一名天羅，苗生蔓引，葉狀如葵，細長者良，筋絡如織。　王瓜：　蔓生，皮黃肉白，亦曰黃瓜。《月令》孟夏王瓜生，或即此物。　南瓜：　形圓。　冬瓜：　形長大，初生青綠，經霜皮白如塗粉，味甘微寒，可用糖蜜製為果。又一種菜瓜，宜漬醬食。　瓠：　匏類，有長瓠、懸瓠、匏瓜、壺盧之異名。匏短瓠長，匏苦瓠甘，瓠可食，匏可為器。　芋：　葉似荷而長，不圓，根白可食，莖亦可作羹及菹。大者為魁，名蹲鴟，狀如鴟之蹲坐也。有水旱二種，多種可度饑。　薯蕷：　四月生苗蔓延，紫莖綠葉，根長肉白，又有子別結一旁，狀似雷丸，大小不一。薯音殊，亦作藷，種有大小，色別紅白，性甘溫，可佐嘉穀。唐避代宗諱預，改預為薯。宋避英宗諱曙，改薯為山藥。味雖與山藥近，實非山藥也。山藥根細而長，無巨魁。　薑：　禦溼菜，性惡溼畏日，宜原隰沙地種之。初生者曰紫薑，亦曰子薑。　萊菔：　俗名蘿蔔根，有大小二種，紅白二色，生沙壤者脆而甘，生瘠地者堅而辣，根葉皆可生可熟可菹。一作蘆菔，其苗今人但呼曰蘿蔔菜，一說即蔓菁，諸葛亮令軍人所種者。一說與蔓菁異類，蔓菁是芥屬，蘆菔是菘屬，詳《本草綱目》。又一種胡蘿蔔，小而長，皮肉皆紅。　薺：　甘菜也，俗呼地英。　藋：　似苜蓿而青白，土人謂之灰藋。　蘻菜：　音蟿，益母之嫩苗也，生陰地，《詩》謂之蓷。　馬蘭　蘩縷：　雞腸草也。皆野菜，可食。　蕨：　苗可采食，根擣之可澄粉，饑歲賴之。　木耳：　生於木者，古謂之芝。　石耳：　生於厓石，或垂綆取之。　菌：　亦曰蕈，亦曰菰，生於地者為地蕈，或蛇虺吐涎而生者，有毒殺人，中其毒者掘地作漿解之。生於水者，冬春之交斫楮楠等木，以米汁沃之而生。處州龍泉人善作之，其倒木有法，令必生，他人不能效也。　笋：　亦作筍，竹萌也。有冬笋，有春笋，可鮮食。乾之為明笋、火笋，鹽曝為鹽笋，皆可為蔬食。又有苦竹、水竹笋。　地蠶：　澤蘭根也。肥白而促，節大如蠶，冬掘取之，亦曰地笋。　苦蘵：　似酸漿草，可為菹。

果之屬　梅：　先眾木而花，結實味最酸，熟黃則微甘，欲藏者鹽乾之。　桃：　花之千層、緋桃、碧桃、水紅桃皆不實，其實者亦多種。　李：　木之多子者。《素問》雖言味酸，而今人皆曰苦李。葉綠花白，樹能耐久。　杏：　實似梅，稍大而甘，有沙杏、梅杏、柰杏、金杏，仁可入藥。杏多實不蟲則來年秋禾善。　栗：　苞生，多刺如蝟毛，霜降苞裂，一莍三顆，而中扁者名栗楔，治血，理筋骨風痛。圓而末尖為榛栗，又為茅栗、鉤栗。　棗：　木赤心，有刺，實內有核，其類或脆而多津，或大而理疎。　柹：　赤實，果乾之有粉，曰柹霜。　丁香棗：　一種小柹，謂之軟棗，俗呼牛奶柹。小圓如指頭大者，名丁香柹，亦曰丁香棗，紫黑不類棗，其蒂核皮肉則柹之絕小者耳，蓋古之梬也。　梨：　花白，七月果熟，土人樹之者必糊紙袋包之，夜則擊竹以防烏鼠。實鬆脆而無渣滓者為佳，謂之雪梨。其產於山而實小者為杜梨。　棠梨味澀不美。　查：　山查實小，似梨而酸澀，又名棠杭子。　林檎：　樹似柰，有甘酢二種，甘者早熟。一名來禽，今呼花紅。　柰：　似林檎而大。白者素柰，赤者丹柰，青者綠柰，皆夏熟。　枇杷：　似槲樹，高丈餘，葉四時不凋，實作莍，熟時色黃，微有毛，皮肉薄，其核如小栗，味甘酸。　櫻桃：　一名含桃，見《月令》。紅為朱櫻，黃為蠟櫻。　陽桃：　五斂子也，生山中，肉軟脆，味初酢久甘，肉內有細黑子，五月熟。　銀杏：　一名白果，實小而尖，核色白，宜炒食，柔似鴨掌，謂之鴨脚子，或謂即《吳都賦》之平仲木也。　柑：　橘屬，味甘美，故曰柑。　橘：　樹枝多刺，冬不凋，葉青，夏花，實黃，皮香肉美。《府志》謂新安山寒不宜橘柚，種者築池中為交午之道，列植其上，水氣四面薄之，而後無畏於霜雪。　金豆：　橘小如彈丸，黃如金者曰金橘，小如豆者曰金豆。金豆惟婺源有之，用糖製之為佳果。　橙：　樹似橘，葉有刺，實大者如盌，似柚而香，經霜始熟。去瓤切片，糖製以為果，曰橙丁。　柚：　似橙而酢，皮極苦。　香櫞：　樹似橘，實似木瓜，皮澤而厚，味短而香勝。　石榴：　張騫使西域，得安石國種以歸，故曰石榴。花有紅、黃、白三種，其千層者不實。　楊梅：　山生似彈丸，色正赤，五月中熟，味酸甜微熱。近郡城多楊梅，採者冒險多物故，梁任昉為郡守停絕之。婺之西鄉梅源山產楊梅，亦謂任昉不取云。　葡萄：　張騫從大宛移來，葉似栝樓五尖，延蔓數十丈，三月開小花成穗，黃白色，七八月結實，紫白二種。有馬乳、水晶諸名。　蓮子：　芙蕖之實，簇生於蓮房，《爾雅》謂之的，的中心曰薏。　菱：　亦名芰，生水澤中，有四角、三角、兩角。　芡：　亦生水澤中，一名雞頭，苞似雞頭，內有米，圓白如珠，曰芡實。　藕：　芙渠之根，大者如臂，有

孔有絲，可生可熟，又可擣浸成粉。　鳧茈：即勃臍。一名烏芋，生淺水田中，苗三四月出土，一莖直上，無枝葉，其根白蒻，秋後結顆大如栗，臍有聚毛，下生入泥底，可生食，性可軟銅。　慈姑：生水田中，一根生十二子，如慈姑之乳諸子，故名。與烏芋別，慈姑有葉，根散生，烏芋有莖無葉，根下生，氣味不同。烏芋別名地栗，慈姑名曰地栗。　落花生：花落地即結子，此果本草不載，昔時未有也。　無花果：不花而實，大如桃，色如柹，無核，性寒。

木之屬　松：樹磥砢修聳，多節，皮粗厚，四時不改柯易葉。二三月抽蕤生花，長四五寸，結實狀如豬心，疊成鱗砌，秋老則子長鱗裂。葉似鬣，脂可為松香，大者棟梁材，有剔牙松、羅漢松、栝子松。　柏：木性向陰，葉指西方，葉扁而側生者曰側柏。婺有三友柏，每枝有葉柏、扁柏、檜柏。三賢祠瑞雲樓之右有羅漢古柏，自南唐時來，枝高三丈餘，徑圓周五尺許，生羅漢子，食之甘美。此柏靈異，萬曆時枯而復榮，人謂重建三賢祠之祥，又謂余少原冢宰附祀三賢祠之祥。康熙間復枯，又復榮，至今枝葉鬱葱。　檜：柏葉松身，亦謂之圓柏，以別側柏也。一說今檜葉四出，半作刺，半如柏葉，其木堅實，外白內朱，謂之松身，非是。或松葉柏身，庶幾近似。　杉：本作煔，木直，幹似松，葉附枝生，有芒鋭，實似松蓬而細，有赤白二種，赤者實而多油，白者虛而乾燥。山業多栽，三十年始可伐，宮室器用所必需，堅者作棺良。婺之杉材雖有名，然材難成而戕害者多，今亦無佳者矣。舊《府志》載祁門知縣桂天祥議曰：本縣山多田少，民間日用咸賴山木，小民佃戶燒山以便種殖，烈焰四潰，舉數十年蓄積之利一旦烈而焚之，及鳴之於官，只得失火輕罪。山林深阻，雖旦旦伐木於晝而人不知，日肆偷盜於其間，不覺其木之疎且盡也，甚至仇家妒害，故燒混砍。多方以戕其生，邑民之坐窮者，職此之故也。本職勤加督率，荒山僻谷盡令栽養木苗，復嚴加禁止，失火者更枷號痛懲，盜木者計贓重論，或計其家資，量其給償，則山木有養，而民生永賴矣。按：婺邑山木之利弊正與祁同，此議亦可施之於婺。　梓：百木之長，謂之木王，羅願謂屋有此木則餘材皆不震。梓有三種，木理白為梓，赤者為楸，梓之美文者為椅，楸之小者為檟。　梧桐：桐有六種，梧桐其一也。木直生無節，皮青不皺，葉光滑有尖，莢老裂開如箕子綴其上，多者五六，少或二三，如胡椒味香美可食，葉春晚乃生，望秋輒凋。桐材輕利可為琴材，既乾復以其膏漬之，終古不壞。　油桐：桐之一種，亦名膏桐。婺多種之，以其子取油。凡栽杉者先種之，以其葉落而土肥也。葉飼豕則暴長。　檀：堅韌之木，葉類槐，有黃白二種，可為車材。　槐：高大木，葉細，亦有大葉而黑者，七月開花，其實作莢連珠，中有黑子，葉晝合夜布者名守宮槐。　樟：木高丈餘，小葉似柟尖長，四時不凋，大者數抱，肌理錯綜有文，其氣芬烈，脂膏可作樟腦，夏開細花，結小子，可解酒酲。樟亦作章，豫樟二木，或曰小者名釣樟，即豫木也。　楓：似白楊，厚葉弱枝，葉圓而歧，作三脊，有脂而香，謂之白膠香。霜時葉丹，謂之丹楓。　榆：木堅韌，有莢曰榆錢，二月莢飄零。又白榆皮白色，一名枌。　櫧：木似柞，葉花皆如栗，結實外有小苞，霜後苞裂子墜，小於橡。有苦甜二種。苦櫧子大木，文粗赤。甜櫧子小木，文細白，冬月采櫧子可作粉，木作屋柱難腐。　櫟、橡：一類二種，實小而冬不凋者為櫟，實大而冬凋者為橡。橡木一名栩，實如荔核有尖，蒂有斗，包其半截，仁如老蓮，肉可澄粉作腐，味微苦。橡斗可染皂，櫟橡亦謂之柞，土人呼橡實為柞子是也。《正字通》辯柞櫟非一類，然柞棫之柞固為小木，櫟橡之柞則大木也。　石柟：聳而蒙密，古之交讓木也。按：交讓者，枝葉若相回避也。《歙志》作石楠，大木可為舟。　槻：音規，舊志及府歙志皆無釋，今考之，即本草之秦皮，一名梣者也。木似檀，葉細，無花實。一名石檀，取皮水漬碧色，畫紙青色。《集韻》謂江南欒雞木，欒雞者，欒槻也。　椑：音卑，似柹而青黑，所謂烏椑之柹也。浸汁以染紙，謂之椑漆。　桑：葉可飼蠶，樹之尚少，利未興也。　檿：山桑也。野蠶食之作繭，可作繭綢，絲韌，中琴瑟之絃，材可為弓幹。　柘：葉可飼蠶。　楮：穀樹也。穀亦曰構，皮斑曰楮，白曰穀。一說葉有瓣曰楮，無曰構。楮皮可擣為紙，樹汁白而黏，可描金。　楊、柳：楊柳一物二種。楊枝短，柳枝長。楊枝硬而揚起，柳枝弱而垂流。楊有白、青、赤、黃，黃楊性堅，可為梳，歲長一寸，遇閏則否，謂厄閏年。　栘楊圓葉弱蒂，微風大搖。柳性柔脆，與楊同類，倒植之易生。杞柳生水旁。　椿、樗：椿木皮細，肌實而赤，嫩葉可茹，曰香椿。樗音樞，木皮似漆，色青葉臭，謂之臭椿。二木形幹相類，椿實，而葉香可噉。樗木疎，氣臭，惟為薪，故曰惡木。　桂：山桂葉鋭，岩桂秋後作花，四出而絕香，謂之木樨花。八月忽暴寒則花開，謂之凍木樨。又有四季開花者。甲路有古桂，在六山下。宋丞相馬廷鸞張氏壻也手植之，今尚存。輪囷盤曲，

與他桂獨異，其後裔一日扶乩，為公來題聯句云：六世祖碧梧，老去尚存丞相府；五百年丹桂，時來應放狀元花。碧梧，馬公號也。　皂莢：其木通身皆刺，可入藥，其莢擣之可去膩。　石膚：堅木，可為炭。　冬青：一名女貞，一名萬年枝。四時常青，淩冬不凋，葉可染緋，子名女貞實。　相思樹：似冬青。　桕：烏臼也，結實刮其膏可為燭，核可壓油。　柜子樹：山中大葉木，名柜柳，亦曰櫸柳。皮似檀槐，葉如櫟槲。　楝：葉密如槐而尖，有實如小鈴，亦名金鈴子。　南燭：叢生，春晚苗葉紅赤，照耀山谷，道家用作餌飯，其色青，故又謂之青精飯。　棘：如棗而多刺，木堅色赤，叢生。　椒：木似茱萸，有針刺，葉堅而滑澤，有莍，子聚生，味辛。　欓：木似椿，莖有刺，子辛辣如椒。　茱萸：吳茱萸氣甚烈，似川椒。　荊：黃荊，即牡荊。一名小荊，花紅作穗，實細而黃。又欒荊，莖葉似石南。凡木心圓，荊心方。　椶櫚：一名栟，葉大如車輪，毛皮重疊裹之，割之可為蓑為索。　敷鹽：木似椿，結穗白如鹽而酸鹹。五倍子在其上，大者如桃，其中皆有蟲，謂之敷鹽桃。　杯：音和。婺有其樹而字書不言，木名無考。　木瓜：樹名楙，音茂。如柰花作房，生子形似栝樓，如小瓜，酢可食。　楤：音聰，生山谷，高丈餘，上竦無枝，莖有刺，山人折取其頭食，謂之吻頭。　椰栗：小木，可為杖。　柞：葉細而密，木可為梳。　梚梘：音免繭，柴薪多此木。　棣：小木，叢生，高不過五六尺。花之紅而重出者，園圃多植之，亦名錦帶；白而重出者結實如小李，與李同時熟，故謂郁李。　五穀樹：一名占年樹，在七都石耳山古寺中階下，高二丈餘，圍三尺許，枝葉扶疏，上生稻黍稷麥菽，其年若每種登則先發，其種獨盛。　羅盤樹：出大鄣山，其木堅理細可為羅經，徽郡羅經有名，皆取諸此。

竹之屬　毛竹：亦曰苗竹，間年一盛。母竹多笋，清明出土，旬日而長，籜落成竹，枝必兩，葉必三，中空外直，經冬不凋，為筧為器用甚多。婺傘有名，資竹之利亦廣，其籜亦有用。　筀竹：音桂竹，不甚大，可為篙為竿。　篁竹：可為笛。　紫竹：初生青，久變為紫，幹小而直，可作傘柄。　斑竹：亦名湘妃竹，初青，久漸成斑，可為器用及扇。　慈竹：叢生不離母，亦名孝竹，四時有笋，亦名四季竹。　箽竹：音謹，勁質促節，皮白似霜，入藥。　淡竹：入藥。　苦竹：節疎體勁，笋味微苦。《府志》：婺源苦竹笋大者為花菌笋。　水竹：節促肉薄，體柔可束，笋味甘美。　箬竹：亦作篛。生平澤及山嶺間，根莖皆似小竹，葉與籜似荻，葉面青背淡，柔而韌，新舊相代，四時常青，可隔雨，可包物，為用甚廣。　佛面竹、方竹：皆可為杖，方竹微有方楞。　觀音竹：即慈姥竹。小者曰苦竹，大者曰江南竹。　金竹：色如蒸栗。　鳳尾竹：低叢細葉，狀如鳳尾，植之可玩。　桃枝竹：四寸有節。　老竹：長尺則曲。　對青竹：枝幹皆金色，惟一邊起枝處青碧。　天竹：葉似竹，莖幹為木，冬生紅子。又有南天竹，植之庭館。　瑞竹：萬曆中瑞竹生於荷花橋，丁未春又生於玉川。　後龍山一本，自十節以上分為兩歧，節節相偶而枝葉茂。　秃竹：竹之最異者。縣西九十里有三靈山，昔傳有仙姑修真其地，去日以燎火筒插地，至今生秃笋，不成枝葉，六月最盛。　竹實：不常有也。康熙癸卯，大鄣山竹盡生實，民採食之，多至數千石，形如大麥，味甘。　筯竹：方圓如筯，出大游山。　線竹：細短如線。

藥之屬　草木蟲石穀皆可為藥，出於草者為多。土產未必盡佳，然已不可勝載，其名物形狀亦不能盡知，取其可知者略釋之，其詳自有醫家專書。草之屬不別出，此類可該之也，有花者別見花之屬。　黃精：土人名野生薑，生山之陰，視其花之白以別鉤吻。　菖蒲：多生澗中，其性見石則細，見土則粗，一寸九節者良，葉粗者為菖陽。古以菖蒲為菹，謂之昌歜。　香薷：亦名香菜，一名石蘇。石上生者莖葉細，而尤辛香，益佳。本草謂新安有之。　紫蘇：莖方葉紫，有香，味辛。《爾雅》謂之桂荏，葉白者為白蘇，生山石間者曰山蘇，生水岸旁者曰水蘇，亦曰雞蘇，葉無紫、不香者曰野蘇。　薄荷：莖葉似荏而辛香。　車前子：即芣苢，生平澤阪道中，其子治婦人難產。　土芎：芎藭，出江南者為撫芎，而本地亦有土芎，或以點茶。沈括《筆談》曰：不可久服。　艾：苗葉類蒿，葉背白久者良。　白芷：根似細辛，味辛而香。　天南星：根似半夏，而大者如虎掌，莖甚脆，無枝葉，頂結子雜五色。　半夏：生平澤中，圓白者佳。　蒼耳：卷耳也。葉似鼠耳，叢生如盤。　覆盆子：莖一枝五葉，開白花，五月子熟，亦名插田藨、西國草。　柴胡：生山中，嫩可茹，根名柴胡。　前胡：生溼下處，根似柴胡，苗似邪蒿，性陰而降。　五加皮：五葉交加者良。　忍冬：左纏藤，淩冬不凋，即金銀花。　益母：茺蔚，一名益母。葉形似荏，方莖白花，花生節間，子黑色，細長。　香附子：香莎，莖葉似三稜，根周帀多毛，一名

雀頭香。　菟絲：夏生苗，初如細絲遍地，不能自起，附他草梗則纏繞而生，根自斷，無葉有花，結實甚細，色黃。　蓖麻子：葉似大麻子，如牛蝕，能出有形質之滯物。　蜀葵：葉似葵菜有歧，四月莖高四五尺，花似木槿而大，有紅、紫、黃色，一名衛足葵，言葵傾葉向日，不令照其根也。又一種獨莖獨花，黃色，似蜀葵，六月開花，旦開暮落，心如大餅，花心中結子如麻子，名黃蜀葵。　馬兜鈴：天仙藤，其子狀如鈴。　麥門冬：葉如韭，又似莎。　天門冬：根大於麥門冬。　地骨皮：枸杞之根也。子名天精子、卻老枝。　骨碎補：即山良薑。根似薑而扁長，能治折傷。又一種名良薑，子名紅豆蔻。　瓜蔞：一名栝樓，實圓長如熟柿，子扁多油，根即天花粉。　茵陳：茵陳蒿經冬不死，更因舊苗而生，故名。　青蒿：葉背面皆青，香可炙啖。又白蒿，陸生者為艾蒿，水生者為蔞蒿。又有香蒿、藾蒿，又一種臭蒿，氣味辛臭，采之以醃醬及酒麴。又有馬矢蒿，氣如馬矢，本草誤作馬先蒿。　葎草：蔓草，一名葛勒蔓，本作勒草，以莖有刺勒人膚也。　射干：扁竹花根也。葉橫鋪如鳥羽，亦如扇，故一名烏翣。　釣藤：狀如蒲萄藤，葉細長，莖有刺如釣鉤。　絡石：藤絡石而生。　豨薟：莖葉似蒼耳，對節而生，俗名火杴草。　穀精草：生廢田中，似穀秧，莖端有星，一名戴星草，蓋穀之餘氣所生。　何首烏：一名交藤。　天名精：俗名杜牛膝，又名鶴蝨。　旱蓮草：一名鯉腸草。　山茨姑：葉似羊躑躅，結子三稜，解諸毒。　金星草：葉上連白點如星。　青葙子：一名草決明，似雞冠花，子能明目。　芭蕉：葉大，從心漸展而出，多年者生甘露，味甘。　苔：水土潤氣所生，垣屋水石皆有。　桔梗：根如指大，有心，若無心者為薺苨。　決明：薢茩也。葉初出可為茹，子可治目疾。　貝母：草曰莔，音萌。根如小貝圓而白。　牛膝：春生苗，葉兩兩相對，有節，似牛膝，節上生花作穗，秋結實，采根用。　茯苓：老松餘氣所生，抱根者名茯神。

薏苡：生平澤田野，莖高三四尺，葉似芑黍，苗實尖而殼薄，米白似糯米者入藥。　苧根：苗高六七尺，葉面青背白，科生數十莖，宿根藏土中，至春自生，一歲三刈，剝取皮，刮其表，得裏如筋者，煮之用緝布，粗者可為繩。根葉皆可入藥。又有野苧、紫苧、白苧，根皆可刮洗，煮食救荒，本草取苧根和米粉為餅禦飢。　蒲公英：莖葉似苦苣差小，花如金簪頭，獨脚如丁，故又名金簪草，一名黃花地丁。　紫花地丁：俗名見腫消。　五味子：蔓生木上，葉尖圓，莖赤斑，花似小蓮花，七月實，具五色，皮肉具五味。　白及：根似菱，米如扁螺，可補肺傷。　白蘞：蔓生，根如白芷，斂瘡方用之效。　瞿麥：葉尖小，色青花紅，七月結實，子似麥。　蘋、萍：生池澤水田中，葉如田字者為蘋。浮萍一名藻，葉綠。一種面青背紫者入藥良。　淫羊藿：一名仙靈脾，一名放杖草，又名三枝九葉草，柳文作仙靈毗，人臍曰毗，謂其能補下也。　鹿銜草：深山中有之，性益陽。鹿交而牡困，麀鹿銜之以療其牡也。　旋覆花：夏開黃花似錢，一名金沸草，一名金錢花。　黃連：出蜀者良，本土亦產。　芫花：去水之草花，可毒魚。　百合：似蒜，可食，病有名百合者，以此治之。　夏枯草：一名乃東，又名夕勾，稟純陽之氣，夕則屈首。　木通：即通草，一名萬年藤。繞樹藤生，汁白，莖有孔，兩頭皆通，有白瓤可食。又一種生山中者為通脫木。　商陸：一名當陸，苗高三四尺，葉青，如牛舌而長，莖赤柔脆，根似蘆菔，亦名章柳。　鳳尾草：形如鳳尾，根為貫眾。又一種根為土黃連。　地膚子：叢生，團簇直上，子最繁，能明目，老莖可為帚，名落帚。　金罌：結實如瓶罌，甘澀，霜後取之以熬糖。　茴香：叢生，肥莖絲葉，結子如麥粒。又蒔蘿實內有黑子，辛臭不及茴香者，謂之小茴。又一種裂成八瓣者為八角茴。　蚤休：一莖直上，七葉圍一層，復抽為重樓，開四出白花，謂之七葉一枝花。　茜草：蔓草，四五葉對生，節間根紫，色可染絳，一名地血，一名血見愁，一名過山龍，即《詩》之茹藘，名茅蒐者也。茜亦名紅藍。　藍：染草有五種，皆可為澱，各有主治。　蒴藋：花白，每枝五葉，每朵如盞面大，生一二百子，十月熟，一名陸英，一名接骨草。　煙草：向無此草，明季始有之。　莽草：葉光厚，花紅色，六出，反卷向上，心有紅蘂，倒垂下，名鼠莽，以其可毒鼠也。藤生。土人輕生者每食此草自死，糞汁、羊血可解。又或以此草末毒菜上之蟲，菜得糞澆而毒解。　石胡荽：細草，生石縫，狀似胡荽，一名鵝不食草，味辛寒，治痰瘧，去目翳，挼塞鼻中，翳膜自落。又或以此法止瘧。

胡頽子：一名羊奈子，俗名那都，皮點如小棠梨，指大者圓而橢。　白朮：葉葉相對，上有毛，方莖，莖端生花，淡紫、碧、紅數色，根甜少膏。　蒼朮長如大小指，葉細無枝，根肥實，皮色褐小者多膏。　苦參：葉青，花黃白色，七月結角，角內子二三粒如小豆，根黃色。　枸杞：平地皆有，春生苗葉可作羹茹，子秋熟，色赤，根名地骨皮。　不死草：高二三寸許，生深山

陰處，煮之復活，跌撲損傷者以此草為祕藥，用竹椎碎，浸以草汁復合，或以活雞折骨試之，復能行，本草所未載也。　甘菊：　菊類甚多，單葉味甘者入藥。又白菊，園種小者亦可入藥。

花之屬　牡丹：　世稱花王，又稱貴客。昔以姚黃魏紫為最，後世貴紅牡丹，皮入藥者山產。　芍藥：　春生紅芽作叢，莖上三枝五葉，似牡丹而狹長，世稱牡丹為王，芍藥為相，根入藥者赤白二種。　梅：　梅以韻勝，花如玉蝶而叢瓣者為臺閣梅。又一種綠萼梅，色純綠，比之九華仙之萼綠華，亦有重樓者。又一種紅梅，花類杏。又一種墨梅，《歙志》云以楝樹接梅則開墨花，楝樹見《管子》，音東，未知何樹也。　蠟梅：　與梅類，開在梅前，色似蜜脾，故名。以子種不經接者花小香淺，名九英梅。經接花疎，間常半含，名磬口梅。《歙志》云以磬口蠟梅接白梅，花瓣不改，其香與色則蠟梅矣。　菊：　種類甚多，以黃色為正，花中處士也。可餐可採，可枕可囊。　桂：　花有數品，黃者為金粟，丹桂色紅，又見木之屬。　木芙蓉：　有紅白二種。一名木蓮，一名拒霜，以霜降時開，故名。又有醉芙蓉，一日三變，由白而淡紅、深紅。　瑞香：　紫白二種。又一種名結香。　丁香：　有紫白二種。　木筆：　葉如柿，花白帶紫，如筆，又名辛夷。　月桂：　又名月季花，亦名月月紅，花有淺紅、深紅，開之後旋摘其蒂，不使貪結子，則逐月開。　紫薇：　樹身光滑，高丈餘，花瓣紫皺，自四五月開至七八月，又名百日紅，紫色，外又有紅白二色。帶藍者名翠薇。　梔子：　佛書之薝蔔花。　紫荊：　葉小無椏，春開紫花，細碎成朵，秋結子紫圓如小珠，名紫珠，皮能消腫，皮入藥。　海棠：　貼根叢生，花如胭脂。一種名垂絲，柔枝長蒂，色淺紅。一種名西府，枝梗略堅，花稍紅。又木瓜海棠，子可食。　秋海棠，草本，花色如美婦面。　山茶：　深紅者名寶珠，淡紅者名楊妃，白色者更韻。　蘭、玉蘭、建蘭、弓蘭、珍珠蘭：　蘭有國香，春蘭葉細，夏蘭葉細而長，秋蘭葉大而澤，冬蘭差大，葉皆不凋。玉蘭白如玉，建蘭秋復再芳，莖葉蒼翠肥大，弔蘭倒掛於檐間，珍珠蘭粒簇聚，別一種。　洛陽花、剪春羅：　本草謂瞿麥、石竹為洛陽花，方以智《通雅》辨之，謂洛陽花非一種，不似竹，有五色。其後此而開者曰剪春羅，大者曰剪絨花。按：　剪春羅有紅、白數種，花六出，周迴如剪，秋日開大紅者為剪秋紗，又名漢宮秋。　山礬：　木高數尺，葉密枝肥，冬不凋，花白而香，一名椗花，或云即唐玉蕊花，一說非是。　杜鵑花：　花紅、黃色，春時徧山徑，一名躑躅花，一名山石榴。　罌粟：　有千葉、單葉，成畦種之，五色爛然，殼可入藥。　虞美人：　單葉、千葉無定種，色亦隨變。　雞冠花：　有黃、紅、紫、白各種，單莖無枝，花類雞幘，謂之秋色，最低小者名壽星雞冠。　玉簪：　漢武帝寵李夫人，取玉簪搔頭，宮人放之，花名始此。一名白鶴仙。　萱花：　《詩》之諼草，一名忘憂草，亦名宜男草，俗呼黃花菜，冬月叢生，五月始花，朝開暮蔫，秋深乃盡。　鳳仙花：　一名小桃紅，亦名金鳳花，形如飛鳳，種備各色，有單臺、重臺。《花史》李玉英秋日採花染指甲，因名指甲花。子名急性子。　茉莉：　素色青香，亦有紫茉莉。　水仙：　有淩波之名，單葉者佳，俗呼金盞銀臺。心深黃千葉者，花片捲皺。　荼蘼：　藤身青莖，每一穎著三葉，品字盤曲，青跗紅萼，花白香微，今之木香。一種色黃，又作酴醾。　木槿：　《詩》之舜華，植之藩籬，有紫、白、粉紅、大紅及千葉重臺者，又名日及。　桃：　有單葉，有千葉，有碧桃、絳桃。　李：　花白。　杏：　花紅。　梨：　花白。　榴：　有紅、白、粉紅、千葉、單葉諸種。千葉者不結實。　薔薇：　野生者蔓延依牆，莖有刺，又名山棘花。結子成簇，謂之營實。家植者高數丈，花白、黃、紅、紫數色，其最者俗名佛見笑。　葵花：　莖葉不殊，花分五色。又黃葵、蜀葵見藥類。　淩霄：　《詩》苕之華，陵苕也，即淩霄花。初蔓生，依喬木，歲久延引至顛，開花，一名女葳。　繡毬花：　亦曰雪毬，木高丈餘，春花如雪。　草本，紅者間有之。　山丹：　有紅、黃、白三種。　金錢花：　花似錢，朝開夜落。又一種金錢花名滴滴金，即旋覆花。　老少年：　如人老而顏反童，紅者名鴈來紅，黃者名滿庭芳，紅黃間色者名十樣錦。　長春：　一名金盆花，四時相繼開。　鼓子花：　即牽牛花。　蝴蝶花：　花黃者莖長，白者莖短。　玫瑰花：　一種有刺無香者名刺蘪。　錦帶花：　長枝密花，如錦帶。　鈴兒草花：　如小鈴，一縷下垂。　蕙：　黃庭堅謂一幹一花，香而有餘者蘭。一幹數花而香不足者蕙。　子午花：　午時開，子時落。　百合花：　有紅、白二種。　蓮：　有紅、白、黃、碧、錦邊、竝頭諸種。

鱗之屬　草魚：　鯇魚也，音混。一名鯶。黑者鯇，青者鯖。本生江湖間，養魚苗者首春來自湖口界中，初甚小，日取草飼之，大者可數十斤。　草枯則魚亦不食，土人多作池塘畜之。　鯉：　為魚王，無大小，脊旁皆三十六鱗，能神變飛越山湖。　鯽：　一名鮒，形似鯉，色黑體促，腹大脊隆，冬月味

美。陸佃謂此魚好旅行，吹沫如星，以相即謂之即，以相附謂之鮒。按：古禮祭祀合昏魚用鮒。　石鯽：長而尾紅。　旁皮：魴魚也。小頭縮項，闊腹穹脊，細鱗，色青白，腹内肪甚腴，一名魾，土音呼，旁皮者即魴魾之轉也。其形扁，亦謂之鯿魚。　鱖：扁形闊腹，大口細鱗，背有黑點，斑文鮮明者為雄，稍晦者為雌。或以鮮明者為蘆花鱖，味尤佳。鱖有三種，竹管鱖體圓，蘆花鱖長大，板鱖似鯽，乃石鱖也。　鰱：一名鱮，狀如魴而頭大，其色白。又有鱅魚，似鰱而黑，其頭尤大而肥。鱮之美在腹，鱅之美在頭。

鱧：　烏鱧也。圓長而鱗黑駁，首左右有竅如七星，羅願謂夜則仰首向北斗，有自然之禮，故從禮。道家忌食之。諸魚膽苦，鱧膽獨甘。又一名鮦，鮦本音同。《漢書・地理志》：汝南郡有鮦陽縣。孟康：音紂紅反。此借舌上音以切舌頭也，平聲轉為上，亦可曰直隴切，其音如重。今婺之方音呼鱧魚曰烏鱧鮦，其鮦字之音似直隴切，此方音之可證古音者也。後世字書緣孟康之音，失其紅反二字，音鮦為紂，其誤甚矣。　鮎魚：無鱗偃額，哆口有鬚，首大尾小，身多涎，謂之鮎，言黏滑也。亦曰鯷鮧。　鯊、重唇：鯊，小魚，生溪澗，常張口吹沙。又一種曰重唇，三月乘桃花水而上，亦曰桃花魚。土人以繩連石取而曝之，味美。　石斑：青而揚赤，夏月食其子，令人善嘔。

黃姑魚：亦曰黃尾魚，長不近尺，闊不踰寸，扁身細鱗，腸腹多脂，本名鯝，土人訛為黃姑。　黃頰魚：亦曰黃頰，亦曰缺觚，土人呼黃觚，音鴨，古之鱨魚也。魚黃無鱗，搦之有聲，額脊俱有戟刺。　白條：形狹而長，《詩》之鰷也。　鯤魚：舊《志》有鯤魚，當作鯶。　鱷：似鯇而小，多纖骨。　土步：鱗黑而肉白，常附土而行。又曰土附。　鱓：音善，似鰻而細長，亦似蛇，無鱗，黃質黑文，居泥窟中，土人夜以火照取之。　鰍：本作鰌，似鱓而短，穴泥中。　鰻：亦曰鰻鱺，似鱓無鱗而長大，有雄而無雌，以影漫鱧生子，子附鱧鬐而生，一名蛇魚，能殺傳屍勞蟲，背有白點、無鰓者不可食。

金魚：鯉之類，紅者如金，白者如銀，有紅白雜者，尾或兩歧三歧，盆沼畜之以為玩。　酥魚：出汪口。　鰕：溪澤皆有之，磔鬚（越）〔鉞〕鼻，背有斷節，尾有硬鱗，多足，腸屬於腦，子在腹外。

介之屬　龜：介蟲之長，產於山澤，或畜諸家。　鼈：卵生，形圓脊穹，四周有裙，伏於淵而剖卵於陸，此以思化也。一名神守，謂魚池有鼈則魚不散。　蟹：婺不產蟹，溪澗中有似蟹而小者，蟛蜞也，不可食。　蚌蛤：同類異形，長者蚌，圓者曰蛤。　螺：本作蠃，生水田岸側，殼有旋文如髻，肉視月盈虧，亦曰螺螄，可乾之食。蝸蠃形似蝸牛，泥入壁中數年尚活，爛殼名鬼眼睛，搗末酒服能治膈氣痛。　蝸：音瓜。蝸牛似蠃，白色，背有肉，負殼行，頭有兩角，驚則縮入殼中，往往升高，涎沫枯盡即自死。

畜之屬　馬、驢、騾非土產，不入。　牛：水牛色蒼而多力，其角如環，古所謂吳牛也。黃牛差小而垂胡，或色雜，為犁牛，二牛耕種賴之，犢可駕犁，教之而後能耕，冬無草，飼以稻稈，冬至作糯米粿餵之則牛肥，最畏瘟疫。

羊：間有畜者。　豕：間有畜母彘滋生者，餘多買自他處，中家以上歲別養犬豕，歲終以祭享，謂之年豬。或於臘月宰豬醃而燎於火，懸於當風處乾之，謂之火肉，亦曰臘肉。祝穆《方輿記》以火肉為民之珍，楊誠齊《謝餽肉》詩云霜刀削開白水晶，月斧斫出紅松明是也。　犬：有守犬，有獵犬，或有殊形者，非土產。　雞：無異產。間有毛白肉黑者，治病良。　鶩：鴨也。養鴨者多害稼，鴨入田食去肥泥則田瘠，此不可不嚴禁。　鵝：家鴈也。長脰，黃喙紅掌，夜鳴應更，有蒼白二色。一名舒鴈，性舒遲，又能舒張其翼，行有班列，畜之園林則蛇遠去。　貓：家貓有黃、黑、白、駁數色，尾長腰短，目如金，上齶多稜者善捕鼠。貓睛可候時，子午卯酉如一線，寅申巳亥如滿月，辰戌丑未如棗核。

禽之屬　雉：野雞。内介外文，輕死，不可生得，故古者士以為贄，飛不能高遠，故城長三丈高一丈為一雉。　鵲：一名鳷鵲，上下飛鳴，以音相感而孕，其聲唶唶，俗謂鵲知來能報喜，故名喜鵲，又曰乾鵲。季冬鵲始巢，巢開戶嘗背太歲向太乙，歲多風則去高木就卑枝。春二月乳子已，舍巢去，他鳥居之。涉秋首無毛。一種山鵲，名鷽，狀如鵲，黑色有文采，嘴足皆赤，尾長，不能遠飛。　燕：玄鳥也。一名鳦，一名鷾鴯，籋口豐頷，布翅歧尾，春社來乳子，秋社去。銜泥避戊己日，巢有艾則不居。越燕小而多聲，頷紫，俗呼紫燕。胡燕大而聲亦大，臆前白，呼蛇燕，作窠亦不同。　鴉：似鸖而小，身黑頸長，腹下白，其鳴自呼，見異則噪，純黑而反哺者為慈烏，謂之孝烏。　雀：依人小鳥。以其宿堂檐間，呼為瓦雀，亦曰黃雀。麻雀一名嘉賓，亦曰嘉客。雄雀屎尖者名白丁香，入藥。　鵓鳩：古之祝鳩也。亦曰鳺鴀，亦曰鵓鴣，戴侗謂斑鳩。差小者頸有白點斑，聲若布穀，又謂勃姑，又謂步姑，俗謂鳩鳴則有雨。　斑鳩：古之鶻鳩也。亦曰鶯鳩，似山鵲而小，

短尾，一說即鴿鷵。　布穀：　古之鳲鳩也。亦曰鴶鵴，按鳺鳩之聲似曰布穀，而此鳥之聲一句四字，似云脫卻布袴，又云郭公打婆、割麥栽禾者也。食麥而去。　百舌：　反舌鳥，名喚春。蒼毛尖喙，形如鸜鵒，能反覆其舌隨百鳥之音，春囀夏止，《月令》仲夏反舌無聲是也。　鶻嘲：　能為聲，如云鶻嘲。　鷹、鷂：　鷙鳥，一名爽鳩，雌大雄小。南為鷂，小於鷹，皆善攫鳥。子規：　叫春鳥，春分時於林中苦啼，自夜達旦，血漬草木，始鳴皆北向，啼苦倒懸於樹，故名怨鳥，別名杜宇、杜鵑、秭歸、子鵑、催歸，吳人名謝豹，皆此鳥也。其聲若云春去了。　巧婦：　《詩》之桃蟲，亦名鷦鷯者也。此鳥巧於作巢，《說苑》謂鷦鷯巢於葦苕，繫之以髮，取茅秀為巢，以麻紩之如刺韈然。《方言》有巧雀、巧女、韈雀、女匠之名，《禽言》則婆餅焦是也，《詩》言拚飛維鳥，陸璣謂微小於黃雀，其雛化而為鵰。　鶉：　鴾鶉。大如雞雛，頭細而無尾，有斑點，善鬭。　倉庚：　黃鸝也。亦曰黃鶯，毛黃色，羽及尾黑色相間，雌雄雙飛，鳴音如織機聲。　黃頭：　黃雀，善鬭。　畫眉：　眉白如畫，其聲悅人聽，亦善鬭，好事者籠畜之。　鸜鵒：　一名哵哵，一名八哥，以其音呼之也。似鵙而有幘，色純黑，金眼，剪舌能言，慧鳥也。　啄木：　一名鴷，善為禁法，以觜畫符於木，木中蟲自出，因取食。又曲爪畫地為印，則穴之塞自開。此鳥有大有小，有褐有斑。又山中有一種青黑色，頭上有紅毛，為山啄木。　鴿：　又名鵓鴿，兩兩相匹而不襍交，人家多畜之，性喜合，故名。或以竹筒縛於背放之，風吹有聲，曰放哨。　鵀：　戴勝也。似山鵲而尾短，毛冠有文采如花勝。　鵙：　伯勞也。一名伯趙，一名姑惡，一名苦吻鳥。似鴝鵒黑喙，夏至鳴，冬至止。　鷓鴣：　自呼其名，向日而飛，畏霜露，早晚希出，夜則以木葉覆其背。　竹雞：　似鷓鴣，居竹林間，天將雨則為泥滑滑之聲，或籠畜之，可辟蠹蟻。　鶺鴒：　大如鷃雀，背上青灰色，雞脚，長尾尖喙，頷下黑如錢文，行則搖其身，首尾相應。　鳧：　水鳥。狀似鴨而小，背文青色，卑脚紅掌，短喙長尾。　鴛鴦：　水鳥。紅頭，翅尾黑，頭有白長毛，質杏黃色，有文采。匹鳥也，雄曰鴛，雌曰鴦，止相偶，飛則雙，其交不再，人得其一，則一必思而死。　鷺鷥：　一名春鉏，色雪白，長脛，頂上有長毛如絲，欲取魚則弭之。　鸛：　似鶴，長頸赤喙，翅尾皆黑，取魚食，鳴則雨。鸂鶒：　水鳥，溪游能逐水中短狐，五采，首有纓，色多紫，尾有毛如船舵形。　鸕鷀：　捕魚鳥。色黑，亦由伏卵而生，畜者以繩約其嗉，才通小魚，其大魚不可下。時呼而取之，復遣去。喙曲如鉤，喉熱如湯，魚入喉即爛，味不美。　魚鷹：　翔水上，以兩爪搦魚，就水次食之。　鵁鶄：　以睛交而孕，似鳧，脚高嘴丹，頂有紅毛如冠。　鵜鶘：　如鶚而大，喙長，項下有大囊，群飛，沉水食魚。　翠鳥：　翡翠小如燕，青黑色，翎深青有光采，飛水上食魚。又一種似翠，喙紅，項下白，曰碧翠，《爾雅》之鴗也，亦食魚，謂之魚虎。　白鷳：　似山雞，白質黑章，距嘴純丹，尾有翠。　錦雞：　似雞有文采。　白頭翁：　頂有白，頭如雪，八月能化為鷹。　夏雞：　五六月間終夜號田中。　夜鴆：　又名重姑，其目夜光，無尾，將旦則鳴，其聲令人惡聞。　鴟鵂：　怪鳥，大如鷹，黃黑斑色，頭目如貓，有毛角、兩耳，晝伏夜出，鳴則雌雄相喚，聲如老人，初若呼，後若笑，所至多不祥，土人呼貓兒頭。又一種大如鴝鵒，毛色似鷂，頭目亦似貓，鳴則後竅應之，其聲連囀，如休留休留，故名鵂鶹。

獸之屬　虎：　狀似貓，大如牛，黃質黑章，鋸牙鉤爪，短項不能顧，脇兩旁有威骨如乙字。　豹：　似虎而小，白面，毛赤黃，文黑如錢圈。　熊：　似豕，豎目人足，有黃熊，有黑熊，高大似馬者為馬熊，卑小似豬者為豬熊。冬蟄入穴，春乃出，蟄時不食，嘗自舐其掌，故掌味美。當心有白脂如玉，謂之熊白。其膽春在首，夏在腹，秋在左足，冬在右足，入藥。　豺：　脚似狗，長尾白頰，色黃，俗呼豺狗，能傷人。　野豕：　群聚深山中，形似家豬而大，牙出口外，腹小脚長，色黑，俗呼野豬。大者數百斤，能傷人，最害稼。　舊志：　又有地豬，亦野豕之類。　豪豬：　狀如豬，項脊有棘鬣長五六寸，似簪，白本黑端，怒則激以射人。　貛：　豬貛狀似小豬，體肥行鈍，穴居，足尾短，褐毛尖喙，能孔地食蟲。又有狗貛，似狗而肥。　山羊：　角細而驄色，能越峻險，大山乃有之，其血能治跌打傷，甚效。　鹿：　喜林群居，性警善走，夏至解角，大者為麋，冬至解角。　麞：　似鹿而小，無角，雄者有牙出口外。　麂：　似麞而小。牡者有短角，黑色豹脚，脚矮力勁，善跳越。　麖：　大於麂，毛差黑而粗。　麝：　似麞而小，黑色，好食柏葉，啗蛇，香在陰莖前皮內，別有膜袋裹之，為人迫逐以足自剔出香為上，殺而取者次之。　青真：　狀類狗。　狐：　穴獸。鼻尖尾大，善為妖魅，性淫多疑，死則首邱。　貍：　似狐，毛雜黃黑，有斑如貓，圓頭大尾者為貓貍，善竊雞肉，臭不可食。　豣：　音迅，貍屬。似貓貍而小，食蟲鼠及草根。　兔：　形如鼠而大，短尾大耳，上唇缺，前足短，足底有毛，善走，尻有九孔，性狡，舐雄毫而

孕，及生子從口中出。　獺：　形如小狗，頭似鮎，青黑色，長尾，穴居，能入水食魚，初取魚於水旁，四面陳之，謂之祭魚。　猴：　獼猴狀似人，頬陷，尻無毛，尾短，聲嗝嗝若欬，腹無脾，以行消食，孕五月而生，生子浴澗中，性躁動。

蟲之屬　龍：　鱗蟲之長。春分登天，秋分潛淵，能幽能明，能細能巨，能短能長，神物也，深山巖窟往往藏之。夏月起而行雨，土人祈雨者請其水，亦或有應。當亢旱，或投以狗血穢物，謂之激龍，龍怒起風。雨雹不測，未可輕試也。俗有分龍之説，言夏月分之四方。《蘇志》云四月二十日為小分龍，五月二十日為大分龍，前此有雨，恒徧及。自分龍後，或及或不及，若有分之者，分龍次日雨，則主豐稔。　蛟：　龍屬，亦曰蟂。似蛇，四足細頸，大者數圍。正月蛇與雉交生卵，遇雷即入土數丈，成蛇形，二三百年能升騰。不入土，但為雉。山有蛟，亦能為雲雨，其去也，或衝巖崩石作大水為民害，當及其未成形而除之。　蛇：　毒蟲。頭似黿頭，雙舌有耳，以目聽，其行紆，其食吞。蛇交蛇則雄入雌腹，交已乃退出，交雉則生蜃及蟂。冬含土入蟄，春出蟄則吐之，謂之蛇黃。烏蛇色黑，眼有赤光，性良不齧物。虺蛇形扁而短，最毒。水蛇生水中，大如鱓，黄黑色。蛇能化鼈，有毒，不可食。　蠶：　有三化，初為蠶，既繭為蛹，蛹化為蛾，先孕後交，生子為種。女子間有養之作繭者，如《蘇志》端午日作繭虎之類，而蠶桑之利未興。　蜥蜴：　似蛇，四足，長五六寸，生草澤中，其類有數種。形大純黄色者名蛇醫。似蛇醫而小，尾長，見人不動者名龍子。小而五色，尾青碧者名蜥蜴。小而緣牆壁，色黑者名蝘蜓，亦曰守宮。或謂蜥蜴類龍，可祈雨。守宮俗謂之壁虎，亦呼蝎虎。

蠋：　似蠶，大首睅目，多青，凡草木上皆有之，各隨所食草木之性。　蛙：　似蝦蟇長脚，色青，瞋目似怒，腹細善躍。大而青脊者名黽，鳴聲壯，黑色者南人呼蛤子，其聲哈哈也，亦名水雞，或呼田雞、石雞，人食之。又一種蟾蠩，身大背黑，皮多琲磊，今呼癩蝦蟇，皆蛙類。　蝦蟇：　似蛙而小，人食之。　蝌蚪：　蝦蟇子，一名活東。頭圓大尾細，古文字似之。始出有尾無足，稍大則足生尾脱。　蜂：　腰細垂穎如鋒。蜜蜂差小，人家收養之，以木桶鑽孔，塗蜜其中招之。或至山中，塗蜜於箬笠，俟其來集，掃入桶中。必有王，然後聚。王大如小指，王之所居疊積如臺，曰蜂臺。有二王即分，分之時老王遜位而出，挈其群之半以去。飛止必環衛王，皆有隊伍行列。一日兩衙，聚而鳴號。早衙朝王出，采百花鬚上粉置兩跨，歸釀蜜。暮衙畢方入房，如采無所得，經宿不敢歸房，蜂有自然之君臣也。其房如脾，曰蜜脾。冬月人割其蜜，蜜之底為黄白蠟。又有細腰蜂，作房在樹及屋檐，房皆倒懸，蒂固似漆。又有果臝，取桑間小青蟲負之，呴嘔以成其子。又有蚟蜂，形大，蚟人之屋柱，作孔以居。又土蜂，地中作房。　蟬：　蜩也。飲而不食，三十日而蛻，噏風飲露，以翼鳴，大而青黑者蚱蟬也，又曰馬蜩。頭上有花冠者曰螗蜩。具五色者曰蜋蜩。小而有紋者曰螓。小而青綠者曰茅蜩。秋月鳴而色青紫者曰蟪蛄。小而青赤者曰寒蜩，亦曰寒螀。未得秋風不能鳴者啞蟬。又一種綠金蟬，甲綠有金，婦人取以為飾。　螢：　宵飛，腹下有光，茅根所化。一種長如蛆蠋，尾後有光，不能飛，《詩》所謂熠耀宵行者，乃竹根所化。　蝶：　蛺蝶即胡蝶，四翅有粉，好嗅花，以鬚代鼻，其交皆以鼻，交則粉退。亦有大而黑色，或青斑者，曰鳳車。　蠐螬：　在糞土中，又名地蠶，似蠶而大，身短足長，有毛，以背滾行捷於足，久則羽化去。擣汁滴入目，去瞖障。　蚓：　一名土龍，老者白頸。夏夜於草底鳴。　蚿：　馬蚿。百足蟲，形如蚯蚓，紫黑色，觸之則側臥如環，斷之則寸行。　螻蛄：　一名天螻，穴土而居，有短翅四足，雄者善鳴而飛，雌者腹大羽小，不善飛，亦名土狗，好攻土，夜飛傅火。　螳蜋：　臂如斧，攫食他蟲，翼下紅翅如裙，其子曰螵蛸。　蜣蜋：　即蛣蜣，轉丸之蟲也。深目高鼻，黑甲，甲下有翅飛鳴，五六月噉糞土作丸，雌雄相與轉之，一前曳，一後推，鑽地為坎，納丸覆之，數日丸自動，有蜣蜋自中出飛去。本草名推車客、鐵甲將軍、黑牛兒，能治瘛瘲、癲狂、驚癇及拔箭鏃入骨，其腹下稍白處為蜣蜋心，能療毒（片）〔瘡〕。　蜈蚣：　赤腹黑頭，多足，善啗蛇，螫人有毒，畏雞及蚰蜒、蛞蝓。又一種草名地蜈蚣，生塍野，左蔓延右，右蔓延左，葉密對生，俗呼過路蜈蚣。其延上樹者呼飛天蜈蚣。一切癰腫及蜈蚣傷者，取根葉擣塗效。附識於此。　蚰蜒：　土人呼蜒蚰。夏月暑溼氣化生，無足，長二三寸，行處成白涎有光，遇蜈蚣、蠍，以涎畫地規之則不敢動。治蜈蚣、蠍傷。　蛞蝓：　一名托胎蟲。似蝸而無殼，亦蜒蚰之類，蜈蚣最畏之。遭蜈蚣毒，取蟲擣塗之，痛立止。　蠍：　蠆尾蟲，俗呼醋蠍，遭螫者以蝸涎塗之，或以木椀合之，痛立止。　蟋蟀：　一名蛩，一名蜻蛚，一名促織，似蝗而小，正黑，光澤如漆，有角翅，性好鬭。　蜻蜓：　即蜻蛉，六足四翼，露目，短頸長腰，身綠，翅薄如紗，赤、青、黄、白

四種，食蚊蝱，遇雨則多好集水款飛，俗呼江魁。　蛾：　蠶化者，似黄蝶而小。一種飛蛾，好拂燈，名撲燈蛾，往往赴燈而死。又朝生暮死蟲，狀如蠶蛾，白露後生，水上群飛，墜水中隨水去以千百計。　蜉蝣：　似蛣蜣，身狹而長，有角，黄黑色，叢生糞土中，甲下有翅能飛，朝生暮死。　螟蛉：　桑上小青蟲，細腰蜂果蠃負之以為己子。　步屈：　即《易》之尺蠖小蟲，生桑上，行則屈腰使首尾相就，亦食葉吐絲而化為蝶。　蜘蛛：　布網如罾，其絲右繞，處其中伺飛蟲觸網，食之，咬人有毒。花蜘蛛溺人生瘡，畏藍澱，投澱中即化為水。又有土蜘蛛、草蜘蛛。又一種扁薄色褐，八足而長，《詩》所謂蠨蛸在戶者也。俗呼大者為壁老，小者為喜子，作幕貼壁，生子其中，俗謂此蟲著人衣則有喜也。白幕名壁錢、壁鏡，亦曰喜窠，能止金瘡血。　蛜蝛：　多足，色如蚓，大者長三四分，一名鼠負，磚甃及下溼處多有之，室無人掃則生。

斑蝥：　大如巴豆，甲上有黄黑斑文，烏腹尖喙，有毒。春食芫花為芫青，夏食葛花為葛上亭長，秋食豆花為斑蝥，冬入地中為地膽。　蟻：　蚍蜉也。有大、小、黄、赤、白、黑數種，穴居卵生，識君臣之義，居有等，行有隊，見食則引群而食，能知雨候，將有大水則遷穴避之，穴之大者為垤。白蟻食木害人，或畜竹雞制之。　蚊虻：　有數種。木虻從木葉出。牛虻從牛馬氣烝鬱生。汙水中小赤蟲，一曲一直而行者，謂之孑孓，日久蛻化為蚊。　蚋：　似蚊而小，陰雨則生，一名蠛蠓。其集於醋者曰醯雞。　螽：　草蟲，長角修股，善跳，有青、黑、斑數色。五月間以股相切作聲者，斯螽也。有似蝗而小，跳躍田間者，蚱蜢也。　蠅：　喜交前足，搖翅自扇，逐羶臭，生卵於肉化為蛆，麻色者茅根所化，生廁者色如金。又狗蠅，醫家亦有所用。壁間小蟲捕蠅者謂之蠅虎。　水蛭：　一名馬蜞，生水中，蝡動如血片，斷之寸寸，得水復活。燒成灰以碗覆之於地，過□夜復生。能咂人血成瘡，以硃砂、麝香塗之愈。

蛓：　音刺，俗呼毛辣，無足有毛，身扁綠色，似蠶而短，能螫人。　蠼螋：　似小蜈蚣，青黑色，足在腹前，尾有歧能夾人物，溺射人影，發瘡如熱沸。　螟：　禾始發，有蟲生苗心，如蠶而細，仍吐絲包其心使不生穗，最害苗者也。

螣：　食苗葉者。　蟊：　食苗根者。　蟹：　亦作賊，食苗節者。　蠓：　小蟲如蚋，土人謂之蠓，亦最害禾。大率害禾之蟲因東風而生，遇西風而死，得大雨亦死。　螷：　一名土鼈，形扁，生鼠壤中，狀似鼠負，無甲有鱗，能破留血積聚。　蝤蠐：　亦名蝎。食木之蟲，白而長，足短口黑，無毛節，至春羽化為天牛，有角。凡蟲在木中，望以前頭向上，望以後頭向下。　沙蝨：　一名蝍蛆，在水中，小如蟣，色赤。　蟫：　音淫。衣書中蟲，以烝溼生，似魚，歧尾，身白如銀，一名白魚。亦曰蠹魚。芸草可辟之。　絡緯：　秋夜作聲徹曉，似紡車聲。　竈馬：　似蟋蟀而大，隆背長足，穴竈中。　油蟲：　身黑如油，亦生於竈。　瓜蟲：　瓜中黄甲小蟲，食瓜葉。《爾雅》名蠸，輿父，守瓜。　蟲類更有微細可憎者，不盡載。　蝟：　似鼠，毛有刺，足短，尾長寸餘，蒼色。見人則藏面腹下，圓輥如栗房，攢毛外刺。性畏鵲，鵲矢中蝟，蝟反腹受啄。　鼠：　晝伏夜動，四齒無牙，前爪四，後爪五，前陰後陽，如子時上四刻為今夜，下四刻為明日也。穴於水旁者為水鼠，穴於田間地下者為鼢鼠、鼷鼠、田鼠。在木上者為松鼠，大者為松狗。《爾雅》有鼳鼠，註云：　今江東山中有鼳鼠，狀如鼠而大，蒼色，在樹木上。按：　此正今之松鼠也。《字彙》《正字通》皆無鼳字。蓋即顋字之譌。《集韻》釋顋字云：　奚結切，狀如鼠，在樹木上。正用《爾雅》註文，但不言蒼色耳。《玉篇》謂似鼠而白。李時珍以今之銀鼠釋之，皆誤。　蝙蝠：　一名伏翼。似鼠而黑，棲屋檐隙中，夏月群飛，捕蚊食之，肉翅無羽，觸物輒墮，力不能復起。其屎曰夜明砂，乃蚊眼也，能明目除疳。又有鼠似蝙蝠，名飛生，即五技之鼯鼠也。　鯪鯉：　穿山甲也。似魚，四足大尾，身皆鱗甲，能陸能水。入地穴山，倏忽尋丈。有蟻處開其甲，使蟻群集，閉之入水，浮蟻食之。可已蟻瘻之病。

貨之屬　婺之食用所需者，多來自他省，其出本土者，不足供食用，亦不得為貨也。舊志所載，如楓香、苧蔴、株板、松板之類，今絕少。販木筏者，皆取杉材於江右，而婺山多童，培植孔艱，戕害甚易，亦幾無杉筏矣。可為貨之類，聊載數種以備數。　茶：　常品為多，其云松蘿茶者，稱佳品。須得地氣，又加人工，未易為也。松蘿山在休邑，借名耳。　墨：　佳品今出歙。【略】　油：　樫子油。土人呼樫為聖，非河柳之樫也。木之子□。茶子可取油，亦曰茶油。又有桐油、桕油，所出不多。　葛精：　搗葛根，澄之為粉。

櫧粉：　苦櫧粉也。舊作株，非。　糖金豆：　舊志載菖蒲絲不若金豆，為土產。

元・單慶、徐碩《至元嘉禾志》　物產

穀之品　稻、秔、糯、黍、粟、麥、麻、豆、穄、稗、油麻。【略】

藥之品　枸杞、蛇牀、瓜蔞、牽牛、菊花、香附子、菖蒲、瞿麥、薄荷、薏苡、

車前子、紫蘇、海鹽者佳。天南星、麥門冬、忍冬藤、荊芥、松江者佳。半夏、草烏、澤蘭、良薑、茴香、艾、夏枯草、火(炊)〔杴〕草、茆香、葛。

果之品 桃、李、梅、杏、橘、橙、柚、棗、柿、梨、枇杷、林檎、石榴、蓮、藕、菱、芡、芋、荸薺、茨菇、山藥、葡萄、甜瓜。

菜之品 菘、芥、蔥、韭、薤、蒜、薺、芹、莧、蒿、生菜、甜菜、苦蕒、萵苣、蘆菔、波蔆、葫蘆、冬瓜、稍瓜、茭白、茄、筍、胡蘿蔔。

木之品 松、柏、檜、杉、楊、柳、榆、槐、椿、樸、楝、桑、楮、冬青。

草之品 茆、茭、蒲、荻、葦、蒹葭。

竹之品 淡竹、筀竹、紫竹、筋竹、篾竹、桃枝竹、筍竹。

禽之品 雞、鵝、鴨、鴻、雁、鸛、燕、雀、鴿、烏、鵲、鳩、鶉、鷗、鷺、鷹、鷂、雉、野鳧、黃雀、鴣鵇、啄木、鵓鴿。

獸之品 牛、羊、豬、犬、貓。

魚之品 鱖、鯽、鯉、白、鮎、鱸、鯿、鯖、鰷、鱓、鰌、鰻、蟹、蝦、黿、鼈、銀魚、黃顙、蚌、蜆、鯧此以下出海鹽松江路。勒、鰵、石首、海鱸、海鯔、蟶、蛤、梅魚、蝤蛑、蟛蚏、蠣、青蝦、白蝦、黃蝦、白蜆、水母、白蟹。

明・陳洪謨《常德府志》卷八 食貨志物産

穀之屬 多稻。《爾雅》曰：稌，稻。《說文》謂稌稻為粳，為稬。《字林》云粳稻粘而稬稻不粘。粳稻有六十日可穫者，有百日可穫者。大(低)〔抵〕早稻皆占城國種也。宋大中祥符中遣使由福建至占城，取三萬斛并種法而之江淮，故粘多作占。楚地亦得其種，其名不一，有象牙占、藍天占、六占子、一節穀、兩節穀、油赤穀、麻占穀、臨江早、犁耙早、飛上倉、救公饑、水蓮、團頭早、竹枝花、小棗穀、折半穀、江西早、畫眉糯、柳條糯、紅邊糯、響鈴糯、苧麻早、白糯、黃糯，名品甚多。土俗所呼又各不同，亦不能悉載也。有粟。《爾雅》謂之稷。顆粒比諸穀最細，江東呼為粢。《禮》曰明粢。有黃粟、白粟、粘粟、糯粟、霧粟、狗尾粟、龍爪粟、黍子粟、望水白粟。又有粳高數尺者，為觀音粟。有麥。種有三，曰大麥、曰米麥、曰紫麥，俱冬種春熟。有蕎。稈紅花白，三稜而黑，亦有甜、苦二種。甜者八月種，十月收；苦者二月種，四月收。有麻。即胡麻，可笮油。《本草》曰：脂麻出胡地者為巨勝，其色有黃、白、紅、黑之別。有豆。菽總名。大者有黃、黑、褐三色，小者綠、赤二色。又有豌豆、蠶豆、江豆、龍爪、羅裙帶、刀豆、黑白扁豆。

蔬之屬 多芥。味辛辣，俗名辣菜，又名春不老。有青紫二種，青者似菘，面有毛。紫者莖葉通紫，作虀甚美。多莧。赤莧莖葉深赤，白莧色青而大，紫莧色紫，花莧間色。又有野莧、馬齒莧，皆田野中自生。凡莧性冷，食之宜和以蒜。《本草》謂：莧與鱉同食生鱉瘕。多白菜。形如芥菜，但莖大而葉薄。多蘿蔔。《本草》名萊菔。其根生噉之味辛，醃而食之味香。又一種葉細似茴香，根黃色，味甘而香，曰胡蘿蔔。多苦蕒。葉如菠薐差大。《詩》薄言采芑，即此菜也。味苦能殺心火，夏宜食。《本草》云：可傳蛇蟲咬傷。蠶出，近之則青爛，故蠶婦亦忌食之。多茼蒿。三四月開花，如黃菊而小，多食薰人心，令人氣消。多蔞蒿。生於湖岸，土人采之，火薰以點茶，甚美。多萵苣。種出倭國，有毒，百蟲不敢近。多薺菜。臨春即生，作羹甚美。東坡云：野人山居之祿，土人元宵采以和湯。多油菜。形色俱似白菜，根微赤，冬種春長，遇日暖氣和盡抽嫩心，開黃花，折取中心為菜茹，食之甚美。其旁心結子可笮油，因名油菜。多蒜。苗如蔥針，味辛而葷。《兵部李絳集》云：心痛不可忍，取蒜用釅醋煮之，取飽頓服，不問久近無不愈者。大而獨子者曰葫。紫極宮石刻：能散癰腫。凡發背腫核等項，初覺肉間有異，即切大蒜如銅錢厚，以艾灸之可瘥。多茄。有紫、白二種。一名落蘇，又名崑崙瓜。多韭。《說文》云：一種而久，故謂之韭。《纂要》云：一剪一加糞，一歲不過五剪。《養生訣》云：性暖，號草鍾乳。多薤。似韭葉闊，多白無實，有二種，白者補而美，赤者苦而無味，能治金瘡及風。多蔥。有燕蔥、樓蔥二種。樓蔥即龍角蔥。《本草》云：淮楚間多種之，凡蔥皆殺魚肉毒，根白而冷，莖青而熱，故發汗殺濕皆用白。《洗冤錄》云：凡杖瘡及刀瘡砍截膜未斷，取蔥連根搗爛，鍋中攤熱，傅之可愈。多芋。《本草》名土芝，用以資食，有水、乾二種，狀如蹲鴟。朱晦菴詩沃野無荒年，正得蹲鴟力謂此。《本草》芋莖可愈蜂螫。多冬瓜。即白瓜也。生苗蔓下，大如斗而長，皮厚有毛，色青綠，經霜則白如塗粉。《肘後方》云：發背欲死，取冬瓜截去頭合瘡上，瓜爛即截去更合之，瓜未盡瘡已斂小矣，即用膏藥養之。多絲瓜。蔓延以繩引援而生，及老，腹中有絲，故名。嫩可供茹，枯則去其皮及子，用以滌器。多王瓜。似茄而小，青白色。多菜瓜。一名稍瓜，可醃以點茶。多瓠。長者尺餘，味甘，夏熟。大而圓者，夏末始實，秋中方熟，經霜可取為器，俗呼葫蘆是也。有胡荽。一名芫荽，用

以點茶。一名鵝不食草，味辛溫。一云微寒微有毒，主消穀能食，利五臟，補筋骨，然多食則令人多忘及發腋氣。有白花菜。花白色青，其葉略如野莧。醃之香美可用，且能久藏。有黃花菜。蔓生田中，土人采以救荒。有蕨。《爾雅》謂蕨，虌。可為菜茹，其根磨之可作糕，食以度饑。有芹。《本草》作靳，一名水英。《爾雅》謂之楚葵。莖葉白色，謂之荻芹。紫色謂之赤芹，生在高田者宜食，生在水中者不宜食。《聖惠方》云：三月、八月勿食芹，恐病蛟龍瘕。蓋有蟲在葉下，視之不見，食之有患。有茭。一名茭白，生於池中。間有莙蓬。秋種冬茂，葉微厚而光滑，味甜可羹。根燒灰淋汁，洗衣白如玉色。《本草》云：去頭風，和五臟。又云：多食動風。間有波薐。葉有稜而光澤，微似馬蘭。一云：出西域頗陵國，訛為波稜。間有薑。味辛，性溫，通神明，去穢惡。

果之屬　多桃。有數種，曰甜桃，曰烏桃，曰扁桃，曰瑞香桃。《酉陽雜俎》云：洛陽華林園有冬桃，十月始熟，形如栝蔞，食之解勞困，因名西王母桃。今本府亦間有之。《本草》謂：桃，味甘，無毒，多食亦發熱。多李。其品亦多，有麥李、苦李、牛心李、王家李、蜜汁李。日華子云：李，溫，無毒，益氣，多食令人虛熱。又云：不可和蜜食。多杏花。花殷紅淡白，實有大小，味有酸甘。《本草》：味酸不可多食，傷筋骨。多梅。其品有二，曰山梅，實最繁而小。曰品梅，其花千葉，每一花三實，又名雙梅。凡梅，味最酸，多食損齒傷腎。以鹽殺之為白梅，可飲水；其青者以糖和之作糖梅，可點茶。多梨。有水梨、糖梨、麵梨、早穀梨、半斤梨，味俱不及北產。多柿。有狀如牛心者曰牛心柿。有形圓而匾者曰寶蓋柿。有大如鵝子、皮薄而味甘者名朱柿。色青黑而熟於冬者名凍椑，搗其汁可製傘扇。《本草註》云：火熏為烏柿，性熱，可以止嘔逆及滯下。日乾為白柿，性冷。又有黃柿，可和米粉作糗，與小兒食之止痢。以酥蜜煎柿乾食之，主脾虛。又云：飲酒食紅柿，令人心病至死。又云：不可與蟹同食。多柑。孔安國疏：小曰橘，大曰柚，皆柑也。蓋柑者，橘柚之總名。所產有霜柑、佛頭柑、乳柑、獅頭柑諸品，味甘寒，利腸胃熱毒，多食令人脾冷，發痼癖。又實極小者名金橘，大而皮厚、黃白色者名橙。又一種名抛，病腫人取皮煎湯洗，愈。多芡。生水澤中，又名鷄頭實。葉大如荷，皺而有刺，花下結實，其形類鷄頭，故名。日中開花，性甚暖，故又謂之水硫黃。多枇杷。一名盧橘，葉如驢耳，四時不凋。謝瞻賦：稟金秋之青條，抱青陽之和氣，肇寒葩於結霜，成炎果乎纖露。言備四時之氣也。諺云枇杷黃，果子荒，以其熟正當果子缺之時也。多西瓜。形如毬，皮青，肉有紅、白二色，核亦有紅、黑、玳瑁（一）〔三〕色。味甘寒，大能止渴，多食能滑人腸。有棗。有沙棗、木棗，樹高多刺，核大而味不甚甜。陶隱居所謂南棗大惡，殆不宜噉是也。有栗。木類櫟，花青黃色，實有房，外刺如蝟，熟則瓣折子出。鄉雖多有之，實小不充果品，其大者間有。《本草》云：熟食之擁氣，生食之發氣。宜於熱灰中煨，令汗出以殺木氣而食之佳。小兒不可多食，能生蟲致病。有榴。味甜者名天漿，堪充果品，酸者入藥用。本出西域，張騫為漢使，得其種以歸，為安石榴。有楊梅：木似荔枝，葉細而陰厚，實生初青，熟則紅如鶴頂，味酸如梅。古詩云：止渴還相似，和羹諒不同。有木瓜。葉厚如桂，味酸如梅。《本草》云：最療轉筋，如轉筋時但呼其名及書木瓜字，皆愈。亦不可解。有菱。即芰實也。《埤雅》曰：楚謂之芰。《武陵記》云：四角、一角曰芰，兩角曰菱。葉浮水上，花黃白色。晝合宵炕，隨月轉移，猶葵之隨日也。花落而實生，漸向水中乃熟。有藕。即蓮根也，小而味不甚甘，不及他郡所產。有荸薺。《爾雅》云：芍，鳧茈。多生於田或池塘，苗如龍鬚。間有櫻桃。《爾雅》云楔。《本草》云崖蜜。《禮記》云含桃，以鶯鳥所含，故名。韓偓詩：合充鳳食留三島，誰許鶯偷過五湖。其色深紅，故又名朱櫻。間有胡桃。樹高，外剛內柔。《博物志》：本出西域，今漸生東土。間有郁李。《本草》云：一名爵李，一名車下李，一名棣樹。高五六尺，葉花似大李而小，五月始熟。味甘酸，根涼，采之治小兒熱發作，湯浴。風蚛牙，煎含之。間有蒲萄。藤生，一名馬乳。色紫，本出西域，今郡中所有實小而味不佳。間有銀杏。一名鴨脚子，有雌雄，雌不結實，雄者三十年方開花結實。歐公詩：始摘纔三四，金奩獻凝旒。歲久子漸多，纍纍枝上留。間有林禽。一名來禽，以味甘來眾禽也。一名花紅。本地所有實小而味澁，非若北產。

花之屬　多桃花、李花、杏花、梨花。多梅花。疏影暗香。有臘梅、紅梅、綠萼梅、照水梅數種。又一種花瓣甚多如粉團，名千葉梅，亦結實，不多得。多榴花。有千葉榴，無實，花最茂。有海榴花尤豔，單葉者實。多蓮花。俗名荷花。有紅、白二色及千葉者，其實為菂。《爾雅》云芙渠，又名

水芝，其根即藕。花白者甘脆。

多萱草。俗呼鹿葱。一名忘憂，一名宜男，姙婦佩之必生男也。夏開者莖高而葉大，秋開者莖短而葉小。亦有紅黃色而百葉者，又有花鵝黃而香者。

多梔子。一名薝蔔，花六出。有千葉者，有單葉者。山谷云：梔子有一種八出者，一株可香一園。佛書：如入薝蔔林中，惟齅薝蔔，不聞餘香。一名玉樓春。以其花孟夏始開，故又名欲留春。入藥用。結實者其實七稜，亦名越桃。

多薔薇。藤身青莖多刺，花有紅、紫、粉三色，三月始開，爛如錦幛。杜牧詩：石家錦幛依然在，閑倚東風夜不收。

多芙蓉。一名拒霜。八九月開，故名。有紅、白二色。有單瓣者，有重瓣者。朝開色白，至午後漸紅者名醉芙蓉。

多雞冠。紫、白二種，春種秋開，莖高三五尺，葉如莧而尖，其花扁而舒長，狀類雞冠。又有一種矮者，高僅五六寸，其子細黑，藏於花中。

多金鳳。花如飛鳳，一名鳳仙花。有紅、白、紫、粉紅數種，搗其花葉染指甲成深紅色，經旬不褪。其子作房生，微觸即罅裂，俗呼急性子。研爛用滾湯調服，可治產難。

多木犀。一名巖桂，有丹、黃、白三色，其香最清，香淡者色勝。四時開者名月桂。或取茶拌桂花，合而烘之，茶變桂香，甚佳。蓋茶冷桂熱，非惟借香，而性亦相濟。

多菊。《爾雅》云治蘠，《本草》云節華，其品不一，本地所有者相袍紅、鶴頂紅、醉楊妃、紫檀香、白鵝毛、大金錢、小金錢之類。陶隱居云：菊花，莖紫氣香而味甘，葉可作羹食者為真。其青莖而大作蒿艾，氣味苦不堪食者名苦薏，其葉正相類，須以甘苦別之。《肘後方》：治丁腫垂死，用菊葉一握，搗絞汁一升，入口即活，神驗。冬用其根。

多木槿。一名日及花，有紅、白、紫三色。又一種花瑩白如玉，中心無紫色者名舜華，朝榮夕悴。施肩吾詩云：但看日及花，惟是朝可憐。其葉可搗以沐髮，去頭垢。花可烹以為蔬，味甚美。

多夜合。一名合昏，一名合歡。陳後山所謂探囊一試黃昏湯，即是花也。

多百合。根類胡蒜，花色淺黃，上有黑點如灑墨然。《本草》云：摩羅，一名中逢，多生川谷。

多蘭。黃山谷云：一幹一花而香有餘者蘭。一幹七八花而香不足者蕙。本地所植有黃、白二種。《傳》曰：德芬芳者佩蘭。《楚辭》云紉秋蘭兮為佩是也。今之所謂蘭，葉既無香，花雖香亦不過經夕而止，果可佩乎？古有蘭省，蓋以蘭藏之室中辟蠹，故名。今之所謂蘭，果可以辟蠹乎？《草木疏》曰：蘭為王者香草，其莖葉似澤蘭，廣而長節，節中赤，高四五尺。今之所謂蘭，其形狀果類是乎？吳草廬嘗著《蘭畹說》，辨之甚悉。

有葵。《爾雅》云：莃，戎。一名戎葵，蓋戎蜀所自出，故名。葉自根而杪，能自衛足。有紅、白、紫三色。淡紅色花小者名錦葵。葉尖狹多缺裂，花淺黃，心內有紫檀色，名黃蜀葵。《本草》：治臨產催生，以黃蜀葵子焙乾為末，井花水下三錢匕。如無，可以根細切，煎汁令濃滑，待冷服。

有芍藥。花二種，有草芍藥，有木芍藥。唐人以木芍藥為牡丹。《本草》謂木芍藥花大而色深，俗呼為牡丹，非也。有紅、白、紫數種，亦有單葉、千葉之別。百花之中其名最古。《本草》云：生川谷者，其根可藥。

有碧桃。樹矮無實，有紅、粉紅、白三色。又一種花上多出紅絲，名金絲桃。

有繡毬。樹高三四尺，蓓蕾相聚如毬，一開純白如銀。

有海棠。花如紫綿，有垂絲、朱砂二種。先花後葉，色最豔麗。王禹偁作《花譜》，以海棠為花仙。

有水仙。葉如蒜，故一名雅蒜。一莖數花，花白中有黃。山谷詩：得水能仙天與奇，寒香寂寞動冰肌。表花名也。

有酴醾。蔓生有刺，承之以架。花白而香，春暮最盛。又有檀心而紫色者尤香。《格物論》謂：本作(酴)〔稌〕麋，因洛京進酴醾酒，其色相似，故加酉云。

有辛夷。一名木筆，本高數尺，葉似柿而長，初出如筆，故名。花紫苞紅焰，白樂天詩：紫粉筆含尖火焰，紅臙脂染小蓮花。

有玉簪。一名白鶴，素質而秋華有香，狀類玉簪。其根可治骨鯁。古詩云：晏罷瑤池阿母家，飛瓊扶上紫金車。玉簪墮地無人(識)〔拾〕，化作東南第一花。

有紫荊。木似林禽，花紫豔可愛。田氏分荊即此。

有瑞香。花如丁香，一名錦薰籠。有紫、黃二色。張祠部以瑞為睡，故詩云曾向廬山睡裏聞。

有山丹。其花深紅色，四月開，至八月尚爛熳，亦有粉紅者。東坡所謂錯落瑪瑙盤是也。

有木香。蔓生有刺，與酴醾相似，花小而繁，色白而香。黃色者不香。

有剪金。花如金茸，全類剪刻。又有剪紅羅。

有滴滴金。葉露滴地而生，秋開花，黃如金色。陶弼詩：九秋珠露滴成金。

有石竹。叢生，高尺餘，花如纈錦，一名錦竹，又名天南竹。李太白有石竹繡羅方之句。

有扁竹。春生苗，高二三尺，華似鹿葱，葉中抽莖似萱草，秋高黃花，其根名射干，入藥。

間有牡丹。一名鼠姑，一名鹿韭。本大者高四尺，葉綠大如掌，開花大如椀。有單葉、千葉及紅、紫、白數種。郡人雖競植之，然不能如北方及雲南之盛。又一種藤生，名纏枝牡丹，花亦可愛。

間有山茶。葉圓而厚，其末微尖，花深紅色，有寶珠、單葉二種。冬春之交盛開，然惟滇南者最勝，其大如椀而色尤豔。東坡詩：葉

厚有稜犀甲健，花深少態鶴頭丹。　間有茉莉。　叢生，夏開，白色重瓣，清麗而芳。佛經謂之末麗。又一種花似素馨，香差薄，此花粤南最盛。吾郡有植之者，然性畏寒，收藏不密，鮮不槁矣。

草之屬　多浮萍。舊傳桃花入水經宿成。又云楊花所化。《埤雅》云：無根而浮，常與水平，故曰萍。江東人謂之薸，言無定性，漂流無根而已。治遍身忽瘡，取萍煮汁，漬浴半日，多效。發背，擣浮萍和雞子清，貼之良。又五月採取浮萍，陰乾燒烟可去蚊子。　多艾。攻百病，以蘄州者勝。　多蘆。生江岸。　多藍。有木藍、水藍、萬藍數種，用以取靛。　多蘋。比蓼大，花白。　多蓼。生淺水澤中，名水蓼。造酒者取以和麵作麴。一種似水蓼而葉大，赤白色，有毛有節，如牛膝狀，秋開花作穗，《本草》謂之葒草，又名水紅花。《詩》所謂隰有游龍是也。　多蒲。其葉似韭，可去燈煙。郡人多以炭植之，置於夜間讀書處。　有芭蕉。葉碧而脆，茂密如林，宜雨懼霜。　有穀精。一名戴星草，以花白而小，圓似星。可飼馬。　有馬鞭。《圖經》云：生濕地，花紫色，抽三四穗。日華子云：似益母而莖圓。　有虎耳。生石上，其形似之。　有鳳尾。生牆垣間，其形似之，俗呼竹葉菜。　間有通草。一名附枝，一名丁翁。生山谷間，采之以作花。　間有三脊茅。《書》云：包匭菁茅。《春秋》齊桓公責楚包茅不入，無以縮酒。宋大中祥符元年遣使詣岳州沅江，采三脊茅三十束，有老人黄皓識之，補州學助教，賜以粟帛。

藥之屬　多前胡。苗似蒿，初出時有白芽，長三四寸，味甚香美。又似芸蒿，花白與葱花相似，根細，青紫色，二月、八月采，日乾，味苦微寒，大能下痰，醫家多用之。　多桔梗。葉似杏而花紫，氣微溫，味辛苦，能載諸藥不下沉，治肺經必用之。　多黄連。叢生，一莖三葉，高尺許，葉似菊，至冬不凋。性寒，治痢。《抱朴子》云：乳汁煎之，治目病。《本草》云：澧州者勝。以上三味皆本地品之佳者。　多車前子。大葉長穗，好生道旁，俗呼為蝦蟆草，即《詩》所云采采芣苢是也。《本草》：味甘酸寒，無毒，強陰益精，令人有子，治泄瀉。　多何首烏。一名野苗，一名交藤。蔓生，葉如茴香，葉生必相對。有雌、雄二種，雄者苗葉黄色，其根赤；雌者苗葉赤黄色，其根白。味苦澁，微溫，無毒。因何姓人服之首烏，故名。出桃川宫者勝。　多金銀花。一名忍冬花，有黄白色，故名。俗又謂之風藤。　多菖蒲。一名昌歜，一名堯韭，葉如劍，多生湖澤間。嫩者可鮮食，《詩》所謂維筍及蒲是也。生石上者一寸九節，入藥，性溫，甯心平胃。　多粉葛。即葛根。土人掘之以濟荒歉。性寒，壓丹石，解鳩毒，發肌表。　多益母草。一名野天麻。《本草》作茺蔚。生田野園圃間，方莖開白花，花生節間，能治產難，故名益母。　多澤蘭。葉似菊而尖長，其香如蘭，味苦，性微溫。一名龍棗，一名虎蒲。　多麥門冬。叢生，冬夏色碧，根生連珠，形似穬麥顆，故名。性涼，清心去熱。　多栝樓。《詩》云果臝之實，《爾雅》云天瓜，《本草》云地樓。蔓生，花淡黄色，實在花下，根謂之天花粉，性涼，解毒化痰。　多香薷。一名香茱，似白蘇而葉細，生山谷石上者佳。大曰茵陳，小曰香薷。性微溫，能祛暑。　多荊芥。莖高一二尺，開花成穗。一名假蘇，以香氣似蘇。味辛，性溫，能解熱去風。　多紫蘇。其種有二，一葉圓，一葉尖，紫色者甚香，入藥。夏采莖葉，冬采實。　多蒼耳。《詩》云卷耳。性溫，去毒。　有香附。即莎草根也。本地所出頗小，不甚堪用。間有大者，能下氣開鬱。又婦人要藥。　有半夏。獨莖，莖端出三葉，淺綠色，頗似竹葉而光，根下相連。有毒，性溫，利鬲化痰。　有天南星。苗似荷梗，高一二尺，葉似蒟蒻，兩枝相抱，花似蛇頭，黄色，結實成穗，似石榴子，根似芋而圓。有毒，性暖，去痰定氣。　有蓖麻。根赤有節，高丈許，秋生細花，結實，殼上有刺，實類巴豆，可笮油。塗瘡疥。　有薄荷。葉稍圓而尖，經冬不枯，惟似金錢者勝。夏秋采莖葉，日乾。性涼，能解熱去風。　有罌粟。《本草》云罌子粟。葉大花紅，結房，其子主反胃，其房止泄。　有茴香。叢生，頗類胡蘿蔔。葉細莖粗，高三四尺，花頭如傘蓋，黄色，結實似蔆而小。性溫，能下氣止小腸痛。　有黄精。根葉大概似薑。《博物志》：太陽之草名黄精，食之令人長生；太陰之草名勾吻，不可食，入口立死。《圖經》云：勾吻葉尖而根細。采時宜審，出桃川宫者佳。　間有牽牛。蔓生籬落間，葉有三尖，花微紅帶碧色，實作毬，內有黑子三稜，如蕎麥狀，有毒，下氣破積。又有白子者不入藥。　間有川芎。節大，莖細，葉香，一名蘼蕪。本地出者只可供茶。　間有旋覆。葉如水蘇，黄花如菊。　間有黄栢。其皮入藥。　間有決明子。苗高三四尺，葉如苜蓿而大，花黄白色，秋深結角，其子在角中。能明目。　間有連翹。《本草》：有大小二種。本地生者葉狹而小，莖短，纔高一二尺，花黄，實作房，黄黑色，內含黑子如粟。性涼，解諸毒症。　間有續隨子。一名千金子。殼內肉有白

仁，有毒，除痰飲，下惡滯物。　間有金櫻子。結紅子，小而圓，煉之止泄。　間有茱萸。葉似椿而闊厚，實似椒子。性溫，行氣。嫩時微黃，熟則深紫。桃源山中多產之。

木之屬　多松。樹極高大，其皮皺皵如鱗，其葉每三鬣或五鬣共一簇，其花上黃粉名松黃，以蜜和為餅可食。其節為松明，其脂為白膠。皮上綠蘚名艾蒳香，俗呼老龍鱗。九月九日采，製湯火藥甚效。合香燒之，其烟不散。《史記》云：松栢，百木之(木)〔長〕也。松木用之水中及不見水處可千年不壞，半乾濕之地易壞。　多栢。諸木中性最堅而澤，有花栢、叢栢，又有側栢，其葉側而扁。有檜栢，則葉如栢而松身。樊宗師《園記》謂栢為蒼官。其子香而可爇，其仁可入藥。　多楓。葉似白楊而歧，有三尖，經霜盡赤。其脂亦香。《說文》云：楓木厚葉，弱枝善搖，一名欇欇。《爾雅》云：楓，欇欇。蓋欇欇，楓之別名也。郡人搗其皮為末香。　多槐。葉細枝脆，綠陰最濃。又一種晝合夜開，名守宮槐。《博物志》云：槐初生曰兔目，花黃可染物色，實名槐角，可藥。　多蠟樹。其葉常青，四時不改，江浙所謂冬青樹。宋宮中呼為萬年枝，即此。四月綴蟲種於枝上，至秋結蠟。煮鎔去滓，即成白蠟，故又名蠟樹。　多柳。葉狹長而青，枝幹柔軟，易生之木，與楊同類。縱橫顛倒植之皆生。《本草》云：柳花、枝、蘂并子皆入藥用。說者謂花即初發黃蘂也，子乃飛絮也。　多楊。葉圓闊而赤，枝最韌。多生水岸。今人以柳為楊，非也。《說文》云：楊，蒲柳也，即小楊也。枝條短硬與柳枝柔軟不同。　多栗樹。實名栗橡。郡人磨腐以救荒，其殼可染色。　多烏臼。葉似梨而小，可染皂。花黃，子白色，可笮油為燭。　多苦楝。花小而枝脆，木可鏇器用。實名楝子。味苦寒入藥。　有櫧。種類頗多。有結實可食者，其紅心櫧堪作棟宇。《山海經》云：作屋柱難腐。　有椿。樹極高，有二種。葉香者名香椿，郡人採芽點茶；臭者名臭椿，即樗也。　有楮。《詩》謂之穀。皮可造紙，最易生。陸(機)〔璣〕云：樹皮斑者為楮，白者為穀。　有桑柘。人家所植者謂之桑，山中所生者謂之柘，皆可飼蠶。然桑枝條柔而葉光澤，柘枝條瘠而葉粗厚。　有柞。木堅韌可為弓稍、弩幹、車具。　有樟。一名豫樟木。高大，葉似柟而尖長，氣極辛烈，熬其汁為腦，以火燃之置水中不熄。結子可笮油。　有棕。一名椶櫚。其性堅韌，可取以絞索作雨衣。子嫩未吐者可采充茹。　有黃楊。葉綠色，冬夏不凋。木理堅而潤澤。長大者可鏇器皿及為梳。每歲長一寸，遇閏年則縮一寸，東坡所謂厄閏。　有皂莢。生莢如刀豆，為皂莢；圓者為肥皂。皆能去油垢，燒灰可洗衣。　有栝。栝葉松身。　有梓。似桐，葉小花紫，堅韌光澤，取以為材最美。　間有楠。一作柟，春生白花成簇，秋結細實。其材美，可為棟宇。　間有杉。木類松而勁直。葉附枝生若刺針，可為材。　間有桐。《爾雅》曰櫬。一名梧，葉圓末尖，二月開淡紅花，結子可笮油，曰油桐；　其葉三叉，結子如胡椒，可食，曰梧桐，本地尤少。　間有檀。花黃，葉似槐而性堅質重，可以為弩。　間有榆。葉拋錢花作雪是謂之榆。然本地所產者剛脆，色理亦不同。土人概以蠟樹呼為榆樹，誤矣。蓋本北方所產，故有榆莢、榆錢、榆皮，皆可食。

竹之屬　多白。最易生，人采以為箒。　多實。中心不虛，多笋。　多苦。節長可以為笛，有異音。　多水。性軟，可造篾為器。　多筀。節平，色蒼白，其性緊硬，可破篾箍桶，爇瀝可療風痰。　有楠竹。長三四丈，大徑尺餘，可以覆屋，可為兵器。冬掘其胎謂之冬笋。他處呼為猫竹。　有紫。小而勁直，可為傘柄。其笋尤美。　有叢。叢生滿百，四時生笋，又謂之孟宗竹。　有鳳尾。葉細而多，形似鳳尾。　有瀟湘。細葉可為清玩。　間有斑。節間有斑點，相傳種自君山淚痕。　間有方。短小形方，節有小刺，可為杖。　間有金。色如金，其抽枝處仍碧。所謂黃金間碧玉也。　間有篠。箭竹篠之材，中於矢之笴。《書》曰：篠蕩既敷。葉長且大，土人用以裹粽。

鱗之屬　多鯉。陶隱居云魚王，唐人謂之赤鯶公。其當脇下從頭至尾，無大小，並三十六鱗，鱗有黑點，諸魚中此為最佳。又能變化飛去，養魚者置鱉數頭於池中，乃不能去。　多鯖。《圖經》云：似鯉而背正青色，頭中枕〔骨〕蒸令氣通，暴乾狀如琥珀。荊楚取此魚枕煮，拍作器皿，甚佳。　多白。版身肉美。少陵詩云白魚切如玉。　多鱖。巨口細鱗，頭大身促，背有黑點。此魚能食諸魚，其肉堅而脆，味亦美。　多鯇。首尖身長，單腮者有毒。　多鯇。其形似鯉，青黑色。土人畜於池，飼以草，又名草鯇。　多鰱。小口細鱗，身扁而色白。其種與鯇俱出九江，鰱則不用草飼。　多鱅。狀如鰱而頭差大。鱅從庸者，其性庸弱而不健，其味庸常不及鰱。　多鱧。《本草》作蠡，俗呼為黑魚。其首有星，鱗細有黑花紋，一名朝斗。道家以為厭者。

陶隱居云蠣蛇所化。今按鱧生子最多，有種。　多鮎。《本草》曰鮧。大首方口，無鱗而多涎。《食療方》云：鮎有毒，勿多食。赤目赤鬚者並殺人。　多鮰。似鮎而小，腮邊有刺，能螫人。其聲鉠鮰然。俗呼黃鮰。《本草》云：黃賴魚最能醒酒。　多鯊。《山海經》所謂刀魚是也。　多鯿。形扁口銳項縮，味甚肥美，即魴魚也。　多鯽。一名鮒。形似鯉而小，色稍黑，體促而腹大脊隆，無大小，皆有子。《本草》云：旅行吹沫如星以相即也，謂之鯽；以相附也，謂之鮒。不食鈎，諸魚惟鯽最可食。　多鰍。亦作鰌。《埤雅》云：似鱔而短，無鱗，以涎自染，難握。又呼黃鰌。　多鱔。形似鰻而細長，亦似蛇。《漢書》：鸛雀啣三鱣至。鱣即鱔，或作鱓。《風土記》云：鱓，穴處，夏出冬蟄。　有鰣。骨纖且多肉，膩而味甚腴，夏間出，大者不過四五斤。龍陽以下皆無，自九江以至南京則多而且大。梅聖俞詩：四月鰣魚連浪花。　有花。一名鬪魚。似鰍而短，身有花文，紅綠相間，尾鮮紅有黃點，善鬪。他處畜之盆以資閑玩，郡人則以五月初出多寡以驗水之消泛。

有鰕。有數種，田澤中生者最小。　間有鮰。生江中，無鱗骨。東坡詩：粉紅石首仍無骨，雪白河豚不藥人。寄語天公與河伯，何妨乞與水晶鱗。間有鰻。似鱔而頭大色青，黃腹下白，無鱗，長三四尺。《本草》謂之鰻鱺，一云鮎亦產鰻，蓋共乳子，三分之二為鮎，一為鰻也。有雄有雌。以影漫於鱧，其子附鱧之鬐鬣而生，故謂之鰻鱺。性最補，殺諸蟲。以骨燒烟熏壁虱即絕。　間有金。狀似鯉而小，金紅色。有二種，大者為金鯉，有重數斤者；小者為金鯽，大不過二三指許。

介之屬　多鱉。俗呼團魚。段成式云：甲蟲以影伏，羽蟲以體伏。今鱉伏於淵而卵剖於陵，此思化也。世云鱉之所在，其上必有浮沫，謂之鱉津。捕者以此占之。又云：鱉之老者以蚊煮之易熟。　多龜。按《埤雅》：龜，舊也。外骨內肉，腸屬於首，廣肩無雄，與蛇相傳。《爾雅》云：甲蟲三百六十，而龜為之長。《史記》云：龜千歲，巢於蓮葉之上。　有蚌。一作蜯，大曰蛤，小曰蜆，又一種曰長刀，長三四寸，闊五六分，頭小銳，生池澤中。

有螺。其類不一，田螺短而大；江螺小而長，殼堅，性涼，能解暑毒。

蟲之屬　多蜂。一種蜜蜂。色黃而短小，山崖及大樹空腹中作房，採取百花釀蜜。《埤雅》云：蜂有兩衙應潮，其王所居壘積如臺，隨其所在眾蜂為之旋遶如衛，有君臣之義，若無王則死矣。一種純黃而長，其窠仰綴于屋及林藪間，啣漆固其蒂，俱能螫人。牝者尾末二尖，牡者一尖尤銳。　多蝶。有黃、白二種，粉翅有鬚。一名蛺蝶，一名蝴蝶。《埤雅》云：嘗見園蔬，其葉有為蝶者，三分二已蝶矣，其一尚葉也。陸龜蒙又謂橘蠹化蝶。　多蜻蜓。六足四翼，其翼輕薄如蟬，朝飲露，晝取蚊蟲食之。遇雨即多，好集水上欻飛。俗傳五月五日取其首，正中門埋之成青珠。　多蚯蚓。土精，無心之蟲，老則白頸，即負螽也。一名地龍。　多螢。《月令》腐草為螢，夜飛。腹下或尾下有光。《古今註》云：螢食蚊蚋。　多蛙。古鼃字，一名蝦蟆，皮青綠有點。《酉陽雜俎》蝦蟆聲抱，今俗聞其春鳴謂之聒子，即所謂聲抱也。月大生前兩足，月小生後兩足，故後足稍長善躍。其鳴聲哇哇，故曰蛙。又有聲長嘴短，背黃黑而腹微白，上有黑點，夜鳴聲如甕中，名水雞。常在田澤及井中，江浙人取以為珍味，郡人不用。　多蜘蛛。《爾雅》作鼅鼄。結網有在土在草之異。陶隱居謂：入藥當用懸網狀如魚罾者。又一種小而長脚者，名喜蛛。土人冠服及飛絲着人，相傳以為有喜。又一種身扁薄作繭貼壁上，名壁錢。　多蟻。一名玄駒，有君臣之義，穴地作巢，其類有黃、白、黑，大小不同。　多蝙蝠。一名伏翼，似鼠而小，有肉翅，晝伏夜飛，其色類燕，故一名夜燕。《本草註》：生在山孔中，食諸乳石精液，皆千歲。頭上有冠，純白色，大如鳩鵲。其大如鶉未白者，皆已百歲。其屎皆白，入藥則用此。　多蟬。《詩》五月鳴蜩。本生土中，夏至則登木而蛻。秋鳴者為蟬，其色或青或褐，或短或長，其聲或嗚咽或清亮，皆寒蟬之類也。　多蠅。其類有三，青蠅首赤，背若負金。有大者曰麻蠅，最小者曰蒼蠅。性好交其前足，有絞繩之狀，故字從黽。糞尤能污物，故詩人以刺讒，歐公以比小人。　有蜥蜴。似蛇而四足，尾青碧，以五色備者為雄，不備者為雌。生草澤中。一名蛇師，一名石龍子。又一種善緣籬壁間，形小而黑，名蝘蜓，又名守宮。　有螽斯。蝗屬。長而青，長角長股，一生九十九子。能以股相切作聲。　有螟蛉。桑樹上小蟲也。《詩》曰：螟蛉有子，果蠃負之。　有螳螂。青色，頭似蜻蜓，其臂如鋸，奮之當轍不避。《爾雅正義》云：螳螂深秋乳子，夏初乃生，一生百子。　有蜈蚣。頭有珠，大小長短不一，人家屋上壁間往往有之。喜食雞肉，時聞雞肉氣即自上投下就之，故雞肉隔宿須過鍋乃可食。　有蛇。按《埤雅》：蛇蟠常向壬地，壬，北方也。又曰：蛇以眼聽，其類甚多。土人所識者曰花蛇，曰青蛇，曰烏梢，曰水蛇，皆有毒。小蛇生水中尤甚。烏梢謂

釀酒可已大風。凡中蛇毒用細辛、雄黃等分為末內瘡中，日三四易之，愈。

有蝸牛。背負殼狀如小螺。驚則縮入殼中，頭有小角，故名。其涎書壁上，晝悉成銀跡。

鳥之屬　多雞。《易》巽為風，為雞。雞鳴於五更者，日將至巽位，感動其氣而鳴也。雄者有冠有距，毛羽斕斑。雌者暗然無章。古三牲雞居其一，今為常品。　多鵝。一名舒雁。《埤雅》云鵝伏隨日，說者以為乳鵝伏卵隨日光所轉。東坡云：鵝能警盜，亦能卻蛇。　多鴨。家畜曰鴨，野鴨曰鳧，家鴨曰鶩。或曰雞可絲，故謂之雞，鴨可狎，故謂之鴨。雞鶩伏卵忌聞礱磨聲，聞之則不生矣。今雄雞能鳴，其雌不能鳴；雌鶩能鳴，其雄不能鳴，類之不可推也。　多鴿。一名鵓鴿，與雀俱性淫。凡鳥皆雄乘雌，二鳥以雌乘雄。雀四時有子。鴿逐月生子。　多雀。即麻雀，常依人屋宇檐隙間壘巢。

多鴈。形似鵝，大曰鴻，小曰鴈。知陰陽之升降，按少長之行序。又《唐本》注曰：鴈為陽鳥，得中和之氣，熱則即北，寒則向南，以就和氣。故為禮幣者，一取其信，一取其和。　多鳧。水鳥，似家鴨而小，色青尾長，卑脚，短喙，背上有文。　多鳩。有數種，其身灰色，項有繡衣，名斑鳩。天將雨則雄喚雌，其聲鳴鳴；有狀同斑鳩而無繡衣名鵓鳩，陰則逐其雌，晴則喚之。皆性拙，寄巢生子。　多鵲。《淮南子》云：鵲結巢知太歲所在，其歲多風則巢于下枝。《禽經》云：鵲俯鳴則陰，仰鳴則晴。人聞其聲則喜，故名。《埤雅》云：鵲知人喜，皆傳枝受卵，故一名乾鵲。　多鴉。純黑而反哺者名慈烏，身烏而頸白者名夕烏，亦名鷽。《詩》弁被鷽斯。又一種似烏而小，群飛作啞啞聲，名慈鴉，今謂之寒鴉。　多鷹。鷙鳥也。一名爽鳩。蒼黑色，頂有毛，角微起。七月則取禽以祭。《藥性論》云：鷹頭燒灰和米飲服之，治五痔。　多雉。《易》曰：離為雉。《書》曰華蟲。漢避呂后諱改雉為野雞。《埤雅》云：雉，雞類也。不能遠飛，其飛若矢，一往而墮。　多百舌。其聲婉娩便捷，兼眾鳥音。臨春始鳴，夏至輒反舌。　多鶯。《詩》云倉庚。《疏》云黃鶯，又名黃鸝、黃公。東坡云：苦厭黃公聒晝眠。　多燕。《詩》云玄鳥，《記》云乙鳥，陶隱居云：胸紫身小為越燕，胸斑黑而聲大者為胡燕。舊傳雀爭燕巢，啣艾置巢中，燕不能復顧也。　多鷺鷥。一名屬玉。《爾雅》：鷺，春鋤脚青，高尺餘，尾如鷹尾，喙長三寸，頭上有毛數十，毵毵然長於眾毛。取魚時則弭之。又大曰鷲，小曰鷺。性惡露。今人畜之極馴，每至白露降日則飛揚而去，故俗呼白露。　有鶚。即雕鶚。杜工部賦云：降精于金，骨立如鐵，目通于腦，筋入于節，風勁則高飛戾天。　有鷂。狀如鷹，尾稍短，善擊鳧鴈。其種不一，鷙而大者俗謂之木鷂；鼻根黃如蠟色，俗謂之蠟鼻。又一種名鶻，每於盛寒之月向鳥雀攫之，以暖其爪，次早則縱其飛去，伺其所之，如雀東飛，則此日不復東，是知雖鷙鳥亦有仁心存焉。　有鵰。似雉，色白長尾，背有細黑文可愛，兩頰紅，首有冠綬，其翠如藍，脚高數寸，有距亦紅色。雌者闇然無章。以性閒雅故名。　有鴝鵒。似鴉而小，穴居。金眼，純黑有幘，剪其舌可學語，俗名八哥兒。又月白色者，則差小。　有鵪鶉。此鳥無常居而有常匹，淳惷不越橫草，性善鬬。《本草》云：四月以前不可食。蝦蟆所變，又曰鼠變。寇宗奭則謂鶉有雌雄，從卵生，何言化也？其品中膳羞，治小兒患疳及滯下。　有鴛鴦。鳧類，匹鳥有思者也。雌雄未嘗相離，人得其一，一思而死。所謂紫山交頸，寒塘並飛者也。　有山鷓。一名山鵲。尾長，色碧，嘴距皆紅。　有杜鵑。一名陽雀，一名子規。夜鳴達旦，血漬草木，始鳴向北，啼苦則倒懸于樹。《說文》謂蜀帝所化。至今寄巢生子，百鳥為哺其雛，尚如君臣然。　有畫眉。似鶯而差小，色褐眉白，善鳴好鬬。梅聖俞詩：山鳥本無名，兩眉如粉畫。　有蠟嘴。似雀而大，其喙如鷂。色黃，故名。　有叫天。善鳴，鳴愈疾，飛愈高。　有啄木。《爾雅》云鴷。雌褐而雄斑，喙長數寸，常啄木索蟲食。蟲不出則以喙畫木如符篆，其蟲則出。既去以喙亂啄其畫處。人有逐其飛去，竊用其符以啟扃鑰，亦有驗。　有鴞。一名梟。《周禮註》云惡鳴之鳥。飛鳴，寓止人屋，以為不祥。

有白頭翁。似雀而大，以頭有白點，故名。　有鶺鴒。一名雝渠，水鳥也。青灰色，腹下白，頭上黑。飛則鳴，行則搖，有急難之義。故棠棣詩取以比興。

有紅鶴。類鵝而喙長，色紅淺白般。　有鴕鶴。其喙甚長大，油可藥，能入經絡，以手掌盛之則透。　有竹雞。俗呼泥滑滑，以其聲似之。或云白蟻聞其聲〔即〕化為水。　有稻雞。飛鳴宿食皆于禾間。　有布穀。似鷂尾長。牝牡飛鳴，以翼相拂，一名戴勝。春暮鳴曰割麥插禾，俗呼催耕鳥。

間有鬼車。遇陰晦則飛鳴，或云鬼車十首，一為犬所斷。人聞其聲則擊犬使鳴，以厭之。

間有青翠。其羽可剪為花。

獸之屬　多牛。《易》坤為牛，陰物也。故其性緩而和。其蹄拆，臥先前足，起後足，病則立。喜順風，耳無竅，聽以鼻。其齒有下無上，其尾肉而末

毛，其食齡，既食復出而嚼之也。有二種，黄牛角縮而短悍，水牛豐碩而重遲。　多馬。《易》乾為馬，陽物也。故其性健快。其蹄圓，其尾（毛）〔卬〕而散垂，臥先後足，起前足，病則臥，喜逆風，又有似馬而小曰驢。驢與馬相牝牡而生曰騾。騾比馬力健性耐。　多羊。《曲禮》曰柔毛。其首角，其蹄枝，其齒有下無上，其尾禿，其食齥，歲兩次生息。有白、黑二種。　多猪。一呼為彘、為豕、為豨。其喙長，其足枝，其尾善摇，其性喜負塗曳泥。《爾雅註》：猪牡曰豵，牝曰豝，其子曰豚，高七尺為豟。　多狗。《易》艮為狗，其耳垂或豎，其尾卷或垂，其牙相制，其足蹯，蹯後有懸爪曰犬，其性善守，遇非其主則嘷，近則嚙。江浙烹以為上品，郡人多不食。　多猫。《禮》八蜡迎猫，為其食田鼠也。《酉陽雜俎》云：猫名烏圓。其目睛旦暮皆圓，及午即從斂如線，其鼻端常冷，惟夏至一日暖，蓋陰類也，故其應如此。　有虎。山獸虎為之君。遊山莽間，其風颯然以從，故曰風從虎。蓋風，木也；虎，金也。木受金制也。《埤雅》云虎奮衝破，食物值耳則止。蓋淮楚之間謂虎為李耳，以觸其諱故也。俗云：食犬則醉。今虎所在，麂必鳴以告。　有鹿。瘦身高脚，長頸禿尾，色黄有白點。《埤雅》云：鹿性警防，分背而食，食則相呼。群居則環其角外向，以防物之害己也。　有麞。《爾雅》謂之麕。崔豹《古今注》：麞有牙而不能噬。　有麂。麞類，其皮可為履舄，勝於他皮。　有兔。兔生缺唇，前兩足短，後兩足長，其行必跳。《埤雅》云：口有缺，吐而生子，故謂之兔。舊說：兔者，明月之精，視月為孕，故曰明視。又按陶氏書云：兔舐雄毫而孕，五月而吐子，其尾下糞竅一歲生一竅，蓋嫩者竅少，老者竅多也。　有猴。俗呼胡孫。《詩》謂之猱。性躁而多智。《埤雅》云：内臟無脾，惟以跳躑吸號而消食。　有狸。形類猫，善盜人家雞鴨食之。其脊間有黑理一道如界，故名曰狸。　有獺。水居，青黑色，身如伏翼，善食魚。孟春取魚于水裔，四方陳之，進而弗食，故謂之祭魚。《本草》魚骨鯁不可出者，取其足于項下爬之，即愈。又煮汁服。　間有野猪。一名封豕，狀似家猪，但腹小脚長，毛褐色，牙利如鐮。又有豪猪，毛黑如錐，鬃有刺，怒則奮以射人，其刺可以為簪。　間有狼。大如狗，色青，諸竅皆沸。《埤雅》云：狼將遠逐食，必先倒立以卜所向。起臥遊戲多藉草，而草皆淆亂，故曰狼藉。　間有熊。形類犬豕而性輕健，好攀緣上樹，見人則自投而下。背上有脂，曰熊白，夏月則無。其膽入藥，明目。

明・胡漢《郴州志》卷七　物産一州五縣同。

五穀　稻、有早、中、晚三種。糯、宜釀酒，有早、遲二種。黍、稷、粟、大麥、蕎麥，郴人不習種麥，知州胡漢教之，有《勸農文》。黄豆、菉豆、江豆、扁豆、芝蔴、有黄、白、黑三種。向日靈禾。舊《異物志》。

蔬　蕨、芋、薑、興寧多。菁、蘿蔔、有白、胡二種，白辛胡甘。芥、莙蓬、波稜、芹、莧、苦蕒、葱、薤、韮、蒜、蔔、芫荽、茼蒿、竹笋、冬笋、苦笋、菌、茄、葫蘆、冬瓜、王瓜、西瓜、苦瓜、絲瓜、瓠子、掌薯、山藥、木耳、石耳、椿芽、黄連芽、枸杞芽、坎菜。

果　梅、棗、桃、冬桃、麥李、胭脂李、桃半李、五月李、杏、梨、有數種，青黄色。板栗、有大、小、尖三種。柑、有獅頭、大、小三種。橘、橙、金橘、柿、香圓橙、宜章多。椑、菱、芡、藕、蓮子、楊梅、銀杏、圓櫧、苦櫧、枇杷、石榴、蒲萄。

木　楠、櫧、桐、梓、榆、杉、檀、松、栢、桂、槐、縠、冬青、黄楗、皂莢、櫟和樟、椿、楸、桄榔、槿、楊、柳、楓、柜、椳、榴、蠟、桑、柘、椶、靈壽。舊《異物志》。

竹　猫竹、白竹、赤竹、紫竹、慈竹、黄竹、箣竹、宜章多。斑竹、苦竹、筑煙竹、壽竹、滿心竹、桃竹、水竹、方竹。産壽佛故宅園。

藥　黄芩、半夏、黄連、山藥、瓜蔞、苦參、牛膝、蒼耳、地榆、香薷、黄精、菊花、菖蒲、紫蘇、地黄、麥門冬、天門冬、青木香、山茱萸、山當歸、車前子、薏苡、甘葛、薄荷、五倍子、石菖蒲、金銀花、香附子、劉寄奴、天南星、土茯苓、黑牽牛、吐絲子、百合、何（手）〔首〕烏、覆盆子、威靈仙、小茴香、澤蘭、天花粉、益母草、梔子、地骨皮、烏梅、桃仁。

花　蘭、蕙、菊、蓮、長春、牡丹、芍藥、紫薇、〔木〕犀、躑躅、千葉榴、紫荊、芙蓉、黄葵、山丹、洛陽石竹、剪紅紗、金錢、玉簪、金鳳、山茶、海棠、瑞香、茉莉、送春歸、月月紅、晒日紅。

草　葛苧、興寧多。棉花、宜章多。藍、桂陽多。紫草、萱草、蘆葦、蒲、青蒿、茅、芭蕉、茶。永興多。

羽　錦鷄、桂東、桂陽二處有。雉、鶯、燕、鴉、雀、鵲、鳩、梟、鴈、子規、鷓鴣、竹鷄、鷺鷥、鶺鴒、畫眉、翡翠、白鷴、桂東、桂陽山有。白頭、百舌、鸜鵒、鴛鴦、鵓鴿、鷹、鷂、水鴨。

毛　鹿、麂、麋、兔、獐、山牛、虎、豹、狸、猴、猿、野猪、豺、狗、花狸、獺。

鱗　鯉、鯽、鯶、鱖、鳙、黄、鮎、鰱、鱛、鰌、鱔、有黄、白二種。鰕、鰻鱺。

介　龜、鼈、過山龜、蟹、蠃、蚌、螺、蚱蜢、蜻蜓。

明・陳光前《慈利縣志》卷七　穀屬【略】　稻之品有早、晚、紅、白之分。早稻四月種，六月收，宜水田；晚稻五月種，八月收，則峪田、旱田皆種之。

糯：有早、晚、先上倉、猪牙早、香線糯、柳條糯、紅糯，此其大凡也。

黍、粟、高粱：苗葉相似，穗大毛長，顆粒粗大者為粱，穗粒次之者為黍，最小者為粟，米大如魚子。黍俗呼為黃黍，每歲二種：正月種，五月收；六月種，八月收。粱，有粘粱、糯粱，梗長七八尺，葉如蘆，米如粳，色紅。糯者可以釀酒，粘者可以炊飦。夏種而秋收。亦黍之類，一笙五穗，米大如粟。

麥：有二種：有大麥，有小麥。邑人多蒔大麥。《廣韻》曰：大麥，麰也；小麥，麳也。秋種冬長，春秀夏實。具四時之氣，為五穀之貴。　蕎：有甜、苦二種，俗呼為三稜麥，俱每歲兩種：正月種，五月收；七月種，九月收。　豆之品甚多。大者有黃、白、黑、褐四色，小者綠、赤二色。惟綠豆用為真粉，黃、白、黑、褐等豆為豉醬及豆腐之類，人多種之。又有莞豆、蠶豆、龍爪豆、羅裙帶、白扁豆、兔兒圓、羊眼豆，皆入蔬品。　麻：有紅、黃、白、黑四色，其實可榨油。

蔬屬　芥：一名春不老。莧與鱉同食則生鱉瘕。　蘿蔔：用冬種者以能耐久也，可淹為菹，又可曬乾。　苦蕒：性寒，故夏月食之。　茼蒿：有小毒。　芹：《爾雅》謂之楚葵。生高田者宜食，生水中者不宜食。　茄子：一名落蘇，又名崑崙瓜。有紫、白二種。　諸葷葱、韭、薤俱無毒，蒜有毒。凡諸葷能勝魚肉之腥，多食亦能動氣，故養生者忌之。　芋：有水、乾二種，狀如蹲鴟。晦翁詩：沃野無荒年，正得蹲鴟力。　諸瓜：冬瓜經霜後白如粉塗者為佳，能益氣。絲瓜可供茹，枯則去皮及子，用以為滌器。王瓜，味甘寒。　瓠有二：長而瘦曰瓠，短頸大腹曰匏。　石耳：性冷，久食延年，益顏色，令人不飢。　木耳：平利五臟，宣暢胃氣，壓丹石熱，惟楓木所生，食之令人笑不止。

果屬　梅，四月熟。　桃，有五月熟，有十月熟。梅與桃俱以花勝。梅花優於香，桃花優於色。天下之美不可得而兼者類如此。　李：有麥李、苦李、牛心李、玉黃李。語曰：桃三李四，柑橘十二。又曰：白頭種桃，言其易成也。桃易敗，李耐久，雖老幹亦生。　杏、林檎：味俱甘酸。杏多食則傷肋骨，林檎多食則發冷疾。　棗栗：邑中有之，但不如北。棗肉厚而味亦不及北方矣。　枇杷：臘月開花，孟夏熟，熟時果子正缺，故有枇杷熟，果子荒之言。　石榴：有二種：小者蹏，為山石榴，熟最後有子。大而白者為水晶榴，其味更佳。　梨：有三種：曰早穀梨，曰糖梨，曰冬梨。

柿：有小而紅且團者為朱柿，小而似牛奶者為牛奶柿。最大者為寶蓋柿，而冬梨寶蓋為佳。　柑：有粉柑、獅頭柑。大而皮厚，色黃白者為橙。

菱：邑中有之，視正菱較小。

花屬　菊品最多，以黃者為正，蘭蕙有別。山谷云：一幹一花而香有餘者為蘭，一幹七八花而香不足者為蕙。諸花當以蘭菊為最，故《楚辭》云：春蘭兮秋菊。　蓮有紅、白二色。周茂叔愛其亭亭淨植，出污泥而不染，濯清泉以自潔，故謂之君子花。其餘諸花則以香與色第其淺深分之。曰木犀，曰月桂，以香名也。曰芙蓉，曰雞冠，曰金鳳，曰葵，曰山丹，曰剪金，以色名也。

牡丹、芍藥：皆名花。昔人謂牡丹花王，芍藥花相。　梔子：一名(檐)〔薝〕葡。花千葉者不實，單葉者實。山谷曰：梔子有一種八出者。

草屬　浮萍：季春月始生，烟可以辟蚊。　艾：產蘄州者勝，葉厚茸多，邑中亦有之。其細葉乃蒿也。艾藏陳，行火有力。　蒲：生溪洞中，午日用以泛酒。　通草：一名附(之)〔支〕，一名丁翁。生山谷間，採之以作花。　蓼：生水澤中，名水蓼。又有一種如牛膝狀，《本草》謂之水紅花。

鳳尾草：以狀似鳳尾，故名。　豨薟草：漫地皆生，葉尖莖方，節節相對。　蒼耳草：邑人採以喂豕。

木屬　楓：有脂而香，葉厚弱善搖，故字從風。取脂及木，邑人取乳為香篆。　柳與楊同類，縱橫顛倒植之皆生。楊枝條短硬與柳性柔軟不同，今人以柳為楊，非也。　楮：最易生，可造紙。陸(機)〔璣〕云：樹皮班者為楮，白者為穀。　櫟：有白櫟、黃櫟、岩櫟三種。　松：四時不改柯易葉，邑人用以為材，身上綠，皺皮，研細和諸香爇之名艾蒳香，脂又為白膠。

栢：有圓、扁、刺、珍珠、鳳尾五種。　槐：有二種，以葉大小辨之。

椿：本地多以為楝，初生芽香，可茹點茶。　桑：有牝、牡二種，葉皆可飼蠶，以湖桑為勝，土桑力薄。　柘：蠶絲作琴瑟絃，音尤清亮，異他絲。

樟：一名豫樟，焚其膏以火燃之，置水中不滅。　烏桕：冬月結白實，可榨油，其葉可染皂。　蠟樹：俗名榆柳，其葉常青，四時不更，謂之冬青，宮中呼為萬年枝。四月綴蟲於枝上，至秋結蠟，故名蠟樹。邑人多植之。

桐：一名梧，其子可榨油。　柟：一作楠，春生白花成簇，秋結為實。　杉，類松而木理直。　梓，為木王。　三木皆產於容美諸峒，奉文採辦，軍民俱罹其苦。　竹：有七種，曰白，曰赤，曰水，曰簀，曰紫，曰鳳尾，曰瀟湘。　凡栽竹無時，或曰宜五月十三日，或以竹醉日移竹。

藥屬　栝蔞：蔓生地中，花淡黄，實在根下，謂之天花粉。　紫蘇：有三種，紫色者佳。夏採莖葉，冬採實。　荊芥：莖高一二尺，開花成穗。　薄荷：味不如蘇州之美。　澤蘭：一名龍棗，一名虎蒲。其香如蘭。　車前子：即《詩》芣苢。　益母草：生田野園圃間，產前後皆可服，故謂之益母云。　香薷：生山谷間，似白蘇，大曰茵陳，小曰香薷。　又有天南星、何首烏、金銀花、半夏、香附、黄連、細辛、梔子，皆楚產也，均可入藥。

鱗屬　鯉、鯽：凡所在皆有之，鯉少而鯽多。　鯉脊中有三十六鱗，以六六數之，陰數也。《爾雅・釋魚》以鯉冠諸篇，取其能變化。　鯽，古謂之鮒。少牢饋食用鮒十有五而俎，取數於月之盈。《淮南子》曰：月虚而魚腦減。醫家言諸魚皆屬火，惟鯽屬土，能健脾胃。　鱖魚：《赤(辟)〔壁〕賦》云：巨口細鱗，狀如松江之鱸。即此魚也。能食諸魚。　鰱魚：小口細鱗，身扁色白，出長沙湖中，人家取入池塘養者謂水鰱。　亦有由湖逆水泝流而上抵入河中而聚者謂河鰱，形體大於池鰱。　鰍、鱣：形性相類，鰍短而鱣長。《漢書》雀啣三鱣即此。《風土記》：鱣穴處，夏出冬蟄。　鱧魚：一名文魚。其首戴星，夜則北向朝斗。

介屬　龜：甲蟲之長。呴噓呼吸，吞氣長生，故《白虎通》謂：龜，天地間壽考物也。　鱉：能以眼聽，窮脊連脇。鱉與龜皆隔津望卵而生，故曰龜思鱉望，其伏隨日光所轉。上有浮沫，捕者以是得之。　蚌：生水澤中。《埤雅》謂物非其類而化者若蚌蛤，無牝牡，為雀鴿所化，故久者生珠，專一於陰也。

蟲屬　蜜蜂：有兩衙應潮，採百花成蜜。其葉如脾，謂之蜜脾。　蜂其王所在則群居而繞之，若王死則亦自相攢蹙以至盡死，無一入他族者，其義如此。　蠶：繭繰所出。蠶與馬同氣，月直大火則蠶浴其種，此盛則彼衰，故禁之。　蠶惡水，食而不飲。《淮南子》：蠶食而不飲，蟬飲而不食，蜉蝣不食不飲。

禽屬　鵲：結巢知太歲所在，多風則巢於下。俯鳴則陰，仰鳴則晴。《埤雅》云：鵲知人喜。　鶯：《詩》云倉庚，又名黄鸝。　鴝鵒：似鴉而小，其舌可學語，俗呼為八哥。　鶻：即鵰鶻，鷙鳥。　杜工〔部〕賦曰：降精于金，骨立如鐵，風勁則高飛戾天，俗呼為鷲。　杜鵑：一名陽雀，一名子規。夜啼漬血，始鳴向北啼，苦則倒懸於樹。　鴉：性惡，異物見之則群噪，故人聞鴉聲則唾，以其知吉凶也。有反哺之義。　雉：身華彩而性耿介，稍有觸動則高飛長嘯不已。【略】與鶘鴣俱善護疆界，有侵越其疆者必與之鬬。　鷺：《萱錄》號碧繼翁，陸龜蒙號絲禽，《三輔黄圖》號屬玉，東坡詩號雪衣兒，所稱不同，皆言其白。性畏露，畜之雖馴，至白露必飛揚而去。　錦鷄：首黄項錦，腹下俱紅，其文采較之雉尤見閒雅。　鶴：陽鳥也，而游於陰，形甚奇偉。雀毛龜背，鸞胸鳳翼，色亦精彩，朱頂丹睛，霜毛雪羽，性良，可馴畜。人或養之，悠悠堦前自適，無驚動意，亦多壽。《抱朴子》謂：千歲之鶴能登木，其未千歲者終不集樹，少鳴，及鳴時聲甚清亮遠聞。其形、性、聲、色、壽俱全如此。

獸屬　虎：威形如乙字。夜視一目放光，一目看物。與豹皮皆堪裀褥，其肉腥燥不可食。虎奮破將求食，以爪畫地觀奇偶而行，故曰：蛇蟠向壬，鵲巢面歲，燕伏戊己，虎奮衝破。物性之靈如此。　鹿：性愛其類，食必相呼。與麞皆健駿，而麞性膽尤怯，飲水見影輒奔，故語云麞無膽，兔無脾。其說信然。　熊：《周禮》謂蟄獸，深山有之，性剛多力，至冬則蟄，飢則自舐其掌，故掌美。又當心有白脂如玉，味亦美，俗呼為熊白。性好舉木引氣，謂之熊經，導引家法之以養生。　狐：立冬後獵取之，毛生毳茸，性淫，宜裘。好疑，禮北斗而靈，善幻惑人，五十歲能變化，百歲為美女、為神巫，能知千里外事。《說文》謂：狐有三德，其色中和，前小後大，死正丘首。

畜屬　牛：陰物，其性緩而和，多力而壽者為最，毛少骨多有力。岐胡有壽牛，耳無竅，以鼻聽。黄牛角縮而短悍，水牛豐碩而重遲。　馬：陽物，故其性健力，能任重致遠。其蹄囓者更善走。《漢書》謂馬或奔踶而致千里，士或有負俗之累而立功名。又有似馬而小者曰驢。驢與馬相牝牡而生曰騾，尤粗健，能致物於遠。　羊：性善群，故於文羊為群，犬為獨。其物以瘦為病。性畏露，晚出早歸。古人謂羊有角而不用，類仁者；執之不鳴，殺之不誇，類死義者；飲乳必跪，類知禮者，其德之善如此。　豕：俗呼為猪。古人牲先羊後豕，今則豕重而羊次之。《爾雅注》：牝曰豵，牡曰豝，

其子曰豚。狗：後有懸爪者曰犬，善警苟食，故目人之卑污者曰狗。古者有田犬，有吠犬，有食犬。《記》曰士無故不殺犬豕，指食犬也。猫：《禮》：八蜡迎猫，為其食田鼠也。《酉陽雜俎》云：猫名烏圓，其目睛旦暮皆圓，及子午時即斂如線，其鼻極冷，惟夏至一日暖，蓋陰類，其應若此。鷄：陽物，陽動則鳴，知時善伏。道家言：修內丹專神內守，火候足則丹成，以鷄抱卵譬之甚切。鵝：即《禮》所謂舒鴈。鴨：即《爾雅》所謂舒鳧。鴨不能伏卵，畜之者多寄抱鷄鵝窠中，鵝伏卵隨日光所轉，又善動轉，古之學書者法之。

明・溫和《衡州府志》卷四　土産

穀類　雨接早、救饑早、安南粘、⿰禾莫粘、油紅粘、香大禾、晚大禾、鐵鬚糯、旱糯、水紅糯、寒粟、糯粟、大麥、蕎麥、芝蔴、黄豆、緑豆，已上各州縣俱出。

蔬類　芹、莙薘、白菜、芥菜、莧菜、萵苣菜、苦蕒菜、王瓜、冬瓜、西瓜、線瓜、瓠子、葫蘆、葱、韭、薤、蒜、萊菔、薑、薯、蕨、木耳、菌。

果類　銀杏、金橘、楊梅、梅、杏、桃、李、棗、柿、栗、藕、梨、菱、芡、柑、橘、橙、石榴、甘蔗、林檎，已上各州縣俱出。

竹木類　南竹、黄竹、紫竹、班竹、苦竹、桂木、株木、栗木、楓木、樟木、桐木、檀木、柳木、白楊木、椇木、杉木。

藥類　烏藥、天門冬、石菖蒲、柴(葫)〔胡〕、桔梗、山人參、常山、萆薢、紫蘇、薄荷、澤蘭、薏苡、土南星、枳殼、木瓜、葛根、地黄、當歸、半夏、礬、菊花、萱草、梔子，已上各州縣俱出。雲母石、赤芝、丹砂、黄精，以上衡山出。

金帛類【略】

禽獸類　白鵰、翡翠、雉、鷓鴣、鳩、鴿、鸜鵒、黄鶯、白鷺、鷹、竹鷄、虎、鹿、獐、麂、兔、狸、猿、猴、野猪、獺、兕，已上俱各州縣出。

鱗介類　魚苗，衡陽出。鯉、鯖、鰱、鯽、鯿、鱓、鱖、鮎、鰷、鱅、黿、鱉、鰍、鱔，已上各州縣出。

物貨類　茶、蔗、白蠟、黄蠟、蜜、炭、煤、石灰、桐油、草紙，已上各州縣出。

明・張可述《洪雅縣志》卷三　物産

稻之類　有盖草黏，有白蓮穀，有香黏，有齊頭黏，有安南穀，多黄泥黏，有白日黏，一名救公饑，種穫皆先諸稻。有冷水穀，有雲南早，有南京早，有白糯，多紅糯，釀酒味佳。有尖刀糯，有虎皮糯，有猪脂糯，多鴨子糯，多花殼糯，有麻子糯。

荳之類　有青皮，有花腰，有地葫蘆，有羊眼，有伴蕎，歲兩熟，正月種，五月穫；五月種，十月穫。有爬山，有一蝸蜂，有箸頭紅，有猪不見，多黄豆，有菉豆，有赤小豆，多黑豆，多蠶豆，有豌豆。雲山野樵曰：蠶豆，土甚宜之，其地不耕犁，秋冬之交布種，則以鋤掘草間，加糞少許即生矣。既生不薅，至二月則熟。貧者以給饔餐，農家以餉插秧鋤禾之人。邑封內皆有之，蓋嘉種云。

麥之類　有大麥，多小麥，有穀麥，多燕麥，山谷之人多種之，雖為餅餌，不登賓筵。多蕎麥。有甜有苦，或以釀酒，或以為炊，安寧之人多賴之。

粟之類　有紫稈，有牛尾，有棒頭，有黄毛，有白沙，有珠沙，有麥稈，有羅裙帶，有蜡燭。糯者亦可釀酒。稷：釀酒用之。脂蔴：有白有黑。

木之類　多松，多栢，有杉，有楠，有桂，有楸，有椿，有垂楊，多柳，多桑，有柘，有槐，有梧，有桐，有椶，有夜合，有木蓮，有樟，有丁，有榿。雲山野樵曰：洪雅産木多非材者，乃楠杉則百一耳，然甚短小，於官府所採，皆不中程。而射利者常以多材聞所司，所司不察則責之縣，乃射利者既領價於官府，復取夫於各甲，獲利常數倍，往往入笻筰牂牁方得之。脫或取官價與夫之折乾者而蕩費之，則無所得材矣。所司以其□□必為之變産以輸官。破屋棄壤常責民以數十金，民故騷然病矣。頃值大工，雖全省均派，死徙者已什五。嗣是若有營建，而所司曰洪雅産木必取之，不以均派他郡邑，則邑不可為矣。

竹之類　有鳳尾，有白夾，有苦竹，有慈竹，叢生，子母不相離，性柔軟，為繩甚堅。有筋竹，有班竹，有刺竹，有青竹，有水竹，有箭竹，有紫竹，有冷竹。

花之類　有牡丹，有芍藥，有薔薇，有海棠，多菊，多萱，多葵，有石竹，有石斛，有金釵，有剪春羅，有(鶯)〔罌〕粟，有嵓景，有端陽景，有山丹，多水仙，多鳳仙，多蘭，多蕙，多芷，多月季，多芙蓉，多十姊妹，多滴滴金，多百日紅，多杜鵑，多雞冠，多石榴，多芭蕉，多夜落金錢，有紫荊，有迎春，有送春歸。

菓之類　多桃，多李，多杏，多梅，多胡桃，多銀杏，多梨，佳者甚少。多栗，有沙菓，有櫻桃，有木瓜，有軟棗，有黄柑，有無花果，多柿，多枇杷，有棗，有水晶蒲萄，有佛手柑。

蔬之類　多王瓜，多冬瓜，多絲瓜，有白瓜，有菜瓜，多葫蘆，多蒟蒻，多芋，多莧，多瓠，多芹，多葱，多蒜，多薤，多茄，多青菜，多芫荽，多隨坡根，多萵苣，多苦蕒，多蘿蔔，多山藥，多甜菜，有椿頭，有黃連頭，有茴香，有蒔蘿，有白菜，有芥菜，有(嬌)〔茭〕白，多菌，多(江)〔豇〕荳，多匾荳，多魚鰍荳，多刀荳。

藥之類　多黃連，多薄荷，有厚朴，有石膏，有菖蒲，有地骨皮，有黃耆，有天門冬，有麥門冬，有荊芥，多紫蘇，有當歸，有牛蒡，多香附子，多桃仁，多杏仁，多半夏，有枸杞，有薏苡仁，有山藥，有商陸，有南星，有茵陳，多乾葛，多蒼耳，多益母草，多車前子，多梔子，有何首烏，有天花粉，有金銀花，有龍膽草，多皂角，多桑白皮，多黃蘗，多(史)〔使〕君子，多常山，多木鱉，多澤蘭，多五加皮，多山茨菇，多木賊，多蚊蛤。

畜之類　多牛，多馬，有贏，多羊，多犬，多豕，多猫，多雞，多鴨，有鵝，有鴿。

禽之類　有雉，有鵲，有鳧，有燕，二種，有巢燕，有沙燕，巢燕腹白，沙燕腹黃。有鳩，有蒼鷹，有黃鶯，多鷺，多烏，多慈烏，有鸕鷀，有鸛，有鸂鶒，有杜鵑，有布穀，有畫眉，多山雞，多鸜鵒，有鸚鵡，有白頭公，有竹雞，有水雞，多水鴨，有啄木，有山鵲，有鶺鴒，有荳雀，有鷗，有鵪鶉，有紅鶴。

獸之類　有虎，有豹，有豺狼，有熊，有蝟，有獼猴，有猿，多兔，多獐，多麂，有野猪，有竹貍。

鱗介之類　有魚舅，有鯉，多細鱗，有鰱，有青魚，多重口，有鯽，有鱔，有鰍，有嘉魚，有白條魚，有桃花魚，有沙溝魚，有黃蠟釘，有鰻鱺，有石缸鰍，有豆葉黃，有人魚，其形似人，有手有足。有鱉，有蟹，有鰕，多螺螄，多蚌。

明・吴潛《夔州府志》卷三　土產

穀類　黍、稷、稻、粱、麥、荳、菽、粟、蕎、芝麻。

貨類　鹽：　奉節、雲陽、萬開、東鄉、大寧六縣出。　鐵：　雲陽、東鄉、巫山、大寧、建始五縣出。【略】　麩金：　萬縣、建始俱舊曾有之，今絕。太乙玄精石：　□□縣舊曾有之，今絕。　黃蠟　白蠟　花椒　麅皮　麂皮

茶：　各縣皆出。

菓類　梅、棗、栗、菱、銀杏、橙、橘、桃、李、梨、柿、柑、枇杷、木瓜。

蔬類　青、芹、笋、韮、油、芥、木耳、瓜、茄、葱、蒜、莧、扁豆、蕨、胡蘿蔔。

藥類　黃連、茱萸、芍藥、大黃、香附、五棓子、麝香、厚朴、楓香、麥門冬。

木類　楠、松、麻柳、青岡、楮、楸、白蠟樹。

竹類　筋、水、斑、慈。

畜類　牛、馬、猪、羊、鷄、鵝、鴨。

鳥類　杜宇、山鷄、白鷴、竹鷄、斑鳩、畫眉、黃雀。

獸類　虎、熊、鹿、麂、野猪、刺猪、狐狸、猿猴。

蟲類　白蠟蟲

明・余承勳《馬湖府志》卷四　穀　多稻，菽，有黍，有麥，有蕎，粟有山稻。

菜　多薑，出沐川，有木耳、山藥、葱、韭、薤，有蒜，有蕨、莧、白苣、蕿瓜、茄、蘿蔔、莙蓬。元馬湖蠻歲以獨本葱為獻，郡縣疲於遞递送，敕罷之。今無獨本葱。

藥　有黃精、官桂、黃連、艾油、五棓、楝子、牽牛、狗脊、車前子、鈎藤、罌粟、茱萸、何首烏、木通、石菖蒲、紫背龍芽。

果　有荔枝，出平夷。多梅、李、桃、杏。有栗、梨、橙、橘、林禽、枇杷、胡桃、木瓜。餘干，出蠻夷。有石榴、桐、銀杏。

花　有葵、榴、石竹、山茶、石蘭、梔子，有茜。

木　有樟、栢、松、杉，出建昌經馬湖。有楠、桂、柘、榛、椿、柳，有椒，有漆。竹有羅漢竹，即笻多竹，刺、實、水、筋、苦、慈，有葫蘆、斑竹。

鳥　有雉、竹雞、錦雞、白雉、白鷴、鶺鴒、鷓鴣、脊令、崖鷹、鸚鵡、鷺鳥。

獸　有虎、豹、豺、猿、鹿、麂、麞、獺、熊、野豬、刺豬，多氈羊。

鱗　有鰷，有鯉，有落子、細鱗鮎、石木頭，有象魚。

蟲　有花蛇、岩鼠、竹鼦、石蠶。

《秦紀》言僰童之富，漢民多漸斥徙之。有荔枝、薑蒟，故漢武感蒟醬，邛杖而開牂柯。邛竹今有之，即羅漢竹，而蒟醬未之聞也。嗚呼！　論開邊者，蒟醬、葡萄之味不足以飯飢民，有以哉。

明・秦覺《雲陽縣志》卷上　食貨

穀屬　稻、黍、稷、麥、豆、芝麻。【略】

藥屬　香附、黃連、黃栢、荊芥、梔子、牛膝、苦參、乾葛、何首烏、川楝子。

竹屬　慈、筋、水、斑、刺、苦、紫。

木屬　杉、楠、松、栢、槐、栗、桑、麻柳、楊柳。
果屬　桃、李、杏、梅、栗、梨、橙、榴、枇杷、棗、柿、菱。
蔬屬　蘿蔔、芹、萵苣、莧、韭、笋、茼蒿、蕨、葫蘆、冬瓜。
花屬　海棠、桂、木槿、蘭、玉簪、紅花、菊。
畜屬　水牛、黄牛、馬、騾、猪、羊、猫、犬、獐、麀、兔、鹿、野猪、刺猪、熊。
羽屬　杜鵑、鳩、鷺、雉、竹鷄、雀、百舌、白鵰、鸜鵒、錦鷄、烏、鴬、白頭翁。
鱗屬　鯉、鯽、青魚、鰍、鰻、鱔、鱉。
蟲屬　蛇、螳螂、蜂、蜈蚣。
瓜屬　西、東、絲、王、木、甜。

清・張龍甲、龔世瑩等《彭縣志》卷三　物産志

金　麩金：《寰宇記》：彭州土産。《宋史・仁宗紀》：天聖元年正月，罷彭州九隴縣采金。案今出九峰之金沙江、沙金河，所謂廣磧、麗水二峽也。

石　璧玉：出燕子峽，又出湔水中。見《後漢・郡國志》。空青：出大明寺山前，土人往往拾得。【略】：石炭：自毛郎鎮上至老君岩十五里中，東抵什邡，西抵灌縣，無紅泥之山皆産之。性堅實，火極明，燄最好，為磁峰場之磨刀石。炭似石，易然□燒而化灰，以山民爭訟封。煅炭：自老君岩上至乾溪之白岩十五里中皆産。性和柔，有油氣，入火即鎔，采得□諸土窰煅而鬻之，名為藍炭，出石山溝者尤好。鐵炭：自乾溪上至雞心山二十里中皆産。性緊無沙石，能鎔金銷鐵，諸處鐵爐用之，不可炊飯。以火煅過名為旱炭，可以鑄錢，其佳者産茶房雞心山杉木林，能鎔紫大地紅銅，出三河店帽盒頂者少遜。煤：出復興場，以後諸山炭不結，入火多硫黄氣，止作□爐用。石灰：小溝内上下一里，郫、達、什邡、灌縣之山皆産。石與他山不異，煅之則為粉。《山海經》所謂白堊、黄堊也。

穀　秔稻　香稻　赤稻：實葉皆赤。秫稻：一名糯稻。黄粱：古名竹根黄。紅粱：可醞。白粱：味粗澀。黄豆：大小二種，俱有湩，可霍。黑豆　綠豆：性寒，夏月可作飲。赤豆：可包饅首。巴山豆：似赤豆而小，有蔓。胡豆　丸豆　蕃豆：烏飡也，俗名落花生。小麥：古名麰，稃似眸也。紅花者早收，玉村種之。大麥：古名來，即麥也，北方謂之王麥，王亦大也。秃麥：大小麥俱有之。秃小麥收早，玉村種之。青稞麥：似大麥而有稃，收早。燕麥：實似燕尾。《爾雅》名雀麥，名蘥。黍：高粱也，可釀燒春。白黍：苗穗似黍，粒細而鋭，唯以飼鶉。稷：粟也。彭人罕種，唯以飼鶉。薏苡：彭人罕種，或植蔬圃旁以代藩，名陸穀子。稗：俗或種龍爪稗。麻　脂麻：一名巨勝，一名胡麻。疏麻：《楚詞》：折疏麻以為佩。

蔬　葑：菁也，或作蘴，大葉色青，根多鬚，花實似芥，一名葑菁，一名蕵蕪，一名蕪菁，一名蔓菁，一名大芥，俗名青菜。葰：一作菘，似葑色白，根亦多鬚，經霜則甘，俗名之曰白菜。芥：一名菲，一名芴，一名蒠菜，俗謂鑾菜子。油菜：芸(薹)也。大根芥：一名諸葛菜，似芥而大，根又似北方萊菔，俗謂大頭菜。蘿蔔：本名蔔，又名蘆，又名萊菔，又名紫花菘。根有圓長，色有青赤白紫數種，老則皮中如布，俗謂蘿布。子可消脹，作種用新興下場所出者良。胡蘿蔔：本蕧類也。元代始入中國，根葉皆似蕧，有赤黄二種，俗謂紅蘿布。土瓜：葍藇也。一名王瓜，一名菟瓜，一名黄，俗呼地瓜。番藷　涂薺：俗謂薺菰，一名姚茎，舊名勃薺，誤勃薺，乃人蕧也。莧：似青葙，有赤白二種，子可明目，故名。蕒：形僂，故名。一名莧蕒，一名莧陸，言苗似莧也。一名蓫，一名蒚，一名馬尾，一名拜，一名商藋，言苗又似雞冠也，俗謂□須。波菜　蕹菜　萵苣：古謂之苓。一名大苦，一名芑，一名蒝，一名菟荽，俗謂萵筍。璧藍　蓮花白　厚皮菜　香菜　冬菜：此數種，不知古為何名。茼蒿菜　葵：俗謂向日葵。冬莧菜：葵類也。葉有毛，汋之則滑。染漿菜：亦葵類，蔓生，實紫多汁。扁豆：俗謂二季豆。豇豆：脩莢似椅實。籬豆：俗名蛾眉豆，食之發舊疾。刀豆：大莢似刀。芹　葱　薤：俗名火葱。韭　蒜：古名葷。有獨蒜、瓣蒜二種。蒜臺産萬家菴。胡荽：芫荽也。古名綏澤。小蘹　秦椒：辛也，俗名刺椒。舊謂秦中所産之椒，非是。薑：植堅地。紫蘇　瓜：九尺鋪産。黄瓜：蘇軾詩牛衣古柳賣黄瓜，即此。藍瓜：圓大色藍。冬瓜：圓長色青，有粉，未老者有毛。苦瓜：癩而長鋭。《詩》有敦瓜苦。瓠　茄：有紫白二種，一名昆侖紫。芋：一名蹲鴟。蘧蔬：俗謂豆芽，漬豆覆草則生，一名出隧。蘆筍　茭筍

野菜　苦菜：荼也。俗名苦蕒，音馬。　薺：蔬圃及小春田畔多生之，花白，實作三角形，名曰莛，俗呼雀菜。　魚子薺：俗呼白油菜，《詩》曰其甘如薺，指此。　大薺：一名菥蓂，實似芸，俗呼野菜子。　水芹：一名楚葵，堪作菹。　蘵：一名黃蒢，一名佛耳，一名茸母，可作餅餌，俗呼棉花草。　苜蓿：　蘮蒘：一名竊衣，似芹可食，子大如麥，兩兩相合，有毛著人衣，俗呼惹子。　白蒺藜：本出沙苑，道光中蜀中始有此種，謂之江西穇。　蕁：一名芼，一名蔏，汋之可食，俗呼螌麻，音稄，唐人名蠍子草。　茖：山蔥。　蒚：山蒜。　藻：聚藻也。　莙：牛藻也。二藻皆可食。煮熟挼去腥氣，米麪糝蒸為茹，嘉美。揚州饑荒可以當穀食也。　蓼：味辛，可代薑桂。　蒤：地丁也。一名熒，一名委萎，一名搴柜，一名蒟，醫家名蒲公英，俗呼燈籠草。　小薊：即《詩》以薅荼蓼之蓼，一名薔虞，一名皇，一名守田，俗謂野紅花，北方人喜食之。　麋舌：似苦蕒而赤，葉粗澀，斷之亦有白汁。　牛舌草：北人名野波菜，葉長大，色赤，生蔬圃旁。　鵝腸草：一名蔜，一名蕿蔞。　馬齒莧：一名莌。　灰藋：本名藜，老幹可為杖。　菌：一名終葵，又作中馗。一名繁露。北人名木菰。　蕨：一名虌，言似足蹶，又似鼈脚。　竹葉菜

藥草　升麻：《寰宇記》：彭州土產。　羌活　獨活　黃獨：黃精也。　三七：出石匣山中。　木通　何首烏　牛膝　益母：本名茺蔚。　寄生：寓木也。一名蔦，一名宛童。　蓮子　伏靈：《史記》作服靈。　菟絲：女蘿也，俗名沒娘藤。　車前：馬舄也。一名芣苢，又作桴苡。實似李，食之宜子。李，臬實也。　大薊：一名蕒，一名牛唇，俗呼牛張口。其根曰刺蘿布。魏晉以來醫家皆以此為續斷。《寰宇記》亦指此為續斷，列於彭州土產，非。　續斷：□荊也。一名離南，一名活脫，一名南草。寸寸有節，拔之可復。郭璞注《爾雅》以此為蕒，非。　夏枯：苗似天蔓菁而不瘯，花似旋覆而俯，得水則葉枯色黑。古名夕句，一名乃東，一名鐵色草，又名燕面草，俗呼野蔫，又曰乞耳草。　豨首：所在有之，葉皺似豕首。一名天蔓菁，一名茢薽。　豨薟：俗名肥豬苗。　芄蘭：羅摩也。南方名婆婆鍼線包，彭人名一包鍼。蔓延籬落上，結莢似蘭，未開時中有白汁似烏丸，故名芄蘭。漸老而坼，實絨細如白線、如鍼也。功用與枸杞同，故古諺云去家千里，莫食羅摩枸杞也。

枸杞：根名地骨皮。　香附：莎也。一名薃，其實名緹。出官渠沙隴者良。　明沙參：出永定場之官山，禁采。　草烏：出中隋諸山。彰明之附子以此為種。　金銀花　玉簪花：古名菁蓉，又作蝤蛒，葉似車前，花如足腓而中空，色潔白，亦有紫黑者。　芍藥：一名鳧茈，言葉似飛鳧戾其掌。　牡丹：一名藾，一名鼒薑。皮色如丹，花極大而不實。丹景有成樹盈把者，相傳為王蜀時物，同治初為余令移去而死。　決明：一名芺茪，一名薢茩，俗呼千里光。　萹竹：葉可釀豉。　葴：寒漿也。一名酸漿，俗呼紅姑娘。　覆盆：苺也。一名茥，一名缺盆，實似乳頭而恒缺一面，故名。俗呼薅秧苞。　蔓荊：一名楚，俗呼荊剛藤，後代醫家多不識此。　茵陳：即莪蒿。一名蘿，一名廩蒿，一名抱娘蒿，一名麗春草，一名九仙草。治黃最效，後代醫家所說貿貿多矣。此物當縣所罕，附記於此。　野山藥：即藷薁。大而短者曰脚掌藷，長而殺者曰牛尾藷。　鬱草：俗名藿香，煮之汁黃，醫家以為鬱金香，非也。　龍膽草　芭蕉：古謂苞苴，一名天苴。　蘘荷：似芭蕉而小。　蒲黃：蒲椎之粉也。　藍：染草，亦殺蟲。　蘭草：即春蘭也。仲冬而根茁，冰泮而華。於文，削竹不編可束曰柬，門闌不遂曰闌，蘭之葉似之。又名蕑，義與蘭同，自《吳普本草》誤指為都梁香，後代儒者附之，乃至有盜蘭說，可為冤也。　澤蘭：蘭之大者。一名虎蒲，俗呼蟬花。　蕙：即秋蘭。根如車□，故名。《楚辭》擘蕙櫋兮既張，蕙根又似枕也。　蜀葵：俗名棋盤花。　白菊：北山多種之。　藕　薜荔：馬藺也。生河濱曠地，葉似麥冬苗，根可為刷。　蘠蘼：一名虋冬，似山礬，葉面青背白，有細刺，實赤如虋，中有毛似冬，冬者繭也。　山礬：俗呼七里香。　葥：王彗也。俗呼鐵埽帚，實名地膚子。　香薷　南星　瓜蔞：即栝樓。　天花粉：瓜蔞根也。　淫羊藿　百合：似蒜。　蒟蒻：俗呼鬼芋。

果　桃　李：縣境多李園，杜家林最有名。　梅　杏　櫻桃：含桃也。人噙食之，故名。含，古噙字。　梨：鎮國寺者最美。實中子至中秋亦甘，木皆斷本而接之，每樹只一二枝。　山梨：赤棠也。一名杜，實赤而酢，斷其本以接梨特佳，故又名甘棠。　柰：俗名花紅。　朹子：小柰也。一名繫梅。　來禽：即林檎。　胡桃：俗名核桃。　栗　榛：細栗也。　天師栗　銀杏：俗名白果。　安石榴：古作劉，又名杙。　橘

黃柑 柚：大柑也。俗名氣柑，剖之有氣出。 枇杷 柹：俗作柿。

牛奶柹：一名柂梅，一名椑，又名君遷。 木瓜 椇：枳椇也。或作檝，《詩》作枸，俗名拐棗，又曰木蜜。

木 松 柏 杉：一名柟，一名柀煔。諸山徧植之，老林之杉大，數人抱。 豫章：俗謂之柟，字一作楠。 香章 柳：垂柳也。《爾雅》曰旄澤柳。 檉：河柳也。與柳無異，但枝不垂。 楊：蒲柳也。俗曰白楊，一名杞，一名髦，一名柔英。 杬：一名州木，彭人呼為麻柳，皮紉可糾繩，州，糾也，杬從兄，亦糾義。 柞：一名櫟，一名杼，一名栩，實名橡子，梂名皂斗，可染黑，俗曰青剛。 棫：柞之白理者，中為矛戟柄。 樸：柞之不成樹者，其季者名樕。 櫻：一名檖，一名椵，一名髡梱，一名菌，其皮名苴，又名絰。 欒：一名樠，或名桓，實名菩提，亦曰無患子。 楑：本作机。 樗：樠也。似椿而臭，葉上作囊，可染黑，俗呼五樠子，又曰膚鹽樹。

椿：一作杶，又名櫄。 桂：花有赤黃兩種，永定場西鴨子河邊有小桂樹，生子。 椒 椺：即茱萸，一名鼠梓。 茶：《爾雅》：檟，苦茶。俗作茶。 梓：木高一二丈，似槐，結莢似紅豆。 紅豆木：葉實皆似紅豆。 椅：木高，皮似桐，葉似漆，結莢如梓而長，俗呼豇豆樹。 桐：梧也。皮青，中似麻，實似丸豆，可食，中為琴材。 白桐：俗名泡桐。 剛

桐 油桐 桕：烏桕也。一名棬，可作臼。《爾雅》訛為柏，葉可染黑，實可榨油，俗名棬子。 槐 夜合：即守宮槐。葉宵聶晝炕，今《爾雅》本訛為晝聶宵炕。 櫰槐：大葉而黑，多脂無子，俗呼為油槐。 檀 榆：縣境特少。 榔榆 荊桑：歲削枝有葚，宜高□地，一名梔。 魯桑：即女桑，一名桋桑，無葚而高，枝垂，所謂若木，宜下溼。 柘 苦柘 蠟樹：一名女貞木，實紫，可釀酒。 冬青 銀木：古名棆。《爾雅》：棆，無疵。

楝：《攷工記》作欄。 焦梨：皮可染綠。 木芙蓉 裳華：俗名梔子花，蒂如裳襞積。 木槿：花為舜華，滑可食，《禮·內則》作堇。 紫荊：二月花，皮可治風。 紫薇：七月花，木似倮，故俗呼癢樹。 蠟梅

木筆：古名辛夷，俗呼牛心花。 穀：音轂，一名葯。 厚朴

竹 慈竹：一名篔，其皮謂之篾。 斑竹 竻竹：音筋。 白甲竹

苦竹 甜竹 龍頭竹 黑竹 粼竹：堅中，俗呼牛尾竹。 樱竹

鳥 雛：鳺鴟也。多巢檐屋間，撩取放之，仍宿故處。故《詩》傳云一宿之鳥。 鳲鳩：斑鳩也。行安緩如尸，故名。或冬月伏卵，善因他鳥之巢以為巢，故少皞氏以名司空之官。 戴勝：即鵀鳩，頭上勝高寸餘如戴，毛色五采，數道相間，好集牆畔或溝中也。 鴿：鵓鴿也。似鳩少大，聲亦似鳩，善飛，人家多畜之。一名艾，色似艾也。一名鵋鶀，謂忌箕也，防撩取也。一名烏鸔，謂懼鸔鳥也。鸔通鴝，鷙鳥，飛極高，翅有骨圜大，好擊鴿與鳩也。 鳭鷯：巧婦也。一名輿，一名軌鳩，一名鵄鶵，一名剖葦，一名蝬鳩，一名天狗，一名韈雀，好巢葦上，猣猣向天，飛鳴聲如犬吠，俗謂之朝天雀也。 鷚鶉：高飛似鷚，色似鶉，秦人好畜之。一名鶹，一名劉疾，一名鷚，一名天鸙，俗亦名之朝天鳥。 鶬：盜鶬也。一名鴾，一名麋鴰，善脫粟，聲似小鈴，《詩》曰八鸞鶬鶬。 鵝：一名舒雁。 鶩：鴨也。一名舒鳧。

鳧：野鶩，善沒。其浮者名鷖，即白鷗。 鵜：鸕鷀也。一名鴮，一名鷉，一名鵹，一名鶘，一名諸雉，俗呼魚老鴉。鵜，曳足也。鴮，張翼立似夸父也。鷉，束頸如飾羔也。鵹，如紡繫。鶘，噎也。今《爾雅》作鵹、澤虞、鷉、鶘。澤虞乃鷉盧之訛耳。又陸璣《詩疏》以淘河為鵜，亦誤。淘河乃《爾雅》之鷘鳥，一名鴺，言口中正黑如竈突。 鸎：山鵲也。一名鸎鳩，一名鶡鳩，一名寇雉，好效百鳥鳴。 扈鴳：斥鴳也。一名老，俗呼畫眉鳥，九扈，皆聲如斥者也。字亦作鷃。又作焉。 桑扈：今蠟嘴雀。 棘扈：今狐脰雀，群飛荊棘間。 行扈：即脊令。其聲唶唶，俗呼點水雀。 宵扈：即雝渠，俗呼水斑鳩，夜間作聲嘖嘖，音罩。 春扈，鳻鶞也。似脊令微小，尾短，身首青黑，面白，俗呼張飛雀。鳻，音粉。鶞，音盾。 夏扈 秋扈 冬扈：俗呼豬食雀。 桃蟲：一名鷦。其雌名鴱，俗呼黃脰雀，能巢柏葉上。 烏 慈烏：即鸒斯。一名鵯鶋。小而聲慈，知反哺。 白脰烏：一名燕。 鳶：食雞雛者。 燕：越燕也，紫鷰。 鷰燕：胡燕也。一名周燕。 規飛斑鴿，不能語，巢樓下，壘如魁。 鴽：田鼠初化伯勞也，食鴿，故又名鵅母，猶鵙為蟲母。 鶉：鴽子也。一名鳼，字又作鷂，一名題肩，一名正鳥，一名趨鳩，字又作鸇搗，俗呼馬伯勞。 鴟：一名狂，一名茅鴟，一名寢鳥，俗呼貓耳頭。 鴞：一名怪鴟，一名梟鴟，俗呼夜識鷹。

鶯：黃鳥也。一名皇，一名倉庚，一名商庚，一名流離。少好長醜，秋後毛脫而鷙，字亦作留栗，《詩疏》誤作栗留。案古諺本作：黃留栗，看我麥，桑葚熟。栗音離，麥音枚，熟音誰，楚語讀孰為售，故誤。 鷸：翡翠。

鸜：鸜鵒也。一名山烏，俗呼八哥，今《爾雅》訛為鸜。　鸑：反舌也。俗名烏鸜。　白鷢：一名鷽，俗呼牛矢八。　蝙蝠：一名服翼，一名鷐，一名鼺母。　鼯鼠：鼪也。俗名飛生。　鸇：隼也。一名晨風，一名鸇，俗謂之鷂。　鷹：爽鳩也。　樹鷹：食木葉。　楚雀：一名鵹黃，即黃雀，俗呼黃盜倉。《詩・小雅》及《秦風》之黃鳥並指此。《釋鳥》篇末云：倉庚，鵹黃也。乃後人續貂耳。　斲木：一名鴷。　白鷺：一名鷺鷥，一名春鉏。　吐綬雞：鷊也。一名真珠雞，如家雞，羽毛有白圓點，向日吐綬，長闊數寸，紅碧相間，極為煥爛。　錦雞　秧雞：乳稻田中，大僅如雞雛，長脚色斑黑，茸毛無尾，不能飛。　水雞：乳稻田中，或斑或赤黃，重斤餘，食魚，不能飛。　黃雞：乳蕎麥田或竹叢中，似雞，身長能飛。　白面雞：生稻田中，似家雞而小，無尾，不能飛，淡黃色，面白，亦名黃鳥，雌雄相隨，每鳴輒應，每應輒俯其首，疑即《山海經》所謂食之不妒者。　鶉：鴾也。初春鼃所化，俗名羅鶉，生子為鴳，項有白環，俗名齊毛。

獸　豹：多在前山。有艾葉、金錢兩色，艾葉者尤猛。　兕牛：野牛也。出牛圈溝。　熊：似狗而大，黑色，掌似人足，喜火煙。　花熊：食鐵，出牛圈溝。　豦：野豕也。以頭突人，至輒一二丈。出天彭山，肉赤如豕喙肉。　豪彘：一名肆，毛堅長而黑，端如筆管。　山羊　巖驢　麢：似麂。一名猶。善登木，亦善泅，即麝父也。麢足，《爾雅》或誤作麋足，再誤為麢足。　麃：大麢也，肉美。今謂之麞。　麂：一作麠，似麞而小，善投巖。　麠：一作麖，大麂也。麠之為言彊也。案今《爾雅》作麠，大麃，牛尾，一角。麠，大麢，旄毛狗足。牛尾旄毛云云係衍文。麃麠二字互倒。　狸：似犬，竊雞，小者似貓，食肉不盡則埋之，故名。　狐：出九隴之旄狗洞。　風貍：俗名猲子。《格物論》：風貍似兔，多棲息高木，候風吹之而過他木。《霏雪錄》：風貍只食山果，而乘風過枝甚捷，味獨勝他貍，宜糟食，尤佳。　貒：豬獾也。俗名孔豬。《正字通》：一名獾豘。狀似小豬，體肥行鈍，穴居，足尾短，褐毛，小喙能孔地食蟲，肉有土氣。　九節貍：貙也。《格物論》：晝伏夜出，金眼長尾，黑質白章，尾文九節，名九節貍。《博物志》云：尾毛可為筆。　獺　兔

蟲　蠶：字一作蚕，譌作蚕。　豎蠶：蛾無雄生子，厥蠶無眉目，名豎蠶，一名莫貑，言似貉善睡也。《博物志》誤作豎蠶。　蜆：絲盡未成蛹曰蜆。一名縊女，通作繭。　蛹：一名魄。　蜜蜂　巖蜂　蚼：一名蝺何，蜜房中捋足蟲也。蜂分時何之，而飛皆各有事。　蛾：一名羅好蒲，如烏羅羅。　土蜂：俗名土琴，最毒。　木蜂：俗名牛角蜂。　果蠃：蜂細腰如果蠃也。一名蒲盧，即胡盧也，並借名。　白蠟蟲　螳蜋：或作螗蜋。一名螳蠰，一名不過，一名強，一名蚚父，一名矛，字又作蟊，亦作蛑，其子名螵蛸。　蠰：一名齧桑，俗呼天牛。　蜩：蟬也，蜣蜋轉丸所化。大而色黑曰蜋蜩，蠐螬所化。蛻而飛曰蝘，曰螗蜩。最大，色黑，有螯，頭左右轉，曰蝒，曰馬蜩。齧桑曰蠽，曰蟪蛄，曰茅蜩，並以五月鳴。小而有文顙首，以四月鳴，曰螓，亦曰蛰。小而青赤，以七月鳴，曰寒蟬。小於寒蟬，二三月鳴，好旁行避人，曰蜓蚞，曰螇螰。　繼英：蟬花也。一名密肌。　螬：蜂蛹及果實中蠹也。　蝎：桑蠹也。一名蛣蝠，一名蝤蠐，俗呼齩木蟲。　蜣蜋：一名蛣蜣，俗呼推矢婆。　蛶蝣：一名渠略，似蛣蜣，身狹而長，有角，黃黑色，叢生糞土中，朝生暮死。　蠸輿父：瓜上臭蟲也。一名守瓜，一名行夜，似蜚蠊，極臭。　蚑蟥：即蟿螽。一名螇蚸，一名蚸，俗呼蚪蚱蜢，喜食瓜花，振羽鳴聲最笮。《攷工》注作發皇，《西山經》作勃皇。　斯螽：《爾雅》作蜇螽，一名蚣蝑，一名蟦，俗呼蚱蜢。生秦中者大二寸，能以股切翅作聲。　草螽：一名蠜，生茅葦間，色深碧，好攀援草葉。　阜螽：一名負蠜，頭銳而大，好負其子。今《爾雅》阜草互倒。　土螽：一名蠰谿，好在道上及溝中，色如土。　蟋蟀：一名蛬，在野謂之莎雞，亦曰草蟲，色光黑，好鬪。　蝝：一名蝮蜪，色光黑如自復陶中出，俗呼偷油婆者是也，食蝍蛆。　蝍蛆：蜈蚣也。色黃似蒺梨蔓，是食蛇。　蟆：蚊也。一名螫，沙蟲所化，漢中呼為蟆子。　蜫：馬蚿也。一名蚿，古作蚿，篆譌從8，俗呼百足蟲。　虰蛵：蜻蜓也。一名負勞，食蚊。　蛅：毛蠹也。一名姑蠪，一名強蛘，螫人，俗呼蟯刺子，亦能蠹木。　螺：音墨，姑蟴也。一名蝚，一名蛝螻，即毛蟲之黑者，螫人。　不蜩：一名王父，即姑蟴之白駮者。　蟠：俗呼地蝨，一名鼠負。　蟫：衣書中蟲，一名白魚。　粉蝶：一名螒，一名天雞。　蚍蜉：大螘也。其子為蚳，可作醬。　朾螘：螘之大首者。一名蠪。　飛螘：一名䗁。著人衣，還行如熨。　蛭：生稻田中。一名蝚，一名至掌，俗呼馬蟥，生山上者曰乾馬蟥。　尺蠖，俗呼寸子蟲。　伊威：形半圓如黍稃委地，色黃澤，有赤黑點，俗呼黃

雞。 蠨蛸：蜘蛛長足者，身長色黄，有赤斑。 蛇：一名烏蠋，一名藿蠋，俗呼豆葉黄。 蠓：俗謂醯雞為蠓子。 蛾：蟎也。俗亦呼蛾子，生構囊中。 蛈蝪：土蜘蛛也。結網穴中，輭厚如囊，俗呼皮口袋。 螟蛉：即草蜘蛛。《爾雅》以為桑蟲，蓋爰蟲之誤。 蟴：似蚱蜢而小，尾形如刀而堅，食苗節，亦振羽鳴。 鵴掇：聲如蟋蟀，拘背而倮生竈下，俗呼竈馬。 蚓：一名蜸，與螽交，俗呼曲蟺。 商蚷：踊躍水面，俗呼水端公。 豉母：大如豆，色黑而臭，浮游水面最疾，亦名水端公。 山子：生山林中，聲清越如磬，俗呼磬兒子。王漁洋詩：數聲清磬不知處，山子晚啼黄葉中。形狀未聞。

魚 鯉：青赤二種。 鰋：一名鮎，一名鯷，偃伏泥中，俗呼廉魚。 鱧：一名鯇，一名鱓，俗呼白鱓，蛇頸，能鳴，多膏，食之美。 鯊：俗呼鯊鰛。 鮀：黄鱓也。此魚與鯊俱名鮂，鮂者伏也，與芝名茵同義。 鰌：一名鰼，一名鯾。 鮥：俗名烏棓，一名當魱。 鯽：本名妾魚，一名鱖，一名鯞。 鱎：一名鮬，俗呼龍眼魚。 鱒：一名鮅，俗呼細鱗魚，《山海經》謂之鰲魚，《蜀都賦》謂之嘉魚。縣境大小魚洞中產之，春出冬反。鱒，遵也。鮅，如斲木循其墨也。鰲，螯也。 鰈：俗呼桃花魚。赤目，好獨行。 鰷：俗呼白鰷魚。 杜父魚：俗呼黄刺丁。 科斗：一名活東，一名鱦，一名活師。生稻田中，圓首細尾，尾落足生為鳴鼃。 蟾蠩：蝦蟆也。似鼃不能躍，大腹，身多痱磊，一名鼀䵷，《詩》作戚施。 蚌：一名含漿，字一作蜯，又作蚌。 田蠃：一名蛸蠌，俗作螺。 蝸牛：一名蚹蠃，一名螔蝓。 蝁：一名跌，俗呼脚蛇，又曰蛇醫。身五色變易者曰蠑蚖，亦曰蜥蜴。 蟒：大蛇。 青蛇：俗呼青竹標。 烏梢蛇 鼈 羌活魚：出九峰山中。

明・王尚用《尋甸府志》卷上 食貨

穀屬 稻、黍、稷、麥二種、豆三種、蕎。甜、苦二種。【略】

藥屬 菖蒲、香附、荊芥、紫蘇、茴香、土半夏、茱萸、山藥、茯苓、苦參、薄荷。

果屬 梅、橙、栗、梨、柿、杏、藕、桃、李、楂、野荔枝。

花草屬 桂、菊、紫薇、玉簪、木香、七里香、牡丹、芍藥。

菜屬 青、白、莧、芹、茄、蘿蔔、胡、白、紅三種。芥、葱、韭、葫蘆、圓、長二種。蒜、王瓜。

竹木屬 青竹、紫竹、松二種、栢二種、栗、桑、榿、青皮木。宜刻花草。

禽屬 雉、鵲、鸛、鷂俱野，雞、鵝、鴨家畜，水鳩。一年止出秋季。

獸屬 豹、虎、兔、麂、獐、猴、熊、狼、狐狸、野豕俱野，牛二種、馬、驢、豕、羊二種、猫、犬家畜。

魚屬 鯉魚、鮎魚、鰍魚、鱔魚、花魚、鯽魚、細鱗魚、白鰷魚。此種出清水海。

清・全奐澤、許實《祿勸縣志》 物產

香蕈：祿勸馬地極多，蠻人資以為生。上味者圓而小，其肉厚，似口外蘑菇，惟大而薄者下，以曝乾為上，炕乾為下。 木耳、白森：皆樹（雞）〔雞〕也。木耳如耳，其質柔。白森如雌雞冠，其質堅，味帶海腥而美。杉木耳亦馬分所出也。 石花菜：出甲甸溪河中石上，即青苔也。似海中紫菜而其色碧。 雞㙡：祿勸雞㙡大者高尺餘，蓋經五六寸，甲於他產，鮮香甚美。 假名鬼廟，一名鬼頭，葉如天南星，根圓扁如（爪）〔瓜〕，肉白如芋。有蒟蒻汁漿，土人掘而棄之，不之貴也。窮子間取以食，味澁口。按：劉淵林蒟與蒻為二物。蒟緣木而生，子如桑椹，熟時正青，長二三寸，密藏辛香，渴調五藏。蒻，草也，根名蒻頭，大者如斗，其肌正白，以灰汁煮則凝成，以苦酒醃食之，蜀人珍焉。據此則鬼頭為蒻，非蒟也。 雞嗉子：樹高盈丈餘，綠葉重陰，其實紅堆眾皺，頗似荔枝。蓋山雞垂丹臆蘭翠者也。馬分中彌望盈山，徒供鸚鵡之糧，未有採而食之者。 香橼：佛手柑，普渡河邊產者勝。

餘甘：出金沙江邊，葉碎如狗骨，實圓如楝子，味不甚佳，此地人呼為橄欖也。 救軍糧：樹高及人，葉細如瓜子，白花紅子，酸甘可食，山野彌望，武侯南征，軍士採食之，故名。 鎖梅：有黃黑二種。黃者即菟絲子，黑者即覆盆子，蔓生如何首烏，葉如錢大，有刺，實如黃豆大，味酸甜。 錐栗：樹不高，葉如栗而小，實如豆大，味甘。 白鶴花：宛如飛鶴，頭翅尾俱全，色白，草本。 茯苓：出江邊各馬〔地〕，馬地各古松不知年，所產茯苓，夷人以鐵杖劚之，往往得巨者，重數十觔，頻年殆盡，惟小者纍纍耳。 五色石斛：金釵石斛本為珍藥，而出祿勸之普渡河石壁者獨備五色，尤為諸品之珍。大抵齊全，究以紺紅深者為佳耳。 鸚鵡：《農部瑣錄》：出普渡河金沙江邊茂樹深林，巢於穿穴，每抱三四鷇，土人緣木探得而養之。《滇海虞

衡志》：多於金沙江邊，五色俱備。亦有白鸚鵡，如畫大士相隨者，養飼以番稻及松子，其與孔雀皆文禽也。伽陵鳥：絳雲露山有之，人但聞其鳴，不能見也。交響徹遙空，所以謂伽陵之音，蓋烏蒙之氣此鳥居之。予長農部曾宿山下，得聞之也。犀牛：在掌鳩河中，不能見，見輒不利。頭戴三角，夜行如炬照數百步。或時脱角，則藏於密處不見人，古傳取犀以陷牢殺之則有震雷暴雨。仙鹿：在雪山，其身潔白，行於雪巖如不見物，人罕見之。野牛：稍割取肉，牛不死，經日肉生如故，古所謂視肉殆此耶。巖羊：《一統志》祿勸州出，即山羊也。走懸崖，善墜，土人逐之。其血補益。昔某刺史郎君病尪羸，死在旦夕。捕得牽至庭，環走令血行，乃刺血，以口承創處吸之，其血腥易嘔，以薑納口吞而飽之，血行周身，病遂起。鮎：其口如戶，遙見其頭如戴釜狀。蝙蝠：祿勸懸崖大蝙蝠極多，皆倒挂，疑千餘年物。厥民每捕而烹食之，亦無異。熊：產湯郎馬䟢厰。檀萃《虞衡志》：熊類至多，有馬熊、人熊、豬熊、狗熊，滇南多有之。予宰農部，湯郎馬䟢厰其地多熊，仰視大栗樹，其大枝墜地盈堆，熊齒而墮之以食其實。但人所獻熊膽、熊掌，餘則無所用，不聞取其皮。

明・沈最《普安州志》 土產

珠砂：係本省萬山出，本州原無。水銀：見《一統志》。本州無。鐵：本州亦未詳出處。因《一統志》云云，亦併載以備稽考。雄黃：出本州鄰境廣西安隆洞。

穀類 粘穀 糯穀 黍 粟 稷 麥：大、小、燕三種。豆：三種。蕎：甜、苦二種。

蔬類 白菜、青菜、芫荽、苦蕒、葱、茄、蘿蔔、萵苣、芹菜、韭、莧菜、茼蒿、王瓜、冬瓜、蒜、莙薘、芋、蕨。

菓類 桃、李、柑、橘、胡桃、栗、銀杏、柿、杏、梅、石榴、梨、枇杷、茈菰、葧薺、楊梅、菲苭、橙。

花類 桂花，丹、黃二種。牡丹、芍藥、海棠、葵、薔薇、紫荊、鳳仙、山茶、菊、玉簪，白、紫二種。水仙、山丹、海石榴、萱草、碧桃、芙蓉、紫薇、梅、緋桃、石竹、蔔簷、白木香、黃木香、鷄冠、剪裙羅、繡球花、月月紅、迎春柳、金盞花、蝴蝶戲珍珠、象鼻花、鴈啣書、白鶴、七里香、龍爪，有紅、黃(三)[二]種。粉團、杜鵑花、翰林菊、木槿、蘡粟、臘梅、梔子。

藥類 南星、山蕷、梔子、天明冬、白芷、牽牛、甘菊、續隨子、葛根、石斛、茵陳、女(真)[貞]實、甘蕉、芫荽、薄荷、菟絲子、紫蘇、蒼耳、牛膝、菖蒲、當歸、半夏、川芎、桔梗、乾薑、艾、白及、茴香、杏仁、桃仁、木瓜、車前子、百合、黃芩、柴胡、五加皮、芍藥、荊芥、前胡、益母草、草蔴、遠志、常山、馬前蒿、管仲、秦艽、沙參、牛蒡子、玄參、何首烏、五味子、馬鞭稍、威靈仙、金銀花、天花粉、桑白皮、防風、百部、降真、半夏。

竹類 筋竹、鳳尾竹、紫竹、苦竹、蘆竹、瀟湘竹。

木類 松、栢、桑、槐、楊、柳、桐、楓、栗、楮、椿、冬青。

羽類 鷄、鵝、鴨、燕、雉、鴿、鳩、鵲、黃褐侯、鷹、白鷴、練鵲、鷓鴣、寒鴉。

毛類 牛、馬、麞、麂、兔、猪、羊、狐、狸、鼠、豹、虎、野猪、猴。

鱗類 白魚、鯽、蛇，數種。鰍、川山甲。

蟲類 蠶、蜂、螢、蟬、蝶、蛾、蠅、蚊、蛙、蟋蟀、田鷄、蝦蟆、螳螂、蜘蛛、蝙蝠、蜻蜓、蚯蚓、蜣螂。

明・鍾添《思南府志》卷三 土產

穀品 杉板紅、六十日、白露早、班稠糯、香禾米、猪毛糯、洗杷早、金釵糯、羅裙帶、大刀豆、豌豆、扁豆、蠶豆、豇豆、小豆、黃豆、綠豆、黑豆、苦蕎、甜蕎、大麥、小麥、燕麥、黍稷、粟、粱。

貨物 綿花、苧蔴、葛麻、黃蠟、蜂蜜、香油、桐油、丹沙、水銀、硍硃、五倍子、鐵、椒、茶。丹砂、水銀、硍硃，茶出婺川縣，餘物六司縣俱有之。

竹木 箭竿竹、筋竹、班竹、苦竹、刺竹、紫竹、白楊、黃楊、黃連、黃心、杉、楠、桑、椿、楸、栢、杜、槐、楓。

菓品 梅、柑、橘、栗、棗、梨、桃、柿、李、榴、銀杏、核桃。

花品 芍藥、海棠、紫荊、玉簪、滴滴金、百合、雞冠、金錢、粉團、映山紅、金鳳、山茶、櫻粟、芙蓉、七姊妹、菊、蓮、葵。

藥品 益母草、何首烏、五味子、車前子、一枝箭、枸杞子、地骨皮、天門冬、麥門冬、櫻粟殼、白扁豆、小茴香、香附子、山次菇、慈女歸、荊芥、薄荷、黃連、黃栢、紫蘇、陳皮、青皮、半夏、川芎、當歸、山藥、木通、瓜蔞、芍藥、枳殼。

菜品 萵苣、蔓菁、苦蕒、王瓜、冬瓜、絲瓜、葫蘆、葫荽、芋頭、蘿蔔、青、芹、白、莧、韭、甜、菠、筍、芥、蕨、葱、茄、蒜、瓠。

羽屬 白鷴、竹鷄、野鴨、鴛鴦、偷倉兒、畫眉、杜宇、布穀、青鶯、喜鵲、鶴

鶉、鸕鶿、伯勞、百舌、班鳩、雉、鴉、鶯、鴻、燕、鷹、鷂、鷄、鵝、鴨。

毛屬　虎、豹、羆、熊、麞、鹿、麂、麅、豺、狐、猿、猴、狗、猫、鼠、獺、羊、牛、猪、馬、驢、野猪、山羊。

鱗屬　青魚、鮎魚、鰌魚、黃鱇、短頭魚、鯉魚、鱔魚、泥鰍、細鱗魚、長唇魚、鰕。

介屬　蟹、鱉、蚌、螺。以上物，六司縣俱有之。

元・陳大震、呂桂孫《大德南海志》　土貢

任土作貢，其來尚矣，尊君之義，人心所同。廣為禹跡所奄，揚州之地，厥篚織貝，厥包橘柚，載之《禹貢》，歷歷可稽。漢初趙佗因陸賈使回，獻白璧一雙，翠鳥千，貝五百，桂蠹一器，生翠四十雙，此一時事也。後漢歲獻龍眼、荔枝，十里一置，五里一堠。和帝元興元年，臨武長唐羌上書諫止，帝下詔勑太官勿受獻，由是遂省。宋武帝時，州獻入筒細布一端八丈，帝惡其精麗勞民，付有司彈劾，以布還，并制嶺南禁作此布。唐制州貢銀藤、簟竹席、荔枝、鼊皮、鼈甲、蚺蛇膽、石斛、沉香、甲香、詹糖香。宋太平興國八年，詔曰：廣州歲貢藤，每斤去皺鸁中用者纔三兩。自今取堪用者，無使負重致遠，匱民力焉。又《九域志》所載：土貢，沉香一十斤，甲香三斤，詹糖香、石斛各二斤，龜殼、水馬各二十枚，鼊皮二十領。後悉除之。聖朝不貴異物，進貢所供藥物而已。上無玩好之需，下無勞頓之擾。其視十里走紅塵者，相去有間矣。今以進獻物色，具載於後。

番禺縣　藿香五十斤，廣茂壹佰斤又名青薑。(柯)〔訶〕子五十斤，隨風子壹斤，使君子二十斤。　南海縣　龍眼子二斤，桄榔子壹斤，使君子三十斤，薑黃二十斤。　香山縣　蛤蚧七十對。

物產　《書》序：九丘土地所生，風氣所宜，皆聚此書。所謂風土物產也，天地間東西南北風氣不同，物產亦異。故南人不識駝，北人不識象。杜鵑至洛，識者以為怪；鸜鵒巢魯，當時以為妖。橘踰淮而為枳，梅南落而北開。其氣殊，其產亦殊也。廣東南邊大海，控引諸蕃，西通牂牁，接連巴蜀，北限庾嶺，東界閩甌。或產于風土之宜，或來自異國之遠，皆聚于廣州。所以名花異果，珍禽奇獸，犀珠象貝，有中州所無者。《漢志》云：粵地處近海，多犀、象、珠璣、銀、銅、玳瑁之湊。謂其自遠方來也。《桂海虞衡志》又云：世傳南果以子名者百二十，半是山野間草木實，猿狙之所甘，人強名以果，故不能盡識。其餘飛潛動植之類，似此者多，不獨草木為然也。今分門析類，條列于後。

穀粟絲麻　秔、糯、秥、粟、麥、豆、脂麻、稻。　絁、紬、紗、蕉布、葛布、苧布、竹鮮布、吉貝布。

寶貝　珠：來自舶上，土產不多。劉漢時置媚川都以採之，至宋而廢。歸附後，元貞元年，屯門寨巡檢劉進程、張珪建言：東莞縣地面大步海內生產鴉螺珍珠。又張珪續言：本縣地名後海、龍岐及青螺角、荔枝莊，共二十三處，亦有珠母螺出產。省府委官相視採撈，及採到產珠鴉螺樹、鴉螺殼，各取珠子進呈去訖。定議三年一次，於六月、七月採撈，所得多寡，初無定数。大德四年，績有侯福建言：東莞縣東名橫洲，共十處，出產珠顆。見行委官，亦依例相視採撈。　紫貝　鼊皮

香藥　欖香：新會上下川山所產白木香，亦名青桂頭。其水浸漬而腐者，謂之水盤頭。雨浸經年，凝結而堅者，謂之鐵面。惟欖香為上香，即白木香材，上有蛀孔如針眼，剔白木留其實者，小如鼠糞，大或如指，狀如欖核，故名。其價舊與銀等。今東莞縣地名茶園，人盛種之，客旅多販焉。　訶子：故乾明寺有之，即今光孝取寺之羅漢井水與甘草和煎，乳白而甘。　桑螵蛸、木通、桑白皮、白芷、萹蓄、金毛狗脊、縮砂、桔梗、蓽撥、獨活、五加皮、楮實子、剪草、金銀花、藿香、象斗、馬屁勃、五倍子、山梔子、木鱉、五味子、青葙子、天漿子、紫蘇子、紫(苑)〔菀〕、紫梢花、凌霄花、地黃、乾薑、乾葛、何首烏、山茨菰、地骨皮、馬兜鈴、黃苽蔞、覆盆子、百部、蓖麻子、蜀葵子、槐角子、車前子、薏苡仁、白扁豆、紫河車草、紫金牛、菖蒲、枇杷葉、金銀薄荷、石蓮子、山藥、使君子、天南星、白及、白斂、罌粟子、黑牽牛、白牽牛、蛇床子、麥門冬、黃花母、茱萸、金櫻子、隨風子、訶黎勒、樟柳根、香花子、苦楝子、吊藤、仙人肝、(葳)〔威〕靈仙、草牛膝、甜葶藶、芸薹子、萆薢、續斷、接骨草、鹿茸、烏朱砂葉、紫背草、三賴子、紫茸、雲母石、香附子、貫眾、木饅頭、胡蔓草、海蛤、海螵蛸、海牛、海馬、海藻、石決明、石蟹、石蛇、石燕子、蛤蚧歲貢七十對、赤足蜈蚣、紅娘子、班貓、水蛭、蝱蟲、昆布。

花　素馨花：《南方草木狀》一名那悉茗。有胡人自西國移植於南海。又《龜山志》謂昔劉王有侍女名素馨，其塚生此花，因名。今城西九里地名花田，彌望皆種此花，其香他處莫及。古龍涎香餅及串珠之類，治以此花，則韻

味逾遠。販女或以蕉絲為穗，鬻於市。　珊瑚花：　經略程師孟詩云珊瑚花發客疑真是也。　茉莉花：　或云抹麗，較諸素馨，其香尤旎，其種又有黃色者。　泡花：　或名柚花，春末夏初開，蘂圓白，既拆，似茶花，氣極清芬。　佛桑花：　使君子花：　蔓生，一簇至一二十葩，輕盈似海棠，紅白間開。　佛桑花：　花與朱槿稍似，葉如黃桑差小，州人呼為小牡丹，其色殷紅，大如盞。又有水紅者，頗佳，四時皆有花。東坡詩云艷艷燒空紅佛桑是也。　朱槿花：　一名木槿。《詩》云顏如舜英是也。其色不一，或紫，或白，或水紅者，春夏盛開，惟單（臺）〔葉〕者朝開暮落。　蝴蝶花：　樹高可三五尺，葉皺而有稜，春暮盛開，山谷間常有之，惟新會白水山為盛，其蕾叢眾三二十顆，開必四朵相對如白蝶狀，鬚眼微具，謝又開，其次蕾謝，復如之，亦草木之妖也。故好事者有詩云：　疑是多情年少兒，誓為比翼更連枝。芳魂化作此花者，世世生生不廝離。　白鶴花：　狀如白鶴，頭頸翅足皆具，頭有黑點如眼睛，開於暮春，惟西樵巖有之。　刺桐花：　殷紅如木綿花，樹枝皆生刺，故名。朱餘慶詩云：　經冬來往不踏雪，半在刺桐花下行。　含笑花：　其色微紫，香亦旖旎，蒲澗山多有之。東坡詩云：　如今獨有花含笑，笑道秦皇欲學仙。　真珠、金盞、金沙、金鳳、木香、金錢、闍提、鳳尾、麗春、長春、勝春、薔薇、芙蓉、密友、酴醿、山丹、蜀葵、蠟梅、小笑、大笑、鷹爪、萱草、竹仙、郁李、雞冠、金菊、指甲、荳蔻、御柳、木犀、杜鵑、海棠、羅漢、紫絛、紫薇、梅堆、白薇、麝臍、男貞、女貞、寒蟬、春花、罌粟、木錦、雞頭、石竹、惜銀紅、玉繡毬、佛頭菊、胡蝶菊、剪春羅、九里香、滴滴金、醉楊妃、七寸錦、玉留春、金燈、淩霄、（白）〔百〕合、綠蔥、玉簪、乾蓮、金蓮、黃淡、露頭、碧桃、錦李、丙桃、緋桃、紅梅、柳桃、奴仙、素馨菊、映山紅、一丈紅、千葉石榴、蘭、蕙、重瓣蜀葵。

果　波羅蜜：　樛枝大葉，實生於榦，其大如瓠，蜜煎最宜，南海廟東西各一株，每歲九十月熟，取供諸臺，它莫敢取。本西域種也，一名曩伽結。　頻婆子：　實大如肥皂核，煨熟去皮，味如栗。本韶州月華寺種。舊傳三藏法師在西域携至，如今多有之。頻，一作貧，梵語謂之叢林，以其葉盛成叢也。　蒟醬：《蜀都賦》：　蒟醬流味於番禺。《本草》云：　蔓生，葉似王瓜而厚大，實似桑椹，其苗為浮留藤，合檳榔食之。　荔枝：　自東漢時南海進荔枝，時唐羌上書言狀，和帝罷之。漢史：　永元中，交州進荔枝、龍眼，十里一置，五里一堠，奔騰死亡，罹猛獸毒蟲之害者無數。時唐羌，字伯游，為臨武長，上書言狀云：　伏見交趾七郡獻生龍眼、荔枝。南州土地炎熱，惡蟲猛獸不絶於路，犯死亡之害者眾。二物升殿，未必延年益壽。和帝罷之，詔曰：　遠國珍羞，本以薦宗廟，苟有傷害，豈愛民之本。敕太官勿復受獻。時永元十五年也。今佳品多出增城，其名有脆玉、麝香匣、大將軍、小將軍、皺玉、狀元紅、綠羅包、紫羅包、大丁香、小丁香、天茄子、黃泥子、水晶團、犀角子。又有金釵子，一名丫髻子，荔枝之小者，並蒂而生，味甘，無核。又有海山樓者，宋諸司以重五日閱舟師于海山樓，率以是日至，因名焉。　龍眼：　似荔枝而小者，而香甜勝之。　柑子：　有源柑、銀柑。有饅頭柑，以其小尖如饅頭，香味不減溫柑。　香櫞：　一云枸櫞，皮厚而香。又有狀如手者，名佛指櫞。　橄欖：　味甘而香，一名木欖。有丁香欖，較香味，丁香尤勝。　烏欖：　狀如橄欖而長，色黑，以溫湯沃之，熟乃可食，其仁可薦茶，一名木威子。　綠欖：　似烏欖而色綠，湯治如烏欖法，其味尤香。亦有紅色者。　蕉子：　味香而甜，佳者出增城。有青牙蕉、黃牙蕉。青芽者雖甚熟且腐，而色不變，最為香美。　柚子：　其花甚香，實大而圓，皮甚厚。　餘甘：　味初澁，回味甚甘，類橄欖而風韻過之。大者如梅李。山谷名之曰味諫，言初苦而終有味，其《橄欖》詩曰：　方懷味諫軒中果，忽見金盤橄欖來。想共餘甘有瓜葛，苦中真味晚方回。今鄉人亦呼為諫味。　谷子：　味亦初苦而後甘，嫩者以蜜漬，暴乾最宜。　秋風子：　色褐，味酸澁，熟乃可食。　金斗子：　色紅味甘。　崖蜜：　小而黃，殼薄味甘，增城山間有之。　青竹子：　狀如桃而圓，色黃味酸。　山不納子：　色紅味甘酸，其大如彈。　桂木子：　其大如桃，皮黃肉紅，味酸，俗呼鬼目。　千歲子：　一名青脆子，核中有肉如栗。　不納子：　類菩提子，其核可作數珠。唐人詩云：　薄納子可對木綿花。　毛韶子：　似荔枝而味酸。　羊矢子：　如石蓮而小，色青味甘。　三斂子：　一名羊桃，瓣五出，如田家碌碡狀，味酸。　宜母子：　一名黎檬子，狀如柑橘，味酸。大德三年，泉州路煎糖官呈，用里木榨水，煎造舍里別。舍里別，蒙古語，曰解渴水也。凡果木之汁皆可為之。獨里木子香酸，經久不變。里木，即宜母子。今本路於番禺縣城東廂，地名蓮塘，南海縣地名荔枝灣，創置御果園，共二處，栽植里木樹，大小共八百株。大德七年罷貢。　人面子：　核如人面，去核沃糖可寄遠，其仁香味過於欖仁。　黃淡子：　狀如柑橘，色黃味酸，花可薰香。陳藏器《本草》謂橘之類有塌橘、山橘、黃淡子是也。　黃皮子：　大如彈，味甜。有白蠟子，其味猶勝。　鹽封子：　色黑而

味鹹。　倒黏子：狀如軟棗，色紫黑，肉紅，味甜。　鬼拗子：狀如人指，皮薄色黃，其中有骨可作蜜煎，甚脆。　菩提子：狀如石榴，色青味甘。　冬桃：狀如橄欖而圓，色綠，味甘酸。　偏桃：如桃而偏，色青而肉甘。　岑梨：大如橘，味甘。亦梨之小者。　山棗：狀如棗而圓，色青黃，味甘酸。　馬臍子：即鳧茈也。小而實，稍類浙中者。　石栗：殼堅，內實如栗。　桃、李、梅、梨、棗、柿、栗、茅栗、蔗、蓮、藕、菱、茨菰、橙、橘、金橘、楊梅、石榴、盧橘、水甕子、古買子、羅蒡子、柰子、蒲萄子、錐子、茅錐子。

瓜　西瓜：按《五代史》云：胡嶠為蕭翰掌書記，隨翰入契丹，得契丹破回訖時，種以牛糞覆棚而種之，大如中國冬瓜，其味甘，因名。廣州自至元歸附後方有此種，其實圓碧而外堅，其子有三色：黃、紅、黑。北客云：瓜涼可止煩渴，過食不為害，其仁甘溫。今嶺南在在有之，遂為土產。　合子瓜、鴨青瓜、香瓜、王瓜、金瓜、銀瓜、白瓜。

木　菩提樹：州人以水浸葉，去其浮膜為元夕燈飾。今光孝寺有之。　木綿樹：高四五丈，花殷紅，大如甌，類山茶，花時如錦漫天。既謝，有綿飛如柳絮。　桄榔樹：如椶櫚而葉長，結子纍然。　君遷樹：陸龜蒙《和皮日休寄南海》詩云庭中亦有君遷樹，莫向高臺望漢朝是也。按《文選·吳都賦》注云：平仲，君遷二木，廣州有之，子如瓠形。又《交州記》云：有君遷樹，有朝漢臺。又司馬溫公《類篇》云：君遷，木名。子如馬奶。今不知何木，或云俗呼為牛奶子者是。　榕、檜、槐、黃柞、苦楝、樟、楠、桐、梚、黃膽、石心、杉、石鹽、赤黎、皂角、水沙、水松、山梔、黃楊、桑、鴨脚、櫟、槁、楓、櫟、檀、⿰木圓、錐、椶櫚、柳、水椰、楮、相思、松、栢、烏桕、紫荊、羊角、桂、羊矢、柯、山棗、土李、烏柿、山桃、牛耳聆、刹、桃花森、秋風。

竹　桃竹：即坡詩云：已從子美識桃竹，更向安期覓棗瓜。坡自註云：蒲澗山有桃竹，可作杖，而土人不識，予始錄子美詩遺之。又《志林》云：桃竹葉如棕，身如竹，密節而實中，蓋天成柱杖也。　鶴膝、多枝、籠蔥、篦、簩、單、班、紫、猫頭、苦、筋、簕、黃陶、蘆、石、大頭、金絲、綠。

菜　芥、菘、蔓菁、芥藍、芸薹、蓴、石辣、蕹、地黃、莧、蘿蔔、波蔆、荇、萵苣、茼蒿、蔥、薤、蒜、韭、香菜、蕨、芹、萁、苦葵、薺、猪枳、茄、薑、瓠、黃芃、水芃、冬芃、蕈、芋、菌、茭筍、鵝眼、甕、猫頭筍、筍、聖筍、蒲突、白菜、白芃、白筍、莙薘、甜菜、胡荽、鵝腸、當風、藤菜、苦益、竹菜、麵菜、秃菜、山薑筍、蕎、羊蹄、紫菜。

獸　象、虎、豹、狼、鹿、麞、麖、麂、麅、野猪、獺、猿猴、竹鼦、倒鼻、豪猪、刺蝟、川山甲、香狸、白面貍、金錢狸、鼠狼、白鼠、豺、羚羊、熊、猩猩、麈。

畜　馬、騾、驢、牛、羊、猪、雞、鵝、犬、鴨、猫。　潮雞：小於常雞而脛短，潮至則鳴。李德裕詩曰：五月畬田收火米，三更津吏報潮雞。余靖詩曰：客聽潮雞迷早夜，人瞻颶母識陰晴。

水族　天地中間，海為最鉅，資生之物，厥族惟錯，其洪纖巨細，千態萬狀，雖《爾雅》有不能盡其網羅，《山海經》亦不能極其形容也。今以世常見，人常食者錄于右。　暨魚：大者長二丈餘，脊若鋒刃，時至南海王廟前而退，人謂之來朝，或數十年一來，或一年數至，俗謂來數則人有疫疾。景定壬戌冬，嘗過州境，數十成群，至三江口而返。　鯤魚：昂首於水面，牙如立戟。　尋龍魚：頭類龍而無角，鱗亦然。惟香山古鎮海及南海逢村等處有之，大者或長丈餘，人得而烹之，亦可為鮓，其骨脆美。　三鯬魚：一名鰣魚，甘腴可愛，肉中多生橫刺。楚淵材曰：吾平生有五恨，第一恨鰣魚多骨是也。　黿、鼉、鼊、龜、鼈、鱟、赤魚、鯿魚、白飯魚、黃皮魚、蒼魚、溫魚、笋殼魚、金鼓魚、腰帶魚、沙鑽魚、針魚、曹白魚、牛尾魚、藍刀魚、石頭魚、白春魚、庵魚、鞋底魚、甑箄魚、鰍魚、比目魚、鮎魚、斑魚、螗蝨魚、馬鮫魚、沙魚、子魚、河豚魚、短頭魚、鱆魚、鱵魚、白甲魚、鰽魚、鱸魚、鯉魚、鰄魚、鯿魚、馬鰶魚、鱔魚、墨魚、鯽魚、山花魚、鬔撒魚、赤賴魚、坦殼魚、鱓魚、亟魚、黃魚、綿魚、錦蒲魚、三珠魚。　蟹之美者，一名赤母，其殼含黃而臍團。坡詩云：堪笑吳興饞太守，一詩換得兩尖團。自註云：雄之臍尖，雌之臍團。即此也。惟盛寒盛暑時最肥，產於鹹淡水之間有白蜆處，以其所食者白蜆而已。惟香山縣龍眼里最多，番禺、東莞亦有之。按《蟹略》云：大者為蝤蛑，小者為蟹。今世俗皆呼為蟹，其來久矣。　軟殼蟹、白蟹、虎蟹、寧蝦、白蝦、涌蝦、鐵蝦、五鬚蝦、長氣蝦、水母、水雞、蛙。　蜆：大小有三種。沙洲亦有之，惟泮塘海、南石頭海所產者為佳，名金鋑口，劉鋹時取以自奉，禁民不得採。　獨崖蠔：其味最佳。新會地名獨崖海，海中所產沙螺，一名西施舌，其味亞於香螺，惟番禺沙灣海有之。　香螺、青螺、龜脚螺、刀鞘螺、指甲螺、鸚鵡螺、琢螺、拍掌螺、紅螺、白蜆、馬甲柱、蛤蜊一名車白、車螯、瓦屋、絲蚶、獵涉、蠔殼曰牡蠣。

禽　白雀：《番禺雜記》云：菖蒲觀有二白雀，相傳見之數百年矣。五色雀：其雀十數為群，各異色，生聚於羅浮，時往來於蒲澗山間。　灰鶴、鸛、白鷴、竹鷄、畫眉、留春鶯、檳榔雀、鸂鶒、雉鷄、夜鳴鷄、山胡、鷗、鳷青、鵓鴿、鷓鴣、鵲、烏鴉、鳩、青鳩、白項鴉、啄木、伯勞、燕、鷹、鶻、綉眼、野鴨、鶺鴒、鵯、鷺、鷓鴣、鷂、白頭、青錢、鸜鵒。

舶貨諸蕃國附。　貨通獅子國，昌黎嘗有是詩矣。山海爲天地寶藏，珍貨從出，有中國之所無。風化既通，梯航交集。以此之有，易彼之無，古人貿通之良法也。廣為蕃舶湊集之所，寶貨叢聚，實為外府。島夷諸國，名不可殫，前志所載者四十餘。聖朝奄有四海，盡日月出入之地，無不奉珍效貢，稽顙稱臣，故海人山獸之奇，龍珠犀貝之異，莫不充儲於內府，畜玩於上林，其來者視昔有加焉，而珍貨之盛亦倍於前志之所書者。今錄其可名之國，附於舶貨之後。

寶物　象牙、犀角、鶴頂、真珠、珊瑚、碧甸子、翠毛、龜筒、玳瑁。

布疋　白番布、花番布、草布、剪絨單、剪毛單。

香貨　沉香、速香、黃熟香、打拍香、暗八香、占城、麄熟、烏香、奇楠木、降香、檀香、戎香、薔薇水、乳香、金顏香。

藥物　腦子、阿魏、沒藥、胡椒、丁香、〔肉〕豆蔻、白荳蔻、豆蔻花、烏爹泥、茴香、硫黃、血竭、木香、蓽撥、木蘭皮、番白芷、雄黃、蘇合油、蓽澄茄。

諸木　蘇木、射木、烏木、紅柴。

皮貨　沙魚皮、皮蓆、皮枕頭、七鱗皮、牛蹄角、白牛蹄、白牛角。

雜物　黃蠟、風油子、紫梗、磨末、草珠、花白紙、藤蓆、藤棒、則子、孔雀毛、大青、鸚鵡螺殼、巴淡子。

明・林大春《潮陽縣志》卷七　物產

穀屬　黍　稷　稻　粱，有赤早、白早二種，蓋即《詩》之所謂穈芑者。此外又有雪黏、光黏、牛闕、鼠齒等黏。　秫，有早秫、黏秫、烏秫等類。　芝麻　小麥　大麥　荳：有黑、綠、黃、白等色。

菜屬　大率品同諸縣，而紫粉、海粉、鹿角、龍鬚之屬視他處較多。

食用類　魚，縣地濱海，水族惟魚最多，甲於諸邑。其大者可數百斤，名稱動以千數。此外又有龍蝦、蚶、蛤、水龜、海膽、仙掌、千金子之類，不可(救)〔枚〕舉。　鹽，余嘗西至邊，聞邊人鑿井取鹽，下至數十丈僅乃得之。其色青黑，其味淡苦，然亦不能多取也。孰知吾邑之鹽煮海可成，譬諸積雪於廣漠之野，雖五尺之童皆能自致。傭夫日負數千斤於市，所直不過一金。使海濱無梗則民之為生亦甚易矣，蓋《管子》所資以強霸用武之資者乃今不能然焉。惜哉！【略】　蔴油　蜂蜜　沙糖　檳榔，來自海南。　扶留，俗稱蔞葉，即漢所謂蒟醬者是。　排草

花木類　素馨　瑞香　茉莉　寶珠山茶　重朵海棠　五色芙蓉　五色扶桑　含笑　月桂　木犀　木蘭　大蘭　楊妃蘭　百葉榴　鷹爪　鷄冠　鳳尾　紫薇　紫荊　錦綠　剪春羅　長春　一丈紅　七里香　夜合　金鳳　金錢　餘種多同，不計。　松　栢　榕　榆　椅，俗號江牡。　桐　梓，即俗稱櫒木，紅者為梓。　漆　樟　楓　梨　栗：色牙黃，木理極佳，可造主。　水棉，邑舊稱棉，以此。

果類　荔枝，有金鐘、黑葉、綠羅、色貢子等名。○按：唐嘗取荔枝於西蜀，徒以博妃子之一笑，無論矣。若漢之罷貢荔枝，宋之罷採異花，談者莫不以為美事。顧其時猶尚知有貢也，豈如我朝之制，首革珍異，雖有奇花異果，未嘗以充□尚方之貢焉，以故滋長繁殖，人人得以享其利，詎非千載一時，而為斯世斯民之大幸歟？　龍眼　柑，有雪漳、蘇仙不一，與漳泉品同。　柚　橙，香比江南者絕勝。　金橘　香圓　菩提　枇杷　黃彈　楊桃　橄欖　餘甘子　芭蕉，有青、黃不同，而青者勝。　甘蔗，其四方所同有，與出不甚佳者，不載。

藥類　天門冬　麥門冬　柴胡　黃精，產俱見山川。　桔梗　車前草　益母草　山梔子　木鱉子　金櫻子　香附子　蓖麻子　蛇床子　使君子　吳茱萸　茴香　紫蘇　陳皮，即廣陳皮。產於此者特佳。　瓜蔞仁　穿山甲　餘品多同，不計。

鳥獸類　種類多同諸邑，間出孔雀、錦鷄、翡翠、白鷴、白雀，與文豹、熊羆、麞、麂、蚺蛇之屬多見郡志，茲故不備載云。

明・楊載鳴《惠州府志》卷七下　物產附　五穀【略】

菜　有蕹，多笋，有茭笋興寧，有芥藍，有苦蕒，有藤，蘇軾詩：豐湖有藤菜，可以敵蓴羹。有菌，有石辣，多芥，軾《借王參軍地種菜煮羹》詩：秋來霜露滿東園，蘆菔生兒芥有孫。我與何曾同一飽，不知何苦食鷄豚。有紫菜，有赤菜，有海毛菜，俱歸豐海濱。有香蕈，山峰。有木耳，有香菰，多瓜，多薯，有蕨，多芋。軾《以山芋作

玉糝羹》詩：香似龍涎仍釅白，味如牛乳更全清。莫將北海金虀鱠，輕比東坡玉糝羹。

果　多龍眼，有橄欖，軾詩：紛紛青子落紅鹽，正味森森苦且嚴。待得微甘回齒頰，已輸崖蜜十分甜。有橼，有桔，多柑，有御園柑羅浮，有金桔，有必納子，有宜母子，有蒲萄，多蔗，多牙蕉，多荔枝，軾曰：三月四日遊白水山佛跡巖，沐浴于湯泉，晞髮於懸瀑之下，浩歌而歸，肩輿却行以與客言，不覺至水北荔枝浦上，晚日葱曨，竹陰蕭然，荔子累累如芡實矣。有父老年八十五，指以告予曰：及是可食，公能攜酒來遊乎？意忻然許之。《四月十一日初食荔枝》詩：南村諸楊北村盧，白花青葉冬不枯。垂黄綴紫煙雨裹，特與荔枝為先驅。海山仙人絳羅襦，紅紗中單白玉膚。不須更待妃子笑，風骨自是傾城姝。不知天工有意無，遣此尤物生海隅。雲山得伴松檜老，霜雪自困楂梨粗。先生洗醆酌桂醑，冰盤薦此頳虬珠。似開江鰩斫玉柱，更洗河豚烹腹腴。我生涉世本為口，一官久已輕蓴鱸。人間何者非夢幻，南來萬里真良圖。有盧橘，有楊梅，軾詩：羅浮山下四時春，盧橘楊梅次第新。有菱，有茨菰，有蓮房，有荸薺。

花　有月桂，一名木犀。有素馨，多茉莉，有紫薇，有薔薇，有含笑，有佛桑，軾有句云：涓涓泣露紫含笑，焰焰燒空紅佛桑。有鳳尾，有玉繡毬，有山茶，有荼蘼，有九里香，有山丹。

木　有楠，有水杪，有梓，有桂，多槁，有梨，有榕，有桐，有柯，有杞，多楓，有山棗，有棕，海豐河源。有相思，有桄榔，有烏桕，多苦楝，有皂角，有石鹽，即鐵力。多竹。蘢葱竹產羅浮。《記》云：大十圍，節長二丈。

草　有萱，有龍鬚龍川，有金線，有娥眉，有萬年松，俱產羅浮。有劍海豐，有鹹，有蒲，有蕕，多燈心。歸善、海豐。

藥　有使君子，有禹餘糧，有土當歸，有麥門冬，有何首烏，有乾葛，有木鱉，有益母草，有山薑子，有金錢地龍，有牽牛，有薏苡。軾詩：伏波飯薏苡，禦瘴傳神良。能除五谿毒，不救讒言傷。讒言風雨過，瘴癘久亦亡。兩俱不足治，但受草木長。草木各有宜，珍產駢南荒。絳囊懸荔枝，雪粉剖桄榔。不謂蓬荻姿，中有藥與糧。春為芡珠圓，炊作菰米香。子美拾橡栗，黄精誑空腸。今吾獨何者，玉粒照坐光。有放杖竹，有逢萊朮，有千金子，有仙茅，有穿山甲，有訶子，有漢椒，有香薷，以上八品產羅浮。有白及，海豐長樂。有青蒿，有蒼耳，有雞蘇，有淡竹葉。以上俱龍川。

鳥　有鶴，有鸚（武）〔鵡〕，載《寰宇記》，今無。有白鷳，有翡翠，有山鳳凰，有雉，有竹鷄，有山鷄，多鷓鴣，有畫眉，有鴈，有水鴨，有鴛鴦，多杜鵑，有淘鵝，有五色雀。羅浮山有貴人至則先翔集，軾詩：燦燦五色羽，炎方鳳之徒。青黄縞玄服，翼衛兩紱朱。惠然此燦者，來集竹與梧。鏘鳴如玉佩，意欲相嬉娱。

獸　多鹿，有麂，有麖，有麞，有山馬，有山猪，有山羊，有熊，有猿，有獺。

鱗　有鮏，多鮯，多鱔，多鰕，有河豚，有鰣，多馬魚，有鯿，有鱸，以上皆江產。有午，多鯧，多黄，有墨，多馬鮫，多鯊，有腰帶，有鯌，有鰻，大如指，長八寸，脊骨美滑，宜羹。有筭，多龍頭蝦，有土肉，有馬頰。見《一統志》，俱海產。

介　有龜，有黿，有鼉，多鱉，多蚌，多蜆，以上皆江產。有鱟，多蟹，有沙白，多絲蚶，有蠣房，多螺，有西施舌。以上皆海產海豐。

蟲　多蠶，有蜜，多石蛤，有蛤蚧，有螻蟈，有蚺蛇，有班猫，有蜥蜴，有蟾蜍。

明·胡居安《仁化縣志》卷二　土產

穀類　稻：有陸拾日熟者，有壹百日熟者。粘：有雲南粘、捌月粘、鼠牙粘數種。糯：有蕉糯、重陽糯、烏鬚糯、羊膏糯數種。粳：有早、晚、赤、白之類。荳：有黄、赤、白、黑、花、緑陸種。芝蔴：有黄、黑、白叁種。

果類　小梨、栗、李、有紅皮、黄泥、丹心、珍珠四種。梅、柚、柿、榴、柑、金橘、香橼、楊桃、枇杷、桃、欖、芭蕉、蓮藕、甘蔗。

茶類　青茶、苦茶、黄茶、甜茶。

藥類　菖蒲、麥門冬、車前子、益母草、蒼耳、香附子、薄荷、紫蘇、香薷、馬鞭草、何首烏、馬齒莧、茱萸、花椒、山梔子、土茯苓。有赤、白貳色。

竹類　筋竹、麻竹、苦竹、單竹、黄竹、紫竹、江南竹、猫竹、觀音竹、丹竹。

花類　桂、赤、黄、白叁種。蘭、有肆季蘭、樹蘭、吊蘭、珍珠蘭、樟州蘭。鷄冠、菊、蓮、月月紅、夜合花、五寸錦、夜落金錢、剪刀花、茉莉、素馨、玉簪、金鳳、有紅、白貳種。映山紅、芙蓉、葵。有紅、白、黄叁種。

木類　松、栢、槐、柳、桐、梓、蠟樹、柯、榕、楓、杉、檜、樟。

羽類　鷄、鵝、鴨、野鷄、鵪鶉、鷓鴣、白鶴鳥、鳩、鴛鴦、鵲、燕、白鷳、白鷺、黄鸝、鷹、鵓鳩、鷂、梟鳥、鴉、麻雀、小翠、子規、白頭翁、畫眉、春鳥、鸕鷀、蠟嘴、竹鷄、伯勞。

毛類　牛、有水牛、黄牛。羊、猪、騾、驢、犬、猫、兔、馬、鹿、麂、山馬、山牛、山猪、山羊、虎、赤狗、獺、猴、狐狸、豪猪、土麅、似鼠而大嘴，□穴居。穿山甲、穴居。山鼠。

鱗類　鯉、有金鯉。草魚、青魚、鰍、鯽、有圓鯽。竹魚、鮹、烏魚、甜魚、鯷、

鱵魚、班魚、鱠魚、雪鱗、鰱。

甲類　龜、鼈、蚌、田螺。

明・佚名《翁源縣志》　物產

穀部　粳、糯、粘、麥、芝麻、黄豆、綠豆。

貨部　靛、糖、蜜、布、油、香、茶、紙、炭、藤、薯莨、蕨粉。

蔬部　芥菜、白菜、蘿蔔、莙薘、韭菜、菠菜、芹菜、莧菜、葱、蒜、蕹菜、芫荽、茄、薤、薑、藤菜、笋、蕨。

瓜部　王瓜、西瓜、甜瓜、香瓜、水瓜、冬瓜、葫蘆、瓠、苦瓜、土瓜。

果部　桃、李、梅、石榴、甘蔗、蓮房、芭蕉、楊梅、楊桃、橄欖。

藥部　天門冬、山藥、香附子、菖蒲、紫蘇、薄荷、茴香、山梔子、天南星、益母草、澤蘭、藍實、槐實。

花部　茉莉、素馨、芝蘭、菊花、金錢、蓮花。

木部　椿木、榕木、松木、槐木、柳木、楓木、烏桕木、欖木、杉木、荷木。

竹部　黄竹、筋竹、刺竹、丹竹、蒲竹、桂竹、石竹、猫竹、觀音竹、蔴竹。

草部　長命草、莆草、茅草、萱草、鳳尾草、藍草、透骨草、油草、斷腸草。

羽部　鷄、鵝、鴨、鷓鴣、烏鴉、鵓鴿、鷹、雀、雉鷄、鸕鶿。

毛部　馬、牛、羊、犬、猫、猪、虎、猴。

鱗部　鯉、鯇、鰱、鱅、鯽、鰍、鱔、鮎、塘虱、鱣、鮸魚、甜魚、鮈魚。

甲部　龜、鱉、蟹、田螺、穿山甲。

蟲部　蛇、蜂、蟋蟀、螳螂、蜻蜓、蝴蝶、蝦蟆、蟰蛸、蛤、蟧。

明・林希元《欽州志》卷二　食貨　欽州　物產

穀屬　毛禾：　正月種，五月熟。只用點工，有光毛二種，宜灰糞。　六禾：　三月種，六月熟。有紅、白二種，宜腴田。　白禾　勝稔：　俱三月種，七月熟。米白，宜腴田。　八月粒：　四月種，八月熟。米白而香。　坡禾：　四月種，九月熟。種子不浸，宜肥坡。　烏獨粒：　皮顆尖而黑。　乂粘：　米細而紅。　油粒：　米圓而潤澤。俱四月種，十月熟。　畬禾：　五月斬山木，種于高嶺，十月熟，次年移種他處。　赤禾：　五月種，十月熟。米紅。　赤陽糯：　有紅、白二種，紅者可造酒。　羊眼糯：　俱四月種，七月熟。　蝦鬚糯　貝糯　馬蜆糯：　有紅、白二種，俱宜中田。　晚秧糯　白殼糯　紅鬚糯　斑鳩糯　花殼糯　臺糯　老鴉糯：　鬚殼俱黑，米白。母狗糯：　鬚殼黄，米粗。　馬鬃糯　廣糯：　俱五月種，十月熟。　粘粟　糯粟　綠粟：　俱斬山木種，五月熟，但欽人少種，新立、永樂近山之民或有種者。　綠豆　黑豆　黄豆：　烘乾點茶。　芝麻　欽民所食惟水稻一種，粟豆芝麻雖有而不多。二麥則全無。余嚴令給種，督民耕種，民玩如故不變也。

菜屬　芥菜：　有青白紫芥、花芥、春不老數種。　蘿蔔：　性溫。服生熟地黄者食之白髮。　莧菜：　有赤、白、紫三色。食鱉忌之。一種曰馬齒莧。　莙薘：　《本草》云：　莖灰淋汁洗衣，白如玉色。俗呼甜菜。　萵笋：　形似萵苣，和魚肉雜饌食之。欽人謂生菜。　茼蒿：　《本草》云：　動風氣，薰人，令人氣滿不可多食。　苦蕒　萵苣　波菜：　葉長而莖小，出波稜國，解諸毒。　薑：　紅紫二種，紫入藥。　笋：　有數種，隨竹而名。交笋：　水種似蘆，名茭白。　茄：　有紫、白二種。　蕨：　即《爾雅》蕨，鱉。　葱：　一本二三四莖，有香葱、圓葱二種。　蒜：　性辛辣，多食損目。有獨瓣蒜，癰疽，對口瘡初發，取蒜切為錢貼瘡上，以蕲艾灸之，弗痛灸至痛，痛灸至弗痛，大要九灸，其瘡自不發。　韭　薤：　葉虛稜，味辛辣。小者曰真珠。以上俱陸產。　芹菜：　即楚葵。一名出冬末。清明後老硬多蛭。

蕹菜：　《本草》云：　蔓生，花白莖虛，摘其苗植之再活。亦名甕菜。《南方草木狀》：　蕹菜如落葵而小，性冷味甘，南人編葦為筏，作小孔浮於水上，種子於水中則如萍，根浮水面，及長莖葉皆出於葦筏孔中，隨水上下，南方之奇蔬也。治葛有大毒，以蕹汁滴其苗，當時痿死。《遯齋筆覽》云：　此菜本生東夷古倫國，番船以甕盛之，不知名，俗名蕹菜。　石髮菜：　條生長細，紫色。煮魚入醋味特佳。產於海石上。以上俱水產。

瓜屬　西瓜：　《五代史》云：　胡嶠為蕭翰掌書記，隨翰入契丹，得契丹破回紇時種，以牛糞覆棚而種之，大如中國冬瓜，其味甘，因名。其實圓碧，皮堅，子有四色，紅、黑、斑、赤。　香瓜：　如甜瓜而大，有黄、白二色，熟時芬芳。　甜瓜：　青、白、斑三種，圓而長。　黄瓜：　性冷，伴肉條食之尤美。泉人曰刺瓜。　冬瓜：　秋冬間熟，大如斗。《本草》云：　經霜後皮生白粉，故名。　絲瓜：　俗名水瓜，即閩中天羅。傳種自廣者。　苦瓜：　性冷味苦。　葫蘆：　棚生者短頸大腹，殼可壺。地生者長頸短腹，色或青、斑，白，俱可食。其小而苦者為杓。　土瓜：　生於土中，色白，味爽而甘。

果屬　荔枝：四月五月熟，曰火山；六月熟曰綠羅袍，先閩產一月，地熱故也。但顆小而味多酸，不如閩中之美。一種曰山荔枝，野生，殼白味酸，廣人呼為毛韶子。《本草》云：食之通神益智，健氣美顔色。多食發瘧熱，以蜜漿一鍾解之即愈。　龍眼：《南方草木狀》：龍眼樹如荔枝，但枝葉稍小，殼青黃色，形圓如彈丸，核如木梡子而不堅，肉白而帶漿，甘如蜜。一朵五六顆，荔枝過，龍眼即熟，故謂之荔枝奴，言常隨其後也。　人面果：出新立及靈山秋風鄉，子如人面，仁可供茶，佳品也。欽人不知取用，食其肉而棄其仁。　波羅蜜：形圓如西瓜，皮如苦瓜，剖之若蜜，其香滿室。　烏欖：狀似橄欖，色黑，仁可點茶。欽人食其肉而棄其仁。　金橘：土人連葉蜜浸，葉仍青而不變。　九層皮：俗呼羅旺子，皮黑而硬，肉黃而香，煮熟點茶。因皮包裹九重，故名。　柑樜：叢生似竹，有青、紫二種。其味脆而甘，靈山合浦人煎以為糖。欽產細短，蓋人力之不至也。　芭蕉：小者曰(機)〔雞〕蕉。　石榴：熟時燦若寶石，俗呼石榴子。皮可住洩瀉。　枇杷：三月熟，視閩產先一月。　葡萄：搭架近水，枝蔓蓬而生，出靈山者遶樹生，味酸甘。　黃皮：狀如彈，色黃味酸甜。　菱角：有二種。一皮厚，一皮薄。　蓮房：即荷實。　藕：即荷根，生淤泥。　柑：匾柑、饅殼柑、皮柑。　香櫞：尖削而圓，亦作柑，如佛手，故曰佛手，亦曰九瓜。　柚：花甚香，實大而圓，皮甚厚，有二種，穰紅。　梅：花甚清香，十月即開，味酸。故王曾有詩云：雪中未問調羹事，且(占)〔向〕百花頭上開。有青、白二種。　黃淡子：狀如柑，皮光色黃，味酸。　桃：冬至即花，實小而味酸，不如閩浙之美。　李：有青、紅、黃三種，但實小而味酸澁，不如他處之美。　梨：皮粗而味酸澁，不及京廣遠甚。　柿：其大踰匾柑，穰甚甘。靈山有三種：曰牛心；曰山；曰和合，二柿合串而封之始熟，故名。　橄欖：東坡詩：紛紛青子落紅鹽，氣味森森苦又嚴。待得餘甘上齒頰，已輸崖蜜十分甜。《南方草木狀》：欖樹身高數丈，其子秋深方熟。雖甚澁，咀之芬馥勝含雞骨香。吳時歲貢，以賜近侍。　餘甘：俗呼油甘。狀如龍眼而差匾，初食澁，後回味甚甘。類橄欖而風韻過之。　訶子：俗曰錐，樹極高，實似栗而小，稍尖。　黏子：野生，花如芍藥，色紫肉紅而味甘。瓊人以之釀酒。一名逃軍糧。　臙脂：皮淡綠，穰紅如臙脂。味酸甜，交趾人和檳榔食之。　蘋婆：一名菩提，野生，有青、白二種。核相合為一，味淡甜可食。　羊桃：五稜，味酸。一曰五粒子。　秋風子：野生，身圓紫色，味酸澁，熟可食，出靈山。

花屬　蘭：春蘭，香草也。有劍葉蘭、魚子蘭、樹蘭三種。(玉篇)黃山谷曰：一榦一花而香有餘者曰蘭，一榦數花而香不足者曰蕙。　蕙：《玉篇》曰：香草也。《南方草木狀》：蕙，一名薰草。如麻兩兩相對，氣如蘼蕪，可止癘。　茉莉：有單瓣、雙瓣。夜簪清香襲人，委擲芳氣不散。汪廣洋詩：茉莉南州壓萬花。蘇東坡詩：暗麝著人簪，茉莉是也。有一種紅茉莉，無香。　素馨：有白、淡黃二種。《一統志》：劉玉女素馨塚在陽江縣，上生那悉茗花，因名素馨。宋傅伯成詩：昔日雲鬟鎖翠屏，只因烟塚伴荒城。香魂斷續無人問，空有幽花獨擅名。　菊：品最多，葉相似而色不同。其著者鵝毛菊、臙脂菊、黃菊、白菊、錦菊、饅頭菊。錦菊，紅者為上。　荷：即菡萏，蓮荷實也。　七里香：俗名七里花，清香逼人，夏秋間開，簪之可以鬒髮。　薔薇：藤附架而生，葉細，有紅、白二色。　夜合：日開夜合，色白甚香。　玉簪：雪白如笋。　石榴：紅色單瓣，結子。　鷹爪：色黃甚香。　九里香：花細白，開時滿樹。土人簪之〔止〕頭眩。　金鳳：紅色無香，葉可染指甲。　鳳尾：其花穗若鳳尾，置之書房可辟蠹。　賽楊妃：葉類月桂，一名密友。花粉紅而豔麗。　夜落金錢：俗名午時花，深紅色，團圓如錢，朝開夜落。　煎春羅：花如雞冠而色紅，又如剪成者，故名。　滴滴金：花黃肖菊。　金盞銀臺：心黃，邊白如盞臺，故名。　十姊妹：藤蔓多刺，遶籬而生。　滿天星：花白，小如星散。　使君子：花類茉莉，深紅鮮二色，葉可作酒麯。　芙蓉：當秋盛開，根葉可傅瘡腫。　山茶：樹高六七尺，花紅無香。　紫笑：一名含笑，樹高五六尺，葉似榕而光潤，花似夜合而尖小，色紫香清。　垂絲海棠：花黃，心有絲垂出，故名。　佛桑：俗名黃花，有淺紅、深紅，四季常開。東坡詩：豔豔燒空紅佛桑。　鷄冠：紅白二色，花似鷄冠。《通志》云：和酒炒銷痔。　梔子：即簷白蔔，花白心黃，單瓣，子結實。　狗牙：色白微香。

草屬　益母：苗如艾，莖方葉白。　艾：五月五日採，爆乾用。　菖蒲：生水中石澗，九節者可為藥。　接骨：人體折傷，裹之即愈。　車前：一名癩(黑)〔蛤〕蟆草，一名錢貫草。性涼，能利水道而不動氣，野生。

牽牛：傍籬而藤生，子入藥。茅：叢生，山村人採以覆屋。有青、黃二種。皺面母：葉三叉，高五六寸。治蛇瘡極驗。莞：二種，有圓有方，可織粗席。蒻：葉可製蓑。箬：葉可裹粽。冬葉：可用包裹。蘆鼓：葉長而尖，邊背俱刺，花微香。人多植之以別封界。萍：浮於水面，隨風渙合。斷腸：即《本草》所謂鉤吻也。失喫即斷腸，故云。

黃蔓：蔓長二三丈，葉尖而長，花白氣惡，服之殺人，以黃豆擂嚼碎及人矢灌，吐出即愈。

木屬　鐵力：有長三四丈，徑三四尺者，色紫黑，堅重可充梁棟。凡木皆浮水，此獨沉而不浮。產沿海諸山，有黃林、青林二種。紫荊：色紅，性極硬，用同鐵力，不浮水。桑：木堅可製弩。柟：有青柟、黃柟二種。青楠尤堅實。樟：木香，有紋理。桂：文細而鬆，可製器。棠梨：文細而堅，可刻書。黃桐：可作木屐。槁：有鷓鴣、滑蠶、水黃、養臭數種。栢：大者可作茶鍾，氣清香。梓：諺云：起屋有根梓，任君顛倒起。狂木：可製馬鞍。帶木：堅可製弓。榕：枝上生根，垂延至地。苦楝：有紋理。烏桕：子可作油。桐：二月開花，秋結實。可(窄)〔搾〕油，欽人不能取用。柯：青、白二種。楓：樹似白楊，葉三角，有脂香。木棉：高四五丈，未葉先花，紅色，其實結綿為裀，欽人不能取用。相思　松　皂角：實可充藥。山翠：色赤。合浦云水翠。杉：色黃，可作桁條。黃牯牛　水杉　紫合：紫色。

山桃　柳　槐　桄榔　刺桐：花紅。海漆：子可(窄)〔搾〕油，灰可滴水作粉果。山膠：俗名呼蓬散，搗皮根漬為膠可糊傘。山桂：皮味似桂，不甚辣。山麻　山竹葉：一名羅蒙子。春花：花白而榦堅實，遇春先花。龍膽：鄉人用其葉搗末糊棺。羊矢：有赤、白二種。

鴨脚　鵝腎　狗卵：面皮紅，即胭脂子。猪血：色紅如血。車鹽

竹屬　筋竹：可為篦刷，篾用織物，笋可食。簞竹有圓簞，土人自種；有大簞，織器等用；有毛簞，榦小可為籬。

黃竹：篾最軟，可用。刺竹：俗呼勒竹，可植籓籬，笋可食。斑竹：皮花可握椅。紫竹：堪為傘把。甜竹：厚而大，可為升為梁，笋極美。苦竹　馬蹄竹：厚而節密。篔簩：榦薄而節長，必水浸始可為籬，否則蟲蠹之而旋朽矣。高眼竹：合浦人云平南竹。答竹：似篔簩竹而小，節密。

浮竹：剖之一俯一仰，可以代瓦。利竹：有毛利、油利二品。濱海人用為魚叉，笋可食。茅簞竹：可編茅及作罩，笋亦可食。釣絲竹：欽有之，盛產靈山上殳鄉。瀟湘竹：榦小葉細，高可二三尺，盆植為玩，俗名觀音竹。

藤屬　鷄藤：小而修長，可編器。一種曰赤藤，不堪用。白藤：節大如笋。烏香藤：大而長，可結纜。

青藤　香藤：似青藤而皮紅。鐵藤　老人藤：皮極綿固，可以樹屋。愈拽愈長，枯不可用。狗頸藤：色白，覆地而生，取其梗搥爛，伴以竈灰，可藥魚。藤棍藤：可作棍，故名。

雜植屬　綿花：永樂鄉人種之。桑苧：軟可績，土人種之。絡麻：可作孝衣。《通志》云赤麻。竹麻：即簞竹之新發者，搗散為絲，可織履作繩。蔞：即扶留。味香辣，合灰食檳榔用蜜浸甚美，故曰枸醬。《廉志》云：蔞者，扶留合聲也。藍：可取靛用以染，有二種。閩人大葉曰藍，小葉曰菁。花子：收其花晒乾，若欲染，將花洗至六七次始得紅汁，染衣鮮紅。茱萸：俗呼辣子。葉類芝，土人用煎茶。根鋤斷者即生柯，植宜近廚，可以辟蟻。

藥屬　天竺黃：即竹粉，出篔簩者佳。舊充貢。高良薑：充貢。草豆蔻　砂仁　桂皮　益母：苗如艾，莖大葉白，用治產難。菖蒲：生水中石上，九節者佳。天門冬：葉如茴香，蔓生有刺。麥門冬　莪朮：出石康白馬坡者佳。薏苡仁：即真珠麥，俗呼老鴉珠。山藥：即《本草》薯芋。性溫暖，補下元。蒼耳：東坡云：花葉根實皆可食，食之如菜，亦治病。無毒，生熟丸散無適不可，多食愈善，久使人骨髓滿，肌理如玉，長生藥也。雜療風痹、癱瘓、癃、瘧、瘡痒，其效不可勝言。尤治癭、金瘡。

澤蘭：葉如菊而尖長，香臭類蘭。治風毒，蛇不敢近。《本草》云：能破血。薑黃：呼黃薑。枸杞　地骨皮：即枸杞根。香附子：即莎草根。土牛膝　白及　小茴香：《本草》作蘹。葉散如絲髮，味類八角，特異諸草，枝上時有大青蟲如蠶，取治小腸氣，甚涼。八角茴香：出防城，亦少。何首烏：《本草》云：如山芋而不光澤，莖蔓紫花，黃白如葛勒子，有稜似蕎麥而細。牽牛子：依籬蔓生，花白子黑。一種白。

萆薢：俗呼冷飯團。益智　三柰：味香辣，性熱，消食。使君子　紅

豆　蓖麻子：炒熟治瘰癧有效。婦人難產者取八顆搗爛，(孚)〔敷〕脚心，即下。恐腸出，又取搗爛，(孚)〔敷〕頂心。　車前子：見草屬。　艾　鳳尾草：野生，葉愈痢。　青黛：即靛花。　接骨草：見草屬。以上俱草部。　槐實　皂角：豬牙皂良。能治風。　桑白皮：出土上見日者能殺人。　巴豆：用心去皮。　茱萸：功用與吳茱萸同。　黃梔子　陳皮：積久者良。以上俱木部。　鹿茸：欽鹿甚多，民不能取。　牡蠣：俗呼蠔，以左顧者為雄。　龜甲　烏賊骨　蟬蛻：採得當蒸熟，令勿蠹。　蚺蛇膽：有一種大蛇膽相似，欲辨之，浮游水面而迴旋行走者是。　斑猫：豆葉上者良。　夜明砂：即蝙蝠矢。　穿山甲　以上蟲魚部。　庵摩勒：即餘甘子。《本草》云：主補益，強氣力。　石蓮子　以上果部。紫蘇：不種自生，葉、子俱可藥。　薄荷：《本草》：病瘥人食之不宜。以上菜部。

香屬　藤香：即降真。　白木香：陳獻章詩：爐中煨白木，座上是春天。　鷄骨　海漆：生海潮淹及處。　楓木香：樹似白楊，葉圓而歧分，有脂而香，曝乾為末，可焚。

畜屬　牛：水、沙二種，水有黑、白二色，沙有黃黑、花白、虎斑等色。馬：力弱不耐辛苦，價亦無甚高。　羊：有黃、白、黑(黃)數種。猪：有花、黑、白數種。始生踰一二月者極膏美，可食。又有一種大而肉不美，來自廣西南寧，俗呼淮猪。　鷄：有烏肉、翻毛、矮脚、長脚數種。鵝：有白、花二種。高額垂頸者傳自淮。　鴨：欽人少畜，故其價高。盛於靈山，其醃味有名，勝於廣城。

禽屬　鶴：色灰不如揚州之雪白。　翡翠：形小盈握，丹觜翠翎，珍禽也。出時羅都，但少。前代充貢。　孔雀：出時羅都永樂鄉。　山鳳凰鴛鴦：匹鳥有思者，雌雄不相離。人得其一，其一思之必死。　喜鵲：靈鵲也，鳴則兆喜。　山呼：有黑腮、紫毛、鐵脚數種。土人養鬪者多尚鐵臉。　秦吉了：俗名了哥。毛色如鴉而小，觜腮俱黃，尤黠慧，人取養之能人語。　雉　白鷴　燕：春社來，秋社去。　鴈　辭羅鶴：即鴻也。春無，秋冬群聚田野，見人輒飛，故名辭羅。　鴉：每噪，人忌之。羅圭峰詩云：汝為先知累，多言世不容。吉凶人自兆，緘口睡東風。其純黑者名烏。麻雀：糞頭尖者為白丁香，治眼翳。　鶺鴒：自呼鞠鞠格傑。土人取雛養為媒，對啼致之，設機以取，昔人題其媒詩云：世路無端盡網羅，聲聲苦苦叫哥哥。哥哥若不爭雄長，叫破春風也奈何。　黃鶯：即黃鸝。一名倉庚，得之難養。　剪刀雀：即布穀。類燕而大，尾長分張，善擊鷄。　子規：一名杜鵑。　百舌：春初鳴，作百鳥聲。　山鷄：與家鷄無異，但耳白。先鳴而後拍翼，聲較短。　火鷄：色紅，觜翅俱黑，春夜先鷄而鳴。鳩：斑色，俗名斑鳩。　青鳩：有二種，一觜青，色微綠而大；一觜紅，色微綠而小。合浦人呼綠羽鳩。今觀其色，當以合浦為正。其味甚佳。產於州西南海岸一小山，故名其山曰青鳩埠。四月至秋去。土人云魚變，不知何魚。今觀其鳥不可養以穀，當是魚變。　火鳩：至以八月及冬始去。土人云海魚變。　鉤割雀：四五月間夜半飛叫，農人聽其鳴以占豐歉。若云鉤割，其年必豐；鉤鉤割，其年必歉。　鷺鷥　鸕鷀：善捕魚。　鶺鴒：飛鳴行搖。　水鷹：似鷹，毛白觜黃，高飛察魚，墜捕之。　鷗：善獲鷄子。　海鳥：夏秋之夜驚飛入山，有颶風。　水鴨：即鳧鷖。　白頭翁　黃豆：身淡紅，以猪鬃為巢。　白臉雞

獸屬　虎　豹　鹿　麖：似鹿而小，難養。皮可造屨。　熊　猿　猴山馬：似鹿大，似馬，皮蒼褐色。　山猪：一名貛。　豪猪　豺：狼屬。似雞，口黑身黃。　獺：善捕魚。有魚骨鯁，以其爪爬項即愈。　狐狸：有香狸，不食生物。有赤間狸，大如犬。有平頭狸，能食生物。有尖嘴狸，處於荒峒。　箭猪：似鼠而大，居穴地中，有翎利如錐，人逐之則振以刺人。　龍狗：似犬而尾大身黃，入地穴最深，吠人則凶。

蛇屬　蚺蛇：蛇之最大者。《瓊州志》云：能吞鹿，繞樹出骨。其膽上旬在頭，中旬在心，下旬近尾。性耐死，取膽釋之猶活。《續搜神記》云：廣州有三人共在山中伐木，忽見石窠中有卵大如斗，取之始湯熱，聞林中如風雨聲，須臾有一蛇大十圍、長四五丈，徑來於湯中含卵去。無幾日三人皆死。　烏肉蛇：有白頸及純黑二種。純黑者釀酒，飲之治癩疾。　草花蛇：頭黃身花白，無毒。　水蛇：胎生，無毒。　火蛇：紅色。　簸箕甲：黑白相半，有毒。　危杆蛇：類簸箕甲而無花，噬人無救。　青竹標：青如竹。　土錦蛇：將生子，必當周道使人擊之，破其腹子始出。若無人擊則自食其母而出。故人譏不孝者曰土錦蛇。　兩頭蛇：少人見，見必災。色紫紅，長六七寸，或云蚯蚓變。　時辰蛇：似蜥蜴一時轉一色，故

云。　黄稍蛇：色黄，身長五六尺。　洴蛇：生於泥中，不傷人。　蝘
蜈蚣

蟲屬　蠶：欽人少養。　蜂：種類多，其著者曰蜜蜂，班黄，以木箱養之釀蜜。曰排蜂，野生，群夥飛，響如風，人薰取其房，被螫發冷熱。其黄黑大者釀蜜，橫木下蠟白。曰黑蜂，穴人家屋竹間，蜜少不取。曰黄蜂，夏房林木，冬初入人家，始不螫毒。曰刀鞘蜂，大若蠅而長，房如刀鞘。曰降蜂，有天降、地降。天降房於樹，地降房於地峒。極毒，螫牛三下至死，螫人一下腫痛一月。曰土蜂，含土，房於壁，以蜘蛛飼其子，封其房一月始成形。　蟬：俗名車流。夏則登木而鳴，有青、黑二種。雌者不善鳴。　螢：腐草所化，夜明。　蜘蛛：織網取蚊，山者倍大。　蜾蠃　蝴蝶：橘蠹所化。　蜻蜓：數種。赤黄較小者多，四時有之，名吊頸。一種大者，秋始出，身碧綠。腰青者雄，名青公。腰黄者雌，名黄蠟母。兒童線繫于竿為戲。身黄斑者名老瓢，花綠者名萊芒迷，其最小尾而綠者曰賓娘。　蟋蟀：穴人家墻壁，褐色，一名土狗。　蚱蜢：俗呼蛛蚱。　螳螂：俗名馬郎伉。　蜣螂：俗名拱矢蟲，即《莊子》所謂蛣蜣。　蚯蚓：俗名曲蟮。　水蛭：俗名馬黄。　蝦蟆：《玉篇》曰鼃，今作蛙。《廉新志》：按《圖經》蝦蟆腹大形小，皮多黑斑點，能接百蟲食之，時作呷呷聲，跳極急。青鼃色青，腹細觜尖，善躍，處於池塘。元按《韻府群玉》：蝦蟆，百粵以為上味，癩者皮最佳，云不可脫去錦襖子。予泉深山澗中有之，其名石鱗，其味最佳。以其形與味觀之，即《圖經》《韻府》所謂蝦蟆也，但此方無之。《外紀》以人風疾，端午取以灸火為蝦蟆，乃蟾蜍，俗名癩黑蟆，誤以為蝦蟆。青鼃，閩人曰青約。又一種小而腹長，有青、紅、黄三色，暑熱則升水上貼浪，人食之。　蟾蜍：《玉篇》曰鼁，七由切，似蝦蟆。《廉新志》俗名癩黑蟆。《外紀·瓊俗》：凡人有風疾，端午日取蝦蟆按人身上疾處，灸蝦蟆如灸人，壯數縱之，至日則蝦蟆深藏，似乎有知覺。今廉俗亦然。元按《玉篇》：以鼃為蝦蟆，以鼁為蟾蜍，似蝦蟆。則蟾蜍與蝦蟆將是二物。《外紀》：人風疾是灸蟾蜍，非蝦蟆也，誤為蝦蟆耳。其首有酥，入膏藥，亦端午取之。　田鷄：即螻蟈也。其肉似鷄。《廉新志》云：補虛損，尤宜產婦。《韻府群玉》：螻蟈皮蒼夜鳴，俗名田鷄。《月令》：四月螻蟈鳴。《玉篇》曰：黽，眉耿切，蝦蟆屬，似青蛙而大腹，又名土鴨。　水母：似蟾蜍而小，頭大身細，色黑唇白。閩人謂雨蛤，天將雨則鳴而見。　蝹仔：似青蛙而小，色蒼黄，初生池塘，形圓色黑，有尾，長則脫尾而生脚，散處草野。閩人曰蛤。《韻府群玉》：蝌蚪形圓有尾，雷震則尾脫生脚。元按：蝌蚪乃蛤之初生，古稱蝌蚪文字，取其形之似也。欽人謂雷公魚，以其雷震則尾脫而生脚耳。

魚屬　鯽：有身長而眼黑者，亦有身長而眼紅者，二種味俱嘉。　鱤：觜首如鷺，大者可二十斤或四五十百斤。　鯪：類鯽而背高銳。　江骨：有角無鱗，大者二十餘斤。　江鮎：似江骨而黄，灸火者忌食。　鯇：一名草魚。能食草，故名。　山堅：出大山澗水，似鯇而黑，善躍。　黄尾：出山澗。　蘇木：似黄尾而尾黑。　塘虱：《瓊志》：風雨將作，則群引涎濕越坡，乾則後越前以濡，遇者獲擔而歸。凡此魚穴處多聚蛇食涎，捕者防之。及群聚咬尾，躍水上下，亦主風雨。　鱔：有黄、白二種，似蛇無鱗。　竅唇：一名鐮刀。　師婆：似鱸而黑。　斑星：似鱧身有星。　紅眼串：一名赤眼。　泥鰍　闌刀　瓜子：小如瓜子，故名。　沙鉤：多產沙江，狀如泥鰍魚。觜有小鉤犂壤沙，故名。　刀鰍：匾長多刺。　屐魚　鯮：似鰱而首大。以上產淡水。　鯉：三十六鱗，應陰數。有黄、白、赤、黑四種。　鰱：大者至二十斤，四五月始至。　鱸：巨口細鱗，秋深味極佳。以上江海俱有。　鯾：身匾而白，故名。　黄魚：冬時肥，俗謂鶴鶉變，未必然。　鱭魚：閩人謂烏魚。　馬膏：無鱗，味頗嘉。閩人謂鯔鮫。　鱲：有紅、白、黑三種。板身而背刺，出夏月者味佳。諺云：寒鱭熱鱲。　鱱：即青鱗，可炙食。　鞋底：俗名草鞋。背目，形圓色黑，味佳。一種黄色，出鹹淡水，名狗舌。　帶魚：形如裙帶，色白味甜。《南海異名記》云：修竹練帶。　白飯：《瓊志》作麵條。　鰛魚：廣人呼為黄擇，臘月遇時或至三五錢一擔，然不常有，亦不甚乏。　鯊：有數種，皆胎生。曰犁頭，有二鬚，黑者味美。曰劍鯊，一名丫髻。曰虎鯊，斑點，食人，其皮背皆可挫物，子隨母行，驚則從口入母腹。　魴：一名水中鳥，道家忌食。俗又呼火柴頭。　鱫：似鱗而身稍薄。　鯧鰶：背上有刺如鋸齒，故名。　烏賊：《瓊志》：腹有黑，性嗜鳥。浮水上，鳥喙其腹則以鬚捲食之。一名海鰾鮹，其類有鎗鑽、筆管、鎖管、墨斗、和尚。本草諸書所謂桑魚、章舉、石距、望潮，即此類也。　牛尾：無鱗，尾尖似牛尾，故名。　水母：一名蝦母。產白皮廠東海港，渾然一塊無有身體。浮

於水中，衆蝦聚其上，則見物而行，蝦散漫，彼亦隨沉，故謂人不智如水母無蝦。　沙粘：　一名鯽魚。如塘虱而色黄。　沙鑽：　小者名官釘。　竹葉：　身如竹葉，故名。　河豘：　烹調失宜多殺人。《本草》云：　以蘆根并橄欖、甘蔗解。俗云：　捨命食河豘，不死得頓飽。　海猪：　其頭類猪，故名。　鰌：　俗呼海王，極大，脊骨可為臼，母背常負子。永安欽州蛋人駕舟繫索於鐵鎗，以鏢其子，隨候其斃，拽諸岸取油，貨至萬餘錢。若其母則不敢近矣。　拜風：　無鱗，大似海猪，望東躍則東風起，南躍則南風起，故名。

鷂子：　形如鷂，故名。　骨魚：　有刺能傷人。食其首味佳。　赤肉：　無鱗，大約十斤，遇驚即死。　黄脊：　大者十四五斤。　金股：　斑黑無鱗。　鹿角：　背刺如鹿角，故名。　大蟲：　其首似虎，有毒傷人故名。　牛欄：　如沙鑽而長，尖觜。以上俱産海。

介屬　龜：　山大水小。　鼈：　俗呼團魚，惟腹有王字，目帶紅（紅）者不可食，切忌莧菜，孕婦亦不可食。　黿：　間有。　玳瑁：　産鹿墩海面。　鵜鴣：　似玳瑁而皮薄。　鱟：　腹下有二十足，尾長有刺，子如緑豆，黄碧色，眼在背，口在腹，雌常負雄，雙取者始可食。或云：　置之水中，雄浮雌沉。　蟹：　有白虎蟹、巴節蟹。其最美者紫蟹，四時皆有。雌者呼母蟹，殼含黄而臍團，食之香腴。諺云三月螃蟹當隻鴨，言其肥也；　十月螃蟹火燒坡，言其腴也。按此蟹與他處異，即閩人所謂蟳耳。但此間多穴海樹根，食其葉。食多壞腹，和薑食則無恙。　螺：　有數種。沙螺、琢螺、香螺、澁螺、銀螺、戀螺、起角螺、馬蹄螺、指甲螺。　血螺：　即閩人所謂蚶也。　車螯：　即車螯。　長脚螺：　即閩白礁螲。　蝦：　欽産者小，合浦最盛，大者長四五寸餘。賤時一錢買二十多枚。　蠔：　出西海。　蠣：　出海傍欖柴樹下。　蜆：　出江。

飲饌屬　滴酒：　以糯米粉製草藥為麴餅，將糯米蒸飯，粉其餅和之，以篾器敘茅盛之而蓋，其上不濡水，待其氣蒸醞，自然水漿滴出，以磁器承之，故曰滴酒。産靈山者尤佳。　白酒：　其藥同滴酒，但以粘米粉製餅，將粘米蒸飯和之，用水為漿盛於磁器，待蒸醞成酒，故其味淡。　過酒：　以滴酒、白酒糟盛之磁器，用水再醞成酒，故曰過酒。　燒酒：　取酒糟炊之，其氣上蒸下而為酒，故又曰氣酒。　醋：　以滴酒脚為底，以過酒參和，待酸則成醋。　麴餅：　《草藥十一品》曰：　坐地娘、硬骨硝、軟骨硝、獨梗硝、五娘柴草、過山龍、狗肝、山柑葉、水碗子葉、辣蓼。以坐地娘為君，宜多用，辣蓼少用，晒乾研碎為末，以糯米舂粉製餅為滴酒餅，以粘米舂粉製餅為白酒餅。

茶：　産新立、永樂諸山，不甚佳。新茶銀一錢可買五斤，老者三斤。　醬：　以米粉為之，無用麵者，蓋欽人不種麥也。　蜜浸：　曰豆蔻，曰砂仁，曰金橘，曰冬瓜，曰梅，曰薑，曰橄欖，曰紅豆，花皆可製，靈山為盛。　米饊：　以糯米蒸飯作團，攤薄烘乾油煎。　荷包饊：　用麥麵作長條，絞成荷包形油煎。　松子：　以粘糯米均匀作粉水和，攤薄片剪松花形，烘乾油煎。　米花：　以粘糯均匀作粉水和，切薄片粘成花枝油煎。　麻葉：　以水和糯米粉攤片，作麻葉油煎。　麻彈子：　以糖水和糯米粉作圓彈，油煎。　氣果：　用圓眼葉、燈籠草、木綿皮、燈草、竹殼、水芋頭六樣煎湯，以糖水和糯米粉作虛心圓彈，入油鍋煎，漸大如毬。

貨屬　鹽：　煮滷成者。　油：　欽人以供飲食者，曰芝麻油，曰猪脂油。芝麻則來自廣。其菜子、桐油、烏桕、蓖麻、海漆皆可搾油，但欽人不能取用。　綿花：　見雜植。　縮砂：　欽州、靈山俱出，貼浪為多，時羅都少。　蘇木　藍　松脂　翠毛：　入貢，出時羅都，但少，交趾獨多。　孔雀尾：　時羅都為多。　麖皮　山馬皮　水沙牛皮　沙魚皮　魚膘：　貢。　蜂蜜：　欽州少，靈山多。　黄蠟：　欽州少出，來自交趾。

靈山縣　物産同欽州者不書，其異者書之。

果屬　柑：　有四種，曰廣柑，曰盒柑，曰大柑，曰小柑，其味異於欽州，頗類閩産。　蘆橘：　味酸甜可食。　桃：　有二種：　曰紅心桃，心紅；白飯桃，心白。　李：　有二種：　曰紫李，曰黄李，七八月熟；　曰水李，四月熟。　吉琢子：　味甜可食。　金紐子：　味酸甜可食，俱産於山。　鷄頭子：　産於嶺。

瓜屬　山子瓜：　種在山，香甜可食。

禽屬　石燕：　生於石山，夜始飛求食，宿則一二十相牽如貫珠倒懸於石笋。

飲饌屬　滴酒：　造作之法並同欽州，但麴加藥少異，（住）〔佳〕者一罈至銀五錢。　醋：　用半乾糟五六斗，早穀三五斗，以鍋炒黑擣爛，加以粗飯三五升，與糟拌和貯甕罈，至七七始開，抽出或三五罈，每罈用好滴酒一二壺攙下，三五月白香。【略】　糠棗：　以糯米為粉煮熟，陰乾數日，以稻糠炒

熟，裹以糖膠、芝麻。　論曰：　天地生物以養人，本無不同，間有異者，則繫乎地氣焉耳。是故江南種橘，江北成枳，豈非地氣哉？欽處邊方，風聲文物雖不能齒於中土，然鐵力、紫荊之良材，翡翠、孔雀之文禽，玳瑁、龜筒之珍貨，人面、波羅之果，竹篁、蛇膽、縮砂之藥，萵筍、茭白之蔬，青鳩、火鳩之異味，似此之類，弗可盡列。蓋山川之氣，不鍾於人而鍾於物，要亦地偏使然耳。乃若六石之峰，三海之巖，武夷、天台、羅浮之勝，未能或之先焉，又他郡之所未有者。今天下於欽例視以荒外而弗貴，使弗遇予，不幾於泯沒無聞乎。噫，遇不遇，豈惟人哉？於地亦然。

清・馮德材、文德馨《鬱林州志》卷四　物產

物產之滋，因乎地。種植之候，順乎天。生其間，不能違也。州土卑淺，雖古云有再熟之稻，北方多山谷，田稀壤肥，氣涼少蟲，禾易長，早稻尤勝。南方平衍土薄，日旬不雨則旱，地氣濕熱，螟螣易生，收成常遜於北，此其大較也。若材木、蔬菜、花果甚蕃，未能悉舉。特取異者摘錄，以知土宜。

州穀類多以晚稻鼠牙占為最。有黃殼、白殼兩種。極上者白殼，米小，香軟，色如銀，價常昂，客爭販往四方。京都稱為廣西細米。　紅穀殼、白米紅，兩稻均有。　早紅米性澁硬，飯多耐飽，但養老不宜。　晚有賓州、廣東、茅包各紅等名，惟霜降紅米細性軟，舂精甚良。　大剛占、殼斑米大色紅。　茅包占，米粒圓大。　白花占米長色白。　等穀，皆軟滑微香，大剛占比他禾獨高而後熟，非腴地不能種。　案《宋史》，大中祥符四年，遣使往占城取稻三萬斛，頒各路種之，穗長而無芒，粒比中國者差小，以其來自占城，故今各類穀俱謂之占。　黑糯，殼斑米黑，味微苦。惟用浸酒補血。　花黑糯、香奢糯、雞油糯，米皆白色，黏軟微香。　大糯，殼黃，米長大，氣香，色極白，三秕糯米較小，更黏，作餅餈最宜。　守垌糯，三月種，七月方熟。故名。　米粗大，作白糤宜。　小麥，亦名麪麥，西南路多，近則各處皆有。晚秋種，春初熟，不如北方麥受四時之氣。　蕎麥，間有種者，又名三角麥，磨成粉，甚滑。　得利少。　大麥，俗名冬禾，苗穗如小麥，粒較粗澁，性寒，水濕舂之，殼易脫，加生薑，瓦鍋煎一宵，復加鹽、油，滑可充飢。陶朱公《致富奇書》云：　飼猪，去熱疾，肉亦較重。

芋頭，皮斑肉白，叢生，根大如碗，旁綴多子，一叢可得十數觔。　鬆滑有香氣，可飽食，莖晒乾，或用米泔浸，可充蔬。種芋隴闊四五尺，芋栽兩旁，其隙可種薑、瓜、葱、韭。六月芋葉落於隴上，種薯，八月收芋，十月收薯，不相礙。一畝之圃，蔬菜出其中，薯芋可數千觔，足佐八口數月糧。惟宜於原衍，不宜山田。　黃芋，質黃，亦鬆香。種者少。　水芋，種水田中，惟二泉新村有之。其美可比荔浦芋。　薯，不一種，均名番薯。四時可種，味甜，貧家常用充飢。亦可生食，其葉嫩時煮食，甘滑舒筋。　木薯，有紅、白二種，葉如木瓜，根如葛，茹有毒，能殺人。牛、羊食其葉，必斃。冬掘根，切片，水漂五六次淨毒，晒乾，搗粉作餈。荒年每用救飢。然毒稍漂不淨則病人，慎食可也。　蕨薯，生山中，葉如鳳尾草，根大，可數十觔，盛夏掘根作粉，白如雪糖，煮食解暑。然性極寒，脾弱者忌食。　冷粉草，色黑，性與蕨薯同。豆，有黃、黑、菉三色，種田坡間，亦資民利，但收成無常。　落花生，俗名地豆。宜山坡旱地，殼小粒滿，取油多；　種下田者，殼大粒小，少油。二月種，八月收，農家餘利。其蔓餵牛馬，易肥。　冬有蘭豆，形如扁豆。夏有雪豆，皆充蔬。而豆角為盛，俗名菜豆，紅、白二種，長二三尺，以近賣酒山者良。有一種，至八月收，亦名玉豆，長數寸，肥滿，味尤厚。　蘿蔔，有切片晒乾，味轉更甜。俗名菜爽。出馬鞍山者尤勝，販客稱為馬鞍菜。若鹽醃晒乾，則陳宅村者甜脆異常。　瓜，有金瓜、即南瓜。石瓜、即冬瓜，形小而長。香瓜、即甜瓜。白瓜、王瓜、絲瓜，而大金瓜特異，種空地，八九月始熟，大如甖罈，重數十觔。皮肉俱黃，煮食甜甚。或切片，晒蒸數次，放酒甕中，酒作金色，味如飴。　黃牙白菜，鄰縣地土不宜。州中所種，雖不及北方之堅實脆美，亦鬆甘適口。顆重五六觔。舊無此菜，自海船通始得種北方，然留種次年，則形味俱變，種者必歲附天津購菜子。　蕹菜，嵇含《南方草木狀》稱為南方奇蔬，編葦為筏，各作小孔，納子其中，浮水上，自生。今不種子而栽根，以舊蕹根夾小竹中，長數尺，編聯數竿，浮池塘內，莖葉茂盛，剪之，數日復長，自二月可剪至九月，蔬中最久者。有種於土田，其生不蕃，莖葉短小，味殊減，不及水蕹之爽滑。　冬笋，二泉新村有之，苗如菖蒲，甜脆，可作蔬。　橄欖甚多，大者鹽醃之，能久。小者氣味香，名香欖，即燕齊之青果也。　泡以甘草水，則為甘欖。　欖豉，形如橄欖，皮黑肉紫，去核鹽醃，鹹而微甘，作蔬進食。　荔枝，州中北流陸川甚盛，地土宜也。名類不一，以肉厚核小為良。馬頭園者尤勝。　飽啖不厭，果中上品也。　龍眼亦盛，晒其肉入藥。　柑子，種者頗多。價廉，客販致遠，盛錫罐，固封，勿透風，可至暑夏不壞。　人面

子，形如龍眼肉，厚皮青核，有眼，目、口、鼻，合魚肉蒸食，甘而微酸，醃以鹽、醋更佳。　葶薺子，各鄉亦有。惟江岸村者較甘脆。嚼之無滓，不下桂林。蠟蔗、甘蔗，幹大節密，汁濃，宜生啖。竹蔗、肉蔗，惟絞汁煎作糖，利頗厚。香橼，圓如橘，大過之，氣芳烈，可作盆景。其皮能行氣化痰，略與橘同功。山楂子，生山中，樹高聳，春花夏熟，形如橄欖。味酸，肉滑，同魚煮食，甚醒脾。

茶宜於山，近山者之利。嫩芽清明前采，名未明茶。比他省雨前尤早。茶味厚而色近濁，土人不善製之，故昔時嘗有遠商來收買，焙碾好始運去，今則少矣。

花類繁盛，與各方同。惟名滿山紅者，高數尺，無花，其葉尖長，大二寸許。經秋霜染，色盡鮮紅，望如春花，令人豔目。

紅藍草，挼汁染米，色甚紅。拌猪肉煮，名紅麴肉，適口，能消積。　藍，有二種。山藍似草決明，田藍如鷄爪蘭。一年五六刈，畏暑日霜雪，夏冬須草蓋覆。割苗浸池中，加石灰，漚去滓，即成青靛。州西北方為盛，與北陸興三縣靛俱從北流江販運廣東，蘇杭人通謂為北流靛。　薯莨，汁黑澁，用染黑布，轉作紅青色。生山中。　玉茅，香茅。浸酒，氣味濃郁。　葛藤，生大容山，漚之，績織成布。　絡麻，即苴麻。有水、旱二種。高五六尺，刮皮，漚軟，可為布，為繩。　丹竹，即麻竹。中虛節疎，皮堅韌，為籮筐等器用甚溥，亦可織為席。植山中者名山丹。竹析篾片捆物，與白藤同。馬蹄竹，質厚節牢，文理堅勁，作器耐用。笋可食。　大竻竹，竿如毛竹大，可作椽桁。笋微甘。　小勒竹，俗謂刺為勒，故名勒竹。多刺，如鷄爪，極鋭，枝小稠密，一叢成林，種作籓籬，人物不能越，村四圍有此，可當柵壘禦寇。　篁竹，織器用，堅滑可愛，多生山谷。　甜竹笋，美不亞桂林容縣。　籬竹，大容山最多，竿小。冬生笋極盛，味亦美。

鐵力木，俗名格木。《南越筆記》：鐵力木文理甚堅緻，重如石，質初黃，用久則黑，蟲蟻風雨不能剝蝕。高聳直大，宜椽棟。作器光澤可鑒。越中良材也。今州中少矣。　檫木質紅，橼木質青，枏木質白，年久高大者，文理堅實。作椽、棟、器用，甚耐久。　杉木，種者甚多。無論大小，凡作器築室，無不合用。其大至四五圍者，亦可為棺。　荔枝木，質堅滑，多用為門及桌几等器。實小汁酸者俗名酸枝。理更堅潤，價較昂。　樟木，何木，文澁氣烈。楝木，味苦。皆適用，蟲蟻不食。　杜木，質理嫩滑，宜鏤書板。　膠木，鉋薄片名鉋花，浸水，甚滑膩，如白及。與茶油木取子榨油，皆潤髮。　烏桕木，遇霜葉紅。實可榨油，作印色極佳，煮之成如白蠟。　山茶木，其子有油，燃燈倍亮，亦可食。　松木，山谷平原多種。最招白蟻，不為材用，惟作柴薪。

鷄、鵝、鴨，俱食穀米，故肥美。　鷓鴣、瓦雀、斑鳩，作脯良。一種蔗園雀，蔗時出，尤美。　錦鷄，毛羽五色，大容山有之。　豕，用薯芋苗、米麥糠覈飼之，及長加以粥，大者可至二三百觔。　果子貍，即玉面貍。　黄麖，鹿屬。山中多有之，味腴而清。　猪唇貍，嘴似猪，爪似貓。　間貍即攖鷄虎。　貓貍次之。狗貍亦可食，膽治跌打損傷，神效。　山猪，即豪猪也。產深山，毛長硬，鋭如箭，俗名箭猪。嘴似鐵，性嗜薯，以其嘴插薯地，若牛犁。山人逐之，輒抖搜身毛，著人肉如刺。　虎豹最多。近年常日伏路旁，夜或衝門入室，攫食人畜。　猩猩、人熊、狗熊，大容山深處有之。

鬱非水國，各鄉村以池塘畜魚，常放茭草、牛糞或胡麻養之，甚鮮美。山鼈俗名也，產大容山石穴流水處。腹背俱黑，背上起胡椒紋，大者五六觔，食之滋陰。

樟木、楓木均有蠶，無種。清明前生木上，成熟時候不等，夏至後絕。熟時斷其左右次足，取絲，立置醋中，牽之可得一丈或八尺長。樟木者更佳。粵東客爭售。　桑蠶，近年官為設局倡率，多有飼者，織紬及緜子出市，亦得利。　蟻，有黄，有黑。惟白蟻甚為害。莫尋其穴，從地而出，先運成泥繩一條為路，穿繩而行，故不易見。凡箱籠、器具、衣服、書籍，稍疎檢視，則殘食淨盡。松木尤其最嗜，惟不食楝木。　蛇為毒蟲，治之速，亦可救。捕者常以藥塗手，聞藥氣伏不敢噬。烏肉蛇長二三尺，腹白背斑，黑色，活時烤火上，刮淨鱗，再炙透，浸酒，祛濕治風攣。色青而小，長不滿尺者，俗名蛇噴。功力尤勝。　黄梢蛇次之。此外各類蛇，不常見，見亦不肯捕用，以其毒盛也。有一種名榖蛇，大可數十觔，不噬人。　蜈蚣，俗名百足。多在墻隙及房瓦上。天暑肯出，被咬者急以公鷄口涎或鷄屎塗之，毒不發。其大如指者，油浸，治毒瘡甚效。　蛤蚧，生山谷中，園林叢竹亦時有之。走如激箭，不易捕。

烏麻藤根最毒，食者則腸斷而死。救法，先灌猪油一椀，再服解毒藥，可活。　伽南香，即燈槳木，年久中心堅黑，香甚烈。食之降氣。　金銀石、白

石，作門作柱，堅滑光亮。產寒山。　水月巖鍾乳石，結成巖壑，鑿凹種花草，足供盆景。　案：　鬱林土產除五穀外，以藍取靛、花生取油、甘蔗取糖三者為大宗，歲得厚利。茶次之，昔時均以其餘販運他境。近來茶既少，花生油、甘蔗糖不給本境用，惟藍靛尚常行廣東云。

明・何喬遠《閩書》卷一五〇　《南產志》卷上

稻：　五穀者，麻、黍、稷、麥、豆。《周禮》揚州、荊州，其穀宜稻。　閩屬揚州，當首稻矣。左思《三都賦》國稅再熟之稻。宋馬益詩：　兩熟潮田天下無。蓋美閩稻也。《說文》謂稻為粳、稬、稌屬也。稬亦名秫。《字林》云：　閩稬，黏稻，而粳稻不黏。今之食米皆粳稻，釀酒則稬稻也。《閩中記》云：　閩人以稬稻釀酒，其餘蹂粉，歲時以為團、粽、粿、糕之屬。【略】　黍：　黍，暑也。《詩名物》云丹穀也。其類有黏、不黏，如稻之粳、糯。不黏為飯，黏者亦名秫，以為酒。《古今註》：　禾之黏者為黍，以為餳，謂之餦餭。《楚辭》曰：　粔籹蜜餌有餦餭。按黍，北人曰粱，浙人曰粟。泉中人有一種名秭，粒似黍而小。　稷：　《說文》曰：　五穀之長也。《月令》曰：　中央土，食稷與牛，五行土為尊，故五穀稷為長。閩中種稷殊少，惟明祀用之。《禮》稷為明粢。《左傳》粢食不鑿。粢者，稷也。鑿，精細米也。《爾雅》亦謂粢稷。《本草》曰穄。《穆天子傳》：　赤烏之人，獻穄百載。《甌冶遺事》：　穄米與黍相似而粒大。按此說是蜀黍也。北人曰高粱，泉曰番黍，浙人曰蘆穄。閩中山畬磽地，尚有一種穗如鴨脚，粒與黍相類，磨之可以麪，其孚可以酒。　麥：　《廣雅》曰：　大，麰也。小，麳也。《本草》云：　北方之麥，秋種冬長，春秀夏實，全備四時之氣，故無毒。南方之麥，冬種夏實，四時之氣不備，故有毒。有大麥，有小麥，有蕎麥，稈紅花白實，三稜而黑，秋花冬實。有穬麥，類麥而穀稍異。福州曰米麥，泉州曰蔚麥，興化曰穬麥，福寧州曰玉麥，惟穬為古名。

菽：　《物理論》曰：　菽，豆之總名也。有黃豆、白豆可腐，有綠豆可粉，有黑豆可豉，有赤豆，有褐豆，有藿香，有紅光豆，有九月豆、畬豆，此外又有豌豆、(江)〔豇〕豆、水豆、菜豆、樹豆、葛豆、藊豆、刀豆、皂莢豆、虎爪豆、蛾眉豆、蟹眼豆、蠶豆，可入蔬品，均豆也。　麻：　八穀之良，其實為苴。《詩》曰：　九月叔苴。註：　麻實也。有黑麻、白麻。有胡麻，作角八稜，種出大宛，漢張騫淂之。凡物自胡來者，皆曰胡，如胡荽、胡桃之類。一曰巨勝，兩頭尖銳作角，七稜，色純赤。二麻可為飯，可為油。俗云必夫婦同種乃茂。有大麻可(續)〔績〕布，《爾雅》所謂黂也。閩中名苧麻，(續)〔績〕之曰縩，以成夏布，其用行天下。　芋：　蹲鴟也。一名土芝。陶隱居曰：　錢塘最多，閩、蜀、淮、甸尤殖。此種《本草圖經》云：　蜀川生，形團而大，狀如蹲鴟，謂之芋魁。閩中出者，形長而大，小者如卵，生於芋魁之傍，食之尤美。有六種：　有青芋，有紫芋，有真芋，有白芋，有連禪芋，有野芋。　蕃薯：　萬曆中，閩人得之外國。瘠土砂礫之地，皆可以種，用以支歲，有益貧下。予嘗作《蕃薯頌》，可以知其概也。頌曰：　度閩海而南，有呂宋國，國度海而西為西洋，多產金銀，行銀如中國行錢，西洋諸國金銀，皆轉載於此以通商，故閩人多賈。呂宋焉，其國有朱薯，被野連山而是，不待種殖，夷人率取食之。其莖葉蔓生，如瓜蔞、黃精、山藥、山蕷之屬，而潤澤可食，或煮，或磨為粉。其根如山藥、山蕷，如蹲鴟者其皮薄而朱，可去皮食，亦可熟食之。可熟食者，亦可生食，亦可釀為酒。生食如食葛，熟食色如蜜，其味如熟荸薺。生貯之有蜜氣，香聞室中。夷人雖蔓生不訾省，然恡而不與中國人，中國人截取其蔓咫許，挾小盖中以來，於是入吾閩十餘年矣。其蔓雖萎，剪插種之，下地數日即榮，故可挾而來。其初入吾閩時，值吾閩饑，淂是而人足一歲。其種也，不與五穀爭地，凡瘠鹵沙崗，皆可以長。糞治之則加大，天雨根益奮滿。即大旱不糞治，亦不失徑寸圍，泉人鬻之，斤不直一錢二斤，而可飽矣。於是耄耆童孺，行道鬻乞之人，皆可以食，飢焉淂充，多焉而不傷，下至鷄犬皆食之。於是何子開鏡石山房樹陰之隙地而種焉，而為之頌曰：　不需天澤，不冀个工，能守困者也。不爭肥壤，能守讓者也。無根而生，久不枯萎，能守氣者也。予向行江北，天大旱，五穀不登，民食草木之實亡厭。今乃佐五穀，能助仁者也，可以粉，可以為酒，可祭可賓，能助禮者也。莖葉皆無可棄，其直甚輕，其飽易充，能助儉者也。耄耆食之而不患哽噎，能養老者也。童孺食之止其啼，能慈幼者也。行道鬻乞之人食之，能平等者也。下至鷄犬，能及物者也。其於士君子也，以代匱焉，所以固其廉以廣施焉，所以助其惠而諸德備矣。而吾邑粱肉之家，猶駭焉而不敢食，食之則謂同於窶與賤，於是何子掘而出之，浴之清泉，薦之潔鼎，乘之陶匏，沃以濁酒，而為之歌曰：　令珠而如沙，人以之彈鵲。令金而如泥，人以之塗艧。令朱薯而如玉山之禾，瑤池之桃，人以之為不死之大藥。雖不死藥，不足佐五穀。吾亦不忍其禾玉山、桃瑤池，獨從羽人於丹丘，坐視下界之人瘁飢啾啾，而不淂一嚼。　右穀食之屬。

薑黃：葉青綠，而作有斜文，花白紅色，根盤屈而黃，類薑，圓而有節。出邵武仙亭山。菘菜：與蕪菁相類，梗長，而葉不光者為蕪菁。梗短，葉濶厚而肥者為菘。周顒所謂秋末晚菘是也。張九齡自函京攜種，歸曲江種之，閩中呼為張相菘。曾師建記謂：北地無菘，南地無蕪菁。體性相似，而形狀不同，地土然也。芥菜：《本草》曰：芥似菘而有毛。有青芥、紫芥、白芥、南芥、花芥、石芥。白者舊云自西戎來，名白胡芥。大抵南土多芥。取其子擣為末，和醋食之，能使氣上鼻，過後便自條暢。《埤雅》曰：望梅生津，食芥墜淚。芥藍菜：《通志》曰：葉如藍而厚，青碧色，菜之美者。《興化志》謂：蜀中萬年青極相類。但此一年一種，萬年青累歲不易，味稍苦耳。菠薐菜：又作波稜。劉禹錫《嘉話錄》：本出西域頗稜國，訛頗為波。《閩中記》：以葉如波紋有稜，以義求之歟。按波稜，生北方者為竹菠薐，莖長而爽。閩中者為石菠薐，莖短而甘。蕹菜：蔓生，花白，莖中虛，摘其苗，土壓之輒活。一名甕菜。《遯齋閑覽》：本生東夷古倫國，蕃舶以甕盛之，故名甕菜。漳人編葦為筏，作小孔，泛水上，如萍根浮水面，莖葉皆出於葦筏孔。南方奇蔬也。油菜：《通志》曰：葉如白菜，青色，根微紫，子可壓油。漳人呼為油芥。蔊菜：《齊民要術》曰：蔊，音罕。味辛。李時珍《本草綱目》云蔊菜。冬月生田園間，柔梗細葉，三月開細花，黃色，結細角，內有細子，連根葉拔食之，味極辛辣。洪舜俞《老圃賦》：蔊有拂士之風。朱文公飲後，輒以蔊莖供蔬品。浮藤菜：《興化志》曰：菜圓而厚，藤相糾纏，子紫黑色，俗呼蟳菜，取其和蟳作羹為佳。苦益：宋劉翬詩：雖無苦口味，暖益功稀比。菜苦不登盤，言中多逆耳。蕨：《爾雅》：蕨，虌。《詩》言：采其蕨。《爾雅翼》曰：野人今歲焚山，則來歲蕨菜繁生。負荷者皆不肯食，云令人脚弱，名之以蕨，蓋謂蹷矣。其葉未抽時，擣其根可粉。皇朝政和令黃裳採蕨詩：皇天養民山有蕨，蕨根有粉民爭掘。朝掘暮掘山欲崩，救死豈知筋力竭。明朝重擔向溪滸，濯彼清冷去泥土。夫舂婦濾呼兒炊，飢腹雖充不勝苦。棠陰諸公知不知，朝夕思餐釀與肥。賑飢無策未足怪，胡忍剝我民膏脂。嗟予忝為斯邑宰，致民多飢顙生泚。但願皇天憐爾苦，五日一風十日雨。雨順風調五穀登，蕨根滿山長不取。【略】紫菜：一名索菜。《吳都賦》：綸組紫菜。舊志曰：其生黏帶石上，潮浸其散鬖鬖然，潮落復黏于石。嫩者槎取之而成索，長者摘取之則皆解散。生時正青，乾則色紫。近海諸邑皆有之，出福清尤佳。成葉如韭。赤菜：《海物異名記》曰：海生而紫蔓，其大者為鹿角菜，一名猴葵。《南越志》曰：猴葵，色赤，生石上，謂之鹿角，以其莖有歧也。苔垢菜：紫菜取盡，就上復生苔衣，狀類浮垢。藍菜：生海巖上，味甜。石花菜：生海礁上。性寒。夏月煮之成凍。鷓鴣菜：生海石上。散碎，色微黑，小兒腹中有蟲病，炒食能愈。蠣菜：生海中邊沙地上。長半寸許，成簇而綠。虎栖菜：生海石上。穗長二三尺許，葉如蘭蓝，微黑色。出漳浦。羊栖菜：生海石上。長四五寸，微黑色。出漳浦。鵞腸菜：生海石上。長四五寸，其薄如帶，色黃。漳浦多。線菜：生海中沙地上。其長如線，色微紅。出漳浦。神黛：生海邊泥泊上。葉蒼蒨如黛，歲饑，和米作粥食之。出漳蒲。海苔：綠色，如亂絲。生海泥中。其細嫩者，名濕苔。燕窩：皇朝王世懋《閩部疏》燕窩菜，竟不辨是何物。漳海邊已有之。燕飛渡海中，翮力倦則擲置海面，浮之若杯，身坐其中，久之復啣以飛。陳懋仁《泉南雜記》：閩之遠海近番處有燕，名金絲者，首尾似燕而甚小，毛如金絲。臨卵育子時，群飛近汐沙泥有石處，啄蠶螺食。有詢海商，聞之土番云，蠶螺背上肉有兩肋如楓蠶絲，堅潔而白，食之可補虛損，已勞痢。故此燕食之，肉化而肋不化，并津液嘔出，結為小窩，附石上，久之，與小雛鼓翼而飛。海人依時拾之，故曰燕窩。而予近聞之漳人，殊為不然。燕窩國大海中有高山，冬月群燕來巢，其上燕矢之厚，没人兩膝，春時生雛，纍之窩中。燕窩，貧夷領我中國貧人取之林中，揑攡窩毀子墜，顛覆闌干，燕之雌雄群然悲鳴，傷物特甚。嗚呼！誰謂燕窩蔬房哉？生命之苦，過火燖刀割矣。蘇長公謂雖八珍之美，投筯而不忍食此物。此志耶。右蔬屬。

甜瓜：質長文微，有瓣，瓢黃色，俗呼黃瓢瓜。曹氏浮甘瓜於清泉，想即此也。土瓜：一名葛。食之醒酒。《爾雅翼》曰：雞齊，一名鹿藿，一名黃斤。今之食葛，非為絺綌者也。《吳都賦》：食葛，香茅。注曰：食葛蔓生，與山葛同，根特大，美於芋也。右瓜屬。

荔枝：《本草圖經》曰：荔枝子生嶺南及巴中，今泉、福、漳、嘉、蜀、渝、涪州、興化軍及二廣州郡皆有之。其品閩中第一，蜀川次之，嶺南為下。《扶南記》：荔枝始傳於漢世，初惟出嶺南，後出蜀中。《蜀都賦》所云旁挺龍目，側生荔枝是也。蜀中之品，在唐為盛。白居易《圖序》論之詳矣。今閩

中四郡所出特奇，而種類僅至三十餘品，肌肉甚厚，甘香瑩白，非廣蜀比也。宋蔡襄著《荔枝譜》七篇，雖於今不備，蔡公閩人，不可不著之問產矣。第一篇：荔枝之於天下，唯閩、粵、南粵、巴蜀有之。漢初南粵王尉佗以之備方物，於是始通中國。司馬相如賦上林云荅遝離支，蓋夸言之無有是也。東京、交阯七郡，貢生荔枝，十里一置，五里一候，晝夜奔騰，有毒蟲猛獸之害。臨武長唐羌上書言狀，和帝詔大官省之。魏文帝有西域葡萄之比，世譏其謬論，豈當時南北斷隔，取擬出於傳聞耶。唐天寶中妃子尤愛嗜涪州，歲命驛致，時之詞人多所稱詠，張九齡賦之以託意。白居易刺忠州，既形於詩，又圖而序之。雖髣髴顏色，而甘滋之勝，莫能著也。洛陽取於嶺南，長安來於巴蜀，雖曰鮮獻，而傳置之速，腐爛之餘，色香味之存者亡幾矣。是生荔枝，中國未始見之也。九齡、居易雖見新實驗，今之廣南州郡，與夔梓之間所出，大率早熟，肌肉薄而味甘酸，其精好者僅比東閩之下等，是二人者亦未始遇。夫真荔枝者也，閩中惟四郡有之，福州最多，而興化軍最為奇特，泉漳時亦知名，列品雖高，而寥寥無紀。將尤異之物，昔所未有乎？蓋亦有之，而未始遇乎人也。予家莆陽，再臨泉福二郡，十年往還，道繇鄉國，每淂其尤者，命工寫生，稡集既多，因而題目以為倡始。夫以一木之實，生於海瀕巖險之遠，而能名徹上京，外被夷狄重於當世，是亦足貴者。其於果品卓然第一，然性畏高寒，不堪移殖，而又道(理)〔里〕遼絕，曾不淂班於盧橘、江橙之右，少發光采，此所以為之嘆惜，而不可不述也。第二篇：興化軍風俗，園池勝處維種荔枝，當其熟時，雖有佗果，不復見省，尤重陳紫，富室大家，歲或不嘗，雖別品千計，不為滿意。陳氏欲採摘，必先閉戶扃墻，入錢度鐸，錢與之，淂者自以為幸，不敢較其直之多少也。而列陳紫之所長，以例眾品，其樹晚熟，其實廣上而圓下，大可徑寸有五分，香氣清遠，色澤鮮紫，殼薄而平，瓤厚而瑩，膜如桃花紅，核如丁香母，剝之凝如水精，食之消如絳雪，其味之至不可淂而狀也。荔枝以甘為味，雖百千樹莫有同者，過甘與淡，失味之中，維陳紫之於色香味自狀其類，此所以為天下第一也。凡荔枝皮膜形色，一有類陳紫，則已為中品。若夫厚皮尖刺，肌理黃色，附核而赤，食之有查，食已而澁，雖無酢味，自亦下等矣。第三篇：福州種殖最多，延貤原野，洪塘水西尤其盛處，一家之有，至於萬株。城中越山當州署之北，鬱為林麓，暑雨初霽，晚日照曜，絳囊翠葉，鮮明蔽映，數里之間，焜如星火，非名畫之可淂，而精思之可述，觀覽之勝，無與為比。初著花時，商人計林斷之以立券，若後豐寡，商人知之，不計美惡，悉為紅鹽，水浮陸轉以入京師，外至北戎西夏，其東南舟行新羅、日本、流求、大食之屬，莫不愛好，重利以醻之，故商人販益廣，而鄉人種益多，一歲之出，不知幾千萬億，而鄉人淂飫食者，蓋鮮以其斷林鬻之也。品目至眾，唯江家綠為州之第一。第四篇：荔枝食之有益於人。《列僊傳》稱有食其華實，為荔枝仙人。《本草》亦列其功，葛洪云蠲渴補髓。所以唐羌疏曰：未必延年益壽，蓋云雖有其傳，豈果能哉？亦諫止之詞也。或以其性熱，人有日噉千顆，未嘗為疾。即少覺熱，以蜜漿解之。其木堅理難老，今有三百歲者，枝葉繁茂，生結不息，此亦其驗也。第五篇：初種畏寒，方五七年，深冬覆以護霜霰。福州之西三舍曰水口，地少加寒，已不可殖。大略其花春生，簌簌然白色，其實多少，在風雨時與不時也。有間歲生者，謂之歇枝。有仍歲生者，半生半歇也。春花之際，傍生新葉，其色紅白，六七月時，色已變綠，此明年開花者也。今年實者，明年歇枝也。最忌麝香，或遇之花實盡落。其熟未更採摘，蟲鳥皆不敢近。或已取，蝙蝠、蜂、蟻爭來蠹食，園家有名樹，旁植四柱小樓，夜棲其上以警盜者。又破竹五七尺，搖之荅荅然，以逐蝙蝠之屬。第六篇：紅鹽之法，民間以鹽梅滷浸佛桑花為紅漿，投荔漬之，曝乾，色紅而甘酸，可三四年不蟲。脩貢與商，人皆便之，然絕無正味。白曬者正爾，烈日乾之，以核堅為止，畜之甕中，密封百日，謂之出汗，去汗耐久。不然，踰歲壞矣。福州舊貢紅鹽、蜜煎二種，慶曆初太官問歲進之狀，知州事沈邈以道遠不可致，減紅鹽之數，而增白曬者，兼令漳泉二郡，亦均貢焉。蜜煎，剝生荔枝，笮去其漿，然後蜜煮之。予前知福州用曬及半乾者為煎，色黃白，而味美可愛。其費荔枝，減常歲十之六七。然脩貢者，皆取於民，後之主吏利其多以責賂，曬煎之法不行矣。第七篇：陳紫已下十二品，有等次，陳紫因治居第平窊坎而樹之，或云厥土肥沃之致。今傳其種子者，皆擇善壞，終莫能及，是亦賦生之異也。【略】又《惠安邑志》：果實之類，與百穀相消長。荔枝、楊梅大熟，其年五穀多荒。諺曰：山中紅，田里空。予謂不然，荔枝火種也，花不耐雨，雨多則花落。荔枝大熟，必其年不雨耳。宋劉屏山詩：縱班盧橘材非偶，不近長安價愈高。龍眼：《圖經》曰：龍眼木高二丈許，似荔枝葉，微小，凌冬不凋，春末夏初生細白花，七月而實成，殼青黃色，文作鱗甲，形圓如彈丸，核若無患而不堅，肉白有漿，甚甘美。其

實極繁，荔枝纔過，龍眼即熟，故南人名為荔奴，一名益智。以其味甘歸脾。又《蜀本》：能除蠱毒，去三蟲。張岳《惠安志》：大者名龍眼，次名人眼，小者名鬼眼。俗不識別，總謂龍眼。陳懋仁《泉南雜記》：龍眼甘香溢牙齒間，嚼者多不知厭。出長樂者大可寸許，最佳，名長樂員。泉州近出英山，亦其亞也。宋劉屏山詩：香割蜜脾知韻勝，價輕魚目為生多。　李：有胭脂李。福州蒸晒，最嘉。李子之味酸甘。　柑：《圖經》：木高一二丈，葉與枳無辨，刺出莖間，夏初生白花，六月七月而成實，至冬黃熟，可噉。舊說小者為橘，為橙，大者為柚。孔安國注《尚書》：厥包橘柚，小曰橘，大曰柚，皆為柑也。謝眺《酬王晉安》詩：南中榮橘柚，寧知鴻雁飛。柑，《通志》有酥柑，有佛酥柑，一名佛頭酥。有脂柑，出連江，名連江柑。有里尾柑，出福清縣。以地名橘，《通志》有鏡橘，一名鏡柑。有連江橘，以地名。有酒橘，有四時橘，有剪橘，有猴橘，一名橘花。有洞庭橘，有匾橘，一名塌橘。有里尾橘，出福清縣，亦以地名。《泉志》：金橘有二種，形圓者曰金棗，皮香肉酸。又有金豆，俗呼羊矢橘。生山林中，蜜煎良佳。《莆弘治志》：莆中有紅柑、青柑。唐時本地有沙橘，嘗入貢。近時天下之柑，以浙之衢州，閩之漳州為最。漳人食柑盡一托盤，如泉人食荔枝矣。　酸棗：出福州建寧、福寧，以為糕。　香櫞：氣芬鬱襲人衣。又有形似人手者，名佛手香櫞。　橄欖：《圖經》曰：橄欖，似木槵子樹而高，端直可愛，秋晚實成，實如生訶子，無稜瓣，皆反垂向下。先生者向下，後生者漸高。木既高峻，采難緣梯，但刻其根下方寸許，內鹽於中，一夕皆落，木亦無損。《藥性賦》云：泉州橄欖能消酒。《本草》一名諫果，謂其始澁後甘，猶逆耳惡言。然《惠安志》：小者名丁香橄欖，大者名柴橄欖。小者尤香，出福州柑蔗洲。　金斗：葉似橄欖而長，實紅色，味甘酸。　椎：科子也。曾師建《記》作錐，謂之末鋭於錐，此擬其形似錐。末言《宋志》以錐作椎，蓋從木也。按椎，古槌字。《戰國策》《史記》凡槌皆作椎，獨新編《百音篇海》云：椎，直追切，樹名，以山桂，不言其有子也。今按此果是科樹所生，江東人呼科樹為株樹，因呼其子為株子。閩人呼為椎者，聲相近矣。興化郡北一里許，有地曰椎林，荒歲特蓄，貧民賴之。　羊桃：一名楊桃。形如碌碡，味甘酸。實出柯幹上，非若他菓綴枝而生。產福興、福寧。　餘甘：《海物異名記》：菴摩勒果，瑩如珠，食之餘味始甘，能蠲蠱毒。山谷以其先苦後甘名之，曰敢諫子。出州莆，產莆中定庄者佳。　黃彈子：祥符《圖經》云黃檀子，《海物異名記》云：黃檀子實如彈丸，葉如山桂而香。又云：本出越王祭檀側，曰王檀子。《揚都賦》：果則龍目荔枝，王檀丹橘。　菩提果：花如冠蕤，葉長而尖，實圓而長，實內虛核，當虛處，其味甘香，莆人謂之糖捐。或云西域有此果，故曰菩提。福州最多。　倒黏子：開花淡紅，結子如乳頭，倒黏于樹，色紫味甘，一名丹黏子，一名逃軍糧。泉人謂之冬年以其可以度年，故廣人取以釀酒，謂之稔酒。　右果屬。

吉貝：木綿也。閩人謂之吉貝，本名古貝，一曰古終。曰吉貝者，古貝之訛也。《南史》謂出林邑、干陁利等國，傳至閩中。其木高七八尺，種五六年即枯，枯即芟之，至春其根復生嫩葉，其實有覆蓋，其殼如檳榔，分為四瓣或三瓣，中有茸絮如鵞毳，茸中有核，遇烈日絮乃開，采而聚之，或彈以竹弓，或絞以輪車，是為木綿花矣。宋謝枋得詩：嘉樹種木綿，天何厚八閩。厥土不宜桑，蠶事殊艱辛。木綿收千株，八口不憂貧。　茶：宋時建州之茶名天下，以建安北苑為第一。而今武夷貴矣。【略】　杉：古字作煔，亦音杉。《爾雅》曰：被杉。註云似松，可以為船及棺材，作柱埋之不腐。建、延、汀、邵、福寧為多，是插而生者。【略】　櫡：亦曰杜松，葉如側柏。欏：木可為器，最奈久遠。　橡：亦可為楝宇，然久則蠹腐，用不及杉。其白皮着人肌膚最刺撓。山中人或煮其汁，合諸毒藥以射虎。　水綿：類杉，脩幹而細葉。郡城內外凡濱水處多植之。　梩杉：略似水綿，而木理輕鬆，心赤色。江淹頌：木貴冬榮，梩實寒色。停黛峰頂，插翠石側。碧葉菴藹，頹柯翕艴。方陋筠櫝，遠笑荊棘。　刺桐：說見《泉州建置志》。《五燈會元》曰：福州荔枝，泉州刺桐。《輿地紀勝》：泉城初築時，環郡皆植刺桐，號桐城。初夏開花極鮮紅，如葉先萌芽，花後發，則其年五穀豐登，否則反是，故謂之瑞桐。宋丁謂詩：聞淂鄉人說刺桐，葉先花發十年豐。我今到此憂民切，只愛青青不愛紅。　桐：桐之為木，諸家說不一。《爾雅》云：梧桐。《興化志》：一曰白桐，一曰岡桐。竊意桐有四種。花葉不相見，花不結子，材中琴瑟，《禹貢》嶧陽孤桐也。《興化志》：白桐，是一種不花不子，與油桐相類。《興化志》：岡桐，是一種子可食，與中琴瑟者，即《爾雅》所謂梧桐也。一種可壓油，則謂之油桐。今泉南所種，多油桐。　楮：即穀樹也。江東所產者結實，閩所產者不結實，其皮可搗為紙，亦可治為衣

為食。　榕：　榕陰極廣，以其能容，故名曰榕。《(異)〔海〕物異名記》云：一名赤榕，上聳高大，此樹生至福州而止，故福州號為榕城。諺云：榕不過劍。　櫬：　考《玉篇》無此字，詢其鄉人，讀如櫬音。其樹頗高大，葉略似桂葉，其子如苦櫧，圓而稍長，鄉人去其殼而磨之，料理作凍，亦可食也。出邵武。　菩提樹：　菩提樹，即佛經所謂菩提，其子用為念珠。泉州舊志：城中承天寺一株，大十餘圍，高數十丈，葉略如梨葉而大，秋深葉茂，郡人剪取，用灰水浸去浮皮，其脂輕透如紗，染紺色為燈，極鮮明可賞，曰梧桐燈。　相思：　似廣花梨木。昔宋大夫韓憑妻甚美，宋康王奪之，憑自殺，妻乃陰腐其衣。王與登臺，自投臺下，左右攬其衣，衣不勝手，遺書于帶曰：願以屍與韓合葬。王怒埋之。二塚相對，經宿，塚上各生一文梓，根交枝連，有鳥如鴛鴦棲于樹，朝夕悲鳴，人因呼梓樹為相思木。【略】　檀：　葉似槐。　樧：　生山中。葉與子似茱萸。《爾雅》云：椒樧醜荥，桃李醜核。言桃李屬皆內核，椒樧屬皆外荥也。　欓：　字亦作欓。其木有刺，子朵生如茱萸，辛辣如椒樧。　棠梨：　泉人名加冬梨。　楝：　《東皐雜錄》：江南自春至夏，有二十四風信，梅花最先，楝花最後。樹有雌雄，雄者根赤，無子。雌者根白，有子。　梂：　結實似梨，小而酸澁，大得三圍，木理細膩堅緻，視楠過之。

木槵：　葉如橄欖而小，實可浣垢。今釋子多取其子為手珠。《本草》謂之無患子，俗呼墨圓子。　水楊：　葉圓濶而赤，枝條短硬。多生水岸。　金荊：　《閩中記》：木堅，有文彩，可為床榻器用。【略】　黃連茶：　木高二三丈，葉似槐而尖長。春初芽始生，可治以代茗飲，亦為茹，味香美。俗又呼涼茶樹。　加條：　《閩中記》：其葉可用磨犀角、象牙。《惠安志》曰：吉釣藤，即道家降真香。生深山中，以枯老紫色為貴，或即一樹也。又名美龍藤。　樸：　葉如加條，差小，皮鱗皺粗厚，因以淂名。　白牙：　木理極堅白，可為器玩。　石楠：　葉如枇杷，有小刺，凌冬不凋，人多植庭宇間，陰翳可愛，不透日氣。其木堅勁，可為斧柯。　樫：　葉細而枝柔，夏花粉紅如栗。一名西河柳。　羅漢松：　葉長而狹，色蒼秀可愛，凌冬不凋。　鐵樹：　葉紅而幹如銕。　右木屬。

竹：　李時珍曰：竹，惟江河之南有之，故曰九河鮮有，五嶺實繁。有猫竹，方言謂之麻，可以椽，可以器，削之可以刀，其葉夏月可以裹角黍。江南竹，粗大堅直，笋冬生。　慈竹，古名子母竹、斑竹，永福縣鶴洋多產之。　紫竹，小而色純紫。　苦竹，笋苦而味佳。　淡竹，其葉可以藥。【略】　甘蔗：　呂惠卿言，凡草皆正生嫡出，惟蔗側種，根上庶出，故字從庶也。嵇含作竿蔗，謂其竿如竹竿。《離騷》《漢書》皆作柘字，通用也。許慎《說文》作蔗，盖音之轉也。《本草圖經》有兩種，赤色名崐崘蔗，白色名荻蔗，出福州以上，皮節紅而淡。出泉漳者，皮節綠而甘。其榦小而長者，名菅蔗，又名蓬蔗，居民研汁煮糖，泛海鬻。吳越間糖有二種，曰黑糖，曰白糖。有雙清，有潔白，鍊之有糖霜，亦曰冰糖。有蜜片，亦曰牛皮糖。其法先取蔗汁煮之，攪以白灰成黑糖矣。仍置之大甕漏中，候出水盡時，覆以細滑黃土，凡三遍，其色改白。有三等，上白名清糖，中白名官糖，下名奮尾。其所出之水，名糖水矣。宮糖取之再行烹鍊，劈雞卵攪之，令渣滓上浮，復置甕漏中，覆土如前，其色加白，名潔白糖也。其所出之水，名潔水矣。又取烹鍊成糖霜、蜜片矣。甕漏器如帽盔，底穿一眼，出水其處也。初人莫知有覆土法，元時南安有黃長者，為宅煮糖，宅垣忽壞，壓於漏端，色白異常，遂獲厚貲，後遂效之。他糖諸郡皆有，潔水蜜片獨出於泉。蜜片，元人名沙裏別，胡語也。　右苞屬。

人參：　《本草圖經》曰：人參生上黨山谷及遼東，今江東諸州及泰山皆有。又有自閩中來者，名新羅人參。又有沙參，出海濱，泉崇武所太岞山下有之。　土檳榔：　出邵武丹臺山。　枸杞：　《本草》：泉州者尤佳。

牛膝：　《本草圖經》曰：牛膝生河內山谷及臨朐，今江淮間、粵閩中亦有之。

藍賓：　《圖經》曰：藍實有數種，有水藍，出嶺南，不入藥。有松藍，可以為澱者，亦名馬藍。《爾雅》所謂葴，馬藍是也。有蓼藍，但可染碧，不堪作澱，醫方所用者也。又福州有一種馬藍，四時俱有，葉類苦益菜，土人連根採之，焙擣下篩，酒服錢匕，治婦人敗血甚佳。　石菖蒲：　《福州志》：石菖蒲生石磧上，葉有脊如劍者為真，其無脊者名溪蓀，生下濕地。大根者名昌陽。入藥以生石上，一寸九節者良。今黃蘗山龍湫崖下曝布飛濺處生者絕佳。然非神全不為濺悸，不能採也。【略】　使君子：　李時珍《本草》經曰：嵇含《南方草木狀》謂之留求子。原出海南、交趾，今閩之邵武，蜀之眉州皆種之。其藤如葛，繞樹而上，葉青如五加葉，五月開花，一簇一二十葩，紅色輕盈，如海棠，其實長寸許，五(辨)〔瓣〕合成，有稜，生時半黃，老則紫黑，其中仁長如榧仁，色味如栗。　(霍)〔藿〕香：　《南州異物志》云：(霍)

〔藿〕香出海邊國，形如都梁，可著衣服中。江淹《草木頌》曰：桂以過烈，麝以太芬。摧阻天壽，夭折人文。誰及（霍）〔藿〕香，微馥微薰。攝靈百仞，養氣青霧。

越王餘筭：《異苑》曰：晉安有越王餘筭，葉白者似骨，黑者似角，云是越王行海，作籌有餘，棄於水中而生。《海藥》云：謹按《異苑》記，昔晉安越王因渡南海，將黑角白骨筭籌所餘棄水中故生，此遂名筭。味鹹，溫。主治水腫，浮氣結聚，宿滯不消，腹中虛鳴。

土紅山：《圖經》曰：土紅山，生福州及南恩州山野中。福州生者，作細藤，似芙蓉葉，其葉上青下白，根如葛頭，薄切，用米泔浸一宿，更用清水浸一宿，搗服之，可治勞瘴。

石韋：《本草圖經》云：一名石皮，叢生石上，葉如柳，背有毛，而斑點如皮，故名。福州自有一種石皮，三月開花，採葉煎湯浴，去疰風。亦有生古瓦上者，名瓦韋。

剪刀草：《圖經》曰：剪刀草五六七月採葉，正二月採根。一名慈菰，一名白地栗，一名河鳧茨。爛搗其莖葉如泥，塗傳諸惡瘡腫，及小兒游瘤丹毒。以冷水調此草膏，化如糊，以鷄羽掃上，腫便消退，其效殊佳。福州有種小異，三月開花，四時採根葉，亦治癰腫。

香麻：《圖經》曰：香麻生福州。四季常有苗葉而無花，不拘時月採之。土人以煎作浴湯，去風甚佳。

鷄項草：《圖經》曰：鷄項草生福州。如紅花，葉上有刺，青色，亦名千針草。根似小蘿蔔，枝條直上，三四月苗上生紫草，八月葉凋，十月採根，洗焙乾，碾羅為散，服治下血。

紫金牛：《圖經》曰：紫金牛生福州。味辛，葉如茶，上綠下紫，實員如丹珠，根微紫色，八月採，去心曝乾。皮似巴戟，主時疾隔氣，去風痰用之。

石垂：《圖經》曰：石垂生福州山中。三月有花，四時採子，焙乾，生搗蜜丸，用治蠱毒甚便。

瓊田草：《圖經》曰：瓊田草生福州。春生苗葉，無花，三月採根葉，焙乾。土人用治風，生搗羅，蜜丸服之。

建水草：《圖經》曰：生福州。枝葉似桑，四時常有。土人取其葉，焙乾研末，暖酒服，治走疰風。

龍牙草：出福州。治痢最神。《本草》謂即馬鞭草，非也。

小青：《圖經》曰：福州出。三月生花，當月採葉，葉生搗碎，治瘤瘡甚效。

獨脚仙：《圖經》曰：生福州，山林傍陰泉處多有之。春生苗，至秋冬葉落，其葉圓，上青下紫，脚長三四寸。夏採根葉連梗，焙乾為末，治婦人血塊。

紫金藤：《圖經》曰：生福州山中。春初單生葉，青色，至冬凋落。藤似枯條，採其皮，晒乾為末，治丈夫腎氣。

南藤：生依南樹，故號南藤。莖如馬鞭，有節，紫褐色，一名丁公藤。生南山山谷。《南史》：解叔謙，鴈門人，母有疾，夜稽顙祈告庭中，聞空中云：好取丁公藤。訪醫及《本草》皆無有，至宜都山中，見一翁伐木，云是此藤。拜泣求之，并得漬酒法。受畢，失翁所在，母疾遂愈。《圖經》曰：南藤，即丁公藤也。生南山山谷，今出泉州、武榮州。

赤孫施：亦名酸漿，亦名鳩酸、雀兒酸。生福州。葉如浮萍草，治婦人血結。泉人謂鹹酸草。

芙蓾：出晉江縣，俗名荖葉。蔓生，葉如薯而差大，味辛香，土人取其葉，合檳榔并蚶殼灰食之。舊志泉州檳榔為禮是也。宋戴復古《寓泉南》詩：寄跡小園中，自咲客異鄉。東家送檳榔，西家送檳榔。咀嚼唇齒赤，亦能醉我腸。南人敬爱客，以此當茶湯。慇懃謝其來，此意不可忘。

石帆：生海底。高尺餘，根如漆色，至稍上漸軟，作交羅紋，梗大如筯，人以飾作珊瑚裝。左思《吳都賦》：草則石帆水松。劉淵林註云：石帆生海嶼石上，草類也。無葉，高尺許，其花離樓相貫連，若死則浮水中，人於海邊得之，稀有見其生者。

右藥屬。

天竺桂：李時珍曰：天竺桂生南海山谷，功用似桂。皮薄，不甚辛烈。即今閩、粵、浙中山桂也。台州天竺最多，故名。虆花大樹，實如蓮子，天竺僧稱為月桂。泉州舊志：巖桂，一名木犀，一名七里香。色有黃有白，香氣酷烈。又有逐月開者，曰月桂。冬春開花，長穗銳尾，小白而香，又名鳳尾。置之書皮能辟蠹，以薰茶味甚佳。建寧人取其花糟之以點茶，亦佳。

紅花：《閩中記》：葉如茼蒿，花如刺結，秋深種，春末乘露採之，可以染絳。

山茶：花深紅色，冬盛開。福、泉、莆、漳歲底取為軍持供佛。東坡詩云：葉厚有稜犀甲健，花深少態鶴頭丹。

酴醿：蔓生，承之以架，花白而香，春晚極盛。又有檀心紫色者，尤香。又有莖葉似酴醿，而花差小者，曰木香。

玫瑰：亦名徘徊。有白紫二色。翁承贊詩：三株紅芍藥，一架紫玫瑰。

密櫝：花紅千葉。六一居士《牡丹記》曰如密櫝緋桃，皆以名稱之。是密櫝為花，自宋有之。

金沙：亦玫瑰之流，而香不及。山谷詩云：紫錦綵色似金沙。

佛桑：本扶桑。東海日出處，有扶桑樹，此花光燄照日，其葉似桑，因以比之。後人訛為佛葉也。一名照殿紅，乃朱槿別種，花有紅白黃三色，紅者尤貴。又有花開單瓣者，亦深紅可愛。

倶那衛：一作倶那異。僧舍多植之，樹高七八尺，其枝脆弱，葉狹而長，花紅，根似玉簪花而小。曾師建《閩中記》：南方花有北地所無者，闍提、茉莉、倶那異，

皆出西域，盛傳閩中，北地多寒，莫能植也。長春：枝榦有刺，花紅，四時常開。勝春：亦名鬪雪紅，又名月季。花如玫瑰，香色次之，四時常芳。水麗春：藤生。花如勝春，明媚有香。杜鵑：一名躑躅，一名山石榴，一名映山紅。有深淺紅及紫者。白居易詩：九江三月杜鵑來，一聲啼淂一花開。蓋花開正屬杜鵑之候。山丹：花一蒂百餘蕋，狀如繡毬，深紅色，一花四英，東坡所謂錯落瑪瑙盤是也。亦有粉紅者，四月開花，至八月尚爛熳。又有四時常開者。茉莉：原出波斯國，移植南海。嵇含《草木狀》作末利，《洛陽名園記》作抹厲，佛經作抹利，《王十朋集》作沒利，《洪邁集》作末麗，泉州舊志作木麗。木，胡語，隨人意會而已。楊慎《丹鉛錄》：《晉書》都人簪素花，即今末莉花也。是花皆夜開，有單葉者，有重瓣者。又有一種曰蕃茉莉，葉如茉莉而華，如素馨，合二者為一，其香差薄。《甌冶遺事》：果有荔枝，花有末麗，天下未有。闍提：南海種，商舶傳入閩中。花皙白而香，勝如素馨。蓋巖桂之流品也。仙書曰闍提花春即此，亦名麝茶。素馨：李時珍曰：自西域移來，謂之耶悉名花。即《酉陽雜俎》所載野悉蜜花也。枝榦裊娜，葉似末利而小，其花細瘦，四瓣，有黃白二色，采花壓油，澤頭甚香滑也。【略】瑞香：枝榦婆娑，柔條厚葉，冬春之交開花成簇，長三四分，如丁香狀，有黃白紫三色。其種有枇杷葉者，有楊梅葉者，有柯葉者，有毬子者，有孿枝者，花紫香烈。蘇東坡詞曰：領巾飄下瑞香風，驚起謫仙春夢。山礬：木高數尺，花春開極香，莆人呼為瑒花。瑒，玉名，取其白也。山谷更其名曰山礬，蓋土人取其葉以染，不假礬而成色，故以名耳。滿堂紅：一曰花椰，一曰朱草。花穗生淺黃色，香聞百步，開即為瑞。半年紅：曾師建《閩中記》謂之渠那異，其種來自西域。木高丈餘，葉長而狹，自春徂夏相續開花。又名夾竹桃，謂其花似桃，葉似竹也。度年紅：榦高，花久，自冬末涉春，不少變。越橘：樹如黃楊，花如瑞香而白，實如朱櫻。真珠：花有單葉者，有千葉者。【略】鳳尾：有二種，大者高丈餘，花穗生黃心而白，英長竟尺，若鳳尾然。一種高數尺，花疎而香勝，一名鳳柳，一名七里香，置書帙中可辟蠹。御帶：枝長花密如帶。半丈紅：花如御帶而差大。一名棠棣。鷹爪：藤生，花淡黃色，末銳似鷹爪，夏開，香如爛瓜氣。蘭：有樹蘭，《泉郡志》曰：叢高成樹，其花碎點清香。有賽蘭，一名翠蘭。楊用脩曰：賽蘭香，小如金粟，特馥烈，戴之髮髻，香聞十步。佛經伊蘭，即此花也。西方以之供佛。王敬美《閩部疏》曰：賽蘭蔓生，樹蘭木生，其香皆與蘭埒。有《紫蘭詩》，所謂士女秉蘭者也。《埤雅》曰：紫蘭至秋而紅。有拜節蘭，色微紫，以歲首開花。有吊蘭，花葉皆蘭，拔裹而懸之，不土自榮。《泉郡志》曰：是鳥喞蘭，花於樹中寄生者。又建中有仙霞蘭，潘氏西山於仙霞嶺淂之。漳中有貴妃蘭，紅色而小。有鶴項蘭，似蘭而大。紫羅傘：《本草圖經》名鳶尾。葉似射干，花色紫碧，不抽高莖，俗呼紫羅傘，其根即鳶頭，亦入藥。滴滴金：葉露滴地而生，秋開花黃如金色。陶弼詩云：九秋珠露滴成芽。金錢：花深紅色，圓薄如錢。剪金紅：花圓，(如)〔無〕香，葉分數歧，如刀剪之狀。罌粟：花有五色，實如罌，子如細粟，亦名御米。御仙：一曰麗春花。有小罌，如小罌粟。聚八仙：狀類瓊花，八蝶簇一心。又有蝴蝶兩兩相對者。又有小蝶簇聚如碧玉者。出澗谷間。皆曰玉蝴蝶，又有玉翼蟬、碧蟬。寶相：藤生，花類酴醾，秀整過之。玉屑：厥藤生，花狀如碎玉。玉籠鬆：藤生，花微紅而圓。又一種花〔相〕類而葉尖，名醉楊妃。衮繡毬：藤生，花一簇數十葉，其圓如毬，初開微帶粉紅色，開盡則白。錦竹：一名石竹。叢生，高尺許，花如纈錦。李太白有石竹繡羅衣之句，俗呼天南竹。剪金羅：花淡紅色，傍如剪刻。黃雀兒：一名迎春。晏殊詩：淺艷侔鶯羽，纖條結菟絲。金燈：莖直上，末分數枝，枝一花，光艷如燈。閩中呼為天蒜，又呼為無義草，花葉不相見。指甲：花小，如蜜色，可染指甲，過于鳳仙。一名七里香。此花至微小，乃漢帝扶荔宮已植之矣。

右花屬。

苧：可以績。多產大田縣。紫草：《爾雅》藐茈，可以染紫。一名茈莀。《丹鉛録》云：苛，小草也。今但知為苛刻之苛，藐，紫草也，今但知為藐然之藐。蛇麻：葉如青麻藤，蔓生籬落間，土人採為麯用。鼠麯：生平岡熟地。葉有白毛，黃花，可雜米粉作粿食之。蕢：生有三稜。《爾雅》謂之蕢。江生者為淡蕢，近者為鹹蕢。土人採以捆屨織席，亦可為纜。燈心：叢生澤地。莖圓細而直長，亦可為席。獨掃：《爾雅》曰：馬箒。注曰：可為箒篲。芒：似茅，可為繩索、履屨，亦可為箒。《邵武志》作莣。石龍芻：俗名龍鬚草，可以織席。《本草綱目》曰：割草包束曰芻。此草生水石之處，可以割束養馬，故謂之龍芻。《述異記》：

周穆王東海島中養八駿處有草名龍芻是矣。　雞腸：一名蘩縷。葉似荇菜而小，其莖作蔓，斷之有綠縷。細而中虛，以其似雞腸，因名。　仙人掌：多貼石壁上，如人掌，能治腸痔瀉血。　虎杖：《爾雅》云：似葒草而大，可染赤。煎以為飲，色如琥珀。　吉祥：葉如萱而小，四時一色。生泉石中。山村人以插瓶祀先，雖在蔭宇，蔥翠不凋，家有吉事，定自開花，故名吉祥。邵武天池山有之。佛書：天授菩薩吉祥草，菩薩到貝多樹下敷草，東向而坐。所從來遠矣。　紫背：解一切蛇毒。　長生草：枝莖無根而生。　半邊蓮草：最小苗高一二寸，葉濶三分許，長不及三分。五六月間開細白花，花偏一邊，無有圓者。邵武人擣爛，調水以愈痢。　候潮草：草間有莢如榆莢，潮至則開，退則合。　仙草：生山谷中。搗爛絞汁，和麪粉煮之成凍。　右草屬。

《南產志》卷下

五色雀：五色駁雜，如樂宦衣，俗呼聲音雀。宋紹興間，嘗集興化郡治榕木之上，或曰即十二紅。十二為群，中有一紅。　錦鷄：《漳志》：鷩屬。《博物志》曰：有美毛，自愛其采，終日映水。《圖經》曰：嗉藏肉綬，天晴則徐舒其綬，人謂吐錦。【略】　白鷴：白質黑章紅頰，尾長數尺。《爾雅》所謂翰雉。郭註：江東呼為白翰。《西京雜記》：閩越以獻漢高帝，帝厚賜之。　山鵲：俗呼山鷓。《爾雅》：鷽，山鵲。註：似鵲而有文彩，長尾，嘴脚赤。　鷓鴣：一名越雉，又名隨陽鳥。《南越志》：鷓鴣雖東西回翔，然開翅之始，必先南翥，亦胡馬嘶北之義。孟詵曰：此鳥迺天地之神，每月取一隻饗至尊。自死者不可食也。　鸜鵒：《萬畢術》曰：一名寒皋。斷舌可使言語。南唐李煜謂之八哥。《酉陽雜俎》曰：交時以足勾足，鼓翼如鬬狀，往往墮地，俗取其勾足為媚藥。又有白色者，差小，泉人謂之番鸜鵒。　信鳥：似鵲而小，能為百禽聲，忽鳴而過庭檐間，其占為有喜。《莆志》曰：古謂使為信。信鳥者，使鳥也，客至則飛鳴為信。又名進鳥，或曰反舌也，百舌也。　吉吊：略似百舌，群飛鳴聒，如云吉吊，俗呼噪林鳥。　採囊：似雞而小，頂有五色囊。　山胡：大如鳩，蒼色，兩腮有圓點，黑白相映，翔跳不定，聲清，調如鶯，人籠蓄之。　畫眉：白眉褐質，好鬬善鳴。泉人以鬬賭金。《興化志》：聲似鶯而小，清圓可聽。　雷舞：蒼赤色，聞雷即舞。　蠟嘴：其喙黃色。　紅裙：身綠尾紅，一名紅衣娘。　黃匡：似鳥略小，首尾黑而翅黃。　雪姑兒：毛羽黑白相間。《物類志》：即鶺鴒。　海鶻：方言魚鷹也。蒼色，似鴟，攫魚食之。　鵜鶘：一名(洿澤)〔鴮鸅〕。大如蒼鵝，頷下有胡如囊，淂魚則畜之，以其與鵜相類而有胡，故名鵜鶘，一名淘河。　釣魚翁：如翡翠而小，常宿水邊，候魚取食之。　呼潮：色蒼似鴿，潮至則鳴。　鬼鳥：海中出。嘴頭脚俱長，海濱人群掩之，真所謂肉味不足當鼎俎，鷄肋不足安尊養，可憫甚矣。然所以淂群掩者，掩其一則不呼不翅，以致大眾俱羅，不知其愚乎，抑其自相毒誤也。　右羽屬。

黑羊：王世懋《閩部疏》：黑羊皮能療杖創。京師艱淂，獨閩中盛產。白者曠見耳。獨汀無羊，遇祭祀從他郡倍直而鬻之。　麞：《爾雅》謂之麕。麞，其總名也。牙而不噬，其性善驚，飲水見影輙奔走。　麂：麞類。其皮以為履舄，勝於眾皮。　狸：口銳身長，似猫。其種不一，有香狸，過處草木皆香。有玉面狸，面白色。有九節狸，尾有九節，脊毛可製筆心。其味皆佳。　山犬：狀類家犬，赤蒼色，好食果實。　山羊：《爾雅》名羱羊。生深山巖穴中，力能陟峻，皮可以鞸。　野猪：亦見山猪似家猪，但腰細脚長，毛色褐，牙利如鎌刃。又有豪猪，毛黑如錐，鬃有白刺，大如筓，其端黑，怒則奮刺以射人。　鼠狼：住山野中，似鼠，善捕鼠。　竹鼦：蒼色如鼠，食蘆葦根。亦名萓豚。王虒之《閩中賦》：竹則桃枝育蟲。注：育蟲，竹鼦也。贊寧《筍志》云：竹根有鼠，亦名稚子。人或竹刺入肉，不可出者，啗此物立消，以其食竹也。邵武桃花嶺多竹，是鼠實多。　鮎鼢：形如鼠狼，蒼黑而小，尾多毳，善緣蘿藤走。《埤雅》云：栗鼠也。取毫於尾，可以筆，世謂鼠鬚栗尾者是。《莆陽志》謂之鮎鼢鼠。　土崙：汀、邵所重，如鼠穴居，嘗薰而出之。其味肥厚。　鼯鼠：似蝙蝠而小，膏療耳聵。　右毛屬。

蚺蛇：蛇屬。身大而行紓徐冉冉然也。或曰鱗中有毛如髯。陶弘景言出晉安。《酉陽雜俎》：蚺蛇長十丈，嘗吞鹿，鹿消盡，迺遶樹則腹中之骨穿鱗而出。養瘡時肪腴甚美。劉恂《錄異記》：身有斑紋，如故錦纈，春夏于山林中，伺鹿吞之，蛇遂羸瘦，待鹿消，迺肥壯也。其膽可藥。　海鰌：巨能吞舟，日中閃鬐鬣若簸朱旗，噴沫飛洒成雨，其來也，移若山嶽，乍出乍沒，舟行相值，必鳴金鼓以怖之，布米以厭之。間有斃沙上者，梯而臠之，刳

脂為油，艌船甚固。陸佃云：遒健好動，故名鰌。 魦魚：一名鮫，一名鰒，一名鯌，一名鰡。《圖經》曰：鮫魚，今南人但謂之魦，是魚胎生，皮肉皆同，種類不一。有龍文魦，有虎魦，頭目凹而身有虎文；有鋸魦，上唇長三四尺，兩帝有齒如鋸；有狗頭魦，其頭如狗；有烏頭，頰尾皆黑，大有百餘斤者。時或淺在海沙，人割其肉，潮至復去。其皮用湯泡淨沙，縷作膾，鬐鬣泡去外皮，存絲，亦用作膾，色晶瑩若銀絲。有胡魦，青色，背上有沙，大者長丈餘，小者三五尺，鼻如鋸，皮可縷為膾，薧可以為修，亦名鋸魦。有劍尾，長似劍，可以薧。有烏鬐魦，頰尾皆黑。有出入魦，初生隨母浮游，出入母腹中。有時魦，有肉無腹，大者刳其肉，烹之多油，可燃、啖。有帽魦，腮兩邊有皮如戴帽然，又名雙髻魦，頭如木枴，又名雙髻紅。有黎頭魦，其頭如黎。有黃魦，好食百魚，大者五六百斤。而龍文魦為最，此外有青魦、淡魦諸種。而吹魦別是一種，山谿小魚也，大如指，狹圓而長，身有黑點，嘗張口吹沙，其味美，故魚麗之詩稱焉。 鱓：背有肉二片，乾之名金絲鮝，形味皆類魦翅。

金鱗魚：一曰石首。浙人謂黃瓜，亦名黃魚。《爾雅翼》名鮸，郭璞所賦：鯼魮順時而往還。王(義)〔羲〕之帖：石首鯗食之，消瓜成水。此魚腦中有石如棋子，故名石首。閩中臘月為盛，而浙中盛於夏月，是以名黃瓜。郭璞順時往還，蓋謂此也。又云石首魚，腦中有兩小石，而黃魚則白如棋子矣。醫家取以治石淋。肉能養胃，鰾能養精。又一種小者，朱口金鱗，長七八寸，名黃梅。又烏頰魚、石頭鱸，首亦有石。諸魚屬火，而金鱗、烏頰、石頭鱸與鯽魚，俱屬土，可以療病。《吳地志》：石首魚至秋化為冠鳧。今冠鳧頭中猶有石也。故王(義)〔羲〕之又云野鴨亦有石，云此魚所化。《異物志》：小者名鰌水，次名春來。 鯩：形如石首，差大，鱗小口紅。 鯽魚：有海鯽。《酉陽雜俎》：東南海中鯽魚長八尺，食之宜暑而避風。或云稷米所化，故腹中尚有米色。 棘鬣魚：似鯽而大，其鬣如棘，紅紫色。《嶺表異錄》名吉鬣，泉州謂之髻鬣，又名奇鬣，或曰過臘，莆人謂之赤鬃。《興化志》曰赤鬃似棘鬣而大，則二魚也。宋志：棘鬣與赤鬃，味豐在首，首味豐在眼，蒸葱酒為珍，十月味尤佳。浙人屠木畯《海錯疏》：過臘，頭類鯽，身類鱖，又類鰱，肉微紅，味美。尾端有肉，口中有牙如鋸，好食蚶蚌，臘來春去，故名過臘。 方頭魚：似棘鬣而頭方，味美。福州人謂之國公魚，言其方如國公頭上冠也。或云當作芳，言芳香也。 烏頰魚：似奇鬣而形稍黑，當於大寒時取之。 黃穭魚：略似奇鬣，身小而薄，其尾淡黃。 鱖魚：亦曰罽魚，亦曰石桂魚，亦曰水豚。鱖，蹶也。其體不能屈曲，如僵蹶也。罽，繝也，其紋斑如織繝也。仙人劉憑常食石桂魚，桂、鱖同音，疑此魚也。其味如豚，故名水豚。溪鱖，色蒼。海鱖，色黃。《爾雅翼》曰：皮厚肉緊，特異常魚，斑文鮮明者雄也，稍晦昧者雌也，以索貫雄置谿畔，群雌來齧，曳之不捨，掣而取之，常得十數頭。 鱸魚：類鱖，能食諸魚。張季鷹所思者，隋煬帝謂金虀玉膾，江南佳味，蓋芼之以橙縷也。 魣魚：鱸之別種，圓厚短蹙，味豐。按《說文》：鰅皮有文。周成王時，揚州獻鰅，則魣當作鰅。 鮸魚：屠木畯《海錯疏》：鮸身類鱸、石首，口濶，肉粗，腦骨脆而味美，大者長丈許，重百餘斤。四明諺云：寧可棄我三畝稻，不可棄我鮸魚腦。 烏魚：《本草》所謂鯔魚，澤首喙員，其質則鯔，又有赤目烏。此魚產江南大江中，春時群來，至湖打子，蓋魚子須跳擊迺出，大江無石，彭湖海石廉外，於此犯擊，方得出子。 魣魚：似烏魚而小，身員口小，赤目細鱗，味似鰣子月，脂膏滿腹，尤佳。一名鮐。又有撥尾盖，魣魚之小者，已見莆田縣雙魚山。 鮶魚：似鯔而目大，似鯉而鱗粗，能以鬣刺水蛇食之。 青魚：似魣魚差大。 鰣魚：屠本畯《疏》：鰣，板身，口小項縮，肥腴，小鯁。小者形匾，曰鯧。又小者形圓，曰斗底。又黃蠟樟，亦鯧也。鱗金點而差厚小者，名鯧鯿，以其好交群魚，若娼然，故名鯧。又曰：魚游，群魚隨之，食其涎沫，有類於娼。又曰：昌，美也。閩中諺：山上麞，海下鯧。又有鎗魚，身扁色紫，無鱗，以其首銳腹廣，尾細如鏢槍，故名。又有黃彡，似鯧差長，鱗細，黃赤色。 鱭魚：一名鮆，一名鮤，一名鱴刀，一名魛，一名鱒，一名望魚。《本草綱目》：魚形如劑物，裂篾之刀，故有諸名。頭長而狹，腹薄而腴，多鯁脊，如刀刃，故名刀鱭。《山海經》云：食之可以已妒。與石首皆以三月、八月出，故《江賦》云：鯼鮆順時而往還。 鰣魚：蓋國家所珍，而閩海有之。又一種，春漲泝溪流而上，月長一寸，至十月盈尺者。或曰即子魚之別種。 鰳魚：似鰣，亦多鯁，鰣侈口而圓脊，鰳狹口而劍脊，二魚之美，皆在腴。 鰶魚：如鰣而小鱗名青鯽，又名青鱗，以其鱗脊俱青也。冬月味腴。 江鰶魚：三四月有之。味美，但小而多刺，淡鹹之間，江溪之匯。泉人謂之刺芒。 黃炙魚：似鰳而小，多腴，細鱗。 黃魚：身扁薄而多鯁，味佳。 鰈魦魚：形扁而薄。邵武名鞋底魚，又名潔沙。 潔，

音撻。魚在江行漯漯也。又名貼沙。《吳越春秋》東海王餘，或是乎。左目明，右目晦昧，今閩廣以此魚名比目，不知比目又一魚也。　比目魚：比，並也。魚各一目，相合迺行。《爾雅》：東方有比目魚，不比不行，其名曰鰈是也。段氏《北戶綠》謂之鰜，《吳都賦》謂之魪，《上林賦》謂之魼。鰈，猶屧也。鰜，兼也。魪，相介也。魼，相胠也。閩廣名鞋底，《臨海志》名婢簁，《臨海風土記》名奴屩，《南越志》名版，《南方異物志》名箬葉，皆因形也。　馬鮫魚：青班色，無鱗，有齒，又名章鮌，連江謂之章胡，閩人方言山食鶣鴟麞，海食馬鮫鯧，蓋兼美之。鯧細口扁身而團，無鱗無腸。馬鮫銳口圓身而長，無鱗有腸。又一種，名潤腰，一種名青貫。　鰛魚：似馬鮫而小，有鱗，大者僅三四寸。又有溪鰛。　毒魚：其皮可以磋。　魟魚：黑魟形如團扇，以其首似燕，名燕魟。　牛魚：尾如牛尾，味美在肝，俗呌鮮魚，口在腹下，無鱗軟骨，紫黑色，尾長於身，毒能螫人。　鱝魟魚：背厚長，有蜓，大者二三斤。　水蓋魚：背差薄於鱝，刳之多水。　斑車魚：背上有斑，肉粗味腴，大者三四百斤，腹中有肚，其味更美。　鱃魚：雌生卵，雄吞之成魚。其卵如鱉，卵大青色。無鱗，首有石如枕，去之迺不腥。俗呼松魚，泉州名成魚。其名鱃魚，或謂魚之庸，常以供鱃食者。　黃貂魚：似燕而嘴尖，土人虀以為羹偽作燕。按魟種不一，而骨肉並同。諸魟以黃貂為第一。　彈塗魚：大如拇指，鬚鬣青斑色。生泥穴中，夜則駢首朝北。一名跳魚。《海物異名記》：捷登若猴。又名泥猴矣。　白頰魚：似跳魚而頰白。　飛魚：頭大尾小，有翅善跳。《吳都賦》：文鰩夜飛而觸綸是也。福人名緋魚，以其色紅如緋。　海燕魚：有肉翅，能飛。　鰦魚：長七八寸，骨柔無鱗，類錢之半，有五色文，唐李柔入閩，稱此魚為銀羹，水母為玉膾。　白鰾魚：形圓薄，類錢。一名金錢鰾。　詘鯯魚：板身，多鯁而肥美。《爾雅》謂之當魱。　黃雀魚：似鯯而小，冬月最盛。宋志以為黃雀所化。

白爵魚：《興化志》名白澤，《海物記》曰群生，隨波潮縮在澤，故曰白澤，即今所謂白爵。　青鮫魚：類黃雀而不甚大。　帶魚：身薄而長，大者至五六尺，其形如帶，銳口尖尾，僅一脊骨，無鯁無鱗，入夜爛然有光。北風嚴寒，其來尤盛，一鉤則啣尾而升。泉人以大北風為惡，亦曰惡魚。小者名帶柳，味差，不及帶。　銀魚：其色如銀。一名鱠殘，一名王餘。《爾雅翼》：王餘長五六寸，身圓如筋，潔白無鱗，但目點黑。《博物志》：吳王食膾，棄餘中流，化而為魚，今猶呼膾殘魚也。　鱵魚：大小形狀並同銀魚，但喙尖，有一小黑骨如鍼為異。《泰山經》云：其狀如儵，其喙如針。　錠魚：廣人呼為錦魚，福寧人名為新錠。大者長尺餘，如灰管大，亦名火管錠，浙東以風之，謂之風蝷。　琵琶魚：身狹如琵琶。　鬭潮魚：乘波霧集，故名。　丁香魚：福州人重之，如白小矣。藁之則名鮰，曰丁香鮰。　江魚：生溪海之間，肉白易腐，獨同安篔簹港挺可鮰也，曰篔簹晡，泉人重之。　鰻鱺魚：有海鰻，又名慈鰻鱺、狗魚，又云鰻魚。能上山食萱苗，蛟嚙之輒死。李時珍曰：鰻鱺，舊注音漫黎。按許慎《說文》：鱺與鱧同。趙辟公《雜錄》亦云：此魚有雄無雌，以影漫于鱧魚則子，皆附于鱧鬐而生，故謂之鰻鱺。與許說合，當以鱧音為正。曰蛇，曰鱓，象形也。　油筋魚：生海淖中。長如筋，周身是油味佳。　塗龍魚：生海泥中。如鰻，長尺餘，味佳。　沙筋魚：長尺餘。《玉融志》：其狀如簪，故又名塗釵。《嶺表錄異》云：生海岸沙中，春時吐苗。　骰魚：細如米粒，可為鮓。　鹿角魚：《海物異名記》：芒角持戴在鼻。小者醃為鮓，味甚佳。大者長五六寸許，其皮可以角錯，亦謂之鹿角魚。　耍魚：其狀纖細，又曰黃絲魚。　楓葉魚：《海物異名記》：海樹霜葉，風飄浪翻，腐螢化厥質為魚，名楓葉魚。　鸚鵡魚：《華夷考》：魚青綠，口曲而紅，似鸚鵡口。　嘉酥魚：其味在脊。出福清縣。　蠔魚：生蠔中，食蠔，豐肉少骨。　梭魚：似蠔魚稍大，如織梭，豐肉脆骨。　鏡魚：《閩中記》：眼圓如鏡，水上翻轉如車，方言云車魚。　火魚：隨潮蔽江結陳而來。　鰢魚：大者長五六寸，白質黑文美，少鯁。　沫魚：梅雨時，海水凝沫而成雪色，無骨，其大如筋。　鯢魚：河豚也。亦名鶘夷，亦名嗔魚，亦名鮭，亦名鯸鮐。在海中者，其子大毒，食禁也。　已上鹹水。

鯇魚：一名鰀魚。郭璞作鱓，其(姓)〔性〕舒緩，故曰鯇，曰鰀，俗名草魚。《本草綱目》曰：江閩之畜，飼之以草。　金魚：李時珍曰：金魚有鯉、鯽、鰍、鰲數種，鰍、鰲尤難淂，獨金鯽耐久。前古罕知，惟《博物志》云：出功婆塞江，腦中有金。蓋亦訛傳。《述異記》載晉桓沖遊廬山，見湖中有赤鱗魚，即此也。自宋始有畜者，今則處處養玩矣。春末生子於草上，好自吞啗，亦易化生，初出黑色，久乃變紅。又或變白者，名銀魚，亦有紅白黑斑相間無常。而金鯮魚最佳，魚三尾，如蝦，身赤尾金，王弇州名為朱魚。又有寸

金魚，出寧德七都。　石斑魚：　生南方溪澗水石處。長數寸，白鱗黑斑，浮游上面，聞人聲則劃然深入。僧行儒言建州有石斑魚，好與蛇交。南中多隔蜂窠，窠大如壺，常群螫人。土人取石班魚，就蜂側炙之，標於竿上，向日，令魚影落其窠上，須臾有鳥，大如燕，數百，互繫其窠，窠碎落如葉，蜂亦全盡。

　抱石魚：　背偃腹平，無鱗，如指大，貼於山溪石上。安溪縣以為佳品。　石伏魚：　伏於溪石上，舊興化縣有之。　重唇：　頭大尾小，列鱗，長三寸許。生石穴中。　已上淡水。右鱗屬。

　鱟：　鱟之為物介，而中圻厥，色青黑，其足十二，眼在背上，口在腹下，雌常負雄，獲雌則淂雄，雌或脫去，終亦就斃。《吳都賦》謂之乘鱟是也。尾銳而長，觸之能刺繫人。在海中，每遇風至，舉尾扇風，俗呼鱟帆。陸佃《埤雅》視鴟創拖，觀鱟制帆是也。韓退之《南食》詩：　鱟實如惠文，骨眼相負行。蓋謂鱟實圓細，如惠文冠所綴珠然也。其血蔚藍，實可以醢，介可以杓。

　蟳：　似蟹而大。《埤雅》云：　蝤蛑，大者長尺餘，隨大潮退殼，一退一長，兩螯至強，能與虎鬭。又有斑文如虎者，曰虎蟳，泉人曰虎獅。　蠘：　《蠏譜》亦曰橫江，又曰白蠏。蟳殼圓而色青，蠘殼尖而有紫點。蟳螯光圓，蠘螯有稜而長。蟳四時常有，蠘二三月有之。　蟹：　《爾雅翼》曰：　蟹八跪而二螯，折而容俯，故謂之跪；　倨而容仰，故謂之螯。字從解者，隨潮甲解也。螯，蟹兵也，所以自衛。折其螯，隨後更生，故曰龍易骨，蛇易皮，麋鹿易角，蟹易螯。【略】　牡蠣：　一名蠣蛤，一名牡蛤。《異物志》名古賁。陶隱居云是百歲鵰所化。今出東海。永嘉晉安皆好。道家方以左顧者是雄，故名牡蠣。右顧則牝蠣耳。生着石，皆以口在上，舉以腹，向南視之，口斜向東則是。陳藏器曰：　天生萬物皆有牝牡，惟蠣是鹹水結成，塊然不動。陰陽之道，何從而生。《經》言牡者應是雄爾。宗奭曰：　言牡非謂雄也，且如牡丹，有牝丹乎？是物無目，更何顧盼？李時珍曰：　蛤蚌之屬，皆有胎生卵生，獨此化生，純雄無雌，故淂牡名。竪石相向，附之而生，惟福寧州插竹附之，其房磈磊相連，名蠣房也。泉州東石灣者佳。初生如拳石，四面漸長，有一二丈者，嶄嚴如山。每一房內，輒有肉一塊，大房如馬蹄，小者如人指面，每潮來則諸房皆開，有小蟲入，則合之以充腹，是名蠣房，亦名蠔袍，亦名蠔山。海人取之，或連鑿其房，炙以烈火，候房開取肉。【略】　車螯：　蛤之大者，殼厚微黃，肉堅，含漿不放。陳藏器曰：　其大者，即蜃也，能吐氣為樓臺，春夏依約島潋常有此氣。梁元帝啟曰：　車螯味高食部，名陳物志，其小者曰螯白。《異魚圖贊》海物惟錯，車螯蠣蛣，眉目內缺，鑛殼外緘。　蛣：　殼中有肉，紫色而滿腹，以其味甘，故從甘。《嶺表録異》曰：　南人名空慈子，唐盧鈞尚書作鎮嶺南，改為瓦屋子，以其殼大，有稜如瓦然也。《爾雅》曰：　魁陸。《海物志》曰天臠。漳中陳翼飛云：　蛣小時稜多，漸大漸少，至絕大者止有三稜，如車之渠，色明如蜯，治之則琿琛也。惠安、莆田有大蛣廟。　蛤：　殼有斑文，一名花蛤。《禮記》曰：　雀入大水為蛤。唐人以充貢。又有紫色而長大者，名紫蛤，出連江。似蛤而小，殼薄，白色者名白蛤，出福清。又形類紫蛤而大者，曰海紅。　蛤蜊：　殼白厚而圓。海上人云蛤蜊、文蛤，皆一潮生一暈。《淮南子》曰：　若士方倦龜殼，而食蛤蜊。　沙蛤：　赤曰車蛤。皇朝王世懋《閩部疏》曰：　海錯出東四郡者，以西施舌為第一。本名車蛤，以美見謚。陳懋仁《泉南雜記》：　西施舌，殼似蛤而長，外色若水蚌，殼內色如孔翠肉，白似乳，形酷肖舌，濶約大指，長及二寸，味極鮮美。舌本有數肉條如鬚然，是其飲處。　蝍蜆：　形似蛤蜊而白，合口處色黑。又有一種，曰蜞蝍。　沙虱：　狀如蝍蜆，而殼差薄。《漳志》一名沙屑，一曰沙雪，又名沙白。漳人最重之。又有一種粗者，名泥屑。　土坯：　《泉南雜記》：　北方謂泥磚曰土坯。晉江有介屬，亦曰土坯，綠殼白尾，其旁有毛。

　紅栗：　《泉志》：　似蛤而小，色白微紅。　海蛤：　殼為風濤所洗，自然圓淨。

　江珧柱：　韓退之謂馬甲柱，蘇子瞻以配荔枝，福州人謂之馬砝。萬震贊江瑤柱句：　厥甲美如珧玉。句，音裕。肉柱膚寸，名江瑤柱。又今之馬甲柱，古曰玉珧，厥名之珍。海圖所標，昔人賞之，謂美無涯，取類南果，以配荔枝。　海月：　海蛤類也。一名蠔鏡，形圓如月，亦謂海鏡。土人鱗次之為天窗。謝靈運詩揚帆采石華，桂席拾海月是也。《海物異名記》：　一名蓍葉盤。　石華，方言謂之石雹，高廣寸許。李善曰：　石華附石，肉可啖。蟶：　耘海泥若田畝然，浹雜鹹淡水，迺濕生如苗，移種之他處，迺大長二三寸，殼蒼白，頭有兩巾出殼外。所種者之畝名蟶田，或曰蟶埕，或曰蟶蕩。福州、連江、福寧州最大。又有竹蟶，似蟶而圓，類小竹節，其殼有文。有石蟶，生海底石孔中，長類蟶，圓尖，上小下大，殼似竹蟶，而更紅紫，石孔原小，及蟶生漸大，孔亦隨大，海人用小鐵鏨鑿石取之。出鎮海衛。　空豸：　《海物記》：　揚筆如凌澌，甲絕薄者為空豸。泉人言白蝦、空豸，是天與醋大，蓋價

蟳物肆，貧民以為甘。莆人名曰泥星。　石蚨：福曰龜脚，曰黃蝕，泉曰仙人掌，莆曰佛瓜，舊志皆是。但石蚨又是一種。荀子東海有紫紶，即石蚨也。江淹《石蚨賦》題又名紫薾，春而發華，故《江賦》有石蚨應節而揚葩之語，而謝眺詩亦云紫薾曄春流。今按春而發華者，春月肉吐在外，秋冬則否。　石決明：附石生，惟一殼，無對。大者如手，小者如兩三指，旁有數十孔。　鰒魚：似登萊而小，有味苦者，謂之苦鰒。《異魚圖讚》鰒句似蛤句，無鱗有殼，一面附石石叶音鍇。，細孔雜雜，或七或八，按入藥品者，以七孔八孔為佳，九孔十孔不堪用也。　鮑魚，名鰒魚，此物亦是鰒魚。　蝛：生海中，附石。殼如麂蹄，殼上肉下，大者如雀卵。　老蜯牙：《福州志》：似蝛而味厚。一名牛蹄，以形名。　蜍：福州、福寧為多。殼薄味甘，與蝛一類。　石磷：形如箬笠，殼上肉下。　淡菜：《本草》曰：東海夫人亦名殼菜，亦名海蚌。《異魚圖讚》東海夫人，淡菜有殼，形雖不典，而益帷薄，求以象類，堪為一噱。又有一種，形似淡菜而小，名沙箭，福州曰烏稔，泉州曰蛔，曰泥蜆。　蛤青：似蜯而殼薄，青色。　翠翠：似蜯而殼翠。　蝦：有赤蝦、黃蝦、沙蝦、水港蝦、斑節蝦、白蝦、泥蝦、梅蝦、狗蝦、蘆蝦。蘆蝦，云蘆花所變。梅蝦，云梅雨時出。泥蝦，云稻花所發。暴而藁之，小者揉之，曰蝦米。　鉅者對插之，曰對蝦，嘗以供御。其大者名蝦魁。《嶺表錄異》曰：前兩脚大如人指，長尺餘，上有芒刺銛硬，手不可觸，腦殼微有錯，身彎環亦長尺餘，熟之紅色，一名蝦杯，一名龍蝦。宋志：大者有五色。《閩部疏》曰：龍蝦置盤中猶蠕動，長可一尺，其鬚四繚，長半其身，目睛凸出，上隱起二角，負介昂藏，體似小龍，尾後吐紅子，色奪榴花，真奇種也。次者名蝦姑，《開元遺事》載其名狀如蜈蚣，尾如僧帽，泉人謂之青龍。其絕小者，名苗蝦。《海物異名記》謂之醬蝦，細如針芒，聚若淖泥，可鹽而醬之。又有寄生蝦，寄生空螺中，能負之而行。　螺：蠡也，海嬴也，蟲之嬴形者也。其種不一，曰香螺，亦曰流螺，大如甌，長數寸。其靨獨燒則臭，雜眾香燒之便益芳芬。本草謂之甲香。以泉州者為上。曰鈿螺，光彩如鈿，可飾鏡背。曰黃螺，殼硬色黃，其味珍。曰花螺，殼有斑點，味勝黃螺。曰黏螺，曰米螺，小粒如米。曰紅螺肉，可醬。曰蓼螺，其辛如蓼。曰梭螺，殼細長，文如雕鏤。曰竹螺，殼文麄，味清香。曰紫貝螺，紫色有斑點。漢文帝時南越王獻紫貝五百是也。俗謂之砑螺，以砑紙光滑便作字。曰鸚鵡螺，狀若鸚鵡，堪作酒杯。曰鸚鵡螺，殼小而厚，黑色。泉人端午食之，云可明目。曰泥螺，軟殼，大如指，多涎有膏，泉人謂之麥螺，以麥熟而生。莆人醃之名香螺。又有土貼，即浙人名土鐵也。曰馬蹄螺，曰指甲螺，俱以形似名。曰江橈，即指甲之大者。《漳志》綠殼白尾，形如船橈。曰醋螺，出福州洪塘江。去殼醃之，味佳。曰莎螺，形如竹螺。味微苦，尾極銳。又坑澗中有漈螺。　海膽：殼圓如盂，外密結刺，內有膏，黃色，土人以為醬。舊志又有石榼，注云形圓色紫，有刺，人觸之則刺動搖，疑即海膽，而異其名也。　水龜：一名龍蚻。　右介屬。

烏鰂：一名烏賊，一名墨魚，一名纜魚。大者名花枝。陶隱居云是鸔烏所化，口脚俱存，猶然相似。是魚腹中有墨，海人云秦皇帝東游，棄筭袋於海，化為此魚，其形一如筭袋，兩帶極長，墨猶在腹也。又云性嗜烏，每暴水上，有飛烏過，謂其已死，便啄其腹，則卷取食之，故名烏賊。其云纜魚者，《南越志》：烏賊有時遇風，遠岸則蚪前一鬚為矴，近岸則黏前一鬚為纜。又云腹中血及膽如墨，可以書。鰂者，則也，以書文字，為世則也，故曰烏賊懷墨而知禮，又名海若。《白事小史》又名河伯從事。晒乾者，閩浙謂之明府。其骨曰海螵蛸。《呂氏春秋》注引古《月令》曰：九月寒烏入水，化為烏鰂，魚之入《月令》七十二候者，惟烏鰂爾。陳時，天台智覬禪師請禁海際捕魚滬，宣帝勑答曰：此江即無烏賊珍味，宜依所謂。觀此，見烏賊之味為食珍矣。　柔魚：似烏賊而長，色紫。漳人晒乾食之，其味甘美。　瑣管：或云即柔魚，第差小爾。又有一墨斗似鎖管而小，亦能吐墨。又有猴染，大於黑斗，小於鎖管。　鱆魚：一名望潮魚。廣南有蟹，亦名望潮，蓋名同質異。紫色腹圓，有腹無頭，頭在腹下，多足而長，皆環口，上有圓文星聯凸起腹內，有黃褐色質如卵黃，有黑如烏鰂墨，有白粒如大麥，味皆美。又有石拒，似鱆魚，一名八帶，大者至能食豬。居石穴中，人或取之，能以足黏石拒人。又有章舉，一名紅舉，似烏賊而差大，味更珍好。韓退之《南食》詩：章舉馬甲柱，鬭以怪自呈。又有塗婆，章舉別種，似石拒而帶短。　（鮀）鮀：一名鮓，一名水母。皮切作縷，名水母線。《本草》謂樗蒲魚，亦謂之蜡，亦作鮀。《北戶錄》謂蚱一名石鏡，海漚所結也。色正白，濛濛如沫，又如凝血，縱橫數尺，有知識，無腹臟頭目，所處隨東西不知避人，借蝦為目。柳子厚詩待目尚憐蝦是也。腹下有物如懸絮，群蝦附咂其涎沫，猶蛩蛩之與駏驉也。　海粉：狀如綠毛龜，無介，純肉，背有小孔，海粉出焉。晴明收之則色綠，陰

雨收之則色黃。　沙蠶：　生汐海沙中。　如蚯蚓，泉人美謚曰龍腸。　又有土鑽似沙蠶而長。　右鹹水之蟲。

石鱗魚：　一名石螽魚。　蛙屬，皮斑肉白，味美。　是生高山深澗，晝伏竇中，夜居山頭石頂，捕者不可預相告語，密摘黃曆首一葉，納竇中，即抱松明火照之，魚光不敵，遂不能動。　泉州德化縣為多。　右淡水之蟲。

宋・梁克家《淳熙三山志》　土俗類

土貢【略】　荔枝乾：　大中祥符二年，歲貢六萬顆。　元豐四年，增減價本錢一百七十二緡有奇，歲以銀輸左藏庫。　三年，條次貢物如祥符之數。　元祐元年，定為常貢，數亦如之。　崇寍四年，增一萬三千顆。　大觀元年，又增三十。　政和增貢一萬。　宣和於祥符數外進八萬三千四百，七年，損抑貢物，減政和之半，建炎三年罷。　荔枝煎：　大中祥符二年，定額一百三十瓶，丁香荔枝煎三十瓶。　元豐三年，條次貢物如祥符之數。　元祐元年，名為常貢。　崇寍四年，定歲亦如之。　建炎三年罷。　圓荔枝：　崇寍四年，定歲貢一十萬顆。　大觀元年，增一萬。　宣和中，增十萬六百顆。　七年，減政和歲貢之半。建炎三年罷。　生荔枝：　紹興初始貢，至二十四年，因罷貢溫州柑，亦令不得供進。　宣和間以小株結實者置瓦器中，航海至闕下，移植宣和殿。　錫二府宴，賜御詩云：密移造化出閩山，禁御新栽荔子丹。　山液乍凝仙掌露，絳苞初綻水精丸。　酒酣國艷非朱粉，風泛天香轉蕙蘭。　何必紅塵飛一騎，芬芬數本座中看。　時余太宰深詩有賜比西山藥一丸之句，上稱賞之。　紅蕉花布：　大中祥符二年，以二十四為額。　天聖六年，令其半淺色，餘仍舊。　元豐三年，條次貢物於原額外，增貢二十四。　元祐元年，定為常貢深淺二色，如天聖之數。　紹興二年，因福清觀音尼院陳請，住罷。乾薑：　天聖元年，以州產乾薑，歲運十萬斤，如溫州例。　熙寍四年，或議地遠，薑亦非溫，比令漕司以價錢市銀上京。　元祐元年定為錢一千一百六十八貫，歲以銀輸左藏庫。　沙魚：　崇寍四年，定歲貢三十斤。　大觀元年，增貢三十斤，建炎三年罷。　鹿角菜：　崇寍四年，定歲貢二十斤。　宣和七年罷。

紫菜：　崇寍四年，定歲貢二十斤。　宣和七年罷。　蕉乾：　崇寍四年，定歲貢三百斤。　建炎三年罷。

物產【略】　穀　稻：　《周禮・職方氏》：　揚州穀宜稻。　州，古揚州南境也。　故稻之名亦不一。　今州倚郭三縣兩熟，早種曰獻臺，曰金洲，曰秫；晚種曰占成，曰白香，曰白芒，通謂之稻。　至外縣，名色尤多。　按《閩清圖經》：　早稻之種有六，曰早占成、烏羊、赤城、聖林、清甜、半冬，而烏羊最佳。晚稻之種有十，曰晚占城、白茭、金黍、冷水香、櫛倉、奈肥、黃矮、銀城、黃香、銀朱，而白茭、冷水香最甘香，奈肥獨宜卑濕最腴之地。　糯米之種十，有一曰金城、白秫、臙脂秫、黃秫、魁秫、黃芒秫、馬尾秫、寸秫、臈秫、牛頭秫，而寸秫顆粒最長，蓋諸邑亦或通有之。　占城，相傳其種自占城國來，大中祥符五年，淮浙微旱，遣福建取種三萬斛分給令種蒔之，今土俗謂之百日黃是也。　已上名色雖多，不過有二，秫曰糯稻，餘皆秔稻。　《爾雅》所謂黏與不黏之異。　秔，古名稌。　糯，古名黍。　麥：　有大麥、小麥。　蘇恭云今南北之人皆能種蒔。凡麥秋種冬長，春秀夏實，具四時中和之氣，故為五穀之貴。　又有一種秋花冬收，名蕎麥。　麻：　有胡麻，有大麻。　胡麻即油麻也，有白黑二種。　相傳其種得之大宛，故名胡麻。　以其壓油，以油麻名之。　今長溪者佳。　大麻，牝麻之子也，諸邑皆有之。　豆：　有黑者、紫者、白者、綠者、紅者、羊角者、虎爪者、如錢片者。　又有扁豆，種于籬落間。　有蠶豆，蠶熟時有之。　粟：　粒細者香美，南地以稻灰種之，不必鋤治。　江東呼粟曰粢。　粢，稷也，即此。穄：　《歐冶遺事》：　穄米與黍米相似而粒大。　《呂氏春秋》：　餘之美者有陽山之穄。　薏苡：　春生苗，莖高三四尺，葉如黍，開紅白花，作穗，五六月結實，形如珠子而稍長，故名薏珠。【略】

果實　荔枝：　州北自長溪、寍德、羅源至連江北境，西自古田、閩清，皆不可種，以其性畏高寒。　連江之南雖有植者，其成熟差晚半月，直過北嶺官舍、民廬、及僧道所居至連山接谷，始大蕃盛。　大觀庚寅冬，大霜，木皆凍死，經一二年，始於舊根復生。　淳熙戊戌冬，大雪，亦多枯折。　常時，霜雪寡薄，溫厚之氣盛於東南，故閩中所產比巴蜀、南海尤為殊絕。　蔡公襄謂之其於果品卓然第一，非虛語也。　江家綠：　皮大薄，香薄而味少淡。　蔡公《荔枝譜》云福州所植最多，品目至眾，惟江家綠為第一。　綠核：　頗類江綠，色白而小。　荔枝皆紫核，此以綠而見異。　圓丁香：　他種蒂大下銳，此獨體圓，與味皆勝。　虎皮：　紅色絕大，繞腹有青紋，類虎紋。　牛心：　以狀言之。　長三寸餘，皮厚肉澁。　福州惟有一株，每歲貢乾荔枝，皆調於民。　主吏常以牛心為準，民倍直償之，以暫嘗黜而不用。　玳瑁紅：　荔枝上有黑點，踈密如玳瑁斑，城東有之。　硫黃：　(白)色正黃〔而〕刺微紅，亦小荔枝，以色名之。　朱柿：　色如柿紅而扁大，亦云朴柿。　蒲桃：　一朵至一

二百，附枝而生。樂天所謂朵如蒲萄者。　蚶殼：殼為深渠，如瓦屋焉。

白蜜：純甘如蜜。　小丁香：核如小丁香，俗謂之醮核。　大丁香：出天慶觀，〔唇〕殼瓢多。　雙髻小紅：每朵數十，皆竝蒂駢首。　真珠：剖之，純瓢圓白如珠，荔枝之小者止於此。　十八娘紅：色深紅而細長，以少女比之。俚傳閩王有女第十八，好噉此品，因是而得名。　將軍紅：五代間有人為此官者種之，後人失其姓名，只以官呼之。　釵頭：顆紅而小，可間簪翹之側，故名。　粉紅：荔枝多深紅，而色淺為異，故曰粉紅。　中元紅：荔枝既絶纔熟，以晚重於時。已上蔡公所譜。　一品紅：於荔枝為一品，出州宅堂前。　狀元紅：於荔枝為第一，出城東報國院。已上曾公鞏所記。　駝蹄：以其長大而甘柔也。　金稜：上鋭而下方，色深黃。

栗玉：似金稜而圓實，其肉味大勝。　洞中紅：出於宿猿洞，因名。已上陳傅所傳。　火山：《嶺南錄》云：荔枝，南中之珍果也。梧州江前有火山，上有荔枝，四月內先熟，核大而味酸，謂之火山。今州為盛，其佳者不減名品。　星毬紅：〔此一種〕出靈岫里田間。枝條生葉大三倍，色紅而不絳，蒂根於臍，鋭者如瓜，扁者如橘，圓者如雞子，頎者如皂莢，形殊狀詭，核皆如丁香，亦有絶無者。大者挈不能盈，細者拳之，最重。甘脆而韻，蓋神品也。奪其氣者竟莫能逮焉。已上近所稱。　龍眼：一名益智，葉淩冬不凋。春末夏初生細白花，七八月實成，殼青黃色，圓如彈，肉白而甜。有大如錢者，人亦珍之。曝乾寄遠，亞於荔枝。　橄欖：木端直而高，秋實，先苦後甘，脆美者曰碧玉。　柑橘：柑類。有朱柑、乳柑、黃柑、羅浮柑、鏡柑、石柑、洞庭柑、沙柑。橘類有蜜橘、朱橘、乳橘、蹋橘、山橘、〔廣〕〔黃〕淡子、金橘、綠橘，宜母子。今懷安凰崗亦多有柚子。　橙子：類極多，佛頭橙、蜜橙、青橙、皺橙、欒橙、香綿橙。　香櫞子：大者長尺餘，香勝柑種。　楊梅：木似荔枝，葉細陰厚，其實生青熟紅，無皮殼，南人多淹藏之。　枇杷：其葉陰密，四時不凋，十月開花，四月熟。　甘蔗：二種。短者似荻節而肥；長者可八九尺，似竹管。宋孝武送蔗百梃與魏太武。今閩人稱之為杖。　蕉：葩如菡萏，嫣紫而倒垂，左右挺弓，駢其間。味甘清嫣者為佛指，舊極香美為牙蕉，曝乾可以寄遠。無實而花紅者為紅蕉，白者為水蕉。

棗：種類非一，方者名骰子，尖長者多龍牙。　栗：外刺如蝟。永福諸山邑為多。　蒲萄：龍鬚蔓衍，水沃其本，須臾露泫藤杪，故根號木通。花細而黃白，實如馬乳，碧者葉差厚，此果之珍者。今州有之。　蓮：《爾雅》及陸璣《疏》荷為芙蕖，華未發為菡萏，已發為芙蓉，其實為蓮，其根為藕。　雞頭：芡也。《埤雅》：蓬鏄似雞首，先實而後花，晝合而宵開，與荷花相反，蓋陰陽之別也。今連江東湖亦多有之。　芰：菱也。浮水上，花黃白，實則回向水中。　櫻：四月熟，深紅者曰朱櫻，黃晶者曰蠟櫻。　木瓜：大者出長溪。　瓜：城北下洋最多，其小者謂之一握青，出福清。　柿：有花柿，有卵柿，有烏柿，有朱柿。古田縣最多。　杏：圓者名金杏，熟最早。扁而青黃者名木杏。外皮中實者名銀杏，即鴨脚也。州近亦皆有之。石榴：有黃赤二色，近亦有白者。實亦甘酢二種，甘者為菓，酢者入藥。梨：鵝梨舊出近京，今州亦有之，皮薄而漿多，木差短於宣城乳梨，香則勝之。其餘輕消梨、拒霜梨、水梨、赤梨、紫梨、煤梨之類，其麌者謂之綿梨。

桃：有紅桃、白合桃，晚者為十月桃。　李：有綠李、赤李、琥珀李、鵝黃李。　林檎：一名來檎，有甘酢二種，甘者早熟脆美，酢者差晚。　胡桃：本出羌胡，今亦有之。　柰：似林檎而青小，花白，其味苦。　榅桲：味酸甘，似橙子而大，舊生北土，今亦有之。　楊桃：《臨海異物志》：楊桃其色青黃，核如棗核，生晉安侯官縣，可密藏之。有五瓣，或謂之五子。　王壇子：《臨海異物志》：王壇子如棗子大。晉安侯官越王祭壇邊有此菓，不知其名，以其生處，遂名王壇，形小如龍眼。王彪之《閩中賦》：王壇假栗。《揚都賦》曰：菓則龍眼荔枝王壇丹橘。舊記又云：相傳生於王霸壇側。　茨菰：葉如剪刀草，根實大如錢而差長，方言謂之蘇。　菩提果：自西域來，得名。夏實中虛，味香甘而脆，核如枇杷子。　金斗：實紅，葉似橄欖而長。　新羅葛：根甚大，色青白。一名土瓜。

菜蔬　菘：與蕪菁相似。莖葉不光者為蕪菁，莖短葉闊厚而肥者為菘。　芥：似菘而有毛，味辛辣，此青芥也。紫芥，莖葉通，葉多，作虀食之最美。白芥，子麄大，色白如粱米。其餘南芥、花芥、石芥之類，皆菜茹之美者。　萊菔：俗呼為蘿蔔。　蓴：葉似鳧葵浮水上，採莖堪噉，花黃白，子紫色，三月至八月莖細如釵股，名絲蓴，味甘。　鳧葵：即荇菜也。莖澁，根極長，花黃，水中極繁盛。　白苣：如萵苣，葉有白毛。又有雞苣，亦堪作茹。　萵苣：《遯齋閒覽》載：王舜求云萵菜出萵國，有毒，百蟲不近。　芸薹：香，可噉，破結血。　雍菜：蔓生，花白，堪為菜，南人先食

雍菜，後食野葛，二物相伏，自然無害，取汁滴野葛，即死。張司空云魏武帝噉野葛至一尺，應是先食此菜也。一名甕菜。《遯齋閒覽》：甕菜本生東夷，人用甕載其種歸，故以爲名。　水蘄：音芹。生池澤中，可為生菜，亦可作菹。有兩種：荻芹取根，白色；赤芹取莖葉。　菠薐：劉禹錫《嘉話錄》：菠薐出西國中，有自彼將其子來，如苜蓿、蒲萄，由張騫而至也。　苦藚：可傅蛇蟲咬，蠶蛾出時不可取，令蛾赤爛，蠶婦亦忌食。　莙蓬：莖灰淋汁洗衣，白如玉色。　東風菜：葉長，極厚軟，上有細毛，紫莖，先春而生，故有東風之號。　茄：有數種：紫茄、重茄、青水茄、白茄。一名落蘇。《嶺表錄異》記：南中草菜經冬不衰，故蔬圃之中栽種茄子，宿根有二三年者。近城種，多出城西。　莧：莧有六種，有人莧、赤莧、白莧、紫莧、馬莧、五色莧。　胡荽：《湘山集》：胡荽，即園荽也。人或謂之香荽。《幼幼新書》云：一名鵝不食草。　同蒿：令人氣滿，不可多食。　蕨：《爾雅》曰：蕨，虌也。郭注：初生者可茹。　薑：出在城三縣，連江縣多。　蔥：有數種，藥用山蔥、胡蔥，食品用陳蔥、漢蔥，凡蔥皆能殺魚肉毒。　韭：園人種蒔一歲三四割之，其根不傷，至冬培之，先春而復生，許云種而久，故名之。　薤：似韭而葉闊，多白無實，不可生噉，以其葷辛也。　葫：大蒜也，每頭六七瓣，能散癰腫。蒜為小蒜，以其氣類相似也。苗皆如葫而極細。　冬瓜：即白瓜也。生苗蔓下，大者如斗而更長，皮厚而有毛，初生青綠，經霜生粉乃取藏蓄，彌年可作菜果。　瓠：味甜似越瓜，長者尺餘，夏熟。　瓠甗：夏末始實，取以為器，經霜乃堪，小者名瓢。　白蘘荷：春初生葉似甘蕉，根似薑而肥，其性屬陰，在木下生者尤美。潘岳《閑居賦》：芰荷，依陰是也。《荊楚歲時記》謂可以防蟲。　紫蘇：葉下紫而甚香，夏採莖葉秋採實。一名荏，冬不死，夏採莖葉曝乾。　香芹子：香似橘皮，花似芹花，子似防風扁而大。　茵陳：春初生苗，秋後葉枯，莖幹經冬不死，春生新葉，故名茵蔯。　藻：葉大，生深澗中。《爾雅疏》：藻，水草也。州人以當穀食。《埤雅》云：善療瘤癧。　紫菜：附石生海上，色青，取乾則紫，其莖纖而希，其味尤珍，出福清者佳。　鹿角菜：生海中，亦能解麵熱。　芋：陶隱居云蜀川生者形圓而大，狀若蹲鴟，〔謂〕之芋魁，閩中出者形長而大，細者如卵，生於魁之傍，食之尤美，州北下洋則尤多。　（狗）〔枸〕杞：春生苗，莖幹高三五尺，秋生紅紫花，隨結紅實，春夏採葉，冬採根。《幼幼新書》云一名地骨，一名西王母杖。

花　末麗：此花獨閩中有之，夏開，白色玅麗而香。方言謂之末利。佛經曰末麗，花香。又有紅末麗，藤生，亦香。　素馨：蔓生，白色，露裛愈香。蔡公襄詩：素馨出南海，萬里來商舶。團團末麗叢，繁香暑中折。　牡丹：州舊無之，慶曆間羅源林迴隱居南華洞，有《出山遇慈恩長老獻牡丹》詩云：春晚花王在處稀，山中還信正芳菲。蓋有之矣。熙寧間程大卿師孟《詠福州》詩云：芍藥牡丹難種處。謂城中也。今古田、長溪、羅源、連江多有之。　芍藥：所產與牡丹同。　紫玫瑰：亦名徘徊花。郡人翁承贊詩：三株紅芍藥，一架紫玫瑰。　四時山丹：花紅色，葩英叢起如絳羅囊。林迴詩：葉剪青油藥渥丹，春風隨眾出闌干。碧桃黃菊凋殘後，誰伴長松到歲寒。　長春：花亦四時有之。林迴詩：洞門深不放春歸，客到尋芳莫問時。遲日暖風花草麗，照人紅艷一枝枝。　真珠：有單葉，亦有百葉。許公將詩：蔌蔌圓英淡粉粧，肯隨桃杏媚韶光。金刀不到春風外，草密林深只自香。　酴醾：花白而香，春時極盛。葉公夢得詩：東風吹麝入鉛華，未肯隨春到謝家。夜半粉香和露泣，定應和月怨梨花。又有檀心而紫者，尤香。　梅花：又有紅梅、臘梅、百葉梅。　瑞香：紫色，芬香。舊記無，近州多有之。　千葉石榴：花紅艷，不結實。　薔薇：枝幹有刺，花紅紫色，盛開如錦。亦有黃薔薇，如棠棣金色。有淡黃薔薇，鵝黃色。　越橘：花如瑞香，葉幹如黃楊，實如朱櫻。　金林檎：花繁，生如郁李花，狀差大，實如來禽而差小。　半丈紅：花如御帶而差大，一名棠棣。　衮繡毬：色白，圓如毬。　海棠：色紅，以木瓜頭接之則色白。　鬭雪紅：閩中近有之，花如玫瑰而香，色次之，然四時常芳，不隨群草凋茂，亦名勝春。　闍提：南海種，商人傳之，花晰白而香，勝於素馨，蓋巖桂之流品也。仙書曰闍提花香。　玉簪：質素而香，形如玉簪，亦名白鶴。　金沙：玫瑰之流也，香不及之。　剪金紅：圓，無香，葉分數歧，如剪刀之狀。　度年紅：幹高而花難凋，自冬來，涉春不少。　含笑：白花，有二種。小者香猶酷烈，開盡則香微，故以含笑名。　百合：莖特生而直上，亦名倒仙，花白。一種班紅，謂之川百合。　凌霄：藤蔓附大木而生，其花黃赤，夏盛。　紫荊：木似林檎，花深紫可愛。　罌粟：花有紅、白二種，九月布子，春深乃生，實如小罌，子如細粟。　葵：有數種。蜀葵出戎蜀，《爾

雅》所謂葿，戎葵。花白者主痎瘧。黄者葉尖狹，夏開花淺黄色，主瘡癰。小花者名錦葵，俗呼為胡臙脂。　菊：　紫莖而香，葉厚嫩，可食者，花微小，味甘，為真菊。又或莖青根細，花白蕊黄，其葉似同蒿，花蕊竝黄者俗傳為廣菊。狀似嬰兒者俗呼為孩兒菊。《遯齋閒覽》：　南方花發較北地常先一月，獨菊花開最遲，菊性宜冷也。惟一種深黄色，名為滴滴金，六月開。　玉蝴蝶：　色白如瓊花，中叢蕋，傍有八蝶遶之，謂之聚八仙。垂枝條而雙對者，謂玉蝴蝶。　朱槿：　一名佛桑，一名佛日。色深紅，葉如桑，高者丈餘，一種色白，一種色紫，淡黄者俗謂之金木蘭，純白而英間無紫點者名為舜英。　雞冠：　秋生，紫色，如繡畫雞冠之狀。　山茶：　花深紅色，冬盛開。　金御仙：　似罌粟而小。　金鳳：　狀如飛鳳，有紅、白、紫、粉紅數種。　金錢：　深紅色，葉長細。　拒霜：　一名木芙蓉，秋開，色淡紅。一種百葉，朝開純白，午後則漸紅如醉，謂之醉芙蓉。　巖桂：　其葉兩兩相向，粟結其間，及開，清馥斷續香氣而遠聞，俗呼為九里香。木紋如犀，可以為器，亦號木犀。數種，有四時開者、紫者、䞓紅者，深紅者曰丹桂，凡色勝則香薄。　鷹爪：　藤生，夏開，未鋭似鷹爪，薄暮方開，香如爛瓜。　鳳尾：　有二種。大者花白蕋黄，穗生，長僅尺，若鳳尾。然一種差小，花踈而香勝，亦名七里香，可以祛蠹。　玉屑：　藤生，花白色，如碎玉之狀。　玉籠鬆：　藤生，花微紅而圓，一種醉楊妃，花相類，葉尖。　寶相：　藤生，花類長春。

藥　地黄：　葉生布地上，有皺文，根如手指，通黄色。　牛膝：　春生，苗莖高二三尺，青紫有節如牛膝狀。今州人單用土牛膝根治血塊。　薯蕷：　根如薑芋，土人單呼為藷，生於山間石罅者良。　天門冬：　春生，藤蔓大如釵股，高至丈餘，葉如茴香，極尖細而踈滑，有逆刺，根大如指，長二三寸，《爾雅》謂之蘼，一名虋冬。　麥門冬：　葉青似莎草，長及尺餘，四季不凋，根如連珠，形如穬麥顆，故名。　黄精：　二月生苗，高一二尺，葉如竹葉而短，兩兩相向，莖梗柔脆，似桃枝。根如嫩生薑，八月採，蒸熟啗。《博物志》：　天姥謂黄帝曰：　太陽之草名黄精，餌之可以長生。　細辛：　其根細而其味極辛，故名。　蘹香子：　亦名茴香，葉似葫荽，踈細作叢，花頭如傘蓋，黄白色，實如麥，而北人呼為土茴香。　茯苓：　生大松下，望松赤者下有之，作塊如拳，大者至數斤，似人形、龜形者佳，假松氣而生，不附根上，其抱根而輕虛者為(伏)〔茯〕神。《淮南子》曰：　下有茯苓，上有菟絲。　茱萸：　葉似椿而闊厚，實似椒子，嫩時微黄，熟則深紫。　石韋：　叢生石上，葉如柳有毛，面班點如皮，故名。一名石皮。州自有一種，三月有花，採葉可煎湯浴。亦有生古瓦上者。　決明子：　葉似槐，花黄，子如緑豆而(鋭)〔大〕。　香薷：　陶隱居云似白蘇而葉細，一作香葇，俗呼香茸。霍亂轉筋，煮飲服之。　連翹：　南方生者葉狹而小，莖短纔高一二尺，花亦黄，實房(實)黑，内含黑子如粟粒。　香茅：　四季常有苗葉而無花，其根乃謂之茅香。　何首烏：　春生苗，葉葉相對如山芋而不光澤，其莖蔓延竹木牆壁間，根大者如拳，各有五稜，瓣似小甜瓜，赤者雌，白者雄，本名交藤，因何首烏服之，故名。　半夏：　獨莖生，莖端出三葉，淺緑色似竹葉，根下相重生，皮黄肉白。　使君子：　蔓生，花紅白相間，形如梔子而稜瓣深。　天南星：　苗似荷梗，莖高尺餘，葉兩相抱，花黄子作穗，生根如芋而圓。　蓖麻子：　音卑。莖有節，秋花，結實殼上有刺，仁白有油，如大麻。　牽牛子：　蔓生籬落間，葉有三尖，花帶碧色，實作毬，内有黑子，一名鼓子花。　欓子：　其木似樗，莖間有刺，子辛辣如椒。　石蠶：　草根之似蠶者，出山石上，四時常有，其苗青，亦有節。　土紅山：　味甘苦，大者高七八尺，葉似枇杷而小，無毛，秋生白花如粟粒。州生者作細藤，似芙蓉上青下白，根如葛，治勞瘴。　車前子：　《爾雅》云芣苢，馬舃。馬舃，車前。郭璞注：　江東人呼為蝦蟆衣。今閩中亦然。　栝樓：　一名天羅藤，亦名天瓜，退之所謂黄團掛門衡者，治風熱。土人取瓤研，和酒飲之。方家擣其根為粉入劑。　獨脚仙：　生山林，傍陰泉處多有之，春生苗，至秋冬而葉落，其葉圓，上青下紫，夏採根葉連梗，焙乾，治人血塊。　石益：　生山中，子治蠱毒。　赤孫施：　葉如浮萍草，一名歲寒漿，一名酸漿。《離騷》云薋菉葹。　紫金牛：　味辛，葉如紅花，上緑下紫，實圓如丹朱，根微紫色，八月採牛心曝乾，頗似巴戟。　小青：　生擣其葉可治癰瘡。　菴蕳：　狀如蒿艾，可以辟蛇。　鹽麩子：　葉如橘子，秋熟為穗，粒如小荳，上有鹽似雪，食之酸鹹止渴，蜀人謂之酸桶，吴人謂之烏鹽。　桑螵蛸：　螳螂子也。多在山木及荊棘間，桑上者以得桑津氣，故佳，市之者以附枝為驗。　蒴藋：　輕虛無心，主續筋骨，一名接骨方。

覆盆子：　苗短不過尺，莖葉皆有刺，實如佛螺而旋。　石菖蒲：　陶隱居云生石磧上，概節者佳，下濕地大根者名昌陽，惟真菖蒲葉脊如劍，今黄蘖山龍湫崖下瀑布飛度，却濺可數步，生其間者絕佳，非神全不為濺，悸者莫能

採。溪蓀根形氣色極似，但葉無脊耳。【略】

木　松：四時不改柯易葉。《史記》曰：松栢者，百木之長也。蔡密學襄知州日，令諸邑道傍皆植之。又自大義渡夾道達于泉，漳人稱頌之，詩曰：夾道松，夾道松，問誰栽之我蔡公，行人六月不知暑，千古萬古搖清風。樹既老，愚民多穴取其松明，以至枯折，尉司雖嘗籍記，或令補種，未能禁絕。舊隸憲司，近亦申嚴云。又元祐中，道士顏象環自東門植松，抵鐵塔、康山之巔。陳傳贈詩云：初與田疇一樣平，一千年後插天青。行人息蔭涼風下，應記栽松道士名。　栢：葉扁生而香。　相思：木堅，又堪作器，用几案、棋局、書筒之屬，于冬實如紅豆。《吳都賦》曰相思之樹。　欓：木高大，枝有刺，子似茱萸而香，味辛如椒，殺腥物。　椒：木有刺，子朵生而熱，味辛。蜀都名蜀椒，西戎名胡椒，本土者名土椒。　樟：高大，葉似柚而尖長，彌辛烈者佳，為大舟多用之。　檜：栢葉而松身，《詩》曰檜楫者此。　金荊：木堅有文彩，可為床榻。　黃楊：葉細皮薄，歲長三寸，至閏年則縮一寸，東坡詩：惟有黃楊厄閏年。木堅實，可為器用。　蘗：木枝葉與石榴無辨，皮黃子赤如(狗)〔枸〕杞，子兩頭尖，枝可剉以染黃，生山石間。　檟：《爾雅》曰：苦茶也。注云：似梔子。　木槵：葉如橄欖而小，實可以浣衣，子可貫為數珠。佛經云貫木槵子，一百八箇是也。　槦：州以南為多，至建、劍則無之，以其擁腫不中繩墨，名以槦。或曰其蔭覆寬廣，宜以榕名。慶曆中，王守逵詩云：清陰隨日遠，翠影共烟浮。廣蔭均榮賤，安人異品流。幄帷臨大道，冠蓋俯高樓。避暑疑無夏，當風別得秋。熙寧中程大卿師孟多命植此，自為詩云：三樓相望枕城隅，臨去重栽木萬株。試問國人來往處，不知還憶使君無。　桂：葉似枇杷，花白，叢生巖嶺間，冬夏常青。唐太和四年夏，天降桂子，散落人家，芬馥異香，圓如珠顆。　朴：葉如加條差小，其皮麄，故名。　柟：材堪棟梁，根生瘤。《吳賦》云楠瘤之木。　楮：皮有斑花，其皮可以為布，亦可擣以為布，實如楊梅。　楝：高丈餘，葉密如槐而長，三四月開花，紅紫色，實如彈丸，熟則黃，即金鈴子也。　椿：葉似橄欖，芽香可噉。　梓：似桐而葉小花紫。《爾雅》云：椅，梓。陸璣云：梓者，楸之疏理、白色而生子。　橡：高可三二丈，三四月開黃花，八九月結實，名皂斗，其殼可以染皂。即櫟毬。《爾雅》云櫟，其實梂。郭璞曰：梂，盛實之房，其實橡也。　石南：葉如枇杷有刺，凌冬不凋，人多植庭宇間，陰翳可愛，不透日氣，其木堅硬，可為斧柯。　桄榔：木似椶櫚有節，葉亦如之，外堅中虛，內有麵大者數斛，紫黑色，有文理，可以製器。　欅柳：皮似檀槐。　檉：《爾雅疏》曰：檉，一名西河柳。郭璞云：今河傍赤莖小楊也。陸璣云：皮赤如絳，一名雨師，枝葉似杉。　椴木：生山中。　加條：葉有毛，作磨犀象牙角，二用之。　青剛：葉似石南木，紋如黃楊，堪作鞍轎。　椶櫚：亦曰栟櫚，高一二丈，傍舞枝條，葉尺餘，中包如魚子，鵝黃色，根浮。土人植時先磐石基下。　檀：可以爲床榻器用。　楓：似白楊，葉圓而歧，有三角，二月花色白，取其脂可以為香。　杉：木類松而勁直，葉附枝生若刺針然。　桐：有四種。青桐皮葉俱青而無子，白桐皮白葉青而有子，白桐有花與子，崗桐似白桐無子，可以為琴瑟。　皂莢：有雌雄，雄者不實，鑿木幹方寸，以雌木填之則實。　白牙：最白潔，可為器玩。　水楊：葉圓而潤，枝條短硬，多生水岸。　柳：柯條與北土無異，但飛絮者稀。　桑：與柘為二種，皆可以蠶，亦可為鞍轎。

竹　慈竹：叢生。任昉所謂子母竹，蔡公襄嘗賦之。　(研)〔斑〕竹：生永福縣鶴洋，差及湘江者。又有紫竹，山邑皆有之。　鶴膝竹：生古田縣，似靈壽，不須琢削，自合杖制。　箭竹：可為箭幹，生長在古田山中。　苦竹：筍味甚苦。又有苦伏竹，筍冬生，掘而食之，味尤珍。　淡竹：肉薄，節間有粉，南人以燒竹瀝者。　石竹：連江等縣為多，節踈而平，可為器用。　麻竹：大至徑七八寸，葉亦大，筍夏生。　江南竹：粗大而堅直。　秋竹：甚小，可為篾用。　蟲竹：叢生如蘆，每節生蟲如新蟬之未翼。　豁竹：節長細，可為笛材，筍味最美。　筋竹：肉厚而竅小，可為弓弩材。

草　萱：《詩》曰：焉得諼草。《埤雅》謂：一名鹿蔥草，食之可以忘憂者。夏開者，梗高葉大；秋開者，短而葉細。別有鞓紅而百葉者，有鵝黃而香者，非一種也。　蘭：一名水香，顏師古云即澤蘭也。生水傍，葉光潤尖長，花蠟色，蓋國香也。《楚詞》云：春蘭兮秋菊。又云：秋蘭兮青青。或云：一榦一花而香久者蘭，一榦五七花而香薄者蕙。　剪刀股：葉如剪刀，苗甚軟嫩，色深青綠，每叢十餘莖，內一莖分枝開小白花。　瓊田：春生，苗葉無花，三月採根葉焙乾，土人用治風。　建水：枝葉似桑，四時

常有。土人取其葉焙乾碾末，治走疰風。　雞項：　葉紅，花葉上刺青色，亦名千針草，根似蘿蔔，枝條直上，三四月苗上生紫花，八月葉凋，十月採根。

火杴：　春生苗，葉似紫蘇大而尖長，白花。州人呼其葉為火杴草。　馬藍：　葉類苦藚菜，土人連根採之，即《爾雅》所謂葴馬藍是也。〔治鯢魚毒。〕

石龍芻：　叢生，俗名龍鬚草。今人以為蓆。　莎草：　根名香附子。　燈心：　生澤地，叢生，莖圓細而長直，人以為蓆。　雞腸：　一名蘩蔞，葉似荇菜而小，其莖梗作蔓，斷之有綠縷，細而中虛似雞腸，因名。　鱧腸：　即蓮子草也。一種葉似柳而光澤，莖似馬齒莧，花細而白，其實如小蓮房。一種苗梗頗似蓮花而黃色，實亦作房而圓，可以止血，方言謂之斷血草。　羊蹄：　禿菜也。葉狹長，色深，莖節間紫赤，採根醋磨，塗癬立效。　蓪草：　一名通脫木，葉如草麻，中虛，有軟白，可為輕花，出長溪。　紫背：　解一切蛇毒。　佛甲：　多附石，向陽而生，似馬齒莧，細小而長。　仙人掌：　多於石壁上貼而生，如人掌，故名。治腸痔瀉血。　蒲：　生陂湖中，嫩者可食。漢嘗以裹輪。　藚：　生有三稜。《爾雅》謂之⿱艹望。江生者為淡藚，近海者為鹹藚。土人以為纜，為席，為屨。　芸：　似茅，可以為繩索、履屨。　虎杖草：　《爾雅》曰：　似紅草而大，可染赤。煎以為飲，色如琥珀。　戒火草：　人家用瓦缶植之，以警火。　獨掃草：　《爾雅》曰：　馬帚。注云：　可以為帚篲。　茭：　生泥浦中，葉如蒲葦，人縛為薦藉，謂之菰。又有白色者，其根可食，謂之茭鬱子，中有黑點，歲久生白薹如小兒臂，謂之茭手。

藤　丁公藤：　生依南水，故號南藤，莖如馬鞭。《南史》：　解叔謙母有疾，夜(如)〔於〕庭中禱告，聞空中云得丁公藤即瘥。即此藤也。　千金藤：　主治一切血毒，生南土者黃赤如細辛。　紫金藤：　生山中，初春生，葉青色，至冬凋落，其藤似枯條，採其皮曬乾，治腎氣。　石南藤：　其苗蔓延木上，四時不凋。　含春藤：　其苗蔓延木上，冬夏常青，治風。　感藤：　如雞卵大，汁甘味如蜜，生研，傅蛇蟲咬瘡。一名甘藤。甘感聲近耳。　又名甜藤。　吉釣藤：　亦名馬理藤，色紫，老者可貼雙陸局，道家呼其根為降真香，或以為箭。　金剛藤：　方言謂之菝頡，根赤色，可以染鴨子。　薜荔藤：　緣木而生。　香藤：　緣木而生，其氣馨香。又有南藤，人取以釀酒。

土孫藤：　可供作纜。

畜擾　馬：　海壇舊諸牧有之，但駑蹶騂突，須久服習乃堪乘，驢騾亦同。　牛：　黃牛角縮而短悍，水牛豐碩而重遲，出福清以南。水牛新孳，下其乳為團，出城東松嶼。　羊：　歲兩生息，出福清長溪。　猪、狗、猫、雞、鴨、鵝。

獸　虎：　山深處有之，異時或忽至城邑。　豹：　尾赤而文黑為赤豹，又有黑豹，文圓者為錢文豹。　狼：　似虎而小，性至貪。　豺：　季秋之月，攫獸以祭天。方言呼為豺犬。　熊：　猪身而圓，有爪如鉤。　麂：　麞類也。其肉堅韌，其皮可為履鞹。　麞：　味甘無毒，有牙而不能噬。　猴：　《詩》謂之猱，大曆中有數百集古田杉林中，里人欲伐木殺之，有一老者，飛下縱火爇樹傍家，於是人走救火，遂得脫去。　猿：　居山林巖石間，渴則連臂下飲。人或射殺其子，必自投而死，剖視之腸皆寸斷，亦名猿父。《爾雅》曰：　猿，善援。　玃：　似猿而蒼色。《爾雅》曰玃父。　兔：　歲中秋感月精而生，閩中近亦有之。　香狸：　口銳身長似猫，過山則草木皆香。　猩猩：　連江五峰，山勢高遠，林深茂，有之。　刺蝟：　狀類猯狍，脚短多刺，尾長寸餘，近人則縮。能捕蠱毒。　野猪：　如豚，毛黑如錐，名曰豪彘。　野狐：　似狗而小，尾如長箒，能媚人為妖，皮白可製裘。　鯪鯉：　似鼉而小，色黑。又似鯉魚，四足能陸能水，日中出岸，開鱗甲仆臥，令蟻入滿，趨水中，蟻浮出，食之。　山犬：　狀似家犬大，赤蒼色。　山羊：　有筋力，善走，其角觥觥然。　獺：　水獸也，似狸而毛細，入水不濡。主魚鯁不下者，取其足，項下爬之，即愈。　竹⿰鼠留：　蒼色如鼠，食蘆葦根，鄉人亦謂之竿豚。　鼠狼：　生山野中，似猫能捕鼠。　鼯鼠：　似小蝙蝠，膏療耳聵。　⿰鼠吉⿰鼠令鼠：　似兔而小尾多毳，善緣〔藤〕蘿而走。王右軍取其鬚以為筆。　鼴鼠：　身似牛而小，鼻似猪而足短，貪飲溪水，若恐不足，故曰飲河不過滿腹。

禽族　鸛：　白者似鵠，黑者曲頭。其巢中為池，含水滿池，養魚及蛇以哺其子。　鸕鷀：　水中有之，從口中吐雛。　鵠：　似鶴而白。　鷗：　臆白翅青。《南越志》：　隨潮上下。　鴻鴈：　寒露來賓，至長溪止，及春北嚮。　黃雀：　秋稻將熟自西北來，多至數千。閩連江等縣有之。　魚狗：　紅嘴翠羽，腹背間微赤，戲於苕間，俟魚則穿波取之，蓋翡翠之一種也。　鳷鵲：　水鳥，人家養之可厭火災，似鶩，綠衣，馴擾不去。　鸀鳿：　溪禽也，似鶩而黑色。　鳧：　水鳥也，飛甚速。今賈販者以鳧血點錢，欲取利如飛也。　鸂鶒：　文若繡畫，尾有毛如琵琶撥，小如鴨，對浮溪谷間。　鷺鷥：

《爾雅》：鷺，舂鋤。郭璞云：白鷺也。頭有長翰毛如絲。鵜鶘：頭下有袋，容二升物，展縮由袋，其中盛水以養魚，一名(逃何)〔淘河〕。鳩：方言謂之鶻。鷰：亦名玄鳥，紫胸，輕小者為越鷰，胸斑黑而聲大者為胡鷰。黃鸝：亦謂之鶬鶊，俗呼為黃鸎。竹雞：白蟻聞其聲盡化為水，山林中多有之，其聲自呼為泥滑滑，亦名越鳥，《選》曰：越鳥巢南枝。白鷴：似山雞而色白。《西京雜記》曰：閩越王以獻漢高帝。山雞：尾長而小，可畜之樊中，所謂翟，山雉也。雉：可充庖廚。閩越王嘗以白雉獻漢武帝。鷓鴣：形似母雞，臆前有白圓點，背間有紫色毛，其鳴若鉤輈格磔，開翅之始必先南翥。喜鵲：十一月小寒，鵲始巢，及春乃成，營巢之戶，知避太歲。南人喜鵲聲而惡鴉聲，故俗號為喜鵲。信鵲：類鵲而小，能為百禽聲，忽鳴而過庭檐間，其占為有喜，亦名進鳥。鵁：水鳥，蒼色。方言謂之鸕鷀。鶼鶼：《爾雅》曰：比翼鳥。似鳧，青赤色。鶗鴂：方言謂之孤雞，鳴則草衰。鶡：有冠，似雞好鬬。鶬鴳：方言為扛鼓，於小枝間以草為巢，尤纖巧，又名巧婦。慈鴉：孝鳥也，能反哺。方言呼為射鳥。郭公：頭尾黑而身赤。鶻：鷙禽，蒼色，翅稍深黑。直上千尺乃凝然不動，洞見淵魚，擘波而斂攫之。鷹：禀瑤光之精而生，蒼黑色，亦名鷙鳥，以其勇銳能執搏也，七月則取禽以祭天。鸇：蒼褐色，似鷂而小。一名隼，亦名晨風。鳶：鴟也。鵅：啁哳而聲悲。紅娘：丹嘴翠身，似鸚鵡。白頭公：似雀而大，頭有白點。啄木：雌褐而雄斑，啄利如錐，索蠹木間，竟日軒輊，其聲剝啄然。鵪鶉：《莊子》謂田鼠所化，《淮南子》謂蝦蟆化也。舶鴿：似鳩而差小，諺謂千鳩不如一鴿，言美也。編角如笙繫其尾，高飛高端，聲似鳴鏑而委蛇，善識主人之居，舶人籠以泛海，有故，繫書放之以歸。鵙：《詩》曰七月鵙。方言謂之伯勞。謝豹：狀如鵙，以聲名之也。舊記以為子規。鴝鵒：今人畜其雛，以竹刀剔其舌，教之則能言。一種白者，似鵙而有幘。呼潮：色蒼似鷗，潮至即鳴，風雨弗渝也。雀：一名嘉賓，言栖宿人家如賓客也。綵囊：似雞而小，項上有五色囊。雷舞：蒼赤色，聞雷聲即舞。鴞：似鵬而小，一名梟，一名鵂鶹。夜飛晝伏，又名夜遊女。又名鬼車，遇陰晦則飛鳴，惡聲鳥也。《周禮》：覆夭鳥之巢。注謂：鴞，鵂也。方言謂之孤猿。

水族　鯉魚：《埤雅》：一名鱣鯉。無大小，其脊中鱗皆三十六，鱗有黑點。《爾雅》以之冠篇，陶隱居謂為魚王，形致可愛，且能神變。魦魚：數種。胡魦，青色，背上有沙，長可四五尺，鼻如鋸，皮可剪為繪縷，曝其肉為脩，可作方物。鮫魦，鼻長似鮫，皮堪飾劍，一名錦魟。出入魦，初生隨母浮游，見大魚則入母口中，須臾復出，故名。帽頭〔魦〕，腮兩邊有皮，形似戴帽。鯔魚：似鯉，身圓口小，骨軟，生江海淺澤中。吳王論魚，以鯔為上。鱸魚：似鯔而有黑子，肉白，斫膾不腥。隋煬帝謂：金虀玉膾，東南之佳味。鱖魚：口目大而鱗細，有黑子，味美，亦名水豚，惟狸脚鱖最佳。鯿魚：板身，口銳，項縮。孟浩然：果得縮項鯿。謂此魚也。白魚：生江中，大者六七尺，色白，頭昂，可膾。石首魚：頭中有石如棋子。《遯齋閑覽》：南海有石首，蓋魚之極美者，取其石治以為器，載飲食，如遇蠱毒，器必曝裂。土人以製作尤精，明瑩如琥珀。然人但愛玩其色，鮮能識其用。比目魚：《嶺表錄異》記：南人謂之泥鞋魚，江淮謂之拖沙魚。鱗細，色紫，一眼，兩相比，乃行。鱂魚：板身而銳，狀若鱂刀，肥腴極佳。其子有鯢毒，有金點而差厚者，謂之黃蠟樟。鰈沙魚：形扁性溫，浙人呼為箬魚，淮泗謂之鞋底魚，以江中者為美。海鷂魚：黑色肉翅，飛走泥上。鰻魚：似蛇而無鱗，口齒尤銛利，色青黃，比江鰻差大，一名慈鰻，亦名猲狗魚。鱓魚：似鰻而細長，生水岸泥窟中，人云是苻苓根所化，又以為人髮所化。今腹中有子，未必盡是化生也。鱧魚：陶隱居謂公蠣蛇所變，至難死，頗有蛇性。諸魚膽苦，惟此膽味甘可食為異，即俗謂黑鯉魚者，夜必北向望斗。烏魚：色黑，江皆有之。鯊魚：身狹長有鬚，一名刀魚。鰣魚：月長一寸，至十月盈尺者佳。此魚以不腥為異。子魚：身圓鬣小，冬深，盈腹皆子者〔佳〕，皆作鮓。肥美，可充方物。黃梅魚：似金鱗魚而小，骨少而口朱，長可七八寸。銀魚：口尖身銳如銀條，作鮓尤美。章鮌魚：色青斑，無鱗，亦名為馬鮫。〔酬〕制魚：《爾雅》謂之當魱，肥美而多鯁。黃(賴)〔頰〕魚：一名鉠軋，無鱗，似鮎而小，腮邊有刺能螫人，其聲鉠軋然。鯽魚：池塘有之，亦名甜魚。鱵魚：長可尺餘，骨柔而無鱗。唐李柔入閩，謂為銀羹，謂水母為玉膾。鯢魚：肝及子有毒。一名鶘夷、河狍，或謂之鯸鮐、魚毛。以藍煮令過熟，則無毒。魴鮃魚：大如母指，有五色。海鰌魚：大如船舟，人遇之則鳴金鼓以怖之，

布米以厭之，則倏然而沒，不然則害舟。間有斃者，必梯而臠之，刳其脂以為油，可灰船。　水母：　方言謂之蛇，亦謂之乍魚，言其隨年乍有乍無也。大如覆帽，小者如盌，腹下如垂絮，渾然凝結，瑩若水精，有足無目，憑蝦而行。《本草》目為樗蒲魚。　石拒：　似章魚而極大，居石穴中，人或取之，能以足粘石拒人，故名。　章魚：　似石拒而極小，連江、羅源、寧德、福清諸邑俱有。　章舉：　似章魚而差大，脚短。　烏賊：　能噀墨溷水以自衛，性嗜烏，每浮水上，伺烏啄其腹，卷取而食之，故名。　柔魚：　似烏賊而小，色黑，俗呼為鎖管。　鱟：　足下有二殼，厚掩身，尾長有刺，子如綠豆。　韓退之詩：　鱟實如惠文，雌雄常相附。雖風濤不解，謂之媚鱟。海人用葦索兩鱟，編為一夾。　蝦：　有數種。　梅蝦，梅雨中有之。　白蝦，生江浦，城南有白蝦浦是也。其大者為蝦魁，頭殼攢刺，可為杯，亦名蝦杯，鬚長一二尺，大如指，上有細芒，肉雪白，出福清。　其甜者為蘆蝦，或傳蘆葦所化，閩縣長樂近江有之。又有蝦姑，狀如蜈蚣，能食蝦。見《開元遺事》。　蟹：　八足二螯，大者箝角兩出，足節屈曲，行則傍橫，故曰旁蟹。　蝤蛑：　俗呼為蟳，扁而大，後兩足薄闊，謂之撥棹，飽膏者曰赤蟹。　蠘：　殼銳而膏黃，螯銛利，斷截如剪。　彭蜎：　音滑，似蟹而小，吳人語訛呼為彭越，今海畔有盧禽，似之。　彭蜞：　似蟹而小，似彭蜎而大。　揭哺子：　似彭蜞，一螯甚大，一螯細，一名擁劍，亦名桀步。　千人擘：　狀如小蟹，壯者擘之不能開，故名。　車螯：　大者如盤，小者如拳，沈存中云：　即《本草》所謂魁蛤。　蛤蜊：　止煩渴，消胃氣，解酒毒，以蘿蔔煮之則其柱易脫。　蚌：　頭內有珠胎，《江賦》曰：　瓊蚌晞曜而瑩珠。　蜆：　方言謂之蟟。　蟶：　生海泥中，長可二三寸，大則如指而頭開。　淡菜：　亦謂之殼菜。　烏黏：　狀似淡菜而絕小，生石上，叢鏇取之，故名。　海月：　形圓如月，亦謂之蠣鏡，土人刮磨其表，以通明者鱗次以蓋天窗。　石華：　方言謂之石雹，《選》曰：掛席拾海月，揚帆採石華。　石榼：　形圓，色黃，有刺，見人則刺動搖。沙蛤：　出長樂，色黑而薄，中有沙焉，故名。俗呼西施舌。　石決明：　即鰒魚也。惟一殼，無對，大如手，小者如兩三指。　瓦屋子：　《嶺表錄異》記：　蛤類，南中呼為蚶子，亦名瓦屋子，以其殼上有稜如瓦壟，故名。　文蛤：　有文理者，唐時常充土貢，亦名海蛤，其殼久為風濤所洗，則自然圓淨。龜脚：　以形名，坳中肉美，大者如掌。　螺：　有數種。狀若鸚鵡，堪作酒杯者為鸚鵡螺。色紫而斑點者為紫背螺，俗呼之砑螺。大如拇指，有刺而味辛如蓼者為蓼螺。生海中而肉可為醬者為紅螺。　牡蠣：　附石而生，磈礧相連如房，名蠣房。韓退之詩：　蠔相粘為山。謂此。晉人呼為蠔莆。州地多出萩蘆、東沙、闢嶺。一種生海中，大如酒杯，漁者以繩繫腰，禁息入水中取之，〔少〕間，振繩乃舉。

蟲　蛇：　有數種。蝮蛇，胎化，腹裂子生，最毒。青竹蛇，與竹同色，小而不可犯。花蛇，好入人家捕鼠食之。惟烏蛇不螫人，醫家用之。絕大者曰蚺蛇，膽可和藥。它又有白花、白頸、黃頷之類。　鼉：　背青綠色，方言謂之青蠖，其聲嘎嘎然。亦有背作黃文者，名金線鼉。　黽：　名蝦蟆。《爾雅》曰在水者為黽。腹大脊青，俗名土鴨。其聲甚壯，色黑者呼為蛤子，亦名為水雞。　蟾蜍：　《爾雅》云似蝦蟆，居陸地下濕處。身大，背黑，行遲，其腹下有丹書八字者，真蟾蜍也。《抱朴子》云：　蟾蜍萬歲生角，畫地流水。　蜜蜂：　在巖石間作房，色黑。在人家窠檻中作房，甚小而微黃。內必有大者，身稍長，呼為蜂王。外有黃蜂、土蜂之類，其種不一，皆有螫毒。　寒螿：　二月鳴者名蟀女，音寧。似寒螿而小，七月鳴者名蛁蟟，音凋寮，青。九月、十月中鳴甚悽急者，乃寒螿也。舊記：　入秋鳴者名促織。曾師建云：　有數種，通名蟋蟀，有尾者為雌，無尾者為雄，雄者能鳴。北地寒秋時始鳴，冬則蟄。南地暖，往往鳴聲不絕。　蜩：　《詩》曰：　五月鳴蜩。本生土中，至夏則登木而蛻，秋鳴者為蟬。有象鼻蟬，紅翠相間，好登荔枝木而不能鳴。又有翠玉蟬，翠色可愛，韻如軋箏。或曰閏年蟬多。　蝸：　郭璞謂頭有小角，《莊子》所謂戰于蝸角是也。南方積雨，蝸涎書畫屋壁，悉成銀迹。蜥蜴：　似蛇而四足，尾青碧，以五色者為雄，而不備者為雌。一種善緣籬壁，形小而黑，名蝘蜓，亦名蛇師，以其常在屋壁，故名守宮。一種形小尾長，見人不動，名龍子，在草澤中。大者名蠑螈。　蝱：　數種，皆能咂牛、馬血。木蝱大而綠色，幾若蜩蟬。蜚蝱，狀如蜜蜂，黃色。鹿蝱，大如蠅。大抵能治血，五月採腹有血者。　蜈蚣：　能制蛇。《莊子》稱蝍蛆甘帶，《淮南子》騰蛇殆於蝍蛆，即此。　蝙蝠：　一曰飛鼠，能啖荔枝，五百歲變白，體重。螟蛉：　桑蟲。　蜻蜓：　一曰絳騶，一曰赤衣使者，又曰赤弁丈人，俗呼青鵖娘。　蜘蛛：　空中結網取蚊蝱食之。小者，南呼為喜子。　蛷螋：　似促織，隱牆壁中，溺人影令生瘡。

宋・趙與泌、黃岩孫《仙溪志》卷一　物產

縣境依山瀕海，故水陸之產足於他邦。五穀之種，隨所宜樹。稻之別有三：秈、秫、金成也。粟、麥、麻、豆。六牲之物，隨所宜畜，酒則以秔為麯。《閩中記》云：俗尚以秔為麯醞酒，微紅色，燔而熟之，經夏尤清。鹽則編竹為盆，貨殖之利則擣蔗為糖，漬藍為澱。紅花可以朱，茈草可以紫。布帛之幅則治麻與蕉，織絲以紵，細織紵麻皮，雜絲織為布。本軍土貢葛布一疋，非土宜，乃以本縣土產兼絲代之。紗出於土機者最精，紬鬻於蠶戶者為良。用物則窠蜂而取蜜，且溶其房以蠟。灰蠣而柔竹則蒸其屑以紙。鍊鉛而粉，采柏而燭。凝土而燔之窑，則埏植之器通於三邑。煮鐵而出之模，則鼎釜之利及於旁郡。木有松、椋、杉，山綿、水綿。竹有慈、貴、筋、石、雪、釣、貓頭。花卉則有紫芝、紫荊、瑞香、龍爪、蜜櫇，而芍藥之奇，南州所無焉。果蓏則有荔子、員眼、黃甜李、栗，而蔸茨之珍，又他郡未有焉。菰蕈以春薦，瓜瓠以夏摘，蹲鴟以秋熟，苟蘋以冬供。獸有麞、狸、竹鼬。禽有黃爵、鷓鴣、鳩子、雉鷄。介鱗之類有石鱗魚、子魚、蠣蝣、螃蟹、團魚、抱石魚。草有黃連、烏藥、草烏、半夏、木耳、莎草、石蓮、蒼耳、木通、木鼈、鶴虱、栝樓、空青、黃精、罌粟、地黃、天南星、吳茱萸、草決明、麥門冬、骨碎補、龍膽草、金櫻子、蜀葵子、山梔子、使君子、草牛膝、薏苡仁、石菖蒲、金毛狗脊諸物，餘與鄰壤同者不記。

貨殖　鹽：《海物異名記》云：編竹為盆，敖波出素，即以竹名盤也。其法以竹蔑織之，縫以蠣灰使不漏，不燒者以滷水隔之也。　沙糖：擣蔗為之。太平港籍此取易。　蜂糖：土人為之，蜜有三種：石蜜、土蜜、木蜜。　蠟：有黃蠟，無白蠟。　鐵：蘇山蔡家世其業焉。原注。　磁：白磁器出仁德里。　鉛粉：桃花、雪花二粉，縣市所造。　紙：竹紙出東西里，商人販賣於莆。泉紙出香山里朱山及慈孝里洪倉。　青澱：《爾雅》云馬藍。今大葉冬藍為澱者是也。　紅花：可以染絳。《爾雅》名虎杖。　紫草：可以染紫，一名茈草。　蕉布：《海物異名記》：取蕉以灰理其皮，績而成布，可以為暑服。出西里。　稻：種類非一。有一歲兩收者，春種夏熟曰早穀，《閩中記》謂之獻臺。既獲再插，至十月熟曰穊。有夏種秋熟曰晚稻，無芒而粒曰占城稻。其種甚多。難以俱載。　豆：《物理論》：菽，豆之總名。有黑豆、菉豆、赤豆、褐豆、白豆、藿豆、紅光豆。　糯：《字林》云粘稻也，俗謂之秫。

菓實　《國史補》載李直方嘗第菓實名如貢士者，以綠李為首，楞李為副，櫻桃為三，柑子為四，蒲萄為五，或薦荔支，曰寄舉之首。蔡端明《荔支譜》云：荔支，閩中惟四郡有之，福州最多，而興化最為奇特。泉漳時亦知名。列品雖高而寂寥無紀。夫以一本之實，生於海濱巖險之遠，而能名徹上京，外被夷狄，重於當世，是亦有足貴者，其於菓品卓然第一。又李贊皇謂此樹為南方佳人，不奈寒，稍寒之處已不可植矣。　荔枝：名品者特出天成，雖核植，與舊本終不相類。宋香之後無宋香，所存者，孫枝爾。陳紫之後無陳紫，過牆即為小陳紫。朝散林迪詩云：為種不同攢核李，過牆便作小陳紫。(支)〔至〕今小陳紫亦枯。老舊譜所存惟方紅、游家紫、周紅、員丁香，後出者有王玉堂、紅郎官，紅游、丁香為最勝。其餘若狀紅、紫瓊、百步蘭、壽香、西紫、紅香、大小江綠、琉黃、紅瑞堂、紅松、紅麝囊、紅百步、香黃玉之類，是亦名家邑中植荔，惟風亭為宜，然皆不若產於赤湖者為佳。　龍眼：過荔支後始熟，名為荔支奴，碧溪者為佳。　李：琥珀李、紅穰李、蜜李、粉李、黃甜李，產於新勝者為最。　菩提果：《海物異名記》：花如冠蕤花，碧葉似冬青，實略似枇杷，味甘且香，核堪入藥用。　黃彈：《祥符圖經》云：黃檀子。《海物異名記》：木有黃彈子，其實若彈丸，其葉若山桂而香。又云本出於越王祭太一檀之側曰王壇子。　栗：近海之地不可植，見海終不實。　蔸茨：石碑新嶺者為上品。原注。　楊桃：《閩中記》：生五瓣，狀如磣硟，酢可食。　甘蔗：赤者曰崑崙蔗，白者曰荻蔗。土人搗以為糖。風亭者為最。　新蘿葛：《閩中記》云：藤似家葛，根甚大，甘味似蘿蔔，解醒、消煩渴。一名土瓜。　箇摩子：林諝記：生山間，煮而食之，皮有殼，裏肉如蓮子。　丹黏子：林諝記：山生，葉如白楊，其子倒黏，紫色，大如棗，味甘，東坡云海漆。

花　牡丹、芍藥：莆中地暖，非所宜，獨仙遊之汾陽山間有之。原注。　海棠：別有一種黃者。原注。　紫荊：枝似黃荊，大葉無椏，春月開花，紫色，至秋葉始盛，子如小珠。林諝記：葉如白楊，樹如來禽。　雞冠：《閩中記》：秋開紫色如畫雞冠之狀，佛書曰波羅奢花，矮者曰玉樹後庭花。　瑞香：冬月開。有簇頭者，有纏枝者，紫色者香濃。　素馨：《嶺表錄異》云：耶悉茗花，始自番船載至，香聞百步，廣中種之，名曰素馨，轉而入閩。蔡端明詩云：素馨出南海，萬里來商船。　茉莉：佛書謂之

末麗。林世程云：此花惟閩中有之。又有一種紅色者蕙生，有毒，曰紅茉莉。

草　鼠麯：藍色，生山園中。土人多以米粉并糖和作餅，其味香美。《艾軒集》謂之暑菊。　蹲鴟：芋也，土所宜種，勝於他邑。有五種：白芋、真芋、連綿芋、紫芋、八卯芋，少毒。

木　松：有五鬣松，有三鬣松。蔡端明為本路轉運使，命自大義渡直抵漳城，夾道植松。郭祥正以《道傍松》歌之，所謂行人六月不知暑，千古萬古搖清風者也。　水綿：好生水澤傍，其狀似柏。　杉：出文賢永福里。　加條：《閩中記》云其葉可用磨犀角、象牙。　冬青：韓子蒼云萬年枝也。《閩中記》云：肥理白文如象牙，道家取以為簡。　金荊：《閩中記》：木堅有文彩，色黃可作牀榻。

竹　筆竹：沈括云：筆筍，三月生。有四月生者，又有五月生者，謂之晚筆。俗云立夏生筍，多不成竹。　黃油竹：《海物異名記》：越人以苦毒竹為鎗，中虎即斃。　筋竹　石竹　江南竹：亦曰雪竹。　釣竹：一曰綿竹，其笋有毒，以其稍軟，垂如釣，故名。　慈竹：任昉《述異記》：南中有子母竹，生不離本，今之慈竹是也。　猫頭竹：一名紫猫竹，最大，枝疎葉大。

禽　信鳥：《閩中記》：人家客至則飛鳴，以為信，能為百禽之聲，亦名進鳥。　鵜鴣：林諝記：似鵝長觜，有皮囊，可盛水數升，張口取魚，吐所含之水而食之，亦曰淘河，其能淘河水取魚。　孤鶏：自呼其名曰姑惡。春夏之交，晝夜不絕聲。林諝云：題鴂，非也。　鸀玉：《閩中記》：漢禽也，似鶩黑色。　雉：《周禮》庖人供六禽，鵬其一也。古云兩足之美惟鸐，鸐即雉也。　鴞：《閩中記》：似鵰而小，一名鵂鶹，方言曰孤猿。　鷓鴣：其毛黑白相間成文。崔豹《古今註》云：鷓鴣怕寒霜，夜以草覆其背，飛必先南翥。王詵云：鷓鴣出南，不可與笋同食。　鳩：一名鵓鳩。　黃雀：八九月有之，可作酢，謂之披綿。

獸　香狸：林諝記：似猫口尖耳圓，亦有文，所過草木皆有香如麝。　麞：《爾雅》：麕，麞也。麕，其總名，其性善驚，飲水見影輒奔走。味甚佳。　山犬：林諝記：（以）〔似〕人家犬，赤色黑文，好食菓實。　竹鼦：一名盲蟲。《閩中記》謂之萓豚。贊寧云：人或竹刺肉不可出者，啗此物立消。以其食竹，故消竹毒。

水族　子魚：出太平港，大者長滿尺。蔡君謨以子魚為天下珍味。　烏魚：出太平港。《海物異名記》：澤首喙圓，其質類鯔。　章魚：出太平港，八足，圓首。《南海異物記》：正名曰蜛蝫，足短而大者曰塗婆。　蠣房：附石而生，相連如房，因名蠣房。晉安人曰蠔，郡之濱海俱有蠣，然皆不若風亭海中者尤佳。其螃燔作灰，亦曰蠣螃。　車螯：出太平港。《海物異名記》：其殼為海沙蕩摩光瑩，大者如〔碟〕，小者如拳。歐陽六一《食車螯》詩云：璀璨殼如玉，斑斕點生花。　蛤：《閩中記》：班駁如雕鏤。　坐魚：生於澤中者曰水雞，其色班駁。生於巖谷中者曰蚵蛂，亦名石鱗魚，其皮黑。《海物異名記》：巖棲竇處飲風露者曰石撞，奇味也。　螃蟹：赤湖者為佳。　鼈：亦名團魚。　抱石魚：梁溪者為佳。

藥品　天南星：春生苗，似荷梗，莖高尺餘，花黃，子穗味苦辛。　莎草：一名香附子，汁治小兒痢。　黃連　石蓮　烏藥　蒼耳：一名羊負來。　草烏　木通　半夏　木鼈：長藤引蔓，似栝樓有刺，青黃色，剖之，子如木鼈。　木耳　鶴虱　栝樓：一名天瓜。　空青：　黃精：生深山懸崖之上，千葉者佳。　骨碎補　罌粟　龍膽草　地黃　金櫻子：單葉，形如小石榴。　茱萸：一曰吳茱萸，一曰石茱萸。　蜀葵　決明：葉如槐，子如菉豆而銳，味鹹苦甘。　山梔子：其花六出，其實七稜，亦名越桃。　麥門冬：林諝記：根圓如小珠。　使君子：藤生，花紅，子有稜，青黑色，味甘澀。　牛膝　石菖蒲　薏苡仁　金毛狗脊

清·郭柏蒼《閩產錄異》卷二　藥屬　朴：木高三四丈，徑一二尺。葉似槲葉，紅花而青實。皮極鱗皺而厚，紫色。亦稱厚朴。延建皆產，稱土朴，以別川產也。近裝載甚遠，厚而多油者是也。蜀產者薄。　檳榔：產臺灣新港蕭壠蔴豆目加溜灣者最佳。色青。弘景曰：向陽者曰檳榔，向陰者曰大腹子。按大腹子出嶺表、滇南。腹大形扁。　蒼按：東四郡將檳榔子剪碎，水泡十晝夜，和荖藤即蔞也。蘸蠣灰嚼之，能醉人，可祛瘴癘。其樹高十餘丈，皮似青桐，節如斑竹，下本不大，上枝不小，謂實在葉下幹上，攢簇星布。椰樹幹葉亦如檳榔。種檳榔必種椰樹，得椰樹則檳榔結實愈繁。其實一色，青者為雄，黑臍者為雌。雄者味厚，水泡名輭枳，又曰醉枳，言裹蔞葉嚼之令人醉也。顆向上長者尤貴。雌者味薄而澀。孫霖詩雌雄別味嚼檳榔，古賁灰和

茬葉香是也。茬音培，或音老。詳草屬蔞條下。　桔梗：　產建屬。根似人參，黃白色，但不甚苦。出漳浦西林者為最。　澤瀉：　產建甯府。叢生溼圃中。葉似牛舌，獨莖而長，花似葱，白色。味辛脆，和豬肉炒食。藥稱建澤瀉。以建安、甌甯者為道地。　柴胡、前胡似茈胡而柔輭。產同。　茯苓：　產臺灣者色微紅，最佳。次則松溪，大可十餘斤，色白，惟結實不及雲南苓，而勝於浙苓。福州產者小而鬆，稱土茯苓。按書劚茯苓法：　山中古松，久被人斬伐者，離其本丈許，四面掘之。苓不附根，抱根而輕虛者為茯神。有赤根者損目。蒼游松溪見有童山而出茯苓者，松在十餘里外。詢之土人，不知其故。但云斯山每數十年一劚。蓋月行九道，松影入月。中月運其魄，墜於童山，年久自結。墓地有前本乾燥，後長溼苔，棺柩漬爛者。蓋因前後左右新鑿池壑，其水氣由月光運納墓中也。亦有此山松樹不結茯苓，其所結抱木茯苓，乃彼山之松影月孕之而育於此山也。　半夏：　各屬皆產。嵩山產者為道地，大如鴿卵。惜其地南入撫署，北則民居侵佔，僅餘塔崎頂一徑。偶於撫署後園掘得之。光緒丙戌，裁福建巡撫，掘者爭入，根萌盡絕。　野參：　產光澤筶山，類長樂之福參、玄參，產建屬。葉似脂麻，又如槐柳。細莖，青紫色，開花青碧色。子黑色。　沙參：　《閩書》：　出海濱，泉州崇武所大岞山下有之。蒼按：　從來入藥者多用北沙參。近亦有用日本所產者。苦參出汀屬、泉屬。土人參產延平。葉圓末尖，高五尺。　何首烏：　各山多產。蔓生如藷蕷，但葉葉相對為異耳。本草稱形如鳥獸者尤佳。蒼所見，儼然孩童。蓋土人雕人形於石盒，取藷蕷根夾入盒中，一二年根滿矣。又將藷蕷根移植於何首烏之旁，以何首烏莖再接藷蕷，居然根葉畢具。求長生誤服藷根，亦無害也。　女貞：　連江最多。其葉光亮，四時皆青。入其叢中，未昏已黑，暗如漆。　黃荊：　即牡荊樹。高大入藥。又蔓荊高五六尺，入藥。福屬多產。

杜仲：　取其皮入藥。不及蜀產。　章柳根：　即商陸。產福州。葉如牛舌而長，花作朶，紅紫色。根如蘆菔而長。《釋文》云如人形者有神。蒼按：　亦有花白色者。　馬藍：　《本草》：　馬藍出福州。《爾雅》所謂葴，馬藍是也。四時俱有。葉類苦蕒菜。土人連根採之，焙擣，篩去麤，取細者，酒服錢匕，治婦人敗血甚效。蒼按：　《本草》：　菘藍可為澱，亦名馬藍。閩各縣俱產。藍作澱備染，汀州最多，其種不一。　使君子：　形如梔子。產福州郡治之將軍山。古冶山也。他處產者不道地。　廣角：　福州有草，俗呼廣角。葉如車前子，福州呼蝦蟆草。周遭而生。春至宿根復榮，至冬乃瘁。婦人產後取五葉炖酒服，不傷風，甚驗。其用與馬藍略同，惜不知其的名。　百合：　山邑皆產。俱野生。掘擣澄為粉，與掘蕨根澄為蕨粉者，其用力相埒。土人每以蕨粉雜百合粉及葛粉中市之。蕨性最冷，其粉純白而輕。百合粉則色亮而重。葛粉良者，色微紅，成塊，如鼠糞。便血服之，補脾。其色白者，皆蕨粉所偽，不可不辨。　山藥：　古稱藷蕷。《八閩通志》：　山藥蔓生，莖紫葉青，有三尖角，似牽牛而光澤。開細白花，結實如鈴。生山谷間。根細如指，白色，極緊實。刮磨入湯，煮之作塊不散，味更珍美。食之尤益人。近於家園種者，又有一種根如薑芋之類而皮紫，大者一枚可重斤餘。刮去皮煮食之，其益人不及山藥。土人呼為藷。蒼按：　《八閩通志》所稱結實如鈴者，呼山藥豆，莖白。其根即淮山，產延、建者形如雞足骨，堅瘦，名雞骨淮。所云一枚可重斤餘者，呼紫薯，其莖紫。又有重斤餘而莖白者，呼白薯。福州作薯丸，調五味市之。紫白薯互見《海錯百一錄》卷五。　活石：　產泰甯縣揭源馮家墈。土人挖山，曲折成洞，然炬入取之。性涼墜下，合天水散必用。磁石、雲母石俱產政和。　石菖蒲：　《三山志》：　生石上，概節者佳。下溼地大根者名昌陽。惟真菖蒲，葉脊如劍。今黃檗山龍湫崖下瀑布飛度，却濺可數十步，生其間者絕佳。非神全不為濺悸者，莫能採。　溪蓀，根形氣色極似石菖蒲，但葉無脊耳。按入藥以一寸九節者為良。蒼游福清、龍湫所採，一寸僅七節。《三山志》稱概節，不云九節，可知九節亦虛有其名耳。溪蓀年久亦盤結如螺，九節菖蒲皆溪蓀之偽。　石耳：　俗呼巖菰。山邑皆產。即石衣，生於石壁。沿藤取之，土人呼棄命菰。光澤諸母岡者佳。　石斛：　連江長門水旁石潭之得露而不見日者，多產之。大暑可移種。以桑灰湯沃之則色如金，然不及蜀產形如木賊者之為良也。金釵石斛，粵、蜀皆產，氣薄。　羊蹄：　產福州。《八閩通志》：　禿菜也。葉狹長，色深綠，莖節間紫赤。採根醋磨，塗癬速效。按：　近水及溼地極多。葉長尺餘，似牛舌。入夏起薹，花葉一色。夏至即枯，秋深又生，淩冬不死。根長近尺。苦寒，無毒。治頭禿疥瘻，浸淫疽痔，故名禿菜。亦可作菜，多食滑大腑。即野萕蓬，互見蔬屬。　龍牙草：　產福州。治痢疾，十服九效。按《本草》：　馬鞭草，一名龍牙草，一名鳳頸草。下地甚多。春月生苗，方莖，葉似益母，對生。夏秋開細紫花，作穗如車前穗。子如蓬蒿子而細，根白而小。　還魂草：　產福

屬、臺屬。葉旁有小缺如剪刀。治狗咬刀傷。附録：《鎗刀方》：刑部皆用此方：白附子六兩，羌活、白芷、防風、天麻子、生南星各五錢，研極末，以瓷瓶密盛，令勿洩氣。如有破傷，即用藥末敷上。傷重者黄酒沖服五分，重甚者再服五分。青腫未破者，白酒調敷。藥末必須乾淨，未受霉者，取效如神，可免傷口受風之患。此方係治刀鎗以及鬪毆跌磕等傷，其由毒熱腫破及火器傷者不可用。又湯火方，見《海錯百一録》卷五水獨條下。　瓜蔞：玉尺山舊産瓜蔞，近治為沁園，土力愈厚，年出二三百枚，皆重八九兩。日久將如嵩山之半夏，成為道地矣。　仙人燭：形極似燭，生則成對。治金瘡甚效。産邵武府。　天青地白：産羅源縣。葉面青背白。飛痘入眼者，搗敷之可去。　獨脚仙：福州到處皆有，亦可種。按《圖經本草》：獨脚仙生福州，山林旁陰泉處多有之。春生苗葉，至秋冬葉落，其葉圓，上青下紫。脚長三四寸，秋冬葉落，夏採根葉，連梗焙乾為末。治婦人血塊。　金不换：蔓生，葉圓有刻缺。搗勻加酒熨之，治寒結。　剪刀草：出福州。《八閩通志》：按《本草圖經》生近水沙磧中。葉如剪刀狀，苗最輭嫩，色深青緑。每叢十餘莖，内抽出一兩莖，上分枝，開小白花，四瓣，蘂深黄色，根大者如查，小者如杏，色白而瑩滑。一名慈菰，一名白地栗，一名河鳧茨。福州别有一種，小異。採其根葉，治癰腫良。　三七，福州産者質鬆，不及蜀中。　石蠶：産福州。草根之似蠶者。出山石上，四時常有。其苗青，亦有節。三月採根，焙乾。主走注風，散血止痛。　香麻，四季常有苗葉而無花。以煎湯浴去風。産同。　石益：産福州。《八閩通志》：生山中，子治蠱毒，未詳。　菴藺，狀如蒿艾，可以辟蛇。産同。按：菴藺葉似菊花而薄，多細丫，面背皆青。高四五尺，其莖白色。八九月開花，淡黄。結細實，如艾實。治五臟瘀血，腹中水氣，臚脹留熱，風寒溼痺。按骨碎補名石菴藺。　土紅山：《本草圖經》：福州生者作細藤，似芙蓉葉。其葉上青下白，根如葛頭。治勞瘴甚佳。　鹽麩子，木本，葉似橘，樹如椿。子秋熟為穗，粒如小荳。上有鹽，似雪，食之酸鹹止渴。蜀人謂之酸桶，吴人謂之烏鹽。産同。　薑黄：産汀屬及建安、甌甯。花紅白色，根盤屈，類生薑而圓。甘肅蘭州五泉之水煙，緑色，近皆以薑黄染之。福州亦産薑黄，鼓山下有土帶石者，亦可偽薑黄。詳《閩會水利故》。　貫眾：能殺蟲，能解腹中邪熱之毒。福州入夏，多取置井中及飲盆之内，以其能聚水垢。按《本草》：氣味苦，微寒，有毒。則取置井中及飲盆似又不宜。按貫眾即鳳尾草根也。福州貫眾多蔺菁根所偽。蔺菁性寒。　木鼈子：山邑多産。其核似鼈蟹狀，故名。《本草》：其子一頭尖者為雄。凡植時須雌雄相合，麻纏定。及其生也，則去雄者方結實。　薺苨：根直而甜，似桔梗，故市者多以此溷桔梗。　天生朮：産崇安封印山者，其形轉曲似如意。結朮小而輭潤，味甜。其山巖澗汙拗，行者由叢莽穿入，群盜耕鑿其中。非買鹽不入市。偶帶朮出山，奸民為貨之，勝於仙居之種朮。　石髓：産安溪長潭石罅間。研三分，接骨如神。分兩不可多用，多則骨大矣。　黄芩：古云黄芩無假，阿魏無真。黄芩味苦而價廉，故無假。各屬多産，鮮有采者。　附子：建甯縣製者，色香不變，美壓四方。

山茨菰：産泉州山谷間，能避風邪。　鐵牛健：産延屬，性涼消毒。

鹿啣草：産太姥山石壁中，但不易得。　千雀：産福興泉漳，亦名雀梅。互見《海錯百一録》卷五。按：車下李名雀梅，乃木屬，與此異。　神粬：出泉州郡治。有范志吴亦飛字號，自明迄今，馳名海内。每斤六百四十文。色黄褐而堅實。假冒范志者，每斤一二百文。行遠亦驗。　茶餅，出泉州范志及述濟堂。又有百草神粬，皆裝載甚遠。建甯郡治亦有製片之百草神粬，食積亦效。

閩居萬山中，所産藥亦幾於蜀。異者特録於前，數見者附八十七品於末，以備稽考：蓖麻子、牽牛子、車前子、香附子、決明子、蛇牀子、金櫻子、五倍子即食鹽麩子蟲遺種所結小毬。覆盆子、五味子、蘆葩子、山梔子、山藾子、菟絲子、蘹香子、天南星、天門冬、麥門冬、仙人橋、仙人燭、金銀花、旋覆花、兩寶花、淡竹葉、穀精草、黄蘗皮、桑白皮、五加皮、地骨皮、山豆根、八斂麻、高良薑、大小薊、吴茱萸、食茱萸、紫金牛、劉寄奴、蒲公英、威靈仙、骨碎補、海金沙、夜明砂、桑螵蛸、馬兜鈴、夏無蹤、黄精、地黄、黄連、蒼耳、青椒、烏藥、白芷、青蒿、紫蘇、甘草、甘菊、茴香、木香、木通、木賊、香茅、香麻、牛膝、牛蒡、羌活、獨活、葛根、陳皮、細辛、荊芥、薄荷、防風、萹蓄、蒔蘿、豨薟、蒴藋、蒺藜、葶藶、薏苡、枳實、當歸、遠志、連翹、山藥、枸杞、艾、紫花地丁。

明・林有年《安溪縣志》卷一　土産

穀類　《禮・月令》天子元日祈穀于上帝，《書》稷播百穀，穀熟而民人育，蓋穀乃天之産，地之精也，禾，穀類也，《説文》曰嘉，此又豐年之瑞也。安邑地廣土沃，穀之有名者凡六種，各考註其下。　稻：有粳有糯。粳，食米也；糯，酒米也。有一年一收者，有一年兩收者。一收者謂之大冬稻，其米

粒大。兩收者，春種夏熟為早稻，秋種冬熟為晚稻。又一種占稻，無芒而粒大，出自占城，其色有白、有班、有赤。《湘山野録》云：宋真宗以福建田多高仰，遣使至占城求稻種一十石，以遺農種之。後又遣使就福建取占城稻三萬斛給江淮、兩浙，蓋其稻能耐旱也。稻之名有白香、白占、青占、早赤、烏秫等名。又有一種畬稻亦能耐旱，地肥則長，不一二年又易他處，非農家所能也。麥：有三種：有大麥、小麥、米麥，顆大。《本草》所謂穬麥也。《本草》註謂北麥。秋種夏收，備四時全氣，無毒。南麥冬種夏收，少一季，有毒。安溪一邑多雲霧，米麥、大麥農家少種。粟：粟與粱相類。粒大者為粱，小者為粟，今人多不能辨。《唐本》註云：粟類多種而竝細於粱，此北土所宜，安溪少有。黍：葉似蘆，高丈餘，結穗如稻穗，散垂不毛。有名曰穄，似黍而粒大。此亦北土所宜，安溪少種。豆：豆之名最多，有黑豆、紅豆、白豆。山畬中所種白豆粒大。又有綠豆，可為粉。有赤豆、豌豆、褐豆、筋豆。有青紅二色，有蛾眉、虎爪豆。蠶豆炒食味佳。有刀豆，長尺許，可入醬。安溪所種惟紅豆、綠豆、筋豆為多，餘少種。脂麻：有黑、白二種，可柞油。寇宗奭云：即胡麻，種出大宛，故名。《圖經》云：巨勝也。陶隱居云：莖方者為巨勝，圓者為胡麻。《興化志》或云：巨勝別是一物，以其生胡中類麻，故云胡麻。《雷公》云：巨勝有七稜，色赤味澁酸，今呼麻油為巨勝，誤矣。按《周禮》：三農生九穀有麻。是時大宛未通中國，安得胡麻？況脂麻不可為飯，則《雷公》或者之言可信，而《圖經》、寇、陶之說為失真矣。

貨品【略】葛布：織葛藤為之。《詩》云為絺為綌是也。崇信龍涓為多，以紡縷者為上。蕉布：《海物異名記》取蕉以灰理之，績而成布，可為暑服，取輕便也。青麻布：織青麻為之，視黃麻稍細，極細者亦可代葛。

苧布：織苧為之。有曰白紗布者，將所績紗夜露晝曝，其色自白，績而成布。有白糊布者，用糯糊烈日中抽過而績之。有曰生頭。苧布之中以白紗為上，甚費工。黃麻布：《爾雅》云黂枲，《儀禮》傳曰：苴絰者，麻之有黂者也，則黂麻即今之黃麻也。安溪多織黃麻，喪服中多用之。綿花：俗曰吉貝，樹高二三尺，春種秋收，其花結蒲，蒲中有茸，細如鵝毛，茸中有核，大如豆，用輪車絞出其核。又以竹弓彈[弓卒]，紡而成布。近時山坡平曠多有種之者。茶：《瑞章總論》：茶乃南方嘉木。葉如梔子，花如白薔薇，實如棕櫚子。土產建州北苑、先春、龍焙，洪州雙井、蒙頂、石花，皆茶之極品者也，紫為上，綠次之。筍為上，芽次之。社前採者為佳，寒食穀雨採者次之。備見陸羽《茶經》。安溪茶產常樂、崇善等里，貨賣甚多。油：有脂麻油、茶油。又有柚油、桐油。用火炒一度，蒸一度，用木柞出成油。麻油、茶油為上；柚油可作燭，次之；桐油又次之。糖：黑糖，煮蔗為之。冬月取蔗柞汁，入釜烹煉，火候既足，蔗漿漸稠，乃取油淬點化之，遂凝結成糖。其面光潔似漆，其脚粒粒如沙，故又名曰沙糖。有曰白糖者，以沙糖置釜中烹煉，用鴨卵連清黃攪之，使淬查上浮，撇取乾淨。別用兩器，上曰圂，下曰窩。煉成糖漿置圂中及冷，糖油墮入窩中遂成白糖，俱出長太里，然白者不多。蜜：《格物論》蜜蜂三種，一種在林木上作房；一種在人家作窠，其蜂小微黃，蜜濃美；一種黑色，作房岩崖高峻之處，非人跡可到，其蜜名石蜜，又名崖蜜。蠟：有黃蠟、白蠟。黃蠟，蜂蠟也。凡蜂作蜜皆結房，房中藏蜜，絞出蜜，而房則成蠟也。白蠟者，蟲蠟也，其蟲作繭樹枝上，每繭藏蟲得數百，細如絲髮，此謂種子。秋冬採而藏之，及春將種子縛置樹上。蟲出繭，食樹津液，因而放蠟漫注于枝柯，及成剝取而烹煉之，其白如雪，故曰白蠟，其樹即今冬青樹也。樹嫩放蠟尤宜。《本草》謂：黃蠟煉成白蠟，或醫家所用不可知也，但樹生為多。藍澱：藍有二種，馬藍葉大，俗云大青槐，藍葉細，俗云小青，皆可為澱。蔡端明《江南月錄》云：採以船盛水浸去淬梗後，以灰攪之即成澱。安溪所產不多，竟足自用。麻：有黃麻，有青麻，其皮皆可績布。有苧麻，一株數十莖，宿根至春復生，每歲三收或四收。《爾雅》曰枲麻。《禹貢》青州厥貢岱畎絲枲是也。薯榔：莖蔓似薯，根似何首烏，皮黑肉紅，染皂用之。【略】鐵：出感德、潘田等處。外縣人業作轉販得利。

蔬類 《爾雅》：蔬，菜也。菜不熟曰饉，亦民食所資者也。《記》稱宋宇種蔬三十品，時雨之後吟行園圃，天茁此徒，助我鼎俎。人嘗言百姓不可有此色，士夫不可無此味。安邑畦圃間，霜華露芽，凡二十六種，各考註於下。菘：有春菘，有晚菘，與芥相類。芥叢生，菘梗生。吳隱之為廣州，清操愈厲，惟食菘菜溪魚而已。坡詩：白菘類羔豚，冒土出熊蹯。本南方菜，安溪少種。芥：青芥有兩種。有逐月摘葉者，有只摘一次，至冬連叢割之者。其白芥有二種，味最甘脆。又一種為紫芥，性最辣，可為芥辣，以和食品。油菜：葉如白菜，色青，根微紫，子可笮油。芥藍菜：亦芥屬

也。其色如藍，故名。折之旬日復叢生。以香油調製食之，其味最佳。　莧菜：《莆陽志》云：莧有六種，有赤莧、紫莧、白莧、五色莧、人莧、馬莧。又《本草》謂：莧不可與鱉同食，令人生鱉瘕。安溪多紅莧、紫莧，餘種少有。　萵苣：《本草》云：萵苣性冷，微毒。又有白苣。《本草》云：主補筋骨，利五臟，令人聰明少睡。又有舌苣，可生食，其味苦辛。　甕菜：莖空性寒，蔓生畦中或水中。《遯齋閑覽》云：此菜來自東夷古倫國，以甕盛之。譯不通，但言蕹菜。《本草》云：能解野葛毒。張司空云魏武帝噉野葛至一尺，應是先食此菜也。　菠薐菜：《本草》云：味冷，有微毒，利五臟，通腸胃。劉禹錫《嘉話錄》云：此菜出西域頗稜國，有攜其種來，頗訛為菠。俗呼赤根菜，又曰麵菜。　苦蕒菜：味苦能治心火。《詩》云薄言采芑，即今俗云苦蕒菜是也。又一種龍舌苦蕒，葉短，其味生澁。吾蒲人多以此菜煮鱟魚。　莙薘菜：葉厚而柔，有微毒，俗名厚葉菜。《閩中志》云：能去頭風，利五臟。《三山志》云：莖灰淋汁，可澣白衣。　茼蒿：葉如艾，花如小菊，性冷，微香。　園荽：《本草》所謂胡荽也。花白，結子淡黃，味辛溫，有微毒。小兒豆瘡不發，取園荽搗碎和酒噴之即發。多食令人多忘。　蕨：《爾雅》云：蕨，鱉也。《本草》云：根如紫草。山人作菜食之，未抽葉時亦可為粉。味甘寒滑，能去暴熱，利水道。《詩》云：陟彼其山，言采其蕨。又《詩》云：蕨芽已作小兒拳。《搜神記》：郗鑒出獵，有以蕨食之，遂成疾，後吐出一小蛇，漸乾成蕨，乃知此物不可生食。　茄：一名落蘇，有紫、白二色。味甘，性微寒。又一種野生者，樹小而有刺，名鬼茄，其子不可食。又有天茄，緣架而生。《本草》謂之藤茄，俗呼天香茄，實小可食。　瓠：即匏也，瓠甘匏苦。有腹大頭細，狀似胡蘆，謂之胡蘆匏。有腹小頭長者謂之芋匏。《詩》：匏有苦葉。《國語》云：風匏可以渡水。風匏，蓋大匏也。　芋：葉似荷而不員。一名土芝，一名蹲鴟。種之水田，荒年可以濟飢。朱晦翁詩云沃野無荒年，正得蹲鴟力是也。坡詩：香似龍涎仍釅白，味如牛乳更全清。莫將南海金虀膾，輕比東坡玉糝羹。宋鮮于文宗七歲喪父，於種芋時亡，明年對芋嗚咽，如此終身。　冬瓜：《本草》謂之白瓜，性冷無毒。孟詵曰：冬瓜能益氣耐老。　絲瓜：性寒，俗呼菜瓜。又名天蘿。腹有絲，故名絲瓜。多食之能害眼。　薯：有數種，白者為上，紫次之，青黑又次之。荒年可以濟飢。　薑：發芽紅嫩如指，故名指薑，性熱。隔年者謂之母薑，其味尤辣，久服去穢氣，通神明。　蒜：有大、小二種。味辣，有微毒，能消穀理胃，除邪瘴毒氣。兵部李絳《手集》云：心痛不可忍，年久者取蒜用醋調製，服之即愈。但多食則能害眼。　韭：《曲禮》：韭曰豐本。《說文》云：一種而久，故謂之韭。味辛微酸，無毒，一月一割而根不傷。郭林宗見友夜至，冒雨剪韭作炊餅，今或倣之。　芹菜：芹，楚葵也。《疏》云水英。芹有三種，其色白赤。《泮宮》曰：思樂泮水，薄采其芹。二章曰：薄采其藻。三章曰：薄采其茅。芹，香也。藻，文也。茅，有味也。士之於學知其香，則先學文而後能知道之味也。　苦瓜：長四五寸，皮皺味苦，瓤初生白，至熟轉紅。核如木鱉子而小，俗呼為癩蒲萄，又呼爲紅瓤。　香菰：按《本草》：木生者為蕈，地生者為菌，菌即菰也。又有木耳菰，畲人砍樹倒地而生者為佳。其他或地或樹而生，其種不一。能毒人，食宜辨之。　薤：薤，韭類也。《圖經》云：似韭而葉稍闊，有赤白二種。味苦無毒，食之能除寒熱。

菓類　菓，實也，野菓可以充糧。坡詩云：彼美王山果，粲為金盤實。安之名山野圃之中，纍纍顆顆，風落雨濡，凡二十六品，各考註于下。　枇杷：樹高丈餘，枝稀葉長有毛，冬花夏實，實如梅子，色黃，內有核，味甘而酸。《唐史》言其可供廟饗，蓋亦佳菓也。泉南殊不為重。　芭蕉：一名包目，一名羊角蕉，一名牛乳蕉。《本草》云：甘蕉，俗呼巴蕉，身柔葉如扇，花卷心抽出，色紅而盈厚，結子數十枚，初生色青，熟微黃。去皮可食，甘如飴。一種曰芽蕉，一種曰紫蕉，芽差小而尤甘美。又一種無花實，可績為布。　荔枝：荔枝于閩中為上，川蜀次之，嶺南又次之。味甘無毒。宋端明著《荔枝譜》，通論興、福、漳、泉四郡，其名家不過十有二品，其下三十二品不論也。安溪產在坊永安、長泰、感化等里，其品不一。有名桂林，皮麤，大如鷄子，味甜。一名中冠，皮光而薄，味清甘。一名金鍾，皮略麄，色青黃，味佳，大類桂林。皆六月熟。一名火山，核大，味甘酸，四月先熟。一名早紅，類火山，五月熟。又有狀元紅一種，形圓，味甚佳，種出楓亭，為時獨重，本地近亦有之。　龍眼：一名荔奴，言其色香味甘，敢與荔枝為匹也。或曰荔枝過後龍眼始熟，故名。有一種最大者曰虎眼，肉厚味甘，食之益人。　香(椽)〔櫞〕：《本草》曰枸(椽)〔櫞〕。其實大小不一，色黃皮厚，瓤微酸而苦，氣甚香。謂之香(椽)〔櫞〕者，言香氣緣襲人衣也。又一種形似人手，俗呼為佛手柑。陶

隱居云：性溫宜人，其葉煎湯，可澡小兒。　橘：橘如柚而小，花白實紅，蓋亦渡淮而變。《考工記》所謂橘踰而北為枳，此地氣然也。《書》曰厥包橘柚。色如金者曰金橘。又一種生山坡，實小如豆，曰金豆，可蜜煎。　柑：按《本草》有乳柑、沙柑、青柑，味甘而性寒，皆橘柚類也。安溪有薄皮、厚皮二種，先耕而熟者曰先柑，或曰仙柑。　梨：性寒，出北方梨為佳，閩中少有。安溪有五種，曰清消，曰黄消，曰菜梨，曰狗梨，曰中元梨，惟清消、菜梨味甘，餘稍次。　栗：北方之菓也，攢刺如蝟，及熟，房裂而栗見。性溫無毒，食之令人耐飢。寇宗奭云：小兒不可多食。蓋生者難化，熟則滯氣，隔食則能生蟲致病。《國語》曰婦贄不過棗栗，以告虔也。先儒以為棗取早敬，栗取恂栗，則栗亦菓之佳者也。　橄欖：按《莆陽志》，橄欖有二種，尖而小者名丁香，最為珍品；圓而大者謂之柴橄欖。古今論橄欖多失真。舊志謂先苦後甘，此菓不苦。陳藏器謂生食味酸，此果不酸。今改評之曰：先食而澁，及咀嚼之餘乃轉而且香。昔人以比諫臣忠言，有旨哉。　楊梅：《異物志》：楊梅大如彈丸，五月熟，味酸甜。有紅、白、紫三種，紫者為佳。　黄彈子：實如彈，有子，味甘酸，其葉似山桂而香。《圖經》謂之黄彈子，《海物異名記》謂之黄檀子，又謂王壇子。蓋一物有三名也。　紅柚：種出潮州，有宦者帶歸，遂傳植茲土。皮厚色黄，肉鮮紅可愛。味甘酸，冬月收之。　棗：性溫，與栗同珍，為其足備贄云。　蒲萄：有青、紫二種。藤生蒲架，《西陽雜俎》云：張騫使西域得其種而還，中國始有蒲萄。《史記》云：大宛以蒲萄作酒，數十年不壞。《南部新書》云：太宗破高昌，收蒲萄種在宛中，并得酒法，味兼醍醐。　楊桃：樹高大，葉繁密，實生枝幹，其味甚酸。泉南此菓不甚重之。　石榴：《博物志》：張騫使西域還，得安石榴。有二種，有結子者，有不結子者，謂之百葉石榴。《本草》云：安石榴，子多無毒。　西瓜：大曰瓜，小曰瓞，來自西域，故名。其肉清，甘如飴。紅瓤者為上，盛暑可以解渴。《陸贄傳》：德宗幸梁，路有獻瓜者，帝嘉其意，欲授以官。贄諫曰：爵乃天下公器，不可輕也。《南史》：晏年五歲，母患熱病思食，徧求不得，俄過桑門，哀其求而以瓜遺之，至家眾大驚異。　甘蔗：蔗叢生似竹，味甘，煮之成糖。《本草》赤者名崑崙，白者曰荻蔗。《野史》：盧絳中痁疾，忽夢一白衣謂之曰：食蔗即愈。遂哀求鬻蔗者，乃得數枝，喜而食，至旦遂愈。顧愷之每食蔗，從尾到中。或問之，曰：漸入佳景。　柿：柿有數種。一名鹿心，小者名猴柿。按《本草》：火熏者為烏柿，性熱；日乾者為白柿，性冷；有黄色者，可和米粉作糗，小兒食之止痢。《酉陽雜俎》云：柿有七絕：一壽，二多陰，三無鳥巢，四無蟲毒，五霜葉可玩，六嘉實，七落葉肥大。詩云：獨擅紅粧兼美味，便稱七絕未應慚。　李：《素問》曰：李，東方之菓也。木子也，故其字從木、從子。《西京雜記》有紫李、青綺李、青房李，杜陵有金李。　蓮子：五月生，至秋皮黑。服之能輕身益氣。《草木方》云：九月九日採蓮實，食之令人不老。山谷云：蓮心正自苦，食苦何能甘？甘食恐腊毒，素食則懷慚。　黄瓜：味清性冷，初生色青，熟黄身有刺，俗曰刺瓜。　甜瓜：有二種，有長者，有圓者，長者色綠，可入醬；圓者有瓣，或青，或白，或黄，此通瓜也。俗以白者為銀瓜，黄者為金瓜。　銀杏：其花夜開晝合，其實逑子白，宜煨食。一名鴨脚子，言其葉如鴨脚也。歐謝梅聖俞有鴨脚雖百箇，得之誠可稱之句。　菩提果：《海物異名記》云：花如冠蕤，葉如冬青，實如枇杷。今按此菓，其葉長而尖，與冬青弗類。其實圓，類枇杷，但差薄耳。其味甘香。

藥類　《說文》云：藥，治病草也。性之寒溫，味之辛甘苦辣，可以治寒熱諸症。載之《本草圖經》詳且備矣。安溪藥不多產，僅二十九品，各註于下。　菖蒲：一名昌陽，其小者生池沼間，根盤屈有節如馬鞭，一寸九節，生下濕地。大根者乃昌陽也，不可服。《本草》云：味辛，溫，無毒。《神仙記》云：食之可以長生。昔韓聚服菖蒲十三年，能日記萬言，冬亦不寒。　蒔蘿：三四月生苗，六七月採實。味辛香，殺魚肉諸毒，可和五味。　麥門冬：葉似韭，冬夏長青，子附根生，形如穬麥，其中有心，故曰麥門冬。《本草》謂：味甘，無毒，服之令人有子，及治煩渴虛勞寒熱。　天門冬：杜詩作天棘，《抱朴子》作顛刺。其藤柔弱輕盈，高丈餘。一種有刺，葉如茴香，極尖細而踈滑；一種無刺，葉如絲杉，根大如指，長三四尺。味甘無毒，能去寒熱，養肌膚，冷而能補。　艾：艾可攻百病。今以蘄州者為勝，蘄葉厚而綿多。本地所有者葉薄而綿少。五月五日午時採，曝乾陳久方可用。本草謂味苦，微溫，無毒。按《莆陽志》謂取艾以布包，於新瓦上揉之，其色黄為硫磺艾，其用未詳。　紫蘇：色紫味香，夏採莖葉，秋採子。《藥性賦》云：味辛，溫，無毒。主下氣散寒。　薄荷：冬不死，葉尖，夏秋採莖葉曝乾。《藥性賦》云：味辛、苦，無毒。加以扁豆、甘草煎湯可以解暑。　蒼耳：

陸(機)〔璣〕云：花白細莖，蔓生。郭璞云：葉如鼠耳，叢生如盤。其說互異。按今本地所生，樹高二三尺許，莖青色黃，上有斑點。葉如蒲萄葉而小，子多刺，其中有仁。葉味苦辛，微寒，有毒。《唐本》註云：三月以後七月以前割，日乾為散，夏水服，冬酒服，主治癲癇、頭風、痹濕之病。　茯苓：按《本草》諸家所說，茯苓、茯神皆老松餘氣入地而生。茯苓離根而生，氣盛也；茯神附根而生，氣略微也。茯苓味甘平，無毒，久服能安魂，養神氣，延年益壽；茯神亦能養精神，其功次於茯苓。孫真人《枕中記》：茯苓久服，百日百病除，二百日晝夜不眠，二年後役使鬼神，四年後玉女來侍。　桑寄生：《藥性賦》云：味甘，無毒，主益血安胎，止腰痛。　骨碎補：《圖經》云：根生大木或枝上，多在背陰處引根成條，有黃毛及短葉附之。本名胡孫薑。唐明皇以其主治折傷有奇效。又名石毛薑。《靈苑方》謂可以治牙痛。　天南星：俗呼蛇杖，生平澤，二月生苗似荷，莖高一二尺，五月開花，似蛇頭，黃色，七月結子作穗，似石榴子，色紅，味苦辛，有毒。《經驗》云：治急中風，目瞑，牙噤無門，下藥者用此末。　車前子：俗呼五根草。《本草》謂：味寒，無毒，強陰益精，令人有子，治泄瀉尤效。宋歐陽公嘗暴下，國醫臨治不愈。夫人云市中有暴下藥甚效，公不可之。夫人潛市與國醫藥雜進，一服而愈，公知之，厚遺賣藥者，問其方，言只用車前子一味耳。　枳實：一名枳殼，似橘而小，多刺，產於江北，本地不產。考《本草》，諸家皆云：枳實與枳殼二物。寇宗奭云：只是一物。枳實小，其性酷而速；枳殼大，其性詳而緩。取疏通破結用枳實，取導敗風壅之氣用枳殼。　無患子：實如彈丸，味苦有圓核，皮可洗手。　絡石：《本草》云：生泰山之谷，或石山之陰，或高山岩石上。一名嗟石，一名明石。正月採之。味苦溫，主風熱死肌，除邪氣，養腎堅筋骨，利關節，久服之能輕身明目。　旋覆花：俗名蛇莓。二月以後生苗，多近水傍，大似紅藍而無刺。長一二尺，葉似水蘇，六月開花如菊。上黨人呼為金錢花。秋月採花暴乾，二十日可用。《藥性》云：主氣症、寒熱、水腫。　山藥：《本草》謂之薯蕷。味〔甘〕無毒，主補虛勞益氣，除煩熱。　香附子：考之《本草》，即莎草根也。出交州者其大如棗，入藥為勝。本地所出者，醫家亦用之。味香無毒，主開胃消食，久服令人長鬚眉。　木賊：《圖經》云木賊。獨莖，苗如箭笴，無葉，青色，經冬不枯，寸寸有節。主明目，療腸風。　山梔子：一種百葉者，開花不結子，可供插戴。其結子者多是單葉，然亦有二種，小而多稜者入藥用；其大者謂之伏屍梔子，但用以染。凡霍亂轉筋，燒服立愈。　蓖麻子：一名蓖麻。樹高丈許，葉有稜而青，莖有節而赤，其實述生而有刺，述中有子褐色，形如牛蜱，故名蓖麻。《本草》云：味甘辛，平，有小毒。《肘後方》云：一切腫毒疼痛不可忍者，搗蓖麻子覆之即愈。　半夏：《圖經》云生槐里川谷，今在處有之。二月生苗，一莖，莖端三葉，色頗似竹葉而光。江南者似芍藥葉，根下相重生，上大下小，皮黃肉白。五月、八月內採根，以灰裛二日，湯洗暴乾，主胃冷嘔噦，風疾。　吳茱萸：按《莆陽志》：茱萸有三種，有吳茱萸、食茱萸、山茱萸。《本草》謂吳茱萸結實似椒子，嫩時微黃，至熟時則深紫。味辛，溫，有小毒，主溫中下氣，除濕去痰冷，利五臟。食茱萸味辛苦，大熱，無毒，功與吳茱萸同，少但劣耳。　金櫻子：俗名糖桶。有刺，形似石榴子，其中(濕)〔澀〕有散碎子，帶芒。《本草》謂味酸澀，平溫，無毒，療痺洩下痢，止小便。久服令人耐寒。安溪元朝進貢，今罷。　使君子：紫黑色，藤生，葉青花紅，結實如梔子，其稜高，其瓣深。治小兒五疳。相傳謂潘州郭使君者療小兒專用此物，因號為使君子云。　枸杞：一名羊乳，一名却暑，一名仙人杖。生山澤及諸丘陵阪岸，冬採根，春夏採葉，秋採莖實，陰乾。味苦寒，根大寒，子微寒，無毒，主五內邪氣，熱中消渴。　荊芥：蜀人種之。葉如細藍，味甘香。南中產者葉如野蘇，味烈。和湯浴，能滑體，辟風解毒。小蘇：俗呼謂雞頭刺。

木類　木，冒也。冒地而生，各異其種，其材可以為宮室民居所賴焉。孟子論王道而斧斤有禁，蓋亦愛養之也。安邑木之有名凡二十六種，各考註其下。　松：松樹極高大，其皮皴皵如鱗，其葉每三鬣共一簇。風撼之聲如笙簧。按江東人皆剝去皮，浸水中二三年乃用之，或火燒乃用之。須此蟻不食，此或可法。宋蔡端明為本路轉運使，命自大義直抵漳泉夾道種松，行人德之。按《本草》謂其節、其枝、其葉皆入藥用，其身上綠衣名艾蒳香，合諸香燒，其煙不散。　杉：《爾雅》曰：柀，煔。疏曰：俗名作杉木。類松而勁直，葉附枝生若針刺。性堅膩，乃宮室器用之上材。在延汀所產最盛，安溪亦有之，而常樂、感德二里多種。　栢：似松，皮少裂文，堅膩而味香。東坡詩云銅爐燒栢子，言其氣清也。《顧愷之傳》松栢之姿經霜益茂，言其性堅也。《古栢行》云：孔明廟〔前〕有老栢，黛色參天二千尺。言其老更奇秀

也。　樟：　樹高大葉密，材可為器皿，其氣辛烈，熬其汁可為腦，置水上，火燃不熄。日華子云：　煎服之可治脚氣水腫。　檜：　栢葉松身。宋《莆陽志》：　檜有二種，曰御愛檜，曰海檜。　柟：　亦作楠。《爾雅》云海楠，荊州曰梅，揚州曰柟。木理細潤，大者四五圍，而俗呼香楠。宮室之美材。　一歲東榮西枯，一歲西榮東枯。古稱梗楠。豫章則材之貴久矣，此地少有。

檫：　樹高大，可作梁柱，但易腐。其白皮着人肌膚最刺撓。山中人或煮其汁合諸毒藥以射虎。　椿：　木之壽者曰椿，一曰木槿。枝葉與樗相似，身大幹端，然樗木疎而氣臭，椿木實而氣香。　土人折其枝葉置之花瓶，經月不枯。《莊子》云：　大椿八千歲為春，八千歲為秋。　水綿：　福州人呼曰水小，此地曰水綿，以其性好近水，皮濕厚如綿也。樹高數丈，枝喬而上勾，葉散碎紛披，根歲久奇古。出光德、新康二里。　桐：　按桐之為木，諸家說者不一。《興化志》一曰白桐，一曰岡桐。《爾雅》又云梧桐。竊意桐有四種，一種花葉不相見，花不結子，材中琴瑟，《禹貢》嶧陽孤桐，即《興化志》云白桐是也。一種不花不子，與油桐相類，《興化志》云岡桐是也。　一種結子可食，與中琴瑟者，即《爾雅》所謂梧桐也。一種可壓油，則謂之油桐。安溪所種者多油桐。　相思：　木堅有文，色紫，堪作器皿。《搜神記》云：　昔有文梓，生于宋大夫及其妻之家，已而合抱，屈曲相交，號為相思樹云。　桑：　葉可養蠶，但閩土非宜，作繭絲皆不如浙。安溪種之者少。　柘：　山桑也。　枝條瘠而葉麄厚。崔豹《古今註》云柘實曰佳，言佳鳥性所食也。《考工記》曰：　弓人取材柘為上，言弓材莫良於柘。《蠶書》曰：　柘葉飼蠶，其絲作琴瑟絃，清鳴響亮，勝於凡絲。　此地少種。　烏桕：　葉可染皂，子可取蠟，子中細核又可笮油，經霜之後，葉紅如錦。　產延建者顆粒大，產此地者顆粒小。

槐：　槐有數種，葉大而黑者名櫰槐，晝合夜開者名守宮槐，葉細而青綠者但謂之槐。《周禮》：　冬，燧人取槐木之火。《春秋說題》云：　槐木，虛星之精也。俗多取其花染物，色甚黃鮮。　柳：　《說文》云小楊也。柔脆易生，與楊同類。皮麄而枝弱葉秀，而時到三四月絲垂，飛花如絮，雖縱橫顛倒，植之皆生。　楓：　《爾雅》云：　楓，欇欇。　蓋欇欇，楓之別名也。厚葉弱枝，善搖。郭璞云：　樹如白楊，葉圓而歧，有脂而香。今謂之楓香。　榕：　《海物異名記》云：　榕或作橁，言材不中梓人也。有二種，一種矮而盤桓，其鬚着地復生為樹；　一種名赤榕，最為高大。此二樹其為陰最濃，人家於東北方空闕處及院落有餘地，或於道旁栽之，以障風日。此樹生於南方，至福州而止，因號福州為榕城云。　楮：　即穀樹也。江東所產者結實，本地所產者不結實。其皮可搗為紙，亦可治為衣為衾。《本草》謂味甘寒，無毒，可入藥用。《圖經》云：　江南人食其嫩芽以當菜茹。荒年人多採取以充飢。　桄榔：　產於廣東，本地間有。葉似竹有節，與棕櫚相似。葉生樹端，其子內如麵，食之不飢。皮可為綆。廣人取其鬚作巾，又以其木作鋤，利如鐵，中石更利，惟中蕉根則破。　棕櫚：　直生，無柯幹。樹端有椶皮成片，重重裹之。枝自椶中抽出，其枝兩旁有短刺，其葉生枝端，大如簸，有歧。凡椶皆按月取之，以為絞繩，製衣、編簑用。其子亦自椶中抽出，狀如魚子，色黃，俗呼棕子，可食。　皂夾：　細葉長刺，樹有雌雄。雄者不夾，夾可治垢膩。《本草》云：　利九竅，療腹腫滿，消穀，除咳嗽，囊結，婦人胞不落。可為末藥，人卒死者以末吹鼻中，活。　黃楊：　木理堅而細，其色黃。俗說歲長三寸，遇閏則退一寸。東坡詩云：　園中草木春無數，惟有黃楊厄閏年。　檀：　檀，苦茶。其葉堪為飲。今考《爾雅》，只言檟無言檀。　苦茶者，蓋是檟誤作檀耳。以註疏考之，即今所謂茶也。然則檀當別是一種，蓋檀木堅，宜為車，其色黑，故《魏風》伐檀為車。《月令》冬日改火用檀。其義可見。　杜松：　葉似杉而小，尖勁如刺。木似松而文細，色赤。《興化志》云：　其子和灰燒(由)〔油〕，塗小兒頭瘡愈。

竹類　舊說竹六十年根輒一易，六年成疃。《詩》云瞻彼淇澳，綠竹猗猗。竹比君子，古今重之。晉王徽之宅中多種竹，乃曰：　何可一日無此君乎？　安溪山林中交加蒼翠，大小差參，有名者凡十五種，各考註于下。　江南竹：　一名小竹。笋甘美，實堅直，可作魚簄。　猫兒竹：　七月笋，味甘苦，大者近斗，性極堅勁。　雪竹：　笋生冬春之交，味清甜。　紫竹：　與班竹相類，但其色純素，可作簫。　石竹：　四月笋，其堅似石。　箭竹：　竹可為箭。大者高五六丈，節長有二三尺。土人取為弩矢。《禹貢》揚州曰篠是也。　箬葉竹：　身低小，葉大，名箬葉。人用以絮蓬。端午用以裹棕。　釣竹：　一曰綿竹。其笋有毒。　人面竹：　節似人面，亦曰佛竹。　班竹：　節間有班點，俗傳湘妃泪痕。　觀音竹：　高二三尺，葉軟身小，中無孔。僧寺中多種之以供翫。　槌竹：　內厚而竅小。　筆竹：　色蒼性堅。

四月笋，味(幸)〔辛〕可食，可編器。　苦竹：　性堅，色微紫，一名雪竹。有二種，一種出江西及閩中，本極麄大，笋味殊苦，不可噉。一出江浙，肉厚葉長，笋微苦，安溪亦有之。　方竹：　外方内員，可為杖。

花類　花，華也，言榮華也。草木之生，有實有華。旁溪山曲，野圃名園，何地無之？安溪山麓野曠，人多種花，亦竊古河陽遺意也。花凡有三十一品，各考註其下。　梅花：　其品不一：　有綠萼梅、紅梅、品梅、千葉梅、鵝梅、山梅。本地惟紅白梅。　蓮花：　紅白二種。花之君子者也。　牡丹：　一名鼠姑，一名鹿韭。高四五尺，葉大如掌有櫝，花大如碗，甚富麗。有單葉、千葉及黃紫、緋白數種。春盛開。種自江北來，本地出龍涓里。海棠：　《李贊皇集》云：　花(似)〔以〕海為名者，悉從海外來。《花譜》云：海棠，花中神仙。有色無香。楚淵材五根，此其一也。生在蜀昌州，枝條軟嫩而花繁媚。在此地枝硬而花瘠。　山茶：　花深紅色，有數種，花開單葉而極大者曰日丹，單葉而小者曰錢茶，類錢茶而粉紅色者曰溪圃，百葉而攢簇者曰寶珠，類寶珠而蕊白色焦者曰焦萼，數種安邑皆有之。歲終百花搖落，此花始開，故俗重之。歲首必折置花瓶，經月不枯。　芍藥：　有草芍藥，有木芍藥。草芍藥花小而紅淺，木芍藥花大而紅深。又有白者、紫者，色華而味馥，故韓詩有浩態狂香之句。本地出還集里。　酴醾：　《格物論》本作稌糜，後加酉，以酴醾酒色相似，故取名。山谷云名字因壺酒是也。有刺，蔓生，承以架。紅者俗呼番酴醾，不香。白者極香，春晚盛開。　長春：　一曰月月紅。　山丹：　其花一葉百蕊，狀如繡毬，深紅色，一花四英，四月開花，至八月尚爛熳。又有四時開花者，曰四季山丹。　佛桑：　葉似桑，故名。花深紅無香，四時常開，朝開暮落，俗呼照殿紅。　鷹爪：　其花狀如鷹爪，淺黃有香，本地少種。　紫薇：　俗呼不耐癢，抓其本，枝葉俱動。　含笑：　葉似枇杷，小而無刺。有紫色者，有外白内紫者，有白者。四月開花，微開則香酷烈，聞半里許。大開則香減，故名含笑。　薔薇：　多刺，花或白或紫或黃，連春接夏，清馥可人，其曰醉楊妃、倚闌、嬌紅、木香皆其類也。勝春：　一名月季，一名鬪雪紅。與長春相似而色富麗。　麗春：　叢生，柔幹多葉有刺，有紅、紫、白、桃紅數種，俗謂之粉孩兒。　茉莉：　花本胡人自西國移植廣東，自廣東移植閩中，故俗呼廣東茉莉。東坡謫儋州，見黎女競簪之，戲曰：　暗麝着人簪。茉莉，惟南地有之，金陵人一根而易一金。　素馨：　始自番船載至，香聞百步。廣人易其名曰素馨，轉而入閩。蔡端明云：　素馨出南海，萬里來商舶。　菊：　《爾雅》作蘜。其名有八，曰節花，曰日精，曰女節，曰女華，曰女莖，曰周盈，曰傅延年，曰陰成。醫家分別其味，有甘、苦二種：　一種莖紫氣香，味甘，葉可作羹；　一種青莖而大，味苦，不堪食。今人圃中栽種有二十三種，蓋花之隱逸者也。　桂花：　或紅或黃或紫，古詞紅色者為狀元，黃為榜眼，白為探花。鄧志宏詩：　清芬一日來天闕，世上龍涎不敢香。　蘭花：　蘭，香草也。楚人曰蕙者，今零陵是也。《本草衍義》云：　幽蘭葉不香，惟花香，多生陰地及幽谷中，葉如麥門冬而闊，長一二尺，花色黃中有細紫點。春蘭色深，秋蘭色淡。移植檻中或置座右，滿室皆香。傳曰：　德芬芳者佩蘭。古又以蘭比君子云。　瑞香：　樹高三四尺，枝幹婆娑，葉厚，深綠色。有楊梅葉者，有枇杷葉者，有荷葉者。《廬山記》云：　種始出於廬山之中。紫者香濃，白者香淡。《莆陽彭志》又有纏枝瑞香。　萱花：　萱草。荊楚號為鹿葱。其葉四垂，其跗六出。《風土記》謂：　婦人懷姙，佩之則生男，故又名宜男。傳謂中藥性令人歡樂，故又名忘優。《遊子吟》：　慈親倚堂門，不見萱草花。古人以此比親。　芙蓉：一名拒霜，一名木蓮。有紅色，有白色。有朝白暮紅者，曰醉芙蓉。出於山者無香，木芙蓉是也。出於水者，其香清遠，荷芙渠是也。　指甲花：　一名七里香。樹婆婆略似紫薇，蕊如碎珠，紅色，花開如蜜色，清香襲人，置髮間久而益馥。其葉搗可以染甲，鮮紅。　金鳳：　樹高一二尺，葉長，花如粉豆，有紅，有紫，有白，葉可染甲。子如菜種，着地易生。　玉簪：　山谷云東南第一花。一曰白鶴，秋葉香。又一種紫色，名紫簪。　滴滴金：　《興化志》云：　葉露滴地而生。　葵花：　有紫白二種。又名幢節，又名剪春羅，又名錦葵。葵心隨日轉向。詩云：　雖然冷淡無人看，獨自傾心向太陽。鷄冠花：　紅白二種。　杜鵑花：　一名山石榴，一名山躑躅，一名映山紅。有深紅、淺紅及紫。三月盛開，正杜鵑苦叫之時，故名。古詞：　開時偶值杜鵑聲。俗云杜鵑啼血，滴地而成，未可信也。

草類　《淮南子》云：　神農嘗百草。《博物志》：　黃帝問師曠曰：　吾欲知歲之苦樂善惡，可乎？曰：　歲欲豐，甘草先生。甘草，薺也。歲欲苦，苦草先生。苦草，葶藶也。歲欲惡，惡草先生。惡草，水藻也。歲欲旱，旱草先生。旱草，蒺藜也。歲欲疫，病草先生。病草，艾也。夫草之生，可以占

歲，陰陽感應之理微矣。安之山野間，青茵綠帶，草之有名，凡一十九種，各考註于下。　蓼草：高而大者為家蓼，莖有節如鼓槌草，秋開花作穗，紅白色。人間種於院落，粧點秋色。生於水澤中者為水蓼，造酒取以和麵作麯。味辛苦。越王欲復吳，臥則嘗蓼，以苦志也。　藻：水草之有文者。有二種，其一莖大，長四五尺；其一莖小，葉如蓬蒿。(似)〔以〕藻名者，言其潔如澡也。傳云：藻，取其潔也。古者山節藻棁，蓋以其有文也。　蘋：蘋之言賓也。一云水上浮萍，即藻也。葉員，闊寸許，水深潔處乃有，故曰于以采蘋，南澗之賓。《左傳》曰：蘋蘩蘊藻，可薦于鬼神，可羞于王公。大夫之妻采之以奉祭祀。　萍：無根而浮，常與水平，故曰萍。葉員小，一莖一葉。根入水，《月令》季春萍始生。舊說萍善滋生，一夜七子。一曰萍浮於流水則不生，於止水則一夕九子，謂之九子萍。江東人謂之薸，言無定性，隨風薸流也。世說楊花入水，化為浮萍。　蒲：生陂湖間。嫩者惟筍及蒲是也。　蘆：即今苦蘆也，其筍最苦。或謂之葭，其小者曰藋。　茅：茅，躰柔理直，有刺三脊，又潔白，故先王用之以藉，亦以縮酒。《易》曰：藉用白茅。《周禮》大祭祀供茅是也。其長大者，用以盖屋。　香茅：似茅而香，人以當茶，製七香酒亦用之。味辛。　仙草：生水澤間，四月間取之晒乾，煮熟和米粉，雖三伏成凍，可解熱。　紫草：色可染紫。小兒痘瘡，煎湯服愈。　萱草：《爾雅》云：白葉野萱。註謂：茅屬，有二種。陸(機)〔璣〕云：萱似茅，滑澤無毛，根下五寸中有白粉，柔韌宜為索。　仙人掌：如人掌，治腸痔瀉血。　鼠麵草：《艾軒集》作暑菊。生田野，葉蒼白色，三月間人多採之，與米粉同擣作餅餌，蒸熟食之。　大風草：療大風疾。接骨草：生坑澗中。取其莖斷之，接則復續，人手足跌傷用之。　鎗刀草：似鳳尾草而葉大。治鎗傷。　淡酸草：生石間。　遍地錦：葉似萍而大，味辛近園荽。已上三草合而搗之，治蛇傷如神。　鳳尾草：形似鳳尾，故名。

毛類　毛，獸族也。寒而生，暑而革，以其時也。安溪山中厥獸惟多，或入笠而馴，或走壙而猛，其種靡一。可以供祭祀，備服乘，為用大矣。毛之有名者，凡二十一種，各考註其下。　牛：牛為家畜，首角、耳無竅，齒有下無上，尾肉而末毛。性順而緩，其食既食復出而嚼之。牡曰牨；牝曰母。農用以耕，禮充太牢，獸之有功於民與夫中禮之用者，莫大於此。　馬：《周禮》六擾之一，是謂家畜。其色不一，其蹄圓，尾卬而散垂，其力健。八尺為駥，古人用以駕車。牡為騭，牝為騇。《列子》曰：馬口中紅白間色者壽；鼻中紅色如朱點者壽；眼中赤色如象形者壽。上齒欲鉤，下齒欲鋸；上唇欲緩，下唇欲急。其善走者，用以騎戰則驅馳衝突，其銳莫當。故國家之用，以養馬為急。　猪：北方猪多食草，其味不佳，一人而養四五十。在南方皆穀食，其味佳。　羊：首角蹄棱，其齒有下無上，尾禿，食齝齝，黑白二種，在閩中多黑，性畏露，養之當晚出早歸。舊說春夏早放，秋冬晚出。尤善群，每成群，以一雄為主，舉群聽之。今俗所謂壓群是也。　猫：能捕鼠，有數種。身短尾如釘，耳提之身縮一團者佳。身長尾大者拙。諺云尾大懶如蛇。聞溫州猫有三種，有碎鼠猫，皆辟去比鄰數家鼠不敢入其上也；有積鼠，捕鼠堆積之，揀擇而食；有食鼠，捕鼠而食也。斯為下，上鼠價直銀三四十云。　虎：一名山君，言山獸虎為之君。行以爪拆地觀奇耦，及作威則毛張爪露，嘯則林振風生。安溪山林深邃虎患為多。　豹：毛黃，小於虎，文黑如錢，比比相對。古云：餓狼食不足，飢豹食有餘。言狼貪豹廉也。　熊：有人熊，四掌絕似人手足。有猪熊，似猪，其毛黑。《本草圖經》：性輕健，好攀緣樹木，見人則自投而下。膽可入藥。掌味為珍，背上有脂，曰熊白，寒月有，夏無。　豺：狗足狗聲，今人所謂噬狗是也。尾長頰白，高前廣後，其色黃。每群行有一小者指路，遇犬羊相與傳食，一霎而盡。貪殘之獸也。　鹿：行速，性警防，分背而食，食則相呼，群居則環，其角外向。陽類也，故夏至感陰生而角解。《格物論》：十年為蒼鹿，又百年為白鹿，五百年為玄鹿。　麂：似鹿而小，其皮甚細。今與鹿皮充貢，但鹿麤而麂細。　麞：似鹿而小，其皮亦細。本處重之過於麂。《本草》：肉溫補與鹿同。　麈：《興化志》云：山牛也。絕類水牛，角直尾禿。相傳其尾能辟塵，古人揮用麈尾，蓋以此也。按此獸泉中絕少，惟本地有之。猴：一名狙，一名王孫，一名胡孫。凡獸皆橫，猴則或橫或豎，蓋其稟氣近人，故能曉解人事。鳴噭噭而悲，無脾以行消食。多巧詐。柳子曰：猴性躁暴，群居不相善，食相噬齧，行無列，有難則推其柔弱者以免焉。　猿：善攀緣，故名。猿似猴大，黑色。《說文》云：或黃，或黑，非五里樹木不棲，恐人害己也。其物通臂，左引則右短，右引則左短。足不履地，飲水則相連接而下。其聲嗚咽，每呼三聲相連，最爲悲愴。其臂可作簫，人得之則自斷

其臂。《蜀志》：鄭艾見猿抱子在樹上，引弩射之中猿母，其子為拔箭，卷樹葉塞瘡。艾歎曰：吾違物性矣。乃投弩于水中。　狐：似狗而小，尾如長箒，小前大後。其為物靈，善變化，妖淫以惑人。其性好疑，所謂狐疑也。腋下之皮，其毛純白，集以為裘，輕柔，難得。《本草》云：臘月取狐膽，若有人暴卒，未移時者，溫水微研，灌入喉即活。　獺：似狐而小，青黑色，膚如伏翼，水居食魚。《淮南子》曰：鵲巢知風，獺穴知水。言能預知者也。或曰獺一歲二祭，皆四面陳之。獺貝布，豺方布，亦知報本云。昔魏明帝見洛中白獺，不可得，問之徐邈，曰：獺喜食魚。乃畫魚數百於板中，置之河岸。獺見魚競而取之，卒為人所獲。　兔：口有缺，吐而生子，故謂之兔。舊說兔明月之精，視月而孕。《楚辭》曰：顧兔在腹。顧兔居月之腹，而天下之兔望焉，於是感氣。《禮》以兔曰明視，其以此與。　鼠：晝伏夜行，有齒無牙。《格物論》：鼠善為盜，族類不一，有家鼠、鼯鼠、鼷鼠、火鼠、社鼠、白鼠。　狗：耳垂或豎，尾卷或垂，其牙相制，足蹯，蹯後有懸爪，曰犬。未成毫曰狗，四尺為獒。　山狗：赤色黑文，好食菓實。　竹鼬：其形如鼠而大，毛細而密，能穿地，食竹根。性溫，味甚佳美。　豪猪：《山海經》云：行山有獸如豚，毛黑如錐，名曰豪猪。其鬃有刺，怒則奮以射人。其刺可為簪。今按此猪山中多有之，身麻黃色。其刺近肉者一半白，餘黑。世傳其胃可治翻胃病。　䶅[illegible]鼠：似鼠，尾散垂，食菓實。緣樹而走，遇隔枝處躍過如飛。　玉面狸：《格物論》：狸似虎班。一種似兔而短，栖高木，候風吹而過他木，謂之風狸。東坡云：首如狸，尾似牛，捷險似猿猴。

羽類　羽蟲之屬，有三百六十，其說備之《禽經・釋鳥》詳矣。安溪所有，其狀不一，然可以供祭祀，燕賓客，凡三十一種，各考註其下。　鳩：一名班鳩，一名布穀。江東呼為發穀，天欲雨乃鳴。昔鄭弘遷臨江太守，郡人徐憲居喪致哀，鳩巢戶側，以孝廉舉，後人稱憲為白鳩郎。　燕：《爾雅》曰鳦，一名玄鳥，蓋取其色之玄。有二種，頷赤為越燕，頷黃者為胡燕。凡燕依人家棲息，無有敢殺之者，故老相傳云：殺燕令人發惡疾。詩云：燕知社日辭巢去。此地燕不知社。　鵲：一名乾鵲，一名喜鵲。俗呼為客鳥。俯鳴則陰，仰鳴則〔晴〕。《淮南子》曰：鵲知風之自而作其巢，知歲所在而開其戶。蓋鵲巢高枝，知來歲多風則巢於下枝。又鵲巢開戶向天，一而背歲。故《博物志》云：鵲背太歲也。俗說鵲巢中有梁，見鵲上梁者必貴。又謂其鳴有吉慶事或客至。　鷄：鷄，知時之畜。司晨，善鬪，火德之精。《記》曰：鷄為翰音。頭戴冠，文也；足傅距，武也；敵在前敢鬪，勇也；見食相呼，仁也；守夜不失時，信也。有伍德之貴也。　雉：今所謂雉鸐也，又呼野鷄。其飛不越分域疆界之內，其交有時，別有倫。其羽文明，可用為儀。故王后之服畫之，曰華蟲，曰褘衣，皆是鳥也。其死耿介，《周官》曰：士執雉。《書》云：一死贄。取其守介，死不失節也。　鵝：一名舒鴈，江東人謂之鵝。掌黃羽素，頸長眼綠。王羲之愛之。　鷗：海鳥也。色白，百數為群，飛鳴呀嘔，因名曰鷗。《說文》云：多在漲海中隨潮上下，常以三月風至乃還洲嶼。《列子》論海翁事，以為鷗忘機則狎，機動則飛去。然則機之所伏，雖禽鳥猶知之，人何必以機詐為哉？　鸛：狀似鶴，每遇巨石知其下有蛇，即於石前如術士禹步，其石即然而轉。南方有里人伺其養雛，緣木以篾絙縛其巢，鸛則作法解之。天將雨則長鳴而喜，善群飛。薄霄激雨，雨為之散。作巢大如輪，伏卵時取礜石圍卵，以助暖氣，故方術家以鸛巢中礜石為真物也。又泥其巢傍為池，以石宿水，取魚置池中以飼其雛。《記》曰：鸛能聚水巢上，故人多聚鸛鳥以攘火災。予學諭簫山，鸛屢結巢文廟，結東則東齋登第，結西則西齋第，每有驗。始信為瑞鳥也。　鴨：鴨，家鶩也。頭綠掌黃，文翅花毛，一名舒鳧，自呼其名鴨鴨。　鴈：陽鳥也。一名朱鳥，多集洲渚間，春去秋來，性惡熱，故始寒則南翔，始暑則北徂。《釋鳥》云：足蹼踵企，銜蘆而翔，以避矰繳。其飛也有序，其進也有漸。其羽可用為儀，知夫婦之義，故婚禮用之。《周官》六贄，大夫執雁，蓋取其去就有儀，不失序也。　鷹：鷙鳥也。金睛，鐵爪，鉤觜，劍翮善擊。《月令》仲春鷹化為鳩，仲秋鳩化為鷹。今西北人多畜鷹教之，旬月間即操縱隨人意，用以攫兔。　鳧：《釋鳥》曰沉鳧，單脚短喙，百十為群，其飛迅速而下，沒而還浮，與波上下。《楚辭》曰：寧昂昂若千里之駒乎？將氾氾若水中之鳧乎？　鶯：鶯名不一，曰黃鳥，曰黃鸝，曰搏黍，曰倉庚。其聲清和婉轉可聽，如調歌。當椹熟時則應節而來。此鳥與燕皆入蟄，燕冬間入蟄，其形如槁，春乃飛去。鶯冬月以土自裹而蟄。　烏：其全體皆烏者名烏，能返哺，孝鳥類也。身烏頸白者名夕烏，人遇其鳴，則惡而唾之，鬼鳥也。　鶚：大如鷹，蒼黑色，尾短善擊鳧鴈，大者謂之老鵰，羽毛氄，鼻上黃如蠟色者，俗謂之蠟鼻。　鴛鴦：匹鳥而有恩也。雌雄偶居。崔豹《古今註》云：鴛鴦，鳩

類也。雌雄未嘗相離，人得其一，一思而死，故謂之匹鳥。本草食療方云：　人家夫婦不和，作羹私與食之，立相憐愛。　杜鵑：　一名杜宇，一名子規。四月間苦啼，啼血不止。始鳴皆北嚮，啼苦則倒懸於樹，寄巢生子，百鳥為哺雛。　百舌：　似鸜鵒而身差長，毛蒼觜尖，惟食蚯蚓。一名反舌，謂能反覆其舌，以效百鳥之聲也。　畫眉：　褐質白眉，善鳴好鬭，其聲似鶯而小，最清婉可聽。　竹雞：　與鷓鴣相類，其聲亮，俗傳能辟蟻。謂屋中白蟻聞其聲皆移去。　布穀：　《爾雅》鳴鳩、鵠鵴，即今之布穀也。語云：　布穀催耕，故名。蓋東作方興則鳴，人以為耕農之候也。　鴝鵒：　江東人呼鵙鶪，亦謂之鴝鵒。端午斷舌養之，能人言，俗呼八哥。　鶺鴒：　水鳥，脚細尾長，背青灰色，腹下白，頸上黑如連錢，飛則鳴，行則搖尾。《詩》以況兄弟。唐元宗時鶺鴒千數集于殿，魏光乘作頌以獻，以為友悌之祥。　鷓鴣：　飛常向日，畏霜露，早晚稀出，或夜飛，則以木葉自覆其背。多對啼南嚮，雖東西回翔，然開翅之始，必先南翥。肉白而脆，味勝雉鷄。　啄木：　啄木，鴷鳥也。口如錐，長二寸許，常啄樹食蟲。《本草》云：　有大有小，褐者是雌，斑者是雄。患牙齒痛，以此鳥燒灰為末，塞孔中即愈。　山鵲：　大如鳩，蒼色，兩腮有圓點，黑白相映，上下脩跳不定，善鳴，聲清調如鶯，人多籠畜之。又有吉吊，形與山鵲相類，聲不如鵲。　鷦鷯：　《詩》所謂桃蟲也。一名巧婦，一名韈匠，本地有之。此鳥最小，往往於柔條弱葉間結巢，緝理完好，生子其間不墜。　翡翠：　赤羽曰翡，青羽曰翠。小如燕，毛青黑，翎深青有光，飛水上食魚。翡大如鳩，以毛紫赤，羽青不深無光，林棲不食魚。其羽，人家多用之纏花勝。　白鷺：　頂有絲，脚綠。一名夫鉏，一名屬玉。劉禹錫云：　鷺兒最高潔，毛衣新成雪不敵。　白頭翁：　似雀而大，頭有白點，故名。

鱗類　《爾雅》：　鱗具八十一，九九之數，陽也。具三十六，六六之數，陰也。其族甚繁，生巨海中為鯨、為鯤、為鰌，大者長數里，小者長數丈，噓風噴雨。潛物之至大者，莫魚若也。昔陶朱養魚，以六畝地為池，畫九州聚石作九島，使魚繞之，日夜可千餘回。春二月以懷子魚置之塘，其生自繁，可以資民用也。魚之有名凡十種，各考註于下。　鯉：　《爾雅》釋魚以鯉冠篇。《養魚經》曰：　人多養鯉者，鯉不相食，易長而且貴也。　鱸：　巨口細鱗，能食諸魚。凡池塘中放魚秧，必揀而出之。肉可為膾。張翰思鱸，以此隋煬帝謂金虀玉膾，亦東南之佳味也。　鯽：　淡水魚也，海中亦有之。　體促肚大，脊隆，色白帶微黃。本地溪中所生者僅二三指許。《藥性賦》云：　味甘溫，主溫胃氣。　鱔：　諸家皆云似蛇無鱗。今觀之有細鱗，穴處，夏出冬蟄。狀如鰻，但鰻肉滑，鱔肉澀，鰻脊圓，鱔脊骨方。　鰻：　本池有二種，曰蛟鰻，善攻崎岸。曰盧鰻，力最大，長五六尺，圓身扁尾，頭有兩耳，肉極膏腴豐美。可療瘡殺蟲。　鬪魚：　大如指，長二三寸，身有花文，紅綠相間，尾鮮紅有黃點，善鬪。兒童輩多盆養之，此地呼為丁班魚。　吹沙魚：　魚小身圓，貼沙而行，常張口吹沙，故名。　田瑟：　生池田泥中，無鱗，黑色，巨口，在池塘中能食小魚。頰旁有刺彈人，故又名彈瑟。以其生於塗如虱，又謂之塗虱。　鰱魚：　口小鱗細，身扁色白，人家畜池塘中。大者二尺許，甚佳。又一種巨頭者大頭鰱，味次之。　金魚：　有二種，大者為金鯉，小者為金鯽。其色如金，亦有時變白，曰銀魚，人家或畜之池，或畜之盆，以供觀翫。

甲類　蟲之有甲者，亦魚屬也。生之山澤溪澗之間。性之寒溫，味之美惡，載之《爾雅》詳矣。安溪有甲之魚凡五種，各考註于下。　龜：　蟲有三百六十，龜為之長。背有文應八卦，脇肋有文應二十四氣。《周禮》天龜曰：　靈屬，色玄，其行俯。地龜曰：　繹屬，色黃，其行仰。東龜曰：　果屬，色青，其甲弇前。西龜曰：　靁屬，色白，其行左倪。南龜曰：　獵屬，色赤，其甲弇後。北龜曰：　若屬，色黑，其行右倪。善藏，久能行氣導引。《韓子》謂之穹龜，《白虎通》謂之壽考物也。　鼈：　俗呼團魚。形與龜相類，但龜甲裹肉，鼈肉裹甲，乃食品之珍者。頸中有軟骨，與鼈相類，名曰醜，食當剔去之，亦不可與莧同食，令人生鼈瘕，難治。　蟹：　北人呼螃蟹，南人以其螯有毛，呼毛蟹。江中生者長一尺，此地生者長四五寸。雌者團臍，滿殼皆黃膏；雄者尖臍，滿殼皆白脂。好食稻穗，故臍中有芒。　螺：　種類甚多。一種取其厴可和香，名曰香螺。一種闊口圓身，殼色黃白有黑點，名曰花螺。一種軟殼，吐舌，名曰泥螺。一種小而長，自首至尾有旋文，名曰梭尾螺。一種生田中，用清水浸去泥，然後可食，名曰田螺，本地惟有之。　黿：　多產江湖中，四足而鱗，似鼈而大，頭有刺，青綠色，老者能變為魅，性至難死，剔其肉盡，頭猶能咬物。

蟲類　蟲，至微也。一母而生百子，或潛之水，或附之樹，或巢於土壤之間。飛而鳴，縮而藏。安溪蟲之有名者凡二十二種，各考註于下。　蠶：

一種曰原蠶。一種大而黑，曰番蠶，性好溫惡寒，好乾惡濕，養之多就暖室，飼之葉用乾。《周禮》禁原蠶。說者謂：惡其傷馬，蓋蠶與馬皆陽類，養原蠶則耗陽氣，故傷馬。是以先王禁之。　蛇：種類甚多。曰水蛇，曰草花蛇。水處曰紅蛇、青竹蛇、百步蛇。陸處（處處）者尤毒。凡遇蛇傷，急服麻油一碗，以鷄子鑽孔揜其瘡口，則毒趕入鷄子。須臾盡黑，四五換則毒盡而愈。　蜂：飛蟲，能螫人，其毒在尾。取百芳釀蜜於房。有君臣禮，其王之所居，疊積如臺，眾蜂為之旋繞，每日兩衙應朝，無王則盡死。　蛙：青色，腹細觜尖，後脚長，善躍。一種曰土鴨。一種曰水雞，身長嘴短，背黃黑色，白上有黑點。一種曰石稜魚，生溪澗深潔處，身有文，紫班如纈錦，昔人謂之綿緗，味甚佳。　螢：一名暉夜，一名夜光，一名宵燭。生陰濕地，大暑前後得大火之氣而化。以囊盛之可以照書。入藥品。　蚊：有水草之交則生，長喙身細，性惡而毒。《埤雅》曰蚊性惡煙，以艾熏之則潰，或以楝花熏之亦逝。人問楊子以貨殖，楊子曰蚊。謂蚊取利雖小，而善撓，令人長夜不寐，人之營利何異此？　蟬：兩翼，喙長在腹下，或以為無口，以脇鳴。有五德：文、清、廉、儉、信。歐陽《鳴蟬賦》：吐孤韻以雜律，含五音之自然，吾不知何物，其名曰蟬。　蠅：蠅好交其前足，有絞繩之象，其後足搖翹自扇，故《爾雅》云：蠅，醜扇。又一種青蠅，赤頭如火，背若負金。【略】蝗：食禾稼蟲也。凶年則生，能壞禾稼，民以為災。　蝶：蛺蝶，粉翅有鬚，一名蝴蝶。《埤雅》云：園蔬化為蝶。　蛾：一名慕光，先孕後交。每夜飛，善拂燈火，多赴燈而死。古云：附炎竟何功，自取焚如酷，世之趨附者，即此可戒焉。　蟻：有數種，有馬蟻，大能螫人，作穴依樹。有黃蟻、黑蟻，作穴地中。有白蟻，則能運土，上食屋木，大雨將集，則先封戶。昔人以蟻知義。詩云：尊卑識君臣位。　蝙蝠：一名伏翼，一名天鼠。肉翅，晝伏夜飛，捕小蟲食之。　蟋蟀：似蝗而小，善躍，光澤如漆，有角翅，一名促織，善鬬。七月在野，九月在戶，十月入居牀下。語曰：促織鳴，懶婦驚。《傳》曰：蟋蟀之蟲，隨際迎陽，秋初生，得寒乃鳴。　蝦蟆：生陂澤中，身小，背有黑點，舉動極急，能跳接百蟲食之。　蜻蜓：一名蜻蛉。飲露，六足四翼，食蚊虻，遇雨多集水上欸飛。　螳螂：有斧蟲也。前兩足如斧，舉以拒物。深秋乳子，至夏初乃生。常捕蟬而食，將捕蟬時，往往執葉自蔽，物小而智如此。　水蛭：俗呼馬蟥，能咂人血。此物能去結積。昔楚王食菹，偶并蛭吞之，王素有結積疾，因是而愈。　蜘蛛：大腹者名蟰蛸，小而長脚者名喜子。有赤班色者，有五色者。多於空中作網以掩食蚊虻。王守一每見蛛網必以杖裂之，蓋惡其機害物也。　蜈蚣：此蟲至毒，人家屋壁往往有之。喜食鷄肉，時聞鷄肉氣即投下就之。人或有被其毒者。　蚯蚓：一名土龍，一名蜿蟺，一名曲蟺。引而後伸，應候而鳴，長吟於地中。江東謂之歌女。《傳》曰：蛇無足，蚓無筋。舊說乃土精，無心之蟲也。　蜣螂：一名蛣蜣。其大者鼻高目深，名胡蜣螂。翅光黑如漆，飛有氣息。《莊子》云：蛣蜣之智，在於轉丸。

明・馮繼科《建陽縣志》卷四　貨之屬

油：以梣子為之曰梣油，亦名茶油。以桐子為之曰桐油。又有桕油、茶油，可以調和桐油，可以燃燈。桕油可以作燭。俱出各里。而梣油興上、中、下三里為多。　茶：建州北苑先春、大小龍團，茶之絕品者也。宋蔡君謨作《進茶錄》。今建安官焙入貢。建陽、崇政里所產特麁者耳。　糖：有沙糖，以甘蔗為之，產洛田、建忠二里。有蜜糖，蜂作房成蜜，產嘉禾里東、北二坑者為佳。　酒：有金盤菊，以紅酒釀之。有酴醾，以燒酒釀之，味佳。有冬白酒，臈水釀朮，其味頗淡。　漆：產嘉禾里。今亦罕有。　墨：出興中、崇泰二里。　紙帳：以楮樹皮為之。出崇泰里。　棕櫚：可造雨衣，并打纜索。【略】

穀之屬　稻：有粳有糯。粳，食米也；糯，酒米也。有一年一收者，有一年兩收者，謂之大冬稻。其米粒大，兩收者，春種夏熟為早稻，秋種冬熟為晚稻。又一種占稻，無芒而粒大，出自占城，其色有白、有斑、有赤。《湘山野錄》云：宋真宗以福建田多高卬，遣使至占城求種一十石，以遺農種之。蓋其稻能耐旱也。稻之名品甚多，而土俗所呼有小早、大早、天降早、爛泥早、半冬早、師姑早，有七娘禾、小白禾、大白禾、小烏禾、大烏禾，有公婆秫、無芒秫、麻子秫、銀珠秫，有九里香、野猪愁、珍珠纍等名。　黍：苗似蘆，高丈餘，結穗如稻，散垂不毛，穗赤黑色，實圓而重者謂之黍。北土所宜，建邑少種。　粟：粟與粱相類。粒大者為粱，小者為粟。今人多不能辨。《本草註》云：粟類多種而粒細於粱。北土所宜，建邑少有。　麥：有大麥、小麥。《本草註》謂：北地麥秋種冬長，春秀夏實，得四時全氣，故無毒。南地麥冬種，春秀夏實，少一氣，故有毒。又有一種曰蕎麥，葉綠莖赤，花白，

實三稜而黑，八月種，十月收，其性畏霜，霜遲即大熟。建邑亦少種。　豆：菽謂之大豆，有黑、黃、青、白、褐五種。小者有菉豆，可為粉。有赤豆、豌豆、蟲豆、蛾眉豆、虎爪豆，可炒食。又有筋豆，青、紅二種，可點茶。有扁豆，黑、白二種，可解毒。有刀豆，長尺許，可入醬。建邑俱有。　脂麻：寇宗奭云：即胡麻。種出大宛，故名。《圖經》云：巨勝也。陶隱居云：莖方者為巨勝，圓者為胡麻。或云巨勝別是一物，以其生胡中類麻，故云胡麻。雷公云：巨勝有七稜，色赤，味澁酸。今呼油麻為巨勝，誤矣。據此則寇、陶之說非也。建邑所產有黑、白二種，可笮油，然亦少種。

蔬之屬　芋：一名土芝，一名蹲鴟。種之水田，荒年可以濟飢。晦翁詩云：沃野無荒年，正得蹲鴟力。區種萬葉青，深煨奉朝食。屏山詩云：分得蹲鴟種，連根占地腴。曉炊黏玉糝，深椀啖模糊。　薯：《本草》謂之薯蕷。形如薑芋而大，皮紫。生於山者名山藥，形小而長，色白，可以服食，補中。【略】　薑：味辛性熱。舊種者謂之母薑，新栽者謂之子薑。晦翁詩云：薑云能損心，此謗誰與雪。請論去穢功，神明看朝徹。屏山詩云：新芽肌理膩，映日淨如空。恰似匀妝指，柔尖帶淺紅。　芥：有青、白、紫芥三種。白芥味最甘脆；紫芥味最辛辣，可為芥辣，以和食品。屏山詩云：葉實抱芳辛，氣烈消煩滯。登俎效微勞，乍食驚頻嚏。　韭：《曲禮》韭曰豐本。《說文》云：一種而久，故謂之韭。味辛微酸，溫，無毒。一月一割而根不傷，久食可以益人。屏山詩云：肉食嘲三九，終憐氣韻清。一畦春雨足，翠髮剪還生。　薤：《圖經》云：似韭而葉稍闊，有赤、白二種。味辛無毒，食之能除寒熱。【略】　葱：《本草食療》云：葱葉溫，白平，主傷寒壯熱出汗。又云：葱白及鬚平，通氣，主傷寒頭痛。又云：凡葱皆能殺魚肉毒，食品所不可闕也。　蒜：按《本草》：大曰葫，小曰蒜。味辣有微毒，能消穀理胃，除邪痺毒氣。李絳《手集方》云：心痛不可忍，年久者，取蒜用釅醋煮，服之即愈。但能損目傷肝，不可多食。　茄：一名落蘇，有紫、白二色，味甘性寒，久冷人不可多食。損人動氣，發瘡及痼疾。又一種野生者，樹小有刺，《本草》謂之苦茄，其子不可食。又有天茄，緣架而生，《本草》謂之藤茄，俗呼天香茄。實小，可食之。　瓠：按《本草》：瓠有二種，苦者入藥，甜者但可供茹。腹大頭細者謂之葫蘆匏，腹小頭長者謂之羊匏。《詩》曰八月斷壺，又曰匏有苦葉。屏山詩云：溉釜熟輪囷，香清味仍美。一線解瓊瑤，中有佳人齒。　蕈：俗呼香菰。按《本草》：木生者為蕈；地生者為菌，菌即菰也，生於木最佳，生於地多毒，食宜辨之。【略】　蕨：《爾雅》云：蕨，虌。《本草》云：根如紫草，山人作菜食之，未抽葉時亦可為粉。味甘寒滑，能去暴熱，利水道。《詩》云：陟彼南山，言采其蕨。又《詩》曰：蕨芽能作小兒拳。《搜神記》：郗鑒出獵，有以蕨食之，遂成疾。後吐出一小蛇，漸乾成蕨，乃知此物不可生食。【略】　蕁：生山谷泉石間，味辛，根、葉皆可食，而根尤佳。晦翁詩云：靈草生何許，風泉古澗傍。褰裳勤采擷，枝筋噎芳香。冷入玄根閟，春歸翠穎長。遙知拈起處，全體露真常。　茭：《本草》謂之菰，又謂之茭白。其歲久者中心生白薹如小兒臂，謂之菰手。其薹中有黑者謂之茭鬱，其根亦如蘆根，冷利尤甚；其苗有莖梗者謂之菰蔣，至秋結實，乃雕胡米也。【略】　芹：《本草》作蘄，《圖經》云：生水中，葉似芎藭，花白色而無實，根亦白色。【略】　筍：筍名凡數種，其味甜苦不同。有黃筍、斑筍、粿筍、綿筍、麻筍、苦筍、慈筍、猫筍、石筍、呈竿筍、江南筍、烏步筍、白眉筍、赤尾筍、方竹筍、紫竹筍。【略】　瓜：有冬瓜，蔓生，性冷無毒。《本草》謂之白瓜，以其經霜白如塗粉，故名。孟詵云：冬瓜能益氣耐老。有絲瓜，蔓生，性寒，俗呼布瓜，又名天蘿。嫩可供食，老如粗布，可用滌器。有黃瓜，亦蔓生，味甘寒，有毒。《本草》名胡瓜，為石勒諱，因呼黃瓜。春種夏實，如稍瓜而小，皮有短刺，嫩青白色，熟則色黃。又有苦瓜，皮皺味苦，瓤初生白，至熟轉紅，核如木鱉子而小，俗呼為癩蒲萄。　蘿蔔：《本草》謂之萊菔，花紫根白，大而圓長，可煮食。下氣建人少食。又有胡蘿蔔，色黃味甜而香，可點茶。【略】　萵苣：《本草》云：萵苣性冷，微毒。又有白苣，《本草》云：主補筋骨，利五臟，令人聰明少睡。又有苦苣，即野苣也，今人種為菜，生食之，其味苦辛。【略】　菠薐：赤根，葉如箭鏃，根葉皆可食。《本草》云：味冷，有微毒，利五臟，通腸胃。劉禹錫《嘉話錄》云：此菜來自西域頗稜國，訛作菠薐。屏山詩云：金鏃因形製，臨畦發永歎。時危思擷佩，楚客莫紉蘭。　芥藍：亦芥屬也。其色如藍，故名。割之旬日，旁復叢生。以香油調製食之，其味最佳。東坡詩云：芥藍如菌蕈，脆美牙頰響。　莙薘：葉厚而柔，有微毒。能理脾氣，去頭風。莖灰淋汁可澣白衣。　苦蕒：《本草》云：性冷無毒，味苦，能治心火。《詩》曰薄言采芑，《傳》謂今苦蕒菜也。屏山詩云：雖無適口味，暖

益功稀比。菜苦不登盤，言忠多逆耳。　茼蒿：　葉青如艾，花黃如小菊，性冷微香。《本草》謂：平，主安心氣，養脾胃。多食動風，令人氣滿。　園荽：《本草》謂之胡荽。花白，結子淡黃，味辛溫，有微毒。主消穀利臟。然多食令人多忘。小兒痘瘡不發，搗碎和酒，噴之即發。　莧菜：　《莆陽志》云：　有赤莧、紫莧、白莧、五色莧、人莧、馬莧。《圖經》云：　人莧與白莧一也。但人莧小而白莧大耳。馬莧即今馬齒莧也，葉上有水銀，蓋感陰氣之多者。凡莧性寒，食之宜和以蒜。又《本草》謂：　莧不可與鱉同食，令人生鱉瘕。　油菜：　葉如白菜，色青，根微紫，子可以笮油。　白菜：　葉如油菜，其莖色白，茹之味佳。亦可淹食。　甕菜：　莖空性寒，蔓生畦中或水中。《遯齋閑覽》云：　此菜本生東夷古倫國，番舶以甕盛之，譯不能通，但言甕菜。《本草》云：　能解野葛毒。張司空云魏武帝噉野葛至一尺，應是先食此菜也。

菓之屬　桃：　桃者，五木之精也。味酸無毒。邑有三種：　曰大白，曰餅子，曰鶯觜。五六月熟。【略】　李：　李，東方之菓也。性溫無毒。邑有五種：　曰空核，曰斑點，曰胭脂，曰黃臘，曰紫李。六七月熟。【略】　梅：　吳淑賦云：　亦菓中之嘉實。初結子青色，夏熟則黃。又有紅梅，味皆甘酸，可以止渴。【略】　杏：　有二種：　曰抽絲杏，曰麥杏，非杏梅之杏。其實似李而小，四五月熟。又不類北杏，大抵非本土所宜也。　梨：　味甘、微酸，寒，有雪梨、麵梨、冬梨、早花梨、脆梨、錢梨六種，惟雪梨最佳。【略】　柿：　味甘，寒，無毒。有牛心、鹿心、油椑、指柿、銅盤、珠柿、飯柿七種。冬熟，秋亦可食，但用蓼水浸。【略】　栗：　栗，北方之菓也。攢刺如蝟，及熟，房裂而栗圓。性溫無毒，食之令人耐飢。又一種頂圓末尖，謂之榛子。《詩》所謂樹之榛栗是也。蘇轍詩云：　老去自添腰脚病，山翁服栗舊傳方。客來為說晨與晚，三咽徐收白玉漿。　橘：　《異物志》云：　橘，白華赤實，皮馨香有味。《禹貢》云：　厥包橘柚。孔安國疏：　小曰橘，大曰柚。《考工記》云：　橘，踰淮而北為枳，地氣然也。又：　色黃如金者曰金橘；　實小如豆者曰金豆，可作蜜煎。【略】　柑：　按《本草》：　有乳柑、沙柑、青柑，味甘酸而性寒，皆橘柚類也。【略】　橙：　橙子，木有刺，實似柑而形圓，味似橘而性冷。一種甘酸，一種酸不可食，其皮香美。【略】　櫻桃：　《爾雅》云楔桃，《廣雅》云：　含桃也。《月令》：　仲夏羞以含桃。此果最小，鶯含食之，故名。　實熟如珠，猩紅色。【略】　楊梅：　《異物志》云：　子大如彈丸，正赤，五月中熟，熟時似梅子，味甜酸，有紅、白、紫三種。惟建甯所產其實稍大，味亦稍甘。【略】　枇杷：　冬花夏熟，實黃，大如鷄子，小者如杏，核大如小栗，又名盧橘。味甘酸，無毒。【略】　石榴：　《博物志》云：　張騫使西域還，得安石榴。有二種：　甘者充果品，酸者入藥用。《本草》云：　安石榴子多，無毒。又一種不結子者謂之百葉石榴。【略】　蓮實：　蓮，荷實也，一曰菂薂。藕，荷根也，一曰蔤，乃莖下白蒻在泥中者。《爾雅》云：　其實蓮，其根藕，其中菂，菂中薏。五月生，至秋皮黑菂成，可食。服之能輕身益氣。俗呼蓮房為蓮蓬。【略】　菱角：　芰實也。葉浮水上，花黃白色。菱花開背日，芡花開向日。菱寒而芡暖。花落而實生，漸向水中乃熟。《武陵記》云：　四角、三角曰芰，兩角曰菱。《本草》謂：　味甘平，無毒。蒸作粉和蜜食之可代糧。芡即鷄頭子，建邑少產。【略】　林檎：　木似柰，實比柰差圓，六七月熟，又名來禽，又名花紅。【略】　葡萄：　蔓延而葉密，花細而色白，有青、紫二種。按《史記》：　葡萄出大宛。張騫使西域得其種而還，種之，中國始有。《本草》云：　味甘平，無毒。【略】　西瓜：　蔓生。大曰瓜，小曰瓞。來自西域，故名。其肉有紅、白二種，子有紅、黑、斑三色。味甘寒，盛暑可以解渴。又有枕瓜、甜瓜、香瓜，建邑俱產。【略】　木瓜：　木狀如柰，春末生花深紅色，其實大如甜瓜，小者如拳。味酸，土人用作蜜煎。【略】　土瓜：　按《莆陽志》謂：　新蘿葛，其藤似葛，其根入地結如瓜狀，色白而脆，味甘香，能解醒消渴。　株子：　有三種：　一曰石株，子如栗子，形差圓而尖；　一曰苦株，子如石株，形稍小而苦，樹皆高大，葉似栗葉差小，子皆房生，有刺；　一曰甜株，樹亦高大，葉似槐葉，尖長而硬厚，其子亦房出，微有刺，形如苦株而尤小，味甜可食。建邑有銀株、米株、苦株、巖株，即此種也。但俗呼不同耳。

查子：　樹高三四尺，莖有刺，葉微有刻缺如菊葉，實圓如林檎狀而小，生青熟紅。亦有黃色者，俗呼茆查。《本草》云：　山查子消食，可作糕。　棗子：　《本草》云：　棗味甘平，無毒，此棗味美。南棗實小而核大，堅燥不甚甜。陶隱居所謂南棗大惡，殆不堪噉是也。【略】　甘蔗：　有青、赤二種。其苗似笋，其身似竹，八九月可食。經霜以之搗汁，煎黑砂糖。【略】　銀杏：　樹高大，葉薄，其花夜開晝合，其實毬子白，每一枝約有百十顆，宜煨食。一名鴨脚子，言其葉如鴨脚也。【略】　香橼：　《本草》曰枸橼。其實大

小不一，黃皮厚皺，微酸而苦，味甚香。謂之香櫞者，言香氣緣襲人衣也。

藥之屬　菖蒲：　一種菖陽，生下濕地，根大，不可食。一種小者生池沼石磧上，葉長二尺許，其中心有脊，狀如劍，其根盤屈有節，狀如馬鞭，一寸九節。五月五日採根陰乾，入藥用。《本草》云：　味辛溫，無毒，服之輕身益智長生。　大艾：　葉大如菊葉，色青似蒿。本土所産者葉厚而綿少，不如蘄艾葉厚而綿多。以五月五日採暴乾，陳久可用。《本草》云：　味苦，微溫，無毒。主灸百病，亦可煎服。　紫蘇：　色紫味香。夏採莖葉，秋採子。《藥性賦》云：　味辛，溫，無毒。主下氣散寒。　薄荷：　冬不死，葉尖，夏秋採莖葉，暴乾。《藥性賦》云：　味辛苦，無毒。夏溽暑，加以扁豆、甘草煎湯，可以解暑。　蒼耳：　陸(機)〔璣〕云：　花白細莖，蔓生。郭璞云：　葉如鼠耳，叢生如盤。其説互異。按：　今本地所生樹高二三尺許，莖青色黃，上有斑點。葉如葡萄葉而小，子多刺，其中有仁。葉味苦辛，微寒，有毒。《唐本》註云：　三月以後七月以前割，日乾為散。夏水服，冬酒服。主治癲癇、頭風、痹濕之病。　葛根：　春生苗，引蔓長一二丈。葉頗似葡萄葉，大而且厚，青色，微有毛。七月着花似豌豆花，不結實。根形如手臂，淡黃色。五月五日採根暴乾，以入土深者為佳。按《本草》：　葛根味甘平，無毒。生根汁大寒，俱主消渴、傷寒等證。葉主金瘡、止血。花主消酒。　半夏：　《圖經》云：　生槐里川谷。今在處有之。二月生苗，一莖，莖端三葉，色頗似竹葉而光。江南者似芍藥，葉根下相重生，上大下小，皮黃肉白。五月、八月內採根以灰裛二日，湯洗，暴乾，主胃冷嘔噦、風疾。　香薷：　似白蘇而葉更細。陶隱居云：　家家有此，惟葉生食。十月中採，乾之。一作香葇。又有一種石上生者，名石香薷。葉細而辛香，尤佳。《本草》云：　味辛，微溫，主霍亂、腹痛，吐下，散水腫。　前胡：　似柴胡而柔軟。二月、八月採根曝乾。《本草》云：　味苦，微寒，無毒。主療痰下氣，治寒熱服佳。　萹蓄：　《圖經》云：　萹蓄亦名萹竹，苗似瞿麥，葉細綠如竹，赤莖如釵股，節間花出甚細，微青黃色，根如蒿根。四五月採苗陰乾。《本草》云：　味苦平，無毒。煮汁與小兒飲，療蚘蟲有驗。　茱萸：　有吳茱萸、食茱萸二種。《本草》云：　吳茱萸結實似椒子，嫩時微黃，至熟深紫色，九月九日採陰乾。《經》云：　味辛，溫、大熱，有小毒。主溫中下氣，除濕去痰冷，利五臟。食茱萸味辛苦，大熱，無毒。功與吳茱萸同，少為劣爾。療水氣用之乃佳。　薏苡：　春生苗，莖高三四尺，葉似黍，開紅白花，作穗子，五六月結實，青白色，形如珠子而稍長。八月採實，根採無時。《本草》云：　薏苡仁味甘，微寒，無毒。久服輕身益氣。　商陸：　有赤、白二種。花赤者根赤，花白者根白。赤者不入藥，白者可服食。《圖經》云：　葉大如牛舌而厚，莖青赤至柔脆。夏秋開紅紫花，作朵。根如蘆菔而長。八九月內採根，曝乾。《本草》云：　味辛、酸，平，有毒。主療水腫，辟鬼邪。　黃精：　生山谷中，三月生苗，高一二尺，葉如竹葉而短，兩兩相對，莖梗柔脆頗似桃枝。本黃末，亦四月開細青白花，如小豆花狀，子白如黍。亦有無子者，根如嫩生薑，黃色，二月採根，蒸過曝乾用。今人服用以九蒸九曝為勝。《本草》云：　味甘，平，無毒。主補中益氣，久服輕身延年不飢。但葉與鉤吻相類，採取尤宜辨之。　烏藥：　《本草》云：　樹生似茶，高丈餘，一葉三椏，葉青陰白，根色黑褐，作車轂形狀，實如山芍藥，根又似烏樟根。八月採根，味辛，溫，無毒。《斗門方》云：　治陰毒傷寒，煎服。　栝樓：　果贏實也。葉似甜瓜，葉作叉，有細毛。七月開花似葫蘆，花淺黃色，實在花下，大如拳，九月熟。二月、八月採根曝乾，三十日成。《本草》云：　根味苦，寒，無毒。可作粉。主消渴，治煩熱。歲久入土深者佳。日華子云：　子味苦，冷，無毒。補虛勞口乾，潤心肺。　枸杞：　春生苗，葉如石榴葉而軟薄堪食，俗呼為甜菜。其莖三五尺，作叢，七八月生小紅紫花，子熟正赤色，根名地骨。冬採根，春夏採葉，秋採莖實，陰乾。《本草》云：　味苦寒。根大寒，子微寒。無毒。主五內邪氣，熱中消渴。註云：　莖葉及子服之輕身益氣。　絡石：　《本草》云：　生太山之谷，或石山之陰，或高山岩石上，或生人間。味苦，溫，微寒，無毒。《圖經》云：　葉圓如細橘，正青，冬夏不凋。其莖蔓延，莖節着處即生根鬚，包絡石上，以此得名。花白子黑，正月採，或云六七月採莖葉日乾，以石上生者良，其在木上者隨木性而移。　薜荔、木蓮、地錦、石血，皆其類也。久服能輕身，明目通神，潤澤顔色，延年。　大小薊：　《衍義》云：　大小薊皆相似，花如髻。但大薊高三四尺，葉皺；小薊高一尺許，葉不皺。葉並多刺，心中出花頭如紅藍花而青紫色。四月採苗，九月採根，並陰乾。《本草》云：　大小薊根味甘溫，主養精保血。　天門冬：　春生藤蔓，葉如茴香，極尖細而疎滑，有逆刺。亦有澁而無刺者，其葉如絲杉而細散，其根大如手指，長可二三寸，一二十枝同撮，二、三、七、八月皆可採。《本草》云：　味苦甘平，大寒，無毒。能去寒熱，治肺氣，養肌膚，冷

而能補。　馬兜鈴：　春生苗如藤蔓，葉如山芋葉。六月開黃紫花，頗類枸杞花。七月結實，棗許大，如鈴，作四五瓣。七八月採。《本草》云：　味苦，寒，無毒。主肺熱咳嗽，痰結喘促，血痔瘻瘡。　紅藍花：　即紅花也。冬布子，春生苗，夏乃花。下作梂彙多刺，花蕊出梂上，圃人承露採之至盡。梂中結實，白顆如小豆。花可染紅，亦可作臙脂。《本草》云：　味辛，溫，無毒。主產後血病為勝。　穀精草：　春生於穀田中，葉幹俱青，根花並白色，二三月採花用。一名戴星草，花白而小，圓似星，故名。味辛，溫，無毒。主療喉痹、齒風痛。　益母草：《本草》作茺蔚，《詩》中谷有蓷，亦即此也。生田野、園圃間，方莖白花，花生節間，五月採。《本草》云：　味辛甘，微溫、微寒，無毒。主明目益精，療腫毒。治產後血病，久服輕身。　紫背草：　按《圖經》：　紫背金盤草，苗高一尺，葉背紫，無花。根味辛澁，性熱，無毒，採無時。恐即此草也。　車前子：《詩》所謂芣苢，即車前草也。大葉長穗，好生道旁。《本草》云：　其葉及根味甘，寒，無毒。強陰益精，治泄瀉尤效。五月五日採，陰乾。　香附子：　即莎草根，生田野，莖葉都似三稜，根若附子，周匝多毛。大者如棗，近道者如杏仁許。二八月採。《本草》云：　味甘，微寒，無毒。主除胸中熱，充皮毛。久服令人益氣，長鬚眉。俗謂能開胃消食。　金櫻子：　叢生郊野中，大類薔薇，有刺，四月開白花，夏秋結實，亦有刺，黃赤色，形似小石榴，中有細子帶芒，肉味甜，俗呼為糖罐。《本草》云：　味酸澁平溫，無毒。療脾洩下痢，止小便，久服令人耐寒。　山梔子：　梔子花六出。子小而多稜者入藥用；　其大者謂之伏尸梔子，但用以染。《本草》云：　味苦，寒、大寒，無毒。凡霍亂轉筋，燒服立愈。　石楠藤：　按《本草》：　一名丁公藤，生南山山谷，依楠樹生，故號南藤。莖如馬鞭有節，紫褐色。味辛，溫，無毒。主風血，補衰老。又《圖經》云：　石南藤生天台山中，其苗蔓延木上，四時不凋。彼土人採其葉，入藥治腰疼。恐即此也。　釣鉤藤：　葉細莖長，節間有刺若釣鉤，三月採。味微寒，無毒。陶隱居云：　出建平。亦作吊藤字，惟療小兒方多用之。　紫金藤：　按《圖經》：　紫金藤生福州山中，春初單生，葉青色，至秋葉落，其藤似枯條。採其皮晒乾為末，治丈夫霍亂。又《圖經》云：　紫金牛生福州，味辛，葉如茶，上綠下紫，實圓紅如丹朱，根微紫色。八月採，去心曝乾，頗似巴戟。主時疾膈氣，去風痰用之。舊志云紫金（鐘）〔鍾〕，或訛鐘字，二者未知孰是。　白斷藤、左旋藤、豆瓣草、碌礴草、鳥不棲木。已上舊志所載，《本草》無據，姑存之以俟博物者攷焉。

花之屬　梅花：　其品不一。本地惟紅白二色，臘月開花。林和靖有疏影暗香之句，至今以為絕唱。【略】　桃花：　品亦多種，花淡紅色。《月令》：　仲春之月桃始華。【略】　李花：　花白春開。【略】　梨花：　花白春開。【略】　蓮花：　紅白二種，花之君子者也。【略】　榴花：　花紅夏開。凡四種：　有千葉者、單葉者，有四季開花者。千葉者不結實。又有白石榴。【略】　葵花：　戎，蜀葵也。有紅、白、紫、赤、淡紅數色。亦有單葉、千葉之別。又一種小花者，名錦葵，葵心隨日轉向。詩云：　雖然冷淡無人看，獨自傾心向太陽。　萱花：　萱草花也。一名鹿葱。《風土記》云：　妊婦佩之則生男，又名宜男。《詩傳》謂：　令人懽樂，故又名忘憂草。一種千葉，花黃微帶紅暈；　一種單葉，色黃。二種本地俱有之。《遊子吟》：　慈親倚堂門，不見萱草花。古人以此比親。　蘭花：　蘭，香草也，楚人曰蕙者，今零陵香是也。花黃，中有細紫點。春芳者為春蘭，色深；　秋芳者為秋蘭，色淡。黃山谷云：　一幹一花而香有餘者為蘭；　一幹七八花而香不及者為蕙。【略】　桂花：　一名岩桂，又名木犀花。有紅、黃、白三色，古詞：　紅色者為狀元，黃為榜眼，白為探花。【略】　菊花：《爾雅》作蘜。有二十餘種。單葉花小而黃，綠葉色深，小而薄。應候而開者可入藥用。其味有甘苦二種。莖紫，氣香味甘，葉可作羹。青莖而大作蒿艾，氣味苦，不堪食。今人栽植以供翫賞者其名多品，蓋花之隱逸者也。【略】　柚花：　花似橙橘稍大，色白而香。【略】　牡丹：　一名木芍藥，品類最多。花有黃、紫、紅、白、深碧數色。生於洛中為盛。世人皆愛重之，謂之國色花王，春月會賞多所題詠。建邑罕植。【略】　芍藥：　百花之中其名最古，品亦最多。有紅、白、黃、紫、緋數色。白樂天謂：　叢大朵繁者為佳。孔常父云：　其色以黃為最貴，所謂緋紅千葉〔乃其下者〕是也。揚州芍藥名於天下，與洛陽牡丹俱貴。於時鄉人有鬪花會。【略】　海棠：《李贊皇集》云：　花以海為名者，悉從海外來。《花譜》云：　海棠，花中神仙，有色無香。楚淵材五恨，此其一也。姚立記言：　其花五出，初則極紅，如胭脂點點，及開則漸成纈暈，至落若宿粧淡粉。惟紫綿色者正，謂之海棠，蜀產為佳。建邑罕植。【略】　酴醾：《格物論》本作稌穈，後加酉，以酴醾酒色相似，故名。山谷云名字因壺酒是也。有刺萼生，承

以架。紅者呼番酴醿，不香；白者極香，春晚盛開。【略】 茉莉：種出越裳，移植廣東，又移之閩中。東坡謫儋州，見黎女競簪之，戲曰：暗麝着人簪。茉莉花白，有重瓣、單瓣者。廣東又一種，樹高尋丈，以架承之。閩中只高二三尺許，以盆貯之，其香不殊。【略】 素馨：始自番船載至廣。香聞百步，廣人易其名曰素馨，轉而入閩。蔡端明云：素馨出南海，萬里來商舶。 瑞香：樹高二三尺，枝榦婆娑，葉厚，深綠色。冬春之際，每枝結蕊一簇，每簇率十數朵，每日相繼而開。花有紫、白二色；紫者香濃，白者香淡。【略】 薔薇：藤身青，莖多刺，花紅色，三月盛開，爛然如錦。又一種絕類薔薇，一年四季十二月相續，花開不斷，土人因呼為月季花。或訛為月桂，非也。【略】 紫薇：薄膚碎葉，抓其本，枝葉俱動，花豔如霞。禁中多植，謂之紫薇省。本地亦有此種。【略】 紫荊：葉小無椏，花甚細碎，共作朵。春先開花而後生葉，深紫可愛。田氏兄弟感荊花而復好。今人多於庭院間種植。 山茶：樹高者僅至尋丈。葉如桂而光厚，花深紅色。東坡詩云：葉厚有棱犀角健，花深少態鶴頭丹。本地有三種：一種花開單葉而大；一種花開千葉而稍小者，謂之寶珠茶；一種樹不能長大而花葉俱小者，謂之錢茶。當歲暮百花搖落之後此花始開，故人重之。【略】 山丹：樹叢生，高者四五尺，其花四英，深紅色，間有百餘花簇聚一蒂，如繡毬狀。四月開，至八月尚爛熳。東坡所謂錯落瑪瑙盤是也。【略】 山梔：一名木丹。二三月生白花，花皆六出，甚芬香。俗說即西域(詹匐)〔薝蔔〕也。【略】 木槿：一名佛桑，又名日及花。有紅、紫、白三色，無香，四時常開，朝開暮落。人家多植此為籬障。【略】 石竹：一名錦竹，叢生，高尺許，花如纈錦。李太白有石竹繡羅衣之句。 芙蓉：一名拒霜，一名木蓮。有紅、白二色。又有朝白暮紅者，曰醉芙蓉。俱有單葉、雙葉之別。出於山者無香，木芙蓉是也；出於水者其香清遠，荷芙蕖是也。【略】 棣棠：蔓生多葉，其花黃色，菊之類也。又曰棣棠菊。 長春：葉長有刺，花紅，四時常開，又曰月月紅。 凌霄：《詩》謂之苕，《本草》云：即紫葳也。藤生，緣他木而上，其花黃赤色。《聞見錄》云：此花有毒，凌晨仰視花中露水，或滴入目中，令人失明。【略】 櫻珠：疑即郁李也。條生作叢，高五六尺，其葉如李花極繁密而多，葉粉紅色。又有花開單葉者，則結實，小若櫻桃，赤色，正月開花。 玉簪：質素而香。古詩云：宴罷瑤池阿母家，飛瓊扶上紫雲車。玉簪墜地無人拾，化作東南第一花。又有一種似玉簪而小，淺紫色，名紫簪花。 金沙：花深紅色，春開。【略】 金錢：一名子午花。苗高尺餘，葉如柳而細長，附榦而生。花在葉間，深紅色，圓薄如錢，晝開夜落，俗呼夜落金〔錢〕。【略】 金鳳：樹高一二尺，葉長，花如粉豆，有紅、有紫、有白，夏開。葉可染指甲。子如菜種，着地易生。【略】 鷄冠：莖高三四尺，其葉似莧而尖，其花匾而舒張，大類鷄冠，有紅、白二色。又有一種矮者，僅四五寸許，花亦相類，俗呼鋪地錦。【略】 杜鵑：一名躑躅，一名滿山紅，一名山石榴。有深紅、淺紅及紫者，三月盛開，正杜鵑苦叫之時，故名。古詞：開時偶值杜鵑聲。俗謂杜鵑啼血，滴地而成，非也。白樂天詩云：九江三月杜鵑來，一聲啼得一花開。未可為據。 欲留春：即百葉梔子花也。一名水梔花，一名玉樓春。其花孟夏始開，故名欲留春。蓋欲留與玉樓以聲相近而譌耳。 剪春羅：莖高一二尺，葉如冬青而小，四面攢枝而上，每一莖開一花，丹紅色，花瓣上茸茸類剪刀痕，故名。 滴滴金：莖高二三尺，葉如柳附莖而生，花如單葉菊而色黃，其葉上露滴地即生，故名。

草之屬

蓼：高而大者為家蓼，莖有節如鼓槌草。秋開花，作穗紅白色，人間種於院落粧點秋色。生於水澤中者為水蓼，造酒取以和麵作麯，味辛苦。越王欲復吳，臥則嘗蓼以苦志也。 藻：水草之有文者。有二種：其一莖大，長四五尺；其一莖小，葉如蓬蒿。以藻名者，言其潔如澡也。《傳》云：藻，取其潔也。古者山節藻棁，蓋以其有文也。 蘋：蘋之言賓也。一云水上浮萍即藻也。葉員闊寸許，水深潔處乃有，故曰于以采蘋，南澗之濱。《左傳》曰：蘋蘩蘊藻，可薦於鬼神，可羞於王公。大夫之妻采之以奉祭祀。 萍：無根而浮，常與水平，故曰萍。葉圓小，一莖一葉，根入水。《月令》：季春萍始生。舊說萍善滋生，一夜七子。一曰：萍浮于流水則不生，于止水則一夕九子，謂之九子萍。注：東人謂之薸。言無定性，隨風薸流也。世說楊花入水化為浮萍。 蘆：即今苦蘆也。其筍最苦，或謂之葭。其小者曰藋。 茅：茅體柔理直，有刺，三脊，又潔白，故先王用之以藉，亦以縮酒。《易》曰：藉用白茅。《周禮》大祭祀供茅是也。其長大者用以蓋屋。 菅：《爾雅》云：白葉野菅。註謂茅屬，有二種。陸(機)〔璣〕云：菅似茅，滑澤無毛，根下四五寸有白粉，柔韌可為索。 莎：生田野，莖葉都似三稜，根若附子，周匝多毛。此草根名香附子。 蒿：青蒿

也。春生苗，葉極細嫩，至夏高四五尺，秋後開細淡黃花，花下結子如粟米大。根、莖、子、葉並入藥用之。　燈心草：　種下濕地，葉如葱管細尖而長。其中瓤白，剔出之以燃燈，其草可織為席，亦可入藥。　鼠麯草：《艾軒集》作暑菊。生野田，葉蒼白色。三月間人採之，與米粉同擣作餅餌，蒸熟食之。　馬鞭草：　春生苗，葉高二三尺，抽三四穗如馬鞭狀，故名。　鳳尾草：　形似鳳尾，故名。

竹之屬　紫竹：　與斑竹相類，但其色純素。可作簫。　斑竹：　節間有斑點，俗傳湘妃泪痕。　黃竹：　榦可以釣，篾可以纜。其色黃，故名。　方竹：　外方内圓，可為杖。　甘竹：《竹譜》云：　甘竹似篁而茂，即淡竹也。肉薄，節間有粉，南人以燒竹瀝者。味甘，無毒。　苦竹：　性堅，色微紫。一名雪竹。有二種：　肉厚，葉長，笋微苦；　一種本極麁大，笋味殊苦，可作紙，亦為船篙。　慈竹：《本草經》亦不載此竹。而所錄諸方或有用以治病者，因并錄之。孟詵云：　慈竹瀝療熱風，和食飲服之良。　粿竹：　竹小而節麁，葉大而軟，不堪別用。其筍味甜而微苦，可作蜜煎。　麻竹：　大如江南竹，榦脩笋脆。土人以破篾為器皿，亦佳。　箭竹：　竹可為箭。大者高五六尺。節長二三尺。土人取為弩矢。《禹貢》揚州曰篠是也。　筀竹：　色蒼性堅。三月笋味辛可食。可編器。　箬竹：　身低小，葉大，名箬葉。人用以絮，逢端午用以裹粽。　綿竹：　可作篾絲。　秋竹：　叢生山中，細榦而黃色。土人以破篾，可作箬笠。　江南竹：　一名小竹。笋甘美，實堅直。可作魚篙。　觀音竹：　高二三尺，葉軟身小，中無孔。僧寺中多種之以供翫。　人面竹：　榦與常竹無異，惟近節處有鱗次而差長，中間突起如人面狀。可作拄杖。　猫兒竹：　三月笋味苦。大者近斗，性極堅勁。　呈竿竹：　三月生籜，有紫毛，味微苦，可食。大者徑寸，小者如楊。　釣絲竹：　類黃竹而高一二丈許，如釣絲様。　白眉竹：　可作筆管。　烏步竹：　大如斑竹，笋極佳。　赤尾竹：　生於野叢中，高丈許。其笋尾尖上赤色，故名。

木之屬　松：　樹極高大，皮如龍鱗，其葉每三鬣共一簇，風撼之聲如笙簧。《本草》云：　其脂、其實、其葉、其節、其根上白皮皆入藥用。【略】　栢：　似松皮少裂文，堅膩而味香。坡云銅爐燒栢子，言其香清也。《顧愷之傳》：　松栢之姿經霜益茂。言其性堅也。《古栢行》：　孔明廟前有老栢，黛色參天二千尺。言其老更奇秀也。　杉：《爾雅》曰：　柀，檆。疏曰：　俗名作杉。木類松而勁直，葉附枝生，若針刺。性堅膩，乃宮室器用之上材也。　檜：《禹貢》栝栢註云：　栢葉松身曰栝，即檜也。【略】　樟：　樹最高大，葉密，材可為器皿。其氣辛烈，熬其汁可為腦。置水上，火燃不熄。日華子云：　煎服之可治脚氣水腫。　柟：　亦作楠。《爾雅》云梅柟。荊州曰梅，揚州曰柟。木理細潤，大者四五圍，俗呼香楠。宮室之美材。一歲東榮西枯，一歲西榮東枯。古稱楩楠，豫章則材之貴久矣。　桐：　按桐之為木，諸家說者不一。《本草》：　一曰白桐，一曰岡桐。《爾雅》又云梧桐。竊意桐有四種：　一種花葉不相見，花不結子，材中琴瑟。《禹貢》嶧陽孤桐，即白桐是也；　一種不花不子，與油桐相類，岡桐是也；　一種結子可食，與中琴瑟者，即《爾雅》所謂梧桐也；　一種可壓油，則謂之油桐。　梓：《爾雅》椅梓。郭璞注云：　即楸也。《詩》曰：　椅桐梓漆，爰伐琴瑟。陸（機）〔璣〕云：　梓者，楸之疏理白色而生子者為梓；　梓實桐皮曰椅。大同而少別也。蓋椅、桐、梓三木皆琴瑟之材，而梓木最堅，今人用作琴底者也。　楓：《爾雅》云：　楓，欇欇。蓋欇欇，楓之別名也。厚葉弱枝，善搖。郭璞云：　樹如白楊，葉圓而歧，有脂而香，今謂之楓香。經霜風則凋赤。【略】　柳：《說文》云：　小楊也。柔脆易生，與楊同類。皮麁而枝弱，葉秀而絲垂，花飛如絮。雖橫顛倒植之皆生。【略】　槐：　槐有數種：　葉大而黑者名櫰槐，晝合夜開者名守宮槐，葉細而青綠者但謂之槐。《周禮》：　冬，燧人取槐木之火。《春秋說題》云：　槐木，虛星之精也。俗多取其花染物，色甚黃鮮。【略】　柞：　此木葉細，性堅理膩。宋《莆陽志》云：《傳》曰：　柞之性堅強而不為霜露之所遷，得土之正氣也。《本草》云：　柞木皮味苦平，無毒。治黃疸病，皮燒末，服方寸匕。生南方，今之作梳者是。　株：　樹頗高大，葉略似桂葉，其子如苦珠，圓而稍長。鄉人去其殼而磨之，料理作涷，亦可食也。　楮：　即穀樹也。江東所產者結實，本地所產者不結實。其皮可搗為紙，亦可治為衣、為衾。《本草》謂：　味甘，寒，無毒。可入藥用。《圖經》云：　江南食其嫩芽以當菜茹也。　桍：　樹類茗而稍高大，皮有淡黃、粉花開白色，亦類茗。實似茗實而稍大，白露時熟，實既落，隨即開花。蓋其花實在樹足一周歲也。實可壓油，俗所謂茶油即此也。　桑：　人家所種以飼蠶者。按《本草》：　桑根白皮味甘，寒，無毒，與其葉皆可療病。　烏臼：

樹高大，葉如梨葉而小，花黃白，子黑色。其葉可染皂，其子可取蠟為燭，其子中細核可笮油燃燈。　冬青：韓子蒼曰：萬年枝也。《閩中記》云：肌理白文如象齒，道家取以為簡。今按：土人放蠟蟲種蠟，即此樹也。蓋其蟲作繭樹枝上，每繭中有蟲百數如絲髮，此為種子。秋冬剪取而藏之，及春取縛置樹上，蟲出繭，食樹津液，因而放蠟彌滿枝柯，其白如雪。乃剝取而烹煉之，蠟成，瑩若凝脂。延、建、汀三州皆有之，江西尤多。　皂莢：木極高大者，細葉長刺。其樹有雌雄，雌者作莢，雄者不作莢。善滌垢穢。按《本草》：味辛鹹，溫，有小毒。醫家作疎風氣丸。煎多用長皂莢，治齒及取積藥多用猪牙皂莢。　黃楊：木理堅而細，其色黃。俗說歲長三寸，遇閏則退一寸。東坡詩云：園中草木春無數，惟有黃楊厄閏年。　棕櫚：直生無柯榦，樹端有椶皮成片，重重裹之。枝自椶中抽出，其枝兩旁有短刺。其葉生枝端，大如簸，有歧。凡椶皆按月取之以為絞繩，製衣、編薦用。其子亦自椶中抽出，狀如魚子，色黃，俗呼棕子，可食之。

羽之屬　鵲：一名乾鵲，一名喜鵲。俗呼為客鳥。俯鳴則陰，仰鳴則陽。《淮南子》曰：鵲知風之自而作其巢，知歲所在而開其戶。《博物志》云：鵲知太歲。俗說鵲巢中有梁，見鵲上梁者必貴。又謂其鳴有吉慶事或客至。張顥為梁州牧，有山鵲飛翔，化為員石。顥破之得一金印，文曰：忠孝侯印。【略】　雀：《說文》云：雀，依人小鳥也。雀不能行，其行必躍，故謂之雀躍。一名嘉賓，言栖宿人家如賓客也。又一種似雀而小，八九月飛稻田間，多至數千，謂之黃雀。【略】　鶯：黃鳥也。又曰黃鸝，曰倉庚，曰黃栗留。其聲睍睆，當椹熟時則應節而來。【略】　燕：《詩》謂之玄鳥，《禮記》謂之乙鳥。春社至，秋社去。《本草注》云：紫胸，輕小者曰越燕；胸斑黑，聲大者曰胡燕。【略】　鷹：鷙鳥也。金睛鐵爪，鉤嘴劒翮，善擊。《月令》：仲春鷹化為鳩，仲秋鳩化為鷹。今西北人多畜鷹，教之旬月間即操縱隨人意，以攫雉兔。【略】　鷂：大如鷹，蒼黑色，尾短，善擊鳧鴈。大者謂老鷂，羽毛麄，鼻上黃如蠟色，俗謂之蠟鼻也。　鶻：《馮志》云：拳堅處大如彈丸，俯擊鳩鴿食之，鳩鴿中其拳墮空中，即側身自下承之。其捷殆過於鷹也。【略】　鸛：狀似鶴，頭無丹頂，項無烏帶。不能唳，但以喙相擊而鳴。有兩種：巢樹者為白鸛，黑色曲頸者為烏鸛。天將雨則長鳴而喜，蓋知雨者也。　鴈：陽鳥也。一名朱鳥。多集洲渚間，春去秋來，性惡熱。故始寒則南翔，始暑則北徂。《釋鳥》云：足蹼踵企，銜蘆而翔以避矰繳。其飛也有序，其進也有漸。其羽可用為儀，知夫婦之義，故婚禮用之。《周官》六贄，大夫執鴈，蓋取其去就有儀，不失序也。【略】　雉：今所謂雉鸐也。又呼野鷄。其飛不越分域疆界之內，其交有時，別有倫，其羽文明，可用為儀。故王后之服畫之，曰華蟲，曰褘衣，皆是鳥也。其死耿介。《周官》曰：士執雉。《書》云：一死贄。取其守介，死不失節也。　鷄：知時之畜，司晨。善鬪，火德之精。《記》曰：鷄為翰音。頭戴冠，文也；足傅距，武也；敵在前敢鬪，勇也；見食相呼，仁也；守夜不失時，信也。有五德之貴也。【略】　鵝：一名舒鴈。江東人謂之鵝。掌黃羽素，頸長眼綠。王羲之愛之。【略】　鴨：鴨，家鶩也。頭綠掌黃，文翅花毛。一名舒鳧。皆自呼其名鴨鴨。【略】　鳧：《釋鳥》曰：沉鳧，單脚短喙，百十為群，其飛迅速而下，沒而還浮，與波上下。《楚辭》曰：寧昂昂若千里之駒乎？將汎汎若水中之鳧乎？【略】　白鷴：似雉色白，有細黑文，兩頰紅，首有冠緌，其翠如藍。尾長二三尺，脚高數寸許，有距，亦紅色。其雌者闇然無章。周翠渠云：此鳥性閒雅，故得鷴名。【略】　鷺鷥：頂有絲，脚綠。一名天鉏，又一名屬玉。劉禹錫云：鷺兒最高潔，毛衣新成雪。前山正無雲，飛去入遙碧。【略】　鴛鴦：匹鳥而有思者也，雌雄偶居。崔豹《古今註》云：鴛鴦，鳩類也。雌雄未嘗相離，人得其一，一思而死。故謂之匹鳥。本草食療方云：人家夫婦不和，作羹私與食之，立相憐愛。【略】　鸂鶒：水鳥也。小於鴨，身五色，尾有毛如船柁。《臨海異物志》云：能食短狐。其在山澤中則無毒氣。謂之鸂鶒者，以其為溪中之敕邪逐害者也。【略】　鸕鷀：《爾雅》鶿鷧。觜端曲如鉤，善取魚，漁人馴養之。其入水取魚，微束其頸，小魚聽自食，大魚吐以還主。舊說胎生，雛由口出。寇宗奭謂其官澧州日，公宇後有大樹，鸕鷀為巢三四十於其上，日夕觀之。既能交合，亦有卵殼布地，其色青碧。以為口吐者，誤矣。【略】　錦鷄：此鳥文采形狀略如雄雉，而羽毛間皆作圓斑點。嗉有肉綬，晴則舒之於外，其文五色，人謂之吐錦。《博物志》云：山鷄有美毛，自愛其毛，終日影水，目眩則溺。　竹鷄：似牝鷄而差小，毛色斑，其鳴哈哈。相傳謂白蟻聞其聲皆化為水。周翠渠云：予守鎮遠歸嘗致之，俗謂其自呼泥滑滑。今聽其聲不類。【略】　鷓鴣：飛常向日，畏霜露，早晚稀出，或夜飛則以木葉自覆其背，多對啼南嚮。

雖東西回翔，然開翅之始必先南翥。肉白而脆，味勝鷄雉。【略】 斑鳩：一名鵓鳩，一名布穀，江東呼為撥穀。呼雛逐婦，天欲雨廼鳴。昔鄭弘遷臨江大守，郡人徐憲在喪，致哀哭，鳩巢戶側，以孝廉舉。後人稱憲為白鳩郎。 白鴿：又云鵓鴿，鳩類。其毛羽色於禽中品第最多，翔集屋間。人家多好養。 烏鴉：其全體皆烏者名烏。能反哺，孝鳥也。身烏頸白者名夕烏。人遇其鳴則惡而唾之，鬼鳥也。【略】 鴝鵒：其鳥黑而有幘。端午日去其舌端，能效人言。《埤雅》云：以足交。《酉陽雜俎》云：交時以足相勾，如鼓翼相鬪狀，往往墮地。【略】 鶺鴒：一名雝渠，水鳥也。長脚尾，尖喙，背上青灰色，腹下白，頸下黑如連錢。飛則鳴，行則搖，有急難之意。故詩人取以興兄弟急難也。 鷦鷯：《詩》所謂桃蟲也。一名巧婦，一名韈匠。子化為鵰，此為最小。往往於柔條弱葉間結巢，緝理完好，生子其間不墮。《莊子》云：鷦鷯巢林，不過一枝。 翡翠：赤羽曰翡，青羽曰翠。小如燕，毛青黑，翎深青有光，飛水上食魚。翡大如鳩，毛紫赤，羽青不深無光，林棲，不食魚。其羽人家多用之緾花勝。【略】 畫眉：褐質白眉，善鳴好鬪。其聲似鶯而小，最清婉可聽。【略】 子規：杜鵑也。一名杜宇。《說文》謂蜀望帝所化。每春三月自夜達旦鳴不止，直繼以血。其鳴曰句句，行者聽其聲以為不如歸去。《格物論》云：其啼苦則自懸於樹，曰謝豹思歸樂。故又名謝豹。【略】 百舌：似鸜鵒而身差長，毛蒼嘴尖，惟食蚯蚓。一名反舌，謂能反覆其舌，以效百鳥之聲也。【略】 伯勞：鶪也。《詩》所謂七月鳴鶪是也。大如百舌，身灰色，有黑點。初鳴作鶪鶪聲，轉聲作破鑼聲。入林逐諸鳥食之。《楚詞》云鶗鴂鳴而眾芳歇，亦此鳥也。 啄木：啄木，鴷鳥也。口如錐，長二寸許，常啄樹食蟲。《本草》云：有大有小。褐者是雌，斑者是雄。患牙齒痛，以此鳥燒灰為末塞孔中，即愈。【略】 白頭翁：似雀而大，頭有白點，故名。【略】

毛之屬 虎：一名山君，言山獸虎為之君。以爪坼地觀奇偶，及作威則毛張爪露，嘯則林振風生。《吳兢傳》云：猛虎在山，藜藿為之不採。 豹：毛黃，小於虎，文黑如錢，比比相對。古云：餓狼食不足，飢豹食有餘。言狼貪豹廉也。謝眺詩云：雖無玄豹姿，且隱南山霧。 馬：《周禮》六擾之一，是謂家畜。其色不一，其蹄圓，尾散垂，其力健，八尺為駥，古人用以駕車。牡為騭，牝為騇。《列子》曰：馬口中紅白間色者壽，鼻中紅色如朱點者壽，眼中赤色如象形者壽。上齒欲鉤，下齒欲鋸；上脣欲緩，下脣欲急。其善走者用以騎戰則驅馳衝突，其銳莫當。故國家之用，以養馬為急。 牛：牛為家畜。首角，耳無竅，齒有下無上。尾肉而末毛，性順而緩，其食既食復出而嚼之。牡曰犍，牝曰母。農用以耕，禮充太牢，獸之有功於民與夫中禮之用者，莫大於此。 羊：首角蹄枝，其齒有下無上，尾禿，食齝齝，黑白二種，在閩中多黑。性畏露，養之當晚出早歸。舊說：春夏早放，秋冬晚出。尤善群，每成群以一雄為主，舉群聽之。今俗所謂壓群是也。 鹿：行速性警防，分背而食，食則相呼，群居則環其角外向，陽類也。故夏至感陰生而角解。《格物論》：十年為蒼鹿，又百年為白鹿，五百年為玄鹿。又《抱朴子》云：山中未日稱赤吏者，麞也。 兔：口有缺，吐而生子，故謂之兔。舊說：兔明月之精，視月而孕。《楚辭》曰：顧兔在腹。顧兔居月之腹，而天下之兔望焉，於是感氣。《禮》以兔曰明視，其以此與。 猿：善攀緣，故名。猿似猴大，黑色。《說文》云：或黃或黑，非五里樹木不棲，恐人害己也。其物通臂，左引則右短，右引則左短。足不履地，飲水則相連接而下。其聲嗚咽，每呼三聲相連，最為悲愴。其臂可作籥。人得之則自斷其臂。 猴：凡獸行走皆橫，猿猴則或橫或堅，蓋其稟氣近人，故能曉解人事。《埤雅》云：猴無脾，以行消食。《詩》謂之猱，楚人謂之沐猴，俗呼胡孫，《本草》謂之獮猴。 狗：耳垂或豎，尾卷或垂，其牙相制，足蹯，蹯後有懸爪曰犬，未成毫曰狗，四尺為獒。又有山狗，赤色黑文，好食菓實。 狐：似狗而小，尾如長篲，小前大後。其為物靈，善變化，妖淫以惑人。其性好疑，所謂狐疑也。 豺：狗足狗聲，今人所謂羅狗是也。尾長頰白，高前廣後，其色黃。每群行有一小者指路，遇犬羊相與傳食，一霎而盡，貪殘之獸也。說云：豺獺祭天。或又以謂：皆自祭其先，其性雖殘猶知報本，人可以不如豺乎？ 獺：似狐而小，青黑色，膚如伏翼，水居食魚。《淮南子》曰：鵲巢知風，獺穴知水。言能預知者也。或曰：獺一歲二祭，皆四面陳之。獺員布，豺方布，亦知報本云。 猪：豕，家畜也。或謂之豚，又謂之彘。《孟子》云：二母彘，凡祭祀之禮。豕曰剛鬣，豚曰腯肥。晦翁云：枉教人誚牧猪奴。土人多養之。 又有獸如豚，毛黑如錐，名曰豪猪。其鬃有刺，怒則奮以射人。其刺可為簪。又有野猪。按：《本草衍義》云：野猪如家猪，但腹小脚長，毛色褐，作群行。獵人惟敢射最後者，射中者前奔

則群散走，不傷人。今按：此猪山中亦有之。　猫：猫目睛旦暮圓，及午堅斂如線。其鼻端常冷，唯夏至一日暖。《禮》云：迎猫為食田鼠也。　狸：有玉面狸，其形似猫。面白口鋭，身長而多脂。煮之至熟，其脂入汁如油，取出連汁停冷則其脂復滲入於肉，其味乃佳。蓋其美在脂也。此獸生山林中，喜食果實，故土人又呼為果子狸。又一種類玉面狸而瘦身長脚，尾有九節，因名九節狸。亦食品之佳者也。　鼠：晝伏夜行，有齒無牙，能穿穴，畏猫。《格物論》：鼠善為盜，族類不一。有家鼠、鼯鼠、鼷鼠、火鼠、社鼠、白鼠。又有鼮鼢鼠，似鼠尾散垂，食菓實。緣樹而走，遇隔枝處躍過如飛。　竹鼦：其形如鼠而大，毛細而密，能穿地，食竹根。性溫，味佳。

鱗之屬　鯉：即今赤鯉魚也。《神農書》曰：鯉為魚之王。《本草註》云：其當脇一行自首至尾，無大小，皆三十六鱗，鱗各有黑點文。諸魚中此為最佳。又能神變，故多貴之。　鯽：似鯉色黑而體促，肚大而脊隆。本地池澤所產者僅二三指許。或云稷米所化。《圖經》云：性溫無毒，諸魚中最可食之。　青魚：似鯉而背正青色。古作鯖字，所謂五侯鯖鮓是也。《本草》云：青魚味甘，平，無毒。　鱖魚：巨口細鱗，皆有黑斑，味尤重。生江溪間。《本草》云：味甘味平，無毒。昔仙人劉憑常食石桂魚。今此魚猶有，桂名恐是此也。　草魚：其狀如鯉，青黑色，乃人家池塘所畜者也。仲春買魚苗畜於小池，稍長乃徙入蓮池，使食蓮草。俟長可尺許，復徙畜於大池，日割青草飼之，至季冬則魚成而可用矣。　鰱魚：有斑、白二種。似魴身廣而薄，鱗細，頭大而口小。其種亦來自西江。如畜草魚法，唯不食草。

鱅魚：似鰱，其頭尤大而肥。吳越呼鱮為鱅鰱，則鱅又鱮之別名也。　鮎魚：《詩》謂之鰋，《爾雅》謂之鯷音題，《本草》謂之鮧音夷，《圖經》云：大首方口，背青黑色，無鱗多涎。　鰻魚：《本草》謂之鰻鱺魚，似鱓而大，青黃色，無鱗。今按：此有二種，大者長五六尺，極有力，善攻碕岸，使頹；小者長二三尺許，居溝池中。其味皆豐美。本地所產者僅長尺餘，即白鱓也。　鱔魚：《本草》作鱓，似鰻而細長，亦似蛇而無鱗。有青、黃二色，生水岸泥窟中，冬蟄夏出。其味甘，大溫，無毒。　鰌魚：今泥鰌也。字亦作鰍。似鱔而短，無鱗，穴泥中，以涎自染，難握。俗名黃鰌。　金魚：有二種，大者為金鯉，小者為金鯽。其色如金，亦有時變白，曰銀魚。人家或畜之池或畜之盆，以供觀翫。　石鱗魚：狀如水鷄，生岩谷中，亦名蚵蚾。《海物異名記》：岩栖竇處，飲風露者曰石撞。　蝦：大者俗呼大脚蝦，生水澤中；小者俗呼泥蝦，生水田池沼中。味俱豐，可食。

甲之屬　龜：甲蟲三百六十而龜為之長。背有文應八卦，脇肋有文應二十四氣。有生於山中者，有生於水中者。凡龜頭方，殼圓，脚短者為雄；形長，頭尖，脚長者為雌。　鼈：俗呼團魚。其形與龜相類，但龜甲裹肉，鼈肉裹甲。鼈肉四邊垂者為裙，乃食品之珍者也。《本草》謂：甲味鹹，平，無毒。肉味甘。主傷中，益氣補不足。不可與莧菜同食之。　蚌：生溪澗池澤中，殼薄形圓，而長大者幾如掌。《本草》謂蚌冷無毒。　螺：有兩種，田螺生水田中，狀類蝸牛而殼尖長，大如人拇指。《本草》謂其性大寒。又一種溪螺，生溪澗中，似田螺而差小，尾亦稍尖。皆可食。俗呼螺螄。　穿山甲：即鯪鯉也。《本草》云：生深山大谷中，似鼉而短小，色黑，又似鯉魚而有四足，能陸能水。出岸開鱗甲如死，令蟻入中，蟻滿便閉而入水，蟻皆浮出，因接而食之，故主蟻瘻為最。

蟲之屬　蛇：蛇類甚多。今土人所識者花蛇，其身一節紅、一節黑，大者長四五尺，好入人家捕鼠食之。曰青竹蛇，大僅如指，長一二尺許，青色，好緣竹枝間，卒莫能辨。曰烏稍蛇，其長大如花蛇，土人有捕得者以煮酒飲之，謂能已風疾。已上三蛇俱有毒，不可犯。惟一種生水中者，曰水蛇，不甚螫人。　蛙：一作鼃。《本草衍義》云：青色，腹細嘴尖，後脚長，善躍。一曰田鷄，又曰水鷄。《月令》云雀入水為蛤是也。【略】　蝦蟆：《本草》云：一名蟾蜍。陳藏器云：蟾蜍與蝦蟆是二物。蝦蟆生陂澤間，身小，背有黑點，舉動極急，能跳接百蟲食之。時作呷呷聲。蟾蜍生人家下濕處，腹大身多痱磊，行動遲緩，不能跳，亦不能作聲。　蜈蚣：毒蟲也。身長多足，生人家屋壁間，喜食鷄肉。時聞鷄肉氣即自上投下就之。故鷄肉隔宿須過鍋乃可食。其性能制蛇，故中蛇毒以蜈蚣治之。　蝙蝠：《本草》名伏翼。一名天鼠，一名仙鼠，或謂之飛鼠。其狀類鼠而有肉翅，晝伏夜飛。　蚯蚓：一名土龍，一名蜿蟺，一名曲蟺。引而後伸，應候而鳴，長吟於地中。江東謂之歌女。　蝸牛：小螺。白色，頂有四角，行則出而背其殼，驚則縮，首尾皆藏於殼中。其身多涎，緣牆壁間所經處皆有涎跡，瑩白如銀。一名蜒蚰。【略】　蝎虎：在壁曰蝘蜓，在草曰蜥蜴。一名蛇醫，又名守宮。蘇東坡詩云：跂跂有足蛇，脈脈無角龍。為虎君勿笑，食盡蠆尾蟲。　蠅

虎： 形似蜘蛛而色灰白，善捕蠅。一名蠅蝗。 蜘蛛： 大腹者名蟏蛸，小而長脚者名喜子。《爾雅》作鼅鼄。或在地布網或絡幕草上，其類甚多。陶隱居謂： 入藥當用懸網，狀如魚罾者。【略】 螳螂： 即蟷蠰也。《埤雅》云： 有斧蟲也。蓋前兩足如斧，常舉以拒物，故又名拒斧。其捕蟬而食必執木葉以自蔽，蟬將去而未飛，為之一前一却。《莊子》曰螗螂執翳而搏之，見得而忘其形，蓋謂是也。 蜻蜓：《本草》作蜻蛉。六足四翼，其翼輕薄如蟬。有青、黄、赤、黑數種。遇雨多集，好水上欻飛。【略】 蝴蝶： 即蛺蝶也，種類不一。有黄者，有白者，有金碧相輝映者，有兩翅上雙點如日月者。性喜雙飛。《列子》以為烏足之根為蠐螬，其葉為蝴蝶。《埤雅》謂園蔬化為蝶。【略】 螟蛉： 青蟲。《詩》曰： 螟蛉有子，蜾蠃負之。注云： 螟蛉，桑蟲也；（菓蠃）〔蜾蠃〕，蒲蘆也。說者謂此蜂無雌，能褳泥入竹管中或器物間作穴，取桑蟲子祝之七日而成其子。宋齊丘所謂蠮螉之蟲，孕螟蛉之子，傳其情，交其精，混其氣，和其神，隨物大小俱得其真者是也。 蟋蟀： 一名莎鷄，又曰絡緯。似蝗而小，色正黑，光澤如漆，有角翅，善鬪。一名蛩，一名促織。語曰： 促織鳴，懶婦驚。言感時而知警也。《傳》云： 蟋蟀俟秋吟，蜉蝣出以陰。【略】 蟬： 按： 古人於諸蟬皆呼蜩，蓋蟬之總名也。《爾雅》： 蝒，馬蜩。郭璞云： 蜩中最大者。《本草圖經》所謂夏中所鳴者是也。蜺，寒蜩。郭璞云： 即寒螿也。今人所謂秋蟬是也。按： 秋蟬有數種，或青或褐，或長或短，其聲或鳴咽或清亮，皆寒螿之類也。【略】 蠶： 一種曰原蠶，一種大而黑曰番蠶。性好溫惡寒，好乾惡濕。養之多就暖室，飼以乾桑。 蜂： 其類不一。曰蜜蜂，色黄而短小，即山崖中及大樹空腹中釀蜜者。人家多收取畜之。按《埤雅》： 蜂有兩衙應潮，其王所居疊積如臺，隨其所在，眾蜂為之旋遶如衛。誅罰徵令絕嚴，有君臣之義，若無王則死矣。眾蜂採取百芳釀蜜，其房如脾。每歲春冬，二次取其蜜而煉，其查滓則蠟也。又有木蜂、土蜂二種。【略】 螢：《爾雅》謂： 螢火即炤。疏云： 夜飛下有火。《本草》一名夜光，一名放光，一名熠燿。《蜀本》注云： 按此蟲是腐草所化。《月令》季夏腐草化為螢是也。【略】 蟻： 有數種。大雨將集則先封戶。昔以蟻知義。詩云： 尊卑應識君臣位。 蚊： 一名蚋。又有花身長脚者，咂人尤猛，夏夜人甚苦之。《說文》云： 嚙人飛蟲。長喙如針，飛則有聲，善撓，令人通夕不寐。其性惡烟，以艾熏之則潰。俗云蚊有昏市，蓋蠅成市於朝，蚊成市於暮。《傳》曰聚昏成雷，謂其市之時也。【略】 蠅：《埤雅》云： 蠅好交其前足，有絞繩之象，故字從黽。亦好交其後足以自扇，故《爾雅》曰： 蠅，醜扇也。又有青蠅，首赤如火，背若負金。又有大者，其色正蒼，其鳴甚壯，曰蒼蠅。皆能敗物。夫蠅，古人之所惡者，百計去之而不可得。惟寒氣至則斂蹤而逝矣。此可為小人之喻。【略】 蛾： 一名慕光。多赴燈而死。古云： 附炎竟何功？自取焚如酷。世之趨附者，即此可戒焉。 虻：《本草圖經》云： 虻有數種，皆能啗牛馬血。木虻最大而綠色，幾若蜩蟬。蜚虻狀如蜜蜂，黄色。醫方所用虻蟲即此。又有一種小虻，又名鹿虻，大如蠅，咂牛馬血亦猛。三種大抵同，體俱能治血。 虱：《說文》： 虱，嚙人蟲也。蟣，蝨子也。【略】 蛭： 一名馬蜞，又名馬蟥。《本草》謂之水蛭。有三四種： 生山中者名石蛭，生草中者名草蛭，生泥中者名泥蛭。並皆着人及牛馬股脛間，嚙咂其血，甚者入肉中產育，為害亦大。水蛭有長尺者，用之當以小者為佳。《本草注》謂： 此物難死，雖火製，經年得水猶活也。

明・夏玉麟《嘉靖建寧府志》卷一三 物產

穀 六十日早、粟、大糯、小糯，已上俱建安產。 龍鳳早，建安、甌寧、崇安三縣產。 半冬白、師姑早、九里香，已上建安、甌寧、崇安、浦城四縣產。 大早、小早，已上建陽、浦城、松溪、壽寧四縣產。 天降早，建安、建陽產。 爛泥早、七娘禾、小白禾、大白禾、小烏禾、大烏禾，已上俱建陽產。 野猪愁、無芒秫、真珠纍、麻子秫，以上俱建陽、崇安產。 公婆秫，建陽、崇安、壽寧產。 銀珠秫，建陽、浦城、崇安產。 旱禾、白禾子、烏禾子、厚芒秫、下馬看，已上俱崇安產。 白芒、黄穀，已上浦城、松溪、壽寧產。 粳穀、白秈早、烏龍牙，已上俱浦城產。 紅糟秫，浦城、松溪產。 鋪地錦、溫州早、吳家傳、大師姑、小師姑、青絲禾、荔枝禾、猴尾秫、烏節秫、重陽秫、白芒秫，已上俱松溪產。 烏牙秫，松溪、壽寧產。 大麥、小麥，已上建安、甌寧、浦城、松溪、政和俱產。 油麻，浦城、建安、甌寧、松溪產。 白豆、烏豆，以上浦城、松溪、政和產。 赤豆，浦城產。 水豆，政和產。 大豆、小豆、菉豆，已上俱建安、甌寧產。 雜豆，建安、甌寧產。

菜 芥、莧、蘿蔔、芋、莙薘、萵苣、苦蕒、茄、葱、韭、薤、蒜、蕨、瓠、冬瓜、布瓜、一名天蘿。芥藍，已上各縣俱產。 菠薐、白菜、油菜，已上建安、甌寧、

崇安産。　角豆、茼蒿，建安、甌寧産。　黄瓜、江南笋、黄臘笋、斑鱖笋、白鱖笋、綿笋、麻笋、苦笋、黄笋，已上建安、甌寧、建陽、崇安産。　猫笋，建安、甌寧、崇安、建陽、壽寧産。　粿笋、方竹笋、呈竿笋、烏部笋、石笋、糍笋、白眉笋、紫竹笋、赤尾笋、白瓜，已上俱建陽産。　蕹菜、香蕈、芫荽，已上俱崇安産。　芹、石竹笋，俱壽寧産。　薯，建安、甌寧、崇安、壽寧産。　蘆笋、刀豆，建安、甌寧、崇安、壽寧産。

果　桃、梅、李、水梨、麵梨、雪梨、柴梨、柿、栗、石榴，已上八縣俱産。棗、楊梅、枇杷，上惟壽寧無之。　菱角、藕、蓮蓬，已上建安、甌寧、崇安、浦城、政和、松溪俱産。　杏，建安、甌寧、松溪、浦城俱有之。　榛油、橘、橙、蔗、西瓜、土瓜、金橘、櫻桃、銀杏、柑，已上建安、甌寧、建陽、崇安、浦城産。林檎、葡萄、香瓜，已上建安、甌寧産。　香櫞、橡子、銀株、米株、苦株、巖株、梧桐子、山棗，俱建陽産。　毛栗、木瓜、榧子、王瓜，俱崇安、浦城産。枕瓜，崇安産。　芡，浦城産。

花　梅花、菊花、山茶花、杜鵑花、桂花、桃花、李花、梨花、榴花、茉莉、葵花、雞冠花，已上各縣皆有。　芙蓉、荷花、瑞香花、海棠花、紫薇花，即紫荊花。建安、甌寧、浦城、松溪、建陽産。　子午花、蕙花、芍藥、牡丹、佛桑，即木槿花。建安、甌寧、建陽、崇安俱産。　金鳳花、櫻珠花、月桂花、山梔花、鋪地錦、薔薇，已上建安、甌寧、浦城、建陽、崇安産。　棣棠花、百結花，已上俱建陽産。　長春花、素馨花、剪春羅，建陽、建安、甌寧、浦城、崇安産。　繡毬花、百合花、荼蘼花、麗春花、寶珠茶花、淩霄花，已上皆浦城、崇安産。　含笑花、矮花，俱崇安産。　萱草花、白鶴花，俱政和産。

草　蒲、艾、茅、菅、蓼、蘆、萍、莎、稗、茭、蘋、蓬蒿，已上各縣俱産。　馬鞭草，建安、甌寧産。　水藻葭，松溪、政和有。　挺秀草、虎耳草、觀音草、龍芽草、狗尾草，各縣産。

藥　香薷、山梔子、車前子、香附子、天門冬，已上建安、甌寧、浦城、建陽、崇安、政和俱産。　荊芥、薄荷、烏藥、橘皮、紫蘇、麥門冬、茱萸，建安、甌寧、浦城産。　蛇床子、澤瀉，甌寧産。　葛根，建安、甌寧、建陽産。　地黄，建安、甌寧、崇安産。　石榴藤，建陽、崇安、政和産。　前胡，建陽、浦城産。　蒼耳、紫金鍾、薏苡仁、商陸、金罌子、萹蓄、大薊、小薊、穀精子、白斷藤、益母草、倒鈎藤、石絡、左旋藤、豆瓣草、碌碡草、紫背草、烏不棲木，已上俱建陽産。　瓜蔞，建陽、崇安、浦城産。　馬兜鈴，建陽、浦城産。　玄參、薑黄、紫荊藤、青木香、黄栢皮，已上俱崇安産。　茯苓、枳殼、柴胡、芍藥、厚朴、乾葛、石菖蒲、白朮、光芎、土黄連、紫河車、地骨皮、枸杞子、虎骨、牛膝、天南星、荊芥，已上俱浦城産。　桔梗，浦城、政和産。　馬沉香、無名異、土芎、藤香、雲母石、攝針石、青薺、黄精，已上俱政和産。　半夏，建安、政和産。

木　松、栢、楊、柳、樟、楓、杉、槐、楠、檜、柏，已上八縣俱産。　茶油樹，建安、甌寧産。　桐、冬青、石株，建安、甌寧、浦城、松溪産。　梧桐，建安、甌寧、浦城、壽寧産。　桑、梓，建安、崇安、浦城産。　桫，建陽、甌寧、建安、崇安産。　楮，建陽、浦城産。　苦楝、黄楊，建安、浦城産。　檀、白楊，俱浦城産。　柞、朴，俱建陽産。　相(絲)[思]木，浦城、政和産。　榆，建陽、浦城、崇安産。　羅木，政和、壽寧産。　苦株木，政和産。　山椐木，壽寧産。

竹　猫竹、江南竹、黄竹、鉤絲麻竹，已上八縣俱産。　面竹，建陽、政和産。　方竹，建安、甌寧、建陽、崇安、政和産。　苦竹、紫竹，建安、甌寧、浦城、建陽、崇安産。　斑竹，建安、甌寧、浦城、壽寧産。　秋竹，八縣俱産。瀟湘竹，浦城産。　觀音竹，建陽、浦城、壽寧産。　箭竹，建陽、浦城産。筋竹，浦城、壽寧産。　毛竹，壽寧産。　木竹，崇安産。　車竿竹，呈竿竹、慈竹、赤尾竹、麻竹、白眉竹、烏蔀竹、粿竹，已上俱建陽産。　石竹，建安、甌寧産。　綿竹，建安、甌寧産。　雷竹，壽寧産。

畜　牛、羊、豬、犬、猫、雞、鵝、鴨，八縣俱産。　獸　虎、豹、豺，一名山狗。狼、熊、羆、鹿、兔、麞，已上八縣間産。　九節狸、玉面狸、川山甲、野猪、麂、狐狸、獺，已上八縣俱産。　猿、猴，建安、甌寧、崇安、浦城産。　山獐、竹鼬，崇安、浦城産。　毫猪，浦城産。

禽　鵲、雀、烏、鳩、鷓鴣、鶯、鷺、鷹、鷂、鵓鴣、鸜鴿、鴉、子規、燕、鶚、畫眉、白鷳，已上八縣俱産。　鸕鷀，建安、甌寧、建陽、松溪産。　白頭公，建安、甌寧、建陽、崇安産。　錦雞，建陽、崇安、政和、壽寧産。　鸛、鶺鴒，建陽、崇安、浦城産。　鳧鷖、啄木、鴟鵂，已上俱崇安、浦城産。　山鵲、相思鳥，浦城産。

魚　鯉、鰍、鱉、鯽，已上建安、甌寧、建陽、浦城、松溪、崇安産。　鱓，已

上建安、甌寧、建陽、浦城、松溪產。　鱖，建安、甌寧、建陽、崇安、浦城產。　鯿魚，建安、甌寧、浦城、松溪產。　鰻，建陽、崇安、浦城產。　鯖鯷，建陽、崇安、浦城產。　石〔首〕，建安、甌寧、崇安、浦城產。　鮠魚、黃尾魚，建陽產　抱石魚、鰱魚，崇安、浦城、松溪產。　鱵、黃鮠，崇安產。　鮎，浦城、松溪產。　鱷魚、圓眼，浦城產。　鯇魚、青魚、鯆魚，已上俱松溪產。

蟲　蜈蚣、蝙蝠、蜂、蜻蜓、蜘蛛、蚯蚓、蝴蝶、蟬、蛙、螟蛉、螢、蟻、促織、螺師、蚌、螳螂、壁虱、蚊、蠅，已上八縣俱〔產〕。

明·連鑛《嘉靖建平縣志》卷二　物產

穀之屬　稻、秫、粟、麥、豆、麻、黍、蕎麥。

果之屬　桃、梅、李、杏、棗、栗、柿、梨、榧、菱、花紅、荸薺、芡、櫻桃、丁香、石榴、銀杏、葡萄、橙、藕。

花之屬　牡丹、山茶、玉簪、百合、薔薇、葵、芙蓉、桂、蘭、蕙、海棠、地棠、菊、鷄冠。

蔬之屬　芫荽、蘿蔔、苦蕒、茼蒿、荇菜、菘、白菜、油菜、甜菜、萵菜、菜瓜、甜瓜、芥、冬瓜、西瓜、王瓜、絲瓜、茭白、稍瓜、葱、蒜、韭、薤、莧、瓠、筍、茄、芋。

藥之屬　茯苓、芍藥、梔子、香薷、香附子、荊芥、紫蘇、山楂、茱萸、蒼朮、枸杞子、木瓜、半夏、苦參、桔梗、乾葛、車前子、天花粉、金銀花、天南星、麥門冬、小茴香、桑白皮、地骨皮、地黃、何首烏。

竹之屬　水竹、筀竹、猫竹、慈姥竹、黃藤竹、木竹、箭竹、紫竹、剛竹、象牙竹。

木之屬　桑、柘、桐、梓、榆、柳、槐、檀、椿、栢、楮、松、楊、荊、楓、櫟、株。

禽之屬　鷄、鵝、鴨、鵓鳩、野鷄、鶴、鷓鴣、淘河、鸕鷀、鴛鴦、野鴨、山鵲、鷹、喜鵲、烏鴉、畫眉、黃鸝、鵪鶉、翡翠、鷺、杜鵑、百舌、鴿。

獸之屬　牛、羊、犬、馬、驢、騾、猪、猫、豺、虎、豹、獺、獐、麂、鹿、兔、狐狸、玉面狸。

魚之屬　鯉、鱖、鰱、鮎、魴、鯽、鱓、鰷、鱔、鰕、麵魚、白魚、蟹、黿、鼈、螺、蚌、銀魚。

貨之屬　【略】茶、靛、椒、皂角、桐油。

明·鄭慶雲《嘉靖延平府志》卷五　物產

穀之屬　稻、粟、麥、豆、麻。【略】

蔬之屬　蕻、芥、蘿蔔、白菜、芥藍、萵苣、蕹、菠薐、苦蕒、莙薘、同蒿、胡荽、莧、葵、烏藤、蕨、茄、瓠、芋、冬瓜、絲瓜、折筍、筍多品，南平極盛。折筍大如拇指，長四五尺，生新興里高山上，山下有澗泉。土人取筍浸泉中一夕，其色白，味佳，嫩美可愛。或曰折作晢，言嫩而白也。　香蕈、薯、薑、葱、韭、薤、葫、水芹。

果之屬　香櫞、柚、橘、桃、櫻桃、李、梨、石榴、柿、栗、枇杷、楊梅、銀杏、葡萄、西瓜、黃瓜、土瓜、菱、蓮、甘蔗。

藥之屬　黃精、地黃、天門冬、麥門冬、紫蘇、薄荷、蒼耳、茴香、天南星、馬鞭草、黑牽牛、車前子、栝樓、香附子、常山、何首烏、茯苓、吳茱萸、枸杞、白扁豆。

木之屬　松、栢、檜、杉、桐、相思木、桑、柏、冬青、槐、椒、皂莢、柳、楓、槦、楝、樫、椶櫚、莎蘿樹、樟。

竹之屬　猫竹、江南竹、紫竹、綠竹、黃竹、石竹、苦竹、綿竹、秋竹、人面竹、方竹。

花之屬　梅花、山茶、海棠、荼蘼、木槿、長春、杜鵑、山丹、(簷)〔薝〕蔔、茉莉、素馨、千葉榴、木芙蓉、瑞香、含笑、菊、蘭、萱、潑雪、蜀葵、玉簪、滴滴金、巖桂、鳳仙、鷄冠。

草之屬　蒲、苹、蓼、蘋、葭、茅、長生草、青蒿。

畜之屬　馬、牛、驢、騾、羊、猪、犬、猫、鷄、鴨、鵝、鵓鴿。

毛之屬　虎、豹、熊、鹿、麞、麂、豺、兔、猴、猿、狸、狐、獺、山羊、野猪、鼠狼、竹鼯。

羽之屬　喜鵲、鴉、鳩、鴝鵒、山鵲、鶯、燕、布穀、啄木、畫眉、白頭翁、伯勞、雀、蠟觜、鸕鷀、提壺、白練雀、雉、白鷴、鷓鴣、鷹、鷂、鶴、鷺鷥、鸂鶒、梟、杜鵑、太平鳥、竹鷄。

鱗之屬　鯉、鱸、鱖、鯿、鯿出南平，其味美，雖海郡多魚之地莫及也。　鯽、白魚、黃頰、黃尾、鰻、鱔、鰌、鰕、鯪、鯉。

介之屬　鼈、蟹、螺。

蟲之屬　蛇、龜、黿、蜈蚣、蝙蝠、螽斯、蜩蟬、蜜蜂、蜻蜓、蜘蛛、蚯蚓、蝴蝶、螢、虻、蚊、螳螂、蟋蟀、蚱蜢、螟蛉、蒼蠅。

清·余文儀、黃佾《續修臺灣府志》卷一七　五穀　占稻：　俗名占仔。

《湘山野錄》：宋真宗以福建地多高仰，聞占城稻耐旱，遣使求其種，使蒔之。按《宋會要》：大中祥符五年，遣使福建取占城穀，分給江淮兩浙。則種入中國似更前。有赤白二色。白者皮薄易春，六七月始種，十月收，稻之極美者。《諸羅縣志》。 大麥：立冬種，清明熟。 小麥 蕎麥 番麥：狀如黍，實如石榴子，一葉一繸，繸數百粒。○以上麥之屬。 附考：麥有大麥、小麥，而小麥最佳。南方麥花多開於夜，臺則如北地，然食多亦不覺熱。黍米夜間開花，居民多不食。蕎麥種植亦少，嬰兒有疾，每用麪少許，滾湯沖服立瘥，謂能解肌祛熱。間有為飯者。《赤嵌筆談》。南北地熱，二麥不宜。北路稍寒，可以種麥，三月告成。與淮北各省麥秋迥異。《臺灣志略》。 黍 蘆黍：西北方名高粱。 黃粟：稷之別名。 芝麻：即胡麻。 鴨蹄黍：穗似鴨蹄，故名。釀酒甚美。○以上黍稷之屬。 附考：稷之屬有細米、黃白二種。蕭壟、麻豆諸社有之。《使槎錄》。 北路多種黃粟，繸似鴨掌，粒頗細碎。《臺灣志略》。 黃豆：粒大倍于內地。 白豆：種自港岡出者最佳。 黑豆：土產者粒不甚大，俱四五月種，八九月收。 米豆：皮色白，可和米煮食，九月收。 綠豆：三四月種，九月收。 紅公豆 刀豆 土豆：即落花生。蔓生，花開黃色，花謝于地即結實，故名。一房三四粒，堪充果品，以醡油可代蠟。北方名長生果。 扁豆：俗名肉豆，一名蛾眉豆。 菜豆：莢長，亦名長豆，蔓生下垂，有青紫二種。 加雪豆以上菽之屬。 附考：荷蘭豆如豌豆，然角粒脆嫩，清香可餐。其餘如黃黑豆、小米、芝蔴、綠豆、赤豆之屬，悉同內地。而收穫較早。《臺灣志略》。田中藝稻之外，間種落花生，俗名土豆。冬月收實，充衢陳列，居人非口嚼檳榔，即啖落花生。童穉將炒熟者用紙包裹，鬻於街頭，名落花生包。《赤嵌筆談》。 荷蘭豆種出荷蘭，可充蔬品熬食，其色新綠，其味香嫩。《臺海采風圖》。 裙帶豆子黑莢綠。 紅公豆子紅莢紫。 原只一種，莢長尺餘，可充蔬菜。福州名為豆結。同上。 御豆一名觀音豆。熬食蒸豚，味尤鬆甘。同上。

番豆花銀紅色，殼硬粒圓。土人取為粉餈等餡，較綠豆價為廉。同上。

蔬菜 薑：春種夏熟。 葱：有香葱、麥葱、風葱三種。風葱可療風疾。 韮 薤 蒜 番薯：皮有紅有白，蔓生，其根生熟皆可食，亦可釀酒作粉。又有文來薯，皮白肉黃而鬆，種出文來國。 山藥 芥菜 田薯：有紫白二種，蔓生，根伏土中，一藤可七八魁，間有一藤一魁者，長五六尺，如短柱，重十餘觔。 白菜 莧菜 隔藍菜 莙薘：即厚莱菜。 頗稜：種出西域頗稜國，頗訛為菠。俗呼為赤根菜，方士隱名為波斯草。 甕菜：種來自東彝古倫國，以甕盛之，譯不能通，但名甕名。 蒝荽：本草所謂胡荽是也。 茼蒿：葉似艾，花似小菊，性冷味香。 芹菜 絲瓜：或呼鼠瓜，老則成布，臺地種于園中，蔓延于地，俗呼為天羅布，亦名菜瓜。 金瓜：一名南瓜，有大小二種。 王瓜：一名莿瓜，以皮有微莿也。《月令》：四月王瓜生。臺地十二月即有之。 苦瓜：一名錦荔枝。 冬瓜：臺地四時皆有。 匏：有長匏，有勁匏。老則皮堅。極大者土民鏤作器。 笋：臺地產者味苦。 紫菜：生海石上。 海粉：青白二色，狀如粉條，生海中。 蘿蔔：秋冬春三時皆有。 涵瓜：有青白二色，醬或糖醋皆宜。或名菁瓜，或名菜瓜，臺則名為涵瓜，一物而異名也。○以上蔬菜之屬。 附考：鳳山縣有薑名三保薑，相傳明初三保太監所植，可療百病。《香祖筆記》。番薯，明萬曆中閩人得之外國，瘠土沙礫之地皆可種。初種於漳郡，漸及泉州，漸及莆，近則長樂、福清皆種之。閩海而南有呂宋國，朱薯被野連山，不待種植，夷人率取食之。莖蔓生如瓜蔞、黃精、山藥之屬，而潤澤可食。或煮，或磨為粉，亦可釀為酒。生食如食葛，熟食味如熟荸薺。生貯之有蜜氣，香聞室中。夷人雖蔓生不訾省，然恡而不與中國人。有截取其蔓咫許以來，於是入閩十餘年矣。當時有頌云：不需天澤，不冀人工，能守困者也。不爭肥壤，能守讓者也。無根而生，久不枯萎，能守氣者也。佐五穀，能助仁者也。可以粉，可以酒，可祭可賓，能助禮者也。莖葉皆無可棄，其直甚輕，其飽易充，能助儉者也。耄耆食之不患哽噎，能養老者也。童孺食之止其啼，能慈幼者也。行道鬻乞之人食之，能平等者也。下至雞犬，能及物者也。其於士君子也，以代匱焉，所以固其廉以廣施焉，所以助其惠而諸德備焉。或云薯長而色白者是舊種，圓而黃赤者得自文來國，未知孰是。余見有大可尺圍，形似南瓜者，土人亦不輕見也。《赤嵌筆談》。 番薯結實於土，生熟皆可噉。有金姓者自文來攜回種之，故亦名金薯。閩粵沿海田園栽植甚廣，農民咸藉以為半歲糧。《臺海采風圖》。 番芋一類數名。長曰土芝，團曰蹲鴟。又檳榔芋，中有紅根相連如檳子。又淡水芋，大者重四五觔，其味俱佳。《臺灣志略》。 傀儡芋出南路傀儡番社，長可一二尺，旁無小艿。《臺海采風圖》。 芋有二種。紅者呼為檳榔紅，白次之，熟較內地亦早。六月初旬即

可食，多食滯氣，不似內地滑潤。南路番仔芋，一名糯米芋，有重十餘觔者，味佳。《赤嵌筆談》。內山生番，不知稼穡，惟于山間石罅刳土種芋。苗熟則刨地為坑，架柴于下，鋪以生芋，上覆土為竅，火燃則掩其竅。數日取出，芋半焦熟，以為常食，行則挈以為糧。《番社采風圖》。臺地竹生笋不出叢外，皆不堪食。夏月街市亦有煮熟肩賣者，味酸苦，難以充庖。《諸羅志》謂竹塹、岸裏之笙竹笋味甚佳。《使槎錄》。金瓜茄葉幹同茄，花連五瓣，似鴨脚，淡紫色，結實酒鍾大，似金瓜，有外瓣，初白後黃，土人以供玩。《臺海采風圖》。番芥藍似菜葉藍，其紋紅，根亦紅，種久蕃茂，團結成頂，層層包裹，彩色照耀。一名番牡丹。種出咬嚠吧，其國以為上品菜。諺云一叢抵一芰，言其罕也。番銀錢小者名芰。同上。

貨幣　糖：有黑白二種。　冰糖　油：有芝麻、菜子、落花生、蓖麻數種。　藤：有水藤、葤藤二種。郡所產水藤尤多。　菁澱：可以□□。　菁子：產於臺者最佳。　茄藤皮：多生海邊，皮可染絳。　薯榔：皮黑肉紅，染皂用之。【略】鹿皮：春皮毛淺而薄，冬皮毛深而厚。為褥溫而去濕。　麋皮：鹿之大者，俗呼為蔣皮。商人販往外國。　麞皮：可作靴、襪、舄、褲。　茶：出水沙連社，可療暑疾。○以上貨之屬。　附考：臺人植蔗為糖，歲產二三十萬，商船購之以貿日本、呂宋諸國。《稗海紀遊》。蔗苗種於五六月，首年則嫌其嫩，三年又嫌其老，惟兩年者為上。首年者熟於次年正月，兩年者熟於本年十二月，三年者熟於十一月，故硤煮之期亦以蔗分先後。若早為砍削，則漿不足而糖少，大約十二月、正月間始盡興工，至初夏止。初硤蔗漿半多泥土，煎煮一次濾其渣穢，再煮入於上清，三煮入於下清，始成糖入碥，待其凝結，用泥封之半月，一換三易而後白，始出碥，曬乾，舂擊成粉入簍。須半月為期，未盡白者名曰糖尾，併碥再封蓋，封久則白，封少則錙，其不封者則紅糖也。所煎之糖較閩粵諸郡為尤佳。《東寧政事集》。臺人十月內築廍屋，置蔗車，僱募人工，動廍硤糖，上園每甲可煎烏糖六七十擔，白糖六七十碥，沙土陶成，中園、下園只四五十擔。煎糖須覓糖師，知土脈，精火候，湯大沸，用蠣房灰止之，將成糖，投以蓖麻油，恰中其節，煎成置糖槽內，用木棍頻攪，至冷便為烏糖。色赤而鬆者，於蘇州發賣，若糖濕色黑，於上海、寧波、鎮江諸處行銷。至製白糖，將蔗汁煮成糖時入糖碥內，下用碥鍋盛之，半月後浸出糖水，名頭水。次用泥土蓋碥上，十餘日得糖水，名二水。再用泥土覆十餘日之糖水，名三水，合煎可為糖膏。或用釀酒，每碥白糖只五十餘觔。地薄或糖師不得其人，糖非上白，則不得價矣。每廍用十二牛日夜硤蔗，另四牛載蔗到廍，又二牛負蔗尾以飼牛，一牛配園四甲或三甲，餘每園四甲。現插蔗二甲，留空二甲，遞年更易栽種。廍中人工，糖師二人，火工二人煮蔗汁，車工二人將蔗入石車硤汁，牛婆二人鞭牛硤蔗，剝蔗，七人園中砍蔗去尾去籜，採蔗尾一人，看牛一人，工價逐月六七十金。《赤嵌筆談》。唐大曆中鄒和尚始教民黃氏造蔗霜法，其器用有蔗削、蔗鎌、蔗櫈、蔗碾、檯床、榨斗、漆甕之屬。今蔗車兩石矗立，狀如雙碾，硤取其汁，想即蔗碾遺製。酒有蔗漿，用錫汁釀成，與茘子酒俱味極甘。北路有用梨子芰釀酒者，又在蔗漿茘子之下。同上。三縣每歲所出蔗糖約六十餘萬簍，每簍一百七八十觔。烏糖百觔，價銀八九錢。白糖百觔，價銀一兩三四錢。全臺仰望資生，四方奔趨圖息，莫此為甚。糖斤未出，客人先行定買，糖一入手，即便裝載。每簍到蘇，船價二錢有零，自定聯綜之法，非動經數旬不能齊一。及至廈門，歸關盤查，一船所經，兩處護送，八次掛驗，俱不無費，是以船難即行，脚價貴而糖價賤矣。同上。【略】水沙連茶在深山中，眾木蔽虧，霧露濛密，晨曦晚照總不能及，色綠如松蘿，性極寒，療熱症最效，每年通事與各番議明入山焙製。同上。【略】　硫磺：出淡水磺山。以上石之屬。【略】

清・余文儀、黃佾《續修臺灣府志》卷一八　草木　梅　桂：臺所種者惟月桂，來自內地。　海棠：自內地來。　仙丹：一名山丹。其花一朵百莖，狀如繡毬，色絳，四月開花，至八月尚爛熳。　蘭：種類不一。　紫荊　芙蓉　刺桐：垂陰如梧桐，幹多生刺。　樹蘭：有四葉、六葉二種。　水指甲：木本，色碧而花細，搗其葉染指甲，同鳳仙。　石榴　夾竹桃　錦花　唐棣　長春　麗春　佛桑：葉似桑，四時長開，有朱紅、淡黃二色，單葉者曰照殿紅。　雞爪蘭：花似金粟，開于夏秋之間，即內地珍珠蘭。　桃：花開百葉，有大紅、淺紅、碧、緋數種。又有三月浪者，三月始開。　茉莉：有百葉、單葉。又有來自廣南者，名番茉莉，花開百葉，莖大數倍，更佳。　金絲蝴蝶：花黃色，狀如蝴蝶，《華彝考》謂之金莖花。　蜀葵　玉樓春：即百葉黃梔。花有香而不結實。　荷　菊　玉芙蓉　賴桐：一名龍船花，葉頗似桐，繁花鮮紅如火。　番蝴蝶：葉略似夜合，花中紅外黃，似蝶有鬚，一枝可數莖，四季長開，臺產。　紫薇　金錢花：花紅，午開子

謝，一名子午花。《北戶錄》： 來自毗戶沙國。 美人蕉： 似蕉而小，有紅黃二種。 水仙： 自內地來。 臙脂花： 有紅、黃、白及五色四種，夏秋開。 夜合 番瑞香： 蔓生，花微綠，一簇數蕋，香甚清遠，夏月盛開。 番花 噴雪： 花白蕋，點點如雪。 鹿葱： 一名萱草。 月下香： 其花夜開香烈，因名。 雞冠花 老來嬌： 一名雁來花。 曇花： 有紅白二種。 向日葵： 又一種名秋葵。 素馨： 蔓生，花白而蕋小，清香異常。 菟絲： 一名淩霄，蔓生，色鮮紅，朝開暮謝。 鳳仙： 一名金鳳。 剪絨 繡球： 色白，一華數十蕋，團圓湊合如簇毬，藤本。 錦竹： 叢生，高尺許，花如纈錦，一名石竹。 萬壽菊 蓮蕉： 花出蕉心，色鮮紅，經月餘始謝。 千日紅 山梔 蓼花 斑支： 斑或作攀，先花後葉，二三月盛開，絳色，遠望如紅霞障天，花落而實中有棉，為褥宜于暑。 刺毬 以下十種，舊志不載，今補入，詳見附考。 鐵樹花 貝多羅 倒垂蘭 迎年菊 含笑 獻歲菊 七里香 月桃 交枝蓮〇以上花之屬。 附考： 扶桑花一名佛桑。《廣群芳譜》云： 東海日出處有扶桑樹，此花光豔照日，其葉如桑，因以比之，後訛為佛桑，乃木槿別種。 又云高四五尺，枝葉婆娑，葉深綠色，光而厚，花有紅、黃、白三色，紅者尤貴，呼為朱槿。 嵇含《草木狀》云： 扶桑花深紅色，五出，大如蜀葵，重敷柔澤，有蕋一條，長如花，葉上綴金屑，日光所爍，疑若燄生，一叢之上，日開數百朵，朝開暮落，自五月始，至冬乃歇，插樹即活。 今臺地有二種，單葉者深紅，與《草木狀》所言同。 其千葉者所見有紅黃二色，與《群芳譜》合。 范侍御浣浦有二絕句云： 秪是江鄉木槿花，千尋照殿炫紅霞。 生來不遇繁霜雪，穠艷經年向客誇。 桃腮杏臉襯朝霞，那信紅顏薄命嗟。 兩樹新粧爭靚勝，老夫無月不看花。《臺海采風圖》。 孫司馬元衡有《扶桑》詩云： 燒空處處佛桑燃，寒暖花魂總放顛。 四時常開。 大海東頭當曉日，丹山脚下對晴烟。 眼明五月朱榴火，泪濺一春紅杜鵑。 粉白嫩黃相映發，遙情將向洛陽天。 王漁洋先生云： 余使東粵，欲作佛桑詩而未果，秪得二句云： 懷人二月小寒食，照眼一枝紅佛桑。 見湘南詩，令我爽然自失。《赤嵌集》。 莿毬花本高數尺，有莿，土人植以為籬，秋冬開黃花如小鈴，細攢如絨，每露氣晨流，芬香襲人，結子似豆有莢，其葉秀整相次，根可染絳，一名番蘇木。《臺海采風圖》。 消息花色黃，形如治耳器。 孫元衡《九日》詩云： 黃菊難尋處士家，也無楓葉受霜華。 海東秋思知多少，為問牆邊消息花。《赤嵌集》。 莿毬身多刺，花黃色，似菊而小，臺謂之消息花，又名牛角花，以其刺相偶如牛角也。《諸羅志》。 茉莉花千層，大如菊。 孫元衡有詩云： 名花聞道出南荒，親到南天聞妙香。 弟是素馨兄是菊，澹烟如水月如霜。 佳人小立畫廊西，紈扇迎風手自攜。 雪瓣恐教蟬翼重，縵華應遣鳳頭低。 卻月盆中向晚芳，瑤臺誰與散天香。 殘魂消盡同禪寂，不覺瓊花在枕旁。 同上。 茉莉最易栽植。 番茉莉較大，種自柬埔寨來，花徑寸，百餘瓣，早晚街頭有連十餘蕋簽成一枝，有連數十蕋為一串，買置牀榻，殊有妙香。《赤嵌筆談》。 番茉莉一花千瓣，望之似菊，既放可得三日觀，不似內地茉莉暮開朝落，然香亦少遜焉。《裨海紀遊》。 三友花土稱番茉莉，又稱番梔子，或稱葉上花。 孫元衡有詩云： 爭迎春色耐秋寒，開向人間歲月寬。 嫩蕋澹烟籠木筆，蕋似木筆而小。 細香清露滴金盤。 繡成翠葉為紋巧，葉有紋如繡。 蒂並叢花當友看。 一枝必二四朵，若相友云。 日日呼童堦下掃，濃陰恰覆曲欄干。 同上。 鐵樹花狀如竹絲燈籠，廣張千瓣，瓣各一花。 孫元衡有詩云： 黑入太陰根幹老，翠生鳳尾葉橫斜。 紗籠瑣細玲瓏雪，道是千花是一花。《赤嵌集》。 午時梅色紅，午開子落。 孫元衡有詩云： 葵葉梅英並可誇，枝枝絳雪受風斜。 道人不語先天事，開落庭前子午花。 同上。 金絲蝴蝶花，黃片紅點，拳曲多鬚似蛺蝶，趁人之致。 孫元衡有詩云： 流宕春光爛熳枝，翩翻似醉更疑癡。 家家一樹錦蝴蝶，是夢是花人不知。 同上。 曇花一枝數十蕋，一蕋長七八寸，花六出，外紫內白，頗似蓮花。 亦有白色者，摘置几案間，經時略不損壞，花蕋仍然開放，是一異種。 葉叢生如帶，闊五寸許，傍生方筳著花，高五尺許，花色純紫。 法華寺有數本，僧家言是西方小種。 孫元衡有詩云： 一叢優鉢曇花好，移得西天小本來。 日色烟光浮紫氣，淩空誰為築瑤臺。《使槎錄》。 曇花夏開。 張鷺洲詩云： 採自猊牀象座前，紫雲一片映青蓮。 優曇不是人間種，色相應歸忉利天。《瀛壖百詠》。 曇花即優鉢羅花，草本，種出西域，有紫白二種，青葉，叢生，或一年數花，或數年不花，懸莖包裹，狀若荷蕋，中攢十八朵，每一日開一朵，梵刹多植之，取十八羅漢之義也。 范浣浦侍御有詩云： 一莖數蕋盡叢生，粉暈檀心畫不成。 靜態雪花堪比潔，其花六出。 幽香蓮葉與同清。 香似蓮。 已斸穠艷消塵刦，應散諸天入梵聲。 傳是西方來小種，淨因我亦未忘情。《臺海采風圖》。 番繡毬蔓生，葉厚可一錢，花白色，底瓣似通草為之，心微紅而堅，明亮如罄。 孫元衡有《紅繡球》詩云： 玲瓏暖玉更施朱，錦繡成團綴幾枝。

絳雪即今零落盡，餘枝猶是小珊瑚。《使槎錄》。貝多羅花，木本，種自西洋，葉似枇杷，梵僧用以寫經。枝皆三叉，花瓣六出，香似梔子，臺人但稱為番花，不知為貝多羅也。范浣浦侍御有詩云：已兼蝶粉與蜂黃，更裹依微紫絳囊。花外微紫，內色白，近心甚黃。葉似欵冬稜較健，葉大而厚。花開盛夏氣微香。一叢蓓蕾盈枝發，半卷婀娜小瓣長。可是貝多真色相，閒書梵字午風涼。《臺海采風圖》。張鷺洲《貝多羅花》詩云：奇英六出幹三叉，簷蔔香中嗅露華。曾識僧龕寫經葉，而今始見貝多花。《瀛壖百詠》。貝多羅花大如小酒杯，六瓣，瓣皆左紐，白色，近蕋則黃，有香甚縟，落地數日，朵朵鮮芬不敗。《使槎錄》。斑支花，一作斑枝，以枝上多苔文成鱗甲也。較茶花尤大，色深黃，蓓蕾堅厚，結實如(錦)〔棉〕。陳觀察子京云：即係木棉，粵西花更大、色紅為稍異耳。同上。樹蘭，樹高大，花細碎如黍米，色黃，一年數開，種出暹羅者為暹蘭。《臺灣志略》。木蘭，花如粟，淡黃，芳似珠蘭，樹本大者圍數尺，名樹蘭。孫元衡有詩云：清芬殊絕世，不與眾芳同。香溢珠蘭畹，黃先月桂叢。交枝深照席，一夏兩溫風。天意特相贈，憐余大海東。《使槎錄》。雞爪蘭亦名賽蘭，花如金粟，開於夏秋之間。王敬美曰：賽蘭蔓生，樹蘭木本，其香皆與蘭同。《臺灣志略》。鷹爪蘭一名油蘭，花似蘭，無心，香味滯膩，嗅之令人作惡。結子如棗，一叢二十餘枚，攢簇如桃，名鷹爪桃。《使槎錄》。鷹爪蘭蔓生，葉似桂，花瓣或五六八九不等，有兩層，以下層補上之缺處，香味甚濃郁，子如青果，數十枚相疊，相比成團，入土種之，遲久始發芽，折其枝插地，亦可活。《臺海采風圖》。倒垂蘭出北路內山，枝屈曲如梅，葉似萱，短而厚，不著土，取一枝挂檐陰，雨露所及處，自能生根抽芽，出葉開花。花如蘭，色黃碧，微香。同上。水仙花歲底盛開，一本五六莖，一莖可十餘蕋，鮮芳絕倫。廣東市上標寫臺灣水仙花頭，其實非臺地產也，皆海舶自漳州及蘇州轉售者。蘇州種不及漳州肥大。范浣浦有詩云：霓裳翠柏剪吳綾，烟霧輕籠弱不勝。綽有風神淩海嶠，憐他冷艷斲春冰。銀盤皎潔還疑雪，金醆嬌嬈好試燈。擬與梅花同配食，水仙王廟最相應。同上。美人蕉，花紅黃二種。黃者尤芳鮮可愛，四時不絕。有高丈餘者，子堅黑，或作小念珠。孫元衡有《黃美人蕉》詩云：美人名自香山贈，珍重叢生琥珀芽。纔省漢家宮樣好，澹烟斜月見新花。同上。蕉有芭蕉、金蕉。芭蕉不結子，金蕉花如蓮，色紫不鮮，每花結子一梳，名蕉果。同上。月下香，葉似鹿葱，其花白，夜有奇香，晝則斂。孫元衡有詩云：風引清芬暗裏來，素花隱約傍莓苔。貪迎月露飄香滿，更領蟾蜍死魄開。《赤嵌集》。迎年菊與秋花無異，惟紫色一種，開歷冬春，故曰迎年。孫元衡有詩云：寒花老圃結綢繆，翠羽金莖紫燄浮。酒借朱萸迎栢葉，詩將秋思赴春愁。同上。花不應候，余壬寅仲冬按部北路至斗六門，見桃花方謝，菜花初黃。回至笨港，見人擎荷花數枝。及回寓館，榴花亦照眼。癸卯二月，桂正芳菲，八月桃又花，信不可以時序限之。《使槎錄》。張鷺洲侍御有詩云：少寒多燠不霜天，木葉長青花久妍。真箇四時皆似夏，荷花度臘菊迎年。《瀛壖百詠》。臺地少寒多燠，花開無節，惟菊至冬乃盛，開至二月。蘇子瞻在海南，以十一月之望與客汎菊作重九會，有云：嶺南地暖，百卉造作無時，而菊獨後開。考其理，菊性介烈，不與百卉並盛衰也。《赤嵌筆談》。范浣浦有《元旦後四日莊副使齋頭見菊花》詩云：迎年何事更爭新，怪底真成海外春。花歷三時如熱客，莫開五葉儼浮塵。幽姿豈必誇顏色，艷景難教信隱淪。輸與寒梅仍應候，孤芳不肯早呈身。《婆娑洋集》。刺桐，葉如梧桐，其花附幹而生，側敷如掌，形若金鳳，枝幹有刺，花色深紅。嵇含《草木狀》云：九真有刺桐，布葉繁密，三月開花，赤色照映，三五房凋，則三五房復發。陳翥《桐譜》云：刺桐生山谷中，文理細緊而性喜折裂，體有巨刺如欓樹，其實如楓。《廣群芳譜》。刺桐樹高大而枝葉蔚茂，初夏開花極鮮紅，如葉先萌而花後發，主明年五穀豐熟。《溫陵郡志》。刺桐花色紅如火，環繞營署，春仲始花，一望無際，實為臺郡大觀，故稱刺桐城。孫元衡有詩云：春色燒望白海涯，柳營繞遍到山家。崑崙霞吐千層豔，華嶽蓮開十丈花。百朵紅蕉簇一枝，偶然著葉也相宜。烟籠絳羽鸚哥舞，雲南稱為鸚哥花。信是春城火樹奇。《赤嵌集》。土人相傳，辛丑之變，刺桐無一著花。《臺海采風圖》。頳桐身青，葉圓大而長，高三四尺便有花，成朵而繁，紅色如火，為夏秋榮觀。《廣群芳譜》。頳桐，自初夏生至秋，蓋草也。葉如桐，其花連枝萼皆深紅色，俗呼貞桐花。《南方草木狀》。頳桐本高不盈丈，葉似桐，花紅如火，一穗數十朵，五月開最盛，土人于競渡時必採數枝供瓶案，故俗又名龍船花，開至九月方止，結子色藍，子老而花瓣尚未凋。《臺海采風圖》。含笑花，五瓣，淡黃色。鷹爪花，青色，形(與)〔如〕鷹爪。與含笑花俱香同鳳梨。《臺灣志略》。仙丹花色紅，一朵包百蕋，似繡毬花，無香，自四月開至八月，爛熳如霞彩。種出粵東潮州之仙丹山，世傳昔有黃氏女經過，遺落鬢插紅瓣，後滿山皆發此花，故

名。《臺海采風圖》。獻歲菊，立春始開，其性尤殊凡菊。《臺灣志略》。七里香，木本，一名山柑，花叢生如柑，葉似珠蘭，花五瓣，色白，香氣濃郁，可越數十武。六月結實，大如豆，末尖先綠而後紅，一枝排比數十如緋珠，能辟烟瘴，所種之地蠅蚋不生。臺產也。《臺海采風圖》。范浣浦有《七里香》詩云：翠蓋團團密葉藏，繁花如雪殢幽芳。分明天上三珠樹，散作人間七里香。丹桂婆娑猶入俗，繡毬攢簇太郎當。何如瓊島嫣然秀，采擷還傳辟瘴方。《婆娑洋集》。素馨，臺產藤與花葉頗相似，多在各社竹叢中或樹下陰密處，藤蔓竹本。花潔白如雪，二三月間開，香氣清幽飛越，色不變黃，四月而歇，不似廣閩所植每月常開也。沈文開《雜記》。月桃葉似蓮蕉，花黃白色，倒垂，香而濁，一莖可數十蕋。臺產五月始開，端午日取其葉以為角黍，摘花插小兒髻上，又名虎子花。《諸羅縣志》。蓮蕉花出蕉心，狀如荷，鮮紅可愛，經月不謝。張鷺洲詩云：亭亭清影綠天居，扇暑招涼好讀書。怪底彈文出脩竹，美人顏色勝芙渠。《瀛壖百詠》。蓮蕉似美人蕉，而花之大數倍，絕如蓮，其花從葉中抽出，無莖，花之杪微綠似葉，云粵中有之。范浣浦有二絕句云：奇花多變態，顏色紅于火。風物類海南，不似鶯花妥。已長葉中花，更生花上葉。我欲剝蕉心，酒痕暎雙頰。《臺海采風圖》。交枝蓮，藤本，花五瓣，白色，其莖互相縈繞，午開未謝。同上。西瓜：暑時多內地來，臺產種于深秋，熟于隆冬。乾隆二年，定福建督撫每年正月各進瓜十圓。　檨：紅毛人從日本國移來，樹高多陰，實如猪腰，盛夏大熟，即外國所載南方有果，其味甘，其色黃，其根在核是也。　龍眼　波羅蜜：亦荷蘭國移來者，實生樹幹，大如斗，皮似如來頂，剖而食之，味甘如蜜。　鳳梨：葉似蒲而闊，兩傍有刺，果生叢心，皮似波羅蜜而色黃，味酸甘，末有葉一簇，因形狀類鳳，故名。　椰子：樹高數丈，直起無枝，其實大如寒瓜，外有粗皮，皮次有殼，圓而堅，可作瓢及酒器。肉在殼內，色白，味似牛乳，中含漿如酒，曰椰酒，性能敗胃，不堪多食。又有椰油，出安南，嶺南州郡有之。《吳都賦》：檳榔無柯，椰葉無蔭。

檳榔：向陽曰檳榔，向陰曰大腹。實可入藥，一穗子數百粒，秋末採食，至二三月乃盡。實如雞心，和著藤食之能醉人，可以祛瘴。　桃　梅　李　石榴　番石榴：即梨仔茇。　柑子蜜：形似□，細如橘，和糖煮作茶品。

番柿：形似柿，皮有毛，俗呼為毛柿，西域種。　柚：實大而皮厚，味稍遜內地。　柑：橘屬，有仙柑、紅柑、雪柑、盧柑、九頭柑數種。郡產惟紅柑、仙柑居多。　橘：一年相續，名曰公孫橘。又有四時橘，味酸。　葡萄

蕉子　香櫞　桄榔子：結實五月熟，土民即種埔占，子若多生，歲亦有年。　甘蔗：性溫味甘，有紅白二種。又幹小者名曰竹蔗，煮汁成糖。

菱　菩提果：俗名香果，花實青黃，味甘而香。　佛手柑：臺郡產者較大于內地，不甚香。　釋迦果：樹高出牆，實大如柿，碧色，紋縐如釋迦頭，味甘而膩，熟于夏秋之間。　木瓜：臺產迥異內地，木本，一幹直上，無旁枝，實生幹上，四面旋繞，皮色深青。土人醃醬以為菜，甚佳。能療足疾。　梧桐子　以上果之屬。　附考：西瓜盛於冬月。臺人元旦多啖之，皮薄瓤紅，可與常州並驅，但遜泉之傅霖耳。《稗海紀遊》。臺鳳兩邑，每年分進上西瓜。八月下種，十一月成熟。氣候之異，真不可以常理測也。《臺灣志略》。檳榔不與椰樹間栽則花而不實。孫元衡詩云：竹節椶根自一叢，連林椰子判雌雄。醉醒飢飽渾無賴，未必於人有四功。扶留藤脆香能久，古賁灰勻色更嬌。《赤嵌集》。棗子檳榔，即廣東雞心。粵人俟成熟取子而食，臺人於未熟食其青皮，細嚼麻縷相屬，即大腹皮也。中心水少許，尚未成粒。間有大者，剖視，其實與雞心無二。或云粵人食子，臺人食皮。一色青者為雄，黑臍者為雌。雄者味厚，雌者味薄。顆向上長者尤貴。蠣房灰用孩兒茶或柑仔蜜染紅，合浮留藤食之。按《范石湖集》：頃在嶠南，人好食檳榔，合蠣灰、扶留藤，一名蔞藤，食之輒昏，已而醒快，三物合和，唾如膿血，可厭。蔞藤一作浮留藤，土人誤作為荖，《字釋》無荖字。臺地多瘴，三邑園中多種檳榔，新港、蕭壠、麻豆、目加溜灣最多，尤佳。七月漸次成熟，至來年三四月，則繼用鳳邑瑯嶠番社之檳榔乾。《赤嵌筆談》。張鷺洲有詩云：丹頰無端生酒暈，朱唇那復吐脂香。飢餐飽嚼日百顆，傾盡蠻州金錯囊。《瀛壖百詠》。種檳榔必種椰，有椰則檳榔結實必繁。椰樹葉少林高，椰子外裹粗皮如椶片，內結堅殼，剖之白膚盈寸，極甘脆，清漿可一椀，名椰酒。東坡詩：美酒生林不待儀。此也。《廣東志》：椰心色白而甘在酒中，大小不一。凡揀椰子以手搖之，聽水聲清亮則心大而甜，其肉厚。水聲濁則否。蓋椰心以水而養，無水則無心，往往而是。又有椰油，可佐膏火。或云用火炙椰，其油自出，療齒痛、凍瘡極效。同上。檳榔形如羊棗，力薄，味遜滇粵。《稗海紀遊》。檳榔樹直無枝，高一二丈，皮類青桐，節似筠竹，葉皆上豎，猶如鳳羽，臨風旖旎，甚可人目。葉脫一片，內現一包，數日包綻，即開花

二三枝，淡黄白色，朵朵連珠，香芬襲人。實附花下，形圓而光，宛若棗形。自孟秋以至孟夏，發生不絶，與椰肉、香藤、蔞根灰同啖。惟六七月始無，臺人以熏乾者繼之。《臺灣志略》。檳榔高數丈，花細，實如青果，在葉下、幹上攢簇星布。椰樹幹葉亦似之，但其實大如瓜，中有瓤，味香，白如雪，脆如梨，其液如酒，切實和檳榔啖之。六七月熟，可採。番人跳而上，扳援矯捷，名曰猱採。《番社采風圖》。波羅蜜狀如如來頂，中分十數房，似蓮瓣抱生，其色黄，其味甘。房各一實，其色白，煮食似栗。孫元衡詩云：波羅門下樹亭亭，香蜜成房子更馨。解是西來真善果，十方供奉佛頭青。《赤嵌集》。張鷺洲詩：清果菩提繞室馨，金包柑橘麗繁星。更憐斗大波羅蜜，磥砢真同佛髻青。《瀛壖百詠》。波羅蜜，一名優缽曇。《廣東志》：南海廟中舊有東西二株，高三四丈，葉如蘋婆而光潤。蕭梁時西域達奚司空所植，他所有皆從此分種。生五六年至徑尺，削去其杪，以銀鍼釘腰即結實，成實乃花，然常不作花，故佛氏以優缽曇花為難得，每樹多至數十實，自根而幹而枝條皆有實，累累疣贅。若不實則以刀砍樹皮，有白乳湧出，凝而不流則實。一砍一實，十砍十實，故一名刀生果。熟以盛夏，大如斗，重至三四十斤，皮厚有軟刺，磥砢如佛頭旋螺。肉含純瓤，間疊如橘柚囊，氣甚芳郁，有乾濕苞之分，乾苞者液不濡膩，味尤甜，每實有核數百枚，大如棗，仁如栗黄，煼熟可食，能補中益氣，悦顔色。《志》云色緑似如來頂，液粘如漆是已。其子卻似橡實，每一子為一房，熟而食之，味似百合，子不可生食，瓤可生食，亦不甚甘美，終不似橘柚味佳也。土人用波羅蜜子煨肉，黄梨煮肺，亦海外奇製。《赤嵌筆談》。釋迦果似波羅蜜而小，種自荷蘭，味甘而膩，微酸，夏盡秋初熟，一名番梨。沈光文詩：稱名頗似足誇人，不是中原大谷珍。端為上林栽未得，只應海島作安身。《諸羅縣誌》。佛頭果葉類番石榴而長，結實大如拳，熟時自裂，狀似蜂房，房房含子，味甘香美，子中有核，又名番荔枝。《臺灣志略》。鳳梨通體成章，抱幹而生，葉自頂出，森若鳳尾，其色淡黄，其味酸甘。孫元衡詩云：翠葉葳蕤羽翼奇，絳文黄質鳳來儀。作甘應似鐘籠實，入骨寒香抱一枝。《赤嵌集》。黄梨實生叢心，味甘微酸，葉攢簇參差，有如鳳尾，其皮鱗起，故又名鳳梨。盛以瓷盤，其香滿室。《臺灣志略》。黄梨葉似蒲而短闊，兩旁如鋸齒，其實色黄，瓤如鱗甲，形似甜瓜，味甚甘酸，清芬襲人。《臺海采風圖》。粵西以波羅蜜為天波羅，黄梨為地波羅。《居易録》謂：黄梨曰黄來，八月熟，長可尺許，味尤甘香，其樹類蕉，實生節間。按：黄梨長止五六寸，草本，叢生根下，葉似萱，兩邊如鋸齒，頂上葉小，攢簇如雞帚，謂其樹類蕉，非也。《赤嵌筆談》。香果花有鬚無瓣，其色白，其實中空，狀如蠟丸。孫元衡詩云：但有繁鬚開爛熳，曾無輕片見摧殘。海天春色誰拘管，封奏東皇蠟一丸。《赤嵌集》。臺地夏無他果，惟番檨、蕉子、黄梨視為珍品。春夏有菩提果，一名香果，芳馨極似玫瑰，果當以此為第一。《赤嵌筆談》。菩提果係西域分種，實如枇杷，味甘而香。《臺灣志略》。羡子俗稱番蒜，或作檨，其種云自佛國傳來。孫元衡詩云：千章夏木布濃陰，望裏纍纍檨子林。莫當黄柑持抵鵲，來時佛國重如金。《赤嵌集》。檨，種自荷蘭，切片以啖，甘如蔗漿，而清芬遠過之。沈文開《雜記》：食畢棄核于地，當月即生，核中有子，或一粒，(或)[二]粒，如豆之在莢。葉新抽杪紅若丹楓，老則變緑。《諸羅縣志》。番檨大者合抱，高淩雲，葉濃，花微白，朵小有香，結實皮緑肉黄，其氣辛熱，其味酸甘，入肝補脾。臺産也，切片醃久更美，名曰蓬萊醬。《臺海采風圖》。番檨：肉與核粘，味甘色黄，盛夏大熟。《臺灣志略》。檨三種：香檨、木檨、肉檨。香檨差大，味香，不可多得。所食者木檨、肉檨，晒乾用糖拌蒸，亦可久藏。臺人多以鮮檨代蔬，用豆油或鹽同食。北路自半線以上則絶無矣。《字釋》無檨字，色味似杏，或是番杏誤作檨。《赤嵌筆談》。檨實大如猪腰子，葉尖長。《居易録》作番蒜，五月熟，大如蘋婆，味甘香，多津液，樹大而葉圓，非是。同上。檨種自荷蘭，樹高大可蔭。張鷺洲詩云：參天高樹午風清，高實纍纍當暑成。好事久傳《蕃爾雅》，《南方草木》未知名。《瀛壖百詠》。甘蕉與蕉類，中心出花，層層吐瓣，紅紫可愛，結實聯綴百餘顆，兩兩相對，猶若貫珠，色黄白，味甘頗似香瓜。《臺灣志略》。甘蕉俗名牙蕉，亦名荊蕉。《南方草木狀》：實隨花，每花一闔，有十餘子，先後相次。子不俱生，花不俱落。《諸羅縣志》。牙蕉即芭蕉中之一種，不甚高，約長六七尺，結子每莖百餘，始緑，熟則黄，味極甘美，閩廣二省有之，他省亦間有生者。《臺海采風圖》。蕉果一枝五六層，每層數十枚，排比而生，剖食味亦甘。《異物志》載羊角蕉子大如手拇指，長而鋭，有似羊角者，此也。《南方草木狀》：蕉子房相連累，甜美，亦可蜜藏。臺地村舍後每廣植之，四時皆生，藉以獲利。性寒，婦人産後每以蕉果少許置兒口中，謂能清熱。同上。龍眼顆小味薄，六七月熟。荔枝皆自内地來，藍總戎廷珍每貽漳州狀元紅，紫綃玉膚，甘如醴酪。每以海上風阻，不得日食三百，殊為

憾事。《赤嵌筆談》。 荔枝，興化漳浦產者為上，臺地率自海船攜來，一日夜可至，味香，色猶不變。 孫元衡詩云： 頗怪繁星謫軟塵，筠籠將出故鮮新。味含仙意空南國，姿近天然是美人。 丹罽潛胎珠玓瓅，脂膏滿綻玉精神。一時喚起狂奴興，萬事灰心渡海身。 不受鹽欺與蜜侵，騷人新摘自沉吟。 輕紅照肉白凝齒，芳氣襲魂寒沁心。 笑後左車生小慍，山谷《題楊妃病齒圖》： 多食側生，損其左車。 望中飛騎更相尋。 南楊麤醜北盧拙，廻避頳珠出寶林。 范浣浦詩云： 絳羅衫子雪肌膚，一種香甜絕勝酥。 消渴液寒青玉髓，脫囊盤走水晶珠。 阿環風味差堪擬，盧橘芳名亦少殊。 飽啖拚教煙爨絕，不辭人喚竹狂奴。 江家色綠宋家紅，曾識端明譜牒中。 到此得嘗過玉食，東坡《荔枝》詩： 玉食遠莫數。 無勞想象判丹楓。 詩才漫說窮騷雅，興味猶應傲上公。 萬事灰心殊不惡，謂孫詩。 只愁海颶阻筠籠。《臺海采風圖》。 番石榴俗名莉仔茇，郊野徧生，花白，頗香，實稍似榴，雖非佳品，臺人亦食之，味臭且澀，而社番則皆酷嗜焉。《臺灣志略》。 番木瓜直上而無枝，高可一二丈，葉生樹杪，結實靠幹，墜於葉下。 或醃或蜜，皆可食。 樹本去皮醃食更佳。《臺灣志略》。 木瓜樹幹亭亭，色青如桐，每一枝一葉，葉似蓖麻，大者尺餘，花白色，生杈椏間，瓜凡五稜，無香味，居民用鹽漬以充蔬。《諸羅縣志》謂《毛詩》投我以木瓜即此，殊非。 按《果譜》： 木瓜一名楙，一名鐵脚梨，樹叢，枝、葉、花俱如鐵脚海棠。葉光而厚，春末花開，紅色微白。 實如小瓜，或似梨稍長，色黃如著粉，津潤不水者為木瓜。 此地所產與內地木瓜絕不類，豈可以稱謂偶同，遂妄為引據乎？《赤嵌筆談》。 番薑，木本，種自荷蘭，開花白瓣，綠實尖長，熟時朱紅奪目，中有子，辛辣，番人帶殼啖之，內地名番椒。 更有一種，結實圓而微尖，似柰，種出咬𠺕吧，內地所無也。《臺海采風圖》。 香櫞初夏即熟，長似木瓜，上下微尖，拌蠟勻檀，較軟圓皺稍遜矣。《赤嵌筆談》。 楊梅如豆，桃李味澀，不足珍。 番石榴不種自生，臭不可耐，而味又甚惡。《稗海紀遊》。 番柑種自荷蘭，大於番橘，肉酸皮苦。 荷蘭人夏月飲水，必取此和鹽搗作酸漿入之。 多樹園中，樹與橘無異。 沈文開詩云： 種出蠻方味作酸，熟來包燦小金丸。 假如移向中原去，壓雪庭前亦可看。 沈文開《雜記》。 臺產柑橘味俱酸。 有公孫橘，前生者紅，後生者青，花實四時相續。 沈文開《雜記》： 番橘出半線，與中原橘異，大如金橘，肉酸皮苦。 其詩云： 枝頭儼若掛繁星，此地何堪比洞庭。除是土番尋得到，滿筐攜出小金鈴。《瀛壖百詠》。 松： 臺惟水沙連內山有之，土番間有售茯苓于市者。 栢 樟 楠 桐： 北路多有。 厚栗：本名猴栗，木性甚堅，可為棟樑。 百日青： 俗名土杉，雖枯而色尚青也。柳： 《諸羅志》稱臺有御柳，幹赤細條，亦名垂絲，郡中未見。 赤鱗：赤色，皮鱗質堅，入土難朽。 大者可為車心。 烏栽： 皮帶黑色，中白大而不堪器用，止可供薪。 象齒： 木硬而直，白文如象齒。 埔柿： 樹如柿，無花實。 山荔： 樹如荔，無花實。 烏柏： 北路不多產。 荊：俗名埔荊，小木叢生，枝莖婆娑，有五葉、七葉。 槺榔： 幹直無枝，其顛生葉不過數十，結子作穗生木端，其葉臺人以為帚。 本出九真、交趾。 樸仔樹： 樹如苦苓，葉晒乾用擦錫器、犀角、象牙等物。 鹿仔草樹： 即楮也，皮搗爛可作紙。 臺不造紙，以其枝葉為鹿所嗜，因名之。 椶： 即栟櫚。破故子： 葉似梧桐而小，結子如苦楝。 番豆： 大至合抱，高數丈，結子如豆莢。 榕： 大者垂蔭可十餘丈。 多根，故易茂而難拔； 不材，故寡伐而長壽。 楓 椿 楝： 葉似槐而尖。 白樹： 樹高大而幹直，頗美觀，但易朽。 鐵樹： 幹紫黑色，葉如槺榔，生於木杪，鱗皺而厚。 水松： 性好近水，皮溫厚如棉，枝喬而上勾，其葉散碎紛披，其根礌砢奇古。苦苓樹 栢： 皮可為香。 黃目樹： 結實形如枇杷，色黃皮縐，用以澣衣，功同皂角。 茄藤樹： 生臺海濱，可為薪。 紅可染網。 林投： 一名林茶。 葉多刺，似鳳梨，高可丈餘，密栽為籬，牛羊不得入。 桑 藜： 高可八九尺，枯則取以為杖，韌而輕，即藜杖也。 水漆： 生海泥中。 九芎： 一名九荊，村落草屋用為豎柱，入土不朽。 加冬： 樹似冬青。 綠珊瑚： 以下八種，舊志不載，今補入。 詳見附考。 桄榔 蕭朗 土沉香婆羅樹 交標 饅頭果 咬人狗： 疑即水漆。 ○以上木之屬。

附考： 榕樹產于閩粵二省，木之最易滋長者。 其大可至數十圍，每枝幹間即長細根如絲，垂至地，漸大，成盤曲輪(菌)〔囷〕之狀。 臺府署內有榕根蜿蜒地上，高約四五尺，長約二丈餘，謂之榕橋，為臺邑八景之一。《臺海采風圖》。綠珊瑚，亦名綠玉樹，多椏枝而無花，葉光潤，雅與名稱。 種自呂宋來。 張鷺洲詩云： 一種可人籬落下，家家齊插綠珊瑚。 想從海底搜羅日，長就苔痕潤不枯。《瀛壖百詠》。 桄榔挺然直幹，花落生葉，質堅多紋，可製爲器。《臺灣志略》。 桄榔樹似栟櫚，皮中有屑如麪，木性如竹，紫黑色，有紋理。《諸羅縣志》。 楠木始生已具全體，裂土而出，兩葉始蘖，已大十圍，歲久則堅，終不加

大，蓋與竹筍同一理也。《稗海紀遊》。大松生水沙連，合抱成林。生番所居，莫敢採伐。相傳山後崇爻、黑沙晃諸山有松，有杉，有梅。《赤嵌筆談》。蕭朗木大者數圍，性極堅重，入土千年不朽。然在深山中，野番盤踞，人不能取。洪水漂出，偽鄭取以為棺，實美材也。同上。南路打鼓山有香木，色類沉香，味較檀尤烈，不名何香，土人亦不知貴。傳説昔年有蘇州客商能辨之，載數十擔去。後有官某作為香杖。今所存者零星碎木，有為扇器者。同上。土沉香樹開花五瓣，白色，結子黄，如豆大，其根香。《臺海采風圖》。婆羅樹中空，四圍摺疊成圓形，尤異。花紋糾結盤屈如古木狀，用貯管城，因其材也。《使槎錄》。内山林木叢雜，多不可辨。樵子採伐鬻於市，每多堅質，紫色竈烟，間有香氣拂拂，若為器物，必係精良，徒供爨下之用，實可惜。倘得匠氏區別，則異材不致終老無聞，斯亦山木之幸也。同上。木有交標，可為樑柱。九荊小而不高，茅屋用以為柱，入土不朽。又有白樹，色白，可以為器。此皆内地所無者。同上。番樹大如槐，枝幹離奇，或似卧松，結實如槐角，皮紅時綻裂，肉白可食，名曰刺豆，一名番豆。《使槎錄》。水漆柯葉仿佛刺桐，皮有黏液，著膚則腫，取以圍籬，多生枝葉。《諸羅縣志》。饅頭果樹幹似梧桐，但不直聳，有旁枝，一枝數葉如芙蓉，三四月開小緑花，懸穗三四十朵相比。《臺海采風圖》。咬人狗，其木甚鬆，手掐之便長條迸起，可為火具。高丈餘，葉長大似烟葉，有毛刺刺人，入毛孔甚癢，搔之發紅腫痛，一晝夜方止。同上。林投樹幹直，皮似栟櫚，其裏骨極堅，花紋斑駁，可作箸并檀板或月琴、三絃等樂器。心空，從根結棕絲直貫至頂，葉青而長，兩旁皆刺，花似蘆荻，結實類鳳梨，熟後深黄，擘開顆顆如金鈴，番衆以線串貫纏額上為飾，并啖之。其在花時，則摘其花以盤髻。同上。林茶樹高至丈餘，結實類波羅蜜，不堪食。種之園邊，衛宅之功等于刺竹。《臺灣志略》。刺竹： 高四五丈，旁枝横生，而多刺堅利，人不敢犯。茅屋取為樑柱，器物資之，其用甚廣。 長枝竹： 一名鱟脚緑。椅、棹、床、櫥皆資其用。 鳳尾竹： 俗呼觀音竹。 麻竹： 比刺竹尤大，質不堅韌，車籠、糖籠、倉笨等物悉資用之。 空涵竹： 産山中，高二丈許，圍二三寸，無旁枝。草屋用以為桷。 椶竹： 皮似椶而節密，高不滿四尺。 蘆竹： 似黍，生水涯濕處。 筀竹： 大者圍二尺，長四丈，出竹塹岸裏社，笋極佳。 石竹： 大如筀竹，可為器。出樸仔籬等社。 金絲竹： 一名箭竹，大如小指。出樸仔籬等社。土番以為箭。 珠籬竹： 高丈許，如指大，用以編籬。 七絃竹： 以下二種，舊志不載，今補入，詳見附考。 人面竹○以上竹之屬。 附考： 竹亦可為器用，但質薄劣，蛀蟲易生，不能經久。遍處皆竹，數十竿為一叢，遠望若柳，絶無蕭疎之致。《赤嵌筆談》。刺竹，番竹種也。大者數圍，葉繁幹密，有刺似鷹爪，殊堅利。惟臺有之，土人多環植屋外以禦盜。今城四周徧栽之。《臺海采風圖》。觀音竹枝弱葉小，蓺植盆中，亦可供玩。同上。江南竹亦名南竹。自内地來，魚港籬落每用之。同上。郡治緑竹最多，輒數十竿為一叢，生笋不出叢外，每于叢中排比而出。枝大于竿，又節節生刺，人入竹下往往牽髮毀肌，莫不委頓。《稗海紀遊》。七絃竹幹白，有青線紋五六七條，葉與竹同。《臺海采風圖》。人面竹高四五尺。《華彝考》： 節密而凸，宛如人面，故名。《通志》： 一名佛眼竹，可供玩賞。《諸羅縣志》。仙草： 高五六尺，晒乾可作茶，能解暑毒。煮爛絞汁去渣，和粉漿再煮成凍，和糖泡水，飲之甚涼。 鼠麴： 葉似馬齒莧，上有白毛，黄花，可合粽為粿。 白麴草： 可製麴釀酒。 乳草： 生附地，枝紅葉細，背微紅。婦人少乳者和肉煮食之，能通乳竅。 仙人掌： 狀如人掌。 苹 蘋 藻 含羞草： 高四五寸，葉似槐，爪之則下垂。 齒草： 枝葉高尺許。番人取其枝擦齒，久之皆黑，故名。 遍地錦 虎耳草： 葉圓，面緑而背紅。 鳳尾草： 即貫衆。 茅： 有金絲茅、大頭茅，鄉人取以蓋屋。 菅 刺莧： 高三四尺，多生刺，燒灰沃水，可漬米為粽。 茜草： 土番用以染獸毛。 芒： 葉似茅。 蒲 烟草： 北路生而不植。 金絲藤： 蔓生。 荖草： 即扶留藤，一名蔞藤。夾檳榔食，根美于葉。臺人納幣，取其葉滿百，束以紅絲為禮。 風草 以下五種舊志不載，今補入，詳見附考。

龍舌草 紅毛茶： 疑即仙草。 薑黄 七絃草○以上草之屬。 附考： 風草，土番識之，此草春生，無節則經年無颱風，生一節即颱一次，二節二次，多節則多次，甚為奇驗。《臺灣志略》。荖草，蔓生，葉如田薯，枝柔而長，延繞十餘丈，花類僵蠶，緑色，味辛。根為老藤，色粉紅，取切片夾檳榔食之甚香。花、葉和食，根、葉、花味各别。《臺海采風圖》。羞草，葉生細齒，撓之則垂如含羞狀，故名。孫元衡有詩曰： 草木多情似有之，葉憎人觸避人嗤。也知指佞曾無補，試問含羞卻為誰。《赤嵌集》。龍舌草俗名蘆薈，形如舌，旁有刺，液如油。《諸羅縣志》。龍舌草長徑尺許，厚半寸，中有稠汁，閨中取以潤髮，實擅膏沐之長。《臺灣志略》。紅毛茶乃艸屬。黄花五瓣，葉如瓜子，亦五

瓣，其根如藤，刨取曬乾，或遇有時氣不快，熬茶飲之則愈。同上。薑黃叢生，葉似美人蕉，其根似薑，取以染繪。《臺海采風圖》。七絃草叢生如稻秧，其朵如蘭，有直紋似絃，界限分明，白與綠相間，至冬則白變紅。土人蒔植以充盆玩。同上。浮留藤即蒟。《說文》：蒟，蔓生，子如桑椹，苗為浮留藤。左思《蜀都賦》所謂蒟醬，取其子為之。粤人夾檳榔用葉，臺人憎其辣，獨用藤，俗名荖藤。產內山，近出蕭壟社者最佳。削皮脆如蔗，子如松蕤初吐，俗號荖花，橫切小片，紋白點點如梅花，更香烈，類雲南蘆子。按：荖，《正韻》無此字。或作蔞，亦非。《諸羅志》。天門冬　麥門冬　土茯苓：俗呼山尾薯。

鹿茸　麋茸：鹿之大者。鹿茸補陽，麋茸補陰。　鹿角膠　鹿角霜：即煮膠之角渣也。　硫磺　海鰾鮹　穿山甲：即鯪鯉。　柏菰：小兒口痛，煎水洗愈。　林茶菰：即林投之實，肉有紅白二色，痢疾紅者用紅，白者用白。　三柰：類薑，味辛。　地骨皮　香附　穿山龍　木通　薏苡：臺產甚多，較內地差少。　白扁豆　金銀花：有黃白二種，可療疥。　水燭：生水中，形如燭，故名。　蛇草：蛇傷，煎服之多愈。　艾　益母艸

木賊草：一名接骨筒。　蒲公英　薄荷　豨薟草　蜂蜜　菖蒲　澤蘭：能散血。　班節相思：類薄荷而大。　白雞冠：治血崩。　梔子：一名越桃。　蒼耳子　蓖麻子　木鱉子　急性子：即鳳仙子。　枸杞子　草果　蟬蛻　紫萍　車前子　風藤：狀與他藤異，似木通，出水沙連內山，浸酒服之可已風疾。　山苦瓜：治脚腫。　馬尾絲：有大小二本，生陰濕地。患蛇傷者，取其根擦之，立愈。　白蒺藜　石決明　通草：性利水，兼通乳竅，染以綵色製花，鮮明可愛。出淡水、雞籠諸山。　樟腦：北路甚多。　蕎麥：亦載麥部，能收冷汗。　紫蘇　天南星　金鎖匙：治疳。　嘮礣草、龍舌黃、羊甘草：俱治黃疸。　黃金子、正埔薑、雞骨黃：俱去風解熱。　烏甜葉：一名對面烏，止血。　宜梧草　撮鼻草：俱治風。　鴨嘴黃：一名定經草，可以調經。　珠仔草、金不換：俱治跌打損傷。　萬年松：治腹痛。　鹿肚草：治噎嗝。　鹹酸草、遍地錦、炮仔草：俱治咽喉。　地掃草、鼠尾黃、龍樹草：俱治疔毒。　山芙蓉、雞角刺、束血草、馬鞍藤、鬣殼刺：俱治癰。　蚶殼草：治痧。　蠅翅草：治虛脹。　水鏡草：治痔漏。　三脚虎草、三脚鱉草：俱治瘰癧。　茅根草、無根草：俱通淋利水。　莿苳草：治瘍。　梨壁草：治臁瘡。　蒲鹽草：治蛇傷。〇以上藥之屬。　附考：藥品前志所不載者，如含鈴草、茶匙黃、虎咬黃、龍鱗草、四時春、馬蹄香、一名一枝香。金劍草，治黃。薑蔚子、龍船花、魚簽草、苦麻草，去風解熱。柏仔草、半天飛，涼血。雞卵藤、萬年薯，治瘋。龍芽草、竹仔草、天青萊、大楓草、三艾刀、鯽魚膽草、牛頓草、山苦瓜、牛角刺、山葛藤、頗仔葉、山麻草、千日青山、四英馬鞍草、過江龍、檳包藤、豬母菜、羊角豆、姑婆草，療毒。白埔薑，止痛。蔡板草、一名九層塔。山蜈蚣、小營刺、山茄報、碎米黃，治跌打損傷。赤血草、茄冬葉、貓公刺、山尾蝶、天仙茄，治咽喉。葉下紅、一名馬蹄黃，一名消息草。山埔銀、鹿角英、地草、午時草、真珠黃、山東枋、白花草，治疔毒。龍吐珠、虎婆刺、漫桃花、千里急、鐵馬鞭、倒地柃、和尚藤、金絲五爪龍、雞柔草、瓜子草、荔枝草、田烏草、毛將軍、田薯草、五宅茄、羊相卓、不求人、虱鬚草、鐃鈸草，治癰。山素英，治疥。苦仔草，治痘。咬人狗、虎尾侖，治瘰癧。蔦松葉、過溝菜、冷飯藤、山荖葉、蟲草，治潰爛。豬腰草，治陰症。有異名者，苧麻根名山桔根，柑核名仙柑子，山藥名淮山，木槿名水錦。《赤嵌筆談》。紗帽翅，一莖數十花，色黃，葉可治癬。《臺海采風圖》。番薏茹一名番苦苓，一名心痛草，能治心氣痛，種出荷蘭。葉秀嫩似雲板，曝乾則香，結子青赤色。同上。馬尾絲，草屬，葉細而長，花紅而小，其根如荔枝核，黃色，多細絲如髮，不拘鮮乾皆可治蛇蜂諸毒。《臺灣志略》。葉下紅草，幹紅，花圓小如白絨，葉外青內紅，治傷損。《臺海采風圖》。

鳥獸　鳶　鴿　鸛　鶺鴒　雉　烏　燕　鳩：即斑鳩也，與內地異。色青黑者曰斑鳩，甲項下赤色者曰火鳩。又有一種身綠、嘴足皆紅者曰金鳩，惟淡水出。　鷺　畫眉：與內地等，但眉無白者。　鸜鵒：即八哥。

布穀　梟　鷗　海雞母：黑色，脚綠，比雞較大，宿海嶼中，故名。骨脆而味甚美。　鴛鴦　翡翠：俗名釣魚翁，嘗宿水道，伺魚而食之。　白鵰

長尾三娘：鵰之屬。色青，光彩照人，一名練雀。　烏鶖：身黑尾長，較小于鷹，能搏鷹、(雞)〔鷂〕、鳶諸惡鳥。　伯勞：鵙也。　黃鶯　鷹　鸇　鶵　鵂鶹：即鵋鶀。　雀　白頭翁　海鵝：俗名南風鷾，又名布袋鵝。常于海濱獵魚，翎可為箭羽。　華雀：似雀而小，紫色，唧唧善吟，置籠中能自來去。　白鳩：每當五更則鳴，或謂之知更鳥。　竹雞　鷂　鷦鷯：《通志》謂之鷦鴞，《爾雅》桃蟲鷦，其雌鴱。一名巧婦。土番出草，

聞其聲則返。　鬼車：　俗名九頭鳥。　彩囊　以下六種舊志未載，今補入，詳見附考。　五鳴雞　雷舞　番革　鶇鸛　倒掛：　自內地來。　以上羽之屬。　附考：　長尾三娘，朱喙、翠翼、褐脊，彩耀相間，尾長盈尺，臺人因而名之。生于諸羅深山，中土罕有見者。《臺海采風圖》。　白鳩，每當風雨，舞翅盤旋，霜衣雪襟，可為近玩。　或呼為洋鴿，云自咬嵧吧來者。　初開臺時，一雙不下二十金，近飼養將雛者多，價不及十分之一。《使槎錄》。　白鳩能知氣候，每交一時即連鳴數聲。《臺灣志略》。　綠鳩紺嘴碧毛，艷深鸚鵡，惟不善鳴，遜白鳩。同上。　海八哥，黑身、紅頂、綠足，一名田雞。　烏鬚，鷙鳥也，能搏擊羽族，尾長黑色，時集于田間牛背上。《使槎錄》。　烏鶖，似八哥而通體皆黑，喙如錐，尾長，飛最疾，鳴如黃鶯，善作百鳥聲，夜則隨更遞喚。　能搏鷹鸇，遇諸惡鳥飛空中，則竄啄其胸脇。　鷹鸇飛較遲，爪不能及，負痛飛鳴而去。　宿處惡鳥不敢近。《臺海采風圖》。　彩囊，似雞而小，頂上有五彩囊。《使槎錄》。　五鳴雞，大如鵪鶉，項白，每漏下一鼓則一鳴。同上。　雷舞，鳥名，蒼赤色，聞雷則舞。同上。　白八哥，白晝眉，亦未見。　或云鹽水港統領埤加冬樹大數圍，其上每年生白八哥，相近居民伺其將雛，攫而飼之。《使槎錄》。　番革形似燕，背淡黑色，腹下色黃，尾長，飛則鳴，行則搖，類鶺鴒。《諸羅志》。　鶇鸛，俗呼食蛇鳥，狀似鶴，略小而短尾，周身毛羽淡紅色。　專食蛇虺，知探蛇穴，以嘴啄洞口，令自出。　或口銜而飛空中，頭尾皆動。《臺海采風圖》。　倒掛鳥似鸚鵡而小，翎羽鮮明，紅綠相間，緣枝循行，喙如鉤，足短爪長，性好倒掛，夜睡亦然，種出東洋呂宋。同上。　牛：　水牛自內地來，研蔗煮糖。　黃牛近山多有，取而馴習之，用以耕田駕車。　馬：　從內地來，近亦有牝而生者。　狗

猪　羊　貓　雞　鵝　鴨　番鴨：　似鴨而大，毛有小采，嘴脚朱色，肉粗味減，來自外洋。　番猪：　毛黃色。　以上畜之屬。　附考：　臺灣多野牛，千百為群，欲取之，先置木城四面，一面開門，驅之急，則皆入，入則扃閉而飢餓之，然後徐施羈靮，豢之芻豆，與家牛無異矣。《臺海采風圖》。　馬小而力弱，異于內地，內山有山馬。同上。　水沙連、紅頭嶼出黃羊，有鬻其皮以為褥者。同上。　番鴨大如鵝，足微細，兩頰紅如雞冠，雄者色更赤。　畜之常飛去，人每載入內地，然褷褷唼唼，無足充玩。同上。　艾葉豹：　臺產者稍大于犬而無害于人，或名之曰獐虎。　熊　麋　鹿　麂　麕：　即麞。　麠：　似鹿而大。　兔　猴　山猪　獺　山羊：　能涉峻，生深山中，皮堪作鞵。

鼠　野豬：　牙利如鐮。　以上毛之屬。　附考：　臺山無虎，故鹿最繁。　昔年近山皆為土番鹿場，今則漢人墾種，極目良田，遂多于內山捕獵。　角尾單弱，絕不似關東之濯濯，角百對只可煎膠二十餘觔。　鹿雖多，街市求一臠不得。　冬春時社番截成方塊，重可觔餘，皆用鹽漬，運致府治，色黑味變，不堪下箸，而值亦不輕。《使槎錄》。　鹿以角紀年，凡角一歧為一年，猶馬之紀歲以齒也。　番人世世射鹿為生，未見七歧以上者。　向謂鹿仙獸多壽，又謂五百歲而白，千歲而元，特妄言耳。　竹塹番射得小鹿，通體純白，角纔兩歧，要不過偶然毛色之異耳，書固未足盡信也。　鹿生三歲始角，角生一歲解，猶人之毀齒也。　解後再角，即終身不復解。　每歲只增一歧耳。《裨海紀遊》。　牝鹿以四月乳，未乳極肥，腹中胎鹿，皮毛鮮澤，文彩可愛。　又牝鹿既乳，視小鹿長，則避之他山，慮小鹿之淫之也。　獸之不亂倫者惟馬，牡馬誤烝則自死。　牝鹿自遠以避。同上。　熊之類不一，有猪熊、狗熊、馬熊、人熊之異，各肖其形。　諸熊毛勁如鬣，又厚密，矢鏃不能入。　蹄有利爪，能緣木升高，蹲于樹巔，或穴地而處，人以計取之，無生致者。　腹中多脂可啖，掌為八珍之一，膾炙人口，然不易熟。　庖人取其汁烹他物為羹，助其鮮美，一掌可供數十烹，若為屠門之嚼，貽笑知味矣。同上。　山猪蓋野彘也，兩耳與尾略小，毛鬣蒼色稍別。　大者如牛，巨牙出唇外，擊木可斷，力能拒虎，怒則以牙傷人，輒折脇穿腹。　行疾如風，獵者不敢射。　又有豪猪，別是一種，箭如蝟毛，行則有聲，雖能射人，不出尋丈外。同上。　福州東島視澎湖為近，內惟產鹿千百群，島人捕得，取其腸胃連糞食之，以為至美。　其全體則鬻之福州人，今所鬻鹿脯、鹿筋，皆東島物也。《玉堂薈記》。　山鼠，土人捕獲，以蔗梗填腹，去毛炙黃，合猪肉煮食。《使槎錄》。　山猫，取其毛以束筆，微短而軟。　鄉間亦有捕蟬，紙裹煨熟以下酒者。同上。

蟲魚　蜂　蟻：　盈几案間皆是，有赤色而極小者為黃絲蟻，色黑而走疾者為走馬蟻，色白而生于濕處者曰白蟻，凡衣服器物近濕處多為所壞。　蟬　蝴蝶　蝙蝠　蝦蟇　蟋蟀　蜘蛛　蜥蜴：　似蛇身扁，四足，長五六寸。《說文》：　在草曰蜥蜴，在壁曰蝘蜓，守宮也。　臺之蝘蜓能鳴，其聲嘎嘎。　或謂過澎湖則不鳴。　蜻蜓：　至冬猶群飛。　螢　蛩　螽斯　螳螂　螟蛉　蜾蠃　蠅虎　蜈蚣　蛇：　臺產有數種。　一名山辣，長六七尺，專捕鼠；一名草花仔，長一二尺，俱不傷人。一名龜殼花，背有文如龜紋。　一名飯匙

倩，頭扁如飯匙，見人頭昂二三尺，惟尾貼地，噴鼻有聲。一名青竹絲，長一二尺，色青如竹，故名。三者嚙人最毒。　蜂虎：　狀似燈(娥)〔蛾〕而大。

水蛭：　即馬蟥也，內山最多。　蠅　蚊　螥螂：　臺多藏樹中。《漳志》謂之蝤蟲，煎食解毒最神。　蛾　蠹　竈雞　蜣螂　毛蟲　蚯蚓　蜒蚰　蛙：　土人帶皮食之。〇以上蟲之屬。　附考：　簸箕甲，蛇之最毒者，大者數尺，身有橫紋，黑白相間，俗名手巾蛇。甲有毒汗，經行處草木皆萎，牛馬不食。嚙人數十步立死，其骨必擣爛遠擲之，悞踐亦能刺足殺人。閩地多有。《臺海采風圖》。北路有巨蛇，可以吞鹿，名鉤蛇，能以尾取物。孫元衡有《巨蛇吞鹿歌》云：　一島三千麋鹿場，甡甡出谷如牛羊。臺山不生白額虎，族類無憂牙爪傷。野有脩蛇大如斗，颼颼草木腥風走。氣騰火燄噴黃雲，八尺斑龍入巨口。九歧璚角橫其喉，昂霄下咽膏涎流。獰蕃駭獸不相賊，犇竄林莽爭逃鉤。我聞巴蛇吞象不煩齩，三歲化骨何陰狡。爾鹿爾鹿甚微細，此蛇得之應未飽。《赤嵌集》。余始來此，坐檐下，有聲如雀，却不見有飛鳥，後迺知為蜥蜴鳴也。林僉事麟焻《使琉球竹枝詞》：　靜聽盤窓蜥蜴聲。其自注云：　蜥蜴能鳴，聲如麻雀。海外蜥蜴俱能鳴耳。《赤嵌筆談》。海舟夜眠，潛伏艙內，尚喜無蚊。臺地四時皆受其害，更有不見不聞而為所刺，愈抓搔則愈癢。《閩小紀》云：　閩地有小蟲若微塵，視之不見，刺人較蚊蚋尤甚。密帷亦不能間之，名沒子。同上。四時堦砌蛩聲鳴不絕，蟬於二月即噪樹間。聽蟲鳴以占候，未可與此地律也。同上。蜈蚣腹下有光，夜間青熒閃爍如螢，毒氣如硫磺，以足踏之，光熠燿不絕。同上。蜥蜴俗呼為四脚蛇，四足各有爪，長尺餘，黑脊，左右皆黃絲繞之。能浮水。口毒而不螫人，若捕急，則嚙人立斃。每當雨多露濃之後，橫路暴日，故一名塗釘云。《臺海采風圖》。青竹鏢，蛇類，一名百步劍，一名青柏絲。長尺餘，深綠色，纏樹杪與葉無別。有絲如蛛網，人悞觸之則飛嚙，其疾如鏢，遭其嚙者，行百步即僵。同上。鯉

塗魠：　形類馬鮫而大，重者二十餘斤，無鱗，味甚美。自十月至清明多有。

烏魚：　各港俱有，每冬至前去大海散子，味極甘。後引子歸原港，曰回頭烏，則瘦而味劣矣。子成片下鹽曬乾，味更佳。過冬則罕見。即本草之烏魚也。　鯧　馬鮫：　骨軟無鱗。　鰳　鮎　鰻　扁魚：　形似貼沙而薄。　曬乾味香美，鮮食亦佳。一名塗剃。　白帶魚：　無鱗。　午魚：　鱸之別種。

鱸　鮸魚：　即敏魚，狀似鱸而大，肉粗，重至二十餘斤。　鯽魚　貼沙：　上紫下白，有細鱗，即比目魚。　銀魚　鱔魚：　即鱓。　虎魚：　狀如虎頭，巨口無鱗，長不盈尺，肉嫩而美。　黃魚　魟魚：　形圓如扇，無鱗，色紫黑，口在腹中，尾長于身。有黃魟、燕魟，黃魟大而肉粗，燕魟小而肉潤。

泥鰍：　俗謂之鰍魚。　金魚　鬬魚：　狀如指，長二三寸，有花文紅綠相間，尾鮮紅，有黃點，善鬬，泉人呼為丁斑。此與金魚秪供玩賞。　麻虱目：魚塭中所產，夏秋盛出，狀類鯔，鱗細，臺以為貴品。　䲀魚：　生海島泥塗中，其大如指，善跳，故名。俗名花䲀，以身有白花點也。　獅刀：　腹背如刀，故名。多刺。　烏頰：　身短闊。　墨魚：　即烏鰂，常噴墨于波以衛身，大魚不得近。中有骨如小舟，名海鰾鮹。　鎖管：　身圓直如鎖管，首有小骨，即鮫魚。插入管中如鎖鬚，味甘脆。　鯊：　有白沙、胡沙、雙髻沙。其最佳者，皮上有黑白圈文，曰龍文沙，其翅尤美。　沙梭：　長五六寸，狀如織梭。　海翁：　即海鰌，大能吞舟，黑如牛，背浮于水面，則大風將作。

魴　鰛魚：　可醃作鮭。　青鱗：　色青鱗厚，長五六寸。　紅沙：　皮紅如塗硃，鱗細。　金鐘仔　花身：　體有斑文。　蛄鮐：　尾有星，多穴于塗泥中。　鱦魚：　色青，體圓而短，味極腥。　鐵甲魚：　鱗硬如甲，去其皮方可食。　遍身苦：　身有花點。　塗鰍：　似鱔而身短，多涎難握。　塗虱：　頭扁身微圓，黑色，長五六寸，產圳潭窟中。　狗母魚：　長尺餘，有細刺，魚之粗劣者。　獨魚：　大者如掌，皮粗，曬乾可磨木器。　金錢：　狀如花鈴，而體薄多刺。　花鈴：　斑點如花。　鱺魚：　溪澗中魚之最惡者，引子游水，眾魚不敢犯。　鰜魚　鮓：　一名水母，一名石鏡。　鰱魚　章魚：　即韓昌黎所謂章舉。其身圓，其首八脚縮聚，當中有口，脚上有窩如臼，歷歷成章，囊中有黑膏及黃膏，行則手足向下，身向上，高舉而疾遊。產澎湖。　蝶魚：　狀如烏鰂而大，肉亦厚，味甘美。出澎湖。　沙蠶：　一名龍腸，生海泊泥塗中，形似蠶，中有沙，故名。味甚美，曬乾焙食最佳。　鱠魚：　一名鱖魚。　飼子飯：　無細骨，可和飯以飼幼子。　鶯哥魚：　狀如鯉而潤，色綠，嘴尖而勾曲似鶯哥嘴，故名。產澎湖。　龍尖：　口尖而身豐，味甘而脆美，出澎湖，多曬作乾。　三牙魚：　有赤白二色。　黃翅：狀如烏頰，肉細而味清，以其翅黃，故名。下淡水有重一二斤者。　黃爵：身薄而小，多刺。《漳郡志》以為黃雀所化。　新婦啼　以下三十種舊志未載，今補入，詳見附考。　飛藉　金精　三牙　田鴿　梳齒　小波浪　歸秉

赤海　刣額　鱤魚　牛尾　泥龍　青箭　交網　牛牯鱴　金梭　竹梭
飛烏　咬網狗　海蠣　含西　刺圭糍　安米　旗魚　蜈魚　海和尚　海狗
海龍　海馬○以上鱗之屬。　附考：　鯊類不一，龍文鯊、雙髻鯊，《志》言之矣。外此，有烏翅鯊，身圓，翅尾黑色。鋸仔鯊，齒長似鋸。烏鯊，口闊，大者數百觔，能食人。虎鯊，頭斑如虎，齒迅利，噬人手足立斷。圓頭鯊，亦食人。鼠䱜鯊，皮白，齒如梳。蛤婆鯊，口闊尾尖。油鯊，身圓而長，尾似蝦尾。泥鰍鯊，口尖。青鯊，身青色。扁鯊，身扁尾小。乞食鯊，皮可飾刀鞘。狗纏鯊，身長尾尖。狗鯊，頭大，上有烏赤點，離水終日不死。《赤嵌筆談》。鯊魚，胎生。市得一魚，可四五觔，用佐午炊，庖人剖腹，一小魚從中躍出，更得五六頭，投水中皆遊去。《稗海紀遊》。魴，有錦魴，身圓有花點，大者三四百觔，皮生沙石，尾長數尺，骨弱肉粗。黃魴，身圓黃色。泥魴，皮黑。掃帚魴，尾如帚。烏燕魴，頭、身、翅俱似燕，肉黑。四開魴，頭似燕，肉赤。鬼角燕魴，頭有軟角。水沉魴，淡紅色，身扁頭尖。同上。新婦啼，魚名，狀本鮮肥，熟則拳縮。意取新婦未諳，恐被姑責也。孫元衡有詩云：泔魚未學易牙方，軟玉銷為水碧漿。廚下卻憐三日婦，羹湯難與小姑嘗。《赤嵌集》。飛藉魚，疑是沙燕所化，兩翼尚存。漁人俟夜深時懸燈以待，乃結陣飛入，舟力不勝，滅燈以避。孫元衡有詩云：入海微禽能變化，秋來巢燕已為魚。飜飛應悔留雙翦，誤學燈蛾赴火漁。同上。鸚哥魚，鳥嘴紅色，週身皆綠。孫元衡有詩云：朱施鳥喙翠成襦，陸困樊籠水厄罛。信是知名無隱法，曾聞真(獵)〔臘〕有浮胡。相傳真(獵)〔臘〕有魚，名為浮胡，嘴似鸚鵡。同上。海翁魚，有言如小山，草木生之，樵者誤登其背，須臾轉徙，不知所之，此無可攷。《志》云：後壟番社有脊骨一節，高可五六尺，兩人合抱未滿其圍。漁人云：大者約三四千觔，小者亦千餘觔。皮生沙石，刀箭不入。有自僵者，人從口中入，割取其油，以代膏火。肉粗不可食。口中噴涎，常自為吞吐。有遺于海邊者，黑色，淺黃色不等。或云即龍涎，番每取之以貿利，真贋亦莫辨也。《赤嵌集》。金精魚，花點細鱗。三牙魚，或赤或白，有三齒。田鴿魚，體圓，兩鬚長。梳齒魚，黑色花點，齒如梳，魚肚食之立死。《赤嵌筆談》。泥鱠魚，黑色，口闊，大者五六十觔。珠鱠魚，黑色，身有紅白點。小鱠魚，黑色。同上。小波浪魚，青身小尾。歸秉魚，身扁，肉澀。赤海魚，紅色。刣額魚，金鱗，頭內有石子一枚。鱤魚，口邊有兩大刺。牛尾魚，狀似牛尾。泥龍魚，身長，有暗刺。青箭魚，色青口尖，行如箭。交網魚，色有烏赤二種。牛牯鱴，頭闊皮青。金梭魚，金鱗，身軟。竹梭魚，口尖身長。飛烏魚，色青有翅，能飛。咬網狗，黑色，歪口，無分左右。海蠣魚，頭大皮黑。含西魚，身扁色白。刺圭糍魚，色黑，唇厚。安米魚，細鱗，有赤有白。同上。旗魚，色黑，大者六七百斤，小者百餘斤，背翅如旗，鼻頭一刺，長二三尺，極堅利。水面敺魚如飛，船為所刺，即不能脫，身一轉動，船立沉。同上。蜈魚，俗呼海豎。頭似豬，大則千餘斤，小亦五六百斤。常于水面躍起高丈餘，噴水如雪，漁人見之則避。同上。海和尚，色赤，頭與身皆似人形，四翅無鱗。海狗，頭似狗，尾尖，四翅。海馬，狀如馬，頸有鬉，亦四翅。漁人網獲，均為不祥。同上。海龍，產澎湖澳。冬日雙躍海灘，漁人獲之，號為珍物。首尾似龍，無牙爪，長不徑尺。以之入藥，功倍海馬。孫元衡有詩云：澎島漁人乞我歌，海龍雙躍出盤渦。爪牙未具空鱗鬣，直似枯魚泣過河。《赤嵌集》。黿　鼊　鼈　鱟：　殼黑色，甚堅，可作杓。尾長如槍，有足十二，生在腹下。雄小雌大，置之水中，雄者浮，雌者沉。雌常負雄而行，雖波濤終不解。失雄則不能獨活，故號鱟媚。漁人拾之必得雙。腹中有子如粟大，可醃以為醬，甚佳。　鯪鯉：　一名穿山甲。　螺：　有香螺、花螺、響螺、肉螺數種。香螺長數寸，肉雪白而尾有膏，味最清甘，品之上也。花螺圓而小，殼薄有斑點，味亦清。響螺大者長滿尺，類于香螺，其殼可吹，軍中用之。肉螺大五六寸，味苦，切其殼，(其)〔可〕作鸚鵡杯。　蟹：　臺產皆出于海，獨諸羅生溪澗中，螯生毛，名曰毛蟹，秋後甚肥美。海中則有沙鑽蟹，色黃，遍身有刺，遇人即伏沙底。有沙馬蟹，色赤，走甚疾。有大脚仙蟹，身小，一螯大一螯小，色赤白相雜。有虎獅蟹，遍身紅點。有青蚶蟹，青白色，兩螯獨大。有金錢蟹，身扁，色赤黑，此種醃食甚佳。　蟳：　膏多于肉，曰紅蟳。無膏，曰菜蟳。大者長尺餘，隨大潮退殼，一退一長，其殼最堅。生海邊泥塗中，螯無毛，故異于蟹。　牡蠣：　鹹水結成磈礧，相連如房，故曰蠣房，俗呼為蠔。小者名珠蠔，最佳，散生海中，用長竹如剪，鉤諸海底取之。殼可燒灰。　蚶：　蚌蛤之屬，殼圓而厚，形如瓦筒，從橫其理。　蠘：　形似蟳，但殼有斑點，其螯甚銳。　花蛤：　蛤有三種，皆生于海。　蟯：　蛤之大者，殼厚微黃，肉白多漿，名曰車螯。　蛤蜊　水龜：　一名龍虱，醃食甚佳。　海豆芽：　似蜆而大，形扁殼綠，吐尾如豆芽，故名。　一曰塗杯。　珠螺：　似花螺而小，殼堅硬，螺嘴有皮，厚而圓，

如半面珠，故名。澎湖所産，惟醃食為佳。　蚌　白蟶：臺原無蟶，康熙五十九年始有，生于海泊泥塗中，形與內地蟶無異，但殼差薄，色白如玉，肉尤清甘，四五月時有之。　西施舌：殼綠黑色，似蚌而薄，其肉有舌，最美。海錯之珍，次于江瑤柱。但臺所出不宜多食。　海蜇：臺地所産瘦小，不堪食。　鼂鼊　以下俱詳見附考。　龍鰕　海蒜　寄居蟲　鬼蟹○以上介之屬。　附考：蟹，螯生毛者。無毛者為蟳。有翠蟹，蔚然深藍，大不盈掌。巨者螯長六七寸，殼有斑文，呼曰青脚蠘。孫元衡有《翠蟹》詩云：嗜蟹何當只自謀，難憑此味悅監州。雙螯獨把炎洲翠，呂亢圖中未解收。《赤嵌集》。虎蟳，質粗味劣，無足取。殼極類門戶上所繪虎頭，色亦殷紅斑駁，人有鑲為酒器者。冬來生子，充盈臍外。《閩小紀》。鼂鼊，黿屬，卵生，狀如鼈，四足漫胡，無指爪，大者百餘斤，小者數十斤。常從海岸赴山凹，鑽孔伏卵。人伺其來時，尾而逐之，行甚疾，眾併力反其背，則不能動矣。剝割時，兩目淚下。嗜者謂味同牛肉，值亦相等。甲可亂瑇瑁，亦以飾物，但薄而色淺，不任作器。市販鹿膠，每以其板殼與鹿角骨同煎。南路黿壁港以此名，今寫訛。劉欣期《交州記》作蚼蝆。《赤嵌筆談》。文蛤，味極鮮美，往年絕少，惟癸卯春夏，魚市不絕。《西溪叢話》：蛤蜊、文蛤，皆一潮生一暈。《博物志》云：東海有蛤，鳥常食之。殼在海岸，潮水往來碏薄，潔白如雪，入藥最精。往往在大嶝僧寺，見海邊蛤殼各種奇異，有競為攜取者。同上。龍鰕，昂首奮角，如畫龍狀。甲硬如蟹殼，鬚長二尺餘，鉗六七寸，上有芒刺。尾下子纍纍相續。又有九節鰕。同上。海蒜，一名湖胥。殼類蛤，肉垂三寸餘，白色，上有黑點，形狀甚劣，食之多患腹瀉。同上。《南州異物志》：寄居之蟲，如螺而有脚，形如蜘蛛，本無殼，入空螺殼中，戴以行，觸之縮足，如螺閉戶，火炙之乃出走。《異苑》謂：鸚鵡螺常脫殼而朝遊，出則有蟲如蜘蛛入其殼，戴以行，夕返則此蟲出。庾闡所云鸚鵡外遊寄居負殼者也。臺地呼寄生。《使槎錄》。鬼蟹，狀如傀儡。孫元衡有詩云：家在蠔山蜃氣開，鯨潮初起黨帆來。虎鯊背有斑文鬼蟹紛無數，就裏難求蛤蚌胎。同上。

收采藏留部

題解

梁・陶弘景《本草經集注》卷一　本草〔采藥〕時月，皆在建寅歲首，則從漢太初後所記也。其根物多以二月、八月〔采〕者，謂春初津潤始萌，未衝枝葉，勢力淳濃故也。至秋則枝葉（就）〔乾〕枯，（又）〔津潤〕歸流於下。今即事驗之，春寧宜早，秋寧宜晚，其華、實、莖、葉，乃各隨其成熟耳。歲月亦有早晏，不必都依本文矣。

《經》說陰乾者，謂就六甲陰中乾之。又依遁甲法，甲子（旬）陰中（中）在癸酉，以藥著西地也。余謂不必然。正是不露日暴，於陰影處乾之耳。所以亦有云曝乾故也。若幸可兩用，益當為善。

唐・孫思邈《千金要方》卷一　藥藏第九　存不忘亡，安不忘危，大聖之至教。救民之瘼，恤民之隱，賢人之用心。所以神農鳩集百藥，黃帝纂錄《針經》，皆備預之常道也。且人痾瘵多起倉卒，不與人期。一朝嬰已，豈遑知救？想諸好事者，可貯藥藏用，以備不虞。所謂起心雖微，所救惟廣。見諸世祿之家，有善養馬者，尚貯馬藥數十斤，不見養身者有蓄人藥一錙銖。以此類之，極可愧矣。貴畜而賤身，誠可羞矣。傷人乎？不問馬，此言安用哉！至如人或有公私使命，行邁邊隅。地既不毛，藥物焉出？忽逢瘴癘，素不資貯，無以救療，遂拱手待斃，以致夭歿者，斯為自致，豈是枉橫。何者？既不能深心以自衛，一朝至此，何歎惜之晚哉。故置藥藏法，以防危殆云爾。

石藥、灰土藥、水藥、根藥、莖藥、葉藥、花藥、皮藥、子藥、五穀、五果、五菜，諸獸齒牙、骨、角、蹄、甲、皮毛、尿屎等藥，酥髓、乳酪、醍醐、石蜜、沙糖、飴糖、酒、醋、膠、麴、蘖、豉等藥。　右件藥依時收採以貯藏之，蟲豸之藥不收採也。

秤、斗、升、合、鐵臼、木臼、絹羅、紗羅、馬尾羅、刀砧、玉槌、瓷缽、大小銅

銚、鐺、釜、銅鐵匙等。　右合藥所須，極當預貯。

凡藥皆不欲數數曬暴，多見風日，氣力即薄歇，宜熟知之。　諸藥未即用者，候天大晴時，於烈日中暴令大乾，以新瓦器貯之，泥頭密封，須用開取，即急封之，勿令中風濕之氣，雖經年亦如新也。　其丸散以瓷器貯，密蠟封之，勿令泄氣，則三十年不壞。　諸杏人及子等藥，瓦器貯之，則鼠不能得之也。　凡貯藥法，皆須去地三四尺，則土濕之氣不中也。

宋·唐慎微《證類本草》卷一《序例上》〔宋·馬志《開寶本草》〕按：　本草採藥陰乾者，皆多惡。　至如鹿茸，經稱陰乾，皆悉爛令壞。　今火乾易得且良。　草木根苗，陰之皆惡。　九月已前採者，悉宜日乾；　十月已後採者，陰乾乃好。

宋·寇宗奭《本草衍義》卷二《序例中》　夫高醫以蓄藥為能，倉卒之間，防不可售者所須也。　若桑寄生、桑螵蛸、鹿角膠、天靈蓋、虎膽、蟾酥、野駝、螢、蓬虆、空青、婆娑石、石蟹、冬灰、臘雪水、松黃之類，如此者甚多，不能一一遍舉。　唐·元澹，字行沖，嘗謂狄仁傑曰：　下之事上，譬富家儲積以自資也。　脯、腊、腶、胰，以供滋膳；　參、术、芝、桂，以防疾疢。　門下充旨味者多矣，願以小人備一藥可乎？　仁傑笑曰：　公正吾藥籠中物，不可一日無也。然梁公因事而言，獨譬之以藥，則有以見天下萬物之中，尤不可闕者也。　知斯道者，知斯意而已。

明·陳嘉謨《本草蒙筌·總論》　收採按時月　草木根梢，收采惟宜秋末、春初。　春初則津潤始萌，未充枝葉；　秋末則氣汁下降，悉歸本根。　今即事驗之。　春寧宜早，秋寧宜遲，尤盡善也。　莖葉花實，四季隨宜。　採未老枝莖，汁正充溢；　摘將開花蕊，氣尚包藏。　實收已熟味純，葉採新生力倍。　入藥誠妙，治病方靈。　其諸玉、石、禽、獸、蟲魚，或取無時，或收按節，亦有深義。　匪為虛文，並各遵依，毋恣孟浪。

藏留防耗壞　凡藥藏貯，宜常隄防。　儻陰乾、曝乾、烘乾未盡去濕，則蛀蝕、黴垢、朽爛不免為殃。　當春夏多雨水浸淫，臨夜晚或鼠蟲噛耗。　心力弗憚，歲月堪延。　見雨久著火頻烘，遇晴明向日旋曝。　麄糙懸架上，細膩貯罈中。　人參須和細辛，冰片必同燈草。《本經》云：　和糯米炭、相思子同藏，亦不耗蝕。麝香宜蛇皮裹，硼砂共菉豆收。　生薑擇老沙藏，山藥候乾灰窖。　沉香、真檀香甚烈，包紙須重；　鹵水、臘雪水至靈，埋穽宜久。　類推隅反，不在悉陳。

庶分兩不致耗輕，抑氣味盡得完具。　辛烈者免走泄，甘美者無蛀傷。　陳者新鮮，潤者乾燥。　用斯主治，何慮不靈。

明·李時珍《本草綱目》卷一《序例》　陰乾暴乾，採造時月生熟　弘景曰：　【略】　孫思邈曰：　古之醫者，自解採取，陰乾暴乾皆如法，用藥必依土地，所以治病十愈八九。　今之醫者，不知採取時節，至於出產土地，新、陳、虛、實，一皆一悉，所以治病十不得五也。　馬志曰：　今按法陰乾者多惡，如鹿茸陰乾悉爛，火乾且良。　草木根苗，九月以前採者，悉宜日乾；　十月以後採者，陰乾乃好。　時珍曰：　生產有南北，節氣有早遲，根苗異收採，製造異法度。　故市之地黃以鍋煮熟，大黃用火焙乾，松黃和蒲黃，樟腦雜龍腦，皆失製作僞者也。　孔志約云：　動植形生，因地舛性；　春秋節變，感氣殊功，離其本土，則質同而效異，乖於採取，則物是而時非。　名實既虛，寒溫多謬，施於君父，逆莫大焉。

明·李中梓《本草通玄》卷下　藥有宜陳者，枳實、橘皮、半夏、麻黃、吳茱萸、狼毒之類。　藥有宜新者，人參、白术、當歸、澤瀉之類，(荷)〔可〕不揀選，何效之有？　詩云：　老醫迷舊病，朽藥誤新方，其謂是乎。

論說一

唐·孫思邈《千金翼方》卷一《藥錄纂要》　採藥時節第一　論曰：　夫藥採取不知時節，不以陰乾暴乾，雖有藥名，終無藥實。　故不依時採取，與朽木不殊，虛費人功，卒無裨益。　其法雖具大經，學人尋覽造次難得，是以甄別，即日可知耳。

萎蕤立春後採，陰乾。　菊花正月採根，三月採葉，五月採莖，九月採花，十一月採實，皆陰乾。　白英春採葉，夏採莖，秋採花，冬採根。　絡石正月採。　飛廉正月採根，七、八月採花，陰。　藁本正月、二月採，暴三十日成。　通草正月採，陰。　女菀正月、二月採，陰。　烏頭、烏喙正月、二月採，春採為烏頭，冬採為附子，八月上旬採根，陰。　蒴藋春夏採葉，秋冬採莖根。　柏葉四時各依方面採，陰。　枸杞春夏採葉，秋採莖實，冬採根，陰。　茗春採。　桃梟正月採。　天門冬二月、三月、七月、八月採，暴。　麥門冬二月、三月、八月、十月採，陰。　术二月、三月、八月、九月採，暴。　黃精二月

採，陰。　乾地黄二月、八月、採，陰。　署預二月、八月採，暴。　甘草二月、八月採，暴乾，十日成。　人參二月、四月、八月上旬採，暴乾，無令見風。　牛膝二月、八月、十月採，陰。　細辛二月、八月採，陰。　獨活二月、八月採，暴。　升麻二月、八月採，日乾。　柴胡二月、八月採，暴。　龍膽二月、八月、十一月、十二月採，陰。　巴戟天二月、八月採，陰。　白蒿二月採。　防風二月、十月採，暴。　黄連二月、八月採。沙參二月、八月採，暴。　王不留行二月、八月採。　黄耆二月、十月採，陰。　杜若二月、八月採，暴。　茜根二月、三月採，暴。　當歸二月、八月採，陰。　秦艽二月、八月採，暴。　芍藥二月、八月採，暴。　前胡二月、八月採，暴。　知母二月、八月採，暴。　栝樓二月、八月採根，暴，三十日成。　石龍芮五月五日採子，二月、八月採皮，陰。石韋二月採，陰。　狗脊二月、八月採，暴。　萆薢二月、八月採，暴。　菝葜二月、八月採，暴。　白芷二月、八月採，暴。　紫菀二月、三月採，陰。　百合二月、八月採，暴。　牡丹二月、八月採，陰。　防己二月、八月採，陰。　地榆二月、八月採，暴。莎草根二月、八月採。　大黄二月、八月採，火乾。　桔梗二月、八月採，暴。　甘遂二月採，陰。　赭魁二月採。　天雄二月採，陰。　貫眾一月、八月採，陰。　虎掌二月、八月採，陰。　白斂二月、八月採，暴。　羊桃二月採，陰。　狼毒二月、八月採，陰。　鬼臼二月、八月採。　茯苓、茯神二月、八月採，陰。　桂二月、八月、十月採，陰。　杜仲二月、五月、六月、九月採。　商陸二月、八月採，日乾。　丁香二月、八月採。　榆皮二月採皮，暴乾，八月採實。　猪苓二月、八月採，陰。　秦皮二月、八月採，陰。　石南二月、四月採葉，八月採實，陰。　藍葉二月、三月採，暴，《本草》無。赤箭三月、四月、八月採，暴。　防葵三月三日採，暴。　芎藭三月、四月採，暴。　徐長卿三月採。　黄芩三月三日採，陰乾。　大青三月、四月採，陰。　玄參三月、四月採，暴。　苦參三月、八月、十月採，暴。　杜蘅三月三日採，暴。　紫草三月採，陰。白薇三月三日採，陰。　紫參三月採，火乾。　澤蘭三月三日採，陰。　王瓜三月採，陰。　垣衣三月三日採，陰。　艾葉三月三日採，暴。　水萍三月採，暴。　芫花三月三日採，陰。　澤漆三月三日、七月七日採，陰。　藜蘆三月採，陰。　羊躑躅三月採，陰。　茵芋三月三日採，陰。　射干三月三日採，陰。　青葙子三月採莖葉，陰，五月、六月採子。　紫葛三月、八月採，日乾。　白附子三月採。　桑上寄生三月三日採，陰。　厚朴二月、九月、十月採，陰。　蕪荑三月採，陰。　黄環三月採，陰。烏芋三月三日採，暴。　桃花三月三日採，陰。　苦菜三月三日採，陰。　遠志四月採，陰。　菥蓂子四月、五月採，暴。　景天四月四日、七月七日採，陰。　蒲黄四月

採。　蘭草四月、五月採。　蘼蕪四月、五月採，暴。　白頭翁四月採。　夏枯草四月採。　溲疏四月採。　鼠尾草四月採葉，七月採花，陰。　昌蒲五月、十二月採，陰。卷柏五月、七月採，陰。　澤瀉五月、六月、八月採，陰。葉：五月採；實：九月採。車前子五月五日採，陰。　茺蔚子五月採。　石龍芻五月七日採，暴。　丹參五月採，暴。　天名精五月採。　肉蓯蓉五月五日採，陰。　蛇牀子五月採，陰。　茵蔯蒿五月及立秋採，陰。　旋花五月採，陰。　葛根五月採，暴。　酸漿五月採，陰。蠡實五月採，陰。　大小薊五月採。　葒草五月採實。　旋覆花五月採，日乾。鳶尾五月採。　半夏五月、八月採，暴。　莨菪子五月採。　蜀漆五月採，陰。䕡茹五月採，陰。　萹蓄五月採，陰。　生漆夏至後採。　蕤核五月、六月採，日乾。　松蘿五月採，陰。　五加皮五月、七月採莖，十月採根，陰。　莽草五月採，陰。郁李根五月、六月採。　欒華五月採。　覆盆子五月採。　梅實五月採，火乾。杏核人五月採。　蘩蔞五月五日採。　葫五月五日採。　蒜五月五日採。　青蘘五月採，《本草》無。　紫芝六月、八月採。　茅根六月採。　蕘花六月採，陰。昨夜何草夏採，日乾。　松脂六月採。　五木耳六月採，暴乾。　石斛七月、八月採，陰。　蒺藜子七月、八月採，暴。　續斷七月、八月採，陰。　薇銜七月採。　麻黄立秋採，陰。　瞿麥立秋採，陰。　海藻七月七日採，暴。　陸英立秋採。　菌桂立秋採。　槐實七月七日、十月巳日採。　桃核仁七月採，陰。　瓜蒂七月七日採，陰。　水蘇七月採。　麻蕡七月七日採。　腐婢七月採，陰。　蓍實八月、九月採，日乾。　薏苡仁八月採實，根無時。　地膚子八月、十月採，陰。　漏蘆八月採，陰。營實八月、九月採，陰。　五味子八月採，陰。　敗醬八月採。　恒山八月採，陰。牙子八月採，暴。　蛇含八月採，陰。　雚菌八月採，陰。　連翹八月採，陰。屋遊八月、九月採。　女青八月採，陰。　牡荊實八月、九月採，陰。　酸棗八月採，陰。　楮實八月、九月採，日乾。　秦椒八月、九月採。　衛矛八月採，陰。　巴豆八月採，陰。　蜀椒八月採，陰。　雷丸八月採，暴。　大棗八月採，暴。　藕實八月採。　雞頭實八月採。　白瓜子八月採。　菟絲子九月採，暴。　藎草九月、十月採。　乾薑九月採。　松實九月採，陰。　辛夷九月採，暴。　枳實九月十月採，陰。山茱萸九月、十月採，陰。　吳茱萸九月九日採，陰。　梔子九月採，暴。　皂莢九月、十月採，陰。　栗九月採。　荏九月採，陰。　麻子九月採。　大豆九月採。菴蕳子十月採。　決明子十月十日採，陰百日。　雲實十月採，暴。　貝母十月採，暴。　女貞立冬採。　橘柚十月採。　欵冬花十一月採，陰。　棘刺冬至後一

百二十日採。　莧實十一月採。　忍冬十二月採，陰。　大戟十二月採，陰。　木蘭十二月採，陰。　冬葵子十二月採。　白鮮四月、五月採，陰。　葶藶立夏後採，陰。

論曰：凡藥皆須採之有時日，陰乾、暴乾，則有氣力。若不依時採之，則與棄功用，終無益也。學者當要及時採掇，以供所用耳。

宋・沈括《夢溪筆談》卷二六《藥議》　古法採草藥多用二月八月，此殊未當。但二月草已芽，八月苗未枯，採掇者易辯識耳，在藥則未為良時。大率用根者，若有宿根，須取無莖葉時，採則津澤，皆歸其根，欲驗之，但取蘆菔、地黃輩，觀無苗時採則實而沈，有苗時採則虛而浮。其無宿根者，即候苗成而未有花時採，則根生已足而又未衰。如今之紫草，未花時採，則根色鮮澤，過而採則根色黯惡，此其效也。用葉者，取葉初長足時；用牙者，自從本說；用花者，取花初敷時；用實者，成實時採，皆不可限以時月。緣土氣有早晚，天時有愆伏。如平地三月花者，深山中則四月花。白樂天《遊大林寺》詩云：人間四月芳菲盡，山寺桃花始盛開。蓋常理也，此地勢高下之不同也。如筀竹筍，有二月生者，有四月生者，有五月方生者，謂之晚筀。稻有七月熟者，有八九月熟者，有十月熟者，謂之晚稻。一物同一畦之間，自有早晚，此性之不同也。嶺嶠微草淩冬不凋，并汾喬木望秋先隕，諸越則桃李冬實，朔漠則桃李夏榮，此地氣之不同。一畝之稼，則糞溉者先牙。一丘之禾，則後種者晚實。此人力之不同也，豈可一切拘以定月哉？

宋・許洪《指南總論》卷上　凡採藥時月，皆是建寅歲首，則從漢太初後所記也。其根物多以二月、八月採者，謂春初津潤始萌，未衝枝葉，勢力淳濃故也；至秋枝葉乾枯，津潤歸流于下。今即事驗之，春寧宜早，秋寧宜晚，華、實、莖、葉，乃各隨其成熟爾。歲月亦有早晏，不必都依本文也。

凡《本草》說陰乾者，謂就六甲陰中乾之。又依遁甲法，甲子旬陰中在癸酉，以藥著酉地也。實謂不必然，正是不露日暴，于陰影處乾之爾，所以亦有云暴乾故也。今按《本草》，採藥陰乾者，皆多惡。至如鹿茸，《經》稱陰乾皆悉爛令壞，今火乾易得且良。草木根苗，陰之皆惡，九月已前採者，悉宜日乾，十月已後採者，陰乾乃好。若幸可而用，益當為善。

元・羅天益《衛生寶鑑》卷二一　藥味專精　至元庚辰六月中，許伯威五旬有四，中氣本弱，病傷寒八九日，醫者見其熱甚，以涼劑下之，又食梨三四枚，傷脾胃，四肢冷，時昏憒。請予治之，診其脈動而中止，有時自還，乃結脉也。亦心動悸，呃噫不絕，色青黃，精神減少，目不欲開，踡臥，惡人語，予以炙甘草湯治之。成無己云：補可去弱，人參、大棗甘補不足之氣，桂枝、生薑辛益正氣，五臟痿弱，榮衛涸流，濕以潤之，麻仁、阿膠、麥門冬、地黃之甘，潤經益血，復脉通心，加桂枝、人參，急扶正氣，減生地黃，恐損陽氣，剉一兩服之，不效。予再思脉病對，莫非藥陳腐而不效乎？再於市鋪選嘗氣味厚者，再煎服之，其痛減半，再服而愈。凡藥昆蟲草木生之有地，根葉花實採之有時，失其地，性味少異，失其時，氣味不全。又況新陳不同，精粗不等，倘不擇用，用之不效，醫之過也。《內經》云：司歲備物，氣味之專精也。脩合之際，宜加意焉。

明・李時珍《本草綱目》卷一《序例》　采藥分六氣歲物　岐伯曰：厥陰司天爲風化，在泉爲酸化，清毒不生。少陰司天爲熱化，在泉爲苦化，寒毒不生。太陰司天爲濕化，在泉爲甘化，燥毒不生。少陽司天爲火化，在泉爲苦化，寒毒不生。陽明司天爲燥化，在泉爲辛化，濕毒不生。太陽司天爲寒化，在泉爲鹹化，熱毒不生。治病者，必明六化分治。五味所生，五臟所宜，乃可言盈虛病生之緒。本乎天者天之氣，本乎地者地之氣。謹候氣宜，無失病機。司歲備物，則無遺主矣。歲物者，天地之專精也。非司歲物則氣散，質同而異等也。氣味有厚薄，性用有躁靜，治保有多少，力化有淺深。上淫於下，所勝平之；外淫於內，所勝治之。

王冰曰：化於天者爲天氣，化於地者爲地氣。五毒皆五行之氣所爲，故所勝者不生，惟司天在泉之所生者其味正。故藥工專司歲氣，所收藥物，則所主無遺略矣。五運有餘，則專精之氣，藥物肥濃，使用當其正氣味也。不足則藥不專精而氣散，物不純，形質雖同，力用則異矣。故天氣淫於下，地氣淫於內者，皆以所勝平治之。如風勝濕，酸勝甘之類是也。

明・李時珍《本草綱目》卷一《序例》　之才曰：湯中用酒，須臨熟乃下之。　時珍曰：陶氏所說，乃古法也。今之小小湯劑，每一兩用水二甌爲準，多則加，少則減之。如劑多水少，則藥味不出；劑少水多，又煎耗藥力也。凡煎藥並忌銅鐵器，宜用銀器瓦罐，洗淨封固，令小心者看守，須識火候，不可太過不及。火用木炭、蘆葦爲佳。其水須新汲味甘者，流水、井水、沸湯等，各依方，詳見水部。若發汗藥，必用緊火，熱服。攻下藥，亦用緊火煎熟，下消、黃再煎，溫服。補中藥，宜慢火，溫服。陰寒急病，亦宜緊火急煎

服之。又有陰寒煩躁及暑月伏陰在内者，宜水中沉冷服。

明・李時珍《本草綱目》卷一《序例》 杲曰：陶隱居《本草》言狼毒、枳實、橘皮、半夏、麻黄、吴茱萸皆須陳久者良，其餘須精新也。然大黄、木賊、荆芥、芫花、槐花之類，亦宜陳久，不獨六陳也。凡藥味須要專精。至元庚辰六月，許伯威年五十四，中氣本弱，病傷寒八九日，熱甚，醫以涼藥下之，又食梨，冷傷脾胃，四肢逆冷，時發昏憒，心下悸動，吃噫不止，面色青黄，目不欲開。其脈動中有止，時自還，乃結脈也。用仲景復脈湯加人參、肉桂，急扶正氣。生地黄減半，恐傷陽氣。服二劑，病不退。再爲診之，脈證相對。因念莫非藥欠專精陳腐耶？再市新藥與服，其證減半，又服而安。凡諸草、木、昆蟲，産之有地；根、葉、花、實，採之有時。失其地，則性味少異；失其時，則氣味不全。又況新陳之不同，精粗之不等。倘不擇而用之，其不效者，醫之過也。唐耿湋詩云：老醫迷舊疾，朽藥誤新方。是矣。歲物專精見後。

清・王學權《重慶堂隨筆》卷下 清明插檐柳條，盧不遠但言治白濁甚妙。若大人小兒溺閉不通者，煎湯内服外熏皆效。惟向南者入藥。

《百草鏡》云：桑葉采過二次者，力薄無用。入藥須止采過頭葉者，則二葉力全，至大雪後猶青於枝上，或黄枯於枝上，皆可用。若經雪壓更妙，雪晴之日即采下，線穿，懸戶陰乾，其色漸黑，風吹作鐵器聲，故一名鐵扇子。治腸風目疾，咳嗽盜汗。愚按雖治盜汗，而風濕、暑熱服之，肺氣清肅，即能汗解。其葉有毛，能治皮膚風熱癮疹，色青入肝，能息内風而除頭痛，止風行腸胃之泄瀉，已肝熱妄行之崩漏。胎前諸病由於肝熱者，尤為要藥。

論説二

梁・陶弘景《本草經集注》卷一 凡狼毒、枳實、橘皮、半夏、麻黄、吴茱萸，皆欲得陳久者〔良〕。其餘唯須精新。

宋・洪邁《夷堅志・志補》卷一八 服瘧丹誤 范師厚右司，因晚食麪過飽，呼其姪索食藥，未即至。范性偏急，拊案連趣之，適有他缶在旁，漫撮百粒以進。下咽未久，覺噪惡嘔吐，旋又下（渴）〔瀉〕，疑所服為非，取缶視之，乃瘧丹也。倉忙磨解毒丸，無及矣，迨夜而殂。趙祖壽者，善治藥，常自矜其方，好與人服，每自詫瘧丹之妙，以為他方皆不及。後為分寧丞，邑宰吴君求其方，祕弗傳，而授以成藥一小合，别以八味丸一合送之。吴置室中，嘗正晝治事，天氣不爽，遣小吏入宅，云：取趙縣丞所送藥一百粒，並溫酒來。家人不識何品，但聞取趙縣丞所送藥，誤以瘧丹百粒授之。吴方理文書，不暇審視，遽接吞之，未離座，吐暈欲仆，至夕暴下，詰旦而亡。二人之不幸正同。乃知人儲藥有毒者，當緘封别貯之，勿使致誤，視此可為鑒戒。

明・劉純《醫經小學》卷一 六陳 藥有六味，陳久者良。狼茱半橘，枳實麻黄。狼毒、茱萸、半夏、橘皮也。

明・周禮《醫學碎金》卷三 藥有六陳 陳皮還須要隔年，麻黄百載更堪憐。大黄數載横紋者，不過三年力未全。醫家不使新荆芥，木賊從來不用鮮。此是六陳均記取，會者人間作地仙。

又歌曰：茱萸半夏不宜新，枳殻陳皮最要陳。麻黄狼毒年深好，此藥名為真六陳。

明・葉文齡《醫學統旨》卷八 藥味專精 凡藥之陳者，惟麻黄、荊芥、香薷、陳皮、半夏、枳殻、枳實、吴茱萸是也。其餘之藥，俱用新鮮有力，乃可用之。若陳腐曾經黰而無力者，皆不可用也。

明・張四維《醫門秘旨》卷三 藥宜六陳歌 枳殻陳皮并半夏，茱萸狼獨及麻黄，六般之藥宜陳久，入用方知功效良。

明・杜文燮《藥鑑》卷一 六陳藥性 枳殻陳皮并半夏，茱萸狼毒及麻黄，六般之藥宜陳久，入用方知功效良。陳皮須用隔年陳，麻黄三載始堪行，大黄必用錦紋者，不過三年力不全。醫家不用新荊芥，木賊從來不用鮮，芫花本是陰中物，不怕如絲爛如綿。

明・穆世錫《食物輯要》卷七《魚品類》 凡藏銀魚、鰣魚，乾猪草一處，不變色味；藏白鯗，乾稻柴同包。

明・吴文炳《藥性全備食物本草》卷二 凡收藏青梅、枇杷、橄欖、橙、李、菱、瓜之類，用臘水入些銅青末，密封於淨罈内，久留色不變。又用臘水入薄荷、明礬少許，浸諸果瓮内，味佳不變色。

明・裴一中《裴子言醫》卷二 藥品如熟附子、牛膽、製南星、瓜蒂、人中白、牛黄、蘇合香，與急用應病丸散等，務必平時預蓄，以應不時之需。苟為

不蓄，而欲甦死更生於旦夕之間，恐軒岐復起，亦不得展其奇矣。醫家之蓄藥，與國家之蓄人才，其重同爾。

清・尤乘《食鑒本草》　（氣）〔器〕藏類　凡諸肉汁藏器中，氣不泄者有毒，食之令人腹脹作瀉。以銅器蓋，銅生汗，滴下者亦有毒。器中盛水過夜者不可飲。穿屋漏水，誤食成癥瘕。一瓶内插花宿水，有毒殺人。　飲食放露天，飛絲墮其中，食之喉腫生泡。　暑月磁器烈日晒熱者，不可便放食物，令人煩悶。　盛酢瓶不可貯蜜，貯蜜瓶不宜作酢，並不宜食，令人脹吐。　凡諸肉、雞、魚經宿者，不再煮勿食，食之吐瀉作脹。　凡祭神肉自動，祭酒自耗，並不可食。　諸禽獸腦，敗陽滑精，不可食，惟牛腦益婦人。

清・朱本中《飲食須知・魚類》　收藏銀魚、鱠魚法

以乾猪草一處，不變色味。　藏白鯗，以乾稻柴同包。凡洗魚，滴生油數點，則無涎。　煮時下沒藥少許，則不腥。

清・養晦齋主人《醫家必閱》　朽藥誤人　傷寒門中，桂枝、柴胡之用最多。　藥不佳則方不效，關係重矣。　開藥店之人，凡細料貴重之品，買時分別高低，收藏珍重。至於一切賤藥，則不辨好歹。　或未及時而採者，氣味不全。或已過時而收者，枯槁無汁。　以其粗賤，並不留心，隨便收放。　或置潮溼之地，聽其霉爛；　或堆破屋之中，任其風吹。　多經月日，氣味全無。　諸如此類，服之不效，實藥之不佳，非醫之不明也。　俗云老醫迷舊疾，朽藥誤新方。司藥品者，最當留意。

用藥劑量部

題解

《晉書・律曆上》　衡權：　衡權者，衡，平也；　權，重也。　衡所以任權而均物，平輕重也。　古有黍、絫、錘、錙、鐶、鈞、鋝、鎰之目，歷代參差。《漢志》言衡權名理甚備，自後變更，其詳未聞。　元康中，裴頠以為醫方人命之急，而稱兩不與古同，為害特重，宜因此改治權衡，不見省。　趙石勒十八年七月，造建德殿，得圓石，狀如水碓，銘曰：　律權石，重四鈞，同律度量衡。　有辛氏造。　續咸議，是王莽時物。

梁・陶弘景《本草經集注》見《證類・序例上》卷一　古秤惟有銖兩，而無分名。　今則以十黍為一銖，六銖為一分，四分成一兩，十六兩為一斤。　雖有子穀秬黍之制，從來均之已久，正爾，依此用之。　但古秤皆複，今南秤是也。　晉秤始後漢末已來，分一斤為二斤耳，一兩為二兩耳。　金銀絲綿，並與藥同，無輕重矣。　古方唯有仲景，而已涉今秤，若用古秤作湯，則水為殊少，故知非複秤，悉用今者爾。（方有云分等）〔今方家所云等分者〕，非分兩之分也，謂諸藥斤兩多少皆同耳。　先視病之大小輕重所須，乃以意裁之。　凡（所）此〔之類〕，皆是丸散；　丸散竟便依節度用之，湯酒之中無分等也。

唐・孫思邈《千金要方》卷一　古秤唯有銖兩而無分名，今則以拾黍為壹銖，陸銖為壹分，肆分為壹兩，拾陸兩為壹斤。　此則神農之秤也。　吳人以貳兩為壹兩，隋人以參兩為壹兩，今依肆分為壹兩稱為定。

宋・趙佶《聖濟總錄》卷三《敘例》　服藥多少　凡服藥多少，要與病人氣血相宜。　蓋人之禀受本有強弱，又貴賤、苦樂、所養不同，豈可以一概論？　況病有久新之異，尤在臨時以意裁之。　故古方云：　諸富貴人驟病，或少壯膚腠緻密，與受病日淺者，病勢雖輕，用藥宜多；　諸久病之人，氣形羸弱，或腠理開疎者，用藥宜少。

金・張元素《醫學啟源》卷下　用藥各定分兩　為君最多，臣次之，佐〔使〕又〔次〕之。　藥之〔於證〕，所主停者，〔則〕各等分〔也〕。

元・王好古《湯液本草》卷二東垣先生《用藥心法》　用藥各定分兩　為君者最多，為臣者次之，佐者又次之。　藥之於證，所主同者則等分。

明・吴球《諸症辨疑》卷四　内傷厭藥論　吾嘗治病，嘗見内傷諸症，要按東垣從長治本。　奈何世俗服藥，不過數服而厭。　或治至六七〔日〕易醫換藥。　或作外感，或治從標，輕病必危，危病必死。　故使某不能措手於此時，是世俗不知醫也。　昔齊桓侯不信扁鵲之言，故有膏肓之患，使學者不能無遺恨於此時也。　東垣、丹溪，聖醫也，治内傷用藥，以二十貼為勝，五十貼為常，百餘貼為率。　今人性偏恣慾，治五七貼為貴，醫者真可笑哉！

明・芮經《杏苑生春》卷三　藥劑準則　藥劑之法，須在量人之大小，形之盛衰，臨時斟酌。　當主病者為君，注多；　為臣者次之，佐使又次之。　其一

劑之分兩，大人約一兩之數，衰弱者損之。小兒十歲以上約五錢，以下量減。其用水，大人只可二鍾，煎至八九分之數。小兒大者一鍾半，煎六七分；小者一鍾，煎四五分。若三四歲以下，作三兩次與服。其該用薑、棗、酒、醋、葱、鹽，各隨方注用。其水之多寡，緣人有大小老幼不等，難以方方盡注，以此省繁就簡，敢略於此，學者在乎消息而用耳。

論説

梁・陶弘景《本草經集注》卷一　凡散藥有云刀圭者，十分方寸匕之一，准如梧子大也。方寸匕者，作匕正方一寸，抄散取不落為度。錢五匕者，今五銖錢邊五字者以抄之，亦令不落〔為〕度(為)。一撮者，四刀圭也。十撮為一勺，(一)〔十〕勺為一合。以藥升分之者，謂藥有虛實輕重，不得用斤兩，則以升平之。藥升合方寸作，上徑一寸，下徑六分，深八分，内散〔藥〕勿案抑，正爾微動令平調耳。而今人分藥，多不復用此。

凡丸藥有云如細麻者，即今胡麻也，不必扁扁，但令較略大小相稱爾。如黍粟亦然，以十六黍為一大豆也。如大麻〔子〕者，准三細麻也。如胡豆者，今青斑豆也，以二大麻子准之。如小豆者，今赤小豆也，粒有大小，以三大麻〔子〕准之。如大豆者，〔以〕二小豆准之。如梧子者，以二大豆准之。一方寸匕散，蜜和得〔如〕梧子，〔准〕十丸為度。如彈丸及雞子黃者，以十梧子准之。【略】

凡方云巴豆(如干)〔若干〕枚者，粒有大小，當先去心皮竟，〔乃〕秤之，以一分准十六枚。附子、烏頭(如)〔若〕干枚者，去皮竟，以半兩准一枚。枳實(如)〔若〕干枚者，去(核)〔穰〕竟，以一分准二枚。橘皮一分准三枚。棗有大小，以三枚准一兩。云乾薑一累者，以重一兩為正。

凡方云半夏一升者，洗竟，秤五兩為正。云某子一升者，其子各有虛實輕重，不可通以秤准，皆取平升為正。〔蜀〕椒一升，三兩為正。吳茱萸一升，五兩為〔正。菟絲子一升，九兩為正。菴蕳子一升，四兩為正。蛇床子一升，三兩半為正。地膚子一升，四兩為正。此其不同也。〕

〔凡方云用桂一尺者，削去皮竟，〕重半兩為正。甘草一尺者，重二兩為正。凡方云某草一束者，以重三兩為正。云一把者，重二兩為正。凡方云蜜一斤者，有七合。(睹)〔猪〕膏一斤者，有一升二合。

右合藥分劑料理法則

唐・孫思邈《千金要方》卷一　方家凡云等分者，皆是丸散，隨病輕重，所須多少，無定銖兩，參種伍種，皆悉分兩同等耳。

凡丸散云若干分兩者，是品諸藥宜多宜少之分兩，非必止於若干之分兩也。假令日服叁方寸匕，須差止，是三五兩藥耳。

凡散藥有云刀圭者，拾分方寸匕之一，準如梧桐子大也。方寸匕者，作匕，正方一寸，抄散取不落為度。錢匕者，以大錢上全抄之。若云半錢匕者，則是一錢抄取一邊爾。並用五銖錢也。錢五匕者，今五銖錢邊五字者以抄之，亦令不落為度。一撮者，四刀圭也。十撮為一勺，兩勺為一合。以藥升分之者，謂藥有虛實輕重，不得用斤兩，則以升平之。藥升方作上徑一寸，下徑六分，深八分，内散藥，勿按抑之，正爾微動，令平調耳。今人分藥不復用此。

《舊唐書・職官志二》　凡度，以北方秬黍中者一黍之廣為分，十分為寸，十寸為尺，一尺二寸為大尺，十尺為丈。凡量，以秬黍中者容一千二百為龠，二龠為合，十合為升，十升為斗，三斗為大斗，十斗為斛。凡權衡，以秬黍中者百黍之重為銖，二十四銖為兩，三兩為大兩，十六兩為斤。凡積秬黍為度量權衡，調鐘律，測晷景，合湯藥，及冠冕之制用之。

附：日・丹波康賴《醫心方》卷一　藥斤兩、升合法第七

《本草經》云：古秤唯有銖兩，而無分名。今則以十黍為一銖，六銖為一分，四分成一兩，十六兩為一斤。今案《范汪方》云：六十黍粟為一分。又云：凡方有云分等者，非分兩之分，謂諸藥斤兩多少皆同耳。又云：凡散藥有云刀圭、十分、方寸匕，之一准如梧子大也。方寸匕者，作匕正方一寸。今案蘇敬云：正方一寸者，四方一寸，此作寸者，周時尺八寸，以此為方寸匕。又云：钱五匕者，今五銖钱邊五字者。今案《葛氏方》云：五銖錢重五銖也。又云：一撮者，四刀圭也。十撮為一夕，十夕為一合。今案《千金方》云：以六粟為一刀圭。《范汪方》云：二麻子为一小豆，三小豆为一梧實，廿黍粟為一簪頭，三簪頭為一刀圭，三刀圭為一撮，三撮為一寸匕，五撮為一夕，十夕為一合。又云：藥升方作上徑一寸，下徑六分，深八分。又云：凡丸藥有云如細麻者，即胡麻也。又以十六黍為一大

豆也，如大麻者，即大麻子，准三細麻也。如胡豆者，今青斑豆是也。以二大麻准之。如小豆者，今赤小豆也。粒有大小，以三大麻准之。如大豆者，以二小豆准之。如梧子者，以二大豆准之。一方寸匕散，蜜和得如梧子十丸為度，如彈丸及鷄子黄者，以十梧子准之。今案：方寸匕散為丸如梧子，得十六丸，如彈丸一枚。若鷄子黄者，准卌丸。今以彈丸同鷄子黄，此甚不等也。又云：巴豆如乾枚者，粒有大小，當先去心皮，竟稱之。以一分准十六枚。又云：附子、烏頭如乾枚者，去皮，竟以半兩准一枚。今案《范汪方》云：附子一累，或如乾者，以大小重八銖為正。《録驗方》：附子一枚，以重三分為准之。又云：枳實如乾枚者，去核，竟以一分准二枚；橘皮一分准三枚；棗有大小，以三枚准一兩；乾薑一累者以一兩為正。今案《千金方》：乾薑一累以半兩為正。《録驗方》云：乾薑、生薑累數者，其一支為累，取肥大者。《范汪方》云：凡無生薑，可用乾薑一兩當二兩也。又云：桂，一尺者，削去皮竟，半兩為正。今案《范汪方》云：桂，一尺若五寸者，以廣六分，厚三分為正。《録驗方》：桂，一尺若數寸者，以厚二分，廣六分為准。又云：甘草，一尺者重二兩為正。今案《范汪方》云：甘草一尺若五寸者大小，以徑一寸為正。《録驗方》：甘草一尺若數寸者，以徑半寸為准。去赤皮，炙之，令不吐。《小品方》云：以徑頭一寸為准。又云：凡方云半夏者，洗竟，稱五两为正。今案蘇敬云：半夏一升以八兩為正。又云：凡椒一升三兩為正。吳茱萸一升五兩為正。蛇床子一升三兩半。地膚子一升四兩。菟絲子一升重有九兩。菴蕳子一升四兩。今案蘇敬云：菴蕳子三兩為正。《千金方》九兩為正。又云：凡方云某草一束者，以重三兩為正。云一把者，重二兩為正。今案《范汪方》：麻黄若他草一者，以重三兩為正。《録驗方》：麻黄一把一握者，並以重三兩為准。又云：蜜一斤者有七合，猪膏一斤者一升二合。《范汪方》云：膠一梃如三指大，長三寸者一枚是也。《僧深方》云：艾及葉物一莒者，以二升為正。《拯要方》云：生葛根一梃長一尺，徑三寸是也。《經心方》云：胡粉十二棋，博棋者，大小方寸是也。案：棋者，牙棋子。《小品方》云：凡黄蘗一斤者，以重二兩為准。人參一枚者，以重二分為准。又云：凡厚朴一尺及數寸者，以厚三分，廣一寸半為准。又云：服湯云一(坏)〔杯〕者，以三合酒(坏)〔杯〕子為准。

宋·唐慎微《證類本草》卷一《序例上》〔唐·蘇敬《唐本草》〕注云： 方寸匕散，為丸如梧子，得十六丸，如彈丸；一枚若雞子黄者，準四十丸。今彈丸同雞子黄，此甚不等。

宋·唐慎微《證類本草》卷一《序例上》〔《雷公炮炙論》〕 凡方云丸如細麻子許者，取重四兩鯉魚目比之。云如大麻子許者，取重六兩鯉魚目比之。云如小豆許者，取重八兩鯉魚目比之。云如大豆許者，取重十兩鯉魚目比之。云如兔蕈俗云兔屎許者，取重十二兩鯉魚目比之。云如梧桐子許者，取重十四兩鯉魚目比之。云如彈子許者，取重十六兩鯉魚目比之。一十五個白珠為准，是一彈丸也。凡云水一溢、二溢至十溢者，每溢秤之，重十二兩為度。凡云一兩、一分、一銖者，正用今絲綿秤也。勿得將四銖為一分；有誤，必所損兼傷藥力。

宋·龐安時《傷寒總病論》卷六 辨論 近世常行煮散，古方湯液存而不用。蓋古方升兩大多，或水少湯濁，藥味至厚。殊不知聖人專攻一病，决一兩劑以取驗。其水少者，自是傳寫有舛，非古人本意也。唐自安史之亂，藩鎮跋扈，至於五代，天下兵戈，道路艱難，四方草石，鮮有交通。故醫家省約，以湯為煮散。至有未能中病，疑混而數更方法者多矣。沿習至今，未曾革弊。古方湯液，實於今世為無用之書。唐徐氏《大和濟要方》，减其升兩，雖則從俗，患其太省，故病未半，而湯劑已竭。鄙心患之。自顧抄撮斟酌，積三十餘年，稍習其事，故敢裁减升兩，庶從俗而便於行用。或一方，而取半劑，或三分取一，或四分取一，或五分取一，或增其水有可以作煮散者，有病勢重專用湯攻者。或云古升秤省，三升准今之一升，三兩准今之一兩。斯又不然，且晉葛氏云：附子一枚准半兩。又云：以盞當升，以分當兩，是古之升秤，與今相同，許人减用爾。今之為醫者，多是愚俗，苟且衣食，貪冒貨賄，大方廣論，何以該通，唯密窖鄙淺方技，使人不窺其隙，以自矜大乘，便為神工致遠恐泥，其夭枉固已多矣。鮮有多聞博識者，雖時有之士大夫，咸鄙其為術，自非不顧流俗、以拯濟為心，則不能留神焉。今解釋前言，詳正脱誤，擇其篤論，刪其繁方，仍增入新意，不敢穿鑿，冀新學易見，覽斯文已得其七八矣。此方皆古聖賢撰用，其効如神，更不一一具姓名，載其所出。其間自有所見，經手得驗者，共緝成卷，在識者覽而知焉。

上蘇子瞻端明辨傷寒論書 安時所撰傷寒解實，用心三十餘年。廣尋諸家，反覆參合，决其可行者，始敢編次。從來評脉辨證，處對湯液，頗知實効，不敢輕易謬妄，誤人性命。四種温病，敗壞之候，自王叔和後，鮮有明然詳辨者。故醫家一例作傷寒行汗下。傷寒有金、木、水、火四種，有可汗可下

之理，感異氣，復變四種温病。温病若作傷寒，行汗下必死。傷寒汗下，尚或錯謬，又況昧於温病乎？天下枉死者過半，信不虛矣。國家考正醫書，無不詳備，惟此異氣敗壞之證，未暇廣其治法。安時所以區區畧意，欲使家家户户閲方易為行用，自可隨證調治，脉息自然詳明，不假謁庸粗，甘就横夭者也。設有問孫真人云：今時日月短促，藥力輕虛，人多巧詐，感病厚重，用藥即多。又云：加意重複用藥乃有力。自孫真人至今，相去逾遠，藥反太輕省，何也？安時妄意，唐遭安史之亂，藩鎮跋扈，迨至五代，四方藥石，鮮有交通，故醫家少用湯液，多行煮散。又近世之人嗜欲益深，天行災多，用藥極費，日月愈促，地脉愈薄，産藥至少。何以知之？安時常於民家，見其遠祖所録方册，上記昔事跡，其間有廣順年，巴豆每兩千二足，故以知藥石不交通也。且温疫之病，周官不載，班瘡、豌豆始自魏晉，脚氣肇於晉末，故以知年代近季，天災愈多，用藥極費也。礜石、曾青之類，古人治衆病，痼瘕大要之藥。今王公大人家，尚或闕用，民間可知矣。人葠當皇祐年每兩千四五，白术自來每兩十數文，今增至四五百。所出州土，不絶如帶，民家苗種，以獲厚利，足以知地脉愈薄，産藥至少矣。湯液之制，遭值天下禍亂之乆，地脉薄産之時，天災衆多之世，安得不吝惜，而為煮散乎？故今世上工治病，比之古人及中工者幸矣。設有問今之升秤，與古不同，其要以古之三升，準今之一升，古之三兩，準今之一兩。雖然如此，民間未嘗依此法，而用古方者，不能自解裁減。又如附子一枚準半兩，是用一錢三字為一枚，使人疑混，如何得從俗乎？安時言唐太和年，徐氏撰《濟要方》，其引云秤兩，與前代不同，升合與當時稍異。近者重新纂集，約舊刪脩，不惟加減得中，實亦分兩不廣。又云：今所刪定六十三篇，六百六首，勒成六卷，於所在郡邑，標建碑牌，明録諸方，以備衆要。又云：時逢聖曆，年屬大和，便以《大和濟要方》為名。備録如左，已具奏過，准勅頒行。此方已遭兵火煙滅，安時家收得唐人以朱墨書者，紙籍腐爛，首尾不完，難辨徐氏官與名，即不知本朝崇文諸庫，有此本否？安時謂裁減古方，宜依徐氏，以合今之升秤，庶通俗用，但增其藥之枚粒耳。是以仲景諸古方，次第復許減半，芍藥湯中載之詳矣。陶隱居云：古今人體大小或異，藏府血氣亦有差焉。請以意酌量，藥品分兩，古引以明，取所服多少配之，或一分為兩，或二銖為兩，以盞當升可也。若二分星，較合如古方，承氣湯水少藥多，何以裁之？所以《聖惠方》煮散，盡是古湯液，豈一一計較多少。治病皆有據，驗在調習多者，乃敢自斟酌耳。設有問暑熱重於温病者，宜行重複方，却多行煮散者何？安時謂夏月多自汗，腠理易開。《經》云：天暑地熱，經水沸溢，故用煮散。或有病勢重者，即於湯證之下。注云：不可作煮散也。如此之類者頗多，聊引梗概。俗云耕當問奴，織當訪婢。士大夫雖好此道，未必深造。宫妬朝嫉者衆，吹毛求瑕，安不爍金，更望省察狂瞽之言，干浼台聽，悚息無地。某再拜。

宋・寇宗奭《本草衍义》卷一《序例上》 合藥分劑料理法則中言，凡方云用桂一尺者，削去皮畢，重半兩為正。既言廣而不言狹，如何便以半兩為正。且桂即皮也，若言削去皮畢，即是全無桂也。今定長一尺，闊一寸，削去皮上粗虛無味者，約為半兩，然終不見當日用桂一尺之本意，亦前人之失也。

宋・寇宗奭《本草衍義》卷二《序例中》 今人使理中湯、丸，倉卒之間多不效者，何也？是不知仲景之意，為必效藥，蓋用藥之人有差殊耳。如治胸痺，心中痞堅，氣結胸滿，脅下逆氣搶心，治中湯主之。人參、术、乾薑、甘草四物等，共一十二兩，水八升，煮取三升，每服一升，日三服，以知為度。或作丸，須雞子黄大，皆奇效。今人以一丸如楊梅許，服之病既不去，乃曰藥不神；非藥之罪也，用藥者之罪。今引以為例，他可倣此。然年高及素虛寒人，當逐宜減甘草。

宋・趙佶《聖濟總録》卷三《敘例》 秤兩　吳人以二兩為一兩，隋人以三兩為一兩。今以新法斤兩為則，凡云等分者，謂不拘多寡，以分兩悉同也。

升合　古今升斗大小不同。蓋古之三升為今一升。凡方中用水言升合者，今以中盞為率，庶與世俗相通，無多少之惑。其他如酒、醋、乳、蜜之類，凡言升合者，亦合以盞為則。怡雲子曰：中盞亦不可攷。《博古圖》云：一升為爵為是。

宋・刘昉《幼幼新書》卷二 敘小兒可酌量藥品分兩第三　葛稚川《肘後方》載《鹿鳴山續古序》云：觀夫古方藥品分兩、灸穴分寸不類者，蓋古今人體大小或異，臟腑血脉亦有差焉，請以意酌量。藥品分兩，古序已明，取所服多少配之。或一分為兩，或一銖為兩，以盞當升可也。如中卷末紫圓方，代赭、赤石脂各一兩，巴豆四十粒，杏仁五十枚。小兒服一麻子，百日者一小豆且多矣。若兩用二銖四絫，巴豆四粒，杏仁五枚，可療十數小兒，此其類也。灸之分寸，取其人左、右中指中節可也。其使有毒狼虎性藥，乃急救性

命者也。或遇發毒，急掘地作小坑，以水令滿，熟攪稍澄，飲水自解，名為地漿。特加是說於品題之後爾。

宋・程迥《醫經正本書》 辯《本草》《千金方》權量度第七　古者度以北方秬黍中者，一黍之廣為分，十分為寸，十寸為尺，十尺為丈。量容一千二百黍為龠，二龠為合，十合為升，十升為斗，十斗為斛。權以百黍之重為銖，二十四銖為兩，十六兩為斤。令文諸度量權，稱以北方秬黍中者為準，調鍾律，測晷景，合藥劑，製冠冕，則準式用之，餘悉用大者。謂一尺二寸為一大尺，三斗為一大斗，三兩為一大兩。

《麟臺故事》：嘉祐二年，置校正醫書局于編修院，詔以直集賢院檢討掌禹錫，秘閣校理林億、張洞、蘇頌，太子中舍陳檢，並為校正醫書官，迥按林億等所校《本草》《千金方》權量度，皆曰十黍之重為一銖，考古令文、《漢書・律曆志》、唐杜佑《通典》，皆曰三黍之重為銖，蓋誤以百為十，其差十倍也。又曰：藥升，方作上徑一寸，下徑六分，深八分，迥以此為升，僅容一勺，龠容一勺，蓋誤以龠為升，其差二十倍也。又曰：菟絲九兩，準一升，迥以菟絲九兩黍秤制為升，蓋容所謂藥升者二十也。又曰：棗三枚準一兩，蓋用黍秤。曰附子、烏頭半兩準一枚，復是大秤，蓋所差三倍也。故龐安常曰：附子一枚準半兩，是一錢三字，使人疑混，蓋後人妄增古書，如是不審耳，億輩校讎，何不少覺悟也？

古以四圭為撮，十撮為勺，兩勺為合。所謂圭者，蓋三十黍也。一刀圭者，刀言其匕形也。今《本草》《千金方》言刀圭者，十分方寸匕之一，準如梧子，一以三十黍約之。又以方寸匕藥末，蜜和作十粒，蓋亦近之。孟康注《漢書》曰六十四黍為圭者，非是。

按《唐志》武德四年鑄開通元寶錢，積十錢重一兩計，一千重六斤四兩。蘇冕曰：今錢為古秤七銖以上，比古五銖則加重二銖以上。今令文官物計兩之餘，稱錢、分、釐、毫、絲、忽，今等秤有錢無銖，迥謂一大兩為七十二銖，則一錢為七銖奇，十分銖之二。

按《諫垣存藁》：韓忠獻公定阮逸、胡瑗等鍾律，謂龠徑闊九分，深七分二釐，迥以積分布算為五百八十三分二釐。今《本草》《千金方》藥升積五百四十四分，蓋黍自有小大，故如是不等也。

迥嘗得阮逸、胡瑗皇祐累黍尺，與司馬備刻宋尺、後周尺，今太常寺樂律尺，少府監景圭渾儀尺，大二分，其後韓忠獻公丁度定嘉祐累黍尺，比阮尺小三分半，比司馬備刻周尺，漢劉歆尺，晉前尺，高敏之以漢錢五物參定尺，大三分。今以韓尺製方寸匕，其藥物稱尺者，自有所準銖兩矣。

宋・陳鵠《西塘集耆舊續聞》卷四 王仲弓《傷寒證治論・湯劑》注云：古方三兩，當今一兩，三升當今一升。

元・王好古《湯液本草》卷二《東垣先生〈用藥心法〉》 升合分兩　古之方劑，錙銖分兩，與今不同。謂如㕮咀者，即今剉如麻豆大是也。云一升者，即今之大白盞也。云銖者，六銖為一分，即二錢半也；二十四銖為一兩也。云三兩者，即今之一兩；云二兩，即今之六錢半也。料例大者，只合三分之一足矣。

明・朱橚《普濟方》卷五《方脉藥性》 論合和：【略】凡看古方類例，最是朝代沿革，升合分兩差殊。數味皆用，分兩不足較也。第中間有用升合枚數，大概不同。升斗秤尺，本自積黍，自不可見。度量衡辛亦難明。今以《錢譜》推測，粗定梗概。凡度者，分寸尺丈引，本以一黍之廣為分，十分為寸，十寸為尺，十尺為丈，十丈為引。觀今之尺，數等不同。如周尺八尺，京尺長一尺六寸，淮尺長一尺二寸，約尺長一尺二寸五分，並一小尺為卒小尺。既自三微起，却自可准。唐武德年鑄開元錢，八分當十二錢半，得一尺。排錢比之十二個，已及一尺。又不知唐用尺。顧漢唐龠量，並用尺寸分布。尺寸如是不齊，將何憑據？博古君子必有說矣。凡量者，龠合升斗斛，本以黃鐘龠容，十二銖合龠，為合重二十四銖。今以錢準，則六銖錢四個，比開元錢三個重。升斗斛皆疊而成數。漢唐同用。至宋紹興，升容千二百銖，則古文六銖錢二百個，開元二百二十個。以紹興一升，得漢五升。其餘移用，不足計也。凡衡者，銖兩斤鈞石，亦以黃鐘龠所容重十二銖，兩之為兩。二十四銖為兩，十六兩為斤，三十斤為鈞，四鈞為石。每兩則古文六銖錢四個，開元錢三個。至宋廣秤，以開元十個為兩。今之三兩，得漢唐十兩明矣。《千金》《本草》，皆以古三兩為今一兩。古為三升，今為一升。諸藥之類例，尤為難辯。且如半夏一升準五兩，不知用何升何兩。此修合制度要務，不可不知。漢銅錢質如周錢，又曰半兩重，如其文。考文五年錢益移而輕，乃更鑄四銖，其文為半兩。雜以鉛鐵錫，非殽為巧，則不得贏而姦。或盜磨錢質取鎔，有司言錢輕重，請郡國鑄五銖錢。周郭有質，令不得磨取鎔。則知漢以二半兩錢為兩，

重十銖，明矣。漢唐例以二十四銖為一兩。稍末如修史人改作唐例，亦不可知。觀《錢譜》，漢無六銖錢，至唐方有分。以五銖錢十六個，正得開元錢十個重。又以六銖錢十二個，正得開元錢九個重。則知開元錢每個已重八銖。唐武德四年，鑄開元通寶，徑八分，重二銖四絫，積十錢為兩，似難考據。明食貨者必有說焉。按藥書，漢方湯液大劑三十餘兩，小劑十有餘兩，用水六升或七升，或煎取二升三升，並分三服。若以古龠量水七升，煎今之三十兩，未淹得過。況散末藥只服方寸圭匕，丸子如梧桐大，極至三十粒。湯液豈得如此懸絶？又如風引湯，一劑計五十五兩，每兩只用三指撮，水三升，煮三沸，去滓溫服一升。看其煮製，每只三指撮，未應料劑如此之多，此又可疑也。今以意說，漢方當用半兩錢二枚為一兩。且以术附湯方較，若用漢兩，計一百八十銖，得開元錢二十二個半重，分三服，已是今之七錢半重一服。若以唐方準計，三百三十銖，得開元寶錢四十二個重，每服計今之十四錢重，大畧可知。若以開元錢準得一百單五個重，分三服，每服計三百五錢重，此猶是小劑。況有大劑名半兩，數之多者，未易概舉。留心此道，幸少詳焉。

明·許宏《金鏡內臺方議》卷一二 論分兩 傷寒方中，乃古分兩·與今不同 詳載之： 㕮咀：㕮咀者，即今之剉如麻豆大也。 散：散者，即今之為末也。 銖：曰銖，二十四銖為一兩。 兩：曰兩，古之三兩為今之一兩。 分：曰一分者，即今之二錢半也。 升：曰水一升，即今之一茶盞也，如半夏、五味子一升，即今之一兩，古之三兩。 個：曰杏仁七十個，乃今之七錢半。 匕：曰一匕者，用小錢挑一字上為法。

明·程玠《松厓醫徑》卷首 如舊方分兩，與今不同。謂一分者，即今之二錢半也。謂一升者，即今之一茶盞也。又皆總開若干，倉卒用藥，未免有布算之勞。今於各方之下，悉準今之權量，作一劑折算。

人有大小老少，病有新久淺深，故醫者因之而酌為衡量。是以舊方湯液劑量，有用二三錢者，有用四五錢者，有用七八錢者至一兩者，用藥概用大劑，病者請藥，輒喜大劑，殊失古人之意。按《局方》中刼藥至多，而劑量至少，如嘉禾散、隔氣散，以二錢為劑，五香散、秘傳降氣湯，以三錢為劑，他方中多不過四錢五錢而止。又按東垣《脾胃論》，於除風濕羌活湯，每服稱三錢；升陽散火湯，每服稱半兩。古人製方，或增損，或應病，率以輕劑為則。治之不愈，然後用重劑焉。於偏寒偏熱，峻下之方，既以中劑為率，又在用藥者臨時制宜以加減云。

按仲景《活人書》，為醫方之祖，其用薑皆有分兩，及有不用薑者。今世藥劑，每服皆用薑三片，無服無者。故於用薑條下，必開其數，不開者不須用。於本方外加藥有合用薑者，又在臨時去取。【略】

云用水一盞，即今之茶盞也，約計半斤許，凡用水倣此為準。

明·陳嘉謨《本草蒙筌·總論》 修合條例 古之方劑，錙銖分兩，與今不同。云一升，即今之大白盞也。云兩銖，蓋六銖為一分，即今二錢半。二十四銖為一兩也。云三兩，即今之一兩。云二兩，即今之六錢半。 凡散藥有云刀圭者，十分方寸匕之一，准如梧子大也。方寸匕者，作匕正方一寸，抄散取不落為度。錢五匕者，今五銖錢邊五字者，以抄之。一撮者，四刀圭也。十撮為一勺。 凡丸藥云如細麻者，即胡麻也。如黍、粟亦然，以十六黍為一大豆。如大麻子者，准三細麻也。如胡豆者，即今之青斑豆也，以二大麻子准之。如小豆者，今赤小豆。如大豆者，以二小豆准之。如梧桐子者，以二大豆准之。 凡煮湯，欲微火令小沸。其水數，依方多少。大略二十兩藥，用水一斗，煮取四升，以此為准。然利湯欲生，少水而多取汁； 補湯欲熟，多水而少取汁。 凡湯中用芒硝、飴糖、阿膠，須候湯熟，絞淨清汁，方納于內，再上火兩三沸，烊盡乃服。 凡湯中加酒、醋、童便、竹瀝、薑汁，亦候湯熟，絞汁盞內，加入便服。 凡湯中用沉香、木香、乳香、沒藥，一切香竄藥味，須研細末，待湯熟，先傾汁小盞〔內〕調服訖，然後盡飲。 凡丸散藥亦先咀細片曝燥，纔依方派輕重。稱淨分兩和勻，共磨研細末。其天門冬、地黃輩，濕潤難乾者，冬春略增蝕數，搗膏攙入。夏秋亦同。 眾藥曝燥磨之。 凡篩丸藥末，用重密絹令細。若篩散草藥，用輕疏絹。其丸藥中，有各研磨者，雖已篩細，和諸藥末，又必重復篩過，庶色理和同為佳。 凡丸藥用蜜，每藥末一斤，則用蜜十二兩。文火煎煉，掠去沸沫，令色焦黃，滴水成珠為度，再加清水四兩和勻。如此丸成，庶可曝乾，經久不爛。 凡藥末入蜜和勻，須令力士於石舂內杵搗千百，自然軟熟，容易丸成。不然，或散或粘，在手弗妙。一應作糊合者，亦倣此式勿違。 凡通大便丸藥，或有巴豆，或加硝、黃丸成者，必用川蠟熔化為衣，取其過膈不化，能達下焦，脾胃免傷，誠為

良法。儻人體氣壯實，毋以此拘。　凡丸藥，或用硃砂末，或用金銀箔為衣飾者，必須丸成乘濕粘上。

明・李時珍《本草綱目》卷一《序例》　杲曰：　六銖爲一分，即二錢半也，二十四銖爲一兩。古云三兩，即今之一兩；　云二兩，即今之六錢半也。時珍曰：　蠶初吐絲曰忽，十忽曰絲，十絲曰氂，四氂曰累，音壘。十氂曰分，四累曰字，二分半也。十累曰銖，四分也。四字曰錢，十分也。六銖曰一分，去聲，二錢半也。四分曰兩，二十四銖也。八兩曰錙，二錙曰斤。二十四兩曰鎰，一斤半也，準官秤十二兩。三十斤曰鈞。四鈞曰石，一百二十斤也。方中有曰少許者，些子也。今古異制，古之一兩，今用一錢可也。

明・李時珍《本草綱目》卷一《序例》　時珍曰：　古之一升，即今之二合半也。量之所起爲圭，四圭爲撮，十撮爲勺，十勺爲合，十合爲升，十升爲斗，五斗曰斛，二斛曰石。

明・傅懋光《醫學疑問》　〔問：〕又有湯、酒之中無等分言。倶願詳知。〔答曰：〕湯、酒之中無等分，蓋湯者，蕩也，取其藥之易行也。酒者，散也，取其氣之能升也。然藥可以分兩權衡，湯、酒則難以等分較量，所以古人有斗升合之法，即等分之意也。但藥多則多用，藥少則少用，惟在人之活潑耳。

清・尤怡《醫學讀書記・續記》　古方權量　古方湯液分兩，大者每劑二十餘兩，小有十餘兩，用水六七升或一斗，煮取二三升或五六升，並分三服，一日服盡。為劑似乎太重，後世學者，未敢遵式。按陳無擇《三因方》云：　漢銅錢質如周錢，文曰半兩，則漢方當用半兩錢二枚為一兩。且以朮附湯方校，若用漢兩計，一百八十銖，得開元錢二十二個半重，若分三服，則是今之七錢半重一服。此說最有根據。《千金》以古三兩為今一兩，古三升為今一升，仍病其多，不如陳說為是。

清・徐大椿《醫學源流論》卷上　古今方劑大小論　今之論古方者，皆以古方分兩太重為疑，以為古人氣體厚，故用藥宜重。不知此乃不考古而為此無稽之談也。古時升斗權衡，歷代各有異同。而三代至漢，較之今日僅十之二。余親見漢時有六升銅量，容今之一升二合。如桂枝湯，乃傷寒大劑也。桂枝三兩，芍藥三兩，甘草二兩，共八兩。二八不過一兩六錢為一劑，分作三服，則一服藥不過今之五錢三分零。他方間有藥品多而加重者，亦不過倍之而已。今人用藥，必數品各一二錢，或三四錢，則反用三兩外矣。更有無知妄人，用四五兩作一劑。近人更有用熟地八兩為一劑者，尤屬不倫。用丸散亦然。如古方烏梅丸，每服如桐子大二十丸，今不過四五分。若今人之服丸藥，則用三四錢至七八錢不等矣。末藥只用方寸匕，不過今之六七分，今亦服三四錢矣。古人之用藥分兩未嘗重於今日。《周禮・遺人》凡萬民之食食者，人四鬴上也。注：　六斗四升曰鬴，四鬴共二石五斗六升，為人一月之食。則每日食八升有餘矣。而謬說相傳，方劑日重。即此一端而荒唐若此，況其深微者乎？蓋既不能深思考古，又無名師傳授，無怪乎每舉必成笑談也。

清・徐大椿《慎疾芻言》　制劑　古時權量甚輕：　古一兩，今二錢零；古一升，今二合；　古一劑，今之三服。又古之醫者，皆自採鮮藥，如生地、半夏之類，其重比乾者數倍，故古方雖重，其實無過今之一兩左右者。惟《千金》《外臺》間有重劑，此乃治強實大症，亦不輕用也。若宋元以來，每總製一劑，方下必注云：　每服或三錢，或五錢。亦無過一兩外者，此煎劑之法也。末藥則用一錢匕。丸藥則如桐子大者十丸，加至二三十丸。試將古方細細考之，有如今日之二三兩至七八兩之煎劑乎？皆由醫者不明古制，以為權量與今無異，又自疑為太重，為之說曰：　今人氣薄，當略為減輕。不知已重於古方數倍矣，所以藥價日貴而受害愈速也。又有方中熟地用三四兩，餘藥只用一二錢者，亦從無此輕重懸殊之法。要知藥氣入胃，不過借此調和氣血，非藥入口即變為氣血，所以不在多也。又有病人粒米不入，反用膩膈酸苦腥臭之藥，大碗濃煎灌之，即使中病，尚難運化，況與病相反之藥，填塞胃中，即不藥死，亦必灌死，小兒尤甚。又不論人之貧富，人參總為不祧之品。人情無不貪生，必竭蹶措處，孰知反以此而喪其身，其貧者送終無具，妻子飄零，是殺其身而并破其家也。吾少時見前輩老醫，必審貧富而後用藥，尤見居心長厚，況是時參價猶賤於今日二十倍，尚如此謹慎，即此等存心，今人已不逮昔人遠矣！

清・俞廷舉《金臺醫話》　揀藥宜用戥稱　凡揀藥，必要照分兩用戥稱足，不可任意手撮。蓋藥有分兩輕重之不同，必須戥稱，方能合宜不錯。若手撮，未免多寡不勻，殊失古人製方之意矣。今人檢藥，動輒手撮，此或遇暴病強人猶可，若弱人重症，豈可如此而無害哉。余昔病陰虛一症，而又偶加一陽虛腹痛之症，如此陰陽夾雜，上盛下虛，最為難治時，于補陰藥中，畧加補陽之藥巴戟五分服之，其痛自息。然去之則痛即至，余欲重用之，將巴戟

加至一錢，腹雖不痛，則頭又痛不堪。蓋陽分藥一重，則助火上升而頭疼也。此可知醫病，如持衡輕重之間，真有絲毫不可苟者夫如是。即對症之藥，多數分尚不相安，則凡藥之分函，其可輕易高下其手乎？此古人所以謂用藥用至分數，必有至理。此種工夫，細而又細者矣，彼粗心人，何曾領此？

清・許豫和《許氏幼科七種・橡村痘訣》 藥劑分兩，吾歙最輕，水性冽也。治痘則不然，石膏有用至斤許者，生地黄搗汁有用至一二兩者，犀角有磨汁代茶飲者。予治嚴寒閉症，蔴黄有用至二三錢者。用之至當，罔不獲效。蓋病重於藥，則藥不重矣。如實熱擁遏之症，氣血受其煎熬，殆哉岌乎之候，而用黄連三分，石膏五錢，非不清涼，是所謂杯水救車薪，不息則謂之水不勝火，明者束手，昧者改轍，膽大心細之言洵乎，治痘者當夙講也。

清・唐大烈《吴醫彙講》卷八〔朱應皆〕 方藥等分解 嘗讀古方，每有藥味之下不註分兩，而於末一味下註各等分者，今人誤認為一樣分兩，余竊不能無疑焉。夫一方之中，必有君臣佐使，相為配合，況藥味有厚薄，藥質有輕重，若分兩相同，吾恐駕馭無權，難於合轍也。即如地黄飲予之熟地、菖蒲，分兩可同等乎？天真丹之杜仲、牽牛，分兩可同等乎？諸如此類，不一而足，豈可以各等分為一樣分兩哉？或曰：子言是矣。然則古人之不為註定，而云各等分者，何謂耶？愚曰：各者，各别也。古人云：用藥如用兵，藥有各品，猶之將佐偏裨，各司厥職也。等者，類也，分類得宜，如節制之師，不致越伍而譁也。分者，大小不齊，各有名分也。惟以等字與上各字連讀，其為各樣分兩，意自顯然。今以等字與下分字連讀，則有似乎一樣分兩耳。千里之錯，失於毫釐，類如是耳。竊先哲之不以分兩明示後人者，蓋欲令人活潑潑地臨證權衡，毋膠柱而鼓瑟也。竊以為古人之用心如此，不揣愚陋，敢以質諸高明。

清・唐大烈《吴醫彙講》卷九 王繩林名丙，號樸莊。吴縣恩貢生。世居包衙前。 考正古方權量説古方自《靈》《素》至《千金》《外臺》所集漢、晉、宋、齊諸名方，凡云一兩者，以今之七分六釐準之。凡云一升者，以今之六勺七抄準之。謹考定如左。 凡古方權量，皆起于律。黄帝律尺九寸，夏尺則加為一寸而為十寸，今木工之曲尺是也。 唐孫真人《千金方》論述針穴分寸云：其尺用夏家古尺，司馬法六尺為步，今江、淮、吴、越所用八寸小尺是也。據此知即今曲尺無疑，知此尺即黄帝律尺，寸者以藥升之龠積與尺度考得之，詳見《律學浄聞》。以曲尺之寸度作方徑一寸六分，上下相等，深七分八釐強，共積二千分，即古藥升之容積。《千金》論藥升方作上徑一寸，下徑六分，深八分。當作上下徑一寸六分，深八分弱。按《管子》云：釜鏂不得為侈弇。且計其容積，僅五百廿二分，不應如此之小，故知傳寫之誤也。升口自乘得二百五十六分，以深七分八釐強乘之，得二千分為容積，云深八分者，舉成數言之也。 藥升一升，容黄鍾兩龠之實。以秠黍二百四十粒為一兩，但秠黍之重，今無可考。依《千金》論蜜一斤，得藥升七合，及《靈臺儀象志》，水與蜜同積異重之比例若二十與廿九，而次第以準測之，古一兩，今七分六釐也。 古律龠容一千二百八十秠黍。《千金》論一撮者，四刀圭也。六十四黍為圭，半之為一刀圭。十撮為一勺，勺即龠也。兩勺為一合。合為升字之誤，一升共二千五百六十黍也。 李時珍沿兩勺為一合之誤，更增十合為一升，則誤以傳誤矣，幸《千金》及《外臺》原文，俱無此五字可證。 秠黍一稃二米，用以量龠，取其圓滑而齊。見《考工記》輪人條下註疏中。 自劉歆變亂古法，置秠用秬，前明鄭世子特覔秬黍，權以今平，每龠一千二百粒，重三錢，未足為訓也。鄭世子《樂書》穿鑿附會，其云黍權黍量，盡屬臆斷，張介賓採入《類經圖翼》，殊誤後人也。 知二百四十黍為一兩者，《千金》云：十黍為一銖，《圖翼》謂十黍當作百黍者，非也。 六銖為一分，四分為一兩，十六兩為一斤，此則神農之秤也。 考正古權之法，先作藥升滿曲尺二千分，中容井水，秤重一兩二錢，而推得其同積異重之比例，假如水與蜜各貯一盞中，容積相等，而水輕蜜重，水若二十兩，則蜜必二十九兩，以此推算，一藥升之水重一兩二錢者，則一藥升之蜜必一兩七錢四分，明矣。

以三率明之 水二十，蜜二十九，水一兩二錢，相乘得數三十四兩八錢，以第一率之二十為法除之，得第四次一兩七錢四分。 蜜一兩七錢四分。 既得蜜一藥升之重，以三率重則之，如法乘除，得蜜七合之重。 藥升一升，蜜今重一兩七錢四分。藥升七合，蜜今重一兩二錢一分八釐。 夫此七合之蜜，今重一兩二錢一分八釐者，即古蜜十六兩之數也。依上法重測之，得古一兩，今若干之數。 古十六兩，今重一兩二錢一分八釐； 古一兩，今重七分六釐強。

以古方參之 麻黄湯，麻黄三兩準今二錢三分，分三服，中病即止。每服止七分六釐。 小柴胡湯，柴胡八兩準今六錢，分三服。每服止二錢。 承氣湯，大黄四兩準今三錢，分再服，中病即止。每服止一錢半。 白虎湯，石膏一斤準今一兩二錢，分三服。每服止四錢。 藥升之容積二千分，以今倉斛之積寸推之，古

一升，今六勺七抄也。　立方算法，滿千分為一寸，曾以倉斛計之，合曲尺之寸度，積一千四百九十七寸為今五斗，則知曲尺二寸，為六勺七抄。

以古方參之　半夏秫米湯，半夏五合準今三勺三抄半，秫米一升準今六勺七抄，甘瀾水五升準今三合三勺，煎取升半準今一合，分三次，每服飲一小杯。杯如杯飲，約可手掬，今比此尤小，故曰小杯。　四逆散，每服方寸匕準今一錢，其泄利下重者，加薤白一升煎服。末藥少而一升之薤，其少亦可知。　方寸匕者，作匕正方一寸，依曲尺之寸度為之。錢匕者，以五銖錢為之，開元錢亦同。皆抄散取不落為度。　古人用散藥，以刀圭抄取之，匕亦刀圭之意也。準前論一刀圭為三十二黍。方寸匕者，十刀圭也。立方一寸積千分，三除之，得三百三十三分為方一寸匕之實，容三百二十黍，準今一錢。藥性輕重不等，今但就黍計之，以得其大概。《千金》論錢匕者，以大錢上全抄之；若云半錢匕者，則是一錢抄取半邊耳。並用五銖錢也。錢五匕者，今五銖錢邊五字者以抄之，亦令不落為度。按：五銖錢與開元錢徑相同，準曲尺九分，其冪六十三分，以九分乘之，得五百六十七分，三除之，得一百八十九分為一錢匕之實。乃以三百三十三分為首率，重一錢為次率，一百八十九分為三率，得重五分六釐為四率，是一錢匕之重也。半錢匕者，準今二分八釐；錢五匕者，準今一分四釐也。

以古方參之　五苓散、四逆散等方，每服方寸匕。準今一錢。　桃花湯，赤石脂末半斤，每服方寸匕，日三服。每方寸匕準今之二錢，石藥性重也。　燒褌散，每服方寸匕，日三服。灰性必輕。　大陷胸湯，甘遂一錢匕，分二服。每服是半錢匕，準今二分八釐。　十棗湯，強人服一錢匕。準今五分六釐。　文蛤散，一錢匕。藥性較輕。　一撮者，以三指為度。　《千金》論一撮者，四刀圭也。得一百廿八黍，準今四分。　以古方參之　澤朮麋銜散，藥共二十五分準今四錢七分五釐，以三指撮，為後飯。每服四分，日三服，三日後病瘳，而藥將盡矣。　風引湯，藥共五十五兩準今四兩一錢八分，取三指撮，井水煮服。石藥性重，每服八分，以五十餘日為度。　凡丸藥如梧子大者，準藥末一分。如彈丸及鷄子黃者，準藥末一錢。　《千金》論刀圭者，十分方寸匕之一，準如梧桐子大也。一方寸匕散，以蜜和，得如梧桐子十丸為定。如彈丸及鷄子黃者，以十梧桐子準之。準前論刀圭容三十二黍，應重一分，方寸匕加十倍，應重一錢。

以古方參之　已椒藶黃丸，藥共四兩，準今三錢，蜜丸如梧子大。飲服一丸，日三服。每日三丸，每丸一分，蜜在外，十日而瘳可知也。　薯蕷丸，藥共百七十八分準今三兩三錢八分，大棗百枚為膏，和蜜丸如彈子大，空腹酒服一丸，一百丸為劑。每丸藥末當重三分四釐，因有大棗一枚及蜜，故得如彈子大也。彈子大者，或較小于鷄子黃，然亦不甚相遠耳。　理中丸，藥共十二兩準今九錢一分，蜜和丸如鷄子黃大，以沸湯數合和一丸，研碎，溫服之，日三四服，夜二服，腹中未熱，益至三四丸。每丸藥末一錢，當得九丸。然不及湯，湯法以四物依兩數切，用水八升，煮取三升，去滓，溫服一升，日三服。作湯者，即用此九錢一分之藥煎之也。寇宗奭疑丸藥少，湯藥多，妄謂古方如鷄子黃者應是大丸，李時珍宗之，遂于古法如彈丸及鷄子黃準十梧子者，奮筆增為四十梧子，謬也。　備急丸，每服大豆許三四丸，未差，更與三丸。按《千金》：十六黍為一大豆，合七丸計之，不過百十二黍之重，準今三分半。　凡藥有云大升、大兩者，以神農秤三兩為一兩，藥升三升為一升。　《千金》論隋人以三兩為一兩。權三倍，故量亦三倍。

以古方參之　《外臺》載《廣濟方》蒜煎，主冷氣，用牛乳五升準今三合四勺，納剝淨蒜肉二升，煎候蒜消盡，下牛膝一大斤末準今三兩六錢，煎成，酒和兩匙服之。乳經煎蒜後，約存二合，配三兩六錢煎而調和之，其末必不可復多矣。　《外臺》載《錄驗方》杏仁煎，療欬氣。杏仁一升，搗，以水和研，取三大升汁準藥升九升，煎取一大升，酒服一匙，日三。以水九升，研杏仁一升，其水亦不可復多矣。　凡煮湯，大略古藥二十兩，今一兩五錢，用水一斗，今七合，煮取四升，今二合八勺，勻二三次服之。　右藥皆㕮咀如豆大，必水乘氣熱，方始透入藥中，既而藥乘水沸，乃始溢出汁間。然且火欲其微，沸欲其小，絞以兩人，助以尺木，澄去沍濁而後服之。全欲得其氣之清，而不欲多水以耗其氣，讀《千金》論自明。　至于《千金》論諸藥權量互求之法，往往不合，則古今藥性不同故也。即如蜀椒、吳茱萸、地膚子、蛇床子，古取陰乾，今皆晒爆，爆則藥性為之輕，輕則各有差等，而權與量不相合矣。又如附子以一枚準半兩，古取其土中自養形癯神足者。棗有大小，以三枚準一兩。古以八月採爆乾，尚皮不尚肉。《別錄》云：棗皮利，肉補虛，惟十棗湯取肥者十枚用之。今並不如法，宜與古不符也。惟巴豆治淨，以一分得十六枚，頗合。《千金》云：巴豆先去心皮畢秤之。曾如法修治，其薄衣務盡去之，約十六枚，重分九釐。苟能于古方中緒論求之，蛛絲馬跡，非不可尋也。

以古方參之　《千金方》治歷節諸風，百節酸疼不可忍，用松脂三十斤準

今三十六兩，煉五十遍，少亦須二十遍，服方寸匕，日三，百日差。方寸匕容三百二十黍，準今一錢，此最足據者。每日服三錢，百日須三十兩也。以松脂煉去六兩，適合百日之用，則古一斤為一兩二錢，更無疑矣。　《千金》治結氣冷癥，積在脇下，及脚氣上入小腹，腹中脹滿。大蒜去心三升，搗令極熱，以水三升，和調絞汁，更搗，以水三升和絞去滓，更以水三升和之，共成九升，滓可桃顆大，棄却。三升蒜肉研汁後，滓僅如桃顆大，升小可知。以微火煎取三升，下牛乳三升，合煎至三升。旦起空腹一頓溫服，令盡。三升蒜汁，可以一頓服，升小可知。至申時食。三日服一劑，三十日服十劑止。蒜汁最辛劣，全不慮及，而頻作服之，升小可知。　宋林億以古三兩為今一兩，古三升為今一升，龐安常亦云然。此誤以漢之權量為憑耳，于古方不相涉也。　古方以二龠為一升，以二百四十秠黍為一兩，此與劉歆所定二十龠為升，二千四百秬黍為兩者，大相懸絶，後儒誤信《班志》，遂以新莽刀布之重及銅斛之式斷為古律權量，于是以古準今，遂有三兩為一兩，三升為一升之說，而強合于醫方之權量耳。秦漢之量，每一斗為今之二升，見閻百詩《四書釋地》及沈彤《周官祿田考》，附識于此。　前明張介賓惑于鄭世子之《樂書》，定為古方一兩，今之六錢，古方一升，今之三合三勺者，尤為大謬。　李時珍云古之一兩，今之一錢，古之一升，今之二合半，亦非也。

以古方參之　《肘後方》治消渴，以黃連三斤準今三兩六錢，納猪肚中蒸服。依景岳說，是廿八兩八錢矣，猪肚中能容之否？　又《肘後方》治中風腹痛，用鹽半斤準今六錢，熬水乾，着口中，飲熱湯二斤，得吐愈。依張則四兩八錢，能着口中耶？併能飲如許熱湯耶？　又《肘後方》治風毒脚氣，用硫黃末一兩，牛乳調服，取汗，北方人用此多效。依張則六錢，可作一頓服耶？　又《肘後方》治勞復，用乾薑四兩，為末準今三錢，湯調頓服。依張則為二兩四錢之乾薑，可一頓服耶？

《外臺》載《備急方》治五尸，以雄黃、大蒜各一兩，擣和如彈丸，準今一錢三分，故適如彈子大。納熱酒中服之。依張則一兩三錢，能與彈丸相似耶？　《千金方》治吞金銀鐶，用白糖二斤。唐以前方用糖，皆指飴糖，非蔗糖也。一頓準今二兩四錢，漸漸食之，多食亦佳。依張則十九兩二錢，能作一頓服耶？　以上辨古秤。

《金匱》方解菌毒，人糞飲一升。此豈今之三合三勺耶？　《外臺》載《集驗方》，療水腫，用黃牛尿，一飲三升準今二合，若不覺，更加服之。若謂是今之一升，人糞、牛尿，誰堪多服者？　《肘後方》治齒痛，醋炙枸杞白皮一升，取半升含漱即瘥。若如今之一合六七勺，如何含而漱之。　又《肘後方》治霍亂，大渴不止，多飲則殺人，黃粱米五升，水一斗，煮清三升，稍稍飲之。若如今之一升，獨不慮其多飲而殺人耶？　《外臺》載《崔知悌方》治血痢，石灰三升，熬黃，水一斗投之，澄清，一服一升，日三服。每服準今三合三勺，日三服，豈石灰湯可多服耶？　《千金》术膏酒，治脚弱風虛，用濕荊二十五束，束各長三尺，圍各二尺五寸，徑二寸，燒瀝三斗準今二升。青竹三十束，束各長三尺，圍各二尺五寸，徑一寸，燒瀝三斗。試如式取荊與竹燒之，能取今一斗之瀝否？　《千金》耆婆萬病丸條下云：服藥取微下三升惡水為良。若三升為今一升，尚云微下耶？　《千金》第七卷雜方云：治崩中下血一斛，服之即斷。若血下至三斗三升，尚堪救藥耶？　《千金》紫菀湯云：小兒六十日至百日，一服二合半；百日至二百日，一服三合。若如今之八勺有奇，百日以內之小兒能頓服耶？　以上辨古升。

夫以藥秤藥升，農、軒創造之法物，晉、宋以來寖失古意，故梁陶貞白先生著《名醫別錄》，論用藥分劑法則，一遵神農之秤，而不用子穀秬黍之制。孫真人祖述其意，定《千金方》，首言今依四分為一兩稱為定，亦不依隋人以三兩為一兩之法，其述古藥升制度下即曰今人分藥，不復用此，蓋有存羊愛禮之思焉。繼此有王刺史者，輯《外臺秘要》，每方必紀其所出，凡六朝諸名家所定分兩升合，皆兢兢法守，間有大升大兩，必分別註明。今良方具在，顧以權量難求，棄若弁髦，強作解事者，從而武斷之，而醫宗之微旨，勢不至盡墜于地不止。　武斷之最者，莫如景岳，以其所宗者，悉本之偽造夏律周龠之鄭世子也。

微旨者何？　聖人治病之樞機也。升降浮沉之氣，順者生，逆者死，但得撥之使轉，即行所無事矣。故藥也者，求其中竅，不貴多也；求其循序，不貴速也。藥必有毒，非毒無以馭病，非節制無以馭毒。故升秤之以小為度者，誠慎之也。　陶隱居曰：一物一毒，服一丸如細麻大；二物一毒，服二丸如大麻；三物一毒，服三丸如胡豆；四物一毒，服四丸如小豆；五物一毒，服五丸如大豆；六物一毒，服六丸如梧子，從此至十，皆以梧子為度。按《千金》論如梧子者準上論重一分，以二大豆準之；如大豆者重五釐，以二小豆準之；如小豆者重二釐半，以三大麻準之；如胡豆者重一釐七毫，以二大麻準之；如大麻者，重八毫半，準三細麻。每一細麻重二毫八絲。　今人疑古方立法太峻，而不詳其用意之謹密，反謂古人禀厚，能勝重劑，則所見益顛倒矣。得吾說而通之，庶幾能師古之意，用古之法乎。　《千金》論云：古

者，藥在土中，自養經久，氣味真實。今時藥力輕虛，人多巧詐。學者須加意，重複用藥，藥乃有力。此亦不可不知也。然觀東垣方藥味多而分量輕；又宋時一切作煮散者每服皆以五錢為例，可知仍不貴多也。古人疑漢方湯液，大劑三十餘兩，小劑十餘兩，用水六七升，煎取二三升，並分三服，若以古龠量水七升，煎今之三十兩，未淹得過？又疑散末藥只服方寸刀圭匕，圓子如梧子大，極至三十粒，湯液豈得如此懸絕？又疑風引湯一料計五十五兩，每用三指撮，水三升，煮三沸，去渣，溫服一升，觀其煮製，每只三指撮，未應料劑如此之多？今一旦考而正之，三疑盡釋矣。古方惟百合湯用百合七隻，配水三升，似與前說不相合，頃友人言：吾蘇陽山澄照寺前一片地上，天然自產百合，僅如錢大，煮之清香絕勝，療病極效。可知百合入藥者，以小為貴耳。

清・吳瑭《醫醫病書》 用藥分量論 用藥分量，有宜多者，少則不效，如溫暑、瘧症、痰飲、脉洪者，用石膏每至數斤、數十斤之多，是其常也。余在浙江紹興，治趙大兄伏暑痰飲大喘，每劑必以半斤、一斤之多，而後喘得少減，連用七八劑，或十數劑，而後喘定。遲數日又發，脉必洪大，期年之間，用至一百七八十斤之多，而後大愈，是其變也。有宜少者，萬不可多用，如寒燥門之用蟾酥，瘀血門中之用皂礬。蟾酥猶可入丸藥，皂礬止入〔外科〕丹藥，丸藥中亦不能用。湯劑中用新絳紗，用染匠之巧法，皂礬在幾微之間，稍多則染成元青矣。奈紀曉嵐先生《閱微草堂筆記》中云：乾隆癸丑春夏間，京中多疫，以張景岳法治之，十死八九。以吳又可法治之，亦不甚驗。有桐城一醫，以重劑石膏，治馮鴻臚星實之姬人，見者駭異，然呼吸將絕，應手輒痊。踵其法者，活人無算。有一劑用至八兩，一人服至四斤者，雖劉守真之《原病式》，張子和之《儒門事親》，專用寒涼，亦未敢至是，實自古所未聞矣。考喜用石膏，莫過於明繆仲淳，名希雍，天崇間人，與張景岳同時，而所傳各別。本非中道，故王懋竑《白田集》有《石膏論》一篇，力駁其非，不知何以取效如此。此亦五運六氣適值是年，未可執為定例也。按先生深惡講學家之拘執，先生何常不是講學家習氣，皆識不卓之故耳。前云桐城醫重用石膏治馮姬之病，見者駭異，然呼吸將絕，應手輒痊等論，是何足奇！余治西人李姓布賈熱病，大熱大渴，遍身純赤，一夜飲新汲涼水至二三擔之多，汗如雨下，譫語癲狂，勢如燎原。余用石膏每劑先用八兩，後加至十二兩，後加至一斤，後早晚各服一劑，每劑煮六碗，一時服一碗，間服紫雪丹、牛黃丸、紫雪，共用二三兩之多，牛黃丸共用至二十餘丸之多，鏖戰十數日之久，邪之大勢方解。繼清餘邪，石膏每帖仍用四兩，六七帖之後，方能脉靜身涼。他多類是，不能盡述，半載余醫案中。蓋藥之多寡，視病之輕重也。又云劉守真、張子和專用寒涼，亦未敢至是，實自古所未聞矣。斯未讀古書之故也。按張仲景《傷寒論》中白虎湯，石膏本係半斤，別本有一斤者，即汪訒菴《醫方集解》中，白虎湯用石膏亦係半斤。《金匱要略》木防己湯中，石膏用雞子大十二枚。或云漢朝戥量本小，照今時不過二六扣耳。按漢時戥量本小，漢時雞子亦小於今乎？又云考古喜用石膏者，莫過於繆仲淳，本非中道，是未聞道之言也。試問中道，何以定哉？蓋中無定體，病輕藥重為不中，病重藥輕亦為不中。病淺藥深為不中，病深藥淺亦為不中。味厚氣盛之藥多用不中，味淡氣薄之藥少用亦為不中。石膏〔質堅汁少〕，氣薄味淡者也，古皆重用，何繆仲淳為本非中道也哉？自王懋竑《白田集・石膏論》力辯其非，亦係未聞道之下士，固不足論，何足為據？桐城醫以秉辛涼金氣、金水相生之石膏，以復太陰之金體，陽明之金用，制木火有餘，火來尅金之溫病，救化原之絕，此所以取效如神，實係天經地義之定例，何云未可執為定例也？近時蘇州醫用甘草必三五分，餘藥皆五七分，至一錢即為重用，何病可治？此故用少之過也。本京有某砂鍋之名，用大剛大燥，皆係八兩、十兩一劑，有用至數十兩者。幼科用歸宗法者，十日以外，咬牙寒戰，灰白塌陷者，用大黃、石膏至三斤之多，人命其何堪哉？此誤用多之過也。

清・錢一桂《醫略》卷一 古制 陶隱居《名醫別錄》云：古稱方寸匕者，作匕正方一寸。五匕者，即今五銖錢邊五字者，抄之不落為度。刀圭者，十分方寸匕之一。又藥以升合分者，謂藥有輕重虛實，則以升平之。又曰：古秤惟有銖兩，而無分名。今則以十黍為一銖，六銖為一分讀去聲。按一分者，二錢半也。四釐曰絫，四絫曰字，二分半也。十絫曰銖，四分也。李杲曰：古云三兩，即今一兩。古云二兩，即今六錢半也。云㕮咀者，古無鐵刃，以口咬細，令如麻豆煎之也。蘇恭曰：古秤皆複，今南秤是也。後漢以來，分一觔為二觔。古方如仲景而已涉今秤。若用古秤則水為少矣。李時珍曰：古之一升，即二合半也。量之所起為圭，四圭為撮，十撮為勺。按一撮即四刀圭也。又藥有輕重，古方如半夏一升，四兩為正。菟絲子一升，九

兩為正之類是也。用桂一尺，去皮半兩為正。甘草一尺，二兩為正。乾薑一累，一兩為正之類是也。又曰：古方一兩，今用一錢可也。愚按：古方有一味用成劬者，即改一兩為一錢，亦嫌其多。惟在能事者酌配君臣佐使可耳。

清・孫德潤《醫學匯海》卷一 藥劑輕重說 李士材曰：古時氣厚，今時氣薄，人之強弱不同，藥之輕重亦異。東漢之世，仲景處方每味輒以兩計，宋元以來，東垣、丹溪僅以錢計而已，豈非深明造化，與時偕行者與？今去朱、李之世又數百年，元氣轉薄，乃必然之理。所以抵當、承氣日就減削，補中、歸脾日就增多。臨陣圖功，先覘元氣，平時用藥，最忌攻衝。假令病宜用熱，亦當先之以溫；病宜用寒，亦當先之以清。縱有疾宜消，必須兼養胃氣。縱有邪宜散，必須隨分消詳，不得過劑以傷氣血。古語有曰：病傷猶可療，藥傷最難醫。若執成方，或矜家秘，惟知盡劑，不顧本元，造次荒唐，鮮克有濟。此皆讀書不化，未窺元會運世之微者也。

清・吳鋼《類經證治本草》 吳綬曰：凡方稱一字者，一錢有四字，一字計二分五釐也。世有古今，時有冬夏，地有南北，藥有良獷，人有強弱，不可執一。且如仲景大陷胸湯用大黃六兩，今用六錢足矣。而人弱病小者，又當減半。其芒硝一升，今用二三錢足矣。甘遂二兩，只可用一分或半分而已。

清・沈善謙《喉科心法》卷下《製藥類》 藥品炮製分量表說 用藥宜知炮製，蓋藥有宜生用，宜炒用，宜鎊用，宜研用，宜先煎，宜遲煎，宜重用，宜輕用，各因其性以定之。雷公論之最詳，惟今者稍有不同，亦宜略為變通。立方分兩，古無定法。以體質有強弱之分，地氣有南北之異，屢付闕如，職是之故。然因此畸重畸輕而誤事者，亦復不少。茲特將科內應用各藥，註明(泡)(炮)製，點定適中分兩，以為初學規範。至隨時變通，則在立方時存乎其人耳。茲分兩類：一本症藥目，係症中應用之藥；一兼症藥目，係兼他症所用之藥。庶閱者瞭如指掌。至於兼症表中之藥，如無兼症者，萬勿率爾用之。若表中不列之藥，更不宜用。至要！至要！

本症藥目 羚羊角磨冲，用一錢，鎊，煎用一錢五分，絹包先煎。 蘇薄荷用八分或一錢，多則一錢五分。 嫩鉤藤用三錢，或五錢，須遲煎。 西秦艽用一錢五分。 鮮蘆根用二尺，去節煎。 飛滑石用四錢，絹包入煎。 廣鬱金一錢五分。 石菖蒲一錢或二錢鮮鮮九節者佳。 建蘭花七朵，素心者更佳。 建蘭葉二張。 川貝母一錢五分，去心，生用、炒用均可。 製殭蠶一錢或二錢，炒黃。用此係辛涼本藥，性雖散而可用。 天竺黃三錢。 夏枯草三錢，白花者佳。喉瘤、石蛾可煎膏服。 鮮竹瀝一兩或二兩，入薑汁少許。 淡海藻三錢，漂淨。 淡昆布三錢，漂淨。 陳海蟄八錢或一兩，漂淡。 陳金汁一兩。 西瓜硝二錢或三錢。 全瓜蔞四錢。 絲瓜絡三錢。 鮮梨汁四兩，分冲。 甜杏仁搗漿入藥，二兩，代茶亦可。苦杏仁瀉肺，不宜用。 甘蔗汁三兩，分冲，青皮者佳。 人中黃三錢，煅成性。 香犀角磨冲，五分；入煎，一錢。病重可加一倍，絹包先煎。 京元參三錢。 淡竹葉鮮用，二十片，去頭尖。乾用，二錢。 各種花露二兩，分冲。如胎前熱甚，用以代水煎藥最好，且能安胎退熱。如：青蒿露、藿香露、玫瑰露、野薔薇露、白花荷葉露、白荷花露、枇杷花露、穀露之類。 湖丹皮一錢五分或二錢，炒用亦可。 鮮生地四錢或一兩。 大赤芍一錢五分，酒炒。 嫩石膏三錢或五錢，或生，或煅，或冰糖炙，或蜜炙。 肥知母一錢五分或三錢，去毛，鹽水炒。 燈心草一束，或用辰砂拌。 車前草三科。 鮮石斛五錢或八錢，鐵皮者佳。 洋猴棗五釐，研冲。 枸橘葉三十片。 金銀花三錢。 洋蘆薈一錢或一錢五分。 萊菔子三錢，炒。 炒枳殼八分，蜜炙。 大生地三錢或六錢，或蛤粉炒。 大麥冬三錢或五錢，去心。 淡天冬三錢，去心。 霍石斛三錢。 西洋參二錢。 陳阿膠一錢五分或三錢，蛤粉炒。 吉林人參一錢，另煎。 吉林參鬚一錢五分，另煎，冲。

兼症藥目 白苧根四錢，洗淨。 紫蘇梗一錢五分。 淡黃芩一錢五分，酒炒。 大腹皮一錢五分，洗。 净朴硝三錢。 西血珀四分或六分。 柞樹枝十寸。 全當歸三錢，酒炒。 血餘炭二錢或三錢。 元武板五錢或一兩，醋炙、酥炙均可。 撫芎藭一錢五分。 大桃仁一錢五分，去皮、尖，研。 益母草三錢。 黑荊芥一錢或一錢五分。 澤蘭葉三錢。 清炙草八分。 雲茯苓四錢。 雲茯神四錢。 川蝎尾三條，酒洗。 小川連四分或六分。 川黃栢一錢，鹽水炒焦。 白頭翁二錢，絹包。 北秦皮一錢五分。 車前子三錢，絹包。 煨木香一錢，鹽水炒。 真厚朴一錢，或蜜炙或薑汁炙。 高麗參二錢，另煎，冲。 野於朮土炒，二錢。 新會皮一錢五分，鹽水炒。 糯稻根鬚一兩。 大紅棗二個，濕紙包煨。 酸棗仁三錢，炒。 枸杞子二錢，鹽水炒。 破故紙一錢五分，鹽水炒。 山萸肉一錢五分，去核。 炙綿芪三錢，多則一兩，少則一錢。 生綿芪三錢，多則一兩，少則一錢。 益智仁一錢，鹽水炒。 大熟地四錢，或砂仁拌炒。 净麻黃二分或四

分，先泡去沫再入煎，同藥煎。　白芥子一錢，炒研。　紫肉桂四分，去粗皮，蜜炙。　炮薑炭五分。　鹿角膠一錢五分，另燉烊，冲。　淡附子四分，甘草水漂。　煨丁香六分。　紫胡桃二個，打碎。　老生薑二片。　(嬰)〔罌〕粟殼一錢二分，蜜炙。　金櫻子二錢。　伏龍肝四錢，即灶心土。　毛茹菰三錢，切片。明者佳。　紫地丁三錢。　鮮角刺三錢或六錢。　野菊葉一兩。　枳椇子三錢。　土茯苓六錢。　生首烏四錢。　穿山甲一錢五分，或二錢，炒黃。

清·李文榮《知醫必辨·雜論》　用藥之道，惟危急存亡之際，病重藥輕，不能挽救，非大其法不可。否則法先宜小，有效乃漸加增，不得以古方分量之重為準。況攷古方之分量，合之於今，並不甚重。如仲景立方，動以斤計，或稱升合，似甚多也。及其用末藥，不過方寸匕；丸藥如梧子大，所服不過三十粒，又似甚少。何丸、散、湯液之相懸如此耶？攷《千金》《本草》，皆以古三兩為今之一兩，古三升為今之一升，則所兩者，僅得今之三錢耳！且仲景湯液總分三次服，則又止得三分之一。合而計之，豈非古之一兩，僅得今之一錢乎？惟世有古今，地有南北，人有強弱，藥有剛柔，醫者知所變通，庶幾有得耳！

清·莫枚士《研經言》卷一　古方權量有定論論　從來攷古方權量者，人各言殊，大半誤以漢制當之耳！豈知經方傳於仲景，而不自仲景始。《外臺》卷一謂桂枝湯為岐伯授黃帝之方，而分兩與《傷寒論》悉同。可見經方傳自上古，所用權量，亦上古制，非漢制也。《千金》備詳神農秤及古藥升之制。蓋古醫權用神農，量用藥升，於一代常用權量外，自成一例。仲景而下，訖於《外臺》，所集漢晉宋齊諸方皆然。迨隋唐人兼用大兩大升，而後世製方遂有隨代為輕重者，此古權量所由湮也。國朝吳王繩林所攷，宗法《千金》，參以攷訂，定為古一兩當今七分六釐；古一升，當今六勺七抄。洵不刊之論，無間然矣。其書載在《吳醫彙講》中。

清·陸以湉《冷廬醫話》卷五　質正　王樸莊謂古方一兩者，今之七分六釐，一升者，今之六杓七杪。《東醫寶鑑》謂古方一兩者，今之三錢二分五釐，一升者，今之二合五杓。如仲景炙甘草湯，藥料最多，共四十六兩，用酒七升，水八升。準於王說，為今之三兩四錢九分六釐，今之七合有零，則酒水太少。如《東醫寶鑑》之說，為今之十四兩九錢五分，今之三升七合五杓，則藥料太多。似當從王之兩數，《東醫寶鑑》之升數，乃為得之。

清·費伯雄《醫醇賸義》卷一　重藥輕投辨　無錫顧左患中脘不舒，飲食減少。予診其脈，左關甚弦，右部略沉細。此不過肝氣太強，脾胃受制耳。乃出其前服方，則居然承氣湯，硝與黃各七八分，朴與枳各五六分，方案自載宗仲景法，重藥輕投。噫！人之好怪，一至此乎？予為製抑木和中湯，三劑而愈。今特申辨之，蓋三承氣湯，有輕有重，原為胃實大症而設，故用斬關奪門之法，救人於存亡危急之秋，非可混施於尋常之症也。今以脾胃不和之小恙，而用此重劑，彼蓋以大手筆自居，又恐藥力太猛，故將重藥減輕，用如不用，免得立見敗壞，以巧為藏身耳。殊不知重藥既可輕投，何不輕藥重投，豈不更為妥當乎？揣其意，不過以身負重名，若用尋常方法不見出色，故小題大做，以自眩其奇。醫家敢於以藥試人，病家亦甘於以身試藥，此風日起，流毒無窮。予故不憚煩言，諄諄辨論，以為厭故喜新者之明戒。

抑木和中湯自製　蒺藜四錢　鬱金二錢　青皮一錢　廣皮一錢　茅朮一錢炒　厚朴一錢　當歸二錢　茯苓二錢　白朮一錢　木香五分　砂仁一錢　佛手五分　白檀香五分

清·徐士鑾《醫方叢話》卷七　藥量稱考　《道藏》孫真人《備急千金要方》云：刀圭者，十分方寸之一，準如桐子大。方寸匕者，作匕正方一寸，抄散取不落為度。其言寸者，言周漢尺法。刀圭者，重三十黍。方寸匕者，重三百黍也。刀圭即刀匕，匕者，曲刀首中窪處，可抄物，古所謂匕首者也。又云錢匕、半錢匕、錢五匕，此則分三等。古錢五銖五百黍，半錢匕二百五十黍，錢五匕七百五十黍也。宋校正《傷寒論》及金李杲又言六銖為一分，今之二錢半，此則誤讀《千金方》者。宋金時兩重七十銖，豈可六銖為二錢半？蓋互求下算，易於倒誤，讀古方者當審之。《癸巳類稿》。《談徵》載《本草》云：刀圭者，十分方寸，寸之一藥，準如梧桐子大。《釋名》：婦人上服曰袿，其下垂者，上廣下狹如刀圭。尖刀圭，《本草》以狀藥之大小；《釋名》以見燕尾之廣狹。未有明言其義者。蓋刀銳處如圭首，故曰刀圭，猶刀尖也。匕，匙也，方一寸得十分一分，如桐子大。《池北偶談》謂刀圭字常用，未有確義。《碧里襍存》云：在京師買得古錯刀三枚，形似今之剃刀，其上一圈如圭璧之形，中一孔，即貫索之處。蓋服食家舉刀取藥，僅滿其上之圭，故謂之圭，言其少耳。案：古錯刀，即新莽之一刀平五千，一刀二字，以黃金錯其文，古所謂金錯刀者是也。

清·黃皖《黃氏醫緒》卷一　今人之于古人，長短僅得六三。《卒病論》所傳諸方，分量蓋墨守師說。而仍黃帝之舊者，故皆重多無等計，人短一尺即身小一半，以元會數之，漢武之去黃帝已四千餘歲。大抵唐堯時人，得黃帝時人八七，藥方分量合減大半。漢武時人，得黃帝時人七六，再當減其大半。今去漢武時又將近二千年，則處方分量，又當減半。篇內皆特加斟酌。分量有以銖計者，二十四分兩之一也。有以分計者，四分兩之一也。有以字計者，四分錢之一也。今皆準以時法，每銖得今衡四分二釐，每分得今衡二錢五分，每字得今衡二分五釐。唯豆之大小，江以北常倍于南。麻則古皆麕麻，不可誤以南豆、脂麻計算。

栽培馴養部

論說

唐·孫思邈《千金翼方》卷一四《退居》　種造藥第六　種枸杞法：揀好地，熟斸加糞訖，然後逐長開壠，深七八寸令寬，乃取枸杞連莖，剉長四寸許，以草為索慢束，束如羹椀許大，於壠中立種之。每束相去一尺，下束訖，別調爛牛糞稀如麫糊，灌束子上令滿，減則更灌。然後以肥土擁之滿訖。土上更加熟牛糞，然後灌水。不久即生，乃如剪韭法，從一頭起首割之。得半畝，料理如法，可供數人。其割時與地面平，高留則無葉，深剪即傷根。割仍避熱及雨中，但早朝為佳。　又法：　但作束子作坑，方一尺，深於束子三寸。即下束子訖，著好糞滿坑填之，以水澆糞下，即更著糞填，以不減為度。令糞上束子一二寸即得。生後極肥，數鋤擁，每月加一糞尤佳。　又法：但畦中種子，如種菜法，上糞下水，當年雖瘦，二年以後悉肥。勿令長苗，即不堪食，如食不盡，即剪作乾菜，以備冬中常使。如此從春及秋，其苗不絕。取甘州者為真，葉厚大者是。有刺葉小者是白棘。不堪服食，慎之。　又法：　枸杞子於水盆挼令散訖，暴乾。斸地作畦，畦中去却五寸，土勾作壠，縛草作稕，以臂長短，即以泥塗稕上令遍，以安壠中。即以子布泥上，一面令稀稠得所，以細土蓋上令遍，又以爛牛糞蓋子上令遍。又布土一重，令與畦平。待苗出，時時澆溉。及堪採，即如剪韭法。更不要煮鍊，每種用二月，初一年但五度剪，不可過此也。凡枸杞生西南郡谷中及甘州者，其子味過於蒲桃。今蘭州西去鄴城、靈州、九原並多，根莖尤大。

種百合法：　上好肥地加糞熟斸訖，春中取根大者，擘取瓣於畦中，種如蒜法。五寸一瓣種之，直作行，又加糞灌水。苗出，即鋤四邊，絕令無草。春後看稀稠得所，稠處更別移亦得。畦中乾即灌水。三年後甚大如芋，然取食之。又取子種亦得。或一年以後二年以來始生，甚遲。不如種瓣。

種牛膝法：　秋間收子，至春種，如種菜法。上加糞水溉，苗出堪採，即如剪菜法，常須多留子。秋中種亦好。其收根者，別留子，取三畝肥地熟耕。更以長鍬深掘，取其土虛長也。土平訖，然下子。荒即芸草，旱則溉。至秋子成高，刈取莖，收其子。九月末間，還用長鍬深掘取根，如法料理。

種合歡法萱草也：　移根畦中稀種，一年自稠，春剪苗食，如枸杞，夏秋不堪食。

種車前子法：　收子，春中取土地，加糞熟斸，水溉，剪取如上法。此物宿根，但芸灌而已，可數歲也。

種黃精法：　擇取葉參差者是真，取根擘破，稀種，一年以後極稠，種子亦得。其苗甚香美，堪喫。

種牛蒡法：　取子畦中種，種時乘雨即生。若有水，不要候雨也，地須加糞，灼然肥者。旱即澆水，剪如上法。菜中之尤吉，但多種食苗及根並益人。

種商陸法：　又取根紫色者、白色者良。赤及黃色者有毒。根擘破畦中作行種，種子亦得。根苗並堪食。色紫者味尤佳，更勝白者。淨洗熟蒸，不用灰汁煮鍊，並無毒，尤下諸藥。服丹砂、乳石等人不宜服。

種五加法：　取根深掘肥地二尺，埋一根令沒舊痕，甚易活。苗生從一頭剪取，每剪訖鋤土擁之。

種甘菊法：　移根最佳。若少時折取苗，乘雨中濕種便活。一年之後，子落遍地。長服者及冬中收子，剪如韭法。

種苜蓿法：　老圃多解但肥地令熟，作壠種之極益人。還須從一頭剪。每一剪加糞鋤土擁之。

種蓮子法：　又八月、九月取堅黑子，瓦上磨尖頭，直令皮薄。取墐土作

熟泥封，如三指大，長二寸。使蒂頭兼重令磨須尖。泥欲乾時擲置池中，重頭向下自能周正。薄皮上易生，數日即出。不磨者卒不可生。

種藕法：春初掘取根三節無損處，種入深泥。令到硬土，當年有花。

種青蘘法即胡麻苗也：取八稜者畦中如菜法種之。苗生採食，秋間依此法種之。甚滑美。

種地黃法：十二月耕地，至正月可止三四遍。細杷訖，然後作溝。溝闊一尺，兩溝作一畦。畦闊四尺。其畦微高而平，硬甚不受雨水。苗未生間得水即爛。畦中又撥作溝，溝深三寸。取地黃切長二寸種於溝中訖，即以熟土蓋之。其土可厚三寸以上。每種一畝用根五十斤。蓋土訖，即取經冬爛穰草覆之。候稍牙出，以火燒其草令燒去其苗。再生者葉肥茂，根葉益壯。自春至秋，凡五六遍芸。不得用鋤。八月堪採根，至冬尤佳，至時不採，其根大盛。春二月當宜出之。若秋採訖，至春不須更種。其種生者猶得三四年，但採訖耙之，明年耨云而已。參驗古法，此為最良。按《本草》二月、八月採，殊未窮物性也。八月殘葉猶在，葉中精力未盡歸根，二月新葉已生，根中精氣已滋於葉，不如正月、九月採殊妙，又與蒸暴相宜。古人云：二月、八月非為種者，將謂野生當須見苗耳。若食其葉，但露散後摘取旁葉，勿損中心正葉，甚益人，勝諸菜。

造牛膝法：八月中，長鍬掘取根，水中浸一宿，密置篩中，手挼去上皮齊頭，暴令稍乾，屈令直，即作束。子又暴令極乾，此看端正。若自用者不須去皮，但洗令淨便暴。殊有氣力。

造乾黃精法：九月末掘取根，揀取肥大者，去目熟蒸，微暴乾又蒸。暴乾食之如蜜。可停。

造生乾地黃法：地黃一百斤，揀擇肥好者六十斤，有鬚者去之。然後淨洗漉乾，暴三數日令微皺，乃取揀退四十斤者。淨洗漉乾，於柏木臼中熟擣，絞取汁，汁如盡，以酒投之更擣。絞即引得餘汁盡。用拌前六十斤，乾者於日中暴乾，如天陰，即於通風處薄攤之。夜亦如此，以乾為限。此法比市中者氣力數倍。頓取汁恐損，隨日擣絞用，令當日盡佳。

造熟乾地黃法：斤數揀擇一準生法，浸訖，候好晴日便早蒸之，即暴於日中。夜置汁中，以物蓋之，明朝又蒸。古法九遍止，今但看汁盡色黑，熟蒸三五遍亦得，每造皆須春秋二時，正月、九月緣冷寒氣方可宿浸，二月、八月拌而蒸之，不可宿浸也。地黃汁經宿恐醋，不如日擣取汁用。凡暴藥，皆須以牀架，上置薄簟等，以通風氣。不然，日氣微弱則地氣止津也。於漆盤中暴最好。簟多汗又損汁。

藕粉法：取麤藕不限多少，灼然淨洗，截斷浸三宿，數換水。看灼然淨訖，漉出，碓中碎擣，絞取汁，重擣，絞取濃汁盡為限。即以密布濾麤惡物，澄去清水。如稠難澄，以水攪之，然後澄，看水清即瀉去。一如造米粉法。雞頭粉取新熟者，去皮熟搗擣如上法。菱角粉去皮如上法。葛根粉去皮如上法，開胃口止煩熱也。蒺藜粉擣去上皮，簸取實如上法。此粉去風輕身。茯苓粉剉如彈子，以水浸去赤汁，如上法。栝樓根粉去皮如上法。種樹法須望前種。十五日後種少實。

種杏法：杏熟時，并肉核埋糞中。凡薄地不生，生且不茂，至春生後即移實地栽之，不移即實小，味苦。樹下一歲不須耕，耕之即肥而無實也。

種竹法：欲移竹，先掘坑令寬，下水，調細土作泥如稀煎餅泥，即掘竹鬚，四面鑿斷，大作土科，連根以繩周下抨舁之。勿令動著竹，動則損根多不活。掘訖，舁入坑泥中，令泥周匝揔滿。如泥少更添土著水。以物勻攪令實。其竹根入坑，不得埋過本根。若竹稍長者，以木深埋入土架縛之。恐風搖動即死。種樹亦如此。竹無時，樹須十二月以後三月以前，宜去根尺五寸留栽。來年便生笋。泥坑種，動搖必不活。

種梔子法：臘月折取枝長一尺五寸以來，先鑿坑一尺闊五寸，取枝屈下拗處如毬，杖却向上。令有葉處坑向上，坑口出五寸，一邊約著土實訖。即下肥土實築。灼然堅訖，自然必活。二年間即有子。

作籬法：於地四畦掘坑深二尺、闊二尺，坑中熟斸酸棗。熟時多收取子，坑中概種之。生後護惜。勿令損。一年後高三尺，間去惡者，一尺以下留一莖稀稠，行伍端直，來春剝去橫枝，留距不留距，恐瘡大至冬凍損。剝訖編作笆籬，隨宜夾縛，務令緩舒。明年更編高七尺，便定種。榆柳並同法。木槿、木芙蓉更堪看。

種枳法：秋收取枳實，破作四片，於陰地熟斸加糞，即稠種之，至春生。隔一冬高一尺，然後移栽。每一尺種一，栽至高五尺。以物編之，甚可觀也。

宋・周密《癸辛雜識》續集上　種茯苓　道士郎如山云：茯苓生於大松之根，尚矣。近世村民乃擇其小者，以大松根破而繫於其中，而緊束之，使

脂液滲入於內，然後擇地之沃者，坎而瘞之。三年乃取，則成大苓矣。洞霄山最宜茯苓，往往民多盜種，密誌之而去，數年後乃取焉。種者多越人云。

宋・周密《志雅堂雜鈔》卷上　茯苓生於大松之下，尚矣。近歲村民擇苓之小者，其上用老松根一節破之，以苓之系入其中，而緊束之，使脂液濃流於內，然後擇他山土之宜茯苓者，掘深坎瘞之，至兩三年取出，則成大茯苓矣。

元・胡祗遹《紫山大全集》卷二二《論聚斂》【略】即今南貨銷鎔盡絕，價增數倍，我家中原所出之貨，每歲虛隨土壤棄擲腐朽而不為用。謂土產之藥物人參、防風、甘草等物，輦之而南則為寶貨，積之於本土則為棄物。農人無地耕穫不能為他藝者，旬月之勞劚草藥三百斤，可賣錢十餘貫，終歲差發可辦。商賈之有財本者以千貫之物往返，半歲之間化為數千貫。何憚乎生理之不厚，科差之不供？

明・李詡《戒庵老人漫筆》卷六　種山藥諸物法　山藥葉枯後起，復以根寸斷種之，子種者則遲。

清・沈善謙《喉科心法》卷下《製藥類》　種鮮生地說　鮮生地既為溫熱症之要藥，喉症為溫熱之一症，此品即宜種植，以資功用。歷來病症，為二地之誤者不一，喉症為甚。特再將種法詳論之，俾各處佈種，醫生與藥肆皆知所區別，得免誤事，為病者幸。地黃產懷慶山中者佳，江浙壤地亦產之。種法：擇向陽平地一處，寬狹不拘，以沙泥堆積一尺餘高，作平，成為斜勢。如北面一尺高，南須一尺五寸高，取建(翎)〔瓴〕之勢，以流水也。將生地根密排於沙內，上罩薄沙二三寸，日灑水一次。待其發葉茂盛後，不必灑水，隨時取用。至冬間，或用稻草蓋之，或取出用稻草擁護，至春暖再行如法佈種。此物得冷濕即爛，宜藏於暖燥處也。或用子種亦可。

藥業部

題解

《漢書・食貨志》　諸取衆物、鳥、獸、魚、鼈、百蟲於山林水澤及畜牧者，嬪婦桑蠶、織紝、紡績、補縫，工匠、醫巫、卜祝及它方技、商販、賈人坐肆、列里區謁舍，皆各自占所爲於其在所之縣官，除其本，計其利，十一分之，而以其一爲貢。【略】

詔曰：夫鹽，食肴之將；酒，百藥之長，嘉會之好；鐵，曰〔田〕農之本；名山大澤，饒衍之臧；五均賒貸，百姓所取平，卬以給澹；鐵布銅冶，通行有無，備民用也。此六者，非編户齊民所能家作，必卬於市，雖貴數倍，不得不買。

綜述

《武威漢代醫簡》　牛膝半斤，直五十；防風半斤，百；小椒一升半，五十；卑□半斤，直〔廿〕五；慈石一斤半，百三十；山茱萸二升半，直五十；朱臾二升半，廿五；席蟲半升，廿五；黃芩一斤，直七十；黃連半斤，直百；河莀半斤，直七十五；續斷一斤，百□□□；子威取。□□二斤，直廿七，子威取。□□取藥，凡直〔九〕百廿七。

題宋・高承《事物紀原》　藥市：唐王昌遇，梓州人，得道，號易玄子。大中十三年九月九日上昇。自是以來，天下貨藥輩皆於九月初集梓州城。八日夜於州院街易玄龍沖地，貨其所齎藥。川俗因謂之藥市，遞明而散。逮宋朝天聖中，燕龍圖肅知郡事，又展為三日，至十一日而罷，是則藥市之起，自唐王昌遇始也，有碑敍其本末甚詳。

宋・張世南《游宦紀聞》卷二　犀出永昌山谷及益州。今出南海者為

上，黔蜀次之，此《本草》所載云。然世南頃游成都，藥市間多見之。詢所出，云來自黎、雅諸蕃，及西和、宕昌，亦諸蕃寶貨所聚處。五羊、桂筦、桐城亦有之，往往皆來自蕃舶。又有所謂河北山犀，紋粗而不光。要之，數處皆非所出，乃所聚耳。

宋・莊綽《雞肋編》卷上　至重九藥市，於譙門外至玉局化五門，設肆以貨百藥，犀麝之類皆堆積。府尹、監司皆武行以閱。又於五門之下設大尊，容數十斛，置杯杓，凡名道人者，皆恣飲。如是者五日。云亦間有異人奇詭之事。

宋・蔡絛《鐵圍山叢談》卷四　上元五夜，馬行南北幾十里，夾道藥肆，蓋多國醫，咸巨富，聲伎非常，燒燈尤壯觀。故詩人亦多道馬行街燈火。

宋・蔡絛《鐵圍山叢談》卷六　往時川蜀俗喜行毒，而成都故事，歲以天中重陽時開大慈寺，多聚人物，出百貨。其間號名藥市者，於是有於窗隙間呼貨藥一聲，人識其意，亟投以千錢，乃從窗隙間度藥一粒，號解毒丸，故一粒可救一人命。夫跡既叵測，故時多疑出神仙。政和間，祐陵以仁經惠天下，嘗即上清寶籙宮之前，新作兩亭。左曰仁濟，給藥治疾苦；右曰輔正，主符水除邪鬼。因遂詔海內，凡藥之治病彰彰有聲者，悉索其方，書而上之焉。於是成都守臣監司，奉命相與窮其狀，乃始得售。解毒丹家，蓋世世懼行毒者為讐害，故匿其跡，非有所謂神仙也。既據方修治，得其全，即並藥奏御，事下殿中省。上曰：朕自弛天子所服御以濟元元，毋煩有司也。繇是殿中省群醫付諸師驗其方，則王氏《博濟方》中之保靈丹方爾。當是時，猶子行適領殿中監事，故獨得其詳。吾落南來，用是藥嘗救人，食葫蔓草毒得不死者兩人，蓋不可不書。

宋・孟元老《東京夢華錄》卷二　宣德樓前省府宮宇：【略】南曲對即報慈寺街、都進奏院、百種圓藥鋪。【略】御廊西即鹿家包子。餘皆羹店，分茶、酒店，香藥鋪，居民。

東角樓街巷：【略】餘皆真珠疋帛，香藥鋪席。【略】瓦中多有貨藥、賣卦、喝故衣、探搏飲食，剃剪紙、畫令曲之類。終日居此，不覺抵暮。

潘樓東街巷：【略】又李生菜小兒藥鋪，仇防禦藥鋪。【略】以東牛行街，下馬劉家藥鋪。

宋・孟元老《東京夢華錄》卷三　馬行街北醫鋪：馬行北去，乃小貨行時樓，大骨傳藥鋪。直抵正係舊封邱門，兩行金紫醫官藥鋪，如杜金鉤家、曹家獨勝(元)〔丸〕、山水李家口齒咽喉藥、石魚兒班防禦、銀孩兒栢郎中家醫小兒，大鞋任家產科。其餘香藥鋪席，官員宅舍，不欲遍記。

大內西右掖門外街巷：【略】街以西殿前司，相對清風樓，無比客店，張戴花洗面藥，國太丞、張老兒、金龜兒、醜婆婆藥鋪。【略】街北建隆觀，觀內東廊于道士賣齒藥。【略】西大街荆筐兒藥鋪，棗王家金銀鋪。近北巷口熟藥惠民西局。【略】西去蓋防禦藥鋪。

大內前州橋東街巷：【略】近南即保康門潘家黃耆圓。

相國寺萬姓交易：【略】殿後資聖門前，皆書籍玩好圖畫，及諸路散任官員土物香藥之類。

寺東門街巷：【略】南北講堂巷孫殿丞藥鋪，靴店；出界北巷，巷口宋家生藥鋪，鋪中兩壁皆李成所畫山水。

天曉諸人入市：每日交五更，諸寺院行者打鐵牌子或木魚，循門報曉。【略】或有賣洗面水煎點湯藥者，直至天明。【略】更有御街州橋至南內前，趂朝賣藥及飲食者，吟叫百端。

宋・孟元老《東京夢華錄》卷五　民俗：【略】其賣藥、賣卦，皆具冠帶。【略】其士農工商，諸行百戶，衣裝各有本色，不敢越外。【略】所謂花陣酒池，香山藥海。

宋・江少虞《宋朝事實類苑》卷五九　益州有藥市期，以七月七日，四遠皆集，其藥物多，品甚眾，凡三日而罷好事者多市取之。

宋・李燾《續資治通鑑長編》卷六　〔太祖乾德二年二月〕癸卯，命參知政事呂餘慶權知成都府，【略】時盜四起，將士猶恃功驕恣，王全斌等不能禁。一日，藥市始集，街吏馳報有軍校被酒持刃，奪賈人物，餘慶立命擒捕，斬之以徇。

宋・李燾《續資治通鑑長編》卷七三　〔大中祥符三年三月〕辛巳，比部郎中蔡汶使西川還，言川、峽每春州縣聚遊人貨藥，謂之藥市，望令禁止之。上曰：遠方各從其俗，不可禁也。

宋・陸游《老學庵筆記》卷六　成都藥市以玉局化為最盛，用九月九日。《楊文公談苑》云七月七日，誤也。

宋・洪邁《夷堅志・庚志》卷四　平江人江仲謀，於府內飲馬橋南啟熟

藥鋪。紹熙五年，又執一肆于常熟梅里鎮。【略】收市良材，不惜價直，而所貨日增。

宋・吳自牧《夢粱錄》卷一三 鋪席：杭州大街，【略】自淳祐年有名相傳者，如【略】潘節幹熟藥鋪，壩頭榜亭安撫司惠民坊熟藥局，市西坊南和劑惠民藥局【略】。五間樓前【略】張家生藥鋪，【略】淩家刷牙鋪、觀複丹室。保佑坊前【略】訥庵丹砂熟藥鋪【略】、陳直翁藥鋪、梁道實藥鋪【略】、傅官人刷牙鋪、楊將領藥鋪【略】。官巷前仁愛堂熟藥鋪，修義坊三不欺藥鋪。官巷北金藥臼樓太丞藥鋪【略】、蔣檢閱茶湯鋪【略】。漆器牆下李官人雙行解毒丸【略】。外沙皮巷口雙葫蘆眼藥鋪【略】。太廟前【略】陳媽媽泥面具風藥鋪。大佛寺疳藥鋪，保和大師烏梅藥鋪。三橋街毛家生藥鋪【略】。石榴園【略】張省幹金馬杓小兒藥鋪【略】。沿橋下【略】郭醫產藥鋪【略】。自大街及諸坊巷，大小鋪席，連門俱是，即無虛空之屋。

天曉諸人出市：【略】有浮鋪早賣湯藥二陳湯，及調氣降氣並丸劑安養元氣者。【略】填塞街市，吟叫百端，如汴京氣象，殊可人意。

宋・吳自牧《夢粱錄》卷一九 雇覓人力：【略】或藥鋪要當鋪郎中、前後作、藥生作。

《宋史・地理志・夔州路》 川、峽四路，【略】踏青、藥市之集尤盛焉，動至連月。

明・楊慎《藥市賦》〔《升庵全集》卷一〕 蓬邱仙伯，七刀圭而通神；柰園老宿，品千二而稱珍。何如蓉城之日，重開藥市之春。若夫岐摯湯液，和緩湌滫，采嘉林之嘉草，掇芳洲之芳羞。屏風水發，書帶山抽，人參三椏，來自高句麗之國；桃枝九折，出於嶲昆明之陬。椒聊下虛星之舍，果蓏薦織女之樓。逢茅龍之衛叔，遇木羊之葛由，檢本草之聖錄，極山海之冥搜。別有天棘日精，澤葵海藻。火林之蔚炎柯，雪津之擢陽草。款冬叩冰而吐葩，葶藶迎露而先槁。青綸碧組，蒼龍就食於甲辰；素茵鎬蔯，白兔騰仙于辛卯。帝休鬼麗，蕩邪而蠲憂；神錦仙蠶，駐顏而難老。又不若剸犀截角，搴翠刪毛，澄禹山之水碧，藍樊桐之金膏。鮫人泣珠而酬價，狼胱䲔金而解橐。神鹿兩頭，飲上池之水；靈鳥四翼，歸金匱之韜。莫不攀丹危而涉翠險，賈仙的而下神囂。涉淼淼，馳芊芊，刈翹翹，伐丁丁。香草比於君子，嘉卉方於女貞。藤名筒子，花號長卿。五芝色配乎五嶽，六飲芳冠乎六清。乃延巫彭，招長桑，飛絳雪，擣玄霜，巴戎赤斧，梓谷王昌。蓬州塗定辭，玄武張開光。希夷出崇龕之落，真多栖葛犢之鄉。黃足之鳥，呼季玉而並復；朱頂之鶴，名令威而駢翔。負局磨鏡之翁，箍桶講易之叟。扶龜床於行阿，策鳩杖於林藪。嚴遵之芳乳平分，王烈之香膏共剖。是月也，江波錦落，火井星還，楓瑟瑟而鳴籟，菊英英而綴斑。訪名跡於古昔，啟藥市於重闢。被開明廣都之野，帶杜宇天隳之山。哀危螝於寸陰，矜局竈於井谷。布濩天府之區，蔓衍坤維之城。八萬四千之人烟，五十四州之謠俗。國無夜戶之虞，人有春臺之煥。郤公程鄭之倫，驥子魚文之服，乍發劑以針龍，奄飛符而擒蜮。黃耇背鮐，蒼崽髻蝸；行歌擊壤，群嬉聚沙；成行雁雁，學語鴉鴉；毛姬餌葉，鳳子藏花。色輝九壁之錦，光漾百潭之霞。採思婦之卷耳，折放臣之疎麻。息風枝之不靜，起露蓼之含嗟。崔公之錦云遠，華佗之囊已遐。既富矣韓康之肆，寧蘄乎博望之槎。揚雄夢腸，頓醒滯思於雕篆，相如消渴，歘涓沉痾於齒牙。豈知西顥之盤露，北方之河車哉！有林閭翁孺者起而為系曰：黃能兮休入寢，朱羆兮罷窺屏。永遁兮二豎，載殲兮九嬰，分菊潭兮灩灩，宴蓉城兮冥冥。鴻安丘繼而作曰：安期神樓散，扁鵲陷冰丸，銀筒昔誰蘊，金瓶今子殫。謝鷩鸞兮駐流電，訪大藥兮浴還舟。邀籛偓兮雀躍，共喬松兮鯢桓。主人聞之欣然稱蔄，脩容麗級，獻壽升筵，敬緝光誦，奉以周旋。

明・沈德符《萬曆野獲編》卷二四 鄚州：鄚州，在雄縣之南，任邱之北。【略】城外有藥王廟，專祀扁鵲，不知始自何年，香火最盛。每年四月初，河淮以北，秦、晉以東，宣、大、薊、遼諸邊，各方商賈輦運珍異，并布帛菽粟之屬，入城為市。京師自勳戚金吾中貴大俠，以及名娼麗豎，車載馬馳，云賀藥王生日，幕帟遍野，聲樂震天。每日蓋搭篷廠，尺寸地非數千錢不能得。留易游覽，閱兩旬方漸散。頃年上偶違豫，慈聖為禱於藥王祠，未幾聖躬復原，因大出內帑重加修葺，又增建神農軒轅三皇之殿，以古今名醫配食，自是藥王之會彌加輻輳。

清・屈大均撰《廣東新語》卷二 四市 東粵有四市：一曰藥市，在羅浮沖虛觀左，亦曰洞天藥市。有擣藥禽，其聲玎璫如鐵杵臼相擊。一名紅翠，山中人視其飛集之所，知有靈藥，羅浮故多靈藥，而以紅翠為導，故亦稱藥師。一曰香市，在東莞之寥步，凡莞香生熟諸品皆聚焉。

清・張琰《種痘新書》卷二 闢藥室誤人：病因經絡傳變，藥有佐使君

臣。蓋驅病猶如驅盜，用藥不啻用矢。故一方之中，必以何者為主帥，何者為衝鋒，何者為嚮導，何者為護衛，紀律分明，井井有法，然後可以驅病也。然如世之藥室，惟貪蠅頭之利，往往不依分兩。藥之貴者，方雖為君，亦必少與；藥之賤者，方雖為佐，亦必多施。君臣倒置，佐使不分，其藥安能中病乎？及藥之不效，祗咎醫人。即醫者亦狐疑莫決，反欲更方，豈知前方對症，乃陰為藥室之誤哉？更可惡者，或箱中本缺其藥，又模糊答應，以假為真，有南星而作附子，松香而作琥珀者，不啻暗箭傷人，雖獲其利，神必殛之。噫！人當用藥之際，生死懸于旦夕，而猶忍以假藥而圖人之利，是可忍也，孰不可忍也？奉勸藥室，思藥為救命之需，必地道得所，炒製得法，其方若來，必依分兩，雖重索藥價，亦不為過也。

清・陸以湉《冷廬醫話》卷五　藥品　藥物來自海外者甚多，中國之藥，亦有遐方所寶重者，如西戎之需茶，唐古忒之需大黃，日本之需殭蠶是也。又往時專城入貢者，特市土茯苓，一時價昂百倍，見《錢塘縣志》。

清・傅崇矩《成都通覽》　成都之藥：　雲苓　麝　山藥　廣丹皮　生甘草片　柴胡根　炙草　乾炮薑　陝棗仁　萸仁　萸肉　石膏　木通　澤瀉　天麻　朱砂　青蒿芋　辰砂　南星　牙硝　五靈脂　全蠍　輕粉　巴豆　青黛　冰片　蘆薈　天將子　鉛霜　麝香　牛黃　水銀　僵蟲　半夏　法夏　黃丹　白鮮皮　蛇床子　狼毒　硫磺　白芥　蘿蔔汁　梨汁　薑汁　山楂　神麴　麥芽　黑丑　檳榔　木香　元參　升麻　牛膝　鼠占子　犀角　梔子　桑皮　知母　山梔　草果　椿芽皮　伏神　兒茶　川楝子　牽牛子　大力　卯力　竹絨　淡竹葉　茴香　八角　香附子　枳殼　白芷　銀花　桔梗　薄荷　紫蘇　陳皮　荊芥　茱萸　防風　蟬蛻　洋參　西洋參　粉葛　當歸　川芎　麥冬　天門冬　廣皮　青皮　龜板　桃仁　杏仁　苡仁　砂仁　蔻仁　蓮米　芡實　白朮　黃芩　獨活　羌活　杜仲　黃芪　阿膠　芒根　大黃　黑料豆　川貝母　白芍　菟絲　蘄艾　橄欖　淡豆豉　紅花　生地　熟地　赤粉　明雄　官桂　公丁香　母丁香　細辛　麻黃　桂枝　蒼朮　雄黑豆　火麻仁　黃連　粉草　沙參　黨參　白菊花　赤芍　枸杞　破骨脂　女貞子　山萸　竹芯　桂圓

成都之運入西藏各官藥

洋參　石膏　芡實　藿香　升麻　柏子仁　法夏　鬼前羽　炙雞片　廣沙參　甘草　白芷　肉桂　蛇床子　生河參　茯苓　木通　烏梅　桂圓肉　黃芪　角參　苡仁　海桐皮　潞黨參　薄荷　棗皮　蔓荊子　白茯神　熟軍　小茴香　蒼朮　血木通　漂白朮　川薑片　紅牛膝　淡竹葉　廣杜仲焦白朮　遼細辛　白箭芪　款冬　藤黃　甘枸杞　桔梗　乳香　枯礬　蓮鬚　白芍　元參　陳艾　九節蒲　赤茯苓　熟地　桃仁　明雄　肥皂刺　雅蓮　冬桑葉　辰砂　黃柏　寸冬　雄精　廣百合　川芎　銀花　朱砂　威靈仙　條參　生地　當歸　澤瀉　燈心　家菜子　白藤　黃丹　前仁　吳萸　紫朴　草果　陳枳殼　巴戟　上白蔻仁　全蠍　白耘香　赤石脂　真毛花紅　松節　膽南星　潮片　沉香　白蘞菜　伏子　潮腦　血藤　輕粉　甘松　蟾酥　蒺藜　苦亭瀝　芽皂　藁本　千金子　陝棗　龍骨　炒知母　白朮　香附　蓖麻　大附子　覆盆子　天台烏　黑附子　穀筋草　秦艽　山茨菇　辛夷　胡椒　芫花　粉葛　瞿麥　使君子　海藻　續斷　無名異　膽礬　雷丸　常山　五靈脂　砂仁　硼砂　紫河車　上片　牡蠣　寸香　乾茄花　牛黃　青皮　小黑豆　乾茄根　草蔻　劉寄奴　胡麻　海金沙　平安散　泡參　扁薑　川山甲　真琥珀　牛蒡子　太平丹　明礬　蒼耳　紅芽大戟　山梔　天生黃鏡砂　桑椹　甘草梢　冬青子　山豆根　白占　紫(苑)〔菀〕花　蝦蟆　皂礬　火硝　銀硝　官仲　蓮肉　腹毛　白扁豆　炒枳實　白礬　桂元　遠志　蓮米　旋覆花　骨碎補　上安邊桂　金釵石斛　廣木香　麻黃　尖貝母　山楂　地骨皮　高麗參　玉竹參　金毛狗　夜明沙　廣玉京　血蝎　明天麻　黑薑　白芥子　麗參鬚　炙粟殼　蟬蛻　芥穗　赭石　龜板　芒硝　蜂蜜　沒藥　蠶沙　蜜陀參　獨活　苦參　柴首　長柴胡　川羌活　紫菜　浙貝母　益智仁　生梔子　炒梔子　北五味子　甜杏仁　公母丁香　破骨脂　土茯苓　瓜蔞仁　麥芽　大茴香　廣滑石　白菊花　肉蓯蓉　桂枝尖　菟絲子　桑寄生　麻絨　檳榔　藿香　淮山藥　天門冬　炒黃芩　王不留行　茱萸　元粉　萬應香　天花粉　地榆　□木　皂角刺　槐花　槐子　石決明　自然銅　虎脛骨　土鼈　紫草　石菖蒲　靈保丹

廣東各藥：東大街壺中春、西順城街吳信泰祥。　加料參茸衛生丸每盒銀一兩　人參鹿茸寧神丸每盒銀一兩二　雙料斑龍固本丸每瓶銀一兩　養陰扶陽補腦丸每樽銀一兩　散痰解毒犀黃丸每樽銀一兩　八寶珠珀驚風丸每兩

一換　除毒瀉痰子龍丸每樽三錢六　龍誕人參吼喘丸每樽一兩　健步壯腎虎潛丸三錢六　全鹿滋腎丸每瓶一兩　知柏八味丸每瓶六錢　龜鹿二仙丸每瓶一兩　養心寧神丸每盒一兩二　舒筋活絡丸每包一兩二　珠珀白濁丸每服二錢四　夜夢遺精丸三錢二　加料茸坤丸每包二兩　附桂八味丸每瓶六錢　六味地黃丸每瓶六錢　神麴磁硃丸三錢　滋腎補眼丸三錢六　沉香滾痰丸四錢　教苦肚痛丸每個五分　萬應平安丸每個八錢　萬應痧氣丸一兩五　英神普救丸每樽二錢四　太乙菩提丸每盒三錢　補中益氣丸每瓶六錢　歸脾養血丸每瓶六錢　避疫時症丸二換　跌打嚟峒丸每包一兩二　神效發冷丸每樽二錢四　萬病消除膏每貼五分　跌打風濕膏一錢四　狗皮風軟膏二錢　狗皮化痞膏二錢　陽和解凝膏一錢二　朱鹵退瘼膏每盅一兩四錢四　黑驢正阿膠三錢　關東鹿角膠三錢　金錢龜板膠一換　化痰制橘紅一換　參貝陳皮膠每盅三錢二　立止牙痛散每樽三錢　茄楠定痛散每樽二錢四　麝香雲台散每樽二錢四　珠珀急驚清痰散每樽三錢　參桂擾驚脾泄散每樽四錢　太乙紫金錠每包一兩二　點眼白玉錠每條二錢四　去瘼眼藥油每樽二錢　萬應如意油一換五　刀傷白樹油二兩　百勝豆蔻油每樽四錢　追風薄荷油八錢　清純檀香油一兩　扶正萬靈茶一盒二錢四　福建神麴茶一盒八錢　馮了性藥酒三錢二　燕窩服兒粉一瓶三錢　將軍盔沉香每兩三換　正清花安南野桂二十四換　避穢茄楠香一包二錢四　正土茄楠角五換　正天生於傑一換　靈寶如意丹一換　參茸固本戒煙藥酒一斤三錢六　參茸滋補百壽酒一斤三錢六　熊膽散毒丸一樽三錢六　萬應熱眼丸一個三分六　天王補心丹一錢二　孔聖枕中丹二錢　勝寶女金丹一瓶一兩　萬應回春丹一盒一兩　阿磺黑錫丹一樽四換　八寶紅靈丹一樽一兩　救急萬靈丹二換　解熱至寶丹一盒二兩　梅花點舌丹一樽四錢　外科小金丹一盒一兩　八寶光明眼藥一樽二錢　避疫安息香一盒二錢四　原裝燕排燕囊碎每斤十六兩　正廣山田漆每錢八分　萬應平安散每樽一錢二　珍珠百勝散每樽三錢　救急龍涎散一樽三錢　萬應白痧散每樽一錢　跌打七釐散每樽二錢四　寧神至寶丸一包六錢　調經三多丸一盒八錢　種子三達丸每盒八錢

烏雞白鳳丸每盒八錢　赤白帶下丸三錢二　四製益母丸一包六錢　產後烏金丸一包八錢　清氣化痰丸二錢　追風蘇合丸一包六錢　琥珀抱龍丸每包八錢　六合保和丸每包六錢　參貝止咳丸每個一錢　清心牛黃丸每盒一兩　正北高麗野山參鬚、頂上雪白細燕窩每盒十四兩　正東坡豆蔻每兩九錢　十五製清寧丸每兩三錢二　咳嗽化痰丸一盒八錢　十全大補丸一瓶六錢　十香止痛丸每包八錢　藿香正氣丸每包七分二

省城蕭集翰堂之藥南門大街三巷子口

補益門：　天王補心丸每兩錢四十　十全大補丸四十　人參歸脾丸四十　八仙長壽丸四十　補中益氣丸三十二　龜鹿二仙丸八十　朱砂安神丸四十　六味地黃丸四十　知柏地黃丸四十　杞菊地黃丸四十　桂附地黃丸四十　金匱腎氣丸四十　鎖陽固精丸四十　柏子養心丸四十　附子理中丸四十　歸芍地黃丸四十　玄麥地黃丸四十　麥味地黃丸四十　局方黑錫丸六百四　滋陰百補丸四十　大補元丸四十　大補陰丸四十　斑龍百補丸四十八　景岳左右二歸丸四十　人參養榮丸四十　千金補腎丸四十　人參固本丸八十　孔聖枕中丸四十　精製參茸丸一百六　參苓白朮丸四十

婦科門：　魚鰾種子丸八十　調經種子丸四十　安胎益母丸四十　四製香附丸四十　十珍香附丸四十　千金保孕丸四十　養血八珍丸四十　八珍益母膏四十　調經滋補丸四十

風寒暑濕門：　搜風順氣丸三十二　神仙沖和丸每丸八文　精製至寶丸每丸五百　香神蘇合丸每丸六十　藿香正氣丸三十二　解暑香藿丸三十二　清暑益氣丸三十二　辰砂益元散二十四　秘製萬應丸六十　人馬平安散每瓶一百二　精製紅靈丹每錢一百六　活絡丸每丸六十　秘製臥龍丹每瓶一百二

痰飲咳嗽門：　寧嗽安神丸四十　礞石滾痰丸四十　天麥二冬丸四十　除痰二陳丸四十　清氣化痰丸四十　止嗽百花丸四十　參麻理肺丸二十四　仙製蘇半夏八十

諸火門：　精製紫雪丹每錢六百　九製青寧丸六十　黃連上清丸二十四　地榆槐角丸二十四　黃連解毒丸三十二　金砂五淋丸二十四　當歸龍會丸四十　黑冰硼散每錢四十　白冰硼散每錢一百三　噙牙丸每枚二文

眼目門：　明目狀水丸四十　鵝毛管眼藥每管二十四　明目地黃丸四十　錫盒眼藥一盒十六　八寶眼藥每錢一百二　石斛夜光丸四十　撥雲退翳丸四十

脾胃泄瀉門：　香砂六君丸四十　人參健脾丸四十　香砂養胃丸三十

二　四神丸一百六　參苓白朮丸四十　理氣健脾丸四十　百草神麴四十　仲景安胃丸四十

飲食化滯門：　沉香化氣丸八十　消痞阿魏丸一百六　山楂內消丸二十四　香砂枳朮丸四十　木香檳榔丸四十　精製烏梅丸一百六　九種氣痛丸每丸四十

小兒門：　牛黃鎮驚丸每丸一百二　保赤抱龍丸每丸一百二　使君化蟾丸四十　八寶驚風丸每錢八十　靈寶如意丸一百二

藥糕門：　牛乳衛生糕每斤一百二　梅蘇解暑糕每斤一百二

藥酒門：　虎骨酒每斤三百二　長壽酒每斤二百四　歸元酒每斤一百二十八　桑椹酒每斤九十六

外科門：　八寶紅升丹每分二十四　三仙丹二十四　赫虎丹二十四　滾濃丹二十四　珍珠丹十二　白降丹三十二　七釐散每錢八十　梅花點舌丹每丸二十　太乙紫金錠每錠十六　蟾酥錠十六　附子膏每張二十四　化痞膏四十　鯽魚膏二文　萬應膏二文　陽和膏二十四　玉紅膏每錢十六　精製丸藥每片十文　疥瘡藥每包十二　疥癬藥每包十文

成都之草藥名目字多俗寫，因售藥者無一定之字。

草藥多產於本地，外來者少。俗云草藥能治大病，信有之矣。然草藥鋪裝置甚不得法，既無匣箱以別之，如亂書之擱疊架上，往往不能分別，或誤夾帶一二正相反之藥，則誤人多矣。

地胡椒　雞腎子　五爪龍　白苓子　元元草　巫苓參　石菖蒲　草鞋板　石榴皮　節節草　柿地　娃娃全　莫娘藤　荷包根　麻藥　蘆竹根　九頭獅子草　七里香根　馬齒莧　茜草根　海金沙　益母草　夜交藤　對對草　九連環　熱一子根　紫花地丁　鐵籬笆根　天貫子　花椒根　陀羅子　棕樹根　紫金花寄生　鐵籬笆寄生　桐子寄生　楊柳寄生　梨寄生　花紅寄生　核桃寄生　柑子寄生　馬前子寄生　桑寄生　榿木寄生　老君鬚　石鳳丹　雪蓮花　紅毛芪　南心芪　薑黃芪　竹根芪　地苦膽　泥蜂窩　蜂窩　雄黃　蓮金　毛蓮　牛兒代黃　野菊花　水芹菜　地麥冬　紫背金華　遼刁細辛　豬鬃草　一朵雲　青藤香　白花草　過山龍　鐵馬鞭　洋鵲根　過路黃　狗地芽根　雞屎藤　席草根　香巴戟　茴香根　雞骨草　漏蘆根　千里光　響鈴草　金銀花　風車草　鐵掃把　綠穀根　茅草根　五穀珍珠　風尾草　夜合珍珠　七星鳳尾　金雞鳳尾　百花珍珠　紅牛膝　威靈仙　水牛膝　白牛膝　苦巴戟　搬倒甑　水當歸　六月寒　天青地白　水案板　回春草　三皮草　枇杷葉　刮金板　老芫荽　槐皮　七星劍　鐵線草　刺梨果　翻天印　蓖麻子　鐵牛皮　過塘蛇　斑鳩窩　雞心草　野煙　苧麻根　椿芽皮　人頭髮　苦楝皮　虎耳草　斷腸草　藕節　還魂草　教主子　雞仙草　面根藤　車前草　夏枯草　馬蹄草　龍膽草　散血草　泥鰍串　五皮草　肺金草　星宿草　四瓣草　麥斗草　豬耳拱　則耳根　金線草　紅則蘭　青則蘭　菖蒲　水燈心　紅青菜　淡竹葉　朱砂草　四五甲　神沙草　紅毛五甲　六紀綠　素五甲　趕山鞭　絲瓜布　二郎箭　八輪藥　絲瓜　開喉箭　土茯苓　藍布裙　八月瓜　金剛藤　櫻桃子　月頭雞　無花果　鳳凰衣　牌坊藤　龍衣　楊柳鬚　刀豆殼　五朵雲　陳艾　地地菜　丁皮　白頭翁　地魚　竹葉　靈芝　苦參　夜合菌　見腫消　荊芥　石韋　石澤蘭　天花粉　峨朗草　鐵菜子　馬桑根　(卜)〔蒲〕黃根　豆腐乾　牛筋草　樹連江　側柏　蛇床子　山豆根　桑進　瓦蓮花　(卜)〔薄〕荷　石南藤　空筒草　豇豆殼　分經草　夾竹桃　隔山梢　巫泡根　紅筷子　白木通　紅雞冠花　血木通　白雞冠花　巫通　香通　花通　打碗花　紫金花　白茶花　血藤　月月開　鑽地風　金針花　箭杆風　鳳尾花　九節風　鬧(陽)〔羊〕花　三角風　芙蓉花　八角風　靈宵花　海風藤　夜合花　地瓜根　牡丹花　黃葛藤　白桃花　白荊條　西番蓮　白薇根　蓮斗殼　汗仙桃　水楊柳　地麥冬　急性子　紅活麻　香巴茅　狗屎焦　吳萸根　奶漿藤　香元根　蛇倒退　兔兒風　水仙桃　老鴉蒜　石棗子　芹菜根　爬山虎　冬瓜子　挖耳草　罌粟殼　大青窩　白果根　刺黃芩　觀音柳　地芋根　南瓜根　釣魚鉤　一支箭　鵲不站　韭菜根　鐵蒲扇　四季參　芋荷稈　伏行參　石岩參　玉竹參　芭蕉藤　朱遼參　金穀草　玉兒參　老鸛草　淮山藥　淫羊藿　田黃金　伸筋草　刺蘿蔔　茉筋草　苦蒿頭　夜關門　火草根　牛辣子　三百草　牛巴　水皂角　篦子草　蘿蔔頭　何首烏　莧菜根　吊蘭　藍靛根　仙人掌　苤藍根　紅姑娘

成都之藥劑店

成都藥鋪凡三百四十七家，藥名不可勝載。有言不二價之著名者列

下：　陳同仁堂、王上全堂、肖長興堂、黃泰山堂、李半濟堂、庚鼎藥房、肖集翰堂。凡重症配藥須到大藥鋪，價雖高而藥真實。不比小藥鋪之以燈草皮代麻黃，以芋母代茯苓也。凡藥有半價者，其藥稍次，因該鋪造半價丸藥之料，係造全價丸藥料所抛之鬚皮也。總之買藥以能治病為目的，幸勿圖價廉，反多誤事。藥之性不同，如誤夾用，為禍甚烈。成都藥鋪每抽數格，難免不拾遺於其中，或氣味相雜，藥性暗變者亦數有之事。藥行藥鋪似宜改良辦法。

成都中法藥房之藥品：　彭祖長壽丸五角　壯陽廣嗣丸五角　心胃氣痛丸五角　三香遙遙丸五角　九鞭種子丸一元　壯陽種子丸一元　調經種子丸一元　延齡廣嗣丸二元　犀黃掃毒丸一元　立止夢遺滑精丸一元　黃芪白濁丸一元　小腸疝氣丸一元　立止瘧疾丸五角　虔修六神丸一元　還睛至寶丸一元　反胃噎嗝丸七角　耳聾立聰丸一元　秘製腸紅丸四角　順肺止咳丸三角　黃疸病靈丸八角　經前腹痛丸四角　經後腹痛丸五角　內消瘰癧丸二元　補血愈風丸八角　小兒回春丸一角　寧心益智丸三角　婦女血崩丸二元　神效痢疾丸一角　安胎得意丸一元　保產催生丸一元　應驗霍亂丸一角　勞傷吐血丸二元　目赤疼痛丸二角　開胃消食丸三角　固精壯陽丸二元　醒酒口香丸五角　清淋止濁丸五角　滋陰養血丸五角　十全大補丸五角　腦漏無比散三角　立止九種心痛散一元　八寶下疳散五角

耳疳耳爛散四角　金蓮穩步散五角　平喘薰氣散二元　極靈枯痔散二元

外治瘰癧一掃膏二角　頭痛立止膏一分　陰疽陽和膏三角　萬病回春膏五角　百補暖臍膏五角　鴛鴦種子膏二元　真是逍遙膏一元　立消痞塊九反膏一元　橫痃立消膏三角　小腸疝氣膏一元　象皮合口膏一角　萬應損傷膏五角　靈效雞眼膏一角　消痞狗皮膏四角　神效凍瘡膏五分　爛脚除根膏三角　潤膚香蜜膏五角　清香固齒膏五角　參朮大補膏二元　立止水瀉膏一角　天花回春膏二元　戒煙一粒金丹一角　人參必孕丹一元　化痔勝仙丹一元　五寶聖靈丹一元　黃芪白帶丹一元　癲狂小金丹五角　驚風回生丹四元　急痧奪命丹五角　喉科至寶丹一元　目疾一品丹一角　回生百寶丹、萬應化毒丹二元　半身癱瘓丹五角　猪羊癲病藥一元　風濕外擦藥三角　救吞生煙藥五角　寧神安眠藥三角　小兒遺尿藥四角　肚腹疼痛藥三角　頭痛內服藥一元　頭痛外擦藥二角　光明點眼藥二角　立止牙痛藥二角　腋下臭妙藥二角

徐珂《清稗類鈔・農商類》　京師藥鋪：　京師藥鋪之著名者為同仁堂。堂主樂姓，明已開設，逾三百年矣。外省人之入都者，無不購其硇砂膏、萬應錠以為歸里之贈品。東安門內有賣靈寶如意丹者，定價不二，先與銀，乃付丹。每以紋銀之重量若干，易丹如其數，錢則每百易丹一錢。治病神效，故人爭市之。屋僅一廛，懸額為青囊一卷，其人以此起家，傳數代矣。由是爭相仿效，或書清囊一卷，或誠囊一卷，或菁囊一卷，或精囊一卷，以此相混攘利，而不知其意義不通也。一巷之中，殆有數十家，門面宏敞，點綴鮮明。客至，殷勤延坐，奉茶奉煙，先與丹而後付值，銀不必紋，錢不必足，而丹不甚佳。青囊之門，客仍滿焉，其對客也，亦落落不為禮。惟關東豬販至，主人出櫃迎揖如不及，其人皆履關東履，俗所謂踢殺虎者。不襪而纏邪幅，泥漬沒脛，衣藍布大袖之衫，首戴鴨尾毡帽，腰纏整匹大布袋。面深墨，聲如牛如鵝，手指如木魚搥，握煙筒，長不盈尺而粗如棍，斗大如酒杯。迎入櫃，延上坐，主人執禮甚恭。手捧茶，自吸煙，一一遍奉已，客乃各解其腰纏傾之，則皆纍纍大白鏹，內外櫃皆布滿，為之目眩。蓋豬服丹則不病，故爭購之也。【略】

蘇滬有雷允上藥店：　蘇州、上海有雷允上藥店，素以治喉疾之六神丸著名，行銷中外。檢查海關貿易冊，六神丸一項，每年出口價值銀數十萬元，蓋皆販運至日本者也。【略】

杭州有朱養心藥室：　明天啟時，餘姚朱養心布衣志仁以醫游杭，外科所用膏藥至有靈驗，銅綠膏、雞眼膏為尤著。因倚胥山以構廬，設藥室於大井巷曰日生堂，即棲眷於中。其後子孫蕃衍，雖有以仕宦商賈外出者，晚歲歸老，無不返其故宅，聚族而居，歷三百餘年之久，且自天啟至光緒，未嘗析爨，實為海內所僅見。咸豐庚辛間，粵寇擾浙，藥室毀焉。亂平，硯臣提舉大勛規復之，且令族姓仍居於內。營業之事，則各房輪日經理，無或紊也。

塘栖姚致和堂痧丸：　仁和有塘栖鎮，其居民姚氏，自明即設致和堂以賣痧丸，堂額為董香光書。蓋其先世得丸方，能治痧，累代製以施人，國初猶然。其後力不能繼，乃始取值，而塘栖姚致和堂痧丸遂名聞天下，南至閩、粵，北至燕、趙，無不購之。業益盛，舉族蒙利。乃規定章程，族人之婚嫁者，死喪者，孤寡失養者，皆有助。子弟能讀書，自入學至成舉人成進士，皆有贈。祖宗施藥不取值，而子孫食其利，逾數百年而未已也。

《藥性理論總部》提要

《藥性理論總部》主要反映中醫用藥的理論内容。凡前人對藥物性質效用所進行的各種理論思維產物，均屬本總部。

本總部下設十個部。其中《三品部》中的『三品』，是按藥物性質為基準的最古分類法。本部反映古代早期對藥物性質的認識。《氣味陰陽部》集中反映中藥理論最基本的性質。其中『四氣』、『五味』是中藥藥理兩大支柱，『陰陽』則是藥性理論中對立統一兩大屬性的歸納法。《配伍製方部》反映古代單味藥經配伍後形成方劑這一過程中所產生的各種理性思維。該部列論説四節，其中『論説一』内容為『君臣佐使』（將方劑組合形式與朝廷管理結構相比附）；『論述二』内容為『七情』及『十八反』、『十九畏』等，涉及性情各異的藥物單用或簡單配合後的多種不同反應；『論述三』内容為『七方』（方劑分類法，歸類的依據是方劑組成形式與性質）；『論述四』内容為物性相制及其他各種理性思維。《功能效用部》彙集古代歸納藥物實際功能與效用的各種理性思維法（如『十劑』等）。《法象藥理部》彙集古代以藥物外在形象為依據的藥物效用理論。《升降浮沉部》是關於藥物作用趨勢的理論歸納。《歸經引經部》介紹藥物作用與經絡學説相關聯的理論。《藥毒解毒部》彙集古人對有毒藥物的毒性反應及消除毒性的理論認識。《藥食慎忌部》彙集古代日常服藥與進食的禁忌理論。這些慎忌多源於實踐經驗，亦有部分乃受巫術思維影響而產生的恐懼。最後是《藥性歌賦部》，彙集歷代旨在便讀易記的藥性歌賦。其中有六十餘種采用歌

賦或韵语形式的本草專書及篇章，均按時代先後排列於該部。主要書籍有《本草詩訣》《本草歌括》《藥性賦》《秘傳音製本草大成藥性賦》《注解藥性賦》《補遺本草歌訣雷公炮製》《補遺雷公炮製便覽》《本草詩》《本草詩箋》《脈藥聯珠藥性考》《脈藥聯珠食物考》《藥性歌》《藥性集要便讀》《藥性簡要》《務中藥性》《醫詩必讀》《錦囊藥性賦》《本經便讀》《樂只堂人子須知韻語》《天寶本草・藥性賦》《藥要便蒙新編》《分經藥性賦》《本草便讀》《藥性詩解》《本草韻語》等。 其中有六十餘種采用歌赋或韵语体裁的本草專書及篇章按時代先後排列於該部，例如《本草詩訣》《本草歌括》《藥性賦》《秘傳音製本草大成藥性賦》《注解藥性賦》《補遺本草歌訣雷公炮製》《補遺雷公炮製便覽》《本草詩》《本草詩箋》《脈藥聯珠藥性考》《脈藥聯珠食物考》《藥性歌》《素仙簡要》《藥性集要便讀》《藥性簡要》《務中藥性》《醫詩必讀》《錦囊藥性賦》《本經便讀》《樂只堂人子須知韻語》《天寶本草・藥性賦》《藥要便蒙新編》《分經藥性賦》《本草便讀》《藥性詩解》《本草韻語》等。

藥性理論總部

題解

《尚書·周書·説命上》 若藥弗瞑眩，厥疾弗瘳。

《周禮·天官冢宰》 醫師掌醫之政令，聚毒藥以共醫事。〔漢·鄭玄注〕毒藥，藥之辛苦者。藥之物恒多毒。

《黄帝内經素問·六節藏象論篇第九》 草生五色，五色之變，不可勝視。草生五味，五味之美，不可勝極。嗜欲不同，各有所通。天食人以五氣，地食人以五味。〔唐·王冰注〕天以五氣食人者，臊氣湊肝，焦氣湊心，香氣湊脾，腥氣湊肺，腐氣湊腎也。地以五味食人者，酸味入肝，苦味入心，甘味入脾，辛味入肺，鹹味入腎也。清陽化氣而上為天，濁陰成味而下為地。故天食人以氣，地食人以味也。《陰陽應象大論》曰：清陽為天，濁陰為地。又曰：陽為氣，陰為味。五氣入鼻，藏於心肺，上使五色修明，音聲能彰。五味入口，藏於腸胃，味有所藏，以養五氣。氣和而生，津液相成，神乃自生。〔唐·王冰注〕心榮面色，肺主音聲。故氣藏於心肺，上使五色修潔分明，音聲彰著。氣為水母，故味藏於腸胃，内養五氣。五氣和化，津液方生。津液與氣相副化成，神氣乃能生而宣化也。

梁·陶弘景《本草經集注·序録》 但軒轅以前，文字未傳，如六爻指垂，畫象稼穡，即事成迹。至於藥性所主，當以識識相因，不爾何由得聞。至乎桐、雷，乃著在篇簡，此書應與《素問》同類，但後人多更修飾之耳。

明·繆希雍《本草經疏》卷一 藥性差別論 藥有五味，中涵四氣，因氣味而成其性。合氣與味及性而論，其為差別，本自多途。其間厚薄多少，單用互兼，各各不同，良難究竟。是故《經》曰：五味之變，不可勝窮。此方劑之本也。陰陽二象，實為之綱紀焉。鹹味本水，苦味本火，酸味本木，甘味本土，辛味本金，此五味之常也。及其變也，有神明之用焉。今姑陳其略以明之：第準經文，同一苦寒也，黄芩則燥，天冬則潤，蘆會能消，黄檗能補，黄連止瀉，大黄下通，柴胡苦寒而升，龍膽苦寒而降。同一鹹也，澤瀉則瀉，蓯蓉則補，海藻、昆布則消而輭堅，馬莖、鹿茸則補而生齒。同一酸也，硫黄味酸而熱，空青味酸而寒。甘合辛而發散為陽，甘合酸而收斂為陰。人參、黄耆，陽也，甘溫以除大熱；地黄、五味，陰也，甘酸以斂陰精。聊采數端，引以為例。如斯之類，難可枚舉。良由氣味互兼，性質各異，參合多少，制用全殊。所以窮五味之變，明藥物之能，厥有旨哉！顧其用紛錯，其道淵微，可以意知，難以言盡。非由妙悟，則物不從心。固將拯蒸民於夭枉，宜寤寐乎兹篇。

清·張志聰《侶山堂類辯》卷下 本草綱領論 天地所生萬物，皆感五運六氣之化，故不出五氣、五味、五色、五行、寒熱溫涼、升降浮沉之别。《經》云：五味陰陽之用，辛甘發散為陽，酸苦湧洩為陰，淡味滲洩為陽，鹹味湧洩為陰。六者或收或散，或緩或急，或燥或潤，或耎或堅，隨所利而行之。此物性之綱領也。五氣五味，各歸所喜。酸先入肝，苦先入心，甘先入脾，辛先入肺，鹹先入腎。肝色青，宜食甘；心色赤，宜食酸；肺色白，宜食苦；脾色黄，宜食鹹；腎色黑，宜食辛。辛散，酸收，甘緩，苦堅，鹹耎。毒藥攻邪，五穀為養，五果為助，五畜為益，五菜為充。氣味合而服之，以補益精氣。四時五藏之病，隨五味所宜也。又肝苦急，急食甘以緩之；欲散，急食辛以散之，用辛補之，酸瀉之。心苦緩，急食酸以收之；欲耎，急食鹹以耎之，用鹹補之，甘瀉之。脾苦濕，急食苦以燥之；欲緩，急食甘以緩之，用苦瀉之，甘補之。肺苦氣上逆，急食苦以泄之；欲收，急食酸以收之，用酸補之，辛瀉之。腎苦燥，急食辛以潤之；辛又能潤，為能開發腠理，致津液通氣也。欲堅，急食苦以堅之，用苦補之，鹹瀉之。又辛走氣，氣病無多食辛。鹹走血，血病無多食鹹；苦走骨，骨病無多食苦；《靈樞》苦走血，鹹走骨。甘走肉，肉病無多食甘；酸走筋，筋病無多食酸；此五味補瀉宜忌之綱領也。夫百病之生也，不出乎表裏陽陰，寒熱虚實。虚者補之，實者瀉之，寒者熱之，熱者寒之，堅者削之，客者除之，勞者溫之，凡甘溫、辛溫，皆從補。結者散之，留者攻之，燥者濡之，急者緩之，散者收之，損者溫之，逸者行之，盛者折之，驚者平之，高者抑之，下者舉之，微者逆之，甚者從之；上之下之，摩之浴之，薄之劫之，開之發之，適事為故。逆者正治，從者反治，此治病之綱領也。萬物各有自然之性，凡病自有當然之理。即物以窮其性，即病以求其理，得其性理，豁然貫通，則天地所生之萬物，人生所患之

百病，皆歸一致矣。用之可十可百，推之可萬可千，豈不綽然有餘裕哉？

清·景日昣《嵩厓尊生全書》卷四　藥性皆偏論

一藥之生，其得寒熱溫涼之氣，各有偏至以成其體質，故曰藥。藥者，毒之謂。設不偏，則不可以捄病之偏矣。故寒病熱捄，熱病寒捄，虛補實瀉，即補亦偏至之味，非中和也。蕭何約法，武侯峻綱，皆因時勢之偏而捄之，不得已也。設得一二方之效，遽長服以為保命之品，其初或亦投其正病，久之而味之偏勝，偏歸其臟，則所勝之臟受傷，而必至于偏絕，故岐伯有去六、去七、去八、去九之戒，蓋慎之也。

清·沈懋官《醫學要則》卷一　凡藥之性味，各有所主，按欵分立，以便參考。　五色所主【略】　五氣所入：羶氣入肝，臊氣入心，香氣入脾，腥氣入肺，臭氣入腎。　五氣所能：香能通氣，香能主散，能醒脾陰，能透心氣，能和五臟。　五味所入【略】　五味所走【略】　五味所養：鹹養筋膜，苦養血脈，甘養肌肉，辛養皮毛，酸養骨髓。　五味所主【略】　五味所能：辛能散結，能驅風，能橫行，能利竅，能潤燥。甘能緩急，能上行，能發生，能潤腸，能補氣，能補陽。淡能滲泄，能利竅，能下行。酸能收緩，能收濕，能斂散，能斂熱，能束表，能活血。苦能堅脆，能燥濕，能直行，能降下，能湧泄，能去垢，能解毒，能开導，能養血，能補陰。鹹能軟堅，能緩急，能沉下。滑能利竅，能養竅。澁能收脫。　五味所宜【略】　五味所禁【略】　藥之陰陽所屬【略】

藥性清濁　氣味俱輕，性涼而淡薄者，為清中清品。　氣味俱重，性溫而厚濁者，為濁中濁品。　清中清品，以清肺氣，補助天真。如沙參、石斛、山藥、甘菊、扁荳之類。　清中濁品，以健脾陰，榮養膚腠。如人參、黄芪、白朮、芡實、甘草之類。　濁中清品，以補心血，寧養心神。如丹參、棗仁、生地、麥冬、紫（苑）〔菀〕之類。　濁中濁品，以滋肝痛，堅強筋骨。如熟地、當歸、天冬、枸杞、蓯蓉之類。

藥性所養：　溫養肝膽，熱養心神，溫養脾陰，清養肺氣，寒養腎精。

藥性所主：　寒主於沉，熱主於浮，溫主於補，涼主於清，風主於升，燥主於通，濕主於潤，清主於和，濁主於降。

藥性所用：　用熱解表，用寒攻裏，用辛甘發散，用淡滲泄，用鹹軟堅，用酸苦湧泄。

藥力所主：　宣可去壅，通可去滯，補可去弱，瀉可去閉，輕可去實，重可去怯，滑可去着，燥可去濕，澁可去脫，濕可去枯，寒可去熱，熱可去寒，雄可散表，銳可下行，和可安中，緩可制急，平可主養，靜可制動。

清·徐大椿《醫學源流論》卷上　藥性變遷論

古方所用之藥，當時效驗顯著，而本草載其功用鑿鑿者，今依方施用，竟有應與不應，其故何哉？　蓋有數端焉：　一則地氣之殊也。當時初用之始，必有所產之地，此乃其本生之土，故氣厚而力全；　以後傳種他方，則地氣移而力薄矣。一則種類之異也。凡物之種類不一，古人所採，必至貴之種。後世相傳，必擇其易于繁衍者而種之，未必皆種之至貴者。物雖非偽，而種則殊矣。一則天生與人力之異也。當時所採，皆生于山谷之中，元氣未泄，故得氣獨厚。今皆人功種植，既非山谷之真氣，又加灌溉之功，則性平淡而薄劣矣。一則名實之訛也。當時藥不市賣，皆醫者自取而備之。迨其後，有不常用之品，後人欲得而用之，尋求採訪，或誤以他物充之，或以別種代之。又肆中未備，以近似者欺人取利，此藥遂失其真矣。其變遷之因，實非一端。藥性既殊，即審病極真，處方極當，奈其藥非當時之藥，即效亦不可必矣。今之醫者，惟知定方，其藥則惟病家取之肆中，所以真假莫辨。雖有神醫，不能以假藥治真病也。

清·許豫和《許氏幼科七種·怡堂散記》卷下　藥性解　藥之有性，猶人之有性，天所賦也。識其性然後用之，不知其性而輕用，鮮有不敗事者。《綱目》分門辨類，藥無巨細，先釋名，次辨惧，次修治，然後因其形色氣味之各別，以合乎臟腑經絡，而施之補瀉之用。《本經》以下，代有增補，藥品日繁，何能盡識？　醫家選用古方，各隨風土之宜，以合君臣之制。凡用一藥，先讀本草者知其體，次究古方者知其用，體用既明，然後置諸囊中。一有疑焉，未可輕試。仲景方箭無空發，東垣方眾志成城，如（鍊）〔練〕兵（鍊）〔練〕將，各盡所長。要使吾心之精神與藥之氣味兩相融洽，則藥為我用，自有得心應手之妙。若不親嘗氣味，馴（鍊）〔練〕乎平日，不可以為醫也。為記藥性解，欲學者知藥之性，則知所用矣。

參、芪之氣，秉天地冲和之氣，所謂得氣之粹者為良是也。其氣入胃，與人之元氣相合，故能相生相長，以成補益之功，此參、芪之用也。四物、阿膠，得天地陰成之味，其味入胃，與人之陰液相親，故能相生相長，以存其根，此四物之用也。有氣血兩虛而合用者，有五臟偏虧，各隨其所喜，而加引經之味者，是在臨症變通，各從其類可也。

冬令傷寒初感，病在太陽，尚未傳裏，麻黄、桂枝，兩把火往外一撐，嚴寒之氣何患不解？此仲景麻黄、桂枝之用也。寒邪入裏，變而為熱，則有苦寒之味，三黄、白虎、承氣等方，從内而泄，此仲景攻下之用也。寒邪在表，以辛溫之氣散之，熱邪入裏，以苦寒之味泄之，《經》所謂升降浮沉則順之，寒熱溫涼則逆之是也。

良藥治病者，草木之性，順天之生氣也。毒藥攻病者，䖟蟲、水蛭、砒石、硝、黄之類，驅地之戾氣也。病來殺我，我不殺他，不足以為治，勢不兩立之用也。醫家能施毒藥，固是高手，一或有差，大命隨之矣。膽欲大，而心欲細，至言哉！

清·龍之章《蠢子醫》卷二 古今用藥不同 皇降而王王而霸，世運升沉關造化。三代以上皆純王，三代以下必兼霸。治化每隨氣運轉，遵此用藥真無價。天師生於皇古初，岐伯生於黄帝時。國初臨凡將世化。洋洋大筆甚淋漓，滄海無邊把舟駕。去今僅餘二百年，石室岐伯著《石室秘錄》，多用重大之劑。附注。揚帆立時跨。無奈俗醫執不肯，案頭小本把人詐。豈是二豎未肯離，一葦作航妄淩架。吾獨把棹不敢移，天師謂我不必怕。洪波巨浪亂翻花，欸乃一聲一齊下。兩岸人聲亂驚啼，吾獨船頭食甘蔗。以此方兒去治人，可謂霸中又用霸。其實穩坐釣魚船，未見揶揄小兒把人罵。今日謹告小後生，不學天師更學嘎。余前治一暴得鼻血症，已經無藥不投，均難稍為遏止，因視内熱太甚，即用生地一斤，佐以生側柏葉炭之類，水和生搗取汁，涼服立獲神效。後又用桃仁、紅花、當歸等諸和血之品，淤血盡從大便而下，亦無後患。借此可知先生是言為不虛矣。然要看病之淺深緩急，萬不可輕施重劑，致偏害而莫克挽回也。世再晚鄧漢東林春氏拜讀。

論說

《史記·扁鵲倉公列傳》 齊王侍醫遂病，自練五石服之。臣意往過之，遂謂意曰：不肖有病，幸診遂也。臣意即診之，告曰：公病中熱。論曰中熱不溲者，不可服五石。石之為藥精悍，公服之不得數溲，亟勿服。色將發臃。遂曰：扁鵲曰陰石以治陰病，陽石以治陽病。夫藥石者有陰陽水火之齊，故中熱，即為陰石柔齊治之；中寒，即為陽石剛齊治之。臣意曰：公所論遠矣。扁鵲雖言若是，然必審診，起度量，立規矩，稱權衡，合色脈表裏有餘不足順逆之法，參其人動靜與息相應，乃可以論。論曰：陽疾處内，陰形應外者，不加悍藥及鑱石。夫悍藥入中，則邪氣辟矣，而宛氣愈深。診法曰：二陰應外，一陽接内者，不可以剛藥。剛藥入則動陽，陰病益衰，陽病益箸，邪氣流行，為重困於俞，忿發為疽。意告之後百餘日，果為疽發乳上，入缺盆，死。

《漢書·藝文志第十》 醫經者，原人血脈經(落)〔絡〕骨髓陰陽表裏，以起百病之本，死生之分，而用度箴石湯火所施，調百藥齊和之所宜。至齊之得，猶磁石取鐵，以物相使。拙者失理，以癒爲劇，以生爲死。【略】

經方者，本草石之寒溫，量疾病之淺深，假藥味之滋，因氣感之宜，辯五苦六辛，致水火之齊，以通閉解結，反之於平。及失其宜者，以熱益熱，以寒增寒，精氣内傷，不見於外，是所獨失也。故諺曰：有病不治，常得中醫。

宋·趙佶《聖濟經》卷九《藥理篇》〔宋·吳禔注〕：物均有材，材均可用。五藥之性不同，因其材而用之，皆足以已人之疾。蓋一物具一妙理，王者能窮理盡性，而至於命也，則因藥之理而明之，特餘事焉。推餘事以示斯民，然後養生治疾之旨，昭然明于天下矣。

伏羲、神農、黄帝書，謂之三墳，言大道也。孔子敘書，斷自唐虞以下。而後世以三墳書闕略於世務，間有崇尚，亦與六經為兩途。殊不知伏羲觀象畫卦；神農教民稼穡，嘗藥療疾；黄帝正名百物。先聖後聖，若合符節，惟能使判而復合，然後知三墳六經，皆濟民用，防患於未然者，夫豈有彼時此時之異哉。

〔宋·吳禔注〕：天下無異道，有異時，聖人無異心，有異迹。以迹而趨時，則世之相後也。時數有多寡，地之相去也。道理有遠近，未嘗同也。因心以會道，則生雖先後，越宇宙而同時，居雖相去，異天壤而共處，未嘗異也。自伏羲、神農、黄帝，以至唐虞三代，聖人之以迹而趨時，因心以會道，莫不皆然。三墳之書，言大道也。五典之書，言常道也。孔子之敘書，斷自唐虞以下，以其道之常，而應世之迹尤著，斯可得而敘焉。後世以三墳書闕略於世務，間有崇尚，亦與六經為兩途，是豈知孔子之意哉？是豈明聖人以迹而趨時哉，不明夫趨時之迹，烏足與語會道之心乎？殊不知

伏羲始畫八卦，以通神明之德，以類萬物之情。神農教民稼穡，而民得粒食；嘗藥療疾，而民無夭殤。黃帝正名百物，而民资物以養。以三墳之書，與六經為兩途，則文王何以重易爻，后稷何以播時百穀，醫師何以列之周官。黃帝之明民共財，何以載之祀典？非特此也，孔子繫易，於伏羲則曰蓋取諸離，於神農則曰蓋取諸噬嗑，於黃帝則曰蓋取諸乾坤。而三墳之書，在周官則外史掌之，在春秋則左史倚相讀之。凡若此，則知自伏羲以至三代，先聖後聖，若合符節，不可以差觀殊。不明乎道，斯有兩途之蔽。歷數百千載，然後判而復合，則知三墳六經皆濟民用，防患於未然者，夫豈有彼時此時之異哉。得其無異，此天下所以復見天地之大全，古人之大體也。

觀其演易說卦，推陰陽之賾，究物性之宜，大或及於牛馬，微或及於果蓏，潛或及於龜蟹。蓋以謂稟氣而生，不離陰陽。惟其不離陰陽，故無一不協於理，而時有可用者矣。

〔宋・吳禔注〕：此言《易》之所載，無異於三墳也。因九六以推陰陽之賾，因六爻以究生物之宜，大或及於牛馬，所以象坤之順，乾之健者是矣。潛或及於果蓏，所以象艮之陽，成實於上者是矣。潛或及於龜蟹，象離卦德之神氣之燥者是矣。稟氣而生，不離陰陽，則協陰陽之理矣。因其理而遠之，則皆有可用者焉。

類於九疇，則若初一曰五行，則繫之以潤下作鹹，炎上作苦，曲直作酸，從革作辛，稼穡作甘是也。列之天官，若食醫掌和六食，則繫之以食羹醬飲之劑，必眡四時，以至春酸、夏苦、秋辛、冬鹹，調以滑甘，無不備也。

〔宋・吳禔注〕：類於九疇，言書之所載，無異於三墳也。北方陰極而生寒，寒生水，水生鹹，故潤下作鹹。南方陽極而生熱，熱生火，火生苦，故炎上作苦。東方陽動以散而生風，風生木，木生酸，故曲直作酸。西方陰止以收而生燥，燥生金，金生辛，故從革作辛。中央陰陽交而生濕，濕生土，土生甘，故稼穡作甘。列之天官，言禮之所載，無異於三墳也。食齊眡春時，取其温也。羹齊眡夏時，取其熱也。秋之凉，醬齊眡焉。冬之寒，飲齊眡焉。風氣散，其味宜收，熱氣軟，其味宜堅。故春夏多酸苦。燥氣收，其味宜散，寒氣堅，其味宜軟。故秋冬多辛鹹。滑以利之，甘以緩之，利之緩之，所以調之也。

記之所載，於春則曰味酸臭羶，夏則味苦臭焦，秋則味辛臭腥，冬則味鹹臭朽。以至薦鮪於春，嘗麥嘗黍於夏，嘗穀嘗稻於秋，嘗魚於冬，乃所以見授時之至也。詩之所賦，若食鬱及薁，亨葵及菽。剝棗、穫稻、食瓜、斷壺、獻羔、祭韭。或介眉壽而為酒，或達陽氣而鑿冰，乃所以見化民之篤也。

〔宋・吳禔注〕：記之所載，詩之所賦，皆合於三墳者也。曲直作酸，炎上作苦，故味酸味苦，見於春夏。從革作辛，潤下作鹹，故味辛味鹹，見於秋冬。著見於外為陽臭，閉塞於内為陰臭。羶為陽臭，故言於春。腥為陰臭，故言於秋。焦，炎過矣，至陽之臭也，故言於夏。朽，不泄矣，至陰之臭也，故言於冬。薦鮪於春，迎陽而先至者也。嘗麥嘗黍於夏，嘗穀嘗稻於秋，嘗魚於冬，言時物也。凡此所以見授時之至也。六月食鬱及薁，七月亨葵及菽，八月剝棗，十月穫稻，此皆甘旨，非農夫所常食。七月食瓜，八月斷壺，瓜也，壺也，庶人之所常食，而老壯共之也。四之日其蚤獻羔祭韭者，薦時物也。羔也，韭也，微物也。必以其蚤者，謹時也。或介眉壽而為酒者，所以養老也。或達陽氣而鑿冰者，達其閉塞也。凡此皆趨時而不失，茲其所以見化民之篤也。

不特如此，萍氏幾酒，莽草薰蠹，嘉草攻毒，牡鞠殺黿，芣苢有子，椒氣下達，蝱除結滯，萱草忘憂，鞠窮可以禦濕。藙可以去邪，皆以至理寓焉。蓋天之生物，不離五行。五行之附著，雖散殊區別，率可觀省。惟斯民由之而不知，必待聖人嘗之以知毒，夫然後養生治疾之旨，昭明於天下。後世百王有作，莫能加焉。然則三墳六經有以異乎。

〔宋・吳禔注〕：萍氏幾酒，周人建官。幾酒，以察其微也。莽草薰蠹，周人建官。除蠹，以莽草薰之也。嘉草攻毒，見于庶氏。牡鞠殺黿，見於蟈氏。芣苢有子，見於和平之什。椒氣下達，見於椒聊之詠。陟彼阿邱，言采其蝱，欲除結滯也。焉得諼草，言樹之背，欲忘憂悶也。《左傳》曰：有山鞠窮乎。釋云：欲使無社，逃於泥水中，則鞠窮可以禦濕明矣。《神農書》曰：藙逐風邪，根殺三蟲。記有之曰：三牲用藙。《爾雅》謂之樧，則藙可以去邪明矣。此皆六經所載，至理寓焉者也。天之生物不離五行。五行之附著，雖散殊區別，率可觀省。此言物不離於五行，而人稟之者，亦五行而已。因物致用，咸有裨益也。惟斯民由之而不知，必待聖人嘗之以知毒，然後以之養生，則其生不夭；以之治疾，則其疾不作。其旨昭明於

天下，然後百王有作，莫能加焉。蓋先聖後聖，其道一也。觀此則三墳六經有以異乎。

金・劉完素《素問病機氣宜保命集》卷下

真、假——形——金、木、水、火、土。

深、淺——色——青、赤、黄、白、黑。

急、緩——性——寒、熱、溫、涼、平。

厚、薄——味——辛、酸、鹹、苦、甘。

潤、枯——體——虚、實、輕、重、中。

輕、枯、虛、薄、緩、淺、假，宜上。

厚、重、實、潤、深、真、急，宜下。

其中平者宜中。

餘形色性味，皆隨藏府所宜。此處方用藥之大概耳。知者用心，則思過半矣。

明・朱橚《普濟方》卷五《方脉藥性》 用藥偏勝論

天有四時春為始，聖人作經，謂之履端。蓋履端於始，序則不愆。以時令考之，生氣既至，萬物萌動。一有舛錯，則物為暴陵，人為天傷，故肅殺之令行於發生之月，此養生之大禁也。在人之身亦有四時焉，和氣為養生之本。凡聖經所載，寒藥必燥熱之病乃可用之，不當以時令為限也。今人不問膏粱貴族及閭巷細民，一切用寒涼以自戕伐，不知庸醫誰倡此論。至謂病字，疾脚下加丙，火也，病無不熱。然則疾字乃疾脚下加矢，凡有疾者，豈皆中箭乎？此尤可笑者。予細為辯之：夫寒物寒藥，其性皆稟北方寒水之化而生。蓋冬月寒氣盛王，萬物悉皆殞絶而不見，其為肅殺可知矣。寒物寒藥既稟此化而生，施之於人，非肅殺之令乎？況寒涼之劑入腹，周身之火得水而升走陰燥之極，欲坐井中，陽已先亡。醫猶不悟，復指為熱重，以寒藥投之，其死也何疑焉？與夫春初服宣藥，欲踈以導三冬積熱，不知《月令》有云：二月之氣萌芽，始發陽氣，所養物乃條暢。今反以寒藥行肅殺之令，百穀草木方欲甲拆，重為霜雪抑遏之，雖欲發現，其可得乎？《内經》云：春三月，此謂發陳。天地俱生，萬物以榮。大概謂人順春令當生而勿殺，予而勿奪，賞而勿罰。此春氣之應，養生之道也。即此觀之，陽生陰殺，久則與之俱化，自取危亡，信矣！豈惟寒哉，熱亦如之。《經》云：一陰一陽謂之道，偏陰偏陽謂之疾。《聖濟經》曰：陽劑剛勝，積熱燎原，為消狂癰疽之屬，則天癸竭而榮涸；陰劑柔勝，積若凝冰，為洞泄寒中之屬，則真火微而衛散。故大寒大熱之藥，當從權以用之，氣平而止。如執而有所偏助，令藏氣不平，嗚呼！死生之機，捷若影响，殆不可忽！治寒以溫，治熱以涼，但中病即止，矯枉則過正也。蓋涼藥頻施，必至於嘔耎沉冷；溫藥頻施，必至於煩燥閧熱。所貴酌量權度，一毫無過用焉，是謂活法。牽牛非神農藥也，《本草》名醫續注云：味苦寒，能除濕，利小便，治下注脚氣。此說氣味主治俱誤矣。何以明之？凡藥用牽牛者，少則動大便，多則泄下如水，乃瀉氣之藥。試取嘗之，便得辛辣之味。久而嚼之，猛烈雄壯，漸漸不絶，非辛而何？續注味苦寒果安在哉？若以為濕家瀉藥，尤不知其的也。何則？能瀉氣中之濕熱，不能除血中之濕熱。況濕從下受之，下焦主血，是血中之濕，宜苦寒之味。今反以辛藥瀉之，其傷必矣。夫濕者，地之别名，有形者也。若肺先受濕，則宜用之。或有濕無濕，但傷食，或動大便，或有熱證，或只常服尅化之藥，但用牽牛，豈不誤哉？殊不知牽牛辛烈，瀉人元氣，比之諸辛藥尤甚，以辛之雄烈故也。《經》云：辛泄氣，辛走氣，辛瀉肺氣。肺病者無多食辛。況飲食失節，勞役所傷，是胃氣不行，心火乘之，腸胃受火邪，名曰熱中。(肺)《經》云：脾胃主血，當血中瀉火，潤燥補血，瀉胃經之濕熱及胸中熱，是肺受火邪，以黄芩之苦寒抑之，以當歸之辛溫和血，以生地黄苦寒涼血益血，少加紅花之辛溫以瀉血絡，以桃仁之辛溫油膩之藥除燥潤大便。然猶不可專用，須於補中益氣湯瀉陰火之藥内兼而用之。何則？上焦元氣已自虛弱，若反用牽牛大辛辣、氣味俱陽之藥以瀉水瀉氣，可乎？津液已不知足，口燥舌乾，而重瀉其津液，利其小便，元氣傷竭，致陰火愈甚。今重為備言之：牽牛感南政熱火之化所生者也。血熱瀉氣，差誤太甚。若病濕勝，濕氣不得施化，致大小便不通，則宜用之耳。濕去則氣周流，所謂五臟有邪，更相平也。《經》云：一臟未平，以所勝平之。火能平金而泄肺者，此之謂也。近代錢氏瀉黄散中獨用防風，比之餘藥過於兩倍者，以防風辛溫，令於土中瀉金不助濕者也。《經》云：從前來者為實邪。謂子能令母實，實則瀉其子，此之謂以所勝者平之也。古人有云：牽牛不可耽(耆)〔嗜〕，則脱人元氣。《經》云：秋不食薑，令人瀉氣。故夏月食薑不禁，為氣正王之時。夏宜以汗散火，令其以汗出越其熱，故秋月則禁之。朱晦菴《語録》中有戒秋食

薑則夭人天命，戒之深也。薑尚如此，況牽牛乎？故不可一概用之耳。張仲景治七種濕證，小便不利，無一藥犯牽牛者。仲景豈不知牽牛能瀉濕、利小便？為濕病之根在下焦，是血分中氣病，不可用辛辣氣藥，瀉上焦太陰之氣故也。仲景尚不敢輕用如此，世醫一概用之，可乎？

明·方穀《本草纂要》卷首　用藥權宜論　論本草氣味之殊，合太極陰陽之理。何則太極？動而生陽，靜而生陰，本草氣本於陽，味本於陰。然氣者動之機，味者靜之體也。經曰：味爲陰，味厚爲陰中之陰；氣爲陽，氣厚爲陽中之陽；氣厚而味薄爲陽中之陰，味厚而氣薄爲陰中之陽。故清陽發腠理，濁陰走五臟。又曰：辛甘發散爲陽，酸苦湧泄爲陰者，此也。若曰：藥有用性，東垣曰升也、降也，有謂性之設耳，殊不知陽邪下陷於陰經，非升麻之藥不可升；胃火攻冲於頭面，非石（羔）〔膏〕之劑不可降，此用性之法然也。又謂主治何如？《內經》曰：主病之謂君，佐君之謂臣，應臣之謂使。蓋主者君主也，而用藥以此爲君也，治者平治也，如輔佐君主以治之也；又有使者如在下之職，聽命於使令也。帝曰：有毒無毒，服有約乎？岐伯曰：病有新久，方有大小，有毒無毒，固宜常治矣。且如半夏有毒，宜薑製之；杏仁有毒，宜去皮尖；厚朴有毒，去麄皮而薑炒；桔梗有毒，去蘆梗與稍頭；芍藥有毒，宜火煨而酒炒；官桂有毒，去麄皮而用心；此製毒之大法也。或者藥有引經之用，假勢力而歸經，或者藥欲治症而不投，必須製毒而治症，如其當歸酒洗可以行血而充元；白朮土炒可以健脾而不滯；芍藥火煨去酸寒不能伐木；茯苓乳製斂淡滲固可生津；黄芩治火從酒炒而行上；熟苄滋陰仗酒力而溫經；牛膝生津無酒洗不補；益智止溺無鹽製不神；黄連薑炒治陰火而最佳；青皮醋煮伐肝木而最妙；去濕固用蒼朮，無米泔而不能燥濕；開鬱必用山梔，炒不黑而亦難散鬱；乾薑炮苦能存中而自守；桑皮蜜炙必止嗽而清痰；諸子宜炒，皆因口閉而未發生也；諸仁宜碎，恐發生而縱其性焉，此製藥之法則也。雷公又云：藥用酒洗，酒行血脉；藥用醋製，酸斂收神；有鹽炒者，從鹽之鹹，鹹則入腎，鹹可軟堅；有薑炒者，得薑之辛，辛則散寒，辛從火去；土炒之劑，則壯之於脾；乳製之劑，則充其本元；火煨不寒，火炙溫中，火炮則通行血脉，又守中而不散，火煅則去毒不寒，又收斂而和中；便製者壯精益神，能潤下而滋陰；酥炙者，取酥之力有千斤之勝，此不易之法製也。知者當以理而求之，則動靜之機，氣味之本，聞一而推十可也。假以力而行之，則炮炙之論，修製之法，而萬舉萬全無疑矣。本草之要，豈不在斯乎！豈不在斯乎！愚有見於此，欲推而行之，故將諸賢活法纂於前，復將愚按心法著於後，而爲之《纂要》云。時隆慶元年歲次丁卯秋中元吉日門生李珊謹集，王仕清謹書，何先裕謹眷，王甫仁謹刻。

明·孫一奎《醫旨緒餘》卷下　藥性裁成　【略】論異類有情丸：人至中年，覺躰衰弱，便可以此丸服餌，此方藥僅三品，而補性極峻。蓋鹿乃陽獸，食山中之靈草，故多壽；夏至一陰生，而角便解，角得純陽之氣，故補人身之陽。龜者，靈物也，屬陰，能養息，上可補心，下可補腎，故補人身之陰。虎，西方之獸也，屬金，而能抑木，故虎嘯而風生也。三者皆多壽，皆有生育，皆有靈性，殊非草木金石比也。服餌寧無補益乎？

鹿茸、鹿角霜、龜板、虎脛骨各如常製為末，以猪脊髓加煉蜜為丸梧桐子大，空心鹽湯吞五七十丸，或加猪膽汁三合，和于劑中，以寓降火之意。

明·繆希雍《本草經疏》卷一　藥性簡誤指歸　夫藥石稟天地偏至之氣者也。雖醖和穠懿，號稱上藥，然所稟既偏，所至必獨。脫也用違其性之宜，則偏重之害，勢所必至。故凡有益於陽虛者，必不利乎陰；有益於陰虛者，必不利乎陽。能治燥者，必不利於濕；能治濕者，必不利於燥。能破散者，不可以治虛；能收斂者，不可以治實。升，不可以止升；降，不可以療降。寒有時而不宜於熱，熱有時而不宜於寒。古人半夏有三禁，謂渴家、汗家、血家。仲景嘔家忌甘，酒家亦忌甘。王好古論肺熱忌人參之屬。諸如此類，莫可勝數。苟昧斯旨，吉凶貿焉。人命至重，冥報難逃，醫為司命，其可不深思詳察也哉！此與十劑互證者也。十劑對治，反則為誤，故作簡誤以防其失。

明·賈九如《藥品化義》卷一　藥母訂例　書有字母，詩有等韻，樂有音律。聖人之慮其終，必先嚴其始。至於藥理淵微，司命攸繫，若無根據，何以詳悉其義，而時措皆宜？但上古論藥，或云本草，或云藥性，捆載八十餘種，大法雖具，猶未精悉，賴有漢唐宋元歷代醫宗漸次建法，然又散載諸書，未獲總集，訂為規範，令坐議藥者悉皆懸斷遙擬，無怪乎其多舛錯也。今輯諸賢確論，考成藥母，為辨藥指南，藥品化生之義，發源於此。

藥之名俱有意義，或以體，或以色，或以氣，或以味，或以形，或以性，或以能，或以力，或以地，或以時，惟格物者先能辨此，則藥之義理思過半矣。

每藥一品須分八款，更有次序，曰體，曰色，曰氣，曰味。此四者，乃天地產物生成之法象，必先辨明以備參訂。曰形，曰性，曰能，曰力。此四者，藉醫人格物推測之義理，而後區別以印生成。按此八法，交相詳辨，庶不為古今諸書所誤，以淆惑藥理。列法如左：

辨藥八法

【體】燥、潤、輕、重、滑、膩、乾

【色】青、紅、黃、白、黑、紫、蒼

【氣】膻、臊、香、腥、臭、雄、和

【味】酸、苦、甘、辛、鹹、淡、澀

【形】陰、陽、木、火、土、金、水

【性】寒、熱、溫、涼、清、濁、平

【能】升、降、浮、沉、定、走、破

【力】宣、通、補、瀉、滲、斂、散

右八款當驗其體，觀其色，嗅其氣，嚼其味，是定法也。然有不能嗅其氣、嚼其味者，須煎汁嘗之。惟辨此四者為先，而後推其形，察其性，原其能，定其力，則凡厚薄、清濁、緩急、躁靜、平和、酷銳之性，及走經、主治之義，無餘蘊矣。

體質所主　【根】主升，與苗同。【梢】主降，與尾同。【頭】主補中守，與身同。【莖】主通。【葉】屬陽發生，主散性銳。【花】屬陰成實，主補。【子】主降，兼補，能生長。【仁】主補，能主潤利。【蒂】主宣。【皮】能降火，主散表。【肉】主補。【汁】主潤利。【大】性寬緩。【中】性猛。【小】性銳。【細】性銳。【尖】性銳。【通】能行氣。【薄輕】能升。【厚重】能降。【乾燥】能去濕。【濕潤】能去燥，主補。【滑膩】能利竅。【油】能潤燥。

五色所主　青色主肝，紅色主心，黃色主脾，白色主肺，黑色主腎。

五色所主，中有元理。當知臟腑稟受乾父坤母。腑屬陽，象天；　臟屬陰，象地。天運五氣，地布五形，人生其中，故有氣色形色之別。五腑受父氣色，五臟稟母形色，但父氣色相同，惟母形色稍異，須驗藥體之色，配合臟腑，則攻邪補益之法方得其宜。

膽腑屬【風】色青，肝臟屬【木】色青，木稟母水黑色，繇黑化乎紫，故木色多紫。

小腸腑屬【熱】色紅，心臟屬【火】色紅，火稟母木青色，故火色中青。

胃腑屬【濕】色黃，脾臟屬【土】色黃，土稟母火赤色，故土色多赤。

大腸腑屬【燥】色白，肺臟屬【金】色白，金稟母土黃色，故金色多黃。

膀胱腑屬【寒】色黑，腎臟屬【水】色黑，水稟母金白色，故水色多白。

須先明臟腑之色，以為用藥配合。閱諸名方，古人良有深意。如犀角地黃湯，用地黃、黃連、黃芩清胃，配黃色也；　用丹皮、赤芍清脾，配赤色也。如沙參黃芪湯，用沙參、桑皮清大腸，配白色也；　黃芪、甘菊清肺，配黃色也。青龍湯主治少陽膽腑，配青色也。用白虎湯主治陽明大腸經，配白色也。體會古人之義，類推藥色入臟走腑，補母瀉子無不合法。

五氣所入　【膻】氣入肝。【燥】氣入心。【香】氣入脾。【腥】氣入肺。【臭】氣入腎。

五氣所能　香能通氣，能主散，能醒脾陰，能透心氣，能和合五臟。缺膻燥腥臭四氣，有脫簡。　右列膻燥香腥臭，此為體氣，更有性氣，為厚薄緩急躁靜猛烈酷銳是也。如人身有先天虛靈之氣，有後天米穀之氣，所以藥品亦有性氣體氣之分。

五味所入　酸入肝，苦入心，甘入脾，辛入肺，鹹入腎，淡入胃。

五味所走　酸走筋，苦走血，甘走肉，辛走氣，鹹走骨。

五味所養　酸養筋膜，苦養血脈，甘養肌肉，辛養皮毛，鹹養骨髓。

五味所主　辛主散，甘主緩，淡主滲，酸主收，苦主泄，鹹主軟，滑主利，澀主斂。

五味所能　凡藥品之功，專在於味。一味之中，又有數能，如升降浮沉定守走破之類。良工用藥製方，錯綜變化之妙，全藉乎此，尤宜詳悉。【辛】能散結，能驅風，能橫行，能利竅，能潤燥。【甘】能緩急，能上行，能發生，能潤腸，能補氣，能補陽。【淡】能滲泄，能利竅，能下行。【酸】能收緩，能收濕，能斂散，能斂熱，能束表，能活血。【苦】能堅脆，能燥濕，能直行，能降下，能湧泄，能去垢，能解毒，能開導，能養血，能補陰。【鹹】能軟堅，能凝結，能沉下。【滑】能利竅，能養竅。【澀】能收脫。

五味所宜　肝宜食甘，心宜食酸，脾宜食鹹，肺宜食苦，腎宜食辛。

五味所禁　肝病禁辛，心病禁鹹，脾病禁酸，肺病禁苦，腎病禁甘。　肝病無多食酸，筋病無多食酸，酸多則肉病。　心病無多食苦，血病無多食苦，

苦多則皮病。　脾病無多食甘，肉病無多食甘，甘多則骨病。　肺病無多食辛，氣病無多食辛，辛多則筋病。　腎病無多食鹹，骨病無多食鹹，鹹多則脈病。

藥之陰陽屬形款內　氣屬〔陽〕，氣厚為純陽，氣薄為陽中之陰。

味屬〔陰〕，味厚為純陰，味薄為陰中之陽。

辛甘淡屬〔陽〕。內甘淡二味其性有涼有寒者，又屬〔陰〕，更宜分辨。

酸苦鹹屬〔陰〕。

〔陽〕則升浮，清陽為天，出上竅，發腠理，實四肢。

〔陰〕則沉降，濁陰為地，出下竅，走五臟，歸六腑。

考究藥理，須有次序。　繇粗入精，故形之一款，列為第五，如體潤有水，色赤有火，氣香有金，味甘有土之類。　此先賢略而未備，余不敢妄作，姑存五行之理以俟後賢參入。

藥性清濁　性涼為〔清〕，氣味俱輕薄淡者為清中清品。

性濕為〔濁〕，氣味俱重厚濃者為濁中濁品。

清中清品以清肺氣，補助天真。　如沙參、石斛、甘菊、扁豆、山藥之類。

清中濁品以健脾陰，榮華膚腠。　如人參、黃芪、白术、芡實、甘草之類。

濁中清品以補心血，寧養神志。　如丹參、棗仁、生地、麥冬、紫(苑)〔菀〕之類。

濁中濁品以滋肝腎，堅強筋骨。　如熟地、當歸、天冬、枸杞、蓯蓉之類。

藥性所養　〔溫〕養肝膽。〔熱〕養心神。〔濕〕養脾陰。　濕即濡潤之品。

〔清〕養肺氣。　清即性涼及輕淡之品。　〔寒〕養腎精。

藥性所主　〔寒〕主於沉。〔熱〕主於浮。〔溫〕主於補。〔涼〕主於清。

〔風〕主於升。〔燥〕主於通。〔濕〕主於潤。〔清〕主於和。〔濁〕主於降。

藥性所用　用熱解表，用寒攻裏，用辛甘發散，用淡滲泄，用酸苦涌瀉，用鹹沉下。　寒熱溫涼，在天則為氣，在藥則為性。　從來本草混誤為氣，今已訂正。　藥力所主能已見氣味款內，故止論力。

〔宣〕可去壅。〔通〕可去滯。〔補〕可去弱。〔瀉〕可去閉。〔輕〕可去實。與虛同。〔重〕可去怯。與實同。〔滑〕可去著。與膩同。〔澀〕可去脫。〔燥〕可去濕。與乾同。〔濕〕可去枯。與潤同。〔寒〕可去熱。〔熱〕可去寒。〔雄〕可表散。〔銳〕可下行。〔和〕可安中。〔緩〕可制急。〔平〕可主養。〔靜〕可制動。　此古聖用藥十八法，深入造化之窟，製方之義，必本於是。　如云至靜而能制群動，無形而能生有形，此太極元機，藉學者深心領會，神而用之。

明·裴一中《裴子言醫》卷一　藥無所謂王霸也，用藥亦無所謂王霸也。而有王道、霸道之喻，亦用之者之有王霸耳。　用藥者，嘗變以審時，經權以濟事，當補即補，當攻即攻，當寒即寒，當熱即熱，曷王霸之有分哉？　用之者善，甘草、參、耆，王也；　附子、硝、黃，亦王也。　春生秋殺之天道也，當即無藥非王也。　用之不善，則附子、硝、黃，霸也，甘草、參、耆，亦未始非霸也。　冬燠夏寒之愆咎也，不當即無藥非霸也。　是則王霸不在藥而在所用。　亦不在于用而在善用與不善用。　今世之談醫者，咸以參、耆、甘草類能補益，稱為王道；　硝、黃、附子類能攻伐，稱為霸道。　是泥於藥之有王霸矣。　泥藥之有王霸，遂泥于用之亦有王霸矣。　噫！　果用藥有王道、霸道之歧哉？　此唯可與知者言也。

清·顧元交《本草彙箋·總略》　論藥體色氣味形性能力條別出賈所學、錢森

焉文云：　《本草》家言予搜輯幾遍。　仲淳《經疏》，博雅淹通，道俗共賞。最後從友人案間，得賈九如《藥品化義》。　初一展視，即驚絕爲獲睹異書，隨令諸學徒傳寫誦習，蓋服膺之至也。　讀《本草》如錢、賈二君，正所謂爭上流，不爭下流者也。　前如損菴所言，據主治而覓藥性，猶謂已落第二義，況又因主治而逐節疏之，引伸觸類，以開後學入門之助則可，若謂是《本經》的旨，又何異癡人前說夢耶？　仲淳既以藥性生成本原爲著書章本，則何不全提最上之旨，而又多此一番落索，印定後人眼目耶？　錢、賈之書，可爲青出前人矣。　廼知州都之廣，山川之奧，懷術抱道而名不稱者，固不乏人。　予時客松陵以質之，諸青囊家鮮不簡而棄之。　即遍叩之，檇李渠同鄉，亦罕有知者，不知其書，并不知其人。　嗟乎！　予今日之《彙箋》，安知不爲九如之《化義》也？

藥之命名，俱有意義，或以體，或以色，或以氣，或以味，此四者，廼天地産物生成之法象。　或以形，或以性，或以能，或以力，此四者，藉醫人格物推測之義理。　按此八法，交相詳辨，驗其體，觀其色，嗅其氣，嚼其味，而後推其形，察其性，原其能，定其力，則凡厚薄清濁，緩急躁靜，平和酷銳之性，及走經主治之義，無餘蘊矣。

體分燥潤輕重滑膩乾，色分青紅黃白黑紫蒼；　氣分膻臊香腥臭雄和，

味分酸苦甘辛鹹淡澁。形分陰陽水火土金水，性分寒熱溫涼清濁平；能分升降浮沉定走破，力分宣通補瀉滲斂散。體質所主，根主升，與苗同。稍主降，與尾同。頭主補，中守與身同。莖主通，葉屬陽，發生主散，性銳。花屬陰，成實主補。子主降，兼補能生長。仁主補，能生潤利。蒂主宣，皮能降火，主散表。肉主補，汁主潤利。大性寬緩，中性猛，小性銳，細性銳，尖性銳。通能行氣，薄輕能升，厚重能降。乾燥能去濕，濕潤能去燥，主補。滑膩能利竅，油能潤燥。

五色所主，膽腑屬風，色青，肝臟屬木，色青，木稟母水，黑色，谿黑化乎紫，故木色多紫。小腸腑屬熱，色紅，心臟屬火，色紅，火稟母木，青色，故火色中青。胃腑屬濕，色黃，脾臟屬土，色黃，土稟母火，赤色，故土色多赤。大腸腑屬燥，色白，肺臟屬金，色白，金稟母土，黃色，故金色多黃。膀胱腑屬寒，色黑，腎臟屬水，色黑，水稟母氣，白色，故水色多白。如犀角地黃湯，地黃、黃芩、黃連清胃，配黃色也。丹皮、赤芍清脾，配赤色也。沙參黃芪湯，沙參、桑皮清大腸，配白色也。黃芪、甘菊清肺，配黃色也。清龍湯主治少陽膽腑，配青色也。白虎湯主治陽明大腸經，配白色也。體會古人之意，類推藥色入臟走腑，補母瀉子，無不合法。

五氣所入，膻入肝，臊入心，香入脾，腥入肺，臭入腎。五氣所能，如香能通氣，能主散，能醒脾陰，能透心氣，能和合五臟是也。五氣爲體，氣更有性，氣如厚薄，緩亟靜躁，猛烈酷銳是也。如人身有先天虛無之氣，有後天米穀之氣。所以藥品亦有性氣體氣之分。

五味所入，酸入肝，苦入心，甘入脾，辛入肺，鹹入腎，淡入胃。五味所走，酸走筋，苦走血，甘走肉，辛走氣，鹹走骨。五味所養，酸養筋膜，苦養血脈，甘養肌肉，辛養皮毛，鹹養骨髓。五味所主，辛主散，甘主緩，淡主滲，酸主收，苦主泄，鹹主軟，滑主利，澁主斂。五味所能，凡藥之功，專在於味。一味之中，又有數能。如升降浮沉，定守走破之類。良工用藥，製方錯綜，變化之妙，全藉乎此。辛能散結，能驅風，能橫行，能利竅，能潤燥。甘能緩急，能上行，能發生，能潤腸，能補氣，能補陽。淡能滲泄，能利竅，能下行。酸能收緩，能收濕，能斂散，能斂熱，能束表，能活血。苦能堅脆，能燥濕，能直行，能降下，能湧泄，能去垢，能解毒，能開導，能養血，能補陰。鹹能軟堅，能凝結，能沉下。滑能利竅，能養竅。澀能收脫。五味所宜，肝宜食甘，心宜食酸，脾宜食鹹，肺宜食苦，腎宜食辛。五味所禁，肝病禁辛，心病禁鹹，脾病禁酸，肺病禁苦，腎病禁甘。又肝病無多食酸，筋病無多食酸，酸多則肉病。心病無多食苦，血病無多食苦，苦多則皮病。脾病無多食甘，肉病無多食甘，甘多則骨病。肺病無多食辛，氣病無多食辛，辛多則筋病。腎病無多食鹹，骨病無多食鹹，鹹多則脈病。

藥之陰陽，屬形款中，氣屬陽，氣厚爲純陽，氣薄爲陽中之陰。味屬陰，味厚爲純陰，味薄爲陰中之陽。辛甘淡屬陽，酸苦鹹屬陰。其甘淡二味，其性有涼有寒者又屬陰。陽則升浮，清陽爲天，出上竅，發腠理，實四肢。陰則沉降，濁陰爲地，出下竅，走五臟，歸六腑。

藥性有清濁，性涼爲清，氣味俱輕，薄淡者爲清中清品。性溫爲濁，氣味俱重，厚濃者爲濁中濁品。清中清品以清肺氣，補助天真，如沙參、石斛、甘菊、山藥、扁豆之類。清中濁品以健脾陰，榮養膚腠，如人參、黃芪、白朮、茯實、甘草之類。濁中清品以補心血，寧養神志，如丹參、棗仁、生地、麥冬、紫(苑)〔菀〕之類。濁中濁品以滋肝腎，堅強筋骨，如熟地、當歸、天冬、枸杞、蓯蓉之類。藥性所養，溫養肝膽，熱養心神，濕養脾陰，濕即濡潤之品，清養肺氣，清即性涼，及輕淡之品。寒養腎精。藥性所主，寒主沉，熱主浮，溫主補，涼主清，風主升，燥主通，濕主潤，清主和，濁主降。藥性所用，用熱解表，用寒攻裏，用辛甘發散，用淡滲泄，用酸苦湧瀉，用鹹沉下。寒、熱、溫、涼在天則爲氣，在藥則爲性。從來本草皆混誤爲氣也。

藥能，已雜見氣味二條。

藥力所主，宣可去壅，通可去滯，補可去弱，瀉可去閉，輕可去實，與虛同。重可去祛，與實同。滑可去着，與膩同。澀可去脫，燥可去濕，與乾同。濕可去枯，與潤同。寒可去熱，熱可去寒，與溫同。雄可表散，銳可下行，和可安中，緩可制急，平可主養，靜可制動，此用藥十八法，製方之義，必本於是。

清・馮兆張《馮氏錦囊秘錄・雜症痘疹藥性主治合參》卷一　治療重藥性

《經》曰：夫約方者，猶約囊也，囊滿而弗約則輸泄，方成弗約，則神與氣弗俱，故醫者識脈，方能識病。病與藥對，古人惟用一藥治之，氣純而功愈速。今人不識病源，不辨脉理，用藥雜亂，則功用不專，而獲效者鮮矣。是以醫之用藥如用兵焉。料敵出奇者，將之謀也；破軍殺賊者，士之力也。審

度病機者，醫之智也；　攻邪伐病者，藥之能也。　非士無以破敵，非藥無以攻邪。故良將養士，上醫蓄藥。　然不知士何以養，不知藥何以蓄，夫士猶有情實可考，才略可試，尚曰難知，況乎藥石無情，才性莫測，即非言論之可考，又非擬議之可及，而欲知其的然不謬，非細心窮究，其孰能與？　假令嘗試漫投，則下咽不返，死生立判，可不大懼耶！　上古之人，病生於六淫者多，發於七情者寡，故其主治嘗以一藥治一病，或一藥治數病。　今時則不然，七情彌厚，五欲彌深，精氣既虧，六淫易入，內外膠固，病情殊古，則須合衆藥之所長，而又善護其所短，不但既明寒熱補瀉之性，貴在熟得損益變化之情，我心之意見，與藥之性情，如契合神交，方能得心應手，共圖平定之功，則斷無傷生之誤矣。　尊生者，可不潛心細究乎！

清・高世栻《醫學真傳》　用藥大略

余初事醫，亦閱方書，未讀《本經》，祇知某藥性寒，某藥性熱，某藥豁痰，某藥行氣，某藥燥濕，某藥健脾，某藥破血，某藥補血。　遇病用藥，如是而已！　及藥不應手，嗜古而靈，始知五運六氣之理。　天地有五運六氣，人身亦有五運六氣，而百卉草木，亦莫非五運六氣。　五運，五行也；　六氣，亦五行也。　天地開闢，草木始生，農皇仰觀俯察，而百卉草木，有五方之出處，五時之生成，其中更有五色、五臭、五味，而合于人之五藏六府，天地人物，一以貫之，著為藥性。　知藥之性，則用之無窮，取之有本；　後人不知其性，但言其用，是為逐末亡本。　如云犀角解心熱，羚羊清肺肝。　遇心熱之證，宜用犀角，肺肝之證，當用羚羊，使用之而毫不見功，將如之何？　必知犀角之性如何，所以清心熱者何故；　羚羊之性何如，所以清肺肝者何故。　知其所以然之故，則取之左右逢其源，不知其故而硬用之，是欲金之鳴而撞其木也。　雖撞不鳴，不鳴愈撞，愈撞愈不鳴，即至折手，不見成功，何益哉！

藥性必分藏府經脉，升降出入。　或行皮毛，或解肌腠，或通經脉，或起水土之氣上行，或助金木之氣轉輸，或秉鎮墜之質下降。　以藥性之運氣，合人身之運氣而用之，斯為有本。　茲未能悉底詳明，姑以日逐所用數十品言之。

人參補五藏之真元，五藏真元有一藏不足者，即用之。　若水火不交，心腎之真元不足也；　天地不交，脾肺之真元否塞也；　氣血不和，陰陽之真元不濟也。　急用之，猶恐無裨矣。　凡飲食不進，胃口不開者，必用人參。　蓋五藏六府之氣俱至于胃，猶江漢朝宗于海也。　有一藏一府之氣不至于胃，其人必不能食，雖食亦勉強不多。　別藥止補一藏一府，獨人參備天地人三才之氣，能補五藏六府之元神，故必用之。　其餘之用，不可勝說，若欲盡說，罄竹難書，善悟可耳。

黃芪助三焦之氣，從經脉以達肌腠，若三焦內虛不能從經脉而達肌腠者，必用之。

白术補脾土，脾土虛者必用之。　類之山藥、石斛、薏仁、乾薑、炙甘草，皆脾土藥也。　其餘尚有運脾消導之藥，不可勝紀矣。

五味子、杜仲、補骨脂、巴戟天、熟地黃，皆補腎藥也。　陽氣立而陰精不足，凡此可補，然緩着也。　若腎精竭而陽無所附，又宜桂、附以補陽。

凡藥空通者，轉氣機。　如升麻、木通、烏藥、防已、通草，皆屬空通。　藤蔓者走經脉，如銀花、乾葛、風藤、續斷、桑寄生，皆屬藤蔓。　至不必藤蔓而入血分之藥，亦走經脉，如紅花、當歸、丹皮、秦艽、白芍之類。　胸隔不和，在兩乳之上，則川貝母、桔梗、茜草、麥冬、木通、蔞仁，主開胸痹；　凡胃絡與心包絡不相通貫，致不能横行旁達者，此藥亦主之。　心氣不交于腎，則桂枝、茯苓、棗仁、枸杞，可使心氣歸伏于下。　肝氣有餘而內逆，則用玄胡、青皮、五靈脂、香附、白蒺藜之類以疎肝。

凡藥有刺而屬金者，皆主伐肝。　蓋金能制風，金能平木，制風平木，即所以伐肝也。　肝氣不足而內虛，則用山萸肉、五味子、熟地黃、當歸、白芍、木瓜之類以補肝。　又水能生木，補腎即補肝，所謂虛則補其母也。　五藏調和，六府無恙。　或三焦火氣有餘，陽明燥氣上熾，少陽相火妄動，則芩、連、梔、柏，凡瀉火清凉皆可用也；　若藏府內虛，而燥火上炎者，又當和其藏府，或補瀉兼施，不可專行凉瀉矣。　肺為五藏之長，受朝百脉，不宜有病。　其欬嗽之證，雖關于肺，而病根在于別藏別府，府藏之氣，不循經順行，各上逆于肺，而為欬也。　若欬果在于肺，久久便為不治之證。　而肺經之藥，通變無窮，不可執一。　如杏仁、桔梗、桑皮、白芥子、麻黃、紫蘇、葶藶子，皆瀉肺藥也；　百合、款冬、貝母、人參、五味子，皆補肺藥也。　而補脾之藥，亦所以補肺，蓋足太陰屬脾土，手太陰屬肺金，土能生金，故補脾即所以補肺也。　凡發散毛竅，解肌出汗之藥，皆所以瀉肺。　蓋肺主皮毛，金能生水，實則瀉其子，故皮毛汗出所以瀉肺也。

其病在骨，當用腎藏之藥，桂、附可用。　其病在筋，當用肝藏之藥，歸、芍

可用，及前補肝之藥，皆可用也。病在肌肉，當用補脾助土之藥。病在經脉，當用心包絡之藥。病在皮毛，當用肺經之藥。其藥已載于前，意會而神明之可也。

又痘證用藥，方書俱有成法，余獨體痘根所發之原，而神解以治。痘毒起于腎，此毒一發，合相火而上行，故痘為水毒，因火始發，見點一二，則知外有熱而內發痘。《經》云：榮主血，衛主氣。主血者，合心主之包絡也；主氣者，合三焦之肌腠也。如三焦氣虛，見點一二，火毒內熾，一起便見狂煩不順，則用大承氣湯，乃釜底抽薪之治。如錢氏百祥丸，亦釜底抽薪之法也。若無此證，但觀其痘所循之路，必令三焦之氣內合心包。心包主血、主脉，見點不必發表，第一要用經脉之藥，使三焦之氣先合榮血而走心包，如紅花、續斷、秦艽、茜草、當歸、川芎、生地、銀花之類；出之有漸，顏色潤澤，便當和其三焦，調其中胃，四五日痘根微有水色，即宜助三焦而補氣血，銀花、歸、芍、茯苓、黄芪、人參、甘草、桑蟲，如是而已。此外之治，皆不諳經脉，不知自然之理，而妄行施治者也。此其大略也。

清·張叡《醫學階梯》卷二　藥性論　藥性之理大矣哉！夫藥也者，原為療疾，不知其性，則病者反為藥悞矣。然嘗藥辨性，創自《神農本草》，後之本草，習而蜂起，宗《神農本草》者，百無一二，宗姓氏本草者，十有八九。賴明李子時珍彙集《本草》一部，以《神農本草》列之於綱，是為《本經》，又以諸大名賢藥品列之於目，是為《别録》，引之以姓氏，註之以發明，而藥之氣味功性，升降浮沉之理始備。後人不察，喜簡厭繁，盡藉《醫方捷徑》《珍珠囊》等書，以為藥性淺近，而不知《綱目》註釋，亦非深遠。予嘗細檢本草纂集要藥二百餘種，雖間附以己意，而實則原本《綱目》闡發其性，而著明其功，詮次之法，則以氣藥而連肺藥，血藥而連心藥，補肝藥而連平肝藥，補脾藥而連燥脾藥，補腎藥而連暖腎藥，消導藥而連尅伐藥，疏散藥而連發表藥，清火藥而連瀉火藥，導火藥而連益火藥，分水藥而連利水藥，收藥而連澀藥，退藥而連脱藥，堅藥而連固藥，條條彙纂，一一分析，庶用者有所稽攷可尋，不致誤投也。按人薓補氣而益元，其性中和。萎蕤補氣而益表，其性平潤。黄耆固表而益肺，其性冲和。沙參益肺而清金，其性清潤。百合補肺而寧嗽，其性清斂。白及補肺竅而療癰瘻，其性粘澁。紫(苑)〔菀〕清肺而療嗽血，其性清疎。旋覆花疎肺而定喘，除噫而療嗽痰，其性疎滑。天門冬清肺，寧嗽而止血，其性潤滑。麥門冬潤肺清金，寧嗽而止渴，其性滋潤。五味子斂神斂汗，斂嗽而滋水，其性收斂。杏仁治喘治嗽治氣秘，其性潤散。百部療癰瘻而殺寸白，其性清潤。貝母舒鬱而療痰嗽，其性疎利。桔梗疎肺，療嗽而利咽膈，其性散利。郁李仁定喘而瀉肺實，其性潤降。葶藶瀉肺實而療癰瘻喘嗽，其性急削。海石清肺火而化老痰，其性潤利。蘇子定喘而療痰嗽，其性降削。白芥子降氣定喘而消痰結，其性降利。桑白皮瀉肺實而療喘嗽，其性霸烈。瓜蔞仁清肺定喘而寧嗽，其性清潤。前胡疎肺消痰而散表，其性疎散。白前疎肺寧嗽而消痰，其性疎利。半夏益肺而益脾，燥濕而燥痰，其性燥利。南星疎肺而下風痰，其性燥烈。膽星清肺降火降氣，而下風擁之痰，其性清利。牛蒡子下氣定喘，而亦疎風擁之痰，其性降厲。牛黄治卒暴僵仆而下風痰喘急，其性峻厲。枳殼降氣消痰，寬胸寬膈而瀉肺實，其性利削。馬兜鈴洩肺而定喘，其性降下。橘紅理氣消痰而利膈，其性寬順。沉香降氣而利膈，其性沉降。鬱金舒鬱結而止吐血，其性舒利。香附子舒鬱而下氣，其性澁滯。木香調諸氣而洩氣，其性利降。砂仁快氣而止吐瀉，其性尅削。烏藥順氣而散結，其性和平。丁香快氣而止嘔，其性溫和。蘇梗理氣而寬中，其性疏通。萊菔子解脹而下氣，其性消尅。大腹皮解脹寬腹而下氣，其性疎利。草豆蔻治胃氣而止嘔，其性芳烈。白豆蔻快膈而療噎，其性芳燥。益智仁快氣而縮小便，其性亦芳燥。此以氣藥而連肺藥也。當歸調榮而養血，其性潤滑。川芎益榮而抑衛，其性走散。撫芎益血調榮而定經絡之痛，其性行活。芍藥理榮而調衛，其性清斂。生地黄清熱而涼血，其性宣通。熟地黄養血而滋水，其性濃膩。丹參調經而通閉，去舊而生新，其性通活。丹皮瀉火涼血而滋陰，其性清抑。鹿角膠益血而補火，其性濃厚。阿膠止血安胎而定喘，其性濃固。益母膏調經而養血，其性滋潤。益母草益榮而益衛，其性平益。玄胡索破血通經而治胃氣，其性猛峻。五靈脂行死血而逐生瘀，其性峻削。蘇木逐惡露而療血塊，其性暴烈。桃仁下蓄血而清瘀，其性潤削。紅花通經而療月閉，其性通利。蒲黄行積血而治癥塊，其性驟削。澤蘭葉行血而逐瘀，其性通利。三七止血而療金瘡，其性粘膩。辰砂鎮心而定神，其性沉重。琥珀安魂定魄而利水，其性粘澁。石菖蒲安神而通竅，其性燥烈。柏子仁養心抑火而安神，其性平潤。遠志寧智安神而療癰痛，其性通達。酸棗仁養心益膽而斂汗，其性收斂。茯神安神而通心，其性平益。此以血藥而連心藥也。枸

杞壯陽而明目，暖水而益火，其性滋潤。菟絲益精而益腎，暖火而壯火，其性粘澁。蓯蓉補火而暖水，滋血而潤腸，其性濃潤。巴戟補腎而滋水，益火而壯陽，其性堅暖。仙茅興陽而助火，其性燥烈。海腎益腎而補火，起陰而興陽，其性靈活。胡蘆巴補火益腎而療疝，其性暖壯。補骨脂補火而生土，益腎而止黎洩，其性芳燥。杜仲益腎壯腰而止腰痛，其性澁固。續斷續腰脇而接帶脉，補水臟而益血分，其性粘固。覆盆子補腎益精，其性平澁。金櫻子益腎而益精，其性斂澁。牡蠣益腎而益精，斂神斂汗，其性收澁。龍骨斂神而治夢洩，通離位而達坎宮，其性斂澁。秋石瀉火而滋水，益腎而補真陰，其性滋益。沙苑蒺藜補腎而益精，滋水而解渴，其性宣通。此以補腎藥而連暖腎藥也。白朮補脾胃而燥濕，止嘔瀉而消脹痰，其性燥緩。蒼朮燥土而利濕，益裏而發表，其性燥烈。茯苓補脾胃而益氣分，入水臟而通治諸淋，其性淡滲。苡仁益脾胃而兼益肺，利水消腫而兼治癰痿，其性利益。山藥健脾開胃而止瀉，其性粘澁。扁豆補脾胃，止瀉利水而清暑，其性平益。黃精補土而益母，祛病而療飢，其性平和。甘草補脾胃而和中，調諸藥而解毒，其性和緩。此以補脾藥而連燥脾藥也。烏鰂骨益肝而養血，瀉火而滋陰，其性清利。鰒魚汁利腸中及傷肝，其性清潤。鱉甲益肝而涼血，瀉火而滋陰，其性清益。山茱萸益肝而益腎，其性斂益。陳皮補中而補肝，理氣而調氣，其性快利。青皮伐肝而平氣，兼療脇痛，其性尅削。白芍平肝而瀉火，養血而益陰，其性滋斂。木瓜疎肝而尅食，其性宣通。柴胡發表而兼達木鬱，其性疎散。龍膽草瀉肝火而療目疾，其性清削。羚羊角瀉肝清熱而療癇病，其性刮削。牛膝補肝而益腎，強膝而舒筋，其性走下。鈎藤瀉肝而疎風熱，其性清散。此以補肝藥而連瀉肝藥也。朴硝消瘀化胎，行滯而傾銷五金八石，其性腐釀。大黃瀉火行瘀而消滯，其性猛烈。枳實消積而消滯，蕩腸而滌胃，其性冲倒。厚朴滌滯而解脹，蕩積而寬腸，其性消削。檳榔解瘴而下氣，快腸消積而療瘧，其性快利。代赭石消痞鞕而除噫氣，其性墜削。神麯消麵食而化滯，其性曲釀。麥芽消穀食而消積，其性甘釀。山查消肉食而行瘀，其性堅化。三稜消滯而化積，其性尅削。莪朮消積滯而消痞塊，其性堅削。常山截瘧消痞而探吐，其性勇暴。此以消導藥而連尅伐藥也。麻黃開肺竅，定喘疎表而發汗，其性直透。桂枝調榮衛而解肌，其性斜行。防風散風而發表，其性撥亂。紫蘇發表而疎風，其性輕散。羌活散八風而治百節疼痛，其性縱横。獨活去風而療濕，其性下走。荊芥散風而治疥疹，其性疎通。薄荷清風熱而疎散，其性清散。秦艽散風去濕而利水，又治肢節之疼痛，其性疎散。天麻疎風而療眩暈，其性疎潤。菊花疎風而明目，其性平和。藁本療頭風而治巔頂之痛，其性峻削。蔓荊疎風而治偏頭痛，其性浮散。白蒺藜去風而明目，其性疎散。細辛治少陰而散寒，其性走散。豨薟除風濕而治偏廢，其性平益。藿香正氣溫中而止嘔吐，其性疎和。防己去濕而利水，其性沉降。葛根疎風療渴而解肌熱，其性清解。升麻散風邪而升清氣，其性上竄。香薷疎表而清暑氣，其性走散。白芷疎表而治風疥，其性清散。昆布瀉火而療癭瘤，其性清散。海帶清熱散腫消癭，其性清發。夏枯草療瘰癧而敗毒，其性散削。此以疎散藥而連發表藥也。黃連瀉心火而解毒，厚腸胃而療痢，其性宣燥。黃芩瀉火而清熱，安胎而涼大腸，其性清利。知母潤肺而止煩渴，抑相火而瀉無根，其性滋潤。黃柏瀉相火而清濕熱，療諸瘡而止疼，其性清燥。梔子解煩而瀉火，其性曲屈。元參瀉火而滋水，利咽痛而益腎，其性冷利。石膏瀉火清熱而止渴，解躁而解肌熱，其性清散。犀角瀉心火而清邪熱，止吐衄而解躁煩，其性降削。胡黃連瀉火而清熱，療腸風而療瘡痔，其性清潤。地榆瀉火清熱而止便紅，其性沉利。槐子瀉火清熱，亦治腸風便血，其性清抑。苦參瀉火清熱而解毒，其性清散。秦皮瀉火清熱而療下痢，其性收澁。白頭翁瀉火清熱而療熱痢下重，其性清散。射干瀉火清熱而療咽閉，其性猛利。山豆根瀉火清熱而療咽喉腫痛，其性疎利。天花粉瀉火清熱而解煩渴，其性清潤。石斛瀉胃經邪火，益腎肝真臟，其性平和。銀柴胡益陰清熱而療骨蒸，其性滋益。地骨皮退熱除蒸而清火熱，其性清斂。青蒿清熱瀉火而除骨蒸，其性清散。連翹清熱瀉火，解毒而療瘡疹，其性清潤。金銀花瀉火清熱，滋陰而涼血解毒，其性滋益。此以清火藥而連瀉火藥也。附子補火而消陰翳，回陽而救厥逆，其性沉重。肉桂補火驅寒而助龍雷，其性横行。乾薑暖脾而煖胃，去穢惡而溫中，其性横散。良薑暖中而去沉寒痼冷，其性壯烈。吳茱萸療中寒而痛絕，治吐瀉而陰寒，其性燥烈。硫黃補真火而益命門，暖丹田而暖中宮，其性宣燥。此以導火藥而連益火藥也。猪苓利水而少益，瀉火而多能，其性淡滲。澤瀉利水而入水臟，瀉留垢而瀉胞中，其性清利。木通瀉丙火而利水，其性流通。滑石瀉六腑水道，清熱淋而兼去邪火暑氣，其性沉重。車前催胎明目而亦利水，其性冷利。赤茯苓瀉火而利水，其性益

利。萆薢瀉火而治淋痛，其性滑利。茵陳利水而清濕熱，瀉火而治疸黄，其性疎利。此以分水藥而連利水藥也。訶子發音聲而治脱肛，其性燥澁。粟殼治腸脱而止久痢，其性猛澁。赤石脂治久痢而療大腸虚脱，其性收澁。禹餘糧止久痢而益腸脱，其性斂澁。肉菓治脾腎之久瀉，其性芳澁。此以收藥而連澁藥也。蟬蜕退雲翳而明目，其性踈脱。木賊草退目翳，其性散脱。夜明砂去瘴翳，其性滑脱。穀精草療昏瘴而清目，其性浮脱。此以退藥而連脱藥也。五加皮堅筋骨而去風濕，其性踈散。虎脛骨入骨搜風而療痛痺，其性堅固。何首烏補腎益陰而烏黑鬚髮，其性斂澁。女貞實益腎而補元，其性固益。紫河車大補氣血而益真元，其性濃固。此以堅藥而連固藥也。至于功性既明，而氣味形色各有輕清重濁之不同，則又有因乎其色，因乎其味，因乎其氣之用。凡藥色黄，味甘，氣香，屬土入脾。色白，味辛，氣腥，屬金入肺。色黑，味鹹，氣腐，屬水入腎。此五色、五味、五氣之義也。凡藥酸者，能澁，能收。苦者，能瀉，能燥，能堅。甘者，能緩，能和，能滿。辛者，能潤，能横行。鹹者，能下，能耎堅。淡者，能利竅，能滲洩。又云：辛能散結，苦能洩滿，酸能收斂，鹹能耎堅，甘能滿中，此五味之用也。蓋凡酸、苦、辛、鹹、甘，味也。寒、熱、溫、涼，氣也。青、黄、赤、白、黑，色也。此皆用藥之要，而施之不可爽其分者也。又如為枝者達四肢，為皮者達皮膚，為心為幹者，内行臟腑。質之輕者，上入心肺。重者，下入肝腎。中空者，發散。内實者，攻裏。枯燥者，入氣分。潤澤者，入血分。此又上下内外，各以其類相從也。余因論藥性而兼及此，其氣味則別為圖，以供指掌云。

清・沈懋官《醫學要則》卷一　附藥性歌括以便學者誦讀　醫之用藥，如將之用兵。夫將之用兵也，必訓練以平昔，選用以臨時，遇敵則審其强弱，使何兵以禦之，量敵而後進，慮勝而後會，此為將者，運籌以幃幄之中也。兵之發也，務使馬到功成，兵臨敵破，能決勝以千里之外也。如不明天時地理人和，彼强我弱，輕敵妄進，非惟不能奏功，鮮有不敗者也。而醫之道，何外于此？即如醫者，將也。藥者，兵也。病者，敵也。亦必先明其藥之性味輕清重濁，寒熱溫平，補瀉清和，何藥能攻何臟腑之邪，何藥能補何臟腑之氣血，斯道既明，則臨症辯其病之在陰在陽，外感内傷，臟腑之分，虚實之殊，後擬何藥補虚，何藥攻邪，則不失其運籌決勝之機，藥到病除，似無混淆之悮。如藥性不明，病機不識，補瀉妄投，其有不悮者，鮮矣！

清・徐大椿《醫學源流論》卷上　藥石性同用異論　一藥有一藥之性情功效，其藥能治某病，古方中用之以治某病，此顯而易見者。然一藥不止一方用之，他方用之亦效，何也？蓋藥之功用，不止一端。在此方，則取其此長；在彼方，則取其彼長。真知其功效之實，自能曲中病情，而得其力。迨至後世，一藥所治之病癒多而亦效者，蓋古人尚未盡知之，後人屢試而後知，所以歷代本草所註藥性，較之《神農本經》所註功用增益數倍，蓋以此也。但其中有當有不當，不若《神農本草》字字精切耳。又同一熱藥，而附子之熱與乾薑之熱，迥乎不同；同一寒藥，而石膏之寒與黄連之寒，迥乎不同。一或誤用，禍害立至。蓋古人用藥之法，並不專取其寒熱溫涼補瀉之性也。或取其氣，或取其味，或取其色，或取其形，或取其所生之方，或取嗜好之偏，其藥似與病情之寒熱溫涼補瀉若不相關，而投之反有神效。古方中如此者，不可枚舉。學者必將《神農本草》字字求其精義之所在，而參以仲景諸方，則聖人之精理自能洞曉。而已之立方，亦必有奇思妙想，深入病機，而天下無難治之症也。【略】

藥性專長論　藥之治病，有可解者，有不可解者。如性熱能治寒，性燥能治濕。芳香則通氣，滋潤則生津，此可解者也。如同一發散也，而桂枝則散太陽之邪，柴胡則散少陽之邪。同一滋陰也，而麥冬則滋肺之陰，生地則滋腎之陰。同一解毒也，而雄黄則解蛇蟲之毒，甘草則解飲食之毒，已有不可盡解者。至如鱉甲之消痞塊，使君子之殺蛔蟲，赤小豆之消膚腫，蕤仁生服不眠，熟服多眠，白鶴花之不腐肉而腐骨，則尤不可解者。此乃藥性之專長，即所謂單方秘方也。然人止知不可解者之為專長，而不知常用藥之中亦各有專長之功。後人或不知之，而不能用，或日用而忽焉，皆不能盡收藥之功效者也。知醫者，當廣集奇方，深明藥理，然後奇症當前，皆有治法，變化不窮。當年神農著《本草》之時，既不能睹形而即識其性，又不可每藥歷試而知，竟能深識其功能，而所投必效，豈非與造化相為默契，而非後人思慮之所能及者乎？

清・吴瑭《醫醫病書》　藥物體用論　體用互根之理，醫者不可不知。如肝與脾，陰臟也，而用則陽。胃與膀胱，陽腑也，而用則陰。如白芍、烏梅生於陽，而用則陰。烏梅得初春之氣，三陽開泰而開花。白芍生芽於亥月，歷六陽之月，春盡而後開花。其性皆能以收斂為用。半夏生於夏半，當歸秋

分開花，皆得陰氣而生者也。半夏逐痰飲而最補胃陽，當歸行血中之陽氣。推而廣之，無不皆然。特舉臟腑藥味一二條，以類其餘，學者細心，隨處體察，其用無窮，皆實學也。學醫可也，學儒亦可也。泰極必否，否極必泰；損者多益，益者可損。莫不皆然，道在是矣。

藥不能治病論　藥之不能治病者，止有製方，如吸毒石之吸毒，雞嘴之治蜈蚣毒之類，所謂禽之制在氣也。時下所用之湯丸等方，皆和方也，藥物不能直行治病。或曰藥既不能治病，汝醫能不用藥乎？曰：藥之走臟腑經絡，撥動其氣血，如官行文書，行該管衙門，使該管官吏照牌理事。臟腑以氣為官者，則以血為吏；以血為官者，則以氣為吏。藥入某腑某臟，使其氣血調和，令本臟之氣血自行去本臟之病。亦有二三臟並治者，如會稿然。以一臟為主者，如主稿然。若臟腑氣血稍離，雖有妙藥，該管官吏不為奉行，不為核轉〔查辦〕，藥其如之何哉？今人以為藥能治病，尚隔一層。

論藥不論病論　天下無不偏之藥，亦無不偏之病。醫者，原以藥之偏，矯病之偏。如對症，毒藥亦仙丹，不對症，穀食皆毒藥。無論病家醫士，只當講求病係何病，法當用何法，方當用何方，藥當用何藥，對準病情，寒熱溫涼，皆在所用，無好無惡，妙手空空，無不見效。若不論病之是非，而議藥之可否，寒者畏其泄，熱者畏其燥，〔醫者紙上談兵，膠柱鼓瑟，病者以耳為目，惡直好諛，〕吾不知其可也。

清・湛德芬《醫宗會要》卷三　藥性要會　法家之於用藥，如善屬文者之用書，效技呈材，良多變矣。夫天食去聲人以五氣者也，地食人以五味者也。氣味二字強半包括藥性。儒者格物工夫，即須從此悟入。《經》曰：氣厚者為陽，薄者為陽中之陰。味厚者為陰，薄者為陰中之陽。味厚則泄下降，薄則通下利，氣薄則發泄升散，厚則發熱溫濇。觀於此而猶謂識藥性之人必皆讀盡《本草》之人，亦何膠柱之甚耶？許師曰：《本草》不過述藥性之功能，言體非言用也。○然《神農本經》自是要義，不可忽之。後世《本草》亦多，而《張氏醫通》之發明、《本草從新》之頂批却好。然則，亦多活法乎？曰酸、苦、鹹、辛、甘之五味也，青、黃、赤、白、黑之五色也，腥、臊、焦、腐、香之五臭，方金象、圓土、長木、實水、空火之五體，寒、熱、溫、涼、平之五用也，均可緊求其屬，五藏論中已申之矣。而皆一誠而無偽者也。即或有偏得兼得，皆於五者求之，藥性大略可通矣。推此類也。凡屬陰者金水之屎自上走下，自外走內；凡屬陽者木火之屎自內走外，自下走上。平等者土屎兼行之，或不行而但固守之，皆自然之理。其有偏者，從其偏，抑亦自然之數矣。假如味鹹，而用又熱，熱勝則鹹從熱矣。鹹勝則熱從鹹矣。推此類也。凡輕陽者上走外走，重降者下走內走，功能則慣便矣。香色體用之辨，總不可脫。凡花皆散，凡子皆降，凡蘆結實，凡蒂發洩，凡葉散布，凡幹入府，凡枝入經，凡本盤中，凡根穿下。縱理循經，橫理入絡。象狀則符應矣。亦均不可脫色香體用之辨。草木守常，金石通變，血肉填精，蟲蟻竄積，積者，血濕污濁之久者也。飛者行陽，禽類皆同，非惟蟲也。走者行陰，獸類皆同，非惟蟲也。氣類則用同矣。色香體用之辨，總不可脫。至於藏器推陳，穢物化濁，鱗族發火，介類潛陽，燥潤秋瓜，暑消夏菜。砭石東来，毒味西至，炙焫從南，九針從北，色香體用之辨，總不可脫。則又可見至道不遠，每在就中。隨時隨地，即各有治乎其時其地者，明醫於此只一靜觀，間得之曰，凡物之不能勝其氣者，不足以生於其間，而萬物乃歸其統馭矣。《內經》異法方宜之論，聖人一以貫之之道，豈非信然哉！況尤有十劑之分也。十劑者，宣、通、滑、濇、補、泄、輕、重、燥、潤。藥義之緊關元竅，又多在於此中。香色體用之辨，總不可脫也。眾人敝屣棄之，吾輩當珠玉奉之，誠如是，則統之以氣味，晰之以體用，更晰其功能之便、氣象之合，因時因地之備，十劑分呈之異，萬派千江，孤輪畢印，所謂如屬文之多變者。且又如魁師神奇，不獨飛兵銳將，領在袖中，雖風伯、雷公、雨師，亦迴旋纛下，嘻呫呫，《本草》能如是乎？

清・劉鴻恩《醫門八法》卷一　方藥之誤

方書謂高者抑之，下者舉之，損者益之，散者收之，是矣。乃治頭痛者，用川芎，用升麻，意在引藥上行也，不知直引邪熱上升矣，此豈高者抑之之意乎？治疝氣者用沉香，治脚氣者用牛膝，意在引藥下降也，實則直引濕熱下注矣，此豈下者舉之之義乎？謂遠志、菖蒲可以補心，殊不知遠志辛散，菖蒲香竄，能開心竅，實損心氣，心血虧者服之，必至虛煩不寐矣，此豈損者益之之意乎？謂柴胡、香附可以平肝，殊不思肝經病證，皆因血之不足，斷非血之有餘，施以表散剋伐，則肝血愈虧，肝勢愈張，肝脉愈大矣，此豈散者收之之義乎？他如白芍味酸性斂，最能滋陰補血，故血虧肝燥之人，用之甚效，乃眾口一詞，謂其平肝，病雖愈而不知其所以愈，藥雖靈而不知其所以靈，白芍之含冤久矣。熟地純陰至靜，最能滋陰降火，故陰血虧損，虛火上炎等證，用之甚效。乃蒸熟地時，浸之以酒，味之甘者變而為酸矣，性之靜者變

而為躁矣。用熟地時，炒之以砂仁，熟地以味勝，陰分藥也，砂仁以氣勝，陽分藥也，合之則兩傷，陰不陰，陽不陽，雜揉瞀亂，諸長皆失，熟地之遭災甚矣。當歸身能補血，尾能破血，人知之而合用之，取其補乎？取其破乎？生用則滑腸，炒用則止瀉。生用煎汁澄清，功效甚微；炒用煎汁濃厚，力量甚大，必一兩八錢，乃可見功。人不知而生用之，少用之，君臣乎，佐使乎；且與川芎並用之，監制乎，撓敗乎，百補能敵一破乎？當歸雖見用，實困阨而未展所長矣。若夫肉桂、附子，純陽大熱，非可嘗試，乃援引火歸原之說，虛熱假熱，茫然不分，桂心、附片率意妄投。若係假熱，用桂、附以暖寒，誠為相宜。若係虛熱，用桂、附以引火，未見火之歸原，先見火之燎原矣。方藥之誤，莫此為甚。

清・孔胤《脈症治三要》卷一　藥性宜忌論　夫藥石稟天地偏至之氣者也，雖淳和濃懿，號稱上藥，然所稟既偏，所至必獨脫也。用違其性之宜，則偏重之害，勢所必致。故凡有益于陽虛者，必不利于陰。有益于陰虛者，必不利于陽。能治燥者，必不宜于濕。能治濕者，必不利於燥。能破散者不可以治虛，能收斂者不可以治寔。升不可以止升，降不可以療降。寒有時而不宜于熱，熱有時而不宜于寒。故陰虛內熱，宜甘寒，不宜芩、連、梔子苦寒之劑。陽虛中外皆寒，宜用溫熱，不宜吳萸、乾薑、麻黃、胡椒辛熱之類。古人半夏有三禁，謂渴家、汗家、血家，仲景嘔家忌甘，酒家亦忌甘，王好古論肺熱忌人參之屬，如此類不可勝數，不可不詳也。

藥性差別論　藥有五味，中涵四氣，因氣味而成其性，合氣與味及性而論其差別。本自多途，其間厚薄之殊，單用互兼，各各不同，良難究竟。是故《經》曰：五味之變，不可勝窮。此方劑之本也。陰陽二象，寔為之綱紀焉。鹹味本水，苦味本火，酸味本木，甘味本土，辛味本金，此五味之常也。及其變也，有神明之用焉。今姑陳其略以明之，第準經文。同一苦寒也，黃芩則燥，天冬則潤，蘆薈能消，黃栢能補，黃連止泄，大黃下泄，柴胡苦寒而升，龍膽苦寒而降。同一鹹也，澤瀉則瀉，蓯蓉則補，海藻、昆布則消而軟堅，馬莖、鹿茸則補而生齒。同酸也，硫黃味酸而熱，空青味酸而寒。辛而發散為陽，百合酸而收斂為陰。人參、黃芪，陽也，甘溫以除大熱；地黃、五味，陰也，甘酸以斂陰精。聊采數端，引以為喻，如斯之類，難以枚舉。良由氣味互兼，性質各異，參合多少，制用全殊，所以窮五味之變，明藥物之能，厥有旨哉。顧其用紛錯，其道淵微，可以意知，難以言盡。若物非由妙悟，則物不從心，固將極斯民于夭枉，宜寤寐乎茲篇。

清・唐宗海《本草問答》卷上　問曰：藥者，昆蟲土石，草根樹皮等物，與人異類，而能治人之病者，何也？答曰：天地只此陰陽二氣，流行而成五運，金木水火土為五運。對待而為六氣，風寒濕燥火熱是也。人生本天親地，即秉天地之五運六氣以生五臟六腑。凡物雖與人異，然莫不本天地之一氣以生。特物得一氣之偏，人得天地之全耳。設人身之氣偏勝偏衰，則生疾病。又借藥物一氣之偏，以調吾身之盛衰，而使歸於和平，則無病矣。蓋假物之陰陽以變化人身之陰陽也，故神農以藥治病。【略】

問曰：辨藥之法以形色、氣味，分別五行，配合臟腑，主治百病，是誠藥理之大端矣。而物理相感，又有不在形色氣味上論者。譬如琥珀拾芥，磁石引針，陽起石能飛升。蛇畏蜈蚣，蜈蚣畏蟾蜍，蟾蜍畏蛇，相制相畏，均不在形色、氣味上論，又何故也？答曰：此以其性為治者也。夫辨藥之形色、氣味，正以考其性也，果得其性，而形色、氣味之理已賅，故凡辨藥先須辨性，有如磁石久則化成鐵，是鐵之母也。其引針者同氣相求，子來就母也。以藥性論之，石屬金而鐵屬水，磁石秉金水之性而歸於腎，故其主治能從腎中吸肺金之氣，以歸於根。琥珀乃松脂入地所化，松為陽木，其脂乃陽汁也。性能粘合，久則化為凝吸之性，蓋其汁外凝，其陽內斂，擦之使熱，則陽氣外發而其體粘。停擦使冷，則陽氣內返，而其性收吸，故遇芥則能粘吸也。人身之魂陽也，而藏於肝血陰分之中，與琥珀之陽氣斂藏於陰魂之中，更無以異，是以琥珀有安魂定魄之功。西洋化學謂磁石、琥珀內有電氣，其能吸引者皆是電氣發力，能收引之也。有陰電，有陽電，凡物中含陽電者遇有陰電之物即吸，含陰電者遇有陽電之物即吸。若陰電遇陰電之物即相推，陽電遇陽電之物亦相推，其論甚悉。琥珀能拾芥，而不能吸鐵，磁石能吸鐵，而不能拾芥，以所含之電氣不同也。然西人單以氣論，猶不如中國兼以質論，則其理尤為顯然。磁石之質類鐵，故以類相從而吸鐵。琥珀之質能粘，故以質為用而拾芥。辨藥性者，所貴體用兼論也，陽起石生於泰山山谷，為雲母石之根，其山冬不積雪，夏則生雲，積陽上升，故或乘火氣而上飛，或隨日氣而升騰也。凡人病陽氣下陷，陽物不舉者，用以升舉陽氣，亦以陽助陽之義而已矣。蛇形長是（水秉）〔秉木〕氣，行則曲折是秉水氣。在辰屬巳，在象居北，在星

象蒼龍。總觀於天，知蛇只是水木二氣之所生也。蜈蚣生於南方乾燥土中，而味大辛，是秉燥金之氣所生。蛇畏蜈蚣者，金能制木也。蜈蚣畏蟾蜍者，以蟾蜍秉水月之精，生於濕地，是秉濕土之氣所生。濕能勝燥，故蜈蚣畏蟾蜍也。蟾蜍畏蛇，則又是風能勝濕，木能剋土之義，趁此以求，則凡相畏相使相反之理皆可類推。

三品部

題解

梁・陶弘景《本草經集注》卷上《序錄》 【略】今輒苞綜諸經，研括煩省，以《神農本經》三品，合三百六十五為主，又進名醫副品，亦三百六十五，合七百三十種。【略】

上藥一百廿種為君，主養命以應天，無毒，多服、久服不傷人。欲輕身益氣，不老延年者，本上經。

中藥一百廿種為臣，主養性以應人，無毒、有毒，斟酌其宜。欲遏病補虛羸者，本中經。

下藥一百廿五種為佐使，主治病以應地，多毒，不可久服。欲除寒熱（耶）〔邪〕氣，破積聚，愈疾者，本下經。

三品合三百六十五種，法三百六十五度。度應一日，以成一歲。倍其數，合生七百卅名。

本說如此。今案上品藥性亦皆能遣疾，但其勢用和厚，不為倉卒之效，然而歲月將服，必獲大益。病既愈矣，命亦兼申。天道仁育，故云應天。一百廿種者，當謂寅、卯、辰、巳之月，法萬物生榮時也。中品藥性，治病之辭漸深，輕身之說稍薄，於服之者祛患當速而延齡為緩。人懷性情，故云應人。一百廿種者，當謂午、未、申、酉之月，法萬物熟成時也。下品藥性，專主攻擊。毒烈之氣，傾損中和，不可恒服，疾愈即止。地體收煞，故云應地。獨用一百廿五種者，當謂戌、亥、子、丑之月，兼以閏之盈數加之，法萬物枯藏時也。今合和之體，不必偏用之，自隨人患苦，參而共行。但君臣配隸，依後所說。若單服之者，所不論耳。

宋・唐慎微《證類本草・序例上》卷一〔宋・掌禹錫《嘉祐本草》〕 按：本草例：《神農本經》以朱書，《名醫別錄》以墨書。《神農本經》藥三百六十五種，今此言倍其數，合七百三十名，是並《名醫別錄》副品而言也。則此一節，《別錄》之文也，當作墨書矣。蓋傳寫浸久，朱、墨錯亂之所致耳。遂令後世覽之者，捃摭此類，以謂非神農之書，乃後人附托之文者，率以此故也。

明・芮經《杏苑生春》卷二 六問曰：《本草》分三品藥為君臣佐使。東垣謂主病藥為君，餘為臣、為佐使。二者之殊，子何所據？曰：《大全本草》云：上品藥一百二十種，為君，主養命以應天；中品藥一百二十種，為臣，主養性以應人；下品藥一百二十種，為佐使，主養病以應地。東垣云：表實麻黃、表虛桂枝、熱者黃連、寒者附子之類為君，不可令臣過於君，君臣有序，相與宣攝，則可以禦邪除病矣。叅之於《內經・至真大要論》云：有毒無毒，所治為主。人云主病者之謂君，佐君之謂臣，應臣之謂佐使，非上中下三品藥之謂也。愚見《本草》之主意，所以異善惡之名位。《內經》之立論，所以贊成方用也。以攻疾之法，當從《內經》、東垣為是。

論說

晉・葛洪《抱朴子内篇》卷一一《仙藥》 抱朴子曰：《神農四經》曰：上藥令人身安命延，昇為天神，遨遊上下，使役萬靈，體生毛羽，行廚立至。又曰：五芝及餌丹砂、玉札、曾青、雄黃、雌黃、雲母、太乙禹餘糧，各可單服之，皆令人飛行長生。又曰：中藥養性，下藥除病，能令毒蟲不加，猛獸不犯，惡氣不行，眾妖併辟。又《孝經援神契》曰：椒薑禦濕，菖蒲益聰，巨勝延年，威喜辟兵。皆上聖之至言，方術之實錄也，明文炳然，而世人終於不信，可歎息者也。仙藥之上者丹砂，次則黃金，次則白銀，次則諸芝，次則五玉，次則雲母，次則明珠，次則雄黃，次則太乙禹餘糧，次則石中黃子，次則石桂，次則石英，次則石腦，次則石硫黃，次則石飴，次則曾青，次則松柏脂、茯苓、地黃、麥門冬、木巨勝、重樓、黃連、石韋、楮實、象柴，一名托盧是也。或云仙人杖，或

云西王母杖，或名天精，或名却老，或名地骨，或名枸杞也。天門冬，或名地門冬，或名莚門冬，或名顛棘，或名淫羊食，或名管松，其生高地，根短而味甜，氣香者善。其生水側下地者，葉細似蘊而微黃，根長而味多苦，氣臭者下，亦可服食。然喜令人下氣，為益尤遲也。服之百日，皆丁壯倍駃於朮及黃精也，入山便可蒸，若煮啖之，取足可以斷穀。若有力可餌之，亦可作散，并及絞其汁作酒，以服散尤佳。楚人呼天門冬為百部，然自有百部草，其根俱有百許，相似如一也，而其苗小異也。真百部苗似菝葜，唯中以治欬及殺蝨耳，不中服食，不可誤也。如黃精一名白及，而實非中以作糊之白及也。按本草藥之與他草同名者甚多，唯精博者能分別之，不可不詳也。黃精一名兔竹，一名救窮，一名垂珠。服其花勝其實，服其實勝其根，但花難多得。得其生花十斛，乾之纔可得五六斗耳，而服之日可三合，非大有役力者不能辦也。服黃精僅十年，乃可大得其益耳。俱以斷穀不及朮，朮餌令人肥健，可以負重涉險，但不及黃精甘美易食，凶年可以與老小休糧，人不能別之，謂為米脯也。

五芝者，有石芝，有木芝，有草芝，有肉芝，有菌芝，各有百許種也。

宋・張杲《醫說》卷八　三藥　上藥養命，謂五石鍊形，六芝延年也。中藥養性，謂合歡蠲忿，萱草忘憂也。下藥除病，謂大黃除實，當歸止痛也《博物志》。

宋・許洪《指南總論》卷上　上藥一百二十種為君，主養命以應天，無毒，多服久服不傷人，欲輕身益氣，不老延年者。其上品藥性，亦皆能遣疾，但其勢大和厚，不為倉卒之效。然而歲月常服，必獲大益。病既愈矣，命亦兼申，天道仁育，故云應天。一百二十種者，當謂寅、卯、辰、巳之月，法萬物生榮時也。

中藥一百二十種為臣，主養性以應人，無毒、有毒，斟酌其宜，欲遏病補虛羸者。其中品藥性，療病之辭漸深，輕身之説稍薄，於服之者，祛患當速，而延齡為緩。人懷性情，故云應人。一百二十種者，當謂午、未、申、酉之月，法萬物成熟時也。

下藥一百二十五種為佐、使，主治病以應地，多毒，不可久服，欲除寒熱邪氣、破積聚愈疾者。其下品藥性，專主攻擊。毒烈之氣，傾損中和，不可常服，疾愈即止。地體收殺，故云應地。一百二十五種者，當謂戌、亥、子、丑之月，法萬物枯壯時也，兼以閏之盈數加之。《神農本經》三品合三百六十五種，法三百六十五度，一度應一日，以成一歲也。今所舉其綱目，以明藥之品數，其《本草》中唐之所附，名醫嘗用加添之藥，不在此例也。

元・張從正《儒門事親》卷九　謗峻藥　或言：戴人用藥皆峻激，乃《本草》中下品藥也，豈可服哉？戴人曰：甚矣，人之不讀書！《本草》言上藥為君，中品為臣，下品為佐使者，所以辯其性剛柔也。《內經》言：所謂君臣佐使者，非《本草》中三品之謂也。主治之為君，次君之謂臣，應臣之為佐使。假如大黃能治此病，則大黃為君；甘遂能治此病，則甘遂為君矣。若專以人參、黃耆治人之邪氣，此庸工所以常誤人命也。李嗣榮言：京中閑人云：戴人醫殺二婦，遂辭太醫之職而去。又有人云：昔曾醫殺潁守，私遁而去。麻知幾初聞亦疑之，乃載見戴人于潁陽。觀其用藥，百發百中，論議該贍，應變無窮。其所治之疾，則不三、二十年，即十年，或五六年，應手輒愈。群醫之領袖，無以養生。及其歸也，謗言滿市，皆曰：戴人醫殺倉使，耿四而去。時倉使以病卒，與余未嘗通姓名。耿四病嗽咯血，曾問戴人。戴人曰：公病消困，不可峻攻，宜以調養。戴人已去，後而卒矣。麻先生乃肖李嗣榮所言，皆誣也，凡余所治之病，皆眾壞之證，將危且死而治之，死則當怨於戴人。又戴人所論按經切理，眾誤皆露，以是嫉之。又戴人治病，多用峻激之藥。將愈未愈之間，適戴人去，群醫毀之曰：病為戴人攻損，急補之，遂用相反之藥。如病癒，則我藥可久服，攻疾之藥可暫用。我方攻疾，豈欲常服哉？疾去則止藥。若果欲養氣，五穀、五肉、五菜，非上藥耶？亦安在枯草死木之根核哉？

明・皇甫嵩《本草發明》卷一　明本草類辨　愚按《神農本草經》分列藥有上、中、下三品。上品藥一百二十種，為君，主養命，以應天，無毒，勢力和厚，遣疾不為倉卒之效，久服常服，輕身延年，命亦兼申。中品藥一百二十種，為臣，主養性，以應人，無毒有毒，斟酌其宜，祛患當速，延齡為緩，可遏病而補虛。下品藥一百二十五種，為佐使，主治病以應地，多有毒，專主攻擊，傾損中和，可除邪氣，破積聚，愈病即止，不可常服。後梁隱居加《名醫別録》三百六十五種，合七百三十，名附三品之數，因性制品，法固良矣。但三品內亦各有美惡不同，如防葵、芎藭、赤箭、茵陳之類，雖云無毒，非真養命藥也，乃列之上品，是果可久服常服而益人者歟？下品藥如仙茅，雖云有毒，制為

丸劑，佐以補藥，久服益氣通神。如何首烏、葫蘆巴之屬，皆無毒也，以佐補劑，大有補益，俱列之下品，是豈專主攻擊，而不可久服者乎？顧其制用何如耳，苟善用之，雖烏、附下品，可收回天之功。用之弗當，則上品如參、蓍，亦能傷人。丹砂、玉屑，品極貴也，服之者多遇毒。又何必拘此三品為君，為臣、佐使之別哉？善乎岐伯曰：主病之謂君，佐君之謂臣，應臣之謂使。非上中下三品之謂也。蓋《本經》惟道其常，而岐伯善通其變也。今以便用、習用藥，兼之補助多而攻擊少者列在上部，不必皆上品、中品藥也。慎用、稀用之藥，攻擊多而補益少者，列在下部，不必皆中品、下品藥也。然二部中仍著三品，以明善惡之性，善用者以意得之可也。又按《本草別說》云：《神農本經》人部內，惟髮髲一物，餘皆出後世醫家禁術奇怪之論也。夫天地生物，惟人為貴，乃列于草木、禽獸、魚蟲之類，例之為部，已失等倫矣。其中用人尿、糞、婦女經裩污穢不典之物，甚用人血肉、人膽、天靈蓋、胎骨等以療病，非仁人之用心也。孫思邈大有功于世，以殺命活命尚有陰責，況于人乎？孝子仁人刺血割股以療親，且非至孝，況傷人以濟人，忍心害理，不可為訓。此非良藥，又且難得，或他物可代，不用可也。今醫方皆用人天靈蓋治傳屍癆為妙藥，未有一效者，信《本經》不用，未為害也。殘忍傷神，又不取效，仁者宜裁。或云非此不可無已，用年深骨朽，屍氣已絕，無傷也。愚謂骨朽氣滅，同于土礫，而弗靈矣，用之何益？故于草木、金石、禽獸、昆蟲部內，非治療良藥，且難識難得者，俱削之不載，誠恐錯誤，反傷人耳，智者諒之。靈石山人皇甫嵩述。

明・裴一中《裴子言醫》卷二 本草謂上品藥為君，主養命。中品藥為臣，主養性。下品藥為佐使，主治病者。特言其性之剛柔耳，非《內經》君臣佐使之旨也。王節齋曰：主治者為君，輔治者為臣，與君相反而相助者為佐，引諸藥達于病所者為使。如治寒以熱，則熱藥君也。凡溫熱之藥皆輔君者也，臣也。然恐熱之太過也，少加涼藥為監制，使不致有偏熱之虞者，佐也。至臟腑經絡受病之處，又須各加引導之藥而使之入，此則所謂使也。若遵本草之說，則發表之麻黃，攻裏之大黃，獨不可以為君邪？且性與命，亦豈藥力之所能及邪？

氣味陰陽部

題解

《黃帝內經素問・陰陽應象大論篇第五》 積陽為天，積陰為地。陰靜陽躁，陽生陰長，陽殺陰藏。陽化氣，陰成形。寒極生熱，熱極生寒。【略】水為陰，火為陽。陽為氣，陰為味。味歸形，形歸氣；氣歸精，精歸化。精食氣，形食味；化生精，氣生形。味傷形，氣傷精；精化為氣，氣傷於味。陰味出下竅，陽氣出上竅。味厚者為陰，薄為陰之陽。氣厚者為陽，薄為陽之陰。味厚則泄，薄則通。氣薄則發泄，厚則發熱。【略】氣味辛甘發散為陽，酸苦湧泄為陰。【略】形不足者，溫之以氣；精不足者，補之以味。

宋・唐慎微《證類本草》卷一《序例上》〔《本經》〕 **藥有陰陽配合，**〔宋・掌禹錫《嘉祐本草》〕按：《蜀本》注云：凡天地萬物，皆有陰陽、大小，各有色類，尋究其理，並有法象。故毛羽之類，皆生於陽而屬於陰；鱗介之類，皆生於陰而屬於陽。所以空青法木，故色青而主肝；丹砂法火，故色赤而主心；雲母法金，故色白而主肺；雌黃法土，故色黃而主脾；磁石法水，故色黑而主腎。餘皆以此推之，例可知也。**子母兄弟。**〔宋・掌禹錫《嘉祐本草》〕按：《蜀本》注云：若榆皮為母、厚朴為子之類是也。**根莖花實，草石骨肉。**【略】

藥有酸、鹹、甘、苦、辛五味，又有寒、熱、溫、涼四氣，及有毒、無毒。

《黃帝內經素問・至真要大論篇第七十四》 帝曰：善。五味陰陽之用何如？岐伯曰：辛甘發散為陽，酸苦湧泄為陰，鹹味湧泄為陰，淡味滲泄為陽。六者或收或散，或緩或急，或燥或潤，或耎或堅，以所利而行之，調其氣使其平也。【略】

帝曰：《論》言治寒以熱，治熱以寒，而方士不能廢繩墨而更其道也。有病熱者寒之而熱，有病寒者熱之而寒，二者皆在，新病復起，奈何治？岐伯曰：諸寒之而熱者取之陰，熱之而寒者取之陽，所謂求其屬也。〔唐・王冰注〕言益火之原以消陰翳，壯水之主以制陽光，故曰求其屬也。夫粗工褊淺，學未精深，以

熱攻寒，以寒療熱。治熱未已而冷疾已生，攻寒日深而熱病更起。熱起而中寒尚在，寒生而外熱不除。欲攻寒則懼熱不前，欲療熱則思寒又止。進退交戰，危亟已臻。豈知臟腑之源，有寒熱溫涼之主哉。取心者不必齊以熱，取腎者不必齊以寒。但益心之陽，寒亦通行；強腎之陰，熱之猶可。觀斯之故，或治熱以熱，治寒以寒，萬舉萬全，孰知其意，思方智極，理盡辭窮，嗚呼！人之死者，豈非方士愚昧殺之耶。

帝曰：善。服寒而反熱，服熱而反寒，其故何也？岐伯曰：治其王氣，是以反也。〔唐・王冰注〕物體有寒熱，氣性有陰陽，觸王之氣，則強其用也。夫肝氣溫和，心氣暑熱，肺氣清涼，腎氣寒冽。故春以清治肝而反溫，夏以冷治心而反熱，秋以溫治肺而反清，冬以熱治腎而反寒，蓋由補益王氣太甚也。補王太甚，則藏之寒熱氣自多矣。

帝曰：不治王而然者何也？岐伯曰：悉乎哉問也！不治五味屬也。夫五味入胃，各歸所喜，故酸先入肝，苦先入心，甘先入脾，辛先入肺，鹹先入腎，久而增氣，物化之常也。氣增而久，夭之由也。〔唐・王冰注〕夫入肝為溫，入心為熱，入肺為清，入腎為寒，入脾為至陰而四氣兼之，皆為增其味而益其氣，故各從本藏之氣用爾。故久服黃連、苦參而反熱者，此其類也。餘味皆然。但人疏忽，不能精候矣，故曰『久而增氣，物化之常』也。氣增不已，益歲年則藏氣偏勝。氣有偏勝則有偏絕，藏有偏絕則有暴夭者。故曰『氣增而久，夭之由也』。是以《正理觀化藥集商較服餌》曰：『藥不具五味、不備四氣而久服之，雖且獲勝益，久必致暴夭。』此之謂也。

宋・邵雍《皇極經世書》卷一四　陽交於陰而生蹄角之類也，剛交於柔而生根荄之類也，陰交於陽而生羽翼之類也，柔交於剛而生枝榦之類也。天交於地，地交於天，故有羽而走者，足而騰者。草中有木，木中有草也，各以類而推之，則生物之類不過是矣。走者便於下，飛者利於上，從其類也。水之物無異乎陸之物，各有寒熱之性。大較則陸為陽中之陰，而水為陰中之陽。

宋・趙佶《聖濟經》卷一〇《審劑篇》　氣味委和章第一　五運六氣，天所以命萬物。五藏六府，人所以法天地。屈伸呼吸，皆消息盈虛之數。資物氣味，成生載形，析有餘以補不足，豈能外天地之至理。物有氣臭，有性味，合之則一，離之則異，交取互用，以為虛實補瀉之法。〔宋・吳禔注〕：五運相襲，六氣分治，萬物於此受命焉，此之謂天所以命萬物。五藏為裏，六府為表，有陰有陽，即天地之陰陽也，此之謂人所以法天地。屈伸有往來之理，呼吸有斂散之宜，皆天地消息盈虛之數也。資物氣味，成生載形者，天產為氣，地產為味。食天地之氣味，以成其生，以載其形也。析有餘以補不足，則以平為期，是乃天地之至理也。物有氣臭者，言天產。有性味者，言地產。觀此而冥焉，合之則一。知此而辨焉，離之則異。精食氣，而形不足者，溫之以氣。形食味，而精不足者，補之以味。五味五氣，各有所損，各有所益。益之而虛者補，損之而實者瀉。此之謂交取互用，以為虛實補瀉之法。【略】

木酸、火苦、金辛、水鹹、土甘，味之成也。合五行之味以為治，則以陰陽未嘗偏廢。故骨欲收，酸可以養骨。筋欲散，辛可以養筋。脈欲軟，鹹可以養脈。氣欲堅，苦可以養氣。肉欲緩，甘可以養肉。察味之宜，不可妄也。〔宋・吳禔注〕：風生木，木生酸。熱生火，火生苦。燥生金，金生辛。寒生水，水生鹹。濕生土，土生甘。五味之養，缺一不可。此所謂陰陽未嘗偏廢。生物者氣也，成之者味也。此奇生則成而偶，以偶生則成而奇。風之氣散，故其味可用以收。燥之氣收，故其味可用以散。寒之氣堅，故其味可用以軟。熱之氣軟，故其味可用以堅。土者冲氣之所生也，冲氣則無所不和，故其味可用以緩而已。骨收則强，故酸可以養骨。筋散則不攣，故辛可以養筋。脈軟則和，故鹹可以養脈。氣堅則壯，故苦可以養氣。肉緩則不壅，故甘可以養肉。味之所宜者如此，庸可妄乎？

乃若臭生於氣，氣化為臭。木化而臊，火化而焦，土化而香，金化而腥，水化而腐。其臭惡者，又有不食之戒。如牛夜鳴則庮，羊冷毛而毳，羶，犬赤股而躁臊，鳥皫色而沙鳴，貍，豖盲視而交睫，腥，馬黑脊而般臂，螻。聖人特致其辨焉。〔宋・吳禔注〕：臭生於氣，則氣者臭之始。氣化為臭，則臭者氣之終。五行皆氣也，故化而為臭。然腥、臊、羶、香，可以供膳饈。自牛之庮至馬之螻，則腥臊羶香之不可食者，蓋天地陰陽之戾氣，鍾乎羽毛者也。聖人建内饔之職，所以特致其辨焉。

世之人知藥為真，不知穀畜可以為食治。知性味為本，不知氣臭自有致用之異。而又寒熱溫涼，收散緩急，同謂之性。觀芳草之氣美，石藥之氣悍；蘭草治脾癉，鮑魚利腸中，均以氣臭專達，豈概以性味論歟。况司歲備物，天地之專精也。苟非司歲，則其精散，質同而異等也。古人原氣味之生，必察六氣所孕，則措諸治保力化之用，豈無多少淺深之別哉？燭理之士，又當審此。

〔宋・吴禔注〕：五藥之可以治療，人所同知也。然五穀為養，五畜為益，或作陽德，或作陰德，而世之人，莫知其可以為食治焉。五味之可以有節，人所同知也。然化氣為臭，則腥臊羶香，不獨可食，而亦可以已疾，世之人亦莫之知也。芳草之氣美，故能重盛於脾。石藥之氣悍，故能滋益其熱。二者急疾堅剛，非緩心和人不可以服。蘭草治脾癉，其氣足以除陳氣也。鮑魚利腸中，其臭足以通瘀血也。凡此皆以氣臭專達，而不特用其性味爾。至若專精所鍾，六氣所產，是皆天地陰陽之和，而非所謂戾氣也，可不審耶？

元・王好古《湯液本草》卷一　氣味生成流佈　陽為氣，陰為味；味歸形，形歸氣；氣歸精，精歸化；精食氣，形食味；化生精，氣生形；味傷形，氣傷精；精化為氣，氣傷於味。

陰味出下竅，陽氣出上竅。味厚者為陰，薄為陰中之陽，厚則泄，薄則通；氣厚者為陽，薄為陽中之陰，薄則發泄，厚則發熱。

壯火之氣衰，少火之氣壯；壯火食氣，氣食少火；壯火散氣，少火生氣。天食人以五氣，地食人以五味。五氣入鼻，藏於心肺，上使五色修明，音聲能彰；五味入口，藏於腸胃，味有所藏，以養五氣，氣和而生，津液相成，神乃自生。

元・佚名氏《珍珠囊》〔見《醫要集覽》〕　諸品藥性陰陽論　夫藥有寒熱溫涼之性，酸苦辛鹹甘淡之味，升降浮沉之能。互相氣味厚薄不同，輕重不等，寒熱相雜，陰陽相混。或氣一而味殊，或味同而氣異，總而言之，不可混說；分而言之，各有所能。本乎天者親上，本乎地者親下。輕清成象，重濁成形；清陽發腠理，濁陰走五臟。清中清者，榮養於神；濁中濁者，堅強骨髓。辛甘發散為陽，酸苦湧泄為陰。氣為陽，氣厚為陽中之陽，氣薄為陽中之陰，薄則發泄，厚則發熱。味為陰，味厚為陰中之陰，味薄為陰中之陽。味薄則通，厚則泄。升降浮沉之理，胸中豁然而貫通矣。人徒知藥之神者，乃藥之力也，殊不知乃用藥者之力也！人徒知辨真偽識藥之為難，殊不知分陰陽用藥之爲難也。

明・葉文齡《醫學統旨》卷八　用藥氣味　夫氣者，天也。味者，地也。溫熱者，天之陽也。寒涼者，天之陰也。陽則升，陰則降。辛甘者，地之陽也；酸苦者，地之陰也。陽則浮，陰則沉。有使氣者，有使味者，有氣味俱使者；有先使氣後使味者，有先使味後使氣者。所用至不一也。有一藥兩味者，或三味者；或一氣者，或二氣者；熱者多，寒者少，寒不為之寒；寒者多，熱者少，熱不為之熱；或寒熱各半而成溫，或溫多而成熱，或涼多而成寒。不可一途而取也。或寒熱各半，晝服之則從熱之屬而升，夜服之則從寒之屬而降。至於晴則從熱，陰則從寒，所從求類，變化不一。況四六位之非一，五運六氣之相召，主客勝復之莫測，太過不及之難量，可以輕用為哉？〇升而使之降，須其抑也；沉而使之浮，須其載也。辛散也，其行之也横；甘發也，其行之也上；苦洩也，其行之也下。酸收也，其性縮；鹹耎也，其性舒。上下舒縮横之不同如此，相合而用，其變用不同，何以然？鼓掌成聲，沃火成沸，二物相合，象在其間也。七情相制，四氣相和，其變可輕用為哉？〇《經》云：辛甘發散為陽，酸苦湧洩為陰；鹹味湧洩為陰，淡味滲洩為陽。味有六也。《本草》只言甘辛酸苦鹹，不言淡。《經》云寒熱溫涼，氣有四也。《本草》只言溫、大溫、熱、大熱、寒、大寒、微寒、平、小毒、大毒、有毒、無毒，不言涼。如何是味淡氣涼也？七情相制，四氣相和，其變不可度，有如仲景五石散與草木相使，有石先發，有草先發，變不可度。此言所以不敢輕用也。

明・陳嘉謨《本草蒙筌・總論》　治療用氣味　治療貴方藥合宜，方藥在氣味善用。氣者，天也。氣有四：溫熱者天之陽，寒涼者天之陰。陽則升，陰則降。味者，地也。味有六：辛、甘、淡者，地之陽；酸、苦、鹹者，地之陰。陽則浮，陰則沉。有使氣者，有使味者，有氣味俱使者，有先使氣後使味者，有先使味後使氣者，不可一例而拘。有一藥兩味，或三味者；有一藥一氣，或二氣者。熱者多，寒者少，寒不為之寒；寒者多，熱者少，熱不為之熱。或寒熱各半而成溫，或溫多而成熱，或涼多而成寒，不可一途而取。又或寒熱各半，晝服之，則從熱之屬而升；夜服之，則從寒之屬而降。至於晴日則從熱，陰雨則從寒。所從求類，變化猶不一也。仍升而使之降，須其抑也；沉而使之浮，須其載也。辛散也，其行之也横。甘緩也，其行之也上。苦瀉也，其行之也下。酸收也，其性縮。鹹軟也，其性舒。上下、舒縮、横〔直〕之不同如此，合而用之，其相應也。正猶鼓掌成聲，沃水成沸。二物相合，象在其間也。有志活人者，宜於是而取法。

明・李時珍《本草綱目》卷一《序例》　氣味陰陽　《陰陽應象論》曰：

【略】

元素曰：清之清者發腠理，清之濁者實四肢；濁之濁者歸六腑，濁之清者走五臟。附子氣厚，爲陽中之陽；大黄味厚，爲陰中之陰。茯苓氣薄，爲陽中之陰，所以利小便，入手太陽，不離陽之體也；麻黄味薄，爲陰中之陽，所以發汗，入手太陰，不離陰之體也。凡同氣之物必有諸味，同味之物必有諸氣。氣味各有厚薄，故性用不等。

杲曰：味之薄者則通，酸、苦、鹹、平是也。味之厚者則泄，鹹、苦、酸、寒是也。氣之厚者發熱，辛、甘、溫、熱是也。氣之薄者滲泄，甘、淡、平、涼是也。滲謂小汗，泄謂利小便也。

宗奭曰：天地既判，生萬物者五氣耳。五氣定位，則五味生。故曰生物者氣也，成之者味也。以奇生則成而偶，以偶生則成而奇。寒氣堅，故其味可用以軟；熱氣軟，故其味可用以堅；風氣散，故其味可用以收；燥氣收，故其味可用以散。土者沖氣之所生，沖氣則無所不和，故其味可用以緩。氣堅則壯，故苦可以養氣。脈軟則和，故鹹可以養脈。骨收則強，故酸可以養骨。筋散則不攣，故辛可以養筋。肉緩則不壅，故甘可以養肉。堅之而後可以軟，收之而後可以散。欲緩則用甘，不欲則弗用，用之不可太過，太過亦病矣。古之養生治疾者，必先通乎此，否則能已人之疾者蓋寡矣。

李杲曰：夫藥有溫、涼、寒、熱之氣，辛、甘、淡、酸、苦、鹹之味也。升、降、浮、沉之相互，厚、薄、陰、陽之不同。一物之內，氣味兼有；一藥之中，理性具焉。或氣一而味殊，或味同而氣異。氣象天，溫熱者天之陽，涼寒者天之陰。天有陰、陽，風、寒、暑、濕、燥、火，三陰、三陽上奉之也。味象地，辛、甘、淡者地之陽，酸、苦、鹹者地之陰；地有陰、陽，金、木、水、火、土，生、長、化、收、藏下應之也。氣味薄者，輕清成象，本乎天者親上也。氣味厚者，重濁成形，本乎地者親下也。

好古曰：本草之味有五，氣有四。然一味之中有四氣，如辛味則石膏寒，桂、附熱，半夏溫，薄荷涼之類是也。夫氣者天也，溫熱天之陽，寒涼天之陰。陽則升，陰則降。味者地也，辛、甘、淡地之陽，酸、苦、鹹地之陰。陽則浮，陰則沉。有使氣者，使味者，氣味俱使者，先使氣而後使味者，先使味而後使氣者。有一物一味者，一物三味者；一物一氣者，一物二氣者。或生熟異氣味，或根苗異氣味。或溫多而成熱，或涼多而成寒，或寒熱各半而成溫。或熱者多，寒者少，寒不爲之寒；或寒者多，熱者少，熱不爲之熱，不可一途而取也。或寒熱各半，晝服則從熱之屬而升，夜服則從寒之屬而降。或晴則從熱，陰則從寒。變化不一如此，況四時六位不同，五運六氣各異，可以輕用爲哉。

《六節臟象論》云：【略】

孫思邈曰：精以食氣，氣養精以榮色；形以食味，味養形以生力。精順五氣以靈，形受五味以成。若食氣相反則傷精，食味不調則損形。是以聖人先用食禁以存生，後制藥物以防命，氣味溫補以存精形。【略】

標本陰陽　李杲曰：夫治病者，當知標本。以身論之，外爲標，內爲本；陽爲標，陰爲本。故六腑屬陽爲標，五臟屬陰爲本；臟腑在內爲本，十二經絡在外爲標。而臟腑陰陽氣血經絡又各有標本焉。以病論之，先受爲本，後傳爲標。故百病必先治其本，後治其標。否則邪氣滋甚，其病益蓄。縱先生輕病，後生重病，亦先治其輕，後治其重，則邪氣乃伏。有中滿及病大小便不利，則無問先後標本，必先治滿及大小便，爲其急也。故曰緩則治其本，急則治其標。又從前來者爲實邪，後來者爲虛邪。實則瀉其子，虛則補其母。假如肝受心火，爲前來實邪，當於肝經刺榮穴以瀉心火，爲先治其本；於心經刺榮穴以瀉心火，爲後治其標。用藥則入肝之藥爲引，用瀉心之藥爲君。《經》云本而標之，先治其本，後治其標是也。又如肝受腎水爲虛邪，當於腎經刺井穴以補肝木，爲先治其標；後於肝經刺合穴以瀉腎水，爲後治其本。用藥則入腎之藥爲引，補肝之藥爲君。《經》云標而本之，先治其標，後治其本是也。

明・杜文燮《藥鑑》卷一　藥性陰陽論　藥有氣味厚薄不同，輕重不等，寒熱相雜，陰陽相混，或氣一而味殊，或味同而氣異。清陽發腠理，實四肢，清之清者也。濁陰走六腑，濁之濁者也。清中清者，養榮於神。濁中濁者，堅強骨髓。氣為陽，氣厚為純陽，氣薄為陽中之陰。氣薄則發泄，氣厚則發熱。味為陰，味厚為純陰，味薄為陰中之陽。味薄則通，味厚則泄。辛甘發散為陽，酸苦湧泄為陰。淡味滲泄為陽，酸苦湧泄為陰。辛甘淡之熱者，為陰中之陽。酸苦鹹之寒者，為陽中之陰。如茯苓淡，為在天之陽也，陽當上行，何為利水而泄下？《內經》云：氣之薄者，乃陽中之陰，所以利水而泄

下。然而泄下亦不離乎陰之體，故入乎太陰也。麻黄甘，為在地之陰也，陰當下行，何為發汗而上升？《内經》云：味之薄者，乃陰中之陽，所以發汗而上升。然而升上亦不離乎陽之體，故入乎太陽也。附子氣味俱厚，其性熱，乃陽中之陽，故《經》云發熱。大黄氣味俱厚，其性寒，乃陰中之陰，故《經》云泄下。淡竹乃陽中之陰，所以利小便。苦茶乃陰中之陽，所以清頭目。

藥有寒、熱、溫、涼、平、和之氣，辛、甘、淡、苦、酸、鹹之味，升、降、浮、沉之性，宣、通、補、瀉之能。《内經》曰：補瀉在味，隨時換氣。故辛以散之，散其在表拂鬱也。甘以緩之，緩其大熱大寒也。淡以滲之，滲其内濕，利小便也。苦以泄之，泄其上升之火也。酸以收之，收其精散之氣也。鹹以軟之，軟其燥結之火也。春氣温而宜用涼藥，夏氣熱而宜用寒藥，秋氣涼而宜用溫藥，冬氣寒而宜用熱藥。此特四時之正耳。若病與時違，又不拘此例也。假如夏月忌發散，苟表實極重之症，雖用麻黄一兩何妨。其餘可以例推。病在上而宜用升藥，病在下而宜用降藥，病在外而宜用浮藥，病在内而宜用沉藥。故《經》曰：升、降、浮、沉則順之。謂順其升、降、浮、沉藥味之性也。寒、熱、溫、涼則逆之。謂逆其寒、熱、溫、涼之病也。

明・蔡正言《甦生的鏡》上部卷二　辯用藥寒溫論　夫發表之藥，用溫；攻裏之藥，用寒；溫裏之藥，用熱。蓋表有邪，則為陽虛陰盛，溫之乃所以為陽。陽有所助而長，則陰邪所由以消。故用辛甘溫之劑發散為陽，此指發表之藥用溫者，明矣。裏既有邪，則為陰虛陽盛。寒之以助陰而抑陽，陽受其抑則微，而真陰所由以長，故用酸苦湧泄為陰。此指攻裏之藥用寒者，明矣。陰經自受寒邪，則為藏病，主陽不足而陰有餘，故用辛熱之劑以助陽抑陰。此指溫裏之藥用熱者，明矣。表有邪，不汗之，其邪何從而去？裏有邪，不下之，其邪從何而去？腑有寒，不溫之，其寒從何而除？此三者所謂用藥說也。

明・繆希雍《本草經疏》卷一　原本藥性氣味生成指歸　夫物之生也，必稟乎天。其成也，必資乎地。天布令，主發生，寒熱溫涼，四時之氣行焉，陽也；地凝質，主成物，酸苦辛鹹甘淡，五行之味滋焉，陰也。故知微寒微溫者，春之氣也；大溫熱者，夏之氣也；大熱者，長夏之氣也；涼者，秋之氣也；大寒者，冬之氣也。凡言微寒者，稟春之氣以生，春氣升而生；言溫熱者，感夏之氣以生，夏氣散而長；言大熱者，感長夏之氣以生，長夏之氣耎而化；言平者，感秋之氣以生，平即涼也，秋氣降而收；言大寒者，感冬之氣以生，冬氣沉而藏。此物之氣得乎天者也。天一生水，地六成之。地二生火，天七成之。天三生木，地八成之。地四生金，天九成之。天五生土，地十成之。水曰潤下，潤下作鹹。火曰炎上，炎上作苦。木曰曲直，曲直作酸。金曰從革，從革作辛。土爰稼穡，稼穡作甘。本乎天者親上，本乎地者親下。氣味多少，各從其類也。凡言酸者，得木之氣；言辛者，得金之氣；言鹹者，得水之氣；言苦者，得火之氣；言甘者，得土之氣。惟土也，寄王於四季。生成之數皆五，故其氣平，其味甘而淡，其性和而無毒。土德沖和，感而類之，莫或不然。固萬物之所出，亦萬物之所入乎？此物之味，資乎地者也。氣之毒者必熱，味之毒者必辛。炎黄言味而不加氣性者何也？蓋古文尚簡，故秖言味。物有味，必有氣，有氣斯有性，自然之道也。氣味生成，原本乎是。知其所自，則思過半矣。

明・倪朱謨《本草彙言》卷二〇《摘〈靈〉〈素〉兩經要句以爲用藥綱領》

氣味陰陽會稽張景岳介賓甫註。　《素問・六節藏象論》：岐伯曰：天食人以五氣，地食人以五味。天以五氣食人者，臊氣入肝，焦氣入心，香氣入脾，腥氣入肺，腐氣入腎也。地以五味食人者，酸味入肝，苦味入心，甘味入脾，辛味入肺，鹹味入腎也。五氣入鼻，藏于心肺。上使五色修明，音聲能彰。五氣入鼻，由喉而藏于心肺，以達五藏。心氣充則五色修明，肺氣充則聲音彰著。蓋心主血，故華于面；肺主氣，故發于聲。五味入口，藏於腸胃。味有所藏，以養五氣。氣和而生，津液相成，神乃自生。五味入口，由咽而藏于腸胃。胃藏五味，以養五藏之氣，而化生津液以成精。精氣充而神自生，人生之道，止于是耳。而其所以成之者，則在于天之氣、地之味。氣味之切于用者，則在乎藥食之間而已。

《靈樞・五味篇》：伯高曰：胃者，五藏六府之海也。胃者，水穀氣血之所聚也。水穀皆入於胃，五藏六府皆稟氣於胃。氣味之正者，莫如水穀。水穀入胃，以養五藏，故藏府者，皆禀氣于胃，而胃爲五藏六府之本。五味各走其所喜。穀味酸，先走肝；穀味苦，先走心；穀味甘，先走脾；穀味辛，先走肺；穀味鹹，先走腎。五藏嗜欲不同，各有所喜，故五味之走，亦各有先。然既有所先，必有所後，而生克佐使，五藏皆有相涉矣。穀氣津液已行，營衛大通，乃化糟粕，以次傳下。人受氣于穀，故穀氣入于營衛，其糟粕之質，降爲便溺，以次下傳，而出于大腸膀胱之竅。〇又曰：穀始入於胃，其精微者，先出於胃，之兩焦，以溉五藏。別出兩行營衛

之道。穀之精氣，先出于胃，即中焦也。而後至上下兩焦，以溉五藏。之，至也。溉，灌注也。兩行，言清者入營，營行脉中；濁者入衛，衛行脉外。故營主血而濡于內，衛主氣而布于外。以分營衛之道。其大氣之摶而不行者，積于胸中，命曰氣海。出于肺，循喉咽，故呼則出，吸則入。大氣，宗氣也。摶，聚也。循，由也。氣海，即上氣海，一名膻中，居于膈上。蓋人有三氣，營氣出于中焦，衛氣出于下焦，宗氣積于上焦。出于肺，由喉嚨而爲呼吸出入，故曰氣海。天地之精氣其大數，常出三入一，故穀不入，半日則氣衰，一日則氣少矣。人之呼吸，通天地之精氣，以爲吾身之真氣。故真氣者，所受于天，與穀氣并而充身也。然天地之氣，從吸而入；穀食之氣，從呼而出。總計出入大數，則出者三分，入止一分。惟其出多入少，故半日不食，則穀化之氣衰；一日不食，則穀化之氣少矣。知氣爲吾身之寶而得養氣之玄者，可以語道矣。

《靈樞・五味論》：黄帝問曰：五味入于口也，各有所走，各有所病。酸走筋，多食之令人癃；鹹走血，多食之令人渴；辛走氣，多食之令人洞心；苦走骨，多食之令人變嘔；甘走肉，多食之令人悗心。願聞其故。少俞答曰：酸入于胃，其氣濇以收，上之兩焦，弗能出入也。謂上中二焦澀結不舒也。不出即留于胃中。胃中和溫，則下注膀胱。膀胱之胞薄以懦，得酸則縮，綣約而不通，水道不行故癃。綣，不分也，約，束也。癃，小水不利也。味過于酸，則上之兩焦，弗能出入。若留于胃中，則爲吞酸等疾。若胃中溫和，不留則下注膀胱。膀胱得酸則縮，故爲癃也。〇愚按：《陰陽別論》有云女子胞者，《氣厥論》有云胞移熱于膀胱者，《五音五味篇》有云衝脉、任脉皆起于胞中者，凡此胞字，乃以子宮爲言也。此節云膀胱之胞者，其音抛，以溲脬爲言也。故在本篇特加膀胱二字，以明此非子宮，正欲辯其疑似耳。奈何後人不解其意，遂認膀胱與胞爲二物。夫脬即膀胱，膀胱即脬也。焉得復有一物耶？知者當詳察之。陰者，積筋之所終也，故酸入而走筋矣。陰者，陰器也。積筋者，宗筋之所聚也。肝主筋，其味酸，故內爲膀胱之癃，而外走肝經之筋也。又《宣明五氣篇》曰：酸走筋，筋病無多食酸。黄帝曰：鹹走血，多食之令人渴，何也？少俞曰：鹹入于胃，其氣上走中焦，注于脉，則血氣走之。血與鹹相得則凝，凝則胃中汁注之。注之則胃中竭，竭則咽路焦，故舌本乾而善渴。血脉者，中焦之道也。故鹹入而走血矣。血爲水，化鹹亦屬水，鹼與血相得，故走注血脉。若味過于鹹，則血凝而結，水液注之，則津竭而渴。然血脉必化于中焦，故鹹入中焦而走血。又《宣明五氣篇》曰：鹹走血，血病無多食鹹。黄帝曰：辛走氣，多食之令人洞心，何也？少俞曰：辛入于胃，其氣走于上焦。上焦者，受氣而營諸陽者也。薑、韭之氣熏之，營衛之氣不時受之，久留心下，故洞心。辛與氣俱行，故辛入而與汗俱出。洞心，透心若空也。營諸陽，營養陽分也。辛味屬陽，故走上焦之氣分。過于辛，則開竅而散，故爲洞心、爲汗出。又《宣明五氣篇》曰：辛走氣，氣病無多食辛。黄帝曰：苦走骨，多食之令人變嘔，何也？少俞曰：苦入于胃，五穀之氣皆不能勝苦。苦入下脘，三焦之道皆閉而不通，故變嘔。齒者骨之所終也，故苦入而走骨，故入而復出，知其走骨也。苦味性堅而沉，故走骨。味過于苦，則抑遏胃中陽氣，不能運化，故五穀之氣不能勝之，三焦之道閉而不通，所以入而復出，其變爲嘔。又如齒爲骨之所終，苦通于骨，內不能受其氣，復從口齒而出，正因其走骨也。又《宣明五氣篇》曰：苦走骨，骨病無多食苦。黄帝曰：甘走肉，多食之令人悗心，何也？少俞曰：甘入于胃，其氣弱小，不能上至于上焦，而與穀留于胃中者，令人柔潤者也。胃柔則緩，緩則蟲動，蟲動則令人悗心。其氣外通于肉，故甘走肉。甘性柔緩，故其氣弱小，不能至于上焦。味過于甘，則與穀氣留于胃中，令人柔潤而緩，久則甘從濕化，致生諸蟲。蟲動于胃，甘緩于中，心當悗矣。悗，悶也。甘入脾，脾主肉，故甘走肉。《宣明五氣篇》曰：甘走肉，肉病無多食甘。

《陰陽應象大論》：黄帝曰：清陽爲天，濁陰爲地。地氣上爲雲，天氣下爲雨。雨出地氣，雲出天氣。此下言陰陽精氣之升降，以見天人一理也。天地者，陰陽之形體也。雲雨者，天地之精氣也。陰在下者爲精，精者水也。精升則化爲氣，雲因雨而出也。陽在上者爲氣，氣者雲也。氣降則化爲精，雨由雲而生也。自下而上者，地交于天也，故地氣上爲雲。又曰：雲出天氣，自上而下者，天交于地也。故天氣下爲雨。又曰：雨出地氣。《六微旨大論》曰：升已而降，降者謂天；降已而升，升者謂地。天氣下降，氣流于地；地氣上升，氣騰于天。可見天地之升降者，謂之雲雨；人身之升降者，謂之精氣。天人一理，此其爲最也。〇氣水同類，詳見後章。故清陽出上竅，濁陰出下竅。本乎天者親上，本乎地者親下也。上竅七，謂耳、目、口、鼻；下竅二，謂前後二陰。清陽發腠理，濁陰走五藏。腠理，肌表也。陽發散于皮膚，故清陽歸之；陰受氣于五藏，故濁陰走之。清陽實四支，濁陰歸六府。四支爲諸陽之本，故清陽實之。六府傳化水穀，故濁陰歸之。水爲陰，火爲陽。水潤下而寒，故爲陰；火炎上而熱，故爲陽。凡天地萬物之氣，無往而非水火之運用。故天以日月爲水火，《易》以坎離爲水火，醫以心腎爲水火，丹以精炁爲水火。夫腎者水也，水中生氣，即真火也。心者火也，火中生液，即真水也。水火互藏，乃至道之所在，醫家首宜省察。陽爲氣，陰爲味。氣無形而升，故爲陽；味有質而降，故爲陰。此以藥石氣味言也。味歸形，形歸氣。歸，依投也。五味生精血以成形，故味歸于形。形之存亡，由氣之聚散，故形歸于氣。氣歸精，氣者，真氣也。所受于天，與穀氣并而充身者也。人身精血，由氣而化，故氣歸于精。精歸化，精者，坎水也。天一生水，爲五行之

最先，故物之初生，其形皆水。由精以化氣，由氣以化神。是水爲萬化之原，故精歸于化。精食氣，形食味。食，如子食母乳之義。氣歸精，故精食氣；味歸形，故形食味。化生精，萬物化生，必從精始，故化生精。前言精歸化者，言未化之前，由精爲化也。此言化生精者，言既化之後，由化生精也。氣生形，氣聚則形生，氣散則形死也。味傷形，氣傷精。味既歸形，而味有不節，必反傷形。氣既歸精，而氣有失調，必反傷精。精化爲氣，精化爲氣，謂元氣由精而化也。然上文既云氣歸精，是氣生精也。而此又曰精化氣，是精生氣也。二者似乎相反，而不知此正精氣互根之妙，以應上文天地雲雨之義也。夫陽化氣，既雲之類；陰成形，即雨之類。雨乃不生于地，而降于天之雲，氣歸精也。雲乃不出于天，而升于地之氣，精化爲氣也。人身精氣，全是如此。故氣聚則精盈，精盈則氣盛，精氣充而形自强矣。帝所以先舉雲雨爲言者，正欲示人以精氣升降之如此耳。氣傷于味。上文曰味傷形，則未有形傷而氣不傷者。如云味過于酸，肝氣以津，脾氣乃絶之類，是皆味傷氣也。陰味出下竅，陽氣出上竅。味爲陰故降，氣爲陽故升。味厚者爲陰，薄爲陰之陽；氣厚者爲陽，薄爲陽之陰。此言氣味之陰陽，而陰陽之中，復各有陰陽也。味爲陰矣，而厚者爲純陰，薄者爲陰中之陽；氣爲陽矣，而厚者爲純陽，薄者爲陽中之陰。味厚則泄，薄則通；氣薄則發泄，厚則發熱。陰味下行，故味厚者能泄于下，薄者能通利；陽氣上行，故氣薄者能泄于表，厚者能發熱也。壯火之氣衰，少火之氣壯。壯火食氣，少火生氣。火，天地之陽氣也。天非此火不能生物，人非此火不能有生。故萬物之生，皆由陽氣。但陽和之火則生物，亢烈之火反害物。故火太過則氣反衰，火和平則氣乃壯。壯火食氣，猶言火食此氣也。少火生氣，猶言氣食此火也。此雖承氣味而言，然造化之道，少則壯，壯則衰，自是如此，不特專言氣味者。

《至真要大論》：岐伯曰：辛甘發散爲陽，酸苦涌泄爲陰。鹹味涌泄爲陰，淡味滲泄爲陽。六者或收、或散、或緩、或急、或燥、或潤、或耎、或堅，以所利而行之，調其氣，使其平也。涌，吐也。泄，瀉也。滲泄，利小便及通竅也。辛、甘、酸、苦、鹹、淡，六者之性，辛主散、主潤，甘主緩，酸主收、主急，苦主燥、主堅，鹹主耎，淡主滲泄。《藏氣法時論》曰：辛散、酸收、甘緩、苦堅、鹹耎。故五味之用，升而輕者爲陽，降而重者爲陰。各因其利而行之，則氣可調而平矣。

寇宗奭曰：生物者氣也，成之者味也。以奇生則成而偶，以偶生則成而奇。寒氣堅，其味可用以耎。熱氣耎，其味可用以堅。風氣散，其味可用以收。燥氣收，其味可用以散。土者，沖氣之所生，沖氣則無所不和，故其味可用以緩。氣堅則壯，故苦可以養氣。脉耎則和，故鹹可以養脉。骨收則强，故酸可以養骨。筋散則不攣，故辛可以養筋。肉緩則不壅，故甘可以養肉。

李東垣曰：一陰一陽之謂道，偏陰偏陽之謂疾。陽劑剛勝，積若燎原，爲消狂、癰疽之屬，則天癸竭而榮涸。陰劑柔勝，積若凝冰，爲洞泄、寒中之病，則真火微而衛散。故大寒大熱之藥，當從權用之，氣平而止。

清・喻昌《醫門法律》卷一　申用藥不遠寒熱之律律一條，發明《内經》一條。

凡治病，用寒遠寒，用熱遠熱，其常也。不遠寒熱，其變也。若不知常變，一概施治，釀患無窮，醫之罪也。

發表不遠熱，攻裏不遠寒。不發不攻，而犯寒犯熱，寒熱内賊，其病益甚。故不遠熱則熱至，不遠寒則寒至，寒至則堅否，腹滿痛急，下利之病生矣。熱至則身熱，吐下霍亂，癰疽瘡瘍，瞀鬱注下，瞤瘛腫脹，嘔，鼽衄，骨節變，肉痛，血溢血泄，淋閟之病生矣。

治病惟發表不遠熱，非發表則必遠熱矣。惟攻裏不遠寒，非攻裏則必遠寒矣。不當遠而遠，當遠而不遠，其害俱不可勝言。

清・顧元交《本草彙箋・總略》　論藥性氣味生成原本出繆希雍　焉文云：人物均受氣於五行，人有五臟，物之氣與味，亦各有五，此物理自然，不繇造作。迺中古以降，生齒日繁，物類亦廣，安能一一而別其氣之孰爲寒，孰爲熱，味之孰爲甘，孰爲苦耶？仲淳以凡言微寒者，得春之氣；凡言酸者，得木之味等例；以挈其大凡，爲一部全書之旨；而總以生長收藏之候，決定物理，以合人身之臟腑經絡，因推原其所應治之病，可謂詳矣。特其所疏解證治，大似江陵直解，依文演釋，快論固多，冗汎亦不少。即《綱目》發明，亦祇舉其要者而言，何嘗逐節分疏乎？藥之治病，嘗有不可解者，原不必强解之，闕之可也。而仲淳欲以是求勝於前人，不亦卑乎？

夫物之生也，必稟于天。其成也，必資乎地。天布令，主發生，寒、熱、溫、涼四時之氣行焉，陽也。地凝質，主成物，酸、苦、辛、鹹、甘、淡五行之味滋焉，陰也。故知微寒微溫者，春之氣；大溫大熱者，夏之氣；大熱者，長夏之氣；涼者，秋之氣；大寒者，冬之氣。凡言微寒者，稟春之氣以生，春氣升而生。言大熱者，感長夏之氣以生，長夏之氣化。言平者，感秋之氣以生，平即涼也，秋氣降而收。言大寒者，感冬之氣以生，冬氣沉而藏。此物之氣，得乎天者也。天一生水，地六成之。地二生火，天七成之。天三生木，地八成之。地四生金，天九成之。天五生土，地十成之。水曰潤下，潤下作鹹。

火曰炎上，炎上作苦。木曰曲直，曲直作酸。金曰從革，從革作辛。土爰稼穡，稼穡作甘。本乎天者，親上；本乎地者，親下。氣有多少，各從其類也。凡言酸者，得木之氣。言辛者，得金之氣。言鹹者，得水之氣。言苦者，得火之氣。言甘者，得土之氣，惟土也，寄旺于四季。生成之數皆五，故其氣平，其味甘而淡，其性和而無毒。土德沖和，感而類之，莫或不然，此物之味，資乎地者也。氣之毒者必熱，味之毒者必辛。炎黄言味，而不及氣性者，何也？古文尚簡祇言味，物有味必有氣，有氣斯有性，自然之道也。氣味生成，原本於是，知其所自，則思過半矣。【略】

論藥性偏勝之害出繆希雍　焉文云：夫寒以熱救，熱以寒救，以偏救偏，虛補實瀉，可類推也。補亦偏耳，蕭何之約法，武侯之峻綱，皆所以救偏也。孰謂武侯不賢於蕭何哉？即以地黄丸論，有六味八味之分，一壯水之主，一益火之源，此人人能言之也，何至臨症用藥，不問偏陰偏陽，而概以附子等藥，爲治病服食之常劑？此特拘于陽能生陰，陰不能生陽之説，又固執引火歸源之論，而桂、附混施，恐無依之火，未必歸源，而陰火轉熾，未受陽生之益，而先貽壯火之患。慎齋云：寒藥甚不可多，熱藥甚不可久。藥果中病，猶不宜過劑。況藥與病相違，又況并無病之人，而亦漫投偏勝之物，反生乖舛耶？雖然予爲此言是亦偏也，特以救近世之偏于辛熱者。《經》云：上毒治病，十去其五；中毒治病，十去其七；無毒治病，十去其九。旨哉！言乎無毒之藥，猶宜致謹，況專於上毒者乎？仲景、河間、東垣，以逮丹溪，前後相去千五百年，而後世列之爲四大家。仲景治西北之真傷寒，非大辛大熱不能疏解。河間著熱論，而道廼一變。然治寒治熱，皆屬外感，而世人患内傷症十之六七，故得東垣以合之張劉二家，其道廼備。又有不善法古者，專任東垣，而偏于溫燥，故陰虛火動之説，又闢自丹溪，而其道愈全矣。自是以降，丹溪之學盛行。得其皮毛者，純用寒凉，而道乃大弊。立齋、慎齋兩先生相繼振起，人知鑒寒凉之失，而知、柏視爲毒草，流沿至今，而附子之禍爲烈。大抵古人之書，各乘時會。予亦因今日之時，會而言之，非過激也。

夫藥石，稟天地偏至之氣者也。雖醇和濃懿，號稱上藥，然所稟既偏，所至必獨。倘使用違其性之宜，則偏重之害，勢所必至。故凡有益於陽虛者，必不利於陰。有益於陰虛者，必不利於陽。能治燥者，必不宜於濕。治濕者，必不宜於燥。能破散者，不可以治虛。能收斂者，不可以治實。升不可以止升，降不可以療降。且寒又有時不宜於熱，熱有時不宜於寒。古人半夏有三禁，謂渴家、汗家、血家，仲景嘔家忌甘，酒家亦忌甘。王好古論肺熱忌人參之屬。諸如此類，莫可勝數。

清・郭章宜《本草匯》卷一　治療氣味　治療貴方藥合宜，方藥在氣味善用。氣者，天也。氣有四：溫熱者，天之陽；寒凉者，天之陰。陽則升，陰則降。味者，地也。味有六：辛、甘、淡者，地之陽；酸、苦、鹹者，地之陰。陽則浮，陰則沉。有使氣者，有使味者，有氣味俱使者，有先使氣後使味者，有先使味後使氣者，不可一例而拘。有一藥兩味或三味者，有一藥一氣或二氣者，或生熟異氣味，或根苗異氣味。熱者多，寒者少，寒不為之寒；寒者多，熱者少，熱不為之熱。或寒熱各半而成溫，或溫多而成熱，或凉多而成寒，不可一途而取。又或寒熱各半，晝服之則從熱之屬而升，夜服之則從寒之屬而降。至于晴日則從熱，陰雨則從寒，所從求類變化，猶不一也。乃升而使之降，須其抑也。沉而使之浮，須其載也。辛，散也，其行之也横。甘，緩也，其行之也上。苦，瀉也，其行之也下。酸，收也，其性縮。鹹，軟也，其性舒。上、下、舒、縮、横之不同如此。

清・李熙和《醫經允中》卷一　藥脉陰陽相配論　夫人六脉齊體，大小相等，則病易識，用藥寒熱單行，則劑易調，此十不得一也。至若陰居陽部，陽居陰部，即一部中一陽一陰，一陽二陰，一陰二陽之變甚多，有脉體略知，至用藥而舛者，何也？此但記藥性寒熱之治，能不察藥脉陰陽合一之妙用，故陰陽失配，而投劑差矣。爰脉有五臟陰陽也，藥亦有五臟陰陽也。人之血屬陰，氣屬陽；藥則味屬陰，氣屬陽，藥之入氣分而溫熱者，陽中之陽，入氣分而寒凉者，陽中之陰；入血分而溫熱者，陰中之陽，入血分而寒凉者，陰中之陰。脉居陽部而沉細微弱者，為陰乘陽；脉居陰部而沉細微弱者，為重陰；脉居陰部而浮大洪數者，為陽乘陰；脉居陽部而浮大洪數者，為重陽。如脉之陰居陽，則以藥之陽中之陽治之；脉之陽居陽，則以藥之陽中之陰治之；脉之陰居陰，則以藥之陰中之陽治之；脈之陽居陰，則以藥之陰中之陰治之。以藥性之陰陽，隨五臟而用，察陰陽之分數，合輕重而調，則藥脉相配，而病不難愈矣。

清・吴澄《不居集》卷二〇　偏寒偏熱　凡偏寒偏熱之藥，不可久服，中病即止，不可太過。太熱則消爍真陰，元陽上亢。太寒則傷脾敗胃，胃少泄

瀉。皆能致虛勞之症。

清・俞廷舉《金臺醫話》 藥察氣味　凡藥下咽，必有氣味，氣味與人相投，服之安然，即對症藥也。否，即參、茸至貴之藥，一不相投，即知中止，切不可强。然亦有初服不相安，及至三四帖後，如水融乳者，此又在認證之真確耳。余昔在興安，治一腎氣上逆症，人多誤認為怔忡，十三年療治不愈。余診脉後，開以八仙長壽方，加砂仁、沉香納氣歸腎，服一帖不相安，余限以連服四十帖自愈。後果然，此在認症之確耳。

清・熊煜奎《儒門醫宗》後集卷一 氣味宜忌補述增删舊本　通一子曰：氣屬陽，味屬陰。氣有四，寒、熱、溫、涼是也。味有六，酸、苦、甘、辛、鹹、淡是也。四氣易明，姑勿論。且論味，味有六，而藥則甚多，各有補瀉，各有宜忌。又必須審其性而合其氣，不得僅以味拘也。即如苦一味，《經》云：以苦發之者，麻黄、升麻、白芷、柴胡之屬也。以苦燥之者，蒼朮、白朮、木香、草蔻之屬也。以苦溫之者，桂、附、薑、椒、肉蔻、吴萸之屬也。以苦堅之者，續斷、杜仲、五味、訶子、首烏、沙苑之屬也。以苦泄之者，知、檗、芩、連之屬也。以苦下之者，大黄、芒硝之屬也。餘可類推。世醫未解經義，用之多訛，是不可不辨。其用純氣者，用其動而能行。用純味者，用其靜而能守。有氣味兼用者，和合之妙，貴乎相成，消息之機，最嫌相左。既欲適宜，尤當知忌，先避其害，後乘其利，一味不投，衆善俱棄。故欲表散者，酸寒宜審。欲降下者，升散慎入。外有降之不降，必用開提之法以為降者，是亦反佐之治法也。陽旺者，須知忌溫。陽衰者，毋犯沉寒。上實者忌升，下實者忌秘。上虚者忌降，下虚者忌泄。諸動者再動則散，諸靜者再靜即滅。甘勿施於中滿，苦勿施於假熱，辛勿施於火燥，鹹勿施於血枯。酸木最能剋土，脾氣虚者少用。陽中還有陰象，陰中復有陽訣。此方藥之大概也。

其二　通一子曰：氣味陰陽之辨，其旨甚微。陰主精，陽主氣，其於純駁喜惡，皆有妙用，不可不察。析而言之，陰者降，陽者升；陰者靜，陽者動；陰者柔，陽者剛；陰者怯，陽者勇。節次如左：一、氣味有主氣者，或能為精之母。有主精者，或能為氣之根。或為陰中之陽者，能動血中之氣。或為陽中之陰者，能顧氣中之精。此總論其全旨也。　一、氣味有純駁。純者，賦性馴良，儘堪施用。駁者，毒劣為害，不可浪施。此合下以純駁喜惡列其大綱。　一、氣味有喜惡，有素性之喜惡，有一時之喜惡。喜者相宜，取效更易。惡者見忌，不必強投。若喜惡與方證相左，亦不可偏執。　一、氣味之升降，升者或浮或散，降者或沉或利。宜升者勿降，宜降者勿升。又有升而後能降，降而後能升者，宜詳。　一、氣味之動靜，靜者藉其能守，動者藉其能走。走者可行，守者可安。　一、氣味之剛柔，柔者循而緩，剛者勁而急。緩者可和，急者可劫。非剛不足以去暴，非柔不足以濟剛。　一、氣味之勇怯，勇者自達病所，可賴出奇。怯者用以圖全，恃其平妥。此合上以升降、動靜、剛柔、勇怯，分其節目。　以上不止言藥之性味，凡飲食諸味宜忌，胥於此該之。

草木各一太極，萬物各有偏勝論　吳鞠通曰：古來著《本草》者，皆逐論其氣味本性，未嘗總論夫形體之大綱，生、長、化、收、藏之運用，兹特補之。蓋蘆主生，幹與枝葉主長，花主化，子主收，根主藏，木也。草則收藏皆在子。凡幹皆升，蘆勝於幹。凡葉皆散，花勝於葉。凡枝皆走，絡鬚勝於枝。凡根皆降，子勝於根。由蘆之升而長而化而收，子則復降而升而化而收矣。此草木各得一太極之理也。又曰：無不偏之藥，則無統治之方。如方書內所云某方通治某病，某方統治四時某病，皆不通之論也。近日方書盛行者，莫過汪訒庵《醫方集解》一書，其中此類甚多，以其書文理頗不謬，世多讀之，而不知其非也。天下有一方而可統治諸病者乎？得天地五運六氣之全者莫如人，人之本源雖一，而人之氣質則各有偏勝。如《內經》所載陰陽五等是也。降人一等，禽與獸也。降禽獸一等，木也。降木一等，草也。降草一等，金與石也。用藥治病者，用矯其偏，以藥之偏勝病之太過，故有宜用，有宜避者，合病情者用之，不合者避之而已，無好尚，無畏忌，惟病是從。醫者性情中正和平，然後可以用藥，自不犯於寒熱溫涼一家之固執，而亦無籠統治病之弊矣。

論說

宋・龐安時《傷寒總病論》卷一　龐曰：夫邪逆陰陽之氣，非汗不能全其天真。《素問》云：辛甘發散為陽，謂桂枝、甘草、細辛、薑、棗、附子之類，能復陽氣也。酸苦湧泄為陰，謂苦參、大青、葶藶、苦酒、艾之類，能復陰氣也。酸苦之藥既折熱復陰，亦當小汗而後利者。《經》云：身汗得而後利，

則實者可活是也。

宋・寇宗奭《本草衍义》卷一《序例上》 夫天地既判，生萬物者，惟五氣爾。五氣定位，則五味生；五味生，則千變萬化，至於不可窮已。故曰生物者氣也，成之者味也。以奇生，則成而耦；以耦生，則成而奇。寒氣堅，故其味可用以耎；熱氣耎，故其味可用以堅；風氣散，故其味可用以收；燥氣收，故其味可用以散。土者，沖氣之所生，沖氣則無所不和，故其味可用以緩。氣堅則壯，故苦可以養氣。脈耎則和，故鹹可以養脈。骨收則強，故酸可以養骨。筋散則不攣，故辛可以養筋。肉緩則不壅，故甘可以養肉。堅之而後可以耎，收之而後可以散，欲緩則用甘，不欲則弗用，用之不可太過，太過亦病矣。古之養生治疾者，必先通乎此；不通乎此，而能已人之疾者，蓋寡矣。【略】

藥有酸、鹹、甘、苦、辛五味，寒、熱、溫、涼四氣。今詳之：凡稱氣者，即是香臭之氣；其寒、熱、溫、涼，則是藥之性。且如鵝條中云：白鵝脂性冷，不可言其氣冷也，況自有藥性，論其四氣，則是香、臭、臊、腥，故不可以寒、熱、溫、涼配之。如蒜、阿魏、鮑魚、汗襪，則其氣臭；雞、魚、鴨、蛇，則其氣腥；腎、狐狸、白馬莖、裩近隱處、人中白，則其氣臊；沉、檀、龍、麝，則其氣香。如此則方可以氣言之。其序例中氣字，恐後世誤書，當改為性字，則于義方允。

金・張元素《醫學啟源》（任應秋輯本）卷下 五味所用 苦以瀉之，甘以緩之〔及〕發之，詳其所〔宜〕用〔之〕。酸以收之，辛以散之，鹹以軟之，淡以滲之。

宋・張杲《醫說》卷八 常服熱藥 夏文莊公性豪侈，稟賦異於人，纔睡則身冷如殭，一如逝者，既覺須令人溫之，良久方能動。人有見其陸行而車相連載一物巍然，問之乃綿帳也，以數千兩綿為之。常服仙茅、鍾乳、硫黃，莫知紀極，晨朝每食鍾乳粥，有小吏竊食之，遂疽發，幾不可救《筆談》。【略】

五味各有所歸 凡藥以酸養骨，辛養筋，鹹養脉，苦養氣，甘養肉，滑養竅。

元・張從正《儒門事親》卷一四 五苦六辛 五苦六辛，從來無解，蓋史家闕其疑也。一日，麻徵君以此質疑于張先生。先生亦無所應。行十五里，忽然有所悟，欣然迴告于麻徵君。以為五苦者，五臟為裏屬陰，宜用苦劑，謂苦涌泄為陰；六辛者，六腑為表屬陽，宜用辛劑，謂辛甘發散為陽。此其義也。徵君大服其識鑒深遠，鑿昔人不傳之妙。故曰知其要者，一言而終；不知其要者，流散無窮。

元・王好古《湯液本草》卷一《東垣先生〈藥類法象〉》 五味所用 苦泄，甘緩，酸收，鹹軟，淡滲泄，辛散。【略】

五方之正氣味製方用藥附 東方：甲風、乙木，其氣溫，其味甘，在人以肝膽應之。南方：丙熱、丁火，其氣熱，其味辛，在人以心、小腸、三焦、包絡應之。中央：戊濕，其本氣平，其兼氣溫涼寒熱，在人以胃應之。中央：己土，其本味鹹，其兼味辛甘酸苦，在人以脾應之。西方：庚燥、辛金，其氣涼，其味酸，在人以肺、大腸應之。北方：壬寒、癸水，其氣寒，其味苦，在人以腎、膀胱應之。

人乃萬物中之一也，獨陽不生，獨陰不長，須禀兩儀之氣而生化也。聖人垂世立教，不能渾說，必當分析，以至理而言，則陰陽相附不相離，其實一也。呼則因陽出，吸則隨陰入。天以陽生陰長，地以陽殺陰藏，此上說止明補瀉用藥君之一也。故曰：主病者為君。用藥之機會，要明輕清成象，重濁成形。本乎天者親上，本乎地者親下，則各從其類也。清中清者，清肺以助其天真；清中濁者，榮華腠理；濁中清者，榮養於神；濁中濁者，堅強骨髓。故《至真要大論》云：五味陰陽之用，辛甘發散為陽，酸苦湧泄為陰，淡味滲泄為陽，鹹味湧泄為陰，六者或收或散，或緩或急，或燥或潤，或軟或堅，各以所利而行之，調其氣使之平也。詳見本論。

元・王好古《湯液本草》卷二 五傷 多食鹹，則脈凝泣而變色。多食苦，則皮槁而毛拔。多食辛，則筋急而爪枯。多食酸，則肉胝腐而唇揭。多食甘，則骨痛而髮落。

五走 鹹走血，血病毋多食鹹。苦走骨，骨病毋多食苦。辛走氣，氣病毋多食辛。酸走筋，筋病毋多食酸。甘走肉，肉病毋多食甘。

夫五味入胃，各歸所喜，故酸先入肝，苦先入心，甘先入脾，辛先入肺，鹹先入腎。久而增氣，物化之常也；氣增而久，夭之由也。

元・忽思慧《飲膳正要》卷二 五味偏走 酸澀以收，多食則膀胱不利，爲癃閉；苦燥以堅，多食則三焦閉塞，爲嘔吐。辛味薰蒸，多食則上走於肺，榮衛不時而心洞；鹹味湧泄，多食則外注於脉，胃竭咽燥而病渴。甘

味弱劣，多食則胃柔緩而蟲過，故中滿而心悶。　辛走氣，氣病勿多食辛；鹹走血，血病勿多食鹹；　苦走骨，骨病勿多食苦；　甘走肉，肉病勿多食甘；　酸走筋，筋病勿多食酸。　肝病禁食辛，宜食粳米、牛肉、葵、棗之類；心病禁食鹹，宜食小豆、犬肉、李、韭之類；　脾病禁食酸，宜食大豆、豕肉、栗、藿之類。　肺病禁食苦，宜食小麥、羊肉、杏、薤之類；　腎病禁食甘，宜食黃黍、雞肉、桃、葱之類。　多食酸，肝氣以津，脾氣乃絶，則肉胝䐢而唇揭；多食鹹，骨氣勞短，肥氣折，則脉凝泣而變色；　多食甘，心氣喘滿，色黑，腎氣不平，則骨痛而髮落；　多食苦，脾氣不濡，胃氣乃厚，則皮槁而毛拔；　多食辛，筋脉沮弛，精神乃央，則筋急而爪枯。　五穀爲食，五菓爲助，五肉爲益，五菜爲充。　氣味合和而食之，則補精益氣。　雖然五味調和，食飲口嗜皆不可多也。　多者生疾，少者爲益。　百味珍饌，日有慎節，是爲上矣。

元・佚名氏《珍珠囊》〔見《醫要集覽》〕　五行五色五味五走五臟主禁例

東方之木，其色青，其味酸，其臟肝，肝主筋。木曰曲直，曲直作酸。酸走肝，筋病人毋多食酸。　南方之火，其色赤，其味苦，其臟心，心主血。火曰炎上，炎上作苦。苦走心，心病人毋多食苦。　西方之金，其色白，其味辛，其臟肺，肺主氣。金曰從革，從革作辛。辛走肺，氣病人毋多食辛。　北方之水，其色黑，其味鹹，其臟腎，腎主骨。水曰潤下，潤下作鹹。鹹走腎，骨病人毋多食鹹。　中央之土，其色黃，其味甘，其臟脾，脾主肉。土曰稼穡，稼穡作甘。甘走脾，肉病人毋多食甘。

元・徐彥純《本草發揮》卷四　五味所用　苦以瀉之，甘以發之及緩之，詳其所宜用之。酸以收之，辛以散之，鹹以軟之，淡以滲泄之。【略】

五味之用　苦直行而泄，辛横行而散，酸束而收歛，鹹止而軟堅，甘上行而發。　五入：　辛入肺，苦入心，甘入脾，酸入肝，鹹入腎。　五走：　辛走氣，氣病無多食辛。　苦走骨，骨病無多食苦。　酸走筋，筋病無多食酸。　鹹走血，血病無多食鹹。　甘走肉，肉病無多食甘。【略】

五多五傷　多食鹹則脉凝泣而變色，多食苦則皮槁而毛拔，多食辛則筋急而爪枯，多食酸則肉胝䐢而唇揭，多食甘則骨痛而髮落。此五味所傷也。

明・李湯卿《心印紺珠經》卷上《辨藥性第八》　氣　薄為陽中之陰。發泄。　厚為陽中之陽。發熱。

味　薄為陰中之陽。通利。　厚為陰中之陰。泄瀉。

明・劉純《醫經小學》卷一　藥本五味一首，集次見《內經・至真要大論》諸篇。

酸為木化氣本溫，能收能澀味肝經。苦因火化氣終熱，能燥能堅心藏丁。甘始土生氣化濕，能開緩滲從脾行。辛自金生氣帶燥，能散潤濡通肺竅。鹹從水化氣生寒，下走軟堅足腎導。淡之其為五行本，運用須知造化要。

明・陶華《傷寒家秘的本》　用藥寒溫辯　夫發表之藥用溫，攻裏之藥用寒，溫裏之藥用熱者，表既有邪，則為陽虛陰盛，溫之，乃所以為陽，陽有所助而長，則陰邪所由以消，故用辛甘溫之劑。發散為陽，此指發表之藥用溫者明矣。裏既有邪，則為陰虛陽盛，寒之，乃所以助陰而抑陽，陽受其抑則微，而真陰所由以長，故用酸苦之劑。瀉湧為陰，此指攻裏之藥用寒者明矣。陰經自受寒邪，則為臟病，主陽不足而陰有餘，故用辛熱之劑以助陽抑陰，此指溫經之藥用熱者明矣。表有邪不汗之，其邪何從而去？裏有邪不下之，其邪何從而出？臟有寒不溫之，其寒何從而除？此三者，所謂用藥寒溫辯也。

明・盧和、汪穎《食物本草》卷四味類　右五味，所以調和飲食，日用不可無者。《素問》曰，陰之所生，本在五味；人之五宮，傷在五味。蓋人之有生，賴乳哺、水穀之養，而陰始成。乳哺、水穀，五味具焉，非陰之所生於五味乎？五味益五臟，過則傷焉。如甘喜入脾，過食甘則脾傷；苦喜入心，過食苦則心傷；鹹喜入腎，過食鹹則腎傷；酸喜入肝，過食酸則肝傷；辛喜入肺，過食辛則肺傷。非五宮之傷於五味乎？況醬醋之味，皆人為之，尤能傷人。故曰：厚味發熱。人若縱口腹之欲，飲食無節，未有不致病而夭其天年者矣。故飯糗茹草不害虞舜，惡酒菲食不害夏禹，蔬食菜羹不害孔子。夫聖人尚如此，況其下者乎？所以然者，又在於養心。養心莫善於寡欲，欲者，飲食類也。飲食不可絶，而可寡也。覽者宜自得焉。

明・陳嘉謨《本草蒙筌・總論》　四氣　凡稱氣者，是香臭之氣。其寒熱溫涼，是藥之性。且如鵝條中云：白鵝脂性冷，不可言其氣冷也。況自有藥性，論其四氣，則是香臭臊腥，故不可以寒熱溫涼配之。如蒜、阿魏、鮑魚、汗襪，則其氣臭；雞、魚、鴨、蛇，則其氣腥；狐狸腎、白馬莖、近陰處、人中白，則其氣臊；沉、檀、腦、麝，則其氣香。如此方可以氣言之。其古本序例中，併各條內氣字，恐或後世誤書，當改為性字，于義方允，仍寒熱溫涼四性。五味之中，每一味各有此四者，如辛之屬，則有硝石、石膏、乾薑、桂、

附、半夏、細辛、薄荷、荊芥之類；　甘之屬，則有滑石、凝水石、餳飴、酒、棗、參、耆、甘草、乾葛、粳米之類；　苦之屬，則有大黃、枳實、厚朴、酒、糯米、白术、麻黃、竹茹、梔子之類；　鹹之屬，則有澤瀉、犀角、陽起石、皂莢、文蛤、白華、水蛭、牡蠣之類；　酸之屬，則有商陸、苦酒、硫黃、烏梅、五味子、木瓜、芍藥之類。　此雖不足以盡舉，大抵五味之中，皆有四者也。

五味　天地既判，生萬物者惟五氣耳！　五氣定位則五味生，五味生則千變萬化，不可窮已。　故曰：　生物者，氣也。　成之者，味也。　以奇生則成而耦，以耦生則成而奇。　寒氣堅，故其味可用以耎；　熱氣耎，故其味可用以堅；　風氣散，故其味可用以收；　燥氣收，故其味可用以散。　土者，中氣所生，無所不和，故其味可用以緩。　氣堅則壯，故苦可以養氣；　脉耎則和，故鹹可以養脉；　骨收則強，故酸可以養骨。　筋散則不攣，故辛可以養筋；　肉緩則不壅，故甘可以養肉。　堅之而後可耎，收之而後可散。　欲緩則用甘，不欲則弗用。　用之不可太過，太過亦病矣。　治疾者，不通乎此，而能已人之疾者，吾未之信焉。

明・孫一奎《醫旨緒餘》卷下　王節齋《本草集要》參耆論　或有問於生生子曰：　觀子視病用藥，嘗於各家所長中求之，亦未嘗見子純用參耆，何獨於此便便不絕口耶？　予曰：　予之便便，蓋欲白王公之冤，而針時師之癖也。　王公以六經出身，行軒岐之道，著書立言，生生之志廓然矣。　觀其書羽翼丹溪，固欲成人之美者，蓋丹溪掃溫補之弊。　其書雖行，後之人顛倒於其間者，猶未斬然而截迹也。　故王公亹亹告戒，常恐後之人不遵丹溪陰虛之說，而闖溫補之藩。　豈意後人不究其原，而于告戒之處，則一概木偶而泥塑？　凡遇發熱咳嗽見紅之疾，不察病因，不詢兼症，則曰此正王公陰虛火動，忌用參耆之病也，當以滋陰降火治之。　冤哉！　冤哉！　王公欲成人之美者，詎謂釀禍迨今不已耶。　何者時師誦王公之書於雜著，則曰是拳拳於滋陰也。　誦本草於參耆，則曰是溫也。　積溫可以成熱，此陽也。　陽旺則陰愈消，肺寒則可服，肺熱反傷肺等語，時不徹口，間欲有用之者，則眾起而排之，乃曰參耆豈易服者耶？　服則殺人。　是以病家亦相安於滋陰，雖死而無悔也。　識卓理融者，每為之束手，正如一傅眾咻，欲求不寒心也難矣。　推王公之心，抑何嘗謂參耆不補陰，而特補陽哉？　觀其序《本草集要》云古人因病以立方，非製方以待病，學醫之道，莫先於讀本草，藥性明，然後學處方云云，時師觀書，只識吹毛求疵，安知通章大義？　又安知寓意之處，如古人諷諫之謂也？　王公《本草集要》於人參條下云味甘氣溫微寒云云，夫既主補五臟，安精神，定魂魄，止驚悸，除邪氣，明目，開心益志，調中生津，通血脉，治五勞七傷。　已上症誰謂非五臟之陰虛者耶？　王公曷為不刪而略之？　王公蓋以其味甘，氣雖溫，而又有微寒在焉。　故集此為補陰者之法眼也。　雖有肺受火邪喘嗽及陰虛火動，勞嗽吐血勿用之語，蓋指不當補而補之者。　觀其復引仲景治亡血脉虛，以此補之，謂氣虛血弱，故補其氣而血自生，陰生於陽，甘能生血也。　以通章大義觀之，王公何嘗道人參不補陰也？　丹溪治陰虛咳嗽瓊玉膏，葛可久治吐血獨參湯，義皆孚此。　於黃耆條下云味甘、氣微溫云云，夫既補丈夫虛損，五勞羸瘦，補中生血，補肺氣，實皮毛，瀉陰火，為退熱之聖藥；治虛勞自汗，無汗則發，有汗則止；　又治消渴腹痛，泄痢腸風，血崩帶下，月候不勻，產前後一切痛，補腎、三焦、命門元氣藥中，呼為羊肉。　已上症誰謂非五臟之陰虛者耶？　王公曷為不刪而略之？　王公亦以其甘能生血，且其氣微溫，是以能溫分肉而實皮毛。　以通章大義觀之，王公何嘗道黃芪不補陰也？　東垣治血虛發熱，以黃芪一兩，當歸二錢，名曰補血湯；　治盜汗用當歸六黃湯，以黃芪為君，義皆本此。　夫本草之所以集者，特述其藥性之剛柔，氣味之溫涼，補瀉之專功，以為立方治病之準，誰謂通章之義不足憑，而於一句積溫成熱之說獨可據哉？　必如時師所言，養血藥中以四物湯為主，加黃栢、知母，就為滋陰降火之妙劑，則愜然服之而無疑，抑不思當歸味甘辛氣溫，川芎味辛氣溫，當歸雖補血，亦能破血，以其甘中有辛也；　川芎上行頂巔，下行血海，乃血中之氣藥也。　治一切氣，溫中散寒，開鬱行氣，燥濕。　又曰久服則走散真氣，蓋辛散故也。　較之於參耆補性優劣為何如？　俱一本草語也，俱王公所集要也。　時師既宗王公，乃不畏芎歸之辛，而獨畏參耆之甘，抑何僻也？　《丹溪心法》傳中，羅成之云先生猶以芎、歸之性辛溫，而非陰虛者所宜服，況其他乎？　時師既遵王公，當求王公之所自，知王公之所自，則可以知丹溪之用心矣。　予故曰：　丹溪謂陰虛者，救時之言也。　王公道陰虛者，成人之美者也。　時師言陰虛者，偏而僻者也。　畏人參如虎者，此又丹溪、王公之罪人，悞天下之蒼生者也。　予之便言，豈好辨哉？　願為王公之忠臣耳。

明・李時珍《本草綱目》卷一《序例》　時珍曰：　寇氏言寒、熱、溫、涼是

性，香、臭、腥、臊是氣，其説與《禮記》文合。但自《素問》以來，只以氣味言，卒難改易，姑從舊爾。

好古曰：味有五，氣有四。五味之中，各有四氣。如辛則有石膏之寒，桂、附之熱，半夏之溫，薄荷之涼是也。氣者天也，味者地也。溫熱者天之陽，寒涼者天之陰；辛甘者地之陽，鹹苦者地之陰。本草五味不言淡，四氣不言涼，只言溫、大溫、熱、大熱、寒、大寒、微寒、平、小毒、大毒、有毒、無毒，何也？淡附於甘，微寒即涼也。【略】

五味宜忌　岐伯曰：木生酸，火生苦，土生甘，金生辛，水生鹹。辛散，酸收，甘緩，苦堅，鹹軟。毒藥攻邪，五穀爲養，五果爲助，五畜爲益，五菜爲充，氣味合而服之，以補精益氣。此五味各有所利，四時五臟，病隨所宜也。又曰：陰之所生，本在五味；陰之五宮，傷在五味。骨正筋柔，氣血以流，腠理以密，骨氣以清，長有天命。又曰：聖人春夏養陽，秋冬養陰，以從其根，二氣常存。春食涼，夏食寒，以養陽；秋食溫，冬食熱，以養陰。

五欲肝欲酸，心欲苦，脾欲甘，肺欲辛，腎欲鹹，此五味合五臟之氣也。

五宜青色宜酸，肝病宜食麻、犬、李、韭。赤色宜苦，心病宜食麥、羊、杏、薤。黄色宜甘，脾病宜食粳、牛、棗、葵。白色宜辛，肺病宜食黄黍、鷄、桃、葱。黑色宜鹹，腎病宜食大豆黄卷、猪、栗、藿。

五禁肝病禁辛，宜食甘，粳、牛、棗、葵。心病禁鹹，宜食酸，麻、犬、李、韭。脾病禁酸，宜食鹹，大豆、豕、栗、藿。肺病禁苦，宜食麥、羊、杏、薤。腎病禁甘，宜食辛，黄黍、鷄、桃、葱。

思邈曰：春宜省酸增甘以養脾，夏宜省苦增辛以養肺，秋宜省辛增酸以養肝，冬宜省鹹增苦以養心，四季宜省甘增鹹以養腎。

時珍曰：五欲者，五味入胃，喜歸本臟，有餘之病，宜本味以通之。五禁者，五臟不足之病，畏其所勝，而宜其所不勝也。

五走酸走筋，筋病毋多食酸，多食令人癃。酸氣澀收，胞得酸而縮卷，故水道不通也。苦走骨，骨病毋多食苦，多食令人變嘔。苦入下脘，三焦皆閉，故變嘔也。甘走肉，肉病毋多食甘，多食令人悗心。甘氣柔潤，胃柔則緩，緩則蟲動，故悗心也。辛走氣，氣病毋多食辛，多食令人洞心。辛走上焦，與氣俱行，久留心下，故洞心也。鹹走血，血病毋多食鹹，多食令人渴。血與鹹相得則凝，則胃汁注之，故咽路焦而舌本乾。《九針論》作鹹走骨，骨病毋多食鹹。苦走血，血病毋多食苦。

五傷酸傷筋，辛勝酸。苦傷氣，鹹勝苦。甘傷肉，酸勝甘。辛傷皮毛，苦勝辛。鹹傷血，甘勝鹹。

五過味過於酸，肝氣以津，脾氣乃絶，肉胝傷腸而唇揭。味過於苦，脾氣不濡，胃氣乃厚，皮槁而毛拔。味過於甘，心氣喘滿，色黑，腎氣不平，骨痛而髮落。味過於辛，筋脈沮絶，精神乃失，筋急而爪枯。味過於鹹，大骨氣勞，短肌，心氣抑，脈凝澀而變色。

時珍曰：五走五傷者，本臟之味自傷也，即陰之五宮，傷在五味也。五過者，本臟之味伐其所勝也，即臟氣偏勝也。【略】

五味偏勝　岐伯曰：五味入胃，各歸所喜。酸先入肝，苦先入心，甘先入脾，辛先入肺，鹹先入腎。久而增氣，物化之常；氣增而久，夭之由也。

王冰曰：入肝爲溫，入心爲熱，入肺爲清，入腎爲寒，入脾爲至陰而四氣兼之，皆爲增其味而益其氣。故各從本臟之氣，久則從化。故久服黄連、苦參反熱，從苦化也。餘味仿此。氣增不已，則臟氣偏勝，必有偏絶；臟有偏絶，必有暴夭。是以藥不具五味，不備四氣，而久服之，雖暫獲勝，久必致夭。故絶粒服餌者不暴亡，無五味資助也。

杲曰：一陰一陽之謂道，偏陰偏陽之謂疾。陽劑剛勝，積若燎原，爲消狂癰疽之屬，則天癸竭而榮涸。陰劑柔勝，積若凝水，爲洞泄寒中之病，則真火微而衛散。故大寒大熱之藥，當從權用之，氣平而止。有所偏助，令人臟氣不平，夭之由也。

明·楊崇魁《本草真詮》卷下一集　諸品藥性陰陽論　天有陰陽：風、寒、暑、濕、燥、火。三陰三陽上奉之。溫、涼、寒、熱，四氣是也。溫、熱者，天之陽也。寒、涼者，天之陰也。此乃天之陰陽也。

地有陰陽：金、木、水、火、土。生、長、化、收、藏下應之。辛、甘、淡、酸、苦、鹹五味是也。辛、甘、淡者，地之陽也。酸、苦、鹹者，地之陰也。此乃地之陰陽也。

味之薄者，為陰中之陽，味薄則通，酸、苦、鹹、平是也。味之厚者，為陰中之陰，味厚則泄，酸、苦、鹹、寒是也。

氣之厚者，為陽中之陽，氣厚則發熱，辛、甘、溫、熱是也。氣之薄者，為陽中之陰，氣薄則發泄，辛、甘、淡、平、寒、涼是也。

氣味辛甘發散為陽，酸苦湧泄為陰，清陽發腠理，清之清也。清陽實四肢，清之濁者也。濁陰歸六腑，濁之濁者也。濁陰走五臟，濁之清者也。

【略】

今將溫、涼、寒、熱、平，別為升、降、浮、沉，並炮製法，與天五氣證治所未

盡載者，再加詳具於後。

溫性藥品　白豆蔻：　味辛，氣大溫。升也，陽也。味薄氣厚，無毒。入手太陰肺經。《論》云：　別有清高之氣，上焦元氣不足，以此補之。凡用去皮。　草豆蔻：　味(太)〔大〕辛，氣溫。浮也，陽也。無毒。入足太陰、陽明二經。凡使用真者，麪裹煨熟，研碎，入藥用。　細辛：　反藜蘆。忌生菜。畏硝石、滑石。惡狼毒、山茱萸、黄芪。味大辛，氣溫。氣厚於味，升也，陽也。無毒。少陰經藥，手少陰引經之藥。《象》云：　治本經頭痛如神。當少用之。獨活為使。東垣云：　溫陰經，散內寒，治邪在裏之表。凡用去蘆頭并葉。華州者妙。　川芎：　白芷為之使。反藜蘆。畏硝石、滑石、黄連。惡黄芪、山茱〔萸〕、狼毒。味辛，氣溫。升也，陽也。無毒。少陽經藥，入手足厥陰經。生川蜀者名雀腦芎，用治凡病證俱優。産歷陽者名馬啣芎，含止齒根血獨妙。京芎專療偏頭痛，台芎只散風去濕。撫芎開鬱寬胸，乃血中氣藥，單服久服，則能走散真氣，令人暴亡，務加他藥佐之，中病便已。　仙茅：　味辛，氣溫，有毒。傳云：　十斤乳石，不及一斤仙茅。蓋表其功力也。咀禁鐵器。宜烏豆水浸一宿，酒拌蒸半日，晒乾。忌牛肉、牛乳。誤服中毒舌脹者，急飲大黄、朴硝數杯，仍以末糝舌間，遂愈也。　白芷：　當歸為之使。惡旋覆花。味辛，氣溫。氣味俱輕，升也，陽也。無毒。陽明經引經藥，手足陽明本經藥。不蛀者良。黄澤者効速。療漏下赤白，宜炒黑用。　桂枝：　味辛，氣溫，無毒。入足太陰經。氣味俱輕，故能上行，發散於表。秋冬下部腹痛，非此不除。若春夏，須斟酌用之。　益智子：　味辛，氣溫，無毒。入足太陰脾經、少陰腎經。主君相二火。凡用去皮。　烏藥：　味辛，氣溫。氣厚於味，陽也。無毒。諸冷能除，凡氣堪順。天台者香白可愛，不及海南者力大。　巴豆：　芫花為之使。反牽牛。忌蘆笋、醬、豉、冷水。畏大黄、藜蘆、黄連。得火為良。味辛，氣溫。生溫熟寒，性烈，浮也。陽中之陽，氣薄味厚，體重而降。有大毒。凡資治病，緩急宜分。急攻為通利推轂之方，去淨皮心膜油，生用。緩攻為消摩堅積之劑，炒令煙盡黄黑熟加。丹溪云：　能去胃中寒積，無寒積者忌之。　檀香：　味辛，氣溫。陽中微陰。無毒。專入肺腎臟，通行陽明經。紫者味鹹，氣微寒，無毒。最消腫毒熱痛。東垣云：　檀能調氣而清香，引芳香之物上行，至於極高之分也。　丁香：　味辛，氣溫。屬火有金，純陽。無毒。顆有雌雄，雌者力大。皮止齒痛，根敷風腫，花止五色毒痢，乳頭綻裂。　麝香：　味辛，氣溫，無毒。能通關竅，吐痰逐血。若中風初時，用恐入脾，治內引風深入，如油入麪，莫之能出，切不可也。　沉香：　味辛，氣微溫。陽也。無毒。補相火，益陰助陽，養諸氣，通天徹地。《衍義》云：　保固衛氣，為上品藥。今人多以烏藥摩服，走散滯氣。獨行則勢弱，與他藥相佐，當緩取効。有益無損，餘藥不可方也。　欵冬花：　杏仁為之使。得紫菀良。畏麻黄、辛夷、貝母。仍畏黄芩、黄連、黄芪、青葙子。惡硝石、皂角、玄參。味辛、甘，氣溫。陽也。無毒。凡用須嫩蕋，去向外裹花零殼，甘草湯浸一宿，待乾，揉碎用。　菟絲子：　薯蕷、松脂為之使。味辛、甘，氣平、溫，無毒。水洗去砂，以酒漬，杵爛，捏成薄餅，向日曝乾，研末為丸，不堪煎液。　杜仲：　惡玄參、蛇蜕。味辛、甘，氣平，溫。氣味俱薄，降也，陽也。無毒。能益精腎，補腰膝神功。亦治婦人胎臟不安，産後諸疾。凡用薑汁潤透，炒去絲，或去皮，酒蜜塗炙。　巴戟：　味辛、甘，氣微溫，無毒。連珠肉厚者勝。今多以紫色為良，貨者用黑豆煎水沃之，紫雖假成，殊失氣味，須擘破視之，其中紫而解潔者，偽也。惟中紫而有微白(慘)〔糝〕如粉色，理小暗者為真。凡用須酒浸過宿，曝乾。　生薑：　秦椒為之使。殺半夏毒、莨菪毒。惡黄連、黄芩、天鼠糞。味辛、甘，氣微溫，無毒。氣味俱輕，升也，陽也。去皮則熱，留皮則冷。與芍藥同用，溫經散寒，嘔家之聖藥。無病人夜不宜服之，夜宜靜，薑動氣故也。　乾薑：　味辛，氣溫，大熱。味薄氣厚，可升可降，陽中之陰。無毒。使同生薑。生用辛能發散，入肺利氣。炮則微苦，故止而不移，能溫脾理中。又炮與補陰藥同用，能引血入氣分生血。炒黑又能止血。　紅藍花：　味辛、甘、苦，氣溫。陰中之陽。無毒。多用則破血通經，酒煮為妙。少用則入心養血，水煎却宜。　商陸：　味辛、甘、酸，氣溫，無毒。根有赤白二種，白者利水，對證可煎。赤者有毒，貼腫堪用。倘鹵莽誤服，必痢血喪身。且墜胎妊，孕(服)〔婦〕忌服。

高良薑：　味辛、苦，氣大溫。純陽。無毒。子名紅荳蔻，辛溫，善解酒毒，功專於調中下氣。觀其主治可見矣。　菖蒲：　秦艽為之使。惡地膽、麻黄。忌飴糖、羊肉。味辛、苦，氣溫，無毒。一寸九節者佳。凡用竹刀刮上黄黑硬節皮，搗碎入藥。勿犯鐵器，令人吐逆。　延胡索：　味辛、苦，氣溫，無毒。入太陰脾、肺二經。又云：　走肝經，鹽水拌炒，咀片，入藥主腎氣。

藁本：　惡藺茹、青葙。味辛、苦，氣溫。氣厚味薄，升也，陽也。無毒。太陽

經藥。氣力雄壯，風濕通用。頭風巔頂痛不可缺也。　縮砂：　得訶子、鱉甲、豆蔻、白蕪荑良。味辛、苦，氣溫，無毒。與益智、人參為使入脾，與白檀、豆蔻為使入肺，黃栢、茯苓為使，入膀胱、腎，赤白石脂為使入大小腸。能通行結滯，故止痛如神。　檳榔：　味辛、苦，氣溫。味厚氣薄，降也，陰中陽也。無毒。性重墜，專破滯氣，若服過多，又瀉胸中至高氣也。凡用須細認，頭員身形矮者是榔，身形尖紫又麄者是檳，檳力小，榔力大。勿經火，恐無力。若熟使，不如不用。　陳皮：　味辛、苦，氣溫，無毒。可升可降，陽中陰也。陳久者良。東垣曰：　留白補胃和中，去白消痰利滯。治雖分二，用不宜單。君白朮則益脾，單則損脾。佐甘草則補肺，單服則瀉肺。橘紅氣味稍緩，胃虛氣弱者宜。核止腰痛、疝痛。葉行肝氣，(放)〔敷〕乳癰、脇癰聖藥。按：　青皮、陳皮一種，枳實、枳殼一種，因其遲早收採，時分老嫩而立名也。嫩者性酷，治下，青皮、枳實相同。老者性緩，治高，陳皮、枳殼無異。四藥主治並以導滯消痞為專，雖高下不同，其瀉氣則一，久服必損真元，故必以甘補之藥為君，少加輔佐，庶不失於偏勝也。　乳香：　味辛、苦，氣溫。陽也。無毒。治同諸香，但能益精，補腰膝為異耳。凡用須竹籦火上炙至煙盡存性，方研細用。　(莞)〔芫〕花：　決明為之使。反甘草。味辛、苦，氣溫，有小毒。凡用醋煮數沸，漉出，漬水一宵出，日乾用，方免毒害。　五加皮：　遠志為之使。惡蛇皮、玄參。　味辛、苦，氣溫、微寒，無毒。最能健筋骨益精，下部風痺痿弱不可缺也。　龍腦：　味辛、苦，氣溫、微寒，無毒。粗壯瑩白如梅花瓣者良。其清香為百藥之先，故通關膈，散風涎，甚濟事。然非常服之藥，獨行則勢弱，佐使則有功。丹溪云：　龍腦屬火，世知其寒而通利，而不知其熱輕浮飛越也。但喜香而貴細，動輒與麝同為桂、附之助，豈知人身之陽易動，陰易虧乎？　用者幸試思之。　桔梗：　畏白及、龍眼、龍膽。味辛、苦，氣微溫。味厚氣輕，陽中之陰也。有少毒。入足少陰經，入足太陰肺經。能開提男子氣血。與甘草同為舟楫之劑，諸藥有此一味，不至下沉，亦能引將軍至至高之分而成功也。故丹溪曰：　下虛及怒氣上升者不宜。凡用去蘆，米泔浸一宿，焙乾用。　乾漆：　半夏為之使。忌油脂。畏雞卵、蟹黃。味辛、鹹，氣溫。屬金有水與火，降也，陰中陽也。無毒。丹溪云：　性急而能飛補，近用為去積滯之藥。若用之中節，積去後補氣，內行人不知也。凡用搗碎，以文火炒用。　皂角：　栢實為之使。惡麥門。畏空青、人參、苦參。味辛、鹹，氣溫，有小毒。入足厥陰肝經。種因有二，用亦各分。理氣疎風，長板莢須覔。治齒取積，猪牙皂當求。凡用去弦子，或蜜炙、酥炙、燒灰隨用，但作散熬膏，不為丸液。　蕤仁：　味甘，氣溫。一云氣微寒，無毒。功專治眼，故眼科多用之。　蘇合香：　味甘，氣溫，無毒。此乃諸香汁煎成者，是以辟諸惡毒，禁魘通神尤驗。　胡桃：　味甘，氣溫，無毒。頻食健身生髮，兼補下元。多食動風生痰，且動腎火。經脉堪通，血脉能潤。外包青皮，壓油黑髮如漆。　靈砂：　畏鹹水。惡磁石。　味甘，氣溫，無毒。乃水銀、硫磺二藥煉成者。安魂定神，墜痰降火則可，而謂之補五臟，療百病，豈然□。　石鍾乳：　味甘，氣溫，無毒。下元虛冷，而氣奔上欬逆者，用之則宜。若火熱者，用之豈不反害乎？　凡用須研七週時，點臂上便入肉不見為度，否則令人病淋。按：　丹溪云：　鍾乳乃慓悍之劑。《經》云石藥之氣悍，仁哉言也。天生斯民，養之以穀，及其有病，治之以藥。穀則氣和，可常食不厭；　藥則氣偏，惟暫用難久，石藥則又偏之甚者。自唐以來，膏粱家多惑方士服餌致長生之說，以石藥體重氣厚，可以延年，習以成俗，受此氣悍之禍，莫之能救。哀哉。　當歸：　畏薑、藻、蒲、蒙。惡藺茹、濕麵。味甘、辛，氣溫。可升可降，陽也，陽中微陰。無毒。入手少陰經、足太陰厥陰經。川產者力剛可攻，秦產者力弱堪補。頭止血上行，身養血中守，尾破血下流，全活血不走。又頭硬者亦破血。大抵去舊生新之劑，隨所引用而為能也。補諸虛不足，患人虛冷加用之。凡用治上酒浸，治外酒洗，血病酒蒸，痰用薑炒。去蘆苗用。　防風：　殺烏頭大毒。惡藜蘆、白斂、芫花、乾薑。味甘、辛，氣溫。純陽，升也。無毒。脾胃二經行經藥，太陽本經藥。乃卒伍之職，隨所引而至也。又藥中潤劑，誤服瀉人上焦元氣。又身去身半以上風，梢去身半以下風。堅實脂潤者良。去蘆頭、釵股用，不則有毒。　麻黃：　厚朴為之使。味甘、辛，氣溫。氣味俱薄，輕清而浮，升也，陽也。無毒。手太陰之藥，入足太陽經、手少陰陽明經榮衛藥也。生(中)〔終〕年大雪之地，故能發散榮中之寒，而治冬月正傷寒如神。若春末夏初，則為禁用，因時已變溫熱，難抵劑之輕揚也。陰虛傷食者，亦禁可服。多服亦令人亡陽。凡用去節，水煮數沸，去上沫用，否則令人煩悶。節又止汗。　白附子：　味甘、辛，氣溫，純陽。無毒。性走，行藥亦近之，長於治風。凡用冷熱灰炮用。　藿香：　味甘、辛，氣溫，無毒。升也，陽也。又云：　可升可降。入手足太陰

脾、肺二經。入發表藥則快氣，入補脾藥則益氣，入順氣藥則理肺滯。白石英：長石為之使。惡馬目毒公、黄連、鮀甲、麥句薑。畏附子、扁青。味甘、辛，氣溫，無毒。入肺經。紫者入心肝經二經。長而白澤，明徹有光，六面如削者可用。五色俱有，惟紫白者服餌多求。缽擂成水攪飛過。按：《衍義》云：紫白二石英，當攻疾可暫煮汁，未聞久服之益。張仲景之意，只令㕮咀，不為細末者，豈無意焉？其久服，更宜詳審。白前：味甘、辛，氣微溫，無毒。善止一切氣。今市家罕有。何首烏：茯苓為之使。忌猪羊血汁。惡蘿蔔、菜蔬。味甘、苦、澁，氣微溫，無毒。最益血氣，亦能療風。咀，竹刀，禁傷鐵器。浸米泔水過宿，曝乾，同烏豆九蒸晒，木杵搗舂。木香：味甘、苦，氣溫。味厚於氣，降也，陰中陽也。無毒。凡用勿見火日，合丸散日乾，煎湯臨時以末調服。按：王海藏謂《本經》云主氣常不足，《藥性論》謂安胎健脾，是皆補也。《衍義》謂瀉胸腹窒塞、積年冷氣，日華子謂除痞癖癥塊，是皆破也。易老總謂調氣之劑，不言補，不言破。諸說不同，何耶？恐與補藥為佐則補，瀉藥為佐則瀉，故云然也。杏仁：惡黄芪、黄芩、乾葛。味甘、苦，氣溫。可升可降，陰中陽也。有少毒。入手太陰經。凡用去皮尖，湯泡入藥。雙仁者殺人。按：東垣云：杏仁下喘，用治氣也。桃仁療狂，用治血也。俱治大便燥結，但有氣血之分，晝則便難行，陽氣也；夜則便難行，陰血也。年高便閉不可泄者，脉浮在氣，杏仁、陳皮；脉沉在血，桃仁、陳皮治之。所以俱用陳皮者，以手陽明病與手太陰相為表裏也。賁門上主往來，魄門下主收閉，故用之以為使也。肉蓯蓉：味甘、鹹、酸，氣微溫，無毒。能峻補精血，驟用反致動大便。凡用酒浸一宿，刷去鱗甲，除心內膜筋，或酥炙酒蒸，碎掐入劑。忌經鐵器。又種鎖陽，以酥塗炙代用，亦宜潤大便燥結，補陰血虛羸。若溏泄者，切忌服之。赤石脂：畏芫花。惡大黄、松脂。味甘、酸、辛，氣溫，無毒。乃收斂止澁之劑。形赤，粘舌者良。凡用火煅，醋淬纔研。鹿茸：味甘、鹹，又云苦、辛，氣溫，無毒。角味鹹。杜仲為之使。主治皆同，壯筋骨尤妙。角膠畏大黄，得火妙，尤大補虛羸。白霜功力略緩。白花蛇：味甘、鹹，溫，有毒。性竄而走，故去風毒甚速，其功力倍於他蛇。凡諸藥力莫及者，悉能引達成功。凡用宜去頭尾，取中段，酒浸三日，炙乾，去皮骨。五味子：蓯蓉為之使。惡萎蕤。勝烏頭。味酸，氣溫。味厚氣輕，升也，陰中微陽。無毒。入手太陰、足少陰經。風寒咳嗽，南五味為奇。虛損勞傷，北五味最妙。熱嗽火盛，不可驟用。涼藥必用此酸收之藥，斂而降之。然不宜多用，恐致虛熱。木瓜：味酸，氣溫，無毒。入手、足太陰二經。東垣云：氣脱能收，氣滯能和。入肝益筋與血病，腰腎脚膝無力不可缺也。但單服多服損齒及骨。銅刀削去，黄牛乳汁拌蒸。山茱萸：蓼實為之使。惡桔梗、防風、防己。味酸、澁，氣平、微溫，無毒。入足厥陰肝、足少陰腎二經。入藥惟取皮肉，核勿用，滑精難收。按：《經》云：滑則氣脱。山茱萸之澁，以收其滑，八味丸用之，無非取其益腎而固精也。《本經》謂其九竅堪通，得無過乎？金櫻子：味酸、澁，氣平，溫，無毒。有止澁之功，故治滑精遺溺，并休息痢疾。然採須半黄時方妙，若待紅熟，則失本性矣。凡用去刺，以竹刀劈開，去子，用水淘淨，爛搗，煎膏用。遠志：得茯苓、冬葵子、龍骨良。殺天雄、附子毒。畏真珠、藜蘆、蠐螬。味苦，氣溫，無毒。凡用去骨取皮，甘草湯漬一宿，漉出，日曝乾入劑。苗名小草，除胸痺，心痛氣逆，禁虛損，夢魘精遺。威靈仙：忌茶及麵湯。味苦，氣溫。可升可降，陰中陽也。無毒。性好走，通行十二經，為諸風濕冷痛要藥。虛人禁用，多服踈人真氣。葫蘆巴：味苦，氣溫。純陽。無毒。能溫暖下元，須仗諸經藥佐使，酒洗微炒用。白頭翁：味苦，氣溫。可升可降，陰中陽也。無毒。一云有小毒。得酒良。能逐血驅風，亦能補下。椿白皮：味苦，氣溫，香，有毒。與樗皮俱為止澁之劑。白者良。無花不實為椿，有花而莢為樗。艾葉：味苦，氣微溫。生寒熟溫，陰中之陽。無毒。婦人科多用之，能溫暖氣血故也。射干：味苦，氣平，微溫。屬金有木與水火，陰中陽也。無毒。能行太陰、厥陰積痰，又散結逐瘀之劑。凡用先米泔浸宿，日乾用。白朮：防風、地榆為之使。忌桃、李、雀、蛤。味苦、甘、辛，氣溫。味厚氣薄，(陰)〔陽〕中〔陰也〕，可升可降，陽也。無毒。入足陽明經、足太陰經。歙州者佳，乾燥白甚。奔豚積忌煎，因常閉氣。癰疽毒禁用，為多生膿。哮喘誤服，壅窒難當。凡脾病人，乳汁潤過，陳壁和炒用，否則不必拘此製也。生用則除胃中火。又種蒼者，名蒼朮。味辛烈，茅山者佳。使同白朮。入足陽明、太陰。凡用米泔浸，炒燥用。但白者多補，且有斂汗之効。蒼者雄壯，惟專發汗之能，甚不可相代。按：丹溪云：腹中窄狹，須用蒼朮。醫者徒誦其言，而不察其所以言。夫蒼朮辛散，有濕實邪者用之，則邪散濕除，豈謂不辨虛實槩用之乎。若虛悶者用之，則耗氣血，

燥津液，其虛火益動而益悶矣。　補骨脂：　惡甘草。忌芸臺、羊肉。　味苦、辛，氣大溫，無毒。凡用鹽、酒浸宿，浮酒面者輕虛，去之，蒸過曝乾，又用烏油麻拌炒，去麻單用。　紫菀：　欵冬花為之使。忌雷丸、遠志。惡瞿麥、天雄。畏茵陳。　味苦、辛，氣溫，無毒。此藥能通結氣，故欬逆痰喘咳血甚妙。凡用去頭土，用水洗淨，蜜浸宿，焙用。　肉荳蔻：　味苦、辛，氣溫，無毒。入陽明胃經。凡用麵裹，煨熟用。勿令犯銅。　蓬莪茂：　味苦、辛，氣溫，無毒。專驅氣中之血，磨酒單嘗，其効尤速。凡用熱灰火中煨令透熟，乘熱入桕中，搗碎如粉用。　桂心：　味苦、辛，氣溫，無毒。入手少陰心經。《經》云：　除咳逆結氣。夫血氣相附而行，若血寒滯而氣壅者用之，乃為得宜。若痰火咳逆者用之，豈宜乎哉？　辛夷：　芎藭為之使。惡石脂。畏黃連、石膏。味苦、辛，氣溫，無毒。能溫中，利竅之劑。凡用未開花紫苞蕋，刷去毛，免射人肺。摘去心，不令人煩。若治眼目中患，即一時去皮，用向裏實者。　厚朴：　乾薑為之使。惡寒水石、硝石、澤瀉。忌諸豆，食則動氣。味苦、辛，氣大溫。屬土有火，陰中之陽，可升可降。無毒。丹溪云：　溫而能散，故泄胃中實也。平胃散用佐蒼朮，乃泄上焦之濕，不使胃土太過，得復其平而已，非溫補之謂也。患者虛弱，須斟酌少加。若誤服太過，則反脫人元氣，豈不慎哉。若氣實人多服參、芪，致成喘悶者，正此泄除，不在禁也。凡用去麄皮，薑汁炒褐色用。　訶梨勒：　味苦、酸，氣溫。苦重酸輕，性急喜降，陰也。無毒。有收斂降火之功，故能除肺金傷極，鬱遏脹滿，喘急欬嗽無休也。治痢用麵裹，煨用。若病勢正盛者禁。　秦椒：　味苦、辛，氣溫，有毒。性發散而通竅，亦制水銀毒。　澤蘭：　防己為之使。味苦、甘，一云苦、辛，氣微溫，無毒。能破宿血，行瘀血，故胎產後百病皆用。撲損瘡膿能退。　續斷：　地黃為之使。惡雷丸。味苦、辛，氣微溫，無毒。狀如雞脚者為上。節節斷皮，黃皺者方真。去向裏硬筋，以醇酒浸宿，烈日曝過，薄片咀用。　秦艽：　菖蒲為之使。味苦、辛，平，微溫，無毒。可升可降，陰中陽也。入手太陽經。能養血榮筋。新好羅文者佳。長大黃白色者妙。　大腹皮：　味苦、辛，氣微溫。降也。無毒。主大小二腸冷熱諸氣。皮有毒，先醇酒浸，後豆湯洗用。　磁石：　柴胡為之使。惡莽草、牡丹、石脂。味苦、鹹，無毒。一云平，甘，溫，澁，小毒。乃重而去怯之劑，《經》謂之除煩去痺，愈聾點翳，孰非以此乎。凡拯痾須淬七次，羅細，水飛數遭如灰塵，纔可服餌。專殺鐵毒。　伏龍肝：　味辛，又云鹹，氣溫，無毒。乃止澁之劑。凡用須竈額內結如赤色者佳，細研用。　陽起石：　桑螵蛸為之使。忌羊肉。畏菟絲。惡澤瀉、菌桂、蛇蛻、雷丸。味鹹，氣微溫，無毒。補下部虛冷甚妙。凡用須水飛研用。凡石藥，冷熱皆有毒，正宜斟酌。　蠐螬：　蜚蠊為之使。味鹹，氣微溫，有毒。主惡血瘀血，故破傷風獨生用之。亦消瘡毒。凡用須糯米同炒，待米焦黑為度，然後去米取用。　海螵蛸：　惡白斂、附子、白及。味鹹，氣微溫，無毒。又云有小毒。止澁，破瞖之劑。肉味酸，能療血枯，益氣強志。

熱性藥品　蜀椒：　杏仁為之使。畏欵冬、雄黃。味辛，氣溫、大熱。屬火有金與水，浮也，陽中之陽。有毒。能開關通竅，堅齒明目者，皆以辛散故也。多食乏氣，失明。十月勿食，傷心健忘。閉口者殺人。　胡椒：　味辛，氣大熱。屬火有金，性燥，無毒。向陽者名胡椒，向陰者名蓽澄茄。治冷痛，亦療滯血。食勿過劑，損肺傷脾。胡椒花名蓽撥，味辛，氣大溫，無毒。主治俱同。但久服走泄真陽，令人腸虛下重。　阿魏：　味辛，氣微熱，無毒。能消肉癥，凡積聚多用。　虎骨：　味辛，氣微熱，無毒。用治風痺膝痠者，亦以風從虎，又力健也。脛骨，下體痛風甚妙。睛，鎮心定魄，小兒風癇用之。

附子：　地膽為之使。畏人參、黃芪、甘草並黑豆、烏韭、防風。惡蜈蚣。味辛、甘，氣溫、大熱。浮也，陽中之陽也。有大毒。通行諸經引藥。又云入手少陽三焦命門之劑。下焦陽虛，非此不補。八味丸加桂、附，乃補腎之陽。六味丸去桂、附，乃補腎之陰。治外感證，非得身涼四肢厥者，不可僭用。治內傷證，縱身來熱甚，而氣虛脉細者，正宜速入。孕婦忌煎，墮胎甚速。凡用去皮臍，用黃連、甘草、鹽水浸煮一沸，又入童便半盞煮三沸，撈起陰乾用；或黑豆水浸五日，去皮臍，麵裹煨，外黃內白，須炒至俱熟用。一兩一個者生用。　烏頭：　遠志為之使。反半夏、瓜蔞、貝母、白斂、白及。惡藜蘆。忌豉汁。味辛、甘，性溫。又云大熱，有大毒。行諸經之劑，肩胛疼及目中疼，因風寒而得者宜。凡用，製同附子。　天雄：　遠志為之使。忌豉汁。惡腐婢。味辛、甘，性熱，有大毒。為去濕助精陽之藥。凡上焦陽虛等疾必用之。餘同烏附。但天雄行上，烏附行下。凡用炮去皮尖，不然陰製用並得。　桂：　殺草木毒，百藥無所畏。忌生葱。味辛、甘，氣大熱。浮也，陽中之陽也。有小毒。入手少陰心經。氣厚則發熱，故下行而補腎不足，一切中下焦

沉寒痼冷，皆宜用之。《本草》云有小毒，亦與類化。與芩、連為使，小毒何施？與烏頭、巴豆、乾漆為使，則小毒化為大毒矣。有孕用之，必須炒過，乃不墮胎。

吳茱萸：蓼實為之使。畏紫白石英。惡丹參、硝石、白堊。味辛、苦，氣溫、大熱。氣味俱厚，陽中陰也。有毒。入足太陰、少陰、厥陰經。乃中下焦寒濕的藥。仍順折肝木之性，治吞吐酸水如神。但氣猛，不宜多食，久服損元氣。腸虛洩者，尤忌沾脣。凡用湯泡苦汁七次，烘乾；或用鹽水醋炒，或黃連水炒用。〇食茱萸，味辛、苦，大熱，無毒。功用與吳茱萸同，但力少劣耳。

石硫磺：曾青(石亭脂)為使。味酸，氣溫、大熱，有毒。為中下焦寒冷要藥。仍除格拒之寒，亦有將軍之號。蓋因其能破邪歸正，返滯返清，挺出陽精，化陰魄而生魂也，但中病便不可過劑。按：硫磺性熱，除格拒之寒固矣。倘此證或有伏陽在內，須加陰藥為佐纔妙也。如古方太白丹、采復丹，各有硝石之類，是皆至陽佐以至陰，正合宜耳。無伏陽，單犯陰證，不必爾也。

膃肭臍：味鹹，氣大熱，無毒。大益元陽，最除冷積之劑。但世所罕得，故人亦寡用也。

平性藥品

大茴：味辛，氣平，無毒。入手少陰心經、足太陽膀胱經。得酒良。能助陽，開胃，止一切冷痛，為補命門不足要藥也。凡用酒浸一宿，取出炒黃色。

蕪荑：味辛，氣平，無毒。能殺蟲，化食，故腸風痔瘻，諸瘡痍皆用之。凡用氣腥者為上。倘修合，務經火煆過方妙。

通草：味辛、甘，氣平。味薄，降也，陽也，陽中陰也。無毒。專瀉小腸火，利膀胱，又能通行諸竅，故名之曰通草，今人謂之木通。

半夏：射干、柴胡為之使。反烏頭。忌羊肉血、海藻、飴糖。畏雄黃、生薑、秦皮、龜甲。惡皂角。味辛、微苦，氣平。生微寒，熟溫。沉而降也，陰中陽也。入足陽明胃、太陰脾、少陽膽。總治諸痰，須驗證佐使。火痰，黑老痰膠，加芩、連、瓜蔞、海粉；寒痰，清濕痰白，入薑、附、蒼朮、陳皮；風痰卒中，加皂角、南星；痰核延生，加竹瀝、白芥子；痰厥頭痛，非此不理。孕婦忌用，恐損胎元，不得已須薑汁炒過。消渴及諸血證，尤禁。凡用須沸湯製七遍，仍加薑製纔可，否則麻戟人喉嚨。

石楠藤：五加皮為之使。味辛、苦，氣平，無毒。利筋骨，強腰腎，為下部要藥。女人不可久服，犯則切切思男。

安息香：味辛、苦，氣平，無毒。能辟邪逐惡，而又止婦血禁血暈者，以辛能散惡血，而又苦直下也。

麒麟竭：得密陀僧良。味辛、鹹，氣平，有小毒。敲斷而有鏡臉，光彩射人，磨指甲弦，紅透甲者方妙。

人參：茯苓為之使。反藜蘆。惡鹵鹹。畏五靈脂。味甘，氣溫、微寒。氣味俱輕，升也，陽也，陽中微陰。無毒。入手太陰經。肖人形者神具，類雞腿者力洪。肥白人宜多服，蒼黑人須少投。凡用去蘆，咀薄，為煎。夏中少使，發心痃之患。蘆，發吐，善驅痰沫，虛羸難服。藜蘆者，用此代之。按：人參，王氏《集要》云肺受寒邪可用，受火邪不可用。此言豈為至論哉？丹溪云：實火可瀉，芩、連之類是也。虛火可補，參、朮之類是也。東垣補中益氣而以參、芪甘溫瀉火，葛可久治癆瘵大吐血後用獨參湯，丹溪治癆嗽火盛瓊玉膏以之為君，蓋火有虛實，苟不辯此而禁用參，寧無悞人乎。

黃芪：惡白鮮、龜甲。味甘，氣平，微溫。氣薄味厚，可升可降，陰中陽也。無毒。入手少陰心經、足太陰脾經少陰命門諸經之藥。木芪力劣，綿芪品佳，單服不乂。直如箭幹，皮色褐潤，肉白心黃，軟柔如綿，味甘近蜜者，方獲奇効。癰疽生用，補虛蜜炙。性畏防風，而黃芪得防風，其功愈大，蓋相畏而相使者。凡用去頭，刮皮。若補下焦，則用鹽水製炒。按：參、芪甘溫，俱能補虛，第人參補元氣調中，黃芪兼補衛氣實表。故內傷脾胃衰弱，飲食怕進，怠惰嗜臥，發熱惡寒，嘔吐泄瀉，脹滿痞塞，力乏形羸，脈息虛微，精神短少等證，治宜以參為君。若表虛腠理不固，自汗盜汗亡陽，并諸潰瘍，痘疹未灌膿漿，一切陰毒不起之證，治之又宜實衛護榮，以芪為君。豈可以為均補而等劑共分用以相代哉。

甘草：白朮、乾漆、苦參為之使。忌猪肉。惡遠志。反甘遂、海藻、大戟、芫花。味甘，氣平，生寒炙溫。可升可降，陰中陽也。無毒。入足厥陰、太陰經、少陰經。中滿證莫加，下焦藥少用。凡諸嘔吐，亦忌煎嘗。梢，去莖中痛。子，除胸中熱，宜生用去皮。

黃精：味甘，氣平，無毒。單服九蒸九晒。入藥生用。

女萎：味甘，氣平，無毒。可升可降，陰中陽也。凡用竹刀刮去皮節，洗淨，蜜水浸一宿，蒸焙用。中大者不可用，令人恍惚見鬼。

石斛：陸英為之使。惡凝水石。畏白(羌)(殭)蠶、雷丸。味甘，氣平，無毒。其種有二，生溪石上者名石斛，折之似有肉，中實。生櫟木上者名木斛，折之如麥稈，中虛。石斛有効，木斛無功，最宜細認。凡用，去頭土，酒蒸入劑。

蒲黃：味甘，氣平，無毒。生用破血消腫，炒用能補血止血。忌鐵。惟用帋炒。不益極虛之人，多食未兑自利。

使君子：味甘，氣平，無毒。又云性溫。能殺蟲，止瀉痢，故小兒科多用之。或用仁，或兼用殼。

百合：味甘，氣平，無毒。

白花者，蒸食能補中益氣，作麵可代糧充飢，治外科并傷寒壞病成百合者。赤花者僅理外科而已。　茯神：　惡、畏、忌同茯苓。味甘，氣平，無毒。專理心經，除恚怒，健忘。　茯苓：　馬刀為之使。惡白歛。畏牡蒙、地榆、雄黃、龜甲、秦艽。忌醋及酸物。味甘、淡，氣平。屬金，降也，陽中陰也。無毒。種有赤白。白者入手太陰、足太陽少陽經。專主補。赤者入足太陰、手少陽少陰經，兼能瀉。甘以助陽，淡以利竅通便，不走精氣，與車前同功。但陽虛汗多，小便數利者，過服助燥。暴病有餘相宜，久病不足切禁。凡用須去皮心了，搗末，于水盆中攪令濁，浮者去之，是茯苓根，最損目。　琥珀：　味甘，氣平。屬金，陽也。無毒。丹溪云：　古方用琥珀利小便，以燥脾土有功。蓋脾能運化，肺得下降，故小便可通也。若血少而小便不利者，用之反致燥急，不可不謹。　榆皮：　味甘，氣平。性滑利，降也。無毒。利水除淋，善利關節。孕婦服即滑胎。　猪苓：　味甘、苦、淡，氣平。降也，陽也。無毒。入足太陽膀胱、少陰心經。行水之功居多，大燥津液。無濕證勿輕用之，久嘗損腎昏目。　大棗：　味甘，氣平，溫。氣厚，屬土有火，降也，陽也。無毒。能養脾胃，益氣，潤心肺，生津，助經補臟。但中滿及熱疾忌服，齒痛并風疾禁嘗。　覆盆：　味甘，氣平，微熱，無毒。能補虛續絕，添精黑髮，強陰結孕。凡用須東流水淘去黃葉皮蒂，用酒蒸一宿，熬乾用。葉汁堪滴目中，止冷淚浸淫，去赤花盲暗。　金箔：　味甘，氣平，有毒。一云性多寒，無毒。能却熱除煩，安魄定神，一切驚狂，以此鎮墜甚妙。　雲母：　澤瀉為之使。味甘，氣平，無毒。主癆傷，補髓堅肌，療痢疾，亦主崩帶，身表死肌，風癢惡瘡，俱可療敷。　餘禹糧：　味甘，氣平，無毒。能除癥瘕，上氣，利肢節身重。凡使勿誤用石中黃，誤則令人腸乾。　烏蛇：　味甘，氣平，無毒。專治諸毒風瘡。　五靈脂：　味甘，氣平，無毒。能療血氣刺痛。生則行血，炒則止血。凡用酒研，飛煉，令去沙石為妙。　卷栢：　味甘、辛，氣溫、平、微寒，無毒。生則破血，炙則止血。凡用，採陰乾，去下近石沙土處用之。　小茴：　在大茴下。　栢實：　牡蠣、麻子及桂皮為之使。畏羊蹄根、菊花、神麴、白麵。味甘、辛，氣平，無毒。腎家燥冷及風寒濕痺宜用。先以酒浸一宿，至明漉出晒乾。　山查：　味甘、辛，氣平，無毒。能消滯血，行結氣，故磨食積，而除產婦兒枕疼也。凡用去核。　阿膠：　薯蕷為之使。畏大黃。味甘、辛，氣平、微溫。味薄氣厚，升也，陽也。無毒。入太陰肺經，并肝腎二經。風淫木旺能驅，火盛金虛可補。治病須各類藥為佐使。凡用質脆易斷明徹如冰者佳。薄剉，蛤粉和炒成珠，入劑不煎，研末調化。　白石脂：　燕屎為之使。味甘、酸，又云甘、辛，氣平，無毒。　醴腸：　一名旱蓮草。味甘、酸，氣平，無毒。善能烏鬚黑髮，亦恧科妙劑。陰乾用。　山藥：　天門冬、紫芝為之使。惡甘遂。味甘、苦，氣溫、平，無毒。入手太陰肺經、足太陰脾經。淮慶者佳。按：　山藥能消腫硬，因能益氣補中故爾。《經》曰虛之所在，邪必湊之，着而不去，其病為實，非腫硬之謂乎。故補氣，則邪滯自不容不行。丹溪云：　補陽氣。生者能消腫硬，正此謂也。　蘇方木：　味甘、鹹，氣平。可升可降，陽中之陰也。無毒。入藥惟取中心，煎酒專行積血，故月水久閉，產後血脹，癰腫，跌撲死血，皆用之。若血虛而有血證者，又當審用。同防風散表裏風氣，調乳香治口噤風邪。　酸棗仁：　惡防己。味酸，氣平，無毒。多眠宜生，研末，茶葉、薑汁調吞。不眠宜炒，作散，竹葉煎湯送下。能補肝膽也。寧心志，斂虛汗，毆煩渴。凡使入藥，碎核取仁用。　郁李仁：　味酸、苦，氣平。降也，陰中陽也。無毒。能破結潤燥，然性却緩，有閉結難用硝黃者，用此代之最宜。凡用，碎核取仁，湯泡去皮，研爛方用。　菴藺子：　荊實、薏苡為之使。味苦，氣平，無毒。能散瘀血。　椶櫚子：　味苦、澁，氣平，無毒。能止血。其皮燒灰，主治亦同。　枇杷葉：　味苦，氣平，無毒。專清肺臟，故嘔噦煩渴，熱嗽多用之。凡用，以粗布拭去毛淨，搗，薑汁浸炙微黃，剉碎，煎湯用。　牛黃：　人參為之使。惡龍骨、龍膽、地黃。畏蜚蠊、牛膝、乾漆。忌常山。味苦，氣平，有小毒。惟入肝經。專治筋病。若暴中風者驟用之，恐引風入臟，最宜審用。　天麻：　味苦、辛，氣平，無毒。赤箭，乃其苗也。按：《別說》云：　天麻言根，用之有自內達外之理。赤箭言苗，用之有自表入裏之功。蓋根則抽苗徑直而上，非自內達外乎。苗則子熟而落，反從幹而下至土，非自表入裏乎。以此而觀，可以見內外主治之理，而亦可旁通夫諸藥根苗之用矣。　天南星：　畏生、乾薑及黑附子。味苦、辛，氣平。可升可降，陰中陽也。有毒。乃上行治肺經本藥，欲下行須黃栢引之。凡用須泡，生薑製過，或研填入牯牛膽，臘月風乾，過年成塊，剉碎，復炒，謂之膽星，最治風痰，可代牛黃。　京三稜：　味苦、辛，氣平。陰中之陽。無毒。狀若鯽魚，黃大躰重者佳。麵包火炮，加醋復炒過靈，專破血中之氣。虛者忌煎，恐損真氣。別有三種。〇黑三稜，色若烏梅，輕鬆，去

皮則白。〇草三稜，形如雞爪，屈曲，根上生根。〇石三稜，色黃躰重，堅硬如石。總消諸氣，主治相同。　沒藥：味苦、辛，氣平，無毒。能破血止痛。入藥擂細，然須竹箨火上製到煙盡為度，乃得研用。　(蓽)〔萆〕薢：薏苡仁為之使。忌牛肉。畏葵根、牡蠣、柴胡、大黃。味苦、甘，氣平，無毒。治風痺於關節，掃惡瘡於肌膚。又與菝葜相類，但菝葜根作塊赤黃，萆薢根細長淺白。凡用，利刀切片，酒浸烘乾用。按：近道所產，呼為冷飯團，即萆薢也。俗之淫夫淫婦多病楊梅瘡，用輕粉愈而復發，久則肢體拘攣，變為癰漏。用萆薢三兩，或加皂刺、牽牛各壹錢，水六碗，煎耗一半，溫三服，不數多瘥。原因水衰，肝挾相火凌土，土屬濕，主肌肉，濕熱鬱于肌腠，故為癰腫。《經》曰濕氣害人皮肉筋脈，是也。萆薢味淡，去脾濕，故拘攣癰漏並愈，此亦理也。初病服不効者，火盛濕未鬱也。萆薢長于去濕，而劣于去熱，病久則火衰濕鬱，用之故効也。　女貞實：味苦、甘，氣平，無毒。能補血，烏髮鬚。同旱蓮草或地黃熬膏，漬酒用。　桑寄生：味苦、甘，性平，無毒。能追風濕，善理女科。惟桑上者佳。陰乾任用，勿食見火。　桃仁：味苦、甘，氣平。苦重於甘，降也，陰中陽也。無毒。入手厥陰包絡及足厥陰肝經。苦以破滯氣，甘能生新血。老人虛秘殊功，中焦蓄血立効。凡用劈核取仁，泡去皮尖，研皮泥爛。　牛膝：忌牛肉。畏白前。惡螢火、陸英、龜甲。味苦、酸，氣平，無毒。類有雌雄。雌者節細，莖青根短，堅脆無力。雄者節大，莖紫根長，柔潤有功。善引諸藥下走如奔，故凡病在腰腿胻踝之間，必兼用之勿缺也。　五倍子：味苦、酸，氣平。屬金與水。無毒。性最收斂，故能止痢却痰。　牡蠣：貝母為之使。宜蛇床、牛膝、甘草、遠志。惡吳茱萸、麻黃、辛夷。味鹹，氣平，無毒。入少陰腎經。茶清引能消結核疽，柴胡引能去脇下硬。同大黃瀉熱，焮腫即平。同熟苄益精，尿遺可禁。麻黃根共作散，斂陰汗如神。川杜仲共煎湯，固盜汗立効。髓疽日深，嗜臥，澤瀉和劑頻調。又單末蜜丸，水呑，能令面光，時氣不染。能軟堅消痰，無非以其味鹹也。凡用左顧者佳，火煆微紅，杵細用。　鱉甲：惡理石、礬石。味鹹，氣平，無毒。色綠，七兩為佳。裙多，九肋益妙。煮脫効少，生剔性靈。治勞熱，漬童便。摩堅積，漬釅醋。週晝夜文武炙脆，入石硇，杵碎成霜用。　蛤蚧：味鹹，氣平，有小毒。最治癆嗽，入藥以酥炙研成，倘或鬻諸市家，務須口含少許，奔走百步不喘者方真。然此物常惜尾梢，見欲取之，輒自囓斷。採須全具，入藥方靈。　鐵華粉：味鹹，氣平，無毒。善能鎮墜，又消癥瘕宿食，與鐵粉、針砂功用大同。但脾胃虛者服之，未有不害，最宜詳用。　白殭蠶：惡茯苓、萆薢、桔梗、桑螵蛸。味鹹、辛，氣平。升也，陰中陽也。屬火有土與木，得金氣，殭而不化。一說性溫，有小毒。凡用取殭直而死者，勿令中濕，犯則棄之。務擇色白成條，炒去絲及觜。亦能敺妢娧，罷餘疼，解傷寒後陰易。繭內變化，名原蠶蛾，乃重養晚蠶，氣溫，味鹹，有小毒。入藥務擇雄者，以其敏於生育，去翅足，微火炒黃。能強陰道，交接不倦，益精氣，禁固難來，亦滅瘢痕，兼止尿血。屎名蠶沙，性溫。治濕痺癮疹，癱風，主腸鳴，熱中消渴。又有蠶蛻，用宜燒灰，多治血風，甚益婦人。然必老蠶蛻皮方是，如蠶種帋則非，須微炒過用。蠶繭燒研，酒調，可使腫癰透孔，與茅針同功。練絲湯，甕貯，埋土內年深，可除消渴，降相火，下泄膀胱。　龜甲：畏狗膽。惡沙參。味鹹、甘，氣平，有毒。一云屬金有水，陰中陽也。無毒。專補陰衰，善滋腎損。因其性靈，或取補心。用宜分陰陽。殺死煮脫者力微，自死肉敗者力猛。只取底版，悉去旁弦。精製，擇真酥油，或用猪脂、醇酒，薦塗薦炙，直待脆黃，杵細末，作丸。十二月忌食，犯之則損命。

涼性藥品　鉛丹：味辛，氣微寒，無毒。有鎮墜收斂之能。《經》云澁可去脫，是也。故燒針丸中用之，以止瀉痢。凡用先入水飛淨沙土，後加火炒變色，可入丸散、煎(羔)〔膏〕，不入湯用。　石(羔)〔膏〕：雞子為之使。惡莽草、馬目毒公、巴豆。畏鐵。味辛、甘，氣微寒。氣味俱薄，躰重而沉，降也，陰中陽也。無毒。入肺、胃、三焦之經。辛能出汗，解肌上行；甘能緩脾，益氣生津。故風邪傷陽，寒邪傷陰，總解肌表可愈。胃熱多食，胃熱不食，惟瀉胃火能痊。易老云：大寒劑，胃弱食不下忌服，血虛身發熱禁嘗。單研末，和醋丸，治食積痰火，胃脘痛甚驗。　貝母：惡桃花。畏秦艽、礜石。反烏頭。厚朴、白斂為之使。味辛、苦，氣平、微寒，無毒。凡用，滾水泡五七次，去心，入藥用。有獨顆團不作兩片無皺者，名丹龍精，不入藥，誤服令人筋脉永不收。用黃精、藍汁合飲即解。按：貝母能散胸鬱結之氣，殊功，世俗多以半夏有毒，棄而不用，每取貝母代之。不知貝母乃太陰肺經之藥，半夏乃太陰脾、陽明胃經之藥，安得而相代耶。故咳嗽吐痰，虛勞吐血咯血，痰中見血，咽痛喉閉，肺癰肺痿，乳癰及諸鬱疽，貝母為向導也，半夏乃禁用。若美味膏粱炙煿大料生痰，致火上攻，故令昏懵不省人事，口噤偏廢，僵

仆不語，非半夏、南星曷可治乎。以貝母則束手待斃矣。　薏苡仁：　味甘，氣微寒，無毒。專療濕痺，且治肺癰。但藥力和緩，凡用須倍於他藥。　萱草根：　味甘，氣涼。屬木。無毒。性下行，走陰分。治沙淋，酒疸，酒煎。亦療破腦傷風，安五臟，輕身，利胸膈，明目。　龍骨：　得牛黄、人參良。畏蜀椒、乾漆、理石。味甘，平，氣微寒。陽也。無毒。能澁滑脱，收斂浮越正氣，故下血崩帶，泄精虚汗多用之。《經》云澁可去脱，是也。凡用，五色全者上品，白中黄次之，黑者極低。舐粘舌，不假。煅脆研細方精，仍水飛淘，免着腸胃。齒，定心安魂，男婦邪夢紛紜者，急服。角，却驚退熱，小兒痰盛發搐者，宜求。涎，可製香。腦，能斷痢。遺瀝粘木類蒲槌，名紫稍花，號為陰冷無孕仙丹。胞胎，似魚鱗腥臊，景天、瓦松同煎，經閉不通要藥。《衛生寶鑒》曰：　龍齒安魂，虎(精)〔睛〕定魄。此各言其類也。蓋東方蒼龍，木也，屬肝，藏魂。西方白虎，金也，屬肺，藏魄。故魂飛揚者，治以龍齒。魄不寧者，治以虎睛。其取義，槩可見矣。　丹砂：　惡磁石。畏鹹水。味甘，氣微寒。生餌無毒，錬服殺人。其色象火，主心，故能鎮心安神定魄，亦掃疥瘻瘡瘍。蓋以諸瘡皆火所為故也。凡用須(澤)〔擇〕豆砂、米砂明徹者為優。磁鉢擂細，清水淘勻，方臻効驗。水銀係硃砂煅錬之液，畏惡同硃砂，性大毒。能殺瘡蟲，絕胎孕。輕粉又係水銀再昇，加鹽、皂礬二物，性尤燥烈，其功惟治外科，所忌一切生血。　前胡：　半夏為之使。畏藜蘆。惡皂角。味甘、辛、微苦，性涼，無毒。去痰實如神，治結氣即逐。凡用，刮去蒼黑皮并髭土了，細剉，用甜竹瀝合潤，於日中熬乾用之。　麥門冬：　地黄、車前為之使。畏苦參、青葙、木耳。惡苦芺、苦瓠、欵冬花。味甘、微苦，氣平，微寒。降也，陽中微陰也。無毒。入手太陰經、少陰經。與五味、人參同煎，為生脈散。合地黄、阿膠、麻仁共劑，能潤經益血。復脉通心，亦能療心腹結氣，傷飽，胃絡脉絕。凡用去心，不令人煩。按：　天、麥二門，並入手太陰經，而能歐煩解渴，止欬消痰。功用似同，實有偏勝也。麥門兼行手少陰經，清心降心，使肺不犯於賊邪，故止欬立効。天門復走足少陰腎，屢滋腎元，使肺得全其母，故消痰殊功。先哲亦云：　痰之標在脾，其本在腎。半夏能治痰之標，不能治痰之本。以是觀之，則天門能治痰之本，不能治痰之標。匪特與麥門異，亦與半夏異矣。　大小薊：　味甘、苦，氣涼，無毒。雖係兩種，氣味不殊。大薊破血消腫，止一切血。小薊僅理血疾，不治外科。　葛根：　味甘，平，性微寒，無毒。氣味俱薄，體輕上行，浮而微降，陽中陰也。陽明引經之藥，足陽明行經的藥。傷寒初病，太陽未入陽明者，切不可服。若頭顱痛者可服。花，消酒不醉。殼，治痢實腸。生根汁，大寒，專理天行熱毒病。葉，搗敷金瘡。蔓，可燒灰，却喉痺。　升麻：　味甘、苦，氣平，微寒。味薄氣厚，陽中之陰也。無毒。陽明本經，得白芷、葱白亦走手陽明、太陰經。凡陽氣不足者，用此於陰中升陽。若氣上升者，禁服。又傷寒太陽誤服，是引寇賊入家也。形細實而黑者良。形大味薄不堪用之。發散生用，補中酒炒，止咳汗蜜炒。又朱丹溪用升麻代犀角者，不過引地黄等藥入陽明經耳。舍此他用，豈復能乎。　紫葳：　畏鹵鹹。味酸，氣微寒，無毒。取其有守，能獨行，故治婦人一切血疾。酒皶熱風亦効。　決明子：　蓍實為之使。惡火麻。味酸、苦、甘，氣平、微寒，無毒。能除肝熱，尤和肝氣，收目淚，且止目痛，仍止鼻衄，亦治頭風。一種青葙，亦名草決明，主治雖同，但形略殊，不可不辯也。　連翹：　味苦，氣平、微寒。氣味俱薄，輕則而浮升也，陽也。無毒。手足少陽經、陽明經藥，入手少陰心經。血症每為中使，瘡科嘗號聖丹。能散，諸經血凝氣聚必用而不可缺也。又瀉六經之火。實者宜用，虚者寡投。

丹參：　畏鹹水。反藜蘆。味苦，氣微寒，無毒。專調經脉勻，善理骨節痛。單方用代四物，以其能去惡血，生新血也。更治腸鳴幽幽，滚下如走水狀。　茵陳蒿：　味苦、辛，氣平，微寒。陰中微陽。無毒。入足太陽經。治疸症發黄君主之藥，亦治瘴瘧風熱。凡用須葉，去根，勿令犯火。　蓮葉：　味苦、辛，氣涼，無毒。能升少陽經氣。亦散血，止渴。荷鼻，安胎止血，去瘀生新。房，主血脹，亦解菌毒。花，鎮心，輕身駐顔。鬚，益腎，澁精固髓。藕節，解熱消瘀，同地黄搗汁理產後血悶，入熱酒、童便治口鼻來紅。子，利益十二經脉血氣，安靖上下君相火邪，禁洩精，清心，去腰痛，止痢。凡用去心，不則成卒暴霍亂。蒸食養神，生食亦微動氣。　蒺藜子：　烏頭為之使。味苦、辛，氣微寒，無毒。種有黑白，成顆粒，其性多補，可合丸散。生取研成。白多刺芒，其力能攻，堪用煎湯，刺須炒去。　蔓荊子：　惡烏頭、石(羔)〔膏〕。味苦、辛、甘，氣微寒。陽中之陰。無毒。太陽經藥。能理本經頭痛，利關節，長鬚髭，通竅，去蟲，能堅齒動。胃虚者禁服，恐作禍生痰。　沙參：　反藜蘆。惡防己。味苦、甘，氣微寒，無毒。足厥陰本經藥也。肺寒用人參，肺熱用沙參。人參補五臟之陽，沙參補五臟之陰。然雖補五臟，必須

各用本臟藥為佐使，引之則可也。

莎草根：　味苦、甘，氣微寒。氣厚於味，陽中陰也。無毒。能引血藥至氣分，而生血止血。炒黑理氣疼，醋炒乃血中氣藥。凡諸血氣，所必用者也，故稱曰婦人要藥。又善開鬱快氣，久服利人，亦當解悟。凡用忌犯鐵器，童便浸透，砂鍋炒成用。

枸杞子：　味苦、甘，性微寒，無毒。助陽滋陰，添精固髓。亦治腎家風眼，赤痛脹膜。凡用去淨梗蒂用。

地榆：　惡麥門冬。宜人頭髮。味苦、甘、酸，氣微寒。氣味俱薄，陰中陽也。無毒。雖理血病，然專主下焦血熱可用，虛寒禁服。

芍藥：　沒藥、雷丸為之使。惡石斛。畏硝石、鱉甲、小薊。反藜蘆。味苦、酸，氣微寒。氣薄味厚，陰也，陰中之陽。有小毒。入手足太陰經。有赤白二種，赤者色應南方，能瀉能散，生用正宜。白者色應西方，能補能收，酒炒纔妙。若補陰，酒浸日曝，勿令見火。白芍藥與白朮同用，補脾。與參、耆同用，益氣。與川芎同用，瀉肝。婦人產後切忌煎嘗，因其酸寒，恐伐生發之性故也。倘不得已要用，肉桂煎酒漬炒。血虛寒人亦禁莫服。《經》云：　冬減芍藥，以避中寒。則可徵矣。

玄參：　惡黃芪、乾薑、大棗、山茱萸。反藜蘆。味苦、鹹，氣微寒，無毒。足少陰腎經君主之藥。此乃樞機之劑，管領諸氣，上下肅清而不致濁。又祛男子骨蒸傳尸，散頸下痰核癧腫，惟此為最。凡用須勿犯銅，噎人喉，喪人目。

敗醬：　味苦、鹹，氣平，微寒，無毒。入足少陰經、手厥陰經。散結熱癥堅，治努肉翳膜，去瘡瘍而催胎孕，却風痺而推凝血。凡用，麄杵，入甘草葉同蒸三伏時，去甘草葉用。

柴胡：　半夏為之使。惡皂角。畏藜蘆、女菀。味苦，氣平，微寒。氣味俱輕，陽也，升也，陰中之陽。無毒。少陽經、厥陰經行經之藥。病在半表裏者，必用之劑。又去早晨潮熱，在經主氣，在臟主血，亦婦人胎前產後血熱必用之藥也。經脉不調，加四物、秦艽、牡丹皮治之最効。產後積血，佐巴豆、三稜、蓬莪茂攻之即安。又引清氣順陽道而上行，更引胃氣司春令以首達。凡用去蘆，上升酒浸炒，止咳補中蜜炒，下行用稍宜生。按：　《衍義》云：　《本經》並無一字治勞，今人治勞方中鮮有不用，誤世甚多。嘗原勞怯雖有一種真臟虛損，復受邪熱，熱因虛致，故曰，勞者，牢也。亦須斟酌微加，熱去即當急已也。設若無熱，得此愈增。《經驗方》治勞熱青蒿煎丸，少佐柴胡，正合宜爾，故服之無不効。日華子竟信為然，就註《本經》條下，謂補五勞七傷，除煩而益氣力。《藥性論》又謂治勞乏羸瘦。是皆不知妄作，自作俑者也。若此等病，苟無實熱，醫者執而用之，不死何待。《本草》註釋，豈可半字鹵莽耶。萬世之後，所悮無窮，誰之咎也。若如仲景治傷寒寒熱往來如瘧之證，製大小柴胡及柴胡加龍骨、柴胡加芒硝等湯，此誠切要之藥，萬世之所宗仰而無鐫議者也。

寒性藥品

牡丹：　忌胡荽。畏菟絲。味辛、苦，氣寒。陰中微陽。無毒。入足少陰腎及手厥陰包絡。赤者專利少，白者兼補多。入藥之間，不可不知。易老云：　治神志不足。神者，手少陰心。志者，足少陰腎也。故仲景八味丸用之。又牡丹乃天地之精，群花之首，葉為陽發生，花為陰成實，丹為赤即火，故能瀉陰中之火。牡丹皮入足少陰腎、手厥陰包絡，故治無汗骨蒸。地骨皮入足少陰、手少陽，故治有汗骨蒸也。

大戟：　小豆為之使。反甘草、海藻、芫花。惡薯蕷。畏蒲蘆根、鼠屎。味辛、甘，氣大寒。陰中微陽。有小毒。除塊破積，利水消腫，散癥堅，逐瘀，通月信，墜胎。苗名澤漆，苦、辛，微寒。使赤小豆。退浮腫、面目水氣，專利大小腸。

葶藶：　榆皮為之使。味辛、苦，氣大寒。陰中之陽，沉也。無毒。一云有小毒。味有苦甜二種，苦者行水，走泄迅速，形壯症重堪求。甜者行水，走泄緩遲，形瘦症輕宜服。肺喘痰咳甚妙，但久服虛人，須記勿犯。凡用以糯米相合，於燠上微焙，待米熟，去米，單搗用。

薑黃：　味辛、苦，氣寒，又云溫，無毒。主治功力烈過鬱金，其行血下氣最捷。

藜蘆：　味辛，氣寒，有毒。黃連為之使。專能發吐。不入煎湯，惟作散用。

防己：　惡細辛。殺雄黃毒。畏女菀、鹵鹹、萆薢。味辛、苦，氣平，寒。陰也。無毒。通行十二經。漢者主水氣，木者理風邪。治下部濕熱用漢，治上部風濕用木。按：　防己苦寒純陰，瀉血中濕熱，通血中滯塞，補陰泄陽，助秋冬、瀉春夏之藥也。然而陰虛內熱之人，與上焦氣分之熱大渴引飲，及外感風寒傳肺亦令小便赤黃不通，此上焦熱病。已上三者，皆禁用血藥，防己不可用也。久病津液不行，上焦虛渴，亦禁防己。若下焦濕熱，流入十二經，以致二陰不通，亦須審用。

蘭草：　味辛、甘，氣平，寒，無毒。稟金水清氣，而似有火，能散積久陳鬱之氣。膽痺必用，消渴須求。

凝水石：　惡地榆。味辛、甘，氣寒，無毒。有却熱解毒之能。凡用，須研極細，服加薑汁。

雄黃：　味苦、辛、甘，氣平，寒，無毒。赤如雞冠，明徹無臭氣者可服。有臭氣者，僅治瘡瘍，辟邪解毒。悮中毒者，防己解之。

雌黃：　味辛、甘，氣平，寒，有毒。去疥痂息肉，身面白駁，惡瘡死肌，蟲毒邪惡，並與雄同。

水萍：　味辛、酸，氣寒，無毒。發汗甚速，

風毒兼驅。背紫者佳。

淡竹葉：味辛、苦，平，性寒，無毒。可升可降，陽中陰也。專涼心經，善理痰熱。茹，平，性寒，無毒。炒枯入藥，善治胃熱呃逆，噎膈嘔噦。瀝，味甘，性大寒，無毒。止驚悸，却痰涎，痰在手足四肢，非此不達。痰在皮裏膜外，有此可驅。但世俗以為大寒，不知經火煅出，又佐薑汁，有何寒乎。

青皮：味辛、苦，氣寒。味厚，沉也，陰也，陰中之陽。無毒。入手少陽三焦經。破滯氣愈低而愈効，削堅積愈下而愈良。引諸藥至厥陰之分，下飲，入太陰之倉，小腹癖積甚者莫缺，左脇鬱怒痛者須投。切莫服過，恐損真氣。老弱虛羸，尤當全戒。

冬葵子：味甘，氣寒，性滑利，無毒。滑胎易產，除淋利便，通乳汁，潰癰膿，亦解川椒、丹石毒。

茅根：忌犯鐵器。味甘，氣寒，無毒。通淋逐瘀，止勞傷吐衄。苗，破血下水腫。花，止血，罯金瘡。茅針，禁崩漏，塞鼻洪，腫毒服之可潰。屋陳茅，煎濃，亦可止血。爛茅，醬汁和研，斑瘡蟲咬瘡可敷。

苧根：味甘，氣寒，無毒。主時疫，大渴狂呼，併金石服多□熱。丹毒癰疽俱却，胎漏下血並除。皮作枕，止血暈。安臍上，去腹疼。漬苧汁，消渴、蠶咬，一飲可解。

甘蕉根：味甘，氣大寒，無毒。其主治與苧根大同。其蕉油黑鬚髮，治暗風癇。

蜀葵花：味甘，氣寒。陰中之陽，無毒。色有二種，治亦不同。紅者治赤帶赤痢如神，血燥兼治。白者驅白帶白痢速効，氣燥亦驅。療痰瘧，去邪氣，陰乾為末，食之。小花者名錦葵，功用更強。根，利便，散膿血，理帶下如神。

燈心草：味甘，氣寒。屬金與火。無毒。通竅利水之劑。

楮實子：味甘，氣寒，無毒。有壯陽利水之功。凡用酒浸一伏時，更蒸從巳至亥出，焙乾用。

滑石：甘草、石韋為之使。惡曾青。味甘，氣大寒。性沉重，降也，陰也。無毒。入足太陽。利九竅津液頻生，行六腑積滯不阻。性因滑利，故加滑名，墮胎甚速，孕婦忌服。按：滑石治渴，非實能止渴也。資其利竅，滲去濕熱，則脾氣和而渴自止耳。然必天令濕熱太過，人患小便不利而渴，正宜用此。若無濕，小便自利而渴者，是內有燥熱，燥宜滋潤，若用滑石，是重亡津，而渴反盛矣，寧不害乎。

禹餘糧：杜仲為之使。味甘，氣寒，無毒。乃鎮固之劑。《經》曰重可去怯，是也。凡用火煅醋淬伏，用磁鉢擂，水澄汁清，勿留砂土用。

桑白皮：續斷、桂心、麻子為之使。味甘而辛。甘厚辛薄，氣寒，可升可降，陽中陰也。入手太陰。無毒。甘助元氣，辛瀉火邪，是瀉肺中火邪，非瀉肺氣之藥也。是以虛羸喘嗽唾血，尤宜用之。根出土者殺人，而東行者得氣。皮中白汁，煎如糖，(赤)〔亦〕可推老痰宿血。葉，可洗眼，去風淚，敷撲損瘀血，消水腫而利關節，止霍亂而除風痺。枝，去手足拘攣，潤皮毛枯槁，利陰管通便，治眼眶退暈，亦治喘嗽，兼消癰腫。椹，開關利竅，安魂鎮神。桑花，澁腸，止一切血。桑耳，散血如神，止血甚捷。其桑寄生，別在平性藥品。

防葵：味甘、辛、苦，氣寒，無毒。一云有小毒。主膀胱熱結，治鬼瘧顛癇，治疝瘕，且除腎邪，摩血瘤，兼堅筋骨。凡用勿悞用狼毒。中火者服之，令恍惚如見鬼狀。

甘菊花：枸杞根、桑白皮為之使。味甘、微苦，氣平，寒。屬土與金有水火，可升可降，陰中陽也。無毒。山野間味苦，莖青，名苦薏，能傷胃氣。家園內味甘，莖紫者為甘菊，兼補陰血。凡用去枝、梗、蒂，亦要認真。

礬石：甘草為之使。味酸，氣寒，無毒。種有數類，惟白治病。多能除瘜肉，去痼熱，能分膈下之涎。但性多燥，久服損心肺傷骨，為醫者不可不知。

蟬蛻：味酸，氣寒，無毒。去翳膜侵睛，除努肉滿眦，小兒癮瘮不快甚良。蟬花，止小兒天吊瘈瘲，夜啼，渾身壯熱，驚癇，止渴尤佳。

車前子：常山為之使。味甘、鹹，氣寒，無毒。專入膀胱，兼療肝臟。利小便不走精氣，與茯苓同功。根葉，甘鹹，性寒，平，無毒。能止血。

澤瀉：畏海蛤、文蛤。味甘、鹹，氣寒，平。氣味俱浮，沉而降也，陰也，陰中微陽。無毒。入足太陽、少陰經。按：澤瀉多服則昏目，暴服能明目，何也？蓋味鹹能瀉腎中伏水，則胞中留久陳積之物由之而去也。瀉伏水，去留垢，故明目。久則小便利，腎氣虛，不昏目乎。然則淋瀝水腫，亦腎虛所致，苟不論虛實而久用之，何能無害。謂之利水通淋仙丹，果然也耶？

大黃：味苦，氣大寒。味極厚，陰中之陰，降也。無毒。欲上行，資酒製，酒浸達巔頂上，酒洗至胃脘中。載以舟楫少停，緩以國老不墜。如欲下行，務分緩速，速者生投，滾湯一泡便吞，緩者同諸藥久煎。入劑多寡，看人虛實。蓋性沉而不浮，故用走而莫守。勿服太過，下血亡陰。

大青：味苦，氣大寒，無毒。傷寒斑黃，每每擅名。又治黃汗黃疸，天行時疫，且止煩渴。葉，亦治癰腫。

地膚子：味苦，氣寒，無毒。久服益精強陰，久服輕身明目。却皮膚瘙癢，除熱暗雀盲。葉，能滲泄瀉，止血痢，又散諸惡瘡毒。

茜草根：味苦，氣寒。陰中微陽。無毒。凡諸血症，並建奇功。而蠱毒吐血如爛肝尤妙。凡剉，忌犯鐵并鉛。

鬱金：味苦，氣寒。純陰，屬土與金有水。無毒。氣最輕揚，治鬱遏殊妙。

黃連：黃芩、龍骨為之使。

惡菊花、芫花、玄〔參〕、白鮮。又忌參。畏欵冬。勝烏頭。解巴豆毒。惡猪肉。忌冷水。味苦，氣寒。味厚氣薄，可升可降，沉也，陰也，陰中微陽。無毒。入手少陰心經。治諸火邪，依各製炒。在上醇酒炒，在下童便炒。實火朴硝，虚火釅醋，痰火薑汁，伏火下焦鹽湯。氣滯同吳茱萸，血瘕拌乾漆末，食積瀉陳壁土炒。肝膽火盛欲嘔，必求猪膽汁炒。又為血藥中使。又胡黃連，味苦，氣平，寒。又云寒，無毒。能治骨蒸潮熱。　黃芩：　山茱〔萸〕、龍骨為之使。惡葱實。畏丹砂、牡丹、藜蘆。去腐爛入藥。味苦，氣平，寒。味薄氣厚，可升可降，陰也，陰中微陽。無毒。枯飄者名宿芩，入手太陰，上膈酒炒為宜。堅實者名子芩，入手陽明，下焦生用最妙。又云上部積血，非此不除。　苦參：　玄參為之使。反藜蘆。惡貝母、菟絲子。味苦，氣寒。沉也，純陰。無毒。能除濕熱，驅風逐水，且殺瘡毒，養肝益腎。但峻補陰氣，降而不升，用者不可不知也。　馬兜鈴：　味苦，氣寒，無毒。痰喘刼劑。凡用去革膜，取向裏匾子。入藥微炒燥為良。　紫草：　味苦，氣寒，無毒。單煮可托豌豆瘡瘮。凡使須用蠟水蒸之，待水乾取，去頭并兩畔髭，細剉用。　山豆根：　味苦，氣寒，無毒。解咽喉腫痛，亦消痰毒。　牽牛子：　味苦，氣寒。屬火，善走。有毒。有黑白二種，黑者力速，白者効遲。炒研煎湯，並取頭末。最瀉上焦元氣，非濕勝氣難施化致大小便不通者，不宜用之。若濕病根在下焦，是血受病，反用牽牛瀉氣，甚不可也。　草蒿：　味苦，氣寒，無毒。凡用使葉勿使子，使根勿使莖，四者若同，反者成疾。得童便浸之良。　豨薟：　味苦，氣寒，有小毒。治風邪口眼喎斜，治濕痺，腰脚痠痛，九蒸九晒，蜜丸最妙。　山枝子即山梔子：　味苦，氣寒。味薄，陰中陽也。無毒。入手太陰肺經。留皮除熱於肌表，去皮却熱於心胸。因輕浮象肺，赤象火，故瀉肺中之火。本非吐劑，仲景用為吐藥者，為邪氣在上，拒而不納食，令上吐，邪因得出。《經》曰在高者因而越之，此之謂也。亦不能利小便。易老云：　用利小便者，實非利小便，乃清肺也，肺清而氣化，則小便自出矣。故丹溪亦曰：　解熱鬱，行結氣，其性屈曲下行，大能降火從小便泄去。人所不知也。　秦皮：　大戟為之使。惡吳茱〔萸〕、苦瓠、防葵。味苦，氣寒。沉也，陰也。無毒。功專治眼，煎汁洗良。益男子精衰，止婦人帶下，風寒濕痺兼敺，熱痢後重且却。《經》云：　以苦堅之。故用白頭翁、黃柏、秦皮之苦劑也。　蘆薈：　味苦，氣寒，無毒。殺蟲去疳，鎮心明目。一名象膽，以其味苦如膽也。　川楝子：　味苦，氣寒。陰中之陽。有小毒。治溫疾，傷寒大熱顛狂，止上下部腹痛，心痛，止疝氣，利水道，殺三蟲，愈疥瘍。凡用肉莫用核，用核莫用肉。根，亦殺蟲，利大腸。　地骨皮：　味苦，平，性寒，無毒。入足少陰腎臟，手少陽三焦。升也，陰也。療在皮無定之風，去肌骨五內邪熱。利二便，強陰強筋；　除肺熱，涼血涼骨。　(括)〔栝〕蔞實：　枸杞為之使。畏牛膝、乾漆。反附子、烏頭。惡乾薑。味苦，平，氣寒。味厚氣薄，屬土有水，陰也。無毒。潤燥之劑，虚怯勞嗽當求。凡用仁，滲油衹一度，兌人惡心，毋多次，失藥潤性。根名天花粉，味苦，甘，氣寒。入地深者良。善潤心中枯渴，大降膈上熱痰。　常山：　忌菘菜、雞肉、葱。味苦、辛，氣寒，無毒。截瘧吐痰殊功，水脹鬼蠱甚効。勿滚熱下咽，必露冷過宿。年老久病人全忌，形瘦稍虚者禁嘗。苗名蜀漆，味苦，純陽。使宜(括)〔栝〕蔞、桔梗，能破癥堅結積。餘治與常山大同，切勿服多，亦忌惡吐。　紫參：　味苦、辛，氣寒，無毒。能通竅，除腸胃大熱血症。今人小兒痘疹多用之。仲景亦用治痢。　蕘花：　味苦、辛，氣寒，無毒。行水甚猛，散氣亦靈，用者最宜斟酌。　瞿麥：　蘘草、牡丹為之使。惡螵蛸。味苦、辛，氣寒。降也，陽中微陰。無毒。凡使衹用蕙殼，不用莖葉。若一時〔同〕使，即空心令人氣咽，小便不禁。　知母：　味苦、辛，氣寒。氣味俱厚，沉而降，陰也，陰中微陽。無毒。乃足少陰本藥，而又入足陽明，入手太陰也。引經上頸，酒炒纔升。益腎滋陰，鹽炒便入。有汗骨蒸最妙。久服令人作瀉，須知。凡用去淨皮毛，忌犯鐵器。柔軟肥白有力，枯黯無功。　夏枯草：　味苦、辛，氣寒，無毒。能破癭瘤結氣，散瘰癧鼠瘻。　黃栢：　味苦，微辛，性寒。陰中之陽，降也。無毒。足少陰經藥，足太陽引經藥。安虛噦蚘蟲，瀉隱伏龍火。腸風下血立効，熱痢見血殊功。去臍腹虚疼，逐膀胱結熱。加黃芪湯中，能使足膝湧出氣力。入蒼朮散，可俾下焦行去濕熱。婦人帶漏亦可用。欲上行酒炒，入腎鹽炒。　朴硝：　大黃為之使。味苦、辛、鹹，性大寒，無毒。降也，陰也。辛能潤燥，鹹能軟堅。除胃腑邪氣，推陳致新。却天行疫痢，消腫敗毒。凡百實熱，可以瀉除。煮煉者為芒硝，能消痰癖，滌腸胃。以蘿蔔、豆腐、冬瓜煎成者，曰玄明粉，性微溫，治一切熱毒風，并五臟閉結。若如方書所云，能去五勞七傷內搜衆疾之說，是又盡信書則不如無書也，用者詳之。　草龍膽：　貫衆為之使。味苦，澁，氣大寒。氣味俱厚，陰也。無毒。去腸中小蟲，益肝

膽二氣，除下焦濕腫，療客忤疳氣。酒浸為柴胡輔佐上行，治眼目赤疼。空腹勿服，令人溺遺。　樗白皮：　味苦，澁，氣寒，有小毒。能止滑脫，亦殺蟲毒。用與椿白皮同，但椿氣溫而葉香，此氣寒而味臭，此為異耳。　天門冬：　地黃、貝母為之使。畏曾青。忌鯉魚。味苦、甘，氣平，大寒。氣薄味厚，升也，陰也，陽中之陰。無毒。入手太陰經、足少陰經。苦以泄滯血，甘以助元氣。治肺熱之功多，患人體虛而熱，加而用之。但專泄而不收，寒多者禁服。肺氣喘促者，加人參、黃耆用之神效。　甘遂：　反甘草。惡遠志。味苦、甘，氣大寒，有毒。性專行水，破聚散結。凡用斟酌，切勿妄投。　地黃：　得麥門冬、清酒良。畏蕪荑。惡貝母。忌三白。咀犯鐵器腎消，食同蘿蔔髮皓。味苦、甘，氣寒。味厚氣薄，沉也，陰中之陽。無毒。入手少陰、太陽經。江浙生者質雖光潤，力微。懷慶生者皮有疙瘩，力大。脉洪多熱，加用無妨。脾胃有寒，最宜斟酌。上達補頭腦虛，外行潤皮膚燥。必資酒浸，有痰膈不利及酒病人，服必薑汁炒用，恐滯膈作脹滿也。酒蒸黑，名熟地，性微溫，入手足少陰經、厥陰經。傷寒後脛(脹)〔股〕最痛殊功，新產後臍腹急痛立効。《機要》云：　臍下痛者，腎經也，非熟地黃不能除。補腎益陰，宜丸，加當歸為補髓。　藍實：　味苦、甘，氣寒，無毒。屬水。有水能使散敗亡血分諸經絡，故解諸毒得效之速焉。青黛，能收上膈痰火，并五臟鬱火。　豆豉：　味苦、甘，氣寒，無毒。雖理瘴氣，專治傷寒。佐葱白散寒熱頭痛，助(枝)〔梔〕子除虛煩懊憹。善能發汗，亦安胎孕。　代赭石：　乾薑為之使。味苦、甘，氣寒，無毒。入少陽三焦及厥陰肝臟。治崩帶，胎衣不下；療驚癇，尿血遺溺。陰痿不舉能扶，驚氣入腹可愈。《聖濟經》曰：　怯者，驚也。怯則氣浮，重劑以鎮之。代赭之重，以鎮虛逆也。孕婦忌服，能墮胎元。　井泉石：　氣大寒，無毒。能消腫毒，善療疳熱。解心臟熱結，止肺經熱嗽。　總治諸熱，別無所能。　枳實：　味苦、酸，氣寒。味薄氣厚，陰也，陰中微陽。無毒。枳殼則性詳而緩，治高，高者主氣，治在胸膈。實小則性酷而速，治下，下者主血，治在心脾。故胸中痞肺氣結也，有桔梗枳殼湯之煎。心下痞脾血積也，有白朮枳實湯之用。此高下緩急之分也。治痰有倒壁衝墻之捷，虛者亦宜審用。　殼味苦、酸、辛，微寒，無毒。陰也。多服能損至高之氣，勞傷尤當全禁。　槐實：　景天為之使。味苦、酸、鹹，氣寒，無毒。能涼大腸，去痔，洗下部濕痒，消乳瘕急痛，墮胎孕，催產。嫩莢，去風明目。老莢，踈導風熱。花，苦，平，無毒。理腸風瀉血，塞痔漏來紅。　犀角：　味苦、酸、鹹，一云辛、甘，氣寒，無毒。治諸血症，實大寒之劑。能使目明，有平睛之功。療痘疹風熱，安心神魂魄。能消胎氣，孕婦忌之。按：　丹溪云：犀角屬陽，其性走散，比諸角尤甚。習俗痘瘡後，多用以散餘毒，或血虛有燥熱者用之，禍不旋踵。又云：　鹿取茸，犀取尖，以力之精銳在是。匪此為然，然諸角取尖俱相同也。　海蛤：　蜀漆為之使。味苦、鹹，氣寒，無毒。能消痰結，并治氣癭。又海石、海粉，即海蛤異名。粉，又海石火煅研成者也。因鹹能軟堅，故治結頑痰塊必用之。丹溪曰：　海粉即海石，熱痰能降，濕痰能燥，結痰能軟，頑痰能消。宜□□散，勿煎湯液。　白薇：　惡黃芪、大黃、乾薑、乾漆、山茱〔萸〕、大棗。味苦、鹹，氣平，大寒，無毒。《本經》謂堪却傷中淋露，下水滲濕。然亦須審其熱症乃可，不然寧勿用。　白鮮皮：惡桔梗、螵蛸及茯苓、萆薢。味苦、鹹，氣寒，無毒。能通關利竅。亦必風熱濕熱壅滯者，用之方宜。　海藻：　反甘草。味苦、鹹，氣寒，無毒。一云有小毒。沉也，陰中陰也。能消膈上項間痰癭，利水通淋，除脹消癰，破疝，墜癥瘕。凡使須用烏豆并紫背天葵三件同蒸一伏時，候日乾用。　海昆布：味鹹，氣寒，無毒。又云有小毒。治同海藻。多服令人腹冷痛，發氣吐沫。　海帶：　味鹹，氣寒，無毒。又云有小毒。散癭囊氣瘰，亦療風癃水濕。戎鹽：　即青鹽。味鹹，氣寒，無毒。益氣明目，止血強筋，助水臟而療溺血，益精氣而治疥瘡。　地龍：　味鹹，氣寒。屬土與水。無毒。一云大寒，有小毒。主風癇瘧疾，去三蟲尸疰。治大熱狂言譫語，療風結二便不通。腎風脚氣俱効，黃疸行濕如神。白頸者佳。　羚羊角：　味鹹、苦，氣寒，無毒。專走肝經，因性屬木，解寒熱於肌膚，散溫風於骨肉。安驚狂，辟不祥。退發搐卒癇，毆敗血冲心。明目益氣，輕身強陰，健筋堅骨。但此藥難得真者，須鋸角取尖，認彎蹙處有掛痕深入者纔真。聽人耳邊似響聲微出者尤妙。

諸水：　稟天乙氣，居五行先。草木資以發生，黎民藉之養育。普天之下，惟水最多，大則為海為江為河，小則為潭為溪為澗。鄉市有塘有井，崖谷有溜有泉。味甘辛鹹淡自殊，性動靜緩急亦異。用烹煎餌各有所宜，苟弗詳知，安求効驗。長流水者與千里水，手足四末之疾，非此莫攻。順流水與朝東水，大小二便滯留，用斯即利。逆流水，堪吐上焦胸膈風痰，資易上湧。急流水，可去下躰腿胯濕痛，伏竟下行。井華結水面而未開。山脊水覔於長夏，

退時疫且却溫黃，乃因夏至陰生，起從地底而極冷。半天河水，質極清潔而不濁，堪鍊丹藥，欲成仙者須求。菊英水，氣甚馨香而最甘，可烹茗芽，望延壽者宜啜。春雨水，氣生春升而生發，中氣不足，清氣不升，及年壯未嗣人，煎服極妙。秋露水，性禀秋降而肅清，癆蟲傷屍疳蟲作脹，併年深染祟者，取飲最佳。臘雪水，瓮貯，掘地埋藏，性酷寒，治春夏時行疫毒。甘瀾水，器盛，以物揚躍，氣柔緩，調冬月陰證傷寒。新汲水，養心神，誠獲奇効。無根水，扶脾胃，果有神功。仍有地漿，是人造者，挖地坎以水沃，中攪渾濁，澄清取服，惡毒能解，煩熱能驅，楓上毒菌悮食笑不止者即安，山中毒菌悮食幾死者立効。

明·陳長卿《傷寒五法》卷下　辛涼藥味辨　夫辛者，發散，麻黃、桂枝之類也。溫者，熱藥，附子、乾薑、肉桂之類也。涼者，凝滯，黃芩、梔子、石膏、黃連之類也。夫用藥豈不隨寒熱溫涼哉？况人與天地，原同一體，天氣溫暑，人亦溫暑，天氣寒涼，人亦寒涼，安得不審四時之氣？且如冬令嚴寒，腠理閉密，非辛（涼）〔溫〕之藥不能開泄腠理。至於春時，氣候溫和，腠理稍開，若用辛甘，必加黃芩、梔子涼藥在內也。至于暑氣炎熱，腠理開泄，若用辛甘，必加石膏、知母、黃連寒藥在內也。若概用冬時正傷寒之劑，溫熱之病未除，而黃斑狂讝之變即發矣。至於正傷寒，即當用辛甘以發散。若邪在人身，或一月半月之久，表尚在者，名曰溫病，當用辛涼之劑發散。何者？病雖表證，但邪在人身居久，將化而為熱，故亦名曰溫，當用辛涼之劑以解之。此四時用藥之法也。

明·李中梓《本草通玄》卷下　藥有五味：　苦者入心，直行而泄；　辛者入肺，橫行而散；　酸者入肝，束而收斂；　鹹者入腎，止而軟堅。甘者入脾，有和、有緩、有補、有泄、可上、可下、可內、可外，土味居中而能兼五行也。淡之一味，五臟無歸，專入太陽而利小便。

藥有四氣：　溫者應春生之氣而主發育，熱者應夏長之氣而主暢遂，涼者應秋收之氣而主清肅，寒者應冬藏之氣而主殺伐。故虛弱之人，不足之症，當以生長為先。壯實之人，有餘之邪，當以肅殺為要。兩者易而為治，是謂實實虛虛，損不足而益有餘。如此死者，醫殺之耳。

叔季之世，人民虛薄，受補者常多，受尅者常少。故補中、還少，日就增多；　承氣、抵當，日漸減少。奈何？　夫人之病十有九虛，醫師之藥百無一補，猶且矜獨得之妙，夭狂者比比，終不悔悟，良可悲夫！

溫暖之藥，象類陰陽明，君子苟有過則人皆見之；　寒涼之藥，象類陰柔小人，國祚已移，人猶莫覺其非。凡用滋補藥，病不增即是減，內已受補故也；　用尅伐藥病不減即是增，內已受伐故也。

清·顧元交《本草彙箋·總略》　論藥性同味而用殊出繆希雍　焉文云：　藥有二物同味而用殊者，如仲淳所云也。又有一物一味，而生熟製度各異，而用殊者。有一物一味，而視其所合用之藥，而用殊者。如仲淳所云也。又有一物而兼兩味三味，視所合用之藥，而用殊者。慎齋先生云用藥之要，貴鬆而不貴實，立意在君臣，而嚮導在乎佐使。如篇中云甘合辛而發散，又甘溫以除大熱，此已分別內傷外感之二證。蓋外襲風寒，火鬱于內，宜辛甘以發之。若內傷精血，火動于中，宜甘溫以除之。此一定之法也。然甘溫除熱，更宜通變。時醫遇內傷症，未有不純用苦寒，久之大損元氣，致不可救。間遇名手，則又專主甘溫，補中益氣湯、歸脾湯之外，無他技矣。此皆用實而不能用鬆者也。不知內傷元氣尚強，何妨暫投清快之劑？即本原已憊，若久用甘溫不效者，須少佐之以辛，而邪火自散。此師師相授之旨，難爲粗心者道。立齋先生治內傷症，補中湯其所慣用。然有服至數十劑不得效者，稍加附子輒效。此正借其辛烈之氣，以爲養正祛邪之助耳。此用鬆之法也。慎齋云：　凡病先用熱藥太過，現出熱症，服清涼和解一二劑。先用寒藥太過，現出寒症，服溫中理脾一二劑，則顯效如神。此又同一藥，而前後之用殊。今人皆固守一偏，而不知權變之理，何以摻司命之責。【略】

氣味寒熱用法出王好古　焉文云：　藥則一也，而用則異焉。明物理，按天時修人事，以應臟腑，不爽毫髮，此神工之所爲，可貴也。固有同一病同一藥也，或用之而應，或用之而不應者，先後失次，多寡異宜，生熟各製，其咎有歸。世風偷薄，有病延醫，止求藥案，謀之肆中，多不如法。下咽不效，仍咎醫人。且夫以藥飼人者，苦心竭慮，唯恐或訛病家，不辨何藥，昧昧服之，倘或不濟，輒云藥誤，百口不能辯也。如不授藥而授方，彼此共見，或病家再質之別醫，立方之醫得以卸責，責輕則志懈，方亦因之率易矣。且庸下之流，少見多怪，一方偶布，指摘交加。術有高下，用藥懸殊，是故方家冀免訾詬，遇索方者，惟有平平數味，不痛不癢，但期合俗，不敢市奇。予故曰：　醫者，用藥與立方，往往不侔。此語從無道破。

《本草》之味有五，氣有四。然一味之中有四氣，如辛味，則石膏寒，桂、附熱，半夏溫，薄荷涼之類是也。夫氣者，天也。溫、熱，天之陽。寒、涼，天之陰。陽則升，陰則降。味者，地也。辛、甘、淡，地之陽。酸、苦、鹹，地之陰。陽則浮，陰則沉。有使氣者，使味者，氣味俱使者。先使氣而後使味者，先使味而後使氣者。有一物一味者，一物三味者，一物一氣者，一物二氣者。或生熟異氣味，或根苗異氣味，或溫多而成熱，或涼多而成寒，或寒熱各半而成溫，或熱者多、寒者少，寒不爲之寒；或寒者多熱者少，熱不爲之熱。不可一途而取也。或寒熱各半，晝服則從熱之屬而升，夜服則從寒之屬而降。或晴則從熱，陰則從寒。變化不一如此，況四時六位不同，五運六氣各異，可以輕用爲哉？【略】

用熱偏勝之害出繆希雍 焉文云：予憶三十年前，諸軒岐家鑒寒涼之弊，輒以溫補爲尚。然于桂、附等藥，特偶用之。嗣因蜀道阻塞，附子騰價百倍，騰貴繇於匱乏，非原來生產之殊也。《綱目》本草列附子於毒草中，《本經》列之下品，俱與大黃、常山、大戟、羊躑躅等例，蓋未可輕試也。于時有力之家，有患真陽衰竭，及傷寒直中陰經，必須附子者，不惜厚價購之，果有回生之效，良工以此見奇。庸醫因而承襲，迺不論何病，諸藥不效者，輒投附子。危險之症，藉爲神丹，下口即時決裂，虛怯之症，倚爲服食，真陰日被煎熬，醫家妄云服附子而不能救，無可救矣；病家服過附子，亦死無悔焉。此風吳門爲甚，今已漸汔於各都郡邑矣。引火歸源之說，牢不可破。傷寒陽厥，而認爲陰厥。怯症陰精不守，而認爲下部之沉寒。老人精絕陽痿而欲強鼓其陽，婦人血虛內熱而反益燥其血。火炎作嘔，誤爲反胃胃寒。中風不遂，由於陰虛血少，而誤爲陽氣衰微。種種殺人，不可勝紀。夫陰陽寒熱，勢不兩立。陰虛者，陽必盛，更助其陽，是益虛其陰。況助陽生氣，只宜少火，何用此辛烈大毒者爲哉？回陽氣於既絕，助參、芪以走表，秖可偶一用之耳。史稱洪武間，有常州陳理以子殺父事上聞。太祖不能決，命皇太孫處分。太孫從容詳審，竟脫之。理父原抱病經年，誤服一藥而斃。繼母素憎理，因力證成獄。太孫條其情以獻。太祖初未之信，拘鄰里婢僕及原醫詢之，乃知父向患火症，庸醫誤投附子一啜而卒。嗟乎！今日之爲陳理之父者多矣！予豈好爲是矯枉之論哉？不過謂附子，亦千百藥品中之一耳。有是病，方用是藥，倘用之不當，雖以人參之沖和，猶能殺人，況附子之毒烈者乎？用之而當，砒霜亦可用也，豈謂附子必不可用耶？從來兵戈之世，人心擾攘，天行火運，民患亦多火症。業金篦者，不可不知。

人身之有陰陽也，水一而已，火則二焉。是稟受之始，陽常有餘，陰常不足。天地且然，況於人乎？故自少至老，所生疾病，靡不由於真陰不足者。若夫真陽不足之病，千百而一二矣。陽者，氣也，火也，神也。陰者，血也，水也，精也。陰陽和平，氣血均調，是爲平人氣象之常候。苟或縱恣房室，或肆情喜怒，或輕犯陰陽，或嗜好辛熱，以致腎水真陰不足，不能匹配陽火，遂使陽氣有餘，氣有餘即是火，故火愈盛，而水愈涸，於是發爲吐血，咳嗽吐痰，內熱骨蒸盜汗，種種陰虛等病。醫師不察，不揆其本，凡見前證，不分陰陽，類施溫補，參、芪、二朮，視同食物，佐以薑、桂，若啖五辛，倘遇憊劇，輒投附子，死而不悟，良可憫也。何則？難成易虧者陰也，益陰之藥，不能旦夕見效。助陽之藥，能使胃氣一時暫壯，飲食加增，或陽道興舉，有似神旺。醫師藉以要功，病者利其速效，彼此固執，莫辨厥由。故知陰虛真水不足之病，十人而九；陽虛真火不足之病，百不得一。醫師之藥，補助陽火者，往往概施。滋益陰精者，大都罕見。宜乎服藥者之多斃，無藥者之反存也。予見世醫以此傷人者甚衆，茲特著其誤，以爲世戒。

清·郭章宜《本草匯》卷一 陰陽配合 《本草》云：凡天地萬物，皆有陰陽。大小各有色類，尋究其理，並有法象。故羽毛之類，皆生於陽，而屬於陰。鱗介之類，皆生於陰，而屬於陽。所以空青法木，故色青而主肝。丹砂法火，故色赤而主心。雲母法金，故色白而主肺。雌黃法土，故色黃而主脾。磁石法水，故色黑而主腎。餘皆以此推之，例可知也。又如氣味之中，氣薄者為陽中之陰，氣厚者為陽中之陽。味薄者為陰中之陽，味厚者為陰中之陰。辛甘淡中熱者，為陽中之陽。辛甘淡中寒者，為陽中之陰。酸苦鹹之寒者，為陰中之陰。酸苦鹹之熱者，為陰中之陽。夫辛、甘、淡、酸、苦、鹹，乃味之陰陽，又為地之陰陽也。溫、涼、寒、熱，乃氣之陰陽，又為天之陰陽也。氣味生成，自寓陰陽造化之機，主對治療，不可不審也。【略】

酸鹹甘苦辛五味，寒熱溫涼四氣：凡稱氣者，是香臭之氣，其寒、熱、溫、涼，是藥之性。且如鵞中白鵞脂性冷，不可言其氣冷也。四氣則是香、臭、腥、臊，如蒜、阿魏、鮑魚、汗襪，則其氣臭。雞、魚、鴨、蛇，則其氣腥。狐狸腎，白馬莖、人中白，則其氣臊。沉、檀、腦、麝，則其氣香是也。五味之中，

各有四氣，如辛則有石膏之寒，桂、附之熱，半夏之溫，薄荷之涼之類。甘則有滑石、錫飴、參、耆、乾葛之類。酸則有商陸、硫黃、五味子、芍藥之類。苦則有大黃、厚朴、白朮、梔子之類。鹹則有犀角、陽起石、文蛤、牡蠣之類。此雖不足以盡舉，大抵五味之中，皆有四者也。夫氣者，天也。味者，地也。溫熱者，天之陽。寒涼者，天之陰。辛甘者，地之陽。鹹苦者，地之陰。《本草》五味不言淡，何也？淡附於甘也。

清・汪昂《本草備要》卷首　凡藥酸屬木入肝、苦屬火入心、甘屬土入脾、辛屬金入肺、鹹屬水入腎，此五味之義也。凡藥青屬木入肝、赤屬火入心、黃屬土入脾、白屬金入肺、黑屬水入腎，此五色之義也。凡藥酸者能濇能收、苦者能瀉能燥能堅、甘者能補能和能緩、辛者能散能潤能横行、鹹者能下能耎，耎，音軟。堅、淡者能利竅能滲滲，音慘，去聲。泄，此五味之用也。凡藥寒熱溫涼，氣也；酸苦甘辛鹹，味也。氣爲陽，味爲陰。氣厚者陽中之陽，薄者陽中之陰；味厚者陰中之陰，薄者陰中之陽。氣薄則發泄表散，厚則發熱溫燥。味厚則泄降瀉，薄則通利竅滲濕。辛甘發散爲陽，酸苦涌泄爲陰，鹹味涌泄爲陰，淡味滲泄爲陽。輕清升浮爲陽，重濁沉降爲陰。陽氣出上竅，陰味出下竅。清陽發腠理，濁陰走五藏。清陽實四肢，濁陰歸六腑。此陰陽之義也。【略】

酸傷筋斂則筋縮，辛勝酸；苦傷氣苦能瀉氣，鹹勝苦；甘傷肉，酸勝甘；辛傷皮毛疏散腠理。苦勝辛；鹹傷血鹹能滲泄，甘勝鹹。此五行相剋之義也。

酸走筋，筋病毋多食酸，筋得酸，則拘攣收引益甚也。苦走骨，骨病毋多食苦，骨得苦，則陰益甚，重而難舉也。甘走肉，肉病毋多食甘，肉得甘，則壅氣臚腫益甚也。辛走氣，氣病毋多食辛，氣得辛，則散而益虛也。鹹走血，血病毋多食鹹，血得鹹，則凝濇而口渴也。鹹能滲泄津液。此五病之所禁也。

多食鹹，則脉凝泣濇而變色。脉即血也，心合脉。水剋火。多食苦，則皮槁而毛拔。肺合皮毛。火剋金。多食辛，則筋急而爪枯。肝合筋，爪者筋之餘。爲金剋木。按：肝喜散，故辛能補肝，惟多則爲害。多食酸，則肉胝腐而唇揭。脾合肉，其華在唇。水剋土。胝，音支，皮厚也。多食甘，則骨痛而髮落。腎合骨，其華在髮。土剋水。此五味之所傷也。

清・景日昣《嵩厓尊生全書》卷四　用藥寒熱溫涼正變譜　溫性：得木之正。溫多成熱，溫之變也。溫多涼少，涼不為之涼。溫之正，涼之變也。涼性：得金之正。涼多成寒，涼之變也。涼多溫少，溫不爲之溫，涼之正，溫這變也。熱性：得火之正。熱極似寒，熱之變也。熱多寒少，寒不為之寒。熱之正，寒之變也。寒性：得水之正。寒極似熱，寒之變也。寒多熱少，熱不為之熱。寒之正，熱之變也。寒熱各半而成溫：又寒熱之變，溫之變也。寒多熱少而成涼：又寒熱之變，涼之變也。寒熱各半，晝服則從熱而升陽分：又熱之變也。晴亦從熱：熱之變也。寒熱各半，夜服則從寒而降陰分：又寒之變也。陰亦從寒：寒之變也。溫性涼服：補中下，無妨于上；涼先行而溫後行，溫之中有涼也，溫之變也。涼性熱服：補上無妨于中；溫先行而涼後行，且涼資熱以升之，涼之變也。寒性熱服：寒不能散，資熱以散經絡寒，始得力也，寒之變也。熱性寒服：熱攻寒，恐相攻，借以引入寒分，熱之變也。

清・何諫《生草藥性備要》卷首　凡草藥：梗方骨對葉者，多屬溫；梗葉圓者，多屬寒。

辛補肝、瀉肺，能散；酸補肺、瀉肝，能收；苦補腎、瀉脾；甜補脾、瀉心，能緩；鹹補腎，能下，〔軟〕堅；淡能利竅、滲泄。二卷尾附刻生草應驗藥方，甚效。

清・尤怡《醫學讀書記・續記》　鹹寒　熱淫於內，治以鹹寒，《內經》之旨也。仲景療傷寒，加芒硝於苦寒藥中。文仲又加芒硝於甘寒藥中，其方以生麥冬一升，生地黃一升，知母二兩，生薑二兩半，芒硝二兩半，水煮，分五服，取利為度。由是，而鹹寒之用迺廣矣。

酸苦涌泄　阮河南治天行熱、解毒，多用苦酒、猪膽、生艾汁、苦參、青葙、葶藶之屬。《外臺》單用苦參一兩，酒煮，并服，取吐如烊膠便愈。張文仲療傷寒、溫病等三日以上，胸中滿，用苦酒半升，猪膽一枚，和服，取吐。蓋即《內經》酸苦涌泄之義。然今人之用此者罕矣。

清・吳儀洛《本草從新・藥性總義》　凡寒熱溫涼，氣也。酸苦甘辛鹹，味也。氣為陽，味為陰。氣無形而升，故為陽。味有質而降，故為陰。氣厚者為純陽，薄為陽中之陰。味厚者為純陰，薄為陰中之陽。氣薄則發泄，厚則發熱。陽氣上行，故氣薄者能泄於表，厚者能發熱。味厚則泄，薄則通。陰味下行，故味厚者能泄於下，薄者能通利。辛甘發散為陽，酸苦涌湧同泄為陰。辛散，甘緩，故發肌表。酸收，苦泄，故為吐瀉。鹹味涌泄為陰，淡味滲泄為陽，重濁沉降為陰。清陽

出上竅，本乎天者親上，上竅七，謂耳目口鼻。濁陰出下竅。本乎地者親下，下竅二，謂前後二陰。清陽發腠理，腠理，肌表也。陽升散於皮膚，故清陽發之。濁陰走五臟。陰受氣於五臟，故濁陰走之。清陽實四肢，四肢為諸陽之本，故清陽實之。濁陰歸六腑。六腑傳化水穀，故濁陰歸之。此陰陽之義也。【略】

酸傷筋，酸走筋，過則傷筋而拘攣。辛勝酸。辛為金味，故勝木之酸。苦傷氣，苦從火化，故傷肺氣，火剋金也。又如陽氣性升，苦味性降，氣為苦遏，則不能舒伸，故苦傷氣。鹹勝苦。鹹為水味，故勝火之苦。按：氣為苦傷，而用鹹勝之，此自五行相制之理。若以辛助金，而以甘泄苦，亦是捷法。蓋氣味以辛甘爲陽，酸苦鹹爲陰，陰勝者制之以陽，陽勝者制之以陰，何非勝復之妙？而其中宜否，則在乎用之權變爾。甘傷肉，酸勝甘。酸為木味，故勝土之甘。辛傷皮毛，辛能散氣，故傷皮毛。甘勝鹹。甘為土味，故勝水之鹹。此五行相剋之義也。

辛走氣，氣病無多食辛。《五味論》曰：多食辛，令人洞心。洞心，透心若空也。鹹走血，血病無多食鹹。血得鹹則凝結而不流。《五味論》曰：多食之，令人渴。苦走骨，骨病無多食苦。苦性沉降，陰也。骨屬腎，亦陰也。骨得苦則沉陰欲盛，骨重難舉矣。《五味論》曰：多食之，令人變嘔。甘走肉，肉病無多食甘。甘能緩中，善生脹滿。《五味論》曰：多食之，令人悗心。悗心，心悶也。酸走筋，筋病無多食酸。酸能收縮，筋得酸則縮。《五味論》曰：多食之，令人癃。癃，小便不利也。此五病之所禁也。

多食鹹，則脈凝泣澀同而變色。水能剋火，故病在心之脈與色也。《五味篇》曰：心病禁鹹。多食苦，則皮槁而毛拔。火能剋金，故病在肺之皮毛也。《五味篇》曰：肺病禁苦。多食辛，則筋急而爪枯。金能剋木，故病在肝之筋爪也。《五味篇》曰：肝病禁辛。多食酸，則肉胝音支䐢音縐而脣揭。胝，皮厚也，手足胼胝之謂。木能剋土，故病在脾之肉與脣也。《五味篇》曰：脾病禁酸。多食甘，則骨痛而髮落。土能剋水，故病在腎之骨與髮也。《五味篇》曰：腎病禁甘。此五味之所傷也。

清·徐大椿《醫學源流論》卷上 熱藥誤人最烈論　凡藥之誤人，雖不中病，非與病相反者，不能殺人。即與病相反，藥性平和者，不能殺人。與病相反，性又不平和，而用藥甚輕，不能殺人。性既相反，藥劑又重，其方中有幾味中病者，或有幾味能解此藥性者，亦不能殺人。兼此數害，或其人病甚輕，或其人精力壯盛，亦不能殺人。蓋誤藥殺人，如此之難也，所以世之醫者，大半皆誤，亦不見其日殺數人也。即使殺之，乃輾轉因循，以至于死，死者不覺也。其有幸而不死，或漸自愈者，反指所誤用之藥以為此方之功效，又轉以之誤治他人矣。所以終身誤人，而不自知其咎也。惟大熱大燥之藥，則殺人為最烈。蓋熱性之藥，往往有毒；又陽性急暴，一入藏府，則血湧氣升。若其人之陰氣本虛，或當天時酷暑，或其人傷暑傷熱，一投熱劑，兩火相爭，目赤便閉，舌燥齒乾，口渴心煩，肌裂神躁，種種惡候，一時俱發。醫者及病家俱不察，或云更宜引火歸元，或云此是陰症，當加重其熱藥，而佐以大補之品。其人七竅皆血，呼號宛轉，狀如服毒而死。病家全不以為咎，醫者亦洋洋自得，以為病勢當然。總之，愚人喜服補熱，雖死不悔。我目中所見不一垂涕泣而道之，而醫者與病家，無一能聽從者，豈非所謂命哉！夫大寒之藥，亦能殺人，其勢必緩，猶為可救；不若大熱之藥，斷斷不可救也。至于極輕淡之藥，誤用亦能殺人，此乃其人之本領甚薄，或勢已危殆。故小誤即能生變，此又不可全歸咎于醫殺之也。

清·徐大椿《醫學源流論》卷下 輕藥愈病論　古諺有不服藥為中醫之說，自宋以前已有之。蓋因醫道失傳，治人多誤，病者又不能辨醫之高下，故不服藥；雖不能愈病，亦不至為藥所殺。況病苟非死症，外感漸退，內傷漸復，亦能自愈，故云中醫。此過於小心之法也。而我以為病之在人，有不治自愈者，有不治難愈者，有不治竟不愈而死者。其自愈之疾，誠不必服藥；若難愈及不愈之疾，固當服藥。乃不能知醫之高下，藥之當否，不敢以身嘗試，則莫若擇平易輕淺，有益無損之方，以備酌用。小誤亦無害，對病有奇功，此則不止於中醫矣。如偶感風寒，則用葱白蘇葉湯，取微汗。偶傷飲食，則用山查、麥芽等湯消食。偶感暑氣，則用六一散、廣藿湯清暑。偶傷風熱，則用燈心竹葉湯清火。偶患腹瀉，則用陳茶佛手湯和腸胃。如此之類，不一而足。即使少誤，必無大害。又有其藥似平常，而竟有大誤者，不可不知。如腹痛嘔逆之症，寒亦有之，熱亦有之，暑氣觸穢亦有之。或見此症，而飲以生薑湯，如果屬寒，不散寒而用生薑熱性之藥，與寒氣相鬬，已非正治，然猶有得效之理。其餘三症，飲之必危。曾見有人中暑，而服濃薑湯一碗，覆杯即死。若服紫蘇湯，寒即立散，暑熱亦無害。蓋紫蘇性發散，不拘何症，皆能散也。故雖極淺之藥，而亦有深義存焉。此又所宜慎也。凡人偶有小疾，能擇藥性之最輕淡者，隨症飲之，則服藥而無服藥之誤，不服藥而有服藥之功，亦養生者所當深考也。

清·黃宮繡《本草求真》卷一〇 藥有五傷　《五傷篇》曰：酸傷筋，辛

勝酸，苦傷氣，酸勝苦，甘傷肉，酸勝甘，辛傷皮毛，苦勝辛，鹹傷血，甘勝鹹。此五行相尅之義。

藥有五走　《五走篇》曰：　酸走筋，筋病毋多食酸，多食令人癃。　酸氣澀收，胞得酸而縮卷，故水道不通也。　苦走骨，骨病毋多食苦，多食令人變嘔。　苦入下脘，三焦皆閉，故變嘔也。　甘走肉，肉病毋多食甘，多食令人悗心，甘氣柔潤，胃柔則緩，緩則蟲動，故悗心也。　辛走氣，氣病毋多食辛，多食令人洞心，辛走上焦，與氣俱行，久留心下，故洞心也。　鹹走血，血病毋多食鹹，多食令人渴，血與鹹相得則凝，凝則胃汁注之，故咽路焦而舌本乾。　此五病之所禁。

藥有五過　《五過篇》曰：　味過於酸，肝氣以津，脾氣乃絕，肉胝傷膈而唇揭。　味過於苦，脾氣不濡，胃氣乃厚，皮槁而毛拔。　味過於甘，心氣喘滿，色黑，腎氣不平，骨痛而髮落。　味過於辛，筋脉阻絕，精神乃失，筋急而爪枯。味過於鹹，大骨氣勞，短心氣抑，脉凝濇而變色。　此五味之所傷。

清・陳定泰《醫談傳真》卷二　本草氣味之真篇　客曰：　本草氣味之真何如？　曰：　本草之著，《漢書》以為創自神農，今之《本經》是也。　後之陶弘景倍之，又後之倍而倍者益多。　今以李時珍之《本草綱目》為集其全，誠善矣。　第其間同一藥也，而此以為甘者，彼以為苦，彼以為熱者，此又以為寒，如此者不一，此乃地產之不同，而氣味之有異也。　夫氣味有異，則性功不同，所慮者，未知藥肆所賣之藥，果符吾心所用之藥否也。　欲得其真，必親嘗其氣味，而自辨其功能，庶無方是藥非之弊也。　客曰：　善。　總之，藏竅既明於心胸，變化自神於手腕。　方不外乎君臣，藥不離乎氣味，五行生尅，妙竅元元，可為知者道，難俾不知者解也。

清・劉仕廉《醫學集成》卷一　藥有陰陽　藥有陰陽，當知宜忌。　桂、附、乾薑、吳萸、枸杞、故紙、巴戟、鹿膠、蓯蓉，陽藥也，陽虛寒盛，六脈微遲者宜，陰虛脈大者忌之。　生地、龜膠、白芍、女貞、丹皮、知、柏，陰藥也，陰虛熱盛，六脈洪數者宜，陽虛脈細者忌之。　麻黃、桂枝、細辛、羌活、川芎、升麻，味辛性升，陽也，寒邪在表，內無煩渴，六脈浮緊者宜，熱邪在裏，大煩大渴，六脈洪滑或細數而陰虛者忌之。　大黃、芒硝、滑石、芩、連、石膏，味苦性降，陰也，熱邪在裏，煩渴脹滿便結，六脈洪滑鼓指者宜，若口渴喜熱飲，腹脹便不結，或衰老久病脈微而陽虛者，雖有前證，尤宜忌之。　半夏、生薑止嘔宜，陰虛失血者忌之。　烏梅、地榆止血宜，表邪未清者忌之。　蒼朮、葛根發表宜，嘔吐者忌之。　童便、當歸血分宜，便溏者忌之。　香、砂、枳殼氣滯者宜，氣弱者忌之。　柴胡、白芥、薄荷入肝家，脇痛者宜，表虛汗出者忌之。　藥性陰陽，關係非小，投之一錯，殺人反掌，可不畏哉？

清・唐宗海《本草問答》卷上　問曰：　物各有性，而其所以成此性者何也？　答曰：　原其所由生而成此性也。　秉陽之氣而生者，其性陽；　秉陰之氣而生者，其性陰；　或秉陰中之陽，或秉陽中之陰，總視其生成以為區別。蓋必原一物之終始，與乎形色、氣味之差分而後能定其性矣。　有如人參，或謂其補氣屬陽，或謂其生津屬陰，只因但論氣味而不究人參所由生之理，故不能定其性也。　余曾問過關東人，並友人姚次梧遊遼東歸，言之甚詳，與《綱目》所載無異。　《本草綱目》載人參歌曰：　三椏五(加)〔葉〕，背陽向陰，若來求我，椵樹相尋。　我所聞者，亦云人參生於遼東樹林陰濕之地。　又有人種者，亦須在陰林內植之。　夫生於陰濕，秉水陰潤澤之氣也，故味苦甘而有汁液發之，為三椏五葉，陽數也。　此苗從陰濕中發出，是由陰生陽，故於甘苦陰味之中饒有一番生陽之氣，此氣可嘗而得之也。　人身之元氣由腎水之中以上達於肺，生於陰而出於陽，與人參由陰生陽同一理也。　所以人參大能化氣，氣化而上出於口鼻，即是津液。　人參生津之理如此，非徒以其味而已。然即以氣味論，甘苦中含有生發之氣，亦只成為由陰出陽之氣味耳。【略】

問曰：　苦得火味，其入心清火泄血，理可知矣，惟辛味之品是得肺金之味者，乃亦能入血分。　如肉桂、桂枝、紫蘇、荊芥，此又何說？　答曰：　凡藥得酸味者，皆得金收之性。　得辛味者，皆得木溫之性，此乃五行相反相成之理。　心火生血，尤賴肝木生火，此是虛則補其母之義，故溫肝即是溫心。　肉桂大辛則大溫，雖得金味而實成為木火之性，故主入心肝血分，以助血之化源。　桂皮尤能上行，張仲景復脈湯用桂枝取其入心助火，以化血也。　遠志之性亦同桂枝，但桂枝四達，遠志則係根體，又極細，但主內入心經，以散心中滯血而已。　不獨草木本火味者入血分，有如馬為火畜，故馬通亦能降火以行血。　棗仁秉火之赤色，故亦入心養血。　總見血生於心，大凡得地火之性味者，皆入血分也。【略】

問曰：　藥多以味為治，味之甘者則歸脾經，乃甘味之藥多矣。　或正入脾胃，或兼入四臟，此又何以別之？　答曰：　得甘之正味者正入脾經，若兼

苦、兼酸、兼鹹、兼辛，則皆甘之間味也，故兼入四臟。甘草純甘，能補脾之陰，能益胃之陽。或生用，或熟用，或以和百藥，固無不宜。黃精甘而多汁，正補脾土之濕。山藥色白帶酸，故補脾而兼入肝肺。白朮甘而苦溫，故補脾溫土，和肝氣以伸脾氣也。蒼朮甘而苦燥，故燥胃去濕，黃芪味甘而氣盛，故補氣。薺苨味甘而有汁，故生津。蓮米味甘帶澀，其氣清香，得水土之氣，故補土以澀精止利。黃實甘味少而澀性多，是得土澤之味少而得金收之性多，且生水中，是屬腎之果也，故用以收澀腎經及止瀉利。苡仁亦生水中，而味極淡，則不補又不澀，則純於滲利。茯苓亦然，皆以其淡且不澀也。赤石脂粘澀又味甘，則能填補、止瀉利。禹餘糧是石穀中之土質，甘而微鹹，甘能補正以止利，鹹能入腎以澀精，皆取其甘，亦用其澀，如不澀而純甘，如龍眼則歸脾。又產炎州，得夏令火氣而生，以火生土，故補心兼補脾。使君子仁甘能補脾，而又能殺疳蟲者，因氣兼香臭，有溫烈之性，故服此忌食熱茶，犯之即泄，與巴豆之飲熱則瀉，其意略同。以畜物論，黃牛肉甘溫大補脾胃。羊肉雖甘而有羶氣，得木之溫，故補脾兼補肝。猪肉雖甘而兼鹹味，得水土之寒性矣，故滋脾潤腎。人乳味甘，本飲食之汁，得肺胃之氣化而成，故能潤養胃，滋生血液，補脾之陰，無逾於此。甘松味甘而香烈，故主理脾之氣。木香之理氣，以其香氣歸脾，而味兼微辛，又得木氣之溫，力能疎土。且木香莖五、枝五、葉五、節五，皆合脾土之數，故能理脾也。以諸果論，大棗皮紅肉黃，皮辛肉甘，得以火生土之性，故純於補脾胃。梨味甘而含水津，故潤脾肺。荔枝生東南，味甘酸，故歸脾與肝而溫補。總之甘味皆入脾，又審其所兼之味，以兼入別臟，則主治可得而詳矣。【略】

問曰：苦者火之味也，而味之苦者均不補火，反能瀉火，何也？答曰：物極則復，陽極陰生。以卦體論，離火之中爻陰也，是離火中含坎水之象。凡藥得火味者，亦即中含水性而能降火，此正水火互根之至理。黃連之味正苦，故正入心經，以瀉火。梔子味苦象心包，故瀉心包絡之火。連翹亦象心包，而質輕揚，味微苦則輕清上達，清心與上焦頭目之火。蓮子象心，而蓮心又在其中，味又極苦，有似離中陰爻，用以清心中之火最為相合。黃芩味苦中多虛空，有孔道，人身惟三焦是行水氣之孔道，主相火。黃芩中空有孔，入三焦而味又苦，故主清相火。膽草、胡黃連味苦而堅澀，兼水木之性，故皆瀉肝膽之木火。惟膽草根多而深細，故瀉火並兼降利。胡黃連則守而

不走，是宜細別，大黃味苦形大而氣烈，故走脾胃，下火更速。【略】

問曰：得苦之火味者，皆得水之寒性，能清火矣。何以艾葉、故紙、巴戟、遠志，其味皆苦而皆能補火何哉？答曰：苦之極者反得水之性，若微苦者則猶存火之本性，故能補火。且微苦之中必帶辛溫，不純苦也。艾葉味苦而氣溫，其茸又能發火，是以能溫肝補火，故紙、巴戟苦兼辛溫，故紙色黑而子堅，則溫腎。巴戟色紫而根實，則溫肝。遠志形極細，故入心。味帶苦，亦入心，然兼辛溫，故補心火。蓋有間味者即有間氣，不得以純於苦者論矣。

【略】

問曰：辛者金之味也。金性主收，今考辛味之藥，皆主散而不主收，其故何也？答曰：凡藥氣味，有體有用，相反而實相成，故得金之味者，皆得木之氣，木氣上達，所以辛味不主收而主散。木之氣溫能去寒，木之氣散能去閉。薄荷辛而質輕，氣極輕揚，輕則氣浮，而走皮毛，以散風寒，揚則氣升，而上頭目，去風寒。辛夷花在樹稍，其性極升，而味辛氣散，故能散腦與鼻間之風寒。荊芥性似薄荷，故能散皮毛，而質味比薄荷略沉，故能入血分，散肌肉。羌活、獨活根極深長，得黃泉之水氣而上升生苗，象人身太陽經，秉水中之陽以發於經脈也。味辛氣烈，故入太陽經，散頭頂之風寒。獨活尤有黑色，故兼入少陰以達太陽，能散背脊之風寒。細辛形細色黑，故入少陰經，味大辛能溫散少陰經之風寒，少陰為寒水之臟，寒則水氣上泛。細辛散少陰之寒，故能逐水飲。防風辛而味甘，故入脾散肌肉之風寒。紫蘇色紫入血分，味辛氣香，能散血分之風寒。蘇枝四達則散四支，蘇梗中空有白膜，則散腹中之氣，蘇子堅實則下行而降肺氣，以行痰。同一辛味而有根、枝、子、葉之不同，總視其輕重升降之性以別其治也。桂枝能散四支，色味同於蘇枝。而桂枝較堅實，故桂枝兼能走筋骨，蘇枝則但能走肌肉耳。肉桂比枝味更厚，氣更凝聚，乃木性之極致。大辛則大溫，能益心火為以木生火之專藥，其實是溫肝之品，肝為心之母，虛則補其母也。心肝皆司血分，故肉桂又為溫血之要藥。仲景腎氣丸用之，是接引心肝之火，使歸於腎，亦因有附子、熟地、茯苓，使肉桂之性，從之入腎。乃善用肉桂之妙，非桂自能入腎也，肉桂、桂枝同是一物而用不同，是又在分別其厚薄，以為升降，夫得辛味者，皆具木之溫性，桂正是木而恰得溫性，故為溫肝正藥。吳萸、小茴皆得辛溫木之氣。台烏是草根，自歸下焦。小茴香是草子，凡子之性皆主下降，故二藥皆能溫

下焦胞宮與膀胱。吳萸辛而帶苦，子性又主下降，故主降水飲，行滯氣。故紙、韭子皆色黑而溫，黑為腎水之色，子又主沉降，故二物皆能溫腎。附子生於根下，與枝、葉、皮、核不同，故不入中上焦，其色純黑而味辛烈，秉坎中一陽之氣所生，單從下焦扶補陽氣，極陽極陰皆有毒，附子之烈正以其純是坎陽之性，可以大毒。附子與肉桂之性不同，肉桂是補火，秉於地二之火氣者也。附子是助熱，熱生於水中，是得天水之陽，故附子純入氣分以助陽，為腎與膀胱之藥，火鍛則無毒。水中之陽毒，遇火則散，亦陰陽相引之義，今用鹽醃以去毒，使附子之性不全，非法也。凡溫藥皆秉木氣，惟附子是秉水中之陽，為溫腎達陽之正藥。蓋秉木火者為得地二之火，秉水中之陽是得天一之陽。

問曰：木之性散，何以味反酸而主收哉？答曰：此亦相反相成，金木交合之理。得木之味者皆得金之性，所以酸味皆主收斂。五味子主欬逆上氣，蓋氣出於臍下，胞室氣海之中，循衝脈而上入肺。胞室乃肝所司，或肝寒，則胞宮衝脈之氣挾水飲而上衝於肺，以為欬喘。或肝熱，則胞宮衝脈之氣挾本火而上衝於肺，以為咳喘。五味酸斂肝木，使木氣戢而不逆上，則水火二者皆免衝上為病，是酸味入肝而得金收之性，故有是效。五味子亦微酸而質潤，囊大而空，有肺中空虛之象，生於葉間，其性輕浮，故功專斂肺生津。五味子是斂肝以斂肺，以其性味更沉也。五倍子則專主斂肺，以其性味畧浮也。罌粟殼亦斂肺，能止欬止瀉利，以其酸味不甚，其囊中空有格，象肺與膜膈，故其收濇之性不偏於入肝，而能入肺以收斂逆氣，收止瀉利也。白芍為春花之殿，而根微酸，故主能斂肝木，降火行血。山茱萸酸而質潤，故專入肝滋養陰血。烏梅極酸，能斂肝木，能化蚘蟲，能去努肉，皆是以木剋土，以酸收之之義。觀山查之酸能化肉積，則知烏梅之酸能化蚘蟲、努肉，其理一也。

問曰：凡酸味皆能生津，此又何說？答曰：津生於腎，而散於肝，木能泄水，子發母氣也。酸味引動肝氣，故津散出。

問曰：酸主收斂，而酸之極者又能發吐，何也？答曰：辛主升散，而辛之極者則主溫降，酸主收斂，而酸之極者則主涌吐，物上極則反下，物下極則反上也。觀仲景大小柴胡湯，治肝火之吐逆，吳茱萸湯治肝寒之吐逆，知凡吐者必挾肝木上達之氣，乃能發吐，則知導之使吐，亦必引其肝氣上行乃能吐也。二礬極酸，變為濇味，酸則收而引津，濇則遏而不流，肝氣過急，反而上逆，故發吐也。且膽礬生銅中，有酸木之味而正得銅中金收之性，金性緩則能平木氣而下行，金性急則能遏木氣而上吐，金木常變之理，可以細參。故吾曰：得木之味者，皆得金之性，陰陽互換，惟土之性不換，辨味辨藥，當詳究之。

問曰：如上所論以求之，則鹹得水味，當得火之性矣。何以旋覆花鹹而潤降痰火，澤瀉鹹而潤利濕熱，昆布、海藻鹹而清肝火，芒硝、寒水石鹹而瀉脾火，皆得鹹之味，具水之本性，未嘗反得火性也？答曰：味之平者不離其本性，味之極者，必變其本性。譬如微苦者有溫心火之藥，而大苦則反寒，故微鹹者皆秉寒水之氣，而大鹹則變熱，離中有陰，坎中有陽，皆屬一定之理。今所問旋覆花味微鹹，花黃色，滴露而生，得金之氣多，得水之氣少，故潤利肺金，不得作純鹹論也。昆布、海藻生於水中，味微鹹而具草之質，是秉水木二氣之物，故能清火潤肝木。寒水石得石之性多，味雖鹹而不甚，且此石之山即能生水，流而為泉，是此石純具水性，故能清熱。芒硝鹹味雖重，而未至於極，故猶是寒水之性，能大下其火，尚屬鹹水之本性，而非鹹極變化之性也。若乎火硝，則鹹味更甚，反而為火之性，故能焚燒，是水中之火也。食鹽太多，立時發渴，亦是走血生熱之一驗。西洋人錬鹽名曰鹽精，又錬鹹名曰鹼精，二物貯於一處，中間隔以玻璃，但將玻璃觸破，則暴發為火，西洋作水雷，其法如此。夫鹽精能發火，則知鹽味之鹹，內有火熱之性，然水中之火，乃命門之火也。微鹹者則能引火下行。以上諸藥是已，大鹹者則能助火升發，火硝、鹽精是已。蜀中養雄猪者，必飼以鹽，乃能多御牝豕，亦即助發命門之火，以助其陽之驗。藥中肉蓯蓉初為馬精滴地所生，後乃傳苗，又象人陰，且味鹹入腎，故溫潤而強陰，以其助腎中之陽，而能益命火也。至於煎作秋石，以為滋陰能治陰痿，而不知其味大鹹，只能助發命門之火，以舉其陽莖，與雄猪飼鹽無異，是壯其陽，非能滋其陰也。故服秋石者，往往陰枯而成瘵疾，皆未知大鹹助火之義也。雖童便本能滋陰，而煎作秋石則煆煉已甚，不得仍作童便之性論。蓋得水之味，具火之性，亦只完其坎中有陽之義而已。

配伍製方部

題解

《吕氏春秋・本味》 調和之事，必以甘酸苦辛鹹，先後多少，其齊甚微，皆有自起。

《吕氏春秋・别類》 夫草有莘有藟，独食之則杀人，合食之則益寿。

《莊子・逍遙遊》 宋人有善為不龜手之藥者，世世以洴澼絖為事。客聞之，請買其方以百金。

《黄帝内經素問・至真要大論篇第七十四》 帝曰：氣有多少，病有盛衰，治有緩急，方有大小，願聞其約奈何？ 岐伯曰：氣有高下，病有遠近，證有中外，治有輕重，適其至所為故也。大要曰：君一臣二，奇之制也；君二臣四，偶之制也；君二臣三，奇之制也；君二臣六，偶之制也。故曰：近者奇之，遠者偶之，汗者不以奇，下者不以偶，補上治上制以緩，補下治下制以急，急則氣味厚，緩則氣味薄，適其至所，此之謂也。病所遠而中道氣味之者，食而過之，無越其制度也。是故平氣之道，近而奇偶，制小其服也。遠而奇偶，制大其服也。大則數少，小則數多。多則九之，少則二之。奇之不去則偶之，是謂重方。偶之不去，則反佐以取之，所謂寒熱温涼，反從其病也。【略】

岐伯曰：有毒無毒，所治為主，適大小為制也。帝曰：請言其制。岐伯曰：君一臣二，制之小也；君一臣三佐五，制之中也；君一臣三佐九，制之大也。寒者熱之，熱者寒之，【略】勞者温之，【略】損者温之。【略】

《三國志・魏志・華佗傳》 又精方藥，其療疾，合湯不過數種，心解分劑，不復稱量。

晉・皇甫謐《針灸甲乙經》序 伊尹以亞聖之才，撰用《神農本草》以為湯液。

宋・王懷隱《太平聖惠方》卷二 論處方法 夫處方療疾，當先診知病源，察其盈虛，而行補瀉。辨土地寒暑，觀男女盛衰，深明草石甘辛，細委君臣冷熱。或正經自病，或外邪所傷，或在陰在陽，或在表在裏，當須審其形候各異，虛實不同，尋彼邪由，知疾所起。表實則瀉表，裏實則瀉裏。在陽則治陽，在陰則治陰。以五臟所納之藥，於四時之用所宜，加減得中，利汗無誤，則病無不差矣。若不洞明損益，率自胸襟，畏忌不分，反惡同用；或病在表而却瀉裏，病在裏而却宣表；在陰則瀉陽，在陽則瀉陰。不能曉了，自昧端由，疾既不瘳，遂傷患者，深可戒也。故為醫者，必須澄心用意，窮幽造微，審疾狀之淺深，明藥性之緊緩，製方有據，與病相符。要妙之端，其在于此。凡療諸病，當先以湯，蕩除五臟六腑，開通諸脈，理順陰陽，令中破邪，潤澤枯朽，悅人皮膚，益人氣力。水能淨萬物，故用湯也。若四肢病久，風冷發動，次當用散。散能逐邪，風氣濕痹，表裏移走，居無常處，散當平之。次當用圓。圓藥者，能逐風冷，破積聚，消諸堅癖，進飲食，調和榮衛。能參合而行之者，可謂上工。故曰醫者，意也。大抵養命之藥則多君，養性之藥則多臣，療病之藥則多使。審而用之，則百不失一矣。

宋・許洪《指南總論》卷上 凡藥有君臣佐使，以相宣攝合和，宜用一君二臣三佐五使，又可一君三臣九佐使也。又有陰陽配合，掌禹錫等按《蜀本》注云：凡天地萬物皆有陰陽，大小各有色類，尋究其理，並有法象。故毛羽之類，皆生于陽而屬于陰；鱗介之類，皆生于陰而屬于陽。所以空青法木，故色青而主肝。丹砂法火，故色赤而主心。雲母法金，故色白而主肺。雌黄法土，故色黄而主脾。磁石法水，故色黑而主腎。餘皆以此推之，例可知也。子母兄弟，掌禹錫等按《蜀本》注云：若榆皮為母，厚朴為子之類是也。根莖花實，草木骨肉。又有單行者，有相須者，有相使者，有相畏者，有相惡者，有相反者，有相殺者，凡此七情，合和之時，留意視之，當用相須相使者良，勿用相惡相反者。若有毒者宜製，可用相畏、相殺者，不爾勿合用也。掌禹錫等謹按《蜀本》注云：凡三百六十五種，有單行者七十一種，相須者十二種，相使者九十種，相畏者七十八種，相惡者六十種，相反者十八種，相殺者三十六種。凡此七情，合和視之。又有酸、鹹、甘、苦、辛五味，又有寒、熱、温、涼四氣，又有有毒、無毒，陰乾、暴乾，採造時月生熟，土地所出真偽新陳，並各有法也。

金・張元素《醫學啟源》〔任應秋輯本〕卷下 製方法 夫藥有寒、熱、温、涼之性，有酸、苦、辛、鹹、甘、淡之味，各有所能，不可不通〔也〕。夫藥之氣味不必同，同氣之物〔其〕味皆鹹，其氣皆寒之類是也。凡同氣之物，必有

諸味，同味之物必有諸氣，互相氣味，各有厚薄，性用不等。製方者，必須明其用矣。《經》曰：味為陰，味厚為純陰，味薄為陰中之陽；氣為陽，氣厚為純陽，氣薄〔為〕陽中之陰。然味厚則泄，薄則通；氣厚則發熱，氣薄則發泄。又曰：辛甘發散為陽，酸苦湧泄為陰，鹹味湧泄為陰，淡味滲泄為陽。凡此之味，各有所能。然辛能散結潤燥，苦能燥濕堅軟，鹹能軟堅，酸能收緩，甘能緩急，淡能利竅。故《經》曰：肝苦急，急食甘以緩之；心苦緩，急食酸以收之；脾苦濕，急食苦以燥之；肺苦氣上逆，急食苦以泄之；腎苦燥，急食辛以潤之，〔開腠理〕，致津液通氣也。肝欲散，急食辛以散之，以辛補之，以酸瀉之；心欲軟，急食鹹以軟之，以鹹補之，以甘瀉之；脾欲緩，急食甘以緩之，以甘補之，以苦瀉之；肺欲收，急食酸以收之，以酸補之，以辛瀉之；腎欲堅，急食苦以堅之，以〔苦〕補之，以鹹瀉之。凡此者，是明其〔氣〕味之用也。若用其味，必明其味之可否；若用其氣，必明其氣之所宜。識其病之標本，臟腑寒熱虛實，微甚緩急，而用其藥之氣味，隨其證而制其方也，是故方〔有〕君臣佐使，輕重緩急，大小、反正、逆從之制也。主病者為君，佐君者為臣，應臣者為使，此隨病之所宜，而又贊成方而用之。君一臣二，奇之制也；君二臣四，耦之制也。去咽喉〔之病〕，近者奇之；〔治肝腎之病〕，遠者耦之。汗者不〔可以〕奇，下者不〔可以〕耦。補上治上制以緩，緩則氣味薄；補下治下制以急，急則氣味厚。薄〔者〕則少服而頻服，厚者〔則〕多服而〔頓〕服。又當明五氣之鬱，木鬱達之，謂吐令調達也；火鬱發之，謂汗令其疏散也；土鬱奪之，謂下無壅滯也；金鬱泄之，謂解表利小便也；水鬱折之，謂〔制〕其〔衝〕逆也。凡此五者，乃治病之〔大〕要〔也〕。

元·王好古《湯液本草》卷二《東垣先生〈用藥心法〉》　製方之法　夫藥有寒熱温涼之性，酸苦辛鹹甘淡之味，各有所能，不可不通也。藥之氣味，不比同時之物，味皆鹹，其氣皆寒之類是也。凡同氣之物必有諸味，同味之物必有諸氣。互相氣味，各有厚薄，性用不等。製其方者，必且明其為用。《經》曰：味為陰，味厚為純陰，味薄為陰中之陽；氣為陽，氣厚為純陽，氣薄為陽中之陰。然味厚則泄，薄則通；氣薄則發泄，厚則發熱。又曰：辛甘發散為陽，酸苦湧泄為陰，鹹味湧泄為陰，淡味滲泄為陽。凡此之味，各有所能。然辛能散結潤燥，苦能燥濕堅軟，鹹能軟堅，酸能收緩收散，甘能緩急，淡能利竅。故《經》曰：肝苦急，急食甘以緩之；心苦緩，急食酸以收之；脾苦濕，急食苦以燥之；肺苦氣上逆，急食苦以泄之；腎苦燥，急食辛以潤之，開腠理、致津液、通其氣也。肝欲散，急食辛以散之；心欲軟，急食鹹以軟之；脾欲緩，急食甘以緩之；肺欲收，急食酸以收之；腎欲堅，急食苦以堅之。凡此者，是明其氣味之用也。〔若〕用其味，必明其氣之可否；用其氣，必明其味之所宜。識其病之標本，臟腑寒熱虛實，微甚緩急而用其藥之氣味，隨其證而制其方也。是故方有君臣、佐使，輕重、緩急、大小、反正、逆從之制也。

主治病者為君，佐君者為臣，應臣者為使。用此隨病之所宜，而又贊成方而用之。

君一臣二，奇之制也；君二臣四，耦之制也。君二臣三，奇之制也；君二臣六，耦之制也。去咽嗌近者奇之，遠者耦之。汗者不奇，下者不耦。補上治上，制之以緩；補下治下，制之以急。急者氣味厚也，緩者氣味薄也。薄者少服而頻食，厚者多服而頓食。

又當明五氣之鬱：木鬱達之，謂吐，令條達也；火鬱發之，謂汗，令疏散也；土鬱奪之，謂下，令無壅滯也；金鬱泄之，謂解表，利小便也；水鬱折之，謂制其衝逆也。通此五法，乃治病之大要也。

明·周恭《醫說續編》卷三《用藥》　不可執古方　治病用藥猶權衡，不可毫釐輕重也。若以執古方而治今病，更不酌量，吾不知其不能無少差也。

古方難於今用　歐公與蘇老泉書云：某啟自以拙疾數日，闕於致問。不審體中何如，必遂平愈。孫兆藥多涼，古方難用於今，更宜參以他醫為善也，專此不宣《尺牘》。按：孫兆，神宗朝名醫也。用藥之偏有如是，公之明見宜矣。其服四生丸致喉腫而追悔無及，又毒於剛劑矣。醫信難哉！

明·鄭寧《藥性要略大全》卷一　諸品藥性陰陽論　夫藥有寒熱溫平之性，酸苦辛鹹甘淡之味，升降浮沉之能。互相氣味厚薄不同，輕重不等，寒熱相雜，陰陽相混。或氣一而味殊，或味同而氣異。總而言之，不可混設；分而言之，各有所能。本乎天者親上，本乎地者親下。輕清成象，重濁成形。清陽發腠理，濁陰走五臟。清中清者，榮養於神；濁中濁者，堅強骨髓。辛甘發散為陽，酸苦湧瀉為陰。氣為陽，氣厚為陽中之陽，氣薄為陽中之陰。氣薄則發泄，氣厚則發熱。味為陰，味厚為陰中之陰，味薄為陰中之陽。味薄則通，味厚則泄。升降浮沉之理，胸中豁然貫通矣。人徒知藥之神者，乃

藥之力也，殊不知乃用藥者之力也。人人徒知辨真偽識藥之為難，而不知分陰陽識藥性之為尤難也。

明・王綸著、薛己補注《名醫雜著》卷三　東垣丹溪治病方論　東垣、丹溪治病，多自製方，蓋二公深明本草藥性，洞究《內經》處方要法，故能自製。自宋以來，《局方》盛行，人皆遵用，不敢輕率自為。《局方》論症治病，雖多差謬，丹溪曾辨論之，然方皆名醫所製，其君臣佐使，輕重緩急，大小多寡之法則不差也。近見東垣、丹溪之書大行，世醫見其不用古方也，率皆效顰，治病輒自製方。然藥性不明，處方之法莫究，鹵莽亂雜，反致生無，甚有變症多端，遂難識治耳。且夫藥之氣味不同，如五味子之味厚，故東垣方少者五六粒，多者十數粒，今世醫或用二三錢。石膏味淡薄，故白虎湯用半兩，今世醫不敢多用。補上治上劑宜輕小，今不論上下，率用大劑。丸散湯液，各有攸宜，今不論緩急，率用湯煎。如此類者多矣。今之醫者，若不熟讀《本草》，深究《內經》，而輕自製方，鮮不誤人也。

愚按：方，倣也，倣彼而準此也。至於應用，更貴權宜，非曰確然不可移，而戹然不可動者也。是以《素問》無方，《難經》亦無方，漢時纔有方，蓋倣病因以立方也。

明・李時珍《本草綱目》卷一《序例》　劉完素曰：製方之體，欲成七方十劑之用者，必本於氣味也。寒、熱、溫、涼，四氣生於天；酸、苦、辛、鹹、甘、淡，六味成乎地。是以有形爲味，無形爲氣。氣爲陽，味爲陰。陽氣出上竅，陰味出下竅。氣化則精生，味化則形長。故地產養形，形不足者溫之以氣；天產養精，精不足者補之以味。辛甘發散爲陽，酸苦湧泄爲陰；鹹味湧泄爲陰，淡味滲泄爲陽。辛散、酸收、甘緩、苦堅、鹹軟。各隨五臟之病，而制藥性之品味。故方有七，劑有十。方不七，不足以盡方之變；劑不十，不足以盡劑之用。方不對證，非方也；劑不蠲疾，非劑也。此乃太古先師，設繩墨而取曲直；叔世方士，乃出規矩以爲方圓。

明・杜文燮《藥鑑》卷一　取方之法　凡用其味，必用其味之可否。若用其氣，必用其氣之所宜。識其病之標本，及臟腑寒熱虛實，微甚緩急，而用其藥之氣味，隨其症而取方也。主治病者為君，佐君者為臣，應臣者為使，此隨病之所宜而贊成方以用之。君一臣二，奇之制也。君二臣四，偶之制也。去咽嗌之病近，近者奇之。去肝腎之病遠，遠者偶之。汗者不可以奇，下者不可以偶。補上治下制以緩，緩則氣味薄。補下治上制以急，急則氣味厚。薄者則頻而小服，厚者則暫而多服。

明・葉雲龍《士林餘業醫學全書》卷三《用藥法則》　處方之法　凡病有兼症，佐使藥多。無兼症，佐使藥少。病在心肺之上，治法當用輕清浮上之劑，分兩少而頻服之。肝膽居心肺之下，為清淨之府，無出入之門，治此二經，不可妄為汗下，但當用平劑以和解之。脾土極居於中，當以平和寬緩之劑補瀉，於此各適其宜。腎與膀胱極居於下，當以峻猛達下之劑，分兩多而頓服之。故明得陰陽經絡，再知分曉，用藥無不獲愈之理。此惡義也。

明・芮經《杏苑生春》卷三　約方之法　古人謂約方，猶約囊也。囊滿弗約，則物輸泄。方成弗約，則神與氣弗俱。未滿而知約之，可以萬全。倘不為之約束而妄進，邪未制伏，而正氣先受傷矣。況藥人有凶暴酷戾者，苟不存心於斯，一入於口，五臟終不能言，病者暗罹其禍，豈不謹歟？仲景書承氣湯條下，得更衣止後服。桂枝湯下，得漐漐微汗益佳，不可令如水淋漓。發汗條下，診得尺脉微濇，先與黃芪建中湯，方進汗藥。攻消積聚，衰其將半則止。《經》云：穀肉菓菜，皆能養人，勿使過焉，過則傷其正矣。是使醫者當執守中道，過與不及，皆為偏廢。然太過尤甚於不及，假令病大而藥力小，則邪少屈，猶弱兵禦寇，勢雖不敵。或云庶幾病小而藥劑峻急，邪未必伏，藥遺餘毒，反傷正氣，猶火焰延燎，莫之能已。是故先儒以將喻醫，蓋欲量敵而進，度勝而退，不可過取。大凡藥有毒無毒，固宜常制矣。所以大毒治病十去其六，常毒治病十去其七，小毒治病十去其八，無毒治病十去其九。仲景云：汗、吐、下及大熱、大寒之藥，皆□中病即止，不必盡劑。蓋聖賢慮念生民之患，垂法告戒，其德豈淺鮮者哉？

明・繆希雍《本草經疏》卷一　藥性主治參互指歸　今夫醫，譬諸兵焉。料敵出奇者，將之謀也；破軍殺賊者，士之力也。審度病機者，醫之智也；攻邪伐病者，藥之能也。非士無以破敵，非藥無以攻邪。故良將養士，上醫蓄藥。然不知士，何以養？不知藥，何以蓄？夫士猶有情實可考，才略可試，尚曰難知。以孔明之明，一馬謖用違其才，卒致敗衄，悔不可追。況乎藥石無情，才性莫測，既非言論之可考，又非擬議之可及，而欲知其的然不謬，非神聖之智，其孰能與於斯？假令嘗試漫為，則下咽不返，死生立判，顧不大可懼耶！上古之人，病生於六淫者多，發於七情者寡。故其主治，嘗以一

藥治一病，或一藥治數病。今時則不然：七情彌厚，五欲彌深，精氣既虧，六淫易入。內外膠固，病情殊古，則須合眾藥之所長，而又善護其所短，乃能蘇凋瘵而起沉痾，其在良醫善知藥性，劑量無差，庶得參互旁通，彼此兼濟，以盡其才，而無乖刺敗壞之敝矣。故作主治參互，俾後之醫師循而求之，共收平定之功，期無夭枉之患，斯作《疏》意也。昔人云：用醫如用兵。旨哉言乎！旨哉言乎！

清·喻昌《醫門法律》卷一 申治病不知約方之律律一條，發明《內經》二條。

凡治方，不分君臣佐使，頭緒紛雜，率意妄施，藥與病迥不相當，醫之罪也。

約方猶約囊也，囊滿弗約，則輸泄，方成弗約，則神與弗居。業醫者，當約治病之方，而約之以求精也。《易》曰：精義入神以致用也，不得其精，焉能入神？有方無約，即無神也。故曰：神與弗居。藏位有高下，府氣有遠近，病證有表裏，用藥有輕重。調其多少，和其緊慢，令藥氣至病所為效，勿太過與不及，乃為能約。

未滿而知約之，可為工，不可以為天下師。未滿而知約，何約之有？是以言約者，非滿不可。故未滿而知約，必不學無術之下材耳。然較諸全不知約者，失必稍輕。嘗見用峻劑、重劑之醫，屢獲奇中，及徵其冥報，比用平劑、輕劑者轉厲，豈非功以倖邀，不敵罪耶？噫！安得正行無間之哲，履險皆平，從權皆經也哉！

清·郭章宜《本草匯》卷二 處方貴簡 《醫統》云：醫者識脉，方能識病，病與藥對，古人惟用一藥治之，氣純而功愈速。今人不識病源，不辨脉理，藥品數多，每至十五六味，攻補雜施，弗能專力，故治病難為功也。韓天爵云：處方正，不必多品。但看仲景方，何等簡任？丹溪云東垣如用兵多多益善者，蓋諱之也。

清·李熙和《醫經允中》卷一 藥方論 藥之生乎天者，寒、熱、溫、涼四氣也。成乎地者，鹹、苦、辛、酸、甘、淡六味也。氣之厚者為陽中之陽，氣之薄者為陽中之陰；味之厚者為陰中之陰，味之薄者為陰中之陽。又行氣分而寒者，為陽中之陰；行氣分而熱者，為陽中之陽。行血分而熱者，為陰中之陽；行血分而寒者，為陰中之陰。一物之中，氣味兼有；一藥之內，陰陽具矣。人生天地間，惟五運之變遷，六氣之磨盪，七情之交感，五志之相奪，失其中和，而病生焉。人以陰陽有偏而病成，物以陰陽有偏而藥著。藥者，以偏而救其偏也。藉藥物之陰陽，以調人身之陰陽，則(幹)〔斡〕旋造化，酌宜參合，有不容毫釐之差者，何得執程方而率用邪？製方之用，不出宣、通、補、瀉、輕、重、滑、濇、燥、濕之十劑是矣。至於大、小、緩、急、奇、耦、複之七方，則有不必拘者，何也？人大則大其劑，人小則小其劑；病勢盛則大其劑，病勢輕則小其劑。所謂大小者是也。如必以君一臣二為小方，君一佐九為大方，則謬矣。病之專輕者，則君一，病有兼經者，則君二而臣佐，使參酌以配合之，豈必君一臣三臣六為奇耦也？至於遠近上下內外，則人身之上中下，自皮毛以及五臟部位之生成也。病之所舍，用藥隨經，則遠近上下內外自無不合矣。但病有深以急者，藥以峭削；病有淺以緩者，藥以平和。豈以味之多少為緩急乎？至論腎一、肝三、脾五、心二、肺九，殊不知即河洛之天一生水，地六成之；天三生木，地八成之；天五生土，地十成之；地二生火，天七成之；地四生金，天九成之。此五臟五行生成之數也。而謂用藥味多少之數，必合之者，如諸家之說則謬之千里矣。恐惑後學之心，而無所適從，余則不能無辯也。夫病因五運六氣之變化而生，然運氣之變化無常，則病體之變化亦無常，安得執程方為治乎？言方者，方法也。如是病，治宜如是法也。方者，又方向也。夫子曰：南方北方是也。西北之地寒燥，東南之地暑濕；西北之民蔬食體以強，東南之民華食體以柔。如以金革之任，加柔弱之質，必有不勝者，處之不得其方，即處之不得其法矣。執古人所處之方而昧用之，鮮有不敗者也。此余醫數十年而未嘗執一程方也。然善法古者必宜于今，今之初學者，未遽能于《本草》中得其陰陽施用之妙，亦可借程方以開其悟，故略載數方於集中，蓋不得已極思耳。若能察陰陽、寒熱、補瀉之機，而施之對症，則千百神妙之方，皆備於《本草》中矣。即一方不設可也，第今有執古方以致敗者，人猶曰此從來原有之方，其死者命然也。變古方而獲效，人且曰此從來未見之方，其效者倖中也。可勝歎哉！余之所欲，宜于今者，實所以取法于古也，正非敢誹古方以忤俗，并不敢援古方以掩咎也。知我罪我，惟是集矣。

清·徐大椿《醫學源流論》卷上 方藥離合論 方之與藥，似合而實離也。得天地之氣，成一物之性，各有功能，可以變易血氣，以除疾病，此藥之力也。然草木之性，與人殊體，入人腸胃，何以能如人之所欲，以致其效？聖人為之製方以調劑之，或用以專攻，或用以兼治，或相輔者，或相反者，或

相用者，或相制者，故方之既成，能使藥各全其性，亦能使藥各失其性。操縱之法，有大權焉。此方之妙也。若夫按病用藥，藥雖切中，而立方無法，謂之有藥無方；或守一方以治病，方雖良善，而其藥有一二味與病不相關者，謂之有方無藥。譬之作書之法，用筆已工，而配合顛倒；與夫字形俱備，而點畫不成者，皆不得謂之能書。故善醫者分觀之，而無藥弗切于病情；合觀之，而無方不本于古法，然後用而弗效，則病之故也，非醫之罪也。而不然者，即偶或取效，隱害必多，則亦同于殺人而已矣。至于方之大小奇偶之法，則《內經》詳言之，茲不復贅云。【略】

古方加減論　古人製方之義，微妙精詳，不可思議。蓋其審察病情，辨別經絡，參考藥性，斟酌輕重，其於所治之病，不爽毫髮，故不必有奇品異術，而沉痼艱險之疾，投之輒有神效。此漢以前之方也。但生民之疾病不可勝窮，若必每病製一方，是曷有盡期乎？故古人即有加減之法。其病大端相同，而所現之症或不同，則不必更立一方。即於是方之內，因其現症之異而為之加減。如《傷寒論》中治太陽病用桂枝湯，若見項背强者則用桂枝加葛根湯，喘者則用桂枝加厚朴杏子湯，下後脉促胸滿者，桂枝去白芍湯。更惡寒者，去白芍加附子湯。此猶以藥為加減者也。若桂枝麻黄各半湯，則以兩方為加減矣。若發奔豚者，用桂枝為加桂枝湯，則又以藥之輕重為加減矣。然一二味加減，雖不易本方之名而必名著其加減之藥，若桂枝湯倍用芍藥而加飴糖，則又不名桂枝加飴糖湯而為建中湯。其藥雖同而義已別，則立名亦異。古法之嚴如此。後之醫者不識此義，而又欲托名用古。取古方中一二味則即以某方目之。如用柴胡，則即曰小柴胡湯。不知小柴胡之力全在人參也。用猪苓、澤瀉，即曰五苓散，不知五苓之妙專在桂枝也。去其要藥，雜以他藥，而仍以某方目之。用而不效，不知自咎。或則歸咎於病，或則歸咎於藥，以為古方不可治今病。嗟乎！即使果識其病，而用古方支離零亂，豈有效乎？遂相戒以為古方難用。不知全失古方之精義，故與病毫無益而反有害也。然則當何如？曰：能識病情與古方合者則全用之，有別症則據古法加減之。如不盡合，則依古方之法，將古方所用之藥而去取損益之。必使無一藥之不對症，自然不〔倍〕〔悖〕於古人之法，而所投必有神效矣。

清・陳定泰《醫談傳真》卷二　製方用藥之宜篇　客曰：製方用藥之宜何如？曰：方猶陣也，藥猶兵也。陣貴整而不貴亂，兵貴精而不貴多，人皆知其然矣，方藥何獨不然？製方之道有四：曰君，曰臣，曰佐，曰使。君者，治病之主也，為增益火氣、神精、血液之藥。臣者，佐君以除病也，為調營養衛之藥。佐者，佐臣之不及也，為驅風逐濕，消飲導食，化痰逐瘀，破積殺蟲，降升諸氣，除熱逐寒之藥。使者，引導之官，猶前驅也，為通營達衛，引至病所之藥。上古治病，原有割皮解肌，湔腸滌胃，針灸敷塗等法。後世聖人，神明於藥，遂代其法，而專用方藥。曰：方藥之能代諸法，何謂也？曰：人之所以無病者，無非陰陽營衛之和。則人之所以有病者，其必營衛陰陽之乖矣。然和者此氣，乖者亦此氣耳。惟聖人為能知以氣治氣之道，於是借物之陽氣陰味，以調人之陽火陰液，實者攻而去之，虛者補而和之，寒者溫之以熱，熱者清之以寒，此所以能代諸法也。曰：請詳說其宜。曰：藥有五氣，寒、熱、溫、涼、平是也。藥有五味，甘、辛、鹹、酸、苦是也。所謂香焦臊腥腐者，變氣也。所謂淡刼麻澀戟者，變味也。氣味各有大小、厚薄之殊，性功亦有緩急、輕重之異。有以氣勝者，有以味勝者，有有汁者，有無汁者。氣勝者走三陽，味勝者入三陰，有汁者滋三陰而降三陽，無汁者益三陽而燥三陰。方有五劑，曰汗、曰吐、曰下、曰和、曰補，然五劑各有用熱用寒之分，又有宜大宜小之別，皆當因症製治，而不可以預擬也。熱也，必用石膏、知母，如連牙床、唇口俱黑，則胃將蒸爛矣。非石膏三四兩，生大黄一兩，加糞金汁、人中黄、鮮生地汁、天冬麥冬汁、銀花、柿霜大劑之投，不能救也。此惟時疫發癍及傷寒症中多有之。余嘗治一伏熱症，先後用石膏至十四兩餘，而癍始透，病始退，此其中全恃識力。再有舌黑而潤澤者，此係腎虛，宜六味地黄湯。若滿舌紅紫色而無苔者，此名絳舌，亦屬腎虛。宜生地、熟地、天冬、麥冬等。更有病後絳如錢，發亮而光，或舌底嗌乾而不飲冷，此腎水虧極，宜大劑六味地黄湯投之，以救其津液，方不枯涸。

清・莫枚士《研經言》卷一　湯液論　湯液，亦飲也。《素〔問〕・經脈別〔論〕》飲入於胃，游溢精氣，上輸於脾；脾氣散精，上歸於肺；肺朝百脈，行精於皮毛；毛脈合精，通調水道，下輸膀胱；水精四布，五精並行。其言飲入胃後，上下先後分布之序，即藥入胃後，與病相當之理。以其先布於上，故遇輕清之藥則先發，而與上病相當。但先發者先罷，至水精四布，而後輕清者已無力矣。其不能治下，而亦不足礙下者勢也。重濁之藥，其發既遲，當其輸脾歸肺之時，尚未盡發，必至水精四布，而後藥力始畢達，而與下病相當，此輕清治上、重濁治下所由分也。《經》曰：近而奇偶制小其服，遠

而奇偶制大，其服，皆取藥發遲速、部位高下為義。其入藏者，亦止云五味入胃，各歸其所喜攻，如酸先入肝云云，不必不入他藏也。後人不知古人製方之意，遂謂某藥入某經，某藥兼入某經。則試問胃氣被藥氣使乎？抑藥氣被胃氣使乎？夫固不辨而明也。乃或誤宗其說，如桂枝湯方，見其主治太陽病多，因以桂枝為足太陽經藥，殊不思太陰病亦用桂枝，而真武、理中、四逆，皆有加桂之例，吁！可怪也。總之，湯液治病，分氣味不分經絡，與針法大異。

清・熊煜奎《儒門醫宗》後集卷一　方劑機宜本吳儀洛註解經義，兼条諸家。藥有純陽，有純陰，有陰中之陽，有陽中之陰。諸溫熱者，多主虛寒，其寒而實者宜分。諸寒涼者，多主實熱，其熱而虛者須辨。甘為諸補之原，苦為諸瀉之本，辛香亦升瀉之類，酸鹹皆降補之屬。此外淡味為陰中之陽，有補有瀉，統核諸味，或補中有瀉，或瀉中有補。補陽防其勝陰，補陰防其損陽；瀉陽或有以扶陰，瀉陰或有以助陽。升者治在上在表之病，而上逆者非宜。降者治在下在裏之疾，而下陷者則忌。或降而後能升，或升而後能降，或瀉而後受補，或補而後可瀉。或欲升降而取之中樞，或欲補瀉而責之中氣。有時熱劑而引以寒，有時寒劑而佐以熱。要之，虛、實、寒、熱，多由於升降失職，升降失職多由於中氣不治，惟病因多變，而法必周詳，故方有奇偶，而藥有君臣佐使，情辨反忌畏惡，劑分生熟多寡。此用藥之機，宜必審也。

清・王燕昌《王氏醫存》卷四　古方用藥之妙　古人立方之妙，多是以藥制藥，以藥引藥，非曰君臣佐使，各效其能，不相理也。蓋藥皆偏性，恐其偏之有害，而以同用者制之，則有利而無害。恐其偏有不入，而以同用者引之，則無拗而能入。如地黃能滋脾土，以苓朮制之。吳茱萸能燥肝血，以黃連制之。大黃不入(旁光)〔膀胱〕，以甘草引之。肉桂不入腎水，以澤瀉引之。諸方皆然，求之自得。他如牛膝能引熱下行，亦能引諸藥下行。若脾有溼，反引溼下而腫腿。若肝有熱，反引熱下而滑精。凡用藥求其利，須防其害。苟非有以制之而誤用者，愆尤並至矣。

清・養晦齋主人《醫家必閱》　藥不執方　醫法云：藥不執方，合宜而用。全在醫人變通酌量耳。如方書中往往用紫河車、天靈蓋等藥，竊患小兒胞衣，宜深埋於乾燥之方，若為蟲蟻所傷，則兒多疾病。亡人骸骨，應下葬於藏風納氣之地，若受風吹水浸，則子孫不昌。醫者若執成方，必用此藥，豈仁術耶？又如以鱉甲、猪膚治僧尼，則為破戒。又如阿膠、桑寄生等藥，真偽難分。以上數種，非必用之藥。且一病非止一方，一方非止治一病。凡有不盡合宜者，何妨另換。但要氣味相同，皆可通用。世上不患無良藥，只患無良醫。有良藥而無良醫，參附不能療病；無良藥而有良醫，薑蔥亦可拯疴。所以藥不可執方也。

論說一

《黃帝內經素問・至真要大論篇第七十四》　帝曰：善。方制君臣何謂也？岐伯曰：主病之謂君，佐君之謂臣，應臣之謂使，非上下三品之謂也。**〔唐・王冰注〕上藥為君，中藥為臣，下藥為佐使，所以異善惡之名位，服餌之道，當從此為法。治病之道，不必皆然，以主病者為君，佐君者為臣，應臣之用者為使，皆所以贊成方用也。**帝曰：三品何謂？岐伯曰：所以明善惡之殊貫也。〔唐・王冰注〕三品，上中下三品。此明藥善惡不同性用也。

宋・唐慎微《證類本草》卷一《序例上》《本經》　**藥有君、臣、佐、使，以相宣攝。合和宜用一君、二臣、三佐、五使；又可一君、三臣、九佐使也。**

〔梁・陶弘景《本草經集注》〕右本說如此。今按用藥，猶如立人之制，若多君少臣，多臣少佐，則氣力不周也。而檢仙經、世俗諸方，亦不必皆爾。大抵養命之藥則多君，養性之藥則多臣，療病之藥則多佐；猶依本性所主，而兼復斟酌，詳用此者益當為善。又恐上品君中，復各有貴賤，譬如列國諸侯，雖並得稱制，而猶歸宗周；臣佐之中，亦當如此。所以門冬、遠志，別有君臣；甘草國老，大黃將軍，明其優劣，皆不同秩。自非農岐之徒，孰敢詮正，正應領略輕重，為其分劑也。

宋・沈括《夢溪筆談》卷二六《藥議》　舊說有藥用一君、二臣、三佐、五使之說，其意以謂藥雖眾，主病者專在一物，其他則節級相為用，大略相統制，如此為宜，不必盡然也。所謂君者，主此一方者，固無定物也。《藥性論》乃以眾藥之和厚者定以為君，其次為臣為佐，有毒者多為使，此謬說也。設若欲攻堅積，如巴豆輩，豈得不為君哉？

金・張元素《醫學啟源・主治心法》卷上　〔用藥凡例〕　凡解利傷風，

以防風為君，甘草、白朮為佐。《經》曰：　辛甘發散為陽。風宜辛散，防風味辛，〔乃〕治風通用，故防風為君，甘草、白朮為佐。　凡解利傷寒，以甘草為君，防風、白朮為佐，是其寒宜甘發散也。或有別證，於前隨證治病藥內選用，其分兩以〔君〕臣論。　凡水瀉，茯苓、白朮為君，芍藥、甘草佐之。　凡諸風，以防風為君，隨證加藥為佐。　凡嗽，以五味子為君，有痰者半夏為佐，喘者阿膠為佐。有熱無熱，俱用黃芩為佐，但〔分〕兩多寡不同耳。　凡小便不利，黃蘗、知母為君，茯苓、澤瀉為使。　凡下焦有濕，草龍膽、漢防己為君，黃蘗、甘草為佐。　凡痔漏，以蒼朮、防風為君，甘草、芍藥為佐，詳別證加減。　凡諸瘡，以黃連為君，甘草、黃芩為佐。　凡瘧疾，以柴胡為君，隨所發之時，所屬〔之〕經，分用引經〔藥佐之〕。　已上皆用藥之大要，更詳別證，於前隨證治病〔藥內〕，〔逐款加減用之〕。

宋·陳衍《寶慶本草折衷》卷二《逢原紀略》　記藥性君臣使

《善善錄》舉駱耕道云：　五苓散五味，而以木猪苓為主。莊子曰：　藥也，是時為帝者也。郭註云：　當其所須則無賤，非其時則無貴。若當其時而用之則為主，故曰是時為帝者也。疏云：　藥無貴賤，愈病則良。且如治風則以堇為君。堇，烏頭也。去水則以豕苓為君，豕苓，木豬苓也。他皆類此。

《蘇沈方》云：　其所謂君者，主此一方，固無定物也。《藥性論》乃以衆藥之和厚者定為君，其次為臣、為佐，有毒者多為使，此繆論也。設若欲攻堅積，則巴豆輩豈得不為君哉？

論曰：　莊子、沈氏以主治而立言，實處方之要也。《藥性論》等乃以體性而立言，然其間猶有可採之義。姑存之，蓋從許洪註《局方》之式耳。

右索群書，擇其立論與序例文義合同者，因記其略，以廣序例之餘意，故詮次篇目。所記引用之書，不以先後為嫌也。

元·李杲《脾胃論》卷上　君臣佐使法

《至真要大論》云：　有毒無毒，所治為主。主病者為君，佐君者為臣，應臣者為使。一法，力大者為君。凡藥之所用，皆以氣味為主，補瀉在味，隨時換氣。氣薄者，為陽中之陰，氣厚者，為陽中之陽；　味薄者，為陰中之陽，味厚者，為陰中之陰。辛、甘、淡中熱者，為陽中之陽，辛、甘、淡中寒者，為陽中之陰；　酸、苦、鹹之寒者，為陰中之陰，酸、苦、鹹之熱者，為陰中之陽。夫辛、甘、淡、酸、苦、鹹，乃味之陰陽，又為地之陰陽也；　溫、涼、寒、熱，乃氣之陰陽，又為天之陰陽也。氣味生成，而陰陽造化之機存焉。一物之內，氣味兼有，一藥之中，理性具焉，主對治療，由是而出。假令治表實，麻黃、葛根；　表虛，桂枝、黃耆；　裏實，枳實、大黃；　裏虛，人參、芍藥。熱者，黃芩、黃連；　寒者，乾薑、附子之類爲君，君藥分兩最多，臣藥次之，使藥又次之，不可令臣過於君，君臣有序，相與宣攝，則可以禦邪除病矣。如《傷寒論》云：　陽脉澁，陰脉弦，法當腹中急痛。以芍藥之酸，於土中瀉木為君；　飴糖、炙甘草甘溫補脾，養胃為臣。水挾木勢亦來侮土，故脉弦而腹痛，肉桂大辛熱，佐芍藥以退寒水。薑、棗甘辛溫，發散陽氣，行於經脉皮毛為使。建中之名，於此見焉。有緩、急、收、散、升、降、浮、沉、澁、滑之類非一，從權立法於後。

如皮毛肌肉之不伸，無大熱，不能食而渴者，加葛根五錢；　燥熱及胃氣上衝，為衝脉所逆，或作逆氣而裏急者，加炒黃蘗、知母；　覺胸中熱而不渴，加炒黃芩；　如胸中結滯氣澁，或有熱病者，亦各加之。如食少而小便少者，津液不足也，勿利之，益氣補胃自行矣。　如氣弱氣短者，加人參，只升陽之劑助陽，尤勝加人參；　惡熱發熱而燥渴，脉洪大，白虎湯主之；　或喘者，加人參；　如渴不止，寒水石、石膏各等分，少少與之，即《錢氏方》中甘露散，主身大熱而小便數，或上飲下溲，此燥熱也。氣燥，加白葵花；　血燥，加赤葵花。　如脉弦，只加風藥，不可用五苓散；　如小便行病增者，此內燥津液不能停，當致津液，加炒黃蘗、赤葵花。　如心下痞悶者，加黃連一、黃芩三，減諸甘藥；　不能食，心下輭而痞者，甘草瀉心湯則愈。痞有九種，治有仲景湯五方瀉心湯。　如喘滿者，加炙厚朴。　如胃虛弱而痞者，加甘草。　如喘而小便不利者，加苦葶藶。小便不利者加之，小便利為禁藥也。　如氣短氣弱而腹微滿者，不去人參，去甘草，加厚朴，然不若苦味泄之，而不令大便行。　如腹微滿而氣不轉加之。中滿者，去甘草，倍黃連，加黃蘗，更加三味，五苓散少許。此病雖宜升宜汗，如汗多亡陽，加黃芩。四肢煩熱肌熱，與羌活、柴胡、升麻、葛根、甘草則愈。　如鼻流清涕惡風，或項、背、脊膂強痛，羌活、防風、甘草等分，黃耆加倍，臨臥服之。　如有大熱，脉洪大，加苦寒劑而熱不退者，加石膏；　如脾胃中熱，加炒黃連、甘草。凡治此病脉數者，當用黃蘗，或少加黃連，以柴胡、蒼朮、黃耆、甘草，更加升麻，得汗出則脉必下，乃火鬱則發之也。　如證退而脉數不退，不洪大而疾有力者，多減苦藥，加石膏。如

大便鞕或泄者，加桔梗，食後服之。此藥若悞用，則其害非細，用者當斟酌，旋旋加之。如食少者，不可用石膏。石膏善能去脉數疾，病退脉數不退者，不可治也。如不大渴，亦不可用。如脉弦而數者，此陰氣也，風藥升陽以發火鬱，則脉數峻退矣。已上五法，加減未盡，特以明大概耳。

元·羅天益《衛生寶鑑》卷二一　君臣佐使法　帝曰：方治君臣，何謂也？岐伯曰：主病之為君，佐君之為臣，應臣之為使，非上中下三品之為也。帝曰：三品何謂？曰：所以明善惡之殊貫也。

凡藥之所用者，皆以氣味為主，補瀉在味，隨時換氣。主病者為君，假令治風者，防風為君；治上焦熱，黄芩為君；中焦熱，黄連為君；下焦濕熱，防己為君；治寒，附子之類為君。看兼見何證，以佐使藥分治之，此製方之要也。《本草》説上品藥為君，各從其宜。

元·王好古《湯液本草》卷二《東垣先生〈用藥心法〉》　用藥凡例　凡解利傷風，以防風為君，甘草、白朮為佐。經云：辛甘發散為陽。風宜辛散，防風味辛及治風通用，故防風為君，甘草、白朮為佐。　凡解利傷寒，以甘草為君，防風、白朮為佐，是寒宜甘發也。或有別證，於前隨證治病藥內選用，分兩以君臣論。　凡眼暴發赤腫，以防風、黄芩為君以瀉火，以黄連、當歸身和血為佐，兼以各經藥用之。　凡眼久病昏暗，以熟地黄、當歸身為君，以羌活、防風為臣，甘草、甘菊之類為佐。　凡痢疾腹痛，以白芍藥、甘草為君，當歸、白朮為佐。下血先後，以三焦熱論。　凡水瀉，以茯苓、白朮為君，芍藥、甘草為佐。　凡諸風，以防風為君，隨治病為佐。　凡嗽，以五味子為君，有痰者以半夏為佐，喘者以阿膠為佐，有熱、無熱，以黄芩為佐，但分兩多寡不同耳。　凡小便不利，黄蘗、知母為君，茯苓、澤瀉為佐。　凡下焦有濕，草龍膽、防己為君，甘草、黄蘗為佐。　凡痔漏，以蒼朮、防風為君，甘草、芍藥為佐。詳別證加減。　凡諸瘡，以黄連、當歸為君，甘草、黄芩為佐。　凡瘧，以柴胡為君，隨所發時所屬經，分用引經藥佐之。

已上皆用藥之大要。更詳別證於前隨證治病藥內，逐旋加減用之。

明·李湯卿《心印紺珠經》卷上《辨藥性第八》　君臣佐使　上品無毒之藥為君，中品小毒之藥為臣，下品大毒之藥為佐使，此《本草》論藥之性體也。主病者為之君，攝君者謂之臣，應臣者謂之佐使，此《內經》論藥之能用也。如治諸熱則以黄連、黄芩為君，治諸寒則以乾薑、附子為君，治表實則以麻黄、柴胡為君，治表虚則以升麻、葛根為君，治裏實則以大黄、芒硝為君，治裏虚則以甘草、芍藥為君。君藥分兩最多，臣藥次之，佐使藥又次之。不可令臣過於君，君臣有序，相與宣攝，可以禦邪除病矣。

明·陳嘉謨《本草蒙筌·總論》　藥劑別君臣　諸藥合成方劑，分兩各有重輕。重者主病以為君，輕者為臣而佐助。立方之法，倣此纔靈。往往明醫，不踰矩度。如解利傷風，風宜辛散，則以防風味辛者為君，白朮、甘草為佐；若解利傷寒，寒宜甘發，又以甘草味甘者為主，防風、白朮為臣。痎瘧寒熱往來，君柴胡、葛根，而佐陳皮、白朮；血痢腹痛不已，君芍藥、甘草，而佐當歸、木香。大便瀉頻，茯苓、炒白朮為主，芍藥、甘草佐之；下焦濕盛，防己、草龍膽為主，蒼朮、黄栢佐之。眼暴赤腫，黄芩、黄連君也，佐以防風、當歸；小便不利，黄栢、知母君也，佐以茯苓、澤瀉。諸瘡疹金銀花為主，多熱佐梔子、連翹，多濕佐防風、蒼朮；諸欬嗽五味子為主，有痰佐陳皮、半夏，有喘佐紫(苑)〔菀〕、阿膠。如是多般，難悉援引，惟陳大要，餘可例推。又況本草各條，亦以君臣例載。各雖無異，義實不同。彼則以養命之藥為君，養性之藥為臣，治病之藥為使。優劣勻分，萬世之定規也；此則以主病之藥為君，佐君之藥為臣，應臣之藥為使。重輕互舉，一時之權宜也。萬世定規者，雖前聖復起，猶述舊弗違；一時權宜者，固後學當宗，貴通變毋泥。醫家活法，觀此可知。

明·皇甫嵩《本草發明》卷一　用藥凡例愚按此例，東垣據《經》義論性，以為規則藥耳。若因病製方，隨宜用藥，不必拘此。　凡解利傷風，以防風為君，甘草、白朮為佐。《經》云：辛甘發散為陽。風宜辛散，防風味辛，及治風通用。故用防風為君，甘草、白朮佐之。此論固是，若上焦風熱閉滯等候，則白朮豈宜用耶？又當防風通聖之類。　凡解利傷寒，以甘草為君，防風、白朮為佐，是寒宜甘發也。或有別症於前，隨症治病，藥內選用，分兩以君臣論。此正東垣用藥妙處，解利傷寒，其症候不一，正不必拘此。　凡眼暴赤腫，以防風、黄芩為君，以瀉火。眼屬上部，故用防風、黄芩，瀉上焦之風熱。以黄連、當歸頭和血，〔為〕佐。和血分中之肝熱。　兼各經藥用之。【略】　凡嗽，以五味子為君，有痰加半夏為佐。喘者，以阿膠為佐。有熱無熱，以黄芩為佐，但分兩多寡不同耳。若火鬱而嗽，不可遽用五味子以斂之。肺虚喘嗽，宜用阿膠。如肺火迫上作喘嗽，不宜用之，當用杏仁。不可執一論也。【略】　凡小便不利，黄柏、知母為君，瀉膀胱之火也。茯苓、澤瀉

為佐。

明・李時珍《本草綱目》卷一《序例》 岐伯曰：方制君臣者，主病之謂君，佐君之謂臣，應臣之謂使，非上、中、下三品之謂也，所以明善惡之殊貫也。

張元素曰：爲君者最多，爲臣者次之，佐者又次之。藥之於證，所主同者，則各等分。或云力大者爲君。

李杲曰：凡藥之所用，皆以氣味爲主。補瀉在味，隨時換氣，主病爲君。假令治風，防風爲君；治寒，附子爲君；治濕，防己爲君；治上焦熱，黃芩爲君；中焦熱，黃連爲君。兼見何證，以佐使藥分治之，此製方之要也。《本草》上品爲君之説，各從其宜爾。

明・葉雲龍《士林餘業醫學全書》卷三《用藥法則》 用藥凡例 中風一時卒倒，以開關為先，牙皂、細辛乃其主藥。如見口眼喎斜，須用防風、羌活、竹瀝、薑汁為主，其星、半、青、陳皮、芎、辛等藥又其佐也。 尋常冒風有汗，鼻流清涕，脉緩浮，防風為主，甘草、白术為佐。 中寒厥冷，薑、附為主，參、术為佐。 尋常冒寒，芎、芷、香、蘇為主，陳皮、甘草為佐。 傷寒頭疼身熱，以芎、柴、葛為主，羌、辛、芩、半為佐。 尋常頭疼，肥人多是氣虛濕痰，二陳為主，芎、芷、羌、荊、參、术為佐。瘦人多是血虛痰火，二陳為主，歸、地、芩、芎、羌、桔為佐。 頭疼偏左，屬風與血虛，四物為主，防、藁、蔓荊、黃芩為佐。 頭疼偏右，屬痰與氣虛，參、芪、术為主，陳、半、藁、栢、草為佐。陰火上沖頭疼血虛者，四物為主，知、栢、蔓荊、(枝)〔梔〕、芩為佐。 頭旋眼黑，惡心痰厥，术、半、天麻為主，蒼、陳、黃芪為佐。 風氣上攻頭疼。川芎、荊、薄、羌活為主，香附、防、草為佐。 熱厥頭疼，喜寒暫止，芩、連、知、栢為主，羌、柴、歸、蔓、防、升為佐。 眉稜骨病，羌、防、芩為主，半夏、甘草為佐。 雷頭風起高核，升麻、蒼术為主，薄荷為佐。 遇勞動則頭疼，參、芪、草為主，歸、术、陳、蔓、升、柴為佐。 頭疼諸藥不效，脉數有力，九蒸大黃為末，茶下即愈。 怒則兩太陽穴疼，小柴胡加(枝)〔梔〕子為主，六味丸為佐。 遍身疼，羌、蒼為主，防風、小芎為佐。 發汗重，則冬月用麻、桂，三時用羌、防為主，佐以二陳、芎、芷。 止汗用桂、芍、甘草為主，白术為佐。 汗不出，用柴、蘇、青皮為主，小芎、辛、芷為佐。 表熱以柴、芩為主，陳、半為佐。 裏熱以芒硝、大黃為主，枳實、厚朴為佐。 大熱狂譫，以芩、連、(枝)〔梔〕、栢為主，赤芍、滑石為佐。 實渴，以石(羔)〔膏〕為主，(枝)〔梔〕子、木通為佐。 消熱積，以大黃為主，甘草、赤芍為佐。 久欝氣，以蒼术、香附為主，(枝)〔梔〕子、小芎為佐。 痰結，以瓜蔞、連翹，桔梗爲主，陳皮、枳實爲佐。 濕痰，以半夏、茯苓、白术為主，陳皮、枳、梗為佐。 風痰，以皂角、南星、白附為主，青陳皮為佐。 痰在四肢，以竹瀝、薑汁為主，枳實、陳皮為佐。 痰在兩脇，以白芥子為主，青陳皮為佐。 老痰，以海石為主，芒硝、瓜蔞為佐。 肺寒咳，以麻黃、杏仁為主，荊芥、防風為佐。 肺熱咳，以黃芩、桑皮為主，甘、桔為佐。 咳日久，欵冬花為主，五味子為佐。 咳喘氣促，蘇子、桑皮為主，陳皮、枳殼為佐。 瘧疾陽瘧，三五日宜截，常山為主，檳榔、草果為佐。 久瘧宜補，白蔻為主，白术、陳皮為佐。 痢疾初起宜下，大黃為主，檳榔、木香、枳殼為佐。 痢疾日久，以白术、白苓為主，木香、黃連為佐。 久痢，白屬氣虛，术、苓為主，炙草、參、芪為佐。 久痢，赤屬血虛，川芎、當歸為主，白芍為佐。 泄瀉，以白术、茯苓為主，(朱)〔猪〕苓、澤瀉為佐。 暴吐血，以大黃、芩、連為主，桃仁、紅花為佐。 衄血，以黃芩、赤芍、丹皮為主，(枝)〔梔〕子、生地為佐。 溺血，以(枝)〔梔〕子、木通為主，赤芍、竹葉為佐。 久吐血，以歸、芍為主，(枝)〔梔〕子、丹皮、麥冬為佐。 止血，以京墨、韭汁為主，茅根為佐。 癲屬心，芎、歸行心血為主，薑汁、竹瀝行痰為佐。 狂屬肝，黃連、青皮為主，大黃、枳殼、木通為佐。 眩暈，以川芎、天麻為主，黃芩、麥冬為佐。 麻屬氣虛，參、芪為主，桂、陳、苓、半為佐。 木屬死血濕痰，蒼术、桃仁為主，半夏、紅花為佐。 癎症，以南星、半夏為主，青陳皮、烏藥為佐。 怔忡驚悸，以茯神、遠志為主，參、歸為佐。 耳鳴，以黃栢、知母為主，生地、當歸為佐。 鼻瘡，以黃芩、(枝)〔梔〕子為主，甘、桔、桑皮為佐。 鼻淵，以辛夷、桑皮為主，黃芩、瓜蔞為佐。 口舌生瘡，以黃連為主，甘草、乾薑為佐。 牙疼，以石(羔)〔膏〕為主，升麻、乾葛、丹皮、生地、黃連為佐。 眼腫，以大黃為主，荊芥、木賊、杏仁為佐。 眼中雲翳，以白蔻為主，青葙、蔓荊為佐。 咽喉腫疼，以山豆根為主，甘、桔為佐。 結胸，以瓜蔞、花粉、黃芩、枳實為主，甘、桔、連翹為佐。 痞滿，以枳實、黃連為主，陳皮、厚朴為佐。 脹滿，以腹皮、厚朴為主，歸、橘、香附、神麯為佐。 頸項結核，以夏枯草為主，瓜蔞、芒硝為佐。 瘤氣壅盛，以南星、半夏為主，木香、青皮為佐。 語言蹇塞，以石菖為主，竹瀝、薑汁、牙皂

為佐。　懊憹，以(枝)〔梔〕子、豆豉為主，竹葉、知母為佐，甚則石(羔)〔膏〕。　不眠，以竹茹、枳實為主，黃連、生地為佐。　鼻乾，不得眠，以乾葛、芍藥為主，甘草、黃芩為佐。　發斑，以玄參、升麻為主，黃芩、木通、桔梗為佐。　濕鬱，以蒼白朮為主，(枝)〔梔〕子、木通、木香為佐。　燥病，以參、麥、花粉為主，生地、知、栢為佐。　火病，以(枝)〔梔〕子、芩、連為主，枳殼、杏仁、木通為佐。　內傷元氣，補不足，以參、芪為主，朮、苓、歸、陳、甘草為佐。　內傷腎陰，以熟地、歸、芍為主，知、栢、石棗、龜板為佐。　氣積，以木香、檳榔為主，青陳皮、沉香為佐。　血積，以三稜、莪朮為主，歸、芎、桃仁、紅花為佐。　酒積，以乾薑、黃連為主，砂仁、麥芽、朱、澤為佐。　果積，以草果為主，香附、烏藥、枳殼為佐。　魚積，以紫蘇為主，蒼朮、陳皮、豆蔻為佐。　肉積，以山查、阿魏為主，青皮、厚朴為佐。　飯積，以穀芽、麥芽為主，神麯、枳實為佐。　水積，以半夏、茯苓為主，葶藶、澤瀉為佐。　浮腫，以商陸為主，滑石、朱、澤為佐。　陽水便秘，以甘遂為主，枳殼、赤苓為佐。　陰水便利，以朮、苓為主，蒼朮、陳皮、滑石為佐。　風腫，以羌活、防風為主，白芷、天麻為佐。　氣腫，以枳殼、蘿蔔子為主，青陳皮為佐。　上腫，以紫蘇、枳梗為主，陳皮、香附為佐。　下腫，以防己、木瓜為主，黃栢、牛膝為佐。　陰腫，以小茴、木香為主，滑石、木通為佐。　積在左，破血為先，桃仁、紅花為主，芎、歸為佐，木香次之。　積在右，調氣為先，青陳皮、香附、烏藥為主，木香為佐。　積在當中，乃飲食、七情成痰，半夏、瓜蔞、海石為主，香附為佐。　補陽氣，以黃芪、附子為主，參、朮為佐。　補陰血，以歸、地為主，芍藥、龜板為佐。　破瘀血，以歸尾、桃仁為主，小芎、木香為佐。　升提，以升麻、柴胡為主，甘、桔、防風為佐。　勞咳聲嘶，以地皮、冬花為主，麥冬、生地、知母為佐。　胃脘疼，以(枝)〔梔〕子為主，草蔻為佐。　肺癰肺痿，以知母、瓜蔞為主，苡仁、桔梗為佐。　血虛腹疼，以白芍、甘草為主，桂枝為佐。　腹疼冷積，以吳萸、良薑為主，香附、烏藥為佐。　脇疼，以青皮、白芥子為主，柴胡、黃芩為佐。　手臂疼，是上焦濕痰橫行手膊作痛，二陳加二朮、南星、香附、酒芩為主，威靈仙、甘草為佐。　病在上者兼風治，羌、防為主，甘、桂、桔、靈仙為佐。　消渴，以花粉、乾葛、知母為主，生地、當歸為佐。　生津液，以人參、麥冬為主，五味為佐。　赤白濁，以萆薢、益智為主，赤苓、車前為佐。　遺精，以黃連、生地為主，石蓮子、遠志、歸身、棗仁為佐。　淋病，以膀胱蓄熱治，赤苓、木通、(枝)〔梔〕子為主，赤芍、歸、芩為佐。　失禁自溺，人參、黃芪為主，歸、地、朮、升、益智為佐。　小便秘，以熱結治，木通、苓、澤為主，滑石、黃栢、麥冬、車前為佐。　大便秘，歸、地、麻仁為主，桃仁、大黃、枳、芩為佐。　痔漏，歸、連、防風、芍、荊為主，地榆、地黃、黃芩為佐。　諸蟲，以使君子、檳榔為主，苦楝根、雷丸為佐。　脫肛，以升、柴為主，參、芪為佐。　柔痓，以附子為主，防風、白朮為佐。　剛痓，以羌活、柴、芩、乾葛為主，瓜蔞、陳皮為佐。　背疼，以蒼朮、羌活、麻黃為主，芎、芷、陳、半為佐。　痛風，羌活、防風、麻黃、當歸為主，升、柴、蒼朮、陳皮為佐。　痺風，羌獨活、秦艽為主，桂心、杏仁、黃芩、芍藥為佐。　此以上凡例多端，善使藥者，再能視其所兼證，酌量加入，合成一方，雖不執古方，而自脗合。　其有不合者，而與病相宜，亦變通之妙也。識之毋忽。

明・芮經《杏苑生春》卷一　君臣佐使　人乃萬物中之一也，獨陽不生，獨陰不長，須稟兩儀之氣而生化也。　聖人垂世立教，不能渾說，必當分新以至理而言，則陰陽相附不相離，其實一也。　呼則因陽出，吸則隨陰入，天以陽生陰長，地以陽殺陰藏，輕清成象，重濁成形，本乎天者親上，本乎地者親下，則各從其類也。　清中清者，清肺以助其天真。　清中濁者，榮華腠理。　濁中清者，榮養於神。　濁中濁者，堅強骨髓。　有毒無毒，所治為主。　主病者為君，佐君為臣，應臣為使。　凡藥之所用，皆以氣味為主，隨時換氣，已具用藥法象之中。　辛、甘、淡、酸、苦、鹹，乃味之陰陽也。　溫、涼、寒、熱，乃氣之陰陽也。　氣味生成，而陰陽造化之機存焉。　一物之內，氣味兼有。　一藥之中，理性具焉。　主對治療，由是而出，或收或散，或緩或急，或燥或潤，或軟或堅，各以所利而行之，調其氣使之平也。　假令治表實者，麻黃、葛根；　表虛者，桂枝、黃芪；　裏實者，枳實、大黃；　裏虛者，人參、芍藥；　熱者，黃芩、黃連；　寒者，附子、乾薑之類為君。　君藥分兩最多，臣藥次之，佐使藥又次之。　藥之於證，所主同者，則等分之，不可令臣過於君，君臣有序，相與宣攝，則可以禦邪除病矣。　如《傷寒論》云：　陽脉濇，陰脉弦，法當腹中急痛，制小建中湯，以芍藥之酸寒主收補中，本乎地者親下，於土中瀉木為君；　飴糖、炙甘草甘溫，補脾養胃為臣；　水挾木勢，亦來侮土，故脉弦而腹痛，以肉桂大辛熱，佐芍藥以退寒水；　薑、棗甘辛溫，發散陽氣，行於經脉皮毛，為使。　表虛，自汗惡風，制桂枝湯，以桂枝體輕，以辛熱發散助陽，本乎天者親上，故以為君；　芍

藥之酸寒主收，為臣； 甘草甘溫，主緩，佐之。一則治表虛，一則治裏虛，各言其主用也。

明・許兆楨《醫四書・藥準》卷下　用藥須辨君臣佐使逆從反正論　君為主，臣為輔，佐為助，使為用，置方之原也。逆則攻，從則順，反則異，正則宜，治病之法也。必熱必寒，必散必收者，君之主也。不宣不明，不授不行者，臣之輔也。能受能令，能合能分者，佐之助也。或擊或發，或刼或開者，使之用也。破寒必熱，逐熱必寒，去燥必濡，除濕必泄者，逆則攻也。治驚須平，治損須溫，治留須收，治堅須潰者，從則順也。熱病用寒藥，而導寒攻熱者必熱，陽明病發熱，大便鞕者，大承氣湯，酒製大黃熱服之類也。寒病用熱藥，而導熱祛寒者必寒，少陰病下利，服附子、乾薑不止者，白通湯加人尿、猪膽之類也。塞病用通藥，而導通除塞者必塞，胸滿煩驚，小便不利者，柴胡加龍骨牡蠣湯之類也。通病用塞藥，而導塞止通者必通，太陽中風下利，心下痞鞕者，十棗湯之類也。反則異也，治遠以大，治近以小，治主以緩，治客以急，正則宜也。《至真要論》曰： 辛甘發散為陽，酸苦涌泄為陰，鹹味涌泄為陰，淡味滲泄為陽。六者： 或收、或散、或緩、或急、或燥、或潤、或耎、或堅，以所利而行之，調其氣，使其平，故味之薄者，為陰中之陽，味薄則通，酸苦鹹平是也。氣之厚者，為陽中之陽，氣厚則發熱，辛甘溫熱是也。氣之薄者，為陽中之陰，氣薄則發泄，辛甘淡平涼寒是也。味之厚者，為陰中之陰，味厚則泄，酸苦鹹氣寒是也。《易》曰： 同聲相應，同氣相求。水流濕，火就燥，雲從龍，風從虎，聖人作而萬物覩。本乎天者親上，本乎地者親下，則各從其類也。

清・李延是《君臣佐使論》〔《藥品化義》卷首〕　藥之為用，固取於精專，以見直入之功； 亦貴乎群力，更見相須之妙，此君臣佐使之所自立也。如《神農本經》之例： 上藥一百二十種為君，主養命以應天； 中藥一百二十種為臣，主養性以應人； 下藥一百二十五種為佐使，主治病以應地。陶宏景曰： 上品藥性勢力和厚，不為速效，歲月常服，必獲大益。病既愈矣，命亦兼申。天道人育，故曰應天。一百二十種，當謂寅卯辰巳之月，法萬物榮時也。中品藥性祛患為速，人懷性情，故曰應人。一百二十種，當謂午未申酉之月，法萬物成熟時也。下品藥性專主攻擊，傾損中和，疾愈即止。地體收殺，故曰應地。一百二十五種，當謂戌亥子丑之月，法萬物枯藏時也。故從《神農本經》及陶氏《別錄》，歷代諸大家所增補，擇其精要熟讀而深思之，然後每治一病，必求君臣佐使，以相宣攝和合。宜論其大法，則一君二臣三佐五使，又可一君三臣九佐使也。陶又曰： 用藥猶如立人之制，多君少臣、多臣少佐使，則氣力不周。然檢仙經、世俗諸方，亦不必皆爾。大抵欲求益氣輕身、延年不老養命之藥，則多君，取其氣味充和而無偏勝； 欲求以寒勝熱、以熱勝寒，漸能除病養性之藥，則多臣，取其氣味稍偏而易入； 欲求功成頃刻、反掌成事療病之藥，則多佐使，取其專主攻擊而足恃也。猶依本性所主而復斟酌之： 上品君中復有貴賤，臣佐之中亦復如之。所以門冬遠志，別有君臣； 甘草國老，大黃將軍，明其優劣，皆不同秩。陶為此說，以上中下三品，分為君臣佐使也。而岐伯則曰： 方制君臣者，主病之謂君，佐君之謂臣，應臣之謂使，所以明善惡之殊貫。故李東垣曰： 凡藥之所用，皆以氣味為主，補瀉在味，隨時換氣，主病為君。假令治風，防風為君； 治寒，附子為君； 治濕，防己為君； 治上焦熱，黃芩為君； 中焦熱，黃連為君。兼見何證以佐使，分藥治之，此製方之要。本草上品為君之說，各從其宜耳。在張元素又曰： 為君者最多，為臣者次之，佐使者又次之。藥之於證所主同者，則各等分。此又以藥之多寡為君臣，亦非合論。乃知宗李說為是。藥猶兵也，武王之八百國不覺其多，昆陽淝水之數千亦不為少，發蹤指示，存乎其人，奈何區區於名數而議方之工拙也哉。

明・李中梓《本草通玄》卷下　藥有君臣佐使，陶弘景以上品之藥為君，及考《內經》曰： 主病之謂君，佐君之謂臣，應臣之謂使，非上中下三品之謂也。張元素曰： 為君者最多，為臣者次之，佐使又次之。由是而知陶為邊見。

清・沈時譽《醫衡》　君臣佐使逆從反正說　君為主，臣為輔，佐為助，使為用，製方之原也。逆則攻，從則順，反則異，正則宜，治病之法也。必熱必寒，必散必收者，君之主也。不宣不明，不授不行者，臣之輔也。能受能令，能合能力者，佐之助也。或擊或發，或刼或開者，使之用也。破寒必熱，逐熱必寒，去燥必濡，除濕必泄者，逆則攻也。治驚須平，治損須溫，治留須收，治堅須潰者，從則順也。熱病用寒藥，而導寒攻熱者必熱，陽明病發熱，大便鞕者，大承氣湯、酒製大黃熱服之類也。寒病用熱藥，而導熱去寒者必寒，少陰病下利，服附子、乾薑不止者，白通湯加人尿、猪膽之類也。塞病用

通藥，而導通除塞者必塞，胸滿煩驚，小便不利者，柴胡加龍骨牡蠣湯之類也。通病用塞藥，而導塞止通者必通，太陽中風下利，心下痞鞕者，十棗湯之類也。反則異也，治遠以大，治近以小，治主以緩，治客以急。正則宜也。《至真要大論》曰：辛甘發散為陽，酸苦涌泄為陰；鹹味涌泄為陰，淡味滲泄為陽。六者或收或散，或緩或急，或燥或濕，或耎或堅，所以利而行之，調其氣使其平。故味之薄者，為陰中之陽；味薄則通，酸苦鹹平是也。氣之厚者，為陽中之陽，氣厚則熱，辛甘溫熱是也。氣之薄者，為陽中之陰，氣薄則發泄，辛甘淡平，寒涼是也。味之厚者，為陰中之陰，味厚則泄，酸苦鹹寒是也。《易》曰：同聲相應，同氣相求，水流濕，火就燥，雲從龍，風從虎，聖人作而萬物覩，本乎天者親上，本乎地者親下，則各從其類也。故治病製方者，須本此說而推之。

清・張志聰《侶山堂類辯》卷下　羌活、防風　按《神農本草》三百六十種，以上品一百二十種為君，中品一百二十種為臣，下品一百二十種為使。羌活、防風皆《本經》上品。有謂羌活治一身盡痛，乃却亂反正之君主。防風治一身盡痛，乃卒伍卑賤之職，隨所引而至。噫！神農列于上品之君藥，後人改為卑賤之卒伍，何防風之不幸也。夫君令傳行，亦隨郵使所引，徧及萬方。若以隨所引至為卑賤，則羌活亦可為卒伍矣。如此議論，雖不大有關係，但使後人從而和之，則陋習終不可挽回矣。

清・郭章宜《本草匯》卷一　藥劑別君臣　《本草》云：藥有君臣佐使，以相宣攝合和，宜一君二臣三佐五使，又可一君三臣九佐使也。李杲曰：凡藥之用，皆以氣味為主，補瀉在味，隨時換氣，主病為君。假令治風，防風為君；治寒，附子為君；治濕，防己為君；治上焦熱，黄芩為君；中焦熱，黃連為君。兼見何證，以佐使藥分治之，此製方之要也。醫家有謂上藥為君，主養命。中藥為臣，主養性。下藥為佐使，主治病。大抵養命之藥宜多君，養性之藥宜多臣，治病之藥則宜多佐使，此固用藥之經，然其妙則未盡也。大抵藥之治病，各有所主。主治者，君也。輔治者，臣也。與君相反而相助者，佐也。引經及引藥致於病所者，使也。君臣有序，相與宣攝，則可以禦邪除病矣。如治寒病用熱藥，則熱藥君也。凡溫熱之藥，皆輔君者也，臣也。然或熱藥之過甚而有害也，須少用寒涼藥以監制之，使熱藥不至為害，此則所謂佐也。至於五臟六腑及病之所在，各須有引導之藥，使藥與病相遇，此則所謂使也。《藥性論》乃以眾藥之和厚者定為君，其次為臣，為佐，有毒者多為使。此謬論也。設若欲破堅積，大黃、巴豆輩，豈得不為君耶？《本草》說上品藥為君者，亦各從其宜也。一法，力大者為君。

清・李世藻《元素集錦・戒律》　立方者能知君臣佐使，已臻于善矣。至于化方，非恆人所能。如二神丸，乃戊癸化火；天棗散，乃丁壬化木；建中湯，乃甲己化土。此皆神于醫者之所製。予有側栢葉湯，乃乙庚化金。《語》云：中人以上，可以語上也。

清・李熙和《醫經允中》卷一　君臣佐使論　古今立湯，無不言君臣佐使。但其於君臣使言之詳矣，至於言佐，則有類乎臣者，並未有切實著明者也。孰知主治引經，則在君臣使而取效，守正之妙用，要在乎佐。夫佐者，佐其所不及也。如寒用溫，佐補用瀉，佐大黃用厚朴，地黃用澤瀉之類。夫人而知之矣，而佐之妙用，有未得者，何也？若肝脉洪實，病壯熱而脾脉損小，則必用寒藥，治肝不幾於傷脾乎？故少佐以脾藥之性溫，則肝火清而脾不受害矣。下部沉微，病痼冷，而上部洪大，則必用溫藥，治腎尺不幾妨心肺乎？故少佐以心肺之性涼，則火降水升，而上下和平矣。安有一症未除，而一症又起也哉？權先急而立君，酌輕重而施佐，豈有投劑而不神效者乎？佐之義斯得矣。

清・韋協夢《醫論三十篇》　藥有君臣佐使　官有正師司旅，藥有君臣佐使。君藥者，主藥也，如六官之有長，如三軍之有帥，可以控馭群藥，而執病之權。臣藥者，輔藥也，如前疑後丞，左輔右弼，匡之直之，輔之翼之。佐藥者，引經之藥，從治之藥也。引經者，彙眾藥而引入一經，若軍旅之有前驅，賓客之有擯相。從治者，熱因寒用，寒因熱用，消中有補，補中有消，既立之監，或佐之史，沉潛剛克，高明柔克，制其偏而用其長，斯能和衷而共濟。使藥者，驅遣之藥也，若身之使臂，臂之使指，占小善者率以錄，名一藝者無不庸，俱收並蓄，待用無遺，即如六味地黃湯以熟地為君，為滋腎之要劑，溫肝則萸肉君而熟地臣矣，利濕則茯苓君而熟地臣矣，一方如此，百方可知，變而通之，神而明之，方雖出於古人，藥仍進於醫手，安可抱殘守缺，以某方治某病，必求幾希之合，而昧化裁之妙哉？

清・莫枚士《研經言》卷一　古方用法論　古者，每方各有主藥，用其主而進退其餘，可云從古某方加減；如用其餘而去其主，即不得稱某方矣。

仲景理中湯，一名治中湯，蓋取《別録》人參調中兩字，是人參乃其主藥也。桃花湯取赤石脂一名桃花石為義，是赤石脂乃其主藥也。若去人參、赤石脂，用其朮、乾等，而稱理中、桃花，則失其義而襲其名，陋乎不陋？ 非獨經方為然也，雖後世亦有之。丹溪治六鬱越鞠丸方，以川芎、山梔為主，緣川芎即《左傳》鞠窮，山梔《本草》一名越桃，故各摘取一字以名之，以見能治鬱者之全在乎此。若不用芎、梔，用餘四味，尚能再稱越鞠乎？ 本草經用之藥，僅四五百種，而自漢至明，方以億萬計，隨舉數味以成方，皆當有合於古，舉其相似者，反遺其相同者矣。昔徐靈胎誚葉天士用《局方》逍遙散而去柴胡，非以此哉？ 學者可以類推。

清・王燕昌《王氏醫存》卷四　君臣佐使　《內經》君臣佐使以銖兩論，不皆以藥品論。四診既詳，病情已定，先其所急，後其所緩。救其已傷，固其未傷。或耑用成方，或酌應加減。或另製新方，務須活法，期於中病，不得稍存偏見。如四君子古來補氣主方也，若氣虛則左寸右關俱弱，宜重用參為君。若右關弱、左寸未甚弱，雖氣虛而心有熱也，若參多則助熱為害矣，宜重用朮為君。又如萹蓄、車前皆使藥也，若熱蓄(旁光)〔膀胱〕，則宜以此為君。又如水溢脾土，宜以茯苓為君。風塞肺竅，宜以前胡為君。寒中經絡，宜以附子為君。寒中腎陰，宜以肉桂為君。寒凝脾胃，宜以乾薑為君。寒結肝血，宜以吳茱萸為君。濕鬱脾經，宜以茵陳為君。陽暑自汗，宜以條參為君。陰暑無汗，宜以香薷為君。燥傷津液，宜以烏梅為君。燥生肝熱，宜以白芍為君。燥生胃熱，宜以石膏為君。心火灼肺，宜以山梔為君。心火助肝，宜以黃連為君。膽熱生火，宜以柴胡為君。溼痰上湧，宜以半夏為君。如此之類，皆因一病自有治之之主藥佐藥耳。又有只用一品二品之方，或互相助，或各為力，或取彼此相制相使，務期有當於病也。運用之妙，在乎一心而已。

君臣佐使於虛人則有兩用，標本是也。若標急本緩，則以君臣藥治標，佐使藥固本。若本急標緩，則以君臣藥治本，佐使藥治標。若治壯人，但皆標藥。然古方亦各固本，如甘草、紅棗、麥冬之類是也。 四物，血分主方也。歸多則重在溫血，芍多則重在平肝。地多則重在涼血，芎多則重在升散。又如一食疾也，實則大黃瀉之，虛則朮苓補之。新停則飢之，久積則消之。皆可愈也。大凡一經病，諸經皆因之亦病。若深心細裁，果能得其病之主腦，則藥之補瀉消解，任用皆當。故向來名醫，或偏於補腎，乃見為先天果虛也。或偏於補脾，乃見為後天果弱也。或偏於用二陳，乃見為氣血淤滯而不運，痰化自愈也。或偏於用柴胡，乃見為氣血鬱結而不開，利其機關自愈也。他如偏於消導，偏於攻下，偏於清潤，偏於逐寒，偏於清熱之類，在邇時各有心得。愈病之權，其妙皆在藥品之加減，銖兩之重輕，互為君臣佐使也。

清・徐士鑾《醫方叢話》卷八　君臣佐使論　關中名醫駱耕道曰：以予觀夫莊子之言，有與孫真人醫方相合者，五苓散五味，而以水猪苓為主，故曰五苓。莊子之言曰：藥也，其實堇也，桔梗也，雞壅也，豕苓也，是時為帝者也。郭注云：當其所須，則無賤。非其時，則無貴，故此數種，若當其時而用之則為主，故曰是時為帝者也。《疏》云：藥無貴賤，愈病則良。斯得之矣。故夫用藥有一君二臣三佐四使，且如治風，則以堇為君。堇，烏頭也。去水則以豕(零)〔苓〕為君。豕(零)〔苓〕，水猪(零)〔苓〕也。他皆類此。俗醫乃以《本草》所録上品藥為君，中品藥為臣，下品藥為佐使，可一笑也《嬾真子》。

清・高奉先《醫宗釋疑》卷一　君臣佐使　方有君臣佐使，謂之大方，治兼病也。無論補、瀉、宣、通，先立主藥，是以主病之藥為君，扶君行事者為佐，規君之過者為臣，與君臣通常達變者為使。即如六味地黃湯，補腎水也，熟地為補水之專品，故以熟地為君，山萸為佐；熟地屬陰，其過泥滯，臣以茯苓而利之；熟地補水，其過滑腸，臣以山藥而濇之；腎本惡濕，使澤瀉而利之；爍水惟火，使丹皮而瀉之。此君臣佐使之法，無如六味之善也。且藥有氣味厚薄之分，寒熱溫涼之異，氣厚則過熱，味厚則過寒，過熱過寒，其性烈不臣則致亂。氣薄則微涼，味薄則微溫，微涼微溫，其性弱不佐則無力。臣者，規君過；佐者，助君力也。使者，通其常，達其變，防其勢，所必至也。臣佐兼用，無過不及，是為王道之法矣。亦有大熱佐辛溫，大寒佐酸苦，為扶過助強攻邪失正，慮勝不慮敗，言進不言退，是為霸治之法矣。王道尚智，智用則治；霸道尚力，力窮則亂也。王道治兼病，可久而不可暫。霸道攻惡疾，可暫而不可久。古方有一二味而用者，二三味而用者，是為小方，治單病，驅孤邪也。又有一二十味而用者，二三十味而用者，為雜亂無章，不足論也。大抵一君二佐三臣四使，王道備矣。惟君藥不兩立，兩立則相爭。餘或多佐少臣，多臣少使，量病酌方，無過不及，斯可矣。

論說二

宋·唐慎微《證類本草》卷一《序例上》〔《本經》〕　有單行者，有相須者，有相使者，有相畏者，有相惡者，有相反者，有相殺者。凡此七情，合和視之，當用相須、相使者良，勿用相惡、相反者。若有毒宜制，可用相畏、相殺者；不爾，勿合用也。

〔梁·陶弘景《本草經集注》〕　右本說如此。今按其主療雖同，而性理不和，更以成患。今檢舊方用藥，亦有相惡、相反者，服之乃不為害。或能有制持之者，猶如寇賈輔漢，程周佐吳，大體既正，不得以私情為害。雖爾，恐不如不用。今仙方甘草丸，有防己、細辛，俗方玉石散，用栝樓、乾薑，略舉大體如此。其餘復有數十條，別注在後。半夏有毒，用之必須生薑，此是取其所畏，以相制爾。其相須、相使者，不必同類，猶如和羹、調食魚肉，葱、豉各有所宜，共相宣發也。

〔宋·掌禹錫《嘉祐本草》〕按：《蜀本》注云：凡三百六十五種，有單行者七十一種，相須者十二種，相使者九十種，相畏者七十八種，相惡者六十種，相反者十八種，相殺者三十六種。凡此七情，合和視之。

宋·唐慎微《證類本草》卷二《序例》〔梁·陶弘景《本草經集注》〕　尋萬物之性，皆有離合，虎嘯風生，龍吟雲起，磁石引針，琥珀拾芥，漆得蟹而散，麻得漆而湧；　桂得葱而軟，樹得桂而枯，戎鹽累卵，獺膽分盃。其氣爽有相關感，多如此類，其理不可得而思之。至於諸藥，尤能遞為利害，先聖既明有所說，何可不詳而避之。時人為方，皆多漏略。若舊方已有，此病亦應改除。假如兩種相當，就其輕重，擇而除之。傷寒赤散，吾常不用藜蘆。斷下黃連丸，亦去其乾薑而施之，無不效。何忽強以相憎，苟令共事乎，相反為害，深於相惡。相惡者，謂彼雖惡我，我無忿心，猶如牛黃惡龍骨，而龍骨得牛黃更良，此有以制伏故也。相反者，則彼我交讎，必不宜合。今畫家用雌黃、胡粉相近，便自黯妬。粉得黃即黑，黃得粉亦變，此蓋相反之證也。藥理既昧，所以不效，人多輕之。今按方處治，必恐卒難尋究本草，更復抄出其事在此，覽略看之，易可知驗。而《本經》有直云茱萸、門冬者，無以辨山、吳，天、麥之異，咸宜各題其條。人有亂誤處，譬如海蛤之與鮀甲，畏惡正同。又有諸芝使薯預，薯預復使紫芝。計無應如此，不知何者是非？亦且併記，當更廣驗正之。又《神農本經》相使，正各一種，兼以《藥對》參之，乃有兩三，於事亦無嫌。其有云相得共療某病者，既非妨避之禁，不復疏出。

玉石上部：　玉泉畏款冬花。　玉屑惡鹿角。　丹砂惡磁石，畏鹹水。　空青〔宋·掌禹錫《嘉祐本草》〕按：《藥性論》云：畏菟絲子。　曾青畏菟絲子。　石膽水英為使，畏牡桂、菌桂、芫花、辛夷、白薇。〔宋·掌禹錫《嘉祐本草》〕按：《藥性論》云：陸英為使。　鍾乳蛇床子為使，惡牡丹、玄石、牡蒙，畏紫石英、蘘草。〔宋·掌禹錫《嘉祐本草》〕按：《藥性論》云：忌羊血。　雲母澤瀉為使，畏鮀甲及流水。〔宋·掌禹錫《嘉祐本草》〕按：《藥性論》云：惡徐長卿，忌羊血。　消石火為使，惡苦參、苦菜，畏女苑。〔宋·掌禹錫《嘉祐本草》〕按：《蜀本》云：大黃為使。《藥性論》云：惡曾青，畏粥。日華子云：畏杏人、竹葉。　朴消畏麥句薑。　芒消石韋為使，惡麥句薑。　生消〔宋·掌禹錫《嘉祐本草》〕按：詳定本云：惡麥句薑。　礬石甘草為使，畏牡蠣。〔宋·掌禹錫《嘉祐本草》〕按：《藥性論》云：畏麻黃。　滑石石韋為使，惡曾青。　紫石英長石為使，畏扁青、附子，不欲鮀甲、黃連、麥句薑。　白石英惡馬目毒公。　五色石脂〔宋·掌禹錫《嘉祐本草》〕按：日華子云：畏黃芩、大黃。　赤石脂惡大黃，畏芫花。〔宋·掌禹錫《嘉祐本草》〕按：《藥性論》云：惡松脂。　黃石脂曾青為使，惡細辛，畏蜚蠊。　白石脂燕糞為使，惡松脂，畏黃芩。〔宋·掌禹錫《嘉祐本草》〕按：《蜀本》云：畏黃連、甘草、飛廉。《藥性論》云：惡馬目毒公。　太一餘糧杜仲為使，畏鐵落、菖蒲、貝母。　禹餘糧〔宋·掌禹錫《嘉祐本草》〕按：蕭炳云：牡丹為使。

玉石中部：　金〔宋·掌禹錫《嘉祐本草》〕按：日華子云：畏水銀。　水銀畏磁石。　水銀粉〔宋·掌禹錫《嘉祐本草》〕按：陳藏器云：畏磁石、石黃，忌一切血。　生銀〔宋·掌禹錫《嘉祐本草》〕按：《蜀本》云：畏黃連、甘草、飛廉。《藥性論》云：惡馬目毒辣公，日華子云：畏石亭脂，忌羊血。　殷孽惡防己，畏朮。　孔公孽木蘭為使，惡細辛。〔宋·掌禹錫《嘉祐本草》〕按：《藥性論》云：忌羊血。　石硫黃〔宋·掌禹錫《嘉祐本草》〕按：日華子云：石亭脂、曾青為使，畏細辛，蜚蠊、鐵。　陽起石桑螵蛸為使。惡澤瀉、菌桂、雷丸、蛇蛻皮，畏菟絲子。〔宋·掌禹錫《嘉祐本草》〕按：《藥性論》云：惡石葵，忌羊血。　石膏雞子為使，惡莽草、毒公。〔宋·掌禹錫《嘉祐本草》〕按：《藥性論》云：惡巴豆，畏鐵。　凝水石畏地榆，解巴豆毒。　磁石柴胡為使，畏黃石脂，惡牡丹、莽草。　玄石惡松脂、柏子人、菌桂。　理石滑石為使，畏麻黃。　鐵〔宋·掌禹錫《嘉

祐本草》〕按：日華子云：畏磁石、灰炭。

玉石下部：礜石得火良，棘針為使，惡虎掌、毒公、鶩屎、細辛，畏水。〔宋·掌禹錫《嘉祐本草》〕按：《藥性論》云：鉛丹為使，忌羊血。　青琅玕得水銀良，畏雞骨，殺錫毒。　特生礜石得火良，畏水。　代赭畏天雄。〔宋·掌禹錫《嘉祐本草》〕按：《藥性論》云：雁門城土、乾薑為使。日華子云：畏附子。　方解石惡巴豆。　大鹽漏蘆為使。　硇砂〔宋·掌禹錫《嘉祐本草》〕按：《藥性論》云：畏漿水，忌羊血。

草藥上部：六芝薯預為使，得髮良，惡常山，畏扁青、茵陳蒿。　术防風、地榆為使。　天門冬垣衣、地黃為使，畏曾青。〔宋·掌禹錫《嘉祐本草》〕按：日華子云：具母為使。　麥門冬地黃、車前為使，惡款冬、苦瓠，畏苦參、青蘘。〔宋·掌禹錫《嘉祐本草》〕按：《藥性論》云：惡苦芺，畏木耳。　女萎萎蕤畏鹵鹹。　乾地黃得麥門冬、清酒良。惡貝母，畏蕪荑。　菖蒲秦艽、秦皮為使，惡地膽、麻黃。　澤瀉畏海蛤、文蛤。　遠志得茯苓、冬葵子、龍骨良，殺天雄、附子毒。畏真珠、蜚蠊、藜蘆、齊蛤。　薯預紫芝為使，惡甘遂。　石斛陸英為使，惡凝水石、巴豆，畏白殭蠶、雷丸。　菊花术、枸杞根、桑根白皮為使。〔宋·掌禹錫《嘉祐本草》〕按：《蜀本》云：青葙葉為使。　甘草术、乾漆、苦參為使，惡遠志，反甘遂、大戟、芫花、海藻。　人參茯苓為使，惡溲疏，反藜蘆。〔宋·掌禹錫《嘉祐本草》〕按：《藥性論》云：馬藺為使，惡鹵鹹。　牛膝惡熒火、龜甲、陸英，畏白前。　獨活蠡實為使。　細辛曾青、棗根為使，惡狼毒、山茱萸、黃耆，畏滑石、消石，反藜蘆。　柴胡半夏為使，惡皂莢，畏女苑、藜蘆。　菴蕳子荆子、薏苡人為使。　車前子〔宋·掌禹錫《嘉祐本草》〕按：日華子云：常山為使。　菥蓂子得荆子、細辛良，惡乾薑、苦參。〔宋·掌禹錫《嘉祐本草》〕按：《藥性論》云：苦參為使。　龍膽貫眾為使，惡防葵、地黃。〔宋·掌禹錫《嘉祐本草》〕按：日華子云：小豆為使。　菟絲子得酒良，薯預、松脂為使。惡雚菌。　巴戟天覆盆子為使。惡朝生、雷丸、丹參。　蒺藜子烏頭為使。　沙參惡防己，反藜蘆。　防風惡乾薑、藜蘆、白斂、芫花，殺附子毒。〔宋·掌禹錫《嘉祐本草》〕按：《唐本》云：畏萆薢。　絡石杜仲、牡丹為使，惡鐵落，畏菖蒲、貝母。〔宋·掌禹錫《嘉祐本草》〕按：《藥性論》云：惡鐵精。　黃連黃芩、龍骨、理石為使，惡菊花、芫花、玄參、白鮮皮，畏款冬，勝烏頭，解巴豆毒。〔宋·掌禹錫《嘉祐本草》〕按：《蜀本》云：畏牛膝。　丹參畏鹹水，反藜蘆。　天名精垣衣為使。〔宋·掌禹錫《嘉祐本草》〕按：《蜀本》云：地黃為使。　決明子蓍實為使，惡大麻子。　續斷地黃為使，惡雷丸。　芎藭白芷為使。〔宋·掌禹錫《嘉祐本草》〕按：《唐本》云：惡黃連。日華子云：畏黃連。　黃耆惡龜甲。〔宋·掌禹錫《嘉祐本草》〕按：日華子云：惡白鮮。　杜若得辛夷、細辛良，惡柴胡、前胡。　蛇床子惡牡丹、巴豆、貝母。　漏蘆〔宋·掌禹錫《嘉祐本草》〕按：日華子云：連翹為使。　茜根畏鼠姑。　飛廉得烏頭良，惡麻黃。　薇銜得秦皮良。　五味子蓯蓉為使，惡萎蕤，勝烏頭。

草藥中部：當歸惡蕳茹，畏菖蒲、海藻、牡蒙。　秦艽菖蒲為使。〔宋·掌禹錫《嘉祐本草》〕按：《藥性論》云：畏牛乳。　黃芩山茱萸、龍骨為使，惡葱實，畏丹砂、牡丹、藜蘆。　芍藥須丸為使，惡石斛、芒消，畏消石、鱉甲、小薊，反藜蘆。　乾薑秦椒為使，惡黃連、黃芩、天鼠屎，殺半夏、莨菪毒。〔宋·掌禹錫《嘉祐本草》〕按：《藥性論》云：秦艽為使。　藁本惡蕳茹。〔宋·掌禹錫《嘉祐本草》〕按：《藥性論》云：畏青葙子。　麻黃厚朴為使，惡辛夷、石韋。〔宋·掌禹錫《嘉祐本草》〕按：《蜀本》云：白薇為使。　葛根殺野葛、巴豆、百藥毒。　前胡半夏為使，惡皂莢，畏藜蘆。　貝母厚朴、白薇為使，惡桃花，畏秦艽、礜石、莽草，反烏頭。　栝樓枸杞為使，惡乾薑，畏牛膝、乾漆，反烏頭。　玄參惡黃耆、乾薑、大棗、山茱萸，反藜蘆。　苦參玄參為使，惡貝母、漏蘆、菟絲子，反藜蘆。　石龍芮大戟為使，畏蛇蛻、吳茱萸。　萆薢薏苡為使，畏葵根、大黃、柴胡、牡蠣、前胡。　石韋滑石、杏人為使，得菖蒲良。〔宋·掌禹錫《嘉祐本草》〕按：《唐本》云：射干為使。　狗脊萆薢為使，惡敗醬。〔宋·掌禹錫《嘉祐本草》〕按：《蜀本》云：惡莎草。　瞿麥蘘草、牡丹為使，惡螵蛸。　白芷當歸為使，惡旋覆花。　紫(苑)〔菀〕款冬為使，惡天雄、瞿麥、雷丸、遠志，畏茵陳。〔宋·掌禹錫《嘉祐本草》〕按：《唐本》云：惡藁本。　白鮮皮惡螵蛸、桔梗、茯苓、萆薢。　白薇惡黃耆、大黃、大戟、乾薑、乾漆、大棗、山茱萸。　紫參畏辛夷。　淫羊藿薯預為使。　款冬花杏人為使，得紫(苑)〔菀〕良，惡皂莢、消石、玄參，畏貝母、辛夷、麻黃、黃芩、黃連、黃耆、青葙。　牡丹畏菟絲子。〔宋·掌禹錫《嘉祐本草》〕按：《唐本》云：畏貝母、大黃。　防己殷孽為使，惡細辛，畏萆薢，殺雄黃毒。　木防己〔宋·掌禹錫《嘉祐本草》〕按：《藥性論》云：畏女苑、鹵鹹。　女苑畏鹵鹹。　澤蘭防己為使。　地榆得髮良，惡麥門冬。　海藻反甘草。　蘹香子〔宋·掌禹錫《嘉祐本草》〕按：日華子云：得酒良。

草藥下部：大黃黃芩為使。　桔梗節皮為使，畏白及、龍膽、龍眼。　甘遂瓜蒂為使，惡遠志，反甘草。　葶藶榆皮為使，得酒良，惡殭蠶、石龍芮。　芫花決明為使，反甘草。　澤漆小豆為使，惡薯預。　大戟反甘草。〔宋·掌禹錫《嘉祐本草》〕按：《唐本》云：畏菖蒲、蘆草、鼠屎。《藥性論》云：反芫花、海藻。日華子云：小豆為使，惡薯預。　鈎吻半夏為使，惡黃芩。　藜蘆黃連為使，反細辛、芍藥、五參，惡大黃。　烏頭、烏喙莽草為使，反半夏、栝樓、貝母、白斂、白及，惡藜蘆。〔宋·掌禹錫《嘉祐本草》〕按：

《藥性論》云：遠志為使，忌豉汁。　天雄遠志為使，惡腐婢。　附子地膽為使，惡蜈蚣，畏防風、甘草、黃耆、人參、烏韭、大豆。　羊躑躅〔宋·掌禹錫《嘉祐本草》〕按：《藥性論》云：惡諸石及麵。　貫眾雚菌為使。〔宋·掌禹錫《嘉祐本草》〕按：《藥性論》云：赤小豆為使。　半夏射干為使，惡皂莢，畏雄黃、生薑、乾薑、秦皮、龜甲，反烏頭。〔宋·掌禹錫《嘉祐本草》〕按：《藥性論》云：忌羊血、海藻，柴胡為使。　蜀漆栝樓為使，惡貫眾。〔宋·掌禹錫《嘉祐本草》〕按：《藥性論》云：畏橐吾。蕭炳云：桔梗為使。　虎掌蜀漆為使，畏莽草。　狼牙蕪荑為使，惡棗肌、地榆。　常山畏玉札。〔宋·掌禹錫《嘉祐本草》〕按：《藥性論》云：忌葱。日華子云：忌菘菜。　白及紫石英為使，惡理石、李核人、杏人。〔宋·掌禹錫《嘉祐本草》〕按：《蜀本》云：反烏頭。　白斂代赭為使，反烏頭。　雚菌得酒良，畏雞子。　白頭翁〔宋·掌禹錫《嘉祐本草》〕按：《藥性論》云：豚實為使。日華子云：得酒良。　藺茹甘草為使，惡麥門冬。　藎草畏鼠婦。　夏枯草土瓜為使。　烏韭〔宋·掌禹錫《嘉祐本草》〕按：日華子云：垣衣為使。　牽牛子〔宋·掌禹錫《嘉祐本草》〕按：日華子云：得青木香、乾薑良。　狼毒大豆為使，惡麥句薑。　鬼臼畏垣衣。　萹蓄〔宋·掌禹錫《嘉祐本草》〕按：《藥性論》云：惡丹石。　商陸〔宋·掌禹錫《嘉祐本草》〕按：日華子云：得大蒜良。　女青〔宋·掌禹錫《嘉祐本草》〕按：《藥性論》云：蛇銜為使。　天南星〔宋·掌禹錫《嘉祐本草》〕按：日華子云：畏附子、乾薑、生薑。

木藥上部：　茯苓、茯神馬間為使，惡白斂，畏牡蒙、地榆、雄黃、秦艽、龜甲。〔宋·掌禹錫《嘉祐本草》〕按：《蜀本》作：馬藺為使。　杜仲惡蛇蛻、玄參。　柏實牡蠣、桂心、瓜子為使，畏菊花、羊蹄、諸石、麵、麴。　乾漆半夏為使，畏雞子。　蔓荊子惡烏頭、石膏。　五加皮遠志為使，畏蛇皮、玄參。　蘗木惡乾漆。　辛夷芎藭為使，惡五石脂，畏菖蒲、蒲黃、黃連、石膏、黃環。　酸棗人惡防己。　槐子景天為使。　牡荊實防風為使，惡石膏。

木藥中部：　厚朴乾薑為使，惡澤瀉、寒水石、消石。　山茱萸蓼實為使，惡桔梗、防風、防己。　吳茱萸蓼實為使，惡丹參、消石、白堊，畏紫石英。　秦皮大戟為使，惡茱萸。〔宋·掌禹錫《嘉祐本草》〕按：《藥性論》云：惡苦瓠、防葵。　占斯解狼毒毒。　梔子解躑躅毒。　秦椒惡栝樓，防葵、畏雌黃。　桑根白皮續斷、桂心、麻子為使。　紫葳〔宋·掌禹錫《嘉祐本草》〕按：《藥性論》云：畏鹵鹹。　食茱萸〔宋·掌禹錫《嘉祐本草》〕按：《藥性論》云：畏紫石英。　騏驎竭〔宋·掌禹錫《嘉祐本草》〕按：日華子云：得蜜陀僧良。

木藥下部：　黃環鳶尾為使，惡茯苓，防己。　石南五加皮為使。〔宋·掌禹錫《嘉祐本草》〕按：《藥性論》云：惡小薊。　巴豆芫花為使，惡蘘草，畏大黃、黃連、藜蘆，殺斑貓毒。　欒華決明為使。　蜀椒杏人為使，畏款冬。〔宋·掌禹錫《嘉祐本草》〕按：《唐本》云：畏橐吾、附子、防風。《藥性論》云：畏雄黃。　欒荊子〔宋·掌禹錫《嘉祐本草》〕按：《藥性論》云：惡石膏，決明為使。　溲疏漏蘆為使。　皂莢柏實為使，惡麥門冬，畏空青、人參、苦參。　雷丸荔實、厚朴為使，惡葛根。〔宋·掌禹錫《嘉祐本草》〕按：《藥性論》云：蓄根、芫花為使。

獸上部：　龍骨得人參、牛黃良，畏石膏。　龍角畏乾漆、蜀椒、理石。　牛黃人參為使，惡龍骨、地黃、龍膽、蜚蠊，畏牛膝。〔宋·掌禹錫《嘉祐本草》〕按：《藥性論》云：惡常山，畏乾漆。　白膠得火良，畏大黃。〔宋·掌禹錫《嘉祐本草》〕按：蜀本云：惡大黃。

阿膠得火良，畏大黃。〔宋·掌禹錫《嘉祐本草》〕按：《藥性論》云：薯預為使。

熊膽〔宋·掌禹錫《嘉祐本草》〕按：《藥性論》云：惡防己、地黃。

獸中部：　犀角松脂為使，惡雚菌、雷丸。　羖羊角菟絲子為使。　鹿茸麻勃為使。

鹿角杜仲為使。

獸下部：　麋脂畏大黃。　伏翼莧實、雲實為使。　天鼠屎惡白斂、白薇。

蟲魚上部：　蜜蠟惡芫花、齊蛤。　蜂子畏黃芩、芍藥、牡蠣。〔宋·掌禹錫《嘉祐本草》〕按：《蜀本》云：畏白前。　牡蠣貝母為使，得甘草、牛膝、遠志、蛇床良，惡麻黃、吳茱萸、辛夷。　桑螵蛸畏旋覆花。　海蛤蜀漆為使，畏狗膽、甘遂、芫花。　龜甲惡沙參、蜚蠊。〔宋·掌禹錫《嘉祐本草》〕按：《藥性論》云：畏狗膽。　鯉魚膽〔宋·掌禹錫《嘉祐本草》〕按：《藥性論》云：蜀漆為使。

蟲魚中部：　蝟皮得酒良，畏桔梗、麥門冬。　蜥蜴惡硫黃、斑貓、蕪荑。　露蜂房惡乾薑、丹參、黃芩、芍藥、牡蠣。　白殭蠶〔宋·掌禹錫《嘉祐本草》〕按：《藥性論》云：惡桑螵蛸、桔梗、茯苓、茯神、萆薢。　䗪蟲畏皂莢、菖蒲。　蜚虻〔宋·掌禹錫《嘉祐本草》〕按：《藥性論》云：惡麻黃。　蠐螬蜚蠊為使，惡附子。　水蛭〔宋·掌禹錫《嘉祐本草》〕按：日華子云：畏石灰。　鱉甲惡礬石。〔宋·掌禹錫《嘉祐本草》〕按：《藥性論》云：惡理石。　蟹殺莨菪毒、漆毒。　鮀魚甲蜀漆為使，畏狗膽、甘遂、芫花。

烏賊魚骨惡白斂、白及。〔宋·掌禹錫《嘉祐本草》〕按：《蜀本》云：惡附子。

蟲魚下部：　蜣螂畏羊角、石膏。　蛇蛻畏磁石及酒。〔宋·掌禹錫《嘉祐本草》〕按：《蜀本》云：酒熬之良。　斑貓馬刀為使，畏巴豆、丹參、空青，惡膚青。〔宋·掌禹錫《嘉祐本草》〕按：日華子云：惡豆花。　地膽惡甘草。　馬刀得水良。〔宋·掌禹錫

《嘉祐本草》按：《唐本》云：得火良。

果上部：大棗殺烏頭毒。 蓮花〔宋·掌禹錫《嘉祐本草》〕按：日華子云：忌地黃、蒜。

果下部：杏人得火良，惡黃耆、黃芩、葛根、解錫、胡粉毒。畏蘘草。 楊梅〔宋·掌禹錫《嘉祐本草》〕按：日華子云：忌生葱。

菜上部：冬葵子黃芩為使。

菜中部：葱實解藜蘆毒。〔宋·掌禹錫《嘉祐本草》〕按：《藥對》云：殺百草毒，能消桂化為水。

米上部：麻蕡、麻子畏牡蠣、白薇，惡茯苓。 麻花〔宋·掌禹錫《嘉祐本草》〕按：《藥性論》云：䗪蟲為使。

米中部：大豆及黃卷惡五參、龍膽，得前胡、烏喙、杏人、牡蠣良，殺烏頭毒。大麥蜜為使。 豉〔宋·掌禹錫《嘉祐本草》〕按：《蜀本》並《藥對》云：殺六畜胎子毒。

右二百三十一種有相制使，其餘皆無。三十四種續添

附：日·丹波康賴《醫心方》卷一 藥畏惡相反法弟九 《本草注》云：藥有單行者，有相須者，有相畏者，有相惡者，有相使者，有相反者，相殺者。凡此七情，合和視之。

石上玉泉畏欵冬花。 玉屑惡鹿角。 丹沙惡慈石，畏碱水。 水銀惡慈石。今按《范汪方》：殺銅、金毒。《藥辨決》畏玄石。 曾青惡菟絲子。 石膽水英為之使。畏芫花、辛夷、白薇、牡桂、菌桂。 雲母澤瀉為之使，畏鱓甲，反流水。今案《拯要方》惡徐長卿。 消石螢火為之使。惡苦參、苦菜。畏女菀。《藥辨決》：朮為之使。《千金方》：畏牡桂、芫花。 朴消畏麥句薑。今案《千金方》：惡麥句薑。 芒消石韋為之使。畏麥句薑。今案《藥訣》云：滑石為之使。《千金方》：惡曾青。 礬石甘草為之使。惡牡蠣。今案《范汪方》：鉛為之使。 滑石石韋為之使。惡曾青。今案《藥決》：惡空青。 紫石英長石為之使。畏扁青、附子。不欲鱓甲、黃連、麥句薑。 白石英惡馬目毒公。 赤石脂惡大黃，畏芫花。今案《藥辨決》：畏黃芩，反甘草。 黃石脂曾青為之使。惡細辛。畏蜚蠊。 (大)〔太〕一禹餘糧杜仲為之使。畏貝母、昌蒲、鐵落。 白石脂雞矢為之使。惡松脂。畏黃芩。今案《藥辨決》：惡栢脂。 鍾乳蛇床子為之使。惡牡丹、玄石、牡蒙。畏紫石、蘘草。《千金方》：菟絲子為之使。 凝水石畏地榆，解巴豆毒。 石膏雞子為之使。惡莽草、毒公。 陽起石桑螵蛸為之使。惡澤瀉、菌桂、雷丸、蛇蛻皮。畏菟絲子。 玄石惡松栢脂子、菌桂。 理石滑石為之使。畏麻黃。 殷孽惡木防己、孽。 孔公孽木蘭為之使。惡細辛。 慈石茈胡為之使。畏黃石脂。惡牡丹、莽草。(敍)〔殺〕鐵毒。 青瑯玕得水銀良。畏烏頭。(敍)〔殺〕錫毒。今案《千金方》：畏鷄骨。 礜石得火良。棘針為之使。惡虎掌、毒公、細辛。畏水蛭也。今案《范汪方》：甘草為使。 方鮮石惡巴豆。 代赭畏天雄。 大鹽漏蘆爲之使。 特生礜石火煉之良。畏水。

草上 六芝署預為之使。得髮良。惡垣山。畏扁青、茵陳蒿。 伏茯、苓神馬問為之使。惡白斂。畏牡蒙、地榆、雄黃、秦(膠)〔艽〕、龜甲。 栢子牡蠣、桂、瓜子為之使。惡菊花、羊蹄、消石。今案《范汪方》：惡白菊。 天門冬垣衣、地黃為之使。畏曾青。 麥門冬地黃、車前為之使。惡欵冬、苦瓠、苦參、青蘘。《小品方》：垣衣為使。 朮防風、地榆為之使。 女萎畏鹵鹹。 干地黃得麥門冬、清酒良。惡貝母。畏無荑。 昌蒲秦〔艽〕、秦皮為之使。惡地膽、麻黃。 遠志得伏苓、冬葵子、龍骨良。(敍)〔殺〕天雄、附子毒。畏真珠、蜚蠊、梨蘆、齊蛤。 澤瀉畏海蛤、文蛤。 署預紫芝為之使。惡甘遂。今案《拯要方》：紫石為之使。惡遠志。 菊花朮、枸杞根、桑根白皮為之使。 甘草朮、乾漆、苦參為之使。惡遠志。反甘遂、大戟、芫花、海藻。 人參伏苓為之使。惡(搜)〔溲〕疏。反梨蘆。 石斛陸英為之使。惡凝水石、巴豆。畏殭蠶、雷丸。《藥辨決》：不欲菌桂、蛇蛻皮。 石龍芮大戟為之使，畏蛇蛻、茱萸。 落石杜仲、牡丹為之使，惡鐵落、菖蒲、貝母。 龍膽貫眾為之使。惡防葵、地黃。 牛膝惡螢火、龜甲。畏白前。 杜仲畏蛇皮、玄參。 乾漆半夏為之使。畏鷄子。 細辛曾青、棗根為使。惡狼毒、山茱萸、黃耆。畏滑石、消石。反梨蘆。 獨活蠡實為之使。 柴胡半夏為之使。惡皂莢、女菀、梨蘆。 酸棗惡防己。 槐子景天為之使。 菴蕳子荆子、薏苡為之使。 蛇床子惡牡丹、巴豆、貝母。 菟絲子得酒良。署預、松脂為之使。惡雚菌。今案《藥辨決》：惡菌桂、雷丸。 析蓂子得荊實、細辛良。惡乾薑、苦參。今案《范汪方》云：細辛為使。 蒺藜烏頭為之使。 天名精垣衣為之使。 茜根畏鼠姑。 蔓荊實惡烏頭、石膏。 牡荊實防風為之使。惡石膏。 秦椒惡栝樓、防葵。畏雌黃。 辛夷芎藭為之使。惡五石脂。畏菖蒲、黃連、石膏、黃環。

草中 當歸惡蕳茹。畏菖蒲、海藻、牡蒙。 防風不欲乾薑、藜蘆、白蘞、芫花。(敍)〔殺〕附子毒。 秦艽昌蒲為之使。 黃耆惡龜甲。 吳茱萸蓼實為之使。惡丹參、消石、白堊土。畏紫石英。《藥辨決》：不欲諸石。 黃芩山茱萸、龍骨為之使。惡葱實。畏丹沙、牡丹、藜蘆。 黃連黃芩、龍骨為使。惡菊花、芫花、玄參、白鮮。畏欵冬花。勝烏頭，解巴豆毒。《藥辨決》：惡伏苓。 五味蓯蓉為之使。惡萎蕤。勝烏頭。 決明蓍實為之使。惡大麻子。 (夕)〔芍〕藥須丸為使。惡石斛、芒消。畏消石、鱉甲、山筋。反梨蘆。惡葵菜。 桔梗秦皮為

之使。畏白及、龍膽、龍眼。　芎藭白芷為之使。得細辛、牡蠣良。《拯要方》云：惡黃連。　藁本惡藺茹。　麻黃厚朴為之使。惡辛夷、石韋。　葛根（敍）〔殺〕野葛、巴豆、百藥毒。　前胡半夏為之使。惡皂莢。畏藜蘆。　貝母厚朴、白薇為使。惡桃花。畏秦艽、礜石、莽草，反烏頭。　栝樓枸杞為之使。惡乾薑。畏牛膝、乾漆，反烏頭。　丹參畏鹹水，反梨蘆。　厚朴乾薑為使。惡澤瀉、寒水石、消石。《藥辨決》云：惡細辛。　玄參惡黃耆、乾薑、大棗、山茱萸及梨蘆。　沙參惡防己，反梨蘆。《藥辨決》云：不欲防己、朮。使人眦潰。　苦參玄參為之使。惡貝母、漏蘆、菟絲子，反梨蘆。　續斷地黃為之使。惡雷丸。　山茱萸蓼實為之使。惡桔梗、防風、防己。　桑根白皮續斷、桂心、麻子為之使。　狗脊萆（鮮）〔薢〕為之使。惡敗醬。《藥辨決》云：不欲大黃、前胡、牡蠣。　萆（鮮）〔薢〕薏苡為之使。畏葵根、大黃、柴胡、牡蠣、前胡。　石（葦）〔韋〕杏人為之使。得菖蒲良。　瞿麥蘘草、牡丹為之使。惡桑螵蛸。　秦皮大戟為使。惡茱萸。《藥辨決》云：陸英為之使。　白芷當歸為之使。惡旋復花。　杜若得辛夷、細辛良。惡柴胡、前胡。　蘗惡乾漆。今案《藥辨決》云：不欲乾漆。反傷人腹。　（枝）〔梔〕子解躑躅毒。　紫菀款冬為之使。惡天雄、瞿麥、雷丸、遠志。畏茵陳蒿。　白鮮惡螵蛸、桔梗、茯苓、萆（鮮）〔薢〕。　白薇惡黃耆、乾薑、乾漆、大棗、山茱萸。　薇銜得秦皮良。　海藻反甘草。　乾薑秦椒為之使。惡黃連、黃芩、天鼠矢。（敍）〔殺〕半夏、莨菪毒。　草下　大黃黃芩為使。無所畏。得（夕）〔芍〕藥、黃芩、牡蠣、細辛、茯苓、消石、紫石、桃人良。　蜀椒杏人為之使。畏橐吾。　巴豆芫花為使。惡蘘草。畏大黃、黃連、藜蘆。《藥辨決》云：得火良。　甘遂瓜蒂為之使。惡遠志，反甘草。　亭藶榆皮為使。得酒良。〔惡〕殭蠶、石龍芮。《范汪方》云：畏殭蠶。　大戟反甘草。　澤漆小豆為之使。惡署預。　芫華決明子為之使。反甘草。　鉤吻半夏為之使。惡黃芩。　狼毒大豆為之使。惡麥句薑。　鬼臼畏垣衣。　天雄遠志為之使。惡腐婢。　烏頭、烏喙莽草為之使。反半夏、栝樓、貝母、白蘞、白及。惡藜蘆。　附子地膽為之使。惡蜈蚣。畏防風、甘草、黃耆、人參、烏韭、大豆。　皂莢栢子為之使。惡麥門冬。畏空青、人參、苦參。　恒山畏玉札。　蜀漆栝樓為之使。惡貫眾。　半夏射干為使。惡皂莢。畏雄黃、生薑、秦皮、龜甲。反烏頭。　款冬杏人為使。得紫菀良。惡皂莢、消石。畏辛夷、麻黃、黃芩、黃連、黃耆、青箱。　牡丹畏菟絲子。今案《藥辨決》云：不欲大黃、貝母。　防己殷孽為之使。惡細辛。畏萆（鮮）〔薢〕。（敍）〔殺〕雄黃毒。　巴戟天覆盆為之使。惡朝生、雷丸、丹參。　石南草五茄為之使。今案《范汪方》云：惡小薊。　女菀畏鹵鹹。　地榆得髮良。惡麥門冬。　五茄遠志為之使。畏虵皮、玄參。　澤蘭防己為之使。　黃環鳶尾為之使。惡伏苓。　紫參畏辛夷。　雚菌得酒良。畏鷄子。　貫眾雚菌為之使。　狼牙蕪荑為之使。惡地榆、棗肌。今案《藥辨決》：一說惡地膽。　藜蘆黃連為之使。細辛、（夕）〔芍〕藥、五參。惡大黃。　藺茹甘草為之使。惡麥門冬。　白斂代赭為之使。反烏頭。今案《范汪方》云：惡烏頭。又云：（敍）〔殺〕火毒。　白及紫石為之使。惡理石、李核人、杏人。　占斯解狼毒毒。　溲疏漏蘆為之使。　淫羊藿署預為之使。　蜚廉得烏頭良。要惡麻黃。今案《藥辨決》云：不欲麻黃、酸棗、防己。　欒華決明為之使。　虎掌蜀漆為之使。惡莽草。　蕈草樊石為之使。今案《藥辨決》云：得髮良。　藎草畏鼠姑。　夏枯草土瓜為之使。　弋共畏玉札、蜚廉。今案《藥辨決》云：不欲蜚廉。　雷丸荔實、厚朴為之使。惡葛根。　蟲上　龍骨得人參、牛黃良。畏石膏。龍齒、角畏乾漆、蜀椒、理石。　牛黃人參為之使。惡龍骨、地黃、龍膽、飛廉。畏牛膝。　蜂子畏黃芩、（夕）〔芍〕藥、牡蠣。　蠟蜜惡芫花、文蛤。　白膠得火良。畏大黃。　阿膠得火良。惡大黃。今案《拯要方》：惡白膠、大黃。　牡蠣貝母為使。得甘草、牛膝、遠志良。惡麻黃、茱萸、辛夷。　蟲中　犀角松脂為之使。惡雚菌、雷丸。　羚羊角、羖羊角菟絲子為之使。　鹿茸麻勃為之使。　鹿角杜仲為之使。　伏翼莧實、雲實為之使。　蝟皮得酒良。畏桔梗、麥門冬。　蜥蜴惡流黃、班猫、蕪夷。　蜂房惡乾薑、丹參、黃芩、（夕）〔芍〕藥、牡蠣。《藥辨決》云：（敍）〔殺〕蜂毒。　桑螵蛸得龍骨療洩精。畏旋復花。　䗪蟲畏皂莢、昌蒲。　蠐螬蜚虻為之使。惡附子。　海蛤蜀漆為之使。畏狗膽、甘遂、芫花。　龜甲惡沙參、蜚廉。　鱉甲惡樊石。　鱓甲蜀漆為之使。畏狗膽、甘遂、芫花。　烏賊魚骨惡白斂、白及。　蟹（敍）〔殺〕莨菪毒。　蟲下　麋脂畏大黃。今案《拯要方》云：畏大黃、甘草。　蛇蛻畏慈石及酒。　蜣蜋畏羊角、石膏。　蛇膽惡甘草。　馬刀得水良。　天鼠矢惡白斂、白薇。今案《藥辨決》云：不欲沙參。　班猫馬刀為之使。畏巴豆、空青。　菓上　大棗（敍）〔殺〕烏頭毒。　菓下　杏核得火良。惡黃耆、黃芩、葛根。解錫、胡粉。畏蘘草。《范汪方》云：猪膏為使。　菜上　冬葵子黃芩為之使。　米上　麻蕡、麻子畏牡蠣、白薇。惡伏苓。《藥辨決》云：䗪蟲為之使。　米中　大豆及黃卷惡五參、龍膽。得前胡、烏喙、杏人、牡蠣良。（敍）〔殺〕烏頭毒。　大麥（食）〔石〕蜜為之使。

宋・王懷隱《太平聖惠方》卷二　藥相反　烏頭，反半夏、栝蔞、貝母、白斂。　甘草，反大戟、芫花、甘遂、海藻。　藜蘆，反五參、細辛、芍藥。

宋・趙佶《聖濟經》卷一〇《審劑篇》　致用協宜章第三

物生之初，氣基形立，而後性味出焉。審劑之初，專性味而失氣體之求，

是未盡陰陽之道者焉。

〔宋・吳禔注〕：天以陽降其氣，地以陰成其形。物之生，無不囿於形氣也。然氣基形立，必有温熱凉寒之性，鹹酸甘苦之味出焉。然則形氣者，性味之本。性味者，形氣之末。工之審劑，齊其末而不知其本，故專性味而失氣體之求，是豈知禀受氣形，蓋有一陰一陽之道焉。

且苦，火味也。或以燥，或以泄。則燥者為陽，而泄為陰。辛，金味也。或以散，或以潤。則散者為陽，而潤為陰。徒分金火陰陽，不知一體之中，陰陽兼備，偏而用未免為曲士之蔽。况人氣周流，通於晝夜；膻中臣使，歸於權衡。一或升降不平，沖氣離隔，必資在物，氣體以抑揚損益，則殊質異禀，豈易明耶。

〔宋・吳禔注〕：火位丙丁。丙，陽火也。丁，陰火也。味而為苦，得丙丁之氣焉。故苦之為燥者，應陽火之丙。味之為泄者，應陰火之丁。金位庚辛，庚，陽金也；辛，陰金也。味而為辛，得庚辛之氣焉。故辛之或散者，同陽金之庚。辛之或潤者，同陰金之辛。世之人知陰金陽火，立為二物，而不知一體之中，又有陰陽之辨焉。苟泥於陰陽，而不知陽中有陰，陰中有陽，是未免為曲士之蔽也。人之受命賦形，不離陰陽，而二氣周流于一身，通乎晝夜之道。膻中者，臣使之官，歸於權衡。取其平而不偏，固不待於外物以為治也。奈何一或升降不平，沖氣離隔，陰陽之氣有戾，可不資在物，有氣體者以治之乎。以中和之物，致中和之用，抑過而揚不及，損有餘而益不足，則彼殊質異禀，可不明乎？

故鬱而不散為壅，必宣劑以散之，如痞滿不通之類是也。留而不行為滯，必通劑以行之，如水病痰癖之類是也。不足為弱，必補劑以扶之，如氣弱形羸之類是也。有餘為閉，必泄劑以逐之，如䐜脹脾約之類是也。實則氣壅，欲其揚也，如汗不發而腠密，邪氣散而中蘊，輕劑所以揚之。怯則氣浮，欲其鎮也，如神失守而驚悸，氣上厥而瘨疾，重劑所以鎮之。滑則氣脱，欲其收也，如開腸洞泄，便溺遺矢，濇劑所以收之。濇則氣着，欲其利也，如乳難、内秘，滑劑所以利之。濕氣淫勝，重滿脾濕，燥劑所以除之。津耗為枯，五藏痿弱，榮衛涸流，濕劑所以潤之。舉此成法，變而通之，所以為治病之要也。

〔宋・吳禔注〕：病有不同，劑亦隨異。以無方之劑，足以應無窮之病者，凡以制而用之，各有宜焉。五藏之氣，欲通而不閉也，故鬱而不散則為壅。壅得宣而發，故必宣劑以散之，如痞滿不通之類是也。胃滿則腸虚，腸滿則胃虚，更滿更虚，是為平氣。痞滿不通，則其氣無自而升降矣，宣劑以散之，豈不宜哉。五藏之氣，欲運而不止也。故留而不行則為滯，滯得通而達，故必通劑以行之。如水病、痰癖之類是也。水生於腎，病流於體。痰因於飲，癖聚於胃。水病、痰癖，則其氣無自而流轉矣，通劑以行之，豈不宜哉。氣弱而不勝其食飲，形羸而不見其充盈，若此之類，不足為弱也。必補劑以扶之，則不足者壯矣。支滿膈塞，腹為䐜脹，浮濇相搏為脾約。若此之類，有餘為閉也。必泄劑以逐之，則有餘者却矣。實則氣壅者，外閉而中滿，如汗不發而腠密，八風客於玄府也。邪氣勝而中蘊，五氣傷而淫勝也，若此者輕劑以揚之，則實者泄矣。怯則氣浮者，本虚而末盛，如神失守而驚悸，則心不持而恐懼乘之，氣上厥而瘨疾，則陽不降而首疾作矣。若此者重劑以鎮之，則怯者寧矣。滑則氣脱者，内耗而外越，如開腸洞泄，則風傷於腸胃。便溺遺矢，則腸虚而不制。若此者濇劑以收之，則滑者止矣。濇則氣着者，其氣附而不散，如乳難而不下，内秘而不通。若此者滑劑以利之，則濇者決矣。濕生土，土生脾。濕漬於藏，氣浮於四肢，腹大而體重，津竭而少氣，是為濕氣淫勝，腫滿脾濕之病。若此者，治以燥劑，所以除其濕也。或從汗出，或從嘔吐，或消渴，水道數利；或便難，駃藥數下，是為津耗為枯，五藏痿弱，榮衛涸流之病，若此者治以濕劑，所以潤其燥也。凡此十者，治病之成法也。舉此成法，變而通之，所以為治病之要。以此為要，則推而廣之，以致其詳，萬舉萬當之道也。

昔人語藥，必謂之情。蓋至理所寓，必欲探索。觀其任能，有獨用專達之法；相須相濟，有君臣贊助之義。或增或損，又隨病機變態之宜。至於畏惡忌避，激發制攝，亦有時而取用者，豈執一而廢百哉。

〔宋・吳禔注〕：一物具一性，一性具一理。藥之為用，苟能窮至理所寓，探其賾，索其隱，然後制而用之，則無施而不宜矣。昔人語藥，必謂之情者以此。觀其任能，有獨用專達之法。古方謂之單行，獨用一物，專達一病也。相須則相得而良者也。相濟則相得而治者也。若此者，古方謂之相次。為君為臣，為贊為助，相治之道也。或增者益而與之多，或損者減而與之少，悉隨病機變態之宜而已。其間有畏惡避忌，宜不可同用。若激發制攝，有時而取用者，豈可執一以廢百哉。得圓機之士，始可與語此。

宋・許洪《指南總論》　論三品藥畏惡相反　尋萬物之性，皆有離合。虎嘯風生，龍吟雲起，磁石引針，琥珀拾芥，漆得蟹而散，麻得漆而涌，桂得葱而軟，樹得桂而枯，戎鹽累卵，獺膽分杯，其氣爽有相關感，多如此類，其理不可得而思之。至于諸藥，尤能遞為利害，先聖既明有所說，何可不詳而避之？時人為方，皆多漏略。若舊方已有，此病亦應改除，假如兩種相當，就其輕重，擇而除之。傷寒赤散，吾常不用藜蘆，斷下黄連圓亦去其乾薑，而施之無不效，何忽強以相憎，苟令共事乎？相反為害，深于相惡。相惡者，謂彼雖惡我，我無忿心，猶如牛黄惡龍骨，而龍骨得牛黄更良，此有以制伏故也。相反者，則彼我交仇，必不宜合。今畫家用雌黄、胡粉相近，便自黯妬，粉得黄即黑，黄得粉亦變，此蓋相反之證也。藥理既昧，所以不效，人多輕之。今按方處治，必恐卒難尋究《本草》，更復抄出其事在此，覽略看之，易可知驗。而《本經》有直云茱萸、門冬者，無以辨山、吳、天、麥之異，咸宜各題其條。又有亂誤處，譬如海蛤之與鮀甲，畏惡正同。又有諸芝使薯蕷，薯蕷復使紫芝，計無應如此，不知何者是非，亦且並記，當更廣驗正之。又《神農本經》相使正各一種，兼以《藥對》參之，乃有兩三，于事亦無嫌。其有云相得共療其病者，既非妨避之禁，不得疏出。

宋・陳衍《寶慶本草折衷》卷二《逢原紀略》　記十九反、六陳訣　《經驗方》云：貝母半夏并瓜蔞，白歛白及反烏頭。細辛芍藥有白有赤，一作狼毒五參輩人參、丹參、沙參、玄參、苦參，偏與藜蘆結冤讎。大戟芫花兼海藻，甘遂以上反甘草。記取歌中十九反，莫使同行真箇好。十九藥各條之首已註，取此訣簡而易記。

論曰：夫用藥固不欲相惡、相畏、相反也，然三等中，則有別焉。古人以相畏相惡之物，混而製方亦多矣，惟相反者，彼我交讎，豈能共成其效？今畫家用雌黄、胡粉相近，必致黯妬，亦相反而然也。孟詵又言醋反蛤肉有文蛤，有山蛤，食蛤者安免用醋？艾原甫嘗訝之矣！《局方》或以相反者並用，殆難依據。詳見川烏頭續說論焉。

江鉞云唐開元中人也：狼毒半夏不堪新，枳實麻黄要數春。最好橘皮年深者，茱萸吳茱萸也久遠是六陳。

論曰：草木之藥，莫不貴新，而江鉞括陶隱居序例為訣，乃謂狼毒等六物以陳為貴。蓋六物新者則性暴而力駃，陳者則性醇力厚，夫固各有所宜也。然歷年多而過於陳者，則性歇而力耗，豈足任哉？外有艾葉，尤貴乎陳，古人適不列於此數。

元・佚名氏《珍珠囊》〔見《醫要集覽》〕　諸藥相反例

甘草，反大戟、芫花、甘遂、海藻。烏頭，反半夏、栝蔞、貝母、白歛、白及。藜蘆，反細辛、芍藥、人參、丹參、苦參、沙參。

明・李湯卿《心印紺珠經》卷上《辨藥性第八》　十八反　甘草反大戟、芫花、甘遂、海藻。烏頭反半夏、瓜蔞、貝母、白歛、白及。藜蘆反細辛、芍藥、丹參、沙參、苦參、玄參。

明・劉純《醫經小學》卷一　十八反二首。并出《儒門事親》。　本草名言十八反，半蔞貝蘞及攻烏。謂半夏、瓜蔞、貝母、白及、白蘞與烏頭相攻。藻戟遂芫俱戰草，海藻、大戟、芫花、甘遂，俱與甘草相反。諸參辛芍叛藜蘆。苦參、人參、沙參、玄參、細辛、芍藥，俱與藜蘆相反。凡湯藥丸散中不可合用也。若要令反而吐者，則不忌也。

十九畏一首　硫黄原是火中精，朴硝一見便相爭。水銀莫與砒相見，狼毒最怕密陀僧。巴豆性烈最為上，偏與牽牛不順情。丁香莫與鬱金見，牙硝難合京三稜。川烏草烏不順犀，人參又忌五靈脂。官桂善能調冷氣，若逢石脂便相欺。大凡修合看逆順，炮爁炙煿要精微。

明・周禮《醫學碎金》卷三　藥有十八反　又歌曰：大戟芫花並海藻，甘遂四味忌甘草。藜蘆不與五參同，芍藥細辛並不好。狼毒貝母及瓜蔞，半夏最怕烏頭惱。

又歌曰：甘草連心赤，蟾酥怕赤睛，鹿茸怕銅鐵。鱉甲去邊裙，枳殼除穰隔，桃杏怕雙仁。蛇不連頭用，乾蝎白如銀。

明・釋景隆《慈濟方》　藥有相反　人參、紫參、沙參、玄參、丹參、芍藥、細辛，並與藜蘆相反。白及、白斂、半夏、栝蔞、貝母，並與烏頭、烏喙相反。大戟、芫花、海藻、甘遂，並與甘草相反。芫花、海藻並與大戟相反。

明・陳嘉謨《本草蒙筌・總論》　七情　有單行者，不與諸藥共劑，而獨能攻補也，如方書所載獨參湯、獨桔湯之類是爾。有相須者，二藥相宜，可兼用之也。有相使者，能為使卒，引達諸經也。此二者不必同類，如和羹調食，魚肉、葱豉各有宜，合共相宜發足爾。有相惡者，彼有毒而我惡之也。有相畏者，我有能而彼畏之也。此二者不深為害，蓋我雖惡彼，彼無忿心，彼之畏我，我能制伏。如牛黄惡龍骨，而龍骨得牛黄更良；黄耆畏防風，而黄耆得

防風其功愈大之類是爾。有相反者，兩相讎隙，必不可使和合也。如畫家用雌黃胡粉相近便自黯妬，粉得雌則黑黃，雌得粉亦變之類是爾。有相殺者，中彼藥毒，用此即能殺除也。如中蛇虺毒，必用雄黃；中雄黃毒，必用防己之類是爾。凡此七情共劑可否，一覽即瞭然也。或云藥有五味，以通五臟。肝藏魂而有怒，一也；肺藏魄而有憂，二也；心藏神而有喜，三也；脾藏意與智而有思，五也；腎藏精與志而有恐，七也。五味以治五臟，通有七情也。

明・張四維《醫門秘旨》卷三　藥明十八反　本草明言十八反，逐一從頭說與君。人參芍藥與沙參，細辛玄參及紫參。苦參丹參并前藥，一見藜蘆便殺人。白及白斂并半夏，瓜蔞貝母五般真。莫見烏頭與烏喙，逢之一反疾如神。大戟芫花并海藻，甘遂以上反甘草。若還吐毒并翻腸，尋常犯之都不好。蜜蠟莫與葱相見，石決明休見雲母。藜蘆莫把酒來浸，人若犯之都是苦。

明・李時珍《本草綱目》卷一《序例》　宗奭曰：相反爲害深於相惡者，謂彼雖惡我，我無忿心，猶如牛黃惡龍骨，而龍骨得牛黃更良，此有以制伏故也。相反者，則彼我交讎，必不和合。今畫家用雌黃、胡粉相近，便自黯妬，可證矣。

時珍曰：藥有七情：獨行者，單方不用輔也。相須者，同類不可離也，如人參、甘草，黃蘗、知母之類。相使者，我之佐使也。相惡者，奪我之能也。相畏者，受彼之制也。相反者，兩不相合也。相殺者，制彼之毒也。古方多有用相惡相反者。蓋相須、相使同用者，帝道也。相畏、相殺同用者，王道也。相惡、相反同用者，霸道也。有經有權，在用者識悟爾。

明・李時珍《本草綱目》卷二《序例》　相須相使相畏相惡諸藥出徐之才《藥對》，今益以諸家本草續增者。　甘草朮、苦參、乾漆爲之使。惡遠志。忌豬肉。　黃耆茯苓爲之使。惡白鮮、龜甲。　人參茯苓、馬藺爲之使。惡鹵鹹、溲疏。畏五靈脂。　沙參惡防己。　桔梗節皮爲之使。畏白及、龍膽、龍眼。忌豬肉、伏砒。　黃精忌梅實。　葳蕤畏鹵鹹。　知母得黃蘗及酒良。伏蓬砂、鹽。　朮防風、地榆爲之使。忌桃、李、雀肉、菘菜、青魚。　狗脊萆薢爲之使。惡莎草、敗醬。　貫衆雚菌、赤小豆爲之使。伏石鍾乳。　巴戟天覆盆子爲之使。惡雷丸、丹參、朝生。　遠志得茯苓、龍骨、冬葵子良。畏真珠、飛廉、藜蘆、齊蛤。　淫羊藿薯蕷、紫芝爲之使。得酒良。　玄參惡黃耆、乾薑、大棗、山茱萸。　地榆得髮良。惡麥門冬。伏丹砂、雄黃、硫黃。　丹參畏鹹水。　紫參畏辛夷。　白頭翁蠡實爲之使。得酒良。　白及紫石英爲之使。惡理石。畏杏仁、李核仁。　右草之一。

黃連黃芩、龍骨、理石爲之使。忌豬肉。畏牛膝、款冬。惡冷水、菊花、玄參、白殭蠶、白鮮、芫花。　胡黃連忌豬肉。惡菊花、玄參、白鮮。　黃芩龍骨、山茱萸爲之使。惡葱實。畏丹砂、牡丹、藜蘆。　秦艽菖蒲爲之使。畏牛乳。　柴胡半夏爲之使。惡皂莢。畏女菀、藜蘆。　前胡半夏爲之使。惡皂莢。畏藜蘆。　防風畏萆薢。惡乾薑、藜蘆、白斂、芫花。　羌獨活蠡實爲之使。　苦參玄參爲之使。惡貝母、漏蘆、菟絲子、伏汞、雌黃、焰消。　白鮮惡桔梗、茯苓、萆薢、螵蛸。　貝母厚朴、白薇爲之使。惡桃花。畏秦艽、莽草、礜石。　龍膽貫衆、赤小豆爲之使。惡地黃、防葵。　細辛曾青、棗根爲之使。忌生菜、狸肉。惡黃耆、狼毒、山茱萸。畏滑石、消石。　白薇惡黃耆、乾薑、大棗、山茱萸、大黃、大戟、乾漆。　右草之二。

當歸惡藺茹、濕麪。制雄黃。畏菖蒲、生薑、海藻、牡蒙。　芎藭白芷爲之使。畏黃連。伏雌黃。　蛇牀惡牡丹、貝母、巴豆。　藁本惡藺茹。畏青葙子。　白芷當歸爲之使。惡旋覆花。制雄黃、硫黃。　牡丹忌蒜、胡荽。伏砒。畏菟絲子、貝母、大黃。　芍藥須丸烏藥、沒藥爲之使。惡石斛、芒消。畏消石、鱉甲、小薊。　杜若得辛夷、細辛良。惡柴胡、前胡。　補骨脂得胡桃、胡麻良。惡甘草。忌諸血、芸薹。　縮砂蜜白檀香、豆蔻、人參、益智、黃蘗、茯苓、赤白石脂爲之使。得訶子、鱉甲、白蕪荑良。　蓬莪茂得酒、醋良。　香附子得芎藭、蒼朮、醋、童子小便良。　零陵香伏三黃、朱砂。　澤蘭防己爲之使。　積雪草伏硫黃。　香薷忌山白桃。　右草之三。

菊花朮、枸杞根、桑根白皮、青葙葉爲之使。　菴藺荆子、意苡爲之使。　艾葉苦酒、香附爲之使。　茺蔚制三黃、砒石。　薇銜得秦皮良。　夏枯草土瓜爲之使。伏汞砂。　紅藍花得酒良。　續斷地黃爲之使。惡雷丸。　漏蘆連翹爲之使。　飛廉得烏頭良。忌麻黃。　蒼耳忌豬肉、馬肉、米泔。　天名精垣衣、地黃爲之使。　蘆笋忌巴豆。　麻黃厚朴、白薇爲之使。惡辛夷、石韋。　右草之四。

地黃得酒、麥門冬、薑汁、縮砂良。惡貝母。畏蕪荑。忌葱、蒜、蘿蔔、諸血。　牛膝惡螢火、龜甲、陸英。畏白前。忌牛肉。　紫菀款冬爲之使。惡天雄、藁本、雷丸、遠志、瞿麥。畏茵蔯。　女菀畏鹵鹹。　冬葵子黃芩爲之使。　麥門冬地黃、車前爲之使。惡款冬、苦芙、苦瓠。畏苦參、青葙、木耳。伏石鍾乳。　款冬花杏仁爲之使。得紫菀良。惡玄參、皂莢、消石。畏貝母、麻黃、辛夷、黃芩、黃芪、連翹、青葙。　佛耳草款冬爲之使。

決明子蓍實爲之使。惡大麻子。　瞿麥牡丹、蘘草爲之使。惡螵蛸。伏丹砂。　葶藶榆皮爲之使。得酒、大棗良。惡白殭蠶、石龍芮。　車前子常山爲之使。　女青蛇銜爲之使。　藎草畏鼠負。　蒺藜烏頭爲之使。　右草之五。

大黃黃芩爲之使。惡乾漆。忌冷水。　商陸得大蒜良。忌犬肉。伏硇砂、砒石、雌黃。　狼毒大豆爲之使。惡麥句薑。畏醋、占斯、密陀僧。　狼牙蕪荑爲之使。惡地榆、棗肌。　䕡茹甘草爲之使。惡麥門冬。　大戟小豆爲之使。得棗良。惡薯蕷。畏菖蒲、蘆葦、鼠屎。　澤漆小豆爲之使。惡薯蕷。　甘遂瓜蒂爲之使。惡遠志。　莨菪畏蟹、犀角、甘草、升麻、緑豆。　蓖麻忌炒豆。伏丹砂、粉霜。　常山畏玉札。忌葱、菘菜。伏砒石。　藜蘆黃連爲之使。惡大黃。畏葱白。　附子地膽爲之使。得蜀椒、食鹽，下達命門。惡蜈蚣，豉汁。畏防風、甘草、人參、黃芪、緑豆、烏韭、童溲、犀角。　天雄遠志爲之使。惡腐婢、豉汁。　白附子得火良。　烏頭遠志、莽草爲之使。惡藜蘆、豉汁。畏飴糖、黑豆、冷水。伏丹砂、砒石。　天南星蜀漆爲之使。得火、牛膽良。惡莽草。畏附子、乾薑、防風、生薑。伏雄黃、丹砂、焰消。　半夏射干、柴胡爲之使。惡皂莢。忌海藻、飴糖、羊血。畏生薑、乾薑、秦皮、龜甲、雄黃。　鬼臼畏垣衣。　羊躑躅畏巵子。惡諸石及麪。伏丹砂、硇砂、雌黃。　芫花決明爲之使。得醋良。　莽草畏黑豆、紫河車。　石龍芮巴戟爲之使。畏蛇蛻皮、吳茱萸。　蕁麻畏人溺。　鈎吻半夏爲之使。惡黃芩。　右草之六。

菟絲子薯蕷、松脂爲之使。得酒良。惡雚菌。　五味子蓯蓉爲之使。惡葳蕤。勝烏頭。　牽牛子得乾薑、青木香良。　紫葳畏鹵鹹。　栝樓根枸杞爲之使。惡乾薑。畏牛膝、乾漆。　黃環鳶尾爲之使。惡茯苓、防己、乾薑。　天門冬地黃、貝母、垣衣爲之使。忌鯉魚。畏曾青、浮萍。制雄黃、硇砂。　何首烏茯苓爲之使。忌葱、蒜、蘿蔔、諸血、無鱗魚。　萆薢薏苡爲之使。畏前胡、柴胡、牡蠣、大黃、葵根。　土茯苓忌茶。　白斂代赭爲之使。　威靈仙忌茶、麪湯。　茜根畏鼠姑。制雄黃。　防己殷孽爲之使。惡細辛。畏萆薢、女菀、鹵鹹。殺雄黃、消石毒。　絡石杜仲、牡丹爲之使。惡鐵落。畏貝母、菖蒲，殺殷孽毒。　右草之七。

澤瀉畏海蛤、文蛤。　石菖蒲秦皮、秦艽爲之使。惡麻黃、地膽。忌飴糖、羊肉、鐵器。　石斛陸英爲之使。惡凝水石、巴豆。畏雷丸、殭蠶。　石韋滑石、杏仁、射干爲之使。得菖蒲良。制丹砂、礬石。　烏韭垣衣爲之使。　右草之八。

柏葉、柏實瓜子、桂心、牡蠣爲之使。畏菊花、羊蹄、諸石及麪麴。　桂得人參、甘草、麥門冬、大黃、黃芩，調中益氣。得柴胡、紫石英、乾地黃，療吐逆。畏生葱、石脂。　辛夷芎藭爲之使。惡五石脂。畏菖蒲、黃連、蒲黃、石膏、黃環。　沉香、檀香忌見火。　騏驎竭得密陀僧良。　丁香畏鬱金。忌火。　右木之一。

黃蘗木惡乾漆。伏硫黃。　厚朴乾薑爲之使。惡澤瀉、消石、寒水石。忌豆。　杜仲惡玄參、蛇蛻皮。　乾漆半夏爲之使。畏鷄子、紫蘇、杉木、漆姑草、蟹。忌豬脂。　桐油畏酒。忌煙。　楝實茴香爲之使。　槐實景天爲之使。　秦皮苦瓠、防葵、大戟爲之使。惡吳茱萸。　皂莢柏實爲之使。惡麥門冬。畏人參、苦參、空青。伏丹砂、粉霜、硫黃、硇砂。　巴豆芫花爲之使。得火良。惡蘘草、牽牛。畏大黃、藜蘆、黃連、蘆笋、醬、豉、豆汁、冷水。　欒華決明爲之使。　右木之二。

桑根白皮桂心、續斷、麻子爲之使。　酸棗惡防己。　山茱萸蓼實爲之使。惡桔梗、防風、防己。　五加皮遠志爲之使。畏玄參，蛇皮。　溲疏漏蘆爲之使。　牡荆實防己爲之使。惡石膏。　蔓荆子惡烏頭、石膏。　欒荆子決明爲之使。惡石膏。　石南五加皮爲之使。惡小薊。　右木之三。

茯苓、茯神馬藺爲之使。得甘草、防風、芍藥、麥門冬、紫石英，療五臟。惡白斂、米醋、酸物。畏地榆、秦艽、牡蒙、龜甲、雄黃。　雷丸厚朴、芫花、蓄根、荔實爲之使。惡葛根。　桑寄生忌火。　竹瀝薑汁爲之使。　占斯茱萸爲之使。　右木之四。

杏仁得火良。惡黃芩、黃芪、葛根。畏蘘草。　桃仁香附爲之使　榧實殼反緑豆，殺人。　秦椒惡栝樓、防葵。畏雌黃。　蜀椒杏仁爲之使。得鹽良。畏款冬花、防風、附子、雄黃、橐吾、冷水、麻仁漿。　吳茱萸蓼實爲之使。惡丹參、消石、白堊。畏紫石英。　食茱萸畏紫石英。　石蓮子得茯苓、山藥、白朮、枸杞子良。　蓮蕊鬚忌地黃、葱、蒜。　荷葉畏桐油。　右果部。

麻花䗪蟲爲之使。　麻仁惡茯苓。畏牡蠣、白薇。　小麥麪畏漢椒、蘿蔔。　大麥石蜜爲之使。　罌粟殼得醋、烏梅、橘皮良。　大豆得前胡、杏仁、牡蠣、烏喙、諸膽汁良。惡五參、龍膽、豬肉。　大豆黃卷得前胡、杏子、牡蠣、天雄、烏喙、鼠屎、石蜜良。惡海藻、龍膽。　諸豆粉畏杏仁。　右穀部

生薑秦椒爲之使。惡黃芩、黃連、天鼠糞。殺半夏、南星、莨菪毒。　乾薑同。　蘹香得酒良。　菥蓂子得荆實、細辛良。惡乾薑、苦參。　薯蕷紫芝爲之使。惡甘遂。　雚菌得酒良。畏鷄子。　六芝並薯蕷爲之使。得髮良。得麻子仁、牡桂、白瓜子，益人。畏扁青、茵蔯蒿。　右菜部。

金惡錫。畏水銀、翡翠石、餘甘子、驢馬脂。　朱砂銀畏石亭脂、慈石、鐵。忌諸血。　生銀惡錫。畏石亭脂、慈石、荷葉、蕈灰、羚羊角、烏賊骨、黃連、甘草、飛廉、鼠尾、龜甲、生

薑、地黃、羊脂、蘇子油。惡羊血、馬目毒公。　赤銅畏蒼朮、巴豆、乳香、胡桃、慈姑、牛脂。　黑鉛畏紫背天葵。　胡粉惡雌黃。　錫畏五靈脂、伏龍肝、羖羊角、馬鞭草、地黃、巴豆、蓖麻、薑汁、砒石、硇砂。　諸鐵制石亭脂。畏慈石、皂莢、乳香、灰炭、朴消、硇砂、鹽鹵、豬犬脂、荔枝。　右金石之一。

玉屑惡鹿角。畏蟾肪。　玉泉畏款冬花、青竹。　青琅玕得水銀良。殺錫毒。畏鷄骨。　白石英惡馬目毒公。　紫石英長石爲之使。得茯苓、人參、芍藥，主心中結氣。得天雄、菖蒲，主霍亂。惡鮀甲、黃連、麥句薑。畏扁青、附子及酒。　雲母澤瀉爲之使。惡徐長卿。忌羊血。畏鮀甲、礬石、東流水、百草上露、茅屋漏水。制汞。伏丹砂。　丹砂惡慈石。畏鹹水、車前、石韋、皂莢、決明、瞿麥、南星、烏頭、地榆、桑椹、紫河車、地丁、馬鞭草、地骨皮、陰地厥、白附子。忌諸血。　水銀畏慈石、砒石、黑鉛、硫黃、大棗、蜀椒、紫河車、松脂、松葉、荷葉、穀精草、金星草、萱草、夏枯草、莨菪子、雁來紅、馬蹄香、獨脚蓮、水慈姑、瓦松、忍冬。　汞粉畏慈石、石黃、黑鉛、鐵漿、陳醬、黃連、土茯苓。忌一切血。　粉霜畏硫黃、蕎麥稈灰。　右金石之二。

雄黃畏南星、地黃、萵苣、地榆、黃芩、白芷、當歸、地錦、苦參、五加皮、紫河車、五葉藤、鵝腸草、鷄腸草、鵝不食草、圓桑葉、蝟脂。　雌黃畏黑鉛、胡粉、芎藭、地黃、獨帚、益母、羊不食草、地榆、瓦松、五加皮、冬瓜汁。　石膏鷄子爲之使。畏鐵。惡莽草、巴豆、馬目毒公。　理石滑石爲之使。惡麻黃。　方解石惡巴豆。　滑石石韋爲之使。惡曾青。制雄黃。　不灰木制三黃、水銀。　五色石脂畏黃芩、大黃、官桂。　赤石指惡大黃、松脂。畏芫花、豉汁。　白石脂燕屎爲之使。惡松脂。畏黃芩、黃連、甘草、飛廉、毒公。　黃石脂曾青爲之使。惡細辛。畏蜚蠊、黃連、甘草。忌卵味。　孔公孽木蘭爲之使。惡朮、細辛。忌羊血。　石鍾乳蛇床爲之使。惡牡丹、玄石、牡蒙、人參、朮。忌羊血。畏紫石英、蘘草、韭實、獨蒜、胡葱、胡荽、麥門冬、貓兒眼草。　殷孽惡防己。畏朮。　右金石之三。

陽起石桑螵蛸爲之使。惡澤瀉、雷丸、菌桂、石葵、蛇蛻皮。畏菟絲子。忌羊血。　慈石柴胡爲之使。惡牡丹、莽草。畏黃石脂。殺鐵毒。消金。伏丹砂。養水銀。　玄石畏松脂、柏實、菌桂。　代赭石乾薑爲之使。畏天雄、附子。　禹餘糧牡丹爲之使。制五金、三黃。　太一餘糧杜仲爲之使。畏貝母、菖蒲、鐵落。　空青、曾青畏菟絲子。　石膽水英、〔陸英〕爲之使。畏牡桂、菌桂、辛夷、白薇、芫花。　礜石得火良。鉛丹、棘鍼爲之使。畏水。惡馬目毒公、虎掌、細辛、鶩屎。忌羊血。　砒石畏冷水、緑豆、醋、青鹽、蒜、消石、水蓼、常山、益母、獨帚、菖蒲、木律、菠薐、萵苣、鶴頂草、三角酸、鵝不食草。　礞石得焰消良。　右金石之四。

大鹽漏蘆爲之使。　朴消石韋爲之使。畏麥句薑、京三稜。　凝水石畏地榆。　硝石火爲之使。惡曾青、苦參、苦菜。畏女菀、杏仁、竹葉、粥。　硇砂制五金、八石。忌羊血。畏一切酸漿水、醋、烏梅、牡蠣、卷柏、蘿蔔、獨帚、羊蹄、商陸、冬瓜、蒼耳、蠶沙、海螵蛸、羊胴骨、羊躑躅、魚腥草、河豚魚膠。　蓬砂畏知母、芸薹、紫蘇、甑帶、何首烏、鵝不食草。　石硫黃曾青、石亭脂爲之使。畏細辛、朴消、鐵、醋、黑錫、豬肉、鴨汁、餘甘子、桑灰、益母、天鹽、車前、黃蘗、石韋、蕎麥、獨帚、地骨皮、地榆、蛇牀、蓖麻、菟絲、蠶沙、紫荷、菠薐、桑白皮、馬鞭草。　礬石甘草爲之使。惡牡蠣，畏麻黃、紅心灰藋。　緑礬畏醋。　右金石之五。

蜜蠟惡芫花、齊蛤。　蜂子畏黃芩、芍藥、白前、牡蠣、紫蘇、生薑、冬瓜、苦蕒。　露蜂房惡乾薑、丹參、黃芩、芍藥、牡蠣。　桑螵蛸得龍骨，止精。畏旋覆花、戴椹。　白殭蠶惡桔梗、茯苓、茯神、萆薢、桑螵蛸。　晚蠶沙制硇砂、焰消、粉霜。　斑蝥馬刀爲之使。得糯米、小麻子良。惡曾青、豆花、甘草。畏巴豆、丹參、空青、黃連、黑豆、靛汁、葱、茶、醋。　芫青、地膽、葛上亭長並同斑蝥。　蜘蛛畏蔓菁、雄黃。　水蛭畏石灰、食鹽。　蠐螬蜚蠊爲之使。惡附子。　蜣螂畏石膏、羊角、羊肉。　衣魚畏芸草、莽草、萵苣。　䗪蟲畏皂莢、菖蒲、屋遊。　蜚虻惡麻黃。　蜈蚣畏蛞蝓、蜘蛛、白鹽、鷄屎、桑白皮。　蚯蚓畏葱、鹽。　蝸牛、蛞蝓畏鹽。　右蟲部。

龍骨、龍齒得人參、牛黃、黑豆良。畏石膏、鐵器。忌魚。　龍角畏蜀椒、理石、乾漆。　鼉甲蜀漆爲之使。畏芫花、甘遂、狗膽。　蜥蜴惡硫黃、斑蝥、蕪荑。　蛇蛻得火良。畏慈石及酒。　白花蛇、烏蛇得酒良。　鯉魚膽蜀漆爲之使。　烏賊魚骨惡白及、白斂、附子。　河豚魚畏橄欖、甘蔗、蘆根、糞汁、魚茗木、烏蓲草根。　右鱗部

龜甲惡沙參、蜚蠊。畏狗膽。　鱉甲惡礬石、理石。　牡蠣貝母爲之使。得甘草、牛膝、遠志、蛇牀子良。惡麻黃、吳茱萸、辛夷。伏硇砂。　蚌粉制石亭脂、硫黃。　馬刀得火良。　海蛤蜀漆爲之使。畏狗膽、甘遂、芫花。　右介部。

伏翼莧實、雲實爲之使。　夜明沙惡白斂、白薇。　五靈脂惡人參。　右禽部

羖羊角菟絲子爲之使。　羊脛骨伏硇砂。　羖羊屎制粉霜。　牛乳制秦艽、不灰木。　馬脂、駝脂柔五金。　阿膠得火良。薯蕷爲之使。畏大黃。　牛黃人參爲之使。得牡丹、菖蒲，利耳目。惡龍骨、龍膽、地黃、常山、蜚蠊。畏牛膝、乾漆。　犀角松脂、升麻爲之使。惡雷丸、雚菌、烏頭、烏喙。　熊膽惡防己、地黃。　鹿茸麻勃爲之使。　鹿角杜仲爲之使。　鹿角膠得火良。畏大黃。　麋脂忌桃、李。畏大黃。　麝香

忌大蒜。猬皮得酒良。畏桔梗、麥門冬。猬脂制五金、八石。伏雄黄。右獸部。

相反諸藥凡三十六種　甘草反大戟、芫花、甘遂、海藻。大戟反芫花、海藻。烏頭反貝母、栝樓、半夏、白斂、白及。藜蘆反人參、沙參、丹參、玄參、苦參、狸肉。河豚反煤炲、荆芥、防風、菊花、桔梗、甘草、烏頭、附子。蜜反生葱。柿反蟹。

明·杜文燮《藥鑑》卷一　十八反藥性　人參芍藥與沙參，細辛玄參及紫參，苦參丹參并前藥，一見藜蘆便殺人。白及白斂并半夏，瓜蔞貝母五般真，莫見烏頭與烏喙，逢之一反疾如神。大戟芫花并海藻，甘遂已上反甘草。蜜蠟莫與葱根覩，雲母休見石決明。

十九畏藥性　硫黄元是火之精，朴硝一見便相爭。水銀莫與砒礵見，狼毒最怕蜜佗僧。巴豆性烈最為上，却與牽牛不順情。丁香莫與鬱金見，牙硝難合京三稜。川烏草烏不順犀，人參又忌五靈脂。官桂善能調冷氣，石脂相見便蹺蹊。

明·葉雲龍《士林餘業醫學全書》卷三《用藥法則》　用藥寒溫相得論

麻黄得桂枝則能發汗，芍藥得桂枝則能止汗。黄耆得白朮則止虚汗。防風得羌活則治諸風。蒼朮得羌活則止身痛。柴胡得黄芩則寒，附子得乾薑則熱。羌活得川芎則止頭痛，川芎得天麻則止頭眩。乾葛得花粉則消渴，石(羔)〔膏〕得知母則止渴。香薷得扁豆則消暑，黄芩得連翹則消熱。□□得蘇子則止喘，杏仁得五味則止嗽。丁香得柿蒂、乾薑則止呃，乾薑得半夏則止嘔。半夏得薑汁則回痰，貝母得瓜蔞則開結痰。桔梗得升麻開提血氣。枳實得黄連則消心下痞，枳殼得桔梗能使胸中寬。知母、黄栢得山(枝)〔梔〕則降火。豆豉得山(枝)〔梔〕治懊憹。辰砂得肉棗則安神，白朮得黄芩則安胎。陳皮得白朮則補脾，人參得五味、麥冬則生腎水。蒼朮得香附開鬱結，厚朴得腹皮開膨脹。草果得山查消肉積，神麯得麥芽能消食。烏梅得乾葛則消酒，砂仁得枳殼則寬中。木香得薑汁則散氣，烏藥得香附則順氣。芍藥得甘草治血虚腹痛，吴茱得良薑治積冷腹痛。乳香得沒藥則止血滯腹痛，芥子得青皮則治夾痰脇痛。黄芪得附子則補陽，知母、黄栢得當歸則補陰。當歸得生地則生血，薑汁磨京墨則止血。紅花得當歸則活血，歸尾得桃仁則破血。大黄得芒硝則潤下，皂莢得麝香則通竅。訶子得肉果則止瀉，木香得檳榔治後重。澤瀉得朱苓則利水，澤瀉得白朮則能收濕。此用藥相得之大略，醫家心傳之妙法也。

明·袁學淵《秘傳眼科七十二症全書》　眼科藥性相反　鹽醋反石菖蒲。猪肉反羊肝。魚反石決明。鷄肉反菊。麪反羚羊角。鴨肉反密蒙花。酒反蟬蛻。葱反蜜。甘草反甘遂。

明·許兆禎《醫四書·藥準》卷下　用藥須究臭味相得論　人知一藥有一藥之用，亦豈知有藥同而用異，藥異而用同乎？此臭味相得之，故辨之須早辨也。且夫麻黄得桂枝則能發汗，芍藥得桂枝則能止汗，黄芪得白朮則止虚汗，防風得羌活則治諸風，羌活得蒼朮則止身痛，柴胡得黄芩則寒，附子得乾薑則熱，羌活得川芎則止頭疼，川芎得天麻則止頭眩，乾葛得天花粉則止消渴，石膏得知母則止煩渴，香薷得扁豆則消暑，黄芩得連翹則消毒，桑皮得蘇子則止喘，杏仁得五味則止嗽，丁香得柿蒂則止呃，乾薑得半夏則止嘔，半夏得薑汁則回痰，貝母得瓜蔞則開結痰，桔梗得升麻開提血氣，枳實得黄連則消心下痞，枳殼得桔梗能使胸中寬，知母、黄栢得山梔則降火，豆豉得山梔則治懊憹，辰砂得酸棗仁則安神，白朮得黄芩則安胎，陳皮得白朮則補脾，人參得五味、麥門冬則生腎水，蒼朮得香附、撫芎則開鬱結，厚朴得腹皮開膨脹，草果得山查消肉積，神麯得麥芽則消穀食，烏梅得乾葛則消酒，砂仁得枳殼則寬中，木香得薑汁則散氣，烏藥得香附則順氣，芍藥得甘草治腹痛，吴茱萸得良薑亦止腹痛，乳香得沒藥大止諸痛，芥子得青皮治脇痛，黄芪得大附子則補陽，知母得當歸、黄栢則補陰，當歸得地黄、芍藥則生血，薑汁磨京墨則止血，紅花得當歸則活血，歸尾得桃仁則破血，大黄得芒硝則潤下，皂莢得麝香則通竅，訶子得肉果則止瀉，木香得檳榔則治後重，澤瀉得猪苓則能利水，澤瀉得白朮則能收濕。又如生地黄生血必得麥門冬，能引至所生之地。熟地黄補血必得天門冬，能引至所補之地。此藥之所以貴臭味相得也，學者能繹此而引伸焉進乎技矣。【略】

用藥須明品味相扶論　夫藥之主療，雖質地各逞，而其妙用貴麻䏔相扶。醫者體認逼真，投之如鼓應桴，針芒不差矣。是故表汗用麻黄，無葱白不發。吐痰用瓜蒂，無豆豉不湧。去實熱用大黄，無枳實不通。溫經用附子，無乾薑不熱，甚則泥清水，加葱白煎之。竹瀝無薑汁不能行經絡，蜜導無皂角不能通秘結。非半夏、薑汁不能止嘔吐，非人參、竹葉不能止虚煩。非小柴胡不能和解表裏，非五苓散不能通利小便。非天花粉、葛根不能止渴解肌，非人參、麥門冬、五味子不能生脉補元。非犀角、地黄不能止上焦之吐

衄，非桃仁承氣不能破下焦之畜血。非黃芪、桂枝不能實表間虛汗，非茯苓、白朮不能去濕助脾。非茵陳不能治黃疸，非承氣不能制熱狂。非枳、桔不能除痞滿，非陷胸不能開結胸。非人參敗毒不能治瘟疫，非九味羌活不能治四時感冒風寒。非四逆不能治陰厥，非桂枝、麻黃不能治冬月之惡風寒。非薑附湯不能止陰寒之泄利，非大柴胡不能去實熱之妄言。陰陽咳嗽，上氣喘急，非加減小青龍不能分表裏而施汗下。此用藥相扶之大端也。

明·裴一中《裴子言醫》卷二　王節齋曰：畏，畏其制我，不得自縱。惡，惡其異我，不能自如。此二者不深害，蓋彼既畏我，我必惡之。我既惡彼，彼亦畏我。我雖惡彼，彼無忿心；彼雖畏我，我能制彼。如牛黃惡龍骨，而龍骨得牛黃更良。黃耆畏防風，而黃耆得防風其功愈大之類是也。至相反則兩仇不共，共必為害。然大毒之病，又須大毒之藥以劫之。甘草、芫花，相反藥也，而蓮心飲以之治痨瘵。藜蘆、細辛，相反藥也，而二陳湯以之吐風痰。又四物湯加人參、五靈脂以消血塊；感應丸以巴豆、牽牛同劑，為攻堅破積之需。相反之中，亦有相成之妙。此古人達至理于規矩準繩之外，故用之反以為神，非好奇之私，而以人命為僥倖也。

明·李中梓《本草通玄》卷下　藥有七情　獨行者，單方不用輔也。相須者，同燈不可離也。相使者，我之佐使也。相惡者，奪我之能也。相畏者，受彼之制也。相反者，兩不相合也。相殺者，制彼之毒也。相畏相反同用者，霸道也。相須相使同用者，王道也。有經有權，因時勢而斟酌也。

清·張志聰《侶山堂類辯》卷下　畏惡反辯　藥之相須、相使、相惡、相反，出北齊徐之才《藥對》，非上古之論也。聿考《傷寒》《金匱》《千金》諸方，相畏、相反者，多並用。有云相畏者，如將之畏帥，勇往直前，不敢退却；相反者，彼此相忌，能各立其功。圓機之士，又何必膠執于時襲之固陋乎？

清·郭章宜《本草匯》卷一　七情　《蒙筌》云：有單行者，不與諸藥共劑，而獨行不用輔也，如方書所載獨參湯、獨桔湯之類。有相須者，二藥相宜，可兼用之也，如人參、甘草，黃蘗、知母之類。有相使者，能為使卒，引達諸經也。有相惡者，奪我之能也。有相畏者，受彼之制也。有相反者，兩相讎隙，必不可使和合也，如畫家用雌黃、胡粉相近，便自黯妬變色之類。有相殺者，中彼毒藥，用此即能殺除也，如中蛇虺毒必用雄黃，中雄黃毒必用防己之類。凡此七情，共劑可否，在用之者達變耳。

清·汪昂《本草備要》卷首　藥有相須者，同類而不可離也。如黃柏、知母、破故紙、胡桃之類。相使者，我之佐使也。相惡者，奪我之能也。相畏者，受彼之制也。相反者，兩不可合也。相殺者，制彼之毒也。此異同之義也。

清·程履新《程氏易簡方論》卷一《用藥機要》　藥有七情，獨行者單方，不用輔也。相須者同類，不可離也。相使者，我之佐使也。相惡者，奪我之能也。相畏者，受彼之制也。相反者，兩不相合也。相殺者，制彼之毒也。相畏相反同用者，霸道也。相須相使同用者，王道也。有經有權，因時勢而斟酌也。

清·范在文《衛生要訣》卷一　藥有相惡論　藥有相惡之品，病者不可不知也。病者原難盡知，業醫者斷不可不知也。若不察其性而誤用之，貽害非淺。因擇常用之物最相惡者分晰如左：

諸藥相惡：甘草惡遠志　黃耆惡龜甲　人參惡五靈脂　沙參惡防己　桔梗惡龍膽草、龍眼肉　白朮惡防風　地榆惡麥冬　黃連惡牛膝　胡黃連惡菊花　黃芩惡葱實　柴胡惡皂莢　苦參惡貝母　細辛惡黃耆　川芎惡黃連　蛇床惡牡丹　芍藥惡芒硝　續斷惡雷丸　地黃惡葱蒜　大黃惡乾漆　商陸惡狗肉　附子惡蜈蚣　半夏惡皂莢　石菖蒲惡麻黃　石斛惡雷丸　栝蔞惡乾薑　補骨脂惡甘草　天門冬惡鯉魚　何首烏惡蘿蔔　五味子惡細辛　甘遂惡遠志　土茯苓惡茶　狼牙惡地榆　紫(苑)〔菀〕惡天雄　防己惡細辛　大戟惡山藥　欵冬惡元參　以上草部三十六種

肉桂惡生葱　杜仲惡元參　棗仁惡防己　丁香惡鬱金　茱萸惡桔梗　蔓荊子惡烏頭　乾漆惡雞子　五加皮惡元參　茯苓神惡雄黃　厚朴惡澤瀉　竹瀝惡附子　巴豆惡豆汗　以上木部十二種

杏仁惡葛根　枳實惡菉豆　秦椒惡瓜蔞　荷葉惡桐油　秋梨惡生薑，熬膏不忌。　杏惡冷水　以上果部六種

小麥麵惡蘿蔔　大豆惡龍膽　豆粉惡杏仁　大麥麵惡冷水　燒酒惡海帶　大米惡蒜　以上穀部六種

金惡錫　硃砂惡慈石　銅惡乳香　鐵惡慈石　玉屑惡鹿角　紫石英惡生薑　丹砂惡慈石　水銀惡慈石　雄黃惡五加皮　雌黃惡川芎　石膏惡巴豆　赤石脂惡大黃　陽起石惡澤瀉　赭石惡天雄　蓬砂惡知母　礬石惡麻黃　硫黃惡細辛　五色石脂惡黃芩　以上金石部十八種

蜜蠟惡芫花　蜂房惡乾薑　殭蠶惡桔梗　桑螵蛸惡覆花　斑蝥惡巴豆　蜘蛛惡雄黃　蚯蚓惡鹽　蝸牛惡鹽　水蛭惡鹽　以上蟲部九種

龍骨惡魚　龍角惡乾漆　烏賊魚骨惡附子　河豚魚惡橄欖　鯉魚惡蜂蜜　團魚惡紅黍　以上鱗部六種

龜甲惡沙參　鱉甲惡礬石　牡蠣惡麻黃　蛤粉惡硫黃　以上介部四種

五靈脂惡人參、炙耆　夜明砂惡白微　以上禽部二種

牛黃惡龍骨　阿膠惡大黃　犀角惡烏頭　熊膽惡防己　鹿角膠惡大黃　麝香惡大蒜　以上獸部六種

藥惡總括：　以上草、木、果、穀、金石、蟲、鱗、介、禽、獸相惡者，共得九十九種，此其大略也。若夫臨時變通，格物致知，補其不足，以待後之君子。

清·談鴻鋆《藥要便蒙新編》卷下　藥有相反總義：　人參、沙參、紫參、苦參、丹參、芍藥、細辛反藜蘆。白及、白斂、半夏、瓜蔞、貝母反烏頭烏喙。大戟、芫花、海藻、甘遂反甘草。石決明反雲母石。蜜蠟反葱。藜蘆反酒。　藥有相畏總義：　硫黃畏朴硝。水銀畏砒霜。狼毒畏蜜佗僧。巴豆畏牽牛。丁香畏鬱金。牙硝畏三稜。川烏、草烏畏犀角。人參畏五靈脂。官桂畏赤石脂。

清·唐宗海《本草問答》卷下　問曰：　《本草》明言十八反，蔞貝斂桔攻烏，藻戟遂芫均戰草，諸參辛芍反藜蘆。又有十七忌，十九畏，宜恪守乎？答曰：　性之反者如水火冰炭之不容，故不可同用。然仲景有甘遂、甘草同用者，又取其相戰以成功，後人識力不及，總以不用為是，至於相畏相使，可不必論，相忌亦難盡拘。然服麻黃、細辛忌油膩，服蜜與地黃忌葱白，服黃臘忌雞肉，此皆大不宜者，在所當忌，不可不知。

清·徐延祚《醫醫瑣言》卷上　相畏相反　相畏相反之說，甚無謂也。古人製方全不拘于此。如甘草、芫花，未見其害也。其他亦可以知已。

論說三

元·張從正《儒門事親》卷一　七方十劑繩墨訂一　方有七，劑有十，舊矣。雖有說者，辯其名而已，敢申昔人已搠之意而為之訂。夫方者，猶方術之謂也。《易》曰：　方以類聚。是藥之為方，類聚之義也。或曰：　方謂五方也。其用藥也，各據其方。如東方瀕海鹵斥，而為癰瘍；　西方陵居華食，而多頹腫贅癭；　南方瘴霧卑濕，而多痹疝；　北方乳食，而多藏寒滿病；　中州食雜，而多九疸食癆中滿、留飲、吐酸、腹脹之病。蓋中州之地，土之象也，故脾胃之病最多。其食味、居處、情性、壽夭，兼四方而有之。其用藥也，亦雜諸方而療之。如東方之藻帶，南方之丁木，西方之薑附，北方之參苓，中州之麻黃、遠志，莫不輻輳而參尚。故方不七，不足以盡方之變；　劑不十，不足以盡劑之用。劑者，和也。方者，合也。故方如瓦之合，劑猶羹之和也。方不對病，則非方；　劑不蠲疾，則非劑也。七方者，大、小、緩、急、奇、偶、複也；　十劑者，宣、通、補、瀉、輕、重、滑、澁、燥、濕也。

夫大方之說有二：　有君一臣三佐九之大方，有分兩大而頓服之大方。蓋治肝及在下而遠者，宜頓服而數少之大方。病有兼證而邪不專，不可以一二味治者，宜君一臣三佐九之大方。王太僕以人之身三折之，上為近，下為遠。近為心肺，遠為腎肝，中為脾胃。胞膻膽亦有遠近。以予觀之，身半以上，其氣三，天之分也；　身半以下其氣三，地之分也。中脘，人之分也。又手之三陰陽，亦天也，其氣高；　足之三陰陽，亦地也，其氣下；　戊己之陰陽，亦人也，其氣猶中州。故肝之三服，可并心之七服；　腎之二服，可并肺之七服也。

小方之說亦有二：　有君一臣二之小方，有分兩微而頻服之小方。蓋治心肺及在上而近者，宜分兩微而少服而頻之小方，徐徐而呷之是也。病無兼證，邪氣專，可一二味而治者，宜君一臣二之小方。故腎之二服，可分為肺之九服及肝之三服也。

緩方之說有五：　有甘以緩之之緩方，糖、蜜、棗、葵、甘草之屬是也。蓋病在胸膈，取甘能戀也。有丸以緩之之緩方，蓋丸之比湯散，其氣力宣行遲故也。有品件群眾之緩方，蓋藥味眾，則各不得騁其性也。如萬病丸，七八十味遞相拘制也。有無毒治病之緩方，蓋性無毒則功自緩矣。有氣味薄藥之緩方，蓋藥氣味薄，則長於補上治上，比至其下，藥力已衰。故補上治上，制之以緩。緩則氣味薄也。故王太僕云：　治上補上，方若迅急，則上不任而迫走於下。制緩方而氣味厚，則勢與急同。

急方之說有五：　有急病急攻之急方，如心腹暴痛，兩陰溲便閉塞不通，借備急丹以攻之。此藥用不宜恒，蓋病不容俟也。又如中風牙關緊急，漿粥

不入，用急風散之屬亦是也。有湯散蕩滌之急方，蓋湯散之比丸，下咽易散而施用速也。有藥性有毒之急方，蓋有毒之藥，能上涌下泄，可以奪病之大勢也。有氣味厚藥之急方，藥之氣味厚者，直趣於下而氣力不衰也。故王太僕云：治下補下，方之緩慢，則滋道路而力又微，制急方而氣味薄，則力與緩等。

奇方之說有二：有古之單方之奇方，獨用一物是也。病在上而近者，宜奇方也。有數合陽數之奇方，謂一三五七九，皆陽之數也。以藥味之數皆單也。君一臣三，君三臣五，亦合陽之數也。故奇方宜下不宜汗。

偶方之說有三：有兩味相配之偶方，有古之複方之偶方。蓋方之相合者是也。病在下而遠者，宜偶方也。有數合陰陽之偶方，謂二四六八十也，皆陰之數也。君二臣四，君四臣六，亦合陰之數也。故偶方宜汗不宜下。

複方之說有(一)〔三〕。方有二方、三方相合之複方，如桂枝〔二〕越婢一湯。如調胃承氣湯方，芒硝、甘草、大黄，外參以連翹、薄荷、黄芩、梔子以為涼膈散。是本方之外，別加餘味者，皆是也。有分兩均劑之複方。如胃風湯各等分是也。以《內經》攷之，其奇偶四則，反以味數奇者為奇方，味數偶者為偶方。下復云：汗者不以奇，下者不以偶。及觀仲景之製方，桂枝湯，汗藥也，反以三味為奇；大承氣湯，下藥也，反以四味為偶。何也？豈臨事制宜，復有增損者乎！攷其大旨，王太僕所謂汗藥如不以偶，則氣不足以外發。下藥如不以奇，則藥毒攻而致過，必如此言。是奇則單行、偶則併行之謂也。急者下，本易行，故宜單；汗或難出，故宜并。蓋單行則力孤而微，併行則力齊而大，此王太僕之意也。然太僕又以奇方為古之單方，偶為複方，今此七方之中，已有偶又有複者，何也？豈有偶方者，二方相合之謂也；複方者，二方四方相合之方歟！不然，何以偶方之外，又有複方者歟？此複字，非重複之複，乃反復之復。何以言之？蓋《內經》既言奇偶之方，不言又有重複之方，惟云奇之不去則偶之，是為重方。重方者，即複方也。下又云：偶之不去，則反佐以取之。所謂寒熱溫涼，反從其病也。由是言之，複之為方，反復，亦不遠《內經》之意也。

所謂宣劑者，俚人皆以宣為瀉劑，抑不知十劑之中，已有瀉劑。又有言宣為通者，抑不知十劑之中，已有通劑。舉世皆曰：春宜宣，以為下奪之藥，抑不知仲景曰，大法春宜吐，以春則人病在頭故也。況十劑之中，獨不見湧劑，豈非宣劑，即所謂通劑者乎！《內經》曰：高者因而越之，木鬱則達之。宣者，升而上也，以君召臣曰宣，義或同此。傷寒邪氣在上，宜瓜蒂散。頭痛，葱根荳豉湯。傷寒懊憹，宜梔子荳豉湯。精神昏憒，宜梔子濃朴湯。自瓜蒂以下，皆湧劑也，乃仲景不傳之妙。今人皆作平劑用之，未有發其秘者。予因發之，然則為湧明矣。故風癇中風，胸中諸實痰飲，寒結胸中，熱蔚化上，上而不下，久則嗽喘滿脹，水腫之病生焉，非宣劑莫能愈也。

所謂通劑者，流通之謂也。前後不得溲便，宜木通、海金沙、大黄、琥珀、八正散之屬。裹急後重，數至圊而不便，宜通因通用。雖通與瀉相類，大率通為輕，而瀉為重也。凡痺麻蔚滯，經隧不流，非通劑莫能愈也。

所謂補劑者，補其不足也。俚人皆知山藥丸、鹿茸丸之補劑也。然此乃衰老下脫之人，方宜用之。今往往於少年之人用之，其舛甚矣。古之甘平、甘溫、苦溫、辛溫，皆作補劑，豈獨硫黄、天雄然後為補哉！況五臟各有補瀉，肝實瀉心，肺虛補腎。《經》曰：東方實，西方虛，瀉南方，補北方。大率虛有六：表虛、裏虛、上虛、下虛、陰虛、陽虛。設陽虛則以乾薑、附子，陰虛則補以大黄、硝石。世傳以熱為補，以寒為瀉，訛非一日。豈知酸苦甘辛鹹，各補其臟。《內經》曰：精不足者，補之以味。善用藥者，使病者而進五穀者，真得補之道也。若大邪未去，方滿方悶，心火方實，腎水方耗，而驟言鹿茸、附子，庸詎知所謂補劑者乎！

所謂瀉劑者，泄瀉之謂也。諸痛為實，痛隨利減。《經》曰：實則瀉之。實則散而瀉之。中滿者，瀉之於內。大黄、牽牛、甘遂、巴豆之屬，皆瀉劑也。惟巴豆不可不慎焉。蓋巴豆其性燥熱，毒不去，變生他疾。縱不得已而用之，必以他藥制其毒。蓋百千證中，或可一二用之。非有暴急之疾，大黄、牽牛、甘遂、芒硝足矣。今人往往以巴豆熱而不畏，以大黄寒而反畏，庸詎知所謂瀉劑者哉！

所謂輕劑者，風寒之邪，始客皮膚，頭痛身熱，宜輕劑消風散，升麻、葛根之屬也。故《內經》曰：因其輕而揚之。發揚所謂解表也。疥癬痤疿，宜解表，汗以泄之，毒以薰之，皆輕劑也。故桂枝、麻黄、防風之流亦然。設傷寒冒風，頭痛身熱，三日內用雙解散及嚏藥解表出汗，皆輕劑之云爾。

所謂重劑者，鎮縋之謂也。其藥則硃砂、水銀、沉香、水石、黄丹之倫，以其體重故也。久病咳嗽，涎潮于上，咽喉不利，形羸不可峻攻，以此縋之。故

《內經》曰：重者，因而減之。貴其漸也。

所謂滑劑者，《周禮》曰：滑以養竅。大便燥結，小便淋澀，皆宜滑劑。燥結者，其麻仁、郁李之類乎！淋澀者，其葵子、滑石之類乎！前後不通者，前後兩陰俱閉也，此名曰三焦約也。約，猶束也。先以滑劑潤養其燥，然後攻之，則無失矣。

所謂澀劑者，寢汗不禁，澀以麻黄根、防己；滑泄不已，澀以荳蔻、枯白礬、木賊、烏魚骨、罌粟殼。凡酸味亦同乎澀者，收斂之意也。喘嗽上奔，以虀汁、烏梅煎寧肺者，皆酸澀劑也。然此數種，當先論其本，以攻去其邪，不可執一以澀，便為萬全也。

所謂燥劑者，積寒久冷，食已不飢，吐利腥穢，屈伸不便，上下所出水液，澄徹清冷，此為大寒之故，宜用乾姜、良薑、附子、胡椒輩以燥之。非積寒之病，不可用也。若久服，則變血溢、血泄、大枯大涸，溲便癃閉，聾瞽痿弱之疾。設有久服而此疾不作者，慎勿執以為是。蓋疾不作者或一、二，誤死者百千也。若病濕者，則白术、陳皮、木香、防已、蒼术等，皆能除濕，亦燥之平劑也。若黄連、黄蘗、梔子、大黄，其味皆苦。苦屬火，皆能燥濕，此《內經》之本旨也。而世相違久矣。嗚呼！豈獨薑附之儔，方為燥劑乎？

所謂濕劑者，潤濕之謂也。雖與滑相類，其間少有不同。《內經》曰：辛以潤之。蓋辛能走氣、能化液故也。若夫硝性雖鹹，本屬真陰之水，誠濡枯之上藥也。人有枯涸皴揭之病，非獨金化為然。蓋有火以乘之，非濕劑莫能愈也。

元・王好古《湯液本草》卷二　七方　大：君一，臣三，佐九，制之大也。遠而奇耦，制大其服也。大則數少，少則二之。腎肝位遠，服湯散，不厭頓而多。　小：君一，臣二，制之小也。近而奇耦，制小其服也。小則數多，多則九之。心肺位近，服湯散，不厭頻而少。　緩：補上治上制以緩，緩則氣味薄。治主以緩，緩則治其本。　急：補下治下制以急，急則氣味厚。治客以急，急則治其標。　奇：君一臣二，奇之制也；君二臣三，奇之制也。陽數奇。　偶：君二臣四，耦之制也；君二臣六，耦之制也。陰數耦。　複：奇之不去則耦之，是為重方也。

明・李湯卿《心印紺珠經》卷上《辨藥性第八》　七方：大、小、緩、急、奇、偶、複。　大方之說有二：病有兼證而邪不專，宜君一臣三佐九之大方；病在腎肝之下而遠者，宜分兩多而頓服之。　小方之說有二：病無兼證而邪氣專，宜君一臣二之小方；病在肺之上而近者，宜分兩少而頻服之。　緩方之說有五：有甘以緩之之緩方，如糖蜜、棗、葵、甘草之屬，取其甜能戀膈也；有丸以緩之之緩方，蓋丸之比湯散氣力宣行遲故也；有無毒治病之緩方，蓋性無毒則功自緩矣；有品件群眾之緩方，如萬病丸七八十味，更相拘制，各不得騁其性也；有補上治上之緩方，補上治上制之以緩，故曰治心肺之病，不厭頻而少。　急方之說有五：有急病急攻之急方，如中風牙關緊急，漿粥不入，用急風散之屬是也；有藥性急烈之急方，如溲便閉塞，借備急丹以攻之是也；有湯散蕩滌之急方，湯散之比丸下咽易散故也；有藥性有毒之急方，蓋有毒之藥，能上涌下泄，可以奪病之大勢也；有補下治下之急方，蓋補下治下制之以急，故曰治腎肝之病不厭頓而多。　奇方之說有二：有古之單方之奇方，獨用一物是也；有數合陽數之奇方，一三五七九皆陽數也。故奇方宜下不宜汗。　偶方之說有二：有古之複方之偶方，兩物相配是也；有數合陰數之偶方，二四六八十皆陰數也。故偶方宜汗不宜下。　複方之說有(一)〔三〕：有二方、三方之複方，如調胃承氣湯加連翹、黄芩、梔子、薄荷為涼膈散，再加防風、荊芥、石膏、滑石、桔梗、川芎、麻黄、當歸、芍藥、白朮為通聖散；有分兩均齊病複方，如胃風湯各等分是也。

明・劉純《醫經小學》卷五　七方一首。集見《儒門事親》，本《內經・至真要大論篇》。　七方之法為繩墨，大小緩急奇偶復。小方劑少飲須徐，大方劑兼宜頓服。戀膈味薄自緩遲，攻下氣厚乃峻促。奇謂單奇只一法，偶方相合如配匹。復重併制三四方，病謂寒溫反佐術。劑和方合實類聚，各據方隅更審悉。

大抵處方要在合宜而用，不可務取品味，數多過制，越此反不為效矣。《本草》云：三百六十五種內，相須者止二十種，其單行者七十一，相使者九十，畏者七十八，相惡者六十，相反者十八，相殺者二十六。是以丹溪先生曰：余以某藥治某病，某藥監某藥，某藥為引經，其意則得之矣。

明・朱橚《普濟方》卷五《方脉藥性・總論》　方有七，劑有十。故方不七，不足以盡方之變；劑不十，不足以盡劑之用。方不對病非方也，劑不蠲疾非劑也。七方者，大、小、緩、急、奇、偶、複也。

大方之說有二：一則病有兼證而邪不專，不可一二味治之。宜君一臣三佐九之類是也；二則治腎肝在下而遠者，宜分兩多而頓服之是也。

小方之說有二：一則病無兼證，邪氣專一，可以君一臣二小方之治也；二則治心肝在上而近者，宜分兩微而頻頻少服之，亦為小方之治也。

緩方之說有五：有甘以緩之為緩方者，為糖、蜜、甘草之類，取其戀膈也；有丸以緩之為緩，蓋丸之比湯散藥力宜行遲故也；有品味羣衆之緩方者，蓋藥味衆多，各不能騁其性也；有無毒治病之緩方者，蓋藥性無毒則攻自緩也；有氣味薄而緩方者，藥氣味薄則常補於上，比至其下，藥力既已衰，為補上治上之法也。

急方之說有四：有急病急攻之急方者，如腹心暴痛，前後閉塞之類是也；有急風蕩滌之用急方者，謂中風不省口噤是也。取劑蕩滌，取其易散而施攻速者是也；有藥有毒之急方者，如上湧下泄，奪其病之大勢者是也；有氣味厚之急方者，藥之氣味厚者，直趨於下而力不衰也。謂補下治下之法也。

奇方之說有二：有古之單行之奇方者，為獨一物是也；有病近而宜用奇方者，為君一臣二、君二臣三，數合於陽也。故宜下不宜汗也。

偶方之說有二：有兩味相配而為偶方者，蓋兩方相合者是也。有病遠而宜用偶方者，君二臣四、君四臣六，數合於陰也。故宜汗不宜下。

複方之說有二：有二三方相合之為複方者，如桂枝二越婢一湯之類是也；有分兩均同之複方者，如胃風湯各等分之類是也。又曰重複之複，二三方相合而用也。反復之復，謂奇之不去則偶之是也。

明・周禮《醫學碎金》卷四　七方：大、小、緩、急、奇、偶、複。

大方之說有二　病有兼證，而邪不傳一，不可以一二味治者，宜君一臣三佐九之大方。病有在身半以下而遠者，分兩大而數少，取其氣味專一而不分散也。

小方之說有二　病有在心肺以上而近者，宜分兩微而少服，徐徐呷之是也。病有無兼證，邪氣專一，可一二味而治者，宜君一臣二之小方。

緩方之說有五　病有在胸膈者，宜甘以緩之，取其甘能戀膈也。有丸以緩之之緩，蓋比湯散其氣力難化，而宣行遲也。有品件群衆之緩方，蓋藥味衆，則各不得騁其性，如萬病丸七八十味，遞相拘制。有無毒治病之緩方，蓋性無毒，則功自緩矣。有氣味薄之緩方，蓋氣味薄則主於補上，蓋補上治上制之以緩，緩則氣味薄也。

急方之說有五　心腹暴痛，兩陰溲便閉塞不通，病不容俟，用備急丹是也。又如中風，牙關緊急，漿水粥不入，用急風散之屬。有湯散蕩滌之急方，蓋湯散比丸劑取其下咽易散，而施用速也。有藥性有毒之急方，蓋有毒則能上涌下泄，可以奪病之大勢也。有氣味厚之急方，氣味厚則直趍於下，而氣力不衰也。

奇方之說有二　有獨用一物之奇方，即單方是也。有數合陰陽數之奇方，一三五七九，以藥味數皆奇也。如君一臣三亦奇數也，故方宜下不宜汗。

偶方之說有三　有兩味相配之偶方。有兩方相合之偶方。有數合陰陽之偶方，謂二四六八十也，如君二臣四，君臣皆偶數也，故偶方宜汗不宜下。

複方之說有二　有二方三方相合之複方，如桂枝越婢一湯，如謂調胃承氣湯加連翹、薄荷、黄芩、梔子，名涼膈散。又有分兩勻劑之複方，如胃風湯各等分均平也。

明・葉文齡《醫學統旨》卷八　七方大略　大：君一臣三佐九，制之大也。遠而奇偶，制大其服也。大則數少，少則二之。腎肝位遠，服湯散不厭頓而多。　小：君一臣二，制之小也。近而奇偶，制小其服也。小則數多，多則九之。心肺位近，服湯散不厭頻而少。　緩：治主當緩，補上治上制以緩。表裏汗下，皆有所當緩。　急：治客當急，補下治下制以急。表裏汗下，皆有所當急。　奇：君一臣二，奇之制也。近者奇之，下者奇之。奇者，不必君一臣二，凡在陽之分者，皆為之奇也。　偶：君二臣四，偶之制也。遠者偶之，汗者偶之。偶者，不必君二臣四，凡在陰之分者，皆為之偶也。　奇與偶，有味之奇偶，有數之奇偶，亦當察之，則不失其寒熱矣。　天之陽分為奇，地之陰分為偶。下從九，天之上；汗從九，地之下。假令升麻湯，升而不降也，亦為之奇，以其在天之分也。　假令自地而升天，非苦無以至地，非溫無以至天，故用苦溫之劑，從九地之下發至九天之上，故為之偶。　假令調胃承氣湯，降而不升也，亦為之偶，以其在地之分也。　假令自天而降地，非辛無以至天，非涼無以至地，故用辛涼之劑，從九天之上引至九地之下，故為之奇。　復：奇之不去復以偶，偶之不去復以奇，故曰復。復者，再也，重也。潔古法十補一洩，數洩一補，所以使不失通塞之道也。海藏云：脉證不相應也。復方蓋出

于此。

明・陳嘉謨《本草蒙筌・總論》 七方 大： 君一、臣三、佐九，制之大也。其用有二： 一則病有兼證，邪氣不專，不可以一二味治之，宜此大方之類是也。二則治腎、肝在下而遠者，宜分兩多而頓服之是也。 小： 君一、臣二、佐四，制之小也。 其用有二： 一則病無兼證，邪氣專一，不可以多味治之，宜此小方之類是也。二則治心、肺在上而近者，宜分兩少而頻服之是也。 緩： 治主當緩，補上治上，制以緩。凡表裏汗下，皆有所當緩。緩則氣味薄，薄者則頻而少服也。其用有五： 有甘以緩之為緩方者，蓋糖、蜜、棗、葵、甘草之類，取其戀膈故也。有丸以緩之為緩方者，蓋丸比湯、散藥力行遲故也。有品味群眾之緩方者，蓋藥味眾多，各不能騁其性也。有無毒治病之緩方者，蓋藥無毒，則攻自緩也。有氣味薄之緩方者，蓋氣藥味薄，則常補上。比至其下，藥力已衰。此補上治上之法也。 急： 治客當急，補下治下，制以急。凡表裏汗下，皆有所當急，急則氣味厚，厚者則頓而多服也。其用有四： 有熱盛攻下之急方者，謂熱燥、前後閉結、譫妄狂越，宜急攻下之類是也。有風淫疎滌之急方者，謂中風口噤，不省人事，宜急疎滌之類是也。有藥毒治病之急方者，蓋藥有毒，攻擊自速，服後上涌下瀉，奪其病之大勢者是也。有氣味厚之急方者，蓋藥氣味厚，則直趨下而力不衰。此補下治下之法也。 奇： 君一、臣二，奇之制也。近者奇之，下者奇之。凡在陽分者，皆為之奇也。其用有二： 有藥味單行之奇方者，謂獨參湯之類是也。有病近而宜用奇方者，謂君一、臣二，君二、臣三。數合於陽也，故宜下之，不宜汗也。王安道曰： 奇方力寡而微，凡下宜奇者，謂下本易行，故宜之。偶則藥毒，内攻太過也。 偶： 君二、臣四，偶之制也。遠者偶之，汗者偶之。凡在陰分者，皆為之偶也。其用有三： 有兩味相配之偶方者，謂沉附湯之類是也。有兩方相合之偶方者，謂胃苓湯之類是也。有病遠而宜用偶方者，謂君二、臣四，君四、臣六。數合於陰也，故宜汗之，不宜下也。王安道曰： 偶方力齊而大，凡汗宜偶者，謂汗或難出，故宜之。奇則藥氣外發，不足也。 奇與偶有味之奇偶，有數之奇偶，並當察之，則不失其寒溫矣。 天之陽分為奇，假令升麻湯，升而不降也，亦謂之奇，以其在天之分也。 汗從九地之下，假令自地而升天，非苦無以至地，非溫無以至天，故用苦溫之劑，從九地之下，發至九天之上，故為之偶。 地之陰分為偶，假令調胃承氣湯，降而不升也，亦謂之偶，以其在地之分也。 下從九天之上，假令自天而降地，非辛無以至地，非涼無以至天，故用辛涼之劑，從九天之上，引至九地之下，故為之奇。 複： 奇之不去，複以偶； 偶之不去，複以奇，故曰複。 複者，再也，重也。 潔古云： 十補一瀉，數瀉一補，所以使不失通塞之道也。 其用有二： 有二、三方相合之為複方者，如桂枝二越婢一湯之類是也。 有分兩勻同之為複方者，如胃風湯，各等分之類是也。 又曰重複之複，二三方相合而用也。 反複之複，謂奇之不去，則偶之是也。

明・李時珍《本草綱目》卷一《序例》 七方 岐伯曰： 氣有多少，形有盛衰，治有緩急，方有大小。 又曰： 病有遠近，證有中外，治有輕重。 近者奇之，遠者偶之。 汗不以奇，下不以偶。 補上治上制以緩，補下治下制以急。 近而奇偶，制小其服； 遠而奇偶，制大其服。 大則數少，小則數多。 多則九之，少則一之。 奇之不去則偶之，偶之不去則反佐以取之，所謂寒熱溫涼，反從其病也。

王冰曰： 臟位有高下，腑氣有遠近，病證有表裏，藥用有輕重。 單方爲奇，復方爲偶。 心肺爲近，肝腎爲遠，脾胃居中。 腸膲胞膽，亦有遠近。 識見高遠，權以合宜。 方奇而分兩偶，方偶而分兩奇。 近而偶制，多數服之； 遠而奇制，少數服之。 則肺服九，心服七，脾服五，肝服三，腎服一，爲常制也。 方與其重也寧輕，與其毒也寧善，與其大也寧小。 是以奇方不去，偶方主之； 偶方不去，則反佐以同病之氣而取之。 夫微小之熱，折之以寒； 微小之冷，消之以熱。 甚大寒熱，則必能與異氣相格。 聲不同不相應，氣不同不相合。 是以反其佐以同其氣，復令寒熱參合，使其始同終異也。

時珍曰： 逆者正治，從者反治。 反佐，即從治也。 謂熱在下而上有寒邪拒格，則寒藥中入熱藥爲佐，下膈之後，熱氣既散，寒性隨發也。 寒在下而上有浮火拒格，則熱藥中入寒藥爲佐，下膈之後，寒氣既消，熱性隨發也。 此寒因熱用，熱因寒用之妙也。 溫涼仿此。

完素曰： 流變在乎病，主病在乎方，製方在乎人。 方有七： 大、小、緩、急、奇、偶、複也。 製方之體，本於氣味。 寒、熱、溫、涼，四氣生於天； 酸、苦、辛、鹹、甘、淡，六味成於地。 是以有形爲味，無形爲氣。 氣爲陽，味爲陰。 辛甘發散爲陽，酸苦湧瀉爲陰； 鹹味湧泄爲陰，淡味滲泄爲陽。 或

收或散，或緩或急，或燥或潤，或軟或堅，各隨臟腑之證，而施藥之品味，乃分七方之制也。故奇、偶、復者，三方也。大、小、緩、急者，四制之法也。故曰：治有緩急，方有大小。

大方　岐伯曰：君一臣二佐九，制之大也。君一臣三佐五，制之中也。君一臣二，制之小也。又曰：遠而奇偶，制大其服，近而奇偶，制小其服。大則數少，小則數多。多則九之，少則二之。　完素曰：身表爲遠，裏爲近。大小者，制奇偶之法也。假如小承氣湯、調胃承氣湯，奇之小方也；大承氣湯、抵當湯，奇之大方也，所謂因其攻裏而用之也。桂枝、麻黄，偶之小方也；葛根、青龍，偶之大方也，所謂因其發表而用之也。故曰：汗不以奇，下不以偶。　張從正曰：大方有二：有君一臣三佐九之大方，病有兼證而邪不一，不可以一二味治者宜之；有分兩大而頓服之大方，肝腎及下部之病道遠者宜之。王太僕以心肺爲近，腎肝爲遠，脾胃爲中。劉河間以身表爲遠，身裏爲近。以予觀之，身半以上其氣三，天之分也。身半以下其氣三，地之分也。中脘，人之分也。

小方　從正曰：小方有二：有君一臣二之小方，病無兼證，邪氣專一，可一二味治者宜之；有分兩少而頻服之小方，心肺及在上之病者宜之，徐徐細呷是也。　完素曰：肝腎位遠，數多則其氣緩，不能速達於下；必大劑而數少，取其迅急下走也。心肺位近，數少則其氣急下走，不能升發於上；必小劑而數多，取其易散而上行也。王氏所謂肺服九、心服七、脾服五、肝服三、腎服一，乃五臟生成之數也。

緩方　岐伯曰：補上治上制以緩，補下治下制以急，急則氣味厚，緩則氣味薄，適其病所，遠而中道氣味之者，食而過之，無越其制度也。　王冰曰：假如病在腎而心氣不足，服藥宜急過之，不以氣味飼心，腎藥凌心，心復益衰矣。餘上下遠近例同。　完素曰：聖人治上不犯下，治下不犯上，治中上下俱無犯。故曰：誅伐無過，命曰大惑。　好古曰：治上必妨下，治表必連裏。用黄芩以治肺必妨脾，用蓯蓉以治腎必妨心，服乾薑以治中必僭上，服附子以補火必涸水。　從正曰：緩方有五：有甘以緩之之方，甘草、糖、蜜之屬是也，病在胸膈，取其留戀也。有丸以緩之之方，比之湯散，其行遲慢也。有品件衆多之緩方，藥衆則遞相拘制，不得各騁其性也。有無毒治病之緩方，無毒則性純功緩也。有氣味俱薄之緩方，氣味薄則長於補上治上，比至其下，藥力已衰矣。

急方　完素曰：味厚者爲陰，味薄者爲陰中之陽，故味厚則下泄，味薄則通氣。氣厚者爲陽，氣薄爲陽中之陰，故氣厚則發熱，氣薄則發汗是也。　好古曰：治主宜緩，緩則治其本也；治客宜急，急則治其標也。表裏汗下，皆有所當緩、所當急。　從正曰：急方有四：有急病急攻之急方，中風關格之病是也。有湯散蕩滌之急方，下咽易散而行速也。有毒藥之急方，毒性能上湧下泄以奪病勢也。有氣味俱厚之急方，氣味俱厚，直趨於下而力不衰也。

奇方　王冰曰：單方也。　從正曰：奇方有二：有獨用一物之奇方，病在上而近者宜之。有藥合陽數一、三、五、七、九之奇方，宜下不宜汗。　完素曰：假如小承氣，奇之小方也；大承氣、抵當湯，奇之大方也，所謂因其攻下而爲之也。桂枝、麻黄，偶之小方也；葛根、青龍，偶之大方也，所謂因其發散而用之也。

偶方　從正曰：偶方有三：有兩味相配之偶方，有古之二方相合之偶方，古謂之復方，皆病在下而遠者宜之。有藥合陰數二、四、六、八、十之偶方，宜汗不宜下。王太僕言汗藥不以偶，則氣不足以外發；下藥不以奇，則藥毒攻而致過。意者下本易行，故單行則力孤而微，汗或難出，故併行則力齊而大乎？而仲景製方，桂枝汗藥，反以五味爲奇；大承氣下藥，反以四味爲偶，何也？豈臨事制宜，復有增損乎？

復方　岐伯曰：奇之不去則偶之，是謂重方。　好古曰：奇之不去復以偶，偶之不去復以奇，故曰復。復者，再也，重也。所謂十補一泄，數泄一補也。又傷寒見風脈，傷風得寒脈，爲脈證不相應，宜以復方主之。　從正曰：復方有三：有二方、三方及數方相合之復方，如桂枝二越婢一湯、五積散之屬是也。有本方之外別加餘藥，如調胃承氣加連翹、薄荷、黄芩、巵子爲涼膈散之屬是也。有分兩均齊之復方，如胃風湯各等分之屬是也。王太僕以偶爲復方，今七方有偶又有復，豈非偶乃二方相合，復乃數方相合之謂乎？

明・許兆楨《醫四書・藥準》卷下　用藥須審七方十劑論　夫方有七，劑有十者。蓋方者，訪也，訪彼以合此也，非七不足以盡方之變。劑者，濟也，用此以濟彼也，非十不足，以盡劑之巧。故分七方十劑也。然約言其要，

有因其性為用者，有因其用為使者，有因其所勝而為制者，有氣相同則相求者，有氣相剋則相制者，有氣有餘而補不足者，有氣相感則以意使者，有質同而性異者，有名異而實同者。故蛇之性上竄而引藥，蟬之性外脫而退翳，蝱引血而用以治血，鼠善穿而用以治漏，所謂因其性而為用者也。弩牙速產，以機發而不括也；杵糠下噎，以杵築下也。所謂因其用而為使也。浮萍不沉水，可以勝水；獨活不搖風，可以治風。所謂因其所勝而為制者也。麻木穀而治風，豆水穀而治水，所謂氣相同則相求者也。牛土畜，乳可以止渴疾；豕水畜，心可以鎮恍惚；所謂因其氣相剋則相制也。熊肉振羸，兎肝明視，所謂氣有餘補不足也。鯉之制水，鶩之利水，所謂因其氣相感，則以意使者也。蜜成於蜂，蜜溫而蜂寒；油生於麻，麻溫而油寒。茲同質而異性也。蘼蕪生於芎藭，蓬虆生於覆盆，茲名異而實同者也。所以如此之類，不可枚舉。故天地賦形，不離陰陽，形色自然，皆有法象。毛羽之類，生於陽而屬於陰；鱗甲之類，生於陰而屬於陽。空青法木色青而主肝，丹砂法火色赤而主心，雲母法金色白而主肺，磁石法水色黑而主腎，黃石脂法土色黃而主脾。故觸類而長之，莫不有自然之理也。欲為醫者，上知天文，下知地理，中知人事，三者俱明，然後可以語人之疾病。不然，則如無目夜遊，無足登涉，動致顛隕，而欲愈疾者未之有也。

七方：大、小、緩、急、奇、偶、複。大方之說有二：病有兼證，不可一二味治者，宜君一臣三佐九，品味數多，故曰大。病有在身半已下而遠者，處劑宜多而品味宜少，以分兩數多，故亦曰大。小方之說有二：病有在心肺以上而近者，宜分兩微，而徐徐呷之。病有無兼證，可以一二味治者，宜君一臣二之小方。緩方之說有六：病有在胸膈，宜以甘緩之。有緩則治其本，治本者須優游漸漬，不可責效旦夕；有丸以緩之之緩，蓋比湯藥氣力難化，而宣行遲也；有品味眾多之緩，蓋藥味眾，則各不得自騁，如萬病丸，七八十味，互相拘制；有無毒治病之緩，蓋性無毒，則功自緩；有氣味薄之緩，蓋氣味薄，則主用在上，治上者制以緩，緩則氣味薄也。急方之說有六：心腹暴痛，溲便不通，用備急丸之類是也；中風，牙關緊閉，漿粥不食，用急風散之屬；有湯散蕩滌之急，蓋湯主蕩，而散主散，如風雨之疾迅也；有藥性有毒之急，蓋有毒則能上涌下泄，可以奪病之大勢也；有氣味厚之急，蓋氣味厚，則直走于下也；有治標之急，擇其甚者，急救之也。奇方之說有二：有獨用一物之奇，有一、三、五、七、九之奇。近者奇之，下者奇之。奇者，不止君一臣三。凡在陽之分者，皆為之奇也。偶方之說有三：有兩味相配之偶，有兩方相合之偶，有二、四、六、八、十之偶。遠者偶之，汗者偶之。偶者不止君二臣四。凡在陰之分，皆謂之偶也。複方之說有二：有二方三方相合之複，如桂枝二越婢一湯。有分兩勻平之複，如胃風湯各等分也。

十劑：宣、通、補、瀉、輕、重、滑、澁、燥、濕。宣者，升而上也。《內經》曰：高者，因而越之。即涌劑也。以君召臣曰宣是矣。通者，流通之義也。凡壅滯閉結，非通劑不愈。補者，五臟各有補法。夫虛有六，表、裏、上、下、陰、陽也。《經》曰：形不足者補之以氣，精不足者補之以味。須達證之所起，分經療之為善。瀉之義與通倣，但不專主於下。如黃芩瀉肺，黃連瀉心，黃栢瀉腎，龍膽草瀉肝，石膏瀉脾之類。《經》曰：實者瀉之。凡清利之劑，總名曰瀉。輕者，言藥之性也。如風寒之邪，始自表而入，頭痛身熱，腰脊強。《內經》曰：宜輕劑以揚之。《本草》云：輕可以去實，宜麻黃、葛根、升麻之屬。重者，亦藥之性也。如久病咳嗽，痰涎不利，形羸，不可峻攻，用硃砂、金箔、水銀、沉香之屬。《內經》曰：重者減之。貴其漸也。滑者，取其潤也。《周禮》曰：滑以養竅。如麻仁、冬葵子、郁李仁、滑石之類。澁者，收之之義也。如牡蠣、白礬、龍骨、粟殼之屬。燥者，取其去濕也。如久瀉冷積，宜薑、附以燥之。虛濕宜黃連、大黃燥之。濕者，與滑義相類，而少有不同，滑兼通意，而濕則但主於濡。《經》曰：血主濡之，當歸、地黃之屬。

明・繆希雍《本草經疏》卷一 論七方本義

夫方者，法也。法乃所以制物者也。故大、小、緩、急、奇、偶、複七者，為法制之變且盡也。七方不同，同歸已疾。其制各異，異以從宜。岐伯言之已詳，後人演之彌悉，凡製方者必本乎是。苟悖其制，則非法矣。非法則不能所施合轍，而反致乖剌，惡在其能攻邪已疾耶！

明・倪朱謨《本草彙言》卷二〇 七方十劑顧朽匏選輯。

一大方：岐伯云：君一、臣三、佐九，制之大也。君一、臣二，佐五，制之中也。君一、臣二，制之小也。此以品件之多寡爲大小也。又云：遠而奇偶，制大其服；近而奇偶，制小其服。大則數少，小則數多。多則九之，少則二之。此以分兩之多寡爲大小也。按品件多之大方，乃病有兼證而邪不一，不可以一二味治者宜之也。分兩多之大方，及肝腎、及下部位遠，數多

則其氣緩，不能速達于下，必數少而劑大，取其迅速下達也。

一小方：有品件少之小方，乃病無兼證，邪氣專一，可一二味治者宜之也。有分兩少之小方，乃心肺上部位近，數少則其氣下走，不能升發于上，必數多而劑小，徐徐細呷，取其升散上行也。

一緩方：岐伯云：補上治上制以緩，補下治下制以急。急則氣味厚，緩則氣味薄。適其至所，病所遠而中道氣味之者，食而過之，無越其制度也。王冰註云：假如病在腎而心氣不足，服藥宜急過之，不以氣味飼心。腎藥淩心，心益衰矣。凡上下遠近，其例皆同。按病有上下表裏之異，治上必妨下，治表必連裏。用黄芩以治肺必妨脾，用蓯蓉以治腎必妨心。服乾薑以治中必僭上，服附子以補火必涸水。用藥之道，治上不犯下，治下不犯上，治中則上下俱不犯。惟在緩急合宜耳。有甘以緩之之方，甘草、糖蜜之類是也。病在胸膈，取其留戀也。有丸以緩之之方，比之湯藥，其行遲慢也。有品件衆多之緩方，藥衆則遞相拘制，不得各騁其性也。有無毒治病之緩方，無毒則性純功緩也。有氣味俱薄之緩方，氣味薄則長于補上，比至其下，藥力已衰矣。

一急方：有急病急攻之急方，中風關格病是也。有湯散蕩滌之急方，下咽易散而行速也。有毒藥之急方，毒性能上涌下泄，以奪病勢也。有氣味俱厚之急方，氣味俱厚，直趨于下而力不衰也。

一奇方：獨用一物，謂之奇方。一、三、五、七、九，藥合陽數，亦謂之奇方。唐許胤宗，治病多用單方。謂藥與病合，惟用一物攻之，氣純而愈速。今人認病不真，多其物以幸有功。譬獵不知兔，廣絡原野，冀一人獲之，術亦疏矣。一藥偶得他藥相制，弗能專力，而欲愈疾，不亦難乎？

一偶方：二物相配，二方相合，皆謂之偶方。二、四、六、八、十，藥合陰數，亦謂之偶方。王太僕言：汗藥不以偶，則氣不足以外發；下藥不以奇，則藥毒攻而致過。蓋下本易行，故單行則力孤而微；汗或難出，故併行則力齊而大乎！然仲景製方，桂枝汗藥，五味爲奇；大承氣下藥，四味爲偶。則奇偶之數似不必拘也。

一複方：奇之不去，複以偶。偶之不去，複以奇。所謂十補一泄，數泄一補也。又傷寒見風脉，傷風得寒脉，爲脉證不相應，宜以複方主之。凡二方、三方及數方相合者，如桂枝二越婢一湯、五積散之屬是也。

明・李中梓《本草通玄》卷下　七方者：大、小、緩、急、奇、偶、複。大方之説有三：有藥力雄猛之大，有品味數多之大，有分兩數多之大。此治下焦，療大病之法也。小方之説有三：有病勢輕淺，不必雄猛之小；有病在上焦，宣分兩輕微之小；有病無兼症，宜君一臣二之小。緩方之説有六：有甘以緩之之緩，有緩則治本之緩，有丸以緩之之緩，有品味衆多之緩，有無毒治病之緩，有氣味俱薄之緩。急方之説有五：有急症須急治之急，有湯液蕩滌之急，有毒藥之急，有氣味厚之急，有急則治標之急。奇方之説有二：有獨用一物之奇，有一、三、五、七、九之奇。奇方宜下不宜汗。偶方之説有三：有兩味配合之偶，有二方合用之偶，有二、四、六、八、十之偶。偶方宜汗不宜下。桂枝汗藥，反以五味成奇。承氣下藥，反以四味成偶。豈臨時制宜，當別有法乎？複方之説有三：有二、三方及數方相合之複，有本方之外復加他藥之複，有分兩均齊之複。王太僕以偶為複，今七方有偶又有複。豈非偶乃二方相合，複乃數方相合乎？

清・顧元交《本草彙箋・總略》　七方論例出岐伯　焉文云：七方十劑，凡業醫者發蒙之始，即以供課習之資，乃皓首宿醫，尚不知七方十劑爲何事，吾不能解其用藥之故矣。夫十劑者，用藥之規矩。七方者，治病之權衡。權衡之道，不外乎病之輕重，與病所之遠近，而分大、小、緩、急、奇、偶、復之治理。岐伯刱之于前，後人演之於後，百代不能越也。乃慎齋先生則又云：夫病重者其藥輕，病輕者其藥重，此又從七方之義，再進竿頭，通變於既窮，救民於垂絶，仁人之用心，其至矣乎。其所謂病輕者，非輕也，以其邪氣初感，元氣未虧，故病雖重，猶謂之病輕，宜亟用重劑，刼而奪之。所謂病重者，久病元氣微弱，如小草將枯，若大加浸灌，速其斃耳，須用小水漸沾潤之，庶有回生之機。嘗見慎柔師治虚證，至真陰敗極，藥投不應，迺以四君及芪、芍、冬、味、山藥、蓮肉之類，用輕劑煮，去頭煎不用，止服第二、三煎，即用丸劑，如參苓白术散之類，亦去頭煎，晒乾爲末，焦飯糊丸如菉豆大，每服不過一二錢，以此漸養胃氣，漸復真陰，往往以此法活人萬死於一生。而世俗聞之，無不誠其太迂者。師師相授之心學，敬布同志，摻司命之責者，幸毋草於斯術焉。

氣有多少，形有盛衰，治有緩急，方有大小。又曰病有遠近，證有中外，治有輕重。近者偶之，遠者奇之。汗不以奇，下不以偶。補上治上，制以緩。

補下治下，制以急。急則氣味厚，緩則氣味薄，適其至所，此之謂也。病所遠而中道氣味之者，食而過之，無越其制度也。是故平氣之道，近而偶奇，制小其服。遠而奇偶，制大其服。大則數少，小則數多，多則九之，少則一之。奇之不去則偶之，是謂重方。偶之不去則反佐以取之，所謂寒熱溫涼，反從其病。

王冰曰：方奇而分兩偶，方偶而分兩奇。近而偶制，多數服之。遠而奇制，少數服之。則肺服九，心服七，脾服五，肝服三，腎服一，爲常制也。

李時珍曰：逆者正治，從者反治。反佐即從治也，謂熱在下而上有寒邪拒格，則寒藥中入熱藥爲佐，下膈之後，熱氣既散，寒性隨發也。寒在下而上有浮火拒格，則熱藥中入寒藥爲佐，下膈之後，寒氣既清，熱性隨發也。此寒因寒用，熱因熱用之法也。溫涼倣此。

大方：張從正曰：大方有二，有君一臣三佐九之大方，病有兼證，而邪不一，不可以一二味治者宜之。有分兩大而頓服之大方，肝腎及下部之病道遠者宜之。

小方：小方有二：有君一臣二之小方，病無兼症，邪氣專一，可一二味治者宜之。有分兩小而頻服之小方，心肺及在上之病者宜之，徐徐細呷是也。劉完素曰：肝腎位遠，數多則其氣緩，不能速達於下，必大劑而數小，取其迅急下走也。心肺位近，數少則其氣急下，是不能升發於上，必小劑而數多，取其易散而上行也。王氏所謂肺服九云云，乃五臟生成之數也。

緩方：張從正曰：緩方有五：有甘以緩之之方，甘草、糖蜜之屬是也，病在胸膈，取其留戀也。有丸以緩之之方，比之湯散，其行遲慢也。有品件衆多之緩方，藥衆，則遞相拘制，不得各騁其性也。有無毒治病之緩方，無毒則性純功緩也。有氣味俱薄之緩方，氣味薄，則長於補上治上，比至其下藥力已衰矣。

急方：王好古曰：治主宜緩，緩則治其本也。治客宜急，急則治其標也。表裏汗下，皆有所當緩，所當急。張從正曰：急方有四。有急病急攻之急方，中風關格之病是也。有湯散蕩滌之急方，下咽易散而行速也。有毒藥之急方，毒性能上涌下泄，以奪病勢也。有氣味俱厚之急方，氣味俱厚，直趨於下，而力不衰也。王冰曰：假如病在腎，而心氣不足，服藥宜急過之，不以氣味飼心，腎藥凌心，心益衰矣。上下遠近，例同。劉完素曰：聖人治上不犯下，治下不犯上，治中上下俱無犯。故曰誅伐無過，命曰大惑。王好古曰：治上必妨下，治表必妨裏，用黄芩以治肺必妨脾，用蓯蓉以治腎必妨心，服乾薑以治中必僭上，服附子以補火必涸水。

奇方：張從正曰：奇方有二。有獨用一物之奇方，病在下而遠者宜之。有藥合陽數一、三、五、七、九之奇方，宜下不宜汗。

偶方：張從正曰：偶方有三。有二味相配之偶方，有古之二方相合之偶方，古謂之復方。皆病在上而近者宜之。有藥合陰數二、四、六、八、十之偶方，宜汗不宜下。

複方：張從正曰：複方有三：有二方三方及數方相合之複方，如桂枝二越婢一湯、五積散之屬是也。有本方之投，一劑之中自相矛盾，求其蠲疾，寧有濟乎，宜可去壅，生薑、橘皮之屬是也。李杲云：外感六淫之邪，欲傳入裏，三陰實而不受，逆於胸中，上下不通，或噦或嘔，所謂壅也。三陰者，脾也。故必破氣藥，如薑、橘、藿香、半夏之類，瀉其壅塞。張從正云：春病在頭，大法宜吐，是宣劑，即涌劑也。《經》云：高者因而越之，木鬱則達之。宣者，升而上也。凡風癇中風，胸中諸實痰飲，寒結胸中，熱鬱上而不下，久則喘嗽，滿脹水腫之病生焉，非宣劑莫能愈也。吐中外別加餘藥，如調胃承氣，加連翹、薄荷、黄芩、梔子，爲涼膈散之屬是也。有分兩均齊之複方，如胃風湯各等分之屬是也。王太僕以偶爲複方，今七方有偶，又有複，豈非偶廼二方相合，複乃數方相合之謂乎？【略】

十劑藥例出徐之才 爲文云：十劑之理，莫備于賈書十八法。且七方十劑，已多載于諸書，而世人廢輟既久，故不厭再爲重述。古人立方，味數簡少，藥力精耑，即有數多，理歸一致，倘宣、通、補、瀉、良、毒，雜有汗如引涎、追淚嚏鼻，凡上行者，皆吐法也。

通可去滯，通草、防己之屬是也。劉完素云：留而不行，必通以行之，如水病爲痰澼之類，以木通、防己之屬攻其内，則留者行也。滑石、茯苓、芫花、甘遂、大戟、牽牛之類是也。

補可去弱，人參、羊肉之屬是也。張從正云：五臟各有補瀉，五味各補其臟。《經》云：精不足者，補之以味；形不足者，補之以氣是也。

泄可去閉，葶藶、大黄之屬是也。李杲云：葶藶苦寒，氣味俱厚，不減大黄，能泄肺中之閉，又泄大腸。大黄走而不守，能泄血閉，腸胃滓穢之

物。一泄氣閉，利小便；一泄血閉，利大腸；凡與二藥同者，皆然。張從正云：實則泄之。諸痛爲實，痛隨利減，芒硝、大黄、牽牛、甘遂、巴豆之屬，皆瀉劑也。其催生下乳，磨積逐水，破經洩氣，凡下行者，皆下法也。

輕可去實，麻黄、葛根之屬是也。　張從正云：風寒之邪，始客皮膚，頭痛身熱，宜解其表，《内經》所謂輕而揚之也。癰瘡疥痤，俱宜解表，汗以泄之，毒以熏之，皆輕劑也。凡熏洗、蒸灸、熨烙、刺砭、導引、按摩，皆汗法也。

重可去怯，磁石、鐵粉之屬是也。　張從正云：重者，鎮墜之謂也。怯則氣浮，如喪神失守，而驚悸氣上，硃砂、水銀、黄丹、寒水石之倫，皆鎮重也。久病咳嗽，涎潮於上，形羸不可攻者，以此墜之。《經》云：重者因而減之，貴其漸也。

滑可去着，冬葵子、榆白皮之屬是也。　劉完素云：澀則氣着，必滑劑以利之。滑能養竅，故潤利也。　張從正云：大便燥結，宜麻仁、郁李仁之類；小便癃閉，宜葵子、滑石之類；前後不通，兩陰俱閉，名曰三焦約。約者，束也。宜先以滑劑潤養其燥，然後攻之。

澀可去脱，牡蠣、龍骨之屬是也。　張從正云：寢汗不禁，澀以牡蠣、五味子、五倍之屬。滑泄不已，澀以肉豆蔻、訶黎勒、沒食子、亞芙蓉、龍骨之屬。凡酸味同乎澀者，收斂之義也。

燥可去濕，桑白皮、赤小豆之屬是也。　劉完素云：濕氣淫勝，腫滿脾濕，必燥劑以除之，桑白皮之屬；濕勝於上，以苦吐之，以淡滲之是也。張從正云：積寒久冷，吐利腥穢，上下所出，水液澄徹清冷，宜薑、附、胡椒輩以燥之。若病濕氣，則陳皮、白术、木香、蒼术之屬除之，亦燥劑也。而黄連、黄柏、梔子、大黄，其味皆苦，苦屬火化，皆能燥濕，此《内經》之本旨也，豈獨二术之類爲燥劑乎？

濕可去枯，白石英、紫石英之屬是也。　張從正云：濕者，潤劑也。雖與滑類少有不同，《經》云：辛以潤之。辛能走氣，能化液故也。鹽、硝味雖鹹，屬真陰之水，誠濡枯之上藥也。人有枯涸皴揭之病，非獨金化，蓋有火以乘之，故非濕劑不能愈。

清・郭章宜《本草匯》卷一　七方　夫方者，法也。法乃所以制物者也。故大、小、緩、急、奇、偶、複七者，為法制之變且盡也。七方不同，同歸已疾；其制各異，異以從宜。凡製方者必本乎是，苟悖其制，則非法矣，非法則不能所施合轍，而反致乖剌，惡在其能攻邪已疾耶。

岐伯曰：氣有多少，形有盛衰治有緩急，方有大小。又曰：病有遠近，證有中外，治有輕重，近者奇之，遠者偶之。汗不以奇，下不以偶。補上治上制以緩，補下治制以急。【略】

大方：岐伯曰：君一臣二佐九，制之大也。【略】王太僕以心肺爲近，腎肝爲遠，脾胃爲中。【略】以予觀之，身半以上其氣三，天之分也；身半以下其氣三，地之分也；中脘，人之人也。

小方：從正曰：小方有二，有君一臣二小方，病無兼證，邪氣專一，可一二味治者宜之；有分兩少而頓服之小方，心肺及在上病者宜之，徐徐細呷是也。

緩方：【略】故補上治上制以緩，緩則氣味薄也。故王太僕云：治上補上方若迅急，則上不任而迫走于下，制緩方而氣味厚，則勢與急同。

急方：【略】故王太僕云：治下補下，方之緩慢，則滋道路而力又微。制急方而氣味薄，則力與緩等。

奇方：王冰曰：單方也。從正曰：奇方有二，有獨用一物之奇方，病在上而近者宜之；有藥合陽數一、三、五、七、九之奇方，以藥味之數皆單也。【略】

偶方：從正曰：偶方有三，有兩味相配之偶方；有古之二方相合之偶方；古謂之複方，皆病在下而遠者宜之；有藥合陰數二、四、六、八、十之偶方，皆陰之數也。【略】

複方：【略】王太僕以偶爲複方。今七方有偶，又有複，豈非偶乃二方相合，複乃數方相合之謂乎？

清・陳士鐸《本草新編》卷一　七方論　註《本草》而不論方法，猶不註也。《本草》中，草木昆蟲介屬之氣味寒熱，必備悉於胸中，然後可以隨材任用。使胸次無出奇制勝方略，則如無制之師，雖野戰亦取勝於一時，未必不致敗於末路。與其焦頭爛額，斬殺無遺，何如使敵人望風而靡之為快哉。此七方之必宜論也。七方者，大、小、緩、急、〔奇〕、偶、複也。吾先言其大方。岐伯夫子曰：君一臣三佐九，制之大也。凡病有重大，不可以小方治之者，必用大方以治之。大方之中，如用君藥至一兩者，臣則半之，佐又半之。不可君藥少於臣藥，臣藥少於佐使。設以表裏分大小，是裏宜大而表宜小也，

然而治表之方，未嘗不可大。設以奇偶分大小，是奇宜大而偶宜小也，然而用偶之方，未嘗不可大。設以遠近分大小，是遠宜大而近宜小也，然而治近之方，又未嘗不可大。故用大方者乃宜大而大，非不可大而故大也。

或問：大方是重大之劑，非輕小之藥也，重大必用藥宜多而不可少矣。何以君一而臣三佐用九耶？是一方之中計止十三味，似乎名為大而非大也。不知大方者，非論多寡，論強大耳。方中味重者為大，味厚者為大，味補者為大，味攻者為大，豈用藥之多為大乎。雖大方之中，亦有用多者，而終不可謂多者即是大方也。

或疑大方不多用藥，終難稱為大方，不知大方之義在用意之大，不盡在用藥之多也。譬如補也，大意在用參之多以為君，而不在用白朮、茯苓之多以為臣使也；如用攻也，大意在用大黃之多以為君，而不在用厚朴、枳實之多以為臣使也。推之寒熱表散之藥，何獨不然，安在眾多之為大哉。

或疑大方在用意之大，豈君藥亦可小用之乎。夫君藥原不可少用也，但亦有不可多用之時，不妨少用之。然終不可因少用而謂非君藥，並疑少用而謂非大方也。

小方若何？岐伯夫子曰：君一臣三佐五，制之中也。君一臣二，制之小也。中即小之義，凡病有輕小不可以大方投者，必用小方以治之。小方之中，如用君藥至二錢者，臣則半之，佐又半之，亦不可以君藥少于臣，臣藥少于佐也。夫小方所以治輕病也，輕病多在上，上病而用大方，則過于沉重，必降于下而不升于上矣。小方所以治小病也，小病多在陽，陽病而用大方，則過于發散，必消其正而(哀)〔衰〕其邪矣。故用小方者，亦宜小而小，非不可小而故小也。

或問：小方是輕小之劑，所以治小病也。然君一臣三佐五，方未為小也。若君一臣二而無佐使，無乃太小乎。不知小方者，非論輕重，論升降耳，論浮沉耳。方中浮者為小，升者為小也。豈用藥之少者為小乎。雖小方多用，而要不可謂少用藥之方即是小方也。

或疑小方不少用藥，終不可名為小方。不知小方之義，全不在用藥之少也。病小宜散，何嘗不可多用柴胡；病小宜清，何嘗不可多用麥冬；病小宜提，何嘗不可多用桔梗。病小宜降，何嘗不可多用厚朴。要在變通于小之內，而不可執滯于方之中也。

或疑小方變通用之，是小可大用矣。小方而大用，仍是大方而非小方也。曰小方大用，非大方之可比，藥雖多用，方仍小也。

緩方若何？岐伯夫子曰：補上治上，制以緩。緩者，遲之之謂也。上虛補上，非制之以緩，則藥趨于下而不可補矣。上病治上，非制之以緩，則藥流于下而不可治矣。然而緩之法不同。有甘以緩之之法，凡味之甘，其行必遲也；有升以緩之之法，提其氣而不下陷也；有丸以緩之之法，作丸而不作湯，使留于上焦也；有作膏以緩之之法，使膠黏于胸膈間也；有用無毒藥以緩之之法，藥性平和，功用亦不驟也。有緩治之方，庶幾補上不補下，治上不治下矣。

或問：緩方以治急也，然急症頗有不可用緩之法，豈一概可用緩乎？曰：宜緩而緩，未可概用緩也。若概用緩，必有不宜緩而亦緩者矣。

或疑緩方故緩，恐于急症不相宜。不知急症緩治，古今通議，然而緩方非治急也，大約治緩症者為多。如痿症也，必宜緩；如脫症也，不宜急。安在緩方之皆治急哉。

或問：緩方君論至備，不識更有緩之之法乎？曰：緩之法在人而不在法也。執緩之法以治宜緩之病，則法實有窮；變緩之方以療至緩之病，則法何有盡。亦貴人之善變耳，何必更尋緩方之治哉。

急方若何？岐伯夫子曰：補下治下，制以急。夫病之急也，豈可以緩治哉。大約治本之病宜于緩，治標之病宜于急。然而標本各不同也。有本宜緩而急者，急治其本。有標不宜急而急者，急治其標。而急之方實有法焉。有危篤急攻之法，此邪氣壅阻于胸腹腸胃也。有危篤急救之法，此正氣消亡于陰陽心腎也。有急用濃煎大飲湯劑之法，使之救火濟水，援絕于旦夕也。有急用大寒大熱毒藥之法，使之上湧下泄，取快于一時也。有急治之方，庶幾救本而不遺于救標，救標而正所以救本矣。

或問：急方治急，不識亦可以治緩症乎？曰：緩方不可以治急，而急方實所以治緩。遇急之時，不用急方以救其垂危將絕，迨病勢少衰而後救之，始用緩治之法不已晚乎。然則急方治急，非即所以治緩乎。

或疑急方救急，似乎相宜。急方救緩，恐不相合。不知緩急同治者，用藥始神耳。

或疑緩急相濟，固為治病妙法，然畢竟非治急之急方也。曰：以急救

急，因病之急而急之也；以急救緩，亦因病雖緩而實急，故急之也。然則緩急相濟，仍治急而非治緩也。

或疑急症始用急方，則急方不可用緩也明矣。然古人急病緩治，往往有之，似乎急方非救急也。曰：急方不救急，又將何救乎？急病緩治者，非方用緩也。于急方之中，少用緩藥，以緩其太急之勢，非于急方之中，純用緩藥，以緩其太急之機也。

奇方若何？岐伯夫子曰：君一臣二，君二臣三，奇之制也。所謂奇之制者，言數之奇也。蓋奇方者，單方也。用一味以出奇，而不必多味以取勝。藥味多，未免牽制，反不能單刀直入。凡臟腑之中，止有一經專病者，獨取一味而多其分兩，用之直達于所病之處，自能攻堅而奏功如神也。

或問：奇方止取一味出奇，但不知所用何藥。夫奇方以一味取勝，《本草》中正未可悉數也。吾舉其至要者言之。用白术一味以利腰臍之濕也，用當歸一味以治血虛頭暈也，用川芎一味以治頭風也，用人參一味以救脱救絕也，用茯苓一味以止瀉也，用菟絲子一味以止夢遺也，用杜仲一味以除腰疼也，用山梔子一味以定脇痛也，用甘草一味以解毒也，用大黄一味以攻堅也，用黄連一味以止嘔也，用山茱萸一味以益精止腎泄也，用生地一味以止血也，用甘菊花一味以降胃火也，用薏仁一味以治脚氣也，用山藥一味以益精也，用肉蓯蓉一味以通大便也，用補骨脂一味以溫命門也，用車前子一味以止水瀉也；用蒺藜子一味以明目也，用忍冬藤一味以治癰也，用巴戟天一味以強陽也，用荊芥一味以止血暈也，用蛇牀子一味以壯陽也，用元參一味以降浮遊之火也，用青蒿一味以消暑也，用附子一味以治陰虛之喉痛也，用艾葉一味以溫脾也，用地榆一味以止便血也，用蒲公英一味以治乳瘡也，用旱蓮草一味以烏鬚也，用皂莢一味以開關也，用使君子一味以殺蟲也，用赤小豆一味以治濕也，用花蕋石一味以化血也。以上皆以一味取勝，擴而充之，又在人意見耳。

或疑奇方止用一味出奇，雖奏功甚神，竊恐有偏勝之弊也。顧藥性未有不偏者也，人陰陽氣血亦因偏勝而始病，用偏勝之藥以制偏勝之病，則陰陽氣血兩得其平，而病乃愈。然則奇方妙在藥之偏勝，不偏勝不能去病矣。

或疑方用一味，功雖專而力必薄，不若多用數味則力厚而功專。不知偏勝之病，非偏勝之藥斷不能成功。功成之易，正因其力厚也，誰謂一味之方力薄哉。

偶方若何？岐伯夫子曰：君二臣四，君三臣六，偶之制也。又曰：遠者偶之，下者不以偶。蓋偶亦論數耳。是偶方者，重味也，乃二味相合而名之也。如邪盛，用單味以攻邪而邪不能去，不可仍用一味攻邪，必更取一味以同攻其邪也；如正衰，用單味補正而正不能復，不可仍用一味補正，必另取一味以同補其正也。非兩方相合之為偶，亦非汗藥三味為奇，下藥四味為偶也。

或問：奇方止取一味以出奇，而偶方共用兩味以取勝，吾疑二味合方，正不可多得也。夫二味合而成方者甚多，吾不能悉數，示以成方，不若商以新方也。人參與當歸並用，可以治氣血之虛。黄芪與白术同施，可以治脾胃之弱，人參與肉桂同投，可以治心腎之寒。人參與黄連合劑，可以治心胃之火。人參與川芎並下，則頭痛頓除。人參與菟絲並煎，則遺精頓止。黄芪與川芎齊服，則氣旺而血驟生。黄芪與茯苓相兼，則利水而不走氣。黄芪與防風相制，則去風而不助脹。是皆新創之方，實可作偶之證。至于舊方，若參附之偶也，薑附之偶也，桂附之偶，术苓之偶，芪歸之偶，歸芎之偶，甘芍之偶，何莫非二味之合乎？臨症裁用，存乎其人。

或疑偶方合兩味以制勝，似乎有相合益彰之慶，但不知有君臣之分、佐使之異否乎。夫方無君臣佐使者，止奇方也。有偶則君臣自分，而佐使自異矣。天無二日，藥中無二君也。偶方之中，自有君臣之義、佐使之道，烏可不分輕重多寡而概用之耶。

複方若何？岐伯夫子曰：奇之不去則偶之。偶之是謂重方。重方者，複方之謂也。或用攻于補之中，複用補于攻之內，或攻多而補少，或攻少而補多，調停于補攻之間，斟酌于多寡之際，可合數方以成功，可加他藥以取效，或分兩輕重之無差，或品味均齊之不一，神而明之，複之中而不見其複，斯可謂善用複方者乎。

或問：複方乃合眾方以相成，不必拘拘于繩墨乎？曰：用藥不可雜也，豈用方而可雜乎。用方而雜，是雜方而非複方矣。古人用二方合之，不見有二方之異，而反覺有二方之同，此複方之所以神也。否則，何方不可加減，而必取于二方之相合乎。

或疑複方合數方以成一方，未免太雜。有前六方之妙，何病不可治，而

增入複方，使不善用藥者，妄合方以取敗乎。曰：複方可刪，則前人先我而刪矣，實有不可刪者在也。雖然，知藥性之深者，始可合用複方，否則不可妄用，恐相反相惡，反致相害。

或疑複方不可輕用，寧用一方以加減之，即不能奏效，亦不致取敗。曰：此吾子慎疾之意也。然而複方實有不可廢者，人苟精研于《本草》之微，深造于《內經》之奧，何病不可治，亦何法不可複乎，而猶謹于複方之不可輕用也，未免徒讀書之譏矣。

清・景日昣《嵩厓尊生全書》卷四　七方治病權衡譜　大方二：有君一臣三佐九之大方，病有兼症，而邪不一，不可以一二味治者宜之。有分兩大而頓服之大方。肝腎及下部病，道遠者宜之。肝腎位遠，數多其氣緩，不能速下，大劑數少，取其迅急下走。

小方二：有君一臣二之小方，病無兼症，可一二味治者宜之。有分兩少而徐呷之小方。心肺及在上之病宜之。心肺位近，數少則氣急下，不能升發于上，小劑數多，取其易散上行。

緩方五：有無毒治病之緩方，無毒，性純，功緩。有丸以緩之之方，比之湯散行遲，病不可以日月愈，治久病者宜之。有甘以緩之之方，甘草、蜜糖之屬，病在胸膈，取其留戀。治主宜緩，緩則治其本。有品伴多之緩方，品眾則遞相拘制，不得各騁其性。有氣味俱薄之緩方，氣味薄，長于補上治上，比至下藥力已衰。《經》曰：補上治上治以緩，緩則氣味薄。

急方四：有毒藥之急方，毒性上湧下泄，以奪病勢。有急病急攻之急方，中風、關格之類。治客宜急，急則治其標。有湯散盪除之急方，下咽易散而行速。有氣味俱厚之急方。厚則直趨于下，而力不衰。《經》曰：補下治下治以急，急則氣味厚。

奇方二：有獨用一物之奇方，病在下而遠者宜之。《經》曰：遠而奇制，少數服之。有合陽數一三五七九之奇方。宜下不宜汗。

偶方三：有二方相合之偶方，病在上而近者宜之。有二味相配之偶方，病在上而近者宜之。《經》曰：近而偶制，多數服之。有合陰數二四六八十之偶方。宜汗不宜下。

複方：有本方加味之複方，如調胃承氣加翹、荷、芩、梔為涼膈散。有二方、三方、數方相合之複方，桂枝二越婢一湯、五積散之屬。有分兩均齊之複方。如胃風湯各等分之屬。

臆加四方　重病輕方：久病元虧，如草木將枯，大其泛灌，速其斃耳。細細沾濡，庶可回生。　輕病重方：邪氣初感，正元未虧，急用重劑，刦而奪之。　反佐方：即從治也。如熱在下，上却寒，則寒藥中入熱藥為佐，下膈之後，熱散寒性得力也。寒在下，上有浮火，則熱藥中入寒藥為佐，下膈後寒清熱性得力也。　顧忌方：如腎病，心氣不足，腎藥淩心，心益衰。故曰誅伐無過，命曰大惑。治上必妨下，治表必妨裏，黃芩清肺必妨脾，蓯蓉治腎必妨心，乾薑治中必僭上，附子補火必涸水。

論說四

宋・唐慎微《證類本草》卷一《序例上》〔《雷公炮炙論》〕序　若夫世人使藥，豈知自有君臣；既辨君臣，寧分相制。秖如栨毛今鹽草也霑溺，立銷班腫之毒；象膽揮黏，乃知藥有情異。鮭魚插樹，立便乾枯；用狗塗之。以犬膽灌之，插魚處，立如故也。却當榮盛。無名無名異，形似玉柳石，又如石灰味別。止楚，截指而似去甲毛；聖石開盲，明目而如雲離日。當歸止血、破血，頭尾效各不同；頭止血，尾破血。蕤子熟生，足睡不眠立據。弊箄淡鹵，常使者甑中箄，能淡鹽味。如酒霑交。今蜜枳繳枝，又云交加枝。鐵遇神砂，如泥似粉；石經鶴糞，化作塵飛。栨見橘花似髓。斷絃折劍，遇鸞血而如初。以鸞血煉作膠，粘折處，鐵物永不斷。海竭江枯，投游波燕子是也而立泛。令鉛拒火，須仗修天，今呼為補天石。如要形堅，豈忘紫背。有紫背天葵，如常食葵菜，秖是背紫面青，能堅鉛形。留砒住鼎，全賴宗心，別有宗心草，今呼石竹，不是食者椶，恐誤。其草出欻州，生處多蟲獸。雌得芹花，其草名為立起，其形如芍藥，花色青，可長三尺已來，葉上黃斑色，味苦澀，堪用，煮雌黃立住火。立便成庚。硇遇赤鬚，其草名赤鬚今呼為虎鬚草是，用煮硇砂，即生火驗。永留金鼎。水中生火，非猾髓而莫能。海中有獸名曰猾，以髓入在油中，其油沾水，水中火生，不可救之，用酒噴之即熄，勿於屋下收。長齒生牙，賴雄鼠之骨末。其齒若折，年多不生者，取雄鼠脊骨作末，揩折處，齒立生如故。髮眉墮落，塗半夏而立生。眉髮墮落者，以生半夏莖煉之，取涎塗髮落處，立生。目辟眼睢，有五花而自正。五加皮是也。其葉有雄雌，三葉為雄，五味為雌，須使五葉者，作末酒浸飲之，其目睢者正。脚生肉栨，裩繫菪根；脚有肉栨者，取莨菪根，於裩帶上繫之，感應永不痛。囊皺旋多，夜煎竹木。多小便者，夜煎萆薢一件服之，永不夜起也。體寒腹大，全賴鸕

鴣； 若患腹大如鼓，米飲調鷓鴣末服，立枯如故也。血泛經過，飲調瓜子。甜瓜子內人搗作末，去油，飲調服之，立絕。咳逆數數，酒服熟雄；天雄炮過，以酒調一錢匕，立定也。遍體疹風，冷調生側。附子傍生者曰側子，作末，冷酒服，立差也。腸虛瀉痢，須假草零。搗五倍子作末，以熟水下之，立止也。久渴心煩，宜投竹瀝。除癥去塊，全仗硝硇。硝、硇即硇砂、硝石二味。於乳鉢中研作粉，同鍛了，酒服，神效也。益食加觴，須煎蘆朴。不食者，並飲酒少者，煎逆水蘆根並厚朴二味，湯服。強筋健骨，須是蓯蟮。蓯蓉並鱔魚二味，作末，以黃精汁丸服之，可力倍常十也。出《乾寧記》宰。駐色延年，精蒸神錦。出顏色，服黃精自然汁拌細研神錦，于柳木甑中蒸七日了，以木蜜丸服，顏貌可如幼女之容色也。知瘡所在，口點陰膠。陰膠即是甑中氣垢，少許於口中，即知臟腑所起，直徹至住處知痛，足可醫也。產後肌浮，甘皮酒服。產後肌浮，酒服甘皮，立愈。口瘡舌坼，立愈黃蘇。口瘡舌坼，以根黃塗蘇炙作末，含之立差。腦痛欲亡，鼻投硝末。頭痛者，以硝石作末內鼻中，立止。心痛欲死，速覓延胡。以延胡索作散，酒服之。立愈也。如斯百種，是藥之功。某忝遇明時，謬看醫理；雖尋聖法，難可窮微。略陳藥餌之功能，豈溺仙人之要術，其制藥炮、熬、煮、炙，不能記年月哉？欲審元由，須看海集。某不量短見，直錄炮、熬、煮、炙，列藥製方，分為上、中、下三卷，有三百件名，具陳於後。

金·張元素《醫學啟源》（任應秋輯本）卷下　〔五行製方生克法〕　夫〔木〕、火、土、金、水，此製方相生相克之法也，老於醫者能之。

風制法：肝木，酸，春生之道也。失常則病矣。風淫於內，治以辛涼，佐以苦辛，以甘緩之，以辛散之。

暑制法：心火，苦，〔夏〕長之道也。失常則病矣。熱淫於內，治以鹹寒，佐以甘苦，以酸收之，以苦發之。

濕制法：脾土，甘，中〔央〕化〔成〕之道也。失常則病矣。濕淫於內，治以苦熱，佐以鹹淡，以苦燥之，以淡泄之。

燥制法：肺金，〔辛〕，秋收之道也。失常則病矣。燥淫於內，治以苦溫，佐以甘辛，以辛潤之，以苦下之。

寒制法：腎水，鹹，冬藏之道也。失常則病矣。寒淫於內，治以甘熱，佐以苦辛，以辛散之，以苦堅之。

注云：酸、苦、甘、辛、鹹，即肝水、心火、脾土、肺金、腎水之本也。四時之變，五行化生，各順其道，違則病生。聖人設法以制其變，謂如風淫於內，即是肝木失常也，火隨而熾，治以辛涼，是為辛金克其木，涼水沃其火，其治法例皆如此。下之二方，非為治〔病而〕設，〔此乃〕教人〔比證〕立方之〔道〕，容易〔通曉〕也。【略】

用藥用方辨　如仲景治表虛，制桂枝湯方，桂枝味辛熱，發散、助陽、體輕。本乎天者親上，故桂枝為君，芍藥、甘草佐之。〔如〕陽脈澀，陰脈弦，法當腹中急痛，制小建中〔湯〕方，芍藥為君，桂枝、甘草佐之。一則治其表虛，一則治其裏虛，是各言其主用也。後人之用古方者，觸類而長之，則知其本，而不致差誤矣。

元·羅天益《衛生寶鑑·藥誤永鑒》卷一　古方名實辨　仲景以小柴胡治少陽證，口苦舌乾，往來寒熱而嘔。蓋柴胡味苦平，行少陽經；黃芩味苦寒為佐，治發熱口苦；生薑辛溫，半夏辛熱，治發寒而嘔；人參甘溫，安胃和中；大棗甘平溫，和陰陽，調榮衛，生津液，使半表半裏之邪而自解矣。大承氣湯治陽明本實，痞滿燥實，枳實苦微寒泄痞，厚朴苦溫除滿，芒硝辛寒潤燥，邪入於府而作熱實，以大黃苦寒下之，酒製者為因用；熱散氣升而作汗解矣，因之承氣名之。錢仲陽以升麻湯治小兒寒喧不時，陽明經受邪，身熱，目疼，鼻乾，不得臥，及瘡疹未發，發而不勻。升麻苦平，葛根甘平，解散外邪；甘草甘溫，芍藥酸微寒，調和中氣，拒邪不能傷其裏。白术散治小兒陽明本虛，陰陽不和，吐利後而亡津液，虛熱口乾。人參、甘草、白术甘溫，和中補胃；藿香、木香辛溫芳馨，可以助脾；茯苓甘平，分陰陽而導其濕；葛根甘平，倍於眾藥，其氣輕浮，皷舞胃氣上行；生津液而解肌熱。《局方》用四物湯，調榮養衛，益氣滋血。當歸辛溫，熟地黃甘溫，能滋血；川芎辛溫，白芍藥味酸微寒，能養氣；蓋血為榮，氣為衛，四物相合，故有調益滋養之實。黃芪建中湯治面色痿黃，臍腹急痛，脾胃不足者，肝木乘之也，木勝其中，土走於外，故痿黃見於面。《難經》曰：其平和不可得見，衰乃見耳。黃芪、甘草甘溫，能補脾土；芍藥之酸，能瀉肝木。水挾木勢，亦來侮土，故作臍腹急痛。官桂辛熱，散其寒水；生薑、大棗、飴糖辛甘大溫，益氣緩中，又與脾胃行其津液，以養四臟，建脾制水，補子瀉母，使四臟各安其氣；必清必淨，則病氣衰去，建中之名，亦不誣矣。右數方，藥證相對，名實相輔，可垂法於世。近世用雙解散，治風寒暑濕，飢飽勞逸，殆無此理。且如風邪傷衛，必自汗而惡風；寒邪傷榮，必無汗而惡寒。又云：傷寒傷風，其證不同，

中暑自汗，必身熱而氣虛，中濕自汗，必體疼而沉重；　且四時之氣，更傷五臟，一往一來未有齊至者也。饑則損氣，飽則傷胃，勞則氣耗，逸則氣滯，其證不同，治法亦異。蓋勞者溫之，損者補之，逸者行之，內傷者消導之。今內外八邪，一方治之，有此理乎？《內經》云：　調氣之方，必別陰陽，內者內治，外者外治。故仲景云：　且除其表，又攻其裏，言仍似是，其理實違，其是之謂歟！　如搜風丸、祛風丸，有搜風祛風之名，無搜風祛風之實。百解散亦此類也。諺云：　看方三年，無病可醫；　療病三年，無藥可用。此亦名實不相輔故也。噫！　去聖逾遠，其術晦昧，人自為法，無可考證。昔在聖人垂好生之德，著《本草》，作《內經》，仲景遵而行之以立方，號群方之祖。後之學者，以仲景之心為心，庶得製方之旨。

元・羅天益《衛生寶鑑》卷二一　用藥用方辨　仲景表虛，制桂枝〔湯。桂枝〕味辛熱發散，〔助〕陽體輕。本乎天者親上，故桂枝為君，芍藥、甘草佐之。陽脉濇，陰脉弦，法當腹中急痛，仲景制小建中湯，芍藥味酸寒，主收補中。本乎地者親下，故芍藥為君，官桂、甘草佐之。一則治表虛，一則治裏虛，各言其主用也。後之人用古方者，觸類而長之，則知其本，而不至於差悞矣。

明・孫一奎《赤水玄珠》卷一九　用藥寒溫合宜論　如麻黃得桂枝則能發汗，芍藥得桂枝則能止汗，黃芪得白朮則止虛汗。防風得羌活則治諸風，蒼朮得羌活則止身痛。柴胡得黃芩則寒，附子得乾薑則熱。羌活得川芎則止頭疼，川藭得天麻則止頭眩。乾薑得天花粉則止消渴，石膏得知母則止渴。香薷得扁豆則消暑，黃芩得連翹則消毒。桑皮得蘇子則止喘，杏仁得五味則止嗽。丁香得柿蒂、乾薑則止呃，乾薑得半夏則止嘔。半夏得薑汁則消痰，貝母得瓜蔞則開結痰。桔梗得升麻開提血氣。枳實得黃連則消心下痞，枳殼得桔梗能使胸中寬。知母、黃栢得山梔則降火，豆豉得山梔治懊憹。辰砂得酸棗則安神，白朮得黃芩則安胎。陳皮得白朮則補脾，人參得五味、麥門則生腎水。蒼朮得香附開欝結，厚朴得腹皮開膨脹。草果得山查消肉積，神麯得麥(牙)〔芽〕能消食。烏梅得乾葛則消酒，砂仁得枳殼則寬中。木香得薑汁則散氣，烏梅得香附則順氣。芍藥得甘草治腹痛，吳茱萸得良薑亦止腹痛。乳香得沒藥大止諸痛，芥子得青皮治脇痛。黃芪得大附子則補陽，知母、黃栢得當歸則補陰。當歸得生地則生血，薑汁磨京墨則止血。紅花得當歸則活血，歸尾得桃仁則破血。大黃得芒硝則潤下，皂莢得麝香則通竅。訶子得肉果則止瀉，木香得檳榔治後重。澤瀉得猪苓則能利水，澤瀉得白朮則能收濕。此用藥相得之大端也。

明・杜文燮《藥鑑》卷一　論十全大補湯　虛損之疾，世醫例用十全大補湯以補之。其方實為虛損之關鍵也。方用參、芪、苓、朮、甘草以補氣虛，用歸、芎、地黃、芍、桂以補血少。此方乃為真氣血兩虛而設。或血虛而氣尚實，或氣虛而血尚充，又不可一例施也。蓋藥性各有能毒，中病者藉其能以付安。不中病者，徒惹毒以增病耳。如心脾二經虛，當用茯苓補之，虛而無汗及小便短少者，服之有功；　虛而小便數者，服之令人目盲；　虛而多汗者，久服損其元氣，夭人天年，以其味淡而利竅也。如肺氣弱及無陽虛者，當以參、芪補之。然肥白人及氣虛而多汗者，服之有功。若蒼黑人及腎氣虛而未甚虛，服之必滿悶不安，以其性滯而閉氣也。甘草健脾補中及瀉火除燥之良劑。然嘔吐與中滿，并嗜酒之人，服之多斂膈不行，而嘔滿增劇，以其氣味之甘緩也。川芎補血行血，清利目首之聖藥。然骨蒸多汗及氣弱之人，服之則真氣走散，而陰虛愈甚，以其氣味之辛散也。生地黃能生血脉，然胃氣弱者服之，防損胃不食。熟地黃補血養血，然痰火盛者服之，恐泥膈不行。人參為潤肺健脾之藥，元氣虛損者不可缺也，如久嗽勞喘咯血，鬱火在肺者，服之必加嗽增喘不寧，以其氣味之甘溫滯氣也。白芍為涼血益血之劑，血虛腹疼者不可缺也，若形瘦氣弱，稟賦素虛寒者，服之反伐發生之氣，以其氣味之酸寒也。用方者當慎之。

清・張志聰《侶山堂類辯》卷下　《金匱》腎氣丸論　腎氣丸，乃上古之聖方，藏之金匱，故名金匱方。夫人秉先天之陰陽水火而生，木火土金之五行，此方滋補先天之精炁，而交通于五臟，故名腎氣丸。用熟地黃八兩，以滋天乙之精。八者，男子所得之陰數也。用附子一枚重一兩者，以資地二之火。兩為陰數之終，一乃生陽之始，助陰中所生之陽，蓋兩腎之水火互交，陰陽相合，是以用地黃、附子以助先天之水火精炁者也；　用桂通腎氣以生肝，桂色赤，而為百木之長；　肝主血而屬木也。古方原用桂枝。用牡丹皮通腎氣，上交于心脾，丹屬火而主血，牡乃陰中之陽升也。夫腎與肺皆積水也，澤瀉能行水上復，能瀉水下行，主通水天之一炁，是以配肉桂、丹皮、澤瀉者，導腎臟之水火，上交于四臟者也。茯苓歸伏心氣以下交，山藥培養脾土以化

水，山萸乃木末之實，味酸色赤，復能導肝氣交通于腎，是以配茯苓、山藥、山茱萸、澤瀉者，導四臟之氣，而下交于腎也。心肺為陽，故用三兩之奇；肝脾為陰，故用四兩之偶。此培養精神氣血，交通五藏五行之神方，不可缺一者也。宋錢仲陽以為陽常有餘，陰常不足，去桂附而改為六味地黄丸。夫精血固宜補養，而神炁可不資生乎？後人因而有加知母、黄柏者，有加枸杞、菊花者，有加麥冬、五味者，竟失本來面目矣。夫加減之法，因陰虚火盛之人，以之治病則可，若欲調攝陰陽，存養精氣，和平水火，交通五行，益壽延年，神仙不老，必須恒服此金丹矣。〇元如曰：精生于五藏，而下藏于腎，腎氣上升以化生此精，是以五藏交通，而後精氣充足。【略】

奇偶分兩辯　《至真要論》曰：近者奇之，遠者偶之。汗者不以奇，下者不以偶。夫近奇遠偶者，謂奇上而偶下，猶天地之定位也。下宜奇，而汗宜偶者，以降者謂天，升者謂地，地氣升而後能為雲為雨也。夫天地陰陽之道，天氣下降，氣流於地，地氣上升，氣騰于天，不則天地四塞，而汗從何來？有不明天地氣交之道者，泥于近奇遠偶之句，反改為汗不以偶，下不以奇，此不通之甚也。《大要》曰：君一臣二，奇之制也。君二臣四，偶之制也。君二臣三，奇之制也。君二臣六，偶之制也。近而奇偶，制小其服，遠而奇偶，制大其服，大則數少，小則數多，多則九之，少則二之。蓋數少而分兩重者為大方，數多而分兩少者為小方。是以上古之方，少者一二三味，其分兩各三兩、四兩，多者不過八九味，分兩亦各有兩數，古之二兩，今之一兩也。皆有君臣佐使之分焉。有獨贊東垣能用大方，如韓信將兵，多多益善。噫！此但知有東垣，而不知有《内經》者也。夫東垣之大方，不過以數方合用，是為復方，如清暑益氣湯，以補中益氣湯内加二妙、生脉二方，焉能如先聖之大方乎？上古大方間或用之。試觀鱉甲煎丸，用至二十四味，其間參伍錯綜，如孔明陣圖，人莫能識。【略】

枳术湯論　《金匱要略》用枳术湯治水飲所作心下堅大如盤。蓋胃為陽，脾為陰，陽常有餘，而陰常不足，胃強脾弱則陽與陰絶矣。脾不能為胃行其津液，則水飲作矣，故用术以補脾，用枳以抑胃。後人不知胃強脾弱，用分理之法，咸謂一補一消之方。再按《局方》之四物湯、二陳湯、四君子湯，易老之枳术丸，皆從《金匱》方套出，能明乎先聖立方大義，後人之方不足法矣。【略】

膠艾湯論　艾名冰臺，削冰令圓，以艾向日取火，是能啟兩腎水火之氣，上交于心肺者也，故曰陷下則灸之。阿膠用阿井水煎驢皮而成。阿水乃濟水伏行地中，千里來源，其性趨下。夫心合濟水，肺主皮毛。阿膠能孤心肺之氣，以下交于兩腎者也。水火交而地天泰，則血氣流行，陰陽和合，又何病之有？明乎陰陽升降之道，五行生化之理，立方大意，思過半矣。鐵甕申先生之交感丸，亦從此中化出。【略】

薑附辯　乾薑、甘草、人參、白术、黄芪，補中氣之品也。是以吐傷中氣者用理中圓，乃人參、甘草、乾薑、白术四味。附子乃助下焦之生氣者也，是以手足厥冷，脉微欲絶者，用四逆湯，乃附子、乾薑、甘草三味。夫啟下焦之生氣者，宜生附；補下焦之元氣，或汗漏不止，而陽欲外脱者，宜熟附，以固補之。蓋元氣發原于下，從中焦而達于四肢，故生氣欲絶于下者，用下焦之附子，必配中焦之甘草、乾薑，或加人參、白术。若止傷中氣，而下焦之生原不傷者，止用理中，而不必附子矣。不格物性中下之分，不體先聖立方之意，有以生附配乾薑補中有發，附子得生薑則能發散之説者，有以附子無乾薑不熱，得甘草則性緩之説者，蓋以薑附為同類，疑惑後人，悞事匪細。如生氣欲絶于下，所當急溫者，若不用附，而以薑試之，則不救矣。〇元如曰：不敢用附，而先以桂代之者，亦誤事不淺。

清・李文來《李氏醫鑒》卷九

用藥加減約畧合前補中益氣湯後註解參看，施治可得其綱矣。　時珍曰：枳桔湯治胸中痞滿不痛，取其通肺利膈下氣也。甘桔湯通治咽喉口舌諸病，取其辛苦散寒，甘平除熱也。宋仁宗加荊芥、防風、連翹，遂名如聖湯。王好古加甘桔湯頗詳，失音加訶子，聲不出加半夏，上氣加陳皮，涎嗽加知母、貝母，欬渴加五味，酒毒加葛根，少氣加人參，嘔加半夏、生薑，吐膿血加紫菀，肺痿加阿膠，胸膈不利加枳殼，心胸痞滿加枳實，目赤加梔子、大黄，面腫加茯苓，膚痛加黄耆，發斑加荊、防，痰毒加牛蒡子、大黄，不得眠加梔子。訒菴曰：觀海藏所加，則用藥之大較亦可識矣。

彼此相濟主治約畧　紫蘇味辛，入氣分，色紫入血分。香溫散寒，通心利肺，開胃益脾，發汗解肌，和血下氣，寬中消痰，祛風定喘，止痛安胎，利大小腸，解魚蟹毒。多服泄人真氣。同陳皮、砂仁行氣安胎，同藿香、烏藥溫中止痛，同香附、麻黄發汗解肌，同川芎、當歸和血散血，同桔梗、枳殼利膈寬腸，同蔔子、杏仁消痰定喘，同木瓜、厚朴散濕解暑，治霍亂脚氣。

黄芩瀉中焦實火，除脾家濕熱，往來寒熱，腹痛，消痰。酒炒則上行，瀉肺火，利胸中

氣，治上焦之風熱濕熱，火嗽喉腥，目赤腫痛等症。得柴胡退寒熱，得白芍治下痢，得厚朴、黃連止腹痛，得桑皮瀉肺火，得白朮安胎之聖藥。　砂仁辛溫香竄。補肺益腎，和胃醒脾，快氣調中，通行結滯。得檀香、豆蔻入肺，得人參、益智入脾，得黃栢、茯苓入腎，得赤石脂入大小腸，又辛能潤腎燥，引諸藥歸宿丹田。地黃用之拌蒸，亦取其能達下也。《經疏》曰：腎虛氣不歸元，用為嚮導，殆勝桂、附熱藥為害。　丹砂瀉心經邪熱，鎮心清肝。時珍曰：同志肉、龍骨之類養心氣，同丹參、當歸之類養心血，同地黃、枸杞之類養腎，同厚朴、川椒之類養脾，同南星、川烏之類祛風。　淡豆豉時珍曰：能升能散，得葱則發汗，得鹽則能吐，得酒則治風，得薤則治痢，得蒜則止血，炒熟又能止汗。　半夏體滑性燥，能走能散，能燥能潤，和胃健脾，補肝潤腎，除濕化痰，發表開鬱。陳久者良。故與陳皮名二陳湯，為治痰之總劑。寒痰佐以乾薑、芥子，熱痰佐以黃芩、瓜蔞，濕痰佐以蒼朮、茯苓，風痰佐以南星、前胡，痞痰佐以枳實、白朮。痰在上加引上藥，痰在下加引下藥，惟燥痰非半夏所司也。趙繼宗曰：二陳治痰，風寒濕食諸痰則相宜，至于勞痰、失血諸痰，用之反能燥液而加病，故半夏古方有三禁：血家、汗家、渴家忌之。孕婦忌。　陳皮辛能散，苦能燥能瀉，溫能補能和，同補藥則補，瀉藥則瀉，升藥則升，降藥則降，為肺氣分之藥。寬中快膈，導滯消痰。大法治痰，以健脾順氣為主。潔古云：陳皮、枳殼利其氣，而痰自下。宣通五藏，統治百病，皆取其理氣燥濕之功。人身以氣為主。丹溪曰：氣順濕除，則百病散。橘紅兼能除寒發表，下氣治痰。用利氣藥過多則脾虛，痰易生而反多。時珍曰二腎散、潤下丸，治一切痰氣極効，世醫徒知半夏、南星之屬，何足以語此哉？二方見痰門。陶節菴曰：去實熱用大黃，無枳實不通。溫經用附子，無乾薑不熱。發表用麻黃，無葱白不發。吐痰用瓜蔕，無淡豉不湧。竹瀝無薑汁不能行經絡，蜜導無皂莢不能通秘結。

清・俞廷舉《金臺醫話》　方貴簡淨　方貴簡淨，不可夾襍。如張長沙地黃湯補陰，李東垣補中益氣湯補陽是也。陰主降，故補陰之藥多降，故地黃湯之用茯苓、澤瀉是也。陽主升，故補陽之藥多升，如補中益氣之用升、柴是也，此所謂一律也。又陽分之藥，輕清上浮，故補中益氣湯之分兩輕；陰分之藥，重濁下降，故地黃湯之分兩重，此皆有深意存焉。凡察醫之高下，首必問其所看之書，何家何部，次即觀其所開之方，何輕何重，何加何減，而醫之伎倆無遺遁矣。余見近世庸醫，每開一古方頗是，而其中加一二味，即屬夾襍不通，以不明一律之故也。甚至攔江網無所不有，更為可笑。蓋由平日未細心講究，故動輒見笑大方如此。

清・黃凱鈞《橘旁雜論》卷下　用藥不論多少　許嗣宗善醫。言病與藥，惟用一物攻之，則氣純而愈速。今人多其物以幸其功，他物相制，不能專力。按藥用一味為單方，施於輕淺之症，何嘗不可。古方莫如《內經》半夏秫米湯、雞矢醴，雀卵丸，亦並非獨用。至孫思邈《千金方》，王燾《外臺秘要》，如淮陰用兵，多多益善。對症施之，其應如響，亦何嘗因多藥而相制耶？

清・孫德潤《醫學匯海》卷一　藥味繁簡說　上古、中古每用一藥治一病，至於仲景，則用羣藥治一病，然亦不過數味，後人變通其法，或二方合用，或三方合用，至李東垣自出機軸，以多為勝，一方常至十餘味，甚至二三十味。人或疑之，恐流於濫，及其奏效捷於影響。許學士曰：東垣製方，如淮陰將兵，多多益善。又曰：用藥之法，全如用兵，一方之中，只要聯成一氣，配合得宜，便是妙劑，不在藥味多寡也。按：藥味少則性專，專則猛利。藥味多，則性緩，緩則和平。三代以前氣運醇厚，人多壯實。故岐、雷以單品療病。三代以後，氣運漸薄，人多消弱。故仲景以羣藥療病，宋元以降，去古又遠，虛弱者十居八九，壯實者十無一二，故東垣以多品療病，皆隨時勢為變通，亦天地自然之數也。

清・鄒承禧《辨證求是》卷五　巧用附子法：以蜜煑附子，揀去附子，以蜜入煎。　巧用大黃法：以麻沸湯即滚開水泡汁，沖入應用藥內。余曾泡大黃汁沖入半夏瀉心湯內。　又瀉心湯加入代赭旋覆花，旋覆之義，言能旋轉而覆下也。余自服，知其苦而麻刮。　蜜煎乾薑、良薑、生薑、白蔻等，單用本物。　嘗將製軍水送至寶丹，奪包絡之熱下行也。　凡人胃氣已虛，不能喫藥，又不能不借藥力包裹氣分，用黃老母雞一隻，撏去毛雜，不用水洗，剖腹，入黃耆四兩，煑熟，喫雞；　亦有納黨參如上法者。　有欲平調陰陽，和營衛，令人常以大棗數兩，生薑兩餘，每日熬湯服者。　填陰滋補，老鴨腹內納糯米煮服。　又鼈腹內納建蓮亦可。　生薑入煎劑，幾片幾錢，已如數切用，必然搗爛加倍有效。　生薑宜取自然汁，蓋取汁器皿不可稍沾水氣。　半夏宜生薑製，市中皆多用礬。　桂枝是陽木。　肉桂有從權用官桂者。　大棗有先用紅棗者。　葱、薑、豆豉加米煑粥，或加微醋，以出虛人之汗。　小菜宜醬、薑、醋、蒜、京冬菜、蘿蔔鮝、芝麻醬。　肝逆胃虛，久病嘔吐，胃痛，不耐煎藥者，以桂圓肉包當歸龍薈丸，囫圇吞送；　或另取數味煎湯送之。　喻嘉言治胡太封翁字養翀，薑、附做小丸，用參、苓末為衣。　葉天士《醫案存真》，直寫其事，以人參為衣，而余藥賈法甚多。　肝逆胃嘔者，每加豬膽汁和之。　馬通汁，仲景吐血栢葉湯用，時不便有，即用人尿或童便代之。

余用附子，欲引陽歸窟，每以秋石水拌入煎。　飴糖是糯米糖，茶食店做糖之胚，形似白蜜，時不便有，即以白蜜代之。　或遇便滑者，只得用麥芽糖。余想飴糖必能令其常有，不畏春夏秋闕少，茶食店亦不致當為寶貝，莫如與他糯米，給他錢文，數日即可辦成。　麻黃有與熟地同用者，以熟地剖開，包麻黃，打扁入煎。　麻黃根止汗者，麻黃能行太陽之表，即以其根歸束太陽之氣，譬之用麻黃欲汗，猶闢其樞，以開其門；　用根止汗，猶闔其樞，以掩其門，為太陽主外也。　羌活、防風，余有用根者，為鼓舞脾胃濕陷之氣，亦以根在土中也。　然葛根專取用根，蓋葛根主肌肉，通隧谷。　陽明為土之經脈，因葛根以其入土極深，蔓延上騰，有宣通經絡之義也。　地骨皮瀉腎火，治熱在外。　地為陰，骨為裏，皮為表。　吳鞠通先生言：　瀉白散不可妄用者，以桑白皮下降。仲景謂有風寒桑根勿取之，無風寒者可用地骨皮。　為枸杞根入土極深，故主骨蒸之勞熱，方能至骨。　有風寒外感者，引邪入內，故不可用。　牡丹皮治包絡熱及無汗而骨蒸，蓋丹皮辛香，調和營氣，故治無汗骨蒸；　又陰虛人解表，以丹皮為嚮導。四物湯加地骨皮、丹皮，治婦人骨蒸。　知母瀉腎火，治有汗之骨蒸。　骨蒸者，骨熱而蒸，有熱無寒，醒後渴，汗方止，非皮膚之外熱也。　凡用犀角，必在忙迫之時，水磨功夫，則不易得，以犀角多用，切如薄紙先煎。　曾見一書以犀角磨汁，拌入荊芥炒黑用，治熱逆嘔血。　然亦未免穿鑿太過。　世用鼈血炒柴胡，余當用鼈血炒荊芥。　書有用桂水製白芍，連渣入煎，即藏桂於中。　余嘗用桂水製牛膝，亦此意。　按芍藥用桂酒製，見張氏《醫通》，在姚頤真先生之前，又烏藥用附子製，亦見《醫通》案，周慎齋治一人，飲食如常，每遇子時即吐，大便秘。　余遇暑濕時令，寒濕鬱遏，當用乾薑者，恐假斯文議論，以薑、半夏、大砂仁代之；　或川椒，或白荳蔻。　欲升陽之靈明氣於上者，升麻恐有議論，以乾荷葉，炒香、黃。　蔓荊子炒研代之；　或川芎乾炒，去油至焦色。　散陽明之結於面部間，不便用升麻、葛根者，以白芷、牛蒡代之。　冬天當用芩、連，恐人議其性寒，黃連勉以薑炒，黃芩勉以酒炒，竹茹以薑汁炒，石膏用石斛，所謂不得已而思其次也。　遇有不當用，而主人偏愛者，醫思之如合式即重用，想必自有庶驗。　否則，余亦不便爭論。　每令其火炒至焦，水煮至淡，再入煎劑，退其性而慰其意也。

升陷伏之邪，用荷葉有近數兩者。　川椒煎水，浸茯苓。　黃連煎水，浸藿香。　黃連煎水，浸半夏。　黃連煎水，浸烏梅。　黃連煎水，浸川椒。　吳萸煎水，浸丹皮。　黃連煎水，浸附子。　暗用硃砂法：　如茯神、麥冬、遠志、建蓮等，皆可用染。　凡胃虛陽升，津液不足者，以白糯米半升，淘濾，入滾水泡一時，取清湯煎藥，以代糯稻根鬚之用，為春夏時無有鮮者。　杜仲每用皆不炒，如炒斷絲則成枯木；　入丸劑則炒透，碾，不必過羅。　甘草、山查、黃耆、黨參、薏仁、白朮，有宜于生用者，有不當生用者，既不當生用又不合諸炮製，只以乾炙用之。　而白朮、薏仁、山查如炒，須炒至焦黑為度。　余常以丸藥寫入煎方同煎，細絹或粗布濾清服。　一般寫等分、幾錢、幾分，如六一散、左金丸、烏梅丸、通聖丸、六味丸等。　而尤有巧者，如附、桂已藏在腎氣丸中，薑、附亦寓於理中丸內，故一切古書所載丸藥，凡店有預備者，皆可用以一煎，方未能足其用意，加此丸藥同煎，為複方複法，一取有味，一取有質。　醫者既有兩層用藥之妙，病人亦得雙法治病之宜，裨益良多，勿謂余鄒氏無因而倡此舉也。

清・羅紹芳《醫學考辨》卷一　內外相引論　凡用藥有內外相引而取效更速者，如邪結胃中，大便閉塞，內服硝、黃，外用麥麩和食鹽炒熱包熨以引之。　如虛陽上越，內服桂、附，外用椒鹽炒熱，布包熨丹田以引之。　如偏正頭風，內服清空膏，外用蓖麻子、乳香搗餅貼痛處以引之。　風痺疼痛，內服祛風散寒之藥，外用薑、葱和食鹽炒熨以引之。　此皆內外相引之法也。　姑舉數項，餘可類推。

辛熱從治論　按古人用寒藥治火毒，必兼辛散。　若徒用苦寒，反致遏鬱其火。　如冰硼散、金鑰匙及點眼丹，用牙硝、冰片，皆一涼一散也。　目下真冰片難得，是以二方多不效，用時務要真冰片。　洗暴腫火眼，用苦參、黃柏、羌活、防風、細辛、食鹽、川椒之類。　內火盛者，兼服清涼藥；　眼內有赤筋者，用老薑切開，挖小槽，置黃連於中，仍將薑合成一塊，用竹鍼穿定，漫火將薑煨乾，去薑，取黃連切片，用男子所喫之乳蒸黃連，點眼，自效。　牙痛口痛，用黃柏、石膏、黑豆、細辛、川椒、食鹽等，煎水漱。　湯火傷用大黃、黃連、黃柏、細辛、冰片等，為末，搽。　喉痛用苦參、青黛、薄荷、冰片、麝香等，為末，吹。方能清火散鬱。　又如古人治熱痢，用黃連、苦參等藥，必稍佐以吳茱、木香、乾薑之類以行滯。　或熱病用涼藥，服之即吐，必將涼藥熱飲，少加薑汁，則不吐。　此皆從治之意，苟得其意，自可觸類旁通。

清・陸以湉《冷廬醫話》卷一　物性有相忌者，即可因之以治病。　如鐵畏朴硝，張景岳治小兒吞鐵釘入腹內，用活磁石一錢，朴硝二錢，并研末，熬

熟猪油加蜜和調，與之吞盡，遂裹護鐵釘從大便解下。豆腐畏萊菔，《延壽書》云：有人好食豆腐中毒，醫不能治，作腐家言萊菔入湯中，則腐不成，遂以萊菔湯下藥而愈。菱畏桐油，《橘旁雜論》云：一醫治某嗜菱食之過多，身熱胸滿，腹脹不食，病勢垂危，知菱花遇桐油氣輒萎，因取新修船上油滯作丸，人消食行氣藥中與服，即下黑燥糞而痊。此類尚多，未能縷舉，習醫術者，誠不可不博識多聞也。【略】

鄒潤庵治一人暑月煩懣，以藥搐鼻不得嚏，悶極，遂取藥四五錢匕，服之，煩懣益甚，昏不知人，不能言語，蓋以藥中有生半夏、生南星等物也。鄒謂南星、半夏之毒，須薑汁乃解，盛暑煩懣，烏可更服薑汁？勢必以甘草解之，但其味極甘，少用則毒氣不解，服至一二錢，即不能更多，因以甘草一觔蒸露飲之，飲盡而病退。凡病者畏藥氣之烈，惡藥味之重，皆可仿用此法。陳載庵嘗治一人，熱甚喉痛，用甘草、桔梗、連翹、馬勃、牛蒡、〔射〕干、元參等味，其人生平飲藥即嘔，堅不肯服而病劇，又不能不進藥，乃令以藥煎露，飲二十餘椀而全愈。

清·湛德芬《醫宗會要》卷三　湯頭會要　先輩湯頭，八門陣之圖經也，八股家之課本也。效八門抗敵，不用已死將官。挾八股觀光，不錄現成文字，則湯頭只許人學，而不許人用可知矣。何者？陣上旂旂合古，而天時不合，地利不合，敵人之來勢不合，此陣只可脫其胎。場中會會同題，而科式不同，風氣不同，主師之好尚不同，此文只可援其律。然則用湯頭者自應知人有稟賦不一，又有氣候不齊，一方有水土之異，一村有方落之殊，一家有營為之別，一身有今昨之非。其謂某症，必有某方，古人原於此症條下，或曰可與，或曰宜與，或曰主之，蓋立君主以定其常。故曰主之。劑權宜以盡其變，故曰宜與。酌可與，未可以適其時。故曰可與。我實不敢泥古人之迹，死古人之心，以強病就藥，終身夢境也。是必活潑潑地以我馭題，筆落空中，字立紙上，上取下取，曲入層折，因症立法，因法立方，或單或複，如題起止，庶幾時有異方，則病同藥不能同，而人勝乎天者可平矣。時有同方，則藥同病不能同，而天勝乎人者又可平矣。今使有明醫突起，吾見其胸中絕無方藥，對人如萇楚猗儺，一覩病人忽忽，化此身為藥樹人，方憶某方可用，而某且試之。彼之彈丸早已脫手，甚至如南陽公看三江口，赤熖彤天，與己全無關涉，則靈巧固不可思議也。今試設論逍遙散矣，其方以柴胡、白朮兩利甲乙之陽，白芍、當歸兩培甲己之血，陳皮暢之於丙，薄荷宣之於外，生薑、甘草通守調中，使少陽生動發泄之氣下不凌土，上不侮金，欣欣向榮，言歌載好，真逍遙也。然此蓋木鬱達之之法，假令金鬱亦病鬱也，未嘗不取於逍遙，此方仍可與乎？是必使清肅之令下降，然後金不復鬱，則金鬱泄之之本義也。是亦逍遙法也。推此類也，火鬱發之者，則以發其火者，次之其火必有鬱也，是亦逍遙法也。土鬱奪之，水鬱折之，亦必進以奪土折水之屬，使水土各平，而鬱乃解也。是亦逍遙法也。又如保胎，必以白芍、茯苓護持營血，而有時以附、桂同溫，不得謂非保法。有時以硝、黃大下，又正所以為保法。即並稱為保胎丸可也。又如血症，歸重胃府，茯苓飲、甘露飲之屬，而四君子、異功湯、承氣、黃連瀉心湯之類，何莫非保胃法也？即皆號為平胃散可也。心病者，補心丹其方本有兩面，古明家之方，于某症皆有兩面，不明者則否。假令只病一面，或只病陰，或只病陽，即以一面治之，則純陽者謂之補心丹，補心之用。純陰者補心之體。亦謂之補心丹矣。每粘皮帶骨者，恐摘去一面，便不成此湯名，亦不解顧名而獨不思義何哉？推之滋腎丸、溫膽湯、助脾散之類概之，凡百方，類無不如此，則亦愚矣。

清·王燕昌《王氏醫存》卷四　用藥要法　用藥視其性之相得、相制、相反、相惡為要。《馮氏錦囊》等書皆詳之。大黃與甘草同用，能利小便。麻黃少，同熟地多，但開腠理而不滯不汗。砒石煆去烟盡，治結寒而無毒。木鼈子製盡油，能化骨骱風痰而無毒。甘遂製去黑水，能化痰核氣核。吳茱萸、黃連作丸，耑消肝氣鬱痛。茯苓得白朮則補脾，得車前子則利水，得澤瀉則滲濕。青皮得芥子治右脇痛。附子不遇乾薑，雖通經絡而不熱。柳菌消水腫，須同猪尾根肉。七孔猪蹄下乳汁，須同絲瓜。其炰製露曬等類，難以悉數。可檢諸書及諸本草而詳条之。用藥大法，如馮氏引火歸元，用麥冬清之，五味子斂之，牛膝引下之。附子攝使歸命門，王洪緒化陰寒疽核。以麻黃開腠理，薑桂化寒，白芥子化痰，仲景用藥大法，黃氏《長沙藥解》最詳。花溪老人《蒼生司命》及《石室秘錄》，其法多妙，皆可參悟。

清·孔胤《脉症治三要》卷一　用藥寒溫相得舊論　麻黃得桂枝則能發汗，芍藥得桂枝則能止汗，黃芪得白朮則止虛汗。防風得羌活則治諸風，蒼朮得羌活止周身痛。柴胡得黃芩則寒。附子得乾薑則熱。羌活得川芎則止頭痛，川芎得天麻則止頭眩。乾薑得花粉則消渴，香薷得扁豆則消

暑。黄芩得連(召)〔翹〕則消毒。桑皮得蘇子則止喘，杏仁得五味則止嗽。

丁香得柿蒂、乾薑則止呃，乾薑得半夏則止嘔。半夏得薑汁則開痰，貝母得瓜蔞則開結痰。桔梗得升麻開提血氣，枳寔得黄連則消心下痞，枳殼得桔梗能令胸中寬。知母、黄栢得山梔則降火，豆豉得山梔治懊憹。辰砂得棗仁則安神，白朮得黄芩則安胎。陳皮得白朮則補脾，人參得麥冬、五味則生腎水。香附得蒼朮則開鬱結，草菓得山查則消肉食。厚朴得腹皮則開膨脹，神麯得麥芽則消食。烏梅得乾葛消酒，砂仁得枳殼寬中。

木香得薑汁散氣。烏(枚)〔梅〕得香附順氣。芍藥得甘草治腹痛，吳茰得良薑止寒腹痛。乳香得沒藥止一切痛，芥子得青皮治脇痛。黄芪得附子則補陽，知母、黄栢得當歸則補陰。當歸得生地生血，薑汁磨京墨止血，紅花得當歸活血，歸尾得桃仁破血。大黄得芒硝潤下，皂莢得(射)〔麝〕香通竅。訶子得肉蔻止泄，木香得檳榔治後重。澤瀉得(朱)〔猪〕苓利水滲濕，得白朮收濕。

傷寒用藥　發汗用麻黄，無葱白不透。吐痰用瓜蒂，無豆豉不涌。去寔熱用大黄，無枳寔不通。溫濕用附子，無乾薑不熱，甚則以泥清水加葱白煎之。竹瀝無薑汁不能行經絡，蜜導無皂莢不能通秘結。非半夏、薑汁不能止嘔吐，非人參、竹葉不能止虛煩。非天粉、乾葛不能消渴解肌，非黄芪、桂枝不能寔表間虛汗。非白朮、茯苓不能去濕助脾，非茵陳不能除黄疸。非桔梗不能除痞滿，非羌活不能治四時感冒身疼。非乾薑、白朮不能燥太陰脾土寒濕，非附子不能溫潤少陰腎水寒燥。非白芍、甘草不能滋養肝木榮血。

雜病用藥　非甘遂不能除水結在胸膈，非射干不能除老血在心脾。非(菱)〔淩〕霄花不能除血中之痛，非瓜蔞根不能除心中枯渴。非朱砂不能除心中之熱，非天雄不能補下焦之陽虛。非蓯蓉不能除莖中寒熱痛及腰痛與痢，非玄參不能除氤氳之氣、無根之火。非乾葛不能升陽生津，除脾虛作渴。非升麻為引，不能補脾胃。非酒芩不能除上部積血，下痢膿血，腹痛後重，身熱久不止，與芍藥、甘草同用。桔梗得牡蠣、遠志療恚怒，得硝石、石(羔)〔膏〕療傷寒。砂仁與白檀、白蔻為使則入肺，與人參、益智為使則入脾，與黄栢、茯苓為使則入腎，與赤石脂、白石脂為使則入大小腸。

當歸同人參、黄芪則補血，同牽牛、大黄則破血。從桂、附、蓯蓉則熱，從大黄、芒硝則寒。黄芩得厚朴、黄連治腹熱痛，得黄芪、白斂、赤小豆療鼠瘻。天冬用人參、黄芪為主，治血熱侵肺喘促。麥冬得人參、五味、枸子同為生脉之劑，得地黄、麻仁、阿膠潤經，益復脉通心。欵冬花得紫菀合杏仁為治喘嗽。厚朴與枳寔、大黄同用，則瀉寔滿，與解散藥用，則治傷寒頭痛。與利藥同用，則厚腸胃。丁香與五味、莪朮同用，則治奔豚，佐(只)〔枳〕寔、人參、乾薑、白朮則益氣，佐大黄、牽牛、芒硝則破氣。生薑與白芍同用溫經散寒，與大棗同用益脾胃。乾薑用生甘草緩之，則不耗散元氣，以散裏寒，與五味同用溫肺，與人參同用溫胃。牛黄得牡丹皮、石菖蒲利耳目。紫石英得茯苓、人參、白芍療心中結氣，得天雄、石菖蒲治霍亂。細辛得當歸、白芍、白芷、川芎、丹皮、藁本，共療婦人，得決明、鯉魚膽、青羊肝，共療目。白芍與白朮用則補脾，與川芎同用則瀉肝，與人參、白朮同用則補氣。豆豉得葱則發汗，得鹽則發吐，得酒則治風，得薤則治痢，得蒜則止血，炒熟則止汗。牡蠣以柴胡引之去脇下鞕，以茶引之消(桔)〔結〕核，以大黄引之除股間腫。地黄為之使，益精收澁，又止小便。黄芪得防風其功愈大。雖與防(豐)〔風〕相制，乃相畏而相使也。香附與巴豆同治瀉泄，又能治大便不通。甘草熱藥用之緩其熱，寒藥用之緩其寒。人參非升麻為引，不能補上升之氣。若補下焦元氣，瀉腎中火邪，茯苓為之使。

蘇木與防風同用則去風。陳皮有甘草則補肺，無甘草則瀉肺。滑石無〔甘草以〕和之勿用。牽牛以氣藥引之入氣分，以大黄引之入血分。(孰)〔熟〕附配麻黄，發中有補。(主)〔生〕附配乾薑，補中有發。

清・黄傳祁《醫學折衷勸讀篇》卷下　單方禁方論　凡病必兼數證，每證各有主藥。合數證而成一病，必合數藥而成一方。亦有以一藥兼治數證，合數藥以治一證者。經方用藥不多，而一二味者甚少，職是故也。世傳單方，則皆以一二味治一二證。其佳者藥專力厚，收效甚神。而誤用者，多為害甚烈。蓋單方之原，出於本草。藥之功用，各有專長。病止一端，則專用此藥。寒熱攻補，各有所宜。自後藥品日增，單方日夥，世人相沿習用，不復致詳。逐流忘源，動多貽誤。甚而與藥並進，不使醫知。得則歸功單方，失則歸咎湯劑。即醫聞而言其誤，病家皆謂單方有何利害，彼方自誤，何得藉此方辭。不思天地所生，無不有損有益。單方藥品雖少，仍是一藥，不能為害，則全無力量，何能有功？俗見之訛，大都類此。醫者於此，但當參攷慎

擇，以為急救專治之資。若內傷外感，大病兼證，仍當以經方為主。單方性專而無制，偏而不醇，未可輕為嘗試也。單方之外，又有禁方。其製法恒奇，其配合恒巧。其義不可以常理解，其機不可以常情測。其傳往往出於奇人逸士，仙佛鬼神。故《內經》有藏禁之文，長桑有無泄之戒。夫古之聖賢，豈不欲公之天下後世哉？傳非其人，則因以為利。修合失度，則貽害反深。且奇秘之方，非良醫不能盡其用。神丹誤發，疑謗隨之。口實在人，反至相戒不用。方之有禁，乃古人不得已之深心，非秘之也。自扁鵲至華陀，流傳不絕。然其人皆冥通造化，妙達陰陽，學行皆優，非方技家所能企其萬一。禁方之待人而傳，昭昭然矣。《金匱》《傷寒》，偶存一二。《千金》《外臺》則搜羅極廣，奇方甚多，但雜見群方中，無從別識。苟非有曾經試驗，揭出而表章之，又誰能偏試其方，以人命為攷驗之具乎？至於俗傳草藥峻烈者，多坊刻驗方，雜糅難辨，必由目擊試驗，攷知其性味功能，而後相病用之。萬不可輕信人言，以人試藥。又如俗醫市儈，偶得數方，罔利居奇。故多方珍秘，即能取效，心術先乖。況不辨陰陽，混同施治，利害相半，不足濟人。更有託名禁方，欺世惑眾；修鍊金石，長欲助淫。此乃奸詭小人，江湖惡習。士大夫好奇方，喜服食者，誤信其說，或至戕生。在若輩固自取天誅，用方者不可不知所戒也。自漢訖唐，其覆轍固可覩矣。余少好方術，每目擊效驗，輒多方購致，不惜重金。外科單方秘方，所得尤富。然屢試屢驗，有大利而無小害者，不過十之二三。昔年增訂《證治全生》所增秘方皆是。其虛擲金錢，棄置不用者，幾十倍於所存。俗傳之方其難信，大都類此。故特舉余所親歷，以為世之業醫者告焉。

功能效用部

題解

唐·陳藏器《本草拾遺·序例》〔見宋·唐慎微《證類本草》卷一《序例上》〕 諸藥有宣、通、補、泄、輕、重、澀、滑、燥、濕，此十種者，是藥之大體，而《本經》都不言之，後人亦所未述，遂令調合湯丸，有昧於此者。至如宣可去壅，即薑、橘之屬是也。通可去滯，即通草、防己之屬是也。補可去弱，即人參、羊肉之屬是也。泄可去閉，即葶藶、大黃之屬是也。輕可去實，即麻黃、葛根之屬是也。重可去怯，即磁石、鐵粉之屬是也。澀可去脫，即牡蠣、龍骨之屬是也。滑可去著，即冬葵、榆皮之屬是也。燥可去濕，即桑白皮、赤小豆之屬是也。濕可去枯，即紫石英、白石英之屬是也。只如此體，皆有所屬。凡用藥者，審而詳之，則靡所遺失矣。

宋·寇宗奭《本草衍义》卷一《序例上》 陶隱居云：藥有宣、通、補、泄、輕、重、澀、滑、燥、濕。此十種，今詳之，惟寒熱二種，何獨見遺？如寒可去熱，大黃、朴消之屬是也；如熱可去寒，附子、桂之屬是也。今特補此二種，以盡厥旨。

元·王好古《湯液本草》卷二 十劑 宣：可以去壅，薑、橘之屬是也。通：可以去滯，木通、防己之屬是也。補：可以去弱，人參、羊肉之屬是也。瀉：可以去閉，葶藶、大黃之屬是也。輕：可以去實，麻黃、葛根之屬是也。重：可以去怯，磁石、鐵漿之屬是也。滑：可以去著，冬葵子、榆白皮之屬是也。澀：可以去脫，牡蠣、龍骨之屬是也。燥：可以去濕，桑白皮、赤小豆之屬是也。濕：可以去枯，白石英、紫石英之屬是也。

只如此體，皆有所屬。凡用藥者，審而詳之，則靡所失矣。陶隱居云：藥有宣、通、補、瀉、輕、重、滑、澀、燥、濕。此十劑，今詳之，惟寒、熱二種，何獨見遺？今補二種，以盡厥旨。

寒：可以去熱，大黃、朴硝之屬是也。熱：可以去寒，附子、官桂之屬是也。【略】

論藥所主 海藏云：湯液要藥，最為的當，其餘方論所著雜例，比之湯液稍異，何哉？蓋伊尹、仲景取其治之長也。其所長者，神農之所註也。何以知之？《本草》云：一物主十病，取其偏長為本。又當取潔古《珍珠囊》斷例為準則，其中藥之所主，不必多言，只一兩句，多則不過三四句。非務簡也，亦取其所主之偏長，故不為多也。

明·陳嘉謨《本草蒙筌·總論》 十劑 宣：可去壅，薑、橘之屬是也。故鬱壅不散，宜宣劑以散之。有積痰上壅，有積瘀上壅，有積食上壅，有積飲

上壅。宣，湧吐之劑也。《經》曰：高者因而越之。又曰：木鬱則達之。以病在上，而湧吐之也。若瓜蒂散、虀鹽湯、人參蘆、藜蘆之屬。　通：可去滯，通草、防己之屬是也。故留滯不行，宜通劑以行之。此中有發汗證。痹留也，飲留也，痛亦留也。通，疏通之劑也。如小便滯而不通，宜通草、琥珀、海金沙之屬。月經滯而不通，紅花、桃仁、五靈脂之屬。凡諸通竅亦然。　補：可去弱，人參、羊肉之屬是也。鹿肉亦可。故羸弱不足，宜補劑以扶之。有氣弱，有血弱，有氣血俱弱。補，滋補之劑也。不足為虛，《經》云：虛則補之。如氣虛用四君子湯，血虛用四物，氣血俱虛用八珍、十全大補之屬。又云：精不足者，補之以味。蓋藥味酸、苦、甘、辛、鹹各補其臟，故此為云。雖然善攝生者，使病去而進以五穀，此尤得補之要也。　瀉：可去閉，葶藶、大黃之屬是也。故閉結有餘，宜瀉劑以下之。有閉在表，有閉在裏，有閉在中。瀉，泄瀉之劑也。有餘為實，《經》曰：實則瀉之，實則散之。如大小承氣湯、大柴胡湯之屬。　滑：可去著，冬葵子、榆白皮之屬是也。故澁則氣着，宜滑劑以利之。有經澁，有小便澁，有大便澁。滑，滑利之劑也。《周禮》曰：滑以養竅。如大便結燥、小便淋澁，用火麻仁、郁李仁、冬葵子、滑石之屬。　澁：可去脫，牡蠣、龍骨之屬是也。故滑則氣脫，宜澁劑以收之。前脫者遺尿，後脫者遺屎。陽脫者自汗，陰脫者失精失血。澁，收斂之劑也。如大便頻瀉，宜肉豆蔻、訶子之屬。小水勤通，宜桑螵蛸、益智之屬，冷汗不禁，宜黃耆、麻黃根之屬。精遺不固，宜龍骨、牡蠣之屬。血崩不止，宜地榆、阿膠之屬。　燥：可去濕，桑白皮、赤小豆之屬是也。菉豆亦可。故濕則為重，宜燥劑以除之。有濕在上，有濕在中，有濕在下，有濕在經，有濕在皮，有濕在裏。燥，除濕之劑也。如夾食致瀉，停飲成痰，宜白术、蒼术、茯苓、半夏之屬。肢體浮腫，胸腹脹滿，宜桑白皮、大腹皮、赤小豆之屬。又沉寒痼冷，吐利腥穢，宜高良薑、附子、川椒之屬。非積寒冷之症，不可用也。　濕：可去枯，紫石英、白石英之屬是也。故枯則為燥，宜濕劑以潤之。有減氣而枯，有減血而枯。濕，潤燥之劑也。與滑雖類，略有不同。《經》曰：辛以潤之，蓋辛能散氣，能化液故也。若夫硝石性雖鹹，本屬真陰之水，誠潤燥之要藥。人有枯涸皴竭之病，匪獨金化為然，亦有火化乘之，非濕劑莫能愈也。　重：可去怯，磁石、鐵粉之屬是也。故怯則氣浮，宜重劑以鎮之。神志失守，驚悸不寧。重，鎮固之劑也。如小兒急驚，心神昏冒，宜金銀箔、硃砂丸之屬。傷寒下利不止，心下痞硬，利在下焦，宜赤石脂、禹餘糧湯之屬。　輕：可去實，麻黃、葛根之屬是也。故實而氣蘊，宜輕劑以揚之。腠理閉悶，噎塞中蘊。輕，散揚之劑也。如寒邪客於皮膚，頭疼身熱無汗，宜麻黃湯、升麻葛根湯之屬。

明・李時珍《本草綱目》卷一《序例》　十劑　徐之才曰：藥有宣、通、補、泄、輕、重、澀、滑、燥、濕十種，是藥之大體，而《本經》不言，後人未述。凡用藥者，審而詳之，則靡所遺失矣。

宣劑　之才曰：宣可去壅，生薑、橘皮之屬是也。

杲曰：外感六淫之邪，欲傳入裏，三陰實而不受，逆於胸中，天分氣分窒塞不通，而或噦或嘔，所謂壅也。三陰者，脾也。故必破氣藥，如薑、橘、藿香、半夏之類，瀉其壅塞。

從正曰：俚人以宣爲瀉，又以宣爲通，不知十劑之中已有瀉與通矣。仲景曰：春病在頭，大法宜吐，是宣劑即湧劑也。《經》曰：高者，因而越之，木鬱則達之。宣者升而上也。以君召臣曰宣是矣。凡風癇中風，胸中諸實，痰飲寒結，胸中熱鬱，上而不下，久則嗽喘滿脹，水腫之病生焉，非宣劑莫能愈也。吐中有汗，如引涎、追淚、嚏鼻，凡上行者，皆吐法也。

完素曰：鬱而不散爲壅，必宣以散之，如痞滿不通之類是矣。攻其裏，則宣者上也。泄者下也。湧劑則瓜蒂、卮子之屬是矣。發汗通表亦同。

好古曰：經有五鬱：木鬱達之，火鬱發之，土鬱奪之，金鬱泄之，水鬱折之，皆宣也。敦曰：宣，揚制曰宣朗，君召臣曰宣喚，臣奉君命宣佈上意，皆宣之意也。

時珍曰：壅者，塞也；宣者，布也，散也。鬱塞之病，不升不降，傳化失常。或鬱久生病，或病久生鬱。必藥以宣佈敷散之，如承流宣化之意，不獨湧越爲宣也。是以氣鬱有餘，則香附、撫芎之屬以開之，不足則補中益氣以運之。火鬱微則山卮、青黛以散之，甚則升陽解肌以發之。濕鬱〔微〕則蒼术、白芷之屬以燥之，甚則風藥以勝之。痰鬱微則南星、橘皮之屬以化之，甚則瓜蒂、藜蘆之屬以湧之。血鬱微則桃仁、紅花以行之，甚則或吐或利以逐之。食鬱微則山查、神麴以消之，甚則上湧下利以去之，皆宣劑也。

通劑　子才曰：通可去滯，通草、防己之屬是也。

完素曰：留而不行，必通以行之，如水病爲痰澼之類。以木通、防己之屬攻其內，則留者行也。滑石、茯苓、芫花、甘遂、大戟、牽牛之類是也。

從正曰：通者，流通也。前後不得溲便，宜木通、海金沙、琥珀、大黃之屬通之。痹痛鬱滯，經隧不利，亦宜通之。

時珍曰：滯，留滯也。濕熱之邪留於氣分，而爲痛痹癃閉者，宜淡味之藥

上助肺氣下降，通其小便，而泄氣中之滯，木通、猪苓之類是也。濕熱之邪留於血分，而爲痹痛腫注、二便不通者，宜苦寒之藥下引，通其前後，而泄血中之滯，防己之類是也。《經》曰味薄者通，故淡味之藥謂之通劑。

補劑　之才曰：補可去弱，人參、羊肉之屬是也。

杲曰：人參甘溫，能補氣虛；羊肉甘熱，能補血虛。羊肉補形，人參補氣，凡氣味與二藥同者皆是也。

從正曰：五臟各有補瀉，五味各補其臟，有表虛、裏虛、上虛、下虛、陰虛、陽虛，氣虛、血虛。《經》曰：精不足者補之以味，形不足者補之以氣。五穀、五菜、五果、五肉，皆補養之物也。

時珍曰：《經》云：不足者補之。又云：虛則補其母。生薑之辛補肝，炒鹽之鹹補心，甘草之甘補脾，五味子之酸補肺，黃蘗之苦補腎。又如茯神之補心氣，生地黃之補心血；人參之補脾氣，白芍藥之補脾血；黃芪之補肺氣，阿膠之補肺血；杜仲之補腎氣，熟地黃之補腎血；芎藭之補肝氣，當歸之補肝血之類，皆補劑。不特人參、羊肉爲補也。

泄劑　之才曰：泄可去閉，葶藶、大黃之屬是也。

杲曰：葶藶苦寒，氣味俱厚，不減大黃，能泄肺中之閉，又泄大腸。大黃走而不守，能泄血閉腸胃渣穢之物。一泄氣閉利小便，一泄血閉利大便。凡與二藥同者皆然。

從正曰：實則瀉之。諸痛爲實，痛隨利減。芒硝、大黃、牽牛、甘遂、巴豆之屬，皆瀉劑也。其催生下乳，磨積逐水，破經泄氣，凡下行者，皆下法也。

時珍曰：去閉當作去實。《經》云實者瀉之，實則瀉其子，是矣。五臟五味皆有瀉，不獨葶藶、大黃也。肝實瀉以芍藥之酸，心實瀉以甘草之甘，脾實瀉以黃連之苦，肺實瀉以石膏之辛，腎實瀉以澤瀉之鹹，是矣。

輕劑　之才曰：輕可去實，麻黃、葛根之屬是也。

從正曰：風寒之邪，始客皮膚，頭痛身熱，宜解其表，《內經》所謂輕而揚之也。癰瘡疥痤，俱宜解表，汗以泄之，毒以熏之，皆輕劑也。凡熏洗蒸炙，熨烙刺砭，導引按摩，皆汗法也。

時珍曰：當作輕可去閉。有表閉裏閉，上閉下閉。表閉者，風寒傷營，腠理閉密，陽氣怫鬱，不能外出，而爲發熱、惡寒、頭痛、脊強諸病，宜輕揚之劑發其汗，而表自解也。裏閉者，火熱鬱抑，津液不行，皮膚乾閉，而爲肌熱、煩熱、頭痛、目腫、昏瞀、瘡瘍諸病，宜輕揚之劑以解其肌，而火自散也。上閉有二：一則外寒內熱，上焦氣閉，發爲咽喉閉痛之證，宜辛凉之劑以揚散之，則閉自開。一則飲食寒冷抑遏陽氣在下，發爲胸膈痞滿閉塞之證，宜揚其清而抑其濁，則痞自泰也。下閉亦有二：有陽氣陷下，發爲裏急後重，數至圊而不行之證，但升其陽而大便自順，所謂下者舉之也。有燥熱傷肺，金氣膹鬱，竅閉於上，而膀胱閉於下，爲小便不利之證，以升麻之類探而吐之，上竅通而小便自利矣，所謂病在下取之上也。

重劑　之才曰：重可去怯，磁石、鐵粉之屬是也。

從正曰：重者，鎮縋之謂也。怯則氣浮，如喪神守，而驚悸氣上，朱砂、水銀、沉香、黃丹、寒水石之倫，皆體重也。久病咳嗽，涎潮於上，形羸不可攻者，以此縋之。《經》云：重者，因而減之。貴其漸也。

時珍曰：重劑凡四：有驚則氣亂，而魂氣飛揚，如喪神守者；有怒則氣逆，而肝火激烈，病狂善怒者，並鐵粉、雄黃之類以平其肝。有神不守舍，而多驚健忘，迷惑不寧者，宜朱砂、紫石英之類以鎮其心。有恐則氣下，精志失守而畏，如人將捕者，宜磁石、沉香之類以安其腎。大抵重劑壓浮火而墜痰涎，不獨治怯也。故諸風掉眩及驚癇痰喘之病，吐逆不止及反胃之病，皆浮火痰涎爲害，俱宜重劑以墜之。

滑劑　之才曰：滑可去著，冬葵子、榆白皮之屬是也。

完素曰：澀則氣著，必滑劑以利之。滑能養竅，故潤利也。

從正曰：大便燥結，宜麻仁、郁李之類；小便淋瀝，宜葵子、滑石之類。前後不通，兩陰俱閉也，名曰三焦約。約者，束也。宜先以滑劑潤養其燥，然後攻之。

時珍曰：著者，有形之邪，留著於經絡臟腑之間也，便尿濁帶、痰涎、胞胎、癰腫之類是矣。皆宜滑藥以引去其留著之物。此與木通、猪苓通以去滯相類而不同。木通、猪苓，淡泄之物，去濕熱無形之邪；葵子、榆皮，甘滑之類，去濕熱有形之邪。故彼曰滯，此曰著也。大便澀者，波稜、牽牛之屬；小便澀者，車前、榆皮之屬；精竅澀者，黃蘗、葵花之屬；胞胎澀者，黃葵子、王不留行之屬；引痰涎自小便去者，則半夏、茯苓之屬；引瘡毒自小便去者，則五葉藤、萱草根之屬，皆滑劑也。半夏、南星皆辛而涎滑，能泄濕氣、通大便。蓋辛能潤，能走氣，能化液也。或以爲燥物，謬矣。

濕去則土燥，非二物性燥也。

澀劑　之才曰：澀可去脱，牡蠣、龍骨之屬是也。

完素曰：滑則氣脱，如開腸洞泄，便溺遺失之類，必澀劑以收斂之。

從正曰：寢汗不禁，澀以麻黄根、防風。滑泄不已，澀以豆蔻、枯礬、木賊、罌粟殼。喘嗽上奔，澀以烏梅、訶子。凡酸味同乎澀者，收斂之義也。然此種皆宜先攻其本，而後收之可也。

時珍曰：脱者，氣脱也，血脱也，精脱也，神脱也。脱則散而不收，故用酸澀溫平之藥，以斂其耗散。汗出亡陽，精滑不禁，泄痢不止，大便不固，小便自遺，久嗽亡津，皆氣脱也。下血不已，崩中暴下，諸大亡血，皆血脱也。牡蠣、龍骨、海螵蛸、五倍子、五味子、烏梅、榴皮、訶黎勒、罌粟殼、蓮房、棕灰、赤石脂、麻黄根之類，皆澀藥也。氣脱兼以氣藥，血脱兼以血藥及兼氣藥，氣者血之帥也。脱陽者見鬼，脱陰者目盲，此神脱也，非澀藥所能收也。

燥劑　之才曰：燥可去濕，桑白皮、赤小豆之屬是也。

完素曰：濕氣淫勝，腫滿脾濕，必燥劑以除之，桑皮之屬。濕勝於上，以苦吐之，以淡滲之是也。

從正曰：積寒久冷，吐利腥穢，上下所出水液澄徹清冷，此大寒之病，宜薑、附、胡椒輩以燥之。若病濕氣，則白术、陳皮、木香、蒼术之屬除之，亦燥劑也。而黄連、黄蘗、巵子、大黄，其味皆苦，苦屬火，皆能燥濕，此《内經》之本旨也，豈獨薑、附之儔爲燥劑乎。

好古曰：濕有在上、在中、在下、在經、在皮、在裏。

時珍曰：濕有外感，有内傷。外感之濕，雨露嵐霧地氣水濕，襲於皮肉筋骨經絡之間；内傷之濕，生於水飲酒食及脾弱腎强，固不可一例言也。故風藥可以勝濕，燥藥可以除濕，淡藥可以滲濕，泄小便可以引濕，利大便可以逐濕，吐痰涎可以祛濕。濕而有熱，苦寒之劑燥之；濕而有寒，辛熱之劑燥之，不獨桑皮、小豆爲燥劑也。濕去則燥，故謂之燥。

潤劑　之才曰：濕可去枯，白石英、紫石英之屬是也。

從正曰：濕者，潤濕也。雖與滑類，少有不同。《經》云辛以潤之，辛能走氣、能化液故也。鹽、消味雖鹹，屬真陰之水，誠濡枯之上藥也。人有枯涸皴揭之病，非獨金化，蓋有火以乘之，故非濕劑不能愈。

完素曰：津耗爲枯。五臟痿弱，榮衛涸流，必濕劑以潤之。

好古曰：有減氣而枯，有減血而枯。

時珍曰：濕劑當作潤劑。枯者燥也。陽明燥金之化，秋令也，風熱怫甚，則血液枯涸而爲燥病。上燥則渴，下燥則結，筋燥則强，皮燥則揭，肉燥則裂，骨燥則枯，肺燥則痿，腎燥則消。凡麻仁、阿膠膏潤之屬，皆潤劑也。養血則當歸、地黄之屬，生津則麥門冬、栝樓根之屬，益精則蓯蓉、枸杞之屬。若但以石英爲潤藥則偏矣，古人以服石爲滋補故爾。

清・陸以湉《冷廬醫話》卷一　用藥　徐之才十劑：宣、通、補、洩、輕、重、滑、濇、燥、濕。王好古補二種曰：寒可去熱，大黄、芒硝之屬是也；熱可去寒，附子、官桂之屬是也。藥之用已無遺。《心印紺珠經》標十八劑之目曰：輕、解、清、緩、寒、調、甘、火、暑、淡、濕、奪、補、平、榮、濇、溫、和。則繁而寡要矣。

清・徐延祚《醫醫瑣言》卷上　藥能　諸家本草所説藥能，率多謬妄。皆宜考信於仲景之書乃為善。人能神明其方，功用立見。今舉本草所載不合仲景者，如人薓治心下痞鞕，而彼以為補氣；石膏已渴，而彼以為解熱；附子逐水氣，而彼以為溫寒。其相齟齬者不一而足。拙著《醫粹精言》，別撰《藥徵》以詳之。不贅於此。

清・方仁淵《倚雲軒醫案醫話醫論》　藥有連類宜辨論　古人製方用藥，皆有法度。一味有一味之功用。以某藥入某臟某腑，以何味為君為臣，何味為佐使，非漫所湊合者。今人見古人連類用之，開方時漫不加察，即連類書之。此大不可也。何謂連類？如附子與肉桂同是溫藥，大黄與元明粉同是瀉藥，人參、黄芪同補，山梔、丹皮同清，知母、黄柏同寒，猪（苓）茯苓、通草、車前同利小水之類是也。以二味功用彷彿，其實不同，不可不辨耳。夫附子溫腎家氣分而燥，亦溫脾燥濕；肉桂溫肝經血分而潤，亦化腎與膀胱氣分而通陽。大黄瀉中焦實滿而去有形，元明粉鹹潤下降，瀉下焦有形。若但欲瀉中焦，可不用元明粉，佐厚朴、枳實，則開中焦濕熱痞滿。若欲三焦兼瀉，從無形而及有形，硝、黄、朴、實，佐杏仁、桔梗，或大黄酒炒、酒浸。然大黄之寒苦下降，合以佐使，當可使之上升。然芒硝但有下降之力，斷不能使之上升。人參甘平微苦氣香，補肺中元氣而悦脾。黄芪甘溫，亦補肺中元氣。然氣虚之甚者，人參服之和平，黄芪服之即胷中滿悶。以人參之性和

平，黃芪之力專霸且微升耳。其實表固衛之功，亦從專霸而得。丹皮清肝膽血分之熱，其氣辛香，亦走氣分。山梔清心肺小腸之火，炒黑輕虛，入氣分亦入血分，性能滑腸。便溏者勿與。黃柏苦寒，堅腎益陰，瀉肝腎膀胱邪火，易傷胃。知母味甘微苦辛，色白，瀉肺火而助腎陰，功在肺得清肅則腎有母蔭，故名知母。其性微滑，陰虛便溏者勿多服。茯苓甘淡而滲，通心氣，利水道。猪苓味淡而滲，亦利水道。然茯苓味甘，有補益之功，故補劑往往用之。猪苓無甘味，但有滲利之功，無補益之力。通草色白，體輕味淡，入肺通氣，下利水道。其利水也，從宣肺氣而下走膀胱，所謂水出高源耳。車前則利小腸而清血分之熱，血淋最妙，亦通水竅，秘精竅。如上諸品，補瀉溫凉似同而實異，各有分別，不可不體察。可以同用即不妨同用，宜此不宜彼者，可用其一，不用其二焉。如此類者，正不可枚舉，未可順筆而連類書之也。

論說

宋・張杲《醫說》卷七　田舍試驗之法　藕皮散血起自庖人。牽牛逐水近出野老。麵店蒜虀乃是下蛇之藥。路邊地菘而為金瘡所秘《本草》。

明・李湯卿《心印紺珠經》卷上《辨藥性第八》　十劑：宣、通、補、瀉、輕、重、滑、澀、燥、濕。

宣：欝而不散為壅，必宣劑以散之，生薑、橘皮之屬是也。又曰：以君召臣曰宣，宣則湧劑，如瓜蒂散亦宣劑也。

通：留而不行為滯，必通劑以行之，防己、木通之屬是也。又曰：溲便淋閟宜用八正散以通之，亦通劑也。通為輕，而瀉為重也。

補：不足為弱，必補劑以扶之，黃耆、羊肉之屬是也。又曰：陽虛則補以乾薑、附子，陰虛則補以大黃、硝石，亦補劑也。

瀉：有餘為塞，必瀉劑以逐之，如大黃、巴豆之屬是也。又曰：甘遂、牽牛亦瀉劑也。

輕：實則為壅，必輕劑以揚之，麻黃、葛根之屬是也。又曰：如嗹藥解表，亦輕劑也。

重：怯則氣浮，必重劑以鎮之，如磁石、鐵粉之屬是也。又曰：如癎涎疾，宜代赭石以鎚之，亦重劑也。

滑：澀則氣著，必滑劑以利之，如冬葵、榆皮之屬是也。又曰：大便結燥，治以桃仁、郁李；小便淋澀，治以車前、滑石，亦滑劑也。

澀：滑則氣脫，必澀劑以救之，如龍骨、牡蠣之屬是也。又曰：如寢汗不止，澀以麻黃根、防己；滑泄不止，澀以枯白礬、罌粟殼；如喘嗽上奔，以虀汁、烏梅煎，寧肺散，亦澀劑也。

燥：濕氣淫勝，必燥劑以除之，如桑白皮、赤小豆之屬是也。又曰：如乾薑、官桂能治積寒久冷，如蒼朮、白朮、陳皮、木香皆能除濕，如黃連、黃栢、黃芩、山梔子味苦屬火，苦能燥濕，亦燥劑也。

濕：津耗為枯，必濕劑以潤之，如紫石英之屬是也。又曰：硝味鹹寒，本屬真陰之水，誠濡枯之上藥，亦濕劑也。

明・劉純《醫經小學》卷五　十劑一首。集見《儒門事親》。　十劑補瀉宣與通，滑澀燥濕重輕倫。瀉為泄實治閉滿，補即能調虛損人。宣非瀉劑乃越吐，通亦開流輕義勻。滑知養竅濡結燥，澀以酸同收斂因。燥攻水液寒清冷，濕潤乾枯涸揭皺。重當鎮墜抑而減，輕為熏揚泄汗陳。十劑由來三法中，發汗燥澀輕可倫。下本重濕通滑瀉，吐惟宣劑旨須論。三法用之猶有補，驅邪扶正益天真。

明・朱橚《普濟方》卷五《方脉藥性・總論》　十劑者：宣、通、補、瀉、輕、重、澁、滑、燥、濕。

宣者，鬱而不散為壅，必宣劑以散之，如痞滿不通之類。《本草》曰：宣可去壅，必宣劑以散之，如薑、橘之屬，攻其裏，則宣者上也，泄者下也。湧劑則瓜蒂、梔、豉之類是也。發汗通表亦同。

通，留而不行為滯，必通劑以行之，如水病痰癖之類是也。《本草》曰：通可去滯，通草、防己之屬，攻其環，則通者行也。甘遂、滑石、茯苓、芫花、大戟、牽牛、木通之類是也。

補，不足為弱，必補劑以扶之，如氣形羸弱之類是也。《本草》曰：補可去弱，人參、羊肉之屬，攻其裏，則補養也。《經》所謂言而微，終日乃復言者，此奪氣也。故形不足，溫之以氣；精不足，補之以味。是以膏粱理疾，藥石蠲疾，五穀五畜，善能補養也。

瀉，有餘為閉，必洩劑以逐之，如腹脹脾約之類是也。《本草》曰：洩可

去閉，即葶藶、大黃之屬。《經》所謂濁氣在上，則生䐜脹。故氣不施化而鬱不通，所以葶藶、大黃味苦大寒，專能洩熱、去濕、下氣。仲景曰：趺陽脉浮而澁，浮則胃强，澁則小便數。浮澁相搏，大便難，其脾為約，故約束津液不得四布。苦寒之劑通塞潤燥而能泄胃强也。

輕，實則氣壅，欲其揚也。如汗不發而腠密，邪勝而中蕴，必輕劑以揚之。《本草》曰：輕可去實，麻黃、葛根之屬。《經》所謂邪在皮者，汗而發之。其實者散而泄之。王注曰：陽實則發散。

重，怯則氣浮，欲其鎮也，如喪神守而驚悸氣上，厥以顛疾，必重劑以鎮之。《本草》曰：重可去怯，即磁石、鐵粉之屬。《經》所謂厥痰為顛疾，故驚乃重之，所以鎮涎也。故使其體重之物，則下涎而用之也。

澁，滑則氣脱，欲其收斂也，如開腸洞洩，便溺遺失，必澁劑以收之。《本草》曰：澁可去脱，則牡蠣、龍骨之屬，如寧神、寧聖散之類是也。

滑，澁則氣着，欲其利也，如便難内閉，必滑劑以利之。《本草》曰：滑可去着，即冬葵、榆皮之屬。滑能養竅，故潤利也。

燥，濕氣淫勝，腫滿脾濕，必燥劑以除之。《本草》曰：燥可去濕，即桑白皮、赤小豆之屬。所謂濕甚於上，以苦吐之，以淡泄之是也。

濕，津耗為枯，五藏痿弱，榮衛涸流，必濕劑以潤之。《本草》曰：濕可去枯，即紫石英之屬。故痿弱者用之。王注曰：心熱獨盛則火光上炎。腎之脉常不行，令火盛而上炎用事，故腎脉亦隨火炎爍而逆上行也。陰氣厥逆，火復内焰。陰上隔陽，下不守位。心氣通脉，故生痿脉。是故腕樞紐如拆去而不相提挈，脛筋縱緩而不能任用也。故可下數百行而愈。

故此十劑、七方者，乃太古先師設繩墨而取曲直，何叔世方士出規矩以為方圓。王注曰：人之死者但曰命，不謂方士愚昧而殺之。是以物各有性，以謂物之性有盡也。制而用之，將使之無盡。物之用有窮也，變而通之，將使之無窮。夫惟性無窮、用無窮，故施於品劑以佐使斯人，其功用亦不可一而具也。於是有因其性而為用者，有因其所勝為制者，有氣同則相求者，有氣相剋則相制者，有氣餘而補不足者，有氣相感則以意使者，有質同而性異者，有名異而實同者。故蛇之性竄而引藥，蟬之性脱而退翳。虻飲血而用以治血，鼠善穿而用以治漏。所謂因其性而為用者也。努牙速產，以機發而不括也；杵(糖)〔糠〕下噎，以杵築下也：謂因其用而為使者也。萍不沉水，可以勝酒；獨活不摇風，可以治其風：所謂因其所勝而為之用制也。麻，木穀而治風；豆，水穀而治水：所謂氣相同則相求者也。牛，土畜，乳可以止渴疾；豕，水畜，心可以鎮慌惚：所謂因其氣相剋則相制也。熊肉振羸，兔肝明視，所謂因其氣有餘補不足也。鯉之治水，鶩之利水，所謂因其氣相感則以意使者也。蜂蜜成於蜂，蜜温而蜂寒；油本生於麻，麻温而油寒：兹同質而異性也。蘼蕪生於芎藭，蓬虆生於覆盆，兹名異而實同者也。如此之類，不可勝舉。故天地賦形，不離陰陽。形色自然，皆有法象。毛羽之類，生於陽而屬於陰。鱗介之類，生於陰而屬於陽。空青法木，色青而主肝。丹砂法火，色赤而主心。雲母法金，色白而主肺。磁石法水，色黑而主腎。黄石脂法土，色黄而主脾。故觸類而長之，莫不有自然之理也。【略】

故中風者，病之長，乃氣血閉而不行，此最重病。凡治風之藥皆辛温，上通天氣，以發散為本始，元氣始出地之根蒂也。此手足少陽二經之病，治有三禁。不得發汗，為風證多自汗；不得下，下之則(一陰)絶其生化之源。不得利小便，利之則使陽氣下陷反行陰道。實可戒也。【略】

《濟生拔萃》云宣可以去壅，薑、橘之熱是也，此大畧言之。蓋外感六經之邪欲傳入裏，三陰尚實而不受，逆邪氣於胸中窒塞不通，而或噦或嘔，所謂壅也。仲景云：嘔多雖有陽明證，不可攻之，況乾噦者乎？三陰者，脾也。故單用生薑宣散必愈。若嘔者有聲而有物，邪在胃系，未深入胃中，以生薑、橘皮治之。或以藿香、丁香、半夏，亦此之類，投之必愈。此天分氣分虚無處，一無所受，今乃窒在，仲景謂膈之上屬上焦於表。或有質形之物，因而越之則可。若氣壅，則不可。越之者，吐也。亦無下之理。破氣藥也，辛瀉氣。若陰虚穢氣逆上，窒塞嘔穢不定之病，此地道不通也。正當用生地黄、當歸、桃仁、紅花之類，和血凉血潤血，兼用甘藥，以補其氣。微加大黄、芒硝，以通其閉。大便利，邪氣去，則氣逆嘔穢自不見矣。復有胃中虚熱，穀氣久虚，發而為嘔噦者，但得五穀之陰以和之，五穀屬陰，或食或飲白湯，皆止嘔噦。則嘔噦自止。且如小兒痘班後，餘熱不退，痂不收斂，大便不行，是謂血燥。則當以陰藥治血，因而補之。用清凉飲子通利大便而瀉其熱也。潔古云：凉風至而草木實。夫清凉飲子乃秋風徹熱之劑，傷寒家邪入於裏，日晡潮熱，大渴引飲，譫語燥狂，不大便，是謂胃實，乃可攻之。夫胃氣為濕熱所傷，以承氣湯瀉其土實，元氣乃得周流。承氣之名，於此見矣。今衰世人以苦寒瀉火，故

備陳之。除熱瀉火，非甘寒不可。以苦寒瀉火，非徒無益，而反害之，故諄諄及此。至如孫真人言：生薑嘔家之聖藥。謂上焦氣壅表實而言之，非以瀉氣而言之也。若脾胃虚弱，穀氣不行，榮衛下流，清氣不上，胸中閉塞，惟益氣、推(陽)〔揚〕穀氣而已，不宜瀉也。若妄以瀉氣瀉血下之，則轉增閉塞疼痛，或變作結胸，復不緩下其膈。由此至危者多矣。【略】《經》云：(兼)〔廉〕泉、玉(吏)〔英〕者，津液之道路也。津液不上，胸中氣路不開，亦令人噦。勿作外實，以辛藥生薑之類瀉其壅滯。蓋肺氣已虚而反瀉之，是重瀉其氣，必胸中如刀割之痛，與正結胸無異，亦聲聞於外。用藥之際，可不慎哉！

通可以去滯，通草、防己之屬是也。防己大苦寒，能瀉血中大熱之滯也，亦能瀉大便。與大黄氣味同者，皆可瀉血滯，豈止防己而已。通草甘淡，能助西方秋氣下降，利小便，專瀉氣滯也。小便氣化，若熱絶津液之源於肺經，源絶則寒水斷流，故膀胱受濕熱，津液癃閉，約縮小便不通，宜以此治之。其脉右寸洪緩而數，左尺亦然。其證胸中煩(濕)〔熱〕，口燥舌乾，咽嗌亦乾，大渴引飲，小便淋瀝，或閉塞不通，脛腠脚熱，此通草主之。凡與通草同者，茯苓、澤瀉、燈草、猪苓、琥珀、瞿麥、車前子之類，皆可以滲泄，利其滯也。此雖泄氣滯，小便不利，於肺中有所未盡爾。予昔寓長安，有王善夫病小便不通，漸成中滿，腹大堅硬如石，壅塞之極。脚腿堅脹破裂，出黄水，雙睛凸出，晝夜不得眠，飲食不下，痛苦莫可名狀。其親戚輩求治。病人始病不渴，近添嘔噦。所服治中滿、利小便之藥甚多。《素問》云：無陽者陰無以生，無陰者陽無以化。膀胱津液之腑，氣化乃能出矣。此病小便癃閉，是無陰陽氣不化者也。凡利小便之藥，皆淡味滲泄為陽，止是氣藥，謂稟西方燥金之化，自更降也。是陽中之陰，非北方寒水陰中之陰所化者也。此蓋奉養太過，膏粱積熱，損北方之陰。腎水不足，膀胱腎之室久而乾涸，小便不化，火又逆上，而為嘔噦，非膈上所生也。獨為關，非膈病也。潔古曰：熱在下焦，填塞不便，是治關格之法。今病者内關外格之證悉具，死在旦夕，但治下焦乃可愈。遂處以禀北方之寒水所化大苦寒氣味者，黄蘗、知母各二兩，酒洗之，以肉桂為之引用，所謂寒因熱用者也。同為極細末，煎熱水為丸如梧桐子大，焙乾，空腹令以沸湯下二百丸。少時來〔報，服〕熱藥之須臾如刀刺前陰，火燒之痛，溺如暴泉涌出，卧具盡濕，牀下成流。顧盼之間，腫脹消散。故因記之。

或曰：防己之性者何？曰：防己大苦寒，能泄血中之濕熱，通血中之滯塞，補陰瀉陽，助秋冬、瀉春夏藥也。比之於人，則險而健者也。險健之小人，幸災樂禍，遇風塵之警，則首為亂階。然而見善亦喜，逢惡亦怒。如善用之，亦可以敵兇暴之人，保險固之地。此瞑眩之藥，聖人有所存而不廢耳。大抵聞其真則可，(要)〔藥〕下咽則令人身心為之煩亂，飲食為之減少。至於十二經有濕熱壅塞不通及治下疰脚氣，除膀胱積熱而庇其基本，非此藥不可。其行經之仙藥，無可代之者。復有不可用者數事：若遇飲食勞倦，陰虚生内熱，元氣穀氣已虧之病，以防己泄大便，則重亡其血，此不可用一也；如大渴人引飲，是熱在上焦肺經氣分，宜淡滲之，此不可用二也；若人久病津液不行，上焦虚渴，補以人參、葛根之甘温，用苦寒之劑則速危，此不可用三也；若下有濕熱流入十二經，致二陰不通，然後可審而用之耳。

補可以去弱，人參、羊肉之屬是也。夫人參之甘温，能補氣之虚。羊肉之甘熱，能補血之虚。羊肉有形之物也，能補有形肌肉人氣。凡氣味與人參、羊肉同者，皆可以補之，故云屬也。人參補氣，羊肉補形。氣者有無之象也，以大言之，具天地兩儀者也。以小言之，則人之陰陽氣血也。以之養生則莫重於斯。以天地物類論之，則形者坤土也。人之脾胃也，乃生長萬物也。地欲静，静則萬物安。坤元一正之土，亘古不遷者也。耕種之土，乃五行運用者也。動之有時，春耕是也。若冬時動之，令天氣閉藏者泄地氣，凝聚者散精氣，竭絶萬物不安。亦如人之勞役形體則大病生焉。故曰不妄作勞。則明當静之時，若勞役妄作，則百脉爭張，血脉沸騰。精氣竭絶，則九竅閉塞，胃氣散解。夫以人參、甘草之類治其已病，曷若救其未病，為拔本塞源之計哉！《内經》云：志(閉)〔閑〕少欲，飲食有節，起居有常，減其思慮，省語養氣，庶幾於道，何病之有？如或不慎，病形已彰。若能調其脾胃，使營氣旺，清氣上升，則四臟各得其所。以氣論之，天地人三焦之氣各異。損其脾者益其氣。損其脾胃，調其飲食，適其寒温。黄耆之甘，能補皮毛之氣。人參之甘温，能補肺之氣。甘草之(寒)〔甘〕温，能補脾胃之中經營之氣。肺主諸氣，氣旺則精自生，形自盛，血氣以平。故曰陽生則陰長，此之謂也。血不自生，須得生陽氣之藥，血自旺矣。是陽主生也。若陰虚單補血，血無由而生，無陽故也。仲景以人參為補血藥，其以此(與)〔歟〕？乃補氣補血之大畧也。

洩可以去閉，葶藶、大黄之屬是也。此二味皆大苦寒。葶藶氣味俱厚，

不減大黃，又性過於諸藥，以洩陽分肺中之閉也。亦能洩大便，為體輕象陽故也。大黃之苦寒，能走而不守，洩血閉也。血閉者，謂胃中阻穢，有形之物閉塞者也。陽明病胃家實是也。日晡潮熱，大渴躁，有形之熱，故洩其大便使通和，汗出而愈矣。一則治血病，洩大便；一則洩氣閉，利小便。若經絡中及毛分肉間但有疼痛，一概用牽牛、大黃下之，乖戾甚矣。通則不痛，痛則不通。痛隨利減，當通其經絡則疼痛去矣。如輕可以去實，麻黃、葛根之屬是也。謂如頭疼，當以細辛、川芎之類通之，則無所凝滯，即痛隨利減也。臂痛有六道經絡，究其痛在何經絡之閉，以行本經。行其氣血，氣血通利則愈矣。若表上諸疼痛便下之則不可，當詳細而辯之也。

輕可以去實，麻黃、葛根之屬是也。夫六淫有餘之邪，客於陽分皮毛之間。腠理閉拒，謂之實也。實者，謂榮氣不行之謂也。宜以輕利，開腠理，致津液，通氣也，皮毛經絡寒邪之實去矣。故二藥之體，輕清成象，象氣之輕浮也。寒邪為實，輕可以去之。若大同而小異。蓋麻黃微苦，為陰之陽，可入足太陽寒水之經。其經循眦下行，本寒而又受外寒，汗出乃愈，當以發之。葛根味甘溫，可以發足陽明燥火之經，身已前所受寒也。非正發汗之藥。謂陽明禁發汗、利小便，但解去經絡肌肉間寒邪，其氣和，汗自出矣。麻黃專發汗去皮毛氣分寒邪，葛根和解血分寒邪，乃一陰一陽。能瀉表實，不能瀉裏實。若飲食勞倦，雜病自汗，表虛之證，認作有餘，便用麻黃發之。汗大出則表益虛，此蓋不知表虛宜補其亡陽，閉其自汗。秋冬用桂枝，春夏用黃耆代之。黃耆者，能治虛勞自汗，陽明胃主自汗、小便數。若以人參、甘草之類補之，脾胃實則衛氣行，衛氣行則表自實。表既實，自汗何由而出？清氣上行，雖飱泄亦止矣。此治其本也。葛根雖為和解之藥，亦不可用。用之則重虛其表。仲景所論內外不足自汗之證，大禁發汗、利小便。若已經發汗，寒邪未去，雖發汗數多，不可禁也。寒邪已出，重發其汗，則脫人元氣。若多汗、小便赤澁，不得利小便，為汗奪津液故也。汗多不得重發汗，小便多不得重利小便。聖人所以切禁此者，為津液乃氣血之基本也。一云亡陽，一云脫血。病人重發汗，重利小便，必脫去氣，七神無依則必危困。辯麻黃、葛根之宜禁，故兼及之。

明・周禮《醫學碎金》卷四　十劑：宣、通、補、瀉、輕、重、滑、澁、燥、濕也。宣劑：宣者，舉世皆以宣為瀉劑。然十劑之中已有瀉劑，何以又重是？蓋宣者，升而上也。以君召臣曰宣，義或同此。《內經》曰：高者因而越之，木鬱則達之。豈非宣劑，即所謂涌劑者乎？蓋十劑之中，獨不見涌劑，則宣為涌明矣。

通劑：通者，流通之謂也。前後不得溲便，裏急後重，數至圊而不便。凡麻痺蔚滯，經遂不開，非通劑莫愈也。

補劑：補者，五臟各有補瀉。肝實瀉心，肺虛補腎。《經》曰：東方實，西方虛，瀉南方，補北方。大率虛有六：表虛、裏虛、上虛、下虛、陰虛、陽虛。設陽虛補以附子，陰虛補以大黃、芒硝。今人往往以熱為補，以寒為瀉，訛非一日，豈知酸苦辛甘鹹各補其臟？《內經》曰：精不足者，補之以味。善補者，病去而進之以穀肉食者，真得補法也。

瀉劑：《經》曰：實則瀉之。實者，乃邪氣之作實也。諸痛為實，痛隨利減。又曰：中滿者瀉之，於內大黃、牽牛、甘遂、芒硝、巴豆之屬，皆瀉劑也。惟巴豆其性燥熱，不可不慎，恐留毒致生他證，縱不得已而用之，必須致其毒。今人往往以巴豆熱而不畏，以大黃寒而反畏，庸不知所謂瀉者哉。

輕劑：風寒之邪，始自表入，頭痛身熱，腰脊強。《內經》曰：宜輕劑以揚之。《本草》曰：輕可去實，宜麻黃、葛根、升麻之屬是也。

重劑：久病咳嗽，涎潮于上，咽喉不利，形羸，不可峻攻，其藥則以硃砂、水銀、沉香、水石、黃丹之屬，以其體重能鎮(縋)〔墜〕。《內經》曰：重者減之。貴其漸也。

滑劑：《周禮》曰：滑以養竅，大便燥結，小便澁，皆宜滑劑。燥結者，麻仁、郁李仁之類；淋澁者，葵子、滑石之類。其有前後不通，兩陰俱閉，名曰三焦約，宜先以滑劑表養其燥，然後攻之，則無失矣。

澁劑：寢汗不已，澁以麻黃根、防己、牡蠣。滑泄不已，澁以荳蔻、白礬、木賊、烏魚骨、粟殼。凡酸味亦同乎澁。喘嗽不已，虀汁、烏梅、寧肺膏，皆酸而澁也。然此數種，當論其本，以去其邪，不可專以澁為萬全也。

燥劑：積寒久冷，食已不飢，吐利腥穢，屈伸不便，上下所出水液澄徹清冷，此為大寒之故。宜乾薑、良薑、附子、胡椒輩以燥之。然非積寒之病不可用，用不對證，變為血泄血溢，大枯大涸，溲便癃閉，聾瞽跛弱。若曰病濕者，則以白朮、陳皮、木香、防己、蒼朮，皆能除濕，亦燥之平劑。若黃連、黃栢、梔子、大黃之苦，皆能燥濕，此《內經》之本旨也。與世相違久矣！嗚

呼！豈獨薑附之專方為燥劑乎？

濕劑：濕與滑相類，其間少有不同。《內經》曰：辛以潤之，蓋辛能走氣，能化液者也。芒硝性雖鹹，本屬真陰之水，誠濡枯之上藥也。人有枯渴皴揭之病，非獨金化為，然蓋有火以乘之，非濕劑莫能愈也。

明・俞弁《續醫說》卷一〇 黃栢、知母 世人謂其補腎，非也。特以腎家火旺，兩尺脉盛者，用其瀉火，則腎亦堅固，而無夢遺之患，豈誠有補腎之功哉？故腎家無火，而兩尺微弱，或右尺獨旺者，皆不宜用。黃栢、知母能降十二經之火，《內經》所謂强腎之陰，熱之猶可者，正以其瀉腎之火，則腎令方行，而熱亦不作矣。但凡腎家有熱，兩尺脉旺而成諸疾，或眼疼，或喉痹之類，皆宜用之。《脾胃論》云：黃栢、知母不可久服，恐陰氣為害故也。東垣豈欺我哉！

明・韓悉《韓氏醫通》卷上 藥性裁成章第七 藥有成性，以材相制，味相洽而後達。而二五之升沉，鹹、苦、辛、酸、甘者，觸物在焉。姑列凡數，可推其餘。夫(病)〔藥〕性，古書備本草，括《湯液》《珍珠》諸篇，予不能悉記也。標病攻擊，宜生料，氣全力强；本病服餌，宜製煉，調劑大成。病在元氣，宜醇澹。味性純一，醇也；出五味外，澹也。大羹元酒【缺】。

人參煉膏，回元氣於無何有之鄉，王道也。黑附子回陽，霸功赫奕。甘草調元，無可無不可。

當歸主血分之病，川產力剛可攻，秦產力柔宜補。凡用本病酒製，而痰獨以薑汁浸透，導血歸源之理。熟地黃亦然。血虛以人參、石脂為佐；血熱以生地黃、薑黃、條芩，不絕生化之源；血積配以大黃。婦人形肥，血化為痰，二味薑浸，佐以利水道藥。要之，血藥不容舍當歸，故古方四物湯以為君，芍藥為臣，地黃分生熟為佐，川芎為使，可謂典要云。

香附主氣分之病，香能竄，苦能降，推陳致新，故諸書皆云益氣，而俗有耗氣之訛，女科之專非也。治本病略炒，兼血以酒煮，痰以薑汁，虛以童便浸，實以鹽水煮，積以醋浸水煮。婦人血用事，氣行則無痰。老人精枯血閉，惟氣是資。小兒氣日充，形乃日固。大凡病則氣滯而餒，故香附於氣分為君藥，世所罕知。佐以木香，散滯洩肺；以沉香，無不升降；以小茴香，可行經絡；而鹽炒則補腎間元氣。香附為君，參、耆為臣，甘草為佐，治氣虛甚速。佐以厚朴之類，決壅積；稜、莪之類，攻其甚者。予嘗避諸香藥之熱，而用檀香佐附，流動諸氣，極妙！

痰分之病，半夏為主。脾主濕，每惡濕，濕生痰，而寒又生濕。故半夏之辛，燥濕也。然必造而為麴，以生薑自然汁、生白礬湯等分，共和造麴，楮葉包裹，風乾，然後入藥。風痰，以猪牙皂角煮汁去渣，煉膏如餳，入薑汁。火痰黑色，老痰如膠，以竹瀝或荊瀝入薑汁。濕痰白色，寒痰清，以老薑煎濃湯，加煅白礬三分之一，如半夏三兩，煅礬一兩。俱造麴如前法。予又以霞天膏加白芥子三分之二，薑汁、礬湯、竹瀝造麴，治痰積沉痼者，自能使腐敗隨大小便出，或散而為瘡，此半夏麴之妙也。古方二陳湯，以此為君，世醫因辛，反減至少許，而茯苓滲濕，陳皮行氣，甘草醒脾，皆臣佐使，而反多其銖兩，蓋不造麴之過。觀法製半夏，以薑、礬制辛，即能大嚼是也。佐以南星，治風痰；以薑汁酒浸炒芩、連及瓜蔞實，香油拌麴略炒之類，治火痰；以麩炒枳殼、枳實，薑汁浸蒸大黃、海粉之類，治老痰；以蒼朮、白朮俱米泔、薑汁浸炒，甚至乾薑、烏頭，皆治濕痰。而常有脾洩者，以肉荳蔻配半夏麴，加神麴、麥芽作丸，尤有奇效。厚養之人，酒後多此，而苦痰為病者，十常八九也。方書謂天下無逆流之水，人身有倒上之痰。氣亂血餘化而為痰，故治痰以行氣殺血為要。

火分之病，黃連為主。五臟皆有火，平則治，病則亂。方書有君火、相火、邪火、龍火之論，其實一氣而已。故丹溪云：氣有餘便是火。分為數類。凡治本病略炒以從邪，實火以朴硝湯，假火酒，虛火醋，痰火薑汁，俱浸透炒；氣滯火以茱萸，食積洩黃土，血癥瘕痛乾漆，俱水拌同炒，去萸、土、漆；下焦伏火以鹽水浸透拌焙；目疾以人乳浸蒸，或點或服。生用為君，佐官桂少許，煎百沸，入蜜，空心服，能使心腎交於頃刻。入五苓、滑石，大治夢遺。以土、薑、酒、蜜四炒者為君，使君子為臣，白芍藥酒煮為佐，廣木香為使，治小兒五疳。以茱萸炒者，加木香等分，生大黃倍之，水丸，治五痢。以薑汁酒煮者為末，和霞天膏，治癲癇、諸風、眩暈、瘡瘍，皆神效。非彼但云瀉心火，而與芩、柏諸苦藥例稱者比也。

予治沉疴，先循經絡者，即諸古書所載引經報使藥，貴識真爾！如心經，以人參益氣，石脂補血，硃砂鎮火，天竺黃去痰，澤瀉瀉熱，而蓮肉、茯神、赤茯苓、遠志、益智、酸棗之屬，利心竅以安神識。中間製煉，如以苦焦之味達本經，鹹引所畏，辛避所勝，酸益其母，而甘洩其子，皆裁成藥性之道。

粳米造飯，用荷葉煮湯者寬中，芥菜葉者豁痰，紫蘇葉者行氣解肌，薄荷葉者清熱，淡竹葉者避暑。造粥則白粥之外，入茯苓酪者清上實下，薯蕷粉者理胃，花椒汁者辟嵐瘴，薑、葱、豉汁者發汗。與夫古方羊腎、猪腎之類，無非藥力也。一人淋，素不服藥，予教以專啖粟米粥，絕他味，旬餘減，月餘痊，此五穀治病之理。

梨汁疎風豁痰，蒸露治內熱。藕汁研墨止吐血、鼻衄。研桃仁調酒破血積。胡桃仁佐破故紙，鹽水糊丸，治腰濕痛如神。大棗煮汁去查煉膏，救小兒脾虛胃寒不能藥者。蓮肉作末，甦禁口痢。柿蒂加杵頭糠，止轉食。凡此予以應驕習之家，亦五菓治疾之理。

韮白愈淋，子澀精。大葱汁和五倍子末澀虛脫之痢，非虛脫不用。莧煮汁愈初痢。蘿蔔風乾愈傷食嗽。白扁豆益脾清暑。蒜汁煮香附，加蓽撥、大黃，治瘴鄉中毒。諸菜俱能治病，貴專啖爾。

黃牛肉補氣，與綿黃耆同功。羊肉補血，與熟地黃同功。猪肉無補，而人習之化也。惟連貼於脾、肚於胃、腰子於腎、脊髓於骨、心於血，可引諸藥入本經，實非其補。鹿則全體大補，異時每欲以肉汁煉膏，如霞天膏、小刀圭之法，恨不多得。黃牛連貼，用朴硝作脯，消痞塊。骨髓煎油擦四肢之損。禽則鵝善疎風。雞稚補損，老作羹起衰。蟲則蜣蜋裹燒熟，與兒食，治疳。蚺皮作丸，大治驚癇疳痢。以上予治厚養之人多用之，亦從其化也。獨犬之壯陽，俗夫所尚，古方戌戌酒，蓋為虛寒病設爾。或云：士無故不殺犬豕，則古人以羞於珍矣，意者黃黑二色，足補脾腎，亦可如小刀圭法為之，以治虛怯勞瘵，而戒恣慾之非，價廉工省，可濟貧乏云。

明·葉文齡《醫學統旨》卷八

十劑大略　宣：鬱而不散，宜宣劑以散之。宣可去壅，薑、橘之屬是也。　經有五鬱，達、發、奪、洩、折，皆宣也。發曰宣揚，制曰朗宣，君召臣曰宣，喚臣奉君曰授命，開喻群情，啓申上帝，意翕受敷，施遍及五服，通及四海，宣之意也。　通：留而不行，宜通劑以行之。通可以去滯，通草、防己之屬是也。此中有發汗證。　痺，留也。飲，留也。痛，亦留也。　補：弱而不足，宜補劑以扶之。補可以去弱，人參、羊肉之屬是也。○鹿亦可。　有氣弱，有血弱，有氣血俱弱。　瀉：閉而有餘，宜瀉劑以除之。瀉可以去結，葶藶、芒硝、大黃之屬是也。　有閉在表，有閉在裏，有閉在中。　輕：實而氣蘊，宜輕劑以揚之。輕可以去實，麻黃、葛根之屬是也。　腠理閉悶，窒寒中蘊。　重：怯則氣浮，宜重劑以鎮之。重可以去怯，磁石、鐵粉之屬是也。　神志失守，驚悸不寧。

滑：澀則氣著，宜滑劑以利之。滑可以去著，冬葵子、榆白皮之屬是也。　有經澀，有小便澀，在大便澀。　澀：滑則氣脫，宜澀劑以收之。澀可以去脫，牡蠣、龍骨之屬是也。　前脫者遺溺，後脫者遺屎。男子失精，婦人亡血之類，皆前脫也。○洞洩不禁，後脫也。　燥：濕則為重，宜燥劑以除之。燥可以去濕，桑白皮、赤小豆之屬是也。○蒃豆亦是。　有濕在上，有濕在中，有濕在下，有濕在經，有濕在表，有濕在裏。　濕：枯則為燥，宜濕劑以潤之。濕可以去枯，紫石英、白石英之屬是也。　有減氣而枯，有減血而枯。　只如此體，皆有所屬。凡用藥當詳審，各劑之下，證在明白，分而求之，則靡所失矣。陶隱居云：藥之宣、通、補、瀉、輕、重、滑、澀、燥、濕，此十劑，今詳之，惟寒熱二種，何獨見遺？今補二種，以盡厥旨。　寒：熱則為實，宜寒劑以清之。寒可以去熱，大黃、芒硝之屬是也。　有熱在表，有熱在裏，有表裏皆熱。　熱：寒則為虛，宜熱劑以溫之。熱可以去寒，附子、官桂之屬是也。　有外寒，有內寒，有內外俱寒。

明·皇甫嵩《本草發明》卷一

十劑　十劑中，遺寒熱二劑，故隱居補之于後，以盡厥旨。愚謂十劑之中，亦有寒熱之用。

宣：可以去壅，如薑、橘之屬是也。故鬱壅不散，宜宣劑以輕散之，或升散之，或宣越之，皆謂之宣。有積痰上壅，有積食上壅，有積飲上壅。宣湧吐之劑也。《經》曰：高者，因而越之。苦窒塞煩悶者，以病壅在上，而用湧吐。故為之偶，故云汗者宜偶也。

複：奇之不去則偶之，〔偶之〕不去複以奇，故曰複之也。又曰：木鬱則達，如氣逆胸脇脹，火上炎，治以苦寒。升散不愈，則升發之。藥吐劑，瓜蒂、薑、鹽、參蘆之屬。

通：可以去滯，木通、防己之屬是也。故留滯不行，宜通劑以行之。此中有發汗症。○痹留也，飲留也，痛亦留也。通，疏通之劑，如小便滯而不通，宜通草、海金砂之屬。月經不通，紅花、桃仁之屬。諸通竅亦然，不特此也。凡痹、飲、痛留着于經絡中，關節不通，亦宜疏劑。

補：可以去弱，人參、羊肉之屬是也。故羸弱不足，宜補劑扶之。如氣虛用四君，血虛用四物及八珍大補之屬，精不足補之以味。攝生者，病去而進以穀味尤妙。

瀉：可以去閉，葶藶、大黃之屬是也。故閉結有餘，宜瀉劑下之。閉有在裏在中者，實則瀉之，或散之，如承氣之類。亦有閉于經絡者，隨經而瀉之，如針法是也。

滑：可以去着，冬葵子、榆白皮之屬。澀則氣着，宜滑劑以利之。有經澀與二便澀，滑以利竅，如大便燥結，小便淋澀，用火麻仁、郁李仁、冬葵子、滑石之屬是也。

澁：可以去脱，牡蠣、龍骨之屬是也。故滑則氣脱，宜澁劑以收之。前脱者，小水不禁，宜桑螵蛸、益智之屬。後脱者，大便滑脱不禁，宜肉豆蔻、訶子之屬。陽脱自汗不止，宜黄芪、麻黄根之屬。陰脱遺精精滑，宜竜骨、牡蠣之屬。血脱崩漏不止，宜地榆、阿膠之屬是也。

燥：可以去濕，桑白皮、赤小豆之屬是也。故濕則為重，宜燥劑除之。濕有在上、中、下之分，在經、在皮、在裏之别。如夾食致瀉，停飲成痰，宜蒼白术、茯苓、半(荳)〔夏〕之屬；肢躰浮腫，胸腹脹滿，宜桑白皮、大腹皮、赤小荳之屬；如水腫，小便澁，宜木通、猪苓之屬。分别之上焦及皮膚之濕，宜風升辛散之劑；沉寒痼冷，寒濕吐利，宜良薑、附子之屬，非沉寒積冷，太熱太燥不可用。

濕：可去枯，紫石英、白石英之屬是也。故枯則為燥，宜濕劑潤之。有減氣而枯，有減血而枯。濕為潤燥，與滑類畧有不同。辛以潤之，蓋能散氣化液故也。若硝石雖鹹寒，本屬真陰之水，乃潤燥要藥，人病枯涸皴揭，非金化，然亦有火化乘之，此非濕劑莫能愈也。

重：可去怯，磁石、鐵粉之屬是也。故怯則氣浮，宜重劑以鎮之。如(補)〔神〕志失守，驚悸不寧，昏冒，用金箔、硃砂、琥珀之屬。如傷寒下利，心痞硬，宜赤石、禹餘湯之屬也。

輕：可去實，麻黄、葛根之屬是也。故實而氣藴，宜輕劑揚之。腠理閉悶，噎塞中藴，輕者散揚之；如寒邪客于皮膚，頭痛身熱，無汗，宜麻黄湯，升麻葛根之屬是也。

寒：可以去熱，芩、連、朴硝、大黄之屬是也。

熱：可以去寒，附子、乾薑、肉桂之屬是也。

明·繆希雍《本草經疏》卷一 論十劑本義 劑者，從齊從刀，用以齊其不齊，而成其所以齊也。夫獨用之謂藥，合用之謂劑，而其才有長短、大小、良毒之難齊，故用有相益、相濟、相畏、相惡、相忌、相制之不同，則劑有宣、通、補、瀉、輕、重、滑、澀、燥、濕十者，對治之各異。譬夫良相劑量群才，以成治世之功，類良醫劑量群藥，以成治病之功，其義一也。岐伯論之詳矣！凡和劑者必本乎是。苟昧其旨而違其道，即失對治之義，求疾之瘳，其可得乎！

附録：十劑 劉完素曰：製方之體，欲成七方、十劑之用者，必本於氣味也。寒、熱、溫、凉，四氣生於天；酸、苦、辛、鹹、甘、淡，六味成於地。是以有形為味，無形為氣。氣為陽，味為陰。陽氣出上竅，陰味出下竅。氣化則精生，味化則形長。故地産養形，形不足者，溫之以氣；天産養精，精不足者，補之以味。辛甘發散為陽，酸苦涌泄為陰；鹹味涌泄為陰，淡味滲泄為陽。辛散、酸收、甘緩、苦堅、鹹輭，各隨五臟之病，而制藥性之品味。故方有七，劑有十。方不七，不足以盡方之變；劑不十，不足以盡劑之用。方不對證，非方也；劑不蠲疾，非劑也。此乃太古先師，設繩墨而取曲直；叔世方士，乃出規矩以為方圓。夫物各有性，制而用之，變而通之，施於品劑，其功用豈有窮哉！如是有因其性而為用者，有因其用而為使者，有因其所勝而為制者，有氣相同則相求者，有氣相尅則相制者，有氣有餘而補不足者，有氣相感則以意使者，有質同而性異者，有名異而實同者。故蛇之性上竄而引藥，蟬之性外脱而退翳，蝱飲血而用以治血，鼠善穿而用以治漏，所謂因其性而為用者如此。弩牙速産，以機發而不括也；杵糠下咽，以杵築下也。所謂因其用而為使者如此。浮萍不沉水，可以勝濕；獨活不搖風，可以治風。所謂因其所勝而為制者如此。麻，木穀而治風；豆，水穀而治水。所謂氣相同則相求者如此。牛，土畜，乳可以止渴疾；豕，水畜，心可以鎮恍忽。所謂因其氣相尅則相制也如此。熊肉振羸，兔肝明視，所謂因其氣有餘補不足也如此。鯉之治水，鶩之利水，所謂因其氣相感則以意使者如此。蘼蕪生於芎藭，蓬虆竝於覆盆，茲名異而實同者也。如斯之類，不可勝舉。故蜜成於蜂，蜜溫而蜂寒；油生於麻，麻溫而油寒。茲同質而異性者也。故天地賦形，不離陰陽，形色自然，皆有法象。毛羽之類，生於陽而屬於陰；鱗甲之類，生於陰而屬於陽。空青法木，色青而主肝；丹砂法火，色赤而主心；雲母法金，色白而主肺；磁石法水，色黑而主腎；黄石脂法土，色黄而主脾。故觸類而長之，莫不有自然之理也。欲為醫者，上知天文，下知地理，中知人事，三者俱明，然後可以語人之疾病。不然，則如無目夜遊，無足登陟，動致顛隕，而欲愈疾病者，未之有也。【略】

十劑補遺：十劑之後，陶隱居續入寒熱二劑。豈知寒有時而不可以治熱，熱有時而不可以治寒，何者？陰虚内熱，當用甘寒滋腎家之陰，是益水以制火也。設用芩、連、梔子苦寒之劑以攻熱，則徒敗胃氣。苦寒損胃而傷血，血愈不足而熱愈熾。胃氣傷則後天之元氣愈無所養，而病轉增劇也。陽虚中外俱寒，當以人參、黄耆以益表裏之陽氣，而少佐桂、附以回陽，則其寒自解，是益火以祛寒也。設專用辛熱，如吳茱萸、乾薑、麻黄、葫蘆巴、蓽茇、

胡椒之屬以散寒，則辛能走散，真氣愈虛，其寒愈甚。王安道所謂辛熱愈投而沉寒愈滋也。二者非徒無益，而又害之，顧不悖歟！況寒熱二劑，攝在補瀉，義不重出。今當增入升降二劑。升降者，治法之大機也。《經》曰：高者抑之，即降之義也。下者舉之，即升之義也。是以病升者用降劑，病降者用升劑。火空則發，降氣則火自下矣，火下是陽交於陰也，此法所宜降者也。勞傷則陽氣下陷，入於陰分，東垣所謂陰實陽虛。陽虛則內外皆寒，間有表熱類外感者，但不頭疼口渴及熱有時而間為異耳，法當升陽益氣，用參、耆、炙甘草益元氣以除虛寒虛熱，佐以升麻、柴胡引陽氣上行，則表裏之寒熱自解，即甘溫除大熱之謂，此法所宜升者也。

明·李中梓《頤生微論》卷一 十劑宣、通、補、瀉、輕、重、滑、澁、燥、濕 宣者，升而上也。《內經》曰高者因而越之，即涌劑也。 通者，流通之義也。凡壅滯閉結，非通劑弗愈。 補者，五臟各有補法。夫虛有六者，表裏上下陰陽也。《經》曰形不足者，補之以氣；精不足者，補之以味。須達症之所起，分經療之為善。 瀉之義與通倣，但不專主于下，如黄芩瀉肺，黄連瀉心，黄栢瀉腎，龍膽瀉肝，石膏瀉脾之類。《經》曰實者瀉之。凡清利之劑，總名曰瀉。 輕者，言藥之性也。如風寒之邪，始自表入，頭痛身熱，腰脊強。《內經》曰宜輕劑以揚之。《本草》曰輕可去實，宜麻黄、葛根、升麻之屬。重者，亦藥之性也。如久病咳嗽，痰涎不利，形羸不可峻攻，用硃砂、金箔、水銀、沉香之屬。《內經》曰重者減之，貴其漸也。 滑者，取其潤也。《周禮》曰滑以養竅，如麻仁、郁李仁、冬葵子、滑石之類。 澁者，收之義也。如牡蠣、白礬、龍骨、粟殼之屬。 燥者，取其去濕也。如久瀉澄清，宜薑、附以燥之虛濕，宜用黄連、大黄燥之。 濕者，與滑義相類，而少有不同，滑兼通意，而濕則但主于濡。《經》曰血主濡之，當歸、地黄之屬。

明·賈九如《藥品化義》卷一 醫家用藥，如良將用兵。藥品，兵也。主將練兵，必先分別武藝，區列隊伍，知其膂力伎倆，可使破敵奏功。故用藥亦須分門派類，自方古庵微立其義，繼而盛後湖更列其門，猶未詳悉。余則更加參訂，分氣、血、肝、心、脾、肺、腎、痰、火、燥、風、濕、寒，各為一門，逐門之內，排款有序，使良工用藥切當，攻邪補益不致混淆。

稽歷代明醫治病神效，不在用藥奇異，而在運意深遠。況怪異草木，世所罕有；珍貴藥石，坊多偽售。是欺世者之所為也，所以潔古老人囊中止用百品，丹溪先生僅用七十二味皆尋常日用之藥。余悉遵諸賢，稔用切要者，逐一詳訂，其他險異之藥，皆不入論。

明·蕭京《軒岐救正論》卷三 牛黄、麝香、冰片、檀香、安息、皂角 此數藥，唯治初症風痰停膈，昏迷不醒及惡氣暴染者宜之。若藏氣虛者用之，頓泄真陽，陽散便死矣。凡治病察新久虛實，極是緊要。【略】

玄參、天門冬、麥門冬、天花粉、知母、貝母、百部、瓜蔞仁、地骨皮、人乳、藕汁、白藥、黄藥子 前藥賦性甘寒，固非苦劣之品，亦只宜於燥熱實症者。雖方書有云甘寒不犯胃氣，愚以為不然。夫味之甘者，固與脾合，而性之寒者，獨不與脾忤乎？且秉質膏潤，善滑大腸。歷觀諸家本草，盛稱其微。獨瀕湖有云：胃虛者禁用。優劣宜忌，始判然矣。余見世醫治虛癆嗽痰發熱諸症，亦有不敢誤投黄栢、知母，而二冬、貝母、瓜蔞、玄參、地骨是所不免，每每增劇，脾氣頓傷，轉為火脫便洩之症。豈知陰虛，則諸藏俱虛，幸賴天生一線胃氣，尚爾留連歲月，一投以寒滑之劑，祇速其死耳。若其脉症俱實，真原未斲，腸胃燥熱，用之何妨。凡治病須覘元氣虛實，胃氣衰旺，切不宜循症投劑，此是醫家第一大關鍵。【略】

赤苓、猪苓、澤瀉、木通 前藥利水宣濕稱有功，亦惟手足太陽二經。病積熱壅滯經絡，或兼痰濕水邪，用之相宜。若真藏為患，精血已虧，神力日耗，虛火燎原，假熱混真者，縱悉純補，尚嫌不濟，倘加滲利，愈竭真陰矣。按：《本草》有謂久服澤瀉令人目盲。有謂苓不水澄而令眼障。有謂苓、瀉兼用，而令真水暴竭。即立齋亦極言，澤瀉久服導損真陰，令人無子。雖先生固常用八味、六味，亦必斟酌于多寡之間。每見圓機絕識之士，不泥古人之方，亦未始不用古人之方之意也。【略】

杏仁、桑白皮、欵冬花、馬兜鈴、金沸草、紫菀、蘇子、射干、百合、桔梗 此數藥者，與寒滑之天麥二冬、瓜蔞仁、天花粉、知母諸品，時師皆執為治嗽通用之劑，竟不分表裏虛實之殊，往往誤人于死。《經》曰：五藏六府皆令人欬。又曰：五藏各以其時受病，非其時則傳以與之，是非獨在肺矣。欬，即嗽也。然嗽有內外之殊，故自表而入者，六淫邪氣，先客于肺為外感，宜從前藥辛溫以散之。所謂從表而入者，必令從表而出，最忌苦寒斂濇之劑，致邪氣留連不去，久必變生他症，是猶閉戶驅盜也。至自裏而見者，七情勞慾，藏府虛損，為內傷。有因嗽而成癆者，有因癆而致嗽者。其原有四：一左

腎精傷，水虧致火鑠金而嗽者，則宜甘平靜劑以潤之；　一己土中虛，不能生金夾痰而嗽者，則宜辛甘溫劑以養之；　一心肺胃三經火鬱而嗽者，則宜苦甘涼劑以清之；　一命門火衰，元氣素虛，肺金寡衛而得者，則宜甘熱溫劑以補之。所謂從內而得者，雖必傳于外，而非可以外治也。最忌前藥辛散苦寒之品，洩陽降陰，招致外邪，是猶啟戶揖盜也。又有初屬外感，因錯治而內外俱傷者，則當補散兼行，以扶中為主。若專于驅散，腠理開洩，轉成汗脫，益覺增劇耳。又有老人痰嗽，元氣既虛，法難消伐，亦必溫養為主。或兼治標，勢難全愈，但無至困殆則得耳。大抵六脉浮緩，或兼洪滑，形色如常，飲食不減者可治。若脉絃數細疾，肌肉漸削，便泄食少，臥難着枕，喘息日增者，計期必死。治病本難，而治嗽尤難，得其竅者，十可愈半。百合乃平潤之品，亦無甚功，特伴食中書耳。桔梗性平質輕，載藥上升，乃舟楫之用也。【略】

羌活、獨活、防風、荊芥、白附、石南、紫蘇、防己、川烏、白芷、藁本、蔓荊、甘菊、細辛、薄荷、蟬蛻、馬兜鈴、殭蠶、全蠍、白附、桂枝、生薑、葱白、藿香、撫芎、秦艽、牛蒡子、蒼朮、前胡、甘松、艾葉　以上蓋消風散寒，蠲痹除濕之善劑也。患此數症者，當依本草六經主治，病可愈。亦只從陽經屬經者則宜。若夫真藏中風，陰經中寒，骨痿如痹，陽衰陰勝，水邪似濕者，誤用之，既已竭其營，而復泄其衛，真氣隨亡，不死何待？故凡病久者，葱白、生薑亦所忌用。至辛散耗劑，益不敢輕投矣。【略】

沉香、乳香、木香、蓽撥、砂仁、白荳蔻、草荳蔻、蓽澄茄、大小茴香、益智、川椒、沒藥、血竭、丁香、檀香、零陵香、胡蘆巴、蛇床子、良薑、甘松、辛夷、胡椒、蘇合丸　以上皆辛燥香辣踈洩之物。蓋辛主散，香性燥，唯脾胃兩經寒濕凝滯，致飲食不進，或飽悶不通者宜之。若真藏氣衰，而成虛脹虛痞諸病，則當以參、朮、桂、附、骨脂、肉蔻，溫補右腎之真陽，勤培母氣，庶克有濟。其前諸藥，便非所宜矣。立齋曰：　都憲孟有涯氣短痰暈，服辛香之劑，痰盛遺尿，兩尺浮大，按之如無。余以為腎虛不能納氣歸源，香燥致甚耳，用八味丸料，三劑而愈。大凡治脾治腎，而母子標本懸殊，不可不詳別也。至胡蘆巴、蛇床子，雖為腎藥，亦是燥辣偏性，恐涸真水，助焰虛陽，須禁之。唐玄宗每用此與遠志、雀蛋諸藥，煉為驛馬丸，縱慾宮庭，荒淫敗德，卒至播遷，宗社幾滅。人君且如此，則凡有身家者，可不儆歟。【略】

枇杷葉、石斛、草扁、薏苡、沙參、芡實、蓮鬚、燈心草、木通、浮小麥、麻黃根　此數藥者，稟質薄劣，取味淡平，具有虛聲，渺無實能，魚魚鹿鹿，無濟緩急，豈國老之甘草，黃耆之綿耆，君子之參、苓，所能彷彿萬一。然只可與共笑談，不可與同患難也。今之醫者，取其平淡無毒，謂能持王道者，大要莫外此類。吁！所協理諸病何病乎？果可以迂緩闒茸之流，與商治策乎？予請逐節而詳言之。枇杷葉固云治嗽矣，豈知人之陽常有餘，陰常不足，金水二藏，必保養之，始能相生，病則俱病。《經》云諸逆衝上，皆屬于火。《原病式》曰：　五志色欲之動，皆屬相火。水衰而火無所制，得以衝逆于上，其水莫能救母之鬼賊，鬼賊愈盛而受尅愈虧矣。論治法，以苦寒瀉火，則土藏不堪，以辛溫補母，而子金無濟，必惟益水滋腎，以膏潤純甘之品，得水少充，則火便少熄，火熄金復，仍爾相生矣。而輕飄之枇杷葉，徒治肺之標得乎？石斛草固云清肺健脾益腎矣，此物果兼溫涼兩性乎？夫肺待清必屬熱，脾資健必本弱，今母虛反為瀉子，子實而又補母，何相混也？大凡氣之厚者主陽，味之厚者主陰，以輕虛之質，嚼蠟之味，謂能補腎得乎？扁荳不過蔬饌中一物，謂曰無傷脾胃可也，乃云能益脾和胃，抑何迂闊？薏苡亦諸穀中一側穀耳，昔伏波載歸以舟，亦必經年久服，或少見效，而取以為方藥，治病得乎？沙參《本草》謂能補肺之陰，人參益肺之陽，試思肺之陰，何由而虛乎？病自有本，金水相生，肺之陰即腎之陰也，滋苗者必固其根，豈平淡升浮之沙參，果可益陰乎？而易老取以代人參，殊不知體質既殊，功能亦異，安能代也？惟葛稚川謂沙參主療卒得諸疝，小腹及陰中相引痛如絞，蓋疝及小腹引痛，乃厥陰為患，沙參金藏藥也，得相制耳。予每用此與升麻以療疝症，往往奇中，愈信葛言不誣。若夫芡實、蓮鬚果可止遺固精乎？汪石山曰：《經》云腎屬水，受五藏六府之精而藏之。又曰：　主蟄封藏之本，腎之處也。又曰：　陰陽之要，陽密乃固，故陽強不能密，陰氣乃絕；　陰平陽秘，精神乃治；　陰陽離決，精神乃絕。又曰：　陰陽總宗筋之會，會于氣街。《靈樞》曰：　厥氣客于陰器，則夢接內。蓋陰器者，宗筋之所聚也，而足太陰、陽明、少陰、厥陰之筋，皆結聚于陰器，與衝任督三脉之所會。然厥陰主筋，故諸筋皆通于厥陰。腎為陰，主藏精；　肝為陽，主疎洩。陰器乃洩精之竅，故腎之陰虛，則精不藏，肝之陽強，則氣不固，若陰客於其竅，與所強之陽相感，則精脫出而成夢。陽強者，非藏真之陽強，乃肝藏所寄之相火強耳，第病多端亦有不專在肝腎，而在心、肺、脾、胃之虛火反淩水，土不制水，金不勝木者。然

必傳於腎肝，而致精之失也，有自然相傳之理焉。治法從肝腎本藏而得者，獨治本藏。從他藏得者，則以他藏為主，肝腎為標。由陰陽離決，水火不濟者，則因而和之。陽虛補氣，陰虛補血，陽強者瀉火，陰實者益火。本藏多主有餘，他藏或兼不足，有正治反治從多從少之異。何世醫不辨陰陽水火，或清之，澁之，溫之，熱之，非使真水耗竭，則令真陽痿敗，骨立脂枯，神消氣陷，不可復救矣，前藥豈能奏效萬一哉？燈草、木通，雖曰甘淡滲竅，第病邪不一，而傳于膀胱成淋者，病自有本。若以前藥之屬，利胞之熱，未全善也。夫淋雖由熱生濕，濕生則水液渾濁凝結為患。又有服金丹入房，致敗精流於竅中。及飲食失宜，七情過度，虛實不調，藏氣不和，致腎虛而膀胱受熱。又有肺痿而上源失通調之令，有液枯而水道乾澁不潤。又有膏、石、血、氣、沙、勞，冷七種之別。又有小腸移熱而應于心者。又有痰積而滲入胞者，又有小便不通與溺數而短及溺血溲血淋血，或失氣化之常，或病脾而九竅不通。仲景亦謂胃氣行，則小便宣通，而淋亦有因脾虛，如太陰初作之氣，病中熱脹而成者。大抵病固多端，不外虛實寒熱，溯其源而治之，斯中病情矣。如浮小麥、麻黃根氣味索然，果可以療汗脫之重症乎？即有他藥佐使，亦屬贅巃耳。夫人陰陽相維，營衛運行，無失常度，血氣得灌溉護衛之用。汗為心之液，主于氣，陽密乃固，則氣不外洩。衛氣虛為自汗，陰氣虛為盜汗。傷寒盜汗，責在膽熱。初症傷風而汗，有傷濕，傷暑，勞役、柔痓而汗者，有陽虛冷汗者，雖有陰陽寒熱之殊，究竟皆元氣之脫越，或虛憊不升耳。當從此根蒂處察虛實治之。倘未得其竅，即參、耆、术、苓亦難為用，矧茲二物乎？【略】

金、銀、鉛、汞、珍珠、琥珀、龍骨、金星、礞石、陽起石、丹砂、石脂、牡蠣、滑石、石膏、雄黃、輕粉、消石、白礬、石英、玄明粉　一切金石，性屬剽悍。病者元氣未損，腸胃壯實，依《本草》主治，暫用無妨。若腸胃柔弱，血液枯燥，用之亦反滋患也。每見一二妄醫，輒療貴人病恙，率用珍珠、琥珀，擅稱至寶，往往遺患非小。【略】

桃仁、紅花、澤蘭、赤芍、茜草、五靈脂、蒲黃、苧麻根、紅麯、蘇木、益母草、續斷、紫參、牡丹皮、川木槿、紫荊　桃仁、蘇木諸藥，乃破瘀行血之峻劑也。但婦人經水不通有二：一由風寒冷濕，客摶衝任，致血氣凝滯不通者，則宜用前藥宣利之。若血海乾枯，無經可行者，則當純補脾肝腎三經，以滋生化之源，此治虛之道也。若益母、續斷、丹皮等藥，性主生新消瘀，猶屬補瀉兼行。蓋丹皮白色者，可涼血，同熟地、當歸、參、术尚能生血；其赤色者，僅只清瘀而已，無瘀則耗好血，不可不知。木槿、紫荊兼解煩熱，瘡癬有驗。【略】

海藻、海帶、昆布　此數藥者，賦性鹹寒，功能宣利。《本草》極贊其消癭散結，療諸水腫脹之病。愚以為必惟形氣與病氣俱實者，用之得宜。設若稍虛，未有不反增劇也。大都前症多主肝脾兩經虧損之故，惟能明于陰陽水火之微，洞察化源資取之義，斯可以語治道矣。【略】

黃芩、黃連、白芍、龍膽、黃栢、知母、石膏、葛根、滑石、柴胡、梔子　凡諸經實熱，宜用苦寒治之，病少愈當即止，否則恐妨胃氣。用藥須察何經，如黃芩、梔子瀉肺火，黃連瀉心肝火，龍膽瀉肝膽火，白芍瀉脾火，黃栢、知母瀉腎火，石膏瀉胃火，葛根瀉陽明火，滑石利六府之結澁，瀉膀胱之實火，芩、連兼瀉大腸火，小腸佐木通，與心腎同治，柴胡專主足厥陰、少陽，而他經之熱不可混用也。四物湯雖曰補血，而丹溪以芍性酸寒，能伐生發之氣，為產後所忌。東垣又以春夏腹痛用芍，秋冬腹痛用桂，皆因非實熱不得概投寒劑，而又推之天時人事，則立言獨逈時流矣。奈何丹溪以黃栢、知母為補陰之用，未免遺議千古。夫陰虛矣，未有諸藏能獨盛者，根本既搖，枝葉自萎，理必然也。切謂人身不過氣血兩端，故左腎為精血之原，為諸陰之主。右腎為脾胃之母，為元陽之根。精血耗矣，則陰為虛，陰既虛矣，而陽無附，相火隨熾，真陰日涸，發為燎原假熱之症。豈知真陽無附，母氣既餒，子脾何資？致失轉輸之令，遂乏生化之機，即四藏亦為之虛也。故欲滋生精血，不外溫養陽氣，勤培土母，蕃息日昌，至精盈血裕，真陰復盛，而假熱虛火不撲自滅。若概投以黃栢、知母之屬，是陰血未生，脾陽先敗，假熱愈熾，法竅身殆，此非補陰，乃賊陰也。王太僕云：大熱而甚，寒之不寒，是無水也，宜用六味地黃丸壯水之主，以制陽光。薛立齋云：總論陰陽二症，雖有陰陽氣血之分，實則皆因脾胃之陽氣不足所致。若用黃栢、知母沉陰之物，反泄真陽，多致不起。則凡苦寒之屬，委非陰虛所宜。設使陰未虛而實熱為患，暫用之何害。嗟夫！丹溪一代名哲也，而乃不察病本，混同立論，遺害生民，良可慨已。【略】

麥芽、穀芽、山查、神麯、厚朴、橘紅、枳實、青皮、枳殼、薄桂、烏藥、大腹皮、萊菔子、檳榔　前藥蓋消穀尅食，決壅宣滯，消脹導痞之功為多也。亦必

有宿積為患，元氣未虧，病氣太過者，用之有效，且無傷。若脾氣久虛，難運飲食，動觸生災，茫昧誤服，適足以取敗耳。夫傷米食者，穀芽消之。傷麵食者，麥芽、神麯消之。傷肉食者，砂仁、山查消之。傷果食者，青皮、官桂消之。上焦傷者，主枳殼。中下焦傷者，主枳實。傷滯氣腹痛，則主以厚朴、烏藥、大腹皮。以上皆治形病有餘之實症也。今之醫者不管元氣虛實，不分積滯有無，動以麥芽、山查、神麯、厚朴為健脾之物，相率成習，孟浪擲服，暗耗真元，遺害非小。豈知宿積留中，傷食惡食，用此而攻積宣滯，致使飲食復舊，謂之健脾者，以此實非此諸藥之能健脾也。故東垣謂：厚朴有滯氣則洩滯氣，無滯氣則洩元氣。又云：枳殼、枳實，有推墻倒壁之功。立齋亦言麥芽、山查，善消腎氣，神麯下胎破血，不宜輕服。諸賢諄諄告誡，豈應執迷不返？又立齋治食積諸症，亦必以四君、六君為主，而佐以麯、麥、查、朴攻克之物，庶補瀉兼行，方於脾土無虧，亦即潔古老人創制枳术丸之微意耳。大都痞滿腫脹，病症屬實者，則宜投以前藥。若虛滿虛脹，非參、术、歸、苓直補脾原，無能奏效。是又《內經》所云：塞因塞用者也。

酸棗仁、栢子仁、郁李仁、火蔴仁、蕤仁、決明、葵子　以上皆滑利之品。凡命門火衰滑洩及素患夢遺者，忌用之。棗仁治少陽膽熱不眠。若風秘及熱客大腸閉結者，則宜火蔴、郁李、桃仁之屬。若血涸津枯，致大便乾澁者，則宜滋陰之味，但火蔴性最峻利，須酌之。蕤仁、決明佐治肝虛風熱目赤，亦有效。郁仁兼療眼痛及水腫病，葵子利二便，皆治實之物也。

殭蠶、全蠍、諸蛇、釣藤、天竺黃、羚羊角、蜈蚣　此藥方書謂療中風，驚風諸風，口眼喎邪，咬牙閉齒，四肢抽搐諸病為有功。但中風主藏病，多不治。又有似中風而非真中風，若河間主于熱，丹溪主于濕，東垣主于氣者是也。大都真中風，實由元氣素虛，故得乘虛召感，所謂肝虛風自生者是也。此須急投溫劑，峻補真元，庶可望甦。若誤用前藥，辛竄耗散之物，衹速其死耳。里人姜郢雪年六十餘，素不謹酒色。一日因積勞遠歸，醉鼾當風，遽病亡陽，面色如粧，閉目搖頭，時醒時昏，遺尿足冷，絕無痰涎。此真氣暴脫，十有九死危症也。余令亟投大劑參、附等藥，謂或救萬一，遲則不治矣。渠次郎即往市參，許久未回。余與王遂生辭歸。未幾有一老醫至，診之曰：此病風痰何妨，予治之多矣，奈何妄議參、附燥毒助氣之劑，少俟明日病愈，用參調理未晚。遂投驅風攻痰之藥，至晚即歿。其明驗也。

麋茸、阿膠、石棗、麋膠、龜膠、枸杞、肉蓯蓉、巴戟天、松子仁、懷山藥、杜仲、覆盆、龍眼、蘿藦子、酥、酪、金櫻子、鹿茸、鹿膠、膃肭臍、海馬、韭子、川仙茅、黃狗莖、川椒、雀卵、鷄腎、鹿莖、遠志、五味子、菟絲子、沙苑蒺藜、鎖陽、鹿跑草、淫羊藿、秋石、黃精　命門司水火，兩腎綰精神，乃生身之根蒂，陰陽之橐籥也。寒熱偏勝，病斯覩矣。故麋茸、石棗、蓯蓉諸品，雖能填補真陰，尚須君以熟地。又鹿茸、肭臍、韭子諸品，亦善益助元陽，必惟佐以桂、附。若五味、菟絲、蒺藜諸品，則通益兩腎之要藥也。但純陰無以生長，宜兼參、耆、歸、术，以陽為用。孤陽又妨獨熾，必主熟地、石棗以陰為體。蓋腎虛則諸藏俱虛，故補腎勿靳補脾，脾旺而諸藏俱旺，乃補脾(政)〔正〕以補腎，法不能舍參、苓、歸、术而獨療陽光之左水，又不能舍熟地、石棗而專溫陰翳之右火也。然以上眾味，皆列上品，純補無瀉，可任久餌，而腎主閉藏者宜之。再推其本，百病皆生於寒熱，寒熱總由于水火，水火統歸于元氣，舍此不究，何處覓宗，問誰明氣化之義，識草木之蘊。洋洋大海，落落晨星，前有隱凡莊子，後有湛一唐君，學通古今，識邁常流，余幸得此，差可與商耳。每見時師大率徇標，且昧藥性，治男二陳，療女四物，補水僅投茨實、石斛，至熟地、石棗視為泥膈斂邪。益土則用扁荳、薏苡，將參、耆、歸、术目為增飽結氣。甚至青皮、檳、朴認耗天真。甘遂、大黃任臆攻伐。虛陽上越，認作實火。真氣下脫，誤為宿積。頻將存亡呼吸之重恙，緩施隔靴搔癢之輕劑，坐失機權，因循陷命。如此庸盲，髮難縷指，反不知愧，妄詆名手。曾聞莊唐二子，不免囂聲暗吠，是亦調高寡和，行高謗多者也。故先哲有云：《本草》者，固醫家之稉糲弓矢也，洪纖動植，最為煩雜。散于山澤，而根于藏府，名不覈則悞取，性不明則悞施，經不辨則悞入。悞者在幾微之間，而人之生死壽夭繫焉。故得其精者，可以保身，可以養親，可以濟世，可以窮萬物之頤，可以識造化之妙，而見天地之心。而余是集也，第就其常用者，或專見，或合見，發明病機治法宜忌之要，使觀者神而明之，觸類而通之。其他則瀕湖之《綱目》已悉，故不贅。

明・李中梓《本草通玄》卷下　十劑者：宣、通、補、泄、輕、重、滑、澁、燥、濕。宣劑，宣可去壅，生薑、橘皮之屬。壅者，塞也；宣者，布也，散也。鬱塞之病，不升不降，必宣布敷散之。如氣鬱有餘，則香附、撫芎以開之，不足則補中益氣以運之。火鬱微則山梔、青黛以散之，甚則升陽解肌以

發之。濕鬱微則蒼术、白芷以燥之，甚則風藥以勝之。痰鬱微則南星、橘皮以化之，甚則瓜蒂、藜蘆以涌之。血鬱微則桃仁、紅花以行之，甚則或吐或下以逐之。食鬱微則山楂、神麯以消之，甚則上涌下泄以去之，皆宣劑也。

通劑，通可去滯，通草、防己之屬。滯者，留滯也。濕熱留於氣分而痛痺癃閉，宜淡味下降，通利小便而洩氣中之滯，通草是也。濕熱留於血分而痛痺癃閉，宜苦寒下引，通其前後而洩血中之滯，防己是也。

補劑，補可去弱，人參、羊肉之屬。形不足者，補之以氣，人參是也。精不足者，補之以味，羊肉是也。

洩劑，洩可去閉，葶藶、大黄之屬。閉字作實字看，洩字作瀉字看。實者瀉之，葶藶瀉氣實而利小便，大黄瀉其實而通大便。

輕劑，輕可去實，麻黄、葛根之屬。表閉者，風寒傷營，腠理閉密而為發熱頭痛，宜麻黄輕揚之劑發其汗，而表自解。裏閉者，火熱抑鬱，皮膚乾閉而為煩熱昏瞀，宜葛根輕揚之劑，解其肌而火自散。上閉有二：一則外寒內熱，上焦氣閉，發為咽痛，宜辛凉以揚散之。一則飲食寒冷，抑遏陽氣在下，發為痞滿，宜揚其清而抑其濁。下實亦有二：陽氣陷下，裏急後重，至圊不能便，但升其陽而大便自順，所謂下者舉之也。燥熱傷肺金，金氣膹鬱，竅閉於上，而膀胱閉於下，為小便不利，以升麻之類探而吐之，上竅通則小便自利，所謂病在下取之上也。

重劑，重可去怯，磁石、鐵粉之屬。重劑凡四：有驚則氣亂魂飛者，有怒則氣上發狂者，並鐵粉、雄黄以平其肝。有神不守舍而健忘不寧者，宜硃砂、紫石英以鎮其心。有恐則氣下而如人將捕者，宜磁石、沉香以安其腎。

滑劑，滑可去着，冬葵子、榆白皮之屬。着者，有形之邪，留着於經絡臟腑，如屎溺濁帶、痰涎、胞胎、癰腫之類，宜滑藥以去其留滯之物。此與通以去滯略相類，而實不同。通草、防己淡滲，去濕熱無形之邪；葵子、榆皮甘滑，去濕熱有形之邪。故彼曰滯，此曰着也。

澁劑，澁可去脱，牡蠣、龍骨之屬。脱者，氣脱、血脱、精脱、神脱也。脱則散而不收，用酸澁溫平以斂其耗散。夫汗出、便瀉、遺溺皆氣脱也，腸風、崩下、血厥皆血脱也，流精、骨痿、精脱也。牡蠣、龍骨、五味子、五倍子、訶子、粟殼、椶灰、石脂皆澁藥也。如氣脱，兼參、耆；血脱，兼歸、地；精脱，兼龜、鹿。至夫脱陽者見鬼，脱陰者目盲，此神脱也。去死不遠，無藥可治。

燥劑，燥可去濕，桑皮、赤小豆之屬。外感之濕，由於水嵐雨露；內傷之濕，由於酒茶蔬果。夫風藥可以勝濕，淡藥可以滲濕，不獨桑皮、赤豆也。

濕劑，濕可去枯，白石英、紫石英之屬。濕字作潤字看。枯者，燥也，血液枯而成燥。上燥則渴，下燥則結，筋燥則攣，皮燥則揭，肉燥則裂，骨燥則枯。養血則當歸、地黄，生津則門冬、五味，益精則蓯蓉、枸杞，不獨石英為潤劑也。

清・張志聰《侶山堂類辯》卷下

龜板、鹿茸　李時珍曰：龜鹿皆靈而有壽。龜首常藏向腹，能通任脉，故其甲以補心、補腎、補血，皆以養陰也。鹿鼻常反向尾，能通督脉，故取其角以補命、補精、補氣，皆以養陽也。乃物理之玄微，神工之能事。按任脉起于中極之下，以上毛際，循腹裏，上關元，至咽喉，上頤循面；督脉環遶一身，循腰脊，歷絡兩腎。龜板治小兒顖不合，鹿茸主生齒不老。蓋二品皆屬于腎，腎主骨也。任督二脉，為陰陽百脉之宗，又皆出于腎。故痘方用之者，一取其養陰而清熱，一取其透頂以敗毒導腎中之火毒，從百脉而外出于皮膚。龜板又能達于四肢，故主治四肢重弱。○上古卜蔡烹而用之，若敗龜板者，乃病死枯敗之物，絕無靈氣，又何所取焉？【略】

雞子、金銀花、王不留行　天地之形如鳥卵，仲景即以雞子白補氣，卵黄治血脉。金銀花花開黄白，藤名忍冬，得水陰之氣而蔓延，陶隱居謂能行營衛陰陽，主治寒熱腹脹，敗毒消腫。蓋營衛行而寒熱腫脹自消，得陰氣而熱毒自解，故又治熱毒下痢，飛尸鬼疰，喉痺乳蛾。王不留行亦花開黄白，故名金盞銀臺，其性善行，言雖有王命，不能留其行也。陶隱居亦取其能行氣血，主治金瘡癰腫，痛痺產難，下乳汁，利小便，出竹木刺。夫血氣留阻，百病皆生，榮衛運行，精神自倍，故二種皆為上品，並主輕身耐老，益壽延年。雞卵用形，二花取色，一因其延蔓，一取其善行。夫醫者，意也。《本草》大義亦以意逆之則得矣。○開之曰：人但知金銀花敗毒消腫，不知有行榮衛血氣之功，得冬令寒水之氣。【略】

沙參、人參、黄芪　沙參、人參、黄芪，皆《神農本經》上品，咸主補養元氣。沙參色白，氣味甘苦，微寒，主補中，益肺氣。肺氣者，胃府所生之宗氣，上出于肺，以司呼吸，人一呼則八萬四千毛竅皆闔，一吸則八萬四千毛竅皆開，故肺主皮毛。補中者，宗氣生于胃府也。人參色白微黄，氣味甘溫，資胃府之精氣者也，故主補五藏，安精神，定魂魄，止驚悸，除邪氣，明目，開心益

志。蓋五藏之精氣神志，胃府之所生也。黄芪色黄，氣味甘溫，補益脾氣者也。脾氣者，元真之氣也。元真者，先天之真元，生于地水之中。三焦通會元真于肌腠，故脾主肌肉。黄芪主癰疽久敗，排膿止痛，大風癩疾，五痔鼠瘻，補虚，小兒百病。蓋血氣留滯于肌肉，則為癰腫，肌腠之氣運行，則肌肉生而膿腫消矣。大風癩疾，乃風邪傷榮，而熱出于胕肉，其氣不清，故使其鼻柱壞而色敗，皮膚瘍潰。《經》云：腸澼為痔。蓋脾氣孤弱，五液注下，則生痔漏。鼠瘻者，邪氣陷于脉中而為瘻，留于肉腠，則為馬刀俠瘻。蓋脾土盛，而元氣行，則癰瘻諸病皆解矣。補虚者，補肌肉羸瘦也。主小兒百病者，小兒五藏柔脆，中土之氣未足，若過于飲食，則脾氣傷而不能運化矣。脾弱則胃强矣，胃强則消穀善飢，脾弱則肌肉消瘦，胃熱則津液不生，而熱疳食疳之病生焉。是以黄芪、白朮、黄連、枳實，為小兒之要藥。蓋清其胃熱，脾氣運行，則無五疳五癆之病矣。腠理固密，則無急慢驚風之證矣。三者皆補中之品，而各有所主之分。按《本草》千種有奇，愚所論者，錯綜辯證，百不及一。同志高明，引伸觸類，一可貫十，十可概百，至參閲前人議論，是則曰是，非則曰非，闡先聖之奥義，以開來學，是子所深望焉。

清・郭章宜《本草匯》卷一　十劑　劑者，從齊，從刀，用以齊其不齊，而成其所以齊也。夫獨用之謂藥，合用之謂劑。而其才有長、短、大、小、良、毒之難齊，故用有相益、相濟、相制、相忌、相畏、相惡之不同。則劑有宣、通、補、瀉、輕、重、滑、澁、濕、燥十者，對證之各異。譬夫良相劑量群臣，以成治世之功，類良醫劑量群藥，以成治病之功，其義一也。凡和劑者，必本乎是。苟昧其旨，而違其道，即失對治之義，求疾之瘳得乎？【略】

通劑：【略】通與瀉似若相類，要之通為輕，而瀉為重。

補劑：【略】夫補為滋補之劑，《經》云虚則補之者，如氣虚用四君子湯，血虚用四物，氣血俱虚用八珍、十全大補之屬，是皆補其不足也。俚人皆知山藥丸、鹿茸丸為補劑也，然此乃衰年下脱之人宜用之耳。今往往施于少年，其外甚矣。雖然，善攝生者，使病去而進以五穀，尤得補之要也。

洩劑：【略】《經》曰實則瀉之，實則散之，如大小承氣湯、大柴胡之屬也。藥中惟巴豆，不可不慎焉，蓋其性燥，熱毒不去，變生他疾，縱不得已用之，必以他藥制其毒，千百證中，或可一二用之，非有急暴之疾，不可用也。今人往往以巴豆熱而不畏，以大黄寒而反畏，庸詎知所謂瀉劑者哉？

輕劑：【略】

澀劑：【略】前脱遺尿，後脱遺矢，陽脱自汗，陰脱失精、失血。

燥劑：【略】燥為除濕之劑也。如夾食致瀉，停飲成痰，宜白朮、蒼朮、茯苓、半夏之屬；肢體浮腫，胸腹脹滿，宜桑白皮、大腹皮、赤小豆之屬。又沉寒痼冷，吐利腥穢，宜高良薑、附子、川椒之屬，非積寒不可用也。

清・郭志邃《痧脹玉衡》卷下　痧方餘議　鬱金：價貴時有换之以薑黄者。其二味溫涼之性雖有不同，然以之治痧，下氣消瘀，薑黄未為無效。若欲入心經，散鬱消瘀，則痧毒攻心者，非鬱金不能立奏其功，薑黄有所不及。故方中所載鬱金，切勿以薑黄代之。　穿山甲：　土炒用。凡痧毒瘀血壅塞，阻而不通，得此透入經絡，引諸藥所不能到者，即到所犯經絡、血分之所。識者其留意焉！　黑丑：　通上徹下。痧毒脹滿，必須用此於丸散中，救人立功。凡破氣之味，俱莫能及。但耗散真氣，恐人有宜有不宜，故方中不載。　大黄：　治食積，阻痧毒。余為丸以備急用，其功莫大。若痧脹之極，必須急服此以攻之。恐病有宜有不宜，故方中雖載，不及細加，惟審病症緩急輕重而行之。丑、黄等分，粥丸三分，稍冷湯下。【略】

評半夏、藿香止吐　凡治吐症，用半夏、藿香。獨痧症作吐，半夏性燥，須防益助火邪，斷不可用。若藿香，惟取其正氣以治穢觸，然亦必痧毒無阻，乃可俟冷飲之。倘或痧氣有害於中，驟用此以止吐，反有閉門逐盜之憂。如腸胃中有食積血瘀，留滯痧毒，用藿香香燥止吐，適長其毒，是宜知忌。下通痧毒，其吐自止。【略】

評荊芥、細辛、防風、獨活　痧症寒熱，不由外感，往往毒從鼻吸而入，搏激肌表。羌活、麻黄，俱在所禁。若用荊芥、細辛，善能透竅。蓋惡毒之氣由竅而入，故用之以治痧脹，亦由竅而泄。若防風乃臣使之味，僅取爲透竅之佐，不比麻黄、羌活專主發表，反有升宣火毒之慮也。至如獨活，發散治熱，其性至頸而還，力不能過發，且可活血解痧毒，是痧症最要之味與！

清・陳士鐸《本草新編》卷一　十劑論　有方則必有劑，劑因方而制也。劑不同，有宣劑，有通劑、補劑、瀉劑、輕劑、重劑、滑劑、澀劑、燥劑、濕劑，劑各有義，知其義可以用藥。倘不知十劑之義而妄用藥，是猶棄繩墨而取曲直，越規矩而為方圓也。雖上智之士，每能變通于規矩繩墨之外，然亦必先經而後權，先常而後變。苟昧常求變，必詭異而不可為法；離經用權，必錯

亂而不可為型。深知十劑之義，則經權常變，折衷至當，又何有難治之病哉。此十劑之必宜論也。

一論宣劑。岐伯夫子曰：宣可去壅。又曰：木鬱達之，火鬱發之，土鬱奪之，金鬱泄之，水鬱折之，皆宣之之謂也。夫氣鬱則不能上通于咽喉頭目口舌之間，血鬱則不能上通于胸腹脾胃經絡之內，故上而或噦、或咳、或嗽、或嘔之症生，中而或痞、或滿、或塞、或痛、或飽、或脹之症起，下而或腫、或瀉、或利、或結、或畜、或黃之症出，設非宣劑以揚其氣，則氣壅塞而不舒。設非宣劑以散其血，則血凝滯而不走。必宣之而木鬱可條達矣，必宣之而火鬱可啟發矣，必宣之而金鬱可洩泄矣，必宣之而水鬱可曲折矣，必宣之而土鬱可殺奪矣。

或問：吾子發明宣劑，幾無剩義，醫理無盡，不識更可發明乎？曰：鬱症不止五也，而宣鬱之法亦不止二。有鬱之于內者，有鬱之于外者，有鬱之于不內不外者。鬱于內者，七情之傷也；鬱于外者，六淫之傷也；鬱于不內不外者，跌撲墜墮之傷也。治七情之傷者，開其結；治六淫之傷者，散其邪；治跌撲墜墮之傷者，活其瘀，皆所以佐宣之之義也。

或疑宣劑止開鬱解鬱，遂足盡宣之之義乎。夫宣不止開鬱解鬱也。邪在上者，可宣而出之；邪在中者，可宣而和之；邪在下者，可宣而泄之；邪在內者，可宣而散之。邪在外者，可宣而表之也。宣之義大矣哉。

或疑宣劑止散邪而已乎，抑不止散邪而已乎。夫宣之義，原無盡也。可宣而宣之，不必問其邪；宜宣而宣之，不必問其鬱。總不可先執宣邪之意，以試吾宣之之湯，并不可先執宣鬱之心，以試吾宣之之藥也。

二論通劑。岐伯夫子曰：通可去滯。蓋留而不行，必通而行之。是通劑者，因不通而通之也。通不同，或通皮膚，或通經絡，或通表裏，或通上下，或通前後，或通臟腑，或通氣血。既知通之異，而後可以用通之法。通營衛之氣，即所以通皮膚也；通筋骨之氣，即所以通經絡也；通內外之氣，即所以通表裏也；通肺腎之氣，即所以通上下也；通膀胱之氣，即所以通前後也；通脾胃之氣，即所以通臟腑也；通陰陽之氣，即所以通氣血也。雖因不通而通之，亦因其可通而通之耳。

或問：子論通劑，暢哉言之矣。然而通之意則出，通之藥未明也。曰：通之藥又何不可示也。通營衛，則用麻黃、桂枝；通筋骨，則用木瓜、仙靈脾；通內外，則用柴胡、薄荷；通肺腎，則用蘇葉、防己；通膀胱，則用肉桂、茯苓；通脾胃，則用通草、大黃；通陰陽，則用附子、葱、薑。雖所通之藥不止于此，然亦可因此而悟之矣。

或疑通劑藥甚多，子何僅舉數種以了義，將使人執此數味以概通之劑乎。不知通不同，而通劑之藥，又何可盡同乎。雖然通藥不可盡用通也。用通于補之中，用通于塞之內，而後不通者可通，將通者即通，已通者悉通也。然則用通之劑，全在善用通也。善用通，而吾所舉之藥已用之而有餘，又何不可概通之劑哉。

或疑通劑之妙，用之如神，但我何以用通劑之妙，使之有如神之功乎。嗟呼！通之法可以言，而通之竅不可言也。不可言而言之，亦惟有辨虛實耳。虛之中用通劑，不妨少而輕；實之中用通劑，不妨多而重。雖不能建奇功，亦庶幾可無過矣。

三論補劑。岐伯夫子曰：補可去弱。然而補之法亦不一也。補其氣以生陽焉，補其血以生陰焉，補其味以生精焉，補其食以生形焉。陽虛補氣，則氣旺而陽亦旺；陰虛補血，則血盛而陰亦盛；精虛補味，則味足而精亦足；形虛補食，則食肥而形亦肥。雖人身之虛，不盡于四者，而四者要足以盡之也。

或問：補法盡于氣、血、味、食乎？曰：補法盡于四者，而四者之中實有變化也。補氣也，有朝夕之異，有臟腑之異，有前後之異；補血也，有老少之異，有胎產之異，有衰旺之異，有寒熱之異；補味也，有軟滑之異，有消導之異，有溫冷之異，有新久之異，有甘苦之異，有燔熬烹炙之異；補食也，有南北之異，有禽獸之異，有果木之異，有米穀菜豆之異，有魚鱉蝦蟹之異。補各不同，而變化以為法，又何能一言盡哉，總在人臨症而善用之也。

或疑虛用補劑，是虛病宜于補也。然往往有愈補愈虛者，豈補劑之未可全恃乎。吁！虛不用補，何以起弱哉。愈補愈虛者，乃虛不受補，非虛不可補也。故補之法亦宜變。補中而少增消導之品，補內而用制伏之法，不必全補而補之，不必純補而補之，更佳也。

或疑補劑無多也，吾子雖多舉其補法，而終不舉其至要之劑，畢竟補劑以何方為勝？曰：補不同，烏可舉一方以概眾方乎。知用補之法，則無方不可補也。況原是補劑，又何必問何方之孰勝哉。

四論瀉劑。岐伯夫子曰：泄可去閉。然而瀉之法，亦不一也。有淡以瀉之，有苦以瀉之，有滑以瀉之，有攻以瀉之，有寒以瀉之，有熱以瀉之。利小便者，淡以瀉之也；利肺氣者，苦以瀉之也；利大腸者，滑以瀉之也；逐痛祛滯者，攻以瀉之也；陷胸降火者，寒以瀉之也；消腫化血者，熱以瀉之也。雖各病之宜瀉者甚多，或于瀉之中而寓補，或于補之中而寓瀉，總不外瀉之義也。

或問：瀉之義，古人止曰葶藶、大黃，而吾子言瀉之法有六，豈盡可用葶藶、大黃乎？曰：執葶藶、大黃以通治閉症，此悮之甚者也。吾言瀉之法有六，而瀉之藥實不止葶藶、大黃二味。所謂淡以瀉之者，用茯苓、猪苓；苦以瀉之者，用黃芩、葶藶；滑以瀉之者，用當歸、滑石；攻以瀉之者，用芒硝、大黃；寒以瀉之者，用瓜蔞、厚朴；熱以瀉之者，用甘遂、巴豆也。夫瀉之藥不止此，廣而用之，全恃乎人之神明。

或疑瀉劑，所以治閉乎？抑治開乎？開閉俱可用也。不宜閉而閉之，必用瀉以啟其門，不宜開而開之，必用瀉以截其路。然而治開即所以治閉，而治閉即所以治開，正不可分之為二治也。

或疑瀉劑用之多誤，易致殺人，似未可輕言瀉也。曰：治病不可輕用瀉劑，而論劑又烏可不言瀉法乎。知瀉劑而後可以治病，知瀉法而後可以用劑也。

五論輕劑。岐伯夫子曰：輕可去實。夫實者，邪氣實而非正氣實也。似乎邪氣之實，宜用重劑以祛實矣。誰知邪實者，用祛邪之藥，藥愈重而邪反易變，藥愈輕而邪反難留。人見邪實而多用桂枝，反有無汗之憂。人見邪實而多用麻黃，又有亡陽之失。不若少用二味，正氣無虧而邪又盡解，此輕劑之妙也。

或問：輕劑所以散邪也，邪輕者藥可用輕，豈邪重者亦可用輕乎。曰：治邪之法，止問藥之當與否也。用之當則邪自出，原不在藥之輕重也。安在藥重者始能蕩邪哉。

或疑邪氣既重，何故輕劑反易去邪？蓋邪初入之身，其勢必泛而浮，乘人之虛而後深入之，故治邪宜輕不宜重也。倘治邪驟用重劑，往往變輕為重，變淺為深，不可遽愈。何若先用輕劑，以浮泛之藥少少發散，乘其不敢深入之時，易于祛除之為得乎。

或疑用輕劑以散邪，雖邪重者亦散，似乎散邪在藥味之輕，而不在藥劑之輕也。曰：藥味之輕者，藥劑亦不必重。蓋味愈輕而邪尤易散，劑愈重而邪轉難解也。

六論重劑。岐伯夫子曰：重可去怯。夫怯者，正氣怯而非邪氣怯也。正氣強則邪氣自弱，正氣損則邪氣自旺。似乎扶弱者必須鋤強，補損者必須抑旺矣，然而正氣既怯，不敢與邪相鬬，攻邪而邪愈盛矣，故必先使正氣之安固，無畏乎邪之相淩相奪，而後神無震驚之恐，志有寧靜之休，此重劑所以妙也。

或問：正氣既怯，扶怯可也，何必又用重劑，吾恐虛怯者反不能遽受也。曰：氣怯者心驚，血怯者心動。心驚必用止驚之品，心動必用安動之味。不用重藥，又何以鎮靜之乎。惟是重藥不可單用，或佐之以補氣，則鎮之而易于止驚；或佐之以補血，則靜之而易于制動也。

或疑重劑止怯，似乎安膽氣也。曰：怯之意雖出于膽，而怯之勢實成于心，以重劑鎮心，正所以助膽也。

或疑重劑去怯，怯恐不止心與膽也。天下惟腎虛之極者，必至傷肺，肺傷則不能生精，成癆怯矣。恐〔用〕重劑者，重治腎與肺也。不知怯不同，五臟七腑皆能成怯。治怯舍重劑，何以治之哉。又在人之善於變通耳。

七論滑劑。岐伯夫子曰：滑可去着。邪留于腸胃之間，不得驟化，非滑劑又何以利達乎。然而徒滑之正無益也。有潤其氣以滑之者，有潤其血以滑之者，有潤其氣血而滑之者。物礙于上焦，欲上而不得上，吾潤其氣而咽喉自滑矣；食存于下焦，欲下而不得下，吾潤其血而肛門自滑矣；滯穢積于中焦，欲上而不得，欲下而不得，欲留中而又不得，吾潤其氣血而胸腹自滑矣。滑劑之用，又胡可少乎。

或問：滑劑分上、中、下治法為得宜矣。然而用三法以治澁，而澁仍不解者，豈別有治法乎。夫滑之法雖盡于三，而滑之變不止于三也。有補其水以滑之，有補其火以滑之。補水者，補腎中真水也；補火者，補腎中真火也。真水足而大腸自潤，真火足而膀胱自通，又何澁之不滑哉。此滑之變法也。

或疑補水以潤大腸，是劑之滑也，補火以通膀胱，恐非劑之滑矣。不知膀胱得火而不通者，乃膀胱之邪火也。膀胱有火則水澁，膀胱無火，水亦澁

也。蓋膀胱之水，必得命門之火相通，而膀胱始有流通之樂，然則補火正所以滑水，謂非滑之之劑乎。

或疑滑劑治澁，然亦有病非澁而亦滑之者，何也？　蓋滑劑原非止治澁也。滑非可盡治夫澁，又何可見澁而即用滑劑乎。　不宜滑而滑之，此滑劑之無功也。宜滑而滑之，雖非澁之病，偏收滑之功。

八論澁劑。　岐伯夫子曰：　澁可去脱。　遺精而不能止，下血而不能斷，瀉水而不能留，不急用藥以澁之，命不遽亡乎。　然而澁之正不易也。　有開其竅以澁之者，有遏其流以澁之者，有因其勢以澁之者。　精遺者，尿竅閉也，吾通尿竅以閉精，則精可澁；　水瀉者，脾土崩也，吾培土氣以疏水，則水瀉可澁。　血下者，大腸熱也，吾滋金液以殺血，則血下可澁矣。　澁劑之用，又胡可少乎。

或疑澁劑，古人皆以澁為事，吾子反用滑于澁之中，豈亦有道乎。　曰：　徒澁何能澁也。　澁之甚，斯滑之甚矣。　求澁于澁之内，則澁止見功于一旦，而不能收功于久長；　用滑于澁之中，則澁難收效于一時，而實可奏效于永遠，誰云澁之必舍滑以澁之耶。

或疑滑以治澁，終是滑劑而非澁劑。　曰：　滑以濟澁之窮，澁以濟滑之變，能用滑以治澁，則滑即澁劑也。　況澁又不全澁乎，欲謂之不澁不可也。

或疑澁劑治脱，而脱症不止三病也，不識可廣其法乎。　曰：　澁劑實不止三法也，舉一可以知三，舉三獨不可以悟變乎。

九論燥劑。　岐伯夫子曰：　燥可去濕。　夫燥與濕相反，用燥所以治濕也。　然濕有在上、在中、在下之分，濕有在經、在皮、在裏之異，未可一概用也。　在上之濕，苦以燥之；　在中之濕，淡以燥之；　在下之濕，熱以燥之；　在經之濕，風以燥之；　在皮之濕，薰以燥之；　在裏之濕，攻以燥之。　燥不同，審虚實而燥之，則無不宜也。

或問：　濕症甚不一，吾子治濕之燥，亦可謂善變矣。　然而濕症最難治，何以辨其虚實而善治之乎？　夫辨症何難，亦辨其水濕之真偽而已。　真濕之症，其症實；　偽濕之症，其症虚。　知水濕之真偽，何難用燥劑哉。

或疑燥劑治濕，而濕症不可全用燥也，吾恐燥劑之難執也。　曰：　濕症原不可全用燥，然舍燥又何以治濕哉？　燥不為燥，則濕不為濕矣。

或疑濕症必尚燥劑，而吾子又謂不可全用燥，似乎燥劑無關輕重也。　然而濕症有不可無燥劑之時，而燥劑有不可治濕症之日，此燥劑必宜講明，實有關輕重，而非可有可無之劑也。

十論濕劑。　岐伯夫子曰：　濕可去枯。　夫濕與燥相宜，用濕以潤燥也。然燥有在氣、在血、在臟、在腑之殊，有在内、在外、在久、在近之別，未可一概用也。　氣燥，辛以濕之；　血燥，甘以濕之；　臟燥，鹹以濕之；　腑燥，涼以濕之。　内燥，寒以濕之；　外燥，苦以濕之；　久燥，溫以濕之；　近燥，酸以濕之。　燥不同，審虚實而濕之，則無不宜也。

或問：　燥症之不講也久矣，幸吾子暢發燥症之門，以補六氣之一。　又闡揚濕劑以通治燥症，豈氣血臟腑、内外久近之濕，遂足以包治燥之法乎？嗟乎！　論燥之症，雖百方而不足以治其常；　論濕之方，若八法而已，足以盡其變。　正不可見吾燥門之方多，即疑吾濕劑之法少也。

或疑濕劑治燥，而燥症實多，執濕劑以治燥，而無變通之法，吾恐前之燥未解，而後之燥更至矣。　曰：　變通在心，豈言辭之可盡哉？　吾闡發濕劑之義，大約八法盡之，而變通何能盡乎，亦在人臨症而善悟之耳。

或疑濕劑之少也，人能變通，則少可化多。　然而能悟者絶少，子何不多舉濕劑以示世乎。　嗟乎！　燥症前代明醫多不發明，故後世無聞焉。　鐸受岐天師與張仲景之傳，《内經》已補註燥之旨，《六氣》門已暢論燥之文，似不必《本草》重載燥症。　然而濕劑得吾之八法，治燥有餘，又何必多舉濕劑之法哉。

以上十劑，明悉乎胸中，自然直捷于指下，然後細閲新註之《本草》，通經達權，以獲其神，守常知變，以造于聖，亦何死者不可重生，危者不可重安哉。

闢陶隱居十劑内增入寒熱二劑論

陳遠公曰：　十劑之後，陶隱居增入寒熱二劑。　雖亦有見，繆仲〔仁〕〔醇〕闢寒有時不可以治熱，熱有時不可以治寒，以熱有陰虚，而寒有陽虚之異也。　此論更超出陶隱居，但未嘗言寒熱二劑之宜删也。　後人偏信陶隱居，妄自增寒熱二劑，又多岐路之趨，不知寒熱之病甚多，何症非寒熱也。　七方十劑之中，何方、何劑不可以治寒熱。　若止用寒熱二劑以治寒熱，則宜于寒必不宜于熱，宜于熱必不宜寒，亦甚拘滯而不弘矣。　故分寒熱以治寒熱，不可為訓。

或問：　陶隱居增入寒熱二劑，甚為有見，吾子何黨仲〔仁〕〔醇〕而删之。

雖曰七方十劑俱可治寒熱，然世人昧焉不察，從何方何劑以治之乎。不若增寒熱二劑，使世人易于治病也。嗟乎！子言則美矣，然非用劑之義也。寒熱之變症多端，執二劑以治寒熱，非救人，正殺人也。予所以刪之，豈黨仲(仁)〔醇〕哉。

或疑寒熱之變端雖多，終不外于寒熱之二病，安在不可立寒熱之二劑耶。曰：寒之中有熱，熱之中有寒，有寒似熱而實寒，有熱似寒而反熱。有上實寒而下實熱，有上實熱而下實寒。有朝作寒而暮作熱，有朝作熱而暮作寒。有外不熱而內偏熱，有外不寒而內偏寒。更有虛熱虛寒之分，實熱實寒之異，偏寒偏熱之別，假寒假熱之殊。不識寒熱二劑，何以概治之耶。予所以信寒熱二劑斷不可增于十劑之內，故闢陶隱居之非，而嘉繆仲(仁)〔醇〕之是也。

或疑寒熱不常，方法可定，臨症通變，全在乎人，不信寒熱二劑之不可增也。嗟乎！立一方法，必先操于無弊，而後可以垂訓，乃增一法，非確然不可移之法，又何貴于增乎，故不若刪之為快耳。

闢繆仲(仁)〔醇〕十劑內增升降二劑論

陳遠公曰：繆仲(仁)〔醇〕因陶隱居十劑中增入寒熱二劑，闢其虛寒虛熱之不可用也，另增入升降二劑。雖亦有見，而終非至當不移之法。夫升即宣之義，降即瀉之義也。況通之中未嘗無升，通則氣自升矣；補之中未嘗無升，補則氣自升矣。推而輕重滑澁燥濕，無不有升之義在也。況通之內何常非降，通則氣自降矣；補之內何常非降，補則氣自降矣。推而輕重滑澁燥濕，無不有降之義在也。是十劑無劑不可升陽，何必再立升之名；無劑不可降陰，何必重多降之目。夫人陽不交于陰則病，陰不交于陽則亦病。十劑方法，無非使陽交陰而陰交陽也。陽既交陰則陽自降矣，陰既交陽則陰自升矣。陽降則火自安于下，何必愁火空難制；陰升則水自潤于上，何必虞水涸難濟。此升降二劑所以宜刪，而前聖立方實無可議也。

或問：升降二劑，經吾子之快論，覺十劑無非升降也，但不識于吾子所論之外，更可闡其微乎？曰：升降不外陰陽，而陰陽之道何能以一言盡。有升陽而陽升者，有升陽而陽反降者，有降陰而陰降者，有降陰而陰愈不降者，又不可不知也。然而升降之法，實包于十劑之中。有十劑之法，則可變通而甚神，舍十劑之法，而止執升降之二劑，未免拘滯而不化，此升降之二劑所以可刪耳。

或疑執升降二劑，不可盡升降陰陽也，豈增入之全非耶。曰：升降可增，則前人早增之矣，何待仲(仁)〔醇〕乎。正以陰陽之道無窮，升降之法難盡，通十劑以為升降，可以盡症之變，倘徒執升降之二劑，又何以變通哉。

或疑可升可降，十劑中未嘗言也，何不另標升降之名，使世人一覽而知升降哉。曰：有升有降者，病之常也；宜升宜降者，醫之術也。切人之脉，即知陰陽之升降矣。陰陽既知，升降何難辨哉。使必覽劑而後知之，無論全用十劑，不可升降人之陰陽，即單執升降二劑，又何能治陰陽之升降哉。夫十劑之中，皆可升可降之劑也。人知陰陽，即知升降矣。何必另標升降之多事哉。

清・徐大椿《醫學源流論》卷上 刼劑論 世有奸醫，利人之財，取效于一時，不顧人之生死者，謂之刼劑。刼劑者，以重藥奪截邪氣也。夫邪之中人，不能使之一時即出，必漸消漸托而後盡焉。今欲一日見効，勢必用猛厲之藥，與邪相爭；或用峻補之藥，遏抑邪氣。藥猛厲則邪氣暫伏而正亦傷；藥峻補則正氣驟發而邪內陷。一時似乎有效，及至藥力盡，而邪復來，元氣已大壞矣。如病者身熱甚，不散其熱，而以沉寒之藥遏之。腹痛甚，不求其因，而以香燥禦之。瀉痢甚，不去其積，而以收斂之藥塞之之類，此峻厲之法也。若邪盛而投以大劑參附，一時陽氣大旺，病氣必潛藏，自然神氣略定，越一二日，元氣與邪氣相併，反助邪而肆其毒，為禍尤烈，此峻補之法也。此等害人之術，奸醫以此欺人而騙財者十之五。庸醫不知，而效尤以害人者，亦十之五。為醫者可不自省，病家亦不可不察也。

清・沈金鰲《要藥分劑》卷九 澁劑：【略】張從正曰：寢汗不禁。澁以牡蠣、五味、五倍之屬。滑泄不已，澀以肉豆蔻、訶黎勒、沒食子、亞芙蓉、龍骨之屬。凡酸味同乎澁者，收斂之義也。然此等皆宜先攻其本，而後收之可也。鰲按：張氏言此等皆宜先攻其本，此本字乃言病之本，謂先從其發病之所由以治之，然後加以收澁，不得認作本元之本，反先加攻伐，使元氣更虛也。

清・齊秉慧《齊氏醫案》卷四 補藥得宜論 夫虛者宜補。然有不受補者，非不受補，乃補之不得其法也。必須憑脉用藥，不可問病執方。六脉一部，或大或小之間，便有生尅勝負之別。一方分兩或加或減之中，便存輕此

重彼之殊。脉有真假，病有逆從。假如六脉洪大有力，此真陰不足也，宜六味地黄湯。右寸更洪更大者，八仙長壽湯。如脉洪大而數者，人謂陰虚陽盛者，用知柏地黄湯則誤矣。如果真陽盛實，則當濟其光明之用，資始資生，而致脉息有神，急徐得次，以循其常經矣。惟其真陽不足，假陽乘之，乃龍雷之火妄作，疾亂變常也，宜八味地黄湯，加五味子、肉桂，助天日之陽光，以逐龍雷之假火。方内去附子。至若弦數、細數，則更係真陰真陽虧損，宜當大劑八味地黄湯服之，以火濟火。類既可從，承迺可治，火既制而陰易長也。況脉之微緩中和，胃之氣也。不微而洪大，不緩而弦數，近乎無胃氣之象，用此既補真陽以息假陽，復藉真火以保脾土，此補腎中真陰真陽之至論也。更有勞心運用太過，飢飽勞役失調，以致後天心脾虧損者，設以根本為論，徒事補腎，則元氣反隨下陷，化源既絶於上，腎氣何由獨足於下？縱下實而上更虚也。又若六脉浮大無力者，此乃中氣不足，營陰有虧，而失收攝元氣之用，宜於溫補氣血之中加以斂納之味，如養營湯用五味子，更宜減去陳皮是也。六脉沉細無力者，此元陽中氣大虚，大宜培補中州，溫補氣血。蓋脾胃既為氣血之化源，而萬物之滋補，亦必仗脾胃運行而始得，故古諸方藥中，必用薑、棗，即此意也。況中氣既虚，運行不健，故用辛溫於中鼓舞，使藥力自行，藥力不勞脾胃之轉輸，如歸脾湯之用木香，十全湯之用肉桂是也。如六脉遲緩甚微者，則元陽大虚，純以挽救陽氣為主，輕則人蔘理中湯，重則附子理中湯，不得雜一陰分之藥，蓋陽可生陰，陰可化陽耳。如六脉細數，久按無神者，此先天後天之陰陽並虧也。早服八味地黄丸，晚服人蔘養營湯去陳皮。或十全大補湯去川芎，生地換熟地可也。如兩寸洪大，兩尺無力者，此上熱下寒，上盛下虚也，宜八味地黄加牛膝、五味子，服至尺寸俱平而無力，則仍用前湯，另煎蔘湯沖服。如兩尺有力，右寸浮大而軟者，此元氣下陷，下實上虚也，宜補中益氣湯升而舉之，地既上升，天必下降，二氣交通，乃成雨露，此氣行而生氣不竭矣。先天之陽虚補命門，後天之陽虚溫胃氣。先天之陰虚補腎水，後天之陰虚補心肝。蓋心為血之主，肝為血之臟，然更重乎足太陰脾也。夫脾者，營之本，化源之基，血之統也。且一方之中，與脉有宜有禁。宜者加之，禁者去之。如應用十全大補湯，而肺脉洪大者，則芎、芪應去，而麥味應加者也。蓋川芎味辛而升，黄芪味甘，氣厚於味，故功專肺脾而固表也。六脉無力，十全最宜。倘無力服蔘者，以芪、朮倍用。止用當歸，勿用地、芍，蓋重在補氣，則當歸為陰中之陽，地黄、白芍為陰中之陰耳。至於地黄一湯，依脉輕重變化，萬病俱見神功。若六脉沉微，亡陽之證，暫所忌之。蓋雖有桂、附之熱，終屬佐使，而熟地黄、山萸肉一隊陰藥，乃係君臣，故能消陰翳之火也。其熟地黄重可加至二三兩，山萸止可用三四錢，蓋酸味獨厚，能掩諸藥之長，況過酸強於吞服，便傷胃氣矣。此予姑取數端，以證變化之無盡，學者類推之，而自得其神矣。至於地黄湯，以降為升，蓋濁陰下降，清陽上升，凡一切虚損之病固宜久服者也。補中益氣湯以升為降，蓋清陽上升，濁氣降散，東垣先生特為虚人發散而設，不宜久服者也。

《經》曰：胃陽弱而百病生，脾陰足而萬邪息。又曰：脾虚食少，不能尅化，補之自然能食，是則更有法焉。東方之讐木宜安，恐木實則侮土而厥張也。西方之子金宜固，恐子虚竊母氣以自救也。夫少火實，為生氣之源，故中央之土虚，則有補母之論存焉。許學士云：譬如釜中水穀，下無火力，其何能熟？王叔和云：房勞過度，真火衰弱，不能上蒸，脾土中州不運，飲食不化，痞塞脹滿，須知補腎，腎氣若壯，丹田火盛，上蒸脾土，土溫自治矣。統而言之，脾具坤順之德，而有乾健之運，坤德或慚，補土以培其卑監；乾健稍弛，益火以助其轉運，此東垣兼甫以補土立言，學士、叔和以壯火垂世。土強則出納自如，火旺則轉輸不怠。火為土母，虚則補其母，治病之常經也。世醫不得其傳，一味消導，麥芽、神麯、厚朴、黄連，以為脾胃良藥，因而夭枉者不可勝數矣，可勝悼哉！余又常見服補養氣血之藥久，似乎日衰，改服疎利之藥，一二劑而氣血似乎頓長者。此非補養之誤也。蓋因補養之日久，生氣既多，洩氣反重，且粘滯太過，血則壅而不行，氣則伏而不用，所以疎利一投，而氣血宣行，前功頓見也。又有服溫補元陽之藥久，而元陽似乎日困，後服清涼之劑，而元陽似乎頓壯者。此非溫補之誤也。蓋如春夏發生長養，則氣血流溢無拘，所以人多困倦，若非秋冬閉藏之氣，何能為成實堅固之用耶？更凡一經或虚或病，而凡用或攻或補，重在一經為治者，其功雖捷，可暫而不可久也。久則勝負相爭，反增偏害之勢。

按：人有能食，食後而反愈倦者，何也？此胃不病而脾病也，故不能消化。其法當用六味地黄湯補坎水，加附子、肉桂補腎中之真火，以生太陰脾經之土，土得補而健運有權，則自然能消化矣。

又常見有人終日鬱鬱，全不戀食，勉強食之，亦覺相安，何也？此胃病而

脾不病也。其法當補離火，以生陽明胃經之土，土健則飲食自旺，歸脾湯是對證之的藥，方中棗仁一味，色赤屬火，味酸屬木，炒熟氣香，香先入脾，故赤能入心，酸能入肝，香能助脾，此乃補木生火，補火生土也。又心生血，肝藏血，脾統血，三經同補，生生不已，此歸脾湯之所以得名也。《經》曰：虛則補其母。由此觀之，則是方更屬補其母之外家也。

又嘗見有人默默不欲食，食之則脹悶不安，此又何也？其人必中氣不足，飲食勞倦，脾胃俱病也。法宜朝服補中益氣湯，以滋化源，加白蔻宣暢胸膈，砂仁、半夏醒脾開胃；暮服八味地黃丸，補少火以生脾陰之土，脾胃均得補而健旺，自然能食而消化矣。又常見時醫治脾胃之病，多謂肉黍所傷，又疑水穀之積，輕則神麯、麥芽，重則硝、黃、巴豆，尅伐肆投，真氣愈促。豈知隔一隔二之治法，其效雖緩，其益無窮。譬如淵深則流遠，根深則蒂固，況真臟既得生氣，自相長養，飲食調和，五臟順昌，則長有天命，何病之有？雖有微邪，我之氣壯，何足懼之？偏勝之害烏有哉。慧以數十年之攻苦，參考諸家分經辨證，皆於寤寐神遊中得來，敢以告之同人，知我者，當不以為僭也。

清・包誠《十劑表》 十劑解 宣劑者，涌劑也。《素問》曰：高者因而越之，木鬱則達之。《傷寒論》曰：大法春宜吐，以病在上也。《儒門事親》曰：世人皆以宣為通劑，不知十劑之中已有通劑，以宣為泄劑，不知十劑之中已有瀉劑。宣者，升而上之也。以君召臣曰宣，義或同。凡邪氣在上，可以搏而躍之者，皆宜宣劑。

通劑者，流通之劑也。通與瀉相類，瀉惟下行，通則兼旁行。凡辛香流走之屬，皆能通。《儒門事親》曰：數至圊而不得便，宜通因通用。《湯液・序例》曰：通可去滯，故凡病之有氣無質、留滯不去者，皆宜通劑。

補劑者，補益之劑也。《素問》曰：因其衰而彰之，形不足者溫之以氣，精不足者補之以味。又曰：肝用辛補之，心用鹹補之，脾用甘補之，肺用酸補之，腎用苦補之。《八十一難》曰：陽氣不足，陰氣有餘，當先補其陽，而後瀉其陰。陰氣不足，陽氣有餘，當先補其陰，而後瀉其陽。《千金方》曰：人生四十以後，宜常服補劑，以氣血衰弱也。

瀉劑者，泄瀉之謂，即下劑也。《素問》曰：其下者，引而竭之。中滿者，瀉之於內。其實者，散而寫之。又曰：實則瀉之，土鬱則奪之。《八十一難》曰：瀉南方火，補北方水。子能令母實，母能令子虛。《儒門事親》曰：諸痛皆實，痛隨利減。《湯液・序例》曰：瀉可去閉。凡病有氣有質，閉塞鬱結者，皆宜瀉劑。

輕劑者，輕揚發散之謂，即汗劑也。《素問》曰：因其輕而揚之，其有邪者，漬形以為汗，其在皮者，汗而發之。《儒門事親》曰：邪客皮膚，宜輕劑。《湯液・序例》曰：輕可去實。以其開發腠理，使病外出也。

重劑者，重鎮之劑也。體重而性沉者，足以鎮壓亂逆。《儒門事親》曰：久病咳嗽，涎潮於上，形羸，不可峻攻，以重劑縋之。《湯液・序例》曰：重可去怯，以其有堅勁之力也。

滑劑者，滑利之劑也。《周禮》曰：以滑養竅。鄭氏註曰：凡諸滑物，通利往來似竅。《儒門事親》曰：大便燥結，小便淋閉，皆宜滑劑。凡病澁滯，有不宜通與瀉者，惟滑劑足以利之。

澁劑者，收澁之劑也。《素問》曰：心苦緩，急食酸以收之。肺欲收，急食鹹以收之。《湯液・序例》曰：澁以固脫。凡散脫之症，必酸澁之劑使之秘固，而後發者可返，散者可收。

燥劑者，燥烈之謂，即去濕之劑也。《素問》曰：脾苦濕，急食苦以燥之。《儒門事親》曰：積寒久冷，若病濕者，宜燥之。凡病濕而不可以泄利除者，非燥劑不為功。

濕劑者，柔潤之劑也。與滑相類，而專於滋養。《素問》曰：辛以潤之。蓋辛能走氣，氣能化液故也。《儒門事親》曰：人有枯涸皴竭之病，不獨金化為然。蓋有火以乘之，非濕劑不能愈。《湯液・序例》曰：濕可去枯。故凡津虧血燥之症，皆宜濕劑。

清・吴達《醫學求是》二集 補藥誤病説 神農嘗百草以療民疾，《本草》有久服延年長生益壽等語，世俗信之，遂以為赤松黃石，桂父桐君，術不過是。不知古人天性渾全，養真有術，久伏深山，得草木之精英者食之，漸至辟穀輕身。或者有此，而亦不數數覯。至若調鉛汞、鍊丹丸習長生術者，已多謬妄。乃世人營營利祿，伐性戕元，全不顧惜，偏欲乞靈於草本，以圖永年，其可得乎？夫人氣血調和，乃為無病，病必陰陽偏勝，藥物得天地自然之氣，用以和之，勝其所不勝，以抑其所勝，如是而已。乃有不問寒熱陰陽，概投滋補，卒至氣血壅滯，阻塞中宮，四維之不平迭見，證情莫可揣測矣。余

見病之誤於補者，指不勝屈。尤異者，診一桓姓婦，年四十餘，每日自辰至午如常人，午後繞室行，足不停趾，戌亥時暈厥，閉目仰臥，交子時口吐痰沫而甦，行動飲食如故。明日午後復然，數月不愈。余一見斷為誤補病，午後陰凝而作，子初陽復漸平，非滋陰所誤而何？索方視之，果三十餘味，方書所稱滋補者並集之，服半截餘未間斷也。再在滬診一婦人，左偏頭痛，左手搦搐，難以屈伸，右臂微腫，臍流清水。亦常服滋膩補藥所致。家鄉邵伯淵來函，有十七歲男孩，秋初發痧，嗣變寒熱，醫者議攻議補，半月後左手彎如弓，堅不得直，旋復兩足如鐵，不能屈伸，口不能言，直聲號叫。證由發痧而起，不過暑濁之邪，擾亂中氣，旋變寒熱，邪入三焦少陽經。斯時宜洩濕濁，和解少陽，證即向愈，何乃議補議攻，以至於此？此又誤補而兼誤攻者，然誤攻者見證易知，誤補者變幻不測。世人喜服補藥，時醫專集補方，無所取義者無論矣。其習用膠、地、枸杞、淮藥、萸肉、歸、芍、杜仲、續斷、菟絲、女貞之類，以為補肝陰，養腎水，豈知肝腎之陰內含陽義，自東而升，心肺之陽內抱陰精，自西而降？《內經》云：中焦受氣，取汁變化而赤，是謂血。中焦所受者，升降和平之氣。純用滋膩，非特與肝腎無關，多服則中氣阻滯，脾陽下陷，則肝木不升，胃陰上逆，則肺金不降，木不升則火陷而水涸，金不斂則氣逆而火炎。《經》云：左右者，陰陽之道路。而道路通塞，全在中氣。故云人以中氣為主，脈以胃氣為主，脾胃調和，乃能無病。豈有不察臟腑經絡，純用滋補，以為有益於人身者？冬令喜服龜、鹿等膠，江浙人最甚。至春多發為痰血、遺精等證。緣多服則中氣滯，氣滯則濕鬱，濕鬱則肝膽兩火不能升降順行。龜膠增痰濕，鹿膠助火鬱，濕鬱火升則吐血，濕鬱水寒則遺精矣。余游滬上，冬令之以病問者，每以為體弱求補，喜服膏滋藥，遇燥盛濕衰，木火熾甚者，與以滋陰，兼理氣機。病者見用補多而色喜，予亦未嘗不投其所好也。若脾濕多痰，下寒上熱，鬱火飛升者，祇有改膏為丸，所用藥品，性皆清淡，難以煎膏。倘攙入滋膩有情之品，猶恐滯其氣機也。再有痰濕滿中，肝膽上逆，水火為土濕所阻，不得交濟，以致水泛火飛，都係滋陰所誤。余用桂枝、附子、乾薑、砂仁、龍、牡等，水泛細丸，另用參、苓、斛、苡、桑皮、炙草、前胡、半、貝、歸、芍、杏、陳、麥冬、柴、芩等，憑證去取為末，煉蜜調和，將水泛細丸納入，丸如桐子大，囑其空腹時服之，頗能著效。其法原宗喻氏，非妄作也。滬上時風，冬季喜服滋補，即並無疾病者，亦喜服之，以為有益，習俗使然，真不可解，豈知不究本原，但圖膩補，卒至無病而致有病，輕病而致重病。參、茸、膠、地，亦殺人之品也。慎之！慎之！

亦非謂本體虛弱，乃平居飲食麤糲，腸胃枯澀，觀於食力之夫，食倍於人，卒又易餒，其明徵也。故膏粱之體，遇外感經病，宜用輕清解表，不得過用猛烈。若治內傷，宜寓埽除之法，臟腑柔脆，峻攻固所不宜，而浪投滋補，尤易誤事。藜藿之體，遇外感經病，發表宜重宜猛，若用輕清，因循貽誤，內傷病消導攻伐之品，極宜慎用。遇宜補者，投以補劑，其效尤速。至於膏粱體亦有外實，藜藿體亦有裏實，則又最易治療之證也。

清·陳珍閣《醫綱總樞》卷二　新訂本草大略　歷古本草最多，世傳藥方不少，有效有不效，在乎臨症者辨之。凡古今藥性類方，未經親驗，不敢強舉，謹述其親經歷驗之藥，至穩至當之品，共分二十六類，曰發散，曰湧吐，曰攻瀉，曰清熱，曰化痰，曰舒氣，曰散瘀，曰消滯，曰降氣，曰提氣，曰殺蟲，曰辟邪，曰鎮墜，曰固濇，曰通竅，曰補火，曰補氣，曰提神，曰補精，曰補血，曰滋液，曰利水，曰壯筋，曰止抽，曰止痛，曰明目。

發散之劑：為發汗之用也。然發汗之用，一令外感之風濕外散，一令皮膚之血積外達，一令內腑之熱外消，一令內腎之水外出，故發表非獨為驅風濕用也。但是發汗之法有三：一用吐法，使觸動胃氣，而汗管即引汗易出；一用暖覆，使身暖而汗易出；一用熱水薰蒸，使皮熱而汗易出也。惟風熱症，內熱當盛極之時，不宜發汗，必先清之瀉之，乃可汗也。麻黃辛，熱。散陰寒冷濕。　桂枝辛，熱。補火，驅寒逐濕。　藁本辛，溫。散頭頂風寒濕。　羌活辛，溫。散上部風寒濕。　川芎辛，溫。散風，行血通經。　白芷辛，溫。上頭目，散風濕。　蒼朮辛，熱。散濕，辟疫辟邪。　天麻甘，溫。暖氣，祛風化痰。　秦艽苦，溫。去腸胃風濕。　靈仙甘，溫。去腸胃風濕積。　殭蠶鹹，溫。下行化痰，去濕。　獨活甘，溫。下行，去濕散風。　陳皮苦，溫。化痰祛風。　青皮苦，溫。散風濕。　紫蘇香，溫。化氣破結，去風。　防風平，淡。去風利氣。　荊芥香，溫。化氣祛風。　加皮甘，溫。壯筋祛風。　生薑辛，熱。暖胃逐寒，止嘔。　細辛辛，熱。通竅，驅風逐寒。　薄荷辛，溫。通竅，祛風止痛。　辛夷濇，溫。通竅，利齒去風。　蔓荊濇，溫。去翳去風，通目。　虎膠甘，溫。壯筋逐濕。　升麻淡，平。提氣，疎腠發表。　柴胡淡，平。提氣，疎表破氣。　葛根甘，涼。疎腠，清熱利水。　木賊淡，平。明目去翳，疎表。　香薷香，平。散暑，化氣行血。　蟬脫鹹，平。去翳，化淚化痰。　青蒿甘，香。

疎風，涼血化氣。　鉤藤淡，涼。涼血通表。　穀精淡，涼。明目去翳，通表。　葱白辛，涼。通竅，開腠發汗。

湧吐之劑：　乃鼓動胃氣，而推痰涎血毒毒物外出也。又能令津液生多，肝肺生液，肺管生痰，外皮出汗也。如血府有壞脉管生血皰，腦中有病腹中發熱，小腸疝氣，元氣虚弱，皆不宜用吐劑也。凡服吐藥，宜多飲溫水以助吐。　甜瓜蒂苦，腥。化痰引吐。　藜蘆有毒。攻痰引吐。　常山腥，平。引吐，化痰截瘧。　百部苦，腥。引吐，化痰殺蟲。　草菓辛，溫。引吐，破痰化結。　膽礬酸，濇。湧吐，破痰爛肉。

攻瀉之劑：　蕩滌腸胃之用也。凡食滯凝結，大便不行，腸胃生蟲，腹中脹滿，與及大熱內結，血熱不行，眼珠大熱，腦受火灼，皆宜用之。凡瀉後，又能使肝液流行，液管通暢，體內穢垢消蕩，月經下行也。若癆傷咳血，瘧痢，日久瘰癧痰核，婦人懷孕，皆忌取瀉。又如月經行時，食飽飯後，亦不宜服瀉藥也。　大黃淡，寒。輕瀉，破氣化積。　朴硝鹹，寒。軟堅，蕩腸水瀉。　巴荳苦，溫，有毒。破結大瀉。　元明粉功同朴硝，略緩。　瀉葉淡，平。輕瀉。　牽牛淡，寒。輕瀉，解毒。　甘遂淡，寒。水瀉。　芫花淡，溫，有毒。水瀉。　大戟淡，寒。水瀉。　商陸淡，寒。輕瀉。　郁李仁輕瀉，潤滑大腸。　火麻仁輕滑大腸，潤腸。

清熱之劑：　以甘潤之，以涼平之，以鹹下之，以寒折之。　羚羊角大寒。涼血解毒。　犀角大寒。涼血解毒。　黃連苦，寒。清心，涼血降火。　黃芩苦，涼。清三焦氣熱。　黃柏苦，寒。清腎，涼血滋水。　犀牛皮甘，涼。清皮膚熱。　梔子苦，涼。散血涼血，解熱。　膽草苦，寒。涼血滋液，明目。　連翹苦，寒。清心涼血，解毒。　桔梗甘，涼。潤肺，提陽，清熱。　兜鈴苦，涼。清上焦痰火。　桑白苦，涼。清肺痰，去翳。　枯草苦，涼。清上焦痰火。　蘆根苦，寒。清胃止嘔。　銀花甘，涼。清腎，解毒利水。　石膏淡，涼。墜火，清胃降逆。　苦參苦，寒。解毒涼血，殺蟲。　竹茹淡，涼。清胃止嘔。　山荳根苦，涼。清血消腫。　淡竹淡，涼。散暑發表。　石決淡，涼。明目，清胃。　釵斛苦，涼。涼血降火。　知母苦，涼。滋液，清臟熱。　羽箭淡，涼。涼血通表。　蔞仁苦，涼。潤腸滋肺，化痰。　茅根甘，涼。清胃，涼血利水。　槐花淡，涼。涼血，清大腸火。　金鈴子苦，寒。清鬱火。　葛花淡，涼。解酒積，利水。　桑寄淡，涼。涼血滋液。　青葙淡，涼。清皮膚血熱。　石蟹同石決之性功。　牛蒡苦，寒。涼血消腫。　薺苨甘，涼。解毒，清肺明目。　地龍鹹，涼。清腦血熱，解毒。　海帶淡，涼。清熱痰，利水。　石蓮苦，濇。斂精止痢，清毒。　花粉苦，淡。清肺熱痰。　猴膽大苦，大寒。散瘀解毒。　武夷茶化熱滯。

化痰之劑：　化津破液之藥也。夫痰由津液不行，津液不行由氣不化，氣之不化，非因虚即因鬱，故化痰全在化氣也。但是化痰之法有二：一用藥煎水吸氣，以化肺中之痰；一用內服，以化內臟經絡之痰也。化痰之藥亦有二：一用熱藥化痰，使痰內消；一用涼藥化痰，使痰易出。至如氣虚有痰，必先補氣；氣鬱有痰，宜先解鬱；液虚有痰，宜先滋液。乃一定之例也。凡服化痰藥，忌利大小二便。　牛黃苦，涼。化痰破積，解毒。　三(淩)[稜]淡，溫。化痰，散瘀破結。　莪朮苦，溫。功同三(淩)[稜]。　半夏甘，溫。化痰，舒胃破積。　礞石淡，平。攻痰破積。　竺黃淡，涼。化肺熱痰。　硼砂酸，溫。軟堅化痰。　前胡苦，涼。化痰降氣，止咳。　菖蒲腐，熱。化痰，通腦破氣。　芥子辛，熱。化痰通竅，化氣。　薑黃苦，熱。化痰散瘀。　白礬酸，濇。化痰，止血止濁。　阿魏腐，溫。化痰下氣，舒腦。　南星有毒。去風化痰。　海硝淡，平。消積止痛。　全蝎有毒。去風化痰，攻毒。　殭蠶見發散。　陳皮見發散。　北杏苦，平。化痰下氣，潤肺。　膽星功同南星，力緩。　橘紅苦，溫。化痰氣。

舒氣之劑：　解鬱破氣，行血之藥也。服之時宜行動，遊玩行走，或換水土，庶能有功也。　腹皮濇，溫。化諸滯氣。　元胡苦，溫。散血破氣。　鬱金功同元胡。　春砂甘，溫。化氣消滯。　乳香甘，溫。破結止痛。　沒藥功同乳香，而力尤峻。　木香甘，溫。化氣止痛。　檳榔濇，溫。化氣止瀉，刼痰。　佛手苦，溫。散風化氣。　蘇子淡，平。化氣止咳。　藿香淡，溫。辟疫，化寒止嘔。　香附苦，溫。化氣止痛。　草菓見湧吐。　小茴甘，熱。化寒氣，止痛。　大茴功同小茴。　台烏苦，溫。化氣止痛，破結。

散瘀之劑：　以酸斂之，以鹹濡之，以苦散之，以辛行之。　桃仁苦，平。下氣，散瘀消積。　紅花淡，涼。散瘀消腫，破氣。　田七淡，涼。散瘀，行血止痛。　丹參苦，涼。化氣行血。　碎補淡，熱。補火逐寒，行血。　赤芍苦，平。化氣斂氣，散瘀。　歸尾酸，平。散瘀斂氣。　茜根淡，涼。清血行血，利便。　紫草淡，涼。涼血行血。　澤蘭淡，溫。化氣散風，行血。　蕊石酸，平。化瘀為水。　霄花淡，平。散瘀通經，止痛。　蒲黃甘，涼。散瘀消腫，止痛。　靈脂鹹，涼。散瘀止痛，通腸。

消滯之劑：　輕用苦辛以疎之，重用鹹平以下之。　三柰辛，熱。化滯止嘔。　厚朴甘，溫。化滯氣，潤腸。　枳實苦，溫。下氣化滯。　山楂酸，平。消油膩、菓滯。　波蔻功同三柰，化寒去翳。　麥芽淡，平。去五穀滯。　良薑功同三柰，祛

風。

穀芽功同麥芽。　神麯甘，香。化氣行滯，去風。　萊菔淡，溫。破氣化滯。

降氣之劑：以酸斂之，以濇固之，以甘鎮之，以鹹沉之。　淮鹽鹹，平。下氣止咳。　牛（七）〔膝〕酸，平。墜下，下行腰膝。　杷葉淡，平。斂氣止咳。　冬花淡，涼。清肺下氣，止咳。　覆花淡，平。降逆。　赭石淡，平。降逆。　柿蒂濇，平。下氣止咳。　蒙花淡，平。降血熱，明目。　紫（苑）〔菀〕淡，涼。下氣止咳。　金橘酸，溫。斂氣止咳。　桂目酸，平。斂氣，止咳血。

提氣之劑：以辛升之，以熱壯之，以甘培之，以溫托之。　黃耆甘，平。補氣提陽，內托。　柴胡見發散。　升麻見發散。　桔梗見清熱。

殺蟲之劑：以甘引之，以毒殺之，以酸軟之，以苦下之。　榴根皮苦，濇。殺長蟲。　雷丸有毒。殺諸蟲，破積。　鶴虱有毒。殺蟲，消積止痛。　雄黃有毒。殺蟲，攻毒辟邪。　使君甘，平。殺蟲，潤腸去積。　榧子功同使君。　楓子肉有毒。殺瘋蟲。　苦楝子苦，平。殺蟲，化氣。　百部見湧吐。殺蟲，化痰。　蕪荑苦，溫。殺蟲，破積。　蛇床有毒。殺蟲，補火。　硫黃有毒。殺蟲，化痰，補火。

辟邪之劑：以香辟之，以腐驅之，以氣逐之，以味破之。　樟腦辛，熱。辟邪，止痛止抽。　沉香香，熱。辟邪，暖中止痛。　丁香辛，熱。辟邪，驅寒止痛。　茅蒼朮功同蒼朮，辟邪。　硃砂辟邪，鎮心跳。　雄黃見殺蟲。　硫黃見殺蟲。

鎮墜之劑：以淡鎮之，以酸斂之，以甘填之，以鹹伏之。　磁石淡，溫。斂氣，鎮精定腦。　金葉淡，平。定心。　硃砂斂心定心，解毒。

固濇之劑：主令小血管收縮，肉筋束力，各腑之津液化稠也。故凡固濇之藥，其用有四：一可斂內皮之涎，一可止血管之血，一可斂汗，一可止脫。或外敷洗，或內服食，各有其宜。惟內有熱症，忌用固濇。　沒石子外洗止血止汗。　兒茶濇，溫。止瀉。　榴皮濇，溫。止瀉。　白礬見化痰。止血止汗。　五味酸，平。斂氣生津，提神。　鴉片苦，平。止瀉，止汗，止濁。　粟殼濇，平。止瀉解毒。　訶子苦，溫。止瀉止咳。　首烏濇，溫。補血斂血，止痢。　地榆酸，涼。涼血斂氣，軟堅。　棕炭止濁固精，止白帶。　血餘炭止濁固精，止血。　覆盆子止溺。　扁栢固血，止咳血。　尖檳濇，溫。殺蟲，解鬱止瀉。　麻黃根淡，溫。固表止汗。　腹皮炭淡，溫。止血崩漏，化氣。

通竅之劑：以辛通之，以竄達之，以香舒之，以熱行之。　麝香竄香，破結辟邪，通經。　蟾酥有毒。去腐，破結攻毒。　遠志竄溫。通腦，利氣行痰。　薄荷見發散。　皂刺攻結直入結處。　山甲攻毒，宜破毒結。　蜈蚣有毒。殺蟲，破惡血。　細辛見發散。　皂角有毒。竄竅，化痰破結。

補火之劑：以辛為提，以熱為壯，以甘為培，以溫為助。　附子有毒。暖精壯陽。　肉桂辛，熱。暖血提陽。　乾薑辛，熱。逐冷，化寒氣。　吳萸暖胃止嘔，化寒殺蟲。　羊藿淡，熱。暖精。　故紙辛，熱。行血，驅寒化冷。　胡椒辛，熱。暖胃，化寒氣。　鎖陽辛，熱。暖腎固氣。　川椒辛，熱。殺蟲，化寒氣。　葫巴辛，熱。暖精，治脚寒濕。　益智苦，熱。固氣暖精。　仙茅有毒。壯陽溫腎，強陽。

補氣之劑：以甘為培，以溫為壯，以辛為提，以鹹為降。　人參甘，涼。補氣，滋血生精。　黃耆甘，平。壯氣，固表內托。　黨參甘，平。補氣滋液。　洋參甘，寒。益氣滋液，清火。　杜仲淡，平。壯筋益氣。

提神之劑：以辛提之，以酸暢之，以甘補之，以香調之。　烏梅暢志。　山查提志。　酒寧神。　鴉片寧神。　遠志利腦氣。　棗仁生主提神，炒主寧睡。　五味暢神。

補精之劑：以甘填之，以鹹養之，以熱生之，以酸斂之。　龜膠甘、鹹。填精益髓。　龜板功同龜膠，略淡。　鹿膠鹹，溫。補精益髓。　鹿茸鹹，溫。大補精血。　蛤蚧甘，溫。滋液益精。　巴戟甘，溫。壯筋益精。　熟地甘，平。滋液生血，益精。　蓯蓉益精降火。　阿膠甘，平。滋液，潤肺潤腸。　黃精甘，溫。滋腎益精。　鱉甲淡，平。滋液降火。

補血之劑：以甘補之，以熱壯之，以辛行之，以鹹濡之。　當歸甘，溫。補血行氣。　熟地見補精。　首烏見固濇。　續斷苦，熱。補血，斂血，暖血。　川芎見發散，化瘀血，生血。　杞子甘，熱。補血壯陽。　紅棗補血滋液。

滋液之劑：以淡滋之，以甘厚之，以酸斂之，以辛行之。　生地甘，涼。補液涼血。　圓肉甘，溫。滋液。　蓮子甘，平。滋液健中。　白芍苦，涼。生津下火。　南杏甘，平。潤肺。　苡米甘，平。滋液去濕。　白朮甘，溫。厚中化濕。　茯苓甘，平。滋液去濕。　大棗甘，平。益血生津。　扁豆甘，平。厚中，炒能止瀉。　澤瀉甘，平。滋液利水。　天冬甘，涼。潤肺清火。　甘草甘，涼。潤肺生津。　麥冬甘，涼。清心生津。　冬葵子甘，平。潤腸下氣。　沙參甘，涼。潤肺生津。　玉竹甘，涼。清心潤肺，涼咽。　元參甘，涼。清虛火，生液。　川貝甘，涼。潤肺化痰，止咳。　胡麻甘，平。潤腸滋液。　百合甘，涼。潤肺。　丹皮淡，涼。清肺，化氣行血。　柿霜甘，涼。潤肺。　白及斂血潤肺，止咳血。　川地骨淡，涼。治骨火。　冬蟲草甘，涼。滋液降火。　淮山淡，平。滋液。

利水之劑：主令水道流行也。凡內腎膀胱積血，水臟不消，皆宜用之。且使小便多生，血積消散，內熱消蕩。如內腎有壞，血不通行，臟腑積血而生各種熱症，以致小便不利者，亦不用利水，只治其病原，病除而小便自通矣。至若膀胱無力，元氣虛弱，溺管生窄，即服利水藥，而亦罔濟。凡服利水，忌汗忌下。海子淡，涼。利水清熱。葶藶淡，寒。破積利水。防己苦，寒。利濕熱，除蓄飲。猪苓甘，涼。利濕熱，斂氣。茵陳淡，涼。利濕熱，治黃疸。扁蓄苦，涼。利濕熱。木通淡，涼。利水。車前甘，平。滋水利水，明目。滑石清暑利水，化胃酸水。金砂攻利溺道。萆薢淡，平。利濕熱。(具)〔瞿〕麥淡，寒。破氣利水。

壯筋之劑：以甘補之，以熱壯之，以辛養之，以酸斂之。杜仲壯筋健骨。木瓜酸，溫。下行，舒筋活絡。馬前大補衛筋，用當去皮。金雞納霜補筋，截瘧。加皮辛，溫。壯筋散濕。狗脊淡，溫。壯筋散濕。鹿筋甘，溫。壯筋補精。

鹿尾巴甘，溫。壯筋補精。

止抽之劑：定筋定腦，止抽筋之藥也。鬧(洋)〔羊〕花有毒。止哮喘。樟腦辛，熱。止抽止痛，補火。木瓜止抽筋，見壯筋。

止痛之劑：安舒衛筋之藥也。凡痛由衛筋不安之故。台烏見舒氣。止氣痛。木香見舒氣。止氣痛。沉香見辟邪。止寒痛。鴉片見固濇。止筋痛。

樟腦止抽筋痛。顛茄葉有毒。止抽筋毒。鬧(洋)〔羊〕花止抽筋痛。蒲黃見散瘀。止瘀痛。靈脂止瘀痛。田七止瘀痛。

明目之劑：除熱消膜之藥也。白丁香外搽，消頑膜。(蘆)〔爐〕甘石外搽，消膜。冰片外搽，消膜。(射)〔麝〕香外搽，消膜。川野蓮外搽，退熱。

黃藤外搽，清火毒。膽草外搽，退熱。猴膽外搽，退火毒。澤瀉見滋液。車前見利水。滑胎明目。石蟹、桑白、石決、薺苨見清熱。梔子、蒙花、菊花、草決、膽草見清熱。木賊、蔓荊、蟬蛻見發散。杞子見補血。蒺藜淡，平。滋液，去風明目。茺蔚辛，熱。散風去翳，止淚。蟬花甘，平。退翳明目，補睛。草決淡，平。退翳。夜明砂淡，平。去翳，消積。青(湘)〔葙〕淡，涼。涼血，治赤目。

蛇蛻有毒。去膜。

已上各藥，皆經試驗明確，其餘諸藥未齊，以俟高明再續。凡用藥有宜輕宜重之分，藥性有剛有柔之別。如時常食藥，藥劑宜重；不慣食藥，藥劑宜輕。藥性剛者不宜多用，藥性柔者少用不應。如蟾酥、馬前，每次用半釐。如鴉片、小兒未滿一歲者忌用。鬧(洋)〔羊〕花、顛茄葉、樟腦，每次用一釐。如(射)〔麝〕香、楓油子肉、膽礬，每次用二釐。如阿魏、金雞納霜，每次用五釐。如牛黃、硼砂、白礬、丁香，每次用二三分。如細辛、薄荷、三(菱)〔稜〕、莪术、雄黃、硫黃、兒茶、猴膽、蜈蚣、玉桂、沉香，每次用三分至八分。如棕炭、腹皮炭、血餘炭，每次用八分至一錢。如菖蒲、麻黃、紫蘇、全蝎、升麻、巴豆、芫花、甘遂、桂枝、芥子、乾薑、乳香、沒藥、吳萸、羊藿、元胡、(乙)〔鬱〕金、小茴、大茴、薑黃、羚羊、犀角、五味、榴皮、雷丸、蛇床、訶子、尖檳、海蛸、胡椒、川椒，每次用一二錢。如礞石、南星、半夏，每次用三四錢。如赭石、鼈甲、龜板，每用七八錢。如石膏、石決、石蟹、滑石、寒水石，每次用一二兩。如烏梅、草菓、波蔻，每用二三枚。其餘諸藥，輕重隨宜。此藥性風柔輕重之大略也，在乎臨症者定之。

清・唐宗海《本草問答》卷上 問曰：入氣分入血分，其理未易明也，請再言之。答曰：秉於天水而生者入氣分，秉於地火而生者入血分，氣本於天，味本於地，氣厚者入氣分，味厚者入血分，入氣分者走清竅，入血分者走濁竅。有如大蒜，氣之厚者也，故入氣分走清竅，上為目瞀而下為溺臭。海椒味之厚者也，故入血分走濁竅，上為口舌糜爛，而下為大便辣痛。觀此二物，即知入氣分、入血分之辨矣。蓋得天水之氣而生者入氣分，人參、黃芪最顯者也。外如澤瀉、苡仁生於水而利水，二物同而不同，苡仁生於莖上，則化氣下行，引肺陽以達於下。澤瀉生於根下，則化氣上行，引腎陰以達於上。百合花覆如天之下垂，旋覆花滴露而生，本天之清氣，故皆入氣分，以斂肺降氣。鍾乳石下垂象天，石又金之體也，故主鎮降肺氣。蛤蚧生石中，得金水之氣，故滋肺金，功專利水，其能定喘者，則以水行則氣化，無痰飲以阻之，故喘自定。麥冬、天冬秉水陰者，皆能滋肺以清氣分。龍乃水中陽物，世所用龍骨，係土中石品，非水族也。然既成為龍形，則實本天一水中之陽氣而生，既成龍形又不飛騰，假石以為質，潛藏於土中，是秉天水之陽，以歸於地下，故能潛納腎氣，收斂心神，皆用其潛納陽氣之義耳。茯苓乃松之精汁流注於根而生，是得天之陽以下返其宅者也。下有茯苓，其松顛上有茯苓苗，名威喜芝，苓在土中，氣自能上應於苗，得松之精則有木性，能疏土也。凝土之質味淡色白，功主滲利，能行水也。其氣不相連接，自上應於苗，故能化氣上行而益氣，西人以松香搓發電氣，謂松香中電氣最多，松香淪入地中，變生茯

苓，內含電氣，其氣上應於苗，亦如電線之相貫而已。然西法名為電氣，中國只名為陽氣，松脂秉陽之精，淪入於地化為茯苓，陽氣所發，遙遙貫注，是生威喜芝，非氣化之盛，惡能如是。人身之氣，乃水中一陽所化，茯苓以質之滲行其水，而氣之陽助其化，所以為化氣行水之要藥。以上所論，皆得天水之陽而生，故皆入氣分，其他入血分者，則必得地火之味而生。如當歸、川芎是。蓋人身之血是由胃中取汁，得心火化赤，遂為血，既化為血乃溢於脈，轉樞於胞宮，而肝司之。故凡入血分之藥，皆得地火之氣味而兼入肝木，當歸辛苦，是得地火之味，其氣微溫，得木之性，而質又油潤，得地之濕，故能化汁，助心生血，以行於肝。別字本草有謂當歸過於辛溫，行血之功有餘，生血之功不足，不知人身之血是中焦受氣取汁，上騰於肺部，入於心，奉心火之化，乃變赤色，而為血。西醫言：飲食之汁上肺至頸會管，遂為紅色，下入心房，合觀此說，總見奉心火之化而變為血，《內經》所謂心生血者此也。當歸辛苦溫烈之氣正所以出心火之化，以其油潤生汁，以其辛溫助心火之化，其功專生血，更無別藥可以比擬也。仲景和血之方無過於溫經湯，生血之方無過於復脈湯。溫經湯辛溫降利，與川芎同功。復脈湯辛溫滋潤，與當歸同功。知心火化液為血，則知復脈湯之生血，並知當歸為生血之藥也。川芎味更辛苦，得木火之性尤烈，質不柔潤，性專走竄，故專主行心肝之血。夫苦者火之味也，苦而兼辛則性溫而有生血之功，若但苦而不辛，則性涼而專主泄血。紅花色赤，自入血分而味苦，則專能泄血。又凡花性皆主輕揚，上行外走，故紅花泄肌膚脈絡在外在上之血。丹皮色味亦類紅花，而根性下達，與花不同，故主在內及泄中下焦之血。桃花紅而仁味苦，皆得地火之性味者也。仁又有生氣，故桃仁能破血，亦能生血。茜草色赤味苦，根甚長，故下行之力更重，專能降泄行血也。【略】

問曰：生地質潤，中含水液，阿膠濟水煎成，性本水陰，二藥皆能生血，何也？答曰：離卦中之陰爻即坎水也，阿膠、生地以水濟火，正是以坎填離，有此陰汁，而後得心火化赤，即為血矣。正《內經》中焦取汁奉心火，變赤為血之理，知血之生化，凡入血分之藥從可知矣。

問曰：南北地有不同，所生之藥即有水火血氣之分，先生已言之矣。至於東南中央，豈無異致，何以不論及耶？答曰：南北水火，其顯分者也，況陰陽摩盪，南未嘗不得北氣，北未嘗不得南氣，至於東南循環，中央四達，其氣錯行，故可不分。然亦有可分別者：如青礞石、化紅皮、荔枝核，皆秉東方木氣者也。或能平肝以行痰，或能散肝以解鬱，皆以東方產者為得木氣之全，故此等藥廣東產者為佳。川貝母、生石膏、桑白皮，皆秉西方金氣而生，或利肺降痰，或清金去熱，皆以西方產者為得金氣之清，故此等藥以川西產者為佳。至於李用東行根，石榴用東向者，皆取得木氣也。側柏葉皆西指，取用必取西枝，只是取其得金氣耳。至於中央備東南西北之四氣，而亦有獨得中央之氣者，如河南居天下之中，則產地黃，人見地黃黑色，不知其未經蒸晒，其色本黃，河南平原，土厚水深，故地黃得中央濕土之氣而生，內合潤澤土之濕也，人徒見地黃蒸成色黑，為能滋腎之陰，而不知其實滋脾陰。《內經》云：脾為陰中之至陰，地黃以濕歸脾，脾陰足，則肝腎自受其灌溉。山藥亦以河南產者為佳，味甘有液，是得土濕之氣。功能補脾，亦補脾之陰也，惟山藥色白，則得土中之金氣，故補脾而兼益肺。地黃能變黑色實得土中之水氣，故潤脾而兼滋腎，雖同產一地而有種類形色之不同，故功亦畧異。【略】

問曰：瀉火之苦藥其色多黃，又何故也？答曰：黃者土之色，五行之理，成功者退火之色紅，而生土之黃色，是黃者火之退氣所生也。故黃苦之藥皆主退火。若苦味而色不黃，則又有兼性矣。故花粉色白味苦而有液，則瀉火之功輕，而入胃生津之力重。元參色黑味苦而有液，則瀉火之功少，而滋腎之功多。丹皮色紅味苦，則清心火而行血。青黛色青味苦，則清肝火而熄風。總之，得火苦味者皆得水之寒性。通觀本草，自無不明。吾蜀近醫，多言苦為者皆得火之燥性，火證反以為忌，不知苦化燥之說，必其兼燥藥，如蒼朮、乾薑與黃連同用則燥。生地、白芍與黃連同用豈能燥哉？況人身六氣，熱與火各不同，熱是氣分之熱，故清熱者以石膏、花粉為主，以其入氣分也。火是血分，故瀉火者必以黃連、黃芩為主，以其入血分也。但知用甘寒而廢苦寒，則能清熱，不能退火，辨藥者當知此理。【略】

問曰：黃連味苦，以守而不走，而大黃獨攻利，此何也？答曰：同一苦味，而黃連之質枯而不澤，大黃之質滑潤有汁，故主滑利。又黃連純於苦味而無氣，故守而不走。大黃純於苦味，而又有雄烈之氣，以氣行其苦味，則走而不守，所以與黃連別也。

問曰：大黃苦寒之性自當下降，而巴豆辛熱之性宜與大黃相反，何以

亦主攻下，而較大黃之性尤為迅速，此又何說？ 答曰： 此又以其油滑而主下降，其能降下，則是油滑所專主，而非辛熱所專主也。 凡食麻油、當歸，皆能滑利下大便。 巴豆、蓖麻子皆有油，皆滑利，皆能下大便。 但麻油不熱，則其行緩； 不辛，則氣不走竄，故其下大便也緩。 蓖麻子味辛氣溫，是有氣以行其油滑之性，故其行速，巴豆之油與麻油、蓖麻同一滑性，而大辛則烈，大熱則悍，以悍烈行其滑利，故剽刼不留也。 麻仁亦油滑而無辛烈之性，故但能潤降，不能速下。 葶藶亦有油，自能滑利，又有辛味，是與巴豆之辛而有油相似，其味又苦，是又與大黃之苦而滑潤相似，然則葶藶隱寓巴豆、大黃二者之性，故能大瀉肺中之痰飲膿血，性極速降。 蓋有大黃、巴豆之兼性，誠猛藥也，恐其太峻，故仲景必以大棗補之。 杏仁亦有油，但得苦味而無辛烈之氣，故降而不急。

問曰： 同是降氣，何以杏仁、葶藶歸於肺，而枳殼、厚朴歸於脾胃哉？ 答曰： 葶藶、杏仁色白，屬金。 枳殼、厚朴皆木之質，木能疏土，故歸脾胃。 枳殼木實，味比厚朴稍輕，故理胃氣。 厚朴木皮味比枳殼更重，故理脾氣。 觀仲景用枳殼治心下滿。 用厚朴治腹痛，可知枳殼、厚朴輕重之別。

問曰： 陳皮亦木實也，能治胃，兼治脾，並能理肺，何也？ 答曰： 陳皮兼辛香，故能上達於肺，枳殼不辛香，故不走肺。 厚朴辛，而其氣太沉，故不走肺，然肺氣通於大腸。 厚朴行大腸之氣，則肺氣得泄。 仲景治喘，所以有桂枝加厚朴杏子湯，且用藥非截然分界，故枳、橘、朴往往互為功用，醫者貴得其通。 檳榔是木之子，其性多沉，故治小腹疝氣，然沉降之性自上而下，故檳榔亦能兼利胸隔，且味不烈，故降性亦緩。 沉香木能沉水，味又苦降，又有香氣以行之，故性能降氣。 茄楠香味甘，則與沉香有異，故茄楠之氣能升散，而沉香之氣專下降，服茄楠則噫氣，服沉香則下部放屁，可知其一甘一苦，升降不同矣。 降香味苦色紅，故降血中之氣能止吐血，牛膝之降則以形味為治，因其根深味苦，故能引水火下行。 鐵落之降以金平木，以重鎮怯也，故能止驚悸，已顛狂。 赭石亦重鎮而色赤，又入血分，故一名血師，以其能降血也。 血為氣所宅，旋覆代赭石湯止噫氣者，正是行血以降其氣也。 夫降而沉者，味必苦，質必重。 降而散者，味必辛，氣必香。 降而滲利者，味必淡，氣必薄。 苡仁、澤瀉、車前子、茯苓，皆味淡氣薄，皆屬陽中之陰，不能行在上之清竅，故皆行在下之清竅，而能利小便，降而攻破者味必厚，氣必烈，功兼破血，乃能攻積。 蓋止有氣，則積為痰水，不能結硬。 凡結硬者皆雜有血，然單有血而無氣，以湊之，亦為死血而不結硬，惟氣附血而凝，血合氣而聚，然後凝為堅積。 三稜破血中之氣，莪术破氣中之血，故皆能破積。 三稜味但苦而不辛，破血之力多而散氣之力少，莪术兼辛味，能行氣以破血，則氣血兩行，與積聚尤為合宜，故諸方多用莪术、薑黃，氣味俱厚，故行氣行血。 鬱金乃薑黃之子，而氣薄味勝，故行血之功甚於行氣。

問曰： 凡降藥皆沉，入中下焦，其上焦逆氣，何以降之哉？ 答曰： 降藥雖沉，然未有不由上焦而下者也，故赭石能從上焦以墜鎮，檳榔能兼利胸膈。 大抵氣性重且速者，直達下焦而不能兼利，上焦氣味輕且緩者，則皆能降利上焦。 葶藶瀉肺，杏仁利肺，射干微苦，利喉中痰。 厚朴花性輕，利膈上氣，川貝母色白性平，利胸肺之痰氣。 旋覆花味鹹質輕，故潤肺降痰。 陳皮之氣味不輕不重，故可降上焦，可降中焦。 惟木香氣浮，味沉，上中下三焦皆理。 他如性之重者，橘核、查核、荔枝核，皆專治下焦之氣，性之速者如大黃、巴豆、牛膝則直走下焦，同一行氣，又別其輕重浮沉，用之得當，自無謬差。

【略】

問曰： 論藥單言枝葉，而不論花，何也？ 答曰： 花即賅於枝葉類也。 枝葉主散，故花之性亦多主散。

問曰： 芙蓉花何以不主散而主收？ 旋覆花何以不主散而主降？ 答曰： 此亦視其形氣而定之也。 芙蓉秉秋金之氣，而質又膠枯，故能收斂，為箍瘡妙藥。 旋覆花滴露而生，花又微鹹，故主潤利去痰。 他如枇杷葉之利，槐枝之清，皆隨氣味偶然異用，非枝葉花之本性也。 故凡花多散頭目之邪，頭目居上，而花居莖稍之上，氣更輕揚，故多歸頭目，而散其邪也。 甘菊花氣香味平，散頭目之風邪。 金銀花散陽明頭目之風熱。 辛夷花散腦鼻內之風寒。 蜜蒙花散眼內之風邪，總見花在稍上，故上行頭目。 若夫葉在四旁，則主四散，故能去周身皮肉內之風寒。 竹葉能清肌肉中之熱，仲景竹葉石膏湯正取竹葉之散也。 菊葉為治瘡要藥，亦因其性散，去肌肉(主)〔中〕之風邪也。 豨薟葉亦然，但菊葉小而多尖椏，故主散瘡。 豨薟葉大有毛，性專重在葉，專得風氣，故古有豨薟膏，主去周身之風。 荷葉能散皮膚之熱。 桃葉能散血分之寒熱。 蘇葉能散氣分之寒熱。 蓋凡草木之葉多得風氣，故多主散。 《周易》所謂風以散之也，葉大有芒角，如八角風、蒼耳葉、巡骨風之類，皆葉

大而有芒角，均主散風。凡枝多橫行，故主四散及達四肢。紫蘇旁枝，散脇助之結氣，桂枝行四肢，桑枝、桃枝、槐枝皆行四肢，皆取橫行四達之象。

清・唐宗海《本草問答》卷下　問曰：五行惟土主濕，李東垣重脾胃，專於燥土去濕，而仲景治太陰，不專用燥藥，何也？答曰：東垣知已成之濕，而不知濕何由生，則以為土不治水也。豈知濕者土之本氣，先要解得土字，然後解得濕字，金、木、水、火各居四方，而土屬中央，中者四方之所交，央者陰陽之所會，詩夜未央，言天未明，是陰未會於陽之義。鴛鴦鳥不獨宿，字從鴦，取陰陽交會之義。蓋陰陽二字雙聲合為一音，即央字也。土居中央者，是陰陽相交而化成。蓋水以火交，遇木則腐而成土，遇金則化而歸土，故《河圖》之數，一水、二火、三木、四金，土居五行之末，獨能旺於四季。蓋水、火、木、金，交合而成土也，故土於四季皆旺。夫五行名為土，是就其形論；六氣，名為濕，是就其氣論，氣之所以濕，亦止是水火木金交姤而成，木有腐質，金含水潤，故皆能生土生濕，究竟金木之氣交少而水火之氣交多。夫火不蒸水則為寒水，非濕也。水不濡火，則為烈火，亦非濕也。譬如甑中有米，無火以蒸之則不濕，無水以濡之亦不濕，必水火相交而後成為濕矣。長夏之時，濕氣用事，正陰陽交姤之時，水火相蒸之候，故當夏月牆壁皆濕，而人之濕病多感於此。人之脾土，本天之濕氣，為心火腎水交會而成，能化物運四臟，皆功在濕也。胃以燥納穀，全借脾之濕以濡之，而始能化，脾生油膜上，腹中之物既化為汁，則引入油膜達於各臟，而充周身長膏油，主潤澤，皆其濕之功用也。顧脾氣不及則為燥，而太過又反病濕，所以《內經》言脾主濕，又言脾惡濕，故凡濕病皆以治脾為主。水火相蒸為濕，故濕之為病水火兼具，治濕之藥其性皆平，正是水火兼能治之也。茯苓、扁豆、苡仁，其味皆淡，是為利濕正藥。濕甚則土困，故利濕即能健脾。蓮米、芡實，微甘而濇，能收濕氣，故健脾。白朮有油，以補脾之膏油，而油又不粘水，故能利水，氣香溫，亦主利水。又有升發，使脾土之氣上達，故白朮為補脾正藥。蒼朮氣溫而烈，故帶燥性，補胃不補脾，且色蒼，得木之性，更能疏泄為治寒濕之品。夫濕兼水化，水化有餘為濕，兼寒病則腹脹溏瀉。花椒辛溫以散寒濕，能殺濕化之蟲。吳萸辛烈去濕尤速，白蔻、乾薑等皆治寒濕。吞酸吐酸有二病：一是寒濕，宜吳萸、蒼朮、桂枝、生薑；一是熱濕，宜黃連、黃柏、黃芩、石決明、青皮、膽草等藥。微加吳萸、花椒以反佐之。夫酸者濕所化也，濕挾熱而化酸，如夏月肉湯經宿則酸，有水養之則不酸，麥麩發熱則成醋，而酸皆是以熱蒸濕而酸也，故黃連等苦燥之品，正治其熱化之濕。其一是寒濕，又如菜入罈醃則化為酸，是為寒化之濕，吳萸等辛燥之品，正治其寒化之濕，濕注於腳，則為腳氣腫病。西醫言腳氣病，其尿必酸，知是濕也。凡腳氣寒澀者多，宜以溫藥為主，再加木瓜、苡仁、牛膝為引導，所以利腳下之濕也。然而腳氣亦有係熱濕者，宜防已、黃柏、蒼朮、木通、膽草等苦降之品治之。濕積於脾，則腹中脹，久則水多為臌，宜逐其水。甘遂、大戟、芫花、牽牛，功力峻猛，隨用大棗、參、朮、甘草以補脾土，去其太過，又恐損其不足也。脾停飲食則濕不化，宜神麯以散濕，枳殼、陳皮、木香行氣以行濕。夫水火交而為濕土，人身之脾應之。白朮溫而有汁，正是水火相交之物，故正補脾經。黃精甘平有汁液，得水火氣交之平，故正補脾經。山藥有質色白，故補脾之水以補濕。蒼朮有汁而味烈，則扶脾之火以燥濕。赤石脂土之質也，能燥濕。橘、朴、檳榔之去濕，以木疏土也。桑皮、蒺藜之利濕，以金行水也，濕溢於腠理則腫。桑皮象人之膜，故治之。防已中空紋如車輪，能外行腠理，內行三焦，能通水氣。木通中空，與防已同，味苦泄，故均為行濕之要藥。腰腳之濕，土茯苓、萆薢、威靈仙、苡仁，凡利降者，皆治之，再宜隨寒熱加減。濕蒸皮膚為發黃，宜茵陳、秦皮、益母草，以散兼利者治之。膀胱不利，宜澤瀉、車前、昆布、海藻，諸物多生水石間，故化膀胱之水，此清火利水，為治濕之法。濕與熱蒸，則為暑，各書論暑，不知暑之原而分陰暑、陽暑，與中熱、中寒熱無異，非暑之實義也。陳修園以暑為熱，而不知熱合濕乃為暑。《月令》云，土潤溽暑，惟其潤溽，然後成暑，故治暑者必兼濕熱二字，乃為得宜夏秋瘟疫、痢瘧皆感於暑，即濕熱也。此斷不可用燥藥，燥則壅濕而不流，又不可用表藥，用表則發熱而濕蒸，惟一味清利，六一散雖輕，為清熱利濕之正藥。黃連苦能瀉熱，又能燥濕，亦為去暑之正藥。傷暑發熱宜香茹以散皮膚之濕熱。暑變瘟疫，石膏、黃連為主，已有專書，未能枚舉，總之不可發表，但宜瀉熱利濕，傷暑變痢，不可發汗，更不可利水，但宜清熱，而濕自化。黃連、黃芩為主，傷暑變瘧，貴於散濕清熱，三焦膀胱之小便清則瘧自除。土茯苓、猪苓、葛根、獨活散濕，以治太陽膀胱。黃芩、鱉甲、青皮、膽草清熱以利少陽三焦，兩腑兼治為宜。痰瘧是濕積而成，常山苗能透達以吐之。瘧母是痰與血合，鱉甲、牡蠣、山甲能破之，此濕之兼證也，未能盡詳。又如五加皮引治皮膚，五苓散用桂枝以治寒

濕，五淋湯用山梔以治熱濕，要之濕為脾所司，脾之膏油，連焦膜而徹內外，以達膀胱，所以治濕兼治各處。究濕之氣則水火合化者也，故有寒熱二證。

【略】

問曰：人參、黃芪之補氣，卷首已明言矣。而茯苓亦云化氣，何也？答曰：氣者，水中之陽，人飲水得腎陽化之，則水質下行而氣上升，茯苓秉土之精而味淡利水，水行則氣升，且下有茯苓，上有威喜芝，乃茯苓苗在松顛上，與茯苓懸絕，而茯苓雖在土中，其氣自能貫之，茯苓之氣所以能上升也。所以性能化氣者此也，然滋生化氣，不如人參扶達元氣，不如黃芪也。

問曰：《經》云壯火食氣，少火生氣，此又何說？答曰：氣者水所化，而復還為水，上出口鼻為津，外出皮毛為汗，下出二便為液，設火太甚，傷其津液，則失其冲和，則氣虛而喘。五味、麥冬以潤之，氣泄而盜汗，生地、丹皮、浮麥、地骨皮、龍骨以清斂之。氣滯便澀，肉蓯蓉、當歸、火麻仁、杏仁以滑之。且如腎陽有餘，陰氣不能蓄之，則喘欬虛癆之症作，非大滋其陰不可，故用熟地、龜板、元參等以水配火，不使壯火食氣，斯氣納矣。凡人飲水入胃，滲入三焦膜中，而下入膀胱。命門之真火，所從胞室蒸動膀胱之水，而氣於是乎出，此真火隨氣上行，其路道即在焦膜之中，遇水所過，火即蒸之，皆化為氣，以充周身，故年少氣盛者，其小便少，水皆化而為氣故也，此真火不寒不烈，故稱少火，乃人身生氣之源。觀仲景八味丸獨以腎氣名之，蓋有桂附，又有萸地，陰中之陽誠為少火生氣之方。桂枝化氣亦是此理，故紙溫而不烈，色黑入腎，正能生氣，桂附性烈，須濟以陰藥，然使其人本有陰寒，則又須桂附純陽之品，乃能化之也。又凡氣上脫者則喘促，屬陰虛，宜滋陰以斂真火。氣下脫者則汗泄，大小便不禁，屬陽虛，宜補火以收元氣。然無論陰陽，皆當利水，水化則氣生，火交於水則氣化，知乎此者，可以探造化之微。

問曰：傷風亦有痰，傷寒亦有痰，何以先生論痰歸入內傷門哉？答曰：痰由所飲之水不化而生，是在身內者也，故歸入內傷門。

問曰：各書有云半夏治逆痰，苡仁治流痰，生薑治寒痰，黃芩治熱痰，南星治風痰，花粉治酒痰，名色之多，幾於無病不有痰者，此何說也？答曰：此說誠然，但論痰者當詳痰之原耳。蓋痰即水也，水即氣之所化也，無一病不關於氣。故無一病而不有痰。氣寒則為寒痰，清而不稠，古名為飲，今混稱痰，乃火不化水，停而為飲者也，以補火為主。乾薑補脾火，是以土治水。附子補命門真火，是以火化水。茯苓利水，半夏降水，此皆為水飲正治之法。水停為積，先宜攻之，甘遂、大戟、芫花行水最速，下後則當補養以大棗。白朮、甘草培其土為主。酒者氣化之水也。飲酒者每生熱痰，蓋酒屬陽氣，諸薰蒸津液而為痰。人之臟熱者，多因酒生熱痰也，皆宜知母、射干、硼砂、花粉以清利之。其臟寒者，水不化氣而停飲，宜砂仁、白蔻、芫花、茯苓以溫利之，飲酒亦有停為冷痰而作痛者，治法亦如是。下寒上熱，下之水不化則反上，而上之熱又薰之，則凝痰，此宜以桂附苓半為主，略加芩、麥為輔也。痰結心膈之間，則非牛黃不能透達。瓜蔞仁以潤降痰，川貝母色白氣平形尖而利，故降肺以去痰。南星辛散，能散風，故去風痰。然風有寒熱二證，故豨薟草味根苦降，亦云治風痰，是治熱以去痰，與南星正相對待。礞石墜降，必用火硝煅過，其性始發乃能降痰，性烈而速，燥降之品也。化紅皮樹生青礞石山上，大得礞石之氣，且苦辛散降，功甚陳皮。凡行氣之藥，皆能行痰。總見痰是氣不化之所生，藥味尚多，未能枚舉。

問曰：鬱之為病，丹溪分為六鬱，何也？答曰：此本《內經》，非丹溪所分也。然內結之鬱是賅六氣合氣血論丹溪之鬱，既列於六氣之外，則當單就血分論，取其與痰相對也。痰是氣不化，鬱是血不和，蓋血和則肝氣舒暢而不憂抑，逍遙散為治鬱良方，能和血以達肝氣也。歸脾湯治女子不得隱曲，用遠志、木香以行氣，又用當歸、龍眼以生血，是治心脾之血以開鬱也。鬱金子能解諸鬱，實則行血，血凝則氣不散，故散血即是散氣。鬱金逐血之力甚大，用盤盛牲血，以鬱金末注之，其血即分開走四面，可見其逐血之力矣。觀鬱金之治鬱，即知鬱者，氣聚於血中也。癥瘕血痛，必用香附、荔核、檳榔、茴香、橘核，純是入血分以散氣。莪朮尤能破血中之氣，故積聚通用之。若三(積)〔稜〕色白入氣分，則破積之用不如莪朮。凡積皆是血中氣滯，故行氣用沉香、檳榔，而行血兼用當歸、川芎，血結則為寒，肉桂、艾葉以溫之。氣結則為火，黃連、黃芩以清之，故破積古方多是寒熱互用，以兩行其血氣也。血不滯則氣不鬱矣，或偏於寒，或偏於熱，或偏血分，或偏氣分，又在醫者審處焉。

綜述

明・周禮《醫聖階梯》卷九《藥性門》 用藥凡例

風：防風 荊芥 羌活 獨活 細辛 白芷 殭蠶 秦艽 威靈仙 寒：乾薑 吴茱萸 濕：蒼术脾胃 黄柏下焦 火：黄芩 黄連 山梔 薄荷 軟石膏五味實火 柴胡 地骨皮二味虚火 氣虚：人參 黄芪 白术 血虚：當歸 川芎 生地 熟地 痰：半夏 貝母 茯苓 枳殼 天花粉 枳實 南星 蛤粉 石膏 青黛 瓜蔞仁六味去老痰 有氣：青皮 陳皮 木香 香附 枳實 枳殼 烏藥 檳榔 厚朴 蘇子 大腹皮 六鬱：香附 貝母 撫芎 蒼术 頭痛：川芎 細辛 白芷 藁本 蔓荊子 頭暈：川芎 脇痛：青皮 木香 川芎 柴胡 腹脹：厚朴 檳榔 大腹皮 諸痛：木香 沉香 補脾胃：人參 白术 陳皮 芍藥 山藥 薏苡仁 蓮肉 傷食：枳實 黄連 山查 神麯 麥芽 草果食輕去之 嘔吐惡心：乾薑 藿香 吴茱萸 喘：紫蘇 蘇子 桑白皮 咳嗽：五味 杏仁 桑白皮三味風痰火用之 欵冬花 阿膠 紫(苑)〔菀〕 兜鈴四味勞瘵用之 渴：門冬 乾葛 天花粉 積聚痞塊：三稜 蓬术 枳實上三味血氣痰食之積並治之。 驚悸：遠志 酸棗仁 石菖蒲 補腎：知母 黄栢 生地 熟地 遺精白濁：龍骨 牡蠣 利小便：車前 木通 滑石 豬苓 澤瀉 葶藶 商陸 瞿麥 淡竹葉 澁久瀉痢：粟殼 柯子 肉豆蔻 止血：阿膠嗽血 地榆下血 生地 毛花 山茶花 炒蒲黄吐血 逐瘀血：桃仁 紅花 蘇木 青皮功緩 玄胡索

明・羅必煒《醫方捷徑》卷上《增補分門别類藥性》 消痰藥性 半夏：性熱有毒，用沸湯泡七次，剝去皮臍，以薑製用。 南星：有毒，用生薑汁煮，通去風痰。 橘紅、陳皮：湯浸，刮去刺。 白茯苓：刮去黑皮。 知母：刮去黑毛，忌鐵器。 貝母殼：去心。 瓜蔞子：去殼取肉。 天門冬：以湯浸，抽去心。 枳殼：去穰，以麥麸炒黄，去麸用。 枳實：以麥麸炒黄，去麸。 蘇葉、薄荷、漢防己、款冬花、旋覆花一名金沸草：(次)〔均〕治胸中痰結難過。 天麻：去風痰。 北地藥加多用則效。 訶子：煨熟，去核用。 檳榔、黄芩：除痰熱病在(土)〔上〕者，和酒炒。 皂莢：去治痰。 麥蘖：入炒竹瀝治(治)痰在四肢，以薑汁佐之。

補氣藥性 人參、黄芪：以蜜水(仲)〔拌〕炒。 淮山藥、白茯苓：去皮。 白术：以土炒黄，去土。 紫河車：抽去脉血，以長流水洗淨，以慢火煨乾用。 入氣藥則補氣。 又法：以米醋煮之，醋將乾，又加水煮極爛，焙乾，研末入藥。

下氣藥性 厚朴：去皮，用生薑汁拌炙三五次。 沉香 紫蘇葉 香(壽)〔薷〕 砂仁：去殼，炒研。 神麯：炒黄用。 大腹皮：酒洗，或薑汁洗，晒乾。 薄荷 杏仁：湯泡，剖去皮尖用。 前胡：去蘆。 薑黄 烏藥 藿香：去土角。 香附子：童便浸一時，炒用。 瓜蔞子：去殼。 白豆蔻：去殼，研用。 宜少服。 蘿蔔子：略炒。 南木香：治積年冷氣。

破氣藥性 青皮：去穰。 檳榔 枳殼 枳實 三稜：小泡，切。 蓬术：炮，切，以醋拌炒赤。 茯苓：去皮，能攻結氣。 紫(苑)〔菀〕：能散胸中結氣。 白及：攻中焦結氣。

補氣藥性 當歸：酒浸，洗。 熟地黄、生地黄：並酒浸洗。 白芍藥：煨，切，酒洗用之。 何首烏：竹刀切，以米泔浸一夕。不犯鐵器。 紫河車：又法，用布線吊于急流水内，漂二日，取起，用淨米泔一碗，于小罐内微火煮一沸，取出，勿令泄氣，用小盒一個，四圍用紙密糊，安河車在内，用慢火焙乾，為末入藥内。 又曰：入氣藥則補氣，入血藥則補血。

止血藥性當歸頭 茅根 韭汗 胎髮灰 荊芥：燒灰。 犀角：刮末。 藕節 大(蘇)〔薊〕 小藍 茜茅根 伏龍肝：研末。 阿膠、蒲黄：炒成珠。

破血藥性 當歸尾 桃仁：去皮尖，研末。 紅花 蘇木 已上四味破死血。 蓬术：醋炒。 赤茯苓 赤芍藥 瞿麥 澤蘭：行血。 大黄 薑黄 牡丹皮：去骨。並逐痰血。不犯鐵器者。 劉寄奴：治金瘡，止痛。 乾漆：炒去烟。善逐瘀血。

健脾強胃藥性 白术 山藥 白芍藥 神麯 芡實肉 蓮子：去心。 甘草：炙。 白扁豆

溫脾暖胃藥性　草菓：去殼。砂仁、草豆蔻：以麵包煨熟用，炒亦可。香薷　良薑　陳皮：留白。

調脾開胃藥性　藿香　半夏　白豆蔻　麥芽、茴香：炒。石蓮子：去殼。肉豆蔻：以麵包煨熟，去麵用。陳皮

補肺虛嗽藥性　紫(苑)〔菀〕：治唾血嗽。阿膠：以麵粉拌炒如珠，去麵用。治咳血嗽。五味子　馬兜鈴　瓜蔞子：去殼。款冬花：又治肺癰。

瀉肺實嗽藥性　桔梗：又治肺內癰之作膿者。天花粉　杏仁　黃芩　葶藶：炒用。桑白皮：刮淨，蜜水炒。

治諸咳嗽藥性　細辛：去土。前胡　知母　貝母　訶子　防己　百部　百合　麻黃：去根、節，勿犯鐵器。旋覆花　天門冬　麥門〔冬〕薏苡仁：治咳嗽有痰血。

諸喘急藥性　蘿蔔子　天門冬　麥門冬　桑白皮　蘇子　紫(苑)〔菀〕款冬花

退諸火熱藥性　黃芩：瀉肺中之火邪。黃柏：以刀刮去皮，能瀉膀胱火　黃連：去蘆。能瀉心火　柴胡：去蘆。能瀉肝火。(枝)〔梔〕子：炒用。能瀉肺火　連翹：去心用，能瀉諸經之火。知母：瀉胃火。鹽水炒，瀉虛火。石膏：瀉胃火。玄參：瀉無根之火，治結毒風熱。大黃：瀉大腸火，並一切風熱。升麻　滑石　木通：以刀削去皮，瀉小腸火。甘草　竹茹：瀉火。麻黃　薄荷葉、蔥白二味：並消風熱。犀角：以刀刮屑用，主解心熱。天花粉　竹瀝：去胸中煩熱。

退虛熱藥性　黃芪　知母　天門冬　人參　甘草

退勞熱骨蒸藥性　青蒿　知母　地骨皮：去骨用，治有汗之骨蒸。鱉甲：醋炙黃用。銀柴胡　胡黃連　蔓荊子　牡丹皮：去心用皮，不犯鐵器，治無汗骨蒸。

發汗藥性　麻黃　荊芥　薄荷　蒼术：以米泔浸一時，炒用。蔥白

止汗藥性　黃芪　麻黃根　桂枝：消皮。酸棗仁：去核取仁。浮小麥　龍骨、牡蠣：並以火煅用。

消食藥性　青皮：去穰。山楂　蘿蔔子　麥芽：炒曝。砂仁：炒。神麯：炒。厚朴：薑製。枳殼　肉豆蔻：麵包煨。枳實：麵炒。訶子

寬中藥性　蒼术　桔梗　枳實　香附子　瓜蔞子　青皮　厚朴　訶子

散膨消痞藥性：厚朴　麥芽　草豆蔻　肉豆蔻　前胡　白术、枳實：二味同用，能清痞膨。大腹皮：湯洗淨，和殼。黃連：同枳實可消心下痞。胡蘆巴

止渴藥性　乾葛　石膏　天花粉　麥門冬　滑石　紫(苑)〔菀〕　烏梅瓜蔞子　五味子

解鬱藥性　川芎　蒼术　香附子　貝母　(枝)〔梔〕子　神麯　赤茯苓

通大便藥性　大黃　滑石　芒硝　巴豆　杏仁　桃仁：通大便血結。郁李仁　麻仁

利小便藥性　猪苓：去黑皮用之。澤瀉　木通：又能消水腫。檳榔赤茯苓　滑石　秦艽　連翹　葶藶　車前子　瞿麥　桑白皮

消浮腫藥性　猪苓　澤瀉　木瓜　木通　桑白皮　澤蘭　牽牛　防己葶藶　大腹皮　大戟　甘遂：又治腹大水腫。海藻　薏似仁　商陸芫花　通草

止嘔吐及吐酸藥性　生薑　木香　丁香　良薑　白豆蔻　藿香　苦柴根：大治噎病嘔。枇杷葉：去毛淨用之。小茴香　草豆蔻　草果、吳茱萸：二味去吐瀉。

止泄瀉藥性　訶子　龍骨　砂仁　肉豆蔻　(草)〔車〕前子　白术　使君子：治小兒泄瀉。白芍藥　白茯苓

治痢疾藥〔性〕　木香　當歸　白芍藥　肉豆蔻　地膚子　阿膠　神〔麯〕　砂仁　枳殼　槐花　訶子：火煨，去核。赤石脂　雞冠花　黃芩黃柏　黃連　地榆：去土。側柏葉：(目上)治血痢。石連子：治禁口痢疾。椿樹皮　樗樹皮

治瘧疾藥性　蒼术　白术　柴胡　檳榔　草菓　白薇　白斂　知母牡蠣　常山　青皮　乾葛

辟瘟消脹藥性　藿香　蒼术　茯神　草菓　烏藥　升麻

治頭痛藥性　川芎　白芷：治自汗發熱頭痛者。蔥白　羌活：治惡風頭疼。蘇梗：治感(看)〔冒〕頭痛。蒼耳子　柴胡：治往來寒熱頭疼。蔓荊子

治頭風藥性　細辛　天麻　薄荷　黃荊子　菊花　蔓荊子　旋覆子

治頭眩藥性　獨活　萆薢　菊花　山茱萸：取皮。　荊瀝　辛夷：治眩(連)〔運〕，其身兀兀然，如坐舟中者。

治腦痛藥性　南星　防風　藁本：治頭疼。　菊花

治腹痛及臍下痛　砂仁　白芍藥　赤芍藥　草豆蔻：治胃(服)〔腹〕痛。　木香　赤石脂　吳茱萸：治痛中治氣。　小茴香　沉香　良薑　蒼朮　玄胡索：治胸腹氣痛。熟地黃：忌犯鐵器。青皮　黃柏：尾首共性味，並治臍下疼痛。

治心痛藥性　良薑　肉桂：刮皮。木香　吳茱萸　蕪荑　玄胡索　茯神：去水，治心下急痛。狼毒：治九種心痛。藿香：治霍亂心疼。　蓬(末)〔朮〕：醋炒。　五靈脂：治婦人心疼。　乾漆：炒，去烟盡，治心氣疼。

治腰疼藥性　杜仲：去皮，切碎，用鹽水炒。　菟絲子：以酒浸，製淨，蒸熟，搗細，焙(十)〔乾〕，再為末用。　續斷：以酒浸一宿，去心，焙乾再用。石斛　山藥　補骨脂一名破故紙：酒浸一宿，晒乾用。阿膠　桑寄生　何首烏：以利刀刮去皮，切碎，米泔浸一時取，晒乾用。　桃仁：以湯泡，剝去皮，研細用。　芡實：去殼。

治脇痛藥性　肉桂　柴胡　桔梗　杜仲　木瓜　補骨脂　牛膝：去根，以酒浸洗用。　石斛　何首烏

治喉咽腫痛及聲音不出藥性　細辛　桔梗　杏仁：以湯泡，剝其皮尖，能出音。　石菖蒲：以碗片刮去皮毛，杵碎用。又去心疼。　玄參　射干：以米泔浸一夕用，治喉閉。　山豆根：去皮用。　殭蠶：去絲，治纏喉風。　白蒺藜：炒去刺用，治頭瘡，又治喉痺及偏身風痒。

治眼目不明及腫痛藥性　苦參　玄參　甘菊花　木賊　防風　荊芥　細辛　石決明：火煅。　草決明：治赤痛淚出。　白蒺藜　黃連　蜜蒙花：明目，治虛翳有奇。　石菖蒲　射干　白芷：治赤目，主紅翳。　白斂　(芫)〔茺〕蔚子　前胡　獨活　川(葦)〔萆〕薢　蔓荊子　款冬花　山藥　胡麻子　車前子　萎蕤　秦皮　蒼耳子　枸杞子　(枝)〔梔〕子：治目赤。　瞿麥　(炔)〔爐〕甘石：火煅七次。　龍膽草：治雙目赤腫，高起疼痛。　穀精草：丹砂引。

治身體風痛藥性　羌活　獨活　防風　桑寄生　秦艽　威靈仙：以酒炒。　薏苡仁：治筋攣如鉤。　海風藤　海桐皮：刮淨用。

治齒牙疼痛藥性　細辛　藁本　秦艽　穀精草：治齒疼。　韭根　升麻

治耳聾藥性　石菖蒲　全蝎：去頭足。　乳香：安箸内，火上煎洋用。

去風藥性　防風　白鮮皮　白芷　川芎　升麻　羌活　白蒺藜：去風痒。　荆芥　天麻　苦參　牛蒡子　全蝎　殭蠶　桔殼：去痒。白及　威靈仙　藁本　萆薢　蟬退：去土。　秦艽　地骨皮　乾薑　石菖蒲　肉桂　獨活　何首烏　烏藥　巴戟　菊花　枸杞子：去皮膚肢節風氣。　白附子　蔓荊子　防己：治四肢拘急，口眼歪斜。　蒼耳子：去攣痒大麻邪。

去寒藥性　乾薑：火(肉)〔炙〕。　肉桂：刮其皮淨。　黑附子：以火炮(烈)〔裂〕，去臍皮，烏豆煮過。　吳茱萸：去梗，以鹽水拌炒。

去濕藥性　蒼朮　白朮　防己：去濕熱。　木瓜　秦艽　萆薢　茵陳蒿　石菖蒲　草龍膽：治下焦濕腫。　豬苓　澤瀉　天麻　黃栢　地骨皮　白茯苓

補腎益精藥性　杜仲：薑汁炒。　遠志：以甘草入水同煎，取起去骨用。　萆薢　牛膝：去根，酒洗。　巴戟　石斛　黃柏：去皮，切細，鹽水拌炒。　熟地黃：酒洗，手摘細。　山茱萸：去核用皮。　五味子　覆盆子　茯實　乳香　女貞實　胡蘆巴　胡麻子：又止金瘡痛。　菟絲子　枸杞子

興壯元陽藥性　鎖陽：以好〔酒〕潤炙。　肉蓯蓉：以酒浸一宿，刮去鱗皮，〔劈〕開中心，去白膜脚，酒蒸，以酥塗炙。　沉香　韭子　山茱萸　補骨脂　枸杞子　蛇床子　淫羊藿　丹沙　陽起石

滋補真陰藥性　黃柏　知母：以磁片刮去皮，亦手摘細用。　熟地黃　天門冬　菟絲子　敗龜板：酒炒。

正心定魄藥性　人參　山藥　茯神：去水淨。　遠志　酸棗仁　牛黃　龍骨：火煅。　益智仁：去殼，鹽水拌炒。麥門冬　丹砂

強筋壯骨藥性　杜仲　(華薢)〔萆薢〕　天麻　菟絲子　胡麻子　枸杞

子　虎脛骨：酒洗，火炙多次用之。

治夢泄遺精藥性　遠志(子)　巴戟：去骨。　菟絲子　破故紙　鹿茸：酥炙。　龍骨　益智子：又治夜多小便。　川續斷　牡蠣：火煅紅，令冷，研細用。

補益虚損藥性　人參　黄芪　山藥　遠志　川當歸　巴戟　鹿茸　鎖陽　肉蓯蓉　麥門冬　天門冬　知母　茯神　紫河車　山茱萸　酸棗仁　胡麻子　枯子仁　熟地黄

破積藥性　青皮　乾漆　三稜　蓬朮　枳實　薑黄：破血塊。　真阿魏　葶藶：治癥瘕積聚。

理傷損藥性　蒼朮　乳香　沒藥　骨碎補　白及　薑黄　澤蘭　威靈仙　生地黄　熟地黄　牡丹皮　三(漆)〔七〕　桃仁　紅花：治癰瘡，止痛。

排膿消(此)〔腫〕藥〔性〕　連翹：去子。　天花粉　乳香　沒藥　金銀花　黄芪白芷　川芎　南星　白芍　防風　榆：止痛。　白及　桔梗　白蒺藜　羌活　蘇木　澤蘭　木通　赤石脂　血竭　龍骨：收瘡(日)〔口〕。蒼耳子　蒲公英　黄芩　黄連　(大)〔黄〕連　薑黄　牡丹皮　黄柏：治目瘡。　白斂：治惡瘡疽。　苦參　無名異　玄參　(枝)〔梔〕子　瞿麥　射干　蛇床子：治風瘡。　升麻：治痘疹毒。　牡蠣　荊芥

治乳癰藥性　白芷　續斷　貝母　(活)〔滑〕石　蒲公英　瓜蔞子　木鱉子：並去殼。　漏(苦)〔蘆〕

治黄疸藥性　山茵陳　秦艽　黄柏　苦參　天花粉

治心煩難眠〔藥性〕　(枝)〔梔〕子　芍花　貝母　乾葛　酸棗仁　扁豆　五味子

治腸風下氣藥　雞冠　槐花　芡實　白斂　荊芥　苦參　秦艽　地榆　蒲黄　雄黄　五靈脂

治淋病尿血藥性　通草　瞿麥　龍骨　鹿茸　側柏葉　伏龍肝：治尿淋。

治吐血藥性　生地黄　生蒲黄　側柏葉　百草霜　草決明　天門冬　龍骨　白及　犀角　茅根

通經水藥性　牛膝　紅花　桃仁　蘇木　生蒲黄　細辛　木通　連翹　天花粉　馬鞭草　牡丹皮　牛膝　射干　京三稜　五靈脂　蓬朮　赤芍

調經水藥性　澤瀉　益母草　薑黄　玄胡索　肉桂：溫經。　地榆、山茱萸：二味並止經水。

安胎藥性　白朮　條芩　桑寄生　葱白　宿砂仁　阿膠　前胡　杜仲　續斷

治産後血迷藥性　蘇木　荊芥　紅花　五靈脂　生地黄　川芎

治産後氣血藥性　烏藥　當歸　澤蘭　玄胡索　乳香　沒藥　乾薑：治産後熱，炒煨。　益母草：勿犯鐵器。

治血崩藥性　巴戟　鹿茸　續斷　炒蒲黄　熟地黄　地榆　阿膠：治妊娠下血，炒。　香附　何首烏　赤石脂　炒五靈　側柏葉　陽起石

治帶下藥性　紅葵花　白葵花　白扁豆花　地榆　何首烏　龍骨　海螵蛸

治墮胎藥性　南星　半夏　牛膝　乾薑　桃仁　神麯　三稜　瞿麥　薏苡仁　通草　牡丹皮　茅根　皂角　巴豆　乾漆

治腹中諸蟲藥性　厚朴　史君子　檳榔　桑白皮　烏梅　乾漆　黄柏　苦參　鶴虱：殺主蟲。　雷丸　貫仲

治霍亂轉筋及祛煩暑藥性類　高豆　(朮)〔木〕瓜　香茹：又治(目)〔口〕臭。

治髣風瘴藥性詩　嵐瘴(拌)〔伴〕溫却是溫，樟木皮及黄茅根。檳榔草焦尤堪用，恒山原與合茵陳。

腸風酒痔藥性歌　槐角地榆并苦參，椿皮蝟皮及女椿。地茄若用酒來(蔭)〔浸〕，腸氣便血速如神。

膨脹忌服　白朮　黄芪　白茯苓　蜂蜜及黄精　天、麥門冬及五味誤補，痰涎得上升。

藥性治中有製訣　芫花本利水，無醋不能通。綠豆本解毒，帶殼不見功。豆蔻大止泄，有油反又通。住湯用白朮，去細方收功。草菓收膨脹，連殼反脹胸。黑豆生痢水，遠志苗毒逢。蒲黄通生血，熟補血運通。地榆醫血藥，連稍不住紅。陳皮專理氣，連白補脾中。附子救醫藥，生用走皮風。草烏解風毒，生用使人蒙。人言燒過用，諸石火煅紅。入醋能為末，製作必須(土)〔工〕。川芎炒去(斡)〔油〕，生用氣痺痛。從容要精理，藥靈莫亂供。

用藥凡例　上焦有寒，桂枝、麻黃。中焦有寒，肉桂、乾薑。下焦有寒，沉香、附子。上焦有熱，黃芩、赤芍。中焦有熱，黃連、梔子。下焦有熱，黃柏、知母。頭風痛須用川芎，血枯亦用。頭頂痛須用藁本。遍身肢節痛，須用羌活，風濕亦用。腹中痛須用白菊、厚朴。臍下痛須用黃柏，青皮。心下痛須用吴茱萸。胃脘痛須用草豆蔻。脇下痛須用柴胡，日晡潮熱往來亦用。(脛)〔莖〕中痛須用生甘草稍。氣刺痛用枳殼。血刺痛用當歸。心下痞用枳實。胸中寒熱用去白陳皮。腹中窄須用蒼术。破血用桃仁。活血用當歸。補血用川芎。調血用玄胡索。補元氣用人參。調諸氣用木香。破滯氣用枳殼、青皮。肌表熱用黃芩，去痰亦用。去痰用半夏。去風痰用南星。諸虚熱用黃芪，盜汗亦用。脾胃受濕用白术，去痰亦用。下焦濕腫用漢防己、龍膽草。中焦濕熱用黃連。下焦濕熱用黃芩。煩渴須用白茯苓、乾葛。嗽者用五味子，如咳有聲無痰者，〔用生薑、杏仁、防風。咳有聲有痰者，〕用半夏、(只)〔枳〕殼、防風。喘者用阿膠、天麥門冬。諸泄瀉用(白)芍、白术。諸水瀉用(白)茯苓、白术、澤瀉。諸痢疾用當歸、白芍。上部見血用防風。中部見血用黃連。下部見血用地榆。眼暴發用當歸、黃連、防風。眼久昏暗用熟地黃、當歸、細辛。解利傷風用防風為君，白术、甘草為臣。解利傷寒，甘草為君，防風、白术為佐。凡諸風須用防風、天麻。諸瘡瘍用黃柏、知母為君，連翹、黃芩為佐。小便不利須用黃柏、知母為君，茯苓、澤泄為佐。瘧疾用柴胡為君，隨所發之時，所屬經部分以引經藥導之。已上諸藥，此大略言之，以為處方之階，醫者當潛心於審擇焉，則亦庶乎其可也。

明·佚名氏《醫方藥性·君臣藥性》　硇砂：亂肉，此藥即利，不用，止。　丁香：止吐逆，和胃。治乾嘔，通隔。　乾薑：退虚熱。治乾嘔，治冷氣。　熟地黃：生血。補虚損。　生地黃：通血脉。　巴豆：通瀉。　青皮：安脾胃。治瘧利脹。　陳皮：落氣，化痰，消食。　赤石脂：生肌肉。治白濁，止渴。　龍骨：生肌肉，澁精。　良薑：治腹疼痛。止吐，治瘧。　芒硝：退三焦壅熱讝語。通瀉。　大黃：退實熱，通瀉，陽症用。　乳香、沒藥：生肌肉。治腹痛。　荊芥：涼皮，消風，清頭風。　薄荷：消風。　金沸草：治秋季咳嗽，清痰。　欵冬花：治咳嗽，清肺。　天南星：化痰，去痰風。　半夏：化痰、燥、寒。　五靈脂：治腹疼。治崩漏。　玄胡索：治腹疼。又治産後腹疼。　黑牽牛：去毒熱，殺蟲。　滑石：利小便。治口生渴。利六腑之澁結。　硃砂：清心，鎮驚，解煩。　犀角：解心熱，解麻毒。　扁蓄：利小便，退小腸火。　(具)〔瞿〕麥：利小便。治淋熱有血。　芫花：消水退腫。　甘遂：與芫花仝治。服此二味忌鹽。　蘆薈：去痞塊。作丸用，湯、散不用。　蟾酥：治口齒疼。治脱肛。　蛇床：治疥瘡。疥藥用。　杏仁：治咳嗽，清痰，清肺。　蛤蚧：治肺瘘。又治勞嗽。　黃連：厚腸胃。解熱毒，清心。　檳榔：豁痰，利水，治瘴氣。　甘菊花：清頭風，明目。　赤茯苓：利小便，化痰。皮退腫。　枳殼：治腹疼，活大腸。　厚朴：此藥燥胃除濕。　桔梗：寛胸，利膈，下氣。　枳實：寛胸，利膈，寛氣。　香附子：去鬱氣。治胸甲脹滿。　木香：治冷腹疼，寛氣。　沉香：順氣。治腹疼。　麻黃：𤼵散，𤼵汗，陽症可用，陰症不用。　桂枝：暖四肢。治手足冷。　當歸身：養血補運。　當歸鬚：散血。　白茯苓：補運補胃。治病瀉。　茵陳：退黃疸，消濕。　人參：潤肺，生脉。治虚嗽，治虚渴。　白术：補胃。治病瀉，消痰止吐。　肉豆蔻：澁瀉，治冷痢症不止。　川芎：大：補運，生血。小者治頭疼，散邪。　石(交)〔膏〕：瀉胃火，落痰。治頭疼，解煩渴。　柴胡：退肌熱。治傷寒丹熱。　黃芩：綿者退熱。治口渴。扁者治頭痛，清心退熱，降心火。　蒼术：除濕燥胃。治水濕黃。　猪苓：分陰陽，利小便，澁瀉。　五味子：生腎水，潤肺，治虚渴。　烏梅：止渴。治咳嗽。　附子、天雄：與大(付)〔附〕子同治明及將死。少用返本回陽。　(宿)〔縮〕砂：消食。治嘔惡。解酒毒，安胎。　紅豆：止吐酸，消血，殺蟲。　梔子：利小便，退小腸火。　連(喬)〔翹〕：治膈上熱，去風。　葛根：解肌熱，治渴。即是乾葛。　黃栢：涼皮，滋陰，降火。　琥珀：鎮驚。治驚風。　真珠：鎮驚清心。　石菖蒲：通心竅。治耳聾，開心氣。　菟絲子：填精補髓，治虚損。　紅牛(夕)〔膝〕：能直筋伸筋，散血。　薏苡仁：去毒，補胃，治風濕。　羌活：截風。治身骨疼，疎風。　獨活：治一身骨節皆疼。　升麻：潤喉，治喉疼，能𤼵散。　車前子：利小便。治小兒熱瀉。　天門冬：潤心肺，補虚損。　麥門冬：清心，解煩渴。　細辛：通竅。治頭頂疼，止嗽。　黃耆：補運，乾膿，斂汗。　胡黃連：治疳熱，退小兒疳瀉，清心。　防風：截風路。治小兒驚風。　蒲黃：能生新血，去瘀血，

治血山崩，婦人用。　蔓荊子：清頭目，能治頭疼。　桑寄生：安胎，益血，治脾疼。　杜仲：治腰疼，療腎虛夢泄。　天花粉：治口渴，退熱。　赤芍藥：散血，散風邪。　白芍：生血。治腹疼，瀉肝火。　防己：能治男子中風。　川鬱金：涼血。治鬱血。　三稜：破瘀氣，去瘀血。　莪朮：治腹疼，破瘀氣。　牡丹皮：退婦人五心熱，涼血。治骨蒸熱。　青黛：化痰，散血，涼瘡仔。　白蔻：□冷消氣。□□□脾。　甘草：解毒。調和諸藥。　知母：滋陰，降火，補益腎。　貝母：乾痰，乾膿，治肺。　玄參：治喉疼。治餘熱。　白芷：能治頭疼，散邪。　前胡：□□□□　□□：□□□□□□陰疼。　艾葉：治熱腹疼。治婦人胎氣不和，安胎。　地榆：澁瀉。治婦人崩漏不止。　(史)〔使〕君子：死蟲，殺蟲。　葶藶：落痰落氣。　常山：治風嵐。治瘧疾，打吐。　草果：截瘧，消食，止嘔吐。　馬兜鈴：清肺。治咳嗽，定喘。　桂皮：能治冷氣，行血。　地骨皮：清心退熱。治手足熱。　竹茹：治熱吐瀉，化痰。　山茱萸：治遺精，頭暈。　澤瀉：治瀉腹，分陰陽，寬膈之藥。　烏藥：順氣，治腹疼。　藿香：正氣，治吐，止嘔惡。　益智：分清濁。　紫草：脫痘。　秦艽：去風逐水。又治肢節之腫。　瓜蒂：治退腫，吐痰涎。　扁豆：□瀉。治暑暍，取胃。　枸杞子：養腎生精。　紫(苑)〔菀〕：治咳嗽，潤肺，防丰。　木瓜：止渴，伸筋，治腳氣。　草龍膽：瀉肝經火，退熱治眼。　蘇木：破胎，破血。　紫蘇：發表，落氣。　木通：利小便，降火。　甘松、三柰：合頭香用。　遠志：治夢泄，安神定魄。　五倍：治咳嗽，洗痔瘡極妙。　龍骨：生肌肉，治精泄。　虎骨：壯筋骨，伸筋，益精。　阿膠：炒過，潤肺。治嗽，治婦人血山崩，安胎。　牛黃：清心，去風鎮驚。　牡蠣：澁精，收虛汗。　蟬退：去頭風。又治小兒驚風。　全蝎：治小兒驚風，消痰。　香薷：消暑，散風散邪。　鶯米殼：蜜炒，治虛嗽，潤肺，止瀉。　官桂：治冷氣。　山查：消食，治嘔惡。　天麻：治小兒驚風，磨丸補暈。　神麯：治健脾溫胃。　麥芽：消麵食，化痰。　桑白皮：瀉脾火，治咳嗽，炒過補肺。　桃仁：破血，治腰痛。　防風：祛風，消風。　栢子仁：養心血，安神。　破故紙：溫腎，補精髓。　山藥：補胃，治腰痛。　肉蓯蓉：填精補髓，生精，治虛損。　小茴香：暖腎，能消氣滯。　良薑：治心腹疼，能下氣，解酒毒。　皂角：通竅，去風。　大柴胡：退熱，能治氣。　旋復花：治眼，瀉肺火。　地黃：能治退熱，散血清心。

明・羅周彥《醫宗粹言》卷四　藥性纂　夫藥性氣味厚薄良毒，製度熟諳，以備臨症緩急輕重之用也。然品物雖多，而其味不過於五，謂辛、甘、酸、苦、鹹是也。載録固繁，而備用不過於六，乃開、斂、補、瀉、溫、涼是也。嘗云：用藥如用兵，而機毋擅發；看方如看律，意在精詳。故善用兵者，必先察敵之虛實微甚，則運決乎可攻可守可和之機，發必勝矣。原乎察證用藥，何異於用兵者哉？必先觀形氣之厚薄，感疾之深淺，以措方擇藥之加減斯可矣。《素問》云：木鬱則達之，火鬱則發之，氣鬱則伸之。即萬人敵以機取勝者也。故《內經》云：知機道者，不可掛以髮，活潑潑以應之耳。故述《藥性纂》集以知用藥之有法，立方之有義，加減之有據，詳方論為之體，評藥性謂之用，庶無愧於醫名也。

且夫人參補元氣，退虛火而止渴，察寒熱佐以溫涼，功同再造。黃芪補益斂汗托瘡，力有干城。白朮強脾健胃，主濕痞虛痰。蒼朮發表去濕，寬中開導痰飲。茯苓安驚利竅，益氣生津，和中用白，而導水用赤。甘草補血助脾，和百藥，溫中用炙，瀉火用生。川芎血中之氣藥，通肝部而療頭痛。當歸血中主藥，身養血而頭止稍通。白芍藥瀉脾伐肝，療血虛腹痛，下痢用炒，而斂汗用生；赤芍藥性味酸斂，治瘡瘍熱壅，調經最宜，而產後乃禁。熟地黃補血而療虛損，生地黃生血而涼心腎，酒炒則溫。半夏薑製和中止嘔，善醫痰厥頭痛。貝母去心治嗽消痰，煩熱結胸，合論南星治風痰及驚病，須炮而牛膽製之方佳。枳實治痞消食，導痰實曰峻利；枳殼寬中削積破滯，久服不宜。青皮下氣食，快脾疎肝，但可權宜；陳皮留白和中調胃，去白降氣消痰。厚朴寬利腸胃，薑製堪投。甘遂消腫脹而通便，緣非王道。榆皮性活，善行經，虛浮劫劑。石韋去毛微炒，淋秘當投。萆薢導膀胱宿水，利關節，久冷髀疼。商陸利水腫，性本急冽。扁蓄療熱淋蚘疼。香薷清胃熱暑濕。黃芩療內外諸熱，痰火之淋。黃連瀉心肝之積火，製炒而理腸胃之疾。黃栢瀉陰火而療痿厥。知母治陰虛，痰嗽煩渴須投。石膏解肌定消渴，降胃火而理頭疼，虛人禁用。山梔止衂以涼心，尤利小便，炒焦清胃脘結疼，而祛鬱火。麥門冬引生地而至所補之處，清金而止煩渴。天門冬引熟地黃而至所補之鄉，潤肺而治痰嗽。柴胡主日晡潮熱脇痛，清胃宜兼。前胡主寒熱咳嗽，下

氣堪用。葛根解肌，清酒渴而益胃。竹葉止渴，療虛煩。竹茹主嘔穢，咳逆熱病，恍惚尤宜。竹瀝已風痓渴痰，不問金鎗產後。連翹退諸經客熱，瘡腫須尋。鼠粘子療風熱癮疹，瘡瘍合膢。青黛除嘔熱蟲積疳痢鬱火，以疎肝。玄參主退熱，明目消毒，治無根之火。瓜蔞仁平氣喘結痰而通乳。天花粉清熱痰，止渴以消煩。草龍膽治三焦之火，明目涼肝。山豆根解咽喉熱痛，并除黃腫。地骨皮治骨蒸有汗，涼血而解肌。牡丹皮治無汗骨蒸，止衄引血歸肝。常山逐痰療瘧，醋炒方佳。紫草利水消膨，善助瘡痘。茵陳主黃疸而利小便。艾葉保胎痛而療崩漏。胡黃連退骨蒸勞熱，小兒疳痢當求。川升麻解表除風熱，舉胃升陽。桔梗療肺癰咽痛，利鼻寬胸。桂枝散血分寒邪而實表。肉桂性熱祛寒，佐溫補，多則動火沸血。麻黃發表寒，逐肺邪，止汗用根。防風療腦痛，除風毒，上下俱堪。細辛發少陰汗，除頭痛，痰咳諸風。白芷行陽明之頭痛及皮膚瘙癢之風。羌活通暢周身經絡之風濕，太陽要藥。獨活治諸風，首足皆行。藁本除疼於巔頂，女人陰氣亦用。薄荷清壅滯痰火，性由疎解。藿香止嘔吐霍亂，開胃溫中。紫蘇利胸膈而子醫嗽喘。荊芥散血中風熱，瘡瘍頭疼，產後風熱尤良。苦參療風熱瘡痍。澤蘭利胎產打撲，消癰。天麻主痰暈風痺，語言澁蹇。桑寄生續筋骨，益血脉，利腰脚攣痛。甘菊花治頭風清目。蔓荊子祛風明目，清頭痺之暈。威靈仙祛風達痺痛，利腰膝，骨硬能醫。木賊去目翳崩漏，肝風尤妙。萎蕤療目爛，腰疼風濕最善。何首烏消風瘡，黑髮延年。蓖麻子透堅破毒，催生亦用。石菖蒲開心，明耳目，去痺除風。白附子祛風，治面瘡，崩中悉斷。郁李仁潤腸，除浮腫而利小水。破故(脂)〔紙〕補損益腎，療精冷陽衰。高良薑治霍亂轉筋，調冷氣之痛。吳茱萸治厥陰疝痛，胃冷能除。川烏陰中之陽，溫臟，除風寒積冷之痛。附子回陽，引補藥以週全，寒厥最捷。茴香療小腹痛與腰疼，調中暖腎。土牛膝通經活血。川牛膝補精健脚。肉蓯蓉填精血以助元陽。杜仲治腰疼，同茴香鹽炒方佳。鎖陽補陰虛，合芡實乳蒸尤妙。鹿茸甘溫，益元氣，男女崩帶血淋精遺之聖藥。甘枸杞益精氣而明目祛風。山藥補腎實脾，而利腰脚。山茱萸澁精，補腎壯陽，祛眩多功。巨勝子補髓填精，延年駐色。益智安神，節小便，暖胃固精。菟絲子補腎明目。巴戟去心，善理陰疝白濁。白茯神益心脾，健忘收驚。酸棗仁定心斂汗，多眠用炒。五味消煩渴，止嗽，生脉補元，夏月多用。杏仁溫肺，潤大腸，冷嗽宜投。桑白皮甘寒治咳嗽，肺

實蜜炒相宜。金沸草甘寒逐痰，秋時為最。阿膠麵炒益肺，安胎止嗽，崩痢堪圖。紫(苑)〔菀〕順氣止嗽，血痰有効。百合斂肺瘘全憑。馬兜鈴清肺，下氣定喘宜。訶子斂嗽止渴，瀉痢有功。烏梅收肺止嗽，生津，痢瘧皆堪。地榆療崩痢諸血。粟殼止痢嗽，權以收功。茅花血症專科。槐角、槐花血痔腸風可餌。大小薊療嘔血，崩漏折傷。紅花去壞血經枯，虛暈亦用三分。蘇木調經，活死血，瘡瘍更藉。桃仁破瘀生新，潤閉燥，又治腰疼。栢葉清心安脾，止蠛衄血崩，補陰亦用。蒲黃主胎產，惡露凝滯，熟止崩中。淩霄花行經，血結痛所宜，治熱毒甚捷。白頭翁血痢，止鼻衄、頭癩神効。鬱金苦寒善散，達女子赤淋，血氣攻疼。玄胡辛溫，能活血，止心腹腸痛，經產皆堪。薑黃辛熱，主經閉癥瘕，血塊癰腫宜敷。秦皮苦寒，驚癇崩帶濕風宜用。秦艽主黃疸，風濕骨蒸。漏蘆能下乳，療眼醫癰。海藻、海帶療疝氣與癭瘤。藜蘆吐痰殺疥。椿皮止血澁精。蘆根主消渴，五噎膈氣。射干消積痰，結核咽疼。海桐皮漱牙，洗目除風，性味甘平無毒。五加皮理腰脚之痿弱，兼治淋脹寬膨。大腹皮開胃，消腫脹。檳榔降氣殺蟲，祛後重。草果仁暖胃寬中而截瘧。肉豆蔻止瀉痢實脾，健胃建寧。草豆蔻攻客寒胃脘之疼。白豆蔻調氣和中，三焦皆達。香附破鬱，血氣通用。烏藥順氣溫經，中外俱理。三稜破血消癥，折傷亦用。蓬术通經理氣，消瘀血性尤猛烈。山查子消肉食，健胃催瘡，更消兒枕惡露。使君子殺蟲，最治兒疳。大黃散瘀血，通腸而開結熱。巴豆破積滌臟，不可輕用。玄明粉消堅癥，抑火豁痰。芒硝開熱結，通臟腑兼療血熱。葶藶瀉肺喘利水，炒研解右脇之疼。牽牛消膨腫，二便能通，力實猛急。木通開熱閉以利膀胱。車前子利小便而涼目赤，炒研實腸。猪苓治水氣浸淫，服多損腎。澤瀉治淋通腎而補陰。薏苡仁療肺瘘脚氣。燈心通利清濁，燒灰吹喉痺而斂疳瘡。滑石解渴熱，通津而利水。漢防已療風濕脚氣以疎經。宣木瓜入肝，理下部濕腫而生津。芫花治水病留痰以攻戰。大戟破浮腫，氣實宜用。栗子味鹹而補腎，須待風(甘)〔乾〕。水梨消酒渴之痰，金瘡產婦勿食。葱白解表疎風。瓜蒂吐痰攻結。乾薑炮以溫中，理產後之熱疼。生薑散寒邪，止嘔噦沖痰以開關。大蒜化食而逐氣，昏眼發瘡。韮汁利胸膈而下痰涎，子醫精濁。胡荽酒煎善引痘之出快，子亦寬膨。胡椒寬胸快胃，久用積熱傷肺。川椒溫中下達，子能利水偏奇。(宿)〔縮〕砂安胎化食，傷之瀉痢。神麯溫胃脘，導食積之攻沖。麥芽性溫消食，腹鳴宜

用。紅麯健脾磨食，諸痢有効。浮麥養心，同棗仁煎服盜汗能收。麻仁潤肺通腸，入湯粥皆可。白匾豆和胃氣，而安霍亂。菉豆清熱，主翻胃，能解腫毒。赤豆除癰疽焮熱，消水腫虛浮。粳米養胃溫中，陳倉為上。粟米補陰除熱，腎病相便。豆豉治傷寒胸中懊憹。石蜜安五臟而益氣血。飴糖斂汗補陰，消痰止嗽。米醋益血，治咽瘡黃疸，癰腫尤宜。醇酒通血脉，助陽氣，痛飲傷生。人乳汁退目赤睛昏，尤補真元。童便療虛勞血熱損傷，產後並宜。血餘灰即胎髮，善行血分。土木鼈治乳癰諸核，兼理腰痛。松脂療金鎗血出，生肌，服食亦用。牙皂導痰涎及中風口禁。長皂攻積久之腫毒，刺達癰疽之未潰，兼療大風。天竺黃療風痰失音。蜜蒙花祛疳熱目翳青盲。五倍子療齒䘌血痔，生津止汗，消腫斂瘡。乾漆破血積，消瘀須炒焦存性。蘆薈消疳熱癖。沒藥活血定痛。阿魏磨積痞而殺蟲。丁香治胃之嘔吐而透膈。木香行諸氣之滯，瀉痢引用。沉香通心腎之氣交。檀香平諸氣之攻上。乳香止痛，善療諸瘡。麝香辟邪殺鬼，通關嚮導。片腦清涼，除壅結積熱而明目。烏犀角解熱毒以清心。羚羊角治驚狂，祛風以明目。僵蠶去諸風及膚痺。全蝎主小兒驚搐，伍癇皆用。牡蠣尿浸火煅，治濁帶而澁精止汗。蛤粉取蛤蜊煅研，攻疝氣頑痰。牛黃清心定神，風痰要藥。龍骨澁精止崩，斂汗。虎脛骨理寒濕風而補陰健足。龜板補陰續骨。鼈甲療久瘧，消癖，骨蒸勞熱。龜甲破癥攻瘧，傷寒勞復。羊乳性溫，潤心肺，止消渴而潤中焦。牛乳微寒，補虛羸而療渴疾，潤肝滋血宜用。象牙味寒，出雜物入肉，又消骨鯁。龍齒安魂，療顛邪以收驚。蝸牛治五痔，更療腫毒。白丁香潰癰點瘴。自然銅接骨續筋。銅綠明目釣涎，止金瘡出血。金箔安驚而定魄，入藥多研。水銀鉛製細研，殺蟲積而下死胎。輕粉性冷，能洩痰殺蟲，療瘡極速。硫黃逐冷壯陽，利風掃疥頗峻。砒霜劫痰絕瘧，有毒而潰肌肉。雄黃理息肉風痰，解邪蟲毒。辰砂安神殺鬼，消痰抑火。白礬消痰化膿，外科亦効。琥珀疎肝消瘀血以安神，血淋沙石頗妙。赤石脂止痢澁崩，法當醋炒。花蕊石理血症金瘡，米醋煅煉方宜。東壁土性溫，主脫肛，炒白朮助厚腸胃。大棗養胃而和藥性。胡桃雖曰肥肌，多食動風，夏宜少用。蓮子補中，益心脾。柿蒂止噦與鼻紅。人中白即溺桶垢，唾衄肺痿堪宜。此述簡要藥性，臨症合宜備用。

明・賈九如《藥品化義》目

氣藥：　藿香　香附　烏藥　厚朴　大腹皮　木香　檳榔　桔梗　陳皮　蘇梗　枳殼　枳實　青皮　白豆蔻　砂仁　萊菔子　沉香

血藥：　赤芍藥　地榆　五靈脂　元胡索　紅花　桃仁　三稜　蓬朮　槐花　蒲黃　側柏葉　蘇木

肝藥：　牡丹皮　續斷　生地　熟地　天麻　當歸　川芎　白芍藥　何首烏　山茱萸　木瓜　益母草　大黑棗

心藥：　丹參　茯神　酸棗仁　柏子仁　石菖蒲　遠志　竹葉　燈草

脾藥：　人參　黃芪　茯苓　白朮　甘草　芡實　白扁豆　薏仁米　神麴　麥芽　山查　車前子　木通　澤瀉　猪苓　蓮肉附荷葉。　桂圓

肺藥：　沙參　石斛　甘菊　山藥　百合　桑白皮　紫(苑)[菀]　款冬花　馬兜鈴　麥門冬　天門冬　杏仁　五味子　訶子　烏梅　阿膠

腎藥：　元參　龜甲　枸杞子　菟絲子　牛膝　杜仲　鹿角膠附虎骨　補骨脂　肉蓯蓉

痰藥：　橘紅　貝母　半夏　天花粉　南星　膽星　瓜蔞仁　白芥子　蘇子　常山　竹茹　竹瀝附梨汁　薑汁　海石附礞石　皂角附瓜蒂

火藥：　龍膽草　牛蒡子　黃連　連翹　犀角　石膏　黃芩　山梔　知母　黃柏　地骨皮　滑石　芒硝　大黃　石蓮肉　胡黃連

燥藥：　秦艽　麻仁附童便　蜂蜜

風藥：　麻黃　羌活　紫蘇　薄荷　柴胡　葛根　升麻　白芷　防風　荆芥　前胡　獨活　蔓荆子　葳靈仙　細辛附藁本。　香薷　生薑　葱頭

濕藥：　蒼朮　萆薢　漢防己附茵陳

寒藥：　附子　桂　乾薑　炮薑　小茴香附吳茱萸

共藥一百六十二品。

明・賈九如《藥品化義》卷一《氣藥》　藿香為和氣開胃之品。　厚朴腹皮主治氣滿，為平胃寬脹之品。　香附烏藥主治氣鬱，為快滯散結之品。　木香檳榔主治氣壅，為調中降下之品。　桔梗陳皮主治氣膈，為升提開散之品。　蘇梗枳殼主治氣逆，為寬胸利膈之品。　枳實青皮主治氣結，為調胃瀉肝之品。　豆蔻砂仁主治氣滯，為溫上行下之品。　蘿蔔子為下氣消食之品。　沉香為降氣定痛之品。　以上氣藥皆屬辛香，辛香則通氣，取其疏

利導滯，為快氣破氣行氣清氣順氣降氣提氣之用，非補氣藥也。　肺藥脾藥門有補氣之劑。

明・賈九如《藥品化義》卷二《血藥》　赤芍、地榆主治血熱，為涼血清肝之品。　靈脂、元胡主治血痛，為活血化滯之品。　紅花、桃仁主治血滯，為行血破瘀之品。　三稜、蓬朮主治血積，為消血破氣之品。　槐花為大腸涼血之品。　蒲黃為脾經止血之品。　柏葉為清上斂血之品。　蘇木為行下破血之品。　以上血藥，用苦酸者涼血斂血，用辛苦者行血破血，取其清熱導滯，為破瘀和血活血止血之用，非養血藥也。　肝藥腎藥門有補血之劑。

明・賈九如《藥品化義》卷三《肝藥》　丹皮主益肝，為清血行氣之品。　續斷主涼肝，為調血續筋之品。　生地主清肝，為涼血養心之品。　熟地主溫肝，為補血滋腎之品。　天麻主緩肝，為益血養膽之品。　當歸主補肝，為養血潤榮之品。　川芎主緩肝，為助血流行之品。　白芍主平肝，為斂血補脾之品。　首烏主斂肝，為滋陰收脫之品。　山茱主助肝，為寧神固精之品。　木瓜主瀉肝，為舒筋收氣之品。　益母主疏肝，為活血散滯之品。　大棗主養肝，為補血助脾之品。

明・賈九如《藥品化義》卷四《心藥》　丹參主清心，為寧神調血之品。　茯神主補心，為助神生氣之品。　棗仁主養心，為安神補血之品。　柏仁主潤心，為養神滋腎之品。　菖蒲主開心，為通神利竅之品。　遠志主疏心，為開竅豁痰之品。　竹葉主涼心，為散熱除煩之品。　燈心主滌心，為導上滲下之品。

明・賈九如《藥品化義》卷五《脾藥》　人參主補脾，為生氣助陽之品。　黃芪主助脾，為固氣實表之品。　茯苓主健脾，為養氣益肺之品。　白朮主潤脾，為助氣除濕之品。　甘草主緩脾，為和氣溫中之品。　芡實主實脾，為益氣助胃之品。　扁豆主醒脾，為順氣和胃之品。　薏米主佐脾，為抑氣舒筋之品。　神麴主平胃，為解麵散結之品。　山查主疏胃，為消肉導滯之品。　麥芽主開胃，為解麵散結之品。　車前主養竅，為痰瀉熱瀉之品。　木通主通氣，治熱瀉火瀉之品。　澤瀉主導水，治虛瀉腎瀉之品。　猪苓主利脾，治水瀉濕瀉之品。　蓮肉主啟脾，為養胃厚腸之品。　桂圓主滋脾，為益血生津之品。

明・賈九如《藥品化義》卷六《肺藥》　沙參主助肺，為清熱補陰之品。　石斛主益血，為清氣強腎之品。　甘菊主清肺，為和氣明目之品。　山藥主補肺，為助氣健脾之品。　百合主養肺，為補氣和中之品。　桑皮主利肺，為疏氣滲熱之品。　紫（苑）〔菀〕主滋肺，為涼血潤燥之品。　款花主安肺，為順氣寧嗽之品。　兜鈴主涼肺，為抑氣止嗽之品。　麥冬主潤肺，為涼氣生津之品。　天冬主保肺，為平氣滋腎之品。　杏仁主益肺，為破氣利膈之品。　五味主斂肺，為固氣益精之品。　訶子主泄肺，為清音澀腸之品。　烏梅主收肺，為止嘔除煩之品。　阿膠主調肺，為養榮安胎之品。

明・賈九如《藥品化義》卷七《腎藥》　元參主潤腎，為和血抑火之品。　龜甲主養腎，為助氣補陰之品。　枸杞主滋腎，為補血添精之品。　菟絲主固腎，為益氣補脾之品。　牛膝主益腎，為活血強精之品。　杜仲主堅腎，為調氣續骨之品。　角膠主補腎，為壯精益血之品。　骨脂主暖腎，為溫精止瀉之品。　蓯蓉主壯腎，主扶陽固（經）〔精〕之品。

明・賈九如《藥品化義》卷八《痰藥》　橘紅主諸痰，為利氣化滯之品。　貝母主虛痰，為清熱開鬱之品。　半夏主濕痰，為燥脾逐寒之品。　花粉主熱痰，為止渴生津之品。　南星主風痰，為破結通經之品。　膽星主驚痰，為益肝涼膽之品。　蔞仁主老痰，為潤肺利膈之品。　芥子主結痰，為寬胸行脇之品。　蘇子主鬱痰，為利膈定喘之品。　常山主積痰，為截瘧散邪之品。　竹茹主熱痰，為涼膈寧神之品。　竹瀝主火痰，為導熱補陰之品。　薑汁主行痰，為通絡宣壅之品。　海石主豁痰，為軟堅消結之品。　皂莢主搜痰，為祛濁稀涎之品。　驗痰法：　寒痰清，溫痰白，風痰鹹外感，熱痰黃，火痰綠，食痰粘，酒痰穢，驚痰結，鬱痰濁，虛痰薄，風痰涎膽風，老痰膠，頑痰韌，結痰黑。　列驗痰法，庶將寒熱虛實舉其大略。　總之，新而輕者痰色清而白，若久而重者痰色黃濁稠粘，甚至膠韌凝結，咳咯難出，以至穢氣變黑，帶紅則為陰虛火痰，朝涼夜熱。

明・賈九如《藥品化義》卷九《火藥》　膽草瀉肝火，為疏熱利下之品。　牛蒡清肝火，為解壅理上之品。　黃連抑心火，為清熱厚腸之品。　連翹涼心火，為利膈散結之品。　犀角清心火，為涼血益肝之品。　石膏退胃火，為解肌止渴之品。　黃芩瀉肺火，為涼膈清腸之品。　山梔降肺火，為清胃除煩之品。　知母清腎火，為潤肺滋陰之品。　黃柏降腎火，為補陰降火之品。　骨皮涼腎火，為清肺退熱之品。　滑石導六腑，為利竅滲熱之

品。　芒硝清三焦，為軟堅潤燥之品。　大黄瀉大腸，為去實通滯之品。　石連清氣熱，為除晝鬱火之品。　胡連涼血熱，為退夜骨蒸之品。　麻仁主潤燥，為氣熱利腸之品。

明・賈九如《藥品化義》卷一〇《燥藥》　秦艽主清燥，為血熱滋陰之品。　羌活主散邪，為行氣疏經之品。　紫蘇主發散，為除寒退熱之品。

明・賈九如《藥品化義》卷一一《風藥》　麻黄主發汗，為散寒攻邪之品。　薄荷主疏風，為清陽導滯之品。　柴胡主解肌，為清胃止渴之品。　升麻主升發，為開提清氣之品。　白芷主達表，為走竅宣毒之品。　防風主表邪，為散肝行氣之品。　荆芥主疏氣，為搜肝涼血之品。　前胡主清熱，為開痰下氣之品。　獨活主除濕，為行血舒經之品。　蔓荆主散氣，為清肝去障之品。　靈仙主疏經，為通氣活血之品。　細辛主祛邪，為通竅攻寒之品。　香薷主清暑，為除煩導水之品。　生薑主走表，為祛邪益脾之品。　葱頭主通竅，為散寒逐邪之品。

明・賈九如《藥品化義》卷一二《濕藥》　蒼术主燥濕，為散邪平胃之品。　萆薢主滲濕，為去濁分清之品。　防己主除濕，為清熱通滯之品。　濕之為病，所感不同。外感濕氣，多患頭重目眩，骨節疼痛，腿膝發腫，脚氣腰疼，偏墜疝氣。用蒼术燥濕，以風藥佐之。内傷濕氣，多患腫脹腹滿，嘔噦泄瀉，手足痠軟，四肢倦怠，喘咳濕痰。用萆薢滲濕，以利水藥佐之。延久則鬱而為熱，熱傷血，不能養筋，則拘攣疼痛，又當作熱治。用防己疏通，以清火藥佐之。

明・賈九如《藥品化義》卷一三《寒藥》　附子主回陽，為攻寒補氣之品。　肉桂主溫經，為通脈行滯之品。　乾薑主理中，為復陽散寒之品。　炮薑主守中，為扶陰退熱之品。　茴香主通氣，為下部醒痛之品。

明・汪綺石《理虚元鑑》卷下　治虚藥訛一十八辨　人參：　外感風邪，元氣未漓，審用。　人參大補元氣，冲和粹美，不偏不倚，故在陰補陰，在陽補陽，能溫能清，可升可降，三焦並治，五臟咸調，無所不可。故其治病也，除元氣充實，外感有餘，無事於補者，則補之反成壅塞，所謂實實也。若夫虚勞之病，或氣血陰陽水火，寒熱上下諸症，與夫火痰燥濕，滯脹吐利，冒厥煩渴，及胎前產後，痘疹久病，病後一經虚字，則無不宜而不可少。此人參之所以能迴元氣於無何有之鄉，而其功莫大也。自東垣、丹溪先後發明並無異議。庸醫不察，執節齋之瞽說，以為人參補陽，沙參補陰。若補陽則助其火，甚至云虚勞人服參者，必至不救，以致舉世畏參如砒鴆，而不敢試，豈不誤哉？

黄栢、知母：　禁用。　《丹溪心法》有云：　虚損吐血，不可驟用苦寒，恐致相激。只宜瓊玉膠主之。何事首尾矛盾，又載三補丸以芩、連、栢三味主之？大補丸以黄栢一味主之？乃至滋陰百補丸知、栢並用？後之學者宗之，凡遇虚勞咳嗽吐血，虚火虚熱之疾，皆以知、栢二味，以為清火滋陰。殊不知虚勞之火，虚火也，相火也，陰火也。即丹溪云虚火可補，人參、黄芪之屬。相火係於肝腎之間，出入於甲膽，聽命於心君，君火明，則相火伏。若君火不明，則相火烈焰沖天，上感清虚之竅，耳聾鼻乾，舌痛口苦，頭暈身顫，天突急而淫淫作癢，肺葉張而咳嗽頻仍。當此時也，惟有清氣養榮，滋方寸靈臺之雨露，以甯(宣)〔膻〕中之煩焰，則甲膽乙肝之相火，不撲而自滅矣。陰火者，龍雷之火也，起於九泉之下，遇寒水陰曀，則其焰愈騰。若太陽一照，自然消隕。此三火者，皆無求於降火滋陰，亦何事乎知、栢而用之，以貽害乎？且黄栢傷胃，知母滑脾。胃傷則飲食不進，脾滑則洩瀉無度，一臟一腑，乃生人之本。《經》云：　得穀者昌，失穀者亡。又曰：　陽精上奉其人壽，陰精下降其人夭。今以苦寒傷胃，豈非失穀者亡乎？以冷滑洩脾，豈非下降者夭乎？想世用此者，意在滋陰，而不知苦寒下降多亡陰，陰虧而火易熾。意在清金，而不知中土既潰，絕金之源，金薄而水益衰。吾知用此者，未見其利，徒見其害耳。每見虚勞之人，未有不走脾胃而死者，則知、栢之厲也。

麥冬、五味：　初病酌用。　治肺之道，一清，一補，一斂，故麥冬清，人參補，五味斂，三者肺怯之病，不可缺一者也。然麥、味之清斂，固有道焉。蓋虚勞之初起，亦有外感而成，故其初治必兼柴、前以疎散之，未可驟加斂補，施治之次第宜然。若不知初病久病之分，或驟清驟補驟斂，則肺必致滿促而不安，邪氣濡滯，久而不徹，此非藥之害，實由用之失節耳。若夫疎解之候，邪氣既清，元氣耗散，則當急用收斂清補為主，舍此三物，更何求焉？況五味不但以收斂肺為功，兼能堅固心腎，為虚勞必用之藥。乃在用之不當者，反咎五味酸能引痰致嗽，畏而棄之，殊不知病至於伏火乘金，金氣耗越之際，除却此味，更用何藥以收之耶？

澤瀉：　宜用。　夫肺金為氣化之源，伏火蒸灼，則水道必汗，汗則金氣

不行，而金益病。且水停不流，則中土濡濕，而奉上無力。故余治勞嗽吐血之症，未有不以導水為先務者，每稱澤瀉有神禹治水之功。夫亦嘗究其命名之義矣。蓋澤者，澤其不足之水；瀉者，瀉其有餘之火也。惟其瀉也，故能使生地、白芍、阿膠、人參，種種補益之品，得其前導，則補而不滯；惟其澤也，故雖走濁道，而不走清道，不若猪苓、木通、腹皮等味之消陰破氣，直走無餘。要知澤瀉一用，肺、脾、腎三部咸宜，所謂功同神禹者，此也。古方用六味丸，用之功有四種，《頤生微論》論之極詳，庸醫不察，視為消陰損腎之品，置而不用，何其謬甚？

桑皮：宜用。桑白皮，清而甘者也。清能瀉肝火之有餘，甘能補肺氣之不足。且其性潤中有燥，為三焦逐水之妙劑。故上部得之清火而滋陰，中部得之利濕而益土，下部得之逐水而消腫。凡虛勞症中，最忌喘、腫二候。金逆被火所逼，高而不下則為喘；土卑為水所侮，陷而失隄則為腫。喘者，為天不下濟於地；腫者，為地不上交於天。故上喘下腫，天崩地陷之象也。是症也，惟桑皮可以調之。以其降氣也，故能清火氣於上焦；以其折水也，故能奠土德於下位。奈何前人不察，以為性不純良，用之當戒。不知物性有全身上下純粹無疵者，惟桑之與蓮，乃謂其性不純良，有是理乎？

桔梗：宜用。夫肺如華蓋，居最高之地，下臨五臟，以布治節之令。其受病也，以治節無權，而氣逆火升，水涎上泛，濕滯中州，五臟俱乖，百藥少效。惟桔梗稟至清之氣，其升浮之性，兼微苦之味。至清，故能清金；升浮，故能載陷；微苦，故能降火。實為治節君主之劑。不但引清報使而已，此味升中有降，以其善清金，金清自能布下降之令故也。清中有補，以其善保肺，肺固自能為氣血之主也。且其質不燥不滯，無偏勝之弊，有十全之功，服之久，自能清火消痰，寬胸平氣，生陰益陽，功用不可盡述。世之醫者，每畏其開提發散，而於補中不敢輕用多用，沒其善而掩其功，可惜也！

丹皮、地骨皮：宜用。夫黃柏、知母，其為倒胃敗脾之品，固宜黜而不録矣。然遇相火爍石流金之際，將何以處？此曰：丹皮、地骨皮平正純良，用代知、柏，有成無敗。丹皮主陰抑火，更兼平肝。骨皮清火除蒸，更兼養肺。骨皮者，枸杞之根也。枸杞為補腎之要藥，然以其升而實於上也，但能溫髓助陽。虛勞初起，相火方熾，不敢驟用。若其根伏而在下，以其在下也，故能資腎家真水，以其皮，故能舒肺葉之焦枯。涼血清骨，利便退蒸，其功用較丹皮更勝，且其味本不苦，不致倒胃；質本不濡，不致滑脾，施治尤當功力萬全，有知、柏之功，而無其害，最為善品。

生地：宜用。初病審用。世人以生地為滯痰之物，而不敢輕用，是不知痰之隨症而異也。雜症之痰，以燥濕健脾為主。傷寒之痰，以去邪清熱，交通中氣為主。惟虛症之痰，獨本於陰虛血少，火失其制，乃上尅肺金，金不能舉清降之令，精微不徹於上下，滯而為痰作咳，治宜清肺，則邪自降，養血則火自平。故余於清金劑中，必兼養營為主。營者，血也；陰者，水也。潤下之德也。清金若不養營，如吹風滅火，風勢愈逆，烈熖愈生。清金養營者，為引水制火，沾濡瀰漫，烟氣永息。故桔梗、桑皮、貝母之類，清金之品也。生地、丹皮、當歸之類，養營之品也。而養營劑中，又以生地為第一，以生地治雜症之痰，則能障痰之道，能滯化痰之氣，且其力滋補，反能助痰之成。若加之虛勞劑中，則肺部喜其潤，心部喜其清，腎部喜其滋，肝部喜其和，脾部喜其甘緩而不冷不滑，故勞嗽骨蒸，內熱吐血咯血劑中，必無遺生地之理。除勞嗽初起，客邪未清，痰嗽盛時，亦暫忌生地滯泥。若表症既除，內熱蒸灼，非生地之清潤，以滋養化源，則生機將絶矣。若畏其滯而始終不用，乃是不明要義也。

茯苓：宜用。有為茯苓善滲下元，不足者忌之。非也。蓋茯苓為古松精華蘊結而成，入地最久，得氣最厚，其質重，其氣清，其味淡。重能培土，清能益金，淡能利水。惟其得土氣之厚，故能調三部之虛。虛熱、虛火、濕氣生痰，凡涉虛者皆宜之，以其質中和粹美，非他迅利尅伐者比也。夫金氣清降，自能開水之源。土氣調平，自然益氣之母。三臟既理，則水火不得憑淩，故一舉而五臟均調。又能為諸陰藥之佐，而去其滯，為諸陽藥之使，而宜其道，補不滯濇，洩不峻利，精純之品，無以過之。

黃芪：宜用。余嘗説建中之義，謂人之一身，心上腎下，肺右肝左，惟脾胃獨居於中。黃芪之質，中黃表白，白入肺，黃入脾，甘能補中，重能實表。夫勞倦虛勞之症，氣血既虧，中外失守，上氣不下，下氣不上，左不維右，右不維左，得黃芪益氣甘溫之品，主宰中州，中央旌幟一建，而五方失位之師各就其列，此建中之所由名也。故勞嗽久久失氣，氣不根於丹田，血隨氣溢，血既耗亂，氣亦飛揚，斯時也雖有人參回元氣於無何有之鄉，究竟不能固真元於不可拔之地，欲久安長治，非黃芪不可。蓋人參之補迅而虛，黃芪之補

重而實，故呼吸不及之際，芪不如參。若夫鎮浮定亂，返本還元，統氣攝血，實表充裏，其建立如墻壁之不可攻，其節制如將令之不可違，其饒益如太倉之不可竭，其禦邪扶正如兵家之前旌，中堅後勁不可動搖，種種固本收功之用，參反不如芪。故補虛以黃芪為墻垣，白术作基址。每見服參久久漸至，似有若無，雖運用有餘，終是浮弱不禁風浪。若用芪、术兼補，可至風雨不畏，寒暑不侵，向來體弱者不覺脫胎換骨，誠有見於此也。除勞嗽初起，中土大傷，氣大方盛，心肺雖失其和，脾胃猶主其事，此時只宜養榮為主，黃芪徹滯，尚宜緩投。若久病氣虛，肺失其制，脾失其統，上焉而飲食漸難，下焉而泄瀉頻作，此時若不用黃芪以建中，白术以實土，徒以沉陰降濁之品，愈傷上奉升騰之用，必無濟也。

白术： 宜用。初病審用。 虛勞初治，未有不以清金為第一義者。而清金之品，生地、阿膠、丹皮、白芍之外，又有如麥冬之清心保肺，元參之甘寒清火，為虛勞所必須。然有一種中土素弱之人，脾胃不實，並麥冬亦微惡其冷，元參亦且嫌其寒，久久漸妨飲食，漸陷中氣，於斯時也，又宜以培土調中為主。其法在雜症門中，用藥頗多，惟虛症內培土之劑，止有黃芪、白术、茯苓、山藥，有功而無過。夫虛勞之培土也，貴不損至高之氣，故二陳之燥，平胃之烈，固萬萬不可，即藊荳之健脾，苡仁之勝瘴，猶未免於走血，俱未盡善。若乃四味之中，茯苓、山藥雖沖和而無峻補，回生之力即芪、术二種並用，又以术為土部專經之劑，兼為益氣之品，故能培土以生金，而至高之部，胥有類也。夫术性微燥，於虛症似當緩投。然却喜其燥而不烈，有合中央之土德，且補土自能生金，如山岳之出雲蒸霧，降為雨露，以濡萬物，而何病燥之有哉？繆仲淳謂其燥能傷陰，殊不知傷陰為蒼术、厚朴之類，豈可以白术微燥中和之品同語耶？且治法收功之時，非培土則浮火終不歸根，知白术之功大矣。

柴胡： 酌用。 柴胡升清調中，平肝緩脾，清熱散火，理氣通血，出表入裏，黜邪輔正，開滿破結，安營扶衛。凡臟腑經絡，無所不宜。在虛勞初起，或為外感時邪，固為必須之品。至於七情所結，浸淫鬱滯，有待宣通，舍此柴、前二胡，則無有秉性純良出其右者矣。故每用些少以佐之，然後專用清源補斂之品，迺為十全。即其調理之人，中間或攖或感，亦必急用柴胡、防風、葛等味清徹之，然後仍用補斂，庶免關門捉賊之患。但其性升散，用者當中病即止，不可多用常用耳。更有女人抑鬱傷陰，與夫蓐勞之後，必當選用。蓋多鬱則傷元氣，柴胡平肝散鬱，功最捷也。後人因陳藏器一言忌用柴胡，遇內傷外感之症，將反用麻黃、紫蘇等味以散之耶。

陳皮： 偶用。 夫桔梗本以載氣上行，而氣火以平者，可見虛勞之氣，皆由於火侵肺也。若雜症之有胸膈氣滯，皆由於寒濕侵胃，故用陳皮之辛以利之，誠為至當。乃世醫不察虛勞雜症之分，但見胸口氣滯，輒以陳皮理氣，不知陳皮味辛而性燥，辛能耗肺氣之清純，燥能動陰虛之相火，本以理氣，氣反傷矣。惟清金之久，化源初動，脾氣未健，胃口漸覺涎多，可少加陳皮以快之，使中宮一清，未為不可。又或時氣偶來，脾胃濡瀉，亦可暫用數劑以清理之。然亦須去病則已，不宜常用。

蘇子： 不必用。 夫虛勞至火既乘金之氣，高而不降，治宜平其火而已，不必下其氣也。惟雜症之喘急而氣高者，有三子養親之說。而醫者混以治勞，以為得真，蘇子下之，則氣可平而火可降，喘可定而痰可消，不知其復也，必增劇矣。惟白前一味，為平喘之上品。凡擷肚擡肩，氣高而急，能坐而不能臥，能仰而不能俯者，用此以平之，取效捷而元氣不傷，大非蘇子可比。

枳殼： 不宜用。 虛勞施治曰清金曰安神，曰培土，曰調肝，曰益腎。而惟補之一字，徹乎終始，故火亦補，痰亦補，滯亦補，三焦、五臟六腑、十二經絡無所往而不宜補者，乃有謬妄之流，一見中氣塞滯，不究虛實，便用枳殼以伐之，不知虛勞治氣與雜症不同。其滯也，不可以利之，其高也，不可以下之，其治滿也，不可以破之，陳皮、蘇子已不當用，況枳殼、青皮乎？

杞子： 酌用。 虛勞之施治有次序，先以清金為主；金氣少肅，即以調脾為主；金土咸調，則以補腎要其終。故初治類多用元參、麥冬，漸次芪、术，終治牛膝、龜鹿膠、杞子之類，收功奏效，返本還元。凡屬陰虛，未有不以此為扼要者也。然杞子之性太溫，若君火未明，相火方熾，肺葉舉張之時，龍雷鼓動之後，投此劑則嗽必頻，熱必盛，溺必濇，血必湧溢而不可止。世醫每執杞子性涼之說，試問性若果涼，胡為興陽之驟耶？

當歸： 審用。 夫當歸之養榮，以佐清金也，尚矣。然其味未免於辛，其性未免於溫，雖有養血大功，亦為行血活血之品。故治吐血症者，宜待血勢既定，血絡稍固，君相二火咸調，然後以此大補腎水以收功。若執古人之論，謂當歸命名之義，使氣血各得其歸，不顧血症新久而用之，亦有誤處。

桂圓： 審用。 龍眼大補心血，功並人參。然究為濕熱之品，故肺有

鬱火，火亢而血絡傷者，服之必劇。世醫但知其補，而昧於清溫之別。凡遇虛勞心血衰少，夜臥不甯之類輒投之。殊不知肺火既清之後，以此大補心脾，信有補血安神之效？若肺有鬱伏之火服之，則反助其火；或正當血熱上沖之時，投此甘溫大補之味，則血勢必湧溢而加沖。不可不慎。

清・景日昣《嵩厓尊生全書》卷四　十劑用藥規矩譜　宣可去壅劑壅者，上膈病也。　有氣壅破利之宣法：嘔噦用薑、橘、藿、半者是。有痰壅吐涌之宣法：膈上熱痰，瓜蒂等吐者是。有鬱壅取嚏之宣法：中風口噤，用通關散者是。

通可去滯劑　有氣滯通之之法：木香、檳榔之類。有水滯通之之法：水病，木通、防己之類。有鬱滯通之之法：香附、撫芎之類。

補可去弱劑　有精弱味補之法：熟地、蓯蓉、羊肉之類。有形弱氣補之法：人參之屬。有五味各補臟之法：酸補肝，辛補肺，苦補心，甘補脾，鹹補腎。有臟性所欲補之之法：肝欲辛散，肺欲酸收，心欲鹹軟，腎欲苦堅，脾欲甘緩。

泄可去閉劑　有陽閉泄之之法：葶藶之屬利小便。有陰閉泄之之法：大黃之屬盪腸胃。有痛閉泄之之法：諸痛為實，痛隨利減，芒硝、大黃、牽牛、巴豆之屬。有結閉泄之之法：催生下乳，磨積逐水，破經洩氣，凡下□之法皆是。

輕可去實劑虛者，亦輕類也。　有風熱解表之法：麻黃湯、香蘇散類。有瘡毒解散之法：敗毒散、活命飲類。有諸解之法：熏洗、蒸灸、熨烙、刺砭、導引、按摩，皆汗法。

重可去怯劑實者，亦重類也。　有氣怯而浮，鎮神之法：喪神氣不守，用硃砂、寒水石之屬。有形怯涎潮，重墜之法：久嗽涎潮用礞石、海石之屬。

滑可去着劑膩者，亦滑類也。　有大腸氣着滑之之法：麻仁、郁李之屬。有小腸氣着，滑之之法：葵子、滑石之屬。有兩陰氣俱着，名曰三焦約，滑之之法：宜以滑劑潤養其燥，然後攻之。有氣虛着，滑之之法：蜜導法，後以潤劑養之。

澀可去脫劑酸者，亦澀類也。　有汗脫澀之之法：牡蠣、五倍、五味之屬。有腸脫澀之之法：肉果、訶皮、龍骨、粟殼之屬。有津脫澀之之法：口渴病，用五味、烏梅者是。有水脫澀之之法：便遺用益智。有精脫澀之之法：蓮蕊之屬。有血脫澀之之法：地榆、牡蠣。

燥可去濕劑乾者，亦燥類也。　有濕勝燥之之法：桑皮、茯苓之屬。有寒濕燥之之法：薑、附、胡椒之屬。有氣濕燥之之法：蒼朮、白朮之屬。有濕痰燥之之法：半夏、南星、蛤粉之屬。有濕熱燥之之法：黃連、黃栢、山梔之屬。苦屬火，亦燥劑。

濕可去枯劑潤者，亦濕類也。　有用辛化液之法：治津枯乾枯，當歸之屬。有用鹹濡潤之法：治皺揭，硝之屬。

清・景日昣《嵩厓尊生全書》卷四　藥性宜用譜

藥性	所養	所主
溫	養肝胆	主補
熱	養心神	主浮
濕濡潤	養脾陰	主潤
清涼輕淡者	養肺氣	主沉
寒	養腎精	主沉
燥	養脾陽	主通

藥味宜用譜

	五味	所入	所走	所養	所主	兼能
脾病禁	酸澀同	肝	筋	筋膜	收斂、收緩、收澀、收脫	斂散、斂熱、斂表、斂血
肺病禁	苦	心	血	血脉	涌泄、堅脆、燥濕、直行、降下、滲泄	解毒、養血、去垢開導、補陰
腎病禁	甘淡同	脾	肉	肌肉	緩滲、緩急、上行、發生、潤腸、補氣、補陽	利竅、滲泄、下行
肝病禁	辛	肺	氣	皮毛	散、散結、驅風	橫行、利竅、潤燥
心病禁	鹹滑同	腎	骨	骨髓	軟利、軟堅、凝結、治下	利竅、養竅

清・黃庭鏡《目經大成》卷上　增易景岳補、和、攻、散、寒、熱、固、因八陣小引：補方之制，補其虛也。凡氣虛者，宜補其上，人參、黃芪等是也。

精虚者，宜補其下，地黄、枸杞等是也。陽虚多寒，補而兼暖，附、桂、乾薑之屬。陰虚多熱，補而兼清，天、麥門冬、芍藥、生地之屬。有氣因精而虚，當補精化氣，而辛燥之品非所宜。精因氣而虚，當補氣以生精，而清凉之類萬毋用。又有陽失陰離、水衰火泛，須互相調燮。故善補陽者，必於陽中求陰，陽得陰助則生化無窮。善補陰者，必於陰中求陽，陰得陽升而泉源不竭。總而言之，以精氣分陰陽，則陰陽不可離，以寒熱分陰陽，則陰陽不容紊。知緩知急，知趨知避，則不惟用補，而八方之制皆可得而貫通矣。

和方之制，和其不和者也。蓋病兼虚者，補而和，兼滯者行而和，兼寒者溫和，兼熱者凉和。和之為義大矣，大難詳說，略指其當和與否。如陰虚於下，腰瘦目暗，和以滋益，忌四苓、通草、石斛諸湯而滲。陰虚於上，目赤乾欬，和以清潤，忌半夏、蒼朮、細辛等物而燥。陽虚於上，瞼浮膈飽，和以補，枳殼、厚朴、木香、檳榔禁用。陽虚於下，精奪視惑，和以固，黄栢、知母、梔仁、澤瀉勿投。大便常泄意，水穀混融，以牛膝、車前、木通、牽牛載利載滑，謬矣，當和以微熱。表邪雖解，謂汗過陽衰，以五味子、酸棗仁、黄芪、白朮且斂且收，早矣，當和以緩散。氣結實而迷悶，和以膠以膏，及甘膩食饌，恐滯而作痛，經閉久而發熱，和以二冬、二地，或黄芩、黄連，愈凝而不行。諸動者不宜再動，如胞紫睛紅及崩衄，血動也。瞼靨弦爛及痰嗽，濕動也。脹滿喘急，氣動也。遺精盗汗，神動也。血動惡辛香，濕動惡寒苦，氣動惡滯膩，神動惡散滑。凡性味之不醇，皆所當慎，其剛暴者盡在不言而喻也。諸靜者不宜再靜，如沉遲濡小，脈靜也。神昏氣怯，陽靜也。肌體清冷，表靜也。口腹畏寒，裏靜也。脈靜喜補益，陽靜喜升生，表靜喜溫暖，裏靜喜辛熱。凡品質之陰柔，皆所不欲，其苦寒者又在不問可知也。是故陽主動，以動濟動，火上添油，不焦爛乎。陰主靜，以靜益靜，雪上加霜，不戰慄乎。火在上，升而益熾。水在下，降而遂亡矣。已上所論，未必盡皆中節，然大旨悉寓於斯，不能當局主和，何醫之云。

寒方之制，為除熱也。據古方書，咸謂黄連清心，黄芩清肺，石斛、芍藥清脾，龍膽草清肝，黄栢清腎。今之學者皆從此，是亦膠柱法也。夫寒物均能瀉熱，豈有瀉此而不瀉彼者。但當分其輕清重濁，性力微甚，與陰陽上下之熱，相宜則善矣。如輕清者宜於上，枯芩、石斛、連翹、花粉之屬是也。重濁者宜於下，梔子、黄栢、龍膽草、滑石之屬是也。性力之厚者能清大熱，石膏、黄連、蘆薈、苦參、山豆根之屬。性力之緩者能清微熱，元參、貝母、桔梗、地骨皮之屬。大黄、硝石輩，去實鬱之熱。木通、澤瀉等，去癃閉之熱，兼攻而用。二冬、二地、梨漿、藕汁，去陰燥之熱。黄芪、白朮、人參、炙草，去陽虚之熱，兼補而用。方書之分經投藥，意正在此，然未及發明其旨耳。外如東垣升陽散火，此以表邪生熱者設，不得與於斯論。

熱方之制，為除寒也。寒之為病，有外來，有自生。如風邪犯於肌表，生冷傷於脾胃，陰寒中於藏府，謂之外來，由來者漸，形見者微。都無所感，莫測其因，謂之自生。高明之士，能以二陽為根本，常憂其衰敗，無妄侵伐，則自來之寒與外來之寒皆在術中。是固有熱方之備，以散兼熱者，散寒邪也，以行兼熱者，行寒滯也。以補兼熱者，補虚寒也。按症選方，間有不相投者，或未知宜忌耳。如乾薑能溫中，亦能散表，嘔洩無汗者宜之，多汗者忌。肉桂能行血，善達四肢，血滯多痛者宜之，失血者忌。吳茱萸暖下元，腹痛氣凝者極妙，然莫妙於南沉。肉豆蔻溫脾胃，飧泄滑利者最奇，終不奇於硫磺。胡椒溫胃和中，其類近於蓽茇。丁香止嘔行氣，其暖近乎砂仁。故其性降善閉，能納氣定喘，止滯濁泄瀉，氣短而怯者忌用。附子性走不守，能救急回陽，無處不到，非甘與潤劑相濟，太猛。再則氣虚症用香竄，見血症用辛味，皆不利之概也。雖然以熱治寒，陰陽相制，不嫌純一。若真寒者，略涉清凉便覺相妨，且宜急早圖，維以望挽回。必待勢不得已，盡熱投之，恐陰氣直中，元陽潛脫，死灰不可復燃矣。比醫每以假熱為真火，併前論俱不講究，沒字之碑，利如匕首，不知殺人多少。

攻方之制，攻其實也。凡攻氣者攻其聚，攻血者攻其瘀，攻積者攻其堅，攻痰者攻其急。火邪正盛，攻之未及，可以再進。攻之果當，不必雜補，蓋雜補便相牽制。再進則火勢乃衰。若病在陽攻陰，在陰攻陽，在表攻裏，在腑攻臟，虚則實攻，真作假攻，此自撤藩屏，引賊入寇，謂之妄攻。妄攻者必先脫元，元脫不悟，死無日矣。是故攻之一字，仁人所深忌，正恐其成之難，而敗之易耳。至如虚中有實，實中有虚，此又當酌其權宜，不在攻土則古。

散方之制，散表邪也。如麻黄、羌活，峻散者也。菊花、紫蘇，平散者也。細辛、桂枝、生薑，溫散者也。防風、荊芥、薄荷，涼散者也。蒼朮、獨活能走經，去濕而散。橘紅、前胡能清氣化痰而散。凡邪淺者忌峻，熱多者忌溫，氣弱寒怯者忌涼平。熱渴煩躁，寒熱往來，喜柴胡、乾葛，而嘔吐泄瀉者忌。寒

邪在上，宜附子、芎藭，而內熱炎升者忌。如此之類，進退無常，要在運用者轉變入彀耳。若夫以平兼清，自成溫散，以平兼暖，亦可溫經。宜溫者散之以熱，宜涼者散之以寒，當於各陣求之，不可刻舟於此。

固方之制，固其泄也。如久欬為喘，氣泄於上者，宜固肺。久遺成淋，精脫於下者，宜固腎。小水不禁固其膀胱，大便不禁固其腸胃。汗泄不止於皮毛固之，血泄不住於榮衛固之。淚流須固乙癸，眵流須固土金。因寒而泄者以熱固，因熱而泄者以寒固。然虛者可固，實者不可固；久者可固，暴者不可固。當固不固，溪流有時而涸；不當固而固，曲突終始然薪也。故錄固方，以固不固。

因方之制，因其相因為病，而可因藥而治也。如疔疽之毒可拔也，獨不可施之瘡痍。蛇口之患可解也，一定可愈其蜂尾。湯火糜爛肌膚，瘢可沒也，刀槍仍効。木石損傷肌骨，斷可續也，跌打無分。陽明之升麻，未有不走太陽、少陽，少陽之柴胡，未有不入太陽、陽明，觀仲景麻黃湯可得其意。夫麻黃性極峻利，太陽經陰邪在表，寒毒既深，非此不達，設與之治，陽明、少陽亦寒無不散。第恐性力太過，反傷元氣，又不若升麻、柴胡，故復有二方之制。非謂某經必須某藥，萬不可移易者也。由此推之，凡病之相因者皆可相因而藥，此陣之不必有也。而曰方以立法，法以制宜，無因那得有悟，此陣之不可無也。以不可無之方，備必宜有之陣，而治因其所因之病，是病為因，藥宜為因也。因固可自為政殿於八陣，允服輿情。

清・唐黌《外科選要》卷下　散品：凡藥之性輕虛者，諸臟腑皆能發散，是以不屬經絡也。

羌活　獨活　升麻　防風　荊芥　細辛　藁本　麻黃　秦艽　防己　牛蒡子　香薷　夏枯草　山豆根　五靈脂　射干　青蒿　葱白頭　漏蘆　蟬蛻

走品：凡藥之體重濁者，諸臟腑皆能走瀉，是以不屬經絡也。

川烏　草烏　三稜　莪术　威靈仙　穿山甲　葶藶　海藻　昆布　五加皮　撫芎　常山　青黛　巴豆　益母草　桑寄生

清・黃宮繡《本草求真》卷一　溫中　人身一小天地耳，天地不外陰陽五行以為健順，人身不外水火氣血以為長養。蓋人稟賦無偏，則水以附火，火以生水，水火既足，則氣血得資，而無虧缺不平之憾矣。惟其稟有不同，賦有各異，則或水衰而致血有所虧，火衰而致氣有所歉，故必假以培補。俾偏者不偏，而氣血水火，自爾安養而無病矣。第其病有淺深，症有輕重，則於補劑之中，又當分其氣味以求，庶於臨症免惑。如補之有宜於先天真火者，其藥必燥必(裂)〔烈〕，是為補火之味；補有宜於先天真水者，其藥必滋必潤，是為滋水之味；補有宜於水火之中而不敢用偏勝之味者，其藥必溫必潤，是為溫腎之味；補有宜於氣血之中而不敢用一偏之藥者，其藥必甘必溫，是為溫中之味；補有宜於氣血之中而不敢用過補之藥者，其藥必平必淡，是為平補之味。合是諸補以分，則於補劑之義，已得其概，又何必過為分別云。又按：萬物惟溫則生，故補以溫為正也。萬物以土為母，甘屬土，故補又以甘為貴也。土虧則物無所載，故補脾氣之缺陷，無有過於白朮。補肝氣之虛損，無有過於雞肉；補肺氣之痿弱，無有過於參、耆；補心血之缺欠，無有過於當歸。是皆得味之甘，而不失其補味之正也。其次補脾之味，則有如牛肉、大棗、飴糖、蜂蜜、龍眼、荔枝、鯽魚，皆屬甘溫，氣雖較與白朮稍純，然蜂蜜、飴糖則兼補肺而潤燥，龍眼則兼補心以安神，荔枝則兼補營以益血，惟有牛肉則能補脾以固中，大棗則能補脾以助胃，鯽魚則能補土以制水也。且繡嘗即補脾以思，其土之卑監而不平者，不得不藉白朮以為培補。若使土乾而燥，能無滋而潤乎？是有宜於山藥、人乳、黃精、猪肉之屬是也。土濕而凝，能無燥而爽乎？是有宜於白蔻、砂仁之屬是也。土潤而滑，能無澀而固乎？是有宜於蓮子、芡實、肉蔻之屬是也。土鬱而結，能無疏而醒乎，是有宜於木香、甘松、藿香、菖蒲、胡荽、大蒜之屬是也。土浸而傾，能無滲而利乎？是有宜於茯苓、扁豆、山藥、鯽魚之屬是也。土鬱而蒸，能無清而利乎？是有宜於薏苡仁、木瓜、白鮮皮、蚯蚓、紫貝、皂白二礬、商陸、郁李之屬是也。土寒而凍，能無溫而散乎？是有宜於乾薑、附子之屬是也。土敦而阜，能無通而泄乎？是有宜於硝、黃、枳實之屬是也。土崩而解，能無升而舉乎？是有宜於參、耆、甘草之屬是也。凡此皆屬補脾之味，然終不若甘溫補脾之為正耳。【略】

平補　精不足而以重味投補，是虧已在於精，而補不當用以平劑矣！氣不足而以輕清投補，是虧已在於氣，而補亦不當用以平劑矣。惟於補氣而於血有損，補血而於氣有窒，補上而於下有礙，補下而於上有虧，其症似虛非虛，似實非實，則不得不擇甘潤和平之劑以進。如葳蕤、人乳，是補肺陰之至

平者也。山藥、黃精、羊肉、猪肉、甘草，是補脾陰之至平者也。柏子、合歡皮、阿膠，是補心陰之至平者也。冬青子、桑寄生、桑螵蛸、狗脊，是補肝腎陰之至平者也。燕窩、鴿肉、鴨肉，是補精氣之至平者也。但阿膠、人乳，則令肝腎與肺而皆潤，合歡則令脾陰五臟而皆安。山藥則令肺腎而俱固，桑螵蛸則能利水以交心，至於倉米、扁豆，一能養胃以除煩，一能舒脾以利脾，皆為輕平最和之味，餘則兼苦、兼辛、兼淡，平雖不失，而氣味夾雜，未可概作平補論耳。【略】

補火　按李時珍云：命門為藏精係胞之物，其體非脂非肉，白膜裹之，在脊骨第七節兩腎中。此火下通二腎，上通心肺，貫腦，為生命之原，相火之主，精氣之府，人物皆有。生人生物，俱由此出。又按汪昂謂，人無此火，則神機滅息，生氣消亡。趙養葵謂，火可以水折，惟水中之火不可以水折，故必擇其同氣招引歸宅，則火始不上浮而下降矣！此火之所由補也，第世止知附桂為補火之最，硫黃為火之精，越外毫不計及，更不知其附桂因何相需必用。詎知火衰氣寒而厥，則必用以附子。火衰血寒腹痛，則必用以肉桂。火衰寒結不解，則必用以硫黃。火衰冷痹精遺，則必用以仙茅。火衰疝瘕偏墜，則必用以胡巴。火衰氣逆不歸，則必用以沉香。火衰腎泄不固，則必用以補骨脂。火衰陽痿血瘀，則必用以陽起石。火衰風冷麻痹，則必用以淫羊藿。火衰風濕瘡癢，則必用以蛇床子。火衰臟寒蠱生，則必用以川椒。火衰氣逆呃起，則必用以丁香。火衰精涎不攝，則必用以益智。至於陽不通督，須用鹿茸以補之。火不交心，須用遠志以通之。水竅不開，須用鍾乳石以利之。氣虛喘乏，須用蛤蚧以禦之。精滑不禁，須用阿芙蓉以濇之。皆當隨症酌與，不可概用。若使水火並衰，及或氣陷不固，陰精獨脱，尤當切禁，否則禍人反掌。

清・黃宫繡《本草求真》卷二　滋水　馮楚瞻曰：天一生水，故腎為萬物之原，乃人身之寶也。奈人自伐其原，則本不固，而勞熱作矣。熱則精血枯竭，憔悴羸弱，腰痛足酸，自汗盜汗，發熱咳嗽，頭暈目眩，耳鳴耳聾，遺精便血，消渴淋瀝，失音喉瘡舌燥等症，靡不因是悉形，非不滋水鎮火，無以制其炎爍之勢。繡按：滋水之藥，品類甚多，然終不若地黃為正。蓋地黃性溫而潤，色黑體沉，可以入腎滋陰，以救先天之精。至於氣味稍寒，能佐地黃以除骨蒸、痞瘧之症者，則有龜板、龜膠，膠則較板而更勝矣，佐地黃補肌澤膚，以除枯竭之症者，則有人乳、猪肉，肉則較乳而有別矣。佐地黃以通便燥之症者，則有火麻、胡麻，胡麻則較火麻而益血矣。至於水虧而目不明，則須佐以枸杞；水虧而水不利，胎不下，則有佐於冬葵子、榆白皮。水虧而風濕不除，則有佐於桑寄生；水虧而心腎不交，則有佐於桑螵蛸、龜板；水虧而陰痿不起，則有佐於楮實；水虧而筋骨不健，則有佐於冬青子；水虧而精氣不足，則有佐於燕窩；水虧而血熱吐衄，則有佐於乾地；水虧而堅不軟，則有佐於食鹽；水虧而虛怯不鎮，則有佐於磁石；水虧而氣不收及血不行，則有佐於牛膝。水虧而噎膈不食，則有治於黑鉛，但黑鉛為水之精。凡服地黃而不得補者，須用黑鉛鎮壓，俾水退歸北位，則於水有補，然必火勝水涸，方敢用此以為佐，若使水火並衰，則又當佐性溫以暖腎臟，否則害人不輕。【略】

溫腎　腎虛而在於火，則當用辛用熱，腎虛而在於水，則當用甘用潤，至於水火並衰，則藥有難兼施。惟取其性溫潤，與性微溫力耑入腎者以為之補，則於水火並虧之體，自得溫潤調攝之宜矣！按地黃體潤不溫，因於火日蒸晒而溫，實為補水溫腎要劑，其藥自屬不易。然有肝腎虛損，氣血凝滯，不用杜仲、牛膝、續斷以通，而偏用肉桂、陽起石以燥。風濕內淫，不用巴戟天、狗脊以溫，而偏用淫羊藿、蛇床子以燥。便結不解，不用蓯蓉肉、鎖陽以溫而偏用火麻、枸杞、冬葵子以潤。遺精滑脱，不用菟絲子、覆盆子、山茱萸、胡桃肉、肖肖葡萄等藥以收，而偏用粟殼、牡蠣等藥以進。軟堅行血，不用海狗腎溫暖以潤，而偏用食鹽、青鹽鹹寒以投。補精益血，不用麋茸、鹿膠、犬肉、紫河車、何首烏等藥以溫，而偏用硫黃、沉香以勝。鬼疰蠱毒，不用獺肝溫暖以驅，而偏用川椒、烏梅以制。凡此非失於燥，而致陰有所劫，即失於寒而致火有所害，豈溫暖腎臟之謂哉？噫，誤矣！【略】

溫濇　收者，收其外散之意。濇者，濇其下脱之義。如發汗過多，汗當收矣！虛陽上浮，陽當收矣！久嗽亡津，津當收矣！此皆收也。泄痢不止，泄當固矣。小便自遺，遺當固矣！精滑不禁，精當固矣！固即濇也。《十劑篇》云：濇可去脱，牡蠣、龍骨之屬是也。凡人氣血有損，或上升而浮，下泄而脱，非不收斂濇固，無以收其亡脱之勢，第人病有不同，治有各異。陽旺者陰必竭，故脱多在於陰，陰盛者陽必衰，故脱多在於陽。陽病多燥，其藥當用以寒，陰病多寒，其藥當用以溫，此定理耳。又按溫以治寒，濇以固

脱，理雖不易，然亦須分臟腑以治。如蓮子、肉豆蔻是治脾胃虚脱之藥也，故泄瀉不止者最宜。蓮鬚是通心交腎之藥也，為心火摇動，精脱不固者最佳。補骨脂、肖肖葡萄、阿芙蓉、沒石子、沉香、芡實、石鍾乳、胡桃肉、靈砂是固腎氣之藥也，為精滑腎泄者最妙。但補骨脂則兼治腎泄瀉，葡萄則兼起陽稀痘，阿芙蓉則耑固濇收脱，沒石子、沉香則耑降氣歸腎，芡實則兼脾濕並理，石鍾乳則兼水道皆利，胡桃肉則兼腸肺俱潤，靈砂則合水火並降也。他如菟絲、覆盆，性雖不濇，而氣溫能固。木瓜酸中帶濇，醒脾收肺有功。烏梅斂肺濇腸，訶子收脱止瀉，清痰降火。赤石脂固血久脱，治雖不一，然要皆屬溫濇固脱藥耳。惟有禹餘糧、柿蒂性屬濇平，與於體寒滑脱之症，微有不投，所當分別異視。【略】

寒濇　病有寒成，亦有熱致。寒成者固當用溫，熱成者自當用寒，如五棓子百草煎，其味雖曰酸濇，而性實寒不溫，為收肺虚火浮之味，故能去嗽止痢。除痰定喘，但百草煎則較倍子而鮮收耳！牡蠣性耑入腎固脱，化痰軟堅，而性止專入腎而不入肝，龍骨入肝斂氣，收魂固脱。凡夢遺驚悸，是其所宜，而性不及入腎，各有專治兼治之妙耳。至於粟殼，雖與五倍入肺斂氣濇腸相似，而粟殼之寒，則較倍子稍輕。粟殼之濇，則較倍子更甚，故寧用粟而不用倍也。粳米氣味甘凉，固中除煩，用亦最妙。若在蛤蜊粉氣味鹹冷，功專解熱化痰固肺，及秦皮性亦苦寒，功耑入肝除熱，入腎濇氣，亦宜相其熱甚以行，未可輕與龍骨、牡蠣、粟殼微寒之藥為比也。【略】

收斂　酸主收，故收當以酸為主也。然徒以酸為主，而不兼審陰陽虚實以治，亦非得乎用酸之道矣！故酸收之藥，其類甚多，然大要性寒而收者，則有白芍、牡蠣、粟殼、五倍子、百草煎、皂白二礬。其收兼有濇固，而白芍則但主收而不濇耳。性溫與濇而收者，則有五味、木瓜、烏梅、訶子、赤石脂等味。但五味則專斂肺歸腎，濇精固氣。木瓜則專斂肺醒脾，烏梅則專斂氣濇腸，訶子則專收脱止瀉，清痰降火。赤石脂則專收脱止血也。若在金櫻，雖為濇精要劑，然徒具有濇力，而補性絕少。山茱萸溫補肝腎，雖為收脱固氣之用，而收多於濇，不可分別而異施耳。【略】

鎮虚　虚則空而不實，非有實以鎮之，則易覆矣。虚則輕而易敗，非有實以投之，則易墜矣。故重墜之藥，亦為治病者所必需也。然用金石諸藥以治，而不審其氣味以別，亦非治病通活之妙。故有熱者，宜以凉鎮，如代赭石、珍珠之治心、肝二經熱驚。辰砂之清心熱，磁石之治腎水虚怯，龍骨、龍齒之治肝氣虚浮是也。有寒者宜以熱鎮，如雲母石之能溫中去怯，硫黃之能補火除寒，通便定驚是也。寒熱俱有者，宜以平鎮，如禹餘糧、金銀薄、鐵粉、密陀僧之屬是也。但禹餘糧則兼止脱固泄，金銀薄則兼除熱祛風。鐵粉則兼療狂消癰。皆借金性平木。密陀僧則兼除積消熱滌痰也，其一鎮墜，而藥品氣味治用各自有別，其不容紊如此。然要病有外邪，不可輕投，寒邪得鎮而愈固耳。

清・黃宫繡《本草求真・散劑》卷三　散寒　凡病傷於七情者宜補，傷於六淫者宜散、宜清。傷於七情者宜補，則補自有輕重之分，先天後天之别。傷於六淫者宜散，則散自有經絡之殊，邪氣之異，如輕而淺者，其邪止在皮毛，尚謂之感，其散不敢過峻。若至次第傳變，則邪已在於經，其散似非輕劑可愈，迨至愈傳愈深，則邪已入不毛，其邪應從下奪，又非散劑所可愈矣！是以邪之本乎風者，其散必謂之驅，以風善行數變，不驅不足禦其奔迅逃竄之勢也。邪之本於寒者，其散止謂之散，以寒凝結不解，不散不足啟其冰伏否塞之象也。邪之得於霧露陰寒之濕者，其邪本自上受，則散當從上解，而不得以下施。邪之漸鬱而成熱者，其散當用甘平辛平，而不可用辛燥。至於邪留於膈，欲上不上，欲下不下，則當因高而越，其吐之也必宜。邪固於中，流連不解，則當從中以散，其溫之也必便。若使邪輕而感，有不得用峻劣之藥者，又不得不用平淡以進，俾邪盡從輕散，而不致有損傷之變，此用散之概也。又按陰盛則陽微，陽勝則陰弱，凡受陰寒肅殺之氣者，自不得不用辛熱以治，惟是邪初在表，而表尚有表中之表以為區别。如邪初由皮毛而入太陽，其症必合肺經並見，故藥必先用以麻黃以發太陽膀胱之寒，及或佐以杏仁、生薑入肺，并或止用桔梗、紫蘇、葱管、黨參入肺之味以進，但杏仁則耑入肺散寒下氣止喘，生薑則耑入肺辟惡止嘔，葱管則耑入肺發汗解肌，桔梗則耑入肺開提肺中風寒載藥上浮。黨參本於防風、桔梗偽造，則其氣味亦即等於防風、桔梗以疎肺氣。至於細辛、蔓荊雖與諸藥同為散寒之品，然細辛則宣腎經風寒，蔓荊則除筋骨寒濕及發頭面風寒，皆非太陽膀胱耑藥及手太陰肺經藥耳。他如白蔻、蓽茇、良薑、乾薑、川椒、紅豆蔻氣味辛熱，並薰香氣味辛平，與馬兜鈴、紫白石英、冬花、百部氣味辛溫，雖於肺經則治，然終非屬入肺耑品，所當分別而異視者也。【略】

驅風　風為陽邪，寒為陰邪，風屬陽，其性多動而變，寒屬陰，其性多靜而守，故論病而至於風，則症變遷而莫禦。論藥而至於風，則其藥亦變遷而莫定矣。如肝屬風，病發於風，則多由肝見症，乃有風不在肝，而偏在於肌肉之表，症見惡風自汗之當用桂枝以解其肌。風在太陽膀胱，症見遊風攻頭之當用以羌活，症見一身骨痛之當用以防風，症見風攻巔頂之當用以藁本者，有如斯矣。且有風在少陰腎經，症見伏風攻頭之當用以獨活，症見口乾而渴之當用以細辛。與風在骨髓，症見痰迷竅閉之當用以冰片，風在皮膚、骨髓，症見驚癇疥癩之當用以白花蛇。風在關節，症見九竅皆閉之當用以麝香，症見風濕痹痛之當用以茵芋。風在經絡，症見瘡瘍癰腫之當用以山甲，症見痰涎壅塞之當用以皂角。風在十二經絡，症見頑痹冷痛之當用以威靈仙。風在腸胃，症見惡瘡腫毒之當用以肥皂，風在陽明胃經，症見頭面諸疾之當用以白附、白芷者，又如此矣。更有風熱在肺，症見鼻塞、鼻淵之當用以辛夷，症見目翳眩暈之當用以甘菊，症見惡寒發熱無汗而喘之，當用以杏仁，症見癰腫瘡毒之當用以牛蒡，症見喘嗽體腫之當用以白前者，又如此矣。至於風已在肝，而症又挾有濕，則如秦艽既除腸胃濕熱，又散肝經風邪，浮萍既入肝經散風，復利脾經之濕。海桐皮以療風濕諸痛，豨薟草以治麻木痛冷，蒼耳子以治皮膚瘡癬，通身周痹。巴戟、狗脊、寄生以強筋骨之類，而萎蕤、萆薢、茵芋、白芷、白附之偕。風濕而治，可類推矣。風已在肝，而症見有熱成，則如全蝎之治胎風發搐，鈎藤之治驚癇瘛瘲，蟬蜕之治皮膚癮疹，薄荷之治咽喉口齒，石楠葉之能逐熱堅腎，決明子、木賊、蕤仁之治風熱目翳之類，而辛夷、冰片、牛蒡之偕風熱以理，又可想矣。風病在肝而症見有痰氣，則如南星之散經絡風痰，天麻之治肝經氣鬱虛風，川芎之散肝經氣鬱之類，而麝香之偕，痰氣並理，又可思矣。風病在肝而症見有風毒，則有如蛇蜕之能殺蟲辟惡，蜈蚣之能散瘀療結之類，而山甲、草烏、牛蒡、肥皂之偕風毒以理，又其餘矣。風病在肝而更見有寒濕之症，則有宜於蔓荊、殭蠶、五加皮、烏尖附之類，但其功用治效，則有殊矣。風病在肝而症見有骨痿不堅之症，則有宜於虎骨、虎膠之類，但其氣味緩急，則有間矣。至於風病在肝而症見有肌膚燥熱，則不得不用荊芥以達其膚而疎其血。風病在肝而症見有瘡疥目赤，則不得不用蒺藜以散其風而逐其瘀。風病在肝而症見有濕熱燥癢，則不得不用蕪荑以泄其濕，要皆隨症審酌以定其趨。但其理道無窮，變化靡盡，其中旨趣，在於平昔細為體會，有非倉卒急迫所能得其精微也。【略】

散濕　《經》曰：半身以上，風受之也。半身以下，濕受之也。然有濕不下受，而濕偏從上感，則濕又當上治。蓋濕無風不行，如風在上，其濕從風以至者，則為風濕。是風是濕，非散不愈也。濕值於寒，寒氣慄冽，其濕由寒至者，則為寒濕，是寒是濕，亦非由散不除也。且有好食生冷，留滯腸胃，合於雨露感冒，留結不解，隨氣勝復，變為寒熱，以致頭重如裹，皮肉筋脉，皆為濕痹，則不得不從開發，以泄其勢。然散濕之藥不一，有止就濕而言散者，如蒼术之屬是也。有因風濕而言散者，如白芷、羌活、獨活、防風、寄生、萎蕤、秦艽、巴戟、狗脊、靈仙、海桐皮、豨薟草、蒼耳子、萆薢、茵芋之屬是也。有就寒濕而言散者，如五加皮、天雄、蔓荊子、殭蠶、細辛之屬是也。有兼風熱而言散者，如蕪荑之屬是也。有就熱濕而言散者，如香薷之屬是也。有就痰濕而言散者，如半夏之屬是也。至濕而在胸腹，症見痞滿，宜用川朴以散之。濕在肌肉，症見膚腫，宜用排草以洗之。濕在腸胃，挾風而見攣拘痹痛，宜用秦艽以除之。濕在筋骨而見頭面不利，宜用蔓荊子以治之，此皆就表就上，受濕論治，故以散名。若使濕從下受，及已內入為患，則又另有滲濕、瀉濕諸法，而非斯藥所可統而歸之也。【略】

散熱　熱自外生者，宜表宜散。熱自內生者，宜清宜瀉。熱自外生而未盡至於內者，宜表宜散。熱自內成而全無表症者，宜攻宜下。凡人感冒風寒，審其邪未深入，即當急撤其表，俾熱仍從表解。不得謂熱已成，有清無散，而不用表外出也。第熱之論乎散者，其法不一：有止就熱以言散者，如升麻之升諸陽引熱外出，乾葛之升陽明胃氣引熱外出，柴胡之升少陽膽熱外出，淡豆豉之升膈熱外出，夏枯草之散肝熱外出，野菊花之散肝肺熱外出也。有合風熱以言散者，如辛夷能散肺經風熱，冰片能散骨蒸風熱，木賊能散肝膽風熱，蕤仁、決明子、爐甘石、薄荷能散肝經風熱也。有合濕熱而言散者，如蕪荑能散皮膚骨節濕熱，香薷能散肺胃心濕熱是也。有就風火熱毒而言散者，如蟾蜍、蟾酥之能升拔風火熱毒外出是也。有就血熱而言散者，如石灰能散骨肉皮膚血熱，穀精草能散肝經血熱也。至於熱結為痰，有藉吐散，如木鱉則能引其熱痰成毒結於胸膈而出，瓜蒂則能引其熱痰結於肺膈而出，膽礬則能引其風熱之痰亦結在膈而出也。若使表症既罷，內症已備，則又另有法在，似無庸於瑣贅。【略】

吐散　邪在表宜散，在裏宜攻，在上宜吐，在中下宜下，反是則悖矣！昔人謂邪在上，因其高而越之。又曰：在上者涌而吐之是也。但吐亦須分其所因所治以為辨別：如常山、蜀漆，是吐積飲在於心下者也。藜蘆、皂白二礬、桔梗、蘆、皂角，是吐風痰在於膈者也。生萊菔子是吐氣痰在於膈者也。烏尖附是吐濕痰在於膈者也。胡桐淚是吐腎、胃熱痰上攻於膈而見者也。梔子、瓜蒂是吐熱痰聚結於膈而成者也。砒石是吐寒痰在於膈者也。至於膈有熱毒，則有木鱉、青木香以引之。痰涎不上，則有燒鹽以涌之，但吐藥最峻，過用恐於元氣有損。況砒石、木鱉，尤屬惡毒，妄用必致生變，不可不慎。

清・黃宮繡《本草求真》卷四　溫散　熱氣久積於中，自當清涼以解，寒氣久滯於內，更當辛溫以除，故溫散之味，實為中虛寒滯所必用也。然中界乎上下之間，則治固當以中為主，而上下亦止因中而及，是以溫以守內而不凝。散以行外而不滯，溫散並施，而病不致稍留於中而莫禦矣！第不分辨明晰，則治多有牽混不清，如縮砂密、木香、香附、乾薑、半夏、胡椒、吳茱萸、使君子、麥芽、松脂，皆為溫中行氣快滯之味，然縮砂密則止暖胃快滯；木香則止疎肝醒脾；香附米則止開鬱行結，活血通經；半夏則止開痰逐濕；乾薑則止溫中散寒；胡椒則止溫胃逐痰除冷；吳茱萸則止逐肝經寒氣，上逆腸胃；使君子則止燥胃殺蟲；麥芽則止消穀磨食；松脂則止祛風燥濕，而有不相兼及者也。至於溫中而兼及上，則有如蓽撥之散胸腹寒逆；藿香之醒脾辟惡，寬胸止嘔；菖蒲之通心開竅，醒脾逐痰；玄胡索之行血中氣滯，氣中血滯；安息香之通活氣血；各有耑司自得之妙。溫中而兼及下，則有如益智之燥濕逐冷，溫腎縮泉；蛇床子之補火宣風，燥濕；蒺藜之祛肝腎風邪；大小茴之逐肝腎沉寒痼冷；各有主治獨得之趣。溫中而兼通外，則有草菓之溫胃逐寒，辟瘴辟瘧；蘇合香、樟腦、大蒜、山柰、甘松、排草之通竅逐邪殺鬼；白檀香之逐冷除逆，以引胃氣上升；良薑、紅豆蔻之溫胃散寒；艾葉之除肝經沉寒痼冷，以回陽氣將絕；胡荽之通心脾、小腹辟惡發痘；烟草之通氣爽滯，辟瘴除惡；白芥子之除脇下及皮裏膜外之風痰；石灰之燥血，止血散血；烏藥之治氣逆，胸腹不快；各有其應如響之捷。溫中而至通上徹下，則有如丁香之泄肺暖胃，燥腎止呃；川椒之補火溫臟，除寒殺蟲；各有氣味相投之宜。若使溫中獨見於上，則有如草豆蔻之逐胃口上之風寒，止當心之疼痛；薰草之通氣散寒，辟惡止痛；其效俱不容掩。且溫中而獨見於上下，則有如薤之通肺除痹，通腸止痢，其效又屬不泯。其一溫中，而氣味各殊，治效各別，有不相同如此。然繡竊謂溫中之味，其氣兼浮而升，則其散必甚。溫中之味，其氣兼沉而降，則其散甚微。溫中其氣既浮，而又表裏皆徹，則其散更甚而不可以解矣！是以丁香、白蔻之降，與於草豆蔻、白檀之升，絕不相同，即與縮砂密之散，木香之降，亦且絕不相似。良薑氣味過散，故止可逐外寒內入，而不可與乾薑溫內同比。藿香氣味稍薄，故止可除臭惡嘔逆，而不可與木香快滯並議。烏藥徹上徹下，治氣甚於香附，故為中風中氣所必需。薤白氣味辛竄，行氣遠駕木香，故為胸痹腸滯所必用。凡此是溫是散，皆有義理，錯綜在人細為體會可耳！【略】

平散　藥有平補，亦有平散。補以益虛，散以去實。虛未甚而以重劑投之，其補不能無害，實未甚而以重劑散之，其散更不能無害矣。如散寒麻黃，散風桂枝，散濕蒼朮，散熱升葛，散暑香薷，散氣烏藥，皆非平者也，乃有重劑莫投。如治風與濕，症見疥癬周痹，止有宜於蒼耳子。症見瘙癢消渴，止有宜於蠶砂。症見麻木冷痛，止有宜於豨薟。症見膚癢水腫，止有宜於浮萍。症見目翳疳蝕，止有宜於爐甘石。皆能使其風散濕除。又如治風與熱，症見目翳遮睛，爛弦胞腫，止有宜於甘菊、蕤仁、木賊。症見風熱蒸騰，腎陰不固，止有宜於石南葉。皆能使其風熄熱退。又如治寒與熱，症見咳嗽不止，止有宜於冬花。症見頭面風痛，止有宜於荷葉。症見肺熱痰喘，聲音不清，止有宜於馬兜鈴。症見寒燥不潤，止有宜於紫、白石英。症見肝經鬱熱不散，止有宜於夏枯草。症見風寒濕熱腳氣，止有宜於五加皮。症見風寒痰濕，止有宜於殭蠶。皆能使其寒熱悉去。至於治氣，則又止用橘皮之宣肺燥濕，青皮之行肝氣不快，神麯之療六氣不消，檳榔、大腹皮之治胸腹(疫)[痞]脹，白及之散熱毒而兼止血，野菊花之散火氣。癰毒疔腫，瘰癧目痛，青木香之除風濕，惡毒氣結，皆能使其諸氣悉消。凡此藥雖輕平，而用與病符，無不克應，未可忽為無益而不用也！

清・黃宮繡《本草求真》卷五　滲濕　病之切於人身者，非其火之有餘，即其水之不足，火衰則水益勝，水衰則火益熾。昔人云：火偏盛者，補水配火，不必去火，水偏多者，補火配水，不必去水，譬之天乎？此重彼輕，其重

於一邊者勿補，則衹補足輕者之一邊也！決不鑿去砝馬。審是則凡水火偏勝，決無鑿去砝馬用瀉之理，惟是稟體素厚，臟氣偏勝，并或外邪內入，阻遏生機，如濕氣流行，土受水制，在初濕氣內盛，能毋滲而泄乎？久而水氣橫逆，泛流莫禦，能無決而去乎。此水之宜滲、宜瀉者然也。火氣內熾，一火發動，眾火齊起，衝射搏擊，莫可名狀，此火之不得不瀉者也。熱氣內蒸，水受煎熬，苟不乘勢即解，則真陰立槁，此又熱之不得不瀉者也。至於或熱或火，結而為痰，或熱或火，盈而為氣，痰之微者，或從滲濕、瀉濕之藥以去。若使痰甚而湧，宜用苦寒苦鹹之藥以降。氣之微者，或用瀉火、瀉熱之藥以消。若使氣盛而迫，須用苦寒、苦劣之藥以下。其有稟受素虧，邪氣不甚，則止酌以平劑以投，不可概用苦寒，以致胃氣有損。又按濕為陰邪，凡人坐臥卑地，感受濕蒸，及或好食生冷，遏其元陽，鬱而為熱，在初受邪未深，不必竟用重劑，惟取輕淡甘平以滲。然滲亦須分其臟腑，如扁豆、山藥、陳倉米、茯苓、浮萍、通草、鴨肉、鯽魚、鯉魚、澤蘭，是滲脾胃之濕者也。但茯苓則兼肺腎以同治，通草則止合腎以共理，鯽魚則止合腎以皆滲，故暑濕薰蒸，三焦混亂，宜用扁豆以除之。胃氣不平，煩渴不止，宜用倉米以止之。脾虛熱泄，宜用山藥以滲之。水腫不消，宜用浮萍以利之。淋閉不通，宜用通草以開之。腸風下血，膈氣吐食，宜用鯽魚以理之。陳氣不化，宜用澤蘭以去之。虛癆嗽腫，宜用鴨肉以平之。腫嗽泄瀉，宜用茯苓以利之。水腫腳氣，宜用鯉魚以治之。又如榆白皮、冬葵子、神麴、石鍾乳，是滲腸胃之濕者也。故五淋腫滿，胎產不下，宜用榆白皮、冬葵子以服之。乳汁不通，宜用石鍾乳以通之。又如茯神、萱草，是滲心經之濕者也，故驚悸健忘，水濕內塞，宜用茯神以利之。消渴心煩，宜用萱草以釋之。他如腎有邪濕，症見心氣不交，則有桑螵蛸以治之。症見楊梅毒結，則有土茯苓以導之，但土茯苓則兼諸臟之濕同理。肺有邪濕，汗閉不泄，則有薑皮以發之。肺氣不降，則有通草以通之。肝有邪濕，而見子腫風痨，則用天仙藤以治之。至於濕熱稍勝，藥非輕劑可治，則又另有瀉劑，而非斯藥所能盡者也。【略】

瀉濕　瀉濕與滲濕不同，滲濕者，受濕無多，止用甘平輕淡，使水緩滲，如水入土，逐步滲泄。漸漬不驟，瀉濕者，受濕既多，其藥既須甘淡以利，又須鹹寒以瀉，則濕始從熱解，故曰瀉濕。然瀉亦須分其臟腑，如濕在肺不泄，宜用薏苡仁、黑牽牛、車前子、黃芩、白薇之類。但薏苡仁則治水腫濕痹，疝氣熱淋。黑牽牛則治腳氣腫滿，大小便秘。黃芩則治癃閉腸澼，寒熱往來。車前子則治肝肺濕熱以導膀胱水邪。白薇則治淋痹酸痛，身熱肢滿之為異耳！如濕在於腸胃不瀉，宜用木瓜、白鮮皮、蚯蚓、白礬、寒水石之類。但木瓜則治霍亂泄瀉轉筋，濕熱不調。白鮮皮則治關竅閉塞，溺閉陰腫。蚯蚓則治伏熱鬼疰，備極熱毒。白礬則能酸收湧吐，逐熱去沫。寒水石則能解熱利水之有別耳。如濕在於腸胃不清，宜用扁蓄、茵陳、苦參、刺蝟皮之類，但扁蓄、苦參則除濕熱殺蟲。茵陳則除濕熱在胃發黃。刺蝟皮則治噎膈反胃之不同耳。如濕在心不化，宜用燈草、黃連、木通、連翹、珍珠、苦楝子之類，但燈草則治五淋伏熱。黃連則治實熱濕蒸。木通則治心熱水閉。連翹則治癰毒淋結。珍珠則治神氣浮游，水脹不消。苦楝子則治熱鬱狂燥，疝瘕蠱毒之有分耳。若在小腸濕閉而見淋閉莖痛，則有海金沙以除之，溺閉腹腫，則有赤小豆以利之。娠妊水腫，則有赤茯苓以導之。膀胱濕閉而見水腫風腫，則有防己以泄之。暑濕內閉，則有豬苓以宣之。小便頻數，則有地膚子以開之。水蓄煩渴，則有澤瀉以治之。實熱熾甚，則有黃蘗以瀉之。暑熱濕利，則有滑石以分之，他如腎有邪濕，症見血瘀溺閉，則有宜於琥珀、海石矣。症見水氣浮腫，則有宜於海蛤矣。症見痔漏淋渴，則有宜於文蛤矣！而寒水石、苦參之能入腎除濕，又自可見。肝有邪濕，症見驚癇疫瘧，則有宜於龍膽矣！症見風濕內乘，小便痛閉，則有宜於萆薢矣！而連翹、珍珠、琥珀之能入肝除濕，又自可推。凡此皆屬瀉濕之劑也，至於水勢泙湃，盈科溢川，則又另有法在，似不必於此瑣贅云。【略】

瀉水　瀉水者，因其水勢急迫，有非甘淡所可滲，苦寒所可瀉，正如洪水橫逆，迅利莫禦。必得極辛、極苦、極鹹、極寒、極陰之品，以為決瀆，則水始平，此瀉水之說所由起也。然水在人臟腑，本自有分，即人用藥以治水勢之急，亦自有別，如大戟、芫花、甘遂同為治水之藥矣！然大戟則瀉臟腑水濕，芫花則通裏外水道，蕘花則瀉裏外水濕，甘遂則瀉經隧水濕也。葶藶、白前同為入肺治水劑矣。然葶藶則合肺中水氣以為治，白前則搜肺中風水以為治也。商陸入脾行水，功用不減大戟，故仲景牡蠣澤瀉湯用之。海藻、海帶、昆布氣味相同，力專泄熱散結軟堅，故瘰癧瘕疝隧道閉塞，其必用之。螻蛄性急而奇，故能消水拔毒。田螺性稟至陰，故能利水以消脹。續隨子有下氣之速。凡積聚脹滿諸滯，服之立皆有效。紫貝有利水道通瘀之能，故於水腫

蠱毒目翳，用之自屬有功。至於瞿麥瀉心，石韋清肺，雖非利水最峻，然體虛氣弱，用亦增害，未可視為利水淺劑，而不審實以為用也。【略】

降痰　痰之見病甚多，痰之立治不少，如痰之在於經者宜散宜升，痰之在於上者宜涌宜吐。痰之在中在膈，不能以散，不能以吐者，宜降宜下。此降之法所由起也，第降有在於肺以為治者。如括蔞、貝母、生白果、杏仁、土貝母、訶子之屬是也。有在胸膈以為治者，如硼砂、礞石、兒茶之屬是也。有在心肝以為治者，如牛黃之屬是也。有在肝膽以為治者，如全蠍、鶴虱之屬是也。有在皮裏膜外以為治者，如竹瀝之屬是也。有在脾以為治者，如蜜陀僧、白礬之屬是也。有在腎以為治者，如沉香、海石之屬是也。但貝母則合心肝以為治，射干則合心脾以為理，皆屬清火清熱，降氣下行。惟白礬則收逐熱涎，或從上涌，或自下泄，各隨其便，至於痰非熱成，宜溫宜燥，宜收宜引，則又在人隨症活潑，毋自拘也。

清・黃宮繡《本草求真》卷六　瀉熱　《內經》帝曰：人傷於寒而傳為熱，何也？岐伯曰：寒氣外凝內鬱之理，腠理堅緻，玄府閉密，則氣不宣通，濕氣內結，中外相薄，寒盛熱生，觀此則知熱之由作，悉皆外邪內入而熱。是即本身元陽為邪所遏，一步一步而不得泄，故爾變而為熱耳。然不乘勢以除，則熱更有進而相爭之勢，所以古人有用三黃、石膏及或大小承氣，無非使其熱瀉之謂。余按熱病用瀉，考之方書，其藥甚眾，然大要在肺則止用以黃芩、知母，在胃則止用以石膏、大黃、朴硝，在心則止用以黃連、山梔、連翹、木通。在肝則止用以青黛、龍膽。在腎則止用以童便、青鹽。在脾則止用以石斛、白芍。此為諸臟瀉熱首劑，至於在肺，又有他劑以瀉。蓋以熱邪初成未盛，則或用以百合、百部、馬兜鈴。毒氣兼見，則或用以金銀花、牛蒡子。久嗽肺痿，則或用以沙參。腳氣兼見，則或用以薏苡仁。咽瘡痔漏，則或用以柿乾、柿霜。熱挾氣攻，則或用以牽牛。三焦熱併，則或用以梔子。煩渴而嘔，則或用以竹茹。熱而有痰，則或用以貝母。熱而氣逆不舒，則或用以青木香。熱而溺閉，則或用以車前、石韋。久嗽兼脫，則或用以五倍子、百藥煎。乳水不通，則或用以通草。若更兼有血熱，則又當用生地、紫菀，此瀉肺熱之大概也。在胃又有他劑以瀉，蓋以熱兼血燥，犀角宜矣。毒盛熱熾，綠豆宜矣。中虛煩起，粳米宜矣。暑熱渴生，西瓜宜矣。時行不正，貫眾宜矣。疫熱毒盛，人中黃、金汁、雪水宜矣。咽瘡痔漏，柿蒂、柿乾宜矣。便結不軟，玄明粉宜矣。乳癰便閉，漏蘆宜矣。蠱積不消，雷丸宜矣。熱盛呃逆，竹茹、蘆根宜矣。腸毒不清，白頭翁、刺蝟皮宜矣。口渴不止，竹葉宜矣。若更兼有血熱，則又宜於地榆、槐角、槐花、蘇木、三七、乾漆，此瀉胃熱之大概也。而大腸熱結，仍不外乎硝、黃、白頭翁、黃芩、綠豆、蝸牛、生地之藥矣。在心又有他劑以瀉，則或因其溺閉，而用瞿麥、木通。氣逆而用赭石。痰閉而用貝母、天竺黃。暑渴而用西瓜。精遺而用連鬚。抽掣而用鉤藤。咳嗽而用百合。疝瘕而用川楝。與夫血熱而更用以犀角、射干、童便、血餘、紅花、辰砂、紫草、生地、鬱金、桃仁、茜草、蘇木、丹參、沒藥、蓮藕、益母草、熊膽等藥。又可按味以考求矣，此瀉心熱之大概也。在肝又有他劑以瀉，則如肝經氣逆，宜用赭石以鎮之。腎氣不固，則用石南葉以堅之。溺閉不通，則用車前子以導之。痰閉不醒，則用牛黃以開之。目翳不明，則用秦皮、空青、蒙花、石燕、青葙子、石決明以治之。咳嗽痰逆，則用全胡以降之。蠱積不消，則用蘆薈以殺之。濕鬱驚恐，宜用琥珀以鎮之。神志昏冒，宜用棗仁以清之。若使熱在於血，其藥眾多，大約入肝涼血，則有赤芍、赭石、蒲公英、青魚膽、紅花、地榆、槐花、槐角、側栢葉、卷栢、無名異、淩霄花、猪尾血、紫草、夜明砂、兔肉、旱蓮草、茅根、蜈蚣、山甲、琥珀、芙蓉花、苦酒、熊膽之類。入肝破血，則有蒼朮、紫貝、靈芝、紫參、益母草、蒲黃、血竭、蓮藕、古文錢、皂礬、歸尾、鱉甲、貫眾、茜草、桃仁之類。入肝敗血，則有三七、蝱蟲、䗪蟲、螃蟹、瓦楞子、水蛭、花蕊石之類，皆當審實以投，此瀉肝熱之大概也。而瀉膽熱之味，又豈有外空青、銅綠、銅青、熊膽、膽礬、前胡等藥者乎？在腎又有他劑以瀉，如龍膽、防己，為腎熱盛溺閉者所宜用也，秋石為腎熱盛虛咳嗽溺閉者所必用也，寒水石為腎熱盛口渴水腫者所必用也，地骨皮為腎熱盛有汗骨蒸者所必用也，食鹽為腎熱盛便閉者所必用也，琥珀、海石為腎熱盛血瘀溺秘者所必用也。若使熱在於血，則藥亦不出乎童便、地骨皮、血餘、銀柴胡、蒲公英、生牛膝、旱蓮草、赤石脂、自然銅、古文錢、青鹽之類。而瀉膀胱熱結，其用猪苓、澤瀉、地膚子、茵陳、黃蘗、黃芩、龍膽、川楝子藥者，又可按其症治以考求矣，此瀉腎熱之大概也。脾熱瀉藥無多，惟有脾經血熱，考書有用郁李、射干、紫貝、薑黃、蓮藕、皂礬、蚯蚓，然亦須辨藥症以治，要之治病用藥，須當分其臟腑，然其是上是下，毫微之處，未可盡拘。如藥既入於肺者，未有不入於心，入於肝者，未有不入於脾，入於腎者，未有不入於膀胱。且藥氣質輕清

者上浮，重濁者下降，豈有浮左而不浮右，重此而不重彼者乎？但於形色氣味重處，比較明確，則藥自有圓通之趣，又奚必拘拘於毫芒間互為較衡，而致蹋其神智者乎？【略】

瀉火　趙養葵曰：真火者，立命之本，為十二經之主。腎無此，則不能以作強，而伎巧不出矣。膀胱無此，則三焦之氣不化，而水道不行矣。脾胃無此，則不能腐水穀，而五味不出矣。肝膽無此，則將軍無決斷，而謀慮不出矣。大小腸無此，則變化不行，而二便閉矣。心無此，則神明昏而萬事不應矣。治病者，的宜以命門真火為君主，而加意以火之一字，觀此則火不宜瀉也明矣。而丹溪又言，氣有餘便是火，使火而果有餘，則火亦能為害，烏在而不瀉乎？惟是火之所發，本有其基，藥之所主，自有其治，氣味不明，則治罔不差。如大黃是瀉脾火之藥，故便閉硬痛，其必用焉。石膏、茅根，是瀉脾胃之藥，口渴燥熱，其必用焉。黃芩、生地，是瀉肺火之藥，膈熱血燥，效各呈焉。火盛則痰與氣交窒，是有宜於栝蔞、花粉。火盛則水與氣必阻，是有宜於桑白皮。火盛則骨必蒸，是有宜於地骨皮。火盛則三焦之熱皆并，是有宜於梔子。火盛則肺化源不清，是有宜於天冬、麥冬。火盛則必狂越躁亂，是有宜於羚羊角。火盛則氣必逆而嗽，是有宜於枇杷葉。火盛則必挾胃火氣上呃，是有宜於竹茹。此非同為瀉肺之藥乎。黃連、犀角，是瀉心火之藥也。燥熱濕蒸，時疫斑黃，治各著焉，火盛則小腸必燥，是有宜於木通、燈草。火盛則喉必痹而痛，是有宜於山豆根。火盛則目必翳而瘴，是有宜於熊膽。火盛則心必煩躁懊憹，是有宜於梔子。火盛則口必渴而煩，是有宜於竹葉。火盛則肺失其養，是有宜於麥(門)冬。火盛則血必妄沸，是有宜於童便、生地。火盛則憂鬱時懷，是有宜於萱草。此非同為瀉心之藥乎？至於青黛、膽草，號為瀉肝之火，然必果有實熱實火者方宜。若止因火而見抽掣，則鉤藤有難廢矣。因火而見目障，則熊膽其莫除矣。因火而見骨蒸，則青蒿草其必須矣。因火而見驚癇骨痛，則羚羊角其必用矣。因火而見口舌諸瘡，則人中白其必進矣。因火而見時疾、斑毒、喉痹，則大青其亟尚矣。因火而見寒熱往來，則黃芩其必用矣。此非同為瀉肝之用乎？而膽火之必用以膽草、大青、青黛者可思。若在腎火，症見骨蒸勞熱，不得不用黃蘗。症見咽痛不止，不得不用玄參。症見楊梅惡瘡，不得不用胡連。症見頭目不清，痰涎不消，不得不用茶茗。症見火留骨筋，不得不用青蒿草。症見無汗骨蒸，不得不用地骨皮。此非同為瀉腎藥乎？而膀胱火起之必用以人中白、童便，及三焦火起之必用以青蒿草、梔子者，又自可驗。諸火之瀉，當分臟腑如此，但用而不顧其病症之符臟氣之合，則其為禍最速，可不深思而長慮乎？

清·黃宮繡《本草求真》卷七　下氣　氣者人身之寶，周流一身。傾刻無間，稍有或乖，即為病矣。治之者，惟有保之養之，順之和之，使之氣常自若，豈有降伐其氣而使不克自由哉？然河間謂人五志過極，皆為火。丹溪謂人氣有餘便是火，則是氣過之極，亦為人身大患也。是以氣之虛者宜補，氣之降者宜升，氣之閉者宜通，氣之鬱迫者宜寬，氣之鬱者宜泄，氣之散者宜斂，氣之脫者宜固，氣之實而堅者，則又宜破、宜降、宜下而已。蓋氣之源，發於腎，統於脾，而氣之出，由於肺，則降之藥，每出於肺居多，而腎與脾與肝，止偶見其一二而已。如馬兜鈴非因入肺散寒清熱，而降其氣乎，草菓非因入肺寬胸消痰，止嗽定喘，而下其氣乎。杏仁非因入肺開散風寒，而下其氣乎。枇杷葉非因入肺瀉熱，而降其氣乎。葶藶非因入肺消水而下其氣乎。桑白皮非因入肺瀉火利水，而通其氣乎。旋覆花非因入肺消痰除結而下其氣乎。栝蔞、花粉非因入肺消痰清火，而下其氣乎。續隨子非因入肺，而瀉濕中之滯乎。枳殼非因入肺寬胸開膈，而破其氣乎。若在枳實降氣，則在胸膈之下，三稜破氣，則在肝經血分之中。赭石則入心肝二經，涼血解熱，而氣得石以壓而平。郁李則入脾中下氣，而兼行水破瘀。山甲則破癰毒結聚之氣，而血亦消。蕎麥則消腸中積滯之氣，炒熟萊菔子則下肺喘而消脾滯。至於沉香，補骨脂，是引腎真火收納歸宅。黑鉛是引腎真水收納歸宅，皆能下氣定喘。凡此皆屬降劑，一有錯誤，生死反掌，治之者可不熟思而詳辨乎？【略】

平瀉　平瀉者，從輕酌瀉之意也。凡人臟氣不固，或犯實邪不瀉，則養虎貽患，過瀉則真元有損。故僅酌其微苦微寒，至平至輕之劑以進。如瀉脾胃虛熱，不必過用硝黃，但取石斛輕淡以瀉脾，茅根以瀉胃，柿蒂以斂胃蘊熱邪，粳米、甘米甘涼以固中而已。瀉肺不必進用黃芩、知母，但用沙參清肺火熱，百部除肺寒鬱，百合清肺餘熱，薏苡仁清肺理濕，枇杷葉清肺下氣，金銀花清肺解毒而已。瀉肝不必進用膽草、青黛，但用鱉甲入肝清血積熱，消勞除蒸，旱蓮草入肝涼血，青蒿草清三焦陰火，伏留骨節，白芍入肝斂氣，鉤藤入肝清熱除風而已。瀉心不必黃連、山梔，但用麥冬清心以寧肺，連翹清心以解毒，竹葉清心以滌煩，萱草清心以醒憂利水，鬱金入心以散瘀，丹參入心

以破血而已。瀉腎不必進用黃柏、童便、知母，但用丹皮以除無汗骨蒸，地骨皮以除有汗骨蒸而已。至於調劑陰陽，則或用以陰陽水止嗽消渴。解毒則或用以薺苨。散瘀行血則或用以蒲黃、沒藥、苦酒。開鬱則或用以木賊、蒙花、穀精草而已。凡此雖屬平劑，但用之得宜，自有起死回生之力，未可忽為淺常已也！【略】

溫血　人身氣以衛外，血以營內，有氣以統血，則血始能灌溉一身。而凡目得藉血以視，耳得藉血以聽，手得藉血以攝，掌得藉血以握，足得藉血以步者，靡不本其氣之所運。有血以附氣，則氣始能升降出入。而凡伎巧能強，治節能出，水穀能腐，謀慮能斷，二便能通，萬事能應者，靡不本其血之所至，此有血不可無氣以統，而有氣不可無血以附也。第血有盛於氣，則血泣而不流，故有必用溫暖之藥以行之。氣勝於血，則血燥而不通，故有必賴清涼之藥以行之。若使氣血並勝，挾有積熱，而致瘀塊不消，根深蒂固，經年累月不愈者，則又不得不賴破氣損血之藥以下。俾氣血無乖，而病自可以愈。又按血盛於氣，則氣失其所司，而血愈寒愈滯。故凡用藥治血，必得其氣稍厚以為之主。而凡味厚氣薄之品，自不得以相兼。如血有凝於肝，症見惡寒戰慄，其可不用肉桂以治乎？風鬱血閉，其可不用川芎以治乎？肌膚灼熱，吐衄腸風，其可不用荊芥以治乎？經閉不通，其可不用蒼耳子以治乎？陰腫崩瘕，其可不用海螵蛸以治乎？目翳不散，其可不用穀精草、兔屎以治乎？風痹乳阻，其可不用王不留行以治乎？惡露不淨，其可不用大小薊以治乎？血暈血滯，其可不用沙糖以治乎？此肝經血滯之當溫也。若使肝經血滯，而更見有脾氣不運，則伏龍肝似不能離，肌肉不生，則白蠟似不能捨。水腫癥瘕，則澤蘭似不能卻，蠱毒惡氣，則百草霜似不能去。子腫不消，則天仙藤似不能別。胃滯不通，則韮菜汁似不可廢。血脈不通，周身痛痹，則酒釀似不能除。肌肉不生，目翳不開，則爐甘石似不能少。血脫不固，潰瘍肉消，則赤石脂似不能削。是症有兼脾胃如此，且或見有心腹卒痛，則延胡索不得不用，神氣不暢，則安息香不得不急。骨碎血瘀，則骨碎補不得不進，是症有兼心肺者又如此矣。若於肝經血滯，而更見有鼻衄血脫之不得不用烏墨以止。筋骨血瘀之不得不用續斷以通。肺痿血痢之不得不用雞蘇以散，腎寒血瘀之不得不用陽起石以宣，目赤精遺之不得不用白蒺藜以解，督脈不通之不得不用鹿茸以溫，瘀塊堅硬，痃癖尫羸之不得不用海狗腎以軟，是症有兼腎經者又如此矣。至於心經血滯，而症見有痃癖冷痛，在書已有桂心可用。見有癰瘍痛迫，在書已有乳香可除，凡此止就溫血大概，略為分晰，而究其要，則又在臨症審脈，分別無差。庶於用藥治血之理，自不致有天淵之隔矣。【略】

涼血　血寒自當用溫，血熱自當用涼。若使血寒不溫，則血益寒而不流矣。血熱不涼，則血益結而不散矣。故溫血即為通滯活瘀之謂，而涼血亦為通滯活瘀之謂也。第書所載涼血藥味甚多，然不辨晰明確，則用多不合。如血閉經阻，治不外乎紅花；毒閉不解，治不外乎紫草，此定法也。然有心胃熱極，症見吐血，則又不得不用犀角。心脾熱極，症見喉痹，不得不用射干。肝胃熱極，症見嘔吐血逆，不得不用茅根。腸胃熱極，症見便血，不得不用槐角、地榆。心經熱極，症見驚惕，不得不用辰砂。且癰腫傷骨，血瘀熱聚，無名異宜矣。毒盛痘閉，乾紅晦滯，豬尾血宜矣。目盲翳障，血積上攻，夜明沙、穀精草、青魚膽宜矣。瘀血內滯，關竅不開，髮餘宜矣。肝木失制，嘔血過多，側柏葉宜矣。火伏血中，肺癰失理，淩霄花宜矣。肝胃血燥，乳癰淋閉，蒲公英宜矣。至於腸紅脫肛，血出不止，則有炒卷栢可治。血瘕疝痹，經閉目赤，則有赤芍藥可治。諸血通見，上溢不下，則有生地黃可治。心腎火熾，血隨火逆，則有童便可治。肝腎火起，骨蒸血結，則有童便可治。其他崩帶驚癇，噎膈氣逆之有賴於代赭石。濕熱下注，腸胃痔漏之有賴於刺蝟皮。血瘀淋滴，短澀溺痛之有賴於琥珀。心肝熱極，惡瘡目翳之有賴於龍膽。齒動鬚白，火瘡紅發之有賴於旱蓮草，亦何莫不為通瘀活血之品？但其諸藥性寒，則凡血因寒起，當知所避，慎不可妄見血閉，而即用以苦寒之味以理之也。

清・黃宮繡《本草求真》卷八　下血　血為人身之寶，安可言下？然有血瘀之極，積而為塊，溫之徒以增熱，涼之或以增滯，惟取疎動走泄，苦鹹烈毒之品，以為驅逐，則血自爾不凝。按書所載破血下血，藥類甚眾。要在審症明確，則於治方不謬。如症兼寒兼熱，內結不解，則宜用以莪朮、桃仁、鬱金、母草以為之破，取其辛以散熱，苦以降結之意也。瘀氣結甚，則宜用以斑蝥、乾漆以為之降，取其氣味猛烈，得以驟解之意也。寒氣既除，內結滋甚，則宜用以丹參、郁李、沒藥、薑黃、三七、紫菀、柴、參、貫眾以為之下，取其苦以善降，不令內滯之意也！寒氣既除，瘀滯不化，則宜用以蒲黃、蘇木以為

之疎，取其氣味宣泄，不令鬱滯之意也！　至有借食人血以治血，則有蝱蟲、水蛭可用。借其鹹味引血下走，則有茜草、血竭、瓦楞、紫貝、䗪蟲、鱉甲可取，借其質輕靈活不滯，則有蓮藕、花蕊石可投。借其陰氣偏佈可解，則有螃蟹、蚯蚓可啖。借其酸濇鹹臭以解，則有皂礬、五靈脂可入。惟有苦溫而破，則又更有劉寄奴等味。但劉寄奴、自然銅、古文錢、三七、血竭、沒藥、䗪蟲，則於跌仆損傷而用，蚯蚓則於解毒而用，丹參則於血瘀神志不安而用，水蛭、蝱蟲、桃仁，則於蓄血而用，花蕊石則於金瘡血出而用，五靈脂、益母草、蒲黃，則於婦人血滯而用，茜草則於婦人經閉不解而用，瓦楞子則為婦人塊積而用，斑蝥則為惡瘡惡毒而用，鬱金則為血瘀胞絡，痰氣積聚而用，莪术則為血瘀積痛不解而用，郁李仁則為下氣行水破血而用，乾漆則為鏟除老血蠱積而用，紫貝則為血蠱水積而用，貫眾則為時行不正而用，鱉甲則為勞熱骨蒸而用，紫參則為血痢癰腫而用，薑黃則為脾中血滯而用，蘇木則為表裏風起而用，皂礬則為收痰殺蟲、除濕而用，生藕則為通調津液而用也。至於斑蝥、乾漆、三七、水蛭、蝱蟲、䗪蟲、螃蟹、瓦楞子、花蕊石，尤為諸劑中下血、敗血之最。用之須當審顧，不可稍有忽略。以致損人元氣於不測中也！【略】

殺蟲　病不外乎虛實寒熱，治不越乎攻補表裏，所以百病之生，靡不根於虛實寒熱所致，即治亦不越乎一理以為貫通，又安有雜治雜劑之謂哉？惟是虛實異形，寒熱異致，則或內滯不消而為傳屍鬼疰，外結不散而為癰疽瘡瘍。在蟲既有虛實之殊，寒熱之辨，而毒亦有表裏之異，升降之別，此蟲之所必殺，而毒之所以必治也。至於治病用藥，尤須審其氣味冲和，合於人身氣血，相宜為貴。若使辛苦燥烈，用不審顧，禍必旋踵。謹於雜劑之中，又將惡毒之品，另為編帙。俾人一覽而知，庶於本草義蘊，或已得其過半云，又按蟲之生，本於人之正氣虧損而成。體實者，其蟲本不易生，即生亦易殄滅，體虛者，其蟲乘空內蓄，蓄則即為致害，害則非易治療。考之方書所載，治蟲藥品甚多，治亦錯雜不一。如黃連、苦參、黑丑牛、扁蓄，是除濕熱以殺蟲也。大黃、朴硝，是除熱邪以殺蟲也。苦楝子、青黛、藍子，是除鬱熱以殺蟲也。雷丸、蘆薈、蚯蚓，是除熱積以殺蟲也。貫眾是除時行熱毒以殺蟲也。青葙子是除肝經風熱以殺蟲也。故其為藥，皆寒而不溫。蒼耳子、松脂、蜜陀僧，是除風濕以殺蟲也，故其為藥稍溫而不涼。川椒、椒目，是降寒濕水濕以殺蟲也，故其為藥，溫燥而不平。蘇合香、雄黃、阿魏、樟腦、蛇蛻，是除不正惡氣以殺蟲也。故其為藥，最辛最溫。水銀、銀硃、輕粉、鉛粉、黃丹、大楓子、山茵陳、五棓子、百藥煎，是除瘡疥以殺蟲也。故其為藥，寒熱皆有。紫貝、桃仁、乾漆、皂礬、百草霜，是除血瘀以殺蟲也，故其藥亦多寒熱不一。厚朴、檳榔，是除濕滿瘴氣以殺蟲也，故其為藥苦溫而平。穀蟲、鶴虱、使君，是除痰食積滯以殺蟲也，故其為藥，又溫而又寒。獺肝是補肝腎之虛以殺蟲也，故其藥味鹹而氣溫，至於榧實則能潤肺以殺蟲。烏梅則能斂肺以殺蟲。百部則能清肺散熱以殺蟲，皆有不甚寒燥之虞。且蟲得酸則止，凡烏梅、五棓子等藥，非是最酸之味以止其蟲乎？得苦則下，凡大黃、黃連、苦楝根、蘆薈、苦參，非是至苦之味以下其蟲乎？得辛則伏，凡川椒、雄黃、乾漆、大楓子、阿魏、輕粉、樟腦、檳榔，非是最辛之味以伏其蟲乎？得甘則動，凡用毒蟲之藥，必加甘蜜為使，非是用以至甘之味以引其蟲乎？至於寒極生蟲，可用薑附以為殺。蟲欲上出，可用藜蘆上湧以為殺。熱閉而蟲不下，可用芫花、黑丑牛以為殺。蟲食齲齒，可用胡桐淚、莨菪、韭子、蟾酥以為之殺。蟲食皮膚而為風癬，可用川槿皮、海桐皮以為殺。九蠱陰蝕之蟲，可用青葙子、覆盆葉以為之殺。癆瘵之蟲，可用敗鼓心、桃符板、虎糞骨、死人枕獺爪、鸛骨以為之殺。但用多屬辛苦酸濇，惟使君、榧實治蟲，按書偏以甘取，義實有在。自非精於醫道者，所可與之同語也。【略】

發毒　《內經》曰：營氣不從，逆於肉裏，乃生癰腫。又曰：諸痛瘡癢，皆屬心火。又觀丹溪有言，癰疽皆因陰陽相滯而生，則是癰疽之發。固合內外皆致，而不僅於肉裏所見已也，但其毒氣未深，等於傷寒，邪初在表，其藥止宜升發，而不遽用苦寒。俾其毒從外發，若稍入內為殃，則毒勢纏綿不已，而有毒氣攻心必死之候矣！予按發毒之藥，品類甚多，凡三陽升麻、柴、葛、羌、防、白芷、荊芥、薄荷、桔梗等藥，何一不為發毒散毒之最。山甲、皂角等藥，何一不為驅毒追毒之方，至於蜈蚣則能驅風通瘀散結，蛇蛻則能驅風辟惡，野菊花則能散火逐氣，王不留行則能行氣宣滯，皆為祛散惡毒之劑。外有蟾酥、蟾蜍，力能透拔風邪火毒，象牙力能拔毒外脫，楓香力能透毒外出，人牙力能入腎推毒，胡桐淚力能引吐熱毒在膈，輕粉、黃丹、銀硃，力能制外癰疽瘡疥。螻蛄、蓖麻，力能通水開竅，拔毒外行。若在芙蓉花，則藥雖屬清涼，而仍兼有表性，是以用此以為敷毒箍毒之方，餘則治毒之劑，審其涉有苦寒之味者，應另列於解毒之中，不可入於發毒劑例。俾人皆知毒從外

發，不得竟用內藥內陷云。【略】

解毒　毒雖見症於外，而勢已傳於內，則藥又當從內清解，故解毒亦為治毒之方所不可缺也。第人僅知金銀花、牛蒡子、甘草為解毒之品，凡屬毒劑，無不概投，詎知毒因心熱而成者，則有黃連、連翹可解。因於肺火而成者，則有黃芩可解。因於肝火而成者，則有膽草、青黛、藍子可解。因於胃火胃毒而成者，則有石膏、竹葉、大黃可解。因於腎火而成者，則有黃栢、知母可解。且毒在於腸胃，症見癰疽乳閉，宜用漏蘆以通之。症見消渴不止，宜用綠豆煮汁以飲之。症見腸澼便血，宜用白頭翁以解之。症見時行惡毒，宜用金汁、人中黃以利之。至於楊梅症見，多屬肝腎毒發，宜用土茯苓以清之。喉痹咽痛，多屬痰火瘀結，宜用射干以開之。心腎火熾，宜用山荳根以熄之。鬼疰瘰，癧潰爛流串，多屬經絡及脾毒積，宜用蚯蚓以化之。口眼喎斜，癰腸痔漏，多屬經絡腸胃毒發，宜用蝸牛以治之。乳癰乳岩，多屬肝胃熱起，宜用蒲公英以療之。惡瘡不斂，多屬心肺痰結，宜用貝母以除之。無名疔腫，惡瘡蛇虺，瘰癧結核，多屬毒結不化，宜用山慈菇以治之。毒勢急迫，咳唾不止，多屬中氣虛損，宜用薺苨以緩之。他如癰腫不消，有用米醋同藥以治，熱涎不除，積垢不清，有用皂白二礬以入。癰疽掀腫，胸熱不除，有用甘草節以投，皆有深意內存，不可稍忽。若在斑蝥、鳳仙子惡毒之品，要當審症酌治，不可一毫稍忽於其中也。

清・包誠《十劑表》　十劑表上　手太陰肺經

宣

通　白前甘辛，微溫。入肺下氣，治諸逆因感邪者。　當歸辛，溫。入肺脾肝血分，養血，和血，行血。治氣血昏亂，一切血病。　白芷辛，溫。入胃肺大腸。治頭痛，及眉稜骨痛，和氣活血，去風逐濕。　天南星苦，溫，有毒。入脾肺。治風痰堅積，麻痺口噤諸病，消腫散瘀。　藿香辛甘，微溫。入脾肺。（流）〔疏〕氣，散六邪氣，定嘔逆。　蘇子辛，溫。入心肺胃。下氣開結。　水蘇辛，微溫。入肺肝。下氣辟惡。　蘭草辛，平。入肺胃。利水道，除風，調氣和營。　赤芍苦。入肝肺脾。散瘀，利濕熱。　旋覆花鹹甘，微溫。入肺大腸。散結氣，除水，消痰，下氣。　桑白皮甘辛，寒。入肺。治喘滿水腫，利一切風水氣，泄肺熱，調中消痰開胃。　欵冬花辛甘，溫。入肺。主咳逆上氣，勞咳。　刺蒺藜苦，溫。入肝肺。下氣，去脹滿，破癥瘕惡血。　射干辛苦，微溫，有毒。入肺腎膽，兼入肝脾。散結氣邪逆，行瘀利滿，治喉痺。　薏苡仁甘，微寒，入肺脾。利濕泄水，益脾。　薑辛，微溫。入肺。開胃，止嘔吐，消痰下氣，通關節，除風寒達明，去穢惡。　杏仁甘苦，溫。入肺，治咳逆上氣，散結，去風熱，消痰潤腸。　枳殼苦辛微酸，寒。入肺肝胃大腸。瀉氣，消痰滯，寬胸，治痢後重。　檀香辛，溫。入肺腎胃。散冷氣，引脾氣上升，理胸膈咽嗌間氣。　紫（苑）〔菀〕苦辛，溫。入肺。治咳逆上氣，結氣。　陳皮苦辛，溫。入脾肺。理氣消痰，和中。　枇杷葉苦，平。入肺胃。下氣，清熱，解暑毒。

補　黃耆甘，微溫。入肺脾三焦腎命門。益氣，助三焦元陽。　人參甘微苦，溫。入肺。補元氣，安精神，生液，瀉虛火。　黨參甘，溫。入肺脾。治同人參，力遠不逮。　百合甘，平。入肺心。補中保肺，除浮腫。　薯蕷甘，溫，平。入脾肺。補氣，養心氣。　胡桃甘，平，溫。入肺腎。滋肺，潤血脉，補腎，益命門，利三焦，止小便。　茯苓甘，淡，平。入肺心膀胱脾。和中益氣，除濕理脾，生津潤肺，安心神，秘精。　蛤蚧鹹，平。入肺腎。治久嗽咯血，凝神聚氣。

瀉　石膏辛，甘，大寒。入胃肺三焦。瀉大熱。　知母苦，寒。入肺腎胃。瀉腎，膀胱熱。　黃連苦，寒。入肺心大腸膽胃肝。瀉中焦積熱。　黃芩苦，寒。入肺大腸。瀉熱。　茅根甘，寒。入脾胃肺。瀉肺胃伏熱，止血。　葶藶苦，大寒。入肺大腸膀胱。行水，逐積聚。性猛利，下行。　梔子苦，寒。入心肺氣分。瀉三焦火，除邪熱，解鬱熱，散毒風，治五淋，并治血病。

輕　桔梗苦辛，微溫。入肺腎。治咽喉、頭目、口鼻病。散熱，開提氣血，補內漏。　前胡辛甘，微寒。入肺三焦脾胃。散結下氣，療心腹結氣，鬲上實熱，散寒熱邪氣。　防風辛甘，溫。入肝膀胱肺胃脾。治上焦風邪，散結。　香薷辛，微溫。入胃脾心肺。散金鬱，治中暑霍亂，瘧疾。　薄荷辛，涼。入肺心包，兼入肝。清六陽會首，散熱風，清利頭目咽喉。　蘇葉梗辛，溫。入心肺胃。行氣達表，通心利肺，定喘消痰。　甘菊花甘，平。入肺肝。治諸風頭目疾，散游風，補陰氣，利血脉。　牛蒡子辛，平，微涼。入肺肝胃。除風熱痰壅，治咽喉頭面風病，消斑疹。　麻黃苦辛，溫。入肺膀胱心大腸。開毛孔腠理，發汗。　馬兜鈴苦辛，寒。入肺。治肺熱痰結上氣。　辛夷辛，溫。入肺胃膀胱。治風頭腦痛，面腫，引齒痛，鼻淵鼻瘡。

重　白石英甘，溫。入肺大腸。定欬逆，肺癰。

滑

澁　礬石酸，濇，寒。入腎肺肝。能收陰於至陽之中，治痰熱，解毒。　白及苦辛甘，微寒。入肺。止肺血，補肺傷。功專收濇，又有洩熱散結之用。　白芍藥酸，平。入肝脾肺。收陰氣，安脾胃，泄肝，歛逆氣，治血虛腹痛。　五味子酸，溫。入肺腎。收斂肺氣，

益精，補攝腎藏。 訶黎勒苦酸，濇，溫。入肺大腸。斂肺，實大腸，治腎氣奔豘，又能消痰下氣，利咽喉，通津液。 五倍子苦酸，平。入脾肺。斂肺，降火化痰，治久痢、盜汗、牙疳、咽癰，脱肛等症。 百藥煎功同五倍子，而宜上達。 桑螵蛸鹹甘，平。入肺腎。治傷中遺精，陰痿疝瘕等症，能固能行。

燥 丁香辛，熱。入肺胃腎。溫脾胃虛寒，嘔逆，腎氣奔豘。

濕 露水甘，平。潤澤。入肺。滋陰。 沙參甘微苦，微寒。入肺肝脾。養肝脾，滋肺。 貝母苦，微寒。入肺。潤心肺，滌熱消痰。 麥門冬甘，微寒。入肺。潤經清肺火，益心氣，止渴，除虛熱，復脉。 梨甘微酸，寒。入心肺胃。潤肺涼心，消痰降火，治卒暗風不語，解丹石毒，風熱毒。 柿甘，濇，寒。入脾肺。潤心肺，消痰，去心熱，肺痿，治咳嗽，反胃失血。 柿霜甘，寒。性同。略同柿餅，專主清上焦熱。 蒂主下氣。 阿膠甘，平。入肺肝腎。益陰氣，潤燥化痰，清肺，調大腸，治一切血病。

手陽明大腸經

宣

通 白芷見手太陰肺經。 木通辛苦甘，平。入心包膀胱大腸。通利九竅、血脉、關節。 砂仁辛，溫，濇，微鹹。入脾胃腎大腸。行氣醒脾，開胃除脹，引諸藥歸宿丹田。 旋覆花見手太陰肺經。 連翹苦，涼。入膽三焦大腸心。散結氣，結熱。 槐實苦酸鹹，寒。入大腸肝。潤肝燥，疎風導熱，風眩欲倒，并治口齒風，大腸痔。 槐花苦，平。治大腸熱，五痔便血，崩中。 枳殼見手太陰肺經。

補

瀉 地榆苦，寒。入肝腎胃大腸。純陰之品。專主下焦血病。 黄連見手太陰肺經。 黄芩見手太陰肺經。 白頭翁苦，寒。入大腸胃。除熱，逐瘀行毒。 葶藶見手太陰肺經。 大黄苦，大寒。入大腸胃。下一切積聚，三焦濕熱，蕩滌腸胃，推陳致新。 桃花瀉大腸甚捷。 檳榔苦辛，溫，濇。入胃大腸，破滯消積，瀉胸中至高之氣，峻直下行。

輕 秦艽苦辛，入胃大腸，兼入腎肝。療風濕，無問久新，利肢節。 麻黄見手太陰肺經。

重 白石英見手太陰肺經。

滑

澁 赤白石脂甘酸辛，大溫。主大腸腎三焦。益精髓，固脱。 訶黎勒見手太陰肺經。

燥 蒼朮苦，溫。入胃脾大腸小腸。燥濕寬中，強胃氣。 蓽撥辛，大溫。入胃大腸。除一切冷氣。 肉荳蔻辛，溫。入手足陽明經。溫中下氣，固大腸，治積冷，心腹脹痛，霍亂冷疰，消宿食痰飲，泄瀉滯。

濕 大麻仁甘，平。入脾大腸。潤五臟，專利大腸風熱結燥，補中益氣。 郁李仁辛苦，平。入脾大腸。潤燥，治大腸澀滯不通，利水，並治大腹水腫。

足陽明胃經

宣 綠礬酸，濇。入肝脾胃。燥濕消痰。

通 紫參苦，微寒。入肝胃。散邪氣，通血滯。 白鮮鹹苦，寒。入肝脾胃。通關，利九竅血脉，除濕熱（黄）黄疸，風痺。 白芷見手太陰肺經。 砂仁見手陽明大腸經。 鬱金辛苦，寒。入心肝心包胃。暢血中精微之化，治一切血鬱之症。 蘇子見手太陰肺經。 蘭草見手太陰肺經。 茵陳苦辛，微寒。入脾胃膀胱。利小便，通關節，治風濕寒熱邪氣。 豨薟苦，生寒熟溫。入肝脾胃。生治熱䘌，消腫毒。熟治風治血。 蒲公英甘苦，微寒。入肝腎胃。化一切熱毒，消腫，散結，主婦人乳疾。 石龍芮苦，平。入腎胃。利關節，治心腹邪水氣。水生者佳。陸生者有毒，不可用。 蒜辛，溫，有毒。入脾胃。通達走竅，行諸氣，解邪毒，消水腫，通陽歸陰。 薑見手太陰肺經。 蘹香子辛，平。入小腸膀胱胃心腎。暖丹田，治冷氣，少腹、前陰諸病。 枇杷葉見手太陰肺經。 大腹皮辛，微溫。入脾胃。下一切氣，治冷熱氣攻心，大腸蠱毒及諸壅逆脹悶。 檀香見手太陰肺經。 烏藥辛，溫。入胃腎。除諸冷，消食寬脹，散癥癖刺痛，中惡中氣。 厚朴苦，溫。入脾胃。溫中散結氣，治嘔吐霍亂。 枳殼見手太陰肺經。

補 白朮苦，溫。入胃脾肝腎。益氣，助土勝水，補肝風虛。 大棗甘，溫。入脾胃。溫胃補脾，和營衛，生津液，治心懸少氣。

瀉 石膏見手太陰肺經。 知母見手太陰肺經。 地榆見手陽明大腸經。 黄連見手太陰肺經。 茅根見手太陰肺經。 白頭翁見手陽明大腸經。 蘆根甘，寒。入胃。瀉客熱。 枳實苦辛酸，寒。入脾胃。治同枳殼，而消磨驅逐之功遠勝。 大黄見手陽明大腸經。 檳榔見手陽明大腸經。 犀角酸苦鹹，寒。入胃。解百毒，瀉大熱，入心一切熱症。 雄黄辛苦，溫。入胃肝。解風毒，化瘀血，殺蟲。 胡黄連苦，微寒。入胃脾肝。治骨蒸勞熱，五心煩熱，小兒潮熱及疳，明目，益肝膽。

輕 秦艽見手陽明大腸經。 前胡見手太陰肺經。 防風見手太陰肺經。 升麻辛苦，溫。入脾胃。升清陽，消遊風，散本經風邪。 香薷見手太陰肺經。 蘇葉根見手太陰肺經。 牛蒡子見手太陰肺經。 葛根甘辛，平。入胃。升胃氣，散胃熱，

生津，消本經風熱，止脇痛，發疹痘。　辛夷見手太陰肺經。

重

澁

滑　滑石甘，寒。入脾胃小腸。滲濕利水。

燥　蒼朮見手陽明大腸經。　蓽撥見手陽明大腸經。　半夏辛，温，有毒。入脾胃腎。功專燥濕消痰，下氣開結。　丁香見手太陰肺經。　肉荳蔻辛，温。見手陽明經。

濕　石斛甘微鹹，平。入胃腎。養陰，平胃氣，除胃中虛熱，清肺益脾。　棃見手太陰肺經。

足太陰脾經

宣　綠礬見足陽明胃經。

通　狗脊甘苦，微温。入腎肝脾。利關節，通經脉血氣。　白鮮見足陽明胃經。　當歸見手太陰肺經。　赤芍藥見手太陰肺經。　砂仁見手陽明大腸經。　薑黄辛苦，温。入脾肝。理血中氣滯，治風痺凝滯等症。行腹脇肩背手臂。　藿香見手太陰肺經。　澤蘭苦，微温。入肝脾。破血，利關節，通九竅，消腫。　艾苦辛，温。入脾肝腎。温下元，利陰滯，開結達氣，逐冷祛濕，治女子帶漏，暖子宫。　茵陳見足陽明胃經。　豨薟見足陽明胃經。　天南星見手太陰肺經。　射干見手太陰肺經。　藊豆甘，微寒。入脾。和中下氣，益脾胃，除濕熱，消暑，通利三焦。　薏苡仁見手太陰肺經。　蒜見足陽明胃經。　陳皮見手太陰肺經。　大腹皮見足陽明胃經。　吳茱萸辛，温，有小毒。入脾肝心。温中開鬱，除寒濕，治濁陰不降，厥氣上逆，并衝脉為病，逆氣裏急。　沉香辛，温。入肝脾腎。調下去結氣，治氣逆，補命門。　厚朴見足陽明胃經。　蘇木甘鹹，平。入心肝脾血分。治瘀血，血氣壅滯。

補　黄耆見手太陰肺經。　黨參見手太陰(胃)〔肺〕經。　萎蕤甘，平。入脾肝。補中益氣，潤心肺，治風。　白朮見足陽明胃經。　補骨脂辛，大温。入心包腎脾命門。補元陽，逐冷痺，止腎泄。　附子辛，熱。入肝脾腎心包三焦心。補下焦陽虛，脾虛濕盛。製熟用。　天雄性同附子，力稍減，能助精。　菟絲子辛甘，平。入腎肝脾。補不足，益陰氣，堅筋骨，益精，肝藏風虛，腰膝病皆治。　飴糖甘，大温。入脾。補虛冷，益中氣，健脾潤肺，消痰，又能下惡血。　薯蕷見手太陰肺經。　大棗見足陽明胃經。　龍眼甘，平。入心脾。益脾開胃，安志甯心。　蜀椒辛，温。入心肝脾。補命門，通三焦，温中，治寒冷，殺蟲，散濕鬱。　桂甘辛，熱。入心腎肝脾。補命門不足，治一切沉寒(錮)〔痼〕冷，通血脉，温脾胃，導陽氣。　茯苓見手太陰肺經。

瀉　茅根見手太陰肺經。　枳實見足陽明胃經。　荊三稜苦辛，温。入肝脾。消積聚。　胡黄連見足陽明經。

輕　防風見手太陰肺經。　升麻見足陽明胃經。　香薷見手太陰肺經。　木賊甘微苦，温。入肝膽脾血分。發汗解肌，退翳膜，散火鬱。

重

滑　滑石見足陽明胃經。

澁　芍藥見手太陰肺經。　芡實甘，平，濇。入脾腎。治同蓮子。　南天燭苦，平，濇，微酸。入心脾腎。強筋，益氣力，止瀉，除睡，久服不飢。　五倍子見手太陰肺經。

燥　蒼朮見足陽明胃經。　附子辛，大熱。入肝脾腎心包三焦心。祛藏府一切沉寒痼冷。生用。　半夏見足陽明胃經。　丁香見手太陰肺經。　伏龍肝辛，温。入脾肝。助土勝水。

濕　沙參見手太陰肺經。　大麻仁見手陽明大腸經。　柹見手太陰肺經。　郁李仁見手陽明大腸經。

手少陰心經

宣

通　丹參苦，微寒。入心腎肝。通利關脉。　鬱金見足陽明胃經。　蘇子見手太陰肺經。　連翹見手陽明大腸經。　蘹香子見足陽明胃經。　吳茱萸見足太陰脾經。　乳香微温。入心。治血，伸筋定痛，下氣，治心氣疼痛，風水毒腫，内消托裏，並難產。　楝實酸苦，平。入心小腸膀胱。主熱厥，心痛，臍上下痛，疝氣，前陰諸症。　蘇木見足太陰脾經。

補　百合見手太陰肺經。　龍眼見足太陰脾經。　蜀椒見足太陰脾經。　桂見足太陰脾經。　茯苓見手太陰肺經。　豕心血能引藥入心經。　鹿茸甘鹹，温。入心肝腎。峻補陰氣，生精益髓，治一切不足之症。　熟地黄甘苦，寒。入心腎肝。補五臓不足，益陰，生精血，主肝腎，填骨髓，下元虚弱。

瀉　黄連見手太陰肺經。　赤小豆甘，平。入心。下水，通小便，散風熱毒，去關節間熱，通乳汁。　梔子見手太陰肺經。

輕　香薷見手太陰肺經。　蘇葉梗見手太陰肺經。　麻黄見手太陰肺經。　燈心草甘，淡，平。入心三焦。降心火，通氣。燒灰，吹喉痺。

重

滑

澁　南天燭見足太陰肺經。

燥　天門冬苦甘，大寒。入心腎。潤燥滋陰，通腎氣，保肺氣，治營衛枯竭，一切火炎病。　梨見手太陰肺經。　柏子仁甘，平。入肝腎心。養心氣，潤肝腎燥，兼益氣補陰，治驚悸風病，血病。　生地黄甘苦，寒。入心腎肝。滋腎水真陰不足，清虛熱，潤燥，一切陽亢之症。　側柏葉苦，溫，濇。治吐血便血。女子血崩，補陰。

手太陽小腸經

宣

通　蘹香子見足陽明胃經。　楝實見手少陰心經。

補

瀉

輕　羌活辛苦，溫。入小腸膀胱肝腎。治骨節風濕，搜肝風，療諸痺。　藁本辛，溫。入小腸膀胱。治太陽頭痛，巔頂痛，大寒犯腦及寒濕頭痛，并入督脉。　蔓荊子辛，溫，微寒。入小腸膀胱。涼血，利關節九竅，治痺及風頭痛。

重

滑　滑石見足陽明胃經。　海金沙甘，寒。入小腸膀胱血分。行水去濕，治五淋，解熱毒。

澁

燥　蒼朮見足陽明胃經。

濕

足太陽膀胱經

宣

通　木通見手太陽大腸經。　茵陳見足陽明胃經。　澤瀉鹹甘，寒。入膀胱腎。逐濕利水，泄腎火。　蘹香子見足陽明胃經。　楝實見少〔陰心經〕。　猪苓甘，平。入膀胱腎。開腠理，利水道，除濕通淋，消腫利水，諸劑莫疾於此。

補　茯苓見手太陰肺經。

瀉　葶藶見手太陰肺經。　黄柏苦，寒。入腎膀胱。瀉膀胱相火，五藏結熱，補腎水不足，堅精髓，治下焦諸痿及濕熱，骨蒸，黄疸。　瞿麥苦，寒。主諸癃結，逐邪熱入膀胱，性猛利下行。

輕　羌活見手太陽小腸經。　防風見手太陰肺經。　藁本見手太陽小腸經。　蔓荊子見手太陽小腸經。　辛夷見手太陰肺經。

重

滑　海金沙見手太陽小腸經。

澁

燥　防己苦辛，寒。入膀胱。治下焦濕熱，通血滯。

濕

足少陰腎經

宣

通　狗脊見足太陰脾經。　遠志苦，溫。入腎。通心氣，開鬱結，益智定驚。　丹參見手少陰心經。　牡丹皮辛，寒。入心包肝腎。通經脉，行血中伏火結氣，瀉陰胞中火。　砂仁見足陽明胃經。　艾見足太陰脾經。　夏枯草苦辛，寒。入肝腎。和血脉，散結氣，養陰，破癥散癭，消腫。　續斷苦，微溫。入肝膽。宣通血脉，利機關。　牛膝苦酸，溫。入肝腎。通經絡，逐血氣，主下部。　車前甘，寒。入肝腎。利水道，去熱暑濕。　蒲公英見足陽明胃經。　射干見手太陰肺經。　茵芋苦，溫，有毒。入肝腎。治諸關節風濕痺痛，能補風虛，為治風妙品。　石龍芮見足陽明胃經。　萆薢苦甘，平。入肝腎。治寒濕痺病，骨節間風，小便數，赤白濁，莖中痛。　澤瀉見足太陽膀胱經。　石韋苦辛，入腎。治勞熱邪氣，諸淋，利水道。　黑豆甘，平。入腎。通關脉，下氣調中，散五藏積結內寒，袪風解毒。　蘹香子見足陽明胃經。　沉香見足太陰脾經。　檀香見手太陰肺經。　烏藥見足陽明胃經。　五加皮辛苦，溫。入肝腎。專功風濕，治腰膝痺，逐瘀血，兼能益氣治痿。　猪苓見足太陽膀胱經。　五靈脂甘，溫。入肝腎。通利氣脉，治一切血瘀病，并治瘧疾，殺蟲。

補　黄耆見手太陰肺經。　肉蓯蓉甘酸鹹。入肝腎。微溫。強陰益精，補中。　白朮見足陽明胃經。　巴戟天辛苦，溫。入肝腎。益陽氣，補精，主大風邪氣，治痿。　淫羊藿甘，溫。入肝腎心包。補下虛，治絕陽絕陰。　補骨脂見足太陰脾經。　沙苑甘，溫。入肝腎。補腎，明目益精。　附子見足太陰脾經。熟用。　菟絲子見足太陰脾經。　覆盆子甘辛，微溫。入腎。益氣續絕，強陰健陽。　何首烏甘微苦，溫。入肝腎。益血氣精髓，長筋骨，治瘰癧癰腫，風虛久瘧，腰膝諸病。　桂見足太陰脾經。　杜仲辛甘，溫。入腎肝。補中，益精氣，堅筋骨，主腰膝痛及風虛。　女貞子苦，寒，入腎。強陰補精，健腰膝，明目黑髮。　枸杞子甘，平。入肝腎。補精氣，滋腎潤肺，療肝風血虛，治一切虛弱病。　蛤蚧見手太陰肺經。　龜板甘，平。入腎。補陰氣，續筋骨，治血痢，癥瘕，血痺，崩漏等症。　鹿茸甘鹹，溫，入心肝腎。峻補陰氣，生精益髓，治一切不足之症。　瑣陽甘，溫。入腎。補陰益精，利大便，治痿。　熟地黄見手少陰心經。　骨碎補苦，溫。入足少陰腎。主骨，破血止血，補折骨，耳鳴齒痛，并能堅骨固牙，益精髓，去骨中毒氣。

瀉　知母見手太陰肺經。　地榆見足陽明胃經。　苦參苦，寒。入腎。療時氣

大熱狂邪，行結熱毒風。　龍膽草苦，大寒。入肝腎。瀉肝膽實熱，下焦濕火。　黃柏見足太陽膀胱經。　地骨皮甘苦，寒。入腎心。瀉下焦虛熱，陰胞中疼及肺中伏火，治有汗骨蒸，消渴。

輕　桔梗見手太陰肺經。　元參苦，寒。入腎。除浮游之風火。　秦艽見足陽明胃經。　獨活甘苦辛，微溫。入腎。治一切風氣，寒濕痺。　羌活見手太陽小腸經。　細辛辛，溫。入腎肝。溫腎寒，療一切風寒，諸濕痺，百節疼痛，並入督脉，治脊強。　決明子鹹苦甘，微寒。入肝膽腎。治肝熱風目病。

滑　食鹽見手少陰心經。　戎鹽功同食鹽，稍勝。

重　磁石辛鹹，微溫。入肝腎。養腎藏，強骨氣，鎮肝。

澁　赤白石脂見手陽明大腸經。　礬石見手太陰肺經。　五味子見手太陰肺經。　罌粟殼酸，濇，微寒。入腎。收脱固氣，止瀉痢，脱肛，遺精，久嗽。　芡實見足太陰脾經。　山茱萸酸，溫。入肝腎。強陰益精，溫肝補腎，安五藏，止小便，明目，治腎虛耳聾。　南天燭見足太陰脾經。　桑螵蛸見手太陰肺經。　龍骨甘，平。入腎肝。固脱，安魂鎮驚。　牡蠣鹹，平，微寒。入腎肝膽。益腎固精，收濇諸脱，止虛熱煩，軟堅，化老痰積聚。

燥　生附子見足太陰脾經。　半夏見足陽明胃經。　丁香見手太陰肺經。

濕　旱蓮草甘酸，寒。入肝腎。純陰之品，功專凉血止血，益腎陰。　天門冬見手少陰心經。　石斛見足陽明胃經。　柏子仁見手少陰心經。　阿膠見手太陰肺經。　生地黃見手少陰心經。　側柏葉見手少陰心經。

附命門

宣

通　蛇床子苦辛甘，溫。入三焦命門。去濕達陽，強陰，暖水藏，利關節，治虛濕痺，及女子下焦濕病，又能補陰氣。

補　黃耆見手太陰肺經。　補骨脂見足太陰脾經。　胡蘆巴苦，大溫。入命門。治同補骨脂，兼治疝。　韭子辛甘，溫。補命門及肝。　蜀椒見足太陰脾經。　桂見足太陰脾經。

瀉

輕

重

滑

澁

燥　石硫黃酸，大熱。入心包命門。大毒。治下元虛冷，元氣將絶。　仙茅辛，熱，有毒。入肝心包命門。治一切風氣冷痺，助陽。

濕

手厥陰心包經

宣

通　芎藭辛，溫。入肝膽心包氣分。開鬱行滯，搜肝氣，和血去瘀，頭腦中風。　牡丹皮見足少陰腎經。　木通見手陽明大腸經。　鬱金見足陽明胃經。　茺蔚子辛甘，微溫。入肝心包。通血脉，行滯，養肝，治胎産諸病。　葉治産後諸病。　紅花辛，溫。入肝心包。活血通經，治産後血暈。　虎杖苦，微溫。入肝心包。行瘀，散癥結風毒，骨節間風，解暑毒，治諸淋。　茜草甘鹹酸，溫。入肝心包血分。治一切血滯之病，血實者宜之。　忍冬藤甘，微寒。入心包肝。治風及一切濕氣，解散熱毒，瘡家要藥。

補　淫羊藿見足少陰腎經。　補骨脂見足少陰腎經。　熟附子見足太陰脾經。

瀉　紫草苦，寒。入肝心包。凉血活血，利大腸，瀉疹痘熱。

輕　薄荷見手太陰肺經。

重

滑

澁

燥　石硫黃見命門。　仙茅見命門。

濕

手少陽三焦經

宣

通　香附甘苦，微寒。入肝三焦，兼行十二經氣分。利三焦，解六鬱，去瘀除痰。　蛇床子見命門。　連翹見手太陽大腸經。

補　黃耆見手太陰肺經。　熟附子見足太陰脾經。

瀉　石膏見手太陰肺經。　地榆見手陽明大腸經。

輕　前胡見手太陰肺經。　燈心草見手少陰心經。

重

滑

澁　赤白石脂見手陽明大腸經。

燥　生附子見足太陰脾經。

濕

足少陽膽經

宣　石膽酸，濇，寒。入膽。吐風痰，散積，消水腫。

通　芎藭見手厥陰心包經。　連翹見手太陽大腸經。　射干見手太陰肺經。

青皮苦辛，溫。入肝膽。破肝膽氣積，能發汗。

補　酸棗仁甘酸，平。入肝膽。補中益氣，甯心志，斂虚汗，助陰氣，治心煩不得眠。

瀉　黄連見手太陰肺經。　龍膽草見足少陰腎經。瀉肝膽實熱。

輕　柴胡苦，平。入肝膽。升陽，散肝膽三焦包絡相火。　青蒿苦，寒。入肝膽血分。治勞熱骨蒸，虚勞盜汗，五心煩熱。　木賊見足太陰脾經。　決明子見足少陰腎經。

重　紫石英見手厥陰心包經。　代赭石苦，寒。鎮虚。入肝膽。

滑

澁　牡蠣見足少陰腎經。

燥

濕

足厥陰肝經

宣　綠礬見足陽明胃經。　皂角辛鹹，溫，有小毒。入肝。搜風瀉氣，通關節，開痰涎，散瘡腫風瘰，治中風口噤，急喉痺，一切頭腦風，風癇暈眩閉塞等症。

通　天麻辛，平。入肝。助陽氣，通血脉，利關竅，療風虚。　丹參見手少陰心經。　紫參見足陽明胃經。　延胡索苦微辛，溫。入肝。活血化氣，通經絡，理脉外氣滯。　白鮮見足陽明胃經。　當歸見手太陰肺經。　芎藭見手厥陰心包經。　赤芍藥見手太陰肺經。　牡丹皮見足少陰腎經。　薑黄見足太陰脾經。　鬱金見手少陰心經。　香附見手少陽三焦經。　水蘇見手太陰肺經。　澤蘭見足太陰脾經。　艾見足太陰脾經。　茺蔚子見手厥陰心包經。　夏枯草見足少陰腎經。　紅花見手厥陰心包經。　續斷見足少陰腎經。　豨薟見足陽明胃經。　車前見足少陰腎經。　刺蒺藜見手太陰肺經。　王不留行苦甘，平。入肝衝任。通血脉，利小便，下乳汁，治諸淋及風痺。　虎杖見手厥陰心包經。　蒲公英見足陽明胃經。　菴䕡子苦，微溫。入肝血分。去五藏瘀血，腹中水氣，痺病。　射干見手太陰肺經。　白附子辛苦甘，大溫，有毒。入肝。治風虚，能達陽於陰中，主一切痺癇之因於風虚者。　茵芋見足少陰腎經。　萆薢見足少陰腎經。　茜草見手厥陰心包經。　忍冬藤見手厥陰心包經。　蒲黄甘，平。入肝血分。止血消瘀，又治咽喉口舌病。　韭辛，溫，濇。入肝。行氣行血。　桃仁見手厥陰心包經。　青皮見足少陽膽經。　吴茱萸見足太陰脾經。　沉香見足太陰脾經。　沒藥苦，平。入肝。舒筋膜，通血脉，治金瘡瘀血，產後惡露，心腹血氣痛。　槐實見手陽明大腸經。　秦皮苦，微寒。入肝。治風寒濕痺，帶下。　蘇木見足太陰脾經。　枳殼見手太陰肺經。　五加皮見足少陰腎經。　穿山甲見足陽明胃經。　烏鰂骨鹹，微溫。入肝。治女子經病及帶漏等症。又治眼瞖，舌腫，能通能止。　五靈脂見足少陰腎經。

補　萎蕤見足太陰脾經。　肉蓯蓉見足少陰腎經。　白朮見足陽明胃經。　巴戟天見足少陰腎經。　淫羊藿見手少陰心經。　沙苑見足少陰腎經。　熟附子見足太陰脾經。　菟絲子見足太陰脾經。　何首烏見足太陰脾經。　蜀椒見足太陰脾經。　桂見足太陰脾經。　杜仲見足少陰腎經。　酸棗仁見足少陽膽經。　枸杞子見足少陰腎經。　鼈甲鹹，平。入肝。益陰氣，治老瘧勞復，產後陰脱，去息肉。餘同龜板。　鹿茸見足少陰腎經。　熟地黄見手少陰心經。

瀉　地榆見手陽明大腸經。　龍膽草見足少陰腎經。　紫草見手厥陰心包經。　荊三稜見足太陰脾經。　蓬莪朮苦辛，溫。入肝。治一切氣癖滯，消結，去積聚。　藍實苦，寒。入肝。解諸毒，利五藏經絡中結氣。　青黛鹹，寒。入肝。解熱毒，瀉肝，收五藏鬱火，治咽喉、鼻、舌、口、唇、齒諸病。　羚羊角鹹，寒。入肝。定驚癇，瀉一切熱毒惡風，降肝火煩鬱，辟邪解毒，明目。　胡黄連見足陽明胃經。　雄黄見足陽明胃經。

輕　柴胡見足少陽膽經。　秦艽見手陽明大腸經。　羌活見手太陽小腸經。　防風見手太陰肺經。　細辛見足少陰腎經。　荊芥辛，溫。入肝。治風散熱，通血脉，止下衄諸血。　薄荷見手太陰肺經。　甘菊花見手太陰肺經。　青蒿見足少陽膽經。　牛蒡子見手太陰肺經。　木賊見足太陰脾經。　決明子見足少陽膽經。　穀精草辛甘，溫。入肝。治頭風痛，盲翳。　鉤藤甘苦，平。入肝。平肝風，治頭目眩暈，小兒驚癇，發斑疹。

重　紫石英見手厥陰心包經。　磁石見足少陰腎經。　代赭石見足少陽膽經。　礞石甘鹹，平。入肝。墜痰平逆。

滑　天竹黄甘，寒。入肝。豁痰利竅，治同竹瀝，惟專入脾藏，不行經絡為異。

澁　礬石見手太陰肺經。　芍藥見手太陰肺經。　山茱萸見足少陰腎經。　龍骨見足少陰腎經。　牡蠣見足少陰腎經。　花蕊石酸，濇，平。入肝。止金瘡血，化瘀。

燥　仙茅見手厥陰心包經。　生附子見足太陰脾經。　伏龍肝見足太陰脾經。

濕　旱蓮草見足少陰腎經。　柏子仁見手少陰心經。　阿膠見手太陰肺經。　生地黃見手少陰心經。　側柏葉苦，溫，濇。治吐血便血，女子血痛，補陰。

清·包誠《十劑表》

十劑表下

宣　逆流水性倒逆，用煎吐劑良。　陰陽水涌諸滯。　銅青酸，平。吐風痰。　甘草頭導毒，行肝胃污濁之血。　人參蘆苦，溫。吐痰飲。　天名精甘，寒，有小毒。治胸中結熱滯瘀，吐痰，療喉痺口緊。生用。　常山苦，寒，有毒。逐老痰積飲，截瘧，并治山嵐瘴氣。苗同治。　藜蘆辛苦，寒，有毒。吐膈上風痰，治痰飲風癇，喉痺等病。　茶末　萊菔子辛甘，平。升散風痰。生用。　白梅鹹酸。治風痰閉塞。　瓜蒂苦，寒，有毒。治水氣，吐風痰。　青魚膽甘，寒。吐喉痺，點目，消赤腫。　鱖魚膽苦，寒。吐竹木刺骾入喉及藏府。　蠍甘辛，溫，有毒。却風涎，治諸風驚癇。　稍專上行。　蓖麻子甘辛，平。善收吸，通關竅經絡，偏風不遂。並敷一切毒疽，消腫拔毒，火傷，並女子胎衣不下，子腸挺出。多宜外用。

通　百沸湯通陽，行經絡。　艾火通陽，灸百病。　燈火(粹)〔焠〕小兒驚風。　火硝辛苦，溫，有毒。散熱行結，破積。　白薇苦鹹，平。利陰氣，調血脉，治風。　木香辛，溫。調諸氣，和胃，行肝，升降滯氣。　劉寄奴苦，溫。下血脹，補筋脉之傷。　葈耳子甘苦，溫。治一切風痛，暖腰膝。　鼠麴草甘，溫。治寒嗽，大升肺氣。　狼牙苦，寒，有毒。治邪熱氣，殺蟲。　使君子甘，溫。殺蟲，主小兒五(泔)〔疳〕，小便白濁，健脾胃。　木鼈子甘，溫，有小毒。治折傷，結核痞，消腫，治惡瘡，並寒濕鬱熱血病。　紫葳鹹苦，寒。入血。散結熱，主熱毒風，癥瘕血閉，血膈遊風，治產乳餘疾。　百部甘，微溫。主咳嗽上氣，肺熱，潤肺保肺，殺蟲。　通草甘，淡，寒。利陰竅，治五淋，瀉肺。　石南藤辛甘，溫。主治風血，除痺逐冷。　絡石藤甘，溫。一云寒。治喉腫急症，利關節，治癰腫及喉中有物塞。　石菖蒲辛，溫。開心孔，通九竅，除心積。　石胡荽辛，溫。通九竅，解毒，散目腫翳瘡腫，塞鼻中，翳自落。　地錦辛苦，平。通流血脉，主破血散血。　卷柏甘，溫。治五藏邪氣，女子陰中寒熱痛，癥瘕等症。能入至陰，以治陰之不得陽和而結者。　刀豆溫中下氣，利腸胃。　粟米鹹，淡，微寒。去胃熱，利小便。　粱米同粟米。　陳米鹹酸。寬中消食，利小便，調胃。　神麯甘辛，溫。下氣消滯，除痰，健脾胃。　紅麯甘，溫。破血滯。　麥芽鹹，溫。消食開胃，和中下氣。　穀芽甘，溫。消積之力，稍遜麥芽。　酒甘苦辛，大熱，有毒。通血脉，行藥勢，散百邪。　醋酸苦，溫。消諸毒，散結，除堅積。　薤白辛苦，溫，滑。溫中，散結氣，治胸痺。　白芥子辛，溫。治胸膈痰冷利氣，脇下及皮裏膜外之痰，非此不達。　萊菔子辛甘，平。下氣消食，除脹止喘。熟用。　茄甘，寒。散血消腫，寬腸。　蒂治腸風下血。　苦瓠苦，寒。主大水面目浮腫，利石淋，治鼻塞。用瓤及子。　冬瓜甘，微寒。治小腹水脹，下氣利水。　子利水開胃，治結聚，心經蘊熱。　芸薹辛，溫。一云涼。治風遊丹腫。　子行滯血，破冷氣，消腫散結，治難產。　山查酸甘，微溫。消積結氣，行一切滯。　橘核治疝。　橘葉治同陳皮，並消腫。　畢澄茄辛，溫。(辛温)下氣消食，暖脾胃，止諸逆，治一切冷氣痠症。　藕節濇，平。消瘀血，解熱毒。　松脂苦甘，溫。除邪下氣，治癰疽惡瘡疥疾風氣，專行血中之風。　騏驎竭甘鹹，平。治滯血諸痛，內傷血聚，金瘡折傷。　龍腦香苦辛，溫。上入耳目巔頂，下入腎骨，利結散熱，治喉痺諸塞。　安息香辛苦，平。暖腎氣，治心腹惡氣，傳尸鬼疰邪氣，血邪蠱毒。　蘇合香甘，溫。辟惡，去三蟲，治瘟瘧癇。　胡桐淚鹹苦，大寒。治濕熱齒痛，風蟲牙痛，骨槽風，咽喉瘰癧。　白膠香辛甘，平。活血止痛，治瘡疽血病，風痺等。　海桐皮苦，溫。行經絡，達血滯，治風痺腿膝酸痛，並手足走注。　楝根皮苦，微寒。治遊風熱毒風疹，殺蟲，治消渴有蟲。取白者用。　蕪荑辛苦，溫。治風膚，肢節中風，殺蟲，治癥積。　楮葉甘，涼。治風濕腫脹，鼻衄，疝，濁癖。　白皮甘，平。治水腫入腹。　紫荊苦，平。破宿血，下五淋，消腫解毒，治喉痺，經水瘀澁。　柞木苦，平。性善下達，治黃疸，利濕熱。　鬼羽箭苦，寒。治崩中下血，腹滿，殺鬼毒蠱疰，中惡腹痛，產後血絞腹痛。　神木治口眼喎斜，毒風，拘攣脚氣，痺病。　桑寄生苦，平。益血脉，助筋骨，功同川斷。　雷丸苦，寒。治胃熱，除皮中熱，逐風殺蟲，解蠱毒。　露蜂房甘，平，有毒。治驚癇瘈瘲，寒熱邪氣，癲鬼蠱疾及一切惡毒。　殭蠶鹹辛，微溫。治急風喉痺，散頭風痛風，驚癇，專能散結行經。　蠶砂甘辛，溫。去風勝濕，治瘀。　蠐螬鹹，微溫。解血滯，治惡血在脇下。　蜣蜋鹹，寒，有毒。治驚癇疳積，膈氣便閉，下痢等症。　鼉甘，寒。解毒利水，消腫，補虛損。　白花蛇甘鹹，溫，有毒。治中風及一切風病。　烏蛇甘，平，小毒。治中風，頑痺不仁，風熱毒。　蚺蛇膽甘苦，寒，有毒。明目去瞖，治䘌，血痢，蠱毒，小兒五痔。　鯉魚甘，平。治水腫脚滿。　膽治目赤腫。　魚鰾膠甘鹹，平。治難產，赤白崩中，產後風搐，破傷風，精稀等症。　蛤粉鹹，平。化痰，治喘，軟堅解結，消水腫，腫毒。　蚌粉鹹，寒。治同蛤粉，兼能治反胃。　白螺螄殼治同蚌粉。　蚶甘鹹，平。消積聚。即瓦楞子。　雞內金治洩痢反胃，尿血泄精，崩帶。　夜明砂辛，寒。治腹中血氣，破積聚，治目障瞖。　虎骨辛，微熱。治筋骨毒風。　熊膽苦，寒。開氣血，通行經絡，去翳。　麝香辛，溫。通竅，開經絡，透肌骨。性善走竄，無所不至。　猬皮苦，平，有小毒。治五痔陰蝕，腸風，反胃。　大小薊甘，溫。治崩中下血，一切血病，瘀血作暈。行而能補。小薊兼治熱毒風。　降香辛，溫。療折傷金瘡，止血定痛。

補　甘草甘，溫。通入十二經，緩正氣，補脾胃，炙用。粳米赤熱白涼，晚白寒。溫中益氣，益腸胃，通血脈。糯米甘，溫。溫中益氣，暖脾胃，止泄利。荔枝甘，溫。健氣通神益智，散無形質之滯氣。核濇，治疝。沒石子苦，溫。溫中益氣，和血生精，益衝任脈，治陰痿，毒瘡諸症。楮實甘，寒。助陽氣，補虛勞，壯筋骨，健腰膝，明目。茯神補心氣，止驚悸，治風眩心虛。鯽魚甘，溫。主胃虛不食，溫中下氣，止痢。生搗，散惡核腫毒。石首魚甘，平。開胃益氣，主消食，下痢腹脹。頭中石魫治石淋。白鯗治同石首魚。鱓魚甘，大溫。補中益氣血。療虛損，逐十二風邪，久痢腸漏，腹中冷氣。鰻鱺魚甘，平，有毒。益陰起陽，暖腰膝，治勞損，傳尸疰，腸風，風痺，殺蟲。骨治蚊。真珠甘，寒。大益肝藏，清心安魄，明目去瞖，解痘毒，主難產。烏骨雞甘，平。補虛勞，一切虛損。雞卵清氣補血。鴨補虛除熱，和藏府水道。鶉甘，平。補五藏，益中續絕，實筋骨，止痢，治鼓脹骨立，穀食不下。雀卵酸，溫。強陽益精，兼治帶下，便溺，疝瘕。白馬莖甘鹹，平。強志益氣，長肌肉，治傷中經脈，陰不起。牛甘，溫。補中益氣，養脾胃。羊甘，大熱。補中益氣，治一切虛勞寒冷之症。腎補腎氣。豕肚甘，微溫。補中益氣，治脾虛。肝苦，溫。補肝明目。肺甘，微寒。治肺虛咳嗽。腸甘，微寒。潤腸。狗鹹酸，溫。補胃氣，壯陽益力。莖治萎。驢陰莖甘，溫。強陽壯筋，肝熱目赤。鹿角膠專於補益，勝於角，而亞於茸。麋茸甘，熱。補陽氣，治風冷。麋角治同茸，差緩，膏稍勝。髓補筋脈，填髓。人髮苦，微溫。補陰血，消瘀，治五癃關格。秋石鹹，溫。滋腎，養丹田，返本還元，歸根復命，安五藏，潤三焦，治骨蒸。紫河車甘鹹，溫。治一切虛損勞熱，安心養血，益氣補精。

瀉　臘雪水甘，冷。瀉熱毒。急流水性峻速下達，用煎下劑良。地漿甘，寒。瀉熱毒。浸藍水苦，寒。解毒。(浙浙)〔淅二〕泔水瀉熱。黃土解諸藥毒。糞坑底泥瀉熱毒。蚯蚓泥瀉熱行濕。鉛粉辛，涼。消諸積聚。硇砂鹹苦辛，大熱，大毒。治鬱結積聚，消化之力甚猛。寒水石辛鹹，寒。瀉五藏伏熱。芒硝鹹，大寒。瀉熱，去積聚。元粉功同芒硝，力稍遜。硼砂治上焦痰熱，瀉積破結。甘草甘，平。瀉火熱生用。薺苨甘，寒。瀉熱解毒。貫眾苦，微寒，有小毒。瀉腹中邪熱諸毒，軟堅，辟瘟疫。苧麻甘，寒。治心鬲熱，天行熱疾，大渴大狂，并能安胎。酸漿草苦，寒。治熱煩滿，大小便濇。大青甘微苦鹹，大寒。治一切時行熱毒。商陸根辛酸，平，赤者有毒。直疎五藏，散水氣，治水腫，疝瘕，胸中邪氣，喉痺不通。用白者。甘遂苦甘，大寒，有毒。泄水，利痰破積聚，直達水氣，治腹滿疝瘕。大戟苦，寒，有毒。治十二惡水，腹滿，積聚惡血，一切痰涎水濕為病。芫花辛，溫，有毒。決水逐痰，一切風痰邪氣病。續隨子辛，溫，有毒。治水下積聚，瀉一切惡滯物。牽牛黑者勝。甘辛，熱。治氣血濕熱，三焦壅結，開氣，逐痰滯。澤漆葉苦，微寒。治大腹水氣，四肢面目浮腫。行水之善品。土茯苓甘，淡，平。去風濕，利骨節，瀉惡瘡及汞粉、銀硃毒。山豆根苦微甘，寒。解諸藥毒，咽喉腫，下諸蟲。黃藥子苦，涼。瀉火，治一切瘡腫毒，消癭。土瓜根苦，寒。瀉諸邪氣熱結，治天行熱疾，逐水行瘀。綠豆甘，寒。下氣消腫，瀉熱解毒。桃花瀉大腸甚捷。巴豆辛，熱，有毒。導氣消積，去藏府停塞，大積大滯，一切壅塞之症。性剛猛，銳不可當。乾漆辛，溫，有毒。消瘀血痞結，瘕疝，殺蟲。斑猫辛，寒，有毒。治一切毒物，破石癃血疝。水蛭鹹苦，平，有毒。逐惡血。䖟蟲苦，微寒，有毒。治同水蛭。䗪蟲鹹，寒，有毒。治心腹寒熱血積，折傷。蟬鹹甘，寒。治驚癇夜啼，下難產胞衣。螻蛄鹹，寒，有毒。治水腫，胞衣不下。性甚急。蜈蚣辛，溫，有毒。治破傷風驚癇，去積聚惡血，蠱毒，尸疰等症。蚯蚓鹹，寒。治傷寒伏熱，陽毒結胸，溫病大熱，天行諸熱，通經絡，祛風。白頸者良。蟾蜍辛，涼，微毒。治小兒疳積，一切有蟲惡瘡，破積。蠡魚甘，寒。治水，下大水有殊功。膽治喉痺將死。田螺甘，大寒。下腹中積熱，水氣浮腫，治噤口痢，消渴。雞屎白微寒。下氣利水，治鼓脹，中風，風痺，轉筋入腹。鴨血鹹，冷。下砒毒、鹽鹵毒，達氣散結。膽星苦，大寒。下風痰奇功。牛黃苦，涼。益肝膽，化痰清心利痰，治中藏。豕膽苦，寒。清心涼肝，下大便。人中黃甘，寒。瀉時行大熱，解諸惡瘡毒。金汁治天行時熱，新汁解諸毒。人尿鹹，寒。降火，治勞熱熱狂，並撲損瘀血，產後敗血。童子者佳。人中白主鼻衄，傳尸勞熱。胞衣水辛，涼。治小兒丹毒，諸熱毒，天行熱病發狂，髮豎等症。

輕　立春後雨水得春生發之氣，用煎發散劑良。釜臍墨辛，溫。止血，治咽喉口舌諸病。風化消甘緩輕浮，治上焦心肺痰熱。地膚子苦，寒。治頭目及皮膚中熱風。萍治暴熱身癢，熱毒風熱瘡疹。發汗勝於麻黃。馬勃辛，平。清肺散血，解毒，治疫大頭痛，喉痺。淡豆豉苦，寒。一云溫。性能升散化氣，調中，治頭痛。春夏寒熱時行熱疾。蔥白辛，平。通陽達表，發汗。胡荽辛，溫。發痧疹，痘瘡不出。荷葉生發陽氣，助脾胃。蒂安胎，止痢。桂枝甘辛，熱。調營血，和肌表，除肢節痛風，散下焦蓄血，皮膚風濕。檉柳甘鹹，溫。治痧疹，熱毒不出，發散神劑，利小便。霜桑葉苦甘，寒。除寒熱，和氣，祛風暢血。枝養筋。淡竹葉辛，平，寒。涼心肺，治熱狂煩悶，頭風，散熱毒風，利水。竹茹止胃熱嘔吐等病，清陽氣，治女勞復。蟬蛻治頭目風熱，發疹痘。蛇蛻甘，平，有毒。治喉風，退目翳，消木舌，白癜風。鼠糞甘，微寒。治男子女勞復陰易，下死胎，并治乳癰吹奶。

重　金箔辛,平,生者有毒。鎮精神,益肺,堅骨髓。　銀箔治同金箔。　赤銅屑苦,平。續筋骨。　鉛甘,寒。鎮虛氣,墜痰。　鉛霜性同鉛。專墜痰清熱。　鉛丹辛,微寒。鎮逆墜痰。　密陀僧鹹辛,平。墜痰。　鐵落辛,平。鎮肝。忌鹽。　丹砂甘,微寒。鎮精神,安魂魄。入火殺人,宜生用。　水銀辛,寒,有毒。重墜下行,抑痰逆,殺蟲。　靈砂甘,溫。養神,安魂魄,治上盛下虛。　輕粉辛,冷,有毒。下痰刼邪。　元精石鹹,寒。或曰:鹹,溫。至陰之品。治心腹積聚,來復正陽丹用之。　琥珀甘,平。安五藏,定魂魄,化瘀血,明目磨瞖,療心痛凝邪,清肺。　龍齒清涼,安魂魄,治驚癇。

滑　磨刀水利小便。　針砂鹹,平。治腫滿,泄熱。　浮石鹹,大寒。化痰下氣,治淋。　甘草稍利小便,達莖中。　冬葵子甘,寒,滑。治五癃,利二便,乳閉,消水滑胎。　罌子粟甘,平。一作寒。主行風氣,逐邪熱、丹石毒,利二便。　蜀葵性治同冬葵。兼排膿血惡物。　花治帶下,目中淫火。　子治同蜀葵。　扁竹苦,平。殺蟲,治黃疸,諸淋。　栝樓實甘,寒。潤肺燥,除熱滌痰,寬胸及腸。　海藻鹹,寒。軟堅行水,治一切瘦瘰結聚病。　昆布鹹,寒。治同海藻,而長於利水。　大麥平,涼,滑。治消渴,除熱,寬胸下氣。　蕎麥甘,平,寒。降氣寬胸,去積滯。虛寒者犯之,大脫元氣。　馬齒莧辛,酸,寒,滑。散血利腸,消腫解毒。　雞距子甘,平。利五藏,解酒毒溫熱,止渴,去膈上熱。與蜜同功。　甘蔗甘,溫。利胸、大腸,助脾氣。　竹瀝甘,寒。養陰滑痰,滲經絡中壅,潤急燥之火。　臚乳甘,冷,利。治氣鬱,解熱毒。　溺殺蟲,治反胃。　麻油甘,微寒。下三焦熱毒結熱,滑利二腸。

澁　禹餘糧甘鹹,平。治欬逆及下焦陰中之邪。　薜荔甘,濇,平。壯陽道,固精,又能消腫止血。　浮麥甘鹹,寒。歛自汗盜汗,除勞熱骨蒸。　烏梅酸,溫,濇。下氣調中,收膈氣,歛而能行。　木瓜甘酸,溫。止吐瀉,和血行氣,去濕,治筋諸病。收而能行。　銀杏甘苦,平,濇。溫肺益氣,定喘嗽,縮小便,止白濁。　蓮子甘,平,濇。補中,交心腎,固精氣。　鬚治同蓮子。　椿樗苦,微涼,濇燥。治赤白濁,精滑夢泄,溫氣下利,血崩,腸風下血。　椶櫚皮苦,濇,平。止血,能使不歸經絡之血胥得就正,非尋常止血之品。　金櫻子酸,濇,平。濇精氣,止脾泄。　蜜蠟甘,淡,微溫。止下痢膿血,續絕,補中益氣,治孕婦胎動下血不止。　蟲白蠟甘,溫。生肌止血定痛,補虛,續筋接骨。　原蠶蛾鹹,溫。益精強陰,止泄淋。取雄者,去翅足。　鹿角霜治小大便數。

燥　東壁土甘,溫。勝濕。　砒石辛酸,大熱,有毒。治痰積。　威靈仙苦甘,溫。治風濕,通五藏,治一切積聚病之有濕者。　烏頭除寒濕,散風邪,破積聚。　草烏頭苦辛,大熱,大毒。破寒濕積聚,冷痰頑風惡濕。性燥烈,宜製用。　高良薑辛苦,大溫。治內冷腹痛,溫中下氣。凡冷癖冷痛,皆治。　炮薑苦,大熱。守中,溫脾胃,治一切下焦寒濕。產後血虛,大熱沉寒痼冷之症。　燒酒辛甘,大熱,大毒。消冷積寒氣,燥濕痰,開鬱結。　胡椒辛,熱。治寒冷,大腸寒滑。　松節苦,溫。治血中濕病,百節久風風虛。　乾薑辛,溫。一作大熱。溫中,治胸滿咳逆。

濕　井華水宜煎養陰之劑。　天花粉苦,寒。益津,止消渴,除腸胃痼熱,身熱煩滿。　胡麻甘,平。潤養五藏,補氣,去風,填精髓,利二腸。療虛傷中用黑者。　蜂蜜甘,平。潤藏府,通大便秘,益血脉。　牛乳甘,微寒。補虛羸,養心肺,潤腸。　牛髓甘,溫。補中,填骨髓,續絕,通經脉。　羊乳補虛冷,潤心肺。　豕脂甘,微寒。潤肺,利血脉。　乳汁甘鹹,涼。榮五藏,明目安神,利關節,澤皮膚,潤肺,血虛有熱者宜之。　紅鉛鹹,平。治氣血衰弱,痰火上升及經閉中風不語等症。　月經衣治熱病勞復。

清·鄒承禧《辨證求是》卷五　考訂藥味機竅等第發案

當歸辛散,減川芎一等,惟生血於敗瘀未盡之際用之,以性升味辛,最能竄陽,產後陰虛陽越者,大非所宜。　羌活減麻黃一等。　靈仙減羌活一等。　玉竹平補氣血,減洋參一等。　沙參養肺止欬,亦減洋參一等。　青蒿能提陷伏陰邪,藥性謂青蒿瀉熱,理勞清暑,余考味苦辛,而性輕浮。二月生苗,得春木少陽之令最早,入肝膽經血分,上行疏透之品也。能理陷伏陰邪,俾邪散熱退耳。今人概治時病,以其不拘經絡,非若羌、柴、葛,定為三陽經藥,易於動人訾議,遂恃此為散而不散之藥,病家醫者不便議及,借此躲閃,謂能退熱,而病家亦樂從聽受。豈傷寒、溫病、瘟疫,亦是陷伏陰邪耶?論陰邪證,余書備載。　性恰減柴胡一等。　荊芥能散去血中風邪,亦減柴胡一等。　石斛減黃連一等。葉案:小兒吐瀉門,呂姓痰中帶血,食已嘔吐,因驚仆氣逆,令胃不和,與黃連溫膽湯。因年弱質怯,以金石斛代之。　川椒治胃病,減乾薑一等。　川椒治肝病,減吳萸一等。　白蔻減砂仁一等。　益智減白蔻一等。　控涎丹、乾棗三味丸減十棗、葶藶湯一等。　人中黃減金汁一等。　畢澄茄減胡椒一等。　艾葉減川椒一等。　枳殼減厚朴一等。　陳皮減枳殼一等。　杏蘇散減小青龍湯一等。　麻杏甘膏湯減大青龍湯一等。　左金丸減烏梅丸一等。　理陰煎減八味地黃湯一等。　增入附子,即與八味地黃相同,且而藥味好用,治陽中陰虛,陰中陽虛,脹滿嘔噦,痰飲惡心,吐瀉腹痛,婦人經遲血滯,及虛人感邪發熱,不勝解散,或頭身疼痛,或面赤舌焦,或雖渴而不喜冷飲,或背心肢體畏寒,或半身惡寒自汗,但脈見無力者,悉是假熱之證,余辨治探得陰陽真假之時,不啻如夢初覺。　諸瀉心湯可加枳實。　諸梔豉湯

可加桔梗。諸復脈湯可加白芍。當歸生薑羊肉湯可加蓯蓉。

清・羅紹芳《醫學考辨》卷一一　參芪白朮各有所宜論　凡外感兼氣虛者，可於發散藥中加參、芪，不可加白朮，以白朮燥濕而閉濁氣也。凡陰虛火動者，忌用升提，其有中氣弱不得不補脾肺以滋化源者，可用沙參、白朮，不可用人參、黃芪，以參、芪性浮而升，易動火也。

清・王錫鑫《眼科切要》　解鬱藥　黃連解鬱熱。椒目解濕熱。茺蔚解氣鬱。川芎解血鬱。木賊解積鬱。羌活解經鬱。磁石解頭目鬱。

清・周學海《讀醫隨筆》卷五　論遠志石菖蒲秦艽柴胡　昔人謂：讀書須從對面看。此語最有意味。遠志、菖蒲，書謂開心氣，世遂凡於心虛之證，皆避之如砒毒矣。殊不知書謂開心氣者，以其味微辛而力緩，止能內開心氣，不能外通膚表也。不然，如麻黃、細辛、桂枝者，豈不大開心氣，而何以書絕不言之？以其力不止於此也。若以此開心氣，是病在心，而藥力直致之膚表矣，是不可也。惟遠志、菖蒲馴靜力緩者，足當開心氣耳！且心虛之病，又各不同。如陰虛心燥，是心氣已不得陰以養之，其開散已不可支，豈可復以此開之？如陽虛心氣為痰水所凌，以致怔忡恍惚者，非以此開散痰水，心氣何由得舒？若亦以棗仁、五味滋之，不益之閉乎？秦艽、柴胡退無汗之骨蒸。此語出於東垣，本不足據。然揆其義，亦不過以其苦能入骨，辛涼微散能清泄鬱熱耳！世遂謂其能發骨中之汗。夫發骨中之汗者，惟細辛、獨活可以任之。麻黃、桂枝力迅氣浮，尚且不能沉搜入骨，而謂秦艽、柴胡之苦辛涼降，能透發骨氣，致之於表而為汗，其誰欺乎？

法象藥理部

題解

元・王好古《湯液本草》卷一《東垣先生〈藥類法象〉》　用藥法象　天有陰陽，風寒暑濕燥火，三陰、三陽上奉之。溫涼寒熱，四氣是也，〔皆象於天〕。溫、熱者，天之陽也。涼、寒者，天之陰也。此乃天之陰陽也。　地有陰陽，金木水火土，生長化收藏下應之。

辛甘淡酸苦鹹，五味是也，皆象於地。辛甘淡者，地之陽也。酸苦鹹者，地之陰也。此乃地之陰陽也。

味之薄者，為陰中之陽，味薄則通，酸、苦、鹹、平是也。味之厚者，為陰中之陰，味厚則泄，酸、苦、鹹、寒是也。

氣之厚者，為陽中之陽，氣厚則發熱，辛、甘、溫、熱是也。氣之薄者，為陽中之陰，氣薄則發泄，辛、甘、淡、平、涼、寒是也

輕清成象味薄，茶之類。本乎天者親上。重濁成形味厚，大黃之類。本乎地者親下。　氣味辛甘發散為陽，酸苦涌泄為陰。

清陽發腠理，清之清者也。清陽實四肢，清之濁者也。濁陰歸六腑，濁之濁者也。濁陰走五臟，濁之清者也。

明・鄭寧《藥性要略大全》卷一　用藥陰陽法象　天有陰陽：風、寒、暑、濕、燥、火，三陰三陽上奉之；溫、涼、寒、熱，四氣是也。溫熱者天之陽也，寒涼者天之陰也。此乃天之陰陽也。

地有陰陽：金、木、水、火、土，長、生、化、收、藏下應之。辛、甘、淡、酸、苦，五味是也。辛甘淡者，地之陽也；酸苦鹹者，地之陰也。此乃地之陰陽也。　陰中有陽，陽中有陰：平旦至日中，天之陽，陽中之陽也。日中至黃昏，天之陽，陽中之陰也。合夜至鷄鳴，天之陰，陰中之陰也。鷄鳴至平旦，天之陰，陰中之陽也。　人身亦有陰陽以應之。外為陽，內為陰；背為陽，腹為陰；臟為陰，腑為陽。心、肝、脾、肺、腎，五臟為陰；膽、胃、大腸、小腸、膀胱、三焦，六腑為陽也。　背為陽，陽中之陽，心也。背為陽，陽中之陰，肺也。腹為陰，陰中之陰，腎也。腹為陰，陰中之陽，肝也。腹為陰，陰中之至陰，脾也。此陰陽、表裏、內外相輸應也。

論說

唐・陳藏器《本草拾遺・序例》〔見宋・唐慎微《證類本草》卷一《序例上》〕　凡五方之氣，俱能損人，人生其中，即隨氣受疾。雖習成其性，亦各有所資，乃天生萬物以與人，亦人窮急以致物。今嶺南多毒，足解毒藥之物，即

金蛇、白薇之屬是也。湖多氣，足破氣之物，即薑、橘、吳茱萸之屬是也。寒溫不節，足療溫之藥，即柴胡、麻黃之屬是也。涼氣多風，足理風之物，即防風、獨活之屬是也。濕氣多痹，足主痹之物，即魚、鱉、螺、蜆之屬是也。陰氣多血，足主血之物，即地錦、石血之屬是也。嶺氣多瘴，足主瘴之物，即常山、鹽麩、涪醋之屬是也。石氣多毒，足主毒之物，即犀角、麝香、羚羊角之屬是也。水氣多痢，足主痢之物，即黃連、黃蘗之屬是也，野氣多蠱，足主蠱之物，蘘荷、茜根之屬是也。沙氣多狐，足主短狐之物，即鸜鵒、鸂鶒之屬是也。大略如此，各隨所生。中央氣交，兼有諸病，故醫人之療亦隨方之能；若易地而居，即致乖舛矣。故古方或多補養，或多導泄，或眾味，或單行。補養即去風，導泄即去氣，眾味則貴要，單行乃貧下。豈前賢之偏有所好，或復用不遂其宜耳。

宋·趙佶《聖濟經》卷九《藥理篇》 制字命物章第二　物生而後有象，象而後有滋，滋而後有數。字書之作，包括象數。物物妙理，可得而推，況本乎地者味自具，本乎天者氣自彰。其穀、其果、其畜、其菜、其藥，動植之間，有萬不同，而氣味自然，率不過五，凡以象數寓焉。

〔宋·吳禔注〕：見乃謂之象，物生而可見，是謂有象。有象矣，則因象而滋益，是謂有滋。物之滋而日蕃，則一二三四之數，自此而始矣，是謂有數。字書之作，有象可見，有數可推者，無不包括。一物具一性，一性具一理，具理之妙，其可即此而推焉。本乎地者味自具，所以作陰德而養形。字書之於五味，無不該也。以至五穀為養，五果為助，五畜為益，五菜為充，五藥為療。一動而有能，植而有生。品彙萬殊，不出乎氣味。氣味滋榮，不逃乎五行。制字命物，咸有妙理。即象數所寓而求之，無餘蘊矣。

且味者，土也，物成之時也。物成而後有味，故五味皆生於土。而甘苦鹹酸辛，又皆本於淡。淡者一也，口入一而為甘，甘出十而為苦。木作酸也，始於敷播，卒乃收聚。辛九數也，物窮則變，故辛甚則反甘。甘十數也，物極則反本，故甘甚則反淡。炎上作苦，苦生甘也。然火無正體，體草木焉。潤下作鹹，鹵自鹹也，亦有感於煎煩而鹹者焉。此五味自然之理也。

〔宋·吳禔注〕：辰戌丑未皆土也，故土王於四季之末。然土由火生，《月令》言王於季夏之後，則未為土之正矣。此未所以為土也。戊合癸，而癸位於子丑之間，則戊潛於午未之分。午未之分，丁之位也。戊親未而土旺，故能出而藏丁。戊出藏丁，則未土為物成之時也明矣。物成而形質充盈，味可嘗也，是謂物成而後有味，味出而物之成，物之成因於土，故五味皆生於土。於是窮於甘，化於苦，感於鹹，作於酸，變於辛，然皆以淡為本。淡者，水也。水得一焉，是謂淡者一也。口入一而為甘，言甘能入淡。甘出十而爲苦，言苦能出甘。木之作酸，曲直者也。始於敷播，言其生。卒乃收聚，言其成。木成而有味，故木作酸，酸主收。辛金成而有味，故得九數。九，陽之窮，陽窮能變，故辛甚則反甘。甘土成而有味，故得十數。十，陰之極，物極則反，故甘甚則反淡。淡者，其本之謂也。火之本不苦也，其味則苦。苦生甘者，火生土也。然火爲至神，緣薪顯照，榆柳取之在榆柳，棗杏取之在棗杏，是以火無正體，體草木焉。水之本不鹹也，其味則鹹。鹵自鹹也，若郇瑕氏之地沃饒而鹽是也。亦有感於煎煩而鹹者，若管仲焉，煮海之利以富齊國是也。凡此皆五味自然之理，見於制字者也。

臭各有自，鼻能得之。土臭為香，以夫土爰稼穡，稼穡作甘，故黍稷之薌亦謂之香。火臭為焦，以夫陽炎過矣，不宜復上，故惟焦為至陽之臭。腥雖陰臭，然有日生之者，有肉之腥者焉。羶雖陽臭，然且非至陽，而羊則臭羶焉。木朽而不泄，則朽肉腐而不散則腐朽，腐朽皆至陰之臭，而至陰為閉塞，此五氣自然之理也。

〔宋·吳禔注〕：臭各有自，陰陽之氣也。鼻能得之者，由外而卑內也。土臭為香者，以夫土爰稼穡，稼穡作甘，冲氣尤足，穀之香也。黍稷之薌，亦謂之香者，黍稷于穀為尤香焉。火臭為焦者，以夫陽炎過矣，不宜復上，火之末為焦也。惟焦為至陽之臭，陽至是極故也。有日生之者，陰虛而日氣入之；有肉之腥者，于肉有腥焉故也。此腥所以為陰臭。且非至陽溫厚之氣也，羊則臭羶，自然之臭也。此羶所以為陽臭。木朽而不泄，則鬱而朽，肉腐而不散，則積而腐朽，腐皆至陰之臭，而至陰為閉塞，蓋北方萬物之所閉藏也。凡此皆五氣自然之理，見於制字者也。

夫鳳鳥有文，河圖有畫，非人為也。制字命物，亦豈私智哉。嘗泛論之，桂猶圭也。宣導諸藥，為之先聘，若執以使。梅猶媒也。用以作羹，能和異味而合。荏能除臭散滯，則草之有任者。蘞能除邪殺蟲，則辛之致果者。其氣上而疏達，窮治腦疾，故芎藭有穹窮之義。能益精而定心氣，為氣之帥，故遠志同得志之升。萆薢則治濕痺而解散骨節諸風，薏苡仁則緩其中而隨其

意。所以甘遂取直達，若夫間之遂。解倉取發斂，若倉庾之倉。桃雖果類，然木所兆，而神所藏。楙雖瓜名，然實之碩而材之堅。枸杞謂之檵，以其可繼而久。菖蒲謂之昌陽，以其得神而昌。析蓂之治，析其冥而啓其明也。礞石之治，祛其蒙而發其覆也。蘘有攘義，則以除蠱毒。蘭有闌義，則以祓不祥。芣苢之義，或不或㠯。莖藸之義，即一即五。莨菪能致狂及治癲癇，乃所以為良。芫花能毒魚及治疝瘕，乃所以為元，此類者不可僂指。

〔宋·吳禔注〕：鳳鳥有五德之文，天地不能秘其靈。河圖有奇偶之畫，神明不能藏其象。聖人法是以制字命物，自然之真理，豈人為之私智哉。是故圭而後聘，所以申其信也。桂能宣導諸藥，為之先聘者如之，是以桂猶圭也。媒而後合，所以重其別也。梅可作羹，能和異味而合者如之，是以梅猶媒也。荏，蘇類也，以除穢臭，以散積滯，非草之可任者乎。薟，茱萸也，以去邪毒，以殺三蟲，非辛之致果者乎。辛温之氣上達，腦之冷熱可除，故芎藭有穹窮之義。精有所益而定志，心有所之而帥氣，故遠志同得志之升。卑薢以除濕痺，卑之義也，解散骨節諸風，解之義也。緩其中而隨其意，所以苡意人是也，字之所以從意從以也。夫間有遂，通其水也，故甘遂若夫間之遂。倉之所畜，積而散也，故解倉若倉庾之倉。木所兆而神所藏，此果之所以為桃。實之碩而材之堅，此瓜之所以為楙。檵之可繼而久，言引年也。昌陽之得神而昌，言益聰明也。以析其冥而啓其明，故謂之析冥。以祛其蒙而發其覆，故謂之礞石。蘘却邪氣而除蠱毒，故有攘義。蘭殺除蠱毒而祓不祥，故有闌義。芣苢之使人有子，故或不或以。莖藸之具五味，故即一即五。莨菪能致狂及治癲癇，乃所以為良善之至也。芫花能毒魚及去疝瘕，乃所以為元善之良也。凡此類不可僂指，皆制字命物，不可以不究其理也。

蓋物囿於天地間，雖東西南北之異方，山林川澤之異地，散植顯隱之異宜，會而通之，皆有明理，可視而知，可聽而思。以之養生而治疾，以之防患而乂災，貴夫深究而博識焉爾。

〔宋·吳禔注〕：東西南北既以異方，山林川澤既以異地，散植隱顯既以異宜，疑有睽而不合，乖而不同者。然會而通之，雖蝡蠉之蟲、肖翹之物皆有明理。視而可見者，可以知其形；聽而可聞者，于以思其義。以之養生而治疾，則真精保而淫氣消。以之防患而乂災，則禍害止而邪毒除。誠能所究者深，而不泥於蹇淺，所識者博，而不淪於狹隘，則方之形妙外之理，寓諸氣味之間者昭然矣。

名定實辨章第三　天之所賦，不離陰陽。形色自然，皆有法象。毛羽之類，生於陽而屬於陰。鱗介之類，生於陰而屬於陽。空青法木，色青而主肝。丹砂法火，色赤而主心。雲母法金，色白而主肺。磁石法水，色黑而主腎。黃石脂法土，色黃而主脾。觸類長之，莫不有自然之理。

〔宋·吳禔注〕：天地之所以槖籥萬物者，既不離乎陰陽，則物之所以範形於天地者，亦豈外於陰陽耶。氣變而有形，留動而生色，形色自然，法象著矣。毛羽，飛走者也。鱗介，潛伏者也。西方毛蟲，三百六十，而麟為之長。南方羽蟲，三百六十，而鳳為之長。東方鱗蟲，三百六十，而龍為之長。北方介蟲，三百六十，而龜為之長。或生於陽而屬於陰，或生於陰而屬於陽者如此。空青，明目而益肝，抑又色青，則屬乎木也。丹砂，養神而益心，抑又色赤，則屬乎火也。金之色白，而藏屬乎肺，白如雲母，所以補肺也。水之色黑，而藏屬乎腎，黑如磁石，所以補腎也。至於黃石脂者，黃，土之色也。土，脾之屬也。故色黃而主脾。觸類而長之，則石脂有五色之異，主五藏之不同。靈芝有五色之異，亦主五藏之不同。是皆理之自然，各從其類者也。資治養者可不察諸？

或質同而性異，或名異而實同。或孕正氣，或托異類。或物化之未渝，或物宜之相戾。故芝禀五行之秀，杞備四時之養。菊花異種，因以別甘苦之味。牡蠣異類，因以辨雌雄之體。蜜成於蜂，蜜温蜂寒。油本於麻，麻温油寒，茲同質異性也。硝異名而其性近，薑異名而其質同，附子、烏喙一本也，故氣味相類。蜀漆、常山一體也，故治療相通。蕪蘼生於芎藭，蓬虆生於覆盆，茲名異實同也。臘雪凝至陰之氣可以治温，忍冬禀不凋之操可以益壽。牛溲下水，乃土之所勝；豕足逐熱，乃水之所勝；蟹骨續筋，乃金之所勝。所謂各孕正氣者若此。車前生於牛跡，可以利水。蓯蓉生於馬瀝，可以補中。絡石絡於石，可以却老。蕈生於槐，可以治風。垣衣生於牆陰，可以療疸。所謂托於異類者若此。蟹化爲石，有情化為無情也。然石蟹之療漆瘡，則與蟹同。稷化為鯽，植物化為動物也。然鯽之補不足，則與稷同。鈆丹以其鈆之性未變，故可染髮。蠶砂以其桑之性未變，故可治風。敗席治筋者，以人氣之所漬。藍布解毒者，以藍性之尚存。由是見物化之未渝。礬石殺

鼠，桑蠶食之則肥。菴蕳辟蛇，駏驉食之則仙。馬得杜蘅而健，若原蠶則在所禁。羊食鉤吻則肥，若躑躅則非所嗜。由是見物宜之相戾。數者雖或不同，要其名定實辨，理之自然，則一而已。夫名者實之賓也，名之不正，實將安辨？昔人有食蟛蜞為蟹者，幾以勸學誤生。有服老芋為茯神者，幾以偽價增疾。實名之不可忽如此。

〔宋・吳禔注〕：得陰陽之和，彰五色之異，芝稟五行之秀也。食苗葉於春夏，食根實於秋冬，杞備四時之養也。莖紫氣香者味甘，莖青氣蒿者味苦，菊花之不同也。是謂菊花異種，因以別甘苦之味。以左顧者為雄，以右顧者為雌，牡蠣之不同也。是謂牡蠣異類，因以別雌雄之體。蜜成於蜂，油本於麻，體本同也。蜜麻之温，蜂油之寒，性或異焉，此同質異性者也。曰芒曰朴，硝之異名也，而味皆苦辛，所謂其性近也。曰生曰乾，薑之異名也，而出於一本，所謂其質同也。烏喙生於附子，皆辛温而治風，是謂附子、烏喙一本也。故氣味相類。蜀漆生於常山，皆辛毒而治寒，是謂蜀漆、常山一體也，故治療相通。芎藭之葉曰蘼蕪，皆可以治腦疾。覆盆之苗曰蓬虆，皆可以益精。此名異而實同者也。治熱以藥之寒，故臘雪凝至陰之氣，可以治温。延年以藥之耐，故忍冬稟不凋之操，可以益壽。牛溲下水，乃土之所勝。牛，土畜也，土能勝水。豕足逐熱，乃水之所勝。豕，水畜也，水能勝火。蟹骨續筋，乃金之所勝，亦以筋，木也，以金而勝焉。凡若此者，各孕正氣者也。車前，牛跡所生也，而能除濕，是之謂可以利水。蓯蓉，馬瀝所生也，而能益精，是之謂可以補中。絡石絡於石，其可以却老者，具石之性爾。蕈生於槐，其可以治風者，具槐之性爾。垣衣生於牆陰，其可以療疸者，其陰之氣爾。凡若此者，託於異類者也。蟹化為石，蟹有情也，而化為石之無情。然石蟹之療漆瘡，則與蟹同者，漆得蟹而散故也。稷化為鯽，稷，植物也。而化為鯽之動物，然鯽之補不足，則與稷同者，氣藉稷而充故也。鉛之色黑，因熬而成丹，而鉛之性未變，故可以染髮者，資其黑也。桑之性寒，蠶食而成砂，而桑之性未變，故可以治風者，資其寒也。敗席治筋，非取其席，取其氣焉。是以謂人氣之所漬也。藍布解毒，非取其布，取其藍焉。是以謂藍性之尚存也。凡若此者，物化之未渝也。石類之有礬石，甘温之性無變也。鼠食之而殺，桑蠶食之而肥。草類之有菴蕳，苦寒之性無變也。蛇即之而却，駏驉食之而仙。杜蘅、鉤吻，非補益之良也。馬得杜蘅而健，羊食鉤吻而肥。原蠶、躑躅，非大毒之尤也。原蠶於馬在所禁，躑躅於羊非所嗜。凡若此者，物宜之相戾也。或質同而性異，察其性可也。或名異而實同，究其實可也。或孕正氣，則求其所稟。或託異類，則推其所附。或物化之未渝，於以考其本原。或物宜之相戾，於以避其所忌。因於物而辨其理之自然，因自然而用之適其宜，非燭理之士不能也。夫名者，實之所賓也。名之不正，則實將安辨？循名而考實，則名不可以不正。名正矣，則實可以因名而得。昔人有以蟛蜞為蟹者，幾以勸學誤生，則於所學，不可以不窮其理。有服老芋為茯神者，幾以偽價增疾，則於所賣，不可以不辨其真。此二者不能正其名，故無以得其實，而以誤生增疾，名實之不可忽如此。黄帝正名百物，以明民共財，載之祀典者宜矣。

權通意使章第四　物各有性，性各有材，材各有用。聖人窮天地之妙，通萬物之理，其於命藥，不特察草石之寒温，順陰陽之常性而已。以謂物之性有盡也，制而用之，將使之無盡。物之用有窮也，變而通之，將使之無窮。夫惟性無盡，用無窮，故施於品劑，以佐佑斯民，其功用亦不一而足也。

〔宋・吳禔注〕：温涼寒熱，物之性也。可以去邪禦疾，性之材也。因其材而施於治療之際，材之用也。聖人參於天地，以窮其妙；智周萬物，以通其理。草石之寒温，不可不察；陰陽之常性，不可不順。聖人命藥，不特察之順之而已。物各有性，而性有盡，制而用之，則有盡者使之無盡。材各有用，而用有窮，變而通之，則有窮者使之無窮。交取互用，旁搜熟察，畏惡避忌，激發制攝，不特拘於一物之性味。其性之無盡，用之無窮，以之施於品劑，以佐佑斯民，其功用所以不一而足也。

於是有因其性而為用者，有因其用而為使者，有因其所勝而為制者，其類不同，然通之皆有權，用之皆有法也。蟬吸風，用以治風。蝱飲血，用以治血。鼠善穿，以消腹滿。獺善水，以除水脹。乘風莫如鳶，故以止風眩。川泳莫如焦，故以治水腫。蜂房成於蜂，故以治蜂螫。鼠婦生於濕，故以利水道。所謂因其性而為之用者如此。車能利轉，淬轄以通喉。鑰能開達，淬鑰以啓噤。弩牙速產，以機發而不括也。杵糠下噎，以杵築而下也。所謂因其用而為之使者如此。萍不沉於水，可以勝酒。獨活不搖於風，可以治風。鸕鷀制魚，以之下鯁。鷹制狐，以之祛魅。所謂因其所勝而為之制者如此。

〔宋·吳禔注〕：蟬趨高潔，惟吸風而不食，故治風者用焉。蝱有三種，皆噉血於牛馬，故治血者用焉。鼠之穴土，善穿者也，以消腹滿，蓋腹者坤之屬故也。獺之捕魚，善水者也，以除水脹，蓋水者腎之病故也。風作而鳶飛焉，故以鳶止風眩，足以勝風，而風不能摧也。川深而魚歸焉，故以魚治水腫，足以勝水，而水不能溺也。以至蜂房之治蜂螫，鼠婦之利水道，皆因其性而為之用者也。車以轄而運，淬轄以通喉，取其利轉也。鐍以鑰而闢，淬鑰以啓噤，取其開達也。發而疾者，莫如弩牙，故取以速產。築而下者，莫如杵糠·故取以下噎，皆因其用而為之使者也。周官以萍氏幾酒，禁川游者，則萍可以勝酒者明矣。本草謂獨活得風不摇，無風而動摇，療諸賊風，則獨活可以治風者明矣。鸕鷀，魚所畏也。故取其制魚，以之下鯁，蓋鯁本於魚也。鷹，狐所畏也。故取其制狐，以之祛魅，蓋魅本於狐也。皆因其所勝而為之制者也。因其性而為用，物各有所治也。因其用而為使，物各有所感也。因其所勝而為制，物各有所服也。三者所取不同，其於已疾，則一而已。

且五穀皆養形也，然豆不可多食。五畜皆養精也，然豚無所補。菜有葵，久食則性鈍。果有栗，熟食則氣壅。終食之間，不可不慎，有如此者。麻黄發汗，節不去乃以止汗。陈橘消痰，穰不除乃以致痰。石韋，毛能射肺。椒，閉口者殺人。一物之性，不可不審，有如此者。

〔宋·吳禔注〕：五穀地產，皆養形也。然豆多食則令人重，故豆不可多食。五畜天產，皆養精也。然豚水畜，而稟賦未盈，故豚無所補。五菜為充，而葵則滑養竅，久食則性鈍，故久食者非宜也。五果為助，而栗則厚腸胃，熟食則氣壅，故熟食者非宜也。凡此終食之間，不可不慎者也。麻黄之性温，若去其節，則所以發表出汗也。存其節，所以調中止汗也。陳橘之性温辛，用其皮可以消痰去涎也。兼其穰，適以生痰膹脾也。石韋止煩下氣，毛不去則射肺。椒能開腠通血，口不開則殺人。凡此一物之性，不可不審者也。終食之間不可不慎；一物之性，不可不審，則食飲和劑，詎可忽諸？

推是以泛觀。根莖花實之異性，草石骨肉之異宜，或相資而相養，或相勝而相制，如是而定君臣，如是而分佐使，如是而別奇偶，如是而審銖兩，非達於理而明於權，鮮有不傷人之形者。彼膠於世俗，滯於通方，而曰醫在是，果知道也耶？

〔宋·吳禔注〕：根趨於下，莖達於上，發而為華，結而為實，所謂異性者也。若果之美，石之悍，骨之強，肉之弱，所謂異宜者也。或相資而相養，有若母子之道者焉。或相勝而相治，有若夫婦之義者焉。一君二臣，所謂定君臣也。三佐五使，所謂分佐使也。奇數為分，偶數為卑，所謂別奇偶也。積黍為銖，積銖為兩，所謂審銖兩也。相資者相得而良，相勝者相激而發。君臣佐使，相待而致用。別奇偶而多寡有節，審銖兩而輕重有宜。故非達於理而不蔽，明於權而不執，鮮有不傷人之形者。彼膠於世俗之淺見，滯於通方之曲說，而曰醫在是。則讀方三年，謂無病可治，及治病三年，乃知無藥可用，其於道也，烏足以知之！

金·張元素《醫學啓源》（任應秋輯本）卷下　藥用根梢法

凡根〔之〕在上者，中半已上，氣脈上行，以生苗者為根。中半已下，氣脈下行，入土者為梢。當知病在中焦用身，上焦用根，下焦用梢。《經》曰：根升梢降。

宋·張杲《醫說》卷八　論物理

舒州醫人李惟熙善論物理云：菱、芡皆水物，菱寒而芡暖者，菱花開背日，芡花開向日故也。又曰：桃、杏雙仁輒殺人者，其花本五出，六出必雙。草木花皆五出，唯梔子、雪花六出，此殆陰陽之理。今桃、杏六出雙仁，皆殺人者，失常故也。

元·王好古《湯液本草》卷一《東垣先生〈藥類法象〉》　藥類法象

風升生味之薄者，陰中之陽，味薄則通，酸苦鹹平是也。

防風純陽，性温，味甘辛。　升麻氣平，味微苦。　柴胡氣平，味苦辛。　羌活氣微温，味苦甘平。　威靈仙氣温，味苦。　葛根氣平，味甘。　獨活氣微温，味苦甘平。　細辛氣温，味大辛。　桔梗氣微温，味甘辛。　白芷氣温，味大辛。　藁本氣温，味大辛。　鼠黏子氣平，味辛。　蔓荊子氣清，味辛。　川芎氣温，味辛。　天麻氣平，味苦。　秦艽氣微温，味苦辛平。　麻黄氣温，味甘苦。　荊芥氣温，味苦辛。　前胡氣微寒，味苦。　薄荷氣温，味苦辛。

熱浮長氣之厚者，陽中之陽，氣厚則發熱，辛甘温熱是也。

黑附子氣熱，味大辛。　烏頭氣熱，味大辛。　乾薑氣熱，味大辛。　乾生薑氣温，味辛。　良薑氣熱，味辛，本味甘辛。　肉桂氣熱，味大辛。　桂枝氣熱，味甘辛。　草豆蔻氣熱，味大辛。　丁香氣温，味辛。　厚朴氣温，味辛。　木香氣熱，味苦辛。　益智氣熱，味大辛。　白豆蔻氣熱，味大辛。　川椒氣熱，味大辛。　吳茱萸

氣熱，味苦辛。　茴香氣平，味辛。　延胡索氣溫，味辛。　縮砂氣溫，味辛。　紅藍花氣溫，味辛。　神麴氣大暖，味甘。

濕化成戊，濕，其本氣平，其兼氣溫凉寒熱，在人以胃應之。己，土，其本味鹹，其兼味辛甘鹹苦，在人以脾應之。

黄芪氣溫平，味甘。　人參氣溫，味甘。　甘草氣平，味甘。　當歸氣溫，味辛，一作味甘。　熟地黄氣寒，味苦。　半夏氣微寒，味辛平。　白朮氣溫，味甘。　蒼朮氣溫，味甘。　陳皮氣溫，味微苦。　青皮氣溫，味辛。　藿香氣微溫，味甘辛。　檳榔氣溫，味辛。　〔蓬〕莪朮氣平，味苦辛。　京三稜氣平，味苦。　阿膠氣微溫，味甘辛。　訶子氣溫，味苦。　杏仁氣溫，味甘苦。　大麥蘗氣溫，味鹹。　桃仁氣溫，味甘苦。　紫草氣寒，味苦。　蘇木氣平，味甘鹹。一作味酸。

燥降收氣之薄者，陽中之陰，氣薄則發泄，辛甘淡平寒凉是也。

茯苓氣平，味甘。　澤瀉氣平，味甘。　猪苓氣寒，味甘。　滑石氣寒，味甘。　瞿麥氣寒，味苦平。　車前子氣寒，味甘。　燈心草氣平，味甘。　五味子氣溫，味酸。　桑白皮氣寒，味苦酸。　天門冬氣寒，味微苦。　白芍藥氣微寒，味酸。　麥門冬氣寒，味微苦。　犀角氣寒，味苦酸。　烏梅氣平，味酸。　牡丹皮氣寒，味苦。　地骨皮氣寒，味苦。　枳殼氣寒，味苦。　琥珀氣平，味甘。　連翹氣平，味苦。　枳實氣寒，味苦酸。　木通氣平，味甘。

寒沉藏味之厚者，陰中之陰，味厚則泄，酸苦鹹氣寒是也。

大黄氣寒，味苦。　黄蘗氣寒，味苦。　黄芩，味苦。　黄連氣寒，味苦。　石膏氣寒，味辛。　草龍膽氣寒，味大苦。　生地黄氣寒，味苦。　知母氣寒，味大辛。　防己氣寒，味大苦。　茵陳氣微寒，味苦平。　朴硝氣寒，味苦辛。　瓜蔞根氣寒，味苦。　牡蠣氣微寒，味鹹平。　玄參氣寒，味微苦。　山梔子氣寒，味微苦。　川楝子氣寒，味苦平。　香豉氣寒，味苦。　地榆氣微寒，味甘鹹。

元·王好古《湯液本草》卷二《東垣先生〈用藥心法〉》　用藥根梢身例　凡根之在土者，中半已上，氣脈之上行也，以生苗者為根；中半以下，氣脈之下行也，入土以為梢。病在中焦與上焦者，用根；在下焦者，用梢。根升而梢降。大凡藥根有上中下：人身半已上，天之陽也，用頭；在中焦用身；在身半已下，地之陰也，用梢。述類象形者也。

元·徐彦純《本草發揮》卷四　藥用根梢法　凡根之在上者，中半已上，氣脉上行。以生苗者，為根中半以下，氣脉下行，以入土者為梢。當知病在中焦用身，上焦用根，下焦用梢。《經》云：根升梢降。

明·皇甫嵩《本草發明》卷一　藥類法象陰陽　風升生：于令為春，自子至卯，為陰中之陽，自地而升天。藥應味之薄者，味薄則通，酸、苦、鹹、平，是也。【略】　熱浮長：于令為夏，自卯至午，為陽中之陽，正天之氣味，火之化。藥應氣之厚者，氣厚則發熱，辛、甘、溫、熱，是也。【略】　濕化成：于令四季，月各旺十八日，脾不主時，受胃生化，秉天氣味之中，溫、凉、寒、熱、辛、甘、鹹、苦、補、瀉，各從其宜。【略】　燥降收：于令為秋，自午至酉，為陽中之陰，自天降地。藥應氣之薄者，氣薄則發泄，辛、甘、淡、平、寒、凉，是也。【略】　寒沉藏：于令為冬，自酉至子，為陰中之陰，秉天氣味，寒水之化。藥應味之厚者，味厚則泄，酸、苦、鹹、寒，是也。

明·李時珍《本草綱目》卷一《序例》　根莖花實，苗皮骨肉　元素曰：凡藥根之在土中者，中半已上，氣脈之上行也，以生苗者爲根；中半已下，氣脈之下行也，以入土者爲梢。病在中焦與上焦者用根，在下焦者用梢，根升梢降。人之身半已上，天之陽也，用頭；中焦用身；身半已下，地之陰也，用梢。乃述類象形者也。

時珍曰：草木有單使一件者，如羌活之根，木通之莖，款冬之花，葶藶之實，敗醬之苗，大青之葉，大腹之皮，郁李之核，蘗木之皮，沉香之節，蘇木之肌，胡桐之淚，龍腦之膏是也。有兼用者，遠志、小草，蜀漆、常山之類是也。有全用者，枸杞、甘菊之類是也。有一物兩用者，當歸頭尾，麻黄根節，赤白茯苓，牛膝春夏用苗，秋冬用根之類是也。羽毛、鱗介、玉石、水火之屬，往往皆然，不可一律論也。

明·李時珍《本草綱目》卷一《序例》　劉完素曰：【略】夫物各有性，制而用之，變而通之，施於品劑，其功用豈有窮哉。如是有因其性爲用者，有因其所勝而爲制者，有氣同則相求者，有氣相剋則相制者，有氣有餘而補不足者，有氣相感則以意使者，有質同而性異者，有名異而實同者。故蛇之性上竄而引藥，蟬之性外脫而退翳，虻飲血而用以治血，鼠善穿而用以治漏，所謂因其性而爲用者如此。弩牙速産，以機發而不括也；杵糠下噎，以杵築下也，所謂因其用而爲使者如此。浮萍不沉水，可以勝酒；獨活不搖風，可以治風，所謂因其所勝而爲制也如此。麻，木穀而治風；豆，水穀而治水，所謂氣相同則相求者如此。牛土畜，乳可以止渴疾；豕，水畜，心可以鎮恍惚，所謂因其氣相剋則相制也如此。熊肉振羸，兔肝明視，所謂其氣有餘補

不足也如此。鯉之治水，鶩之利水，所謂因其氣相感則以意使者如此。蜜成於蜂，蜜溫而蜂寒； 油生於麻，麻溫而油寒，茲同質而異性也。蘼蕪生於芎藭，蓬虆生於覆盆，茲名異而實同者也。所以如此之類，不可勝舉。故天地賦形，不離陰陽，形色自然，皆有法象。毛羽之類，生於陽而屬於陰； 鱗甲之類，生於陰而屬於陽。空青法木，色青而主肝； 丹砂法火，色赤而主心； 雲母法金，色白而主肺； 磁石法水，色黑而主腎； 黃石脂法土，色黃而主脾。故觸類而長之，莫不有自然之理也。欲爲醫者，上知天文，下知地理，中知人事，三者俱明，然後可以語人之疾病。不然，則如無目夜遊，無足登涉，動致顛殞，而欲愈疾者，未之有也。

明・焦竑《焦氏筆乘・續集》卷六 骨鯁用犬涎，穀芒用鵝涎，無弗愈者，皆以意推也。

明・王應遴《答朝鮮醫問》 問： 鶬鶊能化婦妬，果否？ 製服之法若何？ 答： 鶬鶊為膳，能化妬婦之說，出于《山海經》而驗于梁武帝。世之解，有謂其羽必金衣，具黃中之色，能化妬者； 有謂其鳴必嚶嚶，發和啫之聲，能化妬者； 有謂其飛必兩兩，棲必雙雙，不見于秋冬肅殺之期，而必見于春和明媚之候，全柔善之性，能化妬者。嗟乎！ 何其強為之解也。凡鳥色之黃、聲之和，而見于春明時者，詎獨此一種耶？ 大都世醫治病，必究其三因。妬之為病，豈內因、外因、不內不外因乎？ 藥之治病，必緣其氣味之升降、浮沉、斂散，以五味投五臟之所喜惡，而補其不足，瀉其有餘耳。未聞以色、以聲、以性也。語云： 犬有義兮鴈有序，鯉魚能識君臣禮。使食鶬鶊而能化妬，則請世之人，日食犬，日食鴈，日食鯉魚，而奈何日食犬、鴈、鯉魚之人，率多不義不弟，而全不知君臣之禮也？ 為是說者是寓言，即人而不如鳥乎之意也。故當時群臣有順陛下廣修此膳，偏食群臣，使不才者不妬有才，挾私者不妬奉公，濁者不妬清，貪者不妬廉，亦助化之一端等語，則其意可知，焉得認為實然？ 而欲求製服之法，真所謂盡信書矣。夫缺疑有明訓，古今本草八百餘家，新舊本幾二千種，既不載鶬鶊，則明明無此藥性可知，存而勿論可也。

清・張志聰《侶山堂類辯》卷下 草木不凋論 草木寒不黃隕，及花發于冬者，得冬令寒水之資也。木生于水，水通于天，水火相濟； 水由地行，水氣之通于四藏者也。如麥門冬、欵冬花、枇杷葉、側柏葉、山豆根、巴戟天之類，腎之肺藥也； 黃連、菖蒲、山梔、南燭、茶花、梅花之類，腎之心藥也； 厚朴、豆蔻、丁香、枳橘之類，腎之脾藥也； 菌桂、篁竹、密蒙花、女貞實之類，腎之肝藥也。夫腎為水臟，受藏五臟之精，而復還出于四臟，入肝為淚，入心為血，入脾為涎，入肺為涕，上下交通，而外注于九竅，是以得寒水之草木，能啟陰氣上滋四臟，復能導四臟之氣，而下交于陰，又匪獨腎氣之通于四臟，五臟之氣皆相貫通。而藥性亦然，如棗仁，脾之心藥也； 石斛，脾之腎藥也； 芍藥，脾之肝藥也； 桑皮，脾之肺藥也。類而推之，總不出五行之生化。【略】

半夏、天花粉 《月令》五月半夏生，當夏之半也。其形圓，其色白，其味辛，陽明胃府之藥也。陽明秉秋金之燥氣，半夏啟一陰之氣，上與戊土相合，戊癸合而化火，故陽明為燥熱之府，能化水穀之精微。天花粉別名瑞雪，根粉潔白，氣味苦寒，莖引藤蔓，能啟陰液，從脉絡而上滋于秋金，藤蔓者走經脉。故有天花瑞雪之名。蓋水陰之氣，上凝于天而為雪，天花者，天雨之六花也。一起陰氣于脉外，上與陽明相合，而成火土之燥； 一起陰氣于脉中，天癸相合，而能滋潤其燥金，是以《傷寒》《金匱》諸方，用半夏以助陽明之氣。渴者，燥熱太過，即去半夏，易花粉以滋之。先聖賢立方加減，豈輕忽歟？ 【略】

百合、紫蘇 庭前植百合、紫蘇各數莖，見百合花晝開夜合，紫蘇葉朝挺暮垂，因悟草木之性，感天地陰陽之氣，而為開闔者也。如春生夏長，秋成冬殞，四時之開闔也。晝開夜合，朝出暮入，一日之開闔也。是以一歲之中有四時，一日之中有四時，而人物應之。百合色白氣平，其形象肺，能助呼吸之開闔，故主邪氣腹脹心痛。蓋氣行則邪散，而脹痛解矣。主利大小便者，氣化則出也。主補中益氣者，氣之發原于中也。蘇色紫赤，枝莖空通，其氣朝出暮入，有如經脈之氣，晝行于陽，夜行于陰，是以蘇葉能發表汗者，血液之汗也。白走氣分，赤走血分。枝莖能通血脉，故易思蘭先生常用蘇莖，通十二經之關竅，治咽膈飽悶，通大小便，止下利赤白。予亦常用香蘇細莖，不切斷，治反胃膈食，吐血下血，多奏奇功。蓋食氣入胃，散精于肝，濁氣歸心，肝主血而心主脉，血脉疎通，則食飲自化。《經》云： 陽絡傷則吐血，陰絡傷則下血。通其絡脉，使血有所歸，則吐下自止。夫茜草、歸、芎之類，皆能引血歸經，然不若紫蘇晝出夜入之行速耳。于戲陰陽開闔，天地之道也，進乎技矣。

清・汪昂《本草備要》卷首 凡藥根之在土中者，半身以上則上升，半身

以下則下降。以生苗者爲根，以入土者爲梢。上焦用根，下焦用梢。半身以上用頭，中焦用身，半身以下用梢。雖一藥而根梢各別，用之或差，服亦罔效。藥之爲枝者達四肢，爲皮者達皮膚，爲心、爲幹者內行藏府。質之輕者上入心肺，重者下入肝腎。中空者發表，內實者攻裏。枯燥者入氣分，潤澤者入血分。此上下內外，各以其類相從也。

清·吴儀洛《本草從新·藥性總義》 凡質之輕者上入心肺，重者下入肝腎。中空者發表，內實者攻裏。為肢者達四肢，為皮者達皮膚，為心為幹者內行臟腑。枯燥者入氣分，潤澤者入血分。此上下內外各以其類相從也。

清·黃宫繡《本草求真》卷一〇 藥有五入 汪昂曰：凡藥之為枝者，達四肢。為皮者，達皮膚。為心、為幹者，內行臟腑。質之輕者，上入心肺；重者，下入肝腎。中空者，發表；內實者，攻裏。枯燥者，入氣分；潤澤者，入血分。此上下內外各以其類相從也。

清·吴鞠通《温病条辨》卷六 草木各得一太極論 古來著本草者，皆逐論其氣味性情，未嘗總論夫形體之大綱，生長化收藏之運用，兹特補之。蓋蘆主生，幹與枝葉主長，花主化，子主收，根主藏，木也；草則收藏皆在子。凡幹皆升，蘆勝於幹；凡葉皆散，花勝于葉；凡枝皆走絡，鬚勝于枝；凡根皆降，子勝于根。由蘆之升而長而化而收，子則復降而升而化而收矣。此草木各得一太極之理也。

清·王學權《重慶堂隨筆》卷下 葭管飛灰，惟河內縣之葭應候而飛，可見藥之所産，各有地土之宜矣。而物性各有專長，如蜜者密也，故能固密護內；酥者蘇也，故能融化攻堅。又各有所制，如象牙以醋浸一宿則軟如腐，再用木賊水煮之，則堅如故；白銀觸倭硫黄則色黑；犀、羚之角畏人氣，珍珠畏屍氣，并不可近鐵與柏木，梨與蘆菔同藏，冬采橙橘藏綠豆中，皆不壞；銅以鳧茈水煮可刻字，木槿葉揉水浸絲絡則不亂；桃杏仁可澄水；血污衣，嚼蘆葍薐擦之即潔，墨污衣生半夏或白果、杏仁杵爛揉之即去；治胞衣不下，用芡葉囫圇不碎者一張，煎湯服立效，若芡葉裂作兩片者，胞衣亦分裂而下，真奇方也。此皆不可以理測者。圍爐炭烈，分開易滅，不分易熾，用草紙一張覆於火頂，燒過灰存，則火不焰而四布矣。嚴冬向火，惟桑柴炭不燥皮膚。養老者宜知之，不但為煎藥所珍也。

清·陸以湉《冷廬醫話》卷五 藥品 松之餘氣為茯苓，楓之餘氣為豬苓，竹之餘氣為雷丸，亦名竹苓。豬苓在《本經》中品，雷丸在下品，茯苓在上品，方藥用之獨多，以其得松之精英，久服可安魂養神，不飢延年也。又有橘苓，生於橘樹，如蕈，可治乳癰，見趙恕軒《本草綱目拾遺》。

清·談鴻鋆《藥要便蒙新編》卷下 用藥各有所宜總義 凡藥有頭，有身，有尾。病在半身以上宜用頭，在中宜用身，半身以下宜用尾也。藥之枝橫行四肢，藥之皮外達皮膚，藥之心與幹內行臟腑。質輕者上浮，質重者下降。中空者發表，內實者攻裏。枯燥者行氣，潤澤者入血也。

清·唐宗海《本草問答》卷上 問曰：藥有以天時名者，如夏枯草、欵冬花，得無以時為治乎？答曰：然天時者，五行之流運，陰陽之分見，故凡論藥又當論其生之時與成之候，雖不盡拘於時，而亦有以時為治者。夏枯草生於冬末，長於三春，是正得水木之氣，遇夏則枯者，木當火令，則其氣退謝，故用以退肝膽經之火。欵冬花生於冬月冰雪之中而花又在根下，乃坎中含陽之象，故能引肺中陽氣下行而為利痰止欬之藥，二物皆以時名，皆得其時之妙用也。又如冬蟲夏草，本草不載，今考其物，真為靈品。此物冬至生蟲，自春及夏，蟲長寸餘，粗如小指，當夏至前一時，猶然蟲也。及夏至時，蟲忽不見，皆入於土，頭上生苗，漸長到秋分後，則苗長三寸，居然草也。此物生於西蕃草地，遍地皆草，莫可辨識，秋分後即微雪，採蟲草者看雪中有數寸無雪處，一鋤掘起，而蟲草即在其中，觀其能化雪，則氣性純陽，蓋蟲為動物，自是陽性，生於冬至盛陽氣也。夏至入土，陽入陰也，其生苗者，則是陽入陰出之象，至靈之品也，故欲補下焦之陽，則單用根。若益上焦之陰，則兼用苗。總顯其冬夏二令之氣化而已。麥冬、天冬、忍冬、冬青，皆淩冬不凋，感水律之氣，故二冬能清肺金，忍冬能清風熱，冬青子滋腎，其分別處又以根白者入肺。藤蔓草走經絡，冬青子色黑則入腎滋陰，至於半夏，雖生當夏之半，而其根成於秋，時得燥金辛烈之氣味，故主降利水飲，為陽明之藥，此又不可循半夏之名而失其實也。故論藥者或以地論，或以時論，或但以氣味論，各就其偏重者以為主，而藥之真性自明。【略】

問曰：凡藥根之性多升，實之性多降，莖身之性多和，枝葉之性多散，請示此何以故？答曰：根主上升，故性升；子主下垂，故性降；莖身居中，能升能降，故性和；枝葉在旁主宣發，故性散。然每一藥性或重在根，或重在實，或重在莖，或重在葉，各就其性之所重，以為藥之專長，未可泛泛

議論也。

問曰：根實莖葉之性，既各有專長矣。今且先以根論，其根之升性獨專者，有如何藥，請明示之。答曰：根之性多升，又須視其形色氣味，皆專重於根者，則專取其根用之。有如升麻，其根大於苗，則根之得氣厚，故專取其根，又其根中多孔竅，是吸引水氣以上達苗葉之孔道也，故其性主上升，氣味辛甘，又是上升之氣味，合形味論性，皆主於升，故名升麻，是為升發上行之專藥。又如葛根，其根最深，吸引土中之水氣，以上達於藤蔓，故能升津液，又能升散太陽、陽明二經，取其升達藤蔓之義。葛根藤極長，而太陽之經脈亦極長，葛根引土下之水氣，以達藤蔓，太陽引膀胱水中之陽氣，以達經脈，其理相同。故葛根能治太陽之痙，助太陽經由膀胱水中而達其氣於外也。根色純白屬金，又能吸水氣上升，是金水相生之物，又能引津氣以治陽明之燥。葛根與升麻不同，葛根根實，故升津而不升氣，升麻根空，有孔道以行氣，故升氣而不升津。黄芪亦根中虚鬆，有孔道，惟升麻味不厚，故升而不補。黄芪味厚，故升而能補也。黄芪根深，長至數尺，取芪者不用鋤掘，力拔出土，以其根無旁枝也。據此則知其性直達，又其根内虚鬆能通水氣，直引土下黄泉之水氣，以上達於苗，故能升達人之元氣，以充發於上，達於表，人之元氣生於腎，出於膀胱之水中，循氣海之膜網，而上達胸膈，以至於肺，充於皮毛，黄芪内虚鬆通達，象人膜網，能引土下黄泉之水氣，以上貫苗葉，象人元氣，由腎達肺以至表，故黄芪能升達元氣，托裏達〔表〕。

問曰：以上三藥，性皆主升，而主治各有不同者何也？答曰：惟皆是根升之性，而又有形色氣味之不同，故主治各異。蓋以升麻通氣之孔道更大，兼有辛發之氣味，故其性純於升。黄芪色黄，氣温味純甘，故升而兼補。葛根色白味微苦，故升而清火，不能補也。論藥者當細辨之。

問曰：牛膝、靈仙、茜草，同是根也。何以不主升而主降哉？答曰：所謂根升者，必其氣味形色皆具升性，乃能升達。若牛膝等根既堅實而形不空，則無升達之孔道，味既苦瀉而氣不發，則無升發之力，且其氣味既降而根又深入，是又引氣歸根以下達，與升麻等之上行者，義正相反，理可對勘而知也。

問曰：草木之實性皆主降，何也？答曰：物下極則反上，物上極則反下，草木上生果實，為已極矣，故返而下行，實核之性，在於内斂，故降而兼收。

問曰：蒼耳子、蔓荆子，皆草之實也，何以皆能上升？花椒、橘紅，皆木之實也，何以皆能外散？答曰：果實仁核之主收降，其大端也，亦有須合形色氣味論之，方為確當。蒼耳有芒而體輕鬆，蔓荆味辛而氣發散，故皆有升性，亦核實中之變格也。至於花椒、橘紅，氣味辛温，故能升散，然此二物仍能降氣，且皆皮殼也，故益有升性。至於椒之目，能止自汗。橘之核，能治疝氣。則純於下降而不升發。蓋同是果實，又有皮、肉、仁、核之分，皮肉在外，容有升散之理，仁核在内，則專主收降，斷無升散，是以牽牛子、車前子，皆兼降利。荔枝核、山查核，皆主降散。白蔻仁、西砂仁，味雖辛而究在温中以降氣。柏子仁、酸棗仁，功雖補而要在潤心以降火。至於杏仁之降氣，桃仁之降血，又其顯焉者也。

問曰：藥之莖身在根稍之間，居不升不降之界，自主於和。然亦有偏於升，偏於降者，何也？答曰：此亦視氣味之輕重以定之也。若形既居上下之交而氣味和平，則不升不降，一主於和。藿香身、紫蘇身氣味和平，所以專主和氣。藿香味甘，則和脾胃之氣。紫蘇味辛，則和肝肺之氣，可升可降，皆以其為草之身莖故也。竹茹象周身之筋脈，則能和筋脈。松節象人身之骨節，則能和骨節。白通草象人身之膜油，故能通達膜油。上可通乳，下可通小便，皆是莖身主和，可升可降，各從其類之義。至於葦莖中空而直上，且其味淡，故屬氣分，功專於升。《金匱》用以吐肺中之膿，正取直上透達之義。荷莖中空而氣味淡，從水底而上出於水，故能升達清陽之氣。葱白中空而氣味烈，則升兼發散，此皆莖也。氣味皆輕清，故皆主升，他如木通莖亦通透。然係藤蔓，形與一莖直上者不同，且味苦泄，故主下降而通利小便。蘇木者木之身也，色紅味鹹，象人身周身之血，故主於行血。秦皮者木之皮也，象人身之皮，味苦兼降濕熱，故仲景用治皮膚發黄之證。椶皮絲毛如織，象人脈絡，味濇能收降，故用治吐血、衄血，以降脈絡之血血竭、乳香，樹身之脂，象人身之膿血，故治人身瘡膿等病。杜仲柔韌，象人筋膜，色紫黑，味純厚，故入肝腎以強人身之筋骨。凡此之類，豈能盡舉，或升或降，或補或和，各別其氣味、形質而細分之，則用之自然中肯。【略】

問曰：藥有用根用苗、用首用尾、用節用芽、用刺用皮、用心用汁、用筋用瓤，其用不同，請詳言之。答曰：此無他意，只取藥力專注處，以與病相

得而已。有如麻黄，必用苗，以其苗細長中空，象人毛孔，而氣又輕揚，故能發汗，直走皮毛。亦有時用麻黄根者，則以其根堅實而味澀，故能止汗。苗空則通，根實則塞，亦陰陽通塞互换之理。常山用苗，取其上透膜膈，以導痰上出。商陸用根，取其内透膜膈，以導水下行，用苗者則升，用根者則降，升降異用，亦各從其類也。地榆有用首尾之别，首之性升，故主生血。尾之性降，故主行血。當歸有用首尾之别，首之氣味厚，故行血更有力，尾之藥味薄，故行血之力輕。用節者如松節，治人之骨節。牛膝其節如膝，能利膝脛，以其形似也。藕節中通，能行水，故用以行血分之濕熱，而能清瘀血。藕在水中，節又結束極細，而其中仍能通水氣，用治淋症尤宜。淋是水竅通而不通，藕節在水中不通而通，且色能回紫變紅，又入血分，以治淋證尤宜。用芽者取其發洩，如麥本不疏利，而發芽則其氣透達，疏泄水穀以利肝氣，穀本不能行滯，因發為芽，則能疏土，而消米穀。黄豆發芽則能升達脾胃之氣，故仲景薯蕷丸用之以補脾。赤小豆發芽，則能透達膿血，故仲景赤豆當歸散用之，以排膿。用刺者有兩義，攻破降利用皂刺、白棘刺是矣。二物鋭長，故主攻破。設刺不鋭而鉤曲，刺不長而細軟，則不破利而和散，能息風治筋。如鈎藤刺、紅毛五加皮、白蒺藜之類是也。蓋勾芒為風木之神，物秉之而生鉤刺芒角，故皆能和肝木，以息風治筋也。用皮者以皮治皮之義，故薑皮、茯苓皮、橘皮、桑皮、檳榔皮，皆能治皮腫。用心者，取其以心入心之義。故桂心以溫心氣，茯神木用以安心神，蓮子心用以清心火，竹葉心亦能清心火，是皆以心入心之義，其用汁者或取象人之水津，如薑汁、竹瀝以去痰飲，從水津治之也。或取象人身之血液，如藕汁、桃膠以清瘀血，從血液治之也。用筋者如續斷多筋，故續絶傷。秦艽肌紋，左右交纏，故治左右偏風，筋脈疼痛之症。杜仲内有筋膜，人身之骨連於筋，筋連於膜，杜仲之筋膜能伸能縮，極其堅韌，故能堅人之筋骨。竹茹象筋脈則清脈絡之熱，以和血。橘絡、瓜蔞皆能治胸膈間之結氣，取橘之筋絡，蔞之膜瓤，有似人胸中之膜膈，故治之也。橘皮腹毛形圓而色有似人腹之象，故二物又治人大腹之氣，皆取其象也。各物略有不同者，又在氣味各别，故各歸其臟腑而主治亦異，藥難盡舉，當通觀之。

問曰：仲景用藥有十枚、十四開、三枚、五枚等法，似其取數，亦自有理。今本草中亦有以數得名者，如三七、三稜、八角茴、六神麴、五加皮、兩頭尖之類，既以數得名，豈不以數為治耶？答曰：天地間物，不外氣、數二者，而實則數生於氣，氣多者數多，氣少者數少，得氣之先則其數居前，得氣之後則其數居後。故水生於天一，火生於地二，得氣之陽則數奇，得氣之陰則數偶，故《河圖》五行之數，互為生成即其數，便可測其氣也。至於用藥十枚、十四開、五枚、一枚之法，不過量藥多寡以成其劑，非以此數便乃握造化之權也。若天地生成而有此數者，如三稜、三七、八角茴、五加皮等，又因秉氣之陰陽，以成其數之奇偶，辨藥者即可本其數之奇偶以定藥之陰陽，非其數能治病，實因其數而知其藥所主治也。三七之葉非三即七，其數不爽。蓋秉木之氣，故得三數。秉火之氣，故得七數。與《河圖》木火之數相合，木火之臟屬肝與心，於人身司血。三七葉青而有紅筋，亦是木火之色，故其根能化瘀行血，只完其心火生血，肝木統血之令，而已能知三七之名義，則其性已得。三稜色白，苦溫行氣，諸書皆用以破血中之氣，以其苗葉與根均作三楞之狀，三為木數，故能入肝之血分，色白屬氣，味苦溫，主行氣，故能破氣，為血中行氣之品。八角茴氣溫，得木之氣，八又木之數也。其能溫中者，亦是以木疏土，木邪退而土自受益，為補土溫肝之藥。今人作醫必加此料，既香且溫，洵合胃氣，六神麴配方之色，合六藥腐化，而為神麴，土能化物之義。土奇旺於四方，而四方又歸於中土，故六藥腐而為麴，功專入脾胃，消化水穀。兩頭尖係雄鼠屎，鼠性能穿墻穴，而其屎又兩頭鋭利，知其寓有攻利之性在，故主攻破，此皆既其數，以明其氣，而主治自然不謬。又如人參一藥，張景岳解為陽藥，陳修園解為陰藥，謂陽藥者以其益氣也，謂陰藥者以其生津也。二人異論皆因未即人參之氣與數而合考之耳。余友姚次梧親到遼東，見種人參者，皆於深林濕潤處種之，可知其秉水陰之氣而生，然其生也，莖必三椏，葉必五加，三、五陽數也。據氣與數合論之，則知人參生於陰而成於陽，蓋潤濕深林，陰也，一生人參即成其為三五之數，則為陽矣。人身之氣陽也，而生於腎水之中，由陰出陽，與參之生於陰而成為陽者，蓋無以異，故參為化津補氣之聖藥。蓋即其數知其氣，而人參之本性乃見，至於色白入肺，味甘入脾，微苦生津，微溫益氣，其説猶淺。

清·唐宗海《本草問答》卷下　問曰：水火合化為濕之説，唐宋後無此論。今雖明明指示，然猶未有物以驗之，恐終不足信世也。答曰：此不難辨，譬有鹹魚一條，天氣晴久，變而作雨，則鹹魚必先發濕，鹹魚中之鹽即水

也。其發濕者，天熱逼之，則水來交於火，以濟其亢旱也。又如有乾茶葉，一經火烘即行回潤，是茶葉中原具潤汁，但火不烘則不發潤，一遇火烘即發潤，此又是火交於水，即化為濕之一驗。

清·方仁淵《倚雲軒醫案醫話醫論》 醫取意治產生驗　藥有不取氣味專取意者。《神農本草》不載，以不可為後世法，不得其意不效也。今人亦罕用，亦以不得其意不效者多耳。唐宋本草收之不少，如救月杖、東門上雞頭之類。予少時聞人言，吾鄉名醫姜樹芳先生治一難產，時先生正葉子戲興濃，病家急欲請去。先生不願，因問何病如此急急。答曰：難產不下，已三日矣。先生曰：易耳。回去拾梧桐葉煎湯服即下。其人如奉律令，歸去如法服之，入口即下。一時喧傳，以為神方。及他人服之都不效。因詢先生何以不效。先生曰：醫者意也。彼時恰值立秋日，予思梧桐一葉落，天下盡知秋，取此意，姑以塞責，心實不願去。亦不料其果效耳。今人家臨盆時，將箱籠上鎖一齊開去，亦是意耳。

雜錄

晉·葛洪《抱朴子内篇》卷三《对俗》 或曰：生死有命，修短素定，非彼藥物，所能損益。夫指既斬而連之，不可續也；血既灑而吞之，無所益也。豈況服彼異類之松柏，以延短促之年命，甚不然也。一抱朴子曰：若夫此論，必須同類，乃能為益，然則既斬之指，已灑之血，本自一體，非為殊族，何以既斬之而不可續，已灑之而不中服乎！余數見人以蛇銜膏連已斬之指，桑豆易雞鴨之足，異物之益，不可誣也。若子言不恃他物，則宜擣肉治骨，以為金瘡之藥，煎皮熬髮，以治禿鬢之疾耶？夫水土不與百卉同體，而百卉仰之以植焉。五穀非生人之類，而生人須之以為命焉。脂非火種，水非魚屬，然脂竭則火滅，水竭則魚死，伐木而寄生枯，芟草而菟絲萎，川蟹不歸而蛣敗，桑樹見斷而蠹殄，觸類而長之，斯可悟矣。金玉在九竅，則死人為之不朽。鹽滷沾於肌髓，則脯腊為之不爛。況於以宜身益命之物納之於己，何怪其令人長生乎？

梁·陶弘景《本草經集注》卷一 立冬之日，(鞠)〔菊〕、卷柏先生時，為陽起石、桑螵蛸凡十物使，主二百草為之長。

立春之日，木蘭、(夜)〔射〕干先生，為茈胡、半夏使，主頭痛四十五節。

立夏之日，蜚蠊先生，為人參、茯苓使，主腹中七節，保神守中。

(立)〔夏〕至之日，豕首、茱萸先生，為牡蠣、烏喙使，主四支三十二節。

立秋之日，白芷、防風先生，為細辛、蜀漆使，〔主〕胸背二十四節。

右此五條出《藥對》中，義旨淵深，(所)〔非〕俗所究，雖莫可遵用，而是主統領之本，故亦載之也。

宋·張杲《醫說》卷八 物性皆有離合　尋萬物之性，皆有離合。虎嘯風生，龍吟雲起；磁石引針，琥珀拾芥；漆得蟹而散，麻得桂而湧；桂得葱而軟，樹得桂而枯；戎鹽累卵，獺膽分盃。其氣爽有相關感，多如此類，其理不可得而思之《本草》。

明·李時珍《本草綱目》卷二《序例》 《藥對·歲物藥品》　禹錫曰：五條出《藥對》中，義旨淵深，非俗所究，而是主統之本，故載之。

時珍曰：此亦《素問》歲物之意，出上古《雷公藥對》中，而義不傳爾。按楊慎《卮言》云：白字《本草》，相傳出自神農。今觀其中，如腸鳴幽幽，勞極洒洒，髮髲仍自還神化，及此五條，文近《素問》，決非後世醫所能爲也。此文以立冬日爲始，則上古以建子爲正也。

明·傅懋光《醫學疑問》 問：《本草》序例有榆皮為母，厚朴為子之說。　答曰：榆皮為母，厚朴為子，此論其色之象也。蓋榆皮其色白而象金，厚朴其色紫。紫者，黑之漸也，而象水，水乃金之子，金乃水之母，故以子母取義焉。

清·陸以湉《冷廬醫話》卷五 藥品　左牡蠣，取殼以項向北，腹向南，視之口斜向東者為左顧，左顧者雄，右顧者雌。左盤龍鴿糞、左纏藤金銀花，皆以左為貴。秦艽根有羅紋，亦以左旋者入藥，右旋者令人發脚氣病。盧子繇云：蓋天道左旋，而人生氣從之也。

升降浮沉部

題解

明・李時珍《本草綱目》卷一《序例》 升降浮沉

李杲曰：藥有升降浮沉化，生長收藏成，以配四時，春升夏浮，秋收冬藏，土居中化。是以味薄者升而生，氣薄者降而收，氣厚者浮而長，味厚者沉而藏，氣味平者化而成。但言補之以辛、甘、溫、熱及氣味之薄者，即助春夏之升浮，便是瀉秋冬收藏之藥也。在人之身，肝心是矣。但言補之以酸、苦、鹹、寒及氣味之厚者，即助秋冬之降沉，便是瀉春夏生長之藥也。在人之身，肺腎是矣。淡味之藥，滲即爲升，泄即爲降，佐使諸藥者也。用藥者，循此則生，逆此則死，縱令不死，亦危困矣。王好古曰：升而使之降，須知抑也；沉而使之浮，須知載也。辛散也，而行之也橫；甘發也，而行之也上；苦泄也，而行之也下；酸收也，其性縮；鹹軟也，其性舒，其不同如此。鼓掌成聲，沃火成沸，二物相合，象在其間矣。五味相制，四氣相和，其變可輕用哉。本草不言淡味、涼氣，亦缺文也。

味薄者升：甘平、辛平、辛微溫、微苦平之藥是也。氣薄者降：甘寒、甘涼、甘淡寒涼、酸溫、酸平、鹹平之藥是也。氣厚者浮：甘熱、辛熱之藥是也。味厚者沉：苦寒、鹹寒之藥是也。氣味平者，兼四氣四味：甘平、甘溫、甘涼、甘辛平、甘微苦平之藥是也。

李時珍曰：酸鹹無升，甘辛無降，寒無浮，熱無沉，其性然也。而升者引之以鹹寒，則沉而直達下焦；沉者引之以酒，則浮而上至顛頂。此非窺天地之奧而達造化之權者，不能至此。一物之中，有根升梢降，生升熟降，是升降在物亦在人也。

清・尤怡《醫學讀書記》卷下 製方用藥必本升降浮沉之理 《易》曰：天道下濟而光明，地道卑而上行，故上下升降而氣乃和。古人製方用藥，一本升降浮沉之理，不拘寒熱補瀉之迹者，宋元以來，東垣一人而已。蓋四時之氣，春升、夏浮、秋降、冬沉，而人身之氣，莫不由之。然升降浮沉者，氣也，其所以升降浮沉者，人之中猶天之樞也，今人飢飽、勞役損傷中氣，於是當升者不得升，當降者不得降，而發熱、困倦、喘促、痞塞等症見矣。夫內傷之熱，非寒可清。氣陷之痞，非攻可去。惟陰陽一通，而寒熱自已。上下一交，而痞隔都損。此東垣之學所以能為舉其大歟！李頻湖曰：升降浮沉則順之，寒熱溫涼則逆之。故春宜辛溫，夏宜辛熱，長夏宜甘苦辛溫，秋宜酸溫，冬宜苦寒。愚謂升降浮沉則順之者，所以順天時之氣也；寒熱溫涼則逆之者，所以救氣化之過也。李氏辛甘酸苦之用是已，若春宜溫、夏宜熱、冬宜寒之謂，是助之也，豈逆之謂哉！

清・黃宮繡《本草求真》卷一〇 藥有氣味升降浮沉 李杲曰：味薄者升而生。象春，如甘平、辛平、辛微、溫微、苦平之藥是也。氣薄者降而收。象秋，如甘寒、甘涼、甘淡、寒涼、酸溫、酸平、鹹平之藥是也。氣厚者，浮而長。象夏，如甘熱、辛熱之藥是也。味厚者，沉而長。象冬，如苦寒、鹹寒之藥是也。氣味平者，化而成。象土，如甘平、甘溫、甘涼、甘辛、平甘、微苦平之藥是也。汪昂曰：氣厚味薄者，浮而升；味厚氣薄者，沉而降；氣味俱厚者，能浮能沉；氣味俱薄者，可升可降。李時珍曰：酸鹹無升，辛甘無降，寒無浮，熱無沉，其性然也。而升者引之以鹹寒，則沉而直達下焦，沉者引之以酒，則浮而上至巔頂。一物之中，有根升梢降，生升熟降者，是升降在物，亦在人也。此統明升降浮沉之義。

藥有根梢上中下 元素曰：凡藥根之在土中者，中半以上，氣脉之上行也，以生苗者為根，中半以下，氣脉之下行也，以入土者為梢。病在中焦與上焦者，用根；在下焦者，用梢；根升梢降，人之身半以上，天之陽也，用頭。中焦用身，身半已下，地之陰也，用梢。乃述類象形者。

清・唐大烈《吳醫彙講》卷三〔蔣星墀〕 升降出入說

《素問・六微旨大論》：出入廢則神機化滅，升降息則氣立孤危。嘗謂《傷寒》所論傳經，即是出入精義，蓋正氣之出入，由厥陰而少陰、而太陰、而少陽、陽明，以至太陽，循環往復。六淫之邪，則從太陽入，一步反歸一步，至厥陰而極，此邪氣進而正氣退，行不復與外氣相通。今韶張氏謂之逆傳，養葵趙氏謂之鬱證，即此義也。故開、闔、樞三者，乃其要旨。夫分言之，為出入，為升降。合言之，總不外乎一氣而已矣。觀東垣《脾胃論》浮沉補瀉一圖，以卯酉為道路，而歸重於蒼天之氣。考其所訂諸方，用升、柴、苓、澤等

法，實即發源於長沙論中葛根、柴胡、五苓之意，以引而伸之，所謂升之九天之上，降之九地之下，雖內傷外感殊科，而於氣之升降出入，則總無以異耳。王氏曰：凡竅橫者，皆有出入往來之氣；竅豎者，皆有陰陽升降之氣。蓋人在氣中，如魚在水中，人不見氣，如魚不見水，上下九竅，外而八萬四千毛孔，皆其門戶也，氣為之充周而布濩，雖有大風苛毒，莫之能害。是故邪之所湊，其氣必虛，內陷者有入而無出，下陷者有降而無升，此升降出入四字，為一生之橐籥，百病之綱領。

論説

金·張元素《醫學啟源》〔任應秋輯本〕卷下　氣味厚薄寒熱陰陽升降之圖　注云：味為陰，味厚為純陰，味薄為陰中之陽；氣為陽，氣厚為純陽，氣薄為陽中之陰。又曰：味厚則泄，味薄〔則〕通，氣厚則發熱，氣薄則發泄。又曰：辛甘發散為陽，酸苦湧泄為陰，鹹味通泄為陰，淡味滲泄為陽。升降者，天地之氣交〔也〕，茯苓淡，為天之陽，陽也，陽當上行，何謂利水而泄下？《經》云：氣之薄者，陽中之陰，所以茯苓利水而泄下，亦不離乎陽之體，故入手太陽也。麻黃苦，為地之陰，陰也，陰當下行，何謂發汗而升上？《經》曰：味之薄者，〔陰〕中之〔陽〕，所〔以〕麻黃發汗而升上，亦不離乎陰之體，故入手太陰也。附子，氣之厚者，乃陽中之陽，故《經》云發熱。大黃，味之厚者，乃陰中之陰，故《經》〔云〕泄下。〔竹〕淡，為陽中之陰，所以利小便也；茶苦，為陰中之陽，所以清頭目也。清陽發腠理，清之清者也；清陽實四肢，清之濁〔者〕也；濁陰歸六腑，濁之濁者也；濁陰走五臟，濁之清者也。

藥性要旨　苦藥平升，微寒平亦升；甘辛藥平降，甘寒瀉火，苦寒瀉濕熱，甘苦寒瀉血熱。

用藥升降浮沉補瀉法　肝膽：味辛補，酸瀉；氣溫補，涼瀉。注云：肝膽之經，前後寒熱〔不同〕，逆順〔互〕換，入求〔責〕法。

心小腸：味鹹補，甘瀉；氣熱補，寒瀉。〔注云〕：三焦命門補瀉同。

脾胃：味甘補，苦瀉；氣溫熱補，寒涼瀉。注云：〔溫涼寒熱〕，各從其宜；逆順互換，入求〔責〕法。

肺大腸：味酸補，辛瀉；氣涼補，溫瀉。

腎膀胱：味苦補，鹹瀉；氣寒補，熱瀉。〔注云〕：五臟更相平也，一臟不平，所勝平之，此之謂也。故云：安穀則昌，絕穀則亡；水去則榮散，穀消則衛亡，〔榮散衛亡〕，神無所居。又仲景云：水入於經，其血乃成；穀入於胃，脈道乃行。故血不可不養，衛不可不溫，血溫衛和，榮衛乃行，常有天命。

元·李杲《脾胃論》卷下　治法用藥若不明升降浮沉差互反損論

予病脾胃久衰，視聽半失，此陰盛乘陽，加之氣短，精神不足，此由弦脈，令虛多言之過，皆陽氣衰弱，不得舒伸，伏匿於陰中耳。癸卯歲六七月間，淫雨陰寒，踰月不止，時人多病泄利，濕多成五泄故也。一日予體重，肢節疼痛，大便泄，并下者，三而小便閉塞。思其治法，按《內經·標本論》：大小便不利，無問標本，先利大小便。又云：在下者，引而竭之，亦是先利小便。當又云：諸泄利，小便不利，先分別之。又云：治濕不利小便，非其治也。皆當利其小便，必用淡味滲泄之劑以利之，是其法也。噫！聖人之法，雖布在方冊，其不盡者，可以求責耳。今客邪寒濕之淫，從外而入裏，以暴加之。若從已上法度，用淡滲之劑以除之，病雖即已，是降之又降，是復益其陰而重竭其陽氣矣，是陽氣愈削而精神愈短矣，是陰重強而陽重衰矣，反助其邪之謂也。故必用升陽風藥即差，以羌活、獨活、柴胡、升麻各一錢，防風根截半錢，炙甘草根截半錢，同㕮咀，水四中盞，煎至一盞，去柤稍熱服。大法云：濕寒之勝，助風以平之。又曰：下者舉之，得陽氣升騰而去矣。又法云：客者除之，是因曲而為之直也。夫聖人之法，可以類推，舉一而知百病者也。若不達升降浮沉之理，而一概施治，其愈者幸也。

戊申六月初，樞判白文舉年六十二，素有脾胃虛損，病目疾時，作身面目睛俱黃，小便或黃或白，大便不調，飲食減少，氣短上氣，怠惰嗜臥，四肢不收。至六月中，目疾復作，醫以瀉肝散，下數行，而前疾增劇。予謂大黃、牽牛雖除濕，而不能走經絡，下咽不入肝經，先入胃中。大黃苦寒，重虛其胃；牽牛其味至辛能瀉氣，重虛肺，本嗽大作。蓋標實不去，本虛愈甚，加之適當暑雨之際，素有黃證之人，所以增劇也。此當於脾胃肺之本臟，瀉外經中之

濕熱，製清神益氣湯主之而愈。

元・王好古《湯液本草》卷一《東垣先生〈藥類法象〉》　藥性要旨

苦藥平升，微寒平亦升。　甘辛藥平降，甘寒瀉火。　苦寒瀉濕熱，苦甘寒瀉血熱。

氣味厚薄寒熱陰陽升降圖

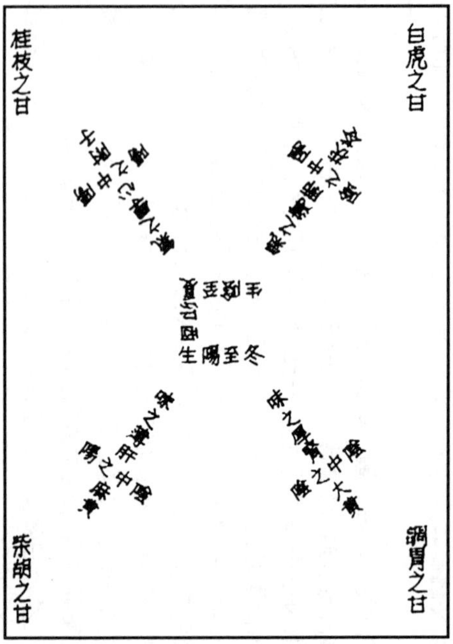

升降者天地之氣交　茯苓：　淡，為在天之陽也。陽當上行，何謂利水而泄下？《經》云氣之薄者乃陽中之陰，所以茯苓利水而泄下。然而，泄下亦不離乎陽之體，故入手太陽。　麻黄：　苦，為在地之陰也。陰當下行，何謂發汗而升上？《經》云味之薄者乃陰中之陽，所以麻黄發汗而升上。然而升上亦不離乎陰之體，故入手太陰。　附子：　氣之厚者，乃陽中之陽，故《經》云發熱。　大黄：　味之厚者，乃陰中之陰，故《經》云泄下。　粥：　淡，為陽中之陰，所以利小便。　茶：　苦，為陰中之陽，所以清頭目。

用藥升降浮沉補瀉法　肝膽：　味辛補酸瀉，氣温補涼瀉。肝膽之經，前後寒熱不同，逆順互换，入求責法。　心小腸：　味鹹補甘瀉，氣熱補寒瀉。三焦命門補瀉同。　脾胃：　味甘補苦瀉，氣温涼寒熱補瀉各從其宜。逆從互换，入求責法。　肺大腸：　味酸補辛瀉，氣涼補温瀉。　腎膀胱：　味苦補鹹瀉，氣寒補熱瀉。

五臟更相平也，一臟不平，所勝平之，此之謂也。故云：　安穀則昌，絕穀則亡。水去則榮散，穀消則衛亡。榮散衛亡，神無所居。又仲景云：　水入於經，其血乃成，穀入於胃，脈道乃行。故血不可不養，衛不可不温。血温衛和，榮衛將行，常有天命矣。

元・佚名氏《珍珠囊》〔見《醫要集覽》〕　藥性升降浮沉補瀉法　足厥陰肝、足少陽膽：　味辛補、酸瀉；　氣温補，涼瀉。　手少陰心、手太陽小腸：　味鹹補，甘瀉；　氣熱補，寒瀉。　足太陰脾、足陽明胃：　味甘補、苦瀉；　氣温涼寒熱補瀉，各從其宜。　手太陰肺、手陽明大腸：　味酸補、辛瀉；　氣涼補，温瀉。　足少陰腎、足太陽膀胱：　味苦補，鹹瀉；　氣寒補，熱瀉。

明・梅得春《藥性會元》卷上　藥性升降浮沉補瀉之法

足厥陰肝、少陽膽，木味：　補辛，瀉酸；　氣：　温補，涼瀉。　手少陰心、太陽小腸，火味：　補鹹，瀉甘；　氣：　熱補，寒瀉。　足太陰脾、陽明胃，土味：　補甘，瀉苦；　氣：　温涼寒熱補瀉，各從其宜。　手太陰肺、陽明大腸，金味：　補酸，瀉辛；　氣：　涼補，温瀉。　足少陰腎、太陽膀胱，水味：　補苦，瀉鹹；　氣：　寒補，熱瀉。

明・杜文燮《藥鑑》卷一　論升麻柴胡　天地四時之令，春夏之氣温而升浮，則萬物發生。秋冬之氣寒而降沉，則萬物肅殺。人肖天地，常欲使胃氣温而升浮，而行春夏發生之令，不欲使胃氣寒而降沉，而行秋冬肅殺之令。蓋升麻能令清氣從右而上達，柴胡能令清氣從左而上達。《經》曰：　清氣在下，則生飧泄。濁氣在上，則生䐜脹。是以清氣一升，則濁氣隨降，而無已上等症。【略】

論升、柴、檳、木四味同用　病在上膈，法當用木香、檳榔以降之。病在下膈，法當用升麻、柴胡以提之。此常理也。然或泄瀉脱肛後重，疼不可忍，是乃氣下陷也，法當舉之以升麻、柴胡，和之以木香，攻之以檳榔。或曰：　四藥同劑，不無升降混淆，奚有治病歸一之功也？曰：　天生藥石治其病，各有其能。如仲景立大柴胡湯，用柴胡、大黄同劑，以治傷寒表裏俱見之症，然柴胡升散外邪，大黄降泄内實，使病者熱退氣和而愈。故用升麻、柴胡，自能升清氣而上行；檳榔、木香，自能逐濁氣而下行，能使脱肛舉而後重除，自可同劑而成功矣。何疑之有？

清・顧元交《本草彙箋・總略》 用藥補瀉升降之義出諸家　焉文云：升降之義，前四季方論詳矣。然所言者，治法也。茲集諸家所言，藥法也。治法或人所講，藥法則人多昧焉，以其不肯留心於本草之學耳。補瀉即在升降之中，天地之道，不外乎一升一降，人奈何舍造化之理，而別從事於臟腑哉？

夫虛實者，諸病之根本也。補瀉者，治療之綱紀也。何謂虛？五臟六腑虛所生病也。何謂實？五臟六腑實所生病也。《經》曰：真氣奪則虛，邪氣勝則實。虛則補之，實則瀉之。此萬世之常經也。以補爲瀉，是補中有瀉也。以瀉爲補，是瀉中有補也。譬夫參、芪、炙甘草之退勞倦氣虛發熱，地黃、黃柏之滋水堅腎以除陰虛潮熱，是補中之瀉也。桑根白皮之瀉肺火，車前子之利小便除濕，是瀉中之補也。舉斯爲例，餘可類推。升降者，治病之關紐也。升爲春氣，爲風化，爲木象，故升有散之義。降爲秋氣，爲燥化，爲金象，故降有斂之義。飲食勞倦，則陽氣下陷，宜升陽益氣。瀉利不止，宜升陽益胃。鬱火內伏，宜升陽散火。滯下不休，宜升陽解毒。因濕洞泄，宜升陽除濕。肝木鬱於地中，以致少腹作脹作痛，宜升陽調氣。此病宜升之類也。陰虛則水不能制火，火空則發而炎上，其證爲咳嗽，爲多痰，爲吐血，爲鼻衄，爲齒衄，爲頭痛，爲齒痛，爲眼痛，爲頭眩，爲暈，爲眼花，爲惡心，爲嘔吐，爲口苦舌乾，爲不寐，爲寒熱，爲骨蒸，是謂上盛下虛之候，宜用蘇子、枇杷葉、麥冬、白芍、五味子之屬以降氣，氣降則火自降，而氣自歸元，而又益之以滋水添精之藥，以救其本，則症自瘳。此病宜降之類也。設宜降而妄升，宜升而反降，將使輕變爲重，重必斃矣繆希雍。

藥有升、降、浮、沉、化、生、長、收、藏，成以配。四時春升夏浮，秋收冬藏，土居中化。味薄者升而生氣，薄者降而收氣。厚者浮而長，味厚者沉而藏，氣味平者化而成。但言補之，以辛甘溫熱及氣味之薄者。即助春夏之升浮，便是瀉秋冬收藏之藥也。在人之身，肝心是矣。但言補之，以酸苦鹹寒及氣味之厚者，即助秋冬之降沉，便是瀉春夏生長之藥也。在人之身，肺腎是矣。淡味之藥，滲即爲升，泄即爲降，佐使諸藥者也李杲。

酸鹹無升，甘辛無降，寒無浮，熱無沉，其性然也。而升者引之以鹹寒則沉，而直達下焦。沉者引之以酒則浮，而上至巔頂。此非窺天地之奧，而達造化之權者，不能至此。一物之中，有根升稍降，生升熟降，是升降在物，亦在人也李時珍。

補中益氣湯，人皆以爲上焦之藥，而不知爲下焦之藥也。以脈右大於左，陽陷於陰，迺從陰引陽也。六味地黃丸，人皆以爲下焦之藥，而不知爲上焦之藥也。以脈寸旺于尺，陽亢於上，迺從陽引陰也。凡用方藥，不可不明此理周之幹。

清・汪昂《本草備要》卷首 凡藥輕虛者浮而升，重實者沉而降。味薄者升而生象春，氣薄者降而收象秋，氣厚者浮而長象夏，味厚者沉而藏象冬，味平者化而成象土。氣厚味薄者浮而升，味厚氣薄者沉而降，氣味俱厚者能浮能沉，氣味俱薄者可升可降。酸鹹無升，辛甘無降。寒無浮，熱無沉。此升降浮沉之義也。李時珍曰：升者引之以鹹寒，則沉而直達下焦；沉者引之以酒，則浮而上至巔頂。一物之中，有根升梢降，生升熟降者，是升降在物亦在人也。

清・景日昣《嵩厓尊生全書》卷四 用藥升降治病關紐譜　補陽宜升：升有散之義。凡散劑皆升也。飲食勞倦，陽下陷，升陽益氣。瀉利不止，升陽益胃。鬱火內伏，升陽散火。滯下不休，升陽解毒。濕泄，升陽除濕。肝鬱地中，小腹脹，升陽調氣。補陰宜降：降有斂之義，凡斂劑皆降也。火盛降氣，痰盛降火，熱盛降濕，氣盛疏之斂之。升藥便瀉肺腎：辛甘溫熱，及氣味之薄品，能助春夏之升浮，便瀉秋冬之收藏。如辛溫過，肺絕；甘熱過，腎絕。降藥便瀉肝心：酸苦鹹寒，及氣味厚品，能助秋冬之降沉。便瀉春夏之生長。如酸寒過，肝絕；苦鹹過，心絕。淡滲藥亦有升降：滲即為升，泄即為降，所以佐使諸藥。以降為升：如補中益氣湯。以脉右大于左，陽陷于陰分，用之從陰引陽。以升為降：如六味地黃丸。以脉寸旺于尺，陽亢于上，陰竭于下，用之從陽引陰。

清・唐宗海《本草問答》卷上 問曰：寒熱溫平，藥性已盡，上所分五行五臟，已詳寒熱溫平之性，可不再贅矣。而藥之分上下表裡者，又有升降浮沉之別，可得聞歟？答曰：此本於天地之陰陽也，本於陽者，以氣為主，而上行外達，故升而氣浮，能走上焦。以發表本於陰者，以味為主，而內行下達，故降而氣沉，能行裏達下焦。氣本於天，味成於地，《內經》謂天食人以五氣，地食人以五味，本天親上，本地親下，而升降浮沉之理見矣。

問曰：薄荷、辛夷、麻黃、桂枝、生薑、葱白、羌活、獨活、葛根、柴胡、白頭翁、升麻、紫蘇、荊芥、白芷、爐甘石、海石、菊花、連翹、銀花、蒼耳子、青蒿、

蔓荊子，皆升浮之品，而其用各異，何也？答曰：是氣分藥，而又視形味以細別之。薄荷辛夷同一辛味，氣皆輕清而形各異。薄荷、細草叢生不止一莖，故能四散，又能升散顛頂，以其氣之輕揚也。辛夷生在樹稍而花朵尖銳向上，味辛氣揚，故專主上達，能散腦與鼻孔之風寒。麻黃雖一莖直上，而其草叢生，與薄荷叢生之義同，故能上升，又能外散。薄荷得天氣之輕揚，而其味辛是兼得地之味，故兼能入血分。若麻黃則莖空直達而上，且無大味，純得天輕揚之氣，故專主氣分，從陰出陽，透達周身上下之皮毛。桂枝與麻黃同一升散之品，然氣味各有不同。枝性四達，氣亦輕揚，因桂兼有辛味，則得地之味矣。故兼入血分，能散血脈、肌肉中之風寒。觀仲景麻黃湯發皮毛，桂枝湯解肌肉，便知血分、氣分之辨。生薑其氣升散，而又能降氣止嘔者，因其味較勝，且係土中之根是秉地火之味，而歸於根，故能降氣止嘔，雖能升散，而與麻桂之純升者不同，故小柴胡、二陳湯皆用之以止嘔。葱白之根亦生土內，然葉空莖直，氣勝於味，引土下黃泉之氣以上達苗葉，故功專主升散，能通肺竅。仲景白通湯用以通陽氣於上，則取以土下黃泉之氣以上達苗葉，為能通太陽水中之陽，而交於顛頂也。羌、獨、葛根皆根深，能以地中水氣上達於苗葉，其苗又極長，象人身太陽經，從膀胱水中陽氣於經脈，以衛周身，故二物均入太陽經。羌、獨氣味更辛烈，故發散而能傷血。葛根氣味較平，故發散之性輕而不傷血，根深能引水氣上達苗葉，故兼能升津液也。柴胡、白頭翁皆一莖直上，花皆清香，故皆能升散鬱結。白頭翁所以治下痢後重者，升散鬱結故也。柴胡治胸前逆滿，太陽之氣陷於胸中不得外達，以致胸滿，柴胡能透達之，亦升散鬱結之義也。而二物之不同者，白頭翁無風獨搖，有風不動，色白有毛，凡毛皆得風氣。又採於秋月，得金木交合之氣，故能息風，從肺金以達風木之氣，使木不侮土者也，故功在升舉後重而止痢疾。柴胡色青，一莖直上，生於春而採於夏，得水木之氣味，從中土以達木火之氣，使不侮肺者也，故功能透胸前之結。夫仲景用柴胡以治少陽，其義尤精。少陽者水中之陽發於三焦，以行腠理，寄居膽中，以化水穀，必三焦之膜網通暢，肝膽之木火清和，而水中之陽乃能由內達外，柴胡莖中虛鬆，有白瓤通氣，象人身三焦之膜網，膜網有紋理，與肌膚筋骨相湊，故名腠理。少陽木火鬱於腠理而不達者，則作寒熱，柴胡能達之，以其中鬆虛象腠理，能達陽氣，且味清苦，能清三焦之火。然則柴胡治膽者用其苦也，治三焦者用其莖中虛鬆直上也，治太陽者則是通三焦之路以達其氣，乃借治非正治也。又柴胡須用一莖直上，色青，葉四面生如竹葉而細，開小黃花者，乃為真柴胡，是仲景所用者。近有草根，辛溫發表，絕非柴胡本性，斷不可用。四川梓潼產柴胡，價極賤，天下不通用，只緣藥書有軟柴胡、紅柴胡、銀柴胡諸說以偽亂真，失仲景之藥性，可惜，可惜。升麻味甘，能升脾胃之氣，其所以能升之理，則因根中有孔道，引水氣上達於苗，故性主升。然無四散之性，以其為根專主升，不似柴胡係苗葉，故有散性也。紫蘇略同荊芥，色紅能散血分，枝葉披離，故主散之性多，而主升之性少。白芷辛香色白，入肺與陽明經，根性又主升，故能升散肺與陽明之風寒。觀獨活色黑，入太陽、少陰，白芷色白，入肺與陽明，此又金水異質，各歸其類之象，所以性皆升散而主治不同也。銀花、連翹、甘菊味清而質輕，故能升清氣，清上焦頭目之熱，然無辛散之氣，故不主散。青蒿、蒼耳皆不辛散，而能主散者則又以其形氣論也。青蒿枝葉四散而味苦，故能散火。蒼耳質輕有芒，則能散風。凡有芒角與毛，皆感風氣，故主散風。蔓荊子氣烈而質亦輕，故主散頭目之風。爐甘石、海石質皆輕浮，然究係石體，乃沉中之浮也，故不能達表上顛，而止能散肺胃痰火之結，辨藥之浮沉以治病之浮沉，而表裏升降之義無不明矣。

問曰：本草言上升之藥，製以鹽則能下降，下降之藥，製以酒則能上升。酒亦五穀所化，何以性純於升哉？答曰：氣本於天，故主升，酒正是氣化之品，所以饒於升。觀煑白乾酒者，用筒取氣，入天鍋底化而為酒，蓋酒皆上升之氣水也。水中之陽本上升，西洋人於水中取輕養氣能上升，且能然而為火，積陽則上升，水為坎卦，而中爻為陽，故氣出於水而上升，太空清陽之氣，皆水中之陽所充發也。煑酒以麯蘖，宣揚以火煑之，使陰化為陽，氣上出遂為酒，全是上升之陽氣也。故主升，又釀米酒者，以麯蘖醃糯米飯，發熱腐化，酒出而飯成糟，仍是從氣之化，故屬陽，亦主升。然米酒與白乾酒不同，白乾酒由筒上引而出，純是清氣，米酒釀於缸內，尚帶濁汁，故米酒味較厚，能入血分，性亦滯留，能生痰濕。白乾酒氣較厚，專行氣分，性不滯留，不生痰濕，同一升性而一清一濁，遂有浮沉之別，故審藥理者，不可不細。

問曰：飴糖與米酒皆是麯蘖所化，何以飴糖甘潤而性不升哉？答曰：酒由蘊釀，自然流出，得氣之化為多，故氣盛而升，飴糖熬煑逼之使出，得氣之化少，故味盛而氣不升。蓋酒得天之氣厚而升，飴得地之味厚而補，

仲景建中湯用飴糖，正取其補中宮也。觀白乾酒升而不守，飴糖守而不升，米酒能升能守，分別處全在氣味厚薄，辨藥性者，貴詳究其理也。

問曰：芒硝、大黃、巴豆、葶藶、杏仁、枳殼、厚朴、牛膝、苡仁、沉香、降香、鐵落、赭石、檳榔、陳皮等物，皆主降矣。或降而收，或收而散，或降而攻破，或降而滲利，或入血分，或入氣分，又可得而詳歟？答曰：凡升者皆得天之氣，凡降者皆得地之味，故味厚者其降速，味薄者其降緩，又合形質論之，則輕重亦有別矣。芒硝本得水氣，然得水中陰凝之性，而味鹹能軟堅，下氣分之熱，以其得水之陰味，而未得水中之陽氣，故降而不升，且水究屬氣分，故芒硝凝水之味，純得水之陰性而清降氣分之熱，與大黃之入血分，究不同也。大黃味苦大寒，是得地火之陰味而色黃，又為火之退氣所發見，故能退火，專下血分之結，以味厚且有烈氣，味既降而氣復助之，故能速下。寒性皆下行，如白芍、射干，味能降利，皆以其味苦與大黃之降下，其義一也。大黃苦性更甚，白芍苦性較輕，故白芍只微降，而大黃則降之力大。

歸經引經部

題解

宋・沈括《夢溪筆談》卷二六《藥議》　又言：人有水喉、氣喉者，亦謬說也。世傳《歐希範真五臟圖》亦畫三喉，蓋當時驗之不審耳。水與食同嚥，豈能就中遂分入二喉？人但有咽有喉二者而已，咽則納飲食，喉則通氣，咽則下入胃脘，次入胃，又次入腸，又次入大小腸。喉則下通五臟，出入息五臟之含氣呼吸，正如(治)〔冶〕家之鼓韝。人之飲食藥餌，但自咽入腸胃，何嘗能至五臟？凡人之肌骨、五臟、腸胃，雖各別其入腸之物，英精之氣味，皆能洞達，但滓穢即入二腸。凡人飲食及服藥既入腸，為真氣所蒸，英精之氣味，以金石之精者。如細(妍)〔研〕硫黃、朱砂、乳石之類，凡能飛走融結者，皆隨真氣洞達肌骨，猶如天地之氣，貫穿金石土木，曾無留礙，自餘頑石草木，則但氣味洞達耳。及其熱盡，則滓穢傳入大腸，潤濕滲入小腸，此皆敗物，不復能變化，惟當退洩耳。凡所謂某物入肝，某物入腎之類，但氣味到彼耳，凡質豈能至彼哉？此醫不可不知也。

宋・陳衍《寶慶本草折衷》卷二《逢原紀略》　記藥氣所到《蘇沈方》云：凡所謂某物入肝、某物入腎之類，但氣味到彼耳，凡質豈能至彼哉！氣之精華，傳入諸臟，其滓質則聚於胃，傳化為糟粕也。

清・汪昂《本草備要》卷首　藥之爲物，各有形、性、氣、質。其入諸經，有因形相類者，如連翹似心而入心，荔枝核似睾丸而入腎之類。有因性相從者，如屬木者入肝，屬水者入腎。潤者走血分，燥者入氣分。本天者親上，本地者親下之類。有因氣相求者，如氣香入脾，氣焦入心之類。有因質相同者，如藥之頭入頭，幹入身，枝入肢，皮行皮。又如紅花、蘇木，汁似血而入血之類。自然之理，可以意得也。

清・張叡《醫學階梯》卷二　藥引論　湯之有引，如舟之有楫。古人用湯，必須置引。如仲景桂枝湯，生薑三兩，大棗十二枚，與藥等分同作，良可取汗。又如東垣補中湯，亦用生薑、大棗，並無發汗之說。乃薑、棗少用而力薄，故不致漬形以為汗也。即此兩湯類推，湯方不可不慎，藥引不可不考。今人用生薑、大棗，亦有取驗者，亦有不取驗者，蓋不知薑、棗之分兩輕重故也。古今湯方，莫盡藥引無窮，臨機取用，各有所宜。如發表用鮮薑，溫中用煨薑，鮮脹用薑皮，消痰用薑汁。調營益衛用大棗，瀉火疏風用紅棗。補氣益肺用龍眼肉，瀉火安神用燈心草。表皮用蔥葉，表肌用蔥白，表裏用蔥莖。健脾用湖蓮肉，止痢用石蓮子。治風病用桑葉，治濕病用桑枝。固腎用白蓮蕊，澁精用白蓮鬚。保胎用陳苧麻根，安胎用鮮苧麻汁。抑脾用青荷葉，疏土用枯荷梗。補心用新小麥，止汗用陳浮小麥。清熱解煩用生青竹葉，利水瀉火用淡竹葉。消瘀通經用赤糖，止痛溫中用飴糖。安中益脾用陳壁土，止嘔和胃用山黃土。消瘀用藕節，止血用側柏葉。止嘔用柿蒂，涼大腸用柿霜。消風痰用竹瀝，瀉實火用竹茹。補元陽用童便，益真陰用秋石。瀉火止血用生柏葉，延年祛病用松黃、松脂，去風舒筋用黃松節、老龍鱗。定喘用紅白葵花，療痢用赤白扁豆花。補火壯陽用胡桃、蜀椒。暖宮用艾葉，虛煩用粳米，熱渴用蘆根。止消用蘭葉，寧嗽用梨汁。止血用(金)〔京〕墨，療崩用陳棕。止瘧痢用烏梅，治腸風用石榴皮。治紅痢用紅麯，治白痢用煨薑，治赤白帶濁用韭子、白菓。止嘔寧嗽用枇杷葉，止鼻衄用白茅花。行瘀用百草霜，墮胎用凌霄花。達生用黃楊腦，探吐用土瓜蒂。速產用弩牙。下噎用杵

糠，定喘用鉛汞。療黃病用鐵屎。鎮心用辰砂，辟邪用雄黃。收斂用五倍子，潤腸用松子仁。治疝氣用荔橘核，催漿用筍尖、櫻桃蕚。敗毒用蒲公英，通乳用陳通草。發麻瘋汗用紫（貝）〔背〕浮萍，治心煩不眠用雞子黃。藥引多端，指難偏屈，今以常用之引，聊錄數則，舉一反三，其惟良工乎。

清・劉常彥《醫學全書》卷一　藥引秘旨　湯之有引，如舟之有楫，故湯劑必須置引。如發散取汗用薑、棗，必須引之分兩與藥等分，宜用鮮薑，溫中用煨薑，解脹用薑皮，消痰用薑汁。調營益衛用大棗，補氣益血用龍眼肉，瀉火安神用燈心草。表症用葱葉，裏證用葱莖。健脾止瀉用蓮肉，止痢濇便用石蓮子。治風病用桑葉，治濕病用桑枝。保胎用陳苧根，安胎用鮮苧汁。抑脾用鮮荷葉，踈土用枯荷根。補心用新小麥，止汗用浮小麥。清熱解煩用青竹葉，利水瀉火用淡竹葉。消瘀通經用赤糖，止痛溫中用飴糖。安中益脾用陳壁土，止嘔和胃用山黃土。消瘀用蓮藕節，止血用側栢葉。止嘔用柿蒂，定呃用箬蒂。涼大腸用柿霜，消風痰用竹瀝。瀉實火用竹茹，退虛熱用童便。補元陽用人參，益真陰用秋石。去風舒筋用黃松節，安魂定魄用金銀餙。定喘用銀杏肉，療痢用扁豆花。補火壯陽用胡桃、蜀椒，暖宮止帶用艾葉、蛇床。虛煩用粳米飲，熱渴用蘆根汁。潤火嗽用梨汁，止久血用（金）〔京〕墨。療崩漏用陳棕灰，止久瘧用烏梅肉。治赤痢用紅麯，醫白痢用煨薑。治帶濁用韭菜子，甯癆嗽用枇杷葉。探吐用甜瓜蒂，達生用青葱莖。療黃病用針砂，顛狂用鐵銹水。潤腸用松子仁，療疝用荔枝核。通人乳汁用陳通草片，發麻瘋汗用紫背浮萍。治傷寒心煩不眠用雞子黃，療傷寒咽喉疼痛用猪膚湯。藥引多端，難以備陳，今以常用者，聊錄數則，舉一反三，其為良工乎。

清・韋協夢《醫論三十篇》　藥有經絡　傷寒有六經之異，雜症亦各歸經絡，但傷寒傳變，而雜症不傳耳。然如火鬱，本厥陰肝病，久而吞酸，則木克土而傳至太陰脾矣。怔忡，本少陰心病，久而喘咳，則火鑠金而傳至太陰肺矣。病有經絡，藥亦有經絡，某藥專入某經，或兼入某經，果識之真，而用之當，自爾百發百中。倘辨之不明，焉能鑿枘相投？如感冒初起，先在太陽，治以羌活、蘇葉之類，是其本藥，乃兼用防風、柴胡，開陽明、少陽之門，風寒由外入內，輕者尚可奏功，重者轉生他患。即他症之應補應散，應寒應熱，以此經之病而誤用他經之藥，徒傷正氣，難臻速效，藥之經絡可不講明而切究歟？

清・吴瑭《醫醫病書》　引經論　藥之有引經，如人之不識路徑者用嚮導。若本人至本家，何用嚮導為哉？如麻黃湯之麻黃，直走太陽氣分，桂枝湯之桂枝，直走太陽營分，雖其中有生薑、大棗，生薑為氣分之佐，大棗為營分之佐，非引經也。何今人凡藥舖中不賣，須本家自備者，皆曰引子？甚至所加之引，如痘科中既用蘆根，又用香菜，大熱赤疹，必用三春柳，每方必曰引加何物。不通已極，俗惡難醫。

論說

金・張元素《醫學啟源》〔任應秋輯本〕卷下　各經引用　太陽經，羌活；在下者黃蘗，小腸、膀胱也。少陽經，柴胡；在下者青皮，膽、三焦也。陽明經，升麻、白芷；在下者，石膏，胃、大腸也。太陰經，白芍藥，脾、肺也。少陰經，知母，心、腎也。厥陰經，青皮；在下者，柴胡，肝、包絡也。已上十二經之的藥也。

元・王好古《湯液本草》卷二《東垣先生〈用藥心法〉》　東垣報使　太陽：羌活，下黃蘗　陽明：白芷升麻，下石膏。少陽：上柴胡，下青皮。太陰：白芍藥。少陰：知母。厥陰：青皮，上柴胡。

小腸膀胱屬太陽，藁本羌活是本方。三焦膽與肝包絡，少陽厥陰柴胡強。陽明大腸兼足胃，葛根白芷升麻當。太陰肺脈中焦起，白芷升麻葱白鄉。脾經少與肺經異，升麻芍藥白者詳。少陰心經獨活主，腎經獨活加桂良。通經用此藥為使，更有何病到膏肓。

諸經嚮導　太陰經嚮導圖

太陰經嚮導圖

寅手肺〔嚮導圖〕脾足巳

南星　款冬　升麻　桔梗　檀香
山藥　粳米　白茯苓　五味　天冬
阿膠　麥冬　桑皮　杏仁　葱白
麻黃　丁香　益智　白豆蔻　知母
縮砂檀香草蔻为使　梔子　黃芩　石膏

防風　當歸
草豆蔻　茱萸　縮砂人參益智爲使
益智　黃芪　蒼朮　白朮　膠飴
代赭　赤茯苓　麻仁　甘草　半夏

升麻　芍藥
木瓜
藿香
白芍藥酒浸
延胡索
縮砂

陽明經嚮導圖

卯手大腸〔嚮導圖〕胃足辰

升麻　白芷　麻仁　秦艽　薤白
白石脂　縮砂白石脂为使　肉蔻　石膏

丁香　草蔻　縮砂　防風　石膏
知母　白朮　神麴　葛根　烏藥
半夏　蒼朮　升麻　白芷　葱白

麻黃
大黃
連翹
升麻　白芷　葛根
石膏
白朮
檀香佐以他藥
白芷　升麻　下石膏

厥陰經嚮導圖

戌手心胞〔嚮導圖〕足肝丑

沙參　白朮　柴胡　熟地黃　牡丹皮
敗醬

膽草　蔓荆　阿膠　瞿麥　桃仁
山茱萸　代赭　紫石英　當歸　甘草
青皮　羌活　吳茱萸　白朮

骨皮　柴胡
熟地黃
柴胡
川芎
皂角
桃仁
茗苦茶

少陽經嚮導圖

亥手三焦〔嚮導圖〕足膽子

川芎　柴胡　青皮　白朮　熟地黃
黃芪　青皮　石膏　細辛　附子

半夏　膽草　柴胡

青皮
川芎
柴胡
連翹
柴胡　下青皮

太陽經嚮導圖

未手小腸〔嚮導圖〕足膀胱申

白朮　生地　赤茯苓　羌活　赤石脂
縮砂赤石脂爲使

蔓荆　滑石　茵陳　白茯苓　猪苓
澤瀉　桂枝　黃蘗　羌活　麻黃

防風　羌活
藁本　蔓荆
茴香　黃蘗
白朮　澤瀉
防己　大黃酒浸
藁本　羌活
羌活　下黃蘗

少陰經嚮導圖

午心手〔嚮導圖〕足腎酉右腎附

麻黃　桂心　當歸　生地　黃連
代赭　紫石英　梔子　獨活　赤茯苓

知母　黃蘗　骨皮　阿膠　猪膚
丹皮　玄參　敗醬　牡蠣　烏藥
山茱萸　天冬　猪苓　澤瀉　白茯苓
檀香　甘草　五味　茱萸　益智
丁香　獨活或用桂　桔梗或用梢　豉　縮砂
附子　沉香　益智　黃芪

細辛
熟地黃
五味子
澤瀉
地榆
附子
知母
白朮

明·李湯卿《心印紺珠經》卷上《辨藥性第八》　東垣報使　太陽：羌

活、黃蘗。　陽明：白芷、升麻、石膏。　少陽：柴胡、青皮。　太陰：白芍藥。　少陰：知母。　厥陰：青皮、柴胡。　小腸膀胱屬太陽，藁本羌活是本方。　三焦膽與肝包絡，少陽厥陰柴胡強。　陽明大腸兼足胃，葛根白芷升麻當。　太陰肺脉中焦起，白芷升麻葱白鄉。　脾經少與肺經異，升麻芍藥白者詳。　少陰心經獨活主，腎經獨活加桂良。　通經用此藥為使，更有何病到膏肓。

明・王綸《本草集要》卷二　各經主治藥　肝當歸　心麥門冬　脾麻仁　肺杏仁　腎栢子仁　大腸硝石　小腸茴香　三焦山藥　膀胱茴香　心包絡桃仁

明・陳嘉謨《本草蒙筌・總論》　各經主治引使　治寒：肝氣，吳茱萸。血，當歸。心氣，桂心。血同。脾氣，吳茱萸。血同。肺氣，麻黃。血，乾薑。腎氣，細辛。血，附子。膽氣，生薑。血，川芎。大腸氣，白芷。血，秦艽。小腸氣，茴香。血，玄胡。三焦氣，黑附子。血，川芎。膀胱氣，麻黃。血，桂枝。包絡氣，附子。血，川芎。　治熱：肝氣，柴胡。血，黃芩。心氣，麥門冬。血，黃連。脾氣，白芍藥。血，生地黃。肺氣，石膏。血，梔子。腎氣，玄參。血，黃栢。膽氣，連翹。血，柴胡。胃氣，葛根。血，大黃。三焦氣，連翹。血，地骨皮。膀胱氣，滑石。血，黃栢。大腸氣，連翹。血，大黃。小腸氣，赤茯苓。血，木通。包絡氣，麥門冬。血，牡丹皮。　治勞：肝當歸、柴胡。心生地黃、黃連。脾白芍藥、木瓜。　瘵熱：肺桑白皮、石膏。腎生地黃、知母。膽柴胡、栝蔞。胃石膏、硝。三焦石膏、竹葉。膀胱滑石、澤瀉。大腸大黃、硝。小腸赤茯苓、木通。　治風：肝川芎。心細辛。脾升麻。肺防風。腎獨(滑)〔活〕。胃升麻。三焦黃芪。膀胱羌(滑)〔活〕。大腸白芷。小腸藁本。包絡川芎。　治濕：肝白术。心黃連。脾白术。肺桑白皮。腎澤瀉。胃白术。三焦陳皮。膀胱茵陳。大腸秦艽。小腸車前。包絡茗。　治燥：肝當歸。心麥門冬。脾麻仁。肺杏仁。腎栢子仁。三焦山藥。膀胱茴香。大腸硝石。小腸茴香。包絡桃仁。

明・張梓《藥證類明》卷下《藥象通經門》　諸經引用之劑　太陽經：羌活。在下者黃柏。膀胱、小腸。　少陽經：柴胡、川芎。在下者青皮。膽、三焦。　陽明經：升麻、白芷。在下者石膏。胃、大腸。　太陰經：白芍藥。脾、肺。　少陰經：知母。腎、心。　厥陰經：青皮。在上者柴胡。肝、絡。

諸經為使之劑　足太陽膀胱經：羌活、藁本；　足少陽膽經：柴胡；　足陽明胃經：升麻、葛根、白芷；　足太陰脾經：芍藥；　足少陰腎經：獨活、桂；　足厥陰肝經：柴胡；　手太陽小腸經：羌活、藁本；　手少陽三焦經：柴胡；　手陽明大腸經：白芷；　手太陰肺經：白芷、升麻、葱白；　手少陰心經：獨活；　手厥陰心包絡：柴胡

諸經嚮道之劑　手太陰肺經二十六味：南星、欵冬花、升麻、桔梗、五味子、山藥、茯苓、阿膠、桑皮、杏仁、天門冬、葱白、麻黃、丁香、益智、知母、麥門冬、縮砂、梔子、黃芩、石膏、防風、白豆蔻、粳米、生地；　足太陰脾經一十六味：縮砂、防風、當歸、益智、黃芪、吳茱萸、蒼朮、白朮、甘草、半夏、升麻、草豆蔻、赤茯苓、膠飴、代赭石、麻仁；　通用四味：木瓜、藿香、白芍藥、玄胡(素)〔索〕；　手陽明大腸經九味：升麻、白芷、麻仁、秦艽、縮砂、肉豆蔻、石膏、白石脂、薤白；　足陽明胃經一十五味：丁香、防風、石膏、縮砂、知母、草豆蔻、白朮、神麯、半夏、葛根、烏藥、蒼朮、升麻、白芷、葱白；　通用六味：麻黃、大黃、連翹、檀香、葛根、白朮；　手少陽三焦經一十味：川芎、柴胡、青皮、白朮、熟地、地骨皮、黃芪、石膏、細辛、附子；　足少陽膽經三味：半夏、柴胡、草龍膽；　通用三味：青皮、川芎、連翹；　手厥陰心包絡十四味：阿膠、瞿麥、桃仁、當歸、青皮、吳茱萸、羌活、甘草、白朮、草龍膽、蔓荊子、山茱萸、紫石英、代赭石；　通用七味：青皮、川芎、柴胡、皂角、桃仁、熟地黃、茗；　手太陽小腸經六味：白朮、生地、茯苓、羌活、縮砂、赤石脂；　足太陽膀胱經十味：滑石、茵陳、澤瀉、麻黃、桂枝、蔓荊子、黃柏、羌活、猪苓、白茯苓。

明・涂坤《百代醫宗》卷二　六經用藥確法　太陽屬膀胱，非發汗不能愈，必用桂枝、麻黃，以助陽却邪。　陽明屬胃，非通泄不能痊，必用大黃、芒硝，以疏利陽熱。　少陽屬膽，無出入之道，必用柴胡、半夏，能利能汗，消解血熱，黃芩佐之具也。　太陰脾土，性惡寒濕，非乾薑、白朮不能溫燥。　少陰腎水，性惡寒燥，非附子不能以溫。　厥陰肝木，藏血榮筋，非芍藥、甘草不能滋養。　此六經之用藥綱領之道也。

夫三陽汗下和解，人皆知之。若太陰濕燥不行，則當溫利，如桂枝加大黃之類，是太陰自陽明而出也。少陰須用附子，亦有麻黃、細辛之證，是少陰自太陽而出也。厥陰其間有用桂枝者，是厥陰自少陽而出也。其或太陽、少陽二經鬱閉，則三陰皆自陽明出焉。蓋三陰皆有下證，如太陰腹滿時痛，為有積。少陰咽乾口燥，為腎汁乾。厥陰煩滿，耳聾，舌卷，囊縮，為毒

氣入臟，皆當下之。諳乎此，則傷寒用藥之法，隨變隨應，生化無窮矣。雖云傷寒七日傳變六經，此約法也。或首尾只在一經，或間傳二經而止，又不可拘日數而用藥，切據脉息，再驗外證，萬無一失。

明・芮經《杏苑生春》卷三 六經引藥 太(陰)〔陽〕經足膀胱羌活，手小腸黄蘗。 陽明經足胃升麻、白芷，手大腸石膏。 少陽經足膽柴胡，手三焦青皮。 太陰經足脾白芍，手肺桔梗。 少陰經足腎知母，手心黄連。 厥陰經足肝青皮，手胞絡柴胡。

清・汪昂《本草備要》卷首 凡藥色青、味酸、氣臊、性屬木者，皆入足厥陰肝、足少陽膽經。肝與膽相表裏，膽爲甲木，肝爲乙木。色赤、味苦、氣焦、性屬火者，皆入手少陰心、手太陽小腸經。心與小腸相表裏，小腸爲丙火，心爲丁火。色黄、味甘、氣香、性屬土者，皆入足太陰脾、足陽明胃經。脾與胃相表裏，胃爲戊土，脾爲己土。色白、味辛、氣腥、性屬金者，皆入手太陰肺、手陽明大腸經。肺與大腸相表裏，大腸爲庚金，肺爲辛金。色黑、味鹹、氣腐、性屬水者，皆入足少陰腎、足太陽膀胱經。腎與膀胱相表裏，膀胱爲壬水，腎爲癸水。凡一藏配一府，府皆屬陽，故爲甲丙戊庚壬；藏皆屬陰，故爲乙丁己辛癸也。十二經中，惟手厥陰心包、手少陽三焦經無所主，其經通於足厥陰、少陽。厥陰主血，諸藥入肝經血分者，併入心包；少陽主氣，諸藥入膽經氣分者，併入三焦。命門相火，散行於膽、三焦、心包絡，故入命門者，併入三焦。此諸藥入諸經之部分也。

清・顧世澄《瘍醫大全》卷六 論諸經向導藥隨經引使 一切癰疽，須分是何部位，屬何經絡，用何藥向導，施治庶易於奏效也。

太陽上羌活，下黄柏。 陽明上白芷、升麻，下石膏。 少陽上柴胡，下青皮。 太陰上桔梗，下白芍。 厥陰上柴胡，下青皮。 少陰上獨活，下知母。

蔣示吉曰： 用藥引經，庶藥力直攻患處，如太陽用防風、羌活，陽明用白芷、升麻，少陽用柴胡，太陰手白芍、升麻，少陰用獨活，厥陰用柴胡、青皮，佐之以桂。隨經者，引經必要之藥也。引者，導引也，引領也。如將之用兵，不識其路，縱兵強將勇，不能取勝。如賊入無抵脚，不能入其巢穴，叩之箱簣，此理也。故用引經藥，不可不知。太陽經瘡疽生於巔頂之上，必用羌活、藁本、麻黄，在下黄柏； 少陽經耳前上用升麻、柴胡，下用柴胡、連翹； 陽明經面上用葛根、白芷、黄芩，下用花粉； 太陰經中府、雲門、尺澤，上用條芩、連翹，下則箕門、血海，用蒼朮、防己； 少陰經少沖、少海上用細辛，下湧泉、照海用知母； 厥陰經，中沖、內澤，上用川芎、菖蒲，下太敦、曲泉、柴胡之類。上則言其手經，下則言其足經，當察其此。

清・嚴潔等《得配本草》卷一〇 附奇經藥考 茴香入奇經。 秋葵子入奇經。 巴戟入衝脈。 馬鞭草入奇經。 香附入衝脈。 川芎行衝脈。 實芩行衝脈。 鱉甲行衝脈。 木香主衝脈為病，逆氣裏急。 當歸主衝脈為病，逆氣裏急，帶脈為病，腹滿腰溶溶如坐水中。 黄柏主衝脈逆氣。 白朮主衝脈為病，逆氣裏急，臍腹痛。 蘆薈主衝脈為病，逆氣裏急。 檳榔主衝脈逆氣裏急。 吴茱萸主衝脈逆氣裏急。 蒼耳子走督脈。 細辛主督脈為病，脊強而厥。 附子主督脈脊強而厥。 羊脊骨通督脈。 白果通督脈。 鹿角霜通督脈之氣舍。 鹿茸通督脈之精室。 鹿角膠溫督脈之血。 龜版通任脈。 藁本主督脈脊強而厥。 鹿銜補溫衝督之精血。 杞子補衝督之精血。 黄耆主陽維為病，苦寒熱，督脈為病，逆氣裏急。 白芍主陽維寒熱，帶脈腹痛。 桂枝走陽維。 防己入陽蹻。 肉桂通陰蹻、督脈。 穿山甲入陰陽二蹻。 虎骨入陰陽二蹻。 川斷主帶脈為病。 艾治帶脈病腹滿，腰溶溶如坐水中。 龍骨治帶脈為病。 王不留行通衝任二脈。 澤蘭調病傷八脈。 升麻緩帶脈之縮急。 甘草和衝脈之逆，緩帶脈之急。 丹參益衝任。

清・龍之章《蠢子醫》卷二 大藥引子甚是得力 治病引子最為先，引子便是先鋒官。先鋒如硬實，他自打敵前。我嘗治傷寒，大葱一把煮水煎。我嘗治吐衄，茅根一握煮水煎。我嘗治腹疼，黑豆一碗炒焦煮水煎。我嘗治尿血，薊根一束煮水煎。我嘗治瘡腫，忍冬一掐煮水煎。我嘗治風症，艾葉一團煮水煎。我嘗治眼紅，薄荷一襟煮水煎。我嘗治滑瀉，五倍一兩煮水煎。我嘗治虛熱，童便一罐當水煎。又嘗薑汁一大盞，對藥治頑痰。又嘗韭汁一大杯，入藥治血鮮。又嘗酪醯一大壺，炒藥炒大黄半斤治喉乾治火呃之症。又嘗治半邊，外用醋麩炒熱裹腿纏。又嘗治項強，外用熱甎枕藉眠。又嘗治瘰癧，外用神鍼把火然。硫黄、麝、朱砂合銀硃捲入油紙，煉成丸，用鍼挑住，貼瘰癧上，日一次，以火然之。諸如此類症，引子最為先。好似烏騅馬，全在霸王去著鞭。又如青龍刀，全在關帝去傳宣。幸當用藥時，不妨此筆添。按：自古用兵最重先鋒，取能衝陣開路，直搗敵巢。用藥如用兵，此言大藥引子亦如是也。不得謂其大而減之。姪孫濬川謹誌

清・唐宗海《本草問答》卷上　問曰：甘草入脾，何以生於甘肅？白朮正補脾土，何以不生於河南，而生於浙江？答曰：此正見五行之理，不得截然分界，況土旺於四季，是四方皆有土氣。白朮之生於浙江，必其地饒有土脈，故生白朮內含甘潤之油質，可以滋脾之陰，外發辛香之溫性，可以達脾之陽，取溫潤則用浙產者，以其油厚也。取溫燥則用歙產者，以其較烈也。甘草味正甘，入脾胃守而不走，補中氣，和諸藥，雖不生於河南中州，而生於極西之甘肅，亦由甘肅地土敦厚，故生甘草，根深者至四五尺，與黃芪無異，但黃芪中空屬氣分，是得土中水氣。甘草中實，純得土氣之厚，故深長且實也，雖生於西而實得中土之氣。總之五行之理分言則各別方隅，合論則同一太極。

清・唐宗海《本草問答》卷下　問曰：本草有引經之藥，如羌活、麻黃入太陽經。白芷、粉葛入陽明經。柴胡入少陽經。白芍入厥陰經。甘草入太陰，以為引經報使。細辛入少陰經，以為引經入使，用藥之捷徑也。有是理乎？答曰：分經用藥，為仲景之大法，故《傷寒論》以六經括病，誠為治病用藥，一定之門徑也。惜引經之藥，拘守數藥，未能盡妙。蓋本於天地之六氣，而生人身之臟腑，有臟腑然後生經脈，即有氣化往來出入於其間，不得單於經脈論之，果能將臟腑氣化經脈。合而論之，以求藥性之主治，則得仲景分經用藥之妙，豈守引經報使之淺說哉。有如葛根，仲景用治太陽痙病，而後人以為陽明引經，皆未深考耳。吾所論各條，已寓引經之義。通觀自明，茲不再贅。【略】

問曰：藥之溫者入肝，而藥之大熱者又直入腎，何也？答曰：此正足見厥陰主風，屬陰中之陽，凡氣溫者，恰是陰中之陽也。故入肝。巴戟、茴香之類是矣。少陰主熱，係積陽之氣，故性大熱者，直入下焦膀胱腎中，附子是也。

清・徐延祚《醫粹精言》卷二　引經報使，藥引所由稱也。藥引用多，必紊亂乎君臣。藥引好奇，恐不洽乎宣導。既多又奇，使人隱僻難求，奔馳莫構，何曾有益病人？無非妄市能事，光明之士，必不為之。

綜述

明・朱橚《普濟方》卷五《方脉藥性》　六經藥性　防風甘，純陽，太陽經本藥。身去上風，稍去下風，與乾薑、藜蘆、白蘞、芫花相(及)〔反〕。　(貫)〔川〕芎辛，純陽，少陽經本藥。治頭眩頭痛。　細辛辛，純陽，主少陰苦頭痛。　白芷辛，純陽，陽明經本藥。主治正陽陽明頭痛。　黃芩苦，陽中微陰。酒炒上頸。主上部積血。東垣曰：泄肺火而解肌熱。肺苦氣逆，急食苦以泄之。　甘草，生甘平，炙甘溫。純陽。補血養胃。稍去腎經之痛。與遠志、大戟、芫花、甘遂、海藻相反。　當歸，陽中微陰。頭破血，身行血，尾止血。治上酒浸，治下酒洗糖色。　大辛苦，能潤腸。與蒲黃、海藻相反。　連翹苦辛，陰中微陽。諸客熱非此不能除。又治手足少陽瘡瘻癰腫。　黃連苦，純陽。泄心火。心下痞，酒炒。酒浸上頸已上。與芫花、菊花、殭蠶、欵冬花相反。　蒼朮甘苦，陽中微陰。諸腫濕非此不能除。〔入〕足陽明、太陰。能健胃安脾。　羌活甘苦，純陽。太陽經頭痛，去諸骨節疼痛，非此不能除。亦能溫膽，太陽風藥也。　白朮，甘苦，溫。陽中微陰。脾苦濕，急食苦以燥之。利腰臍間血。與蒼朮同用。海云：蒼白有止發之異。　生地黃甘寒，陰中微陽。涼血，補血不足。治頸已上，酒浸。惡貝母，與蕪荑相反。　白芍藥，甘，寒。陰中之陽。白補，赤散。瀉肝，補脾胃。酒浸行經，止中部腹痛。與石斛、硝石相反。　人參甘苦，陽中微陰。養血，補胃氣，瀉心火。喘嗽勿用之，短氣用之。與藜蘆相反。　柴胡苦，陰中之陽。去往來寒熱。膽痺非柴胡稍子不能除。與皂莢、藜蘆相反。少陽、厥陰行經藥也。　黃耆甘，純陽。益胃氣，去肌熱，止自汗。諸痛用之。與鼈甲相反。　葛根甘，純陽。止渴升陽，解酒毒。陽明經之本藥也。　澤瀉鹹，陰中微陽。滲泄止渴，泄伏水。　升麻甘苦，陽中微陰。主脾胃，解肌肉間熱。脾痺非升麻稍不能除。手足陽明傷風引用之的藥也。　半夏苦辛，陰中之陽。除痰涎，胸中寒痰。治太陽痰厥頭痛。與羊血、鼈甲、皂莢、雄黃相反。　桔梗辛苦，陽中之陰。療咽喉痛，利肺氣，治鼻塞。為舟楫之劑。與龍膽草相反。　蔓荊子苦辛，陰中之陽。涼諸經血，止頭痛。主目睛內痛。與石膏相反。　枳殼

苦酸，陰中微陽。破氣，泄肺中不利之氣。　枳實苦酸，純陰。去胃中濕熱，消心下疼痞。　厚朴苦，陰中之陽。去腹脹，厚腸胃。　梔子苦，純陰。去心中懊憹躁煩。　橘皮苦辛，陰中之陽。利肺氣。有白則補，無則瀉脾。　活人治嗽。　五味子酸，陰中之微陽。治嗽，補真氣。與萎蕤、烏頭相反。知母苦，陰中微陽。涼腎經本藥。上頸行經上，酒炒。　乾薑辛，純陽。《經》曰：寒淫所(盛)〔勝〕，以辛散之。見火後稍苦，故止而不走也。　麻黄苦甘，陰中之陽。泄衛中實，去榮中寒。發太陽、少陰之汗。入手太陰。

藁本苦辛，陽中微陰。太陽經本藥。治顛頂腦痛齒痛。與〔青〕葙子相反。

地榆甘苦酸，陽中之陰。微補。治下部有血。與麥門冬相反。　大黄苦，純陰。熱淫所盛，以苦泄之。酒浸入太陽經。酒洗入陽明經。其餘經不用酒。其性走而不守。　獨活甘苦，陰中之陽。頭眩目運，非此不能除。足少陰經藥。　吳茱萸辛，陽中微陰。溫中下氣，腹痛溫胃。與丹參、硝石、五石英相反。　郁李仁苦辛，陰中之陽。破血潤燥。　豉苦鹹，純陽。去心中懊憹，傷寒頭疼、煩躁。　黄蘗苦辛，陰中之陽。治腎水膀胱不足，諸痿厥腰膝無力。　防己辛苦，陽中之陰。泄濕氣。與細辛相反。　川烏頭辛，純陰。去寒濕風痺、血痺。行經。與半夏、瓜蔞相反。與附子相同。　瞿麥辛，陽中微陰。利小便，為君。　鼠粘子辛，純陽。潤肺散氣。主風毒腫，利咽膈。

白豆蔻辛，純陽。散肺中滯氣，主積冷，止吐逆反胃，消穀，進飲食。　麥門冬甘，陽中微陰。治肺中伏火，生脉保神，強陰益精。與苦參相反。　茯苓甘淡，純陽。滲泄止渴。伐腎邪，小便多則能止之，澁則能利之。　白入(辛)壬癸，赤入丙。與白歛、地榆相反。　熟地黄甘苦，陰中微陽。大補血虚不足，通血脉，益氣力。忌蘿蔔。　阿膠甘，純陰。補虚，安胎，止疼。蘓木甘鹹，陽中之陰。破死血及血脹欲死者。　猪苓甘苦，陽中之陰。滲泄止渴。又治淋腫。　肉桂甘苦，純陽。太陽本藥。去胃中風藥。秋冬下部腹冷，非此不能除之。《湯液》發汗用桂枝，補腎(内)用肉桂。忌生葱。　龍膽草苦，純陽。瀉肝熱，止眼睛疼。酒浸上行。　木香辛，純陽。和胃氣，療中下焦氣結滯刺痛須用。檳榔為使。　石膏辛甘，陰中之陽。止陽明頭痛。止消渴、中暑、潮熱。　甘遂甘，純陽。水結胸中非此不能除。與甘草相反。

天南星苦，與半夏同。　金鈴子酸苦，陰中之陽。心暴痛，非此不能除。神麯辛，純陽。益胃氣。　紅藍花苦，陰中微陽。入心養血。又治血運，惡血不盡，絞痛。　地骨皮苦，純陰。涼骨熱酒浸解。骨蒸非此不能除。　瓜蔞根苦，純陰。心中苦渴，非此不能除。與乾薑、牛膝相反。　秦艽苦，陰中微陽。治陽明經風濕痺，仍治口瘡毒。　通草甘，純陽。瀉肺，利小便，通陰竅澁。　牡丹皮苦辛，陰中微陽。涼骨蒸。又治腸胃積血，衄血吐血。手厥陰、足少陰。治無汗骨蒸也。　地骨皮，手少陽、足少陰。治有汗骨蒸也。

琥珀甘，純陽。利小便，清肺火，消瘀血，安魂魄。　薑黄辛、牡蠣酸，軟痞積。又治帶下、溫瘧瘡腫。為軟堅收澁之劑。　梧桐淚鹹，治瘰癧，非此不能除。　草豆蔻辛，純陽。益脾胃，去寒。又治寒心胃痛。　巴豆辛，純陽。去胃中濕，破癥瘕結聚，斬關奪門之將。不可輕用。　茯神甘，純陽。療風眩。心虚非此不能除。　蜀葵花，陰中微陽。治帶下。赤治赤，白治白。檳榔辛，純陽。破氣滯，泄胸中至高之氣。　苦參辛，純陽。氣沉，去濕。與菟絲子相反。　藿香甘苦，純陽微陰。補衛氣，益胃氣，進飲食。又治吐逆霍亂。　青皮苦辛酸，陰中之陽。主氣滯，破積結。少陽經下藥也。陳皮治高，青皮治低。　甘菊花苦，純陰。養目血。　茵陳蒿苦甘，陰中微陽。治傷寒，散黄。　丁香辛，純陽。去胃中之實，治腎氣奔豚痛。　大棗甘，純陽。溫胃。　天門冬甘苦，陽中之陰。保肺氣，治血熱侵肺，上喘氣促。　生薑辛，純陽。益脾胃，散風寒。　鬱金辛苦，陰中微陽。涼心。　京三稜苦甘，陰中之陽。破氣，瀉真氣。主老痺，瘕氣結塊，血脉不通。氣虚不用。　高良薑辛，純陽。溫通脾胃。　欵冬花辛，純陽。溫脾止嗽。　香附子甘苦，陽中之陰。快氣。　黑附子辛，純陽。治脾中大實，腎中寒。甚通行諸經。與防風相反。　白及苦甘，陽中之陰。止肺澁。白歛同。　蜀漆辛，純陽。破血。　射干苦甘，陽中之陰。去胃中癰瘡。　威靈仙甘，純陽。去風，去大腸之風。通十二經絡。　馬兜鈴苦，陰中微陽。利小便。又主肺熱，安肺氣，補肺。　燈草甘，純陽。利小便。　葫蘆巴苦，純陽。治元氣虚冷及腎虚冷。　白附子辛苦，純陽。溫中，血痺，行藥勢。主中風失音。乃行而不止者也。　槐花苦，純陽。涼大腸之熱。　槐實苦，同上。　沉香甘，純陽。補腎。又能去惡氣，調中。東垣曰：能養諸氣，上而治天，下而及泉。與藥為使。　檀香甘苦，陽中微陰。主心腹霍亂，中惡。引胃氣上升，進食。　乳香甘，純陽。定驚止痛。　川楝子甘，純陽。入心。主上下部腹痛。　竹葉，陰中微陽。涼心經。　山茱萸酸，陰中之陽。溫肝。又能強陰益精。

《經》云：滑則氣脫，濇則可以收之。山茱萸之澁以收其滑。蜀椒辛，純陽。明目。又溫中，止精洩。砞砂苦，純陰。涼心熱，非此不能除。龍骨甘，純陽。固大(腹)〔腸〕脫。赤石脂甘鹹，陽中之陰。固脫。白石脂同。

芎藭辛，純陽。散諸經之風。茜根苦，陰中微陽。去諸死血。艾葉苦，陰中之陽。溫胃。王不留行苦甘，陽中之陰。(孕)〔下乳〕導引(利)。主治瘡瘍及痢。

苦寒以為君：黃芩去心、黃連去鬚、黃蘗去皮、知母去鬚、生地黃，但用酒洗過用之，以酒熱為因也。甘寒以為佐：黃耆、人參、甘草。大辛以解結為臣：結者散也。連翹、當歸去蘆、藁本。通經以為使手之三陽手走頭而頭走足，足之三陽足走藏而腹走手。足太陽膀胱經：羌活、藁本。足少陽膽經：柴胡。足陽明胃經：升麻、葛根、白芷。足太陰脾經：芍藥。白者補，赤破經。足少陰腎經：獨活、桂。足厥陰肝經：柴胡。手太陽小腸經：羌活、藁本。手少陽三焦經：柴胡。手陽明大腸經：白芷。手太陰肺經：白芷、升麻。如葱白亦能走經。手少陰心經：獨活。

手厥陰心包經：柴胡。辛溫和血去惡血：當歸稍、蘓木、紅花、牡丹皮。專治胃流血凝血。必先歲氣無伐天和：春防風、升麻；夏黃芩、知母；秋澤瀉、茯苓；冬桂、桂枝。補胃實胃進飲食：橘皮、人參、甘草。

內實內熱者：黃芩、黃蘗、知母。表虛表寒者：黃耆、人參、桂枝。內發在外。氣虛氣弱者：陳皮、黃耆、人參。入脾。氣實氣結者：青皮、厚朴、木香、沉香。血虛者：生地黃、當歸身。血實惡血積聚者：當歸稍、蘓木、紅花。散陰瘡之結聚排膿者：肉桂入心引血化汗、化膿。出瘡毒消瘡腫：鼠粘子。用半生半熟，解表裏。一名大力子、牛蒡子、惡實子。瘡出膈已上須用：防風上節、羌活、桔梗。此一味為舟楫，使諸藥不能下沉。瘡出身中已下，須用酒水中半盞煎。瘡出堅而不潰者：昆布、王瓜根、廣茂、京三稜。瘡痛甚者加用：黃芩、黃連、黃蘗、知母。上二經中，但有瘡，皆血結氣聚，必用連翹。瘡發而渴者，加葛根。瘡出而嘔吐者：半夏、薑屑。瘡出而渴悶者：黃連。瘡出而飲水者：澤瀉、茯苓。瘡出而大便不通者：煨大黃。大便結燥而難得者：桃仁、麻子仁、郁李仁。

中焦有瘡，須用黃連酒洗。下焦有瘡，須用黃蘗、知母、防風俱酒洗。先有燥熱而病瘡者，蓋胃火受邪，當補腎水之不足：黃蘗、知母。因酒過多瘡者，當除膀胱留熱用澤瀉、防風尾。瀉腎火，補下焦元氣，生甘草稍子。補三焦元氣，調和諸藥，共力成功者，炙甘草。馬刀挾癭，須用昆布、王瓜根、龍膽草。馬刀未破而堅者，須用廣茂、京三稜。地之濕氣濕寒傷之，外鬱壅絡不行。外有大寒濕之邪而內必生大熱，當以辛溫之藥及行本經藥通其皮毛壅滯，內則苦寒之劑瀉其當氣之不從，是其治也。病在上為天，製度宜酒炒、酒洗。煎藥宜武、宜清，服之宜緩飲。病在下為地，煎藥宜文、宜濃，服之宜急飲。去咽嗌近者奇之，遠者偶之。汗不可奇，下不可偶。補上治上緩，緩者氣味薄，能達其表。劑小服而頻，食後，使氣味能達(去表達去)〔補〕上。故曰治肺者九，蓋服少而頻者也。肺氣：石膏辛。血：黃芩苦。腎氣：知母。血：黃蘗。地骨皮瀉腎火，緫治熱在外。地為陰，骨為裏，皮為表。牡丹皮治包絡火，無汗而骨蒸。四物內加上二味，治婦人骨蒸。知母瀉腎火，治熱在內，有汗而骨蒸。

明・鄭寧《藥性要略大全》卷一　手足陰陽表裏引經主治例　太陽：足膀胱，手小腸。上羌活，下黃栢。少陰：足腎，手心。知母，黃連。少陽：足膽，手三焦。上柴胡，下青皮。厥陰：足肝，手胞絡。青皮，柴胡。陽明：足胃，手大腸。上升麻、白芷，下石膏。太陰：足脾，手肺。白芍、桔梗。【略】

東垣引經　太陽川芎，陽明白芷，少陽柴胡，太陰蒼术，少陰細辛，厥陰吳茱萸。

明・李時珍《本草綱目》卷一《序例》　引經報使《潔古珍珠囊》　手少陰心黃連　細辛　手太陽小腸藁本　黃蘗　足少陰腎獨活　桂　知母　細辛　足太陽膀胱羌活　手太陰肺桔梗　升麻　葱白　白芷　手陽明大腸白芷　升麻　石膏　足太陰脾升麻　蒼术　葛根　白芍藥　足陽明胃白芷　升麻　石膏　葛根　手厥陰心主柴胡　牡丹皮　足少陽膽柴胡　青皮　足厥陰肝青皮　吳茱萸　川芎　柴胡　手少陽三焦連翹　柴胡　上地骨皮　中青皮　下附子

明・梅得春《藥性會元》卷上　五臭湊五臟例　開腠理，致津液，通其氣也。

臊入肝，腥入肺，香入脾，焦入心，腐入腎。

諸經瀉火之藥　黃連瀉心火，梔子、黃芩瀉肺火，白芍藥瀉肝火，柴胡、黃連瀉肝膽火，知母瀉腎火，木通瀉小腸火，黃芩瀉大腸火，柴胡、黃芩瀉三焦火，黃柏瀉膀胱火。

引經報使　太陽：　手小腸、足膀胱經，上部用羌活，下部用黃柏。　少陰：　手心經用黃連，足腎經用知母。　少陽：　手三焦經、足膽經，上部用柴胡，下部用青皮。　厥陰：　手胞絡用柴胡，足肝經用青皮。　陽明：　手大腸經、足胃經，上部用升麻、白芷，下部用石膏。　太陰：　手肺經用桔梗，足脾經用白芷。

明・杜文燮《藥鑑》卷一　各經補瀉及專主瀉火藥

足厥陰肝經、足少陽膽經　味：　辛補，酸瀉；　氣：　溫補，涼瀉。　足太陽陰脾經、足陽明胃經　味：　甘補，苦瀉；　氣：　溫熱補，寒涼瀉。　足少陰腎經、足太陽膀胱　味：　苦補，鹹瀉；　氣：　寒補，熱瀉。　手少陰心經，手厥陰心胞絡、手太陽小腸、手少陽三焦經　味：　鹹補，甘瀉；　氣：　熱補，寒瀉。　手太陰肺經、手陽明大腸　味：　酸補，辛瀉；　氣：　涼補，溫瀉。

五臟更相平也。一臟不平，以所勝平之。故曰安穀則昌，絕穀則亡。水去則榮散，穀清則衛榮。榮散則亡，神無所居。仲景云：　水入於經，其血乃成。穀入於胃，脉道乃行。故血不可不養，衛不可不溫，血溫衛和，榮衛將行，常有天命。又曰：　人之一身，外為陽，內為陰，背為陽，腹為陰，腑為陽，臟為陰。陽中之陽心也，陽中之陰肺也，陰中之陰腎也，陰中之陽肝也，陰中之至陰脾也。

黃連瀉心火，枝芩瀉肺火，白芍瀉肝火，柴胡、黃連瀉肝膽火，木通瀉小腸火，知母瀉腎火，條芩瀉大腸火，黃栢瀉膀胱火，滑石瀉六經火，(枝)〔梔〕子瀉屈曲火。

明・王肯堂《外科證治準繩》卷一　諸經向導藥

太陽經：　上羌活，下黃栢。　陽明經：　上白芷、升麻，下石膏。　少陽經：　上柴胡，下青皮。　太陰經：　上桔梗，下白芍藥。　少陰經：　上獨活，下知母。　厥陰經：　上柴胡，下青皮。　手太陰肺：　南星、欵冬花、升麻、桔梗、山藥、檀香、五味子、粳米、阿膠、葱白、麥門冬、杏仁、白茯苓、麻黃、益智、丁香、桑白皮、知母、天門冬、梔子、黃芩、石膏、白荳蔻、砂仁。檀香、荳蔻為使。　足太陰脾：　茱萸、草荳蔻、砂仁、人參、益智為使。　防風、代赭石、益智、甘草、半夏、赤茯苓、當歸、蒼术、白术、麻子仁、黃芪、膠飴。　通入手足太陰肺脾：　白芍藥酒浸、升麻、芍藥、木瓜、元胡索、藿香、砂仁。　手陽明大腸：　升麻、麻子仁、秦艽、薤白、石膏、白芷、肉荳蔻、白石脂、砂仁。白石脂為使。　足陽明胃：　丁香、草荳蔻、砂仁、防風、石膏、知母、白术、神麴、葛根、烏藥、半夏、升麻、葱白、蒼术、白芷。　通入手足陽明：　麻黃酒、連翹、升麻、白术、大黃酒、葛根、石膏、白芷、檀香，佐以他藥。　手少陽三焦：　川芎、大黃酒、柴胡、青皮、白术、黃芪、熟地黃、石膏、細辛、附子、地骨皮。　足少陽膽：　半夏、草龍膽、柴胡。　通入手足少陽：　青皮、柴胡、川芎、連翹。　手厥陰心包絡：　牡丹皮、白术、沙參、柴胡、熟地、敗醬。　足厥陰肝：　草龍膽、山茱萸、阿膠、瞿麥、桃仁、蔓荊子、代赭石、當歸、甘草、青皮、羌活、吳茱萸、白术、紫石英。　通入手足厥陰：　青皮、熟地、柴胡、川芎、皂角、苦茶、桃仁。　手太陽小腸：　白术、生地黃、赤石脂、羌活、赤茯苓、砂仁。赤石脂為使。　足太陽膀胱：　滑石、蔓荊子、猪苓、澤瀉、桂枝、茵陳、白茯苓、黃栢、羌活、麻黃。　通入手足太陽：　蔓荊子、防風、羌活、藁本、大黃酒、黃栢、白术、澤瀉、防已、茴香。　手少陰心：　麻黃、代赭石、桂心、當歸、生地、黃連、紫石英、梔子、獨活、赤茯苓。

足少陰腎：　知母、地骨皮、黃栢、阿膠、猪膚、元參、牡丹皮、敗醬、牡蠣、烏藥、山茱萸、猪苓、白茯苓、檀香、甘草、益智、天門冬、澤瀉、五味子、丁香、獨活或用梢、吳茱萸、砂仁、黃柏、茯苓為使。　桔梗或用梢。　通入手足少陰：　五味子、細辛、熟地、澤瀉、地榆、附子、知母、白术。　命門：　附子、沉香、益智、黃芪。

清・董维嶽《痘疹專門秘授》卷下　麻痘始終用引　藥之溫涼，分界而用。惟引亦然。夫藥屬補，引必助其補。藥屬瀉，引必助其瀉。引與藥原相合而一者也。庸醫不知用藥，併不知用引。如發熱之初，未識麻痘是否，毋庸入引。見點即標也，其不見不起者，葱根、芫荽可並用，生薑大忌，以其性過暖也。交小朓界，生石膏、燈心、菉豆，俱可並用，正與清涼之藥相合者。間加大黃豆七粒，取其形之胖大也。一交大朓，糯米、笋尖、人乳、香蕈、蜜酒，俱可並用，正與溫補之藥相合者。間加鷄冠血、猪尾血，取其色之鮮紅也。若小朓界而用大朓之引，則痘色起燥，速成血靨。大朓內而用小朓之引，則熱退漿停，漸變平塌，至交收靨。石膏生熟可兼，生者取其涼，熟者取其斂，凡小朓之引，俱可借用於收後。至遇痘毒，則加口嚼之。痘有眼障，則以兔糞為先。治麻用引，其發散收隱，與痘之始終相同。而大朓之引，則斷

不可用。先人云：麻無補法。

大胱內有用鴿子煎湯作引者，取其翻疤也。

藥毒解毒部

題解

宋·唐慎微《證類本草》卷一《序例上》〔《本經》〕　若用毒藥療病，先起如黍粟，病去即止，不去倍之，不去十之，取去為度。

〔梁·陶弘景《本草經集注》〕　右本說如此。按今藥中單行一兩種有毒物，只如巴豆、甘遂之輩，不可便令至劑爾。如經所言：一物一毒，服一丸如細麻；二物一毒，服二丸如大麻；三物一毒，服三丸如胡豆；四物一毒，服四丸如小豆；五物一毒，服五丸如大豆；六物一毒，服六丸如梧子；從此至十，皆如梧子，以數為丸。而毒中又有輕重，且如狼毒、鉤吻，豈同附子、芫花輩邪？凡此之類，皆須量宜。

〔宋·掌禹錫《嘉祐本草》〕按：《唐本》舊云：三物一毒，服三丸如小豆；四物一毒，服四丸如大豆；五物一毒，服五丸如兔矢。注云：謹按兔矢大於梧子，等差不類，今以胡豆替小豆，小豆替大豆，大豆替兔矢，以為折衷。

宋·寇宗奭《本草衍义》卷一　序例上　凡服藥多少，雖有所說一物一毒，服一丸如細麻之例，今更合別論。緣人氣有虛實，年有老少，病有新久，藥有多毒少毒，更在逐事斟量，不可舉此為例。但古人凡設例者，皆是假令，豈可執以為定法。

宋·郭坦《十便良方》卷三九　解百藥毒論《雞峰方》　論曰：甘草解百藥毒，此實如湯沃雪，有同神妙。有人中烏頭、巴豆毒，甘草入腹即定。中藜蘆毒，葱湯下咽便愈。中野葛毒，土漿飲訖即止。如此之事，其驗如反掌，要使皆知之。然人皆不肯學，誠可歎息。方稱大豆汁解百藥毒，余每試之，大懸，絕不及甘草。又能加之為甘豆湯，其驗尤奇。有人服玉壺丸治嘔不能已，百藥與之不止，藍汁入口即定。如此之事，皆須知之。此則成規，更不須試練也。解毒方中條例甚多，若不指出一二，學者不可卒知餘方例。

又論曰：凡藥毒及中一切毒，皆能變亂於人為害，亦能煞人。但毒有大小，可隨所犯而救解之。若毒重者，令人咽喉腫強而眼睛疼痛，鼻乾、手脚沉重，嘔吐，唇口習習，腹裏熱悶，顏色乍青乍赤，經久則難療。其輕者乃身體習習而痹，心胸涌涌然而吐，或利無度是也。但從酒得者難治，言酒性行諸血脉，流偏身體故也。因食得者易治，言食與藥俱入於胃，胃能客新毒，又逐大便泄出毒氣，未流於血脉，故易愈也。若覺有前諸候，便以解毒之藥救之《聖惠方》。

宋·張杲《醫說》卷六　解毒　凡中藥毒及一切諸毒，從酒得者難治，言酒性行諸血脉，流偏身體也。因食得者易治，言食與藥俱入於胃，胃能容雜毒，又(逐)〔遂〕大便泄出毒氣，毒氣未流於血脉，故易愈也。解諸食毒，爛嚼生甘草嚥之，則毒吐出《瑣碎録》。

元·忽思慧《飲膳正要》卷二　禽獸變異　禽獸形類，依本體生者，猶分其性質有毒無毒者，況異像變生，豈無毒乎。倘不慎口，致生疾病，是不察矣。獸岐尾，馬蹄夜目，羊心有孔，肝有青黑，鹿豹文，羊肝有孔，黑雞白首，白馬青蹄，羊獨角，白羊黑頭，黑羊白頭，白鳥黃首，羊六角，白馬黑頭，雞有四距，曝肉不燥，馬生角，牛肝葉孤，蟹有獨螯，魚有眼睫，蝦無鬚，肉入水動，肉經宿暖，魚無腸膽腮，肉落地不沾土，魚目開合及腹下丹。

明·杜大章《醫學鈎玄》卷三　毒藥治病戒

藥之品有六：下品藥毒，毒之大也。大毒治病，十去其六。中品藥毒次於下，常毒也。常毒治病，十去其七。上品藥毒，毒之小也。小毒治病，十去其八。上、中、下三品，無毒之藥，悉謂之平也。夫毒治病，十去其九，何也？蓋大毒之性烈，其為傷也多。小毒之性和，其為傷也少。常毒之性，減大毒一等，加小毒一等，所傷可知也。若無毒之藥，平和之藥矣。然性雖平和，久而多之，則氣有偏勝，必致藏氣偏弱，弱則且困乏矣。然亦不足畏也，服毒藥至病去而已。若餘病不盡，宜再行之，至病盡而止，亦不為過也。病盡之日，即以五穀、五肉、五果、五菜，隨五臟所宜者食之。若餘病未盡，雖藥與食兼行亦通也。雖然，無使過之，以傷其正。至於婦人有胎，若有大堅癥瘕，痛甚不堪，雖服去積愈癥之毒，母既無害，子亦不死也。凡服去積之藥，

不宜過服，何也？　蓋治大積大聚之毒藥，衰其大半，不足以害生，故《經》曰：　衰其大半而止。過服其毒，毒攻不已，敗損中和，故《經》曰：　過者死也。《經》又曰：　無致邪，無失正，絕人長命。蓋誤認虛者為實而攻擊之，是謂致邪，則失正氣，為死之由矣。

明・李時珍《本草綱目》卷一《序例》　有毒無毒　岐伯曰：　病有久新，方有大小，有毒無毒，固宜常制。大毒治病，十去其六；　常毒治病，十去其七；　小毒治病，十去其八；　無毒治病，十去其九。穀、肉、果、菜，食養盡之，無使過之，傷其正也。又曰：　耐毒者以厚藥，不勝毒者以薄藥。

王冰云：　藥氣有偏勝，則臟氣有偏絕，故十分去其六、七、八、九而止也。

明・謝肇淛《五雜俎》卷一一　金石之丹皆有大毒，即鍾乳、朱砂，服久皆能殺人，蓋其燥烈之性，爲火所逼，伏而不得發，一入腸胃，如石灰投火，烟焰立熾，此必然之理矣。唐時諸帝如憲、文、敬、懿之屬，皆爲服丹所誤。宋時張聖民，林彥振等皆至發瘍潰腦，不可救藥。近代張江陵末年服丹，死時膚體燥裂，如炙魚然。

清・黃宮繡《本草求真》卷八　毒物　凡藥沖淡和平，不寒不熱，則非毒矣！　即或秉陽之氣為熱，秉陰之氣為寒，而性不甚過烈，亦非毒矣！　至於陰寒之極，燥烈之甚，有失冲淡和平之氣者，則皆為毒。然毒有可法製以療人病，則藥雖毒，而不得以毒稱。若至氣味燥迫，並或純陰無陽，強為制伏，不敢重投者，則其為毒最大，而不可以妄用矣！　如砒霜、硇砂、巴豆、鳳仙子、草烏、射罔、鉤吻，是熱毒之殺人者也。水銀、鉛粉、木鱉、蒟蒻，是寒毒之殺人者也。蓖麻、商陸、野狼牙，是不寒不熱，性非冲和，寓有辛毒之氣，而亦能以殺人者也。然繡竊謂醫之治病，凡屬毒物，固勿妄投，即其性非毒烈，而審症不真，辨脉不實，則其為毒最大，而不可以救矣！　況毒人之藥，人所共知，人尚知禁。若屬非毒，視為有益，每不及防，故余竊見人病，常有朝服無毒之藥，而夕見其即斃者，職是故也。因附記以為妄用藥劑一戒。

清・徐延祚《醫醫瑣言》卷上　毒藥　藥者，草木偏性者也。偏性之氣皆有毒，以此毒除彼毒耳。《周禮》曰：　聚毒藥以供醫事。又曰：　以五毒攻之。《左傳》曰：　美疢弗如惡石。古語曰：　毒藥苦口利於病。《內經》曰：　毒藥攻邪。古者以藥為毒可知已。自後世道家之說混于疾醫，以藥為補氣養生之物，不知其為逐邪驅病之設也，可謂失其本矣。甚至有延齡長年、還少不死等說，庸愚信之，煅煉服食，以誤其身。悲夫！

清・徐延祚《續醫醫瑣言》　毒藥　毒藥之辨，既詳於上卷，今復論之。夫毒者，無形也。藥者，有形也。偏性之氣之謂毒，偏性之物之謂藥。鄭玄曰：　藥之物，恆多毒是也。司馬貞《三皇本紀》始嘗百草，始有醫藥。《急就篇》註草木金石鳥獸蟲魚之類，堪愈疾者，總名為藥。藥者，語其形也。毒者，語其氣也。《博雅》曰：　惡也，害也。病者害人身，故謂之毒。藥者存偏性，故亦謂之毒。皆以無形言之也。《說文》以藥為治病草，以毒為害人草。非古也，不可從焉。

論說

宋・郭思《千金寶要》卷一　飲食中毒第四　凡諸食中毒，飲黃龍湯及犀角汁，無不治也。飲馬尿亦良。　又方：　食百物中毒，掘地坑，中著水，取以飲之。　又方：　含貝子一枚，須臾吐食物，差。　又：　服生韭汁數升亦得。　中毒煩悶，苦參三兩，㕮咀，以酒二升半，煮一升，頓服之，取吐，愈。

食六畜肉中毒，各取六畜乾屎末，水服之佳。　食自死六畜肉毒，服黃藥末方寸匕，須臾復出。　又方：　燒小豆一升末，服三方寸匕。　又方：　水服竈底黃土方寸匕。　食生肉中毒，掘地深三尺，取下土三升，以水五升，煮五六沸，取上清飲一升，立愈。　食牛肉中毒，狼牙灰水服方寸匕。一作猪牙。　又方：　溫湯服猪脂良。　又方：　水煮甘草汁飲之。　食馬肉血洞下欲死，豉二百枚、杏仁二十枚，㕮咀，蒸之，五升米下飯熟擣之，再服令盡。　又方：　蘆根汁飲，以浴即解。　食猪肉中毒，燒猪屎末方寸匕。犬屎亦佳。　食百獸肝中毒，頓服猪脂一斤佳。　食陳肉毒，方同上。　食馬肝中毒，牝鼠屎二七枚，兩頭尖者是，以水研飲之，不差更作。　食野菜、馬肝肉、諸脯肉毒，取頭垢如棗核大，吞之，可起死人。　又方：　燒狗屎灰，水和絞取汁飲之，立愈。　又方：　燒猪骨末之，水服方寸匕，日三。　茅屋漏水沾脯上，有毒，擣韭汁服之良。大豆亦得。　肉閉在密器中者名鬱肉，有毒，燒狗屎末，水服方寸匕。凡生肉、熟肉，皆不藏蓋，不泄氣，皆殺人。又肉汁在器中密蓋，氣不出，亦殺人。　脯在黍米中有毒，麵一兩，水一升，鹽兩

撮，煮服之。　食中射罔脯毒，末貝子，水服如豆佳，不差又服。　食餅臛中毒，方同上。　以肉作餅臛，食多吐下，服犀角末方寸匕，甚良。　食鵝鴨肉成病，胸滿面赤，不下食者，服秫米泔大良。　食中魚毒，煮橘皮湯，停極冷飲之，其效甚大。　食中魚毒及中鱸魚毒，剉蘆根，舂取汁，多飲良；　亦可取蘆葦茸汁飲之。　蟹毒，方同上。又：　冬瓜汁服二升。亦可食冬瓜。　食山中木菌毒，人屎汁服一升良。　食魚膾不消，燒魚鱗，水服方寸匕。　食諸鮑魚中毒，方同上。　食牛馬肉中毒，飲人乳汁良。　酒病，豉、葱白各一升，以水四升，煮取二升，頓服之。　飲酒中毒，煮大豆三沸，飲汁三升。又方：　酒漬乾柹汁服之。　酒醉不醒，葛根汁一斗三升，飲之取醒止。　又治大醉連日煩毒不堪。

宋·姚寬《西溪叢語》卷上　馬監場云：　泉州一僧，能治金蠶蠱毒。如中毒者，先以白礬末令嘗，不澀，覺味甘；　次食黑豆不腥，乃中毒也。即濃煎石榴根皮汁，飲之下，即吐出有蟲皆活，無不愈者。　李晦之云：　凡中毒，以白礬、牙茶搗為末，冷水飲之。

宋·張杲《醫說》卷六　中仙茅附子毒　鄭長卿資政說：　少時隨父太宰官懷州，一將官服仙茅遇毒，舌脹出口，漸大與肩齊，善醫環視不能治。一醫獨曰尚可救，少緩無及矣。取小刀嫠其舌，隨破隨合，嫠至百數，始有血一點許，醫喜曰無害也。舌應時消縮小，即命煮大黃、朴消數椀，連服之，并以藥末摻舌上遂愈。　又蓋諒郎中說：　其兄詵因感疾，醫盧生勸服附子酒，每生切大附二兩，浸以斗酒，旦起輒飲一盃，服之二十年後，再為陝西漕使，諒自太學歸過之，南樂縣拉同行，中途曉寒，詵飲一盃，竟復令溫半盃，比酒至自覺微醉，乃與妻使飲，行數里，妻頭腫如斗，脣裂血流，下駐路傍，呼隨行李職醫告之，李使黑豆、菉豆各數合，生嚼之，且煎湯併飲，至曉腫始消。　詵仍服之不輟，到長安數月失明，遂致仕。　時方四十二歲。【略】

藥反中毒　治諸藥相反中毒，用蠶蛻燒灰，細研一錢，冷水調下，頻服取效。　雖面青脉絕，腹脹吐血，服之即活。【略】

中挑生毒　興化人陳可大知肇慶府，肋下忽腫起如生癰癤狀，頃刻間其大如盌。　識者云：　此中挑生毒也。　俟五更以菉豆細嚼，試若香甜則是，已而果然。　乃搗川升麻為細末，取冷熟水調二大錢，連服之，遂洞下瀉出生葱數莖，根鬚皆具，腫即消縮，煎平胃散調補，且食白粥後亦無它。　又雷州民康財妻，為蠻巫林公榮，用雞肉挑生。　值商人楊一者，善醫療，與藥服之，纔食頃，吐積肉一塊，剖開筋膜，中有生肉存，已成雞形，頭尾觜翅悉肖似。　康訴於州，州捕林置獄，而呼楊生，令具疾證用藥。　其略云：　凡喫魚肉、瓜果、湯茶皆可挑，初中毒覺胸腹稍痛，明日漸加攪刺，滿十日則物生能動，騰上則胸痛，沉下則腹痛，積以瘦悴，此其候也。　在上鬲則取之，其法用熱茶一甌，投膽礬半錢於中，候礬化盡，通口呷服，良久以雞翎探喉中，即吐出毒物。　在下鬲即瀉之，以米飲下鬱金末二錢，毒即瀉下。　乃擇人參、白术各半兩，碾末，同無灰酒半升，納瓶內，慢火熬半日許，度酒熟取，溫溫服之，日一盞，五日乃止，然後飲酒如其故《丁志》。【略】

解藥毒　王仲禮嗜酒，壯歲時瘡瘡發於鼻，延於顙心，甚惡之，服藥弗效。　僧法滿使服何首烏丸，當用二斤，適墳僕識草藥，乃掘得之。　其法忌鐵器，但入砂鉢中，藉黑豆蒸熟既成，香味可人，念所蒸水必能去風，澄以頮面，初覺極熱，漸加不仁，至晚大腫，眉目耳鼻渾然無别，望之者莫不驚畏。　王之母高氏曰：　凡人感風癩，非一日積，吾兒遇毒，何至於是，吾聞生薑汁、赤小豆能解毒，山豆根、黑蚌粉能消腫。　亟命僕搗掠薑汁，以三味為末，調傅之，中夜腫退，到曉如初。　蓋先採何首烏擇焉不精，為狼毒雜其中，以致此撓也同上。

宋·張杲《醫說》卷九　雷世賢丹藥　馬軍帥雷世賢家貲富厚，侍妾數十人，出戍建康，一意聲色，常餌丹砂乳藥，以濟其慾。　既求諸蜀道，又多市金石珍品，晝夜煎煉，每日服食不去口，使一妾謹信者專掌之。　妾父自臨安來依其女，雷以近舍屋處之，父苦寒泄，不嗜食，妾取雷所服丹十粒與之，父但進其半，下咽未久，覺臍腹間如火，少焉熱不可柰，繞舍狂走且百匝，後有井徑投其中，家人救出之，遍身已突起紫泡如巨李，經日皆陷，凡泡處輒成一穴，深寸許，叫呼六日而卒。　雷君平日所餌，不啻千計，了無病惱，此人才吞五粒，旋喪厥身，亦異矣。

服丹自焚　王偁定觀者，元符殿帥恩之子，有才學，好與元祐故家遊。　范元實溫潛溪詩，眼中亦稱其能詩。　政和末為殿中監，年二十八矣。　眷束甚渥，少年貴仕，酒色自娛。　一日忽宣召入禁中，上云：　朕近得一異人，能製丹砂，服之可以長生久視，煉治經歲而成，色如紫金，卿為試之。　定觀欣躍拜命即取服之，才下咽，覺胸間煩躁之甚，俄頃煙從口中出，急扶歸，已不救，既

殮之。後但聞棺中剝啄之聲，莫測所以，已而火出其內，頃刻之間遂成烈焰，室廬盡焚，開封府尹亟來救之，延燒數百家方止。但得枯骨於餘燼中，亦可怪也。范子濟云。

丹發背疽　丁廣者，明清里中老儒也，與祖父為輩行，嘗任保州教授。郡將武人而通判者，戚里子悉多姬，侍以酒色沉縱。會有道人過郡，自言數百歲，能煉大丹，服之可以飽嗜慾而康強無疾，然後飛升度世。守貳館之以先生之禮事之，選日刱丹竈，依其法煉之四十九日而成，神光屬天，置酒大合樂相慶，然後嘗之。廣聞之裁書以獻乞，取刀圭以養病身。道人者以其骨凡不肯與，守貳憐之，為請僅得半粒，廣欣然服之。不數日，郡將通判皆疽發於背，道人宵遁。守貳相繼告殂。廣腰間亦生癤，甚皇恐，亟飲地漿解之，得愈。明年考滿，改秩居里中，疾復作，又用前法稍痊，偶覺熱躁，因澡身，水入創口中，不能起金石之毒。有如此者，併書之於此，以為世誡。

丹緩其死　宋道方毅叔，以醫名天下，居南京，然不肯赴請，病者扶擔以就求脉。政和中田登守郡母病危，甚呼之不至，登怒云：使吾母死亦以憂，去殺此人。不過斥責，即遣人擒至庭下，荷之云：三日之內不痊，則吾當誅汝以徇衆。毅叔曰：容為診之。既而曰：尚可活。處以丹劑，遂愈。田喜甚，云：吾一時相困辱，然豈可不刷前恥乎？用太守之車，從妓樂，酬以千緡，俾群卒負於前，增以綵釀，導引還其家。旬日後，田母病復作，呼之則全家遁去，田母遂殂。蓋其疾，先已在膏肓，宋姑以良藥緩其死爾。三說皆汝陰王明清餘話。

明・陶華《殺車槌法》　解藥法　用附子後，身目紅者，乃附毒之過，用蘿蔔搗水，濾汁二大盞，入黃連、甘草各半兩，犀角三錢，煎至八分，飲之，以解附毒，其紅即除。如解遲，必血從耳、目、口、鼻出者，必死。無蘿蔔，用蘿蔔子搗水取汁亦可。此為良法。如無蘿蔔子，用澄清泥漿水亦可也。用大黃後，瀉利不止者，用烏梅二箇，炒粳米一撮，乾薑三錢，人參、炒白朮各半兩，生附子皮一錢半，甘草一錢，升麻少許，燈心一握，水二大鍾，去滓後入炒陳壁土一匙，調服即止，取土氣以助胃氣也。此為良法。用麻黃後，汗出不止者，將病人髮披水盆中，足露出外，用炒糯米半升，龍骨、牡蠣、藁本、防風各一兩，研為細末，周身撲之，隨後秘方用藥，免致亡陽而死。為良法。

明・周恭《醫說續編》卷三《藥戒》　服藥過中餘毒生病　歐陽公嘗答張學士書云：某以嘗患兩手中指攣搐，為醫者俾服四生丸。手指雖不搐，而藥毒為孽，攻注頤頷間，結核咽喉腫塞，盛暑殆不聊生。近方銷釋，衰弱百病交攻，難堪久處茲地《尺牘》。

夫中指者，手少陽、手厥陰之經，屬火，是主血。此蓋衰年血枯不能養筋，厥火獨炎燔灼，其筋因之縮而攣也。所以專當養血退火，此四生丸有川烏，其性大熱，當歸佐之，治血寒而風濕甚者，其可濟火乎？況公平素善飲，宜其餘毒攻注而然。《內經》曰：治病以平為期，公之明哲，委醫如此，矧庸庸者乎。麻知幾正以此為賢，患殆未相遠，所以言之喋喋也。

明・吴球《諸症辨疑》卷五　辨用硝黃、巴豆悮人論

人病失血耗氣之餘，老人血少，多有祕結之患。人皆不知此故，用大黃、朴硝，重者牽牛、巴豆，隨利隨結。殊不知此輩皆血少津液枯竭、腸胃乾燥之人，宜用麻子、杏仁潤活之劑，腸潤自通，其病漸愈。若妄用大黃、巴豆之類，損其陰血，故病愈加矣。所以《局方》製麻仁丸，少用大黃，治老人風祕血少、腸胃燥結者，此也。今世俗俱不考此，但利用者用之，而麻子仁治於不足，不利於脩合而功性且緩，世俗少用。而硝、黃、巴豆治於有餘，功性且速，而利於用。今人孰能用之。凡藥與病情不相合，醫不明此，苟取其用，豈不悮人？而今而後，病藥得其宜而醫者不可失其用，此醫者之良能也。

明・繆存濟《識病捷法》卷九　附子毒：服附子多而覺頭重如斗，唇裂血流，或身發黃。急用黑荳、菉荳各數合，嚼之，及濃煎黑菉荳湯飲之。或悶亂不省，醋灌煎甘草湯，同生薑自然汁飲之。又方：螺青細研，新汲水調下。巴荳毒：其症口乾，兩臉赤，五心熱，利不止，諸藥不効。用芭蕉根葉，研取自然汁服，利止而安。班猫、芫青毒：用大小黑荳煎濃汁服之並瘥。或服解毒丹一粒。金石毒：即五金五石。用黑鉛一觔，以乾鍋內作汁，投酒一升，如此數遍，候酒煎至半升，去鉛頓服之効。或服解毒丹一粒。

一切穀肉菓菜毒：用菉荳一升，濃煮汁，連荳飲食之。凡大小人家，合醬以菉荳為之尤妙。麵毒：食蘿菔解之。疫死禽獸毒：凡食自死肉、疫死肉，即服解毒丹一粒。禽獸肝毒：凡物肝臟不可輕食，食之中毒，用荳豉以水浸，絞取汁，旋服之。犬肉毒：凡犬有毒，食之不消，心下堅，或腹脹口乾大渴，心急發熱狂言，或洞下，服杏仁一升，去皮尖，研，以百沸湯三升，和絞汁，作三服，犬肉原片皆出。河豚毒：用五倍子、白礬各等分，爲

細末，水調下，不愈再服解毒丹一粒。

明・穆世錫《食物輯要》卷二　凡傷五穀，用芽茶、穀芽、麥芽、山查煎濃湯，多飲。

明・穆世錫《食物輯要》卷三　凡蕈，有毛者、下無紋者、煮不熟者、夜有光者、壞爛無蟲者、煮訖照人無影者、仰卷者、赤色者，並有毒，誤食殺人。煮時少投米，米變黑色者，忌食。中蕈毒，急掘地漿飲，可解。一用苦茗、明礬末，水調下，可解。

明・吴文炳《藥性全備食物本草》卷三　凡中魚毒，服黑豆汁、馬鞭、蘆汁、橘皮、大黃、朴硝湯皆可解。

凡中鱔、鱉、鰕、鰍、蝦蟆毒，令臍下痛，小便秘，用豆豉一合煎濃汁，頻服可解。

凡藏銀魚、鱭魚、白鯗乾，稻草一處包，不變色味。

明・謝肇淛《五雜俎》卷一一　誤吞銅鐵，荸薺解之；誤吞稻芒，鵝涎解之；誤吞木屑，鐵斧磨水解之；誤吞水蛭，田泥解之；中鷓鴣毒，薑汁解之；中諸藥毒，甘草解之；中砒毒，綠豆解之；中鉛錫毒，陳土甘草湯解之；中蛇毒，白芷解之；中麵毒，蘿蔔汁解之；中猘狗毒，斑蝥解之；中菌蕈毒，地漿解之；煙熏死者，蘿蔔汁解之；諸蟲入耳，生油灌之。此皆人之所忽，不可不知也。

清・黃岩《醫學精要》卷一　劣性須知　凡藥性有極烈者，有極毒者，皆謂之劣性。於兒科最宜慎用劣者，不可枚舉，姑舉其甚者，以例其餘。如：用丁香不得過五六枚，用細辛、升麻、(北)〔白〕芥子、遠志、吴茱萸不得過一錢。細辛多用，能閉氣殺人，無傷可驗。用冰片、(射)〔麝〕香，如湯丸一兩，不得過一分。生川烏、生草烏，外用最能解毒散結，服之殺人。苦參子極能爛肉，不可單服，要服者必去油極淨，和別藥服之。陳飛霞用治冷痢，雖不去油，必用龍眼肉包吞可知。硇砂點眼必用。田螺水製過，不製爛肉。用皂角須用火炙至焦黑，去皮弦。若不炙過，下咽即嘔。巴豆必去油。班蝥、樟腦、木鱉、水銀、蜈蚣、胡粉，俱非可服者也。蓋小兒臟腑嬌嫩，毒劣之藥最宜屏絕，猛烈之性極宜慎用。吾嘗見鹵莽之徒，內無精察之功，外無師友之益，偶閱方書，輒出治人，有用丁香三四錢作湯服者，有用細辛二三錢作湯服者，有用生皂角作湯服者，誤人性命，傳笑方家，至今冷齒。爾等已欲習醫，不可不預為講求而切究之也。茲所録皆經人誤用，耳目所聞見者，爾等擴而充之可也。

解藥須知：烏豆煮汁，解中酒毒。生蘿蔔汁，解麵毒。陳皮，濃煎，解中魚毒。甘草，擂白酒，解食牛馬毒。地漿水，解花椒毒，丹毒，砒石毒。黃連、甘草煎湯，解巴豆毒。地漿水、甘草汁，或菉豆一升，研粉，入新汲水攪和，去相取汁飲之，俱能解砒霜毒。菉豆、烏豆二味，煮湯解中附子毒。甘草煎湯，解川烏、草烏毒。生薑汁，解半夏毒。豬油和烏豆汁，解班蝥毒。酒調雄黃，解藜蘆毒。生蟹搗汁，解漆毒。圍臍，并臍心艾火，能救服斷腸草，危急將絕者，生羊血尤妙。無生血，用乾羊血研末，雞卵白調三五錢，灌下亦活。但須看其指甲，血活可救，血不活不可救。紫金錠，百毒俱解。已上皆救急良藥，習醫者不可不預知也。

清・文晟《新編六書》卷六《藥性摘録》　諸藥毒　用甘草、薺苨各一兩，煎飲。○綠豆、甘草湯，亦可解。餘詳各藥名下及急救篇一切藥蟲金石，石蟹磨汁飲之。

清・陸以湉《冷廬醫話》卷五　藥品　玉簪、鳳仙，《本草綱目》入毒草部，玉簪之毒在根，鳳仙之毒在子，皆能透骨損齒。又如珍珠蘭、茉莉等，其根亦皆有毒殺人。

清・徐士鑾《醫方叢話》卷五　解中銀鉍　《洗冤録表》云：銀鉍之鉍，藥書作銷，鉍與銷，字典俱無此字，後《救急方》內亦不言解救之法。解此毒者，服黃泥水二茶鍾，即愈。○又方云：每日用飴糖四兩，揑成小丸，不時以真芝麻油送下，亦即見效。

綜述

梁・陶弘景《本草經集注》卷一　解〔百藥及金石等〕毒〔例〕：蛇虺百蟲毒：用雄黃、巴豆、(射)〔麝〕香、丹砂、乾薑。蜈蚣毒：用桑汁若煮桑根汁。蜘蛛〔毒〕：用藍青、鹽、(射)〔麝〕香。蜂毒：用蜂房、藍青〔汁〕。狗毒：用杏人、礬石、〔韭根、人屎汁〕。惡氣(鄣)〔瘴〕毒：用犀角、零羊角、雄黃、麝香。喉痹腫邪氣惡毒入腹：用升麻、〔犀〕角、(夜)

〔射〕干。　風腫毒腫：　用〔五香〕〔沉香、木香、薰陸香、雞舌香、麝香〕及紫檀〔香〕。　百病藥毒：　用甘草、薺苨、大小豆汁、藍汁及〔藍〕實，皆解之。

射罔毒：　用藍汁、大小豆汁、竹瀝、大麻子汁、六畜血、貝齒屑、葍根屑、蚯蚓(屑)〔屎〕、藕芰汁。　野葛毒：　用雞子(糞汁)〔清〕、葛根汁、甘草汁、鴨頭熱血、温猪膏並解之。若已死口噤者，以大竹筒〔盛冷水〕，注兩脅若臍上，冷水内筒中，暖輒易之。口須臾開，開則内藥，〔藥入口〕，便活〔矣。用薺苨汁解之〕。　斑貓、芫青毒：　用猪膏、大豆汁、戎鹽、藍汁及鹽湯煮猪膏及巴豆，並解之。　狼毒毒：　用〔杏人〕、藍汁、白斂及鹽汁及鹽湯煮猪〔膏〕、木占斯，並解之。　躑躅毒：　用(支)〔梔〕子汁解之。　巴豆毒：　用煮黄連汁、大豆汁、生藿汁、昌蒲屑汁、煮寒水石汁，並解之。　藜蘆毒：　用雄黄屑煮葱白汁、温湯，並解之。　雄黄毒：　用防己解之。　甘遂毒：　用大豆汁解之。　(四)〔蜀〕椒毒：　用葵子汁，煮桂汁、豉汁、人溺及冷水、及(滄)土〔漿〕、食蒜、雞毛燒(咽)〔吸煙及水調服〕，並解之。　半夏毒：　用生薑汁、煮乾薑汁並解之。　礜石毒：　用大豆汁、白〔鵝〕膏並解之。　芫華毒：　用防風、防己、甘草、桂汁並解之。　烏頭、天雄、附子毒：　用大豆汁、遠志、防風、棗(飢)肌、飴糖並解之。　大戟毒：　用菖蒲汁解之。　桔梗毒：　用粥解之。　杏人毒：　用藍子汁解之。　諸菌毒：　掘地作(坎)〔坑〕，以水沃中攪令濁，俄頃飲之，名曰地漿也。　防葵毒：　用葵根汁解之。〔按：防葵，《本經》無毒。試用亦無毒。今用葵根汁，應是解狼毒浮者爾。〔宋・掌禹錫《嘉祐本草》〕按：　《蜀本》云：　防葵傷火者不可服，令人恍惚，故以解之。〕　莨菪毒：　用薺苨、甘草〔汁〕、犀角、蟹〔汁〕並解之。　馬刀毒：　用清水解之。　野芋毒：　用土漿及糞汁並解之。　雞子毒：　用淳酢解之。　鐵毒：　用慈石解之。　食金銀毒：　服水銀數兩即出，又鴨血及雞子汁，又水淋雞屎汁並解之。　食諸肉馬肝漏脯中毒：　生韭汁、〔韭根〕燒末、〔燒〕猪骨〔末〕，又頭垢、燒犬屎酒服之，豉汁亦佳。　食諸魚中毒：　煮橘皮及生蘆笋根汁、〔大豆汁、馬鞭草汁〕、煮朴消汁、大黄汁、燒末鮫魚皮並佳。　食蟹中毒：　擣生蘇汁、煮乾蘇汁及〔藕〕屑、冬瓜汁並佳。　食諸菜中毒：　以甘草、貝齒、〔胡〕粉三種末，水和服之。小兒溺、乳汁服二升亦佳。

飲食中毒〔心〕煩滿：　煮苦參〔汁〕飲之，令吐出即止。　食石藥中毒：　白鴨屎汁解之。人參亦佳。　服藥過劑悶亂者：　吞雞子黄，又藍汁，又水和胡粉，又土漿，又蘘荷汁，又粳米潘汁，又豉汁，又乾薑、黄連屑，又飴糖，又水和葛粉飲之。

附：　日・丹波康賴《醫心方》卷一　服藥中毒方第五

《葛氏方》：　治服藥過劑及中毒，多煩悶欲死方：　刮東壁土，少少以水三升飲之。　又方：　擣藍青，絞取汁，服數升。　無藍者，立浣新青布若紺縹，取汁飲之。　又云：　燒犀角，末之，服方寸匕。　又方：　擣蘘荷根，取汁飲一二升。夏用葉。　又云：　服葉失度、腹中苦煩者方：　飲生葛根汁大良。無生者，擣乾者，水服五合，亦可煮之。　又方：　釜月下黄土末，服方寸匕。　又云：　服藥吐不止者方，取猪膏，大如指長三寸者，煮令熱，盡吞之。　又方：　飲新汲冷水一升，即止。　又云：　若藥中有巴豆，下利不止者方，末乾薑、黄連，服方寸匕。　又言：　煮豉，服一升。　又云：　諸藥各有相觧。然難常儲，今但取一種而兼觧衆毒、求之易得者，取甘草，㕮咀，濃煮，多飲其汁，無所不主也。内食蜜少少佳也。　又方：　煮桂，多飲其汁，并多食葱葉中涕也。　又方：　煮大豆令濃，多飲其汁。無豆者，豉亦可用。凡煮此諸藥，飲其汁以觧毒，雖危急，亦不可熱飲之，諸毒得熱，皆更甚，宜揚，令小冷也。《集(駗)〔驗〕方》治服藥過劑煩悶方：　研粳米，取汁五升，服之。《醫門方》云：　若方中有大黄、芒消、檳榔人等利不止者，冷粥及冷飲，喫半升即止。　又有巴豆、甘遂、牽牛子等，宜煮黄連、大豆、薺苨等汁，冷飲即止。若服此藥不利者，以熱飲投之，即發。

《本草經》云：　服藥過劑悶亂者方：　吞雞子黄，又藍汁，又水和胡粉，又土漿，又蘘荷汁，又粳米潘汁，又豉汁，又乾薑、黄連屑，又飴糖，又水和粉飲之。皆佳。　又云：　百藥毒，用甘草、薺苨、大小豆汁、藍汁及實，皆觧之。今案《馬琬食經》云：　醬殺百藥勢力，葱葉殺百藥毒。　射菵毒：　用藍汁、大小豆汁、竹瀝、大麻子汁、藕、艾汁，並觧之。　野葛毒：　用鷄子汁、葛根汁、甘草汁、鴨頭熱血、溫猪膏，並觧之。　斑(苗)〔猫〕、芫青毒：　用猪膏、大豆汁、戎鹽、藍汁，及鹽湯，煮猪膏，及巴豆，並觧之。　狼毒毒：　用藍汁、白歛及鹽汁、木占斯，並觧之。　躑躅毒：　用(技)〔梔〕子汁觧之。　巴豆毒：　煮黄連汁、大豆汁、生藿汁、菖蒲屑汁，煮寒水石汁，並觧之。今案《拾遺》云：有以名為藥者，大豆主巴豆毒。　藜蘆毒：　用雄黄屑煮葱汁，溫湯煎，觧之。　雄黄毒：　用防己觧之。　蜀椒毒：　用葵子汁煮桂汁、豉汁、人溺及

冷水，及食土、食蒜，鷄毛(橈)〔撓〕咽，並觧之。今《案葛氏》方云：食毒椒不可飲熱，或殺人之。　半夏毒：　用生薑汁及煮乾薑汁，並觧之。　礜石毒：　用大豆汁、白鵝膏，並觧之。　芫花毒：　用防風、防己、甘草、桂汁，並觧之。　烏頭、天雄、附子毒：　用大豆汁、遠志、防風、棗肌、飴糖，並觧之。　大戟毒：　用菖蒲汁觧之。　桔梗毒：　用粥觧之。　杏人毒：　用藍子汁觧之。　諸菌毒：　堀地作坎，以水沃中，攪令濁，俄頃飲之，名地漿。　防葵毒：　用葵根汁觧之。蘇敬云：防葵案《本經》無毒，試用亦無毒。今用葵根汁觧，應觧狼毒浮者也。　莨菪毒：　用薺苨、甘草、胡麻、犀角、蟹，並觧之。　馬刀毒：　用清水觧之。　野芋毒：　用土漿及糞汁並觧之。　雞子毒：　用淳酢觧之。　鐵毒：　用慈石觧之。　金毒：　服水銀數兩即出。又鴨血及鷄子汁。　又水淋鷄矢汁，並觧。今案《葛氏方》云：取鷄子半升，瀝得一升，飲之，可再三作。　石藥中毒：　白鴨矢觧之。人參汁亦佳。

宋・郭思《千金寶要》卷二　解百藥毒第五　凡解百藥毒，甘草、薺苨、大小豆汁、藍汁、藍實汁、藍根汁並解。　雄黃毒，防己解。　礜石毒，大豆汁解。　金銀毒，服水銀數兩即出。　鴨屎解。　水和雞屎汁，煮葱汁並解。　鐵粉毒，磁石解。　防葵毒，葵根汁解。　桔梗毒，白粥解。　甘遂毒，大豆汁解。　芫花毒，防己、防風、甘草、桂汁並解。　大戟毒，菖蒲汁解。　蜀椒毒，葵子汁、桂汁、豉汁、人尿、冷水、土漿、蒜、雞毛燒吸煙及水調服，解。　斑貓、芫青毒，猪脂、大豆汁，或鹽、藍汁、鹽湯煮猪骨，並解。　馬刀毒，清水解。　杏仁毒，藍子汁解。　野芋毒，土漿、人糞汁解。　諸菌毒，掘地作坑，以水沃中，攪之令濁，澄清飲之，名地漿，解。　解鴆毒及一切毒藥不止者，甘草、蜜〔各〕四兩，粱米粉一升，以水五升，煮甘草取二升，去滓，歇大熱，内粉湯中，攪令勻調，内白蜜，更煮令熟如薄粥，適寒溫飲一升，最佳。　解一切毒，母猪屎，水和服之。　又水三升三合，和米粉飲之。　野葛毒，已死口禁者，取青竹去兩節，柱兩肋、臍上，内冷水注之，暖即易之，須臾口開，開即服藥，立活。惟須數易水。　石藥毒，白鴨屎、人參汁並解。　食莨菪悶亂，如卒中風者，飲甘草汁、藍青汁即愈。　中鈎吻毒欲死者，薺苨八兩，㕮咀，以水六升，煮取三升，冷如人體，服五合，日三夜二。　凡煮薺苨，惟濃佳。　又方：　煮桂汁飲之。　又方：　噉葱涕。　諸毒，方同上。　中蠱，茜根、蘘荷根各三兩，㕮咀，以水四升，煮取二升，頓服。　又方：　槲樹北陰白皮一大握，長五寸，水三升，煮取一升，空腹服，即吐蟲出。　中蠱下血，方同上。　諸熱毒或蠱毒，口鼻血出，取人屎尖七枚，燒作火色，置水中研之，頓服即愈。亦解百毒、時氣熱病之毒。服已，溫覆取汗。勿輕此方，極神驗。　諸服藥過劑悶亂者，飲藍汁水和胡粉、地漿、蘘荷汁，水和葛粉、粳米瀋、乾薑、黃連、飴糖、豉汁，並解。　瘡中水毒，炭白灰、胡粉等，脂調，塗瘡孔上，水出則痛止。　瘡中水腫，方同上。　卒刺手足，中水毒，搗韭及藍青，置上以火炙，熱徹即愈。

宋・洪邁《夷堅志・支乙》卷五　吳人章縣丞祖母，章子厚侍妾也，年七十，疽發於背，邀治之。張先潰其瘡，而以盞貯所泄膿穢澄滓而視之，其凝處紅如丹砂，出謂丞曰：此服丹藥毒發所致，勢難療也。丞怒曰：老人平生尚不喫一服暖藥，況於丹乎？何妄言如是！母在房聞之，亟呼曰：其說是已。我少在汝家時，每相公餌伏大丹，必使我輩伴服一粒，積久數多，故儲蓄毒根，今不可悔矣。張謝去。章母旋以此終。

宋・張杲《醫說》卷六　獸能解藥毒　名醫言虎中藥箭食清泥，野豬中藥箭豗薺苨。而食雉被鷹傷，以地黃葉帖之。又礜石可以害鼠，張鷟曾試之，鼠中如醉，亦不識人，知取泥汁飲之，須臾平復。鳥獸蟲物猶知解毒，何況人乎？被矢中者，以甲蟲末傅之。

宋・陳衍《寶慶本草折衷》卷一《序例萃英中》　敘解藥食忌之方舊文計二章，新集三段。　唐謹微序例述解藥毒凡一章，分為十五方，逐方增一用字。　蛇虺百蟲毒用雄黃。　狗毒用杏人、礬石。　惡氣瘴毒用犀角、羚羊角。　喉痹腫、邪氣惡毒入腹用升麻、犀角。　百藥毒用甘草、薺苨、大小豆汁、藍汁。　班猫、芫一作蚖青毒用大豆汁、藍汁。　巴豆毒用煮黃連汁、昌蒲屑汁。　半夏毒用生薑汁煮乾薑汁。　烏頭、天雄、附子毒用大豆汁、防風。　大戟毒用昌蒲汁。　諸菌毒用掘地作坑，以水沃中，攪令濁。名曰地漿，又名土漿。俄頃飲之。　野芋毒用土漿如解菌毒法、人糞汁。　鐵毒用磁石。　飲食中毒，心煩滿，用煮苦參汁飲之，令吐出即止。　新集：　《許氏方》云：非許叔微方也。凡中一切諸毒，從酒得者難治。謂酒性行諸血脉，偏於四肢，故難治也。從食得者易治。謂食與藥俱入於胃，胃能容毒，或逐大便，泄去毒氣，未流血脉四肢，故易治也。

論曰：　夫一藥解一毒，未足貴也。惟一藥通解衆毒者，斯足貴也。是齋《百一選方》有神仙解毒萬病元，每歲端午、七夕、重陽，或每月辰日修合，隄防急

難。用五倍子、淡紅黃色者叁兩。大戟、洗淨壹兩半。山茨菰、洗淨貳兩。續隨子、取人壹兩，細研紙裹，壓去油，再研如白霜。麝香，叁錢研細。將前叁味焙乾為細末，入麝香、續隨子，合研調和，煮糯米粥為元，於木臼中杵數千下。忌婦人、雞、犬見。每料分作肆拾粒，陰乾。或曝乾，不見火。《錄驗方》以聖授奪命丹名之。此方大戟只用半兩，麝只用半錢。善解一切金石、草木、魚肉毒。並以壹粒小兒壹粒分四五服，生薑、蜜水磨灌下。又治癰腫勞瘵，癲癇狂亂，喉風纏急，瘟疫瘧瘴，及湯火、蛇犬、百蟲所傷；或自縊、溺水、撲壓、鬼迷，但心頭微暖、未隔宿者，皆可救之。亦療小兒急慢驚風、疳痢等患，是齋方中隨證各有湯使。或吐、或利，須臾即甦。若例以甘草、烏豆等分煎湯，磨服尤妙。一方云孕婦忌服，一方不言所忌。此真扶危之劑也。或倉遽需藥未及，單飲此甘豆湯，亦可減其半毒。凡飲解毒之藥，不可熱，熱則毒益盛，惟冷飲之乃能致效。

元・忽思慧《飲膳正要》卷二　食物利害　蓋食物有利害者，可知而避之。麵有䴷氣，不可食。生料色臭，不可用。漿老而飯溲，不可食。煮肉不變色，不可食。諸肉非宰殺者，勿食。諸肉臭敗者，不可食。諸腦，不可食。凡祭肉自動者，不可食。猪羊疫死者，不可食。曝肉不乾者，不可食。馬肝、牛肝，皆不可食。兔合眼，不可食。燒肉不可用桑柴火。獐、鹿、麋，四月至七月勿食。二月內，勿食兔肉。諸肉脯，忌米中貯之，有毒。魚餒者，不可食。羊肝有孔者，不可食。諸鳥自閉口者，勿食。蟹八月後可食，餘月勿食。蝦不可多食，無鬚及腹下丹、煮之白者，皆不可食。臘月脯腊之屬，或經雨漏所漬、蟲鼠嚙殘者，勿食。海味糟藏之屬，或經濕熱變損，日月過久者，勿食。六月、七月，勿食鴈。鯉魚頭，不可食，毒在腦中。諸肝青者，不可食。五月勿食鹿，傷神；九月勿食犬肉，傷神；十月勿食熊肉，傷神。不時者，不可食。諸果核未成者，不可食；諸果落地者，不可食；諸果蟲傷者，不可食。桃杏雙仁者，不可食。蓮子不去心，食之成霍亂。甜瓜雙蒂者，不可食。諸瓜沉水者，不可食。蘑菇勿多食，發病。榆仁不可多食，令人瞑。菜着霜者，不可食。櫻桃勿多食，令人發風。葱不可多食，令人虛。芫荽勿多食，令人多忘。竹笋勿多食，發病。木耳赤色者，不可食。三月勿食蒜，昏人目。二月勿食蓼，發病。九月勿食着霜瓜。四月勿食胡荽，生狐臭。十月勿食椒，傷人心。五月勿食韮，昏人五藏。

食物中毒　諸物品類，有根性本毒者，有無毒而食物成毒者，有雜合相畏、相惡、相反成毒者。人不戒慎而食之，致傷腑臟和亂腸胃之氣，或輕或重，各隨其毒而為害，隨毒而解之。如飲食後不知記何物毒，心煩滿悶者，急煎苦參汁飲，令吐出。或煮犀角汁飲之，或苦酒、好酒煮飲，皆良。食菜物中毒，取鷄糞燒灰，水調服之。或甘草汁，或煮葛根汁飲之。胡粉水調服亦可。食瓜過多，腹脹，食鹽即消。食蘑菇、菌子毒，地漿解之。食菱角過多，腹脹滿悶，可暖酒和薑飲之即消。食野山芋毒，土漿解之。食瓠中毒，煮黍穰汁，飲之即解。食諸雜肉毒及馬肝、漏脯中毒者，燒猪骨灰調服，或芫荽汁飲之，或生韮汁亦可。食牛、羊肉中毒，煎甘草汁飲之。食馬肉中毒，嚼杏仁即消，或蘆根汁及好酒皆可。食犬肉不消成䐜脹，口乾，杏仁去皮、尖，水煑飲之。食魚膾過多成蟲瘕，大黃汁、陳皮末，同鹽湯服之。食蟹中毒，飲紫蘇汁，或冬瓜汁，或生藕汁解之。乾蒜汁、蘆根汁亦可。食魚中毒，陳皮汁、蘆根及大黃、大豆、朴消汁皆可。食鴨子中毒，煮秫米汁解之。食鷄子中毒，可飲醇酒、醋解之。飲酒大醉不解，大豆汁、葛花、椹子、柑子皮汁皆可。食牛肉中毒，猪脂煉油一兩，每服一匙頭，溫水調下即解。食猪肉中毒，飲大黃汁，或杏仁汁、朴消汁，皆可解。

明・穆世錫《食物輯要》卷三　凡中菜毒，燒雞糞為末，水服錢許，未解再服。一用甘草、貝母、胡粉，等分為末，水調服，或以小便溺服之。

明・施永圖《本草醫旨・食物類》卷一　諸獸毒　獸歧尾、鹿豹文、羊獨角、羊六角、羊心有孔、白羊黑頭、黑羊白頭、白馬黑頭、曝肉不燥、肉不沾土、馬蹄夜目、犬懸蹄肉、米甕中肉、肝有黑色、肉多黑星，〔皆有毒〕。

諸鳥毒　鴨目白者、雞有四距、白鳥玄首、玄鳥白首、鳥足不伸、卵有八字、鳥四距六趾者，皆有毒。

諸魚毒　魚目有睫、目能開合、腦中連珠、魚無腮者、二目不同、腹下丹字、鼈目白者、額下有骨、蝦煮不彎、蝦白鬚者、蟹腹下毛、兩目相向，〔皆有毒〕。

諸果毒　桃、杏雙仁及果未成核者，俱有毒。五月食未成核者之果，令人發瘡癤及寒熱。秋冬果落地，惡蟲緣食者，食之久漏。

諸水有毒　水府龍宮，不可觸犯。水中有赤脉，不可斷之。〇井中沸溢，不可飲。但於三十步內，取青石一塊，投之即止。〇古井、眢井不可入，有毒殺

人。夏月陰氣在下，尤忌之。但以雞毛投之，盤旋而舞不下者，必有毒也。以熱醋數斗殺之，則可入矣。○古塚亦然。　古井不可塞，令人盲聾。○陰地流泉有毒，二八月行人飲之，成瘴瘧，損脚力。○澤中停水，五六月有魚鼈精入，飲之成瘕病。○沙河中水，飲之令人瘖。○兩山夾水，其人多癭。○流水有聲，其人多病。○花瓶水飲之殺人，臘梅尤甚。○經宿炊湯洗面，令人無顏色；　洗體，令人成癬；　洗脚，令人疼痛生瘡。○銅器上汗入食中，令人生疽，發惡瘡。○冷水沐頭及熱泔沐頭，並成頭風，女人尤忌之。○水經宿，面上有五色者，有毒，不可洗手。○時病後浴冷水，損心胞。○盛暑浴冷水，成傷寒。○汗後入冷水，成骨痺。○產後洗浴，成痓風，多死。○酒中飲冷水，成手顫。○酒後飲茶水，成酒癖。○飲水便睡，成水癖。○小兒就瓢及〔瓶〕飲水，令語訥。○夏月遠行，勿以冷水濯足。○冬月遠行，勿〔以〕熱水濯足。

解諸毒　菱多腹脹：　暖酒和生薑飲之即消。　瓜多腹脹：　食鹽湯或白鯗汁解之。　諸菜毒：　甘草、湖粉解之。　諸菌毒：　地漿汁解之。　蜀椒毒，飲水或食蒜解之，雞毛灰亦解。　大醉不醒：　大豆汁、葛花、椹子、柑子皮汁，皆可解。　中六畜肉毒：　六畜乾屎末、伏龍肝末、黃栢末、赤小豆燒末、東壁上末、白扁豆並水服、飲人乳汁。頭垢一錢，水服，起死人。豆豉汁服。　馬肉毒：　蘆根汁、嚼杏仁、甘草汁、飲美酒。

馬肝毒：　猪骨灰、牡鼠屎、豆豉、狗屎灰、人頭垢，並水服。　牛馬生疔：　澤蘭根擂水、猪牙灰水服、生菖蒲搗酒、甘菊根擂水、甘草煎湯服取汁。　牛肉毒：　猪脂化湯飲。甘草湯、猪牙灰水服。　獨肝牛毒：　人乳服之。　狗肉毒：　杏仁研水服。犬肉不消，杏仁去皮尖，末，煮飲。　羊肉毒：　甘草煎水服。　猪肉毒：　杏仁研汁、猪屎絞汁、韭菜汁、朴硝煎汁、猪骨灰調水、大黃湯。　藥箭肉毒：　大豆煎汁、鹽湯。　諸肉過傷：　本畜骨灰水服、生韭汁、芫荽煎汁。　食肉不消：　還飲本汁即消，食本獸腦亦消。　雞子毒：　醇醋或煮秫米飲之。　諸魚毒：　橘皮、蘆葦根汁，或大豆汁皆可解。

河豚毒：　蘆根水，或藕豆汁皆可解。　鼈毒：　黃吳藍煎湯服解之。　蟹毒：　冬瓜汁，或紫蘇汁，煮乾蒜汁解之。　誤食金子：　金鳩肉，或鷓鴣肉解之。

補遺諸肉有毒　牛獨肝、黑牛白頭、牛馬生疔死、猪羊心肝有孔、馬生角、馬鞍下黑肉、馬肝、六畜自死首向北、馬無夜眼、白馬青蹄、猘犬肉、六畜自死口不閉、鹿白臆、諸畜帶龍形、諸獸赤足、諸畜肉中有米星、獸並頭、禽獸肝青、脯沾屋漏、諸獸中毒箭死、祭肉自動、諸肉經宿未煮、六畜五臟着草自動、脯曝不燥、生肉不斂水、六畜肉熱血不斷、煮肉不熟、肉煮熟不斂水、六畜肉得鹹酢不變色、肉落水浮、肉汁器盛閉氣、六畜肉隨地不沾塵、乳酪煎膾、六畜肉投犬犬不食者。已上並不可食，能殺人，令人生癰腫疔毒。

諸心損心。　諸腦損陽滑精。　六畜脾一生不可食。　諸肝損肝。　諸血損血敗陽。　經夏臭脯，痿人陰，成水病。　魚餒肉敗。　諸脂燃燈損目。　本生命肉令人神魂不安。　春不食肝，夏不食心，秋不食肺，冬不食腎，四季不食脾。

清・王夢蘭《秘方集驗》卷上　諸藥食毒　解諸中毒：　一覺腹中不快，即以生豆試之，入口不聞腥氣，此中毒也。急以升麻煎濃連飲，以手探吐即愈。○白蠟一塊，研細，清水攪勻服下，或吐或瀉，愈。○甘草、菉豆水煎服，能解百毒。　解百藥毒：　甘草煎湯飲之。　服藥過多生出毒病：　頭腫如斗，唇裂流血，或心中飽悶，或臍腹撮痛者，黑小豆即馬料細豆、菉豆各半升，煮濃汁服之，并食豆完，愈。　服癱瘓藥過多：　心胸悶亂，不省人事，米醋半盞灌之；　或甘草煎汁，生薑搗汁服，皆效。　中附子、川烏、天雄、班猫等毒：　單以黑小豆煎汁飲之。　凡服藥毒：　不論砒霜、鉛粉等，即口已緊閉，并黑爛垂危，而氣未絕者，用上(號)〔好〕潔白糖、靛花、淡豆豉、甘草等分，研勻，冷水調灌，即甦。　解斷腸草毒：　生鷄子吞二三枚。急以升麻湯探吐亦妙。　解砒霜毒：　凡中此毒，煩躁如狂，心腹攪痛，頭旋，欲吐不吐，面色青黑，四肢逆冷，命在須臾。　或飲甘草湯，或飲菉豆湯，或冷水飲數碗，或夏枯草煎濃飲，或鷄子五六枚打碎和勻灌下，或冬青樹苗汁與水相半灌下，無苗時用老葉，帶水搗取汁。　總以吐解毒盡為度，醒後仍顛不語者，每日以菉豆水飲之，毒盡自愈。　解巴豆毒：　凡中此毒，口渴面赤，五心煩熱，泄利不止，用黃連一錢煎服。○搗芭蕉根葉汁飲之，或飲冷水及菉豆湯皆效。　解蒙汗毒：　俗名燒悶香，飲冷水即安。　解鉛粉毒：　砂糖調水服。○肥皂搗爛，取汁灌下，皆效。　解烟毒：　砂糖調水服。　解煤炭毒：　一時暈倒，以清水灌之。　解鹽滷毒：　豆腐漿灌下，如無生漿，將黃豆浸濕，搗爛灌下。抹桌布水，或肥皂水皆能令吐，切不可用熱。　解燒酒毒：　鍋蓋上氣水半盞灌即醒。○冷汚泥搭胸前，燥即再搭，直至泥濕為度，自愈。　酒毒至死：　黑大豆二升，煎汁飲愈。　解食桐油：　悞食之，令人嘔泄不止，亟飲熱酒即解。　解野菌毒：　地漿水飲之。其法：　地上掘二三尺深，以水傾入，攪勻澄清聽用。○或黑豆煮汁飲之。○六一散，滑石六錢，甘草壹錢，研勻。每服二錢，水調服，皆效。○楓樹上菌，食即令人笑不止，亦以地漿水解之。　解閉口

椒毒：　其毒中人，舌麻心悶，吐白沫，甚者身冷欲絶。亦以地漿水解之，或飲醋解之。　食花椒氣閉：　新汲水可解。　解菓毒：　麝香一分，煎湯服。○猪骨燒灰，水調服。　解白菓瘋：　食之過多成瘋，白鯗骨煎湯服。　解食自死六畜毒：　黄栢搗末，水調服一錢；　或壁上黄土水調服二錢；　或雄鼠屎兩頭尖者是。十四枚，研末，水和服；　或飲人乳一升，愈。　解食物中蛇蟲、百脚遊過毒：　甘草煎湯灌下，吐十餘次愈。　解食物中未知何毒：　煎苦參汁飲之，令吐出自愈。　解河魨魚毒：　橄欖、蘆根、糞水皆效；　或香油一碗灌之，吐出亦愈。　解蟹毒：　藕汁、蒜汁、冬瓜汁、黑豆汁及紫蘇汁，俱可解。　解食毒鱉：　飲藍汁數碗，如無藍汁，靛青水亦可。　解食螞蝗：　嗜芹菜者多此。疾空心時食地泥少許，自下。　解中蠱毒：　入廣豫防蠱法：　炙甘草一寸，嚼嚥汁，然後飲食，若中蠱即吐出，仍以炙甘草三兩，生薑四兩，水六碗，煎二碗，日三服。○嚼白礬反甜，黄豆不腥，乃蠱也。木梳垢膩，或清油，多飲取吐。　中蠱吐血：　小麥麪二合，水調服，半日當下血。○凡中蠱，覺胸腹痛，即用升麻、膽礬吐之；　若膈下痛，急以米湯調鬱金末二錢服，即瀉出惡物；　或合升麻、鬱金服之，不吐則下。

清・尤乘《食鑒本草》　解毒類　食豆腐中毒，蘿蔔湯可解。　菌毒，地漿水解。　野芋毒，同上。　諸菜毒，甘草、貝母、胡粉等分為末，湯調服，小兒溺亦可解。　諸瓜毒，木瓜皮湯解之，鹽湯亦可。　諸果毒，燒猪骨為末，酒調服解之。　柑毒，柑皮煎湯解之，鹽湯亦可。　誤食閉口花椒，醋解之。雞子毒亦同上。　誤食桐油，熱酒解之。乾柿及甘草亦可解。　中諸魚毒，橘皮湯、黑豆汁、蘆根汁、朴硝可解。　中諸肉毒，陳壁土錢許，調水服，白扁豆末亦可解。　食猪肉傷者，燒其骨末，水調服，芫荽汁、韮汁亦解。　猪肉傷成積者，草果仁消之。　凡中諸毒，以香油灌之，令吐即解。　飲酒中毒，大黑豆一升，煮汁二升，頓服，立吐即愈，或生螺螄、華澄茄煎湯並解。　凡飲食後心膈煩悶，不知中何毒者，煎苦參汁飲之，令吐即解，或犀角煎湯飲之，或酒煎犀角，飲之立解。

清・汪汲《解毒編》　試驗諸毒：　以象牙、金銀、銅為匙，有毒匙必變色。

飲食類　解諸食毒：　縮砂仁末二錢，煎服。　石菖蒲、白礬等分，末，新汲水下。　大豆煮汁服，吐。　芽茶、白礬等分，末，冷水調下。　犀角燒研，水服。　雄黄、青黛等分，研二錢，新汲水下。　硼砂、甘草等分，真香油調服。　甘草、薺苨煎服。　服生韮汁。　貝子貝之小者。一枚含吐。　服桑白汁。　巴豆去皮、不去油，馬牙硝等分，研丸彈大，冷水服一丸。　蠶紙燒灰，冷水服。　東壁土水調服。　防風研，冷水和灌。　菉豆粉水調服。　葛粉水調灌。　甘草煮去渣，黍米粉，白蜜煮粥食。　母猪屎水和服。　五棓子研酒和服。　生甘草二兩，菉豆一升煎服。　水覺白蠟服。　升麻煎服。　苦參煎服。　飲地漿。　飲醇酒。　服紫金錠一二錢。　飲麻油吐解。　解豆腐毒：　飲蘿蔔汁。　附：　過食荔枝：　即以荔殼煎水飲。　過食菱：　飲薑汁酒。　含吴茱萸咽津。　過食瓜：　飲鹽湯。　飲酒。服麝香水。　過食萵苣：　薑汁解。　過食蘿蔔：　薑汁解。　過食筍：香油、薑汁解。　過食木耳：　冬瓜汁解。　地漿解。　過食索粉：　喫杏仁即消。　過飲茶：　飲醋解。　過飲酒：　茄根燒灰冲水飲。　服硼砂末，不醉。　酒醉：　飲生葛汁。　赤小豆煮汁飲。　菘菜子末井水調服。　蔓菁菜同米煮澄冷飲。　豆豉、葱白水煮服。　葱白、豆豉煮螺蚌喫。菊花煎飲。　栝蔞仁、青黛等分，薑汁、蜜研膏食。　生葛、茅根、浮萍各汁，神麴丸，鹽湯下。　皂角末一錢，醋和灌。　白鹽擦牙，溫水漱。　兼鳩肉八觔，熬去渣，再用兼鳩子三兩，炒研，入攪成膏，開水冲服。　燒酒毒：　熱豆腐遍貼，冷換。　急取井水浸髮，故紙浸濕，貼胸膈，並灌。　多食菉豆粉皮。　鍋蓋上氣汗水灌。　葛花或葛根煎濃灌。　枳椇子搗研煎湯灌。甘蔗去皮，取汁灌。　白蘿蔔汁灌。　熱尿灌。　人蓡一兩，或黄耆二兩代之，柞木枝二兩，白茯苓五錢，黄連、寒水石各三錢，石菖蒲一錢，共煎冷灌。　酒醉氣絶：　溺桶尿戽，去清水蕩盡浮垢，再將滾水澆桶底垢，澄灌。　人乳、熱黄酒冲服。　黑豆煮汁服。　酒毒下血：　老山梔仁焙研，新汲水服一錢。　馬鞭草四錢，白芷一錢，各燒灰，蒸餅丸梧子大，米飲下五十丸。大蘿蔔二十枚，留青葉寸餘，井水煮，入淡醋，空心食。　麴一塊，濕紙包煨，空心米飲服二錢。　烏梅三兩，燒研，醋煮，米糊丸梧子大，空心米飲服二十丸。　嫩栢葉九蒸九晒二兩，陳槐花炒焦一兩，研，蜜丸梧子大，空心酒下四十丸。　槐花半生半炒一兩，山梔子焙五錢，研，新汲水服二錢。　大田螺五個，燒至殼白，肉乾研，酒下。　酒煮鯽魚，常食。　五倍子、陳槐花等分，焙研，酒丸梧子大，米飲服五十丸。　酒肉過多：　吴茱萸五錢，煎汁，入馬

牙硝一兩，冲化熱飲。　飲食過多：　鹽擦牙，溫水漱數次。　過食牛肉：食稻草汁而始解，足徵食牛肉之報，解後不戒不過，仍思食稻草耳，哀哉。　稻草、草果，煎濃汁服。　過食犬肉：　連皮甜杏仁三兩，研，開水拌勻，服三次。苦杏仁有毒，分量重用不得。　過食羊肉：　多喫李子、草果。　過食猪肉：　服蔥荽汁。服生韭汁。　草果煎服。　猪骨燒灰，冲服。　過食馬肉：　飲清酒，忌濁酒。　飲蘆根汁。　嚼杏仁。　甘草煎服。　過食鴨肉：　糯米泔溫服。　過食蛋：　蘇子煎服。　飲醋。　過食螺：　鴨涎灌。　過食麪：　多食生蘿蔔解。

水火類　解中溪毒生瘡：　朱姑葉擣塗。葉如蒜葉，即山慈姑。　解中水毒：　擣藍青，敷遍身。　常思草《爾雅》名蒼耳，本草名葈耳。　絞汁服，並綿裹，導下部。　蛇莓根，擣服，並導下部。　浮萍，晒研服。　梅葉，擣汁飲。皂莢子燒研一分，沙糖和含。　梨葉擣酒，冲飲。　煮小蒜浴。　解屋漏水毒：　大黃、山查、厚朴各三錢，白芷、麥芽各二錢，生甘草五錢，煎服。　解服鹽滷：　忌飲熱水。　白糖四兩煎服。　生羊血灌。　菉豆汁、抹布煎水，肥皂水、豆腐漿不拘熱生冷灌，俱取吐，不吐以鵝翎攪喉。　生甘草三兩，煎服，如滷未久，加淡豆豉一兩。　解煤火毒：　新汲清水，冷灌。　房中置水一盆。　白蘿蔔汁灌，口鼻移向風。　鹽菜滷灌少許。　解湯火傷忌冷水、冷藥敷塗：　熟雞蛋黃炒出油，調蟲蛀竹屑搽。　先酒洗，次鹽敷，如皮塌，酒熬牛皮膠敷。　遍體傷，缸注酒浸，或菜油塗浸。　糯米漿雞翎掃上，後再用劉寄奴研搽。　陳白螺螄殼，煅，入輕粉並研，清油調搽。　白芝麻殼燒研敷，乾則麻油調搽。　丹參半觔，羊油二觔，煎沸濾清塗。　菉豆米、榆皮、麵，輕粉等分，共研，麻油調搽。　當歸炒、生軍炒，等分研，麻油調搽，蠟燭油亦可。　大黃、朴硝等分，菜油調搽。　細茶、小麥等分，共炒黑色，研摻，乾則麻油調。　風化石灰，入水攪勻，澄清，加麻油，約油三灰水七，雞翎掃。黃栢一大塊，生猪胰塗，炙酥為末，麻油調搽。　錫箔遍貼。　香油溫飲一鍾。　槐花炒研，油調搽。　狗油熬老，敷，乾再敷。　泡過的茶葉，不拘粗細，用瓦壜盛，放朝北地上，聚滿，磚蓋好，愈陳愈妙，不論已潰未潰，搽上甚驗。　柳樹白皮切細，仝猪油熬，塗。　栢樹白皮亦可。　小便漬洗。苦酒和雄黃塗。　陳石灰水和敷，乾再敷。　擣生芝麻如泥，厚敷。　地榆末，同雞子清調搽。　生梨擣敷。　猪油、生大黃、頭髮，仝熬濾清，冷搽。老黃瓜填滿磁瓶內，藏暗濕處爛，水塗。　狗血塗。　油繖子燒研，香油和塗。　楊梅樹皮及根，燒研，香油和敷。　鼈甲燒灰，香油調搽。　黃丹一兩，潮腦五錢，為末，蜜調塗。　人糞瓦焙枯，香油調搽。　頂好燒酒，冷淋第一。　解滾油潑傷：　陳麵糊敷。　麩皮炒黑，研敷。　蟹殼灰，麻油調搽。　雄雞血淋。　扁栢葉，冷濃茶擣敷。　生寒水石研細，油調塗。解爆竹炸傷：　鮮栢枝擣爛，香油調敷。　解烟熏悶絕：　白蘿蔔汁灌。溫水和蜜灌。　解火藥傷：　煤炭燒紅，取末，醋調塗。　解湯火傷起皰：元眼殼焙灰，桐油調敷。　生蘿蔔擣敷。　陳蕎麥麪打糊，裱。　老松皮去內青皮，並外粗皮，取其中間，與生大黃等分，研末，生桐油調稀，掃上。　解湯火傷未起皰：　醬敷。　鹽汁浸。　解湯火傷皰破：　珍珠散搽。　榆樹皮根或柏樹皮，研細，麻油調敷。　熟石膏、東丹，研勻摻。　銀杏，研末摻。西瓜皮入瓷壜，埋土內，化水搽。　線香，嚼碎敷。　秋葵花，浸麻油，塗。醃菜葉貼，或醃菜滷浸。　鹽滷浸。　白頸蚯蚓糞煅，或猪毛煅灰，或蕎豆葉焙研，皆麻油調搽。　猪板油，擣乾麵搽。　絲瓜葉擣敷。　糯米粉炒黑，酒調敷，或菜汁調。　白蜜塗竹膜貼。　雞子清塗。　豆漿汁塗。　猪油和米粉敷。　熱牛屎塗。　石膏細末搽。　白斂末搽。　解湯火傷爛見骨：　百草霜三錢，輕粉錢半，麻油調搽。　狗骨煅灰，麻油調搽。　鐵鏽磨水搽。　大黃二兩，貫仲、黃栢各一兩，研末，熟雞蛋黃炒出油，調敷。

藥類　解誤服人蓡：　擣蘿蔔汁服，或擣萊菔子煎湯服。　解誤服熱藥：　急灌菉豆湯。　解誤服相反藥：　蠶退紙燒灰，冷水服。　解多服犀角：　麝香一字，水調服。　解藥毒上攻：　蜂房、甘草等分，麩炒，去麩，研煎，臨臥服。　解蒙汗藥毒：此症頭重脚輕，口吐涎沫，目瞪不言。忌服薑。　飲冷水。　白茯苓五錢，生甘草二錢，甜瓜蒂七個，陳皮五分，煎服，大吐即醒。解諸藥毒：　菉豆研開，甘草煎服。　薑汁灌。　薺苨汁灌。　白藊豆汁灌。　錫糖清者名飴，稠者名餳。汁灌。　解服藥過劑：　刮東壁土，水調飲。水和胡粉服。　飲地漿。　飲新汲水。　擣藍汁服。　飲粳米湯。　飲豉汁。　食飴糖。　飲生葛汁。　犀角燒研，水服方寸匕。　解中一切藥草毒：　濃煎甘草飲，再食蜜少許。

木類　解冰片毒：　飲新汲水。　解花椒麻人：此毒令人身冷，口吐白沫。多飲新汲水。　服桂汁。　食京棗。　地漿澄飲。　煮蒜食。　金銀花煎

飲。　解蜀椒毒：　雞毛燒烟吸。　飲豉汁。　煮冬葵子飲。　喫大棗三枚。　解桐油毒：　食乾柿餅。　多飲滾酒。　解吞諸木竹釵：　剪刀、故鋸燒赤，漬酒中，女人大指甲二枚，燒研末，和服。　多食白糖。　解木屑嗆喉：　鐵斧磨汁灌。　解竹絲哽：　不拘黑白芝麻，炒熟泡湯飲。再以生芝麻，搗爛，嚼幾口。　治棒瘡：　黄丹一兩，潮腦五錢，為末，蜜調塗。　解巴豆毒：　大黄、黄連、蘆筍、菰筍、即茭白，俗名茭瓜。藜蘆，各煎，冷服。　黄栢、乾薑等分，研水服。　飲大豆汁、小豆汁。　蕉葉搗汁服。　石菖蒲汁服。　藿汁服。　解貼巴豆處潰爛：　生黄連末，水調敷。

金石類　解金石毒：　熱水磨石蟹服。　飲芹菜汁。　飲葵菜汁。

解吞水銀：　木炭取末，煎汁飲。　開口花椒，吞二兩。　解水銀入耳：　黄金枕耳邊，自出。　解水銀入肉：　水銀入肉，令人筋攣，以金物熨之，乃出蝕金，其病即瘥。　解吞銀黝：　按《洗冤錄》載：　銀鈎，鈎字江西九江官窑器有試砷，砷字俗傳。　銀銪，銪字《說文》《類篇》《玉篇》《正韻》《字典》《字彙》均無此三字。《醫方急救門》服銀烠。烠字，《玉篇》：　烠，光，色似銀烠。當作烠。但《集韻》烠字音回，《類篇》音潰，不作幼字讀。惟銀色《彙辨》用北宮黝。黝字，《彙辨》乃服賈家譔，本究難徵信。考《周禮》守祧，祧則有司黝堊之。註：　黝，黑也。堊，白也。令新潔之而已。《說文》：　黝，微青黑色。《玉篇》：　黝，黑也，微青也。《字典》：　堊，音惡，色土也。《正譌》象圬者縱横塗飾之形。凡塗飾皆言堊，似銀黝字當從黝。附誌于此，俟博雅者鑒正焉。服地漿。　麻油，調飴糖食。　濃煎烏梅湯灌。　解吞銀硃：　蘿菜水溫服。　解吞鉛粉：　此毒面色呈青，腹中墜痛欲死者是。　飲蘿蔔汁。　麻油、黄蜜、飴糖或紅沙糖和服。　土萆薢一兩，有熱加芩、連，氣虛加四君子湯，血虛加四物湯，煎代茶。　硬飯四兩，加四物湯一兩，皂莢子七個，川椒四十九粒，燈心七根，水煎服。　打黑鉛壺盛火酒十五觔，納土茯苓半觔，乳香三錢，封固，重湯煮一日夜，窨，早晚任飲。　金器煮汁頻漱。　貫仲、黄連各五錢，煎，入冰片少許，頻漱。　陳醬化水頻漱。　野薔薇根白皮，洗，三觔，酒十觔，煮一炷香，任飲。　刺薔薇根三錢，五加皮、木瓜、當歸、茯苓各二錢，酒煎服。　威靈仙三觔，水酒封煮一炷香，窨服。　多食生荸薺。　香油灌。　解吞輕粉：　筋骨疼痛者是。　川椒去目，每日清晨白湯吞，不拘多少。

解吞五金：　先灌鴨血杯許，再食炒蠶豆，與熟韭菜，研末，沙糖調服。　紅棗煮爛頻食。　飴糖一觔，一頓食盡。　猪板油仝青菜煮食。　沙糖仝砂仁煎濃，多服。　羊脛骨燒研三錢，米飲下。　解吞金銀：　陳大麥麵，拌黄糖食。　服駱駝脂、驢脂、馬脂、餘甘子。本草名菴摩勒，味初苦澀，良久更甘。　石灰、硫黄各末，丸皂子大，老酒下。　鴨屎汁灌。　羊脂稷子煎飲。　黄連、甘草煎飲。　解吞銅鐵錫等物：　胡粉一兩，猪脂調服。　古文銅錢、白梅肉各十個，醃爛，搗丸菉豆大，流水吞一丸。　光明石灰、硫黄各一皂子大，研，酒下。　蒼耳頭，水浸飲。　艾蒿，濃煎水一升服。　木賊末，雞子清調服。　百部根四兩，酒浸一宿，煎服。　南燭根俗名南天燭。燒研一錢，開水調服。　多食胡桃。　生鳧茈即烏芋，小者名鳧茈，大者名地栗。研汁，呷。　多食飴糖、蜂蜜、荸薺、茨菇汁、猪羊油。　食鷓鴣肉。　煮薤白，暴萎食。　銅弩牙燒，納水中，冷飲。　王不留行、黄柏等分，研，湯浸蒸，丸彈大，青黛為衣，線穿掛風處，冷水化一丸灌。　連根葱煮汁，麻油調灌。　分金爐上灰，滾水調灌三錢。　栗樹炭二塊，用鐵錘搗成細粉，沙糖和細丸，米飲服三錢。　多食猪肥肉。　解吞針：　慈石末、蠟，合揉針樣，涼水送下。　櫟炭末，井水調下三錢。　蝦蟆眼睛一對，冷水下。　冬月在桑根下尋。　黑沙糖和黄泥丸，吞下。　蝦蟆數個，剁去頭，倒垂取血一杯，灌即吐出。　舊笤籬，煅研末，酒下三錢。　蠶豆芽半生半熟，搗爛，韭汁丸，吞下。　解銅條入腦：　磕頭數百個，即從鼻出。　解吞銅錢銅鉤：　鵝毛、象牙等分，燒灰。　慈石皂子大，煅研，新汲水下五分。　錢在喉不出，麩炭末，指彈入喉，即咯出。　桑柴灰研末，米飲下二錢。　菉豆粉，冷水下三錢。　解磠砂損陰：　猪蹄一具，浮萍二兩，煮漬。　解鍾乳毒：　食猪肉。　解雄黄毒：　防己煎服。　解皂礬毒：　服麵糊一缽。　解服硫發癰：　醋和豆豉，研敷，乾易。　黑錫煎服。　飲熱羊血。　解服丹發熱：　薤白切碎，麻油煎去渣，和酒服。　萱草根，搗汁服。　解藥箭毒：　雄黄末敷。　煎射罔塗。　藍青，搗汁飲並敷。　蘆根煮汁服。　貝齒即貝中二黑點。燒研服。　煎生地汁服。　麻仁杵汁飲。　山獺骨研，調敷。　大豆煎汁飲。　急飲麻油數盌。　藕煮汁飲。　服生葛根汁。　出藥箭砲子：　乾莧菜，同沙糖搗塗。　將銀灌傷處，鉛隨化水隨銀出。　花蕋石煅七次，研敷四圍。　陳臘肉搗爛，入象牙、人指甲各末二錢，厚敷。　將艾綿攤開，上鋪火硝末，又將大蜣螂搗成末，鋪火硝末上，敷傷處，包一日夜，即出。　南瓜剖敷，週時即出。　犀角

刺傷處。　解服石發毒：　龍葵根一握，洗切，乳香末、黄連三兩，甜杏仁六十枚，和搗敷，痒换，切勿搔動，候瘡中似石榴子，再去藥，用甘草湯洗，蠟貼。終身戒羊血。　水煮五加皮服。　葱薤煮肥猪肉食。　猪腎一具，勿見水，炙取汁服。　石燕七個，打碎，水煮頻淋洗。　鎔鉛，投酒中十次，飲。　薺苨搗汁服。　胡豆搗汁飲。　滑石五錢，水絞汁服。　芒硝一錢，蜜水調服。　石南末一錢，新汲水服。　萎蕤一兩，炙甘草七錢，犀角三錢，煎服。　烏豆二升，銅器煮飲。　船底青苔，煎服。　煮蜂房服。　解服丹石衝眼：　扁竹根洗，搗服。　解吞瓷鋒：　生紅蘿蔔，搗爛吞。　解砒霜毒：凡中此毒，煩躁如狂，心腹攪痛，頭旋，欲吐不吐，面色青黑，四肢極冷者是。　飲新汲水吐。　地漿調鉛粉服。　鬱金末二錢，蜜少許，冷水調服。　白芷末，井水服二錢。　稻草燒灰淋汁，調青黛三錢服。　菉豆粉、寒水石等分，藍根汁調服四錢。　生白藊豆研，水絞汁飲。或經霜生收，晒乾研末，新汲水調服三錢。　飲醋，吐，勿飲水。　膽礬研水灌。　楊梅樹皮煎服。　桐油灌吐。　大豆煮汁飲。　醬調水服。　糞清、人溺、金汁皆可灌。　煎豆豉飲。　甘草汁、藍汁和飲。　熱豆腐漿灌。　烏骨雞血、鴨血，灌。　無名異研水灌，或和雞蛋清灌。　三礬草搗汁灌。　冬青葉搗汁灌。　明礬、大黄研，新汲水調灌。　菉豆汁灌。　白蠟三錢，研，雞蛋清三枚，調灌。　苦楝根，新汲水搗灌。　黑牛羊血皆可灌。　烏桕樹根搗汁服。　降香末四兩，煎服。　夏枯草汁灌。　木通四兩煎服。　生雞蛋儘灌。　天竺果或根灌。　硼砂一兩，研，雞子清七枚，調灌。　巴豆去油，生茶木杵汁，冷水調灌。　紅白金魚，搗爛，水和灌。　菉豆粉、黄土各四兩，細篩，雞子清九個，攪匀，即用浸菉豆冷水和服。　潔白糖靛花、淡豆豉、甘草等分，研匀，冷水調灌。　燕子窠，和井水三四大碗，儘攪，布濾去泥垢，取水儘灌，以吐得救。　水澇草俗名男女草，生田塍水畔者佳。一大把，入水搗爛，濾去渣，飲二三盌。　明礬末三錢，雞蛋一二十個，打入盌内，攪灌，冷水亦可。　黑鉛一塊，約重四兩，石上磨汁，旋磨旋灌。　藜蘆根、青黛、皂莢、膽礬、苦瓜蒂、滑石、生甘草、生菉豆等分，搗末，凉水調灌。　香油一盌灌。　生甘草三兩，煎湯，加羊血半盌，和飲取吐，不吐速用下法，當歸三兩，大黄一兩，白礬一兩，生甘草五錢，煎飲。　陳壁土攪水灌。　虎耳草葉洗淨，取汁，攪冷水灌。　牙硝不拘多少，研末，冷水下。　小薊根汁灌。　生漆渣子，瓦上煉研，滾水下五分。

中砒毒，横身紫纍，名砒霜纍瘡，將黄土地挖斗大坑，井水灌滿，攪濁，飲一盌，旋又一盌，待紫纍俱散，一吐即甦。冬月亦用此法。　防風一兩，研末，水調服。　石青水調服。　解敷砒霜處痛潰：　濕泥頻塗，若毒氣入内，或作吐瀉，冷飲米醋。　生菉豆末，麻油調服。

果類　解諸果毒：　猪骨燒灰，煎服。　解白果毒：此症驟然一聲即暈去，如驚狀者是。　滾水磨木香，入麝少許服。　搗白果殼，煎服。　白鮝頭煎湯，灌三四次。　解苦杏毒：　煎杏樹皮飲。　解櫻桃毒：　服甘蔗汁。　解誤吞桃李不下：　狗骨煮汁摩頂上。　以少許水淋小兒頭，承其水飲。

菜類　解白菜毒：　馬料豆煮汁服。　童便和人乳服。　頭垢棗核大，含嚥吐解。　大豆末酒浸，絞汁服。　解野菰毒：　飲烏豆汁。　解菌蕈毒：　飲地漿。　煎防風飲。　啖忍冬草。　芫花生研，新汲水服一錢。　橄欖搗為泥服。　飲金汁。　紫金錠磨服。　菉豆研生甘草濃煎服。　生甘草二兩，白芷三錢，煎服，以鵝翎探喉，不吐必瀉。　解野菜毒：　頭垢丸棗核大，含嚥。

草類　解胡蔓草毒：即野葛、鉤吻、斷腸草、珍珠蘭，又名火把花、黄藤、水莽藤。　煮桂汁服。　飲白鵝鴨血。　飲熱羊血。　灌生雞子三枚。　煮薺苨食。　麻油灌。　韭汁灌。　桐油灌。　煎升麻灌。　黑豆一杯，研，生甘草五錢，煎濃服。　白礬化水服。　冬青葉搗汁，冷水和服。　雞抱雛卵，劈開，清油調灌。　金銀花、生甘草各一兩，大黄一錢，煎服。　解鼠莽毒：　鏡面草汁，清油各一盃，和服。　金線重樓根即重臺，本草名蚤休，又名草甘遂，葉似鬼臼。磨水服。　烏臼根搗水服。　飲黑豆汁。　蓮房帶蒂根，陰乾切段，煎灌。　荷葉蒂、藕節，煎，冷灌。　解草烏頭毒：即烏喙，又名射罔，與附子、側子、天雄同。　飴糖、黑豆粉，冷水和灌。　陳壁土泡服。　菉豆、黑豆煎汁，冷服。　甘草、黑豆濃煎服。　防風、甘草湯，冷飲。　遠志肉煎服。　煎甘草，和薑汁服。　多飲新汲水，吐。　井水和蚯屎服。　飲天麻子汁。　飲猪血。　小豆葉、浮萍、薺苨、甘草，各搗汁服。　解水莨菪毒：音浪蕩，即天仙子，誤食令人狂狼放宕。　飲甘草汁。　飲藍青汁。　升麻煎服。　解藜蘆毒：　雄黄一錢，研水服。　解芫花毒：芫音官。　煎防風飲。　煮桂汁服。　解仙茅毒：　煮大黄、朴硝服。　解藤黄毒：　韲菜水溫服。　解敷貼藜蘆毒入内：　葱煎湯飲。　解誤飲浸草毒水百竅潰血：　雞抱不出之蛋，研

細，和麻油灌。

蟲類　解諸蟲入耳：　薑擦猫鼻取尿滴。　雞冠血滴。　膽礬和醋灌。　韭汁和醋灌。　蜈蚣入耳，用蜜蜂炙香，放耳邊，或薑汁灌。　蛴蜒入耳，用蚯蚓納葱管內，化水滴，或羊乳滴。　壁虱入耳，用稻桿灰汁灌。　馬蟻入耳，用穿山甲炒研，水調灌。　解螞蝗毒：　芝麻油潤肛門，螞蝗聞香自出。　飲熱牛羊血，次早化猪油飲。　水服藜蘆末一錢。　硃砂、麝研塗。　黃土香油丸，空心溫酒下。　食蜜化為水。　空心飲地漿。　解吞蜈蚣毒：　誤吞後喉中似有物行，吐痰痛，飢更痛，甚至膚裂流水，目腫不痛，足腫可行者是。　服猪羊血。　飲桐油吐。　吞生雞蛋二枚，不可嚼。　生公雞熱血，灌即出，俟出盡，服全膚湯，茯苓三兩，黃耆、當歸、薏仁各一兩，白芍五錢，生甘草三錢，荊芥、陳皮各一錢，防風五分，服十劑，裂處自愈。　解蜈蚣咬毒：　蜒蚰搗塗。　雞蛋敲小孔，合咬處。　煎木香服。　雄黃一錢，冰、麝、青黛各五分，水和塗。　手指探雄雞喉內，取涎塗。　雄雞冠血塗。　畫地作王字，內取土擦。　蚓泥敷。　井底泥頻敷。　嚼香附塗。　蛇銜草杵敷。　麻履底炙熱揞。　楝樹枝葉，杵汁塗。　頭垢、苦參末，酒調敷，或止用頭垢搽。　桑　頭髮燒烟熏。　蜘蛛研汁塗。　吳茱萸搗敷。　烏雄雞屎水和塗。皮擦。　菖蒲擦。　鹽湯洗，劉寄奴擦。　獨蒜擦。　羊頭艿擦。　白鯗骨煅研搽。　桑汁塗，並可服。　或桑根、桑葉，皆可煎服。　丸蘄艾灸。取大蜘蛛放傷處吸毒，隨投蜘蛛于水，令吐毒，以全其命。　竹瀝搽。　薄荷研搽。　蟾酥丸水磨塗。　鐵刀頭燒赤，置白礬于上，化汁，滴傷處。雄雞嘴對傷處吸。　木梳內垢，燈上燒油滴。　五靈脂炒令烟盡五錢，蒲黃炒二錢，研末，醋調塗。　捲草紙燒着，隔錫片熏透，痛止。　生半夏、蓽撥各二錢五分，生南星一錢五分，雄黃、白礬各二錢，研末搽，或醋調敷。　解蜂螫毒：　頭垢封。　反手取地上土敷。　瓦摩其上唾二七遍，置瓦於故處。　硃砂水塗。　野莧擦。　蜂房末、猪脂和敷。　蟹殼燒研，蜜調塗。油木梳炙熱熨。　羊角腮燒灰，醋和敷。　尿淋拭乾，清油搽。　酥塗。蜘蛛研汁塗。　野芋葉擦。　醋磨雄黃擦。　蚓泥擦。　好黃酒淋。　青苔擦。　人乳搽。　火紙捲烟熏。　野苧葉擦。　桑樹汁擦。　解蠍螫毒：　雄蠍螫，只螫處痛。雌蠍螫，諸處牽痛。凡被螫，號呼更痛，大笑痛即可減。蛇與蜈蚣亦然。　醋和黃丹塗。　猫尿塗。　醋磨附子敷。　獨頭蒜杵敷。　苦李仁嚼塗。　丁香末蜜調塗。　川椒嚼塗。　烏賊骨一錢，白礬二分，研，隨左右嗃鼻。　冰片入蝸牛內，化水搽。　白糖按揉。　挑去刺涎，蘸礬擦。　麻油搽。　芋頭、荷葉梗擦。　陳薤滷擦。　安息香搗敷。　端午取雞蛋開孔，入壁虎，陰乾研敷。　井底泥塗，雄蠍螫，瓦溝泥塗，雌蠍螫，天晴用新汲水淋下，取泥用。　生南星、生半夏各一錢，明礬二錢，共研醋調敷。　膽礬末搽。　五月五日取水膠、乳香各一兩，水燉化，紙攤剪作小條，用時略濕水貼。　螫處以木椀合之。　硫黃入紙作撚，對螫處一點。　滴熱蠟燭油三兩次。　挼蛇盤草汁敷。　冷水漬螫處，水暖即換。　糞清搽。　草紙捲緊，燒烟熏。　香油蘸青布撚子，燒着，插筆管內，對準螫處熏。　淨官硝、雄精各一錢二分，麝香一分二釐，點眼角，男左女右。　高良薑、穿山甲各六兩，麻油二觔，浸七日，熬枯去渣，入炒過黃丹一觔，成膏攤貼，並治諸惡蟲咬及毒瘡，須平時預備。　嚼吳茱萸封。　生烏頭末，唾和塗。　嚼乾薑塗。　解蜘蛛咬毒：　服大藍汁，入雄黃、麝香少許搽。　灰條菜汁沐。炮薑切片貼。　醋磨生鐵敷。　油和鹽摻。　將蚓入葱中，捏兩頭，搖化水點。　雞冠血塗。　飲牛乳。　嚼薤白敷。　雄黃研擦。　身上生絲，飲羊乳，油鹽擦。　艾烟熏。　桑柴灰煎汁，調白礬末敷。　烏麻油和胡粉頻塗。　洋桃葉搗敷。　蒜切斷揞，或蒜磨地上泥塗。　解花蜘蛛毒：　野緋絲搗汁服，渣敷。　解壁蟢咬毒：　醋磨雄黃塗。　解百蟲咬毒：　燈火熏。青黛、雄黃等分研，新汲水服二錢。　紫草煎油塗。　豉心嚼敷。　酥和血塗。　蒜搗酒服並敷。　大藍汁調雄黃服。　生芝蔴嚼敷。　搗藊豆葉敷。　香油浸紫蘇塗。　苧麻汁塗。　菉豆湯煎益母草服。　馬桑皮和鹽搗敷。　生薑、半夏杵，酒煎服，查敷。　梔子蘸紅糖喫。　雞冠血搽雞蛋開孔，合咬處。　南星末，醋調搽。　蠟鎔滴。　端午收蜀葵花、榴花、艾心等分，陰乾，研水調塗。　薑汁洗，明礬、雄黃塗。　五月五日取白礬一塊，自早晒至晚收用。　出山礦石二錢，硃砂三錢，各研羅秤準，共研無聲，盛小瓷瓶內，蠟封，帶身邊溫養用更靈。　解小蝦蟆毒：　生豆豉新汲水浸汁飲。　解蠶咬毒：　苧麻根搗汁塗。　解馬蜞嚙毒：　雁山春夏最多，嚙則流血。　燒竹葉塗。　解黃蠟毒：　冬葵子或青菜煎服。　解螻蛄咬毒：　醋和石灰塗。　治八角虱：　磨鏡泥塗。　嚼生白果塗。　銀硃紙燒烟熏，內服蘆栢

地黃丸。即六味加黃栢一兩，蘆薈五錢。　解沙虱毒：在水中色赤，大如蟣，入皮中殺人。射罔搗敷。　萵苣搗汁塗。　用茅葉刮去沙虱，苦菜汁塗。　鹽和麝塗。　熱鹽水浸。　解風蟻螫毒：　梳垢封。　雄黃、麝研，麻油調搽。　解水弩射人毒：　熊膽塗。　酒磨雄黃服。　治應聲蟲：　雷丸煎服。　服藍汁。　解射影蟲毒：　桑柴灰煎汁，調白礬敷。　醋磨雄黃搽。　烏雞翅燒灰，油調敷。　雞子清搽。　解射工毒：　升麻、射干煎服，渣塗。　知母連根葉搗服。　鬼臼葉即害母草一把，酒浸，搗汁服。　狼牙根葉搗汁飲，並敷。　雞腸草搗塗。　芥末和酒塗。　馬齒莧搗汁服，渣敷。　切蒜貼。　酒熬皂莢塗。　鼠婦、濕地所生蟲。豆豉、巴豆各三枚，研，脂和塗。　蜈蚣一條，炙碾，醋和敷。　解巴蜡毒：　巴蜡蟲，名出烏魯木齊，與內地所稱射工相類。此蟲見人即飛逐，以水噀之則軟伏，或噀不及，為所中，嚼茜草根敷，即瘥。　解斑蝥毒：　玉簪花根搗水服。不可沾牙，服後急急以清水漱之。　馬料豆煎服。　解斑蝥、芫青毒：　猪膏、大豆汁、戎鹽、藍汁和服。　或肥皂水，或生鴨卵灌，取吐。　解八脚蟲咬毒：　一名多脚蟲。烏骨雞翎燒灰，蛋清調敷。　韭汁搽。　鹽湯浴。　解楊辣蟲毒：　馬齒莧搗封。　淡豆豉搗敷。　白芷煎湯洗。　海螵蛸末摻。　解蚯蚓呵毒：　濃煎鹽湯頻洗。　石灰泡，熱水候冷沐。　靛汁洗。　苧麻搗汁搽。　鴨血塗。　解蝸牛咬毒：　青蓼子搗汁浸。　解蛙毒：　車前擂水飲。　解蠱毒：　此毒噙白礬不澀而反甘，嚼生黑豆不腥者是。　濃煎石榴皮飲。　膽礬半分，熱茶化下。　鬱金末三錢，米飲下。　先取甘草一寸，嚼咽作吐，然後用炙甘草三兩，生薑四兩，水六盌，煮二盌，日三服，不吐則非此毒也。　毒在上，服升麻吐。毒在腹，服鬱金瀉。　或二味並服。　白礬、芽茶搗末，冷水調飲。　鰻鱺魚乾末，空心服，或炙香食。　土常山、馬兜鈴等分，水煎服。　畜刺蝟，則蠱毒不入。

鱗類　解諸魚毒：　黑豆、馬鞭草、橘皮、大黃、蘆根各汁飲。　煎朴硝飲。　飲冬瓜仁汁。　煮香蘇飲。　煮大豆飲。　煮蘆根服。　多食青菓。　解鱓魚毒：　食蟹。　犯荊芥，服地漿。　解魨魚毒：　鴨血灌。　薄荷浸水飲。　服至寶丹。　槐花濃煎服，又炒，同乾燕支等分，搗水灌。　麻油灌。　五棓子、白礬等分，研，湯下。　金汁灌。　紫蘇、橄欖各煎，灌。　服去風藥後，勿食魨魚。　煮臘鵝，食鮮魨子毒。　白茅根、蘆根各一兩，瓜蒂一個，煎服。　解鰍魚毒：　豆豉一合，煎濃汁，頻飲。　解守宮咬毒即壁虎：　桑木炭研，水煎滾，濾汁，礬末敷。　青苔塗。　清水淋壁上，注傷處。　解誤飲守宮浴水毒：　守宮性喜淫，夜間遇棹几上有茶水，即入相交，餘瀝遺入最毒。凡經宿茶水，渴極勿飲，如誤飲時，急覓地漿水解之，或吐或瀉，尚可拯救一二。　解蛇咬毒：　銅青敷。　胡粉和大蒜搗塗。　嚼鹽塗。　紫蘇葉搗飲。　薄荷葉研，酒服並塗。　鮮地榆根搗敷，並飲汁。　青木香煎服。　竹筒合咬處，鎔蠟灌。　青麻嫩頭搗汁，和酒等分服，針挑破，渣敷。　新汲水調香白芷末一兩，儘灌。　小青、大青、牛膝葉，搗汁和酒服，渣敷。　蒼耳嫩苗搗汁，和酒溫服，渣敷。　生菫杵汁塗。　狼牙苗根或葉搗臘，猪脂和塗。　金線重樓六分，續隨子仁七粒，搗酒服，唾和少許塗。　馬兜鈴根煎飲。　暖酒淋洗。　飲清油。　茭白燒灰敷。　薑末敷。　嚼蒜封。　蜘蛛搗敷。　小茴搗敷。　魚腥草、雛面草、槐樹葉、草決明杵敷。　胡荽苗合口椒等分，搗塗。　蒲公英搗敷。　薤白搗汁服，渣敷。　桂心、栝蔞等分，研敷。　牛虱、馬虱三七枚，燒研煎服。　吳茱萸末三錢，冷水和服。　活蝦蟆搗敷。　生蠶蛾研敷。　新剝羊肚一個，帶糞，將手入浸。　梳垢一團，尿和敷。　尿洗去血，牙垢封護。　野鼠屎水調塗。　人糞封。　人耳垢、蚓屎和塗。　烟桶燒熱，滴油搽四邊，留傷孔。　栢油樹嫩芽搗汁，敷。　雞蛋殼安咬處，用艾灸殼，又有將雞蛋頭敲破，安咬處，內變黑換，內變黃又換，三換愈。　鹹酸草搗汁，酒冲服，渣敷。　北細辛、白芷各五錢，雄黃五分，麝少許，研，酒服二錢。　絲瓜汁冲酒服，並塗。　靛花塗。　猪耳垢塗。　稻草燒灰，菜油調塗。　蓖麻仁嚼敷。　穀樹葉搗汁，井河水和服。　半枝蓮草搗汁塗。　又半邊蓮籐葉，名金錢草，用唾揉敷。　諺云：　有人識得半邊蓮，終朝可伴毒蛇眠。　烏桕樹苗葉根皮搗服，並敷。　莧菜根順杵酒泡飲，渣敷。　五靈脂一兩，水飛，雄黃五錢，研，無灰酒調服二錢，並敷。　忌服人薓。　川貝母末酒調服，儘醉，俟咬處水出盡，再以渣敷。　急用針刺咬處，兩頭紮縛，隨浸糞缸內，食蒜飲酒，令飽醉，外或搗蒜敷，艾團灸。　五月五日菖蒲削成針，陰乾，遇症將針插咬處，頻易。　大藍汁一盌，或小藍汁、人乳、雄黃末二錢，調勻塗。　藊豆葉搗敷。　用兩刀在水內磨，取水飲。　金絲荷葉搗汁塗。　急以利刀割去所嚙之死肉。　水洗淨拭乾，膽礬、白芷、麝香等分，研敷。　咬破潰爛，鳳

尾草搗敷。　婦人尿淋洗。　整粒糯米半升，家内男婦嚼爛，整(飪)〔敷〕咬處，出黑氣，換，敷出紫黑血愈。　黄豆葉搗敷。　酒磨紫金錠一個，多飲取汁，並磨敷。　白礬、甘草末等分，冷水調服。　櫻桃葉取汁飲，渣敷。　解蛇入孔不出：　快錐横穿其尾，再將刀剖尾，納川椒數粒，纏定即出。　避蛇法：　燒羚羊角。　燒雄黄。　乾薑、生麝、雄黄等分，搗匀，絳囊盛佩，男左女右。　解誤飲蛇遺水：　急服雄黄末。　解魚蝦毒，小便閉臍下痛：　淡豆豉一合，新汲水浸，濃汁炖服。

介類　解蟹毒：　飲生藕汁。　紫蘇汁煎飲。　煎蘆根飲。　煮蒜食。　丁香末，薑湯服五分。　煎橘紅飲。　誤同柿食，誤同荊芥食，均煎木香飲。　服冬瓜汁。　飲豆豉汁。　服薑汁。　飲黑豆汁。　服靛青汁或小藍汁。　飲蕹汁。　解鱉毒：　飲鹽水。　飲靛青水。　吴藍煎水飲。　解鱉咬毒：　白芷煎酒服。　解田螺毒：　飲鴨涎。

禽類　解諸鳥肉毒：　生藊豆末冷水服。　解鴆鳥毒：　中此毒白眼朝天，身發寒戰，心中明白，口不能言，一閉目即死。　犀角磨水飲。　金銀花八兩，煎汁二盌，入白礬、寒水石、花粉各三錢，石菖蒲二錢，麥冬五分，煎灌，待目不上視，口中能言，照方減半服二帖愈。　解雞肉毒：　飲醋。　新汲水調生犀角末服。　解誤吞雞骨：　食隔年灶糖。　香油煎滚，溫服。　生苧根搗汁飲。

解蝙蝠尿瘡：　畫地作蝙蝠形，刀取腹中土，唾和塗。　醋和胡粉塗。　鹽湯浸。　敗醬煎塗。　蒺藜葉搗敷。　螟蛉窠水調敷。　杵豆豉敷。　燕巢土和猪脂、苦酒調敷。　梨葉搗塗，乾易。　槐白皮醋浸浴。　鹿角燒研，酒服。　犀角磨塗。　大黄末敷。　烏雞翅燒灰，油調敷。　草茶、臘茶，生油調敷。

獸類　解牛肉毒：　食牛之報不爽，理無可解。但既有此方，姑錄之，以救暫時苦惱。　飲人乳。　煎甘草飲。　菖蒲研水服。　生疔，茶花根煎洗。　烏桕樹根皮酒煎服。　菊花連根搗汁，酒冲服。　山查、神麯、大黄、雷丸各三錢，枳殼、厚朴各一錢，煎服。　並治犬肉毒。　解羊肉毒：　服甘草湯。　解猪肉毒：　猪牙焙研，湯下一錢。　解誤食猪骨：　象牙末浮新汲水上，吸之。　解狗肉毒：　煮蘆根服。　甜杏仁去皮四兩，研，以百沸湯和仁絞汁，作三服喫。　喫冷粥一盌，立解。　解馬贏肉毒：　飲蘆根汁，或煎服並浴。　鴨涎灌。　解馬牛肉疔毒：　飲澤蘭根汁。　飲甘菊根汁。　生菖蒲搗酒服。　猪脂化湯服。　甘草煎服。　解馬肝毒：　猪骨灰、豆豉、人頭垢，皆水調服。　解狼犬肉毒：　搗苦杏仁一錢服。　飲藍汁。　解食死馬肉毒：　頭垢丸棗核大，含嚥。　解六畜肉毒：　自死肉毒，同治。　小豆煮水服。　白藊豆燒研，水服。　伏龍肝末，水服吐。　省頭草連根葉煎服。　胡荽子煮汁冷服。　搗韭汁飲。　服薑汁。　豆豉汁和人乳頻服。　煮甘草飲取吐，渴勿飲水。　黄蘗末水調服，未效再服。　頭垢一錢，丸吞，可以起死回生。　墻上黄土二錢，煎飲。　解瘋狗咬毒：　刮磚青，和牛糞敷。　蝦蟇作膾食。　雄黄二錢，麝五分，研，酒下。　膽礬末敷。　紫蘇葉嚼敷。　蓼葉搗敷。　地黄搗汁，飯餅，蘸塗百度。　川椒水調莽草末敷。　蔓菁根搗服。　刮瓦上青苔敷，不見日色者佳。　白果仁嚼塗。　烏梅肉酒服二錢。　紫荊皮於沙糖調箍。　梔子皮燒硫黄等分，研敷。　蠟鎔灌。　自死蛇一條，燒研搽。　虎骨刮末，水調服，並敷。　或煅研摻。　蝟皮、頭髮等分，燒研煎服。　婦人尿澆。　鼠屎燒研敷。　七日一發，三七日不發乃脱，急於無風處冷水洗淨，服韭汁一盌，七日又一盌，四十九日共服七盌，百日忌酸鹹，一年忌魚腥，終身忌狗肉。　被咬後頂心必有紅髮，務尋拔去，渴煎陳麥稭、陳菉豆水，陳松蘿茶飲。　乳香藤連根葉搗，酒冲服，渣敷。　血出，沙糖、明礬搽，無血雞屎搽。　錫灰敷，舊錫器刮末亦可。　瓦松、雄黄搗貼。　金絲荷葉搗，沙糖調服。　劉寄奴五錢，番木鱉一個，酒水煎服。

蚓糞水調塗。　地榆煮飲並研敷。　威靈仙酒煎服。　尿淋頭垢敷，熱牛屎塗四圍。　鹽水浸，蓖麻子研貼。　蒼耳葉搗，酒冲服。　半夏末擦。　飲薑汁、韭汁。　刮肉店板上油膩，拌沙糖敷。　細辛、蓽茇、雄黄各三分，麝五釐，共研，酒調服。　野葡萄根搗汁，酒服。　獨莖防風、大南星泡七次，晒乾，等分，研，每服二錢，白湯下。稍停再進一服，汗愈。　斑蝥三個，去頭翅足，研末，黄酒煎半杯，空心服，打下肉狗四十個為盡，如少數停，兩日再一服。　荔枝肉貼。　杏仁、沙糖等分，搗敷。　桃樹頭搗敷。　元眼核去，漆皮煅灰搽。　洋糖仝葱搗敷。　青布煎汁服。　搗栗子敷。　野菊花、香附、胎髮，焙研末，酒服儘醉。　解猫咬毒：　雄鼠屎燒灰，油和敷。　薄荷汁塗。　解鼠咬毒：　猫頭毛燒灰，油調敷。　猫屎揉敷。　麝封。　斑蝥去頭足翅，燒灰，麝少許，津調塗。　香椿樹皮搗汁一酒杯，黄酒下。　解虎咬毒：　頻飲青松汁，渣敷。　常飲酒醉。　燒青布熏傷口，生葛煮汁，

頻洗，並研，煎，頻服。　內多服薑汁，外用尿淋，白礬末敷。　服沙糖並塗。　螃蟹搗塗。　土蠶搗敷。　葱湯洗，生冬瓜皮瓤敷，頻易。　薤白搗汁飲，並塗。　真香油灌，並洗。　嚼栗塗。　雄黃、硫黃、紫石英等分，研末搽。　解馬咬毒：　益母草切，醋炒研搽。　馬齒莧煮食。　獨顆栗燒研敷。　雞冠血塗，牡馬用雌，牝馬用雄。　人屎、馬糞、鼠糞，焙研，猪油調搽。　猪肉同飯，自嚼敷。　薄荷汁塗。　童便和韭汁服，寒水石末敷，踏傷同治。　皂莢子燒灰，香油調搽。　解猪咬毒：　松香熬貼。　龜板燒研，香油調搽。　薄荷湯洗，白礬、樟腦末搽。　屋漏中泥塗。　解狼烟毒：　服白蘿蔔汁。　解虎熊狼爪傷毒：　生鐵煮水洗。　山漆研，米飲服三錢，並嚼塗。　接骨草一大把，浸水飲，渣敷。　嚼小米塗。　乾薑末敷。　刺蝟油敷，服香油。

人類　解人咬毒：　熱尿洗去牙黃淤血，蟬酥塗。　嚼生白果塗。　鼈頭燒灰，菜油調服。　水洗後，嚼生栗、柿餅敷。　龜板、鼈肚骨各一片，煅研，香油調搽。　溏雞屎塗。　猪脊髓、鼠屎、葱白搗敷。　兩頭尖鼠屎七粒，荔枝肉一個，紅糖搗勻敷。　大糞燒三錢，生大黃、花蕊石、爐甘石各二錢，輕粉一錢，甘草錢半，冰片五分，研細搽。　白蘿蔔葉嚼敷。　浸人尿內一宿。　解吞髮：　雄黃五錢研，香油調敷。　自己亂髮煅灰一錢，開水下。　解皮膚中毒：　醋和燕窠土敷。　附：　老少頭眩昏倒：　生白果頻頻嚼嚥。　立解頭痛：　大鮮紅蘿蔔皮貼太陽穴。　痧症腹痛：　誤服生薑湯，無藥可解。　疔瘡忌：　誤服火麻花，無藥可解。　骨蒸似怯症：　誤服生地黃，無藥可解。　渴極思水：　誤飲花瓶內水，無藥可解。　旱道無水，嚼葱一寸，可當水一升。　青筋脹即烏沙脹：　誤認為陰症投藥，無藥可解。　驢肉荊芥並食：　一時誤于並食，無藥可解。　鱉莧並食：　不飲白馬溺，無藥可解。　茅檐漏水：　滴在肉上，食之無藥可解。　食三足鱉：　誤食，無藥可解。　餚饌過荊林：　誤食，無藥可解。　老雞食百蟲，久則有毒：　誤食，無藥可解。　蛇虺涎毒，暗入飲饌：　誤食，無藥可解。　解盛夏大熱症：　黃芩一兩，煎汁一茶鍾，微溫，一氣飲之，立愈。

清·葉廷薦《救急備用經驗彙方》卷三　吞金、中黃金毒者，食鷓鴣肉。中白銀毒者，以黃連甘草解之。又洗金以鹽、駱駝、驢馬脂、餘甘子，皆能柔金。羊脂、燕子皆能柔銀。吞金銀入腹中，當服食前品，柔則易出。又服金者，用真輕粉研細，水調下，能令從大便出。一方，羊脛骨燒焦研末三錢，米飲下，從大便出，神效。　誤吞金銀物在腹中，取水銀服之。

誤吞銅錢：　一方，燒紅栗炭，帶紅即研細末，砂糖調服二三錢，即愈。又方，堅炭為末，熟豬油調服二三錢，即出。一方，多食肥豬肉、葵菜，自出。

誤吞釵鐶：　取薤白晒萎，煮熟，切，食一大束，釵即隨出。一方，水銀半兩，吞之，再服即出。治釵鐶金銀。一方，多食白糖至數斤，當裹物自出。

解中飲食毒：　一覺腹中不快，即以生黃豆嚼之，不聞腥氣，此中毒也。或嚼生礬一塊，覺甜而不澁者，亦中毒也。急以升麻煎濃連飲，以手摳吐，即愈。或急用苦參三兩，苦酒即米醋。一升半，煮半沸，陸續飲之，吐食出即瘥。水煮亦得。犀角湯亦可解。或薺苨、生甘草，各二兩。剉細，水煎，停冷去渣，分三服，加蜜少許同煎亦妙。

解毒藥汁不可熱食，諸毒病得熱更甚，宜冷飲之。

解中六畜肉毒：　犀角磨濃汁一碗，服之。黃柏末、灶心土末、赤小豆燒末、東壁土末、頭垢一錢，扁豆豉汁，並水服。　一方，水煎墻上黃土二錢，飲之即解。　解中自死六畜肉毒：　黃柏末二三錢，水調服，不解再服。或壁上黃土，水調服二錢。或雄鼠屎兩頭尖者是。十四枚，研末，水和服。或飲人乳一升，愈。　解中馬肉毒：　蘆根汁，嚼杏仁，甘草汁，飲美酒。食酸馬肉，不飲酒則殺人。　一方，香豉二兩，杏仁三兩，蒸一食頃熟，杵之服，日再服。

解中馬肝毒：　猪骨灰、雄鼠屎、豆豉、狗屎灰、人頭垢，並水服。　解中牛肉毒：　烏桕樹根皮酒煎，同熱酒服。或菊花連根搗汁，酒服。猪脂化湯服，甘草煎湯。　猪牙灰，水服。　飲人乳汁一升，立愈。　米泔洗頭垢，飲一升，愈。

解中獨肝牛毒：　人乳服之。　解中牛馬生疔毒：　澤蘭根擂水服，生菖蒲擂酒，猪牙灰水服，甘菊根擂水，甘草煎湯。　解剝死牛馬毒：　開剝死牛馬中毒，遍身生紫疱，俱潰叫痛，急服紫金錠，見分治門，胸乳部胞發疽。吐瀉即愈。　解中猪肉毒：　杏仁研汁，韭菜汁，朴硝煎汁，猪骨灰調水，大黃煎湯。猪羊肉以桑楮柴煮炙食之，生寸白蟲。　一方，猪牙燒為末一錢，水送下。

解中狗肉毒：　杏仁研末水服。煮蘆根，取汁飲之。　解中羊肉毒：　甘草煎湯服。　解食鬱肉漏脯毒：　凡肉盛密器，蓋之隔宿者，名為鬱肉。又茅屋漏水，沾濕脯，名為漏脯，皆有毒，害人。人乳汁飲生韭菜汁三升。燒犬屎，酒服方寸匕。又燒人屎，和酒服。黑豆濃煎汁，飲數升。　解食黍米中

藏乾脯毒：大豆濃煮汁，飲之數升，即解。亦治狸肉漏脯等毒。　解食鳥獸肉毒：大豆汁，或鹽汁服之。　解食六畜鳥獸肝毒：水浸豆豉，絞取汁，服數升愈。中毒在胃，故用豆豉涌吐其毒。如肝色青黯，腎色紫黑，俱不可食。

解自死鳥獸肝毒：取人頭垢一錢，熱湯化服。

解中藥箭肉毒：大豆煎汁。鹽湯，狸骨燒灰，和水服。　又，黑豆汁、藍汁飲之。　一方，雄黃末敷之，沸汗出愈。

解食肉過傷：本畜骨灰水服，生韭汁，芫荽煎汁。　解多食生膾不消，胸膈不快：瓜蒂散吐之。瓜蒂炒、赤小豆各等分，為末，每二錢，溫漿水調下，取吐為度。或飲薑汁即消。若日久成癥病，大黃、朴硝、陳皮各三錢，水煮頓服，下之。　又方，取水中石子數十枚，燒赤，投五升水中七次，即熱飲之，三五度當利出瘕。又，狗糞燒存性，為末，和酒服二錢，日三，瘕結即出。

解食鶩鴨肉毒：糯米泔，或溫酒飲之。　又，秫米，水研取汁，飲一盞。

一方，猪糞燒為末，每一錢，水送下。

解食雉肉毒：吐下，用犀角末，和水服一錢。或以水濃磨，取汁飲。

解食斑鳩毒：葛粉二合，水調服。薑湯調服，亦解。　解黃蠟炒鷄毒：青菜湯，冬葵子湯，大蘇子汁，波薐菜湯，俱可解。若未解下時，止可飲清水，斷不可食有質有味之物。　解食鷄子毒：好醋飲之即愈，未愈再服。

解食魚毒：覺胸腹煩亂，陳皮濃煎汁，冷服之即解。飲冬瓜汁最驗。又，海獺皮煮汁飲之。又，鮫魚皮燒灰，和水服之。橄欖搗汁服，亦佳。魚無腸膽，戒食。　解中鼈毒：飲藍汁數碗，或靛青水亦可。　食鼈肉誤食莧菜成鼈腹脹，速飲白馬尿一碗，即化。　解中蟹毒：紫蘇葉濃煮汁，飲之。或紫蘇子汁，飲之。或搗藕汁，或搗蒜汁，飲之。或冬瓜汁，或食冬瓜，俱可。又，黑豆汁、豉汁，並解之。　蟹有獨螯，蟹目相向，足斑目赤，不可食。未遇霜，不可食。　解食鱓魚、黿、鼈、蝦蟆、自死禽獸等毒：淡豆豉一合，新汲水煎濃，溫服之。食鱔中毒，食蟹解之。　解食鱸魚鯸鮧毒：蘆根煮汁，飲一二升。生汁亦可。　解黃鱔魚毒：食此犯荊芥，能害人，服地漿水解之。又食蟹解之。　解食河豚毒：五倍子、白礬等分，為細末，水調服之。或鮮蘆柴根搗汁飲之。乾者，煎汁溫飲之，即解。如倉卒無藥，急以清油多灌之，使毒盡吐出，即愈。　忌見弔灰，多服金汁即解。如難得于地上挖一潭，用水和泥，稍定，服一二碗，即解。或紫金錠，見分治門胸乳部脾發疽。更妙。急取熱鴨血灌救，入喉即活。橄欖汁，或白茅根搗汁，冷飲亦愈。　又，羊蹄葉，搗取汁飲之。其子尤毒，慎不可食。　或，香油一碗灌之，吐出亦愈。　或，人糞汁，多灌吐出，即愈。

解飲食中蜈蚣等毒：舌頭脹腫，以鷄冠血生飲之。傷損，則用血塗上。

祛蜈蚣法：凡人家多蜈蚣，以頭髮常燒烟，或床下，或廚房，聞之入土三尺。

解食物中蛇蟲百脚遊過毒：甘草煎湯，灌下，吐十餘次，愈。　一方，以蒼耳草嫩葉，取汁灌之。　毒入腸者，一方，以兩刀相磨，取磨下之汁服。

一方，用益母草煎服。　解中蚰蜒毒：形如大麻風，鬚眉皆落。　一方，用石灰泡熱水，候涼，洗患處，浸之良久，愈。　解食小蝦蟇毒：小蝦蟇有毒，食之令人小便秘澀，臍下悶痛，有至死者。　一方，以生豉一合，投新汲水半盞，浸濃汁，頓飲之，即愈。　解食螞蝗：嗜芹菜者多此疾。空心時，食地泥少許，自下。

解中豆腐毒：過食豆腐，腹脹氣塞欲死。新汲水多飲即安。若飲酒即死。中豆腐毒，令人生瘡，噫氣，遺精白濁，蘿蔔煎湯飲之。　又，杏仁水研，取汁飲之。

解中麪毒：以蘿蔔生啖之。或搗汁服之。麥麪大熱，惟蘿蔔能解其性。或大蒜嚼食之，亦善解麪毒。　又，地骨皮煮取汁，飲之。　又赤小豆末，和水服，即愈。

解鹽滷毒：服鹽滷，將常用擦桌布，洗水灌之，使吐即解。急取活鴨，或鷄，斬去頭，將頸塞口中，以熱血灌之，可解。若滷多者，必數隻，方足盡收其鹹毒。　一方，豆腐漿灌之。或肥皂水，皆能令嘔吐。切不可飲熱湯。飲活羊血，尤妙。　一方，黃豆入水，搗汁灌之。或用生大黃一兩，搗碎，再用生豆腐漿一碗，同搗數十下，服後瀉數遍，即效。

解中酒毒：經日不醒，謂之中酒。黑豆一升煮汁，溫服一盞，不過三盞即愈。或鍋蓋上氣水一杯，灌下即醒。或白蘿蔔汁，或熱尿，灌，俱效。　一方，葛花五錢，赤小豆、菉豆粉、柿霜各三錢，白豆蔻二錢、生藕汁，同煎服。令污泥搭胸前，燥即再搭，自愈。　過飲燒酒中毒：則面青口噤，昏迷不醒，初覺便脫衣，推身滾轉之無數，吐之即甦。若灌冷水，即死。　又，葛根搗取汁，灌口中，漸愈而醒。

解烟毒：砂糖調水服。

解中砒霜毒：一方，砒霜服下未久者，取鷄蛋一二十個，打入碗内，攪匀，入明礬末三錢，灌之，吐則再灌，吐盡便愈。但服久，砒已入腹，則不能吐出，急用黑鉛四兩重一塊，用井水于石上磨出黑汁，旋磨旋灌，盡則愈。即先吐出之後，亦宜再鉛水服之，以盡餘毒，方無後患。發狂，心腹絞痛，頭眩嘔吐，面色青黑，四肢逆冷，六脉洪數，飲食中得者為易愈，若空心酒、醋服者，難救。地漿水頓服，若吐出，又服，所謂洗淨腹中毒，全憑地上漿是也。其法，掘地成坑，以水灌注，攪成混水飲之，謂之地漿。又方，糞清灌之，亦解。又方，豆豉濃煎湯，飲之可解。又方，熟豆腐漿灌之，亦效。一方，雄鷄血熱飲，立愈。一方，菉豆半升，擂粉，入新汲水攪和，去渣，取汁飲之，解砒毒第一。一方，白洋糖、靛花、淡豆豉、甘草等分，研匀，冷水調灌，即甦。一方，新鮮羊血、鴨血，飲之，皆可解。一方，甘草同藍汁飲之，即愈。一方，急用密陀僧一兩，或二兩，研細，冷井水飛，徐徐灌下，或吐或瀉，則砒信裹在藥末内出矣，神效無比。或外再以井底泥塗胸前。或以生蟹，或用田螺，搗塗臍四旁，更妙。一方，白蠟三錢，研末，調鷄子清三五枚，入口即愈。解人信毒，用藜蘆根、青黛、皂莢、膽礬、苦瓜蒂、滑石、生甘草、生菉豆，各等分，搗末，涼水調灌。凡中砒毒，心腹絞痛，欲吐不吐，面青肢冷，用防風四兩，煎湯飲之即解。一方，桐樹葉搗爛，冲生白酒，飲之即解。一方，楊梅樹皮，煎湯二三碗，飲之即愈。一方，紫蝴蝶花根，搗汁一碗，灌下立愈。一方，生桐油灌之，得吐即解。一方，冬青樹苗汁，與水相半，灌下。無苗時，用老葉，帶水搗取汁。一方，用甘草湯、菉豆湯、夏枯草汁，或鷄子五六枚，打碎和匀，灌下。總以吐盡毒為度，醒後仍顛者，以菉豆湯飲之，毒盡自愈。一方，用白礬三錢，新汲水化下，吐出即愈。一方，或香油一二升，灌服。又扁豆、青黛、甘草各一錢，巴豆去殼一箇，一云半箇，為末，砂糖大一塊，水化調一盞飲之，毒隨利下。又稻稈灰，和水淋取汁，冷服一碗，毒隨利下。又藍根、砂糖，擂和水服。一方，醬調水服。若在胸中作楚，急用膽礬研水，灌之。或用真菜油灌之，立解。一方，防風一兩，研為末，水調服之。與前方分兩、服法小異。

解食胡粉毒：一方，上號潔白糖、靛花、淡豆豉、甘草等分，研匀，冷水調灌，即甦。一方，砂糖調水服。一方，肥皂搗爛，取汁灌下，皆效。一方，急用大黃、枳實、土茯苓、陳醬，水煎，加焙乾雄猪屎入藥中服。一方，飴糖四兩，硫黃五錢，研末，入猪腸中，兩頭紮緊，用好陳酒并水，放瓦罐中，火燉一時，取出，再將飴糖與硫黃和匀，為丸如梧子大，每服二十丸，溫水或甘草湯下。若有香油，調鉛粉服者，肥皂水下。一方，生甘草四兩，菉豆二升，湯煎濃，時時服之。一方，木瓜煎水，飲之。一方，生蘿蔔汁，食之。

服水粉牙根腐爛，出血不止：一方，管仲、名貫眾。黃連，各五錢。為末，水一鍾，煎四五沸，入冰片少許，攪匀，漱口，每日一次，忌猪腥油膩一月。一方，麻油和蜜糖食之，亦能解水粉毒。解礬石毒：一方，黑豆煎汁，飲之。解服丹毒：一方，地漿服之為上。一方，蚌肉食之良。

解食輕粉毒：一方，用黑鉛五斤，打壺一把，盛燒酒十五斤，納土茯苓要白色的半斤，乳香三錢，封固，重湯煮一日夜，埋土中出火毒，每日早晚任飲數盃，溺時以瓦盤接之，當有粉出，服至筋骨不痛乃已。五寶湯：紫草、金銀花、山慈菇各一兩，乳香、沒藥各五錢，新汲水六碗，好陳酒五碗，煎至六七碗，空心溫服，取汗，不可見風，一二服其毒從大小便瀉出。一方，臘猪頭骨搥碎，土茯苓舂碎，金銀花各一斤，水煎服，即愈。解中冰片毒：飲以新汲冷水，可解。解硫黃毒：令人心悶。一方，取猪、羊熱血，飲之。又，宿冷猪肉及鴨肉羹，冷食之。又，黑錫煎取汁飲之。解硇砂毒：一方，生菉豆研取汁一二升，飲之。

解中巴豆毒：下利不止，口乾，兩臉赤，五心熱。炮薑、川連，炒各等分，為末。每服二錢，水調服，如人行五里許，再服。或煮菉豆湯，冷服之。或川連、甘草煎汁，涼飲之。或芭蕉葉根，搗汁飲之。或以大豆一升，煮汁飲之。又巴豆畏大黃、黃連、蘆笋、菰笋、藜蘆，各煎冷服，皆能止瀉。一方，冷粥一碗，喫下即解。一方，黃連、黃柏煎湯，冷服。又，黑豆煮取汁，飲之。又，寒水石磨水服之。又，菖蒲，或葛根，搗取汁飲之，更以冷水浸手足，忌食熱物。又，藍根、砂糖擂爛，和水服。解食桐油，嘔吐不止：將乾柿餅食之，立解。急飲熱酒，即解。解食閉口椒毒：口吐白沫，氣閉欲絕。冷水飲之，解。地漿水更妙。或食蒜，或肉桂煎汁飲之。或煮澹豆豉，飲之。或喫大棗三枚，解之。又，濃煎黑豆汁飲之。又，人屎飲之。或飲醋解之。

解食蕈中毒：忍冬花葉，亦名金銀花葉，生啖之，愈。或煎濃汁，飲之。或人糞汁，飲一升。或地漿，飲一二升，尤效。或大豆濃煮汁飲，服吐利藥，

並解。飲地漿水三四碗。地漿能解百毒，真神方也。又，馬藺根葉搗取汁，服之。又，人頭垢和水服，以吐為度。又，六畜及鵞鴨之屬，刺取熱血，飲之。又，油煎甘草，冷飲。只多飲香油亦可。中蕈毒，吐下不止，細芽茶為末，新汲水調服，神效。又，荷葉搗爛，和水服。鵞頭煮汁，飲即愈。凡菌蕈，如夜中有光者，欲爛無蟲者，煮不熟者，煮汁照人無影者，上有毛，下無紋者，仰捲赤色者，俱毒，殺人。六一散：滑石六錢，甘草一錢，研勻，每服二錢，水調服，皆效。

解食芹菜毒：蛇嗜芹，人中其毒，手青，腹滿痛不可忍。用米糖二三斤，日兩度服之，吐出如蜥蜴三五枚，瘥。一方，田中泥土，為丸服之。治食芹菜，螞蝗入腹作痛。解食楓菌毒：令人笑不休。一方，飲地漿，即解。一方，飲冬瓜蔓汁，解之。一方，苦菜、白礬，新汲水服之。一方，飲糞汁，亦可解。一方，採生金銀花，嚼之可解。解中野芋毒：食之令人小便秘澀，臍下悶痛，有至死者。一方，以生豉一合，投新汲水半碗，浸濃，頓飲之即愈。

解中天雄毒：一方，甘草、黑豆，濃煎飲汁。又，防風甘草湯，冷飲之。又，棗肉、飴糖，服之並解。又，乾薑煮汁，冷飲之。又，多飲井水，大吐瀉即愈。解食附子毒：頭腫唇裂，血流，或見內熱諸證。急用菉豆、黑豆搗汁，常飲。或大豆汁、飴糖、棗湯，並解之。或，田螺搗碎，絞汁，水調飲之。

解中烏頭草烏毒：令人麻痺暈悶。甘草煎濃湯，服之。或飴糖、黑豆、冷水解之。或米醋調砂糖，亦可。甘豆湯飲之，生薑汁飲之。又，童尿飲之。又，黃連湯飲之。江左山南有草烏頭，其汁煎之，名射罔，俱大有熱毒。而射罔更烈，塗破損處，立能殺人。用甘草汁、藍汁，或小豆葉、浮萍、薺苨汁、冷水，解之。解食鉤吻毒：俗名斷腸草。生池旁，與芹菜相似，惟莖有毛，以此別之。誤食殺人。一方，用薺苨八兩，水六升，煮取二升，溫分二服。

一方，先用鴨蛋三個，將服毒人扶正，撬開牙關，剝開蛋殼，成個灌下三個，待蛋入胃，裹住毒草，次用猪膏溶化，溫和灌下一飯碗，後又用黃豆一小升，笋雞一隻，不論雌雄，連毛帶腸，同豆搗爛，用清水一飯碗，泡入鷄內，布袋濾去渣，取汁灌下，其毒即吐。如不吐，即用芋苗探喉，或用女人頭髮髮子探喉，鵝翎亦可，毒吐即愈。其毒在胃者可治，入腸者難治。一方，即取雞卵未成雛者，研爛，和麻油灌，吐出毒物可生，遲則死也。一方，急以升麻湯探吐，亦好。一方，人屎汁，或白鴨、白鵝斷頭，滴血入口中。或羊血灌之亦好。一方，葱汁、蕹菜汁、葛汁、鷄蛋清，咸可。解大戟毒：泄瀉不禁。一方，煎薺苨汁飲之。一方，菖蒲搗取汁，飲之。

解芫花毒：一方，柑皮煮汁飲。又，甘草，或防風煎汁，服。解食鼠莽毒：一方，黑豆汁可解。一方，用枯蓮房殼，帶蒂梗陰乾，㕮咀，煎水二三碗，灌之。如無，用荷葉中心蒂，或用藕節，煎湯一碗，溫冷灌之，毒即散。

解食莨菪毒：一方，用甘草汁，或藍青汁飲之，即愈。若服藥即劇，菉豆汁飲之。甘草、薺苨汁飲之。又，犀角磨水，服之。又，蟹汁服之。又，甘豆湯濃煎，服之。

解中胡蔓草毒：將糞汁灌之，可解。或飲浸草毒水，百竅潰血，急取抱卵不出之鷄蛋，研細，和蔴油，開口灌之，吐出可救。或用韭菜汁，灌下亦可。

解苦楝毒：服苦楝根瀉不止，飲冷粥止之。解半夏毒：有中此毒，口不能言，倒地將死者，速用薑汁灌之，須臾自甦。又，乾薑煮汁服。解斑蝥、芫青毒：中其毒者，必腹痛嘔吐，煩躁欲死。一方，用猪膏、大豆汁、戎鹽、藍汁，飲之。又，或用大小黑豆汁服之，並瘥。或用肥皂水灌下，鵝翎探吐，絞喉數次，令吐即活。一方，生鷄鴨卵，開孔，灌入口中，連灌五六枚，得吐即活，止痛而愈。倘閉，以箸抉開，灌入。又急用菉豆，或黑豆，或糯米，和水研，取汁服之。又，藍汁飲之。又，猪腸服之。又，澤蘭葉，挼取汁飲。

解藜蘆毒：吐逆不止。一方，雄黃為末，溫酒調服一錢。一方，煮葱汁服。又，香油灌之。又，溫湯飲之。解雄黃毒：一方，漢防己煎湯，飲之。有用雄黃搽瘡，或薰陰囊瘡受毒者，防己煎湯，洗數次愈。解食桃得病：一方，取桃梟燒為末，和水服之，即愈。解苦杏仁毒：一方，用杏樹皮，煎湯飲之，雖迷亂將死者，亦可救。一方，藍葉汁飲之。一方，藍子研水服則解。一方，香油多飲，吐之。又，地漿、藍汁、甘草汁飲之。杏子雙仁者有毒，人誤食必死。若中其毒，用此解之，急取吐可解。解艾毒：艾葉久服亦有毒，毒發則熱氣冲上，狂躁不能禁止，攻眼，有瘡出血者，甘豆湯冷服之。藍葉汁、菉豆汁，飲之。解甘遂毒：一方，黑豆煎汁飲之。解狼毒毒：一方，杏仁研，水和取汁，服之。一方，藍葉汁飲之。一方，白斂為末，和水服。解犀角毒：多服則令人煩。一方，麝香一字，調水飲

之。　解躑躅毒：一方，梔子煎取汁，飲之。　解海菜毒：凡海中菜，多食損人，令腹痛發氣，吐白沫。一方，飲熱醋即安。凡海菜傷，皆同此法。

解食萵菜毒：一方，生薑汁飲之。

解食諸菜毒：猪骨燒灰，和水服。又，桂皮濃煎取汁，飲之。又，服瓜蒂散，吐之即愈。見上，解多食生膾不消。發狂煩悶，或吐下，葛根濃煎汁服。生汁尤佳。又，烏鷄屎燒為末，和水服。香油多飲之。又，人乳汁，或小兒尿，服二升即愈。　蔬菜、魚肉毒：苦參剉三兩，苦酒即醋也。一升，煎服，吐出即愈。　解中白菓毒：小兒食之過多，脹悶欲死。急用白鯗頭煎湯，頻頻灌之，少頃自定。　解食雜瓜菓子過多，腹脹氣急。一方，桂心為末，飯丸菉豆大，以水吞下十丸，未愈再服。　又方，桂心末五錢、麝香一錢，飯丸菉豆大，白湯下十五丸，即效。　解諸菓毒：一方，麝香一分，煎湯服。　一方，猪骨燒灰，水調服。　解食瓜毒：一方，石首魚炙食。或煮汁服，自消。

解苦瓠毒：食苦瓠，吐利不止。一方，飲黍穰灰汁，解之。　解漆毒：紅斑爛瘡。一方，取生蟹黃塗之，不數次即愈。　一方：杉木煎，洗之。

解煤薰毒：一時運倒，不救殺人。飲冷水可解。或蘿蔔搗汁灌口鼻，移向風吹，便能醒。或用鹹菜水灌之，即愈。

解石藥毒：人參，煮汁服。又，白鴨屎為末，和水服之。　解信毒併銀匠爐中硫子毒：錫灰一錢、雞子七個，將二味攪勻，喫下即愈。

按：錫灰即白鐵消後，鍋內所遺渣垢也。再連鍋燒紅，即化成灰，研為細末，每服二錢。若服毒過多，加倍用，神效。　解食銀銹毒：將黄泥水服二三茶杯，即愈。　又方，每日用飴糖四兩，撚成小丸，不時以真芝麻油吞下。

一方，生羊血灌之，吐盡即愈。

解誤服水銀毒：在背陰處掘地二三尺，取泥為丸如梧子大，以冷井水下腹中即瀉，水銀隨下矣。入耳，以黄金枕耳邊，則自出。若水銀入肉，令人筋攣。以金物熨之，水銀乃出蝕金，其病即瘥。　本草載荷葉、松葉、穀精、脂萱草、瓦松、夏枯草、水茨菇、雁來紅、馬蹄香，煎湯服，皆解汞。　一方，肥猪肉煮，冷食之。又，猪脂服之。

清・王學權《重慶堂隨筆》卷下　解諸藥毒：濃煎甘草湯涼飲。飲地漿水。白扁豆生研末。涼水和服。　解誤服人參：生蘆菔搗汁飲，或蘆菔子煎湯服。　解諸熱藥毒：綠豆或甘草濃煎湯冷服。　解蒙汗藥毒：身不能動，目瞪不言，口吐涎沫者是。飲冷水。忌服薑。白茯苓五錢，生甘草二錢，甜瓜蒂七個，陳皮五分，水煎冷服，大吐而愈。　解巴豆毒：芭蕉葉或石菖蒲搗汁飲。大黄、黄連煎湯冷服。巴豆貼肉潰爛，生黄連末水調傅。　解椒毒：身冷而麻，口吐白沫者是。地漿水或新汲水飲。啖大棗數枚。　解冰片毒：飲新汲水。　解附子、烏頭、天雄、草烏、射罔毒：綠豆或黑豆煎湯冷飲。甘草、黑豆同煎冷服。　解鈎吻毒：即斷腸草，一名胡蔓草，又名火把花、雷公藤、黄藤、水莽藤，俗呼菜蟲藥。麻油或桐油或韭菜汁灌之。白礬化水服。　金銀花、甘草各一兩，生大黄一錢，煎服。　解藜蘆毒：雄黄一錢，研水飲。　藜蘆傅肉，毒气入內，煎葱湯服。　解仙茅毒：大黄、朴硝煎服。　解芫花毒：防風煎湯服。　解藤黄毒：韭菜水溫服。　解誤服相反藥毒：蠶蛻紙燒灰，冷水和服。　解野蕈毒：生甘草二兩，白芷二兩，煎服，以鵝翎探喉，不吐即瀉。金銀花搗汁飲。綠豆生研，新汲水攪之，澄清服。　解白果毒：驟然一聲即暈去者是。白果殼煎湯服。白鯗頭煎湯頻灌。滾水磨木香，入麝香少許灌之。　解苦杏毒：杏樹皮煎湯服。　解櫻桃毒：青蔗漿灌之。　解諸果毒：豬骨燒灰煎服。玉樞丹水調灌。　解桐油毒：食乾柿。　解石藥毒：芹菜或葵菜搗汁飲。　解鍾乳毒：豬肉煮食。　解雄黄毒：防己煎服。　解皂礬毒：麥麵打糊頻服。　解砒毒：煩燥如狂，心腹疞痛，頭旋，欲吐不吐，面色青黑，四肢極冷者是。硼砂一兩研末，雞子清七枚調灌。柏樹根或冬青葉或夏枯草搗汁飲。明礬、大黄研末，新汲水調灌。中砒毒渾身紫瘰者，急作地漿頻灌，待瘰散盡，一吐即甦，雖冬月亦須此法。　砒霜傅身，患處痛潰，以濕泥頻塗，設毒气入內而作吐瀉，飲冷米醋解之，或生綠豆研末，麻油調服。　瓷鋒入腹：生紅蘆菔杵爛吞。乾餳糖頻吞。　玉石入腹：葱白煮濃汁服。　金銀入腹：紅棗煮爛恣食。雞矢半升，水淋取汁一升，飲之，日三，已死者可活。　銅鐵錫入腹：木賊草研末，雞子清調服。連根葱煮汁，麻油和服。　解鉛粉毒：面青，腹中墜痛欲死者是。蘆菔或葧薺搗汁飲。麻油、蜂蜜、飴糖和服。　解銀黝毒：生羊血灌之，吐盡即愈。〔王孟英〕刊：黝字俗寫甚多，諸書所說不一。雄幼時不知所從，夜忽夢一人大聲曰：當從北宮黝之黝為是，醒而異之。遍考字義，固宜作黝。語云：思之思之，鬼神通之。豈不信然！故附識之。　解水銀毒：開口花椒吞二錢。　解輕粉毒：川椒去目，白湯吞服。生扁豆浸透，搗汁飲。

解蠱毒：含白礬不澀而反甘，嚼生豆不腥者是。畜刺猬則蠱毒不入。濃煎石榴皮飲。解盤蝥：蚖青毒：六一散涼水和服。解黃蠟毒：冬葵子或白菜煎湯飲。解蟹毒：生薑汁或藕汁、蘆根汁灌之。誤犯荊芥，誤同柿食，均濃煎木香湯飲。解蝦毒：橘皮煎湯飲。解蛙毒：車前草搗汁飲。

解河豚毒：麻油灌之。茅根、蘆根各一兩，瓜蒂一個，煎服。紫蘇或薄荷搗絞濃汁飲，或以乾者煎濃服。解鱉毒：靛青水灌。鹽化水飲。解鱔魚毒：食蟹即愈，或地漿灌。犯荊芥亦飲地漿。解鳩羽毒：白眼朝天，身發寒顫，心中明白，口不能言，一閉目即死。犀角磨汁飲。金銀花八兩，煎汁二碗，入白礬、寒水石、花粉各三錢，石菖蒲二錢，麥冬五分，煎灌，待目不上視，口中能言，照方減半，再服二劑即愈。解鶴頂毒：糯米煮粥杵爛，過量啜之，亦解鳩羽毒。解雄雞毒：磨犀角飲。醋飲之。解牛馬肉毒：飲人乳。石菖蒲研水服。蘆根或菊花連根搗汁，和酒服。解馬肝毒：豬骨燒灰，或淡豆豉，或頭垢，并水調服。服豬脂一斤。解狗狼肉毒：蘆根搗汁飲。杏仁去皮尖四兩，研，開水和，分三服。解羊肉毒：甘草煎服。栗子殼煎飲。解豬肉毒：芭蕉根搗汁飲。白沙糖一兩，白湯調服。解鹽鹵毒：生甘草三兩，煎汁冷飲。生黃豆水研絞汁飲。解酒毒：大醉不醒。人乳和熱黃酒服，外以生熟湯浸其身，則湯化為酒，而人醒矣。瓜果過度者，亦可用此法。解燒酒毒：蘆菔汁、青蔗漿隨灌。綠豆研水灌，或濃煎枳椇子湯灌。大醉不醒，急以熱豆腐遍體貼之，冷即易，以醒為度。外用井水浸其髮，并以故帛浸濕，貼於胸膈，仍細細灌之，至甦為度。凡燒酒醉後吸煙，則酒焰內燃而死。亦有醉後內火如焚而反惡寒者，厚加衣被亦能致死。即口渴飲冷，只宜細細飲之，以引毒火外達，若連飲過多，熱毒反為驟冷所遏，無由外達，亦多閉伏不救。〔王孟英〕刊：海陽汪葵田先生《古愚消夏錄》云：毒之為毒，暗藏於服食起居中，更有令人不可方物者，如日用飲食；其物性相反，不知誤食，以及庖人不善烹飪，未得其法，食之即為中毒，不必服砒、鴆始為中毒也。此言良是。其所輯《解毒編》一卷，最為詳備，而近來尤有甚於砒、鴆者，則亞片煙也。以砒、鴆不易得，而亞片煙遍地皆有，故殺人為獨廣焉。爰附解救方如左：解亞片毒：肥皂或金魚杵爛，或豬矢水和絞汁灌之，吐出即愈。生南瓜搗爛，絞汁頻灌。甘草煎濃汁，候冷頻灌。以亞片灌豬腸中，紮其兩頭，懸而待之，久則腸裂而斷，其性之毒烈，能消刮脂膏也如此，憶甘蔗名接腸草，且甘涼解毒，榨汁頻灌，必可得生。

清・安懷堂主人《青囊輯便》 解中諸毒藥毒、砒毒、食毒、酒毒、銅鐵 金石藥毒，用黑鉛一斤鎔化，投酒一升，如此十餘次，待酒至半升，頓服《勝金》。解藜蘆毒，水服雄黃末一錢《外臺》。解狼毒毒，鹽汁飲之《千金》。中巴豆毒，下痢不止，黃連、乾薑等分，為末，水服方寸匕《肘後》。解烏頭、附子、天雄、芫花、野菌毒，防風煎汁，飲之《千金》。雄黃毒，防己煎汁服《備急》。丹藥毒，萱草根研爛，取汁服《事林》。服藥過劑悶亂，飴餹食之《千金》。狼煙入口，醋少許飲之《秘方》。解鉤吻毒，面青口噤欲死，葱涕啖之即解《千金》。解射罔毒，大麻子搗汁飲之《千金》。砒硫毒，黑鉛煎湯，服之即解《集簡》。中砒霜毒，鬱金末二錢，入蜜少許，冷水調服《事林》。砒石毒，白芷末水服二錢《事林》。砒毒，以醬調水，服即解時珍。飲釅醋得吐即愈，不可飲水《廣記》。桐油二升灌之，得吐即解華佗。將死，五倍子三兩，煎水溫服《急救》。生礬、熟礬各二錢，冷水下《急救》。礬、砒毒，大豆煮汁飲《肘後》。

食毒，用硼砂四兩，甘草四兩，真香油一斤，瓶內浸之，遇毒服油一小盞。久浸更佳，兼治一切惡瘡《經驗》。閉口椒毒，吐白沫，身冷欲死，以地漿飲之《急救》。牛、馬肉毒，甘草煮濃汁，飲一二升，或煎酒服，取吐或下，若渴，切不可飲水，飲之即死《千金》。食蟹中毒，紫蘇煮汁飲二升，或用子亦可《金匱》。諸魚毒，雞蘇濃煮汁飲，良《肘後》。雞子過多，飲醋少許，即消《廣記》。密器藏肉蓋過夜者，為鬱肉；屋漏沾者，為漏脯，並有毒，搗韭汁飲之《備急》。豆腐毒，飲蘿蔔湯即解《肘後》。萵苣諸菜毒，飲生薑汁即解《小品》。菌毒，梨葉搗汁服吳瑞。犬、馬肉毒，心下堅硬，或腹脹，口乾發熱，妄語，及中鯸、鮧、蟹毒，並藥箭毒，用蘆根煮汁服《急救》。河豚毒，一時倉卒無藥，急以清麻油，多灌令吐出毒物即解。兼治砒石、蠱毒《易簡》。諸鳥肉毒，生扁豆末，冷水服之《事林》。服鹽滷毒，豆腐漿灌之，吐即解。或青黛調服下《急救》。燒酒醉死，急以新汲水浸其髮，外以故帛浸濕貼其胸膈，仍細細灌之，醒乃已《急救》。經日不醒，黑豆一升，煮取汁，溫服三盞，愈《急救》。嘔吐清水，赤小豆煮汁，徐徐飲之《肘後》。酒醉不醒，米醋半盞，皂角一錢，為末，調灌入口或鼻，即醒《急救》。誤吞銅錢，多食胡桃自化出李樓。艾蒿一把，水五升，煎一升，頓服，便下《篋中》。蒼耳頭一把，以水一升，浸過十餘度，飲水愈《肘後》。木賊為末，雞子白調服一錢《聖惠》。生荸臍研汁，細

細呷之，自化成水《百一》。　誤吞鍼鐵入腹，醫不能治，煮蠶豆同韭菜食之，鍼自大便出《積善堂方》。　黃蠟一兩，溶化入磁石細末一兩，合勻，撚如鍼大，冷水送下，蠟裹鍼從便出《急救》。　鐵石、骨刺不下，危急，王不留行、黃柏等分，為末，湯浸蒸餅，丸彈子大，青黛為衣，線穿掛風處，用一丸，冷水化開，灌之《百一》。　羊脛骨燒灰，煮稀粥食，神效之至譚埜翁。

清・趙其光《本草求原》卷一六鱗部　附解蛇毒法：　蛇蟠人足，淋以熱尿，或沃以熱湯即解。　蛇入人竅，以艾灸蛇尾；　或割蛇尾，塞以椒末，即出。內解蛇毒，宜雄黃、貝母、大蒜、薤白、蒼耳；　外解蛇毒，宜大青、鶴虱、薑黃、乾薑、黑白豆葉、黃荊葉、蛇含草、犬糞、鵝屎。　凡入山，佩雄黃、雌黃，或燒羖羊角煙，或筒盛蜈蚣，則蛇不敢近。

清・徐炳章《一囊春》卷上　諸物毒　山嵐障毒：　羚羊角剉末，調薑湯服。　酒毒：　生甘草、藿香、砂仁、生薑、紅棗，同煎水，沖竹瀝服。　又葛花五錢，生藕半觔，舂爛，煨水吃。　又黑豆煮汁飲。　又汙泥搭胸前，以乾為度。　冷菜飯毒：　甘草、偷油婆口嚼，吃。　菌毒：　甘草煎水服。　又金銀花藤煎水服。　又綠豆漿沖水服。　又地下土眼泥調冷水吃，黃泥尤妙。　果毒：　芒硝煎水，沖麝香服。　食中不知何毒：　綠豆粉一兩，銀硃一錢，雞蛋白二個，調上藥，沖冷水服。　悶烟毒：　薑汁水浸手巾，放枕邊睡，則不受害。　雞子毒：　醋解。並解諸菜毒。　班鳩肉毒：　葛根、生薑煎汁服。　牛馬肉毒：　甘草、淡豆豉熬水，沖人乳服。　犬肉毒：　杏仁、蘆根解。　蛇遺毒：　雄黃為末，沖酒服。　蠱毒：　吮白礬味甘，嚼黑豆不腥，即是中蠱。石榴皮煎濃湯飲之；　或熱茶化膽礬一錢，探吐出毒；　或米湯調鬱金末三錢，令其瀉下。　又麝香二分，沖酒服。　悞吞蜈蚣毒：　雄黃研末，調香油，和薑湯服。　班蝥毒：　綠豆汁和猪油服。　諸魚毒：　紫蘇、陳皮解。　鼈毒：　服靛青水解之，藍汁亦可。　河豚毒：　五棓子、白礬解。　蟹毒：　紫蘇、藕、冬瓜、蒜並解。　誤吞水蛭毒：　千脚泥為丸，香油滾過，空心溫水下，其蛭隨土而出。　誤吞螞蝗毒：　常以蜂糖調水服，自化。　又靛青調水飲。

諸藥毒　半夏毒：　生薑解。　藜蘆毒：　酒調雄黃，或葱汁並能解。　杏仁毒：　雙仁者殺人。杏樹皮熬水服。　花椒毒：　冷水解，或食棗子亦妙。　烏頭毒：　甘草湯，或醋、砂糖服。　附子毒：　甘草、大棗、綠豆、黑豆、飴糖，共煎濃汁飲。　巴豆毒：　黃連、甘草煎湯服。　鉤吻毒：　形似芹菜，誤食殺人。生鴨血解。　雄黃毒：　漢防己解。　硫黃毒：　烏梅、白糖煎湯服。　鉛粉毒：　麻油調蜂蜜、飴糖服。　輕粉毒：　陳醋調水服。　砒霜毒：　生白礬和井水服，或用甘草汁、藍汁亦可。　煤炭毒：　土炕漏火氣而臭穢者，人受熏蒸，不覺自斃。房中置水一盆則解；　或用蘿蔔汁灌口鼻，移向風吹處便能醒，冷水亦好。　石灰毒：　冷水解。　漆毒：　生蟹、黃杉樹皮煎水服。　藥箭毒：　昏悶，頃刻即死。　急飲麻油一杯，以人糞塗傷處。　一切百毒：　黃土和井水服，能解。　誤吞五金：　砂仁、茨菰、木耳、核桃四味，每少許，口嚼爛，開水吞下。　又蜀葵花十朵，煎水服。　又胡桃肉多食，自化。　又火炭末調猪油，蒸化服。　又多食肥肉，自從大便出。

清・田綿淮《本草省常・魚蟲類》　飲食解毒方　飲食諸毒　黑豆、甘草，水煎服。　蛇遺水毒　明雄黃研細末，開水和服。　守宮遺水毒　地漿水解之，或綠豆、甘草，水煎服。　諸麵毒　蘿蔔煎湯解之，或蒜汁解之。　諸酒毒　葛花煎湯解之，或黑豆煎湯解之。　諸菜毒　醋解之，或童便解之。　諸菌毒　地漿水解之，或金銀花煎湯解之。　諸瓜毒　鹽解之，或木瓜皮煎湯解之。　諸果毒　猪骨燒灰研末，溫酒和服。　飲食未知何毒　犀角磨酒飲之；　或飲苦參湯，令吐亦可；　或灌香油，令吐亦可。　自死禽獸毒　黃柏研細末，開水和服；　或白扁豆研細末，開水和服。　中箭禽獸毒　先用鹽湯飲之，再煎黑豆湯服。　禽獸肝毒　淡豆豉水浸，絞取汁服之，令吐即解。　豬肉毒　大黃、枳實、川朴、元明粉水煎服，令瀉即解。　羊肉毒　甘草煎湯解之，或食栗子三四枚亦解。　牛肉毒　甘草、淡豆豉，水煎服。　噉蛇牛肉毒　米泔水洗頭垢，飲之，令吐其毒。　馬肉毒　杏仁、甘草，水煎服。　馬肝毒　雄鼠屎二十七粒，開水和服；　或狗屎燒灰，開水和服。　犬肉毒　杏仁研細末，開水和服。　屋漏滴肉上毒　狗屎燒灰，溫酒和服；　或飲生韭汁亦可。　諸肉過傷　本畜骨燒灰，研細末，開水和服。　諸肉停滯　還飲本汁即消，或食本畜腦亦消。　雞子停滯　飲醋少許即消。　諸魚毒　蘆根汁解之，或陳皮煎湯解之。　河豚毒　槐花微妙、乾胭脂，共研細末，開水調服；　或飲橄欖汁解之；　或飲甘蔗汁亦可。　鼈毒　靛青水解之，或飲小藍汁亦可。　蟹毒　生藕汁、熱酒和服，或木香煎湯服，或飲蒜汁亦可。　一切中毒將死　潔白糖、靛花、淡豆豉、甘草等

分，研極細末，涼水調，灌之即甦。

藥食慎忌部

題解

元・曾世榮《活幼口議》卷二　議食忌　議曰：溥天之下，產育既同將護之，因有所不同者，貧富之謂歟。然富與貴，飲食臥具，有益於兒母，貧賤又何以言之。古人有云：病不服藥，謂之中醫。正如此說，外護寒邪，內節飲食，畜物順時，何疾之有？前云富與貴，傷其大過，貧與賤，用所不及。然不及之意，乃與中醫之言，得其所哉？且如變蒸之候數至，其時溫熱有作，令兒漸固，舒展筋骨，生長百脉，和順經絡，自然之理，何必加藥。凡兒漸長，必漸飲食。東西南北，地產果蔬，田種秔稻。山有粟麥，野有蕨笋，魚有溪池，木有清濁。人之所生，隨土地之所宜，飲食亦隨其所有。南人不堪食北物，以麪為膳，以棗為蔬。北人何可食南物，以魚為菜，以簷為飯。簷城米。近海噉之鹹鹺，居山食之野味。北果多涼，南果多熱，東果多酸，西果多澁，豈宜多食？五臟六腑強納，疾病生焉。凡小兒心之有病，不可食鹹鹵。肺之有病，不宜食焦苦。肝之有病，不宜食辛辣。脾之有病，不宜食餿酸。腎之有病，不宜食甘甜。蓋由助其它氣，而害於我也。蓮子、雞頭能通心氣，石榴、餘甘大澁腸胃，乾柿、煮蔗猶能益肺，蒸藕、炊豆於肝宜利，五味唯棗五味子足，脾家可意。肺病忌食肥膩、鵝鴨、魚蝦、漁鹽、羶腥鹹鹺之類。脾病忌食生冷、甘甜，包氣之物。謂饅頭、包子、餛飩、鴨卵、肚臟夾餅，皆包氣之物。心病忌食心、血、髓，腎、雞、羊、炙膊、燴炒、煎炸。木肝病忌食肺、頭、肚、豬、雀、油膩、濕麪。應小兒不問有病無病，並不可與食腰子，及肚、髓、心、血，令患走馬疳候。葱、韭、薤、蒜、荽、葛，亦不可與食，令兒心氣壅結，水竇不通，三焦虛，神情昏昧。飛禽瓦雀不可與食，令兒生瘡癬瘑疥，煩燥遁悶。鮭、鯗、蝦、蟹、鰻、鱔、螺螄、螃蜆之類不可與食，令兒腸胃不禁，或洩或痢，或通或閉。食甜成疳，食飽傷氣，食冷成積，食酸損智，食苦耗神，食鹹閉氣，食肥生痰，食辣傷肺。食味淡薄，臟腑清氣，乃是愛其子，惜其兒，故與禁忌。若也恣與飽飫，重與滋味，乃是惜而不愛憐之，有傷以至丁奚舖露，疾作無辜，救療無門，悔之不及。育子之家，當宜知之，理宜戒之。

明・周恭《醫說續編》卷三《藥戒》　聖人謹疾　季康子饋藥，孔子拜而受之曰：丘未達不敢嘗。

余鄉有宋老人者，偶得一方，名百病丸，異其藥寡而功多，遂合之以饋諸老。適有所厚者，病脾不起。此老亦饋之三丸，酒吞下。是夕憒亂，次早而終。哀哉！以孤弱之元氣，加暴悍之毒藥，速其未絕之命，可悲也。已世之畜方自信者，亦可為警，宜以聖人之言，冠《藥戒》之首。

明・皇甫嵩《本草發明》卷一　服藥可慎　熱中消中，不可服膏粱、芳草、石藥。夫芳草之氣美，石藥之氣悍，皆急疾堅勁，非緩心和人勿服。蓋熱氣慓悍，藥氣亦然，二者相遇，內傷脾土。土畏木，服此藥者，至甲乙日更論。

清・紀昀《閱微草堂筆記》下卷一九　神仙服餌，見於雜書者不一，或亦偶遇其人，然不得其法，則反能爲害。戴遂堂先生言：嘗見一人服松脂十餘年，肌膚充悅，精神強固，自以爲得力。然久而覺腹中小不適，又久而病燥結，潤以麻仁之類，不應。攻以硝黃之類，所遺者細僅一綫。乃悟松脂粘挂於腸中，積漸凝結愈厚，則其竅愈窄，故束而至是也。無藥可醫，竟困頓至死。又見一服硫黃者，膚裂如磔，置冰上，痛乃稍減。古詩云服藥求神仙，多爲藥所誤，豈不信哉！

清・熊慶笏《中風論》　食物不必過拘，不論寒熱，皆可取食。蓋食雜則無偏寒、偏熱之患，若認定一類為食，則偏矣。《素問》曰：食增而久，謂專食一物者。夭之由也。可以知戒。嘗見中風偏枯人，謹守醫戒者，雖服藥而不愈，其放飯流歠者，雖不藥而自愈。可知治病之道，在於得訣，不在於戒口也。惟是習俗相沿，必多疑慮，今亦從俗，但戒動風之物，如雄雞、鯉魚、黃鱔、鮮蝦、香椿、鮮菌六者而已，其他俱不必戒。至於日用葷肉蔬菜，與衛氣相習已久，戒之則無以養胃氣矣。【略】

凡服藥餌，有不宜服而服之反無恙也，以其本無甚病，縱誤服藥餌，亦不過如多食寒物、多食熱物而已。蓋無病，則人身氣血不為之動，故得無恙也。若因其無恙，而輒信為可服，服之日久，未有不增病者矣。此亦物增而久之義也。有不宜服而服之即有害者，以其本有病，稍一誤用，則其害立應。蓋

有病，則人身氣血已動，再加誤藥，以助其病，則病愈劇矣。故曰：不服藥為中醫。

凡過服藥餌者，其效遲，往往寒之不見其涼，溫之不見其熱，因其胃口與藥習慣耳。有連服十數劑，不甚見功，其實已暗受其益，譬如嗜酒之人，一旦使之戒飲，則反難過矣。

清·徐炳章《一囊春》卷上　病要禁忌　有病之人，營衛不固，臟腑違和，若或不慎風寒，不節飲食，以致邪乘虛入，病中添病，變症百端，輕者重，而重者危，可不慎歟？凡風寒未解，痧疹未出，胃氣疼痛，驚狂嘔吐等症，皆不可遽進飲食。至於烟酒五辛，炙煿厚味，皆助火生熱，昏目發瘡；魚腥麵食，油膩生冷，皆滯膈生痰，傷脾作瀉。服藥之人，謹遵禁忌，方保無瀉滑。脉沉緩，沉緊，寒涼腹痛便；沉數，骨中如火熱漫驚；遲脉濡虛，兼難和胃肺；脉遲濇，蟲積遲微，仔細觀，一見數紘，驚必急。臨時審的要心專，望、聞、問、切細斟酌，少者懷之，壽百年。

清·王燕昌《王氏醫存》卷四　服藥禁忌　古云三分醫治，七分調養，信然。凡病未愈，忽添內外雜證，或舊疾復發，皆不善調養所致。如外感等病多熱痰，故忌食生熱生痰之物。瘧疾乃膜原有積，故忌發時以前飲食，及平時粘滯之物。瀉痢乃腸胃濕水積滯，故忌助溼添積之物。上有熱痰忌補物，下有寒溼忌瀉物。服溫補藥忌食寒性，服寒涼藥忌食熱性。此等禁忌，諸書皆詳言之。又有與藥相反相惡之類，尤須禁忌。

清·寄湘漁父《喉證指南》卷二　藥不須忌　喉科專家傳授，各有忌藥。有忌升麻者，有忌細辛者，有忌麻黃者，有忌白朮、地黃者，更有全忌表藥者。種種惡習，深可慨（歎）〔歎〕！夫證有必用，雖砒霜皆要藥。證不可用，雖參、茸皆毒藥。若舍證而言藥，何藥不忌？

論說

唐·李匡乂《資暇集》卷下　藥忌　醫方云：牛膝忌牛肉。余好窮物性，嘗於冬日以牛肉裹牛膝，經旬肉藥俱不敗，因知始刱此論意者徒以名類然也。即思《本草》云蒐茨令人臍下常痛，斯堪絶倒。若爾，則王莽末南方餓畝掘食，何不東觀書載其多患脖臍氣乎？牛膝之忌，當由痔疾不宜食雉肉。痔，風也。偶然此肉發動腸風，而病名與蒐茨同爾。

宋·孫光憲《北夢瑣言·逸文》卷四　毒菌：江夏漢陽縣出毒菌，號茹閭，非茅蒐也，每歲供進。縣司常令人於田野間候之，苟有此菌，即立表示人，不敢從下風而過，避其氣也。採之日，以竹竿芟倒，遽捨竿於地，毒氣入竹，一時爆裂。直候毒歇，仍以櫸柳皮蒙手以取，用氈包之，亦櫸柳皮重裹，縣宰封印而進。其齎致役夫，倍給其直，為其道路多為毒薰，以致頭痛也。張康隨侍其父宰漢陽，備言之。人有為野菌所毒而笑者，煎魚椹汁服之即愈，僧光遠說也。

宋·趙佶《聖濟總錄》卷三敘例　藥忌　朮忌桃李、胡荽、大蒜、青魚鮓等。巴豆忌蘆筍。黃連、桔梗忌豬肉。地黃忌蕪荑。半夏、菖蒲忌飴糖、羊肉。細辛忌生菜。甘草忌菘菜。牡丹皮忌胡荽。商陸忌犬肉。常山忌生葱、生菜。空青、丹砂忌生血物。茯苓忌醋。鼈甲忌莧菜。天門冬忌鯉魚。

古方逐名下並載此禁忌，謂如理中丸合忌桃李、胡荽、大蒜、青魚鮓、菘菜等物。即使服餌者，多致疑惑，自非單行久服餌者，當依此法。倉卒治病，不必拘忌。今餘藥有相反者，已行刪去外，所有逐病門通行藥忌法，復具如左：凡風病通忌五辛、甘滑、生冷、油膩之類。凡傷寒時氣，忌羊肉雜食，及病差後尤忌肉食。凡熱病新差及大病之後食豬肉及腸血、肥魚、油膩等，必大下痢，醫不能療也。又食餅餌粢飴餔，鱠炙，棗栗諸果及堅實難消之物，必更結熱，以藥下之，則胃中虛冷，大利不禁，難救。凡脚氣之病，極須慎房室、羊肉、牛肉、魚蒜、蕺菜、菘菜、蔓菁、瓠子、酒、麪、酥油、乳糜、豬、鷄、鵝、鴨，有方用鯉魚頭，此等竝切禁，不得犯之；并忌大怒，及生果子、酸醋之食；又特忌食瓠子、蕺菜之類，犯之則一世治不愈也。凡癥瘕癖積，忌生冷酥滑物。凡吐逆下利等，忌生、冷、酸、滑膩物。凡噎塞脹滿及痼冷諸氣，竝忌生冷。凡積熱忌魚、酒、熱麪等。凡咳嗽咯血、吐血，忌諸熱物。凡痰飲，忌酒醋。凡消渴，忌房室。凡水氣，忌羊頭、蹄及鹽、一切鹹物。凡服藥不可食生胡荽、諸滑物及果實、肥豬犬肉、油膩肥羹，魚鱠腥臊等物。又云服藥通忌見死屍及產婦淹穢事。

宋·洪邁《夷堅志·景志》卷一〇　簡坊大蕈：進賢縣簡坊市，皆諸簡

所居。田僕趙三，每日入山采薪。慶元元年七月，久雨乍晴，持斧至山顛，見巨松下一大蕈，其徑一尺八寸，摘歸誇語鄰里，以爲平生所未見。酒肆王翁尤異之，謂曰：我與爾錢，爾以與我，將挂於店外以誘飲客。趙許之，而嫌所酬之薄，與妻言：蕈如許大，而王翁只肯還五十錢，不如我一家自飽。傍人亦以是贊之。即分擘洗滌，和米加味作臛，喚妻子婦孫均食訖，乃就寢。未及交睫，皆覺腹痛雷鳴，競奔廁，到明盡死，獨一孫數歲，以嘔吐得免，簡氏爲收育之。蕈之有毒固多，此禍一何慘也。王翁家與酒客亦危矣哉！

宋・張杲《醫說》卷六　誤飲蛇交水　陳齋郎，湖州安吉人，因步春渴，掬澗水兩口嚥之，數日覺心腹微痛，日久疼甚，服藥無效。醫診之，云：心脾受毒，今心脉損甚。齋郎答云：去年步春渴飲澗水，得此。醫云：齋郎喫却蛇交水，蛇在澗邊，遺下不淨在澗水內，蛇已成形在齋郎腹中，食其心而痛也。遂以水調雄黃，服下果下赤蛇數條，皆能走也《名醫録》。

宋・張杲《醫說》卷八　服藥忌食　有朮勿食桃李及雀肉、胡荽、大蒜、青魚鮓等物。有藜蘆勿食狸肉。有巴豆勿食蘆笋羹及野豬肉。有黃連、桔梗勿食豬肉。有地黃勿食蕪荑。有半夏、菖蒲勿食飴糖及羊肉。有細辛勿食生菜。有甘草勿食菘菜，又云勿食海藻。有牡丹勿食生胡荽。有商陸勿食犬肉。有恒山勿食生葱、生菜。有空青、朱砂勿食生血。有茯苓勿食醋物。有鼈甲勿食莧菜。有天門冬勿食鯉魚。服藥不可多食胡荽及蒜、雜生菜；又不可食諸滑物、果實等；又不可多食肥豬、犬肉、油膩肥羹、魚鱠腥臊等物。服藥通忌見死尸及產婦、厭穢事《本草》。

元・張從正《儒門事親》卷一　服藥一差轉成他病說　《語》云：子之所慎，齊、戰、疾。又曰：丘未達，不敢嘗。此言服藥不可不畏慎也。然世有百十年相襲之弊，至今不除者，敢略數一二，使後車改轍，不蹈前覆。夫傷寒、溫疫、時氣、中暑、風溫、風瘧，與中酒傷食者，其初相類，此最誤人。或先一日頭痛，曾傷酒便歸過于酒，曾傷食便歸過于食。初覺滿悶，醫者不察其脉，不言其始，徑用備急丹、纏積丹、軟金丸、酒癥丸。此藥犯巴豆，或出油不盡，大熱大毒，走泄五七行，或十餘行。其人必津液枯涸，腸胃轉燥，發黃瘀熱，目赤口乾，恍惚潮熱，昏憒惑狂，諸熱交作。如此誤死者，不可勝舉。若其人或本因酒食致過，亦能頭痛身熱，戰慄惡寒。醫者不察其脉，不究其原，反作傷寒食之，桂枝、麻黃、升麻之屬，以汗解之。汗而不解，輾轉疑惑，反生他證。如此誤死者，可勝計哉？又如久病咳嗽，形體羸瘦，食飲減少，旦輕夜劇。醫者不察，便與烏梅、罌粟殼、紫菀、枯礬，如此峻攻，嗽疾未除，澀滯之病作矣。嗽加之澀，飲食彌減。醫者不察，更以熱劑養胃，溫劑和脾，致令頭面汗出，燥熱潮發，形容瘦瘁，涎液上出，流如湧泉。若此死者，不可勝數。又如婦人產餘之疾，皆是敗血惡物，發作寒熱，臍腹撮痛，乳潼枯涸，食飲稍減。醫者不察，便謂產後血出數斗，氣血俱虛，便用溫熱之劑，養血補虛，止作寒治，舉世皆然。豈知婦人之孕，如天地之孕物也。物以陰陽和合而後生，人亦以陰陽和合而後孕。偏陰偏陽，豈有孕乎？此與禾黍、瓜果之屬何異哉？若水旱不時，則華之與實，俱瘪落矣。此又與孕而不育者，復何異哉？七月立秋後十八日，寸草不結者，猶天寒故也。今婦人妊娠，終十月無難而生，反謂之寒，何不察其理之甚也？竊譬之治塼者，炎火在下，以水沃其窑之巔，遂成塼矣。塼既出窑，窑頓寒邪！世俗竟傳黑神散之屬，治產後一十八證，非徒其不愈，則經脉涸閉，前後淋閟，嘔吐嗽痰，凡百熱證生矣。若此誤死者，不可計之。曷若四物湯與涼膈散停對，大作湯劑而下之，利以數行，惡物俱盡，後服淡甘之劑自愈矣。又如小兒腹滿，喘嗽痰涎不利，醫者不察，便用白餅子之屬。夫白餅子，巴豆大熱有大毒，兼用膩粉，其後必生口瘡，上喘欬嗽，嘔吐不嗜飲食之疾。然此治貧家小兒，猶或可效，膏粱之家，必生他病，又何疑哉？又如瀉利之疾，歲歲有之，醫者不察，便用聖散子之屬，乾薑、赤石脂、烏梅、罌粟殼、官桂、石榴皮、龍骨、牡蠣之屬，變生小便癃閟，甚者為脹，又甚者，水腫之疾生矣！間有愈者，病有微者也，甚則必不愈矣。又如人病停飲，或因夏月傷冷過多，皆為脾胃客氣有餘也。宜逐而去之。醫者不可以為脾衰而補之，則痞者更痞，滿者更滿。復有巴豆丸下之者，病雖少解，必不嗜食，上燥之病生矣。又如人因閃肭膝髁肘腕大痛，醫者不察，便用鈹針出血，如未愈者，再三刺血。出血既多，遂成跛躄。《內經》曰：足得血而能步。血盡安得步哉？若(餘)〔余〕治閃肭則不然，以禹功散，或通經一二三錢下；神祐丸，或除濕丹百餘丸，峻瀉一二十行，則痛出當痒發。痛屬夏，痒屬秋，〔秋〕出則夏衰矣！此五行勝復之理也。故凡腰胯脇痛，杖瘡落馬，墜墮打撲，莫不同然。蓋此痛得之於外，非其先元虛元弱。古人云：痛隨利減。宜峻瀉一二十行畢。但忌熱酒，可一藥而愈。勿謂峻瀉，輕侮此法。昔有齒痛，連月不止，以鐵鈐鉏取之，血不止而死。又有人因

上下齒痛，凡百痛者輒取，不數年，上下齒盡。至五十歲，生硬之物，皆不能食。夫上下齒痛，皆由手足陽明二經，風熱甚而痛矣，可用大小承氣湯、藏用丸、祛風丸等藥瀉之，則痛當自止。《內經》曰：諸痛痒瘡瘍，皆屬心火。啟玄子云：百端之起，皆自心生。心者，火也，火生土之故也。出牙之誤，不可不知。又如治水腫痛者，多用水銀、輕粉、白丸子，大毒之藥下之，水腫未消而牙齒落，牙齒落而不進食，水盡而立斃。復有人於兩足針之，水出如泉，水盡亦斃矣！

元·張從正《儒門事親》卷九 不忌反忌、不忌口得愈 一男子，病泄十餘年。荳蔻、阿膠、訶子、龍骨、枯礬，皆用之矣。中脘、臍下、三里，歲歲灸之。皮肉皴槁，神昏足腫，泄如泔水，日夜無度。戴人診其兩手脉，沉且微，曰：生也。病人忽曰：羊肝生可食乎？戴人應聲曰：羊肝止泄，尤宜服。病人悅而食一小盞許，可以漿粥送之。病人飲粥數口，幾半升，續又食羊肝(生)一盞許，次日泄幾七分。如此月餘而安。此皆忌口太過之罪也。戴人常曰：胃為水穀之海，不可虛怯，虛怯則百邪皆入矣。或思葷茹，雖與病相反，亦令少食，圖引漿粥，此權變之道也。若專以淡粥責之，則病人不悅而食減，久則病增損命，世俗誤人矣。

不可忌口 戴人常曰：臟毒、酒毒，下血、嘔血，婦人三十已下血閉，六月七月間膿血惡痢，疼痛不止；婦人初得孕擇食者，以上皆不忌口。

宋·陳衍《寶慶本草折衷》卷二《逢原紀略》 記藥石忌遽服 《泊宅編》云：服金石藥者，潛假藥力，以濟其欲，然多諱而不肯言。一旦疾作，雖欲諱不可得也，可不戒哉！○《三因方》舉張長沙戒人妄服燥烈之藥，謂藥勢偏有所助，勝剋流變，則真病生焉，猶憫苗不長而揠烏八切之者也。揠，拔也。拔苗欲其速長也。以比人之欲壯其氣體而服剛劑者，必有害焉。猶欲苗急長而拔之，反致其枯槁也。

《避暑錄》云世言不服藥，勝中醫，此語雖不可通行，然疾無甚，若為庸醫妄投藥，反敗之多矣！其次有好服食，不量已所宜，但見他人得效，從而試之，無益而有害。○《經驗方》云：多服食藥消食之藥，是猶礱磨。快則快矣，其如薄何？有積者則可服。

記草藥尤加謹擇 《夷堅志》云：舟中士人携一僕病，脚弱不能行，舟師憫之曰：吾有一藥治此病，當以相與。飲胙頗醉，乃入山求得藥漬酒，授病者。藥入口即呻呼云：腸胃極痛，如刀割截而死。士人咎舟師，舟師恚，即取所餘藥自漬酒服之，不踰時亦死。蓋山多斷腸草，食之輒死。舟師取藥，為根蔓纏結，醉不暇擇，徑投酒中，是以及於禍。則知草藥不可妄服。

論曰：昔林希謂非獨察脉用方之難，而辨藥尤不易也。今觀舟師用一種草藥，採摘一差，隨即害人，矧醫家常用，惟草類最繁，動輒數百種，其間有形色近似，而良毒之性迴異者至衆也，學者可不於平時講貫，臨用決擇耶？【略】

記下胎娠戒 孔平仲《説苑》云：呂公弼，申公之次子。始秦國妊娠而疾，將去之。醫工陳遜煮藥將熟，已(二)[三]鼓，坐而假寐。忽然鼎覆；再煮，再覆。又煮而加火焉。困甚就榻，夢神人披金甲，持劍叱曰：在胞者，本朝宰相。汝何人，敢以毒加害？遜懼而寤，以白相國。後生公弼，位樞密使。

《邵氏聞見錄》云：李夫人一夕夢神人，令以玉筯食羹一杯，告曰：當生佳兒！後夫人病瘦，醫者既投藥，又夢寢門之左右木瓜二株，右者已枯，因取藥覆之。及期生康節。姓邵，名雍，謚康節。同墮一死胎，女也。後十餘年，夫人病，卧堂上，見月色中一女子拜庭下，泣曰：母不察庸醫，以藥毒兒，可恨！夫人曰：命也。女子曰：何兄獨生？夫人曰：汝死，兄獨生，乃命也！女子涕泣而去。又十餘年，夫人再見女子來泣曰：一為庸醫所誤二十年，方得受生。與母緣重，故相別。又涕泣而去。

張杲舉《名醫錄》云：京師一婦人，姓白，有美容，京人皆稱為白牡丹，貨下胎藥為生。忽患腦疼，日增其腫。夜夜夢數百小兒咂子合切，咬也。腦疼痛，遂死。

論曰：聖人立藥以養人，而每慮夫藥之害人。曰某藥治某病，曰某藥墮胎顧不欲以養人者害人也。今返取毒藥以害娠，亦有誤投而貽殃及母者，深失聖人全生避患之意，以自速戾，豈不懼哉！

元·王好古《湯液本草》卷二 服藥可慎 熱中、消中，不可服膏粱、芳草、石藥。夫芳草之氣美，石藥之氣悍，二者其氣急疾堅勁，故非緩心和人不可以服此。夫熱氣慓悍，藥氣亦然，二氣相遇，恐內傷脾。脾者，土也，而惡木。服此藥者，至甲乙日更論。

明·劉純《醫經小學》卷一 妊娠服禁出《便產須知》 蚖班水蛭及䖟蟲，

烏頭附子配天雄。野葛水銀并巴豆，牛膝薏苡與蜈蚣。三稜代赭芫花麝，大戟蛇蛻黄雌雄。牙硝芒硝牡丹桂，槐花牽牛皂角同。半夏南星與通草，瞿麥乾薑桃仁通。硇砂乾漆蟹甲爪，地膽茅根莫用好。

明・寇平《全幼心鑑》卷一　不可服涼藥　足脛冷、腹虚脹、糞色青、吐乳食、眼珠青、面青白、脉沉微。

不可服熱藥　足脛熱、兩腮紅、大便秘、小便赤、渴不止、上氣急、脉緊數。

論腦、麝、銀粉、巴、硝不可輕用　小兒急驚風，古人以其内外熱熾，風氣暴烈而無所泄，故用腦、麝、麻黄以通其關竅，銀粉、巴、硝以下其痰熱，蓋不得已而用之，其實為風熱盛實者設也。世俗無見，不權輕重，每見發熱、發搐，輒用腦、麝、蟾酥、鉛霜、水銀、輕粉、巴豆、芒硝等劑，視之以為常，惟其不當用而輕用，或當用而過用之，是以急驚轉為慢驚，吐瀉胃虚，荏苒時月，驚風之所為難療者，正在此也。萬一發熱驚搐，本為傷風、傷寒、傷食、瘡疸而作，誤藥至此，其為害豈淺淺哉？以理觀之，能用細辛、羌活、青皮、乾薑、荊芥之類以為發散，勝如腦麝；能用獨活、柴胡、山梔、枳殼、大黄之類以為通利，勝如銀粉、巴、硝。設或當用而不可無之，亦須酌量勿過可劑，此《幼幼書》所謂瀉青圓、導赤散，乃醫用之上藥者，良以是歟！故論此以為輕用藥者，勸藥忌腦、麝、膩粉、水銀，及用鍼灸尤忌，皆不可輕用。

明・張四維《醫門秘旨》卷三　藥味所忌　牛膝忌牛肉，土茯苓忌茶，天門冬忌鯉魚，甘草、桔梗、黄連忌猪肉，香附、知母、菖蒲、生地忌鐵。【略】

妊娠服禁　芫花水蛭及（蠻）〔虻〕蟲，烏頭附子配天雄，野葛水銀并巴豆，牛膝薏苡與蜈蚣。三稜代赭蚖斑麝，大戟蛇退黄雌雄，牙硝朴硝牡丹桂，槐花牽牛皂角同。南星半夏與通草，瞿麥乾薑桃仁通，硇砂乾漆蟹甲爪，地膽藜蘆都不中。

明・吴文炳《醫家赤幟益辨全書》卷三　服藥禁忌歌　凡服藥味實要窮，黄丹硃砂不相逢；隨食茯苓忌酸醋，黄連猪肉返為凶；隨食鱉甲忌莧菜，細辛遠志不相同；隨食野猪忌巴豆，地黄大棗不相逢；隨食常山忌生葱，半夏羊肉不相同；白朮切忌桃李子，兔肉乾薑返為凶。凡食杏仁忌粟米，門冬鯽魚不相逢；服藥切忌油膩蒜，生物汚臭藥相充。麵筋豆腐王瓜忌，鹽醬從來返藥凶。飲食所傷切須忌，兔腥雞腥發黄腫；鵝肉返兔血不行，薑橘休食血氣充；螃蟹芥菜嘔吐血，生薑猪肉發為風。

孕婦切忌群肉等，食了兔肉子缺唇；或食羊肉子多疾，桑椹鴨肉子難通；休食鱉肉子項短，食訖犬肉子無聲；驢馬肉食延月餘，食了冰片絕產凶。服藥切要忌群物，凡忌一切病難侵。

明・葉雲龍《士林餘業醫學全書》卷三《用藥法則》　用藥禁例　麻黄一藥，冬月裹密，用以發汗則宜。三時悮用，令人汗多亡陽。故代以羌活，或蒼朮，或蘇葉。桂枝一藥，冬月表虚，用以和血則宜。三時悮用，令人血燥生煩，故代以防風。杏仁一藥，壯實痰氣壅滯者則宜，如裏虚悮用，反泄大腸氣而瀉利，代以芎、芷。石（羔）〔膏〕一藥，大寒之劑，胃火痰火甚者則宜，如胃虚悮服，反傷胃下利，代以葛根。升麻一藥，能散風氣，但陽氣下陷者則宜。如下虚氣不足悮服，反致昏悶。薑、附二藥，大熱有毒，施於沉寒痼冷者則宜。如裏實悮用，令人失血發狂。硝、黄二藥，大寒之劑，施於燥實痞滿者則宜。中虚悮用，令人大便不禁。右所忌之藥，正為寒涼耗其胃氣，辛熱損其汗液，燥熱助其邪熱，故不可不慎也。今人麻、桂、石（羔）〔膏〕輒漫用之，豈未聞此義乎？余竊為之三歎！【略】

白粥、鹽、豉，皆淡滲利小便，大瀉陽氣，反行陰道。下虚切禁。脾胃虚者，朱、澤、苓、通、車、滑、燈草、琥珀，皆行陰道而瀉陽道。大鹹之物，助火邪而瀉腎水真陰。及大辛味蒜、韭、醋、薑、桂之類，皆傷元氣。

明・涂坤《百代醫宗》卷二　辯用硝黄巴豆悮人論　人病耗氣失血之餘，年老之人多有秘結之患。人皆不知此意，只用大黄、芒硝，重與牽牛、巴豆，隨利隨結，殊不知皆因血少津液枯竭，腸胃乾燥之人，宜用麻仁、杏仁潤滑之劑，腸潤滋胃，其病自愈。若用大黄、巴豆之類，損其陰血，故病愈劇矣。所以《局方》製麻仁丸，少用大黄，治老人風秘血少，腸胃燥結者此也。但世俗不考，而利用者利之，而麻子仁治於不足之證，宜施老人者，今人且少用焉。硝、黄、巴豆，治於有餘之證，施宜壯旺者可也。今俗不審長幼盛衰，而一施於硝、黄、巴豆，以言其功且速，其不謬哉？寧得不悮人之天命也耶？而今而後藥性病情，切要審詳，毋得輒自孟浪。

明・羅周彦《醫宗粹言》卷四　當禁不禁，犯禁必死

張子和云：病腫脹既平，當節飲食，忌鹽、血、房室，犯禁者病再作，乃死不救。病癆嗽，忌房室、膏粱，犯者死。【略】傷寒之後忌葷肉、房事，

犯之者不救。　水腫之後忌油鹽。　病脾胃傷者，節飲食。　滑瀉之後忌油膩。此數者決不可輕犯也。　時病新差食蒜鱠者，病發必致大困。　時病新愈食犬、羊肉者，必作骨蒸熱。　時病新愈食生棗及羊肉，必作膈上熱蒸。　時病新愈食生菜，令人顏色終身不平復。　病人新愈飲酒、食韭，病必復作。

不必忌而忌之過　張子和曰：臟毒、酒毒、下血、嘔血等症，如婦人三十已下血閉及六七月間血痢，婦初得孕擇食者，已上皆不禁口。　凡久病之人，胃氣虛弱者，忽思葷茹，亦當少少與之，圖引漿(術)〔粥〕穀氣入胃，此權變之道也。　若專以淡粥責之，則病不悅，而食減不進，胃氣斯所以難復，病所以難痊，此忌之之過也。　智者通之。

明・武之望《濟陰綱目》卷一一　論產後服熱藥之誤

丹溪曰：或問新產之婦，好血已虧，污血或留，彼黑神散非要藥乎？答曰：至哉坤元！萬物資生，理之常也。初產之婦，好血未必虧，污血未必積，臟腑未必寒，何以藥為，飲食起居勤加調護，何病之有？誠有污血，體怯而寒，與之數帖，亦自簡便。或有他病，當求病起何因，病在何經，氣病治氣，血病治血，何用拘執此方，例令服餌？設有性急者，形瘦者，本有怒火者，夏月坐蓐者，時在火令，薑、桂皆為禁藥。生於將護之法，尤為悖理。肉汁發陰經之火，易成內傷之病，先哲具在訓戒。胡為以羊、雞濃汁作糜，而又常服當歸建中湯、四順理中丸，雖是補劑，並是偏熱，臟腑無寒，何處消受？若夫兒之初生，母腹頓寬，便啖雞子，且喫火鹽，不思雞子難化，火鹽發熱，展轉生證，不知所因，率爾用藥，寧不誤人！　予每見產婦之無疾者，必教之以却去黑神散，與夫雞子、火鹽、諸品肉食，且與白粥將理，間以些少石首鯗煮令甘澹食之，半月後方與少肉。若雞子亦須豁開澹煮，大能養胃却疾。彼富貴之家，驕恣之婦，卒有白帶，頭風氣痛，膈築痰逆，口乾，經事不調，髮禿體熱等證，皆是陽盛陰虛之病。天生血氣，本自和平，曰盛曰虛，又烏知非此等謬妄，有以兆之耶！

明・繆希雍授，莊繼光錄《炮炙大法》　服藥禁忌【略】服牛膝，忌牛肉、牛乳。【略】　凡服藥，不可襍食肥猪、犬肉、油膩羹膾、腥臊、陳臭諸物。　凡服藥，不可多食生蒜、胡荽、生葱、諸果、諸滑滯之物。　凡服藥，不可見死屍、產婦、淹穢等事。

明・謝肇淛《五雜俎》卷一一　人啖豆三年，則身重難行，象肉亦然；啖榆，則眠不欲覺；食燕麥，令人骨節解斷；食燕肉，入水爲蛟龍所吞；食冬葵，爲狗所齧，瘡不得差；食蕓豆，服藥無功；藕與蜜同食，可以休糧；大豆多食，可以不飢；芎藭常服，令人暴亡，銀杏亦然。

明・張景岳《宜麟策》　飲食戒飲　凡飲食之類，則人之臟氣各有所宜，似不必過為拘執，惟酒多者為不宜。蓋胎種先天之氣，極宜清楚，極宜充實。而酒性淫熱，非惟亂性，亦且亂精，精為酒亂，則濕熱其半，真精其半耳。精不充實，則胎元不固，精多濕熱，則他日痘疹驚風脾敗之類，率已受造於此矣。故凡欲擇期布種者，必宜先有所慎，與其多飲，不如少飲，與其少飲，猶不如不飲，此亦胎元之一大機也。欲為子嗣之計者，其毋以此為後着。

明・孫文胤《丹臺玉案》卷五　懷孕藥忌　蚖盤水蛭地膽蟲，烏頭附子配天雄；躑躅野葛螻蟈類，烏喙側子及蝱蟲；牛黃水銀并巴豆，大戟蛇蛻與蜈蚣；牛膝藜蘆并薏苡，金石錫粉及雌黃；牙硝芒硝牡丹皮，蜥蜴飛生及蟅蟲；代赭蚱蟬胡粉麝，芫花薇蘅草三稜；槐子牽牛并皂角，桃仁蠐螬和茅根；欓根硇砂與乾漆，亭長波流菵草中；瞿麥蕳茹蟹爪甲，蝟皮赤箭赤頭紅；馬刀石蠶衣魚等，半夏南星通草同；乾薑蒜鷄及鷄子，驢肉兎肉不須供；切要婦人胎前忌，此歌須記在心胷。

懷孕食忌　凡受孕之後，切宜忌不可食之物，非惟有感動胎氣之戒。然於物理，亦有厭忌者。設或不能禁忌，非特延月難產，亦能令兒破形不壽。慎之！慎之！　鷄肉、糯米同食，令兒生寸白蟲。食薊魚、鱠魚及鷄子，令兒成疳多瘡。食犬肉令兒無音聲。鴨子、桑椹同食，令兒倒生心寒。食螃蟹，令兒橫生。食鱉，令兒項短及損胎。食兎肉，令兒脣缺。雀肉同豆醬食，令兒面生䵟黯黑子。豆醬同藿香食，令之墮胎。食雀肉，令兒不恥多淫。食山羊肉，令兒多病。食椒、蒜，令兒損目。食生薑，令兒多指生瘡。食蝦蟇、鱓魚，令兒瘖瘂。食驢、騾、馬肉，令兒延月難產。

明・裴一中《裴子言醫》卷一　病有以藥傷而變重者，甚有變證莫識而卒致危亡者，不可不知，不可不慎。昔一婦患經閉，服血藥過多，血不行而飲食反減，又增寒熱嘔逆，醫猶為瘀血攻心，倍加峻削。病者忽發神昏齒噤，口角流涎，狀類中風。胗其脉伏而微，心下按之滿急且有聲，曰：此飲證也。急取油鵝翎探之，一涌而出酸水四五升，隨詢之，乃為藥所傷，非涌法不可。

醒。先用燥濕寬中藥，次與補脾健胃，俟飲啖起居如故，始進通經丸，血乃行。一人病瘧兼旬，胸滿而畏食，胃氣不清故也。醫不審，與以加減補中益氣湯二服，瘧反大劇。易用鱉甲、何首烏等藥，作大劑以截之，更脹嘔不勝，湯飲俱廢。或疑其誤服補藥，與陳皮、萊菔等湯，病益加。予胗之，六脉濡弱，此濕氣滿胸膈也。以蒼朮為君，佐半夏、厚朴、澤瀉、豆仁等，少加薑汁、食鹽。徐徐與之。不食頃，吼然欲吐，即探引得吐黃涎惡水甚多，始平，瘧亦漸止。又一小兒，甫三歲，得心腹痛疾。醫者處劑太重，煎汁又濃，更灌之乳食後，反增嘔吐，發寒熱而兼喘。更數醫，咸罔效，漸變昏瞶，不醒人事。其家以為不可救，遂勿藥以俟之。自晨至昏，忽聞腹中汩汩聲，上下者數四遺穢汁斗許而甦。凡此等病患者甚多，不能悉舉。總之人身以胃氣為本，胃氣傷，雖對病之藥皆不能運化而取效，反生他證。今之病家、醫家，均不之察。凡有病輒投以藥，不愈更醫以藥，旋已旋藥，甚至病久脾虛，飲食不進，不思顧其生化之源，而猶亂投湯劑，致中氣受傷，變證百出而死者不少矣，可不慎歟！

清·王子固《眼科百問》卷下　第一百零五問：飲食當忌何物也？答曰：忌辛辣。屬火屬熱目病，皆肝木心火相併，故令目病也。葱、蒜、胡椒、薑、芥，固所當忌，蓋辛辣。即葡萄、石榴酸熱之物，亦當嚴戒。乃有禁用生菜、黃瓜、雞蛋者，是市井不識字之人，聽信愚人之所忌也。因閱《本草綱目》生菜、萵苣及芸紫粉、白松菜之可生用者，皆名生菜，味皆清涼，皆能明目。令一切忌之，不知當用何物也。余見讀書明道之人，皆如碌碌，故敢諄諄也。　第一百零七問：試藥有何捷法？　答曰：當用口嘗之也。蓋眼中皮肉嫩薄，不可用一物，惟於口中嘗之。嘗其味之苦者為黃連，味之涼者為冰片，味之光者為蜜與乳汁也。惟製藥精善，方無別味。其餘或酸，或辣，或澀，皆火候未精，故能令目腫目疼，皆能損目，不可用。

清·喻昌《喻選古方試驗》卷一　食物宜忌　猪、羊心肝有孔，六畜自死口不閉，六畜疫病瘡疥死，脯沾屋漏，諸獸中毒箭死，肉煮不熟，肉煮熟不斂水，六畜肉得鹽酢不變色，肉落水浮，六畜肉墮地不沾塵。以上十種，食之殺人。

諸畜心損心，諸腦損陽滑精，六畜脾一生不可食，春不食肝，夏不食心，秋不食肺，冬不食腎，四季不食脾。閹雞能啼者有毒，勿食；雞不可合胡蒜、芥、李食；同生葱食，生蟲痔；同糯米食，生蚘蟲；小兒五歲內食雞，生蚘蟲。鳥獸自死者有毒，不可食，受癘氣故也。羊肚久食，成反胃。驢肉動風，脂肥尤甚。服牛乳，必煮一三沸，停冷啜之；熱食則壅，與酸物間食，令人腹中癥結。食白果滿千枚者，必死，其花夜開，人不得見，陰毒之物也。榧子性熱，同鵝肉食，生斷節風。不食牛馬犬肉者，不染瘟疫。

《右臺仙館筆記》載：菌蕈名笑矣乎，實有毒，食之，笑而不已，久之必死。方用薜荔一束，煎湯飲之，笑止即愈。

清·李世藻《元素集錦·戒律》　白朮，癰疽禁用，為多生膿。肉蓯蓉驟用則動大便。而小兒痘疹不作膿者，用白朮以生膿。老人血少便秘者，用蓯蓉以潤燥。不特此也。甘遂、甘草同用則殺人，而古人用為吐藥。是故明于理者，用其損亦益，昧于理者，用其益亦損。夫人參補虛之要藥也，而實其實則殺之。醫可不明理哉？

清·王凱《痧症全書》卷上　藥忌用藥一差，凶危立見。先知其忌，則思過半矣。【略】一應甘甜之味，俱不宜。【略】杜仲、補骨脂、枸杞子：即腰疼，不可用。　茯神、柏子仁、酸棗仁：即虛煩不寐，亦不可用。　蓯蓉、巴戟：尤所大忌。

清·單南山《胎產指南》卷五　產婦禁藥　一、產婦氣不順，禁用枳殼、厚朴等耗藥。二、產後傷飲食，禁用枳實、大黃、蓬、稜。三、產後身熱，禁用芩、連、梔、柏。四、產後七日內，禁用地黃、芍藥。五、產後血塊痛，禁用牛膝、蓬、稜、蘇木。六、產後大便不通，禁用大黃、芒硝。七、不可服濟坤丹，要損血氣。八、不可服瘦胎丸，要傷胎。九、不可用《產寶》峻藥方。

產後忌食諸物　一、果忌梨、藕、橘、柑、柿、西瓜，要停血作痛。二、食忌冷粉、綠豆、冷飯、蕎麥，要停血作痛。三、忌鵝、犬、猪、牛首肉，恐犯諸藥，又恐停血塊作痛。四、忌莧菜、生菜、薹菜，停血痛。五、忌沙糖酒，要損新血。六、忌獨煎山查湯，損新血。七、忌多食胡椒、艾、酒，行血致崩。八、忌生薑酒，寧波俗弊，發汗行血。九、忌濃茶汁，寒停血塊痛。

鄉俗產後十弊　一、產畢毋令食牛、羊、猪、鵝肉、雞子、麵物，虛人難消化。二、毋食涼粉、菉荳、粥澂汁、蕎麥麵。三、毋多食胡椒、艾、酒，血塊雖得熱流通，新血亦不寧，防崩漏。四、產後寧波俗弊，多用薑數斤，以消血塊，發熱亡血致危。五、產後毋食梨、橘、柑、藕、冷菜及冷藥、冷水，致血塊凝結。

六、毋食橙、丁、橘、干、枳术、香砂等丸，重損新血。七、七日內，毋勞洗以勞神，毋勉強早起，以冒風寒。八、產後月之內，毋多言勞女工。九、產後暑月，毋用冷水洗手足。十、產後遇大寒月，用小衣烘熱，常溫腹內，冷則塊痛久，雖藥不行。

產後用藥十誤一、產後誤用耗氣、順氣等藥，胸膈飽悶，雖陳皮不可用至五分。二、誤用消食藥，多損胃減飯，甚至不進食，且凝血塊。三、身熱，誤用芩、連、梔、柏，損胃增熱，甚至不進食，且凝血塊。四、三日內未服生化湯以消血塊，毋輕用人參、耆、术、熟地，致塊不消，至危亡。五、毋用地黃，以滯惡露。毋獨用枳實、枳殼、牛膝以消塊。六、毋用大黃、芒硝以通大便，致泄瀉成鼓脹。七、毋用蘇木、三稜、蓬术、牛膝以行血塊，致損新血。八、俗多用山查一味煎汁，以攻血塊，成危疾而死人，不可不知也。九、毋服濟地丹兩三丸，下胞下胎。十、毋信《產寶百問》及《婦人良方》。

清・景日昣《嵩厓尊生全書》卷四　熱補為害論　六味丸加桂附，益火也。乃今之豪貴者，不問陰陽虛實概用之，此拘于陽能生陰，陰不能生陽之說也。即間知桂附不宜輕用，而又引引火歸源之說以為解。夫豪貴之家，酣飲助火，恣慾亡陰，往往用此，無依之火未歸源，而陰火轉熾，是未受陽生之益，先貽壯火之患也。故古人云：寒藥不可多，熱藥不可久。

清・吳澄《不居集》卷二〇　草藥不可妄用　紹興十九年三月，英州僧希賜往州南三十里洸口掃塔，有客船自番禺至，舟中士人攜一僕，僕病脚弱不能行。舟師憫之曰：吾有一藥，治此病如神，餌之而差者，不可勝計。當以相與，既賽廟畢，飲胙頗醉，乃入山求得藥漬酒。授病者令天未明服之。如其言，藥入口即呻吟，云腸胃極痛，如刀割截，遲明而死。士人以咎舟師。舟師恚曰：何有此？即取昨夕所餘藥，自漬酒服之，不踰時亦死。蓋山多斷腸草，人食之輒死。而舟師所取藥，為根蔓所纏結，醉不暇擇，徑投酒中，是以反為禍。則知草藥，不可妄服也。

清・董维嶽《痘疹專門秘授》卷下　食物禁忌　標內小胱，小兒不食者多。即食亦宜知禁。凡辛熱葷腥之味，及筍尖鮮味，斷不可犯。惟大胱日，則毫無所忌，鷄肉、魚子及筍尖鮮味，聽其自好。收後則又量為減省，即有所好，不可多與，恐脾胃消化不去，反添雜症。若痘後有熱，鷄、魚子又當全忌。少可食者，惟肉與鴨子。麻之始終，甜、酸、苦、辣，關乎終身。食鹹者多後必咳嗽。早食豆，隨後必作瀉。收後可食者，惟鴨子一味。

清・俞廷舉《金臺醫話》　金石春房之藥斷不可服　今人不知醫道，誤信一切方士之言，純用陽藥縱慾貪淫，藉此以為長夜之樂。抑或無子，藉此以為壯陽之具。皆非也。不知一人之身，全賴腎水滋養，猶草木賴雨露而後潤澤也。金石春房之藥，全是一片烈火，火焚有不燎原者乎？燒乾腎水，有病叢生，其不死也幾希。況近世之人，稟賦極薄，元氣極虧，先天腎水十有九虛，再加慾火焚身，腎水更涸，是自求速死也，又何怪焉？故特戒之！

清・佚名氏《眼科總經藥論》卷下　十惡　食昌蒲鹽醋，豬肉忌羊肝，魚肉忌石決，甘菊忌鷄肉，羚羊角忌麵，蜜蒙花忌鴨肉，蟬退忌酒，蔥(扳)〔反〕蜜，甘草忌甘遂。

清・范在文《衛生要訣》卷一　孕婦服藥忌論　《經》曰：陽搏陰別，謂之有子。又云：少陰脉動盛者，妊子也。因思天地絪縕，萬物化醇，男女媾精，萬物化生。乾道成男，坤道成女。男女居室，人之大倫。所以太極生兩儀，兩儀生四象，四象生八卦，八卦定吉凶。從可知吉凶之道，自古有之。而趨避之法，尤當急講。妊娠之病，千條萬緒，總歸於一。一者，血也，血有不足，病端多矣。隨症調攝之方，臨盆產後之法，余於《達生編》中條分縷析矣，茲不復贅，用者可參考之。至妊娠之藥，病時不能不用，用時不可不慎，一有不慎，為害百端。茲特擇其於妊娠最忌者，臚列如左：孕婦忌服諸藥：

烏頭　牽牛　通草　天雄　厚朴　紅花　南星　槐子　蘇木　半夏　桃仁　麥蘗　巴豆　茅根　葵子　大戟　乾漆　赭石　(莞)〔芫〕花　瞿麥　常山　牛膝　三稜　水銀　皂莢　鬼箭　錫粉　硇砂　砒石　水蛭　芒硝　硫黃　䖟蟲　雄黃　斑蝥　蜘蛛　螻蛄　蜈蚣　蛇蛻　蜥蜴　牛黃　麝香　雌黃　兔肉　蟹爪甲　犬肉　馬肉　驢肉　羊肝　龜鼈　小蒜　雀肉　茜根　赤箭　附子　肉桂　丹皮　生薑　乾薑　黃連

孕婦忌服總結：以上孕婦忌服之藥，共得六十種。往往病者不及檢點，醫士妄投方劑，一損兩命，禍不堪言。惟末後六種附子、生薑、丹皮、肉桂、乾薑、黃連。尚可酌用，即《內經》所謂有病則病受之是也，用者慎之。至孕婦飲食之品，有最相宜者，有最不相宜者，亦詳敘《達生編》中，參閱可也。

清・佚名氏《咽喉脉證通論》　用藥禁忌　古有甘桔湯，乃清喉之要劑，今人見有患喉證者，即用之而無疑。嗟乎！此猶抱薪救火，非能愈疾，而更

增其疾矣！何以言之？夫喉證乃火毒上升所致，須以降氣瀉火為要。甘草補中而不瀉火，既受其補，則火愈熾，病愈重矣。桔梗引諸藥上行，藥既上行，則痰與火亦引之而上行，勢必喉間壅塞，於病更加重矣。故小兒驚痰，大人痰火，桔梗是最忌者。《本草》云升麻引胃中清氣上升，又可代犀角，似乎可用。不知一用，其痰火與氣一齊上湧於咽喉之間，四肢逆冷，喘急異常，為害匪淺。若在他證，猶或可用，如鎖喉服之，則不治矣。半夏雖消痰，若喉證痰重者，誤用之，禍不旋踵，蓋此乃治脾家濕滯之痰，至於喉證有痰，總不外肺中熱火，何可以半夏之燥烈治之乎？老薑辛辣發散，雖喉證亦以發散為主。然過用辛辣之味，則以火益火，大非所宜。此五者與喉證關係甚重，故特表而出之，至別藥之中，亦多禁忌，惟業醫者審擇用之，茲不多贅。

清·吴鋼《類經證治本草》 誠齋妊娠藥禁歌曰：墮胎之藥最須明，犀角牛黄薏苡仁。皂角牽牛並淡竹，神紅二麯及南星。半夏蒺藜花蕋石，苧根黑豆重黄金。益母木通茺蔚子，車前通草與(山)[三]稜。鬼箭夜明砂鼠屎，冬葵滑石土瓜根。桑樹有蟲香禁麝，葛根榆白葧薺名。麥芽瞿麥兼硝朴，石脂故紙毒蝱蟲。肉桂伏龍肝附子，炮薑槐角不留行。硃雄蟹爪川山甲，蜀漆紅花沒藥靈。商陸延胡兼大戟，紫葳巴豆貝珠名。以上妊娠俱忌此，不記真時誤殺人。更有通經藥品多，蛤花二粉射干和。馬鞭茜草加葶藶，莪朮薑黄卷柏留。川椒山甲靈脂蟹，寄奴連異漏蘆收。原蠶皆是通經藥，孕婦逢之便可愁。還下催生有十般，餘糧海帶蜀葵逢。預知子及山查子，蒲黄柞木芫花根。麻仁皆取催生育，無故臨之禍轉增。却怪胞衣不下來，栝蔞一味可能催。產後忌之赤白芍，猶嫌峻補自招災。

清·周貽觀《周氏秘珍濟陰》卷上 妊娠忌藥歌【略】 按：茯毛、紫蘇、香附、陳皮、(只)[枳]殼之屬，本行胎中滯氣。黄芩、黄連之屬，本清胎熱。若用之太早，體虛者是益以虛，而墮胎必矣。惟胎至五六月，胎氣漸逼，可斟酌用之。

清·王孟英《歸硯錄》卷二 又云：古書所載，有不盡然者。厚味生癰疽，膏粱之變，足生大疔。此忌口二字之所本也。余謂此為富貴之說法，非所以論大概也。《千金》《外臺》無不以慎口腹為要務。東垣云：癰疽食肉，乃自棄也。究之諸公當日所交遊者，皆富貴也。王氏自謂我術但治貧病，然以刺史之尊，於民間日用疾苦，相離尚遠，其所稱貧病，非藜藿無告之貧也。若勞苦貧人所患瘍毒，皆由六淫外乘，而醫者不知變通，甚至蔬腐不許入口，一餐之間有許多禁忌，幾有絕食之苦，病人何以堪此？因之胃閉而病不能愈。此由見理不明，操技不精，藉忌口二字為口實，以文過而飾非。及至用藥，則蜈蚣、桑蟲、甲片、蜂房、蛇蜕、角刺諸毒藥，浪用無忌，何獨於尋常食品而嚴申禁戒乎？習而不察，曷勝浩歎！若能於富貴人退之，貧苦人進之，庶乎兩得其平。蓋胃氣充足，病必易愈，肌亦易生。設此義不知，亦焉能識病情而施妙治乎？

清·陸以湉《冷廬醫話·補編》 食忌：醫書所載食忌，有無藥可解者，錄以示戒。痧症腹痛，誤服生薑湯；疔瘡誤服火麻花；骨蒸似怯症，誤服生地黄；青筋脹，即烏痧脹。誤認為陰症投藥；渴極思水，誤飲花瓶內水；驢肉、荊芥同食；茅檐水滴肉上食之；食三足鼈；餚饌過荊林食之；老雞食百足蟲有毒，誤食之；蛇虺涎毒，暗入飲饌食之。

藥忌：吴江徐靈胎徵君大椿，謂醫藥為人命所關，較他事尤宜敬慎，今乃眩奇立異，欲駭愚人耳目，將古人精思妙法，反全然不考，其弊何所底止，略舉數端，以示儆戒。【略】余按：徐氏所指，誠切中要害，惟海參淡食，最能益人，嘗有食之終身而康強登上壽者，惟不宜與熟地等藥同煎耳。又枇杷露，治肺熱咳嗽，獲效頗速，似不當在屏棄之列。

清·王孟英《隨息居重訂霍亂論》第二《治法篇》 附妊娠藥禁 《潛齋叢書》云：甘遂沒藥破故紙，延胡商陸五靈脂，薑黄葶藶穿山甲，歸尾靈仙樟腦續隨，王不留行龜鱉甲，麻黄川椒神麴伏龍肝，珍珠犀角車前子，赤芍丹參益母射干，澤瀉澤蘭紫草鬱金，土瓜根滑石自犀角至此，雖非傷胎之藥，然係行血通竅之品，皆能滑胎，非堅實之體，不可輕用。及紫葳即淩霄花。猛厲之藥，皆能傷胎，人猶知之。如薏苡、茅根、通草、厚朴、益母之類，性味平和。又為霍亂方中常用之品，最易忽略，不可不加意也。十一、產後。丹溪一代宗工，乃謂產後宜大補氣血為主。雖有別證，從末治之。景岳已辨其非矣。而俗傳有產後宜溫之說，不知創自何人，最為悖謬。夫產後陰血盡脫，孤陽獨立，臟腑如焚，經脈如沸，故仲聖專以養血消瘀為主。而石膏、竹茹亦不禁用。若夏令熱產，慮感暑痧，無病者萬勿輕嘗藥餌。不但生化湯不可沾唇，雖砂糖、酒亦須禁絕。設有腹痛，未審是否發痧，惟六一散最為雙關妙藥。若明係痧證，或患霍亂者，按常法治之。如果熱熾毒深，不妨仍用涼化。如無虛象，勿

以產後而妄投補藥。如無寒證，勿以產後而妄施熱劑。魏柳洲云：近時專科及庸手，遇產後一以燥熱溫補為事，殺人如麻。故治產後之瘀邪霍亂者，尤當兢兢也。

清・鄭壽全《醫理真傳》卷四　胎前忌服藥品解　近來有妊之婦，多有忌服藥品，如半夏、大黃、巴豆、丑牛、檳榔、大戟、芫花、甘遂、（射）〔麝〕香、三棱、莪朮、附子、紅花、三七之類，稱為墮胎之品，凡有胎者，切不可服。今人死死記著，毫不敢易。予以為皆可服也，不必忌慮。總在看病之若何，如病果當服半夏、大黃、附子，一切藥品皆是安胎。病不當服，即參、茸、膠、桂，亦能墮胎。奈世人之不講理何。予故為有胎者勸。凡婦人有妊三四月，即當慎言語，節飲食，戒房勞，皆是保生之道。設或有病，外感須按定六經提綱，不必問乎藥品。內傷認定陽虛陰虛，亦不必問乎藥品。飲食氣滯，仍當推蕩，亦不必問乎藥品。總之，邪去則正復，即是安胎。何今人之不察病情，而只計忌服藥品，此皆《醫方捷徑》一家之私言，未明變化神而明之之道也。學者切切不可為藥所惑，而釀成死亡之候。病家更要明白，醫家亦不可大意。還有一等奸婦，專意墮胎，竟不能墮，從可識也。難道不去覓些三七、（射）〔麝〕香，一切極血之藥乎？

清・田綿淮《本草省常・飲食說略》　飲以養陽，食以養陰。飲食宜常少，亦勿令過虛。不飢強食則脾勞，不渴強飲則胃脹。早飯宜早，中飯宜飽，晚飯宜少。食後不可怒，怒後不可食。食宜和淡，不可厚味；食宜溫暖，不可寒冷；食宜軟爛，不可堅硬。食罷勿便臥，飲罷勿就寢。先飢而食，食不過飽；先渴而飲，飲不過多。大飢勿大食，大渴勿大飲。粘硬難消之物宜少食，葷腥油膩之物宜少食，香燥炙煿之物宜少食，瓜果生冷之物宜少食，五穀新登者宜少食。食饐而餲、魚餒而肉敗勿食。色惡勿食，臭惡勿食。失飪勿食，不時勿食。食不厭精細，飲不厭溫熱。勿令五味勝穀氣，勿令穀氣勝元氣。《物理論》曰：穀氣勝元氣，其人肥而不壽，故養生者常令穀氣少，則病不生。穀氣且然，況五味饜飫為五內害乎？酸多傷脾，苦多傷肺，鹹多傷心，甘多傷腎，辛多傷肝。多食鹹則脉凝澀而變色，多食苦則皮槁而毛拔，多食辛則筋急而爪枯，多食酸則肉胝䐢而唇揭，多食甘則骨痛而髮落。胝音支，䐢音皺。酸傷筋，辛勝酸；苦傷氣，鹹勝苦；甘傷肉，酸勝甘；辛傷皮毛，苦勝辛；鹹傷血，甘勝鹹。春宜甘不宜酸，夏宜辛不宜苦，秋宜酸不宜辛，冬宜苦不宜鹹，四季宜鹹不宜甘。脾喜音樂。《周禮》云：樂以侑食。蓋絲竹之聲，耳纔聞，脾即磨矣。故夜食多則脾不磨，以為無聲可聽也。脾喜暖而惡寒。然亦不可太熱，反傷胃脘且損牙齒，所謂過猶不及也。大抵以熱不炙唇為宜。脾喜燥而惡濕。茶以少飲，空心尤忌，惟食後飲之無妨。飲必熱茶，涼則聚痰。酒宜少飲，仍忌粗與速。飲必溫酒，熱則傷肺，涼則傷腎。酒醇者良，茶細者佳。俗謂茶粗酒薄，不傷人者，非。日暮勿飽食，月暮勿醉飲。大醉傷肺，大飽傷脾，大飢傷氣，大渴傷血。冬則朝勿飢，夏則夜勿飽。夜間勿食生葱、韭、薤、蒜，傷人心。正月勿食生葱，令人面生遊風。宜食五辛，以辟厲氣。二月勿食蓼，傷人腎。宜食韭，益人心。三月勿食小蒜，傷人志。宜食韭，益人心。四月勿食葫荽，傷人神。宜飲桑椹酒，暖丹田。五月勿食韭，昏人目；勿食茄，主動氣。宜食溫暖物。五月五日勿食生冷，發百病。宜飲雄黃酒，解百毒。六月勿食韭，昏人目。宜食西瓜，以解暑氣。七月勿食莧，損人腹。宜食脂麻，以潤臟腑。八月勿食生薑，傷人神。宜食韭，益人胃。九月勿食生薑，損人目；勿食葵菜，傷人脾。十月勿食生葱，傷人精；勿食椒，傷人脉。宜食法製槐豆，去百病。十一月勿食薤，令人多涕唾；勿食被霜生菜，令人病。十二月勿食鰕蟹着甲之物，能傷人。宜食豬脂餅。

清・王燕昌《王氏醫存》卷一二　保胎用药宜忌　治胎病總宜清涼固氣固血之藥。其最忌者，溫熱峻補、消剋攻下、發汗、破氣破血、一切毒惡不正之藥。即如龜板、鼈甲、穿山甲，及奇魚怪獸，狗肉兔肉，煎炒厚味，糟酒、薑、蒜、胡椒等，均宜禁忌。尤忌芒硝、大黃、半夏、牛膝、劉寄奴、菉豆、酒，一切傷胎之物。外忌麝香、冰片、安息香、降香、沉香、迦藍珠、藏香，一切破氣之物。偶一不慎，孕婦與胎，百病叢生，危亡立至矣。以藥殺人，咎將誰諉哉。

產後藥謬：近日金陵、安徽一帶人家，每值產後，習用高麗參、洋參、益智仁、紫豆寇、龍眼肉。於大便閉結，輒用大黃、肥皂、蜂蜜為丸服之，多致危殆。習氣固然，然依樣胡蘆而妄畫於產婦，果不知而為之者歟？抑忍心害理而為之者歟？

產後方藥宜忌：產後諸方，惟《達生編》最穩。餘書瑕疵互見。或爾時對證應用之方，非可概施於人人也。但參、朮、桂、附、苓、芍等藥，如產病果見為非此藥不可，權宜用之。若一概混用，貽誤不小。

清・王燕昌《王氏醫存》卷一五　諸藥誤用之害　誤用溫補，一經偏強，尅其所勝之經，而泛溢於別經。　誤用攻伐，一經偏弱，受尅於所不勝，而陷鬱於別經。　誤用疏泄，防散陽氣。　誤用收澀，防滯陰血。　初感風寒，早用攻下，或誤補，皆結胸。　病後人嗜酒，人誤用攻下，但覺心嘈必死。　誤用桂附皆多汗多尿，誤用杜仲、牛膝，小便頻，大便閉。　誤用茯苓、半夏、澤瀉、蒼朮滲溼等藥，津液竭而大渴，腸胃無熱。　或有溼，誤用枳實、麥芽、檳榔、厚朴、二丑、大黃攻下等藥，必大瀉，目盲不見人。　受風寒者，重用白芍，不兼解表疎散之藥，風寒留於腠理，化熱生嗽。　誤用五味子斂風寒於肺成久咳，若係肺虛成癆。　凡人易受風者，皆肺弱表虛。　受風之證皆自汗，若再發汗，是虛其虛也。　變現肺虛諸證。

清・養晦齋主人《醫家必閱》　熱藥不可輕服　凡大熱助陽之藥及毒熱春方，若信服圖快一時，最能消耗真精。　或患腰疽發背，或目昏失明，甚則喪命，不可不慎。　至於子嗣艱難，最宜寡慾積德。　男服生精補腎之藥，女服養血調經之劑，自然生育。　倘妄服大熱之藥，致令腎虛精乏，身亦難久，尚云子息耶？

綜述

梁・陶弘景《本草經集注》卷一　服藥忌食　有术，勿食桃、李及雀肉、胡〔荽、大〕蒜、青魚鮓〔等物〕。　服藥有巴豆，勿食蘆笋羹及野猪肉。〔有黃連、桔梗，勿食豬肉。　有地黃，勿食蕪荑。〕　有半夏、昌蒲，勿食飴糖及羊肉。　有細辛，勿食生菜。　有甘草，勿食菘菜。〔宋・掌禹錫《嘉祐本草》按：《唐本》並《傷寒論》《藥對》又云：　勿食海藻。　有藜蘆，勿食狸肉。　有牡丹，勿食生胡蒜。　有〔當〕〔商〕陸，勿食犬肉。　有恒山，勿食〔生〕葱〔生〕菜。　有空青、朱沙，勿食生血物。　有茯苓，勿食諸酢〔物。　有鱉甲，勿食莧菜。　有天門冬，勿食鯉魚。〕　服藥，不可多食生胡荽及蒜雜生菜。　服藥，不可多食諸滑物果實菜〔等〕。　服藥，不可多食肥猪、犬肉、〔油膩〕、肥羹及魚膾〔等物〕。　服藥，通忌見死尸及產婦淹穢事。

梁・陶弘景《本草經集注》卷一　藥不宜入湯酒者　朱沙〔熟入湯〕　〔雌〕〔雄〕黃　雲母　陽起石〔入酒〕　礬石〔入酒〕　〔流〕〔石硫〕黃〔入酒〕　鍾乳入酒　孔公孽入酒　礜石〔入酒〕　銀屑　銅鏡鼻　白堊　胡粉　鉛丹　鹵鹹〔入酒〕　石灰〔入酒〕　藜灰　右〔一十七種〕石類。

野葛　狼毒　毒公　鬼〔旧〕〔臼〕　莽草　巴豆　躑躅入酒　蒴藋入酒　皂莢〔入酒〕　藋菌　〔藜〕蘆〔藜〕　䕡茹　貫衆〔入酒〕　蕪荑　雷丸　狼牙　鳶尾　蒺藜〔入酒〕　女苑　葈耳　紫葳〔入酒〕　薇銜〔入酒〕　白及　牡蒙　飛廉　蛇銜　占斯　辛夷　石南草〔入酒〕　虎掌　〔練〕〔楝〕實　虎杖入酒單浸漬　〔蓄〕〔蘆〕根　羊桃〔入酒〕　麻勃　苦瓠　瓜蒂　陟釐　〔跟〕〔狼〕跋子〔入酒〕　雲實　槐子〔入酒〕　地膚子　蛇床子〔入酒〕　青葙子　茺蔚子　〔析冥〕〔菥蓂〕子　王不留行　菟絲子入酒　右〔四十八種〕草木類

蜂子　蜜蠟　白馬莖　狗陰〔莖〕　雀卵　雞子　雄鵲　伏翼　鼠婦　樗雞　螢火　蠮螉　殭蠶　〔吳公〕〔蜈蚣〕　蜥蜴　斑猫　芫青　亭長　地膽　虻蟲　蜚蠊　螻蛄　馬刀　赭魁　蝦蟆　蝸牛　生鼠　生龜〔入酒〕　諸鳥獸〔入酒〕　蟲魚膏、〔骨〕髓、膽、血、屎、溺。　右〔二十九種〕蟲獸類。

附：日・丹波康賴《醫心方》卷一　服藥禁物第四　《本草經》云：　服藥不可多食生葫蒜、雜生菜。　又云：　服藥不可食諸滑物、菓、菜。　又云：　服藥不可多食肥猪犬肉，肥羹及魚膾。　又云：　服藥通忌見死尸及產婦淹穢事。　又云：　服藥有术，勿食桃、李及雀肉、葫蒜、青魚鮓。　有巴豆勿食盧笋羹及肉。今按：《范汪方》：　食之使人縮產，飲不下，病不除。今按：《范汪方》：　云：　食之崩漏少子。　有黃連、桔梗勿食猪肉。今案《范汪方》：　食之精漏少子，使人縮産，飲不可下，病不除。　有半夏、菖蒲，勿食飴糖及羊肉。今案：《范汪方》云：　今人病不除。《膳夫經》云：　三日勿食秫。　有細辛，勿食生菜。今案：《范汪方》云：　食之病增。　有甘草，勿食菘。今案：《范汪方》云：　有甘草三日，勿食菘，病不除。《〔脫〕〔膳〕夫經》云：　勿食蕪荑及蓼，交令人廢其陽道。　有藜蘆，勿食狸肉。今案《范汪方》云：　食之使人水道逆上成腹脹。　有牡丹勿食生葫葉。今案：《范汪方》云：　一日勿食葫，病增。《膳夫經》云：　二日勿食生蒜，病增。　有恒山，勿食生葱菜。今案：《范汪方》云：　食之增病。　有空青、朱砂，勿食生血物。今案：《養生要集》云：　病不除。　有伏苓，勿食諸酢物。今案：《膳夫經》云：　勿食諸酢、熱。《玉箱方》云：　伏苓忌鯉魚。　《養生要集》云：　服藥不可食諸滑物、果實、

菜油、麪、生冷、酢。　又云：服藥不可多食生葫蒜、雜生菜、猪肉、魚膾。　又云：服藥有松脂，勿食五肉魚菜鹽醬，唯得飲水并小酒脯耳。　又云：服藥有天門冬，忌鯉魚。　又云：服藥有黄精，忌食梅。　《枕中方》云：凡服藥物，不欲食蒜、石榴、猪肝，房室都絶之為上，服神藥物勿向北方，大忌。　又云：凡服食，忌血味，使三尸不去。　《千金方》云：凡餌藥之人，不可服鹿肉，服藥必不得力。所以然者，鹿恒食解毒之草，是故能制散諸藥也。　又云：凡服藥，皆斷生冷、酢滑、猪、雞、魚、油、麪、蒜。其大補丸散慎陳臭。　又云：服藥有柏子，忌食麪、五肉、魚、菜。　《慧日寺藥方》云：服桂勿食鯉魚，害人。今案：《養生集要》云：葱桂不可(今)〔合〕食，傷人。　《馬琬食經》云：服杏仁，忌食猪肉，煞人。　《藥像敦》云：服槐實，忌猪肉。【略】

藥不入湯酒法第八　《本草經》云：藥有宜丸者，宜散者，宜水煮者，宜酒漬者，宜膏煎者。亦有一物兼宜者，亦有不入湯酒者。並隨藥性，不得違越。

朱沙　雌黄　雲母　陽起石　焚石　流黄　鍾乳入酒　孔公孽入酒　礜石　銀屑　銅鏡鼻　白堊　胡粉　鈆丹　鹵碱　石灰　藜灰　右十七種石類

冶葛　狼毒　鬼臼　毒公　莽草　巴豆　躑躅入酒　蒴藋入酒　皂莢　藋菌　梨蘆　藺茹　貫眾　蕪荑　雷丸　狼牙　鳶尾　蒺藜　女菀　葈耳　紫葳　薇銜　白及　飛廉　虵銜　占斯　辛夷　石南草　虎掌　練實　虎杖入酒　蓄根　羊桃　麻勃　苦瓠　瓜蒂　陟釐　狼跋子　雲實　槐子　地膚子　虵床子　青葙子　充尉子　析冥子　王不留行　牡蒙　右卌七種草木類

蜂子　蜜蠟　白馬莖　狗陰　雀卵　雞子　雄鵲　伏翼　鼠婦　樗雞　螢火　蠮螉　強蠶　吳公　蜥蜴　班(苗)〔猫〕　元青　亭長　地膽　虻蟲　蜚蠊　螻蛄　馬刀　赭魁　蝦蟇　生鼠　諸鳥、獸、蟲、魚、膏、髓、膽、血、屎、溺　蝸牛　生龜　右廿九種類

宋・王懷隱《太平聖惠方》卷二　服諸藥忌　有朮勿食桃、李及雀肉、胡荽、大蒜、青魚鮓等。　有藜蘆勿食狸肉。　有巴豆勿食蘆笋及野猪肉。　有黄連、桔梗，勿食猪肉。　有地黄勿食蕪荑。　有半夏、菖蒲，勿食飴糖、羊肉。　有細辛勿食生菜。　有甘草勿食菘菜。　有牡丹勿食生胡荽。　有商陸勿食犬肉。　有恒山勿食生葱、生菜。　有空青、朱砂，勿食生血物。　有茯苓勿食醋物。　有鼈甲勿食莧菜。　有天門冬勿食鯉魚。　服藥，不可多食生胡荽及蒜雜生菜，又不可食諸滑物、果實等，又不可多食肥豬犬肉、油膩肥羹、魚膾腥臊等物。

宋・朱端章《衛生家寶產科備要》卷五　產前所忌藥物　盧醫周鼎集以為歌：

斑蝥水蛭地膽蟲，烏頭附子配天雄。躑躅野葛螻蛄類，烏喙側子及虻蟲。牛黄水銀并巴豆，大戟蛇蜕共蜈蚣。牛膝藜蘆加薏苡，金石錫粉對雌雄。牙朴芒硝牡丹桂，蜥蝎飛生更䗪蟲。代赭蚱蟬胡粉麝，芫花薇銜草三稜。槐子牽牛并皂角，桃子蠐螬和茅根。欓根硇砂與乾漆，亭長溲疏(茅)〔茵〕草中。瞿麥藺茹蟹爪甲，蝟皮鬼箭赤頭紅。馬刀石蠶衣魚等，半夏天南通草同。乾薑蒜雞及鴨子，驢馬兔肉不須供。切忌婦人產前用，此歌宜記在心胸。

宋・許洪《指南總論》卷上　論服藥食忌

有朮，勿食桃、李，及雀肉、胡荽、大蒜、青魚鮓等物。　有藜蘆，勿食狸肉。　有巴豆，勿食蘆笋羹及野猪肉。　有黄連、桔梗，勿食猪肉。　有半夏、菖蒲，勿食飴糖及羊肉。　有地黄，勿食蕪荑。　有細辛，勿食生菜。　有天門冬，勿食鯉魚。　有甘草，勿食菘菜及海藻。　有牡丹，勿食生胡荽。　有商陸，勿食犬肉。　有常山，勿食生葱、生菜。　有空青、朱砂，勿食生血物。　有茯苓，勿食醋物。　有鼈甲，勿食莧菜。　服藥，不可多食生胡荽及蒜雜生菜，又不可食諸滑物、果實等，又不可多食肥猪犬肉、油膩肥羹、魚膾腥臊物。　服藥，通忌見死尸及產婦淹穢物。

宋・陳自明《婦人大全良方》卷一一　食忌論第十　一受孕之後，不可食之物，切宜忌食。非唯有感動胎氣之戒，然於物理，亦有厭忌者。設或不能戒忌，非特延月難產，亦能令兒破形母殞，可不戒哉！　食鷄肉、糯米合食，令子生寸白蟲。　食羊肝，令子生多厄。　食鯉魚鱠及鷄子，令兒成疳，多瘡。　食犬肉，令子無聲音。　食兔肉，令子缺唇。蓋兔乃不雄而孕，生子則口中吐出，是以忌焉。　鴨子與桑椹同食之，令人倒生心寒。　食鱉，令子項短及損胎。　雀肉合豆醬食之，令子面生鼾黷黑子。　食豆醬，合藿食之，墮胎。　食冰漿絶產。　食雀肉，令子不耻多淫。　食山羊肉，令子多病。

食子薑，令子多指、生瘡。　食螃蟹，令子横生。　食蝦蟆、鱓魚，令兒瘖瘂。　食驢、騾、馬肉，延月難産。　如此之類，無不驗者。　則知聖人胎教之法，豈非慮有自其然乎！

宋・陳衍《寶慶本草折衷》卷一《序例萃英中》　又述服藥食忌凡一章，分為五忌。　有朱砂勿食生血物。　有茯苓勿食醋物。　有鼈甲勿食莧菜。　服藥不可多食生胡荽及蒜、雜生菜、諸滑物、果實、肥猪犬肉、油膩肥羹、魚膾腥臊等物。　服藥通忌見屍及産婦淹穢事。　新集：《夷堅志》云：　凡服風藥，勿食河豘。　服諸藥皆當忌之。　有荊芥勿食黄顙魚。　○《遯齋閑覽》云：　服餌家尤忌羊血。　兼於羚羊角條續説論之矣。

元・忽思慧《飲膳正要》卷一　妊娠食忌　上古聖人有胎教之法，古者婦人姙子，寢不側，坐不邊，立不蹕，不食邪味。　割不正不食，席不正不坐，目不視邪色，耳不聽淫聲。　夜則令瞽誦詩，道正事。　如此則生子形容端正，才過人矣。　故太任生文王，聰明聖哲，聞一而知百，皆胎教之能也。　聖人多感生，妊娠故忌見喪孝、破體、殘疾、貧窮之人；　宜見賢良、喜慶、美麗之事。　欲子多智，觀看鯉魚、孔雀；　欲子美麗，觀看珍珠、美玉；　欲子雄壯，觀看飛鷹、走犬。　如此善惡猶感，況飲食不知避忌乎。

妊娠所忌：　食兔肉，令子無聲缺唇。　食山羊肉，令子多疾。　食雞子、乾魚，令子多瘡。　食桑椹、鴨子，令子倒生。　食雀肉，飲酒，令子心淫情亂，不顧羞恥。　食鷄肉、糯米，令子生寸白蟲。　食雀肉、豆醬，令子面生皯黯。　食鼈肉，令子項短。　食驢肉，令子延月。　食冰漿，絶産。　食騾肉，令子難産。

乳母食忌：　凡生子擇於諸母，必求其年壯，無疾病，慈善，性質寬裕溫良，詳雅寡言者。　使為乳母，子在於母資乳以養，亦大人之飲食也。　善惡相習，況乳食不遂母性。　若子有病無病，亦在乳母之慎口。　如飲食不知避忌，倘不慎行，貪爽口而忘身適性致疾，使子受患，是母令子生病矣。

乳母雜忌：　夏勿熱暑乳，則子偏陽而多嘔逆；　冬勿寒冷乳，則子偏陰而多咳痢。　母不欲多怒，怒則氣逆，乳之，令子顛狂；　母不欲醉，醉則發陽，乳之，令子身熱腹滿。　母若吐時，則中虚，乳之令子虚羸；　母有積熱，蓋赤黄為熱，乳之令子變黄不食。　新房事勞傷，乳之，令子瘦瘁，交脛不能行。　母勿太飽乳之，母勿太飢乳之，母勿太寒乳之，母勿太熱乳之。　子有瀉痢、腹痛、夜啼疾，乳母忌食寒涼發病之物。　子有積熱、驚風、瘡瘍，乳母忌食濕熱動風之物。　子有疥癬瘡疾，乳母忌食魚、蝦、鷄、馬肉，發瘡之物。　子有癖、疳、瘦疾，乳母忌食生茄、黄瓜等物。　凡初生兒時，以未啼之前，用黄連浸汁，調朱砂少許，微抹口内，去胎熱邪氣，令瘡疹稀少。　凡初生兒時，用荊芥、黄連熬水，入野牙猪膽汁少許，洗兒。　在後雖生斑疹、惡瘡，終當稀少。　凡小兒未生瘡疹時，用臘月兔頭并毛骨，同水煎湯，洗兒。　除熱去毒，能令斑疹、諸瘡不生，雖有亦稀少。　凡小兒未生斑疹時，以黑子母驢乳令飲之，及長，不生瘡疹、諸毒。　如生者，亦稀少。　仍治小兒心熱風癇。

飲酒避忌：　酒，味苦甘辛，大熱，有毒。　主行藥勢，殺百邪，去惡氣，通血脉，厚腸胃，潤肌膚，消憂愁。　少飲尤佳，多飲傷神損壽，易人本性，其毒甚也。　醉飲過度，喪生之源。　飲酒不欲使多，知其過多，速吐之為佳，不爾成痰疾。　醉勿酩酊大醉，即終身百病不除。　酒不可久飲，恐腐爛腸胃，漬髓蒸筋。　醉不可當風卧，生風疾。　醉不可向陽卧，令人發狂。　醉不可令人扇，生偏枯。　醉不可露卧，生冷痺。　醉而出汗當風，為漏風。　醉不可卧黍穰，生癩疾。　醉不可強食，嗔怒，生癰疽。　醉不可走馬及跳躑，傷筋骨。　醉不可接房事，小者面生皯、欬嗽，大者傷臟、澼痔疾。　醉不可冷水洗面，生瘡。　醉醒不可再投，損後又損。　醉不可高呼、大怒，令人生氣疾。　晦勿大醉，忌月空。　醉不可飲酪水，成噎病。　醉不可便卧，面生瘡癤，内生積聚。　大醉勿燃燈叫，恐魂魄飛揚不守。　醉不可飲冷漿水，失聲成尸噎。　飲酒，酒漿照不見人影勿飲。　醉不可忍小便，成癃閉、膝勞、冷痹。　空心飲酒，醉必嘔吐。　醉不可忍大便，生腸澼、痔。　酒忌諸甜物。　酒醉不可食猪肉，生風。　醉不可強舉力，傷筋損力。　飲酒時，大不可食猪、羊腦，大損人。　煉真之士尤宜忌。　酒醉不可當風乘涼，露腳，多生腳氣。　醉不可卧濕地，傷筋骨，生冷痹痛。　醉不可澡浴，多生眼目之疾。　如患眼疾人，切忌醉酒食蒜。

元・忽思慧《飲膳正要》卷二　服藥食忌　但服藥不可多食生芫荽及蒜、雜生菜、諸滑物、肥猪肉、犬肉、油膩物、魚膾腥羶等物。　及忌見喪尸、産婦、淹穢之事。　又不可食陳臭之物。　有术勿食桃、李、雀肉、胡荽、蒜、青魚等物。　有藜蘆勿食猩肉。　有巴豆勿食蘆笋及野猪肉。　有黄連、桔梗，勿食猪肉。　有地黄勿食蕪荑。　有半夏、菖蒲，勿食飴糖及羊肉。　有細

辛勿食生菜。　有甘草勿食菘菜、海藻。　有牡丹勿食生胡荽。　有商陸勿食犬肉。　有常山勿食生葱、生菜。　有空青、朱砂，勿食血。凡服藥通忌食血。　有茯苓勿食醋。　有鼈甲勿食莧菜。　有天門冬勿食鯉魚。　凡久服藥通忌：　未不服藥，又忌滿日。正、五、九月忌巳日。二、六、十月忌寅日。三、七、十一月忌亥日。四、八、十二月忌申日。【略】

食物相反　蓋食不欲雜，雜則或有所犯，知者分而避之。　馬肉不可與倉米同食。　馬肉不可與蒼耳、薑同食。　猪肉不可與牛肉同食。　羊肝不可與椒同食，傷心。　兔肉不可與薑同食，成霍亂。　羊肝不可與猪肉同食。　牛肉不可與栗子同食。　羊肚不可與小豆、梅子同食，傷人。　羊肉不可與魚膾、酪同食。　猪肉不可與芫荽同食，爛人腸。　馬奶子不可與魚膾同食，生癥瘕。　鹿肉不可與鮠魚同食。　麋鹿不可與蝦同食；　麋肉脂不可與梅、李同食。　牛肝不可與鲇魚同食，生風。　牛腸不可與犬肉同食。　鷄肉不可與魚汁同食，生癥瘕。　鵪鶉肉不可與猪肉同食，面生黑。鵪鶉肉不可與菌子同食，發痔。　野鷄不可與蕎麵同食，生蟲。野鷄不可與胡桃、蘑菇同食。野鷄卵不可與葱同食，生蟲。　雀肉不可與李同食。　鷄子不可與鼈肉同食。　鷄子不可與生葱、蒜同食，損氣。　鷄肉不可與兔肉同食，令人泄瀉。　野鷄不可與鯽魚同食。　鴨肉不可與鼈肉同食。　野鷄不可與猪肝同食。　鯉魚不可與犬肉同食。　野鷄不可與鲇魚同食，食之令人生癩疾。　鯽魚不可與糖同食；　鯽魚不可與猪肉同食。　黄魚不可與蕎麵同食。　蝦不可與猪肉同食，損精；　蝦不可與糖同食；　蝦不可與鷄肉同食。　大豆黄不可與猪肉同食。　黍米不可與葵菜同食，發病。

小豆不可與鯉魚同食。　楊梅不可與生葱同食。　柿、梨不可與蟹同食。

李子不可與鷄子同食。　棗不可與蜜同食。　李子、菱角不可與蜜同食。

葵菜不可與糖同食。　生葱不可與蜜同食。　萵苣不可與酪同食。　竹笋不可與糖同食。　蓼不可與魚膾同食。　莧菜不可與鼈肉同食。　韮不可與酒同食。　苦苣不可與蜜同食。　薤不可與牛肉同食，生癥瘕。　芥末不可與兔肉同食，生瘡。

明・釋景隆《慈濟方》　服藥忌食　藥内有术，忌食桃、李、雀肉、羊肉、胡荽、大蒜、青魚鮓、餳糖。　有巴豆，忌蘆笋、野猪肉。　空青、硃砂忌生血物。　半夏、昌蒲忌餳糖、羊肉。　地黄、何首烏忌蘿蔔。　甘草忌菘菜、海藻。　牡丹忌胡荽。　藜蘆忌狸肉。　常山忌生葱、生菜。　細辛忌生菜。

常山忌醋物。　黄連、桔梗忌猪肉。　鼈甲忌莧菜。　黄(菁)〔精〕忌梅實。　威靈仙忌茶、麵湯。　商陸忌犬肉。　茯苓忌醋物。　天門冬忌鯉魚肉。　地黄忌蕪荑。　遠志忌生菜。

明・李時珍《本草綱目》卷二《序例》　服藥食忌

甘草忌豬肉、菘菜、海菜。　黄連、胡黄連忌豬肉、冷水。　蒼耳忌豬肉、馬肉、米泔。　桔梗、烏梅忌豬肉。　仙茅忌牛肉、牛乳。　半夏、菖蒲忌羊肉、羊血、飴糖。　牛膝忌牛肉。　陽起石、雲母、鍾乳、硇砂、礜石並忌羊血。　商陸忌犬肉。　丹砂、空青、輕粉並忌一切血。　吴茱萸忌豬心、豬肉。　地黄、何首烏忌一切血、葱、蒜、蘿蔔。　補骨脂忌豬血、芸薹。　細辛、藜蘆忌狸肉、生菜。　荆芥忌驢肉。反河豚、一切無鱗魚、蟹。　紫蘇、天門冬、丹砂、龍骨忌鯉魚。　巴豆忌野豬肉、菰笋、蘆笋、醬、豉、冷水。　蒼术、白术忌雀肉、青魚、菘菜、桃、李。　薄荷忌鱉肉。　麥門冬忌鯽魚。　常山忌生葱、生菜。　附子、烏頭、天雄忌豉汁、稷米。　牡丹忌蒜、胡荽。　厚朴、蓖麻忌炒豆。　鱉甲忌莧菜。　威靈仙、土茯苓忌麵湯、茶。當歸忌濕麪。　丹參、茯苓、茯神忌醋及一切酸。　凡服藥，不可雜食肥豬犬肉、油膩羹鱠、腥臊陳臭諸物。　凡服藥，不可多食生蒜、胡荽、生葱、諸果、諸滑滯之物。　凡服藥，不可見死屍、產婦、淹穢等事。

妊娠禁忌　烏頭　附子　天雄　烏喙　側子　野葛　羊躑躅　桂　南星　半夏　巴豆　大戟　芫花　藜蘆　薏苡仁　薇銜　牛膝　皂莢　牽牛　厚朴　槐子　桃仁　牡丹皮　檔根　茜根　茅根　乾漆　瞿麥　蕳茹　赤箭　草三稜　莔草　鬼箭　通草　紅花　蘇木　麥蘖　葵子　代赭石　常山　水銀　錫粉　硇砂　砒石　芒消　硫黄　石蠶　雄黄　水蛭　虻蟲　芫青　斑蝥　地膽　蜘蛛　螻蛄　葛上亭長　蜈蚣　衣魚　蛇蜕　蜥蜴　飛生　䗪蟲　樗鷄　蚱蟬　蠐螬　蝟皮　牛黄　麝香　雌黄　兔肉　蟹爪甲　犬肉　馬肉　驢肉　羊肝　鯉魚　蝦蟇　鰍䱇　黿　鱉　蟹　生薑　小蒜　雀肉　馬刀

飲食禁忌　豬肉忌生薑　蕎麥　葵菜　胡荽　梅子　炒豆　牛肉　馬肉　羊肝　麋鹿　黿　鱉　鵪鶉　驢肉　豬肝忌魚鱠　鵪鶉　鯉魚腸子　豬心肺忌飴　白花菜　吴茱萸　羊肉忌梅子　小豆　豆醬　蕎麥　魚鱠　豬肉　醋　酪鮓　羊心肝忌梅　小豆　生椒　苦笋　白狗血忌羊　鷄　犬肉忌菱角　蒜　牛腸　鯉魚　鱓魚　驢肉忌

梟茈　荆芥　茶　猪肉　牛肉忌黍米　韭　薤　生薑　猪肉　犬肉　栗子　牛肝忌鮎
魚　牛乳忌生魚　酸物　馬肉忌倉米　生薑　蒼耳　粳米　猪肉　鹿肉　兔肉忌生
薑　橘皮　芥末　鷄肉　鹿肉　獺肉　獐肉忌梅　李　生菜　鴿　蝦　麋鹿忌生菜
菰蒲　鷄　鮠魚　雉　蝦　鷄肉忌胡蒜　芥末　生葱　糯米　李子　魚汁　犬肉　鯉魚
兔肉　獺肉　鱉肉　野鷄　鷄子忌同鷄　雉肉忌蕎麥　木耳　蘑菰　胡桃　鯽魚
猪肝　鮎魚　鹿肉　野鴨忌胡桃　木耳　鴨子忌李子　鱉肉　鵪鶉忌菌子　木耳
雀肉忌李子　醬　生肝　鯉魚忌猪肝　葵菜　犬肉　鷄肉　鯽魚忌芥末　蒜　糖
猪肝　鷄　雉　鹿肉　猴肉　青魚忌豆藿　魚鮓忌豆藿　麥醬　蒜　葵　緑豆　黄
魚忌蕎麥　鱸魚忌乳酪　鱘魚忌乾笋　鮰魚忌野猪　野鷄　鮎魚忌牛肝　鹿肉
野猪　鰍鱓忌犬肉　桑柴煮　鱉肉忌莧菜　薄荷　芥菜　桃子　鷄子　鴨肉　猪肉
兔肉　螃蟹忌荆芥　柿子　橘子　軟棗　蝦子忌猪肉　鷄肉　李子忌蜜　漿水　鴨
雀肉　鷄　獐　橙橘忌檳榔　獺肉　桃子忌鱉肉　棗子忌葱　魚　枇杷忌熱麪
楊梅忌生葱　銀杏忌鰻鱺　慈姑忌茱萸　諸瓜忌油餅　沙糖忌鯽魚　笋　葵
菜　蕎麥忌猪肉　羊肉　雉肉　黄魚　黍米忌葵菜　蜜　牛肉　緑豆忌榧子，殺人。
鯉魚鮓　炒豆忌猪肉　生葱忌蜜　鷄　棗　犬肉　楊梅　韭薤忌蜜　牛肉　胡荽
忌猪肉　胡蒜忌魚鱠　魚鮓　鯽魚　犬肉　鷄　莧菜忌蕨　鱉　白花菜忌猪心肺
梅子忌猪肉　羊肉　獐肉　梟茈忌驢肉　生薑忌猪肉　牛肉　馬肉　兔肉　芥
末忌鯽魚　兔肉　鷄肉　鱉　乾笋忌沙糖　鱘魚　羊心肝　木耳忌雉肉　野鴨　鵪鶉
胡桃忌野鴨　酒　雉　栗子忌牛肉

明・穆世錫《食物輯要》卷八《飲食須知》　同食相忌　猪肉忌生薑、蕎麥、葵菜、芫荽、梅子、炒豆、牛肉、馬肉、羊肝、麋鹿、龜鼈、鵪鶉、驢肉。　猪肝忌魚鱠、鵪鶉、鯉魚及腸子。　猪心、肺忌飴糖、白花菜、茱萸。　羊肉忌梅子、小豆、豆腐、蕎麥、魚鱠、猪肉、醋、酪、酢。　羊心、肝忌梅、小豆、椒、苦笋。　犬肉忌麥、蒜、鯉魚、鱔魚、牛腸。　白犬血忌羊、雞。　驢肉忌猪肉、梟茈、茶。　牛肉忌黍米、韭薤、生薑、猪肉、犬肉、栗子。　牛肝忌鮎魚。　麋脂忌桃、李。　麋鹿忌生菜、鮠魚、雞、蝦、菰蒲、雉肉。　牛乳忌生魚、酸物。　馬肉忌倉米、生薑、猪肉、鹿肉、稷米。　兔肉忌生薑、芥末、雞肉、獺肉、橘皮、鹿肉。　麞肉忌生菜、梅、李、鴿、蝦。　雞肉忌糯米、犬、李、鼈、芥末、野雞、獺、兔、葱、魚汁。　雞子忌同雞。　雉肉忌蕎麥、木耳、鯽魚、鹿肉、胡桃、蘑菰、鮎魚、猪肝。　野鴨忌胡桃、木耳。　鴨子忌李子、鼈。　鵪鶉忌菌子、木耳。　雀肉忌李、猪肝、醬。　鯉魚忌猪肝、葵菜、犬肉、雞肉。　鱸魚忌乳酪。　鱘魚忌笋乾。　鯽魚忌鹿肉、雞、猴、糖、猪肝、雉、蒜、芥末。　青魚忌豆藿。　魚鮓忌緑豆、麥醬、豆藿。　黄魚忌蕎麥。　鮰魚忌野猪、野雞。　鮎魚忌牛肝、鹿肉、野猪。　鼈魚忌莧菜、薄荷、鴨、猪肉、芥菜、桃子、兔、雞子。　李子忌漿水、鴨、雀、雞、蜜。　鰍鱓忌犬肉，桑柴煮。　螃蟹忌荊芥、橘、棗、柿。　蝦子忌猪肉、雞肉。　橙、橘忌獺、梹榔。　棗子忌葱、魚。　枇杷忌葱、魚。　梅子忌猪、魚、羊肉、獐肉。　楊梅忌生葱。　銀杏忌鰻鱺。　慈姑忌食茱萸。　諸瓜忌油餅。　沙糖忌鯽魚、葵菜、笋。　蕎麥忌猪肉、羊肉、黄魚、雉。　黍米忌葵菜、牛肉、蜜。　菉豆忌榧子殺人、鯉魚酢。　生葱忌犬、雞、棗、蜜、楊梅。　韭、薤忌蜜。　胡荽忌猪肉。　大蒜忌雞、犬、鯽魚、魚鱠鮓。　莧菜忌鼈、蕨。　白花菜忌猪心、肺。　生薑忌猪、牛、馬、兔。　芥末忌鯽魚、鼈、雞、兔。　乾笋忌沙糖、鱘魚、羊心肝。

孕婦忌食　食胡椒，助胎熱，令子生瘡。　食大蒜，令子目疾。　食生薑，助胎熱。　多食，令子生瘡疥，或生多指。　多食辛辣物，皆損胎。　飲燒酒，令子驚癇。　多飲水漿，令後絶産。　食酸虀菜，令絶産。　食芫荽，令難産。　多食茄子，損子宫。　多食莧菜，滑胎；　臨月食之，易産。　食馬齒莧，墮胎。　食葵菜，滑胎。　食斜蒿，令汗臭，且難産。　食薏苡仁，墮胎。　食羊肉，令子多熱；　食羊肝，令子多厄。　食羊目，令子睛白。　食山羊肉，令子多病。　食犬肉，令子失音，且生蟲。　食麋肉，令子目疾。　食馬、騾肉，並令子延月難生。　食麂肉，令墮胎。　食兔肉，主逆生，令子唇缺。　多食雀肉，令子雀目。　食雀腦，動胎氣，令子雀目。　食雀多飲酒，令子多淫。　食水老鴉，令逆生。　多食雞、鴨卵，令子失音，且生蟲。　雞卵同魚鱠食，令子生疳，發瘡疥。　雞卵同鯉魚食，令子生疥瘡。　食楊梅、李子，並令子生瘡疥。　食菌，令子風疾。　食茨菰，能消胎氣。　多食醬，令子面生䵟。　豆醬同葵、藿食，能墮胎。　食白果，滑胎。　糯米同雜肉食，令子生瘡疥。　食乾魚，令子多病。　食青蛙，令子聲啞。　食蝦，令難産。　食無鱗魚，並令難産。　食鱔魚，令子聲啞。　食鰻鱺魚，令胎不安。　食蟹損胎，令子頭短；　多食蟹、蟛蜞，並令横生。　食河鲀，令子赤遊風。

服藥忌食　甘草忌猪肉、菘菜、海菜、鮫魚、鯊魚。　黄連、胡黄連忌猪肉、冷水。　蒼耳忌馬肉、猪肉、米泔。　桔梗、烏梅忌猪肉。　仙茅忌牛肉、牛乳。　半夏、菖蒲忌羊肉、羊血、飴糖。　牛膝忌牛肉。　白术、蒼术忌雀、李、桃、青魚、菘菜。　薄荷忌鱉肉。　麥門冬忌鯽魚。　牡丹皮忌蒜、胡荽。　當歸忌濕麵。　厚朴、蓖麻忌炒豆。　茯苓、茯神、丹參忌醋及一切酸。　常山忌生葱、生菜。　土茯苓、威靈仙忌麪、茶。　鼈甲忌莧菜。　附子、烏頭、天雄忌豉汁、稷米。　巴豆忌野猪肉、菰笋、蘆笋、醬豉、冷水。　紫蘇、天門冬、丹砂、龍骨並忌鯉魚。　荊芥忌驢肉、河魨、一切無鱗魚、蟹。　補骨脂忌猪血、芸薹。　吳茱萸忌猪肉、猪心。　商陸忌犬肉。　地黄忌蓮鬚、萊菔、葱、蒜。　何首烏忌葱、蒜、萊菔、一切血。　細辛、藜蘆忌狸肉、生菜。　陽起石、雲母、鍾乳、礬石、硇砂，並忌羊肉。　丹砂、輕粉、空青，並忌一切血。　黄精忌梅實。　大黄忌冷水。　乾漆忌猪脂。　龍骨、龍齒並忌諸魚。　麝香忌大蒜。　葶藶忌醋。　甘遂忌鹽、醬、甘草。　凡服藥，勿食油膩炙煿，羹膾腥臊，大蒜、胡荽、生果、滑滯等物。《千金》云：傷寒新瘥後，食早猪、犬、羊、肥魚，必下利；　食膾餅果實脯脩硬物，必更結熱難救。　以其胃氣尚弱，不能消化。　出麻疹新瘥，悮食雞、魚，則終身但遇天行時氣，又令重出，必待四十九日之後，方無恙也。

明・許兆楨《醫四書・藥準》卷下　服藥禁忌　服柴胡忌牛肉。　服茯苓忌醋。　服黄連、桔梗忌猪肉。　服乳石忌參、术，犯者死。　服丹石不可食蛤蜊，腹中結痛。　服大黄、巴豆同劑，反不瀉人。　服皂礬忌蕎麥麵。　服天門冬忌鯉魚。　服牡丹皮忌胡荽。　服常山忌葱。　服半夏、菖蒲忌飴糖、羊肉。　服白朮、蒼朮忌雀肉、胡荽、大蒜。　服鱉甲忌莧菜。　服商陸忌犬肉。　服地黄忌蘿菔。　服細辛忌生菜。　服甘草忌菘菜。　服粟殼忌酸。　服芫花、甘遂忌鹽并甘草。　服荊芥忌驢、馬、魚、蟹、河豚。　服柿蒂忌蟹，犯者木香湯能解。　服巴豆忌蘆笋。　服諸藥未消化，不可食河魨魚，食河魨魚後，服藥者口鼻流血而死。　服蜜及蜜煎菓實，忌魚鮓。　服藜蘆忌狐狸肉。　若瘡毒未愈，不可食生薑、鷄子，犯之則肉長突出，作塊而白。　病腫脹既平，當節飲食，忌鹽、血、房室，犯者病再作，死不救。　病癆嗽忌房室、膏粱，犯者死。　傷寒之後，忌葷肉、房事，犯者不救。　水腫之後忌油鹽。　病脾胃傷者，節飲食。　滑瀉之後，忌油膩，決不可輕犯。　時病新愈，食蒜鱠者，病發必致大困。　時病新愈，食犬、羊肉者，必作骨蒸熱。　時病新愈，食生薑及羊肉，必作鬲上熱蒸。　時病新愈，食生菜，令人顔色終身不平復。　病人新愈，飲酒食韭，病必復作。　病人遠行，不宜車載馬馱，病已擾矣，甚者多死不救。　一人為犬所嚙，大痛不可忍，偏痒燥，自欲歸，載至家二十里，一夕而死。　時人皆不知車之誤也。　擾動則邪氣益盛，是以死也。　一小兒病痢，用車載數十里，就某寺中調理，入門即死。　痢疾，下墜病也，以車載之，築築而又下墜也，所謂落井而又下石，安得不死乎？　凡久病之人，胃氣虚弱者，忽思葷茹，亦當少少與之，圖引漿粥穀氣入胃，此權變之道也。　若專以淡粥責之，則病不悦而食減不進，胃氣斯所以難復，病所以難痊。　此忌之之過也，智者通之。

明・吳文炳《藥性全備食物本草》卷四　湯水：　冬日則飲湯，夏日則飲水，熱物飲冷水。　凡水照見人影動者不可飲之。　凡諸飲酒療疾，皆取新汲清泉，不用停汙濁者，損人。　飲水勿急咽，久成氣疾或成水癖。　盛夏冒暑難以全數飲冷，但刻意少飲，勿與生硬菓菜、油膩甜食相犯，亦不至生病也。　銅湯瓶湯飲之損聲。　伏熱者不得飲水，衝寒者不得飲湯。　凡山水甚強，若飲之皆令人病。　飲不過多，謂未厭先止也。　或欲酸甘而漿務爽口，而非為渴，則不免為痰飲之疾。

鹽：　鹹走血，故東方食魚鹽之人多黑色，走血之驗。　病嗽及水者宜全禁之。　齒縫中多出血，常以鹽湯漱口齒立止，益見走血之驗也。　鹽多食傷肺，令人失色膚黑，損筋力。　食甜粥已，食鹽即吐。　食甜瓜已，食成霍亂。　漱口以鹽揩齒，少時含漿水便洗眼，朝朝洗之可夜見字。

醋：　米醋最釅，穀氣全也。　產婦房中常得醋氣則為佳，醋益血也。　醋多食損人骨，能理諸藥，消毒熱。　醋合酪食之令人血瘕。　米醋多食損顔色，不益男子，只利女人。　服諸藥不可多食醋。　醋多食損人胃。　飲熱醋尤能辟寒勝如酒。

醬豉：　雷不作醬，俗説令人肚内雷鳴。　小豆醬合魚鮓食之成口瘡。　麥醬和鯉魚食之成口瘡。　醬無毒，殺一切魚肉菜蔬蕈毒。　豉食中之常用春夏天氣不和蒸炒，以酒漬服之至佳。　熬豉和白朮浸酒常食之辟瘟疫。　豉湯，豉本性太冷，只辟麵毒，傷臟腑，傾元氣，特宜忌。

糖蜜：　不可與鰕同食，令人暴下，食多尤為害。　鮓瓶不可盛蜜及蜜煎

食之，損氣。沙糖多食生長蟲，消肌肉，損齒發疳。沙糖不可與笋同食，食之不消成癥，身重不能行履。沙糖不可與鯽魚同食，食之令人成疳蟲。白蜜不可合菰首食之。白黍米不可與飴糖食之。食飴多飲酒大忌，又多食動脾風。

脯腊：茅屋漏水墮諸脯肉上，食成瘕結。暴肉不乾，火炙不動，見水自動者不可食。脯藏米甕中有毒，及經夏食之不消，化為蟲。凡生熟肉脯以器蓋密藏，氣不泄者食之害人。

鮓：鮝頭在魚鮓內殺人。貯蜜瓶不可貯鮓，食必害人。青魚鮓不可合葫荽食之，又不可合生葵及麥醬同食之。魚目赤作鮓食之害人。凡魚醬及肉醬多食落髮，為陳久也。鱸魚作鮓食尤佳。

明・繆希雍授，莊繼光錄《炮炙大法》 姙娠服禁【歌略】 妊娠禁忌，前歌所列藥品未盡，特為拈附。

烏喙 側子 藜蘆 薇銜 厚朴 槐實 欓根 蕳茹 茜根 赤箭 菵草 鬼箭 紅花 蘇木 麥蘖 葵子 常山 錫粉 硇砂 砒石 硫黃 石蠶 芫青 班蝥 蜘蛛 螻蛄 衣魚 蜥蜴 飛生 䗪蟲 樗鷄 蚱蟬 螃蟹 蝟皮 牛黃 兔肉 犬肉 馬肉 驢肉 羊肝 鯉魚 蝦蟆 羊躑躅 葛上亭長 鰍 鱔 黿 鼈 生薑 小蒜 雀肉 馬刀

明・張景岳《宜麟策・續編》 孕婦飲食忌胎教十【略】 食犬肉，令子無聲。【略】羊肝，令子多厄難。【略】鱔魚同田鷄食，令子瘖瘂。【略】食螃蟹橫生。食子薑，令子多指生瘡。【略】食茨菰，消胎氣。乾薑、蒜、鷄，毒胎無益。黏膩難化，傷胎。【略】無鱗魚勿食。菌有大毒，食之令子風而夭。食雀腦，令子雀目。

明・翟良《治痘十全》卷三 痘藥禁忌 三日之前勿用人參，況血熱而痰壅及熱咳而毒深。 肺火勿用黃芪，及血熱與斑紅，咽痛音啞喘嗽，痘枯血滯休庸，漿足不可多用，恐難靨而生癰； 施于紅紫壯實，毒熾轉黑無功。膿時如用白术，漿乾燥而不行，熱盛喘嗽，煩渴失音，熱毒煩躁，不可胡斟。何況蒼术燥烈難禁。 苟脾虛而胃弱，去生地之寒凝； 若必須用，酒炒方行。 假寒陰虛內熱，休將附子沾唇。 當歸宜用酒炒，大便滑者須停。麥冬早用，引毒內行。 天冬傷脾寒胃，輕投便絕其生。 夏天不宜二活，況汗多而表虛。 痘後寒症，莫用柴胡。 升麻多用，倒陷堪虞。 川芎味性走竄，七日之後宜除，恐難收斂，發洩太虛。 白芍補表收斂，七日前用宜疎。 自初起以至灌漿，脉沉胃弱忌黃芩。 痘之未出，黃連宜禁。 防風走氣耗血，味辛，不可以恒。 陰虛火盛忌用白芷，血虛灌漿不宜，瘙痒甚時略取。 乾葛、升麻有五忌：汗、驚、唇白、眼稍紅、見點勿用，夏月休逢。見點忌服麻黃，誤用表虛氣脫。 細辛燥烈，不可亂服。 木香多用，真氣走泄，熱症燥症，切不可啜。 腎經痘及脾虛，忌用元參入藥。 菖蒲味辛多散，陰虧心散休庸。 五味酸斂不宜痘中； 咳嗽火盛未清，用此斂遏必凶。 初瀉有火，肉蔻休服。 咳嗽、喉痛、音啞、灌膿，砂仁勿啜，如不得已，鹽湯炒熟。 虛人泄瀉，並忌龍膽。 茜草涼血，虛寒且慢。 妄用大黃，脾胃則敗。 虛火上炎咽腫，山豆根兮休買。 苟非黑陷煩躁秘結，不可妄用牽牛、大戟。 痘疹陷伏，因于濕熱，酒洗防已，方可煎服。 痘夾血症，暫用蒲黃。 肺胃毒盛，休使茴香。 紫草性寒滑利，多用恐成泄瀉。蔞仁不宜吐瀉，薄荷多用泄氣。 半夏燥咽，兼損孕婦； 灌漿痰燥，不可入口。 牛蒡通肌滑竅，多服表虛動氣； 人虛弱則元氣耗散，出不快而變瀉，尤忌。 實熱痘後作痒，肉桂皆不可用。 桂枝不宜痰嗽，能使血崩胎動； 況血燥血熱，而音啞咽痛。 茯苓走滲，灌漿最忌，內防發渴，下洩水氣。 赤苓瀉熱不補，便汗陰虛宜去。 痰癖食脹血積，方可暫加枳實，宜用麸炒，無故勿服。 熱盛氣粗，食積氣滯，方進枳殼。 桑蟲之性陰濕，忌投泄瀉漿足。 山梔苦寒傷胃，腹皮損脾下氣。 訶子阻寒肌竅，氣虛使痘不進，暫可用兮，泄瀉太甚。 竹葉損氣，灌漿最忌。 胃強肺熱宜竹瀝，脾虛腸滑便不濟。 檳榔墜下，虛症休加。 乳香辛香走氣血，膿多癰潰莫沾牙。 丹砂雖云解痘毒，熱盛狂言方可服； 心血一涼，痘何由發？ 輕粉涼血散毒，止堪合入摻藥。 胃寒禁用石膏，痘家只宜少服。 熱甚驚狂譫語，利便方用滑石，逐心腑之熱結，輕投恐成冰伏。 初起煩悶欲死，秘結朴硝斟酌。 痘毒脹滿，忌用神麯。 內實壯熱，莫進炮薑。 夏月多汗，葱白休嘗。 陳皮不宜灌漿，血脫氣虛尤禁。 龍眼、山查便溏休進。 初起可食核桃，却不宜于虛滑。 犀角入心涼血，僅解痘後餘毒； 在後用則引毒入心，在初用則毒氣冰伏； 代以羚羊，清肺可服。 麝香切勿多用，發泡爬瘍便亡。 川山甲而多用，耗血燥咽宜防。 蟬蛻開肌滑竅，多服泄氣表虛。 大兒飲乳，便溏堪虞。 紫河車、臍帶雖為血肉之質，但一離人身，真氣已脫，則是死人之肉耳。 朽穢毒厲，切不可用。 蚯蚓傷生，兼且有毒，無

藥可解。白鴿力小，用之有損無益，不如雄雞力大。痘瘡要回漿，與癰疽須出毒者迥別。今杭醫治痘，多用治癰之品，故多頂破漿流，久而不靨，而不知其藥性之不對證。他如無風而用全蝎，胃弱而用石膏，相習成風，所當救正也。出見三日，杭醫不問虛實寒熱，見點子不透，率用大黃下之，殊不知痘瘡，有下之而即透者，有下之而不透者，有雖用大黃下之而不得下者，此各有所因，或因風寒閉塞肌理，或因體虛送毒不出。若不開通竅脉，補助正氣，而妄用大黃下之，則毒必內攻而告變矣。語云：關門打賊，不如開門放賊。治痘亦然。為醫者不可不明此理。近日更有用新鮮生地者，尤為可憐。夫懷慶大生地能滑腸下利，故古人重以為戒。即《本草》云：治傷寒陽強，痘症大熱，乃言懷慶大生地以酒浸透，搗汁用之，非他處新鮮生地，可治此二病也。今杭醫即用本地所產，陰寒濕毒，入口傷人，所以傷寒痘症，服此者十死八九，可不戒哉？可不懼哉？

題宋・高德因原撰，明・高夢麟編《醫學秘奧》 禁忌食物

騾、驢、牛、羊、雞、鵝、猪頭、蹄爪、猪小腸，及諸物首足翅掌，獐、兔、猫、犬諸獸，鴛鴦、野鴨諸雀異鳥，蝦、蟹、鯉、鮎魚、鱸、鱖魚、無鱗魚、異名魚，葫蘆、茄子、大蒜、甜菜、波菜、芹菜、萱草、蕎麥、萵笋、荳腐、麩粉，胡桃、大栗、銀杏、桃、李、楊梅、杏子、櫻珠、蒲萄、胡椒、花椒、醋、薑、糟物，煎炒炙煿，燒酒、釄酒等味，及生冷發風動氣之物，推類詳之。

明・施永圖《本草醫旨・食物類》卷一 飲食禁忌

食猪肉：忌生薑、蕎麥、葵菜、胡荽、梅子、炒豆、羊肝、麋鹿、龜鼈、鵪鶉、驢肉、牛馬肉。猪肝：忌魚鱠、鵪鶉、鯉魚腸子。猪心肺：忌飴、白花菜、吴茱萸。羊肉：忌梅子、小豆、豆醬、蕎麥、魚鱠、鮓。羊心肝：忌梅、小豆、生椒、苦笋。犬肉：忌菱角、牛腸、蒜、鱓魚、鯉魚。白狗血：忌羊肉、雞肉。牛肉：忌黍米、韭薤、生薑、猪肉、犬肉、栗子。牛肝：忌鮎魚。牛乳：忌生魚、酸物。驢肉：忌鳧茈、荊芥茶、猪肉。馬肉：忌倉米、生薑、蒼耳、粳米、猪肉、鹿肉。兔肉：忌生薑、橘皮、芥末、鷄肉、鹿肉、獺肉。麞肉：忌梅、生菜、李、鴿、蝦。麋鹿：忌生菜、菰蒲、雞、鮠魚、雉、蝦。雞肉：忌蒜葱、獺兔、犬肉、鯉、鼈、野雞、芥李。雞子：忌同雞。雉肉：忌蕎麥、木耳、胡桃、鯽、鮎、猪肝、鹿肉。野鴨：忌胡桃、木耳。鴨子：忌李子、鼈肉。鵪鶉：忌菌子、木耳。雀肉：忌李子、醬、生肝。鯉魚：忌猪肝、葵菜、犬肉、雞肉。鯽魚：忌芥末、蒜、猪肝、雞雉、鹿肉、糖。青魚：忌豆藿。魚鮓：忌豆藿、麥醬、蒜葵、綠豆。黃魚：忌蕎麥。鱸魚：忌乳酪。鱘魚：忌乾笋。鮰魚：忌野猪、野雞。鮎魚：忌牛肝、鹿肉、野猪。鰍鱓：忌犬肉、桑柴煮。鼈肉：忌莧菜、薄荷、芥末、桃子、雞、鴨、猪、兔。螃蟹：忌荊芥、柿子、橘子、軟棗。蝦子：忌猪肉、雞肉。李子：忌蜜、漿水、鴨、雀肉、雞、獐。橙橘：忌檳榔、獺肉。桃子：忌鼈肉。棗子：忌葱、魚。枇杷：忌熱麪。楊梅：忌生葱。銀杏：忌鰻鱺。慈姑：忌茱萸。諸瓜：忌油餅。沙糖：忌鯽魚、葵菜。蕎麥：忌猪肉、羊肉、雉肉、黃魚。黍米：忌葵菜、蜜、牛肉。菉豆：忌榧子殺人、鯉魚鮓。炒豆：忌猪肉。生葱：忌蜜、雞、棗、犬肉、楊梅。韭薤：忌蜜、牛肉。胡荽：忌猪肉。胡蒜：忌魚鱠、魚鮓、鯽魚、犬肉、雞。莧菜：忌蕨、鼈。白花菜：忌猪心肺。梅子：忌猪肉、羊肉、獐肉。鳧茈：忌驢肉。生薑：忌猪肉、牛肉、馬肉、兔肉。芥末：忌鯽魚、兔肉、雞肉、鼈。乾笋：忌沙糖、鱘魚、羊心肝。木耳：忌雞肉、野鴨、鵪鶉。胡桃：忌野鴨、酒、雉。栗子：忌牛肉。

服藥食忌　服甘草：忌猪肉、菘菜、海菜。黃連、胡黃連：忌猪肉、冷水。蒼耳：忌猪肉、馬肉、米泔。桔梗、烏梅：忌猪肉。仙茅：忌牛肉、牛乳。半夏、昌蒲：忌羊肉、羊血、飴糖。牛膝：忌牛肉。陽起石、雲母、鍾乳、硇砂、礜石：並忌羊血。商陸：忌犬肉。吴茱萸：忌猪心、猪肉。丹砂、空青、輕粉：並忌一切血。補骨脂：忌諸血、芸薹。地黃、何首烏：忌一切血、葱、蒜、蘿蔔。細辛、藜蘆：忌狸肉、生菜。荊芥：忌驢肉，反河豚、一切無鱗魚蟹。紫蘇、天門冬、丹砂、龍骨：忌鯉魚。巴豆：忌野猪肉、菰笋、醬、豉、冷水。蒼术、白术：忌雀肉、青魚、菘菜、桃、李。薄荷：忌鼈肉。麥門冬：忌鯽魚。常山：忌生葱、生菜。附子、烏頭、天雄：忌豉汁、稷米。牡丹：忌蒜、胡荽。厚朴、蓖麻：忌炒豆。鼈甲：忌莧菜。威靈仙、土伏苓：忌麪湯、茶。當歸：忌濕麪。丹參、伏苓、伏神：忌醋，及一切酸。凡服藥，不可雜食肥猪犬肉、油膩羹、鱠、腥臊、陳臭諸物。凡服藥，不可多食生蒜、胡荽、生葱、諸果、諸滑滯之物。凡服藥，不可見死屍、產婦、淹穢等事。

妊娠忌食　食子薑：令子多指，生瘡。食永醬，絕產。豆醬合藿食：墜胎。食桑椹、鴨子：令子倒生，心寒。食山羊肉：令子多疾，肝尤不可食。食鯉魚鱠及雞子：令兒成疳，多瘡。食犬肉：令兒無聲音。食兔肉：令子缺唇。食騾、驢、馬肉：延月難產。雞肉合糯米食之：令兒多寸白蟲。雞子，乾薑食之：令兒多瘡。食雀肉飲酒：令子心淫亂。雀肉合豆醬食：令子面多黑。

清・尤乘《食鑒本草・五味類》 病忌類附五藏所宜食。 肝病所宜：小豆、大肉、李、韭。 心病宜：小麥、羊肉、杏、薤。 脾病宜：粳米、葵、棗。 肺病宜：黄黍米、雞肉、桃、葱。 腎病宜：大豆、豕肉、粟藿、胡桃。 有風病者勿食胡桃。有暗風者勿食櫻桃，食之即發。 時行病後勿食魚鱠及蟶、蟮并鯉魚，而復病不救。 凡傷寒時病後百日之内，忌食猪羊肉，并其腸血、魚腥、諸糟物，犯者必復病。 凡下痢後五十日内忌食炙麪及胡荽、蒜、韭、生蝦、蠏等物，多致復發難治。 瘧後勿食羊肉，恐發熱致重。 愈後勿食諸魚及雞，必復發。 眼病忌川椒、胡椒、犬肉、蒜、韭，并禁冷水冷物。不忌則害無已時。 齒病勿食棗及糖。 心病及心經疾忌獐。 胎前忌兔肉、蟹。 脚氣忌甜瓜、瓠子、鯽魚。食之永不痊。 瘡癩忌雞、薑。 黄疸忌羊、鵝、濕麪、魚、胡椒、蒜、韭，炙煿、醃、糟、醋物，食之難愈。 咯血、吐血、衄血忌炙麪、濕麪，炙煿，韭、蒜、薑、椒、燒酒，糟、海味。 癧風勿食鯉魚，犯之不愈。 瘦弱人勿食生薑，恐傷中氣。 病新瘥，忌用薄荷，誤食虚汗不止。 久病人勿食杏、李，犯之加重不愈。 傷寒汗後不可飲酒，恐復引邪入内。 凡痼疾人忌食黄瓜、麪筋，鹿、馬、驢肉及雉肉，犯之必發。

凡産後忌一切生冷肥膩、滯硬難化之物，惟藕不忌，以其能利血也。

清・尤乘《壽世青編》卷下 服藥忌食 凡服藥，不可雜食肥膩、魚酢、陳羹、犬豕諸肉，及胡荽、生蒜、葱、韮、生菜、瓜果、生冷、滑滯之物，并忌見死屍、産婦、淹穢等事。有蒼白术忌桃、李、雀肉、青魚、蛤、菘菜。 有黄連、胡黄連豕肉、冷水並忌。 有甘草忌豕肉、海菜、菘菜。 有桔梗、遠志、烏梅忌豕肉、冷水、生葱。 有地黄、何首烏忌一切韮、葱、蒜、萊菔。 有半夏、菖蒲、補骨脂忌羊肉、飴糖。 有細辛、常山忌生菜、生葱。 有丹參、茯神、茯苓忌一切酸味物並醋。 有牡丹皮忌胡荽、葱。 有仙茅、牛膝忌牛乳、牛肉。 有蒼耳忌豕肉。 有吳茱萸忌豕心肺、豕肉、慈菇。 有荊芥忌河豚、一切魚蟹。 有二冬忌鯉魚、鯽魚。 有鱉甲忌莧菜。 有澤瀉忌海蛤。 有枸杞、萆薢忌牛肉、牛乳。 有肉桂、蜂蜜忌葱。 有厚朴、蓖麻忌炒豆。 有巴豆忌冷水。 有薄荷忌鱉肉。 有紫蘇、丹砂、龍骨忌鯉魚。 有商陸忌犬肉。 有當歸忌濕麪。 有附子、烏頭、天雄忌豉汁、稷米。 有土茯苓、威靈仙忌茶、麪湯。 有陽起、雲母、鍾乳、礜石、硇砂並忌羊血。

飲食禁忌節要不可同食。 食猪肉忌薑、羊肝。 猪肝忌魚鮓。 猪心肺忌飴。 羊肉忌梅子酢。 羊心肝忌椒、笋。 犬肉忌蒜、魚。 牛肉忌薑、栗子。 牛肝忌魚。 牛乳同上。 鷄肉、鷄子同忌蒜、葱、芥、李。 鴨子忌李。 鵪鶉忌菌、木耳。 雀肉忌李、醬。 鯉魚 忌鷄、猪肝、葵菜。 鯽魚〔忌〕猪肝、蒜、鷄、糖。 魚鮓忌菉豆、醬。 黄魚忌蕎麥。 鱸魚忌乳酪。 鱘魚忌蟹、笋。 蟹忌柿、橘、棗。 蝦子〔忌〕雞、豕。 李子忌蜜。 棗忌葱、魚。 韭忌牛肉、蜜。 梅子忌豕肉。 胡荽、炒豆忌豕肉。 莧菜忌鱉。 楊梅忌葱。 蕎麥忌豕羊鷄肉、黄魚。 黍米忌牛肉、葵菜、蜜。 菉豆忌榧子，能殺人；魚酢。

清・劉璞《醫學集要》卷一 妊娠忌藥 烏頭側附與天雄，薑桂桃仁乾漆同；牛膝薏苡及通草，丹皮瞿麥星半共。牽牛茅根槐皂子，芫花大戟蓬术稜；巴硝水銀牛黄麝，金石錫粉與毒蟲。

清・王凱《痧症全書》卷上 食忌：生薑痧所大忌，勿作藥引。 圓眼、大棗俱忌作引。 辣醬 花胡椒 烟 茶 （大）〔火〕酒 醋 麪 索粉 麪筋 糯米團粽 猪羊肉 雞魚 葱蒜 芥菜 瓜茄 水紅菱 糖食 桃 梅 李 杏【略】

忌用熱湯洗澡，愈洗愈將毒氣趕入腹内。

清・閻純璽《胎産心法》卷上 妊娠藥忌歌 蚖班水（痓）〔蛭〕地蟾蟲，烏頭附子及天雄。蠁野葛螻蛄類，烏喙側子與虻蟲。牛黄水銀同巴豆，大戟蛇（脱）〔蜕〕及蜈蚣。牛膝藜蘆和薏苡，金銀錫粉黄雌雄。牙硝芒硝牡丹桂，蜥蜴飛生與䗪蟲。代赭蚱蟬胡粉麝，芫花薇銜草三稜。槐子牽牛並皂角，蠐螬桃核共茅根。乾薑硇砂與乾漆，茵草傷胎一樣同。瞿麥蘆茹蟹甲爪，蝟皮赤箭赤豆紅。馬刀石蟹衣魚輩，半夏南星通草同。丹遇胎前除各味，又能活潑號良工。

産後藥誤須知 産後勿輕用烏藥、香附、木香，及耗氣順氣等藥，用之反增滿悶。雖陳皮，用不可過五分。 産後勿輕用青皮、厚朴、山查、枳殼、陳皮消食藥，多損胃減食。 即枳殼、香砂等丸，亦多損氣血。 産後勿用青皮、枳實、蘇子以下氣定喘，用之元氣必脱。 産後浮麥傷胃耗氣，五味能阻惡露，棗仁油滑致瀉，均為禁忌之品。 産後身熱，誤用黄芩、黄連、黄栢、梔子，損胃增熱，致不進飲食，且黄芩苦寒，無論惡露淨與不淨，皆非所宜。 産後四日内，未服生化湯以消血塊，勿先用人參、耆、朮，致塊不除。 産後勿輕用牛膝、紅花、蘇木、枳殼等類以消塊，猶忌多用、獨用。 至於三稜、莪

朮、枳實、山查等峻藥，更不可用。若誤用，舊血驟下，新血亦隨之而損，禍不可測也。予每見俗用山查一味煎汁，以攻血塊，致成危證，頻服兩三帖，必死。產後勿輕用生地黃，以滯血路。產後不可用大黃、芒硝以通大便，反成膨脹。產後不可用五苓以通小便，用之愈閉。產時不可用濟坤丹以下胞胎。不可信《婦人良方》及《產保百問》，俗醫多有守此二書以治產。用芎、歸、白芍、生地，誤人實甚，餘可知矣。

清·張琰《種痘新書》卷二　酌量藥品　牛蒡：通肌滑竅而解毒，多服恐內動中氣，外致表虛。蟬退：能開肌利竅，使痘上升，多服則泄元氣，以致表虛，痘必虛抬空殼。紫草：解毒涼血而滑大腸，多服恐成溏便。白朮：健脾養胃，其功斂脚乾漿，初發慮其滯毒，起脹畏其乾汁，是以初中皆忌，惟漿清收靨時宜用。蒼朮：去濕辟邪，多服則潤濕之氣不行，痘必難以行漿。猪苓、茯苓、車前、木通：皆利水滲濕之藥，升水之時皆忌用，痘之前後則宜。訶子、龍骨、枯礬：皆能阻塞肌竅，使毒不得外宣，雖能止泄，亦不可多施。大黃：蕩滌污穢，消耗胃氣，雖遇寔熱，不得已而用之。然亦不可輕試。枳殼：下氣寬中，多用則損中氣，能令泄瀉。惟初發可用，起脹收結俱忌。生地：涼血潤腸，虛者恐生泄瀉。乾葛：退熱解肌，多用恐致表虛，而痘反不長，痘出忌用。山查：消導解結，始終可用。然多則恐致內虛。麻黃：走泄發汗，慎勿妄用。砂仁：和中暖胃，多用亦能散氣。參、芪：皆補氣助火，虛症則宜。若熱甚者誤投之，則毒愈盛而血愈熱矣。桂、附：有回陽之功，寒戰咬牙用之效捷。若寔熱而妄用之，則必立變黑啞矣。此藥品過用之弊，又為諄諄致戒也。

清·唐千頃《增廣大生要旨》卷二　忌食有毒傷胎諸物：牛、犬、羊、驢、馬、兔、鱔、鱉、蟹、黑魚、鱒魚、無鱗魚、雞肉、雞子、鴨子、雀肉、田雞、猪頭、猪脚、猪心、猪腦、葱、肝腸、血、胡椒、子薑、茨蔬、香菌、苡仁、蒜、梅子、杏子、地栗、茄子、萵苣、冰漿、漿水粥、生冷油麪等物，荳醬不可與藿同食。

附：　忌服藥品歌　烏頭附子與天雄，牛黃巴豆並桃仁。芒硝大黃牡丹桂，牛膝藜蘆茅茜根。槐角紅花及皂角，三稜莪术薏苡仁。乾漆藺茹瞿麥穗，半夏南星通草同。乾薑大蒜馬刀豆，延胡常山麝莫聞。黑丑檳榔同蘇木，傷胎之藥避其凶。此中有安胎止嘔，不得不用半夏者，必用開水泡洗三次，以去燥烈之性，嘔止即去。有熱病閉結，傷寒傳經入腑，而必欲大黃者，有中寒於陰，必欲薑、桂者。此即有病則病當之，乃從權也。然必不得已而用之，不可過劑，而藥中亦必有顧胎之味。總之，胎前有病，重在保胎；產後有病，重在溫補，此至穩至當之理。【略】

飲食宜淡泊不宜濃厚，宜清虛不宜重濁，宜和平不宜寒熱。但富貴之家，肥甘悅口，抑今崇儉，勢必不能酌其所宜開後。

蓮心　松子　熟藕　山藥　芡實　鯽魚　鴨　鱸魚　海參　猪賭猪腰肺　麻油　淡菜　腐衣　笋

弗多飲酒，弗亂服藥。

一切宰殺兇惡之事不宜看，倏造立木不宜看，黿兔怪異諸物俱不可見。

清·劉常彥《醫學全書》卷一　病宜食附五臟忌食【略】　有風病者勿食胡桃。　有暗風者勿食櫻桃，食之即發。　時行病後勿食魚鱠，及鯉、鱔，并鯉魚，而復病不救。　傷寒病時、病後百日之內忌食猪羊肉，并腸血，魚腥糟物，犯則發。　下痢後五十日內忌食炙煿，及荽(荽)、蒜、韭、生蝦、蟹等物，多致復發難治。　瘧疾後勿食羊肉，恐發熱至重，愈後勿食諸魚及雞，必復發。　眼病忌川椒、胡椒、犬肉、蒜、韭，并禁冷水、冷物，不忌則害無已時。　齒病勿食棗及糖。　心痛及心經疾忌獐。　胎前忌一切異怪物，及蟹、兔，并作熱物、破血滑胎諸物。　脚氣忌甜瓜、瓠子、鯽魚，食之永不痊。　癈風勿食鯉魚，犯之不愈。　瘡癬忌雞、薑，并發物。　瘦弱人勿食生薑，恐傷中氣。　黃疸忌羊、鵝、濕麪、魚、胡椒、蒜、韭、炙煿、醃、糟、醋物，食之難愈。　咯血、吐血、衄血忌炙麪、濕麪、炙煿、韭、蒜、薑、椒、燒酒、糟、海味。　下疳忌鹹物及諸動風火發物，并燒酒。　腫脹忌鹹□，并滯氣物。　病初愈忌食薄荷，誤食虛汗不止。　久病人勿食杏、李，犯之加重不愈。　傷寒汗後不可飲酒，恐引邪入內。　痼疾人忌食黃瓜、麪筋、鹿、馬、驢肉及雉肉，犯之必發。　產後忌一切生冷、肥膩、滯硬、難化之物。惟藕生無忌，以其能利血也。

清·范在文《衛生要訣》卷一　服藥忌食論　人稟陰陽五行之氣以生。然天地之氣，有邪有正，感之者因食而病，避之者雖食不病。飲食，人之大欲，飲以養陽，食以養陰，陰陽調和，斯為平人。偶有不節，失其常度，民病生焉。雖有上工調燮陰陽，而食物中之與藥相忌者，尤所當謹，因擇所忌如左：

服藥所忌食物：　甘草忌猪肉、海菜　黃連忌猪肉　巴豆忌野猪肉　蒼耳忌猪、馬肉　桔梗忌猪肉　薄荷忌鼈肉　仙茅忌牛肉、牛乳　烏梅忌猪肉　常山忌生葱

牛膝忌牛肉　半夏忌羊肉　牡丹忌蒜　丹砂忌一切血　菖蒲忌羊肉　鼈甲忌莧菜　空青忌一切血　陽起石忌羊血　當歸忌濕麪　輕粉忌一切血　商陸忌犬肉　蒼朮忌雀肉　地黄忌葱、蒜、蘿蔔　吳茱萸忌猪心　白朮忌雀肉　何首烏忌葱、蒜、蘿蔔　補骨脂忌豬血　麥冬忌鯽魚　細辛忌生菜　荆芥穗忌驢肉並反河豚　附子忌稷米　紫蘇忌鯉魚　土茯苓忌麪湯　烏頭忌稷米　天冬忌鯉魚　茯神忌醋　天雄忌稷米　龍骨忌鯉魚　丹參忌醋　厚朴忌炒豆

忌食物總結：以上用藥時，而食物中之應忌者，共得三十九種。醫者臨症，叮寧病者，隨時檢點，庶不致誤。【略】

飲食相忌論　人生一日不再食則飢，朝饔夕飧，所以養胃氣以滋榮衛者也。胃司受納，脾司運化。胃中所積水穀，詳註於後。膏粱之家，每食不下數十品，一遇宴會，更不難羅列珍羞。即藜藿之腹，如肩挑貿易輩，飢則得食即食，渴則得飲即飲。試思天地生物所以養人，原不以養人者害人，但其生也異時，其長也異地，其收穫也異方，其烹調也異法。其取擇運用也，又各因其俗。其物之寒熱補瀉也，又無不各具其性。一飲食間而補瀉兼施，一酬酢間而寒熱並進，已非養生之道。況其中之相忌，勢如冰炭，畏若寇仇，真難枚舉。一或不慎，有不終席而亡者，是以養人者害人矣。豈天地好生之心乎？故凡為人子者，力能養親，食前方丈，芻膏珍肥，所以備酒醴者至矣。抑知其中之相忌者，正復不少，偶一錯誤，抱恨終天。單寒之家，得君羹以遺其母，採野蔬以飽其親，問之孝子之心，亦不過共為子職而已。而蔬食菜羹中，生之非其地，採之非其時，煑之非其法者，又不可勝道。凡此皆以養人者害人矣。大生廣生之中，竟不免伐生滅生之害，余深苦之。略就所知者，盥手敬謹，登寫如左，願為人子者，各書一通，懸之座右，以為養親者之一助云爾。余今知養乎，余今何時乎，遂不禁淚隨筆下。

飲食相忌各物：　猪肉忌蕎麥　葵菜　炒豆　牛肉　馬肉　龜鱉　驢肉　羊肉　鵪鶉　猪肝忌魚鱠　鵪鶉　鯉魚腸子　猪肺忌同前　羊肉忌梅子　小豆　蕎麥　魚鱠　鮓　酪　羊心忌梅　小豆　生椒　苦笋　羊肝忌同前　犬肉忌菱角　蒜　牛腸　鯉魚　鱓魚　驢肉忌鳧茈　荊芥茶　猪肉　牛肉忌黍米　韭薤　猪肉　犬肉　栗子　牛肝忌鮎魚　牛乳忌生魚　酸物　馬肉忌倉米　生薑　粳米　猪肉　鹿肉　兔肉忌生薑　橘皮　芥末　雞肉　鹿肉　麞肉忌梅　李　生菜　鴿　蝦　麋鹿肉忌生菜　菰蒲　雞　鮠魚　雉　蝦　雞肉忌胡蒜　李子　犬肉　鯉魚　兔肉　獺肉　鱉肉　野雞　雞蛋忌同前　雉肉忌蕎麥　木耳　蘑菇　胡桃　鯽魚　猪肝　鮎魚　鹿肉　野鴨子忌胡桃　木耳　鴨子忌李子　鱉肉　鵪鶉忌菌子　木耳　雀肉忌李子　醬　生肝　鯉魚忌猪肝　葵菜　犬肉　雞肉　鯽魚忌芥末　蒜　糖　猪肝　雞雉　鹿肉　猴　青魚忌豆藿　魚鮓忌豆藿　麥醬　蒜　綠豆　黃魚忌蕎麥　鱸魚忌乳酪　鱘魚忌乾笋　鮰魚忌野猪　野雞　鮎魚忌牛膝　鹿肉　野猪　鱉肉忌莧菜　薄荷　芥菜　桃子　雞子　鴨肉　猪肉　兔肉　螃蠏忌荊芥　柿子　橘子　軟棗　蝦子忌雞肉　李子忌蜜　醬水　鴨　雀肉　雞　獐　橘子忌檳榔　獺肉　桃子忌鱉　棗子忌葱　魚　枇杷忌熱麪　楊梅忌生葱　銀杏忌鰻鱺　慈姑忌茱萸　冬瓜忌油餅　沙糖忌鯽魚　笋　葵菜　蕎麥忌猪肉　羊肉　雉肉　黃魚　黍米忌葵菜　蜜　牛肉　菉豆忌榧子，殺人。　鯉魚鮓　炒豆忌猪肉　生葱忌蜜　雞　棗　犬肉　楊梅　韭蒜忌蜜　牛肉　鯽魚　犬肉　雞　魚膾　魚鮓　莧菜忌蕨　鱉　生薑忌馬肉　兔肉　燒酒　海帶　易犯：　芥末忌鮓魚　兔肉　雞肉　鱉　木耳忌雉肉　野鴨　鵪鶉　乾笋忌沙糖　鱘魚　羊心肝　栗子忌牛肉　大麥麪忌冷水　白薯忌柿子

犯所忌貽害引證：以上食物相忌諸品，共得五十八種。不惟同鍋烹之不可，即同時食之亦不可。略引誤食傷生數人，以為養生者戒。為人子者，朝夕養親，可不慎與。

一、同鄉有開薑店者，同事夥友四人，除夕飲酒，為生薑絲以佐之。元日至午尚未啟門，人爭視之，四人皆斃。有一少年尚餘殘喘，李伯年先生以菉豆湯解之，乃得生。

一、余同姓，由家至磋城，與同事人坐談家事，徹夜飲酒。次早天寒，命役冲生薑水飲之。移時腹痛異常，不過數刻而斃。

一、同鄉有張姓者，為余至親，任姓，賀喜往時飲蜂蜜水兩碗，至則即飲酒，食蝦米等物，移時吃麪。自云心神恍惚，飯後即欲回去，少頃口不能言，手執麪碗擲地，片刻而斃。

一、圃夫種園為生，自種大麥數畝。成熟時，即以大麥為饅頭食之。食已，因燒湯不得，飲冷水一碗，移時殞命。

一、余鄉善用芥末拌雞，不知始自何人，飯店中往往有之。夫芥末性熱而走肺，雞肉屬巽而入肝，二者之性格不相入，久服令人筋脉拘攣，如此者更難枚舉。

一、直省多白薯，味頗甘。入都時，曾偶為嘗之，覺其性下降而墜。余

曰：久服此物，恐令人痢。數年往返保陽並都中，患下痞者如雷貫耳，始悟為此物之所傷也。外敷解毒散，內服升補清陽之劑，無不立奏膚功。及詢之閩省、浙省諸友，而此物在彼處竟不為害，可見地氣之不同有如是。夫或者宜於南而不宜於北乎？抑不可與柿子同食乎？有識之君子，隨時隨地考之，以補余見之所不及，則幸甚！

清·異遠真人《跌損妙方》　藥中禁忌　乳香、沒藥二味，方中屢用，務要去油。若不去油，恐其再發。小兒骨一味，方中亦間用之。余謂小兒何辜，甫離母腹，骨化形銷。以人治人，殘忍殊甚。大造丸有紫河車。張景岳以為戕厥子之先天，勸人少用，況兒骨乎？余輯諸方，見有用此者，悉行裁去，以猴骨代之。

清·龔自璋、黃統《醫方易簡新編》卷六　誤食諸物恐致殺人並孕婦應忌各條

李子入水不沉者勿食。　酒後飲瓶中濩花水不救。　瓜投水不浮者勿食。　霜下瓜茄，大發番胃，勿食。　土蕈上面有毛，下面光，仰捲赤色，煮投薑屑、飯粒色變者，悞食必死，勿食。　木瓜赤色仰生者，悞食生毒。　土茨菇田中所出，即土香芋，與黃瓜同日吃，斷腸無救。　鱉與莧菜同食，腹痛生小鱉，不救。　葱汁和蜜不可同食，名甜砒霜。　燒酒與生薑同食，壞肺，宜忌。　柿子和烘青荳不可同食。　柿子同蠏食，必成痢疾。　猪、羊心肺有孔者大毒，勿食。　狗懸蹄者勿食，食之必死。　兔死眼閉者，食之殺人。

牛身黑頭白，悞食必死。　禽鳥、鷄、鵝自死，口不閉，足不伸，頭白身黑，或身白頭黑，併多年鷄頭勿食。　鴨目白者大毒，勿食。　魚頭有白色連珠至脊，無腮無膽，勿食。　鱔魚、鯉魚鬚赤者勿食，食之發舊病而死。　暑天水缸須蓋之，恐蛇入水中洗浴。　蝎虎愛水中交媾，悞飲必孕蛇胎蝎蛋。　鰻昂首無腮，背有黑點，一二三斤重者勿食，食之殺人。　鱉目凹及獨目，足不伸，無裙，腹有卜字、王字、五字紋，赤腹，二足者，食之必死。　羊血同硫黃不可共食。　蝦無鬚，肚下通黑，煮之不灣而直，食之生疔不救。　蠏獨螯，獨目眼赤，六足，腹下有毛，背有星點者，食之瞎目。　羊頭蹄肉性極補，水腫人慎勿食之，百無一愈。　鷄養至三年毒人，因食百蟲，其毒在頭。　楓樹上蕈名曰笑蕈，悞食令人笑死。　燒酒錫器盛燉，過宿飲之毒人。　河魨魚不見樑上灰塵，並去血、子盡，可食，否則殺人。　洗衣鹹水悞食之，即脫指甲，及目鼻出血。　杏仁須去皮尖，炒熟，無害。半生食之有毒。　草烏汁塗傷破處，立斃。　冰片、細辛及巴豆，不可過用一錢，多用食之傷人。　驢肉及諸魚，不可同荊芥食，食之殺人。　屋漏水滴肉上，宜洗盡方可食，否則必生毒瘡。　鱠生同酥乳食之，變諸蟲。　牛肉同猪肉食，久成寸白蟲。

羊肝同生椒食，破人腸臟。　猪肉同胡荽食之，爛臍。　母猪花腸，小兒食之生寸白蟲。　夏月曝衣，須放冷裝箱，以免冬月取衣受暑。　猪肉落水浮者，有瘟毒，勿食。　猪油不可與梅子共食。　猪肉、羊肝同食，心悶。　羊蹄上懸白珠者勿食，食之成癲。　猪肝、魚鱠共食，生癰疽。　犬肉同菱食，生癲。　馬肉生食傷人心。　放馬鞍之肉勿食，因久經汗漬，有毒，殺人。

諸肉火炙而動，熱血不斷，有紅點者，勿食。　鷄、鴨蛋，有瘡毒人勿食，食之惡肉突出。　諸禽肉、肝青色者勿食，食之毒人。　山鷄同鳥獸肉共食毒人。　諸梨，凡有金瘡損傷，及產婦勿食。　生葱、雄鷄、白朮三味共食，經年七竅流血。　蓴菜、野萵苣多食成痔。　胡荽久食，耗人心血。　芥菜、兔肉同食成疾。　病人食熊肉，終身不治。　小兒患痘瘖癍症，忌食鷄蛋。

孕婦食犬肉及鱉，生子無聲。　孕婦食兔肉，生子缺唇。　孕婦以鷄子同鯉魚食，令子生瘡。　孕婦食雀肉，生子淫亂。　孕婦食薑過多，養子生六指，并多瘡癬。　黃蟮炒鷄食之，殺人。　魚鮓不可同蜜共食。　迅雷風烈，受胎生子肢體不全，非貧即夭。　夫婦反背受胎，生孩啞。　孕婦多食大蒜，生孩腥臭。

清·陸以湉《冷廬醫話》卷五　食忌　本草云：多食韭，神昏目暗。多食葱，神昏髮落，虛氣上衝。多食萊菔，動氣。多食芥菜，昏目動風發氣。又云：虛人食笋多致疾。浙人食匏瓜多吐瀉。馬齒莧葉大者，妊婦食之墮胎。此類不可勝數，尋常蔬菜亦足為患，其他可知，養生家所以必慎食物也。

石門趙屏山明經宗藩自甯波旋里，過紹興，訪友於郡城，一僕家在城外，乞假歸省，途中買鱔魚至家，使其妻烹之，適其鄰人來視，遂留共食，食畢皆口渴腹痛叫號，移時而死，其身化為血水，僅存髮骨，識者謂誤食斜耕而然，趙次日俟僕不至，遣人往問，始知其故，遂終身不食鱔。余按：鱔身尾皆圓，斜耕身尾皆扁，口有二鬚，可以此為辨。然鱔有昂頭出水二三寸者，為他物所變，其毒亦能殺人，養生家宜慎用之。

山谷產菌，種類不一，食之有(種)〔中〕毒者，往往殺人，蓋蛇虺毒氣所蘊

也。咸豐五年六月初三日，烏程縣施家橋吳如玉之母，山中采菌甚多，族人吳聚昌之妻乞而分之，炒熟以佐夜飯，其子媳與女同食之，二更後，嘔吐腹痛，至天明四肢抖縮，肉跳齒咬，四人同時殞命，如玉之母，亦食之而死，雞食吐出之物，頃刻即斃，剖視腹中，祗有硬肝，餘皆腐成毒汁。夫山人食菌，本為常事，麥熟及寒露時，菌甚多，味極美，蘇州有熬成油者，預為持齋過夏之需，取其鮮也。今吳姓家食菌而死者五人，可謂奇慘。烏程楊穀亭封翁炳謙，特為作記刊傳以示戒。言若必欲食之，須用銀器同煮，須久置待冷試驗。銀有青黑色者，斷不可食，如中其毒，飲以糞汁可解，又地漿水亦可解毒，其法於牆陰地掘二三尺深，以水傾入攪勻，取上面澄清水冷飲之。按《東林山志》云：五月雨水浸淫之時，蕈生於山谷，惟淡紅色、黃色者無毒可食，寒露生者，色白名寒露蕈，亦無毒可食，其大紅者、黑者有毒殺人，人或中之，食糞汁可解。又《衛生錄》云：蕈上有毛，下面光而無紋者，及仰捲赤色者，或色黑及煮不熟者，並不可食。《物理小識》云：以燈心和蕈煮，或以銀簪淬之，燈心與簪黑色者即有毒。《清異錄》云：湖湘習為毒藥以中人，其法取大蛇斃之，厚用茅草蓋罨，幾旬則生菌，菌發根自蛇骨出，候肥盛采之，令乾搗末，糝酒食茶湯中，遇者無不赴泉壤，世人號為休休散。觀此則菌之生自蘊毒者，往往有之，服食家可不慎歟？

清·嚴燮《醫燈集焰》卷上 妊娠用藥禁忌賦

妊娠用藥，品類宜詳。既猛烈而必避，亦平淡之宜商。水蛭蝱蜂，皆是害胎之物。蚖斑地膽，豈堪有孕者嘗。蛇退蜈蚣，珍珠地鱉，蟬衣蝌爪，蜣甲牛黃。靈脂兮麝香莫用，明砂兮犀角難襄。爾乃然銅代赭，赤石餘糧。滑石水銀兮，與砒雄而並禁。硝硫花蓝兮，合硇伏以無將。麯避神紅兮，總嫌孕墮。豆除刀赤兮，切忌胎傷。紫麻苡杏仁之宜慎，蒜薑齒莧而無忘。麥芽之消導可畏，蒲黃之破血須防。金錠、如意丹、備急丸、蟬酥丸皆宜並忌。來復丹、紅靈丹、行軍散、保花散切忌傷戕。沒藥冰片兮，槐花榆桃勿服。枳朴桂心兮，巴豆椒皂須防。若夫牛膝車前與丹皮而並禁，蒺藜通草若瞿麥兮相妨。野葛紅延兮性烈，藜蘆茜陸兮形狂。鬼箭淩常兮，大戟芫花休孟浪。大黃二丑兮，三稜莪术亦乖張。預知補骨兮，蔄茹俱應勿取。葵子茅根兮，乾漆豈屬相當。嘗聞劉寄奴兮，側雄烏附；王不留兮，細半星狼。益母逐停經，原不用於重身之婦；鹿角鎖交骨，切莫投於懷孕之娘。大凡破血通瘀，總須留意。此外有餘不盡，還要臨症枀詳。雖《內經》云有故無隕，亦無隕也，然孔子曰臨事而懼，何用不藏。

清·王燕昌《王氏醫存》卷一五 諸證忌用之藥

自胸至頭，凡有熱、有痰、有風、有疼等證，皆忌用溫補升斂之藥。失血、患目、患瘡，三病皆忌虎骨。誤用則病甚。有鬱者忌澁滯熱升之藥。內外有疼處者及持戒茹素者同忌。二便有熱者，皆忌溫升澁補之藥。大便潤或瀉者，忌滑溼下降之藥。滑精、夢遺、白濁、下淋者，忌興陽助溼下降之藥。虛人有表邪者，於固本藥中略加理氣行滯之品，得微汗邪即去矣。或有積滯，惟於消解藥中重用健脾理胃之藥，胃氣充，食即化矣。毛孔不閉者，忌麻黃、川芎、羌活、荊芥、防風、紫蘇、升麻、豆豉、細辛、藁本、甘葛、柴胡、蔓荊子、生薑、桂枝，一切發汗之藥。小便無熱者，忌芒硝、木通、澤瀉、車前、萹蓄、滑石、苡米，一切利水之藥。大便不結者，忌大黃、巴豆、二丑、三仁、蜂蜜、蓯蓉、生地、大麥芽，一切滑利大腸之藥。口渴者忌茯苓、半夏、二朮、乾薑、胡椒、桂、附、吳茱萸、黃耆、灶心土，一切燥津耗液之藥。胸膈飽脹者，忌黃精、熟地、糯米、芋頭、山藥、龍眼肉、高麗參、黃耆，一切橫胸之藥。腹疼者，忌滯氣塞胸之藥。瘟瘧與諸瘧異，乃由膜原而入腠理，故脈亦弦。六經皆傳，非皆少陽證也。若泥用柴胡湯，非徒不愈，且多誤也。平素後天弱者食少，表虛者常自汗，裏虛者常便溏及晨瀉，及小兒常瀉。此等人，凡病皆慎用發汗攻下之藥。又久病及瀉痢甫愈，飲食未加，肌肉未豐，又患病者，皆慎用汗下。舊日吐血、下血、尿血、痔漏及肝鬱而生上熱諸證，業經愈後，久之再患他病，皆慎用鹿茸、故紙、胡椒，一切燥血生熱之藥。

有汗無汗藥誤之害：無汗實證，誤用黃耆則熱。與痰入腠理而結胸，誤用參、朮、升麻、杜仲則結胸。大便閉，誤用牛膝、故紙，則尿血。誤用五味子則斂邪入肺而咳不愈。誤用鈎藤則引邪入經絡，而四肢抽搐。有汗實證，誤用發散，則大汗不止。誤用溫補，則內熱大作。誤用攻下，則瀉不止。近一門丁，感寒愈後冒風，誤服桂、附、參、薑，內熱大作，二日死。

虛證用桂附薑防汗脫滑精：虛證用溫補之藥，須固其表，防汗脫也。須固其腎，防精滑也。蓋桂能舒肝，肝舒則疏泄之令行。附子能開周身之竅，薑能通周身經絡，竅開則精易洩，經絡通則汗易出。

滑精之藥：牛膝引熱下行，能滑精。山茱萸之核滑精，三仁潤下，亦能滑精。凡左關尺沉盛者若用之，須固其精，勿溫補肝腎。

藥性歌賦部

題解

元·周天錫《本草詩訣》序　【略】今采其中切於日用藥品三百六十五種，托諸韵句，以備習讀。【略】初學解而能明，明而能憶，佗日對病議方，了然胸次，猶趍捷徑焉。

綜述

題漢·張仲景《五臟論》〔甲本〕　經曰《神農本草》，辨土地以顯君臣；陶〔弘〕景注經，說酸鹹而陳冷熱。雷公妙典，咸述炮炙之宜，仲（敬）〔景〕（其）〔奇〕方，委說根莖之用。《（周）〔雷〕公藥對》虛談犯觸之能，〔宋〕俠正方，直說五風之妙。扁鵲能回喪車，起死人，昧後並是神方。（畫地）〔華佗〕割骨除根，患者悉得（抽）〔瘳〕愈。劉涓秘述，學在鬼（邊）〔遺〕。徐百一之丹方，偏療小兒之效。淮南葛氏之法，秘要不傳。《集驗》之方，人間行用。藥療也，療人萬病，服用俱解。子孫昌盛，衆人愛敬，皆有藥性。祇如八味腎氣，補六極而差五勞；四色神丹，蕩千（阿）〔痾〕而除萬病。有命者必差，號太子死（而）更生；無命者難為，秦景公於焉致死，人之養病，如火積薪中。去火（如）〔而〕薪得全，去病人皆得活。薪不去火，虛被焚燒。有病不醫，徒勞喪命。貴人之所貴，賤人之所賤。昔季康子（會）〔饋〕藥，夫子拜而受之。上（故）〔古〕賢聖，（由）〔猶〕敬其藥。是以上中下藥所療不同，甘苦酸鹹隨其本性。若能君臣行用，眩疾能瘳；倘若參差，損他身命。故《本草》云：（零）〔靈〕瑞之草，然則長（先）〔生〕；鍾乳餌之，令人悅愈。犀角有觝觸之義，故能（趁）〔逐〕疰驅邪；牛黃懷沉香之（公）〔功〕，是以安魂定魄。藍田玉屑，鎮壓精神。中（台）〔條〕（射）〔麝〕香，善除（夭）〔妖〕魅。河內牛膝，療膝冷而去腰疼，上（葵）〔蔡〕防風，愈頭風而瘳脅痛。晉地龍骨，絕（甘利）〔疳痢〕而去頭疼。太山伏苓，發陰陽而延年益壽。甘草有安和之性，故受國老之名。大黃宣引衆公，乃得將軍之號。半夏有消（談）〔痰〕之力，制毒要藉生薑。當歸有止痛之能，相使還須白（止）〔芷〕。澤瀉、茱萸能使耳目聰明；遠（枳）〔志〕、人參巧含開心益智。赤痂宜塗雞子。白癩須（附）〔服〕越桃。火燒宜（怗）〔貼〕水萍，杖打稍加營實。（非）〔飛〕尸走注，速用雄黃。忽爾驚邪，急求龍齒。頭風旋悶，須訪菊花；脚弱行遲，宜求石斛。欲令見鬼，又服麻花；擬去白蟲，（漆）〔漆〕和雞子。薔薇（脚）〔却〕其疥癬，蟹黃（耆）〔嗜〕去漆瘡。通草巧療耳聾，石膽惟除眼（莫）〔膜〕。秦艽有結羅紋之狀，乾漆作蜂窠之（刑）〔形〕，丹（妙）〔砂會〕取光明，升麻只求青綠。〔秦〕（艽）〔椒〕須汗，礬石〔須〕（包）〔炮〕。杜仲削去（朘）〔粗〕皮，桂心取其有味。石英研之似粉，杏人別擣如膏。吐絲酒滲乃良，朴消火燒方好。防葵唯輕為上，狼毒惟重為佳。黃芩以（附）〔腐〕腸為精，蔄茹以漆頭為用。石南采葉，甘菊收花。五加割去其皮，（母）〔牡〕丹槌其去骨。鬼箭破血，仍有射鬼之靈；神屋除温，非（帶報）〔無保〕神之驗。嘔吐湯煎乾（菊）〔葛〕，筋轉酒煮木瓜。目赤須點黃連，口瘡宜含黃蘗。痹轉攣痛，須訪茵芋；瘙癢皮膚，湯煎蒴藋。傷寒發汗，要用麻黃；壯熱不除，宜加竹葉。恒山、鱉甲，大有差瘧之功；〔蛇脫、綠丹，善除癲癎之用。雄黃除黑汗〕，木蘭能去死皮。莽草殺齒內之蟲，藜蘆除爛鼻中宿肉。黃連斷痢除疳。（支）〔梔〕子悅愈面皮，桃花潤澤膚體。芎藭、枳實，心急即用加之；紫菀、款冬，氣嗽要須當用。蝱蟲、水蛭，即有破血之功；白（述）〔朮〕、檳榔，有散氣消食之效。菖蒲強記，鱉甲通神。陰陽瘡湯煎蛇床，淋澀須加滑石。仙靈脾草能去腰疼，然則忘杖歸家。天鼠煎膏巧療耳聾，得蓖麻而妙加。蛇咬宜封人糞，蜂螫萆撥妙除，零羊角通噎驅邪。青羊肝療肝明目。石脂加顏發色，白及卷面除皮。知母通痢開胸，空青消癥止淚。孔公孽消食肥澤，蜜陀僧去疥（賴）〔癩〕人。（壓石）〔重舌〕寄假蜂房，水腫惟須（仗）〔大〕戟。腸結通惟須甘遂，患眼宜取蕤仁。安胎必藉紫葳，傷身要須地髓。惱心悶偏加木筆，血閉急覓蒲黃。連翹却瘰癧瘡癰，地膽破癥瘕瘜肉。斑猫能除鼠漏，松脂瘳惡刺風疽。牽牛瀉水排膿，葶藶大棗（池）〔泄〕水。桃仁絕其鬼氣，石南復去諸風。癭氣昆布妙除，癰腫（硇砂食却。腸癰）必須消石，脫（工）〔肛〕宜取鱉頭。下賤雖曰地漿，天行病

飲者皆愈；　黃龍湯出其廁內，時氣病者能除。貧者雖號小方，不及君臣，取瀉有處出處，有靈有驗，有貴有賤，有高有下，淨穢百草山中藥。

《五臟論・醫人》〔見《醫方類聚》卷四〕　藥名之部，所出醫王。黃帝造《針經》，歷有千卷。藥（姓）〔性〕名品，若匪神仙，何能備著？且《神農本草》，辯土地而顯君臣；　岐伯經方，說酸鹹而陳冷熱。雷公妙典，略述炮炙之宜，弘景奇方，備說根莖之用。只如犀角抵觸之義，故能逐（汪）〔注〕驅邪；　牛黃壞鳩之功，是以安魂。藍田玉屑，可以鎮壓精神。中條麝香，堪將辟邪除鬼。河內牛膝，去膝冷而止腰疼，〔上蔡〕防風，除頭風而（抽）〔瘳〕脅痛。半夏有消痰之力，制毒要用生薑。當歸有止痛之能，〔相使〕會須白芷。晉地龍齒偏瘥顛癎，太山茯苓延年却老。（仁）〔人〕參、薯蕷能令耳目聰明，遠志、菖蒲妙能開心益智。甘草安和諸藥，隨得國老之名；　大黃宣引衆功，乃得將軍之號。（泰膠）〔秦艽〕結羅紋之狀，乾漆作蜂巢之形。丹砂會取光明，升麻破求青綠。秦椒須汗，朴硝、礬石須熬。杜仲削去粗皮，桂心還求肉味。石英須研似麵，杏仁別擣如膏。菟絲得酒乃良，礬石燒之力好。防葵唯輕（唯）〔為〕上，狼毒唯重彌佳。黃芩以腐爛為精，蔄茹〔以〕（蛀）〔漆〕頭為上。石南采葉，甘菊收花。五（茄）〔加〕剥取其皮，牡丹要須去骨。鬼箭破血，乃有射鬼之靈；　神屋除温，非無保神之驗。嘔吐湯煎乾葛，轉筋酒煮木瓜。目赤宜點黃連，口瘡宜含（石膽）〔黃蘗〕。木蘭皮能除皻，硫黃妙去死痹。茵草殺齒內之蟲，藜蘆爛鼻中宿肉。赤（油）〔疣〕宜塗雞子，白癩偏服越桃。火燒多（占）〔貼〕水萍，杖打須加（松）〔營〕實。琥珀拾芥乃辯其真，磁石引針將知不謬。石得鳩糞乃爛如泥，漆遇蟹黃便化為水。三棱破癖，本出行從；　劉寄奴療瘡，起于田獵。牡蠣助柏仁之力，地黃益天門冬之功。蘞、（芨）〔及〕反烏頭之精，梔子解躑躅之毒。苦參、酸棗以味為名，白朮、黃連將色為號。蜈蚣、蜀漆，陸地標名；　狗脊、狼牙，因形為記。只如八味腎氣，補六極而瘥五勞；　四色神丹，蕩千疴而除萬病。檳榔下蟲除氣，玉壺丸去積冷消堅。李子預有殺鬼之方，劉涓〔子〕有遺鬼之錄。耆婆童子，妙述千端；　喻父醫王，神方萬品。是以有命者必瘥，虢太子死而更蘇；　無命者難理，晉公生而致死，（此）〔比〕之養病，如積薪投火而薪存。人若有病，去病而人活，不去火而薪被焚，病不除而徒喪命。是以神方千卷，藥名八百。中黃丸能瘥千疴，底野迦善除萬病。扁鵲論乃揔君臣，冷熱不調，酸鹹各異。

夫五常之體，因暑濕而結百疾。頭風目眩須好菊花，脚弱行遲多添石斛。卒中霍亂，宜服茅香之湯；　久患疾疴，急內蚺蛇之膽。痹濕攣痛須用茵芋，皮膚瘙癢宜加蒴藋。傷寒發汗要用麻黃，壯熱不（調）〔除〕宜加竹葉。恒山、鱉甲，療瘧之功；　枳實、芎藭，善除心家之悶。卒患鬼注須用雄黃，忽而驚邪時須龍齒。當歸、芍藥，去肚痛之疴，款冬、紫菀，除（穎）〔氣〕嗽之疾。檳榔、白朮，理宿食不消；　硇（硝）〔砂〕、大黃，瀉癥瘕之病。黃連、阿膠善能止痢，通草有發聲之能；　水蛭、虻蟲善能破血。蕤仁明目，秦皮、决明去翳。牛膝止膝痛風冷，鵝脂善治耳聾。蜂房能消毒腫，蟹黃善去漆瘡。蕪荑、狼牙殺白蟲；　桔梗、蘘荷善除蠱毒。亂髮灰能止血汗，滑石通淋沥之疾。茵草定其牙疼，海藻能除癭氣。知母、栝蔞止渴，麥門冬、石膏除温。薯蕷補骨，澤瀉能治膀胱；　遠志、菖蒲聰明益智。脅中乏痛宜用防風，當歸、艾葉、阿膠善治動〔胎〕，連翹止癧。礬石療耳內之膿，小便不利宜服葶藶。杏人益氣身體輕肥，婦人產後羸弱，宜服黃精、酸棗。紫花、白薇、生葛、人參治五臟虛熱，麥門、鍾乳補肺安心。紫菀、柴胡療人上氣，雄黃、薤白能止狂風。犀角、升麻、烏梅偏醫熱腫。獨活理人面上游風，茵芋、蔄茹治人髭落。天行温病宜服芍藥、生薑，壯熱口乾宜下大青、知母。甘草宜補五臟，人参好定精神。丹參養魂定魄，地黃能通血脉，黃精定長肌膚。

元・周天錫《本草詩訣》卷上　玉石部

丹砂生符陵山谷。今出辰州、宜州，而辰州者最勝。謂之辰砂。採無時，惡磁石，畏鹹水。

凡使先打研碎細，水飛，灰椀內鋪紙滲乾，始入藥用。如別有煅煉，各依本方。

甘寒無毒瑩朱砂君，定魄安魂辟鬼邪。益氣更能調藏病，鎮心明目養精華。

鍾乳生少室山谷及太山。採無時。蛇床子為之使，惡牡丹、玄石、牡蒙，畏紫石英、蘘草。

凡使，先依法煮，候日數足，入水研細，不磣，方可入藥服食。

鍾乳甘溫平氣促，輕脚益精明眼目。墜痰安藏補虛勞，定嗽助陽宜久服。

朴消一名消石朴。生益州山谷，有鹹水之陽。採無時。畏麥句薑。

凡使先令極細，以甆瓶子盛，炭火中煅令通赤，方入藥用。如緩急，只炒過研細羅過，方入藥用。

朴消性冷若寒辛君，逐積推陳可致新。破血散邪消腫毒，療痰疫熱在逡巡。

消石一名芒消。生益州山谷及武都、隴西、西羌。采無時。火為之使。惡苦參、苦菜，

畏女菀。　同上。　地霜寒苦名消石君，止渴除煩并血積。　辟鬼袪邪利小便，消脹滌腸能化食。

白礬一名羽碮，一名羽澤。生河西山谷及隴西武都、石門。采無時。甘草為之使，惡牡蠣。　凡使用光明者，先於鐵銚子內或刀上火中煅過方研細入藥用，如生用者，各依本方。　白礬止渴味鹹酸使，解熱能開喉閉開。　陰蝕惡瘡并洩痢，更除寒熱及痰癇。

禹餘糧一名白餘糧。生東海池澤及山島中，或池澤中。又一種太一餘糧，生太山山谷。九月采。　凡使，用火煅醋淬七遍，搗研，水飛令極細，方入藥用。　平欵甘寒大禹糧，癥瘕腹結用之昌。　能通血閉除煩滿，止痢輕身可壽長。

水銀一名汞。生符陵平土，出於丹砂。畏磁石。　墮胎。　有毒辛寒曰水銀君，寧心除熱更安神。　去風磨禿兼瘡瘻，療疥痂瘍虱滿身。

磁石生太山川谷、慈山之陰，有鐵處則生其陽。采無時。柴胡為之使。殺鐵毒。惡牡丹、莽草，畏黃石脂。　凡使先以炭火燒通赤，釅醋內淬九遍，搗碎羅過，細研水飛，方入藥用。　如入湯劑，即杵水，淘去赤汁使。　性寒磁石味辛鹹，解利熱煩濕痹頑。　養腎治聾強骨髓，益精消腫止驚癇。

雄黃一名黃食石。生武都山谷，燉煌山之陽。今階州山中有之。采無時。色如雞冠者為真。《衍義》曰：雄黃入藥尤稀。　同丹砂。　雄黃甘苦除尸疰君，治疥癲癇辟鬼魅。　蛇獸傷人傳此良，破積更磨痃癖氣。

雌黃生武都山谷，與雄黃同山，生其陰。山有金，金精熏則〔生〕雌黃。采無時。燒水銀烟之。　上同丹砂。《衍義》：雌黃入藥稀。　金精熏氣結雌黃，有毒甘辛性大寒。　殺毒醫瘡除疥虱，餌之邪氣不相干。

硫黃生東海牧羊山山谷中，及太山、河西〔山〕，礬石液也。　凡使先細研，水飛過，方入藥用。　如別有煅煉，各依本方。　有毒硫黃味酸熱，補腎興陽除夢洩。　治瘡痃癖及虛勞，止嗽利便尤壯骨。

黑鉛生蜀郡平澤。為蛇蝪所咬，炙熨之。　凡使先以鐵銚子炭火鎔開，取出瀉於新瓦上，濾去滓，却如汁，一兩番，取淨鉛秤用。　如或結砂子，各依本方煅煉。　味甘黑錫又名鉛，安鎮心神暖下田。　治噦傷寒反胃病，煉成霜可去痰涎。

代赭石生齊國山谷，今河東、京東山中亦有之。以赤紅色如雞冠、有澤，染爪甲不渝者良。采無時。畏天雄。　同禹餘。　藏熱能涼石代赭，止血散邪除帶下。　腸風鬼疰又驚癇，瘻瘡內痔能磨化。

硇砂出西域戎，今西涼夏國及河東、陝西近邊州郡亦有之。形如牙消，光淨者良。　凡使炭火燒用。　消食硇砂味鹹苦，痃癖能磨除積聚。　去痰平胃治崩傷，大畏酸漿羊血水。

鵬砂一名蓬砂。南番者色黑重褐，其味和，其效速。西戎者其色白，其味燋，其功緩也。　其作研細用。　鵬砂無毒苦而辛，性可鎔鋪金共銀。　喉閉癥瘕皆療治，消痰定嗽可通神。

琥珀生永昌。舊說是松脂淪入地，千年所化。　松脂千年為茯苓，又千年為琥珀，又千年為瑿。　無毒甘平真琥珀，殺除精魅并邪魊。　消膿通溺治金瘡，止血生肌能定魄。

黃丹本名鉛丹，一名鉛華。生於鉛。生蜀郡平澤。　凡使先炒令色變，研令極細，再羅過後入藥用。　黃丹治瘧傅金瘡，定吐消煩更退癇。　醫嗽生肌尤補血，止疼可散小便慳。

陽起石生齊山谷及琅琊。今惟出齊州。采無時。桑螵蛸為之使，惡澤瀉、菌桂、雷丸、蛇蛻皮，畏菟絲。　凡使先以炭火燒通赤，好酒內淬紫遍。　如只以好酒煮半日亦得。　並研細，水飛過入藥用。　味鹹溫補石陽起，益氣興陽能有子。　破癥消結治勞傷，崩漏膝疼皆可止。

雲母石生太山山谷，齊廬山及琅琊北定山石間。二月采。澤瀉為之使，畏鮀甲及流水。　以水摺，立去土氣七次，日乾如白粉，時忌火氣、雲珠、雲華。　又水飛，焙，無毒。　甘平明目石雲母，安藏除邪偏益子。　善醫痢癖可添精，久服輕身能不死。

滑石生赭陽山谷及太山之陰。或掖北白山，或卷山。今道州亦有之。采無時。石韋為之使，惡曾青。　凡使先以刀刮下，以牡丹皮同煮一伏時，取出用東流水研飛過，日中曬乾，方入藥用。　如急用，只研細亦得。　無毒甘寒名滑石臣，通竅益精消胃積。　生津止渴利便漩，更主腸中熱洩癖。

玄精石出解縣。今解池及通泰州積鹽倉中亦有之。其色青白，龜背者佳。采無時。　凡使用搗碎細研，水飛過，曬乾入方藥用。　溫鹹太陰玄精石，療痔腸風消聚積。　冷邪濕痹痢兼痰，旋暈可除精可益。

寒水石本名凝水石，生常山〔山〕谷，又中水縣及邯鄲。解巴豆毒，畏地榆。　同禹餘。　水飛而為末用，或薑汁製。　寒水石甘性最寒，服之諸熱不相干。　散除

積聚并時氣，煩渴虚浮用此寬。

青鹽一名胡鹽。生胡鹽山及西羌北地酒泉福祿城東南角，北海青，南海赤。十月采。 溫鹹無毒亮青鹽，能暖膀胱清小便。婦女轉胞尤可療，更醫腫脹腹疼堅。

食鹽舊不著所出州郡。今解州者爲精好。 凡使先須炒過研細，方入藥用。 鹽消蠱疰解傷寒，止痛能除痰癖根。更治鼈瘡堅骨節，食多傷肺定生煩。

馬牙消舊不著所出州郡。 消石芒消，馬牙消一類也。 味甘性冷馬牙消，涼藏能除眼澁羞。熱赤睛疼生障瞖，咽喉腫閉悉能調。

石燕出零陵郡。今永州〔祁〕陽縣江傍沙灘上有之，形似蚶而小。 使同禹餘。婦難産，煅醋淬七遍，細研水飛。 石燕溫平能易産，添精縮溺潤肌膚。禦風瘴嵐除瘟疫，暖膝興陽不可無。

石膏生齊〔山〕山谷及齊盧山、魯蒙山。今汾州有之，采無時。雞子為之使。惡莽草、馬目毒公。 同禹餘。煅醋淬七次，研末水飛。 散熱甘寒軟石膏使，辟邪定喘利三焦。解肌發汗除時氣，能治金瘡更止痟。

紫石英生太山〔山〕谷，采無時。長石為之使。畏扁青、附子。不欲鮀甲、黃連、麥句薑。 同禹餘。 定悸甘辛紫石英，安魂平肺助精神。溫中止渴消癰疽，補益寧心更潤津。

赤石脂生濟南、射陽及太山之陰。采無時。惡大黃，畏芫花。 凡使，須於炭火中煅通赤，取出放冷，研細水飛過，方入藥用。如緩急則研令極細，不水飛亦得。 酸澁益精赤石脂君，鎮驚明目散癰疽。止崩截痢醫便血，益髓除瘡補藏虚。

白石英生華陰山谷及太山。二月采，亦無時。惡馬目毒公。大如指，長三寸，六面如削。 同上。凡使同赤石脂。 益氣溫平白石英君，可通膈塞冷痰停。起陰療渴除風濕，利溺尤能定肺經。

蜜陀僧出波斯國。今嶺南，閩中銀銅冶處亦有之。 煮乾，碎，包浸之，絞舉炮之。 鹹平小毒蜜陀僧，傅面能除黑䵟痕。痢疾金瘡并五痔，痣巴膚瘢可除根。

砒石舊不著所出州郡。今近銅山處亦有之。惟信州者佳。色如鵝子黃。誤中，解之用冷水研菉豆漿飲之。 凡使土器上三時火煅，甘草水浸一宿，又盛器煅，別研。 石中最毒是砒霜，依法飛淘鍊作黃。味苦且酸能截瘧，風痰投此即安康。

銅青生銅皆有之，則銅之精華，銅器上綠色是。北庭罯者最佳。治目時淘用。 使末，水飛去石。 性冷銅青微甘毒，能合金瘡除白禿。婦人血氣及心疼，止血更醫昏障目。

爐甘石煅，冷，碎細用。 味平無毒爐甘石，善療目中風熱赤。更醫翳膜痒兼疼，下部生瘡能蕩滌。

花蘂石一名花乳石。出陝州閿鄉縣。采無時。 凡使當以大火煅過。如緩急，不煅亦得。 止血澁溫花蘂石，可合金瘡除血澼。損傷顛撲最相宜，産後暈昏極有益。

珍珠《本經》不載所出州土，今廉州北海有之。 凡使要取新淨，未曾傷破及鑽透者。於臼中搗令細，絹羅重重篩過，却更研一二萬下了，用，佳。 性寒無毒生珍珠君，傅面令人顏不枯。研粉可除睛翳障，鎮心潤澤悅肌膚。

胡粉又名定粉。 治諸腋臭，胡粉二合，以牛脂和煎，令可丸傅之。 良工化錫為胡粉，其味辛寒止小便。去毒殺蟲能墮血，癥瘕驚蠱用之痊。

輕粉《衍義》：虚人便須禁此一物。 水銀製鍊為輕粉，辛冷除疳利大傷。兼治酒齄瘰癧疾，治涎瘈瘲療瘡瘍。

青黛凡使忌火，其儘用之，如茶末，色綠也。 青黛鹹平性最寒，驚癇瘡腫服皆安。更除疳熱神昏悴，百藥毒人解不難。

草部上品

黃精今南北有之，以嵩山者為佳。二三月采根陰乾。 太陽草即是黃精，益氣除風甘且平。善療勞傷能壯骨，補中去濕可長生。

菖蒲生石磧上。五月、十二月采根陰乾。一寸九節者良，露根不可用。秦皮、秦艽為之使。惡地膽、麻黃。 用石上生節密者佳。凡使剉碎，微炒用，或只焙乾亦得。 通心明目石菖蒲，其味辛溫補藏虚。止逆出音通九竅，風寒濕痹悉能除。

菊花生雍州川澤及田野。正月采根，三月采葉，五月采莖，九月采花，十一月采實，皆陰乾。桑白皮為之使。 凡使須去枝梗，焙乾方入藥用。 菊花散熱苦甘平使，惡淚頭風服即輕。濕痹腰疼皆可療，輕身利血更明睛。

人參生上黨山谷，次出海東新羅國。二四八月上旬采根，竹刀刮，暴乾。茯苓為之使。惡溲疏、鹵鹹，反藜蘆。 凡使先去蘆頭，剉，焙乾秤，方入藥用。不去蘆令人

吐，慎之。肺寒不服，熱猶忌。　參寒明目可寧心，止逆調中平補人。治嗽喘痰驚嘔渴，安魂定魄養精神。

天門冬生奉高山谷，今處處有之。二三七八月采根，暴乾，垣衣、地黃為之使。畏曾青。　凡使先以湯微潤，抽去心，焙乾，秤用，肺熱定喘促。　苦寒強骨天門冬君，去蟲除痟止咍紅。益氣養肌尤定肺，散寒濕痹主諸風。

甘草生河西川谷積沙山及上郡。二八月除日采根暴乾。术、乾漆、苦參為之使，惡遠志，反大戟、芫花、甘遂、海藻四物。　用大者。凡使先破開，火上微炙黃赤色，方入藥用。如稍多，只爁、焙、炒亦得。或生用，亦依本方。　甘草性平名國老，百藥毒人皆可療。解煩止嗽通經脉，下氣溫中開九竅。

地黃生咸陽川澤黃土地者佳。二八月采根陰乾。得麥門冬、清酒良。惡貝母，畏蕪荑，忌鐵。　凡使須淨洗過，以酒浸一日，夜漉出，蒸三兩炊，焙乾，方入藥用。如急用，只以酒洒蒸過使，不蒸亦得，不若酒浸蒸過為佳。生乾者只生用，不用酒浸。　地黃益血甘寒苦君，熟者輕身補內虛。生治崩傷并目疾，懷胎寒熱服皆除。

蒼白术生鄭山〔山〕谷，漢中、南鄭。二三月、八九月采根暴乾。防風、地榆爲之使。　凡使先以米泔〔水〕浸，春五、夏三、秋七、冬十，逐日換水，日足，刮去皮，焙乾，方入藥用。如緩急，不浸亦得，但稱燥爾。　二术驅風苦更甘君，開脾消腫散風寒。解瘟滲濕除腰痛，白補蒼踈分兩端。

菟絲子生朝鮮川澤、田野，蔓延草木之上。九月采實暴乾，得酒良。薯蕷、松脂為之使，惡雚菌。　凡使，先以水洗，澄太去沙土了，却以好酒浸一晝夜，漉出蒸過，乘熱杵為麄末，焙乾，然入藥同擣。擣之不盡者，更以酒漬，經三五日乃出，更曝微乾，擣之。須臾悉熱，即易碎。　菟絲益髓味甘平君，暖膝溫腰更澁精。縮溺醫勞除渴病，服之續絕得身輕。

牛膝生河內川谷及臨朐。二八月采根，陰乾。惡螢火、陸英、龜甲。畏白前。　凡使先洗去蘆頭，剉碎，以酒浸一日夜，焙乾方用。如急切用，酒浸蒸過便使，不蒸亦得。　牛膝平溫味苦酸君，散除濕痹四肢攣。治腰脊痛能通血，更可填精補骨堅。

柴胡生弘農川谷及冤句。二八月采根暴乾。半夏為之使，惡皂莢，畏女菀、藜蘆。　凡使先去蘆頭，洗剉，焙乾，方入藥用。左右脇下痹疼，名曰膽痹，柴胡治之。　柴胡苦冷治傷寒君，退熱能除瘴疫瘟。骨節勞疼腸胃結，化痰涼藏解焦煩。

麥門冬生函谷川谷及堤坂土石間。二三八十月采，陰乾。地黃、車前為之使。惡欵冬、苦瓠，畏苦參、青蘘。　使同天門冬。忌鐵。湯溫去心用之。　門冬甘寒治勞熱君，平肺益精寬氣結。調中去脹能通溺，止渴消痰尤定噦。

羌獨活生雍州川谷，或隴西南安。今用蜀漢出者佳。二月、八月采根，暴乾。豚實為之使。　凡使須剉，焙乾，方入藥用，或浸酒。　味苦甘平羌獨活君，偏治諸風傷骨節。伏梁水氣眼中疼，五藏蘊邪能利泄。

升麻生益州山谷。今蜀漢、陝西、淮南州郡皆有之。以蜀川者為勝。二八月采根，日乾。　凡使，剉，微焙之。豆疹一傷不炒。　味甘寒苦川升麻，辟疫除瘟去瘴邪。痘疹驚風心肺熱，殺除百毒効無差。

車前子亦名蝦蟆衣。生真定平澤，丘陵、阪道中。今江湖、淮甸、近京、北地處處有之。五月五日采，陰乾。　凡使須微炒燥，方入藥用。如只焙乾亦得。　甘寒除濕車前草君，目赤閉癃投此好。葉根止血主金瘡，子可去煩通水道。

木香生永昌山谷，惟廣州舶上有來者，他無所出。江淮間亦有此種，名土青木香，不堪入藥。　凡使，不見火，須細剉，日乾用。如為細末，薄切，微火焙乾使亦得，然不若曒乾之為妙也。嚼齒粘着佳也。　散氣辛溫南木香君，能醫瀉痢更寬腸。腹心痃癖諸般痛，疫毒濕邪用最良。

薏苡仁生真定平澤及田野。今所在有之。八月采實，采根無時。根(八)〔下〕蟲良也。　凡使研去皮，須以糯米同焙乾，去米用之。　下氣甘寒薏苡仁，筋攣濕痹服能伸。利腸脚氣消浮腫，平胃寬中氣可勻。

澤瀉生汝南池澤。五月、六月、八月采根，陰乾。畏海蛤、文蛤。　凡使用酒浸一宿，漉出焙乾用。不浸亦得。或有炮製，各依本方。　澤瀉甘鹹主風緩君，能療遺精補虛損。宣通水道止痟淋，解利三焦除腫滿。

遠志生太山。四月采根、葉陰乾。得龍骨、葵子、茯苓良。殺天雄、附子毒。畏真珠、藜蘆、蜚蠊、文蛤。一名棘菀，一名葽繞。　凡使先須去心焙乾，方入藥用。如不去心，令人煩悶。更能以甘草湯浸一宿，漉出，焙乾用，尤妙也。　味苦鎮驚北遠志，補虛利竅通心氣。主欬安魂治健忘，膈熱氣攻能散去。

細辛生華陰山谷。二八月采根，陰乾。曾青、棗根為之使，惡狼毒、山茱萸、黃耆，畏消石、滑石。反藜蘆。一名小辛。　凡使先嘗味，辛者良。以水洗去土并苗用。　輕腦辛溫香細辛臣，去風安藏更清神。溫中利竅能明目，兼療癲癇痰嗽頻。

石斛生六安山谷水傍石上。七八月采莖陰乾。陸英為之使，惡凝水石、巴豆。畏殭蠶、雷丸。一名林蘭，一〔名〕禁生，一〔名杜〕蘭，一名〔石〕蓫。　凡使先洗去根土，用酒浸一宿，漉出蒸過，曝乾，方入藥用。如急用，不蒸亦得。如別有炮製，各依本方。　石斛甘平調五藏，更醫肢體熱邪侵。補勞除痹溫腰膝，定志生精最益陰。

巴戟天生巴郡及下邳山谷。二八月采根，陰乾。覆盆子為之使。惡朝生、雷丸、丹參。連珠巴戟除風藥。　凡使先去心，以酒浸一晝夜，剉，焙乾使。如急用，浸亦得。　性味辛溫巴戟天，虛勞宜服骨強堅。秘精安藏能平志，益氣興陽補下田。

卷栢生常山山谷石間。今關、陝、沂、兖諸州亦有之。五六月采，陰乾。一名萬歲，一名豹足，一名求股，一名交時。　凡去沙土處，焙用。　止眩辛甘溫卷栢，治欬脫肛調血脉。散淋痿躄去癥瘕，安藏益精尤潤色。

芎藭生雍州川澤及冤句。今關陝、蜀川、江東山中有之。三四月采根暴乾。白芷為之使。畏黃連，一名胡藭，一名香果。　凡使並剉碎，焙乾，方入藥用。或忌火。　辛溫破瘀川芎藭，止痹筋攣及中風。補血化痰明眼目，尤消瘡腫可排膿。

黃連生宣城。二八月采。黃芩、龍骨、理石為之使。惡菊花、芫花、玄參、白鮮。畏欵冬，勝烏頭，解巴豆毒。一名王連，一名支連。　凡使先淨去鬚，剉碎，用蜜拌，慢火炒乾，方入藥用。　鷹爪黃連味苦涼臣，散除消渴療瘡瘍。肥腸斷痢除痃癖，解熱通咽療目良。

蒺藜生馮翊平澤或道傍。七八月采實，暴乾。烏頭為之使。一名旁通，一名屈人，一名止行，一名犲羽，一名升推，一名即棃，一名茨。　凡使須淨揀擇，蒸一伏時，曒乾，於木臼中舂令刺盡，用酒拌，再蒸，取出曝乾用。　辛苦驅風白蒺藜君，去瘕癰腫治瘡痍。消風清目生精氣，散癃賁豚及肺痿。

黃耆生蜀郡山谷、白水、漢中。今河東、陝西州郡有之。二月、十月采，陰乾。惡龜甲。一名戴糝，一名戴椹，一名芰草，一名蜀脂，一名百本。　凡使先須用擘開，塗蜜，炙微赤色，却薄切，焙乾，秤，方入藥用。　甘溫箭稈綿黃芪，崩帶能調更補虛。止瀉嗽痰醫痔瘻，治勞止汗散癰疽。

蓯蓉生河西山谷及代郡雁門。端午采之，陰乾。肉蓯蓉是馬精生，本益精多子。　凡使先須以溫湯洗，刮，去上粗鱗皮，切碎，以酒浸一日夜，漉出焙乾使。如緩急惡。　蓯蓉性補味鹹酸，斷痢消瘕止洩精。養藏強陽輕腿膝，勞傷崩帶服皆平。

防風生沙苑川澤。今淮、浙州郡有之。二月、十月采根暴乾。殺附子毒，惡乾薑、藜蘆、白斂、芫花。一名銅芸，一名茴草，一名百枝，一名屛風，一名蕳根，一名百蜚。　凡使先須去蘆及叉頭、叉尾。洗，剉，焙乾，方入藥用。叉頭令人發狂，叉尾令人痼疾，切宜慎之。　甘平無毒是防風臣，大有舒筋起廢功。眩暈目昏并自汗，諸風藏結悉能通。

蒲黃生河〔東〕池澤。今處處有之，而泰州者為良。四月采。即是蒲上黃花，須仔細認，勿誤用松黃。　凡使須用隔三重紙，焙令色黃，蒸半日，却焙令乾，用之妙。　甘平益氣是蒲黃，利溺兼調崩漏破血消腫，即生使；　補血止血，即炒用。傷。　止血更能通瘀積，可除寒熱在膀胱。

薜荔一名絡石。生太山川谷及高山岩石，或生人間。正月采。杜仲、牡丹為之使。惡鐵落，畏貝母、菖蒲。一名石鯪，一名石蹉，一名略石，一名領石，一名懸石。　絡石一名為薜荔，味苦微寒其葉細。能醫風熱及瘡瘍，養腎溫腰兼瘧痹。

續斷生常山〔山〕谷。七八月采，陰乾。地黃為之使。惡雷丸。　凡使先剉碎，用酒浸一伏時，漉出，焙乾，方入藥用。如急用，不浸亦得。　續斷苦辛能縮溺臣，舒筋續骨合金瘡。宣經消腫除腰痛，止漏磨癥治折傷。

漏蘆生喬山〔山〕谷。八月采根陰乾。一名地不容，一名野蘭。　洗，剉，焙。　漏蘆鹹苦醫瘡癬，精滑尿多服便和。消痔解除膚外熱，根能治疥酒同摩。

丹參生桐栢山谷及太山。五月采根，暴乾。畏鹹水及藜蘆。一名郄蟬草，一名赤參，一名木羊乳。　浸酒，剉，焙。　微寒止痛苦丹參臣，破血除胎療帶崩。去疥消煩醫腳弱，排膿退脹散堅癥。

決明子生龍門川澤。今處處有之。十月十日采，陰乾百日。蓍實為之使。惡大麻子。少炒細末。　鹹苦決明子稍寒臣，輕身久服益精光。能除翳膜并青障，惡淚投之便不妨。

五味子生齊〔山〕山谷及代郡。今河東、陝西州郡尤多。八月采實，陰乾。蓯蓉為之使。惡萎蕤，勝烏頭。一名會及，一名玄及。　凡使先須淨揀去枝杖方用。如入湯劑用，搥碎使。酒浸一宿，日乾後，炒研用之。　平補味酸北五味君，止嗽生津能潤肺。定喘強陰更益精，解酒止煩安氣欬。

旋覆花豫州平澤，五月采，陰乾。一名美草。　凡使，須蒸過入藥用。緩急不蒸亦得。　金沸草花名旋覆使，利血甘鹹微有毒。下氣驅風去嗽痰，止嘔開

脾寬腰腹。

蛇床子生臨淄川谷及田野。五月采實，陰乾。惡牡丹、巴豆、貝母。一名蛇粟，一名蛇米，一名虺床，一名思益，一名繩毒，一名棗棘，一名牆蘼。　凡〔使〕先須慢火微炒過，方入藥用。酒浸一宿，炙用之。　辛甘平苦蛇床子，除痹強陰且益陽。去冷治腰能縮溺，利關溫腎療陰瘡。

茵蔯生太山及丘陵坡岸上。五月及立秋采，陰乾。　先須去根土，細剉，焙乾，方入藥用。勿令犯火。　酸寒更苦茵蔯蒿，能解天行熱似燒。寒熱濕風便不利，伏瘕黃疸並能消。

薯蕷生嵩高山谷。二八月采根，暴乾。紫芝為之使。惡甘遂。　剉，微焙。或酒浸一夜。　山藥甘平名薯蕷，補損長肌兼益氣。腰疼風眩及勞傷，精洩陰痿皆可治。

草部中品

乾薑孔子曰：不撤薑食。注曰：薑通神明，去穢惡，故不撤。不多食，適而可止，無貪心也。　先須炮令製，方可入藥用。又洗，灰炮，剉；又剉，焙，佳。又乾薑三日水浸，又三日浸蒸，非。洗，細剉，日乾用之。　溫中止血白乾薑臣，除濕風邪更固腸。瀉痢妄行并脹滿，腹疼嘔欬治皆良。

乾葛生汶山川谷。五月采根暴乾。殺野葛、巴豆、百藥毒。一名雞齊根，一名鹿藿，一名黃斤。　凡洗，細剉，日乾用之。　甘平發表粉乾葛臣，消酒解肌除嘔渴。能散傷寒體熱多，更療小兒瘡疹發。

栝樓生所在有之。入土深者良。生鹵地者有毒。二八月采根暴乾。枸杞為之使。惡乾薑，畏牛膝、乾漆。反烏頭。天瓜者，栝樓實。一名地樓，一名果蠃，一名天瓜，一名澤姑實，一名黃瓜。　去上殼、皮革膜并油了使。洗，剉，乾用之。天花粉，臼搗。　栝樓根是天花粉，解渴潤心能退疸。通經接氣止小便，更療熱煩能胃脘。

苦參生汝南山谷及田野。三、八月、十月采根暴乾。玄參為之使。惡貝母、漏蘆、菟絲，反藜蘆。一名水槐，一名苦蘵，一名地槐，一名菟槐，一名驕槐，一名白莖，一名虎麻，一名岑莖，一名祿白，一名陵郎。　先須用濃糯米泔浸一夜，漉出，蒸一伏時，却細切。焙乾用之，妙。　苦參明目除腸澼，療疸癥瘕遺漏瀝。散癰解熱治瘡瘍，止渴能清便溺赤。

當歸生隴西山谷，以蜀中者為勝。二八月采根，〔陰〕乾。惡䕡茹，畏菖蒲、海藻、牡蒙。一名乾歸。　先須去塵并蘆頭尖硬處一分已來，用酒浸一宿，漉出焙乾方用。或微炒用，各依本方。若要補血，即使頭一節。若要止痛破血，即用尾。若一時用，不如不使。服食無效也。　辛甘溫性揀當歸，補血驅風更長肌。止漏療瘡平欬逆，虛勞寒熱並能醫。

麻黃生晉地及河東，以滎陽、中牟者為勝。立秋采莖，陰乾令青。厚朴為之使，惡辛夷、石韋。一名卑相，一名龍沙，一名卑鹽。　先去根節，寸剉，令理通，別煮十數沸，掠去其沫，取出，碎剉過，焙乾用。不盡，服之令人煩悶。如用急，只去根節亦得。　微溫味苦是麻黃君，喘嗽堅癥治極良。感冒風寒能發汗，調和血脉更通腸。

芍藥生中嶽山谷及丘陵。二、八月采根，暴乾。須丸為之使。赤補氣。一名白朮，一名餘容，一名犁食，一名解倉，一名鋋。　須剉碎焙乾，方可入藥用。或忌鐵。　芍藥苦酸除血痹，逐血消癰尤止痢。腸疼寒熱及風勞，更利膀胱除脚氣。

瞿麥生太山川谷。今處處有之，立秋采實，陰乾。蘘草、牡丹為之使。惡螵蛸。一名巨句麥，一名大菊，一名大蘭。　只用蕊殼，不用莖葉。若一時使，即令人氣咽，及小便不禁。　苦辛墮孕川瞿麥臣，專利小便癃閉厄。消癰養腎血能通，療痔排膿除翳脉。

玄參生河間及冤句。今處處有之。三四月采根暴乾。惡黃耆、乾薑、大棗、山茱萸。反藜蘆。一名重臺，一名玄臺，一名鹿腸，一名正馬，一名端。　凡使同人參。去蘆剉，少炒。　破積玄參味苦鹹使，散堅下水更除煩。暴風健忘并溫瘧，補腎消癰療目昏。

秦艽生飛鳥山谷。今河、陝州軍多有之。二八月采根暴乾。菖蒲為之使。　去蘆并土剉。　秦艽辛苦性甘平，利水通漩治骨蒸。濕痹頭風筋脉急，退黃解酒療肢疼。

百合生荊州川谷。今近道處處有之。二八月采根暴乾。一名重箱，一名摩羅，一名中逢花，一名強瞿。　紅白者良，不用黃花。凡微炒用之。　去脹味甘平百合，除浮脚氣散癰疽。可消瘡腫通便溺，治喘身疼補氣虛。

知母生河內川谷。今瀕河諸郡及解州、滁州亦有之。二八月采根暴乾。一名蚳母，一名連母，一名野蓼，一名地參，一名水參，一名水浚，一名貨母，一名蝭母，一名女雷，一名女理，一名兒草，一名鹿列，一名韭逢，一名兒踵草，一名東根，一名水鬚，一名沈燔，一名薚，一名昌支。　去毛，剉，焙乾。　知母苦寒能止渴，除腫消痰祛久瘧。益精安腎治傷寒，定嗽去勞補不足。

貝母生晉地。今河中諸州郡皆有之。十月采根，暴乾。厚朴、白薇為之使。惡桃花，

畏秦艽、礬石、莽草。反烏頭。一名空草，一名商草，一名勤母。　去心，麵炒黃。　貝母微寒味苦烈，下胞治産生寒熱。傷寒煩燥服之佳，潤肺嗽痰通腸結。

白芷生河東川谷下澤。今所在有之。二、八月采根，暴乾。當歸為之使。惡旋覆花。一名芳香，一名白茝，一名䖭，一名莞，一名苻蘺，一名澤芬，一名山當歸。　使同芎。或炒用。　剉用之，忌火。　溫血辛溫香白芷君，治疥腸風瘡瘻痔。排膿補漏散諸風，眩暈目疼皆可理。

淫羊藿生上郡陽山山谷。今江東、陝西、泰山、漢中、湖湘間皆有之。薯蕷為之使。一名剛前。　用羊脂拌炒過，候羊脂盡為度。每修事一斤，用羊脂四兩。　辛寒無毒仙靈脾，強志堅筋治力衰。勞氣冷風皆可療，壯陽止瀝助陰痿。

黄芩生秭歸川谷及冤句。今川蜀、河東、陝西近郡皆有之。山茱萸、龍骨為之使。惡葱實，畏丹砂、牡丹、藜蘆。一名腐腸，一名内虚，一名黄文，一名經芩，一名妒婦。　須剉碎，微炒過，方入藥用。　空腸又號曰黄芩，解熱消痰善治淋。能療天行醫五疸，可通血閉更涼心。

狗脊生常山川谷。今太行山、淄、溫、眉州亦有之。三、八月采，暴乾。萆薢為之使。惡敗醬。一名百枝，一名強膂，一名扶蓋，一名扶筋。　先以猛火燎去毛令淨，以酒浸一宿，蒸過焙乾用。如緩急，不須酒浸亦得。　味苦甘平金狗脊，男子服之能補益。五痹濕寒腰脊強，溫腎養肢醫腳膂。

紫菀生房陵川谷及真定、邯鄲。二三月采根，陰乾。款冬為之使。惡天雄、瞿麥、雷丸、遠志。畏茵蔯。一名紫蒨，一名青苑。　先須淨洗，去土，微炒過，方入藥用。　辛苦消痰溫紫菀臣，療嗽除寒醫肺喘。虛勞蠱毒吐稠膿，止渴治癎平氣滿。

紫草生碭山谷及楚地。今處處有之。三月采根陰乾。一名紫丹，一名紫芙。　凡忌火，剉用之。　苦寒無毒真紫草，瘡痘投之發出早。散邪消腫去疸黄，益氣補虛通水道。

前胡今陝西、漢、梁、江淮、荊襄及相、孟州郡皆有之。二、八月采根暴乾。半夏為之使。惡皂莢，畏藜蘆。　使同柴胡。去蘆，洗，炒用。　性寒退熱苦前胡使，下氣兼除痰嗽多。氣結腹心胸脇滿，邪風頭痛治皆和。

藁本生崇山〔山〕谷，今西川、河東州郡及兗州、杭州有之。正二月采根，暴乾，三十日成。惡蕳茹。一名鬼卿，一名地新，一名微莖。　忌火，日乾。　治疝辛平真藁本臣，可散諸風邪氣感。酒齄瘕聚及頭風，腫脹寒疼能解緩。

萆薢生真定山谷。今河、陝、京〔東〕、荊、蜀諸郡皆有之。二、八月采根暴乾。薏苡為之使。畏葵根、茈胡、牡蠣。一名赤節。　先須淨洗，以酒浸一日夜，焙乾使為妙。如緩急，不在此限。　萆薢治瘡辛且苦，軟風失溺用之良。緩癱濕痹陰痿弱，能去風寒腰脊強。

牛蒡本名惡實。亦名鼠粘子。生魯山平澤。秋後采實。　要淨揀，勿令有雜子。然後用酒拌蒸一伏時，取出焙乾，別搗如粉，入藥用。　牛蒡鼠粘名惡實，味苦微寒散風熱。利咽解毒化痰涎，更治痘麻瘡疹癖。

地榆生桐柏及冤句山谷。今處處有之。二、八月采根，暴乾。得髮良。惡麥門冬。使剉。　地榆甘苦治諸瘡，止血排膿性稍寒。新産七傷皆可療，腸風崩帶用皆安。

海藻生東海池澤。今出登、萊諸州海中。凡水中皆有之。七月七日采，暴乾。反甘草。一名落首，一名藫。　剉，微炒。　鹹苦興陽東海藻，癭毒癰瘤皆可療。利漩止疝化癥瘕，退腫更醫腸内斗。

澤蘭生汝南諸大澤傍。今荊、徐、隨、壽、蜀、梧州、河中府皆有之。三月三日采，陰乾。防己為之使。一名虎蘭，一名龍棗，一名虎蒲。　剉，炒用之。　能去癥瘕苦澤蘭，腫浮宿血治皆安。産餘腹痛并癰腫，内衄金瘡用即乾。

防己生漢中川谷，二八月采根陰乾。殷孽為之使。殺雄黄毒，惡細辛，畏萆薢。一名解離。　去蘆剉焙。　辛苦祛風漢防己，喘瘧能醫尤退水。去膀胱熱解傷寒，通竅散癰閉腠理。

天麻生鄆州、利州、太山、嶗山諸山。今京東、京西、湖南、淮南州郡亦有之。五月采根，暴乾。衡山人或煎作果。　先以紙包，浸濕，於熱灰中煨熟，取出，酒浸一宿，却焙乾入藥用。　赤箭，一名離母，一名鬼督郵。　天麻辛辣解拘攣，通血輕身治痹癱。暖膝去風尤壯骨，更醫嬰孺發驚癎。　天麻通竅主諸風，濕痹拘攣亦善攻。利膝強筋仍益氣，苗名赤箭治功同。

阿魏出西蕃及崑崙。今惟廣州有之。　淨鉢中研如粉，置熟酒器物，煨焙過，入藥用，生和之。　治瘧辛平真阿魏，去蠱殺蟲除臭氣。辟瘟破癖止心疼，磨積消癥驅鬼魅。

良薑舊不著所出州土。陶云出高良郡。今嶺南諸州及黔、蜀皆有之。内郡者不堪入藥。二、三月采根暴乾。　先剉碎，以麻油少許拌勻，炒過用。　溫辛止嘔高良薑使，暖胃能消酒食傷。瀉痢心疼并氣逆，轉筋霍亂治皆昌。

百部舊不著所出州土，今江、湖、淮、陝、齊魯州郡皆有之。二三八月采根，暴乾用。一名婆婦草。　凡使，刀劈開去心，酒浸一宿，漉出，細剉，焙乾用。　味甘百部性溫平使，能療傳屍及骨蒸。寸白痟蚘宜用此，氣奔欬喘免憑陵。

舶茴本名蘹香子，亦名茴香。舊不載所出，今交、廣諸蕃及近郡皆有之。八九月采實，陰乾。　炒用。　舶上者淘洗令淨，却以酒浸一宿，漉出，暴乾，炒過用。　如緩急，只炒過用亦得。　進食辛平舶上茴，散諸脚氣治腸癩。散癰霍亂能開胃，退疝膀胱痛不來。

欵冬花生常山〔山〕谷及上黨水傍。十一月採花陰乾。杏仁為之使。惡皂莢、消石、玄參。畏貝母、辛夷、麻黄、黄耆、黄芩、黄連。一名菟奚，一名氐冬，一名橐吾，一名虎鬚。　剉用，炒之。　其味辛溫是欵冬君，可醫勞嗽唾稠膿。肺痿欬逆并驚悸，上氣能平消肺癰。

牡丹皮生巴郡山谷及漢中。今丹、延、青、越、滁、和州山中皆有之。二、八月采根陰乾。畏菟絲子。一名鹿韭，一名鼠姑。　須淨揀，酒拌蒸，細剉，曒乾，方入藥用。忌鐵。　苦辛逐血牡丹皮，時氣堅癥治即除。寒熱可醫安氣痛，下胞墮孕療癰疽。

京三稜舊不著所出州土，今河陝、江淮、荊襄間皆有之。　先以醋煮，剉碎，乾焙用。或只煻灰中炮熟用亦得。　苦辛無毒京三稜，破血消堅治癖癥。經脉能調除氣脹，撲傷可療止心疼。

薑黄舊不著所出州郡，今江、廣、蜀川多有之。八月采根，片切，暴乾。　剉，微炒。　薑黄破血更寬中，腹結月經皆可通。風熱撲傷能治療，舒筋磨食更消癰。

蓽撥出波斯國。今嶺南有之。九月收采，灰殺暴乾。治偏頭痛，絕妙也。　使剉碎。　蓽撥辛溫除胃冷，補腰下氣更溫中。去寒痃癖能消食，瀉痢施之有異功。

鬱金《本經》不載所出州土，今廣南、江南州郡亦有之。　剉，不焙。　味苦辛寒川鬱金，生肌更治痛攻心。破消惡血金瘡毒，更療風痰止血淋。

肉豆蔻生秦國及崑崙。　先以麫裹，於煻灰中炮，以麫熟為度，去麫，剉，焙乾用。　忌銅鐵。　肉豆蔻溫味辛烈君，開胃化痰通氣結。中惡吐逆食難消，定嘔溫中兼止洩。

補骨脂生廣南諸州及波斯國。今嶺外山阪間多有之，不及蕃舶來者佳。　性本大燥、毒熱，凡使，用酒浸一宿，漉出，却用東流水浸三日夜，再蒸，曝乾，入藥用。　如緩急，只以鹽同炒令香，去鹽用亦得。　破故紙名補骨脂，辛溫無毒治陰痿。筋傷膝軟腰疼痹，腎冷精衰並可醫。　補骨脂名破故紙，主攻血氣理勞傷。陽衰腎冷精流出，研爛胡桃合服良。

縮砂生南地，今惟嶺南山澤間有之。七八月采之。　凡使先，和皮慢火炒，令熱透，去皮取仁，入藥用。　縮砂辛善溫無毒君，能主虛勞分水穀。截除瀉痢更溫脾，消食定疼寬腰腹。

莪茂生西戎及廣南諸州，今江浙或有。九月采，削去麄皮，蒸熟，暴乾用。　使同三稜。　苦辛消食蓬莪茂，化塊通經止嗾酸。霍亂腹疼并疰杵，脾黄撲損治奔㹠。

蓽澄茄生佛誓國。今廣州亦有之。一名毗陵茄子。　凡撲塵，一宿酒浸，蒸炒用。　性溫消食蓽澄茄，氣脹心疼效可誇。能暖膀胱醫吐瀉，散除諸氣及寒邪。

使君子生交廣及嶺南州郡，生山野中、水岸。九月采實。　凡使，先於熱灰中和皮炮，却去仁，焙乾入藥用。　甘溫無毒使君子，破積痟蚘蟲盡死。腹疼瀉痢亦能除，尤療童痟羸瘦愈。

白豆蔻出伽古羅國，今廣州、宜州亦有之。七月采。　使同縮砂，和皮炒令熱透，去皮用仁。　辛溫白豆蔻消食，定逆溫中除冷積。中惡霍亂用之佳，下氣更兼磨飲癖。

剪草生潤州。二月、三月采，暴乾。一名白藥。　凡浸泔，剉，炒。　剪草有根名白藥，性涼有毒治諸瘡，風瘙疥癬皆能去，嗽血勞傷用此良。

木通生石城山谷及山陽，今澤、潞、漢中、江淮、湖南州郡亦有之。正月采根，陰乾。　凡使先須剉去節，方入藥用。　忌火。　無毒甘平是木通臣，解淋通溺有神功。出聲止渴寬浮腫，破血消癰治耳聾。

香附子本名莎草，亦名雀頭香。生田野。二、八月采。一名薃，一名侯莎。其實名緹。　凡忌鐵，去毛洗，炒研用之。　莎草根名香附子，能療腹疼嘔清水。久飡益氣大宜人，胸熱氣攻皆可理。

草部下品

附子生犍為山谷及廣漢。冬月采〔為〕附子，春月采為烏頭。地膽為之使，惡蜈蚣，畏防風、黑豆、甘草、黄耆、人參、烏韭。　以濕紙包，灰中炮，去黑皮臍。　附子辛甘性毒熱，破積堅癥溫冷厥。散寒濕痹主拘攣，墮孕補虛通瘀血。

烏頭生邵州、梓州。采，陰乾。莽草為之使，反半夏、栝樓、貝母、白斂、白及，惡藜蘆。同上。　烏頭附子性皆同，烏喙消痰去濕風。汁毒煎來名射罔，瞖風生用有神功。

天雄生少室山谷。二月采根陰乾。遠志為之使，惡腐婢。　同上。　辛溫有毒大天雄，散氣益精更治風。強志長陰除濕痹，壯筋破積可排膿。

半夏生槐里川谷。五月、八月采根暴乾。射干為之使。惡皂莢，畏雄黃、生薑、乾薑、秦皮、鼈甲。反烏頭。一名守田，一名地文，一名水玉，一名示姑。　熱湯浸，洗去滑，七遍，用之。　半夏生寒熟性溫使，開脾下氣化痰涎。更能定吐除寒熱，止嗽消癰去痞堅。

大黃生河西山谷及隴西。今蜀川、河東、陝西皆有，以蜀川錦文者佳。二八月采根，火乾。黃芩為之使，無所畏。一名土蕃，一名黃良。　蒸。取利，生或炮熟。若取猛利，即生焙用。　大黃寒苦號將軍使，導氣除痞散癥癰。逐血破癥消積聚，痰停便秘腫能通。

葶藶生藁城平澤及田野。立夏後采實陰乾。得酒良，榆皮為之使，惡殭蠶、石龍芮。一名蕇蒿、大室、大適。　隔紙炒。　味辛寒苦為葶藶，專治癥瘕磨聚積。去浮利水下膀胱，定肺消痰除瞖癖。

桔梗生嵩山谷及冤句。今在處有之。二月采根，暴乾。節皮為之使。畏白及、龍眼、龍膽。一名白藥，一名利如，一名房圖，一名梗草、薺苨。　凡浸泔，去蘆，剉，微炒用之。　桔梗甘辛寬脹滿，溫中消穀可排膿。腸鳴蠱毒并寒熱，痰嗽喉風用有功。

藜蘆生太山谷。三月采根，陰乾。黃連為之使。反細辛、芍藥、五參。惡大黃，一名葱苒，一名葱菼，一名山葱。　凡忌鐵，浸泔，日乾。宜丸不宜湯。　微寒辛苦號藜蘆，根若葱頭毛更多。欬逆蠱蟲并洩痢，頭瘍瘡疥並消磨。

常山生益州川谷及漢中。八月采根，陰乾。畏玉札。常山之苗蜀漆也。一名互草。凡使，剉碎，酒浸一晝夜，蒸過，方入藥用。　辛寒苦毒是恒山，溫瘧痰多服便安。鬼蠱毒人并鼠瘻，其功更可療傷寒。

甘遂生中山川谷。今陝西、江東亦有之。二月采根，陰乾。瓜蒂為之使，惡遠志，畏甘草。一名甘藁，一名淩澤，一名主田。　水浸，日乾，微炒用。　苦甘有毒寒甘遂，宿食堅癥俱可去。飲停腫脹並能除，更療膀胱留熱氣。

白及生北山川谷，又冤句及越山。紫石英為之使。惡理石，畏李核、杏仁。一名甘根，一名連及草。　凡浸泔，剉，微炒用之。　白及白斂苦辛寒，治痔除痁更定癇。除熱生肌瞖目赤，癰疽結氣亦能刪。

大戟生常山。今近道皆有之。十二月采根陰乾。反甘草。一名邛鉅。苗名澤漆。凡剉，微炒用之。　大戟散浮味甘苦，發汗通腸除積聚。腹疼吐逆蠱能消，破血墮胎通月水。

貫眾生玄山谷及冤句、少室山。今陝西、河東州郡及荊、襄間多有之。二、八月采根陰乾。雈菌為之使。一名貫節，一名貫渠，一名百頭，一名虎卷，一名扁苻，一名伯萍，一名藥藻。　去蘆浸酒，剉，炒用之。　貫眾治瘡其味苦使，破癥瘕塊治頭風。腹中邪熱能除去，可療金瘡又殺蟲。

何首烏本出順州南河縣。今在處有之。春夏采。一名野苗，一名交藤，一名夜合，一名地精，一名陳知白。　臨用以苦竹刀切，米泔浸，經宿暴乾，木杵臼搗之。忌鐵。　益血溫平何首烏，補精長骨黑髭鬚。痔癰頭風瘡疾面，冷氣心疼用此除。

威靈仙生商州上洛山及華山，并平澤。不聞水聲者良。今陝西、河東州郡或有。冬月丙丁戊己采。忌茗。一名能消。　凡洗，去蘆，剉，微炒。　溫平味苦威靈仙，五藏諸風可導宣。腰腎癖癥并冷滯，更溫脚膝散風涎。

牽牛子舊不著所出州土。今處處有之。九月采實。　微炒過，方入藥用。苦寒有毒黑牽牛使，下氣能消脚腫浮。通利二便除水氣，腰疼癖塊用之瘳。

蓖麻子舊不著所出州郡。今在處有之。　和皮鹽湯煮。　辛甘退腫毒蓖麻，消脹催生治口斜。骨痛痢風皆可治，更醫脚氣免增加。

天南星生平澤，處處有之。二月、八月采根。一名虎掌。　熱灰炮裂。　驅風辛苦天南星，治痹妨胎療搐驚。瘀血撲傷并膈塞，癰堅痰氣用之平。

萹蓄生東萊山谷。今所在有之。五月采，陰乾。　浸酒，炒用。　通溺苦溫平萹蓄，專治蚘蟲且無毒。更醫瘙疥浸淫瘡，陰蝕痔癰功更速。

白頭翁生嵩山谷及田野。四月采。二三月開紫花，黃蘂。五六月結實。其苗有風靜，無風動。七八月采根陰乾。　泔洗，剉用，炒。　味苦白頭翁有毒，定疼去瘧散癥瘕。金瘡積血皆能治，鼻衄牙疼用此嘉。

馬兜鈴生關中。今河北諸郡亦有之。七八月采實，暴乾。主肺病。三月采根，治氣下膈止刺痛。　炒碎用之。小根即名為土木香。　苦寒去積馬兜鈴，繞樹生藤子似鈴。肺熱嗽痰并喘促，治瘡痔瘻并安寧。

骨碎補俗呼為胡孫薑。今處處有之。采無時。一名石菴蕳，一名骨碎布。　去皮毛，酒拌蒸，日乾，銅刀剉。　胡孫薑名骨碎補使，治齒虛疼味尤苦。能調血疾骨頭疼，勞極折傷醫并可。

連翹生太山谷。今近京、河中府、江寧、澤、潤、淄、兗、鼎、岳、利州，南康軍皆有之。八月采，陰乾。一名異翹，一名蘭華，一名折根，一名軹，一名三廉。　微炒用之。　旱蓮子本是連翹使，退熱排膿痛可收。淋結白蟲并蠱瘻，更醫瘡癬及癰瘤。

鶴蝨生西戎。今江淮、衡湘間皆有之。采無時。　微炒用之。　味苦性平名鶴蝨，主蚘能殺藏中蟲。惡瘡用此皆痊愈，治瘧更醫牙疰攻。

葫蘆巴〔子〕出廣州并黔州。今人多用嶺南者。秋采。　微炒過，入藥用。　葫巴添附及硫黃，合和能調腎損傷。腹痛面青皆療治，桃茴添入暖膀胱。

木賊生秦隴、華、成諸郡近水地。四月采用。　去節，剉，炒。　微苦更甘名木賊，目疾膽虛皆可益。腸風痔痢並能除，翳膜可開磨塊積。

白附子生蜀郡。三月采。　熱灰中炮，剉用之。　破涎白附平無毒，大療嬰孩急慢驚。血痹諸風頭面病，更醫風中失音聲。

紅豆蔻生南海諸谷。　炒用，或忌火。　紅豆辛溫除嘔吐，專主心疼驅瘴霧。腹滿腸虛水瀉多，酒食過傷皆解化。

荊芥一名假蘇。生漢中川澤。今處處有之。　穗挼碎，微焙用。　荊芥除枝單用穗，苦涼無毒主諸風。治瘡止痒清頭目，散壅能令鼻氣通。

甘菊今處處有之。　陰乾，微焙用之。　善療頭風是甘菊，味苦甘平且無毒。腰疼風痹服之痊，解利熱煩明眼目。

雞冠〔花〕子今在所有之。　采花陰乾，剉，微炒。　雞冠花子性平涼，白者能醫痢最良。更療腸風便血病，婦人崩漏治皆昌。

延胡索生奚國，從安東道來。根如半夏，色黃。　凡擣碎，微炒過，方入藥用。　味辛且苦延胡索，能治產傷血露惡。可消積塊與崩淋，散氣定疼通脉絡。

木部上品

桂生桂陽。二八月、十月采，陰乾。　去麤皮，不見火。如妊娠藥，微炒用良。　甘辛通血熱官桂，堅骨溫中利肝肺。痰嗽汗煩及諸風，眼疾勞傷皆墮胎。

可廢。

松脂生太山山谷。六月采。一名松膏，一名松肪。　別研極細用。　松脂甘苦主諸風，治疥瘡瘍及耳聾。潤肺止痟除胃熱，煎膏定痛理癰膿。

槐花生河南平澤。今在所有之。可作神燭。景天為之使。　凡焙用之，涼大腸熱。　槐花味苦平無毒臣，能治心疼眼赤攻。瀉血驚癇并利疾，更醫諸痔及腸風。

枸杞生常山平澤及諸陵阪岸。冬采根，春夏采葉，秋采莖實，陰乾。一名青精子。一名却老，一名地骨皮，一名仙人杖，一名地輔，一名枸檵，一名羊乳，一名却暑，一名枸忌，一名西王母杖。　凡實炒用。葉陰乾微炒用。　治痹通腸寒枸杞，客熱勞傷皆可主。止痟明目益筋精，下氣安神堅骨髓。

柏子仁生太山山谷。今處處有之。惡菊花，畏羊蹄草。　凡浸酒，微炒用。　潤肺驅風柏子仁，悅顏溫腎味甘辛。興陽益色調心氣，能暖腰間冷氣勻。

茯苓生太山谷大松下。二八月采，陰乾。馬間為之使。畏牡蒙、地榆、雄黃、秦艽、龜甲。一名茯菟。　去黑皮。　赤白甘平二色苓君，通漩退腫治怔忡。白堅性補赤能利，止欬除痟驚悸聲。

酸棗生河東川澤。八月采實，陰乾。四十日成。惡防己。　煨。　安睡甘平酸棗仁，益肝治腹熱邪侵。堅筋補腎除寒痹，治渴骨蒸更鎮心。

黃蘗生漢中山谷及永昌。今在處有之。惡乾漆。其根名檀桓。　凡去粗皮，塗蜜炒，下腹消疼，補腎虛。　苦辛治帶涼黃蘗使，治痔解除諸熱積。口瘡洩痢及喉風，更療疸黃并目赤。

楮實生少室山。今所在有之。八九月采實，日乾。一名穀實，一名穀樹。南人呼為穀紙，亦為楮紙。　凡碎，炒用之。　楮實甘寒可長肥，退浮明目起陰痿。小兒疳熱宜尋葉，逐水通漩却用皮。

乾漆生漢中川谷。夏至後采，乾之。半夏為之使。畏雞子。今又忌油脂。　凡擣碎，炒熟用。不爾損人腸胃。　去蚘蟲。　辛溫利血生乾漆，補髓通經填骨膝。心腹腰疼嗽疝瘕，更去積堅兼痹濕。

五加皮生漢中及冤句。五七月采莖，十月采根，陰乾。遠志為之使。畏虵皮、玄參。一名豺節。辛，溫，微寒。　凡浸泔，剉，炒用。　苦辛止痛五加皮，治疝益精補瘦羸。遺瀝脚疼腰脊病，更除緩痹起陰痿。

蔓荆實惡烏頭、石膏。八九月采實。　凡浸酒，蒸焙。　辛苦微寒蔓荆實臣，主骨筋攣除痹濕。醫勞利竅去白蟲，明目散風收淚澁。

桑寄生生洪農山谷桑樹上。今在所有之。三月三日采莖，陰乾。一名寄屑，一名寓木，一名宛童，一名蔦，音吊。　凡冷湯洗，細剉，微炒。　平苦桑枝上寄生，充肌

堅齒治金瘡。消癰止漏除腰痛，安孕能調崩血傷。

杜仲生上虞山谷及上黨、漢中。今出成州。二月、五月、六月采皮。惡蛇蛻皮、玄參。一名思仙，一名思仲，一名木綿。　凡去粗皮，塗生薑汁炙，令香熟無絲為度。或細折去絲，剉，薑浸汁炒。　杜仲辛甘可益精，骨囊陰濕治壯功，拘攣腰脊疼能療，溫腎堅筋可補中。

地骨皮出處見枸杞條下。　凡洗，剉，微炒用。　枸杞根名地骨皮臣，大寒無毒治勞虛。往來潮熱猶如瘧，此是骨蒸用即除。

蕤仁生函谷川谷及巴西。今河東亦有之。五六月采實，去核殼，陰乾。　凡碎，去皮、油用。　甘冷蕤仁能破熱使，止衄可除心腹結。諸般目疾悉能除，更療赤疼惡淚出。

糖槌本名金櫻子。今在處有之。十一月、十二月采。四月開白花。夏秋結實。亦有刺，黃赤色。形如小石榴。　糖槌子名曰金櫻，酸澁溫平極秘精。止血殺蟲除瀉痢，久飡耐冷可長生。

木部中品

桑白皮采無時。出土者殺人。續斷、麻子、桂心為之使。深根皮良。　凡剉，微炙。　甘寒止渴桑白皮，勞極傷中並可醫。退水治痟尤利肺，嗽痰堅脹得其宜。

淡竹葉今處處有之。　凡去頭尾，忌火用。　味苦甘寒淡竹葉，善療小便淋閉澁。渴煩冒暑及傷寒，更可涼心除胃熱。

吳茱萸今處處有之。九月九日采，陰乾。蓼實為之使，惡丹參、消石、白堊，畏石英。一名藙。　凡沸湯浸洗七次，焙乾微炒。　溫中下氣吳茱萸，脚氣風邪腫最宜。瀉痢痰癥并濕痹，腹疼欬逆悉皆治。

檳榔生南海。　凡取堅實者，刮去底，勿經火，恐無力。　脚氣尸蟲並飲癖君，脹浮並可用檳榔。破痰化穀通關竅，散氣磨癥更利腸。

山梔子生南陽川谷。九月采實，暴乾。　去皮鬚，甘草水浸，焙用。　苦寒涼膈山梔子，治目並除胃熱侵。下血酒皶黃疸渴，瘡瘍可療更清心。

麒麟竭出南蕃諸國及廣州。采無時。　凡別研令極細入藥。　甘鹹紫鉚麒麟竭，能療金瘡消積血。藏中邪氣極能調，止帶定疼功甚切。

食茱萸南北皆有，采無時。　凡湯洗七次，乾，微炒用之。　味辛苦熱食茱萸，治與吳萸功效俱。此藥更能消水氣，過多服餌脫肌膚。

蕪荑生晉山川谷。三月采實，陰乾。一名無姑，一名蔱蘠。　微炒。　辛平磨積白蕪荑，癥痔腸風並可除。骨節中風並冷氣，殺蟲去疥更無餘。

枳殼生商州川谷。九十月采，陰乾。　凡浸湯，去穰，焙，和麵，焦香熟用。　開膈苦辛陳枳殼，建脾消脹通經絡。化痰逐水利腸風，主痹散寒寬背膊。

厚朴生交趾、冤句。三九〔月〕采皮陰乾。乾薑為之使，惡澤瀉、寒水石、消石。一名厚皮，一名赤朴。　薑汁製炒。去麄皮，塗生薑汁，炙三次令香，熟用。　味苦溫脾極厚朴，定痛主風除嘔瘧。消痰下氣截傷寒，厚腸消脹磨糟粕。

茗茶舊不著所出州郡。今閩、浙、江、湖山中有之。　凡如常食療，云下氣，除好睡，消宿食。　茗茶性冷甘尤苦，熱飲之時神氣嘉。止渴化痰通小府，能醒困眼免昏花。

秦椒生太山川谷及秦嶺上，或琅琊。八九月采實。惡栝樓。　凡使，去梗枝、目、口開者，焙用。　辛溫明目是秦椒君，除痹烏髭治齒搖。喉閉腹疼并宿血，疝瘕吐逆悉能調。

山茱萸生漢中山谷及琅琊、冤句、東海承縣。九月采實，陰乾。蓼實為之使，惡桔梗、防風、防己。一名蜀棗，一名雞足。　或和核。　酸平補腎山茱萸使，風氣三蟲治療奇。溫痹堅癥腰膝病，益精下氣起陰痿。

木猪苓生衡山山谷及濟陰、冤句。今蜀州、眉州亦有。二八月采，陰乾。一名猳猪〔屎〕。　凡去黑皮，剉，焙用。　苦甘解熱木猪苓，久眼應須損腎精。截瘧傷寒并蠱腫，利通水道溺能清。

烏藥生嶺南邕、容州及江南。今台州、雷州、衡州亦有之。八月采根。　凡焙令黃用。　散寒烏藥味平辛，止溺溫中療惡心。益氣定疼消食積，瘴瘟疫毒免相侵。

沒藥生波斯國。今海南諸國及廣州或有之。采無時。　凡忌火，研碎用，和以乳香。　療瘡沒藥苦而平，歲久木脂氣結蒸。產暈撲傷并瘀血，又醫腹痛療筋疼。

鬼箭本名衛矛。生霍山谷，今江淮州郡或有之。八月采，陰乾。　凡去蘆，浸泔，剉焙。　鬼箭苦寒即衛矛，善除鬼疰補虛勞。女人血氣能調治，崩漏投之功倍高。

五倍子在所有之，以蜀中者為勝。九月采實暴乾。一名文蛤。一名百蟲倉。　凡碎，去蟲屎，浸水三宿，日乾，微炒用。　溫苦醫瘡五倍子，肺風痔血用皆痊。

疳蟲可治尤明目，截痢更除牙痛宣。

巴豆生巴郡川谷。八月采，陰乾。用之去心皮。芫花為之使。惡蘘草、大黃、黃連、藜蘆。一名巴椒。　凡去皮并心，爛搗，裹紙壓去油，取霜用。　巴豆消痰辛大毒使，去積宣腸除息肉。水脹癥堅飲可除，驅瘧墮胎分水穀。

蜀椒生武都川谷及巴郡。八月采實，陰乾。杏仁為之使，惡欵冬。　凡去枝梗、目及開口者，微炒，隔紙鋪在地上，以蓋蓋令出汗方用。　辛溫大熱蜀中椒使，墜氣能令達下焦。止欬溫中除瘧疾，藏寒濕痹悉能調。

皂莢生雍州川谷，及魯鄒縣。如豬牙者良。九月、十月采，陰乾。楮實為之使，惡麥門冬，畏空青、人參、苦參。　酥炙。凡揀肥長大不蛀者，削去皮絲并子，炙令焦黃用。　有毒溫辛鹹皂莢使，明目搜風寬藏結。利咽通竅下胞衣，消脹嗽痰除痹厥。

訶梨勒生交、愛州。今嶺南皆有，而廣州者最盛。七月、八月實熟時，取六路者佳。　以濕紙包煨。炮去核，酒浸蒸炒用之。　澁腸溫苦訶梨勒使，開胃通津能下食。調中治嗽帶崩痰，去脹溫脾消氣膈。

川楝子生荆山谷，今處處有之。以蜀川者為佳。十二月采實。其根采無時。　酒浸去虛皮，麩炒，杵去核，忌鐵。　苦平無毒川楝子，又號金鈴除九痔。能秘漏精溫腎元，尤醫下部諸般患。

益智仁生崑崙國，今嶺南州郡亦有。采無時。夜多小便者，取仁二十四枚，碎，入鹽同煎服，有奇驗。　凡使削去皮，取仁微炒用。　定噦苦辛溫益智，補損安神能理氣。寬利三焦止溺多，夢遺精漏皆能治。

木鱉子出朗州及南中。七月、八月采之。　凡去皮研，沸湯浸，炒用。　散痔生肌木上鱉，癰腫能消治瘡癬。去風退黯止腰疼，尤療乳癰傷損疾。

芫花生淮源川谷。今在處有之。三月三日采花，陰乾。決明為之使。反甘草。一名去水，一名毒魚，一名杜芫，一名兒草，一名黃大戟，一名敗華。　去痰利血苦芫花，治喘喉鳴上氣多。蠱瘧疝瘕癰欬逆，腰疼腫脹服之和。

郁李仁生高山川谷及丘陵上。五六月采根。一名爵李，一名車下李，一名棣，一名雀梅。　凡浸湯，去皮尖，別研。　性味酸平郁李仁臣，退浮利水更通津。止疼定氣能消食，破積尤醫腫齒齦。

石南生華陰山谷。二四月采葉，八月采實，陰乾。五加皮為之使。女人久服使思男。一名鬼目葉。　凡葉，取置屋中火邊，米泔浸一宿，炒。　味辛平苦石南葉臣，養胃殺蟲能散熱。利筋輕腳可驅風，尤治內傷除冷濕。

雷丸生石城山谷及漢中土中。八月采根，暴乾。荔實、厚朴為之使，惡葛根。一名雷矢，一名雷實。　凡去黑皮，碎，浸甘草湯一宿，蒸用。如茶實不用。　性寒平苦白雷丸，磨積殺蟲逐胃寒。熱結皮中能散去，小兒服此病難乾。

胡椒生南海諸國。　凡忌火，洗水，用沉去浮。　胡椒微苦味辛溫，下氣能調五藏安。腹痛痰多并霍亂，溫中可去胃家寒。

草菓仁凡去殼用仁。　無毒辛溫草菓仁，定疼消食止酸心。快脾去嘔除痎瘧，更治中寒霍亂頻。

大腹子出處見檳榔條。凡用堅實，忌火。　無毒溫平名大腹，能利腸中諸癰毒。更除冷熱氣攻心，寬膈破痰尤效速。

大腹皮即檳榔皮。　鴆鳥多栖此樹上，宜先酒洗，仍用大豆汁洗，方用。　散腫微溫大腹皮，通腸去壅更開脾。消痰溫膈能平氣，霍亂酸心治得宜。

諸香部

丁香生交廣南蕃。二、八月采。　凡去花、母丁香。忌火。黑為佳，赤次。　丁香辛溫能散氣臣，定疼止嘔溫脾胃。壯陽暖膝治奔豘，霍亂齒疳皆可治。

沉香出海南諸國及交廣崖川，采無時。　別剉，研羅用之。入藥忌火。　沉香除氣味辛熱，補藏益精尤暖膝。止痛除邪治轉筋，散癖壯陽祛痹濕。

藿香嶺南諸郡多有。七月采，暴乾。　凡洗去沙土，陰乾，忌火。　溫中快氣甘雷霍，止嘔溫脾除中惡。傷寒霍亂腹心疼，退腫更醫寒氣作。

龍腦香出婆律國。　凡別研令極細入藥。　微寒辛苦真龍腦，冰片梅花瓣者好。腸中熱積及風涎，目赤風溫皆散了。

甘松香出姑城。今黔、蜀州郡及遼州亦有。八月采。　凡酒洗，陰乾，微焙用之。或忌火。　溫平散氣草甘松，治卒心疼脹不通。霍亂食傷并痞噎，更醫疳䘌齒收功。

檀香見沉香條下。　凡別剉細末，羅入藥。　白檀避鬼殺蟲虻，紫者能調寒氣妨。霍亂中寒腰腎冷，腹痛用此便安康。

青木香見木香條下。　凡細剉，不見火用。　味苦溫平青木香君，溫中快鬲更寬腸。膀胱疝癖皆能療，諸氣攻疼治即昌。

丁皮見丁香條下。　凡剉，忌火。　平溫無毒香丁皮，腹脹腸疼並可醫。積滯伏留痰嘔逆，停傷飲食得其宜。

安息香出西戎、波斯國。　凡去塵、細末，羅，酒研煉之。去酒，取別研用。　安息辛香醫血暈，能調諸氣暖膀胱。中寒霍亂并邪蠱，鬼疰心疼治得當。

蘇合香生中臺川谷。　凡以新布漉了，和蜜煉用。　辟惡甘溫蘇合香，驚癎蠱疰治皆康。殺蟲驅鬼除邪氣，更療心疼顛撲傷。

乳香見沉香條下。　凡別研令極細入藥。　止痛消風腫。　滴乳一名為薰陸，辟惡除邪微有毒。益精溫膝暖腰元，下氣定疼溫腰腹。

獸部

龍骨生晉地川谷及太山岩水岸土穴中死龍處。采無時。畏乾漆、蜀椒、理石。今河東亦有。　凡使要粘舌者。先以酒浸一宿，焙乾，細擣羅，研如粉了，以水飛過，三夏日中曬乾用之。如緩急，只以酒煮焙乾用亦得。他有炮製，各依本方。　甘寒定魄真龍骨，崩漏漩多腸可澁。癥瘕鬼疰及腸風，止汗養神醫痢洩。

龍齒出處見上。　凡同上。　龍齒甘平性稍寒，鎮驚定魄治驚癎。辟禳鬼魅通心氣，散蠱安魂更駐顔。

麝香生中臺川谷及益州、雍州山中。春分取之。生者益良。　凡別研令細用。　香麝辛溫能辟惡，可定心疼尤截瘧。催生止帶化風痰，墮孕殺蟲除瘴毒。

牛黃生晉地平澤，於牛得之，即陰乾。人參為之使，得牡丹、昌蒲利耳目。惡龍骨、地黃、龍膽、蜚蠊，畏牛膝。　別研令細入藥用。　解熱牛黃味苦辛，墮胎定魄主天行。可醫健忘并風中，能療童癎更鎮驚。

熊膽生雍州山谷。十一月取。　凡去皮，忌火用。　苦寒熊膽平無毒，截痢醫瘡更殺蟲。明目退疳除腹痛，去黃疰忤及諸聾。

象牙出交趾。　凡刮為屑用。　溫平大象口中牙，治骨戟喉立便和。肉內或為諸刺入，水摩汁傅即無他。

阿膠生東平郡。煮牛皮作之。出東阿。畏大黃，得火良。　凡碎，炒，候沸燥如珠子用。　甘平益氣廣阿膠君，補血安胎定喘嗽。瘧痢內崩心腹疾，更醫肢痛及虚勞。

鹿茸有山林處皆有鹿。四月采其茸，陰乾。　凡用連頂骨者。燎去毛令淨，約三寸已來，浸酒一日，慢火炙令脆方用。　鹿茸能療脊腰酸，益氣醫勞補腎寒。止漏澁精消瘀血，治崩暖膝療驚癎。

鹿角膠出處同上。　凡碎，炒，候沸燥如珠子用。　無毒甘溫鹿角膠，止崩暖腎血能調。溫中益氣醫勞損，補內兼除痛刺腰。

羖羊角生河西川谷。取無時。勿使中濕，濕即有毒。菟絲子爲之使。　凡刮為屑，忌火用。　羖羊角味溫鹹苦，治疥殺蟲醫目瞽。安心補髓更填精，辟惡驅狼降猛虎。

羚羊角生石城山川谷及華陰山，取無時。　凡刮為屑，忌火用。　苦寒去血羚羊角，散熱興陽能辟惡。明睛益氣起陰痿，強骨更醫心不足。

犀角生永昌山谷及益州。松脂為之使。惡雚菌。　凡鎊為屑，忌火用。　酸苦殺蟲犀角屑，去瘴疫瘟除大熱。化膿殺蠱可驅邪，明目散癰醫毒癧。

虎骨有山林處皆有之。一名實骨。　凡研開去髓，塗酒醋，反覆炙赤色用。　殺鬼驅風大虎骨，治疰惡瘡并足疾。止驚辟惡更祛邪，醫瘻緩筋除歷節。

狸骨今處處有之。　凡研去髓，塗酒炙用。　甘溫狸骨醫風疰，毒氣攻皮無定處。腹疼鼠瘻并瘰瘤，痔噎惡瘡皆可治。

麞骨在處陂澤淺草中多有之。　凡同虎骨。　甘溫麞骨平無毒，善療諸虚止洩精。肉可補勞安五藏，髓能益氣得身輕。

獺肝今江湖間有之。　凡別刮用。　獺肝治鯁味平甘，蟲疰勞風治即安。肉療時行并水脹，膽分杯酒更無痕。

膃肭臍出西戎。今東海傍亦有之。凡使以好酒浸炙入藥。置睡犬頭，騰如狂即是真。　是新羅國海內狗外腎。采之陰乾百日，其味甘香美。　海狗腎名膃肭臍君，能除鬼疰及狐狸。更磨癖塊安心庸，去血辟邪止夢遺。

山麂生東南山谷。今有山林處皆有之。　凡燒黑傅痔。　麂肉甘平性且涼，食之胎孕最相妨。發人痼疾并瘡疥，此物偏能療痔瘡。

麋茸生南山山谷及淮海邊。十月采。　凡同鹿茸。　麋茸性熱過於鹿，益血添精大有功。暖膝壯陽醫骨痛，散除冷氣及諸風。

羊肉羊在處有之。　凡大病後煮熟食之。　味甘大熱精羊肉，益氣調心藏可平。虚損勞傷能治療，更除風眩及安驚。

禽部

雄雞肉凡黑者佳。　性溫烏色雄雞肉，調血溫中補不足。折傷濕痹並能醫，治帶醋煎添芥服。

烏雌雞同前。　烏色雌雞無大毒，踒折骨疼皆可服。胎傷中惡並能安，寒濕痹風尤效速。

鷓鴣生江南。　其味甘溫瑞鷓鴣，餌之諸毒悉能磨。瘴瘟欲死酒熬服，

補藏益心性最和。

雀卵、肉　雀卵強陰能有子，肉溫益氣食宜冬。白丁香即為雄糞，療目除瘕更潰癰。　雀卵益精肉更良，暖腰止帶壯元陽。　腦醫耳病通聾聵，屎治睛疼可潰瘡。

寒鴉　苦平臘月老寒鴉，能去癲癇鬼魅邪。　瓶內燒灰調飲下，骨蒸勞嗽服之佳。

啄木鳥　無毒性平啄木鳥，痔瘻諸瘡醫并好。　蟲牙疳蠹取來燒，為末塞牙蟲去了。

斑鳩　甘平益氣斑鳩肉，止血助陽醫癧毒。　嗽哮噎氣悉能平，乳汁和睛明眼目。

鵪鶉出山野間。　味平無毒是鵪鶉，補藏溫中最益人。　續氣實筋消結熱，更醫洩痢效如神。

孔雀　無毒性溫鹹孔雀，能解毒蟲并毒藥。　屎寒不可入瘡中，却治閉癃白帶作。

蝙蝠一名伏翼。生太山川谷及人家屋間。立夏後采，陰乾。莧實為之使。　伏翼一名為蝙蝠，其味鹹平且無毒。　治嗽金瘡出血多，利水療淋明眼目。

白鴿即人家所養者。　白鴿鹹平宜久食，助氣調精多有益。　解諸藥毒疥能除，服藥人飡却減力。

魚狗即翠鳥也。　翠鳥元名號魚狗，在所山林應罕有。　鯁骨戟喉着肉中，為末服之骨自朽。

蟲魚部

石蜜生武都山谷、河源山谷，及諸山石中。色白如膏者良。　凡以火煎去沫，令色黃用。　主邪石蜜味甘平，和藥能調百病輕。　益氣補中尤解毒，養脾止痛治諸驚。

蜜蜂凡於瓦上炒令黃用。　通便定嘔採花蜂，治帶消癰殺五蟲。　腹滿虛羸心脹滿，更醫膚疼及頭風。

牡蠣生東海池澤，采無時。貝母為之使。得甘草、牛膝、遠志、虵床良。惡辛荑、麻黃、吳茱萸。　凡煅令遍赤，候冷細研如粉用。　止汗鹹平大牡蠣君，風熱傷寒俱不畏。　定疹止瀉瘧崩癇，醫勞補腎精能秘。

瑇瑁生嶺南海畔山水間。　凡鎊研，忌火用之。　瑇瑁甲寒連內肉，能解海南百藥毒。　通腸行氣散風痰，癇血癥瘕皆可逐。

桑螵蛸生桑枝上螳螂子也。二三月采，蒸之。當火炙，不爾令人洩。得龍骨療洩精。畏旋覆花。　凡使先用火炙過，或蒸過亦得。　甘鹹通溺桑螵蛸，利血益精補腎腰。　夢漏陰痿并氣弱，癥瘕淋疝悉能消。

石決明生南海。今嶺南州郡及萊州皆有。采無時。　凡去上麁鹽，入水者一伏時，研為粉，水飛。　其味辛平石決明，能除內障翳侵睛。　散除風熱涼肝肺，淋瀝便慳服此輕。

海蛤生東海。蜀漆為之使。畏狗膽、甘遂、芫花。一名魁蛤。　同上。　味苦鹹平魁海蛤，定喘除煩尤止洩。　潤人五藏起陰痿，更除欬逆開關節。

脆鱸舊不著所出州郡。脆，青歲切。　平補宜人海脆鱸，退除水腫即康和。　益筋壯骨調腸胃，過食發瘡痼癖多。

鱔魚五月五日取頭骨燒之，止痢。　平補甘肥溫鱔魚，除寒止血療尫羸。　腸鳴溫脾并消渴，化食兼調血氣衰。

鯽魚今所在池澤皆有之。　鯽魚性善治諸瘡，化膾能除利滑腸。　平胃調中益五藏，啖之當忌餌沙糖。

海螵蛸生東海池澤，取無時。惡白斂、白及、附子。　賊魚骨號海螵蛸，瘡汁難乾用此調。　疳眼能醫除漏下，血崩痢疾並能消。

石首生東海。　石首味甘能壯胃，更醫暴痢可寧心。　去浮益氣兼消食，腦石磨來治石淋。

鱖魚生江漢間。昔仙人劉憑常食石桂魚，今此魚猶有桂名，恐是此也。　鱖魚小毒性甘平，益氣偏能肥健人。　助胃補勞脾可壯，散除惡血即平勻。

鰻鱺魚今在處有之。　味甘有毒鰻鱺魚，治痔殺蟲補藏虛。　風病瘻瘡宜久服，蟲攻心痛效須臾。

鯉魚生九江池澤。今處處有之。取無時。　鯉魚甘善能平氣，骨療蝕瘡及帶淋。　其血可除丹毒痰，膽明眼目又通音。

江蟹生伊、洛池澤。今淮海澤諸水中皆有之。采無時。殺莨菪毒。　黃并肉熬末，以內金瘡中，筋斷亦可續。　味寒有毒江中蟹，邪熱漆瘡皆可解。　面腫喎斜血不通，醫骨折傷功百倍。

鼉肉生海南。　性平微毒雌雄鼉，多食發瘡兼發嗽。　傷風可治更殺蟲，尾燒止血并瘡瘻。

蟶子生南海，長二三寸，大如指，兩頭開。　蟶子平和性本溫，補虛無毒味尤甘。婦人產後尪羸者，服此調將可孕男。

瓦壟蚶　建胃調脾瓦壟蚶，起陽益血性偏溫。強中進食除風冷，利藏輕腰補下元。

淡菜生南海。　性補益人溫淡菜，潤髮輕腰醫脚氣。益陽消食補虛勞，痃癖帶崩皆可治。

鱉甲生丹陽池澤。今處處有之。采無時。惡礬石。　凡使先用醋浸三日，去裙，慢火中反覆令黃赤色為度。如急用，只蘸酥炙，候黃色便可用。　截瘧甘鹹生鱉甲，療痔磨癥能退熱。去癇濕痹腹心疼，除瘴更能醫骨折。

河豚江、河、淮皆有之。　味甘性怒是河豚，散濕輕腰補下元。最可殺蟲醫五痔，其膏有毒不須吞。

烏蛇生商洛山。今蘄州、黄州山中有之。　酒浸，炙，去皮骨。　味甘治痹烏蛇肉，能去諸風微有毒。瘡疥隱疹口喎斜，猶治風攻髭髮禿。

白花蛇同上。　白花蛇肉與烏蛇，主治諸風口面斜。濕痹拘攣瘡疥癩，製為圓散酒宜加。

蛇蛻炙過，或燒灰。　甘鹹無毒諸蛇蛻，明目醫瘡平噎氣。去風除蟲定驚癇，能消痔漏心怔悸。

蚯蚓生平土。三月采，陰乾。乾地龍入鹽，貯葱葉中為水，點耳聾。　白頸蚯蚓味鹹寒，善去三蟲鬼疰干。能治蚘瘕黃疸病，更醫熱病及傷寒。

水蛭生雷澤池澤。今近處河池中多有之。五六月采，暴乾。　炒令色黃乃熟，不爾入腹生子為害。　有毒苦平鹹水蛭，散聚瘕堅消瘀血。月閉成勞血痢多，利水墮胎功更切。

斑猫生河東川谷。今處處有之。八月采，陰乾。馬刀為之使。畏巴豆、丹參、空青，惡膚青。　去足翅，糯米炒。　辛寒墮孕小斑猫，治癬惡瘡鬼疰勞。疽蝕石癃并血積，死肌鼠瘻用如刀。

螺頭肉生水田中、湖瀆岸側。　大寒田內螺頭肉，脚氣服之難入腹。止渴能通大小便，去熱退黃并赤目。

黃蠟即蜜蜂房，鎔則成蠟。　黃蠟甘溫能益氣，更治金瘡醫血痢。補中續絕又肥腸，白蠟安胎尤暖胃。

蠶蛾今東南州郡多養此蠶。處處皆有之。　去翅、足微炒。　味鹹微熱毒蠶蛾，壯腎能醫便溺多。治渴腸鳴風痹疼，失精服此即康和。

蜂房生牂牁山谷。今處處山林中皆有。七月七日采，陰乾。惡乾薑、丹參、黄芩、芍藥、牡蠣。　炒過用。　苦鹹小毒露蜂房，止痢除癇癲疾狂。止氣遺尿并瘰癧，治牙癰腫更醫瘡。

白殭蠶生穎川平澤。今所在養蠶處皆有。四月取自死者。勿令中濕，中濕有毒，不可用。　去絲、嘴，微炒用。　辛鹹去皯白殭蠶，能療諸風更利關。治痒瘡瘢崩帶下，三蟲可去及驚癇。

五靈脂出北地。今淮河東州郡有之。云是寒號蟲糞。　酒研，飛淘，去砂石。　甘溫無毒五靈脂，冷氣諸風並可治。辟疫止崩通月信，脾疼血暈效尤奇。

全蝎出青州者良。今京東西及河陝州郡皆有之。采無時。　甘辛有毒沙中蝎，能治寒邪攻腹脇。破痰止痛散諸風，更療筋傷肢體掣。

虻蟲生漢中川澤。五月取。　腹有血者良。燒用。　惟食牛馬血，故治瘀血血閉。　微寒苦毒蜚虻蟲，極有消堅破血功。積聚癥瘕寒熱作，又能墮孕治喉風。

蜈蚣生大吳川谷及江南。赤頭足者良。　炙過暴乾。　辛溫有毒赤蜈蚣，惡血胎妊並可通。更治風癇瘕癖塊，腹心寒熱有奇功。

蠐螬糞蟲也。生河內平澤及人家積糞草中。取無時。反行者良。蜚蠊為之使。惡附子。　鹹溫有毒小蠐螬，破血通經勝似刀。癰痔金瘡丹毒證，醫盲散膜效尤高。

青蛙生水中。采無時。　田雞名蛤及青蛙，嬰瑞肌瘡用此和。發熱氣虛羸劣病，服之補氣去沉痾。

黑蟆生江湖池澤。今處處有之。五月五日取，陰乾。東行者良。　酥炙，或酒炙，去皮骨。　辛寒有毒黑蝦蟆，破血消癰可散瘕。更可殺疳蟲便死，眉酥可治蚛風牙。

蠶蛻微炒。　蠶蛻一名號馬鳴，老蠶退殼始為真。血風走馬疳皆療，治纏喉風益婦人。

蟬蛻七月采。生苦竹林者良。　去羽、足微炒。　甘寒無毒鳴蟬蛻，能療驚癇寒熱悸。更醫目暗療諸風，眩暈頭旋皆可治。

刺蝟皮生楚山川谷田野。采無時。勿使中濕。得酒良。畏桔梗、麥門冬。　燒灰中。又去肉，火乾用。　解毒苦甘刺蝟皮，療陰腫痛及腰肢。腸風疝氣并陰

蝕，五痔能消衄可醫。

蛤蚧生嶺南山谷及城牆或大木間。　勿傷尾，效在尾。　有毒味鹹真蛤蚧，能醫邪鬼并勞瘵。下淋止血更通便，強腎興陽功甚快。

鯪鯉甲今湖、嶺及金、商、均、房間深山大谷中皆有之。穿山甲即為鯪鯉。　穿山食蟻。　性冷穿山鯪鯉甲，蟻瘻施之功甚切。惡瘡疥癬俱能療，積血可通猶治瘧。

果實部

藕實生汝南池澤。今在處有之。八月采根。　藕性甘平消瘀血，調中止嗽發音聲。可除霍亂并煩渴，熟食能令胃氣平。

乾棗生河東。八月采，暴乾。殺烏頭毒。　和百藥毒。　生棗多食令人寒熱羸瘦，不可食。　甘平安藏肥乾棗，潤肺補虛尤止嗽。養脾益氣更安神，生液鎮驚通九竅。

栗子生山陰，惟兗州、宣州者最勝。九月采。　栗子性溫鹹有味，耐飢補腎充腸胃。脚疲食此使能行，日內暴乾尤益氣。

葡萄生隴西五原、燉煌山谷。今河東及近京州郡皆有之。八月采。　葡萄平善甘無毒，治痹滋喉最益人。強志耐飢增氣力，延年久服可輕身。

雞頭實生雷澤池澤。今在處有之。八月采。　凡炒，剉用。　甘平無毒雞頭實，益氣補中精可澀。腰疼便濁及遺精，溫痹可除輕脚膝。

覆盆子生荆山平澤及冤句。五月采實。其苗葉采無時。　凡剉微炒。　覆盆子補味甘平，益氣寬中更助神。溫腎長陰通五藏，治勞明目可輕身。

覆盆子治風虛損，益氣強陰更養精。明目補肝和藏府，一名蓬蘽是苗莖。

櫻桃在處有之。四月采。　櫻桃甘善主調中，久啖令人顏色紅。美志益脾雖利口，食多主吐發諸風。

芰實今處處有之。四月、五月采。　芰實甘寒名曰菱，蜜湯雜食必生蟲。熱淋服之須能解，溺澁停留用即通。

梅實生漢中川谷。五月采。　烏梅下氣味多酸，治痢腹疼解渴煩。痰厥頭疼并痔瘧，死肌黑痣用無痕。

木瓜今在處有之。惟宣城者佳。白露節、八月一日後采實。　忌鐵，忌日乾。　去穰。　溫酸輕脚大宣瓜，止渴尤驅濕痹邪。散氣緩筋醫霍亂，更除脚氣不增加。

諸柿南北皆有。白露後采。　諸柿甘平性極寒，日中乾者性偏良。食多腹痛却開胃，潤肺消痰且澁腸。

枇杷葉在處皆有。四月采葉，暴乾。生葉一兩者良。　拭上毛，去大筋，薑製。　苦平下氣枇杷葉，止啘開脾解暑煩。欬逆可平能進食，尤醫肺脹氣衝奔。

荔枝生嶺南及巴中。今泉、福、漳、嘉、蜀、渝、涪州、興化軍及二廣州郡皆有之。四月、五月熟。　無毒甘平紅荔枝，通神定志悅膚肌。益人顏色能除渴，過食須當蜜解之。

乳柑生嶺南及江南。　性味甘寒大乳柑，動癇發痼莫多飡。腸中諸熱能宣利，止渴通便可去丹。

甘蔗江東者為勝。即煉為沙糖。　蔗分赤白並甘平，荻蔗、崑崙多樣名。助胃利腸尤下氣，止煩潤肺使心清。

桃仁七月采仁，陰乾。花，三月三日采，陰乾。　杏、桃兩仁，浸湯，去皮尖及仁，麵炒黃。　苦平散氣大桃仁，定痛殺蟲可破癥。止欬通經醫腎風，腰疼服之不憑陵。

杏仁五月采之。其兩仁者殺人，可以毒狗。　同上。　甘苦消煩匾杏仁，去風止欬利喉咽。金瘡可療能平氣，潤肺醫癰定喘涎。

石榴本生西域，今在處有之。　皮忌鐵，炒用。　其味甘酸安石榴，食多損肺潤咽喉。皮能止痢寬筋骨，汁治睛傷惡淚流。

梨出鄭州者佳。　梨子微寒甘且酸，削梨能利二便慳。去風止渴除邪氣，多食中寒發痹癱。

李子今在處皆有之。惟建陽縣均亭者，每歲入貢。　李苦調中除痼疾，更醫骨痛消寒血。根皮寒甚止心疼，上氣可平尤止渴。

楊梅生江南、嶺南山谷。四月、五月采。　多啖楊梅能發熱，其味酸平除嘔啘。化氣除煩益胃腸，下食消痰功最切。

橄欖生嶺南。今閩、廣諸郡皆有之。八、九月采。　橄欖味甘酸更澁，快脾可解河豚毒。核中仁療口唇乾，下氣止痟寬脇腹。

林檎形圓如柰。六七月熟。今在處有之。　林檎性溫味酸甘，多食發瘡生冷涎。下氣更能醫霍亂，洩精步弱治皆痊。

胡桃生北土。今陝、洛間多有之。　甘平去癧胡桃仁，散痔調肌肥健人。黑

髮動風休過食，定令眉脫小便頻。

榛子出處見栗子條下。　榛子形如小栗兒，甘平辛苦可充飢。健人益氣寬腸胃，助力留顏形頓肥。

蓮子肉出處見藕實條下。　浸泔，去皮，并心炒用。　益氣甘平蓮子肉，能療心虛并氣促。實脾開鬲更清神，除痰輕身宜久服。

橙子形似柑而小。八九月熟。　橙子皮溫味苦辛，造成醬醋最宜人。散除惡氣能消食，其肉兼除嘔噦頻。

茨菰生田中。三月三日采根，暴乾。　茨菰即是田烏芋，味苦微寒除熱痹。止痟益氣且溫中，多食令人生脚氣。

龍眼生福州、興化軍。七月、八月采。　龍眼味甘名益智，能除五藏中邪氣。殺蟲去毒可輕身，壓食安魂能定志。

橘皮生南山川谷及江南。十月采。　東垣《珍珠囊》云：留白補胃和中，去白消痰泄氣。　溫苦輕身陳橘皮，化痰下氣又溫脾。五淋嘔逆膀胱熱，水穀不分並下醫。

青皮見橘皮條下。　青皮其味辛尤苦，氣血停留治得宜。定嘔散浮寬鬲滿，化痰痞噎食傷脾。

米穀部

胡麻生上黨川澤。今在處有之。　甘平巨勝即胡麻，能補虛勞力倍加。溫瘧金瘡俱可治，長肌明目發英花。

白油麻生則寒，炒則熱。　白油麻與胡麻一等，俱以其色言。　油麻滑胃潤肌容，通血醫勞又散風。油冷去寒通二府，傅瘡療疥殺諸蟲。

黑豆生太山平澤。今處處有之。九月采。惡五參、龍膽。得前胡、烏喙、杏仁、牡蠣良。　日華子曰：黑豆調中下氣。　豆中黑者味甘平，煮汁服之殺鬼精。逐水去風除胃熱，痢淋藏結服皆平。

赤小豆《衍義》曰：食之行小便，久服則虛人，令人黑瘦枯燥。　利水甘酸赤小豆，消癰腫毒最排膿。通漩止洩除中熱，肺氣風邪用有功。

大小麥為五穀長。蜜為之使。　小麥微寒。作麵溫，消穀止痢，不能消熱煩。麩寒無毒，小麥皮寒肉熱。大麥溫，微寒，除熱益氣。大麥麯平胃，止渴，消食。　小麥養肝兼去熱，利漩止血潤喉嚨。麵能消穀并除痢，大麥醫痟更益中。

扁豆人家種之。　解暑甘平白扁豆，平補脾元虛證候。吐瀉心忪氣不和，帶下中寒皆可療。

綠豆　味甘綠豆惟微寒，益氣充陽可散丹。消腫去痰能壓熱，調和五藏得平安。

罌粟凡去蒂筋裹用之。　無毒甘平罌子粟，善解服丹人發毒。瀝腸止腸痢能安，膈冷飡之為害速。

穀糵即穀芽。炒用。　無毒甘平紅穀糵，止嘔和脾除藏洩。胃翻減食惡心頻，尤療鬲寒并五噎。

麥糵即麥芽。　微熱甘平大麥糵，化食消痰破癥結。溫中下氣可除寒，去脹墮胎解煩熱。

粟米　粟米鹹寒無大毒，療渴除痼功倍全。養安胃氣涼脾熱，止痢尤能利小便。

大豆黃卷即豆芽也。　甘平無毒豆黃卷，治痹筋攣并膝軟。可調藏氣更祛風，婦人血積能寬緩。

蔬菜部

芥菜生河東。今在處皆有之。　菜中有芥最和柔，腎內寒邪氣可消。和竅溫中明耳目，子醫風腫更輕腰。

蘿蔔一名萊菔。　辛甘性善溫蘿蔔，下氣消痰能化穀。食多無害最肥人，可解諸般藥性毒。

蘿蔔子　性味辛寒蘿蔔子，消食除浮能散水。小腸氣痛及癥瘕，氣塊虛膨皆可理。

葱實　葱實辛溫主明目，利藏安胎補不足。根治傷寒頭痛良，和蜜服之發氣促。

生薑生犍為川谷及荊州、揚州。今處處有之。九月采。秦椒為之使。殺半夏、莨菪毒。惡黃芩、黃連、天鼠糞。　辛辣生薑性稍溫，去痰定嘔散風寒。通神下氣尤平欬，鼻塞頭疼治不難。

蕨菜生山間及田野。　蕨菜性寒除暴熱，多食生浮壅筋骨。更消陰瘻眼昏花，冷氣襲人行步劣。

菠薐本西國中有之。　菜中微毒是菠薐，其性雖平冷似冰。利藏可通腸胃熱，食多脚弱發腰疼。

白苣　白苣苦寒通血脉，散除壅氣能開鬲。食多寒中腹腰疼，患氣人飡

無甚益。

落蘇一名茄子。在處有之。　茄性甘寒即落蘇，發瘡動氣損肌膚。能挑痼疾全無益，多食令人形貌枯。

莧菜生淮陽川澤及田中。十一月采實。　莧菜多食苦更甘，輕身益氣可延年。殺蟲治目除寒熱，去翳驅邪利二便。

菘菜　性味甘溫菘白菜，除煩下氣通腸胃。食傷酒渴並能醫，發病食多能動氣。

薤生魯山平澤，今處處有之。　薤溫辛苦可輕身，散結溫中最利人。去水除寒調不足，安魂續骨可通神。

韭今處處皆有之。　韭最益人辛且酸，可調五藏使心安。更能養髮除脾熱，子治遺精補腎寒。

芋實　諸芋一名號土芝，辛平有毒可充飢。寬腸滑體令人飽，冬月食之最得宜。

紫蘇在處有之。《衍義》曰：背面紫者佳。　散氣辛溫紫蘇葉，除寒不食更開脾。轉筋霍亂并心疼，脚氣腸堅並可醫。

蘇子即紫蘇之實。八九月采。　蘇子辛溫益五藏，補勞散氣又調中。破癥潤肺除痰喘，鬲塞能開腸可通。

蒜今處處有之。五月五日采。　大蒜溫辛能化穀，除風癰腫消諸毒。辟邪霍亂壯脾元，多食之人應損目。

瓜蒂生嵩高平澤。今處處有之。七月七日采，陰乾。一名苦丁香。　凡自然落者良。采，透風處掛，令吹乾。　苦寒有毒甜瓜蒂，散腫殺蟲能下氣。退黃止欬定心疼，痰壅風涎能吐去。

冬瓜子出處同上。八月采。　甘平無毒冬瓜子，製煉將來作面脂。食之悅澤增顏色，益氣輕身可免飢。

蒔蘿今嶺南及近道皆有之。六七月采實。　蒔蘿俗號曰胡芹，消食溫中香味辛。霍亂腹寒并痞滿，更除氣脹惡心頻。

薄荷今在處皆有。夏秋采莖，暴乾。　頭風或中風失音用之。又小兒風涎用之。　薄荷主風辛更苦使，解勞消食定驚風。傷寒霍亂并心脹，發汗出色關可通。

竹笋今處處有之。　諸笋雖甘性頗寒，治消利水更除煩。多飡發血生寒飲，動氣令人神易昏。

艾葉生田野。三月三日采，暴乾。　艾葉留黃為灸炷，作煎大能除下痢。更醫失血及諸瘡，婦人漏下皆調治。

新加增支體部

紫河車味苦，微寒，有害。　酒浸，熬膏而用之。　紫河車即線重樓，本草編名曰蚤休。主治顛癇驚熱疾，何憂弄舌與搖頭。

牙齒　牙齒性平除蠱毒，更除瘧疾并除勞。癰乳腫痛醋調傅，入藥須知用火燒。

天靈蓋味鹹，平。　天靈蓋骨味醎平，主治傳屍病骨蒸。久瘴虛勞寒瘧者，酥塗入藥效方成。

元・胡仕可《本草歌括》卷一　玉石部

丹砂研細水飛過，灰椀內鋪紙滲乾。味甘，微寒，無毒。生符陵山谷。今生宜州、辰州、階州，而辰州者最勝。土人採之，如見朱砂床，乃白石，真砂生石上。大者塊如雞子，小者如石榴。主身體五藏百病，養精神，久服通神，輕身神仙。能化之為汞。君。惡磁石，畏鹹水。　丹砂益氣安魂魄，心渴除煩更益精。明目鎮心通血脈，依經鍊服可長生。

雲母研細，水飛，曝乾用。味甘，平，無毒。生泰山山谷，齊廬山及琅琊北定山。今兖州、雲夢、江州、濠州、杭越間亦有之。生土石間，作片成層，可析。二月採之。主明目除邪氣，久服輕身延年。一名雲珠、雲華、雲英、雲液、雲砂。一名磷石。澤瀉為之使。畏鮀甲及流水。　雲母甘平安五臟，堅肌止痢補勞傷。《局方》有法煎膏用，專治癰疽惡毒瘡。

玉屑擣如米粒，用苦酒浸，消令如泥。味甘，平，無毒。生藍田山谷及南陽徐善亭部界中，日南盧容水中，外國于闐、疎勒諸處。潔白如猪膏，叩之鳴者是真也。採無時。主除胃中熱，喘息煩滿。〇玉之明澈，可消為水，名玉泉，一名玉札。惡鹿角，畏欵冬花。　玉屑能消作玉泉，可輕身體可成仙。除煩止渴安魂魄，久服令人永享年。

石鍾乳入水研細，不磣。味甘，溫，無毒。生少室山谷及太山。今道州江華縣及連、英、韶、階、峽州山中皆有之。生岩穴陰處，溜山液而成。長六七寸，如鵝翎管，又如蟬翼。採無時。主安五臟，利九竅。一名公乳、蘆石、夏石。蛇床為之使。惡牡丹、玄石、牡蒙。畏紫石英、蘘草。　鍾乳甘溫能益氣，服之不鍊使人淋。通聲治欬仍行乳，補髓添精又壯陰。

礬石煅過研細。味酸，寒，無毒。生河西山谷及隴西武都、石門。今白

礬則晉州、慈州、無為軍，綠礬則隰州、池州。初生皆石，採得碎之，煎煉成礬。凡五種，採無時。主寒熱，除風消痰。久服損齒骨。能使鐵為銅。一名羽涅、羽澤、理石。甘草為之使。惡牡蠣。畏麻黃。　礬石酸寒除泄痢，消痰堅齒治喉風。更攻陰蝕諸瘡漏，息肉能令去鼻中。

消石研令極細，以瓷瓶盛炭火中，煅令通紅用。味苦、辛，寒、大寒，無毒。生益州山谷及武都、隴西、西羌。今南北皆有之。以西川為勝。初採得其苗，以水淋取汁，煎煉而成。或煉地霜而成，堅白如石。主積熱，破積散堅結。一名芒硝。火為之使。惡苦參、苦菜。畏女菀。　消石能消諸種石，地霜淋汁煉而成。主除積熱消煩渴，療疾能和十二經。

朴消其初採掃得，一煎而成者，未經再煉治，故曰朴消。味苦、辛，寒、大寒，無毒。生益州山谷，有鹹水之陽。取朴消淋汁，煉之，有細芒者名芒消。採無時。主除積聚結固留癖，能化七十二種石。煉餌服之，輕身成仙。色青白者佳。黃者傷人，赤者殺人。君。畏麥句薑。　朴消破血除寒熱，積聚停痰用即安。煎作芒消功卻緩，古方以此治傷寒。

空青味甘、酸，寒、大寒，無毒。生益州山谷及越巂山有銅處。銅精熏則生空青。其腹中空。今信州亦時有之，世謂楊梅青。破之有漿者，極難得。三月中旬採，無時。主青盲，內障，翳膜，耳聾，目赤，通關節，能化銅、鐵、鉛、錫作金。君。畏菟絲子。〇其殼可以摩翳。　空青功效似曾青，同出銅山卻異名。主治頭風並目痛，瞳人雖破可還明。

禹餘糧用火煅醋淬七次，搗研水飛細。味甘，寒、平，無毒。生東海池澤及山島中。今惟澤、潞州有之。今東陽山岸、茅山亦有之。形如鵝鴨卵，外有殼，重疊，中有黃細末，如蒲黃。採無時。主咳逆寒熱，漏下赤白，血閉癥瘕。一名白餘糧。君。杜仲為使。畏貝母、菖蒲、鐵落。　禹餘糧是禹餘糧，漏下癥瘕用最良。入藥須知全用殼，有黃末者石中黃。

白石英味甘、辛，微溫，無毒。生華陰山谷及太山，今新安、澤州皆有之。大如指，長二三寸，六面有稜如削。白色如水晶。二月採，亦無時。又有黃石英、赤石英、黑石英，皆不入藥，惟紫石英、白石英為醫家用耳。主療肺痿，下氣，利小便。君。惡馬目毒公。　白石英能寬欬逆，治風濕痹更強陰。悅顏益氣除消渴，定魄安魂又鎮心。

紫石英火煅，醋淬七遍，研細末，飛過。生太山山谷。今嶺南、會稽山中亦有之。採無時。主心腹欬逆邪氣，補不足，女子風寒在子宮，絕孕十年無子。止消渴，散癰腫。君。長石為使。得茯苓、人參、芍藥，共療心中結氣。得天雄、菖蒲，共療霍亂。畏扁青、附子。惡鮀甲、黃連。　紫石英能除結氣，安魂定魄作湯丸。更宜子戶風寒病，孕育何憂絕十年。

赤石脂火煅通赤，放冷，研細，水飛。味甘、酸、辛，大溫，無毒。生濟南、射陽及太山之陰。今虢州盧氏縣、澤州陵川縣、慈州呂鄉縣、宜州、潞州諸山皆有之。採無時。以舌試之，粘着舌為佳。主養心氣，明目益精，久服補髓，輕身延年。君。惡大黃、松脂。畏芫花。　赤石脂溫除腹痛，更攻下痢洩無時。崩中漏下并難產，瘡痔癰疽亦主之。

雄黃研細水飛過，灰椀內鋪紙滲乾。味甘、苦，平，寒，大溫，有毒。生武都山谷、燉煌山之陽。今階州山中有之，形塊如丹砂，不挾石者勝。採無時。可以熁蟲死者為真。主寒熱，鼠瘻，惡瘡，疥蟲，殺百蟲毒。一名黃食石。主婦人覺有娠，以一兩縫囊盛帶之，可轉女為男。　雄黃有毒性平甘，息肉喉風用最堪。能殺精邪蛇虺毒，妊娠佩帶轉生男。

石硫黃細研，水飛。味酸，溫、大熱，有毒。生東海牧羊山谷中及太山、河西山。礬石液也。又有一種土硫黃，出廣南、榮州。溪澗水中流出者，色如鵝子初出殼者為真。八月、九月採之。主婦人陰蝕，疽痔，殺疥蟲，能乾汞。得水銀而成金。臣。曾青為使。畏細辛、飛廉、鐵。　廣州出產石硫黃，治疥堅筋去䘌瘡。逐冷壯陽除痃癖，老人風秘是仙方。

雌黃研細，水飛過，灰紙滲乾。味辛、甘，平、大寒，有毒。生武都山谷，與雄黃同山生，其陰山有金，金精熏，則生雌黃。今出階州。採無時。色如金，又似雲母，甲錯可析者佳。主惡瘡，頭禿，疥瘡，殺毒蟲、虱，身癢，邪氣，下部䘌瘡。伏火成汁，點銀成金，點銅成銀。亦可乾汞。君。　雄黃有毒味辛平，山有金精熏則生。息肉蟲瘡能主治，煉之久服自身輕。

水銀用紫背天葵，並夜交藤自然汁同煮用。味辛，寒，有毒。生符陵平土，出朱砂腹中。能消化金銀，使成泥。主疥瘻痂瘍，白禿，殺皮膚中虱，墮胎，去熱，殺金銀銅鐵毒。一名汞。其燒時飛著釜上灰，名汞粉。君。畏磁石。　水銀本是朱砂液，取置爐中煅養成。消化五金除疥虱，女人難產用催生。

石膏火煅細，水飛。味甘、辛，大寒，無毒。生齊盧山、魯蒙山。今汾、虢、耀州、興元府皆有之。與方解石相類。難得真者。細理自澤者良。採無時。主頭痛身熱，三焦熱。使。雞子為使。惡巴豆、莽草。畏鐵。　石膏主治風寒熱，更療心悶逆氣侵。下汗解肌除喘渴，若還黃者使人淋。

磁石火煅醋淬九遍，搗羅水飛用。味辛、鹹，寒，無毒。有鐵處則生其陽。今慈州、徐州及南海傍山中皆有之。採無時。主補腎虛風虛，止小便白數。殺鐵毒。一名玄石。臣。柴胡為使。惡牡丹、莽草。畏黃石脂。　磁石鹹寒能吸鐵，主除周痹曰肢風。益精

養腎強陽道，補益勞傷治耳聾。

凝水石火煅七次，研，水飛。味甘，寒，無毒。生常山山谷中及邯鄲。如雲母可析者良。鹽之精也。採無時。主五臟伏熱，胃中熱，煩滿止渴及火燒，丹毒。一名寒水石。能壓丹石，解巴豆毒。畏地榆。　寒水石名凝水石，腸間積聚氣能消。時行熱渴功尤驗，且治皮中似火燒。

陽起石火燒通赤，酒淬七次，研細水飛。味鹹，微溫，無毒。生齊山川谷及琅琊或雲山、陽起山。今惟出齊州。或云邢州鵲山亦有之。以色白肌理瑩明若狼牙者佳。採無時。主補腎氣精乏，腰膝疼痛。一名白石、石生。臣。桑螵蛸為使。惡澤瀉、桂、石葵。忌羊。畏菟絲。　陽起山生陽起石，癥瘕腹痛效如神。壯陽補下宜男子，止漏除崩益女人。

鐵煅後飛淘，去粗赤汁，烘乾用。味甘，無毒。舊不著所出州郡，今江南、西蜀有爐冶處皆有之。煅家燒鐵赤，於砧上打落細皮屑為鐵落。取鐵浸之，經久色青、沫出，可染皂者為鐵漿。鐵拍作片段，置醋糟中，積久衣生，刮取者為鐵胤粉。主治如《歌括》所述。　鐵主堅肌仍耐痛，墜砧鐵落療風瘡。胤成鐵粉安心忐，若治顛狂用鐵漿。

食鹽味鹹，溫，無毒。舊不著所出州郡。有東海、北海鹽，河東鹽也。梁、益有鹽井，交、廣有南海鹽，西羌有山鹽，胡中有木鹽。眾鹽推河東解州、安邑兩池所積者為勝。今滄、密、楚、秀、溫、台、明、泉、福、廣、瓊、化諸州，煮海水為鹽，謂之海鹽。主傷寒寒熱，下部䘌瘡，堅肌骨。　食鹽殺蟲陰瘡䘌，更主尸邪毒氣攻。霍亂癖疾須用吐，小便不利熨臍中。

金屑烹煉煅屑，今薄研用。味辛，平，有毒。生益州。又梁、益、寧三州生水沙中。今饒、信、南、劍、登州亦有採得之者。今高麗、扶南、西域、大食國亦多有之。採無時。主鎮心，添精補髓，調利血脉。主小兒驚，傷五藏，風癇失志。百鍊者堪用，生者殺人。畏水銀。　金屑除邪通五臟，能堅骨髓鎮精神。鍊成金薄宜驚病，生用須知毒損人。

銀屑取銀薄，以水銀消之為泥，合消石、鹽研為粉，燒出水銀，淘去鹽石，研用。味辛，平，有毒。生益州、永昌、寧州、虢州。今信州亦有。生石中礦中，須煎鍊而成。今術士有以朱砂成者，有乾汞成者，有焦銅成者，皆不堪入藥。須去銀乃可用。主治如《歌括》所鍊。君。　銀屑辛平安五臟，主除邪氣定心驚。小兒煩熱諸丹毒，冷水磨銀必用生。

水銀粉味辛，冷，無毒。以水銀燒煉而成。近世多用石膏、糯米假僞者。主殺瘡疥蟲及風瘡瘙痒。又治小兒涎潮瘈瘲，為下涎之劑。一名汞粉、輕粉、峭粉。畏磁石、石黄。忌一切血。治小兒驚，尤須審訂，不可妄下。此藥若輕易用之，恐下之裏虛，驚氣入心，難治。　水銀飛鍊為輕粉，通轉兒疳利大腸。并殺癬蟲攻瘰癧，風瘡酒齇用之良。

太陰玄精石搗碎細研，水飛日乾。味鹹，溫，無毒。出解州解縣，今解池及通、泰州積鹽倉中亦有之。其色青白，龜背者良。採無時。解池又有鹽精，青黑色，大二三寸，形似鉄鏵觜。三四月採。主除風冷邪氣，濕痹。一名泥精。蓋玄精之類也。　玄精食味鹹無毒，大止頭疼更解肌。若是婦人沈痼冷，腹中積氣用尤宜。

石灰風化為末者佳。先以醋浸一宿，漉出候乾，火煅，候冷研用。味辛，溫，有毒。生代郡中山川谷。今所在近山處皆有之。此燒青石為灰也。五月五日採百草搗汁，團石灰末為丸，陰乾。治金瘡刀斧傷最良。有風化者勝，水化者力差省。一名石堊，一名希灰。　石灰風化方為勝，療疥生肌不入湯。主治疽瘍消瘰癧，去除黑子止金瘡。

鉛以鐵銚鎔開，取出瀉新瓦上，濾去滓脚一兩次，取淨鉛用。味甘，無毒。生蜀郡平澤。今有銀坑處皆有之。又鉛白霜亦出於鉛。其法以鉛雜水銀，十五分之一，合煉作片，置醋瓮中密封，經久成霜，謂鉛白霜。性極冷。粉錫，胡粉也。並化鉛所作。主治如詩所述。　黑鉛安鎮除翻胃，蛇虺如傷熨有功。并治傷寒諸毒氣，若言粉錫殺之蟲。

鉛丹炒令色變，研細用。味辛，微寒，無毒。生蜀郡平澤。出於鉛。今信州亦有，乃熬鉛所作。鎮心安神，療反胃，止吐血及嗽。止痛生肌，可煎膏用。又治瘧，久積皆用。《本經》臣，劉禹錫、《藥性論》君。一名鉛華。鍊化還成九光。久服可通神明。　鉛丹乃是熬鉛作，吐逆癲癇用最良。除熱鎮心仍下氣，生肌止痛傅金瘡。

代赭火煅醋淬七遍，搗研水飛。味苦，甘，寒，無毒。生齊國山谷，今河東、京東山中亦有之。以赤紅青色如雞冠有澤、染爪甲不渝者良。採無時。一名須丸、血師。出姑幕者為須丸，出代郡者為代赭。主驚癇疳疾，乃小腸氣。臣。《藥性論》使。乾薑為使。畏附子、天雄。　代赭辟邪除鬼疰，養人血氣療疳驚。女能墮孕攻崩漏，男則強精治脫精。

硇砂研細水飛過，入磁器中，于重湯中煮，使自乾用。味鹹、苦、辛，溫，有毒。出西戎。今西涼夏國及河東、陝西近邊州郡亦有之。形如牙消光淨者良。主補水藏，暖子宮，能消五金八石，腐壞人腸胃。生食之，化人心為血。中者，研綠豆汁解之。使。畏漿水，忌羊血。　硇砂伐病有功深，生用穿腸並壞心。氣塊血癥能主療，更除積聚更柔金。

白堊即白善土。每一兩，用鹽一分，投于斗水中，用銅器煮十餘沸，水飛過用。味苦、辛，溫，無毒。生邯鄲山谷，今處處皆有。採無時。主女子寒熱月閉，積聚，能澀腸止痢。不可久服，傷五臟。一名白善。　白堊苦溫除泄痢，澀精更主鼻中洪。女人漏下陰疼痛，血秘癥瘕亦可通。

自然銅火燒通赤，醋淬九次，細研。味辛，平，無毒。生邕州山巖中出銅處。今信州、火山軍皆有之。于坑中及石間採得，方圓不定，色青黃如銅。不從礦煉，故號自然銅。採無時。主折傷，散血止痛。一名石髓銅。今人用者，多是鍮石，燒之成青焰如硫黃，非真自然銅

也。　自然銅是自然生，顆塊非從礦煉成。主療折傷除積聚，排膿止痛治心驚。

花蕊石火煅。味。出陝州閿鄉縣。體至堅重，色如硫黃，形塊有極大者。于黃石中間有淡白點，以此得花之名。採無時。主金瘡止血。一名花乳石，其色如硫黃。主治，與此同是一物。　陝郡廣生花蕊石，最能止血治金瘡。若除血暈昏迷證，合和硫黃煉最良。

蓬砂味苦、辛，暖，無毒。出西戎，今西涼夏國，河東、陝西近遠州郡亦有之。西戎來者顆塊光明，大者如拳，小者如指面。碎者如麻豆，謂之氣砂。主治如詩所述。一名朋砂。其出南番者，色重褐，其味和，其效速。出西戎者，其色白，其味雜，其功緩，亦不堪作藥。　蓬砂一本號鵬砂，止嗽消痰入肺家。成造金銀為焊藥，更攻喉痹破癥瘕。

伏龍肝火燒赤，研細水飛。味辛，微溫，微毒。即灶中對釜月下黃土也。主婦人崩中吐血，止咳逆，止血，消癰腫毒氣，及催生下胞，小兒夜啼。　灶中土是伏龍肝，散腫消癰療產難。咳逆吐紅須廝用，且除崩下血如山。

砒霜用紫背天葵、石龍芮，同入磁瓶盛，泥固濟，火煅用。味苦，酸，有毒。舊不著所出州郡。今近銅山處有之，惟信州者佳。其塊大者，色如雄黃，明澈不雜，此最佳者。主諸瘧，風痰在胸膈，可作吐藥。不可久服，能傷人。誤中者，用冷水研綠豆漿解之。　砒霜有毒仍酸苦，治瘧除齁效若神。膈內風痰堪用吐，若還多服則傷人。

滑石先以刀刮，研如粉，牡丹皮同煮，取出曬乾用。味甘，寒、大寒，無毒。生赭陽山谷及太山之陰、掖北白山或卷山。今道、永、萊、濠州皆有之。採無時。今醫家多用道州者。主癃秘，利小便，蕩胃中積聚。一名液石，共石，脫石，番石，畫石。臣。石韋為之使。惡曾青。　赭陽滑石味甘寒，主療陰人產乳難。快利小便通血脈，益精止渴更除煩。

石膽味酸，辛，寒，有毒。生羌道山谷，羌裏句青山。今惟信州鉛山縣有之。生於銅坑中，採得煎煉而成。二月庚子、辛丑日採。主吐風痰。一名畢石、碁石、銅勒、膽礬。君。陸英為使。畏牡桂、菌桂、芫花、辛夷、白薇。　石膽方中作膽礬，主消熱毒療諸癇。治崩堅齒除陰濁，吐出風痰治中癱。

無名異味甘，平，無毒。出大食國。生於石上，狀如黑石炭。今廣州山石中及宜州龍濟山中皆有之。黑褐，大如彈丸者良。採無時。不甚貴重。　無名異性味平甘，主治金瘡理折傷。生痛生肌裨內損，廣州黑褐者為良。

靈砂味甘，溫，無毒。一名二氣砂。水銀一兩，硫黃六銖，研細，二味先同炒作青砂頭後，入水火既濟爐中，抽之如束針絞者成就也。惡磁石。畏鹹水。　汞硫伏火結成砂，定魂安魄辟鬼邪。明目鎮心通血脈，輕身不老入仙家。

密陀僧味鹹，辛，平，有小毒。嶺南、閩中銀銅冶處皆有之。是銀鉛脚。初採礦時，銀銅相雜，先入鉛同煎煉，銀隨鉛出。又採山木葉燒灰，開地作爐，填灰其中，謂之灰池。置銀鉛於灰上，更加火大煅，鉛滲灰下，銀在灰上。罷火候冷，出銀，其灰池感鉛銀氣，積久成此物也。　煅銀爐底密陀僧，久痢收功痔亦便。點抹皯黯隨手沒，吐痰端的主驚癇。

礜石味辛，甘，大熱，有毒。生漢中山谷。今潞州亦有。置水中，令水不冰。性堅硬而拒火。燒之一日夜方解散。此藥攻擊積聚痼冷之病最良。用之須真者，必取鸛巢中團卵以助暖氣者方真。得火良。棘針為之使。惡馬目毒公、鶩屎、虎掌、細辛。畏水。　特生礜石熱非常，逐冷消癥破聚傷。伏卵鸛巢資暖氣，養成黃白入丹房。

石燕涼，無毒。出零陵郡，今永州祁陽縣江傍沙灘上亦有之。形似蚶，其實石也。或云生洞中，因雷雨則飛墮于沙上，化為石，未審的否？　《圖經》石燕產零陵，煮汁嘗之療五淋。產難雙拳俱一握，管教子母輒分生。

井泉石性大寒，無毒。近道處處有之。以饒陽郡者為勝。生田野間地中，穿地丈餘深得之，形如土色，圓方長短大小不等，內實而外則重重相疊。採無時。用之當細研如粉，不爾使人淋。　井泉石性大寒涼，攻熱能消腫毒瘡。治眼決明除翳膜，菊花梔子喜同方。

粉錫味辛，寒，無毒。即今化鉛所作，又名定粉，即光粉也。能制硫黃。　胡粉元來名粉錫，伏尸每螫殺三蟲。癰瘻癥瘕咸可療，惡瘡狐臭亦能攻。

銅青平，微毒。不入方用。按《圖經》明目去膚赤，合金瘡，止血。入水不爛。不問生熟銅，皆有青綠，即銅之精華也。　銅青銅綠一般名，銅上精華徹體生。斂合金瘡堪止血，洗淘眼暗令光明。

地漿性寒，無毒。此掘地作坎，以水沃其中，攪令濁，俄頃取其清者飲之。解一切諸毒，山中毒菌人不識者，煮食者無不死，及生食諸肉中毒，並解之。　掘地成坑水沃之，攪令渾濁俟澄泥。仍他毒菌心煩悶，一酌臨咽立便生。

梁上塵性微寒，無毒。凡使須去煙火、遠高堂殿上者，拂下篩而用之。　梁上塵比烏龍尾，能瘳腹痛噎難通。產遇橫生調酒服，小兒軟癤可專攻。

菖蒲剉碎，微炒用。味辛，溫，無毒。生上洛池澤，蜀郡嚴道，今在處有，生石磧上，一寸九節者良。露根不可用。五月、十二月採根，陰乾。主風寒濕痹，開心孔，通九竅，治耳聾。一名昌陽，一名堯韭，一名蘭蓀。君。秦皮、秦艽為之使。惡地膽、麻黃。　菖蒲一本號

昌陽，去濕風寒可作湯。下氣開心聰耳目，寸生九節者為良。

菊花去枝梗焙乾。味苦、甘，平，無毒。生雍州川澤及田野。近世有二十餘種，惟單葉花小而黃，綠葉色深，小而薄，莖紫氣香而味甘者是。正月採根，二月採葉，五月採莖，九月採花。主治如詩所述。一名節華、日精、女節、女莖、周盈、陰成。使，朮、枸杞、桑白皮為之使。

菊花主治風頭眩，消散皮膚痹濕風。更療腦疼明耳目，又除煩熱在胸中。

人參去蘆用。味甘，微寒、微溫，無毒。生上黨山谷及遼東、高麗、潞州，澤、易、檀、箕、幽、嬀等州，及海東新羅、渤海、河東泰州皆有之。獨上黨如人形者為上。又高麗、百濟、紫團參亦勝。二月、八月上旬採。一名鬼蓋、神草、人微、土精、人銜。茯苓為之使。惡溲疏、鹵鹹，反藜蘆。

人參治氣味甘溫，根似人形者有神。治渴補虛安五臟，安魂定魄久輕身。

天門冬湯潤抽去心，焙乾。味苦、甘，平，大寒，無毒。生奉高山谷。今處處有之。春生藤蔓，大如釵股，高至丈餘。葉如茴香，尖細而疏滑，有逆刺，而又生黃白花。二、三、七、八月採，曝乾。主強骨髓，殺三蟲，定肺氣，久服延年不飢。一名顛勒。君。貝母、垣衣、地黃為使。畏曾青。

天門冬味甘平苦，性冷而能補大虛。定肺鎮心除吐血，悅人顏色養肌膚。

甘草火上微炙。味甘，平，無毒。生河東、西川谷，積沙山及上郡。今出蜀、漢中汶山、羌地抱罕者最佳。枝葉如槐，葉端微尖，有白毛，實作角生，如相思角。主解百毒，為眾藥之主，一名國老、蜜甘、露草。二八月採根。乾漆、苦參為使。惡遠志，反大戟、芫花、甘遂、海藻。

甘草甘平稱國老，通經利氣更溫中。安和草石解百毒，戟藻甘芫用莫同。

生地黃大寒。生咸陽川澤黃土地者佳。葉如甘露子，花如脂麻花，但有細班點。莖葉有微細短白毛。生渭城者，乃有實如小麥。今在處有之。二月、八月採根，陰乾。主婦人崩中，產後血上薄心，胎動下血。一名地髓，一名芐，一名芑。得麥門冬、清酒良。惡貝母。畏蕪荑。

地黃生者能行血，產後攻心有大功。吐衄折傷皆主療，月經閉絕亦能通。

熟地黃淨洗，酒浸一日，漉出，蒸三兩次，焙乾。味甘、苦，寒，無毒。蒸乾則溫補，生乾則平宣。出彭城者最好，次用歷陽。今用江寧板橋者勝。主補虛損，溫中下氣，通血脈，產後腹痛。久服延年，助心膽氣，治驚悸勞乏，心肺損，吐血、鼻衄、崩中，血運。君。

乾熟地黃能補血，崩中漏下用尤良。安魂定魄除驚悸，更治虛勞補內傷。

白朮去蘆用。味甘、辛，無毒。生鄭山山谷、漢中、南鄭。今以嵩山、茅山為佳。今杭、越、舒、宣州高山岡上，葉葉相對，大而有毛。作椏，木色微褐。二月、三月、八月、九月採根，曝乾。主大風濕痹，去水消腫，開胃去痰，下痢。君。防風、地榆為之使。忌桃、李、雀肉、菘菜、青魚。

白朮甘溫最益脾，風寒濕痹更相宜。且攻嘔瀉消浮腫，補益虛勞亦用之。

蒼朮用米泔浸洗一宿，再換泔浸二日，去上粗皮。味苦、甘、辛，溫，無毒。主風寒濕痹，反胃嘔逆，及筋骨軟弱，痃癖氣塊，婦人冷癥瘕，溫疾，山嵐瘴氣。一名山精、山薊、山薑、山連。近世多貴白朮，置蒼朮不用。如古方平胃散之類，蒼朮為最要之藥，可不用乎？

蒼朮本攻平胃氣，米泔浸炒始為奇。傷寒痹痛并溫瘧，發散須知用此宜。

菟絲子水洗，澄去沙土，酒浸一宿，漉去，蒸過，乘熱杵為粗末，焙乾用。味辛、甘，平，無毒。生朝鮮川澤田野，蔓延草木之上。九月採實，曝乾。主續絕傷，補不足，益氣力，堅筋骨，久服明目延年。一名菟蘆、菟縷、蓎蒙、赤網、菟纍、女蘿。君。得酒良。薯蕷、松脂為使。惡雚菌。

菟絲子味辛無毒，駐色延年治熱中。主療虛寒餘瀝病，添精補髓去腰疼。

牛膝洗，去蘆，剉碎，酒浸一日，焙乾用。味苦、酸，平，無毒。生河內川谷及臨朐。今江淮、閩粵、關中、蔡州、蘇州亦有之，然不及懷州者。春生苗，莖高二三尺，青紫色，有節如鶴膝。二八月採根，陰乾。主婦人血氣疾。一名百倍。君。惡螢火、陸英、龜甲。畏白前。

牛膝為君味苦酸，主除膝痛及拘攣。月經若閉能通利，精髓如虛可補填。

茺蔚子味甘、辛，微溫、微寒，無毒。生海濱池澤。今處處田野間有之。葉如荏，方莖，子形細長，三棱狀，如菥蓂子。亦呼為鬱臭草。五月採。主明目益精，除水氣，傅丁腫及婦人一切血病。可燒葉灰入緊面藥。亦制硫黃。一名益母、益明、大札、貞蔚。

茺蔚子能明眼目，益精更下死胎良。搗苗消腫塗癰毒，癮疹煎莖作浴湯。

防葵味辛、甘、苦，寒，無毒。生臨淄川谷及嵩高、太山、少室。其根葉似葵花子，根香味似防風，故名防葵。三月三日採根曝乾。凡使勿用狼毒，但置水不沉者，為狼毒根也。主破堅積，瘤大如碗。除鬼邪。一名梨蓋、房慈、爵離、農果、利茹、方蓋。君。

防葵療瘧攻腸泄，通利膀胱治疝瘕。大止顛癇並咳逆，更除頭痛及驚邪。

茈胡去蘆用。味苦，平，微寒，無毒。生洪農川谷及冤句。今關陝、江湖間近道皆有之。以銀州者為勝。二月生苗，莖青紫，葉似竹葉。七月開黃花。二八月採根，曝乾。主傷寒黃疸熱勞，積聚寒熱。一名地薰、山菜、茹草葉、芸蒿。半夏為之使。惡皂角。畏女菀、藜蘆。

茈胡下氣仍除積，濕痹拘攣作浴湯。主療傷寒為要藥，消痰止嗽補勞傷。

麥門冬以湯潤，抽去心，焙乾。味甘，平，微寒，無毒。生函谷川谷及堤阪肥土石間。又出江寧、新安，今處處有之。冬月作實，其子圓碧。二、三月、八月、十月採根，陰乾。主心

肺虚熱，並虚勞客熱。一名羊韭、愛韭、馬韭、羊蓍、禹葭。使。地黄、車前為使。惡款冬。畏木耳、苦參、青蘘。　麥門冬子味甘平，止嘔除煩更益精。解渴益心通結氣，又攻勞熱治時行。

獨活味苦、甘，平，微溫，無毒。生雍州川谷及隴西、南安。今蜀漢者為佳。與羌活同類，但紫色而節密者為羌活，黄色而作塊者為獨活。春生苗葉如青麻。六月開花黄紫。二月、八月採根，曝乾。治風用獨活，治水用羌活。一名羌青、護羌使者、獨搖草。君。豚實為使。　獨活羌活本來同，主療筋拳及痛風。眼赤頭疼並水氣，用之俱各有神功。

車前子微炒燥。味甘、鹹，寒，無毒。生真定平澤丘陵阪道中。今江湖淮甸、近京、北地處處有之。春生苗葉，布地如匙面。花甚細，色微赤，然實如葶藶。五月五日採，陰乾。主氣癃，利小便，滑胎，強陰益精。一名芣苡、當道、蛤蟆衣、牛遺、馬舄。君。常山為使。　車前子性能通利，治瀉能令水穀分。明目去風除熱毒，婦人難產用為君。

木香不見火，細剉，日乾。味辛，溫，無毒。生永昌山谷。今惟廣州舶上有來者，他無所出。當以昆侖舶上來，形如枯骨者良。今江淮間亦有一種青木香，亦治氣，主九積心痛，血氣痛，痃癖癥塊，心腹匿痛。一名蜜香。君。陳皮、肉豆蔻、生薑為之使。　木香枯骨者為良，可作癥瘕吐瀉方。止痢建脾消毒腫，更除冷氣入膀胱。

薯蕷味甘，溫，平，無毒。生嵩高山谷。今北都、四明者為佳。春生苗，蔓延籬，莖紫色，葉青，有三尖角，似牽牛，厚而光澤。東山、南江皆掘食以充糧。南康者大而美。二月、八月採根，曝乾。主補勞傷，補心氣不足。一名山芋、玉延。臣。紫芝為之使。惡甘遂。　薯蕷俗名山藥是，能安魂魄鎮心神。補虛下氣強筋骨，又治腰疼又益身。

薏苡仁糯米同炒熟，去米。味甘，微寒，無毒。生真定平澤及田野。今所在有之。生交阯者子最大。春生苗葉，高三四尺，葉如黍，開紅白花，作穗子。五月、六月結實，青白色。八月採實。採根無時。一名解蠡、屋菼、起實、薏珠子。凡使勿用糯米，若薏苡仁，味甘，咬粘齒者真。　薏苡甘寒治熱風，筋攣骨痛大能攻。更除肺氣痿癰病，馬援曾收毒腫功。

澤瀉味甘、鹹，寒，無毒。生汝南池澤。今山東、河、陝、江、淮亦有之。以漢中者為佳。形大而長，尾間有兩歧。春生苗，在淺水中。葉以牛舌草，秋時開白花。五月、六月、八月採根，陰乾。主利停水，腎虚精自出。一名芒芋、鵠瀉。君。畏海蛤、文蛤。　澤瀉鹹寒止泄精，頭旋消渴耳虛鳴。治淋宣逐膀胱水，多服令人眼病生。

遠志去骨，甘草湯浸，漉去，烘乾。味苦，溫，無毒。生太山及冤句川谷。今河、陝、京西有之。苗名小草，似麻黄而青。三月開白花，四月採根葉，陰乾。主利九竅，益精補陰氣，止虚汗。一名棘菀、葽繞、細草。君。得茯苓、冬葵子、龍骨良。殺天雄、附子毒。畏真珠、藜蘆、齊蛤。　遠志能令智慧生，去除鬲氣定心驚。葉名小草尤堪用，一體能收夢洩精。

草龍膽去蘆，剉碎，甘草湯浸，漉出，日乾。味苦，寒、大寒，無毒。生齊朐山谷及冤句。今出近道，吳興為勝。狀如牛膝，味甚苦。四月生葉，如柳而細。莖如小竹枝。七月開花，如牽牛花，青碧色。八月採根，陰乾。主益肝明目，治疸。一名陵游。君。小豆、貫眾為使。惡防葵、地黄。　龍膽主除溫熱病，亦堪止痢殺疳蟲。益肝明目除驚惕，治疸尤能奏大功。

細辛揀去雙葉及頭土，水浸一宿，漉出曝乾。味辛，溫，無毒。生華陰山谷。今處處有之，以華州為勝。根細，味辛如椒，葉如葵，葉黑色。二月、八月採根，陰乾。相似杜衡，葉形如馬蹄者，杜衡也。一名小辛。臣。曾青、棗根為之使。惡狼毒、山茱萸、黄耆。畏消石、滑石。反藜蘆。　細辛下氣更溫中，主治拘攣痛痹風。明目破痰除腦痛，婦人血閉亦能通。

石斛去頭土，酒浸，漉出，日乾。味甘，平，無毒。生六安山谷石上。今荆湖、川、廣、溫、台州皆有之，以廣南為勝。五月生苗，莖似竹節，間出碎葉。七月開花，十月結實。生石上，名石斛。生櫟木上，名木斛。一名林蘭、禁生、杜蘭、石蓫。以陸英為使。惡寒水石、巴豆。畏殭蠶、雷丸。　金釵石斛平無毒，溫壯元陽入腎家。膝痛腰疼為要藥，更平胃氣逐虛邪。

巴戟天去心，酒浸一日，焙乾。味辛、甘，微溫，無毒。生巴郡及下邳山谷。今河東、江淮皆有之，不及蜀川者佳，葉似茗，經冬不凋。苗名三蔓草，根細小，連珠，色紫。搥破，其中紫色。又有微白糝如粉者，真也。二月、八月採根，陰乾。覆盆子為之使。惡雷丸、丹參。　連珠巴戟除風藥，療種強筋補五勞。虛損病人如得此，夢中無復鬼相交。

升麻味苦，平，微寒，無毒。生益州及蜀漢、陝西、淮南州郡皆有之，以蜀川者勝。春生苗，高三尺，葉似麻葉，青色。四五月著花，似粟穗，白色。六月後結實，黑色。根紫如蒿，根多鬚。二月、八月採根，日乾用。　升麻無毒解百毒，時氣傷寒用最宜。除熱去風攻齒痛，班瘡疹痘更能醫。

藍實味苦，寒，無毒。處處有之，人家蔬圃作畦種蒔。三四月生苗，高二三尺，葉似水蓼，花紅白色，實似蓼子而大。五月採實。按藍可為澱。一名馬藍。又有蓼藍，但可染碧而不堪作澱。其葉汁殺百藥毒，解狼毒、射罔毒。　藍實苦寒能解毒，若研生汁用尤良。造成青澱雖堪染，亦治丹疳熱腫瘡。

芎藭味辛，溫，無毒。蘼蕪即其苗也。生冤句及陝關，蜀川、江東有之，以蜀川者勝。

葉似芹、胡荽、蛇床，作叢而莖細，葉香。或蒔於園庭，則芬香滿徑。七八月開白花，根堅，黃黑色。九月、十月採，日乾。形如雀腦者佳。白芷為之使。　芎藭明目治頭疼，主療筋攣痹痛風。行血破癥除吐衄，瘡家止痛更排膿。

黃連去鬚，剉用。味苦，寒，微寒，無毒。生巫陽及蜀郡、太山。今江、湖、荆、夔州皆有，以宣城者為佳。施、黔次之。葉似甘菊。四月開黃花，六月結實，似芹子，色黃。二月、八月採根。一名王連。臣。黃芩、龍骨、理石為之使。惡菊花、芫花、玄參、白鮮。畏款冬。勝烏頭。解巴豆毒。　黃連點眼能除熱，更治消中療口瘡。止痢厚腸攻腹痛，小兒疳氣用尤良。

卷柏去下近石有沙土處用。溫，平，微寒，無毒。生常山山谷石間。今關、陝、沂、兗諸州亦有之。宿根紫色，多鬚。春生苗。似柏葉而細碎，拳攣如雞足。青黃色，高三五寸。無花，子多生石上。五月、七月採，陰乾。久服令人好容體。一名萬歲，豹足，求股，交時。君。

卷柏強陰溫水臟，主除邪氣治頭風。女人寒熱陰中痛，血閉癥瘕最有功。

絡石味苦，溫，微寒，無毒。生太山高山巖石上，今在處有之。生陰濕乾處。寺院亭圃山石，種以為飾。葉圓如細橘，長青，冬夏不凋。其莖蔓延，莖節著處生根鬚，包絡木石。正月採。一名石鯪，石蹉，略石，明石，領石，懸石，亦名薜荔。杜仲、牡丹為使。惡鐵落。畏貝母、菖蒲。　絡石為君即石鯪，龍鱗薜荔亦其名。　主除風熱癰瘡腫，通利咽喉去大驚。

白蒺藜木臼舂令刺盡，酒浸炒用。味苦，辛，溫，微寒，無毒。生馮翊平澤或道傍。布地蔓生細葉，子有三角刺，《詩》所謂牆有茨是也。主治風。又一種出同州沙苑牧馬處，黃紫花，作莢，結子如羊內腎。主補腎。一名旁通，止行，豺羽，升推。七八月採實，曝乾。君。烏頭為使。　蒺藜味苦消癰腫，風癢陰疼作浴湯。破血催生除積聚，更攻頭痛治頭瘡。

黃耆擘開蜜塗，炙微赤，焙乾。味甘，微溫，無毒。生蜀郡、白水、漢中、河東、陝西諸郡，以隴西洮陽為勝。今出原州及華原、綿上憲水為良。根長二三尺，獨莖作叢，生枝幹，去地二三寸，葉似羊齒。八月中採根，陰乾。一名戴椹，蜀脂，王孫。惡龜甲、白鮮皮。　黃耆補損更調中，止痛排膿療耳聾。更主虛勞兼盜汗，強筋治渴有神功。

肉蓯蓉湯洗，刮去粗鱗皮，酒浸，漉出焙乾。味甘，酸，鹹，微溫，無毒。生河西山谷及代郡雁門，多馬處便有。言是野馬精落地所生。生時似肉，作羹，補虛最佳。或疑其初生於馬瀝，後乃滋殖。草蓯蓉：亦主溫補。五月五日採，陰乾。臣。又有花蓯蓉，是春抽苗者，力不及此。　肉蓯蓉是馬精生，主療勞傷補益精。女子絕陰令有子，男人陽絕亦能興。

防風去蘆及叉頭、叉尾者，洗，剉，焙乾。味甘，辛，溫，無毒。生沙苑川澤及邯鄲、琅琊、上蔡。今京東、淮、浙、齊州、淄、兗、青三郡皆有之。葉似牡蒿、附子苗。二月、十月採根，暴乾。一名銅芸，茴草，百枝，屏風，蕳根，百蜚。臣。得澤瀉、藁本療風，得當歸、芍藥療婦人子藏風。殺附子毒。惡乾薑、藜蘆、白斂。　防風能解附子毒，主治三十六種風。明目治瘡除腦痛，理勞去汗療崩中。

蒲黃隔三重紙，炒令黃色。味甘，平，無毒。生河東及南海池澤，今處處有之，惟太山者為良。香蒲即蒲黃苗也。春初生嫩葉，至夏抽梗于叢葉中，花抱梗端，蕊屑細若金粉，乃黃也。四月採。破血消腫即生用，補血止血即炒用。君。凡使勿用松黃。味澀者，松黃也。

蒲黃無毒味甘平，行血如何又治崩？炒過用之方補澀，若還生用即通經。

續斷酒浸，漉出，焙乾。味苦，辛，微溫，無毒。生常山山谷，今陝西、河中、興元、越、晉州皆有之。三月後生苗，幹四稜，似苧麻，葉兩兩相對。四月開花紅白色，根如大薊，赤黃色。七月、八月採，陰乾。一名龍豆，屬摺，接骨，南草。君。地黃為使。惡雷丸。但以節節斷、皮黃皺者真。　煙塵續斷除腰痛，主療勞傷破毒癰。又治金瘡並折跌，更安胎產與崩中。

漏蘆細剉，拌甘草炒，去甘草用。味苦，鹹，寒，大寒，無毒。生喬山山谷，秦州、海州。今曹、兗州下濕地最多。葉如角蒿，花黃生角。七八月採莖，陰乾。俗中取根，名鹿驪根。用苦酒摩，以療瘡疥。一名野蘭。君。連翹為使。凡使勿用獨漏，緣似漏蘆，只是味苦酸可別耳。　漏蘆專主通行乳，亦有醫瘡療眼功。理損續筋除熱毒，並消瘰癧與腸風。

決明子味鹹，苦，甘，平，微寒，無毒。生長安、龍門川澤。今處處有之。以廣、桂州者為佳。今人家園中亦種之。夏初生苗，高三四尺許，根帶紫色，葉如苜蓿而大，七月有黃白花，其子作穗，如青綠豆。十月十日採，陰乾。臣。蓍實為使。惡大麻子。石決明是蚌蛤，別出魚部。　決明能主肝家熱，明目驅風最有功。塗貼太陽除腦痛，鼻洪則貼腦心中。

丹參味苦，微寒，無毒。生桐柏山川谷及太山，陝西、河東、隨州諸郡皆有之。今近道處處皆有。二月生苗，高一尺許，莖幹方稜，青色，葉生相對如薄荷而有毛。三月開紅紫花，五月採根，曝乾。浸酒，治風軟腳，可逐奔馬，故名逐馬。一名赤參。臣。畏鹹水。反藜蘆。

丹參益氣攻煩蒲，補血安胎利月經。更治腸鳴如走水，去除積聚破瘕癥。

五味子揀去枝梗，捶碎用。味酸，溫，無毒。生齊山山谷及代郡，河東、陝西，今杭越間亦有之。春初生苗，赤蔓延于高木，葉尖圓。三四月開黃白花，十月成實，生青熟紅紫。八月採，陰乾。今出高麗為上，青冀次之。一名莖猪，會及，玄及。君。蓯蓉為使。惡萎蕤，勝烏

頭。　五味酸甘鹹苦辛，補虛下氣號為君。能消酒毒並痰嗽，止渴生精及壯筋。

蛇床子揀去枝梗。味苦、辛、甘，平，無毒。生臨淄川谷及田野。今揚州、襄州者良。三月生苗，高二三尺。葉小青作叢，似蒿蕪。五月開白花，結子如黍米，百餘同一窠，似馬芹。五月採實，陰。《爾雅》名盱。一名蛇米、蛇粟、虺床、思益、繩毒、棗棘、牆蘼。君。惡牡丹、巴豆、貝母。　苦甘無毒是蛇床，逐痹除風治惡瘡。陰內腫疼並濕癢，女男浴洗好煎湯。

地膚子味苦，寒，無毒。生荊州平澤及田野。今蜀川、關中近地皆有之。初生薄地，根形如蒿，莖赤葉青，大如荊芥。三月開黃白花，八月、九月採實，陰乾。主去皮膚中熱，散惡瘡疝瘕，強陰，久服耳目聰明，輕身耐老。一名地葵、地麥、益明、掃帚草。君。　地膚子即落帚子，主療膀胱利小便。更治熱風明眼目，益精補氣入湯圓。

景天味苦、酸，平，無毒。生太山川谷，今南北皆有之。人家多種於中庭。或盆盛，植於屋上，云可辟火。春生苗，葉似馬齒莧而大，作層而上。莖極脆弱，夏中開紅紫碎花，秋後枯死。四月四日、七月七日採，陰乾。主小兒丹腫火瘡。花：主女人漏下，輕身明目。君。　景天即是慎火草，主治勞煩大熱瘡。風疹赤丹研汁傅，女人漏下用花良。

茵陳蒿去根土，細剉，焙乾，勿令犯火。味苦，平，微寒，無毒。生太山及丘陵坡岸上。今在處有之。南方醫人但用山茵陳，而《本草》但有茵陳蒿，即無山茵陳之名。蒿葉似蓬蒿而緊細，莖冬不死，春又生。今山茵陳乃出和州及南山嶺上。五月及立秋採，陰乾。使。　茵陳蒿苦除邪熱，時氣天行最有功。主治通身黃疸病，秖緣能使小便通。

沙參味苦，微寒，無毒。生河內川谷及冤句般陽續山。今出淄、齊、潞、隨、華州，而江淮、荊湖州郡或有之。苗長一二尺，叢生崖壁間。葉如枸杞而有叉牙。七月開紫花，根如葵根，筯許大，赤黃色。二月、八月採根，曝乾。一名苦心、虎鬚、白參、識美、文希。臣。惡防己。反藜蘆。　沙參主血攻寒熱，益氣除驚及補中。大止頭疼心腹痛，又消瘡腫又排膿。

王不留行酒蒸一伏時，下漿水浸一宿，焙乾。味苦、甘，平，無毒。生太山山谷。今江浙及并河近處皆有之。苗莖青，高七八寸，根黃如薺根，葉尖如小匙頭。四月開花如菘子狀。五月採苗，曬乾，俗謂之剪金草。主癰疽惡瘡，婦人難產。一名禁宮花、剪金花。　王不留行味苦平，剪金花即是其名。金瘡止血仍除痛，婦女催生利月經。

黃精南北皆有之。三月生苗，高一二尺，葉如竹葉而短，兩兩相對；莖梗柔脆，本黃末赤。四月開細青白花，如小豆花狀。子白如黍，亦有無子者。根如嫩生薑，黃色。八月採根，九蒸九晒，食之駐顏。入藥生用。然與鉤吻相似，但一善一惡，要仔細辨認，切勿誤用。　黃精無毒味甘平，久服延年不老神。益氣補中安五臟，勿將鉤吻誤傷人。

萎蕤味甘，平，無毒。生太山山谷。今舒州及漢中、閩地皆有之。葉狹而長，表白裏青，似黃精，莖幹強直似竹竿，有節，根黃，多鬚，大如指，長尺餘。三月開青花，結圓實。立春後採根，陰乾用之，與女萎一物二名。主傷寒風溫最良。凡用勿誤用黃精、鉤吻。　萎蕤根葉似黃精，可治腰疼濕氣蒸。手足拘攣枯痹弱，風溫賴此得功名。

菴藺處處有之。春生苗葉如艾蒿，高二三尺。七月開花，八月結實，十月採，陰乾。無毒。荊實、薏苡為之使。人家多種此以辟蛇。　菴藺子味苦微寒，瘀血能消水氣寬。久服輕身明眼目，風寒濕痹盡皆痊。

菥蓂子無毒。處處有之。似薺菜，故一名大薺。得荊實、細辛良。惡乾薑、苦參。四五月採，曬乾。一云苦參為使。能治肝家積聚，目赤腫。　菥蓂微溫味氣辛，末之點眼令光明。能安五臟輕身體，心腹腰疼益婦人。

天名精味辛、甘，寒，無毒。一名蝦蟆藍。夏秋抽條，頗似薄荷。花紫白色，葉如菘葉而小，故南人謂之地菘。五月採，陰乾用。垣衣為之使。　天名精本出平原，瘀血癥瘕破令寬。更療金瘡攻瘻痔，消除煩渴利漩難。

茜草一作蒨，即今染絳茜草也。生喬山山谷。今近處皆有。葉似棗葉而頭尖下闊，三五葉對生節間。其苗蔓延草木上，根紫色。二三月採根，日乾。無毒。畏鼠姑。　茜根味苦性微寒，中蠱能消吐爛肝。吐血不甯羅末服，風寒濕痹盡調痊。

忍冬味甘，溫，無毒。處處有。淩冬不凋。其藤左繞，附樹延蔓，或園牆籬上，藤方而紫，葉似薜荔而青。三月開花，五出，微香，蒂帶紅。花初開則色白，經一二日則色黃，故名金銀花。十二月採，陰乾用。　忍冬草即鷺鷥藤，花比金銀蔓左纏。瘡腫癰疽為要藥，誰知至賤有高能。

營實味酸，溫。一云微寒，無毒。即薔薇也。莖間多刺，蔓生。子若杜棠子。其花有百葉，有八出、六出，或赤或白。八九月採實，以白花者良。根莖葉亦可煮作飲。　營實草本即薔薇，瘍毒癰疽性可追。兼療金瘡傷撻肉，腸風血痢亦能祛。

乾薑炮令裂用。味辛，溫，大熱，無毒。生犍為山谷及荊州、揚州。今處處有之，臨海章安者為良。苗高二三尺，葉似箭竹葉，兩兩相對。八九月採根，於長流水洗過，日曬乾。主消痰下氣，霍亂，腰痛，反胃乾嘔，止唾血。臣。秦椒為使。殺半夏毒。惡黃芩、黃連。　乾薑治欬除胸滿，逐散渾身濕痹風。止痢溫中仍止血，更除霍亂腹心疼。

生薑味辛，微溫，無毒。處處有之，以漢、溫、池三州者勝。九月採。用熱即去皮，用冷即留皮。主去痰下氣，除壯熱，治轉筋，心滿，吐瀉，乾嘔，傷寒頭疼鼻塞。久服去臭氣，通神

明。其使與乾薑同。

生薑為使味辛溫，下氣除痰治胃翻。發散傷寒除欬逆，嘔家聖藥不虛言。

葈耳實採得去心，取黃精，用竹刀細切，拌蒸，從巳至未。去黃精，取出，陰乾用。味苦、甘，溫，小毒。今處處有之。《詩》謂之卷耳。葉青白，似胡荽，白花細莖。其實多刺，因羊過之，惹其背，故名羊負來。實熟時採。

葈耳實名蒼耳是，主除攣痹濕風寒。涼肝明目攻頭痛，單治諸風葉一般。

葛根味甘，寒，無毒。生汶山川谷。今處處有之。江浙尤多。今以南康廬陵者為勝。春生苗，引藤蔓，長一二丈，葉頗似楸葉而青。七月著花似豌豆花，不結實。根形如手臂，生土中。五月採根，晒乾。主傷寒壯熱，一名雞齊根、鹿藿、黃斤。殺野葛、巴豆、百藥毒。能解酒毒。

葛根無毒解諸毒，發散傷寒治熱狂。開胃解酲除嘔逆，更醫消渴療金瘡。

栝樓根味苦，寒，無毒。生洪農川谷及山陰地。今所在有之。實名黃瓜，《詩》所謂果蓏之實是也。三四月生苗，引藤蔓，葉如甜瓜葉，有細毛。七月開花，淺黃色。實大如拳。根亦名白藥。主消渴，癰疽，痔漏。一名地樓、天瓜、澤菰。枸杞為使。惡乾薑。畏牛膝、乾漆。反烏頭。

栝樓一本號天瓜，除熱生津入渴家。并治乳癰疽痔漏，補勞潤肺實尤佳。

苦參用米泔浸，漉出，焙乾。味苦，寒，無毒。生汝南山谷及田野。今近道處處有之。春生苗，葉碎、青如槐葉，開黃白花。七月結實如小豆。根黃色。八月、十月採，日乾。主熱毒風，赤癩眉脫，殺疥蟲。一名水槐、苦蘵、驕槐、虎麻、地槐。玄參為使。惡貝母、漏蘆、菟絲。反藜蘆。

苦參味苦殺疳蟲，逐水消癰更補中。止渴療瘡通結氣，又除積聚治腸風。

當歸去蘆，酒浸，焙乾。味苦、辛，溫、大溫，無毒。生隴西川谷。今川蜀、陝西諸郡，江寧、滁州皆有之。以蜀中為勝。春生苗，葉有三瓣。七八月開花，似蒔蘿，淺紫色。根黑黃色。二八月採根，陰乾。一名乾歸。又有蠶頭、馬尾二種。臣。惡藺茹。畏菖蒲、海藻、牡蒙。

當歸歸血所當歸，胎產虛勞各得宜。用尾要知能破血，用頭止血不須疑。

麻黃去根、節，剉，煮十餘沸，掠去沫，焙乾用。味苦，溫、微溫，無毒。生晉地及河東。今近京多有之。以滎陽、中牟者為勝。春生苗，至夏則長及一尺，梢上有黃花。結實如百合瓣而小。立秋後收採，陰乾。一名卑相、龍沙、卑鹽。君。厚朴為之使。惡辛夷、石韋。

麻黃發汗攻頭痛，表散風寒破積堅。治瘧消斑除咳逆，若還止汗用其根。

通草去皮、節用。味辛、甘，平，無毒。生石城山谷及山陽。今澤、潞、漢中、江淮、湖南州郡亦有之。生作藤蔓，大如指。其莖乾大者徑三寸，每節有二三枝，枝頭出五葉，類石韋。今俗間造花通草，乃通脫木也。非此木通。主五淋，利小便，開關格。一名附支、丁翁。臣。

通草元來即木通，治淋通利小腸中。散癰療疽除煩熱，又出音聲治耳聾。

芍藥味苦、酸，平、微寒，有小毒。生中岳川谷及丘陵。今處處有之。春生紅芽，作叢。莖上三枝五葉，高一二尺。夏間開花。根有赤白二種。白者止痛散血，赤者利小便下氣。八月採根，日乾。一名白木、餘容、犂食、解倉。臣。雷丸為使。惡石斛、芒消。畏消石、鱉甲。反藜蘆。

芍藥為臣味苦平，白堪止痛赤通經。補勞消血攻胎產，除熱能令眼目明。

瞿麥只用實殼，不用莖葉。味苦、辛，寒，無毒。生太山川谷。今處處有之。高一尺餘。葉尖小青色，根紫黑色，形如細蔓菁。花似映山紅。七月結實作穗。立秋採實，陰乾。主關格秘結。一名巨句麥、大菊、大蘭。蘘草、牡丹為之使。惡螵蛸。

瞿麥主通關格病，小便癃結可宣行。決癰明目能除翳，墮子催生利月經。

玄參採後用蒲葉膈蒸一伏時，曬乾用。味苦、鹹，微寒，無毒。生河間及冤句。今處處有之。二月生苗，葉似脂麻。七月開花，青碧色。八月採根，日乾。一名重臺、鹿腸、正馬、玄臺。又名逐馬。主腹中寒熱積聚，散癭瘤、癥、喉痛。惡黃耆、乾薑、大棗、山茱萸。反藜蘆。

玄參寒苦除風熱，補腎令人眼目明。散核消癰攻腹痛，更醫喉痛去堅癥。

秦艽味苦、辛，平，微溫，無毒。生飛鳥山谷。今河陝州軍多有之。根土黃色，相交糾，長一尺已來，粗細不等。枝幹高五六寸，葉婆娑，連莖梗俱青色，如萵苣葉。六月開紫花，當月結子。二月、八月採根，日乾。主傳屍骨蒸。一名秦爪。菖蒲為之使。

秦艽能治濕寒風，勞熱時行亦善攻。治疸消浮何以用？蓋緣能使小便通。

百合味甘，平，無毒。生荊州川谷，今近道處處有之。春生苗，高數尺，幹粗如箭，四面有葉如雞距。四五月開紅白花，如石榴嘴而大。根如葫蒜，重疊生二三十瓣。二月、八月採根，曝乾。一名重箱、摩羅、中逢花、強瞿。使。此藥有二種，一種葉大，莖長，根粗，花白，不入藥。

百合甘平除熱咳，安心定膽治邪癲。更攻發背醫瘡癰，消脹仍通大小便。

知母味苦，寒，無毒。生河內川谷。今瀕河諸郡及解州、滁州亦有之。根黃色，似菖蒲而柔潤。葉至難死，掘出隨生，須燥乃止。四月開青花。八月結實。二月、八月採根，曝乾。一名蚳母、連母、野蓼、地參、水參、貨母、蝭母、女雷、女理、兒草、鹿列、韭逢、東根、水須、沉燔。君。

薑皮知母能除熱，主療虛浮治口乾。止嗽消痰潤心肺，亦醫久瘧及傷寒。

貝母灰中灼裂，去心用。味辛、苦，平，微寒，無毒。生河中、江陵府，郢、壽、隨、鄭、蔡、

潤、滁州皆有之。二月生苗，葉隨苗出，似蕎麥。七月開碧綠花。根有瓣子，黃白色，如聚貝子。十月採根，曝乾。一名空草、苦菜、商草、勤母。臣。厚朴、白薇為使。惡桃花，畏秦艽、礬石、莽草。反烏頭。　具母能消煩鬱氣，亦能止咳治傷寒。商人瘡毒如人面，此藥才施病即安。

白芷味辛，溫，無毒。生河東川谷下澤。今所在有之，吳地亦多。根長尺餘，白色，枝幹去地五寸。春生葉，相對婆娑，紫色，闊三指許。花白微黃，入伏後結子，立秋後苗枯。二月、六月採根，曝乾。一名芳草、白茝、苻離、澤芬。君。當歸為之使。惡旋覆花。　太平白芷治風邪，大止頭疼及眼花。明止治崩通血脈，排膿止痛入瘡家。

淫羊藿用羊脂拌炒。味辛，寒，無毒。生上郡陽山山谷。今江東、陝西、泰山、漢中、湖湘間皆有之。此草似杏藥，上有刺；莖如粟杆，根紫色，有鬚。四月開紫白花，五月採葉，日乾。俗名仙靈脾，亦名剛前。服此使人好為陰陽。紫芝、薯蕷為之使。得酒良。　仙靈脾即淫羊藿，羊食多淫故得名。主治冷風勞氣病，絕陽不起亦能興。

黃芩去心，剉，微炒用。味苦，平，大寒，無毒。生秭歸川谷及冤句。今川蜀、河東、陝西近郡皆有之。葉細長，兩葉相對，作叢生。亦有獨莖者。今出宜州、鄜州、涇州者佳。兗州次之。二月、八月採根，日乾。一名腐腸、經芩。臣。山茱萸、龍骨為之使。惡葱實。畏丹砂、牡丹、藜蘆。　黃芩主熱除黃疸，止痢通淋治惡瘡。女子崩中並血閉，小兒腹痛用尤良。

狗脊猛火燎去毛盡淨。味苦，甘，平，微溫，無毒，生常山川谷。今太行山、淄、溫、眉州亦有。根黑色，長三四寸，兩指許大。苗尖細碎，青色，高一尺已來。無花，其莖葉似貫眾而細，其根長而多歧，似狗脊骨。三月、八月採根，曝乾。一名百枝、強膂、扶筋。萆薢為使。惡敗醬。　狗脊其形如狗脊，主除寒濕痹周身。更攻腳弱腰疼痛，補益諸虛利老人。

茅根味甘，寒，無毒。生楚地山谷田野。今處處有之。春生苗，布地如針，俗間謂之茅針。夏生白花，茸茸然，至秋而枯。其根至潔白，亦甚甘美可啖。六月採根用，一名蘭根、茹根、地菅、地筋、兼杜。主勞傷，補中益氣，血閉寒熱，利小便，除客熱，及婦人崩中。臣。茅根通血除煩渴，通利溲便治五淋。吐衄灸瘡花更效，金瘡挼傳用茅針。

紫菀淨洗去土，微炒。味苦，辛，溫，無毒。生房陵山谷及真定、邯鄲。今耀、成、泗、壽、台、孟州，興國軍皆有之。三月布地生苗，其葉三四相連。五六月開黃紫白花，根甚柔細。二三月採根，陰乾。白花不入藥。一名紫蒨、青苑。臣。款冬為使。惡天雄、瞿麥、雷丸、遠志。畏茵陳蒿。　紫菀苦溫安五臟，主通結氣滯胸中。補虛止渴消痰喘，久嗽能除唾血膿。

紫草味苦，寒，無毒。生碭山山谷及楚地。今在處有之。人家園圃中或種蒔。其根所以染紫也。苗似蘭香，節青。二月有花紫白色，秋實白。三月採根，陰乾。今出襄陽，多從南陽、新野來。一名紫丹、紫芙。《爾雅》謂之藐，《廣雅》謂之茈萸。　紫草苦寒通九竅，煎膏可療小兒瘡。更除腫疸宣淋閉，疹痘時行用煮湯。

白鮮皮味苦，鹹，寒，無毒。生上谷川谷及冤句。今河中、江寧府、滁、潤州亦有之。苗高尺餘，莖青，葉稍白，如槐，亦似茱萸。四月開花，淡紫色，似小蜀葵。根似蔓菁，皮黃白而心實。四月、八月採根，陰乾。一名白羶。臣。惡螵蛸、桔梗、茯苓、萆薢。　白鮮除疸通淋瀝，主療風癱起止難。又治疥瘡諸熱毒，女人陰痛小兒癎。

酸漿味酸，平，寒，無毒。生荊楚川澤及人家田園中，今處處有之。苗似水茄而小，實作房如囊，囊中有子如梅李大，皆赤黃色。小兒食之，可除熱。五月採，陰乾。一名醋漿。苦蒧之苗如天茄子，結青殼，殼中子大如櫻，櫻中復有細子如落蘇子，即苦蒧也。　酸漿主熱除煩滿，通利諸淋又治崩。婦女產難胎不下，若吞其實即時生。

藁本味辛，苦，溫，微溫，微寒，無毒。生崇山山谷。西川、河東州郡及兗州、杭州皆有之。葉似白芷，香又似芎藭，但芎藭似水芹而大，藁本葉細耳。根上苗下似禾槁，故以名之。正、二月採根，曝乾，三十日成。一名鬼卿、地新、微莖。臣。惡蘭茹。畏青葙子。　藁本除風入四肢，更除頭痛長膚肌。婦人主療陰寒痛，沐藥仍能去面脂。

石韋拭去黃毛，羊脂拌炒用。味苦，甘，平，無毒。生華陰山谷石上，不聞水及人聲者良。今晉、絳、滁、海、福州、江寧府皆有之。叢生石上，葉如柳，背有毛而斑點如皮。二月、七月採葉，陰乾。一名石皮、石韉。之夜反。使。滑石、杏仁為之使。得菖蒲良。　石韋主熱除邪氣，通透膀胱利小便。若不去毛射人肺，令人咳嗽病難痊。

白薇去苗，糯米泔浸，蒸過用。味苦，鹹，平，大寒，無毒。生平原川谷。今陝西諸郡亦有之。莖、葉俱青，頗類柳葉。六七月開紅花，結實。根黃白色，狀如牛膝而短小。三月三日採根，陰乾。一名白幕、薇草、春草、骨美。臣。惡黃耆、大黃、大戟、乾薑、乾漆、山茱萸、大棗。　白薇葱管者為奇，主治風狂忽不知。更療傷中淋露病，並除溫瘧發無時。

萆薢淨洗，酒浸，焙乾。味苦，甘，平，無毒。生真定山谷。今河、陝、京東、荊、蜀諸郡有之。根黃白色，多節。苗、葉俱青，作蔓，生葉作三叉，似山芋，又似綠豆葉。花有紅、黃、白三種。二月、八月採根，曝乾。一名赤節。薏苡為之使。畏葵根、大黃、茈胡、牡蠣。　萆薢主除腰背痛，治風寒濕痹周身。補溫水臟堅筋骨，失溺陰萎益老人。

蠡實味甘，平，溫，無毒。生河東川谷。今陝西諸郡及鼎、澧州亦有之。近京尤多。葉似薤而長厚。三月開紫碧花。五月結實作角，子如麻大而赤色有棱。五月採實陰乾，即馬藺

子也。北人音訛呼為楝子。一名荔實、劇草、三堅、豕首。　蠡實一名為馬藺，去風寒濕痹周身。更除胃熱攻喉痹，血氣崩中治婦人。

前胡去蘆。味苦，微寒，無毒。生陝西、漢、梁、江淮、荆、襄州郡，及相、孟州皆有之。春生苗，青白色，似斜蒿。七月開白花，與葱花相類。八月結實。根細，青紫色。二、八月採，日乾。凡使，勿用野蒿根。蓋野蒿味酸，前胡味甘，微苦。使。半夏為之使。惡皂莢。畏藜蘆。　前胡下氣更消痰，推致陳新用最堪。　主療傷寒寒熱病，安胎止嗽治兒疳。

水萍味辛、酸，寒，無毒。生雷澤池澤。今處處溪澗中皆有之。水萍有三種，大者名蘋，水中又有荇菜，亦相似而葉圓。又有水上小浮萍，即今溝渠間所生者。陶隱居云：按《藥錄》云：五月有花白色，即水中大萍也。一名水花、水白、水蘇。三月採，曝乾。主時行熱病，發汗。　水萍大小分三種，止渴仍能治火瘡。　通利小便消水氣，更塗癮疹熱風狂。

王瓜味苦，寒，無毒。生魯地平澤田野及人家垣牆間。今處處有之。葉似栝樓，圓，無叉缺，有刺如毛。五月開黄花，花下結子如彈丸，生青熟赤。根似葛，細而多糝，謂之土瓜。三月採根，陰乾。一名土瓜。主潤心肺及肺痿吐血，腸風瀉血，赤白痢。　王瓜本即土瓜名，主療陰人乳不行。治渴散癰除疸病，並消癥血及通經。

地榆味苦、甘、酸，微寒，無毒。生桐柏及冤句山谷。今處處有之。三月宿根發苗，初生布地，莖直，高三四尺，對對出葉，葉似榆，少狹細長，作鋸齒狀。七月開花如椹子。二月、八月採，曝乾。人以葉作飲代茶，甚解熱。得髮良。惡麥門冬。　地榆主療諸般血，止痛排膿補絶傷。帶下能除十二病，並攻熱痢治金瘡。

海藻洗去鹹味，焙乾。味苦、鹹，寒，無毒。生東海池澤。今出登、萊諸州海島中。根著水底石上，黑色，如亂髮而粗大少許。葉類水藻而大，謂之大葉藻。七月七日採根，曝乾。主癭瘤氣，頸下核，散破結氣。一名落首，藫。臣。反甘草。　海藻鹹寒主癭瘤，一般海帶更長柔。專除疝氣偏癀病，水腫逢之亦可消。

澤蘭味苦、甘，微溫，無毒。生汝南諸大澤傍。今荆、隨、徐、壽、蜀、梧州、河中府皆有。今處處自生下濕地。莖方，根紫黑色，如粟根。二月生苗，葉生相對如薄荷。七月開紫白花，萼通紫色。三月採苗，陰乾。一名虎蘭、龍棗、虎蒲。使。防己為之使。　澤蘭甘苦能行血，癰腫瘡膿可内消。更治損傷並打撲，並除身面四肢浮。

防己味辛、苦，平，溫，無毒。生漢中川谷。今黔中亦有之，但出漢中者，作車輻理解者良，黄實而香。二、八月採根，陰乾。其青白虚軟，又有腥氣，皮皺，上有丁足子，名木防己，不入藥。一名解離。君。殷孽為之使。殺雄黄毒。惡細辛。畏萆薢。　防己除風熱濕邪，四肢拘急口喎斜。並攻水腫並風腫，治嗽消痰入肺家。

款冬花味辛、甘，溫，無毒。生常山、上黨、關中有。出高麗、百濟者，根紫，莖青，葉如萆薢。有大如葵，叢生者，葉如荷而斗直，開紅花。十一月採花，陰乾。一名橐吾、顆東、虎鬚、菟奚、氐冬。君。杏仁為使。得紫菀良。惡皂莢、消石、玄參。畏貝母、辛夷、麻黄、黄耆、黄芩、黄連、青葙。　款冬花在雪中生，定喘消痰更治驚。　勞咳肺癰為要藥，洗肝可使目還明。

牡丹去心，酒拌蒸，日乾。味辛、苦，寒，微寒，無毒。生巴郡山谷及漢中。今丹、延、青、越、滁、和州皆有之。花有黄、紫、紅、白數色，名山牡丹。二月梗上生苗，三月開花。二月、八月採根，陰乾。然有二種：赤者利，白者補。一名鹿韭、鼠姑。畏菟絲子。服忌蒜。　牡丹止痛除邪氣，主療驚癇及中風。通利月經消瘀血，續筋理骨療癰膿。

天麻紙包浸濕，熱炭中煨熟用。味辛，平，無毒。生鄆州、利州、太山、嶗山。今京東、西、湖南、淮南州郡皆有。春生苗若芍藥，獨莖直上如箭竿，一名赤箭。貼莖微有尖葉，梢頭成穗開花。結子如豆粒大。五月採根，曝乾。御風草與天麻相似，但其根莖斑，葉皆白，有青點耳。　天麻通竅主諸風，濕痹拘攣亦善攻。　利膝強筋仍益氣，苗名赤箭治功同。

阿魏味辛，平，無毒。生西蕃及崑崙。今惟廣州有之。苗、葉、根極似白芷，搗根汁日煎作餅者為上。截根穿，日乾者為次。今廣州者是木膏液滴釀結成。《酉陽雜俎》云：阿魏生波斯國，呼為阿虞木。斷其枝，汁出如飴，久乃堅凝。體性極臭而能止臭，或煎蒜白為假。　阿魏無真卻有真，臭而止臭乃為珍。殺蟲下氣除癥積，並治傳屍更辟溫。

高良薑剉碎，麻油少許，拌勻，炒過。味大溫又辛，溫，大熱，無毒。舊不載所出州土。陶隱居云出高良郡，今嶺南諸州及黔、蜀皆有之。春生莖葉如薑苗而大，花紅紫色如山薑。二三月採根，曝乾使。其形氣與杜若相似，而葉如山薑。生嶺南者，形大虚軟。江左者細緊。　高良薑本出高良，下氣溫中好作湯。霍亂轉筋心腹痛，要知此藥是仙方。

百部擘開，去心，酒浸焙乾。根微溫，味苦，無毒。《唐本》云微寒、有小毒。舊不著所出州土。今江、湖、淮、陝、齊、魯州郡皆有之。春生苗作藤蔓，葉大而尖長，頗似竹葉。根下作撮如芋子，一撮十五六枚，黄白色。二月、三月、八月採根，曝乾。主欬嗽上氣。使。一名婆婦草。　百部微寒除肺熱，久年欬嗽用尤良。　疳疣疥癬皆能治，去蝨仍堪煮作湯。

蘹香子酒浸一宿，漉出，焙乾。味辛，平，無毒。《本經》不載所出，今交廣諸番及近郡皆有之。三月生葉，以老胡荽，極疎細，作叢。至五月，高三四尺。七月開花，頭如傘蓋，黄色。結實如麥而小，青色。八九月採實，陰乾。一名茴香。得酒良。　蘹香子即是茴

香，開胃調中得酒良。主治腹疼并霍亂，更通腎氣及膀胱。

紅藍花味辛，溫，無毒。生梁漢及西域。今處處有。人家場圃所種，即紅花也。冬布子熟地，至春生苗，夏乃有花作梂彙，多刺。花蕊出梂上。承露採花，採已復出，至盡而罷。梂中結實，白顆如小豆。其花曝乾，以染真紅作胭脂。一名黃藍。　紅藍花本能行血，產後昏迷用最宜。若作臙脂功又別，小兒聤耳却能醫。

大小薊根味甘，溫。《本經》不著所出州土。今處處有之。苗高尺餘，葉多刺，心中出花，頭似紅藍花，青紫色。大薊是虎薊，小薊是貓薊。二月生苗，四月採苗，九月採根，並陰乾。大薊高三四尺，葉皺，能止吐血、衄鼻，消腫。小薊高二三尺許，葉不皺。主開胃下食，退熱。不能消腫。　薊根大者治崩中，吐衄能除更療癰。小薊養精仍保血，熱風研汗有奇功。

京三稜醋煮，剉，焙乾用。味苦，平，無毒。舊不著所出地土，今河陝、江淮、荆襄間皆有之。春生苗，高三四尺，似茭蒲葉，皆三稜。五六月開花，似莎草，黃紫色。霜降後採根，如小魚狀、體重者佳。今世所用大抵皆淮南紅蒲根也。根如烏梅，有鬚相連，體輕，功用略同。

三稜專主消癥癖，更治陰人血不通。治氣補勞除撲損，產餘腹痛亦能攻。

薑黃味辛、苦，大寒，無毒。舊不載所出州郡，今江廣、蜀郡多有之。葉青綠，長一尺、二尺許，闊三四寸。春末生花，次青葉，不結實。根盤屈，黃色，似生薑而圓，有節。根、葉與鬱金相似，但花生稍異。八月採根，片切，曝乾。薑黃味辛，溫，色黃；鬱金根苦，寒，色赤，以此為別。　薑黃烈似鬱金功，理損消癰止暴風。主治癥瘕兼下氣，月經壅滯亦能通。

蓽撥味辛，大溫，無毒。生波斯國。今嶺南有之，生竹林內。正月發苗，叢生，三四尺。其莖如筯，葉青圓，闊二三寸，如桑，面光而厚。三月開白花在表，七月結子如小指大，長二寸，青黑色，類椹子。九月收採，灰殺曝乾。莖葉如蒟醬，子緊細，味大辛於蒟醬。根名蓽撥沒。　蓽撥溫中仍下氣，比之蒟醬味尤辛。主除瀉痢心胸痛，更搐頭疼效若神。

蘆薈味苦，寒，無毒。生波斯國，似黑餳。今惟廣州有來者。其木生山野中，滴脂淚而成。採之不拘時月。俗呼為象膽，以其味苦故也。一名訥會、奴會。主療五疳，殺三蟲及痔病瘡瘻，及除煩悶，胸隔間熱氣，明目，鎮心。又治小兒癲癇，驚風等疾。　蘆薈俗呼為象膽，以其味苦故名為。小兒驚熱癲癇病，瘡痔疳蟲必用之。

延胡索微炒。味辛，溫，無毒。生奚國，從安東道來，根如半夏，黃色。主破血，產後諸病因血所為者。婦人月經不調，腹中結塊，崩中淋露，產後血運，暴血沖上，因損下血，或酒摩及煮服，並能取效。　延胡索主攻心痛，又治陰人月不調。破血治崩行腎氣，氣攻膽外亦能消。

肉豆蔻麵裹，煻灰中炮熟。味辛，溫，無毒。生胡國。胡名迦拘勒。又按《廣志》生泰國及崑崙。其形圓小，皮紫緊薄，中肉辛辣。其肉油色者佳，枯白者、味薄瘦虛者下等。主調中下氣，止瀉痢，開胃消食。又治霍亂心痛，脾虛。解酒毒及小兒吐乳腹痛皆效。　肉豆蔻溫能止痢，解醒消食更調中。主除霍亂心膨痛，亦治脾虛冷氣攻。

補骨脂酒浸，漉出蒸過，日乾，鹽炒，去鹽亦得。味辛，大溫，無毒。生廣南諸州及波斯國。今嶺外山阪多有之。樹高三四尺，葉似薄荷，花微紫色，實如麻子，圓扁而黑。九月採。出廣南者色綠，南蕃者色赤。一名婆固脂、破故紙、胡韭子。忌芸薹、羊血。　補骨脂名破故紙，主攻血氣理勞傷。陽衰腎冷精流出，研爛胡桃合服良。

縮砂蜜和皮慢火炒，令熟透，去皮取仁用。味辛，溫，無毒。生南地。今嶺南山澤間有之。苗莖似高良薑，高三四尺。葉青，長八九寸，闊半寸。三四月開花在根下。五六月成實，五七十枚作一穗。皮緊厚而皺，黃赤色。七月、八月採。君。得訶子、鱉甲、豆蔻、白蕪荑等良。　縮砂下氣能消食，主療虛勞冷瀉頻。暖胃溫脾仍止痢，炒除腹痛治妊娠。

蓬莪茂醋煮，剉，焙乾用。味苦、辛，溫，無毒。生西戎及廣南諸州。今江浙亦有之。三月生苗，莖如錢大。高二三尺。葉青白色，長一二尺，大五寸，類蘘荷。五月有花。根如生薑而茂在根下，似雞鴨卵。九月採，蒸熟曝乾。此極堅硬難搗，用熱灰火煨令透，乘熱搗之即碎。　蓬莪茂治心脾痛，消血通經理內傷。痃癖奔豚諸積聚，得同酒醋乃為良。

莎草根採後用稈火燒去毛，入木臼中搗□用。味甘，微寒，無毒。舊不著所出州土，但云生田野。今處處有之。交州者根大如棗，或如杏仁。近道苗葉如薤而瘦，根如箸頭大，周匝多毛。二月、八月採。一名薃、侯莎。亦名香附子、雀頭香。主除胸腹中熱。　莎草根名香附子，主除胸腹熱無時。婦人得此為仙藥，下氣寬中用更宜。

胡黃連味苦，平，無毒。生胡國。今南海及秦隴間亦有之。初生似蘆，幹似楊柳枝，心黑外黃，不拘時月採，今小兒藥中多用之。一名割孤露澤，折之塵出如煙者為真。《唐本》又云：出波斯國。八月上旬採。惡菊花、玄參、白鮮皮。解巴豆毒。服之忌豬肉。　胡黃連主成疳痢，盜汗驚癇益小兒。折斷起煙塵者是，骨蒸勞熱用尤宜。

蓽澄茄味辛，溫，無毒。生佛誓國，今廣州亦有之。春夏生葉，青滑可愛。結實如梧桐子及蔓荆子，微大。八月、九月採之。一名毗陵茄子。又按《廣志》云：出諸海，嫩胡椒也。青時就樹採摘造之，有柄，粗而蒂圓是也。主下氣消食，心腹氣脹。　蓽澄茄子能消食，下氣寬膨用最良。不特多除脾胃病，亦能溫腎與膀胱。

甘松香味甘，溫，無毒。生姑臧。今黔、蜀州郡及遼州亦有之。叢生山野。葉細如茅草，根極繁。八月採，作浴湯，令人身體香。又按《廣志》云：生涼州，苗細，引蔓而生，叢生。葉細小。又陳藏器云：得白芷、附子良。　甘松無毒味甘香，浴體令香可浴湯。下氣更能除惡氣，腹心痛滿是奇方。

茅香花味苦，溫，無毒。生劍南諸州，今陝西、河東、京東州郡亦有之。三月生苗，似大麥。五月開白花，亦有黃花者。或有結實者，亦有無實者。並正月、二月採根，五月採花，八月採苗。其莖葉黑褐色，而花白色者，名白茅香。苗葉可煮作浴湯，辟邪氣，令人身體而香。　茅香薰體可令香，辟惡應須煮作湯。止嘔溫脾除中惡，腹心冷痛用之良。

使君子熱灰中和皮炮，去皮取仁用。味甘，溫，無毒。生交廣等州，今嶺南州郡皆有之。其葉青如兩指頭，長二寸。其莖作藤如手指。三月生花，淡紅色，久乃深紅，有五瓣。七月、八月結子，如手拇指，長一寸許。類梔子，有五棱。其殼青黑色，內有仁，白色。七月採實。　使君子乃醫蟲藥，療瀉攻疳益小兒。因郭使君專用此，後來故以此名之。

白豆蔻味辛，大溫，無毒。生伽古羅國。今廣州、宜州亦有之。呼為多骨。苗類芭蕉，葉似杜若，長八九尺而光滑。冬夏不凋，花淺黃白色。子作朵如蒲萄，生青熟白。七月採。主積冷氣，止吐逆反胃，消穀下氣。　白豆蔻溫除冷氣，調和脾胃穀能消。若人吃食欲得吐，研細仍須好酒調。

石龍芮生泰山川澤石邊。今近道處處有之。一叢數莖，青紫色。每莖三葉，其葉芮芮短小，多刻缺。子如葶藶而色黃。五月採子，二月、八月採皮，陰乾。大戟為使。畏蛇蛻、茱萸。　石龍芮苦辛無毒，濕痹風寒並主治。關節不通平胃氣，遺精腎冷亦能醫。

敗醬味苦、鹹，平，無毒。生江夏山谷。今江東近道多有。叢生，花黃，根紫色，似前胡，作陳敗豆醬氣，故以為名。八月採根，日乾。陳良甫《婦人方》說是苦蘵菜，最益婦人。　敗醬只因陳腐氣，氣同醬敗始因名。婦人產後方宜用，仲景將來療腹癰。

大青味苦，大寒，無毒。處處有之。春生青紫莖，似石竹苗葉。花紅紫色，似馬蓼。根黃。三四月採莖葉，陰乾用。傷寒方內多用之。　大青草本出荊南，最療時行口渴乾。熱毒頭疼腰脊強，古方以此治傷寒。

艾葉味苦，溫，無毒。處處有之。以復道者為佳。初春生苗莖，類蒿而葉背白，以苗短者勝。五月五日採葉，日乾，搗熟作炷，可灸百病。俗間亦有研生葉取汁用者。　艾葉依稀遍野田，灸除百病炷為丸。安胎漏血偏宜熟，下痢嘔紅可用生。

惡實一名牛蒡。味辛，平。處處有之。葉如芋而長，實似葡萄核而褐色。外殼如櫟球，小而多刺。鼠過綴惹不可脫，故謂鼠粘子，如羊負來之比。根有極大者，作菜茹益人。秋後採子入藥。亦有用根者。　惡實數來即鼠黏，補中明目療風纏。腫瘡解毒除消渴，手足筋攣可末根。

鬱金味辛、苦，寒，無毒。生廣南、江西州郡皆有之，然不及蜀中者最佳。四月初生苗，似薑黃。花白質紅，末秋出莖心，無實，根黃赤。取四畔子根，去皮，火乾之。古方稀用。今小兒方及馬醫多用之。　鬱金蟬肚者最良，下氣寬中效豈常？安驥獸醫多用此，生肌破血理金瘡。

剪草味苦，平，無毒。台、婺州皆有，惟婺州者良。狀如茜草，又如細辛。二、三月收採，日乾，用其根，名白藥。《本事方》剪草九蒸九曬，治咯血。　剪草專治疥癬瘡，婺州產者最為良。根名白藥金瘡用，末調雞子傅胎傷。

昆布無毒。出高麗。繩把索之如卷麻，作黃黑色，柔韌可食。今東海有之。青苔、紫菜輩，相似。凡海中菜，皆療癭瘤結氣。　昆布鹹酸性冷寒，能消水腫利漩難。癭瘤結硬真良劑，海藻同科氣自寬。

附子炮裂，去皮臍、尖用。味辛、甘，溫、大熱，有大毒。生犍為山谷及廣漢。今並出蜀中。冬至前種之，至次年八月後方成。苗高二三尺，莖作四稜，葉如艾，花紫碧色作穗。冬月採為附子。地膽為之使。惡蜈蚣。畏防風、黑豆、甘草、黃耆、人參、烏韭。　附子主除心腹痛，更攻欬逆破癥堅。墮胎止痢強陰道，逐散風寒濕痹攣。

烏頭炮裂，去皮臍用。味辛、甘，溫、大熱，有大毒。生朗陵山谷及廣漢。今並出蜀中。與附子同種，以元種之母為烏頭。按陶隱居云：春時莖初生，有腦，形如烏鳥之頭，故謂烏頭。四月採。○烏喙，即異名，烏頭也。使。遠志為之使。忌豉汁。　烏頭破積除寒溫，及中風邪惡見風。逐冷墮胎攻腹痛，又消痰飲滯胸中。

天雄炮裂，去皮臍尖用。味辛、甘，溫、大溫，有大毒。生少室山谷。似附子，有細長至三四寸許。二月採，陰乾。陳藏器乃云：天雄身全短，無尖，周匝四面有附子孕十一個，皮蒼色，即是天雄。陶隱居云：天雄、附子、烏頭，並出建平，謂之三建。君。遠志為使。惡腐婢。忌豉汁。　天雄功烈如烏附，逐痹除風更助陽。並出建平為道地，故名三建載醫方。

半夏沸湯洗去滑，七次，焙乾用。味辛，平；生微寒，熟溫；有毒。生槐里川谷，今在處有之，以齊州為勝。二月生苗，莖端出三葉，似竹葉而光。根下相重生，皮黃肉白。八月採根，灰裹二日，湯洗，日乾。使。柴胡為之使。惡皂莢。畏雄黃、生薑、乾薑、秦皮、鱉甲。反烏頭。　半夏生寒熟卻溫，建脾止嘔去痰涎。熟令人下生令吐，制毒生薑

合和煎。

大黃蒸過，或煻灰中炮熟用。味苦，寒、大寒，無毒。生河西山谷及隴西。今蜀川、河東、陝西諸郡有之。似牛舌、錦文者佳。正月生葉，如蓖麻，大如扇。根如芋，大者如碗。四月開黃花，似蕎麥。二月、八月採根，火乾。一名黃良。使。黃芩為之使。無所畏。 大黃駿快號將軍，不特推陳又致新。宣氣消癰除結熱，更通瘀血效如神。

葶藶紙隔炒香用。味辛、苦，寒、大寒，無毒。生槁城平澤田野。今京東、陝西、河北州郡皆有之，曹州者勝。初春生苗葉，枝莖俱青。三月開花，微黃，結角，子扁小如黍米，微長，黃色。立夏後採實，曝乾。一名丁藶、萆蒿、大適、大室。臣。得酒良。榆皮為之使。惡殭蠶、石龍芮。 葶藶辛寒能瀉肺，除痰止嗽用為良。緣何下水消浮腫？ 蓋利膀胱及小腸。

桔梗微炒。味辛、苦，微溫，有小毒。生嵩高山谷及冤句。今在處有之。根如小指頭大，黃白色。春生苗莖，高尺餘。葉似杏葉而大長，四葉相對而生。夏開花，似牽牛花，紫碧色。秋後結子。八月採根，日乾。一名利如、白藥、梗草、薺苨。臣。節皮為使。畏白及、龍眼。 桔梗能除胸脇痛，補虛益氣更溫中。咽喉痰熱尤能療，止嗽排膿治肺癰。

射干米泔浸一宿，日乾用。味苦，平，微溫，有毒。生南陽川谷田野，今在處有之。春生苗，高二三尺，葉似蠻薑而狹長。橫張疏如翅羽狀。葉中抽莖如萱草而強硬。六月開黃紅花。秋結實作房，中子黑色。根多鬚。三月三日採根，陰乾。一名烏扇、烏蒲、烏翣、烏吹、草薑。使。 射干一本名烏扇，主療咽喉痹痛差。散血通經消腫毒，清痰明目鎮肝家。

常山剉碎，酒浸一晝夜，蒸過。味苦、辛，寒，微寒，有毒。生益州川谷及漢中。今京西、淮浙、湖南州郡皆有之。葉似茗而長，兩兩相當，莖圓有節。三月生紅花，青萼。五月結實，青圓，三子為房。八月採根，陰乾。如雞骨者佳。一名互草。其苗葉即蜀漆也。忌葱。畏玉札。 常山味苦性微寒，治瘧功多大吐涎。黃細形如雞骨勝，苗名蜀漆一般看。

甘遂用甘草水浸三日，漉出曬乾。味苦、甘，寒、大寒，有毒。生中山川谷。今陝西、江東亦有之，京西為上。汴、滄、吳者為次。苗似澤漆。莖短小而葉有汁。根皮赤肉白，作連珠。又似和皮甘草。二月採根節，切之，陰乾。一名甘藁、陵藁、淩澤、主田。瓜蒂為使。畏遠志。反甘草。 赤皮甘遂能消水，利飲寬膨更破癥。主療四肢頭面腫，若逢甘草便相刑。

青葙子味苦，微寒，無毒。生平谷道旁。今江淮州郡近道皆有之。二月內生青苗，長三四尺。葉闊似柳，細軟，莖似蒿，青紅色。六七月生花，上紅下白。子黑光而扁，有似莨菪。三月採莖葉，陰乾。五六月採子。一名草蒿、萋蒿。子名草決明。思蓂子、鼠〔細〕子似之，但味不同。 青葙子主皮膚熱，又治肝經熱上沖。明目去風除瘙癢，並攻瘡痔殺三蟲。

白斂味苦、甘，平、微寒，無毒。生衡山山谷。今江淮、荆、襄、懷、孟、商、齊州皆有之。二月生苗，作蔓，赤莖。葉如小桑。五月開花，七月結實，根如鴨卵，三五枚同窠。皮赤黑，肉白。二月、八月採根，破片曬乾。一名菟核、白草、白根、崑崙。使。代赭為之使。反烏頭。 白斂止驚除目赤，專攻癰腫惡疽瘡。腸風痔瘻尤能治，女子陰中腫痛良。

白及味苦、辛，平，微寒，無毒。生北山川谷及冤句、越山。今出江淮、河陝、漢、黔諸州，近道處處亦有之。葉似杜若，根形似菱米，節間有毛。四月開紫花，七月結實，熟，黃黑色。冬凋。二月、八月採根用。一名甘根、連及草。使。紫石英為之使。惡理石。畏李核、杏仁。反烏頭。 白及主消癰腫毒，性同白斂反烏頭。去除白癬並皸裂，更療邪風緩不收。

大戟微炒。味苦、甘，寒、大寒，有小毒。生常山，今近道皆有之。春生紅芽，漸長作叢，高一尺。葉似初生楊柳。三月、四月開黃紫花，似杏。根似細苦參，皮黃黑，肉黃白色。十二月採根，陰乾。此即澤漆根也。一名邛鉅。使。小豆為之使。畏菖蒲。反甘草。惡薯蕷。 大戟苦寒除蠱毒，本功利水治諸風。苗名澤漆同消腫，甘草逢之必反攻。

茵芋味苦，溫、微溫，有毒。生太山川谷。今雍、絳、華、杭州皆有之，以彭城者為勝。春生苗，高三四尺。葉赤，莖似石榴而短厚。又似石南葉。四月開細白花，五月結實。三月、四月、七月採葉，連細莖，陰乾。或云日乾。一名莞草，一名卑共。 茵芋主除心腹痛，熱寒如瘧發無時。更通關節諸風濕，痹痛何憂走四肢。

貫眾味苦，微寒，有毒。生玄山山谷及冤句、少室山上。今陝西、河東、荆、襄諸郡亦有之。春生苗，赤，葉大如蕨。莖幹三棱，葉綠色，似小雞翎，亦名鳳尾草。根紫黑色，形如大瓜，下有黑鬚毛。又似老鴟。一名草鴟頭、貫節、百頭、虎卷、樂藻。二月、八月採根，陰乾。雚菌為使。 貫眾苦寒能散熱，主除寸白殺三蟲。破癥仍治金瘡痛，細末湯調止鼻洪。

何首烏味苦、澀，微溫，無毒。生順州河南縣。今嶺外、江南諸州皆有。今在處有之。春生苗，葉葉相對，如山芋而不光澤。其莖蔓延草木。夏秋開黃白花，結子有棱。根大如拳。有赤白二種：赤者雄，白者雌。秋冬採根，竹刀切，米泔浸，曝乾。木杵臼搗。忌鐵。一名交藤、夜合。 何首烏能黑髭鬢，因人採食得其名。主消瘰癧攻癰腫，久服延

年更益精。

商陸味辛、酸，平，有毒。生咸陽川谷。今處處有之。俗名章柳根。春生苗，高三四尺。葉青如牛舌而長。八月、九月採根，曝乾。然有青白二種：花赤者根赤，花白者根白。赤者不入藥，惟白者可服食。如人形者有神。一名葛根、夜呼、白昌、當陸。赤葛似商陸，宜辨別。　商陸人形者有神，主消水腫味酸辛。種分赤白宜詳辨，白者堪嘗赤損人。

狼毒味辛，平，有大毒。生秦亭山谷及奉高。今陝西州郡及遼、石州皆有之。苗葉似商陸，莖葉上有毛。四月開花，八月結實。根皮黃肉白。二月、八月採根，陰乾。陳而沉水者良。一名續毒。陶隱居云：與防葵同根。沉者狼毒，浮者防葵。使。大豆為之使。惡麥句薑。　狼毒味辛平有毒，陳而沉水者為良。主除咳逆並心痛，蠱毒蟲疽鼠瘻瘡。

連翹去心用。味苦，平，無毒。生太山山谷。今近京、河中府、江寧、澤、潤、淄、兗、鼎、嶽、利州，南康軍皆有之。生下濕地，或山岡上。葉青黃而狹長，如榆葉、水蘇。莖赤，高三四尺。花黃可愛。秋結實似蓮作房，翹出眾草。八月採房，陰乾。一名異翹、蘭華、折根、三廉。　連翹大小分雙種，主治癰瘡及瘻瘤。通利五淋行月水，若除心熱亦須求。

蚤休味苦，微寒，有毒。即紫河車也。俗呼重樓金線。生山陽川谷及冤句。今河中、河陽、華、鳳、文州及江淮間亦有之。苗葉似王孫、鬼臼，作二三層。六月開黃紫花，莖赤黃色，上有金線垂下。秋結紅子，根似肥薑，皮赤，肉白。四月、五月採根，日乾。一名重臺蚤休。　紫河車即線重樓，本草編名曰蚤休。主治癲癇驚熱疾，何憂弄舌與搖頭。

夏枯草味苦、辛，寒，無毒。生蜀郡川谷，今河東、淮、浙州郡亦有之。冬至後生葉，似旋覆。三月、四月開花作穗。其花紫白，似丹參花。五月便枯，故名曰夏枯草。《衍義》云：此是鬱臭。自秋便生，經冬不瘁，春開白花，中夏結子遂枯。四月採。一名夕句、乃東、燕面。土瓜為之使。　夏枯草至夏來枯，醫治頭瘡不可無。散瘻破癥通結氣，用瘡瘰癧更能除。

羊蹄味苦，寒，無毒。生陳留川澤，今所在有之，生下濕地。春生苗，高三四尺。葉狹長，頗似萵苣而色深。莖節間紫赤，花青白成穗，子三棱，有若茺蔚。夏中即枯。根似牛蒡而堅實，俗呼為禿菜。採無時。一名東方宿、連蟲陸、鬼目。　羊蹄寒苦除頭禿，世俗呼為禿菜根。療痔殺蟲攻疥癬，女人陰蝕水和煎。

威靈仙味苦，溫，無毒。生商州上洛山及華山並平澤。今陝西、河東、河北、京東、江湖州郡或有之。先眾草生，莖硬如釵股，四棱，葉似柳葉，作層。七月生淺紫花，作穗似菊花頭者。實青，根稠密多鬚。冬月丙丁戊己日採根，陰乾。以不聞水聲者良。一名能消。忌茗。　威靈仙主宣通氣，去冷消痰療折傷。更治諸風腰腳痛，並除癥癖利膀胱。

牽牛子微炒。味苦，寒，有毒。舊不著所出州土，今處處有。二月種子，三月生苗，作藤蔓，繞籬牆，高者或二三丈。其葉青，有三尖角。七月生花，微紅，帶碧色，似鼓子花。八月結實，外有白皮裹作毬，每毬內有子四五枚，如蕎麥大，有三棱。九月後收採。使。　牽牛名以牽牛得，下氣除風利小便。專治腰疼並腳痛，並消水腫落胎元。

蓖麻子和皮用鹽湯煮，去皮，研用。味甘、辛，有小毒。舊不著所出州土，今在處有之。夏生苗，葉似葎草而厚大，莖赤有節如甘蔗。高丈許，方生細花，隨便結實，上有刺。實類巴豆，青黃斑褐，形如牛蜱。夏採莖葉，秋採實，冬採根，日乾。　蓖麻子主催生產，塗腳心中速去之。瘡癢承油搽傅妙，水癥研服更為奇。

天南星熱灰中炮裂用。味苦、辛，有毒。生平澤，《本經》不載所出州土，今處處有。二月生苗似荷梗，莖高一尺。葉如蒟蒻，兩枝相抱。五月開花，似蛇頭，黃色。七月結子作穗，似石榴子，紅色。根似芋而圓。二月、八月採根。畏附子、乾薑、生薑。　天南星主中諸風，下氣除痰利膈胸。散血墮胎除腦痛，又塗傷折又消癰。

馬兜鈴微炒用。味苦，寒，無毒。生關中。今河東、河北、江淮、夔、浙州郡亦有之。春生苗如藤蔓，葉如山芋葉。六月開黃紫花，頗類枸杞花。七月結實，棗許大，如鈴，作四五瓣。其根名土青木香。七月、八月採實，曝乾。主肺氣喘急。其根名雲南根，治氣下膈，止刺痛。　馬兜鈴子如鈴狀，根即名為土木香。肺熱咳痰成喘促，瘻瘡血痔用之良。

仙茅味辛，溫，有毒。生西域及大庾嶺。今蜀川、江湖、兩浙諸州亦有之。葉青，如茅而軟，面有縱理。又似棕櫚，至冬盡枯，春初乃生。三月有花如梔子，黃，不結實。其根獨莖而直，傍有短細根相附。二月、八月採根，日乾。《圖經》云：衡山出者花碧，五月結黑子。忌鐵、牛乳。　仙茅有毒味辛溫，主療風攣腳不伸。更治虛勞並冷氣，益陽堅骨長精神。

劉寄奴採，去莖葉，只用實。酒蒸，曝乾用。味苦，溫。生江南及越州。今在處有之。莖似艾蒿，長三四尺。葉似蘭草，實長，子似稗而細，上有數穗，葉互生。《蜀本》云：葉似菊，高四五尺，花白，實黃白作穗。蒿之類也。夏收苗，日乾。六月、七月、八月採實。主破血下脹，治湯火瘡。　劉寄奴溫能破血，婦人經閉最能行。並醫湯火金瘡妙，多服令人痢疾生。

骨碎補刮去黃皮毛令盡，酒拌蒸，十日取出，日乾。味苦，溫，無毒。生江南。今淮、浙、陝西、夔路州郡亦有之。根生大木或石上，多在背陰處。引根成條，上有黃毛及短葉附之。又有大葉，面青綠色有黃點，背青白色，有赤紫點。惟根入藥。採無時。亦名胡孫薑、石

菴藺。　骨碎補能補骨碎，折傷得效故因名。更除血氣諸般痛，又治牙疼及耳鳴。

續隨子味辛，溫，有毒。生蜀郡。今處處有之。苗即大戟。初生一莖，莖端生葉，葉中復出數莖相續，花亦類大戟，自葉中抽幹而生。實青有殼，秋種，冬長，春秀，夏實。採無時。下水最速。然有毒，損人，不可過多。一名拒冬，一名千金子、聯步、菩薩豆。治水無當。忌鹽、醋百日。　聯步元來即續隨，宣通惡滯有功奇。癥瘕蠱毒兼痰癖，水氣蛇傷用更宜。

山豆根味甘，寒，無毒。生劍南山谷。今廣西亦有，以忠、萬州者佳。苗蔓如豆根，以此為名。葉青，經冬不凋。八月採根。廣南者如小槐，高尺餘。石鼠食根，故嶺南人捕石鼠，破取腸胃，曝乾，解毒攻熱甚效。　山豆根能消腫毒，急黃熱嗽用宜先。咽喉腫痛含津咽，五痔頭瘡和水研。

穀精草味辛，溫，無毒。舊不載所出州土，今在處有之。春生於谷田中，葉、幹俱青，根、花並白色。二月、三月內採花用。一名戴星草，以其葉細、花白而小圓，似星，故以名爾。又有一種，葉細，莖梗差長，有節，根微赤，出秦隴間。古方稀用。　穀精草治咽喉痹，療齒仍堪去痛風。有馬若還將餧飼，長毛更治纇間蟲。

金星草味苦，寒，無毒。生西南州郡，以戎州為上。今闕、川蜀、漢、婺諸州皆有之。喜生石上淨處，或大木下不見日處。此草惟單生一葉，色青，長一二尺。至冬葉背生黃星點子，兩行相對，因得金星之名。其根也，屈如竹根而細，有筋如猪鬃。淩冬不凋。五月採根，風乾。　金星草有金星點，專治癰疽發背瘡。為末水調乘冷服，可除丹毒解硫黃。

鶴蝨味苦，平，有小毒。生西戎。今江淮、衡湘間皆有之。春生苗，葉皺如紫蘇，大而尖長，不光。莖高二尺許，七月生黃白花，似菊。八月結實，子極尖細，乾即黃黑色。採無時。南人呼其葉為火杴。按豨薟即火杴也。雖花實相類，別是一物，不可雜用也。　鶴蝨苦平微有毒，火杴草即是其苗。蚘蟲咬嚙心疼痛，為末湯和淡醋調。

白附子於熱灰中炮裂用。味甘、辛，溫，無毒。生蜀郡。《圖經》云：本出高麗，今出涼州已西。形如天雄，生沙中。獨莖，似鼠尾草，尾生穗間。又《圖經》云：葉細，周匝生於穗間，出砂磧下濕地。今出新羅者，苗與附子相似，大溫，有小毒。三月採之。　白附子能除腹痛，更行藥勢主心疼。去除面上諸般病，又治風瘡及中風。

葫蘆巴微炒用。生廣州並黔州。或云種出海南諸番，蓋其國蘆菔子也。春生苗，夏結子，作莢。至秋採之。《本經》云：得蘹香、桃仁，主治膀胱疝氣甚效；得附子、硫黃，又治腎虛冷，腹脇脹滿，面色青黑。今人多用嶺南者。　葫蘆巴主元陽冷，硫附宜同補腎經。若得茴香桃核用，膀胱疝氣自安平。

木賊味甘、微苦，無毒。生秦、隴、華、成諸郡近水地有之。獨莖，苗如箭笴，無花。葉長尺許，叢生，寸寸有節，色青，淩冬不凋。四月採用之。得牛角䚡、麝香，治休息痢；得禹餘糧、當歸、芎藭，療崩中赤白；得槐鵝、桑耳，治腸風下血；得槐子、枳實，主痔疾出白。　木賊苦甘除目疾，益精去翳可還明。更攻積塊腸風痢，並治陰人赤白崩。

海金沙生黔中山谷，湖南亦有。初生作小株，纔高一二尺。收全科于日中曝之，令小乾，紙襯，以杖擊之，有細沙落紙上，旋收之，且曝且擊，以沙盡為度。主通利小腸。得梔子、馬牙硝、蓬砂，療傷寒熱狂。　海金沙用日中收，通利便漩細末調。若療傷寒強熱病，蓬砂梔子馬牙硝。

萱草根根涼，無毒。俗謂之鹿葱。處處田野有之。味甘而無毒。主安五臟，利心志，令人好歡樂無憂，輕身明目。五月採花，八月採根用。今人多採其嫩苗及花跗作菜，云利胸膈甚佳。花名宜男。《風土記》云：懷妊婦人佩其花，即生男。　萱草治淋通酒疸，鹿葱是亦一般名。其花孕婦如能佩，宜有男兒早降生。

旋覆花蒸過用。味鹹、甘，溫，微冷利，有小毒。生平澤川谷。今所在有之。二月已後生苗，多近水傍，大如紅藍而無刺，長一二尺。葉似柳，莖細，六月開花，似菊花，如錢大，深黃色。上黨人呼為金錢花。七月、八月採花，曝乾，二十日成。一名金沸草、戴椹。　旋覆一名金沸草，消痰下氣必須求。更能止嘔除風濕，並逐膀胱宿水留。

藜蘆去蘆，糯米泔煮，曝乾用。味辛、苦，寒、微寒，有毒。生太山山谷。今陝西山南、東西州郡皆有之。三月採苗。葉青似初出棕心，又似車前。莖似葱白，有黑皮裹莖。其花肉紅色。根似馬腸。三月採根，陰乾。一名葱苒、葱菼、山葱。使。黃連為之使。反細辛、芍藥。惡大黃。　藜蘆主殺諸蟲毒，吐出風涎不入湯。疥瘙惡瘡為要藥，更除息肉及頭瘍。

莨菪生海濱川谷及雍州，今處處有之。苗莖高二三尺，葉似地黃、王不留行等而三指闊。四月開花，紫色。苗莢莖有白毛。五月結實，有殼作罌子，狀如小石榴。房中子細，青白色，似米粒。一名天仙子。採，陰乾。雖云有毒，得甘草、升麻，並能解之。　莨菪苦辛誠有毒，天仙子即共苗根。風癇攣搐癲狂治，多食令人強走行。

草蒿味苦，寒，無毒。處處有之。春生苗，葉極細嫩，頗似茵陳而背不白。至夏高三五尺，秋後開細淡黃花，花下便結子，如粟米大。八九月採子，陰乾。根莖子葉皆入藥。凡使子，勿使葉；使根，勿使莖。四者若同用，反成疾。得童子小便浸之良。　草蒿一本作青蒿，能療骨蒸更補勞。風疹洗瘡除疥虱，秋冬用子夏春苗。

羊躑躅生太行山川谷及淮南山。今近道諸山皆有之。春生苗，似鹿葱。葉似紅花。

高三四尺。夏開花似淩霄、山石榴輩而正黃色。羊誤食其葉，則躑躅而死，故以為名。三月採花，陰乾。味辛有大毒。惡諸石及麵。不入湯。　羊能誤食其苗葉，躑躅而死得其名。消除蠱毒攻諸痹，風賊皮膚理爛淫。

豨薟味苦，寒，有小毒。處處有之。春生苗，葉似芥菜而狹長，文粗。莖高二三尺。秋初有花如菊，秋末結子青黃，頗似鶴虱。夏採葉，日乾。　本草豨薟即火杴，誰知至賤有奇能。知州張咏嘗經進，濕痹諸風盡絕根。

馬鞭草村墟陌道甚多。春生苗，似狼牙，亦類益母而莖圓。高二三尺，花紫色，抽三四穗子。七八月採苗葉，日乾用。味甘、苦，寒，有小毒。　馬鞭草穗類鞭鞘，濕䘌陰瘡效最高。月水不行須覓服，癥瘕癖塊有功勞。

苧根閩、蜀、江、浙多有之。其皮以績布。苗高七八尺，葉如楮葉，面青背白，有短毛。夏秋間著細穗青花。其根黃白而輕虛。二月、八月採。　苧皮績布苧根良，補血安胎味可嘗。止渴須求漬苧汁，小兒丹毒亦根涼。

白頭翁生嵩山山谷。今近京州郡田野皆有之。正月生苗，作叢狀，如白薇而柔細稍長。葉生莖端，上有細白毛而不滑澤。近根有白茸，正似白頭翁，故名之。根紫色。二三月開紫花，黃蕊。五六月結子。其苗有風則靜，無風則搖。七八月採根，陰乾用。　苦溫無毒白頭翁，溫瘧狂佯有勝功。止痛金瘡攻鼻衄，熱臍腸垢活人同。

山慈菇一名鹿蹄草。有小毒。生山中濕地陰處。葉似車前，根如慈菇。又有團慈菇，根如小蒜，所主與此略同。主瘡腫，外科多用。　山慈菇是鬼燈檠，花即金燈濕地生。瘡腫癰疽瘰癧核，毒消萬病醋摩傳。

屋遊味甘，寒。八月、九月採，去泥，陰乾。無毒。　瓦上青苔號屋遊，喜生陰處尚輕浮。皮膚寒熱閑來往，逐利膀胱齒衄優。

燈心生江南澤地，叢生。莖圓細而長直。人將為席。今近道處處有之。　燈心無毒味甘平，水煮根苗治五淋。兒子夜啼燒末服，破傷搗傅直千金。

桂去粗皮，剉。味甘、辛，大熱，有小毒。菌桂生交趾，牡桂生南海，桂生桂陽。有此三種之異，功用亦別。《爾雅》但言梫，木桂一種。郭璞云：南人呼厚皮者木桂，即牡桂也。二月、八月採皮，陰乾，得人參、麥門冬、甘草、大黃、黃芩、柴胡、紫石英、乾地黃良。君。忌生葱。　桂本能為諸藥聘，主除風氣補勞傷。下胞破癖行經脉，有孕須知炒過良。

松脂味苦、甘，溫，無毒。生太山山谷。今處處有之。通明如薰陸香，顆者為勝。一名松膏、松脂。道家服餌，輕身延年。六月採。使。〇松實：味甘，溫，無毒。今人多以供果品。九月採。〇松葉：味苦，溫。服之斷穀。〇松節：溫。清酒治歷節風。〇松根白皮：苦，溫，無毒。主辟穀不飢。　松脂除熱除風氣，又主頭瘍惡毒瘡。治渴殺蟲攻疥瘙，風虛脚痛節尤良。

槐實味苦、酸、鹹，寒，無毒。生河南平澤。今處處有。葉大而黑者，名櫰。槐晝合夜開者名守宮槐。葉細而青綠者，但謂之槐。四月、五月開花，六月、七月結實。七月七日採嫩實，十月採老實，以相連多者為好。出莢中如兩子而紫色者佳。臣。景天為使。　槐實主除邪熱氣，更攻五痔火燒瘡。用皮灌漱風疳齒，若治陰癩作浴湯。

枸杞味苦，寒。根大寒，子微寒，無毒。生常山平澤及丘陵阪岸。今處處有之。春生苗，葉如石榴，俗呼為甜菜。莖幹高三五尺。六月、七月開小紅紫花，隨結紅實，形如棗。按其根名地骨。春夏採葉，秋採莖實。一名地骨、枸忌、杞根、地輔、羊乳、却暑、仙人杖、西王母杖。臣。　枸杞子寒能有補，去風明目益元陽。根名地骨皮堪用，寒熱虛勞各載方。

柏實微炒用。味甘，平，無毒。生太山山谷。今處處有，而乾州者為勝，密州者尤佳。三月開花，九月結子成熟，摘採，蒸，曝乾。〇柏葉：味苦，微溫，無毒。四時各依方面採，陰乾。〇柏白皮：主火燒爛瘡。君。牡蠣及桂、瓜子為之使。畏菊花、羊蹄、諸石及麪麴。　柏實主驚安臟氣，除風濕痹及腰疼。若人吐衄崩中病，用葉燒來有大功。

茯苓去黑皮，剉用。味甘，平，無毒。生太山山谷，今泰、華、嵩山皆有之。出大松下，附根而生，無苗葉花實。作塊如拳，乃樵斫訖多年松根之氣所生。皮黑，肉有赤白二種。白者補益，赤者破結氣。一名茯菟。二月、八月採，陰乾。臣。忌米醋。　茯苓滲泄除寒濕，止渴消痰利小便。更順三焦分水穀，補虛治悸定強言。

茯神去粗皮，并中心斫抱木。味甘，平，無毒。生太山山谷大松下，抱根者為茯神。蓋其根但有假氣而不甚盛，故止能伏結於本根，既不離其本，故曰茯神。此物行水之功多，益心脾不可闕也。二八月採根，陰乾。君。馬(間)〔藺〕為使。惡白斂。畏牡蒙、地榆、雄黃、秦艽、龜甲。　茯神多是抱根生，主療風虛性却平。更治五勞並健忘，開心益智又除驚。

琥珀味甘，平，無毒。生益州永昌。是松脂淪入地，千年所化。今燒之亦作松氣。地中有琥珀，則傍無草木。入土淺者五尺，深者或八九尺。大者如斛，削去皮，初如桃膠，久乃堅凝。一名過珠。亦有煮毈雞子及青魚枕偽作者。但於布上拭，吸得芥子者真。　琥珀元來是木脂，千年入地化而為。鎮心定魄仍消血，若治諸淋效更奇。

榆皮味甘，平，無毒。生潁川山谷，即今榆樹剝取皮，刮除上赤皮用。初春生莢，人以作糜粉以代食。二月採皮，取白，曝乾。八月採實，並勿令中濕，濕則傷人。一名零榆。

榆皮利水能消腫，性滑通行大小便。幼小用之除白禿，婦人得此下胎元。

酸棗味酸，平，無毒。生河東川澤。今近京及西北州郡皆有。似棗木而皮細，其木心赤色，莖葉俱青，花似棗花。八月結實，紫紅色，似棗而圓小，味酸。當月採實，陰乾。四十日成。《唐本》云：即樲棗實也。今醫以棘實為酸棗，大誤。惡防己。　酸棗仁平安五臟，除風去痹骨能堅。補中益氣甯心志，更治虛煩不得眠。

黃蘗去粗皮，蜜塗炙用。味苦，寒，無毒。生漢中及永昌。今在處有之。以蜀中者為佳。木高數丈，葉類茱萸，經冬不凋。皮外白裏深黃色。五六月採皮，曝乾。根如松下茯苓作塊，名檀桓。別有一種多刺而小，細葉，名刺蘗；樹如石榴者，名小蘗，不入藥。使。惡乾漆。　黃蘗專除腸胃熱，涼肝明目治癰瘡。更除血痢並黃疸，女子崩中用亦良。

乾漆搥碎，炒熟用。味辛，溫，無毒，有毒。生漢中川谷。今蜀、漢、金、峽、襄、歙州皆有之。木高二三丈，皮白，葉似椿，花似槐子，木心黃。六七月以斧斫其皮開，以竹管承之，汁滴則成漆。用漆桶中自然乾者佳。臣。半夏為之使。畏雞子。今又忌油脂。若漆汙人，以油治之良。　乾漆損腸宜熟炒，去癥續骨殺三蟲。並除血氣攻心痛，經脉愆期亦可通。

五加皮味辛、苦，溫，微寒，無毒。生漢中及冤句。今江淮、湖南州郡皆有之。春苗莖作叢，赤莖，似藤蔓，長三五尺，上有黑刺。葉生五叉，作蔟者良。三四月開白花，結細青子，至六月黑色。根若荆根，皮黃黑，肉白，骨硬。十月採根，陰乾。一名犲節。遠志為使。畏蛇皮、玄參。　五加皮主風寒痹，心痛堅筋更益精。並治陰瘡通疝氣，又醫幼小不能行。

蔓荆實酒蒸一伏時，取出日乾用。味苦、辛，微寒、平、溫，無毒。舊不載所出州土。今近京、秦、隴、明、越州多有之。苗莖高四尺，對節生枝。春初因舊枝而生葉。夏有花，作穗，淺紅色。至秋結實，黑如梧子大而輕虛。八月、九月採。作蔓生，故名蔓荆。臣。惡烏頭、石膏。　蔓荆實主風頭痛，利竅通關去白蟲。堅齒輕身攻赤眼，並除筋骨熱寒攻。

桑寄生味苦、甘，平，無毒。生洪農山谷桑上。今在處有之，云是烏鳥食物，子落枝節間，感氣而生。葉似橘而厚軟，莖似槐枝而肥脆。三月、四月生黃白花。六月、七月結實，黃如小豆。三月三日採莖葉，陰乾。一名寓木、寄屑、宛童。斷其莖，色深黃。實中有汁稠粘者真。臣。　桑上寄生名寓木，主除腰痛及金瘡。胎前產後皆宜用，並治崩中補內傷。

杜仲去粗皮，薑汁塗炙，以無絲為度。味辛、甘，平、溫，無毒。生上虞山谷及上黨、漢中。今出商、成、峽州，近處皆有。木高數丈，葉似辛夷，亦類柘。其皮類厚朴，折之內有白絲相連。二五六九月採皮。一名思仙、思仲、木綿。惡蛇蛻皮、玄參。　銀絲杜仲除風冷，強志堅筋補益傷。主治腎勞腰脊痛，更除腳痛不能行。

蕤核味甘，溫，微寒，無毒。生函谷川谷及巴西。今河東亦有之。其木高五七尺，莖間有刺。葉細如枸杞而尖長。花白，子紅紫色，附枝莖而生，類五味子。六月成熟。五月、六月採實，去核殼，陰乾。今從北方來者，云出彭城，形如烏豆大，圓而扁，有文理，狀似胡桃之核。

蕤核人能通結氣，主除目赤鼻中洪。若同腦子研膏用，點眼須知有大功。

丁香味辛，溫，無毒。生交、廣、南番。今惟廣州有之。木類桂，高丈餘。葉似櫟，淩冬不凋。花圓細，黃色。其子出枝，蕊上如釘子，長三四分，紫色。其中有粗大如山茱萸者，謂之母丁香。二八月採子及根。子主冷氣腹痛，根主風熱毒。　丁香散腫除風毒，治氣溫中用最良。非特益脾能止嘔，更攻齒痛病風疳。

沉香味辛，熱，微溫，無毒。生海南諸國，及交、廣、崖州有之。木類椿、櫸，多節。葉似橘，花白，子似檳榔，大如桑椹，紫色而味辛。故取之先斷老年木根，經久外皮朽爛，其木心與枝不朽者，即香也。有青桂香、雞骨香、馬蹄香、棧香、生結香、黃熟香之名，以堅黑沉水者佳。

沉香療腫除風水，順氣調中用最良。又止轉筋心腹痛，去除惡氣壯元陽。

藿香味辛，微溫。舊附五香條。不著所出州土。今嶺南諸郡有之。人家亦多種植。二月生苗，莖梗甚密，作叢。葉似桑而小薄。六七月採，曝乾，乃芬芳。須黃色，然後可收。又按《南方草木狀》云：榛生，吏民種。出交趾、九真國，乃是草類別種，欲移入草部。　藿香去惡仍消腫，主治心疼霍亂良。近世醫家除吐逆，用為要藥載醫方。

檀香熱，無毒。生南海及崑崙盤盤國。今江淮、河朔山中亦有之。木如檀，治心痛霍亂，腎氣腹痛，即效。　檀香非特消風腫，抑且能收霍亂功。腎氣上攻心腹痛，濃煎服餌即能通。

乳香味辛，熱，微毒。出南波斯國松木脂。有紫赤如櫻桃者，蓋薰陸香之類也。木葉類棠梨。南印度界阿吒釐國出，今謂之兩香。其垂滴如珠者，謂之珠子香。垂滴如乳，鎔塌惡地者，謂之塌香。　乳香止痛消風腫，去惡除邪補益精。主療諸瘡收洩澼，又調血氣又催生。

蘇合香味甘，溫，無毒。生中臺川谷。蘇恭云：此香從西域及崑崙來，紫色，其香如石，燒之灰白者佳。廣南雖有類蘇木，無香氣。藥中但用如膏油者，極芬烈。《梁書》云：天竺出蘇合香，是諸香汁煎之，非自然一物也。陶隱居云以為獅子屎，蓋非此香也。　蘇合香油能辟惡，去蟲殺鬼達神明。更消蠱毒除溫瘧，久服令人夢不生。

楮實水沉去浮者，酒浸蒸，焙乾用。味甘，寒，無毒。生少室山。今所在有之。此有二

種：皮有斑花文，是楮皮。白者是穀。葉似葡萄，初夏生實如彈大，青綠色，至六七月漸深紅乃成熟。八九月採實，浸去皮，只取中子日乾。〇葉：可作浴湯。皮：逐水。莖：治癮風。皮汁：治癬。　楮實補虛明眼目，主除水腫治陰痿。癮風莖葉煎湯浴，樹汁生塗癬最宜。

桑根白皮剉碎，微炒用。味甘，寒，無毒。《本經》不著所出州土，今處處有之。採無時。不可用出土上者，用之殺人。須東行根益佳。初採，以銅刀剝去上下皮，取其裏白，切，焙乾。其皮中青涎，勿刮去，藥力全在此。可作線，以縫金瘡。使。續斷、麻子、桂心為之使。惡鐵及鉛。　桑白皮寒能瀉肺，補虛益氣主傷中。更堪利水消浮腫，并殺腸間寸白蟲。

竹葉篁竹、淡竹、苦竹，本經不載所出州土。今處處有之。〇篁竹：味苦，平，大寒，無毒。竹堅而促節，體圓而質勁，皮白如霜。〇淡竹：味辛，平，甘，大寒，無毒。肉薄，節間有粉，人以作竹瀝者。〇瀝：大寒。治風。〇苦竹：味苦，冷，無毒。〇諸筍：性寒。吃之下氣。　竹葉解煩除咳逆，胸中痰熱更能消。若還止嘔皮堪刮，如欲攻風瀝可燒。

梔子去皮，取仁用。味苦，寒、大寒，無毒。生南陽。今南方及西蜀州郡皆有之。木高七八尺，葉厚硬。二月開白花，六出，甚香。蓋西域人花也。秋結實如訶子狀，生青熟黃，中仁深紅。九月採實，日乾。一名木丹，一名越桃。乃山梔皮薄而圓也。長大者乃伏尸梔子，惟可染色。　梔子苦寒除胃熱，專攻黃病及瘡瘍。更醫目赤心煩悶，又治諸淋利小腸。

蕪荑微炒過用。味辛，平，無毒。生晉山川谷。今近道亦有之。大小有二種：小蕪荑即榆莢也，揉取仁醞為醬，味尤辛；入藥當用大蕪荑。郭璞云：無姑姑，榆也。生山中，葉圓而厚，所謂蕪荑也。三月採實，陰乾。一名無姑、蕨蘠。使。得訶子、豆蔻良。　蕪荑逐冷除心痛，兼散皮膚骨節風。更主腸風並痔瘻，療瘡治癬殺三蟲。

枳殼浸，去穰，麩炒香熟用。味苦、酸，微寒，無毒。生商州川谷。今西京、江湖州郡皆有之。如橘而小，高亦五七尺。葉如橙，多刺。春生白花，至秋成實。十月採，陰乾。今以皮厚而小者為實，實完大者為殼，以翻肚如盆口唇狀、陳久者勝。其實一物也。使。　枳殼《圖經》名枳實，豁痰逐水更除風。又攻痔瘻消癥癖，下氣寬膨散結胸。

厚朴去粗皮，薑汁炒香用。味苦，溫、大溫，無毒。生交趾、冤句及京西、蜀、陝、江淮、湖南等處。以梓州、龍州者為勝。木高三四丈，徑一二尺。春生葉如槲葉，花紅而實青，皮皺而紫厚者佳。三月、九月採皮，陰乾。一名厚皮、赤朴。臣。乾薑為使。惡澤漆、寒水石、消石。忌豆。　厚朴能令腸胃厚，通經下氣更溫中。又除霍亂寬膨脹，消穀仍安腹臟蟲。

秦椒味辛，溫。生溫，熟寒。有毒。生太山川谷及秦嶺、琅琊。今秦、鳳間及明、越、金、商州皆有。初秋生花，秋末結實。九月、十月採實。葉及莖、子都似蜀椒，但實細、味短。按：蜀椒，聊且。陸璣疏云：椒似茱萸，有針刺，莖葉堅而滑者是。惡栝樓、防葵。畏雌黃。　秦椒主治風邪氣，除痹溫中有大功。明目通喉攻腹痛，醋煎灌漱治牙疼。

山茱萸去核搥碎，焙乾。味酸，平，微溫，無毒。生漢中山谷及琅琊、冤句、東海承縣。今海州亦有之。木高丈餘，葉似榆，花白。子初熟未乾，赤色，似胡蘈子，有核。既乾，皮甚薄。十月採實，陰乾。一名蜀棗、雞足、魃實。使。蓼實為使。惡桔梗、防風、防己。　山茱萸主通邪氣，逐痹除風療耳鳴。婦女得之調月水，男人補腎更添精。

紫葳味酸，微寒，無毒。生西海川谷及山陽。今處處山中多有之。初作藤，蔓生，依大木，歲久延引至巔而有花。其花黃赤，夏中乃盛。醫家多採其花，乾。云入婦人血崩風毒藥。一名陵苕、茇華、陵霄花、女葳。臣。　紫葳花木凌霄是，血閉癥瘕用即通。更治風癇風熱病，并攻產乳及崩中。

豬苓去黑皮，微焙乾用。味甘、苦，平，無毒。生衡山山谷及濟陰、冤句。今蜀州、眉州亦有之。舊云是楓木苓，今則不必楓根下乃有生。皮黑作塊，似豬糞，故以名之。肉白而實者佳。二月、八月採，陰乾。一名猳豬屎、地烏桃。行水之功居多。久服損腎氣。　豬苓解毒攻痎瘧，消腫能令水道行。又治傷寒並中暑，更除消渴及遺精。

衛矛去赤毛，酥炒用。味苦，寒，無毒。生霍山山谷。今江淮州郡有之。三月以後生莖苗，長四五尺許。貫幹有三羽狀，如箭翎。葉亦似山茶，青色。八月、十一月、十二月採條莖，陰乾。一名鬼箭。其木亦名狗骨。凡使勿用石茅根頭，似鬼箭，只是上葉不同耳。使。　衛矛即是鬼箭羽，主治陰人下血崩。殺鬼除邪攻腹痛，又除癥結又通經。

檳榔味辛，溫，無毒。生南海。今嶺外州郡皆有之。木如桄榔而高五七丈。無枝，皮似青桐，節如桂竹。葉生木巔，大如楯頭，又似甘蕉葉。其實作房，從葉中出，旁有刺，若棘針。一房數百實。檳力小，榔力大，取雞心者佳。向陽曰檳榔，向陰曰大腹。君。　檳榔下氣更除風，宣利能令臟腑通。逐水消痰破癥結，更攻腳氣殺三蟲。

龍腦味辛、苦，微寒。一云溫、平。無毒。出婆律國。今惟南海蕃舶賈客貨之。木高七八丈，大六七圍，如杉木狀。旁生枝，葉正圓而背白。結實如豆蔻，皮有甲錯。香即木中脂，似白松脂，作杉木氣，狀如梅花瓣。其膏乃根下清液耳。合糯米炭、相思子貯之則不耗。　龍腦能令九竅通，大除惡氣滯心胸。其香透頂攻頭痛，明目消風治耳聾。

安息香味辛、苦，平，無毒。出波斯國，波斯呼為辟邪樹。高三丈，皮色黃黑。葉有四

角，經寒不凋。二月開黃色花，心微碧，不結實。刻其樹皮，其膠如飴，名安息香。六七月堅凝乃取之。似松脂，黃黑色為塊。新者亦柔韌。以秋月採。蕭炳云：燒之去鬼來神。

安息香能除惡氣，燒之去鬼更來神。辟邪暖腎攻遺泄，血噤仍堪治婦人。

烏藥味辛，溫，無毒。生嶺南邕、容州及江南。今台州、雷州、衡州、南州亦有之，以天台為勝。木似茶檟，高五七尺，葉微圓而尖，一葉三椏，面青背白。五月開細花，黃白色。六月結實，如山芍藥。又似鈞樟根。根色褐，作車轂形，如連珠者。並八月採根。一名旁其。

烏藥主除心腹痛，補中益氣最為先。更攻血氣並翻胃，逐冷寬膨利小便。

沒藥味苦，平，無毒。生波斯國。今海南諸國及廣州或有之。木之根、株皆如橄欖。葉青而密，歲久者則膏液流滴在地，凝結成塊，或大或小，亦類安息香。採無時。按徐表《南州記》：生波斯國，是彼處松脂也。狀如神香，赤黑色，大概通滯血，消腫毒。

沒藥止疼仍破血，主除折跌治金瘡。更宜產後諸餘疾，推致陳新理內傷。

大腹皮酒洗，火上炙赤用。微溫，無毒。生南海諸國，今嶺外諸郡皆有之，與檳榔相似，但莖、葉、根、幹小異耳。並皮取之，謂之大腹。然今貨者，多以大腹作檳榔。陶弘景乃云向陽為檳榔，向陰為大腹也。孫真人：鴆鳥多棲檳榔樹上，其皮須洗過用，恐鴆毒傷人。

大腹本功專下氣，健脾開胃更通腸。氣分冷熱攻心腹，煎用薑鹽入藥良。

海桐皮味苦，平，無毒。出南海以南山谷。今雷州及近海州郡有之。葉如手大，作三花尖。皮若梓白皮而堅韌，可作繩，入水中而不爛。不拘時月採之。

海桐主痢仍除疥，更療渾身痹痛風。洗眼能消風眼赤，漱牙可治蛀牙疼。

五倍子味苦、酸，平，無毒。舊不著所出州土，今在處有，以蜀中者為勝。生膚木葉上。七月結實，無花。其木青黃色，其實青色，熟而黃。大者如拳，內多蟲。九月採子，曝乾。一名文蛤、百蟲倉。今染家亦用之。主腸虛泄痢及小兒面鼻疳瘡。

五倍一名文蛤是，主除齒䘌及瘡膿。更攻五痔多便血，洗眼尤能去熱風。

蜜蒙花味甘，平，微寒，無毒。生益州川谷。今蜀中州郡皆有之。木高丈餘，葉似冬青葉而厚，背色白，有細毛似橘葉。花微紫色，利州路甚多。其葉冬亦不凋，然不似冬青，蓋柔而不光潔，不深綠。花細碎，數十房成一朵，冬生春開。二月、三月採花，日乾。

蜜蒙花主能明目，膚翳青盲用最宜。若是小兒麩豆毒，熱疳入眼亦能醫。

虎杖根微溫，味甘，平，無毒。《本經》不著所出州土。陝西山麓水次甚多。今所在田野多有之。狀如大馬蓼。莖斑而葉圓。《衍義》謂：《圖經》言木高丈餘者非是。大略如寒菊，但花蕊莖葉差大。花片四出，色如桃花。六七月旋開，至九月中方已。二月、八月採根，曝乾。

虎杖俗名斑杖是，主通月水破留癥。治癰消毒攻傷損，暑月煎嘗冷徹冰。

巴豆去皮、心膜及油用。味辛，溫，生溫、熟寒。有毒。生巴郡川谷，嘉、眉、戎州皆有。木高一二丈。葉似櫻桃，初青，至十二月葉黃赤，漸凋。至四月葉落盡，五月新葉齊生。七月成穗開花。八月結實作房，生青熟黃。八月採，陰乾。使。芫花為使。惡莽草。畏大黃、黃連。

巴豆本功通閉塞，主除溫瘧及傷寒。破癥逐積消痰癖，水脹心膨病可安。

蜀椒微炒出汗，去閉口者。味辛，溫、大熱，有毒。生武都川谷及巴郡。今歸、峽、蜀川、陝洛人家作園圃種之。高四五尺，似茱萸而小，有針刺。四月結子，無花，生於葉間，顆圓紫赤。八月採實，陰乾。一名巴椒、蓎藙。椒目主治水氣。使。杏仁為使。畏款冬。

蜀椒辛熱除寒痹，下氣溫中散冷風。並治泄精腸澼痢，子名椒目水能通。

皂莢去皮弦並子，塗酥炙焦黃。味辛、鹹，溫，有小毒。生雍州川谷及魯鄒縣。今所在有之。此有三種，《經》云如豬牙者良。又有長一尺二寸者，粗大而無潤；長六寸者圓厚，節促直，皮薄多肉味濃，乃為良。十月採莢，陰乾。使。柏實為使。惡麥門冬。畏空青、人參、苦參。

皂莢消痰除咳嗽，貼塗腫痛去頭風。口喎鬼壓並昏塞，搐鼻應知有大功。

楝實味苦，寒，有小毒。生荊山山谷，今處處有之，以蜀川者為佳。木高丈餘，葉密如槐而長。三四月開花，紅紫色，芬香。實如彈丸，生青熟黃。十二月採實。一名金鈴子，俗呼為苦楝。〇根：微寒。療蛔蟲。採無時。〇皮：苦，微毒。主風疹瘡疥。雄者根赤，無子，吐瀉殺人。

楝實金鈴子一同，膀胱冷氣大能通。又除臟毒並寒熱，若用根皮最殺蟲。

郁李人浸去皮，研爛用。味酸，平，無毒。《本經》不載所出州土，但云生高山丘陵。各在處有。木高五六尺，枝條花葉若李，惟子小若櫻桃，赤色而味甘酸。核隨子熟。六月採根并實，取仁用。一名爵李、車下李、唐棣。〇根：治齒去蟲。臣。人家所種都李，莖長，花密者不入藥。

郁李人通關格病，主除大腹四肢浮。若還齒痛并蟲證，須用根皮病乃瘳。

雷丸味苦、鹹，寒、微寒，有小毒。生石城山谷及漢中土中。今出建平、宜都。累累相連如丸，色白者善。八月採根，曝乾。一名雷矢、雷實。赤者能殺人。臣。荔實、厚朴為之使。惡葛根。

雷丸味苦寒微毒，主殺三蟲寸白蟲。若作摩膏如法用，小兒百病最能攻。

石南味辛、苦，平，有毒。生華陰山谷。今南北皆有之。生於石上。株極高大，葉如枇杷之小葉，但背無毛，光而不皺，凌冬不凋。正二月開白花，成簇。秋結紅實。二月、四月採葉，八月採實，陰乾。〇實：殺蟲毒，破積聚。一名鬼目。臣。五加皮為之使。

石南葉

出石之南，養腎除風用最堪。更利皮毛筋骨病，女人久服便思男。

芫花味辛、苦，溫、微溫，有小毒。生淮源川谷。今在處有之。宿根。舊枝紫，根白色似榆。春生苗，葉似楊柳而尖小。二月開花，似紫荊而作穗。三月三日採，陰乾。其花須未成蘂、蒂細小、未生葉時取之。葉生、花落，則不堪用。一名去水、毒魚、杜芫。使。決明為之使。反甘草。

芫花去水消浮腫，咳逆喉鳴必用之。痰唾腰疼心腹痛，惡瘡風痹亦能醫。

近道處處有之。春生苗，葉小而尖，似楊柳枝葉。二月開紫花，頗似紫荊而作穗。三月三日採，陰乾。其花鬚未成蕊，蒂細小，未生葉即收之。葉生花落，即不堪用。決明為之使。反甘草。

芫花有毒味辛溫，咽腫能消喘息聞。汁漬線絲堪繫痔，身浮水氣決然分。

訶梨勒味苦，溫，無毒。生交、愛州。今嶺南皆有而廣州最甚。株似木梡，花白，子似梔子，青黃色，皮肉相著。七八月實熟時採。六路者佳。《異物志》云：廣州法性寺佛殿前有四五十株，子極小而味亦澀，皆是六路。以此供歲貢。即訶子也。

訶梨勒苦能開胃，冷氣賁豚是本功。消食消痰並止痢，更除崩漏及腸風。

黃藥味苦，平，無毒。生嶺南。今夔、峽州郡及明、越、秦、隴諸州山中亦有之，以忠、方州者為勝。藤生，高三四尺。根及莖似小桑。十月採根。秦州出者，謂之紅藥子。葉似蕎麥，枝梗赤色。七月開白花。其根初採，濕時紅赤色，暴乾即黃。

黃藥主除喉痹疾，並攻惡腫及塗瘡。犬蛇傷咬研根服，治馬方中用更良。

蘇方木味甘、鹹，平，無毒。生南海，崑崙來，交、愛州。徐表《南州記》云：生海畔，葉似絳，木若女楨。又《唐本》經云：樹似菴羅，葉似榆葉而無澀。抽條長丈許。花黃，結子生青，熟黑。

蘇木本功能破血，更除撲損更消癰。血迷產後悶欲死，苦酒濃煎有大功。

胡椒味辛，大溫，無毒。生西戎。形如鼠李子。又徐表《南州記》云：生南海諸國。向陰者名澄茄，向陽者胡椒也。殺一切魚、肉、鱉、鱓毒。

胡椒下氣除風冷，卒患心疼腹痛良。止痢去痰除霍亂，用之調食辣堪嘗。

橡實味苦，微溫，無毒。即櫟木也。《本經》不載所出州土，所在山谷皆有。木高二三丈。三四月開黃花，八九月結實，其實為皂斗。槲、櫟皆有斗，即以櫟為勝。不拘時採其皮並實用。孫真人云：橡實子非果非穀而最益人。服食未能斷穀，啖之尤佳。亦可染皂。

橡實元來名櫟子，大能止痢厚人腸。崩中便血偏宜殼，並染髭鬚髮鬢良。

益智子味辛，溫，無毒。生崑崙國。今嶺南州郡往往有之。葉似蘘荷，長丈餘。其根傍生小枝，高七八寸，無葉，花萼作穗生其上，如棗許大。皮白，中仁黑，仁細者佳。採無時。含之攝涎唾。

益智安神仍益氣，主除虛漏及精遺。若人夜起多便溺，搥碎鹽煎效更奇。

木鱉味甘，溫，無毒。生朗州及南中。今湖、嶺、杭、越、全、岳諸州皆有之。舊根每歲一枯，至春生苗作蔓。葉有五，花如山芋，青色面光。四月生黃花，六月結實，似栝樓而極大。生青、熟紅，肉上有刺。其核似鱉，故以為名。每一實，其核三四十枚。八九月採。

木鱉子形真似鱉，因形故得以名為。乳癰腰痛肛門腫，傷折瘡瘍用最宜。

棕櫚平，無毒。亦名栟櫚。出嶺南及西川，江南皆有之。木高一二丈，傍無枝條。葉大而圓，歧生枝端，有皮相重披於四旁，每皮一匝而為一節。二旬一採，轉復生上。六七月生黃白花。八九月結實作房，如魚子，黑色。人採，熟醃食。皮可燒灰入藥用。

棕櫚止痢止腸風，養血消癥療鼻洪。更治崩中並帶下，燒灰入藥有神功。

釣藤味甘，平，微寒，無毒。《本經》不載所出州土。《唐本》云：出梁州。今興元府、湖南北、江南、江西山中皆有之。長八九尺，或一二丈。葉細，莖長，節間有刺若釣鉤。惟療小兒十二驚癇。不入餘藥。臣。

釣藤無毒味甘平，似釣鉤形故得名。專治小兒風瘈瘲，更攻客忤卒癇驚。

吳茱萸味辛，溫、大熱，有小毒。生上谷川谷及冤句。今處處有之，江浙、蜀漢尤多。木高丈餘，皮青綠色。葉似椿而闊厚，紫色。三月開花紅紫色。七月、八月結實，似椒子。嫩時微黃，至成熟則深紫。九月九日採，陰乾。一名藙。蓼實為之使。惡丹參、消石、白堊。畏石英。

茱萸下氣消痰冷，腳氣穿心有大功。主療轉筋心腹痛，更除咳逆逐邪風。

無食子味苦，溫，無毒。出西番。生砂磧間。樹似檉，徐長《南荆記》云：出波斯國。其俗以代果，番胡人呼為沒食子。一名沒石子。

無食子即沒石子，能收陰汗治陰瘡。生肌止痢除腸滑，染髮烏髭用最良。

牡荆子味苦，溫，無毒。生河間、南陽、冤句山谷，或平壽、都鄉高岸上及田野中。今近處皆有。枝莖堅勁，作科，不為蔓生，故稱牡。葉如蓖麻，更疏瘦。花紅作穗。實細而黃，如麻子大。八月採子，陰乾。有青、赤二種，以青者為佳。

牡荆味苦即黃荆，棰杖莖條是本身。採實酒擂敷乳腫，頭風眩目也堪憑。

辛夷味辛，溫，無毒。處處有之。人家園庭亦種植。木高數丈，葉似柿而長。正二月開花，似著毛小桃子。色白，帶紫。花落無子。至夏復開花，初出如筆，故北人呼為木筆花。四月採花，九月採子，日乾用。芎藭為之使。惡五石脂。畏菖蒲、黃連、蒲黃、石膏。

辛夷南地號迎春，久服輕身奈老容。木筆花開同一種，頭眩鼻塞善能通。

楓香所在大山皆有。似白楊，甚高大。葉圓而作歧，有三角而香。三月有花，白色，乃連著實，如鴨卵。八月、九月熟，暴乾。可燒其脂，名白膠香。五月斫為坎，十一月採脂。其

皮性澀，止水痢。水煎飲之。　楓香本即白膠香，癮疹風搔齒痛良。皮味辛平微有毒，虛浮水氣煮湯嘗。

女貞實味苦，平，無毒。處處有之。葉似枸骨，即冬青。木極茂盛，淩冬不凋。花細，青白色。九月而實，似牛李子。立冬採實，日乾。其皮可浸酒。　女貞實是冬青子，安和五臟養精神。若能久服常輕健，百疾消除不老人。

金櫻子味酸、澀，平、溫，無毒。處處有之。叢生郊野中，大類薔薇，有刺。四月開紅花。夏秋結實，亦有刺，黄赤色，形如小石榴而長。十一月、十二月採時，不可太熟，卻失本性。今取半黄時採之妙。　金櫻黄實赭然花，下痢遺精用子佳。擣汁熬膏投酒服，輕身奈老入仙家。

麒麟竭味鹹，平，無毒。出南番諸國及廣州。木高數丈，婆娑可愛。葉似櫻桃而有三角。其脂液從木中流出，滴下如膠飴狀，久而堅凝乃成。竭赤作血色，故謂之血竭。採無時。與紫鉚大同小異，然治用不同，是二物矣。　麒麟竭本出南蕃，血竭元來只一般。止痛生肌除血暈，勿將紫鉚誤同看。

茶茗味甘、苦，微寒，無毒。今閩、杭、蜀、荆、江湖、淮南皆有之。大小似梔子。冬生葉，可煮作羹飲。今呼早採者為𣘻，晚採者為茗。今通謂之茶。春中始生嫩葉，蒸焙，去苦水乃可飲，閩地武夷產者最佳。　苦菜元來即苦茶，旗鎗芽發勝仙葩。除痰下氣攻頭痛，宿食能消痢更佳。

秦皮味苦，寒，無毒。生廬江山谷及冤句。今陝西州郡、河南皆有。其木似檀，枝幹皆青綠色，葉如匙頭許大而不光。並無花實，根似槐根。二月、八月採皮，陰乾。其皮有白點而不麄，俗呼為白樳木。取皮漬水，便碧色，書紙看之青色。此為真也。大戟為使。惡吴茱萸。　秦皮洗眼除昏熱，大治風寒濕痹蹤。男子少精宜補益，婦人帶下却收功。

胡桐淚出肅州西平澤，今西蕃亦有。商人貨者，言其木甚高大，皮似白楊、青桐輩。葉初生似柳，大則似桑、桐。其津液淪入池中，與大石相著。冬月採得之，狀如黄礬。味極鹹。若得水便消，如硝石也。　胡桐無毒淚鹹寒，心腹膨脝取吐寬。風蚛牙疼為最要，形須夾石似黄礬。

樗白皮椿木葉味苦有毒，樗木根葉尤良。今南北皆有之。二木形幹相類，但椿木實而葉香可啖，樗木疏而氣臭。北人呼樗為山椿。兩木最為無用，俗呼為虎目樹。　椿樗兩木性同良，樗臭難為椿樹香。葉汁洗瘡塗疥虱，白皮主痢止兒疳。

莽草莽草，臣，有毒。俗呼作菵草。出上谷及冤句。今南州、蜀川處處皆有。木若石南而葉稀，無花實。五月採葉，陰乾。不入湯服。　莽草辛溫療乳癰，善開喉痹不能通。諸瘡瘰癧偏宜此，風蚛牙疼最有功。

松蘿松蘿又一名女蘿。生熊耳山川谷松樹上。五月採，陰乾用。　松蘿無毒苦辛溫，止汗消痰吐瘧瘟。好解頭風瞋怒氣，破除瘤癭項邊團。

天竺黄味甘，寒，無毒。生天竺國。今諸竹内往往得之。一名竹膏。人多燒諸骨及葛粉等雜之。入藥須用真者。　天竺黄生天竺國，今諸竹内亦生黄。小兒天吊驚風候，明目清心療刃瘡。

亂髮味苦，微溫。此常人頭髮耳。與髮髲療體相似。　亂髮元來是血餘，能消瘀血治癃疽。轉胞便溺諸淋病，鼻衄驚癇不可無。

乳汁《衍義》曰：人乳汁治目之功多，何也？人心主血，肝藏血，肝受血則能視。婦人血上為乳汁，下為月水，故知乳汁即血也。用以點目，不亦宜乎？　乳汁甘平除目赤，補安五臟悦皮膚。張蒼常服身肥白，享壽能過百歲餘。

人溺性寒。須童男者佳。主寒熱虚勞，頭疼溫氣，打撲傷損瘀血。　人溺主除寒熱病，頭疼溫氣是單方。打傷撲損並胎產，須用童男者乃良。

天靈蓋味鹹，平，無毒。此死人頂骨十字解者。此骨是天生天賜，蓋壓一身之骨。陽人使陰，陰人使陽。主傳屍、屍疰鬼氣。　天靈蓋骨味鹹平，主治傳屍病骨蒸。久療虚勞寒熱者，酥塗入藥效方成。

人牙齒平。除勞治瘧，蠱毒氣。入藥燒用。　牙齒性平除蠱毒，更除瘧狀並除勞。乳癰腫痛酥調傅，入藥須知用火燒。

人屎性寒，無毒。專治天行大熱。　古方人屎即人黄，大熱癲狂絞汁嘗。勞氣骨蒸燒末服，解消諸毒末調湯。

溺白垽性凉，無毒。即漩桶中澄底垢積之白者。　人中白是溺中垽，瓦上燒灰抹緊唇。勞熱傳屍痿肺疾，血來唾衄有奇功。

裩襠當陰處割取，燒末用。男子陰易病，以婦人裩襠，童女裩益佳。若女患，用男裩。　傷寒新瘥因房室，易病雖分陰與陽。小腹絞疼攣手足，裩襠燒末水調將。

龍骨酒煮，焙乾用。味甘，平、微寒，無毒。骨並齒角出晉地川谷及太山巖水岸土穴中死龍處。今河東州郡多有之。或云是龍蛻，實非死骨。得脊腦，作白地錦文。舐之粘舌者良。五色具者為上。採無時。主治泄精及大腸滑，不可無之劑。君。忌魚。畏乾漆、蜀椒、理石。　龍骨澀精攻泄痢，本功主治女人崩。縮便收汗陰瘡蝕，齒療癲癇又鎮驚。

麝香別研。味辛，溫，無毒。生中台山谷及益州、雍州山中。今陝西、益、利、河東諸路

山中皆有之。而秦州、文州諸蠻中尤多。形似麞而小。其香在陰前皮肉，別有膜裹之。春分取之，生者益良。此物極難得真者。蘄光山中或亦有，其子䴥如彈丸，往往是真。臣。忌大蒜。

麝香通竅攻風疰，墮孕催生救產難。殺鬼辟邪除腹痛，更安客杵與驚癇。

牛黃味苦，平，有小毒。生晉地平澤，今登、萊、密、淄、青、嶲、戎州亦有之。凡牛有黃者，毛皮光澤，眼如血色，時復鳴吼。又好照水。人以盆水承之，伺其吐，喝迫墜水，為生黃。得之陰乾百日。此物多偽，指摩手甲試之，透甲黃者為真。君。惡龍骨、地黃、龍膽、蜚蠊。畏牛膝。

牛吐生黃味苦平，主除狂躁治天行。安魂定魄除邪惡，更治風癇及熱驚。

白膠味甘，平、溫，無毒。生雲中。煮鹿角作之。一名鹿角膠、黃明膠。得火良。畏大黃。

鹿角煎膠即白膠，主除羸瘦痛連腰。安胎止痛收崩漏，更滅瘢痕治火燒。

阿膠碎，炒沸，燎如珠。味甘，平、微溫，無毒。出東平郡，煮牛皮作之。出東阿，以阿縣城北井水煮乃為真。東阿以烏驢皮，取阿井水如常煎膠，清者佳。煎時用一片鹿角，同前方成膠，不爾不成也。此時真者極難得，今貨者非真也。君。薯蕷為之使。得火良。畏大黃。

阿膠主療虛勞極，止血安胎及養肝。治痎去風攻泄痢，更除腰痛四肢痠。

牛乳微寒。補虛羸，止渴。○《唐本》注云：水牛乳造石蜜須之。言作酪濃厚，味勝犢牛。犢牛乳性平，生飲令人利，熟飲令人口內乾，微似溫也。

牛乳補虛仍止渴，若人冷氣不宜當。性溫益氣須羊乳，酪則通腸治口瘡。

鹿茸用茄茸連頂骨者，酥炙用。味甘、酸，溫、微溫，無毒。《本經》不載所出州土。今有山林處皆有之。四月角欲生時取其茸，陰乾。以形似小紫茄子者為上。或云茄子茸太嫩，氣血猶未具，不若分歧如馬鞍形者有力。茸不可嗅，其氣能傷人鼻。夏收陰乾。君。

鹿茸味苦辛，補虛益氣用為君。泄精溺血宜男子，漏下崩中益女人。

牛角䚡味苦、甘，無毒。蓋黃牛角䚡，用尖，燒為黑灰，微存性，治婦人血崩，大便血及冷痢。又主下閉瘀血，女子帶下、下血。臣。

牛角䚡能除帶下，腹疼血閉亦能消。更攻冷痢便清血，入藥燒灰暖酒調。

羚羊角剉屑用。味鹹、苦，寒、微寒，無毒。生石城山川谷及華陰山。今秦、隴、龍、蜀、金、商州山中皆有之。戎人多捕得來貨，其形似羊，色青而大。其角長一二尺，有節，如人手指握痕。又至堅勁。一名羚羊。其角與山羊亦相似，但取角耳邊聽之，集集鳴者良。仍取有節痕者。

羚羊角苦寒無毒，益氣安心辟不祥。明目去風兼易產，更除時氣治驚狂。

犀角剉其屑，搗細用。味苦、酸、鹹，寒、微寒，無毒。生永昌山谷及益州。今出南海者為上，黔蜀者次之。犀似牛，豬首，大腹，痺腳。腳有三蹄，色黑，好食棘。其皮每一孔皆生三毛。頂一角，以生者為貴。其後黃黑分明。有兩角者為上。君。松脂為之使。惡雚菌、雷丸。

犀角苦寒能解毒，驅風明目鎮肝家。並除心熱狂言語，又治時行辟鬼邪。

虎骨塗酥炙。性平，味辛，微熱，無毒。《本經》不載所出州土。今有山林處皆有之。骨：用頭及脛骨，色黃者佳。○睛：亦多偽，須自獲者乃真。○爪並指骨毛：存之，以繫小兒臂上，辟惡鬼。○虎威：在兩脇間及尾端，有威如乙字，長一二寸許。此數物皆用雄虎者勝。

虎骨主除邪惡氣，傷寒濕氣用尤良。更攻風毒拘攣痛，治產安驚去惡瘡。

兔頭骨味甘，平，寒，無毒。舊不著所出州土。今在處有之，為食品之上味。兔竅乃有六七穴。子從口出，故妊娠者禁食之。頭：主頭眩痛，癲疾。腦：主凍瘡。肝：主目睛暗。肉：補中益氣。不可合雞肉食之。毛：煎湯，洗小兒豌豆瘡及毛灰良。妊娠食其肉，令子缺唇。

兔頭骨主頭昏痛，和髓燒灰治產良。骨療熱中消渴病，肉如久食損人陽。

烏雄雞肉微溫，無毒。主補中止痛。○膽：微寒。主療目不明，肌瘡。○心：主五邪。○血：主踒折骨痛及痿痹。○肪：主耳聾。○腸：主遺溺，小便數，不禁。○肝及左翅毛：主起陰。○冠血：主乳難。○肶胵裹黃皮：微寒，主泄利，小便利，遺溺。除熱止渴。

雞有烏雄可補中，治崩止血用丹雄。若將肶胵黃皮使，泄利遺溲卻有功。

雀味甘，溫，無毒。舊不著所出州土，今處處有之。其肉大溫，食之益陽。冬月者良。卵及腦頭血皆入藥。雄雀屎，冬月收之，俗呼為青丹頭。尖者為雄屎，亦名白丁香。雀卵和天雄、乾薑為丸，服之強陽道。須十月已後、正月以前食之。卵亦取第一番者佳。妊婦忌食。

雀卵強陰能有子，肉溫益氣食宜冬。白丁香即為雄糞，療目除瘕更潰癰。

熊膽味苦，寒，無毒。出雍州山谷。形類大豕而性輕捷，好攀緣上高木，見人則顛倒，自投地而下。冬多入穴而藏蟄，始春而出。脂謂之熊白。十一月取膽，陰乾。然亦多偽。欲試之，取粟許滴水中，一道如線不散者為真。味苦，寒，無毒。臣。惡防風、地黃。

熊膽難分偽與真，水中一試卻分明。天行熱疸諸疳疾，痔痢須教效若神。

象牙平，無毒。多出交趾，潮、循州亦有之。肉味鹹、酸，不堪食。膽主目疾。惟牙主魚骨鯁及諸雜物刺入肉，刮取屑，研水傅之立出。

象牙生煮利漩難，燒末能教遺尿

安。磨屑傅瘡出肉刺，祛勞劫熱止風痼。

獺肝為君。味辛，溫，有毒。今江湖間多有之。有兩種：形大，頭如馬，身似蝙蝠，不入藥；當取以魚祭天者。獺肉性寒，不益男子，宜少食。惟肝溫。諸畜肝皆葉數定，惟此肝一月一葉，十二月十二葉，其間又有退葉。用之須見形乃可驗，不爾多偽也。　獺肝熱脹卻能醫，冷氣虛膨又不宜。鬼疰傳屍勞瘦病，更兼久嗽也堪治。

膃肭臍為君。無毒。出西戎，云是新羅國海狗腎。是骨訥獸，似狐而大，長尾，其皮上自有肉，黃毛三莖，共一穴。滄州所圖，乃是魚類而豕首兩足，其臍紅紫色，上有斑點，全不相類。欲驗其真，取置睡犬旁，其犬忽驚跳若狂者為真。又寒凍時，置水盂中，水不凍者真。膃肭臍鹹性熱多，溫中補腎致陽和。夢交鬼魅驚癇候，宿血痃瘕自滅磨。

伏翼伏翼，蝙蝠也。一名天鼠。味鹹，平，無毒。生古屋壁中，用重一斤者良。立夏後採，陰乾用。屎即夜明砂。或言鼠變化能成伏翼，然亦有胎生者。莧實為之使。　經名蝙蝠主淋家，治目昏瞑黑暗遮。久服忘憂常快樂，消疳用屎夜明砂。

石蜜味甘，平，微溫，無毒。生武都山谷、河源山谷及諸山山谷。今蜀、江南、嶺南皆有之。今在處有之，而宣、歙、唐、鄧、伊、洛間尤多。石蜜即崖蜜也。蜂黑色似虻，作房於岩崖高峻處。味醶色綠，入藥勝於他蜜。一名石飴。蜜取陳，蠟取新者佳。君。惡芫花、齊蛤。石蜜安平安五臟，補中止痛養心脾。調和百藥除諸病，止痢須知蠟更奇。

蠍去毒用。味甘、辛，有毒。舊不著所出州土。注云出青州者良。今京東西及河陝州郡皆有。採無時。用之欲得緊小者，謂之蜥。小兒驚風不可闕也。有用全者，有只用梢者，梢力尤功。捕得之，以火逼之，渴則以青泥食，食又逼之，欲其體重而售也。用之宜去土。蠍即蛜蜥宜緊小，主除癮疹療諸風。小兒驚搐方多用，酒服尤能治耳聾。

鯪鯉甲性寒。日華子云：涼，有毒。舊不著所出州土。今湖、嶺及金、商、均、房間深山大谷中皆有。今所在有之。似鼉而短小，又似鯉魚而有四足。能陸能水。出岸，開鯪甲，伏如死，令蟻入中，便閉而入水，開甲，蟻皆浮出，於是食之。一名穿山甲。使。　穿山甲即為鯪鯉，治痹仍除疥癬瘡。鬼魅驚邪悲哭泣，燒灰酒水服之良。

牡蠣火煅通赤。細研。味鹹，平、微寒，無毒。生東海池澤，今海傍皆有之。南海、閩中、通、泰間尤多。附石而生，磈礧相連如房。初生海邊，纔如拳石，四面漸長。房內有蠔肉一塊，潮來則諸房皆開，蟲入則合之以充腹。以烈火逼開，挑取其肉。採無時。君。貝母為之使。得甘草、牛膝、遠志、蛇床良。惡麻黃、吳茱萸、辛夷。　牡蠣主除寒熱瘧，補虛止汗更除驚。女人漏血能收血，男子遺精可澀精。

龜甲醋浸，炙黃焦用。味鹹、甘，平，無毒。生南地池澤及湖水中。今江湖間皆有之。其骨白而厚，色甚分明。此蓋水中神龜，有長一尺二寸者。可以供卜。採無時。若山龜則出於山之陰土中。食草根竹筍，不入水，人多畜養為玩，不入方藥。一名神屋。惡沙參、蜚蠊。

龜甲破癥除漏下，小兒合囟治頭瘡。更攻瘧痔並陰蝕，勞復傷寒用作湯。

桑螵蛸去頭、翅、足，炙過用。味鹹、甘，平，無毒。即螳螂子也。《本經》不載所出州土，今在處有之。螳螂逢木便產，一枚出子數百。在桑上者得桑皮之精氣，故以為佳。市之貨者多偽，亦有以膠粘桑枝上者。二三月採，蒸。當火炙，不爾令人泄。臣。得龍骨良。畏旋覆花。　桑上螵蛸能補腎，專攻遺溺及遺精。炮令黃色方堪用，不爾令人泄病生。

海蛤味苦、鹹，平，無毒。生東海。今登、萊、滄州皆有之。以細如巨勝、潤澤光淨者為佳。蓋海中爛殼，久為風波淘灑，自然圓淨。陶隱居謂經雁食之，從糞中出者。然是海中無雁，豈有是耶？臣。蜀漆為之使。畏狗膽、甘遂、芫花。　海蛤即同文蛤類，主除水氣四肢浮。喘煩咳逆還須用，項下猶能去癭瘤。

鯉魚味苦，寒，無毒。生九江池澤，今處處有之，即赤鯉魚也。其脊中鱗一道，有黑小點，從頭數至尾，無大小，三十六鱗。諸魚中此為佳。又能神變。今人食品以為上味。其膽、肉、骨、齒皆入藥。採無時。蜀漆為之使。不可合豬肝、小豆食之。久服天門冬人亦不可食。

鯉魚止渴消浮腫，腹有癥瘕食不宜。骨主女人崩赤白，青盲赤目膽尤奇。

石決明味鹹，平，涼，無毒。生南海，今嶺南諸郡及萊、雷州皆有之。舊說以為紫貝，或以為鰒魚甲。紫貝即今之砑螺。鰒甲與決明相近。然決明殼大如手，小者如三兩指，海人啖其肉。殼有七孔、九孔者良。亦名九孔螺。治障翳青盲，肝肺風熱，最良。　南海生來石決明，味鹹無毒性寒平。去除肝肺經風熱，主治青光內障盲。

真珠明淨者，搗羅篩，研粉。味寒，無毒。《本經》不載所出州土。今出廉州，北海亦有之。珠牡，蚌類也。以其產珠，謂之珠母。廉州邊海有洲島，島上有大池，每歲刺史監珠戶入池，採老蚌取珠以充貢。或云石決明產出為佳。須久研如粉麵方可。研不細傷人臟腑。君。

真珠潤澤安心志，傅面令人好面容。粉點目中磨翳障，裹綿塞耳可除聾。

蝟皮味苦、甘，平，無毒。生楚山川谷田野。今在處山林皆有之。狀類猯豚，腳短多刺。尾長寸餘。人觸近便藏頭足，外皆刺，不可向邇。惟見鵲，則反腹受啄。或云惡鵲聲，故欲掩取之，猶蚌鷸也。蒼白色，腳似豬蹄者佳。鼠腳者次。取無時。臣。得酒良。畏桔梗、麥門冬。　蝟皮專主腸風痔，療疝仍除陰蝕瘡。更治下焦開胃氣，燒灰酒服乃為良。

露蜂房炙過微炒方可用。味苦、鹹，平，有毒。生牂牁山谷。今在處山林皆有之。此木上大黃蜂窠也。大者如甕，小者如桶。其蜂黑色，長寸許。人家屋間小者不堪用。七月七日採，陰乾。一名蜂腸、百穿、蜂勦。亦解蠱毒。惡乾薑、丹參、黃芩、芍藥、牡蠣。　露蜂

房治蜂毒腫，蟲痔驚癇火煅良。更療乳癰除痢疾，煎湯灌齒洗疽瘡。

鱉甲去裙肋。醋炙黃用。味鹹，平，無毒。生丹陽池澤，今處處有之。以岳州沅江、甲有九肋者勝。取無時。須生取甲，剔去肉為好，不用煮脱者。今看有連厭及乾巖者，乃生取者。若甲兩邊骨出，是已被煮取也。惡礬石、理石。赤足者不可食。不可合莧菜食，食之殺人。 鱉甲治崩仍療瘧，癥瘕痃癖用尤奇。又除骨節間勞熱，雞子同餐卻不宜。

蟹味鹹，寒，有毒。生伊洛池澤諸水中。今淮海、京東、河北陂澤多有之。八足二螯，大者箱角兩出，足節屈曲，行則旁橫。其黃能化漆為水。黃并螯燒煙，可以集鼠。〇獨螯、獨目，致兩目相向者，有小毒，不可食。又彭蜞似蟹者，食之者殺人。殺：解漆毒。 蟹主胸中邪熱結，爪能破血墮胞胎。續筋敗漆仍消食，大血和燒致鼠來。

蚱蟬去翅、足，洗乾，微炒用。味鹹、甘，寒，無毒。《本經》不載所出州土，但云生楊柳上。今在處有之，乃鳴蟬也。身與聲皆大者是。今夏中鳴者，形大而黑，乘昏夜出土中，升高處，鳴拆。蟬出惟飲風露。五月採，蒸熟。乾勿令蠹。殼一名枯蟬、伏蜻音育、蟬蛻。 蚱蟬即是枯蟬蛻，主治驚癇作夜啼。非特小兒為要藥，婦人產難亦能醫。

蝦蟆酥塗，或酒浸，炙黃焦，去皮骨用。肉味辛，寒，有毒。生江湖池澤，今處處有之。腹大形小，皮上多黑斑點。陶隱居謂腹大皮上多痱磊，行極遲緩，不能跳躍，亦不解鳴，在人家下濕處者，真蟾蜍也。五月五日取東行者，陰乾。一名蟾蜍、䵷，一名去甫、苦蠪。 蝦蟆一本即蟾蜍，邪氣堅癥可破除。明目治疳攻犬咬，惡瘡鼠漏取酥塗。

蛇蛻炙過或燒成灰用。味鹹、苦，平，無毒。生荆南川谷及田野。今所在有之。主小兒百二十種驚風瘈瘲，癲疾寒熱，腸痔蠱毒蛇癇，弄舌搖頭，惡瘡嘔欬。明目，催生，癇瘧及百鬼魅。五月五日、十五日取之良。一名龍子衣、蛇符、蛇皮。臣。畏磁石及酒。 蛇蛻主除驚瘈瘲，更攻瘍癧纏喉風。催生明目消腸痔，治瘧臨時塞鼻中。

蜈蚣炙過用。味辛，溫，有毒。生大吳川谷及江南。今江浙、山南、唐、鄧間多有之。多產土石人家屋壁間，以頭足赤者良。七八月取之。黃足者最多，人以火炙令赤，不堪入藥。此物能制蛇，《莊子》所謂蝍蛆甘帶是也。人有中其毒，取雞屎及大蒜、桑汁、白鹽塗之皆效。 蜈蚣能制諸蛇毒，主去三蟲及墮胎。殺鬼除邪攻結聚，嬰兒口噤灌令開。

斑貓去足、翅而米炒，米黃為度。生即吐瀉人。味辛，寒，有毒。生河東川谷，今處處有之。七八月大豆盛時，此蟲多在葉上。長五六分，甲上黃黑斑文，烏腹尖喙，如巴豆大。就葉上採之，陰乾。一名龍尾、龍蠔、斑毛、斑菌、盤蝥、宴青。使。馬刀為使。畏巴豆、丹參、空青。 斑貓主治瘡疽癧，墮孕通淋破血癥。入藥要知當熟炒，令人吐瀉只緣生。

烏賊魚骨味鹹，微溫，無毒。生東海池澤。今近海州郡皆有之。云是鶡烏所化。今其口腳猶存。能吸波噀墨以溷水，所以自衛。形若革囊，口在腹下，八足，聚生口傍，只一骨，厚三四分，似小舟，輕虛而白。又有兩鬚如帶，亦名纜魚。腹中有墨。取無時。使。惡白斂、白及、附子。 海螵蛸即烏賊骨，主療陰瘡及耳聾。止痢殺蟲除目翳，女人專用治崩中。

原蠶蛾去翅足，微炒用。雄者有小毒。原蠶即晚蠶。《本經》不載所出州土。今東南州郡多養此蠶。北人不再養，惡其殘桑也。蛾主壯陽事，止泄精。蠶沙：溫，無毒。淨，收取，火乾，炒令黃。主熨諸風痺，作湯熏洗沙病，令汗出良。不但熨風而已。 蠶蛾性熱強陰道，更治遺精益腎家。若療血風宜用退，痹風癮疹用蠶沙。

白殭蠶白色而條直者，去絲觜，微炒用。味鹹、辛，平，無毒。生穎川平澤，今所在養蠶處皆有之。用自殭死者。四月取，勿令中濕，濕則有毒不可用。人有末之以塗馬齒，即不食草。以桑葉拭去乃食。此明蠶即馬類也。惡桑螵蛸、桔梗、茯苓、茯神、萆薢。 白殭蠶主諸風疾，滅黚令人好面容。更療驚癇崩漏病，又除口噤纏喉風。

蜚虻去翅足，炒用。味苦，微寒，有毒。生江夏川谷，此即今啖牛馬血者。伺其腹滿，掩取乾之。狀如蜜蜂，腹凹褊，微黃綠色。咂牛馬皆血出，此蜚虻也。五月採其腹有血者，乾之用。虻有二種，方家惟用蜚虻。使。惡麻黃。 蜚虻元即是虻蟲，主治陰人月不通。入藥炒除雙翅足，癥瘕血積最能攻。

白花蛇酒浸，慢火炙，去皮骨，用肉白。味甘，鹹，溫，有毒。生南地及蜀郡山中。今蘄、黃、鄧州山中皆有之。其文作方勝，白花，喜螫人足。九月、十月採捕之，火乾用之。當去頭尾。一名褰鼻蛇。君。〇烏蛇：無毒。生商洛山。今江東黑梢蛇，亦其類也。皆有三稜，色黑如漆，其脊高者是。 白花蛇肉與烏蛇，主治諸風口面斜。濕痹拘攣瘡疥癩，製為圓散酒宜加。

五靈脂酒研，飛煉，淘去砂石，日乾。味甘，溫，無毒。此即寒號蟲糞也。出北地，今惟河東州郡有之。色黑如鐵。採無時。然多夾沙石，絕難修治。用之當去砂石乃佳。此藥雖不甚貴，然亦多有偽者。號蟲四足，有肉翅不能飛，所以不入禽部。 靈脂治產昏迷證，通利陰人血不行。更治腸風並冷氣，若還炒過可除崩。

鯽魚味甘，溫，無毒。處處池沼有之。似鯉魚，色黑而身促，肚大而脊高，亦有大者一二斤。諸魚中最可食，以菜作羹良，作鱠亦佳。 鯽療諸瘡燒作灰，腸風下血亦能追。痢分赤白堪為膾，補胃和中效可知。

鰻鱺魚味甘，有毒。處處有之。似鱔而腹大，青黃色。云是蛟蜃之類。善攻碕岸，使即頹墮。近江河居人甚畏之。雖有毒而能補五臟虛損。久病勞瘵，可和五味，以米煮食之。

主諸瘡痔漏疾。　鰻魚主痔殺諸蟲，爇肉熏蚊令滅蹤。勞熱骨蒸常可食，項顋白駁竟消風。

蠐螬味鹹、甘，有毒。生人家積糞草中，色黃。今處處有之。大者如指，以背行，反駃於腳。採無時。反行者良。諸朽木中蠹蟲但潔白矣。蜚蠊為之使。惡附子。主月水閉，腹堅，折傷惡血，吐血。產後下乳汁。治癰疽痔漏，諸惡瘡。　蠐螬汁點瞖遮睛，生在枯桑腐柳陰。若療金瘡竹木刺，可宜堆糞土中尋。

蛞蝓味鹹，寒，無毒。俗名蜞。處處有之。生沙石垣籬下濕處陰地。主筋急驚癇，小兒諸疳。　蛞蝓本草即蝸牛，池澤垣籬濕處求。風賊喎斜肛下脫，背疽涎抹竟無憂。

䗪蟲味鹹，寒，有毒。生人家牆壁下濕土中，狀如鼠婦而大者寸餘，形扁如鱉，但有鱗無甲，故一名土鱉。今小兒多有以負物為戲。十月取，日乾用。畏皂角、菖蒲。　䗪蟲土鱉一般名，血積癥瘕最破堅。仲景方中嘗用此，鼠壤牆壁土中生。

石龍子四種一物，形狀同而有四名：在草澤者，蠑螈、蜥蜴；在壁者名蝘蜓、守宮。入藥用草澤者，以五色具者為雄而良，色不具者為雌乃劣耳。五月取，著石上令乾。味鹹，寒，有毒。惡硫黃、斑貓、蕪荑。　蠑螈蜥蜴蝘蜓同，四種相形及守宮。破結除淋並下血，須知入藥辨雌雄。

蛤蚧生嶺南山谷及城牆或大木間。首若蛤蟆，背有細鱗，如蠶子色黃。長三、四寸，尾與身齊，類守宮。或言桂林中有守宮能鳴者，謂之蛤蚧。藥力全在尾。人捕之，則自咬斷其尾，用以法取之。行常一雄一雌相隨。入藥亦須兩用。或云陽人用雌，陰人用雄。　蛤蚧鹹平殺鬼邪，傳屍止嗽入淋家。通經補肺兼調氣，藥力全歸近尾些。

蚯蚓味苦，無毒。三月取，陰乾。須用白頸者良。又名土龍。以乾地龍入鹽，貯葱葉中為水，點耳聾。糞：主身腫諸瘡及牙宣，小兒吐乳。　蚯蚓應知是地龍，伏尸鬼疰殺三蟲。傷寒狂熱須咽汁，治痢消丹糞有功。

蜘蛛性冷，無毒。處處有，然種類極多。凡用勿使五色者及身上有刺毛者，並薄小者，並不可用。要在屋西面有網，身小尻大，肚內有蒼黃膿者真也。去頭、足、子，研如膏，投入藥中。　蜘蛛瘻瀝背瘡良，研塞蚛牙傅脫肛。喎僻口斜腮上擦，喜忘取網著衣網。

水蛭味鹹、苦，寒，有毒。水生者名水蛭，草生者名草蛭，泥生者名泥蛭，並能著人及牛馬股脛間，齧咂其血。用之當以水蛭小者為佳。此物極難死，加火炙，經年得水猶可活。五六月採，日乾。畏石灰。用之微火炒令色黃極熟，不爾入腹生子為害。　水蛭名蜞即馬蝗，消癥散結利膀胱。下胎破血調經閉，善吮癰疽理折傷。

田螺在水田中，圓大如桃李狀，類蝸牛而尖長，青黑色，多旋。夏秋採之，主消渴，解酒毒，退目赤，利大小便，消腫。殼：燒灰，主反胃，性大寒，不可常食。　田螺無毒性寒過，專治雙眸赤熱多。肉傅熱瘡反胃殼，汁能醒酒渴同科。

蜣螂味鹹，寒，有毒。處處有之。喜入人糞中，取屎丸而推之，故名推丸。取大者、鼻高目深者良。五月五日取，蒸藏之。臨用當炙，勿置水中，令人吐。入藥去足。畏石膏、羊角。　蜣螂轉糞號推丸，能療兒驚瘈瘲癇。鼠瘻瘡瘍並附骨，箭頭入肉出何難。

螻蛄味鹹，寒，無毒。處處有之。穴地糞壤中而生。夜則出求食，人見多打殺之，言其為鬼所使也。自腰以前甚澀，主止大小便；自腰以後甚利大小便。若出拔刺，用腦。夏至取，日乾，入藥炒用。　螻蛄專主產難分，下腫能通大小便。解毒潰癰罨肉刺，誰知土狗一般名。

蛙味甘，寒，無毒。處處有之。形小善鳴者入藥。又黑色者，南人呼為蛉，食之至美。又謂之蛤，即水雞也，以為珍饌，可補虛，尤宜產婦。　善鳴長股水中蛙，補損祛勞殺疰邪。一種水雞為美饌，正宜產婦益虛家。

鼠婦味酸，溫，無毒。生人家地上，處處有之，多在下濕甕器底及土坎中。常惹著鼠背，故名鼠負，訛以婦字。五月五日取，日乾。能墮胎。　鼠婦消癃利小便，能通月閉整顛癇。應知久瘧長沙法，鱉甲圓中主熱寒。

衣魚味鹹，溫，無毒。一名白魚。今處處有之。衣中乃少，多在書卷中。小兒淋閉，以摩臍及小腹，即溺通。　衣魚點眼翳離科，風病塗腮正口喎。淋閉可通胎可墮，摩瘡能令滅瘢瑕。

藕實莖：味甘，平，寒，無毒。生汝南池澤。今處處有之，生水中。其葉名荷。其實蓮。其根藕，藕生食其根，主霍亂及虛渴，煩悶，及療血病。花鎮心，葉止渴，殺蕈毒。實在葯中。至秋而黑，沉水者，謂之石蓮。八月採。一名水芝丹。一名蓮。忌地黃、蒜。　藕實補心仍止痢，若除吐衄節尤宜。葉能止渴安胎產，散血庖人誤削皮。

橘柚湯浸，磨去穰，炒乾用。味辛，溫，無毒。生南山川谷及江南。江浙、荆襄、湖嶺皆有之。木高一二丈，葉與枳無辨。夏初生白花，六七月成實，至冬黃熟。小者為橘，大者為柚。柚皮厚，味甘不如橘。皮味辛而苦。十月收。一名陳皮。惟橘皮入藥，柚皮不堪用。　橘柚元來是橘皮，寬中下氣更溫脾。消痰治咳除煩嘔，青者須知破積宜。

大棗味甘，平，無毒。生河東平澤。今近北州郡皆有，而青、晉、絳州者特佳。江南出

者，堅燥少脂。今以青州為上，晉州為次。此二等可採曝入藥。益脾胃為佳。餘止可充食用。八月採，曝乾。一名乾棗、美棗、良棗。殺烏頭毒。不宜合生葱食。　河東大棗味甘平，能助人身十二經。正胃養脾能益氣，調和百藥有功成。

雞頭實味甘，平，無毒。生雷澤池澤。今處處有之。葉大如荷，皺而有刺，俗謂雞頭盤。花下結實，其形類雞頭，故以名之。八月採實。一名芡，一名雁喙實。服餌家取其實，搗爛晒乾，篩末，熬金櫻子，煎和丸，為水陸丹，云補益。　雞頭實即名為芡，煎和金櫻最益人。主治痹疼腰膝痛，補中強志更輕身。

覆盆子味酸、鹹，平，無毒。生荊山平澤及寃句。舊不著所出州土，今處處有之，而秦、吳地尤多。苗短不過尺，莖葉皆有刺。花白、子赤黃，如半彈丸大，而下有莖承，如柿蒂狀。小兒多食其實，江南人謂之莓。音茂。五月採其苗，葉採無時。一名懸鉤、蓬藟，即其苗莖也。　覆盆子治風虛損，益氣強陰更養精。明目補肝和臟腑，一名蓬藟是苗莖。

梅實味酸，平，無毒。即今之烏梅也。生漢中川谷，今襄漢、川蜀、江湖、淮嶺皆有之。其生實酸而損齒傷骨，發虛熱，不宜多食之。五月採其黃實，用草杆稈燒灰，和米飲拌之，火熏乾為烏梅。主傷寒煩熱，治痰嗽。服黃精人不可食。　烏梅本草名梅實，下氣調中止口乾。治產治痰仍治痢，骨蒸勞熱用之安。

木瓜味酸，溫，無毒。舊不著所出州土，山陰蘭亭尤多，今處處有之，而宣城者為佳。其木狀若柰花，生於春末而深紅色，其實大如瓜，小者如拳。宣州人種蒔尤謹。始實成，則剪紙花薄其上，夜露日曝，久而色如花，以充土貢。　木瓜消腫強筋骨，止渴仍攻濕痹侵。又治轉筋成霍亂，更除脚氣上衝心。

柿味甘，寒，無毒。舊不著所出州土，今南北皆有之。柿之種亦多，有黃柿，有紅柿，有椑柿。只可生啖，不堪乾。其乾柿，火乾者謂之烏柿，出宣、越州，性甚溫。大蒂：煮服之，止噦氣。又一種白柿，亦冷于諸柿。性皆涼，食之引痰。　柿冷潤喉通耳鼻，火乾止痢澀人腸。消痰解酒仍除渴，止噦須知用蒂良。

枇杷葉用布拭去毛，火炙用。味苦，平，無毒。舊不著所出州郡，今襄、漢、吳、蜀、閩、嶺有之。木高丈餘，葉作驢耳形，背有毛。其木陰密，婆娑可愛。四時不凋。盛冬開白花。至三四月成實，生青熟黃，採無時。使。○實：味甘，寒，無毒。多食發痰熱。　枇杷葉主能和胃，止嘔元來是本功。煮汁飲之仍療渴，治瘡更理肺家風。

梨味甘、微酸，寒，無毒。舊不著所出州土，今處處皆有之，而種類殊別。醫家相承用乳梨、鵝梨。乳梨出宣城，皮厚而肉實。鵝梨出近京州郡及北都，皮薄而漿水多，不及乳梨而香過之。其餘水梨、消梨、紫煤梨、赤梨、甘棠梨，皆不入藥用。　梨果食多令冷痢，金瘡乳婦不宜嘗。解煩止嗽除消渴，若吐風痰可作漿。

桃仁去皮尖，炒赤用。味苦、甘，平，無毒。生太山。今處處有之。京東、陝西出者尤大而美，但多是圃人以它木接根上栽之，遂至肥大，殊失本性。此等不入藥。當以一生者為佳。七月採核，破之取仁，陰乾。○花：味苦，平，無毒。除水氣，利大小便，令人好顏色。　桃核中仁能破血，主行月水破癥瘕。除邪止咳攻腰痛，若要宣通即用花。

杏仁湯浸去皮尖者用。味甘、苦，溫，冷利，有毒。生晉川山谷，今處處有之。其實亦數種。黃而圓者名金杏，扁而青黃者名木杏。杏子入藥，今以東來者為勝。仍以家園種者，山杏不中用。五月採。得火良。惡黃芩、黃耆、葛根。解錫毒。畏蘘草。其雙仁者殺人。　杏仁不用雙仁者，治咳通音可作湯。又治驚癇通腹痹，更醫產乳療金瘡。

安石榴味甘，酸，無毒。舊不著所出州土。或云本生西域，今處處有之。木不甚高大，枝柯附幹，自地便生作叢，極易息。折其條盤土中便生。花有黃赤二色，亦有甘酸二種。甘者可食，酸者入藥。多食損人肺、損人齒。根皮、花皆入藥。　石榴實殼能收痢，更治筋攣脚痛風。花合石灰為捍藥，根皮可去腹間蟲。

胡桃味甘，平，無毒。生北土，今陝、洛間多有之。大株，厚葉，多陰。實亦有房，外有青皮包之。胡桃乃核也。核中桃為胡桃肉。秋冬熟時採之。外青皮染髭及帛皆黑，其樹皮可染褐。取青皮壓油，和詹糖香塗毛髮，其色如漆。多食利小便，動痰飲。　胡桃塗髮能令黑，去痔仍消瘰癧瘡。多食人肥肌肉潤，撲傷和酒細研嘗。

橄欖味酸、甘，溫，無毒。生嶺南，今閩、廣諸郡皆有之。其樹似木槵子，樹高而且端直。秋晚實成，形似生訶子。無稜瓣，咀之滿口香。八九月採。又有一種，名波斯橄欖，色類亦相似。其形核作三瓣。生邕州。可以蜜漬食之。○核中人：研傅唇吻燥痛。　泉州橄欖能消酒，止渴生津味可嘗。若是口唇乾燥痛，核仁研爛傅之良。

胡麻炒溫用。味甘，平，無毒。生上黨川澤。生中原川谷。今處處有之。苗梗如麻而葉圓銳光澤。莖之方者名巨勝，莖圓者名胡麻。止是今脂麻也。一名巨勝、狗虱、方莖、鴻藏。苗葉名青蘘。角作八稜者為巨勝，四稜者名胡麻。以烏者良，白者劣爾。　胡麻久餌可長生，填髓堅筋更益精。利大小腸調肺氣，塗瘡快產止心驚。

麻子味甘，平，無毒。生太山川谷，今處處有之，園圃所蒔，績其皮以為布。主補中益氣，中風汗出，逐水利小便，破積血，乳婦產後餘疾。長髮，可為沐藥。○麻蕡，一名麻勃，麻花上勃勃者。七月採麻蕡。九月採麻子，入土者損人。使。畏牡蠣、白薇。惡茯苓。　麻子能通大小腸，去風益氣補勞傷。可為沐藥生毛髮，下乳催生治渴良。

大豆炒過用。味甘，平。生太山平澤。今處處有之。有黑白二種。黑者入藥，白者不用。其緊小者為雄豆，入藥尤佳。煮其汁甚涼，可壓丹石毒。作腐則寒而動氣，炒食則熱。

投酒主風。作豉極冷。九月採。得前胡、烏喙、杏仁、牡蠣良。惡五參、龍膽。　大豆調中仍止痛，殺除鬼毒煮為湯。炒投熱酒除風痹，入藥須知黑者良。

赤小豆炒過用。味甘、酸，平，無毒。舊與大豆同條。今江淮間尤多種蒔。關西、河北、京東西尤多。食之主利小便、下水，排癰腫膿血，除消渴，止泄痢，不可久服。服之多則令人黑瘦枯燥。花：治宿酒渴病。○粉：治煩解熱，排膿補血。使。　赤小豆能消熱毒，研塗癰腫可排膿。更攻水腫除消渴，腳氣逢之有大功。

粳米味甘、苦，無毒。此即常人所食米。但有赤白、小大異族，四五種猶同一類也。陳廩米亦是此種，以廩軍人陳久，故曰陳米。秫米乃作酒及煮飴者，藥不正用，惟用療漆瘡及凍瘡耳。　粳米溫中和胃氣，除煩斷痢益人腸。陳倉止泄消煩渴，秫米尤能療漆瘡。

粟米味鹹，微寒，無毒。江東所種及西洛間皆是。其粒細，或呼為粢，粢則是稷，乃穄之異名也。主利小便，益脾胃。　粟米鹹寒能養腎，胃虛嘔逆和為圓。若除胃熱須陳者，更治消中利小便。

小麥味甘，微寒，無毒。小麥合湯，皆完用之。熱家療也。作麵則溫，明穬麥亦當如此。主除熱，止燥渴咽乾，利小便，養肝氣，止漏血唾血。　小麥養肝除熱燥，撲瘡用醋和麩調。一般大麥攻消渴，作蘖溫中食可消。

酒味苦、甘、辛，大熱，有毒。主行藥勢，殺百邪惡毒氣。陶隱居云：大寒凝海，惟酒不冰。明其性熱，獨冠群物。藥家多須以行其勢。人飲之使體弊神昏，是其有毒故也。酒有葡萄、秫、黍、秔、粟、麯、蜜等名，惟秫酒入藥用。　酒性最能行藥勢，大寒凝海此難冰。通人血脈溫脾胃，辟惡除邪破癖癥。

醋味酸，溫，無毒。以酒糟釀之。然有米醋、麥醋、棗醋。米醋最釅，入藥多用，以其穀氣全也。故勝糟醋，亦謂之醯。以為苦味，俗呼為苦酒。其功用主收而不散也。　醋本俗呼為苦酒，主消癰腫殺諸邪。婦人產後尤多用，治癬除癥更破瘕。

豉味苦，寒，無毒。豉食之，常用出襄陽、蒲州。其作法與諸豉不同，味甚烈。陝州有豉汁經年不壞者，大除煩熱，入藥並不如今之豉心，為無鹽故也。患腳人常將其酒浸，以滓傅腳上皆差。　豉本食中常用物，頭疼發汗必須加。解煩止痢除諸毒，酒浸和滓傅腳差。

扁豆味甘，微溫。人家種之於籬傍，援其莢，蒸食甚美。主和中下氣，並霍亂吐利。○葉傅蛇蟲咬傷處。　扁豆單行能解毒，本功下氣更和中。轉筋霍亂須調醋，葉傅蛇蟲咬有功。

葵子味甘，寒，無毒。生少室山。今處處皆有之。其子是秋種。葵覆養經冬，至春作子者，謂冬葵子。古方入藥最多。根：主惡瘡，療淋。十二月採之。臣。黃芩為之使。解蜀椒毒。葉為百菜主，其心傷人。　葵子甘寒仍滑利，主除寒熱利溲便。婦人難產多收效，若治疳瘡則用根。

瓜蒂味苦，寒，有毒。生嵩高平澤。今處處皆有。亦園圃所蒔。此即甜瓜蒂。瓜有青白二種，入藥當用青瓜蒂。七月採，陰乾。凡使，勿用白瓜蒂，要採取青綠色瓜，待瓜氣足，其蒂自然落在蔓莖上，採得者佳。極能下涎。　瓜蒂除浮仍治疸，欲消息肉鼻中吹。有人胸腹中間病，此藥獨能吐下之。

白冬瓜味甘，微溫，無毒。被霜後合取置經年。破取核，水洗，燥乃擂取仁用。主除小腹水脹，利小便，止渴。　白冬瓜主除煩躁，止渴通淋利小腸。解熱散癰除水脹，醒脾悅色子尤良。

白芥味辛，溫，無毒。舊不著所出州土，今處處有之。有青芥、紫芥，皆不入藥，惟白芥子粗大色白如粱米，甚辛美。生河東。子：主射工及疰氣發無常處，擣為末，和醋塗之，甚有功效。　白芥辛溫除冷氣，射工疰氣子尤良。更攻上氣除翻胃，胸膈多痰及面黃。

葱味辛，溫，無毒。葱有數種：有山葱、胡葱。其人間食葱，又有一種凍葱，即經冬不死。分莖栽蒔而無子也。又有漢葱，冬即葉枯。其入藥者，以凍葱最善。大抵以發散為功，解諸藥毒及藜蘆毒。然多食昏人精神。　葱白辛平可作湯，傷寒寒熱是單方。安胎止痛除風腫，治氣能通大小腸。

韭味辛、微酸，溫，無毒。舊不著所出州土，今處處皆有之。圃人種蒔，一歲而三四割之，其根不傷。至冬壅培之，先春而復生。一種而久，故名曰韭。○子：止精滑甚良。未出糞土為韭黃，食之即滯氣。韭春食則香，冬食則臭，多食之則昏神。不可與蜜同食。　韭菜辛溫能有補，溫中下氣益元陽。遺精夢泄便漩白，入藥須知用子良。

薤味辛、苦，溫，無毒。生魯山平澤，今處處有之。似韭而葉闊多白，無實。人家種者有赤白二種，皆春分蒔之。至冬而葉枯。凡用葱、韭，皆去青留白，云白冷而青熱也。仙方及服餌皆用之，功能補虛。葱、薤白化桂為水，亦化五石，性冷其可知矣。　薤味辛溫能止痢，調中益氣止金瘡。諸瘡中水風寒腫，用此生研傅即良。

假蘇味辛，溫，無毒。假蘇即荊芥也。生漢中川澤，今在處有。葉似落藜而細，初生苦辛可噉，人取作生菜。今取花實成種者，曝乾入藥用。以其香氣似蘇，故呼為蘇。一名鼠蓂，一名薑芥。只用穗，為治頭風虛勞，瘡疥，婦人血風要藥。　假蘇本即名荊芥，下氣除

勞治血風。瘡疥傷寒為要藥，更除血暈與頭疼。

蘇味辛，溫，無毒。蘇即紫蘇也。舊不著所出州土，今處處有之。葉下紫色而氣甚香。夏採莖葉，秋採實。其莖并葉通心經，益脾胃，煮飲尤勝。與橘皮相宜。氣方中多用之。子：主上氣咳逆。一名桂荏，以其味辛而形類荏也。　紫蘇下氣仍開胃，治脹消痰利大腸。煮汁飲之除蟹毒，若寬喘欬子尤良。

香薷味辛，微溫，無毒。舊不著所出州土，北土差少。生山野，荊湖南北、二川皆有之。人家作圃種之，似白蘇而葉更細，如茵陳葉，花茸紫，花一邊成穗，四五十房為一穗。一名香菜。十月採，日乾。主霍亂腹痛，暑藥不可闕之劑。　香薷下氣除煩熱，消腫調中暖胃家。霍亂轉筋心腹痛，依方煮飲服之差。

薄荷味辛、苦，溫，無毒。舊不著所出州土。今在處有之。莖葉似荏而尖長，經冬根不死。夏秋採莖葉曝乾。近世醫家治傷風腦風、小兒風涎，為要切之藥。又有胡薄荷，與此相類，但味少甘。又有一種龍腦薄荷，故此言南薄荷以別之。猫食之即醉。　薄荷發汗止頭疼，發散傷寒去賊風。消食寬脹除霍亂，更除風氣併攻胸。

葫味辛，溫，有毒。舊不著所出州土，今處處皆有之。人家園圃所蒔也。每頭六七瓣。初種一瓣，當年便成獨子蒜。至明年則復其本。令花中有實，亦葫瓣狀而極小，亦可種之。五月五日採。其氣極葷，然置臭肉中，則掩臭氣。葫乃大蒜，蒜乃小者。　大蒜散癰除冷氣，載之本草作葫名。辟瘟療瘧止霍亂，久食令人損目明。

芸薹味辛，溫，無毒。芸薹不甚香，經冬根不死。辟蠹，於諸葉中亦不甚佳。主風游丹腫，乳癰，破癥瘕結血。食之則損陽氣，主生腹中蟲。　芸薹最不宜多食，發病生蟲極損陽。主破癥瘕通結血，更除丹腫乳癰瘡。

大豆黃卷以黑豆大者為蘖芽，生便晒乾，名黃卷，用入藥。味甘，平，無毒。　黃卷甘平即豆芽，筋攣濕痹膝疼家。婦人惡血能令下，潤澤皮毛益氣華。

飴糖味甘，微溫，無毒。以糯米煮粥，候冷，入麥蘖，澄清者，再熬成飴糖，以淨器收貯。夏天澄沉井中，免令酸。諸米皆可作飴，惟糯米者入藥。　飴糖一本謂餳糖，止渴消痰作嗽方。糯米煎熬堪入藥，補虛可和建中湯。

麴味甘，大暖。以小麥用六月作者良。陳久，入藥用之，當炒令香。主胎動不安，傷寒食勞復，兼止痢疾。　麴能下氣任調中，宿食消磨建胃功。霍亂心煩寬膈氣，補虛逐冷悅顏容。

菉豆圓小綠者佳。用之勿去皮。解諸金石及砒毒。消腫下氣。性微寒，無毒。豆苗諸食法，作餅炙食之佳。方藥中亦有用粉者，然市中貨者，或雜偽之。入藥須用真者。　菉豆甘寒除熱氣，丹風解毒利膀胱。頭疼目暗堪為枕，霍亂將來止吐良。

罌粟即御米。處處有之。花有紅白二種，微腥氣。實作瓶子，內有米，極細。種之，用九月糞地布子，至來春始生苗，極繁茂矣。性平，無毒。　罌粟甘平解丹石，殼能止嗽澁回腸。除穰葉蒂醋同炒，痢藥稱為最上方。

胡荽味辛，溫，微毒。消穀，通心竅，補五臟不足，利大小便，止頭疼，豌豆瘡出不快，煎酒噴之甚發長。慎勿噴面。久食令人多忘。發腋臭、脚氣，瘑疾、䘌齒、金瘡，皆不宜服。　胡荽久食令多忘，腋臭牙疳亦不良。惟有痘瘡宜發起，酒煎噴體見高強。

萊菔即蘿蔔也。味辛、甘，無毒。根腦及嫩葉，常人作生菜食之。熟啖消食，和中下氣，去痰癖，肥健人。生搗汁，主消渴。滴鼻中，止頭疼良。子為末，溫水調服，可吐風痰。處處有之，紫、白二種。　萊菔常宜炮煮食，大能下氣并消穀。風痰喘嗽子為良，消渴頭疼須搗汁。

茄茄子處處有之。有紫、白二種。今人作菜食之則冷人。老則色黃，乃成種者，切片焙為末，酒調，治磕撲損肌膚青腫最良。性冷人。　茄味甘寒不利人，發瘡長瘑損精神。凍瘡根槁煎湯漬，燒蒂腸風最得名。

馬齒莧處處有之。雖名莧類，而苗葉與莧全不相似。一名五行草。其葉青、莖赤、花黃、根白、子黑也。有二種：大葉者，不堪用；葉小者，葉間有水銀者勝。入藥去莖節，大抵能肥腸。久服令人不思食。　莧名馬齒味酸寒，散血封瘡傅火丹。止渴殺蟲攻血痢，開盲磨瞖利便難。

蘩蔞味酸，平，無毒。處處田野間近濕地有之。葉似荇菜而小，夏秋間生小白黃花。莖梗作蔓，斷之有絲，縷細而中空，似雞腸，因得名也。主淋下惡血。五月日中採。　雞腸草即是蘩蔞，發背諸瘡塗却消。偏體風丹堪搗傅，破除惡血煮湯曉。

元・黃石峰《秘傳痘疹玉髓》

痘藥囊賦　百草療人，要識溫涼寒熱；一方治病，須明佐使君臣。　鼠粘子解陽明之毒，紫草茸祛厥陰之邪。　補真元，生津液，還覺人參；　寬腹脹，下痰涎，當尋枳殼。　黃芪斂汗而助陽，山查消食而下氣。　清肺金，解煩渴，麥門最先；　啟陰寒，振榮衛，官桂居要。　紅花活血而開滯，青皮理胃以和中。　陳黃米有補脾之功，肉荳蔻臻吐瀉之效。　玄胡索止腹痛，痘沉則棄；　大腹皮去浮腫，囊虛不宜。　白术理脾，茯苓滲水，翕膿之際毋投；　三稜去積，枳實消痰，鼎峻之時莫用。　犀角解心中之毒，羚羊洩肺肝之炎。　地黃生者涼血而去紫，當歸全者補榮而助肝。　徹頭風益三陰川芎第一，去虛火引上經柴胡次焉。　木香理

滯氣，附子起陰寒。　消宿積不使停留，蓬术、檳榔居最；　止啼嗽善解煩涎，石膏、貝母爭先。　痘囊嵌葉，川山甲之功多；　梟炎焦紫，萵苣汁之效速。　陳皮調胃氣，甘草擅國老之名；　黄連瀉心火，大黄號將軍之劑。刺咽喉而開肺竅，莫如桔梗；　衛風邪而震陰元，豈若防風。　丁香有峻拔之能，山藥得補助之玅。　砂仁、神麯非滯食不投；　黄芩、梔子惟腸澁則用小腸也。　脾毒恃蟬蜕以暴逐，始末不離；　梟炎服升麻以表散，先後當用。

甘葛止虛煩，善能發表；　木通理積滯，極解諸毒。　荊芥祛皮膚之熱，蒼术除下濕之宗。　厚朴消食清痰，蓮肉助脾實腹。　桑中螽起腎肺二經之沉伏，蚯蚓汁消肝心兩部之梟炎。　天元不足，人乳接之；　陽毒有餘，連翹辟也。　痘攻兩眼，非穀精草不能開明；　毒入太陽，必薏苡仁方能除迸。

燈心泄三焦之火，枸杞益腎水之精。　芍藥止梟痒而祛蒸鬱，澤瀉理陰陽而通小便。　艾葉通竅而辟邪，薄荷解驚而抑火。　天花粉治壅腫之科，製半夏理膈痰之藥。

隨經絡以異用，不執方而害人。　藥品雖多，痘中簡要，酌而用之，罔弗效矣。世之學者，宜熟玩焉。

題元・李東垣《藥性賦》　寒　諸藥（識）〔賦〕性，此類最寒。犀角解乎心熱，羚羊清乎肺肝。　澤瀉利水通淋而補陰不足，海藻散癭破氣而治疝何難。　聞知菊花能明目而清頭風，射干療咽閉而消癰毒。　薏苡理脚氣而除風濕，藕節消瘀血而止吐衄。　瓜蔞子下氣潤肺定喘兮，又且寬中；　車前子止瀉利小便兮，尤能明目。　是以黄栢瘡用，兜鈴嗽醫。　地骨皮有退熱除蒸之功，薄荷葉宜消風清腫之施。　寬中下氣，枳殼緩而枳實速也；　療肌解表，乾葛先而柴胡次之。　百部治肺熱，咳嗽可止；　梔子涼心腎，鼻衄最宜。　玄參治熱結毒癰，清利咽膈；　升麻消風熱腫毒，發散瘡痍。　嘗聞膩粉抑肺而斂肛門，金箔鎮心而安魂魄；　茵陳主黄疸而利水，瞿麥治熱淋之有血。　朴硝通大腸，破血而止痰癖；　石膏墜頭疼，解肌而消煩渴。　前胡除內外之痰實，滑石利六腑之澁結。　天門冬止嗽，補血冷而潤肝心；　麥門冬清心，解煩渴而除肺熱。　又聞治虛煩，除噦嘔，須用竹茹；　通秘結，導瘀血，必資大黄。宣黄連治冷熱痢，又厚腸胃而止瀉；　淫羊藿療風冷痺，且補陰虛而助陽。茅根止血與吐衄，石韋通淋於小腸。　熟地黄補血，且療虛損；　生地黄宣血，更醫眼瘡。　赤芍藥破血而療腹痛，煩熱亦解；　白芍藥補虛而生新血，退熱尤良。　若乃消腫滿，逐水於牽牛；　除毒熱，殺蟲於貫衆。　金鈴子治疝氣而補精血，萱草根治五淋而消乳癰。　側栢葉治血山崩漏之疾，香附子理血氣婦人之用。　地膚子利膀胱，可洗皮膚之風；　山豆根解熱毒，能止咽喉之痛。白鮮皮去風，治筋弱而療足頑痺；　旋覆花明目，治頭風而消痰嗽壅。　又況荊芥穗清頭目，便血風瘡之用；　瓜蔞根療黄疸毒癰，消渴解痰之憂。　地榆療崩漏，止血止痢；　昆布破疝氣，散癭散瘤。　療傷寒，解虛煩，淡竹葉之功倍；　除結氣，破瘀血，牡丹皮之用同。　知母止嗽而骨蒸退，牡蠣澁精而虛汗收。　貝母清痰，止咳嗽而利心肺；　桔梗下氣，利胸膈而治咽喉。　黄芩止諸熱，而治五淋；　槐花治腸風，亦醫痔痢；　常山理痰結而治溫瘧，葶藶瀉肺喘而通水氣。　此六十六種藥性之寒，又當攷《圖經》以博其所治。　觀參所用，其庶幾矣。

熱

藥有溫熱，又當審詳。　欲溫中以華撥，用發散以生薑。　五味子止嗽痰，且滋腎水；　膃肭臍療癆瘵，更壯元陽。　原夫芎藭驅風濕，補血清頭；　續斷治崩漏安胎，益筋強腰脚。　麻黄表寒而療咳嗽，韭子助陽而醫白濁。　川烏破積，有消痰逐風痺之功；　天雄散寒，有去濕助精陽之力。　觀夫川椒達下，乾薑暖中。　葫蘆巴治虛冷之疝氣，生卷栢破癥瘕而血通。　白术消痰溫胃而止吐瀉；　菖蒲開心氣，散冷更治耳聾。　丁香快脾胃而止吐逆，良薑止冷痛之攻种。　胡椒止胃寒之痰吐，吳茱萸療心血之冷氣，肉蓯蓉益腎填精，石硫黄暖胃冷而驅蟲。　散腎冷，助脾胃，須用蓽澄茄；　療心疼，破積聚，乃用蓬莪术。　縮砂止吐瀉安胎，化酒食之劑；　附子療虛寒翻胃，壯元陽之助。　肉豆蔻治冷瀉，療癰止痛於乳香；　紅豆蔻止吐酸，消血殺蟲於乾漆。　豈不知鹿茸生精血，腰脊崩漏之均補；　虎脛骨壯筋骨，寒濕毒風之可驅。　檀香定心氣霍亂之疼減；　鹿角壯精髓腰脊之痛除。　消腫益血於米醋，下氣散寒於紫蘇。　扁豆助脾，則酒有行藥破血之用；　麝香開竅，則葱為通中發汗之功。嘗觀五靈脂治崩漏，理血氣之刺痛；　血竭止血出，療金瘡之傷折。　麋茸壯陽以助腎，當歸補虛而養血。　烏賊骨止崩漏帶下，且除目翳；　鹿角膠住血崩，能補虛羸勞絕。　白花蛇治癱瘓，除風癢之癩疹；　烏梢蛇療不仁，去瘡瘍之風熱。　又曰川烏藥治冷氣之理，禹餘糧療崩漏之因。　巴豆利痰水，能破積結；　獨活療諸風，不論久新。　山茱萸治頭暈遺精之藥，白石英醫吐膿咳嗽

之人。厚朴溫脾胃去嘔脹，消痰之用；肉桂行血療心冷，止汗如神。鯽魚有溫胃之功，代赭乃鎮肝之劑。沉香下氣能補腎，定霍亂之心疼；橘皮導逆氣，去嘔痰而開胃。此六十種藥性之熱，宜參詳而誦記也。

溫

溫藥總括，醫家素諳。木香理乎氣滯，半夏主於風痰。蒼朮治目盲，燥脾勝濕；蘿蔔消膨脹，制麪尤堪。況夫鍾乳粉補肺氣，兼療腎虛；青鹽治腹疼，且滋腎水。山藥而腰濕治，阿膠而痢嗽皆止。赤石脂治精濁而止瀉，兼補崩中；陽起石暖子宮以壯陽，更醫陰痿。又曰紫菀治嗽，防風祛風。蒼耳子透腦涕止，威靈仙宣風氣通。細辛去頭風止嗽，而療齒痛；艾葉治崩漏暖宮，而醫痢紅。羌活明目驅風，而除筋攣腫痛；白芷止崩治腫，療痔瘺瘡癰。乃若紅藍花通經，治腹中惡血之疼；劉寄奴破血，療燙火金瘡之苦。除風濕之痛，則茵芋葉；療折傷之證，則骨碎補。藿香葉辟惡氣而定霍亂，草果仁溫脾胃而止嘔吐。巴戟天治陰疝白濁，補腎尤滋；玄胡索理氣痛血凝，調經有助。嘗聞款冬花潤肺，祛痰以定喘；白荳蔻寬膈，止胃翻而助脾。撫芎走經絡之痛，何首烏治瘡疥之資。薑黃能下氣，破惡血之滯；防己宜消腫，去風濕之痺。藁本除風，主婦人陰痛之腫；仙茅益腎，扶元氣虛弱之衰。且曰破故紙溫腎，補精髓與勞傷；宣木瓜入肝，療脚氣并水腫。杏仁調便秘，止嗽之劑；茴香治疝氣，腎疼之用。訶子生精止嗽，療滑泄之痾；秦艽攻風逐水，又除肢節之痛。檳榔豁痰而逐水，殺寸白蟲；杜仲益腎而填精，去腰膝之重。當知紫石英療驚悸崩中之疾，橘核仁治腰疼疝氣之瘨。金櫻子兮澀遺精，紫蘇子兮下氣涎。淡豆豉發傷寒之表，大小薊除諸血之鮮。益智安神，治小便之頻數；麻仁潤肺，利六腑之燥堅。黃芪補虛弱，療瘡膿；狗脊壯腰脚，强筋骨。菟絲子補腎以明目，馬藺花治疝而有益。此五十四種藥性之溫，更宜參《圖經》而默識也。

平

再詳藥品，平和性存。以硇砂而去積，用龍齒以安魂。青皮快膈除膨脹，利脾之劑；芡實益精治白濁，補腎之能。原夫木賊草去目翳而崩漏亦醫；花蕊石治金瘡而血行則止。決明和肝氣而明目，天麻主濕脾而驅風。甘草和諸藥而解百毒，蓋以性平；石斛平胃氣而補腎虛，更醫脚弱。觀夫商陸治腫，覆盆益精。琥珀安神而散血，硃砂鎮心而有靈。牛膝補精強足，兼療脚痛；龍骨止汗住濕，更治血崩。萆薢逐骨節之寒濕，蒺藜治風瘡而目明。人參潤肺寧心，開脾助胃；蒲黃止崩治衄，消瘀調經。豈不以南星醒脾，去驚風痰吐之憂；三稜破積，除血塊氣膨之證。沒石主泄瀉之困危，皂角治風痰之恶病。桑螵蛸療精氣之泄，鴨頭血醫風腫之盛。蛤蚧治勞嗽，牛蒡子療風壅之痰；全歇主風癱，酸棗仁去怔忡之病。嘗聞桑寄生安胎益血，且止腰疼；大腹子去膨下氣，亦令胃和。小草遠志，俱有寧心之妙；木通猪苓，尤為利水之多。蓮肉有清心醒脾之用，沒藥在治瘡散血之科。郁李仁潤腸宣水，去浮腫之疾；茯神甯心益智，除驚悸之痾。白茯苓補虛勞，多在心脾之有準；赤茯苓破結氣，兼利水道以無過。又因知麥芽有助脾化食之功，小麥有收汗養心之力。白附子去面風之遊走，大腹皮治水腫之泛溢。椿根白皮主瀉血，桑根白皮主喘息。神麯健脾溫胃，五加皮堅筋骨以立行，桃仁破血治腰疼，栢子仁養心脾而有益。抑又聞安息香辟惡，且止心腹之痛；冬瓜仁醒脾，當為飲食之資。殭蠶治諸風之喉閉，百合斂肺勞而嗽痿。赤小豆解熱毒，瘡腫宜用；枇杷葉下逆氣，噦嘔可醫。連翹排瘡膿而消腫，石楠葉療脚氣之攣拘。穀蘗養脾，阿魏除邪氣而破積；河車補血，大棗和藥性而開脾。鱉甲治勞瘧，兼破癥瘕；龜甲堅筋骨，更治崩疾。烏梅主便血瘧痢之用，竹瀝治中氣聲音之失。此六十六種平和之藥，更參《本草》而求其詳悉也。

明・劉純《醫經小學》卷一 用藥法象一首 天有陰陽彰六氣，風、寒、暑、濕、燥、火。溫熱涼寒總於四。溫熱者，天之陽；涼寒者，天之陰。此天之陰陽四時也。地有陰陽化五行，金、木、水、火、土。生長收藏五味成。辛、甘為地之陽，酸、苦、鹹為地之陰也。輕清成象親乎上，味薄者，本乎天，親上。重濁成形本乎地。味厚者，本乎地，親下。辛甘發散氣為陽，酸苦湧泄陰為味。輕清重濁之分，氣味厚薄之異。清之清者發腠理，陽中之陽厚之氣。附子，氣之厚者，乃陽中之陽，故《經》云發熱。清之濁者實四肢，陽中之陰薄氣使。茯苓淡，為在天之陽也。陽當上行，何為利水而洩下？《經》云：氣之薄者，乃陽中之陰。所以茯苓利水而下行。然而洩下亦不離乎陽之體，故入手太陰。濁之濁者走五臟，陰中之陰乃厚味。大黃，味之厚者，乃陰中之陰，故《經》云洩下。濁之清者歸六腑，陰中之陽薄味爾。麻黃苦，為在地之陰也。陰當下行，何為發汗而升上。《經》云：味之薄者，乃陰中之陽。所以麻黃發汗而升上。亦不離乎陰之體，故入足太陽。辛散酸收淡滲泄，鹹軟苦泄甘緩結。各有所能，或散或聚，

或緩或急，或堅或軟，四時五臟病，各隨五味之所宜也。橫行直達要消詳，五味之能須悉別。藥有橫行者，若辛甘之類。直達者，若酸苦之類。身半上病藥取根，身腰以下梢宜用。根升梢降合天真，述類象形堪妙應。炮炙製度劑所宜，熟降生升毒須製。藥用火炮、湯泡、煨炒者，皆製其毒也。用酒蒸、焙、蜜炒，皆欲上騰也。酒浸洗、醋浸、薑製、酥炙，皆欲行經活血。如去皮、去心、取核、去蘆節枯朽之類，皆不可違其製也。藥味專精大得能，新陳粗細擇須備。品味薄則用近新者擇揀，勿用腐朽之類。湯散丸方分兩銖，湯者，蕩也，去新久病皆能之。散者，散也，去急病用之。丸者，舒緩而治之也。古者方劑分兩，與今不同。如㕮咀者，剉若麻豆大是也。云一升者，今之大一盞也。云銖者，六銖乃一分，即二錢半。云三兩者，今之一兩。二兩者，今之六錢半也。君臣佐使從其制。主病為君，佐君之謂臣，應臣之謂使。服藥有法及有期，病在上，不厭頻而少。病在下，則頓而多。病在上，先食而後藥。病在下，先藥而後食。病在四肢，宜飢食，而服藥在旦。病在骨髓，宜飽食，而服藥在夜。升降浮沉補瀉之。如肝膽之病，以辛味補之。鹹瀉氣，溫補涼瀉之類也。重輕氣味施當審，勿伐天和歲氣時。必先歲氣，勿伐天和。藥例見後證例中。

明・劉純《醫經小學》卷一

藥性指掌九十首。集次見東垣《珍珠囊》。增六十三味。

羌活苦溫散表風，利支節排巨陽癰，更除新舊風寒濕，手足太陽表裏通。升麻苦除陽明風，引石膏能治齒疼，挾諸藥行四經分，升陽氣於至陰中。柴胡苦寒除脇疼，更安潮熱往來生，在臟調經內主血。在肌主氣上行經。白芷辛溫去面風，陽明經藥引能通，治及痹疼膚燥癢，止足陽明頭痛攻。防風甘辛氣本溫，明睛亦療腦門疼，以其氣味能泄肺，以全體用治諸風。當歸甘辛頭止血，身還養血潤於中，稍能破血流而下，全用能調榮氣充。獨活苦甘風可除，更安頸項自難舒，療風寒濕痹痿足，腎經藥引得斯歟。木香味苦氣微溫，和胃行肝氣有功，調和諸氣為神妙，瀉肺無斯治不中。檳榔苦辛氣性溫，滯氣攻開又殺蟲，墜諸藥性若鐵石，治後重時如馬奔。吳茱萸味苦辛熱，除咽嗌塞寒氣噎，脾胃停冷冷閉胸，心腹作痛而不歇。藿香葉甘氣本溫，溫中快氣治心疼，開胃口能進飲食，止霍亂除嘔逆攻。川芎氣溫味本辛，上行頭角清陽經，止頭疼能行血室，養新生血有神靈。黃連味苦氣寒沉，主治便澼混雜紅，消痞瀉心除目病，療瘡瘍腫有深功。黃芩苦味枯飄者，瀉肺除風熱在肌，條者大腸除熱用，膀胱得助化源宜。大黃味苦氣寒沉，瘀血消之結熱分，奪土滌腸通鬱滯，令名因是號將軍。黃柏苦寒調痿厥，下焦伏火大能除，上安虛噦蛔蟲出，下腹消疼補腎虛。玄明粉有酸辛味，宿垢留腸用此蠲，軟積開痰消癖瘕，大除胃熱保神全。白术利水味甘溫，去濕強脾健胃經，佐黃芩可安胎氣，君枳實能消痞膨。人參甘溫能止渴，甚生津液又和中，肺寒可服熱猶忌，定魄安魂至有功。黃芪甘溫益元氣，溫內分而實腠理，補三焦更托諸瘡，虛勞自汗服即止。甘草甘平生瀉火，炙之健胃可和中，解諸藥毒無爭競，養血通經更有功。半夏辛溫治濕痰，大和脾胃吐能安，寒痰更有腸鳴者，痰厥頭疼并速餐。陳皮味苦性辛溫，留白和脾健胃經，去白消痰能泄氣，膈開痰熱氣須憑。青皮苦寒攻滯氣，削堅積治下宜良，厥陰經藥斯能引，下食安脾得此強。枳殼微寒味苦酸，消心下痞化痰涎，胃中宿食兼壅氣，去逐仍消積聚堅。枳實苦酸能削積，胸中虛痞又能除，心間宿水宜斯逐，日久稠痰亦可祛。桔梗微溫味辛苦，止咽痛治肺之癰，寬胸利鼻無壅塞，引藥須知入肺中。知母苦寒除腎火，能蠲有汗之骨蒸，補虛可療陽明熱，益腎滋源化氣澄。藁本微溫味苦辛，治頭痛於巔頂中，太陽寒客能消散，婦女陰寒痛可通。生地黃寒甘苦味，瘀血衄血皆搗餐，涼血瀉脾之濕熱，清心乃治五心煩。熟地黃溫味甘苦，封填骨髓滋腎陰，療傷寒後脛股痛，除新產罷腹臍疼。五味酸溫滋腎水，更收肺耗散之金，消煩止渴生津液，益氣充虛乃壯陰。川烏味辛熱有毒，浮也陽中之少陽，能開臟腑寒邪氣，破諸積冷痛尤良。白芍酸寒有小毒，扶陽氣治腹間疼，墮胎通血強脾臟，能損肝經却緩中。白茯苓溫味甘淡，和中益氣濕能行，安驚利竅生津液，白入壬癸赤丙丁。澤瀉甘鹹性本寒，收陰汗乃止虛煩，去胞垢又生新水，濕腫淋癃作聖丹。薄荷之葉味辛涼，新病痊時勿更餐，治熱清陽於頭面，除風癇證不能安。麻黃甘苦性微溫，發汗除寒去節根，根節將來還可用，止虛盜汗作湯餐。厚朴用之隨氣味，苦除濕滿脹而膨，性溫益氣能攻濕，散結調中可濟生。杏仁有毒苦甘溫，定喘安驚氣自任，大腸閉燥能通潤，冷嗽投之散肺陰。巴豆大毒味辛熱，臟腑沉寒堅積結，治之水穀道能通，戒慎方中勿輕投。黑附子辛熱有毒，其性走而浮不沉，補三陽之厥逆證，除六腑之寒病深。蒼术氣溫其味甘，調脾更治濕之痰，寬中發汗功過白，除濕之功白术戡。秦艽辛苦性微溫，利水施之亦有功，療遍體之金色疸，除風濕在四肢中。白殭蠶鹹更辛平，陰內生陽其性溫，去膚風動如蟲狀，治黑䵟生於面門。地榆酸苦性微寒，血痢投之即可安，入下部能消積熱，更安不禁血崩難。白豆蔻味本辛溫，退翳還除冷在

胸，上焦元氣尤能補，刦消滯氣於肺中。連翹微寒味苦平，消諸經熱有深功，心間熱與瘡瘍腫，功效柴胡粘子同。阿膠甘溫能益肺，又能止嗽唾如膿，補虛更可安胎氣，治瘻強陰壯骨隆。桃仁甘苦性還寒，潤大腸經之秘難，破經久蓄之陳血，去滯生新治血乾。生薑辛制半夏毒，佐大棗有厚腸功，溫經散表除風氣，止噦之能效最工。石膏甘辛性大寒，清金制火肺寧安，除頭痛渴日晡熱，更安胃熱奪其餐。官桂味辛熱有毒，墮胎止汗補勞傷，用枝氣薄能開表，用肉生溫補腎良。細辛辛溫乃無毒，升也為陽有二功，除風數變三陽證，去首少陰合病疼。梔子大寒其味苦，療心胸悶不能眠，通臍下血滯便秘，象肺資陰降火炎。葛根甘寒能發表，胃虛消渴服之安，解除中酒之苛毒，更止溫瘧之往還。瓜蔞根味苦沉寒，止渴之功若聖丹。退熱消煩清氣血。補虛通臍月經安。猪苓味淡更甘平，大燥功為治濕能，利小水還除濕腫，常人多服腎虛增。乾薑生辛炮則苦，利肺氣入氣血行，生逐寒邪而發表，炮除胃冷可調中。草龍膽苦性沉寒，退散肝經之熱煩，若病下焦之濕腫，服之即可得痊安。蘇木甘鹹升可降，產停敗血遂能行，瘡瘍死血用之散，散處還滋新血生。杜仲甘辛其性溫，壯筋骨脈強精神，止腰疼痛滋陰腎，酥炙除絲用自靈。天門冬苦性大寒，保肺不得熱相干，涸枯營衛宜斯潤，定喘寧神燥悶安。麥門冬寒味甘辛，消肺隱伏之火禁，補金不足潤燥渴，養氣充虛熱不侵。木通寒瀉小腸火，小便熱閉大能通，通經利竅宜施用，導滯無他可比功。地骨皮寒味辛平，除風無定表間乘，解肌退熱能涼血，有汗傳屍之骨蒸。桑白皮寒其味甘，補虛益氣保神全，有餘肺氣宜斯瀉，嗽有痰紅必此蠲。甘菊苦甘除目疾，八風上注苦頭眩，目疼欲脫連頭痛，熱擁睛紅淚不乾。紅花辛溫能養血，腹停惡血又能除，止產敗血血之暈，補虛少血血之虛。赤石脂甘酸且溫，固腸胃有斂收功，胎衣不下宜斯逐，順落不為峻急攻。通草甘通陰竅澀，更消水腫閉難行，用之澀閉俱通暢，因乃呼之通草名。烏梅酸溫收肺氣，生津止渴更除煩，又安泄痢調和胃，去熱其來在骨間。川椒味辛熱有毒，溫中去冷服之安，上除兩目之雲膜，下治六腑之沉寒。萎蕤甘除四末風，治目淚出爛而矇，男子濕流腰胯痛，女人黑䵟面癍重。秦皮寒苦治驚癇，女子崩中帶下難，青白遮睛之幻翳，風寒濕痹治居安。白頭翁苦溫無毒，赤痢衄血得效速，男子偏腫陰疝長，小兒癉腥頭燥禿。牡蠣鹹寒治便滑，除榮衛虛往來熱，女人赤白帶崩中，男子夢寐精遺洩。乾漆味辛溫有毒，削年深積破癥堅，更除秘結停留血，血氣攻心亦可蠲。南星有毒味辛苦，中風不省墜痰涎，破傷身強如屍狀，服此回生致引年。商陸酸辛微有毒，生之異者類如人，導疏腫氣通胸腹，療水功能效若神。葶藶苦寒消水腫，膀胱留熱更能清，肺家喘促宜斯用，積飲停痰得此行。海藻鹹寒通水道，能開透軟結之便，氣停水結通身腫，非此之功不得痊。竹葉性寒其味苦，風邪煩熱服能除，上衝氣膝令人喘，進此安寧氣自舒。葱白辛溫能解表，陽明頭痛急投之，傷寒下痢服之效，止痛除風又自奇。天麻辛治驚癇藥，風熱頭眩得此蠲，麻痹不仁風可療，語言不遂瘓能痊。大棗甘溫可壯神，又能助脉健天真，大和脾胃安中脘，中滿之時忌入唇。威靈仙苦溫無毒，疴癢皮膚風可消，冷痛膝腰痰出唾，腹中新舊滯皆調。鼠粘子辛消瘍毒，盈肌癮疹主風濕，退諸風熱咽不通，利凝滯氣入腰膝。草豆蔻溫其辛味，補虛進食療心疼，胃脾積滯寒能逐，心腹久新痛可攻。玄胡索溫味苦辛，破血又治小腸疼，活精血療產後疾，安胎調攝產前經。雄黃有毒性平甘，息肉喉風用最堪，能殺精邪蛇虺毒，妊娠佩帶轉生男。廣州出產石硫黃，治疥堅筋去䘌瘡，逐冷壯陽陰痃癖，老人風秘是仙方。水銀本是硃砂液，取置爐中煅養成，消化五金除疥蝨，婦人難產用催生。砒霜有毒仍酸苦，治瘧除齁效若神，膈內風痰堪用吐，若還多服必傷人。牛膝為君味苦酸，主除膝痛及拘攣，月經若閉能通利，精髓如虛可補填。蒲黃無毒味甘平，行血如何又治崩，炒過用之方補澀，若還生用即通經。香薷下氣除煩熱，消腫調中暖胃家，霍亂轉筋心腹痛，佐方煮飲服之瘥。前胡下氣更消痰，推致陳新用最堪，主療傷寒寒熱病，安胎止嗽治兒疳。澤蘭甘苦能行氣，癰腫瘡膿可內消，更治損傷并打撲，并除身面四肢浮。三稜專治消癥癖，更治陰人血不通，治氣削堅除撲損，產餘腹痛亦能攻。肉豆蔻溫能止痢，解醒消食更調中，主除霍亂心膨痛，益氣消脾虛冷攻。補骨脂名破故紙，主攻血氣理勞傷，陽衰腎冷精流出，研爛胡桃合服良。縮砂下氣能消食，主療虛勞冷氣頻，暖胃溫脾能止利，炒除腹痛保妊娠。蓬莪茂治心脾痛，消血通經理內傷，痃癖奔豚諸積聚，得同酒醋用為良。莎草根名香附子，主除胸腹熱無時，婦人得此為仙藥，下氣寬中用最宜。常山味苦性微寒，治瘧功多大吐涎，黃細形如雞骨勝，苗名蜀漆一般看。赤皮甘遂能消水，利飲寬膨更破癥，主療四肢頭面腫，若逢甘草便相刑。白及主消癰腫毒，性同白蘞反烏頭，去除白鮮并破裂，更療邪風緩不收。大戟苦寒除蠱毒，專工利水治諸風，苗名

澤漆同消腫，甘草逢之必反攻。牽牛名以牽牛得，下水消膨利小便，專治腰疼并腳痛，更消水腫落胎元。馬兜鈴子如鈴狀，根即名為土木香，肺熱咳痰成喘促，瘻瘡血痔用之良。白附子能除帶下，更行藥勢主心疼，去除面上諸般病，又治風瘡及中風。酸棗仁平安五臟，除風去痹骨能堅，補中益氣寧心志，更治虛煩不得眠。丁香除腫消風毒，治氣溫中用最堪，非特益脾能止嘔，更攻齒痛病風疳。沉香療除風水腫，順氣調中用最良，又止轉筋心腹痛，去除惡氣壯元陽。檀香不特消風腫，抑且能收霍亂功，腎氣上攻心氣痛，濃煎服餌即能通。乳香止痛消風腫，邪氣能除補益精，主療諸瘡收洩澼，又調血氣又催生。蘇合香油能辟惡，去蟲殺鬼達神明，更消蟲毒除溫瘧，久服令人夢不生。沒藥止痛仍破血，主除折趺治金瘡，更宜產後諸餘疾，推致新陳理內傷。山茱萸主通邪氣，逐痹除風療耳鳴，婦女得之調月水，男人補腎更添精。大腹皮功專下氣，健脾開胃更通腸，氣因冷熱攻心腹，煎用鹽薑入藥良。密蒙花主能明目，虛翳青盲用最宜，若是小兒麩豆毒，熱疳入眼亦能醫。益智和中仍暖胃，主除虛漏及精遺，若人夜起多便溺，搥碎鹽煎效便奇。紫草苦寒通九竅，腹心邪氣疸皆醫，消膨治脹利水道，豆疹瘡危用最宜。紫菀苦辛除咳逆，熱寒胸結氣皆消，療唾膿血止喘悸，嬰稚驚癇亦可調。赤芍酸寒攻血痹，消癥破血逐經良，止疼解熱除癰腫，益血榮脾白芍強。芒硝苦寒消積聚，蠲痰潤燥性傷胎，胃中食熱血結閉，大小便癃澀盡開。蘹香子是小茴香，開胃調中得酒良，主治腹疼并霍亂，更通腎氣及膀胱。防己除風溫熱邪，四肢拘急口喎斜，足疼水腫并風腫，濕嗽癰瘡腫亦佳。薑黃烈似鬱金功，理損消癰止暴風，主治癥瘕兼下氣，月經壅滯亦能通。甘松無毒味甘香，浴體令香可作湯，下氣更能除惡氣，腹心痛滿是奇方。阿魏無真却有真，臭而止臭乃為珍，殺蟲下氣除癥積，及治傳屍更辟温。遠志苦溫除咳逆，益精補氣壯心神，袪邪利竅止驚悸，強志聰明智慧人。五倍一名文蛤是，主除齒䘌及瘡膿，更攻五痔多便血，洗眼猶能去熱風。菟絲子味辛無毒，駐色延年治熱中，主療虛寒餘瀝病，添精補髓去腰疼。蝎即蚰蜥宜緊小，主除癮疹療諸風，小兒驚搐方多用，酒服尤能治耳聾。龍骨澀精收泄痢，本功主治女人崩，縮便收汗陰瘡蝕，齒療顛邪又鎮驚。麝香通竅攻風疰，有孕催生救產難，殺鬼辟邪除腹痛，更安客忤與驚癇。牛吐生黃味苦平，主除狂躁治天行，安魂定魄除邪惡，更治風癇及熱驚。羚羊角苦寒無毒，益氣安心辟不祥，明目祛風兼易產，更宜時氣治驚狂。犀角苦寒能解毒，驅風明目鎮肝家，并除心熱狂言語，又治時行辟鬼邪。虎骨主除邪惡氣，傷寒濕氣用尤良，更攻風毒拘攣痛，治產安驚去惡瘡。石蜜甘平安五臟，補中止痛養心脾，調和百藥兼益氣，止痢須知蠟更宜。龜甲破癥除漏下，小兒合顖治頭瘡，更攻瘧痔并陰蝕，勞復傷寒用作湯。斑貓主治瘡疽瀝，墮胎通淋破血癥，入藥要知當熟炒，令人吐瀉只緣生。真珠潤澤安心志，傅面令人好面容，粉點目中磨翳障，裹綿塞耳可除聾。鱉甲治崩仍療瘧，癥瘕痃癖用尤奇，又除骨節間勞熱，雞子同餐却不宜。靈脂治產昏迷證，通利陰人血不行，更治腸風并逆氣，若還炒過可除崩。瓜蒂除浮仍治疸，欲消息肉鼻中吹，有人胸腹中間病，此藥猶能吐下之。假蘇本即名荊芥，下氣除勞治血風，瘡疥傷寒為要藥，更除血暈與頭疼。紫蘇下氣仍開胃，治脹消痰利大腸，煮汁飲之除蟹毒，若安喘嗽子尤良。芫花去水消浮腫，咳逆喉鳴必用之，痰唾腰疼心腹痛，惡風痹癢亦能醫。訶梨勒苦能開胃，冷氣奔豚是本功，消食化痰并止痢，更除崩漏及腸風。枸杞子功能補氣，去風明目益元陽，根名地骨皮堪用，寒熱虛勞各載方。琥珀元來是木脂，千氣入地化而為，鎮心定魄仍消血，若治諸淋效更奇。草果味辛消氣脹，主除濕勝治脾寒，解瘟辟瘴化瘧母，散逐寒痰及吐酸。牡丹皮能涼骨熱，腸胃積血亦能平，止吐衄衊瀉陰火，無汗虛勞之骨蒸。麥蘖甘溫消宿食，破癥結益氣虛人，上焦滯血能行散，心腹滿脹宜此伸。滑石利竅能泄氣，利水通津入太陽，大腸與胃有積聚，推蕩重令化氣強。艾葉生寒熟則溫，灸除百病可延生，溫中暖胃和肝氣，調血能令下吐平。貝母寒平咳逆氣，主除煩熱療傷寒，更消腹結心下滿，止汗和中解鬱煩。茶茗苦消痰熱渴，清神能治卒頭疼，瘻瘡可療兼下氣，利小便令化氣澄。醋斂咽瘡消腫毒，治黃疸病破堅癥，婦人產後血虛暈，薰鼻收神保十全。酒通血脈厚腸胃，消憂發怒火扶肝，滋形辟惡養脾氣，痛飲傷神損壽元。蓬砂消痰能止嗽，甘緩之功破結癥，喉痹初生宜進此，陰陽氣散自無凝。靈砂性溫通血脈，安魂養氣益精神，止陰煩滿殺邪魅，主五臟之百病迍。

明・徐鳳石《秘傳音製本草大成藥性賦》卷一　寒門藥性賦

石部　諸藥稟性，此類最寒。

朴硝墮音惰胞胎，兼化停痰腸結；　牙硝退積熱，又除障音漲翳音意眼疼。

朴硝：味苦、辛，鹹，性大寒，有毒。凡修事，初採其苗，淋水取汁，一煎成滓，乃名朴硝。色

青白者為佳，兼黃赤者勿服。牙硝： 味甘，性大寒，無毒。因形與馬牙無異，實即朴硝煉成。

芒硝能化頑痰，利便通腸消積聚；　長石可除結熱，明睛止渴殺三蟲。芒硝： 味苦、辛、鹹，性大寒，有毒。石韋為之使，惡麥句薑。凡修事，水煎朴硝，傾水盆中，結芒有廉棱者是。若入藥中，須先以水飛過，用帋五層滴過去脚，于鐺中乾之，方入乳鉢細研如粉，臨服時隨宜下盞內，乃以滚藥泡飲，庶有力氣。　長石： 味苦、辛，性寒，無毒。理如馬齒，方而潤澤，色白如玉，狀同石膏，但厚大縱理而長。

除熱脹，止燥煩，須知硝石；　豁音活頑痰，潤心肺，亦用柳礬音凡。硝石： 味苦、辛、鹹，性大寒，有毒。火為之使，惡苦參、苦菜、曾青，畏女菀。是朴硝再煎。芒硝上結，硝石下凝。由質頗堅，特稱石類。總味辛能潤燥，鹹能軟堅，苦能瀉實。但較朴硝、芒硝，力少緩爾。凡使先研如粉，以甆瓶子於五斤火中煅令通赤，用鷄腸菜、栢子仁和作一處，分丸如小帝珠子許。待瓶子赤時，投硝石於瓶內，其硝石自然伏火。每四兩硝石，用鷄腸菜、栢子仁共十五箇帝珠子，盡為度。　柳絮礬： 味鹹，性冷，無毒。輕虛如綿絮，研末任入散丸。

甘泉石墜風痰明目，寒水石解熱壅音勇潤喉。甘泉石： 味甘，性大寒，無毒。生田野間。穿地深丈餘得之，形如土色，方圓長短大小不等，內實而外則重重相疊。用之須研細為粉。　寒水石： 即凝水石。味辛、甘，性大寒，無毒。解巴豆毒。畏地榆。凡使須用生薑自然汁煮汁盡為度，細研成粉聽用，每十兩用薑汁一鎰。

石膏發汗墜痰，止眉心之痛；　滑石除煩解渴，利小便之淋。石膏： 味辛、甘，性大寒，無毒。鷄子為之使，惡莽草、馬目毒公，畏鐵。細理白澤者良。凡使先于石臼中擣成粉，以密物羅過，和甘草水飛過了，水澄令乾，重研細用之。蓋辛能發汗解肌，上行而理頭痛。甘則緩脾，益氣生津，以止消渴。單研末，和醋為丸，治食積痰火殊驗。胃脘痛甚，吞服立差。　滑石： 味甘，性大寒，沉重，無毒。石韋為之使，惡曾青。白如凝脂，軟如飛麵。凡使先以刀刮去土，研如粉，以牡丹皮同煮一伏時，出，去丹皮，用東流水淘過，日乾。

雌黃治頭瘡髮禿音突，曾青止目痛淚流。雌黃： 味辛、甘，大寒，有毒。指開拆得千重，軟如爛金者上。凡修事，四兩雌黃，用天碧枝、和陽草、粟遂子草各五兩，三件乾、濕加一倍，用甆堝子煮三伏時了，其色如金汁一垛在堝底下，用東流猛投于中。如此淘三度了，取出拭乾，擣碎，研如塵用之。　曾青： 味酸，性小寒，無毒。畏菟絲子。與空青同山，色理亦相類，但其形小，纍纍連珠相綴，甚難得。凡修事一兩，要紫背天葵、甘草、青芝草三件，乾濕各一鎰，並細剉，放於甆堝內，將曾青於中，以東流水二鎰，并諸藥等，緩緩煮之五晝夜。勿令水火失時。取出，以東流水浴過，却入乳鉢中，細研如粉用。

墜風痰，消積破癥，當求礞石；　理鼻息，治喉止瀉，好覓枯礬。青礞石： 味鹹，性寒，無毒。得硇砂、巴豆、三稜等良。欲辨真假，須依法製。敲碎小顆粒，貯傾銀礶中。攙半焰硝，鹽泥固濟。武火煅一香炷，取出色若雄黃。軟細易擂，方為不假。成末以水飛細，入藥作散為丸。　礬石： 味酸，性寒，無毒。甘草為之使，惡牡蠣，畏麻黃。白色光明者佳。凡使須以甆瓶，盛於火中，煅令內外通赤，用鉗起蓋，旋安石蜂窠於赤瓶子中。燒蜂窠盡為度，將鉗夾出，放冷敲碎，入鉢中研如粉後，於屋下掘一坑，可深五寸，却以紙裹，留坑中一宿，取出再研聽用。每十兩用蜂窠六兩。

石蠏療青盲音蒙目暗，地漿解中去聲毒心煩。石蠏： 味鹹，性寒，無毒。是海蟹多年水沫相着，因化成石。多夾麄石污泥。凡用去淨，磨細，清水飛過，佐藥取功。　地漿： 味辛，性寒，無毒。凡修造，掘地坎，以水沃中。攪濁渾，俄頃取服。楓上毒菌悞食，笑不止者，即安。山中毒菌悞食，命幾死者，立效。

禹餘糧主漏下而破癥音征結，朱砂末可鎮音震心而利痰頑。禹餘糧： 味甘，性寒，無毒。杜仲為之使，畏貝母、菖蒲、鐵落。凡使勿誤用石中黃并卵石黃。其石中黃即禹餘糧未成者。內裹赤黑黃，味淡微粗。卵石黃味酸，箇箇有子一塊，不堪用也。若誤餌之，令人腸乾。禹餘糧外殼重叠包裹，內黃細末一殻，彷彿蒲黃，嚙甚糝齒。凡修事四兩，用黑豆五合，黃精汁五合，水二斗，煮取五升，置於甆堝中，下禹餘糧，着火煮，旋添，汁盡為度。其藥氣自然香如秫米。擣了，又研一萬杵方用。　朱砂： 味甘，性寒，無毒。惡磁石，畏鹹水。大塊，色光明者佳。細研如粉，任入散丸中用。

綠青止鼻衄音求甚易，瑪腦熨音鬱目赤何難。綠青： 味酸，性寒，無毒。黑綠色者佳。即石綠也。　瑪腦： 味辛，性寒，無毒。種有三般，紅、黑而白，紋如纏絲者咸妙。砑木不見熱者為真。

玄明粉軟積開痰除胃熱，胡粉錫療癰音雍殺螯音姪破癥瘕。玄明粉： 味辛、甘，性寒，無毒。忌苦參。凡修事，每朴硝十斤，用淨水二大桶，將硝投入，去滓，入新鍋內慢火熬至微沸，纔入蘿白五斤，豆腐三斤，冬瓜五斤，三味俱切片，投入硝水內煮一日，去滓，用磁器盛，用紵布蓋露。待其水結成牙子，取下，又露，以待結盡為度。次用荊芥半斤，薄荷半斤，用水一小桶，將二味熬一日，去滓，將牙子入藥水內熬一日，再濾去滓，如前露取牙。次又用牙皂角煮水，如前法取牙子，取出聽用。後研為末，每斤加生熟甘草各一兩和勻，初服一錢，漸至三錢。春養肝，川芎、黃芪、芍藥湯下；　夏養心，茯苓湯下；　四季養脾，人參、白朮湯下；　秋養肺，茯苓、桔梗湯下；　冬養腎，肉蓯蓉、烏頭湯下。　胡粉錫： 即光粉也。味辛、甘，性寒，無毒。炒入丸散，生入瘡科。

利胃益精稱理石，養肝明目羡空青。理石： 味辛、甘，性大寒，無毒。滑石為之使，畏麻黃。形同石膏，順理而細。　空青： 味甘、酸，性大寒，無毒。畏菟絲子。生有銅處，銅精熏則生空青。其腹中空，破之有漿者佳。

水銀除疥虱音澁，善催生，古今稱驗；　代赭音者墮音惰孕胎，攻漏下，真假當看平聲。水銀： 味辛，性寒，滑重，有毒。畏磁石。凡修事，水銀十兩，用紫背天葵，併夜交藤自然汁各七鎰，同煮一伏時，其毒自退。得紫河車則伏，置金銀銅鐵於上則浮，併棗核研則散揚，併津唾研則斃虱。和大楓子研末，則殺疥蟲；　佐黃芩為丸，則絕胎孕。　代赭：

味苦、甘，性寒，無毒。乾薑為之使，畏天雄、附子。赤紅青色、如鷄冠有澤者良。凡使用臘水細研盡，重重飛過，水面上有赤色如薄雲者去之，然後用細茶煎湯，煮之一伏時，取出，又研一萬匝，用淨鐵鐺一口，着火得鐺熱底赤，即下白蠟一兩于鐺底，逡巡間便投新汲水衝之於中，沸一二千度了，如此放冷，取出任入藥用。

薑石解痘瘡疔音丁毒，綠礬音凡治喉閉牙蚛音沖。薑石：　味鹹，性寒，無毒。狀如薑。有五種，色白者良。凡使搗末，和鷄子白同敷腫處。　綠礬：　味鹹，性涼，無毒。凡使用火煅赤，釅醋淬過，復煅，如此三度，研細用之。

磁石強陽道，通耳得鐵隨聞而聽；　粱塵消軟癤，催生調酒即產而安。磁石：　味辛、鹹，性寒，無毒。柴胡為之使。殺鐵毒，惡牡丹、莽草，畏黃石脂。凡修事，每一斤用五花皮一鎰，地榆一鎰，故綿十五兩，三件並細剉，以槌于石上碎作二三十塊，將磁石於甆堝中，下草藥，以東流水煮三日夜，漉出，拭乾，以布裹之，向大石上再搥令細了，入乳鉢研細如塵，以水飛過，又研如粉用之。　梁上塵：　味甘，性微寒，無毒。凡使須遠煙火處所，務近堂殿中間，箒拂下，旋篩取聽用。

鐺音當墨生肌而止血，鈆音沿霜定悸音計以消痰。鐺墨：　即百草霜也。凡使以酒或水細研，溫服之。塗瘡，在面慎勿塗之，黑入肉如印。　鉛霜：　味甘，性冷，無毒。凡鍊法，以鹽雜水銀十五分之一，合鍊作片，置醋甕中密封，久成霜，取用。

石燕治淋家而催生易產，膽音疸礬音凡除熱毒而痰氣盡消。石燕：　味淡，性涼，無毒。凡婦人難產，兩手各把一枚，立驗。治淋，以水煮汁飲之。　膽礬：　即石膽也。味辛，性寒，有毒。水英為之使，畏牡桂、芫花、辛夷、白薇。有塊如鷄卵者佳。凡使，入銀鍋內，火煅通赤，置于地上出火毒。細研聽用。治鼠瘻惡瘡並喉鵝等毒。

金星石治肺熱嗽血，半天河洗毒惡生瘡。金星石：　味甘，性寒，無毒。　半天河：　是竹籬頭水及空樹中者。味甘，性微寒，無毒。

生肌止痛，療金瘡，黃丹最妙；　破積除疳，塗疥癬，輕粉尤良。黃丹：　即鈆丹也。味辛，性微寒，無毒。凡修事，用鈆一斤，土硫黃一兩，硝石一兩，先鎔鈆成汁，下醋點沸，時下小硫黃一片，續下硝石少許。沸定，再點醋，依前下黃、硝少許。待硝沸盡，黃亦盡，炒為末成丹，惟外科多用。先入水飛淨砂土，後加火炒變褐黃。煎膏敷金瘡，生長肌肉，住痛。　輕粉：　即水銀粉也。味辛，性冷，有毒。畏磁石、石黃。凡修事，水銀一兩，皂礬七錢，白鹽五錢，同研，微見星為度。放換餅盆中，按匾，以鷄翅掃圓如餅樣，覆以烏盆，用爐灰羅過，水調封盆縫，盆底離火三寸許，用熟炭火煅之，火慢則漸加至半斤為度，以點線香二炷為候，提出候冷，用刀輕輕挑起烏盤，仰放，撥去爐灰，勿令香落，鷄翅輕輕掃下盆底粉脚，任意掃盡，另放。又加皂礬、水銀、白鹽，同研，復鍊，鐵盆內餅中或有昇不起者，掃上面好者，亦如前再鍊，以乾濕得所為宜。乾則入少水潤之。又不可大濕。其盆底粗者去之，或留搽臘瘵疥癬亦好。今市賣者，有燒凝水石或石膏為粉以亂真。須燒，火上走者真也。忌一切生血。

烏古瓦單除消渴，不灰木獨療痱音費瘡。烏古瓦：　味淡，性寒，無毒。凡使以水煮汁飲之。取屋上年深者良。　不灰木：　味淡，性大寒，無毒。其色青，形如爛木，燒之不燃。石類也。

反胃安神覓黑鈆，火熱熨音鬱蛇傷立愈；　脫肛散血求生鐵，水煎洗虎咬當差。黑鈆：　味甘，性寒，無毒。凡入劑，磨水服。　生鐵：　味辛，性微寒，無毒。畏磁石。凡使，以生鐵二斤，水一斗，煮取五升。出鐵，以汁聽用。或脫肛及熊虎咬傷，取湯日洗；　或被打致血凝骨節，用酒時嘗。

除熱癎，却時瘟，須要預藏臘雪；　固齒牙，滋腎水，務宜頻擦音察青鹽。臘雪：　味甘，性冷，無毒。臘天甕貯，掘地埋藏。春夏時瘟，服之即愈。　青鹽：　味鹹，性寒，無毒。一名戎鹽。煅白纔炒，細研為末。入擦散中，能固齒牙，且滋腎水。

草部

是故柴胡退寒熱，上止頭疼，下寬胸脇；　地榆療金瘡，後除血痢，前住漏崩。柴胡：　味苦，性寒，無毒。半夏為之使，惡皂莢，畏女菀、藜蘆。凡使莖長軟、皮赤黃髭鬚者佳。採得去髭并頭，用銀刀削上赤薄皮少許，却以粗布拭了，細剉用之，勿令犯火，立便無效。上升用根，酒浸；　中行、下降用梢，宜生。　地榆：　味苦、甘、酸，性微寒，無毒。得頭髮良，惡麥門冬。惟治下焦，又理血氣。

天門冬止血、補虛，涼心肺有准；　麥門冬除煩、住嗽，退勞熱無蹤。天門冬：　味苦、甘，性大寒，無毒。垣衣、地黃、貝母為之使，畏曾青，忌鯉魚。凡採得，去上皮一層，便劈去心，用柳木甑，燒柳木柴蒸一伏時，洒酒令遍，更添火蒸。（去）〔出〕曝，去地二尺已來，作小架，上鋪天門冬葉，將蒸了天門冬攤令乾用。　麥門冬：　味甘，性微寒，無毒。地黃、車前為之使，惡款冬、苦瓠，畏苦參、青蘘。陰乾。大者佳。去心入藥，不令人煩。

白薇治風狂溫瘧音（箬）〔虐〕，紫草療瘑音戈癬音選痘瘡。白薇：　味苦、鹹，性大寒，無毒。惡黃耆、大黃、大戟、乾漆、乾薑、山茱萸、大棗。凡採來，用糯米泔汁浸一宿，至明取出，去鬚，于槐砧上細剉。蒸從巳至申，出用。　紫草：　味苦，性寒，無毒。凡資入藥，去根用茸，須以蠟水蒸之。待水乾取出，細剉，每一斤用蠟二兩，于鐺中鎔化盡，便投蠟水作湯。用合膏敷瘑癬瘡瘍。單煮托豌痘瘡瘮。

瞿麥通血淋，胎孕服之即墮；　茵陳療黃疸，熱邪飲則斯蠲。瞿麥：　味苦、辛，性寒，無毒。蘘草、牡丹為之使，惡螵蛸。凡使只用蘂殼，不用莖葉。生須以篁竹瀝浸一伏時，漉出晒乾用之。　茵陳：　味苦、辛，性微寒，無毒。凡採得，陰乾。入藥去根，須用莖葉，勿犯火。陳者佳。

熟地黃補血，且醫虛損；　生地黃涼血，更療眼瘡。熟地黃：　味甘、苦，性寒，無毒。得麥門冬、清酒良，惡貝母，畏蕪荑。凡採生地黃，去白皮，酒浸，用柳木甑蒸之，攤

令氣歇，拌酒再蒸。又出令乾。勿令犯銅鐵器，令人腎消并白髮。男損榮、女損衛也。生地黃：一名苄。味、性同熟，惡、畏一般。如上達補頭腦虛，或外行潤皮膚燥，必資酒浸，方促效臻。

殺蟲䘌音匿貫眾可用，治驚疳音甘蘆薈當施。貫眾：味苦，微寒，有毒。赤小豆、雚菌為之使。凡資入藥，投用陰乾。蘆薈：味苦，性寒，無毒。解巴豆毒。凡使，先擣成粉，待眾藥末出，然後入藥中。又癬發頸間，同甘草研勻敷，效。䘌生齒縫，以鹽湯漱淨，點，差。

白芍藥治腹痛，補脾虛，活血安胎而止痢；赤芍藥解肌寒，清眼熱，通經利便以消癰。白芍藥：味苦，性微寒，有小毒。雷丸為之使，惡石斛、芒硝，畏硝石、鱉甲、小薊，反藜蘆。凡採得，日乾，以竹刀刮上麄皮并頭土，剉之，將蜜水拌蒸，從巳至未，晒乾用之。若補陰，酒炒纔妙。得甘草炙為輔佐，兼主治寒熱腹疼。熱加黃芩，寒加肉桂。與白术同用補脾，與當歸共煎活血。與黃芩乃安胎聖藥，與黃連是止痢靈丹。與人參、黃耆並煎，則能益氣；與川芎、青皮相助，則能瀉肝。產後忌嘗，恐伐生氣。赤芍藥：性、味與使、惡、畏同前。入藥中，宜生用。

黃連清目赤，劫音結腸紅，消痞音丕療疳音甘功不一；甘遂退身浮，寬腹脹，破癥音徵利水效非常。黃連：味苦，性寒，無毒。黃芩、龍骨為之使，惡菊花、芫花、玄參、白鮮，畏款冬，忌猪肉，勝烏頭，解巴豆毒。凡使用布捋淨鬚苗，各因火邪製炒。火在上，炒以醇酒；火在下，炒以童便。實火朴硝，虛火釅醋，痰火薑汁，伏火鹽湯，氣滯火同吳茱萸，血瘕火拌乾漆末，食積瀉陳壁土炒，肝膽火猪膽汁炒。若治目赤，人乳同蒸。如劫腸紅，木香丸服。同枳實、青皮消腹痞，同雷丸、蘆薈療兒疳。甘遂：味苦、甘，性大寒，有毒。瓜蒂為之使，惡遠志，反甘草。連珠者妙。收採陰乾。凡使去莖，於槐砧上細剉，用生甘草湯，小薺苨自然汁，二味攪浸三日，其水如墨汁，漉出，以東流淘六七次，令水清為度。後入土器中熬令脆用之。

萱草根療五淋黃疸音膽，川楝子治七疝音訕漏精。萱草根：即鹿葱也。味甘，性涼，無毒。煮熟嫩苗食之，治沙淋，小便澁痛。絞生根汁嚥下，療酒疸、遍身通黃。咀和酒煎，為破腦傷風要藥；擣攙薑汁，係大熱衄血仙方。川楝子：味苦，性寒，有小毒。即金鈴子。

垣衣益氣補中，退疸音膽涼腸兼止欬音慨；知母滋陰瀉火，解煩除嗽音漱又消痰。垣衣：味酸，性冷，無毒。即古牆北陰處青苔衣也。知母：味苦、辛，性寒，無毒。肥大者有力，枯黯者無功。去淨皮毛，忌犯鐵器。引經上頸，酒炒纔升；益腎滋陰，鹽炒便入。

車前子利小便，益精明目；栝樓音婁子定喘音舛痰，下乳寬胸。車前子：味甘、鹹，性寒，無毒。常山為之使。栝樓子：味苦，性冷，無毒。枸杞為使，惡乾薑，畏牛膝、乾漆、附子、烏頭。凡使，霜降採收，囫圇擣爛，或煆蛤蜊半斤，栝樓一斤相和，或研明礬四兩，栝樓一斤相攙。各以新瓦貯盛，置于風日處所，待甚乾燥，研細如霜。明礬者號如聖丹，用薑汁打糊丸就。蛤蜊者勝真海粉，可多備，聽用一年。服時俱用薑湯，並治結胸痰喘。下乳汁，炒香，酒調末服。止諸血，並炒入藥煎湯。

地不容能化痰喉閉，合明草可止痢便淋。地不容：味苦，性大寒，無毒。一名解毒子。合明草：味甘，性寒，無毒。擣爛絞汁飲之。

胡黃連治疳音甘熱骨蒸，止痢、療傷寒之嗽音漱；青葙子退肝風目赤，掃瘡、除疥音戒癬音跣之蟲。胡黃連：味苦，性大寒，無毒。惡菊花、玄參，亦解巴豆毒。忌猪肉，令人漏精。乾如楊柳枯枝，折斷一根烟出，心內黑，皮外黃。青葙子：味苦，性微寒，無毒。凡使先燒鐵臼杵，單擣用之。

山慈菇敷瘰音纍癧音歷癰音壅疽音蛆，癤音節毒可消，疔音丁瘡可散；青蒿音薅草退骨蒸心痛，瘜音息肉能點，洩痢能醫。山慈菇：味辛、苦，性寒，有小毒。根俗呼金燈籠，初春萌蘖葉，如韭葉長青。二月開花，狀若燈籠，色白，瓣有黑點，子結三稜。根與老鴉蒜略同。慈菇外有毛包裹。凡資治療，醋磨敷之。又取莖葉擣為膏，入蜜，貼于瘡口上，候流清血，不日收功。青蒿草：味苦，性寒，無毒。凡使子，勿使葉；使根，勿使莖。四件若同使，翻然成痼疾。採得葉不計多少，用童便浸七日夜，漉出晒乾，入童便熬膏，治骨蒸勞熱。生擣爛絞汁，卻心痛、熱黃、瘜肉、腫癰，燒灰淋濃湯點。洩痢鬼氣，研末調米飲吞。春夏用莖與葉，秋冬用實和根。

馬鞭破血癥音徵血結，龍膽治疳眼疳音甘蟲。馬鞭草：味苦、甘，性微寒，有小毒。凡資治療，生擣酒煎。草龍膽：味苦澁，性大寒，無毒。貫眾為之使，惡防葵、地黃。凡採得陰乾，刮去髭土頭，于甘草湯中浸一宿，至明漉出曝乾。勿空腹餌之，令人溺不禁。

破癥音徵瘕音遐，去瘀音豫通腸，惟取大黃獨速；理血氣，寬中□汗，須知香附皆靈。大黃：味苦，性大寒，無毒。黃芩為之使，無所畏忌。凡使，內紋如水旋、班紫。宜剉，蒸，從巳至未，日乾，又洒臈水蒸，從未至亥。如此蒸七度，日乾，却洒薄蜜水，再蒸一伏時。劈如烏膏樣，日乾用之為妙。又方，如欲上行，酒浸達巔頂之上，酒洗至胃脘之中。如欲下行，要速，生使投滾湯，一泡便吞；要緩熟，宜同諸藥久煎方服。香附子：即莎草根。味甘，性微寒，無毒。秋採曝乾，忌犯鐵器。預擣熟，童便浸透，復擣碎，砂鍋炒成。若理血疼，醋炒尤妙。又引血藥至氣分而生血，故婦人不可無也。

升麻止眾痛，療諸瘡，發汗治風之聖的；乾葛散傷寒，治溫瘧，解醒平聲住渴之仙靈。升麻：味甘、苦，性微寒，無毒。入藥宜根逢一，色青綠者亦佳。擇鷄骨

略同，去黑皮腐爛，黄精汁浸一宿，至明漉出，日乾細剉蒸之，仍曝待用。止頭痛、喉痛、齒痛，并中惡腹痛，理口瘡、疥瘡、斑瘡及豌痘爛瘡。去傷風於皮膚，散發熱於肌肉。故聖藥為瘡家之號，的藥來風家之稱。　乾葛：　味甘，性寒，無毒。殺野葛、巴豆毒。凡入藥中，去皮速效。療傷寒發表解肌，消伏熱除煩止渴。解酒毒之卒中，治溫瘧之往來。

鐵線療風消腫毒，常山截瘧音虐吐痰涎。　鐵線草：　味苦，性寒，無毒。凡使，三月採根，陰處風乾入藥。　常山：　味苦、辛，性微寒，有毒。畏玉札，忌葱及菘菜、雞肉。形如雞骨，入藥方靈。凡使酒浸一宿，至明漉出日乾，湯煎露過夜，溫吞。年老久病人全忌。

莨音浪菪音蕩子出牙齒蝕音石蟲，兼療風癇音閑濕痹音閉；　山豆根消咽喉腫痛，又除人馬急黄。　莨菪子：　味苦、甘，性寒，有毒。即天仙子也。子如黍米成粒，五月收採日乾。　山豆根：　味苦，性寒，無毒。俗呼金鎖匙也。凡資治療，惟取其根，口嚼汁吞，止咽喉腫痛要藥。水調末服，除人馬急黄。

風寒濕痹服菴音諳䕡音盧，又逐水浮瘀血；　湯火爛瘡敷白蘞，兼塗疔音丁腫背癰音雍。　菴䕡子：　味苦，微寒，無毒。荊實、薏苡為之使。苗如蒿葉，採實陰乾。　白蘞：　味苦、甘，性微寒，無毒。凡使收待中秋，黑皮洗淨，破片以竹穿日曝，入藥與白及並行，敷火煨，湯泡爛瘡，塗疔腫，背癰惡瘡。

青黛音大療疳音甘收鬱火，王瓜止渴散癰音雍疽。　王瓜：　即似毛桃，形如梔子，無棱。　青黛：　即靛花。味鹹、甘，性寒，無毒。凡使，以水飛淨灰脚，合丸製散隨宜。　王瓜：　味苦，性寒，無毒。三月採根，陰乾。八月收子，洗曝。子生用治小便數遺不禁。子炒用療下痢赤白雜來。根搗汁去小兒疳癖痞滿，根煎湯破婦人血瘕堅癥。其效甚速，不能盡述。

紫參消腹積，療癰音雍疽音蛆，大腸結熱，小便閉淋，唾血、鼻洪皆可治；　白鮮音跣去頭風，除疸音膽症音正，童子驚癇音閑，婦人陰腫，瘻音婁膿、肺嗽音嗽並能敺音祛。　紫參：　味苦、辛，性微寒，無毒。一名牡蒙。畏辛夷。凡使，三月採根，火炙令如紫色。　白鮮：　味苦、鹹，性寒，無毒。惡螵蛸、桔梗、萆薢、茯苓。凡諸般症候，煎湯飲下即差。惟鼠瘻有膿，熬膏吐出立愈。

白英消渴補中，退黄疸音膽奏功不小；　紫葛療癰音雍散腫，治惡瘡取效非常。　白英：　味甘，性寒，無毒。凡使，春採葉，夏採莖，秋採花，冬採根。　紫葛：　味苦、甘，性寒，無毒。凡使，取根皮擣末，醋調敷。

蔛音斛草退皮膚音夫丹腫，薇銜音閑除骨節風疼音同。　蔛草：　味甘，性寒，無毒。　薇銜：　味苦，性寒，無毒。得秦皮良。

血攻寒熱貴沙參，治眾毒、排膿散腫；　風痹音閉痠音酸疼尊白及，療諸瘡，去腐音府生肌。　沙參：　味苦、甘，性微寒，無毒。惡防己，反藜蘆。秋後採根，曝用。中正白實者佳。　白及：　味苦、辛，性微寒，無毒。紫石英為之使。惡理石，畏杏仁。名擅外科，功專收斂。不入劑中煎服，惟熬膏藥貼敷。

薏音意苡音以仁清肺痿音委痰濃，又治筋音斤攣音聯脚痹；　地膚音夫子療目盲音萌精竭，兼除水氣便淋。　薏苡仁：　味甘，性微寒，無毒。凡使一兩，以糯米一兩同熬，令糯米熟，去糯米用之。　地膚子：　一名落帚子。味苦，性寒，無毒。葉如荊芥，子類蠶沙。秋末採收，陰乾入藥。

卷柏破癥音徵瘕音遐血閉，羊桃退熱燥瘡瘍音陽。　卷柏：　味辛、甘，性微寒，無毒。凡使，止血用炙，去血用生。　羊桃：　味苦，性寒，無毒。二月採，陰乾，可作湯浴。

敗醬療癰，治妊婦已生有痛；　酸漿退熱，催胎兒難出無憂。　敗醬：　味苦、鹹，性微寒，無毒。凡採得，粗杵，用甘草葉相拌對蒸，從巳至未，出焙乾，去甘草葉用之。治腫癰，排膿散血，止産婦凝瘀腹疼。　酸漿：　實味酸，性寒，無毒。五月堪收啖食。子藏殼內，深紅，小兒食之，能退熱有益；孕婦吞下，立分娩無憂也。

治嘔噦飲食不通，蘆根可用；　受風寒體肢頑痹，蕕草宜施。　蘆根：　味甘，性寒，無毒。凡使，須掘根。逆水生，并黄泡肥厚者，味甘有效。去鬚并上赤黄了，細剉。用露出及浮水者損人。　蕕草：　味甘，性大寒，無毒。凡使，用赤小豆共煮食之，勿與鹽同食。

葎音律草治淋除瘧音虐痢，蕘音饒花行水散癥音徵瘕音遐。　葎草：　味甘、苦，性寒，無毒。葉似蓖麻，薄蔓細刺。凡資治療，生汁飲之。　蕘花：　味苦、辛，性寒，有毒。苗似胡荽，刺無，花類芫花，色白，狀極細。四五月採，力甚猛。熬令赤收，入藥劑中，務宜斟酌。

藜蘆音盧吐喉痹風痰，兼療腸洩痢；　䕡音盧茹音孺，去聲。去蝕音石瘡惡肉，又掃疥音戒殺蟲。　藜蘆：　味辛、苦，性微寒，有毒。黄連為之使，反細辛、芍藥、五參。忌大黄。凡採得，去頭，用糯米泔煮，從巳至未，漉出晒乾待用。煎湯吐喉痹風痰，作散療腸澼洩痢。　䕡茹：　味辛、酸，性微寒，有小毒。甘草為之使，惡麥門冬。凡使，五月採根，陰乾。惟取黑頭者勝。但堪作散，不用煎湯。

黄芩解心熱，通便淋，枯者升而實者降；　葶音亭藶瀉肺哮音囂，利水氣，苦者速而甜者遲。　黄芩：　味苦，性大寒，無毒。山茱萸、龍骨為之使。惡葱實，畏丹砂、牡丹、藜蘆。枯飄者名宿芩，瀉肺火酒炒為宜；　堅實者名子芩，瀉大腸火，生用最妙。得五味、牡蒙、牡蠣育妊娠；　得白蘞、赤豆、黄耆，療鼠瘻；　同白术、砂仁，安胎孕；　同黄連、厚朴，治腹疼。　葶藶：　味苦、甘，性大寒，無毒。榆皮為之使，惡殭蠶、石龍芮。凡使，入湯散丸，以糯米相合，於熯上微焙，待米熟，去米，單搗。用苦者，行水走泄迅速，形壯證重者堪求；　甜者，行水走泄緩遲，形瘦證輕者宜服。

爵牀療脊腰之痛，狼跋音撥掃瘍音戈疥音戒之瘡。爵牀：味鹹，性寒，無毒。今人名香蘇。狼跋子：味苦，性寒，有小毒。俗名黃環子。凡資治疥，苦酒摩搽。

消癰音雍散核服玄參，喉痹音閉癥音徵瘕音遐可破；殺蠱音古封疔音丁求薺音祭苨音你，熱狂藥毒能除。玄參：味苦、鹹，性微寒，無毒。惡黃芪、乾薑、山茱萸，反藜蘆。凡採得，用蒲草重重相隔，入甑蒸兩伏時，晒乾，去蒲草用之。勿令犯銅，餌之噎喉喪目。薺苨：味甘，性寒，無毒。根似桔梗，以無心為異。二月、八月採根曝乾。殺蠱，作末以飲服。封疔，搗根取汁敷。解熱狂與藥毒，搗生汁服之良。

大戟音吉破堅癥音徵，利水寬膨音彭，功同甘遂；丹參止漏帶，安胎補血，效比當歸。大戟：澤漆根也。味苦、甘，性大寒，有小毒。赤豆為之使，惡薯蕷，反甘草、海藻、芫花。畏菖蒲、蘆根、鼠糞。凡採得，于槐砧上細剉，用海羊葉拌蒸，從巳至申，去羊葉，日乾用之。丹參：味苦，性微寒，無毒。畏寒水石，反藜蘆。

白花藤主虛勞風熱，狗舌草醫蠱音古疥音戒瘙音燥瘡。白花藤：味苦，性寒，無毒。凡使，去根細剉，陰乾待用。病臨酒漬服之。狗舌草：味甘，性寒，有小毒。

夏枯草治頭瘡，瘰音纍癧音歷癭音嬰瘤並治；大戟苗毆音區腹水，熱邪浮腫皆消。夏枯草：味苦、辛，性寒，無毒。四月收採，洗淨陰乾。凡用拯痾，王瓜為使。大戟苗：名澤漆。味苦、甘，性微寒，無毒。小豆為之使，惡薯蕷。凡使，三月三、七月七採莖葉陰乾待用。

消背癰音雍，定驚悸音計，掃身上之瘡，共藉蛇含勢力；攻心痛，治伏梁，除陰下之濕，同資虎掌威權。蛇含：一名蛇銜。味苦，性寒，無毒。八月採，去根莖，只取葉，細切晒乾用之。勿令犯火。虎掌：味苦，性微寒，有大毒。蜀漆為之使，惡莽草。凡使，九月取根，以湯入器中，浸五七日。湯冷乃易。日換三四遍，洗去毒涎，曝乾待用。

水葒音紅草治赤眸音牟消渴，天名精療熱病金瘡。水葒草：即天蓼也。味鹹，性微寒，無毒。凡欲收用，多生水傍。苗莖高尺餘，葉大，色赤白。五月採實，用者最稀。天名精：即麥句薑。味甘、辛，性寒，無毒。垣衣為之使。夏月人患熱病，搗汁服之即差。折傷、痔瘻、金瘡，用葉搯之即愈。

鬱金下氣生肌，治風痰而清尿血；烏韭音韭毆音區寒退熱，療黃疸音膽而利膀胱。鬱金：味辛、苦，性寒，無毒。治血氣心氣，溫醋摩服之止痛；療金瘡破瘡，冷水摩敷上生肌。治風痰，鬱金一分，藜蘆十分，溫漿水調末少飲。止尿血鬱金一兩，葱白一握，煎滾湯和散多吞。烏韭：味甘，性寒，無毒。垣衣為之使。生巖石陰處，長者四五寸。又名石衣、石苔、石髮。燒灰淋汁沐頭，能使髮長髮黑。

菟葵下五淋，兼療蛇傷虎嚙；藍實解諸毒，並毆鬼疰蠱蚑。菟葵：味甘，性寒，無毒。凡使，六七月採莖葉，暴乾。或搗生汁飲之，及塗瘡能解毒止痛。藍實：味苦、甘，性寒，無毒。即大葉蓼藍。凡使，秋採實，曝乾，微研碎，煎服。

除痰嗽音漱須行貝母，利經血合用丹皮。貝母：味辛、苦，性微寒，無毒。厚朴、白薇為之使，惡桃花，畏秦艽、礬石、莽草，反烏頭。凡使，先於柳木灰中炮令黃，劈破去心，拌糯米鏊上同炒。待米黃熟，去米取用。其中有獨顆無皺者，號曰丹龍精，誤服令人筋血脉永不收。用黃精少鹽汁服之立愈。牡丹皮：味辛、苦，性寒，無毒。忌胡葱，畏菟絲子。凡採得，日乾，用銅刀劈破去骨，細剉如大豆許，用清酒拌蒸。從巳至未，出，日乾用。

紫河車善治驚癇音閑，療熱腫作瘡捷效；金星草專醫背發，止暑傷洩痢殊功。紫河車：即蚤休也。味苦，性微寒，有毒。不生傍枝，一莖獨立。莖中生葉，葉上抽莖。年久發三四層，上有金線垂下。葉如鬼臼，根若肥薑。凡入藥中，惟採根用，或摩酒服，或摩醋敷。金星草：味苦，性寒，無毒。多生陰濕石上，葉長，淩冬不凋。背有黃點兩行，狀若金星相對，時當五月收採，風乾。丹石、硫黃，二毒能解。醫背發，或煎汁淋洗，或搗爛敷塗。止洩痢，或剉碎，煮酒頻吞。或研末，調酒旋服。

馬兜鈴清肺熱喘音舛呼欬嗽音漱，鷄冠子止腸風瀉血帶崩。馬兜鈴：味苦，性寒，無毒。凡採得，去葉及蔓，用絹袋懸東屋角，待乾取用，以手劈開，去革膜，取向裏匾子，入藥劑，微炒燥為良。鷄冠子：味苦，性涼，無毒。入藥炒用。

剪草掃瘡痂音加疥音戒癬音跣，苦參止熱痢腸風。剪草：味苦，性涼，無毒。即白藥苗也。苦參：味苦，性寒，無毒。玄參為之使，惡貝母、漏蘆、菟絲子。反藜蘆。凡使不計多少，用糯米泔浸一宿，上有腥穢起，在水面上浮，須重重淘過纔蒸，從巳至申，日中曝燥。惟作丸服，不入湯煎。

陸英益氣興陽，散脚浮而伸濕痹音閉；澤瀉疏淋利水，除陰汗而退虛煩。陸英：味苦，性寒，無毒。凡使煎湯，少攙酒服。澤瀉：味甘、鹹，性寒，無毒。畏海蛤、文蛤。凡使不計多少，細剉，酒浸一宿，漉出曝乾任用。

利膀胱積熱溺紅，無過石韋；散身體中風瘡瘮，莫若水萍。石韋：味苦，性微寒，無毒。滑石、絡石、杏仁為之使。得菖蒲良。葉長似柳，背有黃毛，不拭射人肺中，即成欬嗽，難治。務先去淨，復拌羊脂，炒變焦黃，方入藥劑。水萍：味辛、酸，性寒，無毒。凡使，七月半採，依法曝之。竹篩攤開，水盆架住，曝于烈日，纔得燥乾。研末，蜜丸彈大，豆淋酒化，晨吞，發汗驟來毆風速。退遍身瘡癢，生採煎湯。

黃蜀葵可療金瘡，子利便淋催婦產；紅蜀葵能除赤痢，子消水腫落兒胞。黃蜀葵：味苦，性寒，無毒。使花乾末和油，乃合金瘡妙法；用子炒研調酒，亦催婦產良方。紅蜀葵：味甘，性寒，無毒。花煮飲易除赤痢，子研調酒落兒胞。

水肥皂通大腸拘急，海金沙利小便閉淋。水肥皂：味苦，性寒，無毒。凡使去莖，用葉與莢曝乾為末，專利大腸，痢中拘急難當，方用檳榔湯下。海金沙：即竹園荽末

也。味苦，性寒，無毒。凡使，七月收取圓葉者，待晴日襯紙地間，將葉曝于紙上，以杖敲擊，自落細砂，且曝且敲，沙盡為度，用為丸散，專利小腸。

防葵治鬼瘧音虐驚癇音閑，仍療疝音訕瘕音遐便閉； 營音榮實療金瘡傷撻音塔，又除痢疾腸風。 防葵： 味辛、甘、苦，性寒，無毒。三月三日採根曝乾。與狼毒相似，但此入水能浮。凡使揀去枝葉，用泔湯浸一宿，漉出曝乾，用黃精汁一二鎰，并拌鐵器中，炒令黃精汁盡為度。 營實： 即薔薇子也。味酸，性微寒，無毒。白花者良。凡使，將麄布拭去黃毛，用刀于槐砧細剉，漿水拌濕，蒸一宿，漉出，日乾聽用。

苦芙燒灰，療漆瘡金瘡甚驗； 蒻頭磨汁，消癰毒風毒皆靈。 苦芙： 味苦，性微寒，無毒。凡使，五月採，曝乾，燒作灰，療漆瘡、金瘡。不堪多食。 蒻頭： 味辛，性寒，有毒。主癰腫風毒，磨敷腫上。擣碎，以灰汁煮成餅，五味調和為茹食，主消渴。生服戟人喉出血。

三白草消痰破癖音辟，積雪草退熱敷癰。 三白草： 味甘、辛，性寒，有小毒。二月、八月採根用之。擣絞汁吞，令人吐逆。除痞滿，去瘧； 破堅癖，敺痰。疔腫仍消，積聚尤卻。 積雪草： 味苦，性寒，無毒。忌麻子、蕎麥。退暴熱，小兒丹毒，腹中熱結，擣爛絞汁服之。曝乾為散，湯調吞，亦可治癰疽，瘰癧鼠瘻，風瘮疥痂，旋採盬挼貼上。晒乾為末，水調敷悉憑。

淫羊藿音霍消瘰音裸癧音歷赤癰音雍，治男子腎衰莖痛； 蜀羊泉搽疥音戒痂音加瘙音燥癬音跣，療婦人陰內皮傷。 淫羊藿： 即仙靈脾。味辛，性寒，無毒。薯蕷為之使。凡採葉，夾刀刮淨，須先酒浸，曝乾剉碎，對拌羊脂，火炒脂盡為度。每羊藿一斤，用羊脂四兩。 蜀羊泉： 味苦，性微寒，無毒。三月、四月採苗葉，陰乾用之。

除兩痢，療瘻瘡，須求鼠尾草； 下三蟲，辟鬼氣，可覓石長生。 鼠尾草： 味苦，性微寒，無毒。凡資治療，煮汁飲之。赤痢用赤花，白痢用白花，作末服之亦可。 石長生： 味鹹、苦，性微寒，有毒。凡使用莖、葉，五六月採收。三蟲，謂長蟲、赤蟲、蟯蟲也。

預知子能明蠱音古毒，獨行根最療蛇傷。 預知子： 味苦，性寒，無毒。凡取二枚，綴衣服領中，遇蠱毒物，聞有聲側側。因其先覺，故有此名。服須去皮研細湯下。殺蟲殺蠱，諸毒並敺。 獨行根： 味辛、苦，性冷，有毒。凡使，水磨為泥，封蛇傷處，日三四換立差。水煮二三兩，取汁服，吐蠱毒。

絡音洛石治背癰音雍，且療舌療喉之熱； 漏蘆音盧行乳汁，兼醫瘡醫眼之疺音支。 絡石： 味苦、酸，性微寒，有小毒。杜仲、牡丹為之使，惡鐵落，畏貝母、菖蒲。凡採莖葉，入藥須擇附石為良。先將麄布揩莖葉上毛，用熟甘草水浸一伏時，出，切，日乾任用。背癰焮腫延開，蜜和汁吞即效； 喉閉不通欲絕，水煎湯下立甦。去風熱死肌，解口舌乾燥。 漏蘆： 味苦、鹹，性大寒，無毒。連翹為之使。凡使，八月採根，陰乾製度。咀成薄片，相對甘草而蒸； 從巳至申，揀淨甘草纔用。匪專煎飲，亦作浴湯。

海藻治陰癩音頹，散瘰音裸癧音歷瘿音嬰瘤音留獨妙； 大青解陽毒，退時瘟音溫黃疸音膽便宜。 海藻： 味苦、鹹，性寒，無毒。反甘草。凡使，七月收採用。生烏豆、紫背天葵，用蒸一伏時，日乾待用。 大青： 味苦，性大寒，無毒。春末夏初收採，方中用葉與莖，陰乾。熱毒發斑，用大青四物湯飲效； 傷寒身強脊痛，有大青葛根湯服效。又單味大青煎湯服，專治時瘟黃疸。

決明子清肝益目，茜音塹草根退疸療崩。 決明子： 味酸、苦、甘，性微寒，無毒。蓍實為之使，惡大麻子。日乾擣末，纔煎湯服。除肝熱。凡使，冬月採用，能益肝氣，去目翳，且止目疼。 茜草： 一名地血苗。味苦，性寒，無毒。其根紫色，收採春初。煎汁可以染紅，入藥勿犯鐵鉛。用銅刀於木砧上細剉用之。

苧根擣汁，敷孩童身上丹生，更療胎前產後； 牙子煎湯，洗婦女陰中瘡爛，且除疥音戒痔腸蟲。 苧根： 味甘，性寒，無毒。擣敷小兒赤遊丹毒及諸癰疽發背、乳癰。煎療女人胎動不安及產前後發熱煩悶。 牙子： 形似狼齒。味苦、酸，性寒，無毒。蕪荑為之使，惡地榆。治婦人陰蝕爛傷，牙子三兩，細剉，以水四升，煮去渣。用苦酒一酒杯，以綿濡湯洗患處，日四五次即愈。除疥痔，用湯洗； 去腸蟲，用湯吞。

除水腫而下氣寬膨音彭，當求黑丑； 消乳癰音雍而生津止渴，快用天花。 黑丑： 牽牛子也。味苦，性寒，有毒。九月收採，曝乾，入水中淘，浮者去之。取沉者，拌酒蒸，從巳至未，日乾，杵去黑皮待用。 天花粉： 即栝樓根。味苦，性寒，無毒。枸杞為之使，惡乾薑，畏牛膝，反烏頭。凡修事，挖深土者，刮去麄皮，切片，日乾待用。

烏蘞音斂莓音每退熱丹身腫，辟虺音毀雷敺瘟疫音役頭疼。 烏蘞莓： 味酸、苦，性寒，無毒。治風毒熱腫遊丹，取根擣敷并飲汁。 辟虺雷： 味苦，性大寒，無毒。其壯如麄塊蒼朮，節中有眼。

屋遊斷牙齒衂音朒流，兼退皮膚音夫浮熱； 狶音喜薟音茜療脚腰濕痹音閉，又除口眼喎音咼斜。 屋遊： 瓦上青苔也。味甘，性寒，無毒。凡資治療，水煮服之。 狶薟： 味苦，性寒，有小毒。五六七月採收。枝葉花實俱用，蜜酒層層和灑，九蒸九曝完全，細末研成。蜜丸豆大。蚤起肚飢好服，酒吞多寡隨宜。

鴨跖音直草療癰音雍疽音蛆，童子陽丹皆散； 羊蹄根塗疥音戒癩音賴，女人陰蝕音石都瘳音抽。 鴨跖草： 味苦，性大寒，無毒。凡資治療，擣汁敷之。 羊蹄根： 味甘，性寒，無毒。或採多熬膏加蜜，用防風研末和丸。栝樓、甘草酒吞，治上諸證益妙。日吞三次，每三十丸。

甘蕉根療癰退熱，甘蕉油止渴烏鬚。 甘蕉根： 味甘，性大寒，無毒。此比眾芭蕉有子，須待立秋後採根。擣亂敷，治人生背發癰疽； 絞汁服，主天行狂熱煩悶。 甘蕉

油：　在於皮內，用竹筒插入吸來。煩渴飲差，髮鬚塗黑。

消水腫、散癭音嬰瘤，當行昆布；　止夜啼、吹喉痹音閉，難舍燈心。昆布：　味鹹，性寒，無毒。凡使，先用弊甑箅同煮，去鹹味，焙乾細剉用。每一斤，用甑箅大小十條，下東流水煮，從巳至亥，水旋添，勿令少。　燈心：　味甘，性寒，無毒。務求生剝者為良。揉碎煎湯液纔效。鉢擂乳香，少入油潤全無；　罐藏冰片，多加分兩不耗。

井中苔療漆瘡、熱瘡、水腫，船底苔治鼻血、口血、赤淋。井中苔：　味苦，性大寒，無毒。凡治諸瘡，香油調末貼。若消水腫，冷水煮湯吞。　船底苔：　味苦，性冷，無毒。凡使，以炙甘草并豉汁濃煎湯，旋呷。又治五淋，取一團鴨子大，煮服之。

千里光煎來明眼目，酢音醋漿草搗碎療瘡瘑音戈。千里光：　味甘，性微寒，無毒。凡使不拘多少，水煎濾過，熬膏。單點熱眸，不和藥用。　酢漿草：　味酸，性寒，無毒。凡治惡瘡瘑瘻，採來搗碎敷之。

漢防己名載君行音杭，消水氣，療癰音雍疽音蛆，仍退膀胱音光積熱；　木防己職僉使列，理風邪，除喘音舛嗽音漱，且寬胸膈支膨。防己：　味辛、苦，性寒，無毒。漢者是根，破之紋作車輻解，黃實馨香。木者是苗，皮皺上有丁足子，青白虛軟。宗此辨認，庶不差訛。殷孽為之使，殺雄黃毒，惡細辛、萆薢。凡使細剉，車前草根相對同蒸半日，取出日乾，去車前，剉用。

風延母退嬰童發熱驚癇音閑，明目利淋臻音津大效；　百脉根補男婦虛勞不足，寬胸止渴建奇功。風延母：　味苦，性寒，無毒。凡拯痾者，並煮食之。　百脉根：　味甘、苦，性微寒，無毒。二八月採根，日乾，酒浸溫服。若水煮，丸散並用之。

牛扁療瘡而退熱，鳧音扶葵消渴以疏淋。牛扁：　味苦，性微寒，無毒。凡使，八月採根，最可煎湯洗浴。　鳧葵：　即莕菜也。味甘，性冷，無毒。凡資治療，搗汁服之。生水中。其白莖以苦酒浸，脆美，可以為按酒。

木部

原夫槐角止流涎音捋，更善墮胎除氣熱；　槐花清赤眼，尤能醫痢療皮風。槐角：　味苦、酸、鹹，性寒，無毒。景天為之使。凡使兩粒、三粒者為良，單子、五子者勿用。小銅槌碎為幾斷，烏牛乳浸過一宵，蒸透纔煎，拯痾有效。　槐花：　味苦，性涼，無毒。凡收須折其未開者，炒過方投劑內。

槐皮專主爛瘡而枝洗陰囊濕癢音養，槐葉總醫癰音雍毒而膠除筋音斤脉風抽。槐皮：　味苦，性寒，無毒。凡治湯火一切爛瘡，熬作膏敷，生肌止痛。其枝味性俱同，煎水洗瘡住癢。　槐葉：　熬膏貼癰疽潰爛，煮汁漱口齒風疳。其膠專除筋脉風抽，任作散丸湯服。

刀箭金瘡桐葉妙，水風黃疸音膽柳華良。梧桐葉：　味苦，性寒，無毒。凡治金瘡，末敷止血。　柳華：　即柳絮也。味苦，性寒，無毒。治疸，煮汁服之。

山梔音支子開鬱解煩，止腹疼而除疸症音正；　天竺音竹黃鎮心明目，理天弔而定驚風。山梔子：　味苦，性大寒，無毒。家園種者肥大且長，號曰伏尸梔子，勿用，膨人。山谷產者圓小又薄，形如雀腦長鬚，方堪入藥。凡使去鬚研碎，甘草水浸一宵，至明炒乾為末，重篩聽用。止血炒如黑墨，去熱炒似黃金，去皮卻熱於心胸，留皮除熱於肌表。丹溪用開鬱結，其性屈曲下行。加生薑、橘皮，治嘔噦不止；　加厚朴、枳實，除腹滿而煩。加茵陳治濕熱發黃，加甘草治少氣虛滿。加香豉解心胸煩燥，加薑汁止心腹久疼。　天竺黃：　味甘，性微寒，無毒。此是天竺國南海邊竹內塵沙結成片者。一名竹膏。

水竹茹音如除胃蒸煩嘔，金竹瀝音歷主陽盛虛痰。水竹茹：　味甘，性微寒，無毒。凡使，削去外層青屑，刮收向裏黃皮。揉作一團，攙歸藥內。　金竹瀝：　味甘，性微寒，無毒。凡資燒取，與荊瀝同。橫鋸尺餘，直開數片。兩磚架起，緊火中燒。瀝向兩頭流來。每瀝一盞，用汁二匙調服。

退熱涼皮用木蘭，洗陰痒、療癰音雍疽、散水定癲敺音區腋音亦臭；　明眸音牟補腎求黃蘗，擦舌瘡、清便赤，除蒸止痢治腸風。木蘭：　味苦，性寒，無毒。凡使，冬月採皮陰乾，任作散丸湯服。　黃蘗：　即黃栢。味苦、微辛，性寒，無毒。惡乾漆。凡使，擇內黃緊厚為優，去外褐麄糙纔製。先浸蜜水，日際曝乾；　次塗蜜糖，火邊炙燥。五兩黃蘗，三兩蜜糖。二製則治上焦，單製則治中焦，不製則治下焦。鹽水製則徑入腎，加黃耆湯中，使足膝氣力湧出。痿躄即差。和蒼朮散內，俾下焦濕熱散行，腫脹易退。佐澤瀉利小便赤澀，配細辛擦舌頰紅瘡。得知母補腎滋陰，得菊花洗肝明目。同地骨皮退骨蒸勞熱，得川黃連止血痢腸風。

梓白皮能除目疾，苦竹葉善療口瘡。梓白皮：　味苦，性寒，無毒。凡資治療，去外外衣。　苦竹葉：　味苦，性大寒，無毒。或煎湯含，或燒瀝擦。

淡竹葉清心及解皮膚煩熱，桑白皮瀉肺兼消肢體虛浮。淡竹葉：　味甘、辛，性大寒，無毒。　桑白皮：　味甘而辛，性寒，無毒。續斷、桂心、麻子為之使，惡鐵及鉛。凡使根出土外者殺人，根向東行者得氣。皮取木邊洗淨，去青留白用之。銅刀細剉於槐砧，稀蜜拌熏於火上。令乾入劑，瀉肺火邪。止喘嗽唾血，消肢體水浮。

疝音訕氣便淋求楝音練實，疳蟲胃熱覓雷丸。楝實：　即金鈴子也。味苦，性寒，有小毒。凡使待冬收採，向日暴乾，酒拌濕蒸，待上皮軟，剝皮去核，取肉單煎。一說將核搗碎，漿水煮一伏時，漉晒收藏，亦堪入藥。如使肉即不使核，或使核即不使肉。　雷丸：　味苦、鹹，性微寒，有小毒。荔實、厚朴為之使。惡萹蓄、葛根。凡使赤者殺人，白者為上。用甘草水浸一宿，銅刀刮上黑皮，破作四五片，仍將甘草湯浸一宿，後蒸，從巳至未，日乾，却用酒拌如前，復蒸，從巳至未，日乾用之。又作摩積之膏，專卻小兒百病。久服陰痿，尤宜慎之。

枳殼下氣寬腸，滅痔音治瘦胎，乃從容而見效；枳實消痰逐水，破癥削積，誠急速以成功。枳殼：味苦、酸、辛，性微寒，無毒。凡資入藥，陳久者良。取翻吐如盆口唇，製剜瓤，剉片，麩炒。和黃連滅痔，同甘草瘦胎。枳實：味苦、酸，性寒，無毒。凡使擇如鵝眼、陳黑者佳。剜盡內瓤，剉片，麩炒。破氣佐牽牛、大黃、芒硝，益氣佐人參、乾薑、白朮。仲景加承氣湯內，取疏通破結之功；丹溪入瀉痰藥中，有倒壁衝牆之捷。本與枳殼一物，因收遠近異名。枳實秋收，枳殼冬採。枳殼完大，則性詳而緩，治高。高者主氣，治在胸膈。枳實厚小則性酷而速，治下。下者主血，治在心腹。故胸中痞，肺氣結也，有桔梗枳殼湯之煎。心下痞，脾血積也，有白朮枳實湯之用。此高下緩急之功用，更詳定以為準的也。

蜜蒙花退眼熱之疳音甘脹，赤爪木洗身癢音養之風瘡。蜜蒙花：味甘，性微寒，無毒。凡使採花，酒浸一宵，漉出令乾，拌蜜，從卯恣蒸至酉，再來向日暴乾。如斯三度施為，專治眼科有驗。每一兩用酒八兩，浸待色變，用蜜半兩為度。赤爪木：味苦，性寒，無毒。

小蘗音業治口瘡疳䘌音匿，溲音搜疏音踈除身熱溺遺。小蘗：味苦，性大寒，無毒。形似石榴，皮黃子赤，如枸杞子，兩頭尖。溲疏：味辛、苦，性微寒，無毒。漏蘆為之使。雖與枸杞相似，然溲疏有刺，枸杞無刺，以此為別爾。

頭痛須求欅音舉樹皮，腸結用通隨刻滑；牙蟲必索胡桐淚，腹膨音彭取吐即時消。欅樹皮：味苦，性大寒，無毒。凡使，須年久者，去上麄皮，細剉乃蒸，從巳至未，出，焙乾用。胡桐淚：味鹹、苦，性大寒，無毒。凡使，冬月收採，狀若黃礬，重實而堅，多夾爛木。又如硝石，得水便消。磁礶貯封，勿令鎔化。牙齒生蟲腫痛，水研含漱即差。毒熱腹痛心煩，水和服之即吐。

茶茗音敏逐痰涎音撏，解渴治瘡消宿食；秦皮磨翳音意障，益精止帶定驚癇。茶茗：味甘、苦，性微寒，無毒。早採細者曰茶，晚採粗者曰茗。薑、連同煎，止赤白下痢。香油調末，敷湯火泡煨。眼目疼，嚼貼兩眦；暑天瀉，少加醋吞。秦皮：味苦，性寒，無毒。大戟為之使，惡吳茱萸、苦瓠、防葵。凡使，秋末採皮，陰乾待用。漬水，水色侵碧；書紙，紙面略青。專治眼科，能涼肝熱。煎汁澄淨，點洗無時。白膜遮明，視物不見者旋效；赤腫作痛，流淚無休者殊功。益男子精衰，止婦人帶下，小兒發熱驚搐。風寒濕痹，酒煎吞。熱痢後重，水煮服之。

紫真檀消惡毒風毒，楊櫨音盧木洗疽音蛆瘡瘻音婁瘡。紫真檀：味鹹，性微寒，無毒。凡使，醋磨塗毒，腫痛俱消。楊櫨木：味苦，性寒，無毒。疽瘻惡瘡，水煎葉汁。

楮實補虛明目，葉退熱蒸、莖毆疹音枕癢音養；楮皮逐水通淋，紙除崩漏、汁療癬音跣延。楮實：味甘，性寒，無毒。凡使，水淹三日，除去皮瓤，取中實子曝乾，投酒再浸晝夜，務蒸從巳至亥，任用煎膏為丸。葉浴小兒身熱，食下即使生肌。莖煮澡洗，疹癢立毆。楮皮：味甘，性涼，無毒。煎吞逐水通淋，浸爛堪為白紙。紙燒存性，調酒亦止血暈、血崩。皮間白汁，煎收，塗癬。又敷蛇咬。

篁音謹竹葉治欬音慨嗽氣逆，紫威花散血閉癥音徵瘕音遐。篁竹葉：味苦，性大寒，無毒。凡治病，煮汁服之。紫威花：即淩霄花。味酸，性微寒，無毒。畏鹵鹹。曝乾用。

地骨皮解熱退蒸，利便強陰兼去痹音閉；枸杞子添精固髓，安神明目又興陽。地骨皮：即枸杞根。味苦，性寒，無毒。凡採得，使東流水浸，以物刷上土，待乾，破去心。用熱甘草湯浸一宿，焙乾聽用。枸杞子：味苦、甘，性微寒，無毒。凡使，秋末採收，日乾。選用紫熟味甜、粒小膏潤者有力。赤黯味淡、顆大枯燥者無能。若入散丸，淨除梗蒂。

鬼箭療女子血崩，風可消、癥音徵可破；釣藤治小兒瘈瘲音縱，癇音閑即止、驚即除。鬼箭：即衛矛也。味苦，性寒，無毒。凡使刮去皮羽，陰乾，拭淨赤毛，酥炙。每一兩，用酥一分。釣藤：味苦、甘，性微寒，無毒。凡使三月採收取皮，日曝，專醫稚幼，不理別科。

尿血腎虛求白棘，漆瘡酒疸音膽索黃櫨音盧。白棘：味辛，性寒，無毒。凡使拯痾，濃煎汁服。黃櫨：味苦，性寒，無毒。煎作湯，洗漆瘡速效。熬取汁，治酒疸神功。

鹽麩音夫子除瘴音障瘧音虐嗽痰，兼利喉嚨而療疸音膽；楸木皮治癰音雍疽音蛆腫毒，又排膿血以生肌。鹽麩子：味酸，性微寒，無毒。凡使取子乾搗末食之。楸木皮：味苦，性小寒，無毒。凡使煎膏敷貼。

人部

嘗聞人血能醫狂犬咬，陰毛最療毒蛇傷。人血：味鹹，性寒，無毒。人被狂犬咬，發寒熱，刺熱血飲之。男陰毛：若含口嚥汁，蛇螫毒不入腹傷人。

童便止紅，兼療跌音牒傷新產；糞青解熱，且除癆音勞瘵骨蒸。童便：味鹹，性寒，無毒。凡吐血、唾血，白飲之。若跌傷新產，熱酒吞。糞青：性冷，無毒。凡製造，臘月截淡竹留節，去青皮，浸糞窖中，取滲內汁，治天行熱疾彌善，療癆瘵骨蒸尤良。

人中黃療狂熱骨蒸神效，人中白治肺癰唾血奇功。人中黃：味甘，性冷，無毒。凡使截竹削青，兩頭留節，上開竅，入甘草片填滿，復塞竅，加桐油灰固封，立冬日投廁，交春前取起，竪有風無日陰處。過十朝半月，破開取甘草晒乾，治熱蒸任用。人中白：味鹹，性涼，無毒。人患肺癰唾血者，取風露下二三年者，刮在新瓦上，用火逼乾，研入麝香少許，用酒下。

滌音剔腸洗眼輪回酒，止欬音慨除蒸秋石丹。輪迴酒：乃自己尿也。味鹹，性涼，無毒。若蠲諸積倒倉，全仗蕩滌腸胃。暴發赤眼，亦可洗明。秋石丹：味鹹，性涼，

無毒。每秋時，聚童溺，多着缸盛。清晨露水盛降之時，用布二三疋，鋪禾草稍上一宿，至明攪入盆內收之；石膏水飛細末，桑枝刀削直條。四者辨齊，如法煉就。每溺一缸，投石膏末七錢，桑條攪混二次，過半刻許，精英漸沉於底，清液自浮於上。候其澄定，將液傾流。再以別溺滿攪如前，投末混攪。傾上留底，俱勿差違。待溺攪完，清液傾盡，方入秋露水一桶於內，亦以桑條攪之，水靜即傾。如此數度，滓穢洗滌，鹹味減除。製畢，重紙封面，灰滲晒乾，成塊堅凝，囫圇取出。其英精之輕清者，自浮結面上，質白。乃留用底下質緇而暗者，刮遺製度。如斯靈性完具，入藥拯濟，誠養丹田。若復入礶固封，文火煅煉半刻，色雖白甚，性却變溫，終不及晒者優也。

獸部

又知犀角解煩熱狂言，殺瘴音障毒、涼肝妙藥；羚羊治驚癇發搐音畜，療瘟音溫風、明目靈丹。犀角：味苦、酸、鹹，性寒，無毒。松脂為之使，惡雚菌、雷丸。凡使造器者煮熟弗效，採新者性烈方靈。烏黑、肌麤皺折裂、光潤者上。凡脩治之時，錯其屑，入臼中搗細，再入鉢中研萬匝，方入藥中。婦人有胎勿服，能消胎氣。治一切角，大忌鹽也。　羚羊角：味鹹、苦，性寒，無毒。此羊夜宿，以角掛木，不着地，但認彎蹙處，有掛痕深入者纔真。聽人耳邊，似響聲微出者尤妙。單用無驗，須要不拆原對，以繩縛之，將鐵鑿鑿之，旋旋取用，勿令犯風。未盡處須重紙裹之，恐力散也。鑿下者，即單搗細，背風頭重篩過，更研萬匝，入藥用之，免割人腸。或加蜜調服，或投水熬吞。

羖羊角止心內驚癇，治女子產餘惡血；青羊膽除眼中障膜音莫，醫小兒疳音甘濕熱瘡。羖羊角：味鹹、苦，性微寒，無毒。菟絲為之使，以青羖為佳。收取勿先中濕，濕則有毒損人。鋸杪燒灰存性，須調酒時吞。　青羊膽：味苦，性寒，無毒。點眼中，除赤障白膜風淚，療疳濕時行熱慓瘡，和醋服之。

羊血療血虛心悶音慢，羊肝清肝熱目昏。羊血：味鹹，性涼，無毒。能解信石、硫黃二毒。女子中風，血虛心悶，產後血暈悶欲絕者，生飲一升即活。　羊肝：味甘，性冷，無毒。療肝風虛熱，目赤闇無所見，薄切日乾為末，和決明子、蓼子並炒香，搗篩為丸，食後以白蜜漿下，日三加，不過三劑，目極明；七劑，夜見文字。每一斤，用決明子半升、蓼子一合。

消口渴、補虛羸，休遺牛乳；豁音活風痰、解盛熱，莫吝牛黃。牛乳：味甘，性微寒，無毒。生服潤肌止渴，和蒜煎三五沸食之，主痃癖虛羸。凡服乳，必煮一二沸，停冷啜之，熱食則壅。　牛黃：味苦，性涼，有小毒。人參為之使。惡龍骨、地黃、龍膽、常山，畏牛膝、乾漆。凡使有四件：第一吐出者為真黃，色枯者乃美。有黃凝結，兩眼血紅，因內熱氣熏蒸，無時鳴吼飲水，急以盆盛棧外，引之欲飲不能，渴甚，必自吐來。伺者喝迫便墮。此生黃者，價類黃金。暗室陰乾，成於百日。輕虛重疊可揭，齅來氣息微香。狀若鷄卵黃，同揩摩指甲竟透。次有角黃，是殺生牛而得之者。又有心黃、肝黃，是病死後，識者剝之。其黃或在心，或在肝，如濃黃漿汁。採得便投於水中。黃沾水便如碎蒺藜子許。如豆者功力雖次，亦可代充。凡用研細如塵，却以絹裹，又用黃嫩牛皮裹，安于井，去水三四尺已來一宿，至明方取用之。孕娘忌服，因墮胎元。

水牛膽最益睛眸，兼利口焦煩渴；水牛角惟消疫氣，仍除頭痛熱寒。水牛膽：味苦，大寒，無毒。眸赤淚流點汁，口焦煩渴為丸。　水牛角：味苦，性冷，無毒。治時氣寒熱頭疼。

牛酪音洛療肌瘡熱毒，牛酥音蘇醫肺痿音委嗽音漱紅。牛酪：乃牛乳所成。味甘、酸，性寒，無毒。凡療肌瘡熱毒，和鹽熱煮摩之。熱悶渴煩，須吞濕酪。　牛酥：又酪所成。味甘，性微寒，無毒。除肺痿，住嗽，解心熱吐紅。口若生瘡，含之即愈。

驢尿音須安胃反，脂除瘡疥音戒癲音顛狂，仍治耳聾音礱瘧疾；驢肉解心煩，乳療驚癇音閑赤痢，又除身熱急黃。驢尿：味鹹，性寒，有小毒。人遭反胃沉疴，熱服驢尿二合。每日只宜三次，病深七日能安。　驢脂：味甘，性涼，無毒。治療多般，只宜生用。拌鹽敷，愈瘡疥。酒攪服，退癲狂。和生椒末搗，綿裹塞耳，俾積年聾證轉聰。同烏梅肉丸，水送下喉，令多年瘧疾竟截。　驢肉：味甘，性涼，無毒。凡解心煩。釀，又除一切風狂。　驢乳：味甘，性冷，無毒。主童子驚癇天弔，又除身熱急黃。

狗膽塗痂音加瘍音陽明目，虎睛截瘧音虐疾鎮心。狗膽：味苦，性寒，無毒。痂瘍瘡痒，取汁塗之。熱酒調吞，又除瘀血。眼睛赤澁，點上即明。　虎睛：味酸，性涼，無毒。凡資治病，殺得者良。若還中毒自亡，却有傷人之患。採用浸于羊血，一宵漉出焙乾，擣成細粉，重篩以候藥齊。合用鎮心截瘧，用膽功同。

猪肉惟消丹石毒，大腸除內痔音治益腸；猪腎獨止膝腰疼，脊髓助真陰生髓。猪肉：味甘，性寒，微毒。雖則壓丹石毒，多食亦動風痰。　猪大腸：味甘，性寒，無毒。搗攪連殼丸內，能消內痔益腸。連殼丸方：黃連酒煮十兩，枳殼麸炒為末，以大腸七寸，入水浸糯米于內，蒸爛搗為丸。　猪腎：味甘，性冷，無毒。凡止腰膝疼，童便二盞，酒一盞，新磁瓶貯之，取全猪腰子一對在內，密封泥，日晚時以慢火養熟，至中夜止。待五更初，以火溫之，飲酒食腰子。病篤只一月效，久食令人少子。
猪脊髓：味甘，性寒，無毒。入補陰丸，可助陰生髓。

猪足療傷下乳生，脂善殺瘡蟲，膽中汁止傷寒熱渴；猪膚斷痢除煩焦，肺能毆音區欬音慨嗽音漱，心內血禁邪夢紛紜。猪足：味甘，性小寒，無毒。主傷撻諸敗瘡，用四蹄煎水洗。婦人無乳，以蹄四枚，水二斗，煮取一斗，去蹄，土瓜根、通草、漏蘆各三兩，以汁煮取六升，去滓，內葱白、豉，如常入少米煮作稀粥食之。或身體微熱，有少汗出佳。乳未下，更二三劑，大驗。　猪脂：味甘，性涼，無毒。生研調藥，敷疥殺蟲。　猪膽中汁：味苦，性微寒，無毒。納穀道通便，解傷寒熱渴。　猪膚：味甘，性微寒，無毒。《湯

液》云：猪為水畜之流，其氣必先入腎。少陰客熱，惟此解之。仲景製猪膚湯深義，蓋本諸此。加白蜜潤燥除煩，和白粉益氣斷痢。猪肺：味甘，性微寒，無毒。食多補肺，且除欬嗽連聲。得火麻仁尤良。若共白花菜煮嘗，緊防滯氣。猪心內血：味酸，性寒，無毒。初剖猪腹取出時，勿沾水，切開得之。佐諸藥養血，禁邪夢紛紜。

頭上瘡馬尿音須洗愈，腸中熱馬肉食差。馬尿：味辛，性微寒，無毒。凡使盛於銅器，洗除白秃頭瘡，或馬咬人破瘡，洗愈。馬肉：味辛、苦，性冷，有毒。凡得，須浸洗去血盡，方煮爛熟。少食去腸中熱，但自死併毛色雜殊，或臂漏及蹄無夜眼、鞍下等肉，並棄勿飡。好肉食之，宜醇酒送下。食多心悶，須清酒解除。懷孕、患痢、生瘡，禁勿沾口。生薑、倉米、葈耳忌同餌，謹慎無憂，悮犯則病。

熊脂治風痹音閉不仁，面皯音趕頭瘍並治；熊膽療熱狂黃疸，腹疳音甘鼻蝕音石皆除。熊脂：味甘，性微寒，無毒。在熊當心，一名熊白。若收得後，熬去淨滓，每稱生者一斤，加入生椒十四，除去椒，和脂革貯收磁罐，紙封。風痹不仁，酒調服愈。頭瘍面皯，塗上即差。熊膽：味苦，性寒，無毒。惡防己、地黃。凡人收採，不附于肝。春頭上，夏移腹中，秋足左，冬遷足右。依四時搜檢。懸風際，陰乾塊凝，明亮如膠。遇賣難分真偽，研試水上，優劣難知。取塵先封水皮，將末繼投塵上，塵竟兩邊分裂，末則一線直行。此品極優，須研絕細，任為丸散，勿用煎熬。治男婦時熱氣蒸，變為黃疸。療小兒風痰壅塞，發出驚癇。五疳蟲蝕鼻頭，湯化調塗；鼻內痔病經年不愈，塗之，立建奇功。

禽部

至若白鵝膏灌音貫耳治聾音聾，脂擦音察皮膚音夫即潤，白鴨肉補虛利水，糞敷瘡毒斯消。白鵝膏：味甘，性微寒，無毒。兩耳卒聾，灌之通竅。白鵝脂：味甘，性冷，微毒。一身麄澁，敷上潤肥。白鴨肉：味甘，性微寒，微毒。擇白毛烏觜者為佳。忌烏龜、鼈肉同食。綠頭者亦堪入藥，白目者有毒殺人。白鴨屎：味辛，性寒，無毒。乾者勿用，新者撿來。身生作腫惡瘡，作痒熱瘡，悉調鷄清敷上。腹中五金燥毒，諸石藥毒，並絞濃汁飲之。

雄鵲治石淋音林而消熱結，野鷄除洩痢而療便多。雄鵲：肉味甘，性寒，無毒。其翼左覆右是雄，右覆左是雌。又燒毛作屑内水，沉者是雄，浮者是雌。凡治石淋熱結，燒灰淋汁飲之。野鷄：肉味酸，性微寒，無毒。凡人氣虛下痢，如食法，細研入橘皮、椒、葱、鹽、醬，調和作餛飩熟煮，空心食之。口渴便多，細切和鹽、豉，作羹食愈。合胡桃肉食發頭風心疼，合蕎麥麵食，生蚘蟲腹痛；菌蕈木耳同食，發痔下血難休。久食瘦人，復興痼疾。

鷄卵黃醫痢疾，止驚風頭癩音賴，漆瘡並治；鷄卵白落胞衣，通瘀音豫血眼紅，熱毒皆消。鷄卵黃：味甘，性微寒，無毒。凡使和亂髮同煎，自消作水。用服主小兒驚熱下痢，痰搐百病齊敺；用敷去小兒火熱瘡瘍，頭癩漆瘡並掃。鷄卵白：味甘，性微寒，無毒。凡使拌釅醋少許，調蜜亦奇。醋者通產後瘀血閉疼，胞衣不下更飲；蜜者去身外熱毒欲發，目熱赤腫須搽。

鷄屎白治轉筋音斤，利便通淋音林消鼓脹；鷄肫黃除泄痢，澁精止漏禁遺尿。鷄屎白：性微寒，無毒。張仲景治轉筋入腹，取為末，量方寸匕，以水六合，和溫服差。《素問》云心腹滿，旦食則不能暮食，名為鼓脹。治之以鷄屎醴，一劑中病即已。治莖中石淋，日中半乾，熬令香，末以露漿飲，飲服方寸匕。鷄肫黃：微寒，無毒。凡使燒灰，細研聽用。芡實煎湯調服，男子溺遺精洩，赤白痢者並醫；地榆煮汁和吞，女人漏下崩中，赤白沃者總禁。

鸛脚骨療飛尸腹疾，蜀水花去上面皯音汗瘢音盤。鸛〔脚〕骨：味甘，性大寒，無毒。凡使只宜單用，專醫尸疰腹疼，炙黃為末重篩，熱酒空心調服。蜀水花：即鸕鷀屎。性冷，微毒。凡治面瘢疵，及湯火瘡痕，和脂油同敷即滅。

除面皯音敢須覓音密夜明沙，驚悸音計無辜音孤可治；利膀胱音光宜求孔雀屎，崩中帶下堪醫。夜明沙：味辛，性寒，無毒。細研攙入面脂，洗男婦汗垢黑皯。搗散拌勻飯食，治小兒驚悸無辜。炒過酒調，療瘰癧延生頸上；燒灰酒服，下胞胎已死腹中。孔雀屎：味鹹，性微寒，微毒。凡資治病，作散為丸。

蟲部

乃見龍牙定癲音顛疾驚癇音閑，下結氣除蒸殺毒；龍骨療遺精崩漏，破堅癥音徵止汗生肌。龍牙齒：味甘，性微寒，無毒。得人參、牛黃良。畏乾漆、蜀漆、理石、石膏。龍骨：味甘，性微寒，無毒。雄者狹而紋麄，雌者廣而紋細。五色具全上品，白中黃乃次之。黑者極劣，撿除勿用。凡使先以香草煎湯，浴過兩度，擣研如粉，絹袋盛之。以鷰子一隻，擘破腹，去腸，安骨末袋於中，懸于井面一宿。至明取骨粉重研萬匝，治眾疾其效如神。

山甲療乳癰音雍乳汁，蠡音禮魚除身痹音閉身浮。山甲：即鯪鯉甲。性微寒，有毒。入藥用甲剉碎，少和蛤粉炒黃，同木通、自然銅，搗末酒調治乳癰腫痛；同蝟皮、豆蔻仁為末湯下，止氣痔來膿。或研細酒水調吞，能多乳汁。或燒灰脂油拌濕，善療蟻螻。蠡魚：味甘，性寒，無毒。主濕痹面身浮腫，取一頭煮取汁，和冬瓜、葱白作羹食之。

珍珠磨瞖音意明眸，又可奠音店安神志；瑇瑁音冒消痰寬膈，兼能鎮定心脾。珍珠：味淡，性寒，無毒。凡使須新完未經鑽綴者，以絹袋盛之，然後用地榆、五花皮、五方草三味，各四兩，細剉。又以牡蠣約四五斤已來，先置于平底鐺中，以物四向搘令穩，放珍珠於上，乃下三件藥，籠之以漿水，煮三日夜，勿令火歇。日滿出之，用甘草湯淘之令淨，於臼中搗細，以絹羅重篩，更研二萬下了用。瑇瑁：味鹹，性寒，無毒。身似烏龜，觜如鸚鵡，腹和背甲，紅點斑紋。生者性味俱全，水磨服之，去胸膈風痰，通婦人經脉，逐邪熱，鎮

心脾。

蟾蜍塗發斑生癬音跣，兼毆音區犬咬疳蟲；酥音蘇又能消瘡毒；牡蠣除熱腫遺尿音須，并止精流盜汗，肉仍可補虛勞。蟾蜍：俗呼癩蝦蟆也。味辛，性涼，微毒。狀同蝦蟆，形獨胖大。背多痱磊黑癩，腹有八字丹書。不解聲名，不能跳躍。五月五日收取陰乾。瘟疫發斑，取汁攙井水服；風淫生癬，燒灰和猪脂敷。作膾食，毆犬咬發狂；煨熟啖，殺疳蟲成癖。眉間白汁：名曰蟾酥。刺取之時，先防射目。針穿桑葉，遮隔連刺，憑射葉間。拌荳粉晒乾，為外科要藥。攙膏和散，去毒如神。牡蠣：一名蠣蛤。味鹹，性微寒，無毒。貝母為之使。宜甘草、牛膝、遠志、蛇床，畏麻黃、吳茱萸、辛荑。凡修事，先用二十箇，東流水、鹽一兩，煮一伏時，後入火中，燒令通赤，入鉢中研如粉用。同大黃瀉熱焮腫即平，同熟苄益精，夢遺可禁。麻黃根共作散，斂陰汗如神。川杜仲共煎湯，固盜汗立效。肉：炙令沸，去殼食佳。補虛勞，調血氣，醋薑生啖，酒渴亦毆。

蛤蜊音梨化頑痰消渴，蜚虻音萌破積血癥音徵瘕音遐。蛤蜊：味鹹，性冷，無毒。殼研末，化頑痰，消血塊，去熱立效。肉煮食，止消渴，解酒毒，開胃殊功。蜚虻：味苦，性微寒，有毒。惡麻黃。凡入散丸中，去翅足炒用。

增氣血，殺癆音勞蟲，取效須求土鴨；墮音惰胞胎，消蠱音古毒，成功要索斑猫音苗。土鴨：即鼃也。亦名水鷄。味甘，性寒，無毒。色青，腹細，觜尖，後脚長，善躍，其鳴甚壯。炙焦為末，任入散丸。鷄肉味同，亦堪供饌。斑猫：味辛，性寒，有毒。馬刀為之使。惡膚青，畏丹參、空青、巴豆。七八月方生，在豌豆花上。烏腹、尖喙、赤點，甲多黃黑斑文。張網取納瓶內，陰乾去翅足，同糯米炒熟。須看米黃為度，生吞吐瀉難當。

蜘蛛塗蛇虺音毀，制蜈蚣，網可繫瘤音留纏音躔痔音治；蜆肉洗疔瘡，毆音區酒毒，殼能止痢消痰。蜘蛛：性微寒，有毒。凡入藥方，須知選擇。網布檐角者妙。腹大黑色者佳。蛇虺咬，搗汁塗。蜈蚣咬，用活吸。疔腫作膏敷退，瘻核漬酒飲消。絲網繫瘤贅爛，消纏痔瘻脫落。蜆〔肉〕：味鹹，性冷，無毒。生浸取汁益盛，頻洗疔瘡捷效；熟煮拌糟飯配，能除酒毒如神。陳殼杵細末，湯吞，止邪夢失精，治陰瘡下痢。爛殼燒灰水飲，主反胃吐食積痰。

石決明去眼盲音蒙瞖音意障，青魚膽除眼赤淚流。石決明：味鹹，性寒，無毒。七孔九孔者良。凡使先磨去麄皮五兩，用鹽半分，并東流水甆器中煮一伏時，搗末研如粉，却入鍋子中。再用五花皮、地榆、阿膠各十兩，更以東流水於甆鍋中淘之。如此三度，待乾，再研一萬匝方入藥用。青魚膽：味苦，性寒，無毒。天時赤眼淚流，取汁點之即愈。亦可塗瘡。

蚌蛤補虛勞，汁點能清赤眼；車螯消酒毒，殼燒善療腫瘡。蚌蛤：味鹹，性冷，無毒。凡使拯痾，治如食法。補女子虛勞下血，止男人消渴熱煩。黃連研末，內之取汁，點眸退赤。車螯：性冷，無毒。食之酒毒能消。用殼入藥，治癰瘡腫毒彌佳。火煅兩遭，以醋碎搗末絕細。甘草對和酒送，醋調敷毒即消。

螻蛄破莖音形內石淋音林，開氣結、治五癃音隆，成功不一；蜥蜴出肉中芒刺，催產難、潰音毀癰音雍腫，取效良多。螻蛄：味鹹，性寒，無毒。凡使拯痾，宜求夜出。收須夏至日際曝乾。製造七枚，用鹽二兩，置于新瓦，鋪蓋焙焦，末成，每服一錢，溫酒送之即愈。蜥蜴：味鹹，性寒，有小毒。惡硫黃、斑猫、蕪荑。在草澤中者名蠑螈、蜥蜴，在壁上者名蝘蜓、守宮，在山谷者名石龍子。凡資入藥，草澤者良。須五月採收，日乾于石上。

蜂子除蚘音回蟲蠱音古毒，蚱蟬止驚悸音計夜啼。蜂子：即蜜蜂子也。味甘，性微寒，無毒。凡使，取其未成頭足時，以鹽炒，曝乾聽用。蚱蟬：即鳴蟬也。味鹹、甘，性寒，無毒。秋取蒸乾，勿令蠹蝕。摘除翅足，方入劑中。

止驚風天吊音釣怔音征忡音沖，幼科內蟬花果效；除瞖膜音莫侵睛努音魯肉，眼科中蟬蛻音退誠奇。蟬花：味甘，性寒，無毒。狀類花冠，生殼頂上。凡使要白花全者，懸于屋東閣陰乾。用時甲土淨除，漿水煮須一日，焙乾研細，方入劑中。蟬蛻：味淡，性涼，無毒。繫蟬脫換薄殼，用時翅足須除。又治小兒出痘瘄不明，與葛藤尖等咀，水煮時吞兩盞甚良。療風氣客皮膚極痒，同薄荷葉等末酒調，日服三錢。瞖膜侵睛努肉，須攙眾藥水煎。

蝸牛療口眼喎音咼邪，消渴脫肛並治；水蛭音質吮癰音雍疽膿血，堅癥音徵積瘀音豫皆通。蝸牛：即負殼蜒蚰。味鹹，性寒，有毒。劑擇圓大者取功，製宜火炒過，須攙眾藥用之。口眼喎邪風疾，殺毒消渴不痊，生研取服；大便脫肛不上，燒灰猪脂和敷。水蛭：即馬蝗蜞。味鹹、苦，性微寒，有毒。畏石灰與鹽。入藥劑捕收小者，用竹筒盛貯待乾，次米泔水浸一宵後，日曝，猪脂塗炙，必待焦黃方用。不然入腹為殃。凡欲用之，極宜謹慎。活者堪吮腫毒惡血，炙者能去積瘀堅癥。加麝香酒調，下蓄血神效。

蛞蝓治氣虛肛脫，蜚蠊通血瘀音豫癥堅。蛞蝓：即蜒蚰也。味鹹，性寒，無毒。背殼無頭角二，與蝸牛實為二物。固《本經》分作二條。用治脫肛，搗塗立縮。蜚蠊：味鹹，性寒，有毒。翅足須除，炒用細研，任入散丸。

螃蟹化漆續筋，更治胸中熱悶；䗪蟲破堅下血，兼除腹內癥音徵瘕音遐。螃蟹：味鹹，性寒，有毒。殺莨菪毒、漆毒。風疾人食之，其病復發。懷孕婦食下，令子橫生。塗漆爛瘡，化漆成水。多取足肉、蟹黃，細搗微熬，納筋斷處即連，除胸熱悶煩，去面腫喎僻。䗪蟲：味鹹，性寒，有毒。畏皂莢、菖蒲。凡收十月曝乾，細末為丸，酒送下。

蝮蛇膽主䘌音匿瘡，肉療諸瘻音婁癩音賴疾；蚺蛇膽消目痛，膏除眾毒皮風。蝮蛇膽：味苦，性微寒，有毒。其色黑黃，口尖鼻反，䘌瘡五痔，塗汁立差。人生癩

疾諸瘻，淨肉一斤醲酒，大者一斗，小者五升，糠火微溫，酒熱去火，取蛇肉約來寸許，和猪脂敷上漸除。　蚺蛇膽：　味甘、苦，性寒，有小毒。凡剔取如粟米許，着水上浮走者為真。沉而不散者非也。試之宜少，多則亦沉。雖消目痛靈丹，亦療蜃瘡聖藥。膏之真者，磥磥如梨豆子。他蛇膏皆大如梅李子，治皮膚風毒，須醲酒飲之。

療蠱口瘡尊故錦，遺精陰痿音委貴蜻蛉音青零。故錦：　味辛，性涼，無毒。即食錦蟲。屈如指環。欲療蠱毒，煮汁服之。小兒口內熱瘡，研末傅之即愈。　蜻蛉：　即蜻蜓也。性微寒，無毒。擇色青眼大者為良，去翅足炒焦而後用。

水母通產後血凝，仍療遍身丹毒；　蜣蜋音郎出箭頭肉腫，兼醫附骨瘡瘍音陽。水母：　即蛇皮。味鹹，性涼，無毒。調味作饌，薑、醋務加。主婦人生產，勞損血凝；　治小兒風疾，火熛丹毒。　蜣蜋：　味鹹，性寒，有毒。箭頭入肉，和乾薑杵罨出來，附骨癰瘡，與大麥搗敷消散。

蝌蚪染銀鬚、敷火瘡可用；　蝦蟆解結熱、貼癰音雍腫當求。蝌蚪：　係蝦蟆仔也。味辛，性冷，無毒。始出色黑頭圓，有尾無足，稍大足生尾脫，聚夥成群。子正黑，多取合桑椹染鬚，永不皓白。形已成爛搗，為火瘡敷藥，絕無瘢痕。　蝦蟆：　味辛，性寒，有毒。惡麻黃。凡認蝦蟆，腹大身小，背有黑點，呷呷聲鳴，跳接百蟲，舉動極急，與蟾蜍自別，故立名亦殊。《本經》為蟾蜍，誤矣。

地膽去惡瘡毒肉，石蠶疏小便沙淋音林。地膽：　即赤頭也。味辛，性寒，有毒。惡甘草，狀如大馬蟻，有翼，身黑頭紅。二、三、八、九月，草菜上取之。製法詳于芫青條下。　石蠶：　味鹹，微辛，性寒，無毒。形似蠶，有角節，青黑色，生石穴中，作繭寸許，色如泥。

鯉魚膽退赤抹音末青盲音蒙，產婦腹疼音同鱗可止；　田螺肉敷燋瘡熱眼，醉人口渴汁能消。鯉魚膽：　味苦，性寒，無毒。蜀漆為之使。赤抹青盲，取中汁點用。鱗須赤鯉，治產後腹疼。火化為灰，酒調送下。　田螺肉：　味鹹，性冷，無毒。人患熱瘡，生研敷上。治肝熱目疼赤腫，以黃連末內其中，久而汁出，取之以注目中即愈。若飲酒多，消渴口乾，小便無時，取螺水浸一宵，渴即飲之立止。

除伏熱、殺蛇瘕音遐、退疸音膽毆音區蚘音回蚯蚓好；　破石淋音林、醫鼠鼷音朴，補中止漏馬刀良。蚯蚓：　味鹹，性寒，無毒。一名地龍。白頸者好。取須鹽水洗淨，用或生炙隨宜。傷寒伏熱蛇瘕，生搗水調服妙。蠱毒、蚘蟲、黃疸，炙焦酒浸吞良。　馬刀：　味辛，性微寒，有毒。細長小蚌也。長三四寸，闊五六分。凡欲用之，須宜作鮓，不可多食，以其令人發風故也。

果部

又以砂糖殺疳蟲妙藥，榫柿除胃熱靈丹。砂糖：　味甘，性寒，無毒。腹內疳蟲作痛，酒調飲下即安。同笋食則成血瘕，同葵食則生沉癖。小兒多食，損齒消肌。　榫柿：　味甘，性寒，無毒。不宜與蟹同食，令人腹疼，并大瀉矣。

柿霜除嗽又消痰，蒂能止噦；　柿子定煩而解渴，皮可澁腸。柿霜：　即乾柿上白花。味甘，性寒，無毒。蒂煮飲之，能除噦逆。　柿子：　味甘，性寒，無毒。不與蟹同食，令人腹痛大瀉。柿皮煮飲，洩痢皆除。

杏仁理肺嗽氣迎，又療失聲痔音治漏；　梨實解心煩消渴，兼醫發熱火瘡。杏仁：　味甘、苦，性冷，有毒。得火良，惡黃芩、黃耆、葛根。解錫毒。凡使，須以沸湯浸少時，去皮尖，劈作兩片。每一斤，用白火石一斤，烏豆三合，下東流水同煮一箇時辰，待色褐黃後用。得桑白皮而理肺嗽，得栝樓子而下氣逆。若治失聲不語，酥蜜為丸，米湯送下。或療五痔血來，水研取汁，煮粥令食。　梨實：　味甘、微酸，無毒。凡使拯痾，雪梨為上。消渴心煩發熱，宜生搗汁飲之。若逢湯火泡瘡，切片貼之不爛。

乳柑子解熱腸消渴，獼猴桃治反胃石淋。乳柑子：　味甘，性大寒，無毒。多食發陰汗。　獼猴桃：　味酸、甘，性寒，無毒。凡使搗汁，和生薑汁服之。

青皮疏疝音訕氣、止腹疼音同，兼可寬胸蕩滯；　烏芋音預下胞衣、消口渴，又能開胃通淋音林。青皮：　味辛、苦，性寒，無毒。凡使去穰，咀薄，潤醋炒乾。老弱虛羸，九當全戒。　烏芋：　即鳧茨。俗呼謂荸薺。

荷葉行經消口渴，蒂能止痢安胎，藕節療吐紅出衄；　蓮房散血落胞衣，花又駐音注顏黑髮，石的除禁食遺精。荷葉：　味苦，性涼，無毒。蒂即葉鼻也。藕節即藕莖有鬚處。若共地黃搗汁，能除口血鼻洪。入熱酒、童便助效驗更易。　蓮房：　即蓮蓬殼也。燒灰散血，煎酒落胞。蓮花煮服，黑髮駐顏。忌蒜、地黃，不宜同食。石的即蓮子殼中乾者。入水即沉，謂之石蓮子。味苦，性寒，無毒。色黑。痢疾禁口不食，細研為末飲調。

米部

又考青粱米健脾消渴，白粱米益氣和中。青粱米：　味甘，性微寒，無毒。殼穗有毛，粒米皆青。　白粱米：　味甘，性微寒，無毒。穗大毛多，殼粗長扁。

粟米補腎順沙淋，仍除胃熱；　小麥養肝收盜汗，即止心煩。粟米：　味鹹，性微寒，無毒。新者養腎氣不虧，去脾熱，常益中脘；　陳者順沙淋分滲，翻胃熱大解消渴。　小麥：　味甘，性微寒，無毒。入藥煎湯，務宜完用沉水者。養肝止心煩，浮水者補虛收盜汗。

秫米療漆音七瘡為主，菉豆解丹毒惟先。秫米：　味甘，性微寒，無毒。人患漆瘡，嚼塗即愈。　菉豆：　味甘，性寒，無毒。作粉敷腫癰丹毒，煎湯解酒毒熱煩。

胡麻油堪下胞胎，縱是澁音色腸可滑；　白麻油能消癰癤音節，任憑熱毒斯除。胡麻油：　味甘，性大寒，無毒。胞胎不下，調吞腹內即生。大便難通，吹入腸中即

滑。　白麻油：　味甘，性大寒，無毒。煎滚醇酒攙嘗，取微汗，散背癰外腫；　合鷄蛋、芒硝攪服，攻熱毒肉疽。鷄蛋一枚，芒硝一兩，用油一合，共攪勻，吞。

粳米除煩而止渴，青蘘音箱毆痹音閉以堅筋音斤。粳米：　即晚米也。味甘、苦，性微寒，無毒。　青蘘：　即胡麻葉也。味甘，性寒，無毒。

醬和肉味殺瘡痍音夷，並治蛇蟲蜂蠆音瘥等毒；　豉解心煩除足痛，兼毆音區寒熱痢疾諸瘟音溫。醬：　味鹹、酸，性冷，無毒。凡醬麵，豆造成，入藥惟宜陳久。肉不得其醬，聖人而弗餐。　豆豉：　味苦，性寒，無毒。凡資入藥，淡者方靈。助山梔除心煩懊憹，浸醇酒治足冷痛疼。佐葱白煎，散寒熱頭痛；　同薤白煮，治血痢腹疼。專治傷寒，兼理瘴氣。

小麥奴掃時瘟音溫熱毒，小麥麩音夫塗湯火爛瘡。小麥奴：　味辛，性寒，無毒。係麥苗上黑黴者。凡資治療，水煮服之。　小麥麩：　味甘，性涼，無毒。係磨麵篩去麄皮，人遭湯火爛瘡，醋炒罯敷止痛。

菜部

大抵冬瓜仁悅色明眸音謀，藤用燒灰除黑䵳音趕；　冬瓜肉除煩利便，葉收搗汁殺蜂虰音丁。冬瓜仁：　味甘，性微寒，無毒。子收剝殼，仁研成霜。亦作面脂，悅顔潤色。絹袋盛泡沸湯三遍，釅醋浸在甆器一宵，曝乾研末，酒調。久服補肝明目。藤灰洗黑䵳，仍變白肌膚。　冬瓜肉：　味甘，性微寒，無毒。凡資治療，絞汁服之。　葉殺蜂虰，須生搗汁。

解消渴必思蓴菜，散腫浮難舍薑皮。蓴菜：　味甘，性寒，無毒。解消渴，煮食之。和鯽魚作羹，能下氣止嘔。　薑皮：　味辛，性涼，無毒。作散用之。

苦苣莖音刑敷疔音丁腫，根除毒痢退蒸，碎生葉能醫蛇咬；　冬葵子治乳難，根療惡瘡利便，搗乾葉可合刀傷。苦苣：　味苦，性寒，無毒。取汁敷疔，腫消根出。其根煮服，止痢退蒸。若遇蛇傷，搗生葉罯。　冬葵子：　味甘，性寒，無毒。黄芩為之使。去蜀椒毒。婦人無乳，研酒調吞。便閉惡瘡，煮根汁飲。若燒乾葉，敷合金瘡。

菠薐音棱通胃腸之熱，蓳汁解蛇蝎音歇之傷。菠薐：　味甘，性冷，微毒。解酒毒，服丹石人服之佳。　蓳汁：　味甘，性寒，無毒。蛇蝎傷、癰腫，傅、洗、服並良。

莧實磨瞖音意開盲音萌，便閉尿淋皆利；　苦蕒音買退黄強力，蛇傷疔腫並消。莧實：　味甘，性大寒，無毒。其葉忌與鼈同食。　苦蕒：　味苦、甘，性寒，無毒。蛇傷疔腫，搗汁塗之。

馬齒莧罨音遏瘡醫血痢，石胡荽音雖通氣吐風痰。馬齒莧：　味酸，性寒，無毒。杖瘡和韭白敷散血，疔腫和梳垢敷出根。癰瘡　痘瘡、風結瘡，悉用敷愈，馬咬、馬汗、射工毒，並取塗痊。痢疾多時，醋、鹽煮服。　石胡荽：　味辛，性寒，無毒。煮吞，通鼻氣；　生啖，吐風痰。

薇能久食，可令腫者水消，隱士顔容不異；　蕨若多餐，必使大人陽弱，小兒脚步難行。薇：　味甘、苦，性寒，無毒。隱士，伯夷、叔齊也，食之三年，顔色不異。　蕨：　味甘，性寒，滑利無毒。此非良物，切勿過餐。留藏經年，能收肛脱。採根造粉，堪以代糧。

苦瓠音護消四肢浮腫，絲瓜治兩脚痘瘡。苦瓠：　味苦，性寒，有毒。凡消水腫，煮汁飲之。　絲瓜：　味甘，性冷，無毒。脚生痘瘡，燒灰敷愈。

散熱溫中，食落葵子可悅人顔色；　傅瘡止痢，餐音參菾音甜菜實能揩音□面容光。落葵：　味酸，性寒，無毒。子紫。搗來漬粉，女人傅面顔紅。又方蒸過曝乾，研末蜜調亦好。　菾菜：　味甘，性大寒，無毒。搗滓傅熱瘡立效，絞汁止毒痢如神。收得子來，浸之以醋，用之揩面，潤澤有光。

苦菜療目黄口渴，越瓜解酒毒心煩。苦菜：　味苦，性寒，無毒。暴熱目黄口渴，採來煮汁服之。　越瓜：　味甘，性寒，無毒。多食發瘡，令人虚弱。牛酪及鮓不得同食，初病起來，切宜勿食。

甜瓜止渴除煩，煮蔕音締吐風痰塞咽；　茄子敷癰散腫，煎根漬凍脚生瘡。甜瓜：　味苦，性寒，有小毒。少食止渴除煩，多食生瘡瀉痢。其蔕：　味苦，性寒，有毒。自然落在莖蔓者為美。槲葉裹，懸有風處吹乾，俗呼為苦丁香，堪為湧吐劑。消身面浮腫水氣，逐咽喉窒塞風痰。身暴急黄，同丁香、赤豆，研吹鼻中。只一遭，竟來黄水。鼻肉瘜肉，和白羊脂油搗敷患處，日三次，久旋消鎔。　茄子：　味甘，性寒，有毒。用醋摩之，敷癰散腫。根和莖葉，煎湯漬脚，凍瘡即愈。

鹿角菜退骨蒸勞熱，東風菜清目眩音銜赤疼。鹿角菜：　味甘，性大寒，無毒。不宜久食，發疾損腰。　東風菜：　味甘，性無毒。亦堪入羹臛，煮食甚美。

餐白苣音巨擁氣稍上聲寬，又療魚瘡妙藥；　食龍葵解勞少睡，兼消熱毒靈丹。白苣：　味苦，性寒，無毒。膈胸擁氣，煮食之良。人生魚臍瘡，其頭白似腫，先以針刺瘡上，後以汁滴孔中。　龍葵：　味苦，性寒，無毒。忌葱、薤同食，生噉亦不宜。或作羹餐，或煮粥食。

賦冷藥之稟性，據先哲之流傳。望高明之重整，恕後學之輕言。

明·徐鳳石《秘傳音製本草大成藥性賦》卷二　熱門藥性賦　石部

熱藥之用，冷證之宜。硫黄能掃疥音介瘡，又壯元陽而逐冷；　礜音譽石善驅鼠癧音歷，且除堅癖音辟以消風。硫黄：　味酸，性大熱，有毒。曾青、石亭脂為之使。畏細辛、飛廉與鐵。凡修事硫黄四兩，先以龍尾蒿自然汁一鎰，東流水三鎰，紫背天葵汁一鎰，粟遂子莖汁，四件令之攪勻，一垍堝，用六一泥固濟底下，將硫黄碎之，入于堝中。以前

件藥汁，旋旋添入，水煮之，汁盡為度。再以百部末十兩，柳蚛末二斤，一簇草二斤，細剉之，以東流水并藥等同煮硫黃二伏時，俟日滿，去諸藥，取出，用熟甘草湯洗了，入鉢中研二萬匝方用。　礜石：　味辛、甘，性大熱，有毒。棘針為之使。忌羊血，惡馬目毒公、鴨屎、虎掌、細辛，畏水，得火良。凡使須火煉百日服有力，如不煉服則殺人。

明雄黃殺疥音介蟲虺蛇螫音食毒，赤石脂收瘡口崩漏便紅。　雄黃：　味苦、甘，性大熱，有毒。要似鷓鴣鳥肝色者為上。先以甘草、紫背天葵、地膽、碧棱花四件，並細剉，各五兩，雄黃叁兩，下東流水，入甆堝中煮三伏時，漉出擣如粉，水飛，澄去黑者，晒乾再研，方入藥用。　赤石脂：　味甘、酸、辛，性大溫，無毒。惡松脂、大黃，畏芫花。凡用擇粘舌者為良。火煅醋淬，研末入劑。

草部

蓽音必撥音薄溫中而下氣，豆蔻止嘔以和脾。　蓽撥：　味辛，性大溫，無毒。凡使先去梃用頭，醋浸一宿，焙乾，以刀刮去皮粟子令淨方用，免傷人肺，令人上氣。　白豆蔻：　味辛，性大溫，無毒。

陟音炙釐音梨逐冷氣溫中捷效，草果退寒瘧尅食易飢。　陟釐：　味甘，性大溫，無毒。　草果：　味辛，性大溫，無毒。凡資入劑，取子去皮。

補骨脂醫漏精腎冷，高良薑止霍亂胃寒。　補骨脂：　即破故紙也。味苦、辛，性大溫，無毒。惡甘草，忌羊血。凡使用酒浸一宿，浮者去之。漉出，却用東流水浸三日夜，然後蒸之。從巳至申，出，日乾用。　高良薑：　味辛、苦，性大溫，無毒。採根陰乾聽用。

附子去沉寒而特效，烏頭理風痹而最奇。　附子：　味辛、甘，性大熱，有大毒。天雄旁如芋附生者。地膽為之使。惡蜈蚣，畏防風、黑豆、甘草、黃耆、人參、烏韭。凡使於灰火中炮，令皺皮，坼者去之，用刀刮去孕子，并去底尖微細，劈破，於屋下午地上掘一坑，可深一尺，安於中一宿，至明取出焙乾。若陰制，去尖皮底，薄切，用東流水并黑豆浸五日夜，然後漉出日乾用。每十兩用黑豆五兩，東流水六升。　烏頭：　在成州者為川烏，在梓州者為草烏。味甘，性大熱，有大毒。遠志為之使。忌豉汁，惡藜蘆，反半夏、栝蔞、貝母、白及、白斂。製法俱與附同，但烏頭頂歪。

佛耳治寒嗽及痰，大升肺氣；　天雄散風疼與痹，專補陽虛。　佛耳草：　味酸，性微熱，無毒。款冬為之使。凡資入藥，須用曝乾。春生苗尺餘，夏開花黃色，葉與馬齒莧類，細小，微有白毛，俗呼黃蒿。人每收採，擣爛和米粉作粿，柔韌而香美可嘗。過多損目失明，慎之。　天雄：　味辛、甘，性大溫，有大毒。遠志為之使。惡腐婢，忌豉汁。其形細長，至三四寸者。凡使宜以薑汁泡去皺折後，去皮尖底用之。

側子祛音區虛風，更理痰厥；　草蔻音扣破滯氣，又利瘀餘。　側子：　乃附子旁生，絕小如大棗核者。味辛，性大熱，有大毒。凡使以生熟湯浸半日，勿令滅氣，出，以白灰裛之，數易使乾。　草豆蔻：　味辛，性大溫，無毒。凡使須去蒂并向裏子，後取皮，用茱萸同于鏊上緩炒，待茱萸微黃黑，即去茱萸，擇草豆蔻皮及子杵用之。

木部

丁香止嘔壯陽，更治白鬚陰冷；　肉桂行經破癖音辟，兼醫吐逆勞傷。　丁香：　味辛，性大溫，無毒。形有大小，名列雌雄。雄者如釘子長，雌者似棗核大。凡資入劑，母者用多。丁蓋乳子不除，發人背癰為害。湯中煎服，止嘔壯陽。細末研成，猶有兩治。婦人陰內常冷，紗囊盛入陰內，旋使轉溫；　老人拔去白鬚，薑汁和塗孔中，重生即黑。　肉桂：　味甘、辛，性大熱，有小毒。與烏頭、附子為使，全得熱性。與黃芩、黃連為使，小毒何施？得人參、麥門冬、甘草同用，能益氣調中。得柴胡、紫石英、地黃同用，主霍亂吐逆。與巴豆、硇砂、乾漆、山甲、水蛭、虻蟲同用，則為害大矣。春夏禁服，秋冬宜煎。

桂心卻風而破血，桂枝斂汗以解肌。　桂心：　是牡桂削去麄皮、近木黃肉。味苦、辛，性大熱，無毒。　桂枝：　乃牡桂枝柯小條，薄皮。味辛，性大溫，無毒。諸桂俱忌生葱。

遊蠱飛尸著口喉，須求欓子；　腫風腎氣攻心腹，必用檀香。　欓子：　味辛辣如椒，性微熱，無毒。主遊蠱飛尸著口喉者，刺破，以子揩之令血出，當下涎沫，煮汁服之。　檀香：　味辛，性熱，無毒。凡使，醋磨敷惡毒止疼，水煎升胃氣進食。

蜀椒主寒痹，固精元可用；　胡椒散冷氣，心腹痛宜施。　蜀椒：　即花椒也。味辛，性大熱，有毒。杏仁為之使。畏款冬、雄黃，凡使閉口者殺人。顆紅者為貴。去目，兼除黃殼，酒來拌濕，火蒸巳午二時，放冷密蓋，除火，四旁無氣，出來便入甆瓶，勿令傷風，方堪入藥。　胡椒：　味辛，性大溫，無毒。凡使只用內無皺殼者力大。每修事揀了，于石槽中研碎成粉，任調食煎湯。

欒荊子治寒侵目痛，楓柳皮療風齲齒疼音同。　欒荊子：　味甘，性微熱，無毒。　楓柳皮：　味辛，性大熱，有毒。

心腹冷兮山胡椒能回之暖，身體浮兮川椒目可使之消。　山胡椒：　味辛，性大熱，無毒。粗大如黑豆，俗用有效。　川椒目：　味苦、辛，性大熱，有小毒。須炒研末調吞。

食茱萸牙齒疼、腸風專用，吳茱萸心腹痛、膈冷休遺。　食茱萸：　味辛、苦，性大熱，無毒。　吳茱萸：　味辛、苦，性大熱，有毒。蓼實為之使。惡丹參、硝石，畏紫石英。凡使用大盆一口，使鹽水洗一百轉，自然無涎。日乾，任入丸散中。每修事十兩，用鹽二兩，研末，投江流水四斗，中分作一百度洗，別有大效。若用醋煮，即先沸醋二十餘沸，後入茱萸。沸醋盡為度。曬乾聽用。每十兩，使醋一鎰。

獸部

豺皮治冷風脚氣，羊肉療虛損心驚。　豺皮：　性熱，無毒。人患冷風脚氣，熟之

纏上即差。　羊肉：　味苦、甘，性熱，無毒。

療瘵音滂瘵音債，壯元陽，須求膃音屋肭音訥，退時瘟，除久嗽，可用獺音塔肝。膃肭臍：　味鹹，性大熱，無毒。欲知真假，試驗纔知。投熟睡犬邊，犬或驚狂跳起。置寒天水內，水因溫暖不冰。酒浸透炙乾，氣馨香勿臊。擂成細末，任合散丸。　獺肝：　味甘、鹹，性微溫，有毒。一名水狗，入水食魚。凡欲得真，必須見剖。或炙熟旋啖，或燒末酒調。

蟲部

炙虎骨止驚定悸音計，煎鹿骨下氣安胎。　虎骨：　味辛，性微熱，無毒。殺犬咬毒，畏蜀漆、蜀椒、磁石。凡使務審非藥箭中傷，纔取塗酥油炙脆，勿煎湯液，惟入散丸。　鹿骨：　味甘，性微熱，無毒。麻勃為之使。

鱓音善魚療瀋唇而益血，蠶音存蛾壯陽道以添精。　鱓魚：　味甘，性大溫，無毒。　原蠶蛾：　是第二番蠶蛾。以其敏于生育也。味鹹，性大溫，有小毒。雄者佳。凡使折去翅足，微炒令黃，合散為丸。隨宜施用。

米部

醋泄血而敷音夫瘡，有散腫威勢；　酒活血而壯膽音疸，有助藥功能。醋：　即苦酒也。味酸，性大溫，無毒。忌蛤肉。凡入藥惟米醋則佳，取效得年深者妙。漬黃栢含之，口瘡堪愈。煮香附丸散，鬱痛能除。煎大黃劫痃癖如神，磨南星敷瘤腫立效。又調雄黃細末，蜂蠆蛇蠍可塗。　酒：　味苦、甘、辛，性大熱，有毒。釀非一等，名亦多般。惟糯米麴麯者為良。能引經行藥勢最捷。辛者能散，通行一身之表，直至極高頂頭，甘者能緩居中，苦者能下，淡者則利小便而速下也。

麴能消食落胎，化酒痰，驅除冷氣；　麵可充餐音參壯力，厚腸胃，滑白肌膚。　麴：　味辛，性大溫，無毒。凡修事，用早米五升，馬蓼四兩，桃葉四兩，淡竹葉、茱萸葉各二兩，洗淨，米和四味，石臼中搗成末，羅去滓，用水為丸，如鷄蛋大。放于稻稈上，仍將稻稈覆。俟有白花，取出晒乾。用柴灰藏，收甏瓮，或加君臣藥末者更好。　麵：　是小麥作者。味甘，性熱，無毒。若過食動風，蘿白汁可解。

菜部

表寒裏證用乾薑，洩瀉、唾紅皆止；　噎音葉氣腸風稱大蒜音筭，癰音雍疽音蛆、鼻衄音朒俱除。　乾薑：　味辛辣，性大熱，無毒。秦椒為之使。惡黃連、黃芩。凡修事，以水淹生薑三日，去皮，又置流水中六日，更刮去皮，方曝乾，釀于甕中三日乃成。表證肺寒欬嗽，仗五味子相助建功。裏證脉絕無陽，資黑附子為引助效。煨研塞水瀉、溏瀉最妙，燒黑止唾血、痢血真良。遇陰陽易病，用取汗立差。　大蒜：　即葫也。味辛，性大溫，有毒。凡使入藥，擇取獨頭，同黃連丸，治腸風。加平胃散，治噎氣。癰疽初生，急切橫片，若痛灸至不痛，不痛灸至痛來。艾炷連燒，以多為善。鼻衄不止，快搗成膏。左出塗左足心，右出塗右足心。兩鼻齊出，雙足俱塗。生噉傷肝氣損目，久食傷脾肺引痰。

此陳熱藥之性，用助初學之醫。言雖粗俚而無文可觀，用寔裨益而有效易見。

明・徐鳳石《秘傳音製本草大成藥性賦》卷三　溫門藥性賦　石部

藥性溫而可類，人性溫而可行。褐蓬砂止嗽化痰，能破咽喉之閉；　東壁土收肛住瀉，善扶脾胃之衰。　蓬砂：　即鵬砂也。味辛，性溫，無毒。色白者味焦功遲，色褐者味和力速。大塊妙，光潤良。同萆豆粉藏，總形色不代。膈痰喉腫治方，含化嚥津取效。　東壁土：　味甘，性溫，無毒。惟取東壁陳土，因得曉日久烘。務擇年深，研羅細末。扶脾益胃，以類相從。和白朮炒成，專住注瀉；　同蜆殼研就，能敷痘瘡。下部痔瘻脫肛，泡湯先熏後洗，可立痊。

治痼音故冷，止頭疼，玄精可用；　怯音挈風寒，除脚痹，石腦宜施。　太陰玄精石：　亦出積鹽倉中。味鹹，性溫，無毒。色青白，龜背者良。　石腦：　味甘，性溫，無毒。此石亦鍾乳之類，形如曾青而白色黑斑，軟易破。

伏龍肝催婦產下胎，止血崩而消癰音雍腫；　石鍾乳益肺家住嗽，添精髓而療腎虛。　伏龍肝：　味辛，性微溫，無毒。凡使勿誤用竈下土。其伏龍肝，十年已來，竈額內火氣積自結，如赤色石，中黃，形現八棱。細研，以滑石水飛過兩遍，令乾，用熟絹裹，却取子時，安于舊額內一伏時，重研了，用醋調或蒜搗泥塗，消癰腫毒氣。和水敷臍勸換，辟除時疫，下胎。　石鍾乳：　味甘，性溫，無毒。蛇床為之使。惡牡丹、玄石、牡蒙，畏紫石英、蘘草。形如鵝管中空，又若蟬翼輕薄。色明淨光潤，長六七寸餘。凡修事，以五香水煮過一伏時。每八兩，用沉香、零香、藿香、甘松、白茅各一兩，煮兩度了，方用甘草、紫背天葵各二兩，漬汁再煮一伏時，漉出拭乾，緩火焙之。入臼杵如粉，篩過，却入鉢中，令少壯有力者二三人，不住研三日夜，然後用水飛澄了，以絹籠之，日乾。又入鉢中研二萬遍，乃以甆盒子收貯用之。

用鐵精與驚兒定魄，服玄石令冷婦懷胎。　鐵精：　味辛，性微溫，無毒。此係煅竈中飛出如塵，紫色輕虛者為妙。鉢中研細，任入散丸。　玄石：　味鹹，性溫，無毒。惡松脂、栢實、菌桂。

白石英強陰道而欬逆止，紫石英暖子戶而孕育成。　白石英：　味甘、辛，性微溫，無毒。惡馬目毒公。二三寸長，手指般大。六面如削，白徹有光。　紫石英：　味甘、辛，性微溫，無毒。長石為之使。得人參、茯苓、芍藥，共療心中結氣；　得天雄、菖蒲，共療霍亂。畏扁青、附子，不欲鮀甲、黃連、麥句薑。類水精明徹，似樗蒲達頭。凡使醋碎，鉢貯擂成，水攪飛澄，令乾。入劑。　白同。

爛音濫傷瘀音豫血求殷孽音業，洩痢癥音徵瘕音遐索石牀。 殷孽： 石鍾乳根也。味辛，性溫，無毒。惡防己，畏朮。酒漬服。 石牀： 味甘，性溫，無毒。乃鍾乳水下凝，即生如笋狀，漸長，久與上乳相接為柱也。亦酒漬服。孔公孽、殷孽在上，牀、花在下。性體雖同，上下有別。

伏火靈砂，明目鎮心通血脈； 藏泥白堊，澁精止痢破癥瘕。 靈砂： 味甘，性溫，無毒。惡磁石，畏鹹水。每用水銀一兩，硫黄六錢，細研，先炒作青砂頭，後入水火既濟爐，抽之，如束針絞者成就也。 白堊： 味苦、辛，性溫，無毒。凡使，勿用色青并底白者。先單搗令細，三度篩過。又入鉢中研之，然後將鹽湯飛過，晾乾。每白堊二兩，用白鹽五分，投于斗水中。用銅物内沸十餘沸，然後用此沸水飛過白堊，免結澁人腸。

甘菊水療風除痼音故疾，孔公孽音業下乳掃瘡疽音蛆。 甘菊水： 味甘，性溫，無毒。《抱朴子》云： 南陽酈縣山中有甘谷，谷上左右皆生甘菊，花墮其中，歷世彌久，故水味為變。久患風羸，汲飲此水遂愈。 孔公孽： 即殷孽根也。味辛，性溫，無毒。木蘭為之使。惡細辛，忌羊血。青黄色。亦以酒漬服之，始有效。

石灰點痣殺蛔，敷金瘡似沒，食鹽熨臍利水，吐宿食如傾。 石灰： 味辛，性溫，有毒。以水沃熱，蒸解力劣。置風吹自裂解者力優。能伏硫黄，堪去錫暈。凡使酒浸一宿，至明漉出待乾。仍將火煅穢除，甏礶貯盛密蓋，放冷研為細末，方纔入藥隨宜。納牛黄膽陰乾，敷刀斧傷止血； 和白粳米蒸透，點疣痣子去根； 同諸灰淋汁熬膏，決癰腫破頭開口； 產婦陰不合，煎水洗即收； 寡婦腹有胎，煎水呑必墮。 食鹽： 味鹹，性溫，無毒。漏蘆為之使。如欲單用，炒化湯中。炒熱熨臍，腹疼即止。能吐中焦宿食，堪洗下部䘌瘡。過多發欬傷金，少用接藥入腎。欬嗽水腫，須禁勿嘗。

桃花石暖腸寒而除痢疾，陽起石強陰痿音委而破血瘕。 桃花石： 味甘，性溫，無毒。色似桃花，光潤而體重，舐之不着舌者為真。 陽起石： 雲母根也。味鹹，性微溫，無毒。桑螵蛸為之使。惡澤瀉、菌桂、雷丸、蛇蜕、石葵，畏菟絲子，忌羊血。形如琅玕，色明白潔者佳。凡修事，陽起不拘多少，先用頭燒酒浸一宿，次日取出焙乾，每兩加樟水三錢，同研一處，入黑油礶中，上以瓦盞蓋口，口以石膏土子即無名異，先用火煅通紅，研極細末，用醋調成膏子。加煅過白鹽二三錢為末，同攪極均，將瓦盞用麄鐵線札之，用前膏先塗下口縫一層，不可多。却用火在盞中炙乾，漸漸逐層加搽，以平盞口為度。入神仙爐中，漸漸發火，盞内用水搽，不可打動。燒炷半線香為度，慢慢退去爐磚。又不可震動，聽其冷定，輕輕取下。去鐵線，盞底上礶内，輕輕掃下。其礶底下黑砂不用，只用掃升者。此法極妙。 作爐法： 用磚塊間花閣起，用三鐵釘長八指，各開四指地，是足三方，釘在地中。上留四指高，磚又離釘周圍四方，團團叠起，平礶盞下為度。漸漸發火燒之。

硇砂破癥音征瘕音霞積聚，少敷瘡爛音濫肉生肌； 信石吐胸膈風痰，多中去聲毒斷腸傷命。 硇砂： 味鹹、苦、辛，性溫，有毒。畏漿水，忌羊血。凡使，形擇如牙硝光明，水飛去土石重煮。生食之，化人心為血。誤中毒，研菉豆解之。每入外科，必須生用。腫毒資破口去血，潰癰仗剔腐生肌。 信石： 一名砒霜。味苦，鹹，性溫，有毒。畏菉豆、水銀。凡入藥中，白者為上。用小甏瓶子盛後，入紫背天葵、石龍芮二味，三件便下火煅，從巳至申，乃用甘草水浸，從申至子，取出拭乾入瓶，盛于火中煅，別研三萬下用之。

草部

嘗謂人參通血脈，補虛勞，且除煩渴； 續斷定胞胎，除崩漏，兼合金瘡。 人參： 味甘，性微溫，無毒。茯苓、馬藺為之使。惡溲疏、鹵鹹，畏五靈脂，反藜蘆。凡使，要肥大如鷄腿，并似人形者。採得陰乾，每一斤用細辛一兩，封固甏礶中，永不蛀壞。入藥去蘆頭并黑者。夏中少使，發心痃之患也。張潔古云： 補上焦元氣而瀉脾肺胃火邪。升麻為引，補下焦元氣而瀉腎中火邪。茯苓為使。得五味、門冬，生得脉來神效。得黄耆、甘草，退除虛火聖功。 續斷： 味苦、辛，性微溫，無毒。地黄為之使。惡雷丸。凡採得，橫切剉之。又去向裏硬筋了，用酒浸一伏時，焙乾用。

蒼朮發汗驅風，暖胃寬中除惡氣； 白朮安胎消痞，補脾燥濕去虛痰。 蒼朮： 味苦、辛，性微溫，無毒。防風、地榆為之使。忌食桃、李、雀、鴿。凡使用米泔浸一二日，去粗皮炒燥用。 白朮： 味甘，苦，性溫，無毒。若使，忌，并同蒼。動氣者不宜用。凡咀後，人乳汁潤之，制其性也。潤過陳壁土和炒，竊彼氣焉。蓋因脾土受傷，故竊土氣以補助爾。若非脾病，不必拘此製也。助黄芩乃安胎劑，同枳實為消痞方。或單味粥丸調脾，或四製研散斂汗。一卒暴注瀉立效，宜間發痎瘧殊功。

金銀花專治癰疽風氣，馬藺音吝子獨醫癧毒金瘡。 金銀花： 即忍冬也。味甘，性溫，無毒。專治癰疽，誠為要藥。未成則散，甚多拔毒之功； 已成則潰，大有回生之力。或搗汁攙酒頓飲，或研爛拌酒厚敷。或和別藥煎湯，又治諸般風氣。 馬藺子： 即蠡實也。味辛，性溫，無毒。

桔梗治咽疼鼻塞音色肺癰音雍，引諸藥上升舟楫； 百枝止頭眩音衒目盲音蒙身痹音閉，退眾風內擾干戈。 桔梗： 味辛、苦，性微溫，有小毒。節皮為之使。得牡蠣、遠志療恚怒，得石膏、硝石療傷寒。畏白及、龍眼、龍膽草。與甘草並行，同為舟楫之劑，載諸藥不致下墜。引大黄可使上升。凡使去頭尖硬二三分，并兩旁附枝，于槐砧上細剉，用百合水浸一伏時，漉出，緩火焙乾用。每四兩，用生百合五分，搗作膏，投水中浸。 百枝： 即防風也。味甘、辛，性溫，無毒。得澤瀉、藁本療風，得芍藥、當歸、陽起石、禹餘糧療婦人子臟風。殺附子毒。惡乾薑、藜蘆、白斂、芫花。凡使去蘆，雙叉頭、叉尾。若全用，治一身之痛，而為驅風之干戈也。身去身半已上風邪，稍去身半已下風疾。

菖蒲通耳開心、明目利淋並驗，白芷去風除痛、排膿止漏皆奇。 菖蒲： 味辛、苦，性溫，無毒。秦皮、秦艽為之使。惡地膽、麻黄，忌飴糖、羊肉。凡使須石上生者，根條嫩黄緊硬，節稠，長二寸有九節者為真。採得，用刀刮上黄黑硬節皮一重了，用嫩桑枝相拌

蒸，出曝乾，去桑枝剉用。　白芷：　味辛，性溫，無毒。當歸為之使。惡旋覆花。凡採得，刮去上皮，細剉用。黃精亦細剉，以竹刀切。二味等分，兩度蒸一伏時後，出日乾。去黃精用之。必處暑日收不蛀。

骨碎補去折傷瘀音豫血，青木香療疫音役熱黑斑。骨碎補：　味苦，性溫，無毒。凡採得，先用銅刀刮去上黃赤毛盡，細切，用蜜拌令潤，架柳木甑蒸一日後，出日乾聽用。青木香：　馬兜鈴根也。味辛，性溫，無毒。亦能散氣。

川芎發表清頭，開鬱調經非一效；羌音腔活驅風燥濕，解肌止痛許多功。川芎：　味辛，性溫，無毒。白芷為之使。惡黃耆、山茱、狼毒，畏硝石、滑石、黃連。反藜蘆。凡使發表用台芎，清頭用京芎，開鬱用撫州芎，調經用雀腦芎。得牡蠣療頭風旋暈吐逆，得細辛治金瘡作痛呻吟。同生地黃酒煎，禁崩漏不止；用陳艾湯調末，試胎孕有無。羌活：　味苦、辛，性微溫，無毒。蠡實為之使。形細多節軟潤者佳。除新舊風濕之證，排巨陽肉腐之疽。散肌表八風之邪，利周身百節之痛。加入川芎一味，相扶立止頭痛。

細辛止頭痛目疼，發表清痰除齒䘌音匿；獨活伸項強脚痹，毆音區風燥濕療牙痌音通。細辛：　味辛，性溫，無毒。獨活、曾青、棗根為之使。惡狼毒、山茱萸、黃耆，畏硝石、滑石、藜蘆。凡使須去頭土，用甜瓜水浸一宿，至明漉出曝乾。止頭痛如神，清痰濃立效。得歸、芍、藁、芎、丹皮、芷、甘草，療婦人血閉良方；得石決明、青魚膽、青羊肝，止風淚目疼劫劑。寒邪發在裏之表，合麻黃、附子煎湯；口臭及䘌齒腫疼，煮濃汁熱含冷吐。獨活：　味苦、甘，性微溫，無毒。蠡實為之使。頸項難伸，兩足濕痹，風毒齒痛，頭眩目暈，有此堪治。雖伏毆風，又資燥濕。

肉豆蔻音扣治臟寒洩痢，紅豆蔻止胃冷吞酸。肉豆蔻：　味苦、辛，無毒。凡使須以糯米作粉，使熱湯搜裹豆蔻，于塘灰中炮，待米團子焦黃熟，然後取出，去米。其中有子取用，勿令犯銅。止痢疾，助之白粥飲；止吐瀉，佐以生薑湯。　紅豆蔻：　即高良薑子。味辛，性溫，無毒。翻胃吞酸可止，腹疼積冷堪毆。

使君子殺蛔蟲，清利兒疳音甘白濁；徐長卿截瘧音虐疾，毆除蠱音古毒瘟音溫邪。使君子：　味甘，性溫，無毒。凡資治療，香潤者佳。慢火微煨，去殼便嚼。或和諸藥，憑作散丸。　徐長卿：　味辛，性溫，無毒。凡求入劑，三月採收。麄杵以少蜜拌勻，磁甑蒸三伏曝用。

巴戟治疝風，補虛勞者宜取；蓯蓉益精髓，無子嗣者可祈。巴戟天：　味辛、甘，性微溫，無毒。覆盆子為之使。惡雷丸、丹參。凡使須用枸杞子湯浸一宿，待稍軟漉出，却用酒浸一伏時，又漉出，用菊花同熬令焦黃，去菊花，以布拭乾用。　肉蓯蓉：　味甘、酸、鹹，性微溫，無毒。五月五日採，陰乾。先用清酒浸一宿，刷去身外浮甲，劈除心內膜筋，又用酒蒸，從午至酉，仍碎掐入劑，切忌犯鐵刀。

菝音拔葜音恰退時瘟音溫脚痹音閉，甘松下心腹氣疼。菝葜：　俗呼金剛根。味甘，性溫，無毒。凡使浸赤汁煮粉嘗，辟時瘟瘴氣甚驗。搗碎末釀酒飲，去風毒脚痹殊佳。甘松：　味甘，性溫，無毒。又主黑皮䵟黯，風疳齒䘌，野雞痔。得白芷、附子良。合諸香及裛衣妙。

久嗽、喘音舛嗽、痰嗽，並宜紫菀音遠；止血、破血、養血，通用當歸。紫菀：　味苦、辛，性溫，無毒。款冬為之使。惡天雄、瞿麥、雷丸、遠志、茵陳。凡使去頭土，用東流水淘洗令淨，用蜜浸一宿，至明火上焙乾用。每一兩用蜜二分，仍佐百部、款冬研末，薑梅湯下，共治久嗽，立建神功。　當歸：　味甘、辛，性溫，無毒。惡藺茹、濕麵，畏菖蒲、海藻、牡蒙。凡使蘆苗去淨，醇酒製精。行表，酒洗片時；行上，酒浸一宿。體肥痰盛，薑汁浸宜。曝乾㕮咀，治血必用。頭止血而上行，身養血而中守，梢破血而下流，全活血而不走。佐人參、黃耆，皆能補血。佐牽牛、大黃，皆能破血。從桂、附、茱萸則熱，從芒硝、大黃則寒。同川芎能療頭疼，同白芷能消眼痛。

假蘇清眼目，療疔音丁瘡、肺嗽音潄、頭疼音同，穗音惠解產中血悶；遠志壯精神，除欬音慨逆、心驚、膽悸音計，葉除夢裏精遺。假蘇：　荊芥也。味辛、苦，性溫，無毒。眼痛、肺嗽、頭疼，攙入藥中煎服。搗和醋，敷風腫疔瘡。研調酒，理中風強直，治產後血暈欲死者，用荊芥穗研末三錢，取童便調，熱吞一盞。若口牙緊閉，灌鼻中即甦。遠志：　味苦，性寒，無毒。得茯苓、冬葵子、龍骨良。殺天雄、附子毒，畏珍珠、藜蘆、蜚蠊、文蛤、蠐螬。凡使搥去心，用熟甘草湯浸一宿，漉出曝乾用之。葉名小草，研末為丸。禁虛損夢魘精遺，除胸痹心疼氣逆。

白藥療金瘡癰音雍腫，乾苔止嘔吐心煩。白藥：　即剪草根。味辛，性溫，無毒。解野葛、生金、巴豆毒。治刀斧斫傷，研乾末敷之立愈。治瘡癰焮腫，搗生根貼上即消。乾苔：　即牆面青苔。味鹹，性溫，無毒。止霍亂嘔吐，採煎汁嘗。止心腹悶煩，研調水飲。

麻黃發汗，消風散斑疹音枕，止頭疼，仍破堅癥音徵除欬逆；艾葉安胎，止血調月經，開鬱結，並毆音區諸氣作熏條。麻黃：　味甘、辛，性溫，無毒。厚朴為之使。惡細辛、石韋。凡使去根節，單煮數沸，傾上沫，用火焙乾，任合丸散煎湯，方不令人煩悶。冬月春初可用，春深秋夏勿加。若蜜炒煎湯，主小兒瘡疱。其根與節，止汗固虛。艾葉：　味苦，性微溫，無毒。凡使煎服宜新鮮，氣則上達；灸火宜陳久，氣乃下行。揉碎，入四物湯，安胎漏腹痛；搗汁，攙四生飲，止吐衄唾紅。同香附末糊丸，開鬱結，調月經，溫暖子宮，使孕早結。同乾薑末蜜丸，毆冷氣，去惡氣，逐鬼邪氣，免證久纏。和研細雄黃，熏下部䘌疰、濕痹及疥癬神效，和蠟片、訶子，熏後寒熱急痛，并帶漏殊功。

南木香和胃健脾，痢疾氣疼音同是寶，北五味補虛止嗽音潄，渴煩神困為珍。南木香：　味辛、苦，性溫，無毒。形如枯骨、油重者良。凡欲用之，勿冷見火。合丸散，

日際曝乾。煎熟湯，臨時磨入。佐橘、薑和胃，助白术健脾。治痢和黄連為丸，破氣使檳榔磨水。北五味：皮甘、肉酸，核中辛、苦，俱兼鹹味。性溫，無毒。肉蓯蓉為之使。惡萎蕤，勝烏頭。凡小顆皮皺泡者，有白撲鹽霜一重。須先搗碎，用蜜浸蒸，從巳至申，却以漿水浸一宿，焙乾用。補虛益氣，止渴除煩。冬月欬嗽肺寒，加乾薑煎湯治效；夏季神力困乏，同參、耆、麥、栢服良。

旋花去面皯音紺黑色，鬼臼療喉結赤眸。旋花：味甘，性溫，無毒。凡資治療，煎水洗之。鬼臼：一名馬目毒公。味辛，性微溫，有毒。畏垣衣。凡入劑中，要求真。採獨莖藏土內，一葉豎莖端，狀似傘般，又如虎掌。旦東向，暮西傾，隨日出沒。枯一莖，為一臼，逐歲增添。不入湯煎，惟研散用。

破痃音賢癖音辟，止心疼音同，宜求莪音俄茂音戍；療瘻音婁瘤，清肺喘，須索杜蘅。蓬莪茂：味苦、辛，性溫，無毒。凡使，于沙盆中用醋磨令盡，然後於火畔吸乾，重重篩過用之。杜蘅：味辛，性溫，無毒。凡使三月採根，熟洗日乾聽用。

劉寄奴破血除癥音徵，用治金瘡最效；續隨子消痰蕩滯，疏通月閉尤神。劉寄奴：味苦，性溫，無毒。凡採得，去莖葉，只用實。先以布拭上薄殼皮令淨，將酒拌蒸，從巳至申，曝乾入劑。續隨子：一名千金子。味辛，性溫，有毒。凡用取仁，紙裹，壓以重石，去油，復研成霜，方可入藥。

無心草散血凝音迎氣塊，石香葇音柔止腹痛腸鳴。無心草：味辛，性溫，無毒。凡使，六七月採根、苗，陰乾用之。石香葇：味辛，性溫，無毒。苗、莖、花、實俱用。

鎖陽添骨髓、固陰精，又潤大腸燥結；鉤吻音刎療金瘡、消水腫，兼伸手足拘攣音聯。鎖陽：味甘、鹹，性微溫，無毒。凡使，以酥炙用，代肉蓯蓉。鉤吻：味辛，性溫，有大毒。半夏為之使，惡黄芩。凡採得，細剉搗了，復研絞取自然汁，入膏中用。若誤服其毒，桂心、葱葉，煎沸解之。

款冬蕋音蕊治欬音慨嗽，寒痰壅音雍肺，蓽音畢澄茄寬膨脹，冷氣攻脾。款冬蕋：味辛、甘，性溫，無毒。杏仁為之使。得紫菀良，惡皂莢、硝石、玄參，畏貝母、辛夷、黄耆、黄芩、黄連、麻黄、青葙子。凡採得，須去向外裹花蕋殼，并向裏實如粟零殼者，取枝葉相拌，裛一夜，晒乾，去枝葉，擇嫩蕋未舒者良。蓽澄茄：味辛，性溫，無毒。凡採得，去柄及皺皮，用酒浸蒸，從巳至酉，出，細杵任用。

洩痢腸鳴施女萎音委，氣迎腹冷下蒔音時蘿音羅。女萎：味辛，性溫，無毒。凡採得，陰乾，去頭上白蕋，剉成細片，拌豆淋酒蒸，從巳至申，晒乾方用。蒔蘿：味辛，性溫，無毒。一名慈謀勒。六七月採實，褐色而輕。主膈氣，消食溫胃，不可與阿魏同合，奪其味爾。

補虛收盜汗，托瘡瘍音陽，孰出黄芪音其之右？治疝音訕療癰音雍疽音蛆，消蠱音古毒，誰居赤箭之先？黄芪：味甘，性微溫，無毒。惡龜甲、白鮮皮，畏防風，又制防風，其功最大。凡使，使務選單股不歧、直如箭幹，皮色微黄，肉白心黄，折柔軟如綿，嚼甘甜近蜜。製須去頭并皺皮，蒸半日，取出，用手擘碎，於槐砧上細剉。蜜炙補虛損，生用托瘡瘍。赤箭：即天麻苗。味辛，性溫，無毒。凡資治療，二、四、八月，採苗陰乾。

何首烏黑髮療癰疽，帶下、心疼音同並止；白附子歐風攻血痹音閉，汗斑陰癢音養皆除。何首烏：味甘、苦澁，性微溫，無毒。茯苓為之使。忌猪羊血，惡蘿蔔。凡資入藥，秋後採根。切竹刀，禁傷鐵器；浸泔水，過宿曝乾。木杵搗舂，用之方效。婦人帶下，為末酒調。本名交藤，一名夜合。白附子：味甘、辛，性溫，無毒。炮入藥煎，治諸風血痹；研為脂用，洗面疵黑䵟。磨醋搽身背汗斑，尤除疥癬。研末收陰囊濕癢，併滅瘢痕。

地椒疏便淋莖痛，水蓼音料解蛇毒心煩。地椒：味辛，性溫，有小毒。其苗覆地蔓生，莖葉甚細，花作小朵，色紫白。凡資治療，煎汁服之。水蓼：味辛，性溫，無毒。蛇毒入內心煩，絞汁呑之即解，仍搗滓敷蛇傷處。又煮水捋脚腫消。

薑黄破血療癰音雍，積氣胸膨音彭隨刻下；杜若益精明目，中風頭腫即時消。薑黄：味辛、苦，性溫，無毒。凡使採根，切片曝乾，油炒用之。杜若：味辛，性溫，無毒。得辛夷、細辛良，惡柴胡、前胡。凡採得，去上黄赤皮，細剉，用絹作袋，盛掛陰乾。欲入藥中，蜜浸一宿，至明漉出用之。

身痹、腦風、目痛、疥痂音加、濕䘌音匿、疳音甘蝕，遇則須迎蒼耳子；鼻洪、陰疝音訕、首瘡、瘧音虐痢、癥瘕音遐、積聚，逢之可請白頭翁。蒼耳子：即葈耳實。味苦、甘，性溫，無毒。忌猪肉、米泔。凡使去心，取黄精以竹刀細切，相拌同蒸，從巳至亥，去黄精，陰乾待用。白頭翁：味甘、苦，性溫，無毒。豚實為之使。得酒良。凡使，交秋收採，向日曝乾。男子陰疝偏墜，小兒頭禿羶腥，搗爛帶滓敷立愈。鼻洪瘧痢風疼，積聚癥瘕腹痛，煎來攙酒服即差。

穀精草退疳眼、赤眼，大薊音計根止吐紅、咯音洛紅。穀精草：一名戴星草。味辛，性溫，無毒。並堪煎服，取效霎時。大薊根：北人呼為千針草。味甘、苦，性溫，無毒。凡資治病，五月採根。小薊功同，故不重賦。

旋覆化胸膈稠痰，又除欬音慨嗽音漱；秦艽音交伸股音古肱風痹，兼退勞蒸。旋覆花：即金沸草。味鹹、甘，性溫，無毒。凡採得，去裹花蕋殼皮，并蒂子花蕋，後蒸，從巳至午，日乾待用。秦艽：味苦、辛，性微溫，無毒。菖蒲為之使。長大黄白色為優，新好羅紋者尤妙。凡使，以布拭上黄肉毛淨，後用還元湯浸一宿，至明日乾用之。

仙茅益腎補虛勞，亦療風寒脚痹；女菀音遠鎮心除喘嗽，尤安洩痢腸鳴。仙茅：味辛，性溫，有毒。忌牛乳及黑牛肉。凡採得，以清水洗淨，刮上皮，用銅刀于槐

砧上切豆許大。將生稀布袋盛，于烏豆水中浸一宿，漉出，醇酒拌蒸，從巳至亥，日際曝乾，勿犯鐵，斑人□□。　女菀：　味苦、辛，性溫，無毒。畏鹵鹹。亦可以代紫菀。

除濕補虛稱狗脊，厚腸止痢羨龍牙。　狗脊：　味苦、甘，性微溫，無毒。萆薢為之使。惡敗醬。凡使細剉，以酒拌蒸，從巳至申，日乾待用。　龍牙草：　味辛、澁，性溫，無毒。凡使，春夏採之，洗淨去蘆頭，焙乾，不計多少，搗羅為末，米飲調吞。止痢無所忌。

烏喙去濕排風，除陰囊之癢；　半夏健脾止嘔，燥胃口之痰。　烏喙：　味辛，性微溫，有大毒。莽草為之使。反半夏、栝樓、貝母、白蘞、白及，惡藜蘆。亦附子之類。春時採莖，有兩歧，黃蔕，狀如牛角者，名烏喙。蓋喙者，乃烏之觜，因類亦假為名。炮製同烏頭、附子。　半夏：　味辛、微苦，性溫，有毒。射干、柴胡為之使。反烏頭，畏皂莢，畏雄黃、生薑、乾薑、秦皮、龜甲，忌羊肉、羊血、海藻、飴糖。凡使半夏四兩，用搗了白芥子末二兩，頭醋六兩，二味攪濁，將半夏投中，洗三遍，用礶瓶煎，少加薑製。又用泡過半夏四兩，攙煆過白礬一兩，共研，拌薑汁捏作小餅，此名半夏麯也。麯柔、片峻，總治諸痰。火痰、黑老痰膠，加芩、連、栝樓、海粉；　寒痰、清濕痰白，入薑、附、蒼朮、陳皮。風痰卒中昏迷，皂角、天南星和；　痰核延生腫突，竹瀝、白芥子攙。

蒴音朔藋音狄草，掃身痒音養風瘍音戈，并療股音古肱音工濕痹；　茅香花，止胃寒嘔吐，仍溫心腹冷疼音同。　蒴藋草：　味辛，性溫，有毒。凡使，春用隔年花蕋，夏用根，秋冬並用。作煎只取根，用銅刀細剉，于木臼中搗取自然汁，熬如飴糖任用。　茅香花：　味苦，性溫，無毒。凡使，正二月採根，五月採花，八月採苗用。

艾蒳音納香殺蟲除痢，蘼摩音魔子敷癜音殿補虛。　艾蒳香：　味甘，性溫，無毒。凡資治療，煮水吞之。　蘼摩子：　味甘，性溫，無毒。治白癜風，以蘼摩草白汁敷上，揩破再敷，三度善。補虛勞，以蘼摩子煮食之良。葉食之功同。溫脾止嘔服砂仁，消食安胎除洩瀉；　益老興陽求鹿藥，去風理血逐寒邪。　砂仁：　即縮砂蜜。味辛，性溫，無毒。凡使，先和皮慢火炒熟，纔去殼取仁研煎。與益智子、人參為使，入脾；　與白檀香、豆蔻為使，入肺；　黃栢、茯苓為使，入膀胱；　赤白石脂為使，入大小腸。　鹿藥：　味甘，性溫，無毒。凡資治療，浸酒服之。

葫蘆音盧巴消疝音訕氣，壯元陽，脹滿色黃並退；　羊躑躅音竹治賊風，除濕痹音閉，瘧音虐邪蠱音古毒齊毆音區。　葫蘆巴：　味苦，性溫，無毒。得大茴香、桃仁，治膀胱疝氣；　得黑附子、硫黃，治腎臟虛冷，腹脇脹滿，面色青黃。　羊躑躅：　味辛，性溫，大有毒。即黃杜鵑也。三月採花，陰乾入藥。治賊風在皮膚中，淫淫掣痛；　除風濕藏肌肉裏，濈濈痹麻，溫瘧寒邪並卻，鬼疰蠱毒齊毆。

雲實止痢疾白紅無節，藿香和霍亂嘔吐有名。　雲實：　一名天豆。味辛、苦，性溫，無毒。凡採得麁擣，相對拌渾顆豫實，蒸一日後出用。　藿香：　味辛、甘，性微溫，無毒。凡入藥中，揀除枝梗。加烏藥順氣散中，奏功於肺；　加黃耆四物湯中，取效在脾。入傷寒方，名正氣散。理霍亂，俾嘔吐止；　開胃口，令飲食增。

蓼音料實治癰音雍疽音蛆明目，消浮下水；　香薷音儒除霍亂和中，解暑除煩。　蓼實：　味辛，性溫，無毒。凡資治療，微炒用之。　香薷：　味辛，性微溫，無毒。凡使去根，將莖葉細剉，曝乾，勿令犯火。

益精補血療勞傷，堪羨列當效大；　燥濕毆音區風除痺痛，足誇茵音因芋音遇功多。　列當：　味甘，性溫，無毒。即草蓯蓉也。凡使掘取，陰乾，煮及浸酒服之。　茵芋：　味苦、辛，性溫，有小毒。得附子、天雄、烏頭、秦艽、女萎、防己、躑躅、石南、細辛、桂心各二兩，細剉，以絹袋盛，清酒一斗漬之。冬七日，夏三日，春秋五日，藥成，初服一合，日三，漸增之，以微痺為度。

菥音錫蓂音覓子明眸除痛淚，威靈仙散氣治疼音同風。　菥蓂子：　味辛，性微溫，無毒。得荊實、細辛良。惡乾薑、苦參。凡使，四五月採，曝乾。治目熱痛淚不止，搗篩為末，臨臥以牙簪點目中，當有熱淚及惡物出，并去努肉。不過三四夜即愈。　威靈仙：　味辛，性溫，無毒。忌茶、麵湯。凡使冬月採根，陰乾。日選丙、丁、戊、己。去蘆，酒洗聽用。

紫芝利關節氣閉耳聾，益精神勞倦；　質汗療金瘡折傷瘀血，補筋音斤肉羸音縲消。　紫芝：　味甘，性溫，無毒。薯蕷為之使。得髮良。得麻子仁、白芥子、牡桂，共益人。惡常山，畏扁青、茵陳蒿。　質汗：　味甘，性溫，無毒。出西蕃，如凝血。蕃人煎甘草、松淚、檉乳、地黃，并熱血成之。用酒消吞，仍敷病處。

雚音完菌去諸蟲，并破癥音徵瘕音遐心痛；　延胡調眾血，仍消脹滿腹疼。　雚菌：　味鹹、甘，性微溫，有小毒。得酒良，畏雞子。諸蟲：　長蟲、白瘲、蟯蟲、蚘蟲、寸白蟲也。攻心如刺，搗末一兩，以羊肉臛和食之即去。　延胡索：　即玄胡索。味辛、□，性溫，無毒。凡使，入藥炒過用之。調月水氣滯血凝，止產後血衝血暈，跌撲下血，淋露崩中，心腹卒疼，小腹脹痛，並治之而即效也。

痞音丕氣癥音徵瘕音遐求蜀漆，死胎血暈音運用紅花。　蜀漆：　即常山苗。味辛，性微溫，有毒。栝樓、桔梗為之使。惡貫眾。凡使去根，以甘草四兩細剉，和莖葉五兩，拌水令濕同蒸。臨時去甘草，取蜀漆細剉，又拌甘草水勻，仍蒸住用。勿食木筭。　紅花：　味辛、甘、苦，性溫，無毒。凡採收，日際曝乾。入藥手中揉碎，下胎死腹中。為未生聖藥；　療口噤血暈，誠已產仙丹。多用則破血通經，酒煮方妙；　少用則入心養血，水煎却宜。喉閉噎塞不通，搗取生汁旋嚥。天行痘瘡難出，研細子末酒吞。

澤蘭葉別號虎蒲，行瘀音豫血、療折傷，仍散癥瘕身腫；　澤蘭根本名地筭，吸瘡膿、醫產病，又除吐衄鼻洪。　澤蘭葉：　味苦、甘，性微溫，無毒。防己為之使。凡使須別雄雌，其形不同。大者形葉皆圓，根青黃，能生血調氣與榮合；　小者葉上斑，

根鬚尖，能破血，通久積。每修事，不拘大小，細剉。用絹袋盛，懸于屋南畔角上，令乾用。澤蘭根：　味性同葉。治産後心腹痛，一切血病。産婦可作蔬菜食，甚佳。形似粟根，經名地笋。

草三稜根能墮胞胎，除血結；　赤車使者善消蠱毒，散癥瘕。草三稜根：　味甘，性溫，無毒。一名鷄爪三稜。二月、八月採用。　赤車使者：　元名小錦枝。味辛、苦，性溫，有毒。凡使麄杵，用七歲童子小便拌蒸，令乾更噉用之。每五兩，用童子小便溢為度。

山漆療金瘡止血，蘼音縻蕪音無止欬音慨逆除驚。山漆：　味辛，性溫，無毒。兵家不可缺者。凡使，口嚼塗患處，搗爛亦可。　蘼蕪：　即芎藭苗。味辛，性溫，無毒。

白女腸除洩痢疝音訕瘕音遐，又療心頭氣痛；　留君待去折傷瘀音豫血，兼毆音區肢音支節風疼音同。白女腸：　味辛，性溫，無毒。凡資治病，水煮頻吞。留君待：　味辛，性溫，無毒。凡使拯疴，酒煎時服。

陀得花專療血風，酒浸嘗而見效；　孝文韭獨醫痢疾，水煎服以成功。陀得花：　味甘，性溫，無毒。　孝文韭：　味辛，性溫，無毒。

破積消痰蒟音矩醬力，開喉散核射音夜干功。蒟醬：　味辛，性溫，無毒。凡採得，以刀刮上麄皮，便搗。用生薑自然汁拌蒸一日，取出曝乾。每五兩，用薑汁五兩，蒸乾為度。　射干：　即烏扇根。味苦，性微溫，無毒。凡使，米泔水浸一宿，漉出，然後用篁竹葉煮，從午至亥，日乾用之。

倚待草補虛勞，膝弱腰疼並治；　鬱金香殺蠱音古毒，鵶羶心氣皆除。倚待草：　味甘，性溫，無毒。凡資治療，浸酒服之。　鬱金香：　味苦，性溫，無毒。凡治蠱毒心氣，煮作湯吞。去鵶鶻等羶，研為散擦。古人釀酒以降神。實係草類，不當附于木部。

木部

又以沉香順氣壯陽、辟惡抑陰除腹瀉；　厚朴寬膨溫胃、消痰止痢住頭疼。沉香：　味辛，性溫，無毒。凡使，須擇不朽如觜角硬，重沉於水下者為上。堪為丸作散，忌日曝火烘。須候眾藥出，即入拌和用之。今人多與烏藥摩服，走散滯氣。獨行則勢弱。厚朴：　味苦、辛，性溫，無毒。乾薑為之使。惡澤瀉、寒水石、硝石。凡使，須紫厚、味辛為好。或作丸散，去麄皮，用醋炙過。每修一斤，用酥四兩，炙了細剉用，或作湯液。用生薑汁八兩，炙一升為度。消痰下氣，與枳實、大黃同用，實滿則泄。溫中益氣，與陳皮、蒼术同用，濕滿能除；　與解利藥同用，則治傷寒頭痛；　與洩痢藥同用，則厚腸胃痢痊。

鬼膊音剝藤消惡癰音雍焮腫，側音則栢葉止諸血妄行。鬼膊藤：　味苦，性溫，無毒。主癰腫，搗莖葉傅之。藤堪浸酒，去風血。　側柏葉：　味苦澁，性溫，無毒。凡使春採東，夏採南，秋採西，冬採北，即止鼻洪、吐衄，并除血痢漏崩。與黃連同煎，療小兒蝨痢。

松脂解毒長去聲肌，實補虛羸音纍兼益氣；　松節毆風卻痹，葉生毛髮與敷瘡。松脂：　味苦、甘，性溫，無毒。凡使，水盛釜內，甑安水傍。白茅藉甑底兩層，黃沙蓋茅上寸許。松脂任布，桑木緊炊。若湯減少旋添，待脂流盡方出。新罩籬掠投冷水，候凝結復炒如前。週畢三回，色白如玉。或熬膏貼瘡毒長肉，作散治齒痛殺蟲。　松實：　味苦，性溫，無毒。補虛羸少氣，毆風痹寒邪。　松節：　味苦，性溫，無毒。燥血中之濕，卻脚痹軟疼。百節諸風，浸酒可服。　松葉：　味苦，性溫，無毒。服末酒調，能生毛髮。搗爛敷風濕瘡效，懸掛辟瘟疫氣靈。

乳香止心痛腹疼音同，消水腫風邪瘡毒；　莽音蟒草治膚痲音麻喉痹音閉，散癰音雍疽疥音戒瘙音燥疝音訕瘕音遐。乳香：　味辛、苦，性溫，無毒。亦出波斯國土，赤松木脂所成。垂滴成珠，綴木未落者，名珠香，圓小光明效速。滴下如乳，鎔榻地面者，名榻香，大塊枯黯效遲。凡欲用之，不可不擇。箬盛烘燥，燈草同擂。若合散丸，重篩和入。倘煎湯液，臨熟加調。亦入敷膏，生肌止痛。　莽草：　味辛、苦，性溫，有毒。凡採得，取葉細剉。又生甘草、水蓼二味，並細剉之，用生稀絹袋，盛毒木葉於甑中。上甘草、水蓼，同蒸一日，去諸藥二件，取出曝乾用之。勿用尖有孿生者。治身麻、喉痹、疝瘕，井花水煎湯服即愈；　治瘰癧、癰疽、疥瘙，鷄子清調末敷立差。

瘡腫乳癰，摩音魔木鱉音別，頭疼腦泄用辛夷。木鱉子：　味甘，性溫，無毒。子若栝樓，肉上有刺。其核類鱉，故此得名。凡使水摩，鴨毛塗上。　辛夷：　味辛，性寒，無毒。芎藭為之使。惡五靈脂，畏菖蒲、蒲黃、黃連、石膏，凡採收入藥同煎。宜未開花紫苞蕋，刷去毛，免射人肺；　摘去心，不致人煩。先以芭蕉水浸一宿，漉出令自乾，後用漿水略煮三時，焙乾隨所使。

皂莢音結吐痰喘音舛風痰，又醫搐音蓄鼻；　檳榔提氣墜脚氣，可殺疳音甘蟲。皂莢：　味辛、鹹，性溫，有小毒。柏實為之使。惡麥門冬，畏空青、人參、苦參。如猪牙者良。凡使，用新汲水浸一宿，以銅刀削上粗皮，每一兩，塗酥塗蜜二分，文火炙，俟盡蜜盡酥為度。用物搥碎，去子搗篩，堪作散膏。勿為丸煎液。搐鼻噴嚏立止，敷腫疼痛即除。和生礬吐風痰，拌煉蜜為導箭。　檳榔：　味辛、苦，性溫，無毒。形類鷄心尖長，性如鐵石沉重。存坐正穩，中實不虛。破有錦紋，此品方妙。凡使先以刀刮去底，細切。勿經火，恐無效。若熟使，不如不用。

桑花止吐血鼻洪，帶下腸風並治；　烏藥療行瘟腹痛，月經心氣皆調。桑花：　味苦、甘，性溫，無毒。非指桑椹花為云，乃樹上白蘚，其狀因與地錢花相類，故假此立名。刀削取之，火炒入藥。　烏藥：　一名旁其。味辛，性溫，無毒。雖稱天台者，白香虛軟，功力稍遲；　不及海南者，黑褐堅硬，功力尤速。時瘟腹痛，須用生煎；　心氣月經，必投酒炒。

楠木才堪除霍亂，蔓音萬椒力可去痠音酸疼。楠木：　味辛，性微溫，有小毒。凡治霍亂，吐下不止，用刀削作柹，煮服之。　蔓椒：　味苦，性溫，無毒。凡除歷節痠疼，須

採莖根釀酒，頻頻熱服，汗出即安。

龍腦香明目利喉，敷疳音甘毒，摻舌長，心燥狂言可定；訶梨勒音力消痰住嗽音瘦，治腹膨音彭，通氣結，腸風久痢斯除。龍腦香：味辛、苦，性溫，無毒。世知其寒而通利，然未達其熱而輕浮飛越。辛能發散，甚似乎涼耳。木直長，類杉。皮有甲錯，枝傍生發。葉背白正圓，香即木脂結成。狀若梅花細瓣，輕浮潔白，氣甚熏人。藏貯甆缸，務加燈草。凡資治療，隨症異施。目熱赤疼，調膏點上即止；喉痺腫塞，擂末吹入即消。疳毒生管中，連敷漸歿；舌長出口外，多摻自收。仍治小兒痘瘡，心煩狂燥妄語，取擂細末，猪心血丸，濃煎紫草茸湯，送下芡實大粒，竟能發透。更定心神。訶梨勒：味苦、辛，性溫，無毒。六稜，黑色者良。凡使，用麪裹煨去油，取皮去核。又云先于酒內浸，然後蒸一伏時。其訶梨勒以刀削路，細切焙乾用之。

溫脾補肺澁遺精，功歸益智；止欬消痰除水腫，效取芫花。益智：味辛，性溫，無毒。凡使去殼，取仁研碎入藥。在四君子則溫脾，在集香丸則補肺，在鳳髓膏則入腎澁精。更治夜多小便，入鹽湯煎服立效。芫花：味辛、苦，性溫，有小毒。柴胡為之使。反甘草。凡使採嫩苞蕋，向日曝乾，然後煮醋數沸，漉出，漬水一宵，復曝乾收，纔免毒害。

金櫻子澁精而醫便濁，大腹皮順氣而止心疼。金櫻子：味甘、微澁，性溫，無毒。凡使去淨刺核，任憑煎液為丸。大腹皮：味辛，性微溫，無毒。此樹鴆鳥多棲，糞毒最能為害。先浸醇酒，後洗豆湯。

橡實止痢厚腸，皮烏白髮；荊實健脾消食，瀝去頑痰。橡實：即櫟木子也。味苦，性微溫，無毒。凡使去粗皮一重，取橡實蒸，從巳至未，出，剉作五片用之。水煮樹皮，能烏白髮。牡荊實：味苦，性溫，無毒。防風為之使。惡石膏。凡使，八月採實，向日曝乾。凡入藥中，必須炒熟。又有荊瀝，多截莖條，磚架火上炙熏，瀝取兩頭流滴。加薑汁傳送，消痰沫如神。

巴豆子破結宣腸，兼理心膨音彭水脹音漲；蘇合香辟邪溫瘧，仍除蠱音古毒三蟲。巴豆子：味辛，性溫，有大毒。芫花為之使。惡蘘草，畏大黃、黃連、藜蘆，忌蘆笋、醬、豉、冷水，反牽牛。凡修事巴豆一兩，以酒、麻油各七合，煮巴豆，酒與油盡為度，研膏後用。又云急攻為通利水穀之方，去淨皮、心、膜、油生用；緩治為消摩堅積之劑，炒令煙盡黃黑熟加。蘇合香：味甘，性溫，無毒。係諸香汁煎成。

落鴈木療折傷風痛，甘露藤破血積氣疼。落鴈木：味甘，性溫，無毒。凡風痛折傷，脚氣腫，腹滿虛脹，以粉木同煮汁蘸洗，並立效。又婦人陰瘡浮疱，以椿木同煮之，洗妙。甘露藤：味甘，性溫，無毒。

南藤除痹補衰，而風邪可卻；乾漆殺蟲削積，而癥結能通。南藤：即丁公藤。味辛，性溫，無毒。凡資治療，須浸酒吞。乾漆：味辛、鹹，性溫，有毒。半夏為之使。畏鷄子，忌油脂。又畏蟹，見蟹則不乾。凡使擣作碎砂，炒以文火。

通月水，破血癥音徵，休遺虎杖；療舌瘡，除口氣，莫缺鷄香。虎杖：味甘，性微溫，無毒。凡使，採根細剉，用葉裹一夜，出，晒乾用。取來乾擣酒浸飲之，少起日三，治癥捷妙。月經若閉，服之即通。鷄舌香：味辛，性微溫，無毒。世以其似丁子，故一名丁子香。凡舌生瘡，研末以綿裹含之差。應邵《漢官》侍中年老口臭，帝賜鷄舌香，含之臭止。

山茱萸調月水，療風邪，兼補腎衰精竭；天竺音竹桂治腸紅，醫血痢，且除腹冷氣膨音彭。山茱萸：味酸澁，性微溫，無毒。蓼實為之使。惡桔梗、防風、防己。凡使，近霜降摘取陰乾。每修事，去核了一斤，取肉皮用，只秤成四兩已來。緩火熬之方用。其核滑精，必須去淨。天竺桂：味辛，性溫，無毒。

烏臼破結癥音徵積聚，欒荊除濕痹音閉癲音顛癇音閑。烏臼：木根皮，味苦，性微溫，有毒。欒荊：味苦，性溫，有小毒。亦名頑荊。

柘木暖腰，療腎冷耳聾虛損；秦椒明目，逐身寒喉痹疝瘕。柘木：味甘，性溫，無毒。凡使，取白皮及東行根白皮煮汁釀酒服之。秦椒：味辛，性溫，有毒。惡栝樓、防葵，畏雌黃。凡使須炒出汗來，去目及去外殼。此亦可制水銀。凡悞餌成毒者，服即愈也。

無食子止痢長肌，烏老人之白髮；醋林子生津醒酒，殺小使之疳音甘蛔音回。無食子：即沒食子。味苦，性溫，無毒。凡使蟲蝕成孔眼者入藥。紋細無杴米者尤佳。漿水浸砂盆，硬者石上研盡。切忌犯銅鐵，濕須火上焙乾。治瘡潰肌肉不生，主腹冷滑痢不禁。燒黑灰浴陰毒，合他藥染髭鬚。醋林子：味酸，性溫，無毒。土人多以鹽醋收藏，以充果子食之。生津液醒酒止渴。不可多食，令人口舌麄拆。小兒疳蚘咬心，腹脹滿、黃瘦，下寸白蟲。單擣為末，酒調一錢服，服之甚效。

破血塊須加櫚音盧木，療漆瘡必仗杉材。櫚木：味辛，性溫，無毒。凡資治療，煮汁服之。杉材：味辛，性微溫，無毒。削作杮煮汁，以澆漆瘡即差。

婆羅得善補腎腰，染髮鬚而破痃音賢癖音辟；藥實根能添骨髓，伸手足而續絕傷。婆羅得：味辛，性溫，無毒。樹如柳，子似蓖麻。藥實根：味辛，性溫，無毒。樹生葉似杏，花紅白色。

薰陸香、詹糖香，共治水風毒腫；小天蓼、木天蓼音料，同毆音區虛冷痹音閉疼。薰陸香：味辛，性微溫，無毒。樹脂流出，狀似桃膠。詹糖香：味辛，性微溫，無毒。樹似橘，煎枝為香，似砂糖而黑。二香皆合香家要用，不止入藥。小天蓼：味甘，性溫，無毒。主一切風虛羸冷，手足疼痹。無論老幼輕重，浸酒及煮汁服之，十許日覺皮膚間風出如蟲行。木天蓼：味辛，性溫，有小毒。治風勞虛冷，取一斤去皮細剉，以袋盛好酒

二斗浸之，春夏一匕，秋冬二匕後開，每空腹溫飲一盞，日三，大效。

人部

吾知頭垢通噎音葉酸淋閉，耳塞治嗜酒癲音顛狂。頭垢：味鹹，性溫，無毒。名曰百齒霜。為丸治淋閉不通及傷寒勞復；調膏療吞噎酸水，并百魅鬼邪。竹木刺在肉中，用津和塗即出。耳塞：味鹹，性溫，無毒。名腦膏、泥丸脂。

人髮理血淋而鼻衄音朒止，人鬚敷癰音雍毒而惡腫消。人髮：味苦，性微溫，無毒。治大小便利血，燒灰研如粉，飲汁下方寸(寸)〔匕〕即差。治鼻衄出血，眩冒欲死，燒灰細研，水服方寸(寸)〔匕〕，須臾更吹鼻中。人髭鬚：味苦，性微溫，無毒。燒灰敷癰瘡惡腫。

河車水毆音區時瘟音溫丹疹音枕，子胞衣補勞損虛羸音纍。河車水：即胞衣罐貯，埋于地內，年深自化清泉是也。毆天行時疫狂言，去小鬼丹疹熱毒。子胞衣：名曰紫河車。味甘，性大溫，無毒。初產者良，勿嫌婦瘦。產多者次，務擇婦肥。每修事，入急水中洗淨筋膜，用新瓦二片，仰覆蓋盛，鐵線紮牢，鹽泥固密，低架爐上，文火烘之，時或□顛，免致焦黑。從辰至申，自漸乾皺成塊。塊者可久留。研末入劑，或用小甑糊密，蒸一晝夜，纔得糜爛杵膏。膏者須攙蜜為丸。餘藥所宜，憑證加減。得多煮啖，滋補尤佳。

獸部

又考鹿茸音戎補腎虛腰脊漏崩，肉乃溫中益力；鹿髓醫中絕脉筋音斤急痛，骨尤下氣安胎。鹿茸：味甘、酸，性溫，無毒。凡使，先以天靈蓋作末，然後鋸解鹿茸作片子，以好羊脂拌天靈蓋末塗之于鹿茸上，漫火炙之，令內外黃脆了，用鹿皮一斤裹之，安室上一宿，其藥魂歸也。至明則以慢火焙之，令脆方擣作末用之。每五兩，用羊脂三兩炙盡為度。凡取鹿茸，待角將生時，繩先繫，致血不耗散。陰乾多臭，火乾纔宜。必得如琥珀紅潤者為佳。仍擇似馬鞍歧矮者益善。見勿齅氣，茸中有小白蟲，防入鼻也。製急燎毛，焰中燎之，防傷茸也。一方，破開塗真酥油炙脆，候黃褐色，入劑研細，任合散丸。鹿肉：味甘，性溫，無毒。煮食之。九月後，正月前可食，餘月忌之。鹿髓：味甘，性溫，無毒。以酒和服之良。地黃汁煎作膏，填骨髓。蜜煮壯陽，令有子。鹿骨：味甘，性溫，無毒。麻勃為之使。用浸酒吞。

狸骨治遊風，療心腹無常走痛；麝香通節竅，催胞胎頃刻下來。狸骨：味甘，性溫，無毒。凡使炙焦後，細研，水調服。狸肉同功。麝香：味辛，性溫，無毒。忌食大蒜。若揀得真者，價同珍珠。蛇蛻包藏，香彌不泄。麝常噉蛇為食，是則又相使焉。勿近火日，磁鉢細研。

羊乳潤肺心而除消渴，羊髓利血脉而補陰虛。羊乳：味甘，性微溫，無毒。羊骨髓：味甘，性溫，無毒。凡資治療，煮酒服之。

補中禁洩益虛羸音纍，酒服火煨牛髓；止血安胎除嗽痢，蚌研粉炒阿膠。牛髓：味甘，性溫，無毒。凡使，以五味入髓和勻，以青箬裹扎，煻火中煨熟，以酒服之。和地黃汁、白蜜等，熬成膏服，治虛羸瘦病。阿膠：味甘，性微溫，無毒。薯蕷為之使。畏大黃，得火良。凡修事，汲東阿井水，用純黑驢皮，鹿角一片後加，文火漸進熬就。真者質脆易斷，明澈如冰。假者質軟難敲，枯黯似墨。製之宜剉薄片。蛤粉和炒成珠，入養血、止吐衄崩帶、益氣扶羸瘦勞傷劑，不煎，研末調之。利便閉，調猪苓湯吞。禁胎漏，加四物湯服。定喘促，同款冬、紫菀。止瀉痢，加蜜蠟、黃連。

豚卵主驚癇音閑癲音顛疾，腦醫風眩音絢腦鳴，舌健脾傷而進食；猪肝出陰蝕音食疽音蛆蟲，心補血虛心悸音計，肚扶胃弱又安胎。豚卵：味甘，性溫，無毒。一名豚顛。陰乾藏之，勿令敗。製為雙睾丸，治驚癇癲疾。猪腦髓：味甘，性微溫，無毒。治如食法。猪舌：味甘，性溫，無毒。煮濃湯，益元陽，健脾進食。猪肝：味甘，性溫，無毒。炙燥熱，納陰戶，止癢引蟲。又理肝臟壅熱，目赤腫疼。薄切猪肝，水淘漉出，漉乾，和以五味、醬、醋食之。猪心：味甘，性溫，無毒。凡人血虛及產後中風，血氣驚邪，憂悸氣逆，猪心一枚，切於豉汁中煮，五味摻，調和食之。猪肚：味甘，性溫，無毒。主骨蒸勞熱，胃弱血脉不行，猪肚黃連丸是也。又治胎孕，九箇月將產時，用肚一箇，依常法着葱、五味，煮熟食之良。不盡再食，不可分與別人食。

靈貓主鬼氣飛尸蠱音古毒，麞骨益虛勞內損洩精。靈貓陰：味辛，性溫，無毒。《異物志》云：靈狸一體，自為陰陽，刳其水道連囊，以酒洒，陰乾，其氣如麝，用之亦如麝焉。麞骨：味甘，性微溫，無毒。唐方有麞骨酒及麞髓煎，並補下。

牛角鰓音篩主閉經帶下，鹿角膠補羸音纍瘦崩中。牛角鰓：味苦，性溫，無毒。凡使，取角杪燒灰存性，磁鉢內搗末絕細，調熱酒服。鹿角膠：一名白膠。味甘，性溫，無毒。得火良。畏大黃。凡修事，用新角成對者，以鋸寸截，淘米瀋浸七日，令軟，刷淨腥穢，汲河水入砂礶中，投角于內，加楮實子、桑白皮、黃蠟各一兩同煮，以桑葉塞罐口，勿令走氣，炭火猛煮三日，如水耗，薦添熱湯，直待角爛如熟羊，掐得酥軟則止。將角取起，其汁以綿濾淨，再入砂鍋中，慢火熬稠，碗盛，風吹令凝成膠入藥。又鹿角霜與膠同效。製法：細剉如豆大，每一兩，用人參一錢，水一升，磁礶盛，封固，置鍋中，水齊礶頸下，以桑柴火熬三晝夜，看礶內水乾為度，取出擣細，重篩過為丸。

野駝音陀脂治腫毒惡瘡，及療皮膚音夫頑痹音閉；虎脛骨甦遊風走痛，兼醫痔音治漏脫肛。野駝脂：味甘，性溫，無毒。凡使火炙摩之，取熱氣入肉。又以和米粉作煎餅食之，療痔，勿令病人知。虎脛骨：味辛，性微溫，無毒。治白虎風走注疼痛，兩膝熱腫。虎脛骨塗酥炙，黑附子炮裂去皮臍，各一兩為末，每服二錢，溫酒調下，治大腸痔漏并脫肛。以虎脛骨二節，蜜二兩，炙令赤，擣末蒸餅，丸如桐子大，每晨溫酒下二十丸。

輕身益氣壯元陽，狗肉爛焦酒配；止血除崩消口渴，馬通燒過湯調。狗肉：味鹹、酸，性溫，無毒。但和五味煮，空腹食之，必須酒配。不與蒜同食，必頓損人。又不宜久食，恐成消渴。馬通：即馬屎也。性微溫，無毒。凡用燒灰研細，滾湯調服。

熬麋音迷角添精補髓，食麋脂卻痹音閉消癰音雍。麋角：味甘，性溫，無毒。熬膠猶勝白膠，因力較鹿更緊。製法：每如熬鹿角，空心調酒服三錢。漿水中研爛如泥，敷面皮不皺。醇酒內取末調飲，入心脘止疼。取末法：可五寸截之，中破，炙令黃香，細研篩過聽用。麋脂：味辛，性溫，無毒。畏大黃。凡有風寒濕痹，釀酒飲之。癰腫惡瘡，塗之即愈。

禽部

故知鶉音淳鳥煮和薑，食則痢膿可止；鷓鴣音沽生搗汁，飲之瘟瘴音帳能除。鶉鳥：味甘，性微溫，無毒。小豆和生薑煮食之，止洩痢膿血。與猪肉同食，令人生小黑子。又不可和菌子同食，令人發痔。四月已前未堪食，是蝦蟆化為也。鷓鴣：味甘，性溫，無毒。凡人瘟瘴久欲死不可差者，合毛熬酒漬之，生搗取汁服最良。甚不可與竹笋同食，令人小腹脹滿。

黃雌鷄助陽氣絕傷，消水澁音色精除洩利；黑雌鷄療風寒濕痹，安胎治血補虛羸音縲。黃雌鷄：味酸、甘，性溫，無毒。主腹中水癖水腫，以一隻治如食法，和赤小豆一升同煮。候豆爛即出，食之其汁，日二夜一，每服四合。餘疾入五味白蒸食之。黑雌鷄：味酸，性溫，無毒。取一隻理如食法，和五味炒熟香，即投二升酒中，封口，經宿取飲之，令人肥白。又烏油麻二升，熬令黃香，末之入酒，酒盡極效。新產婦亦可服。

丹雄鷄補虛止漏，白雄鷄下氣療狂。丹雄鷄：味甘，性微溫，無毒。白雄鷄：味酸，性微溫，無毒。

烏雄鷄主女子血虛感孕音認之難，冠血治白癜音殿風，久通乳汁；斑雀卵補丈夫精竭致陰之痿音委，糞香潰癰音雍疽音蛆癤音節，仍療眼睛。烏雄鷄：味酸，性微溫，無毒。常食令人有子。鷄冠血可塗白癜風。即退乳難者，用酒調飲立通。斑雀卵：味酸，性溫，無毒。和蛇床子為丸，溫酒送下，補精衰，常能固閉；扶陰痿，易致堅強。其雌雀糞名白丁香，兩頭尖者真。端午取之妙。甘草湯浸一宿，曝乾，研細收藏。決肌表軟癤疽癰，塗之即潰；療目內努肉血膜，點上立差。

蟲部

至若養脾和藥用蜂糖，兼可導腸解熱；止痢補中求蜜蠟，又能益胃充飢。蜂糖：味甘，性微溫，無毒。凡煉蜜糖一斤，得十二兩為度。火少火過，並不堪用。補陰丸用，取甘緩難化，可達下焦；點眼膏攙，因百花釀成，能生神氣。蜜導通大便久閉，蜜漿解虛熱驟生，食多亦生諸風。七月忌食生蜜。蜜蠟：味淡，性微溫，無毒。陳則色黃，新則色白。凡使宜新，方為有益。益氣止瀉痢補中，續絕傷。熔裹大黃丸，隔寒涼脾胃無損；嚼為斷穀藥，度荒歉腸胃不飢。

蜈蚣打蛇毒癰音雍疽音蛆，能開口噤音禁；馬陸消惡瘡息肉，善破癥音徵瘕音遐。蜈蚣：味辛，性溫，有毒。畏蛞蝓、蜒蚰。凡端午收者美，赤頭足者食。用柳蚛末于土器中炒令乾，木末焦黑，後去木末，以竹刀刮去足甲，研末聽用。鷄性好食，人若中其毒者，以烏鷄糞水調塗之即散。馬陸：即百節蟲也。味辛，性溫，有毒。凡收得，糠頭炒，令糠頭焦黑，取馬陸出，用竹刀刮去頭，研末用之。

蟲蠟去惡瘡腐肉，鮑魚除血痹音閉久崩。蟲白蠟：味淡，性微溫，無毒。係小蟲食冬青樹汁化者，逢秋刮取，以水煮鎔，濾置冷器之中，自然凝聚成塊，誠為外科要藥。治瘡去腐生新，與合歡皮同煎，入長肉膏。神效。鮑魚：味辛，性溫，無毒。女子血閉在四肢不散，及崩中血不止者，鮑魚一枚燒末，酒服方寸匕取汗。

蠶沙止消渴腹鳴，兼掃眾風癮音隱疹音枕；鮀音拕甲破癥瘕音遐崩漏，且消諸積氣癃音隆。蠶沙：即蠶屎也。味鹹，性溫，無毒。凡使淨取晒乾，炒令黃色，袋盛浸酒，去風，緩諸節不遂，皮膚頑痹。腹中宿冷，冷血瘀血，腰脚疼冷，炒熱袋盛熨之。治消渴，用脫蠶沙焙乾為末，冷水下二錢，不過數服。治風瘙癮疹，蠶沙一升，水二斗，煮取一斗二升，去滓，溫熱洗之。鮀魚甲：即鼉甲也。味酸，性溫，有毒。蜀漆為之使。畏狗膽、芫花、甘遂。凡資治療，炙焦浸酒服之。

療陰門蝕音石腫，癥瘕血閉漏崩，可用鹵音魯煎烏賊骨；治口面喎音咼邪濕痹音閉，大風疥音戒癩音賴，須求酒釀白花蛇。烏賊骨：即海螵蛸。味鹹，性微溫，無毒。惡白蘞、白及、附子。凡使擇上文直順者，用血鹵作水浸，并煮一伏時了，漉出，於屋下掘一地坑，先用炭火燒過，去炭灰盛藥，閉藏一宿，至明取出用之，研羅作散調膏，拯病其功過倍。白花蛇：味甘、鹹，性溫，有毒。畏磁石。此蛇不食生命，只吸蘆花氣，并南風。其身烏光，頭圓尾尖，細眼目赤光。腹下有白腸帶子一條，可長一寸已來，即是雄也。採得去頭，兼皮鱗帶子了，二寸許剉之，以苦酒浸一宿，至明漉出，向柳木炭火焙之令乾。却以酥炙之，酥盡為度。于屋下掘一坑，可深一尺，安蛇于中一宿，至明再炙，令乾任用。凡修事一切蛇，并去膽并皮，須酒煮過用之。

嘉魚令平聲力健身肥，兼療腎虛消渴；鼠婦治氣癃便澁，并通經閉血瘕。嘉魚：味甘，性溫，無毒。凡資治療，並煮食之。鼠婦：濕生蟲也。味酸，性溫，無毒。多在濕處瓮器底下及土坎中。多足，其色如蚓，背有橫紋蹙起，大者長三四分。五月五日取，入大鼈甲丸。

蟶音稱暖補虛除冷痛，蚶音憨溫建胃却寒風。蟶：味甘，性溫，無毒。凡使煮食，產後亦宜。蚶：味甘，性溫，無毒。每食了，以飯壓之。

除客忤，滅瘢音盤痕音很，通淋音林閉項強，書內衣魚可用；補虛勞，消痃音衒癖音辟，治癥音徵瘕音遐腰痛，海中淡菜宜嘗音常。衣魚：味鹹，性溫，無毒。多在故書中，即白蠹魚也。小兒中客忤，取十枚搗敷乳頭，飲之差。又合鷹屎、殭蠶，同敷瘡瘢即滅。小兒淋閉，取以摩臍及小腹，溺即通。又中風項強背起，亦取摩之。淡菜：味甘，性溫，無毒。又名殼菜。可燒冷汁沸出食之，微利即止。多食令人頭悶目闇。又與少米先煮熟後，除肉內兩邊及毛了，再入蘿蔔或紫蘇，或冬瓜皮同煮，即更妙。

蠐螬音曹散眾血胸膨音彭，兼破金瘡內塞；牡音茂鼠療諸疳腹大，又除筋音斤骨中疼。蠐螬：味鹹，性微溫，有毒。蜚蠊為之使。惡附子。凡使桑樹、柏樹中者妙。收得陰乾，臨用與糯米同炒，待米焦黑為度，去米取之，去口畔并身上肉毛，并黑塵了，作三四截，碾成粉用之，治惡血瘀血，破折血在脇下，堅滿痛，月閉。療吐血在胸腹不去，敷金瘡內塞即出。牡鼠：父鼠也。味甘，性微溫，無毒。凡治疳積腹大，以黃泥裹燒之，細揀去骨取肉，和五味汁作羹與食之。勿令食着骨，甚瘦人。療踒折筋骨疼痛，擣敷之，三日一換。

河㹠音屯去濕氣殺疳蟲，又理脚腰疼痛；全蠍音蝎豁音活風痰除癮音隱瘮音枕，兼伸手足掣音徹抽。河㹠：味甘，性溫，有大毒。凡得之，須如法烹調，去肝及子，水洗血淨，移釜潔淨處，蓋密煮之。忌沾灰，殺人尤驗。宜焚橄欖木、荻草煮佳。勿用炲煤，不爾則中毒卒歿。毒中初覺，急嚼蘆根，或以橄欖木煎，滿飲濃湯可解。全蠍：味甘、辛，性溫，有毒。凡捕得之，逼乾死，收用之。去腹中土。有全用者，有用稍者，稍力尤功。並復炒褐，憑煎湯液，任合散丸。倘遇螫毒作疼，但塗蝸牛即解。手浸冷水，疼亦消彌。

熠燿音耀療火瘡明目，芫音元青除蠱毒墮音惰胎。熠燿：即螢火也。味辛，性微溫，無毒。凡使七月七日，取納酒中令死，乃陰乾聽用。芫青：味辛，性微溫，有毒。雷公云：芫青、斑猫、亭長、赤頭四件，其樣各不同，所居、所食、所效亦不同。其芫青觜尖，背上有一畫黃。斑猫背上一畫黃、一畫黑，觜尖處一小點黑，在豆葉上居，食豆葉汁。亭長形黑黃，在蔓葉上居，食蔓膠汁。赤頭額上有大紅一點，身黑。用各有處。凡修事，俱用糯米、小麻子相拌同炒，待米黃黑，出，去麻子等。去兩翅足并頭，用血餘裹，懸於東牆角上一夜，至明取用。

氣疼音同月閉服靈脂，宜加釅音嚴醋；血痢腸風吞鯽肉，好覓音密枯礬音凡。五靈脂：即寒號蟲糞也。味甘，性溫，無毒。狀類鐵，多夾砂石，淘以酒。專治女科。行血宜生，止血須炒。氣疼月閉，加醋調吞。鯽魚：味甘，性溫，無毒。作膾療腸澼水穀及赤白痢。釀白礬燒灰，治腸風血痢。

果部

假如橄欖音懶醒酒而生津止渴，楊梅下酒而化食消痰。橄欖：味酸、甘，性溫，無毒。煮食並解諸毒。楊梅：味酸，性溫，無毒。多食令人發熱。

補腎耐音柰飢稱栗子，潤腸止血羨桃梟音符。栗子：味鹹，性溫，無毒。曝乾後食，補腎耐飢。生者多吞，生蟲發氣。小兒多食，令齒不生。桃梟：味苦，性微溫，無毒。係自乾桃奴着樹不落者是。春初採取，辟惡逐邪，吐血用之。燒灰米湯調服立止。

仲思棗補虛兼去嗽痰冷氣，橙子皮消食又除腸胃浮風。仲思棗：即羊矢棗也。味甘，性溫，無毒。橙子皮：味苦、辛，性溫，無毒。米泔浸去酸汁，細切蜜糖煎成。

韶子惟能除暴痢，林檎止可澁音色遺精。韶子：味甘，性溫，無毒。子如栗，皮、肉、核如荔枝。林檎：味甘、微酸，性溫，無毒。不可多食，令人發熱，澁氣好睡，發冷痰，生瘡癤，脉閉不行。

陳皮止嘔吐之痰，又善寬胸下氣；榅桲音孛除吞酸之水，兼能消食溫中。陳皮：味辛、苦，性溫，無毒。凡使留白則補胃和中，去白則消痰利滯。治雖分二，用不宜單。君白朮則益脾，單則損脾；佐甘草則補肺，單則損肺。同竹茹治呃逆因熱，同乾薑治呃逆因寒。榅桲：味酸、甘，性微溫，無毒。凡食須淨去上浮毛，不爾損人肺。又多食澁血脉。

海松子毆音區風最快，菴羅果止渴尤良。梅松子：味甘，性小溫，無毒。形如小栗，三角，去皮食之香美。菴羅果：味甘，性溫，無毒。天行病後及飽食後不宜食，又不可同大蒜辛物食，令人發黃病。

梅實退虛勞蒸骨，收肺氣，止渴除煩；木瓜治霍亂轉筋音斤，理脚氣，降痰伸痹音閉。梅實：指烏梅也。味酸，性溫，無毒。同建茶、乾薑為丸，治休息久痢尤驗。木瓜：味酸，性溫，無毒。凡使勿令犯鐵，用銅刀削去外皮并子，薄切日乾。却以黃牛乳拌蒸，從巳至未。取出，日中薄攤，晒乾後用。

米部

丹黍米澁腸醫肺病，陳廩米封毒止心疼。丹黍米：味甘，性溫，無毒。肺病宜食，益氣補中。食多昏五臟貪睡。食久緩筋骨，絕脉。小兒食，足難健步。猫、犬食，脚忽偏邪。釀酒搗餳，亦同糯粟。陳廩米：味鹹、酸，性溫，無毒。即粳米貯倉廩年深，致性緩，調脾畏效捷。若蒸作飯和醋，能封腫毒立差。研汁下喉，去卒心痛。惟忌馬肉同食，恐發痼疾難瘳。

化痰住嗽音漱，食飴糖且補虛勞之具；止洩厚腸，加糯米仍為酒醋之需。飴糖：味甘，性微溫，無毒。治喉鯁魚骨，療悮吞錢環。糯米：即稻米也。味苦、甘，性溫，無毒。

漿水寬胸兼尅食，麥芽化積又消痰。漿水：味甘、酸，性微溫，無毒。粟米新熟白花者佳。不宜與李實同食。所造之法，醫者宜知。節擇清明，熟炊粟飯，乘熱投磁缸內，冷水浸五六朝，味變酸而生白花，色類漿，故名漿水。或酷熱當茶飲下，或薄暮作粥啜之。

大麥芽：味鹹，溫，無毒。孕婦勿食，恐墮胎元。虛者少煎，防消腎水。

菜部

抑考薄荷最善解肌，療傷風之頭痛；芥子尤能消痞，除受冷之膈痰。薄荷：味辛、苦，性溫，無毒。大葉鷄蘇者第一。五月端陽日採，乾。因性喜上升，引藥入榮衛。新病瘥者忌服，恐致虛汗亡陽。白芥子：味辛，性溫，無毒。久瘧蒸成痞塊，須此敷除；皮裏膜外痰涎，必用引達。

蘇子降氣清痰，又用其根退熱；蘇葉寬膨音彭發汗，仍求其梗安胎。蘇子：味辛，性溫，無毒。或微炒，盛囊浸酒飲好；或細研，搗汁煮粥食良。和高良薑、橘皮等分蜜丸，治宿冷氣濕風，空心酒下。其根僅能退熱。蘇葉：味辛，性溫，無毒。五月五日採，乾，攙入藥中。寬膨發汗。其梗安胎要藥，用刀刮去上青皮，然後用之。

薺菜利肝風目痛，芸薹敷丹腫乳癰音雍。薺菜：味甘，性溫，無毒。其實名菥蓂子。芸薹：味辛，性溫，無毒。用葉搗爛敷之。

生薑止嘔豁痰，仍散寒邪聖藥；荏子溫中下氣，又敺音區欬音慨逆靈丹。生薑：味辛，性溫，無毒。秦椒為之使。制半夏、厚朴、莨菪毒。惡黃連、鼠糞、黃芩。凡用入藥，憑證異施。佐大棗益氣厚腸，監竹瀝豁痰利竅。殺半夏毒，不麻戟咽喉。潤地黃炒，免滯泥胸膈。同陳茶煎汁，疫痢噤口者可甦。伴生鹽炒泡湯，宿食裹痰者即吐。益脾開胃口，止胃翻作嘔仙丹；溫經散寒邪，解頭痛發熱聖藥。霍亂轉筋欲死，醇酒攙汁飲佳。赤腫痛眼無瘡，銅錢刮汁點效。荏子：味辛，性溫，無毒。蘇屬。

傷寒發汗必加葱，更有安胎之妙；洩痢療瘡須用薤，豈無利水之功？葱：味辛，性溫，無毒。同蜜、菘菜啖，易致殺人。若服常山，亦須戒忌。凡資治療，務取白根。薤：味辛、苦，性溫，無毒。但少煮嘗，止痢去水。諸瘡中風寒水腫，生搗，熱塗上立差。又療湯火金瘡，和蜜搗敷即愈。新正宜食，辟厲敺邪。牛肉同餐，作瘕成痞。

醍醐菜調經捷效，秦荻梨消食奇功。醍醐菜：味甘，性溫，無毒。婦人經水不調，絞汁酒煎服愈。秦荻梨：味辛，性溫，無毒。形似牛皮蔓，拭之有乳汁出，香甜。採得用苦竹刀細切，入砂盆中研如膏。用生稀絹裹，挼取汁出，援飲。又和醬醋煮食。

胡葱消穀化痰，可入殺蟲方內；藊豆助脾止洩，宜施治暑湯中。胡葱：味辛，性溫，微毒。凡使用綠梅子，相對拌蒸一伏時，去綠梅，于砂盆中研如膏，新瓦器中攤，日乾用。藊豆：味甘，性微溫，無毒。凡收入藥，白者最佳。霍亂吐逆能止，河狍酒毒並解。加十味香薷飲內，治暑殊功；佐參苓白术散中，止瀉立效。

韭白散刑後血凝音迎，又止便紅後重；韭子澁音色夢中精洩，兼清尿音須濁中膿。韭白：味辛、微酸，性溫，無毒。蛇犬傷毒作，厚箍頻換立安；刑杖打血凝，薄敷連拍即散。同鯽魚鮓煮食，斷痢後重，同牛肉煮食，生寸白蟲。食同蜜糖，殺人誠驗。病後食發困，酒後食昏神。久食過多，兩目易暗。韭子：味辛，性溫，無毒。凡用拯疴，炒焦入藥。

酒煮胡荽音雖能發痘音豆，油煎胡子可敷瘡。胡荽：味辛，性溫，微毒。豌豆瘡出不齊，用之煎酒可噴。多食發脚氣、腋臭，久食損精神、健忘。食同邪蒿，令人汗臭。其子用油煎過，搗敷童子禿瘡。

菜菔根化痰止血，子除氣喘音舛吐膿，其功則一；蕪菁菜消食退黃，子療癥瘕音遐明目，其用略殊。萊菔根：即蘿蔔也。味辛、甘，性溫，無毒。制白麵、豆腐二毒。忌何首烏、地黃同餐。倘誤犯之，髮鬚易白。止咳嗽，化稠痰，搗生汁；磨墨下喉，止吐血、下血甚捷。子劫喘咳下氣，功誠倒壁沖牆。水研服即吐風痰，醋研敷立消惡毒。蕪菁：即蔓菁也。味苦，性溫，無毒。急黃黃疸、內黃，爛搗水調汁服。子治癥瘕之疾，水煎濃汁服。消眼患青盲，煮以苦酒，二者相對待熟，日乾研末，水調服於食後。壓油攙面膏內，黑䵟回明；研細入面脂中，揭皺轉潤。蜘蛛咬破，搗末酒調服。

除肺痿音委、療血崩，須索水蘇煎汁飲；解胸煩、消酒渴，宜求菘菜作羹餐。水蘇：味辛，性微溫，無毒。苗如旋覆，兩葉相當。花發節間，色兼紫白。此蘇生水邊濕處，六月采莖葉陰乾。凡使拯疴，宜煎汁飲。菘菜：味甘，性溫，無毒。酒渴胸煩，作羹而啜。凡用甘草，禁勿食之。

白蘘音廂荷截瘧音虐，又除蠱音古毒；王母菜滅瘢音斑，仍音任療音留齒瘡。白蘘荷：味辛，性微溫，有小毒。凡使以銅刀刮上粗皮，細剉，研如膏，取汁爛煎，攤於新瓷器中，令冷如乾膏。刮取研用，溫酒調吞。王母菜：即羅勒。味辛，性溫，微毒。米醋浸，須百日，曝乾為末，滅瘢。牙齒根上爛瘡，日曝為灰，擦之即愈。

蕺菜雖能療背瘡，多食令人發喘音舛；馬芹固可除心氣，少研調味使香。蕺菜：一名葅菜。味辛，性微溫，有毒。作蔓生，莖紫赤，葉如蕎麥而肥。江左人好食之。多食令人氣喘。童子食之脚弱，二三四歲不行。若人背上生瘡，取菜蓋之開孔，以歇熱毒，冷即易之。如此數朝，自然而愈。或人患惡瘡白禿，淡竹筒煨熟敷之。馬芹子：味甘、辛，性溫，無毒。生於水澤之傍，苗似鬼針、菾菜，花若水芹花而色青白。子如防風子而色黑黃。凡使拯疴，惟子入藥。心氣一時作痛，炒焦作末醋吞。庖廚調味用之，其氣馨香可愛。

言之簡略，用起疲癃。

明·徐鳳石《秘傳音製本草大成藥性賦》卷四 平門藥性賦 石部

不冷不熱，不猖不狂。雲母石補虛勞兼除腸垢音苟；花蕋音蕊石療金瘡且止血崩。雲母石：味甘，性平，無毒。澤瀉為之使。惡徐長卿，畏鮀甲及東流水，忌羊血。須要光瑩如水色者為上。凡修事，每一斤，用龍膽草、紫背天葵、生甘草、地黃汁各一

鎰，乾者細剉，濕者取汁，于甆堝中安雲母并諸藥，下天池水二鎰，着火煮七日夜，勿令失度。其雲母自然成碧玉漿在堝底。却以天池水猛投其中，將物攪之，浮如蝸涎者去之。如此三度淘淨了，取沉香一兩擣末，以天池水煎湯三升，分為三度再淘，晒乾待用。　花蕋石：　味甘，性平，無毒。顔色彷彿硫黄，黄中間有白點，因名花蕋。最難求真。得之煅研粉霜，治諸血證神效。男子以童便，用半酒和；　女子以童便，攙半醋調。金瘡血流，敷即合口；　産後血用，舐下即安。

玉屑能解煩定喘音舛，玉泉善療帶除癃音龍。玉屑：　味甘，性平，無毒。惡鹿角。玉工雕琢，屑落如麻。凡入劑中，色貴純白。研為細末，免致壅人。　玉泉：　味甘，性平，無毒。畏款冬花。此係玉泉液，最是難得。今人以法消成者亦佳。每玉屑一升，用地榆、糯米各一升，取白露二升，同置銅器中煮米熟，玉屑化為水，絞取汁，名曰玉液。

吐痰抵痔音治，蜜陀僧兼擦音插䵟音汗斑隨手沒；　止帶除崩，甆音糍瓦屑且塗瘡跡立時消。　蜜陀僧：　味鹹、辛，性平，有小毒。凡使擣細，于甆堝中安置了，用重紙袋盛柳蚛末，放蜜陀僧堝中，次下東流水浸令滿，著火煮一伏時足，去柳蚛末紙袋，取蜜佗僧研細如塵，多入膏藥。　甆瓦屑：　味淡，性平，無毒。凡資入藥，白者為良。研細如塵，重篩聽用。

金箔鎮精神，要宜入藥；　銀屑除讝音染悸音計，須用煎湯。金箔：　味辛，性平，有毒。畏水銀。凡入藥中假氣，其實義在摩吞。或洗淨金器水煎，或擂碎金箔湯服。生金未鍊，切忌妄投。若毒中腹中，鷓鴣肉可解。　銀屑：　味辛，性平，有毒。畏磁石併石亭脂，惡白錫及一切血。凡使必用紋銀磨末，或取銀箔擂碎為丸煎水。隨證重輕，生者誤投，消人脂也。

珊瑚去目中障音漲翳音意，泉水洗身上瘡癰音雍。珊瑚：　味甘，性平，無毒。似玉紅潤，中多有孔。細研如粉，聽用隨宜。　泉水：　味甘，性平，無毒。宜洗瘡。

青琊玕火化為丹，此療癰瘡神訣音厥；　赤銅屑醋炒如飯，乃除腋音亦臭仙方。　青琊玕：　味辛，性平，無毒。殺錫毒，得水銀良。畏鷄骨。凡入劑中，堪煮汁服。療癰瘡疥，火化為丹。　赤銅屑：　味苦，性平，微毒。凡使以醋和炒熱，如青飯，袋盛，先刺腋下脉去血，封之神效。又燒熱投酒中服之。

自然銅專醫跌音牒蹼音撲，無名異獨治刀傷。　自然銅：　即石髓鈆也。味辛、甘，性平，無毒。其色青黄如銅，不從礦鍊，故號自然銅也。凡使先擣碎，用甘草湯煮一伏時，至明漉出令乾，入臼擣細篩過，以醋浸一宿。至明用六一泥甆盒子，約盛得二升已來，放文武火中養三日夜。水乾，用蓋蓋了，泥，用火煅兩伏時，去土抉蓋，研如粉用。每五兩，以醋兩鎰，治跌損，接骨續筋；　療折傷，散血止痛。熱酒調服，立見奇功。若非煅成，切勿誤服。　無名異：　味甘，性平，無毒。大若彈丸，小如櫧、栗。顔色黑褐，嚼之餳甜。鷄血滴之，即化為水。專治金瘡折損，用之以醋摩塗。

破宿血，下便淋，內飲酒中煨礪音利石；　斂金瘡，除疥癬，外科方裏用銅青。　礪石：　味淡，性平，無毒。即磨刀石也。凡使用火煨熱，泡酒而服。　銅青：　是銅器上緑鏽。味辛，性平，微毒。

柔鐵能堅肌耐音柰痛，扁青善明目療傷。　柔鐵：　熟鐵也。味辛，性平，有毒。畏磁石、灰炭等。能制石亭脂毒。凡使諸鐵，無正入丸散，惟煮汁用之。　扁青：　味辛，性平，有毒。但眼科用之，亦能明目而不傷也。

目赤淚流，須用緑鹽即止；　皮風瘡發，可搽鐵落斯痊。　緑鹽：　味鹹、苦、辛，性平，無毒。似光明鹽。硇砂、赤銅屑作之。為塊緑色，真者出焉。眼科要藥，今少用之。　鐵落：　味辛、甘，性平，無毒。此即燒鐵赤沸，砧上打落細皮屑。用蒜摩油，搽皮膚風瘡即愈。

鐵華粉可安心志，鐵青漿又治癇驚。　鐵華粉：　味鹹，性平，無毒。凡修事，取鋼煅作葉如笏或團，平面磨錯令光淨，以鹽水洒之于醋甕中，陰處埋之一百日，鐵上衣生，鐵華成矣。刮取，更細擂篩，入乳鉢研如麵，和諸藥為丸散。　鐵青漿：　味辛，性平，無毒。凡使，取諸鐵放器中，以水浸之，經久色青沫出，即堪染皂，兼解諸毒入腹。

秋露水在草頭，能醫百病；　古文錢刮薑汁，可亮雙眸。　秋露水：　味甘，性平，無毒。在百草頭者，愈百疾。止消渴，澤肌肉，栢葉上者主明目，百花上者令人好顔色。　古文錢：　味辛，性無毒。凡眼暴赤痛，取生薑一片淨洗，去皮，用古文錢刮取薑汁，點，熱淚出即愈。

黑石脂資腎强陰，又主蝕音石瘡腸澼音辟；　黄石脂健脾止洩，兼除疽音膽症癰音雍蟲。　黑石脂：　味鹹，性平，無毒。惡黄芩、大黄。　黄石脂：　味苦、甘，性平，無毒。曾青為之使。惡細辛，畏蜚蠊、黄連。凡使須研如粉，用新汲水投于器中，攪不住手，傾作一盆，如此飛過三度，澄者去之，取飛過者再研細用。不得食卵味。

青石脂養肝明目，白石脂補肺厚腸。　青石脂：　味甘、酸，性平，無毒。畏黄芩、大黄。　白石脂：　味甘、酸，性平，無毒。鷰屎為之使。惡松脂，畏黄芩、黄連、甘草、飛蠊、惡馬目毒公。得厚朴米汁飲，止便膿。

草部

茲見菊花清眼目、散頭風、解酒烏鬚除濕痹；　甘草補三焦、醫肺痿音委、和中瀉火療懸癰。　菊花：　味苦、甘，性平，無毒。术、枸杞、桑白皮為之使。顔色多品，黄小為良。山野間味苦、莖青，名苦薏，勿用；　家園內味甘、莖紫，謂甘菊，堪收。毆頭風，止頭痛暈眩，清頭腦第一；　養眼血，收眼淚瞖膜，明眼目無雙。變老人皓白成烏，同地黄釀酒；　解醉漢昏迷易醒，共葛花煎湯。散濕痹，去皮膚死肌；　安腸胃，除胸膈煩熱。　甘草：　味甘，性平，無毒。白术、乾漆、苦參為之使。惡遠志，反大戟、芫花、甘遂、海藻四物。

服此忌猪肉、菘菜。凡使須去頭尾尖處，能吐人故也。每一斤，皆三寸長，劈作六七片，使甆器盛，用酒浸蒸，從巳至午，曝乾細剉，用酥七兩塗上，火炙酥盡為度。先炮令內外赤黃，方入藥中良。解百毒，補三焦，同桔梗治肺痿膿血齊來，同生薑止下痢赤白雜至。炙之則溫，健脾胃而和中；生之則寒，分身梢而瀉火。凡毒生陰囊後、肛門前，謂之懸癰。以大橫文者五錢，酒煎服下即散。

石斛壯元陽，並治腰疼膝痛；南星篩蠱毒，兼除癰腫痰迷。石斛：味甘，性平，無毒。陸英為之使。惡寒水石、巴豆，畏殭蠶、雷丸。生溪石上者，名石斛。折之似有肉，中實有效難尋。生櫟木上者名木斛，折之如麥稈，中虛無功易得。凡使去頭土，用酒浸一宿，至明漉出曝乾，却用酥蒸，從巳至酉，徐徐焙乾。服滿一鎰，永不骨疼。天南星：味苦、辛，性平，有毒。畏附子、乾薑、生薑。凡使須泡生薑湯七八次。或臘月用黑牯牛膽一箇，研末填入，風乾過年成塊，剉碎，所謂牛膽南星是也。乃上行肺經本藥，欲下行資黃栢引之。水摩篩蛇蠱咬毒，醋調貼癰腫額瘤。墜中風不語痰稠，散跌撲即凝瘀血。

商陸辟疝音散痂音加水腫，景天退勞熱骨蒸。商陸：味辛、甘、酸，性平，有毒。忌犬肉。凡修事，先以銅刀刮去上皮，薄切，以東流水浸兩宿，然後漉出，架甑蒸，以豆葉一層，商陸一層，如斯蒸，從午至亥，去豆葉日乾，剉用。如無豆葉，用豆代之。景天：一名慎火，俗名掛壁青也。味苦、酸，性平，無毒。

茺蔚音慰子明目安胎，療音料乳癰音雍而調血瘀；菟絲子添精補髓雖上，益氣力而暖膝腰。茺蔚子：即益母草。味辛、甘，性平，無毒。凡使，端午連根拔收，風際陰乾，忌犯鐵器。單用最效，方載女科。或研羅細末，煉蜜為丸，或搗煮濃湯，熬成膏汁。總調胎產諸症，故加益母之名。菟絲子：味辛、甘，性平，無毒。得酒良。薯蕷、松脂為之使。惡雚菌。凡採得，去粗薄殼，用苦酒浸二日，漉出，用黃精自然汁浸一宿，至明微用火煎乾，入臼中熱燒鐵杵，一去三千餘成粉，任入散丸。每修事，苦酒并黃精汁，與菟絲子相對用之。

腰疼瘰癧與腸癰，當求鹿藿；陰痒瘡瘍和臟冷，合用蛇床。鹿藿：即鹿豆也。味苦，性平，無毒。蛇床子：味苦、辛、甘，性平，無毒。惡牡丹、貝母、巴豆。凡使，須用濃藍汁并百部草根自然汁，二味同浸三伏時，漉出日乾。却用生地黃汁相拌蒸，從午至亥，日乾，治婦人陰戶腫疼，溫暖子臟，療男子陰囊濕癢，堅舉尿莖，大風身癢難當，作湯洗愈。產後陰脫不起，絹袋熨收。

炒蒲黃止血最易，生蒲黃行血不難。蒲黃：即蒲釐花上粉也。味甘，性平，無毒。凡使須隔三重紙焙乾，令色黃，蒸半日，却焙令乾用之妙。

木通開節竅敲去，利便淋，又醫疸症；山藥鎮精神，扶脾胃，兼補虛勞。木通：即通草也。味辛、甘，性平，無毒。山藥：即薯蕷也。味甘，性平，無毒。二門冬、紫芝為之使。惡甘遂。凡採得，用銅刀刮去赤皮，洗去涎，暴乾，用紫灰同藏礶內，不蛀。臨用時以乳拌蒸，任入散丸，隨宜輕重。理脾傷止嗽，參苓白朮散頻加；逐腰痛強陰，六味地黃丸常用。

萆薢止凝音迎濁痹音閉疼而愈，百合清肺熱欬嗽音瘦而寧。萆薢：味苦、甘，性平，無毒。薏苡仁為之使。畏葵根、大黃、柴胡、牡蠣。凡使利刀切片，酒浸烘乾。入藥拯痾，忌食羊肉。百合：味甘，性平，無毒。凡求入劑，花白者佳。

藁音稿本治頂巔音顛之痛，女青斷溫瘧音虐之纏。藁本：味辛、苦，性平，無毒。惡藺茹、青葙。得白芷作面脂，同木香辟霧露。女青：即蛇銜根也。味辛，性平，有毒。凡搗細末帶之，則疫厲不犯。

牛膝除濕痹音閉脚疼，兼理膀音旁胱音光要藥；香蒲療熱傷口臭，又堅牙齒仙方。牛膝：味苦、酸，性平，無毒。惡螢火、陸英、龜板。畏白前，忌牛肉。凡使去鉏爛黑黯，擇肥壯鮮明，棄蘆并塵土，用黃精自然汁浸一宿，漉出，焙乾待用。主手足寒濕痿痹，大筋拘攣，理膀胱氣化遲難，小便短少。滑血滋髮鬚烏黑，填髓除腰膝痠疼。香蒲：即蒲黃之苗也。味甘，性平，無毒。

馬蘭醫酒疸音膽金瘡而便紅頓止，狼毒治癥瘕音遐瘰癧音歷而欬音慨逆斯除。馬蘭：味辛，性平，無毒。狼毒：味辛，性平，有大毒。大豆為之使。惡麥句薑。凡使，八月採根。皮黃肉白，沉實者良。

赤芝益心而下氣，黑芝補腎以強陰。赤芝：味苦，性平，無毒。薯蕷為之使。得髮良。得麻子仁、白瓜子、牡桂，甚益人。惡常山，畏扁青、茵陳蒿。黑芝：味鹹，性平，無毒。使、惡、畏同赤芝。

白芝益肺通腸，消除欬逆；青芝養肝明目，安定精魂。白芝：味辛，性平，無毒。青芝：味酸，性平，無毒。

黃靈芝益脾最妙，鷄脚草止痢如神。黃靈芝：味甘，性平，無毒。鷄脚草：味苦，性平，無毒。

王不留利經閉產難，止金傷之血；白蒺音疾藜音梨住頭疼陰腫，洗濕癢音養之瘡。王不留行：即剪金花也。味苦、甘，性平，無毒。凡使，三月採根莖，五月收花子。先洒酒蒸一伏，復浸漿水一宵，微火焙乾，收留待用。白蒺藜：味苦、辛，性平，無毒。烏頭為之使。凡使先于木臼中，舂去刺，用酒拌蒸。從午至酉，日乾用之。或破血頭疼，飲宜煎酒；或濕瘡陰腫，洗必煎湯。

蓖音卑麻子搗治脫肛，塗足心可催胎孕；蓖麻油取敷疥音介癩音賴，熨顖音信上即止衄紅衄音朒。蓖麻子：味甘、辛，性平，無毒。凡使剝殼取仁，製修忌鐵。鹽、酒入砂鍋煮透，撈起，以石臼搗爛，塗巔頂，收生腸、脫肛甚捷。塗足心，下〔胎〕孕子胞如神。蓖麻油：味甘，性平，無毒。和別藥可除疥癩。塗本葉，炙熱熨顖上，即止衄紅。

及己治疥痂音加瘘音委蝕音石，王孫除濕痹音閉痠音酸疼音同。及己：味苦，性平，無毒。二月採根，日乾。王孫：味苦，性平，無毒。吳名白功草。

三稜通經閉不調，可破癥音徵瘕音遐積聚；百部除肺傷久嗽，能驅寸白疳音甘蚘音蛕。京三稜：味苦、辛，性平，無毒。凡使，霜降採根，狀若鯽魚，黃白體重者佳。麵包火炮，加醋復炒過靈。白色屬在氣邊。百部：味甘、苦，性平，無毒。凡採得，用竹刀劈破，去心皮，花作數十條，懸于檐下，令風吹土乾，却用酒浸一宿，漉出，焙乾細剉用。主肺熱上氣，止年久欬嗽急求；治傳尸骨蒸，殺寸白疳蚘須用。

鶴蝨音瑟殺蛔音回蚘，可吐信毒；鼠粘敺音區癮音隱疹而解風纏。鶴蝨：味苦，性平，有小毒。中秋收子，研散為丸。蛔蟯蟲咬，心腹卒痛者，肥肉汁調下即安。信石毒吞，腸胃未裂者，濃虀汁送下即吐。鼠粘子：即牛蒡子也，又名惡實。味苦，性平，無毒。凡使揀淨，用酒拌煎，待上有薄白霜重出，却用布拭了，然後焙乾，別研如粉用。退風熱咽喉不利，及腰膝風凝，敺風濕癮疹盈肌，併瘡瘍毒盛。生吞一粒，即出瘡頭。試之即見，其妙不可言也。

鬼督音篤郵音尤善消心毒，蒲公草能療乳癰。鬼督郵：一名獨搖草。味苦，性平，無毒。二月、八月惟取其根，甘草湯煮一伏時，出，日乾任丸、煎服。蒲公草：一名地丁。味甘，性平，無毒。凡採蒲公草，四五月皆宜。煎湯須共忍冬，臨服要加釅醋。

扁蓄殺三蟲，陰蝕閉淋並利；白蒿安五臟，心懸濕痹皆除。扁蓄：味苦，性平，無毒。五月採收，陰乾入藥。白蒿：即蓬蒿別名，背有白毛。味甘，性平，無毒。

白兔藿殺蛇虺音毀蜂蠆音瘥之毒，馬先蒿去風寒濕痹之邪。白兔藿：一名白葛。味苦，性平，無毒。毒入腹，煮飲即解。馬先蒿：味苦，性平，無毒。三八月採莖葉，陰乾。

飛廉走皮風妙劑音濟，苘音頃實破癰音雍腫良方。飛廉：味苦，性平，無毒。得烏頭良，惡麻黃。凡使勿用赤脂蔓，但見酒色如血色，可表之。每修事，先刮去麁皮杵，用苦酒拌之一宿，至明漉出，日乾細杵待用。苘實：蕡麻子也。味甘，性平，無毒。

勞傷風濕用黃精，一補一敺音區，久服延年不老；眦音祭爛筋音斤攣音聯求萎音委蕤音蕊，一消一逐，多餐令體康強。黃精：俗名山薑。味甘，性平，無毒。凡使勿用鉤吻，誤服害人。但銘吻葉有毛鉤子二箇，黃精莖類桃枝，脆柔。一枝單長，葉如竹葉略短，兩葉對生，花開似赤豆花，實結若白黍米。採得，水來洗淨，銅刀薄切，甑蒸。九蒸九曝代糧，久服延年不老。補勞傷最效，除風濕如神。萎蕤：味甘，性平，無毒。畏鹵鹹。凡使勿使鉤吻并黃精，有誤疾人。萎蕤節上有毛，莖班、葉尖處黃點。採根，先用竹刀刮去皮節，洗淨，却以蜜水浸一宿，至明蒸出焙乾用之。消眦爛雙眸淚出。逐風淫四末筋攣。令身體康強，去面皮黑䵟。

小草能下氣澁音色精補損，天麻可驅風定搐音畜除驚。小草：即遠志苗也。味苦，性平，無毒。天麻：即定風草也。味辛、甘，性平，無毒。凡使十兩，用蒺藜子一鎰，緩火熬焦熟後，便先安置天麻于瓶中，用火熬過蒺藜子，蓋內外便用三重紙蓋，并繫。從巳至未，又出蒺藜子，再入熬炒焦。前天麻瓶內，用炒蒺藜子于中，依前蓋，又隔一伏時取出。如此七遍，瓶盛，出後用布拭上氣汗，用刀劈焙之，細剉，單擣。屢試屢驗，不可忽也。

蘭草除心胸痰癖音辟，白前止欬嗽氣迎。蘭草：味辛、苦，性平，無毒。凡入藥中，採葉煎服。白前：味甘、辛，性平，無毒。葉如柳樹葉，苗似芫花苗。根麁長，與牛膝頗同，但堅脆而柔軟鮮有。凡資入藥，秋後採根，甘草湯浸一宵，折去頭鬚焙用。

連翹音喬解毒殺蟲，又清心熱；木賊明睛音精止帶，兼療腸風。連翹：味苦，性平，無毒。敺惡癰毒蠱毒，去寸白蟲、蚘蟲。瀉心經客熱殊功，降脾胃濕熱神效。木香：味苦、甘，性平，無毒。夏至莖收，手掐節淨。憑煎湯液，任合散丸。得麝香、牛角鰓治休息痢證，得芎、歸、餘糧石，治赤白崩中。得桑耳、槐鵝，療腸風下血。得槐子、枳殼，療痔瘻來紅。

雀麥治產難有准，鱧音禮腸止血痢無疑。雀麥：味甘，性平，無毒。凡妊娠胎死腹中，若胞衣不下，上搶心胸，雀麥一把，水五升，煮取二升，服之立出。鱧腸：即旱蓮子草也。味甘、酸，性平，無毒。花細而白色，實圓而作房。折斷枝莖，汁出漸黑。或煎酒服，或熬膏敷。染白髮回烏，止赤痢轉糞。

蓍音其實充腹飢音幾，又明眼目；蘹香止腹痛，兼利膀胱。蓍實：味苦、酸，性平，無毒。九月採收，曝乾待用。蘹香子：即大小茴香也。味辛，性平，無毒。凡入藥中，酒鹽炒用。主腎勞疝氣，小腸吊氣攣疼。理乾濕脚氣，膀胱冷氣腫痛。

鼠麴草止洩除痰敺熱嗽音瘦，猪膏莓音每生肌消腫合金瘡。鼠麴草：味甘，性平，無毒。凡使，雜米粉作糗食之。猪膏莓：味辛、苦，性平，無毒。擣封、湯漬、散敷並愈。

赤地利生肌止痢，零陵香下氣和中。赤地利：味苦，性平，無毒。凡採得，細剉，用藍葉並根並剉，用生絹盛剉，同蒸一伏時，去藍日乾待用。零陵香：即香草也。味甘，性平，無毒。得酒良。三月採根陰乾。脫節者可。

麻子潤腸結便難，又止痹音閉頑身痛；山薑去皮間風熱，兼除霍亂腹疼。火麻子：味甘，性平，無毒。惡茯苓，畏牡蠣、白薇。凡使入藥，修製宜精。始用帛包浸沸湯，待冷撿出。次以繩吊懸井內，隔水勿沾。務過一宵，方取曝日。候乾燥，置平地面，壓重物，指淨殼皮，擇起細仁，隨宜索效。山薑：味辛，性平，有小毒。開紫花，不結子。八月採根待用。

殺鬼魅，破癥音徵瘕，宜施鳶尾；下三蟲，消積聚，必用赭音者魁。鳶

尾：味苦，性平，有毒。其葉似射干布地，生黑根似高良薑而節大，數介相連。九月、十月採根，日乾。　赭魁：味甘，性平，無毒。狀如小芋，肉白皮黃。大者如斗，小者如升。二月採收，乾用。

五毒草療癰音雍疽音蛆遊疹，千歲虆音縲續筋骨長上聲肌。五毒草：味酸，性平，無毒。凡癰疽遊疹惡瘡，犬咬蛇傷蠱毒，並醋摩敷瘡上。亦搗莖葉敷之。惡毒入腹中，煎服之可免。　千歲虆汁：味甘，性平，無毒。葉如葡萄而小，或千歲，莖大如椀。四月採其莖，汁白而甘。八月採子，青黑微赤。《詩》云葛虆是也。主補五臟，續筋骨，長肌肉，去諸瘴。

藎音盡草最能除氣喘音舛，角蒿音薅又善殺瘡蟲。藎草：俗名菉蓐草也。味苦，性平，無毒。畏鼠婦。　角蒿：味辛、苦，性平，有小毒。凡入藥，槐砧細剉用之。

石龍蒭音初通暑熱閉淋，仍補內虛出汗；石龍芮音枘治風寒濕痹音閉，再溫腎冷遺精。石龍蒭：一名龍鬚。織席堪用。味苦，性平，無毒。五月採莖，日曝；九月採根，陰乾。　石龍芮：味苦，性平，無毒。大戟為之使。畏蛇蛻、吳茱萸。水生者葉光澤、子圓；陸生者葉有毛、子銳。凡資入藥，水生者佳。二月、八月採皮，五月五日採子。子如葶藶，味辛，色黃。

百兩金治熱壅音勇喉嚨腫痛，曲節草毆音區毒攻背脊生癰。百兩金：味苦，性平，無毒。春生葉似荔枝。秋到花開青碧。結實如豆大。入藥採根去心，含口嚥津，腫散喉即消。　〔曲〕節草：味甘，性平，無毒。一名六月冷。葉易凋。治癰毒。採葉陰乾，甘草相對，分作末。葉似劉寄奴。夏嚨即愈

白癬音跣伏蟲求白結，金瘡內漏用金莖。白結：味辛，性平，無毒。如藜蘆，根白相連。九月採。　金莖：味苦，性平，無毒。一名葉金草。生澤中高處。

石下長卿能殺鬼精蠱音古毒，火炭母草善消流注腫癰音雍。石下長卿：味鹹，性平，無毒。凡資治病，煮汁飲之。　火炭母草：味酸，性平，無毒。莖赤柔如細蓼，葉端尖。夏有白花，秋實與菽同，色黑，亦堪採食。若治腫癰流注，採收葉搗如泥，垍器中鹽酒炒，溫腫痛處，敷之即愈。

曾見翹根補腎益精，受熱氣疼可下；亦聞薰草明眸止淚，傷寒頭痛堪除。翹根：味甘，性平，無毒。二八月採，可煎湯吞。　薰草：味甘，性平，無毒。麻葉而方莖，赤花而黑實。俗呼為蕙草。三月採，陰乾，脫節者良。亦醫精洩。目赤淚流煎水洗，傷寒頭痛煮湯吞。

要治惡瘡敷鬼蓋，欲明時眼洗排風。鬼蓋：一名地蓋。味甘，性平，無毒。垣牆濕處叢生，莖赤，朝生暮死。凡治惡瘡腫毒，爛搥和醋敷之。　排風：即鬼目也。味酸，性平，無毒。實赤猶如五味，煎湯洗眼光明。

地芩止童子驚癇音閑，且卻風寒之痹音閉；地朕行婦人血結，兼除心氣之疼。地芩：味苦，性平，無毒。生于腐木草堆，其色乃兼黃白。四月採，乾，煎服。驚癇、風痹皆除。　地朕：味苦，性平，無毒。一名夜光，一名承夜。

蕈音譚草療風瘡壯熱音聊，馬顛消水氣發浮。蕈草：味鹹，性平，無毒。礜石、理石為之使。七月採收，亦可單用。若治風熱，用水煎湯，洗服頓除。　馬顛草：味甘，性平，有毒。雖療水浮，不宜多食。

蛇舌療驚風留血，蛇癇並治；鼠姑除欬逆惡瘡，鼠瘻皆除。蛇舌：味酸，性平，無毒。四月採花，八月採根。驚風、留血、蛇癇，並煮湯吞皆愈。　鼠姑：味苦，性無毒。氣迎欬嗽，水煮汁吞；鼠瘻惡瘡，搗敷患處。

土齒輕身收大效，地筋止渴建奇功。土齒：味甘，性平，無毒。狀類馬牙，無時收採。若能久服，益氣輕身。　地筋：一名菅根。味甘，性平，無毒。形類地黃，有毛根細，葉根並似，功用相同。三月採根，水煎止渴。

強陰伸痹音閉療風頭，須用鹿英獲效；明目補中除洩痢，可求鷄涅音聶收功。鹿英：即英草華。味辛，性平，無毒。九月採，陰乾，可煎為沐藥。　鷄涅：味甘，性平，無毒。一名陰洛。採無時。

木部

曾知白茯苓化痰涎，補虛可重；赤茯苓利小便，去濕堪稱。二茯苓：味甘、淡，性平，無毒。馬藺為之使。得甘草、防風、芍藥、紫石英、麥門冬，共療五臟。惡白蘞，畏牡蒙、地榆、雄黃、秦艽、龜甲。凡使咀片，水焦黑皮淨削。若為丸散，入鉢細研，納布囊中，冷水揉擺，去滓澄粉，取出日乾，方益心脾，不損眼目。若煎湯服，止去粗皮。白者入膀胱、腎、肺，屬辛、壬、癸，補益兼能；赤者入心、脾、小腸，屬己、丙、丁，瀉利專主。

茯神能益志開心，驚即除、癇音閑即止；琥音虎珀音拍善生肌明目，癥可破、淋可通。茯神：味甘、淡，性平，無毒。使、忌、畏、惡，悉倣茯苓。凡使去皮，心神搗細，于水盆中攪濁。浮者去之，是茯神筋，服之令人眼中瞳子並黑睛點小，兼盲目，切記之。　琥珀：味甘，性平，無毒。出自松脂所化，土中千歲纔成。初若桃膠，久而堅硬。手摩熱可拾草芥，湯煮軟儼似飴糖。凡入藥用水調側栢子末，安于鍋中，後安琥珀于末內，下火煮，從巳至申，別有異光。別搗如粉，重篩任入散丸調服。

木槿葉止渴安眠，絞音皎汁度絲易音異絡音洛；木槿花澁腸住痢，煎湯洗癢音養漸毆音區。木槿：味苦，性平，無毒。用入藥中，並宜炒過。

行血要資蘇木力，殺蚘音蛕全仗省藤威。蘇木：味甘、鹹，性平，無毒。凡使，去上麄皮并節，若有中心紋橫如紫角者，號曰木中尊。赤色。其效倍常百等。須細剉重搗，拌細條梅枝蒸，從巳至申，陰乾用。女科資通月水，產後敗血立除。外科仗散疽癰，跌撲死血

即逐。同防風散表裏風氣，調乳香治口噤風邪。　省藤：味苦，性平，無毒。主殺蚘，煮汁服之。

猪苓除痎音皆瘧音虐、止渴煩，又利熱淋水腫；　黄藥塗瘰音歷瘡、通喉閉，且醫犬咬蛇傷。猪苓：味甘、苦、淡，性平，無毒。凡使用銅刀削去麄皮，薄切，下東流水浸一宿，至明漉出，以升麻葉對蒸一日，去升麻葉，日乾待用。　黄藥：味苦，性平，無毒。凡使，取根研水服之，亦含亦塗。

蕪音無荑音夷化食殺蟲，散骨節皮膚風濕；　杜仲添精益腎，伸脇腰脚膝痠音酸疼音同。蕪荑：味辛，性平，無毒。大者比榆莢大甚，氣臭難聞；小者較榆莢小差，氣腥堪用。凡資治療，取小宜陳。但市收藏，多以鹽汁，殊失氣味，入藥無功。故求買必擇氣腥者為良。倘修合，務經火煆纔用。　杜仲：味辛、甘，性平，無毒。惡蛇蜕、玄參。凡使削去麄皮，用酥、蜜和作一處，炙之絲盡為度。細剉用之。每修事杜仲一斤，酥一兩，蜜三兩。

大楓子搗仁，塗疥音介癬，叶鮮，上聲。小蟲死滅；　白膠音交香為末，療血瘡，腐音府肉生平。大楓子：味辛、苦，性平，無毒。凡使去殼取仁，研爛，方和諸藥。　白膠香：即楓香也。味辛、苦，性平，無毒。此烈日灼，流白脂。為外科敷貼要藥，主癮疹風瘙最捷。退虛浮水氣尤靈。擦齒齦，止齒痛。

方用黄環音還除肺喘音舛，湯施枳音止椇音矩療頭風。黄環：味苦，性平，有毒。鳶尾為之使。惡茯苓、防己。三月採根，陰乾待用。　枳椇：味甘，性平，無毒。可療風。

榆樹白通淋散腫止寒鼽音㖃，花主小兒驚搐音畜；　榆皮涎音撏敷癬殺蟲消水脹，莢除女子帶崩。榆樹白皮：味甘，性平，滑利，無毒。取向裏白皮，旋晒乾入藥，勿令中濕，濕則傷人。通五淋，壓丹石。搗和釅醋薄敷，赤腫即消；煎作膏飴連服，寒鼽斯愈。花：主小兒驚搐，亦利尿管閉淋。　榆皮涎：味苦，性平，無毒。合藥時敷，癬蟲立死；作羹日飲，水脹即消。莢：作羹少和牛肉，婦人食即止帶崩。

桑寄生下乳安胎，兼療瘡瘍音陽風濕；　桑木耳破癥音徵止漏，并敺音區積聚腹疼。桑寄生：味苦、甘，性平，無毒。生自桑間，獨枝直上。葉厚軟如橘葉，莖肥脆類槐枝。銅刀細剉，陰乾任用。勿令見火。女科安胎孕，下乳汁，止崩中漏血沉痾。外科散瘡瘍，追風濕，卻腰痛背強篤疾。　桑木耳：味甘，性平，有毒。一名桑菌。收來剉碎，醇酒煎嘗。散血如神，止血甚捷。黑者主女人癥瘕，崩漏帶下，及乳腫暴來；黄者治男子癖塊，積聚腹疼，并金瘡初得。

髮欲烏，鬚畏白，金石燥煩，四者須求桑黑椹音甚；　男陽痿音委，女陰疽音蛆，嬰音英童脚弱，三般可用五加皮。桑黑椹：味甘，性平，無毒。一方：黑椹二升，科斗子二斤，瓶盛封閉，懸屋東向，百日化為泥。染髮鬚如漆。又方：取黑椹二七，和胡桃脂研如泥，拔去白鬚，點孔中即生黑鬚。解金石燥熱煩渴，絞汁熬作稀膏，加蜜攪稠濁，退火毒，貯甆瓶，臥時取服二錢，白沸湯調送下。　五加皮：味辛、苦，性平，無毒。遠志為之使。畏蛇蜕、玄參。其樹本是白楸樹，其上有葉如蒲葉。其葉三花是雄，五花是雌。剝皮陰乾，陽人使陰，陰人使陽。堪用釀酒，任研為丸。扶男子陽痿不興，去女人陰疽甚癢。嬰童脚弱難行，服此堅筋健步。

石南葉補陰除痹音閉痛，安息香暖腎澁音色遺精。石南葉：味辛、苦，性平，有毒。五加皮為之使。　安息香：味辛、苦，性平，無毒。凡使，七月七日裂其樹皮，膠脂如飴隨即湧出，堅凝成塊，其色黑黄。

蔓音萬荊子退肝風，赤目頭疼音同皆可治；　榼音渴藤子通喉痹音閉，脫肛痢疾悉能醫。蔓荊子：味苦、辛，性平，無毒。惡烏頭、石膏。凡使去蒂子下白膜一重，用酒浸一伏時後蒸，從巳至未，日乾待用。　榼藤子：味澁、甘，性平，無毒。凡使，以刀剜去肉瓤，炙焦研末，空服，熱酒調二錢，三服必效。

蕤核研膏治眼睛，漸消風熱；　合歡入藥利心志，仍補陰虛。蕤核：味甘，性平，無毒。凡使，用湯浸去皮尖，擘作兩片。用芒硝、木通和蕤仁水煮一伏時，去滓，收蕤仁，研成膏。每四兩，用芒硝一兩，木通七兩。凡資入藥，專治眼科。消上下胞風腫爛弦，除左右眦熱瘴努肉，退火止淚，益水生光。　合歡：即夜合藤也。味甘，性平，無毒。採葉及皮，不拘時月，安五臟，明目，利心志，補陰。葉搗絞濃汁，浣衣服去黑炲。條皮採煎稠膏，散腫癰，續斷筋骨。

折傷木療折傷，產後血凝音迎兼可治；　接骨木能接骨，身中風癢音養亦堪除。折傷木：味甘、鹹，性平，無毒。或酒或水，煮汁飲之。　接骨木：味甘、苦，性平，有小毒。又名木蒴藋也。凡跌撲，頻浸酒吞。或風癢，堪作湯浴。

南燭葉堅筋音斤黑髮，扶移音也皮去瘀音豫除風。南燭枝葉：即烏飯樹。味苦，性平，無毒。取汁浸米甚烏，炊飯食最甘美。釀酒能堅筋骨，煎膏可黑髮鬚。　扶移木皮：即棠棣也。味苦，性平，有小毒。取白皮火炙，用酒浸服之。

酸棗仁治膽音疸實膽虛，斂汗敺音區煩兼止渴；　栢子仁理腎寒腎燥，消風卻痹音閉又除驚。酸棗仁：味酸，性平，無毒。惡防己。凡資入藥，碎核取仁，採葉拌蒸，必須半日。剝去皮尖任用，入方單服隨宜。不眠膽虛有寒，炒作散，採竹葉煎湯送下；多眠膽實有熱，生研末，取茶葉薑汁調吞。若和諸藥劑中，斂汗敺煩止渴。牡蠣、桂皮為之使。畏菊花。　栢子仁：味甘、辛，性平，無毒。畏菊花、羊蹄、諸石及麵、麴。凡使去殼取仁，酒浸一宿至明，漉出曝乾。次用黄精自然汁，于日中煎，執筯連攪，盡汁纔休。若天久陰，即于鍋中着水，用瓶器盛栢子仁，文火緩煮，亦待汁乾。卻風寒濕痹，止疼；止驚悸虛損，斂

汗。治腎冷腰冷，并膀胱冷膿宿水。潤腎燥體燥，及面顏燥澁不光。

椋子木療折傷，又安胎動；沒離梨除氣逆，且治腰疼。椋子木：味甘、鹹，性平，無毒。八月、九月採，日乾。沒離梨：味辛，性平，無毒。決明為之使。反甘草。三月三日採花陰乾。雖除氣逆腰疼，久服令人虛弱。

五倍子除久嗽音瘦脫肛，洗遍體癬音跣瘡瘙音燥癢音養；伏牛花療大風濕痹，除四肢骨內痠音酸疼。五倍子：一名文蛤。味苦、酸，性平，無毒。凡使，用新鮮五倍子十斤，舂搗爛細，磁缸盛，稻草蓋盦，七晝夜取出，復搗，加桔梗、甘草末各二兩，又盦一七，仍搗，仍盦，務週七次，捏成餅錠，晒乾待用。如無新鮮者，乾倍子水漬為之。肺脹喘欬不休，噙化數枚即止。煎湯洗脫肛疥癬，研末染白髮髭鬚。伏牛花：味苦、甘，性平，無毒。三月半後，收採陰乾。主大風遍體碎疼，療濕痹四肢攣急。

槲音斛若治腸風血痢，大空除蟣音己蝨音瑟疳音甘蟲。槲若：味甘，性平，無毒。凡使取皮炙用之。大空：味辛、苦，性平，有小毒。取根皮作末，油和塗蟣蝨皆死。

逢惡毒排膿破血斂肌，麒麟竭誠哉難缺；遇瘡癰音雍去腐音府生新收口，孩兒茶決不可無。麒麟竭：即血竭也。味甘、鹹，性平，有小毒。麒麟樹脂結成，紅赤渾如血色。敲斷面有鏡臉，光彩似能耀人。取摩指甲弦間，紅透甲者方妙。欲使先研作粉，重篩任入散膏。勿和諸藥同擂，恐化飛塵而去。治跌撲傷損，療惡毒瘡癰。專破積血排膿，竟毆邪氣止痛。憑煎膏貼，任對酒吞。孩兒茶：味酸、澁，性平，無毒。或煎膏，或作散，遇癰毒惡瘡去腐，佐龍骨、血竭生肌。

棕櫚音盧子治腸紅，斷吐衄音朒、鼻洪、崩帶；海桐皮除洩痢，毆蟲瘡、眼赤、魘音厭風。棕櫚子：味苦、澁，性平，無毒。九月採收，陰乾入劑。塞腸風崩帶立效，止鼻洪吐衄殊功。棕箬燒灰，調湯亦好。海桐皮：味苦，性平，無毒。除洩痢，與鷄脚草同煎；塗疥癬，和猪脂末共擦。漬水洗能清赤眼，漬酒飲可卻魘風。

女蘿藤止溫瘧湧痰，併散婦陰寒腫痛；仙人杖治翻胃反食，兼療兒心悸音計夜啼。女蘿藤：味苦、甘，性平，無毒。生自山中松上。採收三月，陰乾。止溫瘧湧痰，煎湯取吐；散陰寒腫痛，煮水洗安。仙人杖：味鹹，性平，無毒。是笋欲成竹時，立死，色烏似漆。治大人翻胃反食，以水煎嘗；止小兒驚悸夜啼，安身伴睡。

沒藥斂金瘡而除諸痛，紫荊破宿血而下五淋。沒藥：味苦，性平，無毒。黃黑類安息香，斷碎光明可愛，擂細入藥。製同乳香。紫荊：味苦，性平，無毒。

感藤止渴除煩通血氣，仍醫腎釣；阿音遏魏殺蟲去臭破癥音徵瘕音遐，又辟時瘟。感藤：味甘，性平，無毒。阿魏：味辛，性平，無毒。乃出阿魏木中，汁流出凝結，黃散者為上，色黑者力微。凡使研作粉霜，熱酒器上裹過，置地待冷，入藥隨宜。欲識假真，須知三驗：第一驗，將半銖安于熟銅器中一宿，至明沾阿魏處，白如銀，永無赤色；第二驗，將一銖置于五斗草自然汁中，浸一宿，至明如鮮血色；第三驗，將一銖安在樹上，樹立乾死，便是真也。

椰音耶子皮止鼻衄音朒吐紅，兼除霍亂；女貞實變髭音資鬚為黑，又養精神。椰子皮：味苦，性平，無毒。凡資治療，煮汁服之。女貞實：即冬青子也。味苦、甘，性平，無毒。凡使，酒浸一宿，日曝待乾，研末為丸。用旱蓮草熬膏合妙。搗碎漬酒，用生地黃投罐煮良。

柞木皮、樺木皮，退疸黃共效；桄榔子、賣木子，破血積同功。柞木皮：味苦，性平，無毒。燒灰調服。樺木皮：味苦，性平，無毒。煮汁飲之。桄榔子：味苦，性平，無毒。研末酒吞。賣木子：味甘、微鹹，無毒。凡使一兩，麄搗碎之，用酥二分，銅鍋拌炒，盡酥為度，方入劑中。

篦梳汁能毆音區蝨音瑟病，屐音及屧音燮灰速出兒胎。篦梳：味鹹，性平，無毒。活蝨誤吞入腹，病如血積癥瘕。煮汁服之，伏時吐出。屐屧：味辛、苦，性平，無毒。凡資治療，舊脚燒灰，煎滾水調，催生即產。一云草履繩鼻燒灰，亦可催生，又除噎哽。

人部

始知點眼目，長顏容，補精血，益元陽，當求人乳；療虛癆音勞，截溫瘧，退骨蒸，托痘陷，合用天靈。人乳：味甘，性平，無毒。擇婦體盛及初產者汁濃，取蒸飯間竟結塊者力勝如常。口吮易取近功多。得晒乾堪充急用，和黃連蒸點眼目，調醇酒服長顏容。四物湯攙，共補精血，四君子入，同益元陽。天靈蓋：味鹹，性平，無毒。此死人頂骨十字解者，三指闊，乃天生蓋壓一身之骨，故名曰天靈蓋也。皂莢湯洗淨，酥油塗，炙黃，少許麝香細研入藥。療久發溫瘧寒熱，治傳尸癆瘵骨蒸。托黑陷痘瘡，辟昏迷鬼注。又製法：將天靈于煻灰火內罨一夜，待腥穢氣出盡，却用童溺于甆堝中煮一伏時，其藥魂歸神妙。陽人使陰，陰人使陽。二者任憑選用。

人齒托痘音豆瘡倒陷，人津塗癰癤音節初生。人齒：須水小兒落者，燒研末用，熱酒調吞。能托碗豆陷瘡，堪毆蟲毒邪氣。人津：平明時取，塗癰癤初生者消。

交情男女血精，乃滅瘢音盤痕妙藥；懷孕音任婦人爪甲，誠磨翳音意障音帳靈丹。人精：和鷹糞塗破傷處，不見瘢痕。懷孕婦人爪甲：刮取細末篩過，置眼中，去翳障。

月經布熨音鬱驚瘡血湧，裩音昆襠灰治易症病纏。月經布：主驚瘡血湧出，熱炙熨之即止。燒灰解藥箭毒如神。裩襠：雖則污衣，可治陰陽易證。燒灰存性，研末湯調。女患陰易求男，男患陽易覓女。其候小便赤澁，服之便得利通。

獸部

又謂野猪黄療天吊金瘡最捷，免頭骨治婦生消渴如神。野猪黄：味辛、甘，性平，無毒。野猪三歲膽內有黄，形與棗核相侔。得之磨水可服。療小兒客忤天吊，疳脹亦敺。主大人鬼疰癲癎，金瘡總愈。兔頭骨：味甘，性平，無毒。燒灰研細，胞衣不下，用酒調吞；消渴難痊，用湯煎服。

兔肝去暗生明，屎磨痘音豆翳音意；免肉補中益氣，腦治凍瘡。兔肝：味甘，性平，無毒。主明目，和決明子作丸服之。服丹石人上衝眼暗不見物，薄切生肝，淡醋食之，煮亦佳。兔屎：味辛，性平，無毒。種痘後眼生翳，日乾研末，調入食中。或入藥煎服多自退。兔肉：味辛，性平，無毒。雖然益氣補中，久食令人陽弱。若與生薑同食，遂成霍亂心疼。兔腦髓：味甘，性平，無毒。手足皸裂成瘡，生塗即愈。

豹肉補絕傷聖效，象牙拔簽音脇刺音次神功。豹(內)〔肉〕：味酸，性平，無毒。正月勿食，犯則傷神。象牙：味甘，性平，無毒。凡入劑中，刮屑末細研和水，治雜物鐵刺如神。刺入喉中洞飲，刺入肉內調敷。生煮服之，可通小便閉澁；燒灰飲下，又止小便過多。

堅筋音斤消水補虛羸音縲，須餐音參牛肉；潤髓雖上敺音區風除濕痹音閉，可服醍音提醐音胡。黄牛肉：味甘，性平，無毒。自死者發痼疾痃癖，令人成疰病。(是)醍醐：味甘，性平，無毒。此酥之精液也。如一石酥中，有三四升醍醐。其色黄白，丸用以綿重濾過，于銅器中沸二三沸了，服之。

猪牙齒燒灰，專除心悸音計；猪懸蹄煮啖音坦，可療腸癰。猪牙齒：味甘，性平，無毒。凡使，用燈心湯調服，并治蛇咬蟲傷。猪懸蹄：味甘，性平，無毒。主五痔伏熱在腸，懸癰內蝕須用。頻頻煮啖即痊。

麂音己肉用薑醫五痔音治，獼音彌猴釀音攘酒療諸風。麂肉：味甘，性平，無毒。每食以薑、醋進之，大有效。多食能動人痼疾。獼猴肉：味酸，性平，無毒。

白馬莖音恒療絕傷而長肌肉，牡音茂狗莖除帶下而起元陽。白馬莖：味甘、鹹，性平，無毒。擇嫩駒力盛，遇春季活收。懸壁陰乾，務週百日。用銅刀劈七片，拌羊血蒸三時，晒燥，以麄布淨揩研細，入蓯蓉爛搗，蜜丸豆大，酒下空心。牡狗莖：味鹹，性平，無毒。凡入藥中，取宜毛白。六月上伏，將莖刮收。文火炔乾，方不臭腐。止婦人帶漏，眾疾咸瘳；舉男子陽莖，多時不痿。

禽部

原來鷄子比為天地象，補虛煮啖佳，開聲生啖妙；卵皮號曰鳳凰衣，止嗽音瘦黄中美，點翳音意黑中良。鷄子：味甘，性平，無毒。虛弱者須煮吞，大補元氣。謳唱者多生啖，漸開喉音。卵皮：味澁，性平，無毒。黄鷄卵殼中白皮，得麻黄、紫(苑)〔菀〕共服散，久嗽結氣如神。黑鷄卵殼中白皮，得生橄欖核同研，點翳障侵眸最效。

鷺屎治瘧音虐黄，并驅蠱毒；鴈肪補勞瘦，兼逐風攣音聯。鷺屎：味辛，性平，有毒。凡資治療，收取依時。治久瘧最靈。臨發日攪酒一升，捧兩手取氣，漸熏鼻中，瘧即禁住。敺蠱毒尤驗。空心時炒香三合，丸獨蒜，用湯竟送腹內，蠱即洩除。鴈肪：味甘，性無毒。欲入藥中，冬收纔妙。六月、七月食之傷神。合豆黄為丸，能補勞瘦。單煉濾調酒，專逐風攣。

治驚邪必求鸂音溪鶒音尺，除疥音介癬音跣須取鴛音冤鴦音央。鸂鶒：味甘，性平，無毒。煮食之。鴛鴦：味鹹，性平，有小毒。以酒浸炙，熱敷瘡上，冷更易。食之令人患風。

白鴿掃疥瘡而解藥毒，烏鴉除欬音慨嗽而退骨蒸。白鴿：味鹹，性平，無毒。欲充庖廚，以水浸死。久患疥瘡最妙，解諸藥毒如神。烏鴉：味酸，性平，無毒。凡使臘月瓦缻泥煨，燒灰研細飲下。

鵄音癡頭主癲音顛癇音閑風眩音銜，鷹音英糞滅傷撻音塔瘢痕。鵄頭：即鳶烏頭也。治癲癇瘓瘲，飛鵄頭二枚，鉛丹一斤，二味末之，蜜丸，先食後三丸，日三瘓者加之。治頭風目眩，燒灰以飲服之。鷹糞白：味辛，性平，無毒。凡使應合諸藥，殭蠶、衣魚之屬，以為膏也。

補癆音勞止嗽音瘦除蒸，舍慈鴉焉能取效？明目通淋利水，求伏翼音亦乃可收功。慈鴉：似烏而小，今謂之寒鴉也。味酸、鹹，性平，無毒。凡使，和五味淹炙食之良。伏翼：一名蝙蝠。味鹹，性平，無毒。莧實、雲實為之使。凡使，形大一斤者為美，色白如玉者更優。去脇爪毛腸，留嘴脚肉翅，好酒浸來一宿，至明漉出陰乾。用黄精汁旋塗，架文火上烘燥，任研丸散。每服酒吞。若伏翼一箇一斤，用黄精汁五兩為度。

鵜音提鴣音孤治赤白久痢，啄木出牙齒疳音甘蟲。鵜鴣：味鹹，性平，無毒。凡使燒為黑灰，服一方寸匕。啄木鳥：味鹹，性平，無毒。治蛀牙有孔，痛處以舌尖綿裹，于痛處咬之。一方燒為末，內牙齒孔中，不過三服。

煮鶻音骨嘲音抄可療頭風目眩音銜，炙鴝音渠鵒，斯除便血痔瘡。鶻嘲：味鹹，性平，無毒。煮炙食之。鴝鵒：味鹹，性平，無毒。炙熟食之，或為散飲亦可。

方用百勞醫繼病，酒供練音煉鵲治纏音廛風。百勞：味甘，性平，有毒。主小兒繼病。病母有妊乳兒，兒有病如瘧痢，他日亦相繼，腹大，或差或發。他人相近，亦能相繼。懷妊者，取毛帶之。練鵲：味甘，性平，無毒。益氣治風。冬春間，取細剉炒香，用袋盛，酒中浸。每朝取酒溫服。

明目助陰陽，若遇斑鳩可買；去風增氣力，倘逢白鶴宜求。斑鳩：即斑鷦也。味甘，性平，無毒。白鶴：味鹹，性平，無毒。二者皆炒肉食之。

〔蟲部〕

又見桑螵音票除疝音訕通淋，治夢遺而行血閉；　蛇蛻音稅明眸音牟止嘔音歐，敺音區蠱音古毒而止驚癇音閑。　桑螵蛸：　味鹹、甘，性平，無毒。得龍骨良。畏旋覆花。係螳螂所生。逢荊棘俱有，獨取桑樹者入藥。二三月內採取，去核子，用沸漿水浸淘七遍，令水沸于甆堝中，熬乾待用。　蛇蛻：　味鹹、甘，性平，無毒。畏磁石。青黃蒼色者不佳，白如銀色者為上。每修事，先于屋下掘一地坑，深一尺二寸，安蛇蛻于中一宿，取出用醋浸一伏時，焙乾聽用。

蝟音胃皮除胃逆，塞鼻紅，療痔音治血脫肛疝氣；　龜音圭版補陰虛，滋腎損，治癥音徵瘕音遐崩漏蝕音石瘡。　蝟皮：　味苦，性平，無毒。得酒良，畏桔梗、麥門冬。勿使中濕，燒灰研末，熱酒調吞。若治脫肛，煎湯頻洗。少敷細末，隨手即收。　龜版：　味鹹，性平，無毒。惡沙參，畏狗膽。卜師鑽過者名敗龜版。大者良。精製擇真酥油，或用猪脂，醇酒薦塗薦炙，直待脆黃色，杵細末作丸，十二月忌食。

紫貝明眸消熱毒，烏蛇療痹音閉散皮風。　紫貝：　味鹹，性平，無毒。形似貝圓，大二三寸。背上深紫有點，但黑如蛤蜊而肉堅硬。凡使火燒存性，入點眼藥，亦解酒毒。可敷癰疽。　烏蛇：　味甘，性平，無毒。色黑如漆，背有三稜，尾細尖長，眼光不陷。凡使火上須爆，務令透乾。去淨頭尾骨皮，任為散丸浸酒。若熬膏藥，頭尾多加。治諸風身體不仁，散癮瘮皮膚瘙癢。

益心解悶，兼除濕痹脚疼音同，須仗青魚取效；　去痞音丕消癥，又治虛勞身熱，全憑鱉甲成功。　青魚：　味甘，性平，無毒。和韭白煮食之，解煩悶，益心力，治脚氣濕痹。　鱉甲：　味鹹，性平，無毒。惡礬石、理石。凡使要綠色九肋多裙、重七兩者為妙。去痞消癥。每箇鱉甲，以六一泥固濟瓶子底了，乾于大火，以物搘于中。與頭醋下火煎之，盡三升醋為度，仍去裙并肋骨，炙乾入藥中用。又治勞去熱，用童子小便煮晝夜，盡小便一斗二升為度。去裙留骨，于石臼中搗成粉，以鷄肶皮裹之，取東流水三兩斗，盆盛擱於盆上一宿，至明任用，力有萬倍。

蠮音意螉音翁出刺療癰音雍，滴利耳聾音龍除欬音慨逆；　貝子解肌消水，點磨目翳音意殺疳音甘蟲。　蠮螉：　味辛，性平，無毒。凡生研，罯竹木刺，塗癰。絞汁滴，利耳聾。入藥炒用，除欬逆。　貝子：　味鹹，性平，有毒。一名貝齒，亦用代錢。背紫黑，蝸殼略同，腹潔白，魚齒近似。凡使，用醋與蜜等分相和同蒸，却以清酒淘淨，研末任用。

雀甕音瓮食來驚悸音計定，首魚磨服石淋通。　雀甕：　味甘，性平，無毒。生樹枝間，蛄蟖房也。凡使以有蟲者，用白殭蠶、全蝎二物微炒，各三枚，搗細研末，煎麻黃湯，調服一字，日三，隨大小加減之，大有效。　石首魚：　味甘，性平，無毒。乾之名為鯗。炙食之。

白魚乃與鯔魚並能開胃，鱟音後肉又和鱖音厥肉俱可殺蟲。　白魚、鯔魚、鱖魚，俱味甘、性平、無毒。　鱟魚：　味辛，性平，無毒。

蠶繭音簡殼潰惡毒癰音雍，除泄洩、三蟲、痢疾；　蠶蛻音稅皮主血風病，療口瘡、疔音丁腫、牙疳音甘。　蠶繭：　味甘，性平，無毒。火燒研末，酒調，立使腫癰透孔。泄洩、三蟲、痢疾，須煎湯液服之。　蠶蛻皮：　味鹹，性平，無毒。燒灰調酒飲之，專主血風之病。口瘡，灰敷患處；　牙宣，灰擦齦間。疔腫取灰塗，牙疳加麝貼。

去翳音意生肌珂音軻肉美，通淋止痢甲香良。　珂肉：　味鹹，性平，無毒。凡使要冬採色白膩者，并有白旋水紋。勿令見火，立無用處。夫用以銅刀刮作末子，細研，重絹篩過，復研千餘下用。不入婦人藥中。　甲香：　味鹹，性平，無毒。凡使須用生茅香、皂角二味，煮半日，却漉出，于石臼中搗，用馬尾篩篩過用之良。又一法，用黃泥水煮一日，以溫水浴過，次用米泔或灰汁煮一日，浴過，用蜜酒煮一日，浴過，火上煿乾，研末任用。

海馬催難產胞胎，興陽不痿；　鯉魚消水浮脚氣，止欬頓除。　海馬：　味甘，性平，無毒。此亦蝦屬。二三寸長，雌雄相對不離，其色乃兼黃褐。首類馬，仍係蝦身；背有紋，恰如竹節。女人難產，帶在身傍；　男子興陽，燒灰酒服。　鯉魚：　味甘，性平，無毒。凡療水浮脚氣，鯉魚一尾極大者，去頭尾及骨，唯取肉，以水二斗、赤小豆一升，和煮，可取二升。用生布絞去滓，分為二次，溫服，立當下利。利盡即差。若治欬逆，取鯉魚重三四兩者，去鱗紙裹，火炮去刺，研煮粥，空腹喫之。

鯉魚齒療男子五淋石淋，又取肚腸封瘻音漏；　鯉魚骨止婦人赤帶白帶，仍求腦髓雖去治聾音隆。　鯉魚齒：　性平，無毒。治石淋，取齒一升，燒灰篩過，以三歲苦酒和，分三服。旦服一分，日中服一分，暮服一分，即差。　鯉魚腸：　主療漏，切作五段，火上炙之。洗瘡，拭乾，以腸封之，冷則易過，覺癢開看，蟲出即差。　鯉魚骨：　性平，無毒。燒灰研末酒吞，止婦人赤白帶下。　鯉魚腦髓：　治耳暴聾，煮粥食之立利。

魁蛤音閣止便膿洩痢，鱸音盧魚益筋音斤骨安胎。　魁蛤：　味甘，性平，無毒。形正圓，兩頭空，表有文，取無時。　鱸魚：　味甘，性平，無毒。忌乳酪。凡使作鱠尤良。

樗音樞鷄強志益精，治陰痿色衰氣逆；　文蛤療瘡除欬音慨，醫腹膨音彭脇急腰疼。　樗鷄：　味苦，性平，有小毒。形類蠶蛾。但頭足微黑，翅兩重，外一重灰色，下一重深紅。五色皆具，腹大者為雄，良。青黑質白斑者為雌，不入藥用。　文蛤：　味鹹，性平，無毒。本與海蛤一物，但文蛤是未爛時殼，猶有紋理；　海蛤是海中爛殼，久為風波濤洗，自然圓淨。入藥製法與海蛤同。

鰻音漫鱺音黎魚治骨蒸勞瘦，殺痔音治瘻音漏疥音介蟲，止女子陰疽音蛆時癢音養；　白殭音薑蠶音存利喉痹音閉風痰，滅瘢音盤痕音艱黑皯音趕，除孩童驚悸音計夜啼。　鰻鱺魚：　味甘，性平，有毒。五色文者，其功最勝。治骨蒸勞瘦，以魚二斤，治如食法，切作段子，入鍋中用酒二盞煮，入鹽醋中食之。治痔瘻疥蟲方：　鰻鱺魚一條，治

如食法，切作片炙，着椒、鹽、醬，調和食之。女子產門內疽瘡蟲癢，炙熱令香，納引蟲出，或燒煙熏，蟲盡死，仍以白殭蠶煎湯洗之即愈。　白殭蠶：味鹹，性平，無毒。惡桑螵蛸、桔梗、茯苓、萆薢。惟頭番蠶自殭死、白色而條直者佳。勿令中濕，濕則有毒，不可用。凡使以糯米泔浸一日，待蠶桑涎出，浮于水面上，然後漉出，微火焙乾，以布淨拭蠶上黃肉毛，并黑口甲了，單擣篩如粉用。治喉痹風痰，刮南星外皮等分為末，薑汁送下。治諸瘡瘢疵，與鷹屎白、衣魚等分為末，而膏和塗。治黑䵟，令人面色好，同黑牽牛、細辛，等分為末，如澡豆用之。治小兒驚悸夜啼，與全蝎稍等分，天雄尖、附子尖共一錢，微炮過為細末，每服一字，或半錢，生薑湯調灌。

稱比目能增氣力，羨時魚可補虛勞。比目魚：味甘，性平，無毒。　時魚：味甘，性平，無毒。

蜂房治陰痿音委齒疼音同，並療腫癰音雍瘰音纍癧音歷；蛤蚧主肺虛聲欬音慨，兼通淋瀝月經。露蜂房：味苦、鹹，性平，有毒。惡乾薑、丹參、黃芩、芍藥、牡蠣。凡使，須以鴉豆枕等同拌蒸，從巳至未，出，去鴉豆枕熬乾用之。去外包裹麄皮，用內房壘。炙燥酒調灰服。主陰痿，水煎汁服。療齒疼癰腫不消，磨以釀醋敷效。瘰癧作孔，研和猪膽塗差。　蛤蚧：味鹹，有小毒。凡使須認雄雌。若雄為蛤，皮麄口大，身小尾麄；雌為蚧，口尖身大尾小。男服雌，女服雄。去甲上尾上并腹上肉毛。毒在眼。次用酒浸，方乾以紙兩重，於火上緩隔焙紙炙，待兩重帋乾焦透後，去紙，取蛤蚧于甆器中，盛于東舍角畔，懸一宿取用，力可十倍。勿傷尾，效在尾也。研為細末，任入散丸。

果部

至若藕莖肥臟兼開胃，蓮子清心又養脾。藕莖：味甘，生寒熟溫，無毒。或和蜜嘗，肥腹臟，不生諸蟲。或煮熟啖，實下焦，大開胃脘，止吐衄，血溢妄行。破產後血積煩悶。　蓮子：味甘，性平，無毒。生食微動氣，蒸食能養神，禁精洩，清心，去腰疼，止痢。攙作飯，頓令體肢強健；磨煮粥，漸開耳目聰明。

山查消肉積，且行經，兼可寬胸健胃；大棗解心煩，尤益氣，又能和藥溫脾。山查：味甘、辛，性平，無毒。凡使爛蒸去核，日曝收藏。　大棗：味甘，性平，無毒。殺烏頭毒。切忌生葱。凡使劈除內核服，免人煩。生棗食多，脹腹臍作痢。蒸棗旋啖，益腸胃肥中。

甘蔗音摭助脾消逆氣；葡音蒲萄音桃逐水忍風寒。甘蔗：味甘，性平，無毒。凡入藥中，擣碎絞汁，勿共酒食，令人發痰。　葡萄：味甘、酸，性平，無毒。取汁釀酒，留久愈香。多食卒煩悶，眼昏，因性專下走滲道。

澁精止痢染銀鬚，石榴殼神非易語；破血消浮宣結氣，郁李仁妙不可言。石榴殼：味酸澁，性平，無毒。凡使勿犯鐵器。用漿水浸一宿，至明漉出，其水如墨汁。染皓髮銀鬚，療赤白痢、漏精，并眼目時流冷淚，堪洗。治筋骨風疰痛及脚膝不能行步，宜煎。　郁李仁：味酸、苦，性平，無毒。凡使，六月採實，碎核取仁，湯泡去皮，研爛方用。

榛子充腸而益氣，荔奴安志以歸脾。榛子：味甘，性平，無毒。　荔枝奴：即龍眼也。味甘，性平，無毒。取肉入藥，因甘歸脾，古方歸脾湯中，功與人參並奏。《本經》一名益智，裨益脾之所藏。

荔枝止渴毆寒，荔核療偏墜聖藥；橘葉散癰音雍開鬱，橘仁治疝音散氣靈丹。荔枝：味甘、微酸，無毒。荔核火燒存性為末，得青皮、茴香二末，酒調，治偏墜最妙。

橘葉：味辛，性平，無毒。引經以肝氣行，散乳癰、脇癰聖藥；研仁調醇酒飲，毆腰痛、疝痛靈丹。

療痔音治去蟲稱榧實，黑鬚散瀝音歷羨胡桃。榧實：味甘，性平，無毒。忌同鵝肉食，生段節風上壅。　胡桃：味甘，性平，無毒。燒灰存性，研末用之。人拔白鬚，同胡粉納孔中即黑；人生瘰癧，合松脂敷瘡上易差。

芡實澁精，補男子陰虛腰痛；桃仁止欬，破婦人血閉腹疼。芡實：即鷄頭子也。味甘，性平，無毒。凡使須先舂殼，纔可取仁。煮熟食堪以代糧，生嚼食動風冷氣。尋常任作粥作餅，入藥可為散為丸。　桃仁：味苦、甘，性平，無毒。凡使入藥，泡去皮尖，用白朮、烏頭二味，同在垍堝子中煮一伏時後，漉出，劈作兩片，其心黃如金色，任用。

桃葉療頭風鬼疰音住，桃花毆音區水腫石淋。桃葉：味苦、辛，性平，無毒。凡資治療，煮汁飲之。　桃花：味苦，性平，無毒。收採陰乾，須漬酒飲。

枇杷葉清肺和中，又消口渴；覆盆子補肝明目，仍治腎虛。枇杷葉：味甘，性平，無毒。凡採得，秤生者一葉重一兩，乾者三葉重一兩，是氣足堪用。使麄布拭上毛令盡，用甘草湯洗一遍。却用綿再拭，令乾。每一兩以酥一分，炙酥盡為度。如無酥，薑汁代之。　覆盆子：味甘，性平，無毒。凡使，用東流水淘去黃葉并皮蒂，用酒蒸一宿，以東流水淘兩遍，又熬乾方用為妙。

芰音計實安中和臟腑，櫻音英桃益志好顏容。芰實：一名菱角。味甘，性平，無毒。　櫻桃：味甘，性平，無毒。

米部

蓋聞黑豆箍癰，又解毒而消脹；白豆益腎，兼調中而暖腸。黑豆：味甘，性平，無毒。惡五參、龍膽。得前胡、烏喙、杏仁、牡蠣良。煎水飲，殺鬼疰，止疼。合飯擣，箍癰疽，消腫。和甘草片煎，解飲饌中毒，丹石藥毒立效。同桑柴灰煮，下水蠱腫脹瘀血積脹如神。　白豆：是赤豆之類，色之白者。味鹹，性平，無毒。因走腎經，故孫思邈云：此腎家穀，腎病宜食。

剋食養脾神麯好，溫中止瀉穀芽先。神麯：味甘，性平，無毒。製造方宜，六月六日，所用藥料，各肖神名。用白麵一百斤，以象白虎；蒼耳草自然汁三升，以象勾陳；野蓼自然汁四升，以象騰蛇；青蒿自然汁三升，以象青龍；杏仁去尖四升，以象玄武；赤小豆煮軟熟去皮三升，以象朱雀。一如造麴法式，七朝日際晒乾，用灰收貯月深，入藥炒令黃色。

穀芽：味甘，性平，無毒。早穀作芽，水洗日乾，作使煎湯。

胡麻療疔音丁腫金瘡，奏益氣補虛之績；赤豆治脚浮濕痹音閉，建消癰音雍下水之功。胡麻：味甘，性平，無毒。一名巨勝。黑者最良。凡使每一斤，先以水淘，浮者去之，沉者漉出，令乾，以酒拌蒸，從巳至亥，出攤晒乾，于臼中舂，令麄皮淨，拌小豆相對同炒。小豆熟即出，去小豆用之。生嚼塗疔腫，合金瘡立效。蒸熟補虛羸，益氣力殊功。

赤豆：味辛、甘、酸，性平，無毒。同活鯉魚煮，療脚氣入臍腹突高。和桑白皮煎，治濕痹延手足脹大。消癰腫，末調鷄子清箍。下水氣，末入通草湯服。

大豆芽治筋音斤攣音聯膝痛，黃粱米止洩痢中傷。大豆芽：味甘，性平，無毒。

黃粱米：味甘，性平，無毒。凡認黃粱，比粟頗大。夏食清爽，青白火之。但損地力，收少，以致種者罕稀。止痢和中，力倍諸穀。蓋得土中和之氣也。

罌粟殼澁腸，又止肺虛聲欬；小豆花消渴，兼除酒醉頭疼。罌粟殼：味酸、甘，性平，無毒。水泡去淨膜筋，蜜醋隨宜拌炙。其性多澁，甚益大腸。治泄洩久痢，用粟殼一兩、川芎一兩，研末，空心蜜水調吞。止肺虛勞欬，用粟殼一兩，烏梅三錢，研末，桑白皮湯送下。

小豆花：即腐婢也。味甘，性平，無毒。稱名雖賤，解酒誠良。共葛花煎嘗，解酒多頭痛。

蕎麥音喬充飢而益氣，大麥止渴以調中。蕎麥：味甘，性平，無毒。一名烏麥。秋種冬收，日曝待焦，磨為麵食，充飢益氣力，消積，續精神。與丹石共餐，解除燥毒；和猪羊肉食，脫落髮眉。久食尤當忌之，動風令人眩暈。

大麥：味鹹，性平，無毒。仗蜜為使，入藥拯痾。合沒食子、針砂，染皓髮鬚變黑；麥芒入目，累人煮麥汁洗之即出。人患諸般黃症，杵苗汁吞下；蠼螋尿瘡，嚼敷頻換。

菜部

蘩音番蔞音縷破血通淋，兼療瘡瘍音陽、塗背發；水蘄音芹退黃止漏，又除赤沃音屋、去頭風。蘩蔞：即鷄腸草也。味酸，性平，無毒。治產後血塊，以酒炒，絞取汁，和童便服，惡血盡出。治淋，用蘩蔞兩手滿，水煮飲之即和。治瘡瘍背發，搗爛敷之神效。

水蘄：即水英也。味甘，性平，無毒。生于水裏，葉似芎藭。花與其根，並皆白色。凡使作虀菹及煮食並得。小兒霍亂吐痢，蘄葉煮汁飲之。月值春秋，或龍經過，倘人遇食，肚脹手青，病曰蛟龍，痛不可忍。硬糖急服，日兩三升，吐出如蜥蜴之形，如有二三條即愈。苦酒不宜同食，令人損齒斷然。

甘藍補髓堅筋骨，苜音目蓿音速涼脾利小腸。甘藍：味甘，性平，無毒。任作虀菹，煮食並得。

苜蓿：味苦，性平，無毒。煮和醬食之，作羹服亦得。

莙音君薘音達去頭風且調脾氣，芋頭寬腸胃仍潤肌膚。莙薘：味甘，性平，無毒。先患腹冷者忌食。

芋頭：味甘，性平，無毒。惟家園種者宜食。

雍菜獨降乎野葛，翹音喬搖兼理乎諸黃。雍菜：味甘，性平，無毒。解野葛毒。或煮食之，或生搗服。

翹搖：味辛，性平，無毒。五種黃病，絞汁服之。

此平藥之治療，為後學之樞機。

明・劉全備《注解藥性賦》 藥性賦

黃帝立論，神農理藥。軒轅氏作《素問》，論人疾苦；神農理藥，神農氏興《本草》，以明藥性。方分奇、偶、緩、急，藥按君、臣、佐、使。味嘗甘、苦、辛、酸、淡、鹹，性別寒、熱、溫、涼、毒、善。相須配合者，品用隨宜。相反畏惡者，單行取効。明而用者，若步康衢。昧而行者，如登蜀道。若人參、白朮、黃耆、甘草、當歸、茯苓、陳皮、薑、棗，德似一夔，氣同四皓，傑比子房。正如顏杲有守有為，似乎國老。觀諸甘草膏，療癰疽之酷烈。國老膏，治一切癰疽諸發，預期服之，能消腫逐毒，使毒氣不內攻，功効不可具述。用大橫紋粉草貳斤，搥令碎，河水浸一宿，揉令漿汁濃，去盡筋滓，再用密絹濾過，銀石器內慢火熬成膏，以磁罐收之，每服二三匙，無灰酒調服，或白湯亦可。曾服燥藥丹劑，亦解之。或微利，無妨。人參湯，治吐血之狼狽。有人忽然吐下血，其證皆因內損，或因酒色勞損，或心肺脉破，血氣妄行，血如湧泉，口鼻俱出，須臾不救。用側栢葉蒸，焙乾，人參各一兩，焙乾，二味為末，每服二錢，飛羅麵二錢，新汲水調如稀糊服之。白朮療泄，健脾胃以驅風；茯苓主嘔，伐腎邪而滲濕。黃耆補虛汗最佳，生薑治嘔吐却妙。芎、歸誠理血之珍，烏、沉實和氣之寶。用之得宜，無往不好。大黃號為將軍，朴硝、巴豆之屬類焉，以其能破結攻堅，推陳去積，若勇將之敢死擒生，身先士卒而不難也。如關公之刺顏良，班超之斬邊使，李世勣之豪強，薛仁貴之英武也。汗之者，麻黃、乾葛。

輕可去實。吐之者，藜蘆、瓜蒂。病在上者吐之。逐水以芫花、大戟，消脹以黑丑、檳榔。瀉氣須枳實、葶藶，破血用水蛭、虻蟲。開渠有滑石、木通，決壅有甘遂、防已。腦、麝通關，硝、硇破積。恆山截瘧，粟殼止痢。燥痰者砒、丹，回陽者烏、附。此皆破壘奪旗之雄卒也。然下痰氣必半夏、陳皮，定喘嗽須杏仁、五味。甘、桔寬咽，柴、(芩)〔苓〕退熱。麻仁、枳殼以寬腸，豆蔻、砂仁而快胃。脾疼者烏、沉，心痛者玄、木。消食麯、蘗須投，治痢香、連莫捨。

吹鼻衄龍骨、梔灰，定吐血人參、小薊。疝起小腸，川楝、茴香、木、茘，血歸大腑，黃連、枳殼、芎、歸。此則列行伍之敵兵也。又若噴醋，愈盤腸之產。產有盤腸產，產下腸盤出不收，用醋噴產婦面，一噴一縮，不過三兩噴，則腸歸縮矣。吐痰愈便閉之癃。昔有小便癃閉者，用藥通利不効。良醫用二陳湯，加香附子，探吐之即通。知其痰結於肺，譬如玉漏上竅閉塞，下竅不通矣。破眼上之粉瘤，昔張子和治一夫，當目之上綱內眥生一瘤，色若灰李，垂覆目睛，不能視物。子和令其俛臥一床，以繩束其胻，刺委中大出血，先令以手揉其目，瘤上一刺，出雀糞立平。落舌中之肉菌。余治一童子，出麻後舌生瘡，出血如泉，服諸藥無効。一旦舌出菌者三，其人如狂，即合琥珀犀角膏，用三五丸即落，血止瘡愈。傷者安之，信軍吏之炒葱。昔有貴官，因傷其拇指，并爪甲擘裂，遽索金瘡藥裹之，強坐頻索酒，飲至數盃，已過量，而面色愈青，忍痛不止。有軍吏言取葱新折者，便入溏灰火煨蒸熱，剥皮擘開，其間有涕，取罨損處，仍多煨取，續續易熱者。凡三易之，面色却赤，斯須云又不痛。凡十數度易，用熱葱并涕裹纏，遂畢席笑語。〇余治一夫，因截馬草，去其一指，亦用此法，則血止痛消，亦不癀瘓，良。驚者平之，妙醫師之擊凳。昔有一婦，宿於樓上，夜值盜刼人燒舍，驚墮床下。自後每聞有響，則驚倒不知人。家人躡足而行，莫敢冒觸，歲餘不痊。諸醫作心病治之，人參、珍珠及定志丸皆無効。張子和見而斷之曰：驚者，為陽，從外入；恐者，為陰，從內出。驚者為自不知故也，恐者自知也。足少陽膽經屬木，膽者，敢也。驚怕，則膽傷矣。乃命二侍女執病婦之兩手，坐於高椅之上，當面前下置一小凳。子和曰：娘子當視此。用一木猛擊其凳，其婦大驚。子和曰：我以木擊凳，何必驚乎？伺少定，擊之，驚少緩。又斯須連擊三五次，又以杖擊門，又暗遣人擊畫背後之窻，徐徐驚定，而笑曰：是何法？子和曰：《內經》云：驚者，平之。平者，常也。平常見之，必無驚。是夜使人擊其門窻，自夕達旦。夫驚者，神上越也。從下擊凳，使之下視，所以收神也。二三日間，雖聞雷亦不驚矣。〇余嘗治一婦人，亦因驚而得病。後復小產，其病聞響則驚，口噤目瞪，或手捉搐，或語言亂，若神靈所扶。諸醫治不効。余以和血氣，下痰清心之劑，少効復發。後用抱膽丸不十粒，病痊如故。此驚傷膽，信不誣矣。〇抱膽丸，治男子婦人一切癲癇風狂，或因驚恐怖畏所致。及婦人產後血虛，驚氣入心；并室女經脉通行，驚邪蘊結，頓服此，累曾經効。水銀貳兩，朱砂壹兩，細研，黑（鈆）〔鉛〕壹兩半，乳香壹兩，細研，右將黑（鈆）〔鉛〕入銚子內，下水銀結成砂子，次下朱砂，滴乳香，乘熱用柳木槌研勻，丸如雞頭子大，每服一丸，空心井花水吞下。病者得睡，切莫驚動，再服除根。病若怠於腠理，扁鵲難醫。扁鵲，少為舍長，舍客長桑君過，扁鵲奇之，常善遇之。長桑君曰：我有藥方，年老，欲傳與子。乃出懷中方，飲以上池之水，三十日當知物矣。扁鵲如其言，從此視病，盡見五臟之癥結。一日見齊桓侯，曰：君疾在腠理。侯曰：寡人無疾。後五日復見，曰：君疾在血脉。又五日復見，曰：君疾在腸胃。又五日望見桓侯，曰：疾居腠理，湯熨之所及；在血脉，針石之所及；在腸胃，酒醪之所及。今在骨髓，雖司命無奈之何。後數日，侯疾作。扁鵲逃去。桓侯果不起。然則學未至，醫可易言哉？患有深入膏（盲）〔肓〕之上，醫緩莫治。昔晉侯有疾，召醫，緩未至，夜夢二豎子，曰：我居（盲）〔肓〕之上，汝居膏之下，針石不達，藥之不及，如我何？明日醫緩至，一如夢豎之言無異。晉侯曰：明醫也。以禮遣之。侯果不起。車轔轔而病體難支，馬騰騰而患軀莫敵。水則行舟，陸則眠簥。昔張子和云：有人病三日，以驢車載百餘里，比及下車，昏瞀不知人，數日而殂。又有人飲酒過傷，內外感邪，狀如傷寒。三四日間，以馬馱還家，百骨節皆痛，昏憒而死。凡病慎勿車載馬馱，搖撼頓剉。夫動者，火之化。靜者，水之化也。靜為陰，動為陽。陽為熱，陰為寒。病已內擾，又復外擾，是為重擾，奈人之神，詎能當之。故遠行得疾者，宜舟泛床抬，無使外擾，故病不至增劇。知寒冰釀成脾疾，藥用冰煎。泗州楊吉老，名醫也。徽廟常苦脾疾，國醫藥俱不効。遂召吉老，診視訖，進藥。徽廟問何藥，吉老對以大理中丸。上云：朕服之屢矣，不驗。吉老曰：臣所進湯藥，使不同陛下之疾矣，以食冰太過得之，今臣以冰煎此藥，欲以受病之源。果一二服而愈。悟半夏毒成喉腫，薑須片嚼。楊立之自廣州府通判歸楚州，喉間生癰，既腫潰而膿血流注，曉夕不止，寢食俱廢。醫者束手，適楊吉老求赴郡守招。立之兩子走往邀之。至，熟視良久，曰：不須看脉，已得之矣。然此疾甚異，須先啖生薑片一片，乃可投藥，否則無法也。語畢，即出。予有難色，曰：喉中潰膿痛楚，豈宜食生薑？立之曰：吉老醫術通神，其言不妄。試取一片啗看，如不能進，則屏去無害。遂食之，殊有甘香，稍加益至半斤許，痛處已寬；滿一斤，始覺味辛辣，膿血頓盡，粥飲入口，了無滯碍。明日招吉老，謝而問之。對曰：君居南方，多食鷓鴣，此禽好啖半夏，久而毒發，故以薑制之。今病源已清，無服他藥。予記唐小說載崔魏公暴亡，醫梁新診之曰：中食毒。僕曰：常好食竹雞。梁曰：竹雞多食半夏苗，蓋其毒也。命攪生薑汁，折齒灌之，遂復活。甚與此相類也。臨病問因，行舟看水。仁齋楊氏云：有人喉問麻癢，醫問其平日所嗜，曰：常喫鳩子。乃知鳩食半夏苗，以生薑治之而愈。有人啖熱，昏迷不醒。醫問其喜食者何，有曰：酷好煎炙飛禽。乃用紅丸子，小七香丸末之，而入朱砂膏，為小丸，薄荷泡湯灌下，須臾即蘇。有人暑月深藏不出，因客至於窻下，忽爾倦怠力疲，自作補湯，得之反劇。醫問其由，連進兩服香薷散，作効。舉此為例，其他可推。故云：醫者，意也。苟不究其得病之因，其何以為意會？豈不由行舟，看水之深淺緩急之勢哉？心疼欲死，香油送下老葱根。《海上方》救男子婦人心疼，禁了牙關欲死者，可急救之。〇用隔年老葱白三、五根，去皮、鬚、葉，擂為膏，將病人口斡開，用銀銅匙將葱膏送入喉中，用香油四兩，灌送葱膏，油不可少用，但得葱膏下喉中，其人即甦，少時將腹中所停蟲病等物，化為黃水，微利為佳。除根，永不再發，累曾救人，効。脇痛如錐，甘草末和陳枳殼。奇効枳殼散，治人脇間痛，如有物刺，是氣疾也。〇枳殼麸炒黃色，去麸穰二兩半，甘草炙七錢半，二味剉碎，研為細末，每服二錢，濃煎葱白湯調

下，不拘時服。脚瘦疼腫，香蘇加入鷺鷥藤、木香、芍藥。《奇効方》治腿脚瘦疼，足面赤腫，步履艱辛。○用紫蘇、香附子、陳皮、甘草，加鷺鷥藤，即忍冬草，木香、芍藥，如常法水煎，食前服効。敗毒增歸、蟬蛻殼、蒼朮、大黃。凡三陽經脚氣流注，脚踝上焮熱赤腫，寒熱如瘧，自汗惡風，用羌活、獨活、前胡、柴胡、桔梗、人參、茯苓、枳殼、川芎、甘草，已上各一錢，蒼朮米泔浸炒，大黃蒸，各二錢，作一服，水二鍾，生薑五片，煎至一鍾，食前服。皮膚搔癢赤疹，加蟬蛻煎服。忍冬葉妙治飛尸。飛尸者，游走皮膚，穿藏府，每發刺痛，變作無常。遁尸者，附骨入肉，攻鑿血脉，每發不可得近，見尸喪，聞哀哭便發。風尸者，淫灌四肢，不知痛之所在，每發昏沉，得風雪便作。沉尸者，纏骨結藏，衝心脇，每發切遇寒冷便作。注尸者，舉身沉重，精神錯雜，常覺昏廢，每節氣至變，輒成大惡。皆宜用忍冬葉，剉數斛，煮令濃，取汁煎之，服如鷄子大一枚，日三。太一精神丹，蘇合香(圓)〔丸〕並佳。桑枝煎良除臂痛。服桑枝法：桑枝一小升，細切炒香，以水三大升，煎取二升，一日服盡，無時。《圖經》云：桑枝平，不冷不熱，可以常服。療體中風痒乾燥，脚氣，風氣，四肢拘攣，上氣，眼暈，肺氣嗽，消食，利小便，久服輕身，聰明耳目，令人光澤。兼療口乾。《仙經》云：一切仙藥，不得桑煎不服。出《抱朴子》。政和間，許學士嘗病兩臂痛，服諸藥不効，依此作數劑，臂痛尋愈。產母便難，老人風秘，粥煎蘇子、麻仁。許學士云：婦人產後有種疾，鬱冒則多汗，汗則大便祕，故難於用藥，唯麻子蘇子粥，最佳且穩。○紫蘇子、大麻子，二味各半，合淨洗，研極細，用水再研，取汁一盞，分二次煮粥，啜之。此粥不唯產後可服，大抵老人、諸虛人風秘皆得力。嘗有一貴人母，年八十四，忽爾腹滿，頭疼惡心，不下食。召醫者數人，議皆供補脾進食，治風，清利頭目。藥數日，病愈甚，全不入食。其家憂惥。予說之曰：藥皆誤矣！此疾止是老人風秘，藏府壅滯，聚於鬲中，則腹脹惡心，不喜食，又上至於巔，則頭痛，神不清也。若得臟腑流暢，諸疾悉去矣。予令作此粥，兩啜而氣泄，先下結屎如胡桃者十餘，後漸得通利，不用藥而自愈。父呑剛劑，子患熱淋，丸就栢皮紫雪。丹溪云：鄭憲使子年十六，生七箇月後得淋病，五七日必一作，其發則大痛，水道下如漆和粟者，一盞方定。脉之輕則濇，重則弦，視其形瘦而長，色青而蒼。意其必因其父服下部藥，遺熱在胎，留於子之命門而然。遂以紫雪和黃栢末，丸梧子大，晒及乾，熱湯下百丸，半日又下二百丸，食物壓之。又半日，痛大作，連腰腹水道，乃行下漆和粟者椀許，痛減十之八。後張子中與陳皮一兩，桔梗、木通各半兩，又下一合許而安。○如東垣云：李和叔問，中年以來得一子，至一歲之後，身生紅絲瘤不救，後三四子至三歲皆病瘤而死，何緣至此疾？翌日，思之謂曰：汝乃腎中伏火，精氣中多有紅絲，以氣相傳生之，故有此疾，俗名胎瘤是也。汝試視之，果如其言。遂以滋腎丸數服，以瀉腎中火邪，補真陰不足，忌酒辛熱之物，其妻與六味地黃丸以養陰血，受胎五月之後，以黃芩、白朮二味作散，啖五七服，後生子至三歲，前證不作，今已年壯。父得燥熱尚能病子，況母得之者乎？若東垣、丹溪，可謂達病本也。食狼毒而身中發腫，傅山豆而立消。昔王仲禮嗜酒，壯歲時瘡皶發於鼻，延於顙，心甚惡之。服藥勿效。僧法滿使服何首烏丸，當用二斤，適墳僕識草藥，乃掘得之。其法：忌鐵器，但於砂缽中，籍黑豆蒸熟，既成香味可人食所蒸水，必能去風證。以頭面初覺極熱，漸加不仁，至晚大腫，眉目、耳鼻渾然無別，望之者莫不驚畏。主之母高氏曰：凡人感風癩，非一日積。吾兒遇毒，何至於是，吾聞。○山豆根、赤小豆、黑蛤粉、生薑汁，急命僕搗捩薑汁，以上三味為末，調付之。中夜腫消，到曉如初。蓋先採何首烏，擇焉不精，為狼毒雜其中，以致此撓也。飲澗水而腹內生蛇，服雄黃而即下。誤飲蛇交水毒方：有陳齋郎，湖州安吉人，因涉春渴掬澗水兩口，噤。數日，覺心腹微痛，日久疼甚。服藥。醫診之，云：心脾受毒，今心脉損甚。齋答曰：去年涉春，渴飲澗水，得此病。醫云：喫水即蛇在澗邊遺下不淨在澗水內，蛇已成形在腹中，食其心而痛也。遂以水調雄黃服之，果下赤蛇數條，皆能走。出《奇効良方》。病必細詢，藥須精擇。病若不問，知飲澗中之水，安得用雄黃？不知誤服狼毒，又安用山豆根哉？患有陰中伏陽，破陰丹牢牢可記。治陰中伏陽，破陰丹。○硫黃、水銀各一兩，陳皮、青皮去白，各五錢，末。○先將硫黃銚子內鎔，次下水銀，用鐵杖子打勻，令無星，傾入黑茶盞內，研細，入二味，勻研，用厚麵糊丸如梧桐子大，每服三十丸。煩燥，冷鹽湯下；陰證，冷艾湯下。頃年鄉人李信道得疾，六脉沉不見，深按至骨則弱緊者，及頭疼，身溫煩燥，指末背冷，中滿惡心。更兩醫矣，醫者不識，止供調氣藥。予因診視，曰：此陰中伏陽也。仲景法中無此證，世人患此者。多若用熱藥以助之，則為陰邪隔絕，不能導引至陽，反生客熱。用冷藥則所伏真火愈見消鑠。須用破散陰氣，導達真火之藥，使火升水降，然後得汗而解。予授此藥二百粒，作一服，冷鹽湯下。不半時，煩燥狂熱，手足躁擾，其家大驚。予曰：俗所謂換陽也。須臾稍定，略睡。已中汗，自昏達旦方止，身涼而病除。病詳顯處尋真，紫蘇飲昭昭宜檢。昔有一婦人懷胎八月，因臨井吸水，俄然心腹大痛，為原有心腹痛根。請醫止用治心腹痛藥，若丁、木、沉、檀、薑、桂、附子、玄胡、橘、半之屬，十餘日無寸効，皆欲搐去其胎而未果。請余為治，觀其候，面不赤，舌不青，尺脉不絕，但痛自汗出，胎滿於心下。正紫蘇飲證也。遂合一貼，而胎下痛減，不十貼而安，得十月生一男，甚喜。正與《本事方》載羅新恩孺人黃氏，有孕七箇月，遠去而歸，忽然胎上衝心而痛臥坐不安。兩醫治之無效，遂說胎已死矣。已用蓖麻子，去皮研爛，加麝香，調貼臍中以下之，命在垂死。召僕診視，兩尺脉沉絕，他脉平和。僕問二醫者曰：契兄作何證治之？答曰：死胎也。何以知之？答云：兩尺脉絕，以此知之。僕問之曰：此說出在何經？二醫無答。遂問僕曰：閣下作何證治之。僕答曰：此子懸也。若是胎死，却有辯處。夫面赤，舌青者，子死母活；面青，舌赤，吐沫者，母死子活；脣口俱青者，母子俱死；是其驗也。今面色不赤，舌也不青，其子未死。其證不安，衝心而痛，是湊上逼心，謂之子懸，宜紫蘇飲子。治藥十服，而胎近下矣。○紫蘇飲方，治姙娠胎氣不和，懷胎近上，脹滿疼痛，謂之子懸。兼治臨產驚恐氣結，連日不下，名七寶散。無芎，用當歸三分，甘草一分，大腹皮、人參、川芎、陳皮、白芍藥各半兩，紫蘇一兩，㕮咀，

每服半兩，水一錢半，薑四片，葱白七寸，煎七分，空心溫服。針能愈鬼。昔秋夫善針，常聞鬼神呻吟。秋夫曰：汝鬼何如此？鬼云：我腰痛死。但縛草人，針腰腧果愈。云此以明穴之效也。藥可驅瘟。嘗有白髮老人，授香蘇散與一富人家。其家合施，當大疫，城中病者皆愈。其後疫鬼問富人，富人以實告鬼曰：此老教三人矣。稽顙而退。穢物妄投，吐蜣螂而病失。昔有一匠人，借宿於大家。主人不納，云有重病。匠人誑言，我醫氏也。遂暗取牛糞丸三十粒，下以溫水。少頃，病人覺胸中如蟲行，一湧而出，狀若小蜣螂，一二升，以手探之，又得一升，頓覺病去。明日主人出謝曰：百歲老人未嘗見此神妙之藥也。禮餞，匠人遂歸。嗚呼！此匠，小人也。欲苟一時之寢，遂以穢物治人，亦偶得吐法耳，此乃悞中之真也。額皮偶磕，去熱血以目明。昔有一書生赴試，忽患雙眼赤腫，不能視物，悶坐於茶店窓下，窓倒，偶中其額，出血，其腫即消，視物如故。張子和引《內經》曰：熱勝則腫。治火之法，藥用鹹寒，吐之，下之，在針則神廷，上星，顖會，前向百會。血之翳者，可使立退；痛者，可使立已；昧者，可使立明；腫者，可使立消。惟小兒不可刺顖會。熟審真中之悞，細詳悞處之真。病宜吐，醫不與吐。彼匠小人，以穢妄投，偶得吐法，疾愈。目疾宜出血，而不與出血，磕出血目即明，非悞中之真而何。筆針刺喉內蛾生。昔有人母患喉生蛾，只肯服藥，不許針，無可奈何。有醫人范九思者云：我有一藥，但用新筆點之，暗藏鈹針在筆頭內，刺之蛾破，血出即愈。原醫者貴乎有機變也，學者知之。琴弦取咽中骨掗。凡喉被骨刺掗，用琴弦摺轉，探而取之，即出。炙臍起已死之風，昔有感中風者，四肢僵直，不省人事，多炙臍中穴，至百壯或二百壯，即愈如故。熨脇愈將危之厥。昔扁鵲過虢，太子厥而死者。鵲曰：臣能生之。乃使子豹，熨兩脇下，太子起坐。感鬼物而惡中，濟之以打鼓燒香。人有忤中惡鬼氣，其證暮夜或登廁，或出郊野，或遊冷屋，或人所不至之地，忽然眼見鬼，或鼻口吸着惡鬼氣，驀然倒地，四肢厥冷，兩手握拳，鼻口出清血，性命逡巡，須臾不救。此證與尸厥同，但腹不鳴，心腹俱暖，此中惡。驀然倒地，切勿移動其屍，即令親戚眾人圍繞，打鼓燒香，或燒麝香、安息香、蘇合香、樟木之類，直候其人醒記人事，方可移歸。宜用蘇合香丸以濟之。為氣虛而陽脫，熨之以葱白作餅。凡脫陽證，或因大吐大瀉之後，四肢逆冷，元氣不接，不省人事；或傷寒新瘥，誤與婦人交。其證小腹緊痛，外腎搐縮，面黑氣喘，冷汗自出，亦是脫陽證，須臾不救。先以葱白一握，縛緊，切去兩頭，以一頭火上燒熱，安於臍中，上用熨斗盛火熨，使熱氣透腹中，四圍以布帛護其身，勿令熨着好肉。然後煎沉附湯、參附湯、薑附湯、茸附湯，隨有用之，用薑煎服。詳諸此類，若偷兒却兵，義姑感將，開壁放箭之雄，反旗鳴鼓之智，增竈減竈，火牛火雞，濰水囊沙，井陘背水，滹沱冰凍，滎陽風生，縱橫泛應，奇正多方，皆出乎數，而寓乎理也。

外感

鑿井耕田，未必因於妻子。櫛風沐雨，實有為於君親。或披星而冒嚴寒，或戴日而冲酷暑，未免採薪之憂，須用折肱之手。《左傳》云：三折肱，知為良醫。切詳卒中，未易名言。彷彿者，辯痰、熱、瘻、風；似是者，有氣、虛、寒、暑，欲濟斯急，無令猛浪。從容治病，尚有參差，倉卒療疾，豈能得當？卒中之病，非獨風然也。有痰有熱，有虛有瘻，有驚有寒，有暑有濕，其本不同，其形證相似。朱紫玉石相陵，未易分別，且進攝生飲，調蘇合香丸灌之，并吹鼻擦牙，俟其甦醒，詳其實而治之，庶無悞矣。煎就攝生飲，且調蘇合香吹鼻擦牙，俟其甦醒。《直指方》攝生飲，治一切卒中，不論中風、中寒、中暑、中濕，及痰厥、飲厥、氣厥之類，初作即用此。〇圓白南星，濕紙裹煨，南木香、半夏用百沸湯浸少頃，各壹錢半，辣細辛、蒼朮生用、甘草生、細節石菖蒲各壹錢，㕮咀，分作二服，每服水一盞半，生薑七片，煎取其半，乘熱調蘇合香丸，三丸灌下。痰盛加炙全蝎二枚，先以皂角、細辛為末，管子揭些，吹入鼻中，俟噴嚏即進藥。牙噤者，烏梅肉揉和南星、細辛末，以中指頻擦，自開。細詳脉證之真，熟探病機之實，果真中風，續命湯隨經加減。若似中風，順氣散量病除添。且用烏藥順氣散、八味順氣散、人參順氣散、匀氣散之類，調其氣。痰熱生災，飲竹瀝頻頻見効。風寒作恙，下針灸累累收功。證雖善行數變，診必見機而行。且謂感時寒。時寒者，仲景論從春分以後，至秋分節前，天有暴寒者，皆為時行寒疫也。三月、四月，或有暴寒，其時陽氣尚弱，為寒所折，病熱猶輕。五月、六月，陽氣以盛，為寒所折，病熱則重。七月、八月，陽氣已衰，為寒所折，病熱亦微。其病與溫及暑病相似，但治有殊耳。而頭疼發熱，無汗惡寒，脉浮緊，香蘇散、神术湯、十味芎蘇，輕輕解散。無汗要有汗方愈。冒風而體熱身重，有汗惡風，脉浮緩。白朮湯、黃耆湯、九味羌活，欵欵驅除。有汗要無汗方佳。小柴胡，和表裏之良材。病在半表裏，宜小柴胡湯，隨病以和解，獲効多矣。細詳加減；小陷胸，去心胸之妙劑，熟審增除。病在胸膈，以此隨證增減。分利亦可五苓，和解也須白虎。若表裏俱見，非獨小柴胡加桂，然此二藥，亦可詳用。大柴胡須身熱煩燥，譫妄而便祕者方施。小承氣主潮熱讝語，內實而糞結者可行。感風熱而咳嗽生痰，飲參蘇而取效。冒寒濕而寒熱吐瀉，服正氣以收功。然參蘇飲、藿香正氣散，乃宋人所置，得人事天和之中，乃良方也。明表裏而別陰陽，審汗和而施吐下。此暴感時行寒疫，可法仲景真傷寒之道，推行之以收十全。嘗聞濯清泉而避暑，坐林木以乘涼，或暴寒而收拾陽光，或驟雨而頓生陰翳，偶成寒疾，理當汗解。蘇苓飲平分寒暑，二香散兩解風寒。《運類鈐方》蘇苓飲，即香蘇散合五苓散；二香散，即香茹湯合香蘇。亦可隨病加減。體熱惡寒，內實而氣壯者，香薷入雙解最良。心煩惡熱，口渴而脉虛者，白虎加人參實善。六和湯驅暑和中，調心脾而定吐瀉。香朴飲除煩止渴，去伏熱而痊嘔利。中暍，禁汗下、溫針，益氣湯發千

古之秘。仲景太陽中暍證例，禁汗下、溫針，無治法。東垣取清暑益氣湯，可謂發千古之秘也。冒暑，生煩熱，渴飲，春澤湯啟一世之玄。春澤湯治伏暑發熱，煩渴飲引，小便不利，兼治傷寒陰陽不分，疑似之間，最宜服之。〇澤瀉三錢，猪苓二錢，茯苓二錢，白朮二錢，桂心一錢，人參一錢半，柴胡一錢，麥門冬一錢半。〇渴甚，去桂，加五味子、黄連各二錢。㕮咀，每服七錢，水一鍾半，燈心二十莖，煎一鍾，食遠服，滓再煎服。再謂久居卑濕，脉沉細，而腰脚痠疼，大便泄，而小腑瀝瀝，除濕湯而可濟，嘗臨潤下。關節痛而惡風多汗，身體重而溏泄頻頻，滲濕湯而得理。〇燥本屬金，多因火爍。《內經》曰：諸燥枯涸，乾勁皴揭，皆屬於燥。乃陽明燥金，肺與火之氣也。金雖體燥，能令燥者，火也，故外則皮膚枯澀，內則腸胃乾結。內腸胃而乾結，外皮膚而枯燥，潤以通幽，滑以利竅，大黄、生地、蜜桃仁、麻子、杏仁、甘、枳殻，誰知火因動而生，由熱而致，一靜而諸躁石安，動極而諸疾蜂起。聖人定之以仁義中正，周子曰而主靜。若藥，則黄(苓)〔芩〕、黄連、生熟地黄、麥門冬、白朮、茯神、五味子、人參、朱砂、黄栢之屬，亦靜以養之。惟陰虚火動而難治。推之由乎門，行之循乎理。內傷志困林泉，意苦鑽鏗。高仰道行臺閣，心勞讚化調元。發機忘食飲之傷，致胃病而神衰氣短。勇進忘形勞之損，使脾困而四肢不收。或心脇痛而生大熱，或口舌乾而不知味。東垣云：夫食飲不節則胃病，胃病則氣短，精神減少，氣不足以息，言語怯弱，腹中不和，口不知穀味。或胃當心而痛，或上支兩脇痛，甚則氣高而喘，身熱而煩。胃既病，則脾無所稟受，故亦從而病焉。若形體勞役則脾病，脾病則怠惰嗜卧，四肢不收，或食少，小便黄赤，大便或祕或泄，或虚坐，只見些白膿，或泄黄糜。無氣以動，而懶倦嗜卧。脾既病，則胃不能獨行津液，故亦從而病焉。若外感風寒，俱無此證，故易分別耳。藥用甘寒而瀉火，大要溫存。嘗觀夫東垣李氏所謂內外傷辨，有曰外傷風寒，客邪有餘之病，當瀉不當補。內傷飲食，勞役不足之病，當補不當瀉。自此論一出，而天下後世，始知內外之傷有所別。而仲景之法，不可例用矣。其惠也，不其大哉！其飲食、勞役之病，惟當以甘溫之劑，補其中，升其陽；甘寒之劑，以瀉火。若補中益氣湯、升陽順氣湯、參朮調中湯，加減用之，無不愈。王氏履又云：夫勞則動之太過，而神不寧矣，故溫之。溫也者，養也。溫之者，所以調其飲食，適其起居，澄心息慮，從容以待其真氣之復常也。《禮記》所謂柔色以溫之，正合此義。東垣每每丁寧告戒，然世人猶往往用苦寒之劑，望除勞倦傷之熱，及其不愈而反甚，自甚而至危，但曰病勢已極，藥不能勝耳。醫者，病者，主病者，一委天命，皆懵然不悟其為妄治之失也。嗚呼！仁人君子，能不痛心哉？治須逐積以和脾，也宜溫養。昔羅兼甫云：隨王府承應，至瓜忽都地面住，冬有慱兒赤馬刺，約年三旬有餘，因獵得兎，以火炙食之，各人皆食一枚，惟馬刺獨食一枚半。抵暮至營，極困倦，渴飲潼乳斗餘，是夜腹脹如鼓，疼痛悶亂，卧而欲起，起而復卧，欲吐不吐，欲瀉不瀉，手足無所措，舉家驚慌。請予治之，具說飲食之由。診其脈，氣口大二倍於人迎，乃應食傷。太陰經之候也，右手關脉又且有力。蓋燒肉乾燥，因而多食，則致渴飲。乾肉得鍾乳之濕，是以滂滿於腸胃。腸胃乃傷，非峻急之劑，則不能去，遂以備急丸五粒。覺腹中轉(失)〔矢〕氣，欲利不利。復投備急丸五粒，又與無憂散五錢。須臾大吐，又利十餘行，皆物與清水相合而下，約二斗餘，腹中空快，漸漸氣調。至平旦以薄粥飲，少少與之，三日後再以參朮之藥，調其中氣，七日而愈。或曰：用峻急之藥，汝家平日所戒，今反用之，何也？予對曰：理有當然，不得不然。《內經》曰：水穀入口，則胃實而腸虚。食下，則腸實而胃虚。更虚更實，此腸胃傳化之理也。今飲食過節，腸胃俱實，胃氣不能腐熟，脾氣不能運化，三焦之氣不能升降，故成傷也。大抵內傷之理，傷之微者，但減食一二日，所傷之物自得消化，此良法也。若傷之稍重者，以藥內消之。傷之太重者，以藥除下之。《痺論》有云：陰氣者，靜則神藏，燥則消亡。飲食自倍，腸胃乃傷。今因飲食太過，使陰氣躁亂，神不能藏，死在旦夕矣。孟子云：若藥不瞑眩，厥疾弗瘳，峻急之劑，何不可用之有？或者然之。黄(著)〔耆〕、參、朮定為君，甘草、升、柴堪作使，藥用依時，方隨病製。論飲食所傷，重則推去食積，以和脾胃。詳上法治之。輕則消導，以溫養之。若勞役傷，誠不足也。欲退二家之熱，必以參、朮、(著)〔耆〕、草為君，以柴胡、升麻、地骨皮、麥門冬、枳殻、桔梗、白芍藥、黄芩、黄栢、黄連輩為佐，驗人強弱，隨時寒暑，對證加入，以求必愈。瀉熱者如斯，除寒者何是，當知胃者衛之原，脾者榮之本。衛出上焦，陽不足者，必以辛資。桂枝、乾薑、生薑之屬是也。榮出中焦，陰不足者，還須甘補。人參、白朮、膠飴、大棗、甘草之屬。甘辛合而脾胃健磨，飲食進而榮衛生化。《內經》云：肝生於左，肺生於右，心位在上，腎處在下，左右上下，四臟居焉。脾者，土也，應中央，處四臟之中州。治中焦，生育榮衛，通行津液，一有不調，則榮衛失所育，津液失所行，病必生矣。若勞倦傷虚中有寒者，必辛甘合而治之，無不良驗。黄帝《針經》云：榮出中焦，衛出上焦。衛為陽，不足者益之以辛。榮為陰，不足者補之以甘。甘心合，脾胃健，榮衛通，何病不除矣。似巖谷而遇春陽，遂物物而含生意。〇嘗談酒之為物，氣味俱陽。潤皮膚能禦寒威。《本草》云：昔三人晨行，一人飲酒，一人食飯，一人空腹。食飯者病，空腹者死，飲酒者無恙。通血脉，善行藥勢，或三盃兩盞即醉，或五斗一石猶醒。然人之於酒，有入口沾唇即醉，有終日飲不醉者，賦性然爾。失度則沉滯於中，太多則撓擾於外，七神迷亂，百脉沸騰。過傷之毒一發，耗真之病百生，治可辛香而快胃。酒客惡甘喜辛，如解醒湯、推之快氣湯。最宜發汗以清便。凡治酒病，當發散，汗出則愈，此最妙法。其次莫如利小便，上下分消其濕，何酒病之有？如快氣湯、五苓散之屬。推之，莫將巴豆、大黄、牽牛，以耗天真。休將巴豆損天真，莫使大黄虧地土。丹溪云：脾胃象坤土，而有乾健之運。飲之合宜，適天寒地凍，飲三五盞，則能厚腸胃，壯神氣，禦風寒。節之是道。酒能治病，亦能生病。論云：惟酒無量不及亂，豈可不節飲乎？

文章蓋世，難酬捉月之愆。事業遍天，寧掩瓮頭之辱。大凡飲過，必致悮事。雖李白之才，畢卓之貴，可見矣。《直指方》云：凡酒家有病，勿用溫藥。有人飲酒過多，因酒作病，胸脘不快，其氣閉膈，服無數二陳湯，竟無寸效。由是不喜飲食，復以調氣散投之，致發大熱。自後只用薄荷煎雞蘇圓、麻仁圓，日就痊愈。乃知胸脘閉隔，熱在上焦使然耳。又有人酷好飲酒，復感寒邪，服不換金正氣散，以致內熱愈熾，煩渴且悶，汗出如雨，身體怯寒。續後以小柴胡湯加枳殼、白芍藥解之，柴胡、黃芩退熱，枳殼寬中，芍藥調榮止汗，頓然痊愈。然則酒家抱病，其可妄以溫藥，嘗試一中乎？抑論醉飽入房，氣聚脾中不散。孫真人《枕上記》云：醉飽若行房，五臟皆反覆。熱生身體難除，上煩則胸脇滿。甚則痛。而口乾內熱，則心腹閉而溺赤，名熱厥，以甘寒瀉火也，宜滋水清心。號內傷，以甘溫去熱，亦可益腎和中。賦陰陽易，取法前人，表溫涼劑，引歸後進。脩身君子，養浩高人，當節色以保精神，宜少酒以介眉壽。《寶鑒論》醉飽入房，氣聚脾中不得散，酒氣與穀氣相搏，熱盛於中，故熱遍於身，內熱而溺赤，名曰熱厥。而不詳治法，愚謂不過以東垣飲食勞倦方法，推而行之。愚故引張仲景、王海藏陰陽易脉證方藥，具於內傷門下，宜詳考焉。然名雖不同，其為內傷則一而已。

心臟藥性　且夫心，乃手少陰之經。其經起自少衝穴，在手小指內廉之端，終於極泉穴，在腋下筋間，動脉入胸。多氣少血，丁火之臟，君主之官，神明出焉。任治於物，故云君主之官。清靜栖靈，故曰神明出焉。其旺於夏。心火旺於夏。為生之本也。君主者，萬物繫之以興亡，故為生之本也。內合脉，而外榮乎色。通行榮衛，而養血也。味喜苦，而志在乎笑。《洪範》曰：炎上作苦，心屬火，故喜則笑。笑者，火之象也。髮乃血苗，汗為心液，開竅於舌。熱則汗出，司辯五味，舌和，則知五味矣。是心也，實則熱，而虛則寒。守真云：心本熱，虛則寒。脈在左寸。沉取候心，浮取候小腸。靜則安，而動則躁。養心惟靜。虛寒者怯怕多驚，健忘恍惚，清便自可，診必濡細遲。虛實熱者，顛狂譫語，腮赤舌乾，二腑澁黃，脉須數洪沉實。心盛則熱，見乎標。若心臟實熱，則口舌生瘡，乾烈腫痛。心虛，則熱收於內。心虛煩熱也。虛則補其母，肝乃心之母，心虛當補肝。實則瀉其子。脾乃心之子，心實當瀉脾土，餘臟皆然。虛實既知，補瀉必當。味甘瀉，而補之以鹹。凡味甘者能瀉心，凡味鹹者能補心。氣熱補，而瀉之以冷。凡氣熱者補心，氣寒冷者瀉心。心陽不足，桂心、代赭、紫石英，補須參、附。參附湯，薑煎服。離火有餘，竹葉、大黃、山梔子，瀉用芩、連。涼心者，硃砂。壯心者，琥珀。舌長過寸，研冰片，付之即收。傷寒熱毒攻心，舌出數寸，研冰片，付之即收。血衄如泉，炒槐花摻之即止。除瘡落菌，膏犀角與辰(炒)〔砂〕。琥珀犀角膏方：治咽喉、口舌生瘡菌，用真琥珀，研一錢，生犀角屑一錢，辰砂研一錢，茯神二錢，真腦子研一字，人參去蘆，二錢，酸棗仁去皮研，二錢，以人參、茯神、犀角為細末，入乳缽內別研，藥味和勻，用煉蜜搜為膏子，以磁瓶收貯，俟其疾作，每服一彈子大，以麥門冬去心，濃煎湯化服，一日進五服，取效。定志寧神丸，硃砂共連草。《拔萃方》硃砂安神丸：治心煩懊憹，心亂怔忡，胸中氣亂，心下痞悶，食入反吐出。硃砂四錢，研，黃連五錢，甘草生二錢半，為末，蒸餅丸如黃米大，每服十丸，唾津送下。蔓荊子涼諸經之血，草連翹瀉六經之火。驚悸不安，須龍齒、沙參、小草。健忘失記，必茯神、遠志、當歸。多睡兮，飲盧仝之苦茶。不眠兮，服雷公之酸棗。涼血補陰生地黃，行津止渴天花粉。文蛤末付愈口瘡，繡鐵粉噙消舌腫。中風不語，燒竹瀝涼之更良。感熱多言，末硃砂鎮之又善。胸間痞痛開之，枳實、瓜蔞。心內懊憹治之，梔子、豆豉。熱心痛，炒菖蒲、川楝、梔子宜焦。冷心痛，須木香、肉桂、玄胡可炒。心驚盜汗，末白芷與辰砂。有一男子，因驚恐自汗無度，以致倦怠困弱，服麻黃根、黃(著)〔耆〕、牡蠣輩，無寸效。余意汗為心液，以白芷一兩，辰砂半兩，為細末，每二錢，酒調下。因不用酒，用茯神、麥門冬煎湯調服，良愈。鼻衄流紅，煮黃芩、草芍藥。驚熱，獨妙真珠。顛狂，惟佳鐵粉。鐵拍作片，置醋糟中，積久衣生，刮取為胤鐵粉。安鎮靈臺，琥珀、丹砂和玉屑。開清神府，茯神、遠志共菖蒲。病在心詳，藥須心悟。

小腸藥性　小腸，乃手太陽之經。多血少氣。其經起自少澤穴，在手小指之端，終於秉風穴，在肩上，舉臂有空。丙火之腑，受盛之官，化物出焉。承奉胃司受糟粕，受已，復化傳入大腸，故云受盛之官化物出焉。《千金》號監倉吏。合心臟，而長三丈二尺，曲十六，而廣二寸有四。泌清別濁，各歸前後。胃之下口，乃小腸上口也。臍上一寸水分穴，則小腸下口也。至是而泌別清濁，水液入膀胱，滓穢入大腸也。候在人中。《千金》云：唇厚人中長，以候小腸。脉詳左寸。與心脉同位。若輕診而陽實者，小腸實也。是腸也，病則小腹痛，連腰脊，控睪而疼，實則脉實。左寸浮診而實。煩滿而口舌生瘡。虛則脉虛。左寸浮診而虛。懊憹而唇青下白。氣涼補而瀉溫。藥性氣涼者，補小腸。溫者，瀉小腸。味辛瀉，而酸補。藥味辛瀉，酸補。小便頻，而美縮泉。縮泉丸治脬氣不足，小便頻數。〇天台烏藥、益智仁，各等分，為細末，酒煮山藥末，糊丸如梧桐子大，每服七十丸，臨卧鹽、酒吞下效。精不固，而佳威喜。威喜丸治精氣不固，夢泄白濁。〇用白茯苓去皮，切作塊，以猪苓一分，同放於磁器內，用水煮至二十餘沸，取出，焙乾，研為細末，四兩，黃蠟四兩，將黃蠟四兩熔化，搜和茯苓末，為丸如彈子大，空心細嚼，滿口生津，徐徐嚥津服，以小便清為度。仍忌食醋。智、神、遠志能清濁。遠志丸，治小便赤濁如神。〇用遠志半斤，以甘草水煮，去心，茯神去木，益智仁各二兩，為細

末，酒煮麵糊為丸，如梧桐子大，每服五十丸，臨臥用棗湯送下。龍、益、石蓮果澁精。蓮肉散，治小便白濁，夢遺泄精等疾。○用石蓮肉，益智仁，龍骨五色者，各等分，為細末，每二錢，空心清米飲調下服。小腸疝氣，茴香薑浸，入青鹽。去鈴丸，治疝消鈴。○用牡茴香一斤，以老生薑二斤，取自然汁，浸茴香一夜，約薑汁盡入茴香內，以好青鹽二兩，同炒赤，取出焙燥，碾羅為末，無灰酒煮，糊丸如梧桐子大，每日空心，食前服三十丸，溫酒米飲下。此藥專實脾胃，以其有鹽，引入下部，遂大治小腸疝氣，服之累有效。尋常治疝氣藥，多是疎導，久而未有不為害者。此藥用薑汁，專一發散，而無疎導之害，所以為妙也。川楝炒成加木破。川楝子丸治疝氣，一切下部之疾，悉皆治之。腫痛縮小，雖多年，服此藥去根本。川楝子一斤，淨肉四兩，用麩一合，斑猫四十九箇，同炒麩黃色，去麩、班猫不用。○四兩，用麩一合，巴豆四十九粒，同炒黃色，去麩、巴豆不用。○四兩，用麩一合，巴戟一兩，同炒麩黃色，去麩、巴戟不用。○四兩，用鹽一兩，茴香一合，同炒黃色為度，去鹽、茴香不用。同木香一兩，不見火，破故紙一兩，炒黃為度，為末，酒糊丸如梧桐子大，每服五十丸，鹽湯下。甚者，日進三兩服，空心食前服。消石寒，而能治諸淋。透膈散，治諸淋。○用消石一兩，研細。勞淋，勞倦虛損則發，用葵花末煎湯，調二錢服効。又方：白花散治小便不通，膀胱蘊熱。○用朴硝為末，每服二錢，煎茴香湯調服。沉香溫，而行諸氣。沉香散，治氣淋，多因五內鬱結，氣不舒行，陰滯於陽，而致壅滯，小腹脹滿，尿不通，大便分泄，小便方利。○用沉香、石韋去毛、滑石、王不留行、當歸，各五錢，葵子、白芍藥，各三分，甘草、橘皮，各一分，為細末，每服二錢，煎大麥湯調下。尿血，煮苦蕒菜根。出資生經，用酒與水煎服。血淋，煎車前子葉。用車前根、葉、子，用水煎，多飲佳。清泉旋汲，飲髮灰。用自己頭髮燒灰，或他人者亦可，細研，清水調服。或用溫酒調服二錢，立効。薄荷時煎，調琥珀。小便尿血，用琥珀研為細末，每服二錢，燈心、薄荷煎湯，調服神効。熱入小腸為赤帶，茴香、苦楝、當歸。《拔粹方》苦楝丸：治婦人帶病，熱入小腸為赤，熱入大腸為白，皆任脉經虛也。○宜苦楝淬酒炒，茴香炒、當歸，各五錢，為細末，酒糊丸，每服五十丸，空心溫酒送下，立効。邪歸火腑變膏淋，滑石、金砂、甘草。海金砂散，治膏淋。○用海金砂、滑石末各一兩，甘草末一分，研勻，每一匕，用麥門冬湯下。燈心湯下亦可。自朝至夜思經義，果痓欲死之癃。發明曰：長安王善夫病小便不通，漸成中滿，腹大堅硬如石，壅塞之極，腿脚堅脹，裂裂出黃水，雙睛凸出，晝夜不得眠，飲食不下，痛苦不可名狀。伊戚趙謙甫詣余求治。視歸，從夜至旦，耿耿不寐，究記《素問》有云：無陰則陽無以生，無陽則陰無以化。又云：膀胱者，州都之官，津液藏焉，氣化則能出矣。此病小便癃閉，閉是無陰，而陽氣不化。凡利小便之藥，皆淡味滲泄，為陽，止是氣藥。陽中之陰，非北方寒水陰中之陰所化者也。此乃奉養太過，膏粱積熱，損北方之陰，腎水不足。膀胱，腎之室，久而乾涸，小便不化，火反逆上，而為嘔噦，非膈上所生也。獨為關，非格病也。潔古云：熱在下焦，填塞不便，是治關格之法。今病者內關外格之病悉具，死在旦夕。但治下焦，可愈。隨處以稟北方寒水所化，大苦寒之味者，黃栢、知母，桂為引用，丸如梧桐子大，沸湯下二百丸。少時來人，服藥須臾，如刀刺前陰，火燒之痛，溺如瀑泉湧出，臥具皆濕，床下成流。顧盼之間，腫脹消散。余驚喜曰：大哉！聖人之言，豈可不徧覽而執一者也！其證小便閉塞而不渴，時見燥者是也。凡諸病居下焦，皆不渴也。二者之病，一居上焦，在氣分，而必渴。居下焦，在血分，而不渴。血中有濕，故不渴也。二者之殊，至易分別耳。考古驗今得論詳，幸濟將危之祕。適有一富人，因事繫獄。得大便秘，醫以大黃藥通之。不行，反兼小便閉澁，肚腹急脹，食寐俱癈。診其脉虛弱，不渴。此因體虛，傷於七情，致三焦氣澁，運掉不行，乃氣秘耳。遂與三和散一貼，大小腑頓利而勿藥。見古人處方之良也。又一童男，年十二，夏得疾，證熱似瘧，食飲少貪，餘無所苦。余以藿茹飲、六和湯，病減，熱未甚除。彼請小方脉治之，用諸苦寒之劑，熱愈甚，數日往白。余曰：求其退熱而反甚，然且從之。若見脚浮，可止藥。數日脚果浮，小便赤濁，少待凝如糊，皆曰熱甚，有欲進至寶丹者。余曰：非熱甚也，乃苦多瀉脾傷氣耳。脾得瀉而虛，虛則熱甚而至浮，氣傷則小便赤濁如糊。《經》曰：苦傷氣，氣傷則不化，故赤濁而熱也。余一處方，○用白朮五錢，赤茯苓五錢，澤瀉五錢，猪苓五錢，大腹皮五錢，蓬朮五錢，神麯四錢，木香一錢，陳皮三錢半，青皮二錢半，縮砂三錢半，三稜三錢半，滑石二錢半，甘草一錢半，麥門冬去心二錢半，㕮咀，每服四錢，水一大鍾，燈心二十根，煎至七分，食前服。未盡劑，則食進熱除，便清腫退。治得其本矣。升坎水以沃心陽，降離火而溫腎水。

肝臟藥性

肝乃足厥陰之經。其經起自大敦穴，在足大指端，終於陰包穴，在膝四寸上。多血少氣，乙木之臟。將軍之官，謀慮出焉。勇而能斷，故曰將軍。潛發未萌，故謀慮出焉。氣旺於春。肝木春旺。乃罷極之本也。人之運動者，皆筋力之所為，肝養筋，故為罷極之本也。其味酸，而其色青，其聲呼，而其志怒。《洪範》曰：曲直作酸。肝主色青，呼由肝出，怒由肝生。內藏魂而藏血。肝藏魂，更藏血。外榮爪而榮筋。爪與筋，皆肝所管。淚出於肝。淚為肝液，肝熱則淚出矣。候在於脇，開竅於目。目所以司形色，目和視物分明。脈在左關。沉診候肝，浮診候膽。是肝也，實則脉實，兩脇痛，怒而目自腫疼。脇為肝候，目為肝竅，肝實故痛。虛則脉虛，七葉薄而汪汪昏淚。人年老而目昏者，由肝葉薄，膽汁減。資心火以補肝虛。子能令母實，當補心。抑陽光而瀉木實。實則瀉其子。故味辛補而瀉酸。味辛者補肝，酸者瀉肝。氣涼瀉而溫補。凡氣涼者能瀉肝氣，溫者能補肝。薑、橘、細辛補之，宜芎、芍、大黃瀉之。可目勝離婁，君神麯而佐磁、砂。得効方加味磁砂圓云：丹砂之畏磁石，猶火之畏水，今合用之，砂法火入心，磁法水入腎，心腎各得其養，則目自然明。蓋目疾多因脾胃有痰飲，漬浸於肝，久則昏眩。神麯倍於二味，用以健脾胃，消痰飲，極有效。用神麯四兩，辰砂一兩，磁石二兩，醋煅淬七次，右為末，煉蜜丸如梧桐子大，每服五

十丸，食前米飲，日進三服，常服益眼力。一方加夜明砂。手開瞽叟，搗羊肝以丸連末。羊肝丸，治肝經有熱，目赤睛痛，視物昏澁。治目方用黃連多矣，而羊肝丸尤奇異，用黃連末一兩，白羊子肝一具，去膜，同於砂盆內，研令極細，眾手為丸如梧桐子大，每服以溫水下三十丸，連作五劑。但是諸眼目疾及障翳青目，皆治。忌猪肉、冷水。唐崔承元者，因官治一死囚，出活之。因後數年，以病自致死。一旦崔為內障所苦，喪明逾年，後半夜嘆息獨坐。忽聞堦除悉窣之聲，崔問為誰，徐曰是昔蒙活者囚，今故報恩至此，遂以此方告，言訖而沒。催依此合服，不數月，眼復明。○又方：白羯羊肝，只用子肝一片，薄切，新瓦上煿乾，熟地黃一兩半，菟絲子、車前子、麥門冬、蕤仁、決明子、澤瀉、地膚子去殼、防風、黃芩、白茯苓、五味子、枸杞子、茺蔚子、杏仁大者炒、細辛、苦葶藶、桂心、青葙子，已上各一兩，為細末，煉蜜丸如梧桐子大，每服三四十丸，溫水下，日三服，不拘時候。○張臺卿嘗苦目暗，京師醫者令灸肝腧，遂轉不見物。因得此方，服之遂明。有一男子內障，醫治無效。因以餘劑遺之。一夕燈下，語其家曰：適偶有所見，如隔門縫見火者，反且視之，眼中翳膜且裂如線。張云此藥靈，勿妄與人。忽之則無驗。予隘之，且欲廣其傳也。氣疼兩脇，君枳實、芍藥、參、芎。用枳實一兩，白芍藥炒黃，川芎、人參，各五錢，為細末，薑棗湯調下二錢，酒亦得。痰攻雙臂，施朮、草、橘、半、香、苓。治臂痛，半夏一錢，蒼朮、南星、陳皮、茯苓各半錢，甘草、白朮、香附各半錢，㕮咀，薑煎服。右脇脹痛，桂心、枳殼、草薑黃。病右脇疼痛，脹滿不食，用枳殼炒，桂心去皮，不見火，片子薑黃各半兩，炙甘草三錢，為末，每服二錢，薑棗湯調服，酒亦可，不拘時候，作㕮咀，每五錢，薑、棗煎服。左肋刺疼，粉草、川芎和枳實。病左肋刺痛不可忍者，枳實炒，川芎，各半兩，炙甘草二錢半，為末，每服二錢，薑棗湯調服，酒亦可，不拘時候，作㕮咀，薑棗煎服，亦所宜也。悲怒傷肝，雙脇痛，芎、辛、枳、梗、防風、乾葛、草薑煎。病因悲哀煩惱，傷肝氣，至兩腋骨疼，筋脉拘急，腰脚重滯，兩股筋急，兩脇牽痛，四肢不能舉，漸至背膂，攣急大。治脇痛，防風去蘆，川芎、細辛、枳殼、桔梗炒，各四兩，甘草二兩，乾葛一兩半，剉散，每服四錢，水一鍾半，生薑三片，煎至一鍾，去滓，空心溫服，滓再煎服。風寒撼木一囊疼，茴香、烏藥、青橘、良薑，調酒飲。肝屬木，風寒傷之，至囊莖抽痛，俗名小腸氣痛。不可忍者，用烏藥搗碎，酒浸一宿，良薑、小茴香、青皮去白，各一兩，為末，每服二錢，發時熱酒調送下。疝本肝經，何藥可療，附子、山梔，力最高。寒疝入腹，心腹卒痛，及小腸、膀胱氣，疞刺脾腎氣，攻攣急極痛，不可忍，屈伸不能，腹中冷重如石，自汗出。用山梔子四兩半，炒過，附子一枚，炮去皮臍，剉散，每服二錢，水一盞，酒半盞，煎至七分，入鹽一捻，溫服即愈。全蝎、玄胡功不小。小腸疝氣用玄胡索五錢，入鹽炒過，又入全蝎一錢，為末，每服一錢，溫酒調服，立効。上燥下寒，梅膏搗圓歸、鹿。《濟生方》黑丸：治精血枯竭，面色黧黑，耳聾目暗，口乾多渴，腰痛脚弱，小便白濁，上燥下寒，不受峻補。○用鹿茸酒蒸當歸，去蘆，酒浸，各等分，為細末，煮烏梅膏丸如梧桐子大，每服五丸，空心米飲湯送下。頭疼氣厥，烏藥末細川芎。芎烏散，治男子氣厥頭疼，婦人氣盛頭疼及產後頭疼皆治之。川芎，天台烏藥，各等分，為細末，每服二錢，臘茶清調，食前服効。寒濕脚氣踏椒囊。治寒濕脚氣，用川椒二三斤，實於疎布囊中，寘火踏上，跣足踏椒囊。蓋椒性熱，加以火氣，寒濕自然避去。或碎檳榔、熟艾，各三之一，奇妙。風熱膝疼煎栢朮。蒼朮散，治一切風寒濕熱，令足膝痛，或赤腫，骨間作熱痛，及腰膝臀髀大骨疼痛，令人痿躄。一切脚氣，百用百效。○用蒼朮，用米泔浸一日夜，鹽炒，黃(蘗)〔蘖〕，去粗皮，酒浸一日夜，炙焦，四兩，剉碎，每服一兩，水二鍾，煎至一鍾，食前服，日進三服。推行動若盤珠，無使刻舟求劍。

膽腑藥性　膽為足少陽之經，少血多氣。其經起自竅陰穴，在足小指次指端，去爪甲如韭葉，終於童子髎穴，在目外眥五分。甲木之腑，中正之官。剛正果決，故官為中正。決斷出焉。直而不疑，故決斷出焉。附肝葉。在短葉間。而藏汁三合。候咽門，而著象多青。開竅隨肝，左關脉候。脉與肝同位。是膽也，病則眉傾口苦，而嘔宿汁，善太息，恐如人捕，實則脉實，而精神不守，半夏湯瀉之最良。《千金方》半夏湯：治膽腑實熱，精神不守。瀉熱方，○用半夏、宿薑各三兩，茯苓一兩，生地黃五兩，遠志、茯苓各二兩，秫米一斗，酸棗仁五兩，八味㕮咀，每服一兩，以千里長流水二鍾，煮秫米令蟹目沸，揚三千餘徧，澄清，取一鍾，食前服。《集驗方》治虛煩悶不得眠，無地黃、遠志，有麥門冬、桂心各三兩，甘草、人參各二兩。虛則脉虛，而煩擾不眠，溫膽湯補之却善。溫膽湯，治大病後虛煩不得眠，此膽寒也。○用半夏、竹茹、枳實各二兩，橘皮三兩，生薑三兩，甘草一兩，六味㕮咀，每服一兩，水二鍾，食前服，滓再煎。或加人參、茯神、遠志尤良。消陰養火全心氣，茯神四倍沉香。朱雀丸，治心神不定，恍惚不樂，火不下降，時復振跳。常服消陰，養火全心氣。○用茯神二兩，去皮，沉香五錢，為細末，煉蜜丸如小豆大，每服三十丸，食後人參湯下。安鎮驚癇壯膽神，鉛汞結同朱乳。抱膽丸，治男子婦人一切癲癇，風狂或因驚恐怖畏所致。及婦人產後血虛，驚氣入心，并室女經脉通行，驚邪蘊結。頓服，比比經效。○用水銀二兩，硃砂一兩，細研，黑鉛一兩五錢，乳香一兩，細研，將鉛入銚子內，水銀結成砂子，次下硃砂滴乳，乘熱用柳木槌研勻，丸如雞頭實大，每服一丸，空心井花水吞下。病者得睡，切莫驚動，覺來即安。再一丸，可除根。膈壅咽喉腫痛，每收破毒之功。《御藥院方》：龍腦破毒散，治不測急慢喉痺，咽喉腫塞不通，用盆消研細四兩，白殭蠶微炒去嘴，為末八錢，甘草生末秤八錢，青黛八錢，馬勃末三錢，蒲黃半兩，腦子一錢，麝香一錢，右同研令勻細，用甆合子收。如有病證，每用藥一錢，用新汲水少半盞，調勻，細細呷嚥。如是喉痺即破，出血便愈。如不是喉痺，自然消散也。若是諸般舌脹，用藥半錢，以指蘸藥擦在舌上下，嚥津。如是小兒，一錢作四五服，亦如前法

用，並不計時候。膽虛睡臥憂驚，累丈人參之力。《本事方》人參散，治膽虛常多畏恐，不能獨臥，如人捕狀，頭目不利。○人參、枳殼、五味子、桂心各三分，栢子仁、熟地黄各一兩，山茱萸、甘菊花、茯神、枸杞子各三分，為細末，每服二錢，溫酒調服。清熱寬咽，薄荷宿甘芎腦子。《得效方》薄荷煎，治口舌生瘡，痰涎壅塞，咽喉腫痛，用薄荷一斤，取頭末二兩半，川芎三錢，取末二錢，甘草五錢，取末二錢半，砂仁五錢，取末二錢半，俱另秤和勻，煉蜜成劑，任意不拘時，嚼嚥一方。去腦子，加桔梗，本方有腦五分。驚心怖膽，人參、酸棗、乳辰砂。用人參一兩，酸棗仁一兩，辰砂半兩，乳香一分，為細末，煉蜜和杵丸如彈子大，每服一粒，薄荷湯化下。許學士族弟婦，緣兵恐失心，製此方與之，服二十粒愈。新舊多傳去服之，皆驗。驚神昏亂，記學士之良方。驚氣丸，治驚憂積氣，受風邪，發則牙關緊急，涎潮昏塞，醒則精神若癡。○附子、南木香、白殭蠶、花蛇、橘紅、天麻、麻黄各半兩，乾蝎一分，紫蘇子一兩，天南星洗浸，薄切片，薑汁浸一夕，半兩，朱砂一分，留少許作衣，為末，研腦、麝少許，同研極勻，煉蜜杵丸，如龍眼大，每服一粒，金銀薄荷湯化下，溫酒亦可。此方乃許學士家秘方也。戊申年軍中一人犯法，褫衣將受刃得釋，神失如癡，與一粒，服訖而寐，及覺病已失矣。二東提轄張載楊，其妻因避冠失心，已數年。予授此方，不終劑而愈。又黄山沃巡校彥，其妻狂厥者踰年，更十餘醫而不驗。予授此方，去附子，加鐵粉，亦不終劑而愈。鐵粉非但化涎鎮心，至如摧抑肝邪特異。若多恚怒，肝邪太盛，鐵粉能制伏之。《素問》云：陽厥狂怒，治以鐵(洛)〔落〕飲。金制木之意也。此亦前人未嘗論及。風引癇生，脩真人之秘散。《千金方》紫石散，治大人風引，小兒驚癇瘈瘲，日數十發，醫所不療。○紫石英、滑石、白石脂、凝水石、赤石脂、石膏各六兩，甘草、桂心、牡蠣各五兩，大黄、龍骨、乾薑各四兩，十二味治下，篩為粗散，盛以韋囊，懸於高涼處。欲用，取二指撮，以新井水三升，煮取一升二合，大人頓服。未百日兒服一合。未能者綿沾着口中，熱多者，進四五服，以意消息，累用見效。膽虛寒而不眠，炒酸棗調煎竹葉。《聖惠方》膽虛寒不眠，寒也。酸棗仁炒香，用竹葉煎湯調服。膽實熱而多睡，生棗仁末和薑茶。《濟眾方》膽實多睡，熱也。酸棗仁生用，末，茶、薑汁調服。藥生熟，治尚不同。且如酸棗仁，炒熟便補。虛寒不眠，生用，便瀉實熱多睡，旨矣哉。劑多寡，安容不異。如心肺在上，宜小其劑，緩煎而細呷。腎肝在下，宜大其劑，急煎而頓服。脾胃中而已。知輕重，必操乎權衡。取方圓，難捨乎規矩。

脾臟藥性　脾乃足太陰之經。其經起自隱白穴，在足大指端內側，終於大包穴，在淵腋下三寸九肋間。少血多氣，己土之臟，倉廩之官。包容五穀，是為倉廩之官。五味出焉。營養四傍，故云五味出焉。其華在唇四白。四白，謂唇四際，白色肉也。其氣通土四季。土旺於四時也。其味甘，而其色黄。《洪範》曰：稼穡作甘，黄者，中央土色也。其聲歌，而其志思。歌，嘆聲也。人聞樂，則脾磨。思所以知遠也，思甚則脾自傷。內藏意，而主四肢。脾藏意。四肢，乃脾之外候也。外合肉，而統五藏。脾主肉而惡濕，土為萬物之母。脾土為五臟主。涎為脾液。脾熱則涎出。噦為脾病。噦，謂噦噫，胃虛寒所生。開竅於口。口所以司納水穀。脉在右關。沉取候脾，浮取候胃。是脾也，實則飲食消，而肌肉滑澤。虛則身體瘦，而四肢不舉。臍凸肢浮，生之難。口青唇黑，死之易。脾病極矣。去病安生，理宜調理。戒滿意之食，省爽口之味。《痺論》云：陰氣者，靜則神藏，躁則消亡。飲食自倍，腸胃乃傷。謂食物無務於多，貴在能節，所以保冲和，而遂頤養也。若貪多務飽，飫塞難消，徒積暗傷，以召疾患。蓋食物飽甚，耗氣非一，或食不下，而上湧嘔吐，以耗靈源；或飲不消，而作痰咯唾，以耗神水；大便頻數，而洩耗穀氣之化生；溲便滑利而濁，耗源泉之浸潤。至於精清冷而下漏，汗淋漉而外泄，莫不由食物之過傷，滋味之大厚。如能節滿意之食，省爽口之味，常不至於飽甚者，即頓頓必無傷物，物皆為益，糟粕變化，早晚溲便，按時精華，和凝上下，津液含蓄，神藏內守，榮衛外固，邪毒不能犯，疾痰無由作，故聖人立言垂教，為養生之大經也。因飲食勞倦之災，定溫多辛少之劑。東垣云：大抵治飲食勞倦所得之病，乃虛勞七損證也。當用溫平甘多辛少之藥治之。是以本法也。○如時上見寒熱病，四時也。又或將理不如法，或酒食過多，或辛熱之食作病，或寒冷之食作病，或居大熱大寒之處，蓋其病當臨時制宜，暫用大寒大熱治法而取效，此從權也。不可以得效之故，而久用之，必致難治矣。飲食審寒熱之傷，湯藥兼補瀉之置。凡人飲食所傷，多因脾胃虛弱，必當細問物之冷熱，看時之寒暑，而必以白朮、人參、黄耆為君，枳實、青皮、陳皮、神麯、麥蘖、縮砂、草豆蔻、香附子、甘草、蓬朮、木香、半夏、茯神、厚朴、柴胡、黄芩、升麻、黄連、大黄、丁香、澤瀉，隨宜品用，求其適中病情而已。氣別寒熱溫涼，用適其宜。味必甘補苦瀉，行當熟記。脾胃雖以甘補苦瀉，而難定之法，而必求氣之寒熱溫涼，逆從互換，而補瀉之。如白朮健脾消食，必青皮、枳實、人參。緩土和氣，須半夏、橘紅。柴胡除不足之熱，佐之甘草、升麻。黄耆去有汗之火，輔之芍藥、川芎。氣虛嘔，而人參、茱萸。脾寒吐，而丁香、半夏。物頓出謂吐，物旋出而嘔。泄瀉手足冷而不渴兮，附子、乾薑。霍亂吐瀉而不藥兮，胡椒、菉豆。吐瀉不能服藥，胡椒、菉豆各四十九粒，研碎，水煎服。如渴甚，新汲水調服。脾冷而食不磨兮，參、苓、草、朮等陳皮，再加砂、豆。縮砂、豆仁。胃寒而飲不消兮，蒼、朴、橘、甘，加豆蔻，更入參、苓。人參、茯苓。香附微寒，與縮砂消食化氣更妙。安胎沉香少溫，共藿香助土調中。奇消水腫，破血消癥兮，三稜、蓬朮。去瘀除疼兮，蒲黄、五靈、茴香。治霍亂轉筋，共濟木瓜、烏藥。辣桂主中焦氣滯，相扶枳殼、生薑。生薑七錢，枳殼二錢，辣桂五錢。心腹疞痛

兮，玄胡散入胡椒。二味等分，為末，每二錢，酒調服。良薑炒，同香附。每一兩，各炒，每二錢，入鹽少許，二味同炒，則不效。米飲調服。肚實脹兮，大黃、滑石、朴、牽牛、木香、苓、瀉。秘方：治實脹。○用木香、茯苓、厚朴各一兩，大黃、澤瀉各一兩半，滑石、黑牽牛頭末各六兩，為細末，水丸如梧桐子大，每服五十丸，薑湯下。腹虛膨兮，參、苓、朴、术、橘、沉、砂、麯、蘗、附、豆。治虛膨，用已上十一味，加減用之效。大抵物滯氣傷，補益兼行乎消導。凡物滯氣傷者，法當消導、補益兼行。如消導必青皮、枳實、神麯、麥蘗、三稜、蓬朮、砂仁、豆蔻，必以人參、白朮、蒼朮、茯苓之屬以濟之。如橘皮枳朮丸是。食多胃壅，積推并貴乎和中。且所傷滯之物，非枳朮丸之力所能去者，又安可泥於消導而不變乎？故雖備急丸，煮黃丸，感應丸，瓜蒂散，推逐之物，積一去，急與和中，少進飲食靜養，待其來復。大黃誠蕩滌之才，巴豆果推逐之劑。用宜消息，行當仔細。此二藥其性猛烈，古人號為將軍，用之者量其輕重，病去即止。抑又聞天食人以五氣。王冰曰：天以五氣食人者，臊氣湊肝，焦氣湊心，香氣湊脾，腥氣湊肺，腐氣湊腎也。地食人以五味。地以五味食人者，酸味入肝，苦味入心，甘味入脾，辛味入肺，鹹味入腎也。五氣入鼻，藏於心肺。心榮面色，氣藏於心肺。上使五色，脩潔分明，音聲彰著。五味入口，藏於腸胃。五味藏於腸胃，及清者為榮，濁者為衛，營衛周行於表裏，於病何有。五氣得之而和，五神因之而著，氣壯神生。氣為水母，故味藏於腸胃。氣養五氣，五氣和化，津液方生。津液與氣相副，化成神氣，乃能生而宣化也。形全德備，倘食飲以傷和，務按法而調理。

胃腑藥性　胃乃足陽明之經，多血多氣。其經起自厲兌穴，在足大趾次趾之端，去甲如韭葉，終於頭維穴，在額角入髮際，本神旁一寸五分。戊土之腑。與脾臟合。長一尺六，大一尺五，容受水穀，吏號倉庫。其官與脾同。胃重二觔十四兩，長一尺六寸，大一尺五寸，徑五寸，受水穀三斗五升。《千金》號倉庫吏。候在口唇，脉右關部。與脾同位。胃氣平調，五臟安堵。孫真人曰：五臟不足，宜調於胃。胃調，則五臟安定。血脉和調，精神乃居。是胃也，實則脉實。右關脉浮，診陽實也。唇口乾，而腋下腫疼，宜瀉胃土。《千金》瀉胃熱湯，治右關脉陽實，病苦頭疼，汗不出，如溫瘧，唇口乾，善噦，乳癰，缺盆腋下腫痛。此胃實熱也，宜用。○梔子仁、射干、升麻、茯苓各三錢，芍藥四錢，白朮五錢，生地黃汁，亦蜜各一合，以前七味㕮咀，分作二貼，水二鍾，煎至一鍾，去滓，入地黃汁煮一兩沸，次下蜜煮三五沸，食前服。虛則脉虛。右關脉浮診虛。腹痛鳴，而面目虛浮。藥行溫補。補胃湯，治關上陽脉虛，病脛寒，不得臥，腹痛虛鳴，時寒時熱，唇乾，面目浮腫，少氣口苦，身躰無澤，宜用。○栢子仁、防風、細辛、桂心、橘皮各四錢，芎藭、吳茱萸、人參各六錢，甘草炙二錢，上九味㕮咀，分作四貼，每貼水二鍾，煎一鍾，食前服。驗實熱兮，必口內壅乾，瀉黃散而得效。瀉黃散，治脾胃壅實，口內生瘡，煩悶多渴，頰痛心煩，唇口乾燥，壅滯不食。○藿香七錢，石膏煅、縮砂仁、山梔子仁、甘草炙，各半兩，防風去蘆四兩，剉碎，同蜜酒炒香，焙為細末，每服三錢，水一大盞，煎至七分，服不拘時候。審虛寒兮，須骨節皆痛，人參散而真奇。人參散，補胃虛寒。關上陽脉必虛，病脛寒，面浮，身枯絕，諸骨節皆痛。○用人參、甘草、細辛各一兩半，麥門冬、桂心、當歸各一兩七錢半，乾薑一兩，遠志一兩，吳茱萸半兩，蜀胡椒七錢半，已上十味，為細末，每服方寸匙，食後溫酒調服。橘皮、竹茹兮，胃熱渴而頻頻嘔噦。《濟生方》橘皮竹茹湯，治胃熱多渴，嘔噦不食。○用赤茯苓去皮、橘皮去白、枇杷葉拭去毛、麥門冬去心、青竹茹半夏湯泡七次，各一兩，人參炙、甘草，各半兩，已上㕮咀，每服五錢，水一盞半，生薑五片，煎至八分，去滓溫服，不拘時候。烏藥、沉香兮，胃寒痛而日日攢眉。《和劑》烏沉湯，治一切氣，除一切冷，調中，補五臟，益精，壯陽道，暖腰膝，去邪氣。治吐瀉，療癥癖疼痛，風水毒腫，冷風麻痺。又主中惡，心腹痛，蠱毒疰忤鬼氣，宿食不消，天行瘴疫，膀胱腎間冷氣攻衝，背膂俛仰不利。及婦人血氣攻擊，心腹撮痛，並宜服之。○天台烏藥一兩，沉香半兩，人參三分，甘草四分半，為細末，每服五分，生薑三片，鹽少許，食前點服。或加香附、烏藥、縮砂、陳皮、半夏，㕮咀，薑煎服。或再加枳殼、神麯、麥蘗、蓬朮、青皮、木香，隨宜加入，即古複方之法也。人參治翻胃之良。其方用人參二兩，拍破，每服一兩，水一鍾半，煎至四分，熱服。兼以人參汁煮粥吃愈。有人患翻胃，諸方不瘥，只服人參而愈。若卒吐逆，粥飲入口即吐，困弱無力尤良。豆蔻消積氣之冷。豆蔻辛溫，治胃冷。吃食欲吐，以白豆仁五錢，搗細末，用好酒一盞，溫調服三二盞，佳。大抵胃冷所宜。粥藥不停，藿葉、人參、橘、夏。四味，生薑煎服。心脾刺痛，砂仁、香附、烏、沉。四味，生薑煎服。胃冷生痰，半夏薑煎生附子。奇方：用附子生去皮臍，半夏各五錢，每服用五錢，水一鍾半，生薑十片，煎至七分，去滓，空心服。加木香少許，尤佳。中寒停水，麯丸蒼朮久陳皮。治中脘有宿食留飲，酸蜇心痛，口吐清水，噯宿腐氣。○神麯三兩炒，蒼朮米泔浸三宿，日曝乾，炒，陳皮各一兩，為細末，用生薑汁別煮，神麯末為糊，和丸如梧桐子大，每服三五十丸，不拘時，薑湯送下。芫花消癥癖，丸共硃砂。治瘧母，停水結癖，腹脇堅痛。○芫花炒，硃砂研細，等分為末，煉蜜丸小豆許，每十丸，濃煎棗湯下。去癖須用。黃耆治消渴，煎同甘草。治諸虛不足，胸中煩悸，時常消渴，或先渴而欲發瘡，或病癰疽而後渴者，宜服之。○黃耆去蘆，蜜炙，九錢，甘草炙一錢半，作一貼，水二鍾，棗二枚，煎至一鍾，不拘時，食前溫服。硫汞結成砂子，吐逆立痊。嚴氏青金丹，治一切吐逆。○用水銀八錢，生硫黃一錢，別研，上二件入無油銚內，慢火化開，以柳木篦子撥炒，或有烟焰，以醋洒之，結成砂子，再研，為細末，用粽尖杵和為丸，如菉豆大，每服三

十丸，用生薑、橘皮煎湯送下，不拘時候服。○青囊，治反胃，久藥不效及小兒吐不止者。○好硫黄五錢，細研，入水銀二錢半，同研無星，每服三錢，先取生薑汁、酒一盞，煎熟，調藥空心服，調時逐漸著酒，緩調令勻，服了用被蓋，汗出安。參茱煎用棗薑，酢咽即可。用吳茱萸八錢，生薑三錢，人參二錢，大棗二枚，㕮咀，分作二貼，水一鍾半，煎七分，食前服，日進二貼。霍亂轉筋肢逆冷，木瓜鹽炒共茱萸。青囊出。○治霍亂吐瀉，或因飲冷，或胃寒，或失飢，或大怒，或乘車船傷動胃氣，令人上吐下瀉不止，頭旋眼花，手足轉筋，四肢逆冷方用。○吳茱萸五錢，木瓜五錢，食鹽五錢，同炒焦，先用瓦瓶，水二升，煮令百沸，卻入前三味，同煎二升以下，服之。○一方：用枯白礬為末，每服一大錢，百沸湯點服。食癥酒癖脇胸疼，蓬朮芫稜同醋煮。治食癥酒癖，血瘕氣塊，時發刺痛，全不思食。及積滯不消，心腹堅脹，痰逆嘔噦，噫醋，脇肋刺痛，胸膈痞悶，并脾氣橫泄。○京三稜、蓬莪朮各四兩，芫花一兩，去梗葉，同入甆器中，用米醋五升，浸滿，封器口，以灰火煨令乾，取出京朮，將芫花以餘醋炒令微焦，焙乾為末，醋糊丸如菉豆大，每服十五丸，生薑湯下。婦人血分，男子脾氣橫泄，腫滿如水，桑白皮湯下。胃虛咳逆，人參、甘草倍陳皮。用陳皮二兩，人參一兩，甘草二錢半，每服七錢，水煎服效。藿葉、丁皮增半夏。治胃虛中寒，停痰留飲，嘔吐噦逆。○藿香二錢，半夏湯泡七次，炒黄色，三錢半，丁香皮一錢半，作一服，水二鍾，生薑七片，煎至一鍾，食前服。加人參一錢半，尤良。補虛降火，竹茹、甘草、橘陳皮，或加朮、枳。治吐利後，胃虛膈熱而咳逆者。○橘皮三錢，竹茹二錢，人參二錢，甘草炙黄者一錢，作一服，水二鍾，生薑五片，紅棗二枚，煎一鍾，不拘時服。或加白朮炒、枳殼，尤良。扶弱驅寒，柿、橘，良薑，丁、半夏、參、草、薑、苓。治吐利及病後，胃中虛寒咳逆，至七八聲相連，收氣不回者難治。○丁香、柿蒂、人參、茯苓、橘皮、良薑、半夏，已上各一兩，生薑一兩半，甘草三分，為末，每三錢，水一盞，煎，乘熱頓服。或用此藥調蘇合香丸服，亦妙。當知胃為水穀之海，脾為消化之器。安穀則昌，絕穀則亡。水去榮散，穀消衛亡。榮散衛亡，神無所居。水入於經，其血乃成。穀入於胃，脈道乃行。故血不可不養，衛不可不溫，血溫衛和，榮衛將行，榮衛通行，天命常存。表嘉言，景仰乎先哲，作法度，敬報乎後人。

肺臟藥性　肺乃手太陰之經，少血多氣。其經起自少商穴，在手大拇指端內側，終於中府穴，在乳上三肋間，動脉應手。辛金之臟，相傳之官。位高非君，故官為相傳。治節出焉。主行榮衛，故治節由之。其旺於秋。肺金旺於秋。為氣之本也。肺諸氣之本。其味辛，而其色白。《洪範》曰：從革作辛。白者，西方金色也。其聲哭，而其志憂。哭，哀聲也。憂，深慮也。內藏魄，而外養皮毛。肺內藏魄。肺之精氣，生養皮毛。上榮眉，而中生液涕。眉毛，肺之所管。涕乃肺之液，哭則涕出可見。又云：肺熱涕出。開竅於鼻。鼻所以司呼吸，鼻和則知香臭。脉在右寸。沉診候肺，浮診候大腸。是肺也，實則脉實。右手氣口沉診見實者，肺必實。上熱氣麄，兼鼻壅。瀉必辛涼。凡瀉用味辛涼之藥，如黄芩、山梔子、桑白皮、杏仁、麻黄、薄荷、石膏、地骨皮、桔梗、枳殼之類。虛則脉虛。沉診虛細無力。少氣不足，息低微。補須酸熱。凡補肺，用味酸氣溫之藥，如膠膏、五味子、茯苓、縮砂、芍藥、天門冬、麥門冬、陳皮、甘草、肉桂、鍾乳、黄耆之屬。陳皮、甘草，下痰氣之神方。用橘皮陳者，去白，四兩，甘草炙一兩，為細末，湯點服。治痰極有效驗。世醫但知用半夏、南星、枳實、茯苓之類，何足語此。王璆史均外舅莫強中，服之腹痛，利下物數塊，如鐵彈子，臭不可聞，胸中滿，其疾豁然頓愈矣。神麯、橘、薑去氣，嗽之聖藥。治久患氣嗽，用陳皮、生薑，同搗，焙乾，各二兩，神麯二兩，另研，打糊為丸，如梧桐子大，食後，臨臥米飲下三五十丸。七情鬱結，因而喘，沉香、烏藥、參、檳。治七情鬱結，上氣喘急。○用沉香、檳榔、烏藥、人參，各濃磨水，取一盞，煎三五沸，不拘時服。胸痞喘急，徹而疼，半夏、瓜蔞、枳、梗。治胸中痞，胸中痛徹背，喘急妨悶。○用瓜蔞實，別研，枳殼去穰，麩炒，半夏湯泡七次，桔梗去蘆，麩炒，各一兩，為細末，薑汁打糊為丸，如梧桐子大，每服五十丸，食後用淡薑湯送下。鼻塞不通，丸荊芥、澄茄、薄荷。治小兒鼻塞不通，大人亦可。澄茄五錢，薄荷三錢，荊芥穗一錢半，為細末，煉蜜為丸，如芡實大，每一丸噙化津嚥。如小噙不得，用薄荷湯磨化，服不時。大人三四丸。鼻淵不止，末龍腦、蒼、芷、辛夷。治鼻流濁涕不止，名曰鼻淵。○用辛夷仁半兩，蒼耳子炒二錢半，香白芷一兩，薄荷、龍腦葉半錢，並日乾為細末，每服二錢，用葱茶清，食後調服效。百花却去紅痰，百花膏，治喘嗽不已，或痰有血。○欵冬花、百合蒸焙，二味等分，為細末，煉蜜為丸，如龍眼大，每服一丸，食後臨臥細嚼，薑湯嚥下，噙化尤佳。若虛弱人，最宜服之。二母偏除熱嗽。治熱嗽，辰時吃，酉時可安，兼治痰喘。○知母新瓦上焙，貝母一兩，巴豆七粒，同貝母炒，略熟，去巴豆不用，各一兩。黄連、赤茯、阿膠，抑心火而清肺臟。黄連阿膠丸，治肺熱咯血，亦治熱瀉血痢。用黄連淨三兩，赤茯苓二兩，阿膠炒一兩，將黄連、茯苓為末，水調阿膠和丸，如梧桐子大，每服三十丸，食後米飲下。黄連、茯苓能抑心火，肺得其清，而嗽止。訶子、杏仁、通草，利久嗽以出喉音。訶子散，治久嗽，語聲不出。○訶子去核一兩，杏仁泡去皮尖一兩，通草二錢，為㕮咀，每服四錢，水一盞半，煨生薑切五片，煎至八分，去滓，食後溫服。注流疼痛因痰飲，半夏倍於朴硝。《易簡方》治痰飲流注疼痛。○用大半夏二兩，湯浸洗過，為末，風化朴硝一兩，以生薑自然汁打糊，丸如梧桐子大，每服五丸，薑湯下。痛在上，臨臥服。痛在下，空心服。痒疼癮疹為風攻，苦參少於皂莢。《奇效良方》治肺風皮膚瘙痒，或生癮疹疥癬，有人病遍身風熱細疹，痛不可任者，連胸頸臍腹及近隱處皆然。涎痰亦多，夜不得睡。○用苦參一觔，皂莢去皮并子二觔，以水一斗，浸

揉去濃汁，濾去滓，熬成膏，將苦參搗為細末，用皂莢膏和丸，如梧桐子大，每服三十丸，荊芥、薄荷、酒下。一方無荊芥、薄荷，唯酒調下。治遍身風熱細疹痒痛亦可。哮嗽齁齁，兜鈴、蟬蛻、杏除尖，砒霜少入。《濟生方》治男子婦人久患咳嗽，肺氣喘，氣喘促，倚息不得睡臥，齁齁嗽，亦宜服之。〇杏仁去皮尖，炒，別研，馬兜鈴、蟬蛻洗去土并足，炒，各一兩，煅砒二錢，別研，將四件為末，蒸棗肉為丸，如葵子大，每服六七丸，臨睡用葱茶清，放冷送下。忌熱物。熱壅咽喉，雞蘇荊芥桔防風，參牛甘草。《本事方》利膈腸，治虛煩，上盛，脾肺有熱，咽喉生瘡。用雞蘇葉、荊芥穗、防風、桔梗、人參、牛蒡子隔紙炒，甘草各一兩，為細末，每服一錢，沸湯點服。如痛，口瘡甚者，加殭蠶一兩。國醫郭君子方。消酒查，輕粉、硫黃。去鼻痔，白礬、甘遂。治酒查鼻及婦人鼻上黑粉刺者，用生硫黃十文，輕粉十文，杏仁五文，為細藥末，用餅藥調，臨臥時塗，早則洗去。〇消鼻痔方，用瓜蒂四錢，炒，甘遂四錢，白礬半錢，枯，螺青半錢，炒，草烏尖半錢，炒，為細末，用真麻油搜令硬，得些子不可爛，旋丸如鼻孔大，用藥入鼻內，令達痔肉上，其痔化為水，肉皆爛下。每日一次用，妙不可言。白砒石性情實重，入豆豉偏治喘响。紫金丹治响喘，及痰喘不得安臥，信石一錢半，研，淡豉一兩，水潤去皮，研成膏，共研和丸，如菉豆大，每服七丸，或十丸，臨睡用冷茶清送下。只一服，二服後不可喫一應物湯水之類。今以信八分，豉一兩，每服二十丸。一法：二件成膏，搽椀內，艾薰，入生珠末丸。有一親戚，婦人患十年，遍求醫者，皆不效。忽有一道人貨此藥，謾贖一服，是夜減半，數服頓愈。遂多金丐得此方。予屢用以救人，特為神異。百草霜氣味雖輕，和海鹽却消舌腫。治舌上腫硬方，百草霜、鹽，等分，研細末，以井水調敷。甜葶藶良，治肺癰。然肺癰，雖宜多桔梗湯尤妙。甜葶藶隔紙炒，研細末，每服一二錢，食後水煎服。苦熊膽寒，塗腸痔。用熊膽磨以水，鵝翎刷痔上。似華蓋而本清。肺本清，虛則清。象乾金而生水。肺金生腎水，肺主氣。《仙經》云：氣為水母，呵氣水生，可知矣。

大腸藥性　大腸乃手陽明之經，多血多氣。其經起自商陽穴，在手大指次指頭內側端，終於迎香穴，在鼻孔傍五分斜縫中。庚金之腑。大腸乃肺之腑。傳道之官，變化出焉。謂傳不潔之道，變化物之形。合肺臟，而長二丈之一，曲十六，而廣四寸。大腸乃肺之腑，《難經》云：長二丈一尺，廣四寸，疊十六曲。《千金》云：長一丈二尺，廣六寸，右回疊十二曲，主水穀一斗二升，重二斤十四兩。候在鼻頭，脉詳右寸。浮取而陽實者，大腸實也。陽絕者，無大腸脉也。此腸也，實則脉實，傷熱而腸滿不通。辛溫可瀉。《千金》生薑泄腸湯，治大腸實熱，腹脹不通，口為生瘡者方，生薑、橘皮、青竹茹、黃芩、梔子仁、白朮，各三錢，桂心一錢，茯苓、芒硝各二錢，生地黃一兩，大棗二枚，十一味㕮咀，每服一兩，水二鍾，煎至一鍾，去滓，下芒硝，食前服。虛則脉虛，傷寒而腸鳴泄痛，補必酸涼。黃連補湯，治大腸虛冷，痢下青白，腸中雷鳴相逐方，黃連四錢，茯苓、芎藭各三錢，酸石榴皮五片，地榆五錢，伏龍肝指頭大塊，六味㕮咀，每服八錢，水二鍾，煎至一鍾，食前服，再煎。蒸黃連而解酒毒。酒蒸黃連丸，厚腸胃，解酒毒。〇用黃連一斤，淨剉，用好酒四升，浸瓦器中，置甑上，累蒸至爛，取去晒乾，為細末，滴水為丸，如梧桐子大，每服五十丸，食前用溫水送下。炒厚朴而止便紅。厚朴煎，《本方》云，脾胃本無血，緣氣虛腸薄，自榮衛滲入，故有。〇厚朴五兩，用生薑五兩搗爛，二味相拌，燥炒黃色。〇白朮、神麯、麥蘖，三味各一兩，同炒黃，為細末，水糊丸如梧桐子大，疾作，空心米飲下百丸。平時飯三五十丸。厚朴厚腸胃，麥蘖消酒食，白朮導水，血自不作也。五痔諸下血，論不及此，是亦以脾胃為主也，故賦以廣其見效。腸風妙川烏、荊芥。《局方》烏金丸，治腸風，臟毒下血不止，久服令人顏色悅，力強輕健，鬚髮不白。用川烏炮去皮臍一兩，荊芥穗二兩，為細末，醋麵糊丸，如梧桐子大，每服二十粒，酒或熟水下。有疾食前時，日三四服。大疾早晨一服。〇有少府郭監丞，少府風攣搐頭，又寬弹不收，手戰。〇然後能食，服此六七服，退，差，遂長服之，已五十餘年，年七十餘，強健，鬚髮無白者。此藥療腸風下血尤妙。累有人得效，予所目見下血人，服而差者，一歲之內已數人矣。臟毒奇卷栢、黃芪。《奇效方》卷栢散，治臟毒神效。〇卷柏取葉，焙乾，黃芪，各一兩，為細末，每服二錢，空心，米飲調服。痢中六神丸，宜調則調。《良方》六神丸，治赤白痢疾。〇用神麯，別為末，留作糊，麥（牙）〔芽〕、茯苓、陳枳殼麩殼炒黃，木香煨，白利倍之，黃連，赤利倍之，上六味等分，為細末，用神麯末打糊為丸，如梧桐子大，每服五十丸，赤痢甘草湯下，白痢乾薑湯下，赤白痢乾薑甘草湯下。〇愚詳此方，有黃連可以解暑毒，清臟腑，厚腸胃；有木香能溫脾胃，逐邪氣；上下痛有枳殼，能寬腸胃；有茯苓能利水；有神麯、麥（牙）〔芽〕可以消滯。真痢中之要藥也。滯下百中散，可止則止。百中散，治一切痢，不問赤白，或一日之間一二百行，只一服便疎，再二三服即愈。用罌粟殼三斤，去上下蒂頂，剉成片子，蜜炒令赤色，淨秤，厚朴三斤，去麄皮，用薑自然汁淹一宿，炙令薑汁盡為度，淨秤，為細末，每服二三錢，空心，用米飲調下。忌生冷、油膩、魚鮓毒物三日。潤腸通秘，麻仁丸果有神功。精要神功麻仁丸，麻仁去殼，研令極細，并川大黃各三兩，紙裹煨，人參一兩半，煨，取肉一兩，除麻仁外，為細末，和麻仁令勻，煉蜜丸如梧桐子大，每服三十丸，熟水任下，食後令臥時服。行滯推堅，六磨湯豈無奇效。《奇效良方》六磨湯，治氣滯腹急，大便秘澁。〇用沉香、木香、檳榔、烏藥、枳殼、大黃，各等分，將六味熱湯磨服，以通為度。痔瘡熱痛，腦麝研入蝸牛。痔瘡腫痛，用蝸牛一箇，片腦、麝香各少許用，研爛，用磁合盛，次早取汁，傅痔上，痛止腫消。膽冰磨敷井水。熊膽膏，治痔極效。用熊膽、片腦，各研細，用井花水調，以雞羽掃痔上，良驗。痢疾腹疼，薑茶煎治出坡仙。薑能助陽，茶能助陰，二者皆能消散，又且調平陰陽。況於暑毒、

酒食毒，皆能解之也。不問赤白冷熱，通用之。老生薑切如豆許，與茶葉等分，用新水煎服。東坡醫文潞公作效。梅蜜飲，方書登父。《仁齋》云：熱痢，陳年白梅，并好茶、蜜水，各半煎服。冷痢，生薑汁、蜜水，各半煎服。乃將木香、生肉豆蔻為佐，蜜最治痢。腸肉生癰，返魂湯而加減隨宜。《青囊雜纂》榮衛反魂湯，治肚腸內癰，宜服十宣散，與此方相間用之，並加忍冬藤。此藥最治內癰，但當審其虛實，或通或補。補須用附子，通則用大黃。如不明虛實，則此方亦自能通順，十宣自能內補，可無他變。十宣散，去增適可。榮衛返魂湯方：西江月，○血氣逆於肉理，故令壅結癰疽，調和榮衛孰堪宜。赤芍、木通、白芷、何首烏，同枳殼、茴香、烏藥、當歸，更加國老等無疑，水酒同煎濟世。○上九味各等分，水酒湯使，隨證用之。水酒相伴亦可。惟流注加獨活，每服四錢。病在上，食後服。病在下，食前服。○其十宣散，若天令炎熱，可去桂，加瓜蔞子、赤茯苓。驗寒熱而用溫涼，定虛實而施補瀉。

腎臟藥性

腎乃足少陰之經，少血多氣。其經起自湧泉穴，在足心陷中，其終於腧府穴，胸前巨骨下、璇璣傍各二寸。其經左右共五十四穴。癸水之臟，作強之官，伎巧出焉。強於作用，故男曰作強。造化形容，故女曰伎巧出焉。其旺於冬。腎水冬旺。封藏之本也。腎藏精，故為封藏之本也。其味鹹，而其色黑。《洪範》曰：潤下作鹹。黑者，北方水色也。其聲呻。呻吟也。而其志恐。恐所以懼惡也。內藏精，而藏志。腎藏精與志，志榮則骨髓滿實。外榮骨。其充在骨。而榮鬚。精盛則髭鬚不白，容貌不衰。其候在腰。腎敗則腰痛，轉搖不便。其液為唾。唾出乎腎。開竅於耳。耳所以司聽五音者。脉在左尺。浮診候膀胱，沉診候腎。是腎也，對命門，一而為二。左名腎，男子以藏精。右命門，女子以繫胞。原氣之根，精神之舍。天錫言：人之初生，受胎之始，於任之兆，惟命門先具。有命門，然後生心，心生血。有心然後生肺，肺生皮毛。有肺然後生肝，肝生筋。有肝然後生脾，脾生肉。有脾然後生腎，腎生骨髓。有腎則與命門合，二數備，是以腎有兩枚也。左者為腎，右者為命門。腎與命門，所生雖有先後之異，其氣亦相通矣。夫命門所生，自無為有作，諸神精之所舍，原氣而乃繫之。故男子為藏精之處，女子繫於胞囊。蓋精者，乃五臟六腑之精，若有餘則悉歸於腎，腎受精氣，故神生焉。傳曰：聚精會神者，此也。受病同歸於膀胱，診候兩分於水火。脉法曰：夫命門與腎脉同者，謂其所受病同歸於膀胱一腑也。其各受病也，當用心辯水火之異。何以別之？如外證小便清利及脉沉而遲，是以氣屬腎水。如小便赤澁，脉沉數，是其氣熱，屬命門火。故所受者同，所主者異。夫所受者同，乃命門與腎同歸膀胱一腑也。所主者異，謂有寒熱之別，一歸於寒水，一歸於相火也。實則脈實。左尺沉診候腎，右尺沉診候命門。小腹脹滿，而腰背急強，便黃舌燥者，瀉腎湯可以廣推。《千金》瀉腎湯，治腎實熱，小腹脹滿，四肢青黑，耳聾，夢腰脊離解伏水，氣急。○用芒硝、茯苓、黄芩各三錢，生地黄汁、石菖蒲各五錢，大黃切一合，用水密器中宿漬，磁石碎如雀腦，各八錢，玄參、細辛各四錢，甘草二錢，十味㕮咀，每服一兩，以水二鍾，煎一鍾，去滓，下大黃，內藥汁中更煮，減一分，去大黃，內地黃汁微煎一二沸，下芒硝，食前溫服。虛則脉虛，氣寒陰痿，而言音混濁，脛弱，脉伏者，蓯蓉散宜加尋討。治腎氣虛寒，陰痿，腰脊痛，身重緩弱，言音混濁，陽氣頓絕。用蓯蓉、白朮、巴戟天、麥門冬、茯苓、甘草、牛膝、五味子、杜仲各八錢，車前子、乾薑各五錢，生乾地黄半斤，十二味為細末，食後酒服方寸匕，日三。腎氣不和，腰脇痛，散號異香。有人患腰痛，傴僂行半年餘，與炙腎腧，是日不能動，遂合異香散，二服即行如故。何效速哉？陽經鬱滯，背肩疼，湯名通氣。通氣防風湯，治肩背痛，不可回顧者。此手太陽氣鬱而不行，以風藥散之。脊痛項強，腰似折，項似拔者，足太陽經不通。○用羌活、獨活各一錢半，藁本、防風、甘草炙各一錢，蔓荊子、川芎各二錢，作一服，水二鍾，煎至一鍾，食遠服。如身重腰沉沉然，經中有寒濕也。更加酒浸漢防已一錢，輕者加附子一錢，重者加川烏一錢。腰痛散八角茴香。治腰重痛，○用八角茴香炒，為末，每服二錢，食前用溫酒調服。精洩末一升韮子。治夢洩失精，○用韮子一升，治下篩，酒服方寸匕，日立效。氣滯腰疼，堪順氣。人參順氣散，治氣滯腰疼。○用人參、川芎、桔梗、白朮、白芷、陳皮、枳殼、麻黃去節、烏藥、白薑炮、甘草炙，各一錢，作一服，水二鍾，煎一鍾，食前服。或為細末，食前用甘草湯調服。一方加五加皮一錢。血凝臂痛，可舒經。舒經湯，治臂痛不能舉。有人常苦左臂痛，或以為飲，或以為風，為濕，諸藥悉投，繼以鍼灸，俱不得效，用此方而愈。蓋是氣血凝滯，經絡不行所致，非風非濕。腰以下食前服，腰以上食後服。○用片薑黃二錢，如無，則以嫩莪朮代之，赤芍藥、當歸、海桐皮去粗皮、白朮，已上各一錢半，羌活、甘草炙各一錢，作一服，水二鍾，生薑三片，煎至一鍾，去滓，磨沉香汁少許，食前服效。五味能交心腎，須茯神、遠志、川歸、山藥、蓯蓉、枸杞、龍骨，安養精神，與益智、茴香、故紙、鹿茸、牛膝、黃（著）〔耆〕、地黃，補腎益陰，加當歸而補髓。二宜丸。附子驅寒去濕，倍人參而壯陽。參附湯。虎骨治骨虛酸痛。治骨髓中疼，○虎骨四錢，芍藥一兩六錢，生地黃八兩，三味㕮咀，以清酒一升，浸三宿，曝乾，復入酒中，如此取酒盡為度，搗，酒服方寸匕，日三服。猪腎濟腎弱腰虧。用童子便二盞，無灰酒一盞，以新磁瓶貯之。取全猪腰子一對，在內密封泥，日晚時以慢火養熟，至中夜止，待五更初，以火溫之，發瓶飲酒，食腰子。病篤者，只一月效。平日瘦怯者，亦可服此。蓋以血養血，絕勝金石草木之藥也。乾坤立，而易道行。坎離交，而人身泰。

膀胱腑藥性

膀胱乃足太陽之經，多血少氣。其經起自至陰穴，在足小趾外側，去甲如韮葉，終於睛明穴，在目內眥。名玉海，而津液藏。號都官，而氣化出。

《脉經》云：氣者，升而為雨露，降而作淵源。膀胱者，州都之官，氣化則出。《千金》號水曹掾。名玉海，而藏津液，得氣海之氣，施化則溲便注瀉。氣海之氣不及，則秘隱不通。《內經》名都官，言位當孤府，故名都官。居下內空，故藏津液。重九兩二銖，而廣九寸，量九升九合。而其器堪容，候在耳中。脉居左尺。與腎同位。是膀胱也，實則脉實。左手尺中神門後，陽脈實者。病胞轉，不得小便，苦煩滿，難於俛仰，藥用寒涼利竅。石膏、梔子、蜜同煎。治膀胱實熱，○用石膏八錢，梔子、人參、茯苓、知母各三錢，蜜一合，生地黃、淡竹葉各切一合，七味㕮咀，每服一兩，水二鍾，煎一鍾，去滓，下蜜煮二沸，食前服。須利，加芒硝三錢。虛則脉虛。左手尺中脉虛者，足太陽經也。腸痛引腰背，難利屈伸，脚中筋緊急，耳鳴重聽。腎虛證候。補磁石、五味、黃耆，配苓、朮、石英、杜仲。治膀胱虛冷，飢不欲飲食，面黑如炭，腰脇疼痛。○用磁石六錢，黃耆、茯苓各三錢，五味子、杜仲、白朮、白石英各五錢，七味㕮咀，每服一兩，水二鍾，煎至一鍾，去滓，食前服，滓再煎服。火腑熱蒸，腸內澁，木通、生地、黃芩。火腑丹，治心經熱，小便澁及治五淋。許學士治渴疾良驗。生地黃二兩，木通一兩，黃芩一兩，為細末，煉蜜丸如梧桐子大，每服三五十丸，木通湯下。小便不利，莖中疼，葶藶、茯苓、通草。《千金方》治小便不利，莖中疼痛，小便急痛。○通草、茯苓三兩，葶藶二兩，三味為細末，水調服方寸匕，日三服。腎大如斗，青皮、荔核、小茴香。《危氏方》荔核散，治腎大如斗，不過三劑除根。○舶上茴香，青皮全者，荔枝核，等分，剉散，炒黃，出火毒，為細末，酒調二錢，日進三服。胞轉如塞，葵、滑三般寒水石。治丈夫婦人胞轉不得小便八九日者。冬葵子一升，滑石、寒水石各一升，三味㕮咀，以水一斗，煮取五升，分三服。冷熱熨，可利便難。《千金方》冷熱熨法：若大小便秘塞不通，或淋瀝溺血，陰中疼痛，此是熱氣所致。用此法即愈。其法前以冷物熨小腹已，次以熱物熨之，又以冷物熨之，自通，將理自愈。屈伸導，能和腰痛。腰腎痛導引法：正東坐，收手抱心，一人於前據躡其兩膝，一人後捧其頭，徐牽令偃臥頭倒，三起三臥止，便瘥。風熱相乘囊腫，服三白而立消。三白散，治膀胱蘊熱，風濕相乘，陰囊腫脹，大小便不利。○白牽牛二兩，桑白皮、白朮、木通去節、陳皮去白，各半兩，為細末，每服二錢，薑湯調，空心服。蟲蟻吹着陰脬，傅蟬蜕而即散。蟬蜕散，治陰囊忽腫，多坐地為風或蟲蟻吹着。用蟬蜕半兩，水一椀，煎湯洗腫處，其痛立止，腫亦消，再溫再洗，洗後仍與五苓散，加燈心煎服。又方：用葱園內蚯蚓糞，甘草汁調塗。治病施方，須達要旨，苦寒平升，甘辛平降。《寶鑒》云：藥性要旨，苦藥平升，微寒平亦升，甘辛藥平降，甘寒瀉火，苦寒瀉濕熱，苦甘寒瀉血熱。高者宜抑，下者可舉。《寶鑒》云：假令高者抑之，非高者固當抑也，以其本下而失太高，故抑之而使下。若本高，何抑之有？假令下者舉之，因當舉也，非下固當舉也，以其本高而失之太下，故舉之而使高。若本下，何舉之有？求巧必事乎公輸，求聽當宗乎師曠。

三焦腑藥性　三焦乃手少陽之經，少血多氣。其經起自關衝穴，在手小指次指之端，去爪甲角如韮葉，終於耳前穴，在耳前起肉當耳缺者。丙火之腑。《千金》名中清之腑。決瀆之官，水道出焉。引道陰陽，開通閉塞，故官司決瀆，水道出焉。其無形而有用，行氣血而不停。《脉經》云：三焦者，上焦如霧，中焦如漚，下焦如瀆，有名無形，寄生胸中，以應呼吸，而行血氣。夫氣者，上至頭，而豈能下血者，下至足，而豈能上，皆三焦之用，擁遏鞭辟，使氣血由是而貫通焉。故謂無形而有用。老子曰：有之以為利，無之以為用。竅寄於耳，脉在右尺，是三焦也。與命門脉同位。虛實驗其寒熱，補瀉分其臟腑。實則上絕於心，虛則引氣於肺。上實熱而瀉心陽，涼膈散，鷄蘇丸，湯名澤瀉。上虛寒而補肺氣，厚朴湯，理中湯，丸號黃連。瀉脾土，去中焦之熱。補胃氣，濟中焦之寒。下熱瀉肝，下寒補腎。引數湯為正驗，在君子而擴充。已上湯丸，詳《千金方》《衛生寶鑒》。

補真養性　全真養氣，高仰農黃。王冰云：極黎元於仁壽，濟羸劣以獲安者，非三聖道則不能致之矣。慎疾防邪，斗瞻孔孟。論云：子之所慎，齋戰疾。孟子曰：有寒疾，不可以風，非防邪乎？壽欲高如泰山，心要寬如北海。包龍圖云：寬心老自遲。及邵子有曰：不出耆英九老，怡樂天和。若諸葛公食少事煩，營星即墜，槩可知矣。然須仁至。語云：仁者壽。也要藥扶。醫書云：既不能御氣以全身，又不能餌藥以延壽。聖人有言曰：治未病，不治已病。治未亂，不治已亂。夫病已成，而後藥；亂以成，而後治。不亦晚乎？補元陽而益脾胃，永壽丸實可常吞。為丸如梧桐子大，溫酒鹽湯任送下三十丸，日進三服，食前，五日後有力，十日精神爽，半月氣力頗壯，二十日目明，一月夜思食，冬月手足常暖，久服身躰輕健，筋骨壯盛，悅澤難老。更看躰候加減，身熱加山梔子一兩，心氣不寧加麥門冬一兩，少精神加五味子一兩，陽弱加續斷一兩。常服牢牙，永無瘴瘧。婦人服之，姿容悅澤，暖子宮，去一切病。鹿菟丸妙充腎水。《濟生方》鹿菟圓，治真精不足，腎水涸燥，咽乾多渴，耳鳴頭暈，目視昏花，面色黧黑，腰背疼痛，脚膝痠弱，服僣藥不得者。○生鹿角，鎊一兩，菟絲子淘酒蒸擂二兩，為細末，酒糊丸，如梧桐子大，每服七十圓，空心食前，用鹽酒鹽湯任下。茸珠丹能養心陽。茸珠丹，治心虛血少，神志不寧，驚惕恍惚，夜多異夢，睡臥不安。○鹿茸去毛，酒蒸一兩，硃砂半兩，細研水飛硃砂憂佳，為細末，煮棗圈肉為圓，如梧桐子大，每服四十圓，炒酸棗仁煎湯送下，午前臨臥服之。要罷居坎戶，欲虎到離宮。陽火欲降溫腎，陰水欲上沃心。鎮心丹，實會施為。平補鎮心丹，治丈夫婦人心氣不足，志意不定，神情恍惚，夜多異夢，忪悸煩欝，及腎氣傷敗，血少氣多，四肢倦怠，足脛酸疼，睡臥不穩，夢寐遺精，時有白濁，漸至羸弱。○酸棗仁去皮，隔紙微炒，二錢半，

車前子去沙土，碾破，一兩二錢半，白茯苓去皮，五味子去枝梗，一兩二錢半，熟地黃，洗酒蒸，天門冬去心，遠志去心，甘草水煮，山藥洗淨，薑汁製，各一兩半，茯神去皮，麥門冬去心，肉桂不見火，各一兩二錢半，人參五錢，龍齒一兩半，硃砂細研半兩，為衣，碾為細末，煉蜜圓如梧桐子大，每服三十圓，空心飯飲下。溫酒亦可。加至五十圓，常服益精髓，養氣血，悅顏色。若性熱，及天炎時，減桂。補陰丸，儘能擺布。補陰丸，降陰火，補腎水。○用黃栢半斤，鹽酒炒，知母酒浸，炒，熟地黃各三兩，敗龜板四兩，酒浸，煎，白芍藥炒，陳皮、牛膝各二兩，瑣陽、當歸各一兩半，虎骨一兩，酒浸酥炙，為末，酒煮羊肉，丸如梧桐子大，每服五六十丸，鹽湯下。冬加乾薑半兩。枸杞子丸，最治風勞。枸杞丸，一名延年丸。育神養氣，強力益志，及治風勞氣冷，美顏色，烏髭髮。○枸杞子焙，覆盆子、車前子、甘菊花去梗、生地黃焙、地骨皮、何首烏、巴戟天去心、續斷、白朮、細辛去苗、遠志去心、石菖蒲米泔洗曝、牛膝酒浸焙、菟絲子酒浸一宿，搗作餅，焙乾入藥，已上各一兩，為細末，煉蜜和丸，如梧桐子大，每服十丸，加至三十丸，空心用溫酒送下。地仙丹，果除風冷。地仙丹，治風氣，補元陽，活血脉，壯筋骨，潤肌膚，聰耳目，延壽筭，駐容顏，久服則身輕。○黃(著)〔耆〕剉炒，天南星炮，羌活去蘆，懷香子炒，地龍去土，骨碎焙炒，防風去蘆，赤小豆揀，狗脊去毛，白蒺藜炒，烏藥去木，白附子炮，附子炮去皮臍，萆薢，已上各半兩，牛膝酒浸切焙，肉蓯蓉酒浸切焙，何首烏去黑皮，覆盆子去蒂，蜀椒揀去目并合口者，炒出汗，已上各一兩，木鱉子去殼三分，為細末，酒煮麵糊和丸，如梧桐子大，每服二十丸，空心鹽湯，或茶、酒任下。男子久冷，元氣虛憊，脚手疼痛等疾，皆可服之。築壘防邪，末菖蒲與白朮。白朮菖蒲散，○菖蒲味辛，溫，無毒。主風寒濕痺，欬逆上氣，開心孔，補五臟，通九竅，久服輕身延年不老。○白朮甘，溫，無毒。除熱消食，治一切風疾，五勞七傷，冷氣腹脹，補腰膝，消痰，治水氣，利小便，止反胃嘔逆，及筋骨弱軟，痃癖氣塊，服食家多單餌，或合茯苓，或合菖蒲，並搗末，旦日水調服，晚再進，久久彌佳。今用好白朮一斤，石菖蒲一斤，並細切，搗為細末，白湯調二錢，空心服，日進服，溫酒亦可。整宮養正，丸香附共茯神。鐵瓮先生交感丹，○俞居易侍郎傳，世人中年精耗神衰，常言百事心灰。蓋緣心血少，而火不能下降於腎，腎氣憊，而水不能上升至心，中焦隔絕，榮衞不和。所苦者，上則心多驚悸，中則寒痞，飲食減少。下則虛冷遺泄，甚至於陰痿不興，臟氣滑泄。愚醫徒知峻補下田，非獨失真，不能生水滋心而健胃，立見衰悴，夭折之由，當自此始悲。夫所以處此方，廣濟迷惑。然不可忽，此藥品，志心服之半年，屏去一切暖藥。又不可恃此而馳嗜慾，然後力習秘因泝流之術，其神效不可殫述。質之天地，切勿妄傳。居易之祖，通奉遺訓云。予年五十一歲，遇鐵瓮先生，授此秘術，酷志行持，服食一年，大補。平日所服暖藥，一切屏盡，而飲食嗜好，不減壯歲，此藥力之功大矣。今年八十五，享天然之壽，瞑目無憾。獨此藥傳之，理當普示群生，同登道果，藥後有湯，與牙藥同用之。○茯神四兩，香附子一斤，去毛，用新水浸一夕，炒令黃色，二味為末，煉蜜和丸如彈子大，每服侵晨一丸，以後降氣湯嚼下。○降氣湯，用服前件丸藥，茯神二兩，甘草一兩半，炙黃，香附子半斤，炒浸如前，右件三味，為細末，每服一錢，沸湯點服。○擦牙方，香附子五兩，以生薑三兩，研，和滓汁浸香附子三夕，炒焦存性，為末，以鹽二錢，拌勻擦牙。久服延年，何首烏可生可熟。何首烏丸，治男子元臟虛損，髮白再黑，填精補髓。○何首烏半斤，肉蓯蓉六兩，牛膝四兩，將何首烏用棗一層，何首烏甑內蒸棗軟，用竹刀切，焙，同為末，用棗肉和丸，如梧桐子大，每服五六七丸，嚼馬藺子服，酒下。食前一服，加一丸，日三服，至四十丸即止，卻減丸數服，其效如神。○右方何首烏丸，王豐甫傳云：其父禹玉，平生服此有效。○何首烏西京尤佳，米泔浸一宿，用竹刀刮去皮，切片焙乾用一斤，熟地黃四兩焙，懷州牛膝酒浸一宿，焙乾，四兩，不得犯銅鐵器，搗羅為末，煉蜜為劑，再入木柏內杵一千下，丸如梧桐子大，每日空心溫酒下四五十丸，忌羊血、生葱、蘿蔔、藕，不飲酒以飯飲下，大有神效。○又方：採何首烏大者，以竹刀括去皮，用米泔水浸一宿，晒乾，雄雌各半，研為末，每服二錢，酒調服，米湯亦可。○又方：採何首烏大者，拭去土，用好老酒浸七日，用小紅棗間鋪在木甑中，以瓦釜炊蒸半日，取出，括去皮，晒乾，為末，煉蜜為丸，如梧桐子大，每服四十五丸，溫酒空心送下。長吞去病，稀薟草宜曝宜蒸。稀薟圓，治中風偏風，口眼喎斜，時吐涎沫，語言蹇澁，筋脉拘攣，手足緩弱，伏床不起之證，悉宜服之。久服耳目聰明，髭鬢烏黑，筋力壯健，多有效驗。○狶薟草，一名火枕草，五月五日，六月六日收採，洗去土，摘其葉，不拘多少，九蒸九曝，每一次蒸用少酒、蜜水洒之，蒸一飯久，曝乾，如此九遍蒸曝，日乾為末，煉蜜為圓如梧桐子大，每服百圓，空心食前溫酒、米飲任下。丸名順氣，性熱而便澁者良。溲風順氣丸，治三十六種風，七十二氣，去上熱下冷，腰脚疼痛，四肢無力，多睡少食，漸漸羸瘦，顏色不完，黃赤惡瘡下疰，口苦無味，增寒毛聳，積年癥癖氣塊。丈夫陽事斷絕，女久無子嗣。久患寒瘧，吐逆瀉痢，變成勞疾，百節酸疼。初生小兒及百歲老人，皆可服。補精駐顏，踈風順氣。○車前子二兩半，白檳榔、火麻子仁，微炒赤色，退殼，另研入藥，郁李仁湯泡去皮，另研，菟絲子酒浸，焙乾，研作餅，晒乾入藥，牛膝酒浸三宿，乾山藥，已上各二兩，枳殼去穰麩炒，防風、獨活各一兩，錦紋大黃三錢，為細末，煉蜜為丸，如梧桐子大，每服二十丸，酒、茶、米飲湯送下，百無所忌，早晨、臨睡各一服，服經一月消食，二月去腸內宿滯，三月無倦少睡，四月精神強盛，五月耳目聰明，六月腰脚輕健，一年百病皆除，老者反少。孕婦勿服。如服藥臟腑微動，以羊肚肺羹補之。久患腸風便血，用藥治之，除根。如顫語蹇澁及癱瘓，授以此方，隨至平復。若酒後，老小能餌一服，宿醒消盡，百病不生，無病不治。此方係辛仲和總管的本方，鎮江路五條橋大藥補徐可庵，見今脩合出賣。丹號草還，氣冷而腸滑者善。草還丹，夫草還丹者，不用金石，不加燥熱，不傷五臟，只以草藥為用，全在製度之妙。得水火既濟之術，奪丹砂燒煉之功。大壯脾胃，能進飲食。且脾屬中央之土，乃五臟之主，一失調養，則五臟俱虛，百病由此而生。此藥益精髓，補腎經，固元陽，輕腰腳，安五臟，通九竅，令人耳目聰明。有一老人，年七十已上，常服此藥，悅顏容，烏髭髮，固牙齒，能書細字，延年益壽，乃仙家之良劑，平補，大有効驗。○蒼朮四兩，一兩酒浸，一兩醋浸，一兩米泔浸，一兩鹽水浸，各一宿，葫蘆巴一兩，酒浸一宿，破故紙一兩，酒

浸一宿，覆盆子二錢，揀淨，茴香一錢肥新者，川楝子一兩，木香半兩，堅實者，山藥堅白者，穿山甲酥炙黃，地龍去土淨，茯苓堅圓者，枸杞子、牛膝各三錢，酒浸一宿，晒乾，為細末，無灰酒糊為丸，如梧桐子大，每服三五十丸，溫酒送下，或鹽湯亦可，乾物壓之，空心服畢，須行百步，使藥力行，日進二服。此方得之刑部令史王國寶。渠隸事時，有一僧子，窩藏強盜，部擬死，渠人出之後，僧子以此方謝囑之。惟西平章有此方，不可亂傳，當珍藏之。後渠人估西平章，於方冊內得此方，藥味分兩，製度相同，乃平章常服藥。止渴生津，地黃膏時時可飲。生地黃膏，治渴證通用。○生地黃，束如常椀大一把，冬蜜一椀，人參半兩，白茯苓去皮一兩，將地黃洗切研細，以新水一椀，調開，同蜜煎至半，次入人參、苓末，拌和，磁器密收，匙調服。夏月可加五味子、麥門冬。健脾助胃，白朮散日日宜調。參苓白朮散，理心脾氣弱，神昏躰倦，飲食不進，多困少力，中滿痞噎，心忪上喘，嘔吐瀉利。此藥中和，不熱，久服養氣育神，醒脾悅色，順正辟邪。○人參、白茯苓去皮、白朮去蘆、山藥、甘草，各一兩，縮砂仁、桔梗去蘆、薏苡仁、蓮肉、扁豆薑汁浸去皮，七錢半，為末，每服二錢，棗湯下。小兒量歲數與之。瓊玉膏，久服成仙。鐵瓮先生瓊玉膏。○新羅人參二十四兩，舂一千下，為末，生地黃一十六斤，淨洗，搗取汁，白茯苓四十九兩，木杵臼搗，為末，白沙蜜一十斤。○將人參、茯苓為細末，蜜用生絹濾過，地黃取自然汁，搗時不用鐵器，取汁盡，去滓，用藥一處拌和勻，入銀石器，或好磁器內封用，如器物小，分兩處盛，用淨紙二三十重封閉，入湯內，用桑柴火煮六日，如連夜火，即三日夜，取出，用蠟紙數重包瓶口，入井內去火毒一伏時，取出，再入舊湯內煮一日，出水氣，取三匙作三盞，祭天地百神，焚香設拜，至誠端心，每晨朝以二匙溫酒化服，不飲者白湯化之。此膏填精補髓，腸化為筋，萬神具足，五臟盈溢，髓實血滿，髮白變黑，返老還童，行如奔馬。日進數服，終日不食亦不飢，開通強記，日誦萬言，神識高邁，夜無夢想。人生二十七歲以前服此一料，可壽三百六十歲；四十五歲以前服者，可壽二百四十歲；六十三歲以前服者，可壽一百二十歲；六十四歲以上服之，可服至百歲；服之十劑，絕其慾，脩陰功，成地仙矣。一料分五處，可救五人癰疾；分十處，可救十人勞瘵。脩合之時，沐浴志心，勿輕示人。每服二匙，溫酒化下，空心。養壽丹，長春不老。養壽丹，補五臟，散麻痛，駐容顏，黑髭鬢，壯筋骨，久服不老。○遠志去心、菖蒲、巴戟去心、白朮、茯苓、地骨皮、續斷、枸杞子、甘菊花、細辛、熟地黃、車前子、何首烏、牛膝、蓯蓉、菟絲子，三味酒浸，覆盆子各半兩，上一十七味，為細末，煉蜜和就，復臼千杵，丸如梧桐子大，每服二十丸，空心溫酒下。服巴戟，男女多生。巴戟圓，治男子陽道衰弱，令人多子，長命身輕。○巴戟酒浸，去心，益智、杜仲、菟絲子酒浸，茯苓、遠志、蛇床子、乾山藥、牛膝酒浸、去苗續斷，已上各一兩，山茱萸肉、五味子一兩二錢，肉蓯蓉酒浸七日，二兩，為細末，煉蜜為丸，如梧桐子大，每服二十丸，或三十丸，空心溫酒下。服五日，筋骨輕健，百日面如童子，手心如噀血，明白肌體，眼目清爽。若要秘精，加柏子仁三錢。精虛，加五味子一兩半。陽道不興，加續斷一兩半。吞六子，髭鬚少白。神仙六子圓，治男子氣血衰敗，未及年五十歲之上，髭鬚班白，或年少人髭鬢蒼黃。若服此藥，百日內變黃白色如黑漆。○菟絲子酒浸一宿，爛搗，焙乾，金鈴子、枸杞子、覆盆子、五味子、蛇床子炒、何首烏酒浸一宿，焙，已上各一兩，地骨皮、牛膝各三兩，酒浸一宿，焙，熟地黃三兩，焙，木瓜、舶上茴香，鹽炒，各二兩，將上一十二味，為細末，用前項酒浸菟絲子，酒澄清，作麵糊為丸，如梧桐子大，每服五十丸，空心食前溫酒送下，日進一服。如要疾黑，前件藥內加人參、茯苓、石菖蒲各一兩。若服此藥，大忌蘿蔔、生韭、薤、蒜菜。常服養精髓，養氣血，壯筋骨，補腎水，滑肌膚，駐容顏，黑髭鬢。此藥效依驗。健脾和胃，受拜堪憑。天下受拜，平胃散常服，溫養脾元，平和胃氣，寬中進食。仍治脾胃不和，膈氣噎塞，嘔吐酸水，氣刺氣悶，脇肋虛脹，腹痛腸鳴，胸膈痞滯，不美飲食。○川厚朴，去麄皮秤，陳橘皮湯洗，不去穰，甘草，已上各三兩，剉，南京小棗二百枚，去核，生薑和皮四兩，薄切，茅山蒼朮五兩，去皮，米泔浸一宿，剉，將上六味，用水五升，慢火煮乾，搗作餅子，日乾，再焙碾為細末，每二錢，入鹽少許點服。如泄瀉，每服三錢，生薑五片，烏梅二箇，鹽少許，水一盞半，煎八分服。或加人參二兩，白茯苓二兩，縮砂一兩，三味不煮，尤佳。溫腎輕腰，青娥可托。青娥丸，治腎氣虛弱，腰痛，俛仰不利，秘精，大益陽事。老人服此，顏色還童；少年服此，行步如飛。○破故帋十兩，以水淘過，用香油炒；如臟腑虛冷，麥麩炒；杜仲五兩，須是六兩方得五兩，剉如骰子大，麥麩炒黃色，胡桃仁五十箇，以糯米粥相拌，臼內搗五六百下，只用此粥為丸，如梧桐子大，每服三十丸，空心鹽酒下。○此方趙進道從廣州太守處得之，久服大有神效，遂作詩一絕，以記其功：十年辛苦走邊隅，造化工夫信不虛，奪得風光歸掌內，青娥不笑白髭鬚。生血氣，無出二黃。二黃丸，黃德延曰：夫人心生血，血生氣，氣生精，精盛則鬚髮不白，顏貌不衰，可以延年益筭。其夭閼者，多由服熱藥性燥，不能滋生精血也。予深燭此理，以謂藥之滋補，無出生、熟二地黃，天、麥二門冬。世人徒知服二地黃，而不知以門冬為引導。則服二地黃者，徒過去耳。生地黃生精血，用天門冬引入所生之地。熟地黃補血，用麥門冬引入所補之地。四味互相該說，載於《本草》，可考而知。又以人參為通氣之主，使五味併歸於心，藥之滋補，無出於此。○生地黃、熟地黃、天門冬去皮、麥門冬去心、各一兩，人參一兩，將五味為末，煉蜜為丸，如梧桐子大，每服三十丸，空心溫酒、鹽湯下。此方常服，十日明目，二十日不渴，自此以往，可以長生，士登真人之位，此藥之功也。益壽筭，難過雙補。雙補丸，劉上舍之祖，在京師辟雍，得史載之家傳方，服此四十載，享年八十七歲。○熟地黃半斤補血，菟絲子半斤補精，右為細末，酒糊為丸，如梧桐子大，每服五十丸，人參湯下。○此方治下部虛冷，平補，不熱不燥。氣不順，沉香湯下；心氣虛，茯苓湯下；心經煩燥，酸棗仁湯下；小便少，車前子湯下；小便多，益智湯下。薑糖煎，老子宜吞。薑糖煎，治老人咳嗽喘急，煩熱，不下食，食即吐逆，腹脹滿。○生薑汁五合，沙糖四兩，相和，微火溫之一二十沸即止，每度含半匙，漸漸下汁。猪腎粥，衰翁可食。猪腎粥，治老人脚氣煩痺，緩弱不隨，行履不能。○用猪腎二隻，去膜，切細，粳米四合淘，葱白半握，和煮作粥，下五味、椒、薑，空心食之，日一服，最驗。固本，永濟斯民。秘傳固本丸，此藥治諸虛，生精血，補五臟，除

百病，美容顏，進飲食，平補氣血，下元諸虛，無不治驗。藥性不燥不熱，多服為佳。〇人參去蘆，生地黃、熟地黃懷慶者、麥門冬去心、菟絲子水洗去土，用酒浸二宿，研成餅，晒乾，枸杞子甘州者、覆盆子、小茴香鹽炒、五味子、肉蓯蓉酒浸一宿、巴戟去心、山茱萸去核、牛膝酒浸一宿、去土，杜仲去麄皮，薑汁炒斷絲，當歸酒洗、茯苓去皮、川椒焙出汗、木通去皮、黄芪蜜炙，已上十九味，各二兩，木香一兩，官桂半兩，黄栢四兩，知母四兩，去鬚，為細末，煉蜜為丸，如梧桐子大，每服五六十丸，服半月後，加至七八十丸，空心溫酒、淡鹽湯任下。忌諸般豆粉。此藥極效，不可盡述。延壽，曾扶彭祖。神仙延壽丹，此藥張果老、鍾離彭祖，皆曾服之。此方登州道士傳。宜侵晨服之。〇天門冬去心二兩，遠志去骨二兩，乾山藥二兩，川巴戟去骨二兩，赤石脂另研一兩，車前子一兩，石菖蒲炮一兩，栢子仁去殼一兩，澤瀉一兩，真施椒去目一兩，熟地黃一兩，生地黃一兩，枸杞子一兩，白茯苓一兩，覆盆子一兩，杜仲炒斷絲三兩，菟絲子酒浸四兩，肉蓯蓉一兩，川當歸一兩，川牛膝酒浸三兩，地骨皮淨一兩，人參一兩，五味子一兩，山茱萸一兩，已上二十四味，為細末，煉蜜為丸，如梧桐子大，每服二三十丸，溫酒送下。初服至十日後，日進二服，至一月日進一服，每服四十、五十丸，百日滿，任意服，別有功效。初服兩三日，覺小便雜色，是腎間病出；至四日氣痞，五六日亦如之，是五臟寒熱出；服至七八九日，唇紅肉潤，口生津液，腿疼切切，此一切病證出；服至十日之後，覺神氣清爽，兩乳肥潤；服至二十日之後，鼻頂酸辛，此是風證出去；服至一月之後，語言雄壯，有胸膈，或多咳嗽，或有膿血，顏色不定，即胸膈勞傷積滯等病出；服至百日之後，顏色永無衰朽，髮白反黑，雖是八十老人，陰陽強健，目視十里，氣力不衰，長行遠地不乏不困。曾見中條山吳道人，年二百三十歲，乃因服此藥而獲長壽。此方中統四年八月二十一日，東平老人王世珍到京師參師訪道，得此仙方。今學之士，服之多久，則有神妙矣。健足膝，丸就青鹽。青鹽圓，治腎虛及足膝無力，茴香三兩，菟絲子末四兩，乾山藥二兩，青鹽一兩，將菟絲洗淘，無灰酒浸，日中煎七日，冬天近火煨之，曝乾，別末，將餘藥末和勻，酒糊圓如梧桐子大，每服三五十丸，鹽酒、鹽湯下。許學士常服數年，壯力進食。有一婦人足躄曳，因服此藥，久之履地如故。止渴濁，搗成玄菟。玄菟丹，治三消渴利神藥，常服禁精，止白濁，延年。〇菟絲子酒浸通軟，乘濕研，焙乾取末十兩，白茯苓去皮，乾蓮肉各三兩，五味子去梗，酒浸秤七兩，為末，別研山藥末六兩，將所浸酒餘者，添酒煮糊為丸，如梧桐子大，每服五十丸，天花粉、北五味子煎湯下，溫酒、鹽湯亦可。脚膝無力，木瓜湯下。此藥平補下元最善。春當散火升陽。升陽散火湯，治男子婦人四肢發困熱，肌熱，筋骨間熱，表熱如火燎，於肌膚捫之烙手。夫四肢屬脾，脾者，土也。熱伏地中，此病多因血虛而得之也。又有胃虛過食冷物，欝遏陽氣於脾土之中，並宜服之。〇升麻、葛根、獨活、羌活、白芍藥、人參，已上各五錢，甘草炙，柴胡，已上各三錢，防風二錢五分，甘草生二錢，㕮咀如麻豆大，每服秤五錢，水二盞，煎至一盞，去查，大溫，服無時。忌寒涼之物。〇升陽順氣湯，治因飲食不節，勞役所傷，腹脇滿悶，短氣，春則口淡無味，遇夏雖熱，猶有惡寒，飢則常如飽，不喜食冷物。〇黄（著）〔耆〕一兩，半夏三錢，湯洗七次，草豆蔻二錢，神麯二錢五分，炒，升麻、柴胡、當歸身、陳皮，已上各一錢，甘草炙、黄蘗，已上各五分，人參去蘆三分，脾胃不足之證，須用升麻、柴胡苦平，味之薄者，陰中之陽，引脾胃中清氣行於陽道，及諸經生發陰陽之氣，以滋春氣之和也。又引黄（著）〔耆〕、人參、甘草甘溫之氣味上行充實腠理，使陽氣得衛外而為固也。凡治脾胃之藥，多以升陽補氣名之者，此也。夏須生脉益氣。生脉散，人參、五味子、麥門冬。孫真人夏月常服，以補五臟之氣，清暑益氣湯。〇黄（著）〔耆〕，汗少者減五分，蒼朮泔浸去皮，各一錢五分，升麻一錢，人參去蘆、白朮、橘皮、神麯炒、澤瀉，已上各五分，甘草炙、黄蘗酒浸、當歸身、麥門冬去心、青皮去白、葛根，已上各三分，五味子九箇。《内經》云：陽氣者，衛外而為固也。炅則氣泄，今暑邪干衛，故身熱自汗，以黄（著）〔耆〕、人參、甘草補中益氣，為君；甘草、橘皮、當歸身甘辛微溫，養胃氣，和血脉，為臣；蒼朮、白朮、澤瀉滲利除濕；升麻、葛根苦甘平，善解肌熱；又以風勝濕也，濕勝則食不消，而作痞滿，故炒麯甘辛，青皮辛溫，消食快氣。腎惡燥，急食辛以潤之。故以黄蘗苦辛寒，借甘味瀉熱補水；虛者滋其化源，以五味子、麥門冬酸甘微寒，救天暑之傷庚金為佐也。枳、术、豆蔻，亦可秋吞。橘皮枳术丸，治老幼元氣虛弱，飲食不消，或臟腑不調，心下痞悶。〇橘皮、枳實麩炒，去穰，已上各一兩，白朮二兩，為細末，荷葉燒飯為丸，如梧桐子大，每服五十丸，熱水送下，食遠。〇夫內傷，用藥之大法，所貴服之強人胃氣，令胃益厚，雖猛食、多食、重食而不傷，此能用食藥者也。此藥久久益胃氣，令人不復致傷也。〇草豆蔻丸，治秋冬傷寒冷物，胃脘當心而痛，上支兩脇，膈咽不通。〇草豆蔻麵裹，煨，去皮取仁，枳實麩炒黄色，白术，已上各一兩，大麥蘗麵炒黄色，半夏湯洗七次，日乾，黄芩刮去皮生，神麯炒黄色，已上各五錢。乾生薑、橘皮、青皮，已上各二錢，炒鹽五分，已上研為細末，湯浸蒸餅為丸，如菉豆大，每服五十丸，白湯下。量所傷多少，加減服之。〇如冬月用，別作一藥，不用黄芩。歲火不及，又傷冷物，加以溫劑，是以治也。然有熱物傷者，從權以寒藥治之。隨時之宜，不可不知也。異功、厚朴，却堪冬餌。異功散，治脾胃虛冷，腹鳴腹痛，自利，可思飲食。〇人參、茯苓、白朮、甘草、橘皮，已上各五分，為麄散，每服五錢，水二大盞，生薑三片，棗二枚，同煎至一盞，去柤溫服，食前。先用數服，以正其氣。厚朴溫中湯，治脾胃虛寒，心腹脹滿，及秋冬客寒犯胃，時作疼痛。〇厚朴薑製，橘皮去白，已上各一兩，甘草炙，草豆蔻仁，茯苓去皮，木香，已上各五錢，乾薑七分，戊火已衰，不能運也。又加客寒，聚為滿痛，散以辛熱，佐以苦甘，以淡泄之氣溫胃和，痛自止矣。為麄散，每服五錢，水二盞，生薑三片，煎至一盞，去查，溫服食前。忌一切冷物。男為陽質。《易》曰：乾道成男，故男子為陽質。女為陰體。坤道成女，故女為陰體。病患雖同，胎產實異。然雖男子以氣為主，女子以血為主，凡諸雜病，大抵不相甚遠。惟胎前、產後，實有不同，惟產難尤急。子母性命，懸在片時，可不慎乎？產前順氣安胎，脉貴乎實。楊登父有云：產前之病，其脉貴乎實。治宜順氣安胎為要。《良方》云：凡婦人血氣諸疾，但用四物湯，加以炒吳茱萸主之。陰臟多加，陽臟少加，無不效者。予以芎歸湯，隨其冷熱虛實，入對病藥治之，多獲良效。

又云：安胎之法，有一因母病以致動胎者，但療母病，其胎自安。或胎氣不堅，因觸動以致母病者，則安胎而母自產。以膠艾湯，芎歸湯各半，縮砂佐之，為良。難產之劑，前所謂四物湯加吳茱萸，入醋艾煎。黑神散，用乳香煎湯，調下。皆其要藥。產後血運，先以舊漆器燒煙，微向其鼻，或以醋石熏之，次則五靈脂末，半生半炒，入蘇合香丸，百沸湯調，與之。或黑神散，入麝少許，調以紫蘇湯。或花蕋石散，用童子小便，溫溫調劑可也。損孕驗法：婦人面色青，手足冷，指甲黑，而且遍躰不仁，腰腹痛劇，其或面青脣青，以致舌間黯黑，口角沫出，則不容以人力勝之。大要將產腹痛，萬勿驚動，且須憑物而行，直至腰疼，子逼育門，方可用力。蓋腎繫於腰，而胎繫於腎，故也。但黑神散，其中犯薑、桂，於炎暑月及性熱者非宜，亦當加減用之。其達生散之屬，亦當推用。○達生散，大腹皮三錢，人參、陳皮各半錢，白朮、白芍藥各一錢，甘草炙二錢，紫蘇葉莖半錢，當歸尾一錢，或加枳殼、縮砂，右㕮咀，作一服，入青葱五葉，黃楊腦七箇，煎服。於八九箇月，服十數貼，甚得力。或夏加黃芩，春加芎，冬依正方。或有別證，以意消息。產後扶虛消瘀，脉却宜虛。若產後穩，用芎歸湯加玄胡，更隨病入溫涼之藥，無不效。又若四味湯，玉露散，增損四物湯，增損紫胡湯，藿香正氣散，皆有效良方，宜以為法，推廣用之為善。○芎歸湯，治大產小產，對證加添服餌，芎藭、當歸去蘆，酒浸，右等分，㕮咀，每服三錢，水一盞半，煎至七分，去滓溫服，不拘時候。腹中刺痛，加白芍藥煎。○口乾煩渴，加烏梅、麥門冬煎。○發寒熱，加乾薑、白芍藥煎。水停心下，微嘔逆，加茯苓、生薑煎。○虛煩不得眠，加人參、竹葉煎。○大便秘澁，加熟地黃、橘紅、杏仁煎。○小便不利，加車前子煎。○腹脇膨脹，加厚朴煎。○血崩不止，加香附子煎。○咳嗽痰多，加紫(苑)〔菀〕、半夏、生薑煎。○腰痛脚痛，加牛膝煎。○心下疼痛，加玄胡索煎。○惡血不下，腰腹重痛，加牡丹皮煎。○增損四物湯，治乍寒乍熱，榮衛不和，狀如瘧疾。○人參、當歸、芍藥、川芎、乾薑各一兩，甘草四錢，㕮咀，每服五錢，水一盞半，生薑三片，煎至七分，去滓熱服，無時。其方不一，皆隨病加減。○增損柴胡湯，治婦人產後虛羸，發寒熱，飲食少，腹脹等疾。○用柴胡三錢，人參、芍藥、半夏泡、甘草、橘紅、川芎，各三分，㕮咀，每服五錢，水一盞半，薑三片，棗一枚，煎至七分，去滓溫服。婦人求孕，宜抑氣以滋榮。丹溪曰：無子之因，多起於父氣之不足，豈可獨歸罪於母血之虛寒。況母之血病，奚止虛與寒而已哉？然古方治婦人無子，惟秦桂丸一方，其性熱，其辭確。今之欲得子者，率皆服之無疑。夫求子於陰血，何至輕用熱劑耶？或曰：春氣溫和則物生，冬氣寒凜則物消，不假熱劑，何由子臟得暖而成胎？予曰：《詩》言婦人和平，則樂有子，和則氣血不爭，平則陰陽不乖，今得此丸，經血必轉紫黑，漸成衰少，或先或後，始則飲食驟進，久則口苦舌乾，陰陽不平，血氣不和，焉能成胎？縱使有成，子亦多病，以其能損真陰也。鄭憲使子生，七箇月得淋可驗，義備在前。○抑氣散，治婦人氣盛於血，所以無子。尋常頭暈，膈滿體痛，怔忡，皆可服之。香附子，乃婦人之仙藥也，不可謂其耗氣而勿服。○香附子炒，杵淨，四兩，茯神去木一兩，橘紅二兩，甘草炙一兩，為細末，每服二錢，食前用沸湯調服，仍兼進紫石英圓。○紫石英圓，治婦人血弱，子臟風冷凝滯，令人少子。○紫石英火煅醋淬七次，禹餘糧火煅醋淬七次，已上各二兩，熟地黃洗，紫葳、辛夷仁、桂心不見火、卷柏葉醋炙、牡蒙、川續斷酒浸、石斛去根、栢子仁炒別研、川烏炮去皮、川牛膝去蘆酒浸、芎藭、烏賊魚骨醋炙、當歸去蘆酒浸、牡丹皮去木、甘草炙，已上各一兩，桑上寄生、山藥剉炒、食茱萸炒、細辛洗去土葉、乾薑炮，已上各半兩，人參三分、厚朴生薑汁製炒一分、天門冬洗去心一兩半，為細末，煉蜜為圓，如梧桐子大，每服七十圓，加至一百圓，空心食前，用酒、米飲任下。惡蜜者，用酒糊為圓，亦佳。男子欲兒，當益精而養氣。陽起石圓，治丈夫真精氣不濃，不能施化，是以無子。○陽起石火煅紅，研極細，鹿茸酒蒸焙，菟絲子水淘淨，酒浸，蒸焙別研，天雄炮去皮，韭子炒，肉蓯蓉酒浸，已上各一兩，覆盆子酒浸，石斛去根，桑寄生，沉香別研，原蠶蛾酒炙，五味子，已上各半兩，為細末，酒煮糯米糊為圓，如梧桐子大，每服七十圓，空心用鹽湯、鹽酒任下。若男婦性熱者，只服巴戟丸，還少丹，抑氣散，選服善。閱古方當思古道，臨時病須達時宜，法孫吳而可將兵，師和扁而堪用藥。古人云：善用兵者，不拘於法。為天下之將者，不可無法。善用藥者，不執於方。為天下之醫者，不可無方。孫吳非不拘法，暗與法合。和扁非不執方，暗與方合。今為醫者，當法古方，而擴充之，其應變則無窮矣。

明・虞摶《蒼生司命・藥性》 人參：味甘。大補元氣，止渴生津，調榮養衛。肺熱併陰虛火動者禁用。黃耆：性溫。斂汗固表，托裏生肌，氣虛莫少。得防風其功愈大。白朮：甘，溫。健脾強胃，止瀉除濕，消痰化痞。凡用以土炒之。茯苓：味淡。滲濕利竅，白補脾元，赤通水道。陰虛者勿用。甘草：味甘。調和諸藥，炙則溫中，生則瀉火。解百藥毒。中滿者勿用。當歸：性溫。使血歸經，扶虛益損，逐瘀生新。頭止血上行，身養血中守，尾破血下流，全活血不走。脾虛勿用。川芎：味辛。諸風可逐，去瘀調經，清利頭目。不宜單服、久服，令人暴卒。白芍：酸，寒。養陰益肝，收斂耗散，虛痢可安。初痢、久痢勿用，新產勿用。赤芍：酸，寒。能瀉能散，破血通經，赤晴功擅。連翹：苦，寒。解諸經毒，上至頂巔，下至腿足。生地：味寒。能清濕熱，骨蒸可痊，滋陰補血。熟地：味溫。滋腎補血，益髓填精，烏鬚黑髮。二地脾虛勿用。并忌鐵器、蘿菔。麥冬：味溫。祛煩解渴，潤肺清心，消除肺熱。脾虛勿用。天冬：味寒。止嗽消痰，肺癰肺痿，解渴除煩。脾虛勿用。黃連：瀉心。能厚腸胃，痢疾熱疾，一切取効。生用清心火，酒炒厚腸胃，薑炒止嘔吐。黃芩：瀉肺。上焦火炎，濕熱痢疾，止嗽除煩。枯而飄者瀉上焦之火，實而堅者退下部之熱。黃栢：味苦。滋陰抑火，濕熱煩蒸，用之俱可。梔

子：味苦，寒。解鬱除煩，吐紅鼻衄，肺火能蠲。丹溪云：解熱鬱，行結氣，其性屈曲下行，從小便泄去。　石膏：大寒。能消胃火，發渴頭疼，解肌立妥。　滑石：沉寒。解渴除煩，清暑利竅，轉危就安。　貝母：微寒。寧嗽消痰，肺癰肺痿，開鬱除煩。　知母：味苦。瀉火滋腎，有汗骨蒸，虛勞可定。勞熱脾虛，知栢禁用。　大黄：苦，寒。消瘀破血，快膈通腸，開行結熱。酒炒上達，生用下行。　芒硝：苦，寒。實熱積聚，蠲痰潤燥，疏通便閉。朴硝煎煉，傾結即成芒硝。　柴胡：味苦。瀉肝治瘧，寒熱往來，解肌要藥。　前胡：微寒。止嗽消痰，寒熱頭痛，痞悶能安。　升麻：微寒。清胃止衄，升提下陷，齒痛可逐。　桔梗：性平。寬舒胸脇，載藥上浮，諸藥舟楫。又止咽喉腫病。　紫蘇：味辛。風寒發表，梗利周身，氣滯最好。　麻黄：味辛。解表出汗，身熱頭疼，風寒發散。止汗用其根節。　葛根：味甘。發表解肌，身熱目痛，口渴可醫。又善解酒毒。　薄荷：味甘。清利頭目，祛風化痰，骨蒸可服。　防風：甘，溫。諸風頭暈，骨節痺疼，筋攣口禁。　荊芥：味辛。頭目可清，諸風在表，服此通靈。　細辛：辛，溫。少陰頭痛，利竅通關，風痙皆用。　羌活：微溫。祛風除濕，身痛頭疼，舒筋活骨。　獨活：甘，平。頭頂難舒，兩足濕痺，諸風能除。　白芷：辛，溫。陽明頭痛，女子帶下，百發百中。　藁本：味溫。除痛巔頂，寒濕可祛，風邪可屏。　香附：味苦。快氣開鬱，止痛調經，更消宿食。為婦人之仙藥。忌鐵。　烏藥：辛溫。心腹脹痛，氣滯不舒，方中議用。　枳實：味苦。除痞消食，破積化痰，衝牆倒壁。　枳殼：微溫。寬腸快氣，胸膈不舒，方中可議。　青皮：苦，寒。安脾下食，氣滯能攻，平肝削積。　陳皮：甘，溫。順氣寬膈，和胃全施，消痰去白。陳皮治高，愈高愈妙；青皮治低，愈低愈良。　蒼术：甘，溫。健脾燥濕，發汗寬中，更祛瘴疫。　厚朴：苦，溫。消脹泄滿，宿食痰積，其功不緩。　南星：性熱。大治風痰，破傷身強，風搐皆安。　半夏：味辛。健脾燥濕，痰厥頭疼，吐嘔必備。血家、汗家、渴家禁用。　藿香：辛，溫。霍亂暑濕，發散風寒，仍除嘔逆。　檳榔：味苦。殺蟲破積，後重裏急，驅除瘴氣。性如鐵石，稍虛勿用。　腹皮：微溫。下氣寬膨，安和脾胃，浮腫為君。虛者禁忌。　香薷：味辛。大清暑熱，利水消煩，功効甚捷。冒暑用之，內熱勿用。　扁豆：微涼。轉筋吐瀉，補胃和平，酒毒可借。　猪苓：味淡。利水通淋，消腫除濕，用之如神。　澤瀉：寒，苦。消腫利水，除濕通淋，瀉陰中火。腎虛者不宜多服。　木通：性寒。最能導滯，利竅通經，小腸熱閉。　車前：氣寒。溺澁眼赤，小便能通，大便能實。　骨皮：味寒。解肌退熱，有汗骨蒸，強陰涼血。　木瓜：味酸。脚腫風濕，霍亂轉筋，足膝無力。　靈仙：苦，溫。腰膝冷痛，股節頑麻，風濕通用。　玄參：苦，寒。瀉無根火，消腫清咽，骨蒸亦可。　丹皮：味苦。破血通經，血分有熱，無汗骨蒸。　沙參：味苦。大清肺熱，咳血吐膿，用之効捷。　丹參：味苦。破積調經，生新去瘀，補骨續筋。　苦參：味苦。癰腫瘡疥，下血腸風，眉脫赤癩。　龍膽：苦，寒。退熱平肝，目疾暴發，用之頓安。　防己：氣寒。風濕脚痛，熱積膀胱，湯中可用。　加皮：味寒。祛除風濕，肢節煩疼，壯筋強骨。　地榆：性平。治女人崩，下血諸證，賴以安寧。血痢有積者勿用。　茯神：補心，善鎮驚悸，恍惚健忘，兼除怒恚。　遠志：氣溫。能寧心志，久服聰明，令人多記。　棗仁：味酸。斂汗祛煩，不眠用炒，生用多眠。　甘松：氣香。善除惡氣，浴體香肌，心腹痛已。　菖蒲：性溫。開心通竅，去痺除風，出聲至妙。　小茴：性溫。能除疝氣，腹痛腰疼，調中暖胃。　栢子：味甘。補心益氣，斂汗扶陽，潤腸通閉。　大茴：味辛。疝氣脚氣，腫痛膀胱，止嘔開胃。　益智：辛，溫。安神益氣，遺溺遺精，嘔逆皆治。　乾薑：苦、辛。溫脾暖胃，泄痢吐紅，炮之勿忽。　附子：辛，熱。走而不守，陰毒寒邪，回陽功有。童便浸七日，麪包煨熟。　川烏：大熱。搜風入骨，濕痺寒疼，破積之物。　木香：微溫。散滯和胃，諸氣能調，行肝瀉肺。　沉香：降氣，能補命門，祛邪暖胃，保守元真。　丁香：辛，熱。能除寒嘔，心腹冷痛，溫胃功有。　砂仁：性溫。通經破滯，止痛安胎，健脾養胃。　蓮肉：味甘。健脾理胃，止瀉澁精，補心養氣。　肉桂：辛，熱。善通血脉，腹痛虛寒，溫補為最。　桂枝：性熱。宣導百藥，發散風寒，三痺不着。　訶子：味苦。澁腸止痢，痰嗽喘急，降火斂肺。　吳萸：性熱。驅除疝氣，臍腹寒疼，厥陰之劑。　草菓：味辛。消食除脹，截瘧逐痰，解瘟辟瘴。　玄胡：性溫。心腹卒疼，通經活血，消瘀之君。　常山：苦，寒。截瘧祛痰，傷寒能解，水脹能寬。老瘧有痰用之，初起勿用。　薏苡：味甘。專除濕痺，筋脉拘攣，調脾助胃。　良薑：性熱。下氣溫中，轉筋霍亂，酒食能攻。　白蔻：味溫。脾胃虛冷，

瀉痢不休，功可立等。　山查：　味甘。磨消肉食，結氣能行，削除堅積。　草蔻：　味溫。寒邪犯胃，嘔吐惡心，用之即奪。　神麯：　味甘。消食開胃，破結逐痰，調中下氣。　麥芽：　甘，溫。能消宿食，心腹膨脹，散滯消積。　蘇子：　味辛。嘔痰降氣，止嗽定喘，更潤心肺。　芥子：　味辛。專化脇痰，皮裏膜外，痞塊能安。　甘遂：　苦，寒。破積消痰，面浮蠱脹，利水能安。　大戟：　甘，寒。逐水利便，腫脹痰堅，其功瞑眩。　芫花：　寒，苦。能消脹蠱，利水瀉濕，嗽止痰吐。　商陸：　辛，甘。赤白各異，赤者消腫，白利水氣。　海藻：　鹹寒。消癭散癧，鹹以軟堅，腫塊痰核。　牽牛：　苦，寒。積水能攻，諸蠱痃癖，可奏神功。　葶藶：　苦，辛。利水消腫，痰嗽癥瘕，肺家喘壅。　瞿麥：　辛，寒。專除淋病，且能墮胎，通經立應。　蓬术：　溫，苦。止痛消瘀，癥瘕痃癖，通經最著。　三稜：　味苦。破血消癖，氣滯作痛，用之始的。　靈脂：　味苦。血瘀心疼，通經活血，用之極靈。　乾漆：　辛，溫。通經破瘕，追積殺蟲，驗如奔馬。　桃仁：　甘，寒。能潤大腸，通經破瘀，血瘕堪當。　蒲黃：　味甘。逐瘀調崩，止血用炒，破血用生。　紅花：　辛，溫。能消瘀結，多則通經，少則養血。　蘇木：　甘，鹹。能行積血，產後月經，兼醫撲跌。　薑黃：　味辛。消瘀破血，心腹疼痛，通經最捷。　鬱金：　味苦。破血生肌，血淋溺血，鬱結皆舒。　金銀花：　甘。療癰無對，未成則散，已成則潰。　漏蘆：　性寒。祛惡瘡毒，補血排膿，生肌長肉。　蒺藜：　味苦。療瘡瘙癢，翳膜頭瘡，醫除目朗。　白及：　味苦。功專收斂，腫毒瘡瘍，外科最善。　蛇床：　辛，苦。下氣溫中，惡瘡疥癩，逐瘀祛風。　天麻：　味辛。能治頭眩，小兒驚癇，拘攣癱瘓。　白附：　辛，溫。頭面百病，一切痰涎，中風諸症。　全蝎：　味辛。却風痰毒，口眼喎斜，驚癇搐搦。　蟬蛻：　味甘。消風定驚，殺疳除熱，退翳侵睛。　殭蠶：　味鹹。諸風驚癇，濕痰喉痺，滅瘡瘢痕。　木鱉：　苦，寒。能追瘡毒，乳癰腰疼，消腫明目。　蜂房：　鹹，苦。驚癇瘈瘲，牙疼腫毒，瘰癧腸癰。　白花蛇：　毒。癱瘓喎斜，大風疥癩，諸毒尤佳。　槐花：　味苦。痔漏腸風，大腸熱痢，更殺蚘蟲。　鼠黏：　味辛。能消瘡毒，癮疹風熱，咽疼可逐。　茵陳：　味苦。去疸除黃，滲濕利水，清熱為涼。　蔓荊：　味苦。頭痛能除，拘攣濕痺，淚眼堪舒。　兜鈴：　味苦。能薰痔漏，定喘消痰，肺熱久嗽。　秦艽：　性平。除濕榮筋，肢節風痛，下血骨蒸。　百合：　味甘。功專補肺，喘嗽虛勞，其功立效。　紫(苑)〔菀〕：　苦，辛。痰嗽氣喘，肺痿吐膿，寒熱並遺。　欵冬：　味甘。理肺除痰，肺癰喘嗽，一切金寒。　杏仁：　溫，苦。風痰喘嗽，大腸氣閉，引之可奪。　金沸草：　寒。消痰止嗽，明目祛風，其功立奏。　烏梅：　酸，溫。收斂肺氣，止渴生津，和脾開胃。　桑皮：　味甘。止嗽定喘，瀉肺火邪，其功不淺。　菊花：　甘，寒。除熱祛風，頭眩眼赤，收淚殊功。　天花粉：　寒。清氣消痰，排膿消腫，止渴除煩。　犀角：　酸，寒。化毒辟邪，清心止血，消腫毒蛇。　密蒙花：　寒。功可明目，障翳青盲，服之效捷。　龜板：　味甘。滋陰補腎，逐瘀續筋，更治顱顖。　木賊：　味甘。明目退翳，開瞽復明，必用之劑。　鱉甲：　味鹹。勞嗽骨蒸，散瘀去痞，補腎滋陰。　決明子：　甘。能除肝熱，目疼收淚，仍止鼻血。　麻仁：　味甘。下乳催生，潤腸通閉，小水能行。　羚羊角：　寒。明目清肝，却驚解毒，神智能安。　山豆根：　苦。療咽腫痛，敷蛇蟲毒，可救急用。　海螵蛸：　寒。破血除癥，生肌長肉，潰爛瘡疼。　益母草：　甘。女科之主，產後胎前，生新去瘀。　地膚子：　寒。去膀胱熱，皮膚瘙癢，除風甚捷。　紫草：　苦，寒。能通九竅，利水消膨，痘疹最要。　苦楝根：　寒。能殺諸蟲，疼痛即止，積聚立通。　樗根：　味苦。瀉痢帶崩，腸風痔漏，燥濕澁精。　澤蘭：　味苦。產後血暈，肢體虛浮，打撲傷損。　牙皂：　味辛。通關利竅，敷腫消痛，吐風痰妙。　瓜蒂：　苦，寒。吐痰最妙，消身浮腫，并治黃疸。　巴豆：　大毒。破癥通暢，逐冷祛寒，斬關奪將。　班(毛)〔蝥〕：　有毒。破血通經，諸瘡瘰癧，水道能通。　青黛：　酸，寒。能平肝木，驚癇疳痢，兼除熱毒。　胡黃連：　苦。治勞骨蒸，小兒疳痢，盜汗虛驚。　阿膠：　甘，溫。止咳膿血，保肺除崩，虛勞可啜。　使君子：　溫。消疳清濁，瀉痢諸蟲，總能除却。　白礬：　味酸。善解諸毒，一切痰壅，鼻中息肉。　赤脂：　甘，溫。保固腸胃，潰瘍生肌，澁止瀉痢。　五倍：　苦，酸。療齒疳䘌，痔漏脫肛，兼除風濕。　玄明粉：　辛。能蠲宿垢，化積豁痰，其功立奏。　通草：　味甘。善利膀胱，消癰散腫，能通乳房。　枸杞：　甘，溫。添精固髓，明目祛風，陰興陽起。　黃精：　味甘。安和臟腑，五勞七傷，此藥大補。　何首烏：　甘。添精種子，黑髮悅顏，長生不老。　石斛：　味甘。却驚定志，壯骨補虛，筋力衰替。　五味：　酸，溫。生津止渴，久嗽虛勞，金水枯竭。　山藥：　甘，溫。理脾止瀉，益腎補中，諸虛可借。　山茱萸：　溫。

澁精固髓，腎虛耳鳴，腰膝痛楚。　杜仲：甘、辛。小便淋瀝，益腎固精，痛在腰膝。　破故紙：溫。腰膝酸痛，興陽固精，相火禁用。　牛膝：味苦。除濕痿痹，壯骨強筋，破胎下瘀。　菟絲：甘，平。夢遺滑精，腰疼膝冷，添髓強筋。　巴戟：辛、甘。大補虛損，精滑夢遺，扶元固本。　蓯蓉：味甘。峻補精血，若驟用之，反動便滑。　胡巴：溫、暖。補腎臟虛，膀胱諸疝，脹痛皆除。　川楝子：苦。專治疝氣，中濕傷寒，利水之劑。　龍骨：味甘。遺精夢泄，崩漏帶下，驚癇風熱。　桑寄生：苦。腰痛頑麻，續筋壯骨，風濕尤佳。　鹿茸：甘，溫。益氣滋陰，泄精尿血，崩帶堪任。　牡蠣：微寒。澁精止汗，崩帶脇痛，老痰祛散。　虎骨：味辛。能治脚膝，定痛追風，強筋壯骨。　萆薢：味苦。風寒濕痹，腰背冷疼，添精益氣。　續斷：味辛。接骨續筋，跌撲傷損，且固遺精。　麝香：辛，熱。善通關竅，伐鬼墮胎，鎮驚尤妙。　乳香：辛，溫。療諸惡瘡，生肌止痛，心腹尤良。　沒藥：溫、平。治瘡止痛，跌打損傷，破血通用。　阿魏：性溫。除癥破結，消痞殺蟲，傳尸可滅。　水銀：性寒。治疥殺蟲，斷絕胎孕，催生立通。　靈砂：性溫。能通血脉，殺鬼辟邪，安魂定魄。　砒霜：有毒。風痰可吐，截瘧除哮，能消沉痼。　雄黃：甘、辛。辟邪解毒，更治蛇虺，喉風息肉。　珍珠：氣寒。鎮驚除癎，開聾磨翳，止渴消痰。　牛黃：味苦。大治風痰，安魂定魄，驚悸靈丹。　琥珀：味甘。安魂定魄，破瘀消癥，利水通澁。　血竭：味鹹。跌撲傷損，惡毒瘡癰，破血有準。　硫黃：性熱。掃除疥瘡，壯陽逐冷，寒邪敢當。　冰片：味辛。目痛喉痺，狂躁妄語，真為良劑。　蘆薈：氣寒。殺蟲消疳，癲癎驚搐，服之立安。　百部：味甘。咳嗽上氣，益肺殺蛔，疥癬疳蝕。　樹木之蟲，烟薰即除；牛犬之虱，湯洗即滅。　硇砂：有毒。潰癰爛肉，除翳消癥，不可入腹。　硼砂：味辛。療喉腫痛，膈上熱痰，噙化立中。　丹砂：味甘。鎮心養神，祛邪殺鬼，定魄安魂。　竹茹：止嘔。能除寒熱，不寐自安，胃熱嘔噦。　竹葉：味甘。退熱安眠，化痰定喘，止渴消煩。　竹瀝：味甘。大豁虛痰，失音不語，右瘓左癱。　燈草：味甘。通利小水，癃閉成淋，內熱如掃。　艾葉：溫、平。祛邪逐穢，漏血安胎，心疼即効。　川椒：辛，熱。祛邪逐冷，明目殺蟲，溫而不猛。　胡椒：味辛。心腹冷痛，下氣溫中，跌撲堪用。　石蜜：甘，平。入藥煉熟，益氣補中，潤燥解毒。　葱白：辛，溫。發表出汗，傷寒頭疼，腫痛皆散。　韮：味辛，溫。祛除胃熱，瘀血能清，兼止夢泄。　大蒜：辛，溫。化痞消穀，解毒散癰，生痰昏目。　生薑：性溫。能通神明，痰嗽嘔吐，開胃極靈。　食鹽：味鹹。能吐胸痰，心腹卒痛，過食損顏。　茶茗：味苦。熱渴通濟，上清頭目，下消食積。　酒：通血脉。能助藥勢，辟散風寒，諸惡鬼氣。　醋：消腫毒。積瘕可去，產後金瘡，血暈皆治。　淡豆豉：寒。懊憹可消，傷寒頭疼，心下煩焦。　河車：味甘。療諸虛損，勞瘵骨蒸，培植根本。　天靈蓋：鹹。傳尸癆瘵，溫瘧血崩，生肌蓋世。　人乳：味甘。補陰益陽，悅顏明目，羸瘦仙方。　童便：氣涼。撲損折跌，虛勞骨蒸，熱嗽吐血。

明·羅必煒《醫方藥性》卷上《藥性賦直解》

玉石部　藥能治病，醫乃傳方，當明貴賤。藥品良毒之異，須嘗氣味，酸、鹹、苦、辣、辛、甘。切以金銀珠玉之貴，白堊、石灰之賤。藥性之良，則丹砂、鍾乳，氣毒則信石、硇砂。至予五味酸入肝，鹹入腎，苦入心，辛入肺，甘入脾，辣則有溫、涼、寒、熱之異。功力有緩急，性症有溫涼。且如朴硝之性急，若煎作，芒硝性乃緩矣。《本草》之作，肇自炎皇。肇始也，炎皇神農氏也。《本草》之為書(田)〔曰〕：神農嘗百草，一日遇七十毒，始與醫藥相救，謂之《本草》。本言草木之品彙，且提玉石之紀綱。斂《本草圖經》，以玉石部為先，草木之品次之。金屑、(五)〔玉〕屑、辰砂、石床能驅邪而逼鬼祟，可定魄而制顛狂，止渴除煩，安鎮靈臺，明耳目，補精益氣，依鍊服，壽延長。金屑，味辛，平，有毒。處處有之，梁、益、寧州最多。出水砂中得屑，謂之生金。若不鍊，服之殺人。○玉屑，味甘，平，無毒。生藍田。○丹砂，一名硃砂，味微寒，無毒，惟辰州者最勝，故謂之為辰砂。生深山石崖間，穴地數十尺始見其苗，乃白石耳，謂之硃砂床，即石床也。砂生石床上，亦有淘土石中得之，非生于石者。又按《本草》石床，自有本條，味甘，溫，無毒，謂鍾乳，水下沉積，生如笋狀，漸長，又與上乳相接為柱，出鍾乳堂中，謂之石床，入心謂之靈臺。金屑、玉屑、辰砂、石床四品之性主治相同，皆可依《圖經》法鍊服，食則延年。生銀屑鎮驚安五臟。鍾乳粉補虛而助陽。銀屑，味辛，平，有毒。生銀屑當取見成銀箔，以水銀銷之如泥，合硝石及鹽研為粉，燒出水銀，淘去鹽石，為粉極細用。○石鍾乳，味甘，溫，無毒。道州者最佳。(煩)〔須〕鍊服之，不熟使人病淋。治咳嗽，行乳道，補髓添精，強陰道，益肺家，宜慎用之。代赭石能產胎而可攻崩漏，伏龍肝治產難而吐血尤良。代赭石用石煅醋淬七遍，研，水飛，味甘，寒，無毒。出代州，其色赤，故名代赭石。養血氣，強精辟邪。畏天雄、附子。○伏龍肝，灶中土也。味辛，微溫，微毒。消癰腫，催生下胎，止血崩。雲母補勞傷兼明目，水銀除疥虱與瘡瘍。雲母石，味甘，平，無毒。安五臟，堅(朋)〔肌〕止痢。《局方》有法，煎雲母膏，專治癰疽惡毒瘡。○水銀，即

砵砂液，能消化金銀，使成泥。味辛，寒，有毒。一名(永)〔汞〕，畏磁石。難産，可用催生。治風喉，理鼻息，功仝礬石。止漏下，破癥結，用禹餘糧。礬石，味酸，寒，無毒。出晉州者佳。化痰止痢，攻陰蝕、諸瘡漏。煅過謂之枯礬，亦可生用。○禹餘糧，用火煅，醋淬七次，擣細水飛。味甘，寒，平，無毒。出露州。形如鵝鴨卵，外有殼，重疊者是。其中有黄細末，如蒲黄者，謂石中黄。(臥)〔朴〕硝開積聚，化停痰，煎作芒硝，功却緩。硝石止煩燥，除熱毒，煉之須掃地邊霜。朴硝，味苦、辛，大寒，無毒。生益州。初採掃得，一煎而成，故曰朴硝。再取朴硝淋汁，煉之有細芒者，謂之芒硝，專治傷寒。○硝石，味辛、苦，寒，無毒。即掃地霜淋汁煉成者。打破瞳人，得空青依然如舊。胎宫乏孕，紫石英再弄之璋。空青，味甘、酸，寒，無毒。生于有銅處，銅精氣薰則生。今信州時有之。其腹中空，破之有漿者，絶難得。大者如雞子，小者如豆子，治眼翳障為最要。又有曾青同出處，色理亦無異，但其形纍纍，色(來)〔雖〕相似，其中則不空，與空青功效不相上下。○紫石英，味辛，溫，無毒。專治女子風寒在子宫，絶孕十年無子服之。○白石英，治風濕痺，安魂魄，強陰道。黄、赤、黑色皆不入藥。熱濕急求寒水石，壯陽須索石硫黄。寒水石，一名凝水石。味甘，寒，無毒。出汾州及邯鄲。即鹽之精也。治火燒丹毒，能解巴豆毒。畏地榆。○硫黄，味酸，溫、大熱，有毒。出廣州。治疥蟲䘌，堅筋，療老人風秘。腎臟既衰，煅磁石而強陽道。膀胱不利，炒食鹽以(煎)〔熨〕臍傍。磁石，味辛、鹹，寒，無毒。有鐵處則生。惡牡丹，畏黄石脂，能(及)〔吸〕鐵。補益勞傷，兼治耳聾。○食鹽，味鹹，溫，無毒。解州者勝。霍亂癖痰，可用吐之。水銀飛鍊成輕粉，殺諸疥癬，善治兒疳。石灰風化方為勝，不堪服食，可療金瘡。輕粉，即水銀粉。味辛，冷，無毒。畏磁石，忌一切血。○風化石灰，五(元)〔月〕五日採百草，擣汁調煅過石灰末，作團，陰乾，專治金瘡刀斧傷處。不堪入藥。石膏發汗解肌，去風寒熱。(涓)〔滑〕石除煩止渴，快利小腸。石膏，味甘、辛，大寒，無毒。與方解石相類，須用細理雪白者為真。治頭痛，解肌發汗。黄色者服之使人淋。○滑石，味甘，寒，無毒。用白色軟(嗽)〔滑〕者佳。療益精，除熱，療女産難。板三蟲，破癥結，胡粉一名粉錫。斂金瘡，淘眼暗，銅青銅綠無效。胡粉，一名粉錫，一名定粉，俗名光粉。即今化鉛所作婦人容面者。味辛，寒，無毒。○銅青、銅綠，以醋沃銅上即生，乃銅之精華也。微有毒，不入藥湯。吐痔抵痔，蜜陀僧兼抹鼾班隨手沒。生肌止痛，無名異折傷可理並金傷。蜜陀僧，即煅銀爐底也。味酸、辛，有毒。○無名異，味甘，平，無毒。金傷謂刀斧傷也。硼砂攻喉痺，止嗽消痰真有理。膽礬除熱毒，諸癇痰氣盡消詳。硼砂，一名蓬砂。味苦、辛，暖，無毒。出南番者色重褐，其味和，其效速。出西戎者，其色白，其味雜，其功緩，不堪入藥。作金銀(鐸)〔焊〕藥用之。○膽礬，《圖經》作石膽。味酸、辛，寒，有毒。信州有之。生于銅坑中，採得煎煉而成。消熱毒，療諸風癱瘓，可吐風痰。伏火靈砂辟鬼邪，安魂魄，明目鎮心通血脉。藏泥白堊除洩痢，破癥瘕，澁精止痛又為良。靈砂，一名二氣砂。用水銀一兩，硫黄六銖，研細，二味先同炒，作青砂頭，後入水火既濟爐中，抽之如束針紋者，成就也。惡磁石，畏酸水。○白堊，即畫工〔用者〕。味苦、辛，溫，無毒。處處有之，採無時。石燕治淋催産難，黑鉛安鎮熨蛇創。石燕，産零陵州。形似蚶，其寔石也。性涼，無毒。女人産難，兩手各握一枚，胎立至。○黑鉛，味甘，無毒。有銀坑處，皆有粉錫、胡粉、光粉，皆化鉛所作。又鉛白露，以鉛雜水銀煉作片，置醋甕中，密封，經久成霜用之。鉛白霜，性急冷也。創傷也。黄丹乃是熬鉛作，生肌止痛。(礬)〔礜〕石特生非常熱，養就丹房。黄丹，《圖經》作鉛丹，又名號丹。用時炒赤色，研細末。微溫，無毒。止吐逆，發顛癇，傅令瘡良。○(礬)〔礜〕，俗呼鎮風石。味辛、甘，大熱，有毒。嚴寒置水中，令水不冷，性堅硬而拒火，燒之，一日夜方解散。攻擊積聚痼冷之病最長。須真者，必取鶴巢中團卵而助暖氣者方真，乃修真煉丹之藥品。血暈昏迷，法煉廣生花蕋石。折傷排膿，火煅醋淬自然銅。花蕋石，出陝州閿鄉縣。性至堅硬，保金瘡，止血，《局方》以硫黄合花蕋石如法煉成之，專治産後血暈，去惡血。○自然銅，味辛，平，無毒。出銅處有之。形方而大小不等，似銅，其寔石也，從礦煉自然而生，故曰自然銅也。硇砂能破癥瘕積聚，若還(主)〔生〕用，爛心腸。信石可吐膈内固痰，倘中其毒，促人亡。硇砂，味鹹、苦、辛，溫，有毒。能消五金八石，腐人腸胃，生服之化人心為血。○信石，《圖説》名砒霜，信州者佳，故名信石。味苦、酸，有大毒。主諸瘧風痰在胸膈，可作吐藥用。不宜多服，能傷人命。若悮中硇砂、砒霜二毒，急宜冷水研菉豆汁，飲之可解。梁上塵消軟癤，通喉喧，横生立産。井泉石曲寒粱，攻火熱，除翳神方。梁上塵，一名烏龍尾。性微寒，無毒。凡使，須(二)〔去〕烟火遠，高堂佛殿上者，拂下，篩過用。○井泉石，性大寒，無毒。處處有之。以饒陽郡者為勝，得菊花、梔子最良。匀痼冷，止頭疼，無遺太陰玄精石。安心志，制顛狂，誰知鐵粉刮鐵漿。玄精石，出解州解縣，今解池積鹽倉中亦有之。其色青白，龜背者良。鹹，溫，無毒。○鐵，味甘，無毒。取鐵浸之，經久色青，沫出可染皂者為鐵漿。治顛狂。鐵拍作片段，置醋糟中，積久衣〔生〕，刮取者為鐵粉，安心志。雄黄能殺虺蛇毒，妊娠佩帶轉生男子，鍊之久服，則身輕。要生女子，佩帶雌黄。雄黄、雌黄同山所生，山向陽處生雄黄，山陰有金處，金積薰則生雌黄。婦人竟有孕，以雄黄一兩，絳囊盛帶之，可轉女為男；以雌黄半兩素袋盛之，可轉為女。雌黄煉服，久則輕身，可入仙家。備金石之品味，治病得以推詳。

草部上　觀夫天生蒸民，地生百草，人生不無札瘥之常，以致病于壽夭。草有治病之功，用何花苗寔腦。蒸，眾也。寔子腦，根也。菖蒲開心明耳目，

去濕痺風寒。菊花消散濕痺風，主頭眩痛攪。菖蒲，一名昌陽。須用生石磧上，一寸九節者良。味辛，溫，無毒。○菊花，味苦、甘，平，無毒。主胸中煩熱，明目聰耳。治渴補虛，安五臟，快覓人參。溫中解毒，性平和，無如國老。人參，一曰人蓡。味甘，微寒、微溫，無毒。反藜蘆。○甘草，味甘，平，無毒。主解百毒，為眾藥之(于)〔王〕，故號國老。反大戟、芫花。白朮益脾止瀉嘔，若動氣不宜。蒼朮平胃壓山嵐，米泔水浸炒。白朮，味甘、辛，無毒。主風寒濕痺，益脾胃，補虛勞，消腫，傷寒。有動氣者不宜服。○蒼朮，用米泔浸一宿，換泔浸，炒乾，去皮。味苦、甘、辛，無毒。治傷寒痺痛，除濕瘧，可發散。生地黃能行血，兼止吐衄折傷。熟地黃能補血，重治虛勞焦燥。生地黃大寒，亦治產後血攻心，及女人經水閉絕。○熟地黃淨洗，酒浸，蒸兩三次，焙乾。味甘，溫，無毒。熟乾則溫補，生乾則平宣。熟者止崩漏，安魂魄，治驚悸，補內傷。天門冬鎮心，止吐血衄血，性冷而能補大虛。麥門冬解渴，開結益心腸，勞熱可除煩可保。天門冬，味甘，平，大寒，無毒。悅人顏色。○麥門冬，味甘，平，無毒，微寒。二味並抽去心，焙乾用。地膚子、車前子除熱去風，明耳目，能令膀胱水穀分。菟絲子、巴戟天添精補髓，主延年，除去腰疾誠有效。地膚子，即落(蒂)〔帚〕子。味苦，寒，無毒。○車前子，味甘、鹹，寒，無毒。能滑胎，止瀉利。○菟絲子，味辛，平，無毒。水洗，澄去沙土，酒浸一宿，蒸過，乘熱杵成膏，焙乾，再入藥。方可研成末。○巴戟天，須用連珠者，去心，酒洗，焙乾。味辛、甘，微溫，無毒。除風，強力強筋，治夢與鬼交。牛膝補虛攣膝痛，月經若閉亦能通。柴胡去熱治勞傷，主療傷寒功力勁。牛膝為君，味苦、酸，無毒。○柴胡味苦，平，性微寒，無毒。治濕痺拘攣，可用煎湯浴之。下氣消痰，止嗽去痰為要藥。草決明瀉肝熱，明目祛風，兼治鼻洪。草龍膽益肝虛，驚(腸)〔惕〕無憂，疳蟲可掃。草決明，味鹹、苦、甘，平，微寒，無毒。○草龍膽，味苦，寒，無毒。益肝明目，最治(疽)〔疸〕。菴蕳子性苦寒，風寒濕痹，水氣皆寬。茵陳蒿性苦冷，時氣(入)〔發〕黃，淋難可導。菴蕳子，處處有之。味苦，微寒，無毒。久服輕身明目。○茵陳蒿，味苦，平，微寒，無毒。治淋難，小便秘澁不通。遠志葉名小草，堪收夢裏遺精。黃精俗字山薑，久服延年不老。遠志，用去骨，以甘草湯浸煮炒乾。味苦，溫，無毒。苗名小草，一似麻黃，但無節。能令生智慧，定心驚。○黃精俗名山薑。味甘，平，無毒。然與鉤吻相似，但一善一惡，要仔細辨認，切勿悮用鉤吻，則傷人至死，謂之鉤吻。北五味補虛下氣，止嗽強筋。南木香止痢健脾，氣疼是實。五味子，味酸、甘、鹹、苦、辛，故名五味。性溫，無毒。止渴，消酒毒。○木香形如枯骨者佳，不見火。味辛，溫，無毒。去膀胱冷氣，除癥瘕，止瀉痢。金瘡止血，王不留行是名剪金花。風瘙赤丹，《本草》景天即是慎火草。王不留行，味甘，平，無毒。可催生產，利月經。○景天，味苦、酸，平，無毒。主勞煩大熱瘡。女人漏下，用花良。絡石治癰瘡，消熱毒，苗似龍鱗。川芎醫頭痛，主筋攣，形如雀腦。絡石為君，即石鱗，又名龍鱗薜荔。味苦，溫，微寒，無毒。畏貝母、菖蒲。○川芎，一名芎藭。明目，瘡家止痛。味辛，溫，無毒。蘼蕪，即其苗也。白芷為之使。金釵石斛解使元陽壯，腰痛膝疼並皆驅。鬼臉升麻能解百毒消，疹麻班瘡寧可較。石斛草，味甘，平，無毒。入腎壯陽，平胃氣。○升麻，味苦，平，微寒，無毒。能解一切毒，除熱去風，為傷寒時氣之要也。煙塵續斷安胎產，療金瘡，逮不可遲。染絳茜根理風寒，止吐血，須宜平卑。續斷，味苦、辛，微溫，無毒。最能接骨，因名續斷。○茜根，一作蒨，即今染絳，茜草根也。味苦，微寒。解中蠱毒。虺床、蛇床同一種，治風濕癢及金瘡。羌活、獨活本表同，頭痛筋攣風氣撓。虺床，即蛇床。味苦、辛、甘，平，無毒。○羌活、獨活本同類，但紫色而節密者為羌活，黃色而作塊者為獨活。味苦、甘，平，微溫，無毒。細辛、薯蕷能溫中下氣，仍主腦腰疼。薏苡、萎蕤治痺弱筋攣，并〔醫〕風濕(之掉)〔症〕。細辛，味苦，溫，無毒。主拘攣風痺，明目破(萎)〔痰〕，治婦人血閉。○薯蕷，俗名山藥。味甘，溫，平，無毒。補心氣不足，鎮心神。○薏苡仁，味甘，寒，無毒。止瀉補虛收盜汗，黃芪奏不小之功。消癰散腫有高能，忍冬是至賤之草。黃芪，味甘，微溫，無毒。主虛勞，強筋，治耳聾，正痛排膿。○忍冬草，即鷺鷥藤，又名金銀花。其蔓左纏右，亦名左纏藤。味甘，溫，無毒。處處有之。澤瀉會除諸般瀉，弭渴踈淋。防風主治一切風，仍蠲頭疼。澤瀉，味甘、鹹，寒，無毒。止泄精，逐膀胱水，多服令人眼病。○防風，味甘、辛，溫，無毒。能解附子毒。明目，止汗，療崩。蒺藜陰痛煎湯，頭痛煎酒。蒲黃行血用生，止血用炒。蒺藜，味苦、辛，溫，微寒，無毒。破血催生。若風瘡、陰瘡，煎湯作浴；頭痛煎酒服。○蒲黃，味甘，平，無毒。生則味滑，熟則味澁。蓯蓉扶女子陰絕，興男子陽絕，補陰養腎，生自馬精。黃連理丈夫諸熱，劫小兒疳熱，止痢厚腸，貴稱鷹爪。肉蓯蓉，味甘、酸、鹹，微溫，無毒。言是馬精落地所生，生時似肉。作羹補虛最佳。○黃連，味苦，寒，無毒。點眼可除熱，更治消中、口瘡良。漏蘆行乳消瘰癧腸風。丹參補胎氣利月經可喜。漏蘆，味苦、鹹，寒，無毒。醫瘡瘍，療眼，理損傷，續筋骨。○丹參，味苦，微寒，無毒。除積聚，破癥瘕，益氣，去煩滿。一名赤參。更分佐使君臣，是曰神聖功巧。望而知之謂神，聞而知謂聖，問而知謂功，切而知謂巧。望聞問切，是謂醫家之四時也。

草部中　抑又聞芍藥苦平，赤者破血通經，而白者可安胎止痛。辛薑大熱，生則嘔家聖藥，而乾者除霍亂心痛。芍藥，為臣。味苦、酸，平，微寒，有小毒。惡石斛、芒硝，畏硝石及藜(苦)〔蘆〕。方有赤、白二種，白者補虛止汗，赤者除熱明目。○薑，為

使，有生用，有乾用，乾者味辛，溫、大熱，無毒。溫中止血，逐痺風（溫）〔濕〕。生者味辛，微溫，無毒。處處有之。用熱即去皮，用冷留皮。發散傷寒，下氣，嘔家最為聖藥。葛根止渴解醒，發散傷寒消熱毒。瞿麥開通関格，宣癃墮子更催生。葛根，味甘，寒，無毒。瞿麥，只用實，殼不用。莖葉味苦，寒，無毒。瓜蔞曰天瓜，實治乳癰，根可止渴。蒼耳即葈耳，子能明目，葉解風纏。瓜蔞根名天花粉。味苦，寒，無毒。即瓜蔞。蒼耳，味甘，溫，有小毒。處處有之。主攣痺濕風寒。玄參攻頭痛，苦參攻腸風，並可治痺破癥結。貝母人面瘡，知母潤心肺，皆能嗽理傷寒。玄參，即山麻。苦、鹹，微寒，無毒。今處處有之。除風熱，明眼目。○苦參，味苦，寒，無毒。殺疳蟲，治瘡毒。○貝母，味辛苦，平，微寒，無毒。專治脚膝生人面瘡。○知母，味苦，寒。除熱止渴。白薇本消淋露，更治風狂，并除溫瘧。白芷能除血崩，專攻頭痛，排膿瘡邊。白薇，味苦、鹹，平，大寒，無毒。如葱管者佳。○白芷，味辛，溫，無毒。專治蛇咬。白芷末摻咬處，或搗白芷汁，浸傷處。當歸主補血虛勞，止血用頭，破血用尾。麻黃發散攻頭痛，發汗用莖，止汗用根。當歸，酒浸，焙。味苦、辛，溫，無毒。○麻黃，味苦，溫，無毒。大薊功同小薊，治癰腫，血崩吐衄。小青不如大青，療傷寒，熱毒時行。大薊、小薊，味甘，溫。今處處有之。○大青、小青，味苦，大寒，無毒。處處有之。古方只用大青。小三稜導莪术，破血消癥，寧心脾腹疼。白豆蔻、畢澄茄溫脾健胃，能消食寬膨。三稜，味苦，平，無毒。○莪术，又曰莪茂。味苦，平，溫，無毒。鬱金勝似薑黃，行經下氣。川芎貴平，藁本頭痛皆痊。鬱金，須用蜀中如蟬肚者佳。味苦、辛，寒，無毒。○薑黃説在下文。○川芎解見。草部上芎藭下。○藁本，俗曰（士芎）〔土芎〕。味辛，微溫，無毒。主風入四肢。畏青葙子。前胡、柴胡功無優劣，通醫熱病，主療傷寒。前胡，味苦，微寒，無毒。下氣消痰，推陳致新，安胎止嗽。○柴胡，見草部上。薑黃烈似欝金功，下氣消癰，通經破血。蓽撥味如良薑辣，轉筋霍亂，心疼連巔。巔即頭頂也。薑黃，處處有之。味辛、苦，大寒，無毒。○欝金解見前。○蓽撥，味辛，大溫，無毒。溫中下氣。○高良薑，味辛，溫、大熱，無毒。剪草入疥瘡之氣，王瓜導乳汁之源。剪草，味苦，平，無毒。婺州產者最良。根名白藥，治金瘡。古方以剪草末蜜和，丸蒸丸曬成膏，可醫一切失血。○王瓜，一名落鵶瓜，一名土瓜。結子如彈丸，生青，熟赤色，可啖。閩人俗謂之毛桃。其根止渴，散癰除疸，消瘀下血。通草元來即木通，治淋退疸。蠡實一名馬藺子，去濕醫崩。通草，味辛甘，平，無毒。除寒熱，出音聲，治耳聾。○馬藺子，味苦，平，無毒。去風寒濕痺，除胃熱喉痺。百合寧心，可除咳痰有血。秦艽治疸，時行勞熱猶能。百合，味甘，平，無毒。除熱欬，攻發背瘡癰，消脹，利大小便。○秦艽，味苦，平，微溫，無毒。消浮腫，利小便。黃芩解熱通淋，女子崩因熱者。紫（苑）〔菀〕化痰定喘，嗽而唾有紅涎。黃芩，味苦，平，大寒，無毒。主治黃疸，止痢，女子血崩。本性熱者良，虛寒者不可用。○紫（苑）〔菀〕草，味苦、辛，溫，無毒。補虛止渴，安五臟，通結氣，掃胸中紅涎，痰中有血膿也。澤蘭行損傷之血，紫草制痘疹之偏。澤蘭，味苦、甘，微溫，無毒。消四肢浮，攻癰腫排膿。○紫草，味苦，寒，無毒。通九竅，退腫通淋。石韋透膀胱小便。防己治風熱拘攣。石韋，味苦、甘，平，無毒。去熱除邪。用刷去毛，不然令人咳嗽不已。○防己，味辛、苦，平，溫，無毒。治水腫風腫，退產止嗽。肉豆蔻補脾止痢，猶調冷瀉。欵冬花洗肝明目，勞嗽宜遵。肉豆蔻，用麵裹炮熟。味辛，溫，無毒。解酒消食，調中，兼治霍亂。○欵冬花，味辛、甘，無毒。能定喘消痰。淫羊霍即仙靈脾，補腎虛，興陽絕不起。補骨脂名破故紙，扶腎冷絕，夢泄精殘。淫羊霍，味辛，寒，無毒。主治冷風勞氣。○補骨脂，味辛，大溫，無毒。主血氣勞傷。禁驚熱，殺疳蟲，蘆薈俗呼為象膽。解風纏，宣痘毒，牛蒡元來號鼠黏。蘆薈，味苦，寒，無毒。以其味苦，名象膽。主顛癇，痔瘡。○牛蒡，名惡實，又名鼠精。明目，消瘡毒，手足拘攣。味苦，平。處處有之。海藻、海帶，一般疝氣瘿瘤同有效。水萍雖分三種，熱風癮瘀並权衡。海藻，洗去鹹味，焙乾用。味苦、鹹，寒，無毒。○水萍有三種，止渴治火瘡，通小便，消水氣。味辛、鹹，寒，無毒。艾葉可生可熟，漏血安胎，嘔吐衄血還可止。阿魏有真有假，殺疳蟲，破積傳屍，亦可保天年。艾葉，處處有之。味苦，溫，無毒。生者治下痢，止嘔血，取汁用之。熟者治漏血。可為丸，灸百病。○阿魏，味辛，平，無毒。難得真者，氣極臭，而能止臭氣。敗醬，婦人產後用。酸醬，催產易為生。敗醬，味苦、鹹，平，無毒。因作敗腐豆漿氣，故名敗醬。陳良甫作《婦人良方》，説是苦薺菜。仲景方治腹癰。○酸醬，味酸，寒，平，無毒。處處有之，即酸醬草也。主熱除煩，通淋止崩。產難胎不下，而若吞其實即生。茴香附霍亂轉筋，更通腎氣。昆布消瘿瘤結硬，水腫為先。茴香，一名蘹香子。味辛，平，無毒。開胃調中，得酒良。○昆布，味鹹、酸，性冷，無毒。與海藻同科。治瘿瘤。百部除肺熱，久年勞嗽。天麻逐諸風，濕痺拘攣。百部，味苦，微寒，無毒。治疥癬去風。○天麻，味辛，平，無毒。益氣強筋。苗名赤箭。牡丹可行經下血，地榆止血痢宜然。牡丹，味辛、苦，寒，無毒。止痛，除邪氣，療驚（棚）〔癇〕中風，續筋骨，破癰膿。○地榆，味苦、甘、酸，微寒，無毒。惡麥門冬。止痛排膿，治金瘡，女人帶下良。香附、縮砂，消食化氣，暖胃溫脾，皆婦人要藥。狗脊、萆薢，扶老補虛，腰疼脚疼，與濕痺牽纏。香附子，即（藥）〔莎〕草根。味甘，微寒，無毒。處處有之。○縮砂，去皮取仁用。味辛，溫，無毒。止瀉痢。炒過，除（姓）〔妊〕婦腹痛。○狗脊，味苦、甘，平，微溫，無

毒。○萆薢，須用川者。味苦、甘，平，無毒。紅花本能行血，白鮮皮瘡疥利便。紅花，《本草》作紅藍花。味辛，溫，無毒。主產後血暈昏迷。可作胭脂。治小兒聤耳。○白鮮皮，味苦、鹹，寒，無毒。除疸通淋，主風癱手足不舉，女人經水不通及除痛。風寒濕痺，腎冷與遺精，當知石龍芮。勞熱骨蒸，兼兒疳驚痢，須用胡黃連。石龍芮，味苦，平，無毒。畏蛇退、茱萸，平胃氣，主関節不通。○胡黃連，味苦，平，無毒。折斷起烟塵者是。白茅花能止吐衄，玄胡索可治心腹疼。白茅根，味苦，寒，無毒。處處有之。通氣，除煩渴，治淋利小便。花，止吐衄血。茅針，搗傅金瘡良。○玄胡索，味辛，溫，無毒。治女人月水不下，行腎氣。甘松青浴體令香，專辟惡氣。使君子乃醫蟲藥，疳瀉如仙。甘松，味甘，溫，無毒。又香，善除惡氣，浴體香肌。治心腹痛。○使君子，用熱灰中和殼煨，去皮殼，取肉用。味甘，溫，無毒。消疳積，消濁瀉痢，諸蟲揔能除却，因郭使君用此，故名。斯乃稱為中品，是〔誠〕藥性鉤玄。

草部下　因知性甘大熱，附子、烏雄可回陽而逐冷汗而建中。附子，團圓平正，一兩已上者佳。主心腹冷痛，攻欬逆，破癥結，墮胎止痢，除風寒濕痺，強陰道。○烏頭與附子同種，以原種之母為烏頭，破積除寒濕，及中風邪，惡風墮胎，攻腹痛消積飲。○天雄似附子，但廣，身長三四寸許，有鬚性烈，一如烏、附，逐痺除風，助陽。附子、烏雄，味並辛甘，大熱，有毒。出三建，故名三建。

半夏止吐去痰，有毒，必須薑製。大黃通腸滌熱，快駿，因號將軍。半夏，味辛，平，生微寒，熟溫，並有毒。五月夏至生，故名半夏。健脾止嘔，去痰涎。熟令人下，生令人吐，須用合生薑和煎，方制其毒。○大黃，味苦，寒，無毒。黃芩為之使，無所畏。宜氣消癰，除結熱，通瘀血，蕩燥屎，推舊致新，性至快。(末)〔木〕賊、青葙開眼翳，羊蹄、鶴虱殺三蟲。木賊，味甘、微苦，無毒。攻積塊，腸風下血，止女人赤白帶下。○青葙子，味苦，微寒，無毒。即白雞冠花。主皮膚熱，瀉肝熱，去風，除瘙痒，殺蟲。○羊蹄，俗呼為禿菜根。味苦，寒，無毒。攻疥癬，治女人陰蝕瘡，療痔殺蟲。○鶴虱，味苦，平，有毒。即火杴草。主蛔蟲咬心痛。與甘草相形，甘遂能消腫破癥。大戟通利水道，兼除蠱毒，與烏頭相反。白斂治腸風癰腫。白及破癰疽，並合跟皸。甘遂、大戟，味並苦甘，寒，有毒。治病之功，不相上下，故並反甘草。○白斂、白及，味並苦辛甘，平，無毒。同反烏頭。療疾大同小異。風攻皮膚羊躑躅。熱止咳嗽馬兜鈴。羊躑躅，味辛，有毒。羊誤食其苗葉，則躑躅而死，故名之。消蟲毒，破諸痺賊風。○馬兜鈴，味苦，寒，無毒。治肺熱咳嗽喘促，兼(瘘)〔瘻〕瘡血痔。其根名土木香，又曰青木香。結子而鈴狀，故名。劉寄奴破血行經，金瘡最妙。續隨消癥蕩滯，蟲毒尤攻。劉寄奴，味苦，溫。治湯火傷及金瘡最妙。因劉裕小名寄奴，取此草以療金瘡，得劉裕名寄奴。○續隨子，即聯步。味辛，溫，有毒，最治蛇傷。祛風送痰白附子，刮磨腸垢白頭翁。白附子，味甘，平，溫，無毒。能行藥勢，主心疼腹痛。○白頭翁，處處有之。老公鬚因其根有白茸，故名之。仲景以此治溫瘧，又治金瘡衄血。何首烏久服延年，可消瘡腫。骨碎補折傷克效，及耳鳴聾。首烏，味苦，澁，微溫，無毒。皆(因)老人姓何，見藤夜交，遂採根食之，白髮變黑，因此名之。○骨碎補，味苦，溫，無毒。一名猴孫薑。根生緣樹上。能補骨碎折傷，因名之。瀉肺消痰，下水去浮葶藶子。通經散腫，開喉明目射干功。葶藶子，味辛、苦，無毒。處處有之。生于道傍，有甜、苦二種。○射干，味苦，平，微溫，無毒。一名烏扇，俗曰仙人掌。(恆)〔常〕山吐涎截瘧，莨宕止搐攔風。莨菪，音浪蕩。(恆)〔常〕山，味苦、辛，有毒。形如雞骨者良。苗名蜀膝。○莨菪，處處有之。味苦、辛，有毒。一名天仙子。雖云有毒，得甘草、升麻即解。連翹除心熱，破癭瘤，堪行月水。桔梗瀉肺癰，清喉痛，止嗽寬胸。連翹，味苦，平，無毒。分大小二種。利小便，專治癰疽發背。○桔梗，味辛、苦，微溫，有小毒。又有一種名苦梗，藥性相同。海金砂用日中收，攻傷寒熱病。穀精草從田中採，破翳膜遮睛。海金砂，俗名竹園荽，處處有之。收金法：以紙襯之，日中晒，以枝擊之，其枝葉自然有砂落紙上，旋收之。專利小便，得蓬砂、梔子、馬牙硝最良。○穀精草，一名皷槌草，又曰戴星草。生田中。味辛，溫，無毒。治咽喉痺，止齒痛。紫河車即蚤休，癰瘡至聖。商陸根名樟柳，退腫之宗。紫河車，名金線重樓。味〔苦〕，微寒，無毒。主治頭癇驚熱。○商陸，味辛、酸，平，有毒。種分赤白，白者消水腫。根如人形者有神。赤者不入藥。(蕠荳)〔藜蘆〕為瘡疥之藥，貫眾殺寸白諸蟲。藜蘆，味辛、苦，寒，無毒。俗名山(豆)〔稷〕。反細辛、芍藥。可吐風痰，不入藥湯。專主疥蟲瘡瘍。○貫眾，味苦，微寒，有毒。治金瘡，破癥結，止鼻紅。草蒿一本作青蒿，滅骨蒸勞熱。旋覆花草名金沸，鈍痰嗽之鋒。草蒿，味苦，寒，無毒。處處有之。根、苗、子、葉皆入藥，各自使用，用子勿用葉，用根勿用苗，四者若同用，則成病。得童子小便浸之用良。亦可煎水洗瘡，除疥風。○旋覆花，味鹹、甘，溫、微冷，利痰，有小毒。通膀胱水，去風濕，止嘔。蓖麻子善主催生，搗膏敷脚板。威靈仙能消骨鯁，熬汁灌喉嚨。蓖麻子，味甘、辛，有小毒。療瘡癢，研榨油，擦傅。水瘡，研服良。○威靈仙，味苦，溫，無毒。主(宜)〔宣〕氣，去冷消痰，療折傷，去諸風。馬鞭草能通月水不行，破癥瘕之癖。葫蘆好補元陽腎冷，蠲疝氣之癃。馬鞭草，味甘、苦，寒，有小毒。其草穗類鞭稍，因名之。俗謂之鐵掃箒。治溫瘧陰瘡。○胡盧巴，得茴香、桃仁同用，(遂)〔逐〕膀胱疝氣。得硫黃、附子同用，專補腎經。萱草治淋，(屋)〔孕〕帶其花生男子。燈心去熱，燒灰善止夜啼童。萱草，一名鹿葱。味甘，性涼而無毒。處處有之。孕婦佩帶其花即生男子，因名宜男草。○燈心處處有之。破傷處，搗敷最良。山豆根療咽痛頭瘡五痔，金沸草治丹毒發背諸癰。山豆根，味

甘，寒，無毒。消腫毒，治熱咳。○金沸草，冬時則皆有黃星，點點成行。味苦，寒，無毒。解硫黃毒。狼毒驅九種心痛，稀薟掃除風濕痺。狼毒，味辛，平，有大(寒)〔毒〕。(陸而)沉水者良。主咳逆，治蟲毒蟲疽、瘰癧。○稀薟，即火杴草。味苦，寒，有小毒。頗似(崔風)〔鶴虱〕。昔有知州張詠，嘗經進此方，治諸風。夏枯草最治頭瘡，瘰癧瘻瘤同可覔。夏枯草，至夏即枯，故名之。辛，寒，無毒。天南星專能下氣，風痰腦痛止怔忡。○天南星，處處有之。味苦，辛，有毒。散血墮胎，消癰腫。退腫消風，牽牛子第一。諸風解毒，山慈菰最良。牽牛子，用炒過。味苦，寒，有毒。處處有之。下氣通腸，利大小便，墮胎。專治腰疼脚痛。○山慈菰，名鬼燈花，一名金燈花。瘡腫，癰疽，瘰癧，消毒良。仙茅伸風者之脚攣，補虛堅骨。苧根涼小兒之丹毒，安護胎宮。仙茅，味辛，溫，無毒。治虛勞，逐冷氣，益陽堅骨，生長精神。○苧根，補血安胎，止渴，兼治小兒丹毒。茵芋理寒熱似瘧，屋(迸)〔遊〕斷齒衄之縱。茵芋，味苦，溫，有毒。止心腹痛，通關節，主風寒濕痺。○屋遊，即瓦上青苔。味苦，寒，無毒。逐膀胱水，止皮膚寒熱。

木部　豈不以勞傷須肉桂，斂汗用桂枝。俱可行經破癖，炒過免墮胎兒。桂味甘、辛，大熱，有小毒。得人參、熟地黃、紫石英良。畏生葱。

五痔傷風稱槐角，瘡瘍殺疥羡松脂。槐角實，味酸、鹹，寒，無毒。處處有之。除熱氣，主火燒瘡。皮，灌漱風疳齒。○松脂，味苦、甘，溫，無毒。處處有之。道家服餌，輕身延年。○松實，味甘，溫，無毒。可供果品。葉與根白皮，味苦，寒，無毒。主辟穀不飢。○松節，溫。漬酒，治歷節風。栢葉止吐衄崩，要安五臟鎮驚，去殼取仁於栢子。枸杞益陽明目，退虛勞寒熱，須用其根地骨皮。栢葉，味苦，微溫，無毒。四時各依方向採，陰乾。用柏白皮，主火燒爛瘡。○枸杞子，味苦，寒，根大寒，子微寒，無毒。處處有之。惟陝西、四川出者最佳。茯苓有赤白二種，赤者通利小便，白者可補虛定悸。乾漆有生熟兩般，生者損大腸胃，熟者通月水愆期。茯苓，味甘，平，無毒。多年松根之氣薰所生。有赤、白二種，並除寒熱，止渴消痰。而赤專主利小便，分水穀。白者專補虛定悸。○乾漆，味辛，溫，有毒。須炒熟用則無毒。去癥，續骨，殺蟲，除心氣，止痛。茯神則健志收驚，開心益智。琥珀則鎮心定魄，淋病偏宜。茯神，即茯苓抱根所生者，用須去心中木。味甘，平，無毒。多益心脾，主風虛。○琥珀，味苦，平，無毒。是松脂入地中，多年則化成。職掌虛煩，斂汗必須酸棗。性行通利，消浮當用榆皮。酸棗仁，味酸，平，無毒。安五臟，除風去痺，能堅骨補中，寧心智。○榆皮，味甘，平，無毒。性滑，通行大小便，消浮腫，治小兒白禿，下婦人胎衣。攻目赤，清頭風，堅齒輕身蔓荊子。斂金瘡，除腰痛，治風桑上寄生枝。蔓荊子，味苦、辛，微寒，平，溫，無毒。通關竅，去寸白蟲，除筋骨中寒熱。○桑寄生，一名寓木。味苦、甘，平，無毒。並治崩中，補內傷，胎前產後皆宜用。瀉方用功，訶黎勒、訶子同名。頭眩鼻塞，木筆花乃是辛夷。訶子，味苦，溫，無毒。開味進食，消痰，治崩漏及腸風下血，兼主奔豚冷氣。○辛夷，味辛，溫，無毒。處處有之。南人謂之迎春木。久服輕身奈老。二月開花，色白帶紫，花落無子，至夏復開花，初出如筆，故北人呼為木筆花。主頭眩鼻塞最良。烏藥主寬膨順氣。沒藥主折跌金瘡，血氣相攻，諸疼共理。秦椒能明目通喉。蜀椒澁消療癖，溫中下氣，風痺同醫。烏藥，味辛，溫，無毒。處處有之。惟天台產者為勝，俗名旁箕。主心腹痛，補中益氣，攻翻胃，利小便。○沒藥，味苦，平，無毒。按徐表《南州記》，生波斯國，是彼處松脂也。破血止痛，為產後最宜，宜推陳致新，內傷良。○秦椒，味辛，溫，生溫熟寒，有毒。攻腹痛，治風邪，溫中除痺。醋煎，灌漱口疼。○蜀椒，去閉口者。味辛，溫、大熱，有毒。出成都。逐冷風。核名椒目，通水道。牙痛乳癰求莽草，腸風崩帶索椶櫚。莽草，為臣，性有毒，味辛，溫。善開喉痺，理諸瘡瘰癧。○椶櫚，性平，無毒。止痢養血，消鼻紅，用燒存性入藥。巴豆破結宣腸，理心膨水脹。芫花消浮逐水，繫瘤痔當知。巴豆，味辛，溫，生溫熟寒，有毒。生巴郡，故名巴豆。性急通利，因名江子。用去皮心膜及油，然後用。畏大黃、黃連。○芫花，味辛、苦，溫，有小毒。治欬逆喉鳴痰唾，腰腹心痛。木鱉治疥瘡腰痛有準，雷丸殺三蟲寸白無疑。木鱉子，生形似鱉，故名之。味甘，溫，無毒。治乳癰、肛門腫及折傷。○雷丸，味苦、鹹，寒，有小毒。白者良。赤者有毒，能殺人。養腎除風石楠葉，漱牙洗目海桐皮。石楠葉，味辛、苦，平，有毒。利皮毛筋骨病。○海桐皮，味苦，平，無毒。主痢，除疥風，治痺痛風。牡荊子酒擂敷乳腫，郁李仁蕩浮腫四肢。牡荊子，味苦，溫，無毒。即黃荊，今官司作笞杖行刑者。處處有之。主頭風目眩。○郁李仁，味酸，平，無毒。俗名唐棣。通關格，去浮腫。根皮，治齒痛風。蜜蒙花揔皆眼科之要領，蘇方木專調產後之血迷。蜜蒙花，味甘，平，微寒，無毒。○蘇方木，味甘、鹹，平，無毒。專能破血消癰，及撲損。楮實補虛明眼目，葉洗癮風，樹汁塗癬疥。竹皮刮下止嘔吐，葉解煩燥，燒瀝禦風痰。楮實，味甘，寒，無毒。主塗水腫及陰痿不起。○竹皮多種，取皮止嘔吐者，南人呼為江南竹。味辛，平，甘，寒，無毒。肉薄。今人取作竹瀝者，又謂之淡竹。其葉解煩，除咳逆。今方中用淡竹葉，又是一種，叢小，葉微柔，有毛，其根生子如麥門冬。(榜)〔樗〕白皮止痢斷疳，葉汁洗瘡除疥風。胡桐淚殺風牙蛀，膨停脹滿吐堪施。樗白皮與椿白皮性同良，但樗木臭，椿木香。味苦，有毒。樗木根葉俱良，南北皆有之。兩木最為無異，俗呼作虎呂樹。○胡桐淚，味鹹，無毒。形似黃礬，得水便消，如硝石也。結胸散疝寬膨，逐水調風宜枳殼。煩悶通淋解熱，赤眸黃疸用山梔。枳殼，以小緊實少穰者為枳實。味苦、酸，微寒，無毒。能攻痔瘻，消癥癖。○山梔子，味苦，寒，無毒。生於山間者為山梔，人家園囿種蒔者為黃梔，形肥壯，可染物用。方中用山梔，形

緊小者入藥。檳榔攻脚氣，殺三蟲，宣通臟腑。厚朴乃溫中除霍亂，膨脹堪治。檳榔，味辛，溫，無毒。生海南。向日曰檳榔，形尖如雞心者良。向陰曰大腹子，平坐如饅頭。檳榔下氣除風，宣通臟腑，逐水，消痰破結。○厚朴，去粗皮，用薑汁炒過。味苦，溫，無毒。須用中有紫油者佳。通經行氣，厚腸胃，消穀食，安腹中長蟲。猪苓消渴利水，治傷寒中暑。龍腦清頭(目)〔明〕目，主驚搐小兒。猪苓，味苦，甘，平，無毒。生土底，皮黑作塊似猪糞，故名之。治痰瘧，消腫利水，止遺精。○龍腦，味辛、苦，微寒，一云溫，平，無毒。其香透腦，攻耳聾，消風氣，通九竅。即梅花片腦。若服餌過多，至一兩許，則身冷如醉，氣絕而非中毒，蓋性寒故也。明目涼肝解熱，毋遺黄栢。磨癥下乳行經，休缺紫葳。黄栢，《圖經》名黄蘗。味苦，寒，無毒。除血痢，去黄疸，治癰瘡，袪脾胃熱，治女子熱崩。○紫葳花，一名凌霄花。味鹹，微寒，無毒。處處有之。治風熱痛及癎症。杜仲堅筋補損傷，兼理腎虚腰脊痛。衛矛殺鬼決經閉，陰人崩帶也能醫。杜仲，味辛、甘，平，無毒。斷折如銀絲，用薑汁和炒，去絲。用除(必)〔風〕冷，強心志。○衛矛，即鬼箭羽。味苦，寒，無毒。攻腹痛，破癥結。癰腫癥瘤憑虎杖，殺蟲砥痔問蕪荑。虎杖，俗名班杖根。微溫，味甘，平，無毒。治損傷，消瘡毒。○蕪荑，味辛，平，無毒。逐冷，除心痛兼黄。治皮膚骨節風，殺疥蟲，治癬，攻陽風。蕤仁烏膏點眼利，最除熱赤。皂莢為末搐鼻(端)〔嚏〕，應釋妖迷。蕤仁核，味甘，溫、微寒，無毒。通結氣，鼻紅。○皂莢，味辛、鹹，溫，有小毒。亦有數種，長一尺、半尺者佳。如猪牙者良。消痰嗽，散(種)〔腫〕，去頭風。沒石子止痢生肌，染烏髭黑髮。益智子澁精益氣，止小便多遺。沒石子，即無食子。味苦，溫，無毒。出西番。用有竅者良。治陰瘡陰汗。○益智子，味辛，溫，無毒。定神定志，故謂之益智。川楝子號金鈴(子)，冷氣膀胱能作主。五倍子名文蛤，腸風五痔效端殊。川楝子，味苦，寒，有小毒。今處處有之，但蜀川者為良。根皮最殺蛇蟲。○五倍子，味酸，平，無毒。除齒蠹及瘡膿，亦可洗眼去風熱。吳茱萸下氣消痰，提轉筋霍亂。山茱萸添精補腎，治風痺無疑。吳茱萸，味辛，溫、大熱，有小毒。今處處有之。除嘔逆，(途)〔逐〕風邪，主脚氣攻心。○山茱萸，一名石枣。味酸，平，微溫，無毒。療耳聾，調女人月水。桑白皮瀉肺，補虚益氣。大腹皮通腸，健胃開脾。桑白皮，味甘，寒，無毒。即桑樹根皮。利水道，消浮腫，殺寸白蟲。○大腹皮，即檳榔大腹子之皮。微溫，無毒。專下氣，分冷熱，攻心痛。金櫻子、冬青子養精益腎，輕身，調和五臟。蘇合香、安息香辟惡去蟲，殺鬼，蠱毒消除。金櫻子，味酸，澁，平，溫，無毒。採實，搗汁熬膏，久服輕身耐老。○冬青子，又名女貞實。味苦，平，無毒。治病與金櫻子同功。○蘇合香，味甘，溫，無毒。油能辟惡，除溫瘧，久服令人不生夢。○安息香，味辛、苦，平，無毒。辟邪暖腎，止遺泄。秦皮洗眼除昏，男子添精，婦人收帶(不)〔下〕。黄藥通喉豁痺，蛇傷取效，醫馬是神樞。秦皮，味苦，寒，無毒。治風寒濕痺。○黄藥，味苦，平，無毒。治惡腫。苦(菜)〔茶〕主頭疼，痢生腹痛，同薑煎服。鉤藤蠲瘈瘲，兒生客忤，勝禱神祇。苦(菜)〔茶〕，即(苦)茶(名)〔茗〕。味甘苦，微寒，無毒。除痰下氣，消宿食。○鉤藤，味甘，平，微寒，無毒。有鉤形如鉤，故得血舒筋活血。止痛生肌麒麟竭，舒筋展痺五加皮。麒麟竭，一名血竭。味鹹，平，無毒。除血暈。○五加皮，味辛、苦，溫、微寒，無毒。治風寒濕痺，止心痛，益精神，通疝氣，治陰瘡。小兒幼不能行，服之良。丁香下氣溫中，能益脾止吐。沉香調中順氣，療痛絞心(恬)〔腹〕。丁香，味辛，溫，無毒。散腫，除風毒，更治齒痛風牙。○沉香，味辛，溫，無毒。療腫，除風去水，止(藿)〔霍〕亂轉筋，壯元陽，辟惡氣。檀香、霍香止霍亂吐嘔，痛連心腹。乳香、楓香專消風止痛，瘡毒流離。檀香，熱，無毒。消風腫，腎氣攻心。○藿香，味辛，微溫。去惡消腫，治吐逆。○乳香，味辛，熱，微毒。辟惡除邪，補精益腎，治諸瘡，攻血氣。○楓香，即白膠香，是楓脂也。治癮瘮風，擦齒痛，去虚浮水氣。味辛，平，微毒。竺黄理天弔，止驚風，更會清心明目。胡(板)〔椒〕能下氣，逐風冷，兼除霍亂昏迷。天竺黄，味甘，寒，無毒。生天竺國，故名。○胡(板)〔椒〕，味辛，微溫，無毒。去痰止痢，卒患心腹痛。此木部之藥性，為後學之繩規，繩規為方圓之器也。

人部看方猶看律，意在精詳。用藥如用兵，機毋輕發。草木之性即陳，人物猶宜立訣。律，法度也，齊之以刑。用藥猶將兵，謂醫者，乃人之司命。天靈蓋最主傳屍，久病虚勞，熱蒸在骨。天靈蓋，乃死人頂骨十字解者。此骨是天生天賜，蓋壓一身之骨節。陽人用陰，陰人用陽。味鹹，平，無毒。主傳尸鬼疰人。熱病乃陽毒發狂，當求人糞汁。打撲損傷併新產，快索男童溺。人糞，一名人中黄。性寒，無毒。專治天行大(督)〔熱〕，勞氣骨蒸，燒末調服；解諸毒，為末，湯調；治熱病發狂，絞糞汁飲之。○男童溺，童子小便也，女子者不宜用。主寒熱虚勞，頭病濕氣。乳汁有點眼之功，裩襠故陰陽之易。婦人乳汁，味甘，平，無毒。能安五臟，悅皮膚。昔張倉常服，享壽百餘歲。《衍義》云：乳汁治眼之功何多？蓋人心生(上)〔血〕，腑臟受血則能視。婦人之血，上為乳汁，下為月水，用以治目，不亦宜乎。○裩襠，即裩之當陰處，取方圓六七寸許，燒為末用。男子新病瘥，而婦人與之交，則男病陰易。女人病新瘥，而男子與之交，則女病陽易。小腹絞痛，攣手足，目中生花，頭重不能舉，若不急治則死。男子病用婦人裩襠，女人病用男子裩襠，以水調服。調諸淋，破瘀血，亂髮元來即血餘。止吐衄，理肺痿，漩垢便是人中白。血餘，乃人亂髮燒灰。味苦，微溫，無毒。治癰疽，轉胞。○便溺，人中白，即尿桶中澄底垢積之結白者。火上燒灰，最治緊唇及勞熱(侍)〔傳〕屍。《圖經》、《衍義》無虚，醫

者可知端的。

蟲魚部　抑又聞蠢者為蟲，潛者為魚，堪行入藥，貴賤可拘。蠢，動也，潛，澄藏也。全蝎有毒須頭當去，能透耳聾，調諸風驚搐。班貓不宜生，通淋墮孕，宜瘰癧之疵。全蝎，宜緊小者佳。味甘、辛，須去毒方可用。○班貓，去足翅，以米同炒至米黄色，去米。生用即令人生瀉。味辛，寒，有大毒。消水氣，去癭瘤，無如海蛤。安心志，磨翳障，大喜珍珠。海蛤，味苦、鹹，平，無毒。治浮腫，除欬逆，定喘消煩。○珍珠，味〔鹹、甘〕，寒，無毒。出廉州。主潤澤皮膚，悦人顔色。綿包塞耳，可治聾。水蛭吮癰疽，通經破血。田螺去目熱，反胃堪除。水蛭，即馬蝗蜞，生水中，名水蛭；生草中，名草蛭；生泥中，名泥蛭。並能着人及牛馬股脛間咂血。用之當用水蛭小者佳。此物極難死，加火炙經年，得水猶可活。若用之，須火炒令黄極熟，不再入人腹生子為害。○田螺，性大寒，無毒。不可多食。其肉敷熱瘡，殻主翻胃，汁能醒酒（上）〔止〕渴。須用田中取者為佳。鼠婦通月經，利便癃，仲景將來醫久瘧。䗪蟲破堅癥，磨血積，傷寒方内不曾無。鼠婦，味酸，溫，無毒。生人家地上，處處有之。○䗪蟲，名土鱉，味鹹，寒，有毒。處處有之。拽瘓瘲驚風，明目催生稱蛇蛻。正喎斜口眼，墮胎點翳捉衣魚。蛇蛻，味鹹、苦，平，無毒。主纏喉風，攻頭瘡瘰癧。○衣魚，味鹹，溫，無毒。今處處有之，衣中乃少，多在書卷中。小兒淋閉，以磨臍及小腹，溺即通，仍可磨瘡。能出箭頭入肉，醫附骨鼠（螻）〔瘻〕，蜣螂便是推車客。補打撲損傷，療兒疳昏眼。蝦蟆本草即蟾蜍。蜣螂，味鹹，寒，有毒。療兒驚瘓瘲風癇。臨用當炙過，勿置水中，令人吐。○蝦蟆肉，味辛，寒，有毒。主邪氣，堅瘕急瘡鼠癧。殺伏尸鬼疰三蟲，地龍俗名蚯蚓。止風（哦）〔賊〕斜喎肛脱，蝸牛本是蛞蝓。地龍，味苦，無毒。須用白項者良。傷寒狂熱，須咽汁。治痢，消丹毒用糞。○蝸牛俗名蜞螺，處處有之，〔生〕砂石垣墻下濕處。亦治背疽，用〔涎〕塗抹。蠐螬點眼翳雜科，割金瘡，出肉中刺。蛤蚧傳屍堪止（敕）〔嗽〕，兼補肺，邪鬼咸驅。蠐螬，味鹹、甘，有小毒。處處有之。以背行反駃於脚，即朽木中蠹魚，但潔白矣。蛤蚧，一名守宫。功力在尾稍，人補之即自咬斷其尾。用以法取之，行常一雌雄，入藥亦當用雌雄相隨者則良。牡蠣固血漏遺精，補虚止汗。䗪蟲破癥血精，經閉通渠。牡蠣，味鹹，平，微寒，無毒。主瘧疾寒熱，除驚恐。○䗪蟲，味苦，微寒，有毒。咂牛馬背血（起）〔者〕，去足炒用。鰻鱺魚退勞熱骨蒸，殺蟲愈痔。石龍子除熱淋止血，蜥蜴殊途。鰻鱺魚，味甘，有毒。處處有之。性毒而能補五臟虚損，消項腮白駁風熱。肉薰蚊則滅。○石龍子與蜥蜴、蝘蜓、〔蠑〕螈、守宫五種相形。烏賊魚是海螵蛸，退翳殺蟲，治崩（又）〔攻〕痢，鯪鯉為川山甲，堪醫疥癬，鬼魅遭鋤。烏賊魚（膏）〔骨〕，味鹹，微溫，無毒。療陰瘡，治耳聾。其血似墨。能吸波噀墨以溷水，所以自衛。有八足聚生。滂浮泛於水面，烏見謂其必死，欲啄之，則聚足抱烏拖入水中食之，故曰賊魚。○川山甲，性涼，有毒。主和驚治痺。勞熱骨蒸尊鱉甲，脱肛狐臭尚蜘蛛。鱉甲，味鹹，平，無毒。處處有之。治崩療瘧，主癥瘕（玄）〔痃〕癖。不可與雞子同食，入莧菜食傷人。○蜘蛛，性冷，無毒。處處有之。然多種，身有毛刺及五色，并薄小者不可用。瘰癧背瘡，蛀牙，兼治口斜喎僻。喜忘者，取網着（夜）〔衣〕領中。蟬蜕消風，斷小兒夜哭之鬼。蝟皮主痔，提腸風下血之徒。蟬蜕，味鹹、甘，寒，無毒。亦治婦人產難，小兒驚癇。○蝟皮，味甘、苦，無毒。治疝氣，陰蝕瘡。鯉魚寬胎脹，骨止赤白之崩，膽抹青盲赤目。蟹毛熱結胸，黄能化漆為水，血撓集鼠招鼩。鯉魚，味苦、甘，寒，無毒。止渴，消腫，腹有癥瘕之人不可服。○蟹，味鹹，寒，有毒。爪能破血墮胎。鯽治腸風下血，宜作鱠，又宜作羹治痢，無分赤白。蛙能補損祛勞，一種水雞為羹饌，專補產婦之虚。（蝍）〔鯽〕，味甘，溫，無毒。燒灰，治諸瘡，補胃和中。○蛙，味甘，寒，無毒。殺（涯）〔疰〕邪。蜈蚣開小兒口噤，墮孕婦之胎，制諸蛇毒。土狗催產難之生，罨肉中之刺，退腫須臾。蜈蚣，味辛，溫，有毒。不堪入藥湯。殺三蟲。入藥當熱炒，生則令人吐瀉。○土狗，即螻蛄。味鹹，無毒。處處有之。下腫，利大小便，解毒潰癰。石决明瀉肝，黑障青盲終可决。桑螵蛸補腎，洩精遺溺竟無虞。石决明，味鹹，平，涼，無毒。除脾經風熱。○桑螵蛸，味鹹、甘，平，無毒。即螳螂子也。用炒黄色，不爾令人洩瀉。原蠶蛾主洩精，好強陰道。白殭蠶治諸風，口噤難呼。蠶蛾，雄者有小毒，炒去翅足。補腎，療血風痺。癮疹用蠶砂。○殭蠶，炒去絲嘴。味鹹、〔辛〕，平，（帝），無毒。療驚癇崩（烏）〔漏〕病，又除口噤及喉風。白花蛇主諸風，濕痺拘攣兼瘡癩。五靈脂行經閉，昏迷產婦早來沽。白花蛇與烏稍蛇，味甘、鹹，溫，有毒。主諸風喎斜口眼，并治大風瘡。○五靈脂，即寒號鳥屎也。治腸風并冷氣。炒之治崩。

明・羅必煒《醫方藥性》卷上《藥性賦直解》

菓品部　且如果品數端，亦分優劣。以藥品言之，如柿有數種，紅者只可生噉，烏者可焙，子入藥用，其蒂功力甘優。白者力薄而功亦劣。

用藥當知（形）〔刑〕反忌宜，性情要辨苦甘冷熱。大棗與生葱相（形）〔刑〕，不宜合食。烏梅與黄精相反，常食黄精者不可食梅實。如桃仁、杏仁，忌用雙仁者，有毒殺人。（按）〔安〕石榴味酸者宜入藥用，苦甘者不宜多食，損人齒，傷人肺。又如橘味辛溫，柚味苦冷。棗味甘熱，柿味甘寒之類。

橘皮則下氣寬中，消痰止嗽，更可止嘔定吐。大棗則養脾扶胃，助藥成功，又可補氣調脉。陳皮味辛，溫，無毒。主溫脾。青皮破積聚。大棗味甘，平，無毒。

雞頭實名為芡實，輕身長志，好止腰疼。覆盆子即是蓬虆，益氣強陰，養精最烈。芡實味甘，平，無毒。補中治痺，煎和金櫻子最益人。覆盆子味酸，平，鹹。處處有之。補中，調和臟腑，治虛損風。

柿乾止痢澀腸，生宜解酒渴，止噦須教用蒂良。梨實除煩，引飲漿可療風痰，乳婦金瘡如仇賊。柿乾味甘，寒，無毒。最潤喉，通耳鼻。梨味甘，微酸，寒，無毒。可止嗽。不宜多食。治痢。乳婦及金瘡猶不可食。

橄欖止渴生津，口唇乾燥，研傅核中仁。石榴舒筋止痢，去腹中蟲。根皮煎膏啜。橄欖味酸甘，溫，無毒。消酒毒。石榴味甘，酸，無毒。殼入藥。治筋攣脚疼痛，攻痢良。

藕實止痢補心垣。節，除嘔衄。葉，堪止渴，安胎。桃仁通經破癥結，乃輟腰疼。花，主下痢濃血。藕實味甘，平，寒，無毒。處處有之。桃仁去皮尖，味苦甘，平，無毒。其花通利小便更捷。

杏仁不用雙仁。通腸潤肺，治欬清音。烏梅即是梅實，止嗽化痰，痢中莫缺。杏仁去皮尖及雙仁者。味酸，甘，無毒。治驚癇腹痺，及產乳金瘡。烏梅味酸，平，無毒。下氣調中，止渴，治骨蒸勞熱，咳嗽痰涎。

（宜）〔宣〕木瓜治霍亂轉筋，調理脚氣濕痺，伸筋。枇杷葉能止嘔和胃，專掃肺氣，功全口渴。木瓜味酸，溫，無毒。消腫，強筋骨，止渴，并脚氣攻心。枇杷葉，用布拭去毛，炙用。味苦，平，無毒。主肺風。

胡桃肉肥〔肌〕潤肉，撲傷和酒研末嘗。草菓仁益氣，溫中，好伴恒山攻瘧發。胡桃肉味甘，平，無毒。去痔瘡，消瘰癧。草菓仁味辛，溫，無毒。溫脾胃，消食，解酒毒，攻冷氣。

若能熟此作筌蹄，可洗下工之漏拙。

米穀部　精明米穀，豆麥粟麻，（蟲）〔雖〕民生之日用，充藥料于醫家。穀入脾，豆入腎，麥〔入〕肝，粟〔入〕肺，麻入心。

粳米溫中和胃，秫米能解漆瘡，止渴除煩，須陳倉〔米〕。豆殺鬼辟邪，黑豆乃堪入藥。若問黃卷，便是豆（牙）〔芽〕。粳米味甘，溫，無毒。即常人所食之米。其種數名，不可盡識。主除煩，斷（荊）〔噤〕口。豆，黑白二種，惟黑者入藥，白者不用。味甘，平，無毒。炒熟入藥。

祛胃熱，養腎虛，通利小腸，粟米。可長生，填精髓，巨勝子，即胡麻。粟味鹹，微寒，無毒。治消中。巨勝子，人服之可長生不老，利大小腸，堅筋快產，主心驚。味甘，平，無毒。處處有之，即黑麻子。

赤小豆消水腫虛浮，研塗癰疽，消熱毒。白扁豆治筋轉霍亂，葉傅蛇蟲咬最（住）〔佳〕。赤小豆炒過用，味甘酸，平，無毒。治消渴，攻脚氣。白扁豆味甘，微寒，無毒。消暑解毒，下氣和中。

小麥止汗養肝，堪除燥熱。大麥主肌消渴，長胃榮華。大小麥味甘，微寒，無毒。

麥蘖入藥湯，真個溫中，可知消食。麥麩若調醋，傅撲損處，愈後無（腶）〔瑕〕。麥蘖即麥芽麩皮也。

去風丹，解一切之（晝）〔毒〕，霍亂吐翻，取粉于菉豆。除浮疽，吐一切痰涎，閉胸膈，摘帶子甜瓜。菉豆味甘，溫，無毒。除熱氣，治頭痛目暗。（刮）〔甜〕瓜味苦，寒，有毒。處處有之。蒂入藥。瓜有赤白二種，入藥當用赤者。

言之有准，用之無差。

蔬菜部　既以言之五穀，又當取用蔬菜。

葱主頭疼，堪發散，通大小腸，白可安胎止痛。韭專補腎，益元陽，溫中下氣，子收夢裏遺精。葱味辛，（濫）〔溫〕，無毒。韭味辛，微酸，溫，無毒。葱、韭皆不可多食，昏人精神。又不可與蜜同食。

梅汁止頭疼。喘嗽風痰，萊菔子。酒煎噴痘體，自然紅潤說胡荽。萊菔即蘿蔔也。味辛甘，無毒。根腦及嫩葉，常人作菜食之，熟啖消食和中，下氣去痰癖，肥健人。葫（蔞）〔荽〕味辛，溫，無毒。消穀，通心竅，補五臟不足，利大小便，辟邪穢。

白冬瓜刼燥煩止渴，白芥子寬胸膈痰拘。冬瓜味甘，微寒，無毒。治淋，利小便，體熱散癰，除小腸熱，醒脾。用子中仁尤良。白芥味辛，溫，無毒。青白紫數種，惟白芥子稍大，色白者入藥。除冷氣，攻反胃，治上氣。

婦人產難好催生，滑臟利泄冬葵子。霍亂轉筋心腹痛，減煩却暑羨香薷。冬葵子味甘，寒，無毒。處處有之。其子是秋種，覆養經冬至春作子，故謂之冬葵子。除寒熱，治用根。香茹味辛，微溫，無毒。下氣，除（疽）〔煩〕熱，治疳止渴。

發病生蟲又敗陽，便是其薹菜。生瘡長癘，損精神，少吃水茄兒。芸薹菜味辛，溫，有毒。不宜多食，敗損陽氣，生腹中長蟲。主破癥瘕，通血，除丹毒，消乳癰。茄子有青白二種，味甘，寒。性冷不宜多食。茄根煎湯，治凍瘡。蒂燒灰，治腸風。

婦人惡血能令下，濕痺筋攣，取豆芽黃卷。瘡疥傷寒最得宜，血風血暈，向荊芥假蘇。大豆黃卷，（似）〔以〕黑豆大者為芽，生便晒乾，名黃卷，入藥用。味甘，平，無毒。荊芥即假蘇，味辛，溫，無毒。下氣，除勞，兼治頭痛。

馬齒莧散血，敷瘡，傳火丹，殺蟲，磨翳。草蘩蔞發皆瘡瘍，丹風起爛，搗

堪塗。馬齒莧處處有之，味酸，寒，無毒。止渴，攻血痢，磨眼翳，利便難。草蘩蔞味酸，平，無毒。名雞腸葉。

消痰定喘寬膨，當求蘇葉。風氣頭疼發散，切要薄荷。蘇味辛，溫，無毒。葉下紫色，而氣香者佳。消痰下氣開胃，用葉。風氣頭疼發散，用莖。寬喘急，治咳嗽，用子。薄荷味苦辛，溫，無毒。發汗消食寬脹，除霍亂，傷寒，可發散。

飴糖斂汗建中，補虛羸不小。神麯養脾進食，使胃氣有餘。飴糖味甘，微溫，無毒。以糯米煮粥，候冷，入麥蘗澄清，再熬成飴糖，以淨器盛貯，夏天澄沉井中，免令酸。諸米可作飴，惟糯米者入藥，止渴，消痰治嗽。神麯味甘，大暖。消宿食下氣。

調理產婦，去瘀生新，須用醋。通行血脈，助添藥勢，酒同途。醋，一名苦酒。治癰除瘕，消疽退腫。酒味苦甘辛，大熱，有毒。除邪辟惡。破癥結。

豆豉本食中之物，醫傷寒切不可無。淡豆豉味苦，寒，無毒。治頭疼，發汗，止痛痢，解煩熱。以酒浸，爛搗，患脚人傳之良效。

禽獸部　蓋言走者屬獸，飛者屬禽。禽屬陽，身輕，故能飛而上。獸屬陰，身重，惟能走，而不能上飛。

鹿角煎膠補瘦羸，又安胎止痛。麝香辟邪通竅，安客忤驚癇。鹿角味苦辛，依法煎煉成膠及霜，入藥用。止泄精遺尿。麝香味辛，溫，無毒。攻風〔痓〕墮胎，救產〔難〕。

牛黃治風癇驚熱，龍骨攻泄痢遺精。牛黃味苦，平，有小毒。除躁，治天行時氣。龍骨味甘，平，微溫，無毒。治女子崩，止小便遺澀，療陰瘡。龍齒鎮驚，治顛癇。

牛乳補諸虛。益氣通腸，須求羊酪。獺肝開熱脹，傳尸勞嗽，有驗堪應。牛乳味〔甘〕，微寒，性平，無毒。止渴。獺肝為君，味辛，溫，有毒。凡人素有冷氣虛膨者，此二味皆不宜服。

象牙治肉中之刺，熊膽醫痔痢之靈。象牙味甘，平，無毒。主煮汁飲之，利小便。燒末，止遺精。磨屑，傅肉中刺。凡骨鯁者，磨水服，即下。更祛勞熱，止風癇。熊膽味苦，寒，無毒。難分真(為)〔偽〕，取一粟許滴水，一道如線不散者為真。治天行熱症，諸疳。惡防風、地黃。

羚羊角明目祛風，可保驚狂心錯亂。膃內〔肭〕臍溫中補腎，何憂夢與鬼交情。羊角味鹹，性熱，無毒。主驚癇，消宿血，除玄辟氣。

阿膠止血安胎，兼除嗽痢。犀角涼心解毒，殺鬼聞名。阿膠味甘，平，微溫，無毒。出阿縣，城北井水煮取烏驢皮，以阿井水煎成為真。須用一片鹿角同煎，方成膠，不爾不成也。養肝虛勞熱，止四肢熱疼。犀角味苦酸鹹，寒，無毒。祛風明目，除心熱狂。言又治時疫癘，麻疹。

鹿茸益氣補虛，男伐泄精，女征崩漏。虎骨祛邪辟惡，男安風毒，女保胎驚。鹿茸用茄形連頂骨者。味甘酸，溫，無毒。一云：味苦辛。虎骨性平，味辛，微熱，無毒。治惡瘡，及風痺拘攣。

兔頭骨治頭疼，和髓燒灰，催產難。牛角鰓治崩帶，燒灰入藥效如神。兔頭骨味甘，平，寒，無毒。治頭昏痛。兔骨治熱中消渴。肉不可多食，損人陽氣。孕婦食兔肉，生子缺唇。不可合雞肉、生薑同食。牛角鰓味甘苦，無毒。消血閉、〔血〕便，攻治痢。

瓦雀肉則益氣，卵則強陰。白丁香可潰癰，療目疾。雄雞烏者補中，赤者止血，黃肶胵止遺尿(又)難禁。瓦雀肉味甘，溫，無毒。雀糞直立者，名白丁香。雄雞肉味〔甘〕，溫，無毒。烏者補中止痛，赤者治血止崩。諸雄雞〔膽〕，微寒，主目不明。心，主五邪。血，主損傷。筋，主耳聾。腸，主小便數不禁，肝及左翅毛，主陰痿不起。冠血，能行乳汁。

明・羅必煒《醫方捷徑》卷下　藥性賦　濟世之道，莫先於醫。療病之功，莫先於藥。醫者，九流魁首。藥者，百草根苗。圓散未修，藥惟先識。本云硇砂有爛肉之功，巴豆有透腸之力。丁香和胃，乾薑快胸。熟地黃補虛損大有奇功，生地黃生血脉甚為至妙。青皮、陳皮最能理氣，石脂、龍骨極好生肌。良薑性熱，得菖蒲好治心火。芒硝大寒，入黃連可通臟結。乳香、沒藥止痛為先，荊芥、薄荷消風第一。金沸草、欸冬花能醫咳嗽，天南星兼半夏最化痰涎。五靈脂專能治氣，玄胡索佐之尤良。黑牽牛益利小便，加滑石助之又美。硃砂祛邪伐惡，犀角療風治狂。扁蓄、瞿麥治膀胱有疾，芫花、甘遂治水蠱偏宜。蘆薈、蟾酥療小兒疳患，蛇床、杏子治諸䘌蟲瘡。(洹此)〔河北〕團參亦治咳嗽，江南蛤蚧單療肺痿。黃連厚腸，兼能洗眼明目。檳榔下氣，又可退翳除昏。甘菊花清心利目，赤茯苓利水破氣。枳殼、厚朴快氣寬腸，桔梗、枳實開胸快膈。香附子破血治衄，骨碎補止痛住疼。木香、沉香分氣降氣，麻黃、桂枝發汗止汗。當歸活血，茵陳退疸。生薑止嘔，人參潤肺尤佳。白朮補中，肉蔻止瀉甚美。川芎、石膏最治頭疼，柴胡、黃芩能除身熱。蒼朮除濕，猪苓去水，五味生津，烏梅止血。川烏、草烏入骨搜風。附子、天雄回陽返本，(宿)〔縮〕砂、紅豆消食補虛。梔子、連翹開心利熱。葛根止渴，又能開腠除風。黃栢消瘀，亦可敷瘡退疸。此其大畧而言，本草具陳于左。

諸品藥性賦　甘草甘甜性本溫，(謂)〔調〕和諸藥首爲專。通經暖胃除紅腫，下氣通関又壯筋。人參甘美有微寒，止渴主津亦利痰。明目開心通

血脉，安魂補氣解虛煩。　茯苓利水能止泄，益氣安胎伐腎邪。開胃定經暖氣治腰疼。小便淋瀝脚痠軟，陰癢加之極有靈。　丁香辛熱除寒嘔，溫胃興
腰膝，赤苓破氣又堪嗟。　白术甘苦溫無毒，止汗益津消五穀。利痰逐水治陽翻胃兼。霍亂奔豚并蠱氣，腰疼去冷用皆痊。　木香味苦氣微溫，和胃行
頭眩，風寒(溫)〔濕〕氣皆宜服。　菊花甘平無毒意，去風除熱安腸胃。頭眩肝氣有功。調和諸氣為神妙，瀉痢無斯治不中。　沉香降氣調中氣，暖胃追
心痛悉能除，寬膈除痰祛熱氣。　琥珀元來辟鬼妖，治任安魄把瘀消。明時邪去濕風。癥癖風麻并白痢，轉筋吐瀉揔收功。　檀香白者消風熱，殺鬼追
去翳除心痛，療蟲消膨有大勞。　菖蒲辛味性溫中，斬鬼誅蟲暖血宫。風濕蟲霍亂寧。心痛腰疼并腎氣，用之一似有神明。　麝香味暖通關竅，截瘧催
癰瘡皆可用，開心通竅治人聾。　菟絲甘辛其性平，興陽補損又添精。溺血生又墮胎。伐鬼定驚除目翳，殺蟲解毒療癰瘥。　乳香溫暖能和氣，止痛醫
血寒皆可服，腰疼膝冷也應靈。　牛膝寒而味苦酸，(大)〔去〕除寒熱理拘癰見效多。暖腎益精除霍亂，中風口噤也須他。　沒藥溫平破血宜，瘡癰止
攣。墮胎通血醫傷損，填髓排膿治火乾。　薏苡微寒味也甘，舒筋消水去風痛揔為奇。腹心上痛并癥結，金刃傷殘皆用之。　蛇床辛苦性還平，下氣溫
寒。肺癰濕痺血膿嗽，益氣輕身利臟間。　羌活苦辛其性平，去風明目止諸中又强明。陰濕痒麻惡瘡疥，祛風逐水血瘀行。　茵陳味苦微寒意，利水除
疼。牙痛冷痺奔豚氣，疝痓金瘡用揔靈。　升麻性寒味甘佳，解毒祛邪疫瘴黄平濕氣。濕瘴頭疼悉可醫，明目解煩伐痰滯。　乾薑味辛性大熱，風濕氣
加。腹痛頭疼寒熱等，祛風散毒治痛牙。　車前子寒性主寒，止疼淋濇益精痺止吐血。霍亂咳嗽腰腹疼，破血消腫通肢筋。　生薑性辣主溫平，欬逆痰
間。消瘀除(溫)〔濕〕明紅眼，血療兩傷及衄安。　天門冬苦又甘寒，療肺醫涎嘔吐靈。開胃除痰尤可喜，頭疼鼻塞用之精。　葛根甘味性平寒，解熱墮
癰治血痰。益氣養膽行小水，祛除寒熱潤喉間。　麥門冬甘寒無毒，利水止胎消酒班。養筋去風除濕氣，止疼解毒破瘀乾。　天花寒苦除消渴，解熱安
渴解燥煩。調中定魄除虛熱，療嗽肥肌養體顔。　地黄甘苦性微寒，活血消中又補中。退疸通經行赤脉，實能散痞又開胸。　當歸溫性味甘嘗，血熱風
痰除溫煩。生者大寒能破血，匀經墮産療傷殘。　細辛溫辣除風濕，通竅除崩揔莫當。活血用身生血腦，尾能破血可推詳。　芍藥微寒帶苦酸，消瘀去
癎治欬逆。下氣匀經利乳同，安血五臟生津液。　巴戟甘辛微帶溫，强筋壯水止疼端。利便補腎便癰腫，赤者兼能補氣完。　麻黄味苦性溫平，發汗追
骨補中津。祛風益氣除邪氣，夢泄腹疼皆可醫。　黄栢苦寒能退疸，胃中結風去腦疼。禦瘴消班開腠理，能通九竅有聲名。　天麻辛味性平中，定搐除
熱又能踈。殺蟲治衄醫瘡癬，活血能除熱在膚。　黄芩味苦瀉心炎，活水通驚最去風。通竅舒筋治癱痺，補勞通血蠱還(通)〔攻〕。　良薑性辣調心氣，
淋利小便。黄疸腸癰伴瀉痢，乳癰湯火盪皆痊。　黄芪味苦性微溫，止痛排消食除風助胃强。吐瀉腹疼并酒毒，轉筋霍亂也相當。　防己溫平苦又毒，
膿補弱中。調血醫崩益神氣，逐瘀止汗又祛風。　黄連味苦有微寒，去熱明風癎寒濕癬瘡尋。風浮水腫膀胱熱，通竅醫癰療肺宜。　三稜平澁除癥癖，
眸又殺疳。鎮益膽肝厚腸胃，止除血痢解咽乾。　借問胡黄連怎生，骨蒸勞調血消疼也落胎。快氣能除心腹疼，煎來下乳是奇哉。　蓬术苦溫快氣先，
復用之靈。明眸止嗽醫溫瘧，幼子驚癎疳熱行。　漏盧大寒鹹且苦，下乳排腹疼心痛也當推。消瘀開胃通經脉，冷氣奔豚宿食痊。　薑黄辛苦寒調血，
膿通血阻。能醫損傷續筋骨，去熱去風皆得所。　防風甘平最去風，能除頭破氣消癰治熱風。傷損癥瘕皆有效，通經恍惚鬱金功。　川鬱金辛苦又寒，
暈目盲同。益神補氣醫拘急，骨節痺疼揔是功。　荆芥辛溫去眾風，下瘀除生肌破血療金殘。能除血淋兼陳血，下氣元來也用堪。　欵花甘辣溫無毒，
痺治筋同。祛除寒熱除陽毒，氣壅頭疼瘰癧力。　蒲黄甘味性平平，心腹膀理肺消痰治肺癰。咳逆驚癎喉痺閉，洗眼明目潤心胸。　牡丹味苦性寒來，
胱寒熱行。通利小便逐瘀血，止崩治衄墮胎靈。　五味溫平性味酸，生津潤破血通經又下胎。亦可排膿消撲損，驚癎風瘴揔能醫。　青黛酸寒除熱毒，
肺出焦煩。轉筋霍亂和傷酒，吐逆勞傷用可安。　旋覆花名金沸草，味主甘小兒諸熱及驚癎。(金)〔塗〕瘡蛇犬諸蟲毒，磨敷熱瘡功莫攀。　白蔻辛溫
溫除咳良。苗醫丹毒利小便，根主續筋療金瘡。　蔓荊良苦通關竅，治痺堅醫反胃，諸般冷氣寔難推。若還冷吐尤其妙，擣細三枚酒一杯。　肉蔻辛溫
牙殺白蟲。益氣開眸救眼淚，頭風疼痛亦收功。　桑寄生平苦且甘，背寒腰止瀉靈，補中和氣又消膨。開胸開胃消痰飲，去毒心疼苦氣行。　(宿)〔縮〕
痛共麻頑。安胎益血助筋骨，癰腫金瘡下乳慳。　杜仲辛溫壯骨筋，補虛益砂溫性能消食，快氣和中暖胃家。霍亂轉筋并下痢，奔豚咳逆也堪誇。　瞿

麥辛寒又墮胎，決癰明目療瘻來。通經催產除淋瀝，葉治嬰兒口吐蛔。
百合甘辛辟鬼邪，安心治疸療癰邪。乳癰蠱毒并浮腫，喉痺心疼治咳瘥。
知母性寒除熱咳，去浮下水伐勞痰。潤心補腎安心肺，邪氣能除利小便。
貝母微寒味苦辛，消痰潤肺治寒淋。目盲喉痺金瘡痓，能下胎衣及散瘻。
玄參味苦又微寒，益腎開喉下四寒。下水止渴消腫毒，狂邪蒸骨熱風干。
白芷辛溫伐熱風，長肌定通療瘡癰。女人赤白并陰腫，去舊生新血有功。
前胡味苦寒除熱，止嗽開胸亦下痰。明目殺疳開胃氣，頭疼霍亂揔堪奇。
藁本微寒味苦辛，清目去疼伐邪靈。治癎通氣生肌肉，陰腫腹疼瘕疝勻。
艾葉溫平苦暖陰，蠶瘡利血漏崩并。女人有子除心痛，止血安胎治轉筋。
地榆酸苦微寒性，血痢金瘡止痛強。瘻漏惡瘡并吐衄，排膿醫吼治蟲傷。
使君子甘性溫平，幼子諸疳寔可論。更可殺蟲醫瀉痢，小便白濁也當分。
附子辛甘大熱魁，搜風補暖助陽威。轉筋霍亂并寒溫，定癖痰涎也下胎。
川烏大熱共天雄，破積消痰極去風。寒濕痺麻并咳逆，亦能墮產殺尸蟲。
半夏生涼熟大溫，消痰開胃健脾功。頭眩欬逆并胸滿，嘔吐癰瘡揔可論。
南星半暖利痰風，利膈消癰破積重。散血墮胎定風搐，蛇傷蟲咬也收功。
大黄寒苦及通腸，退血消瘀療火瘍。快膈除痰通血脉，諸療癰腫盡稱良。
葶藶寒辛利小便，除浮退熱下涎痰。肺癰咳逆并破水，積聚癥瘕悉可痊。
桔梗微溫有苦甘，消瘀下氣治驚癎。咽腦腹脇腸諸病，活血排膿解痢癱。
甘遂寒而又苦甘，破癥消血也消痰。面浮蠱脹并瘕疝，寬膈通腸治便難。
恆山寒苦能除水，吐瘧搜痰每有功。寒熱癭瘤并毒蠱，蠱脹水膨亦能通。
草菓味辛消氣脹，主除溫勝濕痺寒。解濕辟瘴化瘧毒，散逐寒痰及去酸。
大戟甘寒療蠱頭，風痰水腫也堪求。利腸落產消瘀血，黄腫癰瘡亦可謀。
芫花寒苦專行水，破積搜腸又化痰。水腫蠱脹并氣塊，要知此物化為山。
商陸酸辛微有毒，生之異者類乎人。導之腫氣通胸腹，療水功能效若神。
海藻鹹寒通小便，癭瘤癥瘕毒癰消。氣停水結通身腫，非此之功不能痊。
牽牛寒苦利便魁，去水除浮又落胎。蠱脹滯壅并嗽氣，生還性急熟遲呆。
馬兜餘苦醫瘻痔，定喘消痰止嗽通。通氣又能除血蠱，更兼咳逆也收功。
連翹寒苦醫瘡毒，治淋排膿活血功。瘰癧癭瘤并腫毒，心家客熱即時行。
劉寄奴溫療火湯，通經破血治刀傷。心疼水脹及腸痛，產後瘀血用亦良。
胡蘆巴暖補元虛，冷氣逢之痰便除。腹痛臟脹皆可用，面皮青黑服之舒。
白附溫和去冷風，心疼血痺在其中。中風失語猶堪用，面發諸瘢亦可攻。
桂皮辛熱通關節，行血舒筋止汗佳。冷氣腹疼并霍亂，手麻脚痺也醫他。
陳皮溫補能寬膈，快氣消痰止嘔吐。腰痛膀胱能消氣，嗽吁咳逆也通行。
桑皮甘濇性微寒，清肺消痰止嗽宜。水腫金瘡并漏下，癥瘕血氣悉依隨。
秦皮苦寒治驚癇，女子崩中帶下難。青白遮睛并紅翳，風寒食痺治之安。
大腹皮專攻下氣，健脾安胃更通腸。氣因冷熱攻心腹，煎用薑鹽入藥良。
地骨皮寒味辛除，除風無定表間乘。解肌退熱能涼血，有汗傳尸之骨蒸。
竹葉寒涼殺小蟲，除煩止渴療喉風。熱痰咳逆并風痺，消風清便每有功。
竹茹止嘔除寒熱，吐血崩家亦可謀。清利小便醫欬逆，五般熱病也須知。
梔子寒涼利五淋，能除胃熱解心胸。赤瘡火眼并諸疸，酒鼻瘡瘍亦可尋。
茱萸辛熱出吳中，血痺風寒咳逆通。殺鬼興陽推冷氣，通關除濕治腸風。
山茱萸主通邪風，逐痺除風療耳鳴。婦女得之調經水，男人補腎更添精。
枳殼微溫苦利痰，寬腸快氣也通津。去風止嘔除利水，逐水安胎利肺間。
厚朴苦溫專益氣，消痰除水也消瘀。寬腸寬腹寬脾胃，止嘔兼將霍亂除。
紫(威)〔葳〕寒澁號凌霄，治淋行經瘀血調。崩帶癥瘕皆可治，遊風乳疾也還高。
豬苓寒苦利通導，解毒消胸伏疫瘟。去水又能消水腫，妊娠子淋亦爭論。
澤瀉苦寒無不毒，生陰消水治諸淋。追風通乳并除濕，通血催生補女人。
烏藥溫辛治氣佳，醫黄治蠱補中誇。婦人血氣天行疫，霍亂瘡癰吐瀉加。
大棗甘溫可壯神，又能助筋健天真。大和脾胃安中脘，中滿之時忌入神。
酸棗仁平安五臟，除風去痺骨能堅。補中益氣寧心志，更治虛煩不得眠。
藿香辛暖散風邪，霍亂心疼揔可除。風水浮腫諸惡氣，脾胃吐逆又堪嗟。
巴豆辛熱通五臟，破癥逐水又消痰。排膿開胃除蠱蟲，熟用之時却又寒。
益智辛溫主補精，安神益氣治餘淋。能除嘔逆調諸氣，多溺服之大有靈。
木鱉甘溫主療痞，折肌散腫也還強。腰疼可治能消腫，乳上生癰用最宜。
枳實苦溫下氣頭，下氣寬膈最堪謀。消瘀散痔除膨脹，逐飲仍將宿食收。
蒼朮氣溫其味甘，調脾更治濕之痰。寬中發汗切過白，除濕之功白朮戢。
秦艽辛苦性微溫，利水施之亦有功。療遍體之金色疸，除風濕在四肢中。
薄荷辛味消痰飲，去脹搜風濕汗行。破血通關能止痢，入人榮衛療諸疼。
瓜蒂苦寒能吐飲，吐痰下水去肢浮。鼻中息肉并黄疸，欬逆心疾可去(風)〔求〕。
扁豆微涼下氣來，轉筋吐瀉最當該。又能補瀉安腸胃，草毒蛇

傷不必猜。枸杞子功能補氣，去風明目益元陽。土名地骨皮堪用，寒熱虛勞又載方。紅花辛溫能補血，腹疼惡血又能除。止產敗血血之暈，補血少血血之虛。紫草苦寒通九竅，腹心邪氣疸皆醫。消膨治脹利水道，痘疹瘡危用之宜。紫(苑)〔菀〕苦辛除咳逆，熱寒胸結氣皆消。療吐膿血止喘性，嬰兒驚癇亦可調。芒硝苦寒消積聚，蠲痰潤燥性傷胎。胃中食熱血結閉，大小便癃澁盡開。蘹香子是小茴香，開胃調中得酒良。主胎腹痛并霍亂，更通腎氣及膀胱。胡麻平性最搜風，長肉生肌益氣同。頭面癬瘡膨血滯，利便墮產溫寒攻。杏仁溫苦利痰能，止嗽行風定喘加。心下熱煩頭痛等，開胸發汗也須他。木瓜溫性能滋渴，止嘔消痰濕痺宜。霍亂轉筋并吐瀉，奔豚脚氣揔能醫。檳榔辛味溫消食，逐水除疼下氣頭。開胸健脾除後重，諸風諸積不須憂。川芎氣溫味本辛，上行頭角清陰經。止頭疼能行血室，養新生血有神靈。桃仁甘苦性還寒，潤大腸經(之)〔血〕秘難。破經久蓄之陳血，去滯生新治血乾。瓜蔞根味苦沉寒，止渴之功若聖丹。退熱消煩清氣血，補虛通濟月經安。龍膽草苦性沉寒，退散肝經之熱煩。若病下焦之濕腫，服之即可得痊安。蘇木甘鹹升可降，產停敗血逐能行。瘡瘍死血之用散，散處還滋新血生。假蘇本名即荊芥，下氣除勞治血風。瘡疥傷寒為要藥，更除血暈與頭疼。紫蘇下氣能開胃，治脹消痰利大腸。煮汁飲之除蟹毒，苦安喘嗽子尤良。木通寒瀉小腸火，小便熱秘大能通。通經利竅宜施用，導滯無他可比功。通草甘通陰竅澁，更消水腫閉難行。用之澁閉俱通暢，因此呼為通草名。澤蘭苦甘能行氣，癰腫瘡膿可內消。更治損傷并打撲，并除頭面四肢浮。白及生消癰腫毒，性同白斂反烏頭。去除白癬并破裂，更療邪風緩不收。川椒味辛熱有毒，溫中去冷服之安。主除兩眼之雲翳，又治六腑及沉寒。萎蕤甘除四肢風，治目淚出爛而矇。男子濕流暖膝痛，女人黑點面班重。烏梅酸溫收肺氣，生津止渴更除煩。又安泄痢調和胃，去熱寒來在骨間。玄胡索溫味苦辛，破血又治小腸疼。活精血療產後疾，安胎調血產前經。威靈仙苦溫無毒，疴痒皮膚風可消。冷痛膝腰痰出唾，腹中新舊滯皆調。鼠粘子辛消瘍毒，主療癮疹主風濕。退諸風熱咽不通，利凝滯氣人腰膝。補骨脂名破故紙，主攻血氣理勞傷。陽衰腎冷精流出，研爛胡桃合服良。蜜蒙花主能明目，虛翳青盲用最宜。若是小兒敷豆毒，熱疳人服亦能醫。乾漆味辛溫有毒，削年深積破癥堅。更除秘結停留血，血氣攻心亦可蠲。麥蘗辛溫消宿食，破癥結益氣虛人。上焦治血能行散，心腹膨脹宜此伸。甘松無毒味甘香，浴體肌香可作湯。下氣更能除惡氣，腹心痛滿是奇方。阿魏無真却有真，臭而止臭為可珍。殺蟲下氣除癥瘕，及治傳尸又辟瘟。蘇合香油能辟惡，去蟲殺鬼及達神。更消蟲毒治溫瘧，久服令人夢不生。赤石脂甘酸且溫，固腸胃有斂收功。胎衣不下宜斯逐，順落不為峻急功。薑黃烈似欝金功，理損消癰止暴風。主治癥瘕兼下氣，月經壅滯亦能通。蓬砂消痰能止嗽，甘緩之功破結瘕。喉痺初生宜進此，瘡腫陰陽氣用靈。遠志苦溫除欬逆，益精補氣正心神。祛邪利竅止驚悸，強志聰明智惠人。五倍一名文蛤是，主治齒䘌及瘡膿。更攻五痔多便血，洗眼猶能去熱風。水銀本是硃砂液，取置爐中煅養成。消化五金除疥蝨，婦人難產用催生。靈砂性溫通血脉，安魂養氣益精神。止陰煩滿殺邪鬼，主平五臟百般逆。廣州出產石硫黃，治疥堅筋去䘌瘡。逐冷壯陽陰痃癖，老人風秘是仙方。玄明粉有酸辛味，宿垢留腸用此蠲。軟積開痰消癖瘕，大除胃熱保命全。砒霜有毒味酸苦，治瘧除齁效若神。膈內風痰堪用吐，若還多服必傷人。雄黃有毒性平甘，瘜肉喉風用最靈。能殺精邪蛇虺毒，妊娠佩帶轉生男。珍珠潤澤安心志，傅面令人好面容。粉點目中磨翳障，裹綿塞耳可除聾。滑石利竅能通氣，利水通津入太陽。大腸與胃有横聚，推蕩重令化氣強。石膏甘苦性大寒，清金制火肺安寧。除頭痛解日晡熱，更安胃熱奪其飡。訶梨勒苦能開胃，冷氣奔豚是本功。消食化痰并止痢，更除崩漏及腸風。石蜜甘平安五臟，補中止痛養止脾。調和百藥兼益氣，止痢須知蠟更宜。阿膠甘溫能益肺，及止心嗽吐如膿。補虛更可安胎氣，治瘻強明壯骨隆。龍骨甘平殺鬼精，養魂安魄治癇驚。腸癰膿血并崩漏，入藥收癰斂口靈。虎骨除邪去犬傷，傳尸勞瘧揔皆強。毒風鬼邪顛狂病，牙痛陰瘡及惡瘡。犀角酸寒除百蠱，伐瘟去瘴治傷寒。鎮心解熱癰腫用，亦治蛇蟲鬼毒干。龜甲破癥除漏下，小兒合顖治頭瘡。更攻瘧痔并癰蝕，勞復傷寒用作湯。鹿茸甘暖補虛精，益氣生牙羸瘦盈。石淋癰瘡并夢泄，生新去舊血家行。牛黃涼苦主驚癇，定魄安魂治產難。嬰幼夜啼卒中惡，中風口禁反強邪。牡蠣微寒止汗靈，療崩除熱治遺精。女人帶下并崩漏，被血澁腸醫脇疼。蜂房甘苦主驚癇，瘈瘲顛邪蠱毒干。齒痛乳疼并腫毒，腸癰瘰癧揔皆堪。鱉甲酸平破血痕，療血下氣主崩寧。墮胎消腫

除瘀血，去痞塗肛效若神。

蟬殼甘寒最定驚，墮胎下乳療腸鳴。殺疳去熱除驚哭，止渴清風搖可行。

海螵蛸主辛鹹味，止漏通經破血癥。斂肉止膿除目翳，治人水腫及心疼。

殭蠶平性驚癇上，能去諸風最有功。男子陽瘍女崩帶，又能發汗去三蟲。

班貓大熱行諸蟲，破血通經又墮胎。爛肉通腸行水道，諸癰瘰癧搖當該。

花蛇溫毒去風精，癱瘓喎斜又可行。疥癩大風專用此，用而頭尾去之寧。

全蝎搜風治搐癇，半身不遂最應堪。袪痰療疹能安腎，幼子驚癇即便安。

羚羊角苦寒無毒，益氣安心辟不祥。明目去風為第一，腸風心痛悉皆精。

五靈脂暖行諸氣，可以通經又治經。產後血暈兼易產，更除寒熱治驚風。

白頭翁苦溫無毒，赤痢衄血得效速。男子陽腫陰疝長，小兒癉腥頭燥禿。

葱白辛溫能解表，陽明頭痛急投之。傷寒下痢服之效，止痛除風又自奇。

韭汁辛溫帶微酸，無毒能安五臟專。久食利人除胃熱，子醫夢泄固精堅。

薤味辛溫苦無毒，主治金瘡服耐飢。濕中去水除寒熱，中風寒水腫塗之。

大蒜味辛溫有毒，散癰治蠱治瘡平。兼除風熱殺毒氣，久食傷人目損明。

茶茗苦消痰熱渴，清心能平卒頭疼。疔瘡可療兼下氣，利小便令化氣澄。

鹽味鹹溫無大毒，朝和五味用之多。能止胸中痰癖痛，過飡傷肺嗽來磨。

酒通血脉厚腸胃，消憂發怒大扶肝。滋陰辟惡壯脾氣，痛飲傷神損壽元。

醋斂咽瘡消腫毒，治黃疸病破堅癥。婦人產後血氣暈，薰鼻收神保十全。

明・周禮《醫聖階梯》卷九《藥性門》

寒性詩　犀角苦寒能解毒，驅風明目鎮肝家，并除心熱狂言語，又治時行辟鬼邪。　澤瀉去胞垢而生新水，退陰汗而止虛煩，主小便淋澁仙藥，療水病濕腫靈丹。　梔子療心中懊憹，顛倒而不得眠，治臍下血滯，小便而不得利。易老云：輕飄而象肺，色赤而象火，又能瀉肺中之火。　薏苡微寒味也甘，舒筋消水去風寒，肺癰濕痺血膿嗽，益氣輕身利臟間。　車前子寒性主寒，止疼淋澁益精間，消瘀除濕明紅眼，兼療刀傷及衄安。　黄柏瀉下焦隱伏之龍火，安上出虛噦之蛔蟲；臍下痛單製而能除腎不足，生用而能補瘻厥，除濕藥中不可闕。　馬兜零子如鈴狀，根即名為土木香；肺熱欬痰成喘促，瘻瘡血痔用之良。　地骨皮療在表無定之風邪，主傳屍有汗之骨蒸。　薄荷清利六陽之會首，祛除諸熱之風邪。　枳殼消心下痞塞之痰，泄腹中滯塞之氣，推胃中隔宿之食，削腹內連年之積。　葛根發傷寒之表邪，止胃虛之消渴，解中酒之奇毒，治往來之溫瘧。　柴胡左右兩傍脇下痛，日晡潮熱往來生，在臟調經內主血，在肌主氣上行經。　枳實消胸中之虛痞，逐心下之停水，化日久之稠痰，削年深之堅積。枳實雖寬中下氣，而脾胃弱者及瀉痢者畏之。　玄參微苦又微寒，益腎開咽下血寒，下水止煩消腫毒，狂邪蒸骨熱風干。　升麻引葱白散手陽明之風邪，引石膏止足陽明之齒痛，引諸藥遊行四，經升陽氣於至陰之下，因名之曰升麻。　牽牛名以牽牛得，下水消膨利小便；專治腰疼并脚痛，更消水腫落胎元。　芒硝苦寒消積聚，蠲痰潤燥性傷胎；胃中食熱血氣閉，大小便癃澁盡開。　石膏制火邪清肺氣，仲景有白虎之名；除胃熱奪甘食，易老云大寒之劑。　前胡下氣更消痰，推致陳新用最堪；主療傷寒寒熱病，安胎止嗽治兒疳。　滑石利竅能泄氣，利水通津入太陽；大腸與胃有積聚，推蕩重令化氣強。　天門冬保肺氣不被熱擾，定喘促陡得康寧。麥門冬退肺中隱伏之火，生肺中不足之金，止燥渴陰得其養，補虛勞熱不能侵。　竹茹止嘔除寒熱，吐血崩家亦可謀；清利小便醫欬逆，五般熱病也須求。　大黄其性沉而不浮，其用走而不守；奪土鬱而無壅滯，定禍福而致太平。　黄連瀉心火消心下痞滿之狀，主腸澼除腸中混雜之紅。治目疾暴發宜用，療瘡瘍首尾俱同。黄連雖內寒者勿用，然與參、苓、白术同用則厚腸而補脾胃，與四物湯同用則和血，與酸棗仁、石菖蒲、遠志同用則定志寧心，與枳實同用則消痞消食。　旋花一名金沸草，味主辛溫除嗽良；苗醫丹毒小便利，根主續筋療金瘡。　熟地活血氣封填骨髓，滋腎水補益真陰；傷寒後脛股揚痛，新產後臍腹難禁。　生地涼心火之血熱，瀉脾土之濕熱，止鼻中之衄熱，除五心之煩熱。　白芍藥扶陽氣，大除腹痛，收陰氣，陡健脾經；墮其胎，能逐其血；損其肝，能緩其中。　莎草根名香附子，主除胸腹熱無時，婦人得此為仙藥，下氣寬中用最宜。　假蘇本即名荊芥，下氣除勞治血風；瘡疥傷寒同效藥，更除血暈與頭疼。　瓜蔞根止渴退煩熱，補虛通月經。　甘菊花散八風上注之頭眩，止兩目欲脱之淚出。　地榆主下部積熱之血痢，止下焦不禁之月經。　竹葉除新舊風邪之煩熱，止喘促氣勝之上衝。　牡丹皮能涼骨熱，腸胃積血亦能平；止吐衄巇，瀉陰火無汗虛勞之骨蒸。　知母瀉無根之腎火，療有汗之骨蒸，止虛勞之陽勝，滋化源之陰生。　牡蠣男子夢寐遺精，女子赤白崩中，榮衛往來虛熱，便滑大小腸同。　貝母寒平欬逆氣，主除煩熱療傷寒，更消腹結心下滿，止渴和中解鬱

煩。　桔梗止咽痛兼除鼻塞，利隔氣仍治肺癰。又為諸藥之舟楫，又為肺部之引經。　黄芩中枯而飄者，瀉肺火，消痰利氣，除寒濕留熱於肌表；　細實而堅者，瀉大腸火，養陰退陽，滋化源退熱於膀胱。　常山味苦性微寒，治瘧功多大吐涎；　黄細形如雞骨勝，苗名蜀漆一般看。　葶藶除遍身之浮腫，逐膀胱之留熱；　定肺氣之喘促，療積飲之痰厥。　羚羊角苦寒無毒，益氣安心辟不祥；　明目去風兼易産，更宜時氣治驚狂。　茵陳味苦微寒意，利水除黄除熱氣；　溫瘴頭疼悉可醫，明目解煩伏痰滯。　瞿麥辛寒又墮胎，決癰明目療瘻來；　通經催産除淋病，葉治嬰兒口吐蛔。　赤芍酸寒攻血痹，消癥破血逐經良；　止疼解熱除癰腫，益血榮脾白芍強。　漏蘆大寒鹹且苦，下乳排膿通血阻；　能醫傷損續筋骨，去熱去風皆得所。　川鬱金辛苦又寒，生肌破血療金瘡；　能除淋血兼陳血，下氣原來用也堪。　青黛酸寒除熱毒，小兒諸熱及驚癇；　金瘡蛇犬諸蟲毒，磨敷熱瘡功莫攀。　大戟苦寒除蠱毒，風疼水腫最堪求；　利腸落産消瘀血，黄病癰瘡亦可謀。　甘遂寒而又苦甘，破癥消穀也消痰；　面浮蠱脹并瘕疝，寬膈通腸治便難。芫花寒苦專行水，破積搜腸又化痰；　水腫蠱膨并氣塊，須知此物力如山。

海藻鹹寒通水道，能開透軟結之便；　氣停水結通身腫，非此之功不得痊。葫蘆巴暖補元虛，冷氣逢之痰便除；　腸脇脹膨皆可用，面皮青黑服之舒。秦皮寒苦治驚癇，女子崩中帶下難；　青白遮睛之幻翳，風寒濕痹治之安。紫葳寒澀號淩霄，瘀血行經須此調；　崩帶瘕癥皆可治，遊風乳痰五淋高。萎蕤甘除四末風，治目淚出爛而曚；　男子濕流腰胯痛，女人黑䵟面班重。水銀本是朱砂液，取置爐中煅養成；　消化五金除疥䘌，婦人難産用催生。紫草苦寒通九竅，腹心邪氣疸皆醫；　消膨治脹利水道，痘疹瘡危用最宜。玄明粉有酸辛味，宿垢留腸用此蠲；　軟積開痰瘕癖愈，大除胃熱保神全。珍珠潤澤安心志，傅面令人好面容；　粉點目中磨翳障，裹綿塞耳可除聾。蟬殼甘寒最定驚，墮胎下乳療腸鳴；　殺疳退熱除驚哭，止渴消風總可行。海螵蛸主辛鹹味，止漏通經破結癥；　斂肉止膿除目翳，治人水腫及心疼。茶茗苦消痰熱渴，清心能治卒頭疼；　瘻瘡可療兼下氣，利小便令化氣澄。蔓荊子苦通關竅，治痹堅牙殺百蟲；　益氣開眸雙眼淚，頭風疼痛亦收功。枸杞子功能補氣，去風明目益元陽；　根名地骨皮堪用，寒熱虛勞各載方。瓜蒂除浮仍治疸，欲消息肉鼻中吹；　有人胸膈中間病，此藥猶能吐下之。

連翹瀉諸經之客熱，散諸腫之瘡瘍，退肝經之邪熱，除下焦之濕腫。　草龍膽苦性沉寒，退散肝經之熱煩；　若病下焦之濕腫，服時即可得痊安。

【略】

熱性詩　川芎上行頭角，助清陽之氣；　止痛下行血海，養新生之血調經。　麻黄其形中空，散寒邪而發表；　其節中閉，止盜汗而固虛。　川椒用之於上，退兩目之翳膜；　用之於下，除六腑之沉寒。　乾薑生則逐寒邪而發表，炮則除胃冷而守中。　或問大熱用乾薑何也，曰此熱非有餘之邪，乃陰虛生内熱耳。乾薑能於肺分利肺氣，入肝分引血藥生血，必與補陰藥同用。　白术利水道有除濕之功，强脾胃有進食之效，佐黄芩有安胎之能，君枳實有消痞之妙。　丁香除腫消風毒，治氣溫中用最堪；　非特益脾能止嘔，更攻齒痛病風疳。　當歸頭止血而上行，身養血而中守，稍破血而下流，全活血而不走。　白豆蔻破肺中滯氣，退目中雲氣，散胸中冷氣，補上焦元氣。　吳茱萸咽嗌寒氣噎塞而不通，胸中冷氣閉塞而不利，脾胃停冷腹痛而不仁，心氣刺疼成陣而不止。　縮砂下氣能消食，主療虛勞冷氣頻；　暖胃溫脾能止利，炒除腹痛保妊娠。　五味滋腎經不足之水，收肺氣耗散之金；除煩熱生津止渴，補虛勞益氣强陰。　虎骨主除邪惡氣，傷寒濕氣用尤良；更攻風毒拘攣痛，治産安驚去惡瘡。　乳香止痛消風腫，邪氣能除補益精；主療諸瘡收洩澼，又調血氣又催生。　紫蘇下氣仍開胃，治脹消痰利大腸；煮汁飲之除蟹毒，若安喘嗽子尤良。　扁豆微涼下氣來，轉筋吐瀉最當該；又能補瀉安腸胃，草毒蛇傷不必猜。　葱白散傷風陽明頭痛之邪，止傷寒陽明下痢之苦。　烏藥溫辛治氣佳，醫黄治蠱補中夸；　婦人血氣天行疫，霍亂瘡癰吐瀉加。　巴豆削堅積蕩臟腑之沉寒，通閉塞利水穀之道路；　斬關奪門之將，不可輕用。　獨活諸風掉眩頸項難伸，風寒濕痹兩足不仁。　山茱萸主通邪氣，逐痹除風療耳鳴；　婦女得之調月水，男人補腎更添精。蓬术苦溫快氣先，腹疼心痛也當權；　消瘀開胃通經脈，冷氣奔豚宿食痊。

厚朴苦能下氣，去實滿而消腹脹；　溫能益氣，除濕滿散結調中。　官桂味辛熱有毒，墮胎止汗補勞傷；　用枝氣薄能開表，用肉生溫補腎良。　沉香療除風水腫，順氣調中用最良；　又止轉筋心腹痛，去除惡氣壯元陽。陳皮留白補胃和中，去白消痰泄氣。　韮味辛溫帶微酸，無毒能安五臟專；久食利人除胃熱，子醫夢泄固精堅。　菖蒲辛味性溫中，斷鬼誅蟲暖血宮；

風濕癰瘡皆可用，開心通竅治人聾。良薑溫辣調心氣，消食除風助胃強；吐瀉腹疼并酒毒，轉筋霍亂也相當。鹿茸甘暖補虛精，益氣生牙羸瘦盈；淋石癰瘡并夢泄，生新去舊血家行。醋斂咽瘡消腫毒，除煩下氣破癥堅；婦人產後血虛暈，薰鼻收神保十全。酒通血脉厚腸胃，消憂發怒大扶肝；滋形辟惡養脾氣，痛飲傷神損壽元。麝香通竅攻風疰，有孕催生救產難；殺鬼辟邪除腹痛，更安客忤與驚癇。五靈脂暖行諸氣，可以通經又治經；產後血昏為第一，腸風心痛悉皆精。檀香白者消風熱，殺鬼追蟲霍亂寧；心痛腰疼并腎氣，用之一似有神明。廣州出產石硫黃，治疥堅筋去䘌瘡；逐冷壯陽除痃癖，老人風秘是仙方。砒霜有毒仍酸苦，治瘧除齁效若神；膈內風痰堪用吐，若還多服必傷人。斑貓大熱行諸蠱，破血通經又墮胎；爛肉通腸行水道，諸癰瘰癧總當該。黑附子其性浮而不沉，其用走而不息；除六腑之沉寒，補三陽之厥逆。川烏散諸風之寒邪，破諸積之冷痛。草豆蔻去脾胃積滯之寒邪，止心腹新舊之疼痛。【略】

溫性詩　木香調諸氣不可無，泄肺氣不可缺。半夏除濕化痰涎，大和脾胃氣；痰厥及頭疼，非此莫能治。蒼朮補中除濕，力不及白〔朮〕；寬中發汗，功過於白。阿膠保肺益金之氣，止嗽蠲咳之膿；補虛安姙之胎，治痿強骨之力。黃耆溫分肉而實腠理，益元氣而補三焦；內托陰證之瘡瘍，外固表虛之盜汗。防風以氣味能瀉肺金，以體用通療諸風。威靈仙推腹中新舊之滯，消胸中痰唾之痞，散苛瘡皮膚之風，利冷疼腰膝之氣。細辛止少陰合病之首痛，散三陽數變之風邪。艾葉生寒熟則溫，灸除百病可延生；溫中暖胃和肝氣，調血崩令下吐平。羌活散肌表八風之邪，利周身百節之痛，排巨陽肉腐之疽，除新舊風濕之證。白芷去頭面皮膚之風，除皮膚燥癢之痹，止足陽明頭痛之邪。紅花逐腹中惡血而補血虛之血，除產後敗血而止血暈之暈。藿香開胃口能進飲食，止霍亂仍除嘔逆。草菓味辛消氣脹，主除濕勝治脾寒；解瘟辟瘴化瘧母，散逐寒痰及吐酸。玄胡索活精血療產後之疾，調月水主胎前之證。款花甘辣溫無毒，理肺消痰治肺癰；咳逆驚癇喉痹閉，洗肝明目潤心胸。肉豆蔻溫能止痢，解醒消食更調中；主除霍亂心膨痛，亦治脾虛冷氣攻。薑黃烈似鬱金功，理損消癰止暴風；主治癥瘕兼下氣，月經壅滯亦能通。防己除風濕熱邪，四肢拘急口喎斜；足疼水腫并風腫，濕嗽癰瘡腫亦佳。藁本大寒氣客於巨陽之經，苦頭痛流於巔頂之上。補骨脂名破故紙，主攻血氣理勞傷；陽衰腎冷精流出，研爛胡桃合服良。木瓜溫性能滋渴，止嘔消痰濕痹宜；霍亂轉筋并吐瀉，奔豚脚氣總能醫。杏仁利胸中氣逆而喘促，潤大腸氣秘而難便。秦艽除四肢風濕若懈，療遍體黃疸如金。檳榔墜諸藥性若鐵石，治後重驗如奔馬。杜仲強志壯筋骨，滋腎止腰疼；酥炙去其絲，功效如神應。菟絲子味辛無毒，駐色延年治熱中；主療虛寒餘瀝病，添精補髓去腰疼。益智和中仍暖胃，主除虛漏及精遺；若人夜起多便溺，槌碎鹽煎效便奇。赤石脂甘酸且溫，固腸胃有斂收功；胎衣不下宜斯逐，順落不為峻急攻。紫〔苑〕〔菀〕苦辛除欬逆，熱寒胸結氣皆消；療唾膿血止喘悸，嬰稚驚癇亦可調。劉寄奴溫療火湯，通經破血治刀傷；心疼水脹兼腸痛，產後瘀疼用亦良。巴戟甘辛微帶溫，強筋壯骨補中津；除風益氣除邪氣，夢泄腹疼皆可論。蘹香子是小茴香，開胃調中得酒良；主治腹疼并霍亂，更通腎氣及膀胱。木鱉甘溫主療瘡，折肌散腫也還強；腰疼可治能消酒，乳上生癰用最良。澤蘭甘苦能行氣，癰腫瘡膿可內消；更治損傷并打撲，并除身面四肢浮。乾漆味辛溫有毒，削年深積破癥堅；更除祕結停留血，血氣攻心亦可蠲。蘇合香油能辟惡，去蟲殺鬼達神明；更消蠱毒除瘟瘧，久服令人夢不生。蓬沙消痰能止嗽，甘緩之功破結癥；喉痹初生宜進此，陰陽氣散自無凝。靈沙性溫通血脉，安魂養氣益精神；止陰煩滿殺邪鬼，主平五臟百般連。雄黃有毒性平甘，息肉喉風用最堪；能殺精邪蛇虺毒，姙娠佩帶轉生男。訶梨勒苦能開胃，冷氣奔豚是本功；消食化痰并止痢，更除崩漏及腸風。花蛇溫毒去風精，癱瘓喎斜又可行；疥癩大風專用此，治而頭尾去之寧。白頭翁苦溫無毒，赤痢衄血得效速；男子偏腫陰疝長，小兒羶腥頭燥禿。大蒜味辛溫有毒，散癰治䘌治瘡平；兼除風熱殺毒氣，久食傷人目損明。薤味辛苦溫無毒，主治金瘡服耐飢；溫中去水除寒熱，風寒水腫搗塗之。鹽味鹹溫無大毒，調和五味用之多；能吐胸中痰癖痛，過飡傷肺嗽來磨。生薑製半夏有解毒之功，佐大棗有厚腸之益；溫經散表邪之風，益氣止翻胃之噦。白附子能除帶下，更行藥勢主心疼；去除面上諸般病，又治風瘡及中風。蘇木破瘡瘍死血，除產後敗血。香薷下氣除煩熱，消腫調中暖胃家；霍亂轉筋心腹痛，佐方煮飲服之差。【略】

平性詩　青皮破滯氣愈低而愈效，削堅積愈下而愈良；引諸藥至厥陰之分，下飲食入太陰之倉。　甘草生之則寒，炙之則溫；生則分身梢而瀉火，炙則健脾胃以和中；解百毒而有效，協諸藥於無爭，以其甘能緩急，故有國老之稱。　天麻療大人風熱頭眩，治小兒風癇驚悸；祛諸風麻痹不仁，主癱瘓語言不遂。　商陸其形類人，其用療水。　牛膝為君味苦酸，主除膝痛及拘攣；月經若閉能通利，精髓如虛可補填。　人參止渴生津液，和中益元氣；肺寒方可服，肺熱還傷肺。　蒲黃無毒味甘平，行血如何又治崩；炒過用之方補澁，若還生用即通經。　南星墜中風不省之痰毒，主破傷如屍之身強。　三稜專主消癥癖，更治陰人血不通；治氣削堅除撲損，產除腹痛亦能攻。　酸棗仁平安五臟，除風去痹骨能堅；補中益氣寧心志，更治虛煩不得眠。　桑寄生平甘且苦，背寒腰痛共麻頑；安胎益血助筋骨，癰腫金瘡下乳慳。　遠志苦溫除欬逆，益精補氣壯心神；祛邪利竅止驚悸，強志聰明智慧人。　木通瀉小腸火積而不散，利小便熱閉而不通。　猪苓除濕腫體用兼備，利小水氣味俱長。　沒藥止痛仍破血，主除折跌治金瘡；更宜產後諸餘疾，推致新陳理內傷。　白茯苓利竅而除濕，益氣而和中；小便多而能止，大便結而能通；心驚悸而能保，津液少而能生。白者入壬癸，赤者入丙丁。　麥櫱甘溫消宿食，破癥結益氣虛人；上焦滯血能行散，心腹如膨用此神。　大腹皮功專下氣，健脾開胃更通腸；　桑白皮益元氣不足而補虛，瀉肺氣有餘而止嗽。　桃仁潤大腸血秘之便難，破大腸久蓄之血結。　白殭蠶去皮膚風動如蟲行，主面部䵟生如添點。　百合甘平辟鬼邪，安心定膽療癰耶；乳癰蠱毒并浮腫，喉痹心疼咳嗽(嗟)〔差〕。　大棗助脉強神，大和脾胃。　烏梅收肺氣除煩止渴，主泄痢調胃和中。　琥珀元來辟鬼妖，治狂安魄把瘀消；　明睛去翳除心痛，療蠱消膨有大勞。　龍骨甘平殺鬼精，養神定魄治癇驚；　腸癰膿血并崩漏，濕汗能除斂口靈。　甘松無毒味甘香，浴體肌香可作湯；　下氣更能除惡氣，腹心痛滿是奇方。　全蝎搜風治搐癇，半身不遂最應堪；　祛涎療疹能安腎，幼子驚癇即便安。　阿魏無真却有真，臭而止臭乃為珍；　殺蟲下氣除癥積，及治傳屍更辟瘟。　鱉甲治崩仍療瘧，癥瘕痃癖用尤奇；　又除骨節間勞熱，雞子同食却不宜。　龜甲破癥除漏下，小兒合顱治頭瘡；　更攻瘧痔并陰蝕，勞復傷寒用作湯。　蛇床辛苦性還平，下氣溫中又強陰；　陰濕痒麻惡瘡疥，去風通血逐瘀行。　使君子甘性溫平，幼子諸疳實可論；　更可殺蟲醫瀉痢，小便白濁也當分。　白及主消癰腫毒，性同白歛反烏頭；　去除白癬并破裂，更療邪風緩不收。　胡麻平性最搜風，長肉生精益氣同；　頭面癮瘡崩血滯，利便墮產濕寒攻。　通草甘通陰竅澁，更消水腫閉難行；　用之澁閉俱通暢，因此呼為通草名。　鼠粘子辛消瘍毒，盈肌癮疹主風濕；　退諸風熱咽不通，利凝滯氣入腰膝。　密蒙花主能明目，虛翳青盲用最宜；　若是小兒麩豆毒，熱疳入眼亦能醫。　五倍一名文蛤是，主除齒䘌及瘡膿；　更攻五痔多便血，洗眼猶能去熱風。　石蜜甘平安五臟，補中止痛養心脾；　調和百藥兼益氣，止痢須知蠟更宜。　牛黃涼苦主驚癇，定魄安魂莫產難；　嬰幼夜啼卒中惡，中風口噤及狂干。　蜂房甘苦主驚癇，瘈瘲顛邪蠱毒干；　齒痛乳疼并腫毒，腸癰瘰癧總皆戡。　借問胡黃連怎生，骨蒸勞復用之靈；　明眸止嗽醫溫瘧，幼子驚癇疳熱行。

明・李梴《醫學入門》卷二　本草引纂《捷徑》《雷公》。　醫道之傳，其來尚矣。歷代聖君哲輔，靡不留心，自古仁人孝子，咸知注意。人生兩間，身緣四大。風寒暑濕侵蒸，喜怒憂思鬱結，苦樂榮悴悉損精神，飢飽逸勞俱傷氣血，有生難免，具體皆然，稟受虛實不同，必有恒心乃濟。非惟醫者貴有恒心，雖病者服藥及起居飲食，亦必有恒，乃能康濟一身。草木良毒各異，未達其性勿嘗。藥無不效，用當極靈，試嚼烏梅，遽齒酸而津溢；纔吹皂角，立鼻嚏以氣通。啖辣芥則淚垂，齧花椒而氣閉；陰膠知內疸所在，陰膠，即甑中氣垢。點少許於口中，即知臟腑所起。直達至住處，知痛足可醫也。硝末救腦痛欲亡。硝石末吹鼻中，頭痛立止。囊皴漩多，夜煎萆薢；體寒腹大，全賴鸕鷀；龜尿解噤，鼠骨生牙；磁石引針，琥珀拾芥；鸞膠續劍，獺膽分杯；血投藕而不凝，漆得蟹而自散；葱液可以熬桂作水，蟾膏乃能軟玉如泥。略舉數端證驗，以明一切殊功。每用單行，則氣純而愈速，或時兼使，乃味雜而效遲。惟相須佐使配合，則併力以收功；若相反畏惡交參，必爭讐而播毒。疾之劇差，休戚所關；方之臧否，安危是係，必合精詳有據，豈宜滅裂無稽？對症求方，須裒眾善之長；隨宜用藥，庶獲萬全之效。

本草總括《本草經》肇炎皇，醫之祖也。伊尹用《本經》為《湯液》，仲景廣《湯液》為方法，後之陶、唐、李、陳，本草雖多，不能及也。日久黑白未免無混，得《經》意者惟東垣、丹溪，會《經》要者惟古菴、節齋。是以總法象於前，分五品於後，其先輩歌括多有修改之者，非好勞

也，不敢少違《經》旨耳。《指南》云：不讀本草，焉知藥性？專泥藥性，決不識病；假饒識病，未必得法。能窮《素問》，病受何氣，便知用藥，當擇何味。

天有陰陽彰六氣，【略】溫涼寒熱四時行。【略】地有陰陽化五味。【略】酸苦辛甘鹹淡成。【略】

辛散酸收淡滲泄，鹹軟苦瀉甘緩平。藥本五味，入五臟而為補瀉。辛散，謂散其表裏拂鬱也；酸收，謂收其耗散之氣也；淡滲，謂滲其內濕利小便也；鹹軟，謂軟其大便燥結之大熱也；苦瀉，謂瀉其上升之火也；甘緩，謂緩其大熱大寒也。酸苦湧泄陰為味，辛甘發散氣陽輕。又，鹹味涌泄為陰，淡味滲泄為陽。有一藥兩味者或三味者，或一氣者或兩氣者，輕清重濁之分，氣味厚薄之異。輕清成象親乎上，味薄，茶之類。清陽出上竅，本乎天者親上也。親下重濁陰成形。味厚，大黃之類。濁陰出下竅，本乎地者親下也。陽化氣，陰成形，萬物皆然。清之清者發腠理，陽中陽味厚之至。附子氣厚，陽中陽也，故發熱。清之濁者實四肢，陽中之陰薄氣使。茯苓淡，為在天之陽也。陽當上行，何為利水而泄下？《經》云：氣之薄者，乃陽中之陰，所以茯苓利水而下行。然而泄下，亦不離乎陽之體，故入手太陽。濁之濁者走五臟，陰中之陰乃厚味。大黃味厚，陰中陰也，故泄下。濁之清者歸六腑，陰中之陽薄味爾。麻黃苦，為在地之陰也。陰當下行，何為發汗而升上？《經》云：味之薄者，乃陰中之陽，所以麻黃發汗而上升。然而升上，亦不利乎陰之體，故入手太陰。六淫外感如何治？風以辛涼熱鹹寒。火淫同熱。濕苦熱兮寒甘熱，苦溫燥勝佐辛酸。風制法肝春木，酸生之道也。失常則病，風淫於內，治以辛涼，佐以甘辛，以甘緩之，以辛散之。熱制法心夏火，苦長之道也。失常則病，熱淫於內，治以鹹寒，佐以甘苦，以酸收之，以苦發之。濕制法脾土甘，中方化成之道也。失常則病，濕淫於內，治以苦熱，佐以鹹熱，以苦燥之，以淡泄之。燥制法肺秋金，辛收之道也。失常則病，燥淫於內，治以苦溫，佐以甘辛，以辛潤之，以苦下之。寒制法腎冬水，鹹藏之道也。失常則病，寒淫於內，治以甘熱，佐以苦辛，以辛散之，以苦堅之。蓋五味酸苦甘辛鹹，為五臟之本也。四時五行化生，各順其道，違則病生。古聖設法以制變，如風淫於內，乃肝木失常，火隨而熾，治以辛涼，是為辛金克其木，涼水沃其火。餘皆倣此。但《內經》既曰風淫於內，又曰風淫所勝。蓋自在泉而言，則曰淫於內；自司天而言，則曰所勝。六淫皆然，其治則一也。或客勝主，則瀉客補主；或主勝客，則瀉主補客。隨其緩急以治之。

內傷苦欲分虛實，【略】升降浮沉法一般。肝主春，於時自子至卯，為陰中之陽，風藥應之，如防風、羌活、升麻、葛根之類，自地而升天，味之薄者是也。味辛補酸瀉，氣溫補涼瀉。心主夏，於時自卯至午，為陽中之陽，熱藥應之，如附子、烏頭、薑、桂、紅豆之類。正秉火之氣味，火之厚浮散下，氣之厚者是也。味鹹補甘瀉，氣熱補寒瀉。肺主秋，於時自午至酉，為陽中之陰，燥藥應之，如茯苓、猪苓、澤瀉、木通之類。自天收而降地，氣之薄者是也。味酸補辛瀉，氣涼補溫瀉。冬主腎，於時自酉至子，為陰中之陰，寒藥應之，如大黃、芩、連、黃柏、防己之類。正秉水之氣味，水之厚化浮沉，味之厚者是也。味苦補鹹泄，氣寒補熱瀉。脾主長夏濕化，味甘補苦瀉，氣寒熱溫涼，各從其宜，詳後分類註。《經》曰：補瀉在味，隨時換氣。凡言補，補以辛甘溫熱之劑，皆助春夏之升浮，在人身乃肝心也；凡言瀉，瀉以酸苦寒涼及淡滲之劑，皆助秋冬之降沉，在人身乃肺腎也。從時，春溫宜涼，夏熱宜寒，秋涼宜溫，冬寒宜熱；晝則從升，夜則從降；晴則從熱，陰則從寒。然病與時逆，夏反用熱，冬反用寒，如發表不遠熱，攻裏不遠寒，以其不住於中也。又如傷冷，雖夏月可用辛熱；傷酒及素有熱，雖寒月可用苦寒，然皆暫用也。以人病言之，病在上則宜升，病在下則宜降，病在外則宜浮，病在內則宜沉，病寒則治以熱，病熱則治以寒，變化至不一也。故升降浮沉則順之，所謂無傷歲氣，勿伐天和也；寒熱溫涼則逆之，所謂調其氣，使之平也，豈可執一而論哉！

身腰下病梢能降，身半上病根宜殮。【略】橫行手膊惟辛散，五味酸止而收斂，鹹止而軟堅，苦直行而泄，黃柏、大黃之類是也；辛橫行而散，桂枝之類是也；甘上行而發，甘草之類是也。

分經報使又何難？【略】君臣和合無反畏，【略】七方十劑有機關。【略】湯散丸丹斟等分，藥有宜膏煎者，宜水煮酒漬者，宜丸宜散者，亦有一物兼宜者。但古人以口咬細，令如麻豆大為粗末，煎之，使藥水清汁飲於腹中，循行經絡，易升易散；今人以刃剉如麻豆大，亦㕮咀法也。若一概為細末，不分清濁矣。如治至高之病加酒煎，去濕加薑煎，補元氣加棗煎，發散風寒加葱煎，去膈上病加蜜煎。散者，細末也，不循經絡，止去膈上病及臟腑之病。氣味厚者，白湯調服；氣味薄者，水煎和查服。丸者，治上部之疾，其丸極大而光且圓，治中焦者次之，治上焦者極小。稠糊麪丸者，取其遲化，直至下焦，或酒或醋丸者，取其收散之意也。犯半夏、南星或去濕者，以生薑汁煮糊為丸，制其毒也。稀糊丸者，取其易化也。水浸炊餅為丸及滴水為丸者，皆取其易化也。煉蜜為丸者，取其遲化而氣循經絡也。蠟丸者，取其難化而旋旋取效也。大抵湯者，蕩也，去久病者用之；散者，散也，去急病者用之；丸者，緩也，不能速去其病，從緩而治；丹即丸之大者，凡藥宜預修合，若臨病旋製，藥多不備，其能效乎？○凡言等分，分兩均等無異。養性補虛緩方皆然。若治病急方，必分君臣，大概君藥用十分，臣藥用七八分，佐藥用五六分，使藥用三四分，外有加減，數同佐使。病最重者，雖君臣分兩懸絕無疑。譬之烟火硝黃，轉移迴殊，可不小心斟酌之乎！

真偽新陳仔細看。藥多有假者，誤服反致害人，必詢問經歷久而後能辨認。○藥宜陳者，惟麻黃、荊芥、香茹、陳皮、半夏、枳實、枳殼、吳萸、狼毒。其餘味薄之藥，俱用近新有力，若陳腐經黴者，皆不可用。

炮炙製度毋逞巧，【略】凡藥入肺蜜製，入脾薑製，入腎用鹽，入肝用醋，入心用童便。凡藥用火炮湯泡煨炒者，制其毒也；醋浸薑製酥炙者，行經活血也。且如知母、桑白

皮、天麥門冬、生熟地黄、何首烏忌鐵器，用竹刀銅刀切之，犯鐵必患三消；遠志、巴戟、門冬、蓮子、烏藥之類，如不去心，令人煩燥。猪苓、茯苓、厚朴、桑白皮之類，如不去皮，耗人元氣；栢子、火麻、益智、草菓之類，如不去皮，令人心痞。當歸、地黄、蓯蓉酒洗去土，生精活血，無令滿悶；桃仁、杏仁，雙仁有毒傷人，用去皮尖，不生疔癤；蒼术、半夏、陳皮用湯泡洗，去其燥性；麻黄泡去頭汁，庶不煩心；人參、桔梗、常山去苗蘆，庶不嘔。當知水飛、火煅、醋淬、酒浸、另研等項，必遵古法，毋逞新奇。

熟升生降古方刊。凡病在頭面及手梢皮膚者，須用酒炒，欲其上騰也；病在咽下臍上，須用酒浸洗；病在下者，生用。欲升降兼行者，半生半熟。如大黄、知、栢，必用酒製者，恐寒傷胃也。要知體厚者生用，體薄者炒用。然炒製必出火毒，收貯用之，隨炒隨用，以火助火。

及時煎服知禁避，大概煎煮多用砂罐，洗淨，擇人煎之。如補湯慢火煎熬，汗下及治寒濕藥，緊火煎服。如劑大水少，則藥味不出；劑小水多，則煎耗太過無力。煎以濕紙封罐口，熟則用紙濾過，或紗絹亦好，去查取清汁服之，則行經絡而去病。若濃濁，則藥力不行，反滯為害。《活人》云：補湯須用熟，利藥不嫌生。補藥用水二盞煎至八分，或三盞煎至一盞。○利藥一盞半煎至一盞，或一盞煎至八分。又主病藥宜先煎，如發汗則以麻黄為主，須先煎麻黄一二沸，然後入餘藥同煎。餘倣此。止汗先煎桂枝，和解先煎柴胡，下藥先煎枳實，吐藥先煎山梔，溫藥先煎乾薑，行血先煎桃仁，利水先煎猪苓，止瀉先煎白术，消渴先煎天花粉，止痛先煎芍藥，發黄先煎茵陳，發斑先煎青黛，發狂先煎石膏，嘔吐先煎半夏，勞力感寒先煎黄芪，感冒傷寒先煎羌活，暑症先煎香茹，風病先煎防風，腹如雷鳴先煎煨生薑，濕症先煎蒼术。○凡服藥病在上者，食後徐徐服；病在中者，食遠服；病在下者，宜空心頓服之，以達下也。病在四肢血脈者，宜飢食而在晝；病在骨髓者，宜飽食而在夜。若嘔吐難納藥者，必徐徐一匙而進，不可太急也。又少服則滋榮於上，多服則峻補於下。凡服藥後須三時久，方可食飯，亦不可即眠，令藥氣行也。【略】用當一匕是仙方。【略】

本草分類：治風門即《湯液》風升生也。古菴云【略】防風氣溫味甘辛，通療諸風痛滿身，頭目脇痛並胸滿，除濕止汗住崩津。凡藥必先其立名之義，而後審其治療。防風者，預防風疾也。無毒。浮而升，陽也，治脾胃二經及太陽經。乃卒伍卑賤之職，隨所引而至者也。主諸風邪在表，惡風，週身節痛，四肢拘攣，一切風邪頭眩目盲流淚，脇痛諸瘡，瀉上焦風邪之仙藥也。又疎泄肺竅，解胸膈煩滿，通五臟關脈，藥中潤劑。誤服瀉人上焦元氣。兼理勞損盜汗，女人崩帶。除經絡間留濕，風能勝濕故也。諸風藥皆然。○堅潤者佳，去蘆及叉頭叉尾者。惡乾薑、藜蘆、白蘞、芫花，畏萆薢，殺附子毒。得澤瀉、藁本治風，得當歸、芍藥、陽起石，治婦人子臟風。

獨活甘辛平苦溫，諸風痹痛無久新，頭項齒頰皆能療，金瘡疝痓及奔豚。一莖直上，得風不搖。無毒。沉而升，陰中陽也，足少陰行經藥。主諸風掉眩，百節痛攣，肌皮發痒，風寒濕痹，兩足不能動。《湯液》云：獨活氣細而低，治足少陰伏風，而不治太陽，故足痹尤驗。一切風邪，不論久新，頭眩目暈，齒痛頰腫，頸項難伸，金瘡，奔豚，癇痓，女子疝瘕。○蠡實為使，得細辛治少陰頭痛。

羌活苦溫散表風，利節痛排巨陽癰，更除新舊風寒濕，手足太陽表裏通。活，生也，出羌胡。無毒。浮而升，陽也。散肌表八方風邪，利周身百節疼痛，排巨陽肉腐癰(痘)〔疽〕，散時疫新舊風濕，乃手足太陽足厥陰少陰表裏引經之藥，撥亂反正之主也。兼治赤眼及賊風失音，多痒血癩，手足不遂，口眼喎斜，及婦人產後中風、腹痛、子腸脫出。餘與獨活同。《本經》原不分羌、獨二活，後人始分，紫色節密者為羌活，黄色作塊者為獨活，羌活氣雄，獨活氣細。去皮及腐朽者，得川芎治足太陽頭疼。

荊芥辛溫療諸瘡，暴傷寒症發汗良，除痹破氣專涼血，血風血暈是仙方。俗名荊芥，本名假蘇，氣味似紫蘇也。無毒。浮而升，陽也。主諸瘡癩瘡，風疹瘰癧，暴傷寒，頭疼目眩，手足拘急，氣壅寒熱等症，發汗即散，惟有渴者不宜。除濕痹腳氣，筋骨煩疼，破結氣，下瘀血，通血脉，涼血止血，婦人血風要藥。產後血暈，為末，童便調熱服。產後中風身強，酒調服神效。又為末和醋，封風毒疔腫。○取花實成穗者，日乾用。

薄荷辛涼最發汗，清頭目解皮風絆，止驚風熱劫勞蒸，消食下氣除霍亂。至輕清，而薄荷乃花葉總名。無毒。浮而升，陽也。入手太陰、厥陰經。主賊風傷寒發汗，通利關節，清利頭目咽喉，一切在上及皮膚風熱。又治小兒風涎驚風壯熱，大人骨蒸勞熱，消宿食，下氣壅，心腹脹滿霍亂。兼能破血止痢，除癇痓，療陰陽毒，能引諸藥入榮衛。大病後勿食，令人出虛汗不止。○去梗。

升麻甘苦氣寒平，解毒除瘟治腹疼，傷寒初症並衄血，瘡腫咽牙熱自清。能升陽氣，其葉如麻。無毒。浮而升，陽也。主解百毒。辟瘟疫瘴氣蠱毒，中惡腹痛，傷寒時氣頭疼，寒熱初症，及瘀血入裏吐衄，肺痿肺癰咳唾膿血，小兒風癇痘瘡斑疹，一切風癰腫毒，咽痛口瘡牙疼，瘡家之聖藥也。但陽氣下陷者宜用，下虛氣不足者禁用。○細削如鷄骨，色青綠者佳，發散生用，補中酒炒，止咳汗者蜜炒。得葱白、白芷、石膏之類，本治手足陽明風邪；得參、术、芍藥之類，兼治手足太陰肌肉間熱。

細辛溫辣治傷寒，下氣消痰通節關，頭面諸風不可缺，調經治癇又益肝。形細味辛。小毒。浮而升，陽中陰也。足少陰本藥，手少陰引經。東垣云：止少陰合病之首痛，殺三陽數變之風邪，最能溫腎，散水寒內冷，故仲景用治邪在裏之表也。主咳逆上氣，破痰止嗽，開胸中滯，利九竅，通百節。治頭痛眼風淚下，鼻癰齒痛，口臭喉痹，一切頭面風痛，不可缺也。又治風癇疾，風濕痹蜷攣，消死肌瘡肉，及婦人乳結汗不出，經血不行，益肝膽氣。如單服半錢，則氣塞不通而死。○水洗去土及蘆葉頭節。獨活為使，惡狼毒、山茱萸、黄芪，畏硝石、滑石，反藜蘆，忌生菜。得當歸、芍藥、川芎、白芷、牡丹皮、藁本、甘草，共療婦人。得決明、鯉魚、膽青、羊肝，共療目痛。

白芷辛溫療風邪，主頭面疾佐瘡家，婦人崩帶通經用，血滯心腹痛又嘉。《離騷》謂之藥，言以芳潔自約而為止極。無毒。升也，陽也，手陽明本藥，足陽明、手太陰解利風寒劑也。主頭面皮膚瘙痒，痹痛風邪，頭風眩痛，目痒淚出。作面脂去䵟瘢。與辛夷、細辛同用，治鼻塞。諸瘡用以為佐，最能排膿長肌止痛。婦人血崩、赤白帶下、經閉陰腫，瘀血心腹刺痛，脇痛嘔吐，乃去舊生新之劑也。○當歸為使，惡旋覆花。○治帶白芷丸：治腸有膿，帶下腥穢不已。白芷一兩，紅葵根二兩，枯礬、白芍各五錢，為末，蠟丸梧子大，每十丸空心米飲下，俟膿盡，乃以他藥補之。

麻黃甘苦性微溫，主中風邪治不仁，傷寒表症及嗽喘，理瘴解瘧消斑痕。叢生如麻，色黃也。無毒。浮而升，陽也，手太陰之藥，入足太陽、手少陰陽明經，瀉衛實，去榮中寒之藥也。主中風表症及風毒痿痹不仁，傷寒初症頭疼寒熱咳嗽喘逆上氣，理嵐瘴及瘟瘧，消赤黑斑毒風疹，皆發汗而散也。丹溪嘗以人參佐用，表實無汗者一服即效。多則令人虛，或衄血亡陽，惟傷風有汗及陰虛傷食者禁用。諸風藥大同，兼破堅瘕積聚、黃疸及小兒痘瘡倒靨。○發汗用身去節，水煮三沸去沫。止汗用根。厚朴為使，惡辛夷、石韋。

藁本辛溫治軃風，頂面皮膚一樣功，專辟霧露兼通血，疝瘕腹痛陰腫同。根上苗下似枯藁。無毒。升也，陽也，太陽本經藥。主風邪軃曳疼痛，癇風金瘡，大寒犯腦巔頂痛，或引齒痛。一切頭面皮膚風疾，及酒齇粉刺，中霧露清邪必用之。既治風，又治濕也，兼通婦人血脉疝瘕腹急痛，陰中寒腫。長肌悅顏，可作面脂。○去蘆，出宕州者佳。惡𦶇茹，畏青葙子。

紫蘇辛溫能解表，下氣寬胸痰自少，開胃通腸除蟹毒，子定喘咳須微炒。紫，色；蘇，苴也，形氣土苴也。無毒。紫色者佳。能出汗，發散風寒在表，下氣下食，開胃寬胸膈，通大小腸最捷。遇蟹毒，煮汁飲之。莖去節，治風寒濕痹，及筋骨疼痛腳氣。子略炒搗碎，主肺氣喘急痰嗽，嘔吐翻胃，五膈破癥，利大小便。丹溪云：蘇性輕浮而氣味辛溫，本草言下氣者，散氣也，子尤甚。脾胃氣虛常泄者禁用。

秦艽辛苦氣溫平，風痹肢節口牙疼，時行寒熱并勞熱，治疸消浮令便清。生秦地而形相交也。可升可降，陰中微陽，手陽明藥。主風寒濕痹，肢節疼痛，通身攣急，善能養血榮筋，故腸風下血亦用之。一切頭風口瘡下牙痛，無問久新，時行邪氣傳尸骨蒸，小兒疳熱，療五種黃疸，消水腫，利小便。○羅紋者佳，水洗去土，菖蒲為使。

威靈仙：　威靈仙苦溫無毒，能治諸風痛痒膚，腰疼腳腫不履地，腹冷胃痰痃癖除。昔人患痿不瘥，忽遇此藥，數日能行，因神而名之。可升可降，陽也。治中風口眼喎斜，諸風濕冷，歷節痛風上下，腰膝腳冷痛不能履地。去大腸風及皮膚風痒，白癜毒瘡折傷，通十二經脉，乃治痛要藥也。去腹內冷滯，心膈痰水，久積瘕癥痃癖氣塊，膀胱宿膿惡水，宜通五臟而不大泄，朝服暮效，但多服疏人真氣，虛者禁用。○酒洗，忌茗及麪。○單方：骨鯁喉嚨，為末，酒調服。

蒼耳子味溫甘苦，周痹拘攣入骨髓，瘰癧疥癬膚痒頑，頭鼻目齒風皆愈。色蒼，實如鼠耳。《詩》謂卷耳，俗名羊帶歸。小毒。主風濕周痹，四肢拘攣，毒在骨髓，瘰癧疥癬，瘙痒疔瘡，五痔腫痛，惡肉死肌，及時疫風寒，頭痛鼻涕不止。涼肝明目，治齒痛且動，久服益氣，耳目聰明，強志填髓，暖腰腳。○入藥去刺略炒，常服用黃精汁蒸三時，忌猪肉。○葉微寒，治同。蛇毒擂酒，內服外敷。

天麻辛平治麻痹，利膝舒筋仍益氣，治兒驚癇通女血，除疝消癰關竅利。味大辛而麻辣。無毒。降也，陽也。主諸風濕疾，頭目昏眩，四肢麻痹拘攣，利腰膝，強筋力，久服益氣。小兒風癇驚悸發搐，女人用之通血脉，兼治寒疝熱毒癰腫。主諸瘡惡氣鬼疰蠱毒，有自內達外之理。苗名赤箭，似箭幹而色赤，治性亦同，有自表入裏之功，但與御風草相似，誤服令人有結腸之患。○堅實者佳，凡使多用，更以他藥佐之乃效。

蔓荊子味苦甘辛，主筋骨痹熱寒攻，明目堅齒腦鳴痛，長鬚利竅殺白蟲。出秦地，六月開花，九月結實，故名蔓。無毒。陽中陰也，太陽經藥。主筋骨寒熱，濕痹拘攣，除目睛內痛，赤腫淚出，齒痛頭痛，頭昏腦鳴，涼諸經血故也。兼能長鬚髮，利關節通竅，殺白蟲，胃虛者禁用。○酒蒸一時，晒乾搗碎，惡烏頭、石膏。

牡荊實苦溫通胃，除骨寒熱下逆氣，燒瀝清心開熱痰，出音止眩兒癇悸。不蔓生，故曰牡，即荅杖黃荊也。無毒。主通利胃氣，除骨間寒熱，止欬逆下氣。莖燒瀝飲之，去心煩熱，漾漾欲吐，清頭旋目眩，卒失音，小兒心熱驚癇，兼解暑氣，止消渴，除痰唾，氣實痰盛人宜服之。丹溪云：虛痰用竹瀝，實痰用荊瀝，二味開經絡，行氣血，俱用薑汁助送。葉擂酒敷乳腫。○八月採子陰乾，青色者佳。防風為使，惡石膏。

牛蒡子辛疏風擁，頭面目齒咽喉腫，皮膚瘡瘍筋骨攣，補中止渴消痰壅。牛好食其根，一名惡實，俗名鼠粘子。無毒。療諸風遍身毒腫、頭面目赤腫、齒牙疼痛、咽膈不利，除皮膚瘡疹，利腰膝筋骨拘攣，通十二經。吞一粒，可出癰疽頭，兼能補中止消渴，寬胸痰，解痘毒。○微炒搗碎用。根莖蒸熟，療傷寒寒熱汗出、中風面腫，熱中逐水。○葉入鹽少許，封疔腫，敷金瘡，夏月浴皮膚習習如蟲行風。○已上行氣開表藥。

南星苦辛利風痰，破傷驚搐緊牙函，麻痹瘡腫寒咳嗽，消瘀破積蛇蟲含。生南方，形圓色白如星。有毒，可升可降，陰中陽也。利中風痰壅胸膈、不省人事及破傷風、小兒驚搐、身強如尸、口禁牙關緊閉、頭目肢體麻痹、疥癬惡瘡癰腫、金瘡撲損瘀血。又破堅積、墮胎、蛇傷蟲咬。丹溪云：欲其下行，以黃柏引之。○臘月置水中凍去燥性，入灰火中炮裂去皮。治驚癇，取為末，用牛膽汁拌勻，再入膽中，陰乾為末；或用薑汁、白礬煮至中心無白點亦好。畏附子、乾薑、生薑。

白附子甘辛行藥勢，上治風瘡頭面痕，中心腹痛外血痹，下濕陰囊及腿豚。色白，苗似黑附子，性走，行藥亦近之，氣溫。小毒。治諸風癬瘡，頭面痕，面上遊風百

病，冷氣心痛血痹皮膚不仁，陰囊下濕，腿豚無力。兼治中風失音，女子帶下。〇冷熱灰炮裂用。

瓜蒂苦寒能吐痰，風癇喉痹不須探，菓積蠱毒心腹脹，欬逆浮疸鼻息拈。凡蔓生者為瓜，此甜瓜蒂也。有毒。善吐。凡風痰暴塞胸膈，頭眩喉風，風癇風疹，欬逆上氣，及諸菓積蠱毒，病在胸中，皆吐下之。治黃疸及暴水腫，和赤小豆、丁香為末，吹鼻中，少時黃水自出，亦可服方寸匕。治鼻中瘜肉，為末，羊脂調少許敷之。〇青綠者佳，水煮去皮，麸炒黃色。〇花主心痛欬逆。

藜蘆苦寒亦善吐，風癇蠱毒與喉痹，諸瘡癬禿鼻瘜肉，止痢治疸除逆噦。藜，黑色；蘆，虛也。莖中虛如葱管，故俗名鹿葱。有毒。大吐上膈風痰，中風不語，暗風癇病，喉痹及蠱毒，濃煎防風湯浴過，焙乾微炒為末，溫水下五分，以吐為度。兼治諸瘡疥癬馬刀，鼻中瘜肉頭禿，及久痢腸澼，黃疸，欬逆噦逆，殺諸蟲。〇去蘆頭，糯米泔浸一宿微炒，不入湯藥。黃連為使，反細辛、芍藥、五參，惡大黃。〇單方：牙疼，為末，納牙孔中勿咽。又燒灰煎膏點黑痣。

皂莢辛鹹利竅關，卒中風痹頭痛寬，消痰止嗽除脹滿，祛癆貼腫墮胞難。皂，黑色；兩相夾合而中藏子也。氣溫，小毒，入厥陰經。搐鼻可開關竅，內服可通關格不利。中風、中氣、中惡、痰厥、鬼魘、卒死、卒頭痛甚，並皆為末吹鼻。久患風痹，死肌疥癬，及痰欬欬逆，坐不得臥，為末，蜜丸服之。兼療腹脹滿，穀食不消，殺癆蟲，破癥瘕腹痛，牙疼咽腫，婦人難產及胞衣不下。又和酒煎膏，貼一切腫毒，止痛。長莢者踈風氣，如猪牙者治齒取積，俱要肥膩不蛀，去皮子酥炙，或蜜炙燒灰。栢實為使，惡麥門冬，畏空青、人參、苦參。〇皂子踈通五臟風熱。〇皂刺凡癰疽未破者能開竅，已破者能引藥達瘡所，乃諸惡瘡癬及癘風要藥也。昔有患眼昏眉落鼻崩，服刺灰濃煎大黃湯下，七旬愈。又和米醋煎膏，敷瘡癬奇效。

殭蠶辛鹹散痰結，中風喉痹瘡瘢滅，陰易崩帶產餘痛，兒驚夜啼口噤撮。人家養蠶，有合箔自殭直死，小白色似有鹽度者，即晒乾，勿令中濕，濕則有毒。氣平無毒。浮而升，陽也。主散風痰。丹溪云：能助金清化之氣，治相火結滯之疾，故日華子以治風及勞瘦也。治中風失音，半身不遂，并一切風疾頭風口瘡面䵟，喉痹欲死，滅諸瘡瘢痕，及遍身癮疹、瘰癧發背、疔瘡痔腫、火丹金瘡，皮膚風動如蟲行。男子傷寒後陰易病，女子崩中帶下，產後餘痛，乳汁不通，小兒驚風夜啼口噤撮口，兼去三蟲，能發汗。〇頭番乾久者佳，糯米泔浸去涎觜，火焙或薑汁炒。治面上瘡瘢，殭蠶、衣魚、鷹屎白等分，為末塗之。

蟬退甘鹹氣清涼，治頭目眩皮風痒，婦乳產難胞不下，主驚顛癇夜啼郎。此即蚱蟬所脫殼也。蟬者，廉也，飲風露，而廉潔清高。氣寒，無毒。主風邪頭眩，目昏翳膜，皮膚瘙痒疥癩，婦人乳難產難，胞衣不下，小兒驚癇夜啼顛病，渾身壯熱，殺疳蟲止渴，痘瘡不出，皆驗。〇去翅足，水洗去土蒸過。〇蟬花，乃殼中化出，殼頭上有一角如花冠狀，專主小兒天吊驚風。俗云：五月不鳴，嬰兒多災。良有以也。

蠍味甘辛去風涎，卒中喎僻癱半邊，癮疹耳聾真可療，小兒驚搐最當先。蠍，螫也，毒能螫人也。氣平，有毒。治中風口眼喎斜，半身不遂，語澁手足抽掣，諸風癮疹，小兒驚風不可缺也。又治腎虛耳聾，蠍四十九枚，生薑如蠍大四十九片，同炒至薑乾為度，為末，作一服，二更盡溫酒調下，盡量至醉，次日耳中如笙簧即效，十年者二服愈。〇緊小者佳。有用全者，有用稍者，稍力尤切，水洗炒去毒。

白花蛇味甘鹹溫，疥癩諸風痹不仁，口眼喎斜筋脉急，半身不遂復能伸。諸蛇鼻向下，獨此蛇鼻向上，背有方勝白花文。主大風癩瘙痒，中風濕痹，骨節疼痛，腳弱不能久立。兼治肺風鼻塞。雷公云：蛇性竄，能引藥至有風處耳。出蘄州，眼如活不合，尾上有佛指甲，腹上有念珠迹者真。有大毒，宜去頭尾各一尺，取中段酒浸三日，去酒炙乾，去皮骨。

烏蛇無毒味甘平，諸風頑痹用之靈，皮膚癮疹疥癬毒，脫落鬚眉還可生。性善，不嗜物，背有三稜，色黑如漆，尾細尖長，眼下陷者為真。〇製同白花蛇。

蚺蛇肉膏治大風，兼主產餘痛腹中，膽治䘌瘡並䘌痛，目腫兒疳血痢同。蚺，髯也，頷有鬚也；蛇，迤也，形迤長也。肉甘膏平。小毒。釀酒治大風及諸瘡瘰癧膚頑，婦人產後腹痛，忌醋。〇膽苦甘，氣寒，小毒。主心腹䘌痛，下部䘌瘡，目痛齒痛，小兒五疳熱丹，口瘡久痢。其膽以刀切開，內細如粟米，着水中浮走者真，沉散者非也。

蛇退甘鹹治蛇癇，喉風目翳諸瘡蟲，腸痔蠱毒催難產，百種驚風救兒童。蛇退皮也。無毒。主蛇癇搖頭弄舌，顛疾瘛瘲，寒熱諸䘌，惡瘡似癩癜風白駁，煎汁塗之。瘡有膿者燒敷之。腸痔蠱毒，婦人難產，小兒百二十種驚風，兼辟惡止嘔。取石上白如銀色完全者埋土中一宿，醋浸炙乾，惡磁石及酒。瘧疾用塞兩耳，內服鹽湯，引吐即止。

虎骨辛溫祛毒風，強筋骨治惡瘡癰，外感寒濕內傷癆尸疰，痔痢脫肛亦有功。虎，武也，爪牙雄武也。無毒。主白虎痛風，筋骨髀脛腰膝毒風攣急疼痛，及惡瘡鼠瘻，殺鬼疰毒卒魘。兼治溫瘧滑痢，升上辟惡頭骨，補下堅筋脛骨、脊骨。〇雄而色黃者佳，酒或酥炙，藥箭中者不用。〇牙主男子陰瘡，磨乳汁治犬咬。〇膏塗頭禿犬咬。〇爪辟惡鬼。〇膽主小兒疳痢驚癇客忤，研水服。〇睛主癲癇，羊血中浸一宿，取出微焙乾搗末。〇屎主惡瘡。〇鬚主齒痛，燒灰用。

牛黃小毒苦平涼，風癇失音及顛狂，辟邪治疫催難產，兒驚百病儘相當。牛口吐出生黃為上，其次有角黃、心黃、肝黃、膽黃，殺而得之，陰乾無令見日。主中風失音及癇痓顛狂，除邪逐鬼、天行時疫，健忘虛乏，又墮胎催產難，小兒驚癇夜啼，痰熱百病。〇取摩手甲上黃透爪甲，輕鬆微香者真。另研。人參為使，惡龍骨、龍膽、地黃、常山，畏牛膝、乾漆。得牡丹、菖蒲利耳目。

牛膝苦酸氣亦平，酸痹拘攣瘡疹靈，男子精虛腦齒痛，婦人經閉結瘕癥。

莖有節似牛之膝。無毒。沉也，陰也。主寒濕痿痹，四肢拘攣疼痛不可屈伸，凡腰腿之疾，必用引下。治惡瘡風疹口舌生瘡，傷熱火爛。又竹木刺入肉，嚼爛罨之即出。皮膚疾亦用之。男子腎虛陰消失溺，多渴，腦痛，髮白早，齒常痛，服之填精益髓自愈。婦人經閉，惡血結為癥瘕，產後心腹痛血暈。又治男婦小便不利，莖中痛，活血生血劑也。兼止老瘧久痢。○長大柔潤者佳，酒洗用。惡鼈甲、白前，忌牛肉。

何首烏溫味苦澁，主治諸瘡頭面風，益精氣血令有子，產後帶疾酒調濃。

即夜交藤，因姓何人服之生子，久則鬚髮黑也。無毒。升也，通十二經。主諸癰腫，疥癬瘰癧，頭面風瘡，遍身瘙痒，及五痔腸風，骨軟風。益精髓氣血，令人有子，黑鬚髮，強腰膝。凡男子積年癆嗽痰癖，風虛冷氣，臟腑宿疾，久痢皆宜。兼治婦人產後帶下，面黃心腹痛，瘀血諸疾，為末酒調服。○有雌雄二種，雄者紫紅，雌者略白，凡修合須雌雄二種相合，米泔浸經宿，晒乾搗碎。如作丸用黑豆拌，九蒸九晒，去豆。茯苓使，忌諸血、蘿蔔、鐵器、無鱗魚。得牛膝則下行。○已上祛風化痰藥。

菊花味甘氣平寒，諸風濕痹皮膚頑，頭眩目淚胸煩痛，久服滋陰腸胃安。

菊，鞠也。《爾雅》云：鞠。如聚金不落。花，華也，後凡言花者，倣此，無毒。可升可降，陰中陽也。主諸風濕痹，腰痛去來，四肢遊風，皮膚死肌。治頭風眩痛，兩目欲脫淚出。去翳養血，明目要劑也。又寬胸膈煩熱，止心痛。丹溪云：能補陰氣，治頭目胸熱諸症者，補其水而清氣升，風火自降也。久服安腸胃，黑髮延年，兼治疔腫，取根葉絞汁內服外傳。白菊，潤肺黑鬚髮，和巨勝子蜜丸服。○正月採葉，五月採莖，九月採花，陰乾，味甘，單葉黃花應候開者入藥。野菊味苦，大傷胃氣不用。桑白皮為使。

蜜蒙花味甘平寒，專去眼中風翳漫，赤眼青盲皆可用，兒疳痘眼熱侵肝。

味甘如蜜，花一朵數十房，濛濛然細碎也。無毒。去一切風氣膚翳多淚，小兒麩痘及疳氣攻眼。○出益州，酒浸[一]宿，候乾，加白蜜拌勻蒸之，晒乾。

白蒺藜苦辛氣微涼，諸風瘡毒腫且痒，頭痛目昏咽牙痛，破血消瘕肺欬傷。

蒺，惡也，藜，刺也。好生道上，人疾惡其刺足也。無毒。主諸風瘡瘍癰腫，遍身瘙痒癜風，小兒頭瘡。治頭痛目久失明，鼻久塞，咽喉卒痛，齒痛齒落，破瘀血癥瘕奔豚，欬逆肺痿胸滿吐膿。兼治遺精溺血，婦人乳難帶下，并催生墮胎。○有黑白二種，黑者不入藥，風家丸散并炒去刺。補腎用沙苑蒺藜，去殼取子微炒，烏頭為使。○單方：陰𤺋，用有刺者為末，傅之效。

青葙子苦治皮風，惡瘡疥痔殺三蟲，益腦髓能去目翳，風寒濕痹亦堪攻。

葙，囊篋也。藥雖賤而治眼功大，青囊箱中不可缺也。黑色似莧實而扁，即野鷄冠花子，舊以子名草決明者，誤也。無毒。主皮膚中風熱瘙痒，殺三蟲諸瘡蝨，痔蝕下部䘌瘡。益腦髓，去目翳。蓋翳膜皆腦脂下流而成故也。一切肝風熱毒衝眼，青盲赤障皆驗。又堅筋骨，去風寒濕痹。微炒搗碎。

草決明鹹甘苦平，治肝風熱衝眼睛，唇青頭痛兼止衄，消痰省睡益陰精。

治眼決然而明也；言草者，別於石決明也。無毒。主肝風熱毒衝眼，青盲赤障腫痛淚出膚翳，治唇口青色。用塗太陽穴止頭痛，貼腦心止鼻衄，兼消痰止渴。久服益精，令人不睡。如菉豆大而銳，微炒。蓍實為使，惡火麻子。

木賊苦甘善發汗，益肝明目除翳縵，腸風痔痢消積塊，女人崩帶經不斷。

作木器者，用之磨光能去木屑，故名賊也。無毒。輕浮發汗至易，近水而生，得陰氣多。故益肝膽，明目退翳膜，止流淚，療腸風久痢痔血。味澁苦，能消積塊，治婦人崩中帶下，月水不斷，然亦必他藥佐之乃效。《本草》云：得牛角鰓、麝香，治休息痢；得禹餘糧、當歸、川芎，療崩中赤白；得槐角、桑耳，療腸風下血，又與槐子、枳殼相宜，主痔疾出血。單用炒為末服，治小腸膀胱氣。○去節，以水潤濕，火上烘用。

白薇鹹苦大寒平，中風忽忽睡多驚，止瘧能祛邪魅惑，益陰精止淋露頻。

色白而形微細。無毒。主暴中風身熱支滿，忽忽睡不知人，止溫瘧。治百邪鬼魅狂惑，寒熱酸疼，益陰精。療傷中淋露不斷，及女子帶下，兼下水氣。○出陝西。米泔浸去鬚蒸。惡黃芪、大黃、大戟、乾薑、乾漆、山茱萸、大棗。

萎蕤甘平治風熱，四體拘攣跌筋結，風溫表裏是靈丹，濕毒腰疼渴且泄。

萎，委委，美貌；蕤，實也。女人用去皯斑，美顏色，故又名女萎。根葉似黃精，入藥多用根。無毒。主中風暴熱，四肢拘攣不能動搖，跌筋結肉，一切瘡瘍斑剝，時行風溫頭疼，目痛眦爛淚出，寒熱心腹結氣，濕毒霍亂泄瀉，煩渴，腰膝痛，莖中寒。兼治虛癆客熱，潤心肺，補中氣。晉嵇紹有胸中寒疹，每酒後苦，服之得愈。○水洗，竹刀刮去皮，蜜水蒸焙乾。畏鹵鹹。

巴戟辛甘氣本溫，大風血癩面多痕，小腸陰痛相牽引，一切虛勞可復元。

生巴郡，根有棘刺。無毒。主大風邪氣血癩頭面遊風，小腹及陰中相引痛，補五勞陰痿不起，益精堅筋骨，止夢泄，男子陽虛者最宜。兼治水腫。○內紫微白如粉者佳，鹽水煮去心。覆盆子為使，惡雷丸、丹參。

天竺黃甘寒性和緩，去諸風熱滋養五臟，鎮心明目療金瘡，兒驚天吊痰壅上。

生天竺國，竹內如黃土成片。無毒。涼心去熱，小兒藥最宜，和緩故也。

五加皮苦辛溫寒，風痹踡急步履難，疽瘡瘀血肌皮滯，心腹疝痛陰不乾。

上應五車星精而生，故葉生五出者佳。無毒。主風痹四肢攣急，腰脊而腳疼痛緩弱，小兒三五歲不能行尤驗。治疽瘡陰蝕，及多年瘀血在皮肌，心腹疝氣痛，男子陰痿囊下濕，婦人陰痒。釀酒久服補中益精，堅筋骨，強志意，延年不老，仙經藥也。○遠志為使，惡蛇退、玄參。

桑寄生平甘苦味，主腰背強祛風癈，癰腫金瘡皆可療，下乳止崩安胎墜。

近海地暖，不蠶，桑木氣厚，枝葉上自然生出，非因鳥食物子落而生也。無毒。主背腰腿腳遍身骨節疼痛，祛風痹頑麻癈疾，癰腫金瘡皆療。又治婦人崩中不止，胎前漏血，產後乳難，小

兒背強。實明目輕身通神。〇深黃色并實中有汁稠粘者真。忌火忌鐵。誤服他木寄生殺人。〇已上清熱潤燥藥。

豨薟草苦寒能補，麻痹偏風有涎吐，治肝腎行大腸氣，蠶瘡煩滿汁少許。

豨，豬也；薟，臭也。氣如豬薟氣，經蒸暴則散。小毒。主肝腎風氣，四肢麻痹，骨間疼痛，腰膝無力，偏風口喎，時時吐涎及跌墜失音。亦能行大腸氣，治三十六般風，久服明目烏鬚健骨，衰老風疾，婦人久冷尤宜。又治熱蠶煩滿不能食，生搗汁服三四合，多則令人吐。〇蒸法為丸，見六卷。

水萍辛酸治諸風，癱瘓瘙痒惡瘡癰，利水勝酒長鬚髮，時行發汗有奇功。

浮生水面，與水相平，氣寒無毒。歌云：不在山兮不在岸，採我之時七月半，選甚癱風與緩風，些小微風都不筭，黑豆淋酒下三丸，鐵幞頭上也出汗。一切惡瘡癰腫煎湯洗之。發背癰疽初起及面生細疱，湯火瘡，和鷄子清貼之。治水腫及中水毒，小便不利者，日乾為末，服方寸匕，或搗汁飲之。時行熱病發汗，速於麻黃，兼能勝酒，長鬚髮，止消渴。孫真人云：五月採浮萍陰乾，燒烟去蚊。〇葉圓寸許，紫背者佳。

絡石味苦性微寒，風熱死肌口舌乾，背癰咽腫漿難入，堅筋利竅主腰髖。

根鬚布絡石上而生，葉細圓者良，絡木者不用，又名石薜荔。無毒。主風熱死肌，惡瘡疥癬，白癜癧瘍，口乾舌焦，咽腫水漿不入。古方治喉痹，單用水煎，細細呷之。治背癰和蜜服之。去蛇毒心悶刀傷，內服外封。此物感陰濕而生，淩冬不凋，故解熱毒如是。《本草》云：治大驚入腹，除邪氣，養腎主腰髖痛，亦以其能堅筋骨，利關節，破瘀血耳。〇麄布揩去莖葉上毛，甘草水浸晒乾。杜仲、牡丹為使，畏貝母、菖蒲，忌鐵。

白鮮皮味苦鹹寒，風癱濕痹屈伸難，治諸疥癬清頭目，欬逆淋疸尤能安。

白色，鮮。羶氣似羊羶，俗呼白羊鮮。無毒。主風癱手足不舉，筋骨弱乏濕痹，死肌不可屈伸，一切熱毒惡瘡風癬，眉髮脫落。又治時行頭風目痛，腹熱飲水欲狂，欬逆。日華云：通小腸水氣，故淋瀝黃疸用之。兼療女子陰中腫痛，小兒驚癇。昔葛洪治鼠瘻已有口，膿血出者，煮服一升，吐鼠子而愈。水洗去粗皮，惡螵蛸、桔梗、茯苓。

漏蘆大寒鹹且苦，皮膚風熱筋骨僂，腸風尿血及遺精，通經脉又能行乳。

漏，流動而長也；蘆，虛也。無毒。主皮膚風熱，惡瘡瘙痒。凡痔漏瘰癧乳癰發背，服之排膿止痛。癮疹如麻痘者，可作浴湯。又治濕痹不仁，及跌撲續筋骨，敷金瘡斷血長肉。止腸風尿血泄精，通經脉，下乳汁。兼治赤眼，及小兒無辜疳瀉痢，冷熱不調，殺蟲。〇出黃帝葬所喬山及單州者佳。味苦酸者偽。去蘆細剉，甘草拌炒，去甘草。南人用苗，北人用根。一云即飛廉。

辛夷辛溫治腦風，眩冒如在船車中，面腫齒痛并鼻塞，解肌利竅殺諸蟲。

辛，辛香也；夷，滅也。善滅面䵟，以功言也。無毒。主頭風痛，面腫引齒痛，眩冒身兀兀如在舟車上，通鼻塞涕出。又解肌去五臟身體寒熱，利九竅，去白蟲。〇去皮心及外毛，毛射入肺令咳。水洗微炙，川芎為使，惡五石脂，畏菖蒲、蒲黃、黃連、石膏。

蓖麻子平甘辛味，偏風腫痛服且熨，疥癩水癥單用之，下胎兼辟疰惡氣。

子如牛蜱蟲，葉似麻，屬陰，能出有形滯物。有毒。主偏風口噤，一切腫痛，內服外熨癘風手指攣曲鼻塌，瘰癧丹瘤，瘡疥剩骨，榨油塗之，或服三五粒。惟水腫水癥可研二十粒服之。吐惡沫，加至三十枚。三日一服，瘥則止。難產及胞衣不下，取七粒研膏，塗腳心，下即洗去，兼辟尸疰惡氣。又研膏和蛤粉等分，治湯泡，用油調；治火燒，用水調傳之。〇鹽水煮半日，去皮取子。〇葉主腳氣腫痛不仁，搗蒸薄裹三次，效。

蕳茹寒氣辛酸味，主大風熱惡瘡疽，殺蟲消瘀排膿毒，善忘不樂亦懽娛。

形如庵蕳可茹。小毒。惡肉敗瘡死肌要藥。〇陰乾，黑頭者良。甘草使，惡麥門冬。

茵芋葉苦溫有毒，諸風濕痹筋踡縮，寒熱如瘧肌體羸，邪氣入裏痛心腹。

《局方》罕用。古人以三建等藥佐之，浸酒治偏風。

杜若微溫氣味辛，風腦頭疼涕淚頻，溫中下氣平胸脇，益精明目更輕身。

杜，土也，處處土產，若細辛芳香，故又名土細辛。無毒。〇去皮蜜水浸，晒乾用。

羊躑躅辛溫大毒，皮膚痛痒賊風酷，疰瘧安然痢痹消，善除蠱毒兼諸毒。

羊誤食則躑躅而死。凡用不可近眼。惡諸石及麪。治風，諸酒方用之，不入湯藥。

莨菪子苦甘寒有毒，專能截風治癇搐，殺蟲齒痛定顛狂，多服放蕩無拘束。

即天仙子，多服久服善走。〇先用醋煮，次牛乳浸，黑者真。晒乾，生用瀉火。

南藤氣溫味辛烈，除痹排風和氣血，逐冷氣，治血風。滋補衰老能興陽，強腰膝兮變白髮。

生依南樹，莖如馬鞭，有節，紫褐色。無毒。八月採。日乾或浸酒服。

石南葉辛苦却平，筋骨皮毛風最靈，養腎強陰療腳弱，痹風蠱毒子堪憑。

生終南石上，如枇杷葉，無毛。有毒。女人久服思男。〇初夏採。猪脂炒，五加皮使。

蚤休味苦氣微寒，驚搐顛癇弄舌端，瘡癰瘰癧皆堪用，殺蟲解毒不等閒。

即紫河車，又名重樓金線。初夏早採根，日乾為美。有毒。主驚癇、搖頭弄舌、胎風手足抽搐，熱氣在腹，顛疾。殺三蟲，解百毒，能吐瀉人墮胎。古方治癰毒蛇毒，醋磨外傳，酒磨內服。

木蘭寒苦採皮乾，皮風癰癩面滿丹，赤鼻酒皶除濕痒，又消水腫治傷寒。

木香如蘭，狀如厚朴、桂皮。無毒。主風熱在皮膚中，面上皯黯及癰疽癩風等疾。

松蘿甘苦平無毒，主治頭風破癭瘤，解怒消痰止虛汗，吐瘧利水也堪求。

即松樹上寄生，五月採，陰乾。兼治女子陰寒腫痛，令人得眠。

雲母甘平治中風，皮膚死肌惡瘡癰，補虛益精堅筋骨，止痢兼治帶白紅。

《抱朴子》云：服十年，雲氣常覆其上。蓋服其母以致其子，仙經藥也。無毒。主中風寒熱如在舟車上，身皮死肌，一切惡瘡風疹遍身，百計不瘥。煅粉清水調服，補腎虛冷少氣，益精堅筋續骨，止痢及女子帶下赤白，飽食後跌撲，以致胸熱發狂，足不能履地，久服輕身耐寒暑。出廬山中有五色，白者佳，黑者不用。火煅紅，醋淬七次，水飛晒乾，另研，凡石部藥皆然。澤瀉為使，畏鮀甲及流水。

石膽辛酸苦氣寒，主吐風痰療諸癇，惡瘡鼠瘻齒甲痛，鼻息陰蝕崩淋安。石中有汁如膽，即膽礬也。有毒。治初中風癱瘓，諸癇痙，醋湯調一字，吐痰立瘥。一切惡瘡鼠瘻，蟲牙落盡，鼻中瘜肉，口瘡甲疽，燒烟盡為末，傳之。女子陰蝕蝕痛，崩中下血，石淋，令人有子。兼散諸毒癥積，欬逆上氣，能化鐵為銅成金銀。○出有銅處，煎煉而成，清亮者佳。水英為使，畏桂、芫花、辛夷、白薇。

曾青無毒小酸寒，頭風目淚痹痛安，止渴破癥神氣爽，利竅通關益膽肝。曾，層也，層層石中包含而色青也。其形小，累累連珠相綴，與空青同山，不空者為曾青，甚難得。主頭風腦中寒，目痛淚出，風痹。止煩渴，破癥積，補陰，爽神氣，利關節，通九竅，養肝膽。畏菟絲子。

空青酸寒利竅關，能治頭風眼不看，開聾破積通血脉，強志養神最益肝。石殼中空，有汁青色，無毒。利關節九竅，故治頭風耳聾，目盲赤腫翳淚，瞳人破者可使復明。兼破堅積，通血利水，下乳汁，強志養精益肝。○點眼用汁，磨翳去殼，畏菟絲子。○已上治風通用。

菥蓂子：味辛，微溫，無毒。除風痹，治熱眼痛淚出，為末點四十夜，當有熱淚及惡物出，去努肉。兼治心腹痛，肝家積聚。○實葉皆似芥，俗呼為老薺，處處有之。五月採陰乾。惡乾薑、苦參。得細辛、荊芥良。

石長生：味鹹、苦，微寒，有毒。生石岩下，葉似蕨，黑光如漆，花紫。用莖葉治諸風疥癬寒熱，辟邪殺蟲。

鹿銜草：鹿有疾，銜此草則瘥，又名薇銜。味苦，平，微寒，無毒。主風濕痹痛痿蹶，驚癇吐舌，賊風鼠瘻，癰腫暴癥，逐水明目。岐伯治身熱解惰，汗出如浴，惡風少氣，名酒風，以澤瀉十分，薇銜五分，飯後服。○葉似茺蔚，叢生有毛，花黃根赤黑，七月採莖葉陰乾，得秦皮良。

馬先蒿：味苦，平，無毒。主中風濕痹，女子帶下無子。又治馬疥。○八月採，角似小豆而銳長。

陸英：味苦，寒，無毒。葉似芹，故芹名水英，此名陸英。立秋採花，所在有之。主風痹痛攣，皮膚瘙痒，風腳水腫，陰痿。

海桐皮：味苦，平，無毒。主腰膝腳痹痛風。浸水洗眼除膚赤，疥癬齒蟲痛，並煮服含之。兼治霍亂久痢。

胡桐淚：胡桐樹脂也。出肅州，似黃礬而實，入水便消。味鹹、苦，大寒，無毒。主風蚛牙疼要藥。大熱心腹煩滿，和水服取吐。殺火毒並麪毒，又可作金銀焊藥，古方少用。

鉤藤：莖有刺，如鉤。味甘、苦，氣微寒，無毒。惟療小兒十二驚癇天吊客忤，胎風寒熱。

草烏：味苦、甘，微溫，有毒。生服痹喉。治風濕麻痹疼痛，發破傷風汗。○薑汁炒，或豆腐煮晒乾。

天仙藤：似葛葉圓小有毛，夏採根苗用。味苦，溫，微毒。解風勞。得麻黃發汗，得大黃墮胎，得安胎藥治子癇症。

石南藤：出天台，治風濕腰疼。

魚津草：亦名水英。味苦，寒，無毒。主男婦無故腳膝腫痛急強，名骨風。忌針灸。服藥單煮此草頻浸，五日即瘥。

穀精草：生田中。主喉痹齒痛諸瘡，兼治翳膜遮睛；又和麪水調，貼偏正頭痛。

佛耳草：味酸，熱。治風寒嗽及痰，除肺中寒，大升肺氣。少用，過服損目。款冬花為使。

地楊梅：四五月有子，似楊梅，苗如蓑草。味辛，平。無毒。治赤白痢，取莖子煎服。

郎耶草：生山澤，高三四尺，葉作鴈齒如鬼針。苗味苦，平。無毒。主赤白久痢。小兒痞滿丹毒寒熱，取根莖煎服。

蛞蝓：味鹹，寒，無毒。主賊風喎僻，驚癇攣縮。生研水服止渴，燒灰猪脂調傳脫肛，和蛤粉傳發背，石灰淹治牙蟲。

衣魚：即書內蠹魚。味鹹，溫，無毒。卒患偏風口眼喎斜，喎右摩左耳下，喎左摩右耳下，正即止。婦人瘕疝小便不利，小兒中風項強背起摩之，淋閉取摩臍及小腹即通。研爛傳瘢瘡，又和乳汁點眼，治翳及沙石草落目中。

清風藤：生天台山，其苗蔓延木上，四時常有，彼土人採其葉入藥，治風有效。

礜石：礜，毒石也，與砒同。火煅百日服二刀圭，生用殺人。鶴巢中得

者最佳，冬月置水中不冰。味辛、甘，大熱。主風痹死肌，鼠瘻蝕瘡，破堅癥積聚痼冷，去鼻中瘜肉，不入湯藥。

青琅玕：琅玕，琉璃之類，火成之物，即玻璃也。有五色，惟青者入藥。味辛，平，無毒。主皮膚風痒死肌，疥癩火瘡癰傷，磨目翳起陰氣，殺錫毒。畏鷄骨，得水銀良。

玄精石：玄，黑也；精，靈也：言石色黑而有靈也。形如龜背，玄武，北方之神，故名。太陰玄精，味鹹，溫，無毒。主風冷邪氣濕痹，益精氣，婦人痼冷漏下，心腹積聚冷氣。止頭疼解肌，傷寒及補藥亦用之。〇搗碎細研，水飛日乾。

金星石：寒，無毒。主大風疾。治脾肺壅毒及肺損吐血嗽血，下熱涎，解眾毒。

銀星石：體性似金星石，但金星石於蒼石內外有金色麩片，銀星石有銀色麩片。俱出濠州，須火煅過用。

琕瑧：生西國。玉石類，形似蚌蛤，有文理。大寒，無毒。主安神鎮宅，解諸毒藥及蟲螫。和玳瑁等，以人乳磨服極效。

珊瑚：生波斯國。似玉紅潤。味甘，平，無毒。主風癇，消宿血，去目翳。鼻衄，為末吹鼻中。小兒眼有膚翳，單為末點之。

瑪瑙：生西國玉石間。色紅白似馬腦，有紋如纏絲，研木不熱者為上。味辛，寒，無毒。主辟惡，熨目赤爛。

蓬砂：蓬，茸茸也；砂，淋鹵結成砂也。又名硼砂。味苦、辛，溫，無毒。主消痰熱止嗽，破癥結喉痹。不入湯藥。色褐者味和效速，色白者味雜效緩。

古文錢：平，有毒。治翳障赤眼腫痛，鹽湯浸點，或刮生薑汁點。婦人橫產心腹痛，月隔五淋，燒以酒淬飲之。

石燕：生山洞中，因雷雨飛出，墮於沙上化為石。氣涼，無毒。偏治久年腸風痔瘻，煮汁飲之。諸淋有效。婦人難產，兩手各把一枚，立驗。〇火煅醋淬七次。另研。〇已上治風雜用。

主治各經風藥【略】

本草分類：治熱門即《湯液》寒沉藏也。

黃芩苦味枯飄者，瀉肺除風熱在肌，堅者大腸除熱用，膀胱得助化源宜。

芩，金也，黃色，應秋金也。氣寒。無毒。可升可降，陰也，入手太陰經。中空而爛者名腐腸，瀉肺受火邪氣逆，消膈上痰熱及胃中濕熱黃疸。中破而飄者名宿芩，瀉肺痰火，利氣，除時行風濕熱邪在表，寒熱往來，諸瘡乳癰，背發疔腫火瘍，用之排膿。一切上部實熱痰熱積血，假此降散。細實直而堅者名條芩，瀉大腸火，逐水消穀，止熱瀉下痢膿血、腹痛後重，養陰退陽。細實圓而堅者名子芩，去膀胱熱，滋化源，利小腸，治五淋小腹絞痛及女子血閉下血。又安胎者，由其能降上中二焦之火，使之下行也。故曰得厚朴、黃連止腹痛；得五味子、牡蒙、牡蠣令人有子；得黃芪、白斂、赤小豆療鼠瘻；得川芎調平心血，心平而熱自退，血不妄行矣。〇酒炒上行，便炒下行，尋常生用。山茱萸、龍骨為使，惡葱實，畏丹砂、牡丹、藜蘆。

梔子苦寒瀉肺火，更除胃熱心煩憹，目赤鼻衄身發黃，止痢通淋消癩顆。

形似酒梔。味薄。無毒。陰中陽也，入手太陰經。易老云：輕浮而象肺，色赤而象火，故瀉肺中之火。又除胃熱嘔噦發黃，及亡血亡津、中乾內熱。仲景治傷寒心下懊憹、顛狂不得眠，用此吐之。因邪盛拒而不納，吐則邪得以出，其實梔子非吐藥，惟治心中煩悶耳。兼治風痰頭眩，目赤面赤，鼻衄鼻皶，止痢通淋，白癩赤癩諸瘡瘍，亦瀉肺心火耳。《本經》謂解大小腸熱，肺清而氣自順化。治發黃者，亦除胃濕熱耳。近有治陰火用童便炒黑，謂其能益少陰經血；得故紙能滋陰降火，清上固下，性雖寒而帶補。《衍義》曰：屈曲下行，降火開鬱，能治塊中之火。東垣云：治臍下血滯結而不得小便。又曰：涼心腎。是藥乃上中下美劑，要之皆瀉肺火，調肺氣，滋肺源耳。〇緊小七稜者良。用仁去心胸熱，用皮去肌表熱，尋常生用。虛火童便炒七次至黑色。

沙參性寒甘苦味，能除表熱與胃痹，卒疝惡瘡身浮痒，散血積兮補陰氣。

生砂地，葉似枸杞，根如葵，筋大外赤黃內白，一名白參，出華州者良。無毒。主肌表間熱，頭痛寒熱，胃痹心腹痛結熱，卒得疝氣下墜絞痛，一切惡瘡疥癬，浮風身痒，散血分積，養肝之功居多，常欲眠而多驚煩者最宜，故曰厥陰本藥也。兼瀉肺熱，能補五臟之陰，亦隨各臟引至。易老常以此代人參，取其甘也。〇米泔浸晒。惡防己，反藜蘆。

玄參鹹苦氣微寒，清神氣瀉無根火，風寒身熱瘧昏狂，腎傷腹塊頸核瘰。

黑參也。無毒。易老云：樞機之劑，常領諸氣上下肅清而不濁，治空中氤氳之氣、三焦無根之火，腎傷必用之，《本經》君藥也。治暴中風寒，身熱支滿，狂邪忽忽不知人。溫瘧洒洒，胸中多氣，煩渴水腫者，皆濁氣為之也。補內傷腎氣，明目強陰益精，乃傳尸頸上有核，腹中有塊，骨蒸驚悸健忘，一切癰腫瘰癧，頭風喉痹，熱毒遊風，皆痰火聚為之也。又治婦人產後餘疾，血癥血瘕，名曰聖藥，宜哉！〇水洗蒲葉隔蒸，或酒蒸亦好。惡乾薑、黃芪、大棗、山茱萸，反藜蘆，極忌銅鐵。

丹參苦寒治熱狂，主癥痼結水鳴腸，頭目腰腳諸瘡毒，胎經崩帶益婦娘。

赤參也。無毒。治風邪留熱狂悶及冷熱癆熱，主破癥瘕，心腹痼疾。邪氣入腸鳴如走水，頭痛目赤，骨節痛腰脊強，四肢不遂，風腳軟痛者，單用浸酒服之。可逐奔馬，故又名奔馬草。

惡瘡瘻瘤腫毒，排膿止痛生肌，安生胎，落死胎，止血崩帶下，調經脉不匀，益氣養血，通利關脈，去舊生新之劑也。○莖方稜青色，葉相對似薄荷有毛，一苗數根，根赤大如指，長尺餘，處處有之，十月採根，酒洗晒乾。畏鹹水，反藜蘆。

紫參味苦辛氣寒，除大熱伏腸胃間，治痢通經諸血疾，破積消癰利竅關。

葉似羊蹄，紫花青穗，皮紫黑，肉紅白，肉淺皮深，實黑大如豆，所在有之，一名牡蒙。無毒。主腸胃大熱，唾血衄血，腸中聚血。仲景以甘草佐之而治痢，《局方》用以通婦人經脉。《本經》云：主心腹積聚，寒熱邪氣，癰腫諸瘡，皆以其通九竅，利大小便也。○三月採根，火炙令紫色。畏辛夷。

前胡無毒亦苦寒，主治時行內外熱，下氣消痰清頭目，安胎治疳破癥結。

苗比柴胡先生。主傷寒時氣，內外俱熱，半表裏證，痰滿胸脇中痞，心腹結氣，頭目昏痛，骨節煩疼，咳喘嘔吐寒熱。日華又謂能安胎及小兒疳氣，破癥結，開胃進食者，總皆消痰下氣，推陳致新也。○水洗刮去黑皮并蘆，或用竹瀝浸潤晒乾。半夏為使，惡皂莢，畏藜蘆。

白前氣味甘辛平，善保肺氣嗽有情，胸脇煩悶氣衝上，不眠喉作水鷄聲。

色白，苗類前胡，根似白薇、細辛。保肺清肺，氣嗽久嗽多用，以溫藥相佐尤佳。主胸脇煩悶，氣逆上衝，呼吸欲絕不得眠，喉中常作水鷄聲。日華用治奔豚上氣煩悶。○甘草水浸，去頭鬚，焙乾。

桔梗苦辛提氣血，頭目鼻咽皆肺熱，胸脇腹腸多有痰，又定驚癎排瘡癤。

桔，結也；梗，綆也，其文締結如綆也。氣微溫。小毒。浮而升，陰中陽也，手太陰引經藥。《衍義》謂其開提氣血。凡氣血藥中宜用，載諸藥不致下沉，為舟楫之劑。主肺熱氣促，嗽逆膿血寒熱，肺痿肺癰，及頭目不清，鼻塞鼻衄，口瘡牙風，喉痹咽腫，胸脇痛如刀刺，腹滿積塊，腸鳴下痢，中冷食不消，霍亂轉筋，皆氣凝血滯痰壅也。兼定大人驚恐風痹，小兒客忤驚癎，一切瘡癧癰疽在表實症，假此引藥行上行表。抑論本草云補氣血，又曰養血補內漏。許旌陽謂其能升水降火。愚亦謂其有桔槔之義，故仲景用治少陰咽痛咽乾。然則《衍義》所謂能開散氣血凝滯，而痰亦疏通，能升提行上行表，而升中有降，故丹溪曰惟下虛及怒氣上升者不宜。○去頭及兩畔附枝，米泔浸一宿，焙乾。節皮為使，畏白及、龍眼、龍膽。與牡蠣、遠志同用療恚怒，與石膏、葱白同用能升氣於至陰之下，與硝黃同用能引至胞中至高之分，利五臟腸胃。○又有一種甜桔梗，即薺苨根，足以亂人參。見後卷。

百部微溫味苦甘，主除肺熱氣上炎，暴嗽久嗽單煎蜜，殺蟲伐瘵又治疳。

言其根多部隊成百然。無毒。主肺熱咳嗽上氣，能潤肺去肺中蟲。一切暴嗽、久嗽、癆嗽，俱宜搗汁與蜜等分煎膏含嚥。故東垣曰治肺熱而咳嗽立止是也。又治疳蚘傳尸，骨蒸癆蟲，殺寸白蟲、蟯蟲；亦去虱，煮湯洗牛犬虱即去。并治一切樹木蛀蟲，燼之亦殺蠅蠓。○去心酒洗炒，或晒乾。

桑白皮甘澁寒無毒，瀉肺客熱嗽痰紅，去肺邪水消浮滿，益肺元氣主傷中。

桑字從叒從木，眾手採取之形。葉可食蠶，根皮入藥，入手太陰經。瀉肺客熱有餘，喘嗽煩渴，痰中見紅，去肺中邪水，浮腫腹滿利水道，益肺元氣不足。內傷羸瘦崩中脉絕，兼去寸白蟲。作線可縫金瘡，更以熱鷄血塗之。○採土內東行嫩根去骨，銅刀刮去薄皮，勿令皮上涎落，利水生用，咳嗽蜜蒸或炒。出土者殺人。續斷、桂心、麻子為使，忌鐵與鉛。○桑皮中白汁，主小兒口瘡及鵝口舌上生瘡，傅之神效。又塗刀傷燥痛，須臾血止，更剝白皮裹之，令汁入瘡中良。蛇咬、蜈蚣、蜘蛛毒傳之效。○桑葉，主除寒熱風痛、霍亂腹痛，鹽搗傅治蛇蟲蜈蚣咬，遍身汗出，乘露採葉，焙為末，空心米飲下二錢。○桑枝平，細剉炒香，水煎濃汁服之，療遍體風痒乾燥，腳氣風氣拘攣，肺嗽口乾，利小便，久服輕身，聰明耳目，令人光澤，暑月遇渴即飲。一學士常病兩臂痛，諸藥不效，服此尋愈，凡服一月見效。○桑耳，味甘，有毒。黑者主女子漏下赤白，血痛癥瘕，陰痛無子；黃熟陳白者，止久泄益氣；金色者，治癖飲、積聚、腹痛、金瘡。○桑椹晒乾搗末，蜜丸服。止消渴，治金石發熱。

山豆根甘寒解毒，急黃熱嗽用宜先，咽喉腫痛含津嚥，五痔頭瘡和水研。

生於山，其實如豆。川產者佳。善解諸藥毒、蠱毒、寸白蟲，治五般急黃、發熱咳嗽，空心水調二錢服。喉痹口含一片嚥津，五痔磨水研服，頭上禿瘡白屑，以水研傅，或油調末塗。兼治齒痛，赤白痢腹脹喘悶，或蜜為丸，或水煎服。蜘蛛犬蛇咬，並水研傅。

青黛甘鹹性氣寒，收五臟火尤瀉肝，消食解毒消瘡腫，能治兒疳病百般。

青色，古用以畫眉，故曰黛，即靛花也。無毒。能收五臟鬱火，尤瀉肝火，消食積，解諸藥毒。摩傳熱瘡惡腫、金瘡下血、蛇犬等咬，小兒驚癎，發熱毛焦，鼻乾皮枯，面黃肢瘦，腹脹瀉痢，百般疳症，效。

藍實甘寒苦殺魃，解毒解結最相宜，葉主熱狂并吐血，解毒殺蟲更出奇。

藍字從監，《月令》仲夏無刈藍，以傷生長之氣；實，子也。無毒。主小兒魃病鬼疰，解經絡中結氣及敗血。○葉汁，主天行熱狂煩躁，吐血衄血，赤眼及小兒壯熱、疳熱、丹熱，遊風熱腫疔腫頭禿，一切熱毒。解諸藥毒，箭毒，金瘡血悶，產後血暈。殺鱉瘕蟲蛇傷，蜘蛛蜂螫毒，搗汁一碗，入雄黃、麝香少許，點咬處，或細服之。又治噎病不下食有蟲者，單服其汁，蟲化為水。○真青布燒灰，傳惡瘡經年不瘥，灸瘡出血，令不中風。○已上治上焦熱藥。

黃連苦寒清心胃，目赤口瘡胸痞滯，熱嘔熱痢熱毒瘡，婦陰腫痛兒疳氣。

黃，晃也，象日光色也；連珠而生，上草也。無毒。味厚氣薄，陰中陽也，入手少陰經。火就燥也，然瀉心實瀉脾胃，子令母實。心火因脾濕熱而盛，故目為中焦使。藥酒浸炒，則上行頭目口舌；薑汁炒，辛散衝熱有功，消心下痞滿，伏梁積。熱鬱中焦欲吐不吐，惡心嘈雜吞酸，驚悸健忘，或卒心痛，熱嘔熱瀉熱痢。一切濕熱形瘦氣急，一切時行熱毒暑毒，諸般惡毒穢毒，諸瘡瘍毒，俱以薑和其寒，而少變其性，不使熱有牴牾也。生用治實火斑狂煩渴。吳萸水炒，調胃厚腸，治冷熱不調，久痢久瀉，腸澼腹痛下血，益膽鎮肝，止血行滯。黃土炒，治食積，安蛔蟲，小兒疳病有蟲好食泥土。鹽水炒治下焦伏火，婦人陰中腫痛。心去，療下焦虛，堅

腎。日華云：治五勞七傷，皆瀉南補北之謂也。丹溪謂黃連治病，清心胃也。腸胃有寒及傷寒下早，陰虛下血及損脾而血不歸元者，皆不可用。○黃芩、龍骨為使，惡菊花、芫花、玄參，畏欵冬花，勝烏頭，解巴豆毒，忌猪肉，冷水。○單方：治小兒鼻下兩道赤，名曰鬣鼻疳，以米泔洗，用黃連末傅之。

胡黃連苦性亦平，傷寒咳嗽瘧骨蒸，補肝明目理腰腎，主兒疳痢鎮癇驚。

出胡地。無毒。主傷寒發熱咳嗽，勞復身熱，大小便赤如血，溫瘧骨蒸，內傷五心煩熱。補肝膽明目，理腰腎，去陰汗，小兒久痢成疳，驚癇寒熱。兼治婦人胎蒸虛驚。○外黃內黑，折之塵出如烟者真。惡菊花、玄參，忌猪肉。

連翹苦寒散心火，脾經濕熱特輕可，排膿消腫用作君，治血通淋為之左。

片片連合如鳥尾。無毒。浮而升，陽也，手足少陽陽明經藥。入手少陰經，散心經火鬱客熱，降脾胃濕熱，專能排膿消腫，瘰癧瘻瘤，癰腫惡瘡不可缺也。治血症實者，與黃連同為中焦佐使，防風為上使，地榆為下使也。兼利月經，通五淋，消蠱毒，諸症皆心火凝滯而成。此藥氣味俱輕，而能散火解鬱，虛者慎用。小兒諸瘡客熱最宜。○去穰。○根名連軺，苦寒，《本經》不見註，惟仲景傷寒用治身熱發黃。

葛根甘平善解肌，陽明頭額痛乃宜，嘔渴瘧痢酒毒解，痹風脇痛亦能醫。

葛，革也，(滕)〔藤〕，皮可為絺絡也。無毒。浮而微降，陽中陰也，足陽明經藥。善解肌發汗，目痛鼻乾，身前大熱，煩悶欲狂，頭額痛者陽明症也，可及時用之。若太陽穴痛而用此，是引邪傳入陽明也。止嘔吐乾嘔不息，生津止渴者，能升胃氣，除胃熱故也。胃虛者少用。治熱毒血痢，溫瘧往來，解酒毒、諸菜毒、諸藥毒、野葛巴豆毒。諸風痓痹，風脇痛用之，胃陽升而邪自散也。兼通小便，排膿破血止血，故金瘡家亦用之，罯箭毒，傅蛇蟲咬，亦驗。○五月採入土深者，去皮晒乾用。○生根汁大寒，治天行時病，壯熱煩渴，熱毒吐盛，及姙娠熱病心悶，小兒胎熱。○葉主金瘡止血。○葛穀，主下痢，十歲以上。○花主消酒，并小豆花乾末服方寸匕，飲酒不知醉。葛粉甘寒，主壓丹石，解鴆毒，水調三合，去煩熱，利大小便，止渴。取粉以冬月採生葛，於水中揉出粉，澄成片，擘塊，下沸湯中，以蜜生拌食，酒客渴妙。○又一種野葛，不可緝者，有毒，墮胎殺人。

石斛甘平平胃氣，皮間熱痛多生痱，定驚長肉益精神，內絕虛羸腳膝痹。

生石上，樹有斗子，故名斛。無毒。平胃中虛熱，逐皮間邪熱痱痛，除驚定志，長肌肉，倍氣力，強陰益精，補腎內絕不足，五臟虛勞羸瘦，除腳膝冷痹軟痛。○酒洗蒸。惡凝水石、巴豆，畏(姜)〔殭〕蠶、雷丸。

石膏甘辛瀉胃熱，止渴解肌頭痛裂，更清肺火與三焦，散風寒邪及中暍。

昔黃帝用封九鼎，膏粘太甚，命之曰石膏。氣寒。無毒。沉而降，陰中陽也，入手太陰少陽、足陽明經。瀉胃火痰火，食積，或不食，或善食，口乾舌焦，齒痛咽腫。以味甘，能緩脾生津止渴；以味辛，能解肌熱出汗，上行至頭；以氣寒，能清肺潤肺制火，除三焦大熱。凡傷風、傷寒，時行，頭目昏眩，寒熱，氣逆喘急，腹痛，及中暍壯熱煩躁，日晡潮盛，小便卒數如淋，惟胃虛寒人禁服。○搗粉，甘草水飛晒乾，或火煅紅。凡使勿用方解石，方解石大者方尺，小者如拳，皮上有土及水苔色，破皆作稜，性燥，能去風熱耳。石膏大如棋子，白瑩細理光澤者良，黃者令人渴。鷄子為使，惡莽草、巴豆，畏鐵。

香薷味辛性微溫，清肺火邪解暑煩，消腫下氣兼止血，霍亂調中第一論。

薷，音柔；香辛而柔細也。俗名香茹，言可作菜茹也。無毒。丹溪曰：屬金與水，而有徹上徹下之功。上清肺氣，治暑除煩熱，使火不得爍金也。又治肺鬱，濁氣上升於胃而作口臭，止鼻衄。舌上忽出血者，單服之亦可。下利小便，消水腫，寬腸消食下氣。霍亂腹痛轉筋要藥。○去梗，薑汁炒。○又有一種石香葇，生石上，香甚，治霍亂尤捷。

茵陳蒿苦辛微寒，主濕熱黃利便難，傷寒瘴瘧頭目痛，伏瘕痰滯亦能寬。

因隔歲陳莖而生，蒿草之高者。無毒。陰中微陽，入足太陽經。主風濕寒熱邪氣，熱結通身發黃，小便不利，以此為君，隨症寒熱，用他藥為佐。治傷寒大熱頭熱，頭風目痛瘴瘧，去癥瘕伏結，化痰利膈行滯氣，兼消遍身瘡疥。○去根土，細剉焙乾，勿令犯火。

滑石甘寒治濕熱，利便兼通臟腑結，行積逐瘀下乳難，膈熱身熱多煩渴。

石乃土之精，石滑而細膩也。無毒。性沉重而降，陰也，入足陽明經。燥脾濕，降胃火，主小便癃閉淋瀝，通九竅六腑津液，泄上氣令下行，蕩胃中積聚食毒瘀血，而泄澼自止。除膈上煩熱身熱燥渴，兼滑女子難產，下乳汁，姙娠小便轉脬。○白色者佳，餘色有毒。研粉，或以牡丹水煮，飛過晒乾。凡用必以甘草和之，石韋為使，惡曾青。

大黃大寒苦善泄，不問痰瘀癥積熱，陽明燥結脹難禁，上走胸頂假舟楫。

色黃大塊錦紋者佳。無毒。味極厚，性走不守，陰中之陰，降也，入手足陽明經。主除痰實，下瘀血血閉寒熱，破癥瘕積聚宿食厚味。一切積熱，傷寒熱入裏深，土鬱大便燥結，肚腹脹滿，服之推陳致新，安和五臟，如戡禍亂以致太平，故有將軍之號。丹溪曰：生用則通腸胃壅熱，熟用則解諸瘡毒，瀉心火。又云：仲景治心氣不足吐衄用大黃、黃芩、黃連，名曰瀉心湯。《衍義》謂邪熱因心氣不足而客之，故吐衄，以苦泄其熱，以苦補其心，兩全之。然心之陰氣不足而陽火亢甚，肝肺各受其火而病作，故芩、連救肝肺，大黃瀉亢火，而血自歸經，非既瀉心而又補之謂也。《液》云：酒浸入太陽，酒洗入陽明，餘經不用酒。蓋酒浸良久，稍薄其味，而藉酒上升巔頂至高之分，太陽經也。酒洗亦不至峻下，故承氣湯俱用酒浸，惟小承氣生用。是酒亦大黃之舟楫，不獨桔梗能載而浮至胸中，去濕熱結熱也。古有生用者，熱去而患赤眼，河間謂其所用大黃未經酒製，而上熱不去也。雜用量人虛實，或生，或麫包煨熟，或酒浸蒸熟。○黃芩為使，無所畏。得芍藥、黃芩、牡蠣、細辛、茯苓療驚恚怒心下悸氣，得消石、紫石英、桃仁，療女子血閉。

朴硝大寒辛苦鹹，能除大熱與停痰，食鯁積瘀排瘡毒，點眼入罐掛屋檐。

朴者，本體未化之義，其諸硝英芒，皆從此出。無毒。沉而降，陰也。力堅性緊，可熟生牛馬

皮及治金銀有偽。主百病寒熱邪氣，傷寒女勞復症，膀胱急，小腹脹滿，身黃額黑，足熱便黑；雜病喉痹口瘡，腹脹大小便秘，停痰痞滿，食物脹胸不利，及積聚結痼留癖，胃中熱結。破瘀血血閉，消瘡腫，排膿軟堅。葛洪治風熱眼，用新罐先入熱水，次以朴硝投之，攪化掛屋檐下，俟硝出，掃之以人乳調一字，點眼效。〇凡入湯藥，先安盞內，俟藥熟乘熱攪服。青白者佳，黃赤者傷人，此即隆冬掃地霜淋汁一煎而成者。《本草》云：能寒能熱，能滑能澁，能辛能苦，能鹹能酸，入地千年不變色。畏麥句薑。〇單朴硝散，取末二錢，茴香煎湯調服，治小便不通，膀胱濕熱。〇風化硝，即朴硝以沸湯浸化，用絹濾收瓦盆內，懸井中經宿，結成牙子，瑩白如水晶可用，否則再化再濾，直待瑩白為度。却取硝為末，置竹箕內，單紗掩之，置通風處，兩月乃化，治一切痰火。

芒硝即朴再煎成，潤燥軟堅一樣情，傷寒積熱方多用，下瘧通淋破月經。

即朴硝取汁，煉之減半，投於盆中，經宿有稜如麥，故謂之芒硝，又謂之盆硝；有四五稜白瑩如白石英者，又謂之英硝，又謂之馬牙硝。辛能潤燥，鹹能軟堅，除五臟積聚久熱，停痰瘀血，與朴硝一樣，但此經火性稍緩，故古方多用此以代朴硝。下瘰癧黃疸，通月經，破五淋，推陳致新之劑也。〇石韋為之使，畏麥句薑。

硝石即芒下凝者，治同芒朴亦善瀉，通十二經療五淋，頭痛惡瘡真難舍。

即芒硝下凝結如石，狀如釵股，長五分者佳，能化諸石為水，故名硝石。燒之成焰，能發烟火，故又曰焰硝。三硝本一物，主治相同，但朴硝性緊，芒硝次之，硝石更緩。《本草》云：療五臟十二經脉中百二十疾，五種淋疾，諸藥不效者，服之立愈。頭痛欲死，鼻內吹硝末即效。瘻、蝕瘡、發背、瘡腫、癮疹初起，及服丹石發熱發瘡並宜用之。〇惡苦參、苦菜，畏女菀。

玄明粉味甘辛寒，膈上虛煩熱燥寬，破積開痰除腸垢，謾說虛勞效百般。

《釋藥》云：玄門中多用之。以明瑩者為上，太陰之精華，水之子也，陰中有陽之藥也。法以冬月取朴硝和蘿蔔各一斤同煮，蘿蔔熟為度，取出，以紙濾過，露一宿，結成青白塊子。善退膈上虛熱，心中煩燥，頭昏目眩，口苦咽乾，背膊拘急，腸風痔漏淋瀝，傷寒疫痢，腹脹便閉，一切痰火熱毒，風毒風瘡腫痛，并五臟宿食滯痰癥結，中酒中膾。丹溪云：諸硝善驅逐，以之治病致用，病退即止。若云煉服輕身延年，補五勞七傷，豈理也哉！惟老弱虛人挾熱及傷寒妊娠，用此以代諸硝更緩。或曰硝性墮胎，然仲景治傷寒妊娠可下者，用大黃為引，子母俱安。《內經》云有故無殞是也。

犀角苦酸鹹氣涼，大治傷寒熱衄狂，中風驚癇殺百毒，化膿為水治諸瘡。

犀，明也，陰物受月之精，積於角尖，晦明之夕，光正赫然如炬。主傷寒溫疫，頭痛煩悶，大熱發狂，吐血衄血及上焦蓄血發黃。又治中風失音，小兒風熱驚癇，殺百毒蠱疰，邪鬼魘寐，解山溪瘴毒、鉤吻、鴆鳥、蛇毒。又治發背癰疽瘡腫，化膿為水，散痘疹餘毒。丹溪曰：犀性走散，痘無餘毒而血虛發燥熱者禁用。兼明目消痰止痢，乃清心鎮肝之劑也。〇出武陵、交州、甯州近海山中，牛首猪腹，腳有三蹄似象，力敵千牛，有殺而得者，有自退者，無水陸二種。惟牸犀角長，文理斑白，有重七八斤者，可作器皿耳。入藥用牯犀，烏黑色，肌麄皺裂，光潤，辟塵試毒，露之不濡者真，通天犀照百物，駭雞驚鳥破水，尤為難得。凡修治取生角尖，未經藥水煮者，剉末以紙裹懷中一宿，令受人氣易研，故曰人氣粉。尋常湯藥磨水刺服，多用令人煩，以麝香一字水調解之。松脂為使，惡藿、菌、雷丸。凡治一切角忌鹽。〇抑論古方治血，多以升麻代犀角，惟血出於胃，則用升麻為君代之可也，若出他臟，但可為佐，不然，犀性走而降，升麻發而升，其性味亦不甚和合也。

羚羊角味苦鹹寒，主傷寒熱清肺肝，痛風毒痢皆能止，又消食噎辟邪干。

羚，聆也，耳邊聽之有聲，然他角亦有聲，但取角節蹙圓繞攣中深銳，緊小有掛痕者真。無毒。入足厥陰經。主傷寒時氣寒熱，熱在肌膚。清肺能止熱毒下痢血痢，清肝能治風毒伏骨疼痛蹺攣。古法為末，酒調服之，催產難；燒灰服之，治產後血衝心煩，又治食噎不通。雷公云：角有神，能辟蠱毒夢魘驚狂，小兒驚癇，山嵐瘴氣，故又曰𪊨羊，言有神靈也。〇入藥勿令單用，須要不拆原對，以繩縛定，剉為末，勿令犯風，研極細入藥，免刮人腸。

羖羊角鹹苦微寒，退心肝熱治驚癇，止血止泄清頭目，解蠱又令產後安。

羖羊角也，牛羊之字，以形舉也。無毒。退心熱，治驚悸，小兒驚癇；退肝熱，止吐血止泄，療百節中諸風頭痛，青盲明目。又解蠱毒瘴毒，帶之辟邪魅虎狼與蛇。又婦人產後瘀血煩悶，腹中餘痛，燒灰酒調服之。〇青羖者佳。取無時，勿使中濕，濕即有毒。菟絲子為使。〇已上治中焦熱藥。

黃蘗苦解五臟熱，疸痢痔崩諸瘡癖，安蚘除痿小腹疼，無非火瀉水不越。

蘗，巨也。木大而皮厚實鮮黃者佳，俗名黃栢。氣寒，無毒。沉而降，陰也。足少陰、手厥陰本藥，足太陽引經藥。主五臟腸胃中結熱，黃疸，腸中痔，止泄痢，女子崩中，帶下赤白。陰傷蝕瘡，男子莖上瘡，煮汁洗，更為末敷之。蜜炙為末治口瘡，佐以細辛尤神。又蜜炙入青黛、龍腦一字，治頰舌瘡，吐涎而愈。眼赤、鼻齇、喉痹及癰疽、發背、乳癰、臍瘡亦用。東垣云：瀉下焦隱伏之龍火，安上出虛噦之蚘蟲。單製而能補腎不足，生用而能補陰痿厥。凡下體有濕，癱瘓腫痛，及膀胱有火，小便黃，小腹虛痛者，必用之。兼治外感肌熱，內傷骨熱，失血遺精陰痿。抑考黃連入心，梔、芩入肺，黃栢入腎，腎苦燥停濕，栢味微辛而能潤燥，性利下而能除濕，故為腎經主藥。然《本經》謂其主五臟熱者，蓋相火狂越上衝，腸胃乾涸，五臟皆火。已上諸症，皆火之所為，濕亦火之鬱而成也。用以瀉火，則腎水自固而無狂越漏泄之患。所謂補腎者，亦此意也。丹溪謂腎家無火而兩尺脉微，或左尺獨旺者，皆不宜用。惟兩尺脉俱旺者最補。〇銅刀削去粗皮，生蜜水浸半日，取出炙乾，再塗蜜慢火炙之，每兩炙盡生蜜六錢為度。入下部鹽酒炒，火盛者童便浸蒸。惡乾漆。

苦參氣寒吐大熱，平胃能除心腹結，逐水利疸破癥瘕，大風惡瘡蟲疥殺。

味至苦，入口則吐。無毒。沉也，純陰，入足少陽經。主時氣惡病，大熱伏熱結胸，用此為末，醋調吐之。平胃氣補中，養肝膽氣，安五臟，定志益精，利九竅。治疸逐水，除心腹結氣癥瘕

積聚，及大風赤癩眉脱，遍身胸脛臍腹近陰處生風熱細疥痒痛，殺疥瘡蟲、下部䘌。又能明目止淚，治卒心痛、腸澼熱痢、熱毒風、皮膚煩燥，止渴醒酒，狂邪發惡，飲食中毒。丹溪云：苦參屬水而有火，能峻補陰氣。有用揩齒而致腰重者，以其氣降而不升，非傷腎之謂也。胃弱者慎用。○糯米泔浸一宿，蒸三時久，晒乾，少入湯藥，多作丸服。治瘡，浸酒；治腸風，炒至烟起為末。玄參為使，惡貝母、菟絲子，反藜蘆。

防己苦辛氣亦平，善治腰腳腫且疼，風濕熱寒邪可利，癚喘瘡癰用亦靈。

己，止也，防止足疾也。無毒。沉也，陽中之陰也，太陽本經藥，通行一十二經。主腰以下至足血分濕熱腫疼腳氣，中風手足攣急，諸癇，傷寒，寒熱邪氣，通腠理，利九竅。膀胱有熱、二便不利者最宜。風濕頭汗身重便難者必用之。又治風寒溫瘧及水腫風腫，肺氣喘嗽，膈間支滿，肺痿咯血多痰，殺癰腫疥癬蟲瘡。○出漢中，文如車輻，黄實而香者勝；出華州，青白虛軟者名木防己，次之。但漢主水氣，木主風氣，古方亦通用之。酒洗去皮，治肺生用。雷公以車前根同蒸，去車前用。殷孽為使，惡細辛，畏萆薢、女菀、鹵鹹，殺雄黄毒。

柴胡苦寒瀉三焦，在肌行經臟血調，傷寒溫瘧胎產主，升清且退內傷潮。

柴，木也；胡，系也，以木代系相承也。無毒。升也，陰中之陽也。瀉三焦火邪，所以能除手足少陽寒熱，瀉肝火也。東垣云：在肌主氣行經，在臟主血調經。凡外感內傷及溫瘧往來寒熱，胸脇滿疼，諸痰熱咳，腸胃結氣，五臟遊氣，皆在經而未入於臟也，宜此行經和中解肌，佐以人參適宜。凡婦人經脉不調，用小柴胡湯合四物湯，加秦艽、牡丹皮輩調之；若有血積，更加三稜、莪术之類。又經行適外感熱入血室，夜潮譫語，及胎前產後感冒，時行寒熱不可汗吐下者，仲景用小柴合四物四君子和之。《經》云：推陳致新，除大腸停水作脹，發黄，飲食積聚，骨節煩疼，肩背強急，濕痹拘攣，皆在臟而為血分疾也。宜此宣暢血脉，佐以黄芩尤妙。《象》云：除虛勞，去早晨潮熱，惟內傷勞役元氣下陷者，佐參、芪升氣而祛邪則可。若元氣下絕及陰火多汗者，誤服必死。○抑論傷寒大小柴胡湯，以功言也，非柴胡有大小二種。其南柴胡最粗不用，俱用關陝江湖近道間所產、莖長軟皮赤黄者佳。外感生用，內傷升氣酒炒三遍，有咳汗者蜜水炒，半夏為使。畏皂莢、女菀、藜蘆，忌銅、鐵。○又有一種出銀州白色者，治勞蒸用之，以其色白入肺，質稍實不輕散。本草惟言銀州者勝，未嘗分言也。

草龍膽寒味苦澁，益肝膽治下熱濕，止痢消疸去腸蟲，蒸骨兒疳癰腫急。

葉似龍葵，味苦如膽。無毒。沉而降，純陰。主益肝膽，止驚癇健忘邪氣。酒浸則上行，療兩目赤腫睛脹，瞖膜瘀肉高起，疼痛不可忍，眼疾必用之藥。治胃中伏熱，時氣溫熱黄疸；除下焦濕腫，熱泄下痢下血；去腸中小蟲，骨間寒熱，小兒客忤疳氣，癰腫瘡疥口瘡。又治卒心痛，蟲攻心痛，四肢疼痛，止煩益智，殺蠱毒。若空腹餌之，令人溺不禁。○銅刀刮去鬚土，甘草水浸一宿，晒。虛人酒炒黑。貫眾為使，惡防葵、地黄。

通草辛甘瀉小腸，利便故除脾疸黄，止煩噦疏九孔竅，散癰破血下乳房。

即木通，心空有瓣，輕白可愛，女工取以飾物。無毒。陽也。賦云：瀉小腸火積不散，無他藥可比；利小便熱閉不通，與琥珀同功。惟其利便開關格，故療脾疸及浮腫多睡，胃熱反胃嘔噦，一切脾胃寒熱不通，小腹虛滿，耳聾鼻塞聲音不出，及婦人血閉血塊，月水不勻，難產胞衣不下，乳汁不通。珍云甘平以緩陰血是也。惟其瀉火，故治心煩燥悶，止肺熱渴，散癰腫惡瘡，金瘡鼠瘻踒折，一切瘡癤瘿瘤，排膿止痛俱效，兼殺惡蟲三蟲。要之，瀉火則便溺自利，利便則火邪自降。通行一十二經，故因名為通草。其花上粉，主惡瘡痔瘻，取粉摻瘡中。○去皮節生用。

車前子味甘鹹寒，止瀉通淋治產難，除濕祛風明赤眼，葉消瘀衄刀傷殘。

喜生駕車牛跡中。無毒。止暴泄者，利水道，分清濁也。雖利水而不走氣，與茯苓同功。主五淋閉痛，催難產橫生。除濕痹，去肝中風熱衝目，赤痛瞖障腫痛淚出。療肝養肺，強陰益精，令人有子。○葉及根，主鼻衄瘀血下血尿血血瘕，金瘡止血。又能止煩下氣，除小蟲。熱痢用根葉搗汁一盞，入蜜少許煎服。血淋用根葉水煎多飲，名單車前飲。○取子葉根完全者力全，用葉瓦上攤乾，用子略炒搗碎，用葉勿用子。

地膚子苦利膀胱，治瘕疝兮又興陽，皮風目痛皆堪洗，葉主淋痢及瘡瘍。

苗弱不舉，布地而生。堪為掃帚。氣寒。無毒。主膀胱熱，利小便，療疝瘕，補中強陰益精。《本草》云：與陽起石同用，治丈夫陰痿及陰卵癀疾。煎湯洗皮膚中風熱，令人潤澤；洗目去熱暗雀盲澁痛。○葉主大腸泄瀉，止赤白痢和氣澁腸，解惡瘡毒，客熱丹腫及妊娠患淋，小便熱痛，手足煩疼。○形如蒿，莖赤葉青，大如荊芥。十月採實陰乾，入補丸。

石韋苦甘平無毒，主治勞熱通淋瀝，止煩下氣祛惡風，背發炒末酒調服。

蔓延石上，葉生斑點如皮，處處有之。主勞熱邪氣，補五勞，安五臟，治脬囊結熱五淋癃閉，利水道，止遺溺，益精氣，止煩下氣，祛惡風。又炒為末，冷酒調服治發背效。○三月採山谷中，不聞水聲及人聲者，陰乾。凡用去黄毛微炙，毛射人肺，令嗽不可療，杏仁為使，得菖蒲良。有生瓦上者名瓦韋，亦治淋。

地榆甘苦酸微寒，治下熱痢血諸般，婦人崩帶乳硬痛，止渴諸瘡膿可排。

葉似榆而初生布地。味厚。無毒。沉也，陽中微陰。東垣云：主下部積熱之血痢。止下焦不禁之月經。一切吐血衄血腸風便血，婦人血崩帶下一十二病，胎前產後諸般血疾，及婦人乳痓硬痛，消酒止渴，補絶傷，治諸瘻惡瘡熱瘡，除惡肉排膿止痛。敖膏敷金瘡，煎湯浸代指逆腫，煮濃汁飲，治小兒疳熱瀉痢，釀酒服治風痹，惟虛寒冷痢禁用。熱痢初起，亦不可用，恐澁早故也。○去蘆，惡麥門冬，得髮良。

秦皮苦寒解熱痢，清肝主風寒濕痹，補精止帶洗驚癇，點赤眼腫除瞖淚。

生秦地陝西州郡，取皮漬水書紙，碧色不脱者真。無毒。《液》云：主熱痢下重，以苦堅之，黄栢、白頭翁、秦皮是也。治肝中久熱，兩目赤腫疼痛，風寒濕痹，洗洗寒氣，男子少精髮白，婦人帶下亦宜。作湯浴小兒驚癇身熱，水煎澄清洗赤眼，或冷水浸點眼，除青瞖白膜、風淚不止。如草間花黄蜘蛛螫人似癩，煮汁飲一斗即差。○去骨，大戟為使，惡吳茱、苦匏、防葵。

龜甲鹹甘治勞蒸，補陰自能去瘀癥，崩痔瘧痢血分痹，小兒合顖頭瘡靈。

龜，收藏義也；甲，函也。氣平，無毒。主內傷陰虛骨蒸寒熱，及勞倦骨痿，傷寒勞復肌體寒熱欲死。力猛能去瘀血，破癥瘕，痎瘧，五痔，血分濕痹，四肢重弱不能久立。婦人漏下、赤白，陰瘡難產及產前後痢。又治驚恚氣，心腹痛，腰背疼，兼治小兒顖不合。頭瘡不燥，燒灰傅之。久服益氣資智且能食。丹溪云：龜乃陰中至陰之物，稟北方之氣而生，故能補陰血不足。陰足而血氣調和則瘀血自去，癥瘕崩痔瘧痢痹疾自消，筋骨自健，故曰大有補陰之功。以其靈於物，故用以補心甚驗，令人有靈。○入湯作丸，取江湖中水龜，生脫水中濕者良。其次卜師鑽過者名敗龜版，大者亦佳，酥炙，或猪脂酒皆可。惡沙參、蜚蠊，畏狗膽。○肉釀酒服，主大風攣急，或癱瘓不收。作羹食，主久咳嗽，大補而有神靈。不可輕殺，十二月食龜肉殺人。○血治脫肛。○骨帶入山，令人不迷路。○尿主久嗽斷瘧。○又有一種秦地所產山龜，極大而壽，今四方亦有之，味苦無毒，主除濕痹身重，四肢關節不可動搖。

鱉甲鹹平治勞熱，止瘧破癥下氣血，更消陰蝕與痔瘡，墮胎止崩寬兒脇。肉味雖甘補中氣，陰虛之人乃可啜。

其聽以眼，故稱守神。甲，介蟲之甲函也。無毒。主尸疰勞瘦骨熱，療溫瘧勞瘧老瘧，心腹癥瘕堅積寒熱，止上氣急滿，消惡血并撲損瘀血，去鼻中瘜肉，陰蝕痔惡肉，消瘡腫腸癰，婦人漏下五色，羸瘦，催生墮胎，女子經閉，小兒脇下堅癎疾。又治卒腰痛及石淋，杵末酒下。多忘善誤，丙午日取甲着衣帶上。丈夫陰癰醫不能治，取鱉頭燒灰，鷄子白調傅之。歷年脫肛及產後陰脫，取灰乾糝托上。○用九肋多裙重七兩者，生剔去肉，取甲，釅醋炙黃色，去勞熱用小便煮一日夜，惡礬石。○肉，主補中益氣，峻補陰，去血熱及濕痹，但不可久食則損人，以其性冷耳。有獨目者，厭下有如王字者，頭足不縮者，三足獨足者，目四陷者，皆不可食。胸前有軟骨謂之醜，食之令人水腫，若誤中其毒，令人昏塞，以黃芪、吳藍煎湯，服之立解。又合莧菜食之，生蝨、生鱉瘕；合鷄子食之殺人。○又江中有闊一二丈者，名黿，肉補，以鹽淹可食。主濕氣、諸邪氣、血熱，殺蠱毒，消百藥毒，療諸惡瘡瘰癧，功同鱉甲。

鮀同鼉魚甲酸性微溫，主心腹積有熱煩，腸風崩痔引陰痛，涕泣驚腰獨可食。

性嗜睡，恒閉目，形如龍，長一二丈。能吐氣致雨，力猛能攻江岸。有毒。主心腹癥瘕，伏堅積聚，寒熱，女子崩中下血五色，小腹陰中相引痛，瘡疥死肌，五邪涕泣時驚，腰中重痛，小兒氣癃皆潰。用之當炙，蜀漆為使，畏狗膽、芫花、甘遂。○肉至補益，主小氣吸吸，足不立地，能發痼疾。皮可貫鼓，膏摩惡瘡。○鼉骨散，用皮及骨燒灰，入紅鷄冠花、白礬灰為末，空心米飲調服，治腸風痔疾甚效。

牡蠣鹹寒除寒熱，止渴止嗽寬胸脇，定驚收汗澁血精，更療癰腫及疽甲。

牡，雄也，鹹水結成。又云：百歲鵰化成。無毒。入足少陰經。主傷寒寒熱，溫瘧洒洒。除留熱在關節及榮衛虛熱，去來不定。止煩渴，療咳嗽，除心痛氣結，脇下痞熱。定驚恚怒氣，止盜汗，瀉水氣，除老血，澁大小腸。男子虛勞乏損，遺精夢泄，補腎正氣，病人虛而多熱者，加而用之。女子崩中、赤白帶下，療一切癰腫鼠瘻，瘰癧喉痹，甲疽膿血疼痛，小兒驚癎。久服強骨節，除拘緩，殺鬼延年。《本草》云：鹹為軟堅之劑，以柴胡引之，故能去脇下硬；以茶引之能消結核；以大黃引之，能除股間腫；以麻黃根、蛇床子、乾薑為佐，能去陰汗，以地黃為使，能益精收澁止小便。本腎經藥也。○取殼以頂向北，腹向南視之，口斜向東者為左顧。尖頭大者勝。先用鹽水煮一時，後入火煅紅研粉用。貝母為使，惡麻黃、吳萸、辛夷，得甘草、牛膝、遠志、蛇床子良。○肉主虛損調中，解丹毒，美顏色。於火上炙，令沸，去殼食，或薑醋淹生食之。海族中最美且貴者，海牡蠣，丈夫食之無鬚。

文蛤海蛤味皆鹹，治胸脇腰痛因痰，能降疝氣澁崩帶，癭瘰痔惡瘡仍兼。

出東海表，相合而生。《說文》云：千歲燕化為海蛤，伏翼化為魁蛤。鴈食海蛤從糞中出，大如巨勝，有紫文彩、未爛者為文蛤，無文彩、已爛者為海蛤。二蛤相類，主治大同，惟分新久。○文蛤無毒。主欬逆胸痹、腰痛脇急，墜痰軟堅，止渴燥濕，收澁固濟之劑也。止大孔出血，崩中漏下，惡瘡鼠瘻五痔等症。又治疝痛，能降能消，能軟能燥，同香附末、薑汁調服。療急疳蝕口鼻盡欲死，燒灰，臘豬脂和塗之。凡修事一兩，用漿水煮一時，後以地骨皮、栢葉各二兩，又煮一時，取出東流水淘三遍拭乾，火煅研粉用，不入湯藥。蜀漆為使，惡狗膽、甘遂、芫花。○海蛤無毒。主欬逆上氣，喘息煩滿，胸痛寒熱。療陰痿，利大小腸。《液》云：蛤粉鹹能走腎，可以勝水，故治十二水氣浮腫，治項下癭瘤。餘同文蛤。○魁蛤，形圓長似檳榔，兩頭有孔，外有縱橫文理。味甘平。無毒。主痿痹、洩痢、便膿血。《食療》云：潤五臟，止消渴，開關節，服丹石人食之免有熱毒瘡腫。○已上治下焦熱藥。

竹葉氣寒味辛甘，主虛煩熱清心痰，除喘欬渴與嘔血，痓痹喉風腫症堪。

篁竹、淡竹為上，苦竹次之，餘不入藥。○竹堅而節促，體圓而質勁，皮白如霜，即水白竹也。味辛平。無毒。可升可降，陽中之陰也。主除虛煩，清心經，胸中痰熱，欬逆上氣。止消渴、嘔吐、吐血，熱毒風，溢筋急風痙喉痹。壓丹石毒，利小水，通淋閉，消惡瘍腫毒，殺小蟲。根作湯益氣止渴，補虛下氣消毒。汁主風痓。實生於竹林茂盛蒙密之中，大如鷄子，竹葉層層包裹。味甘。主通神明，益氣輕身，令人心膈清涼，鳳凰所食也。○淡竹肉薄，節間有粉。味甘平。無毒。治同篁竹葉。根，大下心肺五臟熱毒氣，消痰，治熱狂煩悶。○苦竹有白有紫，味苦平。無毒。心云：除虛煩，緩皮而益氣，治不睡，療口瘡眼痛瘖啞，利九竅，解酒毒。作瀝功同。

竹茹微寒治虛煩，清肺痿衄與血崩，更治嘔噦通噎膈，傷寒勞復益陰筋。

即刮去竹青皮也，淡、篁竹皆好。味甘無毒。主下熱壅，虛煩不眠，溫氣寒熱。止肺痿唾血，鼻衄吐血崩中。嘔噦噎膈，傷寒勞復，陰筋腫縮腹痛。兼治五痔，及妊娠因驚心痛，小兒癎口噤，體熱。

大青無毒大苦寒，主療天行口渴乾，大熱頭疼腰脊強，解金石毒風疹丹。

花浸水，晝夜色甚青翠，故名。主天行瘟疫熱毒，寒熱口乾作渴，頭痛心煩，身強腰脊痛時疾

藥多用。又治金石藥毒及小兒身熱、風疹、丹毒。○春生青紫莖，花似馬蓼花，四月採莖葉陰乾。

草蒿寒苦祛癆熱，能止痢泄與汗血，開胃補中和心腹，金瘡惡疥痛可劫。

蒿，高也，至秋而高即青蒿，可雜香菜食之。無毒。主骨蒸癆熱，冷熱久痢，泄瀉盜汗最妙。開胃明目，補中益氣，駐顏色，黑毛髮。止心痛熱黃，及鬼氣尸疰伏連婦人血氣、腹內滿。療惡瘡疥癬，風疹殺蟲。生搗傅金瘡，止血生肉止痛。燒灰淋汁，和石灰煎膏，去惡肉。○根莖子葉並入藥，四者慎勿同用，若同用成痼疾。春夏採苗，秋冬採子，以童便浸七日夜，取出晒乾用。

蘆根甘寒清胃熱，時行熱疫大煩渴，止霍亂及小便多，孕婦心煩更可活。

蘆，踈也，條長而節踈也。在處有之，生下濕陂中，狀似竹，無枝葉，抱莖而生，花白作穗，即蘆茅也。無毒。主清胃中客熱及寒熱時疾，煩悶大熱，消渴，五噎膈氣，乾嘔霍亂，吐逆不下食，止小便利，及孕婦心熱煩悶。又治食狗肉不消，心下堅，或膜脹發熱妄語，及食馬肉魚蟹中毒，并水煮服之。二八月採逆流水肥厚根，去節鬚并土，日乾用。

馬藺花甘氣亦平，除胃中熱咽喉疼，風寒濕痹并疝痛，帶下崩中血妄行。

一名蠡實，生河東川谷。葉似薤而長厚，開紫碧花，結實如麻，赤色有稜，根可為刷，其葉纔出土便硬，故牛馬不食。無毒。主喉痹腫痛，喘息不通，去白蟲，傅鼻皶。賦云：治疝有益。多服令人溏泄，入藥醋炒。○實，主皮膚寒熱，胃中熱氣心煩滿。除風寒濕痹，堅筋骨，長肌膚，令人嗜食。治婦人血氣煩悶，產後血暈并經脈不止，崩中帶下。止鼻洪吐血，通小腸，利大小二便。解酒毒，消一切瘡癤腫毒金瘡。治黃病，傅蟲咬，殺蕈毒，莖葉功同。○根，治中蠱毒，下血如鷄肝欲死者，取為末，水下寸匕，隨吐效。○三月採花，五月採實，陰乾。

川楝子苦寒微毒，傷寒大熱痛心腹，利疝氣又補血精，皮洗遊風根殺䘌。

子，可浣衣練絹，即金鈴子。陰中之陽也，入心經。主溫疾傷寒大熱煩狂，利水道，止上下部腹痛，心暴痛，非此不除。治腎臟氣傷，膀胱連小腸氣痛。東垣云治疝氣而補精血是也。又治臟毒下血，殺三蟲疥瘍，酒浸濕蒸軟去皮核，取肉晒乾。○皮、葉治遊風疹瘡疥癩，小兒壯熱，煎湯浸洗。○根，殺諸蟲，利大腸，以醋磨汁塗疥甚良。○俗名苦楝樹，今人端午佩葉以辟惡。處處有之，川產者佳，入藥當用結子雌樹。凡雌樹根皮一兩，入糯米五十粒煎煮，殺毒，瀉多以冷粥止，不瀉以熱葱粥發。其不結子雄樹，能吐瀉殺人。

王瓜寒苦除邪熱，愈聾止渴清諸血，利疸腫兮消癰毒，帶溺不禁尤堪嚙。

王，大也，獨生於諸瓜之前，《月令》四月王瓜生，即此也，一名土瓜根。處處有之，生田野及人家垣牆間，藤蔓，葉圓無缺，有刺如毛，閩人謂之毛桃。五月開黃花，花下結子如彈丸，如瓜蔞，小如梔子，無稜，色黃，根如葛，細而多粘。三月採根，陰乾。無毒。主諸邪氣熱結，及天行熱疾，愈耳聾益氣。止消渴，內痹瘀血，月閉寒熱酸疼。破癥癖，落胎。逐四肢骨節中水。散癰腫留血鼠瘻，療馬骨刺人瘡，婦人帶下及小便遺溺不禁。又治黃疸變黑疸，生搗汁頓服，當有黃水隨小便出。汁和酒服，吐蠱毒；為末酒下，下乳汁。○子，潤心肺，治黃病生用；肺痿、吐血、腸風下血、赤白痢疾炒用。

地龍鹹寒治熱狂，蠱毒蛇瘕服之良，更醫腎風注腳脛，糞治痢丹及犬傷。

即蚯蚓。無毒。丹溪云：屬土而有水與木，性寒。大解諸熱毒，行濕病及傷寒伏熱狂謬，大腹黃疸。殺伏尸鬼疰蠱毒蛇瘕，去三蟲長蟲。治腎臟風，下注腳風不可缺也，仍須鹽湯為使。又治中風癇疾喉痹，小便不通，及交接勞復陰縮，并絞汁服之。中蠱吐下血若猪肝欲死者，取十枚，以苦酒漬汁飲之。一方將地龍入葱葉中，緊捏兩頭，頻搖動即化成水，塗蜘蛛咬，點耳中，治耳聾及蜒蚰入耳。○糞，主赤白熱痢，取無砂者炒令烟盡，水沃濾汁服之。治熱瘡丹毒蛇犬傷，并鹽搗傅之。入藥炒用。○取白頸自死者，去土，鹽水洗微炙。雷公用糯米泔浸一宿取出，又用酒浸一日取出焙乾。凡製二兩，入川椒、糯米各一分同熬，令糯米熟，去椒米用。若人被其毒，以鹽湯飲之。并洗傷處即解。

石決明鹹寒又平，去皮鹽水瓦瓶烹，善除肝肺經風熱，更治青光內障盲。

出南海，附石而生，形似蛤，大如掌，小如指，明耀五色，內亦含珠，生七孔九孔者良。凡用先磨去麄皮，用鹽水入瓦罐中煮一伏時，取出為末如粉。無毒。主肝肺風熱，骨蒸勞極，及青盲目障翳痛，水飛點之。五淋水調服，服後永不得喫山桃，犯之令人喪明。

珍珠氣寒除煩渴，鎮心墜痰細作末，點翳膜兮催死胎，小兒驚風亦可活。

珍，珍重也；珠，圓明也。生南海，採老蚌剖珠充貢。無毒。主手足皮膚逆臚，鎮心墜痰止泄。為粉點目中，主膚翳障膜，用綿裹塞耳主聾，傅面令潤澤好顏色。合知母療煩熱消渴，合左纏根治小兒麩瘡入眼，為末酒下，治難產下胞衣及子死腹中。小兒驚熱藥中多用之。○取新完未經鑽綴者研極細，方可餌服，不爾傷人臟腑。

禹餘糧殼味甘寒，大熱煩滿不自安，欬逆癥瘕并痔痢，崩帶赤白鎮之安。

大禹行山乏食，採以充糧而棄其餘。無毒。主大熱邪氣，欬逆寒熱煩滿，血閉癥瘕，傷寒下痢不止，心下痞硬，利在下焦，及婦人崩中帶下赤白。《本經》云重可以去怯，禹餘糧之重為鎮固之劑也。又治小腹痛結及骨節煩疼，四肢不仁，痔瘻等疾。久服益脾，安五臟，耐寒暑，輕身延年。○形如鴨卵，外有殼重疊，輕敲則碎，中有黃細末如蒲黃者佳。如卵內有子一塊者，不堪用，令人腸乾。火煅醋淬七次，研末水飛用，杜仲、牡丹為使，畏貝母、菖蒲、鐵落。○又有一種石中黃，即禹餘糧殼中未成糧黃濁水也，功同上，去殼研用。

食鹽入腎味鹹寒，能除寒熱吐痰頑，止心腹痛殺蠱疰，䘌瘡齒血亦能乾。

即所食之鹽。鹽，淹也，淹物久留不壞。無毒，能引藥入腎。主傷寒寒熱，吐胸中痰癖，止心腹卒痛，殺鬼邪蠱疰毒及下部䘌瘡，堅齒，止齒縫出血。又炒鹽青布裹熨婦人陰痛及火灼瘡。化湯洗蚯蚓毒。小兒卒不尿，鹽灸臍中。空心鹽揩齒吐水，洗眼夜見小字。陶隱君云：五味惟鹽不可缺。然淡為五味之本，北方人食不欲鹹而顏完少病，古有終身不服鹽而壽高鬚髮不白者。蓋鹽能傷肺走血損筋，令人膚黑，病嗽及水腫者全禁。○炒赤，或水飛過，不可多

用，漏蘆為使。○鹽黑丸：　食鹽一升研末，入瓦瓶內築實，黃泥封固，火煅令透，候冷取出，入豆豉一升熬焦，桃仁一兩麩熬令熟，巴霜二兩，各研末和勻，蜜丸梧子大。每三丸，平旦時服，未吐利，更服二丸，天行時氣，豉汁及茶下，服後多喫茶汁以行藥力。心痛酒下，血痢飲下，鬼瘧茶飲下，骨熱白蜜湯下。忌冷漿水。凡服藥後吐利勿怪，服藥二日，忌口二日。吐利苦多煎黃連汁服之。其藥宜冬月修合，磁盒收貯，勿令泄氣，惟小兒女子不可服多。

青鹽鹹寒去痰熱，明目固齒烏鬚髮，除諸血疾腹心疼，滋腎鎮心塗瘡癬。即戎鹽，出北方西羌，一名胡鹽。四海皆有鹽，北青南赤。食鹽以河東解州精白者為勝，入藥以北海青黑色、形塊方稜、明瑩者佳。無毒。主煩熱痰滿，治目痛瘀赤昏澁、牙疼。固齒烏鬚，止吐血溺血、齒舌出血，去蠱毒心腹痛，除五臟癥結積聚。補下元，助水臟，益精氣，堅筋骨，益氣鎮心。傅癰腫瘰癧疥癬瘡癬。○水飛過用。

鹵鹽苦鹹寒無毒，主大煩熱渴欲狂，消痰磨積滌腸垢，去濕熱喘滿相當。鹵，水也，可煎鹽者，即石鹹。主大熱消渴狂煩，消痰磨積塊，滌五臟腸胃留熱結氣，去濕熱，消心下堅、食已嘔逆喘滿，除邪氣，下蠱毒，柔肌膚明目，治目痛。量虛實用之，過服損人。

銀屑辛平除邪熱，驚悸顛狂腰痛折，能安五臟定心神，丹毒磨水忌諸血。銀，限也，天地所產有限，稟氣西方辛陰之神，服之則傷肝，生者仍有毒。主邪熱顛狂、驚悸發癇、恍惚譫語，夜臥不安，除邪氣鬼祟，明目定志，安五臟，鎮心神，治妊娠卒腰背痛如折。水煎飲之。小兒諸熱丹毒，並冷水磨服。○入藥多用銀器，或銀箔。畏磁石鐵，忌一切血。外科用末，當以文銀剉末，用水銀研令消也，或用銀箔以水銀消之。入硝石及鹽研為粉，燒出水銀，淘去鹽石，為粉極細，用之乃佳。

金屑辛平除風熱，善止驚癇鎮心神，止咳血渴退蒸勞，堅髓利臟生殺人。金，禁也，剛嚴而禁制也；屑，砂中生末也。金生於土，故從土。稟氣中央陰己之魂，生者殺人，熟者服之亦傷肌。雷公云：　凡金銀銅鐵器，借氣以生藥力而已。入藥用則消人脂，有毒。主風熱顛癇，除邪毒氣，鎮心神，安魂魄，止上氣咳嗽，傷寒肺損吐血作渴，骨蒸勞，堅骨髓，利五臟，調和血脉。又主小兒驚傷五臟，風癇失志。○入藥多用金器，水煎取汁，或金箔。畏水銀，惡錫。誤中生金毒者，惟鷓鴣肉可解。

臘雪甘寒解諸毒，善祛天行大熱疫，酒後暴熱或發黃，小兒狂癇可溫服。雨下遇寒，氣凝而為雪，春雪不堪收，十二月者佳。無毒。主解一切毒。治天行時氣瘟疫熱疾，及丹石發動酒後暴熱黃疸。小兒熱癇狂啼，仍小溫服之。藏淹一切果實良。○冬霜無毒。主解酒後諸熱、傷寒鼻塞，治暑月汗漬，腋下赤腫及痱瘡，和蚌粉傅之立愈。凡用瓦木上霜，以鷄翎掃取，收磁瓶中，時久不壞。○秋露水，味甘美，無毒。在百花上者，止消渴，愈百疾，調五臟，潤肌膚；　在栢葉上者，主明目，俱於朝露未晞時拂取之。○正月雨水，夫妻各飲一杯，還房當獲時有子神效。若煎服之，令人陽氣上升。○夏冰，味甘大寒無毒，主去熱煩，熱熨人乳石發熱腫。暑夏盛熱與氣候相反，當時暫快，久皆成疾。

人黃氣寒諸毒散，時行大熱顛狂亂，破開疔腫醋和敷，中毒惡瘡清汁灌。即人屎。味苦。無毒。解諸毒，時行大熱心躁，狂亂奔走，狀似顛癇，言語不定及骨蒸勞熱溫病，勞後食復。宜用乾陳者入罐內，以泥固濟，火煅半日，取出去火毒，研末，新汲水或沸湯調服三錢，未效再服。又善破疔腫，開以新者封之，一日根爛。發背欲死，燒灰醋調，傅腫處良。○糞清汁冷，亦主天行熱狂熱疾，中毒并惡瘡蕈毒箭毒，取汁服。取法：　臘月截淡竹一段去毒，留底二節，上節發竅，以大甘草納竹筒內，以木塞上竅，以留節一頭插於糞缸中，浸一月，取出晒乾待用。○廁溺坑中青泥，療喉痺，消癰腫，若已有膿即潰。

人溺氣寒能降火，鼻洪吐血血攻心，勞嗽肺痿胎難產，撲杖蛇傷患處淋。即人尿。味鹹。無毒。療寒熱頭疼溫氣，童男者尤良。丹溪云：　降火最速，熱勞方中多用之。主吐血衄血卒血攻心，和薑汁煎二三沸乘熱服差。止勞嗽失音肺痿，破癥積，明目益氣，潤肌膚，利大腸，推陳致新之藥，胃虛及氣血虛無熱者不可用。又治難產及胞衣不下，和薑葱煎三沸，熱服即下。產後飲一杯，壓下敗血惡物，免血暈之疾。傷胎血結心腹痛，并撲打瘀血攻心，單煎，服之效。被蛇犬等咬，以熱尿淋患處。○人中白，即尿桶中澄底結白者，須置風露下，經二三年者可用，又名秋白霜。丹溪云：　能瀉肝火，降陰火，故治傳尸熱癆肺痿，心膈熱，鼻衄吐血，羸瘦渴疾。又傅湯火灼瘡及緊唇瘡。凡用須刮在新瓦上，用火逼乾研末。○已上治熱通用。

防葵：　出興州，根似防風，葉似葵，每莖三葉，一本十莖，中發一幹，花如葱花，與狼毒相似，但置水不沉耳，世亦稀有。味苦、辛，氣平、寒。無毒。主膀胱熱結溲溺不下，疝瘕腸泄。療五臟虛氣，小腹支滿臚脹。止顛癇驚邪狂走，欬逆濕瘖鬼瘧。消氣血瘤，殺百邪。久服益氣強志，堅筋骨，除腎邪。中火者不可服。○去蟲末，甘草水浸一宿晒乾。

景天：　葉似馬齒莧而大作層，上莖極脆，開紅紫花，今人以盆養於屋上以辟火，故又名慎火草。味苦、酸，氣平，無毒。主大熱身熱煩邪惡氣，諸蠱毒痂疕寒熱，諸不足。治火瘡風疹惡痒，遊風瘡毒。小兒丹毒赤腫，生搗敷之。其花主女人漏下赤白。○七月採陰乾。

萹蓄：　在處有之，苗似瞿麥，葉細綠如竹，莖赤如釵，股有節，花青黃色，可食。味苦，氣平，無毒。主熱黃五痔，及丹石毒發衝眼腫痛，并搗汁頓服。霍亂吐利不止，以五味調和煮羹食之。又主浸淫疥瘙熱腫，惡瘡痒痛，并搗敷之女子陰蝕。小兒蚘蟲攻心心痛，面青口中沫出欲死者，空心服之，其蟲自下。○五月採苗，陰乾用。

王不留行：　在處有之，高七八寸，葉尖如小匙頭，實如松子，四月開花

黃紫色，本名剪金花。因蜀主素好此花，後因降宋遷汴，人言此花曰王不留行。味苦、甘，氣平，無毒。陽中之陰也。止心煩鼻衄，除諸風痙風痹內寒，金瘡止血，逐痛出刺，癰疽惡瘡瘻乳發背遊風風疹。通血脉，調月經，催難產，下乳汁。○三月收苗，五月收子，蒸兩時，入漿水浸一宿，取出焙乾用。

貫眾：生山谷陰處，苗赤葉綠，如蕨莖幹三稜，似雉尾，根大如瓜，紫黑色，有毛，淩冬不死，又謂之貫節。味苦，微寒，有毒。主腹中邪熱氣諸毒，除頭風，破癥瘕，止鼻血金瘡，殺三蟲，去寸白。○二八月採根陰乾，去毛皮。赤小豆使。

白英：生山谷，似葛葉有毛，實如龍葵子，一名白草。春採葉，夏採莖，秋採花，冬採根用。味甘，寒，無毒。主寒熱八疸消渴，補中益氣，故作羹飲，甚療勞。夏月煮粥食，極解熱毒。又主煩熱風疹丹毒瘧瘴寒熱，小兒結熱，煮汁飲之。

爵牀：生田野，似香薷葉長而大，今人謂之香蘇。味鹹，寒，無毒。主腰脊痛不得着牀，俛仰艱難。除熱可作浴湯。

翹根：味甘，寒，平，小毒。主下熱氣，益陰精。久服悅顏明目耐老，以作蒸飲酒病人。

屈草：味苦，微寒，無毒。主胸脇下痛邪氣，腸間寒熱陰痹。久服益氣，輕身耐老。

羊桃：山野甚多，似家桃，又非山桃，葉蔓，花赤，實如棗核。味苦，寒，有毒。主熛熱身暴赤色，風水積聚，除小兒熱，去五臟五水大腹，利小便，益氣。可作浴湯，洗風痒惡瘍，諸瘡腫毒。○二月採陰乾。

溲疏：與枸杞相似，但有刺，味辛苦耳，氣寒，無毒。主皮膚中熱，除邪氣，止氣溺，通水道，除胃中熱下氣。漏蘆為使。

梓白皮：即梓樹之皮。處處有之，似桐而葉小花紫色，即楸之疏理白色而生子者。味苦，寒，無毒。主熱，去三蟲，療目中疾，及吐逆反胃，小兒熱瘡身頭熱煩蝕瘡，湯浴之。○葉擣傅手腳火爛瘡；飼猪，肥三倍。一法：立秋日太陽未升時，採葉煎膏，敷瘻瘡瘰癧。昔有人患發背，腸胃可窺，百方不差，一醫者用此膏傅其外，用雲母膏作小丸，服盡四兩止，不累日，雲母丸透出膚外，與膏藥相着，其瘡遂差。○凡使勿誤用椅樹皮、椅皮梓實相反。

桐葉：處處有之，用白桐二月開淡紅花，結子可作油者。○葉，味苦，寒，無毒。主惡蝕瘡着陰皮，主五痔，殺三蟲，療賁豚氣病。○皮，主五淋，沐髮去頭風，生髮滋潤，及癰瘡疽痔瘻惡瘡小兒丹，煎膏傅之。其花飼猪，肥大三倍。○油，冷，微毒。主消水腫，傅惡瘡疥及鼠咬。○一種梧桐，四月開淡黃小花如棗花，五六月結子，此即《月令》桐始花者，其子多食之動風氣。白皮，主腸中生痔，肛門邊有核者，又可傅瘡，并酒服之。

理石：生兩石間，皮黃赤，肉白，作斜理文，不似石膏。味辛、甘，大寒，無毒。主身熱，利胃解煩，除榮衛中去來大熱結熱。解煩毒，止消渴，及中風痿痹。破積聚，去三蟲，益精明目。滑石為之使，惡麻黃。

長石：生長子縣，文如馬齒，方而潤澤，頗似石膏，但厚大縱理而長為別。味辛、苦，寒，無毒。主身熱胃中結氣，止消渴下氣，除脇肋肺間邪氣，及四肢寒厥，利小便，通血脉，明目去翳眇，下三蟲，殺蠱毒。

乾苔：生石上者，名乾苔。味鹹，氣寒。主心腹煩悶，冷水研飲。療痔殺蟲，及霍亂嘔吐不止，煮汁服之。又發諸瘡疥，下一切丹石，殺諸藥毒，不可多食，令人痿黃少血色。○生水中者名陟釐，南人取為紙，名苔紙，色青黃體澁，味甘，大溫。主心腹大寒，溫中消穀，強胃氣，止泄痢斷下藥用之。

屋遊：即古瓦屋上北陰青苔衣也。八月採，去泥陰乾。味甘，寒，無毒。主浮熱在皮膚，往來寒熱，利小腸膀胱氣及小兒癇熱，時氣煩渴。○生古牆側北陰青苔衣，名垣衣。三月採，陰乾。味酸，無毒。主黃疸心煩欬逆，血氣暴熱在腸胃中，金瘡內塞。久服補中益氣，長肌悅顏。○生牆上者名土馬騣，歲多雨則茂盛，比垣衣更長。治骨熱煩毒壅鼻衄。井中苔，味苦，寒。無毒。主熱瘡漆瘡水腫，殺野葛、巴豆諸毒，療湯火瘡。

海金砂：味甘，平，無毒。主通利小便，得梔子、馬牙硝共療傷寒熱狂。○收全料紙襯晒乾，以杖擊之，其砂自落。

苧根：即今績布苧麻根也。味甘，滑冷，無毒。主天行熱疾大渴大狂，服金石藥人心膈熱，善能安胎，小兒赤丹，其漬苧汁療渴甚驗。丹溪云：苧屬水，而有土與金，大補肺金而行滯血，故能破血止血暈及產後腹痛。又治五種淋疾，水煎濃汁服之即通。治諸癰疽發背，乳癰初起，熱丹毒腫，毒箭、蛇蟲咬，并擣根傳上，日夜數易，腫消則瘥。

菰根：生水中，葉如蒲葦，刈以秣馬甚肥，春亦生笋，堪啖，歲久者中心生白臺如小兒臂，謂之菰手，南人呼為茭草。味甘，大寒，無毒。主腸胃痼熱

煩渴，止小便利，去胸中浮熱風，利五臟邪氣，酒皶面赤、白癩、瘭瘍火瘡，除目黃，止熱痢。雜鯽魚為羹，開胃口，解酒毒，壓丹石發熱。多食動冷氣，滋牙齒，傷陽道，令下焦冷，發瘧疾。不食為妙。

甘焦根：　即芭焦也。嶺南者有花有實，味極甘美；　北地者但有花而無實；　他處雖有，而作花者亦少。主天行熱狂、煩悶，消渴、黃疸。患癰毒并金石發熱悶，口乾，并絞汁服；　熱腫遊風風疹，并擣傅之。○油，無毒。治暗風癎病，暈悶欲倒者，飲之得吐便差。又塗鬚髮令黑不落，及湯火瘡，取法用竹筒插皮中，如取漆法。

馬勃：　即馬庀菌也。生濕地及腐木上，虛軟如紫絮，彈之粉出。主喉閉咽痛。去膜，蜜水調服。傅諸惡瘡馬疥甚良。

孩兒茶：　味苦、甘，氣寒，無毒。消血，治一切瘡毒。古方兒茶、薄荷葉，細茶為末，蜜丸，飯後含化三五粒消痰。

紫背天葵：　俗名葉下紅，葉似胡荽，根如香附子。三月採，陰乾。治乳癰，擂酒，內服外傅；　治喉痺腫痛，擂汁，嚥立消。凡煮雲母、石鍾乳粉，曾青，用此草與甘草同製極妙。

泉水：　味甘，平，無毒。主消渴反胃，熱痢熱淋，小便赤澁，兼洗漆瘡癰腫。久服却溫，調中，下熱氣。○新汲水，治心腹冷病，又解合口椒毒，又主魚骨鯁，令合口向水，張口取水氣，鯁當自下。凡飲諸水療病，皆取新汲清泉，不用停污濁暖，非惟無力，固亦損人。又陰地流泉飲之，發瘧軟腳。

井華水：　即井中平旦第一汲者。味甘，平，無毒。主洗目膚翳，及酒後熱痢。又治大驚、九竅出血，以水噀面，勿令知之。平旦含口，去口臭；　和硃砂服，好顏色。又堪鍊諸藥石，投酒醋令不腐。

半天河水：　即竹籬頭及高樹間天澤水也。微寒，無毒。主鬼疰狂邪氣，殺蟲毒鬼精，恍惚妄語，與飲勿令知之。諸氣惡瘡瘙痒，取水溫洗之。○抑考半天河水，天澤水也，故治心病狂邪惡毒；　臘雪寒也，故解一切熱毒；　井水澄澈也，故通九竅。後世又用東流水者，取其快順疾速也；　倒流水者，取其迴旋留止，上而不下者也。

漿水：　味甘、酸，性涼，善走，無毒。主調中引氣宣和，強力通關，開胃止消渴霍亂泄痢。消宿食，化滯物，宜作粥薄暮啜之。解煩去睡，調理臟腑，粟米新熟白花者佳。煎令醋止嘔噦，白膚體。惟水漿至冷，孕婦食之墮胎，或令兒骨瘦不成人。漿水不可同李實食，令人吐利。

地漿：　即掘地坑，以水沃之，攪令濁，俄頃取之。氣寒，無毒。主熱渴煩悶，解中諸毒諸菌毒，及食生肉中毒。○已上治熱雜用。

主治各經熱藥【略】　治濕門即《湯液》濕化成也。古菴云【略】

人參甘溫補五臟，止渴調中利濕痰，明目開心通血脈，安魂定魄解虛煩。參，條也。久服補元氣，有條參贊之功，五參皆然。無毒。浮而升，陽也。主補五臟，隨本臟藥為使。以升麻引，則瀉肺脾中火邪，以補上升之氣；　以茯苓引，則瀉腎中火邪，以補下焦元氣。一切勞傷，肺脾陽氣不足，喘促、短氣、少氣最妙，惟陰虛火嗽、吐血者慎用。故曰：肺寒還可用，肺熱則傷肺。肺寒者，脉滯濡行遲，假參之力，通經活血，則元氣亦自是發生而盛矣；　肺熱者，氣血激行，再加通迅以助其激速，而脾氣耗甚矣。止渴者，生津也。調中安脾助胃，去腸胃中冷，心痛脇滿，霍亂反胃，消濕痰，定喘，消積，明目，開心。入手太陰而能補陰火，乃氣中之血藥也。故生脉散及表藥、痘瘡藥中多用者，亦取其通經而走表也。善能安魂定魄，辟邪止驚，除中虛煩熱。與黃芪同用，則助其補表；　與白术同用，則助其補中；　與熟地同用，而佐以茯苓，則助補下焦而補腎。或泥於作飽而不敢用，蓋不知少服則濕壅，多服則宣通意也。○形如人形，大如鷄腿者佳。去蘆不令人吐。和細辛密封，千年不壞。反藜蘆，惡鹵鹹。

黃芪甘溫性無毒，補益三焦呼羊肉，內托癰疽外斂汗，生津退熱效尤速。黃，色；　芪，老也，服之延年。又名芪者，底也，補下元也。可升可降，陰中之陽也，入手少陽、手足太陰經。東垣云：　溫肉分而實腠理，益元氣而補三焦。蓋補肺，皮毛自實。治上焦虛喘短氣者，瀉肺中火也；　中焦脾胃虛弱，脉弦，血脉不行，羸瘦，腹痛；　下焦久瀉痢，腸風，崩帶，月事不勻，胎前產後諸虛疾，小兒百病。補三焦、腎、命門不足，呼為羊肉。又云：內托陰症之瘡瘍，外固表虛之盜汗。治癰疽久敗，排膿、止痛、生肌收口。逐五臟惡血，大風癩疾，五痔鼠瘻。肺癰已潰者，用此從裏托出。有汗則止，無汗則發。表虛有邪發汗不出者，服此則汗。兼止渴生津，生血補中。瀉陰火，退虛熱之聖藥也。惟蒼黑氣盛者禁用，表邪旺者亦不可用，用之反助邪氣。陰虛者亦宜少用，用之以升氣於表，則內反虛耗矣。○皮微黃，肉白柔軟。出綿上者，服之長肉。瘡瘍生用，肺虛蜜炙，下虛鹽水炒。惡龜甲、白鮮皮，畏防風。風能制芪，芪得防風，其功愈大，蓋相畏而相使者也。

甘草甘平生瀉火，炙之健胃可和中，解毒養血堅筋骨，下氣通經消腫紅。甘，甜草也。性緩，能解諸急。熱藥用之緩其熱，寒藥用之緩其寒。善和諸藥，解百藥毒。故又名國老。無毒。可升可降，陰中之陽也，入足三陰經。生則分身、稍，瀉火。稍、子生用，性寒，能瀉胃火，解熱毒，除胸中積熱，去莖中痛。節，生用消腫導毒，治咽痛；　炙則性溫，能健脾胃和中。身大者，補三焦元氣，止渴止嗽及肺痿吐膿。腹中急痛，赤白痢疾。又養血補血，堅筋骨，長肌肉倍力，下氣除煩滿逆氣，通經脉。消諸癰疽瘡瘍紅腫，與黃芪同功，若未潰者

宜生，已消與不紅腫者宜炙。大抵脾胃氣有餘，如心下滿及腫脹嘔吐，痢疾初作，皆不可用。下焦藥亦少用，恐緩不能達。凡藥宜少用，多用則泥膈而不思食，抑恐緩藥力而少效。○白术、苦參為使。惡遠志，反大戟、芫花、甘遂、海藻。忌菘菜、猪肉。

白茯苓甘平滲濕，消痰潤肺伐腎邪，養心神又調脾臟，益氣助血補虛家，赤者須知破氣血，利洩入丙功尤賒。茯，伏也；苓，靈也。松脂伏於地中而生，治病有靈驗也。味甘、淡，氣平。無毒。浮而升，陽也。入手太陰、足太陽少陽經。東垣曰：白茯苓補虛勞，多在心脾之有準。又云：白者入壬癸，是三焦通行藥也。滲濕者，利小便，消浮腫，暴病行水之聖藥也。消痰潤肺者，主胸脇逆氣，煩滿欬逆，口焦舌乾，消渴津少，一切痰壅痰飲、肺痿肺火不可缺也。腎邪者，淋瀝淋結白濁，腰脛腫痛，無力等症，皆腎經停蓄邪水之所為也。惟此藥能伐去邪水，以安真水。養心神者，治憂恚驚邪，恐悸健忘好睡，心下結痛保神養神安魂之主藥也。調脾胃臟氣者，小便澁而能利，小便多而能止；大便結而能通，大便多而能止。一切脾胃不和，水穀不分，寒熱無定，嘔逆不止，須用之。補虛者，《本經》云：長陰益氣力。日華云：補五勞七傷，安胎，暖腰膝。丹溪云：凡藥氣重者主氣，味重者助血。茯苓雖曰淡滲，而味甘且重，不走真氣。佐以人參等補劑下行，亦能補虛固腎。陰虛者少用無害。養生家，每取白者蒸暴三次，為末，以牛乳汁和膏服之。或蜜浸，或酒浸，封固百日後，常服不飢延年，腸化為筋，通神致靈。要知虛而上有痰火，下有濕熱者最宜。若勞役陽虛，小便多、汗多者，禁用。赤茯苓，味淡，入足太陰、手少陽少陰經。東垣云：赤者入丙丁，主破結血結氣，瀉小腸火，利小便，分水穀。陰虛者切忌，蓋白補而赤瀉。○出雲南。似人形、龜鳥，味甘者佳。去麄皮杵末，水飛浮去赤膜，晒乾，免致損目。有生山之陰，味苦者，須熱湯淋去苦味。馬刀為使。惡白斂，畏牡蒙、地榆、雄黃、秦艽、龜甲，忌醋及酸物。得甘草、防風、芍藥、紫石英、麥門冬，共療五臟。

茯神能療風虛眩，恚怒驚悸善忘健，補虛勞乏辟不祥，心下堅滿亦可羨。假松之氣，津盛發泄於外者，結為茯苓；津氣不甚盛者，抱根而生，名為茯神，言專能斂伏神氣也。味甘，氣平。無毒。陽也。治風眩、風虛、心虛之要藥。止恚怒、驚悸、善忘，開心益智，定魂魄，養精神；療五勞口乾，補虛乏，辟不祥；又治心下急痛堅滿。人虛而小便不利者，加而用之。○去皮及根，畏惡同茯苓。

薯蕷甘溫氣最平，能補榮衛治濕凝，腰疼夢失虛羸熱，又止頭風眼眩睛。薯，署色明也；蕷，形如芋也。俗名山藥。無毒。手太陰經藥也。涼而能補，凡脾胃中氣不足，久泄者必用之。補心氣，開達心孔。安魂多記。補肺津，潤皮毛乾燥，除煩熱或寒熱邪氣，下逆氣。補腎陽氣，強陰，澁夢泄，止腰疼。東垣云：山藥而腰濕能醫。丹溪云：生者消腫硬。蓋補氣血則留滯自不容不行也，補肝能堅筋骨及頭面遊風、頭風眼眩。久服益顏色，長肌肉。病人虛羸，加而用之。○懷慶者佳。熟則滯氣，濕則滑，惟乾實者入藥。二門冬、紫芝為使，惡甘遂。

白术甘溫健胃脾，寒濕熱濕盡相宜，痰痞嘔泄腫汗渴，兼補氣血安胎兒。术，濁也，色白而形濁也。味甘而辛苦不烈。無毒。可升可降，陽也。入手太陽少陰、足陽明太陰經。補脾胃虛弱，不思飲食，去諸經濕。又退胃熱，除寒熱，消虛痰痞氣宿滯，止霍亂、嘔逆、泄瀉、腹中冷痛，利小便，消水腫脹滿。又有汗則能止，無汗則能發。緩脾生津除濕渴，利腰臍間血。上而皮毛，中而心胃，下而腰臍。在氣主氣，在血主血，故補虛藥多用之。兼安胎產，產後中風口噤及大風、痿痹、足脛毒瘡，皆效。丹溪云：與二陳同用，則健胃消食，化痰除濕；與芍藥、當歸、枳實、生地之類同用，則補脾而清脾家濕熱，再加乾薑，去脾家寒濕。東垣云：佐黃芩有安胎之能，君枳實有消痞之妙，惟傷寒動氣不宜用。○米泔浸半日，去蘆。瀉胃火生用，補胃虛土炒。防風、地榆為使。忌桃、李、雀、鴿肉。○已上補氣除濕藥。

蒼术辛烈苦甘溫，主風寒濕痹疸屯，腫滿痰積瘧皆散，止嘔瀉治頭目昏。蒼，以色言，無毒。浮而升，陽也。入足陽明、太陰經。主風寒濕痹，死肌痙疸，逐皮間風水結腫，心下滿悶，腹中脹痛窄狹，消痰飲、痃癖、氣塊，袪瘧，除瘟疫、山嵐瘴氣，止霍亂吐瀉不止。治大風在身面，風眩頭痛，目淚出、青盲雀目、內外翳障。久服烏鬚（注）〔駐〕顏，壯筋骨，明耳目，潤肌膚是驗，然此皆為陽虛者言也。丹溪云：辛散雄壯，發汗甚速。以黃栢、牛膝、石膏下行之藥引之，則治下焦濕疾。入平胃散，能去中焦濕疾，而平胃中有餘之氣；入葱白、麻黃之類，則能散肉分至皮表之邪。惟血虛怯弱及七情氣悶者慎用，誤服耗氣血，燥津液，虛火動而痞悶愈甚。○米泔浸七日夜，去粗皮，炒黃色，或童便浸。防風、地榆為使。忌桃、李、雀、鴿肉。○抑考《神農經》云：若欲長生，須服山精。言术結陰陽之精，未嘗分蒼白也。自陶隱居分用，而後貴白而賤蒼，善乎！東垣云：補中除濕，力不及白；寬中發汗，功過於白。

半夏味辛氣亦平，去濕痰健胃脾經，傷寒嘔欬咽喉腫，胸滿頭疼盡忌生。夏至第三候生，葉亦半生，天然妙也。有毒。沉而降，陰中陽也。入足陽明、太陰、少陽經。性燥勝水，善去脾經濕痰，痰去而脾胃主氣自健，飲食自進。寒痰、風痰亦用者，辛溫故也。主傷寒寒熱，溫瘧嘔吐，欬逆上氣及形寒飲冷傷肺而咳。治咽喉腫痛。心下堅脹、腸鳴、胸中痰氣痞塞及痰厥頭痛頭眩，非此不除。兼消癰腫、瘿瘤，氣虛而面色痿黃有痰氣者，加而用之。凡用，生令人吐，熟令人下，故《局方》多用熟者。但《本草》云：生微寒，熟溫。宜生者，薑佐熟煎可也。凡諸血症及自汗渴者禁用。丹溪云：燥血耗津，雖少陽病，渴者亦忌。惟氣症因動火上盛，用半夏調其氣而動火伏，而渴自止。○臘月熱水泡洗，置露天冰過又泡其七次。留久極妙。如虛症及孕婦惡阻用麯，免致損血墮胎。射干、柴胡為使。惡皂莢，畏雄黃、生乾薑、秦皮、龜甲，反烏頭，忌海藻、羊肉、羊血、飴糖。○造麯法：先將半夏湯泡九次，晒乾為末，隨病用藥，或煎膏，或絞汁，調末為丸如彈子大，用楮葉或紙包裹，以稻草上下盦七日生毛，取出懸風烟之上，愈久愈良。如治諸痰，用生薑自然汁；風痰，用牙皂煎膏，甚者少加麝香；寒痰青，濕痰白，用老薑煎濃汁，加白礬三分之一；火痰黑，老痰膠，用竹瀝或荊

瀝，少入薑汁；皮裏膜外痰核，用白芥子、竹瀝；虛勞熱痰，用麻油浸三五日，炒為末，麪糊為麯。治顛癇，一切健忘，舌強等似風痿症，用臘月黄牛膽汁，略入熟蜜；小兒驚風，加南星等分，用甘草煎膏；脾虛慢驚及鬱痰，用香附、蒼术、川芎等分煎膏；中風卒厥，傷寒，并諸瘡瘍內結不便，一切宜下之病，用皮硝、白粉霜十分之三，共用河水煮透，為末，以大黄煎膏，痰積沉痼，取二兩，入海粉一兩，雄黄五錢，為末蜜丸；一切沉痼痰病，用黄牛肉煮成膏，造麯日乾。

橘皮辛溫利膀胱，主除痰氣逆胸膛，消導脾胃止嘔瀉，發表寒濕佐生薑。

橘，色如璚，上有文。無毒。味厚。可升可降，陽中之陰也。除膀胱留熱停水、五淋，利小便。主胸中痰熱，逆氣客氣，消痰止氣嗽，潤肺。和胃健脾，輕則水穀不化，衝胸作嘔，或下泄，或氣痢，或霍亂；重則癥瘕積滯，皆能消導。兼去白蟲，解酒毒。治下焦冷氣，臟間虛冷氣，腳氣衝心。久服去臭，下氣通神。丹溪云：與白术、半夏同用，則滲濕而健脾胃；與甘草、白术同用，少用則補脾胃，無甘草、白术而多用、獨用，則瀉脾胃；與蒼术、厚朴同用，去中脘以上至胸膈之邪；再加生薑、葱白、麻黄之類，則能散肉分至皮表有餘之邪。○陳久者良，隔年者亦可用。留白略炒，健脾胃和中；去白曰橘紅，消痰瀉肺發表；入下焦用鹽水浸，肺燥者，童便浸晒。白檀為使。又有一種曰柚，比橘差大，不堪入藥。○青橘葉，導胸脇逆氣，行肝氣乳腫痛及脇癰，藥中用之以行經。○橘核，治腎注腰疼，膀胱疝痛，腎冷，炒去殼為末，酒調服。

青皮苦寒破滯氣，入肝膽又利脾胃，膈脇小腹痛且膨，疝積愈低愈能治。

與橘皮一種。大而色紅已成熟者，曰橘皮；小而色青未成熟者，曰青皮。無毒。沉而降，陰中陽也。入手少陽經，厥陰引經藥。主破滯氣，利脾胃，消飲食，除積結膈氣，止小腹脹痛須用之。又瀉肝氣，治脇痛，疝氣，及伏膽家動火驚症，用二三分可也。橘皮治高，青皮治低。故東垣云：破滯氣，愈低而愈效；削堅積，愈下而愈良。氣虛弱者少用。蓋有滯氣則破滯氣，無滯氣則損真氣。氣短者全禁。○去穰用，消積定痛，醋炒。

枳殼微寒味苦酸，逐水消痰胸膈寬，止嘔瀉痢攻堅積，散痔祛風利竅關。

枳，即橘屬，去穰用殼。無毒。浮升而微降，陰中陽也。逐心下停水，去胃中濕，消脹滿，瀉肺痰氣、勞氣咳嗽，背膊悶倦，胸膈痞結，腹脇滿痛。東垣云消心下痞塞之痰，泄腹中滯塞之氣是也。止嘔逆反胃，霍亂及五膈氣，瀉痢，消宿食，破癥瘕、痰癖、老積，腸風下血，痔腫，本草所謂安胃是也。治遍身風疹痒，麻痹痛。《藥性》云主皮毛之病是也。兼通關節，利大小腸，瘦胎催生。氣血虛弱者禁用。○水浸軟去穰，麩炒香熟。

枳實比殼性更酷，主治大同下脇腹，更消脾瘀破堅癥，溏泄陰痿莫誤服。

與枳殼一種。大而色黄紫多穰曰殼，小而色青中實少穰曰實。無毒。浮而降，純陰。逐停水，消痰飲，寬胸脇，安胃氣，止喘逆，破積聚，利五臟，除寒熱結，功同枳殼。但枳殼性詳而緩，枳實性酷而速。更能去脾間瘀血，瘀血去而痞自消。去日久稠痰，消年深堅積。丹溪云：脾胃濕熱生痰有積者，入白术中四分之一。脾用枳實，有推牆倒壁之功，故治下，主血在心腹之分；胃用枳殼，損至高之氣，故治高，主氣在胸膈之分。皆疏通決瀉滑竅破結實之劑。《本草》云：止溏泄，益氣明目，亦謂積去而脾健神清也。《藥性論》云：腎內傷冷，陰痿而有氣，加而用之，藉以達下耳。要之實症可用，虛而久病慎不可誤服。海藏云：益氣佐以參、术、乾薑，破氣佐以牽牛、硝、黄。其善用枳實者乎！又與黄芪等分糊丸服，治腸風下血；單用蜜製服，治五痔；為末飲調服，治胸痹氣壅，心膈不利及小兒久痢淋瀝，水穀不調；炒熱熨婦人陰腫痛。○殼、實俱宜商州陳久者，水浸軟去穰，麩炒。

厚朴苦溫除痰濕，最散心腹脹痛急，霍亂積痢并頭疼，治痹消瘀通經翕。

皮厚，質朴。味苦、辛。無毒。可升可降，陰中陽也。消痰下氣，除胃濕，逐結水，瀉膀胱，泄五臟一切氣。治心腹煩痛胸滿，散結之神藥也。療霍亂轉筋，胃中冷逆，胸中吐不止，或嘔酸水，消宿食，厚腸胃，走積年冷氣，腹內腸鳴，止瀉止痢。又治中風傷寒頭疼寒熱，氣血痹，死肌，調關節，破宿血。通婦人月經，及產前後腹臟不安。兼定驚悸，下淋露，去三蟲。《本經》云：與枳實、大黄同用，則能泄實滿而解熱脹，是消痰下氣也；與橘皮、蒼术同用，則能除濕滿而平胃氣，是溫中益氣也；與解利藥同用，則治傷寒頭痛；與泄利藥同用，則厚腸胃。大抵用苦則泄，用溫則補。胃弱氣虛者終不敢用，以其味苦而辛，能散人元氣也。此丹溪謂平胃散用之，不使胃土太過而復其平，以致於和而已，非溫補之謂也。吁！竹瀝、山藥，涼而能補；橘皮、厚朴，熱而能泄，用者悟之。○肉厚色紫者佳。去粗皮。入湯藥，用生薑汁炒；入丸藥，用醋炙或酥炙。乾薑為使。惡澤瀉、寒水石、硝石。忌豆。

射干苦寒消食熱，寬膨下氣逐老血，破癖通經治兒疝，便毒喉風痰核結。

形如射鳥之竿。有小毒。開胃下食，除飲食大熱，散胸中熱氣，腹中邪逆，胸腹脹滿，肺氣喘嗽，欬逆上氣。療老血在心脾間，欬唾言語氣臭，破癥結、痃癖、瘀血，通女人月閉，治小兒疝氣發時腫痛如刺，散結氣，消腫毒，去胃癰，治便毒。足厥陰濕氣因疲勞而發，取三寸同生薑煎服，利兩三行即效。又治咽痛水漿難入，不得消息，噙汁立差。丹溪云：屬金而有木與火水。行太陰、厥陰之積痰，使結核自消甚捷。久服令人虛。○即烏扇根，紫花者是，紅花者非。三月採。米泔浸一宿，日乾。

旋覆花鹹甘冷烈，逐水消痰止嘔噎，寬胸脇清頭目風，治痹又利腸臟結。

花如菊，淡黄綠，繁茂，圓而復下，俗名金沸草。有小毒。治心脇痰水及膀胱留飲，寒熱水腫，消胸上痰結、唾如膠漆，開胃，止嘔逆不下食；治傷寒汗吐下後心下痞堅，噫氣不止及結氣脇下滿，去頭面風、目中眵䁾、風氣濕痹、皮間死肌，利大腸，去五臟間寒熱結氣。兼通血脈，除驚，補中下氣。《衍義》云：走散之藥，稍涉虛者禁用。○去梗葉，蒸熟晒乾。入煎藥，用絹濾過，免傷人肺。○葉，治金瘡止血，搗傅之。根，治破斫斷筋，急取搗汁滴瘡中，仍用查封瘡上，過半月斷筋自續。○又有一種旋花，性治大同，今少識者，故不錄入。

大腹皮辛溫無毒，消腫寬膨定喘促，止霍亂通大小腸，痰膈醋心氣攻腹。

腹大而平者名大腹，尖者名檳榔。大腹皮消腫寬脹，定喘，止霍亂，通大小腸，治冷熱氣攻心腹，大腸毒壅，痰膈醋心，并以薑、鹽同煎。入踈氣藥良，下一切氣，調中開脾健胃。丹溪云：性溫，踈通脾胃有餘之氣，虛者不可用。○鴆鳥多棲此樹，宜先以酒洗，後以大豆汁洗，火焙赤。

京（山）〔三〕稜苦辛平澁，消積散癥功可立，又治心腹脹且疼，破血通經下乳汁。京，當作荊，楚地所出也，葉似茭蒲，莖皆三稜。無毒。陰中陽也，治老癖，癥瘕、積塊。快氣寬胸，氣脹皷滿最宜。婦人血脉不調，心腹刺痛，通月經，產後腹痛，血暈宿血及氣滯乳汁不行。兼治小兒癇熱，無辜痃癖。撲損瘀血亦用。色白屬氣。破血中之氣，真氣虛者勿用。○生細根屈如爪者，名鷄爪三稜，又名草三稜；不生細根，形如烏梅者，名黑三稜；根黄白色，形如釵股者，名石三稜；色黄體重，狀若鯽魚而小者，名京三稜，為上。其實一物，但力有剛柔耳。入藥醋煮熟剉，焙乾或火炮用。

蓬莪茂苦辛能逐水，治心脾病破氣痞，定霍亂又止奔豚，消瘀調經益婦女。蓬蓬然茂盛，即莪朮。氣溫。無毒。消水行氣，破積為最。主心腹痛，中惡疰忤鬼氣，痃癖冷氣，霍亂吐酸，飲食不消，開胃化食。治一切氣，丈夫奔豚，婦人血氣心痛。通月經，消瘀血，婦人藥中多用。兼止撲損下血及內損惡血，解諸毒。色黑屬血，破氣中之血。入氣藥能發諸香，雖為泄劑，亦能益氣。孫用和治氣短不能接續及滑泄小便數，莪朮、金鈴肉各一兩，硼砂一錢，為末，空心鹽湯下二錢，名茂鈴散。○陳醋煮熟剉，焙乾，或火炮醋炒，得酒醋良。

扁豆甘平助胃脾，和中下氣霍亂宜，清暑更能解諸毒，女人帶下花尤奇。形扁不圓，有黑、白二種。黑者小、冷。入藥用白者。味甘，微溫。無毒。補脾胃五臟，和中下氣。止霍亂吐瀉，清暑氣，行風氣，解一切草木酒毒，殺河豚毒。凡使，去皮，薑汁炒。○花，主女子帶下赤白，乾末米飲調服。○葉，主霍亂及吐利後轉筋。生搗，以少酢浸汁服，亦傅蛇咬。醋煮食，治瘕。惟患寒熱人勿食。○嫩莢蒸食甚美，患冷氣人勿食。

薏苡仁甘寒除風濕，筋攣骨痛難伸屈，消腫利腸除肺痿，令人能食性不急。薏，意；苡，實也。無毒。主風濕痹，筋攣骨痛不仁，難以屈伸及乾濕脚氣。消水腫，利腸胃。治肺痿肺癰吐膿血，咳嗽涕唾上氣，心胸甲錯。久服益氣，令人能食，性緩不妬。凡用須倍於他藥。○咬之粘牙者真。水洗略炒，或和糯米炒熟、去米。○治妬方：薏苡、天門冬、赤黍米等分，蜜丸。男婦服之，皆不妬忌。

神麯甘溫破堅癖，消心膈痰進飲食，調中止泄止霍亂，更醫痢痔及勞復。神，按六神而造；麯，朽也，鬱之使生衣朽敗也。無毒。純陽。入足陽明經。破癥結、水腹堅大如盤，消心膈氣，痰逆胸滿，腸胃中塞，飲食不下，宜此開胃健脾，消化水穀。止霍亂泄瀉，痢下赤白。消食痔，療傷寒飲食勞復；兼治臟腑中風氣，補虛去冷氣；落胎，下鬼胎，治卒胎動不安，或腰痛胎轉搶心，下血不止，小兒癇疾。又六畜食米脹欲死者，煮汁灌之立消。○麩皮麯，性涼，入大腸，亦消食積。○紅麯，活血消食。○造神麯法：六月六日，或三伏上寅日，採蓼草三兩，青蒿、蒼耳草各六兩，俱搗自然汁，杏仁末一兩、帶麩白麪二升，赤小豆一碗，煮軟熟，去皮研，然後取前汁共一處拌匀，踏實成麯。一如造酒藥法出白，愈久愈好，入藥炒令香。

麥蘖甘溫破冷積，善止霍亂寬胸膈，更利上焦瘀與痰，下氣寬腸救產厄。大麥用水漬之，不以理生芽為蘖。無毒。破癥瘕冷氣，止霍亂，治宿食停滯，胸膈脹滿，行上焦滯血，腹中雷鳴，消痰下氣，寬腸開胃，補脾溫中之快藥也。胃氣虛人宜服，以代戊己腐熟水穀。但多食久食消腎，所以婦人催生墮胎，產後秘結，皷脹不通亦用之。○炒黄杵去皮。豆蔻、砂仁、木瓜、五味子為使。

棠毬子化食開結氣，消痰積瘀健脾胃，更治痢疾與腰疼，產餘腹痛有滋味。即山查。查者，粗也，非美果。棠毬即山查未熟而酸澁者。無毒。消食積，化宿滯，行結氣，消積塊、痰塊、血塊，治腹痞脹發熱，健脾開膈之美藥也。又治痢疾，腰疼。兼催瘡痛，消滯血。丹溪治產婦惡露不盡腹痛，或兒枕作痛，以山查百枚水煎，入砂糖少許，空心服效。○陳久者良。水先蒸軟，去核晒乾。○生而成熟者，俗名茅查，又名山裏紅果，性同，小兒食之良。

使君子甘性溫平，孩子五疳用最靈，殺蟲止瀉又止痢，小便混濁也能清。因郭使君用療小兒故名。無毒。主小兒五疳，明目，殺積蟲，止瀉痢及小便白濁。○去殼用仁，或兼用殼。

阿魏辛溫消肉積，殺蟲破癖祛瘟疫，治霍亂止心腹疼，食瘧傳尸與蠱毒。阿曰呢，魏曰嗟，西番語也。無毒。消肉積，化宿食，殺諸蟲，破癥瘕冷氣，去臭氣，下惡氣，辟瘟疫，止霍亂，心腹冷痛，祛瘧疾，除傳尸邪鬼蠱毒，兼治小兒疳積，殺一切蕈菜毒。狀如桃膠黄散，極臭而能止臭。取半銖安熟銅器中一宿，至明沾處白如銀者真。凡使，先於淨缽中研粉了，於熱酒器上裹過用。

罌粟殼酸澁亦溫，久瀉痢嗽刦其根，收氣入腎治骨痛，鴉片性急須少食。即罌粟殼也。治脾瀉久痢澁腸及虛勞久嗽，又收固氣，入腎治骨病。雖有刦病之功，然暴嗽、瀉者用之，殺人如劍。○水洗去筋膜，蜜炒黄色。○鴉片，又名阿芙蓉。即罌粟花開時，用竹針刺十數孔，其津自出，次日以竹刀刮在銀器內，待積取多了，以紙封固，晒二七日即成片矣。治同上。性急，不可多用。○已上調中消導藥。

猪苓淡苦氣亦平，行水消浮煩渴寧，傷寒胃病瘧疫用，便止濕熱暴遺精。形如猪糞，與茯苓義同。無毒。升而微降，陽中陰也，入足太陽、少陰經。除濕，利水道，治腫脹滿急痛，從脚上至小腹腫，小便不利，及婦人子淋、子腫。治中暑消渴，解傷寒瘟疫大熱發汗，主痎瘧，解毒蠱疰不祥。勿聽子云：止泄精。脾經濕熱流入腎經，用以滲泄，中病即止。此藥苦以泄滯，淡以利竅，滲真氣，燥津液，無濕症者忌用，有濕症而腎虛者亦忌。久服損腎昏目。○肉白而實者佳。銅刀削去黑皮，微焙乾用。

澤瀉甘鹹瀉水浮，止渴泄善通淋洩，治痞除痹腎風疥，下乳催生亦可求。生汝南池澤，性能瀉水。氣寒，無毒。沉而降，陽中陰也。入足太陽、少陰經。逐三焦膀胱停水留垢，伐腎邪水，分利小水之捷藥也。故曰：水病濕腫靈丹，小便淋澁仙藥。止煩渴、瀉痢，除五臟痞滿，風寒濕痹，腎臟風瘡，通血脉，下乳難，催生，補女人血海，令有子，皆濕熱凝滯病也。扁鵲云：多服令人眼病。丹溪云：眼中有水屬膀胱，滲利太過則水涸而火上盛，故眼病也。仲景八味丸用之，亦不過接引桂、附歸腎耳。諸書云：止陰汗，生新水，補虛損，補陰不足，止泄精，為正劑，非也。凡淋渴，水腫，腎虛所致者亦不可用。○形大而長，尾有兩歧者佳。去蘆酒浸一宿，日乾。畏海蛤、文蛤。○葉，主大風，乳汁不出，產難，強陰氣。○實，主風痹，消渴，除邪濕，益腎強陰，久服令無子。

瞿麥氣寒辛苦味，利膀胱治諸癃閉，破血通經逐死胎，出刺排膿除目翳。瞿然而高尺餘，葉尖青色，根紫黑色，形如細蔓菁，五月開紫紅花，似映山紅，七月結實作穗似麥，故名瞿麥。處處有之。無毒。陽中微陰。逐膀胱邪逆，利小便為君，關格，五淋，癃閉，小便不通，熱者用之。又下閉血，通月經，破血塊，催生墮胎或子死腹中，出竹木刺入肉，下骨骾，決癰腫排膿，明目去翳。單用空心服之，令人氣咽、遺溺，小腸虛者禁用。《本草》又云：養腎氣，止霍亂，長毛髮，亦為濕熱者言耳。葉，治小兒蛔蟲，痔瘻瀉血，水煎服。丹石藥發眼目腫痛及腫毒浸淫，婦人陰瘡，并搗傅之。不用莖葉，只用實殼，以竹瀝浸一時曬乾。蘘草、牡丹皮為使。惡螵蛸。

紫草苦寒利九竅，腫疸卒淋俱可療，蕩腹心邪治傷寒，痘疹面皻為最妙。色紫。無毒。利九竅，通水道，療腹脹滿痛、五疸、卒淋澁痛，袪蕩心腹邪氣，傷寒時疾多用之。善發小兒痘疹不出。又豌豆瘡、面皻、惡瘡瘑癬及惡蟲咬，紫草煎油塗之。○去頭鬚，以黃蠟溶化投水，用蠟水蒸之，或酒洗。

木瓜酸溫消腫痹，最治霍亂與腳氣，止渴消痰和腹心，入肝養腎滋脾肺。木實如瓜，良果也，嫩者佳，枝亦可用。無毒。入手足太陰經。消水腫濕痹，霍亂吐瀉轉筋不止，下氣消食最良。治奔豚腳氣，止渴，降痰唾，療冷熱痢、心腹痛。東垣云：氣脫則能收，氣滯則能和。《衍義》云：入肝益筋與血，病腰腎腳膝無力不可缺也。本草云：益肺而去濕，和胃而滋脾。雷公云：調榮衛，助穀氣，解酒毒。但單服多服損齒及骨。○宣州者佳。忌鉛鐵，以銅刀削去皮子，用黃牛乳汁拌蒸三時，日乾。

赤小豆甘酸性平，腹腫腳氣熱寒寧，止吐瀉與卒下血，消渴癰疽亦有情。色赤形小。無毒。陰中陽也。主下水，大腹水腫，皮肌脹滿及腳氣腫滿入腹，利小便，止小便數，除煩滿寒熱，止瀉及吐逆卒澼、腸痔下血及舌忽出血不止，消渴，大能解毒，排癰腫膿血，散惡血不盡。兼催難產，下乳汁及產後心悶煩滿不食，乃行水通氣健脾之劑。久服燥津，令人虛且黑瘦。入藥炒用，搗末醋調，或鷄子清調傅瘡腫乳腫丹毒，取汁洗小兒急黃爛瘡。○豆粉，治煩解熱，補血脉，堅筋骨，解小麥熱毒。葉，食之明目。○花，味辛，平，有腐氣，故名腐婢。主下水氣，痎瘧，寒熱邪氣，散氣滿不能食，止瀉痢，明眼目，起陰氣，止消渴，酒病頭痛，兼治小兒丹毒熱腫。

百合甘平醫百合，消腹脹痞痛心脇，肺痿寒熱遍身疼，喉風顛涕瘡癰捷。其根百片，累合而生。無毒。治傷寒壞症，百合病，腹中滿痛及陰毒傷寒。消浮腫，臚脹痞滿，大小便不利，心下急痛脇滿，肺痿肺癰，肺熱咳嗽，喉痹，煩悶寒熱，遍身疼痛。治顛邪涕泣狂叫，及驚悸心膽不寧，兼治乳癰發背，諸瘡腫，殺蠱毒，養五臟，補中氣，通耳竅，亦滲利中之美藥。○花白者佳。採根，日乾。

葶藶大寒辛苦味，善消水腫瀉肺氣，更醫腎癉破脾積，解毒祛風治疙痱。葶，定也；藶，瀝也，行也。能定肺喘而行水。無毒。沉也，陰中陰也。東垣云：除遍身之浮腫，逐膀胱之留熱，定肺癰上氣喘促，療胸中積壅痰嗽。兼治腎癉唇乾，破癥瘕積聚結氣，飲食寒熱，解一切毒入腹不可療及馬汗。用一兩炒研浸水，利下惡血，又煎湯洗頭風，搗末傅白禿，身暴中風熱痱痒亦可洗且塗之。丹溪云：屬火，性急走泄為功，苦者尤甚，甜者少緩。病人稍涉虛者遠之，殺人甚捷。不必久服乃虛。○隔紙炒香，或蒸熟。榆皮為使。惡乾薑、石龍芮。○含膏丸：葶藶、知母、貝母各一兩，棗肉五錢，沙糖一兩半，丸如彈子。每以新綿裹一丸含嚥，治嗽喘，三丸即效。

牽牛苦寒利腫膨，走脾腎治腳腰疼，下氣除嗽破痃癖，墮胎瀉蠱性不平。出田野，牽牛易藥，因以名之。有毒。利小便及大腸風秘，熱壅結澁，善消鼓脹水腫。又治腰疼腳滿及風毒腳氣，脛腫捏之沒指者，行脾腎氣故也。下一切濕熱氣壅，消痰嗽，破痃癖氣塊，墮胎，瀉蠱毒。海藏云：以氣藥引之則入氣，以大黃引之則入血。羅謙甫云：味辛辣，瀉人元氣，非濕勝不得施泄以致便閉腫滿，不可輕用。虛者尤宜慎之。況濕病根在下焦血分，飲食勞倦亦皆血分受病，如用辛辣瀉上焦太陰之氣，是血病瀉氣，俾氣血俱病也。○黑白二種，白屬金，黑屬水，其實感南方熱火之氣而生，故性烈而善走也。《局方》多用黑者。水淘去浮者，取沉者晒乾，酒拌蒸三時，炒熟舂去皮，每斤取頭末四兩。生者尤急，治水腫以烏牛尿浸；治風氣積滯，以童便浸。得青木香、乾薑、山茱萸良。

大戟苦甘寒有毒，消十二腫寬胸腹，破癖逐瘀通經孕，祛風散腫辟瘟疫。枝莖似戟，處處有之。春生紅芽，葉似初生楊柳，根似細苦參。秋冬採根。大寒。陰中微陽。主利大小腸，消十二水腫，胸腹脹滿急痛，破癥結癖塊，下惡血，通月水，墮胎孕，治中風，皮膚癮疹疼痛，吐逆，頸腋癰腫及天行黃病，溫瘧，蠱毒，頭疼便秘。此藥能汗且下之。珍云：瀉肺損真氣，與甘遂同為驅逐劑耳。○細剉蒸或微炒。赤小豆為使。惡山藥，畏蘆草、鼠屎，反芫花、海藻，毒用菖蒲解之。○澤漆，即大戟苗，生川澤，採時葉有白汁如漆。味苦辛，微寒，無毒。主皮膚熱，大腹水氣，四肢面目浮腫，利大小腸，止瘧，止咳，消痰，殺蠱毒。端午日採，日乾。赤小豆為使，惡山藥。

甘遂苦寒善攻決，消水腫滿開胸結，化痰飲與食宿留，又破癥堅及痞熱。

甘者，土之味；遂者，田溝行水之道。純陽。有毒。此藥專能行水攻決，下五水，散膀胱留熱，面目肌膚遍身浮腫，心腹堅滿。傷寒水結胸症非此不除，以其氣能直透達所結處也。化痰飲，宿食留飲，破癥堅積聚、大腹疝瘕，痞熱氣腫滿。虛者慎用。○皮赤肉白，作連珠實重者麩炒。雷公用甘草湯、薺苨汁同浸三日，東流水洗淨焙乾。蓋欲其相激而力尤勝也。瓜蒂為使，惡遠志，反甘草。

芫花苦寒消水腫，欬逆喉鳴痰氣壅，心腹腰腳脹且疼，破積殺蟲拔毛孔。

芫，元也，始也。元氣始動而花開，處處有之，生陂澗傍，二月開紫花作穗。有毒。主利五水在五臟，皮膚腫脹，欬逆上氣；喉鳴或腫，喘嗽，消胸中痰水喜唾，治心腹及腰腳膨脹作痛，破積聚氣塊疝瘕，殺蟲魚肉毒。一切惡瘡癰腫，風痹踡攣，皆能通利血脈而愈。又治金瘡疥癬，生肌止血，宜燒灰用。兼治蠱毒鬼瘧，內搜腸胃，外達毛孔。《捷徑》云：須知此物力如山，體實者久服則虛，虛者禁用。○醋炒不可近眼。決明為使。反甘草。○根，主療疥瘡，可毒魚。一方，取入土根洗淨，搗汁入銀器內煎膏，以絲線於膏內度過，如痔瘻有頭者，將此線繫之，候落時以紙撚入膏藥於竅內除根。未落不得使水，繫瘤亦效。

商陸酸辛氣亦平，直疏五水有神靈，兼療胸邪身痿痹，疝瘕癰腫鬼物精。

陸，路也。多生路傍，故又名當陸，俗名樟柳根。如人形者有神。有毒。降也，陽中之陰。利大小腸，直疏五臟水氣，療胸中邪水腹脹，痿痹腳軟，疝瘕癰腫如石，瘰癧惡瘡，殺鬼精物，又瀉蠱毒，墮胎。為末，外傅喉痹效。○銅刀刮去皮，薄切，東流水浸三日，取出和菉豆同蒸半日，去豆晒乾或焙。有赤白二種，白者入藥，赤者但可貼腫，服之傷人。忌犬肉，得大蒜良。

續隨子辛溫有毒，利水寬膨效最速，消痰破積逐瘀凝，通經解蠱利腸腹。

初生一莖，莖端生葉，葉中復出相續隨生實也，一名千金子。治肺氣、水氣，下水最速。又治心腹痛。冷氣脹滿。除痰飲嘔逆不下食，破積聚痃瘕癥瘕，下一切惡物宿滯，逐瘀血。通婦人月閉血結，殺蠱毒鬼疰，利大小腸及腹內諸疾。但多服損人，瀉不止者，以漿水薄醋煮粥止之。兼治一切惡瘡疥癬，蛇咬，莖中白汁剝人面皮，去䵟黵、白癜甚效。○川產者良。去殼研，以紙包用物壓去油，研粉。

海藻鹹寒利小便，消水下氣破瘕疝，癭瘤頸核單服之，化痰通血尤堪羨。

海中之草，色黑如亂髮，葉類水藻而大。無毒。沉也，陰中陰也。利小便閉結，下十二水腫及氣疾急滿，腳氣，奔逐氣，腹中上下鳴，癥瘕堅氣，疝氣疼痛，核腫。破結氣癰腫，癭瘤氣，頸下核如梅李。或卒結囊，單用酒漬數日，稍稍飲之。又消宿食，化五膈痰壅，通婦人血結月閉，石淋。孟詵云：起男子陰氣，可常食之，惟北人不宜。○洗去鹹味，用黑豆、紫背天葵同蒸一時晒乾。反甘草。

昆布鹹酸性冷寒，能消水腫利漩難，癭瘤結硬真良劑，陰㿗汁噤之安。

昆，大也；形如布。無毒。主十二水腫，利水道，散癭瘤聚結氣，瘡瘻堅硬者最妙，鹹能軟堅故也。項下結囊，和海藻等分蜜丸含噤。㿗卵腫者，單煮汁噤之。久服令人腹痛，發氣吐沫，以熱醋少飲解之。凡海菜寒中，有小螺者尤損人，胃虛者慎服。○東流水煮半日，去鹹味，焙乾。○昆布臛：取一斤以米泔浸一宿，切細煮爛，入葱、鹽、椒、豉、橘皮，和粳米飯食，極下氣，治膀胱急，妨海藻亦依此法。○已上行濕利大小便藥。

楮實甘寒治腫水，明目補氣壯陰痿，皮汁生塗疥癬瘡，葉莖風疹可煎洗。

楮，赭也，其實赤色，皮斑者名楮，皮白者名穀。無毒。主除水腫，明目益氣，補虛勞，助陽氣，壯陰痿，健腰膝，充肌膚，益顏色。但單服多服令人骨軟。入藥，水沉去浮者，去皮酒浸蒸半日，焙乾。○樹皮，主逐水利小便。又可造紙，其紙燒灰酒調服，能止血暈血崩，金瘡出血。○皮間白汁，療疥癬，敷蛇蟲蜂犬咬。○葉，主惡瘡生肉，又鼻衄不止，搗汁飲之。痢疾，焙為末，烏梅煎湯下。小兒身熱，食不生肌，可作浴湯。○枝莖，主癮疹風痒，煎湯洗浴。

澤蘭甘苦辛微溫，皮膚骨節水難存，逐舊生新和血脈，婦人百病可尋源。

生池澤，其香似蘭。無毒。入手少陽經。利身面四肢肚腹浮腫及骨節中水，通九竅，利關脈，養新血，破宿血，消癥瘕。產後腹痛，衄血，中風餘疾，瀕產血氣衰冷，成癆羸瘦，頭風月痛，血瀝腰疼，百病審因皆效，婦人急用藥也。兼治丈夫鼻衄吐紅面黃，金瘡癰腫，排膿生肌長肉，撲損瘀血。○有二種，葉圓根青黃者，能生血調氣；葉上斑根鬚尖者，能破血通久積。四五月採。細剉，絹袋盛，風乾。

菴蕳子苦治陽水腫，消瘀成癰及食冗，目昏身痹也能醫，婦人經閉何須恐。

形似艾蒿，處處有之。庵舍屋閭中多種之以辟蛇，性微寒，無毒。主腹中水氣，腫脹留熱及五臟瘀血變成癰毒。消食明目，除心下堅，膈中寒熱，風寒濕氣周痹遍身骨節煩疼，腰腳重痛，膀胱疼及婦人月閉不通，治折傷，破血活血劑也。○十月採實，陰乾，或生搗汁服。荊實、薏苡為使。

蓼實辛溫能下水，明目溫中去寒暑，霍亂轉筋腹內疼，破癖消癰及瘡瘰，葉洗腳腫傅蛇傷，腸蛭馬蓼獨可取。

蓼，寥也，至秋柯枝高大寥寥然。莖赤葉大，上有黑點，生水澤中。《衍義》云：即水蓼之實也。無毒。下水氣、面目浮腫，明目溫中，治風寒及夏月中暍心悶欲死，霍亂轉筋，心腹疼痛，並水煮服之。又治痃癖、癰瘡、瘰癧，久服則效，效則已。小兒頭瘡傅之良，除大小腸邪氣，通五臟壅。多食令人吐水，損腎陽氣。二月食之發心痛寒熱；合魚鱠食，令人陰冷疼，氣欲絕。入藥微炒研碎。○葉，煮湯捋腳，消氣腫及腳痛成瘡；生絞汁服，治蛇毒入內心悶，仍搗傅傷處。○馬蓼，去腸中蛭蟲。○抑考蓼有七種：香蓼可作菜食，治腰腳。青蓼，可釀酒，主風冷。紅蓼，可作醬。水蓼，一名大蓼，即水紅蓼，主惡瘡，去痹氣。諸蓼葉俱狹小，惟馬、水二種闊大。花皆黃白，子皆青黑。

樗白皮寒苦燥濕，久瀉久痢皆能澁，男精女帶兒疳蟲，腸痔尸疰蠱毒戢，一種香椿性頗同，洗風瘡疥煎取汁。

樗木疏，有花有莢而氣臭；椿木實而無花，葉香可噉，發於春首，木之長也。○樗根白皮，小毒。性燥而澁，善止滑瀉，赤白久痢，男子遺精，小便不禁，女人崩帶，小兒疳痢、疳蟲、蛔蟲。又治痔疾、腸風下血不止，鬼疰傳尸蠱毒。

但合猪肉、熱麪頻食則中滿，蓋壅經脉也。入藥蜜炙用。○椿白皮，味苦，溫，有毒。動風，熏十二經脉、五臟六腑，多食令人神昏血氣微。治男子白痢臟毒，女子血崩赤帶、產後血不止，小兒疳䘌。葉，洗瘡疥風疽，性與樗木大同，但不澁耳。故雷公云：入藥用東行根皮，以生葱同蒸半日，去葱陰乾用，偏利溺澁也。

金櫻子酸澁性平，燥脾益腎止遺精，和血調臟治痢瀉，久服耐老身亦輕。色如金，形如罌。無毒。療脾瀉下痢，止小便利，澁精氣，久服養精益腎，調和五臟，活血駐顏，耐老輕身。丹溪云：屬土而有金水。經絡隧道以通暢為和平，味者反取澁性為快，中寒有痞者禁服。凡採，須十月半熟時，不爾，復令人利。煎膏法見六卷。○花，平。止冷熱痢，殺寸白蟲。○皮，止瀉血及崩帶。

無食子又名沒石，溫苦止瀉痢白赤，養血生精安氣神，烏鬚長肉治疳䘌。出西戎波斯國，其樹似桃，三月開花，子如彈，初青，熟乃黄白。蟲蝕成孔者入藥。土人每食以代果，番胡呼為無食、沒石。雷公云：墨石子者是也。無毒。主腸虛，赤白冷痢，腸滑泄瀉，神效。益血生精，和氣安神，烏鬚髮，長肌肉。治陰毒、陰瘻、陰汗瘡，燒灰，先用溫水浴了，即以帛微裹，後傅灰囊上甚良。○凡使勿犯銅鐵，并被火驚者。顆小文細者佳，炒用，細研。

釣樟辛烈溫無毒，消水下氣安心腹，破積止吐止霍亂，中惡金瘡辟時疫。葉尖長如釣鉤，文似樟木也。消水腫，下奔豚脚氣，水煎服。治腹脹，宿食不消，常吐酸水，鬼疰，霍亂，中惡心腹絞痛，並酒煎服。又為末，療金瘡斷血。煎湯洗瘡痍風痒，疥癬，懸門辟天行時疫。○八九月採根皮，日乾，略炒用。

榆皮滑利性甘平，利水通便產易生，心痛頭瘡當採實，小兒癇熱用花清。俞，合也。三月生莢相合。無毒。利水道，消腫滿，通大小便，治五淋。除腸胃邪熱氣，治不眠。療齁通經，治子死腹中，滑胎方多用之。兼治暴患赤腫，婦人妬乳。小兒白秃，和醋查封之。五丹火瘡，鷄清調塗。○實，味微辛。能助肺氣，殺諸蟲下氣，令人能食，消心腹間惡氣，卒冷心痛，療小兒頭痂疕及諸瘡癬。○花，主小兒癇，傷熱，小便不利。○莢，和牛肉作羹食，治婦人帶下。○嫩葉作羹食，消水腫，壓丹石，利關節。○二月採樹皮去赤皮焙乾，八月採實，並勿令中濕，濕即傷人。

琥珀甘平脂化成，利水通淋破堅癥，安心清肺燥脾土，明目治顛逐瘀凝。琥，瑞玉也；珀，白也。有安魂定魄之功。乃松脂入地千年化成。無毒。利小水，通五淋，破結癥，安心神，止心痛，定魂魄，清肺氣，運化下降，燥脾土，明目磨翳，治顛邪、殺鬼魅百邪。《本草》云主安五臟者是也。逐瘀血，產後血暈悶絕，兒枕痛者最妙。兼解蠱毒，金瘡止血生肌。但血少而小便不利者，服之反致燥急之苦。《別說》云：茯苓、琥珀皆自松出，然茯苓生成於陰，琥珀生於陽而成於陰，故皆治榮而安心利水也。○如血色，以布摩熱拾得芥者真。凡用，先以水調栢子仁末安瓷罐內，次入琥珀於末中，煮半日久，別有異光，另搗如粉，重篩用。○單琥珀散：為末，燈心、薄荷煎湯調服二錢，治小便尿血，神效。

燈心草甘寒無毒，清心利水通淋縮，燒吹喉痹止兒啼，破傷嚼涎敷一掬。叢生江南澤地，莖圓細長直，穰可燃燈，根苗生煮清心退熱，利水道，通五淋。丹溪云：燈心屬土。火燒灰存性，取少許吹喉痹甚捷。塗母乳上與兒喫，治夜啼。和唾嚼爛敷破傷。

綠礬酸寒消腫疸，疳積腸風亦可散，喉痹蛀牙瘡癬蟲，甲疽傷腫火上煅。又名青礬。無毒。消水腫、黄疸、小兒疳積，乃抑肝助脾之劑也。腸風下血，釀鯽魚燒灰為丸服之。治喉痹蛀牙口瘡，及惡瘡疥癬有蟲，甲疽腫痛出水。○火煅醋淬三過。《局方》多用米炒，恐勝礬力也。又一製法，見五卷。○已上治濕通用。

石龍芻：生水石處，俗名龍鬚草，可作席，所在有之。味苦，寒，無毒。利小便，通淋閉，除心腹邪熱，風濕，鬼疰惡毒，痞滿，飲食不消，出汗，止莖中痛，殺蛔蟲。久服補虛羸，明耳目，輕身延年。凡敗破席受人氣多者，皆消瘀血，通淋，利小便。煮服良。蒲席、燈心席俱好。○九節多味者良。七月採莖，曝乾。

蕘花：蕘，饒也。言其花開多也。味辛、苦，氣寒，有毒。主傷寒，溫瘧，十二水腫，利水道，破積聚大堅癥瘕，蕩滌腸胃中留癖、飲食寒熱邪氣，療痰飲咳嗽。仲景用治利者，以其行水也，水去則利止，量病斟酌用之。○六月採花，陰乾。

狼毒：味辛，平，有大毒。能殺飛禽走獸，狼鼠中之即死。消水氣，止欬逆上氣，破痰飲積聚癥瘕，飲食寒熱，胸下積癖，心腹脹痛，臟腑內一切蟲病。兼治惡瘡鼠瘻，乾癬疽蝕，鬼精蠱毒。○川產陳而沉水者良。

海帶：生東海。比海藻更麄長，如帶，作下水藥速於海藻、昆布。主催生，治婦人及療風。凡海中菜，皆治癭瘤結氣。青苔、紫菜皆然。○水洗用。

苘實：蕒麻之子，即白麻也。葉似苧而薄，花黄，十月結實，如葵子黑色，其皮可織布及作繩索。處處有之。味苦，平，無毒。主赤白冷熱痢疾，取子炒香為末，蜜湯下一錢。若熱結癰腫無頭，吞之則頭破，根亦可用。

烏臼木：根皮，味苦，微溫，有毒。主下水氣，通大小便，治頭風癥結積聚，炙黄用。○子油解蛇毒。去陰下水，染髮。

杉材節：須油杉及臭者良。味辛，微溫，無毒。煎湯洗脚氣腫滿及漆瘡，煎湯服之治心腹脹痛，去惡氣及風毒，奔豚，霍亂上氣，堅筋骨。入藥炒用。○杉木上菌，主心脾氣疼，暴心痛。

南燭枝：　葉稟南方火氣而生，葉似茗而圓厚，冬夏常青，枝莖微紫，九月結子如茱萸，紫色，可食。味苦，平，無毒。益腸胃，止泄除睡。強筋益氣，久服輕身長年，變白去老。四月採葉，擣汁浸粳米，九蒸九暴名烏飯，以袋盛之，可適遠方。日進一合不飢，益顏色，堅筋骨能行。又春夏取枝葉，秋冬取根皮，細剉，水煎濃汁，去查熬成膏，入童便少許，每服一匙溫酒下，日三次，明目烏鬚，駐顏輕身，兼治一切風疾。〇根燒灰熟水下，治小兒誤吞銅鐵物。

蔓椒：　俗呼為樛。山野處處有之。味苦，溫，無毒。主風寒濕痹歷節疼，除四肢厥氣膝痛及遊蠱飛尸。可蒸病出汗。

雲實：　俗呼馬豆。川谷處處有之。叢生，葉如細槐，枝間微刺，花黃白，莢中子大如麻子，黃黑色。味辛、苦，溫，無毒。主泄痢腸澼，殺蟲毒，去邪惡結氣，止痛，除寒熱消渴，治瘧藥中多用之。〇五月採，和豫實蒸一日，晒乾用。

白蒿：　生川澤。所在有之。春初最先諸草而生，似青蒿而葉粗，上有白毛。及秋香美可生食，俗名蓬蒿也。味甘，平，無毒。主五臟邪氣，風寒濕痹，補中益氣，長毛髮令黑，療心懸，少食常飢。久服耳目聰明，輕身不老。

虎掌：　山谷近道有之。其苗一莖，莖頭一葉，五六出如爪，根似大半夏，四園生芽如虎掌。味苦，微寒，有大毒。主利水道，除陰下濕，風眩目轉，心腹寒熱結氣，疝瘕腸痛，積聚伏梁，筋痿拘緩。〇湯泡七次，火煨。蜀漆為使。畏莽草。

姑活：　生河東。味甘，溫。無毒。主大風邪氣，濕痹寒痛，久服輕身耐老。

別羇：　生藍田川谷。味苦，溫。無毒。主風寒濕痹身重，四肢疼痠寒，歷節痛。

石龍子：　生石澗中，形似龍而小。《衍義》云：　能至風雨，故利水道，通五癃邪結氣，破石淋下血。〇有四種：　在草澤者，名蠑螈、蜥蜴；　在壁者，名蝘蜓、守宮。以五色具者為雄而良，色不具者為雌乃劣耳。入藥當用草澤中者。五月採，去腹中物，火乾用之。惡硫黃、斑猫、蕪荑。

螻蛄：　即《月令》螻蟈鳴，俗呼土狗。味鹹，寒，無毒。主十種水病，腫滿，喘促不得臥，通石淋，主難産，潰癰腫，除惡瘡，下哽噎，解毒。其腰以前，主澁大小便；　腰以後，主利大小便。若箭鏃在咽喉胸膈及針刺在肉不得出者，用土狗腦擣汁滴上三五度，箭刺自出。〇夏至採夜行者，日乾，入藥炒用。

鼠婦：　即地鷄。多足，色如蚓，背有橫紋蹙起。生瓮底下濕處及土坎中，常負鼠背上故名。味酸，微寒，無毒。主利水道，氣癃不得小便，婦人月閉血瘕，癇痓寒熱，墮胎。仲景用治久瘧者，以其主寒熱也。〇端午採，日乾，微炒。

筆頭灰：　是年久使乏兔毫筆頭。微寒。主小便不通，小便數難，陰腫中惡，脫肛淋瀝，燒灰水調服之。治難産用生藕汁下，若産母虛弱，素有冷疾，暖過服之，效。

天漿子：　即糞蟲。六月取入布袋，置長流水中三日夜，晒乾為末，專化穀食、肉食，故小兒疳積用之。

蛇含石：　蛇冬蟄時含土，至春發蟄吐之而去。一名蛇黃。味甘，性冷，無毒。主心痛，疰忤，石淋，産難，小兒驚癇。〇火煅醋淬三四次，水飛研細用之。〇已上治濕雜用。

主治各經濕藥【略】　治燥門即《湯液》燥降收也。古菴云【略】

天門冬苦寒潤肺，瀉火消痰定喘氣，肺痿肺癰多渴衄，通腎補虛及偏痹。天，顛也，一名顛棘。《爾雅》名門冬，冬月作實也。無毒。升也，陰也。入手太陰、足少陰經。東垣云：　保肺氣，不被熱擾，定喘促，陡得安寧。又云：　潤肺肝。日華云：　潤五臟。其實保與定皆潤也。肺潤而五臟自潤，乃潤肺之美藥也。瀉肺熱肺火，消痰止嗽定喘，肺痿肺癰吐膿血，血熱吐衄，消渴煩熱。又治肺經津躁結為癥瘕積聚。通腎氣，補五勞七傷及諸暴風濕偏痹，熱毒遊風。性雖冷能補精枯血冷，益氣填髓，養肌膚，利小便，殺三蟲，去伏尸；　久服顏色潔白，耐寒暑，身輕不飢，延年，令人多子。但專泄而不收，中寒腸滑者禁用。〇湯浸去皮心，焙熱即當風涼之，如此二三次自乾，不損藥力。地黃、貝母為使。畏曾青、鯉魚。外用澣衣洗面最潔。

麥門冬甘氣微寒，清肺火令心神安，養陰通脉醫痿蹶，清穀調中治嘔乾。形如穬麥。無毒。降也，陽中之陰。入手太陰經。瀉肺火，生肺金。治咳嗽煩渴、血熱妄行及肺痿吐膿，安心神，清心熱及心下支滿。夫伏火去則金清自能生水，而陰精日長日固。心神安則血有所統，而客熱自散。又脉失及痿蹶必用者，心肺潤而血脉自通也。大抵後人治心肺多，古人治脾胃多。《經》云：　消穀調中，止嘔吐。主心腹結氣，傷中傷飽，胃絡脉絕，羸瘦短氣，身重目黃口乾。久服安五臟，美顏色，令人肥健有子。〇去心用，不令人煩。行經酒浸。地黃、車前為使。惡欵冬花，畏苦參。

知母苦寒潤心肺，補腎瀉火更清胃，勞蒸渴嗽止瘧斑，兼利小腸消腫潰。補陰藥用之，以其能知血之母也。無毒。沉而降，陰中陰也。入足陽明、手太陰，足少陰本藥。潤心肺，滋化源，止驚悸，下氣消痰。瀉腎火、胃火之聖藥。內傷虛勞，陽盛有汗，骨蒸熱勞，往來傳尸疰病，消渴口乾，咳嗽，傷寒，久瘧，煩熱發斑皆治。兼通小腸，除邪氣，肢體浮腫及脇膈中惡，風汗內疸，妊娠腹痛，產後蓐勞，辟射工溪毒。《經》云：多服令人泄。凡肺中寒嗽，腎氣虛脫，無火症而尺脉微弱者禁用。〇去皮，補藥鹽水或蜜水蒸，或炒。上行酒炒。忌鐵器。

貝母苦辛平散鬱，降火消痰清肺疾，煩熱咳渴咽項風，淋疸疝瘕心腹實。形如聚貝子。無毒。丹溪云：貝母治諸疾者，辛能散結，苦能降火，氣血調暢，而疾自愈，收斂瘡口亦此意也。消痰止嗽，潤肺清心，和中氣，安五臟，乃怯症之要藥也。又主傷寒洗洗惡風寒，目眩項直，煩熱咳嗽，作渴無汗，喉痹，淋瀝，時氣黃疸，疝瘕，腹中結實，心脇滿逆，兼治婦人難產，胞衣不下，乳難，乳癰，去目中膚翳，項下癭瘤痰核，金瘡風痙，人面惡瘡。〇薑汁泡去心，雷公用灰火炮黃去心，和糯米炒黃熟，去米用。其中有根顆不作兩片無皺者，名丹龍精，損人筋脉。厚朴、白薇為使。惡桃花，畏秦艽、礬石、莽草，反烏頭。〇三母散：知母、貝母、牡蠣為末，猪懸蹄湯調服，善下乳汁。〇又單貝母為末，砂糖丸含化，止嗽。

栝樓根苦寒益津，能消痼熱煩滿身，退疸續傷通月水，解毒排膿逐瘀陳。栝，括囊也；樓，蔞斂也，言包其子於內如括囊也。根名天花粉，內有花文，天然而成也。雷公云：栝圓黃皮厚蒂，小苦，樓長赤皮蒂粗，陰人服。〇天花粉，無毒。沉也，陰也。生津液，止消渴，除腸胃痼熱，時疾滿身煩躁，大熱發狂，退八疸身面黃，唇乾口躁，續絕傷，通月水，下乳汁，利小腸，諸癰腫發背，痔漏瘡癧、乳癰，排膿消腫解毒，生肌長肉，兼逐撲損瘀血。《本草》云：補虛安中者，熱去津復而中自和，與天門冬冷補之意同。〇二八月採入地深者，去皮，日乾，生鹵地者有毒。

栝樓實苦甘潤肺，消痰治嗽寬胸痹，止血止痢補虛勞，伸手面皺通經閉，葉莖清暑解熱中，穰入茶煎降痰氣。俗名瓜蔞仁。無毒。丹溪云：屬土而有水。《本草》言治胸痹者，以其味苦甘性潤，治痰嗽，利胸膈，甘能補肺，潤能降氣。胸有痰者，以肺受火逼，失降下之令，今得甘緩潤下之助，則痰自降，宜為止嗽之要劑。又洗滌胸膈中垢膩鬱熱，治消渴之神藥。日華云：治吐血腸風下血，赤白痢疾，補虛勞，療手面皺，生津液，通月經，下乳汁。莖葉，療中熱傷暑最效。穰乾者煎茶化痰降氣，又濕者和葛粉拌炒熟為末，沸湯下。治肺燥熱渴，大便秘。〇十月採黃老實取子，炒，去殼去油用。枸杞為使。惡乾薑，畏牛膝、乾漆，反烏頭。

地骨皮苦寒無毒，入腎瀉火退晡潮，有汗骨蒸惟此妙，表風肌痹亦堪調。即枸杞根。大寒。升也，陰也。入足少陰、手少陽經。海藏曰：地為陰，骨為裏，皮為表。惟屬陰也，故瀉血中之火，陰分日晡潮熱；惟主裏也，故治傳尸有汗骨蒸，獨此與知母最妙，凡肌熱在外皆能治之；惟走表也，故治在表無定風邪、風濕痹痛。能堅筋骨，益精，止渴，利腸，涼血止血。凡癰疽出血膿不止，刮粗皮煎湯，洗令血淨，以中心白穰貼之立愈。有痼疾人勿用。〇全州者佳。去骨水洗，刮去粗皮，焙乾，忌鐵。

牡丹皮寒瀉火伏，養真血氣破結蓄，專主無汗之骨蒸，又補神志之不足。牡丹乃天地之精，群花之首。葉為陽發生，花為陰成實，丹為赤即火，故能瀉陰中之火。味辛、苦，無毒。陰中微陽。入足少陰、手厥陰經。主吐血衄血瘀血，熱留腸胃不散。消打撲瘀血，續筋骨，女子經脉不通，血瀝腰疼，破堅癥，下胎下胞，產後一切冷熱血氣。療瘡癰排膿止痛及下部生瘡成洞，皆養真血而破瘀血蓄血之功也。又治冷氣，散諸痛結及中風瘛瘲，痙、驚癇、邪氣，除時氣頭痛客熱，五勞勞氣，頭腰痛，風禁癲疾，皆固真氣而行結氣鬱氣之力也。易老云：治神志不足。神屬心，志屬腎，故八味丸用之以補心腎也。又曰：牡丹皮入足少陰及手厥陰，治無汗之骨蒸；地骨皮入足少陰及手少陽，治有汗之骨蒸。〇有二種，白者補，赤者利。出合州、和州、宣州山中，單葉紅花者佳。二八月採根如筆管大者，以銅刀劈去骨，陰乾，酒拌蒸三時，日乾用。畏菟絲子，忌蒜。今人家移枝接者，名千葉牡丹，不用。

五味子溫滋腎陰，除煩止渴補虛任，斂肺通脉定喘咳，和中消積水腫淫，肺火盛者用南味，辛甘且散風邪侵。北五味色黑，皮肉酸甘，核苦辛鹹。無毒。可升可降，陰也。入手太陰、足少陰經，滋腎水，暖腎臟，除煩熱，生津止渴，補虛勞羸瘦，強陰益精，壯筋骨，收肺氣，耗散火熱，嗽必用之。主肺寒欬逆、上氣喘嗽，通血生脉，補氣，兼和中氣，霍亂轉筋，翻胃，解酒毒，消食積，痃癖，奔豚冷氣，水濕氣淫，腹腫脹大。是知在下補腎，在上滋肺，在中和脾。孫真人云：夏月常服五味，以補五臟氣。是不特金水二臟藥也。但多食收補太驟，反致虛熱，又酸甚吊痰引嗽。如肺火盛者，莫如用南五味，色黃，味辛甘，稍重而能散痰火，去風邪。〇蓯蓉為使，惡萎蕤，勝烏頭。

烏梅酸平能斂肺，止渴除煩下痰氣，調胃和中斷瘧痢，虛勞蒸熱及偏痹，白梅雖暖仍化痰，搗傅癰瘡點黑痣。五月採黃色梅實，用早稻稈燒灰，和米飲拌之，火熏乾為烏梅。無毒。可升可降，陰也。收肺氣者，生津止渴，除煩熱煩滿，下氣止嗽，消痰及痰厥頭痛，調胃者，治瘴瘧久痢，便血久瀉，澁腸，解煩毒，清酒毒，定霍亂吐蚘，心腹脹痛，短氣欲死。東垣云：凡酸味收補元氣。諸虛勞骨蒸羸瘦，久嗽少睡必用之。又療肢體偏痛，皮膚麻痹等症。古方和細茶、乾薑為丸，治休息痢。燒灰傅一切惡瘡努肉立驗。入藥，溫酒或水洗，蒸去核用。〇白梅，以鹽水曝乾，藏密器中，臨用去核，性暖無毒。亦入除痰藥中。又搗爛傅刀箭傷，止血及刺入肉中，乳癰腫毒，亦和藥點青黑痣，蝕惡肉。〇生梅暖，止渴多唾，傷骨，蝕脾胃，令人膈上熱，發虛熱，服黃精人尤不相宜。《衍義》云：食梅則津液泄，水生木也，津液泄故傷齒，腎屬水，外為齒故也。〇根療風痹，出土者殺人。葉煮濃汁服，治休息痢并霍亂；洗葛衣令潔淨，經夏不脆。〇梅核仁亦可單用除煩熱，如手指忽腫痛，以烏梅仁和苦酒搗膏，以指漬之立愈。

枇杷葉苦平無毒，清肺止渴止咳促，掃肺風生胸面瘡，卒嘔下氣效尤速。葉如枇杷，故名。治肺熱咳嗽氣逆，消渴及久嗽身熱肌瘦將成癆者。又治肺風瘡，胸面上瘡及卒嘔啘不止，下氣。四月採，每葉重一兩者，以粗布拭去毛淨，甘草湯洗一遍拭乾，酥炙。其毛射人肺，令咳不可療。○實，甘寒無毒，治肺氣，潤五臟，下氣止嘔逆并渴疾。多食動痰熱，和炙肉、熱麪食之，令人患熱毒黄病。

蘭草芳平辛更甘，止渴生津去癖痰，利水散鬱消諸痹，久服可與神明參。葉似馬(欄)〔蘭〕，故名蘭草。即今人栽植座右，花開時滿室清香者，無毒。善止消渴，除胸中痰癖。丹溪云：散久積陳鬱之氣甚有力，利水道。《經》云消諸痹，治之以蘭是也。兼殺蠱毒，辟不祥。和油煎膏，澤頭長髮。久服，益氣潤肌，輕身不老，可通神明。蓋稟金水清氣而似有火，方藥俗人並不識用，惟東垣常用之。○五六月採，陰乾。入藥煎煮。

馬兜鈴子寒而苦，肺熱咳嗽痰無數，欬逆連連坐臥難，熏痔更醫五種蠱，根即名為青木香，利膈止痛無不愈。實如馬項之鈴，作四五瓣。無毒。陰中微陽。主肺熱咳嗽，痰結喘促，氣上逆連連，不可坐臥。又治血痔瘻瘡，以藥於瓶中燒烟熏病處。五種蠱毒，水煎頓服吐之，立化蠱出，惟蛇蠱，加麝少許。入藥劈開，取向裏子去革膜，微炒。○根名土青木香，治氣下膈，止刺痛。八月採用。

欵冬花溫味辛甘，止勞嗽喘唾稠粘，肺痿煩渴心驚悸，洗肝明目咽如攙。欵，至也，至凍時開花，故又名顆凍。純陽無毒。主欬逆上氣，善喘息，呼吸連連不絕，涕唾稠粘，消痰止嗽。治肺痿肺癰吐膿血，消渴煩熱，寒熱。潤心肺，益五臟，補勞劣。古今治嗽之最要者也。有人病久嗽，用欵冬花於無風處燒，以筆管吸其滿口則嚥，數日效。兼治心虛驚悸，發癇，洗肝明目，治咽喉腫痛如攙。○花半開者良。去枝土，甘草水浸一宿，陰乾。杏仁為使，惡皂莢、消石、玄參，畏貝母、辛夷、麻黄、黄芪、黄芩、黄連、青葙子，得紫菀良。

紫菀苦溫能調肺，消痰嗽血定喘悸，寒熱胸結氣能消，補虛治蹶并勞疰。菀，軟也。色紫而體軟潤者佳。又有白菀，性亦頗同。無毒。益肺，安五臟。消痰止渴，止久嗽及肺癰咳唾膿血，喘悸，欬逆上氣，胸脇寒熱結氣。補虛勞不足，潤肌添髓。兼治喉痹，痿蹶，尸疰勞氣百邪，婦人卒不得小便，小兒驚癇。去蘆，蜜水浸一宿，焙乾。欵冬花為使。惡天雄、瞿麥、雷丸、遠志，畏茵陳。○治久嗽不瘥，紫菀、欵冬花各一兩，百部五錢，為末，生薑、烏梅煎湯下三錢，甚效。

阿膠甘溫保肺氣，勞喘損嗽及久痢，補虛治瘘立亦難，養肝安胎腰腹墜。取烏驢皮，以東阿井水煎者佳。蓋濟水性清趨下，故治濁痰逆上。無毒。降也，陽也。入手太陰、足少陰厥陰經。益肺氣，定喘，虛損咳唾膿血非此不除。止赤白久痢，得黄連、黄蠟為佐最妙。補虛羸，陰氣不足，心腹内崩勞極洒洒如瘧狀，腰腹痛，小腹痛甚，四肢痠疼，腳痠不能久立，一切癱瘓不遂。養肝血，凡血虛而胎動不安，腰腹重墜下血，血痢或卒尿血。丹溪云：久嗽久痢，虛勞失血者宜用。若邪勝初發者用之，强閉其邪而生他症。○阿膠，真者難得，甯用黄明牛膠。但牛皮膠製不如法，自製者為妙。凡煎時必用鹿角一片，不爾則不成也。凡使先於猪脂内浸一宿，取出剉碎，以蚌粉炒成珠。山藥為使，畏大黄，得火良。

訶梨勒溫通肺津，瀉逆消痰斂咳頻，開胃澁腸消食脹，腎積胎漏崩帶神。梵語云訶梨勒，俗名訶子。味苦、微酸。無毒。沉而降，陰也。苦多酸少，能瀉肺斂肺而不能補。故但通利津液，瀉氣上逆，胸膈結滿，消痰除煩。治久咳、火傷肺鬱、脹滿、喘嗽，開胃調中，澁腸臟，止水道、久痢、氣痢、久瀉肛痛、霍亂，消食下氣，除冷氣心腹脹滿。又治奔豚腎氣，胎漏胎動，氣喘脹悶，産後陰痛，和蠟燒熏及煎湯熏洗。一切崩中帶下，腸風瀉血並治，蓋有收澁降火之功也。氣實者最效，氣虛及暴嗽初瀉不可輕用。○六稜黑色肉厚者良。水泡，麪包煨熟，去核，或酒浸蒸去核，焙乾。○子未熟時風飄墮者，謂之隨風子，暴乾收之。治痰嗽咽喉不利，含三數枚，殊勝。

竹瀝甘寒最滋陰，止渴止汗除煩心，口瘡目痛救胎産，中風痰壅失聲音。取竹瀝法，見六卷。丹溪云：無毒，性緩，能除陰虛大熱大寒。治消渴、久渴、自汗、尿多，胸中煩熱、狂悶驚悸及口瘡目瘡、頭風頭痛、中風失音、風痹。一切痰火、氣血虛而少食者宜用。又云：痰在四肢，非此不開。婦人胎前子煩，頭旋倒地，胎動不安，産後强直口噤，小兒驚癇，天釣夜語，兼治金瘡口噤欲死，時行瘟疫迷悶。大抵寒而能補，不必疑其寒也。

菖蒲氣溫味辛苦，除煩下氣出音語，明目聰耳定頭風，伸痹通心五臟補。菖，昌盛之貌，葉叢生如蒲。無毒。除煩悶，治欬逆上氣、中惡鬼氣、心腹冷痛，出聲音，明目，治耳聾、耳鳴、耳痛、頭風。利四肢風寒濕痹不得屈伸。通九竅，開心孔，補五臟虛，久服延年高志。兼治癰腫瘡疥，殺諸蟲，止小便，丈夫水臟，婦人血海久冷，安胎。治産後下血不止。《局方》補心藥中多用，然辛勞太甚，年壯心孔昏塞者用之得宜，若心勞神耗者禁用。○生石澗，一寸九節不露根者佳。五月、臘月採，陰乾去毛。秦艽為使，惡麻黄，忌飴糖、羊肉、鐵器。

遠志苦溫益腎精，補中高志定心驚，利膈通竅除欬逆，苗感陰生止夢縈。性能令人志識高遠。苗名小草，其形細也。無毒。沉而降，陽也。主益精壯陽，補中虛，定心氣驚悸、健忘、夢邪遺精，去心下膈氣，除欬逆，利九竅，明耳目。小草，四月感陰而生，故益精補陰氣，止虛損夢泄，治心孔昏塞。○先用甘草、黑豆水煮去骨，後用薑汁炒。畏珍珠、藜蘆、蠐螬，殺雄、附毒，得茯苓、葵子良。

酸棗仁平止煩渴，引血歸脾安睡歇，補中止泄及臍疼，寧心益膽除痺蹶。出酸棗縣者真。味酸，無毒。除骨蒸煩熱及心虛驚悸不眠。丹溪云：血不歸脾而睡臥不寧者，宜用此大補心脾，則血歸脾，而五臟安和，則睡臥自寧。又補中益氣。治心腹寒熱，邪結氣聚，臍上下痛滿，血轉久泄，甯心志，斂虛汗，益膽氣，又治四肢痠疼濕痹，筋骨風。久服助陰氣，安五臟，令人肥健，輕身延年。○睡多，生用；不得睡，炒熟，再蒸半日，去皮尖，研碎用。惡防己。○已上解熱生津藥。

生地黄寒甘苦味，滋腎涼心清肺胃，調脾養肝潤二腸，婦人崩漏胎産治。

水試浮者為天黃，半沉者為人黃，俱不用，沉重者為地黃，最勝。無毒。沉而降，陰也。入手太陽、少陰，足少陰本藥也。滋腎水，真陰不足，勞瘦骨蒸，日晡寒熱，唾血，耳鳴，涼心火血熱，五心潮煩，驚悸。清肺熱咳嗽，鼻衄，瀉脾胃濕熱，吐血，牙痛欲脫。丹溪云：生地較之熟地更宣通不滯。勞倦傷脾者，以實脾藥中用二三分，以固脾氣，使脾家永不受邪，蓋濕熱去而脾胃自固。所以《本草》曰：除寒熱積聚，去胃中宿食，養肝血，益膽氣。主折傷絕筋傷中，逐血痹，明眼目，利大小二腸，治便血溺血。老人津枯便燥者必用之。女子崩中血不止，胎動胎漏，產後血上洎心悶絕。大抵補五臟，通血脈，益氣力，虛而多熱加而用之。多用恐倒脾胃，中虛寒者禁用。○生採者大寒，日乾者微寒，火乾者微溫。脉洪實熱者，生採搗汁服之；脉虛血熱者，用薑汁拌炒，免致泥膈痰。得門冬、清酒良，惡貝母，畏蕪荑。若犯銅鐵器，令消腎白髮，男傷榮，女損衛。又合蘿蔔食，則能耗諸血。

熟地黃甘苦溫平，補血填髓滋腎精，療傷寒後脛股痛，除新產罷腹臍疼。

無毒。沉而降，陰也。入手足少陰、厥陰經。東垣云：熟地黃補血，且療虛損。又曰：活血氣，填骨髓，滋腎水，補真陰，治傷寒後血衰、脛股痠疼，除新產後血虛臍痛難禁。丹溪云：下元血衰者須用之，尺脉微者，佐以桂、附則填精補髓；尺脉旺者，佐以知、栢則滋陰降火。獨用則泥膈，故中滿痰盛者慎用。餘治與生地悉同。蓋《本經》只言乾生二種，後世改用熟者，生寒熟滯，中寒有痞易泄者全禁。○懷慶者佳。水洗，用生地搗汁九蒸九晒，或酒或薑汁俱好。畏忌同生地。

當歸甘辛頭止血，破血用尾和用身，隨所引用上頭角，中理胸腹下榮筋，兼治風瘡及氣逆，金瘡胎產更稱神。

氣血昏亂，服之各有所歸，出當州者良。大溫，無毒。可升可降，陽也。入手少陰、足太陰厥陰經。以心主血，肝藏血，脾裹血也。頭止血而上行，身養血而中守，尾破血而下流，全活血而不走，又頭硬者亦破血。大抵去舊生新之劑全用。引以川芎、細辛之類，則治血虛頭痛、眼痛、齒痛，合諸血藥。入薏苡、牛膝，則下行而治血不榮筋，腰痛足疾，合諸血藥。入人參、川烏、烏藥、薏苡，則能榮表以治一身筋寒濕毒。在參、芪則補氣血虛勞而止汗長肌；在芍、术、地黃則養血滋陰而補腎。合芍藥、木香，則能和肝而止痛治痢；合鱉甲、柴胡，則定寒熱而除溫瘧；合陳皮、半夏，則能止嘔；合遠志、酸棗，則能養心定悸。在桂、附則熱而溫中散冷；在硝、黃則寒而通腸潤燥；在莪、稜、牽牛則破惡血而消癥痞。是皆隨所引藥為用，蓋味辛甘而氣疏暢無定故也。兼治客血內塞，中風痓汗不出，濕痹，中惡客氣，金瘡跌撲，諸惡瘡瘍及風癬在皮膚中。《經》云本血藥而又治胸中欬逆上氣。主婦人漏下絕子，臍腹急痛，癥瘕，胎動下血，心腹疼痛，逆產，死胎，產後惡血上衝。《別說》云：於補虛最速，於產後備急。又有言曰：補女子諸不足，說盡當歸之用。患大虛冷，加而用之。○肥潤不枯燥者佳。治上酒浸，治外酒洗，血病酒蒸，痰用薑汁炒。畏菖蒲、海藻，惡牡蒙、藺茹、熱麪。一云：川產者力剛可攻，秦產者力柔可補。

川芎辛溫行血氣，止頭疼破血海瘀，更散心鬱治癰疽，風寒濕痹亦能去，葉名蘼蕪治老風，又主欬逆及蟲疰。

芎，穹也，至高之位，性主頭病，故名。無毒。浮而升，陽也。入手足厥陰，少陽本經藥。主血虛中風，入腦冷痛，面上遊風去來，目淚出，多涕唾，東垣所謂上行頭角，助清陽之氣而止痛是也。主婦人經閉無子。或崩中不止，或胎動不安，子死腹中，或胎衣不下，或產後血暈，破瘀血，養新血，一切衄吐溺血皆治。東垣所謂下行血海，養新生之血而調經是也。丹溪云：川芎味辛，但能升散而不能下守，血貴寧靜而不貴躁動，四物湯用之，以行血藥之滯耳，豈有辛散而能養下元之血哉？愚謂東垣、丹溪原不相背，蓋行滯破瘀而後新生之血可養。丹溪又曰：癰疽諸瘡腫痛藥中多用之者，以其入心而能散火邪耳。又開鬱行氣，止脇痛、心腹堅痛，諸寒冷氣，疝氣，亦以川芎入心助行氣血而邪自散也。古人所謂血中氣藥，信哉！一切風寒濕痹、氣痹、血痹、腰腳軟弱、半身不遂皆治。日華云：治一切血，一切氣，一切風，一切勞損。但單服、多服、久服則走泄真氣，多致暴亡。○川產形塊重實色白者良。水洗，略炒或蒸。生用痹皮風。白芷為使。得細辛療金瘡止痛，得牡蠣療頭風吐逆。○蘼蕪，辛溫無毒。主身中老風、頭中久風、風眩。又治欬逆，定驚氣，辟邪惡，除蠱毒鬼疰。四五月採苗，陰乾。

白芍酸寒補津液，治血虛痛破堅積，止瀉痢因濕熱消，生血損肝還受益。

芍，灼也，灼灼其花，根能治病，故名。有小毒。可升可降，陰中陽也。入手、足太陰經。通肺燥，滋腎陰，補津停濕，令小便自行，非通利之藥也。血虛腹痛非此不除，以其酸能收斂肝之陰氣，而補中焦脾胃故也。質重味厚能破堅積疝瘕。水瀉下痢刺痛後重必用之者，以能收斂濕熱邪毒，而脾之正氣自舒。兼治諸淋、諸血、風毒骨痛，斂汗退熱。治婦人產前諸疾，赤白帶下，能入血海，乃收降之妙劑也。昔人皆謂瀉肝補脾，東垣又謂損其肝者緩其中，緩中即調血也。謂芍藥能調血者，何哉？蓋當肝火陰邪犯脾，酸能收泄陰氣而止痛健脾，非瀉肝之正氣也。若肝損血虛，則能調榮衛而生新血。惟產後氣血大虛，東方生發真氣亦微，初產又無邪火，誤用伐傷生氣，必變他症。大抵亦隨所佐用而為寒熱。佐以柴胡、牡丹、山梔，則瀉火而除熱燥；佐以生薑、肉桂、乾薑則溫經而散寒濕。惡寒腹痛則加桂，惡熱腹痛則加芩。與參、术同用則補中氣，與歸、地同用則補陰血。惟血虛冷而中虛寒者禁用。冬月宜服者亦減半。○出杭越茅山者佳。酒浸，炒或煨。雷丸為使。惡石斛，畏硝石、鱉甲、小薊，反藜蘆。

赤芍專能消瘀血，利水下氣祛煩熱，大除腹痛通月經，療眼消癰肝火泄。

二芍藥性亦大同，但色白在西方，則補而斂澁；色赤在南方，則瀉而微散。東垣云：赤芍藥破瘀血而療腹痛，煩熱亦解。仲景方中多用之者，以其能定寒熱，利小便也。宣通臟腑，利膀胱、大小腸，故月經閉者用之。瀉肝火，赤眼暴腫，努肉及諸瘡，腸風，痔瘻。○生用偏降，酒浸稍能升發。

枸杞子寒滋腎精，補氣養血眼自明，退熱寬胸潤腸胃，瘡毒風痹腳腰疼。

枸，狗也。《爾雅》云：其根久如狗形，服之大有靈異。杞，即杞柳之杞。多刺，又名枸棘。味苦、甘，微寒。無毒。古諺云：去家千里，勿食枸杞。言其滋益清氣，強盛陰道也。內傷

大勞，噓吸少氣，肝風血虛，眼赤痛痒昏翳。除煩止虛勞寒熱，下胸脇氣，治五內邪氣、熱中消渴，利大小腸，散諸瘡毒，去皮膚骨節間風、周痹、風濕腰腳疼痛。兼治客熱頭痛、齒痛、滿口出血。煎膏久服，輕身不老，堅筋骨，耐寒暑。其葉甘，春初可作菜食。○甘州者佳，去蒂晒乾。

肉蓯蓉補右腎精，陰痿非此不能興，止莖中痛強筋髓，婦人崩帶與瘕癥。

馬精落地所生，初生似肉。味甘、酸、鹹，微溫。蓋其性從容和緩。無毒。補右命門相火不足，男子絕陽不興，泄精，尿血，遺溺，下痢，止莖中寒熱痛，膀胱邪氣，強筋髓，暖腰膝，止腰痛。又治婦人血崩帶下、瘕癥、陰痛、絕陰不產。丹溪云：峻補精血，驟用反致動大便滑。○酒浸一宿，刷去浮甲及心中白膜，如竹絲草樣，不爾，令人上氣不散。酒蒸，或酥塗炙。○根名瑣陽，味甘、鹹，氣溫，無毒。閉精，補陰氣。虛而大便燥結者，煮粥食之，不燥者勿用。入藥炙。

牛膝本滋精血潤燥藥也。因何首烏連編風類。

鹿茸甘溫生精血，專治崩漏與遺泄，虛勞如瘧腳腰疼，石淋癰腫骨中熱。

鹿，六也，為律，律主鹿。六月初生肉角，其毛茸茸。味甘、鹹，無毒。補虛羸，生精血，益氣強志。女人崩中漏血、赤白帶下。男子泄精，溺血，小便利，虛勞洒洒如瘧，羸瘦，四肢痠疼，腰脊冷痛，腳膝無力，散石淋，癰腫，骨中熱，疽痒。又能破留血在腹，堅筋骨，安胎下氣，治寒熱驚癇，殺鬼精。生齒不老，乃血家去舊生新劑也。○不損破出血，形小如紫茄者佳。或長四五寸，分歧如馬鞍形，茸端如瑪瑙者亦好。用酥塗勻，火焰中急燎去毛盡，微炙用。有小蟲，不可鼻嗅。麻勃為使。按《月令》，冬至一陽生，麋解角；夏至一陰生，鹿解角。故麋茸補陽，鹿茸補陰。○鹿峻，乃牝牡相感之精。其法用初生牡鹿三五隻，苑囿馴養，每日以人參煎湯，同一切料草任其飲食，久之以硫黃細末和入，從少至多，燥則漸減，過而復始，大約三年之內，一旦毛脫筋露，氣勝陽極，別以牝鹿隔苑誘之，欲交不得，或泄精於外，或令其一交，即設法取其精置磁器內，香粘如餳，隨人所宜補藥，如補陰丸、固本丸之類，以此峻加煉蜜三分之一，同和為丸，或和鹿角霜為丸。空心鹽酒下，起虛羸瘵疾危症甚捷。

鹿角鹹溫仍秘精，止尿血與小腹疼，逐瘀強筋祛邪惡，瘡腫磨傅可復平。

鹿者，仙獸。常自能樂性雲泉，至六十年，必懷瓊於角下，角有斑痕紫點，蓋鹿載玉而角斑。無毒。東垣云：鹿角秘精髓，而腰脊之痛除，止尿血、留血在陰中，除小腹血急痛，治折傷惡血，強筋骨，補絕傷，除邪惡氣，治婦人夢與鬼交及胞中餘血不盡欲死。諸惡瘡、癰腫、熱毒，醋磨傅之。○或醋煮剉碎為末，或磨水，或燒灰，或炙黃色。杜仲為使。

鹿角膠甘溫而平，虛羸失血四肢疼，女崩無子安胎孕，淋露折傷用最靈，
霜味鹹能補腎氣，壯陽專止夢遺精。

即白膠。無毒。主傷中虛羸、勞絕氣衰、多汗、咳嗽、吐血、咯血、嗽血、尿血、下血、四肢痠疼，腰痛、女人崩中不止、血閉無子，服之令有子，安胎止痛，淋露，折跌傷損。久服益髓長肌悅顏色，令人肥健輕身延年。凡腫已潰、未潰者，以白膠一片漬軟貼之，頭上開孔，有膿即出，無膿自消。○鹿角霜，味鹹，溫，無毒。治五勞七傷羸瘦，補腎益氣固精壯陽，強骨髓，止夢遺。○煎膠霜法：取鮮角鋸半寸長，置長流水中浸三日，削去黑皮，入砂鍋內以清水浸過不露角，桑柴火煮。從子至戌時止，旋旋添水，勿令火歇，如是者，三日角軟，取出晒乾成霜。另用無灰酒入罐內，再煎成膠，陰乾，或炒成珠，或酒化服，或入補藥為丸服，功同麋角。得火良，畏大黃。有入藥及黃蠟同煎者，非古法也。

蒲黃無毒味甘平，止血用熟行用生，心腹膀胱寒熱去，澁腸止瀉又止精。

產於香蒲之上而色黃，即花中澁屑也。隔紙炒黃，蒸半日，焙乾。熟用補血、止血，治女子崩中帶下不止，止痢血、衄血、尿血、腸風下血，墜胎血暈，產後諸血病。兼治脫肛，澁腸止瀉，止遺精。生用破血消腫，去心腹膀胱熱，利小水，通經脉，破瘀血，婦人月候不勻，血氣心腹痛，血癥兒枕急痛。又治打撲血悶，排膿瘡癤，遊風腫毒，傅重舌舌上生瘡及陰下濕痒，產後妬乳、癰腫，又用蜜調，作餅食之，解心臟虛熱，甚益小兒。多食令自利虛人。○香蒲，即蒲黃苗。主五臟心下邪氣，口中爛臭，堅齒明目，聰耳輕身。

栢實甘辛平潤心，滋腎興陽腰痛深，利膀胱中冷膿水，安臟除風濕痹侵，
葉苦澁溫止諸血，益脾斂肺補真陰。

萬木向陽，惟柏西向，故字從白，稟金之正氣，木之最堅者也。無毒。主養心神，潤心血，止汗定驚。又滋腎水，興陽道，療虛損，歷節、腰中重痛，腰腎中冷膿宿水。兼安五臟，益氣血，除風濕痹，去頭風，治百邪鬼魅，小兒驚癇。久服令人肌潤聰明，不飢，延年。乾州者佳。去殼取仁，微炒去油。牡蠣、肉桂為使。畏菊花、羊蹄、諸石、麪麴。○側柏葉，無毒。主吐血、衄血、血痢、崩中赤白、尿血及七情嘔血，胸中疼痛，冷風歷節疼痛、大風眉髮脫落。久服去濕痹，耐寒暑，止飢，益氣輕身。丹溪云：性善守多燥，大益脾土，澁肺補陰之要藥也。又止小兒泄痢，殺五臟蟲。為末和油塗頭，生髮。炙熱罯凍瘡，鼠瘻，腫核。凡採葉隨月建方，以取得月令之氣也。去梗，糯米泔浸七日，炒。墳墓上者不可用。○柏白皮，主中熱，油及火灼爛瘡，長毛髮。為末，猪脂煎塗。○柏枝節煮以釀酒，治風痹，歷節風，燒汁塗瘑疥癩瘡。

槐實苦酸鹹氣寒，濕熱腸風痔痢寬，疏五內邪清頭目，疝痛陰瘡胎產難，
皮主牙疳根喉痹，枝治風瘻崩帶安。

槐木，虛星之精，葉大則黑，晝合夜開，故從鬼。又名守宮，實即莢中子，大如豆，堅而色紫，俗名槐角。無毒。主濕熱腸風下痢、五痔，疏導五內邪氣，風熱煩悶。兼明目，除熱淚，頭腦風眩，心頭吐涎如醉，瀁瀁如立舟車上者。又治疝痛及男婦陰瘡濕痒，婦人乳瘕，子臟急痛，墮胎催生，吞七粒即效。《本草》云：補絕傷益氣，亦治中帶補之劑也。微炒用。○槐白皮，味苦。主口齒風疳䘌血，漿水煎含之。陰疝、卵腫、氣瘤及痔有蟲，或下膿血，煎湯淋洗。○槐根皮，平。主喉痹寒熱，中風強直，皮膚不仁。煎湯洗五痔並一切惡瘡，婦人產門痒痛及湯火瘡。煎膏，消癰腫，止痛長肉。○槐枝，煮汁釀酒療大風，痿痹甚效。崩中，帶下赤白，燒灰，酒調服。九種心痛，水煎服。又煎湯洗瘡及陰囊下濕痒。煅炭揩齒，去蟲，燒瀝塗癬，和麻油磨濃點赤眼。○與槐葉平，煎湯，治小兒驚癇壯

熱，疥癬疔腫，鼻氣窒塞。

槐花苦平清肺湯，腸風痔痢最為良，心痛眼赤俱炒用，殺腹蟲治皮膚瘡，膠化風涎治口噤，四肢頑痹與破傷。槐花，又名槐鵝。無毒。陰也。潤肺臟，涼大腸。治腸風下血，五痔便血，血痢，甚佳，不可過劑。又治心痛、眼赤，殺腹臟蟲，治皮膚風熱，微炒用。○槐膠，主一切風，化涎。治肝臟風、筋脉抽掣及急風口噤，或四肢不收、頑痹，或毒風周身如蟲行，或破傷風、口眼偏斜、腰背強硬。任作湯、散、丸、煎，雜諸藥用之，亦可水煮和藥為丸。○槐樹上菌，又名槐耳。無毒。主五痔脫肛下血，心痛，婦人陰中瘡痛。

桃仁無毒苦甘平，破血通腸利月經，兼除欬逆心胸滿，疝瘕腰痛殺蟲精，花悅顏色醫淋腫，奴散氣血肺心清。桃者，逃也，能令鬼邪逃遁，五木之精也。無毒。沉而降，陰也。入手、足厥陰經。主瘀血、血閉、血結、血熱、血癥、血瘕及卒暴擊血、心痛、骨蒸、偏風、半身不遂，潤大腸，通月水。兼主上氣咳嗽、喘急、胸膈痞滿，止疝痛、腰疼，殺蟲及尸疰邪祟。又小兒癩卵、婦人陰痒，搗泥敷之。心云苦以瀉滯血，甘以生新血。血結實者可用，血燥虛者慎之。凡使，湯泡去皮尖，炒赤，研如泥用。○桃花，除百病，悅顏色。治水種、石淋，利大小便。三月採，陰乾，千葉者不用。○桃奴，即乾實着樹上經冬不落者。微溫。治伏梁氣在心下結聚不散。燒灰存性，治肺氣吐血，諸藥不止及胎下血不止。正月採，酒拌蒸軟，銅刀切取肉，焙乾用。○莖白皮，除中惡腹痛，去胃中熱。○桃枝，戊子日取作枕，補心虛健忘、耳目聰明。煎膏塗口瘡及下部䘌瘡，煎湯洗天行疫癘。○桃葉，出瘡中蟲，治霍亂腹痛，大小腸不通，小兒寒熱客忤，多用作湯導藥。○桃實，味酸，無毒。多食令人發熱。有味辛者，肺病宜食。食桃訖，入水浴成淋。○桃膠，主保中不飢，忍風寒，下石淋，破血，愈百病。桑灰汁煮三次，陰乾用。○桃寄生，主小兒中蠱毒令腹內堅痛，面目青黃，淋露骨立，病變無常。○花、葉、枝、莖等俱能辟不祥，殺邪魅，療中惡蟲疰，今人用桃作符着門上者，亦取其厭邪也。

杏仁有毒苦甘溫，潤肺止嗽及奔豚，消食治腫通氣閉，祛風發汗出聲言。杏，文從木、從甘，實大而甘也。沉而降，陰也。入手太陰經。潤肺，燥熱在胸膈間，急滿喘促，咳嗽上氣，喉鳴及奔豚氣逆。消宿食，殺狗肉積毒。治浮腫腹痹，大腸氣閉不通。又解肌發汗，散肺風寒咳嗽，頭面風邪，眼瞤鼻塞，冷淚，喉痹生瘡，時行頭痛，風氣來去，中風半身不遂，失音卒瘂。兼治腳氣、驚癇、產乳、金瘡、五痔下血不止、撲損瘀血、卒不得小便。蓋杏仁雖下氣，少用亦能活血，多服令人血溢出、血不止，或瀉，或臍中出物。古今有單服杏仁而得效者，必壯實、痰氣壅滯及聲不亮、目不明者乃宜。東垣云：杏仁治氣，桃仁治血，俱治年高大便秘燥，當以氣血分用，佐以陳皮。此正論也。凡使，湯泡去皮尖，麩炒黃色，去油，有火有汗者，童便浸三日，又燒令烟未盡，研如泥。綿裹納女子陰中，治蟲蛆。惡黃芩、黃芪、葛根，畏蘘草。解錫、胡粉毒，得火良。雙仁者殺人，可毒狗。○杏花，味苦，無毒。主補不足，女子傷中，寒熱痹，厥逆。○杏實，味酸，熱，有毒。食多傷筋骨，損神氣，令人目盲。小兒尤不可食，多致癰瘡及上膈熱。

郁李仁味苦酸平，破血潤燥二便行，消腫攻癖通關格，根主牙風腫且疼。郁，盛貌，即《詩》所謂棠棣之花，李木之子也。無毒。陰中陽也。破血，潤燥，滑大腸，利小便、水道，泄五臟、膀胱急痛，宣腰跨冷膿，主大腹水腫、面目四肢浮腫，消宿食，下氣，破癖氣，治卒心痛及腸中結氣、關格不通。凡使，湯浸去皮尖，生蜜浸一宿，研如膏用。○根，涼。主風蟲牙、齲齒、齒斷腫痛，去白蟲，濃煎含之。

火麻子甘無毒平，潤腸能破積血凝，治痹寬膨止消渴，催產下乳救脉停，花性大同卻有毒，食久令人見鬼精。又名麻子仁，四稜，處處有之，皮可為布及履。東海者大如蓮實，北地者大如豆，南地者子小。入足太陰、手陽明經。主大腸風熱結燥，小便淋閉。破積血，治皮膚頑痹，風癩骨髓疼痛，風水腹大，臍腰重痛。止消渴。治妊娠心痛腹疼、逆生倒產、產後惡露不盡、腹脹。古方脉代用之者，以其能復血脉而益中氣也。兼治小兒赤白痢。長肌肉，益毛髮，但多食反損血脉，滑精，痿陽，發帶病。凡使，以布包沸湯中浸，湯冷取出，垂井中一夜，勿令着水，次日晒乾，新瓦上挼去殼用。○花名麻蕡，又名麻勃，即麻花上勃勃者。主利五臟，下血破積，止痹散膿。久食，令人見鬼狂走。

胡麻甘平潤五臟，治癩風落髮無量，巨勝子專補髓精，調肺鎮心虛家尚。即胡地黑脂麻，又名壁虱胡麻。無毒。調肺氣，潤五臟，暴食利大小腸，久食即否。去陳留新，逐風濕氣、遊風、頭風，合蒼耳子治風癩，長毛髮。治溫瘧、大吐後虛羸，催生墮胎，金瘡止血。巨勝子，即胡麻中七稜、兩頭尖，色赤，味酸澁者。八穀中最為大勝。主傷中虛羸，補五內，益氣力，填髓腦，堅筋益精，補肺氣，止心驚。久服輕身，耐飢渴寒暑，有益於男子者也。凡使，湯淘去浮者，酒蒸半日，晒乾，舂去粗皮微炒。服食家九蒸九晒，蜜丸服，名靜神丸，除一切痼疾。○油，微寒。主天行熱秘，腸內結熱，利大小腸，下胞衣，生者殺蟲，摩瘡腫，生禿髮。○苗名青蘘，味甘，寒，無毒。主五臟邪氣、風寒濕痹，益氣血，補腦髓，堅筋骨。作湯沐，潤毛髮，滑皮膚。

油麻甘寒炒則熱，通血行氣腸胃滑，去浮風疾潤肌膚，油能解毒療瘡癤。子可榨油。生則寒，炒則熱。通血脉，行風氣，去頭浮風，滑腸胃，潤肌膚。久食抽人肌肉。○麻油，又名香油。殺五黃，下三焦熱毒，通大小腸，治蛔心痛，敷一切瘡癤疥癬。煎膏，生肌止痛，消癰腫，補皮裂，治飲食物須逐日熬熟用，經宿即動氣，有牙齒并脾胃冷疾，消渴、精滑者，切不可喫。況煎煉服之與火無異，人家積油百石則生火。油麻亦有二種，白者潤肺，黑者潤腎。

葵子甘寒滑小腸，催生下乳穿瘡瘍，根主瘡淋解椒毒，葉堪作菜莫多嘗。葵，揆也。《左傳》能衛其足者，知也。惟知所以能揆，此即常食葵菜。覆養經冬，至春作子，故謂之冬葵子。無毒。性滑利，宣導熱壅，利小腸，通癃閉及卒關格、二便不通、支滿欲死、妊娠患淋，或卒下血、倒產難產、子死腹中，或乳難內閉、乳汁不通，並微炒搗碎煮濃汁服之。一

切瘡腫癧毒未出膿者，水吞三四粒，即作竅出膿。○根主惡瘡、淋閉，利小便，止消渴，解蜀椒、丹石毒。小兒吞錢，煮汁飲之，立出。○葉為百菜主，其心傷人，小兒發斑惡腫，絞汁飲之。性冷利，不可多食。又霜葵多食吐水，動五飲。四季食生葵令飲食不消，發宿疾，動風氣，天行病後食之喪明。合鯉魚食害人，又無蒜勿食。黃芩為使。

蜀葵甘寒鈍人性，解熱利便根莖勝，葉消熱痢制石丹，子除水腫風疥病，花有五色能潤燥，赤白帶下偏相應。種出巴蜀，似葵，花有五色，如槿花。無毒。陰中陽也。久食鈍人性靈。根莖，主客熱，利小便，散膿血惡汁。○葉，主熱毒下痢及丹石發熱結，煮食或搗汁服之。又燒灰敷金瘡，搗爛敷火瘡。○子，主水腫淋澁，催生落胎，治一切瘡疥瘢疵土壓，小兒風疹。○花，赤者治血燥，白者治氣燥；赤治赤帶，白治白帶，空心酒下。又白者治痎瘧，並陰乾用。

黃蜀葵花治便淋，用子催生待產臨，瘡家要藥惟敷傅，能消膿水久侵淫。近道處處有之。另是一種，非蜀葵中黃者，葉尖狹，多刻缺，夏末開花淡黃色，葉心下有紫檀色，六七月採。陰乾或日乾。治小便淋。難產催生，取子四十九粒，焙為末，溫水下；根煮濃汁冷服亦好。《衍義》云：瘡家要藥。諸惡瘡膿水久不差者，作末敷之即愈。又有一種龍葵，苦，寒，無毒。北人謂之苦葵，葉圓花白，子若牛李子，生青熟黑，食之解勞少睡，去虛熱腫。其子療疔腫，其根為末，入麝少許，敷發背癰疽甚差。

蘇木甘鹹平去瘀，風噤血癖氣凝聚，通經產後是靈丹，瘡損下痢與嘔吐。出蘇方國，故名，即今用染色者。無毒。可升可降，陽中陰也。去瘀血和新血之劑。主男婦中風口噤不語，虛勞，血癖，氣滯，婦人氣血心腹痛，月候不調或經閉不通。產後惡露衝心，腹中絞痛，脹悶欲死及蓐勞，失音，血噤，血暈。消腫毒，排膿止痛，一切金瘡撲損並用。故東垣曰：除產後敗血，有此立驗；破瘡瘍死血，非此無功。兼治赤白痢後重急痛，霍亂嘔逆及常嘔吐。並用水煎破血，酒煮去風，佐以防風為妙。○去皮節細剉，和梅枝蒸半日，陰乾用。

紅藍花辛溫散血，胎死產暈口噤結，兼治諸風及痹喉，少用補血東垣訣，若作臙脂功又奇，小兒聤耳不可缺。色紅，葉如藍，即今染紅及作臙脂者，俗名紅花。無毒。陰中陽也。《衍義》云：辛溫則血調和，故少用則能入心養血；過於辛溫則血走散，故多用則能破血。治胎死腹中及產後血暈口噤，腹內惡血不盡絞痛，經閉腹內血氣刺痛，並酒煮服，兼治三十六種風及產後中風，血熱煩渴，喉痹壅塞不通，一切腫毒及蠱毒下血，生絞汁或煎服之。東垣謂：補血虛者，佐補血藥而少用也。搓碎用。○苗生搗碎，敷遊腫。○子吞數粒主天行痘子不出。臙脂點小兒聤耳，滴耳中。○已上滋血潤燥藥。

茜根苦寒清心肺，逐瘀止血及崩帶，退黃治痹排膿瘡，中蠱作吐稱為最。茜，鮮也，可以染絳，西地最多。無毒。陰中微陽。主六極損傷，心肺停瘀，吐血、衄血、下血、尿血，崩中帶下，月經不止，產後血暈。又治黃疸、風寒濕痹，排膿，治瘡癧痔瘻、踒折撲損瘀血，皆驗。中蠱吐如爛肝者，稱為最要。兼補中及膀胱不足，止遺泄亦美藥也。○銅刀剉炒，勿犯鐵、鉛，畏鼠姑。

茅根無毒性甘平，逐瘀止血治淋難，消除客熱醫煩渴，灸瘡血出用花安，針罨刀箭穿瘡孔，爛茅止血傅瘡斑。茅，冒也，毛也。冒然而生，為地之毛也。處處有之，春生苗，布地如針，夏開白花，六月採其根，潔白甘美，至秋則枯。主除瘀血，血閉寒熱，勞傷中氣虛羸者，亦可服之。利小便，下五淋，除客熱在腸胃，止渴堅筋，通血脈。止諸血吐衄及婦人崩中漏下、月經不勻。○花，性溫，治吐血、衄血及灸瘡出血不止。○茅針，一名茅筭。性涼，可噉，甚益小兒。通小腸，止鼻衄及暴下血、溺血，罨刀箭金瘡，止血止痛。凡癰毒軟癧未潰不作頭膿，酒煮服之，一針一孔，二針二孔。○爛茅，即茅屋上四角經霜久者。性平。止吐衄，酒煮服之。斑瘡蠶咬，和醬汁研敷。茅屋滴溜水，解雲母毒。

薊根小大甘平論，破血還能養血元，大者能兼補下氣，治帶安胎消腫焮，小者專主九竅血，只寬胸膈退熱煩。出北地薊門者勝。薊，冀也。熱則冀涼，冷則冀和，弱則冀強，亂則冀治。大薊，大有所冀也；小薊，小有所冀也。二薊無毒。俱治吐嘔衄血、暴下血、血崩及九竅出血，金瘡流血不止，乃破瘀血、止新血之劑。故《經》云：養精保血。○大薊，治血之外兼能補養下氣，治女子赤白沃帶、胎動下血，療癰惡瘡。古有陰冷囊腫、疼痛欲死、不眠，煮汁服之立瘥。葉，治腸癰腹臟瘀血、血暈、撲損，生擂酒并小便任服。○小薊，力微，治血之外只能開胃，寬胸膈，退熱煩及衄、鼻塞不能而已。○大薊，高三四尺，葉皺；小薊，高一尺許，葉不皺為異，亦可為蔬。四月採苗，九月採根，洗淨陰乾，微焙，亦可生搗汁服。

卷栢無毒辛甘平，止血用炙破血生，血閉瘕淋陰內痛，欬逆風痿脫肛寧。生石上，處處有之。卷屈如鷄足，青黃色，葉似栢。生用破血，炙用止血。主婦人經閉無子，癥瘕，淋結，陰中寒熱痛。兼治欬逆、頭中風眩、痿厥、脫肛、尸疰、五臟邪氣，強陰益精，和顏色。○七月採，(去)〔生〕近石沙土處，陰乾用之。

茺蔚子味甘辛溫，行血養血解心煩，逐水去風止損痛，女藥稱仙號返魂，莖可洗瘡花治帶，葉傅諸瘡可無痕。茺，充實也；蔚，盛貌。無毒。善行瘀血，養新血。治血逆心煩，益心力，逐水氣浮腫，去風熱瘡毒。治折傷內損有瘀，天陰則痛。兼能明目養精，除大熱頭痛。一名益母者，善救胎前因熱病子死腹中，難產，產後血脹血暈，產前諸疾，求嗣調經，無所不效，故曰婦人仙藥。單用煎膏，號曰返魂丹，詳七卷。○莖，煎湯，洗癮疹瘙痒。若初生小兒浴之，不生瘡疥。○花，治婦人赤白帶下，每末二錢，空心溫湯下。○葉，治小兒疳痢垂死、大人痔瘡，煮粥或取汁飲之。疔腫、乳癰、丹毒、諸惡瘡癧、蛇毒，已破未破，搗汁內服、外敷。面上風刺，為末，用麪湯調，燒灰塗之。亦制硫黃。子、苗，入洗面藥，令光澤。小兒聤耳，取汁滴之。治馬咬，和醋炒為末封之。初春亦可取作菜食。治病，花、莖、子、葉同功。

劉寄奴溫苦味真，破瘀血治產餘屯，通經寬脹愈腹痛，湯火金瘡效若神。無毒。主破瘀血。治產後餘疾下血，止痛極效，更通婦人經脉，癥結，下氣，消水脹，止水泄，心腹疼痛。又治湯火瘡至妙，先用糯米飲刷患處，後用此為末糝之，不痛無痕。凡湯着處，先用鹽末糝之，護肉不爛，然後傅藥。所以名劉寄奴，宋高祖裕之小名也。俗用此止金瘡出血如神，但多服令人利。○生江南，苗、莖似艾蒿，有四稜，高二三尺；葉青似柳，四月開小黃花，七月結實，似黍而細，一莖上有數穗互生；根紫，六七月採。苗、花、子通用。雷公云：去莖、葉，只用實。以布拭去上薄殼皮，酒拌蒸，日乾用。

馬鞭草涼味苦辛，活血行血利女人，通經破癖消膨脹，男子陰囊腫可伸。無毒。活血行血，治婦人月經不通、氣血腹脹、月候不匀，破惡血癥瘕痞塊、肋脹欲死，並煎膏酒下。男子陰腫核痛，搗爛塗之。兼治水腫、久瘧，喉痹，躁腫連頰及食魚鱠生肉住膈，結成癥瘕，並搗汁飲之。苗類益母而莖圓，抽穗如馬鞭梢，故名。

白頭翁苦溫無毒，鼻洪痢赤當先服，更止瘧狂消瘕疝，項下瘿瘤頭上禿。可升可降，陰中陽也。治鼻衄血、赤毒痢、蠱痢腹痛極效。又治溫瘧、狂易寒熱、陰疝偏墜、癥瘕積聚、瘿瘤瘰癧、頭禿膻腥。兼止金瘡血出及痛、一切風氣、百骨節痛，乃逐瘀解毒之劑也。○處處有之，葉似芍藥而大，有風則靜，無風則搖，近根處有白茸，狀似人白頭，故名。七月採根，陰乾，得酒良。莖、葉同功同。

鷄冠花子涼無毒，瀉肝熱治腸臟風，更主血膿紅白痢，婦人帶下及崩中。花形似鷄冠。子入藥，微炒。

乾漆辛溫毒而益，破久瘀血年深積，治痹止咳及心痛，利疝祛蟲通經脉。有毒。降也。陽中陰也。東垣云：破日久閉結之瘀血，削年深堅固之沉積。兼治五緩六急、風寒濕痹，止咳嗽及九種心痛、腹肋積滯氣、小腸膀胱疝痛，去蚘蟲，通經脉。丹溪云：屬金而有水與火，性急能飛補，用之中節，積去後補性內行。故《經》曰：補中續筋填髓。日華云：治傳屍，生者去長蟲。○凡使，乾木汁如水滴下，可以漆物，陰乾如蜂房，孔孔隔者佳。有毒。降也。陽中陰也。者須搗碎炒烟出，不爾，損人腸胃，濕者煎乾。素畏漆者忌服。或毒發，飲鐵漿及甘豆湯并蟹解之。半夏為使，畏鷄子，忌油膩。驗漆以物蘸起，細而不斷，斷而急收，又塗乾竹上蔭之，速乾者得真。○二聖丸：乾漆末一兩，濕漆一兩，熬食飯久，和丸如梧子大。每一丸，酒下無時。治婦人不曾生長，氣血臟腑痛甚，男子疝痛牙緊，灌下即安。

椶櫚子苦平無毒，止血養血須炒熟，瀉滑痢久可澁腸，皮又破癥燒灰服。椶，形如馬騣，閭閻多植此為用。子如魚子，初生黃色者可淹為果，成熟黑色者入藥。炒用，上止鼻洪吐血，下止崩帶腸風便血，兼澁腸止瀉及赤白痢。○皮入藥，燒灰存性，破癥止血與子同。

衛矛氣寒苦且澁，通經止崩下乳汁，破癥結除心腹疼，殺蟲祛風邪難入。在處有之。莖長四五尺許，其幹上三面如鋒刃箭羽，故又名鬼箭羽，人家多蟠之以衛祟。無毒。主通月經，止血崩帶下，能墮胎，下乳汁及產後血絞腹痛，破陳血癥結、蠱疰中惡，腰腹心胸脹滿，去白蟲，消皮膚風毒，令陰中解，殺百邪鬼魅。○八月採，陰乾，只用箭頭，拭去赤毛，酥炒用。

虎杖甘平破瘀血，通經能散暴癥結，止痛排膿利小便，暑渴煎令水冷徹。在處有之。莖如竹笋狀，上有赤斑點如虎斑文，初生便分枝丫，根皮黑色，破開即黃，亦有高丈餘者。無毒。主破留血、月候不通、產後惡血不下、心腹脹滿、血暈暴結、癥瘕、撲損、腸痔、瘡癤、癰毒、惡瘡、排膿止痛。治大熱煩燥，止渴，利小便，壓一切熱毒。夏月和甘草同煎為膏，如琥珀色，令冷徹如水，服之極解暑毒。兼破風毒結氣及風在骨節間，孕婦禁用。○八月採，根和葉裛一宿，取出晒乾，或浸酒服之，效尤速。

蜜蠟甘溫煉去黃，止血益氣續絕傷，下痢胎漏金瘡妙，長肉生肌厚胃腸。蠟，獵也。蜂獵百花釀蜜，查為蠟。初極香軟，經酒、醋煮煉便黃赤，再煎煉，水中烊十數過即白。無毒。主下痢膿血後重，姙孕胎動，漏血不絕欲死，金瘡出血，皆能止之。兼補中益氣，續絕傷，小兒尤宜。久服耐老不飢。惡芫花、文蛤。○治雀目方：黃蠟溶化，入蛤粉相和得所，每二錢以猪肝二兩，批開，糝藥在內札定，煮熟取出，乘熱薰眼至溫冷，并肝食之，以平為度。

蠐螬鹹溫在桑枯，瘀閉脇堅不可無，汁點眼翳開喉痹，木刺痛瘡碎搗敷。蠐，齊也，無頭尾之分；螬，曹也，曹曹踊動貌。無毒。主破惡瘀在胸腹不去、吐血，通月經血閉，下乳汁，破骨踒折、血在脇下、堅滿疼痛。汁點目中淫膚、青翳、白膜，點喉痹止痛消腫。竹木刺入肉，搗碎敷之立出。癰疽痔瘻，赤白遊風，丹疹，取汁塗之。○生桑柳樹中內外潔白者佳，生積糞中者，皮黃色黯，止可敷瘡疽。冬月或臨時採，陰乾，糯米同炒，米焦黑取出，去口畔并身上肉毛黑塵，作三四截研粉用。蜚蠊為使。○治禾芒入目，以新布覆目上，持蠐螬從布上摩之，其芒自出。

代赭石寒甘且苦，養氣血精又善止，鎮肝健脾治驚疳，辟賊風邪及疰蠱。出代郡。赭，紅黑之間色也。無毒。入手少陰、足厥陰經。養氣血，除五臟血脉中熱，血痹，血瘀。止吐血、鼻衄、腸風、痔瘻、翻胃、瀉痢、尿血、遺溺、脫精、女子赤沃漏下、帶下、月經不止、產難、胞衣不出、墮胎、大人小兒驚氣入腹、陰痿不起。《經》云：怯則氣浮，重以鎮之。怯者，驚也；肝氣，浮也。小兒驚癇疳疾，服之健脾。兼治賊風癮疹痒疼，鬼疰蠱毒。○赤紅青色如鷄冠有澤，上文頭有如浮漚丁者，謂之丁頭代赭，最勝。火煅醋淬七次，研粉水飛用。乾薑為使。畏附子、天雄。無真者，以牡蠣代之。

亂髮苦溫極補陰，止血止咳通閉淋，利水治風醫霍亂，產難驚熱斂瘡淫。髮，拔也，拔躍而出。無毒。丹溪云：髮補陰之功甚捷。止鼻衄汗血、大小便下血、血痢、血悶、血暈。止咳嗽，轉脬，五淋，關格不通。利水，消黃疸、女勞疸。治中痓，破傷風及沐髮後中風。定霍亂煩燥，催生及胎衣不下，小兒驚熱癇症。煎膏，長肉消瘀。治癰腫骨疽，金瘡雜

瘡。〇不拘新剪舊落，或自己髮，或無病人髮，或童男胎髮，並好。用皂角水洗淨，入罐內燒存性。止血，或吹鼻，或酒下，或入補藥丸。〇單髮灰散： 燒為末，溫水或酒下二錢，治血淋甚效。〇又合雞子黃煎之，消為水服，治小兒熱痰，療百病。如胎熱生瘡，蔓延遍身，啼號不乳者，用此塗上，隨以苦參粉糝即愈。〇又和蜂房、蛇退燒灰，酒下一錢，治瘡口不合，效。人髮傳癰疽立愈。

乳汁甘寒潤髮膚，填補五臟點睛珠，老病口瘡女經閉，惟有臟寒不可哺。婦人血下為月經，上為乳汁。無毒。治瘦悴，悅皮膚，潤毛髮，補五臟，點眼止淚，消赤腫痛，老人虛熱，口瘡不食，婦人血枯經閉。昔張蒼常服，身肥白，年享百歲有餘。但性屬陰，臟寒人食之則瀉。〇服乳法： 取甘香者入銀器內，加梨汁一半，鍋內頓滾，五更熱服。消痰潤肺，補虛生血，無梨汁亦可，但服須吸入氣脘乃佳。又和豉汁飲之，解猪肝、牛肉毒，極效。〇晒乳粉法： 遇有乳汁若干，即下銀鍋內煎成膏，用大磁盤盛於日下晒之，以水浸於盤下，乃未濟之妙也。不然，其乳久晒不乾。

秋石丹霜體若金，陽煉壯陽陰補陰，洞髓還元無不治，點肉調湯味更深。味鹹，無毒。治色慾過度，羸弱久嗽，眼昏頭眩，腹脹喘滿，腰膝痠疼，遺精白濁，洞入骨髓，無所不治，真還元衛生之寶也。只一小鍋可煉體若金石，永不暴潤。〇陽煉法： 童便不拘多少，入銅鍋內熬乾，如鐵堅硬，鍋內亦放火，燒去臭氣，乘熱取出，打碎為末，再入鍋內，清水煮化，用綿紙七重濾過，復入鍋內熬乾。如此淋熬三次，白如霜雪，乃入砂罐內鹽泥固濟，火煅一日夜，只取飛上鐵燈盞者為末，棗肉丸如菉豆大。每服五丸至十丸，空心酒下，久服壯陽起痿，臍下如火。諸般冷疾，久年虛損，勞憊甚者，服之皆驗。〇陰煉法： 童便不拘多少，入濃皂角汁少許，以殺其穢，以井水一半相和，旋攪百匝，令澄去清水，只留濁脚，再換新水，如此澄攪數多，以白色無臭氣為度，晒乾，棗肉為丸。每服十丸，空心酒下，或以人乳汁和晒尤妙。此法去鹹味，不傷肺，大能滋陰降火。〇陰陽煉，即陰煉濁脚不晒，用火熬乾，忌入罐內火煅。治陰陽俱虛。〇已上治燥通用。

天靈蓋： 乃天生蓋押一身之骨，未合即未有，只有顖門、頂骨中一片如三指闊，十字解者是。味鹹，平，無毒。主傳尸尸疰，鬼氣伏連，久瘴勞瘧，寒熱無時及肺痿乏力，羸瘦，骨蒸盜汗，兼治犬咬。〇凡使，須軍門斬賊得之方可，不然，惡疾病死，諸毒聚頂，服之反害，不如以虎頭骨及黃犬頭骨代之。近時方士好用此入補藥，以為勝於滋陰壯陽之劑，不知屍氣損神，且犯天條，罪禍莫測。其骨，男者色白，女者色赤，陽人使陰，陰人使陽。採得後用溏灰火罨一伏時，待腥氣盡，以檀香煎湯洗過，酥炙黃或燒黑研用。〇爪甲，催生，取細末點目中去翳障，搐鼻中止衄血，燒灰水調服，治轉胞，淋閉，尿血，凡用孕婦及自己者效。

人胞衣： 又名紫河車，乃男精女血構成。味甘，溫，無毒。主氣血羸瘦，婦人勞損，面䵟皮黑，腹內諸病漸瘦者。〇男用男胎，女用女胎，須首生者佳。如無，壯盛婦人亦可。用米泔洗四五次，不動筋膜。去草屑，以竹器盛，長流水中浸一刻，以取生氣，用瓦盆放木甑內，或鍋內亦可，自卯至酉蒸爛如糊，取出於石臼內同諸藥搗丸。一法： 洗淨，用酒半碗，花椒少許，同入砂鍋內，口上用紙糊，慢火烘乾，重一兩半者佳，為末入藥。此藥不宜久留，恐服之令腹內生蟲也。〇產後胞衣埋地中，七八年化為清水者，味辛，無毒。主小兒丹毒，天行熱病，寒熱不歇，妄語狂言，頭上無辜髮立，虛痞等疾。

紅鉛： 即無病室女初行月水。味鹹，有毒。治男婦氣血衰弱、痰火上升、虛損、左癱右瘓、中風不語、肢體疼痛、飲食少進，女子經閉等症，服之神效。取法： 以黑鉛打一貝，形如黃冠子，俟月信動時，以此具置陰戶上，接取二三鍾，傾磁器內，待沉底，紅如硃砂者，此為母氣，真元也。黃色浮皮者用紙糝去，却取澄過茯苓入紅鉛內和勻，作薄餅子陰乾為末，以麻黃煎膏為丸，辰砂為衣，銀器收貯服之。〇婦人月經并浣褌汁，解箭并女勞服，又馬血入瘡中并剝馬被骨刺破毒死者，以月經塗之效。近有奇術，能令刀斫不入，惟以月經塗之便死，此是污穢壞神氣也，故人合藥所以忌之。〇男子精塗金瘡出血不止，和鷹屎去面上黶瘢及湯火灼瘡。

裩襠： 即裩之當陰處，方圓六寸是也。主男婦陰陽易病。男病用女，女病用男，裩襠燒灰，水調服。〇經衣，即拭經水布也。燒灰為末，敷虎狼傷，酒下主箭鏃入腹，陰陽易病。

已上以人補人，今俗所尚，但秋石還元降火可也，河車、經餘不過後天渣滓。乳汁，古人以之乳子，猶恐飢人之子，而況煎熬成丸，變其純陰之質，化為燥烈之性，固未必能補，亦且可惜，偶病相宜，乍服對酒，或入藥服之亦可。亦嘗證諸本草，《別說》云： 神農人部惟髮髲一物外，餘皆出於後世醫家或禁流之術，奇怪之論，殊非仁人之用心。世稱孫思邈有大功於世，以殺命治命尚有陰責，況於是也！近數見醫家用天靈蓋以治傳尸病未有一效者，信《本經》不用未為害也。殘忍傷神又不急於取效，苟有可易，仁者宜盡心焉。若不以是說為然，決為庸人惑亂。噫！以是為訓。邇來方士，猶有教人服死胎全軀者，童男女交接水者。《聞見紀訓》載服此者盡皆惡死，且遇奇禍，戒之戒之！

玉泉：玉乃石之精，天地重寶；泉者，玉之泉液。一云：玉消為水，故名玉泉。味甘，平，無毒。主五臟百病，柔筋強骨，長肉益氣，利血脉，安魂魄，明耳目，耐寒暑，久服輕身不老，兼治婦人帶下十二病，除氣癃血塊等症，畏欵冬花。

玉屑：玉，肉也，溫厚光潤如肉也；屑，碎也，削之碎碎也。以苦酒浸之，令消如泥。潤心肺，滋毛髮，明眼目，助聲喉，久服輕身長年，兼除胃中熱，喘息煩滿，止渴。屑如麻豆大，服之精潤臟腑，查當完出。若為粉服之，使人淋。畏鹿角。

礪石：礪，粗硬也，可作磨刀石。無毒。主破宿血，下石淋，除瘕結，伏鬼惡氣，燒赤投酒中飲之。磨汁滴目，除障瞖。

桃花石：形似赤石脂，色如桃花，光潤體重，舐之不着舌者佳。味甘，溫，無毒。主大腸中冷，膿血痢，令肌熱能食。

百藥煎：味酸，無毒。潤肺治嗽，化痰止渴，療腸風下血，為末糝諸瘡，乾水斂口。〇造法：用五倍子十斤，烏梅、白礬各一斤，酒麯四兩，又將水紅蓼三斤煎水去查，入烏梅煎，不可多水，要得其所，却入五倍粗末并礬麯和勻，如作酒麯樣，入磁器內，遮不見風，候生白取出，晒乾聽用。染鬚者加綠礬一斤。

女貞實：又名冬青子。味苦、甘，平，無毒。主補中，安五臟，養精神，除百病，久服肥健輕身不老。浸酒服，去風補血。立冬日採，晒乾用。〇皮，涼，去血，補益肌膚。〇葉，燒灰塗面治痺，兼滅瘢疵，亦堪染緋。

蕤核：仁味甘，微寒。無毒。主心腹邪結氣及心下結痰痞氣。益氣明目，治目腫眦爛風痒、赤痛淚出、鼻齆鼻衄。凡使，去殼取仁，湯泡去皮尖。每四兩用芒硝一兩，木通七兩，同煮一伏時，取仁研膏，任加減入藥，極治風熱。如風虛者，去皮尖，後用紙壓去油淨，以花椒煎濃汁調成膏，塗磁碗底上，用蘄艾燒烟熏七次，然後取碗於火上煅之，若油起，即以竹紙拭去，直待油盡色黑，即取碗覆地上，以去火毒，隨宜入片腦等，點眼甚效。〇治眼風痒或生瞖，或眦赤，一切眼疾並主之。蕤仁研膏，入黃連末等分和勻，取乾棗三枚，割頭少許，去核，以前末填滿，以棗頭合定，用薄綿裹之，以水半碗，於銀器中文武火煎，取鷄子殼以來，以綿濾過，待冷點眼，神效神效！

椰子：即海椶實也。味苦，無毒。黑髮，止血，療鼻衄，吐逆，霍亂，煮汁服之。〇殼可為酒器，如酒中有毒則酒沸起。殼中肉益氣，殼中漿飲之得醉。主吐血，消渴，水腫，去風熱，塗頭令髮黑。丹溪云：屬土而有水。生海外極熱之地，土人賴此以解夏月暍渴。多食動風。

木槿：平，無毒。止腸風瀉血、赤白痢，痢後熱渴，作飲服之，令人得睡，入藥炒用。〇花涼。治同。作湯代茶吃，又治風。

萱草：俗名鹿葱。味甘，涼，無毒。治沙淋，小便赤澁，身體煩熱，下水氣，退酒疸，取根絞汁服。破傷風，酒煎服。又和薑汁服，治大熱吐血，主安五臟，利心志，令人歡樂無憂，輕身明目。取嫩苗及花作俎食，甚利胸膈。丹溪云：萱草屬木，性下走陰分，花名宜男，寧無微意存焉？〇五月採花，八月採根用。

水蘇：一名鷄蘇，處處有之。多生水傍，苗似旋覆，兩葉相當。氣香馥，味辛微溫，無毒。主肺痿、吐血、衄血、血痢、崩中、帶下、產後中風及血不止，頭風目眩，諸氣疾脚腫。下氣消穀，除飲食，辟口臭，去惡毒氣，久服通神耐老。可作菜。

鷄腸草：生田野下濕地。莖梗細而中空，有似鷄腸，斷之有絲縷，故又名蘩蔞。味酸，平，無毒。主破血及產後血塊，炒熱和童便飲之，惡血盡出。燒灰揩齒止宣露。水煎服止淋，止小便利。又積年惡瘡毒腫不愈，搗汁敷之神效。

鯉腸草：一名旱蓮草。味甘、酸，平，無毒。主血痢及針灸瘡血出不止，傅之立已。汁塗鬚髮令黑而繁。煎膏點鼻中添腦，又排膿止血，通小腸，敷一切瘡並蠶瘑。〇二八月採，陰乾。

牛角鰓：即黃牛角尖，燒存性用。味苦，溫，性澁，無毒。主下閉血瘀血疼痛。止婦人血崩、赤白帶下及腸風下血，冷痢瀉血，鼠乳瘻疾。

木虻：味苦，平，有毒。生木葉中，初出如白蛆，漸大羽化，色綠如蜩蟬，亦噉牛馬等血，故治瘀血血閉寒熱無子，及目赤痛，眦傷淚出，又能墮胎。如蛇螫人九竅出血，取三七枚燒，服之效。〇五月採，去翅足，炒黃。

蜚虻：即今噉牛血者，方家呼為虻蟲。味苦，寒，有毒。主逐瘀血，破血積堅痞、癥瘕寒熱。通血脉，利九竅，女子月水不通，除賊血在胸腹五臟，治喉痹，消積膿，墮胎。〇去翅足炒，惡麻黃。

蜚蠊：形似蠶蛾，腹下赤，多在林樹間，百十為聚，八九月知寒，多飛入

人家，作薑氣者是。味鹹，寒，有毒。主破瘀血堅癥，寒熱積聚，內寒無子。通血脈，治喉痹。〇去翅足，炒黃色。

䗪蟲：生沙中及人家牆下土中濕處，似鼠婦而大，形扁如鱉，故名土鱉，俗名簸箕蟲。味鹹，寒，有毒，主心腹寒熱洗洗，破血積癥瘕，通月水血閉，下乳汁，婦人藥中多用。十月採，日乾炒。畏皂莢、菖蒲、屋遊。〇已上治燥雜用。

主治各經燥藥【略】　治寒門即湯液熱浮長也。古菴云【略】

附子辛甘鹹熱毒，虛寒風濕行經速，欬逆厥冷腹心疼，霍亂嘔痢筋踡縮。附子、烏頭、烏喙、天雄、側子，五物同出異名。似烏鳥頭者為烏頭，俗名川烏；兩歧相合如烏之觜者為烏喙；細長至三四寸者為天雄；附根而生者為附子；小者為側子。補虛多用附子，風家多用天雄、川烏。東垣云：附子有大毒。陽中陽也。其性浮而不沉，其用走而不守。本手少陽三焦、命門藥也。能治六腑沉寒，五臟痼冷。主中寒及傷寒陰症陰毒，四肢厥冷，心腹疼痛，煩燥迷悶不省，風寒欬逆邪氣，霍亂轉筋，下痢赤白，脾胃虛冷，腫脹翻胃嘔逆，久瀉不止，頭痛頭風。堅筋骨，治偏風半身不遂及寒濕痿躄拘攣，腰脊膝痛，腳疼冷弱不能行步，諸痹癱瘓，痰涎。得白术，治腎寒濕；得乾薑，補中回陽。為百藥之長，通行諸經，引用取效最速。丹溪云：八味丸用為少陰向導，其補自是地黃，後世因以為補，謬哉！孕婦誤服墮胎。〇取端平圓大重一兩以上者力全，用黑豆煎水浸五日夜，去皮尖并臍，切作兩片，以薑查包夾，外又用麪包，灰火中炮熟。如外黃內白，劣性尚存，須薄切，炒令表裏皆黃。有用童便煮而浸之，以助下行。俗方每用附子，皆須甘草、人參、生薑相配者，正制其毒故也。惟古薑附湯生用之。地膽為使，惡蜈蚣，畏防風、黑豆、甘草、人參、黃芪、烏韭。

川烏破積除寒熱，心腹臍間冷氣結，肩胛諸痹目中疼，消胸痰滯三蟲殺，烏喙專主陰囊痒，能消癥腫醫歷節。行經逐寒，治風濕邪，與附子大同。主破諸積聚寒熱，心腹臍間冷痛，肩胛痛不可俛仰，一切風痹、血痹、半身不遂皆驗。目中痛不可久視，消胸中痰冷，食不下，墮胎，殺三蟲，長而有尖者佳，製同附子。遠志為使。反半夏、瓜蔞、貝母、白蘞、白及，惡藜蘆，忌豉汁。〇其汁煎之名射罔，味苦。殺禽獸，療尸疰堅癥，頭風痹痛，又主瘻瘡瘡根，結核瘰癧，毒腫及蛇咬。先取藥塗四畔，漸漸近瘡，習習逐病至骨。瘡有熱膿黃水出塗之，若無膿水，有生血及新傷肉破即不可塗，立殺人。中之者，以甘草、藍青、小豆葉、冷水解之。〇烏喙，味辛，微溫。主風濕，丈夫腎濕陰囊痒，寒熱歷節掣引腰痛不能行步，癰腫膿結。〇烏龍丹：川烏、五靈脂各五兩，量入龍腦、麝香為末，滴為丸，彈子大。每一丸先以生薑汁研化，次暖酒調，日二次，空心、晚食前服，治癱瘓風，手足嚲曳，口眼喎斜，語言蹇澁，步履不正，神效。〇三神丸：烏頭三兩。一兩生，一兩炒熟，一兩燒存性，為末，醋煮，麪糊丸，菉豆大。每五丸，空心服。瀉用井花水下；赤痢，甘草湯下；白痢，乾薑湯下；赤白痢，生薑甘草湯下。

天雄壯陽散寒濕，上療頭面風邪急，側子專治偏痹風，瘡瘻癰腫效可立。東垣云：天雄散寒，為去濕助精陽之藥。凡上焦虛陽，頭面風去來疼痛，喉痹，背脊傴僂，胸膈痰水，氣喘促急，霍亂，必用之。久服令人心雄，力作不倦，故名。餘與烏、附同，但天雄走上，烏、附達下。取身全、短、無尖，周匝有附子孕十一箇，皮蒼色者佳。凡丸，炮去皮尖、底鬚，湯藥和皮生用亦佳。遠志為使。惡腐婢，忌豉汁。〇側子，專治腰腳冷痹，半身不遂及遍身風疹，頸上鼠瘻，一如癰腫，皆驗。餘與烏、附相同。

生薑發散主傷寒，鼻塞頭疼欬逆安，入肺開胃止痰嘔，破血行氣到心間。薑，禦濕氣，如田有界以分水也。味辛，溫，無毒。浮而升，陽也。主發散傷寒傷風，頭疼鼻塞寒熱，欬逆喘嗽上氣。入肺開胃益脾，化痰涎，止嘔吐翻胃之聖藥也。已上諸症，皆在表在上之邪，薑能行氣散氣，故治之。產後必用者，以其能破血逐瘀也。今人但知為胃藥，而不知其能通心肺也。心氣通則一身之氣正，而邪氣不能容，故曰去穢惡，通神明。後人因孔子不徹而每好食之，其實多服反少智，損心氣，故孔子亦不多食。古云：八九月食薑，至春患眼，損壽，減筋力。又云：平人夜食薑，令人閉氣，病則不拘也。丹溪云：留皮則冷，去皮則熱。非皮之性本冷也，蓋留皮則行表而熱去，去皮則守中而熱存耳。故又有言曰：薑屑，比之乾薑不熱，比之生薑不潤。以乾生薑代乾薑者，以其不濳故也。〇秦椒為使。惡黃芩、黃連、天鼠屎。殺半夏、厚朴、莨菪毒。

桂枝辛甘熱且浮，微解風寒汗自收，一樣嫩枝名柳桂，善治上焦熱不留，薄桂專行肢節滯，橫行肩臂必須求。桂，猶圭也，為諸藥之先聘也。木葉心皆一縱理，獨桂有兩紋，形如圭。諸家論桂不同，惟陳藏器云：菌桂、牡桂、桂心，同是一物。出交趾、南海、桂林、桂嶺、桂陽、柳州、象州者佳。菌桂正圓，如竹卷二三重，味烈肉厚者，即今肉桂。菌，竹名，言其卷如竹筒，故又名筒桂。半卷多脂者，名板桂，即今鐵板桂也。牡乃老桂，味稍淡，皮薄少脂，乃桂品中之最高者，故又名官桂。桂心，即牡桂去皮一半，取中心近裏味辛者。桂枝乃細薄而嫩者。薄桂比桂枝稍厚，柳桂比桂枝更薄。〇桂枝有小毒。浮而升，陽也。氣、味俱輕。入足太陽經，故能上行頭目，發散表邪。凡傷風傷寒有汗者，用以微解表邪，邪去而汗自止，非固表止汗之謂也。〇柳桂，乃小枝嫩條，尤善行上焦，補陽氣，虛人服之使不生熱也。〇薄桂，乃細薄嫩枝，入上焦，橫行肩臂。治痛風，善行肢節凝滯，兼瀉奔豚。凡使，略刮去粗皮。〇已上治上焦寒藥。

肉桂辛熱補腎臟，養精止煩又止汗，利肝肺氣遏心疼，溫中破癖除霍亂。純陽，小毒，入手、足少陰經。東垣云：氣之厚者，肉桂也。氣厚則發熱，故下行而補腎、相火不足。主一切風氣，五勞七傷，養精髓，暖腰膝，止虛煩虛汗。利肝氣，除風濕冷痹、筋骨攣縮，利肺氣，止咳嗽鼻齆，養心神，治卒心痛，久服明眼目，和顏色，面生光華。兼溫脾胃，長肌肉，破痃癖、癥瘕、瘀血，霍亂轉筋，下痢，一切沉寒痼冷，中下腹冷痛。此藥通血脈，利關節，

故婦人經閉亦用之。惟有孕者，必炒過乃不墮胎。宣導百藥，無所畏，謂之通使。春、夏二時慎用。本草雖云小毒，亦從類化，與芩、連為使，小毒何施？與烏、附、巴豆、乾漆為使，則小毒化為大毒。得人參、麥門冬、甘草，則能調中益氣而可久服；得柴胡、紫石英、乾地黃，則能調榮而止吐逆。○凡使，色紫而厚者佳，刮去粗皮，忌生葱。

官桂無毒治中寒，欬逆喉痹吸呼難，補中更治心脇痛，溫筋通脉利竅關，桂心專能止心痛，行血藥滯補陰慳。官桂，主寒在中焦，上氣欬逆，結氣喉痹，呼吸不清，兼補中益氣，治心痛、脇痛。溫筋通脉利關節，治冷風疼痛。○桂心，治九種心痛及中惡、寒疝、產後血衝心痛，止唾血吐血，破血通月閉，下胞衣，殺三蟲。兼治中風偏僻，牙緊舌強，失音及腳軟痹不仁。丹溪云：桂心入二三分於補陰藥中，則能行血藥凝滯而補腎，由味辛屬肺而能生水行血，外腎偏腫痛者亦驗。

乾薑生用發寒邪，利肺欬逆身痹麻，炮苦守中溫脾腎，瘧痢霍亂腹疼佳，炒黑止血又生血，產後潮熱退無些。大熱，無毒。可升可降，陽中陰也。生用味辛，發散寒邪，與生薑同功。利肺冷氣咳嗽咳逆，胸滿。除風寒濕痹，一切風邪諸毒，皮膚間結氣。《唐本》云治風下氣，宣諸脉絡，微汗是也。○水洗慢火炮製，則味微苦，止而不移，非若附子行而不止，能守能補，與生薑異。溫脾胃，治裏寒水泄，下痢腸澼，久瘧霍亂，心腹冷痛脹滿。又下焦寒濕，沉寒痼冷，腎中無陽，脉氣欲絕，佐以附子立效。傷寒陰陽易病，單服之。○童便炒黑，止鼻衄、唾血、血痢、崩漏。與補陰藥同用，能引血藥入氣分生血，治血虛發熱及產後大熱。丹溪云：多用能耗散元氣，壯火食氣故也。須生甘草緩之。畏惡同生薑。○造乾薑法：取生者水淹三日，去皮，置流水中六日，更去皮晒乾，釀磁甕中三日，內紫色乃成。蜀地者佳。○白薑，即蜀薑去皮未經釀者，色白，味極辣，治肺胃寒邪功多。○乾生薑，乃留皮自乾者，治脾胃寒濕。

高良薑辛苦大溫，冷衝心痛腹相牽，霍亂嘔痢宿食化，腳氣冷痹亦堪論。出高良郡，形似山薑。純陽，無毒。主胃中暴冷、逆衝心痛，或腹內亦痛、霍亂轉筋、翻胃嘔食、瀉痢，消宿食，解酒毒，兼去風冷痹弱腳氣。大抵溫中下氣，消積健脾，與諸豆蔻同功。剉碎，麻油拌炒。

紅豆蔻辛溫無毒，腸虛水瀉痛心腹，霍亂嘔酸酒毒醒，更辟瘴霧忌多服。云是高良薑子，微帶紅色，主腸虛水瀉、心腹攪痛、霍亂、嘔吐酸水，解酒毒，去宿食，辟瘴霧氣毒，兼治冷氣腹痛，吐瀉痢疾。不宜多服，令人舌麄，不思飲食。

白豆蔻味辛大溫，上焦氣冷補還元，散肺中滯退雲翳，助脾消積止胃翻。色白，形如豆。凡物盛多謂之蔻，一顆內子有百粒，故名。無毒。升也，陽也。入手太陰、太陽經。別有清高之氣，補上焦元氣不足，散胸中冷氣，破肺中滯氣，退白睛中紅翳，如赤眼暴發則不宜用。東垣云：溫中止霍亂而助脾。主消冷積，止心腹冷痛，寬胸進食。若冷吐翻胃，遇食即吐，單用二三枚為末，酒調服之。立效。○去皮用。

草豆蔻辛氣亦溫，心胃寒痛嘔翻翻，下氣溫中除霍亂，善進飲食退酒煩。實結於草上。無毒。浮也，陽也。入足太陰、陽明經。主風寒邪犯胃口之上，心腹胃脘作痛作脹，嘔吐霍亂，下氣溫中，補脾胃，磨積滯，調散冷氣甚速，虛弱不能飲食者最宜，兼消酒毒，去口臭。○麪包煨熟，去麪用。雷公以茱萸同炒，微黃黑，去萸，取豆蔻皮并子杵用之。

肉豆蔻辛溫補中，下氣消痰開胃胸，霍亂心腹多膨痛，實腸久瀉有奇功。形似豆蔻，對草蔻言，故名肉蔻。無毒。入手陽明經。溫中補脾，消痰飲、宿食、酒毒、冷積。下氣寬胸，開胃止霍亂吐沫，心腹脹痛。實大腸，止虛瀉、冷瀉之要藥也。兼治氣痢、赤白痢、小兒乳霍吐逆、不食作泄、腹內蟲痛、中惡、冷疰鬼氣。日華云：肉蔻下氣，以脾得補而善運化，氣自下也。非若陳皮、香附之快泄。《衍義》以為多服泄氣，恐不然。○油色肥實肉白者佳。用湯調糯米粉，或醋調麪包，灰火中煨黃熟取出，以紙搥去油淨，勿令犯銅。

縮砂蜜辛溫暖脾胃，消食和中止瀉吐，澁腸抑腎奔豚邪，止咳保胎行肺氣。皮緊縮皺，形色如砂，又名砂仁。無毒。入手足太陰、陽明、太陽、足少陰經。暖胃溫脾，消化酒食，治心腹中虛冷痛，霍亂轉筋，嘔吐水瀉，赤白痢，休息痢，氣痢，澁大小腸，除腎積奔豚氣，止肺氣咳嗽，欬逆上氣，又炒過治妊娠觸傷，胎動腹痛。丹溪云：縮砂治病，行氣故也。治痢藥中用之，以熱攻熱，乃所以順治也。○和皮慢火炒令香熟，刮去皮，取仁搗碎用。與檀香、豆蔻為使則入肺，與人參、益智為使則入脾，與黃栢、茯苓為使則入腎，與赤石脂為使則入大小腸。

益智仁辛溫療胃寒，和中止嘔唾涎殘，固精止溺及餘滴，養神補氣三焦安。服之益人智慧，故名。無毒。療脾胃中受寒邪，止嘔噦涎唾，當於補中、和中藥內兼用之。又治遺精虛漏，小便餘滴。夜多小便者，取二十四枚碎之，入鹽煎服，奇驗。諸辛香劑，多耗神氣，惟此能益氣安神，安三焦，補不足，然亦不可多服。《液》云：主君相二火，手足太陰，足少陰，本脾經藥也。與諸香同用則入肺，與補氣藥同用則入脾，與滋補藥同用則入腎。蓋脾、肺、腎三經，子母互相關也。○去皮用。

蓽撥熱辛除胃冷，下氣消痰破積猛，嘔酸瀉痢腹心疼，治腎寒疝腰腳眚。無毒。除胃冷下氣，消痰飲宿食，痃癖，嘔逆醋心，水瀉，虛痢，霍亂，冷氣心腹滿痛。又治腎冷寒疝，核腫陰汗，腰膝痠痛，婦人內冷無子。又偏頭痛，令患人口含溫水，取末一字，隨左右鼻吸之，絕妙。此藥性急，甚於胡椒。令人以調食味，多服走真氣，令人腸虛下重。○去挺，用醋浸一宿，焙乾，刮去皮粟子，令淨，免傷肺令人上氣。

香附辛甘充散寒，皮風胸熱也能寬，消食霍亂腹心痛，開鬱理血女人丹。氣香，附根而生，又名莎草根。氣平，無毒。沉也，陰中陽也。味輕辛散，能充皮毛，發去寒氣及皮膚病疹，胸中虛熱，消食下氣，治一切霍亂，心腹疼痛，腎氣膀胱冷。古云：香附理血氣，婦人之仙藥。蓋婦人性偏多鬱，此藥散鬱逐瘀，令新血自生而百體和。炒黑能止血，治崩漏下血。凡氣血藥必用之，能引血藥至氣分而生血，亦陽生陰長之義。《本草》云：益氣者，

正謂其為血中氣藥，能和氣而生血止血也。不然，逐瘀快氣之劑，豈能補氣益氣哉？〇採得後用稈火燒去毛，入石臼內搗淨。氣病略炒，血病酒煮，痰病薑汁煮，下虛鹽水煮。血虛有火，童便煮過則涼；積冷醋浸，炒則熱。他藥亦可以此類推。忌鐵，得烏藥良。又與巴豆同炒，治瀉泄不止。生用，治大便不通。

藿香辛溫散寒氣，霍亂心疼并嘔噦，消風水腫辟瘴邪，行氣入肺專開胃。藿，豆葉，葉似藿，或言主療霍亂，故名。無毒。可升可降，陽也。入手足太陰經。能發汗散寒濕，溫中止霍亂，心腹痛、吐逆最要藥也。又消風水毒氣浮腫，辟惡氣瘴氣，兼止瘧進食，治口臭。本芳香開胃助脾之劑，但入發表散藥則快氣，入補脾藥則益氣，入順氣藥則理肺滯。〇水洗去土梗，用葉。

丁香辛熱快脾胃，止嘔逆亂泄肺穢，入腎壯陽暖膝腰，風腫牙疳及冷痹。形似釘，純陽。無毒。入手太陰、足陽明少陰經。主溫脾胃，快積滯，消痃癖，殺酒毒，善止翻胃嘔吐，乾濕霍亂，心腹冷痛，瀉肺寒欬逆上氣、口氣，補腎壯陽，治腰疼膝冷，風毒諸腫及齒疳䘌骨槽。《液》云：與五味子、莪朮同用，亦治奔豚氣，兼療五痔、五色毒痢、鬼疰蠱毒，烏鬚殺蟲，能發諸香。〇雄者顆小，煎膏中用之，去丁蓋，免發背癰；雌者顆大，如棗核，謂之母丁香，味佳力大，故《局方》多用之。〇單方療婦人陰冷痛，取雌者為末，縫紗袋中，納陰內，中病即已。

木香苦辛健脾胃，氣積霍亂并瘧痢，專寬胸腹散肺痰，消癰治疝行肝氣。氣香，形如木，即青木香也。出舶上，氣溫，無毒。可升可降，陰中陽也。健脾胃，消食積，治一切氣痛，久年冷氣痃癖癥塊脹痛，九種心痛，婦人血氣刺痛難忍，止翻胃嘔逆，霍亂吐瀉。得草果、蒼朮，治溫瘧、瘴瘧。佐黃連，治赤白痢為最要。專泄肺經氣滯痰結，胸腹間壅塞及冷氣不能運轉，佐以生薑、肉豆蔻，其效尤速。消癰腫毒及膀胱冷痛、疝氣，俱以檳榔為使。丹溪謂木香行肝氣。苦入心，辛入肺，心肺氣調而肝家鬱火自伏，更無攻衝拂逆之患，非肝氣之自行也。兼療淋露羸劣少氣，安胎，禦霧露，辟疫邪，殺蠱毒。行藥之精，久服強志，不夢寤魘寐。抑論調氣者，和氣也；泄氣者，散氣、破氣也。易老專言破氣，東垣以為能補能泄，大抵隨諸藥佐為用。故曰：以黃連製之，則不過於疏暢；以知、栢製之，則不過於上升。〇形如枯骨，油重者良。行氣，生磨刺服，不見火。止瀉實大腸，用濕紙包，灰火中煨。其有蘆頭丁蓋子色青者，是木香神也。〇又有一種西木香，止痢腹痛尤效。

沉香辛溫能暖中，吐瀉轉筋痛腹胸，消風水腫治冷痹，壯陽散滯一身通。出海南及交廣，細枝緊實未爛者為青桂香；堅黑中實不枯沉水者為沉香；形如鷄骨，中空，半浮半沉與水面平者為鷄骨香；形如馬蹄者為馬蹄香；最粗者為棧香；又有削之自卷，咀之柔韌者為黃蠟沉，尤難得，其實一種，有精粗之異耳。沉香無毒。沉而降，陽也。主暖胃調中，止轉筋吐瀉，心腹痛，氣痢，風水腫毒，冷風麻痹，骨節不任，濕風皮膚痒。補右腎命門，壯元陽，暖腰膝，散滯氣，保和衛氣。用為使，上而至天，下而至泉，無所不至。兼去惡氣，破癥癖，補五臟。〇入湯磨刺，入丸散另研極細。

檀香辛溫升胃氣，霍亂腹心痛立去，又行腎邪攻腹心，兼消腫毒并惡疰。樹如檀，生南海，黃、白、紫三種，俱入藥。無毒。陽中微陰。入手太陰、足少陰，通行陽明經，引胃氣上升，又能引芳香之物上行至胸膈之上，咽嗌之中，同為理氣之劑。主霍亂心腹痛，進食殺蟲。治腎經邪氣上攻，心腹疼痛及腰痛。消風熱諸瘡腫毒，為末，醋和塗之。傅金瘡，止血止痛，兼辟中惡鬼氣。〇抑論諸香動火耗氣，非冷氣不舒者，不可輕服。腦麝芳竄尤甚，切宜慎之。古人夏月囊香以辟汗氣，猶謂能散真氣而開毛孔，況服之不當者乎！

胡椒辛熱去胃寒，消食化痰利膈間，霍亂冷痢腹心痛，壯腎和臟忌多餐，華澄茄尤溫膀腎，本是同根性一般。出胡地。其味焦辣也，無毒。除臟腑中風冷，去胃寒痰吐水，食已即吐，尤驗。消食下氣寬胸，止霍亂腹心冷痛，大腸寒滑寒痢亦用。調五臟，壯腎氣，過餐傷肺走氣。飲食中用之者，殺一切魚肉鱉蕈毒。凡使，內無皺殼者力大，石槽中研末用。〇華澄茄，胡語也。向陽者胡椒，向陰者澄茄，治與胡椒一般，尤能助脾胃，溫腎與膀胱冷氣，心腹卒痛及染鬚用之。去柄及皺皮，酒浸蒸半日，細杵。

蜀椒辛熱散風寒，齒目膚頑腸澼安，欬嘔瘧疸并癥結，壯陽縮便達下關，子名椒目專滲水，秦椒止痛逐風癱。出四川，謂之蜀椒，皮紅肉厚裏白，氣味濃烈；出關陝，謂之秦椒，色黃黑，味短不及蜀椒。有小毒。浮也，陽中陽也。能發汗散風寒，除六腑沉寒，傷寒時疫亦用之；治齒痛目翳淚出，骨節皮膚死肌痹痛，腰腳不遂，腸澼下痢水瀉；止欬逆咳嗽，嘔吐，溫瘧，黃疸，水腫；破癥結宿食，心腹冷痛；壯陽療陰汗，縮小便，澁遺精。東垣曰川椒達下是也。兼治產後宿血諸疾，下乳汁，殺蟲魚毒，鬼疰蠱毒，乃溫脾胃與腎，開腠理，通關益氣，通血之劑也。調食蒸鷄豚，味佳。多服令氣乏氣喘，十月食椒，損心多忘。丹溪云：服椒者無不被其毒，以其久久火自膀胱起也。凡使，去目及閉口者，酒拌濕蒸兩時久，取出入甕陰乾，勿令見風，或微炒出汗，乘熱入竹筒中，以杵舂去附紅黃殼。杏仁為使。畏欵冬花、雄黃、附子、防風。〇椒目，味苦、辛，有小毒。主十二水腫，脹滿水蠱。利小便及膀胱急，治盜汗。此藥止行滲道，不行穀道，所以能下水最速。入藥微炒，不宜久服。〇椒葉，熱，無毒。治奔豚伏梁氣及主外腎釣痛，霍亂轉筋，和艾及葱搗爛，醋湯拌罨。〇秦椒，味辛、苦，生溫熟寒，有毒。治與川椒大同，主腹中寒痛，風邪瘻痹，喉痹。通婦人月經，利五臟。服食當用蜀椒，畏、惡、製法同。

韭菜辛溫性最急，溫中又除胃客熱，中風中惡腹心疼，消瘀破積止便血，根同搗汁利膈胸，子主精寒多夢泄。韭，久也，一種而復生也。味辛帶微酸，無毒。溫中，除心腹痼冷作痛，又除胃中客熱，中風失音，及中惡腹心急痛如刺，俱搗汁飲之。善消胸膈間瘀血凝滯，痃癖冷痛，止尿血瀉血及卒下痢。《衍義》云：春食則香；夏食則臭，令人乏氣；冬食動痰，令人吐水；五月及酒後尤不可食。孔子謂不時不食者，正謂此輩。未出土者為韭黃，食之滯氣。凡好食韭者，多神昏目暗，入藥搗汁，冬月用根，搗時臭於葱薤。

養生者忌之，又不可與蜜同食。○子，主陽衰精冷，夢泄白濁，暖腰膝，壯陽道。入藥微炒。○單韭子散：治夢泄失精。炒為末，酒下二錢，效。花主動風，根主養髮。

白芥菜辛散冷氣，子利胸膈止翻胃，痰生膜外面皮黃，腫毒諸癰膽調傅。

芥味辛辣，有剛介之性，青、紫、白三種。○白芥甚辛美，氣溫，無毒。能發汗，散腹中冷氣作痛。其子微炒，研碎入藥。利胸膈痰，止翻胃吐食，痰嗽上氣，中風不語，面目色黃，安五臟，止夜多小便。丹溪云：痰在皮裏膜外，非此不能達。又治走注風毒疼痛，如遊風腫毒諸癰，為末，猪膽汁調傅，日三易之。兼辟邪魅、射工、鬼疰，氣發無常，撲損瘀血。○紫芥，作虀食之甚美，入藥不及白者力大。○青芥極辣，歸鼻，溫中，除腎寒邪氣，心痛，腰痛，風痹，利九竅。三芥子葉大同，多食俱動風氣，有便血痔疾者忌之。

萊菔辛甘氣亦平，溫中消食去痰凝，汁潤肺消并咳血，下氣多餐反澁榮，子吐風痰寬喘脹，倒壁推牆不順情。

性能制來麰麵毒，故名。俗云溫菘，又云蘿蔔，無毒。大者肉堅，蒸食煮食，能消穀，去胸膈痰凝氣滯；小者白脆，生啖或搗汁飲之，止消渴，寬中甚驗。又治肺痿吐血，咳嗽勞瘦，和羊肉、鯽魚煮食之妙。總為調脾潤肺之劑，故丹溪云：屬土而有金與水。本草雖言下氣最速，但熟食則辛散味去而甘緩獨存，反滯膈停飲，澁榮衛，令人髮白早。○子，吐風痰，治喘嗽膨脹，癥瘕積聚，黃疸；利五臟及大小二便，有推牆倒壁之功；兼治頭痛，明目去風。孕婦水道不通，單為末，燈心湯下。諸癰醋研塗之。一入丸散略炒研用。○蕪菁，即蘿蔔苗也。和油傅蜘蛛咬，恐毒入內，為末酒下，又治犬咬。一方乳癰初腫，疼痛作寒熱，取根葉入鹽少許搗傅，覺熱易之。○花陰乾為末，空心水調服，治虛眼暗，久服長生，可夜讀書。

艾葉苦溫最熱中，霍亂腹心痛有功，殺蟲調血和肝氣，崩漏安胎暖子宮，生汁止痢并吐衄，實主壯陽明目瞳。

艾灸百病，有懲創意，令人痛切自治。乾熟者性溫，無毒。辟外感風寒，溫胃，止霍亂轉筋，心腹痛，殺蚘蟲，薰痔䘌，利肝滯冷氣作痛，調和血脉。治婦人崩漏帶下，安胎倒產，子死腹中，產後瀉血不止，暖子宮，令人有子。生搗汁，性寒有毒。治赤白痢、吐血、衄血、瀉血及心腹惡氣刺痛、毒發熱氣上衝發狂，或有瘡出血者。○端午日日未出時不語採，日乾，陳久良者。《衍義》用艾搗篩去青查，取白，入硫黃相和為炷，灸穴。○實，主壯陽，助水臟，暖腰膝及子宮，明目，兼療一切鬼邪毒氣。○治火眼，用艾燒令烟起，以碗蓋之，候烟上碗成煤，取下用水調化，洗或點，更入黃連尤妙。

檳榔辛苦善調中，下氣墜藥殺三蟲，消穀逐水除痰癖，瘧痢腳氣與諸風。

檳榔，男子之稱，故向陽者為檳榔，向陰者為大腹子。無毒。降也，陰也。又云陰中陽也。調中健脾，散滯氣，瀉胸中至高之氣，止嘔吐醋心，逐出寸白蟲，消穀逐水，除痰癖，袪瘴瘧。治痢裏急後重如神，腳氣衝心。治諸風、諸積、諸氣。以其性沉，有若鐵石之重，故能墜降諸藥下行。閩廣多服之者，蓋以地暖鬱蒸氣多，居民藏之，氣亦上盛，故服此以降之耳。○檳榔，白者味辛，多散氣；赤者味苦、澁，殺蟲。生時甚大易爛，用灰汁煮熟焙乾，始堪停久。尖長有紫紋者名檳，力小；圓而矮者名榔，力大。今不復分，但取鷄心正穩、中實如錦紋者佳。刀刮去底，細切。急治生用，經火則無力；緩治略炒，或醋煮過。

常山辛苦除寒熱，逐水消痰瘧可截，善治腹塊并項癭，老弱虛人忌入舌，蜀漆即是常山苗，性同更醫逆氣結。

生常山道中，微寒，有毒。主傷寒、溫瘧寒熱，破胸腹停水水脹，胸中痰結吐逆，凡瘧皆痰與水為之，故截瘧必用此吐痰去水。又治瘧母及腹中積聚邪氣，痞結堅癥，鬼毒蠱疰，項下癭瘤鼠瘻。丹溪云：性暴悍，善驅逐傷氣。老弱虛人及久病忌之。凡使，細實色黃形如鷄骨者佳。生用令人大吐，酒浸一日，蒸熟或炒，或醋浸煮熟，則善化痞而不吐，畏玉札，忌菘菜、葱。○蜀漆，生蜀中，採時莖內有汁如漆，純陽有毒。吐瘧破癥療鬼疰，與常山一同，更治欬逆氣結。入藥用甘草水蒸二次，晒乾。栝蔞、桔梗為使，惡貫眾。

草果辛溫溫脾胃，消痰止嘔吐酸味，益氣又能消氣膨，瘧母果積真難費。

東垣云：草果仁溫脾胃而止嘔吐，治脾寒濕寒痰之劑也。益真氣，又消一切冷氣膨脹，化瘧母，消宿食。解酒毒果積，乃其主也。兼辟瘴解瘟。○去內外殼取仁，或用麪裹煨熟。

玄胡索味苦辛溫，理氣腹心腰痛尊，活血調經淋露止，破血專救產餘昏。

生胡國。玄，言其色；索，言其苗交紐也。無毒。可升可降，陰中陽也。入手足太陰、足厥陰經。善理氣痛及膜外氣塊，止心氣痛及小腸、腎氣、腰暴痛，活精血，調婦人月經，腹中結塊，崩中淋露，又破血及墮落車馬疼痛不止。○酒摩或煮服，醋煮亦好。

五靈脂甘溫治氣刺，止血又能行血脉，善治產後血昏迷，腸風冷痹及疳疫。

色含五彩而有靈，即寒號蟲屎也。無毒。主行諸氣，心腹刺痛。炒熟止崩漏，生用利氣脉，通經閉，行瘀血，善救產後血暈，又治腸風及風冷氣血閉，遍身疼痛冷麻，小兒五疳積聚，兼辟疫，除目翳，治吐逆連日不止，婦人小兒方多用之。入肝甚速。○出北地，色黑如鐵，生用者酒研飛煉去砂石。熟用者飛後炒令烟起，另研。

鬱金辛苦寒無毒，冷氣脹痛醋摩服，涼心止血破血凝，金瘡用之即生肉。

鬱金亦不甚香，但其氣輕揚，能致達酒氣於高遠以降神也。正如龍涎無香，能散諸香之氣耳。古人用以治鬱。金，言其色也。純陽。主下氣寬中，心腹冷氣結聚脹痛，溫醋摩服之。涼心止血，破惡血血積，血淋尿血、諸失血亦用之。療金瘡，生肌甚速，兼治馬熱病，女人小兒方多用之。○出蜀地。色赤似薑黃，中空如蟬肚者佳。水洗焙，或醋煮。

薑黃氣烈似鬱金，治冷氣脹痛腹心，破血積能通經水，退風熱消癰腫深。

形似生薑而色黃。日華云：海南生者名莪术，江南生者為薑黃。味苦、辛，氣大寒，功力烈於鬱金。治氣為最，冷氣宿食，心腹結積脹痛用之。破惡血、血塊、癥瘕，通月經，產後敗血衝心尤驗。兼除風熱，暴風疼痛；消癰腫，治撲損瘀血。○醋炒用。

巴豆大毒味辛熱，主蕩胃中寒積結，氣血痰食水癖消，更通月水排膿血。

出巴蜀，形如豆。一種剛子顆小似棗核兩頭尖者，能殺人。《本草》云：生溫熟寒。其實熱，毒藥也。惟急治通水穀道，生用去心膜，紙搥去油；緩治消堅磨積，水煮五次，或炒烟盡色黑研用。可以通腸，可以止瀉，世所不知，此雷公說也。主蕩滌胃中寒積，癥瘕，痃癖，冷氣血塊，痰癖，宿食，留飲，水腫，宣一切壅滯閉塞，氣痢積瘧，女子月閉，爛胎，惟傷寒熱閉忌用。兼去惡肉，排膿消腫，除鬼毒蠱疰，殺蟲魚、斑猫、蛇虺毒。東垣云斬關奪門之劑，不可輕用。誤中其毒，以黃連、大豆汁解之。芫花為使。惡蘘草，畏大黃、黃連、藜蘆。忌蘆笋、醬豉、冷水，得火良。○古枳巴丸：大枳殼二箇去穰，每箇入巴豆一粒在內，線札，置砂鍋內，以醋浸一宿，煮乾為末，濕紙蘸藥敷根上，痔去，即用生肌散；如日久頑漏，用津液調敷，敗肉自去。或去巴豆，醋糊為丸，梧子大，每十五丸茶清下，治痔漏下血痒痛。○已上治中焦寒藥。

菟絲子甘辛平補衛，腎寒精遺腰腳痹，潤心肺止口渴乾，明目去積健脾胃。其根初生似兔，其苗初生若絲，得他草木則纏繞而上寄，未必專附松也。中春結實，稟中和凝正陽氣，性平，無毒。偏補衛氣，助人筋脉。主腎虛陰莖中寒精自出，遺溺尿血。強陰益精，補髓，堅筋骨，續絕傷，腰膝痠痛頑麻。潤心肺燥，止口渴舌苦。治肝虛風，明目，小兒頭瘡、疹痘痒塌，痔痛。益脾胃，進飲食，去寒血為積。令人肥健，久服延年輕身，有子。仙方多有為末單服者，久則氣壅便閉，宜以潤藥解之。若單為丸，則久服無妨。不入湯藥。○水淘洗去砂土晒乾，擇去雜子，酒浸二三日，蒸出芽，搗爛如膏為丸；或作餅，晒乾入藥亦好。緊急只用酒炒研末。○根行血，可和丹藥。○苗搗汁，塗面瘢神效。

補骨脂辛大溫燥，腎傷腰痛陰濕瘙，精冷髓敗便溺頻，風虛頑痹尤可靠。能補骨中脂髓，又名破故紙，因番語呼為婆固脂，即胡韭子也。無毒。主房勞過度，腎經有傷，腰痛，陰囊濕痒，陽衰精冷自流，骨髓傷敗，小便利，腹中冷，易泄；又治風虛冷痹，四肢疼痛及婦人血氣墮胎，兼明耳目。一切勞傷火衰者用之。○雷公云：性大燥。酒浸一宿，漉出，用水浸三宿，蒸三時久，日乾，緊急微炒，止泄麪炒，補腎用麻子仁炒。惡甘草，忌羊肉。

茴香無毒味辛平，助陽開胃止痛疼，冷疝腳氣并霍亂，諸瘻惡癰葉更靈。又云蘹香者。茴，蘹，聲相近也。助陽者，溫腎與膀胱、小腸。治冷氣癩疝腫痛及乾濕腳氣。一云本膀胱藥，以其先丙能潤燥，丙與壬合。此藥入手足少陰、太陽，以開上下三經之通道，而回陽散冷，故曰茴香。開胃者，調和胃氣，止嘔吐，定霍亂及瘴瘧，破一切臭氣口氣。止疼痛者，一切腎冷脾寒，心腹氣痛，肋如刀刺及外肢節疼痛。又治諸瘻漏，生肌止痛，蓋陽氣回而邪自散也。凡使，酒浸一宿，取出炒黃色搗碎。○又有一種八角茴香，氣味燥烈，專主腰疼。古方單角茴散，炒為末，酒下二錢，治腰重痛有效。

胡蘆芭熱治腎冷，面青腹脇膨如鞕，膀胱疝痛腎虛寒，壯陽消痰力最猛。即番蘿蔔子也，胡俗呼為蘆芭。味苦，氣大溫。純陽，無毒。得硫黃、附子，治腎虛冷、面色青黑、腹肋脹滿；得茴香、桃仁治膀胱冷、疝氣，甚效；得補骨脂、肉豆蔻，治元臟虛寒易泄；得硫黃、茴香，治陽衰陰痿、冷痰壅上。○酒洗微炒用。

吳茱萸辛熱毒小，治心腹冷痛如絞，疝痹腸風腳氣攻，霍亂欬逆咽膈飽，食萸性同療水浮，顆粒差大力却少。出吳地。可升可降，陽也。震坤合見，其色青綠，氣味俱厚。入足三陰經。療心腹冷氣，冷痰，冷食，癥癖，心腹絞痛難忍，中惡及魚骨入腹刺痛，亦效。又下焦寒濕、疝痛、寒氣，不可缺也。逐風邪，開腠理，除濕滯血冷，遍身瘻痹，腰腳軟弱。利大腸壅氣，腸風痔疾，殺腸中三蟲。腳氣衝心，單用和生薑汁飲之，下氣最速。止霍亂轉筋，胸滿，吞酸吐酸，瀉痢。又寒邪所隔，氣不得上下，食則口開目瞪，久則寒中脹滿者，立效。東垣云：咽嗌寒氣，噎塞而不通，胸中冷氣閉塞而不利，一切欬逆寒熱或厥冷並驗。蓋此藥性好上衝胸膈，下則開胃厚腸。兼治產後餘血。虛羸盜汗，或子腸脫出。凡陽衰虛冷者最宜。但多服亦散元氣，腸虛者尤不可單服。凡使，湯浸去苦汁六七遍，然後用鹽水或黃連水炒。蓼實為使。惡丹參、硝石、白堊。畏紫石英。○東行根白皮，殺三蟲，寸白、蟯蟲。治喉痹、欬逆、泄注下痢、食不消、女子經產餘血，兼治白癬。○南行枝，主大小便卒關格不通，取斷如手第二指中節長，含之即下。○食茱萸，處處有之，比吳產者顆差大，經久色黃皮黑，辛熱，無毒。療水腫甚佳，功同吳萸，但力少劣耳。多服衝眼脫髮，六七月食之，傷氣發瘡。

山茱萸酸澁微溫，補腎強陰固精元，去頭面風除疝瘕，逐痹調經益肝源。生山中。茱，言色紅；萸，肥潤也。無毒。補腎氣，興陽道，堅長陰莖，添精髓，止遺精及小便利，去頭風骨痛，風氣去來，鼻塞鼻皶，目黃，耳鳴耳聾，面皰面瘡，腸胃風邪亦驗。又除疝瘕，逐寒濕痹，治女子月水不定。《本草》云：發汗通九竅，去心下寒熱邪氣。本澁劑也，何以能通發耶？蓋諸病皆係下部虛寒，用以補養肝腎，以益其源，則五臟安和，閉者通而利者止，非若他藥輕飄疏通之謂也。○酒浸去核，每一斤取皮肉四兩，慢火焙乾。核能滑精，故去之。蓼實為使。惡桔梗、防風、防己。

杜仲辛甘溫無毒，腎虛風冷背腰縮，腳弱陰痒小便遺，強志堅筋精自足。昔有人姓杜名仲，用治腰痛而愈，故名。沉而降，陽也。治腎虛冷生風，腰疼背痛，甚則腰脊攣縮，渾身強直，腳膝痠疼不欲踐地，陰下濕痒，小便餘瀝，強志，堅筋骨，益精氣，兼治婦人胎臟不安，產後諸疾。○削去粗皮，酥蜜塗炙，或薑汁塗炙，以絲斷為度。惡蛇退、玄參。○葉嫩時採食之，主風毒腳氣及久積風冷，腸痔下血。

續斷苦辛溫壯陽，止精能令腰腳強，止血調經安胎產，破瘀消癰療折傷。無毒。主勞傷不足，益氣力，興陽道，止泄精，縮小便。治腰疼腳軟，關節緩急，與桑寄生同功。止血，婦人崩漏帶下，尿血為最。又能宣通經脉，胎前胎動漏血，產後血暈，寒熱難禁，懨氣欲絕，單煎一兩，溫服，即驗。一切面黃虛腫、癥結，子宮冷症皆治。破瘀血，消瘡腫癰毒、乳癰瘰癧，折傷撲損、金瘡，乃所主也。蓋因能止痛生肌續筋骨，故名曰續斷。○出川中，皮黃皺，節節斷有烟塵起者佳。酒浸焙。地黃為使。惡雷丸。

萆薢無毒苦甘平，腎冷停水背腰疼，陰痿失溺白濁症，風痹惡瘡多怒情。

革，卑下也；薢，解也：言性能治下部疾也。主腎虚冷，停蓄宿水，腰痛背強，陰痿失溺，小便混濁，癱瘓軟風，關節老血，寒濕周痹，惡瘡不瘳，腸風痔漏，熱氣傷中，恚怒。兼補水臟，堅筋骨，益精明目。○出川中虚軟者佳。酒浸，或鹽水煮焙。乾薑苡為使。畏葵根、大黄、柴胡、牡蠣。

烏藥辛溫疏寒疫，腎冷衝心腹及脊，消食寬膨霍亂甯，諸氣諸風諸瘡熄。

色黑，根似烏樟；藥乃治病總名，從草從樂，草部居多，人病則憂，病去則樂也。無毒。入足陽明、少陰經，乃疏氣散寒之劑。治天行寒疫及陰毒傷寒，能發汗回陽立瘥；治膀胱腎間冷氣攻衝背膂，心腹疼痛。《衍義》云：與沉香磨服，治胸膈冷氣甚驗。消宿食，寬膨脹，除黄疸，利小便，止霍亂吐瀉，下痢。得香附，治諸般氣症；入風藥疏一切風；入瘡藥治諸癰癤疥癩。兼治中惡、鬼疰、蠱毒，心腹疼痛，婦人血氣刺痛，小兒腹中諸蟲及貓犬百病。此藥氣勝味薄，無滋益，但取辛散凝滯而已。香附治內，內和而外自釋。烏藥疏散宣通甚於香附，不可多服。○嶺南者色褐而堅硬，天台者色白而香軟可愛，但天台出者難得，土產者亦好。去皮心，略炒。○葉及根嫩時採，代茶服，補中益氣，偏止小便滑數。○已上治下焦虚寒藥。

黄精無毒味甘平，大補勞傷心肺清，除風濕益脾胃氣，十年專服可長生。

得太陽之精也。補五勞七傷，潤心肺，除風濕，益脾胃，補中益氣，安五臟，耐寒暑，服十年乃可延年不飢。其花勝其實，但難得耳。○二月採正精，陰乾入藥，生用。若單服之，先用滾水綽去苦汁，九蒸九晒。但此物與鉤吻相似，誤用殺人。鉤吻即野葛，蔓生，葉頭尖處有兩毛鉤子。黄精如竹葉相對，根如嫩薑，黄色。又偏精不用。

蓍實性平酸苦味，開心強志有先知，明目聰耳兼益氣，輕身不老亦不飢。

即蓍草之實，天地間壽考物也。

五芝青黄赤白黑，平補五臟應五色，惟有紫芝性更溫，療痔醫聾皆難得。

王者仁慈，則芝生於土，瑞草也。○青芝，色如翠羽，味酸平，補肝氣，明目安魂。○黄芝，色如紫金，味甘平，益脾氣，治心腹五邪。○赤芝，色如珊瑚，味苦平，補心氣，去胸中結滯。○白芝，色如截肪，味辛平，益肺氣，治欬逆，通利口鼻。○黑芝，色如澤漆，味鹹平，益腎氣，利水道，通九竅。○紫芝，味甘溫，保神，益精氣，堅筋骨，悦顔色，利關節，治耳聾，療痔瘡。相傳紫芝最多，非五芝之類。但芝自難得，豈能久服輕身不老耶？

仙茅氣溫味甘辛，補腎興陽益老人，虚勞失溺腳腰痹，散胃冷令食入唇。

葉似茅，服之延年，故稱仙。有毒。主腎虚無子，益陽道，老人失溺，丈夫虚勞，腰腳冷風攣痹不能行，開胃下氣。治心腹冷氣不能食，久服通神強記，助筋骨，益肌膚，長精神，明目。傳云：服十斤乳石，不及一斤仙茅。○蜀川、江湖、兩浙有之。葉青如茅，冬枯春發，三月有花如梔子黄，不結實，獨根傍有細根相附，外皮粗褐，內肉黄白。二月、八月採根，陰乾，米泔浸去赤汁。忌鐵、牛肉。單方：合五加皮等分煎膏，最益人。

石龍芮苦平無毒，平腎胃補陰不足，莖冷失精多燥煩，起痹通關和心腹。

處處有之，一叢數莖，莖青紫色，每莖三葉，其芮芮短小多刻。五月採子如葶藶，色黄；二八月採皮，陰乾用。陸生者葉有毛而子鋭，主平腎胃氣，補陰不足，莖常冷失精，久服輕身不老，明目潤肌，令人有子；生水中者，葉光而子圓，主風寒濕痹，逐諸風，利關節，治心腹邪氣，煩滿熱燥。大戟使，畏吴茱、蛇退。

骨碎補苦溫無毒，破血止血折傷續，勞極骨內血風疼，下虚齒痛耳鳴促。

本名胡孫薑，唐明皇以其主折傷有功，故名。主破血止血，補傷折骨碎，療骨中毒氣，血風疼痛，五勞六極，右手不收，上熱下冷。亦入婦人血氣藥用。兼治下虚齒痛耳鳴及惡瘡蝕爛肉，殺蟲。○生樹石上，五月採根，銅刀削去毛，細切，蜜水蒸，晒乾。

淫羊藿辛性亦平，補腎助陽壯陰莖，又治冷風筋骨痹，益氣強志消癧形。

羊食之則淫，人食之好為陰陽，故名。俗云仙靈脾。無毒。補腎虚助陽，主陰痿絶傷，莖中痛，小便不利，丈夫絶陽不興，女子絶陰不產。又治一切冷風勞氣，筋骨攣急，偏風手足不遂，四肢皮膚不仁。益氣力，強心志，老人昏耄，中年健忘，消赤癧瘰癧，下部有瘡洗蟲出。按此興陽之劑，本草云久服無子者，何也？蓋不補真元，徒助虚陽，致動慾火，妄交妄合，精氣不實，宜乎無子也。惟陽衰陰痿，略用以鼓動則可。○生漢中，不聞水聲者良，夾刀夾去葉四旁花枝，細剉，羊脂拌炒。山藥為使，得酒良。

膃肭臍鹹熱無毒，療癆尸疰攻心腹，精冷面黑膝腰疼，補中破癖并血宿。

膃，溫也；肭，內也；臍，劑也，溫內之劑。又水物多以臍交，言其性也。東垣云：療癆瘵，更壯元陽，脾腎虚損極有功也。主鬼氣尸疰，夢與鬼交，鬼魅狐魅及中惡邪氣，心腹作痛，腎衰精冷，陰痿面黑，腰膝痠疼，脾衰臍腹積冷，少氣羸瘦，痞塊痃癖。此藥補中益氣，又兼消導，能破宿血，治驚狂癇疾。○出東海，狀若鹿，長尾，兩足，頭似狗，故名海狗。遇日出，浮於水面，弓矢採之，取其補腎，上有紅紫斑點，兩重薄膜裹其肉核。收密器中，常潤濕如新，取置睡犬傍，犬忽驚跳若狂者真。又嚴冬置盂水浸之，不凍者真。凡使，火燎去毛，酒浸一日，微微火上炙令香，細剉另研用。如無真者，以黄狗腎三枚可代一枚。

原蠶蛾鹹熱強陰，尿血泄精亦可尋，砂治痹風癮疹起，退消疔腫血風侵，紙主諸血口牙病，絲吐消渴不能禁。

原，再也。是第二番蠶，以其敏於生育也。蠶蛾、蠶砂、蠶退、蠶紙皆取第二番者佳。○蠶蛾雄者，小毒。主強陰道，交接不倦，止泄精尿血，暖水臟，益精壯陽最捷。又治暴風，金瘡，凍瘡，湯火瘡，并滅瘡瘢，小兒撮口噤風。凡使，取蛾入葱管中風乾，去翅足，微炒。○屎，名晚蠶砂。氣溫，無毒。主風痹癮疹，皮膚頑麻，筋骨癱緩，腹宿冷瘀血，腸鳴，熱中消渴，孕婦佩之轉女為男。入藥炒黄色，或炒熱，可熨諸風。○蠶退，乃眠起時所退皮也。主血風，益婦人，傳疔腫。入藥微炒。○蠶退紙，謂之蠶連。平，主吐血鼻洪，腸風瀉血，崩中帶下，赤白痢，牙宣牙癰，喉痹口瘡，俱燒灰存性，蜜丸含化，或乾敷患處，小兒走馬疳，入麝少許，貼患處。○繭殼，繅絲。味甘，平，無毒。口乾消渴者，可用此煎湯探吐，畏吐者細細飲之。此物屬火，有陰之用，能瀉膀胱水中相火，引清氣上朝於

口。

蛤蚧鹹平有小毒，肺虚勞嗽并喘促，壯元陽辟傳尸邪，更通月水下淋瀝。生城牆或大樹間，首若蝦蟆，背有細鱗，長四五寸，尾與身等，形如大守宫，雌雄相隨，常自呼其名曰蛤蚧。最護惜其尾，或見人欲取之，自嚙斷其尾。凡採者，須設法存其尾則力全。補肺虚勞嗽有功。治久嗽不愈，肺間積虚熱，久則成瘡，故嗽出膿血，曉夕不止，喉中氣塞，胸膈噎痛，上氣喘急，辟傳尸邪氣鬼物，壯元陽，通月經，利水道，下石淋。〇去頭足，酒洗去鱗鬣內不淨，酥炙用。雄者口大身小，雌者口尖身大，入藥亦須兩用，或男用雌，女用雄。口含少許，奔走不喘者真。

桑上螵蛸能補腎，專攻遺溺及遺精，白濁疝瘕皆可用，炮熟免令瀉病生。螳螂逢木便產一枚，出子百數，惟產於桑木上，得桑之津氣者為佳。味鹹、甘，氣平，無毒。主五臟虚損，腎衰陰痿，夢寐失精，或漏精自出，遺溺白濁，及孕婦小便不禁，不可缺也。久服養神氣，益精生子，又主女子傷中疝瘕，血閉腰痛，通五淋，利水道。〇熱水浸淘七遍，焙乾，炮令黄色，免令作瀉，或略蒸過用亦好。畏旋覆花，得龍骨療泄精。〇緑桑螺，似蝸牛，黄小。雨後好緣桑葉，主脱肛，燒末以猪脂和敷，脱肛立縮。

伏翼味鹹平無毒，主兒魃病明眼目，止久嗽又通五淋，常服延壽無憂辱，夜明砂辛寒治疳，更療瘰瘡子死腹。即蝙蝠也。夜直庚申乃伏翼。善服氣能壽，主小兒魃病。取血滴目，令人夜視有精光。止久嗽上氣，治五淋，利水道，久服令人喜樂，媚好無憂，延壽，兼治金瘡出血，內瘻。立夏後採山谷及古屋間者陰乾，重一斤色白倒懸者佳。先拭去肉上毛及頭肚嘴脚，然後用酒浸一宿取出，以黄精自然汁塗之，炙令焦乾。莧實、雲實為使。〇夜明砂，又名天鼠屎，無毒。小兒無辜疳，熬擣為末，拌飯喫。治瘰癧，略炒，為末，茶調服。子死腹中，燒灰酒下。兼治面黑面瘢，皮膚洗洗時痛，腹中血氣，破寒熱積聚，除驚悸五瘧。

白石英味甘辛溫，止咳暖胸住渴煩，療肺痿癰除諸痹，利水強陰定魄魂。石色白而有英華。無毒。暖胸膈者，胸膈久寒也。兼治風寒濕痹，利小便，補五臟。〇大如指長二三寸，六面如削，白徹光亮者上。有五色，惟白、紫二石入藥。火煅醋淬七次，水飛用。

紫石英甘辛氣溫，溫胃補心益下元，專救婦人絕產育，風寒病入子宫存。色紫無毒。入手少陰、足厥陰經。除胃中久寒，溫中，生養肺氣，主欬逆上氣，心腹痛，寒熱邪氣，補心氣虚，安魂魄，定驚悸、風癎、瘛瘲，填下焦，補元氣不足，輕身延年。又治女子風寒在子宫絕孕，十年無子。兼治癰腫等毒，醋淬為末，生薑、米醋煎敷之。〇火煅醋淬七次，細研水飛用。長石為使。畏扁青、附子，忌鮀甲、黄連、麥句薑。得參、苓、芍藥，共療心中結氣，得天雄、菖蒲，共療霍亂。

磁石鹹寒能吸鐵，起痹開聾通關節，益腎壯陽補絕傷，散核消癰除煩熱。磁，慈也。吸鐵聯屬，若慈母戀兒也。無毒。主周痹，凡痹隨血脉上下，不能左右去者為周痹。及風濕肢節中痛疫，身強，筋骨不利。又治耳聾目昏，通關節，養腎臟，壯陽道，止白濁，補絕傷，令人有子；散頸核鼠瘻，咽痛，除滿煩大熱及小兒驚癎，消腫毒，醋調敷疔腫立驗，小兒誤吞鐵針銅錢，取棗核大鑽孔，線穿令吞，針自出。〇能懸吸針虚連三四者佳。火煅醋淬九次，細研水飛或煉汁飲之，但久服必有大患。柴胡為使。惡牡丹、莽草，畏黄石脂，殺鐵毒。

陽起石鹹溫無毒，治男陰痿最有功，主女瘕癥腹內痛，止崩漏下暖子宫。生陽起山。性善升，能助人陽氣。主男子下虚陽衰乏，陰痿不起，莖頭寒，陰下濕痒臭汗，暖腰膝；治女人子臟中血瘕癥結，寒熱腹痛，月水不定，崩中帶下，子宫久冷無子；兼治冷濕痹風，消水腫，久服令人有子。〇形如狼牙，色白明瑩者佳。火煅醋淬七次，細研水飛用。桑螵蛸為使。惡澤瀉、菌桂、雷丸、蛇退，畏菟絲子，忌羊血。

石鍾乳甘溫性悍，補肺治咳氣逆亂，腎陽衰竭脚弱疼，下乳通關須煉煅。石鍾靈氣，滴下津液如乳。東垣云：鍾乳粉補肺氣，兼療腎虚。主寒嗽欬逆上氣，出聲音，補虚損，益精溢精，強陰壯陽，下焦傷竭，脚弱疼冷，無子精清者，可入補藥中兼服之。又通百節，利九竅，下乳汁。丹溪云：此慓悍之劑，可用於暫而不可久。唐時惑於方士服食長生之說，柳子厚又從而述美之，習以成俗，迨宋及今。且《唐本》注云：多服發渴，不煉服之令人淋，況石藥氣偏，不問冷熱有毒，鍾乳又偏之甚者。《經》曰石鍾乳之氣悍，可不信諸！〇生少室山谷及道州江華縣，明白光潤輕鬆，色如煉硝石者佳。凡修，半斤用沉香、零陵香、藿香、甘松香、白茅香各一兩，以水煮一伏時，然後用甘草、紫背天葵汁各二兩，再煮一伏時取出，慢火焙乾，細研篩過，却入乳鉢中，研三日夜勿歇，然後用水飛。澄了日乾，再研二萬遍，點末臂上便入肉不見為度。蛇床子為使。惡牡丹、磁石、牡蒙，畏黄石脂。〇已上治虚寒通用。

殷孽：即鍾乳根，盤結如薑。味辛，溫，無毒。主爛傷瘀血，洩痢寒熱、鼠瘻、癥瘕結氣、脚冷疼弱，下乳汁。惡防已，畏术。

孔公孽：即殷孽牀，色青黄，中有孔。味辛，溫，無毒。主傷食不化欲眠，腰冷膝痹，毒氣，瘕結邪氣，出聲音，利九竅，下乳汁。治惡瘡疽、瘻痔、男子陰瘡、女子陰蝕。木蘭為使，惡細辛，忌羊血。此二孽止可浸酒及煮服，不入丸、散。

白堊：即畫工所用白土也。味苦、辛，溫，無毒。主女子寒熱癥瘕，子宫冷，月閉陰腫，漏下無子，澁腸止痢及痔瘻泄精，水臟冷，鼻洪吐血。久服傷五臟，令人羸瘦。〇火煅研，鹽湯飛過，晒乾，免澁結人腸。

鵝管石：形如鵝管，色白，味甘，平，無毒。專主肺寒久嗽，痰氣壅膈，兼治疳瘡。煅研。

鉤吻：得太陰之精，食之鉤人喉吻。味辛，溫，大毒。主中惡風，欬逆

上氣，水腫癥積，除腳膝痹痛、四肢拘攣，殺兒疰蠱毒，金瘡乳痓，惡瘡疥蟲，殺鳥獸。誤中其毒，以桂心、葱葉沸湯解之，忌冷水。○搗自然汁入膏中用，勿誤餌之。

女菀：味辛，溫，無毒。主風寒洗洗，霍亂洩痢腸鳴，療肺傷欬逆出汗，久寒在膀胱，支滿驚癇，寒熱百疾。

王孫：味苦，平，無毒。療百疾，補虛益氣。主五臟邪氣，寒濕痹，四肢痠疼膝冷，痢疾，金瘡破血，生肌止痛。

合歡：花，上半白，下半肉紅，散垂如絲，樹似梧桐，枝柔葉繁，互相交結，每一風來，輒似解了不相牽綴，樹之階庭，使人不忿。其葉至夜而合，故又謂之夜合花。味平，無毒。主安五臟，利心志，耐風寒，令人歡樂無憂，久服輕身明目。丹溪云：合歡屬土，而有水與金，補陰之有捷功也。兼治磕損疼痛。○皮主肺癰唾膿，心胸甲錯，又能殺蟲，續筋骨。煎膏消癰腫，葉汁可洗衣垢。

白棘：味辛，寒，無毒。然有鉤、直二種，直者主虛損陰痿，精自出，補腎氣，益精髓，止尿血；鉤者主心腹痛，喉痹，癰疽痔漏，瘡腫潰膿，止痛，決刺結。○或煮，或燒灰存性用。

藥實根：味辛，溫，無毒。主寒濕邪氣，諸痹疼痠，續絕傷，補骨髓。○子主破血、止痢，消腫，除蠱疰、蛇毒。

甘松香：味甘，溫，無毒。主冷氣，卒心腹痛，脹滿，下氣。兼治面黑風疳，齒䘌，野雞痔。用合諸香，得白芷、附子良。○又有三柰，性味頗同，入諸香藥料，鮮入丸散。

紫稍花：按本草，龍與鹿游於水邊，遺瀝粘着木枝如蒲槌狀，色微青灰，味甘，性溫。主陽衰陰痿。

樗鷄：生樗木上。形類蠶蛾，但頭足微黑。翅有一重灰色，一重深紅，五色俱，腹大者佳。又名紅娘子。味苦，平，小毒。主陰痿益精，補中下氣，強志輕身，生子好色；又治心腹邪氣，腰痛，行瘀血血閉。不可近目。○七月採，晒乾，微炒。

蜻蜓：六足四翼，青色大眼者良。餘色及纏腰有綠者不用。微寒，無毒。主強陰止精，壯陽暖水臟。○去翅足，微炒。一云即青娘子。○已上治虛寒雜用。

主治各經寒藥【略】　治瘡門古庵云【略】

金銀花即忍冬草，甘溫無毒癰疽寶。消渴虛風寒熱寧，腹脹血痢葉可搗。
處處有之。其藤左繞附木，名左纏藤。淩冬不凋，又名忍冬草。花有黃、白二色，又名金銀花。主癰疽瘡腫，止消渴要藥也。葉，煮汁釀酒，補虛療風及寒熱身腫腹脹；濃煎服，主熱毒、血痢、水痢，兼治五遁飛尸。○去梗，陰乾。

夏枯草味苦辛寒，鼠瘻頭瘡瘿結團，明目破癥除腳氣，能消濕痹又滋肝。
《月令》云：靡草死，得金氣而生，至夏火盛而死，火尅金之義也。無毒，主寒熱鼠瘻，瘰癧頭瘡，散瘿結氣，破癥瘕，除腳氣濕痹。兼治肝虛睛疼、冷淚羞明，入香附子一倍為末，茶清下一錢，效。丹溪云：有補養血脈之功，久服輕身長年。○四月採，陰乾。王瓜為使。

蒲公英草性平甘，專治乳癰疔腫黯，觸木惡刺稱神藥，化熱行滯散結痰。
蒲公用此草治癰腫得效，故名。無毒。主婦人乳癰腫痛，或產後不自乳兒，蓄積乳汁作癰，並水煮汁飲，外封之立消。一方同忍冬藤，煎濃湯，入酒少許，服罷隨手欲睡，是其功也，睡覺乳安。又搗傅疔腫諸瘡皆驗。又治手足觸木惡刺及狐尿刺腫痛，摘取根莖白汁多塗立差。丹溪云：屬土，化熱毒，解食毒，散滯氣，消惡腫結核有奇功。可入陽明、太陰經。○麥熟時，在處田間路側皆有之。葉似苦苣有細刺，中心抽一莖，三月莖端開黃花似菊花，其莖甚脆，斷之有白汁出。四月、五月採，洗淨細剉用。

山慈菰是鬼燈檠，花即金燈濕地生，瘡腫癰疽瘰癧核，毒消萬病醋摩曾。
花似燈籠，色白，上有黑點，故名。有小毒。主癰腫瘡瘻，瘰癧結核，解諸毒，內入丸散，外用醋摩敷之。亦剝人面皮，除皯黯。又取莖葉入蜜搗膏，貼瘡腫口上，以清血出為效。○四月初，挖地採之，遲則腐爛，極與老鴉蒜相類，但蒜無毛，慈菰上有毛包裹，宜刮去皮焙乾。又一種團慈菰，根似小蒜，主治略同。

松脂苦甘溫無毒，風痹惡癩并頭禿，清胃伏熱潤心肺，生津固齒明耳目。
松液流地凝成。主惡風，歷節痠痛，風痹死肌，癰疽，惡風癩瘡瘙疥，頭瘍白禿。煎膏貼諸瘡瘻爛，排膿生肌止痛，抽風殺蟲，除胃中伏熱，潤心肺，生津止渴，固齒，聰耳明目。入滋補藥和服，壯陽實陰莖，令人有子，久服輕身延年。○通明者佳。用河水煮化，投冷水內，令兩人扯拔，既凝再煮，如此三次，再用酒煮三次，仍前扯拔，以白如飴糖為度。煎膏藥用桃、柳、桑、槐、芙蓉葉煎水煮拔。凡用，入石臼內另搗為末，不可晒焙，亦不可單服，塞實腸胃。

松子甘芳溫無毒，補虛益氣滑肌肉，花雖味美熱上焦，節主歷節筋骨縮，葉治濕風長髮毛，根益五勞辟五穀。
松子，主虛羸少氣，補不足，滑肌膚，實腸胃，久服延年。得栢子仁，治老人虛秘。兼治諸風邪氣，風痹寒氣。○松花，酒服輕身，療病勝枝葉，但多食能發上焦熱病。○松黃湯：松花、蒲黃、川芎、當歸、石膏各等分，紅花少許，水煎，細呷。治產後壯熱，頭痛頰赤，唇焦口渴，煩燥昏悶。○松節，溫。主百節久風，風虛腳

痹、四肢軟弱疼痛或轉筋攣痛。丹溪云：松屬金。用其節炒焦，治筋骨間病，能燥血中之濕也。○松葉，味苦，溫，無毒。主罨風濕瘡、凍瘡，生毛髮，安五臟，守中不飢，延年，兼治腳氣風痹，歷節風、中風口喎，瘟疾惡瘡，並煮汁釀酒服之，效。○松根白皮，補五勞，益氣，辟穀不飢。又樹皮綠衣，合和諸香燒之其香團聚，青白可愛。

楓香脂味苦無毒，癮疹風痒齒痛輕，皮能止痢并霍亂，又云浮腫可疏行，子甘性熱燥痰血，殺蟲癩疥用相停。遇風善搖；香，言其氣也。又名白膠香。無毒。主癮疹風痒，齒痛，浮腫及吐血不止。丹溪云：屬金而有水與火。性疏通，故木易有蟲穴。其脂液為外科要藥。凡使，另研。○楓皮，味辛，平，澁，小毒。止水痢，霍亂。消腫，無非疏通，非澁也。○大楓子，味甘，性熱。主癘風、癩疥、瘡癬，殺蟲。多服燥痰傷血。入丸藥去殼，紙搥去油，外調瘡藥帶油。

白及苦辛平無毒，癰疽疥癬裂皮肉，平胃風痱緩不收，補肺止血治打撲。及，芷也，欄也。葉初生似井欄。陽中陰也。主癰腫惡瘡，敗疽死肌，除白癬疥蟲。嚼塗手足皸裂、痔瘻、刀箭湯火等瘡，生肌止痛方多用之。平胃中邪氣，賊風鬼擊，痱緩不收。治久咳，嘔血，咯血，腸風血痢。單用為末，米飲調服。凡被打拷，肺竅控損見血者尤妙，以其能補肺竅也。又衄血不止者，津調塗山根立止。珍云：澁肺與白斂性治大同，兼治結熱不消，陰痿面黯，令人肌滑。入丸可少用作糊。○水洗紫石英為使，惡理石，畏李核、杏仁，反烏頭。

白斂無毒苦甘平，斂諸瘡口故留名，除熱目赤殺火毒，女陰腫痛兒癇驚。主癰疽發背疔瘡，瘰癧痔漏、撲損刀箭湯火等瘡，散結止痛生肌。《衍義》云：白斂、白及，古今服餌方少用，多見於斂瘡方中，二物多相而行。又除熱目中赤，殺火毒，女子陰中腫痛，下赤白，小兒驚癇，瘟瘧。○代赭為使，反烏頭。○又一種赤斂，功用與白斂同，但表裏俱赤耳。

五倍子平酸苦味，治肺風毒濕癬瘡，眼腫牙疳并痔痢，頑痰熱渴可煎湯。因商販得五倍之利而名。又名文蛤，其內多蟲似之。無毒。主肺臟風毒流溢皮膚作風濕癬瘡，瘙痒膿水，小兒面鼻疳瘡；末傅口瘡，立進飲食；或風毒上攻，眼赤腫痛澁痒，上下瞼爛，浮翳胬肉侵睛，內服外洗；療齒宣疳䘌，五痔腸風下血，瀉痢。丹溪云：屬金與水。含口中善收頑痰，解諸熱毒，生津液，收斂之妙劑也。○蜀中者佳，去蟲。湯藥生用，丸藥略炒。染鬚炒至烟起，以濃茶潑之，再炒至烟淨，用青布包，以腳踏石壓乾為末。○單方：治小兒吐不定，五倍子二箇，一生一熟，甘草一寸炙，為末，米泔下二錢。立止。

無名異甘平無毒，主治金瘡理折傷，內損生肌止疼痛，更消癰腫治諸瘡。廣州黑褐者良，狀如黑石炭，嚼之如錫，言無可名其異也。主金瘡折傷內損，止痛生肌，消腫毒癰腫，醋摩敷之。○另研。

赤石脂甘酸且溫，生肌斂口瘡無痕，固腸胃又澁精血，下胎衣為入心源。白者性味俱相似，青黃黑各應臟論。赤以色言，脂乃石之膏粘也，無毒。降也，陽中之陰也。傅癰疽、瘡癤、痔瘻，排膿止痛，生肌斂口，固腸胃，療腹痛泄澼、寒滑疳瀉、下痢赤白、澁精益精，止小便利及淋瀝。又止吐血、衄血及女子崩中漏下，難產胞衣不下。《經》云：澁可去脫。石脂為收斂澁劑，而又能催生下胞衣者，何也？蓋赤脂入丙，白脂入庚故也。所以赤者主養心氣，鎮驚悸。凡使，色理鮮膩粘舌者佳。火煅通赤，放冷細研，水飛三次。晒乾。惡大黃，畏芫花。○白石脂，味甘、酸，平，無毒，主養肺。青石脂，味酸，平，無毒，主養肝膽氣。黃石脂，味苦，平，無毒，主養脾氣。黑石脂，味鹹，平，無毒，主養腎氣，強陰。《圖經》云：五色石脂，主治並同，後人分之，今惟用赤白二種，餘不復識，製法同上。曾青、燕屎為使。惡松脂、細辛。畏黃芩、黃連、甘草。得厚朴并米飲，止便膿。

青礞石療痰火瘡，能消食積滯臟腑，小兒羸瘦婦人癥，攻刺腹心作痛苦。其石青青朦朦，味淡，無毒，性好沉墜，得焰硝能利濕熱痰積從大腸而出。因濕熱盛而皮膚生瘡者，一利即愈。得巴豆、大黃、三稜等劑，治食積不消，留滯在臟腑，結成癥塊，經久不差。兼治小兒食積羸瘦，婦人積年食癥，攻刺腹心。○入鹽泥固濟罐內，火煅一日，細研。

凝水石寒甘辛味，火燒丹毒醋調敷，解胃伏熱及身熱，時行煩渴立消除。又名寒水石。出常山，色白，有縱理者，有橫理者，投水中，與水同色凝動者佳。大寒，無毒。治小兒丹毒，火燒為末，醋調敷之。能解胃中及五臟伏熱，身熱皮中如火，時行煩渴，傷寒勞復發熱。兼蕩腹中積聚邪氣，水腫小腹痹，壓丹石毒。○火煅七次，水飛。雷公以生薑汁煮乾，研用。畏地榆，解巴豆毒。

狗脊草苦甘微溫，斷諸瘡血治痹頑，強膂堅脊利腰腳，失溺傷中補腎元。形如狗脊，黃毛者佳，名金毛狗脊。無毒。能止諸瘡血出，治周痹寒濕，膝痛腳軟，腰背強痛。此藥能利機關，堅筋骨，頗利老人。療失溺不節，傷中腎虛，亦補益之劑也。○恒山者勝。火燎去毛，細剉酒拌，蒸半日，晒乾。萆薢為使，惡敗醬。

蛇床子平甘苦辛，疥癬陰痒及遍身，暖宮壯陽令有子，治痹通關逐瘀湮。蛇常棲息此草上，故名之。無毒。治惡瘡，濕癬，陰痒，大風身痒，煎湯浴之，或搗末猪脂調塗。治婦人陰中腫痛，赤白帶下，一切子宮冷症；男子陰痿，大益陽事，縮小便，令人有子。又治諸濕痹毒、腰胯疼痛、四肢頑麻，通關節，逐撲損瘀血。兼治顛癇，風冷齒痛。溫中下氣，久服輕身悅顏。○入洗湯生用，入丸、散用布包。挼去皮殼，取淨仁微妙。惡牡丹、巴豆、貝母。

伏龍肝味氣辛溫，消癰散腫醋塗痕，止諸血下欬逆氣，時疫胎產水調吞。伏龍，灶神也。曆家云：伏龍日，忌作灶。《容齋隨筆》云：以猪肝和泥作灶。立名之意本於此。微毒。主消癰疽腫毒、發背乳癰、丹毒，鷄子黃或醋調塗之。腋臭，小兒臍瘡，乾末傅之。止欬逆上氣，吐血衄血，腸風尿血，泄精及婦人崩帶，有孕時疫熱病令胎不安，水和塗臍中，內又服之。催生下衣，小兒夜啼，大人中風不語，心煩恍惚，手足不隨或腹中痛滿，冷水攪汁服之。○雷公云：是十年已來灶額內火氣自然結積，如赤色石中黃，有八稜。凡使，火煅、水飛兩遍，令乾。自陶隱居以為灶心土，其實雷之說有理，當從之。

鐺下墨即釜底煤，金瘡生肌止血來，吐紅血暈惡心痛，婦人難產亦能催。百草霜治熱毒瘡，消積止瀉亦奇哉。無毒。解諸瘡毒。塗金瘡，生肌止血，如瘡在面，慎勿塗之，黑入肉如印。止諸血及吐血，血暈，單用細研，酒調或水調，溫服。兼治中惡心痛，婦人逆產及霍亂轉筋，鼻氣壅塞不通。又治舌卒腫如猪脬，滿口即死，以酒調塗舌下立差。〇百草霜，即額上墨，又名灶突墨。無毒。治小兒頭瘡及熱毒瘡，消積化滯下食，止暴瀉痢，婦人虛損，月候不調，崩中漏下，橫生逆產，瘦胎胞衣不下。《局方》誤以鐺墨為百草霜，所指雖與《經》殊，而功用大同，惟黑奴丸兩用之。

龍骨味甘平無毒，斂口專消腸內癰，止精血汗安心志，燥濕除癥醫痢膿。齒攻結氣及顛癇，角治中堅瘛瘲風。生晉地川谷及太山岩水岸土穴中，死龍處得之。李肇《國史》云：春水時魚登龍門蛻其骨也。主腸癰內疽，陰蝕及諸瘡久不斂口，少用最妙。小兒臍瘡不差，研末傅之。治遺精白濁，縮小便，止吐衄、尿血、腸風下血、盜汗、女人崩漏胎漏。安心志，定魂魄，夜臥多夢紛紜者加用之。成無己云：龍骨、黃丹、牡蠣皆收斂神氣以鎮驚。雷公云：龍骨氣入腎臟，又能燥濕破癥，止泄痢膿血、老瘧。兼治欬逆，心腹鬼疰精魅，小兒熱氣驚癇。凡使，得脊腦作白地錦文，舐之着舌者佳，青白者次，黑者下。火煅細研，或酒煮，焙乾用。畏石膏、理石、乾漆、蜀椒，得人參、牛黃良。抑論龍骨澁藥，去脫固腸而又破癥堅，何也？蓋質雖枯澁，而味甘緩血，即如輕粉性寒利腸，質燥又斂肛門。噫！澁藥能通，山茱萸、赤石脂之類；通藥能止，香附、巴豆之類。猶之天門冬寒而補，厚朴熱而瀉，此藥性之所以難識，而用熟者得之。〇齒，平，味澁，無毒。主心下結氣不得喘息，驚癇，顛狂，諸痓，骨間寒熱。鎮心安魂，治小兒五驚十二癇，身熱不可近。兼殺鬼精蠱毒。〇角，平。主驚癇，瘛瘲，身熱如火，腹中堅及熱洩。

烏賊骨溫燥膿汁，陰癰耳聾目翳泣，止痢殺蟲心腹疼，消腫更治崩漏急，通經破癖令生兒，肉味酸平志氣立。又名墨魚，性嗜烏，噀出腹中墨以混水自衛，烏見以為死，往啄之，乃卷取入水而食之，故謂之烏賊，骨名海鰾蛸。味鹹，微溫，無毒。止瘡多膿汁不燥，丈夫陰頭癰久不愈者，為末敷之良。婦人陰蝕腫痛，燒末酒調服之。又治耳聾有水，目中赤白，浮翳淚出，小兒疳眼。止下痢，為末，粥中調食之。殺小蟲并水中蟲，驚氣入腹，腹痛環臍，水腫。主女子崩漏赤白。血枯經閉寒熱，血癥血瘕，陰寒無子。凡使，水煮一時，炙令黃，去皮，細研，水飛，日乾。惡白斂、白及、附子。〇腹中墨，主血刺心痛，醋磨服之，甚者醋炒服之。〇肉，味酸，平，益氣強志，常服令人有子。有無骨者謂之柔魚，鬚長直，味尤佳，風浪稍急，即以鬚粘石為纜。

蝦蟆味辛寒有毒，癰腫金瘡可內服，破癥治疳攻犬傷，生搗又堪罯打撲，蟾酥乃是蟾之精，惡瘡疳瘦效尤速。即今癩蝦蟆，又名蟾蜍。形小腹大，皮上多黑點，能跳接百蟲食之。時在陂澤中作呷呷聲，舉動極急者。主癰疽發背，癘癩，惡瘡，陰蝕，疥癬，腫毒立消。破癥堅，治小兒疳氣骨熱，目昏，面黃瘦，狂犬咬毒。生搗爛，罯打撲損傷。丹溪云：屬土與水。本草言食之不患熱病者，或炙、或乾、或燒灰，和在藥劑用之，非若世人煮為羹入鹽味而啜其湯。此物濕化，火能發濕，久則濕以化熱，戒之戒之！兼治蟲蝕。下部穿腸，蝦蟆一枚，鷄骨一分，燒灰，吹下部令深，大驗。又小兒月蝕瘡，和猪脂塗之。凡使，端午日取東行者，去皮、爪、腸、肚，陰乾，酥炙，或酒炙去骨，或燒灰用。〇蟾酥，即眉間白汁。取法：翻轉蟾蜍，四腳向天，勿令射眼即瞎，用手指於眉間擠出於油紙上，陰乾。主癰疽疔腫瘰癧，一切惡瘡頑癬，又蚛牙齒縫中出血，以紙袵蘸少許按之立止。又和牛酥，以吳萸苗汁調，摩腰眼并陰囊，治腰腎冷，助陽氣。又端午日取眉酥入硃砂、麝香，為丸麻子大，空心服一丸，治小兒疳瘦；如腦疳以乳汁調，滴鼻中。〇蟾肪，能軟玉易斷，仍解諸瘡毒。〇蟾腦，明目，療青盲。

鯪鯉甲微寒有毒，蟻瘻痔瘡敷且服，痹風瘴瘧血衝心，又治驚邪多啼哭。產於陵，似鯉，而生鱗若鐵甲也。以其好穿地道，又名穿山甲。主諸惡瘡疥癬、痔瘻乳癰，燒灰傅之，或水或酒調服。《圖經》云：日中出岸，開鱗甲若死，令蟻入中，蟻滿，便閉而入水，蟻皆浮出，因接而食之，故主蟻瘻為最。治風痹，療山嵐瘴瘧、產後血氣衝心血暈，此藥能通氣和血。兼治小兒驚邪、婦人被邪啼哭及諸疰疾。〇水洗，細剉，蚌粉炒成珠，為末。

水蛭苦鹹性毒涼，善吮癰疽理折傷，更利宿血通積結，墮胎通經救婦娘。蛭，質也，水中質質也。又名馬蚑、馬蝗。有毒。治赤白遊瘮及癰疽腫毒，先洗去腫處皮鹹，以竹筒盛蛭綴之，須臾便吮，血滿自脫，更用飢者吮之，以皮皺肉白為度，無不差也。又治跌打折傷有功，熱酒調下一錢，食頃痛，可更一服，痛止。或和麝香為末，酒下一錢，當利蓄血。蓋苦走血，鹹勝血，所以傷寒血症用之。兼利水道，破血癥。昔楚王食寒葅所得而吞之，果能去結積。雖曰陰祐，亦是物性兼然。婦人積聚癥塊，月閉無子亦用之，墮胎則最急也。〇有石蛭、泥蛭、草蛭，惟水中蛭，小者佳。此物難死，加火炙經年，亦如魚子；烟熏三年，得水猶活。五六月採，腹中有子者去之，先以米泔浸一宿，日乾，細剉，微火炒，或猪脂煎令黃色乃熟，不爾，入腹生子為害。畏鹽及石灰。

蜈蚣有毒能攻毒，氣味辛溫殺惡蟲，消積破瘀墮胎產，口瘡牙噤保嬰童。大吳川谷中最廣，江南亦有之。背綠腹黃，頭足赤而大者為公，黃細者為母，用公不用母，故曰公。解諸瘡毒及丹硫毒，制諸蛇毒及蟲魚毒、蠱毒、尸疰惡氣。殺三蟲，止邪瘧，療心腹寒熱積聚，癥瘕，去惡血墮胎。又治小兒撮口，舌上生瘡，牙關不開，不能收乳，為末，以猪乳汁調灌之。此物鷄好食之，故中其毒者，以烏鷄屎水調塗之，或蛞蝓尤妙。麝嗽蛇則專制蛇毒，蕪菁園無蜘蛛，物性相制，每每如此。〇薑汁炙，去頭足，為末，再用綿紙盛，就無烟火上炒熟用之。

斑猫辛寒須炒熟，內消瘰癧傳癬毒，破血癥又破石癃，通經墮胎潰人肉。甲上有黃黑斑紋如描畫也。大毒。主瘰癧疔腫，惡瘡疽蝕，死肌頑癬，生痂痒甚。破血積癥瘕，利水道，療石淋，通經墮胎，行蠱毒。《衍義》云：孕婦不可服。為能潰人肉，治淋藥多

用，極苦，人尤宜斟酌。〇七八月豆盛時採，陰乾，去翅足，入糯米中炒，米黃為度，生則令人吐瀉。馬刀為使，惡巴豆、丹參、空青、膚青。

蕪荑無毒味辛平，療風治疥殺蟲靈，積癥腸滑不可缺，腹心冷氣痛堪憑。

蕪，穢也；荑，傷也，其氣臭如傷敗之物也。療皮膚骨節中風毒，淫淫如蟲行，又治惡瘡、疥癬、痔瘻、一切瘡，多用外傅。性殺蟲，去三蟲，逐寸白及脾胃有蟲。食即痛，癥結積聚，腸鳴腹痛，冷痢滑瀉及冷氣心痛不可缺也。兼治婦人子宮風虛，小兒疳積，中惡蠱毒。孟詵云多用發熱心痛，為辛故也。〇陳久者良，小者即榆莢仁，止堪為醬及治鷄病，入藥當用大者，麪炒黃，得訶子、豆蔻良。

雷丸鹹苦冷微毒，逐皮熱毒殺諸蟲，摩膏療兒百種病，久服傷陰男女同。

雷，累也；丸，圓也，累累相連如圓狀也。主散皮膚中熱結毒氣，胃中邪熱。殺瘡疥中蟲及寸白三蟲。作摩膏除小兒百般積病。《本草》云：利丈夫，不利女人。疏利男子元氣，不疏利女子臟氣，非利益之利也。故又曰：久服令陰痿。要之，疏利之劑傷陰損血，男女中病則已，皆不宜過服。兼治顛癇狂走，蠱毒。〇出漢中，白者佳，赤者殺人。醋浸泡，去黑皮，焙。雷公以甘草湯浸二日，刮去黑皮，酒拌蒸半日，焙乾用。芫花、厚朴、荔核為使。惡葛根。

蘆薈苦寒療熱風，腦疳鼻痒齒䘌空，目昏頸癖并痔瘻，鎮兒驚癇殺疳蟲。

蘆，黑也；會，合也。木之脂液凝成，色黑如錫，用數塊散至水中，化則自合者為真。以其味苦，故又名象膽。雷公云：即番國白象膽也。無毒。主風熱煩悶，胸間熱氣。吹鼻，治腦疳，除鼻痒，傅齒䘌。和甘草減半為末，傅頸項耳頰癬瘡濕痒并痔疾瘡瘻。又明目鎮心，治小兒顛癇，驚風，諸熱。療五疳，殺蚘蟲、三蟲。解巴豆毒。〇另研用。

硫黃甘酸性大熱，殺諸瘡蟲燥膿血，壯腎陽氣暖肺脾，滋精治痹除呃噎。

硫，流也。助焰硝成火藥，流而不返。又硫乃石之液，火之精也。有毒。療疽痔惡瘡，頭禿，下部䘌瘡，婦人陰蝕，一切疥癬，諸瘡，胬肉，惡血。殺蟲及腹臟諸蟲。暖腎壯陽，腳冷疼弱無力，筋骨頑痹，下元虛冷，泄精冷秘。又治脾寒久瀉，心腹痃癖積聚及肺胃俱冷，欬逆上氣，鼻衄，一切脾腎元氣欲絕，服之皆驗。中病即已，不可過劑。能化金銀銅鐵奇物。《液》云：來復丹用硝石之類，至陽佐以至陰，與白通湯佐以人溺、猪膽汁大意相同。所以去拒格之寒，兼有伏陽，不得不爾。如無伏陽，不必以陰藥佐之也。〇出廣州舶上，礬石液也。色黃瑩淨者佳，凡使，溶化入麻油中，或入童便中浸七日，細研水飛，入痼冷藥，以雀腦髓拌之則不臭。一法：硫黃四兩，用白礬半斤，入瓦罐內，以豆腐漿煮一日，去水慢火熬乾，令結成一塊。次日挖地坑埋一瓦罐，內貯米醋一碗，另用鐵葉一片，鑽十數孔於上，蓋定罐口，却取前硫黃罐子覆鐵葉上，兩口相對，外以鹽泥封固，候乾，以炭火煅三炷香久，其白礬粘於上罐，硫黃溜於下罐醋內，候冷取出，水浸一宿，陰乾，研用。曾青為使。畏細辛、鐵。〇又土硫黃，出廣南榮州，溪澗水中流出。味辛，熱，腥臭。主瘡疥，殺蟲毒。

雄黃苦甘平有毒，治諸瘡癬鼻息肉，化蟲殺蟲辟瘴邪，破癥癖令筋骨續。

出燉煌山，產山之陽者為雄，山之陰者為雌。療諸瘡，疥癬，痔瘻，䘌瘡，鼻中息肉，一切惡瘡死肌。昔有誤食髮而成腹蟲，飲一劑，吐蛇無目，燒之有髮氣，即愈，此化蟲毒之驗也。解藜蘆毒，殺諸蛇虺及百蟲毒，辟嵐瘴鬼魅、中惡邪氣。破癥瘕積聚及絕筋破骨、百節中大風。《藥性論》云：人佩之，鬼神不能近；入山林，虎狼伏；涉川濟，毒物不敢傷；孕婦佩之，轉女為男。單方為末，蒸餅為丸，甘草湯下，暑痢、暑泄皆效。〇赤如鷄冠明徹堅實不臭者，可入服食藥，餘但可療瘡，細研水飛。

雌黃辛甘平有毒，惡瘡疥癩頭生禿，身痒白駁皮死肌，肺勞久嗽亦堪服。

主惡瘡痂疥，烏癩頭禿，鼻中息肉，下部䘌瘡，蟲虱身痒，身面白駁，皮膚死肌及肺勞久嗽，婦人血氣久冷，心痛不止。兼殺蜂、蛇毒，辟惡邪氣。《衍義》云：入藥最稀，治外功多。服食者宜詳審之。〇色黃似雲母，甲錯可折者佳。細研，入瓦罐中，火煅通紅，候冷細研，水飛用。

白礬酸寒治諸瘡，瘰癧鼻息陰蝕痒，耳目口齒喉風痹，熱痰渴泄毒蟲傷。

礬，鹵也。地之濕者產鹵，淋鹵而成礬也。無毒。主惡瘡，瘰癧，痔漏，陰蝕，膿出痒甚，甲疽腫痛，鼻中息肉，齆衄，一切疥癬風疹，去惡生肌之妙劑也。又治耳卒腫出膿，目赤目翳胬肉，口舌生瘡，牙齒腫痛出血，歷久碎壞欲盡，急喉風痹，心肺煩熱，風涎壅盛，作渴泄痢。兼治蛇蠍、惡犬、壁鏡、驢涎、馬汗毒傷。此藥本除熱在骨髓，多服則反傷骨；本能却水消痰，多服反傷心肺。〇出晉州，白色光明者佳。細研入瓦罐中，火煅半日，色白如輕粉者名枯礬。惟化痰生用，治齒痛喉痹，綿裹，生含嚥之。甘草為使。惡牡蠣，畏麻黃。抑考礬有五等：惟白礬多入藥用；綠礬療諸瘡，亦入咽喉口齒藥；黃礬，本丹灶家所須，亦療瘡生肉染皮；黑礬，又名皂礬，療疳及染鬚髮藥用之；紅礬，即石膽，本綠色，煅之則色赤，今亦稀見。〇鯽礬散：鯽魚一箇，破去腸，入白礬令滿，瓦上燒存性，為末。用鷄毛卷藥敷之，治痔漏久不愈者，效。

丹砂微寒甘無毒，發痘治諸瘡息肉，涼心潤肺更清肝，益氣通血明眼目。

丹，言其色赤也，形質顆塊如砂，又名硃砂。治諸瘡，疥痂，息肉，內服外塗。痘瘡將出，服之解毒，令出少。治心熱煩躁，養精神，安魂魄，潤肺止渴，清肝明目，納浮溜之火，益氣益精，通血脈，兼辟邪惡瘟疫，中惡腹痛，破癥瘕，下死胎。但宜生使，煉服有毒。《周禮》以五毒攻瘡瘍，用丹砂、石膽、雄黃、礬石、磁石置瓦合中，火煅三日夜，其烟上着，以鷄羽掃取之以注瘡，惡肉附骨，膿血潰出即愈。〇出辰州，光明瑩徹，大者如鷄子，小者如石榴子，箭鏃，紫黯若鐵色，碎之作牆壁，雲母片者佳。細研水飛，灰碗內鋪紙滲乾用。惡磁石，畏鹹水。

乳香辛溫善止痛，療諸風瘡及風中，消腫止瀉定霍亂，補腎催生俱要用。

形似乳頭，即波斯國松木脂也。純陽，無毒。能調氣血，定諸經之痛，內而心腹骨節，外而瘡瘍癰疽疼痛者必用之。療諸風瘡、癮疹、痒毒，入藥服之則內消，煎膏貼之則生肌。又治中風口噤不語，消風水毒腫，止大腸洩澼，定霍亂，補腎益精，暖腰膝，下腎氣，婦人難產，催生下死，小兒急慢驚風，俱要藥也。〇紫赤如櫻桃者上，楓香、松脂多可混之，燒之乃辨真偽。入

丸，散，微炒，殺毒。得不粘，或搗碎紙包，席下眠一宿，另研。一法，用時以繒袋掛於窗隙間，良久取研之乃不粘。又熏陸香亦其類也。

沒藥苦平療瘡痍，破血止痛最為奇，腹心筋骨疼皆用，產後金瘡也相宜。沒，淪沒也。木之膏液沒入地中凝結成塊，大小不一，亦波斯國松脂也。但其色黑，無毒。東垣云：沒藥在治瘡散血之科。凡血滯則氣壅，經絡滿急而作痛腫，此藥推陳致新，故能破宿血，消腫止痛，為瘡家奇藥也。又治婦人內傷癥結，臍腹疞刺，墮胎，心腹俱痛，產後血暈、血氣痛及歷節諸風，骨節疼痛，一切金瘡、杖瘡、打撲折傷皆宜。兼治卒下血，目中翳暈膚赤。○製同乳香。

麒麟竭味甘鹹平，斂口生肌止血疼，更破血宿除血暈，女虛帶下用之靈，紫礦內紅外紫黑，能消陰滯益陽精。出南蕃。麒麟樹之津液結成，又名血竭，言其色紅也。有小毒。一切惡瘡疥癬久不合口者，此藥本生肌止痛止血，但性急多用反能引膿。又主打傷折損疼痛及血氣心腹疞刺，破瘀血，去五臟邪氣，除婦人產後血暈及素虛赤白帶下，血積。凡使，味微鹹、甘，作梔子氣，嚼之不爛如蠟者佳；味鹹甚，作腥氣者非入藥。另研，得蜜陀僧良。○紫礦，生海南山谷，亦木中脂液結成，形若爛石，與血竭同條，功效全別。無毒。治濕癢瘡疥，宜入膏用。又能消陰滯氣，益陽精，染家所須。

龍腦辛溫百藥先，香透腎關及頂巔，下疳喉痹目膚翳，清心解熱散風涎。即婆律國杉木脂也。腦乃流出香液，藥物惟此最貴，故稱龍。氣味清香為百藥先，純陽，無毒。善散而竄，通利九竅，下則入腎入骨，上透耳目頂巔。人欲死者吞之，氣即散盡，蓋芳之甚而散之速也。古方治目赤、內外膚翳、耳聾、喉痹，下疳瘡及發豌豆瘡，一切風瘡多用之。又風濕邪氣，心腹積聚，及時疾心煩、狂燥驚熱，大人、小兒風涎閉塞，婦人難產亦用之者，皆取其辛散故也。丹溪云：龍腦屬火。世人誤以為寒，而不知其性散甚似乎寒耳。《局方》輒用與麝同，為桂、附之助。人身陽易於動，陰易於虧，且諸香屬陽，豈有香之甚者而反寒乎！○形似白松脂，作杉木氣，明淨狀若梅花瓣者佳。曾經火逼成片，或如雀屎者次。然非常服之藥。獨行則勢弱，佐使則有功，於茶最相宜。入藥另研，合糯米炭貯之則不耗。○又龍腦膏，乃根下清液，砍木作坎而承之。專主耳聾，然極難得。○又樟腦，乃樟樹屑液造成，治疥癬癩瘡，作熱傅之。

麝香辛溫蝕瘡膿，能攻風毒殺諸蟲，中惡邪氣腹心痛，胎產癇驚關竅通。形似鹿而小，走疾如箭，其香在陰前皮內，別有膜裹，春分取之，生者良。無毒。能蝕一切癰瘡膿，吐風痰，制蛇蠶咬、砂虱溪瘴毒。殺瘡蟲及臟腑諸蟲，辟惡氣鬼物，瘟瘧蠱疰。中惡心腹暴痛脹急。婦人有孕，聞其氣亦墮胎，催生下死最速。小兒客忤、驚癇亦用之。其通關透竅，上達肌膚，內入骨髓，與龍腦相同，而香竄又過之。傷寒陰毒，內傷積聚，及婦人子宮冷、帶疾，亦用以為使，俾關節通而冷氣散，陽氣自回也。○開麝並宜子日，另研篩用。真者帶過園中，瓜果不實。

水銀辛寒毒入肉，量用塗瘡殺蟲蠹，墮胎絕孕又消陰，療兒涎驚熱風搐。形如水，流不止，色白如銀。主惡瘡、疹瘻、瘑疥、痂癢、白禿。《局方》多用塗瘡，不知其性滑重，入肉蝕腦，令百節攣縮。昔有患攣躄病，以金物炙熨，水銀當出蝕金，候金色白者是也。婦人難產催生下死最速，服之則絕孕。傳男子陰，陰消無氣。錢氏多用療小兒驚熱涎潮發搐。《衍義》云：水銀入藥，極須審諦，有毒故也。又鍍金燒粉人多患風，使作，須飲酒并肥猪肉，鐵漿可禦其毒。○又名汞，出於丹砂。其法：作爐置於中，下承以水，上覆以器，外加火煅養，則烟飛於上，水銀溜於下，其色微紅，先以紫背天葵并夜交藤自然汁煮一伏時，其毒自退。殺金、銀、銅、錫毒。畏磁石。得鉛則凝，得硫黃則結，得紫河車則伏，棗肉研之則散。

輕粉辛冷自水銀，瘡癬風痒外傅頻，更塗瘰癧酒齇鼻，利兒疳涎暫入唇，又有銀硃同一種，殺蟲專治癘風人。體輕色白如粉，又名膩粉。有毒，主殺疥瘡，癬蟲風痒，瘰癧，鼻上酒齇，俱外傅之。通轉兒疳愛喫泥土，涎潮瘛瘲。《圖經》云：下膈涎最速，但多用有損。若驚風屬心氣不足者，下之則裏虛，驚氣入心必死。抑論《經》云利大腸，東垣又云抑肺而斂肛門，何也？蓋輕粉經火本燥，原自水銀性冷，用之於潤藥則利，用之於澁藥則止。所以又能消水腫，止血痢，吐風涎。要之，虛病禁用，實者亦量用之。○造輕粉法：食鹽、明礬各等分，同放鍋中煮令黃色，取起為末，名曰黃麯。以此麯一兩，入水銀二兩，多則麯一斤，水銀二斤，同入瓦罐內，上用鐵燈盞蓋定，外用黃泥如法固濟，勿令泄氣，候乾，用炭火旋旋燒，上頻頻以水滴鐵燈盞內，候罐通紅，則內藥盡升上罐口，候冷拆開即成輕粉。入藥用湯煮五度，如麻腳慢火焙乾。畏磁石、石黃。忌一切血者，以其本自丹砂也。○銀硃，亦水銀升者。殺瘡蟲，治腦風，薰癘風瘡，能收水去毒。又年久楊酶頑瘡不愈者，用水花硃一錢，枯礬、硃砂各一錢半，為末，用全蠍酒煎膏為丸，分作六丸，分三日服，以羊肉、鮮魚等湯送下，九日全愈。但內服亦須升過，將硃搗碎，以雄黃等分配入固濟罐中，文火二炷、武火一炷香久，銀硃上升於燈盞，雄黃下墜於罐底，俟冷取硃研用。

砒霜大毒味酸苦，惡瘡腐肉用少許，治瘧除齁效若神，膈內風痰可作吐。砒，劈也，又斃也。毒能開劈形魂，令人斃也；霜，以形色言也。又名信石。主惡瘡，瘰癧腐肉，和諸藥敷之，自然蝕落。又治蛇尿着人手足即腫痛肉爛，指節脫落，取砒為末，以膠清調塗即瘥。主諸瘧及齁喘。風痰在膈，可作吐藥，但過服，輕則吐紅，重傷臟腑殺人。兼消肉積墮胎。誤中其毒者，冷水研菉豆汁或醋解之。○出信州。色黃赤，明徹不雜，如乳尖長者佳。醋煮殺毒，或瓦合固濟，火煅半日，取出用甘草水浸半日，拭乾，細研用。

硇砂鹹苦辛毒大，專去諸瘡肉惡敗，破血下痰伐久積，死胎逢之即爛壞。硇乃鹵鹹之類，形如砂，出西戎，形如牙硝，光明者良。性大熱，專去惡瘡息肉，生肌止痛，破結血，下痰氣，療咳嗽，一切血塊、氣塊、肉脹久積、死胎，皆能潰腐，合他藥治目中翳。凡用，須細研水飛過，入瓷器中重湯煮令自乾，以殺其毒；或用黃丹、石灰作匱，火煅通赤。取出另研。若生用，腐爛腸胃，化人心為血。誤中其毒者，研生菉豆汁解之。畏一切酸漿水，忌羊

血。消五金八石，柔金銀，可為銲藥。○日華云：北庭砂，色黃白，味辛、酸，無毒。功能消敗去穢，益陽，傅金瘡，用者擇之。○已上瘡毒正藥，其細料藥品，小兒方多用之。

自然銅味氣辛平，誤用金牙吐傷生，主療折傷續筋骨，更除積聚止心驚，赤銅屑入烏鬚藥，賊風燒赤酒中傾。不從礦鍊，故號自然。顆塊如銅，堅重如石，有黃赤，有青黑，燒之青烟如硫黃，臭如馬屁，食之澁，不畏火煅者真。若誤用為煅金牙，即吐殺人。金牙大如棋子而方，出蜀郡，惟吐蠱敢用之。○自然銅，主療折傷打撲，散瘀血，排膿止痛，續筋骨，又破積聚，治產後血邪，安心止驚悸，以酒摩服。丹溪云：按骨方在補氣血脾胃，俗工惟在速效，生銅非經煅不可用；然新出，火毒、金毒相扇，挾香熱藥毒，雖有接骨之功，燥散之禍甚於刀劍，戒之！凡使，火煅醋淬九次，細研，水飛用。○銅稟東方乙陰之氣，結而成魂，性利，服之傷腎。《局方》烏鬚藥用之。法以打銅器上起薄皮，研為末，用水飛淘五六次，澄去泥查，只取淨末；又有以銅絲火煅醋淬，為末更易。又主賊風反折，燒赤淬酒服之。狐臭，炒熱以醋和搽之。兼治折傷，接骨銲齒明目，治風眼及女人血氣攻心痛。○錫銅鏡鼻，古無純銅鏡，皆用錫雜之，乃有光明，微寒。主女子血閉癥瘕，伏腸絕孕，產後餘疾刺痛及伏尸邪氣，小兒卒中客忤驚癇，又能催生，治暴心痛，並燒赤淬酒飲之。

銅青銅綠一般名，銅上精華徹體生，斂口金瘡堪止血，洗淘目暗即光明。銅上所產，其青不問生熟銅器皆有，乃銅之精華也。氣平，微毒。主合金瘡止血，明目，去膚赤息肉。兼治婦人血氣心痛及癱瘓風痰，卒中不語。糯米糊丸，酒研服之。能吐青涎，瀉惡物。《局方》今亦少用。○北庭署者佳。水洗淨，細研。水飛去石澄清，慢火熬乾。

生鐵微寒主脫肛，被打瘀血酒煎嘗，秤錘催生衣不下，血瘕兒枕痛尤良，鐵落能除胸膈熱，針砂辛平退疸黃。初煉出鑛，用以鑄鎢器物者謂之生鐵。性堅，服之傷肺。主歷年脫肛，被打瘀血在骨節及脇外不去，俱酒煮服之。○熟鐵，又謂之柔鐵。味辛，平，有毒。主堅肌耐痛。○鐵精，乃煅煉極精者。主明目，化銅，療驚悸，定心氣，小兒風癇，陰殨，脫肛。○鋼鐵，及生熟相雜用以作刀鋒者。味甘，無毒。主金瘡，煩滿熱中，胸膈氣塞，飲食不化。○秤錘，味辛，溫，無毒。主婦人橫生逆產，胎衣不下，產後血瘕，兒枕腹痛及喉痹寒熱，並燒赤淬酒服之。無秤錘，用鐵杵或斧。○鎖匙，治婦人血禁失音，煎湯服之。○故鋸，治誤吞竹木入喉中，出入不得，燒赤淬酒服之。○鐵落，即砧上打落細皮屑也。味辛、甘，平，無毒。主皮膚風熱惡瘡及胸膈中熱，飲食不下。○針砂，即作針家磨鑢細末也。性平，無毒。主水腫、黃疸。又堪染皂，及和沒食子染鬚至黑。入藥用潔淨者，以好醋浸一七，撈起晒乾，再用好醋少許，慢火炒二三遍，紫色為度。凡鐵剉細末，謂之鐵粉。畏磁石、石炭。

鐵華粉鹹平無毒，外傅痔瘻刺竹木，能養血氣安心神，除風治癇破積宿，鐵漿水浸青沫生，驚熱顛狂可制伏。以鐵片磨光，用鹽水抽之，置醋瓮中，陰處埋之，百日後鐵上生衣，刮取研用。傅痔瘻及竹木刺入肉，主養氣血，安神強志，止驚悸健忘，鎮五臟，壯筋骨，除風邪顛癇，破痃癖、宿食，止冷氣心痛，隨所冷熱合和諸藥。用棗肉為丸。○鐵漿，取諸鐵於器中以水浸之，經久青色沫出，可以染皂。解諸毒入腹，鎮心，主驚癇發熱，急黃狂走，六畜顛狂，人為蛇、犬、虎、狼、毒刺惡蟲等咬，服之毒不入內。○鐵積久生衣為鏽，惡瘡疥癬和油塗之。諸蟲咬，和蒜摩塗之。

黑黑鉛甘毒屬至陰，解諸瘡毒熨蛇侵，傷寒熱氣尤能散，止嘔安神鎮此心，鉛霜消痰灰散癧，烏鬚鎔汁勝千金。鉛，㕣也。其柔已甚，故取㕣意。鉛錫俱稟北方壬癸陰極之精，性濡滑而多陰毒，過服傷人心胃。治發背及諸般癰毒，并金石藥毒。先用酒一斗，入甘草三兩，後溶鉛一斤，投入酒中，如此九次，令病人飲醉即愈。被蛇蝎咬，炙熱熨之，又治傷寒毒氣，翻胃嘔噦，墜痰降氣，鎮心安神。入藥以鐵銚鎔化鎢新瓦上，濾去查腳二三次，取淨者用。○鉛白霜，性極冷，無毒。消痰，止驚悸、煩渴，鼻衄，解酒毒，治室女月水滯澁，心煩恍惚。兼治中風痰實，小兒驚滯藥多用之。取法：以鉛雜水銀十五分之一，合煉作片，置醋瓮中密封，經久成霜。○鉛灰，取鉛三兩，鐵器熬之，久當有腳如黑灰，取此灰和脂塗癧子上，仍以舊帛貼之，數數去帛拭去惡汁，又貼，如此半月許，亦不痛不作疽，內消為水，雖流過項者亦差。○烏鬚髮明目牢齒方：黑鉛半斤，鎔化，旋入桑條灰，柳木攪令成砂，為末，每早如常擦牙，後用溫水嗽在碗內，取其水洗眼，治諸般眼疾；髭黃白者，用之皆變黑也。

鉛丹有毒味辛涼，生肌止血治諸瘡，吐逆顛癇消久積，截瘧鎮驚神氣藏。炒鉛為丹，其色黃，故又名黃丹。善生肌止痛止血，諸瘡、金瘡、湯火、染鬚，皆用煎膏或末傅之。主吐逆翻胃，顛癇狂疾，除熱毒臍攣，中惡心腹脹痛，又能消久積，止溫瘧，鎮心安神，去驚狂煩渴。《經》云：黃丹澁而固氣，收斂神氣以鎮驚也。丹溪云：曾一婦因多子，於月內服黃丹二兩，四肢冰冷強直，不食，時正仲冬，急服附子理中湯數十帖而定。○炒黃丹法：黑鉛一斤，土硫黃、硝石各一兩，先熔鉛成汁，下醋點之，滾沸時下黃一小塊，續下硝少許，沸定再點醋，依前下少許硝、黃，已消沸定黃亦盡，炒為末成丹矣，入藥又炒令色變，細研水飛二遍。

鉛粉有毒味辛寒，惡瘡狐臭水能乾，消積殺蟲止溺痢，破瘀墮胎亦可餐，諸瘡可用煎膏貼，油十粉四滴成丸。即今化鉛所作水粉也。其有金色者，名蠟子粉，又名粉錫、定粉、胡粉。丹溪謂古俗婦人用以容面，不可入藥。今市皆鉛粉，容面、入藥兩用之。治癰腫瘻爛，瘡中出水，湯火，乾濕癬瘡，及股內陰下常濕痒且臭，小兒疳瘡，耳後月蝕，諸狐臭，或乾糝，或猪脂、牛脂調傅之。治積聚不消，去鱉瘕，療小兒疳氣，殺三蟲，止小便利及久痢，逐瘀血搶心，墮胎，和水或雞子白調服。凡使，蒸熟，炒令色變。制硫黃，可為外櫃。○煎膏藥法：用真麻油十兩，入鍋內煎至烟起，入頭髮一團，待髮化盡，却入藥煎枯，濾去查，慢火煎至滴水成珠不散，退火，入炒過鉛粉四兩，百草霜四兩，以桃枝攪勻，提起聽用。凡煎膏，藥一兩，油二兩。用濾過松香煎者，油一兩，松香四兩；用炒過黃丹煎者，油一兩，黃丹七錢。

蜜陀僧味鹹辛平，乳調塗面沒瘢形，狐臭金瘡皆外傳，痔痢可服劫嫌生。

胡僧家語也。色如蜜，形圓陀陀。有小毒。除面上瘢鼾鼻皶，乳調如膏塗之。金瘡、口瘡、狐臭，乾末傅之。久痢五痔及驚癇痰嗽嘔吐，茶調服之，或入醋少許。〇此即煎銀爐底，堅重，碎之如金色者佳。外傳生用，內服火煆黄色，細研。

靈砂乃煉硫汞成，怔忡病去心自靈，痼冷百病皆能療，墜痰益氣通血凝。

一名二氣砂。用水銀三兩，硫黄一兩，細研，先炒作青砂頭，後入水火既濟爐，抽之如束針紋者成就也。味甘，溫，無毒。東垣云：靈砂定心臟之怔忡，久服令人心靈。一切痼冷、五臟百病皆治，墜痰涎，益氣力，通血脉，止煩，辟惡，明目。服法詳六卷。疥瘡有蟲毒者，塗之即效。

花蘂石黄白點見，止血生肌須煆煉，卒中金瘡刮末敷，産中血暈斯為善。

出陝華諸郡，形大小方圓無定，色似硫黄中有淡白點如花之蘂。東垣云：治金瘡，血行則卻。合和硫黄同煉服之，或只用火煆亦好。倉卒不及煆煉者，但刮末傅之即合，仍不作膿潰，其效如神。又療産後血暈、惡血。〇另研極細。

石灰溫辛風化良，療疥生肌不入湯，善殺痔蟲點黑子，産婦泡水洗脫肛。

火煆石而成灰，水解者力劣，風中自解者力大。有毒。主疽瘍疥痒，熱氣惡瘡，死肌墮眉，痔瘻、癭瘤，白癜，婦人粉刺，湯火金瘡，療骨疽，殺痔蟲，除黑痣，蝕惡肉，生好肉，多用滌膏調塗，不入湯藥。婦人産後陰腫腸脫，玉門不閉，取一斗熬黄，以水三斗投入，澄清蒸洗。兼治吐血，血痢，解酸酒毒，暖水臟，又能伏硫黄，去錫暈，制雄黄，硇砂，可用作外櫃。凡使，點瘀肉，生用亦可，止血炒紅色。雷公用醋浸一宿，火煆令腥穢氣出，存性研細。〇古冢中及敗缸茹，平，主婦人遺尿及崩中吐痢血不止，煮服或燒為末服。餘治與石灰同。

松烟墨辛能止血，善合金瘡去目芒，痢下崩中并難産，産後血暈醋摩嘗。

燒松節烟和膠作者方可入藥，無毒。止血生肌合金瘡，主眯目，物芒入目，磨點瞳子上即出。又止血痢，婦人崩中漏下，難産，子死腹中，胞衣不下，産後血暈，腹痛引腰脊，酒、醋、童便任摩服之。又治小兒客忤，大人中惡心腹痛脹。為末，水調服之。丹溪云：屬金而有火，入藥甚助補性。〇湯藥磨刺，丸、散火煆細研，或水浸軟紙包煨剉。不問徽墨、京墨，油烟任光如漆且香者，勿用。

蘇合香甘溫無毒，除邪去蟲殺三蟲，霍亂瘟瘧并癇痓，痰厥中氣與中風。

《梁書》云：天竺國出蘇合香。是諸香汁合煎之，其形如酥。或云是獅子屎者，非也。除邪氣鬼精夢魘，殺蟲毒，去三蟲，破宿血，止心腹痛，霍亂，吐瀉，瘟瘧，癇痓，中風，中氣，痰厥，口噤不省，久服通神。

安息香平辛苦味，去蟲毒辟諸惡氣，暖腎滋精無夢交，更和心腹鬼胎疰。

言能安定人之氣息也。出波斯國，樹脂液也。形若松脂，黑色成塊，新者亦柔韌。無毒。主辟蠱毒及一切惡氣，暖腎氣，止遺精，夜夢與鬼交，和心腹，定霍亂，鬼胎，血邪，血暈，燒之通神。〇酒浸研。

白蠟外科之要味，稟金收斂堅凝氣，生肌止痛續骨筋，補虛治癆益脾肺。

一名蟲蠟，冬青樹上細蟲食樹液而成者。屬金，金稟收斂堅凝之氣，外科之要藥也。生肌止血定痛，接骨續筋，得合歡樹皮良。補中虛，殺癆蟲，止咳止瀉，潤肺臟，厚腸胃。〇另研用。

露蜂房味苦鹹平，消癧乳癰及齒疼，痔漏風疹與顛癇，止女崩中兒咳聲。

此即木上黄蜂窠，大者如甕，小者如桶。其蜂黑色，長寸許，螫牛、馬、人乃致死者，用此尤效。人家房間亦往往有之，但小而力慢，不若山林中得風露氣者，故名。有毒。主瘰癧成瘻作孔，和猪脂調塗。治乳石發則頭痛，煩熱，口渴，溺赤，水煎服之，當利諸惡毒，隨小便出。風牙腫痛，鹽填滿孔，燒灰傅之。腸癰痔漏，皮膚癮疹瘙痒，火熬，酒調服之。驚癇瘛瘲，寒熱邪氣，顛疾，鬼精蠱毒及婦人崩中漏下，小兒咳嗽，喉痹，並酒調服之。又療蜂螫腫毒，解諸藥毒。《別錄》云：和亂髮、蛇退，三味燒灰，酒下，主惡瘡疽，附骨疽根在臟腑，歷節腫出，疔腫惡脉，諸毒皆瘥。凡使，須十二月採，洗去蜂糞泥土，蒸半日，晒乾，炙令焦黄，細研。惡乾薑、丹參、黄芩、芍藥、牡蠣。〇土蜂窠，不入湯藥。治癰腫不消，醋調塗，乾即易之。

蜂子微寒俱有毒，止嘔利便和心腹，土蜂消腫制蜘蛛，蜜主吐蟲黄面目，蠮螉止咳治久聾，房醫霍亂乳調服。蜂，尾尖利有鋒芒也，俱取其房中白如蛹，未成頭足時炒用之，亦可以鹽炒，日乾，寄入京、洛以為方物。食之者，須以冬瓜、苦蕒、薑、蘇以制其毒。〇大黄蜂，即人家屋上及大木間作房者，專主乾嘔，心腹脹痛，利大小便。〇土蜂，即土穴居者。主癰嗌痛。又燒灰油調傅蜘蛛咬。此物能食蜘蛛，亦取其相制也。〇蜜蜂，味甘，主大人小兒腹中五蟲口吐出者，面目黄，補虛羸傷中，久服益氣輕身，令人光澤，兼治頭風蠱毒，丹毒風疹，腹內留熱，大小便閉，去浮血，婦人帶下，下乳汁。大抵蜂類，性效皆不相遠。畏黄芩、芍藥、牡蠣。〇蠮螉，處處有之。黑色而細腰，雖名土蜂，而不在土中作穴。但摙土於人家壁間，或器物傍作房如竹管，取他蟲於房中化為己子，《詩》云螟蛉有子，蜾蠃負之是也。味辛，平，有毒。主久聾，欬逆，嘔逆，毒氣出汗。療鼻窒，生搗罯竹木刺。入藥妙用。其土房主癰腫風頭，小兒霍亂吐瀉，微炙為末，乳汁下一字即止。又研細醋調，塗蜂螫。

雀甕放子名天漿，甘平無毒抹諸瘡，小兒驚癇不可缺，撮口風堪刺口傍。

即毛蟲房也。好在石榴樹上，似蠶而短，背上有五色斑毛，刺人有毒。欲老者口吐白汁，凝聚漸堅硬如雀卵。其子在甕中作蛹，久而作蛾，出枝葉上放子復為蟲。又曰：雀好食其甕中子，故俗間呼為雀兒飯甕，又名天漿子。八月採，蒸之。主小兒慢驚，驚癇，寒熱結氣，蠱毒鬼疰。又小兒撮口不得飲乳者，先刺口傍令見血，以甕內汁和鼠婦搗塗之。《局方》皆以糞蟲為天漿子，以之治疳則可，若治驚風方須用此也。

蜘蛛寒毒傳諸瘡，背疔瘰癧卒脫肛，牙蛀口喎腋下臭，㿉疝奚疳獨可嘗。

有知覺，吐絲結網，飛蟲觸則誅之。發背疔瘡，先挑四畔血出根露，搗爛醋和敷上，乾即易之。瘰癧，無問有頭無頭，日乾為末，酥調貼之。已有瘡口出膿者，燒二七枚乾糝。疣贅，取花蜘

蛛絲於黃丹中養之，夜繫旦落。卒脫肛及久瀉脫肛疼痛，瓦合內燒存性，入黃丹少許為末，先用白礬湯洗淨拭乾，糝藥軟處，手掌托入。牙齒有孔，取殼一枚，綿裹按其內。中風口眼喎僻，搗摩頰車上，候正即止。腋下狐臭，用鹽泥、赤石脂為窠子，納裹蜘蛛，燒為末，入輕粉一字，米醋調，臨臥洗淨腋下敷之，來早瀉下惡汁惡物。已上皆外敷也。大人、小兒㿗疝，陰狐疝氣，偏有大小，時時上下，小兒丁奚疳，三年不能行，燒熟啖之或入丸服。有被毒蜂、蜈蚣咬者，生置痛處，令吸其毒，其蜘蛛醉死，以冷水浸之即活。蛇蠍咬，搗汁塗之。又七夕日取其網，置衣領中，療喜忘。凡使，勿用五色者，要身小尻大，深灰色，腹內有蒼黃膿，去頭足，研膏用。然此物中人尤慘，惟飲羊乳可制其毒。若遺尿着人，令生瘡癬。〇壁錢蟲，似蜘蛛，在闇壁間作白幕如錢。無毒。主鼻衄及金瘡下血不止，取蟲汁點瘡上及鼻中。亦療外野鷄病下血。其錢幕主小兒吐逆，取二七煮汁飲之。

牡鼠味甘平無毒，搗罯折傷筋骨續，貼諸瘡用蠟油煎，肝腦塗針及箭鏃，肉熱專消小兒疳，糞治兒癇與勞復。牡，雄也。其屎兩頭尖者是，又名猳鼠。生搗全身，罯折傷止血，續筋骨。又大雄鼠一枚，渾用，清油一斤，黃丹五兩，黃蠟一兩，如常法煎成膏藥，貼諸瘡腫、凍瘡、折破瘡、湯火瘡，去痛而涼，兼滅瘢疵極良。又治癰瘡中冷，瘡口不合及蛇刺毒痛，用皮燒灰封之。鼻皶出膿血及破傷風，用頭燒灰，猪脂調傅。醫針人而針折及箭鏃、刀刃、竹木刺入肉，在諸隱處不出者，並搗鼠肝及腦封之即出。又脊骨末長，齒多年不生者效。四足及尾，主婦人墮胎易出。膽汁，點耳治老聾，點眼治晚不見物，但死即膽消，不可得之。〇肉，熱，無毒。主骨蒸勞極，四肢羸瘦，殺蟲，小兒疳積，肋露腹大，內有癥瘕，貪食倍常，大人石水鼓脹，婦人乳汁不通，去皮骨取肉，和五味作羹，或煮粥食之。但勿令食着骨，甚瘦人。〇糞，微寒，無毒。主小兒癔疾大復，傷寒勞復，室女月水不通，孕婦難產，子死腹中，並燒灰水煮服之。又治鼠瘻，以新屎一百粒收置密器中六十日，杵末，即傅瘡孔。〇鼺鼠，出山都平谷，狀如蝙蝠，大如鴟鳶，毛紫色，長尾，夜行飛生，即飛生鳥也。性溫，南人取其皮以為暖帽，或取皮與產婦臨蓐持之，墮胎令易產。

蝟皮無毒苦甘平，痔腫連陰及腰疼，止血寬膨除疝積，開胃進食補下停。蝟，畏也。遇身刺利可畏，雖虎狼亦不敢傷。主五痔腫痛，不問新久，或連陰腫痛及腰背疼，陰蝕血汁不止，腸風下血，蠱毒下血，並酒煮服之。燒灰綿裹塞鼻，止衄。日華云止汗血是也。又腹脹痛、疝積，燒灰酒下。善開胃氣，止吐逆翻胃，令人能食，補下焦弱。《衍義》云：從蟲從胃有義焉。兼治小兒卒驚啼。凡使，猪蹄者良，鼠腳者次，入藥燒灰，或炙黃，或炒黑，或水煮，任入湯、丸。畏桔梗、麥門冬。得酒良。脂可煮五金八石，注耳治聾。肉可五味淹食，治同皮。惟骨食之令人瘦小。〇又豪猪形似蝟而大，取其肚并屎燒乾為末，每早空心酒下二錢，有患水病鼓脹者，服此肚一箇便愈。但此猪多食苦參，只治熱風水脹，不治冷脹。

石蟹無毒味鹹寒，癰腫漆瘡傅即安，更點青盲并翳眼，熟水摩吞救產難。海蟹年深水沫相着，因化為石，每遇海潮風飄出，為人所得，療癰腫漆瘡，醋摩傅之。青盲、目淫、膚翳、下翳，細研水飛，入諸藥相佐點之，又催生落胎，止血暈。治天行熱病，解一切金石藥毒、蠱毒，並水摩服之。

木鱉甘溫療折傷，消腫生肌愈惡瘡，面刺乳癰腰強痛，洗痔腫痛連及肛。形如鱉，出朗州及南中。無毒，主折傷，消結腫、風毒惡瘡，生肌，除粉刺䵟䵳婦人乳癰，止腰痛，洗痔瘡及肛門腫痛，醋摩消酒毒。〇去殼，細剉，麩炒。

羊蹄根苦寒無毒，陰蝕侵淫頭上禿，癬瘡腫毒醋摩敷，止血殺蟲功最速。葉似羊蹄，高三四尺，莖節間開紫赤花，子名金蕎麥，根似牛蒡而堅實，夏中即枯，亦可作菜食。丹溪云：屬水，走血分。似苦蕒，甘而不苦。多食滑大腸，生痒。主頭禿，疥癬，腫毒，癧瘍疽痔，女子陰蝕侵淫，喉痹不語，並取根，醋摩傅之。除熱，殺蟲及小兒疳蟲，解諸魚毒、蟲毒，赤白痢，大便不通，腸風下血，並水煮汁服之。又生搗汁服，治產後風秘。

天名精寒甘且芳，殺蟲消腫傅諸瘡，破血止血除諸痹，便難煩渴可煎湯，子如鶴虱平苦味，主蚘咬心痛莫當。此草得天之精所生，大有靈異。昔人射一麂，剖五臟，以草塞之，蹶然而起，故又名活鹿草。南人呼為火杴，花實全類豨薟，但豨薟苦而臭，名精，辛且芳，故又名麥句薑，在處有之。夏秋抽條，頗似薄荷，花紫白色，葉似菘菜而小，無毒。殺小蟲，除諸毒，疔瘡痔瘻，金瘡內射，身痒癮疹不止，揩之立已。主瘀血血瘕欲死，下血止血，利小便，去痹，除胸中結熱，止煩渴，逐水大吐下。五月採，陰乾。垣衣為使。〇子形如鶴虱，黃黑色，微毒。主蚘蟲、蟯蟲咬心腹痛，殺蟲丸散中為最要藥，兼止瘧，傅惡瘡，入藥微炒。

柳華寒苦退疸黃，根葉皮攻疔腫瘡，絮止灸瘡癰用實，煎枝含汁治牙良。從木從卯。一云從酉，古酉字也。二月建卯，逢之而榮，故從卯；八月建酉，逢之而零，故或從酉。柳初生時，黃蕊子為花，及花乾絮方出。絮之下有小黑子，隨絮而飛，以絮為花者誤矣。〇花，無毒。主風水黃疸，面熱黑，痂疥惡瘡，金瘡止血，治濕痹，四肢攣急膝痛。〇葉及枝煎膏，塗癰疽腫毒，疔瘡，妬乳及花瘡，疥痂漆瘡，長肉止痛，續筋骨，煎洗馬疥立愈。又治心腹內血作痛，天行熱病，傳尸骨蒸勞，湯火瘡毒入腹，及服金石藥人，發大熱悶，并下水氣。〇絮，主止血，貼灸瘡良，入池陰處化為浮萍。又多積可捍氈，與小兒臥益佳，以性涼也。實，主潰癰，逐膿血，子汁療渴。〇枝細剉煎汁含之，治齒痛，洗風毒腫痒。

樺木皮苦平無毒，初腫乳癰調酒服，時行熱毒豌豆瘡，諸黃疸症濃煎熟。皮有花紋，北來者佳。治乳癰初發，腫痛結核欲破膿者，為末，酒下一錢即睡，一服而愈。傷寒時行熱毒，發豌豆瘡及諸黃疸症，濃煮汁飲之良。又燒灰合他藥治肺風毒。

黃藥苦平主惡瘡，瘻瘡喉痹犬咬傷，取根研汁隨含傅，治馬原來用此方。其根初採濕時紅赤色，曝乾則黃。無毒。主諸惡腫瘡瘻，喉痹，蛇犬咬毒，取根研，內服外傅，亦治馬心肺熱有功。〇子肉，味酸。治咯血，鼻衄不止。又浸酒服之，治癭氣神效。略消即止，不可過劑。

剪草專治疥癬痒，祛癆止血效非常，根名白藥諸瘡用，末調鷄子護胎傷。

剪草，狀如茜草、細辛，婺州產者佳。氣涼，無毒。治惡瘡瘻蝕，疥癬風痒，浸酒服之。治瘵，用末一斤，蜜二斤，和成膏，不犯鐵器，九蒸九晒，每用四兩，以匙炒藥如粥，五更面東服之，良久進粟米粥壓之，或吐蟲而愈。若久病肺損咯血，一服即愈。尋常咳血妄行，服一匙即愈。○白藥，辛，溫，無毒。主諸瘡，癰腫不散，取生根搗傅，或水調乾末傅之。金瘡折傷傅之，止血定痛生肌。孕婦傷寒護胎，為末，鷄子清調塗臍下。胎存生處，乾即以溫水潤之。又治胸中熱塞，噎痹不通，咽喉腫痛，消痰止嗽，治渴止吐血。○解野葛、生金、巴豆藥毒。亦治馬肺熱藥有功。

莽草苦辛溫有毒，頭痒喉痹蛀牙風，瘰癧諸瘡皮膚痹，更消疝瘕殺魚蟲。

生蜀中，似石南而葉稀，無花實，採之作椒氣。治頭風痒，可用沐，勿令入眼。療喉痹不通，及蛀牙腫痛，濃煎湯，熱含吐之，漱口勿嚥。治瘰癧結核堅腫，癰疽，乳難，乳癰未潰，頭瘍白秃，與白斂、赤小豆為末，鷄子白調塗，乾即易之。一切風疽，疝瘕，血凝腫墜，及風濕皮膚麻痹，煎湯淋洗，殺蟲魚，不入湯藥。

敗醬苦鹹化膿水，腸癰痔瘻能消補，逐瘀破癥祛痹風，最益婦人陳良甫。

出近道。葉似豨薟，叢生，花黃，根似柴胡，色紫，作陳敗豆醬氣。微寒，無毒。能化膿為水。消腸癰，補痔瘻，一切瘡痍疥癬，丹毒暴熱，火瘡赤氣，馬鞍熱氣，除癰腫、浮腫、結熱，破多年凝血，消癥結，治風毒、痿痹。陳良甫云：即苦薺菜，最益婦人。治血氣心痛，赤白帶下，催生落胎，產後血暈，煩渴腹痛，胎前後諸病，皆治之。兼治赤眼，障目胬肉，聤耳，鼻洪吐血。○八月採根，乾，日剉碎，和甘草葉相拌，蒸半日，去甘草晒用。

酸漿氣寒一味酸，退熱利水治產難，另有三葉酸漿草，止渴通淋帶下安，瘑瘻惡瘡頻搗傅，殺蟲孩子可常餐。

天下有之，苗似水茄而小，葉亦可食，實作房如囊，囊中有子如梅李大，赤黃色，味如酸漿。微寒，無毒。主熱煩滿，定志益氣，利水道，難產吞其實立下。其根如菹芹，白色，絕苦，搗汁飲治黃病多效。五月採，陰乾。○三葉酸漿，又名酢漿草。生道傍下濕地，葉如水萍叢生，莖端三葉，葉間生細黃花，俗名酸車草。南人用揩鍮石器令白如銀，味酸，寒，無毒。主解熱渴，諸淋澁痛，婦人赤白帶下，搗傅瘑瘻惡瘡，殺諸小蟲。嫩葉，小兒食之可除熱。夏月採葉，陰乾。

營實酸平即薔薇，療諸癰毒惡瘡痍，根治金瘡傷撻肉，血痢腸風疳瘦兒。

即薔薇子。白花者良，無毒。主癰疽發背，惡瘡，瘡癤潰爛疼痛，結肉跌筋，敗瘡熱氣，陰蝕不瘳，頭瘍白秃。利關節，久服益氣輕身。○根，味苦、澁，冷，無毒。主熱毒風、癰疽、惡癩、疥癬、金瘡傷撻，生肉復肌，及口舌生瘡，箭鏃鯁刺不出，牙齒疼痛。又治五臟客熱，除邪逆氣，通血脉，止赤白痢，腸風下血，小兒疳蟲，腹痛疳痢。○八九月採，去根，粗布拭去黃毛，細剉，漿水拌蒸一宿，晒乾用。

梁上塵能消軟癤，又止中惡鼻衄血，兼消腹痛噎難通，安胎催生脬系戾。

又名烏龍尾。性平，無毒。主癰毒，陰腫，婦人砳乳，小兒頭瘡軟癤，醋和敷之。中惡，鼻衄，腹痛，噎膈，婦人胎動欲產，橫生倒產及轉脬小便不通，並酒調服之。又自縊死，取末吹兩耳鼻中即活。○凡使，須去烟火遠。高堂殿上者，拂下篩用之。

東壁土取向朝陽，傅諸癰癬及脫肛，瘧痢泄瀉多煩悶，藥傷毒中盡堪嘗。

以一壁論之，外一面向東，常先見曉日，得初陽少火之氣，若向南者，則壯火食氣，故專用向東者，多年被烟熏者尤好。氣溫，無毒。主背癰瘡癤，乾濕癬，豌豆瘡，為末傅之；或生薑汁調塗，加黃栢少許。又主下部瘡，脫肛，小兒臍風瘡。治瘟瘧、洩痢赤白、腹內絞痛、霍亂煩悶，服藥過劑及中毒煩悶欲死，水調服之。又解諸藥毒、肉毒、合口椒毒、野菌毒。○已上治瘡毒通用。

冬灰：　即浣衣黃灰。燒諸蒿藜積聚鍊作之，今用灰多雜薪蒸，乃不善。《衍義》云：諸灰一烘而成，惟冬灰則經三四月方徹，爐灰曉夕燒灼，其力燥烈而體重，今一爇而成者，體輕力劣，故不及冬灰。味辛，微溫。和石灰熬煎，以點瘜肉，疽蝕疥瘙。去黑子疣贅，不可廣用，爛人皮肉。○桑柴灰，入藥絕奇。一方取鱉一箇，治如食法，以桑灰汁煎如泥，和諸癥瘕藥重煎堪丸，衆手丸如梧子大，日服十五丸，癥瘕痃癖無不愈者。或單淋汁服之，亦去風血癥塊、水腫。鍛鐵爐中灰，兼得鐵力，故主癥瘕堅積有效。○竈中熱灰，和醋熨心腹冷氣痛及血氣絞痛，冷即易。

百草灰：　端午日採露取之一百種，陰乾，燒灰，以井花水為丸，重燒令白，以醋和為餠，腋下挾之，乾即易，當抽一身痛悶，瘡出即止。以小便洗之，不過三度，腋臭自無。又主金瘡，止血生肌，取灰和石灰為丸，燒令白，刮傅之。

不灰木：　出上黨，石類也。其色青白如爛木，燒之不燃，或云即滑石根也。若要燒灰，砍破以牛乳煮了，更以黃牛糞燒之成灰。大寒。主熱疿瘡，和棗葉、石灰，為粉傅之。

爐甘石：　《本草》不載，《局方》治眼以之為君。○輕白如羊腦，不夾石者佳。用砂罐一盛一蓋，於炭火中煆令通赤，以童便或黃連水淬之，再煆再淬九次，細研水飛過用。

薑石：　所在有之，生不見日色土石間，狀如薑，有五色，惟白者良。味鹹，寒，無毒。療疔腫，乳癰，發背，豌豆瘡，並火煆醋淬為末，鷄子清或醋調傅之效。大凡石類多主癰疽。

綠青：　即石綠。出信州有銅處，生山之陰，其中青白花文可愛，即畫工

用作綠色者，土人以為婦女服餙。入藥當用顆塊如乳香，不夾石者佳。味酸，寒，無毒。主益氣，療鼽鼻，止洩痢。今醫用吐風涎雖驗，亦能損心。〇細研水飛。

白青：生豫章山谷。今空青圓如鐵珠，色白而腹不空者是也。研之色白而碧，亦謂之碧青，不入畫用，無空青時亦用之。味甘、酸，鹹，平，無毒。主心下邪氣令人吐，殺諸毒三蟲，利九竅，治耳聾，明目通神，輕身不老。

扁青：蜀郡者塊大如拳，其色青，腹中亦時有空者；武昌者塊小扁而色更佳。味甘，平，無毒。主折跌癰腫，金瘡不瘳。治目痛，破積聚，解毒氣，利精神，去寒熱風痹，及丈夫莖中百病，內絕益精，令人有子。久服輕身不老。

膚青：生益州。味辛、鹹，平，無毒。主蠱毒及蛇菜肉諸毒，諸惡瘡。不可久服，令人瘦。

降真香：和諸香燒之，直上天，召鶴盤旋於上。味溫平，無毒。主天行時氣怪異，燒之避邪惡之氣也。

薰陸香：出天竺國，樹生於砂中，盛夏樹液流出，狀如桃膠，黃白色，合香家要藥。微溫，療惡瘡及風水毒腫，去惡氣、中惡邪氣、伏尸。治齒蟲痛不可忍。《圖經》云：治腎氣，補腰膝，療霍亂，治血止痛。〇製同乳香。

雞舌香：出崑崙。採花釀之成香。合香家要用，不止入藥。味辛，溫，無毒。療風水毒腫，去惡氣，止霍亂心痛，吹鼻殺腦疳，含口治齲齒、口臭，和黃連、乳汁點目，睛明倍常。

茅香：生劍南道諸州。三月生苗似大麥，五月開白花。味苦，溫，無毒。傅灸瘡、金瘡，止血定痛。煎湯止吐血鼻衄，又主中惡，溫胃止嘔吐，療心腹冷痛，熱淋。苗葉煮作湯浴，辟邪氣，令人身香，合諸名香甚奇。

鼠李：即牛李子也。木高七八丈，葉如李，但狹而不澤，子生於條上四邊，生青熟黑，至秋葉落，子尚在枝，是處有之。味苦，小毒。主寒熱瘰癧、瘻瘡，日乾，九蒸，酒漬服。能下血，除疝瘕積冷氣，治水腫腹脹。〇皮主諸瘡、寒熱毒痹，除身皮熱毒。〇根，主口中疳瘡，和薔薇根煎膏，含咽即瘥，亦可傅背發。煮濃汁含之，治䘌齒；服之治疳蟲蝕脊。

鹿藿：苗似豌豆，有蔓而差大，根黃而香，人取以為菜，微有豆氣，山人謂之鹿豆，亦堪生噉。味苦，平，無毒。主腸癰、瘰癧、瘡瘍，殺蠱毒，止頭痛及女子腰腹痛不樂。〇五六月採苗，日乾。

牛扁：生下濕地。葉似石龍芮，根似秦艽而細。味苦，寒，無毒。主身皮瘡熱氣，可作浴湯。又主牛病，牛虱。入藥用根。

鳶尾：葉似射干而闊短，不抽長莖，布地而生。花紫碧色，根似良薑，皮黃肉白。味苦，平，有毒。主飛尸蠱毒，邪氣鬼疰諸毒。破癥瘕，積聚，去水，下三蟲，療頭眩，殺鬼魅。〇十月採根，日乾。

韭烏：生大石及木間陰濕處，青翠茸茸，似苔而非苔，長四五寸。味甘，寒，無毒。主金瘡內塞，療黃疸，去皮膚寒熱往來，利小腸、膀胱氣，補中益氣，好顏色。燒灰浴髮令黑。

蜀羊泉：俗名漆姑葉，似菊花，紫色。子類枸杞子，根如遠志，無心有糝。味苦，寒，無毒。主頭禿，惡瘡，熱氣，疥瘙痂癬蟲，漆瘡，齲齒，女子陰中內傷，皮間實積，小兒驚癇。〇三四月採苗葉，陰乾用。

白兔藿：一名白葛，蔓生，葉圓厚若蓴，莖俱有白毛。味苦，平，無毒。主蛇虺，蜂蠆，猘犬，菜肉，蠱毒，鬼疰，風疰，諸大毒不可入口者，煮汁飲之，即解。又去皮，可末着痛上，立消。〇五月採苗葉，日乾。

鴨跖草：生平地。葉如竹，高一二尺，花深碧，有角如烏觜，故又名碧竹子。花可染色。味苦，寒，無毒。主癰疽，疔腫，丹毒，瘴瘧，熱痢，痰飲，狂癇，瘕癥，痞滿，氣腫，蛇咬。和赤小豆煮，下水氣，濕痹，利便。

鼠尾草：苗如蒿，夏月莖端作四五穗，若鼠尾。花有赤、白二色，葉堪染皂。味苦，寒，無毒。主鼠瘻寒熱，下痢膿血不止，煎膏服之。白花者主白下，赤花者主赤下。〇四月採葉，七月採花，陰乾用。

蛇含草：處處有之，生下濕地，一莖五葉或七葉。有兩種，當用細葉、黃色花者。味苦，寒，無毒。昔田父見一蛇被傷，一蛇含草着其傷處，經日傷蛇乃去。因取此草搗汁，以傅蛇虺，蜂蠆，瘡毒皆驗，故名。又主金瘡，疽痔，鼠瘻，惡瘡，頭瘍，丹毒，瘡腫。兼治驚癇寒熱，心腹邪氣，腹痛，濕痹，養胎。治產後洩痢，利小兒。〇八月採葉，日乾。勿令犯火。

金星草：多生背陰木石上，單生一葉，長一二尺，至冬背上生兩行相對如金星子。其根盤屈如竹，無花實，淩冬不凋。五月和根採，風乾用，味苦，寒，無毒。主癰疽瘡毒，解硫黃、丹石毒。發於背癰腫，結核，酒煎服之，外為末冷水調塗。石藥悉下，然性至冷，服後須補，老人不可輕服。

千金藤：生北地者，根大如指，色黑似漆，生南土者，黃赤如細辛。主癰腫發背，一切血毒諸氣，霍亂中惡，天行瘴瘧，虛勞痰嗽不利，蛇犬毒藥石發，顛癎蠱毒並宜。煎湯浸酒，治風輕身也。

預知子：出蜀中。蔓生大木上，葉有三角，八月結實，生青熟紅，每房有子五七枚，如皂子，斑褐色，潤如飛蛾。冬月採，陰乾。味苦，寒，無毒。取二枚綴衣領上，遇蠱毒物即則有聲，故名預知。若中其毒，去皮為末，水煎服之有效。日華云：主一切病，治風補虛，破痃癖氣塊、天行瘟疫，消宿食，止煩悶，利水道，催生，殺蟲，解諸毒藥，傅蛇蟲咬。

牙子：其根芽似獸之牙齒。味酸，寒，有毒。主邪氣熱氣，疥瘙惡瘍，瘡痔陰蝕，金瘡蛇毒，水煎洗或搗敷之。殺寸白，腹臟一切蟲，止赤白痢，水煎服之。〇八月採根，日乾。中濕腐爛生衣者殺人。蕪荑為使，惡地榆。

鬼臼：生深山岩谷之陰。葉似蓖麻，初生一莖，莖端一葉兩歧，年長一莖，莖枯為一臼，二十年則二十臼也。三月開赤花，開後結實。根似射干。八月採根，日乾。味辛，溫，有毒。主蠱毒鬼疰精物，辟邪惡，解百毒，治傳尸勞瘦，止咳嗽喉結，去目中膚翳。不入湯藥。

女青：葉圓而臭，兩葉相對，結子似瓢，大如棗，根似白薇。味辛，平，有毒。主蠱毒，鬼氣，瘟瘧，蟲蛇毒。八月採根，陰乾。

紫葛：春生冬枯，蔓似葡萄而色紫。八月採根，皮，日乾用。味甘、苦，寒，無毒。主癰腫惡瘡，為末，醋和封之。又金瘡生肌，破血補損及癱瘓攣急，產後血氣衝心，煩渴，並水煎服。

欒華：出漢中，葉似木槿而薄細，花似槐而稍長，堪染黃色，子似豌豆而堅黑，堪為數珠。味苦，寒，無毒。和黃連煎膏，療目痛赤爛，淚出傷眦，消目腫，大效。〇五六月採花，日乾。決明為之使。

藎草：生溪澗側。葉似竹而細薄，莖亦圓小。荊襄人煮以染黃色，甚鮮。《詩》云菉竹猗猗是也。味苦，平，無毒。主痂疥白禿，一切惡瘡瘍氣，殺皮膚小蟲。兼治欬喘上氣，久寒驚悸。〇九月採，陰乾。畏鼠婦。

積雪草：處處有之。蔓生溪澗側，葉圓如錢，又謂之地錢草。味苦，寒，無毒。主一切熱毒，癰疽腫毒，惡瘡鼠瘻，風疹疥癬，浸淫赤熛，皮膚暴熱，小兒丹毒寒熱，腹內熱結，內服外傳。〇八九月採苗葉，陰乾。

坐拏草：生江西。六月開紫花，結實。土人採其苗治打撲，兼壯骨，治風痹。《神醫普救》治風方中已有用者。

薺苨：出川蜀、江浙。春生苗莖，全似人參而葉小異，根似桔梗但無心為異，故名土桔梗。味甘，寒，無毒。主殺蠱毒，解百藥毒，治熱狂溫疾，丹石發動，封疔腫，罯毒箭，蛇蟲咬。人家收為果，或蒸作虀葅食之，利肺氣，和中，明目。

黃環：生蜀郡。味苦，平，有毒。主蠱毒鬼疰邪氣在臟中，除欬逆寒熱。〇三月採根，陰乾。惡茯苓、防己、乾薑。

藋菌：出滄州。形似菌，色白輕虛，表裏相似，乃鸛屎所化也。秋雨時即有，天旱及霖即稀。味鹹，甘，平，小毒。主疽蝸惡瘡，白癬白禿，止心痛，溫中，除腹內冷痛，瘕癥，去長蟲，蟯蟲，寸白蚘蟲，殺蛇、蜂等毒。〇日乾用。得酒良，畏雞子。

徐長卿：三月生苗似小桑，兩葉相對，七月着子，十月苗枯，根黃似細辛，微麄長而有臊氣。味辛，溫，無毒。主百邪鬼疰、蠱毒惡氣，去疫疾溫瘧。久服強悍，益氣延年。〇三月採根，蜜拌蒸三時，日乾。

石下長卿：味鹹，平，有毒。主鬼疰精邪惡氣，殺蠱毒老魅，啼哭悲傷，易忘恍惚。

被子：味甘，溫，有毒。主腹中邪氣，蠱毒鬼疰伏尸，去三蟲蛇螫。

頭垢：溫。治淋閉，主噎，療勞復、蠱毒、蕈毒。百邪鬼魅，馬肝殺人，並可服之。蜈蚣犬咬，竹木刺入肉，並外敷之。

海馬：出西海。大小如守宮蟲，首若馬，身如蝦，背傴僂有竹節紋，長二三寸，色黃褐，以雌雄各一為對。性溫，平，無毒。主婦人難產，帶之於身神效，或燒灰酒下，亦入血氣藥中。〇採之日乾，酥炙。

蝸牛：即蜒蚰。有四角，背上別有肉以負殼行。味鹹，寒，有毒。治發背，取活者一升置瓶中，以井水浸一宿取出，涎水調蛤粉敷之，日十餘度則痛止瘡愈。齒䘌有蟲，燒殼灰揩之，效。大腸虛脫，燒灰猪脂調傅，立縮。蜈蚣咬，取汁塗之。又主賊風喎僻，筋急踠跌，小兒驚癎疳疾。〇入藥炒用。

地膽：出梁州。狀如大馬蟻，有翼。味辛，寒，有毒。主寒熱鼠瘻，惡瘡死肌，蝕瘡中惡肉，鼻中息肉，鼻齆，能宣瘰癧根，從小便出。兼破石淋、癥瘕，墮胎，散結氣，殺鬼疰蠱毒。惡甘草。抑考陶隱居云：此一蟲五變，療皆相似。二三月在芫花上，呼為芫青，頗似斑猫，但純青綠色，背上一道黃

文，尖喙；　四五月在王不留行上，呼王不留行蟲；　六七月在葛花上，呼為葛上亭長，形似芫青，但身黑而頭赤，如亭長之着玄衣赤幘也；　八月在豆花上，呼為斑猫；　九月、十月欲還地蟄，呼為地膽，隨時變耳。各以時採，陰乾，製同斑猫。

貝子：　出東海，潔白如魚齒。古人用以餙軍服，雲南用為錢貨易。味鹹，平，有毒。主點目翳，去鬼疰蠱毒、腹痛下血，破五淋，利水道，消浮腫，除寒熱溫瘧，解肌散結熱，殺飲食中毒，小兒疳蝕吐乳。入藥，酒洗火煅細研水飛用。

紫貝：　形似貝而圓，大二三寸，紫質黑文。肉鹹，平，無毒。似蛤蜊。食之解熱毒、酒毒，殼煅灰傅癰疽，點眼明目去翳。

螢火：　是腐草得大火氣化成。味辛，溫，無毒。主青盲明目，小兒火瘡傷熱氣，蠱毒鬼疰，通神精。〇七夕採，陰乾。

馬陸：　即百節蟲。長二三寸，大如小指，身如槎，節節有細蹙紋起，色紫黑光潤，百足，死則側臥如環。味辛，溫，有毒。主惡瘡、息肉、白禿，去堅癥積聚，療寒熱痞結脇滿。有人自服一枚便死。〇和糠炒，令糠焦黑，去頭足研用。

石蠶：　在處有之，生水中石上，作繭以蔽其身，蠶在其中。味鹹，寒，有毒。主五癃石淋，解結氣，利水道，除熱，墮胎。

仙遺糧：　又名土茯苓，味甘、辛，熱，無毒。善治久病楊梅、癰漏，及曾誤服輕粉肢體廢壞、筋骨疼痛者，能收其毒而祛其風，補其虛。若初起肺熱便秘者不宜，尋常老弱亦可服之，健筋骨。得川椒、皂角良。

食治門　人知藥之藥人，而不知食之藥人，世有誤食一毒而宿疾遂愈者，天生萬物以養人也，豈為口腹計哉？　孫真人謂醫者先曉病源，知其所犯，以食治之，食療不愈，然後命藥，不特老人小兒相宜，凡驕養及久病厭藥，窮乏無資貨藥者，俱宜以飲食調治。故采《食鑑本草》及《大觀》，集韻為歌，更附各門方法於後。中有鱉肉、龜肉、麥芽之類，本門不載者，已采入五品正藥，目錄可查。凡言食某物忌某物者，養生家法也，脾盛善食者不拘。

米穀部神麯、紅麴、麥芽、油麻、食鹽、扁豆、赤小豆、甘蔗，俱見前卷。

粳米無毒甘平味，能和五臟補脾胃，長肌堅骨止泄煩，強志益精又益氣，糵米溫中宿食消，杵糠下噎取其義。粳，硬也，堅硬於糯米也。即今白晚米與早米。赤白大小異族，惟白晚米為最。入手太陰、少陰經。平和五臟，補益胃氣，長肌肉，壯筋骨，止煩渴泄痢，強心志，益腎精，益肺氣。養生書云：　氣精皆從米變化而生，故字皆從米。有病者，煮粥食之，不雜一物，其病自愈。造飯過熟則佳。食乾飯止瀉，若常食乾飯，令人熱中，唇口乾。和蒼耳食，令卒心痛，燒陳倉米和蜜漿解之。和馬肉同食，發痼疾。新熟者動氣，經再年者發病。《液》云白虎湯用之入肺，以陽明為胃之經，色為西方之白也；　少陰症桃花湯用此，甘以補正氣；　竹葉湯用此，甘以益不足。〇糵米，即穀芽也。去殼，止取糵中之米，故曰糵米。味苦，溫，無毒。主寒中下氣。開胃消食，除煩熱。性溫於麥芽。〇杵糠，即舂杵頭細糠也。性平。主卒噎不下及反胃不止，刮取含之即去。亦取其舂搗之義耳。又燒末服之令易產。以糠作枕，損人眼目。

陳倉米鹹酸澁溫，調胃能止洩如奔，寬中下氣除煩渴，更消蠱腫封瘡痕。倉，廩也，即粳米以廩軍人者。陳久者良。無毒。調胃緩脾，寬中下氣，除煩止渴，消食澁腸，止洩痢，食之易飢，炊作乾飯止痢；　補中益氣，堅筋骨，通血脉，起陽道；　北人炊之於甕中水浸令酸食之，暖五臟六腑之氣。凡熱食即熱，冷食即冷，假以火氣，體自溫平。〇黃米丸：治水蠱，用乾絲瓜一捧，去皮剪碎，和巴豆十四粒同炒，以巴豆色黃為度，去巴豆，入陳倉米，如絲瓜之多少，同炒米黃色，去絲瓜，為末，水丸梧子大，每湯下百丸，數服即愈。蓋絲瓜如人之脉絡然，引巴豆之氣入皮膚也。〇又蒸作餅，和醋封毒腫惡瘡立差。

糯米甘溫主溫中，止吐瀉亂安胎宮，炒黑敷瘡黃止衄，多食熱壅氣不通，稈又退黃并蠱毒，煮汁飲之立見功。糯，耎也。其米軟而粘，即稻米也。今人用之作酒煮糖者，無毒。溫中益氣，實腸止洩，定霍亂，養下元，縮小便，治婦人胎動腹痛，下黃水，和氣血藥中服之，若雜肉同進則不利其子。炒黑水調，傅癰疽、金瘡、水毒、竹木刺。炒黃為末，新汲水下二錢，治鼻衄不止。多食生熱，壅諸經絡氣，令人神昏，噯酸脹悶，久則動風，發瘡，緩筋身軟不能行。諸家因見食者多病此症，遂以糯性為寒，不知其性實溫，而體質粘滯難化，脾胃弱者濕熱生而氣窒不通。觀之造酒，其熱可見。作糜粥食之，止消渴。合酒同食，醉難醒。〇稻稈，治黃病通身及蠱毒，煮汁飲之效。〇按五穀，稻、黍、稷、麥、菽。早米、晚米、糯米，皆稻也。舊說獨以糯為稻則誤也。陶隱居云：　《詩》黍、稷、稻、粱、禾、麻、菽、麥，八穀也，俗人莫能證辨，而況芝英乎？　然陶以禾即是粟，朱子《詩》注明言：　禾者，穀連藁秸之總名。但八穀有粟則是，蓋言粱則包粟在中。但諸穀皆以各方風土所宜、人事早晚有異為名，其種類最多，此識其入藥者耳。

黍米益氣味甘溫，肺病相宜多則煩，赤者微苦止咳嗽，霍亂洩痢作粥餐，秫米能潤大腸燥，釀酒蹺補不足急自然伸。性宜高燥而寒，故北地有。似粟而非粟，穀之類也；　似蘆高丈餘，穗黑色，實圓重。大概有二種，米粘者為秫，不粘者為黍。黍又有丹、赤、黑數種。無毒。肺之穀也，肺病宜食。益氣安中，補不足，宜脉。不可久食，多熱，令人煩悶，昏五臟好睡，發宿疾，緩筋骨，絕血脉。合葵菜食，成痼疾；　合牛肉、白酒食，生寸

白蟲。〇赤黍米，皮赤米黃，味苦，微寒，無毒。主欬嗽欬逆，霍亂，止洩痢，除熱止渴，下氣。《衍義》云： 但可為糜，不堪為飯，粘著難脫，然亦動風。〇秫米，似黍米而粒小，即《詩》之所謂秫也。性宜下濕而暑，故東南皆有之，宜作酒。肥軟易消。故謂之軟粟，又謂糯粟。味甘，微寒，無毒。止寒熱，利大腸。能壅五臟氣，動風，不可常食。又和茵陳、地黃釀酒服，治筋骨攣急；嚼爛塗瘡疥、漆瘡、凍瘡，犬咬； 又為末，鷄子白調塗腫毒。

稷米本是五穀長，甘芳可愛供祭饗，利脾胃解毒苦瓠，多食令人發痼冷。

稷，亦穀之類，似黍而小，即今之穄米，又謂之粢，為五穀之長。米熟芳香可愛，故取以供祭祀。其莖穗，人家用作掃箒。性冷，無毒。主益氣安中，補不足，利脾宜胃，治熱，解苦瓠、丹石毒。多食發三十六種冷病。八穀之中最為下苗。黍乃作酒，此乃作飯用之。不可與附子同食。

穬麥除熱味甘寒，令人輕健氣力完，大麥鹹溫止消渴，調中益氣可常食。

麥有穬麥、大麥、小麥，蕎麥。穬是麥之皮號，猶稻為穀之通名也。穬麥亦大麥也，但大麥皮稍薄，小麥皮又更薄耳，故作蘗，皆溫中消穀。〇穬麥，無毒。主輕身除熱，久食令人多力健行，不動疾。惟先患冷氣人不宜。〇大麥，無毒。主消渴，除熱，調中益氣，補虛勞，壯血脉，實五臟，肥肌膚，益顏色，化穀食，療脹止泄，頭不白，不動風氣。暴食之，稍似腳弱，為下氣及腎腰故也。久甚宜人。熟即益人，帶生即冷損人。作麪無熱燥，勝於小麥。蜜為之使。丹溪云： 初熟時人多炒食之，此等有火，能生熱病，人不知之。又和針砂、沒石染鬚甚黑。

小麥甘涼養心肝，除煩止渴利便難，潤咽更止漏唾血，浮者盜汗即時乾，麥苗退熱消酒疸，麥奴治疫解金丹。

小，形小也； 麥，脈也。以繼續穀米，續民命脈，即今人所磨為麪食者。無毒。主養心肝氣，除熱，止煩渴，咽乾，利小便，止漏血、唾血、暴淋，殺蚘蟲。合湯皆完用之，熱家療也。〇浮小麥，止盜汗，治大人、小兒骨蒸肌熱，婦人勞熱。入藥微炒。〇麥苗，味辛，寒，退胸中邪熱，消酒毒，除黃疸，利小便。絞汁服之。〇麥奴，即苗上黑黴。主煩熱，解丹石、天行熱毒。

麪性甘溫能補虛，強氣厚腸實肌膚，麩涼調中仍去熱，麪筋益氣腹寬舒，蕎麥甘平去滓穢，食久風動脫眉鬚。

即小麥麪，性溫。不能消熱止煩，惟養氣補不足，助五臟，調經絡，續氣脉，實膚體，厚腸胃，強氣力。其有濕熱，能發諸病壅熱，小動風氣，不可常食。丹溪云： 麪熱而麩涼，須晒令燥，以少潤之，春去皮，煮為飯食之，無麪熱之後患。《圖經》云： 凡麥秋種冬麪長，春秀夏實，具四時中和之氣，故為五穀之貴。大小麥，地暖處亦可春種之，至夏便收，然比秋種者四氣不足，故有毒。又云，磨中石末在內，所以有毒。但杵作粉食之，補中氣，和五臟。凡麪食熟則益人，生則有損。古方治婦人乳癰不消，用白麪半斤炒黃，醋調塗上，內又水煮服之。又炒食之，止痢。醋蒸罯折傷即定。〇麥麩，涼。調中去熱，止洩痢； 治時疾熱瘡，湯火瘡爛，撲損折傷瘀血，醋炒罯之。第三磨者涼，謂其近麩也。〇麪，溫。消穀及諸生物，止痢消痔，主小兒癎。〇蕎麥，性寒，無毒。實腸胃，益氣力。久食動風，令人頭眩。和猪、羊肉食之，患熱風癩，脫人眉鬚。雖動諸病，猶剉丹石，能鍊五臟滓穢，續精神。小兒赤丹，醋和敷之。杖瘡，鷄子白調塗有效。其葉作茹食之，下氣利耳目。多食即微洩。其穰燒灰淋汁，洗六畜瘡。

大豆甘平除胃熱，逐水通淋散積結，破瘀治風及癰瘡，消穀寬膨炒作屑，豆腐寬中脾胃和，大腸濁氣能清別。

豆，即菽也。無毒。除胃中熱痹，逐水脹，傷中淋露，散五臟結積，下瘀血。炒令烟未斷，乘熱投酒中，治風痹癱瘓、口噤頭風及產後風虛血病。和飯搗塗一切癰瘡腫毒，小兒豌豆瘡。炒為屑，主胃熱，去腫除痹，消穀止腹脹。煮汁甚涼，可以壓丹石毒，解烏頭諸藥毒，殺牛馬瘟毒，兼能調中下氣止痛，通關脉，殺鬼毒，治喉痹。食罷生服半兩，去心胸煩熱，熱風恍惚，明目鎮心，溫補。又醋煮服，治子死腹中，胎衣不下。炒食極熱，煮食及作豉極冷，作腐則寒而動氣，黃卷及醬平，牛食溫，馬食冷，一體之中，用之數等，大抵宜作藥使耳。但有黑白二種，黑者入藥，白者不用。其緊小者為雄豆，入藥尤佳。惡五參、龍膽，得前胡、烏喙、杏仁、牡蠣良。〇黃豆，味甘，溫。寬中下氣利大腸，消水脹腫毒。〇白豆，即今之飯豆，味鹹，平。腎之穀，腎病宜食。補五臟，暖腸胃，調和十二經脉。其嫩葉謂之藿，可作菜食，利五臟下氣。〇豆腐，味甘，平。寬中益氣，和脾胃，下大腸濁氣，消脹滿，中寒多泄多屁者忌食。

大豆黃卷味甘平，濕痹筋攣膝痛疼，更除氣聚并積結，蓐婦瘀血即時行，菉豆作者堪為茹，解熱醒酒心自清。

即豆芽也。以生豆為之，芽出便晒乾，名為黃卷。無毒。主濕痹筋攣膝痛，破婦人惡血及蓐婦藥中多用之。又除五臟胃氣結積，去黑痣面䵟，潤皮毛，益氣解毒。入藥微炒。

菉豆甘寒解諸毒，熱風消渴研汁服，更治霍亂消腫浮，作枕清頭明眼目，粉糝痘瘡不結痂，脾胃虛人難尅伏。

色綠圓小者佳。皮寒肉平，無毒。解一切藥草、蟲魚、牛馬、金石等毒。除煩熱風疹、消渴，生研汁服之。霍亂、吐逆、奔豚，和胡椒等分為末，冷水調服。又煮食，消腫下氣，滲利小便。作枕治頭風痛，明目。入藥須帶皮用之，去皮即小有壅氣。〇豆粉，甘，平，無毒。市中貨者多偽，入藥須用真者。治小兒痘瘡十餘日，濕爛不結痂者，以粉糝之效。又解諸熱。熟者膠粘，難得尅化，脾胃虛弱人病者忌之。〇搗爛作餅炙食之佳。和五臟，安精神，行十二經脉，益氣力，潤皮肉，除熱毒風，厚腸胃，可常食之。

淡豆豉苦寒無毒，表汗吐煩及勞復，定喘止痢更安胎，腳痛癰腫敷且服。

即常用豆豉，不入鹽者佳。純陰。主傷寒頭痛寒熱，一切時行瘴毒，和葱白服之，發汗最速。又能吐虛煩躁悶，心中懊憹，勞復食復，兼定虛勞喘急，暴痢腹痛，血痢，胎動血下。兩腳疼冷，浸酒服之，以查外敷。作餅炙發背癰腫。又殺六畜胎子諸毒，中毒藥蠱氣，毆跌瘀血聚腹，瘧疾骨蒸，犬咬。〇單方： 治陰莖瘡痛爛，豉一分，蚯蚓濕泥二分，水研塗，乾則易之。又中蝦蟆毒，便閉臍痛，水煮服之。頭風痛煎湯浴之即瘥。

粟米鹹寒養腎氣，胃虛嘔吐作為丸，若除胃熱須陳者，更治消中利小便。

粟，從卤，從米，象形也。即今之小米，山東最多。五穀中最硬，謂之硬粟，得漿水即易化。無毒。丹溪云：屬水與土，陳者難化。《衍義》云：生者難化，熟者滯氣，隔食生蟲。所謂養腎補骨者，味鹹故也。去脾胃虛熱氣弱，食不消化，嘔逆反胃，湯飲不下，用粟米粉作丸梧子大，煮熟入鹽少許，并汁食之，和中益氣；兼治腹痛，鼻衄，解諸毒。陳者味苦，除胃熱消渴，利小便，止洩痢，壓丹石熱。《衍義》云：利小便，故益脾胃。又粟粉炒黑，鷄子白調貼癰腫。〇泔汁，主霍亂轉筋，卒熱心煩，飲之立瘥，胃冷者不宜多食。臭泔止消渴、五痔、疳痢，洗皮膚瘡疥。下瀏酸腳，殺蟲塗惡瘡。

粱米三種粟之類，青黃白味性相似，霍亂洩痢總能除，和中益氣養脾胃，黃去風痹青澁精，白治胃熱多嘔噦。粱米損地力而少收，故人多種粟而少種粱。穗皆大而毛長，米比粟更壯大。青者襄陽出，黃者西洛出，白者東吳出。作飯味甘而淡，性皆微寒，無毒。惟黃粱得土中氣，故味甘而平。俱養五臟，補脾胃，和中益氣，止霍亂吐利煩渴，利小便，實大腸。〇黃粱米，治當風卧濕，遇冷所中，成肢體頑痹，小兒面身生瘡如火燒，為末，蜜水調敷。〇青粱米，去胃痹熱，健脾，止洩精。醋拌百蒸百晒，可作糗糧。〇白粱米，除胃虛熱嘔吐，又除胸中客熱，移五臟氣，續筋骨。北人長食之。夏月作粟餐，亦以除熱。

罌粟甘平除風熱，散胸痰滯胃中翻，竹瀝作糜令下食，過服動臟及下元。其房如罌，其子如粟。無毒。主行風氣，袪逐邪熱，散胸中痰滯，止翻胃及丹石發動不下食。和竹瀝煮作粥，食之極美，然性寒，利大小腸，不宜多食，過食則動膀胱氣耳。

酒味苦甘辛大熱，大扶肝胃活氣血，破癥行藥辟惡邪，痰火病人宜撙節，糟性溫中宿食消，一切菜蔬毒可殺。酒，酉也。釀之米麴，酉釋，久而味美也。味辛者，能散，為導引，可以通行一身之表，至極高之分；味苦者，能下；甘者，居中而緩；淡者，利小便而速下也。陶隱居云：大寒凝海，惟酒不冰，性熱甚也。大扶肝養脾，厚腸胃，潤皮膚，散胸中鬱氣，活肢體滯血，破癥癖。行藥勢，引入諸經不止，與附子同。殺百邪惡毒氣，禦風寒霧露。昔有三人觸霧晨行，空腹者死，食粥者病，飲酒者健。此酒之辟惡也。《東垣十書》云：醇酒冷飲有三益，一得溫中之寒以養肺，二得寒中之溫以養脾，三則令人不得恣飲，惟好飲及中寒者不可。丹溪云：本草止言其大熱有毒，不言其濕中發熱近於相火，醉後惡寒戰慄可見矣。其性善升，大傷肺氣，助火生痰，變為諸病。病之淺者，或嘔吐，或自汗，或疼痒，或鼻齇，或衄血，或泄痢，或心脾胃痛，尚可散而出也；病之深者，為消渴，為內疽，為肺痿，為內痔，為鼓脹，為失明，為哮喘，為勞嗽，為顛癇，為痰膈，為吐血，尤有為難名之病。陶隱居云：多飲傷神損壽，不可撙節以衛生乎？諸米酒有毒，酒漿照人無影者不可飲。合乳汁令人氣結；合牛肉食，令腹內生蟲。酒後不得卧。凡酒忌諸甜物。酒毒，葛花、紅豆解之。酒類甚多，惟糯米麪麴造者，可入藥用。甜糟，味鹹，溫，無毒。主溫中冷氣，消食殺腥，去一切菜蔬毒；藏物不敗，糅物能軟，潤皮膚，調臟腑。三年已下有酒，以物承之，摩風瘙，止嘔噦，禦風寒，罯撲損瘀血，浸洗凍瘡及傳蛇蜂叮毒。〇紅麴酒，大熱，有毒。發腳氣、腸風、痰喘諸疾。惟破血殺毒，辟山嵐寒氣，療打撲傷則尤妙也。

醋斂咽瘡消癰腫，治疸散水破食癥，產後血暈堪熏鼻，燒酒肉毒吐如傾。醋，措也，能措五味以適中也。味酸，無毒。主斂咽瘡，消癰腫，治黃疸，散水氣，消食，破癥塊堅積。治婦人血氣心痛及產後血虛發暈，用炭燒紅，投入醋中，令鼻中常得醋氣為佳，酸益血故也。過食燒酒、菜魚肉毒成病者，即飲醋一杯吐之。兼治傷損金瘡，殺邪毒。摩雄黃塗蜂蠆，取其收而不散也。多食損顏色，傷肌臟，損齒及筋骨，不益男子。〇有米醋、麥醋、棗醋，入藥多用米醋，穀氣全也。陳久者佳。但南方炒米為醋，最釅。入藥須以一分醋，二分水和之方可。江北造醋，用晚米一斗為飯，青蒿罯三日出黃，每飯一碗，冷水二碗，燒酒麴四兩，入瓮封固，一七後用柳木棍每早攪之。四十九日後，去查煮熟，其醋不甚釅，初甚苦，故謂苦酒。

醬味鹹酸雖冷利，將和五臟有名義，除熱止煩解藥傷，火燒蜂蠆痛掣指。醬，將也。將和五味，以安五臟，故聖人不得不食。以豆作陳久者良。無毒。除熱止煩滿，殺百藥、湯火灼毒及一切蛇蟲、蜂蠆、魚肉、蔬菌毒，發小兒無辜。〇又有肉醬、魚醬，皆呼為醢，不入藥用。榆仁醬亦辛美，殺諸蟲，利大小便，心腹惡氣，不宜多食。蕪荑醬，功力強於榆醬，多食落髮，孕婦合雀食，令兒面黑。

飴糖甘溫補肺虛，止渴消痰咳自除，溫胃進食更消瘀，脹嘔濕熱休含諸。以糯米煮粥，候冷入麥芽，澄清者再熬如琥珀紫色。軟者謂之膠飴，建中湯多用之。其牽白凝強者謂之飴糖，不入藥用。諸米皆可作飴，惟糯米者佳。無毒，入足太陰經。補虛乏，潤肺止渴，消痰止嗽，斂汗；又補中氣，健脾胃，進飲食；去留血，止吐血，又打損瘀血，熬焦和酒服之，能下惡血；骨鯁喉中及誤吞錢環，服之便出。惟中滿及嘔吐忌之。丹溪云：屬土而成於火，大發濕中之熱。《衍義》謂動脾風，是言其象也。

甘蔗甘平能潤肺，消痰下氣和脾胃，利大小腸解熱煩，沙乳諸糖性相似。甘美，無毒。出江東者勝。潤肺消痰，止咳止渴，補脾和胃。主卒乾嘔不息，取汁，溫熱服。又以生薑汁和服，主胃反，朝食暮吐，暮食朝吐，旋旋吐者亦效。日華云：冷，利大小腸，除心煩熱。臘月窖糞坑中，患天行熱狂人，絞汁服，甚良。口瘡痛者，亦擣汁飲之。又殺蟲，解酒毒。〇諸糖皆蔗汁煉成，味皆甘，性微溫，雖乳糖冷利，俱無毒。〇沙糖，治與甘蔗同。但小兒多食生蟯蟲，消肌損齒，發疳䘌，以味太甘故也。丹溪云：甘生濕，濕生火。胃火盛則損齒。非土制水，乃熱土生火熱也。中滿家禁用。與笋同食成癥不能行。〇乳糖，乃沙糖和牛乳煉者。主心腹熱脹口渴，潤肺生津，明目，去熱膜。〇白沙糖、米糖，俱能潤肺補脾，砂仁八寶，性更溫，不入藥。

沙糖經煉性亦溫，心肺大腸虛熱論，助胃和中止煩渴，食過生蟲損齒根。此即甘蔗汁煎煉成者。味甘，無毒。潤心肺，去心肺大腸熱，助脾和中，消煩止渴。小兒多食生蟯蟲，消肌損齒發疳䘌。丹溪云：生胃之火，損齒之因也。非土制水，乃熱土生火熱也。又云：甘生濕，濕生火也。食棗多者，齒病齲，亦此意也。中滿家不宜用，以甘故也。又與

鯽魚同食成疳蟲；與葵同食生流澼；與笋同食，笋不消成癥，身重不能行也。乳糖，出浙中，用砂糖、牛乳相和煎，煉成塊，可作餅，黄色，又謂之撚糖，易消化。味甘，寒，性冷利，無毒。主心腹熱脹，口渴，明目，治目中熱膜。又和棗肉、巨勝子為丸，每食後含化一兩丸，潤肺氣，助五臟津。

蜂蜜甘平喜入脾，補中止痛痢癇奇，消煩除渴潤便燥，目赤口齒諸瘡宜。

有木中作者，有土中作者，有石上作者，有人家養者，其蜜一也。但土蜜味醶；家養者取之數，而氣味不足；山蜜多石中、古木中，經一二年得者，氣味純厚。《衍義》云：蠟取新，蜜取陳也。新收者稀黄，經久則白而砂。無毒。甘喜入脾，故能養脾氣，補中諸不足，止腹痛，治腸澼、赤白痢，諸驚癇痓，除心煩悶不能飲食，潤肺燥、消渴、便難及肛門腫塞。又治目生珠管、膚翳，赤腫，口舌生瘡，牙齒疳䘌。火燒、湯泡、熱油燒，丹毒，陰頭生瘡，諸惡瘡癩，俱外傅之。兼和百藥，解諸毒，安五臟，久服強志不老。惟中寒有濕者禁用。孫真人云：七月勿食生蜜，令暴下發霍亂，多食亦生諸風。〇凡煉蜜必須用火熬開，以紙覆經宿，紙上去蠟盡，再熬變色，大約一斤只得十二兩為佳，不可過度。

菜部葵菜、韭菜、芥菜、蘿蔔、生薑、紫蘇、薄荷、菖蒲，已上俱見前卷。

葱白辛平發傷寒，陽明額痛痢腸寬，除風腫治腹心痛，通腎和肝胎自安，實性辛溫補中氣，汁止衄溺血相干。

葱，空也，其葉中空，惟虛乃聰也。一云葱，青白色也。葱白，即莖也。無毒。氣厚味薄，升也，陽也。入手太陰、足陽明經。主傷寒傷風，頭痛欲破，骨節痛，寒熱出汗。東垣云：散傷風陽明頭痛之邪，止傷寒陽明下痢之苦。又治中風面目浮腫，喉痹不通，霍亂轉筋，及奔豚、腳氣心腹痛。此藥利關節，通大小腸，又能通腎陽氣，俾陰症回陽，除肝邪氣，明目安胎，止血和中，利五臟，殺百藥毒及一切魚肉毒。又莖葉用鹽搗，罯射工溪毒，蜈蚣、狐尿刺，蛇蟲傷，并撲損金瘡水入皸腫痛。大抵發散為功，多食昏人神，拔氣上衝，虛人正月食之，發面上遊風。若燒葱和蜜食，殺人。〇葱實，主明目溫中，補不足，益精。〇葱汁，平，主吐衄溺血。解藜蘆毒。葱有數種，惟經冬不死，分莖栽植而無子者，入藥最佳。

大蒜有毒攻癰毒，辟惡散暑止痛腹，化魚肉吐痃癖痰，過服傷臟損人目。

食之白人鬚髮，若多筭者之鬚易白也。味辛，溫。主癰腫惡瘡疼痛，人所不識者，取獨頭蒜三四枚搗爛，入麻油和研，厚貼腫處，乾即易之。一切疥癬，丹毒，䘌瘡，蛇蟲、蜈蚣咬，並搗貼之，或隔蒜用艾灸之亦好。辟水惡瘴氣。疫氣，蠱毒，勞瘧，中暑，霍亂轉筋腹痛，嚼爛溫水送下。性屬火善散，化肉食，故人喜食之。破冷氣，爛痃癖，昔有患癖及食鷄子過多者，每日食三枚，口吐涎物，下部如火即效。此物氣味極葷，煮為羹臛極俊美，熏氣亦微。下氣溫中，消食，傷肉食者，喫一餐最妙。醋浸經年者良。熟食亦可，若生食、久食，傷肝損目，傷肺引痰，傷腎竭精，傷心清血，傷脾損氣，四八月食之傷神，損膽腎氣。又合青魚鮓食，令腹內生蟲，或腫，或成疝疾。有目疾者，尤宜忌之。損性伐命，莫此為甚。

小蒜有毒歸脾腎，下氣溫中霍亂定，更消穀食除痹風，多服損心目亦病。

氣味似大蒜，其形小者是也。歸脾腎，下氣溫中，止霍亂腹中不安，消穀和胃，除風邪痹毒氣、諸蠱毒，傅疔腫、蛇蟲沙虱瘡。久服損心力，損目。合生魚食，令人奪氣。〇又一種山蒜，似大蒜而臭。山人以治積塊及婦人血瘕，醋摩服之，效。

薤味辛苦止吐痢，定喘散水消結聚，外傅金創湯火傷，瘡中風寒水腫治。

薤，解也，能也。薤雖辛，不葷五臟，乃能去腥。葉似韭而闊，多白。無實。有赤、白二種，赤者療瘡生肌，白者冷補，皆春分蒔之，至冬葉枯。凡用葱薤，皆去青留白，白冷而青熱也。無毒。入手陽明經。止霍亂乾嘔，久痢冷瀉，產後諸痢，疳痢，婦人赤白帶下，胸膈卒痛，肺氣喘急。俱搗汁飲之，取其滑而泄滯氣也。又能除水氣，溫中散結，去寒熱，安魂益氣，宜心歸腎，續筋力，利病人。藥芝也，養生家常食之。煮羹、作虀、炒食並得。惟生食引涎唾，若合牛肉食成瘕疾。單方：治金創瘡敗，諸瘡中風，寒水作腫，生搗熱塗之。與蜜同搗塗火瘡，效。

菘菜味甘溫無毒，通利腸胃解酒宿，更止熱嗽除胸煩，中虛冷人不可服。

主通利腸胃，解酒渴，消食下氣，治瘴氣，止熱嗽，除胸中煩，殺魚腥，和羊肉甚美。中虛者食之過多發冷病，惟生薑可解。有熱者可常食之。又葉晒令半乾，次早取坛晒內，以熱飯飲浸之，三日後則酸如醋，謂之虀水。入藥可吐痰涎；和五味作湯食，益脾胃，解麪毒、酒毒。

莧實甘寒入血分，能除寒熱利二便，散肝風熱青盲翳，葉補陰氣益產前。

言其莖、葉皆高大可見，故字從見，指事也。或云其子去翳膜，眼有所見也。莧有六種，惟白莧入藥，無毒。丹溪云：下血而又入血分，且善走，散寒熱，利大小便，性寒滑故也。治肝風客熱，青盲赤瞎，白翳黑花，為末，每夜茶下方寸匕；又殺蛔蟲，益氣益精。葉，補陰分氣虛，除熱通九竅。多食動氣，令人煩悶，冷中損腹。若與鱉同食，生鱉瘕。又素難產者，取莧和馬齒莧臨月常食，令滑胎易產。〇赤莧，莖純紫，味辛，寒，無毒。主赤痢，氣痢，射工砂虱蟲毒。

馬齒莧味酸大寒，散血涼肝退翳漫，止渴利便攻赤痢，風熱癰瘡搗汁餐。

形如馬齒，兼治馬疥，故名。無毒。能涼肝血，治目盲白翳，退寒熱，止煩渴，破癥瘕，殺蟲，利大小便，治大人血痢，小兒疳痢，產後血痢。又治諸淋，腳氣，心腹脹滿，頭面浮腫，反胃。治三十六種風結瘡，七十二等癰腫毒。生搗汁，服一碗，即下所積惡物細蟲，外又煎膏塗之。此藥雖寒滑，能行血調氣，肥腸，亦美劑也。燒灰和陳醋查，先灸疔腫以封，即根出。馬汗毒瘡有蟲，內服外敷。凡使，勿用大葉者，當用葉小節間有水銀者，每乾之十斤中，得水銀八兩者佳。然至難燥，當搥碎晒兩三日即乾。入藥去莖節。〇子，主青盲目翳。明目，除邪氣，去寒熱。為末，每一錢煮葱、豉、五味粥和食之，效。

萵苣根寒治骨蒸，更醫二痢面黃凝，疔腫用汁莖中取，欲治蛇傷葉止疼。

苣，大也。莖葉大而味苦，又名苦苣，即野苣也。人家常食者為白苣。江外嶺南吳人無白苣，常植野苣以供廚饌，無毒。根主骨蒸，赤白痢，並煮服之，更除面目及舌下黃，又折取莖中白汁，傅疔腫出根，取汁滴癰上立潰碎。莖葉，蛇觸之則目盲，故傳蛇咬有驗。今人種為菜，生

食之開胃強力，利五臟，調十二經脉，多食輕身少睡。霍亂後胃氣逆煩，生搗汁飲之。雖冷甚益人，惟同血食作痔疾。《衍義》云：傳疔腫甚效。青苗陰乾，以備冬月為末，水調傳。○白苣，苦，平，補筋骨，利五臟，開胸膈壅氣，通經脉，去口氣，令人齒白，聰明，少睡，可常食之。惟患冷氣及產後食之寒中。

苦蕒無毒性亦涼，壯力能治面目黃，尿血單煎酒水服，拔疔爛蠶傳蛇傷。

強力止困，治面目黃，汁傳疔腫即出根，又傳蛇蟲咬。蠶蛾出時切不可取拗，令蠶青爛。蠶婦亦忌食。野苦蕒，五六回拗後，味甘，滑於家蕒。○單苦蕒菜飲，治尿血，酒與水煎服之，效。

薺味甘溫能和中，疏利五臟尤涼肝，子治目痛青盲翳，根葉燒灰痢疾安。

薺，齊也，好也。《詩》云：其甘如薺。葉作菹羹，味佳。無毒。和中，利五臟及肝氣。凡患氣及服丹石人食之動痼疾。又與麪同食令人背悶，子，亦呼為菥蓂子。味甘，平。主目痛青盲翳膜，解熱毒，補五臟不足。四月八日收之良。根葉燒灰為末，蜜湯下，治赤白痢極效。根汁點暴赤眼痛。○煮薺法：取薺一二升許，淨洗，入淘了米三合，冷水三升，生薑二指大，生油一蜆殼，不用鹽醋，又不須攪動，侯羹熟取食，能引血歸肝明目，治瘡，與夜讀服熊膽之意同。此幽人山居之祿，不可忽也。

葫蘆味甘平微毒，利水消浮止渴煩，瓠雖稍苦性無異，虛脹冷人切莫吞。

葫蘆，亦瓠也。《詩》謂之壺，枯者可為壺，嫩者可為茹。有甘有苦，苦如膽者堪渡水，不堪食與人藥。主大水面目浮腫，下水令人吐，除煩止渴，治心熱，利小腸，潤心肺，下石淋，吐蚘蟲，療蠱毒，吐血。又患腳氣及虛脹冷氣人不可食，惟服丹石人相宜。○花，日乾為末，傳鼠瘻。

茄味甘寒能緩火，大治風熱腰腳跛，化痰逐瘀消乳癰，發痼發瘡非相左，腸風口糜蒂燒灰，根洗凍瘡煎數朵。

茄者，連莖之名。有數種，入藥多用黃茄。無毒。治大風熱痰，取黃茄不計多少，以新瓶盛貯，埋土中經年，盡化為水，取出，入苦參末為丸，食後臨卧酒下卅丸，甚效。又治腰腳風血積冷，筋急拘攣疼痛，取茄子五十斤細切洗淨，以水五斗煮濃去查，再煎至一升，入粟粉同煎，令稀稠得所，更入麝香、硃砂末，為丸梧子大，每旦及近暮，酒下卅丸，一月乃瘥，男女通用。此膏又可傅發背乳癰惡瘡，冷如冰雪。又治撲損肌膚青腫，用老黃茄種切片，瓦上焙為末，臨卧酒下二錢，惡血散而痛腫止，一夜消盡無痕。《本草》又云，久冷人不可多食，損人動氣，發瘡，發痼疾，不與煎膏傅瘡之說相左耶！蓋熱瘡塗之則愈，體冷服之生瘡，夏月當時食之猶可。○蒂燒灰和蜜調傅口瘡、牙痛，酒調服治腸風下血，皆甘以緩火之意也。○根及枯莖葉煎湯漬洗凍瘡良。○又苦茄樹小有刺，其子主痹，醋磨塗癰腫，效。

白冬瓜甘寒無毒，除熱止渴性最速，更利水脹治諸淋，久病瘦人最忌服，子醒脾胃悅人顏，更消膿血聚腸腹。

初生青綠，經冬則皮白如塗粉，故名。主解胸中積熱煩悶，止消渴，除小腹水脹，療五淋，利大小便。壓丹石毒、魚毒，並絞汁服之。又煮食，練五臟，為下氣故也。欲瘦健者可長食，欲肥者勿食。丹溪云：性急而走，久病與陰虛者忌之。《衍義》云：發背一切癰疽，削一大塊置瘡上，熱則易之，分散熱毒，亦取其走而急也。九月食霜瓜令反胃。○葉，殺蜂螫腫毒。○藤，燒灰洗黑鼾并瘡疥濕。○子，甘，平，無毒。醒脾滯，除煩滿不樂，令人悅澤，好顏色。《別錄》云：主腹內結聚，破潰膿血，最為腸胃內壅要藥。又去皮膚風刺、黑鼾，潤肌膚，可作面脂。多年損傷不差，熬末溫酒調服。入藥須霜後取，置之經年，破出核，洗燥，去殼取仁，微炒用之。凡瓜皆能寒中，惟木瓜則溫中也。

胡荽辛溫微有毒，善止頭疼熱四肢，消穀更通心腹氣，噴痘酒煎不用醫。

胡，狐也；荽，臊也，久食令人腋氣如狐臊也。止頭疼，拔四肢熱，消穀，通心竅，通大小腸，通小腹氣。小兒痘瘡不出，用酒煎沸，以物蓋定，候冷去查，微微從項已下遍身噴之，除面不噴，其痘速出。久食損人精神，多忘，發胡臭、腳氣、痼疾。○子，主腸風五痔，蠱毒，及食肉中毒，下血不止，頓痞黃者，煮冷汁服之。齒痛，煎湯含之。小兒禿，油煎傅之。入藥炒用。○又石胡荽，俗名鵝不食草，氣寒，無毒。通鼻氣，利九竅，吐風痰，不任食。又熟挼內鼻中，去翳膜。

水芹味甘平無毒，能益氣血養精神，更消煩渴除黃疸，帶下崩中治婦人。

芹，英也。產於水滸，而英秀異於他菜，可作葅食。無毒。益氣，保血脉，養精神，壯筋力，令人肥健嗜食。除身熱煩渴，利大小腸，治五種黃病，女人赤沃，崩中漏下，小兒霍亂吐瀉；兼去頭中熱風，殺石藥毒。醋和食之損齒，患鱉瘕人不可食。又三月、八月龍帶精入芹菜中，人遇食之，變成蛟龍瘕，發則似顛面色青，小腹滿痛，狀如懷胎，服硬糖二三升，日二服，吐出如龍子，遂愈。

芸薹最不宜多食，發病生蟲極損陽，主破癥瘕通結血，更除丹腫乳癰瘡。

《衍義》云：芸薹不甚香，經冬根不死，辟蠹。於諸菜中亦不甚佳，此人間所啖菜也。味辛，溫，無毒。久食損陽氣，發痼疾，發瘡，口齒痛，生腹中諸蟲，先患腰腳及胡臭人不可食。但能破癥瘕血結，產後血風瘀血，療遊風，丹腫，乳癰。○子，壓油傅頭，令髮長黑。婦人經後食之斷產。

竹筍化痰更利水，爽胃利膈消渴止，冷癥腳氣人休餐，乾者難化滯脾土，地筍即是澤蘭根，吐衄血病堪作主。

味甘，無毒。下氣，消痰，利水，爽胃氣，利膈化熱，止消渴，益氣，可常食。惟有冷癥、動氣、腳氣人不可食。新者稍可食，陳者難化不益脾。昔有小兒食乾筍噎喉中，喘急瞑目，似慢驚，以巴豆藥吐出乃愈。諸筍皆發冷血及氣，惟苦竹筍不發痰，主不睡，去面目舌上熱黃，止渴除熱，解酒毒，明目健人，利水道，理風熱腳氣，取蒸煮食之。○地筍，甘，溫，無毒。利九竅，通血脉，止吐血、衄血，治產後心腹痛，一切血症食之，肥白人。○蒲筍，即要櫻筍也。甘，寒，無毒。去熱燥，利小便。○蘆筍，即蘆根也。茭筍，即菰根也。俱見前卷。

菌味甘芳性本溫，開胃止瀉悅神魂，木耳涼血故止血，石耳清心養胃元。

菌有五色，種則一類，俗呼為菇。芳者呼為蕈菇，不芳者呼為荒菇。生滑乾澀。有地生者，有

木生者，或又名木鷄。有土壤糞灰中，或竹林虛坯處夏雨後盡生，此乃濕熱相感而成。多食發濕熱，少食其氣芳香，悅神開胃。其味稍澁，能止瀉止吐。冬間及春初無毒，夏秋有毒，為蛇過也，誤中脹悶欲死者，急與甘草湯或黑豆煮汁飲解之。又楓樹上菌食之，令人笑不止，地漿水解之，亦解諸菌毒。〇木耳，性冷，無毒，涼血，止腸澼下血，勿與小兒食，不能尅化。〇石耳，甘，寒，無毒。清心養胃，止血。〇蘑菇，甘，平，無毒。河南產者佳。可食，無甚益損。

芋：　園圃蒔者佳。味辛，平，有毒。主寬腸胃，充肌膚，滑口，令人肥白，產後煮食破宿血，去死肌。汁，止血、渴，和魚煮甚下氣，調中補虛，治煩止渴。多食動宿冷，滯氣困脾，虛勞無力。煮汁浴身上浮風，及洗膩衣白如玉。〇葉，冷，無毒。除煩止瀉，療姙孕心煩迷悶，胎動不安。又鹽搗傅蛇蟲咬，箭毒并癰瘡腫毒止痛。梗，擦蜂螫甚效。〇野芋，生溪澗，非人所種，根葉相似。有大毒。入口殺人，飲地漿、糞汁解之。其根醋摩傅蟲瘡疥癬。

蕨：　葉似老蕨，根如紫草。粉，味甘，寒，滑。土之津也，最難尅化。脾土盛者服之，則脾氣愈盛。五臟有補，解暴熱，利水道。胃弱者服之，氣壅經絡筋骨間，冷中腹脹，令人腳弱不能行，消陽事，眼闇鼻塞，髮落多睡。其嫩莖山間人作茹食之。昔有獵士折食一枝，心中淡淡成疾，後吐一小蛇，漸乾成蕨，遂明此物不可生食。〇薇，生水傍，葉似萍。味甘，寒，無毒。久食不飢，調中潤大小腸，利水道，下浮腫。

甜瓜：　甘，寒，有毒。多食令人陰下濕痒，生瘡，動宿冷病，發虛熱破腹，腳手無力；　少食除煩止渴，利小便，通三焦間壅塞氣，兼主口鼻瘡。《衍義》云：　貧士暑月多食避暑，至深秋作痢難治，為其損陽氣故也。葉，治人無髮，搗汁塗之即生。子，止女子月經太過。去油，為末，水調服之。〇野甜瓜，又名馬剝兒。味酸，似家甜瓜，治噎膈有功。

胡瓜：　亦呼為黃瓜。味甘，寒，有毒。冷中不益，治熱水腫，傅蛇傷。多食動寒熱瘧瘧、腳氣百病，發瘡疥，損陰血，天行後尤不可食。小兒食之，滑中生疳蟲。不與醋同食，宜薑、蒜佐之。〇葉，苦，平，小毒。主小兒閃癖，一歲服一葉，生搗汁得吐下瘥。其根搗傅狐刺毒。

西瓜：　甘，寒，無毒。消暑熱，解煩渴，寬中下氣，利小水，治血痢，病熱口瘡者食之立愈。

絲瓜：　治男婦一切惡瘡，小兒痘疹餘毒并乳疽疔瘡等病，只用老苦絲瓜連皮、筋、子全者，燒存性為末，纔生此等疾起，便用末三錢，白蜜調服，日二夜一，則腫消毒散，不致內攻毒人。

豆角菜：　味甘、溫，無毒。開胃解暑。多食久食滯氣困脾。

胡蘿蔔：　味甘、辛，無毒。寬中下氣，散胃中宿食邪滯。

蓴菜：　味甘，寒，無毒。主消渴，熱痹，熱疸，厚腸胃，安下焦，補大小腸虛氣，逐水，解百藥毒，蠱毒。合鮒魚為羹食之，主胃氣弱不下食者，至效。久食損齒髮。昔張翰思鱸魚蓴羹，以下氣也。

菠菜：　性冷，微毒。利五臟，通腸胃熱，解酒毒，服丹石人食之佳。多食冷大小腸，久食令人腳弱不能行，發腰痛。

莙薘：　平，微毒。補中下氣，理脾氣，去頭風，利五臟冷氣。多食動氣，先患腹冷食必破腹。莖燒灰淋汁洗衣白如玉。

同蒿：　平，主安心氣，養脾胃，消水飲。又動風氣，熏人心，令人氣滿，不可多食。

苦菜：　即小滿節後苦菜秀者是也。莖似苦苣而細，折之白汁出，常常點瘊子自落。花黃似菊，淩冬不死。味苦，寒，無毒。主五臟邪氣，厭穀胃痹，腸澼渴熱，中疾惡瘡，久服安心益氣，聰察少臥。〇三月三日採，陰乾。

萘菜：　甘、甜，大寒。葉似紫菊而大，花白。食之宜婦人。開胃通心膈，治天行疫癘，解風熱毒、暑毒、痢毒。夏月作粥最良，南人蒸食大香美。

蕹菜：　味甘，平，無毒。主解野葛毒，煮食之。

苜蓿：　甘、苦，平，無毒。北人甚重，江南不甚食之，以無味故也。去臟腹邪氣，脾胃間熱氣，通小腸，治酒疸。多食令人吐利，少食則安。根名土黃芪，安中利五臟。

鹿角菜：　出海州海中，性大寒，無毒。下熱風氣，療小兒骨蒸勞熱。丈夫不可久食，發痼疾，損經絡血氣，令人腳冷痹，損腰腎，少顏色。服丹石人食之下石力也。又能解麪熱。

石花菜：　大寒，無毒。去上焦浮熱，發下部虛寒。

果部桃、杏、枇杷、梅子、松子、木瓜、山查、胡椒、川椒、食茱萸，已上俱見前卷。

茶茗苦消痰熱渴，爽神頭目自能清，消積止瀉利小便，更療腰痛卒心疼。早採為茶，晚採為茗。微寒，無毒。入手足厥陰經。主去痰熱煩渴，清頭目，悅神醒神，令人少睡，下氣消食，止瀉及赤白痢，利大小便；　兼治氣壅腰疼，轉動不得，心痛不可忍，並濃煎熱服，冷則聚痰。《液》云：　陰症湯內用此，去格拒之寒，與治伏陽大意相似。諸爛瘡及湯火

瘡，細嚼敷之，或為末，香油調搽。瘰癧已破者，用細茶、蜈蚣等分，炙令香熟，為末，先煎甘草湯洗，後以此末傳之。目熱、赤澁痛，嚼爛貼目兩角，其痛即止。久食損人，去人脂令人瘦。《茶序》云：釋滯消壅，一日之利暫佳；瘠氣侵精，終身之累斯大。又解炙炒毒甚妙。

大棗甘溫和胃脾，腸澼癖氣故能醫，潤心肺令神液足，助十二經百藥宜，生棗甘辛動濕熱，令人脹泄瘦人肌。無毒。降也，陽也。養脾平胃，安中，補中益氣。治四肢重及腸澼下痢，腸胃間癖氣，一切心腹邪氣，更療心懸大驚煩悶。壯神潤肺，止嗽，補津液，補氣。珍云：味甘，補經不足以緩陰血，血緩則脉生，故能助十二經脉，補五臟，通九竅，和百藥，殺烏頭毒，不但心、肺、脾三經劑也。惟心下痞，中滿嘔吐，有齒病者忌之。又不宜合生葱食，多食動風，脾反受病，屬土而有火故也。入藥用紅棗，蒸去皮核。○生棗動濕熱，多食令人氣滿脹，多寒熱注泄，羸瘦者勿食。○葉溫，覆麻黃能令出汗，散服使人瘦，久即嘔吐，搗爛揩熱疿瘡，煎湯浴小兒壯熱。○三年陳核中仁，燔之味苦，主腹痛，邪氣，惡氣，疰忤，小兒患秋痢。與蟲棗食之良。

胡桃甘溫滋肺腎，潤肌黑髮解腰病，通經活血治撲傷，多食動風痰火盛。出羌胡。生時外有青皮，形如桃也。無毒。滋肺止嗽，潤肌。治酒皶鼻赤，和橘核研酒服之。補腎，治腰痛，黑髮，通經絡，活血脉，療壓打損傷，搗爛和酒頓服便差。多食動風，利小便，能脫人眉，生痰傷肺，助右腎相火。丹溪云：屬土而有火，性熱也。單方：治瘰癧，取肉燒存性，和松脂研傳。○湯泡去肉上薄皮，研去油用。夏至後不堪食。

荔枝肉散無形滯，治背勞悶消瘤贅，止心煩燥更清頭，健力生津通神智，核可燒灰調酒餐，專主心疼并疝氣。結實時枝柔而蒂牢，不可摘取，以刀利取其枝，故名。又云其實離本枝，一日而色變，二日而香變，三日而味變，離枝之名本此。味甘，平，無毒。屬陽。主散無形質之滯氣，故治背膊勞悶，瘿贅赤腫者亦用之。更止心燥煩渴頭重，健氣生津，通神益智，和悅顏色。多食亦能發虛熱熱瘡，亦以其屬陽而近火故也，飲蜜漿一杯即解。○核，慢火燒存性，為末，溫酒調服，治心痛及小腸疝氣。

龍眼味甘平無毒，歸脾甯心益神智，五臟虛邪從此安，除蠱殺蟲核止涕。形如龍之眼也。味甘。歸脾而能益智寧心，去五臟邪氣、厭食，除蠱毒，去三蟲，久服聰明通神。○核燒烟熏鼻，治流涕不止。

栗味鹹溫厚胃腸，耐肌益氣火煨良，生乾補腎堅腰腳，嚼署能除箭刺瘡，栗楔專醫筋骨痛，鉤栗令人體健康。栗，立也。《本草》云：人有腳弱，啖栗數升，遂能行立。此補腎之義也。無毒。主益氣厚腸胃，令人耐飢。凡食栗，於灰火中煨令汗出食之。下氣補益，熱則壅氣，生則發氣。若袋盛懸風乾食之，補腎氣，治腰腳無力，破冷痃癖。又生嚼署惡刺，出箭頭及斷筋骨碎，瘀血腫痛，瘰癧腫毒，小兒疳瘡，熊虎爪傷，馬汗毒瘡，皆效。孫真人云：味鹹，腎病宜食，惟小兒不可多食。生者難化，熟者滯氣，隔食生蟲，往往致病。又患風水氣人不宜食者，味鹹故也。殼，煮汁飲之，止反胃，消渴，瀉血，療火丹毒腫。栗楔，凡栗一毬三顆，其中心一枚，乃楔也。治腎虛腰腳無力，筋骨風痛。○鉤栗，味甘，平。主不飢，厚腸胃，令人肥健。○苦櫧，味苦澁。止洩痢口渴，破惡血，食之不飢，令健行。其木皮、葉煮汁，與產婦飲之止血。

橄欖甘溫微澁酸，消酒食療毒魚肝，開胃止瀉又止渴，核仁研爛傳唇乾。無毒。醉飽者宜之。能開胃下氣，消酒止渴止瀉，解諸毒，療鯸鮐魚毒。人誤食其肝迷悶者，煮汁飲之。魚鯁者，嚼鹽欖含津嚥之，立下。昔有舟人用欖木作槳，魚逐之則死，是以知欖能解諸魚毒也。蜜藏之味佳，多食能致上壅。○核中仁，研傳唇吻燥痛。

葡萄味甘平滲下，利便通淋水氣化，更治筋骨濕痹疼，釀酒調中味不亞，根止嘔噦達小腸，能安胎氣衝心罅。無毒。丹溪云：屬土而有水木火，東南人食之多病煩熱眼闇，西北人稟氣厚，服之健力耐寒，蓋性能下走滲道也。故《經》云：通小便，治淋澁，逐腸間水氣，主筋骨間濕痹。兼治痘疹不出，研和酒飲之。○酒，甘，溫，收其子汁釀之自成。除濕調中，利小便，多飲亦動痰火。魏文帝云：醉酒宿醒掩露而食，甘而不飴，酸而不酢，冷而不寒，味長汁多，除煩解渴，他方之果，寧有配乎？○根，主嘔噦及胎氣上衝，煮濃汁飲之。俗呼其苗為土木通。逐水利小腸尤佳。○又一種山葡萄，亦堪為酒，性亦大同。

覆盆子：覆盆子甘性微熱，陰痿腎虛精氣竭，補肝明目治肺虛，婦人宜子須頻啜。《衍義》云：益腎臟，服之小便當復溺盆。無毒。主男子腎虛精竭，陰痿能令堅長；治肝經風虛，明目去翳；治肺氣虛寒少力。取汁入蜜作煎點眼，婦人食之有子，久服輕身髮不白，悅顏色，和臟腑。入藥水洗去皮蒂，酒蒸日乾。○苗，名蓬虆，味酸、鹹，平。功力同子。療中風身熱大驚，又爛弦血風，冷淚侵淫，青盲目暗，或有蟲等症。取苗日乾為末，薄綿裹之，以男乳汁浸如人行七八里久，用注目中，仰臥，不過三四日，視物如少年，忌酒麪。

芡實甘平主益精，足腰膝痛不能行，治痹補中除暴疾，強志還令耳目明。能補人之精欠少，謂之水硫黃。形似鷄頭，故又名鷄頭實。無毒。東垣云：芡實益精治白濁，兼補真元。內虛脊腰膝痛，外濕痿痹，補中氣開胃進食，除暴疾，強志意，令耳目聰明，久服輕身耐老。但單服多服，亦難消化，生食動風冷氣。蒸熟去殼，舂粉益人。○根軟可作蔬食。

蓮子無毒甘平味，澁精養神補中氣，止渴止痢治腰疼，遇食須先去苦薏。鮮者綠房紫的，相連而成實也。止洩精白濁，安心養神，補中益氣，醒脾內滯，止渴止痢，治腰疼。一切五臟不足，傷中內絕，補十二經氣血，除百病。生食微動氣，蒸食之良，令人歡心。食與入藥，俱宜去心，免成霍亂。但《局方》亦有用水浸裂，生取其心，以治心熱及血疾作渴，產後作渴，暑熱霍亂者。蓋有是病，服是藥也。○蓮花蕊，暖，無毒。鎮心，固精，益氣，駐顏，催產。忌地黃、蒜。○石蓮子，即鮮蓮經秋就蓬中乾而皮黑沉水者。味苦，寒。取其肉於砂盆中乾擦去浮上赤色，留青心為末，少入龍腦為湯點服，甯心志，清神。單用炒為末，止痢治

腰痛，止噦逆。樹生一種皮黑堅而肉多油者不用。方書言：石蓮子者，皆老家蓮子也。

藕能解熱除煩渴，更消酒食開胃胸，蜜蒸實下補五臟，節冷搗汁止吐紅，安胎用蔕催胎葉，逐瘀生新根葉同。藕，甘，平，無毒。生食解胸中熱毒，消瘀血，止煩渴，主霍亂後虛悶不食。產後血悶作渴亦用此冷物者，藕不同生冷，破血故也。蒸熟消食止泄，開胃寬中，實下焦，補五臟。與蜜同食，令人腹臟肥，不生諸蟲，常食悅神。又解蟹毒。○藕節，冷。搗汁飲之，治傷寒時氣煩燥、大渴、大熱，主吐血、衄血不止，產後血悶上衝腹痛，合生地溫酒或童便服之，搗爛罯金瘡、折傷、熱傷，散血止痛，生肌。節少同藕搗亦好。○荷葉蔕，又名荷鼻。味苦，平，無毒。主安胎，去惡血，留好血，止血痢，煮汁服。○荷葉及房，主吐血、咯血，焙末，米飲下。產後胞衣不下，血脹腹痛，酒煮服之。內傷脾胃，陽氣不升，口乾，心肺燥悶，易老用以為丸。兼殺野菌毒，洗漆瘡。大抵根葉功用主血多效，乃因宋室庖人削藕皮誤落血中，遂散不凝，自後醫方常用，逐瘀生新之妙劑也。

菱角性冷味甘美，重則損陽令陰痿，輕者傷臟脹腹中，薑酒熱投方可止。無毒。體實者服之，解熱清心，安五臟，又壓丹石毒。體薄者服之，多則損氣，令人陰痿，輕則腹中脹滿，臟冷作泄，可暖酒和薑飲一兩盞即消。煮熟食之雖不冷，亦不益脾。

梨果食多脾氣傷，金瘡乳婦不宜嘗，寬胸止咳消煩渴，若吐風痰可作漿。味甘、酸，平，無毒。丹溪云：梨者，利也，流利下行之謂也。酒病煩渴者宜，多食動脾，令人中寒下利，產婦、金瘡并血虛者戒之。除心肺客熱，煩熱，胸中痞結，咳嗽氣喘，止渴，搗汁作漿服之，吐風痰，治中風失音不語，及傷寒發熱驚狂，利大小便，孕婦臨月食之易產。○葉，主霍亂，吐利不止，煮汁飲之。亦治小兒寒疝腹痛，汗出。○樹皮，治瘡癬疥癩甚效。

石榴實殼能收痢，更治筋攣腳痛風，花主止血及傷損，根皮可去腹中蟲。安石，國名，張騫使安石國得其種。丹溪云：榴者，留也。性滯戀膈成痰，病人須戒之。多食傷肺損齒，少食亦能潤咽止渴。有甘、酸二種，甘者可食，酸者殼可入藥。○實殼，酸，無毒。主澁腸，止赤白痢，收目淚，治漏精及糞前見血。又治筋骨風，腰腳不遂，行步攣急疼痛，陰乾微炒用之。○花，百葉者，主心熱吐血及衄血等，陰乾為末，吹鼻中立止。金瘡、刀斧傷破流血，取半升入石灰一升，為末傅之，少時血斷便差。○東行根皮，療蛔蟲、寸白蟲，治女子血脈不通、赤白帶下，炙乾濃煎服之。凡使根殼，先漿水浸一宿，微炒，陳久者良。

紅柿無毒味甘寒，解酒止渴除胃熱，與蟹同食腸中疼，蒸治小兒秋痢泄，蔕止欬逆聲連連，皮甘益脾和米屑。柿，朱果也，故有牛心紅珠之稱。日乾者名白柿，火乾者名烏柿，其白柿皮上凝厚者謂之柿霜。○紅柿，解酒毒，止口渴，除胃熱。與蟹同食令腹痛大瀉。蒸熱與小兒食，治秋痢。○柿蔕，澁。主呃逆嘔噦，單煮服之。一云，凡使，須極小柿蔕，故謂之丁香柿蔕。○柿實皮，甘。補脾厚胃澁腸，和米粉蒸糕，與小兒食之妙。

柿乾性平潤肺心，化痰止咳又止血，耳聾鼻塞氣可通，建胃厚腸止痢洩，火乾稍緩性亦同，服藥欲吐者堪嚙。日乾者性平，療肺痿心熱，化痰止咳，止吐血，潤喉聲。丹溪云：屬金而有土，為陰，有收之義。止血治嗽可為助也。耳聾鼻塞者，乾柿三枚和粳米、豆豉煮粥食之，即通其氣。又健脾厚胃，消瘀澁中，治腸澼不足，止瀉止痢，殺腹中蟲，多食去面皯，及金瘡火瘡生肌止痛。單方：乾柿二斤，用蜜半斤，酥一斤煎之，每日食三五枚，療男婦脾虛肚薄，食不消化。又產後欬逆氣亂，水煮熱呷之。火乾者性暖，功用大同。服藥口苦欲吐者，食少許立止。○一種椑色青，性冷甚於柿。味甘，無毒。主壓石藥發熱，利水解酒熱，去胃熱，止渴潤心肺，除腹臟冷熱。久食寒中，不入藥用，惟油堪作漆。

橙皮味辛甘且芳，能消惡氣滿胃腸，醒酒化食祛風氣，穰主惡心去汁良。橙大於橘而香，皮厚而皺，氣平，無毒。散腸胃惡氣，醒酒消食，去胃中浮風氣，療癭氣，殺魚蟲毒，發虛熱瘰癧。○穰，味酸，多食傷肝氣。又洗去酸汁細切，和鹽蜜煎成膏食之，治惡心，胃中浮風。

橘肉甘者能潤肺，酸者聚痰不足貴，諸柑醒酒渴最佳，臟虛寒人莫貪味。橘肉甘者，潤肺止渴，開胃寬胸，畏冷者或煨或蒸食之。○柑有蜜陀柑、木柑、黃柑、乳柑、石柑、沙柑、朱橘、乳橘、山橘、金橘之類，大同小異。味皆甘酸而寒。解熱止渴，潤燥生津，多食戀膈生痰，滯肺傷脾，冷中作泄，病者忌之。

櫻桃甘溫百果先，益脾悅志顏色鮮，止痢澁精扶陽氣，多食發熱吐風涎。以其形肖桃，故曰櫻桃。三四月初間最先百果而熟，得正陽之氣。無毒。主調中益氣，悅神美志，令人好顏色，止水穀痢、洩精，回陽氣。丹溪云：屬火而有土。性大熱而發濕，多食發虛熱吐痰。舊有熱病、嗽喘及闇風人忌之。○葉搗傅蛇毒；絞汁服，防蛇毒內攻。○東行根，殺寸白、蚘蟲。

楊梅乾酸溫微毒，善止酒嘔消宿食，化痰和臟滌胃腸，刀斧傷時無痕迹。生者酸甚，聚痰發熱，損齒及筋。乾作屑，臨飲酒時服方寸匕，止吐酒，消宿食，化痰，和五臟，蕩滌腸胃煩憒惡氣；燒灰服能斷下痢。根皮煎湯，洗惡瘡疥癬，忌生葱。○魯班方：治一切刀斧傷損瘡不合者，用鹽楊梅不拘數，連核杵如泥，捏成餅子，收竹筒中，遇損破即填補之。止血生肌，無瘢痕，絕神。

李子苦甘治肝病，骨間勞熱須臾淨，核仁消瘀通小腸，根皮止痢奔豚定。無毒。肝病宜食。去骨節間勞熱，除痼熱，調中。久食令人虛熱，臨水食發痰瘧。又不可與白蜜、雀肉同食。○核仁，苦，平，無毒。主僵仆躋，瘀血骨痛內傷，利小腸，下水氣，除腫滿及女子小腹脹滿。入藥泡去皮尖。○根白皮，大寒。主消渴，止心煩逆氣，奔豚腳氣，熱毒煩燥，女子卒赤白下，男子赤白痢。去粗皮，炙黃色，水煮服之。○花，平。主小兒壯熱痁，驚癇，作湯浴之。

榛子味甘無毒平，益人氣力健人行，若令多食難飢餓，厚胃寬腸四體輕。榛，盛也，一云，從秦，生於秦地也。主益氣力，寬腸胃，調中開胃，令人不飢健行，軍行食之以

當糧。

榧實甘平進飲食，能通榮衛助筋力，五痔三蟲是主方，啖多引火傷肺極。

榧，文木也。《爾雅翼》云：有美實而材光文彩如栢，斐然成章也。無毒。主消穀，令人能食，行榮衛，助筋骨，明目輕身。五痔人常如果食之，愈。東坡詩云：驅除三彭蟲，已我心腹疾。治寸白蟲，日食七顆，七日滿，其蟲皆化為水。兼治蠱毒鬼疰。丹溪云：屬土與金而有火，多啖引火入肺，大腸受傷作泄。

銀杏：俗名白果。味甘，寒，有毒。清肺胃濁氣，化痰定喘止咳，多食昏神殺人。

柰子：味苦，寒，無毒。補中焦諸不足，和脾益心，治飽食多肺壅氣脹，病人忌多食。

林檎：樹似柰，實比柰差圓。六七月熟。亦有甘酸二種，甘者早熟而味肥美，酸者差晚，須熟爛乃堪啖。氣溫，無毒。主消渴，下氣，消痰，止痢，泄精，霍亂肚痛。多食發熱，澁氣，好睡，發冷痰，生瘡癤，脉閉不行。

茨菰：葉似箭鏃，根黃似芋而小，煮熟可啖，本草名烏芋。味苦、甘，微寒，無毒。主消渴，胸痹，胃熱，溫中益氣，消黃疸風毒，開胃下食，明耳目。不可多食。

葧臍：苗似龍鬚草，青色，根黑如指大，皮厚有毛，味甘，可生啖。下石淋，服丹石人相宜，以其能解毒也。若作粉食之，厚腸胃，令人不飢。但此二物，皆非美味，多食發百病，生瘡癤，小兒食之臍下痛，孕婦食之動胎。得生薑良。

獸部

猪肉寒中味甘鹹，昏神閉血引風痰，四蹄五臟并腸膽，補虛治病還相兼，卵主五癃乳主癇，膏脂潤肺補漏岩。

猪，水畜也。其味甘美而鹹，其氣微寒。先入腎，其性暴悍，故食之多者昏神氣，閉血脉，弱筋，引風痰動火，令人暴肥，少子。臟疾、心氣、瘧病、金瘡人忌之。養生家不與牛肉、蕎麥同食。○四足甘寒，補中氣，滑肌膚，去寒熱，下乳汁，煮汁洗一切瘡疽傷撻。○懸甲，即後小爪，性平。主五痔伏熱在腸，腸癰內蝕。○心，熱。主驚邪憂恚血虛，多食反耗心氣，忌與吳茰同食。○肝，溫。主冷泄赤白，臟虛，腳氣水腫，肝熱目赤。女子陰中痒痛，炙熱內之，當有蟲出。以五味和食則補肝氣。○脾，主脾胃虛熱，和陳皮、人參、薑、葱、陳米煮羹，去陳皮等食之。○肺，微寒。補肺。與白花菜同食令發霍亂。○腎，即腰子。性冷。和腎氣，利膀胱，補虛勞，消積滯。單食久食，令人少子。○肚，微溫。補虛羸骨蒸癆熱，血滯氣弱，大補中氣，止渴止痢并小兒疳瘡，殺癆蟲。孕婦九箇月宜食之。○腸臟，補下焦虛竭，去大小腸風熱，止小便數，口渴。○膽，苦寒。主傷寒熱渴，潤燥通便，入心通脉，內傷骨蒸勞極，小兒疳蛔熱瘡。其膽中黃，主金瘡血痢。○卵，甘溫，無毒。主五癃邪氣，攣縮奔豚，驚癇顛狂，鬼疰。陰乾，勿令敗。○乳汁，主小兒驚癇天吊，大人猪鷄癇病。乳頭治同。○肪膏，潤肺，利血脉，治皮膚風熱，殺蟲及諸癰疽惡瘡，治五疸，下胞衣，蒸食或浸酒服之。漏瘡、鼠瘻及頭髮不生並外傅或煎膏藥貼之，吹奶惡寒壯熱，冷水浸貼，熱則又易。蜈蚣、蟻子入耳，炙令香，安耳孔自出。臘月亥日收之不壞。忌烏梅。解斑猫、芫菁毒。○胵膏，肺痿咳嗽膿血，和棗肉浸酒服之。亦主冷痢痃癖，多服損陽。○舌，健脾，令人能食。○齒，主小兒驚癇，燒灰服，兼治蛇咬。○腦髓，主風眩腦鳴，塗凍瘡手足皸裂。○血，主奔豚氣，風頭眩，淋瀝及海外瘴氣。又蛇入口并七孔中，割母豬尾血滴口中，即出。○骨，燒灰為末，水下方寸匕，解諸果毒。○耳中垢，主蛇傷。○猪膚，即皮上垢膩。甘，寒，無毒。治傷寒客熱、下痢，咽痛，胸滿心煩。○屎，主天行熱病寒熱，黃疸，濕痹，蠱毒。取東行牝猪者，水浸一宿，去查服之。又燒灰傅諸瘡并小兒白秃。以上俱用牯猪者佳。

野猪肉勝似家猪，久痔腸風人可咀，黃止諸血疳與癇，脂飲產婦乳有餘。

形如家猪，但腰腳長毛褐。雄者肉甘美，無毒。青蹄者勿食，肉色赤者補五臟，長肌膚。久痔腸風下血，炙食不過十頓。顛癇病水煮服之，不動風氣，所以勝家猪也。黃在膽中，味辛、甘，平，無毒。主金瘡止血，鬼疰顛癇，及小兒疳氣客忤天吊，陰乾，研水服之。脂，除風腫毒瘡疥癬。浸酒服之，令婦人多乳，連進十日，可供三四孩兒，本來無乳者亦有。外腎和皮燒灰存性，米飲下，治崩中帶下，腸風下血，血痢。○豪猪肉，甘美多膏，不可多食，發風氣。利大腸，令人虛羸。肚，詳蝟皮條下。○獾猪肉，甘美，作羹食之，下水腫，治久痢大效。瘦人食之，長肌肉肥白。其脂治傳尸，鬼氣，肺瘻。○江猪肉，平，酸。補氣，食多令人體重。汁，健脾腳，令人能食。

牛肉甘平益胃脾，消腫止渴洩尤宜，更健筋骨輕腰腳，髓溫骨髓補中衰，肚葉和中肝明目，膽治驚風痰熱兒。

孟詵云：牛者，稼穡之資，不多屠殺。自死者，血脉已絕，骨髓已竭，不堪服食。黃牛發藥毒動病，不如水牛，蓋黃牛溫而水牛冷故也，常食黃牛為妙，瘧疾後亦忌之。養生者忌與黍米、韭薤同食。十二月食之傷神。○肉，無毒。安中益氣，養脾胃。消水腫，除濕氣，止消渴并吐洩。補虛弱，強筋骨，壯腰腳。○髓，甘，無毒。填骨髓，補中益氣，續絕傷，止泄瀉，消渴，以酒服之；止吐衄，崩帶，腸風瀉血，水瀉，燒灰用；又和地黃汁、白蜜等分作煎服，治癆瘦。○肚，甘，平。和中益脾胃。百葉肚，主熱氣，水氣，丹毒，解酒勞并痢。○肝，甘，涼。明目，平肝氣。北人牛瘦多蛇，從鼻灌之則為獨肝，有大毒，食之痢血至死。○膽，苦，大寒。可和丸藥，除心腹邪熱煩渴，口舌焦燥，益目睛，利大小腸，治小兒驚風，痰熱疳濕。○心，主虛忘。○腎，補腎精。大抵五臟主人五臟也。○懸蹄，主婦人崩中漏下赤白，無子。陰莖功同。○腦髓，主消渴，風眩。○齒，主小兒牛癇。○口中涎，主反畨，終身不噎。○耳中垢，封癰腫，鼻疳瘡。○屎，寒。主霍亂，消渴，黃疸，水

腫，皷脹，癥瘕，脚氣，小便不通，微火煎，加糖服之。湯火灼頭瘡，白禿，五色丹毒及鼠瘻惡瘡已有膿血者，以熱屎傅之，或燒灰鷄子白調傅。又塗門戶辟惡氣，置席下止小兒夜啼。○尿，主水腫腹脹脚滿，利小便，漸漸以銅器取新者服二三升愈。○牛黄、牛角鰓另見前卷。○正胃散，用牛喉末，陳米飲調服，治膈食。

羊肉味甘性大熱，補臟虛寒形羸劣，安心止汗又止驚，益腎壯陽堅骨節，骨治寒中頭退熱，血止諸血及暈血。羊有三四種，以北地青色者入藥，有一種無角白羊亦堪食。北地驅至南方，筋力勞損，亦不益人。南方羊受濕喫毒草，故不及。○羖羊肉，無毒。治五勞七傷，臟氣虛寒，形體羸劣，補中益氣，安心止汗止驚，益腎氣，壯陽道，堅筋骨，健腰膝，婦人產後虛羸，脾胃冷氣，字乳餘疾及頭腦風眩，小兒驚癇。惟素有痰火者食之，骨蒸殺人，時疾、瘧疾、瘡痍初起皆忌。孕婦亦不可多食，皆以其熱也。若虛人癰疽潰後則宜，古人以之比黄芪。養生者忌與酒同食。六月食之傷神。○心，主憂恚膈氣，有孔者殺人。○肝，冷。主肝風虛熱目赤及天行後嘔逆不食。若合猪肝、梅子、小豆同食傷人心。○肺，主咳嗽，止渴，三月至五月其中有蟲如馬尾，不可食。○腎，主補精壯陽陰痿，治耳聾、盗汗、脚膝無力。○肚，補胃，治虛羸、盗汗、溺數及水氣在脇，不食、煩熱，和白术作湯食之。○膽，平。主青盲、赤瘴，白膜、風淚。○骨，熱。主虛勞寒中羸瘦。嫩脊骨，治腎冷腰痛，轉動不得，搗碎煮爛和蒜齏或酒空心食之。○脛骨，熱。治牙齒疏豁疼痛，火煅為末，入飛鹽二錢和勻，每早擦牙齒上，以水漱去。○齒，主小兒羊癇寒熱。○頭，涼。治骨蒸腦熱，頭眩，明目，止小兒驚癇。○血，主女人產後中風，血悶血暈欲絕，或下血不止，飲一升即愈。卒驚悸，九竅出血，取新血熱飲即止。治硫黄毒發氣悶，飲一合，效。○脂，治遊風并黑䵟，又能柔銀軟銅。○髓，甘，溫，無毒。主男婦陰氣不足，利血脉，益經氣，以酒服之。○皮，補虛勞，去一切風，治脚中虛風，去毛作臛食之。○屎，燔之，主小兒洩痢腸鳴，驚癇，兼理聤耳，生髮毛，及箭鏃、木刺入肉，猪脂和塗自出；煮湯服，治大小便不通；燒烟熏鼻，主中惡心腹刺痛；熏瘡療諸瘡痔瘻等。○角，治見前卷。○羚羊肉，肥軟益人，兼主冷勞，山嵐瘧痢，婦人赤白帶下，但此羊多啖石香茹，故腸臟熱人不宜多食。○山羊肉，味甘於家羊，食之健人筋力，其皮可為靴履。

馬肉有毒味苦冷，除熱壯筋馬癇惺，脛骨降火代芩連，莖益精氣陰強猛，驢肉甘涼療風狂，尿治反胃吐不省。《易》曰：乾為馬。言行健也。入藥用白者為勝，得金之正色也。○馬肉，主消熱下氣，壯筋骨，強腰脊，強志輕身；又馬癇動發無時，筋脉不收，周痹，肌肉不仁，用肉煮粥或五味和食之。凡食，須清水搦洗三五次以去毒，煮得爛熟方可食，食後以清酒殺之。忌與蒼耳、生薑同食。有瘡疥人勿食，馬病疥及馬自死者不可食。五月食之傷神。○脛骨，甘，寒。可代黄芩、黄連，以治痰火之疾。中氣不足者用之。火煅過細研用。○陰莖，味鹹、甘，平，無毒。主男子陰痿不起，益精氣，有子。凡使，須當春遊牝時力勢正強者生取得，陰乾百日剉用。○心，主喜忘，患痢人忌食。○肝，有毒，食之殺人。○肺，主寒熱，莖痿。○懸蹄，白者主白崩，赤者主赤崩。○眼，主驚癇。○齒，主小兒驚癇，水摩服。○頭骨，主多睡，作枕枕之。○尾，主小兒馬毒客忤，取尾於兒面前燒之，令兒吸烟氣而愈。○屎，微溫。主吐、下血，鼻衄及婦人崩中，金瘡止血，男子易病，產後百病，絞汁和酒服之。又杖瘡打損，患疔腫中風疼痛者，炒熨五十遍，極效。多年惡瘡痛及剝馬被骨刺中毒欲死者傅之，或燒灰傅之，效。馬咬、馬汗毒亦效。○尿，微寒。主消渴，破癥瘕積聚，男子伏梁積疝，婦人瘕疾，銅器承飲之。頭瘡白禿，惡刺瘡，乳腫，取尿熱漬洗之。○驢肉，無毒。黑者最良。主療風狂，解心煩，治憂愁不樂，安心氣，多食動風，脂肥尤甚。○尿，鹹，平，小毒。主反胃，吐食不止。每二合早晚溫飲之，效。兼破癥癖，下水毒，治牙齒痛。○屎，熬之熨風腫瘻瘡，絞汁服，主心腹卒痛，諸疰忤。○脂，治久瘧久聾，顛狂不語、不識人，和酒服之。惡瘡疥癬風腫，研爛傅之。眼中息肉，和石鹽點兩眦頭，一月即效。皮和毛煎膏，治一切風毒，骨節疼痛，取其發散皮膚之外也。仍須烏者，取其水色以制風熱之義也。凡腹中物食之，皆令筋急。○騾肉，辛，溫，小毒。性頑劣，食之不益人。孕婦忌食。

牛乳甘寒補血虛，清熱止渴潤肌膚，羊乳性溫補腎氣，更潤心肺咬蜘蛛，酥酪醍醐俱乳作，馬驢乳同治熱軀。《千金方》云：乳酪酥煿常食之，令人有筋力膽幹，肌體潤澤。多食亦令人膨脹泄利，臟寒冷氣人禁服。○牛乳，無毒。補虛羸，解熱毒，養心肺，止煩渴，潤皮膚。煎蓽撥服，治氣痢。凡服乳，必煮一二沸，停冷服之，熱食即壅，不欲頓服，欲得漸消。與酸物、生魚相反，令人腹中結癖。凡用牛乳、屎、尿，黑牛勝黄牛。○羊乳，甘，無毒。補腎虛，益精氣，仍潤心肺，止消渴，利大腸；兼治卒心痛及男婦中風，小兒驚癇，口瘡舌腫；又蜘蛛咬，腹大如孕，遍身生絲，生飲之即愈。○蜒蚰入耳，取灌耳中即化成水。○馬驢乳，性治大同。○酥，味甘，微寒。白肥，補五臟，除肺痿心熱吐血。○酪，味甘、酸，寒，無毒。主熱毒，止渴，除胸中虛熱，膈痛。身面上熱瘡，丹疹，和鹽煮熱摩之。餘與牛、羊乳治同。○醍醐，作酪時上一重凝者為酪，其面上如油者為醍醐，熬之即出，不可多得。性滑，以物盛之皆透，惟鷄子殼及葫瓢盛之不出。味甘，平，無毒。治一切肺病咳嗽，膿血不止，及風濕痹氣，皮膚瘙痒，通潤骨髓，止驚悸，明目，補虛，其功優於酥也。○乳腐，微寒。潤五臟，利大小便，益十二經脉，微動氣。小兒赤白痢，細切醋漿水煮二十餘沸食之，效。以上四種，乃牛乳、羊乳、馬乳，或各或合為之。四種之中，牛乳為上，羊次之，馬又次之，而驢乳性冷，不堪入品矣。

狗肉鹹溫最補陽，陰虛孕婦豈宜嘗，莖治男痿并女帶，血醫横產及顛狂，乳點青盲經十傳，頭骨壯陽傅諸瘡。狗，叩也，叩聲吠以守也。肉鹹、酸，有毒。壯陽道，補下元，益氣血，暖脾胃，厚腸臟。食近腰連腎者佳。黄色牡狗為上，黑白次之。血極香美，去血食之不益人。狂犬及自死者不可食。陰虛人食之發熱難治，孕婦食之令兒無聲，又不可與大蒜同食，九月食之傷神。古云：山藥涼而能補，犬肉暖而不補。陰莖，鹹，平，無毒。六月上伏日取，陰乾百日用。治勞傷陰痿不起，令強大有子。除女人帶下十二病。白狗

血，鹹，溫，無毒。主臨產橫生，血上搶心，若孕時服之，令生子不出。又治顛疾發作及鬼擊腹痛，失血。取熱血飲之并塗身上，卒得妬瘡，常對在兩腳，塗之立愈。乳汁，主十年青盲。取白犬生子目未開時乳汁，注目中，狗仔眼開即愈。頭骨，平。補虛壯陽，治頭風眩。主崩中帶下，血痢，燒灰酒下；金瘡止血生肌，諸瘡瘻妬乳癰腫，燒灰傅之；附骨疽及魚眼瘡燒烟熏之。餘骨主補虛，止小兒客忤驚癇，令婦人有子，黄色者佳，火煅研用。腦髓，主頭風痹，下部䘌瘡，鼻中息肉。膽，苦，平，小毒。主明目，鼻齆，鼻中息肉。去腸中膿水。又治撲損刀箭瘡，熱酒調服，瘀血盡下，塗諸惡瘡痂瘍有效，又膽中黄，謂之狗寶。治肺經風毒痰火，癰疽惡瘡。犬夜吠月發狂者多有之，然必自採乃得其真。入藥用乾豆腐挖一竅，入黄於中間合定，水煮半日，細研用。心，主憂恚。肝，主腳氣衝心。腎，主腎冷。齒，主顛癇，痘疹。四腳蹄，煮飲之下乳汁。〇山狗，形如家狗，腳微短，好食鮮果，肉味甘美，皮可為裘，在處有之，蜀中出者名天狗。

象肉味淡不堪餐，皮可煎膏貼瘡瘢，牙調漩溺祛癆癇，屑善生肌出刺鑽，胸前橫骨能浮水，膽用塗瘡目疾安。

象，相也，大也，言其形也。肉味淡，不堪噉。多食令人體重。身有十二種肉，以配十二辰屬，皆有分段，惟鼻是其本肉。象孕五歲始產，六十歲骨方完足。〇皮，煎膏藥，去腐生新，易於斂口。〇牙，治小便不通，生煎服之；小便多，燒灰服之。骨蒸，癆風，癇熱，炙令略黄，剉末用之。生為屑，主諸瘡痔瘻，生肌填口最速。又諸鐵及雜物刺入肉，刮屑和白梅水研傅之，立出。若刺及諸骨鯁在喉中者，水調服之。凡使，舊牙梳尤佳。〇胸前小橫骨燒灰酒下，令人能浮水出沒。〇膽不附肝，隨四時在四腿諸肉中，春前左，夏前右，秋後左，冬後右。主明目，治疳。以清水和塗瘡腫上，差。含口中治口臭。〇眼睛，主目疾，和乳汁點之。

虎肉酸平祛邪瘧，壯氣又能止嘔惡，豹肉大同健骨筋，脂善生髮塗腦角。

虎肉，無毒。治瘧疾，益氣力，止嘔吐惡心。食之入山辟邪魅，虎見益畏。藥箭射處，有毒。熱食損齒，小兒齒未生不宜食。正月食之傷神。其脛骨等見前卷。但虎、鹿、兔，壽俱千歲，五百歲毛俱變白。熊五百歲能化為狐狸，獼猴八百歲化為猨，猨五百歲變為玃，玃一千歲變為蟾蜍，狼壽八百歲，三百歲善變人形。〇豹肉，酸，平，無毒。主安五臟，補絶傷，輕身益氣，壯筋骨，強志氣。久服耐寒暑，令人猛健。正月食之傷神。寢其皮，可以祛瘟疫，辟鬼魅神邪。脂，合生髮藥，朝塗暮生。頭骨，燒灰淋汁浴頭，去風屑。齒骨極堅，刀不能砍，火不能燒，有詐為佛骨以誑俗。

熊掌食之風寒當，膏肉治痹急筋強，膽苦明目塗瘡痔，小兒驚風積癇良，殺蟲消疸止久痢，古人夜讀作丸嘗。

熊，雄也。猛噉多力，能拔大木，故《書》曰以有熊羆之士，以力言也，熊掌是八珍之數，須用酒、醋、水同煮乃可熟。此物能舉木引氣不食，飢則自舐其掌，故美在其掌。久食之，可禦風寒諸疾。〇膏與肉，味甘，微寒，無毒。主風痹筋骨不仁，補虛損，殺癆蟲，去頭瘍白禿，面上皯皰，久食強志輕身。凡腹中有積聚、痼疾者，食之終身不愈。十月食之傷神。雷公云：每脂一斤，入生椒十四粒，同煉去革膜，收瓶中任用。若與猪脂燃燈，烟入目中即失明。但熊惡鹽，食之即死。〇膽，苦，寒。點眼去翳開盲，塗惡瘡痔瘻最良。治小兒風熱驚癇，殺疳蟲，療黄疸，止久痢。古人教子夜讀，粉苦參、熊膽為丸，與之吞一二枚以資勤苦者，蓋夜讀久則血不歸肝而火衝頭目，朝旦面黄，用此降火和肝則血脈流通，津液暢潤，痰火瘡疥之病，從何而生？服薺之意與此相同。又云：其膽春在首，夏在腹，秋在左足，冬在右足。然亦多偽，欲試之，取粟顆許滴水中，一道若線不散者真。〇羆大於熊，貔似虎，貓小於虎而淺毛，三獸俱陽物，功用同熊虎。

鹿肉補虛又療風，血止諸血治肺癰，陰痿腰疼俱可服，髓堅筋骨治傷中，麋肉補氣脂逐痹，虛勞血病羨角茸。

鹿肉，甘，溫，無毒。益中氣，調血脉，補虛羸。生肉，貼中風口偏，左患貼右，右患貼左，正即除之。蹄肉，主諸風腳膝疼痛。頭肉，主消渴夜夢。九月後、正月前食之則宜，五月食之傷神。凡餌藥之人不可多食，能解藥力。血，主肺痿，肺癰，吐血，衄血及崩中帶下，止飢渴，充氣血，起陰痿，止腰痛生刺，和酒服之。髓，甘，溫。主男婦傷中絶脉，筋骨急痛，欬逆，以酒和服。又同地黄煎膏填骨髓，蜜煮食壯陽，令人有子。腦髓，堪入面脂。脂，主癰腫死肌，四肢不隨，治頭風，通腠理。腎，平。補腎壯陽及腎氣虛損耳聾，作酒及煮粥食之。筋，主勞損續絶。骨，甘，熱。補虛勞，安胎下氣，浸酒療風虛。齒，主留血氣，鼠瘻，心腹痛。角茸、膠，見前卷。大抵鹿之一身，皆能益人，野族第一品也。或脯、或煮、或蒸，俱宜和酒食之。〇麋肉，甘，溫。補中益氣，健腰腳，不可合雉蝦生菜、梅李果實同食。脂，辛，溫。通腠理，柔皮膚，療癰腫，惡瘡，死肌，風寒濕痹，頭風腫痛。如面生皰瘡，塗之即差。骨，除虛勞最良。煮骨汁釀酒飲之，令人肥白美顏色。角，甘，溫，無毒。補一切血病，止血益氣，添精壯陽，治風痹腰腳不仁。亦可煎膠。茸，服之功同鹿茸。先輩云：鹿茸補陰，麋茸補陽。一云鹿勝麋，一云麋勝鹿。要知麋性與鹿性一同，盡皆甘溫補陽之物。有謂虎骨麋肉近陰則痿者，全非。

麞肉益人治心尪，骨止洩精釀酒脯，臍下有香仍補損，麂肉甘平痔可除。

道家以麞鹿肉為白脯，不是腥膩故也。味甘，溫，無毒。補人。心尪者食之減性，膽小者食之愈怯。八月至十一月食之甚美，餘月食之多則動氣。骨，鹹，平。主洩精益精，釀酒有補下之功。髓，益氣悦顏。臍下有香，治一切虛損。〇麂肉，無毒。主五痔病，以薑醋食之大效。多食發痼疾，瘡癬，墮胎。頭骨，燒灰飲下，治鬼疰飛尸。皮可作履。

兔肉甘平不益人，腦髓皮毛救產屯，頭止頭眩肝明目，屎治痔疾血來頻。

兔，吐也，言生子從口中吐出。肉，多食損元氣，弱陽事，令人痿黄。若合白鷄肉食，面發黄；合獺肉食，病遁尸；合薑、橘食，令心痛霍亂。孕婦忌食，二月食之傷神，兔死眼合者殺人。《衍義》云：兔有白毛者，全得金氣也，入藥尤效。餘兔至秋深時則可食，金氣全也。纔至春夏，其肉味變。〇腦髓，滑產。塗凍瘡，手足皸裂。〇頭骨，平，無毒。主頭眩痛，顛疾，和皮毛燒灰為丸，酒下，主難產催生并產後胎衣不下，瘀血衝心，脹痛欲死者，極效。產後陰下脫，

單燒頭末傅之。癰疽惡瘡，取頭細剉，甑內蒸熟，塗帛上貼之。〇骨，主熱中消渴，小便不禁。〇肝，主明目退翳，和決明子末為丸，每晚白湯送下。〇屎，主痔瘡疼痛，下血不止，慢火炒黄為末，每三錢入乳香末五分酒下。小兒月蝕爛瘡，取屎內蝦蟆腹中，燒灰傅之。

狸肉甘溫味最佳，骨醫痔瘻效堪誇，諸疰刺皮攻心腹，頭骨治噎及風邪，家狸甘酸主痨瘵，能消鼠瀝滿頸遮。狸，理也。脊間有黑理一道。其類甚多，有九節狸、玉面狸、風狸、香狸。肉，甘，無毒。食品佳者也。或作羹食，或炙末酒下，治與骨同。骨，主痔瘡，鼠瘻，炙為末，和麝香、雄黄為丸服，甚效。又治風疰、尸疰、鬼疰毒氣在皮中淫躍如針刺者，心腹痛走無常處，及惡瘡遊風，食野鳥中毒，俱燒灰服，頭骨尤良。單炒為末，治噎病不通飲食。燒灰酒下，治一切風。又頭、蹄、骨等分，酥炙為末，空心粥飲下一錢，治瘰癧腫硬疼痛，久不愈者，效。陰莖，主女人月水不通，男子陰癩，燒灰，東流水送下。屎，主寒熱鬼瘧發無期度者，燒灰用之，極效。〇家狸，即猫也，肉微寒，主痨瘵骨熱痰多，又治鼠瘻腫核疼痛，已有瘡出膿血者，煮作羹，空心食之。蝎螫人痛不止，以屎塗之。

狐肉補虚治健忘，更消冷積及惡瘡，心肝生服治妖魅，莖主絕産陰中痒。狐，性疑，疑則不可以合，故從孤。肉，甘，溫，有毒。主補虚勞，精神恍惚，健忘，語言無度，兼消五臟積冷，治惡瘡疥蠱毒，作羹食之。〇心、肝，生服治狐魅，肝燒灰治風。五臟及腸，主小兒驚癇。〇陰莖，主女子絕産，陰痒，小兒陰癩卵腫。〇膽，主卒暴亡，溫水微研，灌入喉中即活，臘月收雄者佳。〇屎，燒之辟惡去瘟病，治一切惡瘻中冷息肉，為末，新汲水下一錢，正月取在木石上尖頭硬者佳。〇頭尾灰治牛疫，以水飲之。

獺肉甘寒療時疫，逐水通腸宜少食，肝治咳嗽傳尸痨，屎主魚臍瘡浸蝕。獺，瀨也，好生灘瀨。又獺祭魚，知報本，非無賴者。肉及五臟，主時疫瘟病及牛馬疫，皆煮汁停冷灌之，消水腫脹滿，利大小腸，女人經絡不通，血脉不行，亦治男子，多食損陽。〇肝，甘，溫，有毒。主虚勞骨蒸，上氣咳嗽，傳尸痨極，腸風下血，并鬼疰蠱毒，魚鯁，并燒灰服之。諸畜肝皆葉數定，惟此肝一月一葉，十二月十二葉，其間又有退葉，用之須見形乃可，不然多偽。〇腎，主益男子。〇膽，主眼翳黑花不明。〇骨，治嘔噦不止。〇爪，主魚骨鯁，取爬項下，或煮汁飲之，即下。〇皮毛，作服領不着塵垢，孕婦帶之易産，作褥及襪主水癃病，亦可煮汁服之。〇屎，主魚臍瘡，研爛傅之。

駱駝：生西北界，人家畜養者，峰蹄最精，入藥不及野者。其脂在兩峰肉間，性溫，無毒。治風下氣，壯筋，潤皮膚，可柔金。又主一切風疾頑痹，皮膚瘙痒，死肌，筋皮攣縮，踠損筋骨，火炙摩之，取熱氣入肉。和米粉作煎餅食，療痔。又惡瘡毒腫漏爛，並和藥傅之。〇屎為末，搐鼻中，治鼻衄。

豺：肉，酸。食之無益，瘦人脂肉，損人精神。〇皮熱有毒，主冷痹脚氣，炙熱纏病上即差。疳痢，腹中諸瘡，燒灰酒下。

狼：肉，辛，可食。老狼頷下有懸肉，行善顧，疾則不能，鳴則諸孔皆涕。其喉結日乾為末，入半錢於飯內食之，治噎病甚效。屎，燒烟直上，故烽火用之，燒灰傅瘰癧；其屎中骨燒灰服黍許，止小兒夜啼。脞下筋，如織絡小囊，大如鴨卵。人有犯盜者，熏之脚攣，因之獲賊也。〇狽，前足短，先知食所在，以示狼，狼負以行，匪狼不能動。肉可食。

獮猴：肉，酸，平，無毒。主諸風勞。釀酒彌佳。為脯，主久瘧。〇頭骨，燒灰酒下，主瘴瘧、鬼瘧不定；作湯辟驚邪、鬼魅寒熱。〇手，主小兒驚癇口噤。〇屎，主蜘蛛咬。〇皮，主馬疫氣，人家養者並不主病，為其食息雜，違其本真也。

諸血：諸獸之血，主補血不足及血枯皮皴，面無顔色，並生飲之，又解諸藥毒、菌毒。止渴除煩熱，食筋令人多力。

六畜毛蹄甲：謂牛、馬、猪、羊、狗、鷄也。味鹹，平，有毒。主鬼疰，蠱毒，寒熱驚癇，顛痓。更宜於各品類中參之。

敗鼓皮：平。以黄牛皮者為佳。主蠱毒。用穿敗者燒灰酒下，病人即呼蠱主姓名，仍往令其呼，取蠱便差。

禽部

丹雄鷄甘溫無毒，女子崩中赤白沃，止血補虚更溫中，冠血滴口自縊復。丹，言色也；雄，壯也，陽氣壯也。鷄，稽也。稽候日將至巽位，感動其氣而鳴，故巽為鷄、為風。肉，主女子崩中漏下、赤白沃，止血，補虚，溫中，久傷乏瘡。〇冠血，主自縊死，心下溫者，刺血滴口中，男雌女雄即活。百蟲入耳，滴之即出。小兒卒驚似有痛處而不知疾狀，臨兒口上滴少許，差。兼療乳難，白癜風，諸瘡，浸淫瘡，馬咬人瘡，毒腫疼痛，蜈蚣咬，並取塗之。

烏雄鷄甘溫補中，空心食之氣血充，止心腹痛除麻痹，安胎續骨排瘡膿，肝能強陰膽明目，腸脛遺尿與腸風。微溫，無毒。主補虚弱，取一隻治如食法，以五味炆爛食之，生即反損。又止心腹痛，除風濕麻痹，安胎，治折傷，攻癰疽。肝及左翅毛，主強陰。膽，療目不明，肌瘡。腸，主遺溺，小便不禁。脞脛裏黄皮，微寒，無毒。主洩利，小便遺溺，除熱止煩，止洩精，尿血，腸風瀉痢，婦人崩中帶下，小兒瘧疾，鵝口不乳，並宜燒灰用之。頭，主殺鬼。心，主五邪。肪，主耳聾。翮羽，主下閉血。血，主中惡腹痛，踒折骨痛，乳難，瘻痹及馬咬瘡。剝馬被刺，熱血浸之。屎白，微寒。主消渴，破石淋，消鼓脹風痹。又齒痛，燒末綿裹安痛處咬之。蜈蚣咬，醋和傅之。子死腹中，濃煎煮粥食之。産後小便不禁及矸乳，癰腫，燒灰酒下。〇抑論諸鷄補虚羸之最要，故食治方中多用之。有風人及患骨熱人不宜食。小兒未斷乳，食之生蛔蟲。又不可合犬肝、腎、芥菜同食。合兔肉食成泄痢，合水鷄食作

遁尸。六指玄鷄白頭及自死足爪不伸者不可食。抱鷄肉及蜈蚣傷者，食之殺人，發疽。凡用鷄膽、心、肝、腸、肪、膍胵、糞等，以烏雄鷄為良，卵以黄雌，頭以丹雄，翮以烏雄鷄為良。大抵丹者入心，白者入肺，黑者入腎，黄者入脾，總皆歸於肝也。丹溪云：屬土而有金與木、火，性補。故助濕中之火，病邪得之則劇，然非但鷄而已，魚肉之類皆助病者也。

烏雌鷄要骨亦烏，下乳治痹攻癰疽，安心定志益胃氣，破瘀生新最補虚。骨、毛俱黑者為上。治乳難乳癰，風寒濕痹，攻癰疽排膿，安心定志，除邪辟惡氣，益胃氣，壯顔色，破腹中宿血，生新血，補産後虚羸。

白雄鷄甘酸微溫，調中下氣療狂言，止渴利便消丹毒，雌者味同補下元，止渴澁腸止漏血，男勞女産入饔飧。白毛烏骨者佳。主調中下氣，安五臟，療狂邪傷中，消渴，利小便，消丹毒。○白雌鷄，補五臟勞傷，潤肺益腎，止消渴、腸澼、洩利及小便不禁，婦人崩中下血，赤白漏下，産後虚損等症。

黄雌鷄甘酸助陽，止洩止精暖小腸，更消水澼并水腫，肋骨又治兒瘦黄。性平，無毒。補精，助陽氣，補益五臟，續絶傷，止腸澼、洩利，止洩精、小便不禁。又和赤豆同煮爛并汁食之，主腹中水澼水腫。其肋骨主小兒羸瘦、食不生肌。

鷄子甘平除煩熱，淡煮却痰益氣血，蠟煎治痢酒治風，白療目赤火燒裂，殼能出汗磨翳睛，衣止久嗽敷瘡癧。生絞入藥，除煩熱及孕婦天行熱疾狂走。豁開淡煮，大能却痰潤聲，養胃，益心血，止驚。和蠟炒，止久泄疳痢。和黑豆入酒服，治癇痓、賊風、麻痹。黄，熬油和粉傅頭瘡。○卵白，微寒。療目赤、火燒瘡，除心下伏熱，止煩滿，欬逆，小兒下洩，婦人産難，胞衣不出。醋漬一宿，療黄疸。多食動心氣，和葱食氣短，和鱉食損人。又不可合獺肉、蒜、李同食。○卵殼，細研磨障翳。又傷寒勞復，炒黄為末，熱湯下，汗出即愈。○卵中白皮，名鳳凰衣。主久欬結氣，得麻黄、紫菀和服之，立已。小兒頭身諸瘡，燒灰猪脂調敷。

白鵝肉冷全無毒，解熱止渴煮湯服，膏潤肌膚灌耳聾，毛燒灰治噎氣促，蒼鵝有毒發瘡膿，水毒射工效更速。鵝，自鳴聲也。有蒼白二種。白鵝肉，解五臟熱，止渴，煮汁飲之。多食令人霍亂，發痼疾，惟丹石人相宜。膏，微寒。潤肌膚，療手足皸裂。卒耳聾，以膏灌之。毛，燒灰，主噎及小兒驚癇極者。○蒼鵝肉，冷，發瘡膿。毛，主水毒、射工，又飲其血及塗身。屎，可傅蛇蟲咬毒。陳藏器云：白鵝不食蟲，主渴為勝；蒼鵝食蟲，主射工為勝。○卵，溫。補中益氣，補五臟。食多傷胃滯氣，發痼疾。

白鴨肉寒補勞虚，和臟利水熱風祛，屎消蓄熱并瘀痢，卵冷能令背悶拘，野鴨補中消食毒，專治小瘡遍體軀。鴨，鴨自呼名也。或曰可押，故謂之鴨。有家、野二種。○家鴨肉，味甘，無毒。補虚，和臟腑，利水道，療風虚寒熱，消熱毒，止驚癇，解丹毒，止痢血。屎，主散蓄熱，熱毒、瘀痢，解結縛，殺石藥、金銀、鐵毒，為末，水調服之。熱毒、瘡腫并蚯蚓咬，和鷄卵白傅之。卵，微寒，治心腹胸膈熱，多食發冷氣，令背膊悶。小兒食腳軟，惟鹽淹者稍可。血，主解諸毒、野葛毒，刺項中熱血飲之。頭，主水腫，通利小便，煮服之。凡鴨，白毛烏骨者為上；黄雌鴨最補；緑頭、青頭鴨佳；黑鴨滑中，發冷痢、腳氣。凡鴨，老者佳，嫩者有毒。肉與卵同鱉食害人。○野鴨，名鶩。性涼，無毒。肉，主補中益氣，補虚助力，和胃氣，大益病人。消食，利水道熱毒，去風氣及惡瘡癧腫，殺臟腹一切蟲。又身上諸小熱瘡，多年不可者，多食即差。九月後、立春前食之絶勝家鴨。雖寒，不動氣。但不可與木耳、胡桃、豆豉同食。肪，甘。主風虚寒熱水腫。○一種小者名刀鴨，味最重。食之更補虚。又一種名油鴨，其味更佳。

雁肪無毒味甘平，拘急風攣氣不盈，血滯偏枯須久服，肉性相同食不輕。雁，陽鳥也。從隹，在厂下，宿于水厓也。從人何也？取執摯、奠摯為意也。肪，厚脂也。主風攣拘急，偏枯麻痹，血氣不通利。取四兩煉洋濾過，每日空心暖酒調服一匙，久服益氣力，壯筋骨，長鬚髮，聰耳輕身耐老，殺諸藥石毒。又和黄豆作丸，補勞瘦，肥白人。六七月食之傷神。《衍義》云：人不輕易食者，謂其知陰陽之升降，分長少之行序，熱則即北，寒則即南，以就中和之氣。所以為禮幣者，取其信也。其毛自落者，小兒帶之療驚癇。

雉肉微寒却補中，止洩止渴最有功，更除痰壅氣上喘，疥瘡五痔食之凶。俗名野鷄。無毒。主補中，益氣力，止洩痢、小便多，治消渴及痰氣上喘。除蟻瘻。《衍義》云：雖野味之貴，食之損多益少。秋冬食之有補，餘月有小毒，食之發諸瘡疥，五痔，痼疾。又不可與胡桃、木耳、蕈菌、蕎麥麪、葱豉同食，發頭風心痛，久食令人瘦。

鷓鴣甘溫微有毒，能補五臟更明心，專救瘟瘴欲死者，酒煮服之自酌斟。鷓，摭也；鴣，苦也。謂啼聲摭苦也。肉補五臟，益心力，解嶺南野葛、生金、蛇、菌等毒及瘟瘴蠱氣。病久欲死者，合毛熬酒漬之，或生搗取汁取之，最良。食之忌笋，自死者不可食。脂澤手不裂。

斑鳩明目助陰陽，久虚瘦人食最良，青者仍能補五臟，排膿消瘀治諸瘡。《衍義》云：有有斑無斑、灰色、大小之數種，其用則一也。斑鳩，味甘，平，無毒。主明目，益氣，助陰陽，久病虚損人食之最補。○青鳩，主安五臟，助氣，補虚損，排膿血并一切癰癧、惡瘡、蟻瘻。以五味淹炙食之，極甘美。一種黄褐候鳩功同。○鳩屎丸：野鴿糞炒微焦一兩，麝香、白术各一分，赤芍、青木香各五錢，柴胡三分，玄胡索一兩，為末，溫酒調服一錢，治帶下，候膿盡即止，後服他藥補血臟。

白鴿味鹹氣亦平，益氣調精解藥毒，瘡疥食之立消除，白癜風痒炒酒服。肉暖，無毒。益氣調精，解一切藥毒，止消渴，食之益人。若服藥人食之，減藥力，無效。又治惡瘡、疥癬，風瘙，白癜風，癩癧瘍，炒酒服之，即愈。○屎，主頭極痒不痛生瘡，醋調成膏，煮二三沸，傅之。白禿，先以醋、米泔洗淨，為末，傅之。馬患疥，取屎炒黄為末，和草飼之，亦可外傳。

雀肉大溫益元陽，卵起陰痿大且強，腦主耳聾血眼暗，決癰治翳白丁香。即小麻雀也。肉，甘，無毒。壯陽道，益氣益精，令人有子，暖腰膝，縮小便，治崩帶。十月以後、正月以前宜食，取其陰陽未泄之義也。今人取肉以蛇床子熬膏，和合眾藥丸服，補下有效。肉不可合李子醬同食，孕婦尤忌。○卵，酸，溫，無毒。主下氣，男子陰痿不起，強之令熱，多精有子。雀性利陰陽，故卵亦然。和天雄為丸，服之令莖大不衰，入藥取第一番者佳。○腦髓，主耳聾，塗凍瘡。○頭血，主雀盲，雞蒙眼是也。○白丁香，即雄雀屎，兩頭尖者是。主諸癰癤已成膿不得破者，塗之立潰。目熱痛及胬肉、白膜、赤脉貫瞳，用男首生乳和如薄泥，點之即消。又女子帶下，溺不利，蜜丸服。除疝瘕、久痼冷病，爛痃癖，諸塊伏梁，又急黃欲死及喉閉口噤，細研，水下半錢。婦人吹奶，酒下一錢。齒痛有蟲，綿裹塞孔中。凡使，細研，甘草湯浸一宿，焙乾用。臘月者佳。

烏鴉無毒味鹹平，專祛癆嗽骨熱蒸，臘月罐中煆末服，更醫兒癇治目睛。主勞瘦骨蒸咳嗽，臘月取翅羽嘴足全者，瓦罐固濟火煆為末，米飲下。兼治小兒驚癇鬼魅。目睛汁，注目中治目暗。頭骨，燒灰，傅土蜂瘻。○慈鴉，似烏而小，多群飛作鴉鴉聲者是。北土極多，不作膻臭，即今之寒鴉。主補虛勞瘦弱，止上氣咳嗽及骨蒸發熱，和五味炙食之良。其大鴉肉澁，只能治病，不宜常食。○又廣東一種白鴉，補陽氣，令人有子，治癆瘵尤佳。

喜鵲甘寒主石淋，燒灰取汁熱能清，多年巢療顛狂魅，蠱毒燒之呼祟名。以翼左覆右是雄，右覆左是雌。又燒毛作屑內水中，沉者是雄，浮者是雌。入藥只取雄者。肉，甘，無毒。主消渴，下石淋，消結熱，燒灰淋汁飲之石即下。又主風秘，四肢煩熱，胸膈痰結。婦人不可食。○巢多年者，主顛狂鬼魅及蠱毒等，燒之仍呼祟物名號，亦可傅瘻瘡。

鴝鵒肉甘平無毒，老嗽吃噫取蒸服，痔瘻下血尤其靈，乳汁和睛可點目。《格物論》云：鴝鵒，慧鳥也。端午日取子去舌端，能效人言。句若谷聲有應也。主老嗽吃噫下氣，取一箇蒸食或煮作羹食，或炙為末，蜜丸服之。痔瘻下血，五味炙食之。俱以臘月臘日得者有效。○目睛和乳汁研點眼，能見雲外之物。

孔雀：肉，鹹，涼，微毒。解藥毒、蠱毒。○血，治毒藥，生飲良。○屎，主女子帶下，小便不利，傅惡瘡。○尾，入眼令昏翳。

鸂鶒：肉，甘，平，無毒。食之治驚邪，養之辟短狐。古云鸂鶒尋邪而逐害是也。

鴛鴦：肉，鹹，平，小毒，主諸瘻疥癬，酒浸炙食或炙熱傅瘡上，冷則易。食之令患大風。又夫婦不和，作羹私與食之。

白鷴：肉可食。色白而背有細黑文，亦堪畜養，或疑即白雉也。

錦鷄：肉，食之令人聰明，文采形狀略似雄雉，毛羽皆作圓斑點，尾倍長，嗉有肉綬，晴則舒於外，人謂之吐錦。

天鵝：肉，甘，平，無毒。性冷，醃食佳。絨毛療刀杖瘡立愈。

白鶴：肉，鹹，平，無毒。益氣力。○血，益血虛，補勞乏，去風，補肺，勞弱者宜食之。○肫中砂石子摩服，治蠱毒邪氣。

鷺鷥：肉，鹹，平，無毒。主虛羸，益脾補氣，炙食之。

鸛鶴：似鶴，但頭無丹，項無烏耳。骨，甘，寒，無毒。主鬼疰，蠱毒，心腹痛，炙黃為末，空心酒下。○脚骨及嘴，主喉痹，飛尸，蛇咬，及小兒閃癖，大腹痞滿，並煮汁服之。

鷹：肉食之主邪魅、狐魅。○嘴、爪、頭，燒灰服，主五痔。○屎白，平，小毒，主中惡、小兒乳癖，和僵蠶、衣魚之屬為膏，滅傷撻瘢痕。○眼睛和乳汁研點眼，三日見碧霄中物。忌烟。

鷗：肉，甘，無毒。主躁渴狂邪，五味淹炙食之。

鸕鷀：頭，微寒。主魚骨鯁及噎，燒灰服之效。○屎，主面瘢，酒皶及湯火瘡痕疔瘡，和猪脂調傅。小兒疳蛔，炙猪肝蘸末食之，奇效。其屎多在山石上，色紫如花，就石上刮取白者用之。市者多偽。

鴿鴳：味甘，平。補五臟，益中續氣，實筋骨，耐寒溫，消結熱。小豆和生薑煮食之，止洩痢。酥煎令人下焦肥，和猪肉食生黑子，和菌子食發痔。小兒患疳及下痢五色，日日食之有效。春月不可食。

竹鷄：味甘，平，無毒。主野鷄病，殺蟲，煮炙食之。

山鷓：味甘，溫。食之解諸果毒。

燕屎：味辛，平，有毒。主鬼疰，蠱毒。破五癃，利小便。入藥當用胡燕者佳。○窠中土，主卒得浸淫瘡有汁，水和塗之。又與屎等分以作湯浴小兒，治驚癇。○肉，出痔蟲。○卵，主水腫。

鶻嘲：鹹，平，無毒。助氣，益脾胃，去頭風目眩。煮、炙食之。

翠鳥：鹹，平，無毒。主鯁及魚骨入肉痛甚者，燒令黑末，頓服，或煮汁飲之亦佳。

啄木：此鳥有大有小。有褐者是雌，斑者是雄。又有黑者，頭上有紅毛，大如鵲，嘴如錐，長數寸，常穿木食蠹，故名。性平，無毒。主痔漏有頭，膿水不止，取一隻燒灰，酒下二錢。牙齒疳䘌，蚛牙疼痛，燒為末，內牙孔中，不過三次，或取舌尖綿裹於痛處咬之，俱以端午日得者佳。

練鵲：味甘，平，無毒。主益氣，治諸風疾。冬間取，去毛炒香，用絹袋

盛，以清酒浸一月，每日溫飲之。

百舌鳥：主蟲咬，心胃痛，炙食之。亦主小兒久不語。

布穀鳥：食之令夫妻相愛。以爪并頭五月五日收帶之，各一，男左女右。

鸡鳥：肉寒，不堪食。人家養之，最厭火災。

杜鵑：按《本草》云：初鳴先聞者，主離別。學其聲，令人吐血，鳴至口中出血始止，故有嘔血事也。〇抑論禽獸肉皆補陽氣，然禽本乎天，又為陽中之陽，陰虛者慎之。

蟲魚部黿、鱉、墨魚、鮫鯉，已上俱見前卷。

鯉魚止渴消浮腫，腹有癥瘕食不宜，骨主女人崩赤白，青盲白翳膽尤奇。鯉，理也。三十六鱗，文理明也。肉，甘，平，無毒。止渴，消水腫、黃疸、腳氣，主咳嗽上氣喘促。安胎。治懷孕身腫，煮為湯食之。破冷氣，痃癖氣塊，橫關伏梁，作鱠和蒜齏食之。腹有宿瘕及天行病後俱不可食之，食之再發即死。久服天門冬人不可食。凡溪澗砂石中者有毒，多在腦內，不得食頭。凡修理可去脊上兩筋，黑血有毒及目傍有骨如乙字，食之令人鯁。肉忌葵菜，卵忌猪肝，鮓忌豆葉，同食害人。《衍義》云：鯉魚至陰之物，陰極則陽復。所以《素問》曰：魚熱中，食多發風熱。日華云：風家食魚，貽禍無窮。〇骨，主女子帶下赤白，陰蝕。〇膽，苦。久服強悍益志氣；點眼，治目熱赤痛，青盲白翳；滴耳中，療聾；塗小兒熱腫、咽喉痹腫，和灶心土塗之立差。蜀漆為使。〇脂，主諸癇及小兒癇疾驚忤，食之良。〇腦髓，治暴聾，煮粥食之。〇血，主小兒丹毒瘡腫，塗之即差。〇眼睛，主刺在肉中，中風，水腫痛者，燒灰內瘡中，汗出即愈。諸魚目並好。〇齒，主石淋，燒灰酒下。〇腸，主瘻及小兒肌瘡，取腸切作五段，火炙香，洗淨封之，冷即又易，覺痒，蟲出即愈。〇鱗，主產後血滯腹痛，燒灰酒下，兼治氣血，雜諸藥用之。〇皮，主癮疹。

蠡魚無毒味甘寒，下水消浮濕痹安，五痔炙腸安穀道，膽攻喉痹效如丹。蠡，禮也。頭戴七星而夜禮北斗也。《衍義》云：即今之黑鯉魚也。道家為其頭有星為地厭，世有知之者，往往不敢食。主濕痹，面目浮腫，二便壅塞。又腸痔下血疼痛者，作鱠和蒜齏食之。腳氣、風氣亦宜。丹溪治癩用此，以代花蛇，是亦去風。古方有單用安胎者。多食亦發痼疾。〇腸，主五痔，以五味炙令香，綿裹納穀道中，一食頃蟲當出。〇諸魚膽苦，惟此魚膽味甘可食，為異也。臘月收，陰乾為末，遇急喉痹取少許點患處，藥至即差，甚者水調灌之。

鯽魚調胃味甘溫，下血腸風釀白礬，久痢赤白堪為鱠，惡瘡燒末醬塗痕。丹溪云：諸魚皆屬火，惟鯽魚屬土，故能入陽明而有調胃實腸之功。若得之多者，未嘗不起火也。又云，魚在水中，無一息之停，故能動火，戒之！合蓴菜作羹，主胃弱不下食。調中下氣，補虛益五臟。釀白礬燒灰，治腸風下血。作鱠，主腸澼，水穀不調及赤白久痢。腳氣，痔瘻，諸惡瘡，燒灰和醬汁塗之，或取猪脂煎用。又主腸癰。開其腹，納少鹽燒之，治齒痛。和蒜食之有少熱，和薑醬食之有少冷；夏月熱痢食之多益，冬月中則不治也。若與沙糖、蒜、芥、猪肝、雉肉同食成疳蟲。頭，燒灰服之，主咳嗽及傅小兒[illegible]瘡、面瘡、頭瘡、口瘡、重舌、目翳。又孕婦傷寒，燒灰酒下，取汗即差。膽，主小兒腦疳，鼻痒，毛髮作穗，面黃羸瘦，取汁滴鼻中，連三五日甚效。子，主調中益肝氣。〇單方：治男婦勞症，發熱咳嗽，湯藥不愈者，取活鯽一箇，去鱗、腸，洗淨，入蓖麻子如病人年幾數於腹內，以濕紙六重包，火中煨熟，晚上食之。十日內食三尾見效。

青魚肉甘平無毒，主腳濕痹益心力，膽內石灰塗惡瘡，吹喉又用點眼目。俗名烏流魚。主濕痹腳氣，軟弱煩悶，益心力。和韭白煮食或作鮓食之，與服石人相反。忌蒜、葵，服术人不可食。〇膽，主惡瘡，和石灰塗之。喉痹腫痛，調白礬末陰乾，以少許吹之。眼目昏暗，取汁點之。魚骨鯁，以少許含嚥即愈。臘月者佳。〇頭中枕，蒸令氣通，日乾，可代琥珀，醋摩服，治水氣、血氣，心腹痛。

白魚甘平助胃脾，調氣助血令人肥，補肝明目去水氣，有瘡食之即出皮。疑此即鰱魚也。無毒。主開胃助脾，消食下氣，調五臟氣，助血脉，令人肥健，補肝明目，去水氣，以五味蒸食之良。新鮮者佳，經宿令腹冷生病，或淹或糟皆可。惟患瘡瘑人食之甚發膿，又炙瘡不發，作鱠食之即發。

鰻鱺魚甘平小毒，癆熱骨蒸病可復，更醫腰背腳痹風，痔瘻帶下諸不足。鰻，漫也；鱺，利也：漫滑而利也。有五色文者功勝。主癆瘵骨蒸，傳尸疰氣，和五味煮粥食之。治腰背間濕風痹常如水洗及濕腳氣，五種痔瘻，腸風下血，婦人帶下百病食之良。日華云：此魚雖有毒，而能補五臟虛損，勞傷不足，暖腰膝，興陽，令人肥健，亦美味也。又能殺諸蟲，壓諸草石藥毒。治諸瘡瘻癧瘍，皮膚一切風瘙，惡瘡疥癬，疳䘌及婦人陰瘡蟲痒皆效。又下部蟲及氈中、竹木中蛀蟲、蚊蟲，並可燒烟熏之。取其骨置箱中，斷白魚咬衣。〇單方：治頸項及面上白駁浸淫，有似癬但無瘡可治者，取魚生剖日乾，先於白處微微擦動，取少許火上微炙，俟油出，以指擦之，五七次即愈。

鱓魚甘溫益氣血，頭骨燒灰止痢渴，去冷除痞宿食消，產後淋瀝即能遏。俗名黃鱔。無毒。主療虛損，補中益氣血，去十二經風邪濕痹，除腹中冷氣腸鳴，婦人產前百病，產後淋瀝，諸虛羸瘦，血氣不調宜食。多食動風氣，令人霍亂，時行病起食之再發。頭骨，止痢，治消渴，去冷氣，除痞消食，端午日取燒灰用之。血，主癬及瘻，斷取塗之。皮，主婦人乳硬結痛，燒灰酒下二錢。〇鰍魚，甘，溫，無毒。補中止洩。但鰍、鱔俱不可同白犬血食之。

善鳴長股水中鼃，補損祛癆殺疰邪，一種風蛤為美饌，正宜產婦益虛家。似蝦蟆，但背青、腹細、嘴尖、後腳長，善鳴，即今人所食者。味甘，寒，無毒。去勞劣，解熱毒勞熱，殺尸疰癆蟲。治小兒赤毒熱瘡，臍傷腹疼，胃氣虛乏，取以五味淹炙，酒食之良。〇風

蛤，似鼃而色黑，味至美，補虚損，宜產婦。

田螺無毒性寒過，專治雙眸赤熱多，肉傅熱瘡反胃殼，汁能醒酒渴同科。

主目熱赤痛，取黄連末納其中，良久汁出，用以注目。肉，冷。解熱毒，治酒疸，利小水，消瘡腫。多食發寒濕氣、痼疾。碎其肉傅熱瘡。○爛白殼，燒為灰，主反胃胃冷，去卒心痛，止失精，消痰，傅下疳，火煅用之。生浸取汁飲之，止消渴，利大小便，除腹中結熱，腳氣上衝，手腳浮腫，解酒過多，喉舌生瘡，壓丹石熱。不可常食。又螺獅、海螺用同。

蟹主胸中邪熱結，爪能墮胎破瘀血，殼黄化漆更續筋，消食塗瘡同腳節。

足節屈曲，行則旁横，每至夏末秋初則解殼，故曰螃蟹。味鹹，寒，有毒。主胸中邪熱，解結散血，養筋益氣，理經脉，利關節，去五臟中煩悶，消食，乃食品中之佳味，最宜人。須是八月一日蟹喫稻芒後方可食，霜後更佳，已前食之有毒，十二月食之傷神。體有風疾人并孕婦不可食。獨螯獨目，四足六足，兩目相向者，皆有大毒，不可食。誤中者，惟藕蒜汁、冬瓜汁，紫蘇、黑豆豉汁可解之。○爪，主墮胞胎，破宿血，止產後血悶腹痛，酒及醋湯煎服。○殼中黄及腳中髓，熬為末，内金瘡中，能續斷絕筋骨，其黄能化漆為水，故傅漆瘡及久疽瘡疥。其足骨焙乾，和白蘞等分為末，乳汁調塗小兒頭縫不合。其螯和犬血燒烟，可以禁鼠於庭。大抵蟹類甚多，殼闊多黄者名蠘，其螯最鋭，食之行風氣；扁而大者名蝤蛑，解熱氣及小兒痞氣；其最小者名蟛蜞，食之令人吐利；一螯大一螯小者名擁劍，可供食。餘蟹有毒，皆不可食。

石首魚甘下石淋，乾之炙食鮝為名，消瓜成水寬膨脹，益氣開胃蓴作羹。

生東海。味甘，無毒。腦中有二石如棋子。主下石淋，燒灰飲之。候乾名鮝魚，炙食之，主消瓜成水及卒腹脹，宿食不消，暴下痢，中惡不解，生食。和蓴菜作羹，開胃益氣。

淡菜甘溫能補陽，虚勞吐血亦堪嘗，消食除癥止久痢，婦人崩帶產餘良。

生南海。似珠母，一頭尖，中銜少毛。海之菜皆鹹，惟此味淡，無毒。形雖不典而甚益人，主益陽事，補五臟虚損，吐血，理腰腳氣，潤毛髮，消食，除腹中冷，破痃癖癥瘕，治產後血結冷痛，崩中帶下，漏下，男子久痢，並宜以五味煮食之。多食令頭悶目闇，可微利即止。

海粉無毒氣寒鹹，能治熱燥濕頑痰，更療肺脹多咳喘，海石痰火病相兼。

出閩、廣。海粉、海石同種。石，其根也。近有造海粉法，終不如生成為美。○海粉，治肺燥鬱脹咳喘。熱痰能降，濕痰能燥，塊痰能軟，頑痰能消，取其鹹以軟堅也。止入丸藥，水洗晒乾，另研。又有造成者，湯、丸俱宜。八月取紫口蛤蜊，火煅為末，取黄瓜蔞皮、子共搗和為餅，陰乾，次年聽用。○海石，味淡，氣平。治痰燥在咽不出，痰塊，血塊，食塊，痰火，痛風，心痛，疝痛，泄瀉，咳血，遺精，白濁，帶下。入藥火煅或醋煮，研用。

蛤蜊性冷元無毒，主癖解醒開胃腸，消渴婦人生血塊，殼燒研傅火湯傷。

蜊，利也，言其肉滑利也。主老癖能為寒熱者，煮食之。解酒毒，開胃止消渴，治婦人血塊。此物性冷，乃與丹石相反，服丹石人食之，令腹結痛。○殼，主湯火傷，取燒灰為末，油調塗之，神效。

蚌蛤：冷，無毒。明目，除濕，止消渴，除煩解熱，壓丹石藥毒，補婦人虚勞下血，并痔瘻，血崩，帶下。以黄連末内之，取汁點赤眼昏闇，良。又能治疳止痢并嘔逆。癰腫，醋調傅。爛殼，煅粉飲下，治反胃痰飲。

蚶：生海中。殼如瓦屋，故又名瓦壟子。性溫，無毒。補中益陽，治心腹冷氣，腰脊冷風，利五臟，益血色，消食健胃，令人能食。每食了，以乾飯壓之，不爾令人口乾。○殼，燒紅，醋淬三次後埋令爛，醋膏丸，治一切血氣痰積，癥瘕冷氣。

蜆：小於蛤，黑色，生水泥中，候風雨能以殼為翅飛者。肉，冷，無毒。去暴熱，明目，利小便，下熱氣、腳氣、濕毒，開胃，解酒毒，目黄。多食發嗽并冷氣，消腎。又煮汁飲，治時氣，壓丹石藥，下乳汁。生浸取汁服，止消渴，洗疔瘡。○陳爛殼，溫。燒灰飲下，主反胃吐食，除心胸痰水，咳嗽不止，止痢及失精，治陰瘡。

馬刀：在處有之。長三四寸，闊五六分，頭小鋭，形如斬馬刀，多在沙泥中，即蚌之類也。味辛，微寒，有毒。破石淋，主漏下赤白寒熱，殺禽獸賊鼠，除五臟間熱，肌中鼠鼷，止煩滿，補中，去厥痹，利機關。用之當鍊得水，爛人腸，肉可為鮓，然發風痰。○丹溪云：馬刀與蚌、蛤、蚶、蜆、螺螄大同小異，屬金而有水、木、土。《衍義》言其冷而不言濕，多食發疾，以其濕中有火，久則氣上升而不降，因生疾多熱，則生風矣，何冷之有？今蛤粉皆此類為之。

鰕：平，小毒。食之不益人。主五痔，引風動瘻發疥瘡。小兒食之，令腳屈不能行，有風病、嗽病者忌食。小兒赤白遊腫，生搗汁塗之。生水田溝渠中，小者有小毒。海鰕長一尺，作鮓毒人至死。有無鬚及煮色白者，不可食。

水母：俗名海蜇。味鹹，無毒。主生氣，婦人勞損血滯，小兒風疾丹毒。

河鲀：味甘，溫，大毒。主補虚，去濕氣，理腳氣，去痔疾，殺蟲。其味極美，肝尤毒，然修治不如法，食之殺人，橄欖、蘆根、糞汁解之。厚生者不食亦好。

海鲀魚：生大海。候風潮即出，形如豘，味鹹，無毒。主飛尸蠱毒、瘴瘧，作脯食之，一如水牛肉，味小腥。耳皮中肪膏摩惡瘡、疥癬、痔瘻、犬馬瘑

疥，殺蟲。

鱖魚：甘，平，無毒。補虛勞，益脾胃，治腸風下血，去腹内惡血，小蟲，益氣力，令人肥健。○膽，臘月陰乾，治一切骨鯁或竹木簽刺喉中不下，取少許酒煎呷之，得吐，骨隨涎出；未吐，再服。在臟腑日久黄瘦者亦宜。

鮒魚：平，補虛勞，稍發疳痼。

鱘魚：生江中。背如龍，長一二丈。甘，平，無毒。主益氣補虛，令人肥健。煮汁飲之，止血淋。鼻上肉作脯，補虛下氣。然味雖甘美，而發諸藥毒及一切瘡疥，動風氣。與乾笋同食，發癱瘓風，服丹石人食之，令少氣；小兒食之，結癥瘕及嗽；大人久食，令卒患心痛，腰痛。○子，如小豆，食之肥美，殺腹内小蟲。○鮓，世人雖重，亦不益人。

鰉魚：甘，平，無毒。味極肥美，楚人尤重之。多食生熱痰。○鮓，肥美奇絕，亦不益人。

鱸魚：平。補五臟，益肝腎，和腸胃，益筋骨，治水氣，補中安胎，多食宜人，不甚發病，宜然張翰思之也。作鱠尤良。又曝乾甚香美，不可與乳酪同食。

鮎魚：味甘，無毒。主水腫，利小便，為臛美而且補，稍益胃氣。合牛肝食，令患風發痼疾。又不可與野雞、野猪同食，赤目赤鬚無腮者殺人。

鮠魚：似鮎。甘，平，無毒。不腥，美且益人，補中益氣，下膀胱水，開胃。作鱠白如雪。隋朝吳都進鮠魚乾。鱠取快，日乾，瓶盛，臨食以布裹水浸良久，漉出如初鱠無異。此二魚寒而有毒，非嘉物也。

鱅魚：池塘所蓄，頭大身細者。甘，平，益人。

銀條魚：甘，平，無毒。寬中健胃，合生薑作羹良。

少陽魚：味甘、鹹，平。治男子白濁膏淋，玉莖澁痛。

比目魚：平。補虛，益氣力，多食稍動氣。

黄魚：背黄頭尖，下江呼為鰔魚是也。味甘，平，小毒。醒酒，不益人，發風動氣，發瘡疥。病人忌食。和蕎麥同食失音。

魴魚：俗名扁魚。味甘，無毒。調胃氣，利五臟，和芥子醬食之，助肺氣，去胃家風，消穀食。作鱠食，助脾氣，令人能食。患疳痢者不得食。作羹臛食宜人，其功同鯽魚。

鱠魚：味甘、辛。食之不益人，助火動痰發瘡疥。

鯮魚：平。補五臟，益筋骨，和脾胃，多食宜人，作鮓尤佳。曝乾甚香美，不毒，亦不發病。

鮰魚：生南海。味美，無毒。鰾可作膠，一名江鰾。主竹木刺入肉經久不出者，取白傅四畔，肉爛刺出。破傷風瘡，月蝕瘡，陰瘡，瘻瘡，並燒灰用之。又嘔血炙黄為末，用甘蔗節搗自然汁，調下二錢。

鯉：甘，溫，無毒。補虛及產後虛損，主冷痢，邪熱煩悶。疫後忌食。

魚鱠：乃諸魚所作之膾。味甘，溫補。去冷氣濕痹，除喉中氣結，心下酸水，腹中伏梁，冷痃結癖疝氣，補腰腳，起陽道。以菰菜為羹，謂之金羹玉鱠。開胃口，利大小腸，以蔓菁煮去腥，凡物腦能消毒，所以食鱠必魚頭美也。近夜食不消，馬鞭草汁能消之；飲水令成蟲；病起食之，令胃弱；同乳酪食令霍亂。又云不可同蒜食。昔一婦患吞酸，食魚鱠遂愈。蓋以辛辣有劫病之功也。凡鱠，若魚本佳者鱠亦佳。

魚鮓：乃諸魚所作之鮓，不益脾胃，皆發瘡疥。鯉魚鮓忌青豆、赤豆，青魚鮓忌胡荽、羊肉。鮓中有鰕者不可食。

右五品藥性，瘡毒食治，皆古人設也。愚推古菴意，於各類增通用、雜用，以備《神農》三百六十五種之數。更采《大觀本草》、東垣《珠囊》、丹溪《日用》、熊宗立《藥賦》、《圖經》、《捷徑》、《小學》、《集要》、《集韻》等書，纂歌集註，僅一千品止。有兼用之法，節齋編之備矣。大概風兼寒症，則兼用薑、桂；風兼濕症，則兼用蒼术；風兼燥症，則兼用地黄；風兼虛症，則兼用參、术、芎、歸；風兼熱症，則兼用芩、連、梔、栢。餘皆以此例推，古菴亦略言之矣。但各類所載雜用藥品，人多不識，方多少用，以其為神農所創，故不敢遺。且俟四方多識者採訪用之，猶勝於今之新藥也。蓋聖人取藥，上應天氣，下應地味，中應人臟。《衍義》云：草木皆木也，金鉛皆金也，糞土皆土也，灰火皆火也，水池皆水也，盡皆妙合乎陰陽造化之理。非若後之氣味無憑，試驗相傳而已。噫！人知用藥之為難，而不知識藥之真偽為尤難；人知《素問》之難讀，而不知《本草》之尤難讀，有所受而歷年多者，方可以言知藥之性，知藥之性則知病機矣，故曰本草為醫之祖。

明·龔信《古今醫鑒》卷一《藥性》　藥性賦　業醫之道，藥性為先。品味雖多，主治當審。人參補元氣，瀉虛熱而止渴，色蒼肺實休憑。黄芪補三焦，斂盜汗而抵瘡，肥白衛虛宜準。白术健脾強胃，主濕痞虛痰。蒼术發汗

寬中，導窠囊積飲。茯苓安驚利竅，益氣生津，和中用白，而導水用赤，禁與陰虛。甘草補氣助脾，調和百藥，溫中用炙，而瀉火用生，滿家須謹。川芎血中氣藥，通肝部而療頭疼。當歸血中主藥，身養血而稍逐損。白芍藥瀉脾伐肝，療血虛腹痛，下痢用炒，而後重用生。赤芍藥性味酸斂，治瘡瘍熱壅，調經最宜，而産後最禁。熟地黃補血而療虛損。生地黃生血而涼心腎，酒炒則俱溫，薑製無膈悶。半夏薑製，和中止嘔，大醫痰厥頭疼。貝母去心，治嗽消痰，煩熱結胸含論。南星主風痰，破傷身強，膽製尤佳。枳實治虛痞，消食行痰，麩炒最捷。枳殼寬中削積，氣滯所宜。青皮下食安脾，洩肝大穩。陳皮留白和中補胃，去白洩氣消痰。厚朴用苦，治脹寬膨，用溫益氣除濕。大腹皮開胃通腸，洩脹滿，煎用薑鹽。檳榔降氣殺蟲，祛後重，性如鐵石。草果仁寬中截瘧，更除酸水寒痰。肉豆蔻止痢調中，又且解酲消食。草豆蔻製熟，客寒胃痛方宜。白豆蔻炒香，目翳胸膨可覓。香附理胸膈不和，氣血凝滯，婦室如仙。烏藥主心腹暴痛，小便滑數，女科最急。三稜利血消癥癖，折傷産後多疼。蓬术通理內傷心脾，瘀結諸積。山查子導氣消食健脾□□，更攻兒枕。使君子療瀉更醫蟲，煨除皮殼，大治兒疳。大黃奪上將軍，散滯通瘀，下腸間結熱。巴豆斬關猛將，削堅通閉，蕩臟腑沉寒。玄胡祛宿垢，消癥瘕，豁痰化積。芒硝開結熱，通臟腑，泄實軟堅。葶藶瀉肺喘，利小便，炒須隔紙。牽牛逐膨腫，利水道，更損胎元。木通瀉小腸，開熱閉而行澀溺。車前主滲利，清目赤而實大便。猪苓治水氣浸淫，服多損腎。澤瀉治淋癃脫垢，濕腫神丹。薏苡下水寬膨，療肺癰痿咳。燈心通淋利濁，吹喉痹危難。滑石蕩積聚，通津利水。防已療風濕，脚氣須飡。木瓜理下焦濕腫，芫花治水病留痰。大戟虛浮可瘥，甘遂腫脹皆安。榆皮性滑，善行消浮急劑。石韋去毛微炒，淋閉當扳。萆薢導膀胱宿水，關節老血，久冷腰痛。商陸利胸腹腫氣，水家峻藥，性味辛酸。萹蓄捐疸痔，利熱淋，蚘疼自已。香薷暖胃家，分暑濕，霍亂隨痊。黃芩枯則瀉肺退熱痰，實則涼大腸而化源獲救。黃連生則瀉心清熱毒，酒炒厚腸胃，而薑製除嘔。黃栢瀉伏火而調痿厥，大治陰虛。知母降腎火而治痰嗽，骨蒸是守。石膏解肌表而消煩渴，降胃火而理頭疼。山梔止衄吐而炒如墨，涼肺胃而泡用酒。麥門冬引生地黃至所(生)補之處，而生津止煩渴。天門冬引熟地黃至所補之鄉，而保肺治痰嗽。柴胡少陽要藥，在肌主氣，在臟調經。前胡通治風寒，寧嗽消痰，安胎不謬。葛根解肌，清酒

渴而補胃虛。竹葉止渴，療虛煩〔而〕喉風退走。竹茹止嘔噦咳逆，尤安熱病血家。竹瀝已風痓渴痰，不問金瘡産後。連翹退諸經客熱，癰腫須尋。鼠粘療風熱癮疹，瘡瘍合奏。青黛除熱毒蟲積疳痢，收五臟鬱火而瀉肝。玄參主虛熱明目祛風，治無根之火而補腎。栝蔞子下氣喘結胸，痰嗽斯專。天花粉墜熱痰，止渴消煩獨任。草龍膽治下焦火濕，明目涼肝。山豆根解咽喉疼痛，急黃腫毒。地骨皮治骨蒸有汗，涼血解肌。牡丹皮治骨蒸無汗，破血止衄。常山捐痰療瘧，醋炒方嘉。紫草利水消膨，痘瘡總屬。茵陳主黃疸而利小便。艾葉保胎痛而療崩漏。胡黃連骨蒸勞熱，小兒疳痢當求。川升麻發表除風，舉胃升陽最速。桔梗療肺癰咽痛，利膈寬胸。桂枝散血分寒邪，補腎用肉。麻黃發表寒，止汗用其根。防風捐腦痛，洩肝除風毒。細辛發少陰汗，除頭痛痰咳諸風。白芷行陽明經，退頭痛皮膚痒粟。羌活排巨陽癰腫，風濕四肢。獨活治頸項難舒，痿痹雙足。藁本除疼於巔頂。薄荷清陽於首面。藿香止霍亂而開胃溫中。紫蘇利胸膈而子醫嗽喘。荊芥散血中風熱，瘡瘍頭痛俱良。苦參治細疹大風，除濕補陰不淺。澤蘭療胎産打撲，行氣消癰。天麻主眩暈風癇，語言澀蹇。桑寄生續筋骨，益血脉，利腰背掣痛。甘菊花治頭風，消目疾，退紅睛淚眼。蔓荊子祛風明目，除頭痛，濕痹能安。威靈仙祛風止痛，治腰膝，骨吞自軟。木賊去目翳，崩漏汗風尤妙。葳蕤療目爛腰疼，風濕最善。何首烏消瘡腫，黑髮延年。蓖麻子引刺骨，催生最便。石菖蒲開心明耳目，去痹除風。白附子祛風治面斑，崩中悉斷。郁李仁潤血燥，除浮利水。破故紙主勞損，腎冷陽衰。高良薑治霍亂轉筋，而調氣消食。吳茱萸療厥陰疝痛，而胃冷能除。川烏陽中少陽，溫臟腑寒邪，諸積冷痛。附子陽中純陽，補三焦厥逆，六腑寒拘。茴香主霍亂腹疼，調中暖胃。牛膝利月經阻澀，膝痛精虛。蓯蓉能峻補精血，驟用反動便澀。杜仲主腎虛骨痿，入藥酥炙去絲。鎖陽味甘補陰，如虛而大便不燥結者不用。鹿茸甘溫益氣，治女子崩帶男子溺血精遺。枸杞益精氣而明目祛風，山藥能補腎而生消腫核。山茱萸澀精補腎，而核反滑泄。巨勝子補髓填精，而延年駐色。益智仁鹽煎搥碎，自然暖胃固精。菟絲子補髓添精，大治虛寒餘瀝。遠志去心草製，壯神益氣，夢遺驚悸何愁。巴戟去心酒浸，療腫除風，虛病鬼交須覓。茯神去木益心脾，開心助智健忘收驚。酸棗取仁定心志，多眠用生，不眠用炒。五味消煩，止嗽渴，生脈補元。杏仁溫脉潤大腸，冷嗽尤妙。桑白皮甘寒，治

咳嗽痰中見血，肺實方宜。金沸草甘寒，逐痰水唾如膠漆，秋行最好。阿膠麵炒，益肺安胎止嗽，血崩下痢皆宜。紫(苑)〔菀〕酒洗，熱寒氣結胸中，咳血唾痰立效。百合斂肺止咳休無，百部勞嗽骨蒸莫少。欵冬花甘辛潤肺，消痰止嗽，肺癰肺痿全憑。馬兜鈴苦寒清肺，下氣定喘，血痔瘻瘡須要。訶子斂嗽化痰，消食止痢除崩。烏梅收肺止渴生津，和中斷痢。地榆療崩漏嘔衄諸血，胃弱須防。粟殼有澀腸止嗽之能，殺人何怕。茅根茅花肺胃吐衄自消，槐角槐花血痔腸風自罷。小薊療宿血嘔衄，崩漏折傷。大薊前功之外，癰疽腫痛還醫。紅花主敗血經枯，血虛血暈。蘇木前證之餘，死血瘡瘍更藉。桃仁破滯生新，潤閉燥，逐瘀惡，活血有功。栢葉善守益脾，安巇衄，止血崩，補陰無價。靈脂去心腹死血作疼，炒除漏下。蒲黃主胎產惡露凝滯，熱止崩中。淩霄花血痛所宜，治熱毒而補陰甚捷。白頭翁治血痢神效，止鼻衄而頭癩多功。鬱金苦寒善散，治女子赤淋，血氣心痛。延胡辛溫活血，主小腸疼刺，胎產皆同。薑黃辛熱，主經閉癥瘕，血塊癰腫。秦皮苦寒，治驚癇崩帶，痹濕寒風。秦艽主黃疸，四肢風濕。漏蘆能下乳，療眼醫癰。海藻海帶，療疝氣癭瘤，軟堅利水。白及白斂，癰疽瘡癬，長肉箍膿。藜蘆吐痰殺疥，椿皮止瀉澀精。蘆根止消渴噎膈氣滯，射干已積痰結痰喉痛。海桐皮漱牙洗目除風，性味苦平無毒。五加皮女人腰痛陰痒，男子溺濁淋癃。梧桐淚治風熱牙疼，牛馬急黃研飲。木鱉子主乳癰腫痛，肛門痔腫堪平。松脂療疽瘡白秃死肌，節已脚痹虛風，子補虛羸不足。皂角治痰涎中風口噤，子導五臟風熱，刺達癰潰之經。天竺黃療驚風中風，失音痰壅。密蒙花治熱疳入眼，膚翳青盲。五倍主齒䘌血痔，生津止汗。硇砂破癥瘕積，生服爛心。乾漆削積破堅，還醫血暈。蘆薈殺疳傳癖，更主熱驚。沒藥破血捐疼，大利折傷產後。阿魏傳尸可覓，專能去臭殺蟲。丁香止嘔吐因寒，消風除腫。木香行肝氣尤捷，瀉肺溫中。沉香療風水腫，又止轉筋霍亂。檀香似此之外，更除腎氣上攻。乳香止痛催生，療諸瘡而收泄澼。麝香辟邪殺鬼，攻風疰而救產難。龍腦溫平，主風濕積聚，不宜點眼。蘇合甘溫，殺蠱毒惡氣，溫瘧能安。烏犀角性善走，解熱毒而化血清心，以入陽明，故升麻可代。羚羊角味苦寒，治驚狂而祛風明目，又清乎肺肝。殭蠶去皮膚風行痒痹，全蝎止小兒驚搐風癇。牡蠣治便滑帶崩，澀精斂汗。蛤粉攻疝痛反胃，能軟頑痰。牛黃主狂躁驚癇，定魄安魂退熱。龍骨主遺精崩痢，斂瘡收汗縮便。虎骨理寒濕風毒，去惡瘡而安驚治產。龜板主補陰續骨，逐瘀血而酥炙宜丸。鱉甲除崩主漏，消痃癖，骨蒸勞熱。龜甲破癥即漏，攻瘧痔勞復傷寒。羊乳性溫，潤心肺，止消渴，利大便，安嘔噦，口瘡熱腫，宜含飲。牛乳微寒，補虛羸，療渴疾，潤胃乾，滋血燥，並宜冷飲，畏羹酸。象牙性寒，出雜物入肉，又消骨鯁。龍齒神物，療癲邪寧志，更主安驚。蝸牛專治五痔，而更醫溫毒。田螺殼安反胃，而肉傅熱睛。虻蟲善行積血，粘米炮去頭足。水蛭能吮下疽，煅則破血通經。白丁香潰癰點目，自然銅接骨續筋。銅綠明目釣涎，止金瘡出血。金箔安驚定魄，未煉則殺人。水銀唾研，殺蟲積而下死胎，若過服令人痿躄。輕粉性冷，殺瘡蟲而治瘰癧，以傷胃故動齒齦。硫黃逐冷壯陽，利風痹而殺疥。砒霜除齁截瘧，有大毒而不仁。雄黃理息肉，治喉風溫邪蛇毒。辰砂通血脈，殺鬼魅，養氣安神。白礬消痰，療瀉痢惡瘡喉痹。琥珀消血，主安心，利水通淋。赤石脂止痢瀉崩，法當醋炒。花蕊石金瘡崩產，煅用泥封。東壁土主脫肛泄痢霍亂，伏龍肝治遺精崩漏吐血。大棗養胃和脾，遇中滿而勿與。胡桃入夏禁食，雖肥肌而動風。藕實去心補中益氣，柿蒂甘寒止噦神功。栗味鹹而□□滯氣，生蟲可厭。梨味甘而消酒渴，金瘡產婦休逢。葱白解表除風，善治陽明頭痛。瓜蒂吐痰宣食，消浮退疸皆通。乾薑生發表，炒溫中，定疼止血。生薑除頭痛，平嘔噦，痰嗽還同。大蒜雖化食而耗氣傷脾，終成目疾。韭汁利胸膈而下痰逐血，子乃澀精。胡荽酒煎噴痘，自然紅潤。蘿蔔子炒研入藥，逐飲寬膨。胡椒燥食寬胸，肺胃真氣自耗。川椒溫中去冷，目中雲氣能空。縮砂定胎痛，主傷食泄痢。神麯溫胃脘，導食積攻沖。麥蘖性溫，行上焦滯血，宿食腸鳴宜用。麩皮性涼，消大腸停積，宿物傷食可投。紅麯健脾，活血消食，諸痢得效。浮麥養心，煎同大棗，盜汗能收。麻仁失血腸乾，入湯或粥。扁豆轉筋霍亂，單服能瘳。菉豆主霍亂反胃，解一切丹毒。赤豆塗癰疽焮熱，消水腫虛浮。粳米和胃溫中，陳倉為上。粟米補血除熱，腎病須求。豆豉治傷寒，胸中懊憹。石蜜安〔五〕臟，益氣蠲疼。飴糖斂汗補虛，消痰止嗽。米醋清咽，退癰疽腫尤能。鹽消痰癖，溻瘡瘍，食多損肺。酒通血脈，厚腸胃，痛飲傷生。乳汁已目赤睛昏，却老還童功不欠。童便益虛勞寒熱，損傷產後並宜行。血餘灰乃亂頭髮，淋閉鼻紅有準。人中白即溺桶垢，唾衄肺癰須憑。此特摘集偏長之功用，譬諸高遠，將自卑而升。

明・吴文炳《醫家赤幟益辨全書》卷三　藥性賦　寒藥性治　升麻兮手

陽明風邪可散，足陽明齒痛堪瘳，引參芪于上達，升陽氣于下流。細削如雞骨，色綠者佳。發散生用，補中酒炒，止咳、汗者蜜炒。　葛根止煩渴，解酒毒之宿楚，主溫瘧，解肌表之邪浮。　柴胡治兩脇俱痛，少陽可引，退往來寒熱，外感宜投。去蘆，北者佳。　前胡主痞滿多痰，寬胸利膈，除頭疼發熱，和解俱優。去蘆毛，軟者佳。　甘草生寒瀉火，炙溫補脾；和諸藥而弗兢，解百毒以忘憂。反甘遂、海藻、大戟、芫花。稍主尿赤澁痛，節消癰疽焮腫，子除胸熱。忌菘菜、猪肉。　黃連瀉心火，治腸澼與目疼，兼枳實而痞滿自釋。去毛，生用瀉心清熱，酒炒厚腸胃，薑製止嘔吐。　黃芩清肺金，涼大腸而退熱，佐白术則安孕宜求。去皮，朽枯飄者治上焦，條實者治下焦。　黃蘗滋腎陰，瀉龍雷之火，治痰厥，安上竅之蚘。銅刀削去粗皮，生蜜水浸半日，取出炙乾，再塗蜜，慢火炙之，每兩炙盡生蜜六錢為度。入下部鹽酒炒，火盛童便浸蒸用。惡乾漆。　知母補真陰，退虛勞之熱，瀉腎火，却有汗之蒸。去皮毛，忌鐵器。生用瀉胃火，酒炒瀉腎火也。　生地黃止鼻紅，而治五心之熱；且又涼血，有瀉濕熱之能。勿犯鐵器，忌三白。薑汁浸炒不泥膈痰。　熟地黃補陰虛，而益五勞之怯；又補血，而有助精髓之神。浸酒，九蒸九晒。忌鐵器及忌蘿蔔。　芍藥扶陰而補血，止瀉亦收陰；血熱而腹痛，行厥〔陰〕太陰。白安胎而止血，赤破血以通經。下痢用炒，後重用生。　大黃走下而瀉實，沉降而不浮；奪土鬱無壅，定禍亂奚愁。酒炒上達巔頂，酒洗中至胃脘，生用下行。　青皮削積堅，而飲食亦化；破肝氣，而厥陰自流。　枳殼化痞塞之痰，宿食亦妙，瀉至高之氣，積滯堪疏。水漬軟，去穰，麸炒。氣血弱者勿與枳殼，以其損氣也。　枳實消痞滿而化食，破壅滯而痰清。麸炒。　猪苓除濕熱，清利小水，消脹腫以痊癩疝。去砂石，多服損腎。　澤瀉利小便，決無壅滯；退陰汗，庶免淋淫。去毛。　木通利水而瀉膀胱之火。去皮節。　滑石通秘有通竅澁之能。水飛澄去砂泥。　薄荷清六陽之會首，發一切之風熱。　荊芥理陽明之頭痛，清目熱與咽疼。　防風主一切風熱，去周身發熱，除頭疼目痛，解肌表之風。去蘆。　瓜蔞根能退煩熱，止渴清肺。　瓜蔞仁潤肺止嗽，調氣和融。去殼略炒。　桑白皮瀉肺氣，而咳嗽可已。去紅皮，蜜水炒。　甜葶藶定喘促，而浮腫隨通。　麥門冬清金熱而肺弱可扶，止虛煩而脉微亦復。去心。　天門冬瀉肺火而燥金能潤，平喘嗽而咳逆收功。去心。　牡丹皮止吐衄于焦上，散積血于腸中。去骨酒洗。　地骨皮退骨蒸之勞熱，除盜汗于陰溶。去骨。泉州者佳。　紅花破產後瘀血，又通經閉而起痘疹。　蘇木攻產後敗血，亦行積血以治疽癰。　梔子清咽而治懊憹，降小腸熱結。去殼炒焦。　桃仁通經而能破血，潤六腑難通。泡去皮尖。　連翹瀉心火，療瘡瘍而瀉六經之熱。去心、梗。　地榆止月經，調血痢，而却下部之紅。去蘆。　石膏制火邪，清肺金炎爍；奪飲食，除胃火煎鎔。火煆去土，方解，石赤者不用。　馬兜鈴止喘嗽清痰，能清肺火。　枇杷葉主嘔吐渴疾，順氣寬胸。竹刀拭去毛，火炙。　漢防己除脚氣，行十二之經；補膀胱，為下濕之治。　海藻破結消痰而削堅通秘。　牡蠣澁精止汗而崩漏能醫。　貝母治咳嗽而解渴煩，金瘡可愈，消老痰而利胸膈，鬱氣能醫。去心瓣不用。　沙參治虛勞之熱盛，除蒸止汗，補五臟之陰弱，清肺嗽寧；又治諸疝之絞痛，解瘡腫之毒氣，散浮風之鬱熱，消肺火之流金。米泔水浸洗，反藜蘆。　玄參去無根之遊火，清咽涼膈，散皮膚之表熱，滋腎涼榮。米泔水浸洗，堅實黑者佳。忌犯銅鐵器物。　丹參清心神而益血，消癥破瘕，通關節之壅塞，削疰散癭。　苦參療諸瘡濕熱，消風散火，除癘風疥癩，解毒如神。　桔梗療肺癰而利胸膈，清肺氣而治咽疼；載諸藥之舟楫，清頭目之最能。去蘆。　犀角安心神而止煩渴驚癇，亦去解火邪而療瘡毒風熱俱清。　牛黃治口噤顛狂，安魂定魄。　琥珀却驚癇悸怖，志滿神安。　水銀療瘡瘍而除疥蝨。鉛制。　礬石化痰飲以理喉風。枯過。　朴硝開積聚而停痰可化。　硝石除煩熱而痰結能攻。　膽礬吐痰飲諸癇，更除熱毒。　蘆薈治驚癇顛熱，亦殺疳蟲。　人糞汁治熱病發狂陽毒。　童男溺清產後迷悶不通。　槐花止下血，去大腸熱毒。去枝梗，炒褐色。　鬱金開鬱結，通氣血和平。堅實如蟬肚者佳。　竹瀝、荊瀝俱為痰用，少食用竹，而能食用荊。　常山截瘧而痰涎立吐。酒浸切片。　烏梅治痢而瘧疾兼迸。去仁核。　大戟療諸風而利水，瀉蠱脹以通神。反甘草、海藻。　商陸利水脹以瀉腫，消濕熱于無形。赤者消腫，白利水氣。　紫草通竅，利水除腹心之痞；快膨消脹，起痘疹之虛。去蘆。　白頭翁醫小兒頭禿羶腥，可痊陰濕疝；治大人痢疾赤毒，亦止鼻衄崩危。　銀柴胡退骨蒸勞熱之苦。去蘆。　胡黃連消疳積痞塊之疲。

平藥性治　甘菊花止兩目之淚，去八風首病。家菊黃小甜者佳。酒浸晒乾。　蔓荊子除顛頂之痛，却風熱頭眩。　萎蕤除眦爛于雙睛，面䵟可滅；理風淫于四末，腰痛能痊。　天麻治風熱之頭眩，驚癇可免；主癱瘓而不語，麻痺能宣。　鼠粘子理腰膝氣傷，瘡瘍毒解；除風濕癮疹，退熱清咽。

郁李、麻仁利小水而通大便。去殼。　三稜、莪术攻痞塊而消積堅。醋炒。　通草退腫而閉癃舒泰，分水而利竅安然。　阿膠止嗽止血，可潤肺金之燥，補虛補腎，能安胎孕十全。金井者佳，蛤粉炒成珠。　酸棗仁治煩心不眠，兼收虛汗，能補中益氣，安神鎮驚。去殼，炒。　茯神治心虛驚悸，寧心定志。去皮及木。　遠志止心慌急燥，恍惚健忘。甘草、黑豆同水煮，去心。　茯苓利水除濕，保脾胃，蠲痰飲，補中益氣，生津液，滋心腎。赤瀉火，白補為良。去皮。　北五味生津液而治虛煩，扶羸止渴，益腎陰而收肺氣，嗽愈喘強。　山藥益氣補中，去風虛眩運，強陰實下，補肌肉羸尫。　芡實健脾養胃，固遺精白濁，建中益腎，滋元氣悠長。去殼。　紫(苑)〔菀〕茸止吐血之喘嗽，治寒熱之驚癇。　茵陳却黃疸濕風，兼祛內熱。　豆豉理傷寒頭痛，亦治燥煩。　鱉甲補虛勞，而治骨中之熱，理溫瘧，可消腹內之癥。　龜板補陰虛而回生起死，療虛損而濟弱扶傾。　山查肉消肉積宿食，而醫兒枕。去核。　枸杞子能益氣補腎，而助精神。甘州者良。　虎脛骨治產安，療毒風之足痛；　堅筋強骨，補虛損以滋陰。　阿魏主傳尸而破蟲積，削痞削疳。　銀屑安五臟而定虛邪，鎮心寧志。　棕櫚灰止帶崩，腸風下血。　花蕋石止吐血，化血如塵。火煅醋淬。　人牙齒起倒榻豆瘡，蠱毒亦解。火煅。　天靈蓋退傳尸勞熱，骨蒸可清。火炙。　裩襠安陰陽之易。男用女，女用男，近陰處三寸剪燒灰。　乳汁開眼目之明。　蒲黃治吐衄咳唾之紅，除積血帶下，蠲產後兒枕之痛，消血腫通紅，生用破血最效，炒熟止血如神。　白硼砂清咽利膈，治喉痺、化痰、明目之效。枯過。　大小薊益精安孕，止吐衄、便紅、崩漏之淋。　神麴消酒積，化痰利膈。炒。　麥芽消食滯，開胃除膨。炒。　蒼术去濕燥脾，利太陽膀胱疝氣而止瀉。米泔水浸。　木瓜退浮消腫，理太陰腰腿脚氣以通平。

溫藥性治　香白芷疎風和表，陽明頭痛可愈，皮膚搔痒宜攻。　大棗兮和脾助胃。　生薑兮止嘔和中。　當歸主血四治俱有，頭止血兮上行，身養血兮中守，稍破血而下流，全活血而不走。酒洗。　川芎行血海以調經，能生新血；　助清陽而上走，頭痛能瘳。酒洗。　人参益元氣以補三焦，肺火頗忌；　生津液而止煩渴，熱嗽休求。去蘆，清河者極佳。　黃芪補元氣而衛表虛，兼收虛汗；；　退火熱而實腠理，內托須謀。箭稈者佳。蜜炙。　陳皮去白消痰理氣，留白補胃和中。　白术健脾補胃，君枳實乃消膨妙藥；　止瀉行濕，佐黃芩為安孕良圖。去蘆，麵炒。　厚朴去濕調中而平胃，可托快膨消脹，若多服有耗氣之尤。紫油色厚，川者佳。薑汁炒。　藿香止霍亂能除嘔逆，進飲食開胃須求。去泥土。　薏苡仁寧嗽除濕，補肺止瀉，壯筋骨以痊脚氣，治風痺而兌佝僂。炒。　山茱萸益元陽，除濕痺而固精補髓；　暖腰膝，增氣血而強腎滋陰。酒浸取肉去核。　羌活散太陽諸風，善通關節；　退周身寒痛，濕熱疎寧。　獨活治掉眩痓強諸風，少陰可引；　調一切風寒濕痺，足膝能伸。羌獨活同一種，節密者羌活，節疎者獨活。　殭蠶怯遍體遊風，面䵟可去。凡用白直者，炒去絲。　秦艽療四肢風濕，黃疸兼分。去蘆。　木香調氣和中，止腹痛最為至速。不見火。　檳榔下行利氣，除後重快滯尤宜。　大腹皮性輕理氣，退周身浮腫為功，和胃調中，與紫蘇相為表裏。水洗淨。　玄明粉化痰，滌胃中垢積。　石鍾乳寧嗽，補下部陽虛。　藁本治頭痛于腦頂之上，散寒客于巨陽之巔。去蘆。　細辛兮治頭風頭痛。　辛夷兮治鼻塞鼻淵。　杏仁瀉肺氣，除胸中喘逆；　止咳嗽，潤六腑留連。　訶子止瘻咳且通津液，愈久痢下脫堪痊。　沉香和諸氣而通天徹地，快鬱結而抑陰扶陽。　赤石脂下胎衣無推蕩之險，固腸胃有收澁之能。　伏龍肝治產難有平和之效，止瀉利調氣血之名。　禹餘糧補脾胃之虛，燥濕止瀉。　陽起石助元陽之憊，起委存真。　石菖蒲聰耳目，能通心竅。九節者良。　巴戟天補精髓，善治腰痛。去骨。　威靈仙除腰膝寒冷之痛，去筋骨濕痺之風。　肉蓯蓉益精氣以強補命門不足，治五勞與七損，療脚氣奇功。酒洗去鹹味，晒乾。　牽牛除濕，利水消腫極速，行氣破血，虛疾難攻。　艾葉劈風寒而溫內，灸百病以多功。　半夏除濕痰以開胃，妊娠禁多服；　和脾土止嘔吐，諸飲喜相逢。滾湯泡七次，晒乾，搗為末，薑汁和為麴。　菟絲子補腎虛，而固精滑。醋煮去絲。　破故紙益元陽，治起疲癃。略炒。　小茴香治膀胱寒熱疝氣，暖腰膝虛損濕風。　鹿角膠霜補精益髓，起一切虛勞之症；　安胎止痛，扶百損大藥之功。　欵冬花治虛勞久嗽，捄肺氣于憊委。　罌粟殼療肺癰痰咳，固脾瀉于滑通。

熱藥性治　附子理六腑之沉寒，浮而不降；　治三陰之痼冷，熱則流通。約重一兩者佳。薑汁調麵包煨，去皮臍用之。　川烏散寒邪而除冷積，破冷氣而治冷癥。　草烏逐風濕以通風結，利風痺而理偏風。　吳茱萸療咽喉噎塞之寒，腹疼甚效；　治胸中窒悶之冷，心痛宜攻。去梗，湯泡去苦水。　乾薑生逐寒而散表，炙溫胃以守中。　天雄補上焦之陽乏。　側子主癰腫與濕風。

紅豆蔻止膈上之吞酸，佐黃連立效。 益智仁能溫中而益氣，同草果收功。 白豆蔻退目雲而消肺中滯氣，治胸冷而益膈上陽充。去殼。 丁香除腹內冷痛，翻胃同治； 消痰癖止呃，霍亂能攻。 砂仁開脾胃而消宿食。去殼。 香附導滯氣而解鬱中。杵去毛如米，醋製或童便浸炒，尤妙。 麻黃逐寒邪而發表，根止汗以固逢。去節。 桂枝佐黃芪以固表，治虛腠而傷風。 肉桂補腎虛而降火，治虛火有從甚之功。 胡椒治朝食夕吐，開胃口之痞滿。 蓽撥敵胃寒嗝噎，止嘔吐而安中。 胡蘆巴強腎固精，助陰虛之不足。 淫羊藿壯陽起痿，健筋骨于老翁。 鹿茸性純陽，能補腎虛固冷氣； 辛熱，最滋精髓盈充。蜜炙。 雀卵補陰虛且壯元陽不足，助子嗣咸宜男婦同功。 硫黃助陽益嗣，止下帶速效。 花椒強陰黑髮，消寒疝無踪。去閉目。

明・翁仲仁《痘疹金鏡錄》卷三 指南賦 人參益內，甘草和中。 用黃芪而實腠，得蟬蛻以開肌。 紅花有活血養血之功，生地有涼血行血之效，痘若乾紅，便宜加入。 紫草滑肌通竅，毒擁堪行，熱證賴之而有益，虛寒悮用以溏便。 山查善遏瘡疼，能消食積，兼理滯氣于補益方中，且解鬱結于透肌湯內。 輕其表而涼其內，功在荊翹； 疎其肌而發其擁，妙在蟬殼。 利咽喉而清氣道，能發散而善開提，功必資于桔梗； 分清濁而利小便，消痘毒而去膨脹，効莫大于腹皮。 川芎引清陽而達表，勿缺于未滿之前； 芍藥斂陰氣以濟陽，可多于漿足之後。 牡丹皮去血中之毒，壯熱繁紅為聖藥。 地骨皮去氣中之毒，毛焦熱甚是良工。 官桂有鼓動陽氣之能，神倦而不振者，用之以收實效。 丁香有贊助元陽之力，內虛而不起者，得之以奏奇功。 木香順氣而理脾寒，泄瀉湯中必用。 乾葛療肌而退胃熱，渴煩方內須加。 白朮、茯苓能健胃，佐參芪而益氣； 當歸、生地補陰虛，君枳殼而潤堅。 解蘊毒于犀角、黃連，惟熱盛則前後堪用。 定心煩于麥門、五味，有渴症則始終宜加。 大附子反本回元，能理虛寒而收戰慄。 天花粉消痰清胃，且收肺氣以發聲音。 白芷疎風，痘毒憑之而發散。 紫蘇流氣，實邪賴是以驅除。 羌活有運毒走表之功，防風有散邪逐毒之妙。 殭蠶只利于肌膚，捐風定痒如神。 枳殼能平于胸膈，下氣寬中最速。 開腠定喘于麻黃，壅遏憑之而發散。 平胃溫中于厚朴，腹脹用是以消磨。 龍骨、枯礬權行澁泄，猪苓、澤瀉暫用安便。 乾薑溫中氣而止嘔吐，是以胃寒而虛瀉者，宜用則用； 大黃蕩腸胃而潤燥堅，是以熱壅而便秘者，當加即加。 鼠粘清利咽喉，透肌解毒； 升麻升發元陽，堪散瘡痍。 柴胡、前胡解肌安表，黃芩、黃柏退熱消斑。 止嗽開痰于貝母，清便降熱于山梔。 牛中黃化風熱而療顛癎，成扶危救急之效； 龍腦片涼心血而起黑陷，有撥亂反正之功。 麝香通竅于毫毛，亦能發汗； 雄黃解毒于臟腑，兼可消痰。 辰砂鎮心定志，而有養血涼血之能； 珍珠透裏入堅，而解骨中髓中之熱。 訶梨勒斂肺氣而澁腸，肉荳蔻溫脾胃而止瀉。 天靈、人齒但能發鬆肌肉，過用則肉裂皮崩。 蟾酥、川山實可振揚痘毒，多施則虛擡空殼。 藥味不求于異人，取効每存乎常品。 明此一篇，思惟過半。

明・龔廷賢《萬病回春》卷一 藥性歌共二百四十。 〔《增補古今醫鑑》

諸藥之性，各有奇功。 溫涼寒熱，補瀉宜通。 君臣佐使，運用於衷。 相反畏惡，立見吉凶。〕人參味甘，大補元氣，止渴生津，調榮養衛。肺中實熱，並陰虛火動、勞嗽吐血勿用。肺虛氣短、少氣虛喘煩熱，去蘆用之。反藜蘆。 黃芪性溫，收汗固表，托瘡生肌，氣虛莫少。得防風，其功愈大，用綿軟箭幹者，以蜜水浸，炒用之。 白朮甘溫，健脾強胃，止瀉除濕，兼敺痰痞。去蘆油。〔《增補古今醫鑑》：米泔水洗，薄切晒乾，或陳土壁土炒。〕茯苓味淡，滲濕利竅，白化痰涎，赤通水道。去皮。〔《增補古今醫鑑》：去黑皮，中有赤筋，要去淨，不損人目。〕甘草甘溫，調和諸藥，炙則溫中，生則瀉火。〔《增補古今醫鑑》：一名國老。〕解百藥毒，反甘遂、海藻、大戟、芫花。稍，去尿管澁痛； 節，消癰疽、焮腫； 子，除胸熱； 身，生炙隨用。 當歸性溫，生血補心，扶虛益損，逐瘀生新。頭，主血上行； 身，養血中守； 尾，破血下流； 全，活血不走。酒浸，洗淨。體肥痰盛，薑汁浸，晒乾用。 川芎性溫，能止頭疼，養新生血，開鬱上行。不宜單服久服，令人暴亡。 白芍酸寒，能收能補，瀉痢腹疼，虛寒勿與。下痢用炒，後重用生。 赤芍酸寒，能瀉能散，破血通經，產後勿犯。〔《增補古今醫鑑》：宜生用。〕生地微寒，能清濕熱，骨蒸煩勞，兼消瘀血。〔《增補古今醫鑑》：一名芐，懷慶出者。酒洗，竹刀切片，晒乾。〕勿犯鐵器，忌三日。薑汁浸，炒，不泥膈痰。 熟地微溫，滋腎補血，益髓填精，烏髭黑髮。酒浸蒸用。勿犯鐵器，忌三日。〔《增補古今醫鑑》：用懷慶生地黃酒浸，蒸至黑色，竹刀切片。忌蘿蔔、葱、蒜。用薑汁炒，除隔悶。〕麥門甘寒，解渴祛煩，補心清肺，虛熱自安。溫水漬，去心，不令人心煩。 天門甘寒，肺痿肺癰，消痰止嗽，喘熱有功。溫水漬，去心、皮。 黃連味苦，瀉心除痞，清熱明眸，厚腸止痢。去鬚。生用，瀉心清熱； 酒炒，厚腸胃； 薑製，止嘔吐。〔《增補古今醫鑑》：去鬚。下火，童便； 痰火，薑汁； 伏火，鹽湯； 氣滯火，吳萸； 肝膽火，豬膽； 實火，朴

硝；虚火，醋炒。〕黄芩苦寒，枯瀉肺火，而清大腸，濕熱皆可。去皮。朽枯飄者，治上焦；條實者，治下焦。〔《增補古今醫鑑》：或土，或酒炒。〕黄栢苦寒，降火滋陰，骨蒸濕熱，下血堪任。去粗皮，切片。蜜炒、酒炒、人乳炒、童便炒，或生用，隨病用之。梔子性寒，解鬱除煩，吐衄胃痛，火降小便。清上焦鬱熱，用慢火炒黑；清三焦實火，生用。能清屈曲之火。連翹寒苦，能消癰毒，氣聚血凝，濕熱堪逐。去心。石膏大寒，能瀉胃火，發渴頭疼，解肌立妥。〔《增補古今醫鑑》：或生，或煅。一名解石。〕知母味苦，熱渴能除，骨蒸有汗，痰欬皆舒。去皮毛，忌鐵器。生用瀉胃火，酒炒瀉腎火。貝母微寒，止嗽化痰，肺癰肺痿，開鬱除煩。去心。〔《增補古今醫鑑》：黄白色輕鬆者佳。〕大黄苦寒，破血消瘀，快膈通腸，破除積聚。酒炒，上達巔頂；酒洗，中至胃脘；生用，下行。芒硝苦寒，實熱積聚，蠲痰潤燥，疏通便閉。即朴硝因再煎煉，傾入盆內，結成芒硝。柴胡味苦，能瀉肝火，寒熱往來，瘧疾均可。去蘆。〔《增補古今醫鑑》：要北者佳。〕前胡微寒，寧嗽消痰，寒熱頭疼，痞悶能安。去蘆毛，軟者佳。升麻性寒，清胃解毒，升提下陷，牙疼可逐。〔《增補古今醫鑑》：去鬚，青綠者佳。〕桔梗味苦，療咽腫痛，載藥上升，開胸利壅。去蘆。〔《增補古今醫鑑》：潔白者佳。〕紫蘇味辛，風寒發表，梗下諸氣，消除脹滿。〔《增補古今醫鑑》：葉背面皆並者佳。〕麻黄味辛，解表出汗，身熱頭疼，風寒發散。〔《增補古今醫鑑》：去根節，宜陳久。〕止汗用根。葛根味甘，傷寒發表，溫瘧往來，止渴解酒。〔《增補古今醫鑑》：白粉者佳。〕薄荷味辛，最清頭目，祛風化痰，骨蒸宜服。〔《增補古今醫鑑》：一名炙蘇，用姑蘇龍腦者佳。〕防風甘溫，能除頭暈，骨節痹痛，諸風口噤。去蘆。荊芥味辛，能清頭目，表汗祛風，治瘡消瘀。〔《增補古今醫鑑》：一名假蘇，用（使）〔梗〕。〕滑石沉寒，滑能利竅，解渴除煩，濕熱可療。白色者佳，雜色者毒。〔《增補古今醫鑑》：研爛以水飛過。〕細辛辛溫，少陰頭痛，利竅通關，風濕皆用。去上葉。〔《增補古今醫鑑》：華陰者佳。反藜蘆。〕羌活微溫，祛風除濕，身痛頭疼，舒筋活絡。〔《增補古今醫鑑》：一名羌青。〕獨活甘苦，頸項難舒，兩足濕痹，諸風能除。〔《增補古今醫鑑》：一名搖草。〕白芷辛溫，陽明頭痛，風熱瘙癢，排膿通用。〔《增補古今醫鑑》：一名芳草。〕藁本氣溫，除痛巔頂，寒濕可除，風邪可屏。〔《增補古今醫鑑》：去蘆。〕香附味甘，快氣開鬱，止痛調經，更消宿食。〔《增補古今醫鑑》：即莎草根。〕忌鐵器，椿去毛。烏藥辛溫，心腹脹痛，小便滑數，順氣通用。〔《增補古今醫鑑》：一名鰟（其）〔魮〕，一名天台烏。〕枳實味苦，消食除痞，破積化痰，沖墻倒壁。〔《增補古今醫鑑》：如鵝眼，色黑，陳者佳。水浸去穰。〕水漬軟；切片，麸炒。白蔻辛溫，能却瘴翳，益氣調元，止嘔翻胃。〔《增補古今醫鑑》：去殼取仁。〕枳殼微溫，快氣寬腸，胸中氣結，脹滿堪嘗。水漬軟，去穰，麸炒。氣血弱者，勿與枳殼，以其損氣也。陳皮甘溫，順氣寬膈，留白和脾，消痰去白。用溫水洗淨，不可用水久泡，則滋味盡去。〔《增補古今醫鑑》：刮去穰，又名橘紅。〕蒼术甘溫，健脾燥濕，發汗寬中，更祛瘴疫。米泔水浸二宿，搓去黑皮，切片。青皮苦寒，能攻氣滯，削堅平肝，安脾下食。少用熱水〔浸〕透，去穰，晒乾。厚朴苦溫，消脹除滿，痰氣瀉痢，其功不緩。去粗皮，薑汁浸，炒，亦有生用者。〔《增補古今醫鑑》：要厚如柴，油者佳。〕南星性熱，能治風痰，破傷自強，風搐皆安。生薑湯泡透，切片，薑汁浸，炒。用一兩研末，臘月黑牯牛膽，將末入，攪勻，懸風處吹乾，名牛膽南星。半夏味辛，健脾燥濕，痰瘻頭疼，嗽吐堪入。生薑湯泡透，切片，再用薑汁浸，炒用。如治風痰，用牙皂、白礬、生薑煎湯泡透，炒乾用。〔《增補古今醫鑑》：一名守田。反烏頭。〕藿香辛溫，能止嘔吐，發散風寒，霍亂為主。〔《增補古今醫鑑》：或用葉，或用梗，或梗葉兼用者。〕腹皮微溫，能下膈氣，安胃健脾，浮腫消去。此有鴆糞毒，用黑豆汁洗淨，晒乾。檳榔辛溫，破氣殺蟲，逐水祛痰，專除後重。〔《增補古今醫鑑》：類雞心者佳。〕香薷味辛，傷暑便澁，霍亂水腫，除煩解熱。〔《增補古今醫鑑》：陳久者佳。〕扁豆微涼，轉筋吐瀉，下氣和中，酒毒能化。〔《增補古今醫鑑》：微炒。〕猪苓味淡，利水通淋，消腫除濕，多服損腎。〔《增補古今醫鑑》：削去黑皮，切片。〕去砂石。澤瀉苦寒，消腫止渴，除濕通淋，陰汗自遏。〔《增補古今醫鑑》：去尾。〕木通性寒，小腸熱閉，利竅通經，最能導滯。去皮。〔《增補古今醫鑑》：切片。〕車前氣寒，溺澁眼赤，小便能通，大便能實。〔《增補古今醫鑑》：去殼。〕地骨皮寒，解肌退熱，有汗骨蒸，強陰涼血。〔《增補古今醫鑑》：去骨。〕木瓜味酸，濕腫脚氣，霍亂轉筋，足膝無力。〔《增補古今醫鑑》：酒洗。〕威靈苦溫，腰膝冷痛，積痰痃癖，風濕通用。〔《增補古今醫鑑》：去蘆，酒洗。〕牡丹苦寒，破血通經，血分有熱，無汗骨蒸。〔《增補古今醫鑑》：去骨。〕玄參苦寒，清無根火，消腫骨蒸，補腎亦可。肉堅黑者佳。〔《增補古今醫鑑》：紫色者佳。反藜蘆。〕沙參味苦，消腫排膿，補肝益肺，退熱除風。〔《增補古今醫鑑》：去蘆，反藜蘆。〕丹參味苦，破積調經，生新去惡，祛除帶崩。〔《增補古今醫鑑》：反藜蘆。〕苦參味苦，癰腫瘡疥，下血腸風，眉脫赤癩。〔《增補古今醫鑑》：反藜蘆。〕龍膽苦寒，療眼赤疼，下焦濕腫，肝經熱煩。五加皮寒，祛痛風痹，健步堅筋，益精止瀝。〔《增補古今醫鑑》：此皮浸酒輕身延壽，寧得一把五加，不（用）〔要〕金玉滿車。〕防己氣寒，風濕脚痛，熱積膀胱，消癰散腫。去皮，酒浸洗。

地榆沉寒，血熱堪用，血痢帶崩，金瘡止痛。胃弱者少用。〔《增補古今醫鑑》：如虛寒水瀉，切宜忌之。〕茯神補心，善鎮驚悸，恍惚健忘，除怒恚心。去皮木。遠志氣溫，能敺驚悸，安神鎮心，令人多記。用甘草湯漬一宿，透，去骨，晒乾。酸棗味酸，斂汗祛煩，多眠用生，不眠用炒。去殼。〔《增補古今醫鑑》：去核取仁。〕菖蒲性溫，開心通竅，去痹除風，出聲至妙。〔《增補古今醫鑑》：去毛，一寸九節者佳。忌鐵器。〕栢子味甘，補心益氣，斂汗扶陽，更除驚悸。〔《增補古今醫鑑》：去殼取仁。即栢實。〕益智辛溫，安神益氣，遺溺遺精，嘔逆皆治。去殼。〔《增補古今醫鑑》：去殼取仁，研碎。〕甘松味香，善除惡氣，浴體香肌，心腹痛已。小茴性溫，能除疝氣，腹痛腰疼，調中暖胃。〔《增補古今醫鑑》：鹽酒炒。〕大茴味辛，疝氣〔脚氣〕，腫痛膀胱，止嘔開胃。鹽湯浸，炒。〔《增補古今醫鑑》：即蘹香子。〕乾薑味辛，表解風寒，炮苦逐冷，虛熱尤甚。〔《增補古今醫鑑》：紙包水浸火煨，切片，慢火炒至極黑。亦有生用者。〕附子辛熱，性走不守，四肢厥逆，回陽功有。厥冷回陽用生。引諸藥行經，用麵裹火煨，去皮臍，切四片，用童便浸透，晒乾。〔《增補古今醫鑑》：皮黑頂正圓，一兩一枚者佳。麵裹火煨，去皮(別)〔臍〕，童便浸一宿，慢火煮，晒乾密封，旋切片用。亦有該用生者。〕川烏大熱，搜風入骨，濕痹寒疼，破積之物。〔《增補古今醫鑑》：頂歪斜，製同附子。〕木香微溫，散滯和胃，諸氣能調，行肝瀉肺。〔《增補古今醫鑑》：形如枯骨，苦口粘牙者佳。〕沉香降氣，暖胃追邪，通天徹地，衛氣堪誇。丁香辛熱，能除寒嘔，心腹疼痛，溫胃可曉。氣血勝者，勿與丁香，以其益氣也。〔《增補古今醫鑑》：雄丁香如釘子長，雌丁香棗核大。〕砂仁性溫，養胃進食，止痛安胎，通經破滯。〔《增補古今醫鑑》：去殼取仁。〕〔《增補古今醫鑑》：華澄茄辛，除脹化食，消痰止噦，能逐鬼氣。係嫩胡椒青時摘取者是。〕蓮肉味甘，健脾理胃，止瀉澁精，清心養氣。肉桂辛熱，善通血脈，腹痛虛寒，溫補可得。〔《增補古今醫鑑》：去粗皮，不見火。妊娠用要用炒。厚者肉桂，嫩者官桂。〕桂枝小梗，橫行手臂，止汗舒筋，治手足痹。吳茱辛熱，能調疝氣，臍腹寒疼，酸水通治。去梗，炒。延胡氣溫，心腹卒痛，通經活血，跌撲血崩。〔《增補古今醫鑑》：即玄胡索。〕薏苡味甘，專除濕痹，筋節拘攣，肺癰肺痿。去殼淨。〔《增補古今醫鑑》：一名穿穀米。去殼取仁。〕肉蔻辛溫，脾胃虛冷，瀉利不休，功可立等。麵裹煨熱，切碎，紙包，搥。〔《增補古今醫鑑》：一名肉果。〕草蔻辛溫，治寒犯胃，作痛嘔吐，不食能治。〔《增補古今醫鑑》：建寧有淡紅花，內白色子是真。〕訶子味苦，澁腸止痢，痰嗽喘急，降火斂肺。〔《增補古今醫鑑》：又訶黎勒，六稜黑色者佳。火煨去核。〕草果味辛，消食

除脹，截瘧逐痰，解溫辟瘴。〔《增補古今醫鑑》：去殼取仁。〕常山苦寒，截瘧損痰，解傷寒熱，水脹能寬。酒浸，切片。良薑性熱，下氣溫中，轉筋霍亂，酒食能攻。〔《增補古今醫鑑》：結實秋收，名紅豆蔻，善解酒毒，餘治同。〕山查味甘，磨消肉食，療疝催瘡，消膨健胃。少用溫水漬透，去子取肉。〔《增補古今醫鑑》：一名糖毬子，俗呼山裏紅。〕神麯味甘，開胃消食，破結逐痰，調中下氣。炒。〔《增補古今醫鑑》：要六月六日製造方可用，要炒黃色。〕麥芽甘溫，能消宿食，心腹膨脹，破血散滯。用大麥生芽炒用。〔《增補古今醫鑑》：炒，孕婦勿服，恐墮胎元。〕蘇子味辛，敺痰降氣，止欬定喘，更潤心肺。炒。白芥子辛，專化脇痰，瘧蒸痞塊，服之能安。炒。甘遂苦寒，破癥消痰，面浮蠱脹，利水能安。反甘草。大戟甘苦，消水利便，腫脹癥堅，其功瞑眩。反甘草、海藻。芫花寒苦，能消脹蠱，利水瀉濕，止欬痰吐。反甘草。商陸辛甘，赤白各異，赤者消腫，白利水氣。〔《增補古今醫鑑》：一名章柳。〕海藻鹹寒，消癭散癧，除脹破癥，利水通閉。反甘草。〔《增補古今醫鑑》：與海藻、昆布散結潰堅功同。反甘草。〕牽牛苦寒，利水消腫，蠱脹痃癖，散滯除壅。妊娠忌服。黑者屬水，效速；白者屬金，效遲。研爛取頭尖用。葶藶苦辛，利水消腫，痰欬癥瘕，治喘肺癰。〔《增補古今醫鑑》：隔紙略炒。〕瞿麥辛寒，專除淋病，且能墮胎，通經立應。三稜味苦，利血消癖，氣滯作疼，虛者當忌。〔《增補古今醫鑑》：去毛火煨。〕醋浸透，炒。莪术溫苦，善破痃癖，止痛消瘀，通經最宜。〔《增補古今醫鑑》：去根火煨。〕醋浸，炒。五靈味甘，血痢腹疼，止血用炒，行血用生。乾漆辛溫，通經破瘕，追積殺蟲，效如奔馬。炒。〔《增補古今醫鑑》：搗破，砂炒令煙盡。生則損人腸胃。〕蒲黃味甘，逐瘀止崩，補血須炒，破血宜生。蘇木甘鹹，能行積血，產後月經，兼醫撲跌。桃仁甘寒，能潤大腸，通經破瘀，血瘕堪嘗。水泡去皮尖。紅花辛溫，最消瘀血，多則通經，少則養血。薑黃味辛，消癰破血，心腹疼痛，下氣最捷。大者為薑黃。鬱金味苦，破血生肌，血淋溺血，鬱結能舒。小者為鬱金。金銀花甘，療癰無對，未成則散，已成則潰。〔《增補古今醫鑑》：一名忍冬，一名鷺鷥藤，一名金釵股，一名老翁鬚。〕漏蘆性寒，祛惡瘡毒，補血排膿，生肌長肉。〔《增補古今醫鑑》：一名野蘭。〕蒺藜味苦，療瘡瘙癢，白癜頭瘡，翳除目朗。白及味苦，功專收斂，腫毒瘡瘍，外科最善。蛇床辛苦，下氣溫中，惡瘡疥癩，逐瘀祛風。天麻味辛，能敺頭眩，小兒驚癇，拘攣癱瘓。〔《增補古今醫鑑》：一名赤箭。〕白附辛溫，治面百病，血痹風瘡，中風諸症。全蝎味辛，却風痰毒，口眼喎斜，風癇發搐。〔《增補古今醫鑑》：去頭足。〕蟬退甘平，消

風定驚，殺疳除熱，退翳侵明。〔《增補古今醫鑑》：或去頭足，消風要足。〕殭蠶味鹹，諸風驚癇，濕痰喉痹，瘡毒瘢痕。〔《增補古今醫鑑》：去絲嘴，炒。〕木鱉甘溫，能追瘡毒，乳癰腰疼，消腫最速。殼去。蜂房鹹苦，驚癇瘛瘲，牙疼腫毒，瘰癧腸癰。花蛇溫毒，癱瘓喎斜，大風癩疥，諸毒彌佳。〔《增補古今醫鑑》：兩鼻孔，四(撩)〔獠〕牙，頭帶二十四朵花，尾上有個佛指甲是，出蘄州者佳。〕〔《增補古今醫鑑》：蛇退辟惡，能除翳膜，腸痔蠱毒，驚癇搐搦。〕槐花味苦，痔漏腸風，大腸熱痢，更殺蚘蟲。鼠粘子辛，能消瘡毒，癮疹風熱，咽疼可逐。一名牛蒡子，一名大力子。茵陳味苦，退疸除黃，瀉濕利水，清熱為涼。蔓荊味苦，頭痛能醫，拘攣濕痹，淚眼堪除。〔《增補古今醫鑑》：微炒研碎。〕兜鈴苦寒，能熏痔漏，定喘消痰，肺熱久嗽。〔《增補古今醫鑑》：去隔膜，根名青木香，散氣。〕百合味甘，安心定膽，止嗽消浮，癰疽可啖。秦艽微寒，除濕榮筋，肢節風痛，下血骨蒸。〔《增補古今醫鑑》：新好羅紋者佳。〕紫(苑)〔菀〕苦辛，痰喘欬逆，肺痰吐膿，寒熱並濟。酒洗。〔《增補古今醫鑑》：去頭。〕款花甘溫，理肺消痰，肺癰喘欬，補勞除煩。〔《增補古今醫鑑》：要嫩茸，去木。〕金沸草寒，消痰止嗽，明目祛風，逐水尤妙。〔《增補古今醫鑑》：一名旋覆花，一名金錢花。〕桑皮甘辛，止嗽定喘，瀉肺火邪，其功不淺。〔《增補古今醫鑑》：風寒新嗽生用，虛勞久嗽蜜水炒用，去紅皮。〕杏仁溫苦，風痰喘嗽，大腸氣閉，便難切要。水泡，去皮尖，雙仁有毒，勿用。烏梅酸溫，收斂肺氣，止渴生津，能安瀉痢。〔《增補古今醫鑑》：去核用。〕天花粉寒，止渴祛煩，排膿消毒，善除熱痰。即栝蔞根。〔《增補古今醫鑑》：瓜蔞仁寒，寧嗽化痰，傷寒結胸，解渴止煩。去殼用仁，重紙包，磚壓摻之只一度去油用。〕密蒙花甘，主能明目，虛翳青盲，服之效速。〔《增補古今醫鑑》：酒洗蒸過，晒乾。〕菊花味甘，除熱祛風，頭眩目赤，收淚有功。家園內黃菊小花，甘甜者佳，酒浸晒乾用。木賊味甘，益肝退翳，能止月經，更消積聚。決明子甘，能除肝熱，目疼收淚，仍止鼻血。羚羊角寒，明目清肝，却驚解毒，補智能安。龜甲味甘，滋陰補腎，除瘀續筋，更醫顱顖。〔《增補古今醫鑑》：即敗龜板。〕鱉甲酸平，勞嗽骨蒸，散瘀消腫，去痞除崩。〔《增補古今醫鑑》：去裙蘸醋炙黃。〕海鰾鮹鹹，破血除癥，通經水腫，目翳心疼。〔《增補古今醫鑑》：一名烏賊魚骨。〕犀角酸寒，化毒辟邪，解熱止血，消腫蛇毒。火麻味甘，下乳催生，潤腸通結，小水能行。〔《增補古今醫鑑》：微炒，磚擦去殼，取仁。〕山豆根苦，療咽腫痛，敷蛇蟲傷，可救急用。俗名金鑰匙。用根，口嚼汁，吞，止咽喉腫病。益母草甘，女科為主，產後胎前，生新去瘀。〔《增補古今醫鑑》：一名茺蔚子。〕忌犯鐵器。紫草苦寒，能通九竅，利水消膨，痘疹切要。〔《增補古今醫鑑》：紫葳味酸，調經止痛，崩中帶下，癥瘕通用。即凌霄花。〕地膚子寒，去膀胱熱，皮膚瘙癢，除熱甚捷。〔《增補古今醫鑑》：一名鐵掃箒子。〕楝根寒性，能追諸蟲，痛疼一止，積聚立通。樗根味苦，瀉痢帶崩，腸風痔漏，燥濕澁精。〔《增補古今醫鑑》：去粗皮，取白皮，切片，酒炒。〕澤蘭甘苦，癰腫能消，打撲傷損，肢體虛浮。巴豆辛熱，除胃寒積，破癥消痰，大能通利。去皮心膜，或生或熟，聽用。〔《增補古今醫鑑》：一名江子，一名巴(椒)〔菽〕，反牽牛。去角，看症製用。〕牙皂味辛，通利關竅，敷腫消痛，吐風痰妙。〔《增補古今醫鑑》：去弦、子、皮，用不蛀者。〕〔《增補古今醫鑑》：蕪荑味辛，敺邪殺蟲，痔瘻癬疥，化食除風。火煅用。雷丸味苦，善殺諸蟲，癲癇蠱毒，治兒有功。赤者殺人，白者佳。甘草煎水泡一宿。胡麻仁甘，疔腫惡瘡，熟補虛損，筋壯力強。一名巨勝子，黑者佳。蒼耳子苦，疥癬細瘡，敺風濕痹，瘙癢堪嘗。一名枲耳。實多小刺。蕤仁味甘，風腫爛弦，熱脹努肉，眼淚立痊。青葙子苦，肝臟熱毒，暴發赤障，青盲可服。即白雞冠花子。穀精草辛，牙齒風痛，口瘡咽痹，眼翳通用。一名戴星草。白薇大寒，療風治瘧，人事不知，鬼邪堪却。白斂微寒，兒瘧驚癇，又陰腫痛，癰疔可啖。青蒿氣寒，童便熬膏，虛寒盜汗，除骨蒸勞。茅根味甘，通關逐瘀，止吐衄血，客熱可去。枇杷葉苦，偏理肺臟，吐穢不已，解酒清上。布拭去毛。木律大寒，口齒聖藥，瘰癧能醫，心煩可却。一名胡桐淚。射干味苦，逐瘀通經，喉痹口臭，癰毒堪憑。一名烏翣根。鬼箭羽苦，通經墮胎，殺蟲破結，敺邪除乖。一名衛茅。夏枯草苦，瘰癧瘻瘤，破癥散結，濕痹能瘳。冬至後發生，夏至時枯悴。馬鞭甘苦，破血通經，癥瘕痞塊，服之最靈。鶴虱味苦，殺蟲追毒，心腹卒痛，蛇蟲堪逐。旱蓮草甘，生鬚黑髮，赤痢堪止，血流可截。慈菰辛苦，疔腫癰疽，惡瘡癮疹，蛇虺並施。榆皮味甘，通水除淋，能利關節，敷腫痛定。取裏面白皮，切片，晒乾。鈎藤微寒，療兒驚癇，手足瘈瘲，抽搐口眼。苗類鈎釣，故曰鈎藤。豨薟味甘，追風除濕，聰耳明目，烏鬚黑髮。蜜酒浸，九晒為丸服。葵花味甘，帶痢兩功，赤治赤者，白治白同。辛夷味辛，鼻塞流涕，香臭不聞，通竅之劑。去心毛。續隨子辛，惡瘡蠱毒，通經消積，不可過服。一名千金子，一名拒冬，去殼取仁，紙包壓去油。海桐皮苦，霍亂久痢，疳䘌疥癬，牙疼亦治。石楠藤辛，腎衰脚弱，風淫濕痹，堪為妙藥。一名鬼目，女人不可久服，犯則切切思男。鬼臼有毒，辟瘟除惡，蟲毒鬼疰，風邪可却。大青氣寒，傷寒熱毒，黃汗黃疸，時疫宜服。

側栢葉苦，吐衄崩痢，能生鬚眉，除濕之劑。槐實味苦，陰瘡濕癢，五痔腫疼，止涎極莽。即槐角黑子也。瓦壟子鹹，婦人血塊，男子痰癖，癥瘕可瘥。即蚶子殼，火煅醋淬。棕櫚子苦，禁洩澁痢，帶下崩中，腸風堪治。冬青子寒，滑胎易產，癃利小便，善通乳難。即葵菜子，名女貞實。淫羊藿辛，陰起陽興，堅筋益骨，志強力增。即仙靈脾，俗呼三枝九葉草也。松脂味甘，滋陰補陽，毆風安臟，膏可貼瘡。一名瀝青。覆盆子甘，腎損精竭，黑鬚明眸，補虛續絕。去蒂。合歡味甘，利人心志，安臟明目，快樂無慮。即交枝樹。金櫻子甘，夢遺精滑，禁止遺尿，寸白蟲殺。霜後紅熟，去核。楮實味甘，壯筋明目，益氣補虛，陰痿當服。郁李仁酸，破血潤燥，消腫利便，關格通導。碎核取仁，湯泡去皮，研碎。沒食子苦，益血生精，染鬚最妙，禁痢極靈。即無食子。密陀僧鹹，止痢醫痔，能除白瘢，諸瘡可治。伏龍肝溫，治疫安胎，吐血欬逆，心煩妙哉。取年深色變褐者佳。穿山甲毒，痔癖惡瘡，吹奶腫痛，鬼魅潛藏。用甲，剉碎，土炒成珠。蚯蚓氣寒，傷寒瘟病，大熱狂言，投之立應。蜘蛛氣寒，狐疝偏痛，蛇虺咬塗，疔腫敷用。腹大，黑色者佳。蟾蜍氣涼，殺疳蝕癖，瘟疫能碎，瘡毒可祛。刺蝟皮苦，主醫五痔，陰腫疝痛，能開胃氣。蛤蚧味鹹，肺痿血咯，傳尸勞疰，邪魅可却。螻蛄味鹹，治十水腫，上下左右，效不旋踵。蝸牛味鹹，口眼喎僻，驚癇拘攣，脫肛咸治。桑螵蛸鹹，淋濁精泄，除疝腰疼，虛損莫缺。田螺性冷，利大小便，消腫除熱，醒酒立見。濁酒煮熟，挑肉食之。象牙氣平，雜物刺喉，能通小便，諸瘡可瘳。水蛭味鹹，除積瘀堅，通經墮胎，折傷可痊。即馬蝗蜞。海粉味鹹，大治頑痰，婦人白帶，鹹能軟堅。即海石。火煅，研。如無，以蛤粉代之。石蟹味鹹，點目腫翳，解蠱脹毒，催生落地。無名異甘，金瘡折損，去瘀止痛，生肌有準。青礞石寒，硝煅金色，墜痰消食，神妙莫測。用焰硝同入碙內，火煅如金色者佳。磁石味鹹，專殺鐵毒，若悮吞針，繫線即出。花蕋石寒，善止諸血，金瘡血流，產後血洩。火煅，研。代赭石寒，下胎崩帶，兒疳瀉痢，驚癇鬼怪。黑鉛味甘，止嘔反胃，鬼疰癭瘤，安神定智。銀屑味辛，語譫恍惚，定志養神，鎮心明目。金屑味甘，善安魂魄，癲狂驚癇，調和血脉。狗脊味甘，酒蒸入劑，腰背膝疼，風寒濕痺。根類金毛狗脊。骨碎補溫，折傷骨節，風血積疼，最能破血。去(尾)〔毛〕。即胡孫良薑。茜草味苦，蠱毒吐血，經帶崩漏，損傷虛熱。預知子貴，綴衣領中，遇毒聲作，誅蠱殺蟲。王不留行，調經催產，除風痺痙，乳癰當啖。即剪金子花，取酒蒸，火焙乾。狼毒味辛，破積瘕癥，惡瘡鼠瘻，殺毒鬼精。藜蘆味辛，最能發吐，腸澼瀉痢，殺蟲消蠱。反芍藥、細辛、人參、沙參、玄參、丹參、苦參，勿同用。蓖麻子辛，吸出滯物，塗頂肚收，塗足胎出。去殼取仁。百部味甘，骨蒸勞瘵，殺疳蚘蟲，久嗽功大。黃荊子苦，善治欬逆，骨節寒熱，能下肺氣。又名荊實。瓜蒂苦寒，善能吐痰，消身腫脹，并治黃疸。即北方甜瓜蒂也。一名苦丁香。散用則吐，丸用則瀉。粟殼性澁，瀉痢嗽却，劫病如神，殺人如劒。不可輕用，蜜水炒。夜明砂糞，能下死胎，小兒無辜，瘰癧堪裁。一名伏翼糞，一名蝙蝠屎。〕斑猫有毒，破血通經，諸瘡瘰癧，水道能行。〔《增補古今醫鑑》：去頭翅足，米炒熟用。〕〔《增補古今醫鑑》：蠶沙性溫，濕痺癮疹，癱風腸鳴，消渴可飲。〕胡黃連苦，治勞骨蒸，小兒疳痢，盜汗虛驚。〔《增補古今醫鑑》：折斷一線煙出者佳。忌豬肉。〕使君甘溫，消疳清濁，瀉痢諸蟲，總能除却。煨去殼，取肉。赤石脂溫，保固腸胃，潰瘍生肌，澁止瀉痢。〔《增補古今醫鑑》：形赤粘舌為良。火煅醋淬，研碎。〕青黛酸寒，能平肝木，驚癇疳痢，兼除熱毒。〔《增補古今醫鑑》：即靛花。〕阿膠甘溫，止欬膿血，吐衄胎崩，虛羸可啜。蛤粉炒成珠。〔《增補古今醫鑑》：要金井者佳。蛤粉炒成珠。〕白礬味酸，善解諸毒，治症多能，難以盡述。〔《增補古今醫鑑》：火煅過名枯礬。〕五倍苦酸，療齒疳䘌，痔癬瘡膿，兼除風熱。〔《增補古今醫鑑》：一名文蛤，一名百蟲倉，百藥煎即此造成。〕玄明味辛，能蠲宿垢，化積消痰，諸熱可療。用朴硝一斤，於蘿蔔一斤同煮，蘿蔔熟為度，綿紙濾過，瓷盆內露一宿收之，宜冬月製。通草味甘，善治膀胱，消癰散腫，能通乳房。枸杞甘溫，添精固髓，明目祛風，陰興陽起。酒洗。〔《增補古今醫鑑》：紫熟味甘膏潤者佳。去梗。〕黃精味甘，能安臟腑，五勞七傷，此藥大補。洗淨，九蒸九晒用之，鉤吻略同，切勿悮用。何首烏甘，添精種子，黑髮悅顏，長生不死。忌犯鐵器，九蒸九晒用之。五味酸溫，生津止渴，久嗽虛勞，金水枯竭。此酸味收束，不宜多，多用閉其邪，恐成虛熱。〔《增補古今醫鑑》：風寒欬嗽用南，虛損勞傷用北。去梗。〕山茱性溫，澁精益髓，腎虛耳鳴，腰膝痛止。〔一〕名石棗。酒洗，蒸熟，取肉去核，而核反能泄精。石斛味甘，却驚定志，壯骨補虛，善毆冷閉。去根酒洗。〔《增補古今醫鑑》：如黃色者佳。〕破故紙溫，腰膝酸痛，興陽固精，鹽酒炒用。即補骨脂。〔《增補古今醫鑑》：鹽酒洗炒。〕薯蕷甘溫，理脾止瀉，益腎補中，諸虛何怕。即乾山藥。〔《增補古今醫鑑》：一名山藥，一名山芋。懷慶者佳。〕蓯蓉味甘，峻補精血，若驟用之，反動便滑。〔《增補古今醫鑑》：酒洗去鱗用，除心內膜筋。〕忌犯鐵器。菟絲甘溫，夢遺滑精，腰疼膝冷，添髓強筋。水淘淨用，同入砂罐內煮爛，做成餅，配入諸藥用。牛膝味苦，除濕痹痿，

腰膝酸疼，益陰補髓。去蘆，酒洗用。〔《增補古今醫鑑》：懷慶者佳。〕杜仲辛溫，強筋壯骨，足痛腰疼，小便淋瀝。去皮，酒和薑汁炒去絲。巴戟辛甘，大補虛損，精滑夢遺，強筋固本。酒浸，搥去骨，晒乾用。〔《增補古今醫鑑》：肉厚連珠者佳。酒浸過宿，搥去骨，晒乾。俗名二蔓草。〕〔《增補古今醫鑑》：仙茅味辛，腰足攣痺，虛損勞傷，陽道興起。咀，禁鐵器。製〔浸〕米泔。十斤乳石，不及一斤仙茅。〕龍骨味甘，夢遺精泄，崩帶腸癰，驚癇風熱。〔《增補古今醫鑑》：火煅。〕虎骨味辛，專治脚膝，定痛追風，能壯筋力。胡巴溫暖，補腎臟虛，膀胱諸疝，脹痛皆除。鹿茸甘溫，益氣滋陰，泄精尿血，崩帶堪任。〔《增補古今醫鑑》：燎去毛，或酒或酥炙令脆。〕牡蠣微寒，澁精止汗，崩帶脇疼，老痰袪散。火煨，左顧者佳。楝子味苦，膀胱疝氣，中濕傷寒，利水之劑。〔《增補古今醫鑑》：即金鈴子。酒浸蒸，去皮核。〕萆薢甘苦，風寒濕痹，腰背冷疼，添精益氣。〔《增補古今醫鑑》：白者為勝。酒浸切片。〕寄生甘苦，腰痛頑麻，續筋壯骨，風濕尤佳。〔《增補古今醫鑑》：要桑寄生。〕續斷味辛，接骨續筋，跌撲折損，且固遺精。酒浸洗用。〔《增補古今醫鑑》：酒洗，切片。如雞脚者佳。〕〔《增補古今醫鑑》：人之頭髮，補陰甚捷，吐衄血暈，風癇驚熱。一名血餘。天靈蓋鹹，傳屍勞瘵，溫瘧血崩，投之立瘥。即人腦蓋枯骨，燒存性。鹿角膠溫，吐衄虛羸，跌撲傷損，崩帶安胎。膃肭臍熱，補益元氣，敺邪辟鬼，痃癖勞傷。酒浸，微火炙令香。紫河車甘，療諸虛損，勞瘵骨蒸，滋培根本。一名混沌皮，一名混元衣，即胞衣也。長流水淨洗，或新瓦煨乾，或甑蒸爛。忌鐵器。楓香味辛，外科要藥，瘙瘡癮疹，齒痛亦可。一名白膠香。檀香味辛，升胃進食，霍亂腹痛，中惡鬼氣。安息香辛，辟邪敺惡，逐鬼消蠱，鬼胎能落。黑黃色，燒香鬼懼神散。蘇合香甘，誅惡殺鬼，蠱毒癇痓，夢魘能起。熊膽味苦，熱蒸黃疸，惡瘡蟲痔，五疳驚癇。硇砂有毒，潰癰爛肉，除翳生肌，破癥消毒。水飛，去土石，生用爛肉，火煅可用。硼砂味辛，療喉腫痛，膈上熱痰，噙化立中。大塊光瑩者佳。硃砂味甘，鎮心養神，却邪殺鬼，定魄安魂。生餌無害，煉服殺人。硫黃性熱，掃除疥瘡，壯陽逐冷，寒邪敢當。龍腦味辛，目痛頭痺，狂燥妄語，真為良劑。即冰片。蘆薈氣寒，殺蟲消疳，癲癇驚搐，服之立安。俗名象膽。天竺黃甘，急慢驚風，鎮心解熱，敺邪有功。出天竺國。〕麝香辛暖，善通關竅，伐鬼安驚，解毒甚妙。〔《增補古今醫鑑》：不見火。〕乳香辛苦，療諸惡瘡，生肌止痛，心腹尤良。〔《增補古今醫鑑》：去砂石，用燈心同研。〕沒藥溫平，治瘡止痛，跌打損傷，破血通用。阿魏性溫，除癥破結，却鬼殺蟲，傳尸可滅。水銀性寒，治疥殺蟲，斷絕胎孕，催生立通。〔《增補古今醫鑑》：輕粉性燥，外科要藥，楊梅諸瘡，殺蟲可托。〕靈砂性溫，能通血脈，殺鬼辟邪，安魂定魄。〔《增補古今醫鑑》：係水銀、硫黃水火煅煉成形者。〕砒霜有毒，風痰可吐，截瘧除哮，能消沉痼。〔《增補古今醫鑑》：一名人言，一名信。所畏菉豆粉、水、米醋、羊肉，誤中毒，服中用一味即解。〕雄黃甘辛，辟邪解毒，更治蛇虺，喉風瘜肉。珍珠氣寒，鎮驚除癇，開聾磨翳，止渴墜痰。〔《增補古今醫鑑》：未鑽者，研如粉。〕牛黃味苦，大治風痰，安魂定魄，驚癇靈丹。琥珀味甘，安魂定魄，破瘀消癥，利水通塞。〔《增補古今醫鑑》：拾起草芥者佳。〕血竭味鹹，跌撲傷損，惡毒瘡癰，破血有準。〔《增補古今醫鑑》：一名麒麟竭。敲斷有鏡臉光者佳。〕〔《增補古今醫鑑》：石鍾乳甘，氣乃慓悍，益氣固精，明目延壽。陽起石甘，腎氣乏絕，陰痿不起，其効甚捷。火煅酒淬七次，再酒煮半日，研細。桑椹子甘，解金石燥，清除熱渴，染鬚髮皓。蒲公英苦，潰堅消腫，結核能除，食毒堪用。一名黃花地丁草。石韋味苦，通利膀胱，遺尿或淋，發背瘡瘍。扁蓄味苦，疥癧疽痔，小兒蟯蟲，女人陰蝕。赤箭味苦，原號定風，殺鬼蠱毒，除疝療癰。即天麻苗也。鰻鱺魚甘，勞瘵殺蟲，痔漏瘡疹，崩疾有功。白蛤肉平，解諸藥毒，能除疥瘡，味勝豬肉。鯽魚味甘，和中補虛，理胃進食，腸澼瀉痢。驢肉微寒，安心解煩，能發痼疾，以動風淫。鯶魚味甘，益智補中，能却狐臭，善散濕風。血塗口眼喎斜，左患塗右，右患塗左。白鵝肉甘，大補臟腑，最發瘡毒，痼疾勿與。犬肉性溫，益氣壯陽，炙食作渴，陰虛禁嘗。不可與蒜同食，頃損人。鱉肉性冷，涼血補陰，癥瘕勿食，孕婦勿侵。合雞子食殺人，合莧菜食即生鱉瘕，切忌多食。芡實味甘，能益精氣，腰膝酸疼，皆主濕痺。一名雞頭，去殼取仁。石蓮子苦，療噤口痢，白濁遺精，清心良劑。藕味甘苦，解酒清熱，消煩逐瘀，止吐衄血。龍眼味甘，歸脾益智，健忘怔忡，聰明廣記。蓮鬚味甘，益腎烏鬚，澁精固髓，悅顏補虛。石榴皮酸，能禁精漏，止痢澁腸，染鬚尤妙。陳倉穀米，調和脾胃，解渴除煩，能止瀉利。愈陳愈佳。即粘米。陳粟米功同。萊菔子辛，喘欬下氣，倒壁衝牆，脹滿消去。即蘿蔔子。麻油性冷，善解諸毒，百病能除，功難悉述。白果甘苦，喘嗽白濁，點茶壓酒，不可多嚼。一名銀杏。胡桃肉甘，補腎黑髮，多食生痰，動氣之物。梨味甘酸，解酒除渴，止嗽消痰，善敺煩熱。勿多食，令人寒中作瀉，產婦、金瘡屬血虛切忌。榧實味甘，主療五痔，蠱毒三蟲，不可多食。〕竹茹止嘔，能除寒痰，胃熱欬噦，不寐安歇。即竹上青皮刮下是。竹葉味甘，退熱安眠，化痰定喘，止渴消煩。用淡竹者

佳。竹瀝味甘，除虛痰火，汗熱渴煩，效如開鎖。〔《增補古今醫鑑》：截尺餘，直劈數片，兩磚架起，火烘，兩頭流瀝。每瀝一盞，薑汁二匙。〕燈草味甘，通利小水，隆閉成淋，濕腫為最。艾葉溫平，敺邪逐鬼，漏血安胎，心疼即愈。陳久愈佳。〔《增補古今醫鑑》：極爛醋浸炒之。〕川椒辛熱，祛邪逐冷，明目殺蟲，溫而不猛。〔《增補古今醫鑑》：去目微炒。〕胡椒味辛，心腹冷痛，下氣溫中，跌撲堪用。白蜜甘平，入藥煉熟，益氣補中，潤燥解毒。〔《增補古今醫鑑》：馬齒莧寒，青盲白翳，利便殺蟲，癥癰咸治。胡荽味辛，上止頭疼，內消穀食，痘疹發生。〕蔥白辛溫，發表出汗，傷寒頭疼，腫痛皆散。韮味辛溫，祛除胃熱，汁清血瘀，子醫夢泄。大蒜辛溫，化肉消穀，解毒散癰，多用傷目。食鹽味鹹，能吐中痰，心腹卒痛，過多損顏。茶茗味苦，熱渴能濟，上清頭目，下消食氣。酒通血脈，消愁遣興，少飲壯神，過則損命。〔《增補古今醫鑑》：用無灰者，凡煎藥入酒，藥熟方入。〕醋消腫毒，積瘕可去，產後金瘡，血暈皆治。〔《增補古今醫鑑》：一名苦酒，用味酸者。〕〔《增補古今醫鑑》：蓮子味甘，健脾理胃，止瀉澁精，清心養氣。全不去心，恐成卒暴霍亂。大棗味甘，調和百藥，益氣養神，中滿休嚼。〕淡豆豉寒，能除懊憹，傷寒頭疼，兼理瘴氣。人乳味甘，補陰益陽，悅顏明目，羸瘦仙方。童便氣涼，撲損瘀血，虛勞骨蒸，熱嗽尤捷。生薑性溫，通暢神明，痰嗽嘔吐，開胃極靈。

明・余應奎《補遺本草歌訣雷公炮製》卷一　金石部　丹砂：丹砂甘冷即辰砂，止渴除煩實可誇。益氣益精通血脈，安魂定魄鎮心家。魅邪崇鬼皆能殺，疥瘻諸瘡不見(巴)〔疤〕。中毒腹疼吞即解，清肝明目入仙家。雲母：雲母甘平安五臟，堅肌續絕補勞傷。《局方》有法煎膏用，專治癰疽惡毒瘡。又主死肌明眼目，中風寒熱是仙方。補中益氣除邪氣，止痢俱依炮製良。玉屑：玉屑甘平嫌鹿角，能(開)〔除〕胃熱解煩煎。生津止渴能蠲喘，久服令人可永年。玉泉：玉泉無毒又甘平，強骨柔筋肌肉生。定魄安魂兼益氣，婦人帶下服之寧。石鍾乳：鍾乳甘溫能益氣，服之不煉使人淋。出聲治欬兼行乳，補髓添精又壯(陽)〔陰〕。礬石：礬石酸寒除洩痢，消痰堅齒治喉風。更醫(陽)〔陰〕蝕諸瘡漏，息肉能令去鼻中。芒硝：芒硝寒苦須飛過，留血停痰用此攻。大小便癃經水閉，五淋積聚見神通。朴硝：朴硝無毒苦辛寒，積聚停痰服此寬。風熱邪侵兼痞滿，胃中熱結破之安。玄明粉：玄明粉鍊朴硝成，辛冷開痰點眼明。破積除煩驅宿垢，心胸膈上熱能清。馬牙硝：馬牙硝冷甘無毒，原是朴消成白玉。細搗羅篩將點眼，腫疼障翳從斯逐。生硝：生硝味苦大寒涼，瘓瘲驚癇風熱良。喉閉口瘡牙腫愈，赤眸多膜點無妨。滑石：滑石甘寒白色佳，通淋止洩實堪誇。乳難積聚多煩渴，濕熱吞之效不差。石膽：石膽酸辛寒有毒，除癎明目治金瘡。石淋陰蝕崩中血，鼠瘻癥瘕服即康。空青：空青性冷味甘酸，利竅開聾又益肝。下乳養神通血脈，明眸去翳淚能乾。曾青：曾青味酸性微寒，利竅通關益膽肝。風痺頭風寒中腦，目疼流淚頃平安。殺蟲止渴除寒熱，積聚癥堅服即寬。禹餘糧：禹餘糧冷味兒甘，血閉癥瘕用此芟。大熱滿煩並欬逆，帶中赤白力能堪。太乙餘糧：太乙餘粮須製過，有黃末者石中黃。藥中用殼研千杵，欬逆癥瘕閉漏良。白石英：白石英溫甘又辛，除風濕痺更強陰。暖胸止咳除消渴，下氣通淋肺痿擒。紫石英：紫石英甘辛氣溫，散癰止渴最安魂。婦人子戶風寒病，絕孕多年用此吞。青石脂：青石脂酸平止痢，養肝膽脾與明眸。婦人帶下兼黃疸，疽痔瘡瘍並可瘳。赤石脂：赤石甘酸辛大溫，養心止痢療眸昏。癰疽崩漏兼難產，又治胞衣不出門。黃石脂：黃石脂平苦養脾，癰疽洩痢並宜施。調中安臟除黃疸，飛過三遭始用之。白石脂：白石甘酸平養肺，厚腸補髓除驚悸。崩中赤白並下痢，瘡痔癰疽皆可治。黑石脂：黑石脂鹹平養鹹，強陰益氣須頻進。口瘡咽痛痢皆除，陰蝕瘡蟲驅掃盡。白青：白青性平味酸鹹，聾耳昏眸用此餤。諸毒三蟲都殺盡，心中邪氣即時芟。綠青：綠青酸味寒無毒，益氣如神療鼻衄。洩痢之人宜服此，生山陰穴用心搜。無名異：無名異性平無毒，甘味金瘡是妙方。止痛生肌功浩大，折傷內損服之良。菩薩石：菩薩(名)〔石〕平蠲蠱毒，金丹發動作癰疽。撲傷瘀血兼狂熱，渴疾驚癎一盡除。經閉便淋風腫等，並磨水服即時驅。犬狼蜂蝎蛇蟲螫，毒箭傷人末可祛。綠礬：綠礬無毒治喉風，主殺牙中疥癬蟲。若與鯽魚灰共服，腸風瀉血有奇功。扁青：扁青無毒味甘平，折跌金瘡癰腫亨。明目益精消積聚，熱寒風痺服之輕。雄黃：雄黃溫毒苦而甘，化蠱追蟲用此餤。鼠瘻惡瘡疽痔等，鼻中息肉力主堪。絕筋破骨皆令續，積聚癥瘕服即芟。殺却疥蟲蛇虺毒，妊娠佩帶轉生男。石硫黃：硫黃大熱辛酸味，有毒瘡科主殺蟲。能止鼻洪疽痔血，婦人陰蝕有奇功。澁精壯腎溫脾肺，頭禿消除積聚通。脚冷痠疼無力妙，須遵雷製用無

凶。　雌黃：　雌黃平毒味甘辛，最治瘡痂疥癩人。頭禿蠶疥諸毒蝕，殺蟲驅痒即離身。死肌白駁皮膚起，息肉皆除效若神。又殺蜂蠆蛇螫毒，用時製過碾如塵。　食鹽：　食鹽入腎堅筋骨，治蠶瘡和齒血乾。殺蠱兼除心腹痛，多傷肺欬吐痰頑。　水銀：　水銀辛冷毒歸肉，量用塗瘡掃蝨侵。疹瘻痂瘍兼白禿，墮胎絕孕又消陰。　石膏：　石膏性冷甘辛味，頭與眉稜痛即消。止渴解肌除胃熱，更清肺氣與三焦。　金屑：　金屑辛平除毒氣，尤堅骨髓鎮精神。煉成金箔宜驚悸，(堅)〔生〕用須知毒殺人。　生銀：　生銀無毒定心驚，狂熱邪言臥不寧。明目安神丹毒等，水磨忌血服之靈。　靈砂：　伏火靈砂甘又溫，養神定魄及安魂。墜痰益氣除煩悶，鬼氣邪精用此吞。　水銀粉：　水銀粉冷辛無毒，能殺兒疳疥癬(中)〔蟲〕。鼻上酒齇瘰癧毒，厲風燥痒治同功。　磁石：　磁石鹹寒主吸鐵，除煩起痺治驚風。益精益腎通關節，散核消癰利耳聾。　玄石：　玄石鹹溫無毒氣，療兒發搐及癇驚。女人小腹時寒痛，絕乳吞之有子生。　綠鹽：　綠鹽鹹苦又辛平，眵暗如雲可復明。目痛赤兮兼淚出，能知用此即時清。　凝水石：　凝水石辛甘大寒，腹中積聚服之寬。口乾胃熱兼煩悶，水腫皮燒見此安。　陽起石：　陽起石鹹溫本性，治男陰痿有神功。女人腹痛癥瘕用，止漏除崩暖水宮。　孔公孽：　孔公孽性溫無毒，其味辛兮畏細辛。消食療瘡行乳汁，男人陰蝕效通神。　殷孽：　殷孽辛溫無有毒，爛傷瘀血痢皆醫。癥瘕鼠瘻功勞大，脚冷痠疼弱最宜。　蜜陀僧：　蜜陀鹹味又辛平，痔痢吞之忌用生。狐臭金瘡皆外治，乳調塗面沒瘢形。　鐵漿：　鐵漿水浸青青沫，解熱癲狂亦鎮心。蛇犬虎狼蟲等囓，服之毒氣不能侵。　秤錘：　秤錘味辛溫無毒，產後瘕疼用此醫。寒熱交攻喉痺症，燒紅投酒熱吞之。　鐵華粉：　鐵華粉性平鹹味，乃鐵黃衣入散丸。強志安心堅骨髓，烏鬚黑髮實堪觀。　生鐵：　生鐵微寒治脫肛，烏鬚黑髮是仙方。惡瘡疥癬蜘蛛咬，用蒜摩油傅上良。　鐵落：　鐵落辛甘性又平，止煩除膈熱多靈。瘡瘍痂疥諸風熱，黑子皆芟有令名。　鋼鐵：　鋼鐵味甘無有毒，除煩滿熱效通神。金瘡易合寬胸膈，寒食磨吞即過津。　理石：　理石辛甘性大寒，益精明目痺舒寬。解煩止渴清身熱，利胃追蟲積聚安。　珊瑚：　珊瑚味甘平無毒，破血除驚又鎮心。鼻衄末之吹鼻內，消磨瞖障值千金。　石蟹：　石蟹鹹寒解漆靈，水飛研細點青盲。敷癰熱疾催難產，熟水磨吞蠱毒亨。　長石：　長石性寒辛又苦，主除寒厥肺間邪。通淋止渴清身熱，殺蟲追蟲去瞖遮。　礪石：　礪石除癥兼破血，石淋並用火中燒。通紅炮酒將飢飲，磨汁浸眸障(醫)〔瞖消〕。　桃花石：　桃花石味性甘溫，血痢腸膿効若神。與赤石脂同一狀，舐之不着舌爲真。　石牀：　石牀性溫甘無毒，酒漬功多殷孽同。止渴鎮心明眼目，補精益氣有神通。　膚青：　膚青無毒味辛鹹，蠱毒諸瘡用此芟。蛇菜肉中諸毒解，教君不可太多餤。　瑪腦：　瑪瑙紅如馬腦色，生于西國來中國。辛寒無毒藥中珍，目赤熨之多有力。　石蛇：　石蛇屈曲左盤良，無毒鹹平產水傍。功用與形同石蟹，解金石毒此爲強。　黑羊石：　黑羊石味淡無疑，性熱醫人罕用之。黑色有光爲上者，解和藥毒最宜施。　銀膏：　銀膏辛味大寒兮，風熱心虛狂用之。(隔)〔膈〕熱心風頭面熱，健忘等症並皆醫。　伏龍肝：　伏龍肝性溫辛味，止血消癰治鼻紅。難產夜啼尿血欬，腸風崩帶並收功。　石灰：　石灰風化方爲勝，掃疥生肌不入湯。主療疽瘍驅息肉，又除黑子斂金瘡。　礜石：　礜石熱辛驅息肉，蝕瘡鼠瘻効如神。腹中痼冷兼風痺，煉過吞之不殺人。　砒霜：　砒霜有毒仍酸苦，治瘧須摻丸藥中。膈內風痰堪用吐，爛瘡掃疥有神功。　鐺墨：　鐺墨今名百草霜，生肌止血合金瘡。飛鹽和點人(鐘)〔中〕下，酒水研吞蠱毒良。　硇砂：　硇砂鹹苦辛溫毒，生用穿腸又壞心。去積爛胎兼破血，生肌去惡肉柔金。　鉛丹：　鉛丹辛冷即黃丹，止痛生肌頃刻間。利便治癲除毒熱，兼和吐逆及驚癇。　鉛：　黑鉛甘味除翻胃，蛇蝎傷人熨有功。並治傷寒諸毒氣，烏鬚黑髮少年同。　粉錫：　粉錫味辛寒有毒，伏尸毒螫殺三蟲。鱉瘕能去胎能墮，溺痢瘡家(湊)〔奏〕大功。　陳壁土：　陳壁土平醫洩痢，又除油膩汙衣裳。臍風下部瘡皆治，和(樂)〔藥〕尤能治脫肛。　代赭：　代赭石寒甘且苦，賊風疰蠱不留停。女人墮孕攻崩漏，男子強陰兒止驚。　石鷰：　零陵石鷰除消渴，淋症將來煮汁嘗。難產兩枚持兩手，管教母子保安康。　鹵鹹：　鹵鹹寒苦鹹無毒，大熱狂煩蠱毒良。消渴去腸中熱結，柔肌化食是仙方。　漿水：　漿水甘酸性帶溫，調中消食渴宜吞。能安霍亂醫時痢，去睡除煩作粥餐。　井華水：　井華水味甘平性，九竅因驚出血宜。噀面須臾間立止，若除口氣用含之。　菊花水：　菊花水出于甘谷，無毒甘溫清眼目。除痼疾風又益陽，補衰添壽宜多服。　地漿：　地漿無毒性寒涼，掘地成坑水沃之。攪濁澄清方可飲，心煩毒菌効真奇。　臘雪：　臘雪冷甘堪解毒，兒癇酒疸與狂啼。時行瘟疫金

丹發，一切吞之即便離。　泉水：　泉水甘平無有毒，漆瘡癰腫洗之良。心煩消渴兼翻胃，一盞吞之即使康。久服調中除熱氣，熱淋痢疾是仙方。有人墜損腸流去，用噴其身㮇內藏。　半天河：　半天河水性微寒，鬼疰狂邪服即安。毒氣惡瘡須用洗，教君早取竹籬端。　熱湯：　熱湯熨忤死人腹，霍亂筋攣亦熨之。或用破氈或綿絮，湯淋熱透愈無疑。繰絲湯主蛔蟲氣，熱飲盃多效可期。產後血攻心腹痛，燖猪湯服一盃宜。　白堊：　白堊辛溫除洩痢，鹽湯飛過用之宜。女人月閉癥瘕漏，陰腫疼兮任所施。　青琅玕：　青琅玕得水銀良，無毒辛平療火瘡。白禿疥痂能掃盡，又能殺錫毒癰傷。　自然銅：　自然銅質本生成，其色青黃辛又平。火煅醋淋研細用，折傷止痛播芳名。排膿散血續筋骨，積聚胸中此可征。產後血邪驚悸等，酒磨吞下即安寧。　金牙：　金牙無毒味兒鹹，鬼疰生身用此芠。任是他人行蠱毒，教君空腹把來餤。　銅弩牙：　銅弩牙平微有毒，婦人難產有奇功。陰陽膈塞能通達，血閉吞之即便通。　金星石：　金星石性寒無毒，肺損勞傷止吐紅。嗽血兼通脾肺壅，銀星石與一般同。　梁上塵：　梁上塵甘性又平，能消軟癖治橫生。噎喉中惡皆推蕩，鼻衄停兮腹痛寧。　車脂：　車脂無毒醫心痛，中惡須當用酒調。女子乳癰敖熱貼，亦和酒服即時消。　方解石：　方解石寒辛又苦，胸中結熱有奇功。能通血脉除黃疸，蠱毒吞之不見踪。　礞石：　礞石性寒痰火用，積年宿食能推動。小兒羸瘦婦人癥，攻刺腹心吞止痛。　井泉石：　井泉石冷治青盲，疳眼須同菊決明。（枝）〔梔〕子大黃消眼腫，臟心熱結服之清。　蒼石：　蒼石甘平微有毒，產于西域採無時。能除瘦蝕並寒熱，禽獸逢之沒藥醫。　花蘂石：　花蘂石黃白點見，產中血暈斯爲善。　金瘡須刮末傅之，止痛生肌宜煆煉。　石蠶：　石蠶無毒合金瘡，止血生肌海上方。血結石淋磨水服，須臾碎石下安康。　蓬砂：　蓬砂辛苦溫無毒，止嗽消痰入肺家。傾造金銀爲焊藥，更攻喉痺破癥瘕。　鉛霜：　鉛霜無毒冷消痰，酒毒傷人用此芠。胸膈悶煩驚悸止，中風痰實渴宜餤。　蛇黃：　蛇黃出嶺南蛇腹，最治心疼與石淋。疰忤驚癇難產等，水煎研服汁如金。

卷二　草部　黃精：　黃精無毒性甘平，久服除風濕痺身。益氣補中安五臟，勿將鉤吻誤傷人。　菖蒲：　菖蒲辛味溫無毒，一寸上來九節良。能出聲音聰耳目，開心通竅治癰瘡。風寒濕痺兼（貌）〔皃〕瘧，積熱渾身可作湯。止便利兮除欬逆，又溫腸胃任君嘗。　菊花：　菊花甘苦平無毒，能療腰疼退熱煩。目淚風頭眩腫痛，諸風濕痺是仙丹。　人參：　人參甘味溫無毒，善解虛煩補臟陽。明目開心通血脉，安魂定魄睡安康。最能利濕除邪氣，霍亂調中止渴良。腸冷氣虛胸膈逆，驚癇堅積是仙方。　天門冬：　天門甘苦性寒平，瀉火消痰肺氣寧。通腎補虛行小便，養肌除痺遍身疼。　甘草：　甘草甘平無有毒，生寒瀉火別身稍。炙溫健胃和中用，解毒和諸藥力高。臟腑熱寒逢即退，三焦元氣補宜熬。金瘡止渴堅筋骨，止嗽通經血氣調。　乾地黃：　乾地黃甘苦又寒，崩中溺血服之安。益精填髓除寒熱，更治勞傷積聚安。　生地黃：　生黃寒性能行血，產後攻心有大功。吐衄折傷清肺胃，涼心滋腎養肝同。　白朮：　白朮甘溫健胃脾，風寒濕痺腫皆醫。安胎補氣消痰痞，渴汗癰疽嘔泄宜。　蒼朮：　蒼朮溫兮苦又甘，生瘧瀉亂濕生痰。寬中發汗功過白，（云）〔去〕濕之功白者堪。　菟絲子：　菟絲平性辛甘味，明目堅筋潤肺心。腎冷遺精寒血積，健脾止渴又強陰。　牛膝：　牛膝君平味苦酸，風寒濕痺膝疼安。婦人血閉癥瘕疾，男子精虛腦痛歡。　茺蔚子：　茺蔚辛溫益女娘，心煩血逆死胎良。益精明目兼除水，大熱頭疼海上方。逐水去風驅損痛，兼能治帶即時康。搗苗消腫塗癰毒，瘮癢煎莖作浴湯。　女萎、萎蕤：　萎蕤甘平主中風，跌筋結肉用之攻。先除面䵟雙眸爛，濕毒腰疼最有功。　防葵：　防葵辛苦甘寒性，腸洩膀胱熱結佳。更治溫瘧並欬逆，癲癇狂走及驚哇。　柴胡：　紫胡味苦性寒涼，濕痺拘攣作浴湯。發熱傷寒爲要藥，消痰止嗽補勞傷。益精明目除頭痛，氣實心煩用此良。更治諸痰並水脹，大腸停積可煎嘗。　麥門冬：　麥門甘味寒清肺，消穀調中止渴煩。止嘔保神通脉絡，勞傷客熱是仙方。　獨活：　獨活微溫甘又苦，金瘡止痛有神功。奔豚癇痓兼瘕疝，百（草）〔節〕風疼用此攻。　羌活：　羌活辛兼苦性平，散風明目止頭疼。遍身痺宜吞此，肉腐癰疽效最靈。　升麻：　升麻寒性甘還苦，解毒誅精疫瘴加。療腹頭疼寒熱等，袪風散腫治疼牙。　車前子：　車前性冷味甘鹹，主療風癃止痛酣。分理陰陽除泄瀉，通淋利水力能堪。強陰養肺傷中用，難產之時必要餤。去濕益精明赤眼，金瘡衄血葉能芠。　木香：　木香辛苦性溫良，下氣寬胸治瘧方。止痢健脾消蠱毒，更除冷氣入膀胱。　薯蕷：　薯蕷甘溫平益脾，虛羸痨瘦服之宜。補中益氣除煩熱，腰痛頭風任所施。　薏苡仁：　薏苡甘寒治濕風，能

伸筋急下三蟲。利腸消水並消食，馬援曾收蟲腫功。　澤瀉：　澤瀉鹹寒止洩精，乳難消渴有芳名。通淋逐水並除瀉，久服令人眼病生。實味甘驅風濕痺，強陰益腎口乾靈。葉鹹無毒能行乳，難產吞之不久停。　遠志：　遠志苦溫除欬逆，能寬膈氣定心驚。葉名小草尤堪用，益氣能收夢洩精。　草龍膽：　龍膽苦寒誅毒蟲，亦堪止痢殺疳蟲。益肝明目除驚惕，治疸驅蒸奏大功。　細辛：　細辛味辣溫無毒，主療拘攣濕痺風。明目開胸驅腦痛，通經下乳有神功。癲癇齆鼻兼喉痺，頭面諸風用此攻。利水破痰除欬逆，益肝下氣又溫中。　石斛：　石斛甘平平胃氣，定驚長肉益精神。皮膚邪熱多生痱，內絕虛羸脚瘰疼。　巴戟天：　巴戟天甘辛性溫，大風陰痿必須吞。小腸陰痛相牽引，能補虛勞斬斷根。　白英：　白英甘味寒無毒，莖葉花根四季收。寒熱疸黃消渴用，補中益氣不能丟。　白蒿：　白蒿無毒味甘平，黑髮心懸有令名。益氣補中安五臟，風寒濕痺服之輕。　赤箭：　赤箭甘溫殺鬼精，腫癰疽毒亦能平。去紅疝氣兼支滿，久服身肥又長陰。　菴藺子：　菴藺苦性微寒，瘀血能消水氣寬。化食通經明眼目，風寒濕痺盡皆安。　菥蓂子：　菥蓂微溫味又辛，益肝明目此爲珍。腹心腰痛皆能止，補臟添精療不仁。　赤芝：　赤芝平苦開胸結，滋益心家又補中。黑者味鹹平益腎，主癃利水有奇功。青酸平性滋肝氣，安守精魂去眼矇。白者辛平除欬逆，肺家有益治傷風。　黃芝：　黃芝無毒味甘平，有益脾家心腹疼。紫者甘溫聾可療，能堅筋骨益乎精。　卷柏：　卷柏辛甘溫止欬，散淋風瘻脫肛同。女人寒熱陰中痛，血閉癥瘕最有功。　辟虺雷：　辟虺雷寒其味苦，掃除百毒兼消蠱。祛痰退熱療頭疼，瘟疫逢之如見虎。　藍實：　藍實甘寒能解毒，若斫生汁用尤良。葉除吐血並狂熱，亦治丹疳熱毒瘡。　芎藭：　芎藭辛味溫開鬱，主療頭疼痛痺風。行血明眸除吐逆，金瘡止痛細辛同。　蘼蕪：　蘼蕪辛性溫無毒，消蠱除驚治中風。欬逆惡邪皆主療，能安洩瀉殺三蟲。　黃連：　黃連味苦性微寒，去熱明眸又洗肝。止痢厚腸除腹痛，收驚益膽潤喉乾。　絡石：　絡石苦溫明眼目，口乾風熱治瘡癰。大驚入腹除邪氣，療舌消喉腫不通。　白蒺藜：　白蒺藜寒辛又苦，能攻頭痛治風瘡。乳難肺痿兼喉痺，破血消瘕肺欬傷。　黃芪：　黃芪甘味溫調血，主療筋攣及癩風。止渴補虛收盜汗，癰疽止痛又排膿。　肉蓯蓉：　蓯蓉溫性酸鹹味，極補勞傷並腎精。陰痿莖中疼亦止，兼除崩帶與瘕癥。　防風：　防風溫性味甘辛，主療風行痺遍身。除濕住崩兼止汗，頭眩煩滿效如神。　蒲黃：　蒲黃無毒味甘平，心腹膀胱寒熱靈。利便炒蒸能止血，若還行血必須生。　香蒲：　香蒲即是蒲黃苗，性味相同不再標。聰耳明眸堅固齒，口中爛臭即時消。　續斷：　續斷微溫味苦辛，乳難崩漏效如神。金瘡止痛生肌肉，折跌傷殘續骨筋。　漏蘆：　漏蘆性冷鹹而苦，瘡痒如麻可作湯。行乳療瘡疽痔等，腸風遺溺漏精良。　營實：　營實微寒味又酸，腸風血痢服之安。癰疽瘍毒功非小，傷撻金瘡肉復完。　天名精：　天名精味甘寒性，瘀血癥瘕水腫良。去痺追蟲除熱結，解煩止渴利膀胱。　決明子：　決明子味甘鹹苦，其性微寒瀉熱肝。盲目淫膚紅白膜，時行赤痛服之安。　丹參：　丹參寒苦治腸鳴，能掃風邪脚痺疼。養血止煩並益氣，又消積聚破瘕癥。　茜根：　茜根味苦性微寒，中蠱能消吐爛肝。崩漏疸黃兼吐血，風寒濕痺盡調安。　飛廉：　飛廉平苦能除熱，欬逆風邪服此宜。脛腫瘈疼並濕痺，癰疽瘡痔總皆醫。　五味子：　五味子溫酸益氣，除煩斂肺止喉乾。和中益氣兼羸瘦，欬逆勞傷服此安。　旋覆花：　旋覆花名金沸草，甘溫止嗽消痰好。腹中寒热服之除，面上黑斑須此掃。　忍冬：　忍冬甘性溫無毒，別號金銀花治瘡。寒熱身浮消渴止，補虛止痢療風良。　蛇牀子：　蛇牀辛苦性還平，掃疥通(開)〔關〕下氣靈。陰痺陽衰兼濕癢，女人陰腫痛安寧。　地膚子：　地膚子苦寒無毒，主利膀胱熱疝瘕。利便祛風除目痛，益精補氣入瘡家。　千歲虆汁：　千歲虆甘平益氣，踈通諸痺得安寧。又和五臟堅筋骨，久服能令肌肉生。　景天：　景天酸苦平除痺，退熱兼除蠱毒傷。丹腫火瘡塗汁妙，女人漏下用花良。　茵蔯蒿：　茵陳寒苦能除痢，利便祛黃清熱氣。痺瘧頭疼悉可醫，解煩明目寬痰滯。　杜若：　杜若辛溫除口氣，中風頭痛腫宜施。益精明目寬胸膈，涕淚雖多用此醫。　沙參：　沙參寒苦攻寒熱，益氣除驚便補中。胃痺頭疼心腹痛，又消血積去浮風。　白兔藿：　白兔藿平其味苦，毒還入腹飲之良。蜂蠆蛇虺諸般毒，風疰皆塗痛即強。　徐長卿：　徐長卿味辛溫性，蠱毒邪精須此迸。疫疾解兮溫瘧除，益氣功能真可敬。　石龍蒭：　石龍蒭苦寒無毒，淋閉莖中熱痛消。痞滿濕風並鬼疰，虛羸出汗並能調。　薇銜：　薇銜平苦收驚悸，風濕疼安瘻靨丟。又破暴癥兼逐水，消癰鼠癧療癭瘻。　雲實：　雲實辛甘性又溫，殺蟲蠱毒水煎吞。祛邪結氣除寒熱，消渴全安痢斷根。　王不留行：　王不留行性子平，除煩風痺善催生。

金瘡止血仍除痛，鼻衄癰疽效可稱。　鬼督郵：　鬼督郵辛苦性平，時行溫疫用之靈。益增膂力強腰脚，鬼疰邪精毒不成。　白花藤：　白花藤苦寒無毒，細切陰乾煎酒服。能解諸般毒入腸，虛勞風熱由斯逐。　乾薑：　乾薑炒黑止紅頻，生用驅寒療不仁。泡則守中除胃冷，腹疼霍亂效如神。　生薑：　生薑味辣性溫平，欬逆痰涎嘔吐靈。開胃通神除臭氣，頭疼鼻塞服之清。　葈耳實：　葈耳即名蒼耳是，葉寒辛苦子甘溫。風頭寒痛周身痺，服此須教永斷根。　葛根：　葛根甘味性平涼，發散傷寒治熱狂。開胃解醒除嘔逆，更醫消渴療金瘡。　栝樓根：　栝樓本是號天瓜，除熱生津入渴家。並治乳癰疽痔漏，補勞潤肺充尤佳。　苦參：　苦參味苦殺疳蟲，逐水消癰更補（腫）〔中〕。止渴療瘡通結氣，又除積聚治腸風。　當歸：　當歸敗血所當歸，胎產虛勞入可通。用尾要知能破血，身頭補血不須疑。　麻黃：　麻黃發汗攻頭痛，表散風寒破積堅。治癧消（班）〔斑〕除欬逆，若還止汗用其根。　通草：　通草元來即木通，治淋通利小腸中。散癰療疽除煩熱，又出音（耳）〔聲〕治（聲）〔耳〕聾。　芍藥：　芍藥微寒味苦平，赤能發表又通經。驅寒除熱消癰腫，下氣明眸利便靈。白者健脾兼補血，安胎止痛有芳名。能和腹痛消堅積，止汗扶陽氣足稱。　蠡實：　蠡實甘溫名馬藺，去風寒濕痺周身。更除胃熱心煩滿，喉痺崩中效若神。

卷三　草部　瞿麥：　瞿麥氣寒辛苦味，利膀胱治諸癃閉。催生墮子又通經，出刺決癰除目翳。　玄參：　玄參鹹苦寒無毒，最瀉無根火上沖。喉痺頸中皆可治，更除瘟瘧及消癰。風寒身熱狂邪病，積聚癥瘕用此攻。補腎明眸兼下水，止煩解渴有神功。　秦艽：　秦艽甘辣性溫平，勞熱時行利便清。治疽療風兼下水，風寒濕痺痛安寧。　百合：　百合甘平醫百合，消浮腹脹治瘡癰。乳難癲涕身心痛，肺病喉風二便癃。　知母：　知母苦寒清胃熱，潤心與肺及勞蒸。滋陰瀉火消浮腫，久瘧傷寒渴嗽寧。　貝母：　貝母苦辛平散鬱，生津止汗通喉窒。傷寒煩熱惡風寒，降火消痰清肺疾。熱嗽眸眩與項強，疝瘕淋瀝皆清吉。　白芷：　白芷辛溫除惡毒，瘡家嘔渴散諸風。風痙中滿療金瘡，更豁腹心中結實。陽明頭痛增寒熱，目淚風眩用此攻。血閉能行崩漏止，兼消陰腫有神功。面瘢可作脂塗沒，止痢無分白與紅。　淫羊藿：　淫羊藿味辛寒性，補腎益（陰）〔陽〕利便淋。又治冷風筋骨痺，消癰瘰癧價千金。　黃芩：　黃芩寒苦枯飄者，瀉肺除風熱在肌。堅者大腸清熱用，安胎止痢腹疼施。惡瘡疽蝕兼黃疸，血閉能通逐水宜。牡蠣牡蒙和五味，三般同飲子堪期。　狗脊：　狗脊微溫甘帶苦，主除寒濕痺周身。更攻脚弱腰疼痛，失溺傷中利老人。　石龍芮：　石龍芮苦平無毒，起痺通關利躁煩。莖冷失精平腎胃，補陰不足號靈丹。　茅根：　茅根甘性平通血，客熱喉乾治五淋。吐衄灸瘡花更好，金瘡止血用茅鍼。　紫（苑）〔菀〕：　紫（苑）〔菀〕苦溫驅惡毒，胸中寒熱結（主）〔能〕通。補虛治靨安驚喘，久嗽能除唾血膿。　紫草：　紫草苦寒通九竅，煎膏可療小兒瘡。更除腫疸宣淋閉，痘疹凹兮用煮湯。　前胡：　前胡寒苦清頭目，下氣寬胸去實痰。內外熱須吞此退，安胎止嗽療兒疳。　敗醬：　敗醬平鹹苦破癥，腸癰疽痔腫消形。火瘡退熱祛風痺，逐瘀消浮產後疼。　白鮮：　白鮮皮鹹苦性寒，頭風疸逆與驚癇。女人陰腫疼淋瀝，疥癬風癱濕痺安。　酸漿：　酸漿酸平寒無毒，退熱除煩治帶靈。止渴通淋仍利水，產難吞實即時生。　紫參：　紫參辛苦寒通竅，利便兼除熱伏腸。止渴益精諸血疾，消癰破積治諸瘡。　藁本：　藁本辛溫專辟霧，除風頂痛長膚肌。疝瘕腹痛陰寒腫，實治風邪在四肢。　石韋：　石韋苦甘平利水，止煩下氣五癃通。除邪驅惡風勞熱，酒末吞之治背癰。　萆薢：　萆薢平甘苦利閡，除風寒濕遍身頑。治腰背痛堅筋骨，陰痿興兮失溺删。　白薇：　白薇鹹苦大寒平，主治風狂熱忽驚。止瘧猶祛邪魅惑，傷中淋露永安寧。　菝葜：　菝葜甘溫無有毒，主除風痺遍身疼。背腰寒痛皆祛退，便利能停血氣增。　大青：　大青味苦寒無毒，主療時行口渴乾。大熱頭疼腰脊強，解金石毒疹仙（汗）〔丹〕。　女萎：　女萎味辛溫止汗，風寒霍亂並宜施。驚癇洩痢腸鳴止，游氣無常必用之。　艾葉：　艾葉苦溫燒百病，吐紅下痢建奇功。殺蟲調血和肝氣，止漏安胎暖子宮。　惡實：　惡實辛平無有毒，補中明目療風傷。根莖止汗除消渴，療中風寒面腫良。　水萍：　水萍寒性辛酸味，癱瘓時行發汗良。下水氣兮並止渴，更除癮疹熱風狂。　王瓜：　王瓜寒苦醫消渴，治疸開聾利乳行。骨節水除癰腫散，止尿住帶又通經。　地榆：　地榆苦甘辛寒性，止血膿兮補絕傷。乳痙帶崩並熱痢，諸瘡汗渴用之良。　大薊：　薊根大小甘溫良，破血仍能養血元。大治帶安胎退腫，小專保血養精源。　海藻：　海藻苦鹹寒利便，癭瘤頸核腫癰凋。化痰通血攻瘕疝，水腫腸鳴積聚消。　澤蘭：　澤蘭甘苦溫行血，癰腫瘡膿可內收。乳婦中風餘疾用，並消身面四肢浮。　昆布：　昆布

鹹寒無有毒，能消水腫利漩難。瘻瘤結硬瘻瘡劑，更治陰蠶即便安。　防己：　防己平辛苦定癎，風寒濕瘧是仙丹。除風水腫膀胱熱，止洩消癰利竅關。　天麻：　天麻無毒味辛平，主治諸風濕痺疼。利膝舒筋仍益氣，消癰除疝定癎驚。　阿魏：　阿魏辛平消肉積，殺蟲除蠱祛瘟疫。又除霍亂腹心疼，去臭氣兮仍破癖。　高良薑：　高良薑熱苦而辛，暴冷衝心痛可吞。霍亂頓除寒嘔止，冷侵脚痺即時伸。　百部：　百部甘平除欬逆，火炎肺氣上宜攻。骨蒸勞瘵傳尸用，又殺兒疳寸白蟲。　蘹香子：　蘹香無毒味辛平，能療蛇傷小腹疼。脚氣諸瘻並霍亂，惡瘡疝痛服之靈。　欵冬花：　欵冬溫性辛甘味，定喘消痰更治驚。勞嗽肺癰爲要藥，洗肝可使目還明。　紅藍花：　紅花辛性溫除蠱，產暈胎傷惡血宣。兼治諸風喉痺痛，更吞補血得東垣。　牡丹：　牡丹皮苦辛寒性，瀉火除蒸療中風。頭痛驚癎並癲疾，癥癰瘀血有神功。　京三稜：　京三稜苦平無毒，老癖癥瘕建大功。消積通經兼下乳，脹疼結塊去無踪。　薑黃：　薑黃辛苦大寒涼，破血消癰腫妙方。冷氣腹疼風熱症，婦人經閉服之良。　蓽撥：　蓽撥辛溫除胃冷，消痰下氣與溫中。補腰脚又驅腥氣，化食仍收冷疝功。　蒟醬：　蒟醬辛溫無有毒，去皮薑汁拌蒸乾。溫中下氣消痰飲，積聚堅疼服此安。　青黛：　青黛鹹寒最洗肝，能收五臟火仙丹。驚癎發熱兒疳用，時氣頭疼退熱寒。解藥毒兮消宿食，水磨傅上熱瘡安。金瘡下血消瘡腫，蛇犬傷人治不難。　鬱金：　鬱金辛苦寒無毒，冷脹疼須磨醋服。止血涼心破血淋，金瘡若用生肌肉。　盧薈：　盧薈苦寒除頸癖，目昏痔漏殺疳蟲。熱風煩悶驚癎用，療痺仍除齒蠶空。　馬先蒿：　馬先蒿苦平無毒，寒熱皆除鬼疰逃。帶下中風寒濕痺，根源斬斷不須刀。　延胡索：　延胡索苦辛溫性，破血調經止腹疼。理氣崩中淋露用，生兒血暈酒煎靈。　肉豆蔻：　肉蔻辛溫久瀉靈，補中和氣又消膨。清痰化食開胸胃，霍亂心疼冷氣行。　補骨脂：　補骨脂辛溫腎冷，精流髓敗及勞傷。風虛頑痺尿頻用，血氣傷胎服最良。　零陵香：　零陵香味甘平性，下氣尤能令體香。辟惡仍除心腹痛，用之得酒始爲良。　縮砂蜜：　縮砂辛味溫開胃，宿食虛勞吐瀉施。下氣安胎仍止欬，腹中虛痛炒方宜。　蓬莪茂：　蓬莪茂味苦辛溫，消瘀調經腹酒吞。冷氣吐酸停食去，又除霍亂止奔豚。　積雪草：　積雪草寒其味苦，皮膚赤熱惡瘡癰。小兒熱腫紅丹毒，絞汁吞之立見功。　白前：　白前甘味性兒平，保肺金兮嗽有情。胸膈悶煩兼氣逆，不眠喉作水雞聲。　薺苨：　薺苨甘寒無有毒，根莖二樣似人參。又如桔梗無心異，能解諸般藥毒侵。　白藥：　白藥辛溫入肺家，消痰止渴效堪誇。瘡爲末擦生肌肉，巴葛生金毒亦加。　莎草根：　莎草辛溫香附名，解肌去濕健脾經。寬胸退疸能消食，開鬱調經女子稱。　蓽澄茄：　澄茄辛味溫無毒，消食寬膨下氣良。更療皮膚風氣盛，尤能染髮致身香。　胡黃連：　胡黃連苦性兒平，止嗽明眸療骨蒸。瘧痢兒疳陰汗止，理腰腎與鎮癎驚。　紅豆蔻：　紅蔻辛溫消酒毒，腸虛水瀉吐酸痛。腹心攪痛俱宜用，多服令人口舌麄。　艾蒳香：　艾蒳香甘性子溫，殺蟲去惡氣無根。腹中冷洩能停止，熱痢時行必要吞。　甘松香：　甘松溫性又甘香，浴體肌香可作湯。下氣更能除惡氣，腹心痛滿是奇方。　陟釐：　陟釐無毒大溫甘，心大寒兮用此芟。消穀溫中強胃氣，更除洩痢産江南。　女菀：　女菀甘溫除霍亂，肺傷嗽喘與癎驚。腸鳴無定吞隨止，洩痢膀胱滿即寧。　王孫：　王孫甘味平無毒，五臟邪侵百病靈。更治脚無時冷痛，四肢寒濕痺疲疼。　土馬騣：　土馬騣生在古墻，主醫骨熱毒生瘡鼻中衄發逢之止，形比垣衣略更長。　蜀羊泉：　蜀羊泉味苦微寒，頭禿瘡瘍熱毒丹。疥癬瘡痂蟲伏此，女人陰內(被)〔破〕傷殘。　莬葵：　莬葵無毒味甘寒，主利諸淋小便難。又療虎傷嚙蛟毒，秋收莖根暴陽乾。　鱧腸：　鱧腸平性味甘酸，血痢吞之即便安。針灸瘡傷洪血發，傅之立止是仙丹。　爵牀：　爵牀酸味寒無毒，腰脊疼兮不起床，俯仰艱難宜用此，退潮可作浴身湯。　茅香花：　茅香溫苦令身香，辟惡應須作浴湯。止嘔溫脾除中惡，腹心冷痛用之良。　馬蘭：　馬蘭生汁療蛇傷，破宿生新血最良。酒疸吐紅兼鼻衄，仍除蠱毒合金瘡。　使君子：　使君子味甘溫性，孩子諸疳用最靈。止瀉殺蟲仍止痢，便如白濁也能清。　乾苔：　乾苔鹹冷殺瘡蟲，嘔吐無時汁取功。心腹悶煩研水服，諸般丹石毒無容。　白豆蔻：　白蔻辛溫能下氣，上焦氣冷補還元。健脾消積和番胃，肺滯踈通目瞖痊。　海帶：　海帶鹹寒治馬刀，瘻瘤瘰癧建功高。兼除疝氣癥瘕病，水腫逢之即便消。　剪草：　剪草苦(干)〔甘〕除疥癬，末調雞子護胎傷。祛虛止血非常效，白藥真根總治瘡。

卷四　草部　附子：　附子甘辛鹹熱毒，邪寒風濕回陽速。溫中除欬破堅癥，霍亂拘攣筋蜷蹜。消積聚兮破血瘕，脊腰厥冷疼心腹。墮胎堅骨又強陰，脚弱膝疼難步陸。　烏頭：　烏頭辛熱除寒濕，舒痺祛風及惡風。逐冷墮

胎攻腹痛，消胸痰滯積無踪。　射罔：　射罔烏頭汁煮成，主醫尸疰破堅癥。中風頭痛能驅逐，苦毒亡禽獸最靈。　烏喙：　烏喙味辛溫有毒，理除腰脚不能行。更醫歷節消癰腫，腎溫陰囊痒即停。　天雄：　天雄辛熱驅寒溫，風痺拘攣歷節疼。頭面風消心積散，强筋骨健步能行。　側子：　側子味辛仍熱毒，專除歷節痛偏風。脚腰疼冷生寒熱，鼠瘻癰瘡腫建功。　半夏：　半夏辛兮毒性平，生凉熟熱濕痰清。傷寒嘔欬咽喉腫，胸脹頭眩用最靈。止汗仍磨心下痞，墮胎開胃健脾經。尤能下氣消癰腫，可療痿黄腹内鳴。　虎掌：　虎掌苦微寒有毒，主除陰下濕風眩。傷筋痿疾兼寒熱，積聚心疼結氣痓。　鳶尾：　鳶尾苦平誅鬼魅，消除蠱毒下三蟲。療風鬼疰頭眩運，去水癥瘕積聚通。　大黄：　大黄味苦性寒沈，用走周身不暫停。蕩滌胃腸間結熱，調中破積去瘕癥。安和五臟消痰實，下瘀除寒血閉疼。利大小腸通燥結，諸瘡癰腫服之靈。　葶藶：　葶藶苦辛寒定喘，善消水腫下痰涎。祛風又逐膀胱熱，積聚癥瘕痈痒痓。　桔梗：　桔梗苦辛提氣血，乃爲諸藥之舟楫。消痰下氣療喉疼，消穀溫中清肺熱。胸脇疼兼腹脹消，小兒驚悸吞斯絕。祛風痺住嗽寬胸，下蠱毒排癰與癖。　莨菪子：　莨菪苦甘寒有毒，專能止搐並攔風。健行又定顛狂疾，齒痛含之即出蟲。　草蒿：　草蒿寒苦祛勞熱，開胃和中仍止血。療痢明眸又殺蟲，金瘡疥瘙瘡痂絕。　旋覆花：　旋覆花鹹甘性冷，定驚逐水結腸通。消胸痰結仍除嗽，又利膀胱去濕風。　藜蘆：　藜蘆辛苦微寒毒，蠱毒風癇咳痢攻。鼻息肉消喉痺痢，頭瘍疥癬殺諸蟲。　鈎吻：　鈎吻辛溫毒逐風，能消水腫痺攣通。破癥乳痓兼除欬，又合金瘡殺疥蟲。　射干：　射干平苦通喉痺，食熱能消痰核施。破癖通經兼下氣，善能逐血在心脾。　蛇含：　蛇含微寒苦養胎，驚癇濕痺腹疼排。金瘡(痿)〔瘻〕痔頭瘍等，盡掃無遺免掛懷。　常山：　常山辛苦寒除水，吐瘧搜痰大有功。寒熱癭瘤兼鬼毒，蠱膨水脹亦能通。　蜀漆：　蜀漆辛平除蠱毒，能消積聚破堅癥。熱寒咳逆仍除瘧，邪結胸中吐即輕。　甘遂：　甘遂苦甘寒有毒，化痰消穀破堅癥。面浮青服益疲瘋，痞氣膀胱熱並寧。　白斂：　白斂止驚除目(志)〔赤〕，專消癰腫惡疽瘡。腸風痔瘺尤能治，女子陰中腫痛良。　青葙子：　青葙子主皮膚熱，又治肝經熱上腫。明目去風除瘙痒，并攻瘡痔殺三蟲。　雚菌：　雚菌鹹甘有小毒，溫中心痛治長蟲。諸般蟄毒皆滌去，惡瘡寸白盡消溶。　白及：　白及主消癰腫毒，性〔與〕白斂反烏頭。點塗□并皸皸裂，更(療)〔漆〕邪風緩不收。　大戟：　大戟苦寒除蠱毒，本功利水治諸風。苗名澤(療)〔漆〕同消腫，甘草逢之必反攻。　澤漆：　澤漆苦辛寒無毒，利腸明目補陰虚。浮腫水氣面目(消)〔浮〕，皮膚熱去療大腹。　茵芋：　茵芋主除心腹底，熱寒如瘧發無時。更通關節諸風濕，痺痛何憂走四肢。　貫衆：　貫衆有毒味甘溫，調臟驅邪寒熱均。四肢脚弱諸瘋濕，補虚治痺(瘦瘦)〔癥瘕〕平。　蕘花：　蕘花辛苦性微寒，積聚癥瘕水腫寬。蕩滌胃腸留癖飲，消痰止咳嗽靈丹。　牙子：　牙子苦酸寒有毒，熱邪二氣服之良。能除寸白蟲瘡疥，療痔尤醫毒惡瘍。　羊躑躅：　羊躑躅辛溫有毒，祛邪氣蠱毒如神。惡瘡溫瘧兼諸痺，風在皮膚痛斷根。　何首烏：　首烏苦澁甘溫性，頭面風瘡瘰癧癰。益精氣血烏髭鬢，産後能驅衆疾攻。　商陸：　商陸辛酸平有毒，直疏五水疝瘕靈。療胸邪氣身痿痺，能殺癰疽鬼物精。　威靈仙：　威靈仙苦溫無毒，主治諸風痛痒膚。腹冷滯腰疼脚腫，膈痰痃癖積癥疏。　牽牛子：　牽牛子苦寒除嗽，走腎脾消脚腫疼。下氣落胎兼利便，除風蠱毒脹安寧。　蓖麻子：　蓖麻子性平辛毒，善主催生保産人。瘡痒疰浮油貼妙，水癥研服效如神。葉攻脚氣蒸傅上，又療諸風腫不仁。　蒴藋：　蒴藋味辛溫有毒，祛風濕痺渾身搔。又除癮疹痒無時，可煑爲湯來沐浴。　天南星：　南星辛苦逐痰風，定搐消癰利膈胸。散血墮胎除冷嗽，蛇蟲傷積聚皆攻。　羊蹄根：　羊蹄根苦寒無毒，疥瘙痔疽頭上禿。摩醋敷除血殺蟲，婦人陰蝕收功速。　萹蓄：　萹蓄苦平無有毒，女人陰蝕有神功。浸淫疥瘙兼疽痛，主殺三蟲小便通。　豨薟：　豨薟草苦性寒凉，麻痺偏風效異常。熱䘌滿煩難進食，生研汁服即安祥。　苧根：　苧根平性甘無毒，主解金銀石藥燒。補血安胎丹毒妙，渴求漬苧汁吞消。　甘蕉根：　甘蕉根味甘寒冷，即是芭蕉只異名。生汁解除金石毒，腫癰結熱退安寧。　蘆根：　蘆根甘性寒消渴，孕婦心煩吞可活。霍亂止兮胃熱清，小便無時能絕遏。　鬼臼：　鬼臼辛溫不入湯，逐邪殺蠱毒離腸。又除咳嗽兼喉結，去翳明眸失魄良。　角蒿：　角蒿味苦辛平毒，主治甘濕䘌有名。更殺惡瘡蟲蝕痒，槐砧上剉用之靈。　馬兜鈴：　馬兜鈴苦寒無毒，定喘消痰肺熱清。通氣又能醫五蠱，瘻瘡血痔用熏蒸。　仙茅：　仙茅有毒性溫辛，補腎興陽益老人。失溺虚勞腰脚痺，氣疼不食效如神。　羊桃：　羊桃苦毒性寒凉，破積除身熱惡瘍。益氣通淋消五水，小兒熱可煑爲湯。　劉寄奴：　劉寄奴

溫苦味真，通經破瘀產餘屯。心疼水腫兼腸痛，湯水金瘡效若神。　骨碎補：　骨碎補溫其味苦，續傷折破血神靈。耳鳴齒痛俱能止，勞極因風骨肉疼。　連翹：　連翹平苦驅瘡毒，消風排膿又治淋。蠱白蟲除心火散，脾經濕熱必須尋。　續隨子：　續隨子有毒辛溫，解蠱通經破積尊。利水寬膨宣惡滯，癥瘕痰癖瘀除根。　山豆根：　山豆根寒苦殺蟲，急黃熱嗽有神功。咽喉腫痛含津嚥，解諸藥毒痔瘡癰。　藺茹：　藺茹寒性辛酸味，熱痺癥瘕息肉除。殺疥蟲排膿血蝕，善忘不樂亦歡娛。　金星草：　金星草苦寒無毒，專治癰疽發背瘡。用葉和根煎酒服，末敷腫處效非常。人逢丹石硫黃毒，冷水調吞解不妨。根碎浸酒塗腦上，大生毛髮黑尤長。　葎草：　葎草寒甘苦治淋，主通小便澁如金。更除水痢兼溫瘧，熱渴須生搗汁擒。　鶴虱：　鶴虱辛平微有毒，火㸌草即是其苗。蚘蟲咬嚙心疼痛，爲末湯和淡醋調。　地菘：　地菘鹹味寒凉性，主療金瘡止血良。又解惡蟲蛇螫毒，搗來傅上即安康。　赤地利：　赤地利平無毒苦，冷熱赤白痢爲尊。又能破血生肌肉，斷血仍除帶斷根。　白附子：　白附甘辛行藥勢，風痰頭面滅瘢痕。冷風血痺心疼妙，下濕陰囊及腿疼。　紫葛：　紫葛甘寒不入方，專醫癰腫及瘡瘍。根皮日曝研爲末，用醋調敷效異常。　鹿藿：　鹿藿平兮無毒苦，煑吞除蠱是單方。女人腰腹疼瘍氣，瘰癧腸癰亦可嘗。　蚤休：　蚤休有毒苦微寒，驚搐癲癇弄舌端。陰蝕三蟲蛇螫毒，癰瘡熱腫盡皆安。　陸英：　陸英寒苦治陰痿，諸痺肢攣痛似搥。短氣骨癎皆可用，膝寒疼脚腫無疑。　預知子：　預知子苦藏衣領，蠱毒逢之聽有聲。解毒殺蟲俱要此，去皮研服效多靈。　葫蘆巴：　葫蘆巴熱去寒痰，腎冷元虛必要餤。腹肋脹膨青黑面，膀胱疝氣一齊芟。　木賊：　木賊苦甘能發汗，益肝去瞖還明看。腸風痔痢積堅除，女子帶崩經不斷。　藎草：　藎草平兮苦定驚，主除久咳喘痰凝。瘡痂疥白瘑瘍氣，又殺膚蟲沒半星。　蒲公草：　蒲公英草味甘平，治乳癰疔腫易寧。觸木刺傷敷即出，散痰結熱滯皆行。　穀精草：　穀精辛味溫無毒，療齒咽喉去痛風。更治諸般瘡疥痒，目瞖遮睛飲有功。　酢漿草：　酢漿酸味性兒寒，生擣敷瘡瘻即安。主殺小蟲功力大，道傍五月採陰乾。　蒻頭：　蒻頭有毒又寒辛，風毒癰敷腫滅痕。灰汁煑來爲餅食，主除消渴效如神。　夏枯草：　夏枯草味苦辛寒，鼠瘻頭瘡瘻作團。明目破癥除脚氣，能消濕痺又滋肝。　鴨跖草：　鴨跖草寒無毒苦，滿身面氣腫仙方。熱寒瘴瘧兼痰飲，濕痺癥瘕熱痢良。丁腫癰疽蛇犬咬，小兒丹毒可煎嘗。（强）〔狂〕癎腹痞皆消滅，下水通淋利小腸。　山慈菰根：　山慈菰是鬼燈擎，花即金燈濕地生。癰腫瘻瘡瘰癧核，毒消萬病醋摩靈。　赤車使者：　赤車使者苦溫和，風冷寒邪疰用（名）〔多〕。蠱毒癥瘕兼積聚，水煎熱服盡消摩。　狼跋子：　狼跋子寒其味苦，原來有毒即黃環。惡瘡瘑疥搥敷愈，又殺蟲魚死不難。　屋遊：　屋遊甘味寒無毒，逐利膀胱齒衄優。壯熱增寒來又往，皮膚浮熱盡皆休。　燈心草：　燈心寒性最清心，水煑湯吞治五淋。喉痺兒啼燒末用，破傷涎嚼貼如金。　五毒草：　五毒草酸平治蠱，癰疽赤白瘮遊風。蛇傷犬咬兼瘡腫，並醋摩敷立有功。　鼠麴草：　鼠麴草平甘似糖，調中益氣最爲良。消痰止洩禳時氣，熱嗽消除海上方。　列當：　列當無毒味甘溫，男子勞傷可斷根。能補腎腰令有子，去風血煑酒來吞。　屐屧鼻繩灰：　屐屧鼻繩灰泡湯，催生容易且無妨。更除心痛寬胸滿，噎哽吞之即下腸。　水蓼：　水蓼專醫蛇咬傷，恐妨毒氣入心腸。外將搗爛敷傷處，内則求生絞汁嘗。　蕕草：　蕕草甘寒不入方，脚頑濕痺水浮光。便來赤澁能清利，搗葉單敷毒腫良。　狗舌草：　狗舌草甘寒小毒，車前葉似但無文。瘙瘡蠱疥俱宜用，能殺蟲兮永斷根。　海金沙：　海金沙即竹園荽，圓葉收來日晒灰。利便通淋兼止痢，傷寒狂熱乃爲魁。　萱草根：　萱草根浮無有毒，沙淋便赤求功速。汁嘗退酒疸身黃，花字生男宜佩服。　鷄窠中草：　鷄窠中草止兒啼，白禿瘡痂用此醫。臘月猪脂調細末，酸泔先洗後塗之。　鷄冠子：　鷄冠花子性兒凉，帶下崩中炒入湯。濕熱有傷紅白痢，腸風瀉血服之良。　草三稜根：　草三稜草味甘平，積聚癥瘕血結靈。產後瘀疼宜服此，墮胎利氣又通經。　鹿藥：　鹿藥甘溫無有毒，祛風破血求功速。更除風冷及興陽，益老須教煎酒服。

卷五　木部　桂：　厚桂甘辛熱止煩，心疼頭痛鼻齆刪。溫中發汗除寒熱，霍亂筋攣咳嗽餐。逐冷墜胎通血脉，能堅骨節利腰難。若逢薄者行肩臂，肢節痠疼積滯（丹）〔蠲〕。　桂枝：　桂枝性熱辣甘浮，微解風寒汗自收。一樣嫩枝名柳桂，上焦有熱不停留。　牡桂：　牡桂辛溫治中寒，更通喉痺吸呼難。脇風疼咳心頭痛，出汗溫筋利竅関。惟有桂心行血滯，專醫心痛補陰慳。　松脂：　松脂甘苦溫無毒，風痺頭瘍并惡瘡。能潤肺心清胃熱，生津固齒入仙方。　採收松實和松節，單療風虛脚痺良。根益五痨能辟穀，松花

粉撲豆瘡傷。 槐實： 槐角辛醎性苦寒，腸風痔痢火瘡看。且疏邪氣清頭目，疝痛陰瘡下産難。女子乳瘕須搗汁，煎爲丸入竅中寬。牙疳皮好根喉閉，枝洗陰囊濕痒乾。 槐花： 槐花平苦殺蟲腸，五痔腸風痢疾良。眼赤心痛俱炒用，皮膚風熱服清凉。葉煎湯洗兒驚熱，疔腫痂瘍疥癬瘡。 枸杞： 枸杞甘寒益腎精，強陰養血脚腰疼。寬胸退熱除消渴，去痺仍令眼目明。根上白皮名地骨，腎經瀉火解肌靈。表風無定渾身痺，退晡潮兮汗骨蒸。 側柏子： 柏實甘平定悸驚，除風濕痺止腰疼。興陽止汗醫虚損，歷節胸中重痛停。葉苦微溫崩帶止，吐紅衄痢盡安寧。益脾斂肺真陰補，被火燒瘡皮最靈。 茯苓： 白茯甘平滲濕真，消痰潤肺養心神。寬胸脇逆調脾臟，益氣安胎助血尊。伐腎邪兮兼利便，除煩止嗽渴生津。赤苓破氣仍行血，入内通溲始可親。 茯神： 茯神止渴定驚惶，能補虚勞辟不祥。益志開心魂魄守，風痃恚怒健忘良。 琥珀： 琥珀甘平殺鬼神，安魂定魄破堅癥。燥脾土又清心肺，明目通淋逐瘀凝。 瑿： 瑿味甘平無有毒，古傳琥珀又(三)〔千〕年。補心破血安神用，難認無人入藥煎。 榆皮： 榆皮滑利性甘平，利水催生二便行。心痛頭瘡當採實，小兒癇熱用花清。 酸棗： 酸棗仁平去痺靈，補中止渴療臍疼。寧心益(貼)〔膽〕除煩渴，引血歸脾得睡寧。 黄蘗： 黄蘗苦寒除痔疸，胃腸結熱漏皆踈。口瘡癖毒陰陽蝕，明目安蚘魂魄居。驚氣在皮膚赤起，腎經降火建功殊。 楮實： 楮實甘寒消水腫，補虚明目壯陰痿。癮風莖葉煎湯浴，樹汁生塗癬即追。 乾漆： 乾漆辛溫主絶傷，咳除痺住疝瘕良。能誅久積蟲蛇等，逐瘀腰疼利小腸。 五加皮： 五加皮苦又辛溫，釀酒祛風痺可吞。療腹心疼消疝氣，疽瘡陰蝕乃爲尊。女人腰脊疼陰痒，瘀血停皮肌内餐。男子陰痿囊濕用，小兒脚弱亦能奔。 牡荆實： 牡荊實苦溫開胃，除骨間寒熱有功。下氣酒擂敷乳腫，頭風眩目也能攻。實痰燒瀝兼除欬，能出聲音驚悸童。 蔓荆實： 蔓荊辛苦治頭風，筋骨間寒熱可攻。去痺(腎)〔堅〕牙明眼目，長鬚利竅殺諸蟲。 辛夷： 辛夷辛味性溫中，鼻息風眩腦痛攻。面腫齒疼兼去鼾，解肌利竅殺諸蟲。 桑寄生： 桑寄生平苦又甘，背強腰痛痺風芟。安胎下乳兼崩漏，癰腫金瘡效不凡。 杜仲： 杜仲辛溫壯骨筋，腎虚風冷背腰疼。脚中痠痛尿餘瀝，強志除陰痒濕靈。 楓香脂： 楓香脂味苦辛平，癮疹風浮齒痛輕。皮止痢兮除霍亂，又云水腫可疏行。子甘性熱燥痰血，疥癩蟲瘡掃去形。

女貞實： 女貞實苦又辛平，善補中兮百病輕。又養精神安五臟，皮須浸酒去風靈。 木蘭： 木蘭寒苦採皮乾，癰癩皮風面滿丹。赤鼻酒皶陰濕痒，又消水腫治傷寒。 蕤核： 蕤核甘溫通結氣，主除目赤鼻中洪。結痰痞塊皆消化，同腦研膏點眼矇。 丁香： 丁香辛熱除寒嘔，溫胃興陽暖膝腰。霍亂益脾舒冷痺，牙疳風毒腫皆消。 沉香： 沉香溫性善溫中，降氣消風水腫同。去痺壯陽驅惡氣，轉筋吐瀉總收功。 雞舌香： 雞舌香辛性帶溫，療風水毒腫爲尊。心疼霍亂須煎服，惡氣芟除不見根。 藿香： 藿香辛暖散風寒，霍亂心疼吐逆安。開胃辟邪驅惡氣，消風水毒腫宜餐。 乳香： 乳香辛暖消風毒，霍亂中風除痛速。水腫癰瘡癮疹良，催生止洩皆宜服。 蘇合香： 蘇合辛溫治中風，化痰辟惡殺三蟲。驅瘟瘧蠱兼癇痓，霍亂除邪氣上冲。 金櫻子： 金櫻酸澁性兒平，脾泄遺精下痢頻。小便利兮俱用此，煎膏調酒服身輕。 桑根白皮： 桑白甘寒瀉肺餘，痰紅止嗽補元虚。肺中水氣兼臚脹，水腫金瘡崩帶除。利水道兮追寸白，傷中痨極保無虞。葉驅寒熱淋漓汗，汁解蜈蚣毒效殊。 桑耳： 桑耳黄陳止洩良，如金色者治金瘡。黑除漏下調經用，積聚癥瘕血病嘗。 竹葉： 竹葉寒辛苦殺蟲，除煩熱渴療喉風。溢筋急熱痰風痺，止嘔清心喘欬攻。 竹瀝： 竹瀝甘寒止口乾，胸中大熱悶煩安。中風風痺虚痰用，治失聲音止汗漫。 竹茹： 竹茹寒性止虚煩，止嘔仍通噎膈關。血衄崩除筋急溢，傷寒勞復肺痿(丹)〔躅〕。 吳茱萸： 吳茱辛熱主溫中，血痺風寒脚氣鬆。咳逆腹心時冷痛，開關除濕治腸風。 檳榔： 檳榔辛澁善調中，下氣消痰癖殺蟲。逐水健脾除後重，諸風脚氣積無踪。 梔子： 山梔瀉肺火邪侵，胃熱心煩解鬱尋。面鼻癩瘡瘍目赤，退黄止痢又通淋。 騏驎竭： 騏驎竭毒味甘醎，止痛生肌帶下芟。破積血兮除血暈，勿將紫鑛誤同条。 龍腦香： 龍腦辛溫九竅通，其香通頂散驚風。清心解熱攻喉痺，明目除疳治耳聾。 蕪荑： 蕪荑無毒味辛平，逐散皮膚骨節疼。冷氣腸風兼痔瘻，積癥治疥殺蟲靈。 枳殼： 枳殼微寒苦又酸，消痰止咳膈胸寬。除風麻痺攻堅積，逐水寬胎利竅關。 枳實： 枳實寒酸苦破癥，除胸痰癖痢安寧。更除風在皮膚痒，消痞除膨逐水停。 厚朴： 厚朴溫兮苦厚腸，消痰下氣脹膨良。頭疼腹痛寬脾胃，血痺驚癇霍亂嘗。 茗苦㮸： 茗苦㮸寒苦又甘，清心醒睡與消痰。瘻瘡止渴兼消食，利便同薑痢疾芟。 秦皮： 秦皮寒苦洗兒驚，大治風寒

濕痺疼。止帶補精男女益，目中瞖膜點之清。　秦椒：秦椒溫辣善溫中，寒痺風邪氣有功。明目通喉除吐逆，疝瘕腹痛治牙蟲。　山茱萸：山茱無毒味酸平，補腎強陰又固精。頭面風除瘕疝破，調經逐痺殺蟲靈。　紫葳：紫葳酸冷號淩霄，羸瘦能肥血閉調。崩帶瘕癥皆可療，遊風乳疾養胎高。　胡桐淚：胡桐淚苦又鹹寒，熱悶膨停取吐寬。風蛀牙疼爲最要，馬牛黃急灌之安。　墨：墨辛止血又生肌，血痢金瘡並可醫。目入物芒磨點出，崩中血暈醋摩之。　棘刺花：棘刺花無毒苦平，金瘡內漏有芳名。實能明目除痿痺，針療喉風腰痛靈。　猪苓：猪苓無毒苦甘平，行水消浮口渴寧。中暑傷寒瘟瘧用，更除濕熱暴遺精。　白棘：白棘辛寒善補虛，陰痿精自出無虞。除心腹痛添精髓，癰腫排膿止痛殊。　烏藥：烏藥辛溫順氣佳，寬膨消食去風誇。諸瘡血氣天行疫，腎冷冲心腹脊加。　沒藥：沒藥苦平破血宜，諸瘡止痛總爲奇。腹心筋骨疼皆用，目瞖金瘡必要施。　龍眼：龍眼甘平無有毒，歸脾益智寧心腹。除蟲去毒逐虛邪，久服強魂聰耳目。　安息香：安息香平味苦辛，腹心惡氣去如神。辟邪暖腎收遺泄，血氣調和鬼疰湮。　仙人杖：仙人杖煑水鹹平，吐乳驚癇夜哭停。噦氣吐傷翻胃好，燒灰痔漏服之靈。　松蘿：松蘿無毒苦甘平，主治頭風吐瘧靈。解怒消痰兼利水，癭瘤虛汗退無形。　鬱金香：鬱金香苦性兒溫，心氣能除蠱斷根。鬼疰諸般毒可點，狐腥鵶鶻見無聞。　衛矛：衛矛寒苦治崩紅，中惡除疼去白蟲。下乳破癥除鬼疰，皮膚風腫有神功。　海桐皮：海桐皮苦平醫痢，除䘌仍驅疥癬風。漱口蟲牙能住痛，目紅水洗有神功。　大腹：大腹辛溫無有毒，氣因冷熱攻心腹。寬膨消腫又通腸，痰膈醋心安喘促。　合歡：合歡無毒味甘平，夜合花同只異名。益志利心安五臟，令人歡樂眼睛明。　虎杖根：虎杖甘平散暴癥，破除留血又通經。排膿止痛消癰腫，暴渴煎嘗冷徹陰。　五倍子：五倍苦酸除嗽痢，牙疳眼腫頑痰去。臟風流毒在皮膚，癬痒瘡膿并五痔。　天竺黃：天竺甘寒竹內黃，鎮心明目療金瘡。兒驚天吊痰風熱，止血仍滋五臟良。　蜜蒙花：蜜蒙無毒且甘平，風瞖青盲赤眼靈。若是小兒麩豆毒，及疳攻眼熱能清。　折傷木：折傷木性平無毒，其味甘鹹療折傷。筋骨痛煎吞散血，產(兒)〔屻〕血悶効非常。　桑花：桑花性暖健脾家，吐血腸風鼻屻誇。帶下崩中皆可止，刮來入藥炒吞佳。　榈木：榈木辛溫無有毒，肺傷冷嗽求功速。婦人血塊可消除，並水煎湯須熱服。　巴豆：巴豆熟寒生用熱，味辛有毒宣腸結。爛胎逐水及清痰，鬼疰傷寒溫瘧絕。惡肉能祛蠱毒除，利經水道排膿血。又消積聚破癥瘕，臟腑邪侵皆蕩徹。　蜀椒：蜀椒辛熱散風寒，齒目膚頑腸澼安。欬嘔疸黃兼瘧痢，洩精水腫結瘕餐。　皂莢：皂莢辛鹹利竅関，風頭風痺是仙丹。消痰止嗽催胞落，貼腫祛虛脹滿寬。　訶黎勒：訶黎勒苦性兒溫，逐冷(破)〔消〕痰破咳頻。開胃澁腸除食脹，腸風胎漏帶崩神。　柳華：柳華寒苦疸黃嘗，去面烏兮療惡瘡。藥洗疔瘡癰用實，煎枝含汁治牙良。　楝實：楝實原來苦又凉，傷寒大熱發狂嘗。能行小便仍通水，又殺三蟲掃疥瘍。　椿木葉：椿木原來不入湯，葉煎水洗疥風瘡。採皮單用除疳䘌，根乃偏通溺澁黃。　郁李仁：郁李仁酸苦性平，四肢浮腫用之靈。能行小便通關格，根主牙風腫且疼。　莽草：莽草辛溫治乳癰，風頭喉痺疝瘕攻。諸瘰癧散消癰腫，頭痒蟲牙最有功。　無食子：無食子無毒苦溫，生(肉)〔津〕養血必須吞。生肌止痢除疳䘌，長肉烏鬚實可尊。　黃藥根：黃藥根平主惡瘡，瘻癰喉痺犬蛇傷。根研汁服含塗便，治馬方中用更良。　雷丸：雷丸冷毒殺三蟲，寸白皮中熱結通。久服陰痿須仔細，小兒百病作膏攻。　槲若：槲若甘平無有毒，口乾血痢成功速。更渴止血痔瘡良，蟲漏濃煎皮汁服。　桄榔子：桄榔子平無毒苦，(桄)〔專〕除宿血用之宜。(車)〔其〕中有麵須研出，數斛令人食不飢。　蘇方木：蘇方木味苦鹹平，破血消癰撲損寧。風噤氣迎兼嘔吐，產中血悶酒煎靈。　欅樹皮：欅樹皮無毒大寒，時行頭痛痢皆寬。胃腸熱結尤堪服，胎動吞之即便安。　桐葉：桐葉原無毒苦寒，單方主惡蝕瘡乾。皮醫五痔奔豚氣，又殺三蟲腹脹寬。　胡椒：胡椒辛熱主溫中，下氣消痰痢有功。風冷腹心疼霍亂，壯(阴)〔陽〕和胃顯神通。　南燭枝葉：南燭葉平無毒苦，強筋益氣力爲奇。更除泄瀉仍除腫，久服令人肚不飢。　無患子皮：無患子皮微有毒，煎湯沐浴去塵埃。更除面皯如脂玉，喉痺研吞即便開。　橡實：橡實原無毒苦溫，厚人腸胃可爲尊。殼爲湯散皆除痢，染髮烏髮直到根。　石南：石南味苦味辛平，筋骨皮毛風最靈。養腎益陰醫脚弱，痺風蟲毒子堪憑。　益智子：益智辛溫補漏精，便多餘瀝服之靈。養神益氣三焦淨，嘔唾仍調諸氣寧。　溲疏：溲疏辛苦性徵寒，胃熱身皮熱并删。下氣又除邪(氣)〔止〕溺，更通利水道艱難。　椰子皮：椰子皮平療鼻紅，又除吐逆血神通。子中汁服醫消渴，黑

髮烏鬚變少容。　小天蓼：　小天蓼葉味甘溫，一切風虛冷痹尊。老幼不分輕與重，將來浸酒服除根。　紫荆木：　紫荊木植在家庭，味苦平兮下五淋。宿血作疼須此破，濃煎汁服免憂心。　烏桕木根皮：　烏桕根皮味苦溫，主除癥結積爲尊。又云蛇毒傷人痛，搗酒求梢效立臻。　南藤：　南藤無毒味辛溫，益志興陽去痺尊。逐冷氣排風血等，強腰脚變白宜吞。　鹽麩子：　鹽麩子酸寒止渴，天行寒熱嗽痰良。疸黄瘴瘧兼喉痺，酒毒諸般作末嘗。樹白皮能醫血痢，又兼破止血俱祥。蚘蛇蟲等皆能殺，根白皮歸酒疸方。　赤爪木：　赤爪木味苦而寒，水痢風頭身痒安。其實味酸無毒冷，沐頭浴骨痒俱删。　榼藤子：　榼藤子澁又甘平，蠱毒喉風効可稱。五痔小兒肛脱痢，並燒爲末服之靈。　榧實：　榧實甘平呑進食，能通榮衛堅筋力。五痔三蟲蠱毒良，啖却火邪傷肺極。　扶栘木皮：　扶栘皮苦平微毒，踠損瘀疼求効速。風血邪侵脚痺舒，炙皮浸酒頻頻服。　木鱉子：　木鱉甘平療折傷，生肌消腫掃瘡瘍。乳(難)〔癰〕面刺兼腰痛，洗痔肛門腫痛良。　藥實根：　藥實根溫其味辛，補添骨髓効如神。絕傷續又祛邪氣，諸痺疼痠服此伸。　鈎藤：　鈎藤無毒味甘平，似釣鉤形故得名。專治小兒風瘈瘲，更攻寒忤卒癇驚。　感藤：　感藤無毒味甘平，解熱除煩止渴靈。益氣調中通氣血，腎家釣痛効堪稱。　突厥白：　突厥白兮味苦辛，潞州出似茯苓形。金瘡止血生肌肉，更補腰虛與續筋。　賣子木：　賣子木無毒性平，折傷血內溜安寧。安胎止痛功神速，絕續仍添骨髓靈。　甘露藤：　甘露藤甘性子溫，主除風血氣爲尊。腹中諸冷兼消渴，溫補調中五臟寧。　水楊木葉：　水楊木葉嫩枝皮，味苦平無毒痢施。氣血並傷紅與白，水來搗汁服之宜。　楊(榿)〔櫨〕木：　楊(榿)〔櫨〕木寒其味苦，雖然有毒療諸瘡。瘻疽水煑和薑汁，沐浴諸瘡一掃光。　柘木：　柘木甘溫益婦人，崩中血結痢來頻。根皮釀酒醫勞損，夢泄風虛効若神。　黄櫨：　黄櫨味苦寒無毒，酒疸目黄求效速。煩熱並煎湯服宜，漆瘡赤眼須頻浴。　棕櫚子：　棕櫚子苦平無毒，養血帶崩須炒熟。洩痢腸風血衄癥，與皮皆可燒灰服。　木槿：　木槿葉平花又凉，並堪入藥炒之良。腸風瀉血仍除痢，熱渴祛風作飲嘗。　芫花：　芫花寒苦消癰腫，欬逆喉鳴痰氣壅。蠱毒癥瘕鬼瘧消，殺蟲水腫開毛孔。　楸木皮：　楸木皮寒苦殺蟲，膏(付)〔敷〕疽瘻惡瘡癰。生肌退腫除膿血，(沉)〔洗〕用煎湯葉共功。　沒離梨：　沒離無毒味辛平，五臟皮膚腰痛靈。下食又能消肉毒，根煎水洗疥瘡寧。　柯樹皮：　柯樹皮平其味辛，雖然小毒不傷人。腹中水病須煎服，作末爲丸亦任憑。

卷六　人部

髮髲：　髮髲無毒味辛溫，男痓兒癇驚熱尊。利小便兮通水道，五癃関格並須吞。　亂髮：　亂髮燒吞咳逆除，去風消瘀療癰疽。産難便溺諸淋病，鼻衄驚癇取效殊。　人乳汁：　人乳甘平潤髮膚，補填五臟口瘡鋤。女人經閉能通順，老病之人效絕殊。　人牙齒：　牙齒平兮除蠱氣，更除瘧伏并除勞。乳癰腫毒酥調貼，發豆之時用火燒。　人屎：　人屎寒兮解毒良，熱狂並絞汁來嘗。骨蒸癆氣燒灰服，用醋敷疔腫惡瘡。　人溺：　人溺鹹凉吐血傷，肺瘻勞嗽是單方。産中血悶童男好，撲杖蛇傷洗患傷。　溺白垽：　溺白垽收燒過用，緊唇湯火抹之詳。鼻衄口紅皆可療，傳尸勞熱肺瘻嘗。　天靈蓋：　天靈蓋骨味鹹平，主治傳尸病骨蒸。久瘴虛勞寒熱者，酥塗炙入藥方靈。　人髭：　人髭療疾古傳名，須用燒灰服更靈。復令敷癰瘡立愈，人君也剪賜功臣。　人血：　人血專醫羸病人，身枯(麪)〔麩〕片起繽紛。遇狂犬咬生寒熱，即刺身中熱血吞。　人胞：　人胞衣好補虛勞，水漂將新瓦焙(燒)〔焦〕。作末須摻丸藥內，吞之羸瘦漸豐臕。　胞水：　胞水辛溫價似金，礶盛埋土幾年深。化爲清水醫丹毒，熱病狂言亂語尋。

獸部

龍骨：　龍骨甘寒斂口宗，腸癰陰蝕有神功。止精血汗安心志，燥濕除癥療痢膿。齒痛驚癇癲走症，心中結氣蠱皆通。角清身熱如爐火，熱洩中堅瘈瘲風。　麝香：　麝香辛暖蝕瘡膿，截瘧除驚又殺蟲。中惡腹心疼蠱毒，墮胎難産竅関通。　牛黄：　牛黄平苦主驚癇，治疫除邪利産難。寒熱癲狂風口噤，小兒百病是仙丹。　熊脂：　熊脂無毒性甘平，風痺筋攣嘔吐靈。積聚痰寒羸瘦等，頭瘍白禿盡安寧。(貼)〔膽〕寒味苦塗瘡痔，久痢驚風效足稱。消疸殺蟲疳瘦用，爲丸教子對青燈。　象牙：　象牙生主利漩難，燒末能教遺溺安。磨屑敷瘡除肉刺，祛勞刦熱止驚癇。胸前横骨消浮水，皮可煎膏瘡滅瘢。(貼)〔膽〕用塗瘡醫目疾，(内)〔肉〕灰油和禿瘡删。　白膠：　鹿角膠甘溫又微，虛羸失血四肢疼。崩中血閉安胎孕，淋露勞傷用最靈。　阿膠：　阿膠無毒味甘平，益肺虛勞喘嗽寧。止血安胎醫久痢，四肢痠痛女崩靈。　牛乳：　牛乳甘寒補血虛，口乾虛熱用之驅。有羊乳解蜘蛛咬，補腎安心潤肺殊。酥酪醍醐俱乳作，並醫口面與瘡軀。　乳腐：　乳

腐微寒治痢靈，潤滋五臟二腸寧。脉微氣細分如豆，麫醋和漿水煮烹。白馬莖：白馬莖鹹甘性平，強陽益氣治癇驚。蹄醫女子崩中白，崩赤須求赤馬靈。肉冷壯筋除大熱，屎除諸血口乾寧。溺消疝積癥瘕渴，脛骨單單降火清。鹿茸：鹿茸甘暖生精血，崩漏石淋兼夢泄。癰腫四肢腰脊疼，虛勞如瘧骨中熱。骨能下氣與安胎，殺鬼邪侵精物絕。鹿角：鹿角鹹溫最秘精，止尿血與腹中疼。強筋逐瘀祛邪惡，癰腫磨敷可復平。霜味亦鹹補腎氣，壯陽專止夢遺頻。鹿髓：鹿髓甘溫咳有功，能堅筋骨與傷中。肉醫腰痛除諸血，又治陰痿併肺癰。益氣力兮安五臟，補虛勞損更祛風。牛角鰓：牛角鰓能除帶下，腹疼血閉亦能消。更攻便血兼除痢，入藥燒灰熱酒調。牛髓：牛髓甘溫最補中，更填骨髓有神功。（貼）〔膽〕寒苦渴驚風用，心主虛忘肝益瞳。其肉味甘能益氣，養肝胃止洩無踪。屎寒水腫須求索，燒末醫瘡鼠瘻癰。羖羊角：羖羊角味苦鹹寒，產後餘疼蠱毒安。止洩清風頭目疾，退心肝熱治驚癇。羊髓：羊髓傷中酒服靈，其肝與（貼）〔膽〕治青盲。肺能補肺堪除嗽，憂恚求心膈氣寧。肉熱安心兼益氣，虛寒羸瘦止兒驚。益腎壯陽堅骨節，屎燔兒洩痢腸鳴。牡狗陰莖：牡狗陰莖鹹性平，陰痿能起帶能停。（貼）〔膽〕明眼目瘡瘍用，又去腸風膿血寧。頭骨金瘡蹄下乳，腦心風痺蠆瘡靈。癲狂用血青盲乳，肉補陽虛不利陰。羚羊角：羚羊角味苦鹹寒，明目安心清肺肝。寒熱時行風毒痢，又通食噎辟邪干。犀角：犀角酸鹹苦性寒，解心熱治中風癇。傷寒瘟疫醫癰腫，亦療蛇蟲鬼毒干。虎骨：虎骨辛溫去毒風，強筋骨治惡瘡癰。傳尸痨瘧兼驚悸，痔痢肛垂下有功。兔頭骨：兔頭骨主頭眩痛，腦髓燒灰救產良。骨療熱中消渴病，屎肝醫眼服之光。狸骨：狸骨醫瘡鼠瘻靈，刺皮諸疰腹心疼。陰莖經閉陰痿用，火化爲灰水服寧。麞骨：麞骨微溫補損虛，洩精釀酒服無虞。肉溫補臟心麄好，髓悅容顏益氣殊。豚卵：豚卵甘溫治五癃，驚癇癲疾蠱皆攻。懸蹄五痔腸癰蝕，四足令人乳汁通。傷撻敗瘡煎水洗，心能定志解心忡。腎和腎氣除腰痛，（貼）〔膽〕主傷寒熱渴中。猪肚：猪肚甘溫扶胃弱，脾除熱又療脾傷。肺多補肺兼除嗽，大臟能消痔益陽。陰蝕有蟲肝炙引，脂調藥掃疥瘡良。補陰骨髓風眩血，內動風痰可少嘗。狐陰莖：狐肉虛人治健忘，更消冷積療諸瘡。莖宜絕產陰中痒，孩子陰癪卵腫良。獺肝：獺肝去骨喉中息，久嗽傳尸痨可食。其肉通腸逐水佳，人同牛馬驅時疫。野猪黄：野猪肉勝似家猪，久痔腸風取效殊。黄合金瘡能止血，癲癇研水服能驅。膃肭臍：膃肭臍鹹熱補中，惡邪宿血結皆通。療痨尸疰攻心腹，精冷腰疼瘦有功。麂：麂平五痔病皆宜，薑醋吞之效可期。多食令人興痼疾，頭中骨末去飛尸。野駝脂：野駝脂在兩峰中，頑痺風瘡毒腫攻。火炙熱摩筋骨損，痔瘡作餅食多功。獼猴：獼猴無毒味酸平，釀酒能除風痺疼。爲脯食之除久瘧，手除口噤與癇驚。頭中骨可瘡家用，屎主蜘蛛咬處寧。六畜毛蹄甲、諸血：六畜毛蹄甲性平，驚癇癲疾蠱皆寧。血甘平補人身血，菌毒諸瘴生飲靈。

禽部　丹雄鷄：丹雄鷄性溫無毒，女子崩中赤白沃。止血溫中又補虛，筋攣骨熱人休服。白雄雞：白雄雞壓諸丹毒，更療狂邪消渴速。下氣調中利小便，其雌止渴宜求服。男痨女產入饔飧，止漏澁腸虛可復。烏雄雞：烏雄雞止痛消癰，殺鬼安胎又補中。冠血能通人乳汁，（貼）〔膽〕寒明目耳開聾。肫黄除熱兼遺溺，精洩腸風痢建功。屎白轉筋消鼓脹，滅瘢消渴石淋通。黑雌雞：黑雌雞肉治癰疽，養血安胎產後虛。通瘀乳難兼去痺，殼中衣點腎消除。黄雌雞：黄雌雞益氣興陽，洩痢遺尿續絕傷。消渴補勞安五臟，骨筋又治小兒黄。雞子：雞卵安胎退熱宗，祛痰益氣淡餐同。蠟煎治痢風宜酒，生啖開喉音有功。白用醋和通瘀血，蜜搽目赤熱瘴攻。漆瘡頭癩黄宜用，久嗽吞衣不見踪。鶩肪：白鴨曾爲白鳳膏，驚癇水腫補虛勞。能安五臟消膨脹，糞散胸中蓄熱高。諸石五金煩躁毒，並吞新汁免焦熬。惡瘡作腫仍生痒，敷用鷄清一起調。雀卵：雀卵陰痿食即強，腦聰聾耳肉興陽。兩尖雄屎塗癰癧，目瞖癥瘕齒痛良。伏翼：伏翼鹹平無有毒，療淋利水道宜嘗。可依太乙雷公製，目暗須教夜有光。糞洗夜明沙療癧，治疳子死腹中良。雉肉：雉肉酸寒却補中，口乾腸洩有神功。更除痰壅仍除喘，疥痔之人切莫逢。鸂鶒：鸂鶒甘平無有毒，驚邪單食其功速。短狐可養在家中，若在山中狐絕足。斑鳩：斑鳩明目助陰陽，虛瘦之人食最良。青者仍能補五臟，排膿消瘀治諸瘡。白鶴：白鶴鹹平無有毒，血能益肺祛風速。補勞益氣力爲佳，蠱毒肫中石摩服。烏鴉：烏鴉無毒味鹹平，止嗽祛痨骨熱蒸。臘月礶中煨末服，兒癇目疾悉皆寧。鵓鴿肉：鵓鴿甘平無有毒，老來咳嗽須蒸服。痔瘡止血瘻皆醫，乳汁和晴可點目。鳩鵲肉：喜鵲甘寒治石淋，燒灰取汁熱能清。多年巢療癲狂

魅，蠱毒燒之呼祟名。　白鴿：　白鴿鹹平消藥毒，調精益氣求功速。疥瘡風瘙(介)〔並〕皆除，白癜風瘍炒酒服。　百勞：　百勞毛主有胎時，母病懷中又乳兒。兒亦病兮如瘧痢，取毛佩帶兩安之。　鶪：　鶪鳥益中兼續氣，能消結熱君須記。生薑小豆煑吞之，若用酥煎除洩痢。　啄木鳥：　啄木鳥平醫瘻痔，小兒疳䘌牙蟲蛀。燒爲末納孔中央，不過三遭蟲即斃。　慈鴉：　慈鴉無毒味酸平，能補虛勞退骨蒸。止欬嗽兮仍助氣，瘦人羸弱炙吞靈。　鶻(朝)〔嘲〕：　鶻(朝)〔嘲〕無毒味鹹平，助氣扶脾胃最靈。頭目風眩皆主治，任憑煑炙食之寧。　鵜(鴣)〔鶘〕觜：　鵜(鴣)〔鶘〕之觜味鹹平，久痢成疳效最靈。須用火燒爲黑末，水調一服即安寧。　鴛鴦：　鴛鴦小毒味鹹平，諸瘻瘡瘍疥癬靈。酒浸炙敷瘡即愈，若還食肉患風真。

卷七　蟲魚部　石蜜：　石蜜甘平安五臟，補中益氣養心脾。調和百藥除諸病，心痛驚(癎)〔癇〕痓亦施。　蜂子：　蜂子甘平善補虛，傷中心腹痛能誅。吐蟲面目黃皆治，蠱毒風頭亦可除。　蜜蠟：　蜜蠟甘溫煉去黃，生肌長肉厚人腸。金瘡止血仍除痢，益氣安胎續絕傷。　白蠟：　白蠟外科之要味，稟金收斂堅(癡)〔凝〕氣。生肌止痛補虛痨，續骨筋扶脾益肺。　牡蠣：　牡蠣鹹寒止汗靈，傷寒溫瘧療兒驚。帶中赤白皆能斷，退熱除煩治洩精。心脇痛停消氣結，口乾喉痺服之寧。二腸並澁還醫嗽，破血消癰腫即平。　龜甲：　龜甲鹹甘平破癥，補陰除漏治勞蒸。小兒合顖頭瘡好，痎瘧能除五痔平。陰蝕愈仍舒濕痺，傷寒痨復洗之輕。　真珠牡：　珠安心志定驚風，傅面令人好面容。粉點目中磨瞖障，裹綿塞耳可除聾。　瑇瑁：　瑇瑁寒兮大帽形，渾如龜甲有文明。諸般藥毒能消解，聞俚人皆刺血吞。　桑螵蛸：　桑上螵蛸治失精，陰痿(迂)〔遺〕溺與諸淋。疝瘕血秘腰疼痛，益氣傷中又養陰。　石決明：　石決明鹹性子平，去皮鹽水瓦瓶烹。善除肝肺經風熱，更治青光内障瞢。　海蛤：　海蛤鹹兼苦性平，胸中煩滿痛皆靈。陰痿能起除寒熱，咳逆皆芟喘急寧。　文蛤：　文蛤鹹平治惡瘡，仍除瘻瘧食無妨。肋胸腰痛因痰服，欬逆消除崩漏康。　蠡魚：　蠡魚無毒味甘寒，下水消浮濕痺安。五痔炙腸安穀道，膽攻(侯)〔喉〕痺是仙丹。　鯽魚：　鯽魚調胃味甘溫，礬釀腸風下血吞。久痢白紅堪作鱠，惡瘡燒末醬塗痕。　鱓魚：　鱓魚益氣血甘溫，頭骨燒灰止痢吞。除痺退寒消宿食，產中淋瀝亦爲尊。　鯉魚膽：　鯉魚止渴消浮腫，腹有癥瘕食不宜。骨主女人崩赤白，青盲白瞖膽尤奇。　蝟皮：　蝟皮無毒苦甘平，痔腫連陰腰作疼。開胃寬膨除疝積，腸風下血服之寧。　露蜂房：　露蜂房味苦鹹平，齒痛驚癎瘈瘲靈。(癩)〔癲〕疾(殺)〔鬼〕精(虫)〔蠱〕毒痔，乳癰瘰癧效堪稱。　鼈甲：　鼈甲鹹平破血瘕，主除勞熱止崩誇。墜胎去痞除陰蝕，兒脇堅消痔沒巴。肉善補中兼益氣，陰虛之輩食之佳。頭須燒過灰存性，肛脫塗之效可嘉。　蟹：　蟹主胸中邪熱結，爪能破血傷胎裂。續筋化漆殼黃佳，消食塗瘡同脚節。　蚱蟬：　蚱蟬無毒味鹹甘，夜哭驚癎邪熱餤。產婦胞衣吞即下，墮胎通乳力能堪。殼名蟬蛻消風痺，瞖膜遮睛用此芟。狀類花冠生頂上，驚風天吊效非凡。　蠐螬：　蠐螬汁點瞖遮睛，吐血藏胸瘀痺靈。折血脇堅疼月閉，敷癰瘡末刺安寧。　烏賊魚骨：　烏賊骨溫善燥膿，斂瘡去瞖又開聾。通經止漏除陰蝕，止痢消癥又殺蟲。驚氣環臍心腹痛，陰中寒腫有神功。令人有子宜多服，肉味酸平益氣雄。　原蠶蛾：　原蠶蛾熱主強陰，交接之時善秘精。砂治痺風除癮疹，腸鳴消渴熱中寧。蠶眠脫下名蠶退，治血風侵帶漏崩。諸血腸風疔腫散，口瘡牙病用灰靈。　白殭蠶：　殭蠶平治夜啼驚，能散風痰結滯靈。喉痺使開風濕逐，傷寒陰易用之寧。諸瘡疔毒瘢痕滅，產後餘疼崩帶亨。又殺三蟲陰痒止，面中黑䵟去無形。　鮀魚甲：　鮀魚甲味酸溫性，心腹癥瘕堅積淨。涕泣時驚腰腫疼，腸風崩痔皆能迸。　樗雞：　樗雞平苦最強陰，邪氣攻心腹最靈。強志益精兼好色，補中下氣止腰疼。　蝸牛：　蝸牛無毒味鹹寒，風賊喎邪得此安。踠跌腸垂肛脫妙，驚癎筋急縮攣寬。　石龍子：　石龍子用草中雄，小毒鹹寒治五癃。除熱淋兮兼下血，破邪結氣取奇功。　蜚蠊：　蜚蠊寒苦痞能攻，積聚癥瘕血積通。喉痺頓開經水利，又除賊血在胸中。　䗪蟲：　䗪蟲寒毒破堅癥，寒熱能除血積行。仲景傷寒方内用，壁墻濕處土中生。　白魚：　白魚無毒味甘平，開胃扶脾去水膨。助血補肝明眼目，有瘡若食去皮疼。　鱖魚：　鱖魚無毒且甘平，背上烏斑味更精。去腹小蟲行惡血，益人氣力體肥盈。　青魚：　青魚無毒味甘平，濕痺消除脚氣寧。(貼)〔膽〕汁點瞬除赤腫，石(炭)〔灰〕調治惡瘡靈。　石首魚：　石首魚甘下石淋，乾之炙食鮝爲名。消瓜成水寬膨蟬，開胃喉乾蕁作羹。　嘉魚：　嘉魚甘味毒尤無，得食之時主人肥。久食力強生健澤，有似英(一)〔雞〕乳様兒。　鯔魚：　鯔魚無毒味甘平，開胃令人五臟寧。頭扁身圓其骨軟，食泥百藥不相刑。　鱟魚：　鱟平微毒用偏宜，治痔殺蟲食可

稀。腸風瀉血皆堪用，崩帶產痢更稱奇。　蝦蟆：　蝦蟆辛毒性寒涼，肥腫金瘡陰蝕良。(蟬)〔蟾〕酥治惡瘡尤妙，疳瘦之兒鼠瘻寧。　牡鼠：　牡鼠甘平無有毒，搗敷折損骨筋續。貼諸瘡用蠟油煎，肝腦塗針及箭鏃。　肉熱療兒疳炙嘗，糞醫瘑疾兼勞復。　馬刀：　馬刀有毒味辛寒，渴滿崩中赤白安。能破石淋除臟熱，補中去痺利機關。　蛤蜊：　蛤蜊性冷原無毒，止渴解醒開胃嘗。殼化頑痰消血塊，火傷老癖並灰良。　蜆：　蜆冷醫眸赤面黃，乳難濕熱氣皆良。解醒脚氣攻丹石，開胃通淋煮熟嘗。　生汁治疔瘡止渴，殼陳研末治陰瘡。失精痢疾宜常服，爛殼胸痰反胃方。　車螯：　車螯無毒冷消癰，消渴能除酒毒攻。殼用火燒將醋煅，研灰治瘡腫瘡膿。　蚶：　蚶溫消食又溫中，腰脊風疼冷氣攻。燒殼醋膏丸治癖，癥瘕血氣有神通。　(蛾)〔蟶〕：(蛾)〔蟶〕味甘溫善補虛，胸邪冷痢取功殊。婦人產後身虛損，丹石傷人用此誅。　淡菜：　淡菜甘溫善補陽，虛勞吐血破癥長。　腰疼化食兼除痢，崩帶生兒血結良。　蝦：　蝦公小毒不歸方，兒患遊風赤白良。搗碎敷之時腫散，無鬚色白不堪嘗。　蚺蛇(貼)〔膽〕：　蚺蛇(貼)〔膽〕苦䘌瘡良，䘌痛兒疳目腫方。膏治大風平小毒，婦人產後腹疼嘗。　蛇蛻：　蛇蛻催生治惡瘡，腸中生痔蠱皆良。驚癇瘈瘲蛇癇等，目瞖喉風嘔咳嘗。　蜘蛛：　蜘蛛能吸蜈蚣毒，搗汁塗蛇蠍螫傷。癀疝奚疳燒熟服，背疔杵醋和(付)〔敷〕良。若還鼠瘻流膿水，用火燒敷上即康。　繫縛贅瘤應自落，喜忘取網着衣裳。　蝮蛇膽：　蝮蛇釀酒醫癩疾，諸瘻腹心疼可抑。結氣下消蠱毒除，膽寒治䘌瘡無迹。　白頸蚯蚓：　蚯蚓鹹寒白頸良，傷寒讝語與溫狂。小腸閉結皆吞汁，蠱毒逢之浸酒嘗。黃疸腎風兼脚氣，蛇瘕蚘等服之康。糞封猘犬傷人毒，治痢消丹並吉祥。　葛上亭長：　葛(中)〔上〕亭長味辛溫，蠱毒侵兼鬼疰吞。破結淋兮消積聚，墮胎七月可收存。　蜈蚣：　蜈蚣有毒能攻毒，氣味辛溫殺惡蟲。消積墮胎行瘀血，口瘡牙噤保嬰童。　蛤蚧：　蛤蚧鹹平療肺勞，傳尸喘嗽鬼邪逃。更通月水兼淋瀝，藥力功全在尾稍。　水蛭：　水蛭鹹而苦毒涼，消癥去積利膀胱。墮胎破血調經閉，善吸癰疽理折傷。　斑猫：　斑猫有毒味辛寒，治瘻癰疽疥癬安。破血墮胎除蠱毒，石癃並炒熟吞寬。　田中螺：　田螺性冷赤眸清，醒酒消浮止渴靈。能壓石丹燒臟腑，殼除反胃滋遺精。　貝子：　貝子敺鬼疰消浮，疳蝕淋癃吐乳休。散結解肌除蠱毒，赤眸生瞖點之瘳。　雀甕：　雀甕甘平蠱毒良，仍消鬼疰抹諸瘡。驚癇結氣除寒熱，撮口風堪刺口傍。　白花蛇：　白花蛇去尾頭靈，瘡癩諸風痺不仁。口眼喎邪筋脉急，半身不遂復能伸。　烏蛇：　烏蛇無毒味甘平，頑痺諸風痛服靈。癮疹疥瘡并癬毒，眉鬚脱落可還生。　金蛇：　金蛇長尺原無毒，金藥毒傷求效速。只取蛇身四寸長，炙黃煮汁頻頻服。　蜣螂：　蜣蜋無毒味鹹寒，能療兒驚瘈瘲癇。鼠瘻瘡瘍并附骨，箭頭入肉出何難。　五靈脂：　五靈無毒味甘溫，氣刺兒疳冷痺吞。止血又能行血脉，腸風產後血迷昏。　蠍：　蠍味甘辛治中風，半身不遂有神功。祛涎安腎除驚搐，掃疹仍能透耳聾。　馬陸：　馬陸辛溫脇滿良，惡瘡白禿入仙方。破癥散積除寒熱，息肉消兮痞結康。　鼉：　鼉寒無毒味甘佳，補損祛勞殺疰邪。一種水鷄爲美饌，止宜產婦益虛家。　鮫鯉甲：　鮫鯉甲寒燒作灰，痘瘡不發服之催。驚邪啼哭防風痺，螻蟻瘡和癬痔魁。　地膽：　地膽辛寒治蝕瘡，惡瘡鼠瘻是仙方。墮胎仍破癥瘕疾，鬼疰逢之即便康。　蚵：　蚵味鹹平無有毒，目中障瞖驅之速。最能斷血又生肌，須採其形如白玉。　鼠婦：　鼠婦酸溫治氣癃，婦人月閉有神功。血瘕癇痓皆能療，寒熱驅除水道通。　螢火：　螢火微溫其味辛，最能明目有精神。火瘡蠱毒逢之退，鬼疰登時即離身。　衣魚：　衣魚無毒味鹹溫，瘕疝尿淋必用吞。孩子中風強項背，墮胎塗滅百瘡痕。

卷八　果部　豆蔻：　草蔻辛溫口氣攻，去脾胃積滯寒通。補虛進食溫中用，嘔吐吞之大有功。　藕實：　蓮實甘平主澀精，醒脾益氣利腰疼。石蓮黑髮清心竅，荷鼻安胎療痢寧。葉破血兮房止血，花心益腎固精榮。藕能解熱除煩渴，口鼻紅來節可停。　橘柚：　橘皮溫性利膀胱，主嗽消痰止嘔良。開胃寬胸消穀食，溫寒發表佐生薑。　青皮：　青皮寒苦抑肝經，破積能除小腹疼。下食安脾消疝氣，任從滯氣即安寧。　大棗：　大棗甘溫和胃脾，心懸腸澼並能醫。潤心肺又生津液，助十二經百藥宜。　葡萄：　葡萄甘味性兒平，筋骨風寒濕痺疼。益氣調中須釀酒，通淋利便水能行。　栗子：　栗子鹹溫厚胃腸，耐飢益氣火煨良。生乾補腎堅腰脚，嚼罯能除箭刺瘡。　覆盆子：　覆盆即是蓬虆實，益氣強陰蒸倍力。明目祛風補肺虛，婦人宜子須頻食。　橙子皮：　橙皮辛苦性兒溫，腸胃之中惡氣尊。化食祛風兼醒酒，瓤酸能去惡心吞。　鷄頭芡實：　雞頭芡實兩開名，無毒甘平最益精。濕痺脊腰連膝痛，補中強志長聰明。　梅實：　梅實酸平能斂肺，除煩

止渴消痰氣。虛勞蒸熱及偏枯，調胃和中醫瘧痢。　木瓜：　木瓜溫性能驅痺，止嘔消痰兼脚氣。霍亂轉筋吐瀉宜，入肺養腎滋脾肺。　柿：　柿味甘寒潤肺傷，化痰除嗽渴宜嘗。開通耳鼻能除痢，止噦須知用蒂良。　枇杷葉：　枇杷葉苦平無毒，清肺潤喉除咳嗽。掃肺風生胸面瘡，氣衝卒嘔功尤速。　荔枝子：　荔枝肉散無形滯，健力生津兼益智。核可燒灰和酒吞，諸般疝氣皆通利。　乳柑子：　乳柑性冷味兒甘，腸胃之中熱毒芟。丹石燥人吞即解，使誰暴渴可常餤。　甘蔗：　甘蔗甘平能潤肺，消痰下氣和脾氣。二腸皆利熱煩清，沙乳諸瘡功一例。　椑柿：　椑柿甘寒無有毒，石丹藥發熱能清。胃中有熱須吞此，利水仍還解酒醒。　桃核仁：　桃仁無毒苦甘平，破血通腸利月經。更去癥瘕除欬逆，散心胸滿殺蟲精。　花添顔色醫淋症，葉出尸瘡蟲最靈。實若食多人有熱，奴能散血氣安寧。　杏核仁：　杏仁溫苦逐風侵，潤肺消痰止嗽尋。消食熱煩通氣閉，開胸發汗出聲音。　安石榴：　石榴殼澁能收痢，更治筋攣脚痛風。花合石灰能止血，根除寸白及蚘蟲。　梨：　梨食多兮脾氣傷，金瘡乳婦不宜嘗。寬胸止咳除煩渴，若吐風痰可作漿。　李核仁：　李核仁無毒苦平，至除瘀血骨中疼。根皮止痢奔豚氣，實苦調中痼熱清。　楊梅：　楊梅無毒味酸溫，止嘔消痰化食吞。乾屑飲時消酒吐，刀傷敷即滅瘢痕。　胡桃：　胡桃無毒味甘平，活血通經去痔靈。黑髮潤肌滋肺腎，撲傷和酒服安寧。燒瓤爲末敷瘰癧，多食風痰火即生。　獼猴桃：　獼猴桃冷味甘酸，止渴除煩厭石丹。反胃石淋求汁服，生薑絞汁和之餐。　海松子：　海松子味性甘溫，骨節風疼必用吞。更治頭眩驅水氣，又能潤五臟爲尊。　橄欖：　橄欖溫甘又澁酸，能消酒醉毒魚肝。生津止渴兼開胃，研核仁敷唇燥乾。　榅桲：　榅桲酸甘性子溫，溫中下氣可常吞。心間醋水能消化，消食兼能去臭尊。

米穀部　胡麻：　胡麻無毒味甘平，補臟虛羸益髓精。能合金瘡仍止痛，傷寒溫瘧吐皆寧。作油解毒醫瘡癬，利大腸兮秘結靈。秃髮搽之容易出，胎衣不下服之傾。　青蘘：　青蘘即是胡麻葉，無毒甘寒助骨堅。補髓驅邪侵五臟，風寒濕痺服之蠲。　麻子：　麻子甘平最補中，中風出汗水皆攻。破積血凝仍治痺，催生下乳有神功。　白麻油：　白麻油冷滑腸施，善補虛勞又潤肌。更去浮風通血脉，頭瘡生嚼貼之宜。油敷疥癩諸蟲死，大小腸通蛔氣醫。陳者煎膏肌肉長，消癰止痛效堪期。　飴糖：　飴糖甘美性溫良，止渴消痰(上)〔止〕嗽方。溫胃又能驅瘀血，補中可入建中湯。　灰藋：　灰藋甘平治惡瘡，袪風疥癬洗吞良。灰含口內牙蟲死，汁洗陰中蝕肉方。　生大豆：　大豆甘平除胃熱，通淋逐水塗癰滅。治風下瘀腹疼除，消穀寬膨炒作屑。豆腐寬中脾胃和，大腸濁氣能清別。　赤小豆：　赤小豆平消熱毒，排癰膿血痢神功。更驅水腫除消渴，脚氣皆從水便通。　酒：　酒熱少嘗活氣血，借行藥勢除癥結。大扶脾氣惡邪驅，痰火病人宜樽節。　粟米：　粟米鹹寒能養腎，胃虛嘔吐作爲丸。若除胃熱須陳者，更治消中利小便。　粱米：　粱米三般皆粟輩，青黄白性俱相類。熱中消渴泄皆除，益氣補中兼養胃。黄出風疼青澁精，白除胃熱仍(餘)〔除〕噦。　黍米：　黍米甘溫肺病寬，補中多食使人煩。赤除欬洩兼消渴，霍亂心煩作粥飡。　小麥：　小麥甘寒利便難，除煩止渴養心肝。更除唾血兼崩漏，浮者能收盜汗乾。苗退熱兮消酒疸，麥奴治疫解金丹。麩凉止血仍除痛，麪熱充餐氣力完。　大麥：　大麥鹹溫五穀先，調中益氣渴宜煎。浸爲麥糵寬胸膈，破積消痰霍亂痊。下氣寬腸拯產厄，上焦有瘀即時蠲。　麴：　神麴甘溫破結癥，健脾暖胃補虛靈。調中止洩仍除癖，化食消痰氣上凝。　藊豆：　藊豆甘溫助胃脾，和中下氣暑宜施。益筋補瀉安腸胃，霍亂須求葉食之。　豉：　淡豆豉寒無有毒，頭疼發汗兼勞復。吐煩定喘更安胎，脚痛腫癰敷且服。　菉豆：　菉豆甘寒能解毒，熱風消渴生研服。消浮除霍亂宜加，作枕清頭明眼目。粉糝痘瘡不結痂，胃虛脾弱人休欲。　腐婢：　腐婢辛平小豆花，能除痎瘧熱寒邪。更醫洩痢除消渴，病酒頭疼服最佳。　罌子粟：　罌粟甘平壓石丹，散胸痰滯胃中翻。殼能止嗽兼醫痢，棄蒂除穰醋炒餐。

菜部　冬葵子：　冬葵子冷治瘡瘍，下乳催生利小腸。根主惡瘡淋瀝症，葉堪作菜莫多嘗。　莧實：　莧實甘寒入血宮，能除寒熱殺(蛇)〔蚘〕蟲。散肝風熱青盲瞖，二便艱難服即通。　胡荽：　胡荽溫性毒寒微，善止頭疼熱四肢。消穀更通心腹氣，酒煎噴豆不須醫。秃瘡用子油煎貼，蟲痔皆除肉毒施。　邪蒿：　邪蒿無毒味辛平，胸膈之中臭爛寧。續氣利腸通血脉，胡荽同食汗如傾。　羅勒：　羅勒辛溫化食良，調中逐水可生嘗。齒根瘡爛爲灰用，子出眸中物妙方。目瞖赤風流淚止，根灰敷治爛黄瘡。　石胡荽：　石胡荽性寒無毒，利竅吐風痰甚速。去瞖將荽內鼻中，更通鼻氣須宜服。　瓜蒂：　瓜蒂寒兮善吐痰，風癇喉痺水皆餤。脹膨菓積俱宜吐，欬逆浮黄鼻

癋芰。　白冬瓜：　冬瓜寒性解煩狂，止渴通淋利小腸。解熱散癰消水腫，醒脾悅色子尤良。　甜瓜：　甜瓜寒毒便難嘗，止渴除煩退熱良。多食發黄仍動冷，令人陰下濕生瘡。　胡瓜葉：　胡瓜葉苦性兒平，小毒孩童(悶澼)〔閃癖〕靈。其實味甘寒有毒，食之百病即時生。　越瓜：　越瓜甘味性寒凉，止渴除煩利胃腸。多食令人虛弱軟，又仍動氣發諸瘡。　白芥：　白芥辛溫除冷氣，子除翻胃心胸利。痰生膜外面皮黄，腫毒諸癰調貼治。　萊菔根：　萊菔辛甘氣亦平，溫中消食去痰凝。汁除咳血醫消渴，下氣多餐反澁榮。子吐風痰寬喘脹，沖墻倒壁不容情。　荏子：　荏子辛溫補體良，主除欬逆是仙方。溫中下氣皆宜食，葉主調中臭轉香。　黄蜀葵花：　黄蜀葵花治惡瘡，能消膿水末敷良。通淋利便須煎服，難産催之即便生。　紅蜀葵：紅蜀葵花潤燥靈，帶中赤白最相應。根莖利便兼除熱，葉治金瘡末上寧。莢食能除丹石燥，火瘡搗碎罯之平。子消水腫風瘡疥，催産通淋最有名。　苦耽苗子：　苦耽苗子苦寒凉，鬼疰邪侵下食良。大小便難兼骨熱，腹中結熱目中黄。虛勞咳嘔兼痰壅，小子無辜癧子瘍。痞滿殺蟲和蠱毒，落胎並煑汁來嘗。　苦苣：　苦苣根寒治骨蒸，更醫二痢面黄凝。腫疔用汁莖中取，若滴癰瘡立潰平。　莖葉搗敷蛇咬痛，逆煩生汁服安寧。　薺：　薺菜性溫甘美味，能疏五臟兼肝氣。子除目痛醫青盲，根葉灰醫痰與痢。　蓼實：　蓼實溫消水氣寬，溫中明目耐風寒。轉筋霍亂腹疼止，破瘀瘡瘍癰腫剜。葉洗脚浮蛇咬末，蛭蟲馬蓼出腸安。　葱實：　葱實辛溫最補中，白莖發汗保胎宫。傷寒頭痛兼喉(秘)〔痺〕，明目疏肝(煎)〔痢〕有功。通腎消風腫腹痛，汁除鼻衄溺中紅。　薤：　薤味辛溫除吐痢，喘兼水結俱消氣。外敷湯火及金瘡，瘡中風寒水腫治。　荆芥：　荆芥辛溫療眾風，傷寒頭痛汗奇功。治筋舒痺兼除瘀，瘰癧癰疽鼠瘻攻。　蘇：　紫蘇解表利胸痰，開胃通腸蟹毒芰。子降氣凝除喘咳，莖安胎又益脾餤。　水蘇：　水蘇無毒味辛溫，下氣能消飲食尊。辟惡氣兮除口臭，衄崩吐血並宜吞。　香薷：　香薷辛味性微溫，下氣除煩解暑吞。霍亂調中消水腫，更清肺火亦爲尊。　薄荷：　薄荷溫性化痰凝，發汗清頭目痛靈。化氣寬膨消宿食，止驚風熱却勞蒸。　葫：　大蒜辛溫毒散癰，蠆瘡風熱腹疼攻。又能辟惡兼驅暑，久食傷人兩目曚。　蒜：小蒜辛溫理胃家，亦歸脾腎效堪誇。溫中霍亂除風痺，消穀多餐目不佳。葫葱：　葫葱辛味殺蟲靈，消穀溫中下氣凝。久食傷神兼損性，損明胡臭莫相侵。　水蘄：　水蘄無毒味甘平，益氣除煩渴疸靈。止血養精仍保血，婦人崩帶食安寧。　馬齒莧：　馬齒莧酸寒止痢，殺蟲止渴除盲瞖。能通二便破癥瘕，風熱癰瘡求汁治。　茄子：　茄子甘寒甚損人，發瘡及痼疾傷神。凍瘡根葉煎湯漬，燒蒂腸風效可臻。　白苣：　白苣寒兮苦又平，開胸膈内氣之凝。補筋骨又通經脉，産後吞之小腹疼。　落葵：　落葵無毒味酸寒，散熱消中氣自寬。其實取仁研和蜜，女人搽面色堪觀。　堇汁：　堇汁甘寒《萬畢方》，云除蝎毒與蛇傷。更消癰腫塗兼服，又洗人生馬毒瘡。　芸薹：芸薹最不宜多食，發病生蟲極損陽。主破癥瘕通結血，更除丹腫乳癰瘡。蕹菜：　蕹菜甘平無有毒，任君煑食兼生服。南人識得此先嘗，野葛後吞應自伏。　菠薐：　菠薐腸胃熱堪誇，酒醉石丹人食佳。久食令人腰發痛，又令脚弱不能跨。　苦蕒：　苦蕒凉除面目黄，搗敷蟲咬與蛇傷。汁塗疔腫其根出，尿血單煎酒水嘗。　莙薘：　莙薘平兮脾氣攻，補中下氣去頭風。若還冷氣人多食，動氣仍令腹泄空。　東風菜：　東風菜甚美甘寒，風毒頭疼並食安。肝熱目眩兼赤腫，入羹煑食自然寬。

明·佚名宫廷畫師《補遺雷公炮製便覽》　白斂：　白斂微寒甘苦平，消癰散結治兒驚。更攻火毒并除熱，帶下腸風用有靈。　青葙子：　青葙子泄肝之良，明目除風故見長。除治惡瘡兼蟲疥，瞳仁散大不宜嘗。　雚菌：雚菌鹹甘平微溫，治療心疼及暖中。長蟲寸白皆能去，惡瘡癥癖效相全。白及：　白及微寒平苦辛，主破癰疽大有靈。疥癬惡瘡俱可治，賊風邪氣必須尋。　大戟：　大戟性寒味甘苦，水道宣通無阻滯。腹中蠱毒一齊消，惟與甘草怕相觸。　澤漆：　澤漆微寒味苦辛，面浮目腫亦相尋。大小腸兮俱可利，陰氣不足用尤靈。　茵芋：　茵芋味苦性微溫，風濕痿痹見奇功。五臟邪氣能祛沒，心腹寒熱用相同。　貫眾：　貫眾味苦性微寒，殺蟲破癖療金瘡。頭風熱氣俱當用，陰乾服却最為良。　六畜毛、蹄甲：　六畜毛蹄甲味鹹，性中有毒療驚癇。瘡癰寒熱俱能去，鬼蠱諸邪善可揚。　諸血：　諸血甘平生飲佳，血枯不足面無華。去煩止渴除丹毒，若食筋時力倍加。　蝦蟆：　蝦蟆無毒性寒凉，邪氣金瘡陰蝕良。疽癘堅癥攻犬咬，撲傷生搗罯為長。研淋治惡瘡尤妙，疳瘦之兒鼠瘻寧。

明·杜文燮《藥鑑》卷一　藥性寒門　黄芩，枯者清肺金，堅者凉大腸，降熱痰，佐白朮則能安胎。　黄連，瀉心火而津液自生，除濕熱而腸胃自厚。

薑製降痰。此芩、連二藥，若用猪膽汁炒，又能降肝膽之火也。黄栢，治痿定蛔，退伏火而瀉勞熱，滋不足之水，大治陰虚。知母，益真陰，治骨蒸之有汗，補腎水，瀉無根之火邪。此栢、母二藥，酒炒則性溫，鹽製則下降。皆補陰之藥也。白芍，止瀉痢，補陰血，治心腹虚疼，尤健脾經。其性能補能收，酒炒纔妙。赤芍，利小水，消癰腫，又為火眼要藥。其性能瀉能散，生用正宜。此赤、白二芍，産後勿用，以性帶酸寒，能伐發生之氣也。石膏，降胃火而理頭疼，解肌表而止煩渴。山梔，降火極速，從小便泄出，性能屈曲下行，又能清肺胃之煩，止血家之吐衄，必須酒炒微黑。熟地，滋腎而益真陰，活血而填骨髓。生地生血而涼心腎。此二地酒洗則性溫，薑製則不泥於膈。天冬，止渴補虚，治痰嗽而潤肺，能引熟地而至所補之處。麥冬，生脉清心，止煩渴而去肺家伏火，能引生地而至所生之位。柴胡，治兩脇俱疼，少陽可引，退往來寒熱；外感宜投，能升胃中之清氣，從左而旋。升麻，散手陽明寒邪，療足陽明齒痛，能升胃中之清氣，從右而旋。前胡，除内外痰實如神，逐胸脇結氣無雙。犀角，解火毒而療鼻血瘡瘍，安心神而除煩渴風毒。若使引入胃經，升麻亦可代用。牡蠣，澁精而止虚汗，崩漏能醫，必須火煅為良。朴硝，開熱結而通臟腑，瀉實軟堅，雖有停痰可化。大黄，乃蕩滌之將軍，走而不守，奪土鬱而無壅，破瘀血而下流。牡丹皮，治無汗之骨蒸，消下焦之積血，止上焦之吐衄，破血亦宜用也。地骨皮，治有汗之骨蒸，亦發風邪，退熱尤宜用也。竹葉，逐上氣欬逆喘促，退虚熱煩燥不眠，專涼心火，尤却風痙。竹茹，治心煩嘔噦，腫痛兼療。茵陳，却黄疸風濕，小便能利。菊花，收泪明目，治頭風，止頭痛。同地黄釀酒，解醉漢昏迷易醒。薄荷，清六陽之會首，涼心膈而治頭風，總能清熱。荊芥，清頭目，肌表立解；下瘀血，瘡痍即散。瓜蔞仁，下氣消痰，潤肺除嗽。療結胸，通鬱熱於胸中，為治嗽之要藥也。天花粉，止渴通經，降膈上之熱痰，乃消渴之聖藥也。槐花，止臟血熱熾淋瀝。茅根，止吐血，取汁煎藥。地榆，療崩漏，止月經，尤治血痢，下部瀉血莫缺。山豆根，解熱毒，而止喉疼，嚼汁吞之為妙。桔梗，療肺癰而利咽膈，通肺氣而止咽痛，化痰順氣，開提諸藥上行，為舟楫之劑也。乾葛，發表解肌，止渴生津，能解酒毒，免傷心肺。木通，瀉膀胱火，而利小便，通利關節，隨二便之利藥，而皆能通也。澤瀉，利水道而實大便，退陰汗，庶免淋瀝，但補陰則為不足。枳殼，寬中下氣，能攻腸中之積，其性緩而長。枳實，消痰削積，能瀉胸中之痞，其性急而速。滑石，利小便，尤清六腑之熱。瞿麥，治血淋最捷，利小便堪誇。香附米，理血氣，開鬱道，乃婦人之要藥。醋煮以溫經，童便炒以潤燥。常山，治瘧疾而化結痰，醋煮免吐。芫花，散皮膚水腫發浮，消胸膈痰涎氣逆。大戟，消水腫腹滿，除皮膚燥痛。甘遂同功。以二藥俱有破鐵石之能。葶藶，定喘消痰，而虚浮可逐，瀉肺氣，通小便，炒須帋隔。車前子，利小水而實大便，尤能明目。水銀，殺蟲，又下死胎，療瘡瘍而除疥虱。甘草，生寒瀉火，炙溫健脾。和諸藥而弗爭，解百毒而無憂。青皮，破凝氣，厥陰之經可通。削堅積，飲食鬱滯可解。連翹，療瘡瘍，消腫毒，又能散諸經之血凝氣聚，久虚之人不可輕用。桃仁，通經破血，潤大腸之難通。蘇木，消産後敗血而療瘡瘍。桑白皮，治喘嗽，瀉肺氣有功，蜜水炙用。海藻，治項間瘰癧，消脛下癭囊。偏墜疝氣立止，小便艱難能利。海帶、昆布同功，俱為破氣之要藥。漢防己，瀉濕氣於膀胱，治脚氣於下部。膽(凡)〔礬〕，主痰氣諸癇，更除熱毒。蘆薈，治癲狂諸熱，尤殺疳蟲。薏苡仁，多服開胃，且治肺癰。消水腫，治艱步之緩風；壯筋骨，主拘攣之濕痹。沙參，主疥癬惡瘡，散諸疝之絞痛；排膿消毒，補五臟之陰氣。鬱金，涼心臟元陽，兼驅血氣作痛，仍散積血歸經。皂莢、桃仁，並可通秘，血宜桃行，風用皂通。竹瀝、荊瀝，俱為痰用，但少食用竹，能食用荊。兠鈴，却痰結喘促，清肺家火熱。紫草，利水通竅，治目黄成疸，涼痘瘡血熱。胡黄連，治口疳，療癰疽，兼解骨蒸之熱。地膚子，專利水道，去熱於膀胱，浴身却皮膚瘙癢，洗眼除熱暗澁疼。夏枯草，破癥堅癭瘤結氣，散瘰癧鼠瘻頭瘡。苦參，掃遍身癢瘮，止卒暴心疼。腸風下血能治，熱痢刮痛堪療。

已上共七十四味。

藥性熱門　附子，去臟腑之沉寒，浮而不降；治三陰之厥逆，走而無踪。反本固陽，童便煮用。乾薑，暖中，除寒邪腹痛，兼治嘔吐。引血藥而生新血，虚熱者同功。丁香，暖胃冷而定攻衝，兼除嘔逆。麻黄，散寒邪而發表，根止汗以固陽。葱白，橫行，治傷寒下痢，及陽明頭疼。白面之人，不宜發汗散氣。吴萸，療心腹之沉寒，止厥陰之疝痛。乾生退寒而散表，炒溫脾胃以和中。砂仁，治腹痛而安胎化食，吐瀉兼醫。白蔻仁，下

氣寬中，大能消食。治胸冷而補膈上元陽，退目雲而散肺中滯氣。　莪术，磨脾家之積聚，醋炒最佳。　麝香，辟邪通竅，亦能出汗。　紫蘇，發表解肌，療傷風寒甚捷。　鹿茸，益氣生血，補虛澁精。　肉蔻，理脾胃，消宿食，小兒吐瀉立止。　川椒，達下，理六腑之沉寒；　加烏梅能止蛔蟲。　蓯(容)〔蓉〕，治男絶陽不興，療女子絶陰不產。雖能峻補精血，驟用反動大便。　胡椒，却心腹冷痛，逐脾胃寒邪。多食則又耗血。　雄黃、硫黃，掃疥莫缺。　乳香、沒藥，止痛為最，多服則又損骨。　烏藥，順氣寬中，消食積作疼，逐小兒蛔蟲，為氣痛之要藥。　沉香，抑陰助陽，降氣補腎。　厚桂，澁精，亦能暖胃止瀉。　桂枝，斂汗，又能上升發表。　五靈脂，定血家之疼痛，能止能行。　生薑，發散行表，止吐開胃。　陳皮，補胃和中，去白消痰洩氣。　巴豆，有蕩滌攻擊之能，誠斬關奪門之將。雖能通暢，亦堪止瀉，必須去油取霜。　厚朴，平胃去(溫)〔濕〕而消痰下氣寬中。　續斷，治崩漏，益精強腳，專療跌撲折傷。　川烏，散寒邪而消寒積，破陰氣而除冷風。　良薑，暖脾消食，下氣溫中。又翻胃嘔食可止，腹疼積冷堪除。　草菓，消宿食，却冷痛。同縮砂溫中，佐常山截瘧。　已上共三十三味。

藥性溫門　霍香，理霍亂，使嘔吐止；　開胃口，令飲食增。　防風，治一身之痛，除上焦風邪。誤服反泄上焦元氣。　白芷，治頭痛，止目淚，解利風寒之要藥。　細辛，止本經頭痛如神，治諸風(溫)〔濕〕痹立效。　丹參，生新血，去惡血，落死胎，安生胎。專調經脉不勻，善理骨節疼痛。　仙茅，益肌膚，明耳目，助陽道，長精神。補丈夫虛損勞傷，主女人失溺無子。(脫)〔補〕腎之要藥也。　南星，治中風不語稠痰，散跌撲即凝瘀血。須用膽製為佳。　骨碎補，補骨節傷碎，療風血積疼，破血有功，止血亦效。　延胡索，調月水氣滯血凝，止產後血衝血暈。　杜仲，補中益腎，腰痛不能屈者神功，足疼不欲踐者立效。　檳榔，治後重如神，墜諸氣無雙。若服過多，又瀉了至高之氣。　杏仁，除胸中氣逆喘促，潤大腸氣閉難通。　辛夷，主五臟身體寒熱，頭風腦痛堪除，鼻塞竅窒立通。　石菖蒲，明耳目，開心洞達，除濕痹，可使屈伸。　山藥，理脾傷止欬，逐腰痛強陰。　益母草，去死胎，安生胎，行瘀血，生新血，總調胎產諸證。　欵冬花，潤肺瀉火，下氣定喘。　治肺癰膿血腥臭，止肺欬痰唾稠粘。　紫(苑)〔菀〕，主欬逆痰喘，治小兒驚癇。　木香，理乎滯氣，窒塞者能通，不足者能補。　半夏，治痰厥頭痛，和脾胃。痰飲須用薑製。妊娠禁服。　白术，補中氣而止吐止瀉，除痰飲而進食利水。　君枳實能消痞膨，佐黃芩可安胎氣。　北棗，和脾助胃，生薑汁製，又有厚腸之益。　人參，健脉理中，生津止渴，溫脾胃積冷，定霍亂吐瀉。　黃芪，益元陽，瀉陰火，略亞人參。實腠理，固盜汗，功倍桂枝。　治癰疽，排膿止痛，生肌收口。　當歸，治一身血病，各隨所使。　驅熱痢刮痛，令無壅滯。　藁本，治頭疼於巔頂之上，散寒邪於巨陽之位。　五味，生津止渴而療虛煩，益腎止嗽而收肺氣。若夫風寒之嗽，南者為美。　(姜)〔殭〕蠶，治風去一身之麻痹，又解內毒。　(蓁)〔秦〕艽，療黃疸，驅頭風，除骨蒸疼痛，止腸風下血。　赤石脂，下胎衣如推蕩，固腸泄若物塞。　烏梅，收肺氣，主消渴。　除煩止痢瘧，又和中養榮。　威靈仙，却皮膚疴癢，寒冷腰疼當用。　縮砂，溫脾胃，消宿食，止腹痛冷瀉，治赤白洩痢。　神麯，消宿食而補脾胃。　蒲黃，治吐衄唾溺之紅，調產後兒枕之痛。　和風腫以通經，兼除積血帶下。　若補血止血炒用為宜，破血消腫生用方可。　香薷，主中脘霍亂絞痛，治傷暑小便澁難。　散水腫有徹上徹下之功，熱服恐瀉，必須冷飲。　益智，溫中順氣，能却寒邪入內。　牽牛，除風毒，兼平諸氣，消水腫而通大便。　同烏藥則入氣分，隨大黃則侵血分。　伏龍肝，療吐血，並治難產。　百合，治肺家勞嗽。　鍾乳，療熱痰陽痿。　大小薊，養精安孕，血崩吐衄可除。　鹿角霜，養血安胎，赤白帶下可澁。　珍珠，寧神定志，而翳膜能開。　山茰，益腎補精，暖腰膝而壯元陽。女人可勻經候，老者能節小便。　蔓荊子，消風腫眼花，太陽頭痛可止。　麥芽，開胃化食，破癥消膨。　遠志，治小兒驚癇客忤，療婦人血噤失音。增益智慧不忘，和悅顏色耐老。　已上共七十八味。

藥性平門　貝母，止嗽生津，專治胸膈稠痰，能降心中逆氣。　巴戟天，補髓填精。　忍冬草，散腫消癰。　牛膝，益陰壯陽，填骨髓，除腰膝痠疼，善理一身虛羸，能助十二經脉。　黃精，除風濕，壯元陽，健脾胃，潤心肺，旋服年久，方(服)〔獲〕奇功。　羌活，散肌表八風之邪，利周身百節之痛。　五加皮，去女子陰癢難當，扶丈夫陽痿不舉。　多年瘀血能逐，小便遺瀝可止。　三稜，專破血中滯氣，立消癥瘕積聚。　虛人慎用，恐損真氣。　麻子仁，治風秘潤腸要藥。　海金沙，利小水不伐真陰。　山慈菇，消癰疽無名疔腫，散癧瘺諸般惡瘡。　茯苓，淡能利竅通便，不走精氣。為除濕行水之聖藥，乃養神益智之仙丹。　枇杷葉，治熱嗽無休，利肺臟逆氣。　淫羊藿，治男

子絕陽不興，療女子絕陰不產。　紫葳花，主崩中癥瘕血閉，治寒熱羸瘦養胎。產後一切諸疾，為血氣痛之要藥也。　瓜蒂，豁痰吐涎，亦能搐鼻。　琥珀，通淋活血，少加桂以引經。　辰砂，極能鎮心，研末入藥調服。　龍骨，澁精止瀉斂汗，又能長肉生肌。　大腹皮，消水腫，利腹脹，黑豆煎汁浸洗。　全蝎，療風痓，最能解毒。　山查，消食醒脾，又行滯氣，小兒多用無妨。　小麥，止汗養心，須配紅棗為良。　猪苓，利水行濕，多服恐伐腎氣。　龜板，補陰弱而退陰火煎熬，堅筋骨更療婦人血崩。　鱉甲，補真陰而虛勞可復，涼骨蒸而瘧母能痊。　破癥瘕，消癰腫，須用醋煮。　玄參，逐熱消斑，散痰核癧腫。療寒熱往來，驅無名之火邪，清喉中之疼痛。　（連）〔蓮〕肉，醒脾，又能清心，滾水泡去皮心。　茯神，寧神定志，又止驚悸虛勞。天麻，治小兒風痓驚悸，療大人風熱頭痛。　草豆蔻，治胃脘疼痛，止霍亂吐逆。　枸杞子，能補氣去風明目，益元陽補精治虛。　酸棗仁，寧心志，益肝補中。斂虛汗，除煩止渴。若睡臥不寧者多用。實則生研，虛則炒用。　郁李仁，安心志而驚悸能定，舒氣結而陽臟和調。　栢子仁，養心脾，又安神明目。　何首烏，黑髮鬚，又除風絕瘧。　側栢葉，治熱通淋，大益脾土，又止血崩。必須搗汁煎藥，隨月建方取用，蜜水蒸過陰乾。　大楓子、蒼耳子，風家要藥。　蛇床子、木鱉子，掃疥莫缺。　輕粉，治瘡疥，又能長肉生肌。枯礬，燥濕以去蟲，外科用之護心。　童便，補陰，利膀胱之鬱熱，通血脉以歸陰分。　炒壁土，止吐瀉，乃借土氣以回胃氣。　鐵鏽水，開結如神，取其性重，易以墮下。　韭汁，止吐衄，單服有功。　皂莢，開結閉，亦豁風痰。　竹瀝，化痰，非薑汁不能行經。　蕤仁，除嘴爛於雙睛，逐風淫在四肢。鼠粘子，治喉痛而散熱邪，消癮疹而主風濕。　通草，瀉小腸火鬱不散，利膀胱水閉不行。　牛黃，止口噤癲狂，安魂定魄，主驚癇寒熱，而鬼伏妖逃。菟絲子，益陰虛而除精氣之走洩，健肌膚堅強筋骨之痠疼。　破故紙，治腰膝痠疼神效，填骨髓精滑無雙。　虎骨，治胎損，又堅筋骨。　阿魏，主屍注，又消肉積。　棕櫚灰，治婦人之血崩。　人牙，救痘瘡之倒靨。　已上共五十九味。

明・涂坤《百代醫宗》卷一　藥性賦　益志仁鹽煎搥碎，自然暖胃固精。　菟絲子補髓添精，大治陰寒餘瀝。　高良薑治霍亂轉筋，而調氣消食。吳茱萸療厥陰疝痛，而胃冷能除。　蓯蓉能峻補精血，驟用反動便澀。　杜仲主腎疼骨痿，入藥醋炙去絲。　菟絲子補髓添精，大治陰寒餘瀝。　遠志草煮去心，壯神益氣，夢遺驚悸何愁。　五味消煩止嗽渴，生脈補元。　杏仁溫肺潤大腸，冷嗽尤玅。　阿膠麪炒益肺止嗽，安胎血崩下痢皆宜。　紫（苑）〔菀〕酒洗，熱寒氣結，胸中咳血唾痰立效。　白附子治面班，崩中悉斷。　郁李仁潤血燥，除浮利水。　明黃連骨蒸勞熱，小兒疳利當求。　以升麻發表除風，舉胃升陽最速。　桔梗療肺癰咽痛，利膈寬胸。　萹蓄疸疽痔，利熱淋，蚘疼自已。　香茹暖胃家，分暑濕，霍亂隨痊。　草豆蔻製熟，客寒胃痛方宜。　白豆蔻炒香，目翳胸膨可覓。　大黃奪土將軍，散滯通瘀，下腸間結熱。　巴豆斬關將軍，削堅通秘，蕩臟腑沉寒。　玄胡祛宿垢，消癥瘕，豁痰化積。　芒硝開結熱，通臟腑，泄實軟堅。　破故紙主勞損，腎冷陽衰。　郁李仁潤血燥，除浮利水。　威靈仙祛風止痛，治腰膝骨吞自軟。蔓荊子祛風明目，除頭痛濕痺尤安。　常山捐痰療瘧，醋炒方佳。　紫草利水消膨，豆瘡總屬。　白芷行陽明經，退頭痛皮膚痒粟。　羌活排巨陽癰腫風濕四肢。　天麻主眩暈風癇語言澀蹇。　澤蘭療胎產打撲，行氣消癰。　桑寄生續筋骨，益血脈，利腰背掣痛。　甘菊花治頭風，消目疾，退紅睛泪眼。　牛膝利月經阻澀，膝痛精虛。　茴香止霍亂腹疼，調中暖胃。　川烏陽中少陽，溫臟腑寒邪，諸積冷痛。　附子陽中純陽，補三焦厥逆、六腑寒拘。　鹿茸甘溫益氣，治女子崩帶、男子溺血精遺。　鎖陽味甘補陰，如虛而大便不燥結者不用。　茯神去木，益心脾，開心助智，健忘受驚。　酸棗子仁定心志，多眠用生，不眠用炒。　金沸草甘寒，逐瘀水重如膠（膝）〔漆〕，秋竹最好。　桑白皮甘寒，治咳嗽痰中見血，肺實方宜。　枸杞益精氣而明目，祛風。　山藥能補腎，而生消腫核。　山茱藥澀精補腎，而核反滑泄。巨勝子填精益髓，而添壽延年。　艾葉保胎痛而療崩漏。　茵陳主黃疸而利小便。　木（澤）〔賊〕去目翳崩漏，汗風尤玅。　葳雷療目爛腰疼，風濕最善。　蓖麻子引刺骨催生有力。　何首烏消風腫黑髮延年。　荊芥散血中風熱瘡瘍，頭痛俱良。　苦參治細疹大風除濕補陰不淺。　百合斂肺止嗽休無。　百部勞嗽骨蒸莫少。　馬兜鈴苦寒下氣，清肺定喘，血痔漏瘡須要。　款冬花甘辛潤肺，消痰止嗽，肺癰全憑。　茅根、茅花能消肺胃之吐衄。　槐花、槐角偏除血痔與腸風。　凌霄花血痛所宜。　白頭翁血痢神效。　延胡辛溫活血，主小腸疼刺，胎產皆仝。　鬱金苦寒善散，治女子赤

淋，血氣心痛。　訶子斂肺化痰消食，止痢除崩。　烏梅止渴生津收肺，斷痢利中。　小薊療宿血嘔衄，折傷崩漏。　大薊前功之外，腫痛癰疽復治。　紅花主敗血經枯，血暈血虛。　蘇木數候之外，瘡瘍死血尤藉。　海藻、海帶療疝氣癭瘤，軟堅利水。　白斂、白及醫癰癧瘡毒，長肉箍膿。　漏蘆能下乳，療眼醫癰。　秦艽主黄疸，四肢風濕。　人參補元氣，瀉虛熱而止渴，色蒼肺實休逢。　黄芪補三焦，斂盜汗而抵瘡，肥白衛虛宜準。　白芍藥瀉脾伐肝，療血虛腹痛，下痢用炒，後重用生。　赤芍藥性味酸寒，斂治瘡瘍熱壅，調經最宜，產後最禁。　黄栢瀉伏血而調痿厥，大治陰虛。　知母降腎火而治痰嗽，骨蒸是守。　石膏解肌表而消煩渴，降胃火而理頭疼。　山梔止衄吐而炒如墨，涼肺胃而泡用酒。　黄芩枯則瀉肺退熱痰，實則涼大腸，而化源獲捄。　黄連生則瀉心清熱毒，酒炒厚腸胃，而薑製除嘔。　滑石蕩積聚，通津利水。　防己療風濕腳氣須飡。　木瓜理下焦濕腫。　芫花治水病留痰。　山查子導氣消肉食，健脾催瘡，更攻兒枕。　使君子療瀉更醫蟲，煨除皮殼，大治兒疳。　薏苡下水寬膨，療肺癰痿咳。　燈心通淋利濁，吹喉痺危難。　麥門冬引生地黄至所補之處，而生津止煩渴。　天門冬引熟地黄至所補之鄉，而保肺治痰嗽。　青黛除熱毒蟲積疳痢，收五臟鬱火而瀉肝。　地骨皮治骨蒸有汗，涼血解肌。　牡丹皮治骨蒸無汗，破血止衄。　蒲黄主胎產惡露凝滯。　靈脂去死血心腹作疼。　桃仁破滯生新，潤閉燥，逐瘀惡，活血有功。　栢葉益脾善守，安衊衄止血崩，補陰無價。　粟殼有澀腸止嗽之能，殺人何怕。　地榆治崩漏嘔衄諸血，胃弱須防。　梨蘆吐痰殺疥。　椿皮止泄澁精。　蘆薈殺疳敷癬，更主熱驚。　乾漆削積破堅，還醫血暈。　阿魏傳尸可覓，專能去臭殺蟲。　海桐皮除風，嗽牙洗目。　射干已積痰，喉痛結痰。　梧桐泪治風熱牙疼，牛馬急黄研飲。　木鱉子主乳癰腫痛，肛門痔腫堪平。　五倍主齒䘌血痢，止汗生津。　磠砂破癥去積，生服爛心。　天竹黄療驚風中風、失音痰壅。　蜜蒙花治熱疳入眼、膚翳青盲。　五加皮治女(不服)〔心腹〕痛(陽)〔陰〕癢，男子溺濁淋瀝。　半夏薑製和中止嘔，大醫痰厥頭疼。　貝母去心治嗽消痰，煩熱結胸合論。　白朮健脾強胃，主濕痞虛痰。　蒼朮發汗寬中，導窠囊積〔飲〕。　熟地黄補血而療虛損，生地黄生血而涼心腎，酒炒則俱溫，薑製無膈悶。　萆薢導膀胱宿水，關節老血，久冷腰痛。　商陸利胸腹腫氣，水家峻藥，性味辛酸。　竹葉治濕療虛熱煩，喉風退走。　竹茹止嘔噦咳逆，尤安熱病血家。　玄參主虛熱，明目祛風，治無根之火而補腎。　榆皮性滑善行，消浮妙藥。　石韋去毛略炒，淋閉當板。　柴胡少陽要藥，在肌主氣，在臟調經。　前胡通治風寒，寧嗽消痰，安胎大穩。　連翹退諸經客熱，癰腫須尋。　黍粘療風熱班疹，生蕩必要。　香附理胸膈不快，氣血凝滯，婦室如仙。　烏藥主心腹暴痛，小便滑數，女科最急。　三稜利血消癥瘕折傷，產後醫疼。　蓬朮通理內傷，心脾瘀結諸積。　甘草補氣助脾，調和百藥，溫中用炙，而瀉火用生，漏家須謹。　茯苓安驚導竅，益氣生津，和中用白，而導水用赤，禁與陰虛。　當歸血中主藥，身養新而稍逐損。　川芎血中氣藥，通肝部而療頭疼。　南星主風痰破傷，身強膽製尤佳。　枳實治濕痞消食，行痰麩炒當問。　大腹皮開胃通腸生脹滿，煎用薑鹽。　檳榔降氣殺蟲祛後重，性如烈石。　枳殼寬中削積，氣滯所宜。　青皮下食安脾，洩肝大穩。　草果仁寬中截瘧，更除酸水寒痰。　肉豆蔻止痢調中，又且解酒化食。　厚朴用苦治脹寬膨，用溫益氣除濕。　陳皮留白和中補脾，去白洩氣消痰。　天花粉墜熱痰止渴，消煩獨任。　栝蔞子下氣喘結胸，痰嗽功專。　草龍膽治下焦火濕，明目涼肝。　山豆根解咽喉疼痛，痿黄腫毒。　皂角治痰涎口噤中風，子導五臟風熱，刺達癰潰之經。　松脂療疽瘡白禿死肌，節已腳痺虛風，子補虛羸不足。　乳香止痛催生，療諸瘡而收泄澼。　麝香辟邪殺鬼，攻風疰而捄產難。　蘇合甘溫殺蟲毒惡氣，溫瘧尤捷。　龍腦溫平主風濕積聚，只宜洗滌。　沉香療風水腫，又止霍亂轉筋。　木香行肝氣尤捷，瀉肺溫中。　檀香似此之餘，更除腎氣上攻。　丁香但能止嘔，復且消風治腫。　飲溫中則蓽撥最妙。　欲暖中則乾薑無過。　五味子止咳嗽，且滋腎水。　溫肭臍醫勞傷，更補真陽。　韭子助精陽，且治白濁遺溺。　續斷醫崩漏，更且強足益筋。　生卷柏攻積聚而通死血。　葫蘆巴療虛冷而醫疝氣。　畢澄茄能滋脾胃，散腎家之冷。　東瓜仁醒脾土，為飲食之官。　骨碎補無奇能，但用於折傷打撲。　茵芋葉寧他效，惟施於濕風疼痛。　紅藍花月家要劑，產後惡血如冰消也。　劉寄奴散血本功，湯火金瘡真□□□。　青鹽滋腎水，腹疼一見收功。　耳粉治腎虛，肺氣稍聞見效。　若論萱草之功，善消乳腫。　究夫筆葉之效，可驗崩中。　除熱毒，殺諸蟲，貫眾則可。　逐水氣，消腫滿，牽牛善能。　橘核治疝氣，而腰疼尤不可少。　紫英治崩中，

而驚悸更為生藥。 棗子養脾補虛，潤心肺如响應也。 荔核通神健氣，美顏色似影信焉。 金箔安魂魄，鎮心不假。 膩粉斂肛門，抑肺果真。 補陽虛，補陰虛，羊藿獨任。 止衄血，消瘀血，藕節專功。 撫芎定痛於經絡，此外則無奇效。 藁本主痛於陰戸，餘功尤可除風。 下諸氣，破惡血，乃薑黃之力也。 止嘔吐，溫脾胃，非草果之功乎。 猪苓與木通仝效，利水有功。 椿皮與桑皮異用，瀉血主藥。 蛤蚧專醫勞嗽。 覆盆善益精陽。 芡實補元氣，醫白濁，益精髓之功靈。 大黃治衄血，止崩漏，調經水之益大。 石南葉益皮毛而滋筋骨。 胡椒主冷氣而治寒痰。 補精髓，安神氣，療夢遺之虛泄，必紫河車。 攻痢症，截瘧候，止二便之下血，須烏楓子。 安息香止心腹之疼痛，辟去臭穢惡氣。 枇杷葉下諸經之氣逆，能除嘔吐惡心。 去面風之遊走須白附子。 療浮腫之疴候必葶菜仁。 甘松止痛療風氣。 茴香治疝療腎疼。 鴨頭血能醫水腫。 覆盆子甚益精陽。 青□生津，益止渴，兼夫泄瀉之疴。 石斛醫腳軟，補腎虛，更平胃家之□。 蘇子善化氣涎。 糖坑攻夫夢泄。 胡桃冬食潤肺肥肌。 柿蒂甘寒除惡止噦。 梨味甘而消酒渴，金瘡產婦休逢。 栗味鹹而補腎家，清氣生蟲可□。 蔥白解表除風，善止陽明頭痛。 瓜蒂吐痰消食，去浮利疸皆通。 韭汁利胸膈，而下痰逐血。 大蒜雖化食，而耗氣傷脾。 胡荽酒煎，噴豆立成紅潤。 萊菔子炒，入藥逐水。 秦椒燥食寬胸，肺胃真氣自耗。 川椒溫中去血，主中雲氣能空。 樹上乾桃子，陽中陽也，入手、足厥陰經，主血瘀血閉、血結血燥。 人中白即溺桶垢，肺癰唾衄須憑。 血餘灰乃亂髮煨，淋閉鼻洪有準。 酒通血脈，厚腸胃，痛飲傷生。 鹽消痰癖，湯瘡瘍，食多損肺。 童便益虛勞寒熱，損傷產後，並宜行乳汁，已目赤睛昏，却老還童功不欠。 紫河車治虛損勞傷，骨蒸莫少。 天靈蓋療血崩帶下，溫瘧必資。 砂蒙定胎傷，主血崩天吊。 神麯溫胃脘，導翕中攻冲。 麥芷性溫，行上石下血，宿食腸鳴宜服。 麥麩性涼，消大腸停積，宿物□□可□。 扁豆轉筋霍亂，單服能瘳。 麻仁失血腸乾，入湯或粥。 菉豆主霍亂翻胃，解丹毒如神。 赤豆塗癰疽焮熱，消水腫似聖。 豆豉治傷寒胸中懊(膿)〔憹〕，上內安臟腑，益氣蠲疼。 米醋清咽喉，退癰疽腫毒。 餄糖補虛損，斂盜汗消痰。 粳米和胃溫中，陳倉為上。 粟米補血除熱，腎病須求。 竹瀝主陰虛痰火，汗熱煩渴合奏。 燈心通淋，利水濕腫，癃閉雙求。 羚羊角治驚狂，而祛風明目。 烏犀角解熱毒，而化血清心。 蛤粉攻疝痛反番，能軟頑痰。 牡蠣治便濁帶崩，澀精斂汗。 鱉甲除崩止淚，消痃癖骨蒸勞熱。 龜甲破癥攻漏，醫瘧痔勞復傷寒。 龜板主補陰續骨，逐瘀血，而酥灸宜丸。 虎骨理寒溫風毒，去惡瘡，而安驚治產。 龍骨主遺精崩痢，收汗斂瘡。 牛黃主驚癇狂燥，安魂定魄。 羊乳性溫，潤心肺，安嘔噦，利大便，口瘡熱腫宜含飲也。 牛乳微寒，補虛羸，滋血燥，療渴疾，潤胃養脾，非冷飲乎。 水蛭能吮下疽，煅則通經破血。 䖟蟲善行積血，粘米炮去足頭。 龍齒安驚悸，顛邪可治。 象牙消骨鯁，出粗入精。 青魚主腳氣濕痺須悶。 鯉魚主水腫邪治青盲。 鯽魚入陽明經，補中調胃。 腳魚主腹中痛，血氣補陰。 蝸牛專門痔漏，而更醫溫毒。 田螺殼安反胃，而肉傅熱(睛)〔瘡〕。 鹿角煎膠即白交，善醫虛瘦痛連□，安胎止痛收崩漏，更滅瘢痕治火燒。 麝香通竅攻風痒，墮孕催生捄產難，殺鬼辟邪除腹痛，更安客忤與驚癇。 熊膽大行熱疸，并痔痢諸疳。 海蛤能去癭瘤，偕咳逆氣喘。 安心志，益顏色，粉點目翳，含真。 水□能殺三蟲，安墮孕，灌兒口噤，非蜈蚣孰可。 □血通淋，熟炒班貓功不小。 強陰益腎，晚取蠶蛾效異常。 □腫祛浮，大小便通之，癰疽瘡潰之，螻蛄專主，產難餘功及此。 療榃祛驚，治耳聾之全蝎。 辟邪驅鬼，治疥癬之穿山。

明・龔廷賢《壽世保元》卷一《本草門》 藥性歌括共四百味。【略】 大黃苦寒，實熱積聚。 蠲痰潤燥，疏通便閉。【略】 蜈蚣味辛，蛇虺惡毒。 殺鬼除邪，墮胎逐瘀。頭足赤者佳。炙黃。去頭足。【略】 海蛤味鹹，清熱化痰。 胸痛水腫，堅軟結散。 桑上寄生，風濕腰痛。 安胎止崩，瘡瘍亦用。【略】 大小薊苦，消腫破血。 吐衄咳唾，崩漏可啜。【略】 卷柏味苦，癥瘕血閉。 風眩痿躄，更敺鬼疰。【略】 白頭翁溫，散癥逐血。 癭瘰瘧疝，止痛百節。【略】 空青氣寒，治眼通靈。 青盲赤腫，去暗回明。【略】 石灰味辛，性烈有毒。 辟蟲立死，墮胎甚速。【略】 貝子味鹹，解肌散結。 利水消腫，目翳清潔。 蛤蜊肉冷，能止消渴。 酒毒堪除，開胃頓豁。【略】 海螵蛸鹹，漏下赤白。 癥瘕驚氣，陰腫可得。一名烏賊魚骨。【略】 蓽撥味辛，溫中下氣。 痃癖陰疝，霍亂瀉痢。【略】 京墨味辛，吐衄下血。 產後崩中，止血甚捷。【略】 女貞實苦，黑髮烏鬚。 強筋壯力，去風補虛。一名冬青子。【略】 雀卵氣溫，善扶陽痿。 可致堅強，當能固閉。【略】 雞內金寒，溺遺精泄。 禁痢

漏崩，更除煩熱。【略】　螃蟹味鹹，散血解結。益氣養筋，除胸煩熱。　馬肉味辛，堪強腰脊。自死老死，並棄勿食。好肉少食，宜醇酒下，無酒殺人，懷孕、痢疾、生瘡者禁食。　白鴿肉平，解諸藥毒。能除疥瘡，味勝猪肉。　兔肉味辛，補中益氣。止渴健脾，孕婦勿食。秋冬宜啖，春夏忌食。　牛肉屬土，補脾胃弱。乳養虛羸，善滋血涸。　猪肉味甘，量食補虛。動風痰物，多食虛肥。　羊肉味甘，專補虛羸。開胃補腎，不致陽痿。　雄鷄味甘，動風助火。補虛溫中，血漏亦可。有風人並患骨蒸者，俱不宜食。　鴨肉散寒，補虛勞怯。消水腫脹，退驚癇熱。　鯉魚味甘，消水腫滿。下氣安胎，其功不緩。【略】　萊菔根甘，下氣消穀。痰癖欬嗽，兼解麵毒。俗云蘿蔔。【略】　綠豆氣寒，能解百毒。止渴除煩，諸熱可服。【略】　烏梅味酸，除煩解渴。霍亂瀉痢，止嗽勞熱。去核用。【略】　藥共四百，精製不同。生熟新久，炮煅炙烘。湯丸膏散，各起疲癃。合宜而用，乃是良工。雲林歌括，可以訓蒙。略陳梗概，以候明公。再加斤正，濟世無窮。

明・許兆楨《醫四書・藥準》卷下

藥性賦引　夫藥不執方，用宜默會，投機應病，則勺水可以起沉疴。造妙通玄，雖刀圭足以延壽考。非惟愈疾，亦可頤生，斯術之傳其來尚矣。自神農嘗百草以濟蒼生，逮黃帝辨四方而興《素問》，歷代之聖君哲輔靡不留心，自古之孝子仁人，咸知注意《玉函》《金匱》，無非濟世之良方，紅杏青囊，莫匪活人之秘典。蓋以人生兩間，身緣四大，感風寒暑濕之侵蒸，或喜怒憂思之鬱結。苦樂榮瘁，悉損精神；飢飽逸勞，俱傷氣血。真元纔觸景以中虧，邪氣即乘虛而外感，有生難免，具體皆然。且藥性有寒溫良毒，人稟有虛實盛衰，未達其由，豈可遽嘗，必有恆心，斯能永濟。望聞問切，須詳審於臨證之初。補瀉宣通，必嚴謹於投劑之際。先後緩急有其序，澀滑燥濕得其宜，則到口蠲疴，應手輒効。假如心胸飽滿，服蘿蔔而寬舒；肚腹脹膨，飲牽牛而快利。麻黃發散，入腸胃則汗流；瓜蒂宣通，下咽喉而涎湧。藥無不効，用當極靈。試嚼烏梅，齒遽酸而津液；纔吹皂角，鼻立嚏以氣通；啖荊芥則涙垂，嚙花椒而氣閉。龜尿解噤，鼠骨生牙。磁石引針，琥珀拾芥。鸞膠續劍，獺膽分杯。血投藕而不凝，漆得蟹而自散。葱汁可熬，桂作水；蟾膏能軟，玉如泥。凡物性各有不同，在智者隨宜取用。略舉數端證驗，以明一切殊功，誠能識性知機。用若通靈入聖，是以扁鵲、華陀各展驚人之技，稚川、思邈咸垂救世之慈。每用單行，或時兼使，以為一物專攻，則氣純而功速，數般相制，則味襍而效遲。惟相須佐使者，配合則併力以收功。若相反畏忌者交紊，必爭讎而播毒，當瘳轉劇，貽患匪眇。與其不能研精灼見，孰若但從簡要易知，抑且省其冗繁，況復便於倉卒。然藥之真偽，休戚所關，方之臧否，安危是繫，必合精詳有據，豈宜滅裂無宗，須裒眾善之長，庶或萬全之效。取其易捷，不特便於旅途，援其精華，實有利於人己。援諸例以分門，比諸類而列欵，舉冊可以對證求方，療疾更宜隨時用藥，雖同一證，詳其新久重輕，必按諸方，慎擇剛柔緊慢，如纏膚腠，但用輕清，若固膏肓，必施瞑眩。況風土有寒涼之異，氣禀有厚薄之殊。貴人富室，治亦異乎貧窮，處子尼孀，療難同於妻妾。要在知之，審而見之明。尤必製之，精而用之當，炮熬煮炙，雷公論之甚詳。表裏陰陽，岐伯言之至備。蓋以四方之廣，兆民之眾，札瘥時行，非醫莫療。今予擇諸方藥類為一帙，以備仁人之檢用。蓋施藥不如施方，意也。謹録五臟六腑病情藥性於左。

心　心乃手少陰之經，多氣少血，丁火之臟，君主之官，神明出焉。其旺於夏，為生之本也。內合脉而外榮乎色，味喜苦，而志在乎笑。髮乃血苗，汗為心液。開竅於舌，脉在左寸，是心也。實則熱，而虛則寒。守真云：心本熱，虛則寒。靜則安，而動則躁。虛寒者怯怕多驚，健忘恍惚，清便自呵，診必濡細虛遲。實熱者，顛狂讝語，腮赤舌乾，二腑澁黃，脉須數洪沉實。心盛則舌見乎標，心虛則熱攻於內。心盛則口舌生瘡，乾裂腫痛。心虛則煩熱也。虛則補其母，實則瀉其子。虛實既知，補瀉必當。味甘瀉而補之以鹹，氣熱補而瀉之以冷。心陽不足，桂心、代赭、紫石英，補須參、附。離火有餘，竹葉、大黃、山梔子。瀉用芩、連。壯心者，人參、琥珀。鎮心者，金箔、硃砂。舌長過寸，研冰片敷之，即收。舌衄如泉，炒槐花糝之，立止。除瘡落菌，犀角膏生犀尖、真琥珀、辰砂各一錢，人參、茯神、酸棗仁各二錢，腦子一字，為末，煉蜜丸彈子大，每一丸，麥冬湯化服，日進五次。治咽喉口舌生瘡菌，甚効。與通聖散。方見方紀，後倣此。定志寧神，安神丸與補心丹。人參、丹參、玄參、白茯、遠志肉、桔梗各五錢，五味、歸身、麥冬、天門去心、栢子仁、酸棗仁各一兩，生地黃四兩，煉蜜丸服二三錢，白湯下。蔓荊子涼諸經之血，草連翹瀉六經之火。驚悸不安，須龍齒、沙參、小草。健忘失記，必茯神、遠志、當歸。多睡兮，煮盧仝之苦茶。不眠兮，炒雷公之酸棗。涼血補陰，生地黃。行津止渴，天花粉。文蛤末調同藍汁，敷愈口瘡。百草霜少和鹽花，

噙消舌腫。中風不語，竹瀝、薑汁開之更良。感熱多言，犀角、硃砂涼之又善。胸間痞痛，寬之枳實、瓜蔞。心內懊憹，治之豆豉、梔子。心熱痛，炒川楝、菖蒲。梔子宜焦。冷心痛，用木香、肉桂。玄胡必擣。心驚盜汗，末白朮與辰砂。一男子因驚恐，自汗無度，倦怠困弱，服麻黃根、黃芪、牡礪不效。丹溪曰：汗為心液，以白朮一兩，辰砂半兩，每一錢，茯神、麥冬湯調服，愈。鼻衄流紅，煎黃芩併芍藥。驚熱獨妙，真珠顛狂，惟佳鐵粉。鐵拍作片，置醋糟中，積久衣生，括去為胤鐵粉。安鎮靈臺，琥珀、丹砂和玉屑。開清神府，茯神、遠志共菖蒲。病在心詳，藥須心悟。

小腸　小腸乃手太陽之經，多血少氣，丙火之腑，受盛之官，化物出焉。合心臟，而長三丈二尺，曲十六，而廣二寸有四。泌清別濁，各歸前後。水液入膀胱，滓穢入大腸。候在人中，脉詳左寸，與心同位，輕診而得，是小腸也。病則水穀不利，溲短溺紅，耳前熱苦寒，腰似折，頤腫。實則脉實，煩滿而口糜生瘡。虛則脉虛，懊憹而唇青下迫。氣涼補而瀉溫，味辛瀉而酸補。小便頻而美縮泉，烏藥、益智等為末，酒煮山藥，糊丸梧子大，每七十丸，鹽酒下。精不固而嘉威喜。白茯苓四兩一塊，猪苓一分，磁器內煮二十餘沸，去猪苓，晒為末，用黃臘四兩，溶化丸彈子大，每一丸空心細嚼，津嚥下，小便清為度。忌酸味。智神遠志能清濁，遠志用甘草煮去心半觔，茯神、益智各二兩，酒麵糊丸梧子大，每五十丸，臨卧棗湯下。龍益石蓮果澁精。龍骨、益智、石蓮等為末，每二錢，空心米飲下。小腸氣痛，牽引控睪，茴香薑浸入青鹽。茴香一斤，老薑二斤，取汁浸一夜，約薑汁盡，入青鹽二兩，少赤為末，酒糊丸梧子大，食前酒下三十丸。川(練)〔楝〕炒成加木破。川(練)〔楝〕子肉一斤，巴豆四十九粒，巴戟、鹽各二兩，茴香一合，同炒黃，去巴豆，加木香不見火，破故紙炒黃，各一兩，酒糊丸梧子大，每五十丸，鹽湯日進三兩服。滑石寒而治諸淋，沉香溫而行諸氣。尿血煮苦蕒菜根，血淋烹車前子葉。生地汁擣飲髮灰，薄荷腦煎調琥珀。熱入小腸為赤帶，梔、芩、續斷、當歸。邪歸大腑變膏淋，通、澤、金砂、甘草。自朝至暮思經義，借滋腎丸。黃栢、知母各一兩，肉桂五分，水丸梧子大，沸湯下二百丸。果痓欲死之癃，考古驗今得論詳，用三白散，白牽牛二兩，桑白皮、白朮、陳皮、木通各半兩，每末二錢，空心薑湯調服。幸濟將危之秘，升坎水以沃心陽，降離火而溫腎水。

肝　肝乃足厥陰之經，多血少氣，乙木之臟，將軍之官，謀慮出焉。氣旺於春，乃罷極之本也。其味酸，而其色青，其聲呼，而其志怒。內藏魂而藏血，外榮爪而榮筋。淚出於肝，候在於肋。開竅於目，脉在左關。是肝也，實則脉實，兩脇痛而目自腫疼。虛則脉虛，七葉虛而汪汪昏淚。資腎水以補肝虛，抑陽光而瀉本實。故味辛補而瀉酸，氣涼瀉而溫補。薑、橘、細辛補之，宜芎、芍、大黃瀉之可。目勝離婁，君神麯而佐砂磁。丹砂之畏磁石，猶火之畏水，砂法火入心，磁法水入腎，各得其養，則目自然明。盍目疾多緣脾胃有痰飲，漬浸於肝，久則昏眩，神麯健脾胃，消痰飲，極有効。用四兩，辰砂一兩，水飛，磁石二兩，醋煅淬七次，為極細末，煉蜜丸如梧子大，每五十丸，食前米飲下，日三服，或加夜明沙。手開瞽瞍，擣羊肝以丸連決。黃連、決明子各末一兩，白羊肝一具，去膜擣極細，丸梧子大，每三十丸，連作五劑，諸般目疾，瘴翳青肓，皆治。忌猪肉、冷水。氣疼兩脇，瀉青龍薈小柴胡。痰攻雙臂，二陳二朮香蘇散。右肋脹痛，桂、甘、枳殼共薑黃。左肋刺疼，粉草、芍、芎和枳實。悲怒傷肝胸膈滿，細辛、桔梗、防、甘、芎、葛、棗、薑煎。風寒撼木子囊疼，茴香、烏藥、青橘、良薑調酒飲。疝本肝經，何藥可療，附子、山梔看時令，迭為佐使，水煎服。力最高，全蝎、玄胡功不小。玄胡索鹽炒五錢，全蝎去毒一錢，為末，溫酒調服一錢，立效。上燥下寒，梅膏擣圓歸鹿。思濟曰：治精血枯竭，面色黧黑，耳聾目暗，口乾多渴，腰痛脚軟，小便白濁，此上燥下寒也。用鹿茸酒蒸，當歸酒浸，等分為末，煮烏梅膏為丸，空心米飲下。頭疼氣厥，烏藥末入川芎。寒濕脚踏熱椒囊，風熱膝疼煎二妙。推行動若盤珠，毋使刻舟求劍。

膽　膽為足少陽之經，少血多氣，甲木之腑，中正之官，決斷出焉。附肝葉而藏汁三合，候咽門而著象多青。開竅隨肝，左關脉候，是膽也。病則善太息，嘔宿汁，眉傾口苦，恐如人捕。實則脉實，而耳聾脇痛寒熱，小柴胡湯瀉之最良。虛則脉虛，而精神煩擾不眠，溫膽湯補之却喜。服陰養火全心氣，茯神四倍沉香，安鎮驚癎壯膽神，鉛汞炒加硃乳。黑鉛一兩五錢，入銚內慢火烊，納水銀二兩，柳木棍擂，烈火炒枯，候冷，研極細末，次下硃砂二兩，乳香一兩，糯米和丸菉豆大，每一丸，空心井花水下。得睡切莫驚動，覺來即安，再一丸。膈壅咽喉腫痛，每收破毒之功。盆硝四兩，白殭蠶去嘴微炒，生甘草、青黛飛各八錢，馬勃三錢，蒲黃半兩，腦子、麝香各一錢，同研極細，每用一錢，新汲水半盞，調勻，細呷嚥。若諸般舌脹，以指醮藥，擦在舌上愈。膽虛睡臥憂忡，累仗人參之力。人參、枳殼、五味、桂心各三分，栢子仁、熟地黃各一兩，山茱萸、甘菊、茯神、枸杞子各三錢，每二錢，溫酒調服。清熱寬咽，薄荷、砂、甘、芎、腦子。《得効方》薄荷煎，用薄荷一觔，取頭末二兩五錢，川芎、甘草、砂仁各取末二錢五分，腦子五分，煉蜜和成劑，任意嚼咽無時。怔心怖膽，人參、酸棗、乳辰砂。人參、棗仁各一兩，辰砂半兩，乳香二錢，煉蜜丸彈子大，每服一丸，薄荷湯化下。驚神昏

亂，記學士之良方。驚氣丸治憂驚，積氣受風邪，發則牙關緊急，涎潮昏塞，醒則精神若癡，附子、南木香、白殭蠶、花蛇、橘紅、膽南星、天麻、麻黃各半兩，紫蘇子一兩，乾蝎、硃砂各一分，腦、麝少許，同研極細，煉蜜丸龍眼大，金銀箔為衣，每服一丸，薄荷湯送下。風引癎生，修真人之秘散。千金紫石英散，紫石英、滑石、石膏、凝水石、白石脂、赤石脂各六兩，甘草、桂心、牡蠣各五兩，大黃、龍骨、乾薑各四兩，共為粗末，每用取三指撮，新汲水三升，煮一升頓服。膽虛寒而不眠，炒酸棗調煎竹葉。膽實熱而多睡，生酸棗末和薑茶。藥生熟治尚不同，劑多寡安容不異。取輕重必操乎權衡，成方圓難捨乎規矩。

脾　脾迺足太陰之經，少血多氣，己土之臟，倉廩之官，五味出焉。其華在唇四白，其氣通土四季，其味甘而其色黃，其志歌而其志思，內藏意而主四肢，外合肉而統五臟。涎為脾液，噦為脾病。開竅於口，脈在右關，是脾也。實則飲食消而肌肉滑澤，眾體皆春。虛則身體瘦而面色痿黃，四肢不舉。臍凸肢浮生之難，口青唇黑死之易。去病安生，理宜調攝。戒滿意之食，省爽口之味。因飲食勞倦之災，定溫多辛少之劑。飲食審寒熱之傷，湯藥兼補瀉之制。氣別寒熱溫涼，味必甘補苦瀉。如白朮健脾消食，必山查、神麯、枳實、人參。緩土和氣，須半夏、橘紅、茯苓、蒼朮。除濕中之熱，佐之柴胡、升麻、黃芪。去有汗之火，輔之芍藥、地骨。氣虛嘔，而人參、吳茱。脾寒吐，而丁香、半夏。泄瀉手足冷而不渴兮，理中湯再加附子。吐瀉渴欲飲而身熱兮，胃苓湯更入柴芩。香附微寒，與縮砂仁消食化氣，且妙安胎。沉香少溫，共白豆蔻順氣寬中，兼消脹腫。破血消癥兮，三稜、蓬朮，去血除疼兮，蒲黃、五靈。茴香除霍亂轉筋，共濟藿香、木瓜、烏藥。辣桂主中焦氣滯，相扶厚朴、枳殼、生薑。心腹疞痛，脹悶欲絕，玄胡散入胡椒。良薑炒同香附，補中益氣湯，飢飽勞役，必以為主。木香檳榔丸木香、檳榔、莪朮、青皮、陳皮、枳殼、黃連、黃栢、大黃各半兩，牽牛、香附各二兩，水丸梧子大，每五六十丸，薑湯下。裏急後重，用以通便。大抵物滯氣傷，補益須兼乎消導。食多胃壅，推陳并貴乎和中。大黃誠蕩滌之才，巴豆果推逐之劑。用宜消息，行當仔細。抑又聞天食人以五氣，地食人以五味，五氣入鼻藏於心肺，五味入口藏於脾胃。五氣得之而和，五神因之而著。氣壯神生，形全德備，倘飲食以傷和，務按法而調理。

胃　胃乃足陽明之經，多血多氣，戊土之腑，長一尺六寸，大一尺五寸，容受水穀，又號倉庫。候在口唇，脈右關部，胃氣平調，五臟安堵，是胃也。實則脈實，唇口乾而腋下腫疼，宜瀉胃土。虛則脈虛，腹痛鳴而面目虛浮，藥行溫補。驗實熱兮，則口內壅乾，宜瀉黃散。若腹滿便實，則調胃承氣相宜。審虛寒兮，必吐瀉不食，須益黃散。陳皮一兩，訶子肉、青皮、甘草各半兩，丁香二錢，為末，煎服二錢。如四肢厥冷，則附子理中最勝。橘皮竹茹，胃熱渴而頻頻嘔噦。烏藥沉香，胃寒痛而日日攢眉。揀人參治翻胃之良，白豆蔻消積氣之冷。粥藥不停，藿葉、丁香、橘、半。心脾刺痛，木香、香附、砂、陳。胃冷生痰，半夏薑煎參與附。中寒停水，麯丸蒼朮與陳皮。枳、朮能消痞，丸共香砂。石膏止消渴，煎同知草。硫汞結成砂子，胃反立痊。用水銀五錢，生硫黃一兩，入麻油銚內化炒，煙焰以醋洒之，結成砂子，再炒枯，候冷，研細，粽尖杵丸菉豆大，每三五丸，薑橘湯下。參茱煎用棗、薑、酸，咽即可。霍亂轉筋肢逆冷，木瓜鹽炒吳茱萸。食癥酒癖脇胸疼，蓬朮、芫、稜同醋煮。京稜、蓬朮各四兩，芫花一兩，米醋五升，浸入磁礶內，泥封礶口，煨乾，取出稜、朮，將芫花以餘醋炒，焙為末，醋糊丸菉豆大，每服十五丸，生薑湯下。當知胃為水穀之海，脾為消化之器，安穀則昌，絕穀則亡。水去榮散，穀消衛亡，榮散衛亡，神無所依。水入於經，其血乃成。穀入於胃，脈道乃行。故血不可不養，衛不可不溫。血溫衛和，榮衛通行，天命常存。表嘉言景，仰乎先哲，作法度救，報乎後人。

肺　肺乃手太陰之經，少血多氣，辛金之臟，相傳之官，治節出焉。其旺於秋，為氣之本也。其味辛而其色白，其聲哭而其志憂，內藏魄而外養皮毛，上榮肩，而中生液涕。開竅於鼻，脈在右寸，是肺也。實則脈實，上熱氣粗兼鼻壅，瀉必辛涼。虛則脈虛，少氣不足息低微，補須酸熱。陳皮、黃芩，下痰氣之神方。神麯、橘、薑，去氣嗽之聖藥。七情欝結因而喘，沉香、烏藥、參、檳。胸痞滿急徹背痛，半夏、瓜蔞、枳、桔。鼻塞不通，噙薄荷、澄茄、荊芥。鼻淵不止，末龍腦、蒼、芷、辛夷。百苑百花膏却去痰紅，百合、欵花、百部、紫(苑)〔菀〕，煎膏，或等分蜜丸，噙化。二冬二母散偏除熱嗽。黃連、赤茯、阿膠，抑心火而清肺臟。訶子、杏仁、通草，利久嗽以出喉音。注流疼痛，因痰飲，汁薑瀝竹輔乎千緡。痒麻癮疹為風熱，荊、防、附子敗毒。哮嗽作止年深，兜、苓、蟬蛻、杏除尖，砒霜少入。三味各二兩，礬一錢，對明礬煆枯，棗肉搗丸芥子大，每七丸，臨卧冷茶下。忌食熱物半日。熱壅咽喉時發，雞蘇、荊芥、膝、防、參，甘桔倍加。消酒渣，搽輕粉、硫黃。去鼻痔，塞白礬、甘遂。甜葶藶研治肺癰，苦桔梗煎除肺痿。似華蓋而木清，象乾金而生水。

大腸　大腸乃手陽明之經，多血多氣，庚金之府，傳道之官，變化出焉。合肺臟而長二丈之一，廣四寸，而曲十六之廻。候在鼻孔，脉詳右寸，是大腸也。實則脉實，傷熱而腸滿不通。虛則脉虛，傷寒而腸鳴泄痛。辛溫可瀉，補必酸涼，蒸黄連、烏梅。葛花而解酒毒，炒黄芩、槐角，管仲而止便紅。腸風佐升麻、荊芥。臟毒臣卷栢、黄芪。痢疾腹疼，大法宜下，輕則六神丸，陳皮、枳殼、麥芽、茯苓、木香、黄連等分，神麯和丸梧子大，每五十丸，紅甘草湯、白生薑湯下。宜調則調。久則百中散，罌粟殼三觔，去筋蔕，用生薑自然汁淹一宿，炙薑汁盡，為末，每服二三錢，空心米飲下。可止則止。潤腸通秘麻仁丸，麻仁去殼，大黄紙煨，各三兩，人參七錢五分，當歸一兩，煉蜜丸梧子大，每三十丸，熱湯送下。果有神功。行滯推堅六磨湯，沉香、木香、檳榔、烏藥、枳殼、大黄等分，用熱湯磨服。豈無奇驗。痔瘡熱痛，腦、麝研傅。蝸牛熊膽，磨敷井水。腸內生癰返魂湯，赤芍、木通、何首烏、白芷、枳殼、茴香、烏藥、當歸、甘草，水酒煎服。而加減隨宜十宣散。人參、黄芪、當歸、甘草、白芷、川芎、桔梗各一錢，厚朴薑製五分，防風、肉桂各三分，煎服。而去增適可驗，寒熱而用溫涼，審虛實而施補瀉。

腎　腎乃足少陰之經，少血多氣，癸水之臟，作強之官，伎巧出焉。其旺於冬，主蟄，封藏之本也。其味鹹而其色黑，其聲呻而其志恐。內藏精而藏志，外榮骨而榮鬚。其候在腰，其液為唾。開竅於二陰，都脉在左尺，是腎也。對命門一而為二，左為腎，男子以藏精，右命門，女子以繫胞。原氣之根，精神之舍。受病同歸於膀胱，診候兩分於水火。腎無實邪，火盛則脉實，小腹脹滿，而腰背急強，便黄舌燥者，八正散可以推廣。腎本虛，精氣奪，則脉虛，氣寒陰痿，而言音混濁，脛弱脉代者蓯蓉散，蓯蓉、白朮、巴戟、麥冬、天門、茯苓、甘草、牛膝、五味、杜仲各八錢，車前子、乾薑各五錢，生地半斤，共為末，食前酒服，日三服。宜加討尋，腎氣不和腰脇痛，散號異香。石蓮肉、陳皮、青皮各五分，蓬朮、三稜、益智、甘草各三錢，厚朴一錢，薑、棗、鹽一捻，煎，空心服。陽經欝滯背肩疼，湯名通氣。羌活、獨活各錢半，藁本、防風、甘草各一錢，蔓荊子、川芎各三錢，水煎，食遠服。如身重腰沉沉然，經中有寒濕也，加防己、附子各一錢。腰痛散，八角茴香，精洩末，一升韭子，氣滯腰疼堪順氣。人參、川芎、桔梗、白朮、白芷、陳皮、枳殼、麻黄節、烏藥、白薑、甘草、五加皮各一錢，食前煎服。血凝臂痛可舒經，薑黄二錢，赤芍、當歸、海桐皮、白术各錢半，羌活、甘草各一錢，水、薑煎服。五味能交心腎，須茯神、遠志、當歸、山藥、蓯蓉、枸杞、鹿茸。安養精神，必益智、茴香、故紙、龍骨、牛膝、黄芪。地黄補腎益陰，加當歸而補髓。附子驅寒去濕，倍人參而壯陽。虎骨治骨虛酸痛，猪腎濟腎弱腰虧。用童便二盞，無灰酒一盞，猪腰子一對，新礶貯之，泥封，慢火養熟，五更初飲酒食，腰病篤者，一月効。乾坤立而易道行，坎離交而人身泰。

膀胱　膀胱乃足太陽之經，多血少氣，名玉海而津液藏，號州都而氣化出。重九兩二銖，而廣九寸，量九升九合，而器堪容。候在耳中，脉居左尺，是膀胱也。實則脉實，病轉胞不得小便，苦煩滿難於俛仰。藥用山梔引子偏宜，石膏八錢，梔子、人參、茯苓、知母各三錢，生地、淡竹葉各一合，水二鍾，煎一鍾，入蜜一合，煮二沸，食前服。不利加芒硝三錢。虛則脉虛，腰背難利屈伸，脚膝不能移屣，湯投當歸拈痛必効。大腑熱蒸腸內澁，木通、生地、黄芩。小便不利莖中疼，葶藶、茯苓、通草。腎大如斗，青皮、荔核、小茴香。胞轉如塞，葵子、滑石、寒水石。冷熱熨可利便難，《千金方》治大小便秘塞不通，或淋瀝溺血，陰中疼痛，此是熱氣所致，用冷熱熨法，削以冷物，熨小腹幾次，以熱物熨之，又以冷物熨之，自通，將理自愈。屈伸導能和腰痛。導引法，正東坐，收手抱心，一人於前，據跙其兩膝，一人後捧其頭，徐牽令偃卧頭倒，三起三卧，久久便瘥。風熱相承囊腫，服三白散而立痊。蟲蟻吹着陰脬，浴蟬蜕湯而即散。治病執方，須達要旨。苦寒平升，甘辛平降。高者宜抑，下者宜舉。求巧必事乎公輸，求聰當宗乎師曠。

命門　命門乃手厥陰之經，即人之右腎也。屬火而多血少氣，配水而藏精藏血。相火之源，天地之始。主三焦元氣，為性命根蔕。故人之有生腎與命門先具，有命門，然後生心，有心然後生肺，先生勝已，各有次序。五臟皆一，惟腎有二。雖有左右，水火之分，終無小大，彼此之異。故腎與命門相合，命門與腎相對，治療無異於腎經，診候當憑乎右尺。相火上炎，其脉則實，如消渴欲狂，耳鳴如簧，夢遺精濁淋瀝便黄者，須六味地黄丸，壯水之主，以制陽光。真火衰微，其脉則虛，若四肢厥冷，腰脊酸疲，食少盜汗，腹脹陰痿者，宜八味地黄丸，益火之源，以消陰翳。

三焦　三焦乃手少陽之經，少血多氣。亦屬相火，上合手心主，下合右腎命門。主持諸經，經歷五臟，具無形而有用，行氣血而不停。官司決瀆，水道出焉。竅寄於耳，脉在右尺，是三焦也。虛實驗其寒熱，補瀉分其臟腑。實則上結於心，虛則引氣於肺。上實熱須瀉心陽，上虛寒宜補肺氣。瀉脾土以去中焦之熱，補胃火以濟中焦之寒。下熱瀉肝，下寒補腎。引數者為證驗，在君子而擴充。

明・沈應暘《明醫選要濟世奇方》卷九《藥性歌括》 草木部凡二百二十九味。

人參安神定驚悸，五勞七傷皆賴是。生津補血榮衛調，肺寒宜服肺熱忌。沙參益氣止驚煩，消腫排膿平肺肝。兼療頭風清眩暈，肺寒宜服熱傷殘。天門冬療肺多痰，喘滿生癰欬逆艱。又妙吐膿并衄血，虛寒小便補能安。麥門冬味性平甘，止渴生津療口乾。祛熱除煩育神氣，肺中伏火瀉何難。生地大寒涼血脉，生血補腎陰不足。婦人胎動產崩中，諸般止血皆可服。痰膈不利，薑汁炒用。熟地微溫補血衰，滋陰益腎養虛羸。若是傷寒筋(股)〔骨〕痛，產餘腹脹效神哉。忌犯鐵器，并食蘿蔔。白朮利水又除濕，健脾養胃進飲食。可佐枳實消虛痰，能使黄芩安胎膈。蒼朮發汗復寬中，氣味辛甘已大風。頭目眩疼主痺惡，上焦除濕下焦中。黄芪大補實腠裏，中虛填而元氣起。內托陰症之瘡瘍，外固表虛盜汗已。甘草生寒炙則溫，調和解毒最為尊。通經健胃除紅腫，下氣寬中又壯筋。家菊花清利六陽，祛除諸熱最為良。頭風眼痃皆成效，野外難同校短長。菖蒲開心明耳目，又祛濕痺及拘攣。清音煩熱能通竅，鬼注瘡蟲殺可蠲。遠志定心補不足，夢寐邪驚皆可錄。有人煎湯日服之，益精固陽氣萬斛。黄精識者氣味甘，健脾益胃中可寬。潤肺除風兼治濕，虛勞曉日上琅玕。山藥益精生肌肉，止痛強腰脉可續。安心順肺事事佳，遺泄健忘皆統屬。五味子生肺中水，兼收肺氣耗散金。止渴陰承其養補，虛勞煩熱豈能侵。肉蓯蓉味強陽道，益腎添精補命安。女子血崩并帶下，陰虛易產亦能存。鎖陽之品味原鹹，補陰助陽兩可兼。燥結更堪通大便，益精好處令人厭。菟絲子療腎虛寒，男婦腰疼膝痺殘。補髓添精壯筋骨，泄精尿血亦能安。牛膝補虛安膝痛，內人經閉亦能清。益精填髓強陽事，療血除暈藥下行。萎蕤可治頭疼痛，眦爛紅絲淚出潸。濕注拘攣皆足療，腰疼面黑䵟生斑。薏苡主筋救拘攣，又瘳痺疾腹中寬。除濕利腸消水腫，肺癰肺痿亦平安。此藥又云久服輕身，久瀉者煮粥食大妙。石斛大能壯筋骨，扶持脚膝軟無力。補陰敷末妙生肌，更見益精除喘息。巴戟強陰堅骨節，頭面遊風可散清。麻風血癩陰中痛，鬼交夢泄夜遺精。破故帋治四肢疼，腎冷陽衰精泄應。腰痛濕囊皆可療，婦人血氣痛堪稱。川芎能已諸頭痛，又主筋攣緩急因。上下能行通血脉，消瘀長肉鬱舒伸。小者名芎藭，大者名撫芎，揔名川芎。當歸專補虛勞症，婦女科中賴此成。上下中稍三等用，歸經血病可全生。芍藥主扶陽腹痛，脾經肺氣兩收功。破堅消冷醫癥疝，抑肝平氣又溫中。赤逐血，止腹痛。○白伐肝，產後忌。○洩痢炒用，瘡科生用。益母味辛內科聖，胎前產後妙良因。切片煎熬作丸散，頻能飲服效通神。車前子主分清濁，淋閉能開濕痺蠲。肝火目疼精赤熱，產難血痢亦能痊。蒲黄之品主血門，諸經治療得和平。行血要當生用也，止血還須炒黑成。續斷調經和血脉，續筋消腫療金瘡。子宮溫暖醫精泄，漏下崩中產後當。宜酒浸用。骨碎補味原來苦，折傷堪將碎骨補。中毒血風皆可瘳，止疼消腫其利溥。蒺藜子藥足治風，目疾喉癰亦奏功。洗退遍身風疹痒，頭瘡痛爛可除膿。一種沙苑蒺藜，止夢泄遺精，補腎神品。地膚子藥其味苦，病在膀胱利水腑。洗目須知去風熱，雀盲從可止痛楚。草決專能治盲目，赤痛火然淚似哭。清熱即得肝經平，救人又可解蛇毒。即決明子。丹參破血生新血，安養生胎落死胎。帶下調經身骨痛，生肌消腫可安排。玄參清理咽喉疾，結熱癰疽核可消。又治無根氤氳火，傳尸瘟瘧骨蒸勞。茜根須知消血酷，血暈血崩功取足。吐血衄血方皆同，炎徼又堪瘳蠱毒。勿犯鐵器。微炒用之。茅根原來止吐衄，兼治小便五淋襍。崩中血熱效尤神，水煎一碗可消渴。艾葉從來灸百病，行之止痢調經孕。須知胎漏炒能安，辟惡還能殺蟲迅。地榆之味酸且苦，久痢湯劑免痛楚。帶下崩淋月水安，金瘡膿飲瞬息補。大薊小薊根和葉，專主血門能報捷。吐衄諸血又安胎，兼消癰腫惡瘡熱。紅花專治血門疴，安養用少去用多。產後血暈口齒禁，死胎逐下妙如何。牡丹皮主虛勞症，瀉火除瘕療骨蒸。止衄調經通血脉，排膿消腫豁腰疼。鬱金之用涼心熱，下氣還能破惡血。尿淋心氣儘除疼，金瘡一敷生肌節。薑黄專門治心結，消脹又能逐瘀血。通經自教氣脉調，散癰猶如湯潑雪。玄胡索自主通經，善治肚腹心胸疼。腰脇難移能立效，又瘳血暈內人醒。沙草根名香附子，主除胸腹熱無時。婦人得此為仙藥，下氣寬中用最宜。用須童便浸，醋炒方效。旱蓮草味自酸平，黑髮烏鬚兩有情。齒血狂流能即止，刀傷撲損肉還生。劉寄奴能破癥結，通經又兼下產血。心腹若逢水脹疼，用之殷勤真效捷。柴胡左右脇下痛，日晡潮熱往來生。上下引經頭痛藥，傷寒瘟瘧療皆平。前胡下氣更消痰，推滯生新效最堪。主療傷寒潮熱病，安胎止嗽治兒疳。黄連瀉火抽心熱，磨痞和中痢赤膿。明目止驚定消渴，瘡瘍解毒療皆同。胡黄連質其味苦，小兒驚疳兩足補。久痢淹淹骨蒸勞，明目又能清肝腑。黄芩顳解肌膚熱，黄疸天行熱亦清。泄瀉肺中痰久結，乳癰疔腫療皆平。酒炒上行，主安胎，

清上部熱。堅實者名條芩，入大腸，止痢。草龍膽治肝經熱，黃疸時行濕下焦。明目上升須酒浸，驚疳客忤總能消。防己主風寒熱瘧，諸癇脚氣及傷寒。分清二便膀胱熱，喘嗽蟲瘡治不難。漢防己主水氣，木防己主風氣。葛根解表仍消渴，嘔吐頭疼大熱清。瘟瘧傷寒令汗出，脾虛胃熱酒傷平。葉療金瘡，花解酒毒。天花粉治心煩滿，口渴黃疸熱不寧。又療乳癰諸腫毒，蔞仁止嗽效如神。天花粉即瓜蔞根。蔞仁主治喘，化痰要藥。苦參專治諸黃疸，痢血溺血儘能寬。癰腫癩風皆妙品，惡瘡痘疹洗教安。青黛能解諸藥毒，五臟欝火亦掌握。小兒驚疳急慢風，金瘡蛇犬傷都伏。茵陳稱治黃疸疾，傷寒發黃不汗急。二便秘結亦能通，散氣消痰滯從劈。知母口乾消渴劑，瀉腎炎火補陰虛。有汗骨蒸寒瘧退，滚痰止嗽潤心脾。貝母散痰開欝結，乳癰喉閉仗之清。肺癰咳嗽癭瘤劑，敷瘡收斂治皆平。胎衣不下，酒調六七枚，服之即下。〇又可治人面瘡。地骨皮主中消渴，濕痺拘攣利小腸。盜汗骨蒸皆可療，風邪無定去為良。紫(苑)〔菀〕益肺消膿血，止嗽清痰不可無。定喘去蘆須蜜炒，小兒驚搐亦能除。百部原來治肺虛，一清金後嗽隨除。傳尸骨熱皆能療，寸白腸蟲無處居。欵冬花治風邪涕，定喘消痰潤肺金。兼療肺癰吐膿血，纏喉風閉悉無侵。馬兜鈴味久稱寒，肺熱結痰可免艱。止嗽定喘皆見效，血瘡熏痔破重關。桔梗顯主咽喉病，脇痛腸鳴利膈間。治肺消痰清咳嗽，小兒驚忤立平安。苧根味甘海上方，癰疽發背用為良。妊娠胎動得安樂，熱病天行脫燥狂。蘆根止渴消客熱，嘔吐頻煩能解結。分理陰陽時疾安，孕婦胎前調治切。羗活治風涎不語，遍身麻痺亦能甦。頭痛引經為要藥，口喎不遂盡捐除。升麻引葱散邪氣，頭疼風腫肺癰兼。膿血瘡家之聖藥，小兒痘疹賴安全。細辛治濕與拘攣，百節頭疼九竅酸。齆鼻眼昏清淚下，咽喉牙齒總教歡。防風能治周身痛，頭項諸風不可無。活利拘攣瀉肺火，耳聾目暗上焦除。獨活專主治頭風，兩足難行濕亦攻。齒痛陽明能退火，成功大抵羗活同。乾薑生則逐寒邪，炮製溫中理脾家。腎冷無陽脉欲絕，產虛發熱效俱奢。生薑端可治頭疼，散風安胃得和平。調理傷寒痰嗽吐，通神去穢實堪珍。麻黄中空性特殊，散邪發表效無如。其節中閉止盜汗，固虛功用且相孚。白芷解表止頭疼，治腫生肌血利行。一切瘡瘍膿內托，癰疽瘰癧痔風平。藁本辛苦性微溫，上升巔頂治頭疼。風痰欝結能開豁，巨陽寒客此堪宣。天麻主痿痺不仁，癱瘓暈痃語言蹇。小兒驚癇悸諸風，服之各症能甦醒。蒼耳草子可治

風，周身濕痺足祛攻。拘攣死肉皆堪療，疥瘡瘰癧效仍同。秦艽治濕味苦辛，二便不利疸如金。四肢風濕痺疼痛，服之便得脫呻吟。金毛狗脊治腰背，拘急寒濕筋骨悴。湯煎丸子歲時勤，兩膝有力醫王惠。白鮮皮主巳頭風，黃疸淋瀉陰腫雄。濕痺死肌苦伸屈，梅瘡疥癬亦同功。浮萍清熱痒肌鬆，可治拘攣癱瘓風。酒浸品中加半兩，史公方子效雷同。木賊之草主目疾，益肝退翳青還白。光明要藥須留神，止經斷血不須逼。豨薟草治腎肝風，四肢癱麻疼痛攻。順氣補虛毛髮長，子宮久冷效還同。夏間採之，酒拌，九蒸九晒，用之最良。附子專治陰寒毒，危困傷寒用此行。霍亂厥逆并冷瀉，回陽救急可全生。有大毒大熱，童便煮去毒。脚氣亦用，春方亦用，病急者生用，白朮為佐。烏頭專治半身風，濕痺寒痰氣上攻。破積除癥汗流水，催生性熱墮胎同。天雄主將寒濕送，麻痺拘攣閃節痛。偏身重滯不能行，胎隨墮落毋輕用。華撥用在濕門中，補腎寬腰疼痛鬆。胃冷疝冷皆堪暖，婦人陰冷治相同。半夏主治傷寒症，心痛頭疼不可無。除濕大和脾胃氣，痰迷痰厥瘧皆除。用須生薑煮透，有胎亦用。南星一味滚風痰，破積攻堅胸膈探。金瘡跌撲除瘀血，小兒驚悸豈三朝。治小兒，南星為末，入臘月牛膽內，風乾用之良。何首烏治頭面風，瘰癧能消癰腫同。烏黑髭鬚令有子，添精補髓有神功。用須拌黑豆九蒸九晒方效。威靈仙足治諸風，燥痒皮膚立建功。冷滯結痰消血塊，龍鍾脚膝復能雄。仙茅用之治腰脚，風攣膝痺潤枯涸。虛勞老人能服勤，益陽補陰失溺托。白附子亦治諸風，失音病冷足和中。疥癬風瘡皆可療，婦人陰冷用皆同。良薑原只主溫中，逆冷衝心用可從。霍亂腹疼皆得效，健脾和胃大收功。胡蘆芭性自和溫，五臟虛寒此足尊。脇脹腎衰皆可服，膀胱疝氣總同門。白頭翁可治諸瘧，項有癭瘤點得落。逐寒兼能止血痢，骨節疼痛隨處着。阿魏端可殺諸蟲，去臭攻癥事事通。瘟瘧止來安腹痛，傳尸蟲毒豈能容。木香治心疼九種，刺痛肝脾氣不清。痃癖積年多冷疾，胃虛吐瀉痢皆平。茴香名之治脚氣，膀胱腎冷能通閉。連陰髀骨苦拘攣，小腹不仁海上劑。肉豆蔻可令溫中，積食冷疼皆有功。更遇虛寒赤白痢，厚融腸胃日初紅。白豆蔻味本溫辛，肺中滯氣可澄清。冷嗽嘔吐皆能止，健脾安胃保和平。草豆蔻味本來辛，心腹脹滿足教輕。脾胃積滯能散去，傷酒毒氣亦消清。砂仁冷瀉諸般痢，宿食停脾滯不消。炒熟安胎為要藥，胃虛冷痛亦能調。蓽澄茄味舊來溫，下氣消食是法門。吐瀉驚疳小兒治，膀胱腎閉細評論。使君子品足治

疳，小便白濁退凝寒。殺蟲止瀉小兒病，琅玕月上報平安。蘆薈氣味本來苦，胸膈氣熱不相忤。明目鎮定肝與心，小兒疳蟲能殺補。三稜一味破癥瘕，婦人血病功效奢。消滯兼止腹中痛，墮胎落孕莫咨嗟。蓬朮原使治心疼，能痊霍亂冷氣升。其功消食消積聚，婦人服之通月經。大黃號曰大將軍，蕩穢攻堅從古聞。腸胃熱邪心脹滿，傷寒秘結死生分。葶藶能消遍身腫，膀胱流熱亦開揭。肺氣喘促服教安，又療積飲之痰厥。澤瀉可利膀胱病，分理陰陽淋閉翻。又足補陰治水瀉，癆人退汗止虛煩。旋覆花英久治痰，頭風明目兩相看。若醫中滿危疑疾，利水能捐腸肚寒。木通瀉火小腸奇，黃疸清音耳閉微。癰毒能蠲消鼻齇，催生通血墮胎衣。瞿麥是通關格葉，服之小便分清濁。墮胎排膿良足奇，明目全祛風翳膜。百合端可消浮腫，勞嗽不勝咳痰湧。傷寒喉閉欲分清，用之決定無驚恐。紫草從來通水道，能療小兒血熱暴。天行痘疹危險間，用之端詳自妙好。燈心小草足清心，利水安神邪不侵。漫令燒灰小兒吮，夜啼可止抵千金。石韋看看治五勞，開通癃閉順三焦。止煩益氣皆能事，發背堪令腫立消。海藻之品已癭瘤，頸下結痰日夕流。水腫分消能即散，膀胱疝疾不須愁。澤蘭之藥痊乳病，胎前產後用惟兢。癰腫金瘡功易成，兼消浮腫何須問。昆布一切主水腫，癭瘤結氣如登隴。瘻瘡卵腫可安全，名醫用之俱尊寵。甘遂當年治浮腫，決人身水如泉湧。破癥逐瘕風吹塵，膈脹疝興效都聳。大戟醫蠱之摠領，破癥逐水同一等。瘀血除盡通月經，墮胎療癰非捉影。澤漆原主治皮膚，四肢面目浮可扶。丈夫癯弱陰不足，用此可丸補之乎。芫花為君主咳逆，能痊咽喉喘氣急。用之漱齒治疝瘕，消痰亦可利水澀。商陸草頭散水腫，可療疝瘕熱毒擁。殺鬼兼之療蠱病，胎墮易易生驚恐。牽牛子能下諸氣，一服彈指水腫利。二便誰云有不通，落胎同之商陸易。蓖麻子治大麻風，身痒瘡瘍疥癩同。浮腫注尸牽鼻榻，胎衣不下可成功。海金沙能利小腸，梔子芒硝牙瓜強。療得傷寒狂熱甚，醫家到此細端詳。常山之味本苦辛，能治寒熱瘧不仁。痰涎吐盡大刀截，蠱毒水脹自有真。淫羊藿補諸勞冷，陽絕陰衰事不興。筋骨拘攣腰膝痛，健忘昏耄可教醒。續隨子品專治痰，血結經閉月水難。積聚擁滯皆能掃，諸般蠱毒報平安。鶴虱主殺蟲咬心，腹疼難忍百蟲侵。煎湯令彼空心服，神品于今抵萬金。紫河車名金線草，真是驚癇小兒寶。風熱搖頭弄舌時，殺蟲解毒用之好。馬鞭草稱有微毒，破癥下血此為足。陰瘡喉閉不勝疼，求愈須教搗汁服。蛇床子味本稱甘，男子強陽仔細探。婦人產後陰中墜，更兼腰痛立時安。女人產後陰中有物下脫，絹袋盛，熨之即上。王不流行能止血，風癮疹子洗還真。若令婦人須下乳，侵晨食遠效如神。牛蒡子生枝葉綠，明目且能療風毒。瘡疹喉閉苦艱難，浮腫服之皆平復。草蒿人知治骨蒸，鼻衄一塞即留停。婦人血滯那堪痛，久痢都教一旦寧。藜蘆原只治頭禿，全活瘙痒死肌肉。喉閉生痰儘可瘳，殺蟲兼能治蠱毒。射干之能散瘀血，消腫順氣毒不結。積痰成核可攻除，腹滿一教湯沃雪。山荳根味苦且寒，咽喉腫痛不教殘。又解諸般藥料毒，殺寸白蟲腸胃安。白斂原來散結氣，明目除熱之良劑。女子陰腫內外疼，疔瘡發背皆獲利。白及從來味本辛，能令癰瘡毒腫平。敗疽死肉得重復，妊娠鬼擊可回生。羊蹄根可治諸瘡，醋磨塗癬最為良。產後若遭兒枕痛，子炒酒煎細呷嘗。連翹之品可通淋，癰腫瘡瘍治一心。可退小兒諸客熱，百凡蠱毒效堪任。百草五日燒為餅，金瘡可止血頻生。能除腋下胎來臭，挾活令人身自輕。五月五日採百草，燒灰，醋調為餅，晒乾可用。金星草長如人髮，油浸梳頭氣自清。善解硫砂諸色毒，癰疽發背治堪平。蒲公英味長成甘，乳癰疔腫作仙丹。諸瘡惡刺皆能化，熱毒成形核可殘。穀精草味自來辛，眼科取用效如神。齒痛喉痺都收效，瘡疥癰功皆有真。夏枯草功足破癥，瘰癧鼠瘡皆可平。結氣脚氣諸癭病，濕疼服食得從輕。千里光稱一藥名，除煩清熱目光明。楊梅結毒煎膏點，頑癬瘡瘍治可平。金銀花品專解熱，癰疽更兼諸毒節。發背還有五飛尸，小兒痘疹可全活。貫衆之藥治金瘡，破癥攻血殺蟲忙。解毒祛邪免諸熱，瘳得頭風真要方。桂枝皮肉三般用，散表祛邪用桂枝。補腎通經須肉桂，秋冬腹痛用難遲。有桂心、柳桂味冷不堪用。槐皮槐角醫瘡痔，乳瘕陰痒痛須兼。枝洗陰囊瘡濕痒，花醫眼痢又何嫌。栢子仁治心驚悸，虛損腰疼助腎陽。葉療血崩並血痢，禿頭油浸髮生長。松香原辦療癰疽，疥癬頭瘡并用祛。毒爛生肌能止痛，轉筋松節摠堪除。茯苓利竅兼除濕，痰嗽和中分小便。赤者儘堪通水道，調元降火可安全。赤者破結氣，大能利水。茯神一力除風眩，五勞口乾良健羨。安神定悸功豈微，健忘勤滄令不亂。楊柳枝根葉二品，煎膏惟用河水熬。醫塗癰腫諸瘡毒，乳岩齒痛一齊消。枸杞子妙甘州產，明目消中堅骨勞。助陰益陽補精血，偏身筋絡痛能消。酸棗仁主治心懸，伏枕虛煩夜不眠。效在補中能斂

汗，勤勤服處可安全。欲不睡生用，欲安睡炒用。梔子最可涼心熱，和脾開胃理欝結。又止嘔吐痓血痢，虚煩無眠令妥貼。生用除十二經火。薑炒治胃火，開欝止痛。黄栢膀胱濕熱神，骨蒸勞敝補虚成。腸痔口瘡醫上下，黄疸血痢鼻紅清。補藥用酒炒，血痢、瘡疾生用。竹葉涼心煩熱清，纏喉風痺嘔家平。生津止渴除痰逆，吐血丹砂石毒明。竹瀝治中風失音，虚痰在四肢，非此不除。竹茹安神，止嘔吐、膈噎。楮實主治惟陰痿，調元益氣補虚勞。又能除腫助腰膝，盲目重明妙太高。山茱萸主添精髓，補腎興陽玉莖長。能療耳鳴調婦血，膀胱分利老還強。五加皮服可益精，治疝還教堅骨成。痓燥男子陰痿濕，提携小兒不能行。杜仲天生壯筋骨，滋腎且兼補腰脊。益精助得陰陽強，還除小便多遺瀝。女貞實味原來苦，養育精神在九蒸。蒸後須知還九晒，鬚烏鬢黑補相應。桑皮功在瀉肺氣，定喘化痰真妙劑。虚勞客熱頓教清，腫脹一時水道利。其葉秋月採之，陰乾，洗目。皮可作線縫金瘡，以雞血塗之，即瘥。子名椹，止消渴，黑髮。桑寄生真好安胎，用在腰疼補腎排。又妙金瘡并療齒，從教胎漏足舒懷。世間無此藥，不真，以杜仲代之。益智專主治遺精，心胸肚腹各般疼。老年入夜多小便，益氣補虚神自平。乾漆用之消瘀血，腰疼痞氣足寬結。癥瘕血塊此能通，心痛殺蟲諸毒滅。蔓荊端可清頭風，目眩齒疼都有功。拘攣寒濕痺作痛，筋骨堅牢曉目紅。辛夷足治頭風症，溫中腦漏一時清。解肌自可通鼻塞，面腫齒疼隨可平。蕤核主治心腹氣，眼目赤腫淚雙流。結欝痛風皆可愈，服之得法百無憂。鉤藤原入小兒科，寒熱驚癇用者多。客忤胎風皆可治，保嬰堂上得平和。秦皮端詳治濕風，紅流熱淚亦相通。赤腫翳雲皆可退，小兒驚悸亦兼中。蜜蒙藥品眼科佳，赤澁青盲坐日斜。腫爛殘風皆可療，小兒疳氣效還奢。丁香可使溫脾胃，霍亂嘔逆都堪貴。腎氣奔疼海上方，壯腰補膝第一味。母丁香為□□□中，治陰冷病□方中要藥。蘇合香原主辟惡，殺鬼補精截瘟瘧。痨蟲祛盡不重生，小兒男婦癇痓却。沉香原自壯元陽，補腎命門得以強。心腹痛氣皆可治，轉筋痺濕儘稱良。藿香能教脾胃開，嘔吐霍亂儘可裁。溫中快陽壯神氣，水腫風邪去不來。龍腦之香味本辛，耳聾風濕可和平。兼之明目通關膈，能令小兒驚熱清。安息之香味本辛，心腹惡氣痛無因。蠱邪鬼疰諸般毒，瞬息燒之辟惡神。乳香用來消水腫，又兼和血療諸瘡。經絡痛風皆可定，生肌長肉最為良。沒藥痔中能止痛，看看破血療金瘡。目中翳膜皆堪掃，打撲損傷醫有光。檳榔殺蟲祛濁水，心疼脚氣有緣因。瘧逐痰涎為正助，痢中後重效如神。枳殼味酸開胸膈，化痰消食逐寒玄。調中結痢除風疹，泄肺和腸功效專。枳實開胸逐停水，化痰破積痞從輕。脾經積血傷寒結，順氣能教脇胃平。厚朴用之治傷寒，捐除頭痛又消痰。調中化滯寬中滿，吐嘔酸辛胃足安。茶原味苦消痰渴，清心能治卒頭疼。解醒潤肺分清便，晝永祛魔主客憑。烏藥順氣治惡心，膨蠱宿食天行瘟。婦人小兒腹蟲痛，膀胱腎氣可承恩。又治猫犬百病。巴荳破痰及癥結，蕩滌臟腑月經寒。殺蟲去惡排膿腫，消除蠱氣箭鋒看。皂莢原可通關竅，祛殺諸蟲破積癥。中風痰眩人垂死，末塵吹鼻可回生。煎膏，塗風瘡。刺可治諸瘡，直至瘡處。大腹皮性能開胸，健脾消痰使氣清。和平冷熱攻心腹，不教壅毒大腸行。猪苓力能通水道，治煩消渴解傷寒。發汗且兼瘳腫脹，渾身上下免艱難。郁李仁料用瘳腫，兼舒面目四肢浮。通關利水解欝結，潤燥消血無野愁。吳茱萸治逆寒衝，濕痺能消腹絞疼。腠理寒□心膈亂，衝心脚氣效皆平。川椒用之通血脉，潤膚又可活肌肉。將上眼目退翳膜，將下壯陽力亦足。胡椒性熱足下氣，溫中去寒痰亦利。冷痢可止霍亂安，魚肉調和解毒味。楝實煎湯治熱狂，殺蟲根可療瘡瘍。心腹卒然當暴痛，一杯利水若通洋。訶子之用清咽喉，久痢亦可澁腸流。冷氣忽然心腹脹，結痰一服用須求。血竭用之止流血，金瘡生肉同一揭。惡瘡口久不能收，撲打損傷皆可滅。凌霄花用破癥瘕，產後胎前足可誇。血閉血疼皆可理，逐胎羸瘦亦冤家。松烟墨用可生肌，崩產血暈此其時。諸血痢血皆可止，治眼天絲何足迷。天竺黄藥堪明目，痰壅失音皆可復。小兒驚風急慢調，金瘡止血生肌肉。□□之用在破血，止痛從茲得血滅。腹疼血痛撲打傷，產後血暈亦安貼。棕櫚力能治鼻洪，吐血衄血崩血中。帶下腸風皆可理，不二門增婦女工。楓香之脂主治風，浮腫瘡瘍立見功。口齒艱難都見效，外科要藥揔當崇。又名白膠香，亦未之見。蕪荑端可殺諸蟲，化痰消食理腸風。痔漏亦能舒積苦，膿科疥癬有敷功。雷丸亦用殺諸蟲，逐蟲消煩氣自雄。兼治小兒吐瀉也，驚疳又豈外門中。五棓子足治瘡膿，齒䘌牙宣頑毒攻。五痔腫癧諸熱毒，小兒面病笑談中。樗根皮足澁諸痢，小兒疳瀉亦無忌。崩中赤白滑腸多，痔漏亦堪稱既濟。沒石子只烏鬚髮，冷痢陰痿可消歇。陰瘡濕痒可奈何，用之一掃無顛蹶。出外國，有孔者良。木鱉子主治(拆)〔折〕傷，消腫解結病須降。和中亦兼補元氣，服後誰人再脫肛。金櫻子能益

腎精，兼止滑泄小腸寧。日日煎湯須一服。分理陰陽二便清。青皮之性原苦寒，能攻滯氣又平肝。調腎安脾消飲食，溫湯浸透去穰攅。萆薢性味本苦甘，痺濕腰疼搃可安。背冷精虛能益氣，端詳用足已風寒。

菓穀蔬菜部凡五十三味。

冬葵子用以下乳，小腸澁便舒人苦。婦人產育救艱難，癰節作敷堪潰腐。蘿蔔下氣去痰涎，麯蘖生津止嗽便。消渴消瘀消肺痿，子醫脹嗽一般傳。白芥子可治痰症，胸膈上下成塊硬。皮裏膜外亦皆然，非此不能長壽命。馬齒莧菜足醫風，止渴破結療疽癰。煎膏塗腫隨手減，抹殺痔毒有神功。瓜蒂力主吐痰涎，四肢浮腫用可痊。黃疸欲推鼻息肉，空心數服保安全。茄根霜後凍瘡官，煎洗瘡瘍濕亦寬。浸酒可痊癱瘓疾，選方咀片放拘攣。芫荽用多消穀氣，通關利竅自高低。小兒痘瘡熱不起，勤勤炆噴自然齊。紅蓼白蘋莫用差，霍亂門中有蓼花。老少轉筋皆得理，調時仔細豈泥沙。葱白原可治傷寒，頭疼百節解艱難。中風面目卒然腫，春回萬病總教安。韭味克肝下膈痰，中風音失腎脾溫。汁能止血醫崩衄，子療遺精夢泄寒。蒜散癰疽祛百邪，健脾化肉令無些。能醫瘴蠱溪蛇毒，多食傷心損目嗟。荊芥清眩消瘰癧，諸瘡破結下瘀紅。發汗溫和通血脈，婦人血暈一般同。紫蘇下氣除寒熱，解表清肌治腹疼。開胃健脾消脚氣，子多喘嗽化痰能。香薷味辛可消毒，傷暑腹疼大有功。霍亂吐瀉真良劑，健脾益胃又調中。絲瓜之品性味良，解毒夏秋見吉祥。小兒稀痘稱聖藥，愈癰兼可治疔瘡。薄荷葉治賊邪風，發汗通關頭腦攻。解脹定驚清壯熱，骨蒸勞嗽一般同。蓮肉補胃澁遺精，止痢消煩腎痛平。節主吐紅并衄血，藕甘解渴酒醒清。葉蒂亦主涼血。蓮房燒灰，止血崩。芡實肉健膝和腰，強胃添精氣自豪。久服且兼多智力，老人醉舞月兒高。覆盆子味溫且甘，男子腎虛早自探。婦女滄勤能有子，興陽鬚髮老堪簪。山查消磨多肉食，健脾捐疝益小兒。養胃化痰蠲滯氣，若除血痛不移時。陳皮安胃主和中，去白消痰止嗽同。導滯清金除洩瀉，健脾消食有神功。核主治腎寒疝氣。大棗之味能安中，養胃和脾事事通。益氣生津調藥性，愛身須是識高風。柿乾久服厚胃腸，中和脾健兩稱良。止痢潤喉消酒渴，許多利便好須嘗。桃仁用之逐瘀血，閉血燥血可解結。殺蟲兼能潤大腸，月水不時都通徹。花除水腫，葉殺尸蟲。烏梅下氣捐煩熱，虛勞能治酒痰消。班痣點除收肺氣，骨蒸休息痢和調。白梅出肉中刺、箭頭傷，貼乳癰。杏仁端可定氣喘，潤肺潤心通兩經。風寒咳嗽俱能止，腫滿急須藥令醒。又治產乳女人陰中蟲蛆。荔枝肉能發痘瘡，先須用殼煮為湯。兼痊疝氣疼難忍，核助君臣海上方。龍眼之肉安心智，增強聰慧誠不啻。定魄兼可安神魂，讀書君子當有備。木瓜主在治脚氣，霍亂轉筋用無忌。止渴安痢皆相宜，益血養肝動如意。石榴皮品自澁腸，舒筋止痢最為良。風攣脚腫痛可已，煎汁又作烏鬚方。梨味端可除客熱，心煩脾肺同一切。咳嗽兼得消結痰，酒醒能解渴須竭。病者多食寒中，乳婦不可食。胡桃食之令人肥，良補下元虛耗非。脂潤髮鬚光有色，身強體健坐斜暉。枇杷治肺專用葉，除熱安嘔效斯捷。膈氣方中將作君，渴飲飢滄病安帖。沙糖之味本來甜，和中益元好莊嚴。小兒多食非福也，發疳損壽費筮占。草菓味辛溫補胃，食傷酒醉兩全消。截瘧逐痰如猛將，解瘟辟瘴作金橋。胡麻補益得身輕，填髓添精腑臟平。長髮漫令筋骨壯，頻年服餌可長生。芝麻之性原甘溫，肌潤腸滑亦可行。用以拃油則清冷，用以煎膏長肉平。蔴子從來只潤腸，其性熱燥而亢陽。破積逐水皆有理，難產催生稱用良。黃荳善解諸藥毒，胃中濕熱難經宿。下瘀逐水皆有功，莫謂仙方出於穀。解烏頭毒。大荳黃卷以生荳為芽，惟牛黃清心丸內用。淡荳豉味原來甘，最堪發汗治傷寒。兩脚冷疼可行動，生胎痢疾亦能安。江西出無鹽者良。赤小荳用利水足，又止消渴為人福。飢滄既可作廩糧，研塗癰疽散腫毒。白扁荳用足和中，轉筋霍亂可相通。止痢還去河豚毒，下氣偏令卒有功。菉荳解毒其功崇，消渴煩熱憂忡忡。癮疹奔豚氣上下，明目去惡已頭風。粟殼之用惟主痢，澁腸止瀉百無忌。刼病守關稱有功，仔細端詳殺人劑。粟米養腎助陽氣，去熱益胃之仙劑。陳者味鹹亦有寒，消渴更兼止血痢。陳廩米味酸宜啜，下氣且能除煩渴。開胃止痢效更奇，多多年歲藥堪合。糯米造酒足世緣，多熱大便從此堅。助陽元氣也稱益，煮粥能教黃疸痊。麥芽補虛開胃氣，健脾消食破癥堅。霍亂兼安膨脹滿，消痰滯氣一同蠲。小麥除熱止燥渴，能養肝經療暴淋。浮者骨蒸止盜汗，麪滄多食腹脾疼。神麯開胃化水穀，消食除痰舒膈懷。又主霍亂赤白痢，腹痛堅癥下鬼胎。三伏中擇寅日，用蒼耳草、青蒿、茅草三味取汁，再入杏仁、紅豆，和麵為麯，風乾炒用。店中買者不真，不可用。酒通血脈扶肝氣，醉迷發怒大扶陽。滋形辟惡舒愁欝，痛飲傷神壽亦傷。醋消癰腫斂咽瘡，逐水祛邪療損傷。下氣血暈癥結破，婦人血痛急須嘗。飴糖止渴入三焦，潤肺脾胃足和調。錢環魚骨多般硬，吞下立時冰樣消。

珍寶金石部凡四十二味。

琥珀寶能定神魂，五淋小便通法門。明目且兼磨翳膜，破癥止暈妙同論。珍珠鎮心兼却風，祛推目翳大明中。小兒驚癇能消熱，一時塞耳可除聾。硃砂定魄養精神，明目通經止悸驚。祛毒除邪誅魍魎，瘡瘍疥瘰一時平。雲母名稱亦自石，久服肌膚成潤澤。金瘡逢此得安康，諸般惡毒有奇績。陽起石兮陽起石，子宮可暖壯陽力。婦人陰痿此為君，識者自能臻太極。膽礬原可洗眼目，金瘡鼠瘻亦消毒。女子癇痓病能除，梅瘡痛苦點之足。空青石膽鬼神生，珠玉金銀未足平。盲瞽若逢傾一滴，豁然天地復承明。禹餘糧可止欬逆，煩滿寒熱俱應得。赤白血痢原相通，癥瘕散除大熱逼。赤石脂生本味辛，益精明目可神清。固腸血痢能教止，崩漏內家服漸平。礬石消痰止血痢，惡瘍瘰癧疥瘡通。齒疼兼瘳鼻息肉，除煩清肺急喉風。綠礬端可治喉閉，蟲牙疥癬各般瘡。腸風瀉血及久痢，小兒疳病尋太康。芒硝朴硝兩味藥，破積攻癥牢亦剝。化痰通淋效神奇，天行熱毒消齷齪。玄明粉治心煩燥，五臟癥瘕結可平。明目開痰消宿垢，胃中虛熱總能清。食鹽只道調和物，能吐胸中結癖痰。水漱引經齒出血，霍亂疼瀉亦能堪。○炒鹽能熨心頭諸般結痰。炒鹽，水和，能治霍亂絞腸痧。滑石清涼消熱癖，耳癰癃閉利便難。蕩腸積聚能醫痢，解渴除煩逐血寒。石膏下氣安驚悸，定喘消痰療舌焦。主治傷寒頭痛熱，解肌清胃火能消。寒水石清時氣熱，腹中積聚苦為歡。止渴且蠲五臟火，石丹巴荳毒消寬。雄黃能殺蛇蟲毒，寒熱諸瘡腫毒癰。祛鬼去邪蟲腹痛，妊娠佩帶轉男功。石硫黃主陰瘡蝕，兼治瘡蟲惡痔興。痃癖能消陽痿補，又醫頭禿療心疼。水銀原來稱味辛，砍殺諸蟲特掃塵。斂瘡痂落白糟鼻，楊梅敷點墮胎神。水銀煉為輕粉，殺諸瘡蟲，醫楊梅瘡，點酒查鼻紅。蜜陀僧味本來鹹，久痢五痔作金丹。口瘡金瘡皆有力，腋臭能除諸汗班。金銀辛味鎮心驚，定魄安魂復養神。若犯顛狂諸病症，煎湯服下可還真。珊瑚生自海波濤，鎮定驚惶寶裏豪。用在眼科能去翳，昏瞳可復察秋毫。硇砂味鹹破積聚，能除腐爛肌肉固。落胎號之為神丹，用者須知莫相悞。硼砂用處足消痰，兼破癥瘕血裏探。喉閉也能通竅脉，令人食飲自甜甘。磁石療風肢節痛，除煩耳閉益精強。消腫治癰頸項核，小兒驚搐痓癇方。砒霜亦可治諸瘧，風痰在胸引方藥。吐之令人得安康，仔細端詳用莫錯。鐵鏽端然塗惡瘡，蜘蛛蟲咬此方良。秤錘醫得血暈好，安神堅骨自能強。鐺墨原來主蠱毒，中惡血暈用良足。吐血須將藕汁研，生肌從教長血肉。紅銅屑能除臭腋，烏鬚黑髮頭顱易。跌撲骨折帶熱揉，自是于中有奇績。銅青為料氣味平，可治婦人瘀血疼。金瘡亦能令血止，洗眼便教明且清。自然銅堪療折傷，定神止痛作禎祥。老人筋緩能收縮，肌體重生骨亦良。古文錢原治眼赤，又順妊娠胎橫逆。折傷用之奏敷功，醫家患者生顏色。鉛丹味辛止嘔吐，癲瘧除熱鎮驚怖。潰(濫)〔爛〕煎膏可生肌，病如旱苗承雨露。伏龍肝即灶心土，主治崩淋吐血傷。兼妙氣沖消腫毒，妊娠病熱水敷良。傷寒發狂，胎不安，用以為末，水調敷臍上，可免墮胎。石灰味辛入藥少，可瘡癩疾用之好。若遭惡蛇毒蟲傷，輕易殺除非潦草。石蟹味甘眼科神，消風掃翳自有真。漆瘡癰腫皆能療，分付醫師審決因。代赭石味原稱苦，瀉痢滯下堪為主。墮胎難產是良方，小兒驚癇亦能補。青礞石可化痰積，小兒驚風急慢得。用時端詳審重輕，起死迴生金不易。花蕊石足治金瘡，定痛生肌久稱良。產後血暈君臣配，自是推雲見日光。臘雪本來味寒甘，天行熱氣遍身然。酒渴暴成黃疸病，用之治療報平安。秋露天然其味平，潤心止渴得雙清。栢葉從教隨佐使，用之明目快人情。

禽獸魚蟲部凡六十七味。

龍骨治夢遺精滑，止汗生肌固澁腸。女子漏崩膿血痢，小兒驚忤并臍瘡。象牙能消刺入肉，刮末水溶也須知。象皮若用煎膏藥，潰爛生肌百患宜。牛黃主治驚而癇，寒熱癲狂亦可痓。中風不語皆聖藥，定魄安神疾有緣。牛角下血解疼痛，膽寒除熱化痰涎。肉味安中補脾胃，乳溫止渴補虛全。阿膠保肺益金氣，止嗽蠲咳之痰膿。補虛安妊胎有力，治痿強骨神功同。鹿茸散血醫癰腫，補療虛勞治骨疽。羸瘦四肢腰膝痛，壯陽固腎帶崩除。鹿角膠味自溫平，主療勞傷腰腎疼。返老還童醫百病，婦人無子復能生。鹿肉性溫能益氣，角主陰交出鬼精。髓味甘溫能補髓，腎醫陽絕療腰神。熊膽自能祛目翳，天行黃疸止流傳。惡瘡久痔皆堪治，不特小兒驚忤疳。麝香氣味暖且辛，善通關竅辟邪精。濕瘧驚癇諸蠱毒，墮胎亦自可催生。犀角能解傷寒熱，瘟疫頭疼大發狂。明目祛心醫吐血，癰疽痘疹療瘡瘍。羚羊角味原苦寒，明目祛風清肺肝。兼治小兒驚癇搐，產後惡血悉平安。羊肉性暖可溫中，補療虛勞勝藥功。肝治青盲不明目，膽醫赤障淚眵紅。虎骨除風壯筋骨，腰療痺濕不能通。又祛鬼注瘡瘻毒，睛治癲癇驚悸功。驢肉無毒安心氣，補血除風已熱狂。頭肉更兼療消渴，脂和椒塞耳聾方。黑驢糞燒灰，治產後血崩。尿能治膈氣。狗肉味暖補助長，

虛人發熱不宜嘗。血主癲癇殺邪魅，腎醫陰痿大興陽。兔頭骨墮胎衣下，肉補中虛益氣長。血腦入和稀痘藥，糞能明目益肝良。臈月兔腦合藥，能催生。猪肉多食肥健人，猪腰補腎治腰疼。猪心血治癲癇症，猪肚溫中消渴清。懸蹄殼主療痔瘡腸癰，四足汁洗諸瘡，膽通大便燥結。膃肭臍原足療腰，用來功效若山高。有人脾胃精衰極，服此補虛能治勞。雞肉食之補虛痾，發熱生風不可多。冠血殺蟲能發痘，肫皮治痢帶崩和。百蟲入耳，冠血滴之即出。鴨肉補虛祛客熱，烏骨白者用尤良。血能止血解藥毒，且主心胸膈熱方。野鴨之味甘且涼，食啖寒而不動氣。平和脾胃消飲食，祛殺蟲積水腫濟。鵝肉多食發瘡疥，止宜消渴病人嘗。膽涼痊痔血解毒，虛勞咳嗽忌醫方。野雞之味稱微寒，能補元氣益滋味。可解消渴已煩熱，多食反令痼疾戾。飛禽雀肉皆堪食，補臟生精益髓餘。雀腦壯陽尤效捷，白丁香糞潰癰疽。鴈本義禽不當食，為利殺害已捐生。安和五臟壯筋骨，散風麻痺用宜精。夜明砂是飛鼠糞，小兒百病最為良。明目祛風稱聖品，審方用者要端詳。蜂蜜原可治諸驚，養脾潤胃有餘清。調和藥料合丸散，令人五臟自安平。黃蠟醫膿還療痢，補中消毒最為良。金瘡傷損皆成效，端詳用服得平安。白蠟用之生肌血，續筋定痛可平安。補虛收斂報奇效，癰疽腫痛免傷殘。蜂房可主治驚痰，癲疾亦用漱牙疼。若人蠱毒通腸痔，乳癰兼得報昇平。桑螵蛸味原來鹹，女人血閉倚闌杆。兼可治腰利小便，白濁夢遺總報安。蟬退之味原甘平，風眩燥痒皆澄清。痘疹眼科稱勝品，驚風啼夜總功成。䖟蟲之物逐瘀血，破積可使癥瘕鈌。亦治傷寒(否)〔痞〕結胸，用之仔細詳詩訣。班猫用在醫疥癬，鬼蠱瘰癧及癰疽。墮胎須防損肌肉，血關水道可通渠。蜻蜓止精暖水臟，色青眼大始稱良。去翅去足炒成料，用者須詳海上方。蜣螂需之療癲痃，小兒驚癇亦良方。研貼疔瘡毒可散，敷出箭鏃利戰場。蜘蛛能治蜈蚣咬，蛇蝎吮之絲繫安。發背毒敷和汁散，鼠瘻腫核用消殘。蝟皮主治五等痔，陰蝕兼寧崩漏冲。若遇內人陰腫痛，胃氣疝氣總成功。老鼠搗傳折筋骨，小鼠煎油愈火瘡。糞即名為猳鼠屎，傷寒勞復效尤良。五靈脂療心疼痛，小兒疳癖治腸風。女子閉經通血脉，蟲攻刺痛有神功。白殭蠶療皮膚痒，喉閉痰涎及中風。小兒夜啼驚客忤，崩中赤白治皆同。蠶沙治風痺風攣。蠶蛾補腎添精。全蝎用之治中風，小兒驚癇有全功。口眼歪斜及驚搐，耳聾痰擁治皆同。蜈蚣取來醫鬼注，療蠱兼可殺三蟲。墮胎還能祛惡血，若逢便毒有神功。蛤蚧收取醫勞嗽，截斷傳尸殺鬼邪。用入春方壯陽道，月經通達貌如花。蝦蟆破癥療蠱腫，小兒疳疾殺三蟲。又治犬狂咬欲死，蟾酥疔背效皆同。酥即蝦蟆眼上白漿也，合藥可治諸般腫毒。一種青鼃名水雞，專醫兒童疾不齊。產復若有虛羸症，食之亦可免離迷。蝸牛用之足治風，軼筋攣縮總相通。五痔驚癇與溫毒，端詳醫處盡同功。白頸蚯蚓治蛇瘕，能殺三蟲尸伏家。又療傷寒大狂熱，黃癉痢病效尤奢。螺螄端可清目熱，消渴心疼適當中。醒酒黃疸皆有理，翻胃之劑效殊同。牡蠣用之崩漏中，遺精滑洩治相同。心脇氣疼君臣劑，癰腫喉痺可除風。石決明品眼科崇，青盲障腫盡通融。性涼原可瀉肝火，肺熱三杯見異功。海蛤之功主欬逆，又兼定喘止心煩。功成消水除浮腫，瘿瘤痃癖徹籬垣。龜板補陰滋不足，能除癥瘕痔瘡蟲。又解傷寒勞後瘧，小兒顱顖有神功。鱉肉補虛兼益氣，能消痔腫療勞傷。甲散癥瘀勞熱痞，且神瘟瘧帶崩方。蟹解胸中邪熱結，爪能逐血墮胎勤。漆瘡塗抹化為水，且療金瘡續斷筋。水蛭須知即馬蝗，用之輕重要相當。煅則通血逐瘀血，兼療傷寒胸結狂。蚺蛇膽味原來苦，大風疥癩堪為主。下部蝕䘌諸般瘡，目疼痢熱真能補。蛇退用之療驚風，瘈瘲癲疾一般功。寒熱痔蠱皆通道，明目去翳古今同。白花蛇治口歪斜，濕痺拘攣疥癩奢。不遂半身筋骨痛，烏蛇功效一同耶。川山甲品能醫痔，惡瘡腫毒皆堪恃。寒熱瘟瘧得遇之，早晚一服成就是。鯽魚味冷宜堪食，能補虛勞療癖腸。又治久淹赤白痢，性溫屬土實脾良。鯉魚食之療水腫，言其功效又安胎。妊娠若遇身浮腫，只詳熱病莫安排。膽亦可點眼。青魚食味曰益中，風痺脚氣功可同。膽乾可醫不明目，熱腫點處有神功。石首魚味能開胃，健脾益氣有高風。諸瓜稱毒還堪解，君子應備庖廚中。烏賊魚骨海螵蛸，名滲瘡膿腫不驕。除瘕通經殺蟲積，心疼目翳效還饒。鰻鱺食可殺勞蟲，補益虛羸陽道雄。解諸草木藥石毒，又療風攣痔有功。

身體部凡九味。

亂髮止衄清暈眩，補療陰虛通淋腸。煆燼煎膏長肌肉，驚癇鸞口治兒瘡。人乳補虛安五臟，令人肥白悅肌顏。誰識延年此章本，籛鏗久餌得安閑。糞清善解諸般毒，疔腫天行狂熱宜。砒害豚傷皆□療，慎毋輕視此珍奇。童便能解虛勞熱，肺痿金傷咳嗽甘。降火攻痰□□一，產餘血暈用尤堪。裩襠專主陰陽易，傳染時行用者多。□女心惶腹絞痛，服之無效費摩娑。人中白煆水飛良，肺痿生痰吐衄方。走馬牙疳真聖

藥，傳尸勞瘵令安康。天靈蓋治傳尸病，久患虛勞骨節蒸。兼治犬傷瘟瘧症，燒灰水服痘生紅。人牙煅製能醫痘，加麝調之治乳癰。黑陷白灰危倒壓，鷄冠血和效功洪。紫河車即是胎衣，勞損虛羸可轉肥。尸疰瘵蟲陽痿絕，回生功效豈微微。

明·蔣儀《藥鏡》卷四　拾遺賦　遺寶物而人拾，炤乘連城。遺藥品而我收，扶生起死。徐探他劑，先說溫材。梁上塵主噎膈中惡，又療腹疼，暨小兒軟癤，而兼鼻衄。東壁土得太陽初氣，能溫脾暖胃，又祛濕熱。在伏天，邪暑瀉痢同科。石鍾乳下行，補陽衰而止寒嗽。伏龍肝鎮墜，療產難而消瘇癰。地龍骨主膿血淋漓，致爛瘡收口。水龍骨主血風臁毒，故血斂損傷。訶子、粟殼何施，是虛寒嗽痢，無可奈何之藥。黑丑、白丑奚用，乃腫滿便閉，萬不得已之圖。補血添精，腸虛獲潤，肉蓯蓉佐鎖陽。搜風去濕，脚弱能強，茄子根侔松節。乳香定諸經之痛，又能長肉于損傷，尤在伸舒流注之筋縮。沒藥散血氣之凝，又會止疼于腫刺，力且能祛除血熱之目衣。金櫻子澁精益腎，更主脾泄血崩。青葙子明目清肝，兼疏風熱濕癢。烏桕樹皮，立通二便，功埒巴、牽。杉木老節，脚痞煎醫，兼平漆咬。墻蘼根退熱，月季花活血，退熱故風除濕散；好瞑而遺矢者，煎濃汁以頻嘗。活血故罨腫壓毒，瘰癧之未成者，芫荽、沉香煮茹。嚼蠶荳和韭菜，誤吞金石墜下登時。煅刀豆子湯，吞氣下呃，停須臾平復。銀硃滅蟲癢，而掃疥癬瘡瘍。白前定氣升，并降氣逆嗽喘。石鹼爛癰瘰瘀肉，煙膠殺疥癬蟲鑽。羊頭之骨燒灰，消磨鯁咽之鐵。羊脛之骨煨過，便下誤吞之金。病後勞復預防，燒研頭垢下以米湯。吹乳乳岩統治，水醮無根霜丸百齒。羊肉主頭腦大風，產婦疝痛，勞羸虛寒，補形在表，青腫損傷，新鮮薄貼。羊角主肝熱青盲，火風頭痛。羊腎主精虛陽痿，氣怯勞傷。生食子肝，療火眼赤痛等疾。刺血熱飲，鮮水銀毒與砒霜。黃狗陰莖，能令陽道豐隆，精暖多子。狗頭骨灰，能止虛寒久痢，赤白帶下。水獺肝止嗽，却魚鯁，治勞絕傳尸。海狗腎暖精壯陽根，破瘀辟尸疰。白花蛇治癱瘓，除風癢之癩疹。烏梢蛇療不仁，去瘡瘍之風熱。鯽魚溫胃扶脾，治赤白久痢。鱓魚補中益血，治口眼喎斜。蚶肉溫中消食，暖腰脊而益血顏。蚶殼火煅醋澆，消血塊而化痰積，溫散熱裨，停溫摘熱。天雄補陽虛于下焦，能醫癱瘓，脚氣多功。草烏逐寒濕之風痰，遇冷即消，逢熱即潰。川烏破積，濕痺能除，入骨搜風，散茲冷痛。側子輕揚，耑能發表，四肢風瘮立奏神功。胡椒下氣溫中，而療腹心冷痛。鹿茸壯陽陰補，而止崩漏洩精。大楓子燥濕散風，經行蟲殺，大瘋癘疾並治，瘋癬疥癩相宜。樟腦氣香遠竄，能通關利竅，逐邪中惡，且去濕殺蟲，熱溫異路，和緩須平。無名異酒調呷下，瘀血之谿損傷，醋磨塗，主生肌之在腫毒。自然銅散瘀血，接骨續筋，破滯氣，和傷止痛。石韋清勞熱，利淋癃而除煩，下氣偏能。大棗和脾胃，生咽津，而過甘或防脹作，欲治風濕虛痿，陰中腫痛，子覓蛇床。欲療淋癃疝瘕，腎氣虛損，蛸求桑螵。樺木皮濕熱性祛，能醫黃疸，燒灰酒下，尤治乳癰，兼疏肺風，劑之輒效。紫荊木破諸宿血，能下五淋，單末酒調，可圍發背，勿令滋蔓，應療初生。木芙蓉清肺涼血，散熱解毒之功臣。山茶花吐紅衄血，腸風下血之良將。豌豆痘疔紫黑可救，豇豆補腎健胃雙能。剪刀草汁調蛤粉，傅愈痤音俎疿音補。杵頭糠下氣通塞，噦開喉噎。古文錢催產散血，風熱火眼尤涼。蜜陀僧結散積消，點䵟黯傳面至美。半枝蓮解蛇傷之仙草，紫地丁消腫毒之靈苗。屎蛆善消疳積脹滿無虞。蟾肺耑理五疳，胖兒羸瘦。兔腦利胎產以催生，兔肝補肝氣以明目。兔血和蕎麥，能稀瘡痘于兒家，兔屎磨檳榔，能褪目翳于痘後。白鴿療白癜癧瘍風。瑇瑁解痘瘮中蠱毒，蝟皮清濕熱于下焦，防流痔血。熊掌益陽氣之不足，力禦風寒。文蛤化痰，兼涼血熱。鱧魚脾補，又下水浮。受水氣而浮腫也。蛤蚧嗽止肺涼，益腎足陰，利膀胱淋瀝之水道。白鶩利疏，理脾開胃。鰻鱺補虛勞愈，去濕風消，除傳尸鬼疰之蟲魔。腦石堅重，主下石淋。褌襠經衣，是色疸女勞，陰陽易病之針對。姙婦爪甲，乃肝虛翳障，飛絲入目之醫王。平與寒隣，請收寒劑，海藻散癭瘤而下水腫，脾濕宜停。大戟療癥蠱而利二便，脾虛勿用。淡豆豉理肺逆，却頭疼，偕葱白而溫嘗，初起傷寒統汗。甘蕉根解結熱，傅丹毒，同旱蓮而煎貯，血淋澀痛徐通。力緊者朴硝，散六腑之積聚，而腫目痺喉可祛。力緩者芒硝，瀉五臟之實熱，而血留痰結能去。膽礬止驚癇而吐風痰，更消熱毒。水銀療痂瘍而除虱疥，并墮懷胎。萱草根調沙淋，疏水腫，而身黃酒疸兼醫。水銀粉殺疥癬，傅痺疳，而鼻上酒皶音查亦治。水膨濕腫請商陸，濕熱腹蟲用雷丸。淡竹清心利水，葛花解酒毒除，滾咽膈之痰，平翻噦之胃。石打穿蔣儀用曰：噎膈翻胃，從來醫者病者，群相畏懼，以為不治之症。余得此劑，十投九效，不啻如饑荒之粟，隆冬之裘也。乃作歌以誌之，歌曰：　誰人識得打石穿，菉葉深紋鋸齒邊。濶不盈寸長更倍，圓莖枝抱起相連。秋發黃花細瓣五，結實扁小針刺攢。宿根生本三尺許，子發春苗隨弟肩。味

苦辛平入肺臟，穿腸穿胃能攻堅。採掇莖葉搗汁用，蔗漿白酒佐使全。噎膈飲之痰立化，津噏平復功最先。世眼愚蒙知者鮮，岐黃不載名浪傳。丹砂勾漏葛僊事，余愛養生著數言。識得者誰，止吐衄之紅，收腸胃之血，血見愁能尋有幾。螻蛄逐水，水脹隨平。蛤蜊消酒，酒積頓滌。土茯苓伐瘡齊斧，若毒栖筋骼，又不如山慈菰力猛無前。黃葵花膿潰先鋒，若瘡關氣血，又不如充蔚子功勳浩大。紫參清腸胃濕熱血瘀，疏兼經婦之滯。苧根涼胎妊渴焦狂發，浴兼兒毒之丹。陳醬鮮湯火腥羶，苦苣塗疔瘡沙虱。苜蓿葉取汁，酒疸宜投。芥菜滷夙儲，肺癰恰中。泥宿屎坑之底，疔瘇發背，止痛當塗。水刳大蚌之中，明目定心，煩除渴解。漆瘡熱瘡，湯傷火傷，廢井苔及萍藍同用。衄血吐血，砂淋石淋，破舩板底苔青與和。鯉魚膽點眸去翳，滴耳豁聾，其功不小。鯉鱗皮煅末水服，鯁骨當喉，數晨可脫。蟹走血軟堅，漆瘡塗滅，去殼微炒，接骨連筋，搗爪水煎，墮胎破血。蚺蛇膽臨杖噙化，護心避痛，惡血湧除。黑嘴白鴨，童便同煮，大補虛癆，消腫退熱。榧子殺嗜茶之蟲蠱，色改面黃。山柑和熱毒於胃腸，皮停喉痛。人屎埋融金汁，入心坎，解時令之發狂與陽明實熱。年久黃疸，消鬱火，起痘瘡之凹陷并毒藥箭傷。蛞蝓、蝸牛，益陰潤燥，傅脫肛痔痛，諸熱立瘳，堅軟筋舒，塗蜈蚣楊梅，毒傷俱解。蜚虻、䗪蟲，散臟腑宿血，如肌膚甲錯，兩目黯黑之症，治撲傷癥癖，有續筋整骨，和血調經之驗。青魚膽入片腦，點火眼而乍轉清明，入膽礬吹豎哦，而痰抽嘹亮。麒麟竭破瘀血而止痛，生新血而長肌。利水破血諸藥，令婦落胎。散風發汗眾材，致人虛弱。熱藥多秘，惟硫黃暖潤而疎通。冷藥多瀉，惟黃連肥腸而止泄。博裁往論，約選新編。氣味陰陽不同，浮沉升降各異。酸為木化，入肝為溫。鹹因水生，入腎為寒。火苦入心為熱，金辛入肺為清。甘則屬土，入脾為至陰。而四氣兼之，皆增其味，而益其氣，故各從本臟之氣為用。辛甘發散為陽，酸苦湧泄為陰，氣為陽，氣厚為陽中之陽，氣薄為陽中之陰。味為陰，味厚為陰中之陰，味薄為陰中之陽。清之清者發腠理，清之濁者實四肢。濁之濁者走五臟，濁之清者走六腑。辛散酸收，淡能滲泄，鹹軟苦瀉，甘則緩結。考藥性立濟世功勞，拾遺品表活人心地。

明·蔣儀《藥鏡》卷四

疏原賦 每見醫家浪習，書雖讀而病昧緣由，議尚浮而不存實意，殃遺匪鮮，業造滋深。夫固難以辭敘也。得其要領，達乎權變，非深心力學之士，其誰克之，故必先明經絡，使表裏精詳，而後知受病之深淺，亦必先明氣血，令虛實清理，而後知用藥之泄裨。以言乎心，乃多氣少血，手少陰也。實則熱，見乎外，虛則熱，鬱乎內。味甘瀉而補之以鹹，氣熱補而瀉之以寒。以言乎肝，乃多血少氣，足厥陰也。虛則必資心火，實則須抑陽光。味辛補而酸瀉，氣涼瀉而溫補。以言乎脾，乃少血多氣，足太陰也。實則飲食消，而肌肉滑澤。虛則身體瘦，而四肢嬾擡。最忌臍凸肢浮，尤畏口青唇黑。因飲食勞倦之災，定溫多辛少之劑。甘補苦瀉，味貴有別，寒熱溫涼，氣各從時。以言乎肺，乃少血多氣，手太陰也。實則上熱氣粗兼鼻塞，瀉必辛涼。虛則少氣不足息低微，補須酸熱。以言乎腎，乃少血多氣，足少陰也。實則小腹脹滿，而腰背急強，便黃舌燥。瀉腎湯可以推廣，虛則氣寒陰痿，而音聲混濁，脛弱脉伏，蓯蓉散宜加尋討。所云味之苦補鹹瀉，氣之熱瀉寒補，就其宜乎腎者，固如是耳。以言乎心胞絡，是為心之腑，即膻中也。乃多血少氣，手厥陰也。若夫心應脉，與心相表裏者，是曰小腸。乃多血少氣，手之太陽。其為病也，痛連腰脊，疼引睾丸，實則煩滿而口舌生瘡，虛則懊憹而唇青下白。氣涼補而溫瀉，味辛瀉而酸補。若肝之所腑，而同應乎爪者，非膽乎，乃少血多氣，足之少陽。其為病也，眉傾口苦，而嘔宿汁，狀如人捕，而善太息。實則精神不守，半夏湯瀉之則良。虛則煩擾不眠，溫膽湯補之却善。若脾之所腑，而同應乎肉者，非胃乎，乃多血多氣，足之陽明。實則唇口乾，而腋下腫疼，法宜涼瀉。虛則腹痛鳴而面目虛浮，藥應溫補。若夫肺應皮，與肺相表裏者，是曰大腸，乃多血多氣，手之陽明。其為病也，傷熱而腸滿不通，辛溫可瀉其實。傷寒而腸鳴泄痛，酸涼可補其虛。若夫腎之所腑，而同應乎骨者，非膀胱乎，乃多血少氣，足之太陽。其為病也，轉胞不利，小便赤澁，煩滿囊腫，難于俛俯。瀉實貴用寒涼，痛引腰背，屈伸不便，脚筋緊急，耳鳴重聽。補虛還憑溫暖。若所稱水穀之道路，氣之所終始，而與心胞絡為表裏者，非三焦乎，乃少血多氣，手之少陽。其為物也，有象而無質，空處而用存。上實熱而瀉心陽，上虛寒而補肺氣。瀉脾土，去中焦之熱；補胃土，扶中焦之寒。下熱瀉膀胱，下寒助腎臟。相臟腑之上下，而補瀉自別。定藥品之主臣，而虛實自辨。總而言之，六腑為陽，五臟為陰，胞絡即是膻中，配成一十二經，是知按經絡以推傳變，綱紀無差，遵歲氣以析陰陽，權衡有準。表宜汗解，裏即下平。救表則桂枝、耆、芍，救裏則薑、附、參、苓。當歸養血，無芎藥而功疎。人參養氣，無黃耆而力弱。陳皮不謀甘、朮，

鮮補於脾。五苓未伴桂皮，曷疏厥水。表汗者麻黃，葱白不來不發。吐痰者瓜蒂，豆豉未加如壅。大黃能去實熱，枳實全資。附子可回元陽，乾薑有賴。嘔吐非半夏、薑汁不止，虛煩非人參、竹葉不除。竹瀝須薑汁，經絡流行。皂角助蜜甜，疏通閉結。非承氣湯，誰禁狂發。非茵陳散，不愈黃疸。補氣自然生血，氣藥過于血藥，反爍真陰。補血不能生氣，補陰過于補陽，元神克復。痰隨氣下，降痰利氣須先。痰造弱脾，化痰實脾為要。一水不盈，則二火不息。元氣不實，則虛氣不消。逐痰太過傷脾，瀉火忒多損胃。脾傷則腫脹泄利，胃損則寒嘔不咽。開氣用溫藥，順其性也。更有氣盛上冲，非寒不制。瀉火用涼藥，制其性也。更有火極上熾，非熱不降。火壅咽喉，不宜下逐。氣滯腰膝，尤可升提。脾虛肺必受虧，若要補脾兼補肺。心弱脾必遭損，欲圖心養養兼脾。風從上始，予汗劑而風平。譬于隅之在樹顛，雨來則靜。濕從下始，投風藥而濕愈，譬泥水之濘塗，次風戾斯乾。水利則渴消，治渴尤禁逐水。氣清則血聚，理氣尤禁補血。春夏重于寒涼，秋冬重于溫熱。伐實補虛，引經為要。修方進藥，禁忌須知。巴豆、大黃，尅伐藥宜西北，東南稟弱非宜。蒼朮、半夏，香乾劑利東南，西北燥強無用。運氣不齊，未堪執一。治男子先要養陰制火，治婦人先要理氣調經。辛苦之病，滋補為先。膏粱之疾，清利為上。治久病先扶元氣，攻急疾暫伐餘邪。治病不顧真元，論非探本；用藥不思後患，命曰勦標。醫道浩淵，數言未悉，學人茫昧，自此疏原。

明・蔣儀《藥鏡》卷四　滋生賦　古人立法，圓散用蜜用糖，而湯飲勿施。則營散，煎製加茶加酒，而水泉載之。血乃成夫水也者，純陰之精，而氣兼微陽。萬物取準，而至柔排勁。縱觀難罄，枚舉堪推。春雨水資始發生，助中氣之不足，合藥種子，起陽道之萌芽。朝露水夜氣所積，萬卉攸資，因時令之殺生，附物性為美惡，治黎明之多汗，對脉症而奏功。冰雪水退大熱而火症消，地漿水解中毒而煩悶醒。谿岩穴中涓涓而出者，為乳穴水，質清味重，茶釀均佳。從梁棟間珠珠而滴者，為屋漏水，毒漬穢承，洗瘳犬嚙。借夏冰之涼氣，蘙食物而味凝，茹之必成寒熱搏激之病。探蒸熱于溫泉，藉硫黃而性烈，浴體可除疥癩頑痺等瘍。糯粳淘瀝，咸號米泔，調中而止霍亂，開胃而消宿食。黃梅天雨，罌盎貯盛，經久彌淳，入醬易熟，沾衣速敗，澣垢如遺，疥癬滌肌，瘢痕悉滅。長流水疏源通遠，四肢濕腫相宜。急流水湍縱峻速，足脛風濕合治。如治脾胃虛弱，泄瀉不食等症，則用池沼停蓄之水，取其得土氣而助脾元也。如治陰不升，陽不降，乖隔諸疾，則用河井各半之水，取其陰陽和，而可升降也。逆流水發吐，升散痰飲之鬱陶。井底泥大寒，能敷熱病兼湯火。清晨井中天一之氣浮結于面，磁器輕取，是為井華水，饒有補陰之功。缸乘河水，播揚千遍，洒沫漂珠，盈溢騰翻，是為甘瀾水，獨療傷寒陰症，奔豚諸病。甑中氣水，得之非易，飯鍋將熟，仰接瓦盆，晨起沐頭，毛髮潤黑。籠下炊湯，棄之恐後，經宿洗面，消減顏色，蠻用淨身，引瘡發癬。總之雨露冰雪水諸天，性以四時之節氣為衡。河流井泉水諸地，性以出處流止。土壤風化為定，生熟湯，洗兒湯，洗盌水，磨刀水，俱屬人為造作，性以隨所着物，倣例為裁。雖然吮波別味，病人外藉滋生，源液膏流，玄土專資內養。一則曰舌下廉泉，乞靈乎地，每候潮至，卷舌上向，攪餂數次，隨抵上腭，津液自爾湧至，分嚥丹田，炎暑勿渴，勞煩亦不索飲。一則曰呵熨進氣，誠求乎人氣為真火，健運一身，老弱之夫，下元虧損而陽衰，體痺骨疼，晨昏洊至，童男少女，偕與寢處而有裨，鼻吸臍吹，有投必納。一則曰呼吸闔闢，因乎月令。噓於春令，明目扶肝；呵於夏令，離靜火闌。秋呬清金而肺潤，冬吹益坎而腎堅。頻嘻三焦，却除煩熱。呼纏四季，脾克消餐。聲微息細，功勝神丹。凝神瞬目，左轉右旋，雙手向頂，且(又)〔叉〕且擎，或時抱膝，或時聳肩，隨又漱津，隨又嚥涎，循序漸進，守竅通關，由是乃知地為天之根也。氤氳瀰布，陰制陽之亢也。水火迴環，五運相乘，浸假而枯涸開隙，七情粉至，輾轉而耗爍多端，何以明其然也。蓋嘗覽求其精與細焉，葷腥蔬菓，都是攝生玅藥。知節知戒，始為却病良緣。酒漿力專冲突，厥性昏迷，嫌彼生痰助濕，喜其開鬱合歡。多麯新篘，耗血氣而傷脾胃，尠禁爛醉。窨熟白酒，禦風邪而條營衛，量飲毋貪。一切炙煿薰香，發痰助火，積久必生疽毒。諸般鮮甘肥脆，生肌助氣，濫用恐決脾垣。陽虛食狗肉，不宜于血虛發熱。癆蟲嚼鰻骨，獨滑于泄痢腸寒。助脾胃者鯽魚，利胎水者河鯉。母猪發病，助火魚鰕。瘡瘍莫啖鷄鵝，痔漏須餐黿鱉。猪首風發，猪肉肌生，蹄生乳汁，賭生脾。牛汁消痰，牛肉養胃，水牯發瘟，溺去腫。澹菜理崩帶精枯，烏鴉止咳嗽骨蒸。水鷄雄鷄，補產虛之腫。田螺蜆肉，生陰腹之寒。鷄蛋精虛可吞，猪腎腰疼可食。羊肝明目，羊肉補形。蟹爪墮胎，蟹肉散血。須飲諸牲生血，藉其長陰。莫食猪腦肝腸，防其發病。食兔生兒唇缺，食蟹孕婦橫生。蟹殼灰止兒枕骨

疼，兔頭骨催艱滯產難。鵝掌黄抹脚指臭爛，鷄冠血塗白癜風瘡。牛乳補胃潤腸，未宜寒泄。貓肉除癆防蟲，且利鼠瘻。禽肉發風，獸鬱生火。土物性寒破腹，海珍性熱生瘡。糟發嗽而血耗于鹹，宿損脾而腸糜於腐爛也。莫若蔆苗白菜，利氣利痰。麻腐豆粉，清腸清胃。菜心是發病之苗，茄兒是耗精之物。芋頭填餓，尅化甚難，老弱餐宜非夜。銀杏即白菓脹興，功能止濁，嬰兒吞勿宜生。萊菔食消，血損于生，熟偏脾補。甜菜疴發，滑腸可厭，況有毒停。豐本是白濁瘀血之仙蔬，有妨瘧症。烏梅去久嗽宿痰之快剪，渴痢更神。西瓜傷暑勛高，乾柹熱腸涼沁。胡桃祛食積，且止腰疼，痰喘反為孽障。生梨利痰火，更消酒渴，寒泄竟是仇家。（員）〔龍〕眼生血于心，熟棗和脾與胃。便結難下，潤以榛松。脾濕為殃，致因柚橘。石榴澁血，瓜子生痰。蔗汁露甘，解酒渴而膀胱以利。櫻桃珠火發口臭，而痘毒是媒。鮮柹大寒，大寒痢作。荔枝大熱，大熱血流。鮮瓜破血落胎，鮮棗生蟲作泄。鹽妨吐衄，醬凝膨人。毫竅開葱，獨妨虛汗。頭目昏蒜，能敵臭穢。胡椒能散真氣，幇胃火者茴香。栗楔漿吞細細，衰膝再健。蒲萄酒醉醺醺，移時便醒。治傷飲，利水為先。治傷食，吐下為急。適飲適食，不藥而期頤。錯寒悮溫，慮扁無上藥。

明·佚名氏《異授眼科》　藥性光明賦

玄參苦參能散血，大黄通利涼肝熱。退熱柴胡及前胡，歸尾白芷能破血。藿香順氣并木通，防風荊芥能除風。去障羚羊牛蒡子，明目密花有大功。蒼术陳皮和脾胃，頭疼藁本及川芎。明目菊花穀精草，清神住淚真為寶。退翳蟬蛻石決明，涼肝紫蘇龍膽草。止淚木賊桑白皮，治肺五味及黄芪。退熱黄連并黄栢，破血射干葙子隨。搜風獨活連細辛，蔓荊厚朴可相親。乾眩止淚五倍子，香附紫蘇亦堪爾。目暈除風旋覆花，補虛菟絲牛膝加。梔子涼心當大用，補虛退熱豈為差。遠志通心真罕得，黄芩涼心真頃刻。行血須知生地黄，退熱連翹居其傍。破血赤芍地骨皮，赤茯苓堪補虛勞。羌活穀精除風熱，退障訶子山楓葉。磨障車前石決明，涼心當知小冬青。惟有枳殼寬腸疾，甘草解毒可傳名。硃砂硼砂開障翳，熊膽善能掃風塵。木通麝香通孔竅，黄丹解毒如神妙。去障磠砂反掌神，牙硝琥珀豈等倫。白丁香能除冷障，止痛血竭如可親。虛實熱風及諸症，空青片腦要買真。甘石安神能定目，從頭一一說與君。

明·徐謙《仁端録痘疹》　藥性賦澄觀自撰，即《藥囊賦》。

百草療人要識溫涼寒熱，一方治病須明佐使君臣。

助陽補氣　人參補中氣而生津液，補五藏而走諸經，氣中之血藥也。少用則滯，多用則行。黄芪補衛氣而實腠理，托瘡瘍而作膿漿，陰火之瀉藥也。無汗則發，有汗則止。白术燥脾土以生津，閉氣液以蒸漿，然非瀉痢、水泡者莫投。茯苓益氣以止渴，滲濕以歛痘，亦必水瀉勿痂者乃用。大棗養脾胃，善助諸經。山藥補虛損，能消腫硬。陳倉潤喉燥而益胃，粘米助正氣而作漿。蓮肉、芡實助脾寔腹，酒漿、人乳領藥催膿。胃寒而吐瀉者，乾薑有理中固內之力。內虛而不起者，丁香有助陽峻拔之功。藿香治嘔逆而快氣和中。肉菓暖脾胃而澁痢止瀉。大附子反本還元，理虛寒而收戰慄。益智仁益氣和中，補不足以安三焦。炙甘草健脾胃而和中養血，生甘草分身稍而瀉火解毒。桂枝驅毒達表，凡表虛痘白，四肢不透者宜此外行。肉桂攝血歸經，凡內虛腹痛，泄瀉厥逆者用之內守。

滋陰補血　紅花有活血養血之功，子能除渴。生地有行血涼血之効，熟則補陰。川芎引清陽而達表，益三陰，升痘毒，慎勿缺于痘漿未滿之前。白芍歛陰氣以濟陽，收根血，制火痒，更宜多於痘漿既足之後。當歸通血脉而潤堅燥。枸杞補肝榮而益腎精。酸棗仁生用於多眠膽熱，炒用于不眠膽寒。祛煩補血歛汗五味子，收托散之全氣，滋不足之陰水。止渴益氣強陰龍眼肉，養心血而生肌，平益脾胃。破故紙療腰膝而止瀉，益髓興陽。遠志助陽強志，定心氣而增智慧安神。牛膝益陰壯陽，填骨髓而引諸藥下走。阿膠治虛咳而止血，養血益氣。山茱暖腰膝而興陽，補腎溫肝。石斛補虛羸而壯筋骨，胃中虛熱能除，皮外邪熱可逐。杜仲益腎陰而添精髓，腰痛者立効，足疼者神功。

發表開肌　薄荷能清六陽之煩熱，利關節而治風涎。芫荽善透痘疹之不齊，順二脉而開心竅。天麻療風熱而定驚悸，通血脉而開肌竅。根葛清胃熱而止煩渴，解肌表而散瘡疹。荊芥散風邪，通血脉，祛膚熱，清上焦，耑治痘疹。麻黄去榮寒，泄衛實，解疫癘，定喘促，善開壅遏。白芷疎風定痒，消毒排膿，痘毒憑之而發散。紫蘇開胃流氣，解肌清食，風寒賴是以驅除。羌活、獨活有運毒走表之功，並利百節之痛。前胡、防風有散邪逐毒之妙，咸平風熱之痰。殭蠶只利于肌膚，托痘和血，蠲風定痒如神。細辛散風于頭面，

行血明目，開竅止嗽為良。升麻解熱毒，外散瘡痍，領元陽直上。柴胡去虛火，解肌安表，疏肝氣以旁行。角刺解熱毒，引諸經直達瘡所。藁本治腦寒，引諸藥上至頂門。

清熱解毒　鼠粘子解陽明之毒，透肌而清利咽喉。紫草茸祛厥陰之邪，滑肌而疏通壅遏。清便降火以山梔，遇小便澁則用。消斑解毒以犀角，惟血熱盛則施。連翹清客熱以消諸經之氣聚血凝，辟陽毒而治壅腫之癰疽瘡毒。枯芩泄肺經火而消痰，兼退熱于肌表。條芩瀉大腸火而滋陰，兼退熱于膀胱。梟炎焦紫疔斑，萵苣之汁極靈。三焦實熱便秘，大黄之力甚速。元明粉去胃中實熱，蕩腸中宿垢。鹹芒硝瀉六府積熱，除一切痰瘀。脾毒恃蟬蛻以疏逐，兼止風熱而去翳去痂。心熱淂黄連以下降，兼厚腸胃而止驚止瀉。香薷利小便以清暑調中，茵陳解傷寒以祛煩除熱，均宜暑月。龍膽草伏火而消目翳，胡黄連療骨蒸而治疳痨，並益肝膽。痘攻兩目，非穀精草不能開明。毒入大腸，必薏苡仁方能迸逐。心肝之梟利以蚓汁，三焦之火洩以燈心。牡丹皮去血中之毒，治無汗骨蒸壯熱煩紅為聖藥。地骨皮去氣分之毒，治有汗骨蒸毛焦熱甚是良方。麥門冬祛煩渴之熱，清心潤肺。天花粉主癰腫之邪，潤燥滑痰。淡竹葉涼心火而退虛煩，白石膏瀉胃熱以消煩渴。元參、知母、黄柏，滋腎陰而制無根之火邪。車前、滑石、木通，利水道而散諸經之鬱火。辰砂鎮心定志，有養血涼血之能。珍珠透理入堅，解骨中髓中之熱。人中白瀉相火而除煩熱，有散血起陷之力。龍腦片涼心血而起黑陷，有撥亂反正之材。天門冬保肺氣以鎮心，療熱毒上攻氣分而喘促。赤芍藥解熱毒以止痛，令心火下降膀胱以利便。地膚子解痘疹，利諸毒而去膚間之熱。馬兜鈴定喘促，解結痰以清肺分之炎。屋游善解炎熱于皮膚，故無痘處散漫之紅可斂。蘆根善解煩熱于胃口，故患痘家噦嘔之症堪除。燒人屎、人中黄療疫毒無雙。望月砂、密蒙花治痘眼有驗。蜂蜜益氣補中，止痛解毒，痘痂不脫可塗。象牙極利小便，易收痘靨，痘初入眼宜點。

去滯勻氣　分清濁而利小便，散毒氣而寛膨脹，豈若腹皮。利咽喉而托瘡毒，能發散而善開提，莫如桔梗。神麯調中消食，下氣居多。麥芽助胃化食，消腎可慮。白豆蔻散冷滯而益元陽，消積却痛。製半夏理痰膈而止嘔吐，燥濕益皮。縮砂仁消宿食以止痛，溫脾胃以澁腸。草果仁却冷痛以消食，散邪氣以去脹。山查善止瘡疼，能化食積，理滯氣於補益方中，解鬱結于透肌湯内。青皮止小腹疼，破下焦滯，疏肝而不作痒，勻氣而不生痰。木香調諸氣而理脾寒，瀉利湯中必用。枳實下膈氣而衝痰實，鼎峻之時莫加。寛中下痰涎當尋枳殼。開鬱逐瘀血須求香附。下宿積不使停留，檳榔極迅。溫胃氣以消腹脹，厚朴為先。陳皮益胃和中。橘紅消痰理氣。山稜破血中之氣。蓬术破氣中之血。射干治喉痺咽痛，驅太陰厥陰之積痰。蒼术健脾胃消食，斂痘久不收之濕痒。訶黎勒斂肺氣而止嗽澁腸。桑白皮瀉肺邪而消痰定喘。杏仁潤肺下氣，去風涎獨神。竹瀝養陰退陽，開痰熱甚妙。貝母潤心肺，開鬱之痰熱，無礙于行漿。白附定驚癇，解風熱之結痰，起痘于頭面。瓜蔞仁潤肺潤腸，下膈氣而定喘嗽。膽南星消堅消腫，利胸膈而化風涎。

攻發陷伏　天靈蓋退心經鬱寒之氣，老人牙伐腎經陷伏之邪，過用大烈則肉烈皮崩。北酥蟾有化毒為汗之能，穿山甲有透經越絡之力，多施重發則虛抬空殼。雞冠血能發心肺壅毒，兼華痘色。戌腹糧能起黑陷乾枯，并作膿漿。梅花、桃花摠因解毒以發痘，蛇蛻、蟬蛻俱為驅風以透瘡。露蜂房善起兩頤之平塌，威靈仙横行兩臂之餘癰。白花蛇以毒攻毒，治痘稠密無縫而不起。淫羊藿益骨堅筋，治痘絕陽絕陰而不興。大發肺腎之沉伏，急取桑蟲。欲起黑陷之惡痘，或行大戟。鹿茸、紫河車大補氣血兩虛，鴉片、原蠶蛾善助元陽不振。麝香通竅於毫毛，亦治驚癇穢氣。雄黄解毒于藏府，兼可消痰化疔。

補遺　西牛黄化風熱而解心經火毒，驚狂能鎮。羚羊角解痘毒而清肺肝梟炎，目赤能除。沒藥破血理氣，除餘毒腫疼。乳香止痛止肌，療諸瘡潰爛。金銀花、馬齒莧解諸熱毒，甘菊花、決明子清肝目瘡。猪苓、澤瀉暫用以分理陰陽，龍骨、枯礬權借以兜澁滑瀉。何首烏療血虛而生痒塌，石菖蒲疏心竅壅鬱之瘡疼。勿執方以害人，隨變通而妙用。藥品雖多，貴于擇要。病機無定，務在合宜。此必平日之精研，乃能臨症而無誤。

清・蔣示吉《醫宗説約》卷一　藥性炮製歌　草部一百三十九種　人參味甘，功專入肺，止渴生津，大補元氣，更能養血，肺熱乃忌。細皮光潤者佳。去蘆，切片用。肺中實熱，右寸洪大有力，勿用。反藜蘆。黄芪甘溫，力專補氣，收汗固表，内傷有濟，專托潰瘍，生肌大利。綿軟箭幹者佳。托瘡生用，補氣蜜炙，一用鹽水炒。表邪實而無汗者勿用。托裏得防風而効速。甘草甘平，健脾強胃，調和諸藥，解

毒功最，蜜炙溫中，生用火退。稍去小便澁痛，節主癰疽腫痛，俱生用。身蜜炙溫補，若痞滿嘔吐者勿用。反甘遂、海藻、大戟、芫花。當歸甘辛，補血歸經，扶虛益損，退熱滋陰。頭止血上行，身養血中守，尾破血下流，全活血不走。酒浸洗淨用，體肥痰盛，薑汁炒，恐泥膈也。風邪初旺者，脾虛泄瀉者，濕痰浮腫者，勿用。川芎辛溫，生血調經，能止頭痛，開鬱上行。小者開鬱。不宜單服久服。酒浸用。山藥甘溫，健脾補腎，補陰固精，瀉痢能定，消腫長肉，助骨強盛。人乳拌蒸。喜麥門冬，惡甘遂。單食、多食亦能滯氣。白朮苦甘，健脾強胃，除濕利水，痰病皆退。大者為雲朮，力大氣濁；小者為日朮，力小氣清。土炒微黃用之。又滋陰藥中再用酒拌蒸，佐黃芩則安胎，君枳實則消痞。傷寒動氣勿用。蒼朮甘辛，健脾平胃，燥濕寬中，鬱結開遂。米泔水浸一宿，去黑皮，切片炒用。并能發汗定瘧，祛瘴疫。土燥火炎，乾咳，声嘶，陰虛便結者，炒用。白芍酸寒，能收能補，平肝養血，腹痛自可，瀉痢崩漏，安胎不苦。伐肝生用，止痛炒用，和血補血酒炒，斂血止血醋炒。新產婦人勿用，恐酸寒伐生生氣也。反藜蘆。赤芍酸寒，除熱清目，破血通經，癰腫宜服。產後勿用。生地微寒，專治血熱，骨蒸煩勞，止吐衄血。忌見鐵器。酒淨用。畏紫根及子。血虛寒者勿用，肥人多痰，薑汁浸炒用。熟地微溫，滋腎補血，封填骨髓，勞傷易絕，烏鬚黑髮，耳目清徹。用生地酒浸蒸熟，晒乾，再浸蒸，如此九次。其法用好酒在佐礶內煮一夜，其色如漆，則熟矣。忌畏同生地。多痰，薑汁拌炒。知母味苦，滋陰止渴，自汗骨蒸，煩熱可合。生用瀉胃火，鹽酒炒瀉腎火。忌鐵，去毛。貝母微寒，止渴消痰，清心潤肺，開鬱除煩。去心，研末用。出四川、陝西者佳，性輕而治上焦之痰；出浙江者名土貝母，性重而燥，惟治皮裹膜外痰塊結腫癧症，一切瘡瘍之痰；然肺癰肺痿及人面瘡，古人俱川者。反烏頭。黃芩苦寒，枯瀉肺火，消痰利氣，風熱皆可，條芩安胎，除下焦火，崩淋痛痢，濕熱除苦。除風熱生用，入血分酒炒，治瀉痢薑汁拌炒，治膽熱用猪膽汁拌晒。□細實而緊者名條芩。黃連苦寒，瀉心除痞，止痢厚腸，濕熱自已，清目除煩，瘡瘍不起。清熱，酒炒；治瀉痢，薑汁拌炒；開火鬱，湯泡吳茱萸拌炒，去萸用；腸紅下血，入猪大腸中煮熟用；陰腫疔瘡，生用。大黃大寒，破血消瘀，快膈通腸，積聚盡驅。錦紋者佳。酒浸蒸熟，晒乾，如此九次，能上達巔頂，治頭風目疾，及久積酒病；治瀉痢，薑汁拌炒；治傷寒熱結，生用；治瘡瘍熱結，酒炒；血痢，韭菜汁拌，晒乾。桔梗味辛，療咽腫痛，載藥上升，痰嗽皆用，寬胸利膈，枳桔相共。去蘆生用。若用之治腸紅久痢，大腸氣鬱之疾，須炒黃色。天花粉寒，清熱止渴，消痰定嗽，癰腫可奪。瓜蔞潤肺，消痰下氣，寬胸清熱，更醫孔閉。去殻打爛，去油用，瀉者勿用。半夏味辛，燥濕化痰，止吐開鬱，健脾消涎。有毒，凡使，用白礬、生薑、皂牙同煮，以半夏中無白星為度。煩渴及血症，胎前勿用。反烏頭。紫蘇甘辛，風寒發表，梗下諸氣，安胎之實。夏月不敢用麻黃，以紫蘇葉代之。蘇子潤肺，開鬱下氣，定喘消痰，乾咳是利。微炒為末。白芷辛溫，陽明頭痛，散風驅寒，排膿可用，皮膚瘙癢，通經亦用。防風甘溫，諸風通用，頭暈目疼，骨節痺痛。去蘆。獨活甘辛，頸項難舒，腰背酸疼，諸風皆除。入肺。羌活溫平，身痛頭疼，祛風除溼，活骨舒筋。入膀胱、小腸。柴胡味苦，寒熱脇痛，和解瘧疾，升陽宜用。犯火無功，咳嗽氣急，痰喘嘔逆者，勿用。前胡甘辛，消痰解熱，止嗽除痞，又開氣結。亦止夜啼(虎)。香附辛甘，疏氣開鬱，止痛調經，更消宿食。忌鐵器，(椿)〔舂〕(主)〔去〕毛。發散消食，生用；入血分，酒炒；軟堅出痛，鹽水炒；降虛火，童便浸；開鬱，醋炒；止血，童便浸，炒黑；溫經，艾汁炒；消痰，薑汁炒；又有鹽、酒、醋、童便四味合製。麻黃性溫，解表出汗，身熱頭疼，風寒盡散。去節根，切斷用之，霜降後，(宿)〔舂〕分前，傷寒表實無汗，頭疼如斧劈，身熱如火熾，方用之。若夏秋動頭疼發熱，不可輕用，如悞用則有亡陽衄血筋惕之弊。根止自汗。葛根甘平，陽明發表，解酒止渴，溫瘧可好。自汗者勿用。麥冬甘寒，清心潤肺，止咳滋陰，煩渴皆濟，更除秀熱，虛火大利。溫水洗去心用，不令心煩；惟傷寒科帶心用之。天冬甘寒，保肺清熱，消痰止嗽，喘渴能絕，肺癰肺痿，更治吐血。去心，虛寒者勿用。五味味五，止渴(主)〔生〕津，氣散能收，滋腎強陰，暑熱自汗，乾咳功成。正產者佳。寒邪初起咳嗽者勿用，小兒亢忌。凡用打碎。升麻微寒，解毒散風，升提下陷，牙疼可攻，辟瘟止瀉，清胃有功。形輕堅實，色青綠者佳。藁本苦辛，巔頂頭疼，陰寒腫痛，風濕俱行。細辛辛溫，少陰頭疼，破結通関，牙痛功成，風寒濕痺，驅散皆靈。反藜蘆。去土葉用。不可單服。連翹苦寒，瀉六經熱，解毒消癰，通淋水洩。去心打碎，除(水)〔肺〕火止用心，赤鼻良驗。澤瀉甘鹹，利水滲濕，通淋消腫，陰汗可入。炒黃色。延胡索溫，血結諸痛，破瘀調經，跌撲堪用。(主)〔生〕用破血，炒用調血，酒炒行血，醋炒止血。地榆微寒，血熱堪用，血痢帶崩，金瘡吐痛。炒黑止血。虛寒下陷，血衰瀉痢者，勿用。防己辛苦，風濕腳腫，手足攣急，散熱消癰。去皮，酒浸洗。常山苦寒，專截瘧疾，最開結痰，水脹可食。有毒，令人吐。吐痰(上)〔生〕用；截瘧醋炒，或同烏梅用；同丁香截三陰瘧。老人、小兒及虛弱久病者，勿用。龍膽苦寒，療眼清熱，下焦濕痛，疸痢皆絕。酒洗用，入(用)腎。玄參鹹寒，清無根火，目赤咽痛，心煩俱可，散腫解熱，腎虛能補。反藜蘆。勿犯銅氣。堅黑者佳。入心、肺、腎。丹參味苦，定志養神，生

新破瘀，崩帶調經，安胎清目，癰腫能平。酒浸，去蘆用。反藜蘆。苦參苦寒，燥濕清熱，癰腫瘡疥，逐水散結，黄疸腸風，殺蟲妙訣。反藜蘆。以糯米泔浸一夜，去浮面腥氣，晒乾；一用酒拌炒。紅花辛溫，最消瘀血，多則通經，少則養血，兼治跌撲，瘡毒解截。三稜苦平，行吐行氣，消癖削堅，虚人當忌。麵裹煨，切片，醋炒用。畏牙硝。蓬朮苦溫，破積消聚，止痛行血，通經最易，消食開胃，醋炒用例。天麻辛平，風熱眩暈，驚悸風癇，癱瘓俱應。濕紙裹煨熟用。南星苦辛，能治風痰，破傷跌打，下氣開関，麻痺風疾，癰腫皆安。薑湯泡透，切片，薑汁浸炒用。妊娠勿服。為末，入臘月黑牯牛膽中，陰乾，名膽南星。秦艽苦辛，去濕活筋，肢節風痛，腸風骨蒸。酒洗，切片。遠志辛溫，益智寧志，清目利竅，壯陽補精。甘草湯治去心用。破故紙溫，腰膝酸痛，興陽固精，鹽酒炒用。即補骨脂。葫蘆巴溫，暖補腎臟，膀胱龍疝，脹痛皆除。酒洗用。何首烏甘，添精種子，黑髮悅顔，長生不死。忌犯鐵器，九蒸九晒用之。骨碎補溫，骨碎折傷，固齒驅風，殺蟲最良。即猴薑。威靈仙溫，腰膝冷痛，積痰痃痒，風濕通用。酒洗。牛膝味苦，除濕痺痿，腰膝酸疼，益陰補髓。去蘆，酒洗用。黄精味甘，能安臟腑，五勞七傷，此藥大補。洗淨，九蒸九晒用之。鈎吻略同，切勿悮用。蒲黄味甘，逐瘀止崩，止血炒黑，破血宜生。續斷味辛，接骨續筋，跌撲折損，且固遺精。酒浸洗用。益母草甘，調經所宜，產後胎前，生新去瘀。忌犯鐵器。蓯蓉甘溫，峻補精血，若驟用之，反動便滑。忌犯鐵器，酒洗去(甲)用。鎖陽性溫，補陰固精，大便燥結，酥炙用行。大便不實者勿用。車前性寒，溺澁眼赤，利水止瀉，帶濁有益。炒，細研用。紫(苑)〔菀〕苦辛，血痰上氣，補虚定喘，寒熱並濟。酒洗。百部微寒，肺熱咳逆，傳屍骨蒸，殺蟲有力。酒洗用。百合味甘，安心定膽，止嗽消浮，癰疽可啖。欵花甘溫，理肺消痰，肺癰喘咳，定悸除煩。兜(錐)〔鈴〕苦寒，肺熱久嗽，定喘消痰，能薰痔漏。根名青木香，下氣甚速，兼治小腸氣。青黛性寒，開鬱清火，驚癇疳痢，發斑俱可。甘菊味甘，除熱袪風，頭眩目赤，收淚有功。酒洗晒乾用。薏苡味甘，專除濕痺，筋節拘攣，肺癰肺痿。去殼淨，炒用。丹皮苦寒，止血通經，和傷清熱，無汗骨蒸。酒洗用。菟絲甘平，夢遺滑精，腰疼膝冷，補髓益陰。水淘淨，用白酒、糯米泔同入砂礶内煮爛，成餅，晒乾。入諸藥用。茴香性溫，能除疝氣，腎臟虚寒，調中暖胃。鹽湯浸，炒。砂仁性溫，養胃進食，止吐安胎，通經破滯。炒為末。白蔻辛溫，能卻障翳，益氣調元，止嘔開胃。去殼，炒為末用。肉蔻苦溫，脾胃虚冷，瀉痢不休，功可立等。麵裹煨熟，研碎用。草蔻辛熱，治寒犯胃，作痛嘔吐，不食能遂。擣末用。草果味溫，消肉除脹，截瘧逐痰，解瘟辟瘴。擣末用。菖蒲辛溫，開心通竅，去痺除風，清聲至妙。附子辛熱，性走不守，四肢厥逆，回陽功有。厥冷回陽用生；引諸藥行經，用麵裹火煨，去皮臍，切四片，用童便浸透，燒乾；若入補益丸中，切六片，先用甘草、防風同煮三四滚，去皮臍，切片，再用童便煮一日，晒乾方無毒也。天雄大熱，壯陽補火，陰寒止痛，面風亦可。製同附子。烏頭性熱，溫經去風，手足拘攣，回陽兼用。製同附子。射干味苦，咽喉腫加，欬逆上氣，消痰有中。旋覆鹹甘，驅風開結，脇滿稠痰，水濕能絕。大戟苦寒，消水利便，腫脹癥堅，其功瞑眩。反甘草。商陸酸寒，赤白各異，赤者消腫，白利水氣。葶藶性寒，利水消腫，痰欬癥瘕，治喘肺癰。隔紙炒用。牽牛性寒，利水消腫，蠱脹痃癖，散滯除壅。妊娠忌服。黑者屬水力速，白者屬金效遲。研爛，取頭末用。萆薢甘苦，風寒濕痺，腰背冷疼，添精益氣。木通辛甘，小腸熱閉，利竅通經，最能導滯，乳閉難產，淋濁皆治。通草味甘，善治膀胱，消癰散腫，能通乳房。燈草味淡，消心定驚，除熱利水，夜啼如神。石斛味甘，却驚定志，壯骨補虚，冷閉可情。去根酒洗，一法蜜炙。石韋苦甘，清熱利水，癃閉五淋，癰疽可委。拭去毛，羊脂炒焦黄用。白蒺藜苦，療瘡瘙癢，白癜頭瘡，翳除目朗。擣去刺用。青葙苦寒，治風熱濕，明目堅筋，殺(蠱)〔蟲〕有力。木賊味甘，益肝退翳，能止月經，積聚更奇。茅根甘寒，止血治淋，利水和傷，除熱通經。擣汁用。仙茅辛溫，腰足攣痺，壯陽補血，勞傷莫離。烏荳湯中注夜，酒拌蒸用。鬱金苦溫，破血生肌，吐衂溺血，鬱結功奇。小者為鬱金。薑黄味辛，消癰破血，心腹疼痛，下氣最捷。大者為薑黄。牛蒡辛溫，能消瘡毒，癮疹風熱，咽疼可逐。一名鼠粘子，杵末用。紫草苦寒，心腹邪氣，利竅通水，癰腫大利。酒洗用。白薇苦鹹，利水益陰，中風帶下，寒熱酸疼。酒洗用。白附辛溫，治面百病，血痺風瘡，中風諸症。白鮮皮寒，黄疸頭風，咳逆濕痺，疥癬功同。蘆薈性寒，殺蟲消疳，癲癇驚搐，服之立安。胡黄連苦，治勞骨蒸，小兒疳痢，盜汗虚驚。并治痔漏。澤蘭甘苦，癰腫能消，打撲傷損，月事可調。用葉調經，酒洗用。青蒿苦寒，骨蒸勞熱，虚煩盜汗，殺蟲功烈。童便浸，晒乾用。巴戟天溫，助腎添精，疎風辟邪，酒浸方靈。去骨酒洗。蘭葉甘辛，散久鬱氣，膽癉消渴，刼痰癖利。用草蘭葉。決明子甘，能除肝熱，目疼收淚，仍止鼻血。炒為末。蓖麻子辛，利水消脹，無名腫毒，其功莫量。塗足心下胞胎，塗巔頂收生腸。去殼符用。蘆根甘寒，客熱消渴，噎膈吐逆，利水皆活。擣汁用。蛇床苦辛，風寒濕痺，諸惡

瘡癬，陰痛能醫。炒。金銀花甘，療癰無對，未成則散，已成則潰。山豆根苦，療咽腫痛，敷蛇蟲傷，可救急用。俗名金鎖匙，用根，口嚼汁吞，止咽喉腫痛。艾葉溫平，驅邪逐鬼，漏血安胎，心疼必委。搗作絨，灸百病。薄荷味辛，最清頭目，祛風化痰，骨蒸宜服。豨薟味苦，祛風除濕，明目補元，烏鬚强骨。蒲公英寒，消瘡結核，化食散滯，乳癰可食。夏枯草寒，瘰癧癭瘤，散血破癥，目痛須求。藿香辛溫，能止嘔吐，發散風寒，霍亂功大。荊芥味辛，能清頭目，表汗祛風，治瘡消毒。止血炒黑用，祛風生用。香薷味辛，傷暑便澁，霍亂水腫，除煩解熱。蒼耳甘溫，風寒濕痺，頭風腦漏，疥癬功奇。炒，搗用。茵陳味苦，退濕除疸，明目發汗，清熱所攬。使君子溫，消疳清濁，瀉痢諸蟲，驅除為樂。去殼取肉，殺蟲半生半蒸用。良薑性熱，下氣溫中，轉筋腹痛，宿食能攻。石蓮苦寒，噤口痢疾，解熱開胃，白濁淋瀝。去殼。劉寄奴溫，破瘀通經，金(鎗)〔瘡〕出血，下氣除癥。

木部共五十四種

茯神補心，善鎮悸驚，健忘善怒，益智安神。去皮、木用。茯苓味淡，滲濕利竅，白化痰涎，赤通水道。去皮，入補藥用人乳相蒸。琥珀味甘，安魂定魄，破瘀消癥，利水通寒。研細。松香性溫，主安五臟，殺蟲定痛，惡瘡皆當。治瘡用葱汁拌，煮乾研用。栢仁味甘，補心益氣，斂汗扶陽，更除驚悸。去殼去油，取霜用。肉桂辛熱，善通血脉，腹痛虚寒，溫補可得。不見火。桂枝小梗，橫行手臂，止汗舒筋，手足痺利。佐麻黄發汗，同芍藥止汗。木香微溫，散滯和胃，諸氣能調，吐痢功最。治血分酒磨，入氣分湯磨，治濕治痰薑汁磨，不見火。山梔性寒，解鬱除煩，吐衄胃病，降火不難。清上焦鬱熱，用慢火炒黑；清三焦寔火，生用。能清曲屈之火。吳茱萸熱，能調疝氣，臍腹寒疼，吐酸用利。去梗用。山茱萸溫，益髓澁精，除腰膝痛，腎虚耳鳴。去核酒洗用，一云核味濇，遺精者連核用。蔓荊味苦，頭痛能醫，能除眼淚，拘攣濕痺。杜仲辛溫，強筋壯骨，足痛腰疼，小便淋瀝。去粗皮，鹽酒炒斷絲，一用酥炙，一薑汁炒。烏藥辛溫，心腹脹痛，小便滑數，順氣通用。厚朴苦溫，消脹除滿，痰氣瀉痢，其功不緩。去粗皮，薑汁浸炒，亦有生用者。黄栢苦寒，降火滋陰，骨蒸濕熱，下血堪任。去粗皮，切片，蜜炒，鹽酒炒，人乳炒，童便炒，或生用，隨病用之。桑皮甘辛，止嗽定喘，瀉肺火邪，其功不淺。枸杞甘溫，固髓添精，明目祛風，種子如神。酒洗。骨皮苦寒，解肌退熱，有汗骨蒸，强陰涼血。酒洗用。棗仁味酸，斂汗祛煩，多眠用生，不眠用炒。去殼研末。益智辛溫，安神益氣，遺溺遺精，嘔逆皆濟。去殼研末。檳榔辛溫，破氣殺蟲，逐水祛痰，專除後重。腹皮微溫，能下膈氣，安胃健脾，浮腫消去。水洗二四次再用，甘草湯洗，晒乾。丁香辛熱，能除寒嘔，心腹疼痛，溫胃可求。氣血勝者忌丁香，以其益氣也。冰片辛苦，善開喉閉，消風明目，殺蟲亦易，小兒驚癎，大人痰迷。猪苓味淡，利水通淋，消腫除濕，多服損腎。去砂石。蘇木甘鹹，能行積血，產後月經，兼醫撲跌。沉香降氣，暖胃追邪，呃逆足冷，壯陽破結。忌見火，生磨。乳香辛苦，療諸惡瘡，生肌止痛，心腹痛良。去油為末。沒藥溫平，治瘡止痛，跌打損傷，破血通用。去油為末。木瓜味酸，濕腫腳氣，霍亂轉筋，吐血有利。竹葉味甘，退熱安眠，化痰定喘，煩渴安然。用淡者佳。天竺黄寒，解煩除驚，驅邪逐痰，明目清心。金櫻子溫，澁精除嗽，脾洩下痢，崩帶功奏。去心、刺，煎膏用。郁李仁酸，四肢浮腫，潤腸破血，下氣寬中。去殼用。蕪荑辛溫，痔瘻疥癬，消疳去積，利蟲不鮮。去衣，麵炒黄用。五加皮寒，祛痛風痺，健步堅筋，和傷並奇。去骨。楮實味甘，壯陽助膝，堅目益氣，明目妙極。酒浸二宿，蒸用。秦皮性寒，散風去湯，風熱驚癎，目赤有力。密蒙甘寒，主能明目，虚翳青盲，服之令速。辛夷辛溫，寒熱頭風，面腫齒痛，通鼻溫中。蕤仁性溫，理氣消痰，目赤風腫，止淚相間。破核取仁，去皮尖，研用。女貞味苦，養精補陰，去風除濕，黑髮強筋。酒浸，晒乾用。五倍苦酸，疳風癬疥，止瀉濇精，明目功怯。牙皂辛鹹，通關開竅，頭目風淚，脹食皆效。巴豆辛溫，削堅蕩積，破癥消痰，通利有力。去皮心膜，或生或熟聽用。金鈴性寒，大熱顛狂，通水利便，心痛亦當。雷丸苦鹹，解蠱殺蟲，胃熱癲癎，逐水有功。鈎藤味苦，小兒寒熱，驚癎胎風，舒筋活血。血竭味鹹，跌撲損傷，生肌止痛，破血功良。茶茗微寒，解渴能濟，上清頭目，消痰下氣。阿魏辛溫，除癥破結，禁瘧殺蟲，傳尸可滅。乾漆辛溫，通經破積，除痺殺蟲，心疼有益。炒令〔煙〕盡用。楓香辛苦，辟惡驅風，齒痛下痢，癮疹有功。一名芸香。蜀椒辛熱，冷氣欬逆，風寒積聚，辟瘟消食。微炒，出閉口者勿用。

菜部十種

生薑性溫，散風驅寒，痰嗽嘔吐，泄痢能安。乾薑味辛，溫中發表，沉寒痼冷，其功不小。炒黑能止血，并治虚熱。蘿蔔辛溫，下氣消食，止嗽解渴，消麵宜吃。熟者補脾胃，蔔子功相同，炒研用。白芥子溫，專化脇痰，瘧痞翻胃，下氣除涎。炒研。韮味辛溫，補腎益陽，遺精白濁，瘀血堪嘗。搗汁用子，功用尤勝，神昏目暗者勿服，忌糖、蜜、牛肉。大蒜辛溫，化肉消穀，霍亂轉筋，散癰解毒。多用傷目。胡荽辛溫，頭疼消食，散痧驅痘，肢熱有益。忌斜蒿，同食令人汗

死。葱白辛溫，散邪發汗，傷寒頭疼，安胎有幹。畏蜜、菘菜、常山，同食殺人。冬葵子寒，療淋利便，主滑胎產，通乳立見。白冬瓜甘，煩渴最善，消脹止淋，能通二便。

人部九種　人乳味甘，補陰益陽，悅顏明目，羸瘦仙方。金汁甘寒，解毒療瘡，天行狂熱，虛熱可當。屎蛆甘鹹，療疳除積，肚腹脹滿，小兒有益。童便鹹寒，勞熱左衄，痰喘咳嗽，產後勞蓐，生津止渴，和傷功足。髮灰苦溫，治嗽驅淋，補陰止血，吐衄如神。多產婦人將髮洗淨，置缾中火煅通紅，(於令)〔放冷〕研用。髮灰酒服，極善催生。紫河車溫，療諸虛損，勞瘵骨蒸，培植根本。天靈蓋鹹，傳屍勞瘵，瘟瘧血崩，投之有賴。人頂蓋骨，燒存性。死人枕鹹，傳屍鬼疰，邪氣石蚘，煎湯可服。用畢送還原處，人腦後骨。

禽獸部十九種　黑嘴白鴨，大補虛勞，兼除水腫，熱毒可消。白目者能殺人，忌。烏骨毛雞，甘溫補虛，折傷諸癰，安胎並奇。雄雀性熱，壯陽益氣，腦主耳聾，血點雀盲。糞名白丁香，能潰癰疽。雀卵酸溫，男子陰痿，益精種子，下氣可委。伏翼味鹹，去翳明目，逐淋利水，延年久服。屎名夜明砂，主寒熱積聚。龍骨甘平，夢遺精泄，崩帶腸癰，瀉痢驚熱。虎骨味辛，耑治腳膝，定痛追風，能壯筋力。酥炙擣末。犀角酸寒，化毒辟邪，解熱止血，顛狂自歇。鎊末用。羚羊角寒，明目清用，卻驚解毒，邪熱能安。鎊末用。牛黃味苦，大治風痰，安魂定魄，驚癇靈丹。研。麝香辛溫，善通關竅，伐鬼安驚，解毒甚妙。忌大蒜。鹿茸甘溫，益氣滋陰，洩精尿血，崩帶虛羸。酥炙用。阿膠甘溫，止欬膿血，劻衄胎崩，虛羸可啜。蛤粉炒成珠，或麵炒。熊膽苦寒，風痰狂熱，驚癇黃疸，惡瘡可絕。辟塵者佳。膃肭臍熱，添精助腎，心腹疼痛，補虛堪任。狗肉鹹熱，壯陽補傷，更益氣力，帶漏亦良。羊肉甘熱，補脾益氣，虛勞寒冷，心驚能濟。黃牛肉甘，健脾益氣，壯骨強筋，乳養心肺，更解熱渴，大腸滑利。猪肉性溫，補脾益氣，蹄能下乳，瘡瘍皆利，臟止腸紅，肺能潤肺，腎止腰疼，心定驚易，舌能健脾，油塗瘡例，腦治頭眩，頤消積痢，多食動風，生痰最忌。

蟲魚部共二十六種　蜂蜜甘平，益氣補中，止咳解毒，澼腸有功，除煩定驚，虛熱可攻。蠟能止痢，瘡瘍所通。蜜煉熟用，忌生葱。牡蠣鹹寒，澁精止汗，崩帶脇疼，老痰祛散。火煨研末，左顧者佳。珍珠氣寒，鎮驚除癇，開聾磨翳，止渴墜痰。研極細用。石決明鹹，青盲內障，風熱骨蒸，益精可仗。九孔七孔者良。以麵裹煨，研細用。龜甲鹹甘，滋陰補腎，逐瘀續筋，更醫顱顖。酥炙，研細用。鼈甲鹹平，勞嗽骨蒸，散瘀理瘧，去痞除崩。酥炙，研細用，醋炙亦可。蘄州烏蛇，專主諸風，癮疹瘙痒，風淫有功，鬚眉脫落，塞耳治聾。酒洗，酥炙用。花蛇性溫，癱瘓喎斜，大風癩疥，諸毒莫嗟。蝦蟇甘寒，除邪破血，解熱療疳，癰腫宜貼。蠍味甘辛，中風風癇，手足抽掣，風痰可捐。去鹽土炙黃用。五靈脂溫，力能行血，心腹疼痛，目翳能絕，產暈兒疳，炒熱止血。蜈蚣辛溫，解(蠱)〔蝨〕蛇毒，心腹結聚，墮胎力足。去頭足，炙黃用。蝸牛鹹寒，筋脉拘攣，脫肛痔痛，疔毒兒疳。或生研，或炙用。僵蠶味鹹，諸風驚癇，濕痰喉痺，瘡毒潰堅。炒黃擣末。蟬退甘寒，消風定驚，殺疳除熱，退翳催生。蝟皮苦甘，腸風痔漏，翻胃腹痛，陰腫功奏。酥炙黃，擣末。土鼈味鹹，折傷行血，下乳通經，去積尤捷。火酒浸，瓦上炙乾用。羌螂鹹酸，通腸治脹，破血墮胎，驚風全仗。去足翅，火炙。班猫有毒，破血通經，諸瘡瘰癧，水道能行。去足翅，糯米拌炒，以米黃為度，去米用。山甲性寒，五邪驚悸，惡瘡疥癬，去風亦易。土拌炒黃，為末。鯽魚味甘，溫胃健脾，補虛進食，腸風能醫。燒灰可敷諸瘡。鯉魚甘平，氣喘咳逆，水腫黃疸，止渴安胎。烏賊骨鹹，驅翳止淚，崩漏帶下，金瘡血遂。鰻鱺甘平，療虛壯陽，傳屍諸蟲，帶下陰瘍。煎膏可敷瘡。鱔魚甘溫，產後淋瀝，腸鳴腹痛，脾氣補益。血堪塗癬。蟹味鹹寒，散血破結，養筋益氣，胸煩悶洩。擣塗漆瘡。爪主破血墮胎。

金石部共三十種　金銀箔辛，安心養神，驚悸顛狂，邪熱俱靈。多服有毒，以鵓鴣肉解之。黃丹味辛，吐逆顛狂，止痛生肌，截瘧神方。熬鉛所作。山東者佳。入血分。胡粉性寒，殺蟲解毒，破結消癰，生肌長肉。化鉛所作，入氣分。銅青苦澁，斂瘡止血，清目殺蟲，去腐妙訣。鐵漿性平，鎮心墜結，顛癇狂亂，解毒亦捷。水銀辛藥，殺蟲除疥，墮胎絕孕，昇丹功大。輕粉辛寒，瘡瘍拔毒，蟲癬疥癩，疳積亦服。即水銀所昇者。陀僧辛鹹，鎮心墜痰，嗽嘔瘧痢，癬痔俱閔。研細水飛用。不可多服。丹砂甘寒，明目鎮心，除煩止渴，益氣安神。〔研〕末，水飛用。昇煉，服之殺人。鍾乳甘溫，壯元益陽，利竅下乳，解毒甚良。研末水飛用。白礬酸寒，清喉明目，寒熱洩痢，諸瘡解毒。光明如水晶者佳。收斂之劑，弗宜驟用。禹餘粮甘，骨節疼痛，寒熱咳嗽，煩滿崩中。煅。朴硝性寒，攻下燥結，留血停痰，傷寒實熱。煉作芒硝性緩，再煉名玄明粉，性更緩。滑石甘寒，利水解渴，開胃降火，傷暑能活。白色者佳。研細水飛用。石膏性寒，清胃解肌，止渴生津，頭疼可醫。火熱生用，煨熟研末性緩，兼敷熱瘡。青鹽性寒，補腎益氣，明目止痛，更消積聚。食鹽味鹹，能吐中痰，心腹卒痛，過多損顏。炒熱熨心腹諸痛，

并洗眼。雄黃甘辛，辟邪解毒，更治蛇虺，喉風瘜肉。中無砂石者，研細水飛用。紫石英溫，寧心定驚，咳逆邪氣，腫毒能傾。赤石脂溫，保固腸胃，遺腸生肌，瀉痢功最。火煅紅。寒水石寒，能清大熱，腹中積聚，熱渴俱捷。研用。蓬砂性溫，止嗽消痰，善理喉痺，破結開關。研用。膽礬性寒，清熱殺蟲，善吐風痰，驚癇可攻。研用為末，吹乳驚立効。青蒙石辛，蕩滌宿痰，消磨食積，其功不凡。研細同火硝煅紅，水淘浮，晒乾用。無名異平，消腫敗毒，止痛生肌，金瘡長肉。研細用，一法醋磨。玉屑味甘，明目養神，除煩止渴，寧心定驚。擣如米，苦酒浸之，消如泥用。自然銅辛，主破積聚，療傷續筋，止痛最易。火煅醋淬九次。石燕性涼，利便除淋，腸風痔漏，產難能平。火煅醋淬九次，研細，水飛用。磁石鹹寒，能療濕痺，目昏耳聾，腫毒亦醫。吸鐵者佳。火煅醋淬七次，研細用。硫黃大熱，除癬疥瘡，壯陽逐冷，殺蟲妙方。甘草湯煮，研用。

果部共十八種　陳皮甘溫，順氣寬膈，留白和脾，消痰去白。麸炒。青皮苦寒，能攻氣滯，消堅平肝，脇痛能治。醋炒去穰。枳殼微溫，快氣寬腸，胸中氣結，脹滿為良。麸炒去穰。枳實味苦，消食除痞，破積化痰，沖牆倒壁。麸炒去穰。杏仁溫苦，風痰喘嗽，大腸氣閉，便難功奏。泡去皮尖，炒為末用。桃仁甘寒，能潤大腸，通經破瘀，血瘕堪嘗。去雙仁，泡去皮尖，炒為末用。大棗味甘，主和百藥，能益五臟，補氣虛弱。入藥前洗淨，打碎，入丸藥煮爛，去皮核。烏梅酸溫，收斂肺氣，止渴生津，能安瀉痢，自汗腸紅，截瘧亦利。藕味甘平，散瘀除衄，消食止渴，更解熱毒，汁止吐血，節和傷速。枇杷葉苦，止嗽清痰，和胃定嘔，解渴除煩。刷去黃毛，蜜炙用。枇杷潤五臟，止渴。榴皮酸濇，精漏下痢，腸風下血，染鬚亦易；　子能止渴，花醫吐血。山查甘酸，健脾消食，行血散氣，癩疝有益。擣末用，炒黑能治血積。梨性甘寒，消痰止嗽，清喉降火，解渴功奏。擣爛取汁用。柿甘澁寒，主潤心肺，痰嗽熱渴，止血須記。柿乾補虛，厚腸止痢。忌同蟹食。嘔逆用蒂。芡實甘平，補脾濇精，暖腰去濕，明目安神。去殼，炒。胡桃甘平，和傷通經，肌膚滑潤，腰痛如神。去衣用。過食動風生痰。龍眼甘溫，補虛益智，健忘怔忡，明目同治。中滿氣膈者勿用。去殼取肉。橄欖甘濇，開胃下氣，酒食渴瀉，魚毒皆利。核中仁可塗目、唇燥裂。

穀部共十一種　麥芽性溫，下氣消食，健脾開胃，止脹吐逆。炒黃研用。神麯甘溫，消食開胃，止渴逐痰，脹滿能退。炒研。酒性大熱，辟穢禦寒，通行血脈，莫飲太酣。外科及和傷藥，酒水各半煎，行經藥煎熟後入酒。醋消腫毒，胃脘氣疼，能消積聚，血暈如神。飴糖甘溫，潤肺和脾，嗽渴自汗，消痰補虛。中滿嘔吐、濕熱者勿用。胡麻甘平，潤肌填腦，益氣補虛，明目不老。蒸九次。白萹荳溫，補脾止瀉，霍亂轉筋，酒毒須藉。葉主蛇蟲咬傷，花主赤白帶下，炒擣。赤小豆平，止瀉利水，排癰解熱，便血功最。或炒或煮。芝麻性甘，行風通血，滑腸潤肌，白濁能絕，油能解毒，疥癬妙訣。豆豉苦寒，煩燥滿悶，寒熱頭痛，解表須問。菉豆甘寒，散癮厚腸，消腫下氣，熱毒最良。

清·丘克孝《隘村醫訣》

本草選要歌共二百四十首。

甘草生瀉火，炙之健胃脾，解毒和諸藥，下氣養血宜。甘菊能明目，清頭寬胸膈，風濕皮膚頑，滋陰應久服。橘皮利膀胱，痰氣逆胸良，消脾止嘔瀉，發表佐生薑。青皮破滯氣，入肝利脾胃，膈脇小腹疼，疝積低能治。茯苓淡滲濕，消痰潤肺逆，調脾養心神，益氣助血澀。赤苓破氣血，利溲入丙丁，茯神療虛眩，驚悸健忘寧。白芷治風邪，排膿佐瘡家，通經崩帶用，血滯腹疼嘉。白朮健脾胃，寒濕熱濕退，汗泄嘔痞痰，腫渴胎產類。蒼朮平胃氣，風寒濕疸痺，腫滿痰積瘧，發汗吐瀉宜。蒼耳主風濕，痺攣入骨髓，瘰癧膚痒頑，頭鼻目齒愈。人參補五臟，調中和濕痰，開心通血脈，止渴解虛煩。丹參治熱狂，癥痼水鳴腸，胎產崩帶下，頭目脚腰瘡。天冬保肺氣，火瀉痰喘除，痿癥多渴衄，補腎及偏痺。麥冬解渴煩，清肺心神安，通脉治痿蹶，調中嘔吐痊。枳殼寬胸膈，逐水消痰食，嘔瀉痢癥瘕，痔風關竅入。枳實性更酷，主治下脇腹，消瘀破堅癥，泄瘻莫誤服。骨皮寒入腎，瀉火退晡潮，有汗骨蒸止，表風痺痛調。丹皮瀉火伏，養真破結畜，治無汗骨蒸，補心志不足。生地滋腎水，涼心清肺胃，調脾潤肝腸，崩漏胎產慰。熟地補血虛，填髓滋腎精，傷寒脛股痛，新產腹臍疼。栝根生津液，除煩消痼熱，退疸月水通，排膿逐瘀血。栝實亦潤肺，痰嗽胸痺利，止血又通經，虛勞赤白痢。沙參除表熱，胃痺疝痛掣，惡瘡身痒浮，補陰散血結。玄參清神氣，能瀉無根火，風寒身熱狂，咽痛頸核瘰。知母潤心肺，瀉腎更清胃，勞蒸嗽瘧班，利腸消腫潰。貝母平散鬱，降火消痰熱，咳渴咽項風，疝瘕淋疸失。白芍補精液，血虛并堅積，生血瀉肝邪，止痢消濕熱。赤芍去瘀血，利水却煩熱，腹痛月經通，消癰療眼疾。竹葉解虛煩，止渴清心痰，竹茹治嘔噦，傷寒勞復還。竹瀝最滋陰，渴汗并煩心，驚癇胎產疾，痰壅失聲音。前胡治時行，內外多痰熱，下氣頭目清，安胎除疳結。柴胡瀉三焦，氣行臟血調，傷寒胎產瘧，升清退熱潮。防風防風疾，週身頭痛裂，除

濕解胸煩，住崩止汗出。防已除濕熱，腰疼脚腫急，瘧喘瘡癰靈，水腫風腫息。黄芩枯瀉肺，除風熱在肌，堅去大腸火，膀胱得助奇。黄蘗主諸熱，疸痢痔崩癘，便澀小腹疼，安蚘除痿厥。苦參吐大熱，平胃除腹結，疸腫及癥瘕，大風蟲疥殺。紫參除大熱，治痢通經血，破積消癰瘡，利便開關節。桃仁破瘀血，通腸利月經，欬逆心胸滿，疝瘕腰痛蟲。杏仁潤肺燥，止嗽逐奔豚，食腫氣閉塞，發汗出聲音。黄耆益元氣，斂汗托癰疽，止渴生津液，瀉火退熱虛。黄連清心胃，目赤胸痞滯，嘔痢熱毒瘡，陰腫兒疳氣。獨活療諸風，痺痛無久新，頭項齒頰腫，疝痓及奔豚。羌活散表風，排癰利節痛，新舊風濕除，手足太陽用。龍骨消腸癰，斂口澀血精，止汗安心志，除癥醫痢膿。虎骨驅痛風，強筋治毒癰，散寒殺鬼蛀，瘧痢脱肛同。草明治肝經，風熱困眼睛，唇青頭痛衄，省睡益陰精。石明除風熱，骨蒸勞極疾，青光内障盲，五淋調水吃。升麻解百毒，辟瘟除痛腹，瘡痛咽牙清，傷寒吐血衄。天麻治麻痺，舒筋利腰膝，兒驚女血通，消疝除癰毒。龜甲治勞蒸，補陰去瘀癥，痔痺崩瘧痢，合顱頭瘡靈。鱉甲除勞熱，止瘧破癥結，陰蝕痔瘡疼，墮胎崩漏絶。犀角解心熱，傷寒熱衄狂，驚癇殺百毒，中風諸毒瘡。羚角清肺肝，傷寒時氣纏，痛風毒痢止，食噎辟邪干。百部肺熱除，咳嗽上氣宜，殺蟲伐勞瘵，疳積又其餘。百合醫百合，脹痞痛心脇，肺痿寒熱疼，喉風顛涕捷。鹿茸生精血，漏崩與遺泄，虛勞腰脚疼，石淋癰腫熱。鹿角秘精髓，尿血小腹疼，膠補虛羸絶，霜更壯陽精。吴萸療冷氣，心腹痛絞刺，疝痺脚氣攻，霍亂欬逆治。山萸補腎經，強陰止遺精，痺頑頭眩暈，治疝又調經。胡椒去胃寒，痢痰食積寬，澄茄溫膀腎，心腹卒痛牽。蜀椒散風寒，膚頑腸澼安，椒目專滲水，秦椒冷痛捐。硫黄殺諸蟲，瘡毒燥血膿，暖腎壯陽氣，澁精除痺風。雄黄治瘡毒，疥癬鼻瘜肉，化蠱殺百蟲，破癥筋骨續。阿魏消肉積，祛瘟殺蟲癖，霍亂心腹疼，食瘧傳尸毒。阿膠能保肺，勞嗽及久痢，補虛治痿癱，養肝安胎墮。牛蒡疎風擁，頭面咽喉腫，瘡瘍筋骨攣，止渴消痰壅。牛膝主痺攣，惡瘡風疹捐，男子精虛痛，婦人經閉堅。五加堅筋骨，風痺四肢急，消瘀治疽瘡，心腹疝痛歇。五味滋腎陰，止渴補虛任，斂肺定喘欬，和中消水淫。桑皮瀉肺熱，喘息嗽痰紅，逐水消浮滿，益氣殺白蟲。桑寄祛風廢，背強腰脚痺，癰腫金瘡痛，安胎崩漏需。紫蘇解表寒，寬胸下氣涎，安胎須用梗，定喘子尤堪。紫(苑)〔菀〕能調肺，痰嗽血喘悸，寒熱結氣消，痿蹶并勞疰。山藥助衛榮，腰疼濕氣凝，夢泄虛羸熱，頭風眼眩睛。山查開結氣，消瘀健脾胃，痢疾與腰疼，産餘腹痛濟。扁豆助胃脾，清暑霍亂宜，和中解諸毒，帶下花尤奇。巴豆蕩寒積，癥瘕痃癖結，痰食水飲消，通經排膿血。葛根善解肌，陽明頭痛醫，嘔渴瘧痢解，痺風脇刺須。茜根清心肺，逐瘀止崩帶，黄疸濕痺瘡，蠱吐兼能解。丁香快脾胃，止嘔泄肺穢，壯陽暖膝腰，風腫牙疳最。木香健胃脾，氣積并瘧痢，寬胸散肺痰，霍亂癰痺治。棗仁止煩渴，補脾安睡歇，久泄及臍疼，寧心益膽血。麻仁潤大腸，痺頑積血當，寬胸治消渴，催生下乳強。巴戟主大風，血癩面多痕，小腸陰痛引，虛勞水腫尋。大戟消水腫，寬胸破堅癖，逐瘀通月經，祛風治瘟疫。藿香散寒氣，霍亂并嘔噦，風水腫瘴消，行氣專開胃。沉香能暖中，吐瀉轉筋疼，消腫除風痺，壯陽滯氣通。欵冬止勞嗽，煩渴涕吐稠，肺痿心驚悸，目明咽腫收。忍冬黄白色，癰疽兼消渴，虛風寒熱寧，血痢腹脹急。烏藥疏寒疫，腎冷衝心腹，霍亂宿食膨，風氣諸瘡熄。烏梅能斂肺，除煩下痰氣，霍亂與吐蚘，勞蒸痺瘧痢。石膏瀉胃熱，解肌頭痛渴，清肺及三焦，散邪并中暍。石斛平胃氣，皮熱多生痱，長肉益精神，定驚痺痛利。蘆芭治腎冷，面青腹脇膨，膀胱疝氣痛，壯陽消痰凝。蘆薈療熱風，腦疳齒䘌空，鎮驚醫痔瘻，傳癬殺疳蟲。滑石治濕熱，利便通津液，行積下乳難，膈熱多煩渴。秋石有陰陽，補陰又壯陽，洞髓還元治，遺精白濁良。川附療虛寒，風濕行經速，欬逆腹心疼，霍亂筋踡縮。川烏破積聚，風痺痰氣滯；天雄散寒邪，助陽去濕注。肉桂補腎臟，止煩又止汗，利氣遏心疼，溫中除霍亂。桂枝用斂汗，風寒能解散；官桂治中寒，喉痺欬逆善。砂仁暖脾胃，消食除瀉吐，澀腸益腎邪，止咳保胎墮。智仁療胃寒，和中定嘔涎，固精及溺滴，益氣養神全。生薑主發散，頭疼欬逆安，開胃止痰嘔，行氣到心間。乾薑散寒邪，欬逆身痺麻，炮苦溫脾腎，炒黑止血佳。香薷解暑煩，清肺火不然，下氣兼止血，霍亂水腫寬。香附充散寒，皮風胸熱安，消食除霍亂，理血女人丹。靈仙宣風氣，歷節痛痒膚，腰疼脚膝腫，腹冷胃痰疎。靈脂炒止血，生用利氣脉，産後血昏迷，心腹刺痛結。白附行藥勢，風瘡頭面痕，血痺心腹痛，陰濕更奔豚。白蔻補上焦，還元散冷氣，消積止胃番，助脾破肺滯。草蔻主胃寒，心腹痛嘔翻，溫中除霍亂，進食退酒煩。肉蔻善補中，消痰開胃胸，霍亂心膨痛，久瀉有奇功。骨脂治腎傷，腰痛濕陰瘡，溺頻精髓敗，風虛痺冷嘗。骨補補傷折，破血又止血，勞極血風疼，齒痛耳鳴滅。胡索善理氣，腹心腰痛醫，調

經淋露止，破血產昏回。胡麻潤五臟，治癩毛髮長；巨勝補髓精，鎮心虛家尚。麻黄專發散，頭疼嗽喘安，痿痺風濕毒，瘴瘧疹斑全。大黄苦善泄，痰瘀癥積熱，燥結脹難禁，胸頂假舟楫。荊芥理諸瘡，傷寒發汗良，除痺破結氣，血暈血風當。蔓荊入太陽，寒熱濕痺傷，目齒腦鳴痛，利竅白蟲亡。旋覆逐水濕，消痰止嘔噫，寬脇去頭風，治痺利臟結。覆盆益腎虛，陰痿精氣竭，補肝眼目明，治肺虛寒列。通草瀉小腸，利便除疸黄，止噦疏九竅，破血下乳房。紫草亦利竅，腫疸卒淋療，傷寒心腹邪，痘疹面皶妙。訶子通肺津，痰食嗽喘頻，開胃澀腸臟，腎積帶崩神。梔子瀉肺火，心煩胃熱瘥，痢淋黄疸病，目赤鼻衄多。柏實滋心腎，興陽腰痛吟，葉能止諸血，斂肺益脾陰。芡實益精少，足腰膝痛療，治痺補中氣，志強耳目巧。白礬治諸瘡，瘰癧陰蝕痒，口齒喉風痺，熱痰渴泄尚。白蠟稟金氣，外科之要味，止痛又生肌，補虛益脾肺。南星利風痰，破傷驚搐兼，麻痺瘡腫痛，消瘀并積堅。半夏去濕痰，健胃治傷寒，嘔欬咽喉腫，頭疼胸滿安。三稜破積結，血塊氣滯逆，心腹脹且疼，通經下乳汁。莪术治心脾，逐水散氣痞，定霍止奔豚，調經益婦女。猪苓善行水，消浮煩渴寧，傷寒瘧疫暑，濕熱暴遺精。澤瀉瀉水浮，淋溲渴泄求，痞痺腎風疥，下乳催生優。神麯破堅癖，開胃進飲食，消痰霍亂寧，泄痢痔勞復。麥糵破冷積，止霍寬胸脇，上焦瘀與痰，下氣救產厄。當歸全活血，尾破頭止血，補虛隨引用，金瘡胎產疾。川芎行血氣，頭疼血海瘀，散鬱治癰疽，風寒濕痺去。芒硝軟燥堅，積熱與停痰，下癧消黄疸，通淋破月艱。玄粉退虛煩，積痰熱燥寬，腸風并痔漏，傷寒疫痢兼。殭蠶散痰結，喉痺瘡疹滅，崩帶產餘疼，驚啼口噤撮。蟬退主風邪，頭面皮風痒，產難胞不下，驚癇顛痘瘡。常山除寒熱，逐水消痰結，腹塊并項癭，截瘧稱最絕。草果溫脾胃，痰嘔吐酸味，益氣消氣膨，瘧母果積愈。蓯蓉補右腎，陰痿輒能興，強筋止莖痛，崩帶與瘕癥。牡蠣除寒熱，嗽渴寬胸脇，收汗澀血精，定驚癰腫失。厚朴除痰濕，腹心脹痛急，霍亂并頭疼，積痢痺瘀血。薄荷最發汗，通關清頭面，止驚刼勞蒸，下氣除霍亂。乳香能止痛，風瘡及風中，腫瀉霍亂寧，補腎催生用。沒藥療瘡痍，破血止疼奇，腹心筋骨痛，產後金瘡宜。麝香蝕瘡膿，攻毒殺諸蟲，惡邪心腹痛，胎產竅關通。茴香能助陽，開胃止痛強，冷疝與脚氣，霍亂嘔吐良。杜仲益腎精，背疼腰膝痛，陰弱小便遺，強志堅筋用。續斷溫壯陽，止精腰脚強，調經安胎產，消瘀療折傷。地榆療崩漏，熱痢血諸般，婦人乳硬痛，排膿止渴乾。秦艽攻風痺，肢節口牙宜，時熱并勞熱，疸浮小水舒。細辛治傷寒，下氣通節關，頭面風痺痛，調經益膽肝。藁本治癉風，皮膚頂面同，辟霧能通血，疝瘕陰腫攻。菟絲補衛氣，腎寒精自遺，治痺止口渴，明目健胃脾。枸杞滋腎精，補血眼目明，寬胸潤腸胃，瘡痺腰脚疼。遠志益腎精，補中定心驚，利膈除欬逆，小草止夢縈。菖蒲開心氣，除煩出音語，明目耳聾鳴，伸痺五臟補。枇杷清肺熱，止渴定欬逆，肺風胸面瘡，卒嘔下氣速。萆薢治腎冷，水停腰背疼，陰痿小便濁，瘡痺痔漏功。丹砂解痘毒，清肝明眼目，潤肺更涼心，益氣通血脉。血竭斂口瘡，生肌止血疼，破瘀除血暈，女虛帶下靈。胡連治傷寒，咳嗽瘧蒸間，明目理腰腎，兒疳痢驚癇。連翹散心火，脾經濕熱可，癰腫用作君，淋血為之佐。桔梗提氣血，頭目咽鼻熱，胸腹多有痰，定驚排瘡癤。茵陳主濕熱，發黄小便難，傷寒頭目痛，痰滯伏瘕寬。龍膽益肝膽，止痢治熱濕，疳疸去腸蟲，骨蒸癰腫急。何首資癰腫，腸風五痔通，益精黑鬚髮，帶產酒調濃。皂莢利竅關，中風頭痛寬，嗽痰腹脹滿，貼腫墮胞難。艾葉最熱中，霍亂腹心疼，調血和肝氣，崩漏安胎宫。蘇木去瘀血，噤風氣滯結，經閉惡露疼，瘡損痢嘔逆。紅花散惡血，產暈口噤結，諸風及喉痺，少用補血失。大腹消水腫，寬膨定喘促，通腸霍亂寧，痰氣攻心腹。大薊治帶下，安胎消腫娀，小主九竅血，寬胸退熱煩。射干療咽閉，寬膨下氣逆，破癖又通經，毒癰痰核結。薏苡除風濕，筋攣骨痛屈，消腫利胃腸，肺痿吐膿血。檳榔善調中，下氣殺三蟲，逐水除痰癖，瘧痢脚氣風。萊菔消痰食，溫中下氣逆，子炒吐風痰，脹喘癥疸積。車前止泄瀉，通淋治產難，祛風明赤眼，行血葉根煎。蒲黄治血衄，生行止用熟，澀腸斷遺精，心腹膀胱熱。燈心清心熱，利水通淋澀，燒灰吹喉痺，夜啼塗乳吃。葱白發傷寒，陽明額痛寬，風腫腹心痛，和肝通腎關。大棗和脾胃，生津潤心肺，和藥助諸經，腸澼兼癖氣。全蝎主風涎，喎邪癱半邊，耳聾及癮疹，驚搐小兒先。白蛇治癱瘓，諸風疥癩疹；烏蛇療不仁，鬚眉毛髮損。牛黄出音語，癇痓及顛狂，辟邪催難產，兒驚時疫當。青黛收諸火，散鬱尤瀉肝，消食解瘡毒，兒疳百病痊。使君治疳積，殺蟲明眼目，小便濁能清，瀉痢止不復。罌粟治瀉痢，虛勞久嗽宜，收氣入腎經，骨痛亦能醫。蒺藜主風瘡，頭痛目昏盲，咽喉牙齒痛，破瘀咳逆傷。瞿麥開關格，宣癃利膀胱，催生破結血，癰腫目翳當。石韋治勞熱，利水通淋瀝，下氣祛惡瘡，發背酒調末。豨薟主風痺，口喎吐涎治，跌

墮失音言，能行大腸氣。辛夷治腦風，眩冒舟車同，鼻塞齒面痛，解肌利竅中。山豆解熱毒，急黃熱嗽促，咽腫喉痛含，頭瘡血痔服。禹糧除大熱，煩滿欬逆徹，瘧痢并癥瘕，帶崩赤白血。樗皮止瀉痢，帶下兒疳濟；椿根性頗同，疥癬葉煎洗。秦皮解熱痢，補精止帶墮，痺濕與風寒，點眼除翳淚。珍珠消煩渴，鎮心墮痰結，點翳催死胎，小兒驚風活。雷丸逐皮熱，殺蟲瘡疥滅，兒病作摩膏，久服傷陰血。地膚利膀胱，治疝又興陽，皮風目痛洗，葉主痢淋瘡。甘遂善攻決，退腫開胸結，痰飲宿食消，癥瘕及痞熱。楝子補精血，利疝腹痛絕，根善殺諸蟲，遊風用皮葉。倍子治肺風，濕癬瘙痒膿，眼腫牙疳䘌，頑痰痔痢通。木賊能發汗，明目除翳縵，腸風痔痢消，帶崩亦足羨。木瓜消腫痺，霍亂兼脚氣，痰渴腹心疼，腎肝脾肺利。仙茅補腎虛，老人失溺醫，興陽散胃冷，腰脚濕風痺。黃精清心肺，益脾補中氣，勞傷風濕除，久服耐寒暑。夏枯散癭結，鼠瘻并瘰癧，明目破癥瘕，消痺滋肝血。澤蘭利水腫，骨節皮膚通，逐舊生新血，女科百病逢。瓜蒂能吐痰，風癇喉痺探，菓積蠱毒脹，疸欬鼻瘜拈。赤豆解癍毒，脚氣水腫腹，消渴寒熱寧，止瀉及吐逆。芫花消水腫，欬逆氣痰壅，心腹脹且疼，破積達毛孔。商陸疏五水，腹脹身痺瘻，疝瘕癰腫宜，墮胎殺精鬼。槐花清肺腸，腸風痔痢良，心痛目赤用，殺蟲更治瘡。乾漆破久瘀，濕痺嗽欬除，心疼疝氣利，蛔去脉經舒。白及主癰毒，疥癬裂皮肉，風痱緩不收，止血治打撲。白歛歛諸瘡，生肌止痛瘍，陰腫赤白下，兒癇目熱傷。蓮肉補中氣，澀精除渴痢；藕節止吐紅，安胎煎葉蒂。龍眼益神智，歸脾寧心氣，能安五臟邪，燒核熏鼻涕。蛇床瘡癬藥，大風身痒浴，通關逐瘀湮，壯陽陰腫息。班猫須炒熟，消癧敷癬毒，通淋破血癥，墮胎能潰肉。良薑治胃寒，心腹痛相牽，霍亂嘔利止，脚氣冷痺寬。薑黃主冷氣，脹痛連心腹，退熱消癰疽，通經破血積。豆豉表汗速，吐煩及勞復，止痢更安胎，癰疽敷且服。蜜蠟煉去黃，益氣續絕傷，胎漏金瘡好，生肌厚胃腸。酒扶肝脾氣，破癥行藥勢，殺毒禦風寒，火痰宜節制。醋消癰腫毒，治疽破癥積，血暈炭燒熏，多食損顏色。韭菜性溫中，消瘀除便紅，子治陽衰冷，夢遺白濁通。白芥散冷氣，子利胸膈胃，能達膜外痰，膽調塗癰潰。人黃諸毒散，時熱顛狂亂，和醋敷疔瘡，中毒將汁嚾。人溺降火速，吐血兼鼻衄，嗽瘻胎產難，蛇傷撲杖服。

清·夏鼎《幼科鐵鏡》卷六　藥性小引　醫家治病，如經生制蓺。然病有表裏重輕，猶題有大小搭截。病有來路去路，用藥有清源塞流之法，猶題有上文下文，作文有承上含下之規。藥味猶貴詮題面之字眼。藥性猶字眼，義意之淺深體認不明，便成差謬。不觀之卜子夏乎，於素以為絢詩，只因一句滑讀過，便不解為字之義。則醫家下學，於百藥之性，可味味焉而不一為之究耶！余前按症列單，因病用藥，固矣。然茫不知性，倘症變裁方，何所措手。爰約略幼科常用百味之性，列於篇左，以便詳究，以供採擇焉。

藥性賦幼科摘要　寒性　犀角解乎心熱，羚羊清乎肺肝。澤瀉利水通淋而補陰不足，薏苡能理腳氣而風濕堪除。車前子明目止瀉，能清小便；瓜蔞子潤肺止嗽，下氣寬中。黃栢瀉膀胱而補腎，薄荷消諸腫以清風。寬中下氣，枳殼緩而枳實速。療肌解表，柴胡次而乾葛先。柴胡瀉肝，止兩脇之痛。枳實削積，除久滯之痰。百部治肺熱，於咳嗽可止。梔子涼心腎，而鼻衄最宜。升麻力消風熱，發散瘡痲，足陰引氣升陽，導藥遊經有四。麥冬清心解渴，專除肺熱，清肺隱伏之火，生肺不足之金。金箔乃鎮心而安魂魄，茵陳除濕熱而治胎黃。石膏墜頭痛，兼清脾胃。天冬定肺喘，又潤心肝。大黃能通閉結，朴硝降火通閼。前胡除內外之實痰，滑石利六腑之澁結。熟地黃滋腎水，補益真陰。生地黃涼心火，肺脾解熱。赤芍藥行血而療腹痛，煩熱亦解。白芍藥補虛兼瀉肝火，新血能生。香附子理氣，有消浮退腫之功。知母滋陰，乃瀉腎除蒸之用。貝母清熱痰而利心肺，寒痰愈滯。桔梗通肺竅而傳諸藥，肺部引經。黃芩瀉大腸之火，肺寒勿用。常山攻痰結之味，剿瘧尤強。葶藶子止肺喘以通水氣，水藕節消瘀血而止衄紅。大黃、朴硝，乃脾虛送死之鴆毒。黃連、貝母，乃寒痰伐命之斧斤。　夏禹鑄曰：大黃猶之一員猛將，朴硝卻是偏裨，如賊勢猖獗，負踞要衝，用之搴旗折馘，一出成功。若民遭困苦之餘，平定安集，尚恐不及，亦輕為廟遺，不惟無地樹功，而且賊梳兵篦。輕用之害，慘不可言。果肺火焰天，大腸毒結，一用則瞬息通閼。至於臟腑俱虛，或氣虛腫脹，誤用則掃盡元氣，不刃而殺人矣。【略】

熱性　生薑發散，除乎胃嘔，胃熱切不可用。五味止嗽，且滋腎水，初嗽不可遽加。川芎能祛風濕，清頭補血。紫蘇力能表散，亦可助脾。麻黃散寒邪以發表，根止盜汗而固虛。白朮消濕痰而溫胃，利水道以強脾。丁香快脾胃，以止吐逆。附子療虛寒，大壯元陽。當歸補虛以養血，獨活祛風以治瘋。厚朴溫胃，且消嘔脹，除痰亦驗。肉桂而療冷瀉，止汗如神。橘紅皮開胃去

痰，導壅滯之逆氣。山茱肉治頭昏暈，止下部之遺精。　夏禹鑄曰：附子之性，有寶貴的力量，用之貴小心謹慎。譬之富貴家凶年發賑，在細民之既飢且寒者受之，則雙眉喜溢，如枯木逢春。在廉介之士，雖橫窺壁，壯氣不衰，誤為過問，必髮直衝冠。以是知脾氣兩虛，元陽亡失，虛極生寒，體如冰雪，口中寒氣逼人，一用如石投水，不特莫之逆也。且同流濕就燥，如只虛而不寒，即寒不到陰極地位，形勢猶能自立，一用如水投石，不特莫之受也。而且水火參商，是知宜用不怕朝夕，不宜卻怕分厘，語云恩不在大貴，期當厄恕，不在大只，怕傷心可為輕用附子者作一箴規。

溫性　木香理乎滯氣，半夏主於風痰。蒼朮燥脾去濕，山藥脾濕能醫。藿香葉止吐溫胃，能消喉響之寒痰。款冬花潤肺去痰，又定久嗽之壅喘。草菓仁溫脾胃以止瘧，威靈仙宣風氣以除疼。茴香却膀胱疝氣之痛，秦艽去肢節腫痛之風。檳榔墜痰逐水，治痢疾之後重如神。訶子生津潤肺，療滑瀉之沉疴似聖。防風祛風，杜仲益腎。橘核止腰疼疝氣之急痛，麻仁潤肺及六腑之燥堅。黃耆實腠理益元氣，外固表虛之汗。肉豆蔻溫中止霍亂，更助脾臟之虛。生薑皮能消消腫，鉤藤鉤專定驚風。　夏禹鑄曰：黃耆之性，溫內分，實腠理，益元氣，外固表虛之盜汗，內托陰證之瘡瘍，乃脾家氣分之第一種固虛藥也。故仲景有曰：黃耆、甘草，以益元氣之內。人參、肉桂，調和榮衛之中。人動曰提氣，只知道一個氣字，那知道人身上氣有兩種。主乎脾者，氣之元也。主乎肺者，氣之發也。脾之元氣，猶每歲之為生為長，為收為藏，內運之氣是也。肺發之氣，猶山嶽之晴嵐，村落之烟霧，溪壑之陰雲，碧海之樓市，外發之氣也。不能分別兩種，各有所司，猥曰者氣，嗟嗟！黃芪何曾走着肺家，又何曾理着肺氣？把扶正氣的一味聖藥看壞了。致令脾氣弱症，卒不敢用，不亦深可悼哉！予推其故，多因肺部有邪，氣喘氣促，那醫家不去清肺之邪，而遽為扶脾之氣，適湊其會，氣愈喘愈促，便誣賴到黃芪身上。不然，黃芪與肺何涉，而亦亂道提氣耶？若以予言為謬，試到明醫處，把黃耆溫內分，實腠理，益元氣，固盜汗這幾個字，幾種性，細問一番，庶可脫離無問獄步，入明鏡臺矣。

平性　青皮利脾胃，快膈削積。天麻定驚癇，燥濕祛風。甘草調變陰陽，解藥百毒，生用乃瀉心經之火。人參寧心潤肺，助胃開脾，生津扶氣，肺熱反來傷肺之憂。南星去驚風痰吐之苦，棗仁有補心去怔之功。大腹皮消浮下氣，亦能和胃。遠志肉遺精能止而寧心。木通、猪苓，並為利水之神。蓮肉醒脾，更有清心之妙。白茯苓補虛勞，心脾俱到。白茯神寧心臟，驚悸能安。麥蘖有入脾化食之力，脾虛莫用。小麥有止汗養心之功，浮者為佳。神麯消食，恐傷脾氣。百合止嗽，兼斂肺虛。連翹瀉六經之火，排卻瘡膿。大棗有健脾之力，中滿勿嘗。烏梅治便血，瘧痢兼用。竹瀝治痰壅，寒滯宜防。　夏禹鑄曰：人參是凡間一種仙丹，不肯救度惡人，至肯救度善類。若脾虛作瀉，鳴胃虛發心虛驚悸，肺虛作嗽，津亡作渴，氣虛失血，病久成慢，諸類用之，如入芝蘭之室。蓋善與善相親也。肺熱、氣旺、風邪、熱邪、燥邪、火邪，諸類用之，如入鮑魚之肆。蓋邪正不肯並立也。凡今之人，因前庸手悮用傷人，相沿視為鴆毒，不深可恨哉！臟有淫邪，不可遽用。邪去正衰，不可不用。遽用者傷人，不用者亦殺人也。後之君子，一能問經，夫悟作上乘禪師，發囊普濟，虛寒不須净土修，因即并橘枝頭杏林葉底，便結個花官裏大中天之大波羅蜜也。

清・宋麟祥《痘疹正宗》　增減費子藥性摘要　方不合宜，厥疾何瘳？藥不明性，方從何合？山查寬氣道而鬆痘，消食亦宜。桔梗順肺氣而清喉，藥中舟楫。澤瀉利水通淋，猪苓速於澤瀉。前胡清風熱之痰，亦能下氣。葛根散肌表之邪，兼能解渴。薄荷清風痰而散驚，鉤藤利驚搐而散悸。木通導赤除煩，毒從溺解。牛蒡清喉解毒，邪由肌洩。枳殼下氣寬胸，青皮散結消食。枳實倍於枳殼，力能推牆倒壁。大黃驅梟毒而不留，破惡淤而不守，不令內潰。石膏解煩渴之如烟，退炎炎之火烈，不使焦黑。荊芥散風熱而清血中之火，徹上徹下。防風散風邪而行周身之閉，驅風燥濕。生地黃涼血之聖劑，潤燥無雙。當歸尾破血之首卒，透血即却。麻黃發痘而透淵潛，非寒勝而不宜。川甲透毒而至重圍，非板白而不用。毒凝滯而不透，紫草當行。血乾滯而不榮，紅花莫失。羚羊清乎肺肝，犀角解乎心熱。黃芩瀉肺火而涼大腸，喘嗽失血亦宜。黃連瀉諸火而解熱毒，譫語乾嘔聖劑。赤芍藥破血中之滯氣，療毒壅之腹痛。牡丹皮退陰中之伏火，散血中之氣結。桃仁佐大黃而退，浮萍血淤必用。地丁君紅花而去黑紫毒結尤良。貝母治毒痰而利肺心，桑皮瀉肺火而治氣逆。滑石利六腑之塞結，溺赤尤宜。荳根開咽喉之閉塞，止痛亦得。連翹均足瀉火，花粉可以解渴。玄府留毒，化之無敵珍珠。毒凝痛楚，定之還需乳沒。牛黃護心解毒，清火開痰。琥珀利水除煩，安神散血。

金銀花解痘後之餘毒，皂角刺決毒之膿竅。邪留下部，行走必需牛膝。毒存筋骨，通散無逾羌活。玄參去浮遊之火，解咽痛而快癍。山梔去曲折之火，清肺胃而止衄。木賊、蟬蛻退餘毒之目翳，甘菊、穀精療痘毒之目疾。龍胆草平肝無比，猪尾膏活血莫敵。藥品浩繁，惟貴精擇，純熟其性，泛應曲當。

清・景日昣《嵩厓尊生全書》卷三

藥性賦計二百七十六味。　甘草：生瀉心火而益胃，炙補三焦而除熱。酒痢鬱滿不可犯，虛熱短氣不可缺。下焦用梢子，導毒須頭節。人但知為和藥通劑，不知其為肩重主帥。　黃芪：性入肺脾，功在皮肌。大凡脾氣虛而肺源絕，用以溫分肉而戢汗出。內外君佐，與參表裏。瘡陷汗脫不可少，火動痰壅不可入。製法：惡寒酒炒，胃虛泔治。外科用鹽，嘈雜用乳。無汗煨用，有汗蜜炙，生用亦瀉火。製法豈執一。　人參：上虛火旺宜生，涼薄以取其氣。脾虛肺怯宜熟，甘溫以資其味。面赤黑實熱者無藉，色黃白青悴者最宜。痰壅感寒之喘嗽不必用，短氣喜按之痛熱所當入。氣虛補衛，固所必選；血虛養榮，斷不可遺。熟隔紙焙，並忌鐵器。　沙參：體輕而寒，清熱補陰有功，與人參體重而溫，益肺補陽不同。參用或宜，代用欠通。　桔梗：行表達竅，開提氣血。輕清主乎上升，人皆知其為舟楫。佐硝黃使不峻下，君歸芍以治咽嗌。下虛怒氣火炎之病不得用，咳喘痢初火鬱之症不可缺。　知母：黃栢入腎經血分，潤燥于下；知母入肺經氣分，清熱于上。若用鹽製亦能下降，多服致泄，脾虛勿妄。　肉蓯蓉：峻補腎陰，最為神奇。相火旺者忌，尺脉弱者宜。能益母女精寒，兼療虛老枯秘。若使甲膜不去，必防上氣不出。　天麻：肝胆不足，乃急勁而生風。天麻甘和，斯養肝而緩勁。眩暈者風虛內作，非此不能勝。血虛者畏其助火，用之須慎重。　白术：補脾以燥，性非中和。脾病概用，陰害實多；濕勝宜之，得燥痊可。若或脾虛無濕，妄用反致液涸。蓋脾象中土，燥濕宜和，太潤固泥濘，而太燥亦枯涸。脾為陰臟，奚容燥多。若夫尺脉大而水泛，用以隄防斯可。其或尺脉細而無水，豈宜過用燥藥？怒氣傷肝，用之則引邪入土。腹中嘈雜，加之恐脾虛起火。發散妄施，滯氣固邪，或結窒而不和。潰瘍誤投，燥腎閉氣，反膿生而痛多。補中十全生用宜，其餘諸方炒用多。若煮爛成餅，補脾陰亦可。　蒼术：無濕便不宜，燥症益不可。平胃用之，以治濕多。雖寬中而發汗，脾病萬不可過。　巴戟：功強筋骨，亦除風邪。相火熾盛者禁用，元陽不足者允協。　遠志：入心開竅，痰沃神濁者有功；入脾醒發，鬱結久困者能通。若心虛無痰可豁，大辛豈宜泛用？或謂其味辛潤腎，益是不通。夫此物，戟喉刺舌似星半，腎藏惡燥，烏能有功？　淫羊藿：主陰痿絕陽有功，治腎虛莖痛殊效。若久服而陽數舉，頻御女而精實耗。故云多服無子，種子豈是正療？　仙茅：彷佛淫藿，辛烈有毒。若信沈括、范成而藉以求效，反恣欲助淫，驅之死路。　玄參：滋少陰水，清上焦火。陰虛火炎皆效，陽毒上熱均可，人知其為清肅妙品，不解其為涼補君藥。蒸晒勿犯銅，犯之喉噎多。　地榆：沉寒血藥，用者頗多。下稍行血無功，止血上截炒過。　黃連：連栢性冷而燥，非比苦寒多利。故耑降火，又能勝濕。然味苦從火，久服化熱。入心恐其偏勝，治熱豈宜過劑？古方用之惟慎，取長亦能防備。或合木香乾薑，亦和吳萸酒煮。治法不一，今為條析：肝火醋炒，實則胆汁；上酒中薑，下則鹽治；或朴硝炒，入下有益；食積之火用土炒，濕熱之火用吳萸。若血中火，炒用乾漆。服之倘犯猪肉，令人瀉不數計。雖云下痢不戒口，連猪豈容并日食。不驗咎藥，一何其愚。　胡連：力能除熱，獨入血分。驚癇疳積有功，骨蒸晡熱神品。能除陰汗，蓋緣入腎。服之犯猪肉，令人精不禁。　黃芩：功用人所皆知，獨其治瘧。炒宜膽汁，使之入肝，亦以清鬱。　秦艽：利濕入陽明奏功，治諸熱體痛不遂有效。黃疸煩渴，必須審用。左交甚良，右交即發脚氣。　柴胡：半表半裏，耑主胆經。太陽病不可服早，陰經病不宜復用。醫家混用藏拙，其以誤人不輕。氣虛少用助參芪，非以退熱；勞症多用退火熱，惟宜肝經。心脾亦可，肺腎不用。黑柴發表，銀柴療蒸。　前胡：降氣異柴胡，治外感之風痰。氣虛混用，是為失傳。　防風：風藥燥甚，此味獨潤。合羌活祛肝氣之風，同芪、芍止表虛之汗，叉頭叉尾，皆所宜禁。　羌活：善入氣分，頭踵皆行。感寒發熱體痛，多用借其發泄風熱；痰症癱瘓，少用取其疏通。若治周身骨節之疼，欲透關節，必借川芎。　獨活：善入血分，舒筋活絡。然須血藥為君，此味為佐。若得細辛上領，方治頭目諸疴；兼治背部諸風，亦療下部痿弱。　升麻：用之陰中升陽有功，佐藥補衛實表殊能。三分至胸中，四分升巔頂。合葛根散鬱火，治胃虛之傷冷。和石膏清陽明，療火熱之齒痛。若入升陽劑內，飲酒助之效弘。　苦參：氣沉純陰，降而不升。暫服除風疹，久用致腰重。　玄胡：通行氣血，管理諸痛。性極辛走，血熱忌用。　貝母：治心胸氣，開

結散鬱。導熱下行，痰氣自利。其與半夏不同性味，以此代彼，何其悖戾？糯米炒黃為度，獨顆無歧不取。龍胆草：生用下降，酒炒上行。固瀉肝胆，亦止蛔蟲，蓋蟲得苦則安。此味除熱有功，切忌空心服，犯之溺無終。細辛：根直色紫，氣味極辛。用散寒邪，單入陰分。若單用末，不過五分，過則傷人，須防氣悶。當歸：導血歸源，故名曰歸。頭止稍破，全和兼備。古人有言，入心肝脾；然其氣香味辛，肺氣受而先入。久瀉病屬腸滑，誤用反增肺虛，肺虛瀉當益甚，大腸愈無約制。一切脾虛惡食，此味不必入劑。惡其辛滑，恐其散氣。製皆用酒，吐血醋治；脾虛米拌，炒防便滑；有痰薑炒，以防粘膩。川芎：一切頭痛必用，然非引使不濟：太陽羌活，太陰蒼朮，陽明白芷，厥陰吴萸，少陽柴胡，少陰細辛。血痢痛不止，用之痛自已。感冒遍身痛，用之骨節利。大抵走散真氣，若還中病即已。蓋此物雖入肝經，而味辛却喜歸肺，久之肺氣偏勝，肝家反受刑逼，偏絶暴亡，古言有以。大抵四物雖血藥，不治不足治有餘；血有餘兮不歸經，當歸引歸川芎行；二味太走白芍斂，地黃用之達丹田。惟有餘血血生病，四藥始能救其偏。若血不足以是補，孤陰不生豈不誤？兼之四君以補脾，陽長生陰陰自足。借問脾虛飲食少，補血血從何生起？撫芎：所以升氣，耑主開鬱，他無所用，與川芎異。藁本：味辛氣雄，上行巔頂。乃若產後血虛火炎，溫病陽症頭痛，非寒非濕，所宜禁用。白芷：疏風要品，辛散良味。走陽明而治血病，排膿血而宣毒氣。白芍：肝性欲散，芍酸故斂，太散則甚，斂之使安。本非脾藥，之則性善，氣散能收，胃熱能斂。譬如積痛症，屬脾土極似木亢而制，此藥土中能瀉木，木氣乘脾所必需；血虛腹痛需酒芍，佐以甘草酸甘合。甲己化土脾陰足，虛痛之症始痊可。久嗽何以能斂肺，色白味酸與金合。下痢肺氣鬱大腸，此藥用之主收緩；純下血痢或非宜，雜痢丹溪用數錢。惟虛寒人勿妄服，古云減芍避中寒。伐肝用生補肝炒，補脾腹痛酒炒煎。後重生用血溢醋，治用古人不一般。赤芍：耑破惡血有功，一切血虛瘡潰勿用。丹皮：心經正藥，耑主涼血。用之入腎，又何以說；神志水火，心腎交接；陰陽之精，五藏其宅。緣其味苦，故能瀉熱；因其氣辛，故能疏結。古方以此治相火，今人止知用黃栢；此較黃栢為更勝，涼而能散兼理血。故夫積血與吐衄，古人用之以疏洩。惟有血崩及經過，此味忌用恐行血。木香：火鬱氣滯，脾氣不醒，木香開滯，上下便通。

痰食氣塞，磨入藥中，入溫補劑，煎服有功。若實大腸，麵煨熟用。體枯味辣，粘牙者精。高良薑：心脾冷痛用之甚宜，若有熱症，誤投愈劇。子名紅蔻，入藥同治。草豆蔻：胃寒作痛，用之溫散。其或濕鬱，投之亦安。若係內熱，害反掌間。白豆蔻：專主傷冷嘔惡，以其性暖消爍。睛白生翳肺寒，此散肺滯要藥。然宜暫用，過則損削。砂仁：開脾胃要藥，性溫而不熱，和中氣上品，行氣而不尅。腎虛氣不歸元，用之嚮導功捷。緣腎惡燥喜潤，此品辛潤，故悅達下。同地黃蒸，殆勝桂附毒烈。漫言水穀消鎔，且化骨鯁銅鐵。益智：專治下焦虛寒，能于土中益火。欲補脾胃，須同山藥。蓽撥：辛熱能治冷痛，多用令目昏重。肉蔻：溫中消食，厥同諸蔻。兼入大腸，力能澁兒傷乳泄瀉，非此莫救。其云下氣，脾健氣利，非若橘附。性偏泄駃，瀉痢久寒，用此固住，惟溫能固，非耑濇制。若有鬱火，去油入劑。故紙：脾胃之虛，由于腎氣，腎中陽衰，不能薰脾，腸鳴泄瀉，痞滿噯噫。補火生土，此味神奇。腐熟水穀，運化精微。丹溪嘗云，故紙治氣，氣不歸元，舍此莫醫。較附毒烈，隔懸天地。蓋能交通君相二火，補益骨髓使實，若使火熾津枯，未可混用取戾。薑黃：下氣破血，與片薑黃迥別。片薑黃：如乾薑形，治風痺臂痛。血虛勿用。鬱金：調氣行瘀，降火下血，喉中血腥，吐衄莫缺。莪朮：達竅利氣，脾虛忌入。三稜：下氣化堅，破血中氣。凡用消散，佐參芍地，尅削兼補，然後無弊。蓋諸積癖，由元氣虛不能運化，所以病聚。必脾氣旺，以漸消制，迨其平復，養正邪除，五積用參，東垣深意。香附：辛苦主散主降，用之鬱氣開暢，非止女人耑藥，但女多鬱最良。要惟氣實甚宜，若或氣虛益戕。便製散胸臆痞，醋炒入肝肋良；血瘀氣滯用酒，炒黑淋崩堪嘗。大抵氣分君藥，臣以參芪始當。月事先期誤投，病癒增劇可傷。藿香：葉則主散，莖則主通。能止諸邪，驅除不正。但香散氣，不宜過用。澤蘭：行血而不推蕩，養血而無滯膩；兼治水腫癥瘀，婦人血藥最宜。香薷：治暑主藥，熱服反致吐多。耑宜夏月解表，火甚氣虛勿啜；譬如冬月麻黃，虛人豈是常藥？荊芥：上行頭目，又通肝氣，行血療風，皮裏膜外。生用解散風邪，炒黑耑主崩漏。表虛有汗急啜，耑治血中之風。血暈中風可借，最忌魚蟹河豚。誤犯為禍甚烈，本草醫方未載，稗官野史有說。薄荷：耑主風熱引經，緣其味辛上升。若諸傷食疳積，脚氣陰虛熱症。本非外感，不宜用之，可謂懵憧。紫

蘇：味薄發泄，放邪出路。其味辛香，亦解氣鬱。寒滯腹痛，火滯瀉痢。少佐一二，略為開滯。虛人感冒，必借參助。子是氣藥，何以治痰，氣降痰降，鬱結能散。梗體中通，上下宣暢。順氣諸品，惟此純良。疏氣不迅，虛滿正當。大抵紫蘇，終是散氣，日用常食，甚為無益。胃虛致泄，時人不知。各有用法，亦宜詳析。蘇梗去節，安胎用只。順氣養陰，用葉無益。子宜略炒，不可隔宿。其油甚迅，消爍金石。　甘菊花：獨得秋金正氣，白者肺虛甚宜。眼昏翳膜掉眩，肺肝是虛堪取。黄者耑主肺熱，頭痛鼻塞可醫。赤眼肌痒背痛，諸凡風熱皆宜。皆用家園大花，小者俱名苦薏。　艾葉：婦人方中用之，以為種子調經。然惟後期血少，毫無熱症可用。若還先期用之，反增沸熱無功。或宜婦人不孕，子宮虛寒風冷，豈知血虛無子，多由血不攝精，投以辛熱益甚，久久毒發匪輕。醋炒治其燥偏，酒製益其焰性。灸病亦宜虛寒，一概熱病不用。灸法壞人經絡，灸瘢氣血不行。古人用灸針頂，原非切肌受烘。俗云艾火不傷，此語誤人不輕。　茵陳：利水清熱，黄病主品。佐使不一，以之為君。　青蒿：能去骨熱，宜于血虛。他品苦寒，與胃不利，此獨無犯，全沖和氣。　益母草：入肝清熱疏濇，行氣和血不峻。醫方鮮知用者，一切血氣神品。兼治血貫瞳人，與涼血藥同群。瞳子散大血虛，不宜再用害深。其性耑于行血，血中崩漏亦禁。　夏枯草：辛苦散結除熱，瘰癧鼠瘻莫缺。耑治目珠夜疼，沙糖水浸任啜。　旋覆：夏開黄花，盜竊金氣，消胸上痰，結如膠漆。長于逐散，兼治驚悸；蓋以驚悸，伏飲在脾。此物逐飲，腸冷切忌。　青葙子：固主明目瞳，亦治唇口青。想其性味，入厥陰經。　紅花：活血潤燥，散腫通經，多用則破，少用則生。血行即已，過用致崩。　續斷：續筋骨外，並利關節。亦縮小便，兼止夢泄。牛蒡：利咽去風散氣，惟是血熱便閉。瘡家已潰氣虛，用之反增瀉利。沙疹不妨泄瀉，用之不必過忌。　豨薟：雖治肝腎風氣，要非急效之劑。前人張詡過當，今人屢用無濟。　麻黄：過用泄真氣，有汗不入劑。　木賊：治目退翳，肝經本治。兼療血漏，腸風止痢。　燈心：質輕味淡，專入小腸。導上滲下，其力獨強。若得麥冬甘草，得以引火下降。惟有虛脫不宜，一概誤用殊罔。　地黄：生者色紫入肝，通徹諸經血熱。性雖涼而帶補，故治骨蒸勞怯。有如苦學勤政，勞神動火耗血。此同麥冬養神，清涼肝胆效捷。至若借酒蒸熟，製黑純陰效別。苦化甘涼變溫，耑入肝臟補血。肝急須用甘緩，兼益肝子心血。其色純黑走腎，封填骨髓妙訣。陰虛補之以味，此為昔人成說。生地胃弱妨食，熟地痰多泥膈。生酒熟薑各炒，兼忌勿犯銅鐵。　牛膝：味厚氣薄補下，入足厥陰少陰。能引諸藥至膝，利便療痛莖中。不得並用川芎，以其升降異用。生用則逐惡血，酒蒸則補肝腎。　紫(苑)〔菀〕：味苦入心瀉火，氣辛入肺散氣。色紫並入肝經，勞熱清涼潤劑。體潤並入腎水，宣通二便壅窒。肺中血藥獨此，陰虛肺熱亦忌。若與門冬參用，方于肺熱有濟。　麥冬：色白氣涼清肺，如風扇暑熱失。若合地黄阿膠，潤經益血良劑。滋燥清水之源，肺中伏火能去。　欵冬花：雪消冰堅獨豔，純陽氣溫可參。冬生故不助火，肺病可以久餐。蕊係一陽生機，已開氣氳索然。甘草水浸晒用，梗蒂外殼去焉。　瞿麥：凡用蕊殼，不用莖葉。猛利下逐，虛人免啜。上下全用，恐防氣噎。　葶藶：肺中水氣膹急，非此不能逐除。甘緩苦急下泄，故云泄可去閉。甘不傷胃苦傷，輔以大棗始濟。　車前：利水而不走耗，殆與茯苓同效。　旱蓮草：汁玄黑味甘酸，純陰耑入腎肝。髮白齒動腎熱，茲味涼血可餐。又治臟毒下血，研末焙服二錢。　連翹：輕揚芬芳之氣，足解熱而散鬱。治三焦諸經火，一切血結氣聚。　青黛：色青屬木涼肝，味甘屬土清脾。　扁蓄：能破血淋。　蒺藜：沙苑蒺藜，嚼之豆氣，如腎色綠，腎家補劑。菱角白色，名刺蒺藜，肝家風藥，眼疾必需。　穀精草：明目退翳，在菊花上。　大黄：味厚耑入陰分，所至蕩除無存。一切亢甚火熱，酒浸引上高岑。　大戟：受濕停水必需，脾虛土堅無濟。並主控涎奇效，隨氣上下俱利。　甘遂：其性耑主行水，並達水氣結處。水結胸症需此，大陷胸湯用之。　蓖麻：其力長於收吸，能拔病氣出裏。大抵宜于外治，內服不可輕易。　常山：能驅山嵐瘴癘，祛逐老痰飲滯。瘧家往往用之，得毋大傷真氣。　附子：大辛大熱大毒，譬如驍勇烈夫。用之稍失其當，鮮不僨事敗覆。大寒直中陰經，真陽衰竭暫服。若云溫補妄投，補火必防水涸。枉殺人命惟此，倉卒下咽安贖。總之不可嘗試，業醫君子慎諸。烏頭天雄側子，老嫩原是一物。治病他藥尚有，何必用此毒物？　白附子：取名蓋以形傳，功能逐風消瘢。　南星：燥痰功等半夏，辛而不守較差。黄柏引則行下，防風使則不麻。胆製非徒監制，蓋借胆汁鎮邪。肝胆性氣之風，調和此為莫加。　半夏：祛濕分水實脾，能開寒痰氣鬱。若係陰虛血少，津液不足大忌。血渴汗家三禁，古人之言有以。此

本脾胃經藥，貝母代者大非。　射干：　喉痺咽痛妙品，散氣慎勿久任。芫花：　長于逐水泄濕，直達水窠囊僻。只可徐用取效，損元慎勿過劑。菟絲子：　力善補而不峻，性益陰而固陽。味甘療脾虚瀉，單治腎損勞傷。風虚明目聖品，以其善補肝臟。性銳而滑行血，有孕血崩須防。　五味子：　雖備五味酸多，耑拯久嗽肺疴。肺性喜歛惡寒，此遂臟性之藥。黄昏嗽甚忌涼，此味歛其浮火。一切咳嗽初得，此味不可驟㪺。因其色黑味厚，故又為腎經藥。仲景八味代附，滋陰歛氣效多。南産紅而遼黑，黑補紅散風疴。使君子：　味甘氣溫殺蟲，開胃健脾有功。忌食熱物熱茶，犯之即瀉無終。牽牛：　味辛泄氣散氣，血中濕熱無濟。雖能泄下如水，畢竟益增元虚。栝蔞：　善能導火下行，清肺潤燥解癰。子則滌除諸痰，膠濁粘韌有功。葛根：　多用至三二錢，開發腠理出汗。若少用五六分，熱渴酒毒立驗。鼓舞胃氣上升，佐藥醒脾脾健。肌熱陽氣鬱遏，此同群藥升散。　天門冬：　肺于五臟司氣，氣盛是火反尅。此味體潤性寒，保肺之功為烈。且其味厚苦寒，腎正惡燥喜堅。此味苦以堅之，故能入腎助元。痰標在脾與肺，腎實痰之根蒂；若非腎火薄肺，何由煎熬粘膩？此味保肺通腎，故為清嗽神劑。然既大寒而苦，即非脾胃所宜。陰虚脾胃多弱，損胃恐致不起。蓋胃元實司後天，弱則困倦惡食。病既陰虚精絕，正賴食滋精氣。脾壞又絕化源，後天氣生何地？藥餌亦借脾運，脾虚誰為轉輸？除邪不知審顧，毋怪不能奏績。此非獨言天冬，用藥宜識此意。　何首烏：　以其澁能歛血，故療風疹膚痒。以其澁可收脱，故治久痢甚強。　萆薢：　耑入胃家除濕，故治拘攣不利。濁帶胃濕下流，此味滲濕兼治。　土茯苓：　力能除脾濕鬱，故已拘攣癰疾。初病服之不效，火盛而濕未鬱。此味去火無功，必宜病久濕鬱。威靈仙：　疏人臟腑真氣，中病切宜即已。　防己：　雖治腿足腫痛，然必水秘方用。此乃瞑眩之味，妄服減食心忪。　木通：　性利水通心竅，胸腹熱痛甚妙。　鈎藤：　祛肝風而不燥，久煎力減不效。　絡石：　功主筋骨關節，神農列之上品。　忍冬：　昔稱除脹解痢，後世不復知。今稱消腫敗毒，昔人未言及。　澤瀉：　味鹹入腎分利，六味用去濁閉。古人用補兼瀉，邪去補愈得力。腎水實出高源，此能上引肺氣。苓蒲同是白色，引肺水降故濟，有如水閉口渴。熱在上焦氣裏，便宜澤瀉茯苓，滋水上源清肺。有如口或不渴，熱在下焦血裏，宜用知栢滋下。上下不得混舉，今人概用澤瀉，謂此耑治水閉。　菖蒲：　辛香透利心竅，健忘聾噤殊效。但心喜歛惡散，遠志並皆辛燥。若使久用多用，心氣毋乃益耗。　蒲黄：　色黄氣香入脾，諸失血者炒宜。助脾攝血歸源，落後收功有濟。若在失血之初，用之雖多無益。生用涼血消腫，今人妄用破瘀。　浮萍：　發汗力比麻黄，下水功同木通。生于水而勝水，非實不宜輕用。　海藻：　癭瘤馬刀有功，鹹能軟堅消腫。昆布：　較之海藻力雄，無病久服瘦生。海中菜多損人，養生之家慎用。石斛：　色黄氣清象肺，性涼而清肺宜。肺虚久嗽邪熱，順氣下行有益。性不苦寒沉下，厚益腸胃長肌。神農列之上品，泡茶頓健足力。　骨碎補：　得金氣並石氣，以其生長陰處，得陰之氣最厚，故主齒耳骨脊。研末入猪腎煨，一味即治久痢。便泄久屬腎虚，故云門戶不濟。久痢醫治不效，以其耑責脾肺。　栢子仁：　氣香故耑透心，體潤故亦滋腎。油滑入腸作瀉，膈間多痰宜禁。其藥苦澁之極，澁血亦清血分。　松烟墨：　耑止血症汎濫，墨係燒松薰烟。墨中下品入藥，不借油滑香竄。　肉桂：　紫厚補益命門，力能益火消陰。雖云春夏禁服，真陽虚者勿論。有如脾虚不食，肝熱乘之太深。涼肝而脾愈虚，暖脾而肝愈甚。溫平倍加肉桂，殺肝脾得不困。傳云木得桂枯，建中湯亦有本。若夫血虚發熱，誤用禍不轉瞬。　桂枝：　淡薄輕浮上行，止煩出汗有功。領藥直至病處，痰凝血滯痛風。古云汗多用此，疑為止汗淆中，不知汗因風致，用此邪無所容，汗解則汗自止，以出為止之能。大抵味辛善散，甘則實表有功。肉桂通經破瘀，此則耑能橫行。　辛夷：　助胃清陽上行，辛香走竄慎用。　沉香：　舒經驅逐邪氣，活血定痛散瘀。耑補右腎命門，納氣歸元上劑。血虚固宜不用，水衰火炎亦去。　丁香：　此治嘔呃脹滿，蓋甚宜于胃寒。　檀香：　白者入氣利胸，紫者入血消腫。降真香：　肋胸痛而吐血，用此一味急啜。番舶來者色紅，差勝紫者效別。烏藥：　此味耑以氣勝，疏氣散風有應。　乳香：　活血止痛伸筋，徹毒不致内侵。　沒藥：　入血散瘀治熱，乳香活血効別。　血竭：　入瘡不宜多使，多則引膿不止。冰片：　痰涎壅因風邪，此味速效殊別。緣其辛香竄走，故能散熱利結。世人誤以為寒，不知辛極熱烈。諸香皆屬陽品，豈有極香不熱？風在肌肉誤用，引風入骨堪嗟。　朝腦：　性同硝焰純火，木中之火益烈。　阿魏：　辛熱與胃腑宜，破癥殺蟲去積。　黄栢：　降火自頂至踵，淪膚徹髓通行。耑清陰火上炎，火清水自堅凝。鹽水製則入腎，蜜拌戀膈不

行。大抵陰寒傷胃，胃虚有火宜逞。 厚朴： 辛散苦降泄實，鬱積脹滿能除。但有積滯者宜，用以補益無濟。 杜仲： 味苦能堅腎氣，又合筋骨之離。此氣牛膝屬血，二者用每相須。 椿白、樗白： 椿皮入血性濇，樗皮入氣性利。 乾漆： 能削堅結積滯，善破凝固瘀血。 蓋鹹味入血分，而辛溫能散結。 苦楝： 導小腸膀胱熱，引心包相火下。 槐花： 涼血功在大腸，泄肺疏肌熱瘍。 槐實純陰入肝，兼理脾痰熱狂。 皂莢： 氣味大辛主散，立能宣去頑痰。 刺以發竅排膿，仁以潤腸利便。 訶子： 入肺降歛出聲，固澁大腸有功。 用須六路文者，或多或少他種。 蕪荑： 溫能化食去積，諸蟲氣食寒濕。 骨膚淫淫蟲行，此能溫化邪氣。 蘇木： 一味主乎破血，血虚腹痛勿啜。 棕櫚： 失血瘀滯已和，用此澀以去脫。 若血瘀滯方動，遽用澀之奈何。 巴豆： 蕩滌一切積滯，若非痼寒勿與。 炒去烟則緩消，生去油乃應急。 少擦好膚發泡，何況腸胃柔質。 桑白皮： 肺中水氣有餘，以此燥可去濕。 楮實： 性屬濁陰下降，宜入壯陰諸方。 枳殼： 色白耑利肺氣，性則寬緩不疾。 中實色黄味苦，故宜耑瀉胃實。 性則猛酷善下，不如枳殼能除。 古主中脘血分，要治血中之氣。 二藥皆能利氣，氣下則痰痞除。 胸痛與後重，二者各有宜。 大腸肺之腑，枳殼斯為主。 脾為胃之臟，脾痞尋枳實。 何以治風痺，肺則皮，胃則肌，風寒客入二經，所以搔痒麻痺。 二味苦辛散泄，引風藥入臟裏。 故為治風所尚，風散關節自利。 枳實不去核穰，雷公取其酸味。 梔子： 引火屈曲下行，清胃脘血亦有功。 痞塊中有火邪，非此不能導行。 去胸中熱用仁，表熱則連皮用。 棗仁： 多睡宜用棗肉，本經不耑取仁。 仁炒療不得眠，香氣入脾斯寢。 胆心母子同補，故治虚熱煩心。 諸汗用藥罔效，多用棗仁醋炒。 惟其酸味主收，諸經實熱未效。 臨用炒研使香，隔宿香走不妙。 山萸： 酸潤耑入肝胆，故治口苦舌乾。 心為肝子亦入，蓋能收其渙散。 心虚驚悸怔忡，虚則補母自痊。 腎為肝母喜潤，歛水生津腎堅。 何以能治腰膝，子令母實故然。 火旺陽強宜禁，陰虚血熱當刪。 必兼小水黄赤，此味惡其收斂。 用與黄栢同加，味古滋腎湯丸。 郁李： 其仁能下結氣，燥結水症亦宜。 有病張目不閉，此味煮酒醉愈。 說見《宋史》錢傳，開肝胆結有理。 女貞子： 純陰入腎除熱，無熱必防作泄。 五加皮： 風病飲酒生痰，此味浸酒甚善。 枸杞子： 體潤能滋腎陰，味甘能助腎陽。 每與人參相須，平補王道堪嘗。 參固氣則精堅，杞滋陰則火藏。 地骨退骨伏火，故治汗蒸陽光。 蔓荊子： 主治頭痛腦鳴，兼已目睛內痛。 密蒙花： 此味獨入肝經，除熱和營通用。 肝經血虚熱甚，各種目疾擅重。 茯苓： 其味甘補淡滲，質重用補脾陰。 便利與夫汗多，淡滲在所宜禁。 淡為陽而上行，何以利水下滲？ 氣薄陽中之陰，性升而功下沉。《經》云飲食入胃，游溢精氣輸肺，水道通調膀胱，肺為上源下輸。淡滲必先上行，然後順下降入。 總之益肺補脾，從上順下有濟。 若夫上熱下寒，陽少脫陽，支冷脉遲，當用溫熱峻補。 夫豈淡滲所宜？ 痘瘡起脹貫漿，滲瀉益所不許。 赤苓燥脾同白，色黄不能入肺。 豈如後人謬說，白補赤瀉分歧。 茯神中守不移，風眩心虚自除。 琥珀： 用以利水安魂，功甚茯苓有差。 猪苓： 利便能開腠理，五苓用理上濕。《經》云治痎瘧損，痷亦治瘧疾。 能于陽中降陰，人苦未嘗讀書。 雷丸： 苦寒燥脾除熱，能擣諸蟲巢穴。 桑寄： 益血是其本能，去濕又其兼長。 淡竹： 葉除風邪煩熱，茹療胆火氣邪。 瀝則假火而成，滑痰支骸胸膈。 若夫胃虚腸滑，不宜再進寒冽。 天竺黄： 是即竹節黄粉，耑瀉心火熾甚。 本與竹瀝同功，但不寒滑取僨。 杏仁： 散肺風寒滯氣，虚熱熱痰宜忌。 外邪若非喘促，亦宜慎用此味。 又其味辛帶苦，大腸氣秘必需。 用攬濁水即清，升清降濁可取。 烏梅： 冬花夏實純木，味酸肝胆必需。 人舌兩竅通胆，食梅竅津漉漉。《經》云味過于酸，肝氣以津是夫。 又筋病無食酸，蓋木喜散惡束，性暢茂條達，酸歛投其所惡。 若夫肺金喜歛，以治久嗽自蘇。 初嗽亦不宜用，邪氣亦恐驟束。 其能止瀉固脫，大腸亦是肺腑。 桃仁： 辛苦泄滯散結，又能生新破血。 然使用之不當，血崩損陰可嗟。 有如經閉不通，非瘀而血枯竭。 亦或產後腹痛，由血虚而非留血。 大便閉由津少，非關血燥閉結。 粗工不辨妄用，殺人等於刀刦。 留皮赤色入肝，連尖生研行血。 潤便去尖炒熟，去皮取其純白。 大棗： 味甘益脾不足，中滿腫脹忌入。 紫黑亦入肝腎，虚勞補藥必需。 生蟲損齒助疳，不可無故頻食。 木瓜： 性稟曲直酸化，故治筋病莫加。 有如血熱轉筋，酸涼舒筋不差。 更或濕滯筋軟，以酸歛之自佳。 然其性耑主瀉，下虚不可妄加。 蓋其體乾不潤，不如萸養肝家。 鍼經戒酸致癃，蓋胞得酸縮下，胞縮卷約不通，小便所以癃濇。 凡便赤戒食酸，何獨一味木瓜？ 山查： 尅脾善消肉積，兒枕血滯癥癖。 若無食積誤服，反尅脾土生氣。 柿： 甘寒宜入肺脾，兼能通耳鼻氣。 耳鼻竅原肺腎，金水火熱最忌。

火盛外竅斯閉，火行竅自清利。大腸合肺于胃，濕熱傷為腸澼。甘寒以除血熱，臟清腑病亦愈。柿乾潤肺止渴，柿蒂耑治呃逆。陳皮：理氣不傷峻烈，耑主脾肺踈泄。但隨所配群味，以為升降補瀉。青皮：苦辛氣猛性烈，醋拌炒黑入血。辛入肝經能散，並兼苦降酸泄。枇杷葉：苦涼職司清降，火熱逆上宜訪。白果：色白屬金性收，能益肺氣定嗽。食多令人氣壅，以其性味過收。胡桃：痰熱多食有損，肺腎虛寒大益。命門外裏白膜，體象脂肉却非。在兩腎之中間，有二絲著于脊。下則通于二腎，上則通乎心肺。貫腦生命之原，精府相火之主。人物皆是一樣，生化胥由此出。《難經》脉訣不察，指右腎是者非。胡桃頗類其狀，外皮水汁青黑，故能直入北方，益氣養血大益。命門氣與腎通，藏精而惡燥炙。命門通而接肺，故為喘嗽所宜。但其性熱不寒，火熾忌之須知。龍眼：此物亦名益智，赤甘心脾二經。然甘則能作脹，膈滿等病勿用。檳榔：耑入陽明二經，一穀海，一傳送，二經相為貫輸，運化精微無窮。假如二經有病，水穀不能消鎔，羈留而成痰癖，濕熱久而生蟲。此味辛能散結，苦能下洩殺蟲。且其體重而實，能洩高氣下行。性如鐵石之沉，諸氣後重急用。大腹皮：疏通脾肺之鬱，暢利腸胃之滯。川椒：散除脾肺寒濕，兼主水腫瀉痢。入右腎能補火，並治遺洩痿足。吳萸：疏達肝氣甚速，多用亦損脾土。瓜蒂：上部有脉下無脉，胗得其人必當吐。此為飲食填胸中，太陰阻隔鬱風木。須尋瓜蒂一下咽，吐去上焦有形物。木得舒暢天地交，行見中州泰運復。惟諸亡血理所忌，宜與不宜慎勿忽。蓮肉：去衣健脾益肺，若補脾陰帶衣。味澁借其收束，統血以其色赤。藕主心脾血分，生用甚能去瘀。實心苦能清熱，故治血渴必取。藥鬚通腎固精，功與蓮子同許。芡實：甘平而性和緩，健脾陰而療濕浸。荸薺：消堅削積之品，化膈積而除渴甚。一種質小黑堅，取粉點翳如神。胡麻：黑者耑治燥症，為其黑入腎經。炒食大已風疾，妨滑白朮並行。白者行氣通血，兼祛頭上浮風。火麻仁：甘滑潤腸去燥，虛老便結堪效。須同紫(苑)〔菀〕杏仁，肺潤大腸自調。浮麥：能止諸汗虛熱，性涼與麥迥別。麥芽：炒香開胃除煩，生用除積削滿。又行上焦滯血，宿乳煎服立安。穀芽：消食同于麥芽，溫中之功較大。粳米：本經以為金穀，入肺解熱甚速。其穰作紙爛肉，此亦人之所忽。薏苡：甘和健脾益胃，耑療筋骨效倍。寒勝筋則堅急，熱盛筋則縮退，濕甚筋縱不收，三者相因而至。濕寒內熱所召，酒火肥甘中熾。濕勝泄瀉水腫，風濕筋骨不利。故濕勝而土敗，乃土勝而濕去。苡仁養元治渴，蓋其色白入肺。又其味厚沉下，引藥下行達足。氣緩倍用方效，乾濕脚氣皆治。為其下入甚捷，故夫孕婦切忌。罌粟殼：峻澁甚宜瀉痢，病久氣散方入。然欲用之得法，烏梅加以醋製。虛勞久嗽亦用，然是收後之劑。新病若用不當，殺人如劍可慮。赤小豆：緊小赤黯者是，大而紅色者非。性能消腫利便，久服津液滲溢。綠豆：消腫治痘同赤，壓熱解毒過之。益氣厚腸通經，久服不致格窒。白扁豆：味甘氣香色黃，入脾臟性最當。諸邪傷胃並治，和中益氣莫尚。又其色白入肺，肺清大腸自理。善療腸紅久瀉，補臟以治腑虛。豆豉：《經》云肺苦氣逆，急用苦以洩之。傷寒瘴氣肺受，喘悶肺氣有餘。法以或汗或吐，兼以豆豉為主。神麴：味甘氣香醒脾，生用消穀力劇。紅麴：水穀入人胃中，中焦濕熱薰蒸，游溢精氣化紅，散在臟腑諸經，是為人之營血。紅麴白米飯蒸，濕熱變而為紅，即成真色耐久，直窺造化巧工。同氣因之相求，治脾營血奏功。大抵消食活血，健脾燥胃可重。赤白痢疾必求，水穀不化亦用。飴糖：味甘固能入脾，米麥皆養脾具，仲景建中用之，主補虛乏有理。肺胃有火發渴，火炎迫血血溅。甘能緩火之標，火降渴血自已。但其屬土火成，濕中之熱可慮。凡夫牙蠶赤目，中滿秘絡吐逆，用之生痰動火，疳病尤所宜忌。腎病勿多食甘，傷腎落齒此一。醋：大能散瘀解毒，不獨取其酸斂。偏痺拘攣宜禁，筋病毋多食酸。過酸肝津脾絕，多酸肉皺唇揭。助肝是脾賊邪，凡有脾病宜節。酒：海冰酒獨不冰，熱性獨冠群種。製藥借其疏引，酷烈不啻附雄。行表高處能到，厚腸潤肌通經。走散皮膚疏宣，開散經絡橫行。多飲熱傷脾經，濕熱為害無窮。韭：生行血，熟補中，其子坎火能動。葱：其白冷，主發散，通氣于表堪羨。蒜：走竅溫中消食，但其辛能散氣。白芥子：味辣則能橫行，耑開皮膜痰凝。結胸咳啞皆利，炒緩生則力猛。萊菔子：生食甘少辛多，下氣耗血拯痾。熟食甘多于辛，益脾滯氣奈何。其子下氣尤捷，消食除脹甚烈。生薑：豁痰利竅止嘔，合葱大散表邪。合棗辛甘發散，治虛往來寒熱。薑皮主腫痞脹，汁大辛以散結。竹瀝梨汁等物，非此不能開洩。乾薑：乾久氣則走泄，然而味則含蓄。辛熱止而不行，專散裏寒內入。用須配以甘草，辛甘化陽之義。炮之變為苦溫，用入肝經血裏。肝本

溫，虛則涼，以此溫肝益虛。虛甚用逍遙散，生加三片有益。產後大熱亦用，溫肝表熱自除。又能去惡養新，陽生陰長有理。炒黑止泄溫腎，微炒溫中和胃。吐血必用炒黑，中血得溫血歸。血以溫行歸經，非黑止血之謂。　胡荽：辛溫香辣通脾，香入脾氣不滯。　茴香：小茴入腎氣海，大茴厥陰肝經。俱能寬膈開胃，鹽酒製使下行。　山藥：生涼乾則化溫，味甘耑補脾陰。色白兼能調肺，子母土旺生金。一切虛症必需，性緩力微倍任。　百合：止嗽安神利便，莫與中寒下陷。　童便：治肺引火下行，仍循故道收功。熱服尚含真氣，冷獨鹹味寒性。產後少飲敗瘀，多飲必致帶生。勞怯常服自溺，鬱熱腥穢何功。　秋石：水澄火錬而成，真元之氣盡失。古取中白童便，滋陰降火有益。貴人惡其不潔，設法煅錬秋石。經煅變冷為溫，服之水涸火起。所以久服致渴，惟虛冷者為宜。觀諸沙石火淋，便錬秋石同理。　人胞：精血之氣凝結，類補耑益勞怯。女人服之尤宜，為能補氣益血。然凡陰虛精涸，水不制火咳血，此屬陽盛陰虛，法當壯水為訣。服此陰陽並補，將來必致陰竭。昔人罕用此物，丹溪始倡其說。括蒼大造一丸，藥味平補可悅。中去人胞一物，亦可服餌補血。吾嘗觀諸古書，生兒藏衣有訣，藏之吉方兒壽，棄之蟲獸暴絕。銅山崩而鐘應，一氣感應必也。以之蒸煮炮炙，何異殺兒取血。目見有人食此，數服火動而絕。　烏骨鷄：鷄屬木而烏兼水，是得水木之精，故主陰虛發熱，兼治蓐勞崩中。　五靈脂：生用行血不峻，苦羶入肝最捷。黑色血見則止，炒用治諸失血。　猪腎：水畜水臟性寒，不補命門宜參。　羊肉：肉性熱能補形，痿弱羸瘦必用。　牛黃：黃結心與肝胆，治病亦在此間。消痰散熱療驚，此誠神物內丹。如人淋石治淋，此理可以相參。　阿膠：耑入水臟治熱，瘀濁逆痰可啜。枯膩宜防胃弱，嘔吐食積不悅。　虎骨：屬金故追風痛，左脛氣力更雄。　犀角：耑入陽明少陰，能除風火邪侵。口鼻陽明孔竅，二竅熱病宜尋。總之涼血解毒。烏者取尖上品，粉之必借人氣，懷蒸熱擣碎勻。　熊胆：苦寒入心勝熱，癎障疳蟲莫缺。　羚羊角：木畜角耑入肝，一切肝病悉安。肝風在合為筋，故治驚癎筋攣。魂者肝臟之神，驚狂魘寐悉安。血者肝之所藏，瘀毒瘡瘰能散。相火寄于肝胆，在氣為怒煩冤。氣逆噎塞寒熱，此能降之使全。

鹿茸：純陽內含生氣，補陰而和腠理。鹿角生用散血，熟用益腎補虛。其膠一味滋補，陰虛火熾忌啜。　麝香：芳烈通關利竅，風病在骨用效。若在肌肉妄用，引邪入骨害燥。吐衂陽虛陰乖，不宜用此竄敗。亦治果積酒渴，果酒遇麝則壞。　五倍子：其味酸鹹主歛，化痰止渴收汗。釀造為百藥煎，咳痰熱渴有驗。　桑螵蛸：走腎耑利膀胱。　白殭蠶：風蠶治病類應，能去皮風蟲行。兼治喉痺結痰，要惟客邪始用。　原蠶蛾：至淫出繭即媾，至于枯槁乃安。強陰益精用之，然其枯槁可鑒。　斑蝥：宜于瘰癧癲犬，餘症必不可選。　蠍：此乃治風之藥，辛溫走散效多。　水蛭：煅之設或不勻，入腸變蛭噛人。破瘀消血品多，奚必用此不馴。　蟬退：木土氣化清虛，主治風熱諸疾。然必風在皮膚，用以浮行腠理。古方用治夜啼，取其晝鳴夜息。催生蓋取其脫，惟脫故去雲翳。　蜣螂：陰濕能除熱疾，驚癎古治第一。　蟾蜍：辛寒散熱解毒，兒疳勞瘦甚良。辛能發汗治瘡，金蟾脫甲酒方。眉酥療疔發背，外拔內發通良。　蜈蚣：耑治風氣暴烈。　龍骨：善能鎮伏心神，兼治痢漏益腎。　川山甲：性主竄走經絡，行散不可服多。　蛤蚧：能補水之上源，治嗽渴淋神驗。服毒功獨在尾，神效勞熱上喘。　白花蛇：透骨搜風神品，癩癬惡瘡要藥。頭尾各有大毒，中段以酒浸過。骨刺須遠棄之，傷人與生同禍。　海螵蛸：耑入厥陰肝經，目翳流淚有功。　龜甲：此物陰中至陰，底甲又屬純陰。厚濁耑入腎臟，方家用入補心。取義水火既濟，實非補心正品。有如腎虛火動，勞熱乾燥骨蒸。若欲息其上炎，藉此純陰至靜。所謂動則火起，此則靜能制動。至于潮熱盜汗，癱攣腰腿痿痛，入瘧血枯遺精，小兒顖顱不成，皆由真藏虛衰，以致元陰不生，需此味厚純陰，所謂寒養腎精。敗版乃經灼過，自死甲枯無用。入藥勿令中濕，濕則瘕積腹中。且宜研之極細，不爾變瘕無功。　鱉甲：其色青單入肝，故宜寒熱癖痃，瘧勞驚癎陰瘡，皆主厥陰血邊。用須七肋九肋，取其陰中陽含。陰虛水衰之人，暑邪中入陰分，出併于陽而熱，入併于陰寒甚。氣虛中焦不治，邪結瘧母陷深。此味益陰除熱，消散瘧疾要品。其主骨蒸血瘕，固皆血病陰分。　牡蠣：合龍骨治夢遺，然亦不可執一。亦有腎虛無火，寒精自出須知。　真珠：心熱則神飛越，肝熱目生翳屑。此入少陰厥陰，取其鹹寒除熱。　蛤蜊：此物須用紫口，蓋稟水中之陰。鹹能入血軟堅，兼能滋潤助津。痰固炎火熾上，熬煎津液作殄。此物軟堅潤下，火降痰消能任。疝氣白濁帶下，其病皆原于腎。鹹為水化類從，故能除

其邪侵。何以能治心痛，心虛而熱故病。心欲軟，急食鹹，此謂其欲能中。中，去聲。 自然銅：行瘀續筋接骨，其他血病不取。 硃砂：此物鎮養心神，鍊服為禍實深。 輕粉：此係水銀昇鍊，古云消積下痰。吾謂性極燥烈，誤服為患不淺。大病暫用開結，過服毒氣蒸竄，深入筋骨不出，痰去血液枯煎。經年累月毒發，發為癰腫漏疳。煉客昇煉鼎器，稍失固濟迸裂。何況人之骨肉，安能當此刦劑。 雄黃：治瘡散毒要藥，其所主病甚多。石膏：金水清寒正氣，專入陽明奏績。一切內蓄烈熱，體重而降能戢。味淡帶辛主散，故清肌表熱鬱。有如內熱口渴，是皆腸胃熱窒。內熾蒸發肌表，借此通解清肅。若或諸病不渴，又或熱由不足，暑氣兼濕作瀉，此味不宜入劑。大抵內清裏熱，又能發汗解肌。只宜略煅帶生，多煅性斂體膩。 滑石：石中獨得沖氣，蕩除無尅伐弊。主治暑渴濁澀，取其甘寒滑利。其效偏主石淋，以其質類相濟。大都製末臨加，此藥無味用質。 赤石脂：《經》云澀可去脫，此為下焦澀藥。他味性多輕浮，此則體重下墮。然其氣味辛溫，初病濕熱宜禁。若夫崩漏概用，此尤不可為訓。 礞石：耑主散結軟堅，古方用之滾痰。其或酒麵濕熱，成痰膠固稠粘，咯唾不能出口，用之除泄立安。若夫久病脾虛，又或陰虛火炎，煎熬津液痰結，誤投適增敗端。花蕊石：其功耑于止血，能使血化為水。血暈惡血上薄，此消惡血自止。死胎胞衣不下，此物亦能下之。 食鹽：鹽以水為根源，潤下之味作鹹。在人血脉應之，鹽腥逈別皆鹹。血病毋多食鹹，脉凝泣而色變。煎鹽收以皂角，鹽味故似辛然。辛鹹走腎走肺，嗽腫消渴大忌。引痰澀血助水，水腫戒之有義。何以能治結熱，以北制南有說。補腎入其本臟，補心軟投所悅。何以能吐痰癖，鹹味主乎涌泄。軟堅何以堅骨，骨消肉泥濕熱。有如夏暑濕盛，肉物易于潰嚙。鹽性鹹寒制之，乃能堅久不弊。 青鹽：陰氣凝結而成，不經熬煉獨勝。 凝水石：小熱之氣涼和，大熱宜以寒取。此味辛鹹陰盛，故主伏熱邪氣。 朴硝：質濁苦澁不和，食鱠不消能削。芒硝質清性緩，用以去熱軟堅。朴硝止可塗傅，芒硝始入湯煎。水少火盛熱淫，佐苦治以鹹寒。故夫芒硝大黃，每用必以相參。若夫燥結由于津枯，虛極陰火如燃，陰甚類陽等症，誤投禍踵不旋。 火硝：能消五金八石，不與朴硝同治。朴硝屬水鹹寒，性下故主蕩除。火硝辛苦微鹹，屬火性升最厲，故能破積散堅。升散三焦火鬱，烽機直達霄漢，則其性升可知，火焰性同硫樟，安有性寒之理。此物亦有芒牙，竟與朴硝不差。然而水火性異，古方代用可訝。今人人乃混為一，是皆不讀書者。

清・趙瑾叔撰、陸文謨補《本草詩》 草部 人參味甘，平，無毒。入脾、肝二經。五葉三椏別樣新，黃參上黨味尤純。瑤光星散天邊寶，人體精成地底珍。開胃助脾能補氣，寧心潤肺自安神。元陽可喚春回轉，虛實須教更認真。 黃耆味甘，微溫，無毒。入肺、脾二經。箭幹黃耆素識名，隴西綿上遠相迎。補脾正氣中先固，實肺虛邪外不生。托却癰疽肌長足，發將痘疹肉豐盈。玉屏妙散功偏大，更得防風用最精。 白朮味苦、甘，溫，無毒。入脾、胃二經。金漿玉液味和調，白朮於潛產最饒。逐水消痰脾不瀉，和中補氣腹無枵。黃芩共劑胎能養，枳實同丸痞亦消。桃〔李〕青魚俱禁忌，炒將褐色〔不〕須焦。 甘草味甘，平，無毒。入脾經。九土精英色正黃，藥中甘草入諸方。部分上下俱無犯，性適寒溫兩不妨。稍止陰莖頻作痛，節醫癰腫苦為殃。嘔家酒客均當忌，炙則微溫生便涼。 沙參味苦，微寒，無毒。入肺經。沙土叢生近釣磯，白參甘淡力輕微。膿排腫毒非無謂，嗽止勞傷更不欺。形似虎鬚真髣髴，汁同羊乳亦依稀。諸參功用原相等，莫使薺苨混是非。 桔梗味苦、辛，平，無毒。入肺經。春來桔梗嫩苗生，煮食須知味最精。甘草可將同奏效，薺苨莫使錯呼名。咽喉氣下痰俱降，癰瘻膿排血自行。諸品至高難得到，功非舟楫不能成。 黃精味甘，平，無毒。黃精久曝更須蒸，一服堪充米數升。戊己培來芝茂盛，太陽發出草精英。可知悅色顏堪駐，却喜延年力倍增。聞說臨川逃一婢，食根久久快飛騰。 萎蕤味甘，平，無毒。入肺、脾、肝、腎四經。女萎相混久傳訛，兔鹿俱嘗此草過。玉竹比來如節密，冠纓垂下見鬚多。風溫濕注功能奏，消渴勞傷病悉瘥。喜遇僊家常服食，華陀秘訣告樊阿。 知母味苦，寒，無毒。入肺、腎二經。根旁生子狀如蚳，蚳母相傳誤作知。火伏腎家猶易瀉，熱居肺部豈難醫。石膏安臥同為用，黃栢滋陰兩得宜。酒浸或將鹽水潤，引經上下可同隨。 肉蓯蓉味甘、鹹，溫，無毒。入腎經。黑司命是肉蓯蓉，未取河西那得逢。調作肥羊羹甚美，遺來野馬瀝偏濃。痿扶陽事精能益，痛止陰門帶不凶。大至觔餘宜酒洗，假充須識嫩稍松。 鎖陽味甘、鹹，溫，無毒。入腎經。鎖陽根向肅州移，絕類男陽亦甚奇。龍馬精遺何足信，婦人淫合更堪疑。勞傷好把真陰補，燥結能將大便滋。功比蓯蓉加百倍，取來煮粥最相宜。 天麻味辛，平，無毒。入肝經。明透天麻赤箭芝，御風草似有參差。頭旋眼黑醫衰

老，驚氣風癇治小兒。蹇澁語言聲自轉，軟疼腰膝足能移。時人蜜漬充為果，入藥須教酒焙之。

蒼术味苦、辛，溫，無毒。入脾經。茅山蒼术性芬芳，能健脾陰發胃陽。快氣辟邪功弗小，消痰燥濕效非常。濁遺既可醫男子，帶下尤堪治女娘。人乳米泔同拌製，不愁辛烈更相妨。

狗脊味苦，平，無毒。入肝、腎二經。金毛狗脊有形傳，萆薢功同若比肩。火把黑鬚燎去淨，酒將青節浸來鮮。苦除風濕機關利，溫補勞傷氣力堅。強膂扶筋功不小，命名取義豈徒然。

貫眾味苦，寒，有毒。入肝經。仲父勳名未可邀，一根相貫眾枝條。毛芒全似鴟頭老，莖葉渾如鳳尾嬌。除却癥瘕蟲亦死，解將邪熱毒俱消。救荒黑豆須同煮，啖向空心腹不枵。

巴戟天味甘，溫，無毒。入腎經。巴戟連珠出蜀中，不凋三蔓草偏豐。煮和黑豆顏堪惜，惡共丹參性不同。治氣疝癩俱伏小，固精陽事獨稱雄。勞傷虛損宜加用，上下還驅一切風。

遠志味苦、辛，溫，無毒。入心、腎二經。遠志多半小草充，誰知出處不相同。夢遺精濁中堪主，毒發癬疽外可宗。益智自能開耳目，安神端好鎮怔忡。去心莫使人煩悶，敷服皆奇大有功。

淫羊藿味辛，溫，無毒。入腎經。深山惡聽水潺潺，九葉三枝草色班。驅却痺風無患冷，強將腰膝不愁彎。扶陽盡道興陽好，種子何愁得子難。休為淫羊貪食此，助精隨處便行奸。

玄參味苦、鹹，微寒，無毒。入腎經。玄參黑潤重鄉邦，壯水無根火自降。年少癧瘡消磊磊，時行目疾治雙雙。遊風班毒清多種，燥熱狂煩去一腔。更有薰衣香可合，氤氳幾陣透紗窗。

地榆味苦，寒，無毒。入肝經。葉如榆樹認還非，布地初生土欲肥。療却惡瘡膿可散，除將風痺步如飛。烹茶釀酒功非小，爛石燒灰力豈微。倘得一觔醫血痢，寶珠明月不為希。

丹參味苦，微寒，無毒。入心經。赤參色合丙丁奇，獨入心家聽指揮。胎任死生俱有賴，血隨新舊揔堪依。排膿止痛功偏速，長肉生肌效可期。一味古稱同四物，妊娠無故不相宜。

紫草味苦，寒，無毒。入心包絡、肝二經。碭山谷內喜家居，若問鴉銜草是今。烟氣薰來黃郎變，綃衣染就紫偏餘。瘡瘍有毒須臾解，痘疹無光頃刻舒。寒苦最能凉血熱，誤投滑利枉欷歔。

白頭翁味苦，溫，無毒。白毛披向野田中，一望皤然似老翁。管取積瘕消隱隱，莫愁熱痢下匆匆。膿瘡可令頭無禿，陰痛從教氣便通。堅腎急投純苦劑，世醫善用亦多功。

白及味苦，微寒，無毒。入肺經。草名連及遍山隅，性膩須知好作糊。菱米根同差足擬，箬蘭花發果堪娛。勞傷吐血偏能止，癰腫排膿亦可敷。不信肺間填竅穴，臨刑剖看一囚徒。

三七味甘、微苦，溫，無毒。本名山漆不須疑，屈指可曾有數推。鋒簇塗來瘡即合，杖笞敷上痛無知。損傷跌撲堪排難，腫毒癰疽可救危。猪血一投俱化水，真金不換效尤奇。

黃連味苦，寒，無毒。入心經。黃連鷄爪重川西，作頌江淹有品題。臟毒瘡瘍除痛楚，心疼蛔厥止悲啼。木香共用腸無痢，人乳同蒸眼不迷。試問苦寒誰可制，鹽湯薑汁酒和醯。

黃芩味苦，性寒，無毒。入肺、大腸二經。片芩酒炒始和諧，莫使寒凉苦我懷。退熱柴胡欣作伴，安胎白术可同儕。目疼痢疾俱能療，瘡毒癰膿盡可排。肺自輕清腸下降，中枯內實用休乖。

秦艽味苦、辛，平，無毒。入肝、胃二經。種在三秦嶺上栽，羅紋交處長根荄。功能活絡風俱滅，力可舒筋血亦培。牛乳果然稱畏友，菖蒲端好作長媒。虛寒下部多溏泄，莫遣庸工誤用來。

柴胡味苦，微寒，無毒。入肝、膽二經。蘆頭豹子獨稱雄，須記柴胡忌火烘。和解少陽表裏半，熱寡瘧疾往來中。脇疼堪止睛無赤，口苦能除耳不聾。種別銀州宜怯症，參耆借力奏膚功。

前胡味苦，微寒，無毒。入肺、脾、胃、大腸四經。前胡北地勝苕中，七月花開白似葱。化熱安胎能降氣，消痰定喘為驅風。同行疑與柴胡伴，作使須憑半夏通。夜夜小兒啼不歇，蜜丸熱水下多功。

防風味甘，辛，溫，無毒。入肺、小腸、膀胱三經。銅芸回草錦屏新，防禦風邪氣味辛。赤腫不愁昏滿目，拘攣何慮痺周身。黃耆共理功偏大，荊芥同行意便親。卒伍雖居卑賤職，各隨經引盡稱神。

羌活、獨活味苦、甘，平，無毒。入小腸、膀胱、肝、腎四經。驅風勝濕孰為君，羌獨由來足冠軍。色紫氣雄羌有力，色黃氣細獨多勳。透關不使邪鑽骨，利節何愁痛在筋。覓得胡王真使者，却教酒浸幾多觔。

升麻味甘、苦，平，無毒。入肺、胃、脾、大腸四經。一望如麻葉正繁，青絲細細喜輕翻。氣沉下部宜升舉，經在陽明可引援。瀉痢崩淋應奏效，怔忡嘔吐反成冤。補中益氣湯真妙，惟有東垣探本源。

苦參味苦，寒，無毒。入腎經。未必人參一例尊，嘗來味苦鎖眉根。可知貝母成仇寇，莫與藜蘆作友昆。風熱瘡瘍除遍體，腸紅血痢住肛門。純陰損胃休多服，兼且寒精勿浪吞。

白鮮味苦，寒，無毒。入脾經。色白皮鮮產蜀郊，野人採取作山肴。名呼金雀因何取，氣若羶羊未許拋。風去不愁筋痿弱，濕除頓使足飛跑。世醫識見多庸淺，耑入瘡科更可嘲。

延胡索味辛，溫，無毒。入肺、肝二經。滴金卵是延胡索，辨出辛溫味欲知。利產管教能指日，調經却使正當期。荊妃不患心猶痛，華老何愁痢更危。醋止酒行生可破，揔於血分治偏宜。

貝母味辛、苦，微寒，無毒。入心、肺二經。采向阿丘曝欲

乾，形如貝子聚來繁。消痰潤肺嘗微苦，滌熱清心飲帶寒。膈內燥煩從此解，胸中鬱結自能寬。痰須燥濕分脾肺，半夏休將一例看。

白茅味甘，寒，無毒。入肺經。地筋一望盡蕭疎，種就菅茅土欲鋤。綿軟束來堪浥露，絲牽拔去好連茹。透膿針可消癰毒，止血花能破積瘀。夜視有光根最妙，腐為螢草比蟾蜍。

龍膽草味苦、濇，寒。無毒。吳興龍膽草斑斕，性味嘗來最苦艱。葉似龍葵無異樣，根同牛膝一般顏。濕瘀防己堪同使，火鬱柴胡可共攀。曉起若教空腹餌，便溲不禁水潺湲。

細辛味辛，溫，無毒。入心、小腸二經。華陰採得少辛還，臨海東陽未足傳。鼻塞頭風皆可愈，齒疼目淚悉能痊。細根却喜堪存用，雙葉須教急棄捐。單服令人常悶絕，誤投香燥見休偏。

白微味苦、鹹，平，無毒。別名春草最芳菲，修褉年年採白薇。血厥莫教忙錯亂，風溫何必痛噓唏。萎蕤湯合功偏大，棗肉丸和性不違。遺溺崩淋傳古法，世人罕用嘆知希。

白前味甘，平，無毒。入肺經。堅真叢生沙磧中，白前形與白薇同。喘呼頃刻痰俱降，咳(遊)〔逆〕須臾氣即通。邪壅急投真有效，肺虛誤服反無功。製時甘草湯須泡，去却頭鬚用火烘。

當歸味甘、辛，溫，無毒。入心、肝、脾三經。治血當歸一物精，去瘀還可令新生。淋漓弗住頭堪主，積滯難消尾為行。中取有功能補養，全收無處不和平。去蘆酒浸處修治，瀉泄相投勢欲傾。

川芎味辛，溫，無毒。入肝經。體極穹窿可上交，真芎須向蜀中捎。血同歸芍堪滋補，風配羌防莫混淆。却喜引經偏有用，只愁耗氣欲相拋。頭疼單把頭來救，誰為庸工一(鮮)〔解〕嘲。

蛇床子味苦、辛，溫，無毒。入脾、腎二經。合成雙片子和同，蛇喜為床臥此中。花似蘼蕪兼藁本，實如萊菔及芎窮。酒調既可強陽道，綿裹尤堪暖子宮。生用煎湯頻洗浴，却教遍體盡驅風。

藁本味辛，溫，無毒。入膀胱經。太陽風痛苦難熬，藁本功能在此遭。味屬辛溫香獨竄，氣多雄壯性偏豪。疝疼可治陰中痛，首疾能醫頂上高。夜擦旦梳同白芷，滿頭飛屑不須搔。

白芷味辛，溫，無毒。入肺、胃、大腸三經。陽明頭痛治風邪，白芷辛香可辟蛇。驅盡瘙來膚不癢，撥開淚出(脹)〔眼〕無遮。散調內托方真妙，丸至都梁路亦賒。雖是菲芳能上達，須知耗血用休奢。

芍藥味苦、酸，微寒，無毒。入肺、脾、肝三經。花容婥約產維陽，相謔尤堪贈女娘。肺部氣虛還自斂，肝經血熱悉皆涼。除蒸堪使經無阻，止痛須知痢不傷。赤瀉更能行惡血，通將小便利膀胱。

牡丹皮味苦，性寒。牡丹富貴占春多，入藥根皮去積痾。理却勞傷經自利，除將吐衄血俱和。骨皮退熱功同等，黃蘗滋陰效更過。貴重渾如金百兩，排膿還好治瘡科。

木香味辛，溫，無毒。入肺、脾、肝三經。廣州爭把木香誇，別種薔薇莫認差。理氣但教生剉用，實腸更得熟煨加。平肝開欝胎難動，健胃寬中痢可拿。元旦煎湯能沐浴，却教至老鬢無花。

甘松香味甘，溫，平，無毒。苦彌哆即是甘松，面䵟塗來可美容。浴體管教身自淨，裹衣却使氣偏濃。蟲侵牙齒疼俱緩，欝發心脾痛即鬆。癆瘵【缺】

高良薑味辛，溫，無毒。入脾、胃、肝三經。薑出高良種實稀，形如杜若認還非。方傳思邈金丹效，碑製顛仙御筆揮。何慮風寒邪更侮，莫愁噫逆性多違。子同豆蔻紅偏好，消食溫脾更可依。

草豆蔻味辛，溫，無毒。入肺、脾、胃三經。百子堂前草果生，楊梅火種辨須清。縮砂益智常為伴，神麯烏梅每共行。溫可散寒中不痛，辛能破滯氣俱平。相傳紅小鸚歌舌，飲饌元朝製更精。

白豆蔻味辛，溫，無毒。入肺、胃二經。宜州樣子可圖形，白蔻辛溫炒更馨。驅盡瘧邪寒復暖，解將酒毒醉還醒。疏肝可令翳無障，開胃何愁食有停。須記產餘常呃逆，丁香加入用偏靈。

縮砂味辛，性溫，無毒。入肺、脾、胃、大小腸、腎六經。風味團頭別有稱，砂仁須向廣南徵。蜜煎糖纏甘尤勝，香入烹調美更增。疏利安胎胎可主，辛溫開胃胃堪憑。誤吞銅鐵金銀物，一飲濃湯便不凝。

益智仁味辛，溫，無毒。入心、脾、腎三經。嶺南益智遍山丘，子向英華庫內收。知歲久傳禾可卜，贈人更見粽堪投。澁精補腎休忘用，開胃溫中可速求。却喜火中能益土，古人進食必先周。

蓽茇味辛，熱，無毒。入肝、脾二經。蓽茇波斯產有餘，叢生喜向竹林居。胃酸堪把寒涎散，腹冷能將暖氣噓。炒共蒲黃經自准，煎同牛乳痢應除。青州雖有防風子，性冷終須愧不如。

肉豆蔻味辛，溫。入胃、大腸二經。火煨麵裹必須深，肉果曾無核可尋。最喜油脂醫適用，只愁枯瘦症難臨。除將瀉痢腸俱固，溫却心脾冷不侵。辛辣味多能助火，用時應是費沉吟。

補骨脂味辛，溫，無毒。入腎經。骨脂番舶遠相探，近地無如產嶺南。能使莖中精自固，不教腰下痛難堪。須防甘草心相惡，更得胡桃議可条。腎藏虛寒宜暖補，陰虛便閉用休貪。

薑黃味苦、辛，溫，無毒。入肝、脾二經。香濃宝鼎透金爐，片子薑黃產蜀都。蒁藥功分原有異，鬱金形似豈無殊。積瘕可破經前阻，敗血能消產後汙。手臂不愁風痺痛，初生疥癬亦堪敷。

鬱金味辛、甘，寒，無毒。入肺、肝、腎三經。肺鬱能開性自恬，西川物罕價難廉。生肌更使疼俱定，止血還教火不炎。透處折來光欲徹，苦中嘗出味偏甜。芬芳自是多條鬯，玉瓚黃流酒可添。

蓬莪茂味苦、辛，溫，無毒。茂向根

頭一望低，纍纍卵似鴨和鷄。通經村市還沽酒，破血鄰家更乞醯。積聚癥瘕無使結，纏綿鬼注不教迷。只愁堅硬難舂碎，火炭煨時爛若泥。

荊三稜味苦、辛，無毒。入肝經。三稜鷄爪辨根荄，荊楚多生向水涯。形類鯽魚無異狀，功分香附有同儕。癥瘕莫慮藏君腹，痃癖何愁入我懷。不是遺言曾剖看，一腔石硬倩誰排。

香附味苦，微溫，無毒。入肺、肝二經。雀頭香可達封函，相附連根未許芟。氣病總司權實重，女科主帥品非凡。漁翁(胃)〔畏〕雨堪為笠，孝子垂緌好作衫。人乳童尿和酒醋，同來(西)〔四〕製必須鹽。

茉莉味辛，熱，無毒。滇廣移栽茉莉新，呼為狎客喜相親。薰成清茗喉中潤，合就紅脂面上勻。指甲開香同樣好，素馨附録一般珍。損傷跌仆根多效，莫使昏迷酒入唇。

茅香味苦，溫，無毒。二種香茅不共栽，愼微本草未分開。雖然根異須差別，畢竟功同可並推。男婦冷勞溫有效，嬰兒風疱淨無災。道家沐浴常需此，更有諸香好合來。

線香味辛，溫，無毒。一線清香供佛門，合成諸品細評論。甘松山柰宜加入，栢木丁香必撿存。塗上瘡瘍堪奏效，薰將疥癬可除根。楊梅毒發須龍掛，吸取輕烟不用吞。

藿香味辛，微溫，無毒。入肺、脾二經。藿香入藥葉多功，潔古東垣用頗同。佳種自生邊海外，奇香半出佛經中。安胎不使酸頻吐，正氣須知暑可攻。噙嗽口中能洗淨，免教惡穢氣猶沖。

薰草味辛，溫，無毒。百畝欣瞻蕙草興，聞香知即是零陵。編成蓆薦溫堪寢，合就油脂熱可蒸。水嗽齒牙疼即止，酒前胸腹痛無增。傷寒下痢兼孤惑，附得新方儘好憑。

澤蘭味苦、甘，微溫，無毒。入肝、脾二經。汝南澤畔水溶溶，一陣都梁香氣濃。名似不同花爛熳，種分休混草蒙茸。破癥更可消瘀血，殺蠱尤堪治腫癰。脾喜芬芳肝喜散，女科要藥此堪供。

馬蘭味辛，平，無毒。馬蘭澤畔儘堪板，單瓣花同紫菊顔。小便能通知水利，金瘡粘合見皮頑。洗薰血痔除肛口，擣服斑痧定服問。細攷《楚詞》無此種，何云惡草喻權奸。

荊芥味辛，溫，無毒。入肝經。荊防入藥本相須，更喜辛香作野蔬。魚蟹河豚妨食物，舉卿古拜隱方書。皮膜裏外風皆去，頭首高顛熱可除。一捻千金真不易，管教瘡疥淨無餘。

薄荷味辛，溫，無毒。入肺經。薄荷蘇產甚芳菲，咬鼠花貓醉失威。泄熱驅風清面目，(鮮脫)〔解肌〕發汗轉樞機。種分龍腦根偏異，葉似金錢力豈微。症見傷寒和蜜擦，管教舌上去苔衣。

紫蘇味辛，溫，無毒。入肺經。舒暢無如是此蘇，製將葅食伴瓜瓠。葉能達表溫中氣，子可消痰定喘吁。燃出燈油充蠟炬，編成籬落護鷄雛。芬芳豪貴常貪食，走泄真元氣反虛。

甘菊花味甘，微寒，無毒。入肺、腎二經。真菊延齡味最甜，地黃枸杞用須兼。頭疼堪定風旋轉，目痛能清火上炎。輕軟製成囊可枕，清香釀出酒應添。白花一種嘗微苦，染却髭鬚有甚嫌。

艾味苦，微澁，無毒。入脾、肺、肝、腎四經。火取冰臺日未低，蘄州方物艾須攜。三年自是藏思久，五日應教采欲齊。端賴辛溫行氣血，莫愁陰冷痛腰臍。灸除百病宜多壯，蓍策堪充更指迷。

茵陳味苦，寒，無毒。入膀胱經。舊苗發出更新鮮，黃疸茵陳主用專。散配五苓功不小，葉尋八角力方全。傷寒可令陰黃退，犯火難教濕熱損。曾見淮楊二月二，採將作餅俗相傳。

青蒿味苦，寒，無毒。入肝、腎二經。入藥青蒿只取中，根莖子葉用休同。溫除痎瘧偏多效，熱退勞傷大有功。止却血膿盈耳出，去將蒜髮滿頭蒙。採來酸醋應須拌，最喜芬芳菜可充。

益母味辛，微寒，無毒。入肝經。茺蔚何緣益母名，女科耑用自分明。乳頭敷上癰俱散，面上塗來刺不生。利產按時能速下，調經過月可徐行。若还求嗣須常服，子葉花根並用精。

夏枯草味苦，半寒，無毒。入肝經。性稟純陽隨處栽，草逢入夏即枯來。葉同旋覆無殊種，花似丹參一樣開。管使癭瘤消結氣，却教瘰癧未成堆。厥陰血脉能滋養，目痛肝虛素所推。

劉寄奴味苦，溫，無毒。劉裕當年字寄奴，草生何事有尊呼。斬蛇須記言非妄，搗藥應知事不誣。腫毒風吹皆可傳，金瘡血出摠能敷。子花莖葉俱存用，取次通醫經脉枯。

旋覆花味鹹、甘，微溫，無毒。入肺、大腸二經。旋覆花開洵足珍，別名金沸草稱神。蕊繁最喜生家圃，根細空教產水濱。鹹可軟堅痰不老，溫能散結氣俱勻。須防損目休多嗅，自古先賢訓欲遵。

青葙子味苦，微寒，無毒。即老少年子。青葙名義最紛紜，狀似鷄冠野有分。明目不愁子苦冷，殺蟲更喜葉清芬。依稀年老還童子，髣髴花黃愛細君。師號青牛常服此，壽延百歲世傳需。

鷄冠花味甘，涼，無毒。子形黑細穗中攢，花似雄鷄頂上冠。瀉痢痔瘡容易好，沙淋崩帶不難安。酒宜調下先研末，蜜好和來更作丸。治病必須分氣血，莫將赤白一般看。

紅花味辛，溫，無毒。入心、肝二經。紅花活血味辛溫，火焙還教用酒噴。遍體瘡瘍苗可搗，天行痘疹子須吞。宣通枯閉經中滯，救轉空虛產後昏。記取當歸常共用，不愁燥糞結肛門。

燕脂味甘，平，無毒。朱唇半啓恰方言，脂點櫻桃小似樊。汁濾紅花堪遍染，末研素粉更輕翻。乳頭可傳仙姝痛，痘毒堪消稚子煩。商紂寵妃因製此，秘方傳與綠雲軒。

大小薊味甘，溫，無毒。入心、肝二經。刺薊同來產薊門，如猫似虎細評論。紅花作髻雖難插，皺葉充蔬

實可吞。小破血瘀原足貴，大消癰腫更堪尊。根苗功用差相等，平澤山林未許渾。

續斷味苦、辛，微溫，無毒。入肝經。續斷川中更不羣，皮黃鷄脚皺成紋。除將血痢今初識，止却腰疼久已聞。貽產勞傷尋欲蚤，損傷跌撲傅須勤。草茆別種根相似，誤食翻教軟在筋。

苧麻味甘，寒，無毒。宵灯紡績不曾虛，女可漚麻布有餘。妊婦腹疼纏便好，產家血運枕能除。洗熏即漸收肛脫，敷擣殷勤治背疽。撿取野翁方試驗，不愁喉內鯁鷄魚。

大青味甘、微鹹，無毒。大青莖葉最深青，實似椒顆一樣形。寒熱疫溫俱解散，狂煩斑瘮悉安寧。黃連並入還多效，犀角同行更有靈。下痢疸黃危困處，速投急劑莫遲停。

小青　小青採葉不須根，三月花開莫與論。蛇虺螫傷塗勿礙，腫癰瘡癤何無有。血凉不患猶成痢，暑去何愁更發昏。紅淨沙糖和搗汁，無灰老酒必先溫。

牛蒡子味辛，平，無毒。入肺經。鼠粘牛蒡號重重，惡實何須百美容。調散咽喉關盡啓，煎湯腰膝氣俱鬆。斑除風熱隨消瘮，毒發癰疽便出膿。十月採根充菜食，葉莖釀就酒尤濃。

蒼耳子味甘，微有小毒。采將卷耳未盈筐，藁地懷人寘道傍。粉可研來充餅食，油堪熬出點燈光。(用)〔除〕痺堪治風多種，透腦能除涕兩行。莖葉煎膏稱萬應，無頭腫毒有何傷。

天名精味甘、辛，寒，無毒。入肺經。彘顱豕首本來真，活鹿更名草自新。吐衄消瘀功不小，疔瘡解毒效如神。漱除牙痛非無故，灌定風驚亦有因。子更苦辛名鶴虱，嬰兒蟲嚙醋和匀。

豨薟味苦，寒，有小毒。入肝、腎二經。豨薟五月採來鮮，丸進奇方有表傳。濕去四肢無走注，風除遍體少纏綿。祛邪元氣還堪補，助力殘年復可延。依法若能勤久服，不愁鬚鬢更皤然。

箬味甘，寒，無毒。葉從新舊別榮枯，嫩竹依稀弱可扶。笠上編成頭好戴，鞋中襯入底堪鋪。血愁吐衄燒灰服，毒患癰疽研末敷。粽篛酒調吹乳散，仙方濟急豈云誣。

甘焦味甘，寒，無毒。甘蕉却即是芭蕉，一葉方舒一葉焦。子實充糧飢可慰，莖絲紡葛暑能消。背疽葉用連根搗，心痺花宜存性燒。最是婦人愁髮落，香油取出好和調。

麻黃味苦，溫，無毒。入心、肺、膀胱、大腸四經。龍沙狗骨摠休言，家在中牟有故園。節去汗多方可發，法存心惡不禁煩。根旁餘雪何曾積，食後寒風未許翻。用得解肌第一葉，傷寒夙學有淵源。

木賊草味甘、苦，平，無毒。入肝經。木賊叢生近水村，經冬霜雪草猶存。管教粗器能光擦，休慮銅錢有誤吞。形似麻黃肌亦解，功同甘菊服無昏。翳膜雖去難多服，損却肝家莫妄尊。

燈心草味淡，平，無毒。入心、小腸二經。草名碧玉質偏柔，粳粉同研入水浮。清却心家經可引，利將水道劑堪投。吹灰喉鎖朝來散，塗乳啼聲夜即收。折去白穰乾晒用，燃燈盞內可添油。

地黃味甘，寒，無毒。入心、肝、脾、腎四經。地黃氣稟仲冬行，懷慶攜來大有名。溫可養榮宜用熟，寒能凉血只宜生。拌同薑酒脾無瀉，食共蘿蔔髮便更。四物為君六味首，九蒸九晒製須精。

牛膝味苦、酸，平，無毒。入肝、腎經。牛膝應須用酒蒸，通天柱杖有人稱。益將精髓筋能壯，解却拘攣濕不凝。利便管教經亦至，墮胎還使血俱崩。牲牢專忌黃牛肉，龜甲投來更可憎。

紫菀味苦、辛，溫，無毒。藥中白菀不堆投，潤軟須尋紫色優。辛可益金清肺部，苦能化氣達都州。血膿咳吐誠何患，屍疰勞傷更不憂。爭羨萬金茸不易，房陵山谷細尋求。

麥門冬味甘，微寒，無毒。入心、肺二經。天冬更有麥冬靈，隊仗安神嗽自寧。投藥須教心悉去，食魚偏忌鯽多腥。除煩力可清心氣，止渴功能入肺經。正苦炎蒸逢盛暑，秋風何幸到園亭。

欵冬花味辛，性溫，無毒。入肺經。令值隆冬雨雪霏，欵花偏艷世應希。驚疑有賴心堪主，咳嗽能清肺可依。使却杏仁經便引，炒將蜜水性無違。辛溫雖稟純陽質，久服何嘗助火威。

決明子味鹹，平，無毒。入肝經。靈砂望月喜相仍，決可明眸有此稱。著實引經原可使，大麻同用洵堪憎。不愁見日翳多障，何慮迎風淚欲凝。貼向腦門消鼻衄，却教肝火不能乘。

王不留行味苦，平，無毒。入大腸經。血脉疏通病速瘳，行雖王命不能留。妊娠艱澁須臾下，鼻衄淋漓傾刻收。軍士敷來瘡可療，婦人服了乳常流。竹頭木屑鑽肌肉，非此誰能把刺抽。

車前子味甘，寒，無毒。入肺、肝、小腸三經。玄色車前酒拌香，却教芣苢賦詩章。通淋開竅溲偏利，解熱催生產不傷。葉勝蕊莖功更捷，子同葶藶辨須詳。固精服藥曾常久，食此行房便有郎。

連翹味苦，寒，無毒。入心、胃、膽、大腸、腎五經。大翹不與小翹連，救苦曾名度厄錢。協力柴胡行可輔，引經粘子使當先。痰涎風火皆消矣，癰腫瘡瘍盡霍然。狀似人心雙片合，其中香處有仁全。

蒺藜味甘，溫，無毒。入腎經。蒺藜沙苑味偏殊，貨假須知市肆誣。豆氣却教生可咬，腎形更喜綠堪娛。固精管取陽常舉，明目何愁淚欲枯。入藥必須佳酒炒，去將光淨刺俱無。

大黃味苦，寒，有毒。入脾、胃、肝、大腸四經。大黃猛烈號將軍，直搗長驅效最神。撥亂却教重反正，推陳還可復添新。積瘀欲去生纔妙，瘡毒能消熟更純。病發陰陽醫錯下，結胸痞滿豈無因。

常山味苦、辛，寒，有毒。入肝經。常山猛烈不堪言，酒炒何愁吐逆煩。消去痰涎欣此刻，截來痎瘧喜今番。相投藜藿偏施效，誤食膏粱反受

寃。入藥須尋鷄骨勝，生葱菘菜可刪繁。

附子味辛、甘，熱，有毒。入脾、腎二經。斬關大將逞雄才，正坐丹砂附子煨。上下中焦皆可統，風寒濕氣揔能該。冷虛自可消陰去，辛熱還教益火來。五臟若無真涸冷，休將猛藥惹非災。

天南星味苦、辛，溫，有毒。入肝、脾二經。毒具南星烈性乖，入將牛膽性偏諧。遍敷瘡癬須精選，專治風痰可速差。防墮胎兒通血脉，喜除麻痺展筋骸。人非西北真風中，辛燥休投免掛懷。

半夏味辛，溫，有毒。入心、脾、胃三經。時當半夏已生齊，劈靂痰宮震鼓鼙。製以生薑經可引，伏將貝母見休迷。管教痰濕難存胃，須識胎兒易墮臍。血少汗多兼燥渴，古人三禁耳曾提。

菟絲子味辛、甘，平，無毒。入腎經。附木纍纍見菟絲，女蘿有註在《毛詩》。蜜調只可宜丸子，酒煮還教作餅兒。益氣絕傷無斷處，堅筋陽事有強時。腎家得力無過此，久服欣看面若脂。

五味子　五味俱全獨擅奇，蓯蓉為使惡萎蕤。腎滋水足精能濇，肺斂金清嗽可醫。目內瞳神無散大，足間筋力自輕肥。南方近道雖多有，補藥須尋北產宜。

覆盆子味甘，平，無毒。入肝、腎二經。子喜籐生似覆盆，豈因溺器不須存。面顏豐采能長駐，腰膝堅強可違奔。固腎管教溲亦縮，補肝頓便目無昏。東流水取淘應淨，蒸拌還傾酒一罇。

使君子味甘，溫，無毒。入脾、胃二經。屋苦蟻鑽樹蠹殘，嬰兒蟲積更難安。飲當熱處腸偏滑，食向飢時腹已寬。去滯有功能止瀉，益脾何物可容奸。潘州郭使君常用，最喜甘溫好作丸。

木鼈子味甘，溫，有毒。木鼈休嫌似鼈形，調將米醋更通靈。粉消不患斑猶發，癰散何愁乳更停。惡毒肛邊無腫痛，積瘕腹內可安寧。薊門二子同猪食，兩兩堪憐入窈冥。

馬兜鈴味苦，寒，無毒。入肺經。葉脫垂垂實未殘，兜鈴馬項一般看。熱清管使痰無結，邪去從教喘自安。根可塗癰消積毒，草能殺蟲免藏奸。革膜劈破方纔紗，淨去中間子焙乾。

預知子味苦，寒，無毒。子藏衣領莫教離，見蟲聞聲即預知。妙法丸調心怯處，奇方水滴耳聾時。殺蟲消食多功奏，利便催生有計施。狀似飛蛾光潤好，蜀人貴重見珍奇。

牽牛子味苦，寒，有毒。入肺、大小腸三經。牽牛謝藥古曾聞，黑白宜將二種分。慣逐水痰誇速效，易清腫滿見奇勳。散調神禹應為首，丸合牛郎好作若。半熟半生雖可配，氣偏雄烈用休勤。

天花粉味苦，寒，無毒。入心、肺二經。清寒性稟產深山，墜落天花似粉顏。瓜蔞比來秋可食，燈油燃出夜能看。排膿散腫無雙妙，解熱除煩第一斑。實是栝樓稱果蠃，結胸滿痛急須頒。

王瓜味苦，寒，無毒。《月令》王瓜四月生，作蔬澄粉製須精。根和漿水塗嬌面，子共槐花治赤睛。癰腫既消膿即散，熱邪頓解乳俱行。公公鬚與婆婆奶，作對休嫌是俗名。

乾葛味甘，平，無毒。入胃經。萋萋葛葉夏初濃，絺綌精粗兩可供。酒毒熱蒸能盡解，妊娠生用豈相容。上行能令頭疼好，下陷何愁血痢凶。若是陽明邪未入，莫教引賊破城墉。

天門冬味甘，寒，無毒。入肺、腎二經。天冬類與麥冬同，煮向深山腹可充。損咳消痰誠有力，敺煩解熱每多功。酒蒸既美膏尤妙，日曝難春火更烘。冷補最能清肺毒，肚膿癰瘻總堪攻。

百部味甘，微溫，無毒。入肺經。草根百十每相聯，一望渾如部落然。辟蛀管教無木蠹，除蒸不慮有尸傳。性溫寒嗽須臾止，味苦癆虫頃刻損。去虱秦艽同作末，竹籠薰處可燒烟。

何首烏味苦澁，微溫，無毒。入肝、胃二經。美髯七寶上皇朝，采服何翁髮更髫。治瘧消癰癆可理，固精補腎色還韶。拌同黑豆經堪引，食共蘿蔔補頓消。赤白分投榮與衛，却教氣血兩和調。

萆薢味苦，平，無毒。入胃、肝二經。百枝赤節噪聲喧，萆薢川中產自繁。不患濁遺多濕漏，却教驚掣少風翻。散調如聖腸無痔，飲用分清水有源。

土茯苓味甘，淡，平，無毒。茯苓別種土須肥，冷飯團成不用飢。堅任骨筋風盡去，健行脾胃瀉俱稀。腫癰痤好能消毒，骨節流通為轉機。瘡發楊梅稱要藥，清茶一啜性偏違。

山豆根味苦，寒，無毒。入心、肺二經。劍南山谷草叢中，山豆根於此地逢。令值三冬開正茂，時當八月採須工。開將關鎖喉偏利，消盡癰疽毒可攻。最是苦寒脾胃冷，庸師多用技何窮。

黃藥子味苦，平，無毒。萬州黃藥子欣逢，味苦難言甘草同。毒解癭消原有力，血凉火降豈無功。染衣加入藍偏好，醫馬投來熱即通。天泡水瘡蛇犬咬，調塗惡腫盡消融。

白藥子　原州白藥子欣逢，猪馬能教治熱壅。火降膈間痰不起，肌生傷處痛無容。續筋突厥差相等，消瘴陳家斷可從。諸骨哽喉調醋嚥，小兒吐瀉藥堪供。

威靈仙味苦，溫，無毒。入膀胱經。鐵脚威靈仙足尊，辛溫主治入風門。水痰不患留心底，痺濕何愁痛足跟。好酒生薑須共飲，麵湯苦茗不同吞。君巢自號嵩陽子，作傳從教細品論。

茜草味苦，寒，無毒。茜草從西遍野郊，過山龍把俗名嘲。痺風主治除疼痛，蠱毒能消免惑淆。製却鮮紅宜染絳，行將瘀血不成膠。種來千戶侯同等，方信荒園未許拋。

防己味苦、辛，性寒，無毒。入膀胱經。防己休言漢(水)〔木〕同，漢多驅水(不)〔木〕驅風。便通何慮腸多熱，足健能教氣盡融。誰道膀胱猶有濕，自誇瘡癬更無蟲。大寒大苦應難用，善用須知亦有功。

木通

味辛、甘、淡，平，無毒。入心、小腸二經。孔通細細免錐刀，出樣珊瑚價倍高。行却月經無阻滯，墮將胎產不堅牢。熱邪九竅皆能泄，甘淡諸淋總可操。　澤瀉木通同利水，火分君相辨微毫。　鈎籐味甘，微寒，無毒。入肝經。曲若懸鈎刺可挑，吊籐籐似紫葡萄。驚癇堪止功何速，痰熱能除力不勞。盗取香醪常入甕，喂將肥馬好充槽。更尋紫草同煎服，發出天瘡在此遭。　忍冬味甘，平，無毒。入脾經。金銀籐合兩鴛鴦，最喜淩冬耐雪霜。一切濕風俱可散，五般尸疰復何傷。楊梅疥癬消餘毒，發背癰疽治惡瘡。不意草中稱至賤，熬膏釀酒效殊常。　澤瀉味甘、鹹，微寒，無毒。入腎、膀胱二經。命名澤瀉不須疑，利水通淋效可知。六味去邪纔有路，五苓通塞已無堤。濕瘡豈慮能留腎，泄痢何愁更在脾。若是目昏虛太甚，莫教一瀉更無遺。　羊蹄根味辛、苦，有小毒。北山采逢重詩宗，根似羊蹄可耐冬。擦上癬瘡礬搗細，塗來疽腫醋調濃。瘢消身上斑俱淨，蟲去腸間毒不容。葉喜滑寒堪煮汁，懸癰舌腫即時鬆。　菖蒲味辛，溫，無毒。入心、脾二經。質堅節密喜菖蒲，綠劍真人別有呼。開發聰明能不滯，宣通心智豈如愚。濕瘡好把膿窠理，上氣能將咳逆除。雖是心脾稱聖藥，獨嫌香燥費躊躇。　蒲黄味甘，平，無毒。入肝經。香蒲充取簌如何，花上嬌黄粉撲多。破却積瘀生最妙，止將吐衄炒能和。猪脂共傅肛無脫，薑末同搽舌不拖。去滓調羔堪劈塊，小兒嗜食痢難瘥。　海藻味苦、鹹，寒，無毒。入腎經。藻生近海碧沙灘，繩繫腰間採更繁。浸似醇醪堪作伴，反將甘草未相安。卵中癩疝消來易，頃下癭瘤散不難。只恐性寒鹹太甚，必須洗淨晒還乾。　海帶　海底叢生似帶飄，充來盛饌客須邀。療風可使諸邪散，下水堪將小便調。胎產一時俱易落，癭瘤隨處不難消。登州乾晒誠何用？束取能令器物挑。　昆布味鹹，寒，無毒。入腎經。高麗常將昆布誇，喜從番舶到中華。論功海藻差相等，柔軟尤堪絞索麻。斬含却使堅俱軟，久服還教瘦愈加。癩疝既除曾不誤，癭瘤復散定無差。　石斛味甘，平，無毒。入胃、腎二經。石斛叢生石上多，金釵一股贈嫦娥。配薑代茗偏收效，灌水經年永不磨。入腎強陰精可益，厚腸止瀉胃俱和。酥蒸酒浸能常服，遍體酸疼不用那。　骨碎補味苦，溫，無毒。入腎經。薑似猢猻本象形，補全骨碎效真靈。腎虛可令脾無泄，病後還教髮不零。刮去黄毛須潔淨，熟蒸白蜜味甘馨。煨將猪腎空心服，更止虛鳴耳可聽。　石韋味苦，平，無毒。如皮柔韌得韋名，石罅陰崖草蔓生。肺部熱除知嗽止，膀胱氣化見溲清。金瘡堪令瘀無積，發背還教毒亦輕。更得羊脂乾炒用，黄毛須是去分明。　長生草味鹹，微寒，有毒。丹草長生入外科，四時產向石嵯峨。殺蟲力大能除積，辟鬼功高可退魔。調貼癰疽俱解散，研傅疥癬盡消磨。通泉名號雖相似，未識根枝可是麼。　景天味苦、酸，寒，無毒。入心經。火母原能辟火灾，盆中石上種應栽。女人帶漏須尋至，軍士金瘡蚤覓來。產後酒調陰不脫，昏時汁點眼能開。丹瘡風瘮驅皆去，更好煎湯浴小孩。　地錦味辛，平，無毒。同名血竭草中求，地錦呼為血見愁。薑酒拌來崩即止，米湯調下痢俱瘳。骨鑽疥癩欣收口，毒發癰疽喜出頭。敷得蕊間鷄眼好，《乾坤秘韞》更須搜。　陟釐味甘，溫，無毒。白石青谿產未齊，蒙茸柔滑手堪提。脯排筵上充供饌，紙列齋頭見品題。毒解赤遊生遍體，溫攻寒痛遶當臍。陟釐素識芳名久，聲轉訛傳作側梨。　卷栢味甘，溫，無毒。卷栢沙生最細，井花鹽水浸宜工。須知破血生投好，止血還教用火烘。　馬勃味辛，平，無毒。園中馬勃即灰菰，手指輕彈粉欲敷。形如豹足同，長生萬歲草多豐。除將瘻癧風俱去，散却癥瘕結盡通。山谷石〔臙〕〔嚥〕下刺傷無骨(硬)〔骾〕，噙來音失有聲呼。咽喉頗識人堪點，瘡疥須知獸可塗。富並牛溲非棄物，昌黎用備不時需。

穀部　胡麻味甘，平，無毒。入肝、脾、腎三經。胡麻大宛本來真，仙飯天台夙有因。白朮並行腸不滑，丹砂同煮力稱神。焦煩燥結能滋潤，癱瘓風淫易屈伸。何法却教苗茂盛，歸時夫婦種須均。　麻仁味甘，平，無毒。入脾、胃二經。麻仁去殼力多勞，入藥尤堪釀美醪。瘡去小兒頭上痒，風消老子體無搔。便通何患堅于石，髮長還教潤若膏。若遇氣虛休誤用，催生莫根產堅牢。　麵味甘，溫，有微毒。小麥收來麵易舂，飛羅石末豈相容。炒焦堪止脾多泄，煮熟從教食可供。熱渴水調消暑氣，損傷末傅散癰膿。北人稟厚宜常食，卑濕東南氣便壅。　麥蘖味甘、鹹，溫，無毒。入胃經。甘溫麥蘖炒微黄，修治留芽淨去芒。胸滿消痰能快膈，腹鳴下氣好寬腸。腐將五穀欣無滯，運却三焦喜有常。義取類從能化積，莫教胎墮反為殃。　蕎麥味甘，平，寒，無毒。花蕎烏麥蔚然興，滑細應將粉麵蒸。沖服熱湯沙不攪，調煎糖水痢無增。消磨滓穢雖堪喜，脫落鬚眉實可憎。作飯更能除痛瀉，便方偶得一山僧。　糯米味甘，性溫，無毒。由來糯稻性偏粘，釀酒蒸糕味最甜。虛滑川椒研可共，勞傷蓮子服須兼。發將黑陷天瘡伏，止却淋漓冷汗霑。久服令人筋易軟，壅風動氣病還添。　粳米味甘，平，無毒。粳米尋常食必周，蚤中晚稻有三收。春新爭似陳

為妙，色赤何如白更優。稈可燒灰砒亦解，泔能清熱便俱流。桃花竹葉湯真妙，一撮宜從白虎投。

薏苡仁味甘，微寒，無毒。入肺、脾二經。伏波滿載趍歸帆，錯認珍珠反被讒。資慾輕身消瘴癘，驅風勝濕履巉巖。煎湯甘美堪除渴，炊(板)〔飯〕馨香更解饞。肺痿肺癰皆可療，性非酸苦味非鹹。

罌粟殼味酸、澁，溫，無毒。入腎經。御米包藏罌粟中，園亭時遍餙尤工。點漿作腐蔬堪助，煮粥供餐食可充。疏却積痰能治噎，除將邪熱為驅風。脫肛瀉痢精多洩，收澁無如殼有功。

赤小豆味甘、鹹，平，無毒。入小腸、心二經。赤豆顆顆僅可餐，小而色黯入湯丸。宣通乳汁經皆利，墮下胞衣產不難。脚氣踐來隨可散，腫癰敷上即能安。只愁降令行偏過，多服須防血欲乾。

菉豆味甘，寒，入肝經。菉豆堪夸有好顏，食中要物製多般。凉生枕上尤當用，功在皮中未許刪。去却浮風無癖毒，解將煩暑向清閑。搓來縷縷俱成粉，脾胃虛寒莫見頒。

蠶豆味甘，微辛，平，無毒。聞道張騫使域西，歸來蠶豆種曾携。蛾成取象觀來好，繭熟逢時出始齊。子值歲飢堪備歉，苗當酒醉可開迷。不因快胃兼和臟，那得吞針救玉閨。

豇豆味甘、鹹，平，無毒。踤䟀三月種須埋，夏月傭奴賣滿街。治主腎脾均補益，功兼吐瀉揔和諧。雙雙莢結欣相得，兩兩花開樂更偕。每日空心宜煮食，謹將良法告同儕。

白藊豆味甘，溫，無毒。入脾經。蔓延藊豆種沿籬，入藥須教炒去皮。下氣和中無損胃，化清降濁好調脾。惡瘡少傅痂俱落，盛暑全消瀉可支。研末三錢調米飲，淋漓白帶盡皆醫。

黑豆味甘，平，無毒。入腎經。烏豆功多入腎家，水吞食後最堪誇。引經須把青鹽使，解毒宜將甘草加。收汗却教精可益，黑鬚管取鬢無華。度飢辟穀功非小，旱澇蟲荒不用嗟。

淡豆豉味甘、苦，寒，無毒。入肺、肝二經。豆經蒸罯豉堪成，香美調和五味平。治吐可尋鹽共用，驅風當覔酒同行。解肌發汗頭疼好，下氣除煩班毒清。瘧痢止來瘟疫散，曝乾封固製須精。

豆腐味甘，性寒，有小毒。莫嫌豆腐只尋常，法始淮南舊漢王。揭以薄皮真可喜，醉將燒酒復何傷。赤疼既好醫時眼，青腫猶堪治杖瘡。氣發腎間多中毒，杏仁萊菔力堪當。

陳倉米味酸，溫，無毒。米從陳廩積偏餘，氣過能令色變初。擣傳腫癰瘡便好，焙研噎膈氣皆舒。暖脾止痢應相合，消食寬中果自如。升許水丸梧子大，暑中吐瀉莫躊躇。

神麯味甘、辛，溫，無毒。入胃經。造麯(處)〔虔〕心擇吉朝，諸神監製必須邀。氣行可使痰俱豁，脾運能教穀盡消。彷佛醬黃無異法，依稀酒糵一般調。諸般食積難推去，化米先生一擔挑。

醋味酸，溫，無毒。入肝經。醋堪入藥必須陳，家造何勞更乞鄰。些少香清開鬱氣，食多肉膈揭朱唇。昏迷急救噴宜蚤，腫毒全清傅欲頻。王戩一生能戒此，年踰八十可傳神。

酒味苦、甘、辛，熱，有毒。入肺、胃二經。大寒幾見酒成冰，夜飲傷人甚夙興。甘草須防中易緩，葛花可解熱偏蒸。風驅血活欣相勸，火動痰生痛欲懲。口不燥乾脾不瀉，蘭陵水重味尤增。

燒酒味辛、甘，大熱，有毒。火酒由來性最驍，元時創法始蒸燒。辛香可令寒涎化，燥熱能教冷積消。赤腫目疼宜反治，沉陰瘧疾好和調。若非豆粉兼鹽水，腸胃何由免腐焦。

糟味甘、辛，無毒。釀酒餘來糟粕多，製將伏臘起沉疴。入瓶須令陳為妙，揉物能教軟可那。青腫杖瘡欣轉活，損傷瘀血喜調和。蜂叮蛇咬俱堪用，無奈辛香欲醉何。

菜部

韭味辛，溫，無毒。韭剪周顒帶雨淋，叢生長葉翠青深。止將崩帶無從下，固却遺精更不淫。氣噎血瘀宜採取，神昏目暗免追尋。辛香春氣猶堪食，夏熱須防惡穢浸。

葱味辛，平，入肺、胃二經。外直中空喜有葱，草能和事每多功。癰疽百種頭能出，魚肉諸般毒可攻。利便開関能發散，疏風燥濕為宣通。食多髮落神還亂，一犯常山瘧再逢。

蒜味辛，溫，有毒。入脾腎二經。大蒜端陽採更春，驅邪辟鬼不逢凶。研塗足底經堪引，搗貼胸前痞莫容。三伏灸時需此隔，五辛合處藉茲供。只愁性熱偏多臭，耗血能教(服)〔眼〕上衝。

油菜味辛，溫，無毒。芳園油菜遍教栽，戍卒芸薹得種來。吹乳搗敷無膈乳，懷胎煮食即傷胎。風遊丹腫消多處，血結癥瘕破一堆。子更澁精除夢泄，榨油還可點燈臺。

白菜味甘，溫，微毒。俗呼白菜即為菘，頗有貞操耐歲終。酒醉服時隨醒悟，漆瘡敷處即消融。愁看髮落塗頭上，欲去絲飛滴眼中。藥內雖教甘草在，食多諸病不能攻。

芥菜味辛，溫，無毒。莖葉為苗食可供，性偏剛介豈凡庸。除將陰氣心無痛，豁却寒痰膈盡鬆。氣散泄精昏眼目，味辛動火發瘡癰。損傷麻痺調塗好，酒醋生薑拌欲濃。

白芥子味辛，熱，無毒。入肺經。蜀芥由來子不同，豁痰利氣最多功。涎流可向皮膜散，支滿能從胸脇通。卒中飛尸誠易辟，初生腫毒豈難攻。狂風大雪須防護，性脆須知蒔必工。

萊菔子味辛，溫，無毒。蘿蔔神仙骨甚奇，豁痰利氣子相宜。半空峭壁從天倒，一葉危墻著地推。嘸透薰烟堪救死，種多益米豈充飢。地黃白髮休同食，此是人人盡解知。

薑味味辛，熱，無毒。入肺、脾二經。味最辛溫力最強，誰知秋熱便無薑。熱投榮衛俱和暖，生用風寒盡發揚。積冷晒乾多

速效，唾紅炮黑有奇方。好茶一兩須同服，赤白從教痢不傷。

(萎)〔荽〕味辛，溫，微寒，無毒。胡(萎)〔荽〕多鬚食可供，發將痘疹即時鬆。芬芳製就葅原美，馥郁噴來酒更濃。辟却魚腥堪使淨，下將蠱毒莫教容。若還口臭兼狐臭，誤食翻教病益凶。

芹菜味甘，平，無毒。香芹原是水中英，葉似芎藭對節生。醬可同調葅甚美，醋休共食齒須傾。作羹堪把崩淋止，搗汁能將煩渴清。腹滿面青多中毒，虺蛇蜥蜴恐遺精。

蘹香味辛，溫，無毒。入胃、腎二經。八角茴香番舶求，芬芳端好佐珍饈。溫將精暖陽堪舉，散却脾寒痛即瘳。疝發不愁九欲墜，蛇傷何慮毒還留。小茴雖是功稍遜，冷氣膀胱亦可收。

菠菜味甘，冷滑，無毒。手摘菠薐菜實鮮，種從西國有僧傳。渴煩頓使津俱潤，燥結何愁便更堅。性可制砒霜欲煉，味堪解酒汁思飲。食多腹冷腰常痛，脚弱還教步不前。

苜蓿味微甘、淡，無毒。樂遊苑內草風光，木粟多生泮水旁。米可充餐炊便熟，根堪作酒釀尤香。石沙不患淋猶痛，大小須知便不妨。陜隴只今常種植，飼將牛馬力偏強。

莧菜味甘，冷利，無毒。莖葉園中莧最高，種來易見不須勞。齒牙痛是根須掘，眼目昏迷子可挑。赤痢除來疼亦止，漆瘡洗去痒休搔。莫教與鱉相同食，結就癥瘕苦怎熬。

萵苣味苦，冷，微毒。筍來萵國最清馨，製以鹽糟好入瓶。氣化膀胱能利便，瘀消血脉為通經。齒牙瑩白無餘迹，眼目精明少遁形。蛇虺百蟲何敢近，入將燒煉藥俱靈。

蒲公英味甘，平，無毒。隨風吹子種閒庭，花似簪頭脚似丁。狗乳草同耳瘢草，蒲公英即僕公罌。方傳越國丹還少，刺出真人記獨清。最喜婦人雙乳上，透將癰毒不能成。

蕨味甘，寒，滑，無毒。紫蕨微嫌性滑寒，搗將白粉晒須乾。便清水道通偏易，熱結腸風散不難。嗣子採來供禴祀，埜人掘取代飢餐。只愁多食真元耗，腹內成瘕痛未安。

芋味辛，平滑，有小毒。岷上喜淂見蹲鴟，卓氏當年有所思。止却熱煩能解渴，代將糧食好充飢。汁塗蜘咬傷無害，梗擦蜂叮毒可追。更有一般名土芋，厚人腸胃最相宜。

山藥味甘，平，無毒。入心、脾、腎三經。薯蕷根多類芋形，只宜色白不宜青。麵麩盡解休同食，霧露誰云未可經。補腎管教精勿滑，健脾能使瀉俱停。性情和緩真君子，服食非多效不靈。

百合味甘，微寒，無毒。入心、肺二經。百合根粗開白花，病名喜對藥名嘉。傷心免滴相思淚，坐臥能驅鬼魅邪。止嗽却教紅即止，烏鬚何患白猶(如)〔加〕。乾宜作粉新宜煮，雞糞壅來盛可誇。

竹味苦、甘，寒，無毒。入心、胃二經。入藥何堪少此君，竹中一一放須分。茹能定呃皮中取，瀝可消痰火上薰。葉淡清心偏有用，笋多耗氣豈無聞。實供鸞鳳非常物，益壽輕身更不群。

茄味甘，寒，無毒。茄子何缘字落蘇，邑分青紫白猶殊。方傳埋土痰俱化，法取懸門疝可無。毒上腫疼調醋傅，乳頭裂破煅灰敷。發瘡動氣休多食，脾泄還教眼亦枯。

壺盧味甘，平滑，無毒。匏瓜空自繫閑庭，錯認壺盧當藥瓶。消渴既除鐺不倒，石淋堪止戶能扃。浴除胎毒(鬚)〔須〕多效，漱止牙疼子有靈。取葉作茹荒歲用，耐飢穀食可消停。

冬瓜味甘，微寒，無毒。三月冬瓜種滿畦，夏秋結實大堪攜。搗敷不患疽生背，煨食從教水去臍。塗面子堪增色澤，練衣瓤可淨污泥。喜尋梧葉將猪喂，數倍肥添肉與蹄。

南瓜味甘，溫，無毒。南瓜原產自南番，浙閩移栽種更繁。益氣自能扶餒弱，補中更可療虛煩。煮同肥豕脾應健，食共羶羊胃欲翻。脚腫疸黃休嗜食，經霜留取待春暄。

絲瓜味甘，平，無毒。絲瓜何事喚天蘿？霜老筋絲蘿織多。滌釜用鬚污白淨，染衣取汁綠堪拖。痘瘡透出何須發，乳汁行來可待瘥。解毒殺蟲功最速，採將籐葉及根柯。

菜瓜味甘，寒，無毒。色分青白種堪誇，越地多生羊角瓜。敷却熱瘡煩盡解，通將水道使能加。果蔬充入宜栽圃，鹽醬藏來好作家。驢馬食多猶眼爛，暗入耳目豈云差。

苦瓜味苦，寒，無毒。茘枝結就錦層層，五月生苗引蔓藤。瓜好清心將日豁，子能益氣把陽興。拌同鹽醬蔬堪食，切共青皮肉可蒸。苔刺種同知即此，星槎勝覽豈無憑。

紫菜味甘，寒，無毒。紫〔莢〕偏從海畔生，挼將餅狀晒乾成。破來積塊從容散，消去癭瘤即漸平。煩熱壅喉宜煮汁，甘寒適口好和羹。食多白沫從教吐，一盞須知醋可傾。

石花菜味甘、鹹，大寒，無毒。色分紅白似璚枝，湯沸須將砂石披。沃以醋薑方不碍，化成膠凍始相宜。上焦浮熱清心肺，下部虛寒損胃脾。郭璞海中曾有賦，石花土肉甚希奇。

木耳味甘，平，有小毒。枯木諸般有耳生，槐桑最妙柘平平。血消瘀熱腸無漏，淚止模糊眼可清。穀斷自能將氣益，志強更好令身輕。須知赤色尤當忌，誤中蟲蛇毒不輕。

香蕈味甘，平，無毒。玉食堪登列御前，枳椇桐柳蕈生妍。名傳芳馥知香久，義取覃延識味鮮。益氣不飢仙可淂，治風破血病能痊。宋人喜有陳仁玉，《菌譜》詳來品甚全。

蘑菰味甘，寒，無毒。桑楮深埋土欲蘇，山東淮北種蘑菰。玉簪狀類真佳品，鷄腿形同見俗呼。理氣管教痰盡化，厚腸却使胃堪扶。中虛別有蜂窠眼，羊肚須知菜更殊。

木部

栢實味甘、辛，性平，無毒。入心、肝、腎三經。栢實芬香氣獨殊，炒研入

藥去油酥。安神定悸心堪養，壯水扶陽腎不枯。管取聰明開耳目，却教美少澤肌膚。赤松食此重生齒，快馬奔騰可急趨。　扁栢味苦，微寒，無毒。入肝經。翠栢凌冬傲雪霜，採將側葉豈尋常。周身痺濕能除痛，歷節風疼不受殃。吐衄投來紅即止，崩淋加上血偏凉。入山毛女曾經食，釀酒新春味最香。　松香味苦、甘，溫，無毒。入肺、胃二經。老松皮內漫尋求，煉取陰脂却喜幽。風氣製來宜用酒，癬瘡敷處必須油。生肌活血癰疽好，止痛排膿腫毒瘳。堪羡文房添一助，輕輕熯上筆尖頭。　肉桂味辛、甘，大熱，有小毒。入腎、肝二經。上品供官桂甚崇，近根最厚肉偏豐。虚寒瘕疝辛溫解，痼冷痰涎大熱攻。益火助陽誠有力，消陰止泄每多功。只愁燥烈難相制，怕火還須更忌葱。　桂心入心、脾二經。主治中焦用桂心，心脾有恙急須尋。發將痘疹逢佳兆，托却癰疽報好音。氣血那愁關勿利，痺風何慮病猶深。三蟲丸痛俱能治，蛇蝮雖傷毒不侵。　桂枝入肺、膀胱二經。桂枝主治上焦來，解表從教汗不留。風在皮膚應自散，痛居心腹即能瘳。橫行手臂經堪引，直指奔豚劑可投。最是辛甘能發散，陰虚血症不相謀。　辛夷味辛，溫，無毒。入肺、胃二經。辛夷花發滿庭芳，賦入甘泉才藻香。木筆象形稱北地，迎春開蚤喚南方。升清堪止頭中痛，利竅能消鼻內瘡。射肺却教多咳逆，外毛切弗犯微茫。　沉香味辛，溫，無毒。入脾、胃、肝、腎四經。薰衣和藥性芬芳，堅黑須尋沉水香。下氣自能消結滯，補精端可壯元陽。惡邪鬼注曾無碍，霍亂痰涎更不傷。辛燥必須防烈火，臨時磨汁入煎方。　丁香味辛，溫，無毒。入肺、胃、腎三經。丁子原名鷄舌香，郎官奏事口含芳。溫將脾胃能行滯，暖却腰臍更壯陽。吐逆止來關不格，白灰退去痘生光。如何雄者偏顆小，大似山萸母更強。　檀香味辛，溫，無毒。入肺、胃二經。釋氏旃檀佛可供，紫和黄白各般容。水宜淨面消斑點，汁好塗身去熱壅。冷痛不愁攻腹胃，吐煩何患攪心胸。文房器具俱堪置，泄氣還須用紙封。　烏藥味辛，溫，無毒。入胃、膀胱二經。連珠烏藥出天台，順氣何愁口眼歪。能令膀胱寒氣暖，頓教胸腹積停開。茶煎芳馥消煩渴，酒服辛溫辟疫災。愛物更憐貓犬病，急須磨服免疑猜。　阿魏味辛，溫，無毒。入脾、胃二經。阿魏無真却有真，臭而止臭乃為珍。痞消不患瘕猶積，瘧止何愁痢更頻。辟鬼祛邪功最速，殺蟲解毒味偏辛。古傳三法應須試，乳鉢精研細似塵。　厚朴味苦、辛，大溫，無毒。入脾、胃二經。由來性朴少浮誇，紫色須知種更嘉。刮去粗皮方適用，製來薑汁莫急差。溫中快膈宜先使，下氣消痰可速加。嘔逆急投平胃散，妊娠誤服起喧譁。　杜仲味辛、甘，溫，無毒。入肝、腎二經。杜仲求仙食此成，即將妙藥借佳名。斷絲須記尋鹽炒，折片休忌用酒傾。肝潤骨筋無強直，腎強腰膝易支撐。少年脚軟當新娶，煎服三朝便可行。　椿梗皮味苦，溫，有小毒。大椿歲有八千餘，一望清香別臭樗。中滿必須防熱麵，神昏切勿犯油猪。濁遺堪止脾無泄，崩帶能收痢亦除。折取嫩芽同淪茗，風消更使毒還祛。　漆味辛，溫，有毒。入肝經。漆產金州琥珀新，樹形如柿葉如椿。浴將蘇葉瘡俱退，混入桐油貨不真。醋炒產瘀難積滯，酒和經脉自調勻。無腸公子當年在，豫讓何愁癩此身。　海桐皮味苦，平，無毒。入脾、胃二經。海南有樹儼如桐，一望皮間刺更叢。疼痛既除腰下濕，痺頑復去足間風。頻頻煮服消疳䘌，蚤蚤調塗治癬蟲。血溢金瘡難得止，夏秋花底覓繁紅。　乳香味辛，溫，無毒。入心經。薰陸香脂滴乳頭，不須葱蒜煆方柔。燈心細細研成末，箬葉輕輕焙去油。活血管教筋盡展，和中却使痢俱瘳。癰疽已潰君休服，敷上陰莖腫即收。　沒藥味苦，平，無毒。梵言沒藥出波斯，樹久凝流自有脂。消腫散瘀偏適用，生肌定痛復何辭。瘡傷金刃功堪奏，經現奇形計可施。相配乳香更活血，莫教誤服墮胎兒。　騏驎竭味甘、鹹，平，有小毒。入心、肝二經。血竭南番諸國尋，樹旁掘坎地中深。損傷頓使生肌肉，倉卒何愁痛腹心。名借騏驎良馬隱，光分熒惑吉星臨。若和眾藥同相搗，化作塵飛更不禁。　安息香味辛、苦，性平，無毒。入心經。種從安息國來新，拙貝羅香取供神。服可驅邪方見妙，燒能集鼠始為真。腹心氣痛無傷卒，癆瘵尸傳莫恨頻。更喜婦人深夜裏，鬼交惡夢不教親。　蘇合香味甘，溫，無毒。香名蘇合產安南，沈括從教縱筆談。時氣鬼精驅瘴瘧，驚癎瘈(縱)〔瘲〕化風痰。百邪消去丸須製，五藏調和酒可酣。燒向火中灰白好，誤傳獅子屎何堪。　樟腦味辛，熱，無毒。樟樹脂膏腦髓添，鍋煎木攪法宜兼。丹爐傾入鉛堪制，烟火投來勢必炎。利竅通關原可用，殺蟲去濕更須拈。衣筐席簟薰能透，壁虱全消有甚嫌。　蘆薈味苦，寒，無毒。入心、肝、脾三經。草形木質辨須真，蘆薈消疳力最神。象膽比來嘗實苦，樹脂滴出採尤新。去將濕熱蟲堪殺，點入清凉目可明。猶記當年劉禹錫，癬方傳自楚州人。　黄蘗味苦，寒，無毒。入腎經。蘗木無如產蜀中，誤書黄栢俗難通。光生眼內全消黑，血下腸間盡去紅。龍火瀉來陽不(元)〔亢〕，肺金滋却水能充。酒調蜜漬鹽還潤，腫毒瘡瘍盡可攻。　川楝子味苦，寒，有毒。入脾、肺二經。形似金鈴子不同，須知苦楝產川中。諸瘕腫痛堪除疝，一切瘡

瘍好殺蟲。(寶)〔實〕盛鵷鶵糧可代，葉多獮豸食堪充。蛟龍何事偏相畏，和粽投江製甚工。

槐花味苦、酸，寒，無毒。入肝、大腸二經。槐花采蕊須陳久，染就嬌黃色更鮮。便利管教紅即止，痔消更使痢俱安。陰囊濕癢枝堪主，疥癬疔疽葉可痊。氣降血行槐角好，墮胎何慮產猶難。

梣皮味苦，微寒，無毒。梣高木小最堪誇，誤作秦皮輾轉差。合製丹方尋道士，常留墨色覓書家。婦人崩帶功能奏，兒輩驚癇力可拿。性滯益精還有子，煎湯洗去眼中花。

合歡皮味甘，平，無毒。入心、脾二經。花開夜合一何妖，揉碎堪憐幼婦嬌。明目不須愁黯黯，快心管取樂陶陶。折傷冲酒須臾續，癰腫煎膏頃刻消。刮去粗皮堪炒用，殺蟲止痛喜油調。

皂莢味辛、鹹，溫，有小毒。入肺、肝、胃三經。猪牙酷似莫疑猜，皂角偏宜鄒縣栽。宣壅有堅俱盡破，逐痰無閉不能開。子將瘰癧潛消去，刺把疔疽盡透來。誰識玄房仲長統，却教搗汁更燒灰。

肥皂莢味辛，溫，微毒。莢生肥厚遍山陬，丸合諸香匣可收。瀉痢粥和無噤口，膿瘡粉傅不生頭。刺斑淨沒還除毒，滓穢全消盡去油。服滷勢危難救解，水調急取灌咽喉。

沒石子味苦，溫，無毒。入腎經。無食須知子最良，一莖異產不尋常。充來果食成佳品，製就松烟發異光。止痢溫中腸不滑，烏鬚黑髮鬢無瘡。淋漓陰汗燒灰撲，出自傷寒仲景方。

訶黎勒味苦，溫，無毒。入肺、大腸二經。廣州訶子遍山巖，天主持來品不凡。黑髮烏鬚如潑墨，澀腸止痢似封函。魚衝番舶涎俱化，茗煮僧房水不鹹。最是苦溫能泄氣，勸君少服豈云讒。

柳味苦，寒，無毒。千株高柳綠陰遮，折取柴薪可作家。熱盛褥茵鋪弱絮，汗多鞋襪襯飛花。煎湯嫩葉消瘡毒，削杖柔枝剔齒牙。更有水楊堪製箭，發來痘瘡必須加。

蕪荑仁味辛，平，無毒。入肺經。蕪荑採實不求根，入藥須知大最尊。一味恐清鹽多走泄，製宜醞醬甚辛溫。除將五積幾無剩，殺盡三蟲更不存。一陣氣羶稱最好，小兒搗爛作丸吞。

蘇木味甘、鹹，平，無毒。入心、肝、脾三經。木號蘇方出海隅，今人聊作省文呼。配將美酒風俱散，加入紅花血豈污。染絳必須尋巧匠，積薪安可委樵夫。文横紫角中心好，鐵器相投色便枯。

烏木味甘、鹹，平，無毒。最是烏文(水)〔木〕有名，緻堅體重價非輕。種從番舶攜來好，器入文房製頗精。葉似棕櫚看仔細，色同樺樹認分明。末研溫酒同調服，吐瀉從教上下平。

巴豆味辛，熱，有大毒，入肺、脾、胃、大小腸五經。老陽子向蜀中生，油去堪將霜煉成。喘定小兒痰不壅，血消妊婦孕俱傾。癰疽腫痛皆能破，癖積癥瘕盡可行。辛熱令人多中毒，黃連大豆汁須清。

大風子味辛，熱，有毒。狀如椰子產番中，主治原堪療大風。仁怕變黃藏不久，油須熬黑製方工。楊梅結核能攻毒，疥癬瘡痍可殺蟲。多服血傷明易失，外塗種種見奇功。

桑白皮味甘，寒，無毒。入肺經。桑是星精上應箕，根中主用莫如皮。消痰止嗽功偏速，利水寬膨效甚奇。葉可熬膏風易治，椹堪釀酒濕能醫。嫩枝折取須常服，煮藥桑柴火甚宜。

楮味甘，寒，無毒。雌雄構樹辨須詳，練布尤能造紙張。水腫用皮宜釀酒，癬瘡采葉好煎湯。枝消癮瘮兼明目，實補虛勞更助陽。用枕若能尋楮木，滿頭風雪不飛霜。

枳殼、枳實味苦，微寒，無毒。入肺、大腸二經。年深枳殼最堪誇，枳實看來小更嘉。殼可寬中真暢快，實能破積有擒拿。高低部位休投誤，緩急功能莫認差。若是氣虛無阻滯，兩般慎勿亂相加。

山梔味苦，寒，無毒。入肺經。相如作賦美鮮梔，入夏開化似酒卮。香豉合來安腫處，茵陳配向發黃時。火炎仁可清胸膈，熱甚皮能解表肌。最是苦寒多損胃，急須炒黑莫遲遲。

酸棗仁味酸，平，無毒。入肝、膽二經。細看酸棗小而圓，棘實形同莫認偏。燒核肉中能去刺，研仁心下可安眠。養成莫道師猶賤，種處須教縣亦傳。遠志茯神常作伴，惟於防己不相憐。

蕤核味甘，溫，無毒。入肝經。白桵核內喜仁臟，花實垂垂似耳璫。丸合守中知秘法，膏調春雪見奇方。目疼赤腫施真妙，鼻衄淋漓治最良。更喜不飢多益氣，便教久服有何妨。

山茱萸味酸，微溫，無毒。入肝、腎二經。山茱欲潤酒頻澆，肉淨應須把核挑。女子經行能定準，老人尿急可和調。性偏酸澀強精髓，味更辛溫暖膝腰。扶壽還丹稱至藥，不徒入味獨高標。

金櫻子味酸、澀，平，無毒。入脾、腎二經。金櫻酸澀不堪嘗，霜熟惟當取半黃。止却帶崩誠有用，除將咳逆復何傷。牢拴倉廩脾能固，扃鑰元精腎可藏。芡實粉須同服食，丹名水陸補真陽。

郁李仁味酸，平，無毒。入脾、大腸二經。花開郁李思依依，子若櫻桃色更緋。註疏雀梅真馥郁，詩稱棠棣甚芳菲。宣通水府能開竅，潤達幽門為轉機。乳婦因驚目不瞑，酒調醉飲效真希。

女貞實味苦，平，無毒。入肝、腎二經。貞木凌冬色不淹，造成白蠟利尤添。烏鬚明目心偏喜，却病延年意所懽。序見名人功可述，歌傳處女韻能拈。子真上品稱仙藥，散血除風葉好兼。

冬青味甘、苦，涼，無毒。凍青何事喚江東，青翠經冬色不同。團葉採來緋可染，嫩茅摘下食堪充。灰燒塗面全消滓，酒浸榮膚盡去風。久患痔瘡宜用子，法傳《集簡》古方中。

枸骨味苦，涼，無毒。葉形有刺似貓兒，盃獻南山好賦詩。盒器旋來工作想，雀鳥粘就弋偏思。煎膏採用枝和葉，浸

酒搜尋木與皮。一切白癜風悉去，更教腰脚亦忘疲。

芸香味酸、濇、微甘，無毒。山礬三月椗花肥，七里香從野苑飛。塗壁層層蟲好去，藏書久久蠹應希。莖同秋竹疑還信，枝象青松是也非。風眼爛弦蒸熟洗，老薑三片喜相依。

南燭味酸、濇，無毒。子生南燭色逾丹，草木稱王洵所難。益氣強筋惟我健，駐顏黑髮耐人看。去風管使眠俱穩，止泄從教便即乾。葉至清明宜擣汁，染成烏飯更堪餐。

五加皮味辛，溫，無毒。入腎、肝二經。交加五葉映星躔，使可追風用酒煎。濕痺驅來肝有主，便精縮却腎無愆。蝕陰女子瘡俱好，脚軟兒曹步亦前。金玉滿車誇富貴，何如一束病都痊。

枸杞子味甘，微溫，無毒。入腎、肝二經。枸杞由來好釀醪，子多紅潤似葡萄。強筋明目肝能養，益髓填精腎不勞。瑞犬可知形實肖，仙人更喜杖堪（摻）〔操〕。西河有女經年服，花葉根莖采幾遭。

地骨皮苦，寒，入足少陰、手少陽經。枸杞根名地骨皮，搥心刷土謹修為。骨蒸可療添精氣，腎火堪祛解熱肌。在表風邪攻即散，伏中虛燥力能移。苦寒自是專凉血，煩渴金瘡任所施。

石南味辛、苦，平，有毒。向陽喜傍石間生，庭院移栽翠色迎。喚作欒茶非別種，呼為風藥有佳名。皮毛疏利頭無痛，筋骨流通脚易行。最是婦人經久服，一逢男子便牽情。

蔓荊子味苦、辛，平，無毒。入肝、膀胱二經。滋蔓苗莖近水涯，牡荊形似認休差。太陽管合頭無痛，筋骨從教氣不麻。疎散自能清火眼，辛溫更好治風牙。乳癰初起多研末，酒服須知更可搽。

紫荊味苦，微寒，入手足厥陰經。一歲花開有二三，紫荊子熟似珠涵。流通血氣經無阻，解散癰疽毒不含。青腫眼睛薑可傅，風攣腰膝酒須酣。沖和膏製楊清叟，留下仙方豈未諳。

木槿味苦，平，無毒。木槿川中力最優，醋磨疥癬好塗頭。正偏已令風俱去，赤白還教帶即收。編就疎籬枝可折，煎成清茗葉堪搜。蕣華顏色雖嬌好，暮落朝開一夕休。

山茶　山茶花發向寒冬，嫩葉烹來茗可供。簇似寶珠稱妙品，鬅同宮粉見嬌容。盪燒調末需凉解，吐衄煎湯去熱壅。髮墮婦人研用子，《摘玄方》在可相從。

蠟梅味辛，溫，無毒。色同蜜蠟喜堆金，香似梅花最賞心。磨出黑光皮易取，解將炎暑蕊難尋。首推莫若檀香紫，次選無如磬口深。子種未經枝接取，狗蠅些小不堪欽。

密蒙花味甘，平，無毒。入肝經。經冬俟舊葉青葱，錦簇花繁喜密蒙。酒浸清香宜配合，蜜蒸滋潤好和同。青盲不患光難透，赤腫何愁火易衝。　黃栢共丸臨臥服，退將翳障更多功。

木綿味甘，溫，無毒。古終古貝種須求，不事蠶桑美利收。花既搖來堪紡布，子還打出可蒸油。血崩燒服欣全愈，疥癬調塗喜速瘳。植自南番交廣國，後因宋末入中州。

黃楊味苦，平，無毒。無花無實葉森森，家種黃楊樹易尋。膩可作梳梳最利，堅能剜印印多深。乘陰好伐皮難裂，入水能沉火不侵。熱癤搗塗容易好，達生妙散喜盆臨。

茯苓味甘淡，平，無毒。入心、腎、脾、胃、小腸五經。茯苓滇產舊知名，松樹精英久結成。堅實須知皮可去，淡平每與醋相爭。益脾不使痰涎汎，滲濕何愁泄瀉生。赤入丙丁耑利竅，膀胱氣化水能行。

茯神　松餘結就氣和津，相抱根深有茯神。辟却不祥驅怪物，止將驚悸治虛人。博聞強識無遺漏，悅色怡顏少怒嗔。松節散求心內木，風攣痺濕屈能伸。

琥珀味甘，平，無毒。入心、肺、脾、小腸四經。一望江珠喜陸離，魄依死虎有誰知。拾將芥草真稱異，化自楓津果擅奇。明目翳膜無復障，安神鬼魅敢相隨。聖朝碎枕分軍士，散血金瘡盡可醫。

猪苓味甘淡，平，無毒。入腎、膀胱二經。猪苓誰處長根柯，塊黑形如猪屎何。種在衡山尋便有，氣餘掘木結尤多。濕痰淡滲無餘疾，淋腫分消去積疴。津液燥亡能損腎，休教常服眼摩娑。

雷丸味苦，寒，有小毒。入胃經。一聲霹靂震空中，氣化雷丸栗子同。蠱毒積深能辟惡，顛癇狂發為驅風。損於女子全無效，益在男兒實有功。本草却教讀一過，聞名殺盡應聲蟲。

桑寄生味苦，平，無毒。入肝經。寄生桑上果奇逢，襍木充來未許供。血在下時能補益，腰當痛處為輕鬆。管教牢固胎難墮，更使疏通乳不壅。長却鬚眉堅齒髮，肌膚充滿有豐容。

天竺黃味甘，寒，無毒。入心經。邊竹由來產海邦，塵沙結就竹中黃。慣從猛藥消餘毒，還向金刀治惡瘡。效並膽星痰可去，功同竹瀝熱教凉。性能和緩無〔寒滑〕，用入兒科更見長。

菓部

杏仁味苦、甘，溫，有毒。入肺、大腸二經。杏仁切勿用雙仁，炮去皮尖麩炒勻。化却錫鉛誠有效，消將狗肉最如神。解肌可令風寒散，利氣何愁喘嗽頻。益壽駐顏無別法，五更細嚼好和津。

烏梅味酸，平，無毒。入肺、脾二經。眾味和羹可令媒，青梅薰黑作烏梅。心疼蛔厥無多個，煩熱傷寒只幾枚。點痣消瘢誠有用，生津止渴復何猜。若還齒齼悲酸楚，須嚼胡桃肉解來。

桃仁味苦、甘，平，無毒。入肝、大腸二經。桃為仙果最堪餐，劈破黃金色一般。他樹接來誠易識，雙仁檢去不難看。諸經莫患多瘀滯，大便何愁更燥乾。五木精靈邪可辟，尸傳魘寐豈容奸。

栗味鹹，溫，無毒。栗須皮薄味多甜，產向深山意所忺。食下胃脾飢不覺，啖來腰脚病無添。血瘀復活曾無滯，面皺還舒更可瞻。發氣忌生蒸壅氣，火煨作粉復何嫌。

棗味甘，平，無

毒。入脾經。剝棗須乘八月時，曝乾實大好充飢。生津止渴能滋肺，助脉強神可益脾。和却陰陽俱各足，調將榮衛更相宜。小兒疳病休貪食，損齒生蟲害反貽。

梨味甘、酸，寒，無毒。入心、肝、脾三經。宣城快果莫如梨，水浸輕刀刮去皮。化却痰涎真有效，解將酒毒最相宜。甘寒適可凉心肺，生冷偏多損胃脾。若要樹間蟲不蠹，只求上巳少風吹。

木瓜味酸，溫，無毒。入肝經。木瓜投我報瓊琚，最喜宣城產有餘。吐止周身筋不轉，濕除兩脚氣能舒。補堪濯足非無益，杖可扶危顏自如。更見諸般靈異處，呼名書字病都祛。

山查味酸，平，無毒。入脾、胃二經。霜熟山查色更緋，樹間猴鼠啖來肥。煎同紫草天瘡發，調共沙糖惡露稀。洗却漆污身自淨，消將肉積腹仍飢。老鷄肉硬誠難煮，投入湯中爛若泥。

柿味甘，寒，無毒。入肺、脾二經。藏器云：飲酒食紅柿，令人易醉。或心痛欲死。實哉！戒慎忌之。柿葉收來好作書，經秋霜熟最蕭疏。乾醫反胃腸俱厚，生主消痰喘自舒。酒共飲時心欲痛，蟹同食處瀉偏餘。白霜修治誠何用，口舌咽喉火悉除。

石榴味酸、澁，溫，無毒。入肝、脾、腎三經。丹實垂垂似贅瘤，結於盛夏熟深秋。湯煎頓使蚘俱下，汁點從教淚亦收。性滯帶崩無滑脫，味酸瀉痢可遲留。水銀魚鰾同塗抹，皓首蒼髯不用憂。

橘味甘、酸，溫，無毒。橘實繽紛似矞雲，朱黃兩色種須分。蟹教同食癰須發，鼠令深埋子更殷。果品蜜煎欣數個，葅茶醬拌喜多斤。酸甘潤肺還開胃，多用生痰古有云。

橘核味苦，平，無毒。橘實中央有核居，炒研入藥效無虛。青皮較處功同等，溫酒煎來力有餘。腎注漫誇腰不痛，疝癩却喜氣能舒。傳君赤鼻方真妙，兼食胡桃淡若初。

陳皮味辛，溫，無毒。入肺、脾二經。廣皮陳久始稱良，須把浮膜盡去光。質配升沉同上下，性隨補瀉共溫凉。消痰更有中和妙，下氣曾無猛烈傷。百病諸方皆可入，莫嫌暖肚橘皮湯。

青皮即橘之小者，與上同。橘未黃時色尚青，切皮拌却醋酸馨。癰生肌上全消核，疝發囊中盡去形。解酒豁痰功最速，削堅破滯效真靈。紅皮雖是同疏氣，升降浮沉各有經。

橙味酸，寒，無毒。橙經霜熟掛金毬，一種清香分外幽。膏用蜜煎堪久貯，丁將糖製可常留。消痰頓使心無惡，中酒從教毒亦休。和却葅醯真妙品，多傷肝氣為酸收。

香櫞味苦，溫，無毒。入肺、脾二經。枸櫞知即是香圓，佳種多從閩廣傳。下氣莫教忘去白，消痰須是積多年。葛衣浣處光偏淨，果食充來味更鮮。列向案頭供賞玩，俗呼佛手大如拳。

枇杷味苦，平，無毒。入肺、胃二經。枇杷葉果似琵琶，陰密經冬開白花。酸汁啖來真可喜，微毛淨去始無差。胃家止嘔薑堪入，肺部消痰蜜更加。猶記詩人楊萬里，荔枝金橘共相誇。

楊梅味酸、甘，溫，無毒。楊梅五月始堪餐，解渴除煩眾所歡。後重研來堪止痢，損傷敷處可消瘢。釘將甘草應無癩，接上桑枝更不酸。紫更勝紅紅勝白，鹽藏蜜漬曝須乾。

櫻桃味甘，平、熱，無毒。寢園春薦伴牲牢，一望朱櫻似小桃。葉煮老鵝容易軟，花消粉刺不須挑。滑精何患流如水，美色從教潤若膏。舞水富家貪食此，肺癰肺痿發兒曹。

白果味甘，性溫，有小毒。銀杏雌雄種欲同，花開花落夜朦朧。嗽痰止處能溫肺，疥癬塗來可殺蟲。縮却便精誠有效，浣將油膩豈無功。小兒勿使多貪食，氣壅昏迷更動風。

核桃味甘，平，無毒。入肺、腎二經。漢使乘槎牛斗高，喜從西域得胡桃。衰顏管使還堪潤，白髮何愁未肯饒。丸佐青娥腰不痛，夢傳大士喘俱消。命門火熾休多服，惹却痰涎湧似潮。

橡實味苦，微溫，無毒。入脾、胃二經。柞子曾將橡斗名，小兒嬉戲轉旋輕。染將皂色鬚髯黑，消却膿瘡瘰癧平。固腎管教溲亦澁，厚腸何患痢猶傾。渴堪煎茗飢充穀，喂食肥猪肉更精。

荔枝味甘，平，無毒。上林作賦具僊才，丹荔遙從八閩栽。殼發痘瘡宜用煮，核消癩疝必須煨。散將瘰癧瘤無贅，美却容顏智亦開。剝出水晶餐絳雪，楊妃當日愛尤該。

龍眼味甘，平，無毒。入心、脾二經。閩中龍目荔枝奴，歲貢崎嶇歷遠途。點點豈真如燕卵，顆顆却可似驪珠。補虛脾胃從茲益，安睡怔忡自此無。細嚼若教千百遍，玉泉滿口不愁枯。

青果味酸、澁、甘，平，無毒。入胃經。味先苦澁後清馨，橄欖經年色倍青。口吻燥疼仁可傅，疝癩腫痛核偏靈。酒傷却喜能消毒，魚鯁從教為化形。何事更名忠諫果？言雖逆耳最堪聽。

榧子味甘，平，無毒。入肺經。玉山榧實燦金盤，火炒香酥更可餐。明目輕身功易奏，驅蟲消痔病俱安。渣求甘蔗消容易，皮有猪脂脫不難。服食誤教同菉豆，殺人頃刻不容寬。

檳榔味辛，溫，無毒。入胃、大腸二經。紅潮登頰醉檳榔，蘇子吟詩興欲狂。果可代茶呈貴客，丹能洗瘴向邊方。深淵墜石功非小，神驥追風勢莫當。若喜殺蟲辛破滯，氣虛下陷切須防。

大腹子味苦，微溫，無毒。入脾、胃二經。大腹便便長在臍，東床何處坦義之。論功稍比鷄心緩，種毒須防鴆鳥棲。胸膈氣開無希皷，皮膚水過為疏堤。漏瘍惡穢煎湯洗，古有奇方直指迷。

川椒味辛，性熱，有毒。入肺、脾腎三經。川椒青葉喜花黃，膜白皮紅子黑光。布裹熨將心腹暖，酒吞壯却膝腰強。屍瘵可斷蚘俱伏，呃噫能除瀉不傷。切記用時須去目，殺人閉口更相妨。

畢澄茄味辛，溫，無毒。〔入〕胃、大腸

二經。昆陵茄子嫩胡椒，來自諸番海國遙。溫胃冷涎容易去，寬中宿食豈難消。薰將肢體香偏散，染就鬚髯色不凋。杵細晒乾入藥用，清香須是酒和調。

吳茱萸味辛，熱，有小毒。入脾、胃、肝三經。茱萸九日可飛觴，繫臂還須用絳囊。葉落井間能辟疫，子懸屋內可除殃。殺蟲破欝功偏大，下氣溫中力更強。開口鹽湯先泡過，食多昏目發癰瘡。

茶味甘、苦，微寒，無毒。入心、肺二經。從來佳茗似佳人，陸羽《茶經》辨最真。清肺只宜供暮夜，損脾慎勿啜清晨。食同榧實身偏重，煎伴生薑味可均。諸品名山難屈指，採時穀雨一時新。

西瓜味甘，寒，有小毒。蔓長寒瓜覆綠陰，色如青玉子如金。火炎頓使焦煩解，秋日須防瘧痢侵。灌却醍醐真快頂，灑將甘露更涼心。契丹當日征回紇，傳到中華種至今。

瓜蒂味苦，寒，無毒。入胃經。蒂落甜瓜半寸長，屋東吹處有風涼。却教身面消浮腫，更使皮膚去濕黃。食向膈中能探吐，嗃將鼻內可聞香。硇砂石綠雖稍遜，亡血虛家孰敢嘗。

葡萄味甘、酸，溫，無毒。葡萄黑白紫分明，漢使張騫西域迎。止渴點來湯甚美，延年釀就酒尤清。釘將甘草須臾死，引却枯藤爛熳生。甘更不飴酸不酢，痘瘡發出即時輕。

甘蔗味甘，平，無毒。入肺、胃二經。內熱何愁口燥乾，蔗漿生噉味甘寒。和中解酒脾堪助，下氣消痰膈頓寬。根別嫡生因取庶，莖同竹長更從竿。若遣笮斗經煎煉，製出沙糖更不難。

沙糖味甘，寒，無毒。入脾經。沙糖甘蔗汁熬煎，妙法俱從西域傳。酒後熱狂能解毒，口除韮穢可烹鮮。調中管取經無阻，適口從教痢自痊。最是笋魚休共食，生蟲更令齒難全。

蓮味甘，平，無毒。入心、脾、腎三經。荷花悅色面生光，藕可清煩入骨涼。蒂治頭風雷不震，鬚除髮白鬢無蒼。飯升胃氣須同葉，酒下胎衣必共房。節用數枝瘀血止，清心蓮子石經霜。

芡實味甘，平，無毒。入脾、腎二經。雞頭剝出一時新，累累珠璣更可親。補腎濁遺休苦滑，益脾泄瀉不愁頻。丸同蓮子和為妙，湯浸防風久足珍。生食冷風偏動氣，晒乾研粉味多純。

勃臍味甘，寒，無毒。烏芋須知即勃臍，飛鳧喜食覔清谿。充飢果食研成粉，削積銅錢爛作泥。止却腸紅堪治痢，解將蠱毒好開迷。熟煨生啖俱稱妙，惟有妊娠不用提。

水部

雨水味鹹，氣平，無毒。雨喜甘霖灑碧空，春朝夫婦飲和同。升清既可扶中氣，資始尤堪毓子宮。醬造夏梅能蘊熱，藥煎冬液為消蟲。一庭瀑布傾來好，莫把檐流注甕中。

露味甘，氣平，無毒。諸沃搖山不易逢，盤收秋露藥堪供。求方漢武多仙術，解酒楊妃有美容。韮葉掃來瘕可去，菖蒲刷取眼無封。何年天乳星明潤，降下如飴甘露濃。

霜味甘，寒，無毒。九月天寒正授衣，清秋切勿犯霜威。露珠夜滴欣多結，日色朝臨嘆易晞。火毒鷄翎數便好，疿瘡蚌粉傅應希。傷寒瘧疾能除熱，磁甕深藏好密圍。

雪味甘，寒，無毒。飛花六出最堪誇，殺盡蟲蝗菜麥嘉。潔淨收來堪煮粥，清香掃取可烹茶。疿清煩暑皮無痒，火散浮游眼不遮。臘雪十年藏勿壞，一交春氣便爭差。

冰味甘，寒，無毒。太陰精魄結成冰，水極翻疑似土凝。渴止管教煩盡解，暑消更使熱無增。氣涼些少猶堪取，性冷貪多實可憎。大理中丸煎便好，徽宗脾疾效偏能。

流水味甘，平，無毒。水從千里向東流，氣最堅剛質最柔。順製濁遺方即好，逆煎痰咳劑隨瘳。高揚消腫兼除滿，急挽驅風更利溲。煮粥烹茶多異味，如何入藥少尋求。

井水味甘，平，無毒。井里泉通地脉真，黑鉛鋪底久沉淪。旁趨溝壑難為伴，暗滲江湖好作鄰。着意反傾流可倒，隨時初出汲還新。井華首向黎明取，快得無根別有因。

地漿水味甘，寒，無毒。坎掘黃泥數尺深，沃將新汲水偏沉。輕揚只有清堪舉，重攪曾無濁可尋。三伏暑消煩易止，諸般毒解害難侵。地漿一飲心俱快，瀉却重陽賴有陰。

熱湯味甘，平，無毒。最熱無如百沸湯，專行經絡助元陽。淋頭痺濕風俱散，(搽)〔揉〕腹陰寒痛不妨。手足血和真秘訣，膝腰氣暖實良方。若還半沸湯非滾，滿飲從教脹反傷。

陰陽水味甘、鹹，無毒。百沸湯同水汲新，一盃生熟兩和勻。周流二氣散無極，通利三焦妙有神。片刻昏迷無慮緊，立時霍亂莫愁頻。甘鹹製就陰陽水，去盡痰涎瘧不親。

火部

燧火　鑽燧還須視四時，改將新火待晨炊。柳榆青色春先得，棗杏紅仁夏最宜。楢柞秋來文白好，槐檀冬至黑心推。今當季夏從可取，桑柘嬌黃長在肌。

桑柴火　桑應箕星別有精，柴薪析取火分明。熬膏緩緩湯無沸，煎劑徐徐性自平。驅盡風痺能發越，利將關節可流行。癰疽欲灸須燃火，止痛還教肉更生。

土部

東壁土味甘、濇，無毒。上取東墻性甚溫，調同新汲水宜吞。勢傾不患脾猶泄，嘔逆何愁口欲噴。南壁瘧邪堪奏效，西垣翻胃可除根。一般借氣同培養，治病須知各有門。

伏龍肝味辛，溫，無毒。伏龍肝果命名奇，灶取中心土可篩。帶下崩中醫女子，遺精尿血治男兒。風邪蠱毒須尋蚤，心痛狂顛勿用遲。去濕奇方無過此，醋調癰腫有誰知。

古墨味辛，溫，無毒。霜毫蘸飽墨痕濃，藏得松烟匣可封。送下苦醪能止血，調塗猪膽為消癰。黑深管

取紅能制，水勝從教火不衝。鹿角有膠煎在內，燒紅研細藥堪供。　百草霜味辛，溫，無毒。烟炉灶額墨煤衡，百草霜真大有功。色黑帶崩能止住，氣溫積滯善消融。痢除更使黃俱退，瘧愈還教膈盡通。釜墨梁塵奴共使，傷寒陽毒一齊攻。

金石部　金味辛，平，無毒。黃金氣足色多深，沙裏山中仔細尋。安鎮靈臺魂魄定，辟除惡祟鬼神欽。食鹽可洗柔能制，汞錫相投惡必禁。血肉軀當資水穀，不堪金石毒偏沉。　自然銅味辛，平，無毒。山氣薰蒸銅礦邊，自然流出不經煎。消瘀破滯通無塞，續骨強筋斷復聯。酒浸徐徐頻可服，水飛細細必須研。不覩折翅胡中鴈，一飼高飛去弗旋。　黃丹味辛，寒，無毒。炒鉛端好製黃丹，性味沉陰氣帶寒。止痛生肌堪作散，鎮心安魄可為丸。墜痰更使蟲俱殺，截瘧還教痢即寬。喘解熱煩能拔毒，外科(恙)〔膏〕藥藉玆攤。　蜜陀僧味辛，平，有小毒。煎銀鑪底蜜陀僧，却感銀鉛氣自凝。消積定驚誠有用，墜痰止吐豈無能。瘡瘍斂處瘢俱去，瘧痢投來勢不增。功力丹鉛雖可並，中寒莫令冷如冰。　丹砂味甘，寒，有毒。入心經。雪淋石室產丹砂，星拱辰居洵足誇。定魄安魂中有主，驅精殺鬼外無邪。熱清何慮胎猶動，輝映從教眼不花。煉服須防多火毒，可知生用自然嘉。　水銀味辛，寒，有毒。水銀似水復如銀，須用硃砂燒煉真。取灌死屍屍不腐，用磨寶鏡鏡重新。去將熱毒陰偏至，殺盡瘡蟲氣自辛。重滑不堪多服食，莫聽方士誤傷人。　銀硃味辛，溫，有毒。猩紅升煉力多勞，朱露精研炫彩毫。刼去痰涎知力大，破來積滯見功高。楊梅毒解疼休按，疥癬蟲驅痒勿搔。爛齒攣筋都是此，庖廚須禁染牲牢。　雄黃味苦，平，有毒。武都水窟產雄黃，赤似鷄冠喜向陽。諸毒內攻能辟惡，百邪外禦可呈祥。鎮驚堪令痰涎化，去濕何愁瘧痢傷。更有背陰雌一種，須知功用亦相當。輕粉有大毒。不(抄)〔可〕入藥。　雌黃味辛，平，有毒。雌與雄黃力少差，武都山谷有陰遮。癲癇痪瘓風能去，勞嗽痰涎喘不加。燥濕痒堪塗疥癬，祛邪毒可殺蜂蛇。黃金造作皆需此，何必功多服食家。　石膏味辛，寒，無毒。入肺、胃二經。證在陽明用石膏，固封丹灶軟堪燒。青龍作使風寒散，白虎為君煩渴消。時氣頭疼當即止，熱攻齒痛不(唯)〔難〕熬。極能寒胃多腸滑，火煅還須醋更調。　滑石味甘淡，寒，無毒。入胃、膀胱二經。淡寒滑石性堪誇，六一還須甘草加。畫紙刷來知勿誤，油衣熨去幾曾差。應將乳汁通姙婦，合把胎兒下產家。蕩熱更能兼燥濕，皮毛精竅不愁遮。　赤石脂味酸、辛，大溫，無毒。入心、胃、大腸三經。石中五色有凝脂，赤白當分氣血醫。性澁肛門無脫處，味酸便溺有收時。癰瘍可令肌膚長，腸澼何愁崩漏遺。入藥水飛須煅過，惟於新痢不相宜。　鍾乳石味甘，熱，有毒。韶州乳粉石鍾靈，冰柱中空鵝管形。壯却元陽能得子，美將容色可延齡。腎虛堪使精偏益，肺逆還教氣自寧。作穴樹旁埋少許，四時花菓遍園亭。　石灰味辛、鹹，有毒。青石堪燒作礦灰，經風頃刻化俱開。補舟端賴行多載，構塚全憑覆一坯。止血生肌何足慮，殺蟲(担)〔捍〕水不須猜。那知毒質原清白，和藥偏能烏鬢鬚。　禹餘糧味甘，寒，無毒。何來黃粉石中生，大禹餘糧治水成。臨產却教胎即順，傷寒何患痢猶行。醋調可散癥瘕結，酒服能除崩帶領。更得赤脂相共用，下焦有病不難明。　砒石味辛，大熱，有大毒。砒石須防猛似貔，燒烟飛作白霜宜。石丹煉處方真妙，爆竹投來響取奇。瘧止管教痰不喘，腐消更使瘰無堆。犬猫誤食須臾死，急烈傷人取可悲。　金星石味甘，寒，無毒。一望金星石最佳，銀星同並不爭差。製成硯子娛文士，餙就釵兒悅女娃。癩疾大風功可奏，痰涎熱毒力能排。五臺山上清涼寺，得此何愁瘦似柴。　青礞石味鹹，平，無毒。入肝經。礞然青色石嵯峨，中有星星白點多。丸入硇砂欣與共，煅投硝石喜相和。治驚須識痰能滾，消食應知積易磨。沉墜下行宜救急，脾虛氣弱可如何。　石燕味甘，涼，無毒。石子渾如燕子形，雌雄大小別精靈。性凉錯認陽堪助，竅利何愁熱有停。汁點明眸兼固齒，醋調止帶更通經。別生鍾乳分禽部，却喜能飛百羽翎。　寒水石味辛，寒，無毒。石膏寒水石同稱，說辨丹溪始可憑。皮內火燒邪即解，藏中熱伏氣無蒸。牙宣頓使奔流止，脬痛能令小便增。氣稟積陰愁太冷，雖經暑月亦成冰。　食鹽味鹹，寒，無毒。入腎經。水行潤下結為鹽，海井池崖盡可拈。擦向齒間忘痛楚，洗將眼上利觀瞻。熨通関格堅能軟，探吐痰涎火不炎。更有戎鹽青黑色，牢牙明目力堪兼。　芒硝、朴硝味辛、鹹、酸，寒，無毒。入胃、大腸二經。芒硝性質最輕飄，重濁須知是朴硝。朴可軟堅方頃刻，芒能下糞在今朝。雪頒紅紫思何渥，粉製元明色更嬌。風化牙硝雖各種，一般滌熱向三焦。　蓬砂味苦、辛，寒，無毒。入肺經。白似明礬黃似膠，蓬砂二種莫紛淆。能開努肉除昏障，善鎮痰涎定喘哮。腹內瘕攻隨可破，喉間骨鯁即能拋。五金柔軟知消剋，症犯虛勞未許交。　硫黃味酸，大熱，有毒。入心、腎二經。石中精氣稟純陽，性質流通色賦黃。半夏為君風不秘，蠟礬可佐痢何傷。殺蟲燥濕瘡瘍淨，黑髮烏鬚腎氣強。一一製來宜合法，引

年須是斷淫房。　礬石味酸、澁，寒，無毒。入肺、脾二經。生礬煅就色偏枯，紙上書來水不濡。何慮熱風攻眼目，不愁疥癬累肌膚。脫肚陰挺俱能治，瀉痢痰涎盡可驅。更有綠礬稍力緩，須知功用亦無殊。

服器部　裈襠　敝幃敝蓋幾曾間，犢鼻褌宜剪一（灣）〔彎〕。煮汁莫嫌多穢味，燒灰應是免羞顏。灾傷鬼惡回生死，病易陰陽絕往還。毒箭金瘡俱賴此，更須童女喜垂鬟。　草鞋　馬行千里勿加鞭，草履中途莫棄捐。骨痛油調疼即愈，足傷尿浸腫俱痊。小兒熱毒消偏易，孕婦催生產不難。更向臁瘡醫瀶爛，方從海上有詩傳。　曆日　謾說山中日月饒，曆推甲子始玄枵。製從太昊知時序，頒自皇朝辨歲朝。驅去瘧邪傳舊法，催來胎產見新條。邑侯名姓君須記，書就燒灰用酒調。　弓弩弦　桑弧蓬矢出西郊，一箭驚看鳥覆巢。腹內催生須置酒，耳中出物好塗膠。縛腰却喜移男孕，繫臂從教轉女胞。鼻衄燒灰還止血，折弦何得遽相拋。　氈　畜毛西北造為氈，白黑同來色自然。脂血鋪床多損失。壓魔作枕少纏綿。損傷包裹須鹽炒，崩漏調和伏酒煎。氍毹氍毺雖各種，燒灰入藥病俱痊。

人部　髮味苦，溫，無毒。入心、肝、腎三經。血餘須是腎家強，千遍多梳有秘方。鷄子同煎心不悸，川椒共煅鬓無蒼。去將瘀積崩淋止，補却真陰吐衄忘。何處燒灰存性好，鹽泥封固罐中央。　人牙味鹹，熱，有毒。入腎經。當門為齒兩旁牙，人骨之餘屬腎家。研末除癆知不錯，燒灰治瘧料無差。味鹹應識甘尤妙，氣熱須防毒更加。發出痘瘡真妙品，速投劫劑最堪誇。　人中黃味苦，寒，無毒。更衣登厠莫遲留，化腐為新護綠疇。湯飲黃龍功可奏，行開金汁利堪求。發狂陽毒何須慮，血熱天瘡不用憂。欲考當年嘗糞事，須觀吳越古《春秋》。　人溺味鹹，寒，無毒。入肺、胃、膀胱三經。溲溺須教擇美童，氣寒薑汁可和同。妊娠頓使瘀俱散，吐衄還令氣不沖。何患流行多峻厲，莫愁壅遏少宣通。朝來一盞輪廻酒，勞弱蒸煩大有功。　秋石味鹹，溫，無毒。童尿秋月積缸中，煉取輕清石有功。最喜寧心煩可去，却教滋腎水能充。淮南丹就名相似，海水鹽煎義亦同。寒性煅來溫已變，服多消渴病難攻。　乳汁味甘，平，無毒。入心、肝、脾三經。佳人兩乳出酥胸，傾出瓊漿白更濃。大補真陰滋血脉，最清煩熱美豐容。通時噎膈腸能潤，拭去醫膜眼不封。只恐藏寒休飲冷，若教晒曝粉尤鬆。　月水味鹹，熱，無毒。入心、肝、脾、腎四經。二七髫齡色正嬌，水生天一喜初調。盈虧取則天邊月，來往如期海底潮。堪怪紅鉛能接命，休誇穢液可塗刀。女勞何慮傷寒復，箭簇金瘡毒更消。　津唾味甘，平，無毒。金漿玉醴最堪收，心腎相通津液流。五臟滋培能潤澤，四肢灌溉得和柔。瘡瘍屢擦多消腫，昏翳頻揩頓豁眸。唾面鬼邪當退去，夜深魘魅少迷留。　人胞味甘、鹹，溫，無毒。入心、腎二經。崔行功云：雖以人補人，取其同類，然以人食人，有是理乎？九九應知數已充，河車乘載胚胎中。吉方埋處藏偏好，大造丸來製必工。滋腎既能扶怯弱，補心更可鎮怔忡。食入只恐傷同類，須識銅山應洛鐘。　臍帶　兒從母腹出胞胎，臍帶從滋剪下來。敷却臍瘡堪作末，解將胎毒好研灰。上通神闕心君定，下接丹田命蒂栽。利己濟人當賣去，產家貧婦莫疑猜。

禽部（許）〔孫〕真人《千金方》采及命物，後自悔之，仍以他藥代用。乃後人流傳，凡非品高及有功之物，亦皆不免。仁人宜知所愛，苟非濟急，慎勿妄及。　鶴仙禽不録。時珍云：鶴有白有玄，有黃有蒼，惟白者為上。嘗以夜半鳴聲唳雲霄，雄鳴上風，雌鳴下風，聲交而孕。　鵝味甘，平，無毒。蒼白原分兩種鵝，羲之當日愛尤過。膽堪消痔肛邊抹，膏可塗脂面上搓。虛處卵能扶胃氣，噎時汁為潤心窩。毳毛禦臘充綿絮，柳子當年喜咏歌。　鴨味甘、鹹，平，無毒。白鳳熬膏潤且肥，庶人作贄莫嫌微。通將淋瀝青頭好，理却癆傷烏嘴希。上下漫隨流水泛，翱翔應共彩霞飛。火煨鹽卵頻頻食，管取兒曹泄痢稀。　鴛鴦《古今注》云：鴛鴦雌雄不相離，人獲其一，則一相思而死。　鷄味甘、鹹，平，無毒。鷄是靈禽向曉啼，時知早晚豈無稽。冠能發痘通經阻，肝可消疳治目迷。肫內嬌黃傷不熱，卵中嫩白咳能醫。癆傷欲治須他種，烏骨由來不共栖。　鴿宗奭云：凡鳥皆雄乘雌，此鳥獨雌乘雄。　寒號蟲味甘，溫，無毒。入肝經。糞即五靈脂。禽名鶡鴠苦號寒，糞似靈脂喜可餐。痛止腹心失笑散，產行惡露紫金丸。蛇傷堪羨疼俱定，蛔厥何愁痛不安。切記人參休共用，泥沙去淨晒須乾。　鸜味大毒，不入用。　鵲味甘，寒。無毒。靈能報喜鵲成羣，須識雌雄自有分。埋向圍中瘟不染，撒將戶內盜無聞。肉消結熱腸無澁，腦惹相思情更殷。巢取燒灰沖水服，顛狂鬼魅免灾氛。　鷹　小呼為鷂大為鷹，頭治虛風眩運乘。調乳點睛暗可用，燒灰接骨骨偏能。茹毛麯蘖堪中止，食肉妖狐豈妄興。消痔嘴尖還有爪，殺蟲屎白可加增。

獸部　豕味甘，平，無毒。猪首招風肉痿陽，脊多益髓理癆傷。肺除咳嗽肝清目，脂澤皮膚胚潤腸。肚可益脾消積滯，蹄堪治杖洗瘡瘍。膽寒利便腰

通腎，月内胎驚乳喂郎。

犬味鹹，溫，無毒。入脾、腎二經。卷尾懸蹄遍地羊，腎脾色取黑和黄。補虚耑使陽能壯，益氣還教胃更強。産子無聲須禁食，題門有血可除殃。屎中粟米猶堪取，治噎尤能起痘光。

羊味甘，溫，無毒。入脾、腎二經。長髯主簿喜肥羊，婚禮行來取吉祥。佐以人參扶胃氣，食將毒草發瘡瘍。翳膜當用肝清目，瘻弱須尋腎助陽。生血一杯甦産暈，可知酸醋不同嘗。

牛味甘，溫，無毒。入脾經。一元大武重犂牛，潔備牲牢好獻酬。美可潤腸宜用乳，功能去噎必須喉。調中益氣脾應健，推故生新痞不留。兒輩風痰筋易搐，南星和膽速尋求。

馬味辛、苦，有大毒。

驢味辛，凉，有小毒。

騾味甘，溫，有小毒。

牛乳腐味甘，微寒，無毒。潤腸。

阿膠味鹹，平，無毒。入肺、肝二經。東阿有井大如輪，水煮驢皮膠用真。血養肺家功最速，風疏肝部力稱神。安胎能保終和始，治痢無分夕與新。歷夏不柔光脆徹，拌將蛤粉炒須匀。

牛黄味苦、甘，平，無毒。入心、肝二經。丑寶從來價倍常，特牛取出膽中黄。中風可令痰俱豁，辟惡何愁熱欲狂。魂攝肝家無聳悸，煩清心主免遺忘。中經中府休輕服，入骨搜風莫可當。

馬墨味甘、鹹，平。有小毒，不入藥。

狗寶味甘、鹹，平，有小毒。狗寶由來沒處尋，暗藏癩犬腹中深。光凝最喜如堅石，重疊還教起翠陰。能使癰疽瘡盡效，不愁噎膈食猶禁。牛黄馬墨諸如此，物病翻為世所欽。

虎味辛，溫。無毒。虎踞高巔莫敢攖，交因月暈嘯風生。脊筋助力腰無軟，脛骨強精足易行。皮可覆車頭作枕，肉能益氣爪除驚。就中有賭君能得，翻胃何須恨不平。

象味鹹，溫，無毒。象齒聞雷花發繁，餝乘酋長有奴看。鼻能捲物無容爪，膽可明眸不附肝。瘡毒皮膏攤更易，風驚牙屑刮何難。膀胱通塞憑誰主，煮汁燒灰肉兩般。

犀角味苦、酸、鹹，寒，無毒。入心、胃、肝三經。犀角通天希世珍，簪梳帶佩淨無塵。解將煩熱心無悸，散却瘀邪目一新。蟲伏食中澄白沫，怪生水内識妖形。升麻為使鹽當忌，烏喙烏頭莫與親。

羚羊角味鹹，寒，無毒。入肝經。羚角能消百煉鋼，專趣血海達東方。疏風可令筋無搐，清熱能教目有光。較力牛筋猶叮抵，燒烟蛇毒不能傷。取時原對休相折，極細研來免刮腸。

鹿味甘、鹹，溫，無毒。入腎經。仙獸無如鹿最淫，班龍頂上喜高吟。補虚益腎茸堪用，壯骨強筋角可尋。肉為溫中神亦饗，血能解痘法須針。花園牝牡交相誘，巧取流精更快心。

麝香味辛，溫，無毒。麝香飛竄更輕浮，味觸休將大蒜投。管取癰疽膿盡出，却教瓜果積難留。辟邪投鬼真難得，入骨穿筋不自由。久帶透關成異疾，虚人孕婦更躭憂。

兔味辛，平，無毒。玉兔東升明月精，秋深食由味辛平。血凉管取腸堪潤，痘少先將毒已清。屎可補虚蟲盡殺，肝能瀉熱目俱明。笑他妊婦常貪食，頓使兒唇缺不生。

膃肭臍味鹹，無毒，熱入腎經。何物名為膃肭臍，俗稱海狗腎堪攜。天寒不凍宜溫養，歲久如新可遠齎。陰瘻精傷誠有賴，鬼交尸疰岂容迷。蓯蓉功力尤相倍，須與佳人共品題。

鱗部

龍神物不載，他藥代用。

穿山甲味鹹，寒，有毒。魚形似鯉穴陵居，甲可穿山透有餘。利竅既能消瘰癧，排膿更好療疔疽。乳嵓達處癰無阻，血海通來經自舒。醋炒油煎童便多，蟻瘻鼠痔一齊祛。

守宮有大毒，不録。

蛤蚧味鹹，平，無毒。仙蟾城闕樹頭生，聲合雌雄毒在睛。下却石淋經不阻，通將水道便能行。人參力並堪除嗽，羊肉功同可益精。煉向房中稱妙藥，相呼相抱最多情。

蛇蜕有毒，不入用。

蚺蛇有大毒。

白花蛇大毒。

魚　青魚膽治目微茫，鯉主通淋小便長。鱸伏蘆根毒亦解，鱖憑橄欖刺何傷。鯽原屬土調脾胃，鰣可蒸油療火湯。久痢更須尋石首，河魴味美勝牛羊。

石首魚味甘，平，無毒。首中有石儼如棋，化作冠鳧躍野湄。經向露風防色變，釣乘初水莫乖時。調將稠處膠堪羡，薨到乾時鯗可思。炙取最能消宿食，精於治痢不須疑。

鰻味甘，平，有大毒。

鱓小毒。

河豚魚味甘，溫，有毒。吹肚河豚狀怪哉，無鱗無膽更無腮。必須荊芥和同煮，漫把鹽糟用久埋。橄欖蔗漿能拔毒，蘆根糞汁可除災。腹腴誤認西施乳，嗜食拼將一命催。

海鰾鮹味鹹，溫，無毒。入肝經。烏魚骨是海鰾鮹，墨血傾來可染毫。瀉痢不愁多滑脱，癥瘕何患復堅牢。燥膿收水瘡無苦，去翳清煩目不勞。文順是真横是假，沙魚雖巧莫能逃。

蝦味甘，溫，有小毒。礫鬚鉞鼻躍青蝦，煮入湯中紅似霞。發却痘瘡毒不隱，強將陽道力尤加。不愁瘕鼈堅成石，何慮虫蛆醉若麻。去殻暴蒸還作米，伴來薑醋味堪誇。

鮑魚味辛臭，溫，無毒。饒信人供燕饗希，風乾包取鮑魚肥。註觀《周禮》思應是，事考秦王辨實非。頭好辟瘟邪不染，肉能通乳性無違。妊娠食此兒多疾，李氏諄諄訓欲依。

鱁鮧味甘，平，無毒。江魚有鰾可成膠，性最稠粘喻至交。縱合漆油堪治器，膏調薑醋可充庖。湯煎蟬蜕除風搐，酒入童尿定血淆。敷得四邊紅肉爛，不愁竹木有餘稍。

介部

龜甲味鹹，寒，有毒。入心、腎二經。身着玄衣可督郵，退殘敗甲亦堪收。末研何慮瘕猶變，酥炙休教肋更留。清却熱蒸當夜止，截將痎瘧即時瘳。煎膠好酒須沖服，一犯沙參便結仇。

鼈甲味鹹，寒，無毒。入肝經。團魚

怪狀實堪憎，無耳誰知有眼憑。癆熱骨間皆使去，癥瘕腹內不容升。鼈脂燒却情相感，蚊藥投來力可勝。肉冷難消休嗜食，製將醋便味尤增。蟹味鹹，寒，有小毒。橫行介士逞戈矛，外喜堅剛內喜柔。續却骨筋無斷絕，散將惡血可周流。盈虧月色黃中應，燦爛星文殼上求。生漆有瘡當即解，爪將胎毒不能留。牡蠣味鹹，寒，無毒。入腎經。蠣蛤無雌牡獨名，泥封煅粉不宜生。收將盜汗虛勞治，化却凝痰瘰癧平。專向便時除白濁，慣從夢裏止遺精。莫愁面目多黧黑，煉蜜丸吞神氣清。真珠味鹹，寒，無毒。入肝經。徑寸明珠出蚌胎，中秋應月不須猜。驚煩管取魂俱定，消渴何愁熱更來。收口生肌瘡可閉，點睛退翳目能開。體堅最是能傷臟，須記精研細似灰。蟶味甘，溫，無毒。閩粵蟶田別樣耕，潮泥壅沃喜收成。妊娠虛損功能補，丹石調和性自平。邪解熱煩勝服藥，痢除積冷快調羹。染將時氣休貪食，能令天行病再行。

蟲部　蜂蜜味甘，平，無毒。入脾經。遊蜂採取百花英，臭腐神奇蜜釀成。五臟調和虛可補，大腸滋潤便能行。瘡瘍不慮肛門發，䵟點何愁面上生。滴水皮珠須熟煉，食同葱苣痢如傾。蜂窠味甘，溫，有毒。重重樓閣露蜂房，叢木深林好密藏。洗淨癰疽塗瘰癧，漱清牙齒拔疔瘡。酒沖研末收遺溺，水汲調灰起痿陽。拔毒殺蟲真絕技，外科種種見奇方。五倍子味苦、酸，澁，平，無毒。入肺、胃二經。蠹生膚木已多年，倍子堪為百藥煎。敷却瘡瘍蟲盡去，止將泄痢濕俱痊。腎衰既好烏鬚黑，胃熱尤能治齒宣。却喜皮工能釀造，市中皂色染來鮮。桑螵蛸味鹹，平，無毒。入腎經。何物螵蛸人未知，螳螂卵結小桑枝。夢遺調散精無失，產怯和丸溺不遺。妊婦轉胞皆可用，小兒軟癖揔能醫。命門肝腎稱神藥，古法多投效甚奇。

清・朱鑰《本草詩箋》卷一　諸水　甘瀾水張仲景煎入脾藥，作甘瀾水。揚之萬遍，取流利不助腎邪。萬遍揚來共藥煎，流行活潑勝甘泉。從教沁入脾經去，腎水邪難作比肩。百勞水杓揚百遍名百勞水。其激揚以除陳積也。破費工夫不憚勞，安瀾頻起浪滔滔。入胸排宕除陳積，自可扶持藥力高。潦水成無己曰：仲景治傷寒，瘀熱在裏，身黃，麻黃連軺赤小荳湯，煎用潦水，取味薄不助濕熱。無本無源道上流，不來井底及河頭。豈知味薄偏堪取，却與傷寒瘀熱投。麻沸湯新汲水煮沸如麻，名麻沸湯，取輕浮以散結熱。清泉新汲用工加，活火煎來沸似麻。性取輕浮方入藥，可舒結熱利無涯。清漿水以水空煎，候極熱煮藥，名清漿水，取下趨不至上涌。水名何以曰清漿，熱極方投藥煮嘗。正欲殺他涌上性，使之趨下用其長。虀水服涌吐藥用虀水，取味濁引疾上竄，吐諸痰飲、宿食。酸苦涌泄，為陰也。濁間酸味最無良，煎劑如何用代湯。上竄却能引反胃，施之涌藥正相當。東流水煎蕩滌邪穢藥用。水出東流潔可知，蕩邪滌穢藥宜施。澄清雲母淘砂土，渣滓消融功亦奇。急流水煎利水藥用急流水，取性走也。迅疾無停是急流，不教壅滯向心頭。劑投利水斯為貴，性取疏通走不休。逆流水逆流取其上涌痰涎。逆水將來入藥煎，倒行之性故依然。取其上涌痰涎出，水逆從教一旦痊。千里流水流水千里，取性之疾瀉。水流千里去何長，疾瀉無停日夜忙。陽盛陰虛目不瞑，藥中可取代煎湯。地漿水煎中暑神昏藥，急掘墻陰地作坎，置水攪澄者是也。取救垂絕之陰。救取陰危有地漿，神昏中暑不須忙。楓林菌毒兼能解，資用無方功異常。酸漿水糯米釀成，點乳餅者，或水磨作，內點真粉之酸水，亦可取收欲脫之陽也。問何煎劑用酸漿，只為能收欲脫陽。中暑汗亡兼霍亂，不停泄利總宜將。黃梅雨水洗瘡疥，滅斑痕。黃梅雨水不尋常，豈獨堪供瀹茗嘗。能使斑痕都滅去，疥瘡時洗體生光。白露雨水洗肌面，減顏色。令秉秋金肅殺深，時當白露氣蕭森。雨中漸帶寒涼性，不宜取以滌煩襟。秋露質清，止瘧除煩。零零秋露似春濃，氣質清明却不同。止瘧除煩深有益，甘芳沾處味無窮。臘雪治天行時氣，解丹毒。霏霏玉屑洒塵埃，臘裏宜多收貯來。揖火助陽吞有益，瘟疫兼可辟時災。雹水、夏冰雹水性暴，動風發癲。夏冰陰凝，發痁成痞。性存暴烈如雹水，閉結凝陰若夏冰。成痞發癲多所損，輕嘗疾病頓教增。花葉上露韭葉露治白癩風，柏葉、菖蒲葉露並能明目，靈霄花葉露損目。能去白癩韭葉露，菖蒲柏葉目清明。靈霄花上偏多毒，誤飲教人損眼睛。浸藍水解毒殺蟲，誤吞水蛭，啜此即安。浸藍之水色如藍，解毒功殊有可觀。水蛭誤吞蟲在腹，教人啜此即能安。養花水有毒，傷人。養花水納在瓶中，毒氣相涵不可窮。折供臘梅尤覺甚，休將涓滴潤喉嚨。鹵水鹹苦，大毒。鹹苦相兼毒最大，毒蟲癬疥可塗之。瘡如有血還宜戒，人若沾唇立化尸。生熟湯治霍亂，能飲一二升，吐盡痰食即愈。生熟相兼以作湯，入鹽少許奉君嘗。從教痰食須臾出，霍亂方中第一方。方諸水大蚌水也。取至陰之精華，故能明目，止渴除煩，湯火傷，敷之有效。方諸水稟純陰氣，可滌煩襟生唾津。更使目明長不眊，瘡由湯火治如神。上池水竹籬頭上水也。長桑君飲扁鵲，能洞鑒臟腑。澄

澄水浸竹籬頭，疑是天河降下流。一飲能教臟腑鑒，長桑扁鵲事難求。東阿井水煎烏驢皮膠，治逆上之痰血。石甃寒泉冷似秋，東阿名井古今留。烏驢皮盡膠成後，痰血教人免逆流。青州范公泉白丸子，利膈化痰。泉名昔借范公傳，今日人從造白丸。利膈化痰多妙用，只因分得濟川瀾。諸毒水荒塚廢澤停流，面上浮五色，非但不可煎藥服食，即洗滌亦忌。井荒塚廢澤停流，泉在山巖翳不收。宿水上邊浮五色，無窮毒向此中留。

諸火　煤火北方炊食用煤火，以地屬坎，足勝其氣。南人食之，防發毒瘡。用煤炊食北方宜，坎水能將毒氣除。若是南人亦用此，須防胸背發癰疽。薪火南方炊食用薪火，長氣於陽，多輕浮，不似北方之稟氣剛勁也。南方炊食所資薪，長氣於陽浮且輕。不似北方剛勁質，各由火力甚分明。文武桑柴火《抱朴子》云：一切神仙藥，不得桑柴不服。然煎膏丹，宜用文火，不傷藥性。補藥須將文火煎，藥為泄瀉武宜然。膏丹更藉桑柴火，一切神仙有秘傳。燧火、石火、麻油燈火上古炊食都用燧火，是為陽火。今擊石取火，陰火也。若點艾炷，尤非所宜。灸艾宜取太陽真火，否則真麻油燈艾莖點于炷上，則灸瘡至愈不痛。古時鑽燧火為陽，石火為陰用不當。灸艾太陽真火貴，不然麻火亦差良。神鍼火治寒熱痺、附骨疽。濕寒痺附骨陰疽，欲治神鍼是所須。筋骨隱疼多有效，迎其火氣病無餘。燔鍼即燒鍼，病在經筋，所發諸痺用之，其效最捷。病在經筋已發痺，施來藥力尚遲遲。燔鍼刧刺相加處，奏效無勞曠日時。馬矢煴煨風痺藥，取其性緩，通行經絡也。風痺病藥煎熬用，馬矢須將細細煨。性緩不教馳驟急，通行經絡任徘徊。葦薪火炊瀉陽藥，取其輕揚，不損藥力，此《內經》法也。葦薪火力最輕揚，猛烈威稍遜激昂。藥出瀉陽須用此，相傳法度亦奇方。燈火治小兒諸驚風毒。燈火熒熒一點紅，驚風緩急治孩童。因油可以消風毒，火氣能將經絡通。燈花治小兒邪熱在心，夜啼不止。蕊結銀臺望欲迷，玉人含笑向前攜。剪來調抹融酥乳，飽飼嬰兒止夜啼。燭燼治疔腫。燭圍宴罷燼休捐，留取終堪入藥丸。調和麻砂諸品末，能除疔腫勝金丹。同胡麻、針砂等分為末，和醋敷之，治疔腫。煙草火北方人藉以辟寒。有毒。煙草辛溫雖禦冷，終非臟腑所宜施。目科內障丸中用，偶爾相資散積翳。

諸土　東壁土補土勝濕，又治小兒食泥土病，取土入蟲口而祛之，下行也。日出東方照不遺，發生有氣兩相資。堪為引導安脾胃，更足祛蟲向小兒。道塗中熱土治夏月暍死，取溫散熱，若沃以冷水，虛陽立鏟，死不救矣。往來僕僕受人蹬，羸得飛塵性已溫。取益虛陽扶暍死，楚些可免誦招魂。白堊土苦，溫，無毒。《千金方》治婦人帶下疾。白堊無毒苦而溫，却與紅裩最有恩。寒熱癥瘕兼月閉，得其臭味病難屯。黃土甘，平，無毒。分得中央色正黃，積污無處掩金光。能除泄痢兼諸毒，下血淋漓絞腹腸。蚯蚓泥治小兒陰囊熱腫，又治熱病讝語。小兒熱腫在陰囊，病熱無端語發狂。蚯蚓有泥原可用，絕勝藥餌保安康。蜣螂轉丸土治反胃，吐痢霍亂。醋調，塗頂上癭瘤。土曰蜣螂似轉丸，湯淋絞汁勝神丹。一時吐痢俱能止，更抹癭瘤收取安。土蜂窩上細土治頭風腫毒。土蜂泥主愈頭風，腫毒能攻用不窮。蜂蠆有傷兼可治，醋和敷處便消融。胡燕窩土治瘡疽諸毒。燕窩土獨取之胡，竝水調來毒處敷。凡屬瘡疽皆可治，《千金》《小品》語非誣。鼠壤土通腎氣，解邪，取其搜風達竅。鼠壤能將腎氣通，毒邪亦自可消融。搜風達竅因其意，正是良醫取用工。蟻蛭土下胎衣、死胎，炒熱，搨心下自出。蛭土專於下死胎，胞衣亦不敢為災。未知若箇神仙訣，炒熱從心熨出來。燒屍場上土治好魘多夢。終夜驚惶莫措躬，幾曾莞簟得從容。燒屍場土闢元抹，噩夢從教不再逢。螺螄泥治反胃吐食。嘗來飲食下咽難，浸取螺螄泥曝乾。□服一錢火酒下，安然從此可加餐。犬屎泥治妊娠傷寒，塗腹保胎。劇憐妊婦患傷寒，欲保胎元多少難。犬屎泥從腹上抹，不教損墜自平安。井底泥治妊婦熱病，塗胸臍護子，并治湯火燒瘡。妊娠病熱在蘭房，井底泥為護子方。并遇火燎瘡可愈，只緣解毒性清涼。伏龍肝味辛，微溫。日用炊飯者良。煮糞者味鹹，不堪入藥。性帶微溫是伏龍，能消腫痛治瘡癰。真人妙法曾傳下，醫藥無勞問國工。百草霜止血散瘀。散瘀止血有奇方，陽毒斑生治亦良。不用多求諸藥物，秖將百草化為霜。釜臍墨治陽毒發狂，《千金方》治卒心痛等症。又下胎死方用百草霜二錢，伏龍肝二錢，同為末，用酒、童便服。墨獨名之為釜臍，死胎可下最神奇。發狂陽毒皆能療，中惡心疼用亦宜。梁上塵一名烏龍尾。治妊娠胎動橫生，更治小兒丹毒。梁上飛來漠漠塵，能消積氣性浮輕。赤丹諸毒俱堪治，更主安胎竝逆生。青煙墨灰治吐血衄血，又治塵物入目，點之自出。墨灰所取在青煙，衄血堪教病獲痊。濃磨汁成來點睫，遊絲更免目中纏。砂鍋年久炊食者佳。潞州砂鍋用年深，黃腫能消積塊沉。搗細水飛同酒服，丹方何必別相尋。孩兒茶別名烏爹泥。性澀常於收斂宜，金瘡除痛可生肌。功兼止血還收濕，不道孩兒有此奇。白磁器敷癰腫可代鍼砭，又可點目去翳。磁器研來用

水飛，絕勝玉屑毒能除。目中翳障多教去，癰腫潛消體自如。

糞坑底泥陰乾，為末，新水調敷。　穢濁休嫌坑底泥，清涼偏足顯神奇。背瘡疔腫難為瘧，新水調敷痛不知。

坑涏同蟬蛻、全蠍末作餅，香油煎滾，溫服。　坑涏全蠍同蟬蛻，作餅熬油服代湯。更以渣滓圍四面，拔疔上藥異尋常。

諸金　金生金辛，平，有毒。金箔無毒。銀箔但入氣分藥。　生金有毒味辛平，惟箔無之赤更精。制木自教肝膽靖，降痰還使唾涎清。災由風熱資無患，病出驚癇用有成。銀箔縱然功足埒，終嫌血分未能行。

赤銅苦，平，微毒。　苦平微毒是紅銅，煅煉頻將漬酒中。反折頓教成不折，賊風潛退使無風。染鬚返老容仍少，接骨聯筋損復融。落屑更多資用處，論功却與自然銅。

銅青酸苦，平，小毒。　味酸平苦是銅青，藉醋凝成小毒停。散療喉痺偏有效，點施眼爛豈無靈。沾唇可去牙疳積，揩腋能祛胡臭腥。病在厥陰均足治，性專入膽與肝經。

自然銅辛，平，有小毒。火煅，醋淬七次，置地七日，出火毒，水飛用。銅非煅不可入藥，新煅者火毒燥烈，慎勿用之。　猶自銅何號自然，水飛火煅醋頻濺。辛平味具含微毒，悍烈生成稟至堅。火氣升騰恆賴散，骨骱脫落可資聯。跌筋上藥無逾此，傷損從教取次痊。

古文錢生薑汁塗刮青點目。肝腎虛內障生花不可用。婦人逆產，五淋，煮汁用。便毒初起，與胡桃肉同嚼三枚，即消。　辛平小毒古文錢，目障消來腫赤捐。逆產淋漓力可治，初生便毒用能痊。奏功自與肝相制，賦性常同肺比肩。水木苦虛花在眼，宜知通變勿拘牽。

鉛凡用取未經銀冶新鉛，鎔淨去渣，再鎔成液，同硫黃煅，如焰起，以醋洒之，候成黑灰，研之不黏滯為度。如煅不透，服之令人頭痛，以陰降太速，陽火無依故也。又可搥成薄片，置燒酒中半月許，結成白霜，取酒徐徐飲之，降陰火最捷，但不可多服。　黑錫甘寒毒自無，性含癸水壯方符。陰陽淆混分無誤，上下盈虛治不誣。噎反得君難作祟，眩暈非爾莫能圖。更看搥片成霜後，降火神功著吸呼。言其神速。

鉛粉別名胡粉。與黃丹同類。《金匱》甘草粉蜜湯，治蚘病吐涎心痛，專取胡粉殺蟲，甘草安胃，蜜以誘入蟲口也。　鉛粉專從氣分行，辛寒無毒毒由清。屍蟲善殺邪魔遁，心痛專醫肌肉生。蚘病不愁難禁主，螫傷何患莫能平。入膏更代黃丹用，外症相資亦有成。

鉛丹一名黃丹。治吐逆反胃，目暴赤痛，蜜調貼太陽穴立效。　鉛丹體重主於沉，無毒微寒味帶辛。功在墜痰能降逆，效兼主瘧足安身。祛蟲殺蟲入膽人如舊，取其入膽，以棄瘧積。長肉除瘡肌若新。目痛陡然來發赤，蜜調敷處治尤神。

蜜陀僧治驚氣入心胞絡，瘖不能言語者，用蜜陀僧末少許，茶清調服即愈。背瘡初起，醋煅七次，桐油調敷患處即消。同枯礬治汗瘢，合五棓子染鬚。　鹹辛小毒蜜陀僧，毒解霜黃偏見能。專解砒霜、硫黃毒。截瘧墜痰惟有降，平肝去怯自無升。背瘡初起消瘡腫，體氣徐聞免氣蒸。善治下焦胞絡病，只愁傷胃口難勝。

錫　錫為砒母古曾云，微毒辛寒更著聞。用不貴新嫌悍烈，器惟求舊取塵氛。膏丸盛貯鉛須雜，錫器宜雜鉛佳。火酒昏迷水可薰。相感只緣同氣力，治湯炊布一般勳。

鐵落煅赤，醋沃七次用。　性沉鐵落且寒辛，有毒常教氣下行。痂疥疸痙皆可滅，惡瘡風熱總能平。欲除狂怒雖多力，專削純陽終少情。寄語病人休過服，須防凜凜冷心生。

鍼砂煅紅，醋沃，置陰處。　酸辛毒泯是鍼砂，濕熱專祛效可巴。煅赤施來功有倍，病黃治去利無涯。消脾胃堅積，黃腫之專藥。勞傷莫使歸脾土，堅積能消向胃家。蒸餅為丸湯酒下，鍼砂一兩，乾漆灰半錢，香附三錢，合平胃散五錢，蒸餅為丸，湯酒下。溫中妙劑擬非差。

鐵精出鍛竈中。　純陽火煉用休乖，紫色如塵輕最佳。小毒性由精內具，微溫氣出竈中埋。癇風有主常教定，驚悸無端每使排。療驚悸，定風癇。只是胃寒虛氣客，誤投奪食慮中懷。

鐵（繡）〔鏽〕別名鐵衣。　鐵（繡）〔鏽〕辛寒入藥材，性惟沉重毒休猜。熱炎上起能教墜，鬱結中藏可使開。肝膽內平消腫毒，疥癬外治去瘡災。婦人產後陰難閉，冰片同敷即斂來。水調敷。

諸石　玉　無瑕白璧最為良，平淡中原鮮毒藏。揉擦肌膚瘢穢退，點搽目睫障翳亡。研細，水飛，去目翳。珊瑚寶石推同調，瑪瑙玻璃足竝行。更較水晶功不二，性專刮垢與磨光。

雲母生泰山。色白者良。以秋露漬數日，同露煮七日夜，磨令極細，撚指無復光明者，乃可用之。　甘平無毒白為良，色黑嘗來人受傷。黑者有毒，傷人。陰毒專除疽癰暴，《局方》雲母膏，治一切癰毒。陽虛善揖熱寒狂。孫真人恆服，能鎮攝虛陽。德揚曾著催生訣，何德揚治婦人難產，溫酒調服三錢，即下。仲景還傳截瘧方。治牝瘧多寒。胡蒜須知當切忌，并禁羊血竝相將。

白石英張仲景《金匱》引風湯，只令碎如米粒，不欲其滓入胃也。　石英肺胃氣同居，無毒甘溫濕可祛。風引湯看施仲景，渴消病見起相如。《本經》治消渴病。善平欬逆俾和順，專主痿痺得展舒。只恐尚存慓悍性，服宜對症莫粗疎。

紫石英生研極細，水飛用。　紫石英行少厥陰，腎肝胞絡更兼心。溫能暖血資生廣，女子風寒在子宮，服之能孕。重足凝神鎮定深。欬逆氣邪施自穩，陰虛火旺用宜禁。

丹砂一名硃砂。研細，水飛用。　內含真汞是丹砂，外顯光明血色華。苦盡甘生土

竝集，熱消寒至水交加。神明安定功難量，精氣堅強效不賒。去死安生皆可用，用飛淨丹砂末一錢，雞子黃三枚，攪和頓服，治妊婦胎動不安，胎死即出，未死即安。只愁犯火害無涯。伏火烹煉，則毒等於砒礵。

銀硃　原出硫黃竝水銀，煉成朱色味溫辛。血光忌犯休教近，悍烈須防莫與親。僅足殺蟲攻衆毒，衹宜除疥傅周身。試觀蟹殼同焚後，惡臭潛踪自掃塵。

水銀一名汞。　水銀實稟至陰精，有毒辛寒莫與京。除疥殺蟲稍有益，墮胎蝕腦最無情。晶瑩蕩漾饒沉重，活潑流行善變更。陰器誤遭常不舉，任他陽盛總教傾。

輕粉一名膩粉。　燥辛輕粉性何如，暴悍還看陰未除。致用却能消瘰癧，奏功尤足治疳疽。通腸行止雖堪信，入骨依回終可虞。三白醉仙施妙法，三白丹、醉仙丹，用以搜滌毒邪。引搜邪毒不留餘。

靈砂《庚辛玉冊》云：靈砂有三，以一伏時，周天火而成者，謂之金鼎靈砂。以九度抽添，用周天火而成者，為之九轉靈砂。以此數三十日，炒煉而成者，為之老火靈砂。　靈砂拯急可扶危，無毒甘溫功用奇。反側床帷安寤寐，亂迷心腹定神思。治虛陽上逆，痰涎壅盛，喘不得卧。陽虛易逆終教降，陰脫難收自令持。只有火金多鬱熱，縱逢傷暑不宜施。

雄黃米醋、蘿蔔汁煮乾用，生則有毒，傷人。　雄黃出自武都良，微毒辛溫苦未忘。百癘力除殊懦怯，五兵功勝著剛強。功倍五毒之藥。麝香作屑尨傷治，《急救良方》：雄黃五錢，麝香二錢，為末，作二服，酒下，治風狗咬傷。神麴糊丸母瘧康。蟲䘌惡瘡兼有藉，《千金方》更用薰黃。《千金方》有欬嗽薰法。

雌黃　稟山陰氣產雌黃，有毒辛平理所當。瘜肉鼻中原可去，《別錄》治鼻中瘜肉。疥瘡頭上又何妨。養消專用誅身䘌，驚退權援治病狂。治狂癡勝金丹用之。獨是不堪取久服，令人腦內暗流漿。久服令人腦漏。

石膏附粗理黃石。　寒大甘辛毒自消，專除鬱熱在三焦。神昏讝語邪能退，心靜清涼氣可招。喝極生投功不淺，胃煩煅用效非遙。殺蟲更有粗黃石，破積聚，去三蟲。破積相須利亦饒。《千金》煉石散，治石癰，以火鍼破敷之。

滑石　滑石甘寒色貴青，利通腑竅走諸經。上清肺胃能舒散，下達膀胱無滯停。蔥豉並施消疫癘，水油共佐促寧馨。催生，以香油、漿水調服。陰精不足人宜忌，說與醫師可要聽。《本經》只言能去邪熱而精氣自益，切不可誤認為陰精虛者宜服。

赤石脂　無毒辛溫赤石脂，甘酸更足以相資。養心止血功堪數，明目添精效可思。產難每教扶女子，治產難胞衣不出。便艱恆欲利男兒。取濇以固精。若逢火熱來為暴，痢出初行總不宜。初痢有積熱者，勿用。

爐甘石　陽明經內自相探，性受金銀氣所耽。專治濕蒸寧獨女，並除腫爛更兼男。毒無不患施來燥，味有何妨嘗去甘。要藥最宜加目疾，時珍常用豈為憨。李時珍常用爐甘石，煅，飛，海螵蛸、硼砂，等分，為細末，點諸目病皆妙。

無名異　無名異反得名傳，毒絕甘平味不偏。腫痛外消皮肉好，折傷內治骨筋連。桁楊玉體勞防護，迸裂金瘡倚保全。活血且能涼血分，功仝三七用稍專。

石鍾乳瑩白中空，形如鵝領管最勝。孔公孽、殷孽附。　鍾乳專從氣分行，甘溫性更走陽明。下虛資助看強健，上逆匡扶覩降平。殷孽治瘡誠足重，殷孽，孔公孽根也。治癥瘕、痔瘻。孔公利竅亦休輕。孔公孽利九竅，治男婦陰瘡。三般妙藥人須識，石鍾乳、殷孽、孔公孽，三味通乳汁甚捷。要取中空色白瑩。

石灰　烈焰曾經石化灰，辛溫難免毒徘徊。內科莫令司喉舌，《本經》雖不言有毒，然從無內服之方。外症嘗施治疕肥。風濕陰邪兼辟去，疽瘍熱氣併除來。湯傷火灼敷尤效，《肘後方》治湯火傷，年久石灰油調敷。又治刀刃金瘡，陳石灰裹之，即痛定血止。著水即爛肉。又治面黶疣痣，鹹水化礦灰，插糯米半入灰中，經宿，半色如晶，以鍼微撥動，點少許于上，半日汁出，剔去晶，不得著水，二日即愈。着水須防腐爛災。

浮石別名海石。　水沫凝成石號浮，體輕色白最為優。去痰止嗽功恆著，治上焦痰嗽熱。散積除淋效自收。兼退障翳開目睫，還消結疝解癭瘤。鹹平無毒天然性，尅削終貽肺胃愁。肺胃虛者，勿服。

陽起石《經》名白石。　陽起原為母石根，雲母根。命門右腎藥含溫。味鹹肯使癥瘕結，性善難容寒熱屯。扶振男痿添血氣，安和子藏啟雲昆。是指陰邪蓄積，用白石，鹹溫散其所結，則子藏安和，孕自成矣。雖於不足能相助，火旺陰虛勿與吞。

慈石別名玄石，俗名協鐵石。煅過七次，醋淬，研細，水飛用。　辛鹹無毒帶微寒，引鐵能教似弄丸。《千金方》慈硃丸。大散瞳神收復聚，上炎龍火降重安。耳根可息嘈嘈响，肢節堪消洗洗酸。鎮養真精功最巨，腎虛要藥勝金丹。

代赭石《經》名須丸。　無毒甘平苦主沉，發生功少忌虛陰。斂收血氣行胞絡，驅逐驚惶向腹心。《本經》所治皆屬實邪，忌虛寒症。沃漏兩般何自入，痰涎一概莫能侵。胞衣不下兼難產，總賴須丸用力深。

禹餘糧《經》名白禹糧，與太乙餘糧功用皆同。細研，水淘去砂土，其性固濇。　重能去怯禹餘糧，手足陽明血分將。性濇每令脫泄固，味甘恆使熱寒亡。痞鞕莫患無從治，力弱何愁不自強。帶下並除赤白症，癥瘕兼掃潤容光。

空青　空青無毒甘酸味，寒盛常將九竅通。善滌垢穢清氣血，專除昏瞶啟瞽聾。益肝往往能收效，助膽殷殷可奏功。人世只愁難覓處，空青真者甚少。若還得遇豈憂矇。

曾青曾，音層，其青層層而生，形如蚯蚓屎者真。　銅礦青長起層層，義與空青一樣

能。甘自較殊酸不減，寒差居小毒無憑。利通關竅茲應用，攻破癥堅是必登。蚓屎同形真最罕，千金代後世相仍。扁鵲治病有曾青丸，近世絕罕。

綠青俗名石綠。 綠青石綠問何安，雅俗殊名總一般。性自天生含小毒，味從人辨得微酸。風痰口角恆教出，眩悶心頭每令寬。亦代曾青呈效驗，綠青同龍腦少許，調勻，以生薄荷汁合溫酒，服便臥，涎自流出，愈。《千金方》內試詳觀。

扁青俗名石青。 性全無毒但甘平，專主肝經受病情。癰腫療來膚免毀，研細末，臘水調敷即愈。眊昏散去目生明。解毒明目。痰從吐後看神旺，瘡自攻餘知氣清。更有縮砂功與竝，青因魚目得嘉名。扁青形如縮砂，名魚目青，主治與扁青無異。

石膽俗名膽礬。產秦州嵩岳及蒲州中條山。 寒毒酸辛入膽粘，不拘紅袖與青衫。取酸寒以滌濕熱淫火也。熱風隨散蛾能撲，解喉痺、乳蛾諸邪毒。淫火從消蟲自殲。又能殺蟲。發泄上行痰畢涌，斂收下降血旋緘。治崩中下血。多般取用功無量，各有成方治最嚴。胃脘蟲痛，清茶調膽礬末服，吐之立愈。百蟲入耳，膽礬和醋灌之，即出。《千金方》。

礜石全白色，砒石略帶黃色，稍有分辨。 礜同砒石略相仿，全白須從顏色詳。氣積隔間施有效，癢生膚內用無妨。蠶吞可喜添肥澤，蠶食肥。鼠食還愁致斃亡。鼠食礜石立斃。蒼紫桃花非一類，礬石非一色也。總輸握雪性溫良。冬不積雪，其性溫熱。

砒石出信州。入藥醋煮，色紅者最劣。 砒霜熱毒足傷生，辛苦相兼最不情。制用豆茶災略殺，畏菉豆芽、茶，同用以殺其毒。解漿水血禍稍輕。生羊血、冷水多灌，亦可解毒。外敷瘡痔功偏捷，內治狂癡效獨成。勝金丹，治狂癡病。染指若還遭火酒，返魂無術向蓬瀛。砒同燒酒服，立斃。

礞石青色入肝，力勝。黃色兼脾，次之。煅研，水飛用。 礞石青黃色有殊，青稍力勝向肝驅。木風太過從教剋，治風木太過，來制脾土。土氣偏凝却藉舒。墜積固知無咎召，脾胃不能運化，積滯隨生。滾痰亦見有功居。辛鹹不毒平為性，忌在炎蒸陰分虛。脾弱，小兒慢驚，忌用。

花乳石別名花蘂石。出陝華諸郡。 無毒酸辛性大溫，專從血分厥陰奔。葛可久治虛勞吐血，有花蘂石散。覆盆每保鰥生命，分娩常安倩女魂。婦人產後惡血衝心，昏迷不省，胎死腹中。瘀結散來重受益，虛勞治去復還元。只嫌火旺中非積，誤服招憂難雪冤。陰虛火炎，中無瘀積，誤服必死。

河沙玉田沙良。 河沙無毒性微寒，水土相含氣使然。患濕固能祛伏日，發癍還足治炎天。腹腸攪亂俾安靖，炒熱，冷水淬之，澄清服效。攣縮筋骸免絆牽。風濕頑痺，筋骨攣縮，河沙曝熱運之，微汗愈。更有可除痳疹者，玉田一種古今傳。

石燕 相傳石燕出祈陽，小遜於蚪形恰方。濕熱除來竅自利，障翳療去目生光。磨汁點效。溫淋嘗倩櫻唇餟，熱淋，煮汁飲愈。艱產恆勞玉手將。婦人難產，兩手各執即下。或磨汁飲，更妙。性出甘寒毒未有，零陵何足共翱翔。

石蟹 石蟹曾聞南海生，性寒體質稟堅貞。嘗來自有鹹堪辨，試去全無毒可評。瘡積刮磨消黑漆，治漆瘡。目淫點染愈青盲。產催熱療均相賴，催生下胎，療熱。血暈還教一旦輕。熱水磨服效。

蛇黃附蛇含石。 蛇腹黃終不易求，口中含石足相侔。蛇黃生蛇腹中，如牛黃類，因其難得，以蛇含石醋煅，水飛，代之取性。入肝。肝經入去低徊駐，胞絡行來遷次留。鎮揖驚癇為劑重，扶持泄瀉著功優。性溫更治脾風症，微毒還當審擇投。

霹靂碪即雷楔。 碪從天降著雷公，木火東南稟氣雄。五夜夢妖胥掃蕩，三秋瘧鬼悉消融。嫉邪自見除蠱毒，去惡還看殺瘵蟲。驚在孩提咸足鎮，磨汁服。溫而無毒最多功。

鹵石

食鹽 能消水毒水之精，性味鹹寒降下行。直走腎經為引導，補腎藥借以引導。慣凝血分治橫生。《千金方》治妊婦橫生，逆產先露手足，以鹽摩產婦腹，并塗兒手足，急以爪搔之，即縮入而正產。胸含痰澼常教餂，體受風疼可使平。扁鵲云：能治一切大風痛，炒熱熨之。病腫人尤宜忌食，防其助逆害非輕。以其走腎，助邪水之逆滿也。

戎鹽一名石鹽，俗名青鹽。與光明鹽同類。 戎鹽氣稟至陰成，味性鹹寒功用精。補腎即看筋骨健，助陰復見目睛明。毒蟲能去邪難匿，小便兼通水自行。走血一般多利益，齒牙亦得受餘榮。又能固齒。

鹵鹼一名石鹼。 鹹苦微寒毒不留，能祛蟲毒性殊優。狂煩自爾來無處，塵渴從教起莫由。痰積頓消除實熱，皮頑漸滌易溫柔。豈同水鹼徒貽害，疾病人嘗致發浮。

凝水石即含水石。 含之即化始為真，醞釀鹽精絕等倫。鹹且帶辛味固美，寒而無毒性尤仁。散除積熱安肢體，祛盡餘邪養氣神。治腎治心推上藥，戎玄差足擬芳鄰。真者難得，戎鹽、玄精石皆可代用。

玄精石 石號玄精青白貴，與鹽同性主於沉。性主沉降。下虛有助俾充實，上盛無容得浸淫。邪氣消歸精自益，能益精。冷風飄蕩濕難任。除風冷濕痺。扶危拯逆功何限，來復幾希屬老陰。其文六出，象老陰之數，故來復丹取一陽來復之義以名。

朴硝 有毒鹹寒是朴硝，赤黃忌用黃者傷人，赤者殺人。白堪挑。白者可挑選入藥。胃家脹閉因之啟，臟腑炎蒸藉以消。五臟積熱。滌蓄除邪知力大，滌蓄結飲食，除邪氣。致新去舊論功饒。《經》言推陳致新。赤遊風向嬰兒治，外症扶危又一條。小兒赤遊風，以硝傾湯中，取布蘸濕拭之。

玄明粉《御藥院方》名白龍粉。 本屬芒牙煅再三，緩其鹹味著辛甘。玄明粉用芒硝煅過多遍，佐以甘草，緩其鹹寒之性。

已無餘毒些些着，僅有微寒略略耽。二句一言無毒，一言微寒。善向腸中搜宿垢，專從膈上探炎痰。即熱痰。凡由實熱皆能任，虚火虚寒總不堪。惟實熱之人宜之，若脾胃虚寒及陰虚火動者，慎勿輕用。

風化硝　硝由風化得佳名，總是芒硝熬煉成。寒尚未離捐毒盡，鹹猶不退致甘生。二句言其甘鹹寒而無毒。痰消經絡兼心肺，治上焦心肺熱痰，并經絡之濕痰。腫散容顏並眼睛。眼瞼赤腫，和人乳點之。用治上焦何以故，取其性緩且浮輕。惟體肥氣實，不泄痢者宜之。

硝石即焰硝。　焰硝性烈主飛騰，辛苦鹹溫毒盡憑。去冷逐邪偏有驗，破堅消積更多能。寒虚五臟專調治，火鬱三焦善散升。化石鑠金力最猛，《抱〔朴〕子》云：能消柔五金，化七十二石。醫方原不敢輕登。

礪砂　鹵液凝成為礪砂，陽含陰秉聚精華。秉陰毒之氣，含陽毒之精。亦鹹亦苦甘無望，兼熱兼辛毒有加。破積攻堅功最捷，除疣去瘜效殊奢。外用治惡肉，除疣贅，去鼻中瘜肉最捷。但不可過用，用過急以甘草湯洗之。人心血化胎隨潰，除積塊癥，能化人心為血，故墮胎。嘔噎何愁不手拏。噎膈反胃用之即治，但其性毒烈，苟非必用，慎勿輕試。

蓬砂一名鵬砂。　微鹹甘味是蓬砂，氣質輕溫色更嘉。痰嗽喉痺主有益，膈煩癥結治無差。障翳不使蒙眸子，疼腫還教愈齒牙。凡屬上焦多實熱，何妨小試倩君家。

石硫黄　味出酸鹹有毒藏，性存大熱石硫黄。能消惡血疽瘡淨，善散虚寒筋骨強。《本經》主婦人陰蝕疽痔惡血，堅筋骨。爪甲去青呈玉筍，傷寒後爪甲純青，用火焰散效。鬢鬚添綠助紅粧。《經》言除頭秃。餘功更使腸疎利，能疎大腸。久服終防陰受傷。久服傷陰。

礬石　白礬賦性帶微寒，無毒終嫌味澀酸。濕熱收來除滑泄，垢污滌去淨瘡瘢。少搽每喜堅牙齒，多食恆虞破肺肝。尤忌陰虚積滯滿，誤投鮮不受傷殘。

綠礬一名皂礬。　功多過鮮用相安，皂綠名殊總一般。血分積瘀恆主破，腹中煩滿每教寬。煉燒色變消黄腫，製就丸方療黑癉。垢膩專除由本性，毒無尚未免寒酸。

清・朱鑰《本草詩箋》卷二

山草

甘草別名國老。中心黑者有毒。　無毒甘平性可知，遂花藻戟忌兼施。甘遂、芫花、海藻、大戟，四藥忌同。用以其相反也。解蠱瀉火生呈效，瀉火解毒生用。嶺南人又以炙甘草解蠱。散表和中炙著奇。補中散表炙用。升降陰陽皆足賴，調停即調和意。脾胃總相宜。從容急縮諧諸藥，佐使能將藏府醫。治五臟六府寒熱邪氣。

黄耆入益氣藥炙用，入解表藥及托裏生用。肥潤而軟者良。堅細而枯者，食之令人胸滿。　甘溫無毒是黄耆，經絡流行手足俱。入手足太陰、手陽明、少陽，流行經絡之間。多降少升收盜汗，治氣虚及盜汗自汗。保元治咯補諸虚。補腎藏之元氣，治咯血，柔脾胃。瀉陰去熱瀉陰火，去肺熱。安弦脉，止血排膿托潰疽。入脾而托已潰癰瘍。上藥中州兼內外，小兒百病總堪祛。

人參高麗者良。陰虚火炎欬嗽喘逆宜用。青鹽製，入肺、脾二經。　人參功大益精神，甘苦微溫性自馴。自馴謂無毒也。反與藜蘆休竝用，畏同鹽鹵莫相親。保元旺血除邪氣，補肺中之元氣。明目開心利弱身。弱身謂柔弱不足之人。味厚最宜尫怯症，必需尤在腎虚人。

沙參入肺經。　沙參南北毒皆無，甘淡微寒南略殊。南者體虚力微，略殊于北沙參之質勁而性寒。泄氣輔陰為要藥，泄肺氣之熱，補五臟之陰。止咳治熱作良圖。補中益肺兼收效，散血清心各不誣。《肘後》《衛生》方獨用，《肘後方》治卒然疝痛，自汗欲死，沙參為末，酒服立瘥。《衛生方》治肺熱欬嗽，沙參一味，水煎服效。只愁相反是藜蘆。

桔梗咬之腥澀者為木梗，不堪入藥。　桔梗薺苨《本經》名薺苨。有二名，須於甘苦辨分明。甘者薺苨，苦者(苦)〔桔〕梗。寬舒胸腹開皮腠，通利咽喉引肺經。為肺部引經。用以上升甘可貴，若從下降苦為精。味辛無毒微寒性，解表還能主悸驚。心脾氣鬱不舒，故驚恐悸氣，其性上升而清肺氣，故用以升散之也。

黄精勿悞用鉤吻，鉤吻即野葛，葉頭尖，有毛鉤子，又名斷腸草，誤服殺人。　黄精莖紫吐黄花，其葉猗猗竹不差。葉似竹葉。主補一身充骨髓，兼調五藏去聲長上聲精華。秖堪使助陰衰用，切莫輕從陽殺去聲加。若陽衰陰盛之人服之，每致泄瀉痞滿。味屬甘平毒自遠，寬中益氣利無涯。

葳蕤肥白者良。入發散風熱藥生用，入補藥，蜜水拌，飯上蒸熟用。　葳蕤肥白者為良，無毒甘平性不強。其性潤而且緩。暴熱中風均汝職，跌筋結肉仗伊匡。厥陰善養功無量，補散兼資利莫當。入發散風熱藥生用，入補藥，蜜水拌，飯上蒸熟用。玉竹女萎名不一，《本經》名女萎，又名玉竹。時珍用以治勞傷。時珍用治虚勞寒熱痁瘧不足之症，用代參、耆，不寒不燥，大有殊功。

知母肥白者良。　知母無毒苦甘寒，鹽酒相將用炒乾。下潤腎經原自易，潤腎燥而滋陰。上清肺腑不為難。清肺熱而除煩。二陰少太同流轉，入足少陰氣分及足陽明、手足太陰。能瀉有餘相火，消渴煩蒸。四體臃腫保治安。治肢體浮腫，下水，補不足，益氣。脾胃兩虚宜禁用，服之作瀉減盤餐。脾胃虚熱人誤服，每致作瀉減食。

肉蓯蓉酒洗去甲及腐，切片焙用。　微溫無毒肉蓯蓉，主治勞傷并補中。益氣強陰精可固，止遺謂止洩精遺瀝。養藏五藏血能通。謂走血分。命門不足恆資助，相火多虚每奏功。味厚甘鹹其性降，癥瘕還向婦人攻。

天麻《本經》名離母。一名定風草。莖名赤箭。濕紙裹，煨熟，切片用。　微溫良具無毒味辛平。蠱毒胥捐惡氣清。性屬陽明惟

上達，職司氣分入肝行。性升屬陽，為肝家氣分之藥。慣除鬼物乘虛至，專定風邪自内生。若遇血虧火旺症，妄投受害亦非輕。　白朮一名山薑。　山薑無毒且甘溫，升降攸宜所性存。利水化痰傳古語，起痺除濕記《經》言。健脾補氣知消導，暖胃和中見本原。病出陰虛當忌用，防其燥閉燥腎閉氣。效難論。無效而且有損。　蒼朮《本經》名山薊。製用糯米泔浸，刮去皮，切片，同芝蔴炒，或麻油炒通黃，或去皮切片，蜜水拌，飯上蒸用。　溫燥相兼列且辛，諸經徑入善升沉。沉降也。開通腠理寬中腹，性專開腠，腹中窄狹者必需之。疎泄陽明安太陰。能去陽明之濕。痙疸可除舒鬱結，風寒能去絕呻吟。若教露製為神朮，頭痛時行不敢侵。于白露後以泔水淨置屋上晒露一月，謂之神朮，轉燥為清，用以發散上部頭風痰濕諸症，故治時行頭痛有神朮湯。　狗脊《本經》名百枝。酒浸，炒去毛用。　狗脊強筋利老年，周痺寒濕效無邊。苦平性既微溫矣，法製人還浸炒焉。酒浸，炒去毛用。施於男婦功無異，男婦毒風脚軟，腎氣虛弱，腎氣久虛恆受益，足脛難舉每教痊。又病後足腫，煎湯洗效。緩急關機骨力堅。主關機緩急，堅強筋骨。　貫眾《別錄》名草鴟頭。　微寒苦毒草鴟頭，邪氣當之不敢留。善殺三蟲除濕熱，專驅百癘破奸謀。辟時行疫癘不正之氣，疫發時以此置水中，食之則不傳染。瘡蟲瘡毒豈獨男兒效，血氣還看婦女優。能解毒耎堅，治婦人血氣。所忌病虛無實熱，等閒須記勿相投。　巴戟天酒浸，去心焙用。川產者良。　巴戟逢冬揔不凋，腎經血分自相調。功強筋骨寒難入，病起陰痿風易瘳。大風虛寒皆能治之。增志補中元氣益，養脾保胃眾邪消。微溫無毒辛甘味，却忌陰虛相火燒。陰虛相火熾盛者，不可用。　遠志苗名小草。甘草湯泡去骨，製過，不可陳久。　性稟純陽諸竅通，益人智慧達明聰。溫良溫指其性，良指無毒。自足除邪逆，主欬逆傷中，補不足，除邪氣。辛苦兼能制患癰。腎水常滋精氣固，腦風可息膈嘔融。《別錄》云：去心，可下膈氣。苗名小草功差類，檢取方書亦散風。亦利竅，兼散少陰風氣之結。　淫羊藿別名仙靈脾。羊脂或酒炒。　羊藿辛溫利若何，冷風勞氣總消磨。辛能潤腎功非小，溫以扶陽力更多。陰痿絕傷起有驗，便艱莖痛治無訛。堅強筋骨安肢體，瘰癧兼攻屬外科。按淫羊藿為手足陽明、三焦命門之藥，惟真陽不足宜用。　仙茅酒浸，焙乾用。　仙茅性熱補三焦，辛毒休教與鐵遭。忌犯鐵器。精冷陽衰甫可用，體偉火盛請相饒。若體壯相火熾盛者，服之反能動火，為害叵測。要知痿弱非難振，不識元虛未易消。本補三焦命門之藥，惟下元痿弱，老人失溺，無子，男子稟賦素虛者宜之。若誤服而中其毒，大黃、芒硝湯可解。況復偽多尤致誤，於今川產甚寥寥。

玄參一名黑參。入腎經。　性反藜蘆用莫同，微寒味苦毒消融無毒。受傷腎水資伊補，失守真陰藉爾功。積聚熱寒清腹肚，清腹中熱寒積聚，女子產乳餘疾，并可清有形熱滯，故瘰癧結核亦能消之。腫痛鬱結潤喉嚨。咽喉腫痛，以為專藥。又治傷寒陽毒，汗下，發斑，咽痛。脾虛泄瀉還須慎，其性寒滑，故不可用。全在醫家辨別中。　地榆去稍，酒拌，炒黑用。　苦濇微寒性亦良無毒，地榆沉降是其長。入足厥陰，兼行手足陽明。體沉而降，善入下焦理血。善能去血還和血，專主逢傷使免傷。主婦人乳產痙痛七傷，帶下五漏。豈獨論功歸婦女，亦教除惡及兒郎。除惡肉，療金瘡，止痛止汗，不僅在婦人也。氣虛久痢兼瘀晦，誤服須防有所妨。氣虛下陷而崩帶，及久痢膿血瘀晦不鮮者，誤服則必致傷胃，口噤不食。　丹參入心經。酒炒用。　丹參性反並玄參，苦，平，微溫，無毒。反藜蘆，與玄參同。無毒微溫甘且平。悶悶增煩消腹滿，止煩滿之氣。悠悠走水愈腸鳴。《本經》主腸鳴悠悠如走水。傷胎可落完胎保，傷指死胎，完指生胎。宿血能除新血生。帶下崩中皆有濟，調經神品莫相輕。丹參氣平而降，心與胞絡血分之藥。其性長于行血，故為調經神品。然妊娠無故勿服，若大便不實者忌之。　紫參即牡蒙。又名童腸。三四月間遍地茸生，高三五寸，逐層起臺，開紫花者，即紫參也。　紫參入足厥陰宜，血分陽明亦所之。兼入足太陰、陽明血分。積聚腹心何必慮，主腹心積聚。利通竅便不須疑。通九竅，利二便。下痢從辛全在茲。去邪用苦皆由是，治諸血症及寒熱血痢，癰腫積塊，并寒熱邪氣。苦辛不過借以作對，非去邪取苦，下痢取辛。仲景治下痢肺痛，用紫參湯，取其散積血也。　紫草色深紫而脆者良。淡紫質堅者曰紫梗，不入藥。　無毒性寒名有異，藜蘆相反自應知。　紫草甘鹹其性寒，色深紫脆不難觀。專將血分涼兼活，却入胞中心與肝。入心胞絡及肝經血分。九竅疎通蒙利益，五癉克治獲痊安。痘疹熱毒無逾此，當否還宜仔細看。　白頭翁產齊魯。苗長葉白者力優，短小者力薄。得酒良。　苦寒降泄原無毒，手足陽明血分通。溫瘧狂煬誠有效，癥瘕積聚豈無功。逐血，主腹痛，療金瘡。不教疝墜遺男子，男子陰疝偏墜，小兒頭禿鼻衄。忍使傷殘累小童。老幼相資兼止痢，丈人雅號白頭翁。一名野丈人。　白及　性濇從來收斂宜，辛平寒苦復如斯。德存保肺凝流血，入肺止血。功主傷陰去死肌。邪氣賊風咸可却，癰疽痱緩悉教醫。要知攻毒原無毒，白及無毒。記取須將烏附離。反烏附。　三七《綱目》名山漆。無毒。　善走陽明與厥陰，獨于血分見知音。損傷杖撲能除痛，止散肌膚更衛心。能止血散血，使血不冲心。內服濁瘀胥蕩滌，外敷腫毒總銷沉。人參形似功堪並，甘苦兼溫不換金。一名金不換。

黃連產川者為上，雲南水連次之，日本吳楚為下。治心藏火生用，治肝膽實火，猪膽汁炒，虛火醋炒。　味苦多由寒性來，中空黃色是良材。兩陰少厥交相入，入手少陰、厥陰。九火炎威各製裁。涼處自令心目爽，燥時還使濕蒸開。附巴粉毒咸能解，豕肉同吞宜戒哉。

胡黃連同烏梅止小兒血痢，同雞肝治疳眼，同乾薑治菓子積，同豬胰療楊梅瘡。　大寒苦降毒雖微無毒，邪熱專攻性最威。少婦胎蒸功立見，小兒疳積力能揮。善搜淫火逢難遁，峻奪天元去莫依。惟有黴瘡需用此，草豝酒水共當歸。黴瘡用胡黃連、當歸、甘草、豬豝、水酒煎服，二劑輒效。忌與豬肉同吞，令人漏精。

黃芩治腸澼瀉痢。枯芩性升，子芩性降。得白朮安胎。朱丹溪言黃芩治三焦火。　寒苦黃芩性本良，黃癉濕熱並瘡瘍。中空入手惟歸肺，中空者為枯芩，性升，入手太陰經及陽明。細實由肝且達腸。細實者為子芩，性降瀉肝膽大腸之火。逐水下能開血閉，解煩內足使心涼。治標藥品人須記，勿試陰虛發露陽。

秦艽《本經》治寒熱濕氣，風痺肢節疼痛。　左文入藥是為秦，右列為艽脚氣因。手足行來祛濕遠，膽肝到處免風親。黃癉不獨攻男子，白帶還專治婦人。味苦平溫無毒害，利通小水解疼皴。

柴胡別名茈胡。足少陽膽經藥。　上升泛左引清陽，解表清肝各見長。寒熱可消邪可散，腹心能衛氣能降。耳聾脇痛咸宜用，火盛陰虛莫妄將。味出苦平無毒性，膽經要藥願推詳。膽為清淨之府，無出無入，惟宜和解。

銀柴胡寧夏者佳，今延平北產者次之。忌火。《和劑局方》治上下諸血，龍腦雞蘇丸中用之。　甘寒無毒產銀州，病入虛勞在必求。不向掌中稍止泊，不入手經。却從足內任優游。行足陽明、少陰。恆涼血分滋非苦，善解煩蒸性自柔。明目補精多所益，致新去舊效兼收。

前胡治痰降氣及時氣外感。白色者良。　微寒無毒苦何堪，又說辛平味自甘。甄權言甘辛平。手足並行功有二，陰陽共治效兼三。入手足太陰、陽明、少陽。氣盈常使消盈氣，痰熱尤能降熱痰。風藥但宜施外感，陰虛火動用休貪。

防風浮而升，陽也。治風行周身，骨蒸疼痛。　治風去濕藥中仙，邪惡逢之散若煙。去惡風邪風。負痛一身俾定矣，急攣四體使寬然。升由氣火還宜忌，虛在陰陽休令前。其性上行兼手足，溫辛甘味毒胥捐。

獨活無毒。香而紫黑者佳。　紫黑斯真臭且香，苦辛滋味性溫良。升中有降能通達，靜裏無搖善主張。獨活不搖風，而能治風。風濕相摶為要品，癇瘕竝治是奇方。若教氣血陰虛症，一例同投又不當。

羌活生於羌胡，雍州、隴西皆有之。蘇恭曰：療風用獨活，兼水宜用羌活。風能勝濕，發汗散表。　香紫依稀獨活同，一般滋味更多功。透關利節平洪水，反正誅邪退賊風。音失效曾收甑菓正氏。濕消言復著蘇恭。血虛內若傷元氣，痛及周身不可從。

升麻能引清氣右升，無毒。忌見火。解莨菪毒。　平兼甘苦號升麻，足部陽明藥豈差。引氣上行力最得，散邪遠去效非賒。脾痺專主母相棄，肛脫兼資自可誇。初病太陽須禁用，陰虛火動恐難拏。

苦參入腎經。逐水，除癰腫，補陰，去濕熱。　苦寒無毒反藜蘆，性降常將腎水扶。除熱不嫌嚴冷也，言其性寒。滋陰何患澀艱乎。言其味苦。腹心結氣斯為美，風濕成災儘可圖。更令目明兼止淚，黃癉積聚病俱徂。

白鮮皮別名白羊鮮。《千金方》嬰兒風癇，用白羊鮮湯，取其善祛風熱也。　氣寒善走苦兼鹹，風熱專祛肯使淹。手足陰陽經竝入，肌膚股肱病皆恬。病去而恬適也。是誠燥藥原堪取，豈獨瘡科始可拈。世醫止施于瘡科，淺矣。惟有虛寒居下部，總教濕重不宜添。

延胡索得五靈脂治小便溺血。　上中下部各需君，宜酒宜鹽宜醋分。上部酒炒，中醋炒，下部鹽水炒。去入胃脾從正色，其色黃，故入脾胃。來調經癸向紅裙。經癸不調，往往獨奏功。血瘀血滯同收效，能活血止痛，散血破滯。心病心疼獨致勤。《炮炙論》曰：心痛欲死，急覓延胡。無毒苦辛溫是性，走而不守古今聞。

貝母川產最佳，西者味薄次之，象山者又次之。再有一種大而苦者，僅得解毒。並去心用。　肺經氣分與心經，兼入全從手二陰。手太陰肺經氣分，兼入手少陰心經。邪熱喘欬惟所用，火痰鬱結任教尋。甘寒不使喉痺染，平苦無容乳難叶去聲。侵。相反烏頭寧僅汝，象山西產亦同掄擇也。

山慈姑金燈花根也。九月開花朱色，與葉不相見，故又名無義草。　慈姑此獨命為山，曾見花開九月間。甘帶微辛原是美，性含小毒究非頑。非頑惡無用。瘡瘻癰治看完體，瘰癧瘢消覩好顏。多與外科相協力，攻堅解毒著人寰。

白茅根一名地筋。治傷寒呃逆喘嗽，吐衄便溺諸血及痘瘡乾紫不起症。　白茅無毒性甘寒，伏熱能除是大端。兼主痘瘡却紫色，還消水腫治黃癉。虛羸預杜勞傷絕，甘寒能滋虛熱，無傷胃氣之虞。胃熱去而中氣復，便不致成虛羸矣。壅閉潛通血分安。除瘀血壅閉，便溺諸血。花更上升堪止衄，論功亦自與根般。

草龍膽去蘆。酒炒，或甘草湯浸一宿用。治肝經邪火，下焦濕熱。　大寒小毒性兼全，苦濇嘗來味更然。沉降偏教腑臟定，峻嚴却使絕傷連。肝邪焦濕相將去，目腫腸蟲次第捐。脾胃若虛宜禁服，恐遭嘔瀉致憂煎。

細辛無毒。產華陰及遼東者良。　病居督脉細辛宜，反與藜蘆當戒之。手足二陰行血處，入手足厥陰少陰血分。筋骸百節散邪時。補肝若用應需爾，泄肺如該更待誰。只是上升溫且烈，難同諸藥一般施。多則不過五分而止。

杜衡俗名馬

蹄香，又名杜葵。　無毒辛溫香味優，細辛相似效同收。心胸痰氣殊能降，頭目風寒亦可搜。血滯血瘀當自破，水深水淺遇斯流。但嫌臭濁升騰處，力弱稍為遜一籌。不能搜滌少陰經中之寒，稍遜細辛耳。

白微無毒。《金匱》治婦人產中虛煩嘔逆，安中益氣，竹皮丸中用之。　鹹平降泄白微功，扶抑陰陽男女同。抑陽扶陰。去盡痰迷消湧火，掃除熱鬱不生風。疾成淋露尤為要，病出酸疼總賴攻。少食胃虛兼泄瀉，喘欬多汗慎醫工。

白前長於降氣，肺氣壅實而有痰者宜之。　白前入手太陰經，無毒微溫甘且辛。曾見《深師》除嗽腫，《深師》用白前湯治久嗽體腫。亦同《金匱》治沉淪。《金匱》治嗽而脉沉者，澤漆湯以中有白前也。專搜肺竅祛風水，善化欬痰安氣神。若遇素虛常哽客，須當慎用莫教親。

清・朱鑰《本草詩箋》卷三

芳草　當歸入手少陰心，主血也。入足太陰脾，裹血也。入足厥陰肝，藏血也。張仲景治陽邪陷陰，手足厥冷病，用當歸四逆湯。《別錄》溫中止痛。甄權治下痢腹痛，女人瀝血腰痛。　當歸溫性味甘辛，無毒恆從血分巡。潤胃澤膚榮骨幹，排膿破惡養精神。待攻尚勇當求蜀，蜀產者力剛可攻。資補須柔宜取秦。秦產者力柔可補。尾主能行身主衛，身能養血，尾主行瘀。著功大半屬佳人。

芎藭《綱目》名川芎。蜀產者佳。葉名蘼蕪。　辛溫升散是芎藭，衝脈能行血分通。濕氣在頭全賴却，風邪入腦總資攻。驗胎《靈苑方》驗胎法，以生芎藭末，艾湯服一錢匕，腹中微動者，為胎。治死功何限，《千金方》治子死腹中，以芎藭末酒調服，立出。止痢除疼效不窮。血痢已通，腹痛不止，乃陰虧氣鬱，藥中加芎藭，氣行血調，其痛立止。誠屬肝經最妙藥，虛陰炎火用休同。氣弱之人不可服。

撫芎無毒。產江左撫州，中心孔者是。　撫芎升散善寬胸，直入三焦始迄終。鬱結心中痛易定，滿居膈內痞難容。總解諸鬱。味因辛辣陰陽達，性屬溫良經絡從。只是不宜久遠服，令人耗氣反成凶。久服耗氣，令人暴亡。

蛇床　命門右腎任行將，氣分三焦竝少陽。壯火既能扶吉士，能助男子壯火。鬱攸更善散嬌孃。能散婦人鬱結。利通關節除痺氣，掃蕩癲癇絕惡瘡。瘍科方需用。只有陽強精不固，忌他溫性味辛香。

藁本　藁本香而燥者良，毒無溫有苦辛長。疝瘕恆足祛中腹，治婦人疝瘕。寒濕專能消太陽。足太陽經藥，治寒鬱頭項巔痛。潤澤容顏呈色美，長肌膚，悅顏色。泄通脾胃輔身康。夏春熱病還宜忌，產後虛疼總不當。

白芷別名都梁香。　白芷能行手太陰肺經，辛香兼達兩陽明胃大腸。三經風濕搜無剩，一切寒暄治有成。腫脹痘疹癢預杜，以杜將來發癢之患。腥膿腸癰痛徐平。溫升苦散恆消毒，火症須知用勿輕，因於火者勿用。

白芍藥入止血藥醋炒。　白芍微寒酸且苦，平而無毒性殊優。熱邪主瀉肝資補，陰氣專收脾獲休。休休然，安定也。痢自血淋茲可藉，病緣腹痛是當求。虛寒在內還宜忌，并反藜蘆莫竝投。

赤芍藥　芍藥猶然赤著名，性專下氣痛能平。生來自具酸寒質，用去終殊收斂情。體熱體涼咸使治，血瘀血滯儘教行。毒無苦有攻堅積，餘利還令小水清。蘇恭以赤者下氣利小便，白者止痛和血。

牡丹皮酒洗，曝乾。勿見火。　苦辛無毒牡丹皮，胞絡心肝腎竝之。火伏藏邪從外發，能開陷伏之邪外散。陰虛致血向中持。陰虛吐血衄血，必用之藥。鎮驚定癇安腸胃，破積生新和體肢。獨忌婦人經不淨，病由寒弱勿輕施。凡血崩、經行過期不淨，屬虛寒禁用。

木香治霍亂瀉痢，健脾消食，安胎。　木香無毒苦辛溫，沉降原從味厚渾。脾肺肝經鬱易解，上中下部滯難存。氣邪撲滅神能健，疫毒消磨志不昏。功在助陽通窒礙，火衝血燥且休吞。

甘松香　甘溫無毒具芳香，脾鬱能開是所長。痛滿腹心煎服濟，腫疼脚膝洗淋湯。脚氣膝腫，煎湯淋洗效。屏除惡氣功能任，升竄陰邪效足當。齒䘌風疳兼用治，白芷白附許同將。齒䘌得白芷、白附子、甘松香良。

山柰　山柰辛溫無毒氣，芳香暖胃入陽明。腹心冷痛功非小，牙齒含疼效不輕。瘴癘辟來邪自遠，風蟲除去惡胥清。濕寒霍亂猶餘事，幾與良薑匹敵行。

高良薑　良薑辛熱稟純陽，脾胃同行升所長。暖逐寒邪常令出，力平冷逆莫教藏。下虛產後宜加服，上吐炎興須忌嘗。胃火作嘔禁用。其子更能匡相火。子名紅豆蔻，補命門相火。腹心痛瀉用斯當。

草豆蔻　辛濇兼溫入胃脾，麪糊煨熟用斯宜。邪當口上偏宜治，李東垣曰：治風寒客邪，在胃口之上宜之。痛屬心中最善醫。朱丹溪治胃脘作痛。濕鬱病成惟汝職，風寒疾起是伊司。獨嫌助熱能傷肺，血燥陰虛切忌之。

草果亦名豆蔻。　較之草蔻却依稀，一樣辛溫濇不違。寒可蕩除濕可燥，食能消化鬱能揮。膈充痰實投來是，溲赤喉乾用去非。脾胃肺腸兼善治，主於浮散毒靡依。取其辛溫浮散，能解麪濕、魚肉諸毒。

白豆蔻俗名殼蔻。　殼蔻辛溫性上升，臭香更喜毒無憑。辛香醒脾。脾虛瘧起教迴避，肺滯寒生主散騰。氣降效收穀食進，膈寬功著毒邪崩。焦三經二同營衛，流行三焦，又入肺脾。却忌嘔由蘊熱興。

縮砂蜜俗名砂仁。　縮砂蜜即是砂仁，無毒而溫味濇辛。調胃醒脾還理氣，安胎止痛更通神。膈嘔噎吐功咸奏，腹瀉淋漓效各臻。只是忌施新產婦，驟行動血恐傷身。

益智子去殼，鹽水炒用。　試詳益智子如何，無毒辛溫功亦多。用以輔脾土受旺，益脾進食。藉之補腎水增波。理元氣，

縮小便。滑精最恨沾牀席，崩漏尤憐污綺羅。陰退陽行專助火，若施熱症轉沉疴。

蓽茇　蓽拔雖良性大溫，陽明經脈往來屯。瀉如流水須教用，霍若顛狂當與吞。治霍亂。腹滿心煩消致效，鼻淵頭痛治推尊。味辛浮熱專能散，多服還愁目漸昏。辛熱耗散，能動脾胃之火，不可多服。

蒟葉子名蒟醬。　蒟葉辛溫毒不生，子名為醬可調羹。溫中下氣塵煩息，解鬱開懷痰積清。食合檳榔瘴自辟，類同蓽茇用相成。散浮熱性依稀近，贏得芳香更覺精。

肉豆蔻俗名肉果。糯米粉煨熟用。　肉豆蔻著味辛香，手足陽明共徜徉。溫有不嫌煨取用，毒無偏忌鐵同將。忌犯鐵氣。瀉嘔可止安脾胃，膨脹能寬固大腸。峻削縱非朴實比，要之熱鬱請休嘗。

補骨脂俗名破故紙。　大溫為性苦辛全，收斂神明出自然。骨髓精同陽氣固，心胞火與命門連。腎脾虛冷咸需也，腰膝痠疼總賴焉。濟生二神丸，治脾腎虛寒泄瀉，用補骨脂補腎，腰膝痠疼神效。所忌芸芸薹羊諸血物，并嚴有熱症休前。

薑黃蜀川者佳。江廣生者不入藥。　溫良辛苦具薑黃，有眼中空蜀產良。血內行來俾氣治，脾間投去把經通經匡。癥瘕悉退客顏潤，腫毒胥消皮肉光。只有血虛遭臂痛，服之增劇莫相將。

欝金蜀產皮黃帶黑，如梧子紋者佳。　鬱金無毒苦平辛，本草為寒見未真。後降先升情不烈，入心及絡路徐臻。血皆破宿新能長，氣盡教平結可申。兼使癥瘕旋化水，忌惟陰火與虛人。張路玉云：辛苦平，本草以性寒，誤矣。

蓬莪茂即蓬朮。　蓬莪茂喜近嬌娥，辛苦兼溫功若何。用入肝經醋炷炒，施從心土麪相和。血當結積皆堪治，痰屬堅凝悉可磨。所性專攻氣分血，虛人誤服受傷多。

荊三稜生荊楚地。真者絕少，今世所用，皆草三稜。醋炒用之。　苦平無毒說三稜，氣分肝經藥可登。通水墮胎為力峻，通月水峻藥。破寒除塊著功能。脹寬足令癥瘕滅，痛息常消惡血凝。只是性專行尅削，胃脾虛者恐難勝。虛者勿用。

香附　香附原為莎草根，女科主帥獨稱尊。生行胸膈風寒散，熟走腎肝血氣溫。開鬱消痰通腠理，調經止漏暖陰門。三焦衝脈皆能治，微苦甘辛毒不存。

茉莉花　茉莉相傳性熱辛，古方罕入亦何珍。治施白痢醫聊取，用借芳香氣散陳。花自含嬌堪悅目，根尤藏毒欲迷人。其根性熱，有大毒，酒磨一寸，服即暈迷，一日乃醒。却供接骨磨來傅，暈去全忘痛在身。接骨敷之止痛。

排草香　無毒辛溫排草香，性專辟臭臭相忘。邪精自爾胥教遁，鬼魅從茲莫敢當。天降時災熏藉氣，腫成水疾洗資湯。更除風瘧來為暴，不過稍添芥與薑。與芥子、生薑浴風瘧效。

藿香　藿香手足太陰依，無毒辛香溫帶微。醒胃逆嘔難以近，治嘔甚效。助脾邪氣自然違。瘧由嵐瘴功堪表，疫出時行效可幾。若使腹心留滯寡少也，陰虛火旺用皆非。

薰香即陵零香。　香號因何得取薰，甘平無毒氣氤氳。辛良祇合求諸廣，臭濁何勞謀自雲。廣產者良。雲陽產者氣濁，不堪入藥。齒痛心疼誠可挹，鼻凝肉瘜更宜君。終嫌耗散真難聚，多服須防作喘云。

蘭香附子。　辟除疫毒是蘭香，脾肺兼行胃大腸。散積調中溫固美，治瘴利水辣尤良。癘風迅掃邪難入，濕熱徐消蟲自亡。子主目瞖功亦巨，齒邪兼保小兒郎。治小兒鼻疳赤爛。蘭葉燒灰二錢，銅綠半錢，輕粉二分，為末，日傅三次，即愈。

澤蘭　微溫甘苦澤中蘭，血分專行脾與肝。肉綴癥瘕俾療治，膿流瘡癰保平安。水除肢體消浮腫，除水腫。血去腰股免痛攣。治產後血敗，流於腰股，拘攣疼痛。要藥產科誰可捨，功高益母少傷殘。

馬蘭　陽明血分好同棲，入陽明血分。無毒辛平性不低。破宿生新用自博，去疼除腫效相齊。散血解毒。兼清腹內腸痧絞，治絞腸痧。更治喉間痰積迷。溺濇能通水可散，治水腫。濁淋痔漏總堪攜。丹方治婦人淋濁、痔漏有效。

香薷　辛溫無毒白花開，宜向江西去覓來。散水不教陽氣遏，和脾足令暑邪推。渴煩善解寒涼病，疼痛能除瀉吐災。表藥最宜施夏月，夏令解表之藥，氣壯之人可服。內傷勞倦尚須裁。氣虛勿用。

爵床俗名赤眼老母草。　爵床老母血專通，腰脊疼來藉爾攻。鹹味有功堪下氣，寒情無毒性寒莫祛風。渣塗傷毀須臾瘥，湯浴拘攣頃刻融。自足以供內外用，試觀主治誌經中。

荊芥又名芥蘇。　入從氣分肺肝行，經絡風痰熱善清。善祛經絡中之風熱。血暈血瘀血總治，患瘻患癧患咸平。豚鱠切忌休教昧，驢蟹當禁更要明。河豚及一切無鱗魚與驢肉俱忌食。黃鱨魚後服之，令人吐血，惟地漿可解。與蟹同食動風。性出溫良辛是味，假蘇荊芥各標名。

紫蘇　辛溫無毒葉尤奇，氣血兼行效不遲。升降散邪入盡解，諧和入劑病攸宜。治應實惡居肢體，施忌虛寒在胃脾。苞梗力微殊較遜，傷中過汗咎欣辭。

蘇子　色宜深紫粒宜粗，蘇子人誰莫識乎。辛且兼溫寒自免，香而帶潤毒全無。寬胸利膈勞能治，順氣消痰嗽可圖。只是尚嫌疏泄性，投之虛弱不相孚。

水蘇一名雞蘇。辛，溫，無毒。子名荏子。　青青似草葉萋萋，治足陽明詩好題。氣惡自教口內辟，辟口臭，除惡氣。毒邪不使胃中迷。味存香辣生蘇地，性具溫良長野畦。結實問名為荏子，未知功用可相齊。

薄荷產蘇州者佳。　薄荷道地數蘇州，行處常從肝肺投。止嗽去胎可去舌胎安口舌，消風解熱展眉頭。辛能發散為伊好，

平善清涼是汝優。性得春升浮上令，冷虛瘦弱莫相求。

清・朱鑰《本草詩箋》卷四

隰草

菊黃者苦甘，平。白者苦辛，平。皆無毒。一種野生者，名苦薏，服之傷人腦。　菊花金水鍾精英，菊得金水之精英，補水以制火，益金以平木，為去風熱之要藥。風熱專袪氣最清。疼眩散來頭目爽，濕痺滌去體肢輕。治惡風濕痺。黃含甘美陰能入，黃者入陰分。白蘊辛香陽自行。白者入陽分。兼苦恰同平亦等，補從肺腎見功成。

艾無毒。蘄州者為勝。　艾溫辛苦性純陽，善走三陰見厥長。入肝、脾、腎三經。寒濕方深資掃逐，元陽垂絕賴勛勤。可以回垂絕之元陽。代臍脚冷兜之布，老人臍腹畏冷及寒濕脚氣，以熟艾入布兜之。為痢扶虛進以湯。《本經》膠艾湯治虛痢。生用和平熟大熱，(炙)〔灸〕除百病更難量。

茵蔯蒿一種葉細如青蒿者，名綿茵蔯。一種生子如鈴者，名山茵蔯，又名角蒿。　茵蔯有二性稍殊，辛苦微寒毒有無。綿茵蔯苦，平，微寒，無。山茵蔯味辛苦，有小毒。葉長蒿如取水利，專于利水。子生鈴似把蟲誅。善於殺蟲。蝕瘡專籍山能治，濕熱須資綿為圖。功用不同名遂異，膀胱入處恰相符。

青蒿　苦寒毒淨是青蒿無毒，入藥須推莖紫高。蟲殺效呈瘡疥惡，《本經》主疥瘙痂痒惡瘡，殺蟲。熱除功著骨蒸勞。治骨蒸勞熱。瘧教退冷常知暖，《經驗方》和桂心治寒瘧。目使生明善察毫。血分陰陽兼少厥，為少陽、厥陰血分之藥。行無傷伐在皮毛。

茺蔚俗名益母。附茺蔚子。　木火交馳血分兼，入手少陰、足厥陰血分。補陰功最著香奩。逆嘔忍使番痧戀，治番痧腹痛嘔逆。瘀滯寧容產疾淹。莖治癮疹皮色淨，可作浴湯。子除水氣目光添。辛甘溫美專行下，脾胃如虛未許拈。脾胃不實，大腸不固者，勿用。

鹿銜　鹿銜苦濇性偏溫，胃腎肝經各自奔。走三經血分。邪濕賊風恆使退，鼠瘻惡血不教存。專扶陽氣男宜服，善散陰精女忌吞。結實名標延壽果，子名延壽果。尤為上藥補天元。產秦地者補先天不足。

夏枯草　無毒而溫性自如，厥陰血脈是安居。有補養厥陰血脈之功。苦誠足使炎威息，辛更能教結氣除。瘰癧頭瘡消箇箇，濕痺脚腫愈徐徐。純陽最善扶肝木，性稟純陽，善走厥陰經，助肝木之氣。久服還防致胃虛。久服傷胃。

劉寄奴　誰道當年劉寄奴，藥名適與竝相呼。性溫主血功無右，味苦攻瘡效不誣。脹滿氣平攜麯酒，《衛生易簡方》治血氣脹滿，劉寄奴酒煎服。折傷瘀去抉延胡。《千金方》治折傷瘀血，用劉寄奴、骨碎補、延胡索，水煎，加童便服。博施老幼留餘力，治小兒(屎)〔尿〕血。產後還將紅袖扶。產後餘疾可用之。

旋復花又名金沸草。　能降由升旋復花，大腸肺藥屬君家。散風祛痞平驚愕，治驚悸。行水消痰息嘆嗟。潤下鹹誠施有益，緩中甘更用無差。但嫌職主惟溫泄，燥欬虛勞嗽莫加。

青葙即雞冠花。　雞冠風熱性能清，治風熱目疾。傳說功堪並決明。四體癢瘙常令去，三蟲災害不教生。殺三蟲。口唇青退安牙齒，主唇口青。眉睫紅消衛眼睛。無毒微寒饒苦味，厥陰血脈往來行。

紅藍花即紅花。　花開灼灼號紅藍，無毒而溫辛味含。活血自從男子治，通經更向婦人探。通婦人經水。疔生不使膚間受，解疔毒腫。胎死難容腹內擔。產症痘科咸有賴，上行之性尚宜諳。

臙脂有四種，一種以紅藍花汁染胡粉而成，一種以山燕脂花汁染粉而成，一種以山榴花汁作成者，一種以紫鉚汁染綿而成。皆可入血病藥用。　臙脂有四不相同，色竝殷紅臭味通。活血儘教供採用，取資各使助成功。瘡消結硬當肌肉，花逐繁華近目瞳。瘡痘護眼，黃蘗膏用油、胭脂調塗，則痘無入眼之患。無毒甘平雖一例，綿脂尤重痘科中。

大薊、小薊　薊分大小以名標，破血皆能性不遙。花並著甘溫竝具，花甘溫。根同耐冷毒同消。微涼，無毒。小專破宿生新任，大足除癰止衄饒。止吐血鼻衄，兼療癰腫。均出下行無二義，忌施泄瀉腹虛枵。

續斷　續斷誠于不足宜，顧名實有義堪思。利通關節連筋骨，杜絕傷勞健體肢。旺氣固遺添勇力，治遺泄。調經和血佐嬌姿。漏崩胎產尤推首，為婦人胎產崩漏之首藥。無毒微溫苦勿疑。苦，微溫，無毒。去根、尾，酒炒用。

漏蘆又名野蘭。　鹹苦相兼且帶寒，背瘡要藥莫輕看。除癰止漏呈功用，消毒排膿奏治安。利竅幾曾稍却顧，軟堅何暇少盤桓。鹹能軟堅，寒能解毒，故服之必大便作瀉。性專尅削虛宜戒，尤忌佳人當夢蘭。

苧蔴、黃蔴絡蔴根附。　無毒甘寒是苧蔴，耑行滯血向嬌娃。臥來欲暈頭堪枕，產婦枕之治血暈。產後懷疼腹可加。腹痛以苧安腹上，即止。熱渴水兼消口角，漬苧水療熱渴。赤丹根更療兒家。根治小兒赤丹。黃含溫苦除瘀積，絡治喉風並足誇。絡蔴根燒灰，治鎖喉風神效。

胡蘆巴　海外傳來蘿蔔子，蘆巴音似誤相呼。性溫專向元陽補，味苦惟從右腎扶。腸內奔豚何憚逐，腹中含卵豈辭驅。小腸奔豚偏墜及小腹有形如卵，上下走痛不可忍者，用胡蘆巴丸。下虛上熱皆堪賴，導火歸真藥不誣。

惡實又名鼠粘子、牛蒡子、大力子，皆別名也。　惡實重標大力名，鼠粘牛蒡復紛更。熱濕緣風休令起，治風濕癮疹，咽喉風熱。肺經為藥非虛論，痘疹稱仙是定評。散諸腫瘡瘍毒。上行酒炒通諸脉，性出循良辛帶平。辛，平，無毒。

蒼耳　督脉能行蒼耳性，頭風腦痛治耑門。葉含辛辣還兼苦，實著甘芳更帶溫。手足拘攣舒自展，治頭風腦痛。皮膚瘙癢去休捫。去皮膚瘙癢。

濕寒善却功何限，并代佳人解悶昏。婦人血風攻腦，悶絕忽倒，不知人事者，用蒼耳草嫩心陰乾為末，酒服甚效。

天明精《本經》名蝦蟇藍，一名地菘子。　性專破血與生新，涌吐風痰出絳唇。能涌吐風痰。　弭瘧不客邪近體，殺蟲莫使毒侵身。　蛇傷肌肉功堪驗，蛾撲喉嚨效可陳。乳蛾喉嚨腫痛，搗絞和酒灌之。　急慢驚風兼齒痛，却教一切治如神。

鶴蝨　鶴虱能行向厥陰，入肝經。　善調逆氣不教侵。　痰如凝滯來寬膈，蚘若環攻去痛心。《錄驗方》療蚘攻心痛。　味內苦平原易得，性中惡毒杳難尋無毒。　小兒蟲害尤專治，肉汁同吞致力深。小兒蟲痛，用鶴蝨研末，肥肉汁服。

豨薟　豨薟寒苦略兼辛，除濕祛風活血行。　骨節冷疼資療治，膝腰力弱賴支撐。　痺教振起蒸兼晒，九蒸九晒，則去風痺。　痰使捐消搗用生。生者搗服，能吐風痰。　脾腎兩虛陰不足，尚宜珍重試休輕。脾腎兩虛，陰血不足者，大非所宜。

篛生小竹，葉最大，故可以之為笠。　篛葉甘寒性最良無毒，焚灰治血獲安康。燒灰治吐衄嘔咯及便溺諸血。　喉痺并散恆收效，肺氣兼清自擅長。　倒靨痘瘡香入酒，痘瘡倒靨以篛葉灰一錢，入麝香，酒調服之。　逆嘔胃熱蔕煎湯。乾篛蔕煎湯，治胃熱呃逆。　癰消腫赤皆資用，塗抹和油療火傷。

蘆根笋名虇蘆，莖名葦莖，花名蓬蕽。　蘆根甘味性寒涼，客熱無容向胃藏。　時疫氣消煩可絕，消煩悶。　河豚毒解食無傷。解河豚諸魚毒。　莖除肺癰兼通竅，花治心疼更利腸。　臍下癖堅小便閉，須知取笋用尤良。

甘蕉即芭蕉。　天行狂熱藉芭蕉，寒性能將煩渴消。　濇血服湯《聖惠方》治血淋濇痛。　呈效速，遊風臥葉著功饒。小兒遊風，臥蕉葉上即愈。　毒平赤腫肌膚好，病去黃癉顏色嬌。　甘味得標為藥美，陰疽隱約慎休邀。陰疽，不赤腫者禁用。

蘘荷即芭蕉之色白者。　毒能攻毒是蘘荷，蠱主呼來見效多。中蠱者服蘘荷汁，并臥葉上，即能呼出蠱主姓名。　兼療口瘡從辯士，還通經水向嬌娥。　舌喉疥癬消糜爛，頭腦蒸疼免折磨。　性具辛溫堪解散，所禁鐵器莫親他。

麻黃　肺經專藥是麻黃，微苦而溫性屬陽。　汗發皮毛邪鬱去，善發汗。　病除癱瘓緩風亡。　衛寒並實方宜用，氣血皆虛須慎將。　表裏雖然兼有賴，脫人元氣要推詳。

木賊　木賊甘而帶苦微，麻黃形性並依稀。　濕風既喜從中散，鬱火還欣向上飛。升散火鬱風濕。　眼目淚堪教自止，肺肝邪可使相違。發散肝肺風邪。　解肌發汗皆其分，傷暑多虛用便非。

石龍芻一名龍鬚，即席草。　龍鬚席草石龍芻，物一名三總任呼。　生水獨令濕水治，生水中，專利水。　性寒不把熱寒圖。　疰由鬼發專能滅，氣自邪生亦善誅。　敗簟焚灰調酒服，便艱淋閉病全無。治小便不通。

燈心　輕虛甘淡性兼寒，米飲磨漿入藥丸。欲入丸劑，粳米飲漿磨之。　急治喉痺為彼要，燒灰吹之。　善能瀉肺是其端。　焚灰抹乳兒啼息，燒灰塗乳上，飼小兒，止夜啼。　入粉和香疳積安。入輕粉、麝香，治陰疳。　無毒最宜消內熱，更將水利與君看。

生地黃《本經》名地髓，又名芐。音戶。　甘苦加寒生地黃，功專散血性尤良。無毒也。　脾肝並入兼胞絡，心腎同行及小腸。　肌肉長來除積聚，骨髓填去絕筋傷。填骨髓，療折跌損傷。　忌和諸血并萊菔，鐵器相將亦要防。忌犯鐵器。

乾地黃產懷慶者，丁頭鼠尾，皮粗質堅，每株生七八錢者力優。亳州者，頭尾俱粗，皮細柔質，形雖長大而力薄。產江浙者，細軟無力，僅可清熱，不入補劑。無問產於何地，但枯槁質輕者，謂之天黃，不堪入湯藥。　寒苦微甘性自優，首推鼠尾及丁頭。　內專涼血滋陰盛，外潤皮膚索澤柔。　相火熾強功足制，熱邪閉結力堪收。　通心歸腎行脾土，味厚還當對症投。

熟地黃　地黃製熟性甘溫，補腎功高世共尊。　耳目明聰無使瞶，利耳目。　髮鬚潤澤不教髡。黑鬚髮。　七傷並治除陰弱，五臟兼和補下元。　胞漏調經多著效，產中百病更耑門。

牛膝　養筋活血各居功，入自肝經任爾通。　降泄性沉兼滑利，苦酸味穩異豪雄。　痿痺腰膝疼專治，月閉胞胎墮最工。　川產尤良土亦好，能除血鼓與喉風。

紫菀白者名女菀。　血氣專通利肺經，微溫辛苦善調停。善調五勞體虛。　療驚平悸通溲濇，溺濇便血，單服一兩即效。　止渴消痰弭血腥。　白退風寒祛洗洗，紫除蠱毒絕冥冥。　勞虛並濟兼沉脉，去黑尤邀女菀靈。《肘後方》治人面黑令白，用女菀三分，鉛丹一分，為末，服十日，大便黑，二十一日面白便止。

麥門冬本作虋冬。　陽中不免有微陰，腎胃兼行肺及心。　氣結胸間恆散泄，飽傷腹內總消沉。　甘寒性可滋津液，補助功尤向水金。滋燥金而清水源。　不足中元稱要藥，多虛少熱症宜禁。陰虛羸瘦，失血失音及風熱暴嗽，咸非所宜。

萱草一名宜男，一名忘憂。　萱草忘憂自古云，宜男美號更前聞。　酒癉濕熱花收益，萱草花治酒癉，利濕熱。　其花起層者，有毒。　水氣沙洒根策勳。根治沙石淋，下水氣。　衄血炎興需治切，乳疼腫起待消勤。　甘平無毒原堪取，萼吐如層須要分。

淡竹葉　隰生淡竹嫩如茭，綠葉猗猗擁翠苞。　甘美味存休顧問，寒涼性具莫推敲。　上消煩熱清心肺，下降艱難利水胞。利小便。　胎墮產推呈效驗，其根尤覺勝花稍。根善墮胎催生。

冬葵子即向日葵子。　味甘寒滑冬葵子，寒熱專除臟腑中。主五臟六腑，寒熱羸瘦。　脹痛乳房徐使治，婦人乳房脹痛，同砂仁等分為末，熱酒服三錢，其腫即消。　澀艱便竅頓教通。性滑，善能利竅。　倒生肉刺看無恙，但食葵菜即愈。　催產胞胎見有功。難產不下，專取一味，炒香為

末，芎歸湯下三錢，則易生。羸瘦莫愁成骨立，五淋悉破免憂癃。

蜀葵　蜀葵性不異冬葵，利竅同功人盡知。與冬葵子同功。氣血燥來恆藉潤，熱邪客處每勞辭。除客熱，利腸胃。帶隨色治花多益，東垣取其花之白者治白帶，赤者治赤帶，隨其色而用。病欲寒醫子自奇。其子性滑。犬齧只愁輕服此，終身瘡疾少痊時。被狗齧者，食之瘡永不絕。

秋葵子葵花種種，惟花於秋者，獨稟金氣而色黃。　秋葵花發向清秋，金氣栽培色最優。甘且多寒專下潤，滑而少毒豈輕浮。便淋治去無零滴，胎產催來莫逗留。催產，與冬葵同。花更可資消癰腫，療傷湯火傅加油。浸油，塗湯火傷，其痛即止。

龍葵即老鴉眼睛草。　龍葵滋味苦甘全，寒滑原來毒已捐無毒。效著熱消兼美士，功垂血散並嬋娟。消熱散血。便艱利水根能矣，疔腫除疼子有焉。最是令人堪愛處，筋當傷損善相邊。

酸漿一名燈籠草。俗名掛金燈。　苦寒無毒掛金燈，雅號酸漿何所能。利濕施來原自好，利濕除熱。除煩用去亦相應。咽喉燥結消疼腫，欬嗽痰凝去鬱蒸。主咽喉腫痛，治熱痰欬嗽。佛耳治寒茲治熱，佛耳草治寒痰欬嗽，此草專治熱症。功存清肺藥當登。

敗醬草一名苦菜，又名鹿腸。根作敗醬氣，故名。　敗醬近世鮮能知，寒苦偏於下泄宜。性專下泄。暴熱火瘡均可治，馬鞍疥瘙並堪醫。腸癰未潰男兒賴，《金匱》薏苡附子敗醬散，治腸癰固結未潰。疽蝕將成婦女資。婦人下部疽蝕，方中亦恆用之。胞絡大腸取次入，善將毒散復何疑。

欵冬花　溫而非燥欵冬花，性屬輕揚最足誇。性雖溫却不燥，故能輕揚上達。辛入氣中舒欬逆，紫從血內潤精華。色紫者歸血分。肺癰肺痿施無悞，喉啞喉痺治不差。寒熱癎驚邪盡却，主諸驚癎，寒熱邪氣。火炎一切病堪拿。

鼠麴草即鼠耳草，又名佛耳草。　草名鼠麴主寒痺，寒嗽寒痰總賴伊。除肺中寒。味既有甘甘獨備，性原無毒毒全離。肺升氣受安舒益，大升肺氣。膈散方呈效驗奇。宣明透膈散，治寒鬱肺絡之嗽。從此不教火內鬱，寒嗽多火鬱于內。用來允合仗明醫。

決明子　決明無毒鹹平性，《別錄》還云甘苦寒。熱蓄口青能使去，《別錄》療口青。淚流眼赤頓教乾。貼心鼻衂污從弭，作枕頭風痛即寬。更解毒蛇消腫毒，以水調末，塗腫毒。只禁弱血與虛肝。肝虛血弱者，過用虛風必內擾。

地膚子一名落帚，又名黃蒿。　地膚子主利膀胱，邪熱專祛稟性良。淋止便通老並少，濁清帶淨女和郎。男子白濁，用地膚子、白斂為丸，滾湯下；婦人白帶，地膚子為末，熱酒服之屢效。寒情陰火從教滅，甘味中虛自足匡。苗葉煎霜尤可重，毒舒砒粉水砂黃。苗葉燒灰煎霜，制砒石、粉霜、水銀、硫黃、雄黃、磠砂毒。

瞿麥家種者名洛陽。　性專泄氣麥名瞿，苦意寒情兩兩俱。關格善教癃結解，主關格，諸癃結，小便不通。心腸巧使渴煩除。通心經，利小腸為最要藥。若心經雖有熱，而小腸虛者，服之則心熱未退，而小腸別作病矣。破胎墮子疏凝血，出刺排癰消腫疽。利竅雖多功可取，忌施產後及脾虛。

王不留行即剪金花。俗名金盞銀臺。　專行血分不留行，金盞銀臺俗著名。竹木刺除疼痛息，淋漓病治濁污清。嘗來自覺甘兼苦，用去還知良且平。性平，無毒。胞絡大腸肝腎藥，利通竅乳計功程。

葶藶　苦寒葶藶近硝黃，入手陽明足太陽。氣泄肺中舒結聚，水通竅內瀉汪洋。張仲景瀉肺湯，用之肺氣壅塞，則膀胱之氣化不通，譬之水注。精神充實投無害，脾胃虛空用有傷。腫脹癥瘕雖賴治，斷然不可傅頭瘡。《金匱方》云：葶藶傅頭瘡，藥氣入腦殺人。

車前子　足太陽同足少陰，車前子入各登臨。利通水道分清濁，能利小便，而不走氣。寧謐精神止瀝淋。降火未聞傷腎議，降火而不傷腎。起痺却得所佳音。鹹寒無毒甘為性，下潤還教虛脫禁。腎氣虛脫之人勿服。

馬鞭草一名龍牙草。　馬鞭名復號龍牙，色赤從肝血分加。入肝經血分。癰痛喉痺飲賴汁，生搗汁飲，治喉痺癰腫。䘌瘡蠷螋傅須渣。搗敷下部䘌瘡及蠷螋尿。腫除男子陰無損，治男子陰腫。經治佳人利最奢。治婦人月經不勻。味苦微寒毫不毒，轉怜虛弱忌君家。陰虛胃弱者勿服。

光明草即狗尾草。　本來狗尾原無取，貂續尤非草可能。味性相傳既自罕，藥湯共入又何曾。用者甚少。只緣睫倒拳毛起，聊借莖捐惡血凝。眼赤拳毛倒睫者，翻轉目瞼，以一二莖蘸水戛去惡血，甚良。蘸水外施惟一法，光明遂得受人稱。

鱧腸草一名金陵草，即旱蓮草。　腎經血分去遲遲，却是鱧腸草職司。酸內有甘血可養，平中無毒水能滋。虬髯莫患成霜雪，潘鬢何愁添素絲。《千金方》有金陵煎，能益髭髮變白為黑。大便若還容易瀉，胃脾虛者勿吞之。脾胃虛，大便易瀉者勿服。

連翹苦，平，無毒。根名連軺，甘，寒，平，小毒。　輕清為性是連翹，少厥陰行手獨招。本手少陰厥陰之藥。心瀉膽清鬱熱散，瀉心經客熱，清膽經氣鬱。氣舒血破毒蟲消。破血結，散氣聚。癰兼瘰癧均難捨，瘡竝癭瘤總要邀。皆不可去之藥。寒降有根尤治濕，發黃能去號稱軺。

陸英一名蒴藋。又名接骨草。　陸英蒴藋種雖殊，陸英即蒴藋。田野村墟甚多。高大赤色者是陸英，葉不紅，有粉者是蒴藋。主治相同性亦符。一味苦寒無惡毒，四肢疼痛免攣拘。骨痺脚腫功能去，氣短陰虛力可扶。莫恠陶甄少鑒別，統為一物兩名呼。陶蘇《本草》，甄權《藥性》俱載。

藍實附大青、小青。　至陰性稟苦寒藍，大小兼收共實三。肝膽火盈專主瀉，胃心邪熱善能探。瀉肝膽

之實火，祛心胃之熱邪。殺蟲寧使蟲為害，解毒何嘗毒自含。性本無毒，而能解毒。外傅內吞功最速，搗敷腫癤，甚效。任他奇疾治無慙。

青黛一名藍。沫浮藍澱名青黛，無毒而寒味却鹹。熱痢紅裙恆代治，《千金》藍葉丸，治產後熱痢。溫斑白面每為芟。治溫毒發斑。噎通膈爽胸何梗，疳去牙寧口莫嵌。吹口疳最效。鬱火善從肝膽散，殺蟲尤足令人銜。

蓼子生水旁者名水蓼，俗名葒草。蓼花秋夏兩時開，穗結垂垂傍水隈。瘰癧風寒除熱病，善治散熱消積。癰瘍浮腫療瘡災。《本經》治下水氣浮腫，癰瘍。腹膨善解祛邪氣，痞積專消絕禍胎。婦人月事來不可食。只是溫鹹休過食，男傷骨髓女淋來。過食傷骨髓。

萹蓄 萹蓄功看主浸淫，濕除熱散水難尋。利水，散濕熱。不教稚子魃留病，豈使佳人蝕起陰。療小兒魃病，婦人陰蝕。霍亂黃瘴何敢犯，痔疽紅血莫能侵。治黃瘴霍亂，疥瘙痔疽。苦平無毒由生性，疥瘙三蟲並受擒。殺三蟲。

白蒺藜 辛苦溫良白蒺藜，性升而散效堪稽。兩陰風起無容入，雙目邪來不受迷。入肝腎經，為治風明目之要藥。破血益精誠善也，去癥長肉更能兮。喉痺乳患咸教治，要藥常將肝腎提。

沙苑蒺藜產沙苑。色微黑而似羊腎，若色微綠，雖產秦中，非沙苑也。又有蒺藜沙苑者，甘溫不毒產潼關。固精足使精無泄，助水恆教水有湲。得漠北之氣，以補腎水。昏昧復看消目內，痛疼并見息腰間。治腰痛。虛勞要藥斯為美，偏熱膀胱却要刪。但腎與膀胱偏熱者，禁用。

穀精草 性體輕浮草穀精，陽明分野任教行。溫良兼具殊多益，辛辣專存却少評。沉痛善除彰氣爽，治目中諸痛甚良。星瞖慣退顯神清。痘後生瞖用之。扶持目力無逾此，功勝黃花與白英。功在菊花之上。

海金沙 生於葉上不名花，似粉如塵浮水涯。熱伏血中休歎息，熱伏小腸膀胱血分者宜之。痛當莖內莫嗟呀。治小便熱淋莖痛。膀胱火鬱吞殊可，腎藏陽虧服便差。腎藏真陽不足，忌用。試問此為何藥物，甘寒無毒海金沙。

地椒一名水楊梅。生水邊，條葉叢生，似菊，莖端開黃花，實類椒而不赤。條葉叢生向水邊，楊梅《綱目》把名傳。《綱目》名水楊梅。花開似菊黃無減，實結如椒赤未全。砂粉制裁書玉冊，制丹砂粉霜，見《庚辛玉冊》。疔瘡腫毒治時賢。時珍治疔瘡腫毒。溫良兼具功專此，辛辣中含味不偏。

半邊蓮 半邊蓮只半邊開，不是荷花休誤猜。蔓引垂垂依濕地，葉生節節覆蒼苔。毒無何患人嘗去，辛有偏教蛇畏來。飲汁塗渣看立瘥，虺傷專治亦功魁。專治蛇傷，搗汁飲，以滓圍之。

地丁有紫花、白花二種。地丁紫白花雖異，辛苦相同原自如。疔總可消腫可散，癰皆能療毒皆除。治癰疽及無名腫毒。惡瘡治去功無盡，發背平來力有餘。若是漫然浮少赤，性寒却不利陰疽。漫腫無頭，不赤不腫者，禁用。

見腫消 托體依然是草苗，那知外治利偏饒。含酸雖乏甘堪取，酸，濇，微毒。帶濇終多功可標。股上犬傷痊片刻，搗葉，貼之即痊。耳邊毒發愈崇朝。傷寒餘毒，發於耳前後，用此一握，同白及、白斂、大黃、大薊、苧根，共搗成餅，入芒硝一錢，白蜜少許，和貼，留頭，乾即易之。癰疽浮腫皆其任，不愧名為見腫消。

毒草

大黃《本經》名黃良，又名將軍。脾胃三焦肝大腸，五經血分藥無雙。行瘀導閉功兼任，行瘀血，導血閉。化熱除邪力竝扛。積聚癥瘕從內滅，通積滯，破癥瘕。宿留飲食向中降。苦寒沉降專誅伐，凡屬陰虛休與撞。腎虛動氣及陰疽色白不起等症，不可妄用。

商陸一名當陸。赤者性劣，色白者良。苦寒商陸善傷脾，胃氣虛柔決不宜。利水下行力最速，小便不利，以赤根搗爛，入麝香三分，貼于臍心，以帛束之，即利。除癰外治效尤奇。除癰腫。殺人禁用紅當審，紅色者不可用。入藥堪資白要知。腫疾專消休道毒，疝瘕痺躄況無施。主水腫疝瘕痺躄，除癰腫。

狼毒 毒大寒還兼苦辛大毒，製須醋炒用須陳。鼠瘻疽蝕遭潛跡，盡除惡瘡鼠瘻。欬逆蠱邪見掃塵。飲食不教留積聚，熱寒寧使去因循。治寒熱水氣。鋒芒銳利威行速，性能殺飛蟲走獸。投治惟宜壯實人。虛弱者勿服。

狼牙《本經》名牙子，色白者良。以其草形似獸牙，故名。苦辛寒毒不須論，乾白無衣方可吞。冷出積衝斯可倩，治連年積冷，流注心胸，痛衝上。氣由邪熱是當援。《經》治邪氣熱氣。誅蟲瘡竝除陰蝕，去白蟲，殺三蟲，洗陰瘡蝕癢。落馬傷兼療墜軒。落馬墜車，血疾皆止之。九種心疼并中惡，《局方》《金匱》治明言。《金匱》九痛丸用狼牙，《局方》用狼毒與附子三兩，人參、吳茱萸、乾薑各一兩，巴霜一錢，蜜丸梧子大，日服二三丸，治九種心痛及中惡腹脹。

防葵 辛寒走散是防葵，性善走散。血脈能通為所宜。腹滿藏虛誠竝賴，口乾臚脹亦兼資。膀胱熱結開何惜，腸便災生弭莫辭。治疝瘕腸泄及膀胱結熱。欬逆濕瘖瘕疝症，與風不足總推之。

䕡茹辛，寒，有小毒。折之汁出凝黑如漆，故名漆頭䕡茹。色白者，名草䕡茹。䕡茹黑白不同姿，散血皆能性可知。風熱氣除安志慮，除大風熱氣，善忘不寐。疥瘡蟲殺益膚肌。眩旋治不拘男女，《聖惠》治頭風旋眩。疽癰醫寧遺小兒。《千金》治小兒癰疽。惡肉莫留膿盡去，休因寒毒致生疑。《本經》治惡肉敗瘡等病。

大戟 旁株忌用正根宜，入藥惟用正根，誤服旁株，令人冷瀉。峻利原為藥首推。肺氣上舒痰可遂，腎陰下走水能追。諸經蠱毒難容匿，《本經》治蠱毒、十二水，腹滿急痛

等症。一切風邪不受吹。性稟苦寒甘草反，苦辛，大寒，有毒。反甘草。虛寒人慎莫輕施。犯之立斃。　澤漆《本經》名漆莖。　大戟同功性頗侔，功類大戟。《本經》言利丈夫陰氣，則與大戟不相侔也。　利陰利水兩兼優。皮膚表裏除炎熱，治皮膚大熱。兩目周身去腫浮。去四肢面目浮腫，腹大。上氣脈沉資免患，消痰肺欬藉無憂。通流疏決尤多力，豕腹膨脝水消可休。　甘遂　先升後降不留停，寒苦能通十二經。邪退心安風瑟瑟，腫消腹瀉水泠泠。《肘後方》治身面浮腫。飲留食宿施呈效，仲景治心下留飲。癥破堅攻用最靈。甘草與之雖自反，耳聾嚼塞便堪聽。治肥人卒然耳聾，甘遂一枚，綿裹塞耳中，口嚼甘草，耳卒然自通也。　續隨子即千金子。　續隨子性具溫辛，下氣行來速似神。毒至能消毒退避，水來可利水沉淪。長於利水解毒。瘤根繫線人依舊，煮線繫瘤根，時皆緊之，漸脫。疣贅塗渣貌復新。黑子疣贅，續隨子搗爛，時塗之，自落。主療頗同戟遂漆，與大戟、澤漆、甘遂功相似。誤投虛滑必亡身。脾虛便滑之人，誤服必死。　莨菪子一名天仙子。　莨菪功於何所長，齒蟲石癰並癲狂。子休令破施方益，入癲狂方，皆用其子耳，故言勿令子破，破則令人發狂。根必多煎用始良。邪滯胃中兼噎反，今人用根治噎膈反胃。瘧臨身上及瘡瘍。瘧疾不止，莨菪根燒灰為末，水服一錢，即止。苦寒辛苦皆陰毒，誤治虛人立召殃。　蓖麻子　蓖麻要藥外科宗，為外科之要藥。熱毒甘辛性不庸。善走通經還啟竅，能開諸竅。能收拔惡更追膿。喎斜口目憑扶正，癰癧肌膚總化鎔。研塗瘰癧癰腫，即消。凡屬有形為滯物，功專引出莫相容。　常山一名恆山。　專驅痰水是常山，結澼胥教去脇間。鬼毒慣除無令入，瘧溫善逐不容還。苦辛為味雖堪取，暴悍居心莫妄扳。元氣虛寒陰作祟，實為戈戟必當刪。常山陰毒之草，其性暴悍，元氣虛寒之人勿服。　蜀漆即常山苗。　蜀漆常山所發苗，論功呈效不相遙。功效與常山同。苦辛猶是蟲能逐，辛毒依然邪可消。苦，辛，溫，有毒。治積聚邪氣，蠱毒鬼疰。積聚癥堅咸化散，熱寒欬逆盡飄搖。更於牝瘧加神力，名與雲龍漿水標。《金匱》治牝瘧獨寒不熱者，有蜀漆散，雲母、龍骨，酢漿水服之。　藜蘆　寒苦藜蘆反五參，帶辛藏毒更加深。鼻中瘜肉吹教落，胸內風痰吐可任。能吐胸中風痰。蠱毒相遭胥退避，瘡蟲得遇總消沉。大傷津液通人頂，邪不充盈須切禁。苟非實邪壅滯，慎勿輕試。　附子　經行十二不留餘，證犯陰寒總賴袪。脾胃溫來通膈噎，命門補去救陽虛。拘攣痿濕除咸若，積聚癥堅破裕如。除拘攣痿濕，破癥堅積聚。辛烈壯雄提眾藥，斬關奪將把功居。稟雄壯之質，有斬關奪將之能。　川烏頭即附子之母，春生新附是也。　氣得春升性熱辛，去風嚮導最為神。治風藥之嚮導。冷疼心腹俾寧定，欠縮肩髀使屈伸。兼治陰疽留歹肉，陰疽不潰，及潰久瘡寒，歹肉不斂者，並宜用之。更除驚厥壅涎津。小兒慢驚搐搦，涎壅厥逆，用生川烏、全蠍，加生薑煎服。反同半夏施應忌，赤濟丸方何竝陳。反半夏。而《金匱》赤丸及《普濟方》，二味同用，非妙達聖義者，難以語此。　天雄　大毒辛溫性最剛，獨顆附子異尋常。致功每令陽精壯，用力恆教腎氣強。外却寒邪無自入，內除陰惡不留藏。下行下部專為佐，上部如虛非所長。上焦陽虛，當用參、耆，不當用此也。　側子即萴子。　側子分生烏附旁，體無定在氣輕揚。為風發散方堪任，代瘓扶持聊可當。熱本性成知不讓，毒依種類覺尤強。猶之附子初生者，冷漏能除竝惡瘡。　草烏頭一名毒公。　熱辛毒大草烏頭，湯液原難輕易投。勝濕搜風多悍烈，開痰破積少遲留。未聞力致陽回者，幾見功存寒散優。惟有瘡頑非得已，外施差足與相謀。　射罔　烏喙射罔至無情，鴆毒看來較此輕。屍疰癥堅逢即滅，瘻瘡毒腫遇隨傾。但宜黃水兼膿熱，切忌新傷并血生。外傳性能鑽入骨，縱教有解已先驚。　白附子　毒小甘辛性自溫，上行引藥又何論。陽明內入無迴避，肝腎中行不憚煩。癖屬風生功足治，癢由陰九力堪捫。但嫌燥血兼傷氣，類中驚成慢勿吞。慢驚風勿用。　天南星《本經》名虎掌。　虎掌南星名各誇，從根從葉總無差。除痰勝濕溫而燥，散血袪風辛且麻。氣降膈胸清積聚，脈扶拘緩正喎斜。能開結熱兼清毒，由跋原為新發芽。新生之芽曰由跋，《千金方》用以開結熱。　半夏　本藥原為足少陽，兼行肺胃把功彰。滌痰利水邪能散，消痞攻堅脹自忘。治欬袪寒辛莫患，益脾去濕燥何妨。但嫌體滑專通竅，審證全憑醫酌量。　蚤休即草紫河車、金線重樓，俗名七葉一枝花。　俗名七葉一枝花，金線重樓麗且華。瘧疾驚癇除暴亂，腫癰瘰癧滅痕疤。內施效著補邪熱，外傅功傳治毒蛇。寒苦肝經稱本藥，氣虛元弱慎休加。　鬼臼《本經》名九臼。　鬼臼辛溫猛有餘，任他百毒總能除。射工貽害旋看滅，邪瘧為災自見屠。肌肉不教容鬼疰，皮膚寧肯受陰疽。腹中子死尤神效，一字良方誌在書。《良方》一字神散，治子死腹中，無灰酒下一錢，立效。　射干　有毒微溫是射干，專舒氣結聚成團。射工瘡並升麻治，射工毒生瘡，用烏扇、升麻煎服，立效。瘧母災同鱉甲丸。血瘀心脾邪逆退，痛消喉咽鬱蒸寬。苦能下泄辛能散，剩得根苗蟲可刊。　玉簪根即白鶴花。　如簪似玉白無瑕，不用人工雕琢加。花既可從庭畔植，根尤足向藥中拏。耎堅效著消喉鯁，刮骨功呈落齒牙。滋

味苦辛溫本性，縱教有毒亦堪誇。 鳳仙子又名急性子。 急性無如子鳳仙，善能通竅軟諸堅。下胎去塊饒伊速，除鯁搜痰讓爾先。每向口邊消齒痛，慣從病內治癡癲。苦溫小毒由生性，花療蛇傷擂酒咽。 曼陀羅花實名風茄。

風茄花號曼陀羅，麻藥推尊列外科。湯洗濕寒除脚氣，體敷炙火剜瘡窠。去風自見添和暖，入酒還看愽醉酡。為末，調酒服之，昏昏如醉。有毒辛溫人不棄，秖緣功用亦稍多。 羊躑躅即鬧羊花。 生來猛烈鬧羊花，大毒辛溫無以加。癱瘓賊風偏足治，痺寒邪濕却能拏。惡偕麪石施宜慎，瘧助星烏用莫差。若使誤吞人受害，濃烹蒜荳代湯茶。同天南星、川烏、草烏服之，助瘧尤甚，惟蒜荳湯可解。 芫花 芫花性捷泄真元，有毒含辛苦帶溫。利主消痰除壅濕，功存逐水達窠門。喉鳴咽腫皆堪用，鬼瘧蟲蠱盡可煩。甘草切禁因性反，更防近眼召迷昏。不可近眼。 蕘花 蕘花花細色分黃，寒苦相兼有毒藏。積聚破除痰咳咳，汪洋疏泄水湯湯。澼留腸內胥教滌，腫閉喉中儘使忘。十二經行無窒礙，且驅溫瘧及寒傷。 莽草一名葞，即鼠莽。漁人以之毒魚。 魚鼠專除性可知，世醫罕用及于斯。內消宿積瘕無剩，外逐風邪毒不遺。入劑頓教成瞑眩，浴湯却足去頑痺。辛溫猛烈難輕犯，豆草偏偏能制伊。黑豆煮汁，草紫河車，俱可解此毒。 茵芋 毒溫辛苦是茵芋，風濕專袪功莫逾。關節痛痺由汝息，腹心邪氣任伊誅。煎膏有益誠堪藉，浸酒無傷自可須。茵芋膏治風濕。浸酒，治婦人產後中風。神妙古人多取效，於今棄置亦何愚。 鉤吻《本經》名野葛。 辛溫大毒勝戈兵，不比尋常試可輕。食葉吞泉人就殞，懸屍滴汁菌隨生。消痰破血遲疑進，去疰袪風珍重行。若使偶然逢此惡，蕹甘屎血力能平。蕹菜搗汁，可解此毒。否則，甘草汁、人屎汁俱可。

清・朱鑰《本草詩箋》卷五 蔓草

菟絲子《本經》名菟蘆。 菟絲明目且袪風，絕續傷連最有功。善補三經精並益，補脾、腎、肝三經。能兼四味氣相通。莖寒溺瀝扶柔弱，膝冷腰疼治老翁。無毒甘平辛縱具，豈猶香燥熱辛同。 五味子 生津止渴復強陰，羸瘦勞傷受益深。滋潤溫欣佐在水，性溫，而滋不足之水。斂收酸怪耗於金。味酸而斂耗散之金。嗽寒冬日薑同治，虛熱炎天參並任。只有風邪初發痘，飲停一切用當禁。 覆盆子《本經》名蓬虆。 甘溫補血是蓬虆，五藏兼安專主培。蟬髩黟黟欣不變，服之令髮不白。螽斯蟄蟄慶能開。堅強志力功堪數，却老輕身效可推。只是近時真絕罕，樹莓充代要詳來。欲驗真偽，以酒浸之，色紅是真，否即是假。 使君子 甘溫無毒使君子，蟲病專除藥最奇。飲食可消偏益胃，虛炎能斂不傷脾。瀉安無論夫和婦，積去寧拘女共兒。每月上旬空腹服，熱茶戒飲自相宜。忌飲熱茶，犯之即瀉。 木鱉 木鱉子一種有殼者名土木鱉，苦，溫，小毒。一種無殼者，名番木鱉，苦，寒，大毒。 須知種有殊，溫寒毒性不相符。拳毛痔痛溫堪藉，熱病喉痺寒可需。癰腫在身惟土療，癡瘡入眼仗番圖。一般苦味功偏異，無殼尤專把狗誅。番鱉之性大寒，即用以治熱病，喉痺。尤須法製，否則為害叵測。 馬兜鈴 馬兜鈴性本輕浮，定喘探痰吐即休。苦內兼辛呈味美，寒中帶散見功優。熱清氣降邪能却，痳治蟲消毒可收。惟有肺金多冷客，嗽成音失不當投。 青木香即馬兜鈴根。 辛苦微寒青木香，腎經獨入性悠揚。氣凝痰結咸教散，陰逆風溫各令康。降陰氣上逆。毒解蛇蟲一切好，腫消癰熱兩相當。肺寒欬嗽還宜忌，畏食虛柔慎勿嘗。胃虛畏食人勿服。 預知子 有毒相遭子便知，自教見重蜀人宜。蜀人極貴重之。蟲蠱除去寧容緩，痃癖消來曷敢遲。寒苦久聞誠足信，溫良復說也休疑。苦，寒，無毒。殺蛇去惡功成後，此外無他技倆為。 牽牛有黑、白二種，名黑丑、白丑。 驅水牽牛峻下行，脫人元氣用休輕。白除痰飲通風秘，黑治溲艱免濕生。味蓄苦辛饒猛烈，性含熱毒更猙獰。病人稍弱宜加謹，泄瀉專工最不情。凡用牽牛，少則動大便，多則泄下如水，乃泄氣之藥。 紫葳一名凌霄。

厥陰血分藥凌霄，散惡除瘀功自饒。羸瘦養胎胎可保，熱寒伏火火能消。癥瘕聚腹俱融化，瘡癘臨身總動搖。產乳疾餘均受益，女科專用治妖嬈。 旋花一名纏枝牡丹。 旋花名復喚纏枝，性具溫辛甘味滋。氣益精神知旺相，皯消顏面識嬌姿。熱寒治去邪逃日，傷損安來筋續時。斷處敷渣兼瀝汁，功成半月不為遲。 薔薇子名營實。 花白薔薇取野生，性專解毒少譏評。口瘡獨治根推首，陰蝕同除實著名。結肉跌筋皆得療，多尿消渴悉為平。莫嫌酸味相輕賤，溫足陽明最有情。 月季花俗名月月紅。 月季還名月月紅，專於活血是其功。味甘可令瘡瘍治，性熱能教經閉通。伏陷痘看重起發，腫疼肉見自消融。毒無不失為良藥，開落將母萁莢同。 栝簍實去殼，紙包，壓去油用。 栝蔞無毒但甘寒，潤燥之功洵可觀。渴止痰消為要藥，垢除鬱解賽神丹。施來胃氣無傷犯，用去喉痺有治安。烏附忌他因性反，脾虛嘔吐亦休干。性雖甘寒，不犯胃氣，但脾胃虛及嘔吐自利者，不可用。 栝蔞根即天花粉。反烏、附。 天花粉即栝蔞根，寒苦相兼不存。膿去癰瘍寧潰爛，解毒排膿。病除狂熱免沉昏。降從膈上消痰火，潤向心中解渴煩。只忌胃虛兼吐逆，陰虛勞嗽

總難吞。誤用傷胃氣。　土瓜根即王瓜根。　土瓜原即是王瓜，入藥須求北產嘉。產南方者，濕熱之氣最盛。子治腸風瀉痢掃，根調經水滿瘀爬。渴煩並解寒休怪，濕熱兼祛苦足誇。毒有毒無言不一，未知孰是孰為差。苦，寒，無毒。藏器云：有小毒。　葛根　耑藥陽明性主升，解肌發散是其恆。渴消大熱邪因退，吐止諸痺毒莫乘。瘢起皮膚兼面貌，痛除頭額及眉稜。為陽明頭痛仙藥。若瘢疹見點勿用，恐致瘢爛。甘平生熟皆堪用，入陽明表藥，生用。胃熱煩渴，煨熟用。中酒祛醒花更能。花能解酒毒。　天門冬即天棘根。　天棘甘寒忌鯉魚，去心焙用毒全除。無毒。焙熱，去心用。清金降火功無謬，助水滋陰效不疎。乾欬結痰恆自主，偏痺風濕悉能祛。延年益氣雖為美，泄瀉脾虛慎勿茹。脾虛泄瀉惡食者，慎勿輕投。　百部　殺蟲要藥莫能先，百部芳名千古傳。味苦氣溫寒可療，甘微毒小瘵能痊。蟯屍並治人蒙利，治蟯蟲利及傳屍骨蒸。牛馬兼醫畜受怜。濃煎，洗牛馬蝨。蛀蠹不留傷樹木，緣何瘡疥未聞湔。　何首烏一名夜交藤。　首烏走腎補兼肝，不燥而溫苦不寒。精使固收筋骨健，血教和養體肢安。用除痎瘧無勞製，資治腸風却喜乾。忌與薑茅天附並，更嚴菔血鐵相干。製用竹刀，勿經鐵器。忌諸血、萊菔、天雄、烏附、薑辛、仙茅，以性斂故也。　萆薢產川中者良。一種小塊質堅者，名土萆薢，不堪入藥。　無毒甘平苦不忘，脆鬆色白最為良。濕從胃却誠為美，風向肝搜更擅長。逐水周痺教自起，攝精病濁使徐康。昔人稱其攝精之功，又能逐水。赤黃菝葜功差類，色黃赤者名菝葜，與萆薢相類。腰背寒疼悉可匡。　土茯苓一名冷飯團。　甘淡兼平土茯苓，熱清肝腎胃三經。利通關節筋骸適，寬展拘攣手足寧。粉毒莫容留息息，解汞粉毒。梅瘡不使剩星星。房勞口腹交相戒，半月功成最有靈。治楊梅結毒最效。忌燒酒、魚肉，并戒房勞百日。渴飲土茯苓湯，半月全愈。　白斂　小毒微寒甘苦辛，反同烏附莫相親。疽瘡善療誠堪重，結氣兼舒尤足珍。癇却驚安懷幼子，腫平帶息保佳人。去除濕熱功何限，《金匱》諸方皆可遵。《金匱》薯蕷丸用之，取其辛涼散結以解風氣。　山豆根　大寒大苦兩相因，主治喉咽病最神。脹滿時珍末可法，時珍云：腹脹喘滿，研末湯服。腫疼蘇頌汁當遵。蘇頌方：治喉痛，含之嚥汁。兼能毒解瘡和藥，更足蟲誅馬疰人。殺小蟲。止痛消瘡痊嗽熱，但禁作瀉胃虛身。　黃藥子　藥子因何得號黃，別於白者把名揚。腫消毒去瘻痺惡，毒解兼祛蛇犬傷。平苦味存雖有苦，循良性具豈無良。令人項細除癭疾，致治《千金》傳妙方。《千金》治癭疾，以黃藥子秤半斤，無灰酒一升浸之，時飲一杯，服三五日即消。　白藥子葉名剪草。　以白標名迥異黃，性專解毒味辛涼。喉中骨鯁消涎唾，肌上金瘡淨血漿。熱塞可通俾快爽，腫疼受治獲安康。豆金野葛皆能制，解野葛、生金、巴豆藥毒。馬病炎蒸亦善匡。　威靈仙　苦辛溫性是威靈，下走能通十二經。善散風邪消痛狀，能除水濕去痺形。脚脛順適行無畏，胃脘宣通積不停。疹毒壅留居上部，引之周遍保康寧。　茜草《素問》名藘茹，又名茹藘，俗名血見愁。　治血功優血見愁，微溫辛苦毒難求。厥陰有異能同入，手足厥陰血分之藥。營血無分總竝投。濕熱病中祛使退，積瘀經內散教流。只禁飲食時捐棄，泄瀉相兼不肯休。　防己　下焦血藥稟純陰，滯塞經中痛可任。痰飲濕蒸施五物，尿遺便濇用《千金》。五物防己湯，治痰飲。《千金》治遺尿。水風竝治痺難擾，寒熱兼除瘧免侵。痛定腫消功不一，但嫌辛毒苦寒深。　木通原名通草。　藂薁之根號木通，淡平不毒滲專工。陰陽分利諸經內，能通心清肺，功不止于利小便。寒濕同除一氣中。下乳催生兼散腫，治痺解脹且祛蟲。太陽手足行無礙，更向心胞絡致功。　通草原名通脫木。　輕虛色白草稱通，平淡無奇藂薁同。熱引下行亦有效，氣升上達豈無功。治淋利水俾開竅，去腫除煩免閉癃。專入肺經還入胃，却教乳便益俱蒙。　鉤藤　厥陰手足藥鉤藤，無毒甘寒微苦憑。胞絡既難容火發，木肝寧復使風興。心驚腹痛功專任，目眩頭旋力獨勝。赤白帶除兼婦女，不聞有損最多能。　木蓮俗名鬼饅頭。　木蓮俗號鬼饅頭，薜荔叢中取次求。葉主背瘡酸不害，實通乳汁濇偏優。葉酸，平。子甘，濇。疥癩瘰癧功兼致，腸痔陰癩效竝收。利水更看饒治血，賊風薰洗痛隨瘳。　紫葛　苗似葡萄丈許長，根呈紫艷色煌煌。含甘帶苦滋殊美，去毒存寒性亦良。癰腫獨消除醜惡，氣凝兼散退炎涼。莫因賤物輕捐棄，血不能和還賴匡。　葎草一名勒草，一名葛勒蔓，俗名割人藤。　蔓生多刺勒行人，入藥偏將功效陳。便閉不教遭壅塞，血瘀免使困邅迍。寒而少毒情何美，苦且兼甘味亦勻。用以煎膏和醋服，五淋治去更如神。　忍冬即金銀花。　忍冬花即是金銀，味具芳甘溫性馴無毒。　通肺入脾原可貴，祛膿解毒更堪珍。風虛利去呈功速，其功瀉中有補。癰腫消來奏效神。瀉補兼行稱聖藥，只禁食少氣虧人。《綱目》曰甘溫。藏器曰小寒，溫者，非也。　清風藤　清風藤善把風清，風病當之風不生。專向肝經來探望，慣從氣分去迴縈。乍令瘙癢安間止，旋使麻痺流動行。莫道辛溫有小毒，功同防己兩相成。同防己浸酒治風濕痺痛。　藤黃　藤則同來黃不同，性雖含毒毒能

攻。專除蛀齒非蟣蛀，獨治蟲牙豈殺蟲。惟覺濇留所性內，未聞寒具在酸中。可知損骨能傷腎，湯藥何曾詢及公。

水草　澤瀉色白者良，油者傷脾胃。沉降原為陰內陽，膀胱氣分任行將。風寒畢退痺無着，濕熱齊祛水莫藏。資補安和知製好，利通竅便識生良。入補劑鹽水炒，利小便生用。微寒不毒甘鹹具，清泄由來是所長。用以入補劑者，取其瀉邪，邪去則補藥得力矣。　羊蹄根俗名禿菜。　俗名禿菜雅羊蹄，屬水能從血分躋。走血分。除濕論功原不小，殺蟲呈效亦非低。疥瘙綠髩恆匡助，治頭禿疥瘙。陰蝕紅顔每取攜。輕粉相偕尤致力，新採者，醋搗塗癬，加輕粉尤效。莫嫌寒苦毒辛齊。　菖蒲　菖蒲無毒性辛溫，少厥陰同入手掄。入心胞絡二經。心孔善開瘡癰杜，胃腸能暖濕寒掀。轉筋亂治癲兼去，主霍亂轉筋，癲癇。產漏崩除胎獨存。《千金》治半產漏下及崩中不止。益志延年尤可貴，助陽之力最堪言。　蒲黄　試取蒲黄評論功，微寒甘味毒無蒙。生行瘀積施來合，熟止淋漓用去工。心腹痛疼咸可絕，膀胱寒熱悉能空。厥陰手足交相入，營衛專和血分中。　苦草　氣中理血任斯當，專入肝經有定方。味苦既愁胃受伐，竄香還懼腦遭傷。獨怜紅粉除淋白，每愛青年治面黄。惡露更為產後逐，却妨麟趾兆嘉祥。昔人畏多產育，以苗子三錢，經行後麴淋酒服，則不受妊。　水萍　祛風專藥是浮萍，性出輕浮入肺經。汗發麻黄功更勝，水驅通草效尤靈。竅毛同利皮膚爽，癘癩均除手足寧。獨忌素虛元與表，辛寒誤用轉伶仃。　蓴　蓴稱美味古今聞，為爾辭官見古人。祇道脆甘能悅口，那知寒滑要傷津。熱清胃脘原堪任，氣出淪亡亦賴申。丹石且看憑汝壓，毒消百藥更宜珍。能壓丹石，解百藥毒。　海藻　鹹寒小毒苦俱全，潤下還看在軟堅。浮腫善除難竝列，癥瘕專療莫爭先。頸消核結週迴繞，腹止雷鳴上下連。腹中上下雷鳴。濕熱水災咸逐去，經行十二把功傳。　昆布　癭堅如石必相須，水腫陽邪治莫逾。味出鹹寒同海藻，性含滑毒異菰蒲。暫嘗下氣消煩滿，久服傷人致瘦癯。寄語醫家當謹用，苟其可已別為圖。凡海中菜皆損人，不獨昆布、海藻為然。

石草　石斛　石斛最美是金釵，其次惟推川者佳。甘可悅脾神旺健，鹹能益腎氣和諧。從教腸胃敦如土，厚腸胃。免使筋骸瘦似柴。堅筋骨。一切虛勞均有賴，熱消痿振稱人懷。　骨碎補俗名猴薑。　病出腎虛斯見用，骨遭傷碎善周旋。氣驅風毒兼為力，主骨中毒氣風氣。血治停流各擅權。牙痛可消舒佶倔，耳鳴能息免重偏。但嫌溫苦專收降，燥藥同施宜戒焉。　石韋　石韋寒苦性中包，生葉如皮用去毛。凡用去黄毛，否則令人欬不已。疏決五癃功最大，利通小便效尤高。慣從閉熱除邪氣，專為傷津治力勞。妊婦轉胞求佐助，車前作伴並煎熬。治妊婦轉胞，同車前煎膏服。　景天一名慎火草，俗名火丹草。　景天寒苦毒全無，血熱能涼說豈誣。崩帶專從嬌女却，游風更向小兒驅。頭疼眼赤炎還藉，丹毒瘡災火必須。《本經》治大熱火瘡。外用總看呈效驗，病維寒濕不相符。　石胡荽即天胡荽，俗名鵝不食草，又名雞腸草。　透通巔頂治頭風，瘜肉兼除捷奏功。溫氣善升離遠近，味辛能散去西東。惡除砒石尤堪藉，毒制雄黄更可從。取嚏宣舒瞖膜落，古方採入碧雲中。碧雲散用以宣通濁氣。　地錦一名地朕。　慣生磚縫及閒庭，點綴堦前錦繡形。嫋嫋繁絲莖染赤，萋萋細葉色含青。濇淋男子教安息，《千金》治淋方用之。崩痢佳人使弭寧。無毒苦平兼散止，流通血脈善調停。

苔草　陟釐　分明望去髮蒙茸，石上依根苔不同。病去痢嘔看奏效，寒祛心腹見成功。溫中足使身溫暖，強氣恆教胃氣雄。利水且兼消穀食，陟釐甘熱毒無從。　石蘂一名蒙頂茶。　石蕊甘溫性甚良，蒙山頂產不尋常。化痰解熱咽喉潤，明目安神精氣強。痛在眉稜咸可息，疼當頭額總能康。陽明善解看奇效，同生薑能解陽明頭痛。佐助無他只竝薑。　卷柏　卷柏辛平無毒性，甘寒又復著雷桐。桐君、雷公云：甘，寒，無毒。肝經自走低徊入，血分兼行宛轉通。邪氣每教祛臟內，熱寒更使去陰中。佳人月病專工治，生炙咸宜用不同。生用破血，炙用止血。　馬勃　馬勃輕虛性上浮，肺中邪熱不教留。失音善治人停嗽，衄血專除痺去喉。普濟飲從消毒用，東垣病向大頭收。李東垣治大頭病，普濟消毒飲用之。辛平無毒施煎劑，生蜜調和方見優。須生蜜拌揉，入水不浮，方可煎服。　倒挂草　倒挂依依井口邊，服之斷飲豈其然。味含甘苦知無毒，製用燒研法有傳。《千金》斷酒方，于端午午時取，燒，研水服，勿令知，即惡酒不飲。醴酒署陳免感歎，麴車任過不流涎。樹中更見垂生者，取治癭瘤亦可痊。取其倒垂，而根不著也。　苔　蒼蒼色澤井中莓，氣稟純陰毓秀來。甘味料從泉醞釀，寒情想遠日昭回。火瘡疼痛俾除體，傷爛皮膚使脫胎。若慮一時難以覓，何妨墻北取青苔。

清·朱錀《本草詩箋》卷六　諸米　米　米為至寶養生資，無毒甘平總得宜。溫熱赤新南可已，平涼白晚北堪隨。暖中秔最能和胃，下氣陳尤善益脾。年久更專除久痢，未經霜者病禁施。食之動風氣。　秫米俗名糯米。　秫

糯名殊米豈殊，煮糜磨粉病人需。肺脾可使從中補，氣化能教向下徂。作餅煎熬誠未善，為糕粘滯亦多虞。恐性難運化。惟茲制食無傷害，利便還看功不迂。

泔水　漬米成泔水若何，涵濡穀氣兩相和。清中膩帶瓊漿色，淡內甘含玉液波。滌垢自知殊剋削，解煩亦覺異鹹鹺。善消鴨肉無停滯，製朮尤看功足多。

紅蓮米　非白非黃色最鮮，佳名人競說紅蓮。土脾善入由生性，心火能行出自然。五藏補來溫不厭，三經輔去效堪宣。血虧正合加餐飯，和胃甘平味亦全。

秈米　軟和稍欠是蘆秈，豈曰無功可論焉。益氣應知消耗絕，溫中自覺冷寒捐。濕除足令身強健，瀉止能教腹固堅。総是一般甘美味，資生至寶古今傳。

穀芽　米性雖存鬆較勝，味含甘美吐精華。炒誠盡善無容議，生亦多能有足誇。進食啟脾功自廣，寬中消穀補兼加。逈殊削剋專傷耗，腎氣摧殘大麥芽。不似麥芽之削剋。

稷米俗名蘆粟。　稷米苗高絕類蘆，俗名蘆粟信非誣。下垂穗曲如鉤釣，中裹珠圓似黍稌。丹石壓來惡自泯，苦瓠解去毒全無。更能治熱人蒙利，附子還禁並餟餔。忌與附子同食。

粟即小米。　細如魚子色微黃，不類諸秔亦稻粱。痢止腹災原帶補，熱消丹石却含涼。便艱可利功成美，麥毒能除力更強。解小麥毒。翻恠南人食者少，那知米勝未經霜。勝于未經霜之新米。

稗米　休嫌至賤是蕘稗，非種當鋤莫植來。飢餓可周為糲食，胃腸能厚作良材。雖殊玉粒含甘味，却療金瘡弭血災。搗傅根苗功足著，外科收貯料應該。

菰米即雕胡。　似草如茭產水渚，雕胡菰米亦何奇。淡而少毒情無損，涼且多甘味有滋。入口渴除除渴悶，充腸煩解解煩思。雖殊黍稷堪常食，穀部終難刪去之。

舂杵頭糠　猶是糠偏取杵頭，以其可向藥中收。舂撩漠漠香塵起，運動霏霏玉屑浮。膈內噎纏能使解，胃中陳積不教留。病由暴起施神效，久用無功莫見尤。惟治暴噎為宜。

小麥　麥從火化心之穀，心氣能扶思邈言。孫思邈云麥養心氣。收汗利溲兼止血，消炎解渴并除煩。作湯每賴皮含冷，入藥恆資麩帶溫。凡方中用麥，皆取外麩之力。鄭許紛紛多異說，鄭玄云屬木，許慎云屬金，《素問》云麥屬火。不如《素問》論探源。

大麥即牟麥。　大麥原非小麥同，久吞強健奏奇功。渴除煩熱祛心內，食化停留安胃中。作糵轉虞精耗散，發萌更患氣消融。却嗤好古言何謬，物理全然未解窮。王好古曰：胃虛人宜服。趙養葵曰：此不稽之言，如造飴用麥糵始化，傷中消導可知。

雀麥一名杜姥草。　雀麥名為杜姥草，麥名既異治何如。脾和自少傷殘病，肝益原多功用居。齒痛熨來專令息，牙蟲漱去善教除。《千金方》竝丹方治，試驗當知效不虛。

蕎麥　青青蕎麥亦甘平，功過相兼須要明。降氣寬腸為本性，動風發熱是真情。白淋便濁皆能療，丹毒腸痧悉可平。稈更燒灰除痣惡，黃魚羊豕忌同羹。

黑豆　黑豆甘平入腎行，瀉中寓補最為精。研塗足使癰瘡退，煎飲能教鬼毒平。風氣脚頭功竝奏，拘攣筋脈效俱成。古方取用多資利，百藥逢之害不生。解砒石、巴豆等毒。

黃大豆　色黃脾土去葱葱，諸病非宜害更洪。生用泄舒腹為瀉，熟施壅閉氣難通。添痰却向中撩嗽，生痰動嗽。消腫偏從內試癰。葉罨蛇蛟傷立效，僅供嚼傅見其功。

白藊豆　脾經氣分往來通，紫黑還行血分中。嘔痢既能安口腹，亂傷亦足治身躬。治傷暑霍亂。花除帶疾專收益，葉主筋移並奏功。滯氣雖然猶未免，土虛寒熱療兼工。為脾虛寒熱之要藥。

細黑豆一名穭豆，俗名料豆。　穭料殊名名不同，或蒸或炒各居功。腎經直達滋無既，血分常依補不窮。疲軟自能除脚氣，痛疼兼可掃頭風。鹽蓮何首相為製，黑髮烏鬚面似童。同青鹽、旱蓮草、何首烏，蒸食黑豆，鬚髮不白。炒焦，淋酒服，治頭風脚氣。

大豆黃卷　黃卷非他黑豆芽，胃脾行去入無差。毒消氣益添康泰，痛息痺除免嘆嗟。濕受可祛資爾力，熱藏能退賴君家。散濕熱。筋攣膝痛難為害，過鮮功多實足誇。

赤小豆　小而色黯赤豬肝，行下為其性所專。水利腸通除閉塞，熱清火降免憂煎。癰生由毒敷難緩，頤發傷寒藥必先。芽與當歸同煮服，便紅內惡一齊捐。

綠豆　色綠珠圓逈異常，性能解毒味甘涼。附砒共制包無害，榧子同嘗忌有傷。粉治癰疽心受衛，殼消翳障目生光。更為真粉調和蜜，敷痘兼施濕爛瘡。

蠶豆　翠莢中排淺碧姿，甘溫適口勝如飴。櫻梅同品稱三益，蠶繭分名約一絲。針鐵誤吞可用治，金銀錯餌總能醫。獨嫌性滯多生脹，中氣虛人非所宜。

豌豆一名畢豆。　豌豆豉還標畢豆名，痧疔灰見治功成。補中有藉殊為好，益氣無傷自覺精。黃卷竝能稍不及，白藊同美倍多情。加飴作餡人尤愛，飽食何愁腹脹生。

神黃豆　不似江南種可方，產從緬甸號神黃。金光比色誠無忝，槐子同形更覺良。疾重未能為主療，痘稀却足以匡勷。近世稀痘方用之。法宜清水磨來服，服必辰當擇一陽。一陽曰清水，磨服效。

淡豆豉　豆成為豉淡而香，致用多功效可詳。寒熱悶煩施有益，虛勞喘吸治無傷。借資發散陳尤勝，佐助升嘔新更良。惡毒兼消稱聖藥，頭疼膝冷總相當。

豇豆　一般豆獨命為豇，疾病終嫌未善降。健向胃中偏寡偶，補從腎內亦無雙。糖霜擬味殊厓蜜，裙帶同形異法

幢。莽草毒消尤見寶，藥書功誌兩三椿。

刀豆　論形擬狀宛如刀，性却甘溫異鶩鷔。濁氣降來呈利益，元陽補去著功高。暖而可食原無害，冷則能消自有勞。子治病餘頻呃逆，燒灰存性白湯淘。

胡麻《本經》名巨勝子。《千金》名烏麻子。即黑芝麻。　胡麻入足少陰行，血分能通最有情。肝木陰滋心火降，肺金氣益土脾榮。苗堅筋骨寒痺去，花長眉毛禿髮生。白作油能主產難，鹽哮點痣更資莖。白麻子油療產難，淡豆腐蘸麻莖灰服，治鹽哮。

亞麻俗名鱉蝨胡麻。　亞麻不燥多滋潤，主治方看用醉仙。醉仙散用之。熱解莫容風少戀，濕除寧使惡遷延。毒無毫末由生性，溫有此微稟自天。誠問行何經脈內，陽明手足共纏綿。

麻子仁即麻子蕡。　無毒甘平麻子仁，潤滋功效最堪陳。逐風花自兼祛惡，治癰腫使不痛。益氣蕡還蓋補津。根治胞衣產難絕，灰除瘀血內傷湮。大腸脾土交相入，熟守生行均足珍。

薏苡仁即米仁。　降多升少出甘寒，功用無窮不一般。脾土濕清筋骨利，肺金熱退嗽虛安。治虛勞咳嗽。搗根蚘治除疼痛，根治蚘攻心痛。冲酒癰消斂㿉殘。根汁冲酒，治肺癰。下泄性專陰獨忌，妊娠尤禁勿輕餐。

罌粟殼子名御米。　性濇功專在刧痰，肺虛腸滑儘堪擔。試來當識溫恆具，用去宜知毒略含。蜜炙嗽停施不悞，醋炰痢止用無慙。子安反胃祛胸滯，却忌中懷邪火參。有火邪者勿用。

阿芙蓉一名阿片，俗名鴉片。　芙蓉鴉片號相違，酸濇兼溫帶毒微。瀉痢脫肛功最著，塞精助火力尤威。行漿止泄安瘡痘，縱慾宣淫施箔幃。服忌蒜葱漿水醋，犯之腸斷命難祈。

蒸餅　造由酵水發成鬆，單麵炊蒸餅不同。滯化食消能健胃，血和汗止更溫中。利焦足令三經靜，利三焦。治水還教一道通。用以打糊脾土藥，毫無傷伐但多功。

神麴酒麴、紅麴、女麴。　麴名有四不同功，食積專消神最雄。去滯酒能教藥發，專消化酒積。破寒女足使淋空。女麴止瀉痢。傷元竝患陰虛客，伐胃俱防火盛翁。活血通經除赤痢，必資建製色從紅。紅麴須福建製者為良。

飴糖即餳餹。　甘溫無毒是餳餹，氣分脾經次第將。津益血除誠足重，益津氣，除唾血。嗽安虛補更為良。鹹酵可療兼資粉，拌輕粉為丸，噙化，治鹹酵。腹痛能平并用湯。仲景建中湯治腹痛。潤肺雖然功不小，生痰助火亦宜防。

醋即酢。一名苦酒。　醋名苦酒原無取，引導恆為藥制肝。凡制肝藥用為引導。淬炭能教血暈醒，敷瘡善使腫癰安。病邪欲泄終非易，木火能興偏不難。使肝火易動。有疾在躬總忌食，因其收斂具寒酸。

酒　大熱辛甘相火鄰，助火邪。升而善走濕專因。專資痰濕。新如兼苦尤為烈，陳若含甜稍覺醇。通血養脾紅足達，引清益肺白能臻。扶肝行藥寒威辟，辟寒氣。軟體資痰昏智神。

豆淋酒用黑豆炒焦，紅酒淋之。　豆黑相將紅酒淋，較之眾酒力尤深。血行自使無因積，破血。風去從教不敢侵。男子口邊喎可正，婦人產後病堪尋。功勞莫大兼除痛，便腹咸寧解毒陰。治陰毒腹痛及小便尿血。

燒酒一名火酒，又名氣酒。　烈火無殊是火燒，陰寒專治立時消。痔瘡與蒜令人發。與薑、蒜同食令人發痔。冷痛和鹽藉爾澆。治冷心疼。視色澄清淡似水，論情暴悍惡如梟。誤投臭毒諸痧證，促赴泉臺不可招。臭惡發痧，用之立斃。

糟　酒糟助濕熱兼挑，病水休吞并嗽勞。罨損行瘀功獨好，抹傷止痛效偏高。蜂叮除患資伊主，蛇咬弭災仗爾操。浸水凍瘡頻沃洗，亦教和暖益皮毛。

諸菜

韭附花子。　葉細還宜取紫根，生時辛濇熟甘溫。血凝在胃專教散，腎氣攻心不使屯。宜用之。壯火子宜審證服，動風花未易輕吞。肝經竝入無他顧，舒結收精功可論。

薤　味辛薤白氣含溫，入手陽明腸內奔。去水暖中均奏績，除寒消熱各施恩。吐痰自見能安胃，卒死兼看致返魂。《金匱》救卒死，搗汁灌鼻中。瘡敗金瘡咸有益，葉尤定喘把功論。

葱胡葱良。蟠葱，即龍爪葱。　葱白辛溫升上行，相依肺胃最多情。專通陽氣看疎泄，善退陰邪見治平。經絡鬚巡葉散血，葱鬚專行經絡。心痺花主子明睛。蟠胡功亦堪稱述，腫疝除來各有成。

蒜小者名蒜，大者名胡。　為胡為蒜號懸殊，有毒辛溫性却符。竅達藏通癥積化，邪除惡去腫癰枯。消癰腫。敷瘡能取蟲蟲戮，解暑兼將鼻衄圖。夏月服之解暑。霍亂不安專用小，生魚韭菜食休俱。令人身重。

芸薹即油菜。　辛溫無毒是芸薹，稟性專能破血來。外治遊風腫起患，內除瘀惡產餘災。蛀生臘肉油能殺，蟲出癰疽香可摧。其子打油名香油，善能殺蟲。最忌臭胡同脚氣，食之轉令疾徘徊。

白芥子　辛溫白芥泛金走，辛能入肺。膜外皮中痰善消。散結不教貽脇痛，控涎寧使致心焦。控涎丹用之。毒祛腫治功雖愽，氣泄精傷罪亦饒。初起肺癰當未潰，陳年菜滷可相邀。

蕪菁一名蔓菁，即諸葛菜。　蕪菁兼標諸葛名，苦溫無毒是其情。乳癰寒熱常教愈，風腫災危不令生。潤色面能俾冠玉，悅顏貌足致傾城。令人面潔白。更饒明目多功用，久食還愁致脹盈。

萊菔子　菔子功專在治痰，微溫不毒味辛甘。生升足使風無蓄，熟降恆令嗽莫耽。渣汁紫青傷獨療，打傷青紫，搗爛罯之即散。葉苗紅白痢同探。但嫌血氣能消耗，脾胃虛寒恐未堪。

不可用。

生薑宿根謂之母薑，附乾生薑、薑皮。 嘔家聖藥數生薑，脾肺同登表厥長。善化結痰邪穢伏，專除逆欬冷風藏。用平腹痛乾稍守，資治肢浮皮較涼。性稟辛溫能發散，熟煨還降不飛揚。

乾薑嫩者名白薑。 辛熱乾薑性烈雄，稟陽正氣毒無蒙。逆嘔善治還開氣，痺濕能祛并逐風。生去寒邪恆發表，炮除胃冷每溫中。入肝入肺兼歸腎，各建殊功用不窮。入肺利氣，入肝引血，入腎能燥濕。

胡荽一名芫荽。 辛溫香竄是胡荽，微毒能將藥力麾。外達何曾遺手足，內通專自入心脾。氣逢不正袪無染，痘出稍遲發有期。尚忌夏春陽氣旺，誤施助熱未相宜。恐助熱毒變黑陷。

蘹香 辛香不竄草蘹香，心腎兼行足太陽。疝氣專除功最好，濁陰善降效尤良。脇衝每令舒疼痛，胃啟恆俾進食湯。惟忌下焦多火客，強而易舉莫輕嘗。

蘄俗名水芹。 水芹恆產水之濱，食品惟宜擇旱芹。田中者名旱芹。 水得濕淫多蘊毒，旱鍾陽氣頗資人。養精保血功堪數，去沃加餐效可陳。皆旱芹之功。 不从白根盈尺者，食之瘡疥發周身。

菠菜 味甘冷滑首菠薐，忌與鱔魚並薦登。食之令人霍亂。 恣嗽腰疼覺漸發，飽嘗脚弱見徐增。多食損人。 雌硫伏去稍為善，砒汞平來頗著能。解諸毒。 疏利胃腸招冷氣，性雖無毒美難稱。

蕹菜 幹柔如蔓內虛空，橫地根生節節中。異種西園罕竝列，奇蔬南國鮮相同。南方者佳。 含甘可喜甘無盡，解毒堪欽毒有窮無毒。 搗汁酒和扶產難，惡除野葛更專工。專解野葛毒。

同蒿 論形蒿似號同蒿，糞土栽培濁氣豪。性熱每能扶相火，味甘亦足佐醇醪。陽衰服去資功利，水旺嘗來倍鬱陶助火。 莫謂菜蔬無忌憚，溺於口腹恣貪饕。多食薰人心。

菥蓂子薺菜附。 薺殊大小性相方，菥蓂多毛子倍良。菥蓂，即薺之大而有毛者。 五臟補虛添健旺，《千金》治目益精光。《千金》治目暗，擣節為末，點之效。 溫微可識寒無分，辛具還欣毒不藏。更足治痺捐痛淚，《本經》當記願休忘。《本經》主目痛淚出。

莧子 功與青葙子一般，味甘性冷毒難安。盲青足治俾重覩，翳白能消使勿瞞。利便兼通小竝大，除邪更去熱和寒。時珍《聖惠》同參攷，源本《經》言總不刊。時珍治目疾，《聖惠》治大小便不利，總不外乎《本經》主治也。

馬齒莧 莧名馬齒爛如霞，散血專精最可誇。酸且具寒誠是矣，溫而帶辣又然耶。瘤瘡淬傅功殊捷，腫毒灰封效豈賒。燒灰和梳垢，封疔腫效。 品食切禁偕鼈進，悞吞能令腹成瘕。

翻白草根 根如台朮肉如雞，恆產湖田近水堤。背白面青葉易辨，花黃皮赤色難齊。去黃皮，內白色。 苦甘為味飢供食，荒年掘以和飯食。 涼潤存心毒解倪。瘡痘拔疔功獨著，幼科方內每相攜。拔疔方用之。

蒲公英俗名奶汁草，苗高尺餘者良。 奶汁蒲公不一名，性全無毒味甘平。苗高餘尺稱奇種，色借中央分土榮。開黃花。 滯氣泄舒寬鬱滿，乳癰消散著輕盈。食留邪惡咸能解，酒汁調和服最精。鮮者搗汁，和酒服最效。

落葵一名藤葵，亦名燕脂菜，俗名染綠子。 蔓上圓葉形如杏，如杏葉。 熟紫生青是子仁。散熱滑中傳《別錄》，利腸通閉語時珍。能從嬌女修容貌，善代娉婷點絳唇。其子搗汁，紅如臙脂。 染綠臙脂名副實，酸寒無毒性兼馴。

蕺草一名魚腥草。 魚腥穢惡氣難聞，小毒微溫辛共云。喉乳汁堪供灌吐，痔瘡湯足藉淋熏。蟲除濕熱功應獨，惡治癰瘍效莫分。多食還當防發喘，人曾病足竝仇君。患脚氣人勿服。

蕨 餓夫曾向西山采，薇藉賢傳蕨亦珍。寒有滑兼情既備，毒無甘具味尤純。生吞蛇吐聞軍士，有甲士折蕨食之，覺心中煩悶，後吐一小蛇，愈。 久食瘕成記古人。孫真人云：久服成瘕。 雖則風詩歌詠及，終非美品莫輕陳。

黃獨即土芋。 黃獨非他即土芋，生施熟用著功殊。胃腸厚去誠難及，瘡痘稀來信莫逾。惡物兼除當血肉，瘢痕并滅向肌膚。其藤燒灰，傅痘瘡可無瘢痕。 寒辛甘美肌堪療，熟食不飢。 小毒何妨未盡無。

薯蕷即山藥。因唐代宗名預，宋英宗名署，改名山藥。 甘入脾經白肺經，色白歸肺，味甘入脾。 論功大足補黃庭。強陰有助虛羸絕，益氣無容寒熱停。可竝芎藭結散塊，同芎藭搗末，調白糖霜，塗結塊。 亦同魚腦腫消丁。鮮者和鯽魚腦敷腫毒。 溫扶水土匡腰脚，子與甘藷尤著靈。色紫者名甘藷。

百合 花分赤白色相懸，無毒甘平性竝傳。補土散瘀中氣益，清金止嗽熱邪捐。脹除痛息功兼備，《本經》主腹脹心痛。 便利身安效最全。紅蕊更能消腫惡，崩中善治向嬋娟。

茄一名落蘇。 落蘇寒利味稍甜，小毒還嫌性內兼。疽向腦生骨可服，凡方治腦疽，用茄蒂中骨七枚，生首烏一兩，煎服。 瘡由乳裂末堪摻。老茄燒灰。 癜風異色相為治，白茄末，擦白癜風紫者，擦紫癜風。 瘀血同消並可拈。秋後食多虞損目，女傷子藏病懨懨。

苦瓠即細頸葫蘆。 細頸葫蘆多罪尤，脚虛脹患食添憂。苦甜種異均非美，甜、苦二種。 寒毒情同總欠優。雖有功除水可述，終無效益胃堪收。能代胃。 外施更不如長柄，腋下為人去擦瘤。長柄葫蘆燒灰，擦瘿瘤。

冬瓜子 甘寒無毒是冬瓜，子更甘平利用奢。壓石利腸腸大小，利大小腸，治丹石毒。 治癰去皯黯光華。去面黯黑。 止淋絞練扶危疾，瓜練絞汁，治五淋。 潤色為脂助美姱。作面脂。 益氣不飢功更巨，輕身耐老擬仙家。

越瓜俗名生瓜。有青、白二色，青者尤勝。 色青色白青尤勝，蔬

菜專供號菜瓜。熱解莫容毒驟發，濕收豈使氣相加。瘡當莖口功能治，治陰莖熱瘡。酒中沉湎力可拏。解酒毒。最是不堪生食處，令人心痛結癥瘕。

胡瓜今名黃瓜。　胡瓜西哉種傳來，小毒甘寒不用猜。甚不益人。水利著功誠善也，熱清呈效亦奇哉。灼傷湯火塗教愈，腫痛咽喉吹使開。陰乾為末，吹之。眼赤杖瘡皆有藉，小兒與食又非該。食之作瀉，生疳。

南瓜種出南蕃，故名。　南瓜種本出南蕃，賤品毫無功可言。味著甘時人錯愛，性含溫處饌偏燔。氣能壅滯難舒泄，濕善滋添易積屯。足疾黃癉皆爾召，尤於羊肉忌同吞。令人氣壅。

絲瓜　寒滑絲瓜嫩瀉人，味甘無毒老偏珍。腫消熱解功殊好，惡去蟲殲效亦臻。藤治鼻淵灰不棄，葉除蛇害汁堪親。痘瘡血病咸相理，經絡通行頗益身。

苦瓜一名錦荔枝。　苦瓜復號錦荔枝，長短分形種各奇。熟後溫紅光艷艷，生前寒碧影離離。解煩除鬱均無損，明目清心並有資。子更壯陽能益氣，作甘味美動人思。閩粵人取皮煮肉充蔬。

紫菜　無毒寒甘且帶鹹，奪朱顏色更非凡。薦登餖飣人恆取，品入嘉蔬食不芟。積塊善為胸次逐，結癭專代頸邊劖。耎堅固有功堪取，發冷生疼害要監。

石花菜　石花菜性近於陰，猶喜中無毒可尋。寒滑兼全蔬反重，甘鹹竝具食偏欽。炎天煮肉凝來淺，夏月必凍。冬月為羹凍去深。不部冷虛脾氣弱，遇供七箸功宜禁。

木耳　全因濕土氣萌荄，托體朽株次第排。形向耳求原有別，色從木辨却無差。痔瘡焮腫攻男子，漏下崩中治女娃。俱炒見煙，為末，酒服效。小毒甘平詳所性，衰精冷腎亦非佳。

桑耳附柳耳、槐耳、柘耳。　桑耳甘平毒未裁，黑從腎去赤肝來。黑者達腎，赤者走肝。痛陰瘍治消癥積，子藏寒祛助孕胎。胃反痰流兼藉柳，痔生肛脫更資槐。肺癰嗽吐將安仰，有柘專除膿血災。

香蕈附麻姑雞㙚。　秫米資生柟上偎，柟木上將糯米種出。甘平尤喜毒無來。氣能由爾教人益，胃自因君使我開。羊肚味同痰可化，有蜂窠者，名羊肚菜。雞㙚性類痔堪裁。產雲南者名雞㙚菜。一依桑楮沾餘澤，一受山川靈秀培。

土蕈蕈通作菌。　產由嵐瘴氣蒸薰，寒毒兼甘人共聞。痰發濕滋那有善，脹興熱助絕無勳。皆為有毒。松花槐樹嘗猶可，皂莢茅根食莫欣。尤忌楓林同苦辣，光生毛起裯希紋。不可食。

諸果

李根白皮附紫李根、黃李根。　苦李根皮入藥宜，微鹹寒苦毒無之。奔豚脚氣兼資用，仲景治奔豚。帶痢喉乾竝賴施。孟詵方。黃逐陽明行冉冉，紫從血分去遲遲。清風療痛肝經入，慶衍多男仁更奇。李核仁能清血海中風等證。

杏仁　甘溫辛苦杏中仁，手太陰經獨自臻。降氣散邪功足舉，除風去熱效堪陳。除肺中風熱。蟲瘡可滅金傷絕，犬肉能消粉積湮。炒香，消狗肉及索粉積。破血耗神終未免，不如巴旦性為馴。苦杏有小毒，巴旦杏仁無毒。

梅附榔梅。　榔梅梅內最為良，入藥烏梅尤擅長。開胃益津嘔並止，澀腸斂肺痢兼匡。核仁能解煩蒸熱，葉汁常除霍亂狂。更有鹹酸梅號白，治風去胬用多方。白梅鹹酸，主中風、去胬肉方多用之。

桃仁　血分專行胞絡肝，血瘀血閉總能安。瘧除邪散筋骸健，癥破瘕消心腹寬。精物奴誅功豈淺，桃奴殺鬼精。傳屍葉治效何難。有水炙法。石淋痘陷膠為理，甘苦非同實帶酸。桃樹上膠，治石淋及痘陷。

栗　栗為腎果藥難刪，鹹味溫良性不頑。楔療痛風筋絡內，荴消鯁骨舌喉間。火丹腫惡毬當覓，反胃炎蒸殼可扳。偏墜用根花治癧，皮除溪毒幾曾閒。

大棗　棗行血分首從脾，無毒甘平紅最奇。九竅通來欣順適，四肢重去善提撕。腹邪每代男除愕，藏燥恆為女解悲。《金匱》治婦人悲愁欲哭。熟可益津生散表，惟南是尚黑非宜。

梨　無毒微酸寒且甘，哀梨爽口盡人貪。心煩善止煩難入，客熱能除熱莫恭。火發炎炎恆降火，痰稠欵欵每消痰。緣何《別錄》無功錄，不利傷寒亦可諳。元氣虛者慎食。

木瓜　木瓜下降本酸收，性更兼溫毒不留。吐利轉筋施並善，頭風脚氣用皆優。脾雖從理恆資益，肝却能傷每召憂。精血多虛濕熱少，可知難以與君謀。因不利於酸收故耳。

山樝即棠球子，俗作山查。　甘苦微酸溫且良，脾肝竝入及膀胱。血逢瘀滯行為善，肉遇停留消最長。疝療墜平扶屈抑，痛除痢息起郎當。治產後兒枕作痛。風寒外感虛中氣，飲食雖傷未可將。

柰俗名頻婆。　柰為珍果號頻婆，不產南方北地多。味著甘時寒摒逐，性含溫處毒消磨。多嘗尚慮將金壅，多食令人肺壅。少食方知把土和。和脾。誰說朶頤真可愛，無如莫利病人何。病人忌食。

林檎俗名花紅。　澀溫無毒是林檎，俗號花紅世共欽。形取柰方差較小，色將藍比略輪深。含漿雖不傷脾土，發熱何嘗利肺金。令人欬逆。閉氣生痰添病後，核尤助火致煩心。

柿蒂　澀平柿蒂有何長，陽外陰中病可匡。氣出逆行專主降，熱因內蘊獨教藏。《濟生方》取其澀以斂內蘊之熱。心脾發瀉損紅實，肺胃資清取白霜。最忌虛勞煩喘乏，悞投轉足益膏肓。

安石榴附酸石榴。　石榴無毒首推安，小者其功亦可觀。名酸石榴。《千金方》用以治痢。蜜蠟為皮含澀熱，火珠作子蘊甘酸。漏精瀉痢施難緩，下血崩中效易看。鼻衄止來神速處，須知更不廢花乾。千瓣者曝乾，研細，功在山茶花之上。

橘皮

橘稟東南陽氣生，粵東新會最標名。辛苦肺脾均善入，溫良氣分獨能行。消痰進食寒兼逐，燥濕通神熱竝僔。降升補瀉諧諸劑，同半夏豁痰，同生薑止嘔之類。非若紅惟局一成。橘紅專主肺寒多痰。

青皮　橘用青皮始宋時，兩陰專入向肝脾。疎通二氣行凝滯，消削中藏解癖維。汗發病人功最速，最能發汗。積袪兒腹效非遲，辛溫無毒由天性，伐木還當仔細思。恐傷生發之氣。

橘核　苦溫橘核降而沉，入處惟從足厥陰。紅杏用殊因異種，青皮功並為同林。腰疼善治傳嘉兆，潰疝專消奏捷音。只是大將和氣損，若非實證切須禁。

橘葉　皮核皆將功用施，豈於其葉獨相遺。鬱葱老著深青色，猗蔥柔呈淺碧姿。氣逆膈胸專降導，癰生肺乳善扶持。治肺癰、乳癰。性平味苦全無毒，外傳中吞各得宜。或絞汁服，或搗爛和麪傳之效。

柑　最勝柑皮推化州，品為下氣藥宜投。熱從寒散無容入，辛寒以散熱。滯以辛舒莫敢留。通便自看呈效好，利腸更見著功優。渴消暴起除丹石，解丹石毒。無毒其如苦未收。

橙　橙施方藥自來希，性具酸寒毒莫依。美薦雕盤香馥郁，圓成金日色光輝。酒醒可喜功能解，蟹毒尤欣力足揮。核治閃腰兼挫痛，炒研服罷愈堪幾。酒服二錢，即愈。

柚　柚非金橘性稍同，同擅循良下氣功。實著酸寒解酒困，皮含甘辣化痰融。生依翠葉緣肢綠，熟並黃柑映日紅。嘉果賓筵偏罕見，吾將譜入藥詩中。

柑橼佛手、香橼二種。　柑為佛手迥殊橼，《綱目》無分向混傳。辛苦柑同橼既合，甘溫橼復與柑連。柑者佛手，橼乃香橼。痢除氣破柑難後，脹治痰消橼必先。柑固有功橼亦效，惟陳是取把新捐。取陳乃佳。

金橘一名金柑。　金柑牛奶形相似，金橘圓來若彈丸。氣悉使平無壅逆，膈均令快不艱難。解醒性未聞其濇，止渴人惟愛彼酸。甘與溫兼咸少毒，首推佳勝屬團圞。

枇杷附葉核。　枇杷黃色屬脾家，潤藏由來效可誇。甘熟渴煩恆藉免，酸生滿瀉反因加。生者勿食。葉行肺胃功殊博，去毛，蜜炙用。核伐肝脾害最奢。一具大寒殘虐性，一為辛苦利無涯。核性大寒，葉味苦辛。

楊梅　心家血分果楊梅，兼向肝脾胞絡來。渴止煩消惟取實，消渴除煩。傷塗痢斷却資灰。燒灰服，能斷痢。色分紅紫青全退，味帶甘酸溫亦該。脚氣能除核仁療脚氣。毒可解，根皮仁各顯良材。根皮煎湯服，能解砒毒。

櫻桃一名含桃。　熱甘小毒是含桃，屬火能將濕熱熬。發濕熱。縱愛頗同荔肉美，終兼不及蔗漿高。口含樊素增煩喘，喘嗽者勿食。淚滴靈芸益痛號。止澼止精輸異種，不材反見樹功勞。一種小者名山櫻桃，止腸澼滑精，性反不發熱。

銀杏俗名白果。　杏仁形似白如銀，生用還稍有益人。止濁降痰殊可貴，殺蟲消毒更堪珍。生嚼止白濁降痰，消毒殺蟲。味兼苦濇甘無缺，性備良平惡莫親。只是熟偏能壅遏，飽餐臚脹氣難伸。糞清灌之可解。

胡桃一名核桃，又名羌桃。　胡桃肉本類三焦，屬水皮漿青黑昭。燥足潤來知用廣，血能養去見功饒。命門善達匡虛腎，相火專扶治痛腰。同補骨脂、杜仲、青鹽，名青娥丸，治腎虛腰痛。無毒甘平存暖性，肝偏受爍肺遭消。與甘蔗同嚼，則蔗渣消融，其消肺爍肝可知。

長生果一名落花生。　花因落土果從生，閩產傳來最著名。溫潤性存誠覺善，甘香味具更為精。胃脾可健原無議，飲食能消那有評。誰謂令人添腹脹，黃瓜不合與偕行。有人與黃瓜同食，未蒙其害。

貟貟葡萄　葡萄貟貟味偏甘，無毒兼溫鹹亦含。助火壯陽功善任，攝精歸腎力能堪。水資強旺興於北，花藉稀疏行自南。南人以之稀痘，北人用以強腎。近日始供湯藥用，莫嗤《本草》失討探。

橡實　毒無味苦性溫留，果部曾傳橡實優。痢止穀消腸胃厚，痔攻癰治脫肛收。《千金方》治石癰堅硬不作膿。霜髯復靚為烏漆，雪鬢重看變黑頭。食品縱然難作供，藥材未始不堪求。可染鬚髮。

槲皮一名赤龍皮。　赤龍皮味却何如，濇苦由來《本草》書。無毒自居將毒化，有蟲可遇把蟲除。除蟲毒。功深更止腸風血，用廣兼消附骨疽。《千金方》用。下部爛瘡咸致力，不教些小惡留餘。化諸毒。

荔枝　荔枝實氣味純陽，能使無形滯氣亡。赤腫可消當贅肉，疝癩兼治及陰囊。致乾召衄休多食，發熱生煩宜少嘗。多食發熱煩渴，口乾衄血。肉著甘溫核具濇，厥陰經內核行藏。

龍眼俗名圓眼。　龍眼甘平具美滋，毒無桂產藥堪施。桂產者佳。粵東者性熱。憂傷善治神消耗，思慮專扶意散馳。治思慮傷心脾。補血自教增智氣，益肝還使補心脾。但嫌能助胞焦火，當忌孀閨及女尼。

橄欖一名青果。　先濇後甘橄欖味，毒無惟有性溫存。除痰開胃寒宜食，寒痰結嗽宜食。止渴生津醉可吞。骨鯁消磨安口舌，治魚骨鯁。痘瘡起發保兒孫。起發痘瘡。專搜胎毒功何限，更解諸魚鼈與豚。解河豚及諸魚鼈毒。

榧子　榧為肺果音相似，君子同功濇毒殊。與使君子同功，但此性甘、溫、濇、有毒。引火肺中腸受剋，多食防大腸受傷。散邪腹內氣從驅。伏尸每向人羸治，積惡恆從兒瘦誅。小兒黃瘦宜食。凡出蟲蠱成病處，甘溫餌去悉教無。

松子　聞子生來自海松，賓筵果品不辭供。潤腸止嗽功堪仰，益肺清心效可宗。甘美味彰惟有善，溫良性蓄絕無凶無毒。燥痰乾欬推良藥，柏子麻仁兼備儂。兼柏子仁、麻仁之功。

檳榔　檳榔辛苦性溫良，重墜堪將鐵

石方。性如鐵石，能墜諸藥。逐水除痰非一德，殺蟲治痢擅諸長。食攻積破胸疼息，除腹中脹痛。脹解衝平氣壅康。却忌下虛并上結，瘧餘瀉後不相當。切不可用。

大腹子即大腹檳榔。 大腹檳榔性亦堅，入從氣分得其偏。溫良竝具書皆誌，辛濇相兼人共傳。濕盛除來固自好，體豐用去更為賢。體豐濕盛宜用。火多腹滿終當棄，却說時珍言有愆。檳榔主血分，大腹入氣分，時珍悞謂與檳榔同功。

大腹皮 腹皮有毒性輕浮，辛濇而溫與子侔。氣滯無形專主散，痞成有累莫客留。脚逢壅逆災俾退，腹遇膨脝水使流。治水氣浮腫。實脹始宜虛要忌，虛脹者禁用。泄真難免是其尤。

馬檳榔 滇南夷地馬檳榔，治病何嘗入藥湯。寒有愛從熱去疾，去熱病。毒無喜向惡除瘡。磨塗腫毒惡瘡。蚌胎永絕珠懷腹，冷子宮。麟趾俄催璋弄床。臨產嚼下，又能立產。法製不勞煎莫用，嚼來甘苦味相當。

無花果 有花無果吾曾見，有果無花爾獨傳。洩止每能安腹肚，胃開兼可治喉咽。治咽喉痛。實含甘去誠多美，葉帶辛來亦少愆。痔腫痛疼分五等，洗薰頻取入湯煎。葉煎湯，洗五痔腫痛。

枳椇一名雞距子，俗名蜜屈律。 金鉤樹子枳椇名，《本草》忘書治病情。《本草》止言其有敗酒之咎。無毒可言原自善，有甘堪表且兼平。藏滋便利恆祛熱，潤五藏，利二便。渴止煩除專解醒。丹溪治酒病。但患濕蒸能助長，蚘蟲發為服多生。

水果

西瓜 甘寒金氣得西方，固是天生白虎湯。暍解二陽解太陽、陽明中暍。除火鬱，熱舒兩太引心涼。引心胞之熱從小腸膀胱下泄。炎天瘟發施誠美，冬日寒傷用豈良。須達世時參變化，甫能使病起膏肓。

瓜子仁 降泄甘寒瓜所能，子仁性反善於升。火雖欲助尤難免，痰却專開功足稱。善開豁痰涎。甜淡從瓢滋浸潤，溫微因日氣薰蒸。中藏烈日之氣。人休猜作生涎物，《綱目》明將主治登。豈生痰之物。

甜瓜蒂俗名苦丁香。 苦酸涌泄陰為性，毒未能無寒有餘。胸膈痰涎能滌去，胃腸濕熱善驅除。腫浮並退流低逐，治面目浮腫，皮膚水氣。欬逆兼平氣上噓。尺脉若虛宜戒慎，并禁產後病痊初。

甜瓜子即甜瓜瓣。 甜瓜仁性具甘寒，黃熟為良用始安。黃熟者不傷胃。胸膈痰開同玉露，胃腸癰治勝金丹。專開痰利氣，為腸胃內癰要藥。氣能利去俾神逸，結可消來令腹寬。去暑有瓢雖亦善，脾虛悞食痢漫漫。胃虛人勿投。

蒲桃俗名葡萄。 葡萄寒滑味偏甘，泄瀉須知食莫貪。賦質優柔尤切忌，稟姿厚重始稍堪。《經》言足式西兼北，人病專貽東與南。朱丹溪言東南人食之致多病熱。滲道下行炎熱起，只宜作酒助沉酣。

甘蔗 蔗為脾果味甘平，瀉火寒漿最有情。其漿寒，能降火。消渴能教喉去渴，解醒善使醉忘醒。作砂糖，能解酒毒。存心不以溫邪著，養胃惟將濕熱清。但說孟詵言太謬，發痰漫爾肆譏評。孟詵謂同酒食發痰，但蔗漿消渴，解酒除熱，自古稱之。

沙糖色黑如油者是。 不獨甘溫黑似油，瀉肝引藥首先投。和脾自爾無傷伐，緩木安然有豫休。血治痢衝咸著益，治產婦血敗衝心。毒消煙草竝稱優。治煙草毒。終嫌離却天生性，濕熱專滋非蔗儔。

石蜜即冰糖，與山蜂蜜結石上者不同。 堅凝如石曰冰糖，不與山蜂蜜性方。欬嗽暴興原可治，與燕窩菜同煮服。口疳為患亦能匡。血中行去誠殊紫，氣內投來更勝黃。白入氣分，紫入血分。同擅甘平滋味美，濕痰濕熱忌相嘗。食之令人欲嘔。

蓮藕 心脾血分藕能通，不與尋常水果同。甘冷泄除惟見益，濇平滯免但知功。冷而不泄，澁而不滯。熟呑虛損皆資補，生食煩蒸悉藉融。驟脫病兼諸血證，節偕童便治尤工。藕節。

蓮實 全由水土鍾精英，味著甘來兼濇平。益氣清心止瀉濁，養神補腎固遺精。入丸資用功無盡，瑞蓮尤能補益黃庭。為飲傳方效有成。清心蓮子飲。皆取實堤禦水義，黃庭蒙利自非輕。

石蓮子本蓮實於蓮房經久落入淤泥，堅黑如石，故名。 蓮房實老墮泥中，如石堅剛黑色蒙。補助脾陰炎毒滌，除熱毒。宣揚口噤痢淋空。補助脾陰。寒情不免寒虛忌，甘味猶然甘食同。只是于今真甚鮮，粵東木實偽為充。木實生粵東，大苦大寒。

蓮蕋鬚 甘濇兼溫蓮蕋鬚，地黃葱蒜忌沾濡。忌地黃、葱、蒜。蕋能益壽飢堪療，鬚善清心腎足扶。氣藉秘來殊有益，專補濇精氣。精為濇去保無虞。固真巨勝丸皆用，只是難施陽亢夫。巨勝子丸治濇精，惟亢陽不製者勿用。

蓮房 的經剖去剩空房，苦濇兼溫毒不藏。性入厥陰行少害，病由血分治多良。溺淋善截休污簟，崩下專除免漬裳。功比椶灰尤覺勝，并無兜塞可評量。

荷葉 亭亭如蓋翠田田，苦濇依然毒亦捐。陽水腫浮資散逐，頭風疙瘩保安痊。憎寒足使神恬適，治憎寒發熱。倒靨能扶色起鮮。治痘瘡變黑倒靨。消爍但嫌難久服，覰於銀縮可知焉。縮銀法：用荷葉同銀鍛，則銀質頓輕矣。

芡實俗名雞(豆)〔頭〕實。 叢毛如蝟簇成毬，滄海明珠殻內收。雅號書皆稱芡實，俗名人盡說雞(豆)〔頭〕。補中利濕脾能益，強志添精腎獲休。帶濁便遺咸有賴，主脾腎之病。甘平無毒最為優。

芰實俗名菱角。 芰實殊多種不同，一般滯氣莫能通。補稍有益當推白，瀉更無功尤數紅。紅瀉白補。熟後善升添脹滿，生前專降欠和融。僅供食品為時物，治療何嘗入藥中。

烏芋俗名荸薺。又名黑三棱。 毀銅削積善消堅，無毒甘寒性

味專。身陷痘瘡能起發，同地龍搗爛，入白酒釀絞服，即起發。胃留濕熱可除捐。治蠱更見功無盡，療痞還看法有傳。每日空腹細嚼七枚，痞積漸消。却忌嗽勞同血渴，羆熊兆夢在嬋娟。孕婦尤忌。

慈姑　主消百毒是慈姑，甘苦微寒毒自無。血悶冲心功足制，胞衣粘腹力能扶。並生搗汁服之。生施最合臨盆婦，熟食終禁病足夫。以熟食壅氣也。葉治遊風尤速效，搗來頻向小兒塗。

諸味　蜀椒　蜀椒小毒具辛溫，手足諸陰氣分奔。入心、肝、脾、肺、腎、胞絡六經氣分。逆欬平來無自起，痛痺治去莫容存。邪除腠理安肌肉，火散心胞壯命門。蚘在膈間尤善逐，烏鬚黑髮可常吞。久服頭不白。

秦椒　辛溫有毒是秦椒，較蜀尤為烈氣饒。氣烈過于蜀椒。吐逆疝瘕咸善治，痛疼瘡惡總能消。施來腫濕風堪散，逐去寒痺溫可招。溫中去痺。鬱熱專祛扶正氣，功多通達向三焦。

椒目　椒目嘗來味苦平，毒無主治少譏評。火興專令炎威降，水起恆教滔汩行。專瀉水降火。喘急能安氣上逆，腎虛可息耳中鳴。每攜諸藥蔥蔥去，滲道同歸把效呈。引諸藥下行滲道。

豬椒根即蔓椒。　蔓生氣臭毒偏除，苦味溫情各有餘。疼痛自能安骨節，損勞尤善治肝虛。《千金》治肝虛勞損，關節骨疼。濕痺風惡恆為去，煩悶筋攣每代祛。枝葉熬成飴日服，通身腫通水沮洳。枝葉煎熬如飴，治通身水腫，每日空腹服。

胡椒　胡椒小毒大溫辛，功過相兼異等倫。昏目發瘡常損肺，助炎吐血每傷神。腹心作痛寒為却，魚鱉生災惡化擯。解魚鱉毒及蕈毒。泡水嚴冬能不凍，足徵所性屬陽純。

畢澄茄　海南番種畢澄茄，類並胡椒熱少差。較胡椒之熱性稍遜。胃反吐安功不淺，治反胃吐黑水。鼻通塞去利無涯。治鼻塞不通。味存辛辣原堪取，性具溫良亦可誇。最是幼科難廢處，痘瘡入目療兒家。療痘瘡入目。

吳茱萸　性溫毒小苦辛全，(臊)〔燥〕入肝經脾亦喘。(臊)〔燥〕入肝行脾。除濕去痺血盡治，溫中下氣痛胥捐。厥陰致病誰能後，衝脈為災莫敢先。好上又兼能善降，辛能上達，味厚又能下降。腸虛人獨忌施焉。

食茱萸　大溫有毒食茱萸，辛苦猶然無異吳。邪氣濕痺咸令絕，飛屍蠱毒悉教圖。助陽效自難容沒，辟濁功尤不可誣。帶痢腫浮俱致力，治帶下冷痢，水氣浮腫。但禁脾火目疼夫。

茗即茶之粗者。產雲南者名普洱茶，產福建省名武彝茶，江西者次之。　利氣消痰鬱可開，凡茶所性豈殊哉。痢安瘴辟神能爽，熱去疼除疫莫災。食化食消分異種，產徽者名松蘿，專化食。火清火降別奇材。產浙紹者名日鑄，善清火。微寒甘苦均無毒，伐胃還禁虛弱來。諸茶皆能伐胃。

清·朱鑰《本草詩箋》卷七

香木　柏子仁　性平而補毒除捐，味出甘辛香氣全。脾胃益來泄瀉免，腎心通去濕痺痊。能通心腎，更能治風濕。美顏潤澤身因健，定魄安魂年賴延。久服聰明力最大，不飢不老地行仙。

柏葉附節油。　苦寒柏葉偏兼燥，力少陽生須要知。雖有止衄之功，而無陽生之力。血吐莫收功足止，經行不斷性能醫。風痺並去還資節，疣贅同消且賴脂。火灼燙瘡俾主療，白皮根上更無遺。根名白皮，以豬脂油搗爛，塗火灼燙瘡效。

松脂《本經》名松膏，俗名松香。　松脂原即是松香，甘苦相兼溫性良。去禿消風平惡疥，治疽療癰掃奇瘡。濇能收斂肌膚長，燥足祛除濕熱亡。五藏兼安年壽益，輕身不老保康強。久服輕身延年不老。

松節附松花。　質堅氣勁節非凡，歷久彌貞迥異杉。永久不朽。枯燥最為血分戒，濕風專代骨筋劖。性溫幾見稍藏毒，味苦何曾略帶鹹。涼潤肺心多受益，松花可向痘疹摻。松花潤心肺，治痘瘡濕爛。

杉　臁瘡薰洗藉煎湯，薄片斯成誌古方。痞塊善消堅似石，足趺專治痛如傷。子平疝氣囊疼息，葉去風蟲牙痛康。一味含辛真可愛，微溫為性毒無藏。

肉桂去粗皮用。忌蔥。　無毒甘辛性大溫，下行脾腎是耑門。補陽益火功堪述，通血堅筋效可論。痼冷沉寒尤必用，驚癇瀉痢最宜吞。脉逢督大虛無力，舍此難教病去根。

桂心　大溫無毒味甘辛，營分專溫裏藥因。燥苦既除情性異，潤甘惟剩味滋勻。癖攻痃破成功捷，冷去疼消奏效神。揀選要知深紫色，切之油潤始為真。

牡桂一名大桂。　辛勝於甘微帶苦，上行溫散性當知。真元補助陰陽益，關節疎通表裏宜。善治冷痰安腹痛，專消結氣去喉痺。惟禁用事多由火，羸瘦人兼精血衰。瘦弱者忌用。

筒桂俗名官桂。　胸脇專行桂號筒，病逢脹滿賴伊通。疼心閉胃都教息，《別錄》治心痛，取其味薄能宣通。死血奔豚盡使空。治吐化痰消癖水，止煩出汗散寒風。溫良為性辛甘味，補益開提無不工。

桂枝　上行散表盡人知，透達能從營衛馳。陰弱陽浮惟職主，腠開肌解是專司。皮膚風濕精為去，善能發汗，故仲景麻黃葛根等湯，未嘗缺此。心血邪傷善代醫。張仲景治中風用桂枝湯。味具甘辛溫略著，藥中良品復何疑。

辛夷即木筆花。　辛帶溫良木筆花，入金利竅亦堪誇。身寒體熱無容染，腦痛頭風莫使加。《本經》治身寒體熱，腦痛頭風。上引清陽通窒鼻，旁開肌表逐奸邪。但嫌走竄終傷氣，忌治虛人血不華。

沉香質堅者佳。附蜜香。　銅筋鐵骨好沉香，化氣常將鬱結颺。拯火歸源溫不燥，扶脾達腎走無傷。大腸虛秘專為主，小便淋漓善代匡。豈若蜜香功有

限，僅能辟惡使邪亡。形如木耳者，俗名將軍帽，即是蜜香，其力稍遜。

丁香一名雞舌香。附丁皮。　辛溫入肺行將去，兼達陽明足少陰。瀉定嘔寧呈效切，沫除痢止致功深。虛冷下痢，吐白沫之要藥。寒當胃府尤難棄，虛在肝家必要尋。皮主齒疼兼腹脹，諸凡冷氣蓄於心。丁皮似筒桂皮而堅厚。

旃檀即白檀香。　無毒辛溫香白檀，善調膈上氣皆安。胃升常令加餐飯，冷散能教去病寒。鬱抑陽明通暢快，逆嘔吐食治艱難。只禁潰後癰疽症，膿出淋漓不忍看。

紫檀　紫檀無毒味鹹平，論藥惟從血分行。色可奪朱人共愛，功堪助白用相成。補偏救敗殊為美，消腫醫瘡亦自精。理衛雖輸旃一着，理衛不及白檀。却能獨力去和營。

真降香　下降但由血分入，辛溫雖具毒全無。行來破滯從中服，止去除疼向外塗。內服能行血破滯，外塗可止血定痛。虛損善扶安口舌，刃傷專療治皮膚。惟於脈實兼濃紫，任手兼施便不符。

烏藥　竄香諸氣散何難，無毒辛溫功可觀。鬱結七情恆善理，麻痺兩膝每能安。血凝痛作皆俾去，婦人血氣諸痛，男子腰膝麻痺，用烏沉湯，並借參之力，寓補于瀉也。霍亂痰留悉使刊，藜藿施之泄自合，膏粱內熱有傷殘。專泄之品，血虛內熱者勿服。

茴香　熱辛味厚入肝經，小毒終嫌尚未冥。肉桂性同殊主療，茱萸品類異留停。陰虛倩治成功速，寒結資祛奏效靈。邪疝兼消還向腎，但愁目病及瘡腥。目病瘡瘍忌之。

楓香脂一名白膠香。　脂號楓香性若何，苦辛良備自平和無毒。唾咳膿血喘開發，腫痛牙關善揣摩。筋斷瘡興施有驗，風生熱起治無訛。藥為透毒當推要，遂使功多助外科。

薰陸香即乳香。　乳香香竄善從心，入心經。功著瘡瘍疽癰深。血可活來除窒滯，痛能定去絕呻吟。產科每藉何曾棄，筋屈恆勞嘗欲尋。性能伸筋。辛苦微溫雖自好，膿多潰後胃虛禁。

沒藥　乳香治血惟教活，沒藥功存散血良。苦有有恩扶馬墜，毒無無害療刀傷。腫消痛止身為適，肉長肌生體自康。却忌不因瘀積病，欠安胎氣妊娠娘。胎氣不安勿用。

麒麟竭即血竭，試之透指甲為真，嚼之不爛，如蠟者為上。　美名血竭著麒麟，無毒甘鹹如蠟真。喘入肝經行血分，慣司傷損向人身。瘡收自見能除痛，瘀散還看可長新。性急引膿莫此甚，助陽尤覺效如神。取其調和血氣，而無留滯壅毒之患。

安息香　辛苦微甘安息香，外番土產貢君王。來神去鬼焚殊好，辟惡除邪服亦良。癆瘵不辭扶白面，蘇合香丸、紫雪丹咸用之，取其治傳屍癆瘵。崇妖何憚治紅糊。但嫌耗氣由生性，多火陰虛慎勿將。

蘇合香　蘇合諸香結聚成，甘溫為藥自非輕。除邪性善平蠱毒，截瘧功專殺鬼精。積厥氣痰資啟導，凡痰積氣厥，必先以此開導。拘弛經絡賴持撐。陰虛多火人難服，燥竄須防蓄害生。

龍腦香即冰片。　苦辛有毒溫為性，香竄偏於散熱工。其味大辛，善能散熱。結氣利通關格內，病風斥逐骨髓中。痛能療治頭和目，時珍言龍腦辛涼，入心，故目疾驚風，痘瘡心熱，用猪心血為引，使毒散于外也。痺足平安喉與嚨。引火歸元多致效，耗真難免意忡忡。

樟腦一名腦子。又名韶腦。　辛溫香竄毒兼收，樟腦韶人製造優。煎屑乾嘔安欸欸，樟木屑，煎湯吐之效。熏煙卒死醒悠悠。中惡卒死者，樟木燒煙薰之。殺蟲辟惡祛淫濕，治氣除疼消腫浮。火藥兼供游戲用，丹爐家更急相求。

阿魏　沾銅銀白始為真，有毒兼溫味著辛。癖積消來呈效捷，疳癆治去奏功神。毒邪解辟祛蟲害，瘧痢匡扶安病身。貼塊更能平一切，但禁脾弱胃虛人。阿魏膏貼塊，則可知虛弱人不可輕用。

蘆薈　小毒苦寒蘆薈性，肝經衝脈厥陰馳。調經塊降紅顏婦，消積疳除黃胖兒。頑癬善攻蟲善殺，熱蒸專解逆專持。逆氣裏急。獨憂穢惡恆傷胃，少食虛柔莫亂施。

喬木

黃蘗根名檀桓。附小蘗。　苦寒解毒情能降，濕熱三陰用最良。入腎徐行歸血分，起痿補助向膀胱。腎水膀胱不足，諸痿厥無力，于黃芪湯中加用，痿弱即愈。根安魂魄兼心腹，皮療瘡癉並胃腸。更有著名為小蘗，原其所性亦相方。

厚朴紫厚者佳。忌黑豆。　陰中陽藥昔人云，後降先升我亦聞。溫足祛蟲常賴汝，苦能燥濕每資君。悸驚氣逆平無悞，寒熱頭疼理不紊。散結祛風辛更好，但于虛實用須分。氣實之人，脹悶者，宜與枳實同用。虛者勿服。

杜仲　入肝助腎兩周旋，無毒甘溫辛不捐。中補每教精氣益，志強恆使骨筋堅。便陰癢濕除淋瀝，腰脊疼酸免絆牽。《本經》主腰脊痛，補中益精氣，是補火生土。善引虛陽從下走，夢遺火熾且休焉。勿用。

椿樗根皮附鳳眼草。　香者名椿，甘，平，無毒。臭者名樗，苦，溫，有毒。香者為椿樗却臭，甘平溫苦剖分居。血中椿入傷能療，氣內樗行滯可舒。樗實練真功不淺，練實丸用之。椿皮治濕效非疎。同為痢疾相須藥，久痢宜椿暴用樗。

乾漆炒令煙盡用，否則損胃。附漆葉、漆子。　鹹苦辛溫乾漆灰，性專下降少徘徊。年深堅結咸能削，日久凝瘀總善裁。下血子專施莫悞，療風葉好用無猜。若遭其毒相傷中，蘇蟹皆能為解災。生蟹搗汁，或紫蘇，均可解此毒。

梓白皮　毒無寒苦是梓皮，外黑須剷白適宜。去外黑皮用。濕熱自能俾各療，溫寒更可使兼醫。經能利四成功目，利手足太陽、陽明經。蟲善除三奏效時。曾竝黃軺赤小豆，仲景賴以顯神奇。仲景麻黃連軺

赤小豆湯，用之利濕熱。　梧葉附皮。　子懷熱性專興火，咳嗽多痰食要禁。消腫葉偏加力厚，潤毛皮亦致功深。三蟲竝殺疽當背，五痔同除瘡在陰。苦味寒情雖不免，毒無能把毒消沉。　桐實　桐實惟堪供作油，從來食品未曾收。味含辛處溫無蓄，性稟寒時毒不投。辛寒有毒。疥癬能除消毒腫，痺痰可去向咽喉。誤吞致吐非難解，杯酒相將嘔即休。　海桐皮一名刺桐。　經絡行來不憚遙，直臻病所探根苗。頑痺竝去通拘脉，風濕耑祛伸曲腰。湯漱蟲牙痛齒絕，汁塗疥癬蝕疳消。苦平無毒殊為美，瀉痢兼除功最饒。　川楝實即金鈴子。附苦楝。　苦寒性降金鈴子，小毒須將酒浸蒸。酒浸蒸，去核用。火鬱心包散自善，熱祛滲道引尤能。疝消囊腫如烘雪，病逐溫邪似釋冰。苦楝治蟲兼治瘡，焚花煙更辟蚊蠅。其花燒煙，辟蚊蟲。　槐實俗名槐角。　鹹酸寒苦實名槐，精稟虛星毒不埋。槐者，虛星之精，無毒。痔瘡絕傷安韋布，乳瘕急痛治裙釵。胃手熱集祛咸善，陰腎精枯滋獨佳。子主目明鬚髮黑，枝能消姤各無乖。《千金方》槐枝燒灕，塗姤精瘡，有清火潤燥之功。　槐花　無毒槐花苦且涼，專從血分把功彰。由肝既勿遺包絡，自胃還能及大腸。便止流紅聲簌簌，目消腫赤視茫茫。但嫌生稟純陰性，禁用虛寒火偽揚。虛寒無實火者禁用。　秦皮　秦皮浸水色呈青，寒澀行肝與膽經。熱痢善為除滴瀝，濕痺專代去沉冥。頭顱髮豈容添素，久服頭髮不白。目睫翳寧使帶星。只恐胃虛食進少，苦寒悮用轉調零。　合歡皮一名合昏。《千金》名黃昏，俗名烏絨樹。　合歡水土相兼屬，試論功專在補陰。肌肉能生無毒性，骨筋善續有甘心。血由瘻起呈奇效，濁自癰生奏好音。白蠟同熬膏最美，外科何以不知欽。同白蠟煎膏，為長肌續筋骨之要藥。　皂莢一名皂角。　厥陰風木病相宜，辛散鹹溫治可知。利竅通關開便秘，逐痰破積殺蟲兒。去風拔毒除邪氣，止淚安痺治死肌。只是大將元氣損，雖然毒小莫輕施。　皂角刺去尖用，否則脫人鬚髮。　角刺溫良辛著味，專於開泄效難誣。疹當滯縮須臾起，腫遇浮夸頃刻枯。眉落大風旋代治，鼻崩惡疾捷為圖。用皂角刺三斤，燒灰為末，食後煎大黃湯，調服，不終劑愈。　殺蟲固是生來性，已潰瘍偏受毒荼。潰瘍服之難斂。　肥皂莢附子仁。　垢膩頑痰善滌除，病凝丹藥每同居。凝病勝金丹用。　性能涌發殊藏匿，味出辛溫近散舒。仁治腸風免秘蓄，莢祛胃惡莫留儲。縱饒毒未消磨盡，有用相煩難置渠。有毒，須去殼用。　無患子俗名鬼見愁。　無患兼名鬼見愁，辟邪除惡著功優。味含滋苦無艱澁，性出平良有美休。　黚足漸來垢淨面，痺能療去痛消喉。飛屍復主多餘力，療傳屍勞。免臭仁尤沾一籌。子中仁燒之，去口臭。　沒石子一名無食子。　濕熱專能散腎經，溫良兼苦善調停。灰塗陰汗功殊著，綿塞牙疼效最靈。鬚染衰翁憐耄老，痢除產婦惜娉婷。外施內服皆堪取，無食名偏不可聽。　訶梨勒即訶子。　訶子溫良兼苦澀，降而能斂是其情。固脾止瀉咸需熟，煨熟用。治嗽清金悉用生。專化痰涎平喘氣，善寧滑泄杜遺精。只愁久痢并虛熱，下迫炎升未可行。　柳華附葉。　毒無味苦性惟寒，風水黃疸一切安。久熱黑留俾去面，積年孕絕使徵蘭。疥痂惡起誅誠易，瘡疽蛆生化不難。花葉殊功皆足賴，根皮用亦有時干。無葉時，根皮可代用。　檉柳俗名西河柳。　陽明獨入去提攜，性好平甘鹹味齊。檉號未聞傳薊北，柳名偏見擅河西。痲瘋善發身俾健，风疹能消癢使批。毒解馬牛兼及酒，論功原不十分低。　水楊枝硬葉潤，條不下垂者為楊條，葉下垂者為柳。　硬枝潤葉楊為氏，條葉低垂著柳名。癰腫善消紅紫退，瘡瘍能治痛疼平。殺蟲葉使蛆隨出，起痘根教漿即行。二物雖殊功足埒，毒無苦有頗同情。　榆根白皮《本經》名零榆。　白皮剖取自榆根，無毒甘平滑性存。入據三經竅易利，入手足太陽、手陽明經。疏通二便濕難屯。熱淋榔下誠為貴，一種八月生莢，謂之榔榆。邪氣零除更可尊。二月生莢者名零榆。但是泄真都不免，胃寒虛者慎休吞。　蕪荑　辛平無毒曰蕪荑，去殼存仁入藥攜。蟲去三尸免被害，邪祛五蘊不教迷。淫淫濕向皮膚散，滾滾痰從氣血提。子臟熱風兼善滌，崩淋經帶治香閨。　蘇方木　蘇木原為陽內陰，降多升少性沉沉。有甘更覺鹹堪覓，無毒惟聞平可尋。惱怒閉經開阻氣，悶昏腫脹解衝心。肝家血藥專於破，便泄空虛用切禁。大便不實者禁用。　樺木皮　樺皮肥膩獨能收，味苦兼平性亦優。濕熱掃除來寂寂，癘風蕩滌去悠悠。癰痺竝向肌膚索，瘾刺兼從身面求。辟惡殺蟲毒善解，古方致用到今留。　椶櫚　椶櫚何取取於灰，陳久為良好貯來。味苦更多澀眷戀，性平却少毒徘徊。滯瘀已盡施為合，壅積猶存用未該。固脫秪堪因失血，誤投痛結轉生災。　烏桕根附桕油燭。　辛苦兼溫降且沉，較之大戟力尤深。結癥善散無容聚，暴水專消不受侵。油燭治瘡便可導，葉根去毒疞能擒。　刷頭白髮旋成黑，有毒終為虛氣禁。根葉搗汁服，療食牛馬肉，腹中疞痛甚驗。　巴豆　熱辛大毒豆名巴，向下行來力有加。破血排膿莫可禦，祛痰逐水鮮能遮。峻攻自覺生前獲，溫利還看熟後拏。奪將斬關難小試，《本經》主治儘堪誇。　大楓子去殼取仁用。　辛熱相兼為性味，毒原難免蘊

於中有毒。內吞略可資祛病，有殺蟲刼病之功，然不可多服。外抹尤能藉殺蟲。論過不無傷血過，表功亦有燥痰功。大風疾起將油療，却笑粗工學未充。粗工治大風病。丹溪曰：殊不知此物性熱，有燥痰之功，而傷血特甚。 相思子非赤小豆。

紅黑平分擅異姿，佳名不愧是相思。苦平蠱惡蟲能殺，毒小心邪氣善醫。熱悶頭疼功備著，風痰瘴瘧職兼司。休嫌入口令人吐，九竅通來最有為。

灌木 桑根白皮 無毒甘寒桑白皮，有餘肺氣瀉何辭。火強氣旺誠為合，金弱風邪便失宜。唾出血炎堪解渴，脹成水腫足扶危。寸蟲可去瘡能療，可縫金瘡，縫後以熱雞血塗之。當日甄權用盡奇。甄權治肺中水氣。 桑椹 兩陰少太共趨蹌，手足太陰、少陰血分。血分同歸善贊襄。病治五勞羸有藉，酒成萬壽祝無疆。萬壽酒用之。補虛更令崩中息，益氣還將絕脉匡。憶昔年飢供孝子，甘溫充饌進萱堂。 桑葉 去風明目淚流乾，肺胃兼清並受安。苦自不嫌餘小毒，甘尤可愛蓄微寒。通關利藏功堪覩，返老還童效足觀。痣惡面風思欲去，根灰淋汁點痕瘢。桑根灰淋汁與石灰，點面上瘋。 桑枝 桑枝清熱善祛風，苦帶平來毒自融無毒。氣治三般誠不小，水氣、脚氣、風氣。攣舒四體更無窮。諸痺痛息醫收利，眾惡瘡除人見功。用此代柴煎藥餌，能將關節盡相通。 柘根白皮 專通腎氣柘之恆，腎水虛寒在必登。甘味獨存藥有藉，溫情未絕毒無乘。耳鳴耳聵兼相濟，身損身勞並著能。《聖惠》《千金》藏器法，《聖惠方》治耳鳴耳聾，藏器煮汁釀酒服，《千金方》治耳鳴汗出。前人創始後人仍。

楮實俗名穀樹，子根，皮名穀白皮。 走肝與腎血同躋，楮實甘平性不低。益氣充肌《別錄》表，補虛壯力大明題。甄權水腫曾資取，吳普喉痺亦共攜。祛毒散風同一義，子皮功用總堪稽。 枳殼 病由胸膈與皮毛，枳殼何曾得脫逃。痞滿熱寒排鬱鬱，水盈霍亂決滔滔。走腸泄肺寧辭咎，破氣消痰敢憚勞。辛苦平良雖足取，誤投怯弱禍隨遭。 枳實 性味何曾與殼殊，肝脾血分獨相徂。積痰瀉合豐盈客，宿食消宜炎熱夫。竅受滑來施莫誤，滑竅破氣，並宜枳實。李士材云：東垣分枳實治高，枳殼治下，好古分枳殼治氣，枳實治血。 氣遭破去用休誣。妄投虛弱思功效，救火添薪益可虞。 枸橘 枸非橘也橘同名，功用如何試品評。熱可散來氣可破，痢能治去痛能平。不甜衹覺辛滋味，無毒惟聞溫性情。一切內傷咸藉爾，沉酣更足解人醒。醋浸熬膏，療內傷諸痛。

梔子入吐劑生用，入降火藥炒黑用。 梔仁性體稟輕浮，客熱無容心肺兜。除心肺客熱。五內氣邪生善逐，三焦火鬱炒能搜。懊憹代解虛煩悶，瘡癩同除痛癢愁。寒苦但嫌多伐胃，虛寒血證慎毋投。 酸棗仁 潤與甘偕酸棗仁，膽肝本分土兼臻。兼入脾經。生施效在除虛熱，熟用功存斂液津。邪氣散舒能利血，疏利肝脾血脉。夢魂逸豫獲安神。全然不是心家藥，蓋膽氣清而魂夢安。却說前人見未真。 白棘 白棘非他小棗鍼，頗同角刺產殊林。品嘗辛味溫難覓，試問寒情毒莫尋。漏痔血尿除衽席，腫癰膿水淨衣衾。腎肝透達無遺處，虛損兼扶痿廢陰。 蕤仁 蕤仁去殼去皮尖，并去其油並藥拈。甘潤既知滋味備，溫良復覺性情兼。腹心邪氣咸遭逐，經脉炎風總受砭。治諸經風熱之邪。目疾諸般尤善治，惟於虛者不宜添。 山茱萸去核微焙用。核能泄精。

茱萸多種獨名山，性具溫良酸未刪。不節便尿安白髮，止老人尿不節。無常月水弭紅顏。耳根鳴治俾專聽，腦骨疼除使獲閑。補腎添精皆足恃，却禁火旺命門間。 金櫻子 金櫻助慾非恆用，去核除毛入藥吞。遺泄每教便內蓄，氣精恆使道中屯。取其通暢和平。斂收總為酸而濇，固結全由甘且溫。多火陰虛如誤服，溺艱莖痛害難言。 郁李仁即棠棣。一名雀李。 風因大便治來專，潤降還看辛苦全。牛馬肉休同進列，酪酥漿勿竝陳筵。忌牛馬肉及諸酪。仁疏水道平浮腫，根治蟲牙免痛纏。濃煎含漱。虧損液津資燥結，切宜謹慎在高年。 鼠李當作楮李，一名牛李子。 生青熟黑兼紅紫，肝腎行從血分撞。瘰癧熱寒情善治，疝瘕積冷性能降。經藏毒惡搜藏匿，腹滿汪洋瀉滿腔。陷起痘瘡并殺疥，苦涼功博藥無雙。 女貞實 生來本屬少陰精，性稟純陰號女貞。惟實熱病宜用。莫道苦甘殊有味，當知寒滑頗無性。胃虛每助餐頻減，脾弱恆資瀉愈行。安藏補中人誤認，衹緣經語未分清。張路玉《本草逢源》云：枸骨主治《本經》誤列女貞之下，謬認有補中安五藏之功。 枸骨一名貓兒刺。俗名十大功勞。 大大功勞功不微，苦甘平味毒靡依。養神安藏施難却，堅骨強筋用莫違。批抹癜風俾貌美，枝葉燒灰淋汁，塗白癜風。滋培精血令身肥。損傷痿軟咸收效，可恨湯丸錄用希。 衛矛即鬼箭羽。 衛矛鬼箭有何庸，寒苦相兼毒不逢。專殺蠱邪藏在腹，善祛惡血聚於胸。賊風歷節除教盡，毒腫粘膚掃莫容。只有妊娠為切禁，墮胎力猛恐成凶。 南燭牛筋樹也。俗名烏葉。

苦平寡毒為南燭，灌木叢中久著聞。烏出俗名標以葉，牛從樹號取之筋。睡除泄止專呈效，氣益精強善奏勳。滋水絕無傷土咎，《千金》藏器共云云。藏器言久服輕身不飢，強精益氣，《千金》《月令》方用之，今四月、八日煮造烏飯是也。

五加根皮 無毒辛溫最足誇，星精果屬五車耶。病安風濕痺能去，

功補元陽氣可加。痿振男兒收滴瀝，癢除女子免搔爬。壯筋健骨非恆品，釀酒尤看效不賒。蘇恭治四肢攣急，釀酒取力勢易行，然非湯藥中所宜。

枸杞產河西及甘州者良。　枸杞色赤具溫甘，苦帶微寒根性耽。根味苦性微寒。渴止熱消均不愧，骨強水旺各無慚。耐寒歷暑時忘二，耐寒暑。補血添精經走三。峻補肝、腎、衝督之精血。只是易興淫欲念，慎投嫠婦與鰥男。古諺有云：去家（十）〔千〕里，勿食枸杞。甚言益精之速。

地骨皮產泉州者良。　根皮名異枸杞標，枸杞根也。甘淡微寒地骨饒。化熱祛邪安五內，益精旺氣補三焦。周痺濕並風飄蕩，蒸骨虛同汗退消。降火能教頭目爽，相資為治葉和苗。苗葉亦清頭目。

溲疏一名巨骨。　無毒溲疏平且苦，辛寒又道却何如。溺遺便外專為止，熱蘊皮中善代除。邪氣從教荏苒散，濕風尤令疾忙祛。論功總不逾清利，佳品曾標《種樹書》。按《種樹書》云：收子種肥壤中，待苗生，剪為蔬食其佳。

石南　凌霜正赤影婆娑，冬日恆同春日過。腎弱莫教常痿廢，陰衰不使久蹉跎。皮毛利獲安如石，筋骨傷除捷似梭。辛苦溫良今反棄，祇緣甄氏論偏苛。甄氏《藥性》有令人陰痿之說。

牡荊即黃荊。　實瀝根莖葉盡好，或甘或苦絕酸鹹。實苦溫，根甘苦，莖瀝甘平。祛痰解熱終無毒，逐濕消風總不凡。心痛寒煩除白帶，耳聾疝氣療青衫。血行汗發開經絡，霍亂牙疼悉為劖。

蔓荊子　足太陽中去不停，輕浮為體若毛翎。利通眾竅除蟲白，飄蕩諸風令眼青。去風寒目痛。寒熱骨筋看順適，濕痺肱股見安寧。血虛胃弱饒多火，禁用蔓荊切要聽。

紫荊皮苦如膽，而紫厚者良。　厥陰手足兩相偕，血分行將宿血排。並膽味滋方足貴，奪朱顏色始為佳。腫消挺杖憑敷治，毒解癰疽恣抹揩。膈耳赤黃兼善主，腸通淋息稱心懷。

木槿根皮附花子。　癬科要藥槿根皮，甘苦微寒毒自離。血下腸風專補救，痢餘腹熱善扶持。反嘔胃逆花為理，偏正頭災代子代醫。川產最佳恆罕得，土雖力薄亦相宜。

芙蓉　秋光如畫遍秋郊，江上芙蓉正坼苞。味著辛時酸自遠，性存平處毒全拋。花紅詩客恆欣詠，葉綠瘍醫每愛勦。用散癰疽消惡腫，神功最捷莫能淆。

山茶花　初動青陽便見開，血家良藥表奇材。長新破宿生施去，止衄收淋炒用來。入童便炒黑。味苦莫聞寒暗蓄，性溫盡識毒明裁。氣鍾肝木萌心火，色著殷紅洵美哉。

蜜蒙花　肝經血分蜜蒙行，木燥專教滋潤生。眵淚恆除消赤腫，昏瞖善退啟青盲。寒存性內毫無毒，甘出花中更有平。散結搜風所向處，總從眸子建功名。

木棉子　葉青莖赤吐花黃，棉白偏教黑子藏。血淨著功兼漏痔，毒消樹德在黴瘡。辛為滋味雖專美，溫作情懷終鮮涼。善走命門誠爾性，油能昏目最無良。取子燒存性，治脫肛下血，每服五錢，黑豆淋酒服之。其油燃燈，能昏人目。

柞木皮　取火古人曾用木，藥中今日獨資皮。性平可喜功稍備，味苦尤欣毒遠離。癉治鼠瘻痊片刻，胎催蚌孕產俄時。只將焚末無他巧，治黃癉、鼠瘻、催生，並燒末用。利竅從來莫過斯。

黃楊　試取黃楊論所長，斂而能降最循良。性平用去誠無礙，味苦嘗來自不妨。瘡癬善塗當玉體，胞胎專促向蘭房。治難產。達生散內難遺此，功用雖希已異常。

放杖木　木稱放杖名何取，能使高年杖不攜。浸酒服之。味內甘存功自美，性中溫具用非低。治風莫與相爭列，理血誰能得共躋。二氣氣血安然全賴汝，腳輕腰健最堪題。

接骨木名木蒴藋，俗名扦扦活。　折傷專向骨間連，不愧名將接骨傳。苦內既欣甘有矣，平中尤喜毒無焉。服教痰瘧同瘀散，浴使風痺並齲痊。只是氣腥能伐胃，不宜多取入喉咽。

寓木

茯苓　二陽明太惟從足，手足兼之太少陰。入手足太陰少陰、足太陽陽明。除濕止嘔俾水利，化痰開胃使津涔。先升為用誠堪愛，下降論功亦可欽。無毒甘平饒淡滲，皮消膚腫赤通心。赤者但主導赤而已，其皮治水腫膚腫，通水道。

茯神抱根而生者。　茯神無毒淡甘平，主治同苓豈異情。赤向血中瀉固善，白從氣內補尤精。陶弘景言赤瀉白補，時珍謂赤入血分，白入氣分。心虛求療功專屬，風眩思祛用莫爭。攣縮骨筋資抱木，直令松節並標名。神中之木，與松節同功。

琥珀楓木脂膏所化，俗云茯苓千年化琥珀，此誤傳也。　甘平無毒出番隅，苓化相傳俗諺誣。血結膀胱欣代滲，水深脾土喜為圖。脹消皮鼓恆資服，腹大如鼓。痕滅金瘡每賴敷。內熱陰虛偏切禁，尤嚴離熾坎宮枯。

猪苓　腎與膀胱血分依，性專疎利用無違。淡甘並具甘殊淺，平苦兼存苦自微。水逆已教功獨任，脈浮還使效同歸。仲景治脈浮，猪苓散汗之。寧惟引泄行來駭，蟲疰能除痎瘧揮。

雷丸　黑皮白肉始為良，赤黑須防人被戕。蟲殺應聲何處匿，每語腹中有小聲。毒祛惡氣莫由藏。病寒幼稚湯同浴，胃熱強年藥並嘗。鹹苦兼寒懷小毒，女人不利利兒郎。

桑寄生　聖藥安胎莫過斯，苦甘平有毒無之。背強癰腫扶黃口，腰痛拘牽救翠眉。血脈通調情備至，濕風祛逐力專為。崩中產後咸相藉，續斷同功陰善滋。

松蘿又名菟絲。　施于松上號松蘿，無毒甘平苦亦多。絲借菟名傳世俗，蘿從女號見詩歌。青衿胸熱痰為化，紅粉陰寒腫代磨。邪氣頭風虛汗息，善教肝怒得平和。

苞木　竹葉　味甘葉不異琅玕，獨受陰風烈日攢。莫恠情稍含小毒，却欣性未改微寒。熱清肺胃呈功效，氣化身軀表治安。筋急惡瘍從此免，小蟲欬逆盡為刊。

竹茹　無毒甘寒是竹茹，熱清胃府莫如渠。客邪鬱遏能教散，短氣憂愁可令舒。恆向吐中平欬逆，每從產後治煩虛。《金匱》治產後虛煩，有竹皮大丸。滑專利竅由生性，對證何虞病不除。

竹瀝　葉行肌表茹清胃，經絡還看瀝透絛。性禀陰寒原少毒，味由燔炙亦多甘。拘攣善解筋中急，煩熱專消膜外痰。若遇滑虛氣阻客，誤投胃虛腸滑之人，每致不食。兼之便閉用休貪。

筍　迸泥裂土透頭尖，無毒而寒微帶甜。乍產如牙排箇箇，旋抽似指簇纖纖。脾虛食去腸淋發，胃弱茹來心痛添。痘症縱堪施血熱，終輸淡片少猜嫌。

竹黃又名天竺黃。　論情論味瀝相同，津氣凝成巨竹中。清熱治痰恆奏效，平驚除癇每呈功。用無寒滑施多益，食有甘涼毒少蒙。天竺只今難覓處，醫家審擇勿朦朧。近世多燒諸骨及葛粉雜入，不可不辨。

震燒木　木經雷火焌然燒，煨燼收來半未凋。正氣通心邪可辟，悸驚受病害能消。夢妖足鎮安昏旦，瘧鬼堪袪絕暮朝。戶首高懸尤自好，祝融廻避去迢迢。

藏器　錦附新絳、黃絹、綿。　不將性味表于時，療病惟從色取之。崩失並瘡施錦合，衄嘔同便用綿宜。錦主失血血崩，綿主吐衄便血。補消兼益需黃絹，婦女專資是絳絲。婦人血崩。誰道被躬服御物，煅灰能把血來醫。

褌襠　陰陽易病不須愁，仲景奇方製造優。襠本專為藏隱設，疾偏可療化灰收。腹寬效著舒拘急，便利功存微腫浮。男女相將交互用，水調三服愈彌留。

裹脚布　素布裁量幾尺長，踵教受束趾教藏。解裳欲寢伊先卸，結襪將行爾早裝。腹瀉每能安壯士，繞其腹，則腹痛痢止。乳回恆足止嬌娘。勒住一宿即止。不勞診視尋醫藥，秘鑰傳留最妙方。

鑿柄　妊娠難產休懷慮，鑿柄焚灰酒送吞。味不必傳甘與苦，性何須問冷和溫。功能開竅無容棄，效足催胎有可論。治難產，燒灰酒服。

銃揳一般取義用，機關迅發莫留屯。

弓弩弦　弓亡弩折剩餘弦，難產堪將腰縛纏。取義只用多迅疾，催胎自令少遷延。焚灰牙亦呈功速，燒弩牙，納酒中飲之，治難產。止血弦尤致用全。醫以意醫從古說，觀於二者可知焉。

敗蒲扇、蒲蓆　蓆穿扇破棄何難，不道醫家取敗殘。汗止淋漓功足表，血安墜仆效堪觀。性惟寒具全無熱，味僅鹹傳那有酸。服並歸黃硝赤芍，燒灰，用蒲黃、當歸、赤芍、朴硝，煎湯調服。外將粉和向身彈。止出汗。

漆器　漆性本來能散血，既成為器又何疑。諒終不改辛溫性，想尚依然鹹苦滋。治血薰煙誠奏效，殺蟲焚末亦稱奇。問他毒更如前否，年久應當遜舊時。

燈盞油　油性經熬寒愈著，燈油得火氣殊深。辛中蓄毒情原細，苦內藏寒性不沉。涌吐痰頑俾出口，治平喉惡使宣瘖。藉通上逆施先藥，卒中風來自免侵。

炊單布即甑飯所用之布。　布號炊單審若何，甑間熱氣受來多。火湯可使醫無失，浮腫從教消不訛。瘡毒馬癲青療治，用青布灰。筋傷骨損蜜調和。各因所善焚灰傅，此外功能更有麼。

敗鼓皮　鼓當敗後莫拋開，皮性平良適用材。解毒毒隨離腹肚，除蠱蠱即出胞胎。貯收名既登藏器，主療方尤傳《外臺》。義取中空無一物，擊來遠振响如雷。《外臺方》用敗鼓皮同薔薇根，治蠱毒效。

清・朱鑰《本草詩箋》卷八

諸蟲　蜂蜜　白蜜甘平毒不萌，百花醞釀聚精成。熟溫安藏中資補，生冷袪邪熱賴清。和緩土脾急使去，潤柔金肺燥俾行。能潤燥而不傷胃。勝於赤色含酸味，降火纔堪入藥傾。赤蜜味酸，惟瀉火藥用。

蜜蠟　蜜甘蠟淡平無毒，至味存焉永不磨。痢下湯施傳仲景，張仲景治痢有調氣飲。食嘔丸取著華陀。華陀治食下即吐，用以熬成丸服。飢忘老耐安黃髮，血瀉胎危扶翠蛾。益氣補中咸有藉，療瘡續絕用殊多。

露蜂房　陽明藥是露蜂房，功在誅蟲顯厥長。味苦帶鹹痰受滌，性平含毒垢俾亡。兼除癲疾疼當齒，更治蟲邪痔在腸。寒熱驚癇從此遠，瘡瘍一切用皆良。

蠮螉一名蜾蠃。即細腰蜂。　蠮螉本屬細腰蜂，蜾蠃名標篇什中。《詩》言螟蛉有子，果蠃負之。毒小自成為彼性，辛平致用見其功。逆聾並使除無異，刺汗兼教出亦同。治久聾欬逆，出刺出汗。當日大明曾錄取，良醫終不廢微蟲。大明治嘔逆。

蟲白蠟　蠟樹屬金收斂性，蟲依食葉蠟斯成。與桑螵蛸無異。蠟醫疳去疼隨絕，葉治瘡來腫頓平。滋味甘芳誠有味，性情溫美豈無情。鯽魚並啖腸紅息，熬煉為膏肌肉生。入鯽魚腹煮食，治腸紅。煎膏，能長肉。

紫鉚即紫草茸。　小毒包含甘且鹹，藏中邪氣不容潛。血能破積殊堪述，肌可生新更足瞻。崩漏治平疼使息，痘瘡起脹色俾暹。治痘瘡有活血起脹之功。功高紫草非同類，用去毫無作瀉嫌。與紫草異種同名。

五倍子即川文蛤。　文蛤從來推蜀川，酸鹹平苦毒除捐。火浮肺內施誠當，嗽發宵中用更專。釀過上焦痰熱滌，法釀過，名百藥煎。煅成下血腫瘅痊。輕揚性帶餘甘味，換得名為百藥煎。

桑螵蛸　肝腎命門為藥好，功專收斂用多靈。瘦勞有補中傷治，虛滯無容下部停。能泄下焦虛滯。解痛扶腰通閉月，起痿弭濁助添丁。但逢火旺陰衰症，味

縱甘鹹勿使令。

雀甕一名蛅蟖，俗名載毛。　雀甕非他即載毛，殼偏可入藥中熬。甘平足使蠱迴避，毒小能令鬼退逃。《本經》主蠱毒鬼疰。寒熱氣舒為用好，驚癇心定樹功高。蘇頌治小兒驚癇。更扶赤子難含乳，塗汁旋看撮口撓。藏器方。

原蠶蛾　入藥蠶娥須用原，味鹹毒小性兼溫。陽精善益痿教起，陰道專強邪使掀。心腹交安功可見，容顏並潤效堪論。治心腹邪氣，悅顏色。樗雞那得能如許，宜正瀕湖所失援。何集《本草》悞列樗雞之下。

白殭蠶　鹹平無毒白殭蠶，功在祛風與化痰。啼息驚癇安夜五，病除濕熱去蟲三。主小兒夜啼，去三蟲。癢消口畔疳休蝕，痛解喉間痺罷含。結核疹丹咸受逐，取其散結化痰。陰瘍尤獨善扶男。

蠶繭　繭由蠶造巧殊常，鳥卵同形白似霜。味美甘留傳本草，性良溫蓄誌醫方。腫能破去灰調酒，燒灰酒服，治癰腫無頭。渴可消來絲沸湯。癰治無頭全賴汝，從教皮肉獲安康。

蠶退一名馬明退。　老蠶眠起蛻皮留，更比蟬遺勝一籌。治目疾，勝於蟬退。縱使昏花迷兩目，能教翳障退雙眸。風生遇處風隨息，血發遭時血便收。治風病、血病最效。鍾得東方木氣盛，宜乎於此見功優。

蠶沙　專醫風濕是蠶沙，晚者方堪入藥拏。溫美竝傳情最好，甘辛爭說味維嘉。病痺熨去身無疾，爛眼塗來目不花。麻油浸，研細塗之。泥置酒罈尤可愛，常教旨潔擬流霞。令酒色清味美。

九香蟲　何物微蟲號九香，貴州土產性溫良。膈胸每賴舒濡滯，治膈脘滯氣。脾腎恆需補損傷。餒乏專扶身使健，元陽善壯力俾強。鹹中不雜他滋味，儘可為丸日日嘗。《攝生方》烏龍丸用之。

雪蠶即雪蛆。　名蛆却又以蠶名，形大如瓠品極精。甘美迥殊廚下味，寒涼自屬性中情。熱來可贈舒荀婦，渴至堪持解馬卿。能解內熱消渴。最足益人何處有，峨眉山北雪中生。

蜻蛉一名蜻蝏。　狀本相同色不同，飛來欵欵各淩風。微寒藥品標蟲部，無毒天生自水中。暖藏最欣施少害，暖水藏。強陰可愛用多功。濇精所性還兼苦，壯熱興陽却讓紅。紅者名赤卒。

樗雞即紅娘子。　厥陰經藥是樗雞，兼苦兼平毒未離。結善散來將效奏，血專活去把功施。活血散結。不容眸內翳微蔽，那許頭邊風亂吹。瘰癧同消邪氣辟，傷除猘犬各相宜。療猘犬傷。

芫青即青娘子。　芫青即是青娘子，辛復兼溫毒滿腔。血使破時胎立墮，積教攻處毒隨降。功收目障同聾耳，力刼頭風並吠尨。療犬毒。用入椒仁丸料內，經通腫散水平洚。椒仁丸治月閉水腫。

斑蝥　辛鹹溫毒是斑蝥，瘋犬傷教去不留。鬼疰消來蠱並逐，鼠瘻治去蝕兼收。治疽蝕死肌。結當寔處攻堪嘉，秘屬虛時用可憂。能攻結寔，而不能治虛秘之症。下竅專行胎立墮，性難力猛忌優柔。

葛上亭長　亭長名由葛上來，隨時變化絕胚胎。五六月為亭長，七月變斑蝥，九月變為地膽。朱冠簇簇從頭製，緇服翩翩稱體裁。此蟲頭赤身黑。翅足並除藥可入，辛溫同著毒相偎。大毒。誰知功足通淋閉，并使佳人經脉開。

地膽　地膽辛溫毒有餘，善於攻毒效非疎。熱寒鬼疰咸教退，死惡瘡肌悉令除。破結用神傳本草，墮胎力峻誌經書。石淋鼻瘜兼資治，涌泄能從上下舒。能上涌下泄。

蜘蛛　當天結網巧橫絲，物着經營善把持。有毒包藏邪可泄，微寒蘊蓄亂能撝。治乾霍亂，令人下利，使其邪下泄。蛇傷代解皮光潤，狐疝專謀氣坦夷。仲景治陰狐疝氣。入向肝家循上下，不拘大小㿉攸宜。《別錄》治㿉疝。

壁錢　狀擬蜘蛛扁帶圓，味雖未誌毒無焉。寄生蟲不離於壁，取號人爭比以錢。鼻衄弭來蒙利益，搗汁注鼻中效。喉痺消去免憂煎。瘡疳並足資伊治，同人中白等分，燒研末，吹病處。搗汁研灰用兩全。

蠍　胞絡同肝取次行，諸風要藥及胎驚。股肱抽掣施皆驗，治手足拘攣。口眼喎斜用各精。瘧截疝消寒並退，經調帶息熱兼清。東垣治月事不調，寒熱帶下，有丁香柴胡湯。善從血分舒風熱，正喜含辛毒且平。

水蛭　鹹苦最能除畜血，其性鹹苦有毒。肝經血分藥無疑。閉瘀開逐何曾緩，積聚消磨自不遲。宜子《本經》言縱誌，《本經》治血瘕積聚無子。墮胎《別錄》語須知。《別錄》云：能墮胎。誤吞腹痛憑誰解，泥水梅漿各可持。

蛆　氣得炎蒸糞壤生，米蟲較大不離圊。苦多甘少堪充藥，毒去寒留專療嬰。疳積善為消腹脹，膜瞖能代退遮睛。每服一二錢，量人大小服之。且於正氣無傷伐，穢物偏將功用呈。

狗蠅　附驥靡由托狗身，營營青紫頗同倫。溫情共說全無毒，鹹味相傳絕少辛。倒靨痘教除黑色，冷冰口使轉紅唇。治脣口冰冷之證。力能拔毒從中出，方載人規洵可因。

蠐螬　廉士名聞曾藉伊，食餘半李以相貽。傳來齊國人爭艷，用入醫家病亦資。月閉能通兼脇滿，《金匱》治瘀血及脇下堅滿。目瞖善去及喉痺。休嫌有毒溫鹹物，瘀血為災責莫辭。

桑蠹蟲　桑蟲色素且兼黃，穢水俱無腹內藏。崩漏赤淋資以治，《千金》治崩中漏下赤白，燒灰酒服。痘瘡白陷藉之匡。味含甘不聞兼苦，性具溫何見帶涼。小毒只宜攻毒盛，幼科臨證莫輕將。

桃蠹蟲　潛身蕢寔以為巢，彷佛如蛆色獨姣。肉可脩容增美麗，洩能辟疫拒息哮。蟲屎能辟溫疫。辛中最喜酸無蓄，溫內尤欣毒不包。較彼桃蟲功足埒，相逢切勿等閒拋。其功勝於桃實中蟲。

蚱蟬　味出甘鹹是蚱蟬，性寒靡毒禀於天。依枝鳴噪無爭也，入

藥煎熬有取焉。難下胎衣催婦產，易興驚癇定兒眠。《聖惠》治小兒發癇。論功較蛻何曾遜，寒熱兼除去病癲。

蟬蛻　蛻留蟬去杳無蹤，性味依然功不庸。瞖膜專消睁炯爍，痘後目瞖，炒研一錢，羊肝湯服。瘡瘍善退體輕鬆。癢啼並止施功屢，治痘瘡發癢，及小兒夜啼。風熱兼祛見效重。惟有氣虛發癢痘，為湯為液慎休從。當禁用。

蜣蜋　鹹寒有毒說蜣蜋，藥屬肝家胃大腸。噎吐暴興功足據，疔瘡徐拔任堪當。痔蟲引出肛收脫，燒灰，入冰片少許，治大腸脫肛。癲疾祛除瘍免狂。腹脹熱寒消一旦，驚癇不擾小兒郎。

天牛　長鬚如角號天牛，小毒甘溫性所周。利齒是鉗同蟋蟀，鮮衣非雪異蜉蝣。惡瘡可治兼疔腫，木刺堪抽並箭頭。一味焙乾為末傳，從教痛止獲安休。

螻蛄　性工穴土是螻蛄，小毒鹹寒自不誣。胎產每為少婦速，臍風恆代小兒圖。癰瘡潰腫咸憑抹，刺鏃攢疼總賴敷。《千金》治箭鏃入肉，螻蛄搗汁滴三五次，鏃自出。便止便通分首尾，腰前止二便，腰後專通利。尤於治水見功膚。大也。

螢火即熠燿，《本經》名夜光。　腐草為螢《月令》傳，辛溫無毒藥書編。目明足使光如炬，邪辟能教散若煙。成子曾將功歷數，務成子有螢火丸，治蛇虺等毒。安常亦取效頻宣。龐安常亦極言其效。問渠入向何經去，胞絡三焦次每遷。

衣魚即蠹魚　慣向圖書寄此生，即書中之蠹。雖無鱗甲有魚名。鹹溫其擅殊為美，疾病相扶更自精。淋閉驚癇皆足治，瘢痕瘕疝悉能平。專醫腸與膀胱證，不許風邪項背縈。

鼠婦《本經》名蛜蝛。即濕生蟲。　鼠婦蛜蝛名不同，那知即是濕生蟲。尿遺胎產能收效，血病驚癇善致功。倒靨痘瘡俾起發，久耽瘧疾使消融。《金匱》治久瘧，鱉甲丸中用之。去瘀解毒舒寒熱，味出酸鹹秉善衷。

䗪蟲《本經》名地鱉。　䗪蟲善把損傷和，血積陽明散不訛。跌撲沉沉咸主治，能接骨，神效。熱寒洒洒總銷磨。鹹來縱自酸無雜，寒去其如毒有何。力破堅癥攻隙穴，若非寔結莫煩他。善攻破堅癥，惟無寔結者勿用。

䖟蟲即蜚䖟。　䖟是牛身噉血蠅，肝經血分藥相登。逐瘀利脈兼通竅，散熱除寒並破癥。性較蜣螂功不減，味同水蛭德殊弘。仲景抵當湯，水蛭、䖟蟲並用。治經雖說無傷害，行緩教胎墮亦能。

蟾蜍　蟾蜍萬物毒胥消，得土之精善土逃。辛與涼稱皮頗劣，皮有毒。甘同平著肉尤高。慣除腫脹疔兼背，消初起發背疔腫。每逐瘡疽疳與勞。治小兒疳勞。瘟病發斑咸有藉，還看傷足治神獒。治猘犬傷。

蟾酥　蟾酥性烈非恆品，奪命功尤著外科。辛氣觸人無以禦，溫情着體莫能訶。能爛人肌肉。疔瘡拔去瘡除腫，發背平來背免駝。牙血牙疼兼代理，但宜用少不須多。

蝦蟇　類近蟾蜍種自分，觀於主治頗同勳。陰瘡滅去無重見，熱病除來不再聞。永不復發。常破癥堅平癰腫，慣除邪氣絕紛紜。甘寒小毒為良藥，可惜於今罕用君。

鼃俗作蛙　青草池塘共作居，螺蚌同物逈殊魚。氣由水發堪資利，利水氣。毒屬煩蒸足賴除。解熱毒。脹解腹中功亦善，腫消項上效非疎。甘寒雖好休多食，孕婦尤為不可茹。姙娠食之令子壽夭。

蝌蚪　水中蝌斗蝦蟆子，為藥原非供內施。性味不求《綱目》載，才能難免外科知。火飈熱毒功無右，瘍腫瘡災責有司。更可取同桑椹製，各等分，搗汁，埋東壁下百日，化泥，取塗髭髮，永黑不退。永教鬚髮不成絲。

蜈蚣　蜈蚣藥屬厥陰經，有毒辛溫攻毒靈。染瘧時驚能令絕，風傷欲死可教醒。治破傷風欲死。口除噤撮嬰兒疾，小兒撮口瘡，研末敷之效。惡解蟲蛇魚鼈腥。解諸蛇蟲魚毒。雞眼趾瘡兼代去，金蓮亦賴免災星。

蚯蚓即地龍。　小毒鹹寒白頸良，地龍佳號世爭揚。濕炎並解知其善，經絡兼通見所長。疹為陷乾祛痘紫，治痘瘡伏陷。病因腫脹療癉黃。療黃疸。用來搗和人溲服，更治天行病發狂。

蝸牛　類近蛞蝓等至陰，每逢晦雨各相尋。味由鹹著吞殊少，性以寒傳毒不深。痔漏腫消偏足倚，蠍蜈惡解更能任。解蜈蚣、蠍蠆諸毒。大腸肛脫將安仰，取蠃宜從桑樹林。一種形尖小而緣，桑上者名緣桑蠃，治脫肛。

龍蛇

龍骨　足厥陰兼兩少陰，性能反復往來尋。斂精收氣安魂魄，弭血除遺止痢淋。甘旨莫容癥結擾，治癥瘕堅結。平良不受悸驚侵。同牛黃治驚悸。心忡忘健虛勞證，各顯神靈報好音。《千金方》同遠志酒服，治健忘心忡。

龍齒　濇平無毒龍之齒，亦向肝家探病源。血暈每看安產婦，取其直入肝藏。驚癇恆見定遊魂。能入肝斂魂。兼申喘息消沉結，更絕癲狂清亂昏。用療陽神收氣脫，洵為要藥首推尊。

龍角　東方木氣龍能稟，其角恆從督脉生。邪魅專驅無受惑，神魂善定不逢驚。瘈瘲致病咸為理，熱火加身悉代清。與齒治心亦並用，《千金》治心病，齒角協用。性中毒乏但甘平。

鼉甲《本經》名鼉魚。　鼉魚甲主何經病，功在平肝療厥陰。蟲殺百般邪滅跡，血安五色痛消沉。治崩中，下五色血。癥瘕散逐堅無伏，寒熱捐除積不侵。療寒熱積聚。莫憎微溫酸小毒，為煎治瘧著《千金》。《千金》有鮀甲煎，治陰瘧。

鮫鯉甲俗名穿山甲。　出入陰陽經絡通，入厥陰、陽明及陰陽二蹻。直臻病所建殊功。慣從下下祛痺冷，每向周遮逐濕風。痘發癰消無不善，專起發痘瘡。瘧除月啟總皆工。能通經下乳。微寒小毒含鹹味，疽潰還禁施藥中。

石龍子　吐雹祈雨最神靈，

能吐雹祈雨，有陰陽析易之義。中品曾看列《本經》。散結除癃俾逸樂，破淋下血獲安寧。腫消水利情堪表，痓退邪祛功足銘。本屬鹹溫陽善助，寒書《綱目》誤休聽。　守宮一名蝘蜓，俗名壁虎。　利水功皆歸石龍，守宮功用在祛風。驚癇善療從經絡，瘡腫兼除向血中。臂抹杜淫閑婦女，痘移出目救兒童。移痘方用以退傷命之痘。鹹寒小毒醫難棄，有毒終須仗毒攻。能攻腫毒。　蛤蚧　功兼羊肉與人參，喘療虛弱之症。色白尤能補肺金。鹹味歸投腎水速，溫情獲助命門深。虛瘵並治誠堪愛，嗽渴兼除最可欽。專補元陽無以尚，房中恆取佐宣淫。　蛇蛻　屬巽走肝蛇蛻是，經中風毒善於搜。邪驅鬼退除蠱瘧，驚息癜消安舌喉。痔漏疥瘡施總效，胎衣醫膜治皆優。治胎衣不下，眼生翳膜。鹹甘小惡雖難免，湯藥何嘗不可投。治疥癬諸疾，皆取其毒性。　蚺蛇膽即南蛇。

蚺蛇己土氣相鍾，膽受東方甲乙風。脾肺病誠相藉治，胞肝證亦並資攻。血能涼散兼除濕，腫可銷磨更殺蟲。內外有功寒苦性，何妨小毒在甘中。性寒，味甘苦，有小毒。　白花蛇產蘄州者佳。　甘鹹溫性白花蛇，毒甚專將風病拏。療白癜等瘋，一切瘋症。外徹皮毛無可禦，內行臟腑莫能遮。惡瘡癬癩皆為掃，驚搐痺癱總代爬。引藥搜痰窮變化，陰虛血少忌相加。陰虛血少生瘋者禁用。　烏稍蛇　主風屬水號烏稍，味出甘平善性包。無毒。痺足去頑癮疹滅，治諸瘋頑痺。毒能除熱療熱毒。疥瘡拋。癢瘍皮肉俾重潔，脫落鬚眉使復膠。腎藏巽宮咸賴爾，紫雲專藥用休淆。白花專療白癜，烏稍為紫雲瘋專藥，二者主治懸殊。　蝮蛇　產時破母出胞胎，異狀奇形蝮與虺。時珍云：蝮大虺小，俱有毒。膽著微寒惡並具，肉含大熱毒兼該。談翁示法防伊嚙，蘇頌傳方制爾災。人被其嚙必死，談翁以黃金葉搗爛敷之效。蘇頌用細辛、雄黃等分為末，敷患處。俱解救之法。癩疾蠱瘡收《別錄》，《別錄》取蝮蛇肉療癩疾。是期傚倖險中來。

清・朱鑰《本草詩箋》卷九　諸魚　鯉魚　急流跳躍逆流行，無毒而甘且帶平。身出腫浮能代解，治孕婦身腫及水腫病。脚由濕熱善為清。鱗除崩吐安紅血，鱗燒灰，治吐血崩中。膽退疼昏愈赤睛。目赤腫痛，膽汁點效。腦主卒聾淋用齒，施來莫不見功成。　鯶魚《本經》名鯇魚。　食品常登是鯶魚，味甘溫性毒能除。暖中自有功堪著，和胃原無害可居。膽屬苦寒從剖出，刺逢竹木向喉祛。刺在喉中，用酒化膽，服一二枚，取吐即出。要之池蓄斯為美，獲自江湖便不如。　青魚　青魚青色入通肝，開竅功尤著不刊。鯁治眼明膽可用，水平木補肉堪餐。喉痺點去瘡同退，膽汁點治喉痺，痔瘡。脚氣消來腫並安。無毒足稱為性善，肉甘膽苦獨兼寒。　鰱魚《本經》名鱮魚。　鱮魚復又號為鰱，皂白雖殊總一般。有皂、白二種。味以甘傳羹不棄，性從溫著藥無干。暖中論效誠堪數，益氣居功亦足觀。縱說未嘗懷大毒，濕滋熱助莫多餐。　闊口魚《本經》名鮠魚。　鮠魚闊口海中生，石首相同作鯗精。剖腹曝乾，可作鯗。甘味可稱為有味，溫情足見異無情。水消恆使膀胱利，胃啟能教身體輕。病後人嘗無發毒，最宜汁取佐為羹。　鯿魚古名魴魚。　縮項鯿魚古號魴，嚴冬善向土中藏。烹來自覺甘而旨，食去殊為溫且良。不發熱風妨有疾，無動風發熱之患。能調胃氣益無疆。較之白者原相類，利水稍差是欠長。　白魚　孟津當日兆興王，魚部今收亦見長。胃足使開胃受益，氣教能下氣無傷。能開胃下氣。治淋利便功兼著，破血通經效並彰。所忌在於同棗食，令人腰痛不堪當。　石首魚俗名鰉魚。　石首魚生鹹水中，味存至淡毒無蒙。便淋善止殊多益，腦漏專祛最有功。味既甘焉宜疾病，性尤平矣養身躬。縱逢瀉痢何傷害，為鯗全非油膩同。下痢最宜食白鯗。　鰾魚　諸魚皆可為膠用，石首鰾膠更覺牢。枯落痔生呈效偉，破傷風搐著功高。能滋榮經脉，則虛風自息。鹹將作味甘無雜，平以為情毒不遭。尤在固精稱要藥，方丸並用補虛勞。同沙苑蒺藜名聚精丸，為固精要藥。　勒魚　勒魚腹下多藏骨，善勒人因取以名。甘具味殊為可愛，毒消性更得兼平。瘧祛用脊堪充藥，脊骨治瘧。胃啟資身可煮羹。作鯗最良休棄置，老年恆獲益非輕。　鰣魚　相傳性補是鰣魚，不獨溫中且益虛。小赤每專從海躍，大青恆是入江居。生江中者大而色青，海中者小而色赤。維溫維美殊堪食，兼旨兼甘尤可茹。湯火致傷鱗善療，熬香油塗湯火傷效。免教疼腫泣欷歔。　嘉魚　南有嘉魚曾見詩，今觀《本草》亦登之。溫良固是天然性，甘美殊非水族滋。勞瘦優柔無不合，渴虛傷損總相宜。治腎虛消渴，勞瘦損弱。令人悅澤添肥健，乳汁同功語不欺。　鯧魚　鯧魚性味知何似，《本草》無傳不必求。肉類輕鬆殊覺鮠，骨同脂韋頗多柔。健肥每向人標美，令人肥健。益氣恆從胃著優。只是子寒兼有毒，食多痢下莫能收。鯽魚　無毒甘溫那有傷，鯽魚烏背美非常。溫中兼可資調氣，大明云：溫中下氣。止痢尤能藉厚腸。煮汁效呈消水腫，炙油功著療陰瘡。癰痞痰核同嘔吐，生搗塗痰核乳癰，入綠礬同煆，治嘔吐。同胡蒜煨，療膈氣痞滿。法製隨方顯厥長。

石斑魚有雌無雄，二三月間與蜥蜴交合。　雌有雄無號石斑，大維盈尺性殊頑。涵淹不外山溪內，孕育無逾水石間。味縱鮮知名莫隱，情猶可識食當刪。無

味，性有毒。令人吐瀉將何解，《醫說》言休視等閑。《醫說》云：魚尾草汁少許解之。

鱠殘魚俗名銀魚。　傳是夫差鱠棄殘，一時變化入波瀾。味甘性自能兼善，胃健中尤可籍寬。能寬中健胃。在昔江湖誇玉饌，至今風俗薦銀盤。毫無油膩相傷患，佳品人珍既曝乾。鮮食最佳，曝乾次之。

海粉　海粉微鹹行腎肝，毒無寒性未曾捐。慣將惡熱舒中蘊，善把癭瘤解倒懸。能散癭瘤，解熱毒。滑擬蓴絲供食品，翠同荇帶映清漣。胃家虛弱兼脾薄，匕箸還宜戒勿前。性最寒滑，脾胃虛人忌食。

燕窩　鳥喞海粉作成窩，化去鹹寒藉日和。得陽和之氣，化鹹寒為甘平。潤補虛勞收效捷，相生金水著功多。平甘食品欣恆列，無毒醫書怪失羅。方書罕用。只是優柔剛毅少，不能治血逆如波。

鱸魚　鱸魚鬆脆美殊常，小毒甘平無所妨。筋骨益來身自健，胃腸和去體應康。四腮為物嘉而旨，五臟教伊補且匡。水氣兼除宜飽食，多食尤良。網來作鮓品尤良。

鱖魚　水族天生性利疎，問名為鱖亦從魚。甘平有益能扶胃，毒小無傷可補虛。惡血不難教爾滌，微蟲何憚代人袪。膽能治鯁尤神效，刺入咽喉出裕如。酒調鮮魚膽服，得吐即出。

鱧魚即蠡魚，俗名黑魚。　鱧魚名黑又名蠡，惟有瘡災食不宜。水足治來還退腫，濕能逐去更除痺。面浮恆療懷胎婦，脚氣兼安患痔兒。無毒甘寒性味好，丹方資爾見神奇。丹方治水腫腹大。

鰻鱺魚　嘴闊為鰻鱺嘴窄，與蛇同類不同名。瘵勞久病吞殊善，陰弱多虛食最精。性毒未妨四美具，補虛益陰，治嗽殺勞瘵蟲。味甘可合五侯鯖。何須致羨珍羞品，海錯陳前視亦輕。

鱓魚　大溫乏毒味多甘，功用恆兼及女男。虛痢老人除滴滴，露淋產婦息湛湛。育龜致效終無損，育龜丸用以治壯年陽道不長。大力功成總不慙。大力丸用以長氣力。尾血喎斜口眼賴，骨灰流火亦能探。骨燒灰，香油調塗流火效。

甲魚即鱣魚，俗名着甲。　鱣鱼以甲代為鱗，着甲名傳舉世人。小毒性溫食盡愛，肥甘味美饌恆陳。動風須識毫無益，發氣宜知最不仁。能發氣動風。蕎麥並茹音頓失，肝尤貽害及周身。同蕎麥食令人失音，其肝令人肌膚乾脫。

鱘魚本名鮪魚。　鱘魚即鮪產江中，原屬無鱗鱣類同。作鮓雖珍終少益，味甘鮮毒亦無功。每興瘡疥腰肢痛，恆發癥瘕癱瘓風。咳起嗽成多為此，小兒食之成咳嗽。休登庖廚下喉嚨。

鮧魚又名鯷魚，即鮎魚。　鮎魚形與蛇相似，目赤鬚紅善殺人。無腮者殺人。小毒牛肝休並食，甘溫荊芥莫同陳。二者與之相反。口當喎處功偏捷，眼遇斜時效亦神。風疾治來資取用，尾尖吻上不妨親。

黃顙魚　魚何得號著黃顙，衹為顙間色染黃。微毒固難云性善，平甘偏可表滋良。用來荊芥情相反，食去瘡瘍勢愈張。有害無功宜戒謹，莫貪口腹召災殃。

江鱒一名鱒魚。　逐隊齊行尾不勞，名稱江鱒復名鱒。應時浮起當春現，潛水相涵交夏弢。毒小何傷供饌食，甘平尤合和醴糟。但嫌降泄為生性，痔漏疽瘡敗忌遭。敗疽痔漏人禁食。

河豚海中者大毒，江中者次之，淡水者為佳。　口窄腹團陰毒藏，甘溫雖美食須防。動風滋濕毫無善，助火入肝最不良。其毒入肝助火。尤忌病曾遭脚氣，更嚴身或患癰瘍。子惟疥癬堪資用，其子同蜈蚣燒研，治疥癬。抉目專除雞眼瘡。目拌輕粉，治婦人雞眼瘡。

江豚　水牛形似號江豚，無毒鹹腥人罕吞。能治屍蟲聞古語，善除瘴瘧見陳言。藏器治飛屍蟲毒、瘴瘧。樗蒲炤去光彌燦，紡織燃來影獨昏。以之熬油點燈，照樗蒲則明，紡織即暗，俗云孀婦所化。孀婦俗名誠不妄，化魚嬾性尚然存。

比目魚　爾雅中曾標爾名，東方今日亦多生。形如箬葉浮河出，目似孤珠挾伴行。益氣補中縱有善，發炎助濕究無情。是由伉儷纏綿化，溺於伉儷者所化。毒去甘留且帶平。

鮫魚名沙魚。　南海鮫魚又號沙，背皮可取飾刀靶。甘兼鹹味殊堪表，平帶良情亦可嘉。臟腑每看補有益，疰蠱恆見治無差。治屍疰蠱毒。焚灰更解鯸鮧毒，各把功呈總不賒。

烏賊骨即烏鰂骨，俗名海螵蛸。　厥陰血藥少陰兼，無毒微溫味著鹹。瘧疾聾癭袪寂寂，目翳流淚止彨彨。枯瘕並治功非小，崩閉同安用不凡。治血枯血瘕，經閉崩帶。陰蝕從教一切免，痢疳咸療向青衫。

鮑魚　鮑魚腥穢淡偏優，辛氣情溫毒不留。從腹滌瘀腸藉利，入肝散血病蒙庥。木傷使療安如土，療肝傷。月閉教行通若流。聞說始皇屍腐日，輼車亂臭載沙丘。

海馬　雌雄相對不相分，非馬名偏以馬聞。滋味甘肥原少毒，性情溫暖却多勳。胎催孕婦居功大，臨產時，手握之易產。陽壯檀郎致力勤。治陽虛。海錯同珍雖未見，從來魚內鮮如君。

鰕俗作蝦。　性工跳躍號稱鰕，小毒甘溫味亦嘉。熟赤擬離知不爽，生青象巽見無差。生青熟赤，風火之象。遊風用擣渣堪敷，托腫袪痰汁可拏。氣分專行看白色，能教乳下效堪誇。白者治婦人無乳汁下。

諸介

龜版《本經》名神屋。入藥取腹去背，酒浸酥炙，或熬膠用。　下能通腎上通心，任脈專行善補陰。治血治勞兼降火，能滋陰降火。主風主濕更除淋，膽消目腫開經閉。膽汁點痘後目腫，經月不開。溺去聾驚療舌瘖，溺滴耳治耳聾，點舌治中風舌瘖及驚風不語。灰更敷瘡多致效，惟禁胃弱與懷妊。

玳瑁即瑇瑁。　入心主血具甘寒，熱毒兼消毒莫干。蘇頌解蠱呈效驗，蘇頌方磨汁服，解蠱毒。

時珍治結報平安。時珍治傷寒熱結。驚癇癥惡祛惟盡，腸悶心風逐必殫。黑陷痘瘡均藉汝，較之犀角論功般。同犀角解痘毒，其功相類。　鼈甲一名上甲。　厥陰衝脈兩能馳，嚮導肝經有合施。勞熱骨蒸專代治，陰瘡經水善為醫。火傷療不拘羸老，肛脫兼收及小兒。破血終嫌木受削，能伐肝破血。尤於妊婦不相宜。　黿甲　專走脾經黿甲性，甘平無毒亦為良。能消瘰癧風頑疥，善殺瘡蟲瘻痔瘍。法製惟憑浸以酒，炙燔須取色生黃。酒浸炮黃用。功同鼈甲施稍異，土木行來各一方。鼈走肝經，黿行脾經，其性略殊。　蟹　熟赤生青十月雄，分明陽象蓄陰中。血和血散兼為用，胎落胎安並建功。《千金》治雙胎一死一生，服之令死者落，生者安。筋骨受傷連自善，藏器云：能續筋骨。皮膚遭燬療尤工。生搗塗火燙效。乳癰可治蟲能辟，燒灰辟臭蟲。小毒鹹寒忌夢熊。妊娠忌食。　鱟音候。　與蟹無殊血色蒼，其血蒼色。肉饒鬆脆毒微藏。痢除產後將功立，帶息崩中把效彰。血結腎肝專代散，風留腸腹善為防。治腸風瀉血。辛鹹滋味兼平性，治嗽曾標《聖惠方》。《聖惠》治積年久嗽。　牡蠣用左顧者良。　足少陰經牡蠣入，軟堅血分藥殊靈。益精止便亡陽治，去滯消痰結核冥。消項上結核。氣定恚驚祛瘧癘，帶除赤白護娉婷。傷寒汗後安寒熱，傷寒亡陽汗脫最效，今人用以濇精，恐其鹹降。性味鹹寒毒不停。　蚌　肉甘鹹殼性皆寒，肉甘寒，殼鹹寒，無毒。色帶蒼黃專入肝。熱可清來除鬱鬱，濕能行去絕漫漫。啞驚旋令聲溜亮，雀目還教夜洞觀。炙水火湯傷竝療，生蚌炙水，療湯火傷效。功兼定魄使神安。　真珠　手足同行兩厥陰，甘鹹寒有毒無侵。目明瞖退誠堪重，神定魂安尤足欽。水出耳聾恆見取，治耳中出水，研細末吹之。疔生眼痘每相尋。煅灰湯火傷能療，肉長肌生功用深。　石決明一名珍珠母。　無毒鹹平石決明，軟堅功用自非輕。從容每向肝中去，漸次還來腎內行。治熱祛風魂賴定，磨瞖解障目資清。明目去瞖之專藥。但嫌消乏殊為過，施用須同養藥擎。須與養血藥同用。　文蛤　鹹寒向足少陰奔，歸宿還從血分屯。欬逆胸痹悉致力，腰疼脇急盡加恩。《別錄》治欬逆胸痹，腰痛脇急。軟堅瘡痔無容擾，滌飲煩蒸不使存。《金匱》方常施吐後，仲景曾亦把伊援。仲景治傷寒太陽病，欲飲水反不渴者。　蛤蜊　無毒寒鹹紫口良，乳癰肺癰治單方。單方治乳癰，每服三錢，入皂角末五分，酒調服。降痰治火功殊備，定欬消堅劾最彰。消堅癖。滋水能教燥自潤，清金足使熱生涼。癭瘤散盡寬強項，開胃祛煩肉儘嘗。　蟶　類同蚌蛤別標名，無毒而甘更帶平。拙婦魂纏殼內合，蠻姬髻聳角邊生。肉乾足已珍羞美，糟漬堪充海錯精。田種閩人資貨利，閩人種田內。產餘虛熱食斯清。產後宜食。　魁蛤殼俗名蚶子，即瓦櫳子。　溫中健胃肉甘平，殼著鹹平藥每擎。善散積痰痰使去，專消瘀血血俾行。瘧中致治功尤大，餅內相和味極精。溲糯粉，則發鬆。力在耎堅從可識，毫無毒性惹人評。　車螯一名蜃。　海中大蛤曰車螯，吐氣成樓變幻高。其氣吐出成樓。性冷無加惡細小，味鹹不雜毒分毫。肉消酒渴功兼善，殼治瘡癰力竝豪。傳是鴂為誠信否，《經》言《爾雅》豈虛蹈。　貝子　氣分白投血分紫，花於氣血兩兼之。白入氣分，紫入血分，花色者兼入氣血。濕淫善滌搜無剩，瘀積專除逐有資。鬼疰蟲災祛病客，目瞖癍疹治孩兒。五癃水道交相利，小毒鹹平功自奇。　石蜐一名龜脚。　石蜐東南所產物，海中石上獨依身。甘鹹有味堪供客，毒害無心頗益人。殼擬車螯名自別，形同龜脚號相因。較他吐蛈雖稍遜，小便能教利用神。為海錯遜於吐蛈，利小便則勝於吐蛈也。　淡菜　生於鹹水不沾鹹，毒去甘溫各自兼。精血少衰能代補，癭瘤贅結善為砭。專消癭瘤。帶除氣理理腰脚氣。扶身健，虛益勞匡治病淹。補陰虛勞傷。只是食禁多與久，痿陽脫髮害雙添。　海蠃蜃名甲香。　閉藏蜃性香專斂，蠃肉甘寒止痛心，眼疼能治歷年深。搗汁，同黃連點之效。消滌鈿灰瞖善擒。能消宿瞖。可作口脂供藥用，堪充庭燎入詩吟。李義山詩可為庭燎。目科要品應推首，怪底今人不解尋。　蠃即螺螄。　甘寒不毒是螺螄，熱毒專除火善吹。療火熱毒最捷。利便治癉咸見效，解疼去壅各稱奇。止熱壅目痛。脫肛痔腫俱宜也，濕水瘡災並賴之。徽產亦佳休過食，令人泄瀉病無資。　寄居蟲甘，溫，無毒。　寄居螺殼身無定，性秉溫良甘本腴。賦質絕然殊吐蛈，成形儼若學蜘蛛。容顏衰去能教潤，心志虛來足令扶。弘景云：令人悅顏色，益心志。酒服手持產賴促，惜乎難得遇須臾。　郎君子又名相思子。　大如小豆郎君子，更號相思物最奇。性味若何書莫載，設施為用法猶遺。篋藏積歲生無恙，將此蟲藏筴筩中，經年不死。醋置終朝旋有時。置錯中，能盤旋不已。難產手持頻奏效，弄璋弄瓦不逾期。下胎屢驗。

清·朱鑰《本草詩箋》卷一〇　諸禽　鶴頂　當日乘軒重衛君，國亡炯戒見遺文。縱怜雪氅披身潔，休愛丹砂綴頂殷。益肺血膋均浪說，解蠱肫石亦空云。《嘉祐》以鶴血益肺補虛，又能解蠱毒，恐未必然。辛溫大毒傷生速，虺蝮恆吞性莫分。鶴食蛇虺，毒聚頂血，人欲自盡者，服之立斃。　鸛骨　小毒甘寒鸛骨藏，用將嘴脚更為良。嘴骨及脚骨最佳。善攻伏毒無容匿，能治喉痺不使猖。

傷療蛇虺疼自息，惡除尸疰體因康。卵尤稀痘兒宜食，鶴蛋同功最擅長。

鵚鴉即鶖。　鶖䳓鵚鶖名兩著，善吞雛鷇及蛇鰍。鹹寒兼有身中具，惡毒全無性內收。魚鼈成瘕功足制，治食魚鼈過多成瘕最效。胸襟積痞力能搜。療痞積，有鶖鵚丸。炙來相和蓬砂末，骨硬喉間吹更優。

鵜鶘即淘鵝。　油用淘鵝性善走，能携諸藥病教圖。其油性走，能引諸藥。鹹中可喜溫都有，滑內尤欣毒總無。共治聾痺當口耳，兼除腫惡在肌膚。疔瘡為暴相須切，舌取鵜鶘功莫逾。其舌能拔疔瘡毒。

鵝白者甘，平，無毒。蒼色者有毒。　滋味甘平一樣鵝，色蒼有毒白銷磨。疎風貴白誠非妄，利藏宜蒼亦不訛。潤燥吐瘀脂力好，白鵝脂能袪風潤燥。治瘡解毒糞功多。絞汁，治小兒鵝口瘡。聾聤耳病兼相倚，尾罌將來納即瘥。置耳中治聾，其能達三焦。

雁　脛骨曾供黃帝用，指南獲定最多功。溫良秉性仁而義，甘美為滋信且忠。滯塞閉凝通氣血，性專通利血氣。偏枯拘急去攣風。療風攣拘急，取肉炙熟帖之效。道家尊重稱天厭，不與尋常羽族同。

鶩即家鴨。　家鶩甘溫善性兼，陽痿水腫效堪瞻。補虛足把勞傷治，解毒能將眩暈砭。解服藥後昏迷眩暈。可久膏中曾用入，葛可久白鳳膏用之。《外臺》丸內亦收粘。《外臺》鴨頭丸治勞傷吐血。痓風涎滴嬰兒賴，小兒痓風，鴨涎滴之神效。惟卵無能多忌嫌。塞人聰明，更能閉氣。

鳧即野鴨。　鳧為野鴨逐群飛，味具甘平毒不依。欬去氣升寧枕席，療喘欬氣升。病除產後療閨幃，安中利水功皆獲。補血扶虛效悉歸，探解挑生蠱更好。《摘玄方》解挑生蠱毒。惜乎方藥用來稀。

鷄黑雞白首者勿食。　小毒甘平色不齊，最良烏骨白毛雞。補肝補血功堪表，除痛除痺效可題。治賊風痛痺。崩漏中風雄獨取，虛羸托痘牝兼擕。黃雌雞治產後虛羸，痘瘡伏毒。卵扶音失肝消積，蠱脹疔瘡矢並齋。雞矢治蠱脹腹滿。

雉即埜雞。　《周禮》庖人供六禽，雉居其一品堪飲。補中益氣功殊夥，《別錄》云：能補中，益氣力。止痢除瘻效亦深。《千金》治蟻瘻，泄痢。暴烈毒溫瘡痔發，甘酸火熱痛疼臨。能發痔瘡，及遍身疼痛。病中忌食何須論，春夏尤為所必禁。以其食蟲蟻耳。

烏鴉　貪戾傷生大嘴鴉，酸甘絕少毒相加。暗風癎疾為人逐，吐血勞傷仗爾拏。時珍取治暗風癎疾，吐血勞傷。蟲殺體看除痛癢，嗽平聲聽止嗟呀。補調羸弱慈烏獨，仁暴相懸語不差。

鵲　天生靈慧莫能淆，知吉知凶善構巢。恆惜癲狂除鬼魅，每怜艱產促胎胞。《千金方》治難產。肉教淋石終無滯，治石淋。腦令相思永不抛。腦入酒飲，令人相思。性味甘寒皆足取，幾曾有毒向中包。

鶡鴠　鶡鴠無毒具甘溫，主療如何試細論。利藏益心增智慧，解蠱治瘧返神魂。生金足制功堪述，野葛能除效可言。解野葛、生金毒。若使啖多腫痛起，須將甘草與薑吞。

鶉　甘平無毒鳥名鶉，鼓脹專除腹大人。腫使消來看健體，水教利去見輕身。疳為兒治瘡隨免，熱賴伊清結自湮。本屬池畦同氣化，論功故亦兩相因。俱能解熱利水。

鴿　鴿類殊多惟白佳，鹹平無毒用無乖。喜調精氣添強力，愛補虛羸益壯懷。瘰癧瘍風功悉並，癜瘡疥癬效胥偕。瘵蟲矢臭誅夷盡，虛勞家宜多畜。卵更能袪痘蜜排。鴿卵能稀豆。

鸎即黃鸝。《月令》名倉庚。　好音睍睆最堪聽，性味甘溫毒自冥。舉德曾看標妬論，食之令人不妬。問名頻見咏葩經。氣中善補陽和失，腹內專除陰惡扃。克振賢風全賴汝，梁武帝郄佑性妬，或令食之，妬遂減半。安能遍取膳娉婷。

雀卵　製丸曾用入蘆茹，蘆茹丸中用之。血若逢枯必藉諸。精冷最能扶痿弱，火衰尤善補陽虛。雀盲須血從頭取，頭血治雀盲。聾耳宜漿向腦噓。雄矢丁香除翳膜，雄雀屎名白丁香，去目中翳膜。甘溫性味毒無儲。

伏翼即蝙蝠屎。又名夜明沙。　肝經血分效相入，伏翼明沙藥不凡。淋帶瘧魃總代治，癰疽瘰癧悉為劓。善消血積寧容結，專退盲瞖豈受嵌。要品目科功最勝，久服令人夜視有精光。毒無平有味含鹹。

五靈脂即寒號蟲屎。又名鶡鴠。　纔遇冬時便發哀，鳥名鶡鴠晉中來。未聞肉可登佳品，但識脂堪充藥材。散血入肝誠捷矣，療產後結血及血崩。除瞖向目亦奇哉。心胸腹脇諸般痛，同蒲黃名失笑散，治一切心痛。酸苦寒能代逐開。

斑鳩　一般鳩鳥獨名斑，拙性雖存異毒頑。腎補每為血氣導，目明能療損虛刪。甘平有味登殽美，哽噎無憂進食艱。食之令人不噎。鐫向杖頭扶老用，實將此意寓無間。

伯勞　伯勞方藥稀聞用，性著平來毒未降。異狀不離居羽族，惡聲難免入蠻腔。魃危專療東南土，繼病偏遺西北邦。其毛療小兒魃病，北人不能治其症。棄肉取毛充藥物，奇功獨奏亦無雙。

鸜鵒俗名八哥。　八哥無毒性甘平，五痔能醫最有情。噎逆消來胸順利，昏花治去目光明。鸜鵒目和人乳汁，滴目令目明。珍禽雖異冲天鶴，慧巧何殊能語鸚。血下血行尤善止，宰來炙熟食皆精。

啄木鳥　啄木鳥兼堅銳性，甘酸平備毒無容。蠹蟲專殺消蟲蠹，治藏腑積蠹。胸膈能開寬膈胸。丹方用以熬膏，入麝香一錢，晝夜不時嗅之效。勞瘵可從湯液用，癎瘻亦向藥材供。時珍治勞瘵癎瘻。邪舒欝結恆相藉，痔漏同需功不庸。

鸕鷀即水老鴉。　性存微毒味鹹酸，或又將伊誤認寒。戹解陽侯腹似鼓，療腹膨水氣。鯁消魚骨取如丸。煅灰，蜜調服。疔瘡湯火敷除痛，鼾痣

斑爛點滅瘢，肉嘴水花咸有益。尿名蜀水花，用取嘴骨尤良。功同白鷺用無殘。

鷹屎白　《月令》曾傳祭鳥鷹，肉雖莫取屎堪登。瘢消傷撻痕疤滅，瞖滌矇睛光彩增。滅痕疤去目瞖。毒乏既欣無毒擾，寒微何患有寒憑。化來未盡毛尤好，屎中食鳥未化之羽。丹煉陰陽在必徵。　鶥骨　鵯鳥無如鷹鶚鵰，骨皆接骨力非遙。二錢酒服投腸胃，三日筋連向血膂。燒灰酒服，能續筋骨，但在三日內者可治。可愛在溫原足取，莫嫌小毒未全消。由來致治從其類，傷折科中功獨饒。　鴟　鴟鳥何如試論之，鹹平小毒表醫師。頭風並治遊當面，治頭暈目眩，面上遊風。目眩兼除痛在眉。顛倒疾成相佐理，盤旋病起共扶持。療旋風眩冒，有鴟頭丸。《千金》《聖惠》方都用，為酒為丸各盡奇。　鴞　鴞取初生未有毛，黃泥固濟火中熬。風癇用去除無失，噎食將來治有勞。小毒不離功自美，甘溫兼具效殊高。痘瘡黑陷頭難棄，頭能起發，臘月者佳。更足加恩及幼曹。　鴟鵂俗名毛頭鷹。　恠鳥鴟鵂古罕用，近時錄取性方諳。毒懷細小酸兼畜，鹹著些微甘不含。勞瘵病當教爾治，傳屍蟲足代人戡。至陰鬼魅能招聚，方士嘗將法試憨。取至陰之物，誘陰氣也。　鴆　瘴鄉蠱毒爾居焉，恆宿檳榔自保全。依枝幹以衛身，使人莫能捕。羽最殺人催命殞，喙偏治蝮令傷痊。《別錄》云：鴆喙殺蛇蝮毒。賦形論品并輸鶴，高舉冲天却類鳶。禽部不刪垂戒切，故將大惡殿終篇。

諸獸　豬　入胃補陰豬肉性，食來最忌盛肥家。氣增肺走皮為貴，血長肝滋精足多。精者補肝益血，皮能走肺益氣。陰蝕汁能除赤腫，腰疼腎用入青蛾。入青蛾丸中治腎虛腰痛。甘平無毒雖然好，助濕生痰可奈何。　狗　無毒鹹酸性甚溫，敗瘡稀水漏宜飡。膽能明目光添倍，莖治傷中痿去蹇。陰莖治傷中，陰痿不起。通膈催漿安老幼，狗屎米名戍腹糧，痘瘡用以催漿為最。止崩息痢慰名媛。治崩中下痢。食餘口燥兼興熱，米飲仁湯各可吞。米飲或煎杏仁湯並可解。

羊　有毒甘溫是少牢，肺教補去潤煩焦。羊肺能補肺，肉能補形容。虛疼寒疝咸從止，《金匱》治腹中虛痛及少腹寒痛有當歸生薑羊肉湯。便溺精遺並免漂。肝膽可將昏目療，骨灰能把鐵銅消。肺除嗽渴脂收痢，賭乳論功力亦饒。羊賭、羊乳，並治反胃。　羖羊角黑羊角。　色如黑漆羖羊角，向腎除邪辟不祥。驚悸難容生夢寐，昏盲易使復明光。專主明目。心安氣益功誠著，泄止津收效亦彰。無毒鹹平性味好，焚煙狼虎鬼消亡。入山中燒之，辟惡虎鬼魅。　牛　黃牛補氣賽黃耆，無毒甘溫兼補脾。壅塞痰涎同腦漏，歪斜口眼及喉痺。熬膏治中風痰涎等症。瘦者拌茯苓服，肥盛者入半夏麯。乳通噎膈尤堪賴，肉治虛羸最適宜。水腫痘瘡尿屎好，牛尿治水腫，牛屎燒灰，敷小兒潰爛痘瘡。用來各足顯神奇。

馬　有毒辛溫馬固然，善除血脉受風穿。同酒食，療風中血脉。蹄消蠱疰驚邪退，睛治癲癇狂疾捐。赤白山路鬐尾勝，《別錄》用鬐毛治婦人崩中赤白。癥瘕吐衄矢通賢。啖餘發脹心煩悶，美酒頻吞可解焉。　驢　治風補血在乎皮，鬐可熬膏長髩絲。筋壯陰強莖有益，驢莖能壯筋強陰。濕除熱退乳無疵。尿通噎膈蟲兼殺，屎熨風瘡水並辭。驢屎絞汁服，治水腫。無毒甘溫烏獨重。烏驢皮補血，東魯阿井水煎膠用之。其餘休食更嚴脂。　駝峰　從來美味數駝峰，風氣人偏膳忌供。有風氣人勿食。性以溫標品最貴，味惟甘著毒稀逢。能除肌死生柔肉，善去皮頑易麗容。可愛甘溫多益處，其脂奏效更重重。　酪　不毒甘平是酪漿，較之人乳更為良。解舒燥結能清胃，降逐煩蒸善潤腸。精血藉生虛受益，容顏資壯損兼匡。補虛損。蜒蝣入耳無從出，灌入從教無處藏。

酥一名醍醐。　甘寒利下是醍醐，人又從而名以酥。音失通聲傷去熱，治傷熱失音。煩蒸滋潤燥除枯。骨筋堅靭施皆合，凡炙一切堅筋骨藥，皆不可少。血氣焦熬拌總符。魚膾未炰休並食，忌與生魚同食。更禁虛滑胃脾夫。　阿膠　淄水烏驢煎就膠，甘平溫細毒無包。益金癰痿災皆遠，治肺癰肺痿。補水虛勞病總拋。潤燥滋腸平喘嗽，息崩弭痢固胎胞。《本經》治心腹內崩，下血安胎。諸陰不足咸為理，血證逢伊便絕交。　黃明膠即廣膠。　膠號黃明明且黃，甘平自少毒懷藏。痢淋血弭兼嘔衄，打撲傷扶及火湯。腸利兩陽通大小，腫消一切療癰瘍。濕風代掃除疼痛，胎動能安窈窕娘。取其有滋益之功，無滑利之患。

牛黃　膽肝心病治牛黃，化熱清心最擅長。故清心牛黃丸，用以專治熱痰。惡可辟來俾魄定，痰能利去使驚涼。苦平更喜滋懷美，毒小偏饒氣帶香。風中少陰無不用，風中心臟之要藥。中經中府禁相將。恐其引邪深入也。　狗寶　狀如白石微青色，小毒中懷甘未深。噎降苦能平胃反，專治噎膈反胃之病。結開溫足豁胸襟。癲狂痰冷祛凝積，疽惡癰瘍斂腐淋。能去腐，生新肌。惟有欝傷脾受損，枯槁氣血用須禁。　獅油　獅油有毒且溫辛，微黑看來色始真。熨紙黑消還似素，澣衣垢退復如新。能去紙上墨跡，滌衣垢。欝痰祛逐功成速，噎膈疏通效奏神。猛利但嫌胎易墮，勿施閨閣夢蘭人。　虎骨　二蹻陰陽遷次行，毒無辛有熱微崩。強筋壯骨何能並，虎膝脛尤勝。定痛追風莫與京。反胃用平尤賴賭，狂邪資退更需睛。《千金》治狂邪，有虎睛湯丸。虎頭專主頭風

證，虎頭骨浸藥酒服，治頭風。作枕主瘧。牙殺傳屍蟲不生。 象皮 性專收斂為其性，收合金瘡妙莫論。牙獨甘含兼著冷，皮偏鹹蓄更標溫。腫癰可散功誠在，象牙，水磨服之，治腫毒。鯁骨能消效亦存，刮屑，溫湯服，治骨鯁即吐下愈。竹木刺除兼骨鐵，油梳筋末各堪掄。 犀角 血結陽明善利通，能涼能散奏奇功。痘瘡熱毒專需汝，專治血熱毒盛，痘瘡在灌漿時不可用。吐衄炎興必藉公，瘟疫痛除尤足貴。寒傷病治最堪崇，《別錄》治傷寒瘟疫。苦鹹嚴冷休輕用，胎氣恆消性亦雄。 熊脂附筋肉。 經絡通行血氣開，甘溫性味毒無偎。痺由風起皆能治，邪自陽生悉可摧。筋使力強離耎弱，肉教羸振絕衰頹。但於癇病人休食，食必終身難愈來。 熊膽 手少陰兼足厥陰，時行熱盛必相尋。性寒平木能勝濕，味苦清炎善入心。竹瀝化服，去心中涎。蚘痛牙蟲逢莫染，痔瘡目瘴用無侵。能殺蟲明目。凡為實證投俱合，苟涉虛勞便切禁。 麢羊角即羚羊角。 伐肝最捷羚羊角，無毒鹹寒散血行。能散產後血氣。分解蜜稠俾痘起，消除瞖障使睛明。滯留濕熱恆教去，治濕熱滯留，陽氣不振。狂越驚癇每令平。疝痛腫瘡皆受治，療蟲毒疝痛，瘡腫瘻癧。用來莫不見功成。 山羊血 散血和傷藥最神，性溫鹹味兩均勻。虛勞命續將功奏，損折筋連把效陳。治跌撲損傷用酒服半分，取醉待醒，其骨自續。瘧治山嵐眈病客，帶除赤白向佳人。施來元氣雖無耗，價等牛黃須要珍。 鹿茸 無毒甘溫用勿疑，下元不足總相宜。生精益髓傷中却，專主傷中勞絕。健骨強筋勞絕離。肝腎氣俾充血脉，瘵癆蟲使殺傳屍。同生犀角、鼈甲，入六味丸，與天靈蓋同功。真陽補去功殊大，莫與麋茸一例施。鹿茸專補元陽，麋茸補陰中之陽。 鹿角膠 微鹹善性帶甘溫，督脉通行補命門。活血強精熱並解，生用散熱行血，熬膠益陽補腎。益陽助腎毒兼掀無毒。霜除反胃虛寒雜，灰去崩中瘀積屯。煅灰，行崩中積血。骨主安胎還下氣，角消乳癰總堪掄。 鹿胎 大壯元陽洵美哉，純陽未散更推胎。益滋少火恆邀利，涵養天真每受培。同參、耆、河車，能補養天真。甘蓄溫存溫有藉，惡消毒去毒無偎。血精要藥入六味丸，專補精血。功專補，不似傷陰桂附材。 麋茸 血虛左腎補陰施，鹿茸補陽入右腎，麋茸益陰入左腎。無毒甘溫茸取麋。精可益來陽道長，二角並用則偏于補陽。液能輔去損虧資。延齡倏鍊恆需粉，彭籛延齡方有麋角粉。除濕袪風更藉脂。性冷但嫌肝受害，婦人男子各非宜。 麋鹿肉 麋肉甘寒鹿肉溫，要之論毒各無存。陰教受益麋當食，陽使從添鹿可吞。鹿血鹿筋功易數，鹿血止腰痛，鹿筋壯筋骨，令人不冷。麋筋麋血用休言。如將丹石居恆服，鹿肉并宜戒一番。 麞 甘寒無毒麞之分，《綱目》言溫不足憑。膽治粗豪為彼善，肉教悅澤是其能。虛羸去後肥從益，精氣收時泄罔乘。其骨主虛羸泄精。人若本懷柔怯性，切宜相戒莫輕登。《綱目》云：甘溫。張路玉曰：麞性怯畏人，抑且膽白易驚，則其非溫顯見。 麝臍即麝香。 辛溫芳烈麝臍香，利竅通關任獨當。啟閉洩淹邪使散，由中達外惡教亡。《本經》辟惡氣。驚癇溫瘧均為退，精鬼蟲蠱悉受戕。結塊消磨功最大，救苦丹用以治壅腫結塊，同硫黃、辰砂研壓成薄片，少許炙患處效。用禁懷孕在閨房。 貓 無毒甘酸溫性貓，鼠瘻結核力能消。《肘後方》取貓肉作羹，消鼠瘻。風痺並善除疼痛，瘰癧兼能愈爛焦。其毛煅灰，傅瘰癧潰爛。胃膈噎嘔胞可取，痘瘡倒陷屎堪標。蜒蚰入耳如難出，尿滴從教湧似潮。 狸 性溫主散將功數，頗與貓同用亦通。瘻出鼠生專殺鼠，元化取頭骨，治鼠瘻毒。風因遊起善袪風。病成鬱結皆為破，證受邪侵總代攻。其骨炙灰，善散陰邪鬱結。作臞炙灰隨法製，蘇頌作臞用。陰莖頭骨盡堪充。《千金》用陰莖。 狼 摩風首藥笄狼脂，怪底從前本草遺。補臟肉俾腸胃厚，追風矢使滯留馳。去留積。鯁為治去寬舒獲，其矢燒灰，水服，治骨鯁。髓代填來冷積離。鹹熱兩全毒自乏，莫因獸惡食懷疑。 兔附糞，即望月沙。 辛平無毒肉兼寒，烹飪須禁薑用乾。同乾薑食，令成霍亂。胃熱逆嘔血並治，止腸紅下血。痔瘻勞瘵病俱安。翳浮目內恆資糞，暗在眸中每賴肝。兔肝能明目。腦主催生為首藥，催生有兔腦丸。滑胎孕婦慎輕餐。 狐陰莖 狐陰善縮是其情，其陰常縮于腹。入藥常聞取用莖。腫去卵囊癩使愈，癢除牝戶孕俾成。治女子絕產。休嫌有毒藏原小，宜識含甘性本平。女子小兒咸受益，其功他獸莫能爭。 水獺肝 獺肝專主是傳屍，善殺癆蟲功亦奇。寒熱沉沉如不覺，冷勞默默若無知。仲景治冷勞有獺肝丸。鯁魚更代消喉脘，疰鬼尤為逐小兒。毒具些微終未免，甘鹹平等各兼之。 山獺莖 山獺純陽最喜淫，陽虛專補任莖能。性中懷熱寒從退，味內留甘毒免侵。功只助精精去冷，治陽虛精冷。效惟起痿痿除陰。不因猺女將伊誘，何處相尋把爾擒。 膃肭臍一名海狗腎。 何物群稱膃肭臍，海中狗腎別名題。精衰足使精強也，陽弱能將陽補兮。快欲專扶挑達子，合歡善悅治淫媐。毒無熱大兼鹹味，人若陰虛切莫齎。 牡鼠 牡鼠甘溫毒自拋，善教益腎把功包。膽除聾耳聽無悞，《肘後》治久聾。睛治盲眸視不淆。矢以灰敷消惡腫，燒灰研末，治乳癰疔腫。糞將炒抹療厖咬。黑糖調塗即愈。骨能生齒皆堪用，血擦牙宣油制

炮。初生小鼠，香油浸腐化，療火炮傷效。　猬皮　猬為胃獸不須疑，無毒而平苦味滋。痛治脘中反自息，治反胃。瞖祛目內障隨離。善能破血平陰蝕，恆足消疼安體肢。治陰腫，腰背痛。瘰癧蠶蠱狼漏疾，腦肝並用莫遺皮。

人部　髮　達向肝心號血餘，散瘀利竅把功居。驚癇善為嬰兒退，崩帶能從婦女除。胎毒解來氣藉補，胎髮煅灰，大解胎毒，補先天血氣。癩瘡塗去肉生初。香油煎塗小兒癩瘡，能生新肉。微溫良善滋惟苦，嘔瀉能興忌胃虛。　頭垢　垢從頭上細搔來，收貯堪供作藥材。專發閉藏氣使解，解欝結之氣。善祛積滯胃教開。苦多既覺鹹兼具，毒小還看溫未裁。初起乳癰尤賴藉，煅灰酒服免膿災。　乳汁　融酥乳汁取嬌娘，味出甘鹹平且良。濺處似珠疑似粉，嘗來如蜜色如霜。血教受補虛無損，目使增明視有光。乳即血之源，目得血則視自明矣。尤利老人功不淺，但於脾弱瀉休將。　爪甲　肝家餘氣甲從生，銳利原為性所成。風治破傷功最著，治破傷風。血安衄嗜用尤精。胎催胞下咸堪取，便利瞖除各可擎。利小便，去目瞖。小毒甘鹹傳《本草》，乳蛾亦足向喉平。

人牙　瞖標兼屬骨之餘，名以牙傳人部書。甘內藏鹹鹹易蓄，熱中懷毒毒難除。風寒受觸能教刼，倒靨因穢可賴祛。煅灰酒服，治風寒穢氣，觸痘變黑倒靨。只有痘科資用處，還禁伏熱氣恆虛。　人中黃　人中黃得糞之精，狂熱專除班與溫。毒足以消嘗野菌，命堪立救食河豚。較糞清尤勝。惡瘡不使肌膚染，災病無容心腹存。性秉善良寒自在，甘鹹飲罷水休吞。飲水則毒邪不能散。　金汁　一般糞汁獨名金，寒苦相兼毒不侵。溫熱時行須遍覓，昏蒸勢劇必當尋。最解熱毒。孩提邪盛能為解，(化)化毒丹服，解胎毒。花木枝凋可灌森。化毒功勞雖莫及，兒如瘦白又宜禁。　乾糞灰　聞說鹹平乾糞灰，性中原乏毒相偎。時行病發災為退，狂走炎興熱代裁。疔腫拔根安患客，調塗疔腫，拔毒出根。痘瘡去陷起嬰孩。論功神速何其美，莫怪醫家取用來。　溺　寒熱頭疼用溺醫，鹹寒降泄最相宜。骨蒸勞瘵扶青鬢，血暈昏迷救翠眉。童便治產後血暈及一切血症，骨蒸勞瘵最速。效見清脾俾火逐，功看歸肺使陰滋。亦能損胃將腸滑，食少溏多切忌之。　溺白沍　即人中白。　膀胱肝火瀉徐徐，溺白之功亦可書。考味固知鹹有分，論情原說毒無儲。無毒。疳生舌上全資逐，瘡發唇邊總賴祛。積垢僅堪供滌熱，滋陰望彼效終虛。　秋石　鹹寒煉去轉成溫，降火滋陰益下元。血嗽熱虛功莫右，止虛熱嗽血。骨蒸勞瘵藥居尊。氣神並補除痰喘，淋濁兼安解渴煩。但忌火多陰太弱，便頻便數莫輕吞。　紅鉛　狀似櫻桃色極鮮，佳名贏得是紅鉛。即室女經水中之結塊者。大溫可信寒無也，不毒當知鹹有焉。火使壯來誠見效，氣教食去亦多愆。多服令人暴亡。命門峻補性偏烈，穢物能操生死權。　天靈蓋　人腦天靈蓋命名，鹹溫小毒試來精。陽衰陰盛專為治，屍疰勞蟲善代平。男者色白可用，女者色赤勿用。痘足起扶功並奏，痔能枯落效兼呈。藥雖至妙休輕用，不忍之心亦要萌。　人胞　即紫河車。　人胞復號紫河車，營血專教補不差。喘嗽虛勞呈效捷，骨蒸羸瘦奏功奢。吳球大造雖堪美，吳球製大造丸，方用黃蘗、生地，服之恐傷中嘔泄。《永類鈐方》更足誇。《永類鈐方》河車丸方，用山、苓、人參，雖虛人服之，亦不傷胃。　性以溫摶無毒擾，甘鹹相得味何嘉。　胞衣水　涓涓水取向胞衣，攝火能教元得歸。丹毒熱消狂妄退，痞虛髮豎暖寒違。胃平久反蟲當出，治久患反胃，飲一鍾，有蟲吐出即愈。咽治時疼疾自微。鹹潤味存涼作性，有功靡過少評譏。　初生臍帶　初生臍帶有何為，性味無傳病罕資。命蒂相關惟自治，硃砂入末略加施。煅末，入硃砂少許，蜜水調服，解本嬰胎毒。胎中毒可煩伊解，身後瘡教不爾貽。較取骨灰將損療，一般意義令人思。　胎元　未離淫火是胎元，性較河車加倍存。小毒可知非鮮毒，大溫尤覺最多溫。縱教取死從生補，何忍將人等獸吞。丸入金剛吾甚惡，古方鮮用，惟金剛丸用之。仁心惻怛盡相諼。

清・沈懋官《醫學要則》卷一　藥性歌括　肝經之品：丹皮微陽力在陰，性涼能降味苦辛。疏肝滋腎心胞絡，瀉火陰中肝可平。體鍾天地精華氣，冬含春盛號花尊。味厚降火不推蕩，肝餘火盛血胡行。止衄通經消瘀血，氣欝血熱用其辛。牙疼腰痛諸淋症，清火推陳能致新。調經產後須滋養，痘疹煩紅賴此清。骨蒸無汗終憑解，火爍營陰獨有勳。川丹皮內外俱紫，色香甚，味重，治肝之有餘。亳州丹皮外紫內白，氣和味輕，治肝之不足。通取皮厚而粗大者，去心，酒洗用。　紫參丹皮氣相同，世用丹皮棄無蹤。五臟五參相配用，紫入肝經有大功。　續斷氣和力續筋，帶辛調血味輕清。淡紫微黃肝膽肺，血脉皮毛何足論。腸紅痔漏調經產，便數精遺腰背疼。腎虛膝弱能滋潤，便閉宣通無走驚。地黃為使。惡雷丸。狀如鷄脚皮，黃者佳。酒浸一宿，晒乾用。　生地性涼微甘苦，能入心腎肝膽腑。可升可降力清肝，通徹諸經血熱火。吐衄便溺崩漏胎，跌撲損傷暨癰毒。骨蒸勞怯五心煩，目疼頭暈腰酸楚。諸般俱屬陰虛症，滋陰養血能調妥。憂患芸窓政事勞，三者無不動心火。火動血耗致悸驚，口乾舌燥多酸苦。生血養神同麥冬，氣熱膽虛侵脾土。清肝蔭膽固脾

經，諸般無不賴生育。取懷慶，粗大，內有菊花心者佳。晒乾，銅刀切片。忌鐵器。合丸酒浸，搗爛用。

熟地味甘性能沉，氣香色黑屬純陰。中州所產成戊土，苦制化甘涼變溫。入肝緩急甘溫膽，潤肌走腎補心神。縱慾憂思傷心血，封填骨髓善調經。取其味厚濁中品，天麥歸龜山藥群。和同萸杞加牛膝，滋陰補血別無靈。製用柳甑襯以荷葉，將生地酒潤，用（蹜）〔縮〕砂仁粗末拌蒸，蓋覆極密，文武火蒸半日，取起晒極乾，如前又蒸九次為度，中心透熟純黑為佳。南產細小，氣味不香，不堪用。如有膈痰，薑汁拌（妙）〔炒〕用。

天麻屬陽體重堅，能升能降力平肝。（味）〔微〕炒緩急調風膽，鼓動天風病可痊。掉眩諸風由內作，諸風掉眩，皆屬于膽。非干外感莫疑糸。風癇眩暈兼動急，清氣疏風必並連黃連。取其體重利腰膝，條達諸風通節關。用須色白明亮者佳，油黑者勿用。濕紙裹煨軟，切片，飯鍋上蒸軟亦可。

當歸氣味走肝脾，屬陽性溫浮沉俱。辛溫能散甘能緩，流行血海却非虛。精頭能上行身養守，稍專破血下行宜。全用週行遍身體，陰虛勞怯必全期。精神睏倦腰酸痛，淋瀝牙疼久瘧虛。純血痢疾皆非用，腫毒金瘡跌撲齊。皮膚澁痒痺痃癖，經閉留瘀尾莫離。血虛昏亂心驚跳，寧神補血必全醫。取其體潤同參术，滋養脾陰定不移。凡有痰涎恐粘膩，滑腸泄瀉用全非。嘔吐又嫌多泥膈，喘啞辛溫豈所宜。肺欲收兮辛莫犯，切須禁忌勿狐疑。用須皮黃肉白而大者佳，枯小油黑者不堪用。畏菖蒲、海藻、生薑。

川芎純陽力緩肝，能升能降性溫連。氣香高至穹巔極，辛味橫行毫竅間。風熱頭疼暴赤眼，血虛頭暈面遊丹。胸膈氣鬱血肋痛，腰背拘急腿疼酸。寒痺筋攣瘻癥結，宿血停留經阻兼。胎前產後終需用，溫養週身血脉全。單服久用能為祟，暴斃皆緣失本元。心虛血少多驚忡，骨蒸氣弱忌辛炎。火氣上升併衄嗽，劇痰中滿莫能粘。蜀產體圓如雀腦，實大色白者佳，枯油勿用。小而中虛者，名撫芎，亦能潤鬱寬胸。白芷為使。畏黃連。

白芍生寒炒性涼，味微酸苦走東方。氣薄味厚能升降，取酸收斂抑肝湯。補瀉兼施行血海，調經胎產世稱良。味苦酸寒脾不欲，（製）〔制〕其氣性用皆當。脾散能收胃熱斂，治平嘔瀉病全康。脾虛腹痛腸濕熱，損其肝者緩中強。如同甘草炙相配，合成甲己補肝鄉。色白屬肺治腹疾，因其肺氣鬱大腸。藉此味酸能收緩，苦以去垢復何殃。丹溪治痢錢三四，功効如神稱大方。能收諸濕益津液，血順而和小便行。痘瘡血不能歸附，用以歸斂慶非常。若諸失血初產後，尅伐新生病致愴。用須粗大者色白佳，細小者不堪用。補肝生用，行經酒炒，入脾肺。

首烏屬陰沉，性溫斂血能。氣性薄味厚，肝膽膀胱腎。得陰氣最重，製熟荳九蒸。色變為紫黑，補肝兼補腎。主治腰膝弱，能醫筋骨疼。截瘧止腎瀉，崩漏帶如神。味澁療風疹，膚痒亦能清。治痢全終始，和同白芍行。生山島中，體潤而嫩者佳。忌鐵器。用銅刀切片，酒淨拌入黑荳，九蒸九晒。若平地泥土中所出，老硬多筋，服之塞血，令人麻木不仁，不堪用。

山萸體潤屬純陰，味酸色紫力能沉。性平氣薄味獨厚，養心益腎補肝經。口苦舌乾面青脫，目眩耳震及神昏。心虛怔忡多驚悸，散亂難收補母生。遺精白濁陽不起，腰膝軟弱腿酸疼。小便無度皆腎病，子令母實豈無因。山萸秋殺而春成，萬物惡寒而喜溫。肝腎至陰非得暖，孤寒無以賴為生。溫可補，酸斂能，益精強骨膝腰平。陽不痿兮小便數，非徒無益反為深。用須酒潤，去核，晒乾入藥。

益母陰中亦有陽，氣和味苦性微涼。活血疏肝善升降，胎前惡阻病非良。產後血暈而腹痛，氣血流通藉此長。但能疏散非滋補，去滯生新名故芳。種有不同，取紫花者良。五月間嫩時採之，陰乾，取葉并花入藥。

黑棗陽中亦有陰，味甘氣香性溫沉。力補肝血兼脾腎，主治虛勞善補陰。滋陰降火為佐使，芎歸調血可同群。四神保胎養榮子，扶脾益胃賴甘溫。辛甘發散為陽品，疎表湯中故得行。中滿氣喘牙疼吐，疳蟲積病却無因。取肉厚而堅大者佳。去核入藥。小棗味酸，不堪用。

夏枯草辛味苦寒，氣稟純陽力補肝。性寒解熱清肝火，散結消瘿日夜艱。目珠夜痛陰寒甚，以此純陽光可還。目珠屬陽如晝痛，苦寒清熱病須痊。夜痛黑珠屬陰血，以此清散復何難。海藻味苦鹹，消癧能軟堅。散癥化癰毒，破結滌熱炎。脾家有濕者，服之病多般。昆布同。

豨薟生寒製熟溫，肝腎風濕賴苦辛。四肢麻痺筋骨冷，脚膝纏綿軟且疼。痺痛若緣血不足，踈風燥血豈相因。宋張詠《進豨薟表》曰：其草金稜銀線，素莖紫荄，對節而生，頗同蒼耳。臣喫百服，眼目睛明；既至千服，鬚髮烏黑，筋力輕健，効驗多端。採于五月五日，或六月六日，七月七日，九月九日佳。去粗莖留枝葉花實，酒拌蒸晒九次，蜜丸，甚益元氣。但氣寒之物，必須蒸晒九次，加以酒蜜，苦寒之陰濁盡去，而清香之美味見矣。若數不致九，陰濁未盡，則不能透骨搜風而却病也。若生用搗汁熬膏，以生地、甘草煎膏，煉蜜收之，酒調服尤妙。

勾藤性寒味苦甘，搜風除熱善平肝。丈夫頭旋目眩暈，兒輩驚啼瘈瘲連。客忤胎風班疹發，肝風相火致其然。以此靜風火自息，諸症無不悉安痊。去梗，純用嫩勾，俟諸藥煎熟就投入，一二沸即起，服之，其功十倍矣。

白薇性寒味苦鹹，退熱清風胃腎肝。利陰清濕消腫滿，陰虛內熱火如炎。痰隨火湧人不識，熱退痰消風自安。汗出過多致血少，孤陽塞結病成

頑。陰衰以下，惟陽氣獨盛于上，故塞而不行為厥也。薇歸各兩參需半，甘草三銖四分為銖。每五錢。熱淋溫瘧時酸痛，胎產血熱露無攔。廷孔鬱結無收禁，芎藥均分酒服痊。產後氣虛煩悶嘔，安中益氣竹皮丸。陰虛陽勝為內熱，營血乾枯孕育難。佐以蓯仲地歸芎，益陰清熱子成斑。取似牛膝短小柔軟者佳。去鬚，酒洗用。惡山萸、大黃、大戟、薑、棗。

艾葉生溫熟熱辛，氣稟純陽回絕真。消寒逐水調氣血，統理肝脾肺腎經。溫中開鬱安胎產，膠艾煎湯痢亦平。霍亂轉筋腹痛帶，殺蚘治癬是為靈。外科用乾艾煎湯，投白礬二三錢，洗瘡，然後敷藥，蓋因人氣血虛冷，必假艾力以佐陽，而艾性又能殺蟲故也。凡丹田氣弱，臍腹冷痛者，以熟艾裝袋兜臍腹，甚妙。寒濕脚氣，以此夾入襪內，最妙。取陳者良。揉搗如綿，謂之熟艾。婦人丸散，醋煮搗餅，晒乾，再為末，入茯苓數片同研則易細。煎服宜鮮者。苦酒、香附為使。艾附丸治婦人百病。

密蒙味甘而微寒，清理血分力潤肝。目中赤脉青盲腫，小兒攻眼氣因肝。產蜀中。葉冬不凋，其花繁密蒙茸，故名。揀淨，酒浸一宿，候乾，蜜拌蒸三次。

青黛味鹹而性寒，色青散火力瀉肝。能解下焦蓄風熱，傷寒鬱熱發斑瀾。小兒驚癇吐痢血，疳熱丹毒有何難。主治咯血聖餅子，柿餅納此杏同研。取建產者佳。水飛淨用。

穀精辛溫性浮輕，專入陽明足厥陰。明目退翳功不淺，喉痺風熱力能清。

青葙味苦性微寒，祛除風熱善平肝。青盲翳障稱長技，惡瘡蟲疥亦能安。

決明味甘苦鹹平，主清風熱走肝經。一切目疾皆可療，明目緣其益腎經。

蔓荊陽中有微陰，辛苦微寒主上升。搜風涼血利九竅，太陽陽明足厥陰。濕痺拘攣頭腦痛，頭面風虛亦可平。明目固齒澤肌髮，目赤齒痛此為尊。去膜，打碎用。亦有酒蒸，炒用。惡石膏、烏頭。

辛夷輕浮味辛溫，助胃清陽氣上升。入肺溫中通頂腦，鮮肌通竅利關能。治鼻淵塞及面皯，目眩齒痛有時名。通行九竅除風熱，氣虛火盛莫教吞。微炒用。川芎為使。惡石脂，畏黃芪、菖蒲、石膏。

加皮氣辛溫味苦，祛風堅骨益精補。勝濕化痰逐瘀血，五緩虛羸療筋續。陰痿囊濕陰蝕瘡，小兒脚弱尤能楚。莖青，葉白，花赤，皮黃，根黑，上應五星之精，五葉者佳。遠志為使。惡玄參。

胡麻味甘性却平，力補肺經益肝腎。滋潤五臟填精髓，堅筋強骨目能明。烏髭黑髮耐飢渴，消風勝濕潤腸能。治風先治血，血活則風散。胡麻入肝益血，故中風不可缺也。鄭奠一用鳖虱胡麻，佐苦參、蒺藜，治大瘋疥癩，屢有愈者，皮肉俱黑者良。粟色者名鳖虱胡麻，更佳。九蒸九晒，可以服食。

礞石味甘鹹，色青主入肝。製煅以硝石，治驚能墜痰。取堅細青赤，內有星點者，硝、礞等分，打碎拌勻，入鉗鍋煅至硝盡，石色如金為度，如無金星，不入藥。研末，水飛，去硝毒用。

羚羊角味苦鹹寒兮，專走足之厥陰。目為肝竅，遇風熱而生瘴兮，以此能清。肝臟魂主風，其合在筋兮，症發有因。如風飈而火焰兮，致搦搐之癇驚。熱久化濕邪入經絡，筋無血養兮，難免週身痺痛，晝夜無寧。惟此味苦能散，而却風舒筋兮，驚癇可平。賴鹹寒而火清濕化，筋得血養兮，則痺痛自輕。若癲狂夢魘，因邪熱之蓄聚兮，力能瀉之以清。緣相火寄于肝膽，為血鬱而多怒兮，須降氣清火，必藉此能。故治傷寒煩滿氣逆，而因伏熱兮，功立可成。出西地。似羊而大，角有節，最堅勁，能碎金剛石，與獏骨夜宿，防患以角掛樹而棲，多兩角，一角者勝，剉研極細，或磨用。

熊膽味苦寒，涼心主平肝。明目善殺蟲，攻痔治驚癇。

鱉甲味鹹平屬陰，色青專主入肝經。能調勞瘦骨蒸熱，往來溫瘧亦能平。腰痛血瘕腸痔核，阻經難產及癇驚。瘡腫痘斑陰血病，善調諸症有多因。九肋，重七兩以上者佳。醋炙用。治勞，童便炙，亦可熬膏。

心經之品：

丹參氣味俱輕清，善調心血胞絡經。屬陰有陽能升降，心有邪熱脉不寧。氣血輕清能走竅，氣順冲和血自平。心腹熱邪寒熱痢，四肢不遂骨痠疼。經水不調胎氣逆，血崩丹毒眼紅筋。此皆血熱為斯患，祛邪養正賴其清。調經胎產諸失血，用代四物有奇勳。畏鹹水。反黎蘆。

茯神屬陽補心氣，性溫甘淡脾所宜。抱根附結依成守，鎮伏心神定不移。取其性溫能去弱，心虛怔忡魄魂離。勞怯倦忘神不守，若非溫養豈能醫。抱木而生者為茯神，無木者為茯苓。

棗仁皮赤益心血，肝膽心脾四經入。屬陽能升復能降，炒香化溫心所悅。苦志芸窓多損神，心虛不足神守失。驚悸怔忡恍惚忘，煩渴盜汗無時歇。藉此溫膽補心虛，五臟安和多寧貼。膽有實熱寐時多，生用可瀉少陽實。思慮傷脾成久瀉，炒味甘香脾所得。臨用略炒，研細入藥。勿使隔宿，香氣走散少効。

栢子力能養心腎，陰中有陽味甘平。得陰最厚含精粹，體潤滋血香透心。可同生地麥神棗，主治心神虛怯驚。怔忡憔悴肌膚痒，涵養心神最有靈。作瀉多痰者勿用。須揀去殼。入丸以溫火隔紙微炒，碾去油，為末。

菖蒲味辛溫，开竅力能升。氣清而味薄，能開肝與心。寒暑皆青翠，任受霜雪冰。氣得清陽體，通神發上升。開痰利胸膈，通心清暗昏。聰耳開口禁，利竅使神清。但屬辛散物，多久反傷神。秦艽為使。惡麻黃。忌飴糖、羊肉。勿犯鐵器，令人吐逆。

遠志屬陽味辛雄，能升却有豁痰功。心竅壅塞人昏憒，蹇澁言辭立可聽。睡臥不寧為夢魘，小兒客忤亦能攻。脾虛久困因思慮，湯入歸脾功

用同。若緣不足神虛怯，大辛之物豈宜逢。本草所謂辛潤腎，益精強志盛稱弘。不知辛重多暴悍，刺舌戟喉星半兇。用甘草水浸，去梗，即以此煮熟，晒乾入藥。生用則戟人咽喉。

竹葉性涼清火，能通心肺膽腑。陽中有陰升降，清香透心微苦。胸中熱邪能解，善治咳逆喘促。傷寒虛煩痰熱，青清膽腑調和。如患血分實熱，還須栢葉功多。用須擇味淡者佳。洗淨入藥。體重不堪用，有走無守，孕婦忌用。

燈心性味俱輕清，能通心肺小腸經。輕浮上升入心肺，味淡利竅速下行。咳嗽咽痛暴赤眼，淋閉水腫便而渾。小兒夜啼緣心熱，以輕去實豈無因。莫嫌輕淡而忽略，淡滲清心通徹行。用須以粳粉漿之，晒乾為末，入水淘淨，浮者燈心也。

大青性寒味苦鹹，能解心胃熱毒煩。傷寒時疾陽狂毒，血熱表虛致發斑。輕如疹子重紋錦，熱極紫黑胃已殘。犀角大青湯可解，喉痺黃疸痢等閒。

琥珀純陽味甘平，心肝小腸膀胱經。消癥破瘕生肌肉，通塞安魂定鎮心。甘淡使肺氣下降，通理膀胱治五淋。利水燥脾真妙品，磨翳去瘴目能明。松脂在土年久結成。或曰楓脂結成。摩熱拾芥者真。市人多煮鷄子及青〔魚〕魫偽之。摩呵亦能拾芥，宜辨。用栢子仁末，瓦鍋同煮半日，搗末入藥。

天竺黃微寒，豁痰主鎮肝。涼心清風熱，明目性和緩。中風不言語，客忤及驚癎。出海南。大竹之精氣結成，即竹內黃粉，片片似竹節者真。

丹砂體陽性有陰，味甘而涼赤屬心。瀉熱鎮心能發汗，祛風明目主肝清。定驚辟邪鮮胎毒，止渴安胎力不輕。小兒疳積熱且瀉，合同燕麵可回生。辰產明如箭鏃者良，故曰箭頭砂。細研，水飛三次用。惡磁石，畏鹹水，忌血。

脾經之品：

人參純陽有土金，味甘氣香性大溫。補脾益肺能升降，地產遼左氣全真。土旺生金能益肺，固濟真元病不侵。若緣思慮傷脾肺，食後昏沉懶不勤。自汗惡寒病胃弱，腸鳴作瀉便頻淋。此因脾胃虛寒甚，賴其甘潤補脾陰。勞役過度不思食，嗜臥困倦少精神。虛煩氣短肌黃瘦，下元虛陷藉陽升。脾虛久洩遺精濁，瘧久邪虛正亦因。惟此可能補氣實，正足邪消患自平。痢久失血脾難統，扶脾痢止血歸經。痘瘡色白虛由氣，補氣血從漿自成。夏令火炎參莫與，胃熱痰盛火邪刑。陰虛勞怯胸膈悶，失血初發積蟲侵。三四五月溫熱欝，投如鋒刺下喉昏。熱退愈後邪未盡，服之難免致憂驚。山西襄垣縣，古名上黨，有紫團山，出人參，久絕其種。今惟遼左清河所產最良，朝鮮者次之。

黃耆屬陽氣和甘，能升能降體柔綿。力能固表三焦肺，蜜炙溫中脾得權。少佐人參補中氣，脾虛瘧疾愈何難。吐衂腸紅失血久，痘瘡慘白亦能痊。表虛自汗并盜汗，毒潰排膿鹽炒煎。痘科氣血虛不發，生能助表却為先。若氣有餘腠理實，三焦火動豈宜添。中風痰壅四肝癈，妄投必致命歸泉。黃耆出綿上。體柔軟如綿，故名綿耆。茯苓為使。忌白鮮皮。

茯苓屬陽體重沉，力行脾肺膀胱腎。色白補肺金與土，能升能降氣和平。假松脂液成靈氣，性禀坤陰故得名。甘則能補淡能滲，力健脾陰與肺金。憂思煩悶心驚跳，胸膈痰氣嗽連聲。口舌乾焦心煩渴，下焦濕熱便黃淋。腰臍不利邪停蓄，益脾補肺賴其能。淡可滲濕消痰氣，利水清心津道行。通調水道膀胱順，便多能止澁能清。痘瘡起脹須禁用，氣瀉難行漿不成。健脾補肺功同一，原無赤白瀉補分。擇堅而大者佳。去粗皮，搗為細末，水淘去筋膜，晒乾用。

白朮性溫氣微香，味微辛苦陰帶陽。脾苦濕時兼過燥，朮味甘溫辛苦良。甘溫潤燥辛去濕，土旺生金體自昌。胸膈痰痞心嘈雜，噯氣吞酸霍亂忙。脾虛水腫寒痰瘧，揔屬脾陰濕熱殃。調脾益胃滋氣血，正勝邪衰病得康。欝結氣滯喘壅塞，火盛癰膿莫入方。白朮味重，金漿芳蹃玉液，外禦百邪，內充六腑，察草木之勝速益于己者，不及白朮之多功也。但陰虛燥渴，肝腎有築築然動氣者，勿服。用須取乾者，作油黑者勿用。同陳壁土略炒，勿太過，借土氣以助其脾，或人乳製，或飯鍋上多蒸數次妙。

甘草屬陽味甘甜，生瀉炙補升降全。色黃屬土中央用，寒熱兼和性不偏。生用瀉火消癰腫，和鮮百毒利咽艱。炙用補中主脾瀉，胃虛口渴嗽連連。氣短睏倦勞虛損，溫補脾元功得全。但因味厚須少用，恐其戀膈食難添。心肺火盛中滿脹，氣欝嗜酒却無緣。須用堅實中條者佳。粗大者鮮毒消腫，入六一散須用最細者。反海藻、大戟、芫花、甘遂，同食害人。

芡實屬陽力健脾，氣和性溫肝胃宜。春生夏令方凝結，性有金水土相齊。小便不禁兼嘔瀉，白濁遺精帶下俱。小兒疳積久瘧痢，用之無不奏功奇。

薏米補脾性甘溫，清中濁品健脾陰。主治脾虛成水腫，風濕歸筋屈不伸。溫能勝濕脾斯旺，腫自消而力自生。上焦消渴癰腸肺，脚氣腸紅崩漏深。取其味厚能沉下，潤金清火効如神。取色白者良，黃油者不堪用。

神麯性溫有浮沉，炒香醒脾胃自平。霍亂吐逆寒濕瀉，胎動搶心致着驚。和脾安胃功非淺，病却胎安名不輕。生用消積除癥痞，小兒疳積亦能平。【略】

麥芽甘溫消米麵，炒香开胃却除煩。體輕性銳能去實，欝結脹悶力能寬。小兒傷乳痰涎膈，婦人產後乳房堅。丹溪炒香用二兩，均分四服不須添。痰火哮喘及孕婦，切宜禁忌莫胡煎。

山查酸甘陰有陽，甲己化土補中央。主消牲肉腥羶菓，痞滿吞酸飽悶傷。味酸走肝化血

塊，崩漏腸紅兒枕殃。痘瘡活血兼解毒，攻痞稜术必同行。營衛兩虛緣失血，疏理肝脾參並良。如傷生冷同瓜菓，青皮薑配二陳湯。素食油膩傷脾胃，薑半平胃似相當。胃有邪熱不殺穀，(苓)〔芩〕連神麥共成湯。魚蟹多傷脾不運，蘇葉均分病得昌。

車前陽中亦有陰，主治脾肝膀胱經。味淡入脾能滲熱，汁濁歸陰專下行。滑能養竅膀胱用，利水除痺清濁分。滑可去着淡滲熱，胸膈煩悶亦能清。淚出腦痛暴赤眼，翳膜瞕目及遺淋。下疳便毒尿管痛，男婦癃腫在前陰。此等俱屬肝濕熱，導熱下行肝自清。略炒，去殼用。治橫生逆產，炒熟為末，調服二錢，不順服必効。但車前利水，則不能益精，凡男女陰中各有二竅，一竅通精，乃命門真陽之火；一竅通水，乃膀胱濕熱之水。二竅不並開，水竅開則濕熱外泄，相火常寧。精竅常閉，久久精足，精足則目明。《明醫雜録》有云：服固精之藥，久服行房則有子。如陽氣下陷，腎氣虛脫，勿服。

木通性涼味苦辛，脾心小腸膀胱經。通可去滯苦能降，辛散色黃走脾經。火鬱小腸作熱瀉，導熱膀胱水火分。消毒聰耳開音閉，利竅通經乳得行。熱移小腸緣肺結，多驚煩悶鬱因心。木通導赤清心火，邪却心安病自輕。取色黃而中條者佳，色黑而粗大者不用。

澤瀉味鹹苦能降，脾肺小腸腎膀胱。凡屬瀉病小便數，通調水道脾自昌。去邪養正治消渴，除濕通淋第一良。能引肺氣從高下，如天膏澤潤滋昌。配同六味成既濟，上下相生是古方。上焦氣分宜苓澤，下焦知栢瀉膀胱。取色白者佳，油黃者不堪用。易蛀，用柴灰拌而藏之。

猪苓性平味淡滲，入脾利水善通淋。主治黃疸為最捷，却與琥珀是同群。能佐補瀉溫涼品，調理脾經力不輕。車前、澤瀉、木通、猪苓四品，不專利水，又通氣藥。亦不專主脾經，但寔脾以利水為先。凡利水道，治在上焦，使水下行，非下部藥也，特道出之。

蓮肉屬陽水火土，氣香肉甘心帶苦。醒脾益胃養精神，補元聰耳長肌肉。蓮衣類血澁能歛，力佐參苓脾陰補。荷葉中空震卦形，味苦性涼為清品。肺金火熾侵肝膽，潔淨膽腑獨稱尊。脾胃虛寒因膽弱，少陰生發實脾經。

桂圓性溫味甘香，色紫類血補陰強。同入歸脾補失血，能助參麥益心良。筋骨過勞肝臟乏，使臣歸地補肝昌。心肺火盛中滿吐，甘甜助火不相當。圓菓多種，獨桂圓多甘而鮮，餘者不堪用。痘後產後，老年脾虛，不可多啖，以體韌故也。

玉竹味甘升降兼，肺脾肝腎四經全。中風暴熱難搖動，虛熱結氣腰痛連。虛勞客熱頭時痛，身重難言風濕緣。寒熱瘧痞及熱毒，不寒不燥並參条。潤肺補脾益肝腎，止嗽却熱理莖寒。滋益陰精，與地黃同功。增長陽氣，與人參並力。潤而不滑，和而不偏，譬諸盛德之君子，無往不利。畏鹵鹹。蜜拌蒸用。

銀花味甘平，無毒入脾經。和中無禁忌，瘡痢脹俱行。

萆薢味苦平無毒，主却風濕下氣補。便頻莖痛大腑熱，能使只就小腸腑。大腑愈燥強忍房，瘀腐壅痛由此故。此與淋症有不同，鹽炒萆薢一兩服。葱湯洗淨穀道間，通淋去腐少痛苦。腎受土邪水必衰，肝挾相火把仇復。萆薢燥濕則土安，水不受侮調安妥。陰虛火熾溺有餘，腎虛受濕非所欲。

草菓味辛溫，能治瘴癘瘧。却邪善消痰，氣虛邪不着。

肉蔻辛溫入胃腸，麵裹煨透痢能昌。丹溪稱有金與土，暖胃和脾氣自行。然火症瀉痢初起，並不宜服。

丁香性溫而無毒，肺脾腎臟皆所欲。生冷傷脾積留滯，行氣暖胃俱得所。然辛溫而燥，非屬虛寒，勿宜施用。

漏蘆陰中有微陽，氣辛味苦鹹升降。軟堅泄下寒勝熱，能走肺胃大小腸。散邪鮮毒通經乳，止血生肌蟲遇慌。遺精尿血癰疽發，漏蘆湯古首稱食。出閩中。莖如油麻，枯黑如漆者真。甘草拌蒸。連翹為使。

續隨即千金子。氣辛性却溫，行水破血脾腎經。癥瘕痰飲腹冷氣，蠱毒脹滿俱可行。利腸能下惡滯物，調塗疥癬最為靈。去殼，取色白者佳。壓去油用。配入玉樞丹，治男婦百病。

良薑氣辛性最熱，暖胃散寒消宿食。胃脘冷痛能醒酒，霍亂瀉利并噎膈。瘴瘧冷癖亦能除，脾胃熱者不便啜。胃腕有滯，或有蟲，因怒因寒而起，以致心口一點痛，以良薑酒洗七次，焙乾研細；因寒者薑二錢，香附一錢；因怒者薑一錢，香附二錢；寒怒兼者，(各)〔每〕一錢五分米飲，加生薑汁一匙，鹽少許服。

使君味甘性帶溫，殺蟲除熱健脾陰。五疳便濁兼瀉痢，小兒停乳故而成。濕熱留瘀因食滯，腹滿作熱便難清。積消濕散脾胃健，水道能通症悉平。出閩、蜀。五瓣有稜，内仁似(匪)〔榧〕，亦可煨食。久則油黑，不堪用。忌飲熱茶，犯瀉。

雷丸性寒苦，緣其有小毒。入胃大腸經，消積驅蟲蠱。【略】

麻仁性平味帶甘，力能潤燥脾得緩。破積消血能通乳，胃熱汗多而便難。麻仁之甘以緩脾潤燥，仲景治脾約用麻仁丸，此其故也。然諸燥皆三陽病。其殼極難去，綿裹，置沸湯中，待冷懸井中一夜，晒乾，就瓦上挼去殼，擣用。畏茯苓、白薇、牡蠣。

紅麯味甘溫色赤，燥胃消食而破血。小兒傷食成疳積，肚大青筋熱不徹。虔脩製就赤辰丹，服之無不病如失。主治損傷兼赤痢，產後惡露亦宜啜。紅透米心，陳久者良。赤辰丹，用石燕二兩，辰砂一兩，飛過，赤麯一兩，俱為細末，茶湯、米飲任意服錢許，一料病愈。

肺經之品：沙參性涼味苦輕，能升能降肺肝經。色白體輕清中品，久嗽痰逆賴其清。皮膚燥痒久失血，制補陰陽須(辯)〔辨〕明。血積驚煩腸紅熱，清肺肝腸受蔭深。心胸鬱結因肺熱，益陰清肺邪自平。北地沙土所產，故名

沙參。皮淡黃，肉白，中條者佳。如色蒼體匏，純苦，另名粉參，不堪用。

石斛浮沉味苦涼，言像肺體色金黃。肺名嬌臟宜相配，邪干肌表嗽無常。清母益子強陰血，囊濕精遺病得昌。上焦熱能委曲下，非比苦寒真氣傷。善長肌肉厚腸胃，誠為仙品實相當。產溫州。體短色黃，如金釵者佳。體長味淡者次之。惡巴荳、(薑)〔殭〕蠶。

甘菊白者味苦清，性涼能降肺肝心。得受金氣旋舒放，至清之品氣和平。以清治溫能退熱，用同桑白理頭疼。眼昏翳障黃芪佐，腸紅下血助沙參。明目聰耳領石斛，肺虛白菊効如神。頭風眩運鼻壅塞，遊風肩背悉酸疼。暴赤眼腫時流淚，皆由肺熱必清金。取其色黃味苦重，制肝清肺即能平。古來從未悉此義，訂俟同志(辯)〔辨〕分明。菊種甚多，擇家種氣清香者佳。陰乾，臨用去蒂。山遠者，不堪入藥。枸杞、桑皮為使。

山藥浮沉味甘溫，力助脾肺兼補腎。屬陽有土金與水，義取乾白入肺經。微香不燥補不驟，肺虛久嗽賴其平。脾虛腹瀉多睏倦，補中益氣必宜溫。土旺生金金生水，生生功效是相仍。腎虛腰痛精遺洩，六味丸中用有因。產懷慶，色白氣香者良，西產者次之。生搗爛，治傷寒頤發，凍瘡甚妙。生蜜搗，罯便毒立消。

百合補肺因味甘，主治肺熱嗽聲連。痰中帶血不可缺，肺痿痰火薏同煎。味甘不甜香不竄，和合心肺氣同懽。湯名百合仲景設，傷寒壞症用之痊。百合用為君有意，中和飲製李東垣。

桑皮氣和味甘平，力清肺氣大腸經。味淡主滲能疏熱，主治喘滿嗽聲頻。肺氣欝遏難通暢，賴其滲瀉自能清。水氣浮腫肌膚熱，浮風燥痒用之神。共同扁菊為清品，熱壅鼻塞豈無因。合配沙芪補肺氣，腸紅下血用斯靈。擇上白色者良，如色灰味苦，不堪用。

紫(苑)〔菀〕味甘氣和潤，力清肝心肺與腎。肺焦葉舉痰中血，肺痿消渴潤能清。勞熱不足肝之表，蓄熱結氣裏之因。吐血衄血肝逆上，便血溺血妄下行。取其體潤能滋養，清肺平肝血自寧。大腸燥結小便赤，宣通壅塞有神名。可同生麥安心血，丹芍佐使胃能平。桑皮色白肺氣藥，肺中血熱苑為尊。去泥土、鬚，中有白色，揀去用。

欵冬味苦略辛香，稍有微陰却屬陽。含蓄於冬寒耐久，氣香主散苦能降。肺中氣血兼專治，咳逆涕唾用之良。久嗽肺虛尤難缺，諸症要品別無長。取紫花者佳。去蒂梗用。

兜鈴味苦清肺經，因其體性最輕清。主治久嗽痰喘促，肺虛氣上不安寧。肺熱喘嗽聲不絕，因風腦漏亦能平。其狀如馬鈴，取裏扁子，入煎劑用。

麥冬潤肺氣和涼，客熱虛勞咳嗽長。煩渴足痿因肺熱，用同生地潤之良。凌冬不凋長生品，荷錢同佐足少陽。滋陰降火交心腎，丸名固本是原方。取大而肥白者佳。抽去心用。

天冬甘寒兮，肺腎所宜。熱則生風兮，濕化何疑。腎熱下流兮，骨痿可期。虛而內熱兮，三蟲勿希。血痰熱嗽兮，咳喘噫噫。伏熱在中兮，食不為肌。熱清風去兮，濕熱何依。熱化腎清兮，骨痿自靡。補虛去熱兮，三蟲無蔽。速清金令兮，痰喘可夷。邪熱既清兮，脾養肌肥。肺得滋養兮，消渴和熙。州都氣及兮，便利無虞。

杏仁陰中有微陽，辛能散結苦潤腸。暴感風寒發熱嗽，氣逆喘促甚徬徨。客邪犯肺兒風疹，踈風清肺自安康。因其味濁能沉下，逐痰通痹効無雙。老年便閉同桑葉，宣通澁滯妙非常。桃仁能滋血分燥，杏子破氣各相當。去皮尖用。不宜火炒。雙仁不可入藥，恐害人。

五味屬陽五行全，氣香甘苦酸主鹹。酸能斂肺治勞嗽，味甘潤肺煩渴蠲。色黑味厚兼走腎，固金厚胃痢能痊。風寒未清嗽莫用，小兒食乳慮痰粘。北產肉厚有力者佳，南產者次之。酒拌蒸用。

訶子屬陰味苦寒，能收能降因味酸。金為火欝吼聲啞，降火清金聲亮寬。澁可去脫治久痢，健脾止瀉復何言。取六稜黑色者佳。麵裹，慢火煨，去麵用。

烏梅味酸寒，升降能收斂。熱嘔久嗽咳，口無津渴煩。大腸為肺腑，斂氣固真元。安蛔治腹痛，蟲得酸則安。

阿膠屬陰體潤腥，力補血液肺肝腎。黑驢皮配東阿水，性急趨陰清重沉。火炎痰逆虛勞嗽，脉絡能調氣自平。崩漏安胎誠聖藥，痢虛骨蒸復何論。入腎滋水清肝火，血枯精少免憂心。

茅根甘寒入肺經，除熱消瘀導下行。下連州都平無毒，故爾吐衄急須尋。然吐衄因寒因虛者，非宜用也。

百部味甘溫無毒，肺苦虛寒宜其補。傳尸骨蒸有神功，寸白蟯蟲無藏躲。

水萍味辛寒無毒，下水力能潔淨府。輕浮發汗勝麻黃，氣化州都水自逐。

旋覆味甘鹹微溫，能升能降肺腸經。散結消痰除痞滿，苦辛下氣水能行。溫能行血通經脉，噯氣嘔痰膠漆形。水腫頭風皆可治，挾痰挾火力能平。性主走散兼通利，大腸虛滑認須真。類金錢菊，去皮蒂蓝殼，蒸用。根能續筋，搗汁，滴傷處，滓敷其上，半月不開，筋自續矣。

射干性寒味苦兼，洩熱降火肺脾肝。行血散腫消痰結，喉痺咽瘡力可痊。結核瘕疝便毒癧，鱉甲煎丸仲景傳。明目鎮肝通經閉，烏羽烏扇即射干。

山荳根性寒味苦，能保肺金瀉心火。消腫止痛治喉風，喘滿熱咳能調妥。腹痛下利五痔瘡，諸般藥毒善清楚。禿瘡蜘蛛蛇狗傷，人馬急黃何足數。心火降則不灼肺，金既清，而大腸為肺之腑，則亦清矣。而人馬急黃，因血熱極所致。

牽牛氣辛熱有毒，能瀉氣分濕熱火。右腎命門走精隧，大腸風秘欝遏阻。逐水消痰能墮胎，水腫喘滿痃癖屬。氣

虛胃弱血分熱，血病瀉氣病益篤。取子，淘去浮者，舂去皮用。得木香、乾薑良。 葶藶味甘辛大寒，泄氣通行無阻攔。肺氣膹結能通達，破積消癥平腫拴。除痰止嗽寬喘滿，利便通經功實蕃。大黃瀉陰分血秘，葶藶瀉陽分氣閉。氣味俱不減大黃。然有甜、苦二種，甜者性緩，苦者性急，洩肺而傷胃，宜大棗輔之，仲景有葶藶大棗瀉肺湯，治肺氣喘急。 蒼耳味甘苦性溫，散風發汗通腦頂。下行足膝通皮膚，頭疼目暗力能寧。齒痛鼻淵筋攣痺，瘰癧瘙痒即時平。 馬勃輕虛氣平辛，散血解毒清肺經。東垣普濟消毒飲，喉風咽痛亦能平。鼻衄失音俱可治，敷塗諸瘡有時名。生濕地朽木上，其狀如毬，紫色虛軟，彈之有粉，取粉用。 竹茹甘淡而微寒，清金涼血除熱煩。开胃通膈治嘔呃，吐衄肺痿及驚癇。齒血不止，醋浸含之。竹生一年以上者有力。 淡竹葉甘辛，性寒主清心。緩脾消痰渴，上焦煩熱清。咳逆喘促嘁，中風治失音。仲景治傷寒發熱大渴，竹葉石膏湯，乃假其辛寒，以散陽明之邪熱也。

腎經之品： 玄參味苦甘微鹹，屬陰能降性涼兼。苦鹹沉下入腎臟，縱慾耗精虛火炎。耳鳴咽痛真陰損，心下懊憹如火煎。頭疼熱毒喉風癧，陽毒傷寒揔一般。清上徹下涼潤補，諸症無不快安痊。腎之經虛寒又濕，宜溫附與桂同条。腎之臟虛熱且燥，知栢何能敢占先。取大而肉堅黑者佳。去蘆頭用。

龜甲味鹹屬純陰，性寒能沉肝腎經。深得土氣為最厚，底甲純陰腎臟行。咽痛咳痰勞骨蒸，相火無依因水傾。取其至靜能制動，炎上之火豈難平。盜汗遺精神疲怯，朝涼暮熱腿腰疼。久瘧血枯顱不合，真臟衰微陰不生。非此味濁純陰品，何能補其不足陰。取其甲中多血筋，滋潤厚大者佳。用鐵絲作箒，洗刷筋膜極淨，以酒潤之，炭火緩炙，至脆為度。如煎膏用，倍有力。但脾虛者，恐滑腸，慎之。醫者仁術，恐傷生命。鹿取自解之角，龜用灼過之甲，故名敗龜板。奈有認作自敗之龜，不思病龜乃為自敗，甲必枯槁，不惟無益，而反有損，誠恐不合。 枸杞性平氣和甘，陽中有陰補腎肝。體潤滋陰補腎血，味甘助陽腎氣連。明目聰耳添精髓，健筋養血療虛寒。痛風膝腫便少利，真陰不足用之痊。女子血枯男陽痿，味濃峻補想當然。人參固氣精無失，枸杞滋陰何所嫌。甘州枸杞，體潤圓小，核細而少，色紫味甜者良。如體枯核多，色赤黯味淡者，不堪。南產者味苦不用。 菟絲味甘性微溫，力補脾腎有浮沉。稟氣冲和味甘淡，固陽補腎益陰精。便溺遺淋因虛損，藉此補養有何云。甘能助脾多健運，中氣冲和病不侵。苗如絲子，色類兎。水淘淨沙土，酒煮熟，晒乾為末，作餅用。取性滑，治橫生逆生最妙。 牛膝屬陰味甘苦，滋補肝腎功最多。澁精斂血宜炒用，生則宣通癃閉痊。白濁經絕兼瘀阻，通經活血有功過。熟補腰膝筋骨痛，痿痺瘧疾溺如沱。取川產，長而肥潤者佳。去蘆根用。惡龜甲。 杜仲屬陰有微陽，氣和色紫味苦涼。味苦下沉堅實腎，腰脊酸疼陰濕強。脚膝作痛小便瀝，功效如神無別良。連續如綿合筋骨，胎前產後跌損傷。牛膝善主肝腎血，杜仲氣分各相當。取厚而潤者佳。刮去粗皮，切片，拌入鹽，慢火炒斷絲用。 鹿角純陽性溫鹹，能浮能沉補先天。氣味厚濁肝腎用，補精益血力扶肝。興陽助火健腰膝，非比尋常草類看。阿膠補陰誠非謬，鹿角扶肝自古傳。 虎睡含左脛，入藥用為尊。養精補陰血，腿足軟能行。傷濕筋弛癈，力調難屈伸。血熱緣酒色，以致腿腰疼。却與濕相似，悞用費精神。

骨脂屬陽味苦辛，性溫補腎力能沉。丹田怯弱尿不禁，小腹虛寒囊濕渾。陽痿精遺腰膝軟，腎經不足致其因。藉此辛溫補骨髓，陽固陰充悉可平。五更大瀉為腎困，四神溫補用為君。少年多慾因勞損，陰虛內熱不相因。用酒淘淨，炒香研細入藥。俗名破故紙。 蓯蓉氣和味甘鹹，性溫能沉補腎肝。惟溫不熱補不驟，陽痿陰絕與精寒。峻補腎元稱神妙，血枯便秘潤何難。苦緣火旺腸胃滑，另服瑣陽巴戟天。用酒洗去浮甲，淨出鹹水，劈破中心，刷去白膜一重，用酒煮爛為度。 仙茅味辛溫，入腎補命門。為其能消食，土得乾健運。力使心腎交，補火妙如神。火熾苦強服，犯之命必傾。但有小毒。忌鐵器。用牛乳、粘米泔浸一宿，洗去赤汁，則毒去矣。許真君云：甘能養肉，辛能養節，苦能養氣，鹹能養骨，酸能養筋，滑能養膚，和苦酒服。 骨碎補，骨碎補，味苦溫無毒，蜜炙去皮毛。能治折傷苦，耳響及牙疼，皆緣腎虛故。去瘀却新生，骨痿亦能妥。但勿與風燥藥同用。 金櫻味酸平，無毒澁腎經。精寒滑洩者，是必賴其能。 蒺藜味甘溫，力勝肝脾腎。酒炒去其刺，補腎止遺精。平肝風自息，勝濕健脾陰。

沙苑益精強腎，目昏即可復明。狀如胡色帶綠，咬作生荳氣真。性本興陽精固，媾精難出勿吞。 瑣陽味甘鹹性溫，益精潤燥走腎經。主治腰弱壯筋骨，溫補精血善強陰。 巴戟性溫味辛甘，益精強陰補腎元。清風散濕消脚氣，怯弱勞傷俱可安。蜀產者佳。取中紫微有白糝粉色而文細暗者真也。根如連珠，擊破中紫而鮮者，偽也。去心，酒浸焙用。覆盆子為使，惡丹參。 淫羊性溫甘辛香，益精強骨善興陽。腎與命門皆可補，手足陽明藉此強。三焦虛弱溫能養，冷氣勞風用亦良。相火易動緣虛發，服之無有不遭殃。 蛇床性溫味辛苦，健脾散寒腎能補。益陰強陽祛風濕，子臟虛寒孕不固。腰酸體軟帶脫肛，喉痺齒

疼瘡痛楚。女子陰痒却生蟲，可同礬石煎湯浴。諸般風濕可能消，前症用此無不妥。

覆盆性溫味酸甘，固精續絕補腎肝。明目興陽縮小便，烏鬚黑髮澤肌顏。女子絕孕能生育，肺氣虛寒揔得痊。補腎溫平無燥熱，固精得體並無偏。狀如覆盆，故名。去蒂，淘淨，搗餅用，或酒拌蒸。葉絞汁，滴目中，出目絃蟲，除膚赤，收濕止淚。

女貞味甘苦而平，隆冬不凋益肝腎。主治五臟強腰膝，明目聰耳有時名。烏鬚黑髮除百病，平補風虛可謂神。女貞子酒蒸晒乾二十兩，桑椹乾十兩，旱蓮草十兩，蜜丸，治虛損百病。如四月，即搗桑椹汁，七月，即搗旱蓮汁，和藥不必用蜜。

瞿麥苦寒降心火，主逐膀胱邪熱阻。通理小腸治淋症，破血利竅消癰毒。明目去翳主墮胎，性利善下虛莫哺。花大如錢，紅白斑斕，色甚斌媚，俗呼洛陽花。用蘁殼。丹皮為使。惡螵蛸。產後淋，當去血，瞿麥、蒲黃皆為要藥。

扁蓄味苦平，治黃疸熱淋。蚘咬致腹痛，蟲蝕下部靈。

地膚味甘苦氣寒，清理膀胱虛熱煩。益精強陰利小便，通淋治疝惡瘡安。皮膚赤腫煎湯浴，雀盲澁痛亦能痊。

海金沙甘寒淡滲，膀胱濕熱滯血分。五淋腫滿陰莖痛，諸症惟此獨為尊。傷寒狂熱醫無効，蓬蓬砂梔山梔牙硝立可清。

茴香性熱兼氣辛，主暖丹田補命門。开胃下食調中氣，癩疝陰癃冷氣疼。乾濕脚氣能消散，多食損目意須酙。疝有七種，氣、血、寒、水、筋、狐、癩是也。乃肝經病，非腎經也，以厥陰肝脉絡陰器也。多因寒濕所致，亦有挾虛者，當加參、朮于溫散藥中。但受病于肝，見病于腎，大小茴香各一兩，為末，猪尿脬一個，連尿入藥，酒煮爛，為丸服。

旱蓮甘鹹汁黑，補腎又兼止血。力能黑髮烏鬚，此外別無他說。

楮實甘寒能助陽，力扶陰痿補勞傷。明目充肌壯筋骨，能致皮毛消腫殃。

青鹽性寒味鹹甘，入腎能助水之源。力清血熱止吐溺，固齒補血骨能堅。

鹿茸味甘溫純陽，生精補血筋骨強。腰腎虛冷宜溫補，四肢痠痛力能康。頭眩眼黑遺崩帶，虛損勞傷得遇良。鹿角初生，長二三寸，分歧如鞍，紅如瑪瑙，破之如朽木者良。酥塗微炙用，或用酒炙。不可嗅，有蟲，恐入鼻顙。

天生靈物造無窮，潛修鱗甲已崢嶸。埋頭靜待風雷動，一舉飛騰九萬重。

龍骨純陰專主沉，味甘能入心腎經。大腸肝膽皆通理，濇精益腎主安魂。收斂浮越之正氣，辟邪善治夢紛紜。除衄驚癎截瘧痢，斂肛濇固止遺精。立調崩帶能收汗，定喘醫瘡却有靈。取白地錦紋，舐之粘舌者良。酒浸一宿，水飛三度用。或酒煮酥炙，火煅，或水飛，晒乾，黑荳蒸過用。忌魚及鐵，畏石膏、川椒。得人參、牛黃良。

海狗腎甘鹹大熱，補腎助陽治虛脫。勞傷陰痿與精寒，力比蓯陽功倍切。出西番。今東海亦有之。似狗而魚尾，置器中長年濕潤，臘月浸水不凍，置睡犬傍，犬驚跳者為真。

牡蠣味鹹而兼濇，軟堅化痰以收脫。消瀝散癥治遺精，崩帶斂汗止嗽咳。清熱補水治勞損，截瘧解煩善止渴。除濕止痢可通神，能醫肝腎經之血。鹽水煮一伏時，煅用。亦有生用。貝母為使。惡麻黃、辛夷、吳茱萸。得甘草、牛膝、遠志、蛇床子良。海氣化成，純雄，故名牡蠣。

蛤蚧鹹平補肺經，益精潤腎善通淋。主治消渴興陽道，氣虛喘嗽亦能平。出廣南。首如蟾蜍，背綠色，斑點如錦紋。雄者為蛤，皮粗口大，身小尾粗。雌者為蚧，皮細口尖，身大尾小。雌雄相呼，屢日乃交，兩兩相抱，捕者擘之，至死不開，房術用甚効。不論牝牡者，只可入雜藥。口含少許，奔走不喘者真。藥力在尾，凡使去頭足，洗去鱗內不淨肉毛，酥炙或蜜炙，或酒浸焙用。

桑螵蛸甘鹹，入腎命門肝。固腎益精氣，虛損夢遺瀡。陰痿及白濁，血崩腰痛痠。傷中疝瘕結，通淋縮小便。炙黃，或醋煮，湯泡用。畏旋覆花。

河車味甘鹹性溫，本人氣血之所生。大補氣血治五損，六極癲癇失志驚。五損：一損肺，皮槁毛落；二損心，血脉衰少；三損脾，肌肉消脫；四損肝，筋緩不收；五損腎，骨痿不起。六極曰氣極、血極、筋極、骨極、肌極、精極也。

秋石鹹溫滋腎水，潤補三焦軟堅脫。保養丹田安五臟，骨蒸虛勞醫可徹。咳嗽白濁并遺精，滋陰降火非無說。秋石，取童便，每缸用石膏七錢，柔條攪，沉去清液，如此三次，乃入秋水攪清，以重紙鋪灰上，晒乾，刮去下面重濁，取輕清者。

氣類之品：

藿香體性屬純陽，味得甘辛氣馥香。力行胃氣能升降，肺同脾胃賴安康。甘溫入脾辛走肺，善行胃氣理中強。時疫霍亂兼痞滿，利竅和脾體自昌。然屬陽，為發生之物，其性銳而香散，不宜多服。凡陰虛火炎，胃熱嘔噦戒之。

香附陽中稍帶陰，體重氣香味苦辛。性溫能降肝經用，調經快氣獨稱尊。橫行胸膈治痞悶，醋炙平肝脇腹疼。崩淋炒黑能舒暢，散鬱開疏血藉行。但血虛崩漏，恐其辛散，却有不宜。凡用須童便製，一日一換，數多為妙。

烏藥陽中陰却微，味辛微苦性溫俱。力能降氣疏脾胃，散滯通凝香附低。解表寬中消寒結，邪疫客冷痛全驅。中惡脹滿須湧解，初產搜風最所宜。製米泔水浸三四日，令透，切片，晒乾用。

厚朴陰陽火土全，味辛微苦性溫連。力能瀉滿兼升降，佐入陽明燥濕酸。中焦壅滯能通達，食積羈留痞悶寬。力能解肌散衛表，分理陰陽豈泛言。若暴洩如水，滑洩無度，腸胃已虛，亦非辛散所宜，醫者慎之。須用紫黑而厚者佳。去粗皮，薑汁炒，忌荳同食，食之動氣。

腹皮陰涼味苦鹹，寬膨消腫最為先。必有浮沉性氣薄，踈金實土利腸兼。滲濕走皮除脚氣，體質輕枯散鬱填。升降陰陽平鼓脹，世輕賤物意非然。樹多棲鴆鳥染鴆毒，宜以酒洗，或鹽

湯洗，晒乾用。

木香純陽體重堅，力調諸氣肺脾肝。可升可降通五臟，味辛微苦質微粘。上焦氣滯為金鬱，中焦膹鬱屬脾肝。下焦氣滯腸壅秘，痞痢膨脝因氣偏。洩金燥土開腸秘，散滯安胎力獨先。能佐檳榔行下墜，却與芩連治痢瘨。怒氣攻衝身作痛，扶金平怒復何嫌。若逢肝鬱脇腹滿，臣却青皮踈利安。但木香香燥而偏于陽，肺虛有熱，血枯而燥者，慎勿犯之。用須廣木香，體重寔，如枯骨而堅，嚼之粘牙者良。臨煎切入，勿令隔宿，恐香散無力。

檳榔陽帶陰，體重紫花紋。氣和味辛苦，性溫惟有沉。味厚破滯結，入肺大腸經。沉重墜諸藥，逐水快如神。消穀除痰痞，追蟲削積靈。通利攻脚氣，斯言豈不真。性堅山鐵石，驗如駒隙奔。用須頂尖，狀如鷄心者佳。同類頂平者，另名大腹子。

桔梗純陰色白黃，氣和味苦性惟涼。力升能提利胸膈，體輕專治肺胃傷。互與甘草為舟楫，載提藥性別無強。因其味苦能升發，喘急邪痰賴此良。風壅目昏咽嗌痛，肺寒鼻塞病乖張。惟能達表开肌竅，任有沉疴雪見湯。如下虛及怒氣，併血病、火病炎上者，斷不可用。南產者佳，北產者味甘，但能提載，不能發散开竅，宜辨。

陳皮味辛苦而厚，力有浮沉諸經走。屬陽帶陰香氣細，和中散氣不容留。泄逆快膈消酒毒，肺寒脾濕復何愁。參苓暖胃誠難缺，白朮扶脾揔莫休。治呃竹茹參兼用，氣滯青皮同一籌。半夏燥濕甘益肺，藉其香泄豈無由。須廣產者佳。取其陳久，燥氣全消，溫中而不燥，行氣不峻，故名陳皮。

蘓梗性微溫，屬陽兼浮沉。力能調諸氣，味甘帶微辛。質空可去滯，高下任宣行。寬胸能利膈，疏氣緩而平。散虛消腫滿，安胎捷如神。

枳殼純陰性略寒，微辛味苦色黃兼。腑臟金土皆通利，膈滯痞滿亦能寬。消痰逐水順氣逆，疏調癍疹咳聲連。腸風痔痛并痢結，佐朮安胎不讓先。

枳實全陰香氣雄，味苦沉寒洩胃中。體性猛酷能速下，確有推牆倒壁功。消痰逐水除堅積，通閉調脾眾不同。脾鬱血滯膚作痒，取其辛散養肌榮。

青皮陰中亦帶陽，氣香味苦性微涼。色青性銳能沉降，走入三焦肝膽鄉。推陳致新導瘀滯，削堅破積最為良。攻疝截瘧治脇痛，伏驚平怒莫能強。青皮即橘之小者，未成大而自落，皮緊厚，破裂四瓣者佳。醋炒，治腸痛。炒黑，入血分。

豆蔻白者氣香雄，味辛性熱脾肺通。蕩散上焦凝滯氣，胸中逆冷可全功。脾瘧眼翳寒腹痛，賴其雄熱快心胸。虛人久服消元氣，漸成痼疾變為凶。用須去殼，炒，搗碎。不宜久宿，恐洩氣無功。

草蔻味辛去滯，性溫胃冷須知。風寒邪客上部，膈痰無不驅除。

砂仁氣香辛苦溫，陰陽各半力能沉。可通脾胃膀胱腎，大小回腸肺七經。氣厚散結香開滯，引藥週流五臟行。嘔吐惡心寒濕瀉，腹中虛冷藉調平。脾虛飽悶傷酒毒，溫中調氣有時名。惡阻胎脹兼腹痛，運行氣血保無驚。肺有伏火者忌之。如血虛火炎上者，不可多用。孕婦食之太多，恐耗真氣，必致難產。須炒，研細，可冲服。

益智味辛開發，性溫散鬱和平。逐寒止嘔治遺精，小便淋瀝獨勝。

萊菔力能下氣，炒香性銳寬中。定喘解鬱祛痰風，化食和脾通用。略炒研細，不宜久宿。

沉香屬陽體堅實，辛苦微寒黃帶黑。性溫和氣善浮沉，通行臟腑非無說。調和中氣補下焦，溫壯元陽破滯結。能佐舒經驅逐邪，辛散橫行天地徹。流通經絡散痰涎，跌撲損傷活瘀血。降除(妊)〔怪〕異却安神，諸症悉平有功德。產廣東。堅重沉水，色黃黑者佳。色純黑，味酸，不堪入藥。合丸散，忌見火。

鬱金味辛微苦寒，性走脾胃善平肝。血積氣壅稱仙品，生肌定痛是神丹。能开肺鬱誠非謬，導血歸經却是專。陰虛火動而吐衄，非緣肝肺別圖条。

安息味辛微苦，能入三焦心腑。惟驅(妊)〔怪〕祟惡妖魔，行氣安神病妥。

檀香性溫無毒，力調咽嗌氣阻。癰疽潰後却膿多，肺胃三焦得所。

薑黃味苦入肝脾，又兼辛散破陰瘀。瘍科爛腿能敷用，血虛火盛非所宜。

血類之品：

赤芍味苦酸而降，力瀉肝火與小腸。性寒涼血療吐衄，暴赤時眼洞然湯。真仙活命消癰腫，六一順氣瀉大腸。善行血滯調經閉，消瘀通乳賴其良。通便利濕消停水，惟能主瀉補非強。取內有花紋者佳，名金錢芍藥。

地榆屬陰乾重沉，性寒涼血肺腸經。取其寒苦能勝熱，惟治腸紅溺血崩。金瘡湯火熱毒壅，總能解散霎時平。因其體軟如綿，故曰綿榆。凡涼血，枯芩為上使，黃連為中使，地榆為下使，取其體性，芩輕連次，地榆更重耳。惡麥冬。

靈(芝)〔脂〕出是寒號蟲，凝脂結聚沙土中。禀受五行成性質，苦寒非與大黃同。通利行血守不走，引血歸經有大功。頭風噎膈癲癇疾，熱癰經閉腹攻冲。產後惡露如神效，炒治崩漏及腸紅。因其味苦腥羶氣，使入肝經頃刻通。

玄胡色黃而氣和，性涼能降苦辛多。肝脾胃肺皆可用，血中氣滯力能瘥。醋炒胃疼小腹痛，酒和崩漏惡淋沱。產後血凝終不却，胎前行血不相符。但性走而不守，若經事先期，虛而崩漏，產後血虛而暈，不宜服。

紅花屬陽性溫輕，味辛微苦降能升。少用能補多則散，善通經絡賴辛溫。逐瘀散血同蘓木，合桂通經多用靈。如欲踈肝補虛血，不週錢數驗如神。鮮清邪火生心血，止用三銖滋養深。然過用，使人血行不止。

桃仁陰中有微陽，味苦微甘潤大腸。連皮研碎肝經用，去

瘀活血別無長。左身不遂週疼痛，皮膚血熱燥如常。熱入血室何能少，血枯便秘用之良。

三稜純陰味苦微，性與氣味各輕俱。色黃帶白能升降，肺與肝經是所宜。體重專破血中氣，消癥破瘕的非虛。能徹上下風雷勢，死胎宿血豈為奇。撲損經閉多瘀滯，奏功神速必長驅。恐傷真氣，不宜久服。虛人、孕婦亦勿宜用。擇體重者佳。麵包火煨，醋炒用。

莪术色紫味辛烈，能攻氣中之血熱。削堅破積若星移，散瘀止痛如電(徹)〔掣〕。氣性升降等三稜，氣血俱虛不便啜。製同三稜。

槐花屬陰味苦寒，其性獨走大腸間。痔瘡腫痛腸紅血，臟毒淅瀝功亦兼。皮膚燥痒因風熱，表裏疏通病得安。用須揀淨花子，炒黑用。

蒲黃體輕陽氣香，甘平升降走脚鄉。生破炒止行血分，吐衄腸紅病得康。生用涼血能消腫，失血之初非所長。

側栢純陰體屬金，性涼味苦氣香輕。帶澁滋陰除逆血，吐衄咳唾是其能。滋心潤肺清肝膽，功高犀角號長生。遺濁澁痛緣陰脫，用同牛膝氣和陰。栢有數種，取側葉者佳，故名側栢。作丸散，陰乾用。炒燥為末，每服二錢，湯調下，治痔瘡甚捷。

蘇木熟甘帶微鹹，冷苦能降性涼兼。軟堅去垢逐瘀血，經閉產後跌撲連。取其色紅能和血，桃仁靈索木同煎。蘇木嚼之無味，煎熟嘗之，味甘帶鹹，待冷復嘗但苦，而藥味難辨如此。

以上血藥，苦酸者涼血斂血，辛苦者行血破血，取其清導滯，為破瘀活血，和血止血之用，非補血藥也。其補血之品，在肝腎二門。

風類之品：

麻黃純陰體輕空，性溫升降有表功。味辛微苦絕絡肺，大腸膀胱經所通。溫可去寒辛發散，寒邪壅遏立能鬆。惡寒拘緊身熱甚，頭項肩脊痛如弓。開通腠理發表散，元氣虛弱反成凶。春分前後時寒變，六神通鮮衛和營。夏至前後陽浮外，雙鮮通肌表裏壅。暴感風寒邪塞肺，咳嗽聲啞氣與胸。喘急痰多湯三拗，肺邪發散奏全功。小兒疹子因邪熱，用同杏子妙無窮。惡辛夷、石韋。

羌活陽中有微陰，氣香而雄味苦辛。能升能降主發散，膀胱小腸肝腎經。鮮肌發汗利關節，頭足大小無不行。發熱惡寒頭體痛，風痰流注及週身。疏通氣道舒經絡，撥亂反正賴其能。善行發表消癰毒，行氣疎通邪自清。

蘇葉屬陽味辛香，性溫而銳能升降。性氣俱薄專發表，膀胱肺與大小腸。外感霍亂傷寒瘧，開表驅邪出路行。目痛鼻乾兼口渴，溫熱頭疼身脊強。丹溪六神通鮮散，鮮肌發表藉辛香。欝熱停滯胸膈悶，開欝心氣飲神良。寒滯腹痛火滯痢，濕滯泄洩久傷腸。少佐三分從內散，飲名疏解最為當。虛人感冒參蘇飲，一補一瀉意深藏。過食魚蟹傷其味，以其鮮散有何妨。取葉用，兩面紫色者佳。梗另載。

薄荷屬陽氣香清，性涼而銳味苦辛。氣味輕清行頭面，用治聲啞療喉咽。同芳達頂導壅熱，氣香利竅散肌氛。浮腫身熱陰背痛，行表疏滯分宜輕。無用太過汗不止，表虛莫犯意須斟。取蘇產，為龍腦薄荷良。

柴胡陰中有微陽，味苦性涼可升降。疏肝散表三焦膽，寒熱時頻瘧疾殃。多用三錢散膽結，祛邪解表病能昌。少用三分升下陷，能佐益氣補中湯。升提元氣左旋轉，佐輔參芪補益陽。三焦膽熱偏頭痛，膽痺潮熱耳中瘡。兩脇刺痛清肝散，清膽疏肝諸症強。肝脾血虛骨蒸熱，湯入逍遙酒炒良。真臟虧損易外感，復受寒邪熱更忙。陰虛勞怯身發熱，能佐滋陰降火湯。黃芩能清血中熱，外熱柴胡功最長。

葛根陽中亦有陰，味甘性涼復能升。涼胃鮮肌主散表，多用三錢肌內清。傷寒不眠口鼻燥，瘧疾壯熱重如燉。麻黃紫蘇專攻表，以此清肌獨有名。性味甘涼鼓胃氣，少用熱渴自能平。胃中欝火炎升發，牙疼口臭不能聞。酒毒嘔吐惟酸水，能佐參苓脾健惇。脾主肌肉為陽遏，飲食如常熱如焚。此同升柴防羌活，升陽散火立齋名。中風以及剛柔痓，竹瀝薑汁灌回生。取肉白如粉者佳。

升麻性平味辛苦，能升陰陽兼色綠。能引胃氣從右升，鼓舞脾元益氣補。清陽上升濁陰降，鮮肌散表功最速。善引參芪益氣聰，能合柴胡清心火。勞碌傷神肺有邪，升陽散火除痰吐。取青綠色者佳，色黑者不用。

白芷屬陽味辛溫，氣味俱厚有浮沉。升提通竅走肌肉，力專肺與足陽明。春分前後溫熱病，六神通鮮奏功勳。風寒頭痛兩脇滿，肺熱鼻塞齒牙疼。皮膚燥痒兼頭暈，散邪能竅悉能平。能佐活命治癰腫，痘瘄虛寒賴起升。香燥耗血多損氣，勿宜久用意須淳。大黃等分宣毒散，諸般危毒一服平。只此一味三錢末，井花調服骨硬霧。

防風味甘辛屬陽，性溫疎肝善升降。陽分風邪能疎散，統理肺脾肝膀胱。善療脊背項強痛，辛甘發散肌表傷。少用利竅能週遍，四肢攣急有何妨。經絡熱欝身不遂，血脉壅滯亦能康。風能勝濕頭眩運，骨痛腰酸濕熱瘡。腿膝發腫脾濕瀉，諸般風濕賴其良。活命飲調熱毒癰，邪散風清毒自亡。瘡痘發痒芪蜜煮，酒洗合芍起(蹋)〔塌〕漿。產山東。取粗大堅寔，內金井玉欄潤澤者佳。南產色白者，不堪用。

荊芥味辛苦氣雄，性涼升降主疎風。鮮散風邪消壅滯，頭風眩暈目赤紅。咽痛腫頤痘不起，以此疎散可全功。產後下血經崩漏，炒黑能搜肝滯通。

前胡性涼味苦辛，能降消痰肺胃經。苦能下氣辛散熱，喘嗽頭風痞滿靈。補心湯治虛痰嗽，暴赤時眼洞

然能。　獨活味苦性微溫，陰中有陽能浮沉。宣通氣道頂至足，膀胱心腎與肝經。頸項難舒腿臗痛，兩足痿痺不能行。暴赤時眼心經引，勝濕踈風腰背疼。四肢攣痺肌黃塊，活血舒經有大名。　靈仙升降主屬陰，氣和踈風味俱輕。性猛善走而不守，味苦通行十二經。風濕痰壅滯經絡，致成走注骨痠疼。風濕麻木患在上，濕勝鬱遏往下行。血熱化痰分標本，踈通經絡立無形。中風四肢皆不遂，能佐踈風宣氣行。合同芎歸餘龜甲，立開交骨効如神。砂糖等分酒煎服，骨骾咽喉即化能。風濕流注成脚腫，驅風勝濕亦能清。　細辛屬陽味辛香，性溫開竅升無降。寒邪入裏內托出，心肺腎經俱可行。九味羌活散寒捷，芎辛羞明畏日湯。通竅湯能通鼻竅，牙疼立止胃清良。辛熱助火非多用，每止三分可久常。取北產者佳。水淨用。揀去雙葉者，服之害人。　藁本味辛雄，太陽膀胱通。寒邪鬱結熱，巔頂連齒癃。味苦能降下，能佐療痔膿。　生薑屬陽大辛熱，豁痰利竅消寒濕。止嘔去噦通神明，能助葱頭散表結。棗薑發散為陽品，可佐燈心寧肺咳。止瀉開胃補脾陰，薑皮辛涼退虛熱。　葱頭屬陽味辛溫，疏利逐邪肺胃經。寒邪初感未深入，麻羌蘇芷屬辛溫。內蓄鬱熱邪遏表，溫涼兼用內外清。若邪止在半表裏，柴葛苦涼和解分。

寒類之品：　附子純陽體重實，味辛性大熱而烈。能浮能沉走諸經，主治厥逆而不熱。心腹冷痛口流涎，脉來沉遲微欲脫。此是大寒真中陰，用此回陽在呼吸。腎虛脾損腰膝弱，滑瀉無度真元脫。頭暈氣喘汗勿止，泡用行經有功德。腰重脚腫便不利，肚腹腫脹痰喘急。此入濟生腎氣丸，功驗神妙難盡述。陰虛內熱懷孕婦，服之禍即在(傾)〔頃〕刻。取黑皮，頂全圓正者佳，生一兩八九錢者力大可用。製用童便浸三日，一日一換，再用甘草水同煮熟，晒乾用。　肉桂純陽味大辛，性熱浮沉肝腎經。氣味俱厚能沉下，瘀阻沉寒溫可清。寒濕氣滯腰腿痛，化寒五積散稱靈。腎氣無陽脉欲脫，地黃丸內賴其能。陰濕腹痛瀉不止，燥濕利水散五苓。風寒衛氣汗發熱，散寒固表用甘辛。肢節痰凝血滯痛，消痰導滯有神名。　乾薑味辛氣雄堅，性熱浮沉力化寒。腹痛瀉痢穀不化，甘辛配合化陽丹。小腹冷痛無時定，五積散取破標寒。熱勝生薑守不去，便溏霍亂理中權。助胃通經回陽氣，參术溫中是一班。生薑主散乾主守，物同用異細心叅。　炮薑屬陽有微陰，性溫氣和味苦辛。性氣俱輕肝脾肺，溫養肝經退熱能。血虛發熱汗不止，能佐逍遙散有靈。泄瀉久虛成血陷，力助滋陰血上行。敗血過多虛熱盛，溫肝養血熱能清。　吳茱辛熱溫腎經，消寒祛濕附同寅。五更大瀉為腎瀉，骨脂肉菓名四神。吞吐酸水成番胃，合配黃連號佐金。　川椒辛熱屬純陽，發汗散寒稱最強。溫脾暖胃消寒濕，真元虛損力能康。　胡椒辛熱暖胃，下氣快膈消痰。食積冷痢許多般，陰盛胃寒立驗。一切魚蝦鱉蕈，服之無不安痊。

暑類之品：　木瓜性涼氣和酸，浮沉皆可力瀉肝。濕熱傷肝熱所迫，轉筋霍亂見多般。脚氣紅腫濕痺症，舒筋瀉熱病安痊。肺經濕熱成暑熱，神昏睏倦膝腰綿。酸能收脫氣自固，長液生津體自安。木瓜能醒筋骨濕，合骨無如杜仲賢。擇此二味和煎酒，利滑能收氣脫兼。　扁荳屬陽色微黃，味甘性溫能升降。甘甜氣清香不竄，霍亂泄洩用之良。炎天暑氣酒傷胃，和中益氣有前方。清中清品能清肺，以清降濁是相當。腸紅久瀉氣下陷，腑虛補臟發中常。俗名羊眼荳。有數種，擇肉殼俱白者，能解一切草木、河豚毒，用兩許煎湯服。　滑石能沉味淡涼，力利六腑胃小腸。脾與膀胱俱通達，膩滑而重陰有陽。淡能滲熱調六腑，渴煩因暑最為良。乳汁不通便濁澁，小兒疹毒渴能強。小便不利口作渴，上焦肺胃熱非常。益元散佐硃砂用，導水下行利小腸。便利而渴津液少，不利不渴亦須詳。當知下焦血分熱，均非宜用豈能嘗。取白色細膩者良。刮去浮黃土用，敷痘潰爛甚妙。　香薷屬陽性微溫，味辛能散復能沉。辛香主散輕去寔，鮮暑清涼肺胃經。陽邪內侵為伏暑，煩悶口渴飲時頻。霍亂吐痢緣傷暑，法以清散氣能行。脾虛過慾經適至，非惟無益反為深。調中清胃除口臭，氣化膀胱小便清。夏月乘涼陰邪感，悮投暑藥命須傾。　青蒿性寒味苦香，快脾清熱補腎強。清暑和中除骨蒸，風毒黃疸服之良。久瘧久痢須凴觧，鬼邪尸疰亦能康。補中明目稱奇妙，苦寒和胃氣芬芳。取葉，童便浸，晒乾用。使子勿使葉，使根勿使莖。

濕類之品：　蒼朮味辛氣香雄，能升能降脾胃通。燥可去濕治水腫，皆賴辛烈逐邪功。濕在上焦痰爲瘧，濕在中焦瀉痢衝。濕在下部足膝痿，佐同黃栢病能隆。如逢春夏溫熱病，六神通解散邪(烽)〔風〕。瘧疾初起宜表散，柴葛鮮肌功獨洪。熱病汗下虛不鮮，湯名白虎汗須通。取茅山所產，細寔者佳。如空虛，不堪用。糯米泔水浸一二日，切片，入米粉或糖拌，炒去內霜用。　防己性寒力能沉，陰中有陽味苦辛。消滯滲濕驅邪熱，陽熱水腫小便淋。腰足血分濕熱壅，腿膝重墜脚難行。產漢中。黃寔而香者佳。　茵陳氣却有微辛，性味俱同輕

且清。除濕從上而導下，濕熱黃疸力能平。

濕之為痛兮，所感不同。因風成濕兮，目眩頭朦。腰膝腫而骨節酸楚兮，兼偏墜之攻冲。治以蒼术燥濕而却邪兮，兼佐祛風。緣木尅土而脾致濕兮，邪盛脹胸。更腹滿而嘔噦兮，手足痠慵。濕痰壅而四肢懶舉兮，泄瀉無窮。藉萆薢之滲濕兮，利水成功。欝久而筋脉為濕熱所傷兮，豈能免拘攣。痛肱須防己之除濕兮，又當清火以和同。　甘遂味苦而性寒，隧道水濕湧如瀾。直達水氣所結處，攻決下水是神丹。瘕疝積聚留宿飲，癲癇痰結亦能痓。皮赤肉白，根作連珠重寔者良。麪裹煨熟用。瓜蒂為使。惡遠志，反甘草。【略】　大戟性寒味帶苦，瀉濕行水走臟腑。散血發汗利便難，腹滿急痛能消妥。積聚癥瘕頸腋癧，通經墮胎治風毒。【略】　商陸味苦寒，療水除腫滿。沉陰專走下，清毒化瘕疝。喉痺濕熱病，墮胎如神驗。洩蠱傳惡瘡，莫作等閑看。取白花者良，赤者傷人。只堪貼臍，用(射)〔麝〕香三分，搗貼，則小便利，腫消。取根，黑荳湯浸一日，蒸用。【略】　芫花味苦而性溫，主治水飲痰癖靈。能消五臟皮膚水，脹滿喘急痛胸襟。咳嗽瘴瘧立可治，五風五水總能平。陳久者良。醋煮過，水浸晒乾用。【略】　藜蘆辛寒至苦，有毒入口即吐。善通頂腦，人嚏唾風癇，用之必妥。取梗去頭。用黃連為使。反細辛、芍藥、諸參。惡大黃。畏葱白，吐者服葱湯止之。

燥類之品：　秦艽力潤燥和血，陰中有陽須分別。味苦微辛氣性涼，能降能潤治燥結。陽明血燥熬肺金，煩悶痞滿咽乾渴。皮膚燥痒肢節疼，浮腫黃疸及眼澁。疳積痔漏并腸紅，清理臟腑無別說。風熱頭暈助天麻，可與柴胡療蒸熱。合同紫(苑)〔菀〕潤便難，能佐牛膝和陰血。去蘆頭、沙土用。　童便類同陰，能通血脉經。滋陰抑陽氣，降火委曲行。善清三焦火，領薑附歸陰。　蜂蜜百花精，味甘滋補陰。三焦能潤澤，怯弱嗽連聲。精血俱枯稿，肺焦葉舉瞋。寒熱頻來往，諸藥鮮有靈。老蜜日服兩，月餘病自平。生用通腸秘，便結有時名。

火類之品：　膽草性寒瀉肝火，純陰能沉味大苦。目痛頸癧兩脇疼，邪氣驚癇肝熱酷。取其味厚而重沉，善清下焦濕熱毒。囊癰便毒下疳瘡，小便澁滯陽挺促。莖中痒痛女陰癃，發痒生瘡功可獨。用入龍膽瀉肝湯，苦寒勝熱皆得所。清除胃熱止蛔蟲，胃弱脾虛非補足。　大力屬陰有微陽，性寒味苦可升降。力解熱毒肝肺經，疎風清火治痰殃。面目浮腫咽不利，馬刀瘰癧痘癧瘡。時行癮疹皮膚痒，肺風肝火悉能亡。略炒，搗碎用。　黃連屬陰性寒清，能浮能沉力瀉心。氣和味苦心肝膽，大腸脾胃走六經。寒能勝熱心脾火，苦能清熱瀉脾陰。耳鳴煩燥牙疼熱，中焦壅欝致惡心。嘔吐痞悶腸澼痢，蛔吐傷寒用有因。却邪去積厚腸胃，丸配香連久得名。吞吐酸水胃邪火，吴茱丸製亦非新。熱痰嘔吐須薑製，頭目昏眩酒炒行。豬膽製瀉肝膽火，脾虛熱瀉酒炒靈。癰腫解毒宜生用，胃虛作嘔不相應。傷寒下早成痞氣，皆宜禁用莫胡行。用須川產，肥大內如黃金色者佳。　連翹性涼升降兼，力清三焦味苦寒。虛可去寔涼勝熱，氣聚血結總能痊。血分寔火須用此，柴胡氣分功各專。瘡瘍大力同為品，痘毒尤宜此占先。　犀角味苦微酸鹹，性涼升降氣香全。陽中有陰清心膽，肺肝與胃五經連。香能走散涼湧瀉，吐衄妄行虛火炎。味苦酸鹹心神合，清涼苦緩軟以鹹。酸收能鎮肝膽熱，痘瘡血寔是其賢。犀角用尖，取其力之精銳在尖。以紙包置懷中良久。水磨則易下力勝，剉末煎服効淺。

石膏性涼味淡辛，陽中有陰沉復升。性涼能清內蓄熱，散肌解表藉味辛。譫語發狂斑疹毒，脾熱齒痛及頭疼。有汗不鮮脉洪渴，炎天中暑汗如淋。久瘧熱極咽乾痛，邪熱內盛鮮肌清。小便不利無汗渴，腹痛嘔瀉非此能。取白色者良，青雜者剔去。略煅生用，多煅則體膩性歛。醋調封丹爐甚于脂膏，膏字取義如此。

黃芩屬陰體枯實，味苦性涼浮沉別。清熱肺胃大腸經，一品兩分無輕忽。胸中逆氣膈熱痰，目赤齒痛嗽喘急。吐衄發斑痘疹癰，以其枯大能涼膈。大便閉結小便淋，腹脹腸紅熱崩血。胎漏發熱譫語狂，小者清腸熱頓沒。邪熱在胃穀不消，清胃逐邪同朴寔。柴胡退熱散火標，此能折本火自滅。胎氣不運熱欝生，清氣安胎佐白术。肝經欝火胎前癧，猪膽拌製安穩貼。症挾陰寒胎氣虛，苦寒傷胃勿與啜。　山梔性寒味苦陰，氣和子潤能降升。力清肺胃肝膽火，三焦胞絡共六經。吐衄妄行肺熱咳，面赤鼻皶胃火疼。目紅耳瘡嘔噦滿，腸風疝氣欝熱淋。取其體輕從高下，導使三焦屈曲行。病後熱渴精無潤，肺燥焦煩用此清。血虛腎躁知母閏，氣血須分各有因。

知母陰中有微陽，味苦略辛升降涼。力滋腎陰肺與胃，陰火攻冲痰嗽長。有汗骨蒸來往熱，益精生水火能降。熱病瘥後無痰嗽，生津除熱肺能涼。熱邪入胃火煩燥，熱中消渴白虎湯。煩燥不眠緣肺熱，陰虛狂躁腎之傷。清胃即同清肺腎，以前諸症悉能康。同栢降火寔助水，共貝消痰滋腎昌。取肥大清白者良。略炒去毛用。條細油黑不堪用。　黃栢清腎因性寒，陰中有陽體皮乾。氣味俱厚燥能降，瀉火膀胱無阻攔。水少漸涸竭變熱，起從臍下

陰火燔。鹽炒入腎降陰火，丹溪一味大補丸。目痛口瘡心煩熱，戀膈清火蜜炒煎。腸紅痔漏遺精溺，單炒褐色及黃疸。足膝痠疼骨走痛，四物湯加酒炒食。脚氣攻冲嘔惡逆，陰虛火起足之端。安蛔能瀉陰中火，一味潛行散古傳。取川產，肉厚色深黃者佳。去粗皮用。

骨皮純陰能浮沉，性寒三焦肺腎經。頭風脇痛二便閉，上下皆能通理清。調氣清金瀉白散，肺熱咳嗽可能平。痘瘡不足皮焦燥，佐同養血并強陰。性寒酒炒約二兩，濕熱黃疸効如神。丹皮能去血中熱，以此能清氣熱因。去內骨及土用，如口足指及足底惡瘡，用鮮地骨皮煎湯薰之竟日，即有黃水出，薰二三日，腫退即愈矣。

芒硝屬陰性大寒，軟堅瀉熱因味鹹。肺胃大腸三經用，能通燥結賴性寒。上焦六腑淫邪熱，便閉時行發熱燔。用此鹹寒水尅火，佐以辛苦大黃兼。痰結邪熱為壅寒，通閉化熱削頑痰。瘆子惟賴辛涼發，性味鹹寒恐有嫌。

大黃純陰氣雄香，味苦性寒兼色黃。能沉力瀉胃中熱，胞絡膀胱大小腸。散結降下走不守，熱蓄脹滿及瘀傷。宣通滯澁开堅閉，須佐芒硝鹹軟幇。鬱久變成燥熱火，陽邪銷爍致成殃。清陽不升濁不降，開門放賊必硝黃。酒製性減腸能潤，用須對症細条詳。

心氣不足而吐衄，胞絡肝脾胃有邪。仲景瀉心湯有意，立方深遠莫言遮。

陰積悮下成痞滿，邪氣乘虛襲上脘。連寔瀉心寔瀉子，其旨含藏最深遠。

陽邪下之成結胸，熱邪陷入血分中。脾胃血熱宜黃瀉，立有湯名大陷胸。然大黃雖有撥亂反正之功，其力峻利猛烈，長驅直搗，苟非血熱壅結，六脉沉寔者，勿輕推蕩。

蓮子純陰力清心，味苦性寒能下行。力清肺胃心胞絡，憂鬱火炎尅肺金。口苦咽乾心煩熱，痢疾口禁便遺淋。上能清養心脾肺，下能收揖腎之陰。晝則發熱夜安靜，清心蓮子配芪參。取殼黑堅硬如石者佳。去殼，敲碎用。

胡連味苦性寒沉，純陰涼血肝胃經。血虛骨蒸五心熱，日晡如潮臟毒疔。小兒驚癇疳積病，蒸蒸發熱積致成。涼血益陰功獨勝，以前諸症悉能平。夜則發熱晝明了，二連四物妙如神。鮮痘毒尤妙。

痰類之品：

橘紅性溫味辛苦，能升能降散氣阻。陽中有陰肺脾經，利氣行痰出上古。能佐竹茹療熱呃，助青能導氣滯火。可同术朴平胃實，與合葱麻消濕穀。削痞開膈止吐嘔，推陳致新鮮酒毒。橘紅即廣陳皮去白，功用各別，取其力勝故也。

貝母陰中有微陽，氣和味苦辛性涼。能降清痰氣味厚，虛勞咳嗽用之良。鬱熱血痰兼氣逆，導痰順氣論如常。肺癰肺痿咽喉痺，瘿瘰癰疽痰毒瘡。開鬱散結通津液，胃火炎冲逼肺忙。性涼能降清滋肺，諸症何憂不吉昌。脾土濕痰用半夏，肺痰因燥別無良。取川產者佳。去心用。浙產解毒最効。

半夏辛苦燥濕痰，陽中有陰胃脾膽。性熱能降氣味濁，性燥去濕辛散堅。痰厥咳逆頭暈痛，腸鳴痰瀉瘧疾連。性燥去水止嘔吐，痰聚經絡心戰寒。溫膽氣升痰自降，孕婦惡阻吐嘔眩。皆由脾弱痰停滯，脾健痰消病可痊。時氣感寒配柴葛，表裏寒邪無不寬。入裏已深當勿用，損津耗液豈宜兼。當夏半生，故名。入水浸透，內無白星為度。和入生薑汁、明礬煮熟，晒乾用。

花粉性涼味苦和，能降清痰肺心補。肺受火逼失降令，善導上焦行下火。火降氣平音自清，胃熱消渴除無苦。唇乾口燥潤液生，諸毒熱癰和血腑。能療煩滿祛黃疸，內外同歸皆得所。清熱下乳調月經，上下行津煎此服。亡陽作渴脾氣寒，悮用何異遭鋒鏃。南產肥白者佳。天然有花紋，故名。黃黑者，不堪用。

南星陽中有微陰，性雄味微苦大辛。能升能降性熱急，氣味俱濁十二經。力能豁痰因風濕，暴中風痰人不清。濕痰横行經絡間，壅滯不通言語損。頭目眩運盛口眼斜，手足癱瘓風搖影。濕鬱既久化生痰，痰火相搏成風景。痰涎壅肩背酸，頸項痰核自應準。以此散結逐痰風，諸症悉平無遺剩。得休者佳。最大者名鬼芋，不用。和入生薑、白礬、皂莢煮熟，晒乾用。

膽星性涼味辛苦，能升能降味濃和。借星收膽須九製，專入肝膽痰得逐。肝膽氣發週身到，以膽導膽鎮驚觳。頭風眩暈老神呆，小兒發搐怔忡屬。搜風豁痰力倍加，功勝牛黃病清肅。臘月用黃牛膽汁，以南星末收之九遍，入膽內，掛簷前，陰乾用。

瓜蔞利痰垢膩滌，體潤去燥滑利竅。陽中有陰肺大腸，鬱頑老痰濁韌膠。閉結于內難升降，藉其滑潤即能消。寬胸寧嗽生津液，諸症無不奏功高。若因大便邪閉結，能佐苦寒通利調。入丸去殼夾粗帋敲壓二三次，去其油，又勿多壓，失其潤性。

芥子白者力横行，味大辛辣陽無陰。體細通利力甚銳，專開痰結入肺經。熱痰能解寒能散，皮裏膜外即能清。四肢兩脇專通達，邪熱痰涎嗽失聲。蕪寔芩杏蔞連配，導痰解熱有時名。揀盡沙土，略炒性緩，生者力猛，酌用。

蕪子屬陽炒氣香，性溫味辛力能降。咳逆氣升喘腫脹，下氣定喘此為良。膈熱痰壅胸悶痛，豁痰開結導痰湯。氣海鬱遏久不散，邪正相持飲食忘。痰嗽發熱弱非弱，清氣開鬱病須昌。揀淨略炒，研用，不宜隔宿。野蕪子不香者，少効。

常山性酷味甘升，力散痰瘧陽中陰。味薄能宣去壅塞，利痰經絡湧上行。脾虛生痰肝發熱，柴胡湯內佐參臻。瘧不速治因循久，痰流經絡効難成。風寒入臟宜血藥，引出陽分截方靈。因其味薄能升上，上升湧吐截痰根。恐為暴悍須酒

製，佐以檳榔逐下行。貝母清痰知益血，四味和同截瘧神。世嫌性暴不任用，病累經年甘受連。勿宜多用并久用，少用功多莫忽輕。取細𡨴者佳。忌肉、茶茗、葱、醋，初嚼無味，煎嘗味甘淡帶微苦，亦非刼藥也。竹瀝屬陽亦有陰，體滑能降性涼清。力行熱痰清肺胃，中風癱瘓及狂驚。言語蹇澁肢麻木，經年痰火亦能平。滑以利竅灌經絡，四肢百脉遍週行。藉以薑汁辛發散，其力尤良功又深。因其性涼能清火，血虚自汗補其陰。消渴尿多胎前後，火爍真陰病重沉。賴此甘涼能滋潤，補養陰血病回春。竹種甚多，取味淡者佳。嘗其味可（辯）〔辨〕，北方荊瀝功用俱同，其力倍勝。薑汁辛能行滯，橫行散結开痰。竹荊梨汁世稱賢，缺此辛雄功淺。豁痰利竅配宜全，性味辛濃量減。海石屬陰性沉，化痰消積如神。味鹹性涼體重，肺胃大腸皆能。軟堅降火熱痰行，專主上焦肺分。咽喉凝結莫能群，化痰丸中獨聖。皂角屬陽味大辛，體輕性熱力能升。辛散氣雄主利竅，搜痰積蓄在胸襟。橫入脂膜開膠固，氣壅喘急亦能平。神呆昏憒常吐濁，只宜仰坐臥無能。可同海石為丸服，凝結頑痰搜可清。中風不省喉痺塞，稀涎破結可稱神。取小者，名猪牙皂角良。微火炙軟，刮去皮弦子，炙末為散則宣上，為丸則下行。大者勿用。入瓜蒂散，宣吐膈痰宿食。

驗痰法【略】

雜類之品：白及苦寒入肺經，肺傷吐血建奇勳。癰腫排膿稱要劑，撲損折骨酒和靈。湯火灼傷油敷末，生新去腐逐瘀停。面生皯皰能消散，手足皴裂此為尊。【略】澤蘭味苦甘微辛，散鬱舒脾走厥陰。通竅利關養氣血，破瘀散瘕善調經。產後血瘀成水腫，腰瘦鼻衄及頭疼。消癰破腫調撲損，行補施為最得均。三七微溫味苦甘，散血定痛胃肝連。吐衄崩痢目赤腫，金瘡撲杖搃能痊。又有一種，葉如菊艾而勁厚，有歧尖，莖有赤稜，夏秋開黃花，蕊如金線盤紐可愛，而氣不香，根大如牛蒡，極易繁衍，云是三七，治金瘡撲傷血病甚効。與南來者不同，若刑杖前服一二錢，則血不冲心，杖後敷之，去瘀消腫。山慈味甘氣微辛，清熱散結治癰疔。瘰癧結核解諸毒，蟲毒蛇傷犬咬靈。出處州遂昌縣洪山，無毛，少真者，有毛者非也。入玉樞丹，百病俱効。蓖麻氣辛味帶甘，善收善走治風偏。能开各竅諸經絡，口眼喎斜搗貼痊。耳聾喉痺兼舌脹，搗爛，綿裹塞耳。利水消癥浮腫連。能出有形惡滯物，搗敷傷處，頻看，刺出即去。針刺入肉硬喉間。蓖麻一兩，凝水石二兩，研匀，以一捏置舌根，噙嚥，自然不見。立下胞胎追膿毒，蓖麻二粒，巴荳一粒，（射）〔麝〕香一分，搗貼臍并足心，胎下即去。若子腸挺出不收者，搗膏，塗頂心即收。外用無不奏功全。去皮用。黃連水浸，每日用浸水吞一粒至三四粒，治大瘋疥癩如神。別用將鹽水煮，去皮研，或取油用。但食蓖麻者，一生不得食炒荳，犯之脹死。白鮮性燥味苦寒，膀胱小腸脾胃兼。主治濕熱行水道，一味白鮮皮湯，治產後風最効。風痺利竅通節關。皮膚燥痒風瘡癬，女子陰中腫痛連。濕熱乘虚客腎與膀胱所致。根黃白而心𡨴，取皮用。惡桑螵蛸、桔梗、茯苓、萆薢。土苓味甘淡而平，健脾開胃大腸經。祛除風濕利筋骨，梅瘡拘攣毒能清。【略】蒲公英甘平，入太陰陽明。能解熱食毒，乳癰腫核靈。疔瘡亦可治，通淋稱妙品。擦牙烏髭髮，汁塗惡刺侵。乳頭屬厥陰，乳房屬陽明，同忍冬煎，入酒少許服，楂搗敷良。凡諸蟲盛夏孕育，遊諸物上，必遺精汁，乾久則有毒，人手觸之，疾名狐尿刺，痛不可忍，百療難効，取汁厚塗即愈，《千金方》極言其功。寄奴味苦性而溫，力能破血善通經。除癥可止金瘡血，多服使人吐痢頻。桑寄生，苦堅腎，壯筋骨。長髮鬢，能固齒。甘益陰，主崩漏，能安娠。散瘡瘍，追風疹。乳香味苦氣辛溫，香竄能通十二經。去風舒筋活血絡，調氣托裏能護心。生肌善治心腹痛，耳聾口噤及癰癥。難產折傷皆可療，乳沒功用却同群。冰片氣辛溫香竄，善走肺經專主散。通竅透骨散鬱火，開豁痰迷治結癇。鼻瘜耳聾目翳赤，喉痺舌出腫而堅。痘陷難產骨齒痛，三蟲五痔立能蠲。

血竭味甘鹹色赤，能補心胞與肝血。散瘀生新除血痛，內傷血積金瘡折。瘡口不合主生肌，性急多用引膿血。出南番。色赤，染透指甲者真。假者海母血，味大鹹，有腥氣。蕪荑味苦性溫散，殺蟲燥濕化食兼。祛除五臟肢節濕，癥瘔鱉瘕冷積連。痔漏小兒驚疳痢，胃蟲食積亦能安。乾漆氣辛而性溫，功耑行血殺蟲靈。削平堅結消積滯，傳尸勞瘵瘕蚘平。炒令煙盡入藥。或燒存性用。半夏為使，畏川椒、紫蘇、鷄子、蟹。漆遇蟹則化為水。

巴荳辛熱能升降，生猛熟緩可止行。开竅宣滯却沉寒，確為斬關奪門將。破痰消瘕蕩食積，物傷生冷瀉痢脹。驚癇喉痺與牙疼，纏喉急痺真（姪）〔怪〕恙。鬱金一錢巴十四，丸名解毒雄一兩。每服五分津嚥吞，惡血稠涎能消蕩。中風中惡與結痰，解毒殺蟲療瘡瘍。或生用，炒用，醋煮，燒存性用。研去油，名巴霜。芫花為使。忌大黃、黃連、涼水。中其毒者，以此解之。或黑、菉荳汁亦佳。大黃、巴荳同為峻利之藥，但大黃性寒，腑病多熱者宜之。巴荳性熱，臟病多寒者宜之。故仲景治傷寒傳裏多熱者，用大黃。東垣治五積臟寒者，用巴荳。若與大黃同用，反不洩人。銅綠酸平微毒，風淚爛眼如火。婦人血氣心痛，殺蟲風痰善吐。自然銅辛平，

主折傷續筋。散瘀能接骨，止痛却如神。火煅醋粹七次，細研，甘草水飛用。密陀僧辛鹹，墜痰腫遇散。截瘧効如神，消毒醫凍爛。熟桐油調敷。能解體氣臭，烏鬚黑髮變。蒸熱饅頭，劈开，夾肋下佳。

水銀屬陰氣辛寒，瘡疥殺蟲功可全。能解金銀銅錫毒，墮胎絕孕有何難。從丹砂燒煅而出。畏磁石、砒霜。得鉛則凝，得硫則結。同棗肉、人唾研則碎。散失在地，以花椒茶末收之。　輕粉氣辛冷，殺蟲最有靈。治瘡消積毒，刼痰立可清。十棗湯加大黃、牽牛、輕粉，名三花神佑散。土茯苓、黃連、黑鉛、陳醬、鐵漿能制其毒。石脂赤者味甘溫，益氣調中肌得生。酸澁止血而固下，腸澼崩帶及遺精。癰痔潰瘍能收口，長肉催生惟此尊。赤入血分白入氣，五色石脂五臟行。大小腸下後虛脫，非濇劑無以固之，其他澁藥輕浮，不能達下，惟赤石脂體重而濇，直入下焦陰分，故為久痢泄澼要藥。仲景桃花湯加乾薑、糯米，又云能去惡血，惡血去則胞胎無所阻。東垣曰：胞胎不出，澁劑可以下之。又云：固腸胃有收斂之能，下胞衣無推蕩之峻。爐甘石甘溫，入陽明胃經。金勝木燥濕，止血腫可平。收濕退赤翳，目疾俱可清。煅紅，童便焠七次，研粉，水飛用。　雄黃性溫氣味辛，正陽之氣入肝經。搜風殺毒辟鬼魅，攻逐痰涎兼治驚。眩運暑瘧積澼痢，殺蟲燥濕治瘡疔。【略】硫黃味酸有毒，能補命門真火。大熱純陽體性，號與大黃並纛。疏利大腸雖性熱，却與燥濕不同屬。陽氣暴絕力能回，善解陰毒傷寒篤。久患寒洩苦脾虛，垂危之命能救續。濕痺冷癖足久寒，老人虛秘半硫局。《局方》半硫丸。媍人陰蝕兒慢驚，暖精壯陽辟鬼族。取色黃堅如石者，以蘿蔔剜空，入硫合定，糠火煨熟，去其臭氣，以紫背浮萍煮過，去其火毒，以皂莢湯淘其黑漿。一法：絹袋盛，酒煮三日夜。一法：入猪大腸，爛煮一日用。畏細辛、諸血、醋。　無名異，味甘鹹，能補血，續斷連。治金瘡，癰毒痓。善生肌，止痛煩。　砒石氣辛味苦鹹，大熱大毒如火焰。砒霜尤烈專能燥，配合升提可吐痰。截瘧除哮蝕敗肉，殺蟲枯痔等閑看。生者名砒黃，煉者名砒霜。畏綠荳、冷水、羊血。　白礬酸濇味鹹寒，燥濕追涎治結痰。解毒生津却風熱，殺蟲止血痛能安。去腐生新通利便，驚癇黃疸豈為難。喉痺齒痛風火眼，鼻中瘜肉療非艱。崩漏脫肛陰挺蝕，疔腫癰疽瘰癧頑。虛傷蛇咬皆能治，損心傷骨莫多飡。取潔白光(營)〔瑩〕者，煅用。又法：以火煅，地洒水于土，將礬布地，以盤覆之，四面灰擁一日夜，升在盤上者為礬精，掃收之。未盡者，更如前法，再以陳苦酒化之，名礬華。七日可用，百日彌佳。甘草為使。畏麻黃，惡牡蠣。生鮮毒，煅生肌。　膽礬味酸澁寒辛，能入肝膽少陽經。性歛能升善湧吐，發散相火喉痺寧。咳逆癲癇崩淋疾，牙疼瘡毒蟲蝕陰。磨鐵作銅色者真。形如空青，鴨觜色為上。畏桂、芫花、辛夷、白薇。　皂礬味酸性最濇，化痰解毒能燥濕。胃積生蟲脫力黃，殺蟲消穀惟此捷。脹滿瘧痢小兒疳，用之無不病如失。張三丰治腫滿，伐木丸用蒼朮二觔，米泔浸麯四兩，炒絳礬一觔，醋拌晒乾，入瓦罐火煅，為末，醋和丸，酒下。　兒茶味苦澁，力能清上膈。化痰主生津，止血而收濕。定痛可生肌，陰疳痔腫滅。　夜明砂寒辛，活血走肝經。消積翳盲障，瘧魃兒疳驚。血氣攻腹痛，鱉甲燒辟蛟。　牛膠味甘而性平，功與阿膠却相近。補虛退熱皆可代，葱白同煎腸秘寧。癰疽初起，酒頓黃明膠四兩，服盡，毒不內攻。《唐氏方》加穿山甲四片。　(射)〔麝〕香辛溫香竄，開竅通經透關。主治中風中氣，諸血諸痛驚癇。癥瘕瘴瘧鼻窒，耳聾目翳陰寒。辟邪解毒殺蟲，墮胎諸毒總兼。凡使(射)〔麝〕香，須用當門子尤妙。忌蒜。　蚺蛇膽味苦而甘，性走脾土又連肝。禀受己土之性氣，膽屬甲乙風木寒。惟寒涼血耑明目，善主殺蟲可療疳。　蘄蛇味甘鹹性溫，入臟走腑力能行。搜風定濕消驚搐，疥癩癱風俱可平。出蘄州。龍頭虎口，黑質白花，脇有二十四方勝，腹有念珠，斑尾有佛指甲，雖死而眼光不枯，他產則否。頭尾有毒各三寸。亦有單用頭尾者，酒浸三日，去淨皮骨。大蛇一條，只得淨肉四兩。烏稍蛇同。　蛇蛻味甘而帶鹹，性靈辟惡鬼魅殲。袪風除瘧消重舌，蠱毒喉風驚與癇。殺蟲治瘡疔痔漏，目翳難產總能鈐。取色白如銀，用皂莢水洗淨，或酒、醋，或蜜浸炙黃，或燒存性，或鹽泥固煅。　穿甲味鹹性却寒，耑走陽明胃與肝。善竄行散通經絡，冷痺風濕力行痓。下乳消腫排膿痛，風瘧瘡科發痘斑。或酥、醋、油、童便各炙，或土炒，隨方用。　烏賊味鹹溫走血，善通經脉袪寒熱。血瘕崩閉痛聚火炙靈。去頭足，將荷葉火煨用。或酒炙。畏蜘蛛、蜒蚰、鷄屎、桑皮、鹽。　蟾蜍土精應月魄，辛涼微毒能退熱。主入陽明胃發汗，除濕殺蟲疽可徹。酥性辛溫助陽氣，小兒勞瘦與疳疾。　蚯蚓土德應水軫，味性鹹寒清熱行。溫病大熱癲狂語，黃疸腹大水能平。白頸者老蚯蚓，治大熱，搗汁，井水調下。入藥或晒乾為末，或鹽化為水，或微炙，或燒灰，各隨本方製用。　血餘味苦性微寒，補陰消瘀走腎肝。能開關格利二便，血淋血痢舌血兼。　鼻衄轉胞尿不出，小兒驚熱鷄子煎。皂莢水洗淨，入礶固煅存性用。　人中黃甘寒，入胃消火痰。解五臟實熱，天行狂熱兼。痘瘡如血熱，黑陷不為難。用大竹筒一個，兩頭留節，一頭打通，將甘草末納于內，塞孔，冬月浸糞坑內，至春取出，洗懸風處陰乾，取甘草用。亦有用皂莢末，竹須削去青皮。又云：即糞坑內多年黃涇，煅存性用。　人中白鹹平，

鼻衄主肺經。散瘀治勞熱，牙疳口瘡寧。發痘瘡倒陷，消渴亦能平。即溺垽，煅研用。以蒙館童子便桶，山中老僧溺器刮下者尤佳。

清·王如鑒《本草約編》卷一　水部一　天水類

雨水：　地氣升為雲，天氣降為雨。功則在于濡潤，性則具夫鹹平。溯彼春朝，為歲時之首令。得其膏澤，助陽德之初和。用煮補益之湯而中氣能足，取熬發散之藥而清氣即騰。主化育之功，自多品物流形之妙。乘發生之運，可占熊羆協夢之祥。起芒種始壬之辰，迄小暑逢壬之日。釀成霏雨，名曰黃梅。洗瘡疥而滅瘢痕，熟醃醬而忌酒醋。自立冬經旬以後，至小雪交節以前，則以液稱，亦為藥號。作煎方而消諸積，入飲劑而殺百蟲。雨水鹹平無毒性，補中發散用春朝。洗瘡作醬黃梅好，積聚蟲痾液可消。

露水：　陰氣之液，秋令而繁。性具甘平，氣稟肅殺。可調埽癬誅蟲之散，宜煎潤肺殺祟之湯。好顏色而發光華，挹于眾花之頂。愈病痾而除消渴，收于諸草之頭。用彼墨磨，乘仲秋之月朔；是為天灸，使痼疾之安康。頭痛抹太陽之中，勞瘵點膏肓之穴。在菜圃韭葉者，日塗去白癜之風。在柏樹菖蒲者，旦洗明昏蒙之眼。然勿取夫凌霄花上，能入目而損睛明；更莫犯于瘡破傷中，致觸水而成風痓。露水甘平秋內收，殺蟲消肺潤乾喉。頭風勞瘵宜天灸，明目輕身百病瘳。

冬霜：　清風之所薄，盛陰之所凝。寒而解炎，甘而無毒。雞翎細埽，宜清晨而乘日未升；瓷罐密封，置陰處而逾時不壞。能解傷寒之鼻塞，可除酒熱之面紅。蚌粉調傅暑月之疿瘡即退，酒漿和服寒熱之瘧疾皆痊。味甘無毒是冬霜，解熱為功性自涼。止瘧還堪通鼻塞，疿瘡酒赤用皆良。

臘雪：　臘在冬至之後，戊過三巡；雪為陰數之成，花飛六出。其氣則冷，其味則甘，可煮粥而烹茶，能解熱而止渴。療大人丹石之發動，治小兒癇熱之狂啼。時氣溫疫而值夫天行，用以驅辟。暴熱黃疸而發于酒後，藉以化消。解毒而除瘴癘，洗目而退赤膚。抹汗濕痤疿之瘡，煎火暍傷寒之藥。封陰處而年能久，灑席間而蠅自無。穀種浸而耐旱無蟲，果食淹而過時不蛀。冷甘雪水臘中良，火暍傷寒煎藥強。煮粥烹茶除熱渴，洗睛抹疿勝仙漿。

夏冰：　太陰之精，甘冷之性。映飲食而除乾渴，消暑毒而去熱煩。過食之脾傷，藥餌煎而即愈。昏迷之陽毒，膻中置而為良。熨乳石而熱腫以消，運面頰而瘢痕自滅。甘冷為功夏月冰，除煩清渴力能勝。昏迷陽毒胸間置，乳石摩之腫不興。

水部二　地水類

流水：　大則江河，小則溪澗，體動而性靜，質柔而氣剛，源遠流長者，目為千里。順性就下者，謂之東流。逆流則倒行而回旋，急流則直趨而迅駃。高揚萬遍，遂有揚泛之稱；去鹹為甘，又得甘瀾之號。東流能下關通膈，而益腰膝下焦。逆流可截瘧宣痰，而安咽喉中厥。滌穢邪者必千里，除風痺者應急流。至若甘瀾，即用長流。揚泛亦名勞水，益脾胃而不助腎氣，療霍亂而並治傷寒。煎秫米、半夏之湯，而使眠時安枕。煮茯苓、桂枝之劑，而止汗後奔豚。小便不通，炊以長川之急。服藥過劑，飲以順下之流。流水多端性各殊，東長逆急用無虛。甘溫揚泛功為最，陰證傷寒藉此舒。

井泉水：　味甘質潔，土厚水深。遠從地脈來者最佳，近自江湖滲者為次。雨潦而致渾濁，須擂入桃杏之仁。城市而近溝渠，宜煎去穢汙之鹼。首取于早旦，則曰井華。現出于臨時，則為新汲。倒流者反酌而傾，無根者出甕未安。取天一真氣之浮，合經血通流之象；宜煮化熱補陰之劑，亦煎痰火氣血之方。鍊藥石而有功，投酒醋而不腐。却邪去毒，痓熱痢而愈赤淋。散結調中，解消渴而停反胃。黑鈆為底，家少疾痾。朱砂取澄，人多壽考。清心止汗，白蜜和吞。好色安神，真丹調服。禳瘟疫，則用川椒、小豆，密投之于臘日歲除。發伏熱，則以新汲、冷泉，百澆之于冬月平旦。定服藥過劑之作惡，救嘔逆陽厥之卒亡。霍亂吐瀉飲而停，目瞖漆瘡濯而退。視井而繞其三匝，解火眼之時行。現汲而漬須數更，收睛珠之突出。口氣如臭，當正旦而含棄廁間。鼻衄無休，隨左右浥洗足趾。漱而除酒傷齒痛，浸而止金損血多。魚骨骾喉，向水而口張取氣。火酒醉死，濡髮而帛潤貼胸。吮疔毒而即消，射癰疽而能散。男女互取，止心腹之冷疼。吐利皆佳，解砒烏之毒中。醒蒙汗藥飲以冷泉，消蠍蠆傷揭以故布。洗犬咬之出血，宜裹以綿。浸馬汗之入瘡，更飲以酒。灌以一器可解中煤，預飲半升能防產運。大驚而九竅出血，噀面自痊。墮損而大腸垂拖，噴身即入。令婦取而調百草霜以作餅，貼破傷之中風。灌兒飲而用葱白莖以細鞭，治初生之不哭。井華新汲性甘草，止痢除淋熱毒消。疔惡癰疽皆解散，鼻洪眼疾即時輕。

阿井泉：　味甘兼鹹，氣平，無毒。在東阿之古邑，乃濟水之伏流。性趨下而重沉，色青白而潔淨。以攪濁水，其質亦清。以煮驢皮，其膠可貴。利

膈而消瘀濁之氣，止吐而化逆上之痰。味具甘鹹阿井泉，性沉定濁是清漣。疏痰利膈能趨下，最好驢皮膠用煎。

地漿：擇墻陰之地，掘黄土之坑，必以三尺之深，入以新汲之水，攪之使濁，澄之取清。氣寒而至陰，味甘而無毒，消熱渴之煩悶，救暑暍之卒亡。中砒霜者，用而必調鉛粉。乾霍亂者，飲而切忌米湯。食毒受傷，非此莫解。服藥過劑，得此而安。地漿掘坎水調成，氣味甘寒最有情。消暑安神平霍亂，兼除食毒悶煩清。

熱湯：氣味甘平，性情行散。助陽氣而通經絡，驅冷痺而去風寒。初起之傷寒，飲而吐者即解。新來之外感，服而汗者遂瘳。淋脚至膝頭，治冷風之氣痺。浸身至肚上，止泄痢之腹疼。酒食初傷，飲盌許以揉腹。忤惡卒死，熨臍上而隔衣。風疾則掘坑而坐澆，寒濕則加艾以煎洗。加五枝五加以淋體，可治風虚。煮黄良黄連以瀉心，可除痞滿。救暑炎之暍死，灌口而小舉其頭。安霍亂之轉筋，盛器而暖熨其足。閉目以沃夫火眼，蘸布以奮夫金瘡。蛇繞不解取以淋，癰腫方生用以濯。洗凍瘡之裂，而馬汗之沾痛亦痊。漬代指之疼，而薑尾之刺傷亦解。然用必百沸，乃謂太和。而煮或半生，反傷元氣。煎之以銅器，則恐損夫聲音。灌之于凍僵，又懼脱其爪甲。漱口有損牙之患，澡身忌病目之人。甘平百沸太和湯，經絡能行善助陽。霍亂轉筋心下痞，腫癰客忤盡安康。

生熟湯：以百沸之湯，入新汲之水。合為生熟，配夫陰陽。甘而有鹹，平而無毒。利三焦無失其道，匀二氣使得其平。清濁調和，則臟腑自無淆亂。降升暢達，則氣血自善周流。嘔吐方危，未藥而先宜飲啜。霍亂欲作，和鹽而盡出食痰。調中安發脹之腹臚，浸身解過餐之瓜酒。湯為生熟味鹹甘，能定陰陽使不条。霍亂雖危飲可愈，吐除宿食瘧中痰。

漿水：炊粟米以投冷水，浸漿汁以生白花。味酢而兼甘，性凉而善走。通關開胃，能使臟腑宣和。引氣調中，足令渴煩解釋。強力而除泄痢，化滯而利膀胱。煎汁令其極酸，嘔噦可止。作粥啜于薄暮，困睡頓消。腊脯過餐，煮而加以鷹屎。霍亂為患，煎而入以乾薑。產婦水和以吞，滑胎而易下。手指瘇調以漬，消腫而止疼。含噍化諸骨之哽喉，慈石加而橘紅共末。夜洗去黑子之生面，新布擦而檀汁以搽。然李實同嘗，則令人吐利。而孕中若食，則致子骨臞。醉後飲之失音，婦人服之絕產。漿水甘酸凉性全，通關引氣渴煩損。調和臟腑還消食，霍亂能安洩痢痊。

磨刀水：寒鹹之性，熱腫之消。磨以屠刀，止肛口之痛疼，而痔瘡不作。礪以交股，治小腸之祕澀，而疏利使通。產患盤腸，須用潤而服慈石之汁。蛇毒入腹，應取飲而為兩刃之漿。滴耳則去卒痛之殃，洗手乃生癬瘡之恙。磨刀水性是鹹寒，通便還教痔患寬。蛇毒耳疼皆可解，盤腸產險亦能安。

火部

桑柴火：本箕星之精，為藥力之助。利關節而養津液，引毒氣而逐風寒。補藥諸膏，所當用以煎煮。寒痺風證，自能去其酸疼。善起癰疽，可除瘀腐。瘰癧流注，陰臁頑瘡，取用火燒，皆宜日炙。未潰則毒消痛止，已破則腐化肌生。雖久服，可無風疾之虞。而點艾，乃有傷肌之患。火用桑柴藥力加，諸膏補劑煮為嘉。生新拔毒堪然灸，點艾傷肌切勿差。

炭火：燒木而無生性，入土而不腐朽。煎焙丸散之方，火力宜舒，故用烰為妙。鍛煉金石之藥，火功宜緊，故用櫟為佳。上立者能辟鬼氣惡邪，堅白者能化金銀銅鐵。瀉血腸風之證，擇其緊而調枳殼米湯。歷節白虎之疼，取其灰而拌紅花蚓屎。蜜丸解咽喉之卒噎，油調塗湯火之灼傷。白癩頭瘡，燒紅投沸湯以洗。水濕囊癢，研末共蘇葉以搽。藥須火侯酌其宜，櫟煅烰煎各自施。上立辟邪除鬼惡，吞金用白可持危。

艾火：承日得太陽者為上，而時或難逢。鑽槐取木火者亦良。而急則未備。當用麻油蠟炬，以然艾莖而點炷，則滋潤而灸瘡不疼。切勿擊石戛金，并鑽八木而用燒，則燥烈而人傷實甚。諸風冷疾，入硫黄而功用尤佳。百病沉痾，得真火而精神自旺。諸風百病艾宜團，承日鑽槐備或難。蠟燭麻油莖用點，灸瘡不痛自平安。

土部

白堊：潔白而無毒，苦辛而帶澀。乃燒瓷器之坯，可浣衣裳之用。入于氣分，補夫脾經。消積聚與癥瘕，止漏崩與洩痢。暖男人之水臟，溫婦道之子宫。泄精吐血皆除，陰腫痔瘡可退。衄血不止，井華調服除根。欬嗽不停，礬石同丸取愈。合王瓜而點湯共服，去其頭疼。配乾薑而煅醋同吞，安其胃反。定破腹之水泄，必加楮葉、炮薑。洗風眼之爛紅，宜入銅青、消石。生油調，而貼臁瘡之濕腐。猪膏和，而傅代指之腫疼。小兒熱丹，助寒水之

石。夏月痱瘡，刮舊屋之梁。然不製則濇夫腸，致有乾堅之患。而久服則傷夫臟，每多羸瘦之虞。性溫白堊苦還辛，勝濕和脾氣分巡。消積通經除漏下，洩精瀉痢止如神。

黃土：得土之正色，具性之甘平。必掘三尺之深，不犯客流之入。小兒喫土，黃連煎汁而吞。童子瘛瘲，清水為湯而服。調末以醋，用布包而熨烏驚之厄，亦塗湯火之傷。書地為王，取中土而療心痛之殃，亦摻蜈蚣之咬。熱毒下血，煮服而絞去其滓。目疾卒盲，攪洗而澄清其水。黃連、皮消共末，研以豬膽，納肛而內痔可痊。蛋清童便同調，洗以熱湯，數刷而杖瘡得愈。解牛馬肉肝之毒，煮清而頓吞。散顛撲瘀血之凝，蒸熱而包熨。畫形而取腹中之土，可塗蠷螋之尿。反手而取地上之泥，可抹蜂蟻之螫。撲汗濕之囊癢，鏵鉏孔內者佳。止忤惡之心疼，鐘鏞鑄遺者妙。黃土甘平毒自無，功能勝水胃脾扶。消除洩痢安心痛，更定驚風遍體烏。

東壁土：甘溫無毒之性，太陽先照之功。能助胃而燥脾，善補土而勝濕。治時疫而截溫瘧，止洩痢而摻臍風。嗜食河泥，調水以飲。霍亂煩悶，煮汁以吞。配以枯白礬而用蜜為丸，救急疼之心氣。挹以長皂莢而更炙互熨，收凸出之肛門。解濕多吐瀉之疴，新水攪之。安痱子癢瘙之患，乾末傅之。癧破不收，應取百年茅屋之廚，輕粉和而研末摻。疽發于背，宜用多歲煙熏之壁，黃蘗伴而薑汁搽。佐大黃而入井華，消諸毒之腫惡。同蜆殼而研細粉，傅豌豆之濕瘡。點翳膜之昏睛，摩乾濕之頑癬。耳瘡脣瘡加胡粉，肉毒藥毒用清泉。若夫反胃，而用西墻，藉彼收藏之意。瘴瘧則求南壁，取其離火之明。無非借此氣機，皆以補夫脾胃。土居東壁日光先，性具甘溫燥濕專。能止心疼平霍亂，瘡瘍拔毒得安痊。

胡燕窠土：伊梁間之土，乃胡燕之窠。去稚子之驚邪，連屎白而為浴水。治嬰兒之丹毒，調蛋清而用向陽。帶糞之泥，堪抹諸凡惡毒。托子之處，可摻窩疥濕瘡。癥痃在于皮間，宜以醋拌。浸淫發于心下，急用水調。配童屎以貼瘭疽，入麝香以傳黃水。豬脂膏與苦酒，和搽蠷螋尿瘡。土蜂窠與麻油，共抹頭顱白禿。口角爛瘡乾摻，風瘙癮疹水塗。土部收來胡燕窠，驚邪丹毒利兒科。瘭疽瘑疥皆堪治，濕爛之瘡奏效多。

土蜂窠：性則多甘，用則無毒。泡湯以熱水，救難產之婦人。炙研入乳漿，施霍亂之稚子。癰瘍焮熱，酢勻而益川烏。疔毒腫疼，酒服而加蛇蛻。楮葉擦舌而點，消咽喉乳蛾之恙，以出痰涎。熏陸和醋而塗，治手足發指之殃，以安毒痛。蜂蠆蜘蛛之螫，苦酒以調。蠷螋尿溺之瘡，清泉以拌。土蜂窠性是甘平，癰毒疔瘡用自亨。霍亂兒童吐利止，婦人難產立時生。

蚯蚓泥：氣寒無毒，味甘且酸。小便不通，朴消共傳臍下。火炒煙盡以施，水沃絹布濾清，能停毒痢之赤白。端節午時以取，麪丸朱砂外護，可愈熱瘧之久新。止其吐紅，擇榴根下而調新水。安夫反胃，佐木香末而入大黃。收于田中，吐乳之兒自定。貼于顖上，塞鼻之子遄通。虛熱之稚囊，甘草汁加以輕粉。腫疼之童卵，薄荷汁調作稠膏。栢漿傅時疾之腫腮，米醋塗乳娘之吹奶。燕窩發毒，米泔煅而合百草之霜。外腎生瘡，清水研而加綠豆之粉。油調而同輕粉，愈足上之臁瘡。火燒而和豬脂，消耳間之月蝕。金瘡困頓，淨水以吞。牙齦露宣，臘油以抹。水調塗丹毒，與夫足底之疼。鹽研治熱瘡，以及犬蛇之咬。吹耳中而除聤耳，擦喉外而去哽喉，能安蜈蚣之傷，可解射罔之毒。甘酸蚯蚓糞兼寒，瘧痢傷寒俱可餐。反胃吐紅皆有效，施于腫毒亦多安。

井底泥：功除火毒，性主清涼。頭腦風疼者，和大黃、芒消，貼其太陽之穴。妊娠熱病者，傅丹田心下，護其腹內之胎。下產婦之胞衣，井華調服。消小兒之熱癤，四面圍塗。能安湯火灼爛之傷，可搽睡魘昏沉之目。泥為井底性清涼，護子宜傅熱病娘。兼治頭風同癤毒，湯傷火灼用皆良。

烏爹泥：味苦而濇，性斂而平。爪哇及暹羅，出番國而雲南亦造。竹筒入茶末，埋泥溝而日久取熬。粒小而潤澤者良，塊大而焦枯者次。清上焦之熱，化痰生津。塗一切之瘡，長肌收濕。摻金傷而血止，吹鼻淵而水乾。牙疳口瘡，硼砂入而同抹。下疳陰蝕，胡連配而偕搽。肛脫須熊膽、梅氷，拌以人乳。痔腫宜當門、元麝，調以唾津。苦濇兒茶收斂宜，化痰清熱用無疑。瘡傷止血生肌肉，更治牙疳與口糜。

伏龍肝：取于竈心之下，久貴十年。對夫釜月之中，深須一尺。色紫而性則伏火，味辛而氣則微溫。除尿血而止洩精，主崩中而護胎氣。口鼻皆血，應調蜂蜜與新汲之泉。吐瀉多紅，宜合煙辟及地鑪之土。米飲以送，安胃而不反奔。香豉為丸，清肺而停卒嗽。心痛，則酒治寒而水治熱。魘絕，則口用灌而鼻用吹。肉毒蠱惡之殃，水服而取其吐。腫毒疽癰之患，蒜偕而擣如泥。雞子清拌而治陰寒，牛蒡汁勻而塗舌腫。和以酒而傅背發，調以油

而貼杖傷。灸瘡煮汁以淋，狐臭乾研以抹。入黃蘗、鉛丹、石脂、輕粉，清油拌而貼臁瘡。加椶灰、梁塵、龍腦、麝香，溫酒送而除帶證。米醋填臍而服甘草，下產婦之胞衣。阿膠共末而合蠶沙，安女人之血漏。惡物下阻，血氣上攻，與夫逆產橫生者，並酒吞而效。腹內死胎，孕中熱病，以及中風譫亂者，皆水送而瘳。苦酒消重舌之兒，硃麝止夜啼之子。熱癤作痛，配以生椒。丹毒可虞，勻以屋漏。臍瘡則研而摻末，耳汁則塞而包綿。伏龍肝性是辛溫，保產安胎効足論。制血驅風消惡蠱，瘡瘍癰腫悉除根。

墨：屬金而有火，味辛而氣溫。松煙椊汁者佳，年久膠香者上。入藥甚健，取用宜詳。合金瘡而長肌膚，傷者自愈。通月經而利小便，祕者能宣。薑佐醋丸而引米湯，赤白痢下者止。火燒酢淬而加沒藥，墮胎血溢者安。胎死腹中，新汲井泉磨服。血運產後，丈夫小便研吞。調以清泉，安產難而止崩漏。送以溫酒，除腰痛而下胞衣。米醋磨而圍塗，中傅豬膽汁，以消發背腫癰。蛋清拌而丸服，送用生地湯，以止熱病大衄。吐血佐以萊菔，便紅化以阿膠。濃汁滴而鼻洪安，溫湯投而卒淋止。目入飛絲塵物，磨而點其眼眥。惡中門外道間，擣而安其心腹。辛溫金墨用當研，血證施之病即捐。點目飛絲塵物出，圍瘡發背腫癰痊。

釜臍墨：味辛氣溫，質實性重。取于釜鐺等底，歸于中下二焦。消食積而止陽狂，治喉痺而解蠱毒。轉筋入腹，和以醇醪。心氣卒疼，調以小便。配竈額墨而霍亂可停，佐白食鹽而中惡自解。魘寐卒亡須清水，咯吐多血用井華。飲母腹而好酒調，開其惡阻。劃兒足而中指取，順其逆生。耳出血膿，吹之而愈。鼻塞息肉，服之而痊。乾搽以退口瘡，酒抹以消舌腫。手搔瘡腫和以油，金損血流摻以末。辛溫釜墨取臍中，消積安狂止吐紅。霍亂轉筋皆可愈，咽喉耳鼻亦多功。

百草霜：體輕而質細，味辛而性溫。取在煙鑪竈額，乃為煙氣之結成；功同釜墨、梁塵，而有重輕之分別。入心肺而開噎膈，其効如神。已瘴瘧而退疸黃，厥功甚懋。百靈丸除咽喉之結塊，黑奴丸治陽毒之發狂。積在小兒，駐車丸最妙。痢當初起，鐵刷丸如神。黃連止熱積之血膿，米湯停暴來之瀉痢。欲除白帶，猪肝煨而金墨末偕。欲止崩中，狗膽拌而當歸酒下。香白芷與童尿、醋，共治產後胎前。陳椶灰與伏龍肝，同安孕傷血漏。鼻血吹之而住，齒宣摻之而停。吐衄配槐花，而茅根以引。臟毒調米飲，而宵露以吞。膩粉生油，醋洗而塗瘡毒。梁塵竈土，水煮而浴瘭疽。白禿傅以猪脂，鼻瘡送以冷水。入下食藥而積滯以化，和酸漿水而尸厥以蘇。輕細辛溫百草霜，傷寒陽毒止顛狂。清喉定血兼除痢，保產安胎並治瘍。

梁上塵：彼屋梁倒掛之塵，似烏龍下垂之尾，體極輕虛而無毒，性兼辛苦而微寒。燒之須盡其煙，篩之以求其細。消夫食積，腹疼膈噎胥安。止彼金瘡，鼻衄牙宣亦定。肛門下脫，鼠屎合而燒熏。小便不通，清水調而取服。白滾湯，除吐利之霍亂。黑驢尿，安嘔逆之胃翻。老嗽肺勞，和石黃、欵冬，必合月經衣帶，燒煙而吸。乳蛾喉痺，加枯礬、牙皂，宜同鹹鹵食鹽，炒末而施。噙之可止牙疼，吹之能消息肉。調以油瓶脚，塗稚子之頭瘡。勻以臘豬脂，傅小兒之丹毒。胎未足月而欲產，配竈突墨而酒吞。經已過期而不停，助荊芥穗而茶下。醇醪以送，生產之橫逆者安。釅醋以傅，妬乳之腫疼者愈。發背焮腫，葱嫩心同擣為膏。石癰不膿，葵根灰拌研以醋。蚓泥蜂蜜，塗惡毒之無名。竈土草霜，傅瘭疽之出汁。魘死火勿照，而取納兩鼻之中。自縊筒以裝，而齊吹四孔之內。微寒辛苦是梁塵，消積安中噎膈泯。石癰惡瘡皆可散，更除鼻衄與牙齗。

卷之二　金石部一　金類

金：性則辛平，必以色赤為足。生則毒有，宜以鍊熟為精。惡夫錫而畏夫水銀，碎于鈆而屑于翠石。解毒則用金蛇、鷓鴣之肉，柔質則洗駱駝、驢馬之脂。堅骨髓而鎮精神，通利臟氣。療驚傷而收魂魄，安定身心。善逐夫邪，可已癲癇風熱傷寒之證。能制夫木，足治肝膽嗽血勞渴之疴。神仙鍊服而長生，童稚煎投而卻疾。環燒紅而掠瞼，風眼之爛即除。釵炙熱而鍼牙，風齒之疼立止。靈液入肉與耳，引出而安。輕粉腐口及齗，煮含而愈。生金有毒鍊辛平，性鎮神安定悸驚。冷氣風邪皆可破，骨蒸勞渴盡能清。

銀：初煎如縵理，乃本質之天真。既化作絲文，有偽投之藥物。生無毒而屑有毒，屑寒辛而生平辛。畏有諸端，黃連、甘草、飛廉、石亭脂，及夫人言、熁鐵。瘦有多品，羚角、龜殼、鼠尾、烏魚骨，與夫地髓、生薑。遇羊油、蘇子而變柔，得荷葉、蕈灰而成粉。忌夫生血白錫，惡夫馬目毒公。明目鎮心，而止熱狂驚悸。安神定志，而除讝語祟邪。偕葱白、阿膠，解熱胎之橫悶。同苧根、清酒，安動孕之痛疼。妊娠腰楚之殃，煎之而飲。中惡熱丹之患，磨之而吞。煮用銅鍋，洗疳瘡之口鼻。燒淬火酒，漱風痛之齒牙。身面赤疵，

每日取揩而滅。癰疽腫毒，五石配服而消。然用僅煎湯借氣，渾安方宜。而餌則令人消脂，凡金並戒。生銀無毒性寒辛，屑毒由于作偽因。定志鎮驚胎亦保，驅邪解熱效堪陳。

自然銅：不從礦鍊，故號自然。味苦澀而辛平，色青黃而紫重。治傷為用，可止痛而排膿。散血為功，能消瘀而破積。為損科之要藥，用須醋淬、水飛。實接骨之靈丹，配以當歸、沒藥。暑濕癱瘓者，合諸品而以酒為丸。心氣刺疼者，調一字而以醯代水。產後血邪驚悸，酒滴磨漿。項下氣結癭瘤，水漸作食。辛平無毒自然銅，散血除疼力最雄。接骨續筋稱聖藥，損傷科內立奇功。

銅青：液氣所成，酸平而小毒。精華所發，淘洗而暴乾。入肝膽之經，為吐利之品。明目而去膚赤，止血而合金瘡。治婦人血氣心疼，傅蛇虺螫人腫毒。碧林丹救大人之卒中，綠雲丹驅小兒之風痰。風眼爛弦，塗盌底而熏艾火。口鼻疳蝕，研細末而入枯礬。合滑石而同杏仁，走馬牙疳即愈。煮米醋而調燒酒，楊梅結毒能痊。黃蠟熬膏，厚紙拖之，以貼臁瘡頑癬。鑪底共末，麝香助之，以消痔瘻腸風。虱生于頭，和明礬以摻髻。髮落而禿，取淨油以磨錢。油調滴耳而殺蟲，草劃傅顏而去痣。銅青酸味兼微毒，善吐風痰又殺蟲。產後能安血氣痛，牙疳眼爛點成功。

鉛：氣含癸水，而祖彼五金；號曰追魂，而功多四變。居北方之位，秉極陰之精。無毒甘寒，重實濡滑。色黑而通于腎，性墜而鎮夫心。能伏硃砂，善死鑌鐵。驅鬼邪之疰忤，除毒氣于傷寒。噎膈可通，痰涎可墜。燒淬鹽鹵汁，亭脂炒而起焰。丸以餅，而止反胃吐食之疴。鎔入桑條灰，柳木攪而成沙，揩于牙而有明目烏鬚之益。偕皂莢而煮美酒，消水氣之腫浮。結水銀而入南星，除風魔之抽掣。腎臟氣發，佐以木香、元麝、石亭脂。小便不通，配以燈草、生薑、井泉水。升麻、細辛、訶子同治動牙。蜂蜜、牙皂、桂心共安卒嗽。悶煩消渴，靈液結而含嚥其津。腫惡瘡瘍，木香偕而和傅其末。鐵器炒灰而醋拌，帛以貼之，可消瘰癧之堅。甘草置瓶而酒漸，鎔以投之，能散癰疽之發。欲除寸白，食豬肉而灰拌沙糖。欲殺積蟲，合檳榔而末調米飲。能取輕粉，而筋骨除疼。能解砒硫，而腹心止痛。消金石之藥毒，投酒以吞。去蛇蝎之螫傷，炙熱以熨。鉗童女之耳而自透，紝實女之竅而自開。然雖反正有功，而性實帶夫陰毒；幸勿久常以服，而多則損夫胃心。鉛性甘寒毒不多，氣含癸水腎經符。墜痰解渴除風癎，固齒明睛黑髮鬚。

粉錫：金公初變之體，殷紂始造而成。性具辛寒，功入氣分。配豆蛤之二粉，制雌硫之二黃。止嘔逆而墜痰涎，治伏尸而消積聚。神應膏貼背疽惡毒，隔紙膏貼臁爛血風。反花洗以鹽湯，臙脂為伴。蜂窠和以白蜜，朱砂相加。燕吻之瘡，黃連佐抹。姤精之毒，銀杏助搽。松香、丹礬，熬香油而施黃水。赤符、靈液，杵麻油而治杖瘡。濕瘡癬瘡，以及腋下狐騷者，宜于乾摻。勞復食復，與夫服藥過劑者，應用水吞。同蛋清炙焦，以止痢疾。共黍米淋汁以去鼈瘕。寸白蚘蟲，服之即出。三年目翳，點之自消。齒血合麝而揩，鼻衄調醯而下。瘡傷水濕，配以炭灰。口燥渴煩，研以豬膽。葱丸而服，止婦女之心疼。鹽熬而摩，已兒童之腹脹。脾泄宜棗焙，積痢宜飲送，夜啼宜水下，皆保幼之良方。月蝕以土勻，舌疳以髓調，丹毒以唾傅，盡救嬰之妙法。去痘瘢必加輕粉，搽用豕膏。續筋骨尤藉歸硼，湯須蘇木。和以清水，瘀血能消。拌以香油，抓傷可泯。蒜擣抹蛇蟲之螫，酢調塗蠷螋之尿。湯火灼傷，拌夫羊髓。金銀誤嚥，用彼豬油。入石灰以染白鬚，合雷丸以粉熱汗。更可解酸于酒內，亦堪免沙于蟹中。鉛粉辛寒氣分行，尸蟲善殺熱能清。墜痰消脹除疳痢，爛瘻癰瘍亦可平。

鉛丹：為金公之再鍊，宜丹釜之九光。作必炒以消礬，用宜飛其砂石。性寒而體多沉重，毒無而味具鹽礬。入血分而散瘀生肌，為治瘍之要品。斂神氣而墜痰去怯，有鎮心之良能。制夫磠硫，伏夫砒石。撥毒解熱，消積殺蟲。碧霞丹除反胃于丈夫，清鎮丸止吐逆于稚子。兒童瘴瘧，則有鬼哭之丹。癲癇發狂，則有驅風之散。泄瀉下痢，助以棗肉、生礬。氣逆胃虛，佐以亭脂、涅石。丸白麥麨，而入于棗肉，紙包煨熟，寒熱之瘧疾可停。填烏雞子，而去其蛋清，泥裹鍛乾，妊娠之痢疴可住。欲安消渴，服而壓蕎麥之糜。欲止血疴，取而調井華之水。客忤中惡，灌彼口中。產難逆生，塗兒足底。蜜蒸以埽，可除幼子口瘡。豆許以含，能解小兒重舌。綿包塞蜒蚰之入耳，酥蜜偕而必配杏仁。熬膏點障翳之遮睛，水蜜煎而或加訶子。水銀粉合散，去痘後翳雲之蔽，吹耳而左右互施。鯉魚膽和膏，退目中珠管之生，抹眥而三五為度。滑石、新泉並用，痔腫除疼。黃蘗、膩粉相匡，臁瘡止爛。血風熬蠟油以貼，金損偕液石以傳。苦酒拌末而罯蠍傷，汞粉勻津而搽狐臭。酸寒沉墜是黃丹，解毒生肌血分安。鎮怯下痰截瘧痢，殺蟲消積俱宜餐。

蜜陀僧：　氣平而小毒，味鹹而亦辛。出于銀冶之灰池，最良而難得。取于鍛家之鑪底，雖次而猶佳。或有瓶形，乃錬鈆丹之滓脚。原其藥力，有制狼毒之功勳。甆鍋安而紙袋盛，柳蛀焙而東流煑。感鈆銀之氣，直走下焦，具重墜之能。專平肝分，安欬嗽而停嘔，消積聚而殺蟲。驚氣失音，研末而茶下之。消渴引飲，為丸而酒吞之。痢下則火燒黃，而醋茶以服。痰結則醯煑盡，而酒水以煎。初生身似魚脬，乾研擲周身之水。有瘡口難吮乳，酢調搽兩足之心。白芷、燭油，和之而塗鼻患。銅青、元麝，助之而抹痔瘡。多骨疽瘍，桐油拌勻而貼。血風臁毒，香油磨化而攤。佐以雄黃，如疹之汗斑可退。伴以人乳，發赤之皶鼻能消。鍛研以摻口糜，生末以傅陰濕。欲除腋氣，宜以油調。欲令口香，須以醋漱。鹹辛小毒密陀僧，去怯平肝力自勝。摩積誅蟲消腫惡，又除吐逆墜痰凝。

鐵落：　出于生鐵，乃打鑄之花蛾。落子鍛砧，實錬燒之皮甲。氣則無毒，味則有辛。既去怯而止煩，亦消食而却冷。通皮膚之氣，而風熱惡毒疽瘍痂疥皆平。除胸膈之炎，而癲癇驚邪善怒發狂悉止。用之為飲，制木以降火邪。熬之為湯，安土以消濕氣。漬汁出涎沫，俟汁澄清而用暖，逐鬼打鬼疰之邪。煑醋共(人)[針]砂，取醋和餅而為丸，退水腫水浮之證。泉煎安兒客忤，脂拌塗子毒丹。療彼賊風，炒投酒飲。解夫狐臭，炙裹布摩。辛沉鐵落善安驚，制木還教火土平。陽厥怒狂下氣疾，皮膚瘡疥熱風清。

金石部二　玉類

雲母：　產于山谷之中，而可析片。掘于雲生之處，而禁作聲。五色立名，白而光瑩者為上。四時分服，黑而頑厚者不佳。入火不焦，入土不腐。味甘而主乎肺，色白而屬乎金。惡夫徐長卿，忌夫羊血粉。畏流泉而及鮀甲，遇礬石則柔。制水銀而伏丹砂，以澤瀉為使。除邪續絕，安五臟六腑之神明。下氣補中，療五勞七傷之虛損。堅肌而痊腎冷，明目而益子精。為膏以治諸瘡，作粉以除眾疾。飽食復促力頓仆，飲之以湯。萬病及勞氣風疼，鍊之為水。用飲和服，躅久痢于經年。煑粥調餐，止水痢于稚子。飲痰頭痛，恆山佐而忌菜葱。牝瘧寒多，龍骨配而兼蜀漆。淋證送以溫水，難產服以溫醪。清水以吞，除帶下與汗多風疹。乾粉以摻，止惡與金損血流。敗壞之火傷，羊髓和塗夫細末。粉滓之面皯，牛乳拌入以杏仁。雲母甘平白最良，補中下氣益勞傷。兼除瘧痢陽虛證，又可為膏治癰瘍。

白石英：　色凡五而重夫精白，稜有六而貴無瑕疵。性具甘溫，體宜長大。生于太華山谷，惡彼馬目毒公。入氣分之中，為手太陰陽明之藥。主潤枯之用，能治肺癰痿痺之疴。利小便而去疸黃，實大腸而安消渴。諸陽不足，可益精而保元。心臟不安，能化痰而定志。有腰腎堅強之效，除胸膈欬逆之寒。療驚悸之善忘，朱砂為佐。去風虛之冷痺，慈石為加。牛乳以煎，可治虛勞枯燥。米酒以浸，能消石水腫堅。至若蒸之以羊，煑之以豬，汁之為粥，搓之為粒，則皆為其服食之方。又如心之宜赤，腎之宜黑，脾之用黃，肝之用青，則各隨其臟經之色。然攻疾但堪暫服，豈可用以常餐。而人藥祇應煎湯，切勿研為細末。甘味微溫白石英，大腸肺氣任游行。化痰除疸滋枯燥，癰痿能痊欬逆平。

紫石英：　產不一山，而環瑋為太岱。稜皆五角，而明澈似水精。醋以淬而水以飛，甘其味而溫其氣。入乎血分，上鎮心而下益肝。溫其中宮，濕潤枯而重去怯。惡黃連而及麥薑、鮫甲，使長石而畏附子、扁青。心腹欬逆不安，投之使暖。血海虛寒不孕，服之有身。風引湯，除風熱之癲癇。五石散，治腫瘍之疼痛。癰疽毒氣，火燒而薑醋煎傅。驚悸虛勞，水煑而稻米作粥。得天雄、菖蒲之助，則安霍亂之違和。用人參、茯苓之加，則散心胸之結氣。紫石英甘溫氣純，虛寒血海利佳人。暖能種子滋枯燥，重則安心鎮亂神。

金石部三　石類

丹砂：　生于雪牀之上，辰錦者最佳。采于石室之中，光明者尤妙。不熱而寒其性，乃離中之有陰。不苦而作夫甘，乃火中之有土。生用則寒而毒泯，伏火則熱而毒熾。入乎心經，主乎血分。顯丹色而含真汞，陽而有陰也。惡慈石而畏鹵鹹，水能克火也。忌之則有諸血，制之則有多方。鐵遇之而似粉如泥，鈆子之而相生能變。安魂定魄，降心火以養神。除惡消瘍，通血脈而益氣。解煩止渴，截瘧驅邪。小神丹能返老還童，服食法可殺蟲却病。鎮驚定癇，丹曰歸神。逆氣祕精，方名神注。養心氣則偕遠志、龍骨，養心血則共丹參、當歸。佐厚朴、川椒以養脾，配枸杞、地黃以養腎。豬心片而摻煑，鎮心濇精。米酒浸而蜜丸，輕身明目。烏鬚入雞卵中而抱，禳疫擇太歲日而吞。南星、川烏為驅風之助，金箔、蚯蚓為吐血之加。和黃蠟而燒煙，熏轉筋之霍亂。飼雄雞而取糞，除心腹之宿癥。容忤不蘇，蜜調而速灌。傷寒發

汗，水煑而頓餐。伴以枯礬，而心疼可止。服以溫蜜，而瘴氣自清。病犯離魂，人參、茯苓以佐。驚如搐搦，南星、全蠍以匡。豬心血為丸，大棗湯吞，救驚忤之不語。西牛黃共末，犀角汁下，安驚熱之夜啼。月內有驚風，塗五心而磨以新水。通宵多惡夢，載頭巔而盛以絳囊。乳拌而滚地龍，定顛狂于產後。水煑而送米酒，出死子于腹中。孕婦動胎，研末而調雞子之白。產母吐舌，傅口而擲盆盎之聲。胎毒痘瘡，蜜拌吮而預解。雲障翳膜，塊日揩而自除。貝母以匡，可點睛之胬肉。白雞以抱，可搽面之皯斑。木蛭毒塗並麝，沙蜂螫調須清水。甘寒無毒是丹砂，能入心經養血嘉。發汗安胎明眼目，定驚截瘧殺精邪。

水銀： 靈砂之液，溪峒所燒。氣毒而性陰寒，味辛而質沉著。所畏砒霜、慈石，能浮銅鐵、金銀。河車伏而川椒收，克制者則更多其品。磨銅明而研棗散，積變者則還復為砂。遇黑錫則凝，而痰涎鎮墜。得硫黃則結，而險證平安。童患熱瘤，以小豆許煑于湯內。嬰生不乳，以米粒大納于咽中。麝臍南星，石腦油為丸，救彼驚風之急。舶黃官桂，水中金以末，安夫反胃之危。解消渴之心煩，結砂同當門、皂莢。止血流之膽熱，新汲協元麝、真丹。胎漿水煎而裹以神符，能逐鬼精之病。藕節丸而送以礪汁，可定心失之風。胎生而母將亡，辰砂研而加牛膝。婦弱而產欲斷，麻油煑而服空心。吞之則下死胎，拭之可除白癜。面上皰黵之患，臘油鉛粉相調。腑下狐臭之嫌，解錫面脂共摻。號丹同鍛，綿裹而塞耳中，以退痘花之目翳。黃連以偕，水煎而含嘴內，以消老小之口瘡。蟲痔為殃，和棗膏而包綿以納。癬瘡作癢，入蕪荑而拌酥以塗。結砂共銀朱、花蛇，作撚熏楊梅之毒。研末同黃連、胡粉，調唾抹腫惡之瘍。消手腕之異瘡，白紙揉而蘸擦。解釵鐶之誤噉，一兩分而再吞。揩髮而合燭油，即除其虱。傾耳而擊銅物，立出其蟲。若欲制鍊而冀神仙，則自古長生者罕見。且性重滑而入經絡，則百節攣縮者實多。但為應變之兵，莫信還丹之術。水銀沉重至陰精，有毒辛寒用莫輕。除熱殺蟲痰可墜，若還鍊服命多傾。

水銀粉： 狀峭而質輕，為飛雲之初轉。味辛而氣毒，乃靈液之所升。鍊以鹽礬，固以灰鹵。變純陰而為溫燥，化沉重而為升浮。所畏則慈石雄黃，而又忌諸物血。受制有鐵鉛連醬，而並及土茯苓。善劫痰涎，能開邪鬱。五寶霜消夫腫毒，不二散治彼虛風。定粉加而送蘄艾湯，以停血痢。薑汁拌而調長流水，以定消中。水氣腫浮，入烏雞子蒸，葶藶伴而車前湯下。大腸壅結，用紫沙糖和，臨臥服而溫熟水吞。麻油助而進空心，通腸而更利水。鹽湯浴而摩遍體，散氣而不畏風。稚子喫泥，圓紅糖而投米飲。幼兒哯乳，丸鹽豉而引藿香。胎毒鎖肛門，勻以蜂蜜。痰涎喘喉內，蒸以卵清。葱汁和貼頭瘡，棗灰同傅耳爛。翳由于痘，吹耳而丹粉宜加。癬生于兒，抹患而猪脂為助。研以蒜瓣，安牙齒之齲疼。末以黃連，去風蟲之疳蝕。底耳出汁，必須元麝之偕。風眼爛弦，惟用口津之和。薑杵其汁，泯面破之抓痕。葱擣其涎，合臁瘡之爛口。下疳陰蝕，乾摻而瘥。惡癬牛皮，酒吞而愈。配雄黃、丹砂、槐花、龜板，冷茶下而治男子楊梅。合杏仁、滑石、水腦、麝香，蛋清調而作婦人脂粉。然性情走而不守，而功用烈而不純，故驚氣忌入于心經。本虛者輕投，則脾陽每為傷敗，其毒氣易竄于筋骨。常服者過劑，則血液必致耗亡，齗爛宜防，筋攣足畏。燥溫輕粉味多辛，善走飛升性不純。消積劫痰蟲可殺，毒瘡水腫免吟呻。

銀朱： 氣則燥烈，性則辛溫。乃亭脂靈液之所升，功過同于輕粉。有鉛丹礬紅之雜偽，色澤辨其黯黃。痰氣結胸，與明礬碾而同化。水疴腫體，加硫黃煅而共丸。佐熏陸煨葫，解啼多之內釣。配獨蒜輕粉，救陰毒之氣回。去筋骨之疼，枯白礬作撚熏臍，以求其汗。消咽喉之痛，海螵蛸共研吹口，以出其涎。同蠟鎔而攤為隔紙之膏，貼臁瘡之濕毒。偕礬洗而炙以桑柴之火，治背發之陰疽。魚臍惡疔，清水丸而送以酒。楊梅結毒，官香合而吸其煙。調以雞子清，塗其火焰之丹毒。擣以鹽梅肉，傅彼黃水之濕瘍。不斂之頑瘡，配松油、陳石灰以貼。有蟲之疥癬，和桐油、牛骨髓以搽。湯火傷拌以菜油，頭髮虱浸以米醋。銀朱有毒性辛溫，功過粉霜可並論。散結劫痰消積滯，殺蟲瘡癬盡除根。

雄黃： 生于山陽，鑿于石內。武都為上，而西番則差。鐵色為佳，而雞冠則次。性寒而主氣分，味苦而入肝經。不臭而光明者是真，有毒而制伏者多品。散積治瘍之要藥，辟邪殺毒之靈丹。飛黃散善治緩疽惡瘡，五毒藥能除惡肉破骨。陳皮配而青布作撚，臁瘡則燒煙以熏。蟾酥合而葱蜜擣丸，疔毒則刺頭以插。痘疔之患，宜用紫草、胭脂。結毒之瘡，應入杏仁、輕粉。陳醋調傅蛇纏，新泉磨服喉風。風熱咽疼，嗃鼻以乾薑共末。蟲蝕牙疼，塞孔以棗肉為丸。走馬牙疳，淮棗包而鐵線穿，燒以燈火。瘡蟲鼻爛，葶藶助而

猪膽和，點以槐枝。硫黃水粉為加，傅鼻準之赤色。雌黃陽侯為佐，吹耳竅之臭膿。病脱眉毛，米醋調之以抹。瘡禿頭髮，豬膽和之以塗。松脂伴而蜂蜜丸，去身軀之風癢。雷實匡而猪肉炙，去皮膜之蟲行。腹有蛟龍，芒消以配。膈傷飲食，巴豆以勸。合之成丸，麩炒而除酒癖。研之為散，水送而出髮癥。殺蠱蟲，蠟為丸而同涅石。消痞塊，麪作膏而共白礬。羽澤、甘草偕煎，浸如斗之腫腎。棗肉、黑鉛並煮，止便血之結陰。少腹滿疼，丸以蜜而導溺。下部蟲蝕，燒于瓶而熨肛。黃理鍛紅，人尿擂汁以淋，薄氈坐而退骨蒸之熱。朱砂研細，猪心取血以服，虀水入而散兒癇之邪。欬逆之傷寒，米酒熬而氣嗅。頭風之偏痛，細辛助而鼻吹。荊芥同投，正急中之舌。白芷共灌，安傷破之風。暑痢則鍊以竹筒，蒸餅為丸，亦散癥積聚。尸疰則杵以蒜瓣，熱醪為引，并解沙虱射工。吹鼻以解邪魔，灑屋以驅祟氣。鬼擊以米酒吞而化血，女邪合松脂焚而殺精。佩而置左腋頂心，可以鎮魘。帶而入山林川澤，能以辟蛇。取陽精之全，有轉女為男之妙。製小丹之法，得拘魂制魄之功。內漏之金瘡，小便調之而下。腫疼之杖患，鑪底伴之而傅。藥箭中身，研而摻之。百蟲入耳，燒而熏之。巴豆、礬梅，去入瘡之馬汗。麝香、米酒，治被咬之狗傷。蜘蛛螫而取搽，藜蘆中而急服。功能解毒，配黛而安飲食之為殃。法可點金，伏火而使銀銅之變色。然化血為水，有病始可承當；而鍊服長生，其說不宜輕信。雄黃有毒性溫辛，化血驅邪勝鬼神。蛇虺蠱蟲皆可殺，瘡瘍瘧痢盡離身。

熏黃：黃之惡者色黑，雄之劣者名熏。黯而無光，燒而多臭。祇可施于瘡疥，亦能殺夫虱蟲。合木香、莨菪、羊脂，焚而熏之，善止卅年之嗽。偕熟艾、款冬、蠟紙，燒而吸之，可消水腫之疴。小便不通，以豆許納其陰孔。甲疽作痛，共蛇皮傅于趾間。熏黃何故別于雄，色黑無光臭氣衝。欬嗽水浮烟可吸，惡瘡疥癬善誅蟲。

雌黃：生山之陰，得雌之目。磨指甲而能上色者為最，析千重而如爛金者尤佳。其味多辛，其氣有毒。性法乎土，故其得色之黃。用主乎脾，且有搜肝之益。柔五金而乾汞，伏粉霜而轉硫。修治則忌多端，制伏則有諸品。殺蟲解毒，功亦仿乎雄黃。溫中驅邪，性則兼夫陰氣。心疼吐水，醋煮膏而蒸餅丸。氣喘停痰，蠟和圓而雄黃佐。合甘草而安反胃，五葉草糯米煎湯。同丹粉而定癲癇，牛乳汁麝香擣劑。醋丸除婦人之久冷，蜜擣解小腹之滿疼。肺勞入瓦合火燒，糖酥丸而杏仁湯下。腎消用乾薑鹽炒，蒸餅合而淡鹵水吞。苦酒調雞子黃，烏癩蟲瘡宜抹。猪膏拌水銀粉，牛皮頑癬當塗。辛平有毒是雌黃，性主脾陰法土良。解惡殺蟲雄相仿，驅除邪氣治顛狂。

石膏：味則甘辛，氣則寒散。重沉而主乎降，淡薄而屬乎陰。生于石中，在齊山(廬)〔盧〕蒙諸處。主乎氣分，入三焦肺胃等經。有紅白之分，而紅不可用。有軟硬之別，而軟乃為真。其畏烏金，其使雞子。惡夫巴豆、莽草及彼馬目毒公。能益氣而緩脾，亦解肌而發汗。白虎湯治惡寒壯熱，玉女煎療火盛水虧。傷寒發狂，黃連共末。痰火積食，米醋為丸。飛麪和煨，除骨筋之作痛。清流煎飲，通產乳之不行。風邪而眼寒，加川芎、炙甘草而亦去頭風。風熱而心躁，佐水草、天竺黃而並解中毒。塊含消乳石之口渴，水服退勞病之骨蒸。嗽而涌痰，寒水石匡而參湯以下。喘而盛熱，炙甘草助而薑蜜以吞。煎茗茶而和芤葱，時氣散則頭疼自止。調漿水而兼炙草，濕溫去則身汗即收。便數非淋，碎擣而清泉以煮。腹鳴瀉水，飯丸而丹粉為衣。老人風熱之疴，同竹葉湯以作粥。男女陰毒之證，用兩餾飯以為丸。青黛偕而丸米粉糕，能安身熱之子。生草並而益寒水石，可止吐瀉之兒。瘡口不收，當配紅玉之散。乳癰為患，宜修一醉之膏。水調塗丹毒遊風，乾研摻火傷油灼。荊防辛芷，同指胃火牙疼。片腦朱砂，共抹口瘡咽痛。合牡蠣以安鼻衄，入豬肝以去目昏。金損而流紅，瀝青須佐。刀創而犯濕，丹粉應增。石膏寒性味辛甘，肺胃三焦氣分探。發汗解肌能降火，斂瘡清咽並消痰。

滑石：味則甘，氣則寒，體則沉重，而初取乃軟如泥。入于胃，輸于肺，達于膀胱，而滲走乃通諸竅。嶺南始安為上，山東桂府亦佳。劃之有膩文，形方解而色冰白。使之以石韋，惡曾青而制雄黃。毛竅上開，精溺下達。蕩熱燥濕，百骸經絡皆和。消積利中，三焦闌門俱泰。化腸澼而逐凝血，降心火而下石淋。天水散，大養夫脾腎之仙方。豬苓湯，同用為滲洩之滑劑。去暑邪而止水瀉，丸有白龍。平霍亂而截瘧殃，散為玉液。下焦熱毒，研末同礬石煎湯。上膈渴煩，煮汁用粳米作粥。溫水送而細麪壓，止吐逆之暴來。淨水絞而白汁口，安乳石之發動。女勞成夫黃疸，石膏配而大麥汁調。衄血在于傷寒，米飯丸而新汲水嚥。諸淋助以石韋，能駃其功。石淋下以清泉，宜分而服。和車前汁而腹臍繞抹，小腸癃閉即通。合丹參末而脂蜜拌膏，產婦胎元得滑。子淋研而泥臍下，脬轉末而引葱湯。風毒而患熱瘡，洗虎杖、

豌豆、甘草之湯，而搽以細粉。痘疹而發狂亂，加朱砂、冰片、麝香之末，而合以益元。大黃、赤石脂，同貼杖傷之腫痛。枯礬、寒水石，共摻陰汗之濕沾。滑石甘寒入胃良，又能輸肺達膀胱。解肌利竅清煩熱，逐血通淋是妙方。

赤石脂：　産不一方，而取其膩滑。色有五種，而用其鮮紅。味甘而酸辛，氣溫而重濇。為陽明之藥，入血分之中。畏芫花及苓桂，惡大黃與松脂。能厚大腸，收濕止血而固下。能補胃脘，養心益氣而調中。安崩漏而下胞衣，排癰疽而生肌肉。益精明目，填髓補虛。桃花湯治便膿血之傷寒，桃花丸止腹痛疼之白凍。小兒疳積作瀉，佐京芎而米飲以調。老人冷痢因虛，煑白麪而醬葱作臛。胡椒、乾母薑為助，寒滑能停。白礬、竈心土同施，脫肛即上。赤白痢，末而湯服。痰飲水，擣而酒投。吞巴豆而後和蜂糖，安吐食胃反。配椒薑而更偕烏附，除徹背心疼。經水過多，必益補骨脂以引米飲。小便頻數，宜合牡蠣粉以並食鹽。重濇甘溫赤石脂，陽明血分最相宜。調中固下安崩漏，收濕填虛生肉肌。

鑪甘石：　金銀之苗，鑪火所重。狀如羊腦，鬆似石脂。性則具夫甘溫，經則主夫腸胃。鍛而淬以童便，研而飛以清泉。止血為功，腫可消而毒可解。生肌為用，濕能收而爛能除。風化消佐之而搽，療其赤目。川椒湯洗之而點，治其爛弦。翳膜如雲，青礬、朴消宜助。昏花如暗，黃丹、代赭應加。配鉛粉、冰片、雄黃，點病目而皆效。和胭脂、麝香、礬石，吹聤耳而多功。瘡漏不收，入以牡蠣。下疳為患，合以兒茶。寒水石同擦齒疏，蚌殼粉共傅陰濕。鑪甘石性是溫甘，氣受金銀治目堪。耳汁齒疏收濕效，生肌止血漏瘡弃。

石鍾乳：　石液鍾聚而成，陽氣所結。鵞管中空為最，白色乃佳。其性甘溫，其氣慓疾。主乎陽明之氣分，用必命門之火衰。使以蛇牀，而所惡者，牡丹、玄石、牡蒙，且畏紫石英與蘘草。忌夫羊血，而能伏者，韭實、荽葱、獨蒜，以及貓眼草與麥冬。服者戒參朮于終身，使者去頭尾而勿用。壯元滋髓，利百節而治五勞。益氣補虛，安五臟而通九竅。服乳法有延年益壽之稱，煎乳方為補益壯強之用。年衰陽絕，合之為丸。下焦風虛，煮之以酒。陽起石、附子而丸麪糊，米飲下之，以禁滑精。欵冬花、佛耳而並雄黃，香鑪燒之，以停勞嗽。吐紅肺損，調之以糯湯。喘急肺虛，和之以黃蠟。煎漏蘆而湯引，行乳汁之不通。加肉蔻而棗丸，安大腸之常滑。然石藥之氣悍，止可暫用以救衰。而生乳則病淋，所當鍊成而少服。鍾乳甘溫腸胃行，補陽壯氣益元精。虛勞雖可培衰竭，慓悍還當用莫輕。

石灰：　置窰以火燒，入藥宜風化。烈而有毒，辛而多溫。伏雄硫與硇砂，並除錫暈。分新陳與古塚，亦取舩灰。能長肉而生肌，且止血而定痛。欬嗽暴作，蛤粉配而蒸餅丸。吐血忽行，鐵刀燒而井泉和。煨以黃土，圓醋糊而薑作引，以消酒積之傷。焙以黃良，入桂末而酢調膏，以貼腹脇之塊。多年之血痢，熬黃而投水澄吞。卒中之口喎，取新而用醯炒罨。燒熱坐于臀下，收彼脫肛。布包納于尻中，出其溺水。陰道脫開之患，熬而入清水以熏。産後血渴之疴，末而佐鉛丹以服。雲苓丸下，除淫淋白帶，而止水瀉亦佳。苦酒調塗，消風疹火丹，而退痄腮俱妙。疔瘡惡腫，半夏伴之而傅。痰核紅焮，白果偕之而貼。粳米炊飯，研爛而用合腦癰。蕎稭燒灰，淋汁而煎搽瘀肉。夏秋之痱疱，蛤蜊、甘草為加。刀刃之損傷，卵白、舩茹為助。胡麻油和，可貼杖瘡。桑灰汁煎，能除瘤贅。點疣痣則須糯米，下金銀則合硫黃。取水浸蚯蚓之傷，和醯抹螻蛄之咬。瘡入馬汗，研末以傅。疥有蟲窠，淋漿以洗。水炒而香醪浸，髮落更生。醋調而鉛粉偕，鬚烏不白。是皆新之為用，亦有陳者為功。失笑散擦痛齒之風蟲，落盞湯治乾喉之霍亂。蘇其痰厥，淨水煑之而吞。闢彼産門，銅錢割之而罨。山巵、五倍子，安偏墜之疼。頭垢、五靈脂，截寒熱之瘧。惡瘍年久，蛋清煆而薑汁塗。蟲痔難除，川烏丸而白湯送。乾研摻血風之濕，若夫欲合瘻瘡，取地龍骨于古墓。至于欲消軟癤，求水龍骨于敗舟。牛糞與舩屑同燒，熏下身之濕癬。輕粉偕舩灰共末，施臁上之血風。石灰性烈臭溫辛，或用新兮或用陳。古墓敗舩皆莫棄，生肌止血效如神。

浮石：　水沫細沙所凝結，體輕白色而玲瓏。去柔脆而變堅剛，具鹹寒而為氣味。肺經為主，海産更良。降火清金而除目翳，軟堅化積而豁老痰。結核癭瘤得之而散，野獸毒肉遇之而消。配以栝樓，備遠行之乏水。丸以蜂蜜，止欬嗽之多痰。解消渴之疴，青黛偕而麝香助。散小腸之疝，香附合而薑汁調。生草煎湯，治淋而除便濇。釅醯煑汁，破血而潤下流。頭核頭痺，輕粉麻油調掃。惡疔惡毒，沒藥苦酒丸吞。醋淬而入忍冬，日久之疳瘡可愈。麝合而兼沒藥，耳中之膿汁能乾。性具鹹寒石是浮，清金降火嗽能瘳。通淋止渴除癩疝，退毒消疔散核瘤。

陽起石： 鹹而微溫，平而無毒。右腎命門之藥，下焦氣分之行。樟腦可與同升，羊血為其所忌。畏夫菟絲子，使以桑螵蛸。惡澤瀉與菌桂、雷丸，而及石葵、蛇蜕。貴輕鬆如雲頭雨脚，而賤茁角鋪茸。能治溫疫勞傷，亦療水浮熱腫。婦人子宮虛冷，以此暖之，止崩帶而散癥瘕。男子精氣不充，以此填之，益下元而滋腎氣。濕痺是去，則陰癢汗臭皆痊。冷氣既消，則膝軟腰疼悉愈。解喉風之纏結，掃頸咽而配伏龍肝。救元氣之虛寒，丸附麫而兼石鍾乳。鹽湯送下，能起痿汗之陰。新水調塗，足退腫丹之癢。石名陽起性鹹溫，益氣添精補命門。熱腫虛寒皆解散，癥瘕崩帶悉除根。

慈石： 味辛而氣溫，色黑而性重。法乎水象，入乎腎經。畏黃石脂而使茈胡，惡牡丹皮而及莽草。伏丹砂以養汞，去銅暈以消金。益髓添精，養腎臟而強筋骨。驅風逐濕，通關節而補勞傷。安周痺之痛疫，除大熱之煩滿。喉疼能愈，頸核可消。腎虛耳聾，加甲片而新綿包塞，更以生鐵口含。年衰聽重，共猪腎而鹽豉作羹，或入陳粳粥食。納竅內而鐵置好耳，卒作之聾閉自通。鑽石孔而線穿吞喉，誤食之鐵鍼立出。昏睛生翳，丸以神麴朱砂。大腸脫肛，末用火燒醋淬。浸石英，助補老人之虛損。鍊淨水，專除稚子之癇驚。子宮不收者，製為兩方，晚服丸而朝服散。陽事不起者，漬以清酒，夜飲一而日飲三。丹粉、忍冬藤，佐貼癰瘍之惡腫。滑石、陳米飲，伴安金損之腸拖。熱毒疔生，調醯以罨。刀傷血出，研末以傅。慈石辛溫補腎丹，益精肢節免疼疫。拔疔消毒平金損，目暗耳聾盡可安。

代赭石： 其氣則寒，其味則苦。色如雞冠者妙，產于代郡者良。包絡肝家，是其行經，而主乎血分。天雄、附子為其所畏，而使以乾薑。醋鍛則宜，水飛乃用。殺精物與蠱毒，驅鬼疰與賊風。安胎為功，治婦人之百病。健脾為效，去童子之諸疳。止吐衄而濇脫精，除瀉痢而安反胃。合旋覆而為湯，能鎮心之虛逆。同乾薑而入醋，可發汗于傷寒。哮呷聲頻，苦酒拌之以進。百合病復，礬石助之以煎。羅如麫而止腸風，煑為汁而除喉痺。牙宣有䘌，荊芥同擣而揩。眼赤難開，石膏菜調而抹。米醯鍛而白湯下，癩疝能消。丹膠佐而美醞吞，瘡瘍可愈。止墮胎之血，汁取地黃。安崩漏之紅，湯惟淨水。冬瓜仁去肝驚之瀉，真金湯鎮急慢之風。痁瘧之疴，配朱砂、砒霜、麝香，清油和而搽眉心鼻準。丹毒之熱，合青黛、假蘇、滑石，蜜水勻而用內服外傅。苦寒代赭鎮虛浮，包絡肝經血分優。邪毒傷寒瘡癧愈，安驚保產止哮喉。

禹餘糧： 生于陂池之內，蘊于塊石之中。末細如蒲黃，殼包如鵞卵。色黃性濇，味甘氣寒。下焦血分之主經，胃脘大腸之重劑。去其沙土，使以牡丹。伏五金而制三黃，舒四肢而安百節。止欬逆，除煩滿，而血閉皆通。化癥瘕，耐暑寒，而身輕有效。催生而逐邪氣，消痔而固大腸。能教氣力之增，亦令怯驚之鎮。傷寒下痢而欬嗽遺矢者，佐赤石脂而煎湯。冷勞滑泄而晝夜不停者，入川烏頭而和醋。白礬石、禿登鹽、方莖胡麻荊芥茶，同治大風之癘。肉桂心、烏魚骨、牡蠣赤符釜月土，共施崩漏之疴。少腹之痛疼，服之以米飲。下帶之赤白，助之以乾薑。炭灰煅而甘草湯吞，產蓐之躁煩可止。半夏加而雞子黃抹，身面之瘢迹能消。重能去怯禹餘糧，濇性甘寒固大腸。欬逆漏崩泄痢止，癥瘕痔瘻獲安康。

空青： 產金坎銅坑之處，近泉而生。有拳卵豆粒之形，具漿為貴。氣寒而得甘酸之味，色青而禀甲乙之精。肝膽為功，而效徵于目竅。酒醯以制，而性畏夫菟絲。通血脈而養精神，健忘自愈。破堅積而開關節，利竅有功。通水道乳汁之艱，去頭風耳聾之患。礬石、貝子，助撥黑瞖之遮瞳。片腦、蕤仁，協治赤膚之流淚。膽汁虧而為目暗，漬露水以施。風氣中而致口喎，含豆許以嘸。空青寒性味甘酸，利竅通關益膽肝。人世只愁無覓處，瞽矇若遇即能觀。

石膽： 禀靈石之異氣，鴨嘴式者為佳。本銅坑之精華，中條山者為上。偽則火燒成汁，真則浸不殊。氣寒味酸而兼辛，性陽行上而有毒。主收斂而入肝膽，制夫脾鬼之殃，以散風水之相火。配藥石而使水英，畏夫牡菌之桂，以及微芫與辛夷。療帶下而治崩中，並除陰蝕。退鼓脹而消水腫，亦止石淋。散癥積癇痙，則欬逆氣升不作。解諸邪毒氣，則惡鼠瘻不生。能治金瘡，可消瘜肉。心眩焙以胡餅，風痰和以醋湯。僵蠶配吹而出痰涎，解其喉風喉痺。人乳和搽而漱新水，安彼齒落齒疼。走馬牙疳，棗內包而煅以濕紙。爛齦齒蝕，匙上燒而益以麝香。鍊以銀鍋，摻口糜與舌爛。燒至烟燼，傅鼻蝕與甲疽。風眼洗之以湯，蟲耳投之以醋。糯米丸而朱砂為衣，腫瘍可退。乳沒佐而釅醯作糊，結毒能乾。欲破癰疽，雀屎合而研點。欲消痔瘻，蜂蜜和而調塗。傅細末而愈風犬之傷，泡茶清而吐挑生之蠱。共膩粉而調薑汁，狐臭即除。同牡蠣而拌醋漿，癜風當去。膽礬酸斂又辛寒，上涌風痰

欬逆寬。目疾喉風口齒愈，癰瘍蠱毒一齊安。

砒石：純熱而性燥烈，大毒而味辛酸，乃錫之苗。生信之地，生名黃而赤色者善。氣則稍輕，鍊為霜而白色者良。毒則尤甚，鉤吻、射罔同其力，綠豆、冷水解其炎。用不可至一錢，伏乃有夫多品。能驅寒而逐濕，可辟虱而殺蟲。齁喘胥安，癖積得解。米醋煑之，殺毒以入藥丸。冷水磨之，治痰而解熱疾。一剪金為截瘧之聖藥，九轉丹為療痁之靈砂。婦人血氣心疼，同茶末而宜調白水。男女中風痰壅，服新泉而更飲熱湯。配黃丹而蠟丸，止休息之積痢。加銅綠而紙貼，療走馬之牙疳。化其漏瘡，唾津和而撚粘以插。消其瘰癧，墨汁丸而鍼刺以填。然風痰被劫而頓開，其功雖效；但毒氣入經而最猛，其禍難言。草鍊則乾汞化銅，酒偕則腐腸爛胃。能蝕癰疽之敗肉，而瘡瘍見血者勿宜；可療藜藿之野人，而膏粱嗜酒者切忌。惟和丹丸以下，而湯飲幸莫妄投；但吞冷水以眠，而杯勺不當少入。砒石辛酸毒熱揚，生黃性緩熟霜強。劫痰瘧痢雖能止，燥烈雄威豈易嘗。

礞石：堅細而色青為佳，甘鹹而氣平無毒。質重而墜，有制木之良能。性陰而沉，為入肝之主藥。能清臟腑，消宿食之停留。能下痰涎，除嗽欬之喘急。制以消石，使氣下而木平。佐以木香，令胃安而痰利。婦人漏崩癖塊，與凡冷虛泄痢，應配金寶之神丹。小兒急慢驚風，以至壅塞咽喉，宜修奪命之靈散。滚痰丸不能通治百病，而水瀉雙妊者，尤勿輕投。沉墜性祇可暫救急痾，而氣弱脾虛者，豈宜久服。甘寒氣味青礞石，重墜陰沉善入肝。止嗽花痰驚喘定，只宜救急莫多餐。

花乳石：味酸而兼澀，有收斂之功。毒無而氣平，為厥陰之藥。主血之分，為石之陰。下死胎，落胞衣，安其難產。除敗血，去惡物，免其衝心。內損噴紅，童便以調，更入男子酒而女人醋。外傷垂死，硫黃以鍛，宜用膠泥固而瓦罐盛。障瞖生目睛，合諸品而蠟茶以下。水濕患足趾，加黃丹而乾末以搽。石名花乳濇而酸，血分行來包絡肝。胎產門中覘效驗，損傷科內保平安。

金石部四　鹵石類

食鹽：寒而無毒，鹹而微辛。五味所不可無，百病所不可缺。能引藥以入腎，亦補虛以養心。骨為腎餘，鹹入而骨皆壯。脾為心子，母補而脾亦安。使漏蘆草而功良，遇烏賊骨而味淡。用以走血，而療眼目癰疽。用以軟堅，而消積聚結核。潤以通便秘之患，寒以勝風濕之痾。鮮毒而治蠱蟲，聚水而取嘔吐。洞視千里法，利于老眼，明昏睛而固齒牙。熬鍊黑丸方，退其骨蒸，逐時氣而除瘧痢。中惡胸疼，包布燒灰而引旨酒。多食腹脹，取花揩齦而漱溫湯。涼水以投，救鬼擊之卒死。熱飲以洗，舒風冷之搏筋。或臍痛由淋，或蠱毒致血，及彼夜臥䘌出者，宜和以醯。或氣滿作脹，或金損流紅，與夫懷妊心疼者，應調以醞。取吐以泡汁，療遁尸有塊起，腹堅之悶亦安。坐熨以熬溫，治下痢患肛疼，鬼疰之邪亦退。血痢用紙包火燒，而粥糜和。白濁加雲苓山藥，而棗蜜丸。含而吞以沸湯，定中風之腹痛。熬而下以童便，回絕氣之嘔乾。救其脫陽，宜溫氣海。平其霍亂，應明背胸。脇脹起于病餘，當慰其脇。陰疼患于婦道，即熨其陰。水道不通，濕紙裹燒，而灰吹尿孔。大腸亦阻，苦酒填臍，而汁灌肛門。塗于脚而搔足底，娘親之腹並擦，順孕逆生。置葛袋而懸戶間，父母之手以搓，消兒疝氣。熱瘧須散，吐痰涎而快心胸。脚氣宜舒，擦腿而至趾甲。先食而後飲酒，則有必倍之歡。煎啜而探吐痰，則止無休之笑。臍填艾灸，愈撮口不尿之子，亦可住其轉筋。嘴嚼手摩，解蜈蚣蜂蠆之傷，並得停其癢癬。膁瘡曬黑泥而研摻，漏瘡包故布而燒吞。摩于四圍，安潰癰之癢發。熨其下部，除熱病之䘌生。毒生于手足之心，椒和酢而用抹。肉起咽喉之內，綿裹筋而蘸揩。頻點收帝鍾之垂長，常搽去鼻準之皶赤。風熱牙，以槐枝湯煑。䘌動齒，與皂莢挺燒。耳內痛鳴，枕須蒸熱；目中浮翳，點只研生。同豉置水而熟觀，出其塵物。點眥用泉而冷洗，止其淚流。口鼻急疳，吹而加以白麪。手足疣目，傅而舐以舌尖。浸綿搨面，惡色之瘡可滅，兼除蠼螋之尿。黃蠅之叮，沃冷泉而擦。狼毒之中，取滷汁而吞。研貼灸藥箭之傷，嚼塗灸毒蛇之螫。溺水方死，臥以欖而擦臍中。破傷中風，熬去水而瀉瘡上。然善損筋力，而能黑皮膚。助水引痰，消渴腫浮者宜戒。傷金喜欬，喘嗽血病者應除。食鹽寒性味鹹辛，入腎清心日用珍。走血軟堅并解毒，但嫌傷肺嗽來頻。

戎鹽：產于張掖西涼之地，生于河涯山坂之陰。質非煎鍊而成，禀水土自然之氣。色具光瑩而潔，有方稜作塊之形。味鹹帶甘，氣寒無毒。却血為用，入腎有功。制彼丹砂，乾汞而能累卵。堅夫肌骨，益氣而更添精。既除瘡瘍癬疥之殃，亦解芫青斑蝥之惡。散結癥而去毒蠱，足定腹心。明目睛

而固齒根，必加椒鹵。熬槐枝以煑，揩夫風熱之牙。化汁水以搽，退夫爛弦之眼。通尿腸之阻，配白朮而合茯苓。瘡痔漏之瘡，盛豬脬而兼礬石。甘鹹寒性是青鹽，入腎明睛精氣添。却血散癥除毒蟲，瘡瘍疥癬盡能殲。

朴消： 禀太陰之精，為水之子。生斥鹵之地，煎汁以成。見水而化曰消，澄底而粗為朴。力紫急而重濁，止可施于鹵莽之夫。味酷濇而鹹寒，但當備夫塗傅之用。至若再經熬鍊，則名芒與馬牙。性和緩而質清明，可滌三焦胃腸之實熱。又或更事煎修，則稱甜與風化。體輕浮而味甘爽，能豁上部心肺之凝痰。惡麥句薑而與大黃相需，畏荊三稜而以石韋為使。既走血而潤下，亦清火而軟堅。推陳致新，消五臟之積聚。排膿去滯，退一切之腫瘍。涼肺而解暑炎，養胃而導穀氣。通婦人之月水，定小兒之熱驚。除黃疸而破五淋，下瘰癧而化癥結。川消、鹽消、土消之目，列品有三； 紫雪、紅雪、碧雪之修，治功不一。飲名甘露，有涼膈化積之功。散曰白花，有利水通腸之效。乳石發動，調蜜而吞之。關格不通，泡湯而吐之。生油傅時行之頭痛，清水服熱病之骨蒸。痞結不消，獨蒜大黃擣貼。食傷過飽，吴萸净水煎投。童尿以下死胎，而難產催生亦驗。濃湯以漬代指，而漆瘡風瘮亦安。抹火焰之丹，井泉水和。塗豌豆之毒，猪膽汁調。人乳拌而治頭面暴熱之疴，大黃佐而療灸瘡蝶飛之異。咽喉痺痛，配以丹砂。牙齒腫疼，煎以皂莢。可傅蟹毒之齦腫，堪含熱結之口瘡。重舌塗之而消，鵞口擦之而退。水煎而夜露，洗風眼之爛紅。腐蒸而收漿，點赤睛之腫痛。去翳有白龍之散，共梅冰而飛丹、元麝可加。紮足有脫骨之湯，佐乳香而桑皮、杏仁必入。消性鹹寒鍊始嘉，下沉是朴上芒牙。三焦腸胃能除熱，風化甘甜心肺加。

玄明粉： 甘草佐而煎成，鼎罐鍛而升就。辛甘而冷，下沉而陰。驅實熱于三焦，蕩宿滯于腸胃。能開關鍵，去躁而除煩。能破結癥，消腫而鮮毒。熱厥氣痛，童便和而熱吞。傷寒發狂，朱砂偕而冷服。水送以停鼻衄，乾施以退目昏。然少年氣壯之人投之則可，而益壽輕身之說驗之非真。脾胃虛冷者勿宜，陰火浮熾者切忌。芒消鍊粉號玄明，氣冷辛甘腸胃行。潤燥解煩搜宿垢，癥除毒退熱胷清。

消石： 感海鹵之精，生于山澤。具神化之妙，名以地霜。埽取而煎鍊為消，凝底而成塊為石。其上亦有芒牙之號，混于朴消； 其實乃有水火之殊，異其性氣。彼則下走，鹹寒而無毒，為陰中之陰。此則上升，辛苦而大溫，為水中之火。制鍊八石，柔潤五金。造烽燧而焰入雲霄，得陳皮而性能疏爽。使烈火而惡苦參、苦菜，畏女菀而及竹葉、杏仁。推陳致新，霍亂安而吐利止。散堅破積，伏暑解而傷冷除。蝕瘡瀉瘰癧之根，利便免滿煩之渴。風熱清而癲癇驚邪不作，鬱火散而口牙耳目皆安。合硫黃而配陰陽，冷熱緩急之疴堪愈。制礞石而為升降，積滯凝痰之患能痊。便祕五淋，宜修透格之散。暑痢下血，應合甘露之丸。置鐺而煎烏麻之油，療不遂之手足。加礬而和大麥之粥，治黑疸之女勞。火龍丹去腰脇心腹之疼，玉鑰匙開風熱咽喉之閉。頭痛吹之于鼻，眼赤點之于眥。炒抹而入丹氷，障翳蒙睛即退。調塗而須竹瀝，重舌鵞口胷消。背赤癰生，泡溫湯而搨以青布。石毒瘡發，填紙圈而淋以清泉。消石須知是火消，大溫辛苦入三焦。散升熱鬱清煩渴，破積除堅臟腑調。

硇砂： 青海鹵液所結，含陽毒之精。月華光射以生，秉陰石之氣。淋鍊而成顆塊，白淨而取光明。味鹹苦而兼辛，性毒熱而透物。五金遇之而化，八石得之而消。畏漿水而及夫諸酸，忌羊血而伏于多品。生綠豆解之而去毒，生乾薑收之而不潮。補水臟而暖子宮，陽事大益。破積滯而消結血，宿冷全驅。止婦人帶下崩中，安丈夫腰痠胯重。生新去腐，重于瘍科。解結豁痰，宜于嗽證。靈砂丹除其積痢，念珠丸解彼疝癩。與豉心綿包，止偏風之痛腦。共當歸酒服，下已死之壞胎。血阻經停，頭米醋熬，而加陳皮、皂角。噎膈反胃，蕎麥麪鍛，而佐檳榔、丁香。助桃仁泥而蒸餅丸，以除腎臟虛冷。拌桑條灰而粟飯合，以消痃癖癥瘕。氣塊作疼，配米醋、木瓜與附子。疣目為患，入硼砂、鐵鏽與麝香。絲綿裹粒而含，消懸癰之卒腫。雄黃同丸而嵌，化疔毒之初生。割甲侵肌，礬石共研而裹。代指腫痛，唾麪作盌而盛。嚼嚥化魚骨骾喉，蘸點去息肉生鼻。喉痺口噤，勻以牙消。目損弩生，化以杏汁。研乳香以治鼻毛異疾，米飯丸而淨水吞。淹老鼠以施牙齒腫疼，樟腦末而蟾酥助。石膽吹蜒蚰之入耳，清流塗蠍蠆之傷人。然腐胃壞腸，服多可畏。而助陽縱欲，陰損堪虞。勿信單服之方，第施冷沉之疾。苦鹹辛熱是硇砂，毒性還多莫亂加。通噎消痰除結血，生新去腐破癥瘕。

蓬砂： 味甘而微鹹，其結以鍊。氣涼而無毒，其質則輕。出西南之二番，有黃白之兩色。主上焦之熱，清胸膈之痰。能制汞而啞銅，亦柔物而去垢。伏于諸品之藥，結夫砂子之功。與消石同能，與砒石相得。止嗽而生津

液，口氣可清。散積而破癥瘕，噎膈亦愈。擣白梅而噙化，解其腫喉。用薑片以蘸指，消其木舌。咽傷穀賊，佐牙消而蜂蜜和含。睛突努瘀，配冰片而燈心蘸點。水服而止鼻血，末擦而退牙疳。骨骾含噙而瘳，陰癀水塗而退。瘡瘍甚惡，必浸甘草、香油。勞瘵有蟲，宜丸硇砂、兔屎。先服而飲酒不醉，鮮毒而食物無虞。蓬砂甘味協鹹涼，止嗽生津喉痺良。破結消痰安噎膈，惡瘡骨骾用皆康。

石硫黃：稟純陽之精，結于火石。賦大熱之性，尊于四黃。味則含酸，氣則有毒。元氣虛冷將絕，用以救危。命門真火已衰，藉以補益。剜蘿蔔以裝製，用稻糠以燃煨。浮萍消其火毒，皂莢去其黑漿。使曾青為臣，而畏夫細辛、飛廉、朴消、鐵醋。化地霜為液，而解有豬血、鴨羹、黑錫、餘甘。金石鍛鍊不佳，修丹太烈。草木制伏為妙，入藥乃宜。固精髓而暖丹田，頑痺冷風悉去。益氣力而壯陽道，脇疼脚弱皆痊。盃號紫霞，濟水火而餘勞瘵。丹名金液，固真氣而治傷寒。玉粉丹填元臟之虛，黑龍丹解陰陽之毒。暑冷痞結，二氣可以和中。偏正頭風，如神能以止痛。通靈玉粉散，使腰膝之溫和。神妙朝真丹，備路途之暴泄。老人冷風之秘，配半夏而薑汁為丸。小兒吐利之疴，研水銀而薑湯以下。嘔瀉不止，傷暑者必加滑石，霍亂者必入胡椒。積痢不停，虛寒者宜合蓖麻，協熱者宜同蛤粉。和以炒麪，除下白之脾虛。引以艾湯，拯傷寒之陰證。冷氣積塊，焰消結而青陳皮偕。瘧疾多時，朱砂等而臘茶清下。鍾乳同驅風毒之脚氣，胡粉共止腎虛之頭疼。夜啼之兒，黃丹以助。氣血之鼈，老酒以吞。燒煙嗅而呃逆停，作撚焠而疣目滅。癧瘍為患，摩以酸醋，而黑附子末合搽。癩癘為災，調以香醪，而大風子油加飲。蕎麥和成餅子，施于惡瘡。七箸蘸插孔中，斂其毒癰。薄努肉而立退，罯痛鼻而即痊。巴石鉛華，偕塗紫風癮疹。檳榔片腦，並指赤鼻酒皶。聤耳則黃蠟作挺而安，卒龍則雄精裹綿而塞。手足心抹，去彼口糜。瘡疱上傅，收其陰濕。頑癬須溶銀罐，而兼用罐之蓋頭。蟲疥應入香油，而先熬油以雞子。煎水洗玉門之寬冷，研末愈陰蝕之痛疼。酸而熱毒石硫黃，燥濕誅蟲療惡瘍。補火回陽陰證用，持危救急是良方。

礬石：濇而具寒，酸而兼苦。《山經》呼為涅石，方士號作白君。最佳出自波斯，文有束鍼，狀如粉撲。未鍛謂之馬齒，鍊為柳絮，質似綿花。瑩潔之稱，則曰明曰雪。服食之品，則曰精曰華。使甘草而畏夫麻黃，惡牡蠣而制于灰藋。收斂則消除陰挺脫肛之惡疾，涌泄則吐下痰凝飲癖之熱風。解毒為功，燥濕是用。推車丸去水黃之腫，化痰丸定癲癇之風。產後不語言，則散有孤鳳。瘧來多寒熱，則丹有白龍。合作玉華，除暑傷之瀉患。制為巴石，愈氣分之痢疴。食少之冷勞，羖羊肝助。年老之脾弱，訶黎勒偕。醋麪以圓，而痢止赤白之色。沸湯以送，而胸舒霍亂之危。氣閉之中風，佐以牙皂。痰多之發嗽，配以建茶。清水煑而蜂蜜調，結胸之痰涎得吐。硫黃燒而朱砂入，反胃之嘔逆當停。異疾發斑，加滑石而清泉水煑。女勞黃疸，合消石而大麥粥調。浸踝而用熟湯，救壯熱之卒死。填臍而滴新水，解便閉之不通。脚氣衝者，煎沸汁以洗。心氣痛者，熬陳酢以吞。蠣粉酒飲止遺尿，桃仁葱浴能發汗。白沃在婦道，杏仁鍊蜜拌，而用為納腸。黃病在女人，橘皮化蠟丸，而引須滋血。空心醪下而安陰脫，甘草綿包而止陰疼。赤子胎寒，擂棗肉而人乳送服。小兒風疹，投熱醞而馬尾揾塗。燒枯灰而摻腫臍，和朱砂而搽鵞口。舌瘡不能吮乳，雞子同置醋而貼足心。舌膜必致啞喉，指甲刮出血而傅口內。木而腫強者，安共桂心。瘡為太陰者，含同生草。泡湯濯足，和其上壅下虛。裹嚼吐涎，治其牙疼齒碎。漱齦血煎以淨水，退牙腫伴以蜂房。點用綿鍼，去喉痺而除穀賊。搽加鹽末，開牙關而散懸癰。喉患乳蛾，溶汁煎巴豆，而但取礬以調醋。咽疼風熱，化水浸新磚，而更入廁以埽霜。臭口難聞，麝香以解。聤耳出汁，丹粉以吹。研枯末以止鼻紅，包豬脂以消息肉。白膜遮眼，入少蜂蜜而撥浮雲。努肉攀睛，納如黍米而流惡淚。銅青末泡，澄清湯而洗爛弦。甘草水磨，傅眼胞而除赤腫。眉脫丸以蒸餅，頭瘡和用酒漿。黃礬之丸，治夫癰疽發背。二仙之散，療其疔腫惡瘡。疔毒初生，煨葱白頭以擣丸，送之以淳酒。冷瘡成漏，飛五靈芝以作撚，蘸之以香油。寒食麪可傅魚口之毒瘍，諸畜肚能貼足臁之蟲蛀。陰瘡蝕而如臼，麻仁猪脂作膏。雞眼腫而作疼，黃丹朴消共末。煅枯摻甲疽陰汗，泡湯沃下濕漆瘡。牛皮癬擦以石榴皮，瘊子塊洗以地膚子。黃丹研傅金損，紬帕蘸熨折傷。毒中虺蟲，甘草和泉而服。螫遭蛇蠍，刀矛燒汁而搽。研而乾塗，能消壁鏡之毒。納而布裹，可安犬虎之傷。消蟲獸之殃，雄黃必用。解馬驢之汗，丹粉應加。配以建茶，吐腹中之蠱毒。盛以絹袋，粉腋下之狐騷。然其味多酸，久用則傷骨齒。而其功却水，常施則損肺心。白礬苦濇又多酸，滌熱消痰性自寒。燥濕殺蟲兼涌泄，生肌鮮毒惡瘡安。

綠礬：色綠而堪染皂，亦有深青。煅赤而為礬紅，又名為絳。味酸則涌，性濇則收。助脾土而益本元，制肝陰而入血分。如焰消之狀，而氣則涼。同礬石之功，而力差緩。能解毒而消積，亦燥濕而化痰。肝盛脾衰，伐木丸為妙。中滿腹脹，平胃散應加。鍋鍊用棗肉薑湯，食勞自退。醋鍛入平胃順氣，酒濕即消。脾病之黄，和以釜墨、當歸、米酒。血證之腫，丸以小麥、黑棗，酸醯。瓷器以煎，用苦酒，取柳梗攪膏，加赤脚烏而消食積。沙鍋以鍛，入青鹽，與生硫再鍊，加熟附子而治腸風。寒熱瘧，礬紅、獨蒜為丸，端午合而下以白水。嘔吐瘧，半夏、乾薑同末，發日服而送以醋湯。用麥麪作饅頭，新瓦煅而胃翻可愈。同巴霜入雞子，濕紙煨而便塞可通。婦道崩血不能停，輕粉佐而水泛。小兒疳氣不得療，苦酒淬而棗丸。螺螄、槿樹皮，搽常人之身癬。淡豉、水銀粉，傅稚幼之頭瘡。殺食土之蟲，豬膽取漿以和。治白禿瘡可愈。增油以貼，耳爛能痊。研摻以化瘍蛆，亦灌蜒蚰之入耳。泡洗以除風眼，亦出倒睫之拳毛。暴赤腫之睛疼，紅棗包煨，而熬河井水、桃柳心以點。臭田螺之肉突，白湯煎浸，而加雄硫黄、乳沒藥以搽。食鹽助濯甲疽，厚以罯而軟帛裹。汞粉協消狐臭，浴後塗而薑汁調。合薄荷烏頭，染其髮白。欲坧墁漆器，鍊為礬紅。綠礬性有白礬功，酸濇清涼亦略同。燥濕化痰消食積，閉喉明目殺疳蟲。

卷之三　草部一　山草類

甘草：外赤中黄，兼坤離之色。味濃氣薄，資土德之精。陰中陽，備升降浮沉之用。甘而緩，具和平補洩之功。利百脈而通入諸經，實能贊夫王化。主衆藥而協和群品，自不愧為帝師。大而徑寸者佳，結而斷文者上。忌豬肉而反夫海藻、芫花、大戟、甘遂。惡遠志而使以赤术、抱薊、乾漆、苦參。欲平用生，益脾胃而瀉心火。欲溫須炙，補真元而散表寒。統治九竅之邪，盡殺百般之毒。平胃養營潤肺，而肌肉能長，筋骨可堅。止渴下氣除煩，而經絡咸調，精血胥順。入調胃承氣，則下降自徐。入附子理中，則上升不僭。和衆品之寒暖，用之于小茈胡。解諸藥之毒氛，加之于大豆汁。鳳髓丹滋之以緩夫腎，建中湯補之以緩夫脾。凡人勞瘵為殃，有蓮心之飲。小兒欬嗽因熱，有涼膈之丸。炙豬膽以投，散肝風于月內。煨枳殼以助，通便閉于生初。胎毒預防，綿染吮而求其吐。口撮宜解，水煑汁而用夫生。中蠱者飲之而除，尿血者啜之而定。幼兒丸以煉蜜，大人煑以小便，並調體瘦之方。不欬佐以乾薑，久嗽和以童尿，皆救肺痿之法。赤白下痢，當蘸淡漿。怔悸傷寒，應烹淨水。礬石同咀而噍，療太陰之口瘡。崖蜜拌炒而煎，住少陰之咽痛。舌腫塞嘴，漱之以沸汁濃湯。肺熱疼喉，伴之以阿膠桔梗。潰堅湯，核堪軟散。國老膏，發可逐消。白麪好酥，外傅最效。墨鉛美醞，內服多功。取生而共井泉，以導瘍科之下閉。用熟而須新水，以化乳患之初堅。穀道起懸癰，長流炙而酒送。陰頭生瘡毒，蜜水炙而末塗。漬代指而止腫疼，濯下體而驅濕癢。湯火之灼，傅而熬以蜂糖。凍裂之傷，洗而搽以油藥。配夫花粉，安煩渴之痘瘍。合彼薺苨，解毒氛之飲饌。水菜誤嘗莨菪，服汁為佳。畜肉或中馬牛，煎醪亦妙。若夫節浸麻油而嚼，藥蠱之害皆消。節調米酒而吞，癰癤之微自散。頭可入夫吐劑，行血汙于脾胃，亦停稚子遺尿。稍足達夫下焦，去熱積于腹胸，並退莖中濇痛。然緩則壅氣，而甘則滿中。慎勿施于酒人，忌尤在于逆證。藥中良相尊甘草，升降浮沉補瀉通。普治百邪和衆品，頭稍及節亦多功。

黄耆：甘為味而平其氣，升可降而陰中陽。為手太陰、足太陰之經，直行氣分。亦手少陽、足少陰之藥，並入命門。使以茯苓，而惡白鮮、龜甲。呼為羊肉，而和神草、蜜甘。隴西者溫，宜療客寒之證。白水者冷，應投客熱之疴。助元氣而實皮毛，平督脈而壯筋骨。截瘧破癥止痢，通治乎三焦。和血定痛排膿，兼除夫諸毒。固亡陽之虚損，實為補劑之元。托欲潰之癰疽，洵屬瘡家之聖。填羸瘦，瀉陰火，可除寒熱于陽維。止帶崩，調月經，能逐風邪于子臟。止汗與夫滋補，以炙為佳。發汗及彼瘡瘍，以生為善。年老氣虚之閉塞，佐陳皮、蜂蜜與大麻。火伏勞役之慢驚，配粉草、人銜與白芍。木蘭去酒疸，而除懊痛。防風開口禁，而發語言。定其動胎，入川芎而煎糯米。止其吐血，加浮萍而引蜜薑。麪糊丸而黄連偕，腸風瀉紅可愈。參末拌而蘿蔔點，沙淋尿血能停。白濁風虛，鹽焙合茯苓之末。濕汗陰癢，酒炒蘸剛鬛之心。煎汁達小便之不通，煑水安肺癰之得吐。除瘡家之虛渴，(半)(伴)以蒸米飯，湯調國老而共吞。消甲際之潰瘍，用以熬豬脂，醋浸藺茹而同貼。土精、梅水、藕汁，以內固夫癢疽。人參、炙草、生薑，以保安夫險痘。然非虛證，反能耗夫真陰。如係實疴，又恐滋其邪氣。甘溫無毒重黄耆，助氣填虛

固來宜。滋補劑中須炙用，瘡瘍科內貴生施。

人參：生則背陽向陰，亦名鬼蓋。本則三椏五葉，更貴人形。散星采于搖光，得精靈于地氣。古推上黨，而江淮滁兖，其產皆非。今重遼東，而百濟高麗，其功則薄。含之走而無喘急，可驗其真。實其體而有中心，斯不為贋。多甘微苦，生涼熟溫。得土色而主浮升，入肺兼補夫脾胃。具陽性而藏清肅，助氣並益夫血陰。近根漆而是生，見風日而易蛀。使以茯苓、馬藺，而收以細辛、竈灰。惡夫溲疏、鹵鹽，而及夫皂莢、黑豆。大忌鑌鐵器，能動紫石英。反藜蘆之根，而胸膈之痰用之以涌。畏鷃鳴之屎，而月經之閉藉之以通。交泰之丸，能瀉陰經之火。生脈之散，足扶元氣之傷。勞瘵之病虛，吐血則用獨參，發熱則須愚魯。傷寒之證重，垂危則宜奪命，厥逆則進無憂。治中理中，化痞堅而善。溫肺清肺，隨寒熱而施。養營以治血虛，分消以除中滿。消渴之恙，玉壺丸服之而安。霍亂之疴，四順湯飲之而定。大建中平心胸之寒痛，四君子補脾胃之氣虛。陽絕陰虧，熬膏以救。氣升喘絕，調末以投。火蘊于肺金，宜補上焦之元，升麻以引。火熾于腎水，當滋下焦之本，茯苓以將。得麥冬而脈生，得乾薑而氣補。開心益智，豶豬肪和以醇醪。和胃消痰，半夏末丸以飛麪。薑汁、簟竹瀝，定胃弱之惡心。薑附、雞子清，降胃寒之滿氣。水穀不腐，配薑、橘與丁香、藿香。飲食不通，入粟米與蛋白、薤白。相火乘脾須黄蘗，結氣滯膈藉橘紅。加麥冬、五味、當歸，安氣怯之聞雷昏倒。配赤苓、朱砂、龍齒，化肝虛之夜寢魂離。短氣本于陽虧，薑宜生而附宜熟。傷寒感為陰證，薑則炮而附則生。煎共陳皮，解房勞之倦體。嚼同訶子，開肺熱之啞聲。止嗽化痰，調之以釃醋、明礬、白蜜。定欬住血，丸之以辰砂、薰陸、烏梅。鹿角膠、葱、豉、薄荷，共安欬之肺弱。側柏葉、假蘇、飛麪，同散血之內傷。衄血不停，采柳枝于寒食，而東流水吞。虛瘧發熱，擣椶角于端陽，而黄金石助。煑蜀當歸與豶猪之內腎，止自汗之怔忡。丸山慈姑與本土之茯苓，平風疼之筋骨。冷痢而氣逆多厥，輔以附、薑、粳米、丁香。虛痢而口噤不開，合夫蓮肉、黄連、井水。並赤苓、麥冬而除齒血，得黄耆、甘草而治瘡瘍。嗜酒而疽生胸，大黄末伴。熱飲而盲其目，蘇木湯調。同枸杞子煎汁而淋，治脇開之腸出。置桑柴炭燒研而摻，療狗咬之風傷。蜈蚣螫而嚼塗，蜂蠆傷而末罨。小兒癎疾，豭豬心血丸夫蛤粉、辰砂。童子脾風，冬瓜子仁煎以南星、虎掌。花粉清脈虛之喘欬，阿膠正驚後之瞳斜。虛利在老人，鹿角米湯以和。吐水在妊婦，乾薑地汁以丸。乳香、丹砂、薑汁、蛋清，救臨盆之横逆。當歸、糯米、猪腰、葱白，補既產之虛虧。不語宜蓮肉、菖蒲，祕塞應麻仁、枳殼。研細末而蘇木湯下，喘即可停。配桂荏而童便酒煎，血能不運。然脾有實熱，反閉氣而悶心胸。而肺有炎邪，每助勢而生脹逆。血虛火亢，投之坐致陰消。產後瘀凝，服之立覩喘發。故藥雖切要，滋補原自多功；而配貴得宜，施治必當詳審。藥中切要是人參，甘苦溫涼補肺金。益氣安神兼瀉火，添精止渴更強陰。

沙參：體輕虛而色白，味甘淡而氣寒。補陰以制火扶金，清肺而益脾滋腎。惡夫防己，反乎藜蘆。助氣補虛，止驚煩而除寒熱。排膿散血，消腫毒而愈瘡瘍。療胸痺與心腹之疼，安身癢及頭顱之痛。逐皮間之邪熱，醒脾而不使多眠。宣臟內之浮風，去痿而能停久欬。元冷情傷之帶下，米飲以調。陰莖小腹之疝疼，酒漿以送。沙參甘淡性微寒，補肺因而脾腎寬。嗽止驚除膚熱退，排膿長肉毒瘍安。

薺苨：根仿沙參，而其葉如杏。苗同桔梗，而有包似蘇。味甘而和中，厥功頗鉅。氣寒而利肺，為品甚良。服其汁而傅其滓，能消疔腫。配以桂而調以酢，可減皰瘢。清溫疾之熱狂，罨藥矢之傷損。明目而止疼痛，或煑粥羹，而或作虀葅。入藥而去毒氛，或為濃汁，而或研散末。生擣多服，壓丹石之將攻。水煑頻吞，解鉤吻之誤食。制腎中之熱，有猪腎湯，而為丸亦佳，並治強中消渴。殺蟲毒之蟲，宜隱忍草，而用根亦妙，皆除腹痛面青。嫩葉止欬嗽之氣升，新苗安腹臟之風壅。薺苨甘寒品自良，能消百毒治疔湯。和中利肺兼明目，止嗽除風定熱狂。

桔梗：氣具和平，得西方之色。味兼辛苦，為陽中之陰。氣血藉以開提，藥石用為舟楫。主手太陰之肺氣，行足少陰之腎經。忌猪肉而伏信砒，解蔹味則以白粥。畏白及以至龍膽，為使令則有節皮。功效不同，自與薺苨而異用。升提為性，可引大黄于至高。開痰火之伏邪，則欬嗽之乾不作。清肺金之鬱氣，則積痢之痛全捐。解恚怒而使肝平，必偕牡蠣、遠志。和陰陽而消腹脹，宜合薑半、陳皮。石膏、焰消助治傷寒之證，貝母、巴豆佐舒實結之胸。安喘急而豁痰涎，童尿以煑。利心胸而消痞滿，枳殼以匡。甘桔湯調寒熱而療諸疴，則肺癰咽疼悉愈。如聖湯應加增而隨各病，則發斑疫毒胥瘳。吐衄便紅，研之為末。咽喉毒痺，熬之為湯。茴香燒而研傅，去牙疳之

爛。棗肉丸而裹咬，散骨槽之風。齒䘌者宜共薏仁，睛痛者應同黑丑。米飲以送，逐打擊之停瘀。醇酒以衝，止蠱傷之下血。中惡之孕婦，清水煎而薑片加。客忤之小兒，米湯下而麝香服。桔梗須知苦帶辛，藥中舟楫辨宜真。升提氣血消痰喘，口舌咽喉用自頻。

黄精： 坤土之精，太陽之草。味多甘美，性則和平。類則並夫菌芝，供仙家之珍品。色則受夫戊己，助脾分之靈根。土氣能滋，水火因而既濟。黄宮得理，木金于以相交。所忌惟梅，相和宜豆。三尸可下，則駐顔辟穀，而百病不生。五臟獲安，則氣益中寛，而諸邪自去。髮白更黑，肌肉見其充盈。齒落復生，骨髓知其堅實。治大風之癩，溪水洗而粟飯蒸。變衰老之容，陰處乾而清泉服。擣同枸杞，填精以補虚。丸以蔓青，益肝陰以明目。黄精甘美性和平，益氣寛中補髓精。善下三尸安五臟，仙家服食自長生。

萎蕤： 味甘而不燥不寒，氣平而能升能降。葉皆垂下，象竹而光瑩。根則生横，多鬚而柔潤。蒸宜蜜水，畏夫鹵鹹。調血氣而主聰明，潤心肺而除煩悶。風溫自散，則自汗身重皆安。時疾不侵，則結氣頭疼皆去。跌筋結肉，力可舒之。便數精遺，功能止之。退女子黑斑面䵟，驅男人濕注腰疼。可代參耆治虚勞而除痁瘧，必偕漆葉暖腰脚而潤肌膚。客熱口乾者，飲汁而除煩止渴。中風濕毒者，為丸而導氣强筋。炙草、犀角同煎，解乳石之發熱。滑石、蕉根並煮，清小便之卒淋。小兒癇後多虚，配投而愈。丈夫酒餘苦唾，取服而痊。當歸、赤芍、黄連，洗目紅之澁痛。薄荷、生薑、白蜜，去眼黑之昏花。甘平玉竹主風淫，益氣和中潤肺心。一切虚勞咸可服，若還重用代耆參。

知母： 純陰沉降之能，大苦辛寒之品。清肺金而瀉火，兼入陽明。潤腎燥而滋陰，主行氣分。制蓬砂與鹽而使伏，得黄蘗及酒而尤良。療有汗之骨蒸，解無津之口渴。益其真水，陽自化而陰自行。遏其虚炎，煩則除而躁則退。治傷寒與久瘧，消脇氣與内疽。邪熱能清，則心涼而無驚悸。虚勞既補，則體實而去腫浮。咽喉滌藏臭腥，膀胱免其乾涸。酒漿浸而炒燥，使之上行。鹽水潤而焙乾，引而下達。停飲嗽痰之證，巴貝佐末，而用蘸生薑。久欬喘氣之疴，杏仁同煎，而更丸萊菔。棗肉擣而參湯下，安藥誤之子煩。蜂蜜丸而粥飲吞，止孕中之腹痛。辟射工溪毒，擂而帶其葉根。去紫癜風斑，搽而磨以米醋。燒研可施嵌甲，服多則致洩腸。性寒知母苦兼辛，瀉火滋陰肺腎珍。消渴骨蒸邪熱逐，傷寒瘧痢躁煩清。

肉蓯蓉： 味甘而帶鹹酸，性溫而無毒厲。羌中推為第一，陝地産則少差。究其所生，大木間與土塹上。察其作偽，金蓮根及松樹稍。補命門相火之虚，入血分腎經之藥。療婦人陰絶不産，與夫崩帶癥瘕。治男子陽絶不興，及夫泄精遺瀝。壯陽道而綿子嗣，又可延年。養臟氣而長肉肌，更能止痢。腰膝之冷疼得暖，膀胱之邪氣自除。證患消中，入五味、山萸，而吞宜鹽酒。虚生白濁，加鹿茸、芩藥，而下以棗湯。合鱓魚而黄精汁丸，强筋健髓。配羊肉而粟米粥煮，補火益精。虚老便閉而汗多，入沉香以麻仁汁擣。破傷中風而口禁，置小盞以火燃煙熏。然白膜不除，則能隔而上氣。若峻補驟用，則反動而滑腸。治腎固自有功，妨心亦當知戒。鹹酸甘味肉蓯蓉，性具微溫毒不容。腎水能滋相火補，壯陽益髓可傳宗。

鎖陽： 比鱗甲而連筋脈，咸云蛟龍野馬之遺精。性甘溫而狀男陽，實産韃靼肅州之田地。養筋為用，補陰為功。類等蓯蓉，而功力則倍。作為糜粥，而補益彌佳。潤彼胃腸，則大便利而燥堅自解。填其精血，則陽道興而痿弱胥痊。性具甘溫是鎖陽，補陰能令骨筋强。益精治痿扶虚弱，潤燥還堪利大腸。

赤箭天麻： 名稱神草，類屬靈芝。性陽而具乎陰中，味辛而含夫溫氣。為肝經之藥，開竅為功。主氣分之行，定風為用。勞傷能補，使肥健而長陰。筋力可强，免拘攣而舒暢。去其濕痺，則血脈皆通。止其癎驚，則語言得遂。消痰涎而頭清目爽，除煩悶而膈利胸寛。鬼精蟲蠱之災，用之以殺。寒疝腫癰之患，施之以消。無燥而奪血之虞，有潤而助陽之效。清頭顱之掉眩，川芎鍊蜜同丸。安腰脚之痛疼，半夏細辛共熨。莖名赤箭，有自表入裏之功。子曰還筒，有益氣固精之用。天麻辛味向肝行，專治諸風定震驚。開竅長陰通血脈，腫癰寒疝悉能平。

朮： 産于吳越，狀似鼓槌。氣薄而溫和，味厚而甘苦。可升與降，為陽中陰。手太陽、少陰為經，亦入太陰、陽明、少陰、厥陰之足。用防風、地榆為使，而忌桃、李、菘菜、青魚、雀肉之儔。潤以人乳漿，制其性以調胃。炒以陳壁土，得其氣以助脾。長肌肉而去風寒，消痞滿而增飲食。生津止渴，斂彼虚陽。逐水消痰，除其濕痺。痃癖癥瘕自散，霍亂吐逆胥安。平衡脈而臍腹不疼，利小便而足脛去腫。寛中丸解客寒之脹滿，倍朮丸消飲癖之停留。膏

配人參，補損而扶元氣。丸同枳實，強胃而化痞堅。頭內忽旋，入米麴以共擣。心下有水，偕鵠瀉以為湯。中風則煎酒以投，並舒骨痛。下痢則熬膏以補，亦止濕痰。合大棗而退腫肢，煮小麥而收虛汗。炒以牡蠣、麩耆、石斛，除盜汗之脾虧。拌以棗肉、糯米、茯苓，定久瀉之腸滑。破腹因于暑濕，末共車前。瀉血至于痿黃，丸同熟地。丁香、半夏療洩久之童，山薊、松腴治土衰之叟。老小脾滑，黃土炒而加山藥，更助人參。婦女血虛，甘草合而益芎苓，還須薑棗。水酒薑定停中嘔逆，澤瀉薑解產後中寒。安胎則藉黃芩，束胎則須枳殼。酒服而除風瘙癮疹，醋漬而拭面鼾雀斑。髓溢而齒長，煎湯以服。心煩而膈悶，取水以調。白朮溫和苦復甘，驅風去濕更消痰。小腸脾胃心肝腎，五部經中盡可探。

蒼朮：燥而重溫，甘而辛烈。紫花而色蒼黑，白肉而有油膏。秋采者佳，茅山者勝。能升與降，為陰中陽。主手足之太陰、陽明，而小腸亦入。同白朮之主治忌使，而治濕更靈。糯泔浸而去其油，脂麻炒而制其燥。發汗開鬱，暖臟安脾。逐風寒，驅濕痰，而死肌亦去。散疫癘，辟嵐瘴，而邪氣不侵。散結寬中，而化痃癖癥瘕之患。消穀增食，而無霍亂嘔逆之虞。留飲瘀血之窠囊，投之而泯。帶下精遺之滑泄，得之而停。元臟久虛，固元丹妙。精髓不足，靈芝丸佳。丸坎離而食進陰滋，丸交加而水升火降。養脾助胃，則有固真。益腎補精，又為不老。交感丹令人有子，少陽丹返老還童。燥脾濕而去骨蒸，熬膏多效。禦百邪而充六府，作煎有功。合之為丸，八製者順氣疏風，四製者清上實下。治之為散，六製者補虛消疝，二製者明目壯筋。欲解虛寒，米麴為匡，而別宜用引。欲求輕健，茯苓為佐，而更取點湯。惡痢配以桂椒，暑泄偕以神麴。食少面黃之證，佐熟芐、乾薑。水瀉腹痛之痾，宜增桂苓、白芍。拌麻醬以暴末，強骨而益陰精。煎濃汁以熬膏，化濕而安身痛。腸風瀉血，浸以皂角之漿。脾濕便紅，合以地榆之片。熟地補虛而和血，木賊去澀而明睛。雀目青盲，入豬肝而粟烹熏食。腫牙風齒，浸鹽水而火鍛研揩。蒸餅丸而粥飲吞，治生米之嗜食。濃汁浴而麝香服，臍水之成蟲。逐彼陰邪，平胃散多用。辟其惡氣，豬蹄甲同燒。冢膽盛而解嬰之目澀不開。羊肝圓而化童之腹堅成癖。然消證用之而更渴，而血少加之愈枯。痰火懼其益熾，燥乾因而彌澀。茅山蒼朮味甘辛，燥濕寬中足固真。辟瘴除邪清眼目，散風發汗更生津。

狗脊：其氣微溫，其味多苦。或黑色而如脊骨，或金毛而似狗形。並益腎肝，皆入藥餌。使以萆薢，而惡敗醬、莎草之不和。頗利老年，而治男子女人之諸疾。續筋而舒俛仰痛，補虛而除眼目昏。腿膝重痠，能以安其步履。背腰緩急，足以活其機關。精氣充而失溺不生，寒濕去而毒風自止。鹿茸丸療室女之白帶，四寶丹施丈夫之風痾。強骨固精，內服以伏神歸志。節食養胃，足洗以熱汁濃湯。苦溫狗脊腎肝強，寒濕風邪盡可當。健骨續筋俛仰利，傷中少氣用皆良。

貫眾：皮黑而肉赤，冬亦不枯。味苦而氣寒，性則有毒。本叢而生近水陰山之處，根曲而有芒鬚尖嘴之形。似彼鴟頭，反藿菌而使赤豆。伏夫鍾乳，化五金而制三黃。鍊汞結砂，殺蟲解毒。大治產餘之血氣，善破腹內之癥瘕。去頭風而散熱邪，止金瘡而消斑疹。配為定嗽，以安吐膿血于多年。製作快斑，以發出痘瘡于夏月。鼻衄吞以淨水，便紅送以米湯。醋炙施產血之過多，亦停帶下。酒煎療赤痢之不止，並定崩中。便毒和醞而投，漆瘡調油而抹。包含同砂仁、甘草，消雞魚骨之鯁喉。煮漱合冰片、黃連，解輕粉毒之齲齒。欲除白禿，香芷共末而油勻。可救荒年，黑豆偕烹而日暴。貫眾微寒苦味充，善除骨鯁殺三蟲。婦人血氣真能治，有毒還將腹毒攻。

巴戟：甘而無毒，辛而微溫。山谷所生，蜀中為上。連珠多肉而厚者勝，中紫微白而暗者真。應去其心，須浸以酒。入腎經之血分，而虛損者宜加。惡丹參與雷丸，而覆盆子為使。強筋骨，填血海，增志益氣而和中。補五勞，驅大風，滋陰添精而安臟。消腹胸之水脹，去頭面之遊風。癩疾者投之而安，痿證者服之而起。夜夢鬼交精洩，用此收之。陰莖小腹氣疼，以此解之。枸杞浸而菊花煮，乃炮製之良方。糯米炒而大黃丸，治酒傷之脚氣。溫共甘辛巴戟天，大風邪氣賴安痊。強筋壯骨扶陰痿，入腎能教血海填。

遠志：味苦氣溫，葉黃花赤。入腎經之藥，主氣分之行。得龍骨、茯苓、冬葵子而良，遇藜蘆、蜚蠊、齊蛤珠而畏。苗則名為小草，古亦兼收。心則服而悶煩，今宜捶去。治健忘而安魂定魄，令人不迷。益智慧而明目達聰，使精自足。止中傷之欬逆，去腎積之奔豚。利竅驅邪，壯陽倍力。定心氣而除膈塞，驚悸止者神安。長肌肉而去面黃，皮膚潤者熱退。救小兒暴亡之客忤，解婦人血禁之失音。逆氣之痺疼，合細辛、椒薑、桂附。小便之赤濁，同甘草、益智、雲神。嗃鼻以去頭風，吹喉以除咽痛。調之以酒，消癰疽

喉乳之疴。煎之為湯，殺烏附、天雄之毒。多忘善誤，丁酉日密市而自研。坐在立亡，二十年常吞而不輟。苦溫遠志腎經行，益智安心精氣生。鮮毒治瘍功有效，且教耳目得聰明。

淫羊藿：性溫無毒而色紫，味甘微辛而氣香。為四肢陽明之經，乃三焦命門之藥。名有剛前、放杖，使為薯蕷紫芝。得米酒〔而〕良，炒羊脂而善。益精利便，陰莖痿痛可捐。強志舒筋，肢體攣拘可愈。老年昏耄，中歲健忘，能使精神復振。男子陽衰，女人陰絕，足教嗣續重綿。驅冷風勞氣之疴，消瘰癧赤癰之恙。無灰酒浸，理腰膝而却偏風。威靈仙偕，治痘疹而撥花眼。嗽氣之逆，配五味、覆盆而丸蜂蜜，送以薑片清茶。雀目之昏，合射干、蠶草而入羊肝，煮以米泔黑豆。王瓜佐除膚瞖，淡豉助去青盲。口中牙齒虛疼，漱之以汁。下部蟲瘡作癢，洗之以湯。甘溫氣味淫羊藿，大補三焦並命門。勞氣冷風咸可散，益精強骨退睛昏。

玄參：清肅而不濁，鹹苦而微寒。乃藥部之樞機，管領氣分，為腎經之君劑。用壯水源，性反藜蘆。忌經銅器，惡夫乾薑、大棗，及夫萸肉、黃耆。散血填精，滋陰利便。治婦人產乳餘疾，療男子浮火無根。清陽毒之傷寒，而心下除其煩懊。固真陰之失守，而胸中解其虛炎。消積聚與堅癥，驅傳尸與溫瘧。下水安其煩渴，支滿不生。散熱定其狂邪，骨蒸自退。配甘松灰末而同蜜罯，燒而熏五臟之虛勞。佐川連、大黃而用蜜丸，服而驅三焦之積熱。偏墜疝氣，炒為丸而酒吞。項癧鼻瘍，生取擣而末罨。漬以米酒，散漏瘻而愈鼠瘡。湯合升麻，解斑毒而痊咽痛。急風結為喉痺，新水入大力以調。赤脈貫于瞳人，泔汁煮猪肝以蘸。玄參味苦性微寒，專治無根火上干。消癧退斑清燥渴，咽喉目鼻盡能安。

地榆：性陰沉降而下行，氣寒苦酸而俱薄。獨司血分，專主下焦。得髮則良，而麥門冬是惡。丹砂受伏，而雄硫黃亦然。下稍能使血行，上截可教血止。益膽氣，明眼目，並補五漏七傷。調月經，住帶崩，統治胎前產後。既消酒而解渴，亦收汗而除疼。散夫諸瘻惡瘡，去彼下元積熱。療多年之血瀉，鼠尾草匡。施久病之腸風，茅蒼朮佐。煮以米醋，吐紅可定，亦痊婦之漏傷。煎似糖餳，下痢能停，兼愈兒之疳積。蓄熱赤痢，必須羊血捻頭。痛腹結陰，還藉砂仁、炙草。釀酒足驅風痺，熬膏用貼金瘡。代指腫疼，浸之以汁。面瘍濕毒，洗之以湯。為末而以服以傅，解被傷于虎犬。擣漿而以吞，以漬消遭毒于蛇蟲。采葉作飲而代茶，燒灰入水而爛石。然功專斷下，血痢實熱者宜。而性主陰沉，水瀉虛寒者禁。酸苦微寒有地榆，下焦血熱正相須。漏崩吐下皆能定，赤痢腸風盡可驅。

丹參：皮丹肉紫，味苦氣平。主降為陽中之陰，入心共包絡之血。畏夫鹽水，反乎藜蘆。兼四物之功勳，為婦科之聖劑。破宿血，補新血，癥瘕積聚全消。安生胎，落死胎，帶下崩中亦止。養營益氣，育子調經。去骨節之風邪，拘強酸疼皆愈。除心胸之結氣，熱溫狂悶皆安。止痛排膿，消惡瘡與腫毒。通關利脈，定眼赤與頭疼。日曬服，治產後胎前。酒漬飲，療風痺足軟。孕墮血涌，煎以醇醪。疝冷陰疼，調以美醞。豬脂熬而偕芷、芍，消乳癰于婦人。豕膏煮而佐雷丸，定癇驚于稚子。兒童拘急，必同鼠屎以吞。油火灼傷，宜共羊油以抹。丹參平苦入包心，養血安神大補陰。去宿生新兼散結，帶崩胎產見功深。

紫參：苦寒之品，厚氣味而性陰沉。肝臟之經，色紫黑而行血分。辛夷是畏，牡蒙為名。九竅能開，二便能通。而清胃腸之大熱，吐衄可止，閉瘀可散。而去心腹之脹堅，解渴添精，補虛益氣。狂瘧溫瘧，用之而痊。金瘡毒瘡，施之而愈。腹邪自退，脚腫全消。下痢之災，必須合夫甘草。吐紅之證，尤宜配以參膠。烏啄丸治婦女之腸覃，五參丸化面顏之酒刺。氣寒味苦紫參名，性向肝陰血分行。瘧痢全除吐衄止，生肌定痛腫癰平。

紫草：味甘而兼鹹，氣寒而無毒。主乎血分，入心包絡與肝經。忌夫人尿及驢馬糞與煙氣，功能涼血活血，力通大腸小腸。消脹滿而安腹心，治惡瘍以及瘑癬。利夫九竅，去夫五疳。散身熱之火黃，木香、連藍共服。通便澀之痘毒，栝樓、新汲相煎。胎孕既生，而小腸病淋，調以井華之水。天花初起，而大臟不利，泡以百沸之湯。和臙脂而配雄黃，挑點黑疔而極妙。助陳皮而加葱白，預解痘毒而多功。白禿煮汁以塗，蟲毒熬油以抹。然大寒成性，故凡血熱毒盛，痘出而紫黑者，用之始宜。而作瀉難堪，若使白陷脾虛，紅活而便通者，在所切忌。甘鹹紫草氣多寒，血分行來包絡肝。疹痘瘡瘍稱要藥，脾虛便利不宜餐。

白頭翁：氣厚而溫，味薄而苦。可升與降，為陰中陽。堅夫腎而補其下焦，良于酒而使以豚實。化癥瘕而消癭癧，解腹痛而止鼻洪。溫瘧能停，而猖狂不作。金瘡可療，而瘀血不留。善使目明，兼安齒痛。驅其風氣而百

節腰膝除疼，傅彼頭瘍而白禿氈腥悉愈。溫筋退腫，用研罨夫陰癩。逐日止疼，亦擣塗夫外痔。熱痢而多重後，秦皮、連、蘗同施。毒痢至于腫喉，末香、連、泉並用。苦溫堅腎白頭翁，毒痢陰癩最有功。截瘧破癥兼逐血，氈腥白禿愈孩童。

白及： 味辛而苦，為陽中之陰。性濇而收，得秋間之令。主乎血分，入乎肺經。使以紫石英，而惡夫理石； 畏彼杏李核，而反乎烏頭。除鬼擊之賊風，驅胃中之邪氣。清其結熱，而赤痢溫瘧皆瘳。收其緩痱，而陰痿癇驚亦愈。去痔瘻與疥癬，止血殺蟲。消瘰癧與癰疽，生肌定痛。結癥可散，赤眼能除。絹裹而川烏加，可收陰脫。蜜丸而榴皮佐，能止心疼。肺熱鼻紅，津和塗山根之上。重舌鵞口，乳調傅足底之中。水澄而厚紙攤，貼疔瘡腫毒。研末而石膏助，摻刀斧金傷。湯火灼爛和以油，手足皸裂勻以水。酒漿以服，骨折可聯。米飲以吞，肺虧可補。吐血試之于水，則有浮沉半之殊。施藥取之于羊，則有肺肝心之別。苦辛白及濇而收，瘧痢瘡瘍效並優。止痛生肌除吐衄，縱然肺損亦無愁。

三七： 味似人參，甘而微苦。形同白及，結而多溫。入陽明、厥陰之經，而主血分。產廣西、南丹之地，而出番中。力可散瘀，功能定痛。米飲送而除吐紅衄血，八核湯入之皆宜。白酒下而止崩漏腸風，四物湯加之亦妙。欲停熱痢，服以米泔。欲退赤睛，圍以濃汁。產後用方寸匕，可安惡露過多之虞。杖前服一二錢，則無瘀血沖心之患。癰發而無名腫痛，磨醋以塗。金損而出血淋漓，嚼滓以罨。服末解蛇傷虎咬，擣葉傅骨折肉青。三七溫甘苦味輕，厥陰血分與陽明。金瘡杖撲同癰腫，吐衄崩中盡賴平。

黃連： 吳蜀皆生，而雅眉為上。氣味俱厚，而寒苦為功。為陰中之陽，可升可降。入心經之藥，能燥能清。使以龍骨、理石、黃芩，而畏欵冬、牛膝。惡夫芫花、白鮮、馥草，而及冷水、菊、蠶。解巴豆而勝夫烏頭，忌豬肉而比于黃蘗。潤肺益膽，調胃厚腸。去脾邪之吐酸，止肝邪之脇痛。七情聚而能散，六鬱結而能舒。去腹中濕熱火邪，使無壅滯。消心下痞滿煩悶，令無悸驚。生用以瀉心經，土炒以消食積。清其肝膽，虛實殊而米醋、豬膽分施。治其三焦，部位別而薑、酒、鹽(消)〔稍〕異用。氣分之濕熱，炒以茱萸湯。血分之伏炎，焙以乾漆水。瀉心湯散少陰之熱實，左金丸降肝分之火炎。心腎欲交，官桂佐而入蜜。痞滿宜散，枳實合而為湯。丸以蜂糖，消濕熱之成水。末同細理，止陽毒之發狂。心內卒痛用清泉，節中蘊熱須童便。淳醪以煑，暑伏當清。美醞以蒸，渴消可解。冬瓜露浸暴，大麥湯引，退作蒸之骨煩。栝樓根伴研，地黃汁圓，治如油之尿數。滑石五苓散，夢遺應偕。松腴補骨脂，白淫是助。血吐豉煎而服，食瀉蒜擣而吞。病泄分水脾，則有香黃之散。下血因酒熱，則有聚金之丸。變通丸療諸痢腸風，戊己丸安濕痢腹痛。專除裏急後重，薑連散佳。統治大人嬰兒，香連丸妙。九盞湯兼施冷熱，四治丸足去積疳。配烏梅而蠟蜜圓，傷寒可散。益當歸而麝香助，毒熱能清。暴作之痾，芩根共安水煑。久下之患，鹽梅同入瓶燒。人參煎而口禁開，豬腸擣而臟毒解。痔血發于酒毒，煑以醇醪。痔形似夫雞冠，傅以赤豆。枳殼協通祕結，冷水調抹脫肛。腫痛作毒癰，合檳榔而勻蛋白。瘡瘍屬心火，君當歸而佐甘芩。男兒乳和輕粉、槐花，裹帛熨爛弦之眼。臘雪水煎當歸、白芍，乘熱洗滯血之睛。點癢痛之眥，浸須人乳。撥翳雲之障，丸以羊肝。漬濃汁以拭淚流，煎冬青以洗暴腫。齒牙痛為末以摻，口舌瘡熬酒以含。入豬肚而爛蒸為丸，殺疳蟲于稚子。取蜂蜜而濃湯和服，止痢下于幼兒。解胎毒灌之于生初，退眼赤塗之于足底。細末以傅月蝕，而䘌鼻者先洗以淅米泔漿。蘆薈以治口疳，而走馬者更增以蟾灰黛麝。童子食甘土塊，和以黃泥。孕婦兒哭腹中，飲以濃汁。粥湯以送，安懷妊之子煩。米醞以投，定因驚之胎動。破傷風酒烹而入黃蠟，巴豆毒水調而益乾薑。然苦入心而反致熱生，久服伐沖和之氣； 且味益陽而每從火化，過劑有偏勝之虞。實熱病久者宜，虛寒患深者忌。大寒大苦是黃連，瀉火清心毒痢痊。消痞治瘍驅濕熱，厚腸明目不虛傳。

胡黃連： 味苦氣平，乾而似楊柳枝者是。外黃心黑，折而如煙塵出者真。忌豬肉，恐漏人精。制巴豆，能除毒性。菊花、玄參、白鮮是惡，肝膽、胃腸、腰腎是行。理霍亂熱煩，亦清五痔。去傷寒欬嗽，并治三消。驅溫瘧與骨蒸，痓果積與陰汗。小兒風癇寒熱，能以安之。婦人胎火虛驚，可以定之。山巵為佐，療勞復便赤之痾。地黃以匡，救吐衄血亡之證。五心熱而煩躁，服之以米湯。大腹痛而痢紅，丸之以飯糊。同靈脂用雄豬膽擣，幼兒腹脹能消。與川連入胡瓜腹煨，稚子疸黃可退。冷熱不調而疳瀉，佐炮薑而甘節湯吞。潮熱頻作而汗淋，配茈胡而蜂糖丸下。治赤睛之用清茶，和而塗手足之心。為明目之功，人乳浸而點眶眥之內。鵞膽汁勻傅腸痔，穿山甲伴罨癰

疸。胡連平苦性中該，能治三消五痔災。清熱除煩停瀉痢，癎驚疳積利嬰孩。

黃芩：苦而多寒，黃而帶綠。氣厚味薄，為陽中之陰。下降上升，乃血分之品。入三焦與膽肺，兼大腸與心脾。反乎藜蘆，而使山茰、龍骨。惡夫葱實，而畏朱砂、牡丹。片芩則中枯而飄，瀉肺以利氣消痰，除風熱而清肌表。子芩則細堅而實，瀉腸以養陰退火，滋化源而補膀胱。有宣泄之功，故下通便祕。有升浮之性，故上止頭疼。消穀逐水而疸痊，散毒排膿而癰愈。涼血海而調經閉，清實火而去喉腥。可息奔豚，能教宣暢。三補丸療五臟積熱，三黃丸治四季虛陽。氣分火燎者，清金丸妙。腹中痞滿者，瀉心湯宜。退寒熱應用茈胡，停痢下當加芍藥。桑白皮泄夫肺火，豬膽汁清厥肝炎。腹痛之疴，必得黃連、厚朴。酒慾之過，還藉甘草、木通。水煎止吐衄血淋，酒浸安正偏頭痛。瞖生由厥陰之熱，配淡豉而裹豬肝。眶疼因風火之痰，合白芷而調茶飲。生卮、黃連、蘗，解躁渴之毒疔。小豆、白斂、耆，去腫潰之鼠瘻。灸瘡血湧須醪炒，火丹毒發用水塗。稚子驚啼，末同神草。產娘血渴，煎共麥冬。霹靂酒定其崩中，芩心丸斷其經水。欲求有嗣，五味子、牡蠣應偕。欲得安胎，六神麴、山薑是助。黃芩寒苦利三焦，濕熱風痰欬嗽消。瀉火清肌枯得力，安胎止痢必須條。

秦艽：氣則小溫，升而能降。味則多苦，陰而微陽。文交糾而左轉者為良，色土黃而帶白者為善。乃腸胃之主藥，亦肝膽之兼行。使則菖蒲，畏則牛乳。益膽氣而除寒濕，治胃熱而益虛勞。養血榮筋，而肢節之疼即愈。驅風利水，而大小之便皆通。去牙病與口瘡，解腸風與頭痛。米醖浸而絞服，消傷酒之疸黃。葵子佐而研投，救轉脬之腹滿。妊娠之胎動，合阿膠、艾葉而糯米同煎。煩熱之急勞，入甘草、茈胡，而白湯以送。牛乳並用，安傷寒煩渴，而初生之背發亦宜。炙草同施，解暴瀉燥乾，而稚子之骨蒸亦治。研為細末，自可合夫潰瘍。用彼右文，則恐發其脚氣。秦艽味苦氣微溫，養血勞筋效可論。濕熱風寒皆却去，骨蒸攣急疸黃吞。

茈胡：銀州為上，北地亦良。苦寒而氣味俱輕，上升而表裏皆半。主經氣與臟血，入少陽與厥陰。却退惡寒，前行惡熱。和中寓散，陰中有陽。畏女菀以及藜蘆，使半夏而惡皂莢。引胃騰以行春令，除心下之煩。驅肌熱以愈虛勞，宣胸中之滯。潤心肺，平肝膽，推陳致新。添髓精，和胃腸，逐邪扶正。安胎產而調月信，則無熱入血室之虞。治疹痘而去積疳，則少毒蓄中宮之患。散氣凝血聚，癰瘍恃為神功。消髓熱骨羸，勞瘧用為聖劑。得黃連而行心包肝絡，得黃芩而走三焦膽經。血證投以雞蘇之丸，肝火達以逍遙之散。入秦艽、丹皮四物，可以調經。佐廣茂、巴豆、三稜，能以去積。治傷寒餘毒，甘草同施。退濕熱發黃，茅根再助。配丹砂而丸豬膽，消骨蒸之渴煩。加薑棗而合人參，解虛勞之邪躁。熱積痢下，煑黃芩酒水而冷吞。目暗睛昏，和決明乳漿而久抹。犯火則無效，浸酒則上升。稍入藥而行于中下之焦，苗取汁而滴夫聾鳴之耳。然邪氣盛者必實，投之自寬。而真氣奪者多虛，服之則斃。冷邪在表，用之反因性之寒苦，而引邪入于少陽矣。逆氣作嘔，施之又因性之升提，而引氣益其喘息矣。茈胡寒苦產銀州，能引清陽向上遊。在臟在經兼氣血，瘧家疸癰用皆優。

前胡：皮黑肉白者真，氣香味濃者美。具甘苦辛寒之性，入陽明、太陰之經。主降而陰具陽中，入藥而使夫半夏。惡者皂莢，畏者藜蘆。績在消痰，破結癥于心腹。長于下氣，寬痞滿于脇胸。安霍亂之轉筋，清悶煩之【缺】。

〔防風〕：【缺】童便煎而入南星，善解破傷風中。潤老人之祕濇，合枳實、甘草而送白湯。塗稚子之解顱，同白及、柏仁而調乳汁。蒲黃酒漿麪糊，止女血于崩中。歸芍白石餘糧，治婦風于子臟。然叉尾者動諸痼疾，而叉頭者令人發狂。雖性升瀉肺陰之實邪，而誤用損上焦之元氣。防風溫散味辛甘，勝濕追風脾胃探。更主肝陰行氣分，太陽經證亦須条。

獨活：辛苦而甘，溫平而細。氣味俱薄，升浮為陽。入足少陰之經，為行氣分之藥。使須蠡實，佐或細辛。定眩運而息奔豚，除喘逆而痓勞損。瞖內伏風得發，止痛于頭顱。足間濕痺皆驅，自安于步履。皮膚停其苦癢，肢節散其攣拘。癇痓疝瘕，于焉不作。癰疽瘀滯，由此皆消。救口禁于中時，酒煎而投于炒豆。治風虛于產後，水煑而助以鮮皮。同懷地黃退風牙之腫痛，偕羌松骨舒歷節之痠疼。神凝中實者宜施，燥勝血虛者莫服。獨活甘辛苦味充，少陰頭痛力堪攻。攣拘手足能舒轉，皮癢牙疼盡奏功。

羌活：產于西羌，稱為胡王使者。貴夫紫色，求必鞭節蠶頭。薄而升浮，溫而辛苦。為陰中陽之品，有下達上之功。本主小腸、膀胱之經，行亦入腎臟、肝家之氣分。能却亂而反正，洵非主之優柔。善引氣而充身，實足尊

之君上。小無不入，大無不通。散客肺之風寒，失音而艱澁。逐中身之水濕，不遂而痠疼。用其剛強，血癩喎斜皆去。逞其雄壯，伏梁痛痺俱除。與獨活相同，而經絡之行各異。與獨活一類，而剛劣之體自殊。彼為溫表之施，性陰而濁，行血以養衛營之氣，故斂而能舒。此則解表之用，性陽而清，行氣以散營衛之邪，故舒而不斂。白礬、牛蒡，灌之而喉閉能開。紅豆、防風，嗃之而頭疼自解。癱瘓不時而發，構子相研。關節不利而痠，川芎並用。萊菔子炒，消浮腫于孕中。米酒水煎，救中風于產後。腹痛與產腸脫出，酒煑而吞。肝脹至睛黑下垂，水熬而飲。羌活溫辛苦味俱，太陽發表汗沾濡。風寒水濕無相搏，利節通關痛盡驅。

升麻： 微寒而甘苦，純陽而升浮。入胃之經，行脾之藥。却邪扶正，去風熱于極頂之巔。定魄安魂，升清陽于至陰之下。或房勞醉飽而真陰下沉，或元氣內傷而脾虛陷遏，或常泄墜氣，或久痢脫肛，皆當升提為用。或痘瘡因風而未能透達，或斑疹內隱而不得發舒，或毒癘時行，或瘡瘍黑變，尤宜表散為功。引人參、黃耆，使行于高上。得菜伯、白芷，能入于肺腸。內散腸腑之風，宜加葱白。上行生發之氣，應共茈胡。湯合葛根，能扶元而發汗。丸同七物，可辟瘴而明睛。治病養生，丹砂偕之而服。吐蠱解毒，鬱金配之而投。加生地而水煑漱吞，以止齒牙之痛。入黃連而綿包含嚥，以退口舌之瘡。喉痺作疼，或噙或飲。痱熱發癢，以洗以嘗。米醋磨塗，消卒起之癰疽腫毒。蜂蜜煎食，解時行之豌豆斑瘡。射工溪毒之傷，必加烏翣。莨菪野葛之中，多作濃湯。煑以清醪，去產婦惡瘀之不盡。熬以淨水，止小兒尿血之為災。然證實者誤投，懼邪動而反生喘急。而病初者即服，恐汗發而傳入陽明。升麻甘苦主陽明，辟疫驅風性上行。下陷能提瘡與痘，挑生蠱毒吐還清。

苦參： 大寒極苦，純陰下沉。為少陰之君，入腎經之品。玄參為之使，藜蘆反其功。伏姹女而制雌黃與焰清，惡菟絲而及漏蘆與貝母。濕則蟲動，苦燥濕以除之。熱則風生，寒勝熱以散之。明目止淚，逐水消黃。破心腹之癥瘕，化其積矣。清皮肌之煩躁，退其毒炎。利九竅而益精，安五臟而嗜食。配陵游而牛膽合，免胃氣之衝薰。佐牡蠣而豬肚丸，停帶下之赤白。夢遺更加白朮，熱狂應拌蜂糖。傷寒結胸以及食毒不安，取吐而熬苦酒。腸風瀉血與夫赤痢不止，用炒而送米湯。煑醋解惡中心疼，亦治少腹變色。煎水浴兒患身熱，亦施下部漏瘡。大腸虛脫而肛不收，洗以蟲倉、壁土。產後露風而頭不痛，服須生地、黃芩。牛膝汁能除瘰癧之瘍，皂莢膏可化毒風之疹。大癩之疾，枳殼蜜和而醪吞。積熱之風，荊芥水丸而茶下。米麴、蜂房共釀，飲而鼠瘻當消。枯礬、生地同煎，滴而鼻瘡自滅。齒齲煑濃湯以漱，牙血燒巴石以揩。浸米醞以殺疥蟲，丸粟飲以清肺熱。漬足趾毒熱，宜以酒熬。抹湯火灼傷，還須油和。然而補陰太過，則腰重為殃。下降不升，則氣增偏勝。木弱而相火旺者宜用，精冷而真元損者莫投。年老勿施，火衰切忌。苦參毒少苦寒多，去濕添精腎自和。更殺諸蟲除疥癩，腸風瘡瘻盡消磨。

白鮮： 味苦而多燥，氣寒而善行。入脾胃之經，去其濕熱。兼肺腸之用，治其風黃。惡桔梗、螵蛸及茯苓、萆薢。通關節而利九竅，和血脈而舒四肢。驅時氣之流行，而止頭風眼痛。清腹中之大熱，而定奔走狂呼。水道可通，則淋瀝自解。毒風既泯，則欬逆皆安。除濕痺與死肌，散風瘡與疥癬。治女子之陰痛，救小兒之癇驚。中風于產後，新水煎而獲安。鼠瘻而已成，煑汁吞而取吐。味苦兼寒號白鮮，五黃濕熱用宜先。驅風利水通關節，疥癬瘡瘍痺證痊。

延胡索： 氣則溫而無毒，味則苦而微辛。為陰中陽，兼升與降。乃太陰之藥，亦厥陰之經。能宣氣中之瘀，並理血中之氣。除風止痛，活絡通經。淋露可停，癥癖可消，擅神功于第一。膝腰能暖，折傷能愈，稱聖品于無雙。膜外之氣疼，豬胰炙而蘸食。心中之熱厥，金鈴末而調吞。伴枯礬而含軟餳，能去風寒之嗽。入全蠍而引鹽酒，可安癩疝之危。衄血洪流，新絲綿裹末而塞耳中，分左右而互用。頭風偏正，牙皂黛和水而淋鼻內，隨左右而任施。朴消同止尿紅，米飲獨安痢下。身痛因血凝氣滯，歸、桂必加。心疼由食飽怒傷，淳醪應和。佐以川楝，嬰兒小便遄通。助以茴香，稚子盤腸即定。破產娘之惡露，配大黃、鼈甲與三稜。調婦女之月經，合當歸、橘紅與艾醋。炒調米酒，治坐蓐之疾疴。釀用豆淋，止墜車之痛楚。溫辛苦性延胡索，散滯通經破血凝。衝運崩淋咸有效，損傷止痛亦堪稱。

貝母： 辛苦和平之性，肺經氣分之功。使白斂、厚朴而惡桃花，畏莽草、秦艽而及礬石。烏頭是反，中心宜除。逐邪氣而化痰涎，止自汗而消結實。辟夫時疾，而無目眩項直之虞。攻彼傷寒，而退肺燥喉乾之患。三消得之而愈，五黃用之而除。疝瘕淋瀝胷安，愁鬱悶煩悉解。疔瘡疽發，有護心

托裏之勳。癰腫瘤癭，有散毒驅瘀之效。歛痰降氣，厚朴偕而合以蜂糖。寬膈舒憂，薑麪丸而引以鎖甲。配甘草而沙糖和，用清赤子之嗽痰。入白蜜而淨水煎絞，抹幼兒之鵞口。安胎氣而停欬嗽，麩炒糖拌而含。救產難出胞衣，擂末酒調而下。助知母、牡蠣，猪蹄煮送，能教產後之乳通。合苦參、當歸，蜂蜜丸吞，可使孕中之尿利。吹奶作痛，鼻嗒而即安。乳癰初生，酒投而更吮。白芷同而退便間之腫毒，連翹共而主項下之癭瘤。燒而和以清油，歛彼惡瘡之口。末而飲以好酒，消夫毒物之傷。昏睛冷淚用胡椒，弩肉翳雲宜丹粉。炮研而漿水服，吐衄皆安。薑擦而米醋磨，瘢斑自去。貝母和平辛苦全，清心潤肺熱煩宣。消痰止嗽開憂鬱，能歛瘡瘍口自痊。

山慈姑：味甘微辛，氣平小毒。有破皮之用，擅攻毒之能。金燈根吐癎病之風痰，玉樞丹回死疴之生氣。與蒼耳同服，解疔毒癰疽。以米醋磨傅，消瘻瘡瘰癧。牙疼齦腫，煎湯漱之而安。面皯粉滓，擣爛塗之而去。被傷于惡蛇狂犬，俱得消除。中毒于蟲蠱溪流，皆堪療救。葉同白蜂蜜杵，可施便毒乳癰。蕚與地蘖花煎，能止血淋尿濇。山慈姑性具甘平，小毒還能使毒泯。癧瘻癰疔咸解散，蟲蛇蠱犬盡停呻。

白茅：氣寒而驅伏熱，味甘而和中宮。救勞傷而補虛羸，療崩中而調月水。得通便除淋之效，具利人益氣之功。辟穀食于山中，嚼而自飽。解酒傷于臟內，飲而即消。加鹿藿之根，熱噦之疴可住。合枇杷之葉，冷啘之恙無虞。肺喘而氣急不舒，只煎淨水。胃反而食入即吐，還配鮮蘆。熬湯以治便淋，擣漿以施血吐。安其鼻衄，為末而用米泔。退其疸黃，作羹而宜豬肉。塗竹木之刺肉，根燒末而拌豕膏。使癰癤之出頭，苗初生而烹米酒。針煎為汁，停下血與鼻洪。花擂如泥，罨灸瘡與金損。墻頭之腐草，佐牙皂、假蘇，熬水洗陰以除瘙癢。屋角之陳絲，用銅器、帛幅，然火熨腹以逐鬼尸。蠶嚙斑瘡，取房上敗柴，和醬汁而厚傅患處。便塞腹脹，須檐間爛節，研滄鹽而吹入肛中。甘寒無毒白茅根，利便除黃效可論。止噦更安諸血疾，熱煩須擣汁頻吞。

龍膽：氣味俱厚，苦濇而大寒。肝膽行經，陰沉而下降。為寒涼之君劑，主氣分之時邪。惡地黃、防葵，使貫眾、小豆。利膀胱而瀉相火，清腸胃而定熱狂。骨間寒熱能消，心內癎驚可愈。驅毒殺蟲，癰腫疳積不生。解渴除煩，時疾伏邪自去。住熱瀉而停毒痢，安臟氣而續絕傷。治脚氣之痛疼，散下焦之風濕。疸由于食，配苦參而膽汁取牛。疸得于勞，偕巵子而膽漿用豕。防風米飲，止盜汗于兒童。豬膽酒醑，歛虛陽于寤寐。浸淳醪而上行外達，主茈胡而明目清睛。去眼內之漏膿，歸末是助。點眥中之濇痛，連汁同施。熬湯安蛔攻尿血之虞，擂水消咽熱喉疼之患。傷寒狂發，自宜用草，入雞子清而和蜂糖。四肢疼多，又應取山，漬生薑汁而煎淨水。然投于空腹，則多溺而至不禁，且服之過多，則傷胃而反助火。苦濇多寒龍膽草，陰沉相火最能清。疸黃痢下咸堪去，風濕全消定癎驚。

細辛：氣溫而厚，味辛而香。根細莖柔，條直色紫。杜衡偽者宜辨，華陽出者為真。純陽之功，上升之性，入腎肝之血分，兼心氣之行經。使以曾青、棗根，忌夫生菜、狸肉。惡黃耆、山萸而及狼毒，畏朴消、滑石而反藜蘆。辛可補肝，故除倒睫而明眼目，添膽氣而定癎驚。辛能洩肺，故止欬嗽而退風寒，降上氣而停嘔逆。驅其浮熱，治咽喉口舌之疴。散其邪風，除寒氣濕痰之證，舒氣而安督脈，則無肢拘脊強之虞。潤燥而通少陰，則無便濇耳聾之患。臟可定，竅可利，用之如神。汗不行，血不通，需之甚急。邪氣自裏達表，配麻附之湯。暗風卒倒不蘇，作嗒吹之散。使以獨活，定少陰之頭疼。助以丁香，止虛寒之嘔噦。歸芍丹與芎藁芷，和以甘草，共療婦女之疴。鯉魚膽與青羊肝，及彼決明，同主目睛之疾。聰耳丸塞閉聾之患，兼金散摻口舌之糜。鼻息為末以吹，齒䘌煎湯以漱。小兒客忤，桂心佐納吻中。稚子口瘡，米醋調塗臍上。然一錢為止，過用則多死于氣閉之虞。而雙葉宜除，誤服則亦害夫人生之患。細辛根細味多辛，下氣溫中欬逆伸。濕痺風寒皆解散，節拘頭痛去如神。

白微：味則鹹苦，性則寒涼。陽明之經，胃家之藥。其惡大戟、大黃、綿耆、棗肉，又及乾薑、乾漆、牛膝、山萸。療淋露之傷中，去暴風之支滿。驚邪定其狂痓，溫瘧止其痠疼。利陰發汗而有功，下水益精而多效。萎蕤湯治風溫汗後，鼾眠灼熱，以清表而驅邪。竹皮丸療生產門中，嘔逆虛煩，以安中而益氣。汗多而血致厥，應合人參、甘草、當歸。肺實而鼻不通，宜加貝母、欵冬、百部。用芍藥為佐，除婦道之尿遺。研細末以搽，止金瘡之血出。寒鹹苦降白微功，鬱熱除來水氣通。支滿痠疼淋露愈，驚邪溫瘧盡和融。

白前：堅直而易折，甘辛而微溫。專主手之太陰，能佐藥之溫劑。長于保肺，息奔豚而去悶煩。善于行痰，安欬逆而舒呼吸。短氣而難臥，合紫

(苑)〔菀〕、半夏、大戟，而禁羊肉與餳糖。久嗽而吐紅，加桔梗、炙草、桑皮，而忌豬肉與菘菜。服以無灰酒，可除喉呷之聲。用于澤漆湯，以治脈浮之嗆。壅實而有痰者宜，虛弱而哽氣者忌。辛甘寒性白前名，肺實盈胸可散行。降氣下痰嗽自止，便停喉作水雞聲。

卷之四　草部二　芳草類

當歸：川產頭大名鑱頭，力剛善攻，堅枯而氣粗色白。秦產尾多名馬尾，力柔善補，肥潤而色紫氣香。和之以甘溫，散之以辛溫，助之以苦溫，味具薄而氣具厚。心則以生血，脾則以裹血，肝則以藏血，性可降而功可升。陽中之微陰，藥中之要品。惡藺茹、濕麪，而能制夫雄黃。畏(薑)〔菖〕蒲、牡蒙，而并及夫海藻。漏崩寒熱者，血歸陰而病自除。欬逆冷虛者，血得調而氣自下。驅風濕勞傷瘧痢，潤胃腸筋骨皮膚。補臟生肌，癥癖之凝俱釋。溫中止痛，衝帶之脈皆和。瘡瘍癰毒必需，跌挫損傷所急。全則活血而不走，身則養血而守中。止血上行則用頭，破血下達則須尾。人參、綿耆並用，氣補而血自生。黃良、黑丑同施，氣行而血自破。寒則從將軍、消石，溫則從桂、附、吳萸。神草、石脂，血虛者佐。條芩、生地，血熱者加。有痰宜制以薑，本病須和以醞。心刺痛，以酒調送末，取其濁而半沉。頭欲裂，以酒煑服清，取其浮而向上。酒煎吞而入下極，便溺色赤者宜。酒浸飲而行四肢，手臂作疼者妙。眩運由于失血，助以芎藭。羸弱本于諸虛，匡以地髓。荊芥、童尿、酒，救產後之中風。黃耆、芍藥、薑，收蓐中之自汗。婦人倒行天癸，京墨止而入黃藍水煎。室女阻閉月經，沒藥配而浸紅花酒下。丸同乾漆，除血氣之上攻。散合川芎，安胎元之觸動。墮孕瘀多宜葱白，逆生子死用米醋。赤子胎寒而癇生，灌以乳汁。嬰兒臍濕而水出，傅以麝香。清泉熬而溫瘧除，白芷合而大腸利。止其痢久，炒之以吳萸。補其陰虧，烹之以芰草。附子丸而清內虛之目暗，米飲送而住大衄之鼻洪。消白黃之舌縮色枯，助山薊而加芐漿和蜜。貼湯火之皮傷肉爛，煎麻油而化黃蠟為膏。當歸溫苦亦甘平，頭尾身全用各神。退熱滋陰益虛損，能除舊血更生新。

芎藭：產于浙吳，則為台為撫。生于關陝，則曰京曰西。川蜀出者最佳，則名因其地。胡戎來者亦善，則用各有宜。古號馬銜，今稱雀腦。辛溫而無毒，升浮而屬陽。引少陽之本經，入厥陰之氣分。使白芷而常為當歸之伴，畏川連而有伏雌黃之能。主肝內之風虛，為血中之氣藥。總解諸鬱，直達三焦。溫中散寒，而除腹心之堅冷。排膿長肉，而托瘡毒之積瘀。舒氣而更逐邪，化痰而兼發表。去筋骨攣拘寒痺，驅目鼻涕淚遊風。經閉無子可通，惡中卒疼即愈。補勞而結癥皆破，潤燥而瀉痢胥痊。消水濕之疴，則下行乎血海。助清陽之氣，則上透乎頂巔。洵調眾脈之良，應配各經之引。太陽則需羌活，少陽則用茈胡。陽明香芷為宜，厥陰吳萸為當。太陰資夫蒼朮，少陰藉夫細辛。元氣虛虧，蠟茶以送。風熱衝上，槐子以匡。天麻合而旋運可安，茗葉加而痛疼自退。停痰丸之以鍊蜜，偏風浸之以淳醪。薄荷、朴消，共吹腦熱之兒鼻。烏藥、白朮，同安氣厥之婦頭。驗胎有無，生研而艾湯下。去孕損壞，為末而米酒吞。煑以當歸，飲而又吸濃煙，救產後乳懸之異。煎以清釀，服而或增地汁，止崩中漏下之災。和血調經，為四物湯之使。去痰清目，為生犀丸之君。心氣之疼，調之以火酒。脇癖之脹，助之以三稜。麻油勻而輕粉以偕，塗夫瘡毒。舊糟藏而細辛以伴，揩彼牙齦。齒敗而口臭難聞，自應含其濃汁。金損而血流多痛，亦宜配以少辛。然其性善升，故初妊者即投，致有子懸之患。而其辛主散，故單服者頻用，遂為偏勝之虞。洩氣之真，則陰必愈鑠。助金之勝，則木必受邪。骨蒸者勿久施，氣弱者莫常試。辛溫無毒是芎藭，氣分行來在血中。散鬱補虛頭止痛，瘡瘍排托利無窮。

蛇牀：下濕所生，揚襄為上。色黃而稜細，味苦而性平。入三焦右腎命門，而主乎氣分。惡貝母丹皮巴豆，而伏夫硫黃。去濕而逐毒風，則瘡瘍自愈。溫中而利關節，則癲癇可除。安腰胯之痠疼，散損傷之瘀血。服同補劑，助陽事于丈夫。用益陰經，暖子宮于婦女。或赤白帶下，或月候經停，枯礬醋糊成丸，取納而臙脂為護。或玉戶腫疼，或產育陰脫，清水烏梅用洗，或熨而絹帛以盛。配以明礬，止子宮之濕癢。勻以白粉，療牝竅之冷寒。男子陽事不興，必兼菟絲、五味。丈夫陰莖作脹，宜調雞子、生黃。輕粉、香油同搽甜瘡于幼稚，黃連、汞膩共吹濕耳于兒童。疥癬之瘍，和豬脂以抹。風蟲之齒，擂燭燼以塗。燒于瓶而吸煙，治喉痺于冬月。煑為湯而澡體，去身癢于大風。合甘草而收納脫肛，煎熱水而洗熏腫痔。補男益女重蛇牀，無毒辛溫品甚良。燥濕驅風除冷氣，陰寒痛癢盡安康。

藁本：大辛而兼麻，微溫而無毒。似芎藭之色紫，而體則輕虛。如白芷之味香，而氣則雄壯。去風去濕，主膀胱之經。為升為陽，通上焦之藥。

畏夫青葙之子，惡夫蔄茹之根。氣鬱于本經，散彼頭疼之患。病由于督脈，除其脊強之痾。內塞排膿，癰疽可退。定痛止血，傷損亦痊。治婦人疝瘕陰寒，浴小兒疥癬身癢。木香同用，解霧露之清邪。蒼朮並煎，徹心胸之餘毒。風客胃而洩甚，飲以濃湯。垢在髮而屑多，擦同香芷。藁本辛溫入太陽，除風去濕力何強。能安巔頂頭中痛，排托癰疽效亦良。

白芷：辛溫無毒，氣味皆輕。芳烈為陽，乃大腸之本藥。升麻同用，亦肺胃之通行。使以當歸，惡夫旋覆，而制雄硫二黃。內自臟腑，外及肌膚，而遍頭顱四肢。發汗而使邪從汗解，助風而令濕被風驅。療挾熱漏崩，止久渴吐嘔。瘡毒排膿最捷，腹心除刺俱優。合面脂而發光華，作膏藥而安眩運。神白散，時行胥定。都梁丸，頭痛當停。偏正之腦風，芎草、川烏以配。寤寐之盜汗，辰砂、米酒以偕。合荊芥而點蠟茶，收鼻流之清涕。丸雄蜜而衣丹石，退眼患之諸痾。痛在眉稜，片芩為之助。疼于齒頰，吳萸用以匡。汲井水以吞，解口中之穢惡。就山根以抹，停衄證之洪流。欲求通竅于鼻間，宜加細辛、木筆。欲去敗膿于腹內，還須礬芍、葵根。飯飲除血于大腸，當歸止紅于小便。開其風祕，炒末而入蜂糖、陳米之湯。愈其氣淋，漬醋而煎甘草、木通之酒。蘿葍汁浸，能消頭面之風。芥菜子搽，可息脚脛之氣。散熱疼之腫惡，陳酢調施。化焮赤之疽瘍，大黃勻服。乳癰初起，同貝母而送溫醪。疔毒方生，共水薑而研淳醞。粳米飲下，而濃湯暖洗，住漏血之沾濡。皂角煙熏，而鵝膽和塗，療痔瘡之腫痛。入內托之散，則使肉長肌生。合烏金之方，則治胎前產後。白帶之患，淹以石灰。反胃之殃，蘸以猪血。煎而飲產難之婦，煮而浴身熱之兒。稚子唾涕流漓，葱白丸而茶清下。幼兒丹瘤遊走，細理擂而芤汁傅。半夏末吞，莫虞骨鯁。麥冬湯灌，勿懼蝮傷。爛嚼罨刀箭之瘡，新汲解砒霜之毒。白芷辛溫善解肌，陽明頭痛立功奇。通經止嘔除膚癢，痔瘻癰疔盡合宜。

芍藥：平而微寒，酸而帶苦。其功則降，其性則陰。入手足之太陰，主肝脾之血分。用宜單葉，使以須丸。惡芒消、石斛而反藜蘆，畏地霜、鼈甲而及小薊。赤者名木，破血而止痛，行夫滯而散夫邪。白者名金，補血而填虛，瀉夫木而益夫土。酸則濇，而血因以斂。苦則平，而血乃又生。滋濕而停其液津，去痺而和其經脈。收胃以安肺脾之氣，滲水以利大小之腸。既扶陽而抑陰，亦緩中而強臟。固其腠理，辟時行之惡中驚狂。治其風勞，驅內伏之骨蒸痞滿。化疝瘕而調月水，保產安胎。退寒熱而定陽維，除煩通氣。腸風能息，帶脈能舒。消腫惡之背瘡，明赤濇之目患。滋陰宜于酒炒，攻瘀貴乎生投。同白朮而健脾家，合芎窮而泄肝臟。補血以當歸為主，益氣以神草為君。配以黃連，而瀉停痢住。偕以薑棗，而濕散經溫。仙家鍊服之方，煮用東流，甑須木而覆必土。腹病虛疼之劑，助宜炙草，寒加桂而夏入芩。虎骨浸淳醪，逐髓中之風毒。檳榔煨白麪，止便內之淋痾。咯血與鼻紅，必增犀角。木舌與脚氣，應佐蜜甘。生草同煎，解其消渴引飲。柏葉並用，定其漏下崩中。艾絨、香附以調經。莎結、食鹽以停帶。疹不發，防風是藉。痘如脹，美酒以勻。嚼汁消骨鯁之喉，敖黃止金瘡之血。然善伐生氣，產後勿施。而應避中寒，冬月減用。苦酸芍藥善平肝，能補能收腹痛寬。白者益脾堪瀉木，赤行滯血散邪安。

牡丹：兩間之精，群花之首。皮苦辛而無毒，性陰寒而微陽。入少陰、厥陰之血中，治伏火、相火之炎處。畏大黃、菟絲而及貝母，惡胡荽、葷蒜而伏砒霜。花為陰，葉為陽，而根皮入藥。赤者利，白者補，而取用宜分。芳香使氣達血行，寒涼令血生氣養。苦則止血流氣，辛則推陳致新。定瘛瘲驚癇，而胸腹自無煩熱。破堅癥瘀滯，而腸胃自少停留。客邪時氣能消，癲疾癰瘍可療。去五勞而愈頭腰之痛，安五臟而痊吐衄之紅。經脈不通，服之而除淋瀝。心氣不足，投之而補虛虧。逐惡露于新產之時，續筋骨于撲傷之次。冷疼胥住，風痺皆驅。加四物而清無汗之骨蒸，入腎氣而益未充之神志。男子疝癩之腫，配之以防風。婦人惡血之攻，加之以乾漆。調以淨水，行內漏之金瘡。佐以蝱蟲，化積瘀之傷損。下部之瘍已決，送之以湯。挑生之蠱急消，服之以末。寒涼辛苦牡丹皮，和血生新去舊宜。伏火能清神志足，骨蒸吐衄病皆離。

木香：辛而多溫，走而不守。味厚于氣，陽寓于陰。能升降而功在三焦，能補泄而主乎氣分。形必求如枯骨，名乃擅夫五香。上理肺陰，而舒其膹鬱。中和脾胃，而喜其芬芳。大腸通而後重捐，膀胱利而癃淋已。肝氣之疼可愈，衝脈之病能清。止嘔消膨，安胎定痛。解毒而除溫疫，瘧疾亦瘳。辟邪而殺鬼精，夢魂不魘。君泄藥而有效，佐補劑而見功。實腸必以麪煨，理氣不宜火見。肉蔻、橘、薑相助，滯冷洩泱而絕佳。黃蘗、知母為君，陰火上衝而始息。中氣不省，冬瓜子敖水而調。陽分已衰，訶黎皮丸糖而服。用

木瓜汁而酒和，停轉筋霍亂之災。合皂角末而糊圓，救刺心痛疼之患。癲疝而小腸作腫，烹之以淳醪。走注而遍體欠和，磨之以溫水。乳香偕而米醋漬，以除氣滯腰疼。支連配而豬臟裝，以止腸風血下。痢久將死，黃連煮而仍須去，引分陳米、橘皮、甘草之湯。便濁如精，鹹鹺泡而用以吞，丸並當歸、沒藥、棘心之汁。葱黃染鵞脂以蘸，塞彼耳疼。苦酒浸麻油以煎，滴其聾閉。齒牙作楚之恙，揩同元麝，而再漱鹽湯。頭顱壯熱之疴，施共白檀，而亦塗顋上。枳殼、炙草同寬稚子之陽明，末藥、乳香並解童兒之內釣。檳連合而傅惡毒，源泉煮而療疹斑。虺毒蛇傷，水煎以飲。陰潮腋臭，醋浸以搽。木香氣味苦辛溫，補瀉皆堪效足論。脾肺肝經鬱盡解，上中下部滯無存。

甘松香： 甘溫之性，芳馥之香。功在醒脾，力能開鬱。除心腹滿疼之惡氣，治腸痔瘢腫之野雞。得附子而益良，遇澤芬而尤妙。玄參以配，焚而熏勞瘵之沉疴。硫末以匡，泡而漱腎虧之痛齒。牙疳蟲蝕，合蘆會、水銀粉，更炙夫豬腰。皮䵟風瘡，入莎結、黑牽牛，用搽夫婦面。列五香以作飲，解口渴而補元虛。取淨水以煎湯，洗膝浮而安脚氣。甘溫氣味有甘松，脾鬱能開心痛鬆。齒䘌膝浮皆可治，消除風䵟好姿容。

山柰： 辛溫而無毒，芬馥而合香。能暖中宮，驅腹胸之寒氣。能安胃脘，辟瘴癘之惡氛。濕鬱得之而消，霍亂投之而止。風蟲牙痛，同苦彌哆椒鹽入肥皂，麪裹而火煨。痼冷心疼，合雞舌香美草與當歸，醋丸而酒送。甘松、零陵、白滑石，配樟腦而去屑醒頭。蓖麻、鷹屎、密陀僧，調人乳而消斑澤面。山柰辛溫香氣盈，性能暖胃入陽明。更除霍亂驅邪瘴，腹痛牙疼盡得平。

高良薑： 產于高良之郡，子為豆蔻之紅。浮而純陽，辛而大熱。入陽明而溫胃，行太陰而健脾。噎膈能寬，心胸可暖。痓瀉痢轉筋之患，愈瘴瘧痺弱之殃。好顏色而益聲音，解酒毒而化宿食。和中逐冷，醋調而靈脂倍加。下氣消痰，麪圓而乾薑等分。含塊以取津而嚥，定水泛之惡心。入粳以作粥而餐，治腹疼之霍亂。嘔逆太甚者，生剉而入棗烹。吐利並來者，炙香而用醪煮。參、苓為助，散胃內之風邪。香附相權，分脘中之寒怒。脾瘧而多虛冷，白薑匡之，穿山甲共研，而豬腰酒引。妊痁而本傷寒，豕膽浸之，東壁土同炒，而肥棗水煎。飲汁止痢下之疴，亦安欲吐之脚氣。嗃末退目紅之疾，並解作痛之頭風。去其牙疼，全蠍偕之而摻。除其口臭，草蔻伴之而投。良薑辛熱稟純陽，暖胃和脾冷痛康。霍亂能平除吐利，寒邪宿食自無傷。

豆蔻： 味辛而氣熱，性陽而主浮。產自嶺南，列乎香藥。為健脾之品，亦補胃之功。能制丹砂，善消酒毒。破氣而蠲痞塞，溫中而止吐酸。化食除痰，冷積存而可逐。燥濕止痢，寒邪蘊而可驅。辟疫而瘴癘不侵，開鬱而噎膈不作。心腹脹滿，引以水薑、木瓜。霍亂渴煩，佐以連薑，烏豆。入平胃散，而斂痁虛之自汗。配吳附煎，而安瘧瘴之多寒。作嘔之胃虛，合蠻薑、白麥麪而作撥刀，羊臛之湯以燒。不足之腎弱，助吳萸、胡盧巴而丸酒糊，食鹽之水以吞。邪客脘上而心疼，宜煆以火。寒積胸間而脾脹，應煮以醪。共乳頭而麪煨，服教帶止。同細辛而臼杵，含令口香。然誤施則致鬱蒸，將積溫而成熱。且多食則助脾火，必傷肺而損睛。芳香草果熱辛該，食積能消胃自開。燥濕化痰寒鬱解，辟瘟截瘧客邪推。

白豆蔻： 氣厚而熱，味薄而辛。輕清為陽，升浮入于肺位。消磨為性，流行統乎三焦。暖胸腹而寬膈理中，益脾胃而消穀進食。積寒可却，脫氣能收。退赤眼紅筋，去白睛雲瞖。瘧痰化而寒熱止，酒毒解而噎膈除。太倉丸安反食之脾虛，六物湯定惡心之胃冷。小兒吐乳為患，擂同砂蔤，而甘草生炙兼加。產婦逆氣為殃，研入丁香，而桃仁煎熬取送。白蔻辛溫入肺宜，理中益胃更和脾。寒除滯散寬胸膈，又把昏睛赤障醫。

縮砂密： 性則陽浮而香，仁則辛溫而濇。善調諸氣，能入七經。得蕪荑、鼈甲而良，遇訶子、蔻仁而妙。秉冲和而主持土位，引藥劑而歸宿丹田。行氣和中，安胎止痛。霍亂轉筋可解，驚癇鬼疰能痊。消散陰寒，則無結滯虛勞之患。化除水穀，豈復噎膈嘔吐之虞。安欬嗽之喘噓，停泄痢之赤白。欲滋腎水，宜合以黃蘗、茯苓。欲補肺金，必使以檀香、豆蔻。赤符白隨並用，則有入腸之功。人參益智相將，則有醒脾之用。夾豬腰而鍋煮食，白礬丸次服，療稚弱之脫肛。摻羊肝而瓦炙研，乾薑末同圓，治冷滑之下痢。舒其痰氣，蘿蔔汁浸焙而遠食吞。住其腸紅，陳米飲和調而乘熱服。土狗擂而勻老酒，退腫脹之周身。水薑擣而泡淳醪，降欬逆之上氣。取其達下，拌地黃而九蒸。用以化堅，煮濃漿而頓飲。食毒投之隨解，牙疼嚼之即痊。甘草助而絲綿包，能消骨鯁。新瓦焙而粥湯進，可止血崩。子癇則炒黑以連皮，胎動則炙香以去膜。瘡生口吻，煆殼擂之而指搽。熱壅咽喉，生殼研之而水送。辛溫香濇縮砂仁，通滯調中結氣伸。嘔止胎安宣噎膈，奔豚泄痢各

消泯。

益智子： 氣則多熱，味則大辛。行夫陽而退夫陰，宜命門三焦之虛弱。心為母，而脾為子，主君相二火之宣通。濇淋瀝而暖膀胱，收津唾而理元氣。疝衝腹痛，散結所需。夜起尿多，補虛是賴。專益脾中之火，能滾胃反之痰。止吞酸，去客寒，而和中進食。調心系，除夢洩，而定志安神。去殼方施，或炒以用。作縮泉以填脬氣，佐集香以理肺經。在大鳳髓而入腎有功，合四君子而走脾亦效。心虛而為滑洩，助以白朮、雲苓。血吐而至躁狂，配以青皮、硃麝。赤濁則加遠志、伏神、甘草，白濁則增厚朴、大棗、生薑。腹脹忽瀉之痾，清水煎濃而飲。口臭欲香之法，蜜甘研粉而含。砂仁伴而送白湯，可安胎漏。食鹽偕而調米飲，能止血崩。益智辛溫功獨起，補心補腎補三焦。濇精開胃除崩漏，固氣溫中鬱結調。

蓽茇： 味辛而多熱，性浮而純陽。入陽明之經，為胃腸之藥。下乳而除嘔逆，消食而去醋心。安胸腹之滿疼，補腰脚之虛軟。霍亂氣冷，服之而痊。疝癖陰寒，投之而散。已寒丸治暴泄而止汗，二神丸療下血而調經。化其凝痰，以陳米湯送。停其氣痢，以黃牛乳煎。臟腑虛冷而腸作鳴，得訶子、參桂、乾薑而收效。瘴癘結聚而腹成塊，佐大黃、麝香、蜂蜜而奏功。胃冷口酸，加厚朴而以鯽擣。牙蟲齒痛，配胡椒而以蠟圓。吸而去頭內之偏風，吹而止鼻中之清涕。然辛熱易于耗散，動肺脾之火而目昏； 而真氣由以消亡，致腸胃之虛而下重。服者切勿過劑，醫者慎莫多投。熱辛蓽茇性純陽，入胃還兼走大腸。下氣溫中除霍亂，頭風牙痛鼻淵康。

肉豆蔻： 芳香而屬金與土，辛溫而和胃與脾。入藥貴色之油，修治忌器之鐵。暖其中氣，自無冷疰之鬼邪。固其大腸，即少停留之宿食。善消皮外之絡，能除腹內之蟲。或入煻火以煨，糯粉搜熱湯以裹。或納乳香以煅，麥麪和苦酒以包。入半夏、木香，去寒痰而溫胃。加檳子、廩米，住氣痢而健脾。冷積肚腹多疼，調以米飲。霍亂吐利皆作，送以薑湯。粟殼以匡，虛泄即止。附子為配，久瀉能停。患在老人，滴乳偕而圓陳粉。疾生童子，熏陸合而炒生薑。然熱痢施之則轉加，而初瀉投之則滯作。是止宜于虛寒之證，所當用于深遠之痾。肉果辛溫氣味香，調中暖胃是神方。驅痰追冷兼消食，久痢功能固大腸。

補骨脂： 苦而多燥，辛而大溫。入乎腎經，惡夫甘草。遇芸薹諸血而忌，得胡桃巨勝而良。通命門，暖丹田，填骨髓之傷敗。斂精氣，除頑痺，令耳目之聰明。和男子之膝腰，囊濕亦愈。調婦人之血氣，胎墮亦安。二神丸能補脾虛，停其泄瀉。青娥丸善扶腎弱，逐彼冷風。保妊娠而止痛腰，散名通氣。益心腎而養陰血，丸曰返精。核桃共碾，搜濕氣以平內外。烏麻同炒，驅風病以駐容顏。精滑而洩之不休，青鹽為佐。莖疼而捏之則脆，韭子為匡。酒糊茴香，治丈夫之多溺。湯調炒末，止稚子之遺尿。水瀉久痢之痾，必偕粟殼。風齒蟲牙之恙，應助乳香。茴子辣桂熱淳醪，共理傷瘀之腰痛。乳沒沉桃菟絲子，同填縱慾之元虛。然燥烈為功，腸結便難者勿使。而辛溫成性，陰虛火動者莫投。燥烈辛溫補骨脂，壯陽益火腎經宜。腰疼膝冷皆能效，男女勞傷俱可醫。

薑黃： 多苦少辛，有熱無毒。治血而兼治氣，入心而亦入脾。辟惡驅邪，化癥破塊。除風熱，消癰腫，功用烈于鬱金。療濕寒，止痛疼，施治宜乎片子。力能下氣，解積結于心胸。性善通經，逐停留于腹脇。跌撲損傷者須服，痺頑脹滿者可投。胎寒腹痛而若驚，合乳沒而丸蜂蜜。疰忤心疼而難忍，加桂心而引醋湯。易之以酭，去血瘀于既產。摻之以末，除瘡癬于初生。薑黃辛苦入心脾，治血還能治氣宜。片子更堪行手臂，風寒濕痛自相離。

鬱金： 圓體而有橫紋，狀如蟬腹。外黃而又內赤，大比指頭。味辛苦而純陰，性輕揚而達上。為心經之主劑，亦包絡之兼行。功在涼中，故驚憂結聚諸痾，得胸寬而氣下。力能治血，故跌撲金瘡諸損，使瘀去而肌生。末共升麻，而引陳米飲湯，挑生之蠱殃得救。汁取薑韭，而對童子小便，妄行之血證胥清。或帶于痰中，再加竹瀝。或吐于口內，但和井華。豐本四物湯，鼻衄上升者藉。牛黃酸漿水，陽毒下瀉者需。久溺之鮮紅，煮同葱白。衝心之惡露，燒入米醯。調酢汁而並藜蘆，以化風涎壅塞。塗乳上而施夜臥，以除自汗淋漓。心氣厥疼，乾薑研而附子偕，丸以朱砂醋糊。斑痘內搐，甘草煎而梅冰助，送以豬血新泉。礬石白湯，定失心之狂亂。蜂糖冷水，解中砒之危亡。傾耳以去其疼，傅痔以消其腫。取灰可結砂子，和酒堪作黃流。染婦衣而最鮮明，治馬脹而多功效。輕揚辛苦鬱金名，下氣寬心血熱清。吐衄妄行皆可止，顛狂蠱毒悉能平。

蓬莪茂： 產于海南，生于根下。色黑而分好惡，性溫而具苦辛。專入厥陰之肝，能治氣中之血。煨灰火擣之則碎，得酒醋佐之則良。驅冷而止吐

酸，解毒而安中惡。開胃消食，自無霍亂之殃。去瘀通經，即愈腹心之疾。跌撲內傷可散，疰忤鬼氣能除。療男子之奔豚，逐女人之結積。中宮切痛，末共木香。小臟卒疼，調須葱酒。磨淳醪釅醋，痃癖遂消。研金鈴蓬砂，喘嘘能續。降其氣息，醞和而熬吞。安彼心脾，麪包而炮服。紫蘇引而阿魏浸，解稚子之盤腸。鹽奶煎而牛黃加，止初生之吐乳。婦科血氣遊走，乾漆為匡。瘡家燎泡渾身，三稜為佐。溫辛苦性蓬莪茂，破血還從肝氣宣。痃癖奔豚咸得解，經通食化痛心痊。

荊三稜：苦平無毒，陰內有陽。入肝分之經，破血中之氣。削堅而安腹心之作楚，散滯而和經脈之不調。飲食得之以消，結塊用之以解。能退瘡瘍之腫硬，堪停撲損之痛疼。配大黃而醋煑成膏，除其痃癖。助莪茂而酒煨作飲，化厥癥瘕。鼓脹腹膨，治煎而服。痞滿肌瘦，合丸而吞。丁香加而止惡心之反胃，米醯浸而通積血之在肝。產婦乳艱，煎湯水而晨昏以洗。幼兒氣癖，作羹粥而母子皆餐。然色白屬金，誠堅結之能破；而力峻善削，懼真氣之易戕。陽弱勿投，元虛戒用。苦平荊地出三稜，破氣兼消惡血凝。老痞堅癥皆可散，誤投虛乏定難勝。

莎草、香附子：平而無寒，香而善竄。多辛而主散，帶濇而不收。微甘能和，微苦能降。理血中之氣，為陽中之陰。手少陽、足厥陰，而兼行乎諸經八脈。童子溺、倉米醋，而更良于蒼朮芎窮。六鬱能開，三焦並利。洵婦科之主帥，實氣分之總司。制熟而施，則下走腎肝，而外徹腰足。取生而用，則上行胸膈，而表達皮膚。童溲浸而補虛，鹽水焙而潤燥。欲扶腎氣，應藉青鹽。欲化膈痰，宜資薑汁。漬之以酒，而經絡能行。治之以醯，而積聚皆解。止血必須炒黑，走氣亦戒多投。得參、朮而使氣充，得歸、芐而教血足。得木香而和中流滯，得檀香而理鬱醒脾。氣貴降升，水沈為佐。脹當消決，朴半為匡。卮子、黃連合而抑火熱，紫蘇、葱白伴而散客邪。引氣歸元，還取茴香、故紙。消積磨塊，端需莪茂、三稜。伏神令心腎相交，艾葉獲子宮常暖。總解諸結，入川芎、赤朮而最靈。統益諸虛，加甘草、參耆而甚速。交感丹常吞，而足登上壽。黃鶴丹分引，而能療百疴。頭目之昏，一品丸投之而愈。胃脘之痛，獨步散下之而安。定諸中疼，丸名艾附。調厥心刺，湯曰烏沈。快氣之方，除吞酸而寬脹滿。服食之法，去客熱而釋憂愁。停痰宿飲為災，半夏、白礬以伴。酒腫虛浮為患，蘄艾、苦酒以偕。煑食鹽薑，則溫其元臟。煎海藻醞，則暖其小腸。痃癖之往來，天南星合之送腹。腎腰之痠楚，陰土鹽助之擦牙。配之以雲苓，解久深之消渴。伴之以荊芥，收老少之脫肛。安咯血之肺傷，粥湯以引。舒吐紅之氣鬱，童便以調。或瀉于大腸，熬酒醋而圓以秫米。或行于小便，服濃汁而繼以地榆。陳皮赤松胦，止其下淋之熱。芎窮蠟茶飲，驅其腦裂之疼。痛目以頭風，蜜甘藿妙。羞明以肝弱，夏枯草佳。蘿蔔子作飲，而愈卒聾。絲綿杖送入，而除出汁。牙病同艾葉之湯而漱，仍以末揩。齒動並戎鹽之屑而搽，兼以薑和。濟陰丸療癥積經期于婦道，青囊丸治痰氣紅證于女科。血衰則有抑氣之投，惡阻則有二香之服。散為鐵罩，順膈而孕以安。飲作福胎，臨盆而母以保。血虛頭痛者，茶茗施之。產後狂言者，薑棗益之。有加椶灰酒送，可住崩中。如同赤芍鹽吞，能停帶下。血氣刺于胸腹，荔核當燒。惱怒發為癰疽，薑漿自浸。嚼根子而塗蜈蚣之咬，煑苗花而浴癮疹之風。多憂多怒者宜，少血少氣者忌。香附辛平甘苦充，諸經八脈鬱皆通。女科主帥真堪貴，氣分總司洵足崇。

藿香：香如蘇合，葉似都梁。莖方而有節虛中，微辛而兼溫多燥。廣南為上，近地不佳。性純陽而可降升，主太陰而行經脈。開鬱快氣，所以逐寒痛而溫中。助胃健脾，所以進飲食而止吐。解山嵐之瘴癘，而似瘧非瘧胥痊。驅酒濕之停留，而吐酸吞酸自住。肺氣虛寒即退，上焦壅熱當清。定心胸而去惡邪，除風水而消毒腫。入烏藥順氣理肺，加黃耆四君養脾。助以陳皮，而霍亂之顛危得愈。佐以香附，而氣分之升降可通。胎動不平安，莎結蜜甘應合。暑傷多吐瀉，丁香滑石必增。清泉洗而水煎，噙于口中，以漱熏人之穢氣。細茶燒而油和，塗于葉上，以貼冷露之爛瘡。然土產亂真，切忌火旺陰虧之子。而芳香耗氣，勿與胃虛嘔作之疴。藿香溫燥味辛甘，快氣和中脾肺探。吐瀉諸疴稱妙品，埽除水濕毒風堪。

薰草、零陵香：產于零陵之地，生于下濕之方。性甘平而多馨，氣辛散而上達。合香為用，得酒為良。伏朱砂與三黃，驅風邪與諸惡。明目止淚，而並治虛勞。下氣和中，而兼除臭穢。腰疼者可去，腹滿者能疏。蕙草湯安下痢之傷寒，返魂丹療五色之澼積。食肛狐惑，連獨佐而煑酸漿。失精夢遺，藥共配而煎淨水。莎草根與藿葉，助定頭旋。雞子白與澤芬，固除髮屑。風疳之齒，必加蓽茇以搽。腫痛之牙，宜協細升而飲。羊髓熬膏而摩背，施于鼻塞之兒。醇酒調服而聞香，投彼孕多之婦。作丸可以馥體，浸油用以飾

頭。梗葉為湯，漱齒牙而痛定。莖葉入醞，治血氣而脹消。實亦有功，具明目補中之益。涕更多效，主脫肛發痔之疴。逐水而止消渴熱中，出汗而愈傷寒風腫。然聞香喜于肺氣，固為養鼻之功。而多服致于喘生，亦有耗真之患。薰草甘平得酒良，上行辛散性芬芳。傷寒惡氣安心腹，鼻寒頭疼齒痛匡。

蘭草：品本並于澤蘭，一物而二種。名或誤為幽谷，似是而實非。生水旁而不生于山，香花朵而亦香于葉。莖則圓而長節，葉則光而有歧。性辛散而帶溫，主肝脾而入氣。化胸中之痰澼，止渴而除陳。利水道之濇艱，養營而生血。潤其肌肉，通彼神明。能辟不祥，而蠱毒亦皆可殺。能驅惡氣，而膽癉于以胥痊。月經用之而得調，癰腫施之而即退。消口渴以調氣，生津飲服之而安。去髮垢以省頭，香澤法塗之而美。熬之以水，可浴風痙之疴。煑之為湯，亦解馬牛之毒。蘭草辛溫即省頭，生津止渴氣逆流。更除痰澼消癰腫，蠱毒風疴一槩瘳。

澤蘭：濕地之所產，大澤之所生。葉尖而有毛不光，枝皆對出。節高而其色多紫，莖作四稜。形似薄荷，而溫涼異性。類同蘭草，而營衛殊功。氣香而融和，味辛而發散。肝家之品，脾位之珍。陽具陰中，力行血分。養鼻通肺，與白芷同稱。消水利腸，以防己為使。實女科之聖藥，洵婦道之急需。推陳致新，除產後胎前之恙。化癥破塊，達百節九竅之關。腰疼血瀝必投，內塞經停宜用。虛浮得之而退，勞瘦藉之而痊。止鼻衄與吐紅，去頭風與目疾。更可散面黃瘀滯，亦堪封癰毒損傷。因育而至陰翻，熏洗熱湯，而枯礬再入。既誕而成水腫，調吞醋酒，而石解同研。采筍作蔬，安產娘之腹痛。取心細嚼，塗赤子之蓐瘡。承澤多佳，所當合之以子。古方甚眾，莫不配之為丸。澤蘭辛味氣溫香，破血通經婦女良。吐衄頭風皆取效，更封傷損與瘡瘍。

馬蘭：花紫而不香，葉長而有齒。莖則赤而根則白，味則辛而氣則平。入乎陽明，主乎陰分。破宿瘀而生新血，止鼻衄而除吐紅。酒疸能消，赤痢可息。解菌蠱之諸毒，安心腹之急疼。擣入少糖，截其寒熱之瘧。嚼吞鮮汁，解其絞痛之痧。水腫尿澁之疴，煑同黑豆、酒泉、小麥。打傷血流之患，搽合旱蓮、桕葉、松香。淡蔬治成漏之痔瘡，更洗熏而鹽共。濃汁救緊口之喉痺，用灌滴而酢加。抹丹毒之纏蛇，宜醢以擂。塗咬傷于惡虺，應生以研。馬蘭根葉性辛平，能向陽明血分行。破宿生新止吐衄，痔瘡喉痺悉堪清。

香薷：味辛而微溫，屬金而兼水。功能徹上徹下，力可散水散風。性既不涼，服必待冷。肺得之則清化行而風熱降，胃得之則鬱火散而嘔逆安。和中溫內之靈苗，下氣除煩之仙草。定霍亂甚捷，清暑毒如神。療夏月乘涼服冷之疴，修之為飲。治水氣喘急腫浮之疾，用之為煎。合白朮則小便利而脹滿消，加蓼子則四肢和而渴乾解。傷寒為散而酒送，大衄研末而水吞。擣汁止脇痛心煩，煎湯去舌血口臭。髮遲之稚子，和猪脂以塗。白禿之童兒，增鉛華以抹。要之陽氣實為陰邪所遏，自宜發越以散水和脾。若其暑渴或由勞役所傷，豈可解表以重虛濟熱。暑傷元氣，醫者當知，夏代茶湯，飲者須戒。香薷芳烈性溫辛，發越真陽妙入神。水腫能消雖有效，暑傷元氣亦須明。

假蘇：辛苦兼溫，氣味俱薄。純陽升浮為性，厥陰肝氣為行。反夫蟹魚，忌夫驢肉。溫苦以消結聚，辛香以辟邪氛。去脊背疼痛之殃，清腸胃停留之滯。惡風賊風可散，而痛痺自安。陽毒陰毒能除，而經脈自利。咽喉無阻，手足皆舒。濕疸用為良苗，瘡疥推為要藥。婦人誕生百病，莫不相宜。小兒斑疹等疴，亦多有效。取生為氣中之品，炒黑又血分之珍。解勞渴之邪，泉流以煑。發傷寒之汗，豉汁以煎。作菜而并烹茶，消食下氣。碾末而宜調醞，醒目清頭。腦裂為災，投共石膏、香茗。牙疼為患，漱同烏桕、葱根。用為枕而更牀席以鋪，去頸項之牽強。製為丸而必薄荷以助，正嘴眼之喎斜。開口噤痙風，則再生丹妙。通便艱癃閉，則倒換散佳。瓦焙和醪吞，退陰癩之腫痛。酒熬通口服，止竅衄之洪流。擂而地黃汁勻，治咽喉吐紅之無息。燒而陳皮湯下，療口鼻出血之如泉。槐花與茶清，瀉于大腸者定。縮砂與糯飲，溺于小便者停。稚兒痰氣癇驚，丸生枯礬而衣以丹石。童子風寒煩熱，研麝臍香而配以梅冰。煎皂浴而漬生鐵以搽，收其肛脫。煑水濯而刮煨葱以貼，消彼臍風。瘛瘲于蓐中，愈風散立能奏效。迷悶于產後，獨行散即可見功。佐元麝以安痢下之危，合桃仁以息風虛之眩。或來鼻衄，拌以童子之尿。或得崩中，燒以麻油之火。潰糜串癧，溫洗其水，再用雄樟以和香油。惡毒腫疔，冷服其湯，又或擣杵以勻苦酒。清泉熬而浴之，痔漏當痊。地汁煑而丸之，疥瘡可泯。鮮葉擣塗脚椏之爛，葱涎調傅足纏之瘍。然多服有動渴疾之虞，而久食致熏臟神之患。荊芥溫芳味苦辛，肝經風木自遵循。解肌

發汗兼消毒，炒黑還為血分珍。

薄荷：蘇生為勝，莖小而氣甚芳。他產皆殊，梗粗而力則薄。燥而辛散，涼而清揚。浮而升，為陽之性。肝與肺，乃入之經。同薤以作菜虀，引藥以行營衛。能清諸熱，故理胸膈而氣鬱可開。能散諸風，故通巔頂而頭疼可解。除勞消食，而脹滿無虞。利格啟關，而霍亂自定。瘰癧瘡瘍為要，喉舌口齒皆需。救大人之賊風，去小兒之驚熱。熬水則發毒汗，而安勞乏。作菜則却腎氣，而辟惡邪。風熱在咽喉，宜丸以服。血痢無晝夜，應煮以吞。薑汁浸而泡茶，洗眼弦之赤爛。絲綿包而塞鼻，止衄血之洪流。語澁以舌胎，漱含而化。水傷于耳竅，灌滴而瘥。加蟬蛻而入淳醪，散其癢瘙之風氣。配皂角而圓衆品，退其堅硬之癧瘡。火漆之瘍，煎湯塗洗。蟲蛇之螫，挼葉貼搽。然瘦弱之子久投，懼動消中之渴病；而沈痼之疴初愈，易致虛汗之橫流。薄荷辛散更清涼，升發能將風熱揚。通竅利關頭目爽，骨蒸痰氣用皆良。

蘇：味辛色紫，有疏氣和血之功。性溫體芳，為托表寬胸之品。忌與鯉魚同食，用與橘殼相宜。葉主發散之勳，開胃下食，逐風寒而除痼冷，且使百節安康。梗有宣通之用，利肺消痰，降壅滯而定轉筋，並解三焦鬱結。安胎行氣，則須砂蔻、橘皮。止痛溫中，則藉藿香、烏藥。入麻黃、莎結，則發汗解肌。合萊菔、杏仁，則化涎定喘。利膈宜偕枳、桔，治血應伴芎、歸。佐以厚朴、木瓜，暑濕之傷得愈。助以生薑、豆豉，食勞之復可痊。上氣以感寒，橘紅酒煮。短氣多欬逆，神草水煎。頓服濃湯，卒啘能定。頻吞生汁，霍亂當停。失血沈疴，為膏而丸赤豆。傷寒喘疾，作飲而用清泉。服而擣封，治乳生之腫癰。咀而湯嚥，去目入之飛絲。金刃之災，擂而與桑共貼。折跌之患，挼而蘸血同傅。熬汁解螃蟹之寒，作羹殺肉魚之毒。見噬于風狗，急嚼以塗。被螫于虺蛇，速研以飲。然服久則泄夫真氣，而胃寒則滑彼大腸。紫蘇宣散性溫辛，發表風寒汗潤身。氣血並宜真要品，安胎散結梗如神。

蘇子：性亦辛溫，功皆舒散。能清利夫上下，善潤澤夫肺心。逐冷香身，去濕痺風寒之患。調中順氣，停霍亂嘔吐之災。破癥結而補虛勞，安喘逆而除痰飲。盛袋而漬酒服，利膈驅風。取漿而作粥餐，肥身止欬。舒四肢之攣急，五味宜加。使中風之寬和，麻仁應入。桑土、萊菔子，退消渴之變水浮。橘皮、高良薑，散冷濕之成脚氣。調醪而夢遺可濇，飲汁而蟹毒能消。蘇子原同梗葉功，更清上下善和中。除寒降氣安痰嗽，利膈寬腸逐濕風。

卷之五　草部三　隰草類

菊：得風霜之精氣，占金水之英華。性禀平和，味兼甘苦。鄧州南陽者最，紫莖厚葉者真。黄入陰而白入陽，肺屬辛而腎屬癸。補水足教火伏，益金能使木平。桑根白皮、諸朮、地骨皮相需為使。侯氏黑散、《千金》秦艽散特用為君。驅濕痺于皮膚，除熱煩于心腹。利血氣而和五脈，補陰益肝。安腸胃而調四肢，返童耐老。善平腰痛，可令身輕。采于四時，為變白增年之法。合于九日，為太表靈寶之方。飲水取菊潭，去羸而得多壽。登高服菊酒，遠災而辟不祥。欲鬚髮之黑烏，配巨勝、茯苓而圓蜜。治頭腦之風熱，伴川芎、細理而引茶。暮春芽，首夏苗，及八月花而咸用米醋，旋眩之膈痰即散。穀精草，綠豆殼，偕乾柹餅而同熬泔水，斑痘之目瞖皆除。眼或昏花，紅椒匡而丸芐汁。病生雲障，蟬蛻助而益蜂糖。與艾作護膝而去風，以飲送細末而醒酒。花根擂汁，疔瘡危者取而吞。苗梗煎湯，陰戶腫者熏而洗。若夫野所生者為苦薏，則有小毒而慘烈苦辛。人若服者傷胃家，只宜治瘍而擣傅絞飲。故采之不可有誤，而用之在所必詳。菊性多甘苦且和，能教風散熱消磨。木平火降扶金水，大半功勞在眼科。

艾：生則微苦大辛，熟則微辛大苦。生溫熟熱，純陽無陰。可降可升，可服可灸。可取太陽之真火，可回垂絕之元神。采以上巳端陽，使以苦酒香附。服則走足三陰之位，去一切寒濕，轉肅殺而為融和。灸則透身百穴之門，却諸種病邪，起沈綿而為康泰。安胎止帶，洵婦道之良方。定血生肌，實傷家之妙品。理氣調經而有子，散冷滲濕而溫中。艾附丸治胸腹少腹之作疼，亦救女科之衆疾。膠艾湯療已產未產之下血，並停痢病之多虛。懷妊而胎動迫心，煎之以頭醋。有身而斑發變黑，烹之以淳醪。酢炒絹包，運臍下而逐冷風于孕婦。帕覆斗熨，溫腹中而除寒氣于產娘。既育瀉紅，老薑熬而成濃水。連日崩血，乾薑煮而化阿膠。赤子臍風，灸須蒜隔。小兒瘡爛，傅必火燒。作肚兜，暖衰老之丹田。夾足襪，退濕寒之脚氣。鬼擊中惡宜煎飲，狐惑生蟲應熱熏。陳者為湯，驅溫疫之時行，兼可安夫霍亂。鮮者取汁，去腹心之惡氣，並能殺夫蚘蟲。脾胃患冷疼，則研其末。口舌吐清水，則用其乾。助以伏神、烏梅，而盜汗自住。丸以炮薑、醋米，而白痢得停。久下不痓，陳皮是佐。暴泄不止，薑塊當匡。熬沸入瓶，灸手心而瘥鵞掌。揉團嗅

鼻，出黃水而愈頭風。癲癎之痾，灸囊下之海底。口牙之噤，取承漿與頰車。擣而塗舌縮之殃，焚而熨掣疼之恙。偏風以葦筒入耳，左喎灸其右邊，而右喎則灸其左邊。發背以濕紙取頭，有痛灸至不覺，而不痛則灸至有覺。淋而和夫煆石，點于疔以拔其根。洗而用夫白膠，熏于癰以合其口。身生瘡疥，宜合木鼈、雄、硫。面起粉花，必共菜油、解、錫。釀酒而除其白癩，燒煙而收彼冷臁。痔似胡瓜，洗槐柳湯而灸患上。齒因風蠹，卷蠟紙筒而吸鼻中。嚥其漿而止咽喉之痛，飲其汁而退童稚之疳。吐紅則煑之而啜，衄血則灼之而吹。銅鐵誤吞，頓服可下。骨刺作哽，細呷能消。瓦盌取煤而化溫湯，洗夫眼腫。桑灰同沃而煎色布，抹彼面斑。醋熬貼臉瘡，而疥癬之災亦愈。火熇去疣目，而蟲蛇之咬亦痊。艾葉生溫兼熟熱，逐寒理氣且安胎。可煎可灸功無量，垂絕元陽立見回。

茵蔯蒿： 味辛而苦，氣平而寒。乃陰中之微陽，為膀胱之主藥。功除疸證，力伏硇砂。解傷寒煩悶頭疼，愈時疾狂邪瘴瘧。化痰利膈，而滯氣以消。透節通關，而伏瘕以散。燥熱同木丹、黃蘗。濕熱偕巵子、黃良。擣巵螺而百沸白酒以衝，退其醞傷之疸。擂生薑而四肢前胸以擦，除其身遍之黃。陰分之痾，匡之則以附子。癎氣之患，佐之則以鮮皮。散配芄、巵、升麻，能去傷寒之留熱。醪釀秫米、麴蘗，可舒風疾之攣拘。作羹以餐，頭疼自止。煑水以浴，體癢當瘥。癧瘍之風，先以皂莢湯，後用清泉而煎洗。赤腫之目，合以車前子，更加細茶而調投。茵蔯辛苦氣微寒，發汗消癥瘴瘧安。利水通關驅濕熱，退除黃疸勝金丹。

青蒿： 色如松檜之青，得春木之最早。葉似茵陳之狀，為隰草之極高。子實冷甘，莖根寒苦。主少陽、厥陰之血分，入三焦、包絡之經中。善伏硫黃，堪為蔬菜。開胃明目，益氣補中。能駐衰顏，能除蒜髮。退熱黃與風毒，消腹脹與心疼。止痢者擣取其漿，而春夏則用其苗，秋冬則用其子。截瘧者，研同夫桂，而冷醋則治先熱，暖醞則治先寒。鮮汁熬而入神草、麥冬，收煩燥口乾之盜汗。童尿煎而加蜜甘、豬膽，驅尸疰鬼氣之骨蒸。寒熱虛勞，曬末而引烏梅，足解倦疼于肢體。瘡瘍息肉，淋水而和鍛石，且去瘢黶于面顏。酒痔下紅，莖葉不宜並用。積熱眼澀，花子皆可取施。飲汁塞滓，停其鼻衄。裹綿納竅，淨其耳膿。齒牙痛而漱湯，疥癬癢而洗水。嚼而封毒蜂之螫，擂而罨出血之傷。冬至歲朝，侵晨服而除惡。伏中庚日，門庭掛而辟邪。子甘葉苦是青蒿，血分專行功最高。瘧痢可除瘡可愈，補中益氣免虛勞。

茺蔚： 莖葉辛而帶苦，子實甘而兼辛。根則甘和，花則甘苦。性皆無毒，氣並微溫。為陰中之陽，乃入厥陰、手足二經之品。解藥中之毒，有制砒石、雌硫二黃之能。用全則專行，用子則兼補，投之無不俱妙。花白入氣分，花紫入血中，服之各有所宜。調月經，止崩中，利便填精而有子。除脹悶，散煩熱，安魂定魄而輕身。能使目明，堪教子退。益心而頭疼愈，潤肺而口渴停。返魂丹為養胎保產之神方，益母膏乃逐瘀驅風之要劑。擂服其汁，安脹悶而下死胎。生食其仁，通血脈而填精髓。帶下不止，暖水和之而投。惡露不行，溫酒衝之而進。煎湯以浴，免胎毒于初生。煑粥以餐，救兒疳于垂死。治雜痢鹽梅應合，去粉刺面藥所需。鮮漿滴而愈耳聤，新泉絞而開喉閉。腫浮濕氣、痔血尿紅之證，皆取飲而見功。癮疹熱瘍、疥疸陰蝕之痾，並用洗而殺癢。火燒點惡疔作腫，水調塗勒乳成癰。馬咬瘡生，醋炒以罨。蛇傷癤破，爛擣而傅。益母微溫辛苦甘，根莖花葉子皆堪。女科胎產功無比，疔腫癰瘡亦可傘。

夏枯草： 味辛而苦，氣平而寒。具無毒之良，可解內熱肝經之火。禀純陽之性，有補厥陰血脈之功。使以土瓜，伏夫砂汞。除濕痺而消脚腫，破結氣而散腹癥。寒熱能停，癭瘤即退。久生瘰癧，宜煎水與熬膏。夜痛睛珠，配莎根與甘草。米飲送而止帶下崩中，濃汁服而安產虛血運。撲傷金損，嚼之以封。白點汗斑，煑之以洗。夏枯草性苦辛寒，瘰癧癥癭盡可安。熱散濕除消結氣，目睛疼淚善平肝。

旋覆花： 性走散而有小毒，味甘鹹而帶微溫。入手太陰、陽明，主理大腸、肺氣。淨去其梗，只用其花。下氣補中，定驚而除喉嗽。利膈通脈，明目而解頭風。膀胱留飲不行，以此開之，水濕熱寒盡去。胸膈膠痰難出，以此化之，結塞滿悶皆消。鹹則軟堅，散痞塊死肌之患。甘則和胃，安嘔逆噫氣之殃。七物湯為傷寒汗後之方，三物湯為婦道雜施之劑。胎孕或漏而半產，水煎合新絳、青葱。眉睫因癬而無毛，油調入防風、赤箭。羊脂和抹，消其月蝕耳瘡。蜂蜜丸吞，散其痰凝氣壅。根宜療風頑濕痺，葉可傅疔毒金傷。然虛病多投，必致成夫冷利。而鮮花頻嗅，亦有損于目睛。性溫旋覆味鹹甘，行水驅風豁結痰。驚悸能除寒熱去，消堅下氣力皆堪。

青葙： 苦而微寒，平而無毒。為鎮肝之珍品，乃入足之厥陰。解瘙癢

之皮膚，驅風寒之濕痺。益腦髓而堅筋骨，殺彼三蟲。明耳目而逐熱邪，清其五臟。脣口之青可退，損傷之血能停。療痔蝕䘌瘡，去惡瘍疥虱。為丸以理眼障，取汁以止鼻洪。子常服而可享高年，葉擣飲而大除溫癘。青箱味苦性微寒，入厥陰經主鎮肝。散熱驅風蟲可殺，退除盲瞖是靈丹。

紅藍花：辛苦甘溫之性，為陰中之陽。心肝衝任之行，乃血中之聖。佐當歸而益效，得酒醴而更良。少用則養血而生新，多用則行血而破滯。男子能行其脈絡，婦人可順其月經。不盡之惡瘀，施之而俱下。卒中之毒蠱，服之而獲痊。潤夫燥結之痾，除夫痛疼之疾。血竭配之而送，安膈噎之難餐。枯礬助之而吹，住耳聤之出水。絞汁開喉痺咽疼之壅，而一切之腫皆消。煎醞下胞衣死孕之危，而諸種之風亦去。救血運之悶絕，調醪灌之而得甦。散身腫之遊行，研苗塗之而即退。取實熬擣，療女中之渴煩。采子生吞，治天行之斑痘。和其血氣，拌清酒而白蜂蜜丸。出彼瘡疽，偕蟬蛻而紫草茸煑。溫辛甘苦有紅花，破積生新逐熱邪。燥潤經通風腫散，癰疽瘡痘盡成痂。

大薊、小薊：名分大小，性並甘溫。均有破瘀之功，俱得治傷之效。大者山生力健，養下氣而致壯肥。小者野產力微，專血分而填虛損。用大則安孕止沃，且能消腫于瘡瘍。用小則退熱保精，亦可除煩于胸膈。妊娠胎墮，同益母而煑清泉。婦女血崩，入白朮而和地汁。作菜而清風火，擣生而止濁淋。心熱吐紅，絞取其漿，亦住大腸之卒瀉。舌硬出血，研勻以醞，並息九竅之洪流。水煎啟鼻塞之不通，糖拌合金傷之多痛。腸臟癰滯，酒便同吞。疥癬癢瘙，鹽鹺共罯。明礬、滴乳，與米麴之釀，服而取汗于惡疔。杜衡、斑蝥，及棗枳之根，丸而收功于諸瘻。小兒浸淫之毒，新水以傅。婦人濕癢之陰，熱湯以洗。刺薊溫甘大小稱，扶持血證任堪勝。療癰消腫須求大，退熱養精小獨能。

續斷：味苦微溫，入肝與腎。折有塵而川產者為上，節皆斷而黃皺者為真。惡夫雷丸，使以生地。能補不足，而療其傷寒。善去諸溫，而通其經脈。暖子宮而共理胎前與產後，治崩中而兼止精泄與腸風。膿血可排，則腫毒癰瘍胥愈。筋骨可接，則金瘡折損無虞。腰膝遠寒濕之災，亦益氣力。關節免攣拘之急，並止痠疼。破彼結癥，停其痢血。佐杜仲而丸以棗，安腹內之動胎。去裹筋而煑其皮，救蓐中之危疾。膀胱淋瀝，杵而絞汁以吞。打撲閃傷，擂而取滓以罯。續斷辛溫入腎肝，補勞接骨治傷寒。女科胎產功多妙，血痢腸風亦可安。

漏盧：性則鹹寒，主則腸胃。閩中出者為勝，方家用者多非。莖似油麻，枯如黑漆。連翹為之使，飛廉亂其真。拌甘草以同蒸，用山卮以相代。明目聰耳，益氣輕身。續筋骨之折傷，去皮膚之濕痺。化熱毒而排膿止血，通經脈而長肉生肌。退眼赤睛風，安腸紅痔漏。預解痘疹之毒，亦除遺瀝之精。合艾葉而釅醋熬，住泄痢之冷勞，而治產娘病帶。入豬肝而食鹽煑，消疳積之肚脹，而療童子無辜。歷節風痾，佐以蚯蚓、生薑、蜂糖、好酒。發背熱證，配以沉香、百本、甊草、大黃。煎淨水而作濃湯，浴癢瘡之如麻豆。用豕膏而調灰末，塗白禿之滿頭顱。乳中凝滯成癰，蛇退瓜蔞共服。身內蚘蟲攻腹，麪餅肉臛和餐。氣味鹹寒是漏蘆，排膿止血長肌膚。能通乳汁除遺洩，濕痺全消熱毒驅。

苧麻：寒而無毒，滑而多甘。大補其陰，而內鬱之炎邪可去。力行其滯，而天行之熱病可除。安于肚，而止痛于產餘。枕于頭，而免運于蓐內。銀與醪熬服，定胎動之不安。腐與肉蘸餐，住痰哮之重嗽。三消口渴，宜漚水以吞。五淋溲疼，應煎湯以啜。蛤粉偕而新泉送，小便可使其宣通。端陽采而冷水調，大腸能停其瀉痢。發腫之穀道，熟擣以坐，亦塗初起之癰疽。脫出之肛門，濃煑以熏，並洗遊行之丹毒。末同煅石，止血而愈金瘡。絞用順流，化瘀而安腹痛。中夫藥箭，擂而厚罯其滓。鯁夫雞魚，丸而分施其引。取汁飲而可解，桑蠶之咬無虞。和酒下而更傅，蛇虺之傷亦散。性滑甘寒有苧麻，補陰行滯逐時邪。渴除淋止安胎產，癰毒金瘡用亦嘉。

大青：味甘而微鹹，氣寒而不苦。能解心經之熱，亦清胃氣之炎。除悶而遂惡邪，止渴而消風疹。化金石之藥毒，辟溫疫之時行。傷寒牽強痛疼，助葛根而胥定。陽毒狂斑煩亂，配犀角而可回。作湯退時疾之疸黃，合品停熱痾之痢下。喉痺絞漿以灌，癰腫擣爛以傅。煑水加連，去口舌瘡疳于稚子。納末送酒，救肚皮青黑于嬰兒。大青寒性味甘鹹，專治陽邪品不凡。胃熱清來心毒解，疸黃喉痺一齊芟。

胡蘆巴：其味多苦，其氣大溫。具純陽火性之能，為右腎命門之藥。補下元之虧損，而逐彼虛寒。益陽氣之本原，而消其陰翳。丹田得暖，眼目能明。安腎臟而消腹脹面黑之殃，配以硫黃、附子。利膀胱而解偏墜陰癩之

患，佐以沉木、懷香。研以三稜、炮薑，邪氣之攻頭胷愈。丸以木瓜、故紙，寒濕之軟脚皆痊。胡蘆巴性苦而溫，能暖丹田補命門。脚氣頭疼目暗愈，若施癩疝盡除根。

惡實：辛平之性，陽降之功。潤肺而並達諸經，解毒而善消諸瘻。利咽舒氣，除膈內之涎痰。明目補中，抑胸間之邪火。皮膚自利，腰脚皆安。酒飲可驅風，及彼丹石藥毒。挼吞能散結，與夫筋骨熱煩。歷節腫麻，必配羌青、新豉。上焦壅塞，應偕甘草、假蘇。佐以旋覆花，安腦疼之痰厥。助以寒水石，止頭痛之晴連。腫脹周身，擂末而投溫水。臌膨單腹，為丸而下米湯。生熟兼施，虛浮退減。炒研以進，尿澀通行。欲愈牙風，煮清泉以含漱。欲開喉痺，加蠡實以匡扶。散號啟關，治懸癰上升之風熱。方名必勝，療天花不快之躁狂。甘桔熬湯，去孩童喉中之痘。麝香調醞，散婦女乳內之瘡。化其便癰，合朴消而匀蜂蜜。退其癮疹，入浮萍而引薄荷。吞一枚而出疽瘍惡腫之頭，啜濃汁而解蛇蠍蟲邪之毒。十二經通推惡實，舒風散熱毒無侵。喉清痘發除痰厥，癰腫開頭勝用鍼。

葈耳：性則滑潤甘溫，而微含毒氣。忌則米泔豬馬，而善伏硇砂。明眼目而涼肝，暖腰脚而填髓。四肢得遂，周痺當痊。活血而除惡肉死肌，發汗而定頭寒腦痛。瘰癧癰疔悉治，疥癬癮疹咸宜。杵末泉煎，則舒攣而去濕。炙香酒浸，則補氣而驅風。久瘧不瘥，焙而糊丸以服。嗜酒不已，燒而醞和以吞。葶藶伴夫灰，消其腹中之水。白米作為粥，清其目內之昏。鼻淵炒而湯調，牙腫含而冷吐。子實之功如此，莖葉之效若何。其性寒涼，其味辛苦。輕身強志，傷寒急中能瘳。鮮毒殺蟲，濕痺風癩可愈。平胃清心而進飲食，凍蜜為丸。省頭通頂而定運旋，淳醋調末。暴燥治熱風之伏，收于夏時。陰乾備瘟疫之侵，采于端節。常人之痢疾，熬以蜂糖。產婦之積痢，擂其葉汁。鍊霜則駐顏，而多補暖。釀酒則息風，而使安和。出涎而去目黃，鮮葉挼熟以安舌下。止痛而除眼赤，乳香燒烟以嗃鼻中。漿水煮而加鹽，漱其齒搖之欲落。老薑擣而入醞，開其喉纏之不通。衄血洪流，生研漿飲。癮疹瘙癢，豆淋酒投。煎膏治一切癰瘍，為散消五種痔恙。反花瘡惡，杵之而以服以傅。中水蝨生，絞之而亦吞亦導。汁資童便，能拔丁根。屑共桃皮，可填瘡口。逐身軀之風癘，食夫鯉而忌夫鹽。漬手足之腫疼，春用心而冬用子。送以米飲，退面皯之黑烏。佐以青鹽，化汗斑之赤白。銅錢誤噉，清水浸之而吞。物毒內攻，溫醪對之而灌。且可救夫花蛛之咬，亦能主夫狂犬之傷。蒼耳由來小毒含，葉寒辛苦子溫甘。殺蟲驅疫除風濕，疔毒癰疽盡可弃。

天名精：寒而小毒，甘而微辛。垣衣、生地黃為其使令，鶴虱、杜牛膝是其子根。能去痺而吐痰，亦殺蟲而化毒。破血生肌而利便，逐水解渴而除煩。擂取其漿，痰瘧服之而可停，牙疼施之而可止。研匀其酒，驚風得之而能定，乳蛾用之而能平。纏喉之風，丸以白沙、生蜜。骾咽之骨，圓以鳳頸、梅礬。埽而豁壅滯之痰涎，揩而退癢瘙之癮疹。茅花湯引，安吐血之危。浮酒糟塗，散腫疔之毒。癰疽背發，飲之而消。瘰癧蛇傷，罯之而愈。大腸蟲生而不斷，擣子而調以清泉。中心蚘咬而作疼，杵實而和以淡醋。天名精性毒微藏，味是辛甘氣是涼。截瘧驅痰兼破血，殺蟲消腫愈蛇傷。

豨薟：生則苦寒而含毒性，熟則香溫而有補功。主夫厥陰之肝，治彼少陰之腎。能明目而聰耳，亦黑髮而烏鬚。驅風濕麻木之不仁，療腰膝痠疼之無力。蒸暴益本元之弱，而並可行腸。擣絞除熱䘌之煩，而多則致吐。醋糊丸而逐風之泄瀉，蜂蜜丸而起中之軟癱。老瘧癃痰，生汁飲以取嘔。反胃拒食，焙末圓以和中。小薊、大蒜、五爪龍伴，而消疔發惡腫。乳香、白礬、糯米酒合，而退疽癰毒炎。刀斧金刃之傷，用以封漬。虎犬蟲蠶之嚙，取以罯傅。豨薟小毒苦兼寒，蒸暴香溫走腎肝。逐濕驅風麻木愈，癰疽疔發損傷安。

蘆：味甘有益胃之功，性寒有降炎之效。除傷寒之內熱，而痰涎之壅皆清。辟時疾之外侵，而瀉痢之疴悉定。三消渴乾之神品，三陽祕結之靈丹。助厚朴而益食加觴，配茅根而開胃下氣。腹脹心悶而霍亂甚，須投薑橘之煎。肺痿骨蒸而飲食難，宜用蘇遊之飲。烹以泉水，食勞之復可安。煎以童尿，嘔噦之頻可止。五噎服湯而不逆，諸毒進汁而盡消。至若蘿筍，乃芽之名，苦冷而忌夫巴豆。蓬蕽，為花之號，甘寒而解夫蟹魚。利水道之不通，去膈間之客熱，此筍之功也。治乾嘔之作痛，止出血之妄行，則花之力也。莖同薏苡、桃仁、瓜瓣，能除肺癰欬嗽，而燒灰以抹禿瘡。葉共竹茹、糯米、蜜薑，能停心逆渴煩，而研末以傅背發。爇陳葦以用其火，善入上焦。淋灰漿以煮為膏，可蝕惡肉。欲痊紅證，宜取外皮。欲療金瘡，須求抱藦。蘆根甘味性兼涼，客熱無能向胃藏。降火消煩平霍亂，花莖葉藦用皆良。

甘蕉：　味甘大寒，色青無毒。除疸而壓丹石，清熱而去悶煩。驅頭風與遊風，解酒毒與藥毒。通經脈而填骨髓，熟蒸其仁。除乾燥而潤肺金，生食其子。鮮者能破血，乾者可涼肌。花燒灰而點食鹽之湯，和其心痺。根煎水而配旱蓮之草，住其血淋。風客頭疼，及夫發背惡疽，赤遊癮疹之疴，皆擣之以罯。產後血脹，與夫消渴引飲，天行熱狂之證，並絞之以吞。風蟲之齒不安，含而漱之。瘡瘍之口不合，蘸而搽之。研葉和水蘁之漿，抹腫毒之初起。取油加薄荷之汁，塗驚氣之方來。涎癇得吐而胥停，髮落用梳而即止。芭蕉秉性是甘寒，潤肺除煩解渴乾。癰腫疸黃皆有用，頭風肌熱盡能安。

麻黃：　辛而帶苦，熱而屬陽。輕揚之能，而氣味俱薄。升浮之用，而情性多清。行心與大腸之經，入肺與膀胱之藥。使則白微、厚朴，惡則石韋、辛夷。發汗為功，解肌為用。散寒熱而舒緩急，調血脈而和衛營。欬逆風中能平，溫瘧頭疼可退。邪惡氣伏者洩之，山嵐瘴發者消之。積聚堅癥遇之而破，皮膚毛孔得之而開。陽旦湯瀉肺蘊之熱炎，續命湯止風久之飧泄。傷寒之證，雪水作煎。急中之痾，東流用煑。取汁而米豉作粥，天行濕病相宜。入醞而桂心熬膏，風痺冷疼為妙。黃疸之表熱，則應醇酒之匡。水腫之脈沈，則藉蜜甘之助。丸以半夏，可定悸心。佐以黃芩，可無赤目。尸咽痛而語聲不出，包青布而然火以熏。產腹疼而惡露不清，研細末而調酯以服。蜜炙而煎無灰酒，倒靨之痘可升。朮配而偕蠍、薄荷，慢脾之風自息。然表雖實而過發，且懼泄本而陽亡；況表已虛而誤投，必致伐元而氣脫。煎不去沫，心則發煩。服不避風，病必復作。至于根節之為用，與夫莖梗而相違。性則具乎甘辛，功則固其腠理。雜夫粉而止汗于夏月，配夫蠣而收汗于陰間。自汗之虛，兼黃耆以丸飛麪，而芰草、文無之助，宜用于產娘。盜汗之甚，合椒目以引清醪，而扇灰、乳汁之匡，應施于稚子。嗃鼻消障瞖，加元麝歸身。傅囊愈濕瘡，入硫黃米粉。麻黃辛苦熱輕浮，脈緊寒深方可投。發表解肌莖梗效，節根性反汗還收。

木賊：　甘苦而有溫，輕清而無毒。浮能升上，陰在陽中。明眼目而退瞖星，益肝膽而消積塊。散火去濕，發汗解肌。胎動痛疼，川芎、金銀為佐。血崩赤黑，朴消、香附以偕。炒而水煎，能調月水。研而湯點，可止疝癩。瀉下腸風，必合槐蛾、桑耳。休息痢疾，應加牛角、麝香。助以枳、槐，安其腫痔。配以龍骨，上其脫肛。目淚而昏，蒼朮研投而愈。舌血而硬，淨水熬漱而痊。牛糞火燒，解咽喉之急痺。雞子白拌，化銅錢之誤吞。暴怒赤腫之眼勿施，血虛暑傷之疴禁用。木賊溫甘兼苦味，功專明目瞖星移。濕風鬱火咸升散，性似麻黃亦解肌。

燈心草：　粉漿以染，暴燥而可研。清水以澄，上浮而即是。味具乎甘而多淡，性屬乎陽而有寒。善降心火之炎，足瀉肺金之熱。咽喉能潤而解其渴煩，氣化能通而開其閉塞。腫浮散之而有效，經血止之而見功。行水以利諸疴，制丸為妙。代茶以安不寐，作飲為佳。煑彼鮮根，消濕熱之黃疸。煎夫敗席，去濇滯之癃淋。欲退喉風，紅花同燒而調米酒。欲停鼻衄，丹砂共末而和粥湯。輕粉麝治疼痛之陰疳，團魚甲療喘煩之時痘。塗于乳而飼夜啼之子，嚼于口而傅血出之傷。【缺】

〔生地黃〕：【缺】困乏之患，醞對而煎收。取漿汁以息骨蒸，為飫飥以除心痛。損肺氣而孔生舌上，助童尿、鹿角之膠。行清道而血出鼻中，合地龍、蕃荷之菜。嗽勞者晚添寒熱，白糜攙之而餐。心熱者脈現數洪，黃良圓之而下。楓香脂化入，能停口吐之鮮。車前汁衝勻，可住便淋之赤。寒疝絞痛，瓦甑蒸而共烏雞。熱瘴昏迷，菝葜擂而增元麝。塗于綿紙，貼而化惡肉之頑。熬以黑膏，服而定毒斑之嘔。乳癰疔毒，取抹而消。血熱癬瘡，連投而滅。和薑汁而懸刀蘸炙，再入罐煅，盛鐵器而刷鬚色之赤黃。拌鹽花而麪糊裹燒，仍去皮研，添麝香而散牙疳之宣露。齒挺長咋之而嚇，根搖動咂之而含。炙皂角而治末以搽，除齦中之突肉。煨全枝而截段以塞，止耳內之鳴聲。睡起而眼初腫紅，以浸粳米而烹食。火盛而目暴赤痛，以配黑豆而杵塗。急擂而綿包，收物傷之睛突。多絞而酯煑，驅瘀積之腹疼。打撲損骨筋，熬之以裹。竹木入皮肉，嚼之以傅。煉作丹丸，藥箭毒施之而解。擣其飯餅，猘犬咬得之而消。稚子熱疴用蜂糖，小兒腫陰須津唾。蜜酒合進，清便血于初生。鮮汁單投，退蟲痢于孩抱。婦人月經不住，汁衝美醞，亦除育後之悶煩。妊娠胎漏不停，末和淳醪，並逐產餘之惡露。雞子白能安動孕，陳米醋可下胞衣。救百病之危，釀為麴糵。定中風之厄，散有交加。丸蜜施勞疾之欲成，切片貼目疴之在蓐。然脾虛者易成脾泄，而胃寒者多致胃傷。中滿者反增，氣急者亦甚。犯諸血蒜葱蘿蔔，則濇營衛而頭白堪嫌。遇諸器銅鐵鍋刀，並損衛營而腎消可懼。性苦甘寒生地黃，補陰益氣骨筋強。諸經血熱能涼解，并治疔癰與折傷。

熟地黃：鍊夫陰而生夫陽，厚其味而薄其氣。甘而微苦，沈而微溫。所行之經，與生無異。所忌之物，與乾亦同。滋腎水而去勞傷，益陰精而烏鬚髮。能使臟腑之充滿，足令耳目之聰明。長其肉肌，而補其不足。通其血脈，而治其不調。愈脛股之常疼，止腹臍之急痛。蒸眼用砂仁、米醞，和臟氣而歸宿丹田。配合用鹿韭、山蘄，養陰精而補填骨髓。炒以薑汁，乃無泥膈之虞。伴以麥冬，自有引經之效。六味丸以之為首，是天一所發之源。四物湯以之為君，得癸乙同歸之治。胎漏投二黃則妙，血疼進黑神則佳。脈虛孕痛之疴，助以當歸，而更益黃連以調月信。勞熱心忪之恙，配以乾苄，而再加玄及以去腸風。水煎收病虛之汗多，酒勻止血吐之嗽作。明目補腎，佐椒紅而生合為丸。固齒添津，入柳甑而熟蒸為餅。熟地甘溫補腎家，長肌填髓益精華。聰明耳目烏鬚髮，胎產勞傷效足誇。

牛膝：氣平而無毒，味苦而兼酸。川蜀者良，懷慶者真，而江淮、閩、粵、關中之產，次而不佳。牛肉是忌，白前是畏，而龜甲、陸英、螢火之儔，惡而不合。用生則去瘀滯，而力乃下行。得酒則入腎肝，而功為中補。助諸經之脈絡，耐老輕身。扶一切之虛羸，添精續絕。濇高年之溺失，療男子之陰消。壯筋骨而不痠疼，強腰膝而不軟怯。積結癥瘕俱破，則臟腑自舒。痿痺寒濕既清，則肢節自便。能解腹心之痛，善除血氣之攻。治傷則最靈，排膿亦甚捷。同蓯蓉而醞浸，則益腎宮。收苄汁而蜜丸，則安渴證。腹癥作刺，腸蠱為殃，及夫婦道陰疼，皆宜資之以酒。勞瘧無休，便淋不已，與夫蕁娘尿血，俱應煮之為湯。萬病丸為胎前產後之丹，單用方為血結瘀凝之劑。胞衣不下，入葵子以煎。生孕欲除，塗麝香以插。含漱與啜飲，咸化口舌之瘡。搽末與擦灰，並止齒牙之患。卒閉之喉痺，艾葉佐而和乳漿。已潰之癰瘍，橘葉匡而加地錦。末而醞服，散癮疹之作癢，亦消風癩骨疽。擣而厚傅，退腫惡之無名，兼愈折傷閃肭。竹木刺肉，嚼罨而痊。金刃創肌，擂塗而定。米豉熬之而用葉，逐濕氣之軟脚疼腰。水醪絞之而連莖，解溪毒之惡寒發熱。老瘧漬酒吞而即截，珠管杵汁點而當除。苦酸牛膝氣還平，益腎強肝往下行。腰足止疼腹止痛，能除惡血補陰精。

紫菀：辛苦溫平之性，肺經血分之行。出牢山者為良，如細辛者為妙。浸蜂糖、東流之水，微火焙而取乾，用之斯美。有車前、旋覆之根，赤土染而作偽，辨之宜詳。為使者乃欵冬之花，所畏者則茵陳之草。惡夫白幕、天雄、瞿麥，及彼藁本、遠志、雷丸。下氣消痰，治肺痿之血膿欬唾。潤肌止渴，療病勞之喘悸虛羸。逐寒熱于胸中，結塞自解。定息貢于臟內，驚癇亦安。驅尸疰與鬼邪，去蠱毒于痿躄。常人嗆久傷肺，加虎鬚、百部，而湯用薑梅。小兒嗽甚啞聲，入白蜜、杏仁，而引須玄及。五味炒而丸含口內，吐血證之欬可停。清流洗而根納嗓中，纏喉風之痰可出。除下紅于產後，淨水以吞。通小便于女科，井華以送。溫平紫菀苦兼辛，下氣調中肺熱泯。欬嗽停時安喘急，虛勞痿躄效如神。

麥門冬：甘而微苦與寒，陽而微陰為降。入肺經之氣分，補心臟之血虧。使以地髓、車前，伏夫石津、鍾乳。畏白參、青蘘、木耳，惡苦瓠、鉤芙、欵冬。生心中欠缺之陰，而元神自保。息肺內伏藏之火，而痰嗽自除。濕痺甚者能消，經水枯者能足。安魂定魄，調脈絡而去腫浮。化穀添精，變羸瘦而為肥健。解燥烈虛勞之渴，涼血不致妄行。停怔忡恍惚之疴，清神自能恬靜。肺痿肺癰皆愈，心滿心熱胥和。擣汁入蜜為煎，悅其顏色。熬膏用苄為佐，補其虛虧。益血通心，合以麻仁、膠苣。滋元瀉火，配以五味、人參。丸芣苡、地黃，頭則不白。偕荎藉、枸杞，脈亦能生。消渴必藉黃連，客熱但須清水。蜜甘竹葉而兼米棗，救勞瘵氣之垂危。國老神草而和蜂糖，解金石毒之發動。痢下引飲，烏梅肉剉同煎。乳阻不通，犀角酒磨並進。自然汁可安吐血，蜜以調之。生地髓可止鼻紅，泉以煮之。虛熱攻咽喉而瘡作，川連助之而圓。風火入齒縫而血流，淨水烹之而漱。胃寒莫用，氣弱勿投。微寒甘苦麥門冬，潤肺通心利膈胸。生脈滋陰還益血，虛勞熱渴自消鎔。

萱草：入陰而具甘涼，屬水而善下走。除煩而亦化食，明目而更輕身。下水濕而並去沙淋，利胸膈而兼安五臟。采花為佩，懷妊而得宜男。治跗作葅，忘憂而自多樂。尿濇而赤，苗可同烹。酒疸而黃，根則獨擣。和薑中之汁，止熱毒之鼻洪。合席下之塵，消水氣之身腫。通小便須煎以飲，解丹藥宜絞以投。油炒食而薑偕，糞後之下血可停。酒擂服而滓罯，乳內之成癰可散。甘涼萱草號忘憂，解毒除煩濕熱瘳。酒疸乳癰衄血愈，糞紅尿赤用皆優。

淡竹葉：氣平有寒，味甘無毒。除口中之燥渴，消膈上之風痰。功可清心，定喘而止嘔逆。效堪利溺，去熱而散悶煩。壯丈夫胃氣之仙丹，治小兒火炎之妙藥。催生而隨胎甚捷，其根則能。和米而作麴多芳，其苗並美。

氣味甘寒淡竹葉，心清煩熱自無存。小腸阻滯還能利，墮孕催生必用根。

葵：淡滑而氣味薄，甘寒而情性陽。宜于潤脾，善于養竅。食須偕大蒜，使則以黃芩。伏夫陽侯，主乎蔬菜。導宣積滯，通小便而滑大腸。攻治惡瘡，排膿血而逐客熱。止女人之滯下，住稚子之丹遊。胃氣得之而佳，金傷用之而美。乾研而服，散時氣之病黃。熬水而呑，利水腸之患濇。瘻瘡不合，微火烘貼而引膿。斑痘方行，淨汁絞投而驅惡。烹熟停丹毒下痢，亦化肉刺之倒生。擣漿安蛇蠍卒傷，亦出銅錢之誤嚥。湯火之灼傅以末，丹石之發飲其虀。苗葉有功，根莖亦效。清熱淋而逐水，散惡毒而滑胎。燒而和以米醋，下漏胎之子死。擂而入以薑汁，通阻便之腹膨。消證有溺濇尿多，皆煎之以水。兒患有蓐瘍吻毒，並摻之以灰。奶酥拌抹脣紫于嬰孩，豬脂勻搽熱疳于身面。酒下而愈妬乳之癰，汁啜而退瘭疽之惡。蛇虺之螫可消，防葵之中可解。至若深秋所種，而名為冬。經年始收，而取其子，滋氣脈而通營衛，生津液而長肉肌。輕身延年，利癃堅骨。臨蓐倒生與胎死，以醞調之。懷妊下血與病淋，以泉煮之。朴消為佐，治產後滴瀝之不通。伏(免)〔菟〕為加，療孕中腫浮之多重。欲行其乳，炒香而配砂仁。欲出其胞，煎濃而合牛膝。頓飲而除產餘之困悶，三服而止便內之血淋。潤其大腸，必偕人乳。啟其關格，宜共豕膏。血痢產痢之殃，取蠟茶以下。痎瘧邪瘧之患，用淳酒以投。粱米作粥糜，救傷寒于勞復。苓瓜同柏子，去瘡皰于面顏。起癰腫之頭，水吞一粒。消便毒之發，醪送二錢。能解蜀椒，亦下丹石。然熱服則動風氣，而生躁悶；而多餐則下冷痢，而有損傷。食于四月節中，發人宿疾。啖于天時病後，令人昏睛。有毒在中心，百藥初投應忌。經霜或生啜，五種留飲必成。黃背紫莖，切須揀去。魚鮓黍米，不可同嘗。未得夫蒜、葫，幸勿輕設。被傷于狂犬，應戒終身。葵菜推為百菜尊，甘寒淡滑供盤飧。苗根與子皆堪藥，冷利須防應少呑。

蜀葵：味甘而無毒，性滑而微寒。陽乃具于陰中，花則發于夏首。蜀吳戎錦，大小別而功則同。花子苗根，上下歧而效皆妙。花理心氣之不足，苗利腸胃之不通。驅客熱而散血膿，根莖是效。退水腫而消瘡疥，子實為靈。燥有氣血之分，治之宜別。帶有赤白之異，用之有殊。米醞以調，順橫生與倒產。麝香以佐，通小水與大腸。痁瘧欲除，以白者為善。髮鬚欲染，以紫者為良。臘豬脂傅面鼻之酒皶，石榴艾罨蠍蜂之刺螫。鍼錢誤嚥，應煑其花。惡毒無頭，須研其子。催生方救產難于婦女，而石淋則藉香醪。懷忠丹消癰患于胃腸，而赤淋則偕茱苡。杵根而井華水貼，安腫痛于諸瘍，且燒而抹童吻之腐。擂莖而無灰酒呑，除血尿于小便，更炙而含兒口之瘡。滑竅潤燥之功，芽作蔬食。止痢驅炎之績，苗煑羹投。鍛之封彼金創，擣之塗其火灼。然久服能以鈍性，而過食亦不益人。被犬咬而餐，永難痊愈。同豬肉而啖，致損容顏。蜀葵性味與葵同，客熱能驅關格通。易產除淋停帶下，排膿和血治瘍功。

敗醬：微苦有甘，微寒無毒。入胃與大腸之分，亦肝及包絡之經。為婦道之靈丹，乃外科之妙品。血如久積，能破其凝。癤已成膿，能化為水。去障膜弩肉，治痛痺毒風。催生而下胞衣，止帶而消癥結。可定癢瘙之疥，且停煩渴之疴。痓鼻衄吐紅，退火瘍赤氣。薏附同劑，逐內癰之敗瘀。泉水單煎，安產娘之痛肚。惡露過多而傷心腹，配芎歸、地芍，而益續斷、竹茹。血氣下流而入腿腰，佐文無、鞠藭，而合將離、肉桂。熬鍊取汁，抹蠷螋之尿瘡。蒸暴作蔬，供盤飧之食用。微苦兼甘敗醬名，包肝腸胃四經行。排膿破血瘡家妙，婦女科中用亦亨。

欵冬花：性純陽而無毒，味多辛而有溫。至冬而花，入肺之藥。使杏仁而良紫菀，惡夫皂莢、消石、玄參。畏辛夷而及麻黃，與夫耆芩、翹葙、貝母。能明眼目，解渴而除煩。能潤肺心，豁痰而定喘。療喉痺而清寒熱，舒心促而止驚癇。去瘻癰之吐膿，驅風邪之急中。治浸甘草，溫其肺而上氣安。燒拌蜂糖，吸其煙而久欬愈。痰中帶血，百合助而更送水薑之湯。口內生疳，黃連配而先漱蛇牀之汁。辛溫氣味欵冬花，止嗽消痰潤肺家。實熱虛寒皆可治，清喉明目定驚邪。

鼠麴草：氣平有熱，味甘兼酸。似鼠耳之形，以欵冬為使。散鬱益氣，止洩調中。既定喘而下痰，專消肺脹。亦除哮而安欬，大救金寒。配三奇散以吸煙，住嗽頻而有效。為龍舌料以供食，壓時氣而多功。彼染褐而共欅皮，至敝固不變色。然作糗而雜米粉，過啖則必損睛。鼠麴溫甘亦帶酸，清痰止嗽肺除寒。若還作糗消時氣，過食須防目不安。

決明：子似馬蹄，葉如豇豆。鞠苦鹹平之性，肝木腎水之經。惡夫大麻，使以蓍實。較黑豆而功勝，作蔬菜而用良。能退赤白之膚，善止浸淫之淚。脣口之青自去，虺蛇之毒胥消。佐蔓青而煑米醋，補肝虛之睛暗。配地

膚而丸粥飲，治省目之夜盲。吞平旦而益精光，傳太陽而除赤腫。貼胸以停鼻衄，作枕以去頭風。身癬蔓延，輕粉、水銀並抹。背瘡初起，甘草、新汲相煎。決明靭苦又鹹平，益瞖清肝治目睛。熱散風驅安鼻衄，癬瘡背發並能輕。

地膚：其氣寒涼，其味甘苦。却膀胱之邪熱，而便溺自通。去皮肉之虛炎，而肌理自潤。耳目聰明而耐老，氣力補益而強陰。能散惡瘡，亦除丹腫。同甘草以入藥，虛而多火者宜。作浴湯以澡身，熱而有風者妙。雷頭之腫，生薑擣和而酒衝。赤眼之疼，苄汁拌匀而日暴。取白漿而注，去其目眯。調淳醞而吞，停其脇痛。陽起石助，治陰痿于丈夫。新汲水煎，止癃淋于孕婦。客熱血痢，必用地榆、黄芩。狐疝陰癩，應入桂心、白朮。炒香投醞，救急疝于膀胱。煑汁加礬，沈疣目于身面。子實固善，苗葉亦佳。解瘡瘍腫惡之災，制砒汞磠硫之毒。杵而住赤白之痢，亦點物損之陷睛。烹而安手足之疼，並利諸淋之濇溺。地膚主治利膀胱，味苦甘寒去熱良。明目通淋散疝氣，補精益力痿陰強。

瞿麥：味具乎苦，氣禀乎寒。入夫太陽之經，通夫少陰之分。使丹皮而及萲草，惡螵蛸而伏朱砂。驅彼逆邪，而膀胱自利。宣其癃閉，而關格自開。和瞖而順月經，清心而平霍亂。擅決癰排膿之力，有破孕墮子之能。熱結而下部不通，宜修立效之散。水氣而小腸不利，須合栝樓之丸。擣而酒吞，止其石淋，亦出箭刀之在隱處。研而泉送，消其骨鯁，並除竹木之刺肉中。退目之赤疼，鵞涎和塗眥角。去眼之眯瞖，炮薑共服井華。配南天竺飲之方，破血而利竅。合石竹花湯之劑，保產而催生。母腹死胎，水煎而飲汁。魚臍疔毒，火焚而調油。痔瘻腸紅，及夫稚子蛔攻，皆取葉以入湯粥。浸淫瘡濕，與夫婦人陰腫，胥擂葉以用塗傅。然蓝殼只可單施，則瞖養而心經自泰。若葉莖與之並用，則氣噎而小便不禁。瞿麥寒涼苦味長，能除邪逆利膀胱。治淋破塊通經妙，決癰排膿去瞖良。

王不留行：有甘而苦，無毒而平。主乎胃腸，行乎衝任。為血分之藥，乃陽中之陰。能解悶煩，除心胸之內塞。能通血脈，治妊娠之產難。消癮疹癰疽，出竹木鍼刺。欲逐風痓，則廣利有湯。欲止金瘡，則仲景有散。湧泉方施于少乳，剪金花止夫諸淋。鼻衄泉煑其湯，糞血水調其末。合香芷而摻頭風白屑，配眾品而洗背發腫瘍。疔毒初生，蟾酥丸而淳醑作引。哽物不下，黄蘖圓而青黛為衣。王不留行甘苦平，婦人得此乳能盈。通經和血除淋疾，疔癰瘡傷用亦亨。

葶藶：味則辛而氣則寒，為洩肺經之品。甘者緩而苦者速，恐傷胃氣之和。陰中之陽，沉下之降。使榆皮而宜大棗，得酒為良。惡龍芮而及殭蠶，過劑有損。水濕胸中膹急，非此莫舒。痰飲膈內留藏，非此不解。清膀胱之伏熱，消皮膚之浮邪。積聚癥瘕，其堅可破。結氣飲食，其塞可通。含奇丸止其欬嗽之頻，瀉肺湯降其喘噓之急。安氣升之不臥，浸酒以吞。逐頭痛之有，風淋汁以沐。飯蒸而擣，利濇滯于小腸，棗和而圓，去腫浮于遍體。陽水暴脹，宜割綠頭之鴨，而防己之末以加。大腹單膨，應佐鶡雄之雞，而小豆之湯以引。勻以白犬血，定卒發之顛狂。裹以新絲綿，行不通之月信。已潰之項癧，合香豉作餅，而艾炷灸燒。久蝕之齒疳，伴雄黄和脂，而槐枝蘸點。研末塗，而愈白禿成瘡之患。漬水飲，而解馬汗入腹之災。然愈脹為功，不節者反成痼疾。況走洩為用，久服者必致重虛。抹彼頭瘍，藥氣防其入腦。屬乎火分，性急易于殺人。葶藶辛寒忌病虛，肺中膹急自堪舒。通經利水消痰喘，積聚癥瘕盡解除。

車前：情性冷利，氣味甘寒。為雷之精，化形之品。常山為之使，茯苓同其功。利溲溺而可益精，停瀉痢而不動氣。愈彼傷中，令人有子。滲濕而消風毒，強陰而解暑煩。日乾而以葉熬湯，住其血瀝。袋盛而以泉煑汁，下其石淋。病在老人，用青粱米而作粥。患為孕婦，入露葵根而配煎。麥冬苄同圓，撥瞖雲之內障。宣州連共末，散風熱之上攻。駐景丸明目補虛，駐景丸明目補虛，市人方分清止泄。安陰囊而除冷腫，飲以調之。滑胎元而救橫生，酒以送之。研而搽癮疹之入腹，煑而洗癢痛之在陰。此則子功，更詳草效。亦治便淋之證，兼療陰癀之疴。用可退煩，力能下氣。小蟲遇之而滅，血瘕得之而消。杵漿和蠟蜂之糖，去其產瘀之滲。熬湯對冬瓜之汁，通其水道之艱。鼻衄洪流，擣取其生，亦止尿紅之恙。兒溲澁阻，擂加以蜜，更停痢熱之殃。配鳳尾與霜梅，絞汁刷乳蛾喉痺。合葱頭與大棗，烹醪驅濕氣脚疼。點稚子痛睛，須匀以竹瀝。塗大人赤眼，應共夫朴消。枸杞葉同揉，愈瞖生之目疾。蝦蟇衣獨杵，定血出之金瘡。然單服有過洩之虞，而久投致不禁之懼。甘寒滑冷是車前，養肺強陰精氣填。利便催生止瀉痢，血淋濕熱一齊痊。

馬鞭草：其氣微寒，其味多苦。葉對生而如益母，共作穗而似車前。擅龍牙鳳頸之名，伏丹砂硫黃之性。殺蟲而除下部之䘌，活血而安金刃之創。寒熱瘧痰，絞漿而衝美醞。赤白積痢，為湯而合陳茶。蒸餅圓而配白芷灰，消酒傷之血瀉。米粉丸而偕鼠尾草，退水氣之腹膨。鼓脹而煩渴身乾，季夏以求，必在雷鳴之候。喉痺而吐紅頰腫，兩頭以截，不得風見而吹。婦道疝疼，酒以煎而湯以浴。女人經閉，水以熬而醞以吞。米醋薑塊同研，散赤焮之乳癰。荊芥薄荷為引，除白癩之風瘡。結毒楊梅，烹而先熏後洗。惡瘍疽發，擂而飲汁傅滓。擣之如泥，可抹腫陰，亦解蠼螋尿毒。杵之取水，可消癢疥，亦化魚肉癥瘕。味苦微寒有馬鞭，殺蟲破血月經宣。癥瘕瘧痢皆堪治，癰腫金瘡並得痊。

鱧腸：花則細而白，味則甘而酸。種並連翹，苗如旋覆。能排膿而止血，治彼毒瘡。可益腎而補陰，停其赤痢。金陵煎黑其鬚髮，旱蓮散固彼齒牙。汁塗眉鬢，而生速且繁。膏點鼻管，而腦添常足。風齗疼痛，和食鹽以擦掌心。雲翳昏蒙，浸藍油以摩巔頂。滴于鼻而去頭風之偏正，繫于臂而截瘧疾之熱寒。水道尿紅，共車前而擣絞。臟毒下血，用新瓦而焙研。根鬚連而臼擂如泥，衝酒以吞，仍傅滓而痊痔漏。端午取而陰乾又露，嚼葉以署，更蓋膏而脫疔根。灸瘡至血流，塗之立已。蠶癘及毒發，貼之即消。旱蓮草味具酸甘，黑髮烏鬚用最堪。專益腎陰添腦髓，排膿止血眾瘡弃。

連翹：苦辛而寒，輕清而散。氣味俱薄，升浮屬陽。入氣分之中，為瘡家之聖。主手少陰及彼厥陰之藥，兼手少陽與夫陽明之經。去上焦之濕熱虛炎，散諸絡之瘀結氣聚。行水而五淋不犯，通經而眾血皆安。目疾喉痺腹蟲鼠瘻之疴，在所必用。齦宣舌腫頭痛耳聾之患，亦不可無。伴牛蒡以治惡毒癰疽，合脂麻以療結核瘰癧。肛門痔漏，綠礬、麝香以貼，而先煎為熏洗之湯。項內馬刀，黃良、瞿麥為加，而後灸夫臨泣之穴。根得連軺，竹根之目，性有甘寒小毒之含。益陰精，而面顏自然多澤。消瘀熱，而傷寒不致發黃。作蒸飲酒病之人，煮汁發癰疽之汗。輕寒辛苦有連翹，客熱能除毒可消。心膽瀉清鬱火散，諸經氣血自然調。

藍：用實用汁，入藥取如蓼之形。曰馬曰吳，作澱有清心之益。氣俱寒冷，味盡苦甘。形質雖有不同，情性乃亦不遠。屬水之德，能行敗血以歸經。鮮毒之功，善散熱邪以少睡。填骨髓而通關節，健體輕身。明耳目而長精神，除煩止渴。五臟得利，則經絡之結氣皆舒。六腑胥調，則身面之遊風悉去。定產後之眩運，驅時氣之熱狂。安吐衄而止頭疼，排膿血而消癰腫。陰陽易病，雄鼠屎伴之而煎。驚癇熱疴，凝水石偕之而抹。葉浸清泉以擣，而取杏仁汁以煮粥，停其嗽呷之有聲。根同甘草以研，而滴雞冠血以和醪，發其痘瘡之不快。或藥過劑而中毒，或嘔不住而垂危，及夫兒童赤痢之殃，皆當杵之以下。或蟲在腹而應聲，或鼈成癥而作痛，與夫稚幼血下之蠱，亦宜擂之以投。塗五心而去悶煩，傅遍體而消水毒。齒中病䘌，燒之以揩。脣上生瘡，絞之以洗。車前草、淡竹葉，助除飛血之赤睛。明雄黃、麝臍香，佐解惡蟲之毒螫。自縊之死灌之而得蘇，藥箭之傷飲之而即化。焙下節而酒送，散敗血于婦人。漬青布而汁吞，殺毒氣于藥石。苦甘藍味性皆寒，屬水能教臟腑寬。敗血引之歸經絡，熱除毒解渴煩安。

藍澱：氣則寒涼，味則辛苦。取清水浸坑而成汁，入石灰攪藍而用澄。具止血退腫之功，有解噎殺蟲之效。時行火毒，服以新水，亦瀉馬蛭之誤吞。稚患熱丹，抹之周身，亦救急疳之垂斃。苦辛藍澱性寒涼，鮮毒消炎傅熱瘍。血止早除功第一，安和噎膈是良方。

青黛：性主鹹寒，經行肝木。解藥毒而散火鬱，辟天行而止頭疼。入四物湯，定產後發狂之證。作青餅子，治肺熱咯血之疴。心口火疼，調以生薑之汁。傷寒斑赤，勻以新汲之泉。泡共川連，洗感風之弦爛。研同黃蘗，摻出水之耳疳。小兒疳痢驚癇，及彼丹毒夜啼，並宜擂服。常人熱瘡惡腫，與夫金創物螫，俱應磨傅。瘰癧濕瘡，宜匡以馬莧。豌豆惡毒，須用夫波斯。青黛鹹寒善瀉肝，驚癇疳痢小兒安。更傅癰毒除蟲疾，血證斑瘡俱應餐。

蓼：高揚之形，辛溫之性。下水氣而消浮腫，明目和中。耐風寒而散癰瘍，歸鼻安腎。挼以清水，療勞復于傷寒。熬以香薷，止渴煩于霍亂。退蝸牛之咬毒，湯煎濃汁以浸身。去頭腦之禿瘡，蜜和卵清以抹頂。至若葉有殺蟲伏砒之用，能歸舌而清臟腑之邪。苗有利中益志之功，可供餐而宜麥麪之合。驅風冷而安胃脘，釀酒飲而氣壯目明。去痃癖而逐暑炎，煮水服而心清渴解。淋灰湯以浸足，可扶軟弱之疴。作生菜以為蔬，能入脚腰之分。霍亂之筋轉，香豉以匡。吐瀉之肝虛，淳醪以助。剉根漬醞，定血氣之攻心。擣鮮取漿，住冷寒之下痢。狐尿之毒，擂爛以傅。犬噬之傷，研泥以罨。然實多食則吐水，將壅氣而損元陽。而苗久餐則少精，必耗髓而多寒熱。生魚

若犯，乃為陰核之疼。月事方行，必變下淋之證。傷胃宜戒于二月，痛心端在夫過多。蓼性辛溫實與苗，能除水氣腫浮消。癰瘍霍亂皆堪定，大小腸邪去自調。

萹蓄：味具其苦，氣得其平。除疥疽而止浸淫，利便溺而停滴瀝。治婦女之陰蝕，療兒童之魃痾。擣汁清熱疸瘻黃，兼退衝睛之藥毒。煎湯解熱淋澀痛，並消蝕下之蟲災。霍亂吐利不安，入豉汁煮菜羹以食。腸痔腫疼不定，加麥麪作餺飥以餐。熬之如餳，蚘蟲攻心可下。杵之極爛，瘡痂發癢宜封。萹蓄功勞治熱淋，苦平利水去浸淫。疸黃霍亂從今定，陰蝕蚘攻病不侵。

蒺梨：刺者生于道旁，溫而多苦。白者產于沙苑，溫而帶甘。刺則載在古方，既治風而兼補腎。白則見于後世，專補腎而不治風。種雖不同，功亦相近。得烏頭以為使，磨細麪以救荒。治下氣之奔豚，驅諸風之燥熱。肺瘘之傷可去，則能長肉肥肌。水臟之冷既除，則無泄精遺瀝。胸膈之脹煩皆散，身體之瘙癢俱消。喉痺清而欬逆安，溺血痊而吐膿愈。婦人乳艱帶下，用以調和。小兒陰潰頭瘡，藉其消滅。究長生之服食，末而勻新汲之泉。逐卒中之鬼尸，擣而丸鍊成之蜜。送以佳醞，止腰脊之引疼。洗以濃湯，退身軀之通腫。大便忽祕，合皂莢而引鹽茶。月水不行，配當歸而調米飲。貝母為佐，催生而更下胞衣。巵子為加，傅面而可泯瘢跡。破萬病之積聚，初秋收之而煑熟，丸以酒吞。豁多載之失明，七夕采之而陰乾，杵以水服。車以碾而熬汁灌鼻，香臭即聞。漿用淡而加鹽漱牙，動搖即住。水送安蚘蟲之攻痛，醋和拔疔毒之腫根。搽齒血之常流，必須取夫沙苑。去癜風之白色，亦宜用夫同州。蔓煎為膏，塗癰瘍惡腫。苗烹為汁，洗疥癬風瘡。鼻塞涕清，黃連煑芽而灌。蠷螋尿毒，木杵擂葉而傅。蒺梨刺白種非同，甘苦雖分溫性通。沙苑祇將腎氣補，驅風還讓道旁功。

穀精草：辛其味而溫其氣，體則輕而性則浮。穀田餘氣之所生，陽明經行之所主。結水銀而成砂子，入眼藥而勝菊花。治喉痺而逐齒風，止血出而瘥疥癢。頭風偏正，銅綠、消石相加，細研而鼻以嗃。眉腦痛疼，地龍、乳香共佐，燒煙而鼻以熏。熟麪湯吞，停其衄血。防風末助，撥彼障雲。童子日晚目盲，夾煑則須羊肺。小兒痘餘眼瞖，蘸食宜用豬肝。燒末飼嬰，解暑而定渴煩吐瀉。作芻喂馬，令肥而去蟲類毛焦。氣味辛溫有穀精，輕浮行上入陽明。眼科諸疾稱神妙，鼻衄頭風亦可平。

海金沙：生于山林之間，引于竹木之上。莖葉俱細而薄甚，其形如園荽之微。背面俱青而縐多，有沙似蒲黃之粉。無毒而甘寒為性，入藥而沙草皆宜。為小腸之經行，亦膀胱之血分。脹腹如鼓，合白朮、蜜甘、黑丑，而以末以調。傷寒發狂，得牙消、巵子、蓬砂，而或丸或散。陰乾而生草湯下，濕熱清而隧道通。研末新汲水吞，澀痛除而小腸利。膏淋之患，麥冬作引，而佐以滑石、草稍。尿阻之殃，蠟茶共研，而送用生薑、國老。痘瘡變黑，煎酒以傅。方士鍊砂，取汁以煑。甘寒無毒海金沙，火鬱膀胱用自嘉。通利小腸淋痛解，傷寒熱證定狂邪。

紫花地丁：寒而無毒，苦而有辛。止喉痺腫痛之痾，醬研點而取吐。去咽粘稻芒之患，口嚼爛而用吞。杵細服而藉醪，清內熱以消黃疸。燒煙熏而置罐，出毒水以散惡瘡。腫癰無名，白麥麪和成，鹽醋浸之而貼。贅瘤成癧，黑牛屎加入，葱蜜擣之而塗。蒼耳葉以偕，酒擂汁而消疽發。白蒺藜以配，油拌末而罨癧疔。地丁最是紫花奇，辛苦寒涼解毒宜。瘰癧癰疽疔腫退，疸黃喉痺亦皆離。

卷之六草部四　毒草類

大黃：苦峻大寒，氣味俱厚。降而走下，沉而屬陰。隴右之錦文，瀉泄駿快。蜀中之牛舌，和厚深沈。入陽明，行厥陰，亦主脾土以治血分。忌冷水，惡乾漆，而使黃芩以清心經。定禍亂以至太平，善宣導以除邪氣。蕩腸滌穢，實熱燥結全驅。寬脹蠲疼，宿垢癥瘕盡解。有下氣和中之用，而毒瘴溫瘧無存。有推陳致新之功，而黃疸火瘡不作。關節通利，血脈安和。下行貴用其生，上引須浸夫酒。保安丸開心膈熱風之滯，而化其痰涎。大陷胸瀉脾胃營血之邪，而降其濁氣。痞滿之恙，則宜佐夫支連。卒暴之災，則應配夫三物。滾痰丸消其緩急之痰病，瀉心湯安其吐衄之心虛。男女諸痾，丸為無極。兒童諸熱，丸則三黃。臘雪以烹，定驚狂之語譫。童尿以煑，去黃瘦之骨蒸。傷寒之發黃，水漬煎而芒消入。濕火之作運，酒炒研而茶茗吞。牽牛為偕，導氣血久停之壅積。人參為助，解霍亂併熱之昏迷。二便不利而搶心，必添白芍。中宮有火而吐食，宜合蜜甘。研散與醋蜜同丸，清腹堅之結痞。制酢與粉硫共末，化脾癖之成痞。石灰、桂心、大蒜、朴消，並貼脇胸積塊。苓芩、芍藥、細辛、牡蠣，皆療恚怒悸驚。吐血刺疼，熬以地黃之汁。相

火祕結，匡以黑丑之頭。煨而益以當歸，治寒熱痢之初起。末而納于雞子，止赤白濁之方淋。腰脚痛風，酥以炒之。腎囊偏墜，醋以勻之。加于四物之湯，退其暴紅之目。燒作紫多之散，除其風熱之牙。逐其風蟲，切而地黄以貼。平其胃火，噙而冰水以含。杏仁擂夫豬脂，搽瘡瘍于鼻內。枯礬研為細末，擦糜腐于口中。兒病無辜，酢煎膏而日再服。子腦有熱，水浸飲而頂用塗。苦酒為丸，調彼月經，亦破產餘之結塊。醇醪作飲，停其嫁痛，亦消腹內之癖瘀。血閉不通，得桃仁、紫石英，以及地霜之鹵。毒怕初發，合黃蘗、五倍子，以和新汲之泉。磨水以抹火丹，調醯以傅熱腫。乳生癰毒，散用全黃。癩患大風，散宜再造。加朴消而治灸瘡蝶飛之異，入黃芩而安金瘡便祕之煩。罯打撲之傷痕，必須薑汁。取跌壓之瘀滯，端藉當歸。童尿止受杖之腫疼，清水泯被凍之破裂。湯火之灼爛，蜜搽而滅瘢痕。蠷螋之咬傷，末摻而除毒氣。然老人燥急，所懼損其真元。而產婦虛堅，尤忌耗其陰血。實為峻劑，允號將軍。不可畏而不施，亦勿忽而輕用。大黃寒苦古今云，破血通腸立巨勳。實熱結痰咸可散，消除堅癖是將軍。

商陸：白者苦寒，為療水之要。赤者毒烈，惟貼腫之宜。形類人而酸辛，性主陰而沈降。遇犬肉是忌，得大蒜為良。治瘻痺而殺鬼精，散疝瘕而瀉蠱毒。白者宜同香附，酒漬而除中濕之浮。赤者可配當門，臍貼而利小腸之濇。與綠豆為飯，消夫軟脚之疴。以粒米作糜，解其滿中之恙。脇下痃癖，取汁絞杏泥而熬餳。腹內石癥，蒸熟藉布幅而置肚。白聖之散，專施產後之腹膨。單服之方，乃有術家之祕法。熨五尸之疰痛，熬而囊盛。傅一切之腫瘍，擂而鹽和。擣擦石癰之堅硬，炙熨水毒之傷瘡。同葱白以塗臍，出痘瘡而安痛腹。用艾炷以灸頸，解瘰癧而不攻喉。咽痺不通，醋炒而傅其外。耳熱卒腫，削尖而納其中。然腫證多屬于脾虛，而方家宜防其胃弱。商陸苦寒毒在中，若消實脹見神功。疝瘕癰癧皆能散，便閉還教頃刻通。

狼毒：氣平而大毒，味苦而多辛。陳久得良，重實者善。大豆為之使，苦酒乃其宜。惡麥句薑之不和，畏密佗僧之相制。止上氣欬逆，破聚積癥瘕。痰飲是消，水氣是去。能殺飛禽走獸，亦除蠱毒鬼精。作脹而心腹連疼，入附子而和白沙之蜜。停痰而胸膈結冷，合附子而加旋覆之花。餳飴、沙糖共下腹蟲之攻痛，防風、奚毒同消陰疝之顛危。九種心疼，配吳萸、巴附、參薑，蜜丸而下。多年癩疾，佐輕粉、水銀、茶末，油浸而搽。塗蟲疥則和豬馬之脂，抹乾癬則研細微之末。治瘡風惡，服共秦艽。開耳閉聾，塞同野葛。狼毒雄名毒自滋，破除積滯最相宜。癥瘕痰飲無停匿，鼠瘻瘡疽亦可施。

蔄茹：色有黃白，而氣大寒。味具辛酸，而性小毒。使以甘草，惡夫門冬。去熱除風，破癥瘕而安不寐。排膿逐血，蝕惡肉而去死肌。肝傷血枯，佐以烏鰂之骨。目旋風眩，入于鴟頭之丸。炙草、消石偕投，清善忘之熱痞。輕粉、香油同抹，殺瘙癢之疥瘡。脚趾腫爛之殃，熬膏以抹。惡肉突生之患，合散以傅。研水下而療夫緩疽，嚼汁嚥而解其痛咽。蔄茹黃白可同施，小毒辛寒去死肌。惡血疥蟲皆足滅，癥瘕風熱亦相離。

大戟：味苦而性濇，毒小而氣寒。陰中之微陽，腎經之主藥。使以赤豆，反甘草而惡山藷。畏夫菖蒲，並葦蘆而及鼠屎。瀉肝則能安腎，得棗則不損脾。破結消癥，下惡血而通月水。發汗利便，止溫瘧而去病黃。痤皮膚之痛疼，除頸腋之癰腫。百祥丸治欬嗽吐水，及夫痘瘡變黑之疴。控涎丹療胸膈留痰，與夫麻痺發迷之證。中滿引脇而乾嘔，主以十棗之湯。腹大如鼓而盡浮，煨以豬腰之散。炮薑為佐，小便通而喘自舒。木香同投，碧水下而脹自退。作腫之病水，當歸、陳橘皮煎。發熱之中風，苦參白酢漿洗。咬之以塊，安搖痛之齒牙。淋之以湯，退毒風之癮疹。然瀉肺則易損真氣，而對證乃立建奇功。大戟苦寒毒有餘，癥瘕積聚盡能除。通經行水消胸滿，戒用須知在弱虛。

澤漆：性苦寒而無毒，原非大戟之苗。葉黃綠而多圓，頗似貓兒之眼。使以小豆，惡夫山藷。明目輕身，能益陰氣之不足。消痰退腫，可止痞疾之不安。利大小之腸，治皮膚之熱。肺欬脈沈而上氣，《金匱》有配合之湯。水病身腫而多浮，《聖惠》著鍊熬之法。合大黃、葶藶子，蜜圓而除心下之痞。加蜂窠、鷺鷥藤，水煮而熏脚間之赤。瘰癧則為膏以貼，而洗以葱椒、槐枝。牙痛則擣泥以煎，而用以噙含漱吐。取油和末，可殺癬蟲。作菜供餐，能利陰氣。澤漆原非大戟苗，苦寒無毒水能消。清痰退熱塗蟲癬，瘰癧當除脚氣調。

甘遂：皮赤肉白，而作連珠。味苦氣寒，而為攻決。性則有毒，禀則純陽。使瓜蒂而宜麥麪以煨，反甘草而與遠志相惡。隧道阻夫濕氣，則直達所結之方。腎水凝為痰涎，則用泄所生之本。十棗丸以止夫喘急，陷胸湯以解

夫結堅。正水脹滿而閉大小之腸，加臙脂以調麥麪。腎氣流注而致手足之急，合蜜香以入豬腰。偕黑牽牛，可消腹中之溢。和大麥粉，能去膜外之浮。身面洪腫之疴，豖腎夾之以炙食。肚腹蠱膨之患，大戟焙之以煎吞。蜂蜜獨丸，退彼孕身之脹。膠黄並煑，化其血室之凝。稚子馬脾之風，加以辰砂、輕粉。小兒痞氣之水，佐以青橘、麥芽。遂心丹豁痰而定癲癇，萬靈膏逐風而安麻木。半芍草蜜，同清心下之飲留。水酒木香，共散膈中之氣噎。口因消渴，配黄連而引薄荷。脚或腫疼，助木鼈而煨豬腎。麥麪糊包而漿水煑，炒以細糠火，痞證發熱者宜。丹田臍傅而艾炷燒，服以國老湯，便閉不通者效。疝腫匡茴香酒送，脬轉用豬苓飲吞。綿包以塞耳聾，而口咀夫美草。水調以塗結核，而內服夫蜜甘。然有毒未可輕嘗，而中病即當止服。苦寒甘遂性能攻，逐水消痰主腎宮。濕熱清時二便利，更安脚氣定心氣。

莨菪：為苦為甘，而毒則甚大。曰寒曰熱，而服則多煩。定志安心，能聰明夫耳目。健行益力，可驅逐夫風邪。酒漬而煑為丸，止顛狂之卒發。水淘而熬以棗，除痃癖之久堅。風痺厥疼，烏頭、甘草、五靈脂合糊，而螺青以旋護。呷嗽年久，木香、熏黄、羊油紙捲筒，而爇火以燒煙。和臘豬脂以包，可導冷疳之疾。入乾棗肉以煆，可安水瀉之疴。痢久脫肛，為丸而投米飲。腸風下血，作煎而送香醪。或熬以湯，而洗其陰汗。或飲以酒，而下其乳漿。瓶燒而熏，安風蟲之齒。綿裹而咬，止宣露之牙。風毒腫咽喉，服之以淨水。打撲傷筋骨，罨之以羊脂。和醋以塗，消無膿之石癤。燒研以抹，退似癩之惡瘡。乳癰下半匙，而不宜破嚼。犬噬用七粒，而亦必完投。然久煑方出其芽，足見其性之甚毒。而生食可見夫鬼，乃致其竅之迷痰。眼生火而悶煩，則因誤服。心發狂而奔走，皆由過吞。解藥雖多，仙經勿用。莨菪苦寒甘熱殊，癲狂痃癖力能甦。腸風久痢收肛脫，堅硬癰疽亦可塗。

蓖麻：其氣熱毒，其味甘辛。本則屬陰，性則善走。詳審其子，刺者毒而光者良。制鍊為油，仁則擣而沫則煑。開關竅與經絡，伏丹砂與粉霜。能止諸患之疼，善出有形之物。利人下水，有拔病之神功。取毒追膿，為外科之要品。作餅子而兩手互置，熱水熨而正口目之喎斜。著酒中而一日相熬，熟油服而起半身之癱瘓。偏中之手足不舉，合麝香、鯪甲，羊脂治作摩膏。八種之頭腦有風，燒剛子、芎藭，葱湯點同茶末。食鹽末擣熏陸，煽太陽之穴，而氣鬱之痛即痊。石膏水煑黄連，引荊芥之湯，而風虛之癇可定。齁喘欬嗽之患，炒而擇甜以嘗。尸疰惡氣之殃，榨而取油以抹。研以新汲水，可吐涎沫而散濕癥。偕夫蘇合丸，用貼湧泉而安脚氣。髮黄煎香油以刷頂，喉痺燒紙筒以吸煙。作油撚以熏，而止舌血舌脹。伴朴消以服，而除咽腫咽瘡。鼻窒不通，和棗肉而裹塞。耳聾卒作，加乳汁而包藏。置足底與臍心，生死之胞胎立下。傅丹田與頭頂，脫出之子臟即收。小兒天柱骨垂，木鼈津調而貼顖。童子丹瘤毒發，麥麪水和而搽瘍。擣爛而患上塗，癰腫瘡痍並退。炒熟而臥時啖，瘰癧結核皆消。軟癤惡瘡，和膠香與油，而攤于緋帛。大風癘疾，同黄連與水，而浸于小瓶。白果、棗皂、瓦松，洗而去肺風之白屑。鑪底、硫黄、羊髓，傅而泯面皯之雀斑。手臂腫疼，杵藥膏以貼。惡犬咬損，研井水以搽。丸百藥煎可下雞魚之骾骨，勻凝水石能化竹木之刺喉。湯火傷身，應添蛤粉。針刺入肉，或益白梅。子效既多，葉功亦奏。九仙散止其欬嗽，無憂丸豁彼痰涎。脚氣不仁，火蒸擂面裹足趺。鼻衄大作，油塗炙而熨頂門。外治固歷建夫奇功，內服則永忌夫炒豆。蓖麻毒熱味辛甘，消腫排膿力自堪。外治奇勛多奏效，若還內服尚宜条。

常山、蜀漆：根曰常山，毒而寒苦。忌芤葱、菘菜，而伏砒霜。苗曰蜀漆，毒而辛平。使桔梗、栝樓，而惡貫眾。消毒蠱與鬼疰，水脹邪結皆除。破積聚與痞堅，鼠瘻癭瘤亦散。傷寒可退，欬逆能安。其性善驅，俱屬劫痰之用。其行甚悍，均有截瘧之功。審彼六經，察其五臟。瘴疫鬼邪之各別，痰濕食積之宜分。陰陽在所必詳，虛實不容槩論。生用醪蒸瓦炒，緩急有殊。煎湯浸酒為丸，功勞不異。牡瘧應美草、龍沙與蠣粉，牝瘧須雲母、龍骨與酢漿。東陽酒漬而合支連，定老瘧之年久。淡竹葉加而兼小麥，止溫瘧之熱多。蘊熱內實之疴，北軍佐而導利。觸瘴外邪之證，草蔻助而須眠。以七寶散合投，去營衛皮毛之惡癘。以行血藥相伴，消上焦下脇之水痰。發于妊娠之時，益以梅草石膏之品。患于襁褓之內，釘于本命生氣之宮。鯪鯉甲、烏梅為入肝之引，黑附子、龍骨為入腎之需。入肺藉秫米與麻黄，入脾宜檳榔與草果。得竹麥而清心氣，配苦酸而導膽邪。痰飲之胸，偕生蜜甘而蜂糖和。暴驚之死，入左牡蠣而漿水煎。致吐之方，必資甘草。取行之法，應共大黄。然用之得宜，神功立見。而投之失當，真氣即傷。老人斷不可施，久病在所切戒。常山蜀漆是根苗，引吐驅痰功獨超。截瘧多方主各臟，痞堅水脹亦能消。

藜蘆：辛而多寒，苦而有毒。反五參之性，並芍藥而及細辛。使黄連為功，惡大黄而畏葱白。能通巔頂，主吐風痰。殺蟲毒而去死肌，除腸澼而止洩利。療噦逆之上氣，開喉痹之不通。齁鮐可安，癎驚可定。諸痰厥逆，鬱金末和而送溫漿。卒中昏迷，防風湯浴而焙褐色。填南星而陳醯以製，生麪丸而停曳鋸之聲。配皂莢而巴豆同加，煉蜜丸而截積痰之瘧。久痁而吐不得，虀水溫投。黄疸而體致浮，煻灰炮服。剛子偕圓，而消胸結。麝香共嗋，而止頭疼。蟲牙以粗末入孔而勿吞，息肉用雄黄調蜜而取抹。和生油以塗疥癬，合附子以罨羊疽。惡毒反花，白禿有蟲，傅而豬脂為拌。頭風多屑，髮垢生虱，摻而絹帕以包。淋汁熬膏，點痣斑之黑色。炒熟研末，吐水蛭之誤餐藜蘆有毒苦辛寒，善吐痰涎胸膈寬。只是性雄通巔頂，病如微弱莫輕餐。

附子：生如芋子，附于烏頭。產自川中，采于冬月。氣厚味薄，力健悍而辟寒邪。氣熱味辛，性重滯而治陰證。大溫大毒，可降可升。陽中陰能走不停，浮中沈無微不至。少陰心經之自主，三焦命門之咸宜。炮以柳灰，使以地膽。忌夫豉汁，惡夫蜈蚣。所畏烏韭、綠豆、犀角、童溲，以及美草、參耆，防風、黑菽。引補血之劑，能滋養陰分之有虧。引補氣之煎，能追復陽神之或失。引發散而開腠理，則逐在外之風寒。引溫暖而入下焦，則驅在裏之冷濕。湯劑則宜涼用，皮臍必得刮除。表托貴生，峻補須熟。去其毒性，製以薑蘖，甘草、童尿。達于命門，藉夫蜀椒，食鹽、肉桂。乾薑為配，補中有發之功。麻黄以偕，發中有補之益。蜜甘合而性緩，生薑導而降行。皋相細辛，治少陰始來之作熱。龍沙國老，主傷寒初起之好眠。已汗而反惡寒，用之以補。發躁而無大熱，取之以溫。回陽散療陰毒身冷之疴，霹靂散安陽格脈沈之證。中而氣厥，入南星而及木香。風而癱偏，加羌活而兼烏藥。五生之飲，化其痰迷。一粒之丹，和其寒厥。大風之痿痺，無灰酒漬而吞。諸氣之降升，沉香汁衝而飲。薑水煎而佐以半夏，消胃冷之多痰。薑漿丸而衣以大黄，定胃寒之反逆。瘴瘧頭痛，薑附湯宜。痎瘧脾寒，七棗湯妙。人參、丹砂為助，寒熱痁除。薏苡、赤豆為匡，虛濕腫退。水氣浸之以童便，寒中益之以炮薑。沈附湯通小便而喘滿自平，倉卒散溫小腸而攣疼即解。疝冷滑泄，蜜香、延胡索偕。尿閉虛寒，澤瀉、燈心草共。薑片清白濁于隧道，蜜水開祕結于大腸。元臟冷傷，二虎丸投之而暖。少陰利下，四逆湯服之而停。雞子白圓，止久痢之休息。枯礬末拌，痊下血之虛虧。洞泄以臟寒，必須肉蔻。吐瀉因霍亂，應合食鹽。赤石脂與米醯，扶老年之脾弱。地黄汁與山藥，救血證之陽衰。虛冷腰疼，鹿茸丸夫棗肉。虛火背熱，唾津抹于湧泉。水薑、沒香，去痺麻于指節。石膏、腦麝，住抽痛于頭顱。風毒得薑、黑豆而酒吞。風寒入薑、川芎而茶下。釜墨調冷水，散痰厥之氣衝。食鹽摩顖心，逐湯沐之風中。氣虛上壅，而頭風遂成偏正，蠍附丸有合造化之宜。腎厥上攻，而項強不得轉移，椒附丸引歸本經之用。薑汁傅脚多浮腫，細末吹口卒禁瘖。淚出眼紅，削赤皮以置眥角。鼻淵腦漏，和芤涎以貼足心。米醋浸而刮尖，插病耳之忽聾閉。葱涕勻而取汁，滴聤耳之出血膿。久患口瘡，抹脚底須調醋麪。急腫喉痺，含舌上宜炙蜂糖。燒灰共枯白礬揩，治風蟲之齒。取尖同天雄蠍點，止疼痛之牙。努肉漏疽，切片而艾灸。疔腫惡毒，研末而酢塗。水糊勻之，搽凍瘡之裂。醯脂漬之，摩腕折之傷。經水不調，當歸等分。生胎欲去，醇酒相施。變碧霞丹而治慢驚，合白龍丸而安吐泄。解顱不滿，共烏雄、葱根，而貼顖門。軟項不伸，同南星、薑汁，而傅天柱。附子辛溫熱毒多，陰寒直中藉君和。斬關奪命諸經走，邪退陽回疾自瘥。

川烏頭：為附子之母，似烏鳥之頭。彰明出者為真，春月采者即是。氣味經行不異，而性則輕疏。畏惡使令相同，而力稍遲緩。寒邪用附子，風痺應烏頭。助陽退陰，補命門之不足。養腑溫臟，去心下之痞堅。炮透熱消，始堪入藥。熱因寒用，故宜冷投。玉女散治夾陰傷寒，烏龍丹主中風癱緩。手足麻痺，應服仙桃之丸。口眼喎斜，宜嗋通關之散。丸名烏附，順氣而搜風。散曰烏荊，溫經而和血。去其風濕，香白米煑粥，而入薑蜜之漿。定其癲癇，五靈脂合丸，而用豬心之血。釅醋調而攤新帛，貼腰脚之冷疼。全蠍末而送溫醑，逐節肢之掣痛。消陰水而除腫滿，配以桑皮。益元氣而固髓精，浸以童便。風痰痎瘧之證，飲七棗湯而能瘳。赤白下痢之疴，投獨聖丸而即愈。黑豆停瀉利之不止，木香安洞泄之不禁。氣逆而脈沈者，退陰散妙。腎厥而頭痛者，韭根丸佳。炒黄絹袋而浸酒，治腦痛之受風傷。燒煙碗熏而泡茶，愈頭疼之如斧劈。口中木舌，取尖合巴豆而醋搽。耳內雷鳴，煅灰和菖蒲而綿塞。桂枝湯溫寒疝，安厥冷而住腹疼。去鈴丸解陰癲，息奔豚而消囊腫。脇肋引痛者，貴煑蜂糖。濕熱鬱寒者，必研山巵。濃醯以漬，洗突肉之瘡。黄蘗以匡，塗惡瘍之腫。口瘡以南星為助，薑汁調而抹脚心。甲

疽以黃柏為偕，清水濯而傅傷處。炮而研末，搽足上之怪疔。生而煑湯，浴身間之頑癬。風中于產後，黑大豆同炒，而攪以淳醪。血阻于經期，五靈脂共研，而丸以蒸餅。配生薑、全蠍，療驚氣之慢脾。佐元麝、蜈蚣，救臍風之撮口。辛溫附母號烏頭，則輕疏風氣搜。能補命門養臟腑，濕邪陰毒自全瘳。

天雄： 辛甘熱毒之能，下焦命門之主。亦烏頭之所產，似附子而特長。使遠志而制以乾薑，惡腐婢而忌夫豉汁。通九竅而調血脈，風痰濕痺皆除。行四肢而利皮膚，關節骨筋俱健。拘攣緩急者，驅其風而舉動胥和。霍亂轉筋者，逐其邪而頻行無阻。散頭面之去來疼痛，解心腹之積聚攻衝。喘急能舒，力作不倦。排膿破滯，而癰結即痊。續骨消瘀，而金瘡自愈。癩風可去，漬細黑豆而生吞。武勇可增，納雄雞腸而擣食。配龍骨、桂枝、朮，固精而止淋遺。合烏頭、附子、薑，除冷而扶元氣。欬逆酒調而服，喉痺火炮而含。辛甘熱毒是天雄，生性原同烏附功。痼疾沈寒方可用，若還病淺莫輕攻。

側子： 粘連附子之旁，小而無定。亦屬烏頭之種，氣則輕揚。熱毒並似天雄，畏惡同于黑附。發散肢節，筋攣骨急能舒。充達皮毛，濕痺冷風皆解。消其鼠瘻惡毒，退彼脚氣大風。調酒治癮疹之遍身，配湯療癱瘓之四體。凡此助陽之品，每多涸水之虞。危病可以取投，補劑稍為引導。側子生于川附側，性情好惡自無殊。輕揚發散能充達，肢節皮毛風盡驅。

烏頭： 味薟多辛，氣溫大毒。野產而非人種，名草以別川生。伏夫砒石、丹砂，使以莽草、遠志。畏黑豆、飴糖、冷水，又惡藜蘆。反半貝、斂及、栝樓，並忌豉汁。搜風勝濕，除寒熱而理瘡瘍。強志益陽，抒經絡而利關節。平臍間之痛，俛仰得以自如。解目內之疼，流覽可以久遠。安欬逆之上氣，破積聚之凝痰。消焮腫之惡癰，去潰腐之毒肉。兩歧則烏喙為號，能尋蹊逕而直達病方。煎汁則射罔為名，可傅箭鏃而用殺禽獸。提盆散與霹靂箭，通便而療陰毒傷寒。左經丸與至寶丹，化痰而治風癱不遂。定痛疼之走注，黑弩箭用之而痊。去久遠之痺麻，神授散投之而效。米醯和貼，安腰脚受冷之疼。薑漿拌塗，止腿胯有核之掣。濕滯足腫，生薑交感，而蒼朮、葱白亦相研。行遠膝風，鞋底摻鋪，而細辛、百枝以作伴。鞠窮、芤薑、赤蔛同埋，而除偏正之頭風。川烏、熏陸、藿香共擂，而散飲痰之腦裂。患已年久，必增赤小豆與麝臍。證是血風，應配山厄子與葱汁。鮮根削塞，闢耳鳴之成聾。芎朮合丸，清腦泄之多穢。疳蝕口鼻，燒灰加當門子傅。牙痛風蟲，炒黑同少辛根抹。佐以南星、薑醋，擦手心而搽足底，退虛壅之口瘡。益以皂角、麝臍，嗆鼻管而揩齒根，開閉禁之喉痺。結塊之腹癥妨食，川椒雞子白偕。寒氣之心疝多年，蜂蜜食茱萸助。巴豆合而大棗杵，寒痁積痁可停。沸湯泡而稀糊丸，厥瘧脾瘧亦截。陰結下血，蛤粉焙而茴香匡。年老遺尿，童便浸而食鹽炒。三神丸分其清濁，而泄痢皆安。二烏膏追彼血膿，而癰瘍可愈。疽發于背，擣連鬚之葱白，而用雄黃以作護衣。瘡遍于身，漬化水之鹽湯，而擂豬腰以勻酢糊。疔毒方起，川烏、杏仁、飛麪以傅。瘰癧初生，木鼈、蚓糞、芤頭以貼。唾津調而點不出之內痔，可上藥而使枯。輕粉和而搽未破之諸瘍，必加脂而令潤。馬汗之毒，末摻而消。破傷之風，酒吞而解。詈蛇蠍之傷而妙，施沙虱之中而良。然性稟毒炎，但有攻衝之用。而氣多鋒銳，初無釀製之功。是非急疾頑風，豈宜輕試。若有新傷生血，切勿誤傳。服之過多，則麻痺而虞不救。塗之失當，則立死而竟無生。中毒卒有未防，解藥亦當共悉。熱辛大毒草烏頭，湯散原難輕拭投。勝濕搜風方可用，頑痰癰腫始相求。

白附子： 大溫而小毒，有辛而兼甘。形與附同，實非烏種。純陽之性，而引藥勢上行。腸胃之經，而補肝陰不足。安心疼血痺，驅氣冷風痰。足弱陰癢能除，音失面疵可愈。三生丸清受暑痰塞，而甦心孔昏迷。牽正散治中風口喎，而起身軀癱瘓。眩運氣鬱，配石膏、龍腦與朱砂。厥逆頭疼，佐半夏、南星與薑汁。白芷、皂角，助而散偏正腦裂之疼。黑附、虎膏，合而定大小風虛之證。耳膿研同羌活，入豬羊腎而火煨。喉痺擂並枯礬，塗口舌本而涎出。津調填臍，而艾圓灸小腸之癩疝可安。藿香等分，而米飲吞稚子之吐喘即止。汗斑欲去，合硫黃而薑汁以勻。面皯欲消，洗漿水而蜂糖以和。白附辛甘毒不多，純陽溫性效如何。上行引藥功歸面，冷濕風痰盡可磨。

虎掌、天南星： 性緊而多毒，氣溫而多燥，味辛而多麻，乃主肺脾之藥。防風以解麻，牛膽以解燥。火炮以解毒，有可升降之功。使蜀漆而伏雄黃消與丹砂，惡莽草而畏乾生薑與附子。治風散血，勝濕除涎。利水道而化其疝癥，攻積聚而拔其癰腫。生用則洗以溫水，而浸白礬、皂角之湯。熟用則掘夫土坑，而用炭火、醇醪之製。或濕紙包，而煻灰炮裂。或米酒浸，而桑柴蒸成。或和薑礬汁內，楮葉包蓋，而俟發黃。或納牯牛膽中，風處繫懸，而須陳久。下行以黃柏為引，治痰與半夏同功。開關散療禁瞑之風痌，墜痰丸豁昏

迷之癇疾。寬心定膽，壽星丸能以安神。去悶除煩，三仙丸可以清氣。合丹砂、豬心血，利其痰涎。助沙蔘、高良薑，消其飲食。口眼喎于一面，生薑擂汁以搽。痰濕痛于右邊，蒼朮入煎以服。伴以水玉，而調薑漿、竹瀝，救角弓之反張。泡以沸湯，而煑大棗、蜜甘，止腦風之流涕。頭疼而難忍，上清丸佳。目眩而如旋，玉壺丸妙。置赤坑而沃以醋，婦人之頭目住疼。配木香而熬以泉，壯人之風痰不聚。欬因于氣，必與橘半以圓。嗽由于風，只以水薑作劑。鑪灰水浸而焙燥，吐血所需。石堊末拌而炒焦，腸風所用。除積毒之酒，佐以朱砂。回嘔泄之陽，加以京棗。僵蠶以煅，退喉內之痺風。辣汁以傅，收頤間之脫臼。走馬疳蝕，燒雄黃而當門子塗。風蟲齒疼，塞蛀孔而霜梅肉罨。為膏化皮肌之瘤核，研末去身面之疣猴。破而中風者合蔄根，傷而作瘡者勻清水。稚子風涎熱毒，有抱龍之丸。小兒吐瀉慢脾，宜天王之散。煨熟以紙包剪孔，熱氣透而口噤隨通。酒浸而火炮裂開，丹砂伴而驚風自息。癇後瘖而不語，豬膽汁吞。顱中解而不填，淡米醯貼。搽于顱頂，清頭熱于初生。抹于足心，化口瘡于幼子。要之南星治有餘之證，故元實氣盛者，非此不靈。膽星救不足之疴，若氣弱元虛者，必資取效。南星溫燥毒還辛，善治風痰比二陳。勝濕除驚兼散血，膽盛年久更堪珍。

半夏：性溫而氣平，味辛而體滑。涎能逆氣，生微寒而熟方溫。毒每戟喉，生則吐而熟可下。沈下而能降，陽中而有陰。入心肺之經，行大腸之品。製以白礬、薑汁，使以射干、茈胡。反夫烏頭，忌羊血、飴糖、海藻。惡夫皂莢，畏雄黃、龜甲、秦皮。修治有全粉、餅麴之方，泄痰有濕火、風寒之別。行水氣而潤腎燥，除煩嘔而發音聲。能平腸臟之鳴，善和胃脾之氣。截瘧止汗，散血消堅。補肝風之虛，舒心疼之急。辛則開鬱理氣，溫則攻表調中。得南星以息風，得黃芩以解熱。痞則助以橘朮，寒則入以乾薑。法半夏有壯脾順氣之功，紅半夏有清熱利喉之效。鎮心定志，配以辰砂。去濕安驚，佐以白朮。青壺丸驅風化濕，千緡湯定喘除涎。氣痰嗽而惡寒，丸宜玉粉。熱痰嗆而煩躁，丸用小黃。陷胸湯解結胸之傷寒，省風湯治中風之痰厥。熱痰在上膈，片芩以匡。涎痰在中焦，枯礬為助。栝樓仁同清肺中之熱，天南星共去胸內之凝。喉結而語不清，桂心、草烏以伴。年老而腑大熱，消石、白麪以偕。或合陳皮或合茯苓，皆利停痰之劑。或加參蜜，或加丁藿，咸療反胃之疴。嘔厥因夫寒，小麥麪和之而煑。眩悸由于噦，白松腴輔之而熬。生薑止乾嘔之傷寒，肉桂理脹疼之霍亂。疸黃發喘，煎以薑水而支飲亦消。心忪不安，入以麻黃而怔忡自息。嘔吐之孕婦，必藉神草、乾薑。虛祕之老人，貴用硫黃、溫酒。搥扁而麪薑包煅，寬失血之喘嘘。醋烹而苓草相研，安伏暑之引飲。夜數如廁，得生薑、大棗而作熱湯。目不得眠，取勞水、葦薪而炊秫米。木豬苓同炒，而伴牡蠣以丸山藥，通腎氣而遺泄皆停。百草霜和勻，而為紙撚以爇濃煙，嗃鼻管而頭風盡散。風痰目眩，丸煑金花。少陰咽疼，湯煎苦酒。生研而嗅嗃，開腫塞之喉。醋熬以漱含，退木重之舌。飛蟲入耳，塗耳外而麻油調。大癩脫眉，抹眉際而羊屎拌。煨勻醇米醞，住奶癧之痛疼。擂合雞子清，搽背瘡之毒腫。金刃不出，同白斂而酒吞。骨骾不消，共香芷而水下。酢傅治滿顏之黑氣，水潤去一切之傷痕。救五絕之災，作丸置鼻中，亦醒蓐娘之血運。授卒亡之厄，為末吹鼻內，亦收產母之腸盤。包丁香而麥麪裹煨，止吐逆于稚子。研南星而牛膽盛貯，化痰熱于童兒。截其驚風，皂角末妙。定其吐瀉，陳廩米佳。薑汁和貼臍心，腹膨能退。清水調塗足底，顱陷可填。然其利竅行濕之功，最能燥其津液。若夫勞損陰虛之證，自必禁其妄投。半夏辛溫滑潤司，風寒濕火去痰宜。健脾和胃兼清肺，折損癰疽亦可施。

蚤休：產于深山陰而有毒，生于濕地苦而微寒。入厥陰之經，為肝家之藥。制諸砂與汞，伏三黃與鹽。腹中熱氣全消，癲疴自不作。身上風寒盡逐，瘧疾則不來。能殺下夫三蟲，亦吐泄夫瘰癧。利水道，采取而食宜生。治胎風，調末而水宜冷。慢驚之童稚，栝樓根共炒，而引薄荷、元麝之湯。穀賊之咽喉，木鼈子同研，而丸大黃、半消之末。磨以酢醋，傅其癰腫蛇傷。服以清泉，解彼鼠莽草毒。服食法用以休食，外丹家藉以燒丹。蚤休七葉一枝花，味苦微寒肝分加。癰腫蛇傷毒盡解，驚風瘧疾用多嘉。

射干：有毒而具苦寒，屬金而兼木火。入太陰之分，行厥陰之經。降實火而去積痰，利大腸而破癥結。散腹中之邪逆，明目鎮肝。去胃內之癰瘡，消瘀下食。結核皆解，則心脾之老血不留。疰氣全消，則胸膈之喘煩不作。散其腫毒，通彼月經。麻黃湯治欬逆上氣之疴，奪命散開喉痺不通之厄。喉風之腫痛，山豆根同末而吹。咽塞之傷寒，豶猪脂合煎而服。丸以鼈甲，而瘧母即除。採于水邊，而便閉可解。水蠱腫脹，擣汁為佳。陰疝刺疼，為丸亦妙。生薑煎送而消便毒，苦酒磨塗而退腫瘍。中射工之毒而成瘡，升

麻佐而淬傅湯飲。阻乳汁之行而初腫，宣根配而末和蜜調。然久服則令人虛，而過劑則致腹瀉。射干小毒苦兼寒，降火除痰行肺肝。血散腫消癥結解，咽喉瘧母盡能安。

玉簪：初莛似玉簪，稍開如白鶴。性則寒毒，味則甘辛。取痛甚之牙，配以威靈仙，而與硇蓬、砒石、草烏以共末。斷產多之孕，佐以急性子，而加紫葳、辰砂、蜂蜜以同丸。山裏紅根可下喉中之骨，無灰清酒能消乳內之癰。毒中斑蝥，擂根而水送。螫傷蛇虺，擣葉而酒傅。玉簪寒毒味甘辛，下哽塗癰效入神。善解斑蝥消虺毒，更除齒痛免愁顰。

鳳仙：實似小桃，子名急性。小毒而色褐，微苦而氣溫。具透骨通竅之功，有破塊軟堅之用。花莛則無毒而甘滑，去濕除風。根葉則有苦而甘辛，通經散血。齒疼欲取，為末而砒石共點牙根。產難催生，水服而蓖麻更塗足底。水研而竹筒灌，可消哽咽之虞。酒丸而米醞吞，能解噎胸之患。化幼稚之痞積，以子配水荭實，合大黃、皮消為散，而煑白鴨、鵓鴿以餐。洗風濕之痺頑，以花助扁柏仁，同木瓜、朴消為湯，而煎獨活、寄生以飲。擂爛而酒送，解彼蛇傷。暴末而醪吞，止其腰痛。擣葉塗杖撲之腫破，嚼根下骨物之鯁疼。然燥比玉簪，入口最能損齒。而性極急速，多用亦致戟喉。急性原為金鳳子，催生破塊噎能痊。竅通骨透功無比，咽哽還堪去軟堅。

芫花：氣惡而多溫，味辛而小毒。心下肺脾之悉入，胃腸經絡之咸通。使夫決明，反乎甘草。直達水飲窠囊之處，而喉鳴氣喘無聲。窮追濕痰隱僻之方，而寒疝惡風悉去。心腹除脹，則無五飲之停。血脈胥通，則無四肢之急。散癥瘕之結塊，清涕唾之如膠。能消瘡疥之殃，且殺蟲魚之毒。凝雪湯治天行毒熱，而胸煩亂。十棗湯療傷寒表解，而裏未和。支飲腫浮，加之以大黃、甘草。久瘧癖結，丸之以白蜜、朱砂。枳殼同施，可除不蟲。椒目並用，可退酒黃。延胡索共止諸氣之腹疼，宜分其引。黃金石同釋有蟲之心痛，應送以醯。痰嗽則熬湯而和白糖，卒嗽則煎汁而烹大棗。止喘欬失音之患，薦裹而春令灰揚。安背腿產後之疼，醋調而傅以帛束。炒黃而桃仁湯服，下經阻之鬼胎。焙燥而當歸末匡，行瘀停之惡露。去生孕之法，綿包而點麝香。解毒菌之方，細研而勻新水。擂泉飲而取其吐利，消項癧之方生。杵汁吞而傅彼脚淬，散便毒之初起。暴發腫惡，花末化膠以塗。已潰癰瘍，根皮作撚以插。木臼擣而石器煑，絲線染以繫上，枯乳核之痔瘡。大戟配而甘遂偕，美草圍而點中，焦贅瘤之結塊。擦牙疼而漱以溫水，抹頭禿而拌以豬脂。然過劑則有損夫真元，而近眼則恐致于昏瞽。芫花小毒性溫辛，行水消痰喘息平。截瘧散癥除瘰癧，惡瘡風濕盡能清。

卷之七草部五　蔓草類

菟絲子：平而無毒，辛而有甘。凝正陽而氣稟中和，延草物而實如粃豆。以薯蕷為使，而及彼松枝。得米酒為良，而惡夫雚菌。養肌變老，益氣力而續絕傷。去冷除風，強陰道而堅筋脈。暖子宮之寒泄，補肝臟之風虛。陽氣不足而困羸，佐以山藷、杜仲。真元不固而遺濁，助以蓮肉、雲苓。牛膝同施，治麻疼于腰足。麥冬共用，和血燥于腎心。解消渴而止便淋，煎濃湯以任飲。去痔蟲而安肛痛，調卵白以頻搽。漬酒而投，退身面之洪腫。和油而抹，消眉鍊之癬瘡。目暗以肝傷，雞子清丸之而下。產橫為婦難，車前草伴之而吞。淳醪浸子而暴乾，仙方用為單服。杵臼擣苗而絞汁，丹客取結草砂。熬湯洗頭面之瘡，研漿點目睛之赤。菟絲無毒味甘辛，專治勞傷善固真。益氣驅風明眼目，腰疼膝冷盡離身。

五味子：氣輕而厚于味，性陰而微有陽。皮肉多酸復兼甘，核仁多苦復兼辛。而鹹乃寓乎全體，酸鹹入肝以補腎，苦辛入心以補肺。而甘則益夫中宮，手太陰、足少陰是其所主，肺血分、腎氣分用此立功。惡萎蕤而勝烏頭，使蓯蓉而和參麥。補不足之元氣，免其羸瘦勞傷。斂將耗之精神，止其奔豚霍亂。上清金而生其津液，下益水而壯其骨筋。止渴強陰，明目消食。瀉痢投之而愈，痃癖用之而除。南北應自分施，風寒南而勞怯北。生熟不宜混用，調補熟而潤澤生。白蜜鍊而治彼虛寒，乾薑偕而收其逆氣。去痰配以半夏，定喘伴以阿膠。投以沸湯，而少入蜂糖，滋上源而補下腎。配以耆麥，而略加生蘖，瀉丙火而益庚金。嗽作有時，飴錫丸而研同粟殼。氣升不降，豬肺炙而蘸並白礬。合五倍草消，欬久者乾噙而定。忌豬魚蒜醋，陽痿者酒服而強。女子陰冷之痾，玉泉和之以納。凡人腎泄之證，吳萸佐之以投。蜜煎膏而止遺精，酢糊丸而除白濁。爛弦之眼，洗共蔓荊。赤遊之丹，吞宜米醞。要之氣虛而欲散者，藉以收功。若夫邪旺而未清者，不當驟用。五味酸鹹甘苦辛，滋陰壯水善生津。虛寒補益除痰嗽，定喘消煩氣自神。

覆盆子：小于蓬藟，葉青而光薄無毛。大似櫻桃，子熟而赤烏為色。氣平微熱，味甘帶辛。入乎腎經，補夫肝氣。溫中助力，強陰而健陽。明目

澤肌，補虛而續絕。益男子之精竭，黑髮輕身。暖婦女之陰寒，育麟有子。勞損之風虛可療，便溺之頻數可停。蜂糖調汁熬膏，治肺經之虧冷。米酒浸子焙末，壯陽事之委靡。欲臟腹之常安，則擣篩以服。使頭顱之不白，則榨絞以塗。擂根澄粉而日乾，和蜜點痘花之目瞖。咀葉留漿而筒貯，蒙紗滴弦爛之眼疳。牙痛有蟲，取濃汁點背而愈。臁瘡作爛，洗酸漿摻末而痊。微熱甘辛是覆盆，安和五臟令中溫。壯陽縮便除癆損，肝補還清眼目昏。

使君子： 味則甘而氣則溫，胃可益而脾可健。為殺蟲之聖品，洵保赤之神功。善治五疳，能療百病。除虛熱而止大腸之瀉痢，消阻滯而清小便之濁淋。欲去脾疳，配蘆薈而用米湯以送。欲消痞塊，佐木鼈而入雞子以蒸。蛔痛則研末，而五更吞。虛腫則蜜炙，而食後服。清水煎而頻漱，安蟲蝕于齒牙。香油浸而細咀，去渣瘡于頭面。殺蟲妙品使君子，無毒甘溫健胃脾。止濁消疳除瀉痢，嬰兒百病最相宜。

木鼈子： 苦而微甘，溫而小毒。清胸膈而消痞積，退結腫而愈折傷。定痛生肌，利腸止痢。乳癰惡瘡可愈，鼾黯粉刺能除。欬嗽肺虛，欵冬同燒而吸其煙氣。鹹哮兒病，清水磨飲而壓以雪糕。醋研調黃蘗、芙蓉，以收陰癩之偏墜。腰煨丸川連、蒸餅，以消腹痞之多堅。酒疸脾黃，磨苦酒而頓服取利。痢疴口禁，入燒餅而乘熱覆臍。配使君子而去積疳，偕穿山甲而除瘧母。貼滿臍以停水瀉，米湯拌而合麝丁。服空腹以止腸風，桑柴燒而引葱酒。麪麩以炒，而加以厚桂，解脚氣之作疼。甘遂以匡，而煨以猪腰，治濕瘡之難步。耳熱卒腫，大黃、赤豆以和生油。目暗因疳，米糊、胡連以蒸雞子。包帛塞鼻竅，以除倒睫拳毛。磨醋擦齦根，以去風牙痛齒。退丹瘤之患，調以米醯。消腫毒之殃，研以苦酒。去油調雞子白，蒸食而瘰串能痊。擂泥入百沸湯，熏洗而痔瘡可愈。苦甘木鼈毒微藏，消腫生肌治折傷。疳積腸風并癰惡，鹹哮酒疸盡安康。

番木鼈： 其味則苦，其氣則寒。出于回中，而邛州亦產。花于夏日，而秋月乃成。實似栝樓，生青熟赤。制以豆腐，性粹用良。可治傷寒，亦除病熱。含粒磨水，皆噙而化痞堅。山豆木香，共吹而清喉痺。纏喉風腫，蜜香同磨清水，而熊膽、黑石以調。入目瘢瘡，輕粉更配銀硃，而巴石、麝冰以助。研膏而納，可去生胎。分引而投，能除多病。苦寒木鼈別名番，善治傷寒熱似燔。目去瘢瘡喉去痺，消除痞塊免心煩。

馬兜鈴： 實無毒而輕虛，根有毒而黃赤。薄于氣而皆寒冷，厚于味而俱苦辛。為陰而有微陽，能清而不善補。其實象肺，故有入手太陰。其根獨行，故能令人吐利。實則去濕熱而清膈，欬逆胥安。根則治血氣而利腸，頭風亦止。其用子實也，阿膠主而糯米加，配為補肺之散。美酥炒而炙草入，合為定喘之方。心痛則燈爇而酒吞，腹大則水煎而湯服。熬汁取吐，去彼蠱蛇。燒煙以熏，平其痔瘻。其用根藤也，三稜、川烏、穀精草，止漏血之腸風。淳醞、清泉、土木香，解挑生之邪術。消疔腫調以淨水，拔疔根裹以蛛絲。磨之為泥，化其諸毒。煮之以飲，救其蛇傷。苦辛寒性馬兜鈴，象肺為能入肺經。濕熱喘痰宜實治，疔瘡蠱毒用根靈。

牽牛子： 性雄而猛烈，氣熱而辛薟。平彼肺金，主夫氣分。感南地熱火之化，黑屬水而白屬金。達命門精隧之方，生則峻而熟則緩。有野產人種之別，得木香乾薑而良。下氣除風，而化痃癖氣塊。逐痰消飲，而瀉蠱毒蟲殃。天真丹治下部之陽虛，牛郎丸止上衝之氣築。精神不爽，利膈丸佳。宿食不消，順氣丸妙。童尿浸而長流洗，通滯搜風。巴霜研而淨水圓，化食去積。傷寒胸結，送以白糖之湯。風毒脚浮，丸以家蜂之蜜。共硫黃以勻麥麪，五更煮而取食，安氣滯之腰疼。同砂蔤以和井華，兩鼻灌而出涎，止濕熱之頭痛。血淋之小便，薑湯下而繼以熱茶。風祕之大腸，桃仁匡而丸以熟蜜。牙皂同漬，而煎米酒，散其腸風。茴椒共末，而炙猪腰，平其腎氣。水氣有陰陽之感，宜增大黃、陳米、飯鍋糕。精道為濕熱之留，須用楝實、茴香、穿山甲。浸烏牛尿以煎葱白，浮腫退而氣舒。加大麥麪以送茶漿，脹滿消而蠱愈。病傷水飲，散必禹功。瘡患癰疽，散宜濟世。蘸猪肉食而米飯壓，殺痔瘻之蟲。入豕腎煨而竹葉包，止漏瘍之水。眼赤以風熱，葱頭白煮之而圓。面鼾有雀斑，雞子清調之而抹。白榆皮作引，配赤色土，而使臨產之滑胎。井華水為丸，煎萊菔子，而定小兒之腫病。疳氣之發，青皮、陳橘同施。馬脾之風，檳榔、大黃並用。生研空心服，腹脹可消。水調滿臍塗，夜啼能止。欲除雀目，羊肝和麪而炙餐。欲闢耳聾，豬腎加鹽而煨食。然痞滿若由脾陰虛弱，切莫取快于一時。而濕熱或在血分停留，必致反傷夫元氣。味辛氣烈是牽牛，逐水追痰功最優。散壅殺蟲行痃癖，脾虛胃弱莫輕投。

紫葳： 莖葉帶苦，花根則酸。氣並微寒，性皆無毒。入厥陰之位，行血分之中。畏夫鹵鹽，去夫伏火。治產乳餘疾，以及腹內之癥瘕。療血膈遊

風，與夫腸中之結實。養胎利便，而崩中帶下無虞。涼血生肌，而寒熱瘦羸不懼。清喉痺之熱痛，通耳閉之卒聾。配藍葉、消黄、羊髓而丸，解嬰兒熱疴之不乳。合地龍、全蠍、殭蠶而擂，安大風癘患之難瘳。去風癢與血崩，皆須末而酹服。止消渴與引飲，自宜擣而水煎。酒下而冷水噙，解髮勤梳，能以定夫癎疾。末研而溫醪和，先食取飲，可以通彼月經。糞後之腸紅，浸酒而頻頻自酌。水出之瘡癢，煎湯而日日洗頭。鯉魚腦調，抹陰中之瘡患。山巵仁擂，除鼻上之酒皶。然鼻不可以近花香，嗅之則傷夫腦髓。而目不可以入花露，犯之則患夫眼盲。凌霄寒性甘酸味，崩帶癥瘕産乳宜。血熱生風瘡癘治，還須鼻目遠相離。

營實、墻蘼： 味苦而濇，氣冷而寒。入陽明之經，主風濕之熱。除邪氣而通結血，利關節而復肉肌。殺兒腹之疳蟲，而疥癬亦治。療腸風之瀉血，而泄痢皆安。齒牙能止其疼，疽癩能消其惡。煎水解多尿之消渴，煮汁收小便之失禁。少小尿牀，應夜熬以醇酒。兒童疳痢，宜細飲其濃湯。助五加皮而及木瓜、歸苓，散筋骨之毒痛。合炙甘草而加射干、扁竹，除喉咽之癢疼。含而退夫口糜，冬用根皮，而夏用枝葉。研而傅夫月蝕，洗以鹽水，而佐以地榆。燒灰而吞，腫痛之金瘡即止。炙熱而熨，潰爛之癰毒胥痊。骨鯁調服而消，箭刺摻塗而出。葉形狀尖薄，可焙乾研末，抹患生下部之陰疳。實性酸溫，配枸杞、地膚，去熱在上焦之目暗。薔薇苦濇入陽明，濕熱清時風亦平。痢止蟲除邪逆退，渴安便縮肉肌生。

栝樓： 甘而不苦，潤而兼寒。入肺陰之經，降上焦之火。甘緩不犯胃，止瀉滌痰，滋潤和中，寬胸利膈。古方皮仁合用，後人子瓤分施。焙末而合梅肉、杏仁，摻肺炙餐，以定瘻而欬血。絞汁而入白礬、淨蜜，熬膏含嚥，以安嗽而無痰。氣喘有涎，涅石同燒，而蘿蔔以蘸。胸痺作痛，薤白為佐，而米醞以煎。泥煨而引糯湯，治吐紅之困頓。麪和而成炊餅，熨卒中之喎斜。小便不通，焙而投熱酒。久痢不止，炙而送溫醪。生汁飲而洗豬肉湯，脱肛自上。燒灰服而同赤小豆，下血能停。逐時疾而退病黄，新汲水浸淘，以和朴消、白蜜。堅動牙而使鬚黑，鹺蚓泥固濟，以鍛杏仁、青鹽。白酒煮而散乳癰，黄連匡而消便毒。癰疽背發，送以井華。疥癩風瘡，浸以米醞。是皆全用，亦有分施。去殼同六神麴為丸，能除酒澼。去子共寒食麪作餅，可化兒痰。利膈清涎，半夏熬其水瓤。寬胸通氣，麥麴糊其子皮。乾葛拌瓤而炒研，通燥渴之腸祕。沸湯洗瓤而溫服，解火熱之頭疼。欬熱不安，洗濃茶、石蜜湯，蒸之而食。面黑欲白，擣杏霜、豬胰子，和之而塗。文蛤助仁，而欬嗽以止。半夏佐子，而胸膈以清。救肺之酒痰，獨配靛花而丸薑蜜。調婦之月水，再增香附而拌蜂糖。炒香用米酹，行其乳汁。研細加童便，下其胞衣。熱腫游丹，仁調釅醯以抹。楊梅瘡痘，皮和燒酒以吞。蜂房燒而同擦牙疼，更煎荊、葱、烏桕之根以漱。絲綿包而含消喉腫，必偕甘草、殭蠶之末以吞。甘寒無毒是瓜蔞，肺補痰清氣自收。止痢潤腸除熱渴，更消癰腫利咽喉。

天花粉： 氣寒而色潔白，味甘而帶苦酸。本栝樓之根，以枸杞為使，畏牛膝而及乾漆，惡母薑而反烏頭。調月經，通小腸，解煩渴熱狂之時疾。安氣短，化痰結，驅中暍傷暑之危疴。滅脾火之熾，而除疼于口齒。清肺火之盛，而止痛于咽喉。續絕補虚，生其津液。排膿消滯，長其肉肌。從補藥而治虚，從涼藥而治火。煩則從血藥為理，鬱則從氣藥為舒。傷寒發乾，淡竹瀝煮銀而先服。百合病燥，牡蠣粉合散而取吞。牛脂同煎，解引飲之消渴。人參共末，安作嗽之虚炎。黑疸之危，擣汁服而便出黄水。偏疝之痛，浸酒飲而綿裹陰囊。蜜和而退稚子之黄，乳調而清童兒之熱。氣虚囊腫，炙草同煎淨水，而美醞以加。痘毒目盲，蛇蜕並入羊肝，而米泔以煮。煎而釀酒，通未久之耳聾。燒而調湯，下不行之乳汁。吹奶硬塊，配以乳香。天泡濕瘡，佐以滑石。苦酒、赤小豆可消癰腫之初生，槐花、川芎藭能解楊梅之結毒。鍼鏃不出，傅而日三易佳。傷折多疼，塗而布重裹善。天花粉即栝樓根，甘苦酸寒性內存。止渴生津降火熱，排膿長肉利瘡門。

王瓜： 根多土氣，苦而兼寒。實似瓜形，酸而帶苦。治天行之熱疾，而消渴可安。療內痺之血瘀，而瘦疼不作。逐水以和肢節，排膿以退腫癰。驅邪氣而解悶煩，破癥癖而除痞滿。便數不禁即止，痰多成瘧能瘳。腎虚而小便如泔，王瓜散妙。帶下而月經不利，土瓜散佳。擣汁旦吞，而黄黑疸退。用筒吹入，而大小便通。研傅以治漏瘡，酒服以下乳汁。塞耳而灸，可以開聾。漬酒而投，可以吐蟲。發面上之光采，漿水以勻。制藥中之汞雄，濃汁宜取。是皆根績，更遡實功。止積痢而定血疴，必須用炒。潤肺心而去黄病，是貴用生。燈燒而棗肉加，合平胃散以安中虚之食吐。火炒而栝樓佐，入大力子以驅痰熱之頭風。去赤目之濇疼，必藉槐花、紅芍。定大腸之瀉血，宜配生地、黄連。傅尸癆焙末而酒吞，消渴證去皮而嚼食。實燒存性而

擂，消夫瘀血之疼。子炒開口而研，舒其骨筋之攣。王瓜月令夏初生，不產家園果蓏棚。根可散瘀消渴止，實除反胃肺心清。

葛：　味甘辛而平，性輕浮而薄。上行而氣微降，主陽而陰在中。鼓舞胃氣以醒脾，解發肌表以出汗。腠理開而鬱火自散，嘔吐止而小水亦通。驅溫瘧之表邪，安血痢之內熱。脾陰虛而胃火旺，消渴引飲用之生津。瘡毒鬱而寒熱頻，(掀)〔焮〕腫痛疼以之托裏。且殺百藥之毒，亦傅諸物之傷。桂枝湯治陽明合太陽之病，解肌湯斷太陽入陽明之路。偕葱白而為入胃驅風之劑，用薑汁而為傷寒統治之方。頭痛則剉佐豉而煮童尿，心熱則擣煎豉而加巵子。采之作屑，可罯金瘡。蒸之作餐，能除酒性。食熱物下血，擂藕以衝。患腎腰作疼，嚼汁以嚥。治而為粉，配苄豉以防火病，拌粟米以解心煩。兒吐和其食癇，鴆毒救其氣絕。煎而為湯，同竹瀝以愈破風。取濃汁以洗虎損。童熱消其久渴，藥中定其發狂。或安吐衄之不停，或辟瘴邪之不染，或解服藥之過劑，或醒醉酒之昏沈，皆當研之以飲。或住傷筋之流血，或止乾嘔之無休，或清妊娠之炎疴，或散小兒之熱痞，亦宜絞之而吞。然病未入于陽明，雖頭痛不可輕投，恐為引賊破家之患。而痘已見夫紅點，是毒出豈宜再用，致有表虛斑爛之虞。生用則易墮胎，多用亦能傷胃。至若葛穀止下痢，煎而投十歲已上之兒。葛葉治金瘡，挼而傅出血不停之厄。蔓灰以消癰腫，并調人乳之汁，點咽而可使通。花乾以去腸風，亦同小豆之英，消酒而能不醉。味具甘辛是葛根，陽明開胃乃專門。解肌發痘除煩渴，時氣傷寒在必吞。

天門冬：　氣薄而寒潤，味厚而苦甘。陽中之陰，冷中之補。為氣分之藥，入肺腎之經。制雄黃、硇砂而畏曾青。使地黃、垣衣而及貝母。苦以泄滯血，甘以助元陰。潤燥養肌，風濕去而勞傷並補。清金降火，津液生而躁渴皆停。去伏尸而殺三蟲，利小便而和五臟。能起陽事，且化痰痾。解風熱悶煩，以及惡氣之不潔。除痿躄嗜臥，且與心病之作疼。足下熱痛得安，肺內痿癰胥愈。仙人糧補中益氣，三才丸養血滋陰。辟穀之方，便須蒸煮。服食之法，惟用暴研。煎之為膏，去風痰而除瘟疫。釀之為酒，化癥積而止風狂。生脈而潤涸枯，同荎豬、參枸杞。保肺而安喘促，入神草、綿黃耆。地髓為匡，能以却老。茯苓等分，可以禦寒。肺痿嗽多，配紫(苑)〔菀〕而煎飴酒。陰虛火動，佐五味而引茶湯。蜜圓痊風熱肺勞，亦堪洗面。醪服愈虛勞體痛，兼可安顛。地麥同而清婦女之骨蒸，烏藥共而收丈夫之偏墜。丸玄參、忍冬而噙化，除口瘡之連年。擂新根、美醞而濾吞，消癰瘍之一切。然性寒潤下，而單服滑腸，熱勝者方宜，虛冷者慎用。鯉魚誤犯，毒則堪虞，萍汁急投，解乃無患。天冬性與麥冬同，滋腎清痰別有功。保定肺陰安喘促，輕身益氣殺三蟲。

百部：　苦而微有甘味，溫而入于肺經。療勞瘵之骨蒸，止嗽欬之氣逆。疥癬蟲蠶之毒，均可消除。蟯蚘寸白之殃，無不立下。罨臍而蓋以水醪、糯飯，去遍體之腫黃。丸蜜而佐以杏仁、麻黃，止幼兒之寒嗽。嗽而暴作，宜合生薑。嗽而年深，應煎飴蜜。百蟲入耳，生油調之而塗。銅錢誤吞，清酒漬之而飲。燼夫樹木，殺彼蛀蟲。熏夫衣裳，除其蟣虱。百部微溫甘並苦，殺蟲勝藥古來云。更清寒嗽消黃腫，骨蒸傳尸亦建勳。

何首烏：　味苦而濇，氣溫而平。足厥陰、足少陰為其行經之藥。白氣分，赤血分，皆其滋補之方。瀉彼肝風，止夫腎泄。伏其丹砂之性，使以茯苓之良。所忌在鐵器、無鱗諸魚，并及夫蘿蔔、蒜、葱、諸血。力更勝乎地髓，功乃上于天冬。腫毒能消，有壯骨強筋之驗。顏以自悅，有固精益血之徵。治餐使心不疼，而驅冷氣虛風之患。久服令人有子，而痊產後帶下之痾。美髯丹，續嗣延年。服食法，長精補血。牛膝共而好酒浸，圓以大棗，除骨軟而驅風。黑豆製而眾藥加，引以清茶，使筋寬而治損。汗出不止，唾津拌而罨臍中。皮裏作疼，薑汁和而熨鞋底。巨勝子配，療大癘之麻風。元武溺調，貼小兒之龜背。瘰癧結核，日取生嚼，而用葉以擣傅。疽癰惡瘡，時煮酒吞，而并滓以丸服。助以艾葉，洗夫疥癬風瘍。送以米湯，去彼腸紅臟毒。塗之住破傷之血，服之使鬚髮之烏。苦濇溫平何首烏，添精益髓潤肌膚。延年續嗣功無比，瘰癧癰疽盡可塗。

萆薢：　苦平之性，風濕之宜。入肝胃之經，用薏苡之使。大黃、前胡是畏，葵根、茹草亦然。癱緩能舒，筋骨能堅，而中風失音盡解。熱邪可逐，水臟可補，而腰疼陰痿悉強。明目益精，而周痺無虞，關節之老瘀皆去。補肝暖腎，而下焦充足，膀胱之宿水不停。兼除痔瘻壞瘡，亦治懸旋癇疾。金沸草、虎頭骨、溫酒下，而取汗，愈彼腦疼。石菖蒲、益智仁、烏藥佐，而入鹽，痊其白濁。便數則丸以酒糊，莖疼則炒以鹽花。杜仲佐而平旦吞，起其腰痺脚軟。貫眾偕而空心服，消其痔漏腸風。苦平萆薢胃肝行，除濁分清益髓精。

水濕風寒皆可去，壞瘡痔瘻悉能輕。

土茯苓：性則和平，味則甘淡。為脾胃之藥，忌茶茗之湯。營衛從而關節通，去濕除風而驅毒。筋脈柔而肌肉實，調中止洩而健行。可當穀而不飢，亦醒神而不睡。消其癰漏，去其攣拘。淫邪結而為廣瘡，功則搜風解毒。輕粉發而成廢疾，用則扶胃健脾。拌以乳漿，兒之楊梅可愈。入于米粥，項之瘰癧當痊。甘淡而平土茯苓，除風去濕胃脾經。楊梅解毒功無敵，骨利筋柔攣漏寧。

白歛：其味則苦，其氣則平。反乎烏頭，使以代赭。有止痛生肌之益，具化結解熱之功。殺夫火毒之炎，除彼目睛之赤。治婦女陰疼淋帶，去兒童溫瘧驚癇。血痔腸風，投之則已。金傷撲損，用之則良。產難須催，生半夏佐而楡皮湯下。風痺宜療，熟附子加而糯米酒吞。配菵草、小豆以研，雞子白傅之，足使癰瘍之散。合赤歛、蘗木以炒，水銀粉助之，能令瘡口之收。初起之背發毒疔，水調可退。已爛之湯傷火灼，乾摻即痊。與黃柏以和生油，施成瘡之凍耳。同白芷以勻清水，消諸物之哽喉。欲去酒皻，偕杏仁、白石脂、蛋清以罨。欲除粉刺，共杏仁、雄雞屎、蜜水以搽。苦平白歛擅瘍科，癰腫疔瘡解毒多。陰痛帶淋消婦恙，驚癇溫瘧退兒痾。

山豆根：味不甘而極苦，氣無毒而多寒。善解藥性之毒炎，能止瘡家之熱嗽。霍亂吐利之作，引以橘皮。下痢赤白之來，丸以蜂蜜。湯服以安喘滿，水下以去急黃。或水臌有聲，或血氣致脹，皆宜和醪以送，而亦下寸白之蟲。或毒蠱卒中，或熱厥作疼，俱須磨汁以吞，而並愈五般之痔。油調而太陽貼，住熱痛之頭風。片切而齒根含，退腫疼之齦患。卒發之喉癰，磨釅醋以追涎。急塞之喉風，加白藥以啟閉。腦脂勻而安疥癬之癢，濃汁飲而除麩豆之瘍。熱腫禿瘡，則研以抹。蛇蛛狗咬，亦擂以傅。寒苦相連山豆根，咽喉風熱品居尊。諸傷解毒皆宜用，腹脹心疼亦應吞。

威靈仙：氣溫而具辛鹹，性走而可升降。水聲不聞者善，冬月所采者佳。為陰中之陽，乃風痾之品。小腸膀胱是入，而諸經各脈咸通。麪湯茶茗不宜，而甘草巵子可代。能除腹心之寒滯，而管攝一身。能消胸膈之痰涎，而宣通五臟。氣塊癥瘕盡散，則無宿膿惡水之存。皮膚腰膝皆和，則無溫瘧風邪之患。多年之冷病無不安痊，遍體之痛風皆堪驅逐。放杖丸治風壅于腎臟，化鐵散消痞積于腹胸。宿飲停痰，藉夫半夏、皂角。噎塞膈氣，煎以苦酒、蜂糖。送用薑湯，驅大臟積寒之證。調須米酒，安脚氣入腹之殃。腰足風痛者糊丸，筋骨毒疼者醞煮。配生韭根而烏藥助，入雞子以煨好酒，氣塊可除。合雞冠花而釅醯煎，拌卵白以引米湯，腸風可息。手足之麻痺，和川烏、五靈脂而醋丸。破傷之中風，擣香油、獨頭蒜而酒服。助以片腦，起發黑陷之痘瘡。煮以清泉，熏洗腫疼之痔患。諸骨鯁咽，苦酒浸之以丸。飛絲纏陰，濃汁擣之以濯。然性多快利，久服則五臟皆疏，而人苟弱虛，輕投則真元必損。威靈仙味是鹹辛，十二經行管一身。善治痛風除冷病，癥瘕痃癖去如神。

茜草：溫而色赤，酸而帶鹹。純陰而入厥陰之經，走血而主血分之藥。所畏鼠姑之汁，須辨赤柳之根。制彼雄黃，忌夫鉛鐵。補中而益精氣，填不足之證于膀胱。除熱而去疸黃，治六極之傷于心肺。寒溫風痺之悉解，帶崩精泄之皆停。調骨節之痛風，而身輕在于服久。通經脈之凝滯，而血運定于產中。有排膿之功，而瘡瘍得愈。有逐瘀之力，而撲損胥痊。煮汁安心痺之熱煩，擣末止血痾之頻吐。如多口渴，佐炙草、黑豆，而丸以井泉。若作鼻紅，配艾葉、烏梅，而丸以蜂蜜。合夫群品，住老婦之月經。熬以清醪，通少女之信水。解惡毒之蠱，蘘荷葉宜加。收虛脫之肛，石榴皮應入。油調傅螻蛄之漏，燒末而勻陳石灰。酯服令髭髮之烏，煎湯而對地黃汁。偕夫美醞，防瘡疹之時行。作為染缸，成絳紅之艷色。酸鹹茜草厥陰經，蠱毒能除洵有靈。行血通瘀和吐衄，排膿逐滯癰傷寧。

防己：味辛而苦，氣平而寒。其性為陰，其效能泄。直走下焦之藥，乃主太陽之經。通草同功，殷孽是使。畏夫萆薢，以及女菀，而並鹵鹽。惡夫細辛，能殺雄黃，而伏消石。通腠理，利竅道，而熱癇溫瘧皆痊。除火邪，散留痰，而惡結腫癰悉解。能去膀胱之熱，亦消疥癬之瘡。手足攣拘，口眼喎斜，風也，用木者逐之。腿脚腫痛，便溺滯濇，濕也，用漢者驅之。身沈重而汗多，黃耆湯善。皮虛浮而跗腫，茯苓湯宜。參桂、石膏，消膈間之支飲。防風、葵子，去水道之濇淋。喘急之傷寒，神草佐而桑皮以引。吐利之霍亂，白芷偕而井華以調。漿水相煎，安肺痿嗽噓之證。葶藶為助，除痰多咯血之痾。目患痛疼，米醪送之。鼻忽洪衄，新汲投之。然補陰瀉陽，比于人之險健；而幸災樂禍，首為亂之厲階。故元氣有虧者，豈可重亡其陰血。且肺經蘊熱者，不當反泄夫下焦。風寒在上部者勿施，濕熱在氣分者禁用。防己

多寒味苦辛，太陽風水用如神。只緣瞑眩能為亂，善用方堪奏效頻。

通草：色有紫白，味有淡辛。氣平而助秋令于西方，性通而為陽中之陰藥。入厥陰心包之絡，兼太陽手足之經。上則清肺通心，血脈和而頭疼可止。下則開關利便，濕熱去而拘痛無虞。能殺三蟲，而消其五疸。能達九竅，而治其五淋。醒脾倦之多眠，止心煩之欲噦。催產通經而下氣，明目聰耳而寬胸。療口燥鼻塞之疴，散惡毒腫瘍之患。直指方，通心竅而行經絡。導赤散，清水源而化液津。助之以葱，消滿疼于少腹。煎之以水，散血氣于婦人。鼠瘻金瘡，汁作釀而日飲。喉痺咽痛，泉濃煮而含吞。根能化項下癭瘤，子可厚腹中腸胃。續絕氣于五臟，通經脈而足語聲。除客熱于三焦，開胃口而下飲食。能利小便，善止渴煩。通草于今號木通，氣平辛淡利淋癃。行經下乳催生產，降火除煩去惡蟲。

通脱木：色白而氣寒，性則主降。體輕而味淡，用亦能升。屬陰而寓于陽中，取瓤而脱于木內。肺經是入，胃氣亦清。引熱下行，而小便得利。通氣上達，而乳汁即多。保產而催其生，退熱而明夫目。能去五淋之濇，可解諸毒之蟲。消中水之腫浮，止洗頭之風痛。通草古為通脱木，性寒甘淡體虛輕。功行肺胃能升降，下乳除淋水腫平。

鉤藤：微甘微苦，亦平亦寒。能靜肝木之風，而驚癎無由以作。能息心包之火，而煩熱不得以生。去大人目眩頭旋，而氣結心煩皆定。止小兒內釣腹疼，而胎熱客忤皆清。合紫草、溫醪，發疹斑而保赤。配蜜甘、消石，安驚熱以延齡。鉤藤甘苦性微寒，息火驅風包絡肝。斑疹癎驚童子愈，頭旋目眩大人安。

絡石：味甘而帶微酸，性平而能耐久。品則列乎其上，藥則尊之為君。使以杜仲、牡丹，畏夫菖蒲、貝母。能殺殷孽之毒，亦惡鐵落之華。堅筋骨，利關節，明目輕身。好容顏，通神明，變白耐老。除大驚之入腹，解風熱之乾喉。養腎而去腰疼，潤胸而驅邪氣。博金散，濟夫水火，而去淋濁之上淫。靈寶散，止彼痛疼，而退癰疽之焮腫。喉痺壅塞，宜細呷其湯。蝮蛇毒瘡，應洗吞其汁。酒浸投而去風熱，爛擣傅而愈金瘡。絡石甘酸上品珍，能堅筋骨效輕身。驅風解熱除淋濁，消癰清喉生液津。

忍冬：味甘而藤左纏，性寒而氣甚芳。花則始白後黃，功則伏硫制汞。除脹下澼，而消肚腹之疼。活血生新，而散濕風之氣。同甘節入無灰酒，煮飲而并塗其葉，治一切之癰疽。用花莖取自然漿，煎投而更罯其滓，療百般之腫惡。拔毒之效，藤燒葉焙而和大黃。托裏之功，耆佐歸匡而偕甘草。防疽發于消渴之後，為圓以送，而痔瘻亦痊。解腫痛于結毒之中，熬膏以攤，而金傷亦愈。黃金石、清泉水，罐煮熏而出黃汁，歛不愈之瘡瘍。地銅盤、馬蹄香，酒擂埽而吐稠涎，除作糜之口舌。成漏管之患，浸醑而日吞。中野菌之虞，采草而急啖。煎之以安鬼擊，熬之以逐尸邪。去脚氣之痛疼，末宜調醞。止痢疴之水血，湯應取濃。釀成則補虛療風，服久則輕身益壽。金銀花性待如何，氣味芳香甘且和。清濕散風除熱痢，更于瘡證立功多。

天仙藤：其味為苦，其性為溫。善解風勞，能活氣血。同麻黃以發傷寒之汗，熬好酒而除疝氣之疼。去肺熱之鼻瘡，燒而與黃連、桐油共抹。止兒枕之骨痛，炒而用童尿、薑汁相調。溫醞引而心腹可安，大黃伴而胎元以墮。妊娠子氣，配散而煮吞。痰注臂痠，作煎而間服。天仙藤苦性溫融，善解風勞氣血通。止疝驅痰安痛腹，傷寒發汗有殊功。

草部六　水草類

澤瀉：氣平而寒，味甘而淡。沈下多降，陰中微陽。入于腎臟之經，畏夫文海之蛤。功專滲濕，故止洩而通淋。力可行痰，故安嘔而解渴。清水痞于心下，自有宣通補益肥健之功。滌留垢于脬中，即少腫脹瀉痢疝癩之患。能填血海而子嗣得延，能利小腸而陰氣自起。筋骨不生攣縮，耳目用以聰明。八味丸養五臟而瀉腎邪，五苓散逐蓄水而通小便。冒暑霍亂，朮、茯苓配之而投。出汗酒風，朮、麋銜助之而服。共朮以煮，安支飲苦胃之疴。同朮以丸，去水濕腫浮之患。瘧後忽生怪證，清水煎而連飲其湯。腎臟或發風瘡，皂角丸而用吞以酒。實則甘而能補不足，除邪濕以止消渴，強陰氣以益腎經。葉則鹹而可治大風，通血脈以下乳漿，壯水臟以安產難。然久服則真陰潛耗，腎水必致虛虧。而太洩則清氣不升，目光為之昏暗。澤瀉甘寒水善消，補虛止瀉利三焦。疝疼脚氣兼痰飲，腫脹遺淋盡可調。

菖蒲：辛溫之性，水石之生。為澤草之精英，乃神仙之靈藥。劍脊匙柄者是，瘦根密節者良。入手少陰之經，亦足厥陰之品。惡夫麻黃、地膽，而忌羊肉、飴糖。使以秦艽、梣皮，而解巴豆、大戟。刮莫犯乎鐵器，蒸必拌以桑枝。清彼頭風，而精神軒朗。開其心孔，而耳目聰明。出音聲，溫胃腸，而去風寒濕痺。補五臟，通九竅，而除煩悶痰涎。安胎漏而散癰瘡，殺蟲殃而

下鬼氣。骨髓既足，時疾瘴疫之不侵。血脈已和，客忤癲癇之皆息。腹中冷氣，槌而吳萸同煎。路上心疼，嚼而熱湯以送。為末吹鼻內，尸厥魘死可甦。絞汁含口中，客忤卒中即解。免厄于中惡，則漬酒于端陽。益志于健忘，則和醪于巧日。浸玄水而加黍米，驅夫一切之風。調新水而入白礬，解夫百凡之毒。溫瘧身熱，水煮而浴其湯。霍亂筋抽，末炒而包以罨。入白朮、參苓之散，下痢之口禁能開。和糯粥、鍊蜜之丸，頑痺之緩癱得遂。肺氣損而吐血，飛羅麪等分以投。風疾作而發癇，豶豬心煮湯以引。斑蝥同炒而揀去，氣血食積之脹可消。故紙共焙而細研，赤白帶下之疴即止。產後下血，煎之以淳醑。孕內動胎，絞之以生汁。采之以嚼，更燒秤錘以淬酒，開夫急痺之喉。治之為丸，必合巴豆以裹綿，塞夫卒閉之耳。虱行或入，盛袋而枕頭。病後成聾，取漿而滴竅。熬膏點攀睛之云翳，塞鼻去入眼之飛絲。挹葉露而用洗眥，日久則星以晝見。收燈煙而不害目，几置則書可夜觀。生研貼發背癰疽，布席療遍身濕爛。露岐便毒，須杵擂以傅。風癬蟲瘍，應醪蒸而服。香油和之而抹，愈彼頭瘡。蛇牀助之而搽，斂其陰汗。辛溫芳烈石菖蒲，通竅開心痰氣驅。去濕除風安欬逆，癲癇癰毒一時甦。

蒲黃： 彼蒲上之黃，乃花間之粉。具甘平之氣味，入手足之厥陰。血分所宜，仙經亦用。破血消腫，貴用其生。止血補陰，當取以炒。利水道而下乳汁，經絡咸通。安吐衄而定帶崩，氣力自益。洩精能歛，月候可調。解毒而除赤痢遊風，排膿而退癰瘡熱癤。合五靈脂以止腹心之痛，加熟附子以安關節之疼。解小便之轉胞，布包而裹腰腎。清大腸之痔血，水調而服空心。和猪脂而抹脫肛，配乾薑而摻腫舌。心火吐血，髮灰佐而地黃汁吞。肺熱鼻紅，青黛合而新汲水送。耳傷流血而不止，耳聤出汁而不乾，以及陰下濕癢之疴，並末搽而即愈。傷因墜撲而積瘀，傷于金刃而悶絕，與夫孩子奶痔之患，皆酒服而能消。助地汁、阿膠，治口耳之大衄。入陳皮、蚯蚓，為妊娠之催生。或蕁內腸紅，或產後血瘀，俱當煎以淨水。或動胎欲下，或胞衣不出，均宜服以井華。東流水吞，退主娘之煩悶。陳米飲下，安兒枕之血瘕。蒲黃無毒味甘平，包絡肝經血分行。止痛補虛應炒黑，破瘀消腫又宜生。

水萍： 是楊花之所化，性自輕浮。在止水之所生，體則細小。面青背紫，味辛氣寒。采宜在于秋初，曝宜置于水上。入乎肺部，達于皮膚。發揚邪汗而有功，滲消水氣而極效。治麻痺脚氣，驅風毒熱狂。長毛髮而除口舌熱瘡，療打撲而愈火湯傷灼。貼脫肛有水聖之散，治中風有一粒之丹。配花粉、乳漿以止消渴引飲。佐鉤藤、犀角以治夾驚傷寒。熱病之時行，合麻黃、附子、肉桂心，加生薑而水煮。心煩之霍亂，用人參、蘆根、枇杷葉，入薤白而酒煎。利小便調飲為宜，除水腫擣汁為妙。羊肝煮而絞汁服，去入目之癍瘡。片腦勻而研爛傅，消攀睛之弩肉。作末以吹鼻衄，為膏以擦面斑。欲定吐紅，益黃耆而調薑蜜水。欲散癮疹，助牛蒡而引薄荷湯。煎四物湯而增以條芩，退其遍身虛癢。入消風散而煮以淨水，除其惡疾癘瘡。背發初生，雞子清和貼。毒氣所中，淳米酒勻投。擣而傅風熱丹遊，熬而洗楊梅瘡癬。解水毒，日暴而吞其末。驅蚊蟲，陰乾而爇夫煙。水萍辛散性輕浮，止渴還將水氣流。邪汗發揚風濕去，癰瘡丹毒亦多瘳。

海藻： 性陰沈而涌泄，味鹹苦而寒涼。海帶同功，蜜甘是反。有潤下軟堅之效，具洩熱引水之功。去腹內之雷鳴，而散奔豚結熱。除心下之痞滿，而解宿食癥瘕。痰飲五膈能清，鬼魅百邪能辟。小便利而疝氣脚氣不作，積聚消而水腫癰腫無虞。黃連相佐而見功，化癭瘤之初起。甘草相反而合用，除馬刀之極堅。項間硬核痛疼，清酒浸吞，而更曬淬為末。蛇盤瘰癧交接，殭蠶為助，而泡梅湯以丸。寒鹹海藻苦相連，洩熱消痰更軟堅。疝癧癰瘻脚氣散，還同海帶可齊肩。

昆布： 性則鹹寒，功則滑潤。消結氣而破積聚，利水道而去腫浮。惡瘡用之可痊，鼠瘻施之即退。入葱白五味以作臛，下氣而治膀胱。合海藻煉蜜以為丸，消腫而安頸項。癭氣堅結，浸醋而含。陰㿉腫疼，咀汁而嚥。然海菜稱名雖別，多食皆可傷人。而北方水土不宜，常餐則能致病。昆布猶如藻帶倫，鹹寒滑性軟堅珍。癭瘤癧瘻皆能散，水腫消時結氣伸。

草部七　石草類

石斛： 和平而無毒，甘淡而微鹹。陰中之陽，沈下而降。似金釵者妙，生西蜀者良。入足太陰之經，亦足少陰之分。栽之以砂石，使之以陸英。畏白殭蠶與雷丸，惡凝水石與巴豆。定志除驚而安臟腹，強陰益精而壯骨筋。調羸瘦而補虛勞，腰脚軟疲悉愈。厚腸胃而長肌肉，皮膚邪熱咸清。癰毒用以排膿，冷痺藉以扶弱。酒浸酥蒸，而入補劑，能鎮涎而濇元。薑佐水煎，而代茗茶，可和脾而清肺。飛蟲入耳，截筒紝竅而封黃蠟，火爇其端。拳毛倒睛，研末嗃鼻而共川芎，水含于口。石斛甘平鹹味輕，益脾滋腎壯元精。癰

疽腫毒排膿血，更補虛勞與定驚。

骨碎補：苦溫之性，腎臟之經。能破血而不傷新，能止血而不留滯。治上熱下冷，而肢體皆和。療六極五勞，而手足皆遂。去骨中之毒氣結痛，殺皮間之蟲蝕惡瘡。暴乾研細而入豬腰，火煨熟餐，止其腎虧之久泄。獨活寄生而丸虎骨，酒衝汁送，去其痢後之下虛。血失腸風，宜燒存性而醞服。氣攻牙痛，應炒黑色而末搽。丸糊而佐乳香，以塞風蟲之齒患。削條而炮煻火，以開鳴閉之耳疴。閃折而筋骨損傷，煮黃粟米粥而和裹。病後而頭髮脫落，煎野薔薇枝而刷塗。味苦猴薑溫性藏，腎虛久泄用多良。安牙聰耳除蟲蝕，去瘀生新保折傷。

石韋：味苦有甘，氣平無毒。黃毛射肺，去淨為宜。羊脂潤腸，炒乾以用。以杏仁為使，而及滑石、射干。得菖蒲為良，而制丹砂、羽涅。除勞熱，逐邪氣，則臟腑皆安。去惡風，利水腸，則精氣俱益。止煩下氣，清肺治傷。脬轉助以車前，便淋佐以滑石。嗽因氣熱，檳榔共末而施。血在便前，茄枝煎湯而送。炒而酒調須冷，散背發之毒瘡。末而醪下宜溫，止漏崩之惡血。苦寒石韋性中操，利水清金補五勞。淋瀝漏崩皆可愈，金瘡背發亦功高。

石胡荽：氣溫而升，味辛而散。性屬陽而達于肺經巔頂，擣取汁而制夫砒石雄黃。止頭痛而闢耳聾，通鼻氣而落瘜肉。齁喘痰冷，研和醇醪。瘧疾脾寒，絞加美醞。治之為散，嗜鼻而目退赤疼。配之為膏，貼翳而睛還明朗。嗅而止牙疼之患，宜用懷乾。傅而消痔腫之殃，只須擣爛。鮫甲、歸尾入酒而取汁，以散惡腫之毒瘍。汞粉、桐油隔紙而為膏，以退脛瘡之濕氣。鵞兒不食石胡荽，氣味辛溫上達宜。撥翳開聾落瘜肉，消痰散毒腫瘡離。

草部八　苔類

垣衣：其氣則冷，其味則酸。生于背陰之方，采于古墻之上。退血氣之暴熱，而清其胃腸。解噤瘖之卒風，而舒其口舌。除煩止欬，愈金瘡而消黃疸，酒漬以吞。益氣補中，好顏色而長肉肌，日久以服。擣爛而取汁，解口鼻衄血之災。燒灰而和油，救湯火灼傷之厄。垣衣氣冷味多酸，益氣和中煩欬安。衄血疸黃風熱退，金瘡湯火愈傷殘。

昨葉何草：彼屋瓦之花，似松子之狀。向天而屬陰性，味酸而為氣平。除口內之乾疼，止病中之赤痢。大腸下血，燒而水送其灰。小便沙淋，煎而熱熏以濯。敖膏更丸諸品，破血而通經。煎焦再浸麻油，染鬚而刷髮。齦疼發腫，礬石合漱而安。脣裂生瘡，薑鹽同塗而愈。取火燒水淋之灰汁，沐而去白屑之頭風。洗槐枝葱白之藥湯，摻而斂不收之瘡口。被咬于風狗，貼並雄黃。見灼于火湯，傅偕柏葉。然人目成目瞽之患，而沐髮致髮落之虞。前哲既有明言，後學亦當共悉。瓦松氣味是辛平，止痢除淋血分行。收斂諸瘡通月水，牙疼脣裂口乾清。

卷柏：形拳攣而色青黃，性辛平而耐久遠。似柏葉而細，如雞足而高。先煮鹽湯，再煎井水。解頭中風眩，驅臟內氣邪。止欬逆而斂脫肛，通月經而散淋結。暖其水臟，陰中止寒熱之疼。益其血精，腹內散癥瘕之塊。鎮心而辟鬼魅，輕身而好容顏。破血宜生，止血宜炙。大腸下血，椶柏助而燒灰。久年便紅，地榆佐而煎水。辛平卷柏果何司，破血通經效可知。淋閉癥瘕皆得散，炙來止血又相宜。

馬勃：味辛氣平之性，腐木濕地之生。狀似狗肝，彈之而粉出。張以生布，擦之而盤承。其體輕虛，上焦是主。其用發散，肺氣是清。善解毒炎，能散血熱。米飲送而安懷胎之衄血，沙糖而清積熱之吐紅。失音應伴牙消，久嗽宜丸蜂蜜。蛇退同包而含嚥，以消咽腫之疼。焰消共末而和吹，以救喉痺之急。大頭之病，合飲以除。骾骨之虞，噙丸以化。葱莖食鹽先洗，而傅以末，斂臁上之頑瘡。蛇皮皂子同燒，而服以醪，去目中之斑毒。馬勃辛平入肺經，上焦血熱用多靈。咽喉腫退斑瘡去，吐衄安時嗽亦寧。

草部九　雜草類【略】

卷之八　穀部一　麻麥稻類

胡麻：性則具夫甘平，種則來于大宛。為五穀之長，有三色之分。白者貴于取油，黑者良于供餐，而赤者功堪解毒。生者寒而治疾，炒者熱而發病，而蒸者溫可補人。伏苓與之相宜，丹砂用之以煮。長肌肉而填髓腦，能止肺氣心驚。通血脈而滑胃腸，能使胎生胞下。驅傷寒溫瘧，而益其精神。逐濕毒遊風，而耐夫飢渴。大小腸利，安彼傷中；寒暑氣清，扶其羸困。頭風服而止痛，金創用而住疼。知萬物而長生，丸為巨勝。潤五臟而清肺，丸有靜神。炒香以和棗膏，痼疾除而穀食辟。擂汁以煮米粥，虛損補而筋骨堅。偶感之風寒，焙乘熱而研須好酒。不止之嘔啘，服取溫而煎用清油。井華浸而共蔓青，熱淋可已。東流漬而絞濃汁，尿血能停。治彼風人，宜炒而久食。除其熱客，作飲而隨投。漬醪去手足之酸，熬香退脚腰之痛。消入水

之肢腫，生擣以塗。令甚短之髮長，細研以抹。作腐而合綠豆粉，最益老年。為末而加白鹽花，能添婦乳。暑毒用救生之散，痘黑送百祥之丸。白蜜和湯，止孩童之痢疾。連翹共末，散稚幼之癧瘡。下胎毒于初生，嚼而綿包與吮。絕兒病于未發，產而母取以餐。炒黑研傅，斂不收之瘡口。煎湯熱洗，去作癢之陰瘍。欲拔疔根，燒而偕鹹砂米醋。欲消痔患，蒸而入蜂蜜伏苓。調燈窩之油，可塗乳癤。煮清水之汁，可漱牙疼。穀芒刺于咽喉，焙末湯吞而愈。蜒蚰入于耳竅，炒香袋枕而除。軟癤急疳，頭面坐板之瘡，皆口嚼以抹。湯傷火灼，蛛咬蟲螫之患，咸爛擣以搽。然汁若久停，能發病之霍亂。而白者多食，則抽人之肉肌。至于出蟲患于疽中，則貼枯餅，且鹽花芐汁以鍛，揩牙而黑鬚眉。治飛絲于喉內，則嚼嫩苗，更生漿熱湯以擣，絞飲而安崩注。燒稭而蘸以豆腐，止稚子之鹽哮。刮藍而塞並臙脂，去耳聤之膿水。眉毛如脫，油浸花而日塗。肉丁有生，手挼花而時擦。胡麻無毒性甘平，補肺長肌填髓精。癰痔頭風皆可愈，潤腸涼血更催生。

胡麻油：其氣微寒，其性同火。烏油上而白油次，熟榨遜而生榨良。能通大小之腸，而瀉其熱毒。善生瘖瘂之證，而發其音聲。潤燥有功，消腫多效。殺螻蟻蟲毒，去疥癬惡瘡。飲用其生，止心疼之卒作。服取其利，散腸結之天行。黃病傷寒，攪以雞子之白。風痰食毒，投夫燈盞之殘。葱涎同摩，解兒童之發熱。皮消共灌，通稚幼之濇腸。預解痘毒之殃，加水而柳枝以攪。不收產腸之患，鍊熟而淨盆以盛。蜜煎下生胎與死胎，飲多吐蠱毒與物毒。薤白熬黑而合美醞，防欲動之丹石藥炎。銀器煎沸而和淳醯，托初生之癰疽背發。退其惡腫，塗並胡葱。治其大風，服偕消石。煮桑葉而去其滓脚，沐髮烏長。對淨水而調以銀釵，抹頭赤禿。滅梅花之癬，豬膽勻搽。化白癜之風，米醋和送。熬香澤而置口際，可出髮癥。蘸紙條而納鼻中，能停衄血。喉痺進而除腫，耳聾滴而復聰。用以頻傅，愈其丹遊唇裂。取以急飲，救其蛇咬虎傷。猘犬噬而注瘡中，毒蜂螫而搽損處。蜒蚰入耳，作煎餅以枕頭。蜘蛛傷人，入食鹽而和摻。熟油和酒，飲而臥于熱地，消打撲之腫傷。陳油熬膏，貼而長其肉肌，補皮膚之破裂。香油甘味帶微寒，潤燥通腸熱結寬。長肉生肌消癰腫，殺蟲解毒產平安。

麻仁：性則清利，味則甘平。去殼須沸湯浸冷，而挂井中，水不可著。取仁宜烈日暴乾，而挼瓦上，粒皆能完。主大腸脾陰，而更清肺氣。畏茯苓牡蠣，而並及白微。潤燥為功，治汗多便難之熱結。緩脾為用，療風痺水氣與虛勞。關節能通，而有益氣補中之效。經脈得利，而有催生下乳之良。辟禳方偕赤小豆投井泉，用歲除而絕瘟驅疫。服食法合白羊脂與蜜蠟，同蒸食而耐老不飢。小便濇而大便多，乃係虛勞，《外臺》取以研水。大便祕而小便數，是為脾約，仲景用以配丸。追骨髓之毒風，擣細而擂無灰之酒。去皮膚之頑痺，炒香而浸童兒之尿。和以食鹽，止嘔逆之患。煮夫綠豆，安血痢之痾。或水氣腹膨，或衰老風痺，或因五淋之濇痛，或為大便之不通，皆當煮粥以餐。或消渴引飲，或下部多虛，或由乳石之燥乾，或中射罔之毒烈，並應煎湯以進。泡佳醪而消脚氣腹痺，熬赤豆而安足腫口乾。怪證截腸，脂麻油坐浸而須飲濃汁。蟲病生腹，茱萸根東行而並漬清泉。黃芩蜜丸，拯飲酒之咽爛。臙脂綿裹，塞出汁之耳聤。白禿勻以豬膏，大癩研以米醞。炒末摩瘭疽惡毒，擣汁搽濕癬肥瘡。藥箭毒中，木杵擂吞。金刃血瘀，葱頭煎下。配桃仁末而入酒，運婦道之月經。同蘇子汁而作糜，解產娘之便閉。倒生之患，取二七粒以吞。惡露之停，漬一升醑以飲。熬香煎而安胎損，研生煮而定心疼。痢下之兒童，引以漿水。丹遊之幼稚，和以清流。蜜拌而抹頭瘍，口嚼而塗疳毒。然多食則損血脈，而久服致滑陰精。男子懼其痿陽，婦人防其下帶。切勿收藏于地，須知有殺夫人。甘平滑利大麻仁，益氣填中效可陳。燥潤風驅關節達，癩瘡蟲病盡離身。

小麥：味甘而性則寒涼，新熱而陳則平善。貴高五穀，氣備四時。入太陽少陰，為心穀屬火。能除血病，以養其肝。能利小腸，以多其孕。代凶年之穀食，日乾水潤以舂。解消渴之心煩，炊飯作糜以饌。煎湯能停虛汗，熬末可殺蚘蟲。淋證患于老年，佐通草以煮水。癭氣生于項下，助海藻以浸醯。焚而調以清油，抹夫頭瘡眉鍊。灼而加以膩粉，傅夫火灼湯傷。金損出腸，臥于席中，含冷湯以噀背。癜風及癬，攤于石上，燒鐵物以壓油。至若初苗則是嫩苗，辛而微冷。無肉則是浮麥，甘而兼鹹。麥奴為穗上之黑黴，麥稈即莖中之直梗。皮乃粗末，名之曰麩。屑作糗糧，號之曰麨。澄而細者為粉，洗而凝者為筋。各有所宜，並詳其效。苗擣煮以取汁，消蠱毒而退酒黃。稈燒灰以入膏，蝕惡肉而去疣痣。除熱之用，煎浮麥以代茗茶。止汗之功，炒浮麥以調米飲。服奴解丹石之藥，且合高堂丸以散陽毒，而止癍疹之渴狂。炒粉斷下痢之痾，并作烏龍膏以退腫癰，而拯火湯之傷灼。和中解熱，

應煑其筋。消渴止煩，宜嘗其麨。牡蠣與麩為末，肉汁以服，止虛汗于產娘。苦酒炒麩令熱，絹袋以盛，治濕風之走氣。去熱健人而停洩痢，和麪作餅以餐。止疼散血而救折傷，拌醋熱蒸以熨。焙香而豬肥蘸食，尿血能安。炒黑而米酒調塗，眉瘡自愈。瘡痘多潰爛，代綿夾褥以眠。瘢痕在秋冬，篩粉和酥以罨。味甘小麥性寒涼，解渴除煩利小腸。止汗用浮消毒粉，奴苗麩麨稈皆良。

麪：北麪性溫，南麪性熱。飛羅無石末而平易，白麥產西邊而清涼。地氣使然，質稟自異。蘿蔔漢椒為其畏，養氣補虛乃其功。助五臟而厚胃腸，填不足而實膚體。寒食日紙袋而懸風處，熱性皆除。陳麥麪水煑而不發糟，毒炎自滅。作彈丸而煑食，夜間盜汗可收。磨京墨而勻吞，內損吐紅可止。衄血大作，冷水調白末而入食鹽。嘔噦不停，沸湯熬酢丸而投漿水。井水救中暍之卒死，溫水解熱渴之悶心。久瘧取三姓之家，青蒿擂汁為丸，合于端陽午刻。寒痢用方寸之匕，陳米作粥以和，療其日瀉百行。炒而送以溫湯，止泄痢之不固。焙而伴以酒麴，去米肉之有傷。陰冷欲除，熨之須苦酒。孕多欲斷，飲之用醇醪。煑糊消吹奶之殃，投之以無灰酒。炒黃散乳癰之患，熬之以陳米醯。鹽團燒而罨漏瘡之多濃，酒相和而傅瘰疽之出汁。惡肉則摻同巴豆，毒疔則封共臘脂。合消石以抹足心，口瘡可退。拌釅醋以傅喉外，咽腫可除。足趼泡生，只須水和。頭皮虛腫，惟用口咀。豆豉、陳醯，治頂顱之白禿。巵仁、淨水，愈傷折之凝瘀。火燎瘡，山巵助而用清油。破傷風，燒鹽加而調新汲。生摻住金瘡之出血，水送解蠱毒之吐紅。要之西北為高燥之方，花復晝放，故用之常食，能消熱而解煩也。東南乃卑濕之地，花又夜開，若取而久餐，則動風而發病矣。麪性甘溫南北差，厚人腸胃長人肌。止疼散血傅瘡損，暑暍能清吐衄離。

大麥：氣溫而又平涼，味鹹而多滑膩。用夫石蜜為使，長于五穀之中。平胃寬胸，補虛劣而涼血脈。消積進食，益顏色而滑肌膚。除熱而善解渴煩，止泄而不動風氣。調麪用水，安兒傷乳之脹煩。熬麪微香，舒人食物之飽滿。莖中淋痛，煎湯入薑蜜以代茶。膜外水浮，磨末同甘遂而作餅。煑濃汁而洗麥芒之入目，作稀糊而平風毒之纏喉。創出臟腸，熬漿浴而推入。灼傷湯火，焙黑抹而止疼。青麥炒而暴花，傅腫瘍之破潰。生麥取而嚼爛，塗蠷螋之尿瘡。用其麥奴，解熱疾而消藥毒。杵其苗汁，利小便而退疸黃。水道不通，煑之以陳稭之飲。冬月患瘃，洗之以新苗之湯。然不熟而帶生，則性冷而能損胃。若麪新出而炒食，則動火而發熱疴。鹹溫大麥又平涼，化食調中安胃腸。渴止煩消血脈壯，潰瘍傷損亦多康。

稻：味甘氣溫，暖脾和肺。補中而堅大便，益氣而發痘瘡。去脾胃之虛寒，行營衛之積血。水腸可縮，虛汗能收。獨聖散止其鼻紅，白糯丸除其下濁。後生莖濇，加以牡蠣、菖蒲。女子白淫，丸以花椒、醋糊。作粢餻，丸子，止年老之數溲。偕山藥椒糖，安泄久之減食。冷瀉腹疼之疾，炒焦色而供盤飧。下痢口禁之疴，焙出花而增薑汁。布袋盛而患處熨，茴香內服，去腰前之虛寒。蓮心曬而細末研，淳酒相調，停中勞之吐血。霍亂以水蜜研而取汁，虛勞入豬肚蒸而擣丸。桑白皮佐治三消，小麥麩共收自汗。年荒之食，蒸曝百次而代糧。胎動不安，芎耆並加而煎水。寒食朝泡而小滿日暴，調稠傅撲損打傷。三月望漬而端午袋懸，炒黑貼金瘡癰腫。蛇纏之丹毒，磨而嚼共鹽花。頭患之禿瘡，燒而塗勻汞粉。駝脂搜而為煎餅，痔疾腫痛可停。斑蝥炒而拌清油，顛犬咬傷得愈。然粘滯之性，不宜小兒、病人。而溫暖之功，難施風痺、痰熱。與酒合食，沉醉而竟不甦。雜肉並餐，孕子而恒不利。多啖每能好睡，久嘗必致緩筋。發癰瘍疽瘡之腫疼，軟貓犬馬騾之足趾。至若稻稈煑水，可退黃病之如金。穰灰澄湯，能安渴疴之引飲。食噎不下，淋汁作粥，而入白蔻、丁香。氣塞不通，取墨和醯，而滴咽喉鼻管。漬其手足，去熱證之餘炎。浸其肛門，清痔瘡之下血。夜露服而除便濁，香油合而出耳蟲。墮撲之傷，酒糟同鹽以淋患處。湯火之灼，冷水淘濕以罨瘡間。藉于鞾鞵，暖足而消寒濕。和夫青黛，化毒而解砒霜。且也米泔之功，任飲可止渴煩，而頓服亦消鴨肉。穀芒之用，煎湯能除蠱毒，而調酒亦去疸黃。花陰乾而用以烏鬚，糠燒灰而取以白齒。糯米甘溫脾肺安，調中益氣補虛寒。但嫌性滯難消化，病客童兒切勿餐。

粳：生寒而熁熱，北涼而南溫。白而陳者則涼，赤而新者則熱。味皆甘苦，性各分殊。晚者得氣乎金，故入肺而解熱。早者得氣乎土，故益胃而健脾。同造化生育之功，壯筋骨而長肌肉。得天地中和之氣，通血脈而和胃腸。養氣調中，既止泄而止痢。益精強志，亦止渴而止煩。白虛湯滋此肺陰，桃花湯補其正氣。填其不足，應入竹葉石膏。溫其中宮，宜取江南火稻。漬醇酒而暴乾食，辟穀救荒。合芡實而作粥餐，明目聰耳。霍亂吐瀉，研水

成粉汁，和竹瀝而頓吞。赤痢熱煩，取漿入瓷瓶，沈井底而朝飲。為粉以撲，止自汗與初生之無皮。煮水以投，去尸病與卒疼之心氣。損胎痛腹，佐以黄耆。嗜米成瘕，伴以雞屎。濃汁頻與，助赤子之穀神。乾飯常餐，免常人之噎食。抹夫疔腫，熬黑必和蜂糖。傅彼甜瘡，嚼爛還須母口。然新熟則能動氣，而稍生則不益脾。馬肉同嘗，有發痼疾之患。蒼耳共食，有卒心痛之虞。彼飯食之需，以久陳為善。此淅米之泔，必二次乃清。能止吐血之不停，亦解服藥之過劑。鼻中衄血，取以頻飲，而更滴蘿蔔汁與麻油。鼻上酒齄，用以冷吞，而外傅大菜頭與硫末。淅米水冷調洗肝菊花之散，去眼目之赤疼。炒米湯不消火毒熱氣之炎，致咽喉之乾渴。走馬喉痺，燒穀奴而服以淳醪。中砒命危，爇禾稈而送以新水。氣禀中和米最良，健脾和胃味甘香。溫涼寒熱隨方產，育養生人足久嘗。

穀部二　稷粟類

秫：　寒而有熱，甘而有酸。乃粟之粘，為肺之穀。殺瘡疥而消惡毒，去寒熱而利大腸。泄久胃弱之痾，應作炒米之粉。陽盛陰虛之證，宜入半夏之湯。煮飲合甘草、恒山，肺瘧能止。作粥加鯽鮓、葱白，赤痢能痊。筋骨有攣拘，麴地、菌陳以釀酒。妊娠下黄汁，綿耆、淨水以煎湯。生擣而和蛋清，塗熱結之腫毒。熬黑而杵細末，傅浸淫之惡瘡。犬咬與凍瘡漆瘡，罨宜口嚼。瘕病因鵝肉鴨肉，服用水調。其米淅泔，亦堪解癖。其根煮水，并可洗風。甘寒秫粟肺經行，調濟陰陽睡自平。利彼大腸除瘧痢，米瘕毒腫悉難成。

薏苡仁：　甘而微寒，平而和淡。為陽明之品，兼太陰之經。屬土之功，故益胃健脾而補肺。勝水之用，故清熱逐濕而驅風。除筋骨之伏邪，去寒濕之脚氣。輕身禦瘴，常餌自住。利水殺蟲，煎投有效。炊飯以消冷氣，亦使耐飢。作粥以緩筋拘，亦除消渴。周痺偏急，附子炮裂以研。水腫喘噓，郁李濾漿以煮。麻黄、杏草佐，逐身痛之濕風。子葉根莖並，去熱淋之沙石。疝氣重墜，炒東壁土而熬膏。蟲齒䘌疼，同生桔梗而點服。淳苦酒烹食，治甲錯之心胸。熟豬肺蘸嘗，療咯唾之膿血。喉卒腫而吞二粒，瘍不潰而嚥一枚。仁汁頻飲，而孕癰消。根湯頓服，而心煩解。蚘蟲心痛，作糜食之而安。牙齒風疼，煎水漱之而定。且通月經之有阻，亦退黄疸之如金。煮葉以浴初生，病痾可却。熬葉以投暑月，氣血能增。薏仁甘淡性微寒，益胃和脾清肺端。濕滲風驅邪熱散，痿癰拘攣悉能安。

罌子粟：　米寒而甘平，用以煮粥、和飯、作腐而皆美。殼寒而酸濇，得夫米醋、烏梅、橘皮而益良。行風氣而逐熱邪，消痰滯而潤燥烈，米之功也。濇大腸而斂肺氣，固脫肛而止遺精，殼之效也。子和竹瀝而共煮，安丹石發動之虞。米合參芋而同煎，定反胃嘔逆之厄。水泄以殼佐烏梅、棗肉，血痢以殼助苦酒、陳皮。百中散止久痢之不休，百勞散安虛嗽之不止。壯人欬久，蜂糖炙而蜜汁以調。童子痢頻，米醯炒而檳榔以配。合米殼而丸蜜，赤白之泄痢皆安。采嫩苗而作蔬，燥熱之胃腸皆潤。然米利大小之便，宜防膀胱動發，故戒莫多投。而殼濇腸有之行，或致邪氣淹留，故切勿早用。罌粟功勞何處明，殼多酸濇米和平。行痰潤燥皆宜子，皮斂先須邪滯清。

穀部三　菽豆類

大豆：　形則有似乎腎，色則獨取其烏。緊小為雄，甘平為性。生用溫而炒則極熱，作豉冷而煮則多寒。屬水之功，為腎之穀。惡五參、龍膽，忌厚朴、蓖麻。得烏喙、前胡、杏仁、牡蠣，以及諸膽之汁而良。遇礜砒、巴附、斑蝥、芫青，與夫百物之毒而解。活血散結，而關節胥通。下氣調中，而心胸俱爽。服食法長肌膚而填骨髓，救荒法辟穀食而濟饑凶。明目鎮心，而恍惚得安，生吞于食後。頸直項強，而晝夜不瞑，蒸盛于枕中。衝酒去痓風，而止陰寒之腹痛。煮食下熱氣，而壓丹石之心煩。陰毒傷寒，中風癱緩，與夫月經之不斷，俱宜炒為紫湯。男子便血，產婦虛炎，以至頭腦之痛疼，並應熬以淋酒。煮汁以飲，殺鬼止疼，而風毒之攻悉定。焙屑以嘗，除痺消穀，而胃口之火皆清。惡氣中于卒然，研而加以蛋黄，和于酒而頓服。風疾發于暴作，蒸而傾以米醋，鋪于地而安眠。浸井中而旦吞，禳時行之惡氣。佐朱砂而酒引，治破傷之中風。解消渴而補腎虛，丸以天花粉。下水鼓而除腹脹，煮以桑柴灰。水煎而入香醪，除風入臟，亦去身面之浮。湯蒸而裹新布，熨毒攻睛，與夫腎腰之楚。腸脇卒痛，炒焦酒煎。霍亂脹疼，研生水送。生薑片助而烹清水，消腹痞之多堅。皂角湯浸而丸豬脂，止腸風之下血。末同白朮，水痢可停。搓共茱萸，赤痢即止。風毒脚氣，配以甘草，而疫癘亦除。妊娠腰疼，熬以米酳，而胞衣亦下。錦包納而消陰腫，醋煮濃而出死胎。稚子沙淋，甘草新汲水煎，而加以滑石。小兒胎熱，甘草淡竹葉伴，而益以燈心。熬飲汁，解豌毒之躁煩。炒調水，塗頭瘍之腫痛。赤遊丹毒，煮濃以抹，且潰惡

刺之傷。濕爛痘瘡，研末以搽，兼治打青之腫。消其惡毒，飯擣以傅。治彼天蛇，繭盛以套。入青竹燒而取瀝，除脚腨之風疽。以美酒浸而絞漿，解菜果之蛇蠱。傷于湯火之灼，飲汁易痊。身如蟲蟻之行，浴漿自定。種于屋溜而沃殺，疣目能除。煎以米醋而熬稠，髭鬚可染。肝虚昏目，牯膽盛而風處懸。齒落不生，牛糞燒而麝香助。酒煮濃而牙疼漱，汁熬稠而喉痺含。又擣葉可治蛇傷，而煮水除便淋之血。生皮可移痘瞖，而嚼爛傅尿灰之瘡。雲膜之盲，取花而煎以水。渴煩之急，采苗而炙以酥。然仙方雖可度饑，而食久則多體重。兒啖忌同豬肉，而氣壅則致身亡。犯蓖麻而腹脹堪虞，遇厚朴而氣動足懼。黑豆甘平入腎行，補中活血與明睛。更消水腫驅風熱，解毒除疼瘡自平。

大豆黃卷：即黑豆之芽，為黃卷之目。氣無毒烈，性具甘平。以烏喙、鼠屎、蜂蜜為良，與杏子、牡蠣、前胡相得。海藻是惡，龍膽亦然。能潤肌膚皮毛，善和腎經胃氣。破女人之惡血，入蓐婦之古方。炒香而溫酒吞，治其周痺，益氣而出毒邪。和酥而溫水下，去其頭風，舒筋而消積熱。水病腫滿，炒醋而佐以大黃。撮口臍風，絞漿而匀以乳汁。黃卷原為黑豆芽，甘平能去胃中邪。舒筋消水肌皮膚，破血還從蓐婦加。

赤小豆：緊小而色赤黯者良，甘酸而氣和平者是。為心經之穀，而通乎小腸。治有形之病，而入乎陰分。開心孔而除寒熱，達關節而去滿煩。縮氣行風，而堅其筋骨。生津止渴，而健夫胃脾。小便能通，惡血可散。人日井中浸而須三宿，瘟疫不侵。元旦蘁水服而宜面東，疾殃不作。腹大之臌，同白茅根入水而煎。身腫之病，燒花桑枝淋灰而煮。偕桑白皮而除濕氣，合黃雌雞而退水浮。下部卒疼，大豆同蒸而囊以坐。痢疾暴作，鎔蠟相配而頓以吞。煨葱擂而入淳醪，止血熱之淋證。當歸佐而調漿水，治狐惑之傷寒。腸紅水和而投，脚氣袋盛而踏。舌重鵞口之患，調酢以塗。舌孔血出之病，絞汁以服。研末而用酒傅舌下，小兒之不語能言。擦牙而吐涎吹鼻中，齒根之作疼即止。或胞衣不下，或產後心悶，俱當送以東流。或頻患墮胎，或懷妊行經，皆宜引以美醞。膠加而催生可用，酒研而吹奶能消。通乳須飲其湯，亦止中酒之嘔逆。治痔應浸以醋，亦解金創之滿煩。乳腫欲消，酢和而加莽草。癰疽欲散，水塗而入苧根。苦酒浸炒，而合栝樓根，除石癰惡毒。荊芥等分，而調雞子白，去癮疹風瘙。煮汁洗兒黃爛之瘡，蜜拌傅人痄腮之腫。火丹與痘後之癰毒，研而匀以蛋清。畜肉及小麥之熱炎，燒而調以井水。芽用米酒，而安胎之漏傷。葉作豉羹，而止溺之頻數。遺尿之子，擣汁以吞。明目之方，煮熟而食。然作醬下飯，性熱而口舌致糜。而取服多時，人瘦而皮膚患燥。通草並煮，則有脫氣之虞。魚鮓同餐，則成三消之證。赤豆甘酸陰分強，有形之病用多良。行津保產消腸澼，散血排膿治癰瘍。

綠豆：肉平皮寒，味甘氣綠。性則屬木，用宜連皮。真養生濟世之良，主厥陰陽明之分。解一切之藥，安定精神。通十二之經，補益元氣。去浮風之脹滿，而潤其皮膚。消熱氣之躁煩，而厚其腸胃。小便能利，吐逆可停。預疏痘疹之時行，宜五豆飲。專治痘癰之初起，有三豆膏。投井之方，防花之入眼。作枕之法，去風之痛頭。丹腫之兒，同大黃而及蜂糖，加薄荷汁以罨。淋疼之老，合橘皮而為豆粥，入麻子汁以餐。胡椒助之而研，安心氣之卒痛。大麻濾之而煮，止熱痢之無休。多食易飢，麥糯配而並炒。中水患腫，附子佐而同煎。研生絞漿，則風疹奔豚自退。熬汁作粥，則消渴引飲皆除。至若莢止痢赤之經年，花解酒傷之沈困。住上吐而安下利，葉亦有功。化眾毒而利三焦，芽亦有效。斑痘而生目瞖，皮為散曰通神。丹石而發癰疽，粉為散曰內托。配皂莢而陳醋和，傅腫毒之初生。合臙脂而新水匀，止瘡氣之作嘔。瘍生外瞖，必偕蚯蚓之泥。痱發暑天，宜加滑石之粉。乾撲痘瘡之濕爛，水解藥物之毒氣。或中夫人言，用藍汁以調寒水石。若感夫霍亂，取新汲以拌白糖霜。傅而縛杉木皮，打撲之傷可愈。塗而和雞子白，杖責之痛可除。然鯉鮓同嘗，則肝黃而為消渴。而榧殼有犯，則性反而致害人。豆肉不連夫皮不寒，而氣易壅。杏仁如入于粉，必爛而索難成。末若膠粘，不宜弱虛之脾胃。芽受鬱浥，頗發濕熱之瘡瘍。綠豆如珠甘且涼，諸凡毒解腫浮康。更除瀉痢消煩渴，粉托疽瘍皮去盲。

藊豆：味甘微溫而氣腥香，色白帶黃而子充實。得中和而為脾穀，主氣分而利三焦。補臟而風氣以行，消暑而酒毒亦解。治中下氣而暖其胃脾，降濁化清而驅其濕熱。花粉蜜丸，而衣金箔，安其燥渴之病。石臼杵擣，而貼瘡痂，止其癢疼之患。帶下必須炒末，胎墮又用生研。除霍亂之危，而吐利合應香薷，轉筋助宜米醋。解肉食之毒，而諸鳥生調冷水，六畜燒和地漿。絞汁以救夫砒霜，嚼粒以消夫草木。至若中夫毒藥，則擂花以投，且煮炒米以止漏崩，作餛飩以停泄痢。又或傷于惡蛇，則杵葉以罨，并炙苦酒以消瘕

疾，絞酢汁以治筋抽。藊豆甘溫最健脾，化清降濁暑人宜。消除霍亂安崩帶，花葉功勞亦可知。

穀部四　造釀類

大豆豉：　淡豉味甘，蒲豉味鹹。氣溫而得苦酒為良，性陰而須黑豆為善。除煩止逆，時疾病熱皆清。下氣調中，溫毒發斑皆解。殺腥氣而驅瘴蠱，通關節而退骨蒸。葱豉湯為發汗之方，巵豉湯乃取吐之劑。悶惡不已，煮之以鹽。餘毒相攻，煎之以酒。加以薤白，治暴痢之來。合以蒜頭，止血痢之久。大腸之臟毒，煨蒜為丸。小便之血條，清泉煑汁。蒸曝而漬美醞，去膝攣之毒風。炒香而浸淳醪，止體虛之盜汗。寒熱之瘧不止，吐之而佳。春夏之氣不和，飲之而定。酒酯入汁，啟牙關而發音聲。砒礬共丸，出冷痰而安齁喘。辟疫疾必偕白朮，除酒病宜並葱頭。風入頭中，煎而洗汁。腫從脚起，飲而傅滓。浸水洗塵物之睛眯，燒末吹傷寒之目瞖。咽生瘜肉，針刺而鹽和以點嗓中。喉痺禁聲，汁飲而桂末以安舌下。熬沸湯以除舌血，炒焦末以退口瘡。難產催生，麝臍香助。墮胎下血，鹿角末匡。取汁安妊娠之動胎，為丸摩兒童之寒熱。丹毒調油宜炒，胎毒煎汁須濃。膩粉同丸，而藿香湯吞，治其哯乳。黃泥固煆，而蕈菜油和，抹其頭瘡。發背癰疽，作餅而艾灸。惡瘡腫毒，熬擣而末傅。蚓泥拌而塗陰莖之瘡，生擣丸而消胸中之患。牛馬毒和以人乳，蝦蟆毒浸以新泉。嚼爛罨刺螫之蟲傷，亦出竹木入肉。飲汁消服藥之過劑，兼解蜀椒害人。筋骨破傷者漬而吞，瘀血積聚者煎而服。豉分鹹淡性皆溫，發汗能教病不存。瘟疫傷寒瘧痢解，癰瘍物毒盡除根。

陳廩米：　陳久而氣自涼，鹹酸而性無毒。氣過色變，煎煑無復膩膏。臟暖中寬，沖淡養夫脾胃。通其血脈，而煩渴皆除。堅其骨筋，而濕熱皆去。陽道可起，小便能行。噎膈反胃之凶危，宜用太倉之散。飢飽不時之積聚，又有太倉之丸。煑汁而吞，安霍亂以解渴。作湯而啜，去憊氣以溫脾。吐瀉以暑炎，黃連麥芽同焙。臟腑宜和暖，甕盛水浸作酸。研而去心氣之卒疼，炊而定痢痾之不止。洞泄下注，炒米擂而飲調。毒腫成瘡，取飯擣而酢和。陳年廩米性多涼，味具鹹酸調胃腸。渴熱皆除安泄痢，亦和水道罨瘡瘍。

神麴：　甘辛而性無毒，溫平而用宜陳。藥配乎六神，合宜于五日。炒黃以助夫土氣，純陽以入夫胃經。消食而去結癥，除痰而下逆氣。霍亂皆解，瀉痢可安。養食丸扶胃氣而補虛，麴朮丸健脾陰而進食。麥芽、杏仁以佐，剋化有功。茱萸、醋糊以圓，暴泄即止。產娘作運，研而水吞。乳汁欲回，炒而酒服。平用發生氣，熟投斂暴氣，可治目而明睛。食積成心疼，閃挫致腰疼，宜鍛紅而淬酒。陳麴辛甘配六神，健脾暖胃最宜人。行痰止逆兼消食，痢去癥除氣亦馴。

紅麴：　性具甘溫，用宜陳久。得造化醞蒸之妙，治脾胃營血之功。消熱調中，下停留之水穀。破瘀活血，去打撲之損傷。痛作于腹心，莎結、乳香為佐。兒患夫吐逆，白朮、炙草以加。擂酒止血氣之疼，并通惡露于產婦。釀醞行藥石之勢，亦殺瘴氣于山嵐。泄痢偕六一散吞，頭瘡嚼方寸匕罨。然成釀則有小毒，而作酒則帶熱辛。能動痰痔脚氣之痾，兼發痔瘻腸風之患。氣味甘溫麴是紅，亦能消食與調中。健脾燥胃和營血，產後傷科並建功。

糵米：　水浸脹而生芽，日暴乾而用米。粟味則苦，稻味則甘，麥味則鹹，而皆溫其性。胃氣能開，脾氣能快，中氣能運，而並消其堅。粟有除熱煩之妙，且和面脂而悅澤皮膚。稻有化積滯之功，宜配穀神而進加飲食。至若麥芽可伐戊己之土，麥糵宜補脾胃之虛。使以砂仁、豆蔻、烏梅，及夫芍藥、木瓜、五味，化消米麪諸果之積滯，破解痰飲癥結之堅凝。去霍亂之悶煩，安其氣逆。除心胸之脹滿，止其腹鳴。破冷為功，寬腸有效。合神麴、橘皮、白朮，快胸膈以加餐。佐麥麪、豆豉、杏仁，去虛寒以除瘦。穀勞嗜臥，伴以椒薑。產患腫青，助以乾漆。研末而和醇酒，消腹脹于蓐中。炒黃而調沸湯，通祕塞于產後。焙末能回乳，和蜜能以去胎。實與神麴同功，取效為能腐穀。必兼白朮諸品，久服乃不消元。糵米溫和味各區，稻甘粟苦麥鹹殊。快脾開胃除煩滿，消導功多積自無。

飴糖：　甘而大溫，和而多潤。入脾而行乎氣分，屬土而成于火功。調胃補虛，止腸鳴與唾血。消痰潤肺，去咽痛與心煩。和藥為良，緩中為用。蔓青薤汁以煑，安毒嗽之傷寒。大麥清水以煎，解老年之煩渴。瘭疽腫毒，取臘月者以抹，亦薄手足瘑瘡。魚臍惡疔，用寒食者以塗，亦吐咬龍癥疾。火灼之爛，燒灰粉傅。打撲之瘀，熬焦酒服。點之能出箭鏃，丸之可愈哽喉。下誤吞之錢釵、竹木、稻芒，解中毒之草烏、天雄、附子。然能發濕中之熱，故凡吐逆滿祕五疳目赤之痾，所當切忌。而且有傷腎之虞，每致痰生火動齒落骨疼之患，尤所宜防。甘溫無毒是飴糖，潤肺和脾用最良。嗽止渴除虛冷補，立功尤在建中湯。

醋： 味酸而兼苦，氣溫而能收。制彼四黃，與夫砂礬、常山之性。忌夫脾病，及服伏苓、神草之人。下氣除煩，安血運而驅痰飲。去瘀消食，殺邪鬼而破癥瘕。散水氣以除黃，理諸藥以消毒。磨青木香而服，安心氣卒痛之殃。浸荊三稜而吞，治汗出不流之疾。身體忽腫，蚯蚓屎為偕。痃癖作疼，生大黃以佐。合鹽以止吐利，頻飲以解脹煩。癧瘍之風，研硫黃而攤紙貼。白虎之痛，煎葱白而染布包。故綿浸之而蒸，舒轉筋于足上。石灰和之而抹，去狐臭于腋間。面嫌黵默之生，漬木而頻拭。舌患腫強之證，拌糖而時含。勻釜底墨而舌脹厚傅，煮枸杞皮而牙疼噙漱。口瘡須同黃蘗，鼻血宜藉鉛華。注耳竅以起行，蟲蟻即出。炙甘草以塞入，聾閉自通。疔腫初生，麥麪圍而煮傾于內。癰疽不潰，雀屎加而挑點于頭。擂大黃調而塗腫毒之疼，燒塊石淬而漬乳癰之硬。服硫而毒生身上，與豉研膏。嗜鱠而鏡現目中，用芥浸汁。吹之于鼻內，以救鬼擊之卒亡。沃之于房中，以益產血之新耗。下胞衣和冷泉以噀面，去死胎煮大豆以供餐。急啜飲毒殺之螫傷，少飲解狼煙之入口。足跟之凍，洗而研藕以傅。湯火之傷，淋而和泥以罨。取吐嘔為妙，砒石之毒可消。與胡粉同塗，蠷螋之尿即退。磨生鐵而愈蜘蛛、蜈蚣之螫，研雄黃而消蜂鍼、蠆尾之傷。然多服能損骨筋，肉搊脣揭。而久嘗必傷肌臟，顔悴色枯。婦人所宜，男子不益。醋名苦酒味專酸，開胃除痰善歛肝。散火殺邪消癰腫，產中血運淬之安。

酒： 辛主散而苦主下，甘則緩而居中。行于表而升于巔，性則熱而有毒。方家所用，以糯米為良。藥內所需，以東陽為上。老酒釀于臘月，經久不殊。春酒造于清明，多年不壞。畏枳椇與綠豆之粉，及野葛與赤豆之花。解于鹵鹹，忌夫甜物。善行藥勢，駐顔色而潤肌膚。能殺邪氣，通血脈而厚腸胃。扶肝則開鬱發怒，養脾則暢意宣言。破憂愁，遣逸興，壯神而禦寒。辟穢惡，散濕風，冒霧而除瘴。天行餘毒，熱注坑而展居。驚甚卒亡，溫灌口而氣轉。灰火溫漬，暖脚冷于丈夫。苧汁對煎，安血疴于產婦。斷其貪飲，淋杵下以取投。解其鬼排，向鼻中以吹入。沃坎納吳茱萸而坐，蠲痔蠶之肛疼。貯瓶浸牡荊子而吞，闢耳聾之歲久。咽喉聲破，伴以酥薑。風水肌傷，偕夫蜜藥。盜酸酵而浴呪，疣目可除。取沈醉而吐毛，虎傷自愈。蛇與蛛蜂螫毒，暖而淋洗以消。馬之毛汗入瘡，飲而酩酊以去。糯米之釀，能散熱于丹石之發動，並解桐油馬肉之炎。春日之醑，可出蟲于蠷螋之尿瘡，且有白肉肥肌之益。治語遲之子，開聾閉之耳，及噴多蚊之房室，必當用彼社餘。暖水臟之寒，消宿食之停，與殺有毒之菜蔬，宜皆取夫糟底。筍節之瀝，止嘔噦而摩彼癧瘍。臘月之醪，和氣血而動夫痰火。是雖天之美祿，亦貴飲之有方。恣豪興之濃，每致壽元促損。發濕中之熱，遂使相火熾昌。爛胃腐腸，蒸筋潰髓。石藥生薑同服，則滯血而作癰疽。茶湯辣物並吞，則傷腎而緩筋骨。合牛肉而生蟲病，共猪肉而患大風。服丹砂者頭疼吐熱，和乳汁者氣結難伸。照人無影勿嘗，祭餘自耗莫飲。醉浴冷水，必成冷痺之疴。醉臥當風，遂有癜風之疾。酒性苦甘辛熱全，善行藥勢至頭巔。禦寒行血消愁悶，多飲還虞相火煎。

燒酒： 味則辛甘，氣則熱毒。製非古法，創自元時。純陽而有細花，同火而如清水。黍秫、糯粳、大麥，用蒸其漿。冷水、綠豆、食鹽，皆解其毒。升揚發散，開怫鬱而去飲痰。燥熱烈濃，住泄瀉而通噎膈。能驅寒而辟瘴，可消積而殺蟲。霍亂使安，濕氣自勝。和之以水，抑下行而小便可長。投之以鹽，使消冷而心頭止痛。寒痰之咽嗽，煮諸品而挑嘗。陰毒之腹疼，煎微溫而取汗。井泉新汲，嘔逆可停。酒露頭承，泄瀉自息。暑月飲而身涼膈快，赤目洗而痛止腫消。仰首滴于耳中，硬核即堪鉗出。浸椒漱于口內，風蟲立可驅除。然縱飲或合蒜薑，令人發痔。而市沽每加藥物，引熱入腸。耗血燥金，則致結堅其大便。傷心敗胃，則見促損夫壽元。燒酒辛甘熱毒多，驅寒勝濕積堪磨。飲痰瀉泄咸能去，過量還防損壽何。

卷之九菜部一 葷辛類

韭： 春香夏臭，葉熱根溫。熟則甘而補中，生則辛而散血。名為肝菜，而入足之厥陰。備夫辛盤，而于人則有益。用堪歸腎，功可助心。充肺氣而止泄精，除胃熱而暖腰膝。安臟而和血，解毒而化痰。療打撲之損傷，治倒行之經脈。擣汁舒上氣喘息，并主胸痺之如錐作刺，人肥之中風失音。煮食能補虛增陽，且去腹寒之下洩血膿，內結之痼冷痃癖。腎氣上攻之心痛，合五苓而引茴香。怒鬱食熱之血留，入眾劑而兼夫桔梗。消散以稚童便溺，而胃脘之瘀滯，帶下之赤白皆除。取汗以猳鼠屎湯，而勞復之傷寒，陰陽之易病悉止。水穀痢疾，鯽魚鮓煮之而餐。腹膈噎痾，鹽梅滷銜之而啜。調薑漿、牛乳，反胃能安。煎烏梅、吳萸，風邪即逐。收盜汗熬之用水，解消渴作之為羹。沃熱醋以聞，安蓐中之血運。對生薑以飲，治產後之肝傷。去胎毒

于初生，研而灌之。救痘瘡于不發，煮而投之。鼻管滴而退兒黃，豬肪加而消腹脹。痔發難忍，沸湯泡而洗熏。肛脫不收，美酥炒而包熨。起中惡與沈睡，吹于鼻中。施出汁與入蟲，淋于耳內。同葱白根以塞孔，衄血停流。合地板泥以搽腮，蛀牙住痛。喉腫擣熬以傅，漆瘡爛杵以抹。石灰配而治金創，宜乾以摻。豬脂拌而愈癬患，應炒以調。中水之刺疼，烹之而搨。發風之狗咬，擂之而吞。并可塗蛇傷與蟲傷，且能解藥毒與食毒。然食多則昏神而暗目，嗜黃則滯氣而難伸。夏初有乏氣力之殃，冬月有動宿飲之患。病熱酒餘勿食，牛肉蜂蜜莫偕。韭味辛酸濇且溫，補中散血入肝門。歸心歸腎功無異，痼冷陽虛盡可吞。

韭子： 氣溫無毒，味辛有甘。入肝而補下焦命門，屬陽而伏乳香夏石。棘刺丸痊水腸之頻數，家韭丸暖下部之冷虛。合桑螵蛸能安夢洩，同白龍骨可治腎傷。溺精宜擣末而漬米醋，遺尿應作粥而熬稻粒。破故紙為助，療陽道之強中。安息香相匡，治腰脚之無力。白淫帶下，醋煮而蜜以圓。蟲䘌牙疼，油鍛而煙用吸。韭子溫辛又有甘，肝經能補命門探。白淫帶下堪施女，溺數精遺善治男。

葱： 生辛散而熟甘溫，根白冷而葉青熱。氣厚味薄，屬陽之升。外實中空，為肺之菜。乃手太陰之主，亦足陽明之經。利關節而善安中，開腠理而主發汗。消面目之浮腫，散脚氣之奔豚。止鼻洪，開喉痺，除目瞖，利耳鳴。通乳汁與大小之腸，殺蟲積與魚肉之毒。同淡豉以泡飲，驅感冒之風寒。合大棗以煎投，解霍亂之煩躁。傷寒由于勞復，擣爛而苦酒以衝。急痛起于心中，納咽而麻油以灌。杵臼擂而丸鉛粉，可定蚘蟲之內攻。油水煮而調鬱芎，能去濕風之身痛。傷寒腦裂，水煎汁而共生薑。時疾頭疼，米作粥而入釅醋。生置臍而火斗熨，愈陰毒之危疴。炒烘臍而煮酒吞，救脫陽之急證。熬皮退水癃之病腫，食白免腹痺之不仁。大腸之患虛堅，散宜勻氣。少陰之下清穀，湯用白通。倉米熬餐，即停赤白之痢。陳醯擣炙，足通大小之腸。囊腫研以乳香，溺血煎以馬蒁。截近根安臍而灸，去水道之澁艱。包舊帕熨腹而溫，解小腸之閉脹。淋急而玉莖多腫，帶泥以煨。毒發而小便不通，入油以煠。加以人乳，治兒童之胎熱無尿。伴以蜜膠，療幼稚之身虛致閉。盤腸之患，洗腹而更貼臍中。卒死之殃，納鼻而兼塞肛內。動胎下血，濃飲以求安。懷孕傷寒，熱服以取汗。配米粉以炒黑，醋調貼而出癰硬之頭。用赤皮以燒灰，水淋洗而退血壅之異。傅禿疔便毒，必勻以蜜，而腦裂骨折亦宜。漬焮腫惡瘍，應煮以湯，而刺破金創亦效。乳癰初起，飲之可消。腸痔流紅，洗之即止。沙糖研罨，安傷損之在身。麻子熬吞，散血瘀之在腹。金銀藥石之毒，淨水以煎。中惡自縊之災，黃心以刺。葉插耳鼻而通氣，頭疼目重可瘳。管入玉莖而吹鹽，便閉轉脬可愈。水病足腫，煎漬而除。金創打傷，煨傅而妙。研鹽末以罨蛇蟲之毒，化蚓水以點蜘蛛之傷。風水入瘡，取青新者和薑蘖。代指多痛，取黃萎者煮熱湯。壺盧盛涕而埋，乃消金玉之仙法。藥丸用涎以和，足驅風氣于上焦。衄血不停，入酒以滴鼻。痔瘻作痛，同蜜以塗肛。傅之而火熖丹消，啖之而鉤吻毒解。房勞而血滲臟，研鬚以溫酒調投。喉腫而氣塞胸，擂根以膽礬吹入。實熬稻米，補中氣而眼目能明。花配吳萸，和腹脹而心脾止痛。然傷寒作引，須知用青之不宜。而發散為功，亦有昏神之足戒。食蜜棗犬雉者，不可兼嘗。服地黃、常山者，尤當知忌。過多食則發人虛氣，損彼髮鬚。正月食則起人遊風，行于頭面。葱性辛溫升上行，解肌發汗最多情。傷寒霍亂施皆效，癰毒金瘡用亦亨。

薤： 生則苦辛，熟則甘美。具溫補之性，有滑泄之功。白色為佳，大腸是主。歸骨而除寒熱，溫中而散血瘀。止肺氣之喘煩，治心病之厥逆。蓐婦投之而易產，脚氣用之而除疼。安漏瘡金瘡，去水氣結氣。助其陽道，定其胎元。煮食可耐寒，調中而補不足。常服能益氣，輕身而致不飢。胸痺刺疼，栝樓以佐。肺冷喘急，方藥宜加。擣之而止氣奔豚，煮之而停乾霍亂。赤痢之久，同黃蘗以煎湯。時痢之疴，合白粇以作粥。粳粉蜜和而為炊餅，以餌稚子之積疳。羊腎脂炒而列盤飧，以啖產娘之痢疾。催生飲之以濃汁，安胎助之以當歸。羹而供餐，止下帶之赤白。絞而灌鼻，救中惡之危亡。腫痛塞喉，研醋而頸間以罯。風瞖掩目，截斷而膜上以安。酢煎以搽，去赤色之在指。火煨以貼，解惡露之犯瘡。灸處腫疼，醋脂煎濃而抹。瘑間濕爛，苦酒投入以封。用葉以研，可殺疥蟲之癢。共蜜以擂，足安湯火之傷。金刃之瘡，舍白而用赤。虎犬之咬，既飲而更塗。惡蛇螫，擂滓以傅。鬱肉毒，杵汁以解。熟切食之，下其釵環。繩繫吞之，出其魚骨。然嗜同牛肉，成彼癥瘕。而生供盤飧，引其涕唾。發炎熱之病，不可多餐。當春夏之交，必須熟食。薤白辛溫苦滑全，陽明氣滯善能宣。安胎止痢除胸痺，散血瘡傷痛盡損。

蒜：　味辛性溫，瓣少辣甚。理胃溫中而消穀食，歸脾入腎而安腹胸。邪痺能除，毒氣能解。霍亂而乾嘔，水煎通口以吞。霍亂而轉筋，鹽擣置臍以灸。濃汁煑而淡食，止心痛之積年。黄丹助而為丸，截瘧疾之久作。時氣溫病，杵汁頓服而瘳。久患雞瘕，煑熟飽餐而吐。煎湯溫浴而消水毒，切片貼灸而解射工。蠱毒則頭面有光，和酒以送。蛇瘕則飲食或噎，取虀以投。醪煑共韭柳之根，熏陰疼之如刺。擣傅同吳萸之末，散核惡之多堅。疔腫擂而頻塗，凡毒研而厚罨。取漿以滴，出入耳之蜒蚰。切口以揩，去在頭之白禿。蛇蠍之螫，服而更傅。蜈蚣之傷，嚼而用抹。然生則增恚，而熟則發(婬)〔淫〕。三月久餐，傷人而性靈有損。生魚同食，奪氣而降核作疼。時疾初愈不宜，脚氣與風切忌。小蒜辛溫歸腎脾，除邪消穀胃中宜。能停霍亂安胸腹。溪蠱疔丹毒盡離。

葫：　味辛而疏散，氣溫而薰蒸。列乎葷中，屬乎火性。入夫陽明之胃，行夫太陰之脾。達九竅而辟惡邪，通五臟而解溫疫。消穀化肉，破冷驅風。散諸凡之飲食結癥，化一切之蛇蟲蠱毒。子之獨頭者妙，醋之久浸者良。止霍亂而愈轉筋，擣膏以貼足下。通幽門而開關格，包綿以納肛中。生汁治血逆之心疼，陳酢安氣冷之腹痛。配以辰粉，寒濕之患能消。合以鯽魚，噎膈之殃可去。驅其鬼疰，香墨、醬汁以匡。逐彼毒風，雄黄、杏仁以助。田螺、車前子散水氣之腫浮，礬紅、白沸湯截瘧疴之寒熱。痁寒痢冷，鈆丹佐而引以長流。臟毒腸紅，川連偕而吞以米飲。丸豆豉而止下血之暴，貼臍足而停泄瀉之頻。煨露治患淋，必須新水。爛咀救中暑，宜用溫湯。氣塞狗咽之危，削頭尾而鼻納。瘴發山嵐之惡，合生熟而口嘗。共乳香而杵為丸，安夜啼之痛腹。置殭蠶而感其氣，救卒發之急驚。稚子臍風，火爇艾絨以灸。小兒水阻，豉同蒸餅以圓。煑汁解產婦之中風，煎湯洗女人之陰腫。頭風痛腦，汁嗜鼻中。腿肚轉筋，瓣摩脚底。塞耳鼻而通喉痺，熨齒齗而退牙疼。衄血則作餅，而足下傅。鼻淵則切片，而湧泉貼。杵汁而醇醪為對，治其眉動之奇。研豉而朱砂為衣，去其陰汗之癢。骨骾之咽，鼻藏而自出。白禿之子，首揩而即除。煎無灰酒，而解破湯之風。調脂麻油，而退癰瘍之毒。背瘡初發，點熟艾之炷而燒。疔腫方疼，蘸門臼之灰而擦。擣傅五色之丹毒，嚼封一切之蛇傷。蜈蝎螫，取之而摩。射工毒，貼之而灸。擂而飲之，吐其蛇瘕之殃。煑而餐之，解彼蟹椒之毒。然而生痰助火，害目昏神，雖喜散有快膈之功，乃性熱致損肝之懼。若于四八月啖，則喘悸傷神，且多散氣而伐性。合夫青魚鮓吞，則腹瘡腸腫，并成黄疾與疝瘕。同蜂蜜而殺人，服補藥而忌食。灸勿施于頭項以上，餐勿在于行房以前。大蒜辛溫脾胃家，除風去濕辟寒邪。灸癰殺毒通關竅，解暑消浮散積瘕。

芥：　辛而主散，熱以積溫。通肺而善豁痰，開胃而能利膈。行腎經而邪氣去，歸鼻竅而目淚多。散寒逐頭面之風，溫中下欬嗽之氣。牙出臭水，莖燒存性而搽。自入飛絲，葉擣取漿而點。煎湯洗漆瘡之癢，作餅坐痔患之疼。然久服易損真元，則以積溫之成熱；而太散每昏眼目，則因肝木之受傷。食其生者能發丹石之性，餐其熟者有動風氣之虞。如共鯽魚，患夫水腫。若同兔肉，成彼惡邪。最忌瘡痔便血之人，宜去細葉有毛之種。芥菜辛溫散氣多，最能通肺胃調和。豁痰利膈除寒嗽，祇恐真元受折磨。

芥子：　性合夫莖，功同乎菜。利竅而通經絡，溫中而豁痰涎。治欬嗽之肺寒，冷風盡遂。止吐逆之胃反，邪惡皆消。作醬而嘗，香美而通利五臟。浸酒而飲，辛烈而驅逐鬼勞。吐食之疴，酒調而服，并通月水之不行。上氣之恙，蜜丸以投，兼止臍下之絞痛。填臍以熨，可解無汗之感寒。和醞以傅，能安脹疼之腰脊。心痛服之以淳酒，走注塗之以蛋清。或麻木不仁，或風毒腫疼，皆醋拌以傅患所。或霍亂吐瀉，或傷寒陰證，並水和而罨臍中。人乳拌而裹絲綿，以塞耳聾之卒作。半夏佐而調薑汁，以抹眉落之不生。瞖膜則挼而輕安，取蛋白而井華和洗。雀目則炒而研末，捻羊肝而筍籜包熬。水調塗顖門，止鼻中之衄血。酢煎搽頷頰，開口禁之中風。脣緊擣而暴濃，喉痺研而入水。側柏葉同傅熱毒，猪膽汁共貼腫癰。瘻瘡水蜜和施，損瘀生薑擂用。苦酒以消瘰癧，醇醪以解射工。芥子功勞與菜同，溫中經絡盡疏通。惡邪疰氣堪消散，更豁痰涎逐冷風。

白芥：　味辛有開胃之功，氣溫有入肺之益。除寒利膈，筋骨痺木胥安。發汗驅風，面目赤黄自散。腰疼可愈，脚氣能痊。皮裏膜外之痰，古方控涎丹妙。食少喘多之老，三子養親湯佳。白芥丸退熱而定運煩，黑芥丸去冷而消痞滿。胸脇澼飲，白朮佐而棗肉圓。心腹凝寒，蒸餅合而薑湯下。整吞一七粒，嗽止而唾除。末服一二錢，胃安而氣降。化兒乳癖，攤膏貼而使平。防眼痘花，塗足心而引下。酢勻抹癰瘍之初起，火炒熨尸惡之流疼。鬼魅邪燒取濃煙，射工毒研須苦酒。辛溫白芥肺經遨，膜外皮中痰善消。發汗散寒

除腫毒，胃開嗽止氣胥調。

萊菔： 根甘辛而葉苦辛，生噫氣而熟泄氣。入太陰陽明少陽之衛分，主三焦肺脾腸胃之經行。有伏硇砂之能，乃受生薑之制。利關節而理顏色，化積滯而寬膈胸。能散打撲之瘀，善通大小之便。獨聖散除消渴引飲，瞑眩膏止沙石下淋。同豬肉而益人，用酥油而降氣。解麥毒而消食，宜嚼其生。化痰癖而和中，應餐以熟。浸白蜜以療反胃，漬虛麥以退腫浮。痢下之痾，禁口痛腸，並熬汁入枯礬、蜜水。肺痿之證，嗽痰欬血，皆煑食合羊肉、銀魚。擣而填臍，收其肛脫。絞而注鼻，退彼頭疼。腸風炙之而用蜂糖，酒毒則烹之而加淡醋。燒皮同荷葉，蒲黃粉研而為末，米飲以治便紅。剜空入吳萸，糯米飯蒸而為丸，鹽湯以停白濁。喉痺加皂莢水而取吐，口瘡漱自然汁而追涎。無灰酒衝，止其衄血。生薑汁對，治其失音。食物作酸，嚼其片而即定。煙熏欲死，咀其漿而即甦。可洗夫脚氣之走疼，能解夫豆腐之中毒。封打撲之血聚，葉則同功。塗湯火之肉傷，子堪並用。然多食有滲血之患，而久餐來動氣之虞。服地黃以及首烏，鬚髮為之易白。制麥麪而作餺飥，熱性乃可胥消。萊菔辛甘溫可餐，生升熟降散風寒。除痰利氣兼消食，喘嗽皆痊腫毒安。

萊菔子： 氣平而無毒，味辛而兼甘。善于消痰，具倒壁推墻之力。長于利氣，亦生升熟降之功。多歲之頭風，薑麝相研，嗃鼻以停疼痛。卒中之口噤，烏犀同煑，服湯以出痰涎。擣浸縮砂仁，舒氣脹鼓脹之厄。擂調雞棲子，通氣祕風祕之虞。肺欬則拌以糖，綿裹而含嚥汁。齁喘則蒸于甑，餅丸而送用津。杏仁炒之而加，嗽久即定。皂莢燒之而佐，氣促能舒。安衰老之年，丸之以蜜。止血膿之唾，煎之以湯。溫水下而吐風痰，米飲投而發瘡疹。稚子盤腸之痛，炒黃而乳香湯吞。小兒感冒之寒，生研而葱頭酒服。和以人乳，點鼻而住牙疼。擂以米醯，塗瘍而消毒腫。味具甘辛萊菔子，推墻倒壁肺堪清。痰消嗽止風寒散，瘡疹能攻腫毒平。

生薑： 辛而不葷，溫而能散。去皮則熱，帶皮則涼。性升浮而屬陽，厚氣味而溥利。為嘔家之聖藥，入肺氣之靈丹。熟用和中，生用發散。佐以羊棗，使以秦椒。惡芩連、蝠屎之寒，殺半朴、莨菪之毒。去痰下氣，歸臟而逐風邪。破血通神，開胃而除煩悶。得半夏止心痞之噦逆，而急痛當舒。得芍藥使經絡之溫和，而凝寒自散。益元陽于脾胃，大棗宜加。寬壅隔于心胸，杏仁應伴。咀嚼降暴逆之氣，擣炒熨硬結之邪。停嘔吐而殺長蟲，醋漿置煎于銀器。消脹滿而安大腹，絲綿包納于肛門。止欬噫之多年，和以蜂糖，亦退咽喉之痺。解暑惡之卒中，對以童便，並除霍亂之乾。水煑而濃，能痊脹腹。酒煎而沸，可愈轉筋。風熱胃虛，合生地汁而調蜜水。羸弱胃反，用陳倉米而作粥糜。取汁為煎，惡氣不衝于胸膈。研漿以露，瘧痰不聚于胃脾。消渴為災，丸之以鯽膽。欬喘不止，配之以餳糖。燒塊以含，清嗽痰于初發。熬湯以浴，定欬逆之稚年。痰澼卒風，煎水飲而必加附子。大腸閉塞，削條納而宜抹食鹽。研屑入酒而治偏風，比生不溫，比乾不熱。細切和茶而除下痢，治冷皮去，治熱皮留。濕熱之黃，與茵蔯蒿共擦。濕風之痛，以黃明膠同熬。含之出行，辟霧露山嵐之氣。煎之取飲，解滯心產血之衝。產垂肉線之奇，擂和麻油，炒熏而自入。脈溢血流之異，絞加淨水，調送而獲痊。切而皮連，炙以白礬，貼彼不痂之瘡漏。鍛而層刮，調以豬膽，傅夫初起之背疽。眼赤以古錢刮取其漿，牙痛以巴石研同其末。漱之而除口爛，滴之而出耳蟲。凍瘡塗之以膏，舌胎揩之以片。頻搽去腋間之狐臭，常擦退面上之癜風。勻清酒而麪用生，跌撲折傷者妙。杵葱白而麪用炒，閃拗痛楚者宜。刀斧金創，嚼罨而生肉。藥石物毒，擣飲而安中。擂啜而汁取自然，解見噬于猘犬。服洗而摻須礬末，治被損于大蟲。蝮蛇螫者屑而施，蜘蛛咬者炮而貼。夫通神明而去穢惡，古方有明文。然減筋力而損壽元，昔亦垂戒。瘡瘍者食而弩肉突，妊娠者嘗而子指盈。秋多啖則目患于交春，酒共服則痔發于頃刻。生薑主散大溫辛，下氣驅痰生液津。風冷能除脾胃益，傷寒霍亂盡離身。

乾薑： 大熱而純陽，厚味而薄氣。可升可降，半沉半浮。主乎心脾，開夫臟腑。引氣藥而舒氣結，引血藥而補血虛。生陽長陰，養新去惡。炮則稍苦，除痼冷而守中。生則多辛，逐凝寒而發表。澼積脹滿之下痢，風濕欬喘之上氣。生者尤良，痰涎吐逆之陽衰，生產虛熱之陰虧。炮者為善，邪客內而遇辛始散。非生不靈，血妄行而遇黑方回。非炮不效，入于四逆以補下焦。投于理中，以復陽氣。溫腎宜同五味，暖胃應共人參。和以餳糖，治脾虛之難化。丸以粥飲，療中冷之成羸。經脈垂亡，黑附引而使回，亦散寒邪之在腹。陰陽病易，白湯下而取汗，並安勞弱之不眠。糯酒以調，止肺寒之多嗽。粥湯以送，解心氣之卒疼。痢下色青，切塊應投米飲。瘧由脾冷，為末宜配良薑。口吐紅而童便吞，鼻患齆而蜂糖塞。削尖用煨而納，衄血能

停。剉圓治滑而安，眼疼可已。除其冷淚，湯泡點洗為佳。退其昏矇，人嚼舌舐為妙。貼足心而去目睛之赤，傅瘡上而消狼虎之傷。螫于蠍蛇，研搽必雄黃以配。咬于猘犬，炙熨更淨水以投。丸生汁而丹粉為衣，合不收之瘰癧。炒紫色而醋漿作糊，圍初起之癰疽。生用固多，炮功亦效。吐逆作于胃冷，斑豆厥于藥涼，俱當甘草以加。水瀉起于中寒，血痢由于積熱，皆宜粥湯以服。良薑、猪皮為助，消脾胃之冷痰。皂莢、桂心以偕，止嗽欬之上氣。溫酒送而截脾瘧，川椒合而擦牙疼。然性熱多暗目之虞，而辛散有消胎之患。多用則耗元有戒，治中則偕上宜知。辛熱乾薑苦用炮，溫經止血濕風拋。開痰定嘔回陽脈，痼冷陰寒氣自交。

胡荽：性溫而氣多香竄，菜辛而子更酸平。內通心脾，外達肢節。伏石之鍾乳，忌朮與牡丹。能填五臟之虛，善拔四肢之熱。消夫穀食，可利大小之腸。辟夫鬼尸，並止頭顱之痛。痘疹發而不快，酒煎以噀，而更懸于牀帳之間。熱氣結而經年，水煮以投，而須采于端陽之日。滑石、葵根以佐，解小便之不通。粟糠、熏陸以燒，收肛門之脫出。赤白之痢，分引以糖薑。腸臟之風，同包以菜餅。醞下可停痔痛，水煎能使乳流。孩子赤丹，塗之以汁。小兒白禿，抹之以油。口含漱而痛齒得安，面洗濯而黑瘢自去。食肉毒發，子熬裂而飲其湯。中蠱病危，根取汁而衝以酒。擣合口椒而傅虺螫，同諸種菜而取氣香。然噴痘之方，必兒虛弱而際陰寒，始為禦穢之用。而益火之懼，若兒壯實而時晴暖，反生黑陷之危。服久能致健忘，食根易發痼疾。莫同斜蒿之菜，忌服補藥之人。齒䘌與口腋臭者不宜，脚氣及金刃傷者應戒。胡荽性竄具溫辛，善入心脾肢節伸。疹痘科中除穢氣，利腸消穀亦宜人。

蘹香：種有大小及舶，性有溫熱與平。浮而屬陽，辛而兼濇。膀胱小腸之藥，心田右腎之經。得酒為良，炒黃為用。平霍亂，止嘔吐，下氣調中。補命門，暖丹田，開鬱走滯。散濕乾脚氣，痓腫痛瘻瘡。去鈴丸治脾胃之虛，而出少陰之邪氣。思仙散去腰肢之痛，而逐下部之凝寒。腎氣虛者，夾豬腰而煨熟。腎邪冷者，同附子而炒焦。佐以生薑，開胃而使食之有進。益以苦楝，解渴而止溺之如膏。元乏溲頻，焙末用鹽花，而宜蘸糯米餻以食。陽脫尿閉，傅腹調薑汁，而更合益元散以吞。配大麻仁而煮葱頭，勻彼五苓，通水穀道之皆阻。偕晚蠶沙而丸蜂蜜，送以溫酒，散膀胱氣之作疼。暖其疝癩，用舶與小，而並加滴乳。安其偏墜，兼大與小，而共入豬脬。枳穀助而去刺脇之殃，棉布包而熨入腎之患。截瘴瘧則研其子，療腫癰則擣其苗。煮羹除口臭之嫌，擂末摻蛇傷之潰。大茴辛熱小茴溫，善暖丹田補命門。開胃調中兼止嘔，疝瘕偏墜必須吞。

菜部二 柔滑類

馬齒莧：種非莧而性同滑利，生布地而質具寒酸。能死雄制雌而伏硫，亦煮砂解砒而結汞。散血消腫，破夫痃癖癥瘕。化毒滑胎，止彼躁煩消渴。長年而頭不白，肥腸而食不思。禳疫氣之侵，六日采而元日烹，同醋鹽以食。截瘧疴之作，男手左而女手右，在寸口以(牷)〔拴〕。蒼朮、五加皮助，洗骨筋之疼能。白粳、陳醬汁協，消脚氣之腫浮。和胃而解熱淋，擣取漿汁。調氣而停下痢，煮為粥糜。子配豉葱，驅邪氣而通大小之便。菜偕鹽酢，下惡物而去寸白之蟲。下帶之婦人，用卵清以對。虛汗之產母，取鮮汁以投。杵絞而蜂蜜調，止熱積于小兒，亦治蓐中痢血。燒灰而猪脂和，去白禿于稚子，亦療癰惡反花。火丹擣之以塗，臍瘡煅之以摻。先灸以艾，而陳醋滓罨，即拔疔根。先洗以泔，而臘猪油傅，立痓癧串。項核未破者，靛花拌。諸風結毒者，蜜蠟煎。食其菜而浴其湯，消腸痔之初起。杵其葉而熬其汁，收患口之積年。脚蛀臁瘡，乾研而調蜜。豌豆斑毒，火炙而摻灰。取屋上而配藥傅，能愈甲疽之爛。采東墻而燔灰點，可去目物之眯。眥出淚膿，合人莧子而包熨。睛生盲瞖，加五味米而煮餐。芒消同而眼息除，蘗木匡而耳瘍愈。風齒嚼之而潰，緊脣絞之而塗。可沐夫身面之瘢痕，亦抹夫陰莖之腫痛。肛疼宜熏洗，而偕酸草。腋臭應鍛夾，而合蜂糖。熬膏以貼杖瘡，並痓濕癬。擣爛以揩疣目，且化蟲傷。蜈蚣馬汗之殃，采而取搽其汁。蠱溪射工之毒，服而并罨其滓。煮食解馬咬之入心，擂飲止金創之流血。馬莧酸寒滑利功，潤腸散血殺諸蟲。癰瘡疔毒皆消腫，止渴除癥淋亦通。

蒲公英：味甘而苦，氣平而寒。入太陰陽明之行經，為少陰腎家之君藥。隨地而生四散，制汞而伏三黃。化結核而退水浮，骨筋得壯。消食毒而散滯氣，脾胃咸和。配香附子與解鹽，為還少之丹，揩牙而烏鬚黑髮。佐忍冬籐與米醞，治乳癰之患，頓服而取汗安眠。疔毒疳瘡，罨滓而酒漿同服。狐尿惡刺，斷莖而白汁取塗。亦貼久遠之潰瘍，更傅腫疼之蛇螫。蒲公英即地丁黃，甘苦平寒入腎良。疔癰皆消惡刺出，鬚烏髮黑齒堅強。

薯蕷：甘而微涼，平而無毒。為肺金之藥，亦脾土之經。使以紫芝，惡

夫甘遂。益氣力，長肌肉，為能補中。驅冷風，除熱煩，取其潤燥。固精益髓，則無虚勞羸瘦之虞。定魄安魂，自少恍惚悸驚之患。化痰涎而益腎氣，健脾胃而鎮心神。療男子之濁淋，治婦人之崩帶。聰耳明目，記事輕身。生而貴乾，乃合古方之用。涼而能補，故入八味之丸。蜂蜜以偕，利丈夫而助陰力。米醋以佐，益顔色而補下焦。尿患數多，礬水制而雲苓共末。泄由濕熱，米飯丸而蒼朮同研。合生炒而粥飲調，安虚脹之禁痢。用擣研而蔗漿和，平急氣之喘痰。脾胃之多虚，配以人參、白朮。腫毒之初起，助以糯米、蓖麻。與蓖仁同研，貼項後之結核。加沙糖並擣，塗胯眼之臖瘍。治其凍瘡，磨泥以罨。散其硬毒，擂生以傅。彼食供盤匜者，出行能辟夫霧露。若麫作餎飥者，動氣不益夫胃脾。山藥甘涼腎氣扶，補脾益肺潤皮膚。痰涎可化強陰力，生擣還將腫毒塗。

百合：味則甘美，性則和平。葉短而濶者真，花白而垂者是。補中益氣，除腹脹痞滿而有功。定膽安心，利便祕腫浮而獲效。止鬼魅百邪之涕泣，去寒熱遍體之痛疼。通乳難而愈喉風，亦治癰疽背發。殺蟲毒而消脚氣，並安驚悸顛邪。爰稽百合之方，分施百合之病。未汗而不經吐下，則宜佐以地黄。既汗而如有鬼神，則當匡以知母。雞子黄劑，則施已吐之餘。代赭石湯，則投得下之後。經月而成消渴，漬溫汁以浴身。積久而變熱疴，入滑石以取利。炒末解腹疼脹滿，煎湯散陰毒傷寒。肺熱吐紅者，新汁水衝而飲。臟熱欬嗽者，蜂糖蒸軟而含。蜜治食而去心之急黄，水調下而止耳之聾痛。喉有鯁骨，圍于項而護包。鬚欲返烏，置于瓶而封貯。鹽花擂而如泥貼，以消硬癤腫癰。楮葉摻而配藥塗，以散遊風癮疹。腸風瀉血，米酒炒子而吞。天泡濕瘡，菜油和花而抹。百合能醫百合病，甘平心肺可調和。除邪止嗽兼清熱，殺蟲消瘍功亦多。

竹筍：味甘而脆，氣冷而寒。采之宜避日風，治之當如藥餌。入水則肉硬，見風則本堅。生著刃而失柔，烹脱殼而失味。食生有損，久煮方宜。其類雖多，而取用則惟數種。為蔬雖久，而苦竹乃為最高。下氣化痰，而理中風失音之出汗。利水解渴，而去面目口舌之熱黄。益氣力而健人，除悶煩而明目。蒸煑以食，脚氣可瘳。燒研加鹽，牙疳可擦。至若簺竹、淡竹之效，用除風熱，蒸炒而解腹脹與頭疼。冬筍、筀筍之功，義取發生，煑粥而除痘瘡與疹毒。然味雖甘美，善動氣而發冷癥。而質難化消，能刮腸而多滑利。脾病勿貪為食，痘斑戒飲其湯。並羊子肝而令人盲，用麻油薑而殺其毒。竹筍甘寒味最佳，消痰下氣利胸懷。頭風溫疫顛狂療，滑利傷脾痘用垂。

菜部三　蓏菜類

冬瓜：經霜而皮厚堅，至老而肉肥白。性走而急，味甘而寒。鮮毒消煩，益氣耐老。頭面之熱能去，心胸之滿能除。既通大小之腸，亦壓丹石之毒。連皮以裹黄土，鍛而後絞，止痢渴于産婦嬰兒。去瓤以入川連，化而為丸，退悶煩于骨蒸口燥。積炎不解，飽腹食而去皮。消渴不停，潮地埋而取汁。配赤豆而糯糠煨熟，治作腫之濕疴。助萹蓄而淨泉煎湯，浴如疳之魃病。退小孩之寒熱，投之用炮。散痱子之癢瘙，摩之須片。截頭以合背發，熬水以洗痔瘡。馬汗入瘍燒而傅，魚毒誤中研而飲。至若仁潤肌膚而浮風去，子治腸臟而癰毒消。桃花佐而楊皮加，可澤容而好色。沸湯泡而苦酒漬，能明目而補肝。傷損年多，溫醪以服。帶濁日久，炒末以吞。皮合明膠，主跌撲而安諸痛。練絞濃汁，療淋瀝而利小腸。傅蜂螫與惡瘍，可焙其葉，更並藥截痎瘧之患，作餅止瀉痢之殃。洗肛脱與瘡疥，應煑其籐，且燒灰滅黥纁之瘢，擂漿解木蛾之毒。然九月食者反胃，必須被夫冬霜。而長日餐者能瘦人，只可取其輕健。患病久陰虚宜切忌，求肥肌長肉不可嘗。遇酒漿糯米而易消，觸漆氣麝香而即爛。甘寒氣味是冬瓜，止渴除煩解毒邪。水腫能消容悦澤，輕身耐老效堪誇。

絲瓜：筋絡貫通，房隔聯屬。性冷而堪治血，味甘而善補陽。既固氣而和胎，亦去風而解毒。胃脘能暖，經絡通而血脈行。腫痛能安，臟腑清而蟲痰化。崩中不止，配椶櫚葉而火爇為灰。經脈不通，拌白鴿血而日乾為末。服而取汗，下其乳漿。食于空心，舒其血氣。腫浮之稚子，燈心葱白同煎。卒暴之中風，荊防升薑並灌。去皮碎剪，巴豆炒而豆宜揀，陳米炒而米獨用，消水臌腹脹之虞。連子鍛研，飲酒傷而酒為調，啖麫傷而麫作湯，散食積疸黄之恙。欲除痢下，帶皮以燒。欲住腰疼，用仁以炒。取初結而蜂糖拌，安其偏墜之陰。求乾老而米醋調，暖其小腸之氣。化嗽痰而定喘，棗肉折之為圓。止瀉血而扶危，槐花研之為末。投之而腸風息，灌之而喉閉開。經霜采者擦蟲牙，搽鹽炙者揩風齒。天行痘證，蜜和而共朱砂。肺熱面瘡，油勻而同皂莢。擂水消腮間之腫，絞汁斂癰口之深。痔屬酒傷，只醪以送。肛因漏脱，配品以施。焙皮而火酒加，罨坐板之瘡疥。擣漿而蟲倉入，塗玉

莖之潰瘍。冬凍抹應臘脂，天泡傅須辰粉。若彼藤根之用，腦崩急救，近下粗本宜燒。痘毒預清，在蔓卷鬚須采。煅末揩牙，而痛停血止。燒灰下咽，而哽去喉安。腰膂作疼，酒和常吞而神效。瘡瘍久潰，水熬頻掃而大凉。至于苗葉之功，金損血流，石灰韭根並擣。魚臍疔腫，葱白韭菜同研。帶露擦身癬而蟲除，擠汁抹頭皮而蛆出。罨丸偏墜，雞子燒殼而酒投。湯火灼傷，辰粉和末而蜜罨。絲瓜情性屬甘平，筋絡纏聯經脈行。解毒化痰療痘愈，殺蟲涼血熱風清。

菜部四　水菜類

紫菜：　亦石衣之屬，生閩海之中。氣多寒而味則鹹，生正青而乾則紫。喉塞熱氣，宜煎而頻飲其湯。塊結癭瘤，應煮而常餐其菜。彼主治可除脚氣，作為藥石，不虞至于轉筋。而過多能致腹疼，解以釅醯，不復吐夫白沫。雖有軟堅之效，亦防發氣之虞。紫菜鹹寒能軟堅，癭瘤結塊力能損。消除脚氣宜常食，熱塞咽喉汁用煎。

菜部五　芝栭類

木耳：　濕熱之餘氣，朽木之所生。煮漿粥以取安，覆草茵而即發。五木為上，產于犍為山中。小毒宜除，解以冬瓜蔓汁。輕身強志，益氣耐飢。血痔脚瘡，桑楮同而合牛屎菰，和胎髮之灰以摻。淚流眼冷，炭火燒而加木賊草，煮米泔之水以吞。荊芥煎湯，漱齒牙之痛。血餘調酒，止崩漏之危。血痢痛疼，送以井華之水。泄痢新久，配以鹿角之膠。是可總論其功，亦可分悉其用。桑雞、桑蛾、桑木檽，乃軟耳之名。桑黃、桑臣、桑寄生，則硬菰之號。平而有毒，甘而微辛。黑色者治血病癥瘕，并貼足趾之肉刺。金色者療脹疼積聚，亦傅金刃之損傷。瀉血脫肛，附子同擂而蜜丸，米湯作引。留飲宿食，巴豆共蒸于米下，棗肉為圓。槲白皮煎湯，去便淋之多血。醇米酺送末，止陰濇之遺尿。經行不斷焙而研，帶下無休切而煮。急疼心氣，燒存性而熱酒調。潰爛癧瘡，藥共佐而蛋清和。包綿浸蜜含口內，解痺痛之喉風。熬焦擣爛塞鼻中，安少小之衄。壓其丹石，葱豉和于羹中。退其黑斑，湯水投于食後。且也槐耳平而無毒，赤雞苦而有辛。破血風而治陰瘡，益氣力而收肛脫。醇醪濃煮，產血除疼。乾漆偕燒，臟毒止瀉。安腸痔而停下血，飲服方寸之多。止蚘蟲而免攻心，水下棗許之大。榆耳可辟穀食，米酒漬曝，蒸以紫莧實與青粱。柘耳能散肺癰，木杵擣篩，丸以百齒霜與麪糊。煎湯取于楊樹，可安胃而去痰。煮食采于楊櫨，能破塊而止血。至若楓林所產，嘗則狂笑而不禁。餘樹所生，服則動風而發痼。生仰面而狀多赤，以及根行蛇虺者，俱不可餐。色易變而夜有光，與夫爛無蟲蛆者，均為有毒。木耳甘平須五木，桑槐柳楮並榆生。血痔積聚皆能散，痔患腸風悉可平。

卷之十　果部一　五果類

李：　根鹹而實葉甘酸，花香而仁膠平苦。微溫其果肉，大寒其根皮。入厥陰之肝，為東方之果。根皮之苦者，能除熱毒之煩。根白之甘者，可息奔豚之氣。飲之而下痢當停，服之而消渴即解。暴熱丹遊之稚子，燒而用田水和塗。卒下赤白之女人，炙而煎濃湯再啜。頸磨傅以通喉塞，口含漱以定牙疼。好顏色而利小腸，為仁之績。散浮腫而下水氣，亦核之功。逐踒撲之瘀血骨疼，消婦女之少腹腫滿。傅鼾黯黑子，調以蛋清。罨蠍蠆螫傷，嚼以口齒。實可去勞蒸于骨節，太陽以暴食，而清痼熱以調中。葉可浴痁瘧與驚癇，棗汁以偕點，而退惡刺以止痛。化粉淬而澤面，眾品配花。撥瞖膜而安睛，濃膠取樹。然不沈水者必有毒，而現服朮者不宜餐。食之過多，則臚脹而生虛熱。啖而臨水，則瘧作而動涎痰。雀蜜同吞，損臟而疾痾遄發。漿水共服，濇氣而霍亂堪虞。東方李果屬夫肝，實性微溫根性寒。核葉花膠各異味，或鹹或苦或甘酸。

杏：　實則甘酸，仁則甘苦。均有小毒，並禀大溫。果屬少陰之心，藥石罕用。核入太陰之肺，主治多方。味厚氣薄而純陰，質濁性沈而下降。得火良而畏蘘草，遇薔惡而及葛芩。能散結而殺蟲，亦發汗而消腫。潤大腸之祕結，清上焦之燥風。治氣為功，息奔豚而安喘逆。解肌為用，去煩熱而定癇驚。萬病丸治五勞與七傷，補肺丸安久欬與近嗽。去風虛而除百病，治之為酥。止痰嗽而潤五中，研之為酪。童尿浸而慢火焙，煎以薄荷蜜，定欬久之喘噓。桃仁研而生麪丸，引以蜂糖薑，安氣升之急促。腹痺結氣，桂枝、橘皮為佐，而合以訶黎勒皮。肺病咯紅，黃蠟、青黛以匡，而煨以白乾柿餅。天冬共劑，潤其肺心。牛酪和湯，通其聲氣。便淋浮腫，米煮粥而食空心。溫病食勞，酢煎湯而飲取汗。生吞去偏風不遂，竹瀝仍投。熟研解小便不通，米湯以送。炒以巴豆，消彼食停。配以陳皮，通其晝祕。崩中之血湧，燒皮以服酒漿。頭痛之風虛，熬腐以調羹粥。煎而用洗，去頭面之浮風。取而頻揩，退頰顋之赤癢。風腫以雞子黃攤裹，皯斑以雞子白擣塗。嚼爛搽白癜之

風，亦罨被傷于狗。壓油抹疳瘡之蝕，亦滴入耳之蟲。齦患癢疼，鹽花共熬而漱。喉生瘡痺，桂末同擂而噙。炒黑而研，去咽喉之腫痛。燒烟而搭，除牙齒之風蟲。耳膿裹塞以絲綿，而陰患之蟲疽同治。鼻瘡研傅以人乳，而目傷之弩肉並施。瓶盛埋限而化古錢，點目中之赤脈。麪煨去油而加銅緑，撥睛内之瞖雲。治血眼之兒，蒸膩粉與乳汁。傅毒瘡之痛，和輕粉與麻油。杵膏塗穀道䘌疼，而咽膈金傷，兒童臍爛，所能並效。燒末傅陰瘡爛痛，而身面疣目，稚幼頭瘍，亦可見功。破傷風，厚封而燭遙熏。狐屎瘡，煑沸而湯浸洗。濾汁作粥以安痔，蒸鹽捻油以闢聾。狼犬之毒人，擣爛泥而調井水。鐵鍼之入肉，擂雙仁而和車脂。花配以桃，使婦妊而除面皯。枝加以酒，安墮傷而散血瘀。卒病而發腫浮，濃煎其葉。食仁而致迷亂，急煑其根。然生果多嘗，盲目睛而落鬚眉，動宿疾而傷筋骨，小兒則致瘡癰膈熱，產婦則生痰火昏神。而核仁久服，腹作瀉而臍出物，血易溢而氣必傷，半炒則以未熟殺人，雙仁則以反常有毒。作湯而白沫不解，足使壅而熱身。置湯而經宿方吞，反能動其冷氣。甘溫苦毒杏仁陰，降氣行痰瀉肺金。發汗解肌除風燥，喘煩頭痛聽佳音。

梅：　突烟熏蒸而為烏，酸溫而濇。鹽汁淹暴而為白，酸平而鹹。經主太陰，功入血分。忌夫猪肉，溢夫肝津。利筋脈而潤偏枯，肢體止痛。開噎膈而停反胃，眠睡得寧。下氣安心，滿悶熱煩不作。濇腸斂肺，虛勞吐逆皆痊。退其骨蒸，解其酒毒。消腫以蝕惡肉，殺蟲以去死肌。豉草薑與桃柳枝，截勞瘧而煎以童便。胡黄連與竈下土，止血痢而調以清茶。休息之痢，助以乾薑、建茗。久遠之患，配夫熏陸、霜梅。黄連加而療腹疼，麥冬佐而施產後。乾因泄痢，煎以代茶。渴患悶煩，煑以入豉。醋丸而止便血，大腸用飲而小水用醪。鹽拌而去頭疼，痰厥以酒而傷寒以水。水氣滿急，合棗蜜而含吞。心腹喘堅，加銅錢而煎服。去核納肛内，導大便之不通。漬汁飲胸中，解傷寒之發躁。安其久欬，加粟殼而和蜜湯。化其毒硫，入沙糖而煎漿水。燒末投崩中之婦，熬汁定攻上之蚘。稚子頭瘍，油調以抹。惡瘡肉突，火燒以傳。魚鮓擣封，退指頭之腫毒。榴根湯引，除狐惑之䘌瘡。馬汗沾者應醋傅，猘犬咬者宜酒服。是皆為烏之效，更有用白之功。擦齦以啟牙關，而驚癎風痰可散。飲湯以停霍亂，而嘔吐瀉利皆瘳。乳蛾喉風，包生礬以含嚥。梅核膈氣，夾青錢以收埋。陳酢蠟茶，能停血痢。香油輕粉，可罨腫瘡。乳内癰，擣之而塗。肉中刺，嚼之而貼。暴脯則去口臭，燒乾則愈金傷。未嘗鮮果而懼軟牙，伴之以韶粉。已食生實而傷齼齒，解之以胡桃。至若葉同桃共，殺下部之䘌蟲。葉與櫻偕，止過多之經水。感霍亂而及痢休息，煑之為湯。中水毒而致首痛疼，擣之取汁。洗蕉葛而不脆，浣黴點而即除。桃李合根，以浴初稚，可無熱瘡之患。米醋和仁，以漬代指，能安腫痛之災。然性善發夫熱痰，而力能蝕夫脾胃。服黄精者應忌，有筋病者勿宜。根出土上者殺人，種移北方者變杏。梅性由來味最酸，白鹹烏濇太陰安。生津下氣除煩滿，惡肉能消霍亂寬。

桃：　實為肺果，僅見脯酢之需。仁緩肝經，乃為藥石之要。味厚氣薄，苦重甘輕。陰中之陽，沈下而降。苦能泄滯，入厥陰之經。甘則生新，為血分之品。使以香附，去其雙仁。活血則去皮尖而炒黄，行血則連皮尖而生用。殺蟲下氣，止心腹之痛疼。散熱消瘀，去皮膚之燥癢。潤大便而除祕結，邪不蘊于中宫。通月水而破癥瘕，熱不入于血室。佐黄丹以截瘧患，合于端節午時。引井華以退骨蒸，服于隔朝平旦。熬而攪以米醞，取汗而散毒除勞。研而用夫飯漿，洗面而去風延壽。癖疾與偏風不遂，浸酒而暴末為丸。喘欬與鬼氣傳尸，取汁而煑粳作粥。豬肝、童便，安勞嗽之熱煩。吳萸、青鹽，辟時行之瘴癘。尸鬼疰而心痛，煑以清泉。夢寐魘而神昏，吞以小便。茱萸鹽炒，利便而快大腸。釅醋鹽煎，殺蟲而安下部。調酒止胎前崩漏，作煎治產後疾痾。可出字分書而合吞，則催生保產。蓮藕塊入湯而同煑，則破血行瘀。身熱則猪脂和之而傳，亦可抹夫脣裂。牝癢則絲綿裹之而納，並得塞夫耳聤。燒末搽產母陰傷，炒香療丈夫陽腫。瘡濕腐爛，研之以塗。牙痛風蟲，燒之以咬。至若皮上茸毛可刮，辛平毒小，治無子而主帶崩。枝頭槁實名梟，溫苦毒微，祓不祥而殺精鬼。調以糯酒，散結氣于伏梁。和以米湯，救吐紅于無效。止其盜汗，配眾品以煎。截彼瘧痾，汲井華以送。通神丸清寒熱痁邪之證，桃梟湯定惡毒蠱疰之殃。心作楚而磨之以淳醪，孕下血而勻之以淨水。黑豆、臘脂共抹，消其白禿風瘍。麻油膩粉同搽，退其肥瘡軟癤。痔患而多疼痛，焚煙致熏。果食而不化消，燒灰取吐。且也折枝須求東向，采根亦貴東行。刊樹身而瀝取其膠，刮粗皮而獨用其白。皆堪入劑，各有所宜。心氣虛而健忘，枕之而妙。天時惡而行癘，浴之而驅。酒煑以住心疼，水煎以痊鬼疰。口糜因病熱，枝熬濃汁含之。肝痔或有蟲，根作沸湯洗之。

治之為飲，消黄疸之如金。配之為煎，通月經之久閉。解蠱毒之中，取皮合大戟、斑蝥。散水腫之浮，用皮釀秫米、女麴。芫花共汁，布染以薄胸口，而肺熱止其喘嘘。熊膽調膏，綿蘸以納肛門，而蟲瘡除其䘌食。惡毒之瘍不識，屑之以填。瘰癧之腫卒生，貼之以灸。白麪勻之而沐，退其禿瘡。蠮螉和之而傅，化其濕癬。喉痺啜其湯汁，亦愈狗傷。牙痛漱偕柳槐，即消頰腫。煉膠而服，則保中不飢。取脂而含，則除熱止渴。石淋多痛，夏冷水而冬熱湯。血瀝作疼，助石膏而益通草。沉香、蒲黄等分，止產母之痢災。熬膏化酒而吞，發痘兒之黶陷。惡中邪氣，胸結積熱，皆當水煮其符。腹患脹堅，牙病風蟲，又應汁煎其橛。然食果飽而入水，則發寒熱，且至成淋。而啖實生而過多，則患癤癰，亦能作脹。或動丹石之毒，忌服薊朮之人。同鼈食而病心疼，作酪餐而為性冷。桃仁甘苦走包肝，血分行來瘀滯寬。乾實皮毛膠液汁，板符杙橛盡靈丹。

桃花：色嬌艷而苦平，性走泄而下降。風狂能治，殺鬼疰而下三蟲。心腹水氣能除，破石淋而消腫滿。飲痰宿水，服以溫酒，亦截痎瘧之無休。心腹積疼，送以清泉，亦舒大腸之不利。作餛飩以早食，行惡物而滯消。調淳醞以細吞，安脚氣而而腫退。去痠疼于腰脊，釀之以麴糵、糯米、井華。解祕塞于產娘，研之以葵子、檳榔、滑石。和豬脂以傅膿瘻，合鹽醋以抹瘑瘡。治黄水之面，寒食節采而新汲勻。療白禿之頭，上巳日收而桑椹配。冬瓜仁、蜂蜜，雀卵之皰能除。丹砂末、井泉，粉刺之皶可泯。令顏悅澤，白雪靧之而佳。發面光華，雞血塗之而妙。然服勿用夫千葉，恐致鼻衄而面黄。而餐勿至于多時，將見元虧而血耗。苦平走泄是桃花，破滯除淋殺鬼邪。宿水飲痰皆可散，瘑瘡肥禿盡堪加。

桃葉：性亦苦平，功能發散。采嫩心而尤勝，入藥劑而更佳。散惡氣而解頭風，療傷寒而除客忤。安霍亂腹之作痛，用水以煎。開大小便之不通，取生而擣。煑汁淋而鼠屎服，治兒童之時氣傷寒。□□□□□□□，解頸項之襲風倔強。發其雨汗，熏之以熱湯。殺其尸蟲，飲之以鮮汁。綿包以納，去作癢之陰瘡。器置以蒸，安出血之腸痔。鼻生熱癤，擂爛而塞孔中。耳入諸蟲，挼熟而安門內。和以苦酒，可塗足瘑之瘡。杵于午時，可抹面身之癬。苦平桃葉治傷寒，發汗能教時氣寬。霍亂胃停風痺退，殺蟲利便腹心安。

栗：味鹹而兼甜，氣溫而無毒。為腎之果，屬水之經。暴于日中，則除木氣而為補。煨于火內，則去濕汗而亦佳。厚腸胃而可耐飢，安腫疼而兼益氣。腎虛而腰脚無力，用以風乾。內寒而泄瀉如崩，宜于煨熟。晨咀三嚥，收津液以和中。火爇七枚，配麝香以止衄。口糜煑而日食，足弱擿而飽餐。生嚼可抹兒疳，且施馬汗、葦芒之入肉。燒研可塗虎爪，並治馬咬、熊攫之傷身。碎斷筋骨宜傅，斫損斧刀應罨。若夫扁子名之為楔，活血有丹。內皮目之為荴，濇甘無毒。生食而痃癖可破，爛嚼而瘡傷可掩，乃楔之功。火燒而骨鯁能消，蜜搽而面皺能光，是荴之效。毛毬熬而浴火丹毒腫，黑殼煅而止鼻衄洪流。反胃消渴，瀉血之疴，皆當啜其果殼之汁。沙虱溪毒，遊風之患，又宜洗夫樹皮之湯。根煎酒而除腎氣之偏，花入藥而消癧瘡之腫。然采生以啖，發氣而不化消。而治熟以餐，滯氣而成壅塞。作粉美而飼子，則令齒不生。取果多而餌兒，則生蟲致病。患夫風水，切勿輕嘗。傷彼胃脾乃由過食。鹹溫栗性腎經宜，益氣還教可耐飢。活血厚腸安暴泄，元虛腰脚善扶持。

棗：晉地青州為美，日暴夜露以乾。情性純陽，氣味俱厚。甘以緩陰血，溫以補中宮。果屬脾經，功司血分。填五臟而和百藥，通九竅而助諸經。平胃養脾，去其腸澼。堅志強力，定其心懸。調衛營，和陰陽，可得延年之益。潤心肺，生津液，自無乏氣之虞。逐其腹邪，安其肢重。欬嗽上氣者，去核而煎以美酥。煩悶不眠者，煑水而加以葱白。生薑共末，調胃甚良。輕粉同投，通腸極效。吐食及小腸之氣，包斑蝥而火煨。熱病至口咽之乾，配烏梅而蜜擣。呪之有訣，截邪瘧之時來。蛀者勿損，療兒痢之秋作。疳積痢下，光粉以偕。妊娠腹疼，人溲以送。清泉煎蜜甘、小麥，可潤臟燥之疴。桂心和瓜子、松皮，能得身香之妙。男女之心急痛，烏梅、杏仁以擣，男酒下而女醋吞。耳鼻之竅不通，蓖麻、絲綿以包，耳先藏而鼻後塞。合百藥煎而引米飲，救肺癰之吐紅。助黄蘗木而拌香油，傅牙疳之走馬。下部蟲癢，蒸膏與靈液捻之而安。肛口痔疼，剝瓤以水銀塗之而紝。煎之洗壞瘍之毒，食之解閉氣之椒。又若燒核可摻脛瘡，且久含而生津氣。服仁可痊大病，亦常食而辟百邪。洗目之昏，皮及老桑共煑。指疿之熱，葉同葛粉相研。壯熱傷寒之證，助之以麻黄、葱豉、童尿。反胃嘔噦之疴，配之以藿香、生薑、雞舌。削彼木心之用，熬濃汁而吐蠱邪，煎紅水而通經脈。掘其根本之需，蒸清瀝而

長頭髮，煮熱湯而散赤丹。然實與魚並餐，則致腹腰作痛。而果與葱同啖，則使臟腑不和。生食及糖蜜拌蒸，皆損脾而添濕熱。嗜食至貪饕無厭，則黃齒而患䘌蟲。疳病與羸瘦莫嘗，牙痛與兒童應忌。大棗甘溫補胃脾，調和百藥最相宜。滋心潤肺生津液，通竅安中功不遲。

果部二　山果類

梨：氣寒而無毒，味甘而微酸。曰消曰乳曰鵞綿，為入藥之上品。病火病痰病風熱，有對證之良方。潤肺清心，熱嗽非此不止。生津降火，狂喘非此不停。消丹石之毒炎，解傷寒之熱氣。治瘡有效，醒酒有功。欲使風消，齕不及而絞其汁。欲教熱退，鮮如盡而泡其乾。漿煮椒而入黑餳，卒嗽得定。心剜空而煨黑豆，痰喘可安。暗風失音，擂汁盞盛而日服。消渴引飲，熬蜜瓶貯而水調。丁香刺入而紙包，煨熟以施反胃。黃連為片而綿裹，浸汁以點赤睛。兒童風熱煮粥餐，湯火灼傷切片貼。然其性冷利，多食則委困而寒中。而其力下行，過嘗則動脾而成痢。金瘡傷損在所不宜，乳婦血虛尤當切忌。梨性多寒酸且甘，清心潤肺最消痰。津生渴止兼停嗽，內熱煩蒸儘可耽。

木瓜：味酸而能得木之正，氣溫而能助金之衰。入手足之太陰，行胃脾之血分。宣州為上，鐵器不宜。治彼轉筋，而非為筋之益。用以伐木，而欲使木之平。氣滯則藉以和，氣脫則資以斂。安中和胃，而水浮濕痺能消。益肺滋脾，而腹脹心煩可解。奔豚俱息，筋骨皆強。調營衛而清胸膈之痰，助穀氣而痊冷熱之痢。桑棗同煎而取汁，却霍亂之腹疼。水酒合煮而杵膏，貼攣拘之足痛。筋轉入腹，飲之而並布漬以包。脚氣衝心，服之而更囊盛以踏。配乳香、沒藥，地黃汁引而無灰酒下，舒筋急項強之虞。入甘菊、青鹽，新艾茸丸而陳米湯吞，補臟冷氣攻之患。肝腎脾經氣弱，圓有四蒸。水泄利後口乾，湯為單服。生擣止小兒洞痢，油浸澤頭髮枯焦。貼痔之反花，鱓魚之涎以和。辟夜之壁虱，牀席之下以鋪。且也嚼核可去躁煩，煎葉能除熱痢。木作盆桶，濯脚而益人。枝作杖藜，利筋而通脈。舒足之跛躄，根煮以淋。退面之分滓，花配以洗。然食之過度，則齒骨于以有傷。而入夫胃中，膀胱因而致縮。木瓜溫性味酸收，斂肺和脾渴不留。化食伐肝驅濕熱，轉筋脚氣立功優。

山樝：性剋伐而無毒，味甘酸而微溫。補脾以削其癥瘕，健胃以行其結氣。去其蓄血，而痞滿不生。散其飲痰，而吞酸不作。隱鼠、獼猴喜啖，是稱山裏之紅。老雞、硬肉用烹，可化腹中之滯。安兒枕痛疼于產婦，解食積黃腫于稚童。肉物能消，煮之而食。水痢可止，煎之而投。茴香炒之而偕，安疝癩之偏墜。鹿茸炙之而配，定腰腿之作疼。下血之腸風，研乾果而艾湯以引。臨盆之產難，取整核而草霜為衣。和以沙糖，逐惡瘀之停蓄。佐以紫草，發痘疹之黑乾。漆瘡癢瘡，洗之而愈。血塊氣塊，服之而痊。木可以療頭風，根可以安胃反。然多用則剋伐夫生氣，而恒致嘈煩。生食則傷損夫齒牙，而每多痠軟。山樝酸斂又甘溫，行氣清痰瘀不屯。化食最能消肉積，只嫌伐胃莫多吞。

柹：性則皆濇，味則多甘。食果寒而用蒂平，日乾冷而火熏熱。為太陰之果，治血分之經。日暴夜露而生霜，則謂之白。火炙煙熏而作餅，則謂之烏。為餻則和米粉與棗泥，成醂則有水收與鹽浸。木皮亦用，根蒂皆收。能健脾而濇腸，可開胃而潤肺。消痰除渴，補不足之虛勞。去熱清心，利發聲之澁滯。食吐胃反，宜同乾飯以餐。腹薄脾虛，應和蜜酥以服。燒為灰末，去下血之腸風。包以靛花，住帶紅之痰嗽。陰如淋痛，煎用燈心。目入痘瘡，取宜常食。作粥止小兒之秋痢，熬湯除產婦之欬煩。蒜髮禿頭，茅香引而枸杞佐。聾耳窒鼻，粳米煮而豆豉匡。食之既多，則能去夫面䵟。啖之有限，即可解夫桐油。若夫霜之為功，止渴而生津，化痰而停嗽。能清心肺上焦之熱，並去咽喉口舌之瘡。至于烏之為用，長肌而定痛，斷痢而殺蟲。可療金火狗嚙之傷，亦解藥石嘔逆之患。藏醂能使脾胃之健，作糗可止積滯之行。安欬逆而化鬱痰，生薑、丁香以勸果蒂。治腸紅而傅灼爛，米飲、清油以助木皮。霜蒂兼施，抹臁脛之瘡恙。樹根是用，止崩痢之血痾。然味甘能引夫痰涎，而服多則發夫風氣。與蟹俱食，則有作瀉腹疼之患，所當解以木香。與酒偕嘗，則有易醉心痛之虞，不堪佐夫盃酌。柹性甘寒濇且收，健脾清肺潤聲喉。霜除痰嗽生津液，欬逆還須蒂是求。

安石榴：實有甘酸苦，花有紅白黃。受少陽之氣而性溫，具木火之象而味濇。甘者潤咽喉而理乳石，且制尸蟲。酸者止滑泄而住帶崩，并烏鬚鬢。取皮則鐵器是禁，配藥則漿水以漸。能驅不遂之風，而腰脚自無攣急。能止妄行之血，而經脈即可安和。肛脫以收，精漏以濇。焙而陳米飲引，日久之瀉痢胥停。炙而茄枝湯吞，糞前之血膿即止。受寒腸滑，丸以粟飯，而

加赤石脂與川附以投。卒病耳聾，煨以米醯，而入仙沼子與黑李以滴。擣點其汁，目淚可除。煎飲其湯，蚘蟲可下。食多牙損，和棗肉而送白湯。風發兒癎，煅全蠍而調乳汁。炙而仍傅其末，拔惡毒之疔根。煑而日埽其瘡，愈浸淫之腿爛。枝能收不禁之小便，宜偕柏白皮煎。花可罨出血之金，貴合風化灰擣。和鐵丹而變白髮，配黃葵而停衄血，盡藉千葉花功。吐蠱毒而去悶煩，通經水而定痛疼，必用東行根妙。然其性濇滯，則能動夫痰涎。而其味甘酸，則易損夫肺齒。溫濇甘酸安石榴，能教瀉痢帶崩瘳。脫肛精漏皆堪治，疔毒蚘蟲盡不憂。

橘：甘者潤肺，酸者聚痰。食肉非宜，用皮有效。厚其味而辛苦，薄其氣而溫和。色紅紋細者真，皮薄筋多者是。廣中為上，陳久乃良。為陽中之陰，乃氣分之品。治濕熱百病，入脾肺二經。同瀉藥而有瀉功，合補劑而為補用。眾降則隨而降，群升則輔以升。能散能和，能泄能燥。留白則和中理胃，去白則下氣消痰。利水通淋，散暑濕風寒之氣。導壅去滯，舒七情六慾之邪。除留熱于膀胱，消癥瘕于胸腹。潤下丸驅濕痰之泛上，寬中丸去冷氣之客中。定嘔逆而療傷寒，生薑並理。止吐瀉而平霍亂，真藿同投。五更舐于掌心，安嘈雜之吐水。半兩熬為茶飲，消痰食之凝胸。氣喘經年，乾蒸餅為丸，而薑麴為伴。胃反阻食，西壁土以炒，而薑棗共施。用逆流以吐風痰，加枳殼以安呃噫。食噎飲之而解，且停卒痛之心。聲失服之而宣，並除作脹之氣。蜂蜜丸而淳酒送，以痊下冷之痢。薑汁浸而陳棗煎，以截脾寒之瘧。脾胃氣弱之恙，白朮以匡。腸臟血閟之虞，桃仁以助。杏仁通老年之祕塞，與夫脚氣之衝心。甘草補肺經之虛虧，以及蓐中之吹奶。痟瘦之稚子，配之為丸。尿閉之產娘，治之為末。橘香散以消乳癰，立效散以去耳聹。骾骨在喉，含之而嚥汁。嵌甲傷足，煑之而浸湯。核共胡桃，退酒查之鼻赤。仁同杜仲，愈腎疰之腰疼。癀疝之殃，服丸多效。膀胱之氣，調酒有功。葉除肺癰，且散腫毒之生，而水洗擂汁。絡止口渴，更安吐嘔之逆，而酒炒煎湯。然溫能引血妄行，故陰虛吐紅者不宜輕用。而辛則主散不歛，故陽亡自汗者切莫過投。久用則恐損其真元，多服則嫌剋夫中氣。辛苦陳皮溫性饒，行乎脾肺氣能調。降升補瀉諧諸品，去白名紅痰最消。

青橘皮：色不黃而未熟，皮甚薄而多光。治低之功，而氣味俱厚。屬陰之性，而下降為沈。行肝膽之經，為氣分之藥。引諸品至厥陰之分，下飲食入太陰之倉。炒黑亦入血中，芳烈能教汗發。清下焦之濕氣，而積滯皆除。安左脇之肝經，而堅癖自解。湯有快膈，使腹食之化消。湯號清脾，令肝邪之疏利。冷熱之痎瘧，燒為灰而酒吞。呃逆之傷寒，研為末而湯下。鹽茴、炙草可益胃而安神，檀香、蜜甘能理脾而快氣。產而致氣逆，童尿、葱白同煎。鬱而成乳嵒，淨水、淳醪皆送。燒末綿包而塞聹耳，煅研脂和而抹脣瘡。但療在下之疴，而無滯則防損其真氣。多治小兒之積，而有汗則恐亡其元陽。溫辛苦性橘青皮，肝膽行經治下宜。快氣破堅消積滯，最能發汗亦當知。

枇杷：實具甘酸，食能潤臟。葉多平苦，服可順痰。為陽中之陰，而味厚氣薄。降膈中之火，而胃和肺清。止渴而口不乾，暑毒皆解。清熱而嗽不作，脚氣亦安。治彼肺風，炙宜塗之以蜜。療其胃氣，治應抹之以薑。煎以茅根，噦止而安溫病。咀其濃汁，氣下而定啘聲。肺熱而嗽多，必配紫(苑)〔菀〕、木通諸品。胃反而嘔作，宜煎人參、雞舌等湯。茶調止鼻衄之洪流，水煎洗痘瘡之潰爛。肛門腫痔，洗貼皆用烏梅。面上風瘡，調飲還偕巵酒。木皮主膈逆，生嚼煑服皆佳。冬花治頭風，辛夷米醋是助。然毛能射肺，去淨為宜。而實亦傷脾，食少為妙。忌同炙肉熱麪，懼發黃病熱疴。枇杷葉苦性還平，降火常將肺胃清。下氣消痰痰盡化，除煩止嗽嗽停聲。

銀杏：苦而微甘，溫而小毒。味厚氣薄，性濇主收。色白屬金，故入肺經之位。花開在夜，斯為陰毒之仁。生則降痰，殺蟲而消毒。熟則益氣，定促而縮尿。熟艾入而包紙燒，能安寒喘。麻黃佐而炙草煑，可定痰哮。欬嗽失聲，合桑皮、黑豆、蜜芩，而拌以人乳之汁。赤白下帶，配蓮肉、胡椒、江米，而裝于烏骨之雞。生熟並吞，止小便之頻數。水泉獨擂，除白濁之淋漓。散其腸風，煨而引以陳米飲。消其臟毒，杵而丸以百藥煎。研酒服而更傳，施爛糜之乳發。浸油抹而先刺，治水暗之惡疔。陰虱與下疳，搽之而滅。狗傷與皴裂，塗之而痊。食後咀之，去齒牙之蟲䘌糟同罨之，退面鼻之酒查。切斷以擦癬瘡，生服以解酒性。然啖多則脹臚壅氣，且致醉醒。而飼兒則發驚引疳，並生昏霍。若代飯食，每多卒死之虞。如共鰻鱺，必去軟風之患。食不宜滿千箇，種必共彼三稜。銀可微甘小苦溫，屬金性濇肺經存。降痰消毒宜生用，定喘收尿應熟吞。

胡桃：氣熱而味甘，皮濇而肉潤。屬土而有火性，入腎而兼肺經。上

止喘欬之虛寒，下除腰脚之重痛。內而心腹諸疼可愈，外而瘡瘍諸毒可痊。健食和腸，而肌膚多實。固精潤燥，而氣血皆充。通命門而利三焦，有滋補之益。養血脈而潤肌骨，有服食之功。合故紙、萆薢、杜仲，去疾病以延年。年老喘以杏、薑為佐，日久嗽以杏、參為匡。煎以土精，消兒痰與產娘之喘。調以米酒，安血崩與疝氣之疼。腎水數頻，火煨而食。石淋痛楚，粥和而餐。附子、雲苓，腎消宜用。枳殼、皂角，赤痢當加。止心氣之急疼，煅以大棗肉。益下焦之虛損，丸以補骨脂。細咀而去飲食之醋心，多啖而化銅錢之入腹。聤耳出汁，狗膽以調。傷耳成瘡，仁油自取。嚼之以解齼齒，不患食酸。揩之而固動牙，必同貝母。四月收風落之小者飽啖，昏目能清。端節采樹上之青者陰乾，魚口即退。癰疽同夫槐米，痘陷益以膩脂。煅末入酒中，散其便毒。嚼爛安殼內，合彼疔瘡。身疥癢多，裹陰囊而配以雄黃、熟艾。頭瘍潰久，塗頂皮而助以輕粉、生油。松脂和傅，消其瘰癧。胡粉勻點，烏此髮鬚。火傷燒黑研搽，撲損溫醪調下。然其性極熱，所宜用于虛寒。而其氣動風，不可施于痰火。胡桃氣味濇甘溫，能利三焦補命門。養血化痰還潤燥，腰疼腎弱可頻吞。

果部三　夷果類

荔枝：　肉則甘平，性純陽而散無散之氣。核兼溫濇，入厥陰而行有滯之經。其用肉也，健氣除堅，而退瘰癧贅瘤之患。通神益智，而止煩渴勞悶之殃。擣白梅而拔彼疔根，浸老酒而發夫痘疹。其用核也，蠲痛名散，安婦人血氣之痾。來笑為丹，去丈夫疝癩之恙。送之以美醞，腎腫能消。引之以釃醯，脾疼可止。又若殼偕眾品，赤白痢煎服而痊。花及皮根，咽喉痺含吞而愈。呃逆之膈氣，全箇鍛之以投。腫痛之牙風，連殼燒之以擦。然炎方為果，鮮者能來衄血，且痛嘴而腫齦。而熱性屬陽，多者必發虛煩，將渴喉而乾口。齒蠹者應忌，火病者莫貪。過度則飲之以蜜漿，如醉則解之以殼水。荔性甘平溫濇居，散行滯氣痛能舒。疔瘡痘毒皆須肉，卵腫陰癩用核除。

龍眼：　其性和順，其味甘平。善開胃而健健脾，能補虛而長智。三蟲自去，久服則不老輕身。五臟皆安，常餐則驅邪定志。通神明而除蠱毒，治健忘而止怔忡。補思慮之心傷，歸脾湯用肉而煎服。療狐臭于汗出，胡椒末配核而研搽。龍眼甘平勝荔枝，益肝益氣益心脾。養神長智兼滋血，驚悸怔忡盡可離。

橄欖：　其氣則溫，其性則熱。初食多苦濇，久味乃甘香。解渴生津，而去咽喉之痛。除煩開胃，而止泄瀉之痾。醉飽所宜，生食煮湯皆可。魚鼈有毒，咀汁調水俱良。脣裂則炒，而猪脂勻。牙風則燒，而麝香和。共朱砂、脂麻而除胎毒，加兒茶、香油而抹下疳。仁則甘平，治脣吻之燥疼，研之如泥醬。核則溫濇，施腎陰之癩腫，配之以荔櫨。魚骨骾胸，磨而調以急水。耳足患凍，煅而調以清油。下血之腸風，服之即止。倒靨之痘毒，投之而安。食必去其兩頭，不致上壅之患。采宜過夫白露，始無痁疾之虞。栗實偕而益芳香，食鹽淹而除苦濇。香溫橄欖濇酸甘，開胃清喉好用含。醒酒兼除魚鼈毒，痘瘡骨骾核皆堪。

榧實：　味甘而濇熱，火焙而酥香。果屬肺家，皮反緑豆。豬脂炒而皮自脫，甘蔗嚼而滓可無。助筋骨以輕身，行營衛以消穀。明目而痊其欬嗽，益陽而愈彼濁淋。多食滑腸，而大宜于五痔。常餐殺蟲，而更去夫三蟲。驅鬼疰與伏尸，消惡毒與邪氣。欲除寸白，宜燃啖其百枚。欲退面黃，必日嘗其七箇。柏葉、胡桃浸雪水，梳而令頭髮之不枯。蕪荑、杏桂和蜂糖，含而止尸咽之作癢。卒吐紅之疾，食蒸餅而後投。上壅氣之人，忌火熱而勿服。食同鵞肉，須防生斷節之風。傷及大腸，為能引火炎于肺。榧子甘平濇有餘，助陽消穀痔堪除。三蟲寸白皆驅淨，營衛調和體自舒。

海松子：　味多甘而極美，氣小溫而甚香。五鬣者佳，新羅者上。能溫腸胃，補不足以延年。能潤皮膚，去死肌而變白。散虛羸之寒氣，逐骨節之諸風。去水而益精神，無虞頭眩。潤燥而肥五臟，足使身輕。大便虛堅，煎芰草送吞，而配麻子、柏仁、白蠟。小兒寒嗽，丸沙糖含化，而合杏核、百部、麻黃。胡桃研而熟蜜以調，堪施肺燥。木皮去而酒漿以服，可至神仙。甘溫松子貴新羅，潤肺滋腸五臟和。驅逐風寒安欬嗽，神仙服此歷年多。

檳榔：　氣薄而溫濇，味厚而苦辛。陰中之陽，沈下之降。雞心者上，南海者良。扶留藤、古賁灰為之使而並嚼。疏通性，嚴正味，有是德而建功。辛以散邪，苦以破滯。洩至高之氣，使之降行。墜諸藥之功，歸于下極。宣五臟六腑之壅積，而瀉痢後重皆痊。補五勞七傷之虛羸，而心腹諸疼悉愈。截一切之瘧，逐百種之風。健脾調中，最堪消食。生肌止痛，亦可傅瘡。去水而破癥瘕，滌煩而禦瘴癘。痰涎塞膈，與蟲痔裏急，末而服以白湯。傷寒結胸，與蚘

厥攻心，剉而煎以老酒。良薑、陳米除痛而定心脾，枳實、黄連化痞而安胸脇。乾霍亂熬以童便，腰重痛和以淳醪。葱蜜為湯，制蟲災之在臟。酒薑作引，去脚氣之衝心。消氣于膀胱，酶煎而生熟並用。除疼于水臟，便磨而半箇即敷。葱白、童尿，大小之腸可達。燈心、赤芍，淋瀝之痛能停。愈彼血淋，以麥冬湯磨，亦解大腸濕祕。止其吐水，以陳橘皮助，亦定金創惡心。丹毒起于臍間，研而調以淡醋。瘡瘍患于頭上，磨而和以生油。輕粉抹口吻之生瘡，細末吹耳聤之出汁。若夫代茶俗尚，乃在遐方。至于多食臟疏，宜防遠患。檳榔辛苦濇溫充，禦瘴通堅消食功。瀉氣行痰除後重，殺蟲逐水散諸風。

大腹子：子亦檳榔之種，力則少差。皮多筋膜之絲，性則不異。降一切之逆氣，開胃通腸。療遍體之腫浮，清痰利水。瘴瘧痞滿自去，脚氣壅逆胥消。能殺蟲蠱毒之滯大腸，善驅冷熱氣之攻心腹。利腸每虞損氣，而氣暢則胎自安舒。潤下似不補中，而中寬則脾能健旺。因鴆鳥之所集，洗以米酒，而繼以大豆之湯。為氣分之所需，煎以薑鹽，而入于疏利之劑。水煑而濃湯以洗，去惡穢之漏瘡。酒熬而臘脂以傅，治毒風之烏癩。能損有餘之力，難補不足之功。氣弱勿投，元虛莫用。氣味辛溫大腹皮，通腸行水用相宜。安胎下氣開痰膈，浮腫惟從實者施。

枳椇：實似雞距之式，味如牛乳之甘。能止渴而除煩，善辟蟲而殺毒。潤夫五臟，而大小之便皆通。清彼中宮，而嘔逆之痾悉愈。少腹拘急，服之亦舒。頭腦風疼，投之即已。同于蜂蜜，善理熱于心胸。勝于葛根，可和虛于氣血。酒果過度，子煑湯而送夫麝丸。狐腋堪嫌，樹取汁而偕夫眾品。木作柱而敗酒味，人多食而發蚘蟲。枳椇甘平敗酒功，除煩止渴愈頭風。能安嘔逆清胸膈，更有勳勞善辟蟲。

果部四　味類

秦椒：產始于秦，而他方亦種。子大于蜀，而其紋較低。生青熟紅而多辛，生溫熟寒而有毒。去其內殼，用其外紅。畏雌黄而惡苦蔞、防葵，利五臟而解腹疼、喉痺。好顏色而明目，堅齒髮而輕身。溫其中宮，而吐逆疝瘕皆定。去其老血，而風寒腫濕皆除。行女子之月經，散產娘之血痢。安上氣而停欬嗽，退痹痺而滅瘢痕。膏痺尿多，水和合瓜蒂以調，服之而止。損瘡風中，麪包作餛飩以煨，合之而消。伴以鹵鹽，傅手足之心腫。煎以苦酒，漱牙齒之風疼。口久瘡生，麪拌而煑為粥。耳忽蟲入，酢浸而滴其漿。秦椒實大即花椒，有毒溫辛腹痛消。風濕寒邪皆可去，疝瘕欬嗽盡能調。

蜀椒：純陽之物，乃玉衡之星精。西蜀所生，禀五行之全氣。性溫而熱，味辛而麻。去內黄而取外紅，功益下而不衝上。行乎氣分，入脾家、肺部、右腎、命門。收夫水銀，畏欵冬、防風、雄黄、附子。佳于鹽味，使以杏仁。能散寒邪，定嗽而清其肺。能消水腫，去濕而燥其脾。助火扶陽，而愈足弱腰疼之證。解鬱消食，而除痢下便數之痾。堅齒髮而暖膝腰，三尸九蟲悉滅。開腠理而通血脈，六腑五臟皆安。辟疫癘于歲朝，酒宜偕柏。補心腎以壽考，丸應同苓。治厥椒紅，散濕鬱與寒邪，並補元陽之虛憊。合夫神授，治勞疰與風痺，亦安歷節之枯疼。呃噫無休，麪糊圓而醋湯引。飧泄不化，蒼朮配而米飲投。酢漬而入麴作糜，除冷痢之腹痛。目去而調酥抹腦，解水瀉之奶疳。安老小滑腸，米醢以煑。止暑夏濕瀉，肉蔻以丸。以水生吞，消氣衝之傷飽。以酒淋飲，去心痛之冷蟲。虛冷短氣之虞，生絹袋貯之而浸無灰酒。啼哭暴驚之患，左牡蠣合之而煎酸酢漿。囊盛以踏足心，驅脚氣之寒濕。布包以置腎下，暖陰冷之脹疼。腎風欲消，以杏仁共擂。囊瘡欲去，用葱白同煎。水熬湯而乘熱洗淋，止漆瘡之作癢。麪包燒而刺孔罨蓋，解腫毒之中風。腸痔漏而脫肛，空腹嚼而淨涼水送。手足裂而出血，濃汁浸而猪羊腦塗。糊丸茗吞，食茶面黄可退。麪包酢下，舌蹇語吃能舒。風蟲而起牙疼，助以皂角。傷寒而來齒衂，加以白礬。米酒浸而抹鬢疏，猪脂和而塗頭禿。蠍螫，嚼細末如泥而罨。蛇咬，擣閉口及葉而封。去入耳之蟲傷，漬以醋而灌之。出入口之蛇患，破其尾而藏之。是皆用紅，更有取目。腎虛耳閉，作挺而納以頻抽。留飲腹疼，合丸而服以吐利。對茅蒼朮，退眼內之黑花。煑猪上脣，收睡中之盜汗。酒衝消水氣之腫，亦止帶崩。水調解痔漏之疼，兼停喘急。葉研葱艾，傅奔豚筋轉之痾。根作飲湯，治虛冷淋瘀之證。然禀夫南方之火，不宜肺胃虛熱之夫。而食于五月之時，必致心氣損傷之患。多則發喘促而乏氣，久則害血脈而失明。合口不拆能殺人，涼水麻漿堪解毒。川椒小毒具辛溫，清肺和脾補命門。滲濕殺蟲除欬嗽，目安喘急腎虛吞。

胡椒：味辛而氣大熱，屬火而性純陽。主胃脘之虛寒，治大腸之滑泄。溫中而臟腑之冷風悉去，快膈而心腹之逆氣胥平。宿食皆消，浮熱得散。丁

香、葱白佐以發散寒邪，元麝、淳醪用以平和欬逆。虛積滯癖，蠍木香共為丸。沙石痛淋，消石朴同為散。蠟和而合葱麝，能解陰毒于房勞。飯圓而引米漿，可除冷泄于夏月。下痢偕夫緑豆，紅薑飲而白粥湯。心痛配以乳香，男薑水而女歸酒。米醋安胃宮之反，芒消令關格之通。霍亂吐利之疴，青豆、木瓜為助。驚風內釣之證，黑豆、木鼈以匡。塌氣丸消虛脹于兒童，阿伽陁止血崩于婦女。風蟲之齒恙，擦共羊脂。蜈蚣之螫傷，封宜口嚼。彼魚鼈、肉蕈之毒，解之固良。而咽喉、口齒之疴，忌之亦要。走氣宜懼，多食則昏目發瘡。助火堪虞，過劑則吐紅損肺。胡椒屬火大溫辛，燥濕消痰效可陳。陰毒腹寒均有藉，心疼冷痢用如神。

吴茱萸：苦熱而能堅能燥，辛溫而能散能開。陽中陰，厚其氣味。浮復降，合乎震坤。采必重陽，泡宜七次。閉口者毒，陳久者良。入足之三陰，而主脾血與腎肝之氣。惡參之丹色，而及白堊與火焰之消。畏夫紫石英，使以青蓼實。溫中下氣，開腠理而逐風邪。利節通關，厚腸胃而除痞滿。濕以燥而蟲以殺，滯以化而鬱以舒。上療心腹之冷疼，下治腰脚之軟弱。令人肥健，使氣和平。繫之臂而弭災，種于井而辟疫。散飲痰之久病，配伏苓而蜜圓。解寒熱之異疴，合木香而泉煑。薑豉清酒，驅賊風之語塞口偏。薑棗人參，止嘔涎之腦疼腹滿。癟痺洗之以醞，感寒飲之以湯。綿染拭髮根，去頭風之劈痛。袋盛熨足底，愈陰毒之傷寒。醋心上攻，只煎淨水。霍亂乾嘔，應佐炮薑。調酒而入油以熬，除腹疼于冷氣。烹汁而加鹽以服，安脾洩于老年。中惡痛心，入腹轉筋，並用米醋以作飲。腸寒泄瀉，胃冷滑痢，皆裝豬臟以擣丸。黃連共而水瀉停，黑豆引而赤痢止。變通丸治夫下痢，而別甘草、乾薑、米飲之湯。奪命丹療彼小腸，而分酒醋、熱水、童尿之浸。脾厥用桃仁、葱白，腎噦藉附子、橘皮。薑酒平入腹之疝癩，薑汁去衝心之脚氣。產後子腸脱出，煑之以淳醪。蓐中盜汗如淋，漬之以香醞。酒熬布裹，以熨腹塊之成癥。椒和綿包，以納陰寒之無子。初生腎縮，研末加硫黃、大蒜，塗腹而熏以蛇牀。稺之頭瘡，炒焦合汞粉、猪脂，傅頂而調以苦酒。酒煎拭而風疹瘭瘡可退，齒嚼拌而痘毒口禁能開。腸痔血流，酒沃坑而乘熱坐。肩疽白禿，鹽淹炒而和醋搽。調貼足心，而咽喉口舌之瘡即愈。勻攤帛上，而乳癰背疽之毒遄消。齒痛則烹醞而含，陰癢則煎湯而洗。為白蔻之使，宿酒能清。用冷水以吞，蛇傷可散。骨骾腹內，煑飲而柔。骨在肉中，咀封而出。至若枝通關格而利大小便，取南行之梗以含。葉除霍亂而安心腹疼，研食鹽之末以罯。艾醯以擣，舒中冷之轉筋。米酒以蒸，枕大寒之犯腦。脾勞發熱，用橘皮、大春子，伴根以浸美醑。肝勞生蟲，用粳米、雞卵清，共根以丸黃蠟。桑皮同涼腎經之急，水酒合驅寸白之殃。然小毒有動火之虞，發瘡瘍而昏眼目。而多食有傷神之患，起伏氣而塞咽喉。茱萸主治是三陰，苦熱辛溫定腹心。濕痺寒邪鬱氣散，痰涎欬逆盡無侵。

茗：味苦而純陰，氣寒而沉降。為厥陰之主藥，乃日用所必需。溫飲則火因寒氣而下行，故頭目清而無困睡。沸飲則茶借熱氣而升散，故神思爽而不昏沈。既止渴而消痰，亦利水而醒酒。入川芎、葱白可住頭疼，加茱萸、芤薑能消食積。腰疼難轉，必須配以釅醯。心痛多年，亦宜和以苦酒。白殭蠶以安欬嗽，百藥煎以愈便紅。熱痢和之以麻油，風痰熬之為濃汁。烹調薑末，霍亂煩除。煎入巵仁，風顛吐探。葱涎丸而解產娘之閉塞，沙糖露而通月水之停留。暖中成癖之殃，新鞋酌而滿飲。囊上生瘡之患，甘草洗而研搽。嚙細傅作爛之脚椏，燒煙熏發癢之痘毒。中食物之毒氣，礬石研吞。傷蠷螋之尿瘡，生油和抹。喘急上氣，百合配子為丸。欬嗽多涎，糯泔磨仁而滴。研吹于鼻，可止腦鳴。擣浣夫衣，能除油膩。然啜于渴甚酒傷之後，則致腰脚膀胱冷痛，遂生腫浮攣痺諸災。而嗜于虛寒血弱之人，則見脾胃元氣暗虧，乃為痞痿疝瘕等病。與榧共而食身多重，與鹽同而入腎生寒。冷則胸必聚痰，故宜熱宜少。久則土不制水，故傷營傷精。威靈、土苓常服者應忌，侵晨、空腹取飲者不宜。苦寒茶茗是奇材，消食消痰鬱可開。火降神清頭目爽，解醒止渴似江梅。

果部五　蓏類

甜瓜：甘則有小毒，滑而有大寒。其瓤則止渴除煩，消暑氣而利小腸。且水浸嘗，而停惡痢。其子則潤腸清肺，破潰膿而安大腸，更火炒食，而補中宮。腸癰已成，子合當歸而加蛇退。天（規）〔癸〕太過，仁去油氣而和飲湯。酒浸散腰腿之疼，蜜丸解口牙之臭。肉主瘡瘍于口鼻，花消欬逆于肺心。治婦女之經行，取蔓以配使君、甘草。療兒童之疳疾，研葉兼施折損血瘀。擂汁塗髮禿之頭，取片拭黶子之面。然五月食其沈水者，則發冷痼之疾，終身不瘥。而九月食其被霜者，則犯寒熱之疴，交冬必作。取早青嘗而更多冷利，同油餅吞而善發沈疴。或用鹽花，或漬冷水，皆能消作脹之虞。或飲美

酒，或服麝香，盡可解過餐之患。甜瓜寒滑味多甘，解暑雖佳戒莫貪。內壅子仁為要藥，月經太過止還堪。

瓜蒂：性急小毒，味苦大寒。瓜宜擇其短圓，色必用其青緑。乃陽明之要藥，為取吐之良方。引胸脘之痰涎，而止欬逆上氣。消皮膚之濕熱，而除喉痺眼昏。作散施當吐之疴，為末取出涎之效。風氣暴作，膩粉同調。癎痰忽生，蠍梢共擂。清水和而停齁喘，井泉下而定發狂。濕病頭疼，含冷水而鼻嗃。急黃氣促，合紅豆而漿吞。赤豆、雞舌香，除疸癃腫浮之患。細辛、當門子，開香臭閉塞之殃。消蠱氣以棗肉為丸，導大腸以絲綿作裹。煮服而安中暍，浸飲而截瘧家。牙病熱風，咬之同元麝。鼻生瘜肉，塞之共白礬。雄黃、芫花與狗油，腹蟲可出。半夏、薑漿與犬膽，頭禿能除。然吐最傷元，胃虛血虛切忌。而嘔亦損氣，產後病後勿宜。苦寒小毒甜瓜蒂，吐藥施之此最宜。一切痰涎并宿食，疸黃濕氣並能離。

甘蔗：性則具夫甘寒，用則瀉夫火熱。為脾之果，止渴之功。下氣和中，寬膈胸之煩燥。利腸解酒，助脾胃之安和。汁共取乎生薑，止乾嘔與吐食。粥並者夫粱米，潤欬嗽與燥喉。痁疾惄啖而瘥，痰喘入藷而愈。咀汁去小便之赤濇，燒皮摻童口之疳瘡。眼腫赤疼，榨漿養黃連而點。頭瘍白秃，燒滓和柏油而塗。蔗為脾果味甘寒，止渴常教口不乾。潤燥清痰消內熱，酒傷胃反俱能安。

沙糖：蔗漿煎而能結沙，色紫而為乾。性則溫而有殊，味則甘而不變。緩肝以助脾胃，和中以潤肺心。去暴熱而清大小之腸，解酒毒而安渴乾之患。臘月窨而絞其汁，治天行之熱狂。烏梅伴而煑其湯，療痢下之禁口。腹緊脹滿，配之以米醋。氣逆嗽煩，加之以薑汁。調新水而痘痂自落，化清泉而虎損即痊。彼啖韭者取吞，可以除夫口鼻。若餐鯽者並食，乃以動夫疳蟲。不化成癥，則因共筍。致生流澼，又為同葵。多則發䘌，而損齒牙，久則痛心而消肌肉。蔗漿煎鍊結沙餹，變冷成溫性不涼。渴解脾和肝氣緩，莫同筍鯽與葵嘗。

果部六　水果類

蓮：味甘氣溫而性濇，皮黑肉白而心青。具夫清芳，同乎稼穡，為脾之果，而經脈皆通。列品之高，而氣血皆主。安上下君相火邪而使靖，得山藥苓朮枸杞而愈良。益氣補中，交心腎而填虛損。養神耐老，厚腸胃而解熱煩。筋骨胥強，耳目俱利。寒濕去而無口渴腰疼之患，精氣固而絕崩中帶下之殃。用服食而不飢，蒸熟而鍊蜜丸下。定噦逆而不作，炒黃而冷滾水吞。龍腦助而點白湯，使心神之清謐。肉蔻偕而引米飲，令胃反之平和。水芝丹益損填虛，六一湯補心和血。豬肚、米醋糊，可收氣弱多溲。龍骨、益智仁，能止精遺白濁。治脾泄腸滑，且開久痢之禁口，入于香連丸。使耳聰目明，並散暴赤之痛睛，作夫粳米粥。茯苓、丁香同末，產母之欬逆即安。浮萍、薑片相煎，小兒之熱渴自愈。若夫蓮子中心名薏，性寒而苦，則去熱而清胸。蓮房外蕊為鬚，味濇而溫，則益血而止痢。房宜陳久，溫苦兼濇，入血分于厥陰。花即芙蓉，溫苦帶甘，忌地黃與葱蒜。辰砂及心同末，除小便之遺精。糯米偕薏同研，住勞心之吐血。益心腎之精氣，鬚入固真、巨勝之丸。治腸痔之漏瘡，蕊加黑丑、當歸之散。當門子佐房調送，能停男子血淋。瑞蓮散用殼燒研，可止婦人經滑。胎前如漏，麥麪糊丸。產後或崩，香附以輔。酒煑而胞衣可下，水煎而菌毒當消。花瓣書人字而吞，難產催生者妙。花乾調酒漿而下，墜損嘔血者宜。亦可貼天泡濕瘡，且足供仙家服食。然其味帶濇，故凡大便閉結者，懼助燥性而更作堅。且其氣稍溫，或有生食過多者，微動冷氣而能發脹。甘平蓮子溫而濇，益氣清心厚胃腸。羣美兼收均有效，莫遺鬚薏與花房。

藕：白花者甘，紅花者濇。居下而有節，質柔而穿堅。肉隱絲綸，心藏孔竅。入心脾之血分，洵潔白之靈根。食而煠油，則滓皆化。煑而忌鐵，則性不移。散血生肌，病後藉消口渴。化食解酒，服久能使心歡。既破悶而除煩，亦驅熱而止泄。浸而澄粉，益年壽而輕身。蒸而供餐，實下焦而開胃。服食美而口不損，應供水鹽。腹臟肥而蟲不生，宜調石蜜。與生薑同榨，療霍亂之虛乾。與快果相衝，去上焦之痰火。傷寒口燥，苄漿、童溺以匡。小便熱淋，地汁、葡萄以佐。生飲而安產娘之悶亂，蜜和而散時氣之渴煩。眯目入塵，杵而綿包以滴。墜馬瘀血，乾而酒和以投。碾膏罨夫金瘡，蒸熟塗其足裂。至若蔤乃根芽之嫩蒻，味甘而與藕同功。節乃花葉之自生，性濇而與蓮異治。能止血病，善伏硫黃。口卒吐紅，用雙荷之散。心虛遺濁，配金鎖之丸。人參、蜂蜜相煎，解便中之下血。地髓、酒尿同飲，散產後之停瘀。擣汁啜而并滴，止其鼻洪。擂醞勻而數吞，消其蟹毒。甘平藕性生涼血，止渴除煩瘀盡通。熟固下焦兼補臟，節施

紅證更多功。

荷葉：　貼水者生藕，出水者生花。嫩則名之為錢，蒂則稱之為鼻。色青味苦，體仰中空。象震卦之形，為少陽之藥。畏桐油而殺菌毒，伏白銀而制硫黃。裨助胃脾，而生發夫元氣。滋潤心肺，而消散夫躁煩。能濇滑精，亦除瘀血。雷頭風證，處湯而清震為名。熱血妄行，製丸而四生為號。蒲黃、麥冬以助，定其咯吐之紅。沙糖、蜂蜜以分，停其赤白之積。血痢不止，取中心而煮泉。肛脫不收，用貼水而送醞。燒敗葉以米湯調服，陽水腫消。煎心蒂與藁本洗淋，脚氣浮退。南金散起痘兒之倒靨，罩胎散療妊婦之傷寒。孕動而母不安，糯米淘而取汁。子產而衣不下，淳酒燉而為湯。薑黃紅花，解蓐中之血運。童尿沸飲，止產後之心疼。失血崩中，蒲黃、條芩共末。腫陰痛癢，浮萍、蛇粟同熬。鼻善安胎，飲而留新去惡。蒂能治癰，濯而拔毒除疼。火丹擣鹽末以同塗，風癘淋灰漿以共漬。煎清水以浴漆瘡之癢，熬濃酢以揩口齒之疼。打撲惡血攻衝，童尿用熱。刀斧傷瘡敗壞，火煅取灰。荷葉和平苦味稱，升陽助胃洵堪憑。痘瘡倒靨能生發，拔毒安胎蒂亦能。

芡實：　味則平甘，性則有濇。能開胃而助氣，亦強志而補中。濕痺可消，而帶濁遺精皆愈。精氣可益，而腰膝脊背無疼。耳目由以聰明，腎元藉其填補。暴疾不作，煩渴皆安。玉鎖丹功療虛滑，水陸丹效補下元。心氣損傷，丸四精而填其不足。腎虛淋瀝，配分清而止其不禁。蓮實合而稱仙方，粳米煮而成美粥。安小腹而收偏墜，根亦有功。除虛熱而止渴煩，菜亦見用。然難于消化，過餐則脾胃有傷。而易動冷風，多食則兒童不長。芡實由來甘且濇，俗名又是號雞頭。補中利濕脾多益，止濁收精腎亦優。

烏芋：　色烏而性帶滑，味甘而氣微寒。益氣溫中，明耳目而消黃疸。除渴解毒，下丹石而去熱風。作粉以餐，可使胃腸之厚。後飯而食，能舒膈氣之疴。便血肛疼，擂而淳醪以對。下痢腹痛，浸而燒酒以封。燒灰止崩血于婦人，煆末摻口瘡于稚子。辟夫蠱毒，暴乾粉而點吞。化其銅錢，擣生汁而細呷。然常人先有冷氣者，食則致腹中脹滿之虞。而小兒咳于秋天者，多則為臍下結疼之患。葧臍寒滑味還甘，除熱消風血分探。利膈去黃明耳目，毀銅辟蠱更多堪。

卷之十一木部一　香木類

柏：　實則甘補辛潤，仁則性平氣香。得西方金地之陰，洵有貞德，為肝家氣分之藥。又潤腎經，伏彼砒消，而使以肉桂、瓜仁、牡蠣。畏夫麫麴，而及夫羊蹄、諸石、菊花。助聽明，耐飢寒，真神仙之上品。透心腎，益脾胃，實滋養之佳珍。益智清神，填虛損而和五臟，安魂定魄。療恍惚而去百邪，可增壽而延年。且止汗而補血，頭風可退，節痛胥痊。消釋虛冷之疴，驅逐濕風之患。合夫朮芐、棗肉，蜜和而壯精神。加以松子、麻仁，蠟圓而治虛祕。腸風下血，浸酒以吞。驚癇夜啼，調湯以服。榨而合于香油，搽濕瘡之黃水。燒而收其滴瀝，塗疥癬之癢蟲。臘豬膏煎彼白皮，而灼傷可愈。松膠香勻夫脂末，而疣目遄消。霍亂轉筋，木片煮之而沃。歷節風痺，枝骨釀之而投。炙汁以抹蟲瘡，燔梗以柱蠹齒。味具甘辛柏子仁，平肝潤腎益精神。仙家上品真無比，耳目聰明不老身。

柏葉：　味苦而有濇，氣平而微溫。質稟堅凝，本多壽考。得月令之正氣，隨方向以時收。耐久而稱後凋，補陰而為要藥。燥益脾土，溫潤肺金。生肌去濕而逐冷風，益氣輕身而耐寒暑。能除節痛，亦殺腹蟲。道家以之點湯，堪為常飲。元旦以之煮酒，足以辟邪。配遠志、茯苓，乃修真之祕旨。丸松鍼、秋露，洵延壽之丹方。治軃曳之中風，合葱白而煎無灰之酒。解瘴疫之時氣，取社中而調新汲之泉。擣裹安霍亂之轉筋，研服去恚憂之嘔血。吐紅不止，米飲相投。鼻衄無休，榴花共末。黃連同清血尿蠱痢，槐花偕消酒毒腸紅。痢疾洞下之兒，茗茶可代。月水淋漓之婦，芍藥是匡。熬之以鹽，熨鼠瘻血膿之未就。丸之以蜜，治癘風眉髮之不存。湯火灼傷，杵傅而愈。手足凍裂，炙罨而痊。麻油塗髮落而使長，豬脂抹鬢黃而令黑。側柏苦溫專燥濕，崩淋吐衄效非遲。養陰滋肺兼驅疫，歷節風疼用亦宜。

松脂：　脂乃樹之精華，香實松之津液。溫而無毒，苦而且甘。氣屬陽金，性伏靈汞。驅胸中之伏熱，安臟內之精神。潤心肺而逐風邪，消渴咽乾不作。去死肌而排膿血，惡瘍癰腫皆除。耳目聰明，骨筋強健。用煉服之法，却病延年。合不老之丹，強筋補髓。風疼而歷節，和之以酒酥。目淚以肝虛，釀之以米麴。滾水化之而漱風痛，細粒紝之而出齲蟲。揩而使齒堅牢，雲苓是佐。塞而通耳聾閉，巴豆須匡。酒煮而丸，止婦人之白帶。火炙而貼，愈稚子之緊唇。翠玉膏治軟癤之頻生，金絲膏療毒瘍之忽起。瘻瘡填之以煉末，禿瘡熬之以豬脂。蓖麻、銅綠擣膏，貼腫疼之惡毒。花椒、燈油燒瀝，抹濕癢之陰囊。加銅屑以摻金刃之傷，入輕粉以搽疥癬之濕。刺深入

肉，取如乳頭者以傅。豬嚙成瘡，煉如餅塊者以罨。苦甘溫性是松脂，潤肺清心止渴宜。惡毒癰疽皆可治，排膿止痛且生肌。

松節：苦溫之性，堅勁之能。善追筋骨之風，且燥血陰之濕。拘攣筋急，加乳香炒銀器之中，而用木瓜酒服。風熱牙疼，配胡椒泡燒酒內，而入飛白礬噙。用之燒灰，揩蛀牙而兼風齒。取之煎酒，止反胃而及撲傷。驅歷節之風，浸之以醞。治陰寒之毒，炒之宜焦。苦溫松節濕風驅，筋骨除疼少急拘。胃反牙疴皆可愈，百邪陰毒盡無虞。

桂：肉桂厚則辛烈，牡桂薄而淡溫。生產則交趾南海與桂陽，氣味則甘辛大熱而小毒。陽浮行血分之品，氣厚入脾腎之經。秋冬所宜，春夏是禁。滲泄止渴，驅下部之沈寒。益火消陰，補命門之不足。堅筋骨，調血脈，四肢咸得疏通。去風寒，和衛營，百藥藉其宣導。回陽而安心腹，寒痺失血皆痊。溫中而利肺肝，風瘖冷痰悉愈。泄痢不作，驚癇不生。芩連使而小毒何施，烏附同而大熱滋甚。益其毒者，甲片、巴礦。助其威者，乾漆、水蛭。佐以麥參甘草，則久服無妨。遇夫石脂生葱，則不和宜忌。治食物之毒，能解芫青、鉤吻、閉口椒而無傷。安吐逆之災，必得茈胡、地黃、紫石英而有效。為末共彼茯苓，丸以蜂糖，能清暑入水偕夫白蜜，封以油紙，可益氣而消痰。九種心疼，產後血瘕，並當調而解毒。中風逆冷，感惡腹脹，皆宜煑以清泉。九種心疼，產後血瘕，並當調以佳醞。釅醋罨而散反腰之血，白酒塗而舒躄足之筋。喉痺與失音，含之而嚥汁。鵞口及重舌，搽之而用薑。水和以塗，退腎囊之偏腫。酒調以服，消撲打之停瘀。老少果傷，丸以米飯。稚童尿出，擣以雞肝。散白救生，療產婦死胎之不下。散名金鎖，止小兒下痢之多時。至若去皮與裏而取心，具辛與甘而帶苦。入手少陰之位，引血而能化汗化膿。行足厥陰之經，抑肝而止脇風脇痛。五勞七傷皆補，九竅百節咸通。舒氣消瘀，下胞衣而通月閉。益精明目，續筋骨而殺三蟲。消痃癖癥瘕，托癰疽痘毒。酒煎布蘸，揭口喎而左右互施。酒拌手塗，治頭風而正偏皆效。陰乘陽而血吐下，淨水以調。寒成疝而心痛疼，熱醪以送。蜀椒、乾薑以漬淳酒，熨陰痺而良。烏頭、甘草以和釅醯，傅乳癰而愈。蛇傷毒重，末並苦蔞。產後心疼，丸宜狗膽。米飲送而止血崩之婦，炭火炙而熨臍腫之兒。桂性甘辛苦大溫，補陽益火是專門。沈寒痼冷尤宜用，心腹虛勞在必吞。

桂枝：最薄為枝，嫩小為柳。甘辛而微熱，升浮而上行。性陽入于膀胱，體輕主乎發表。補中益氣，能橫行于四肢。通脈溫筋，善解開夫腠理。逐皮膚之風濕，泄欬逆之奔豚。結氣舒而吐吸得平，關節利而悶煩皆息。治傷寒以出汗，營衛調和。驅風邪以解肌，肺脾兼理。下焦畜血，去而不留。頭腦傷風，散而不作。微熱辛甘名桂枝，傷寒發表善開肌。溫筋通脈為良劑，營衛調和自得宜。

辛夷：花苞是取，紫色為良。外毛是除，辛溫為性。氣味俱薄，浮散屬陽。為手太陰之經，亦足陽明之入。使以芎藭之品，惡夫五石之脂。畏昌陽、蒲黃，及環連、理石。能下氣而明目，且溫中而解肌。關節胥通，眩冒憎寒不作。九竅得利，頭風百腫皆清。腦為神氣之宮，取辛溫散走之功。肺乃得以通達，鼻為命門之竅。用輕浮上行之性，胃乃發其清陽。施鼻內之諸疴，加麝香而蘸夫葱白。去顏間之黑黚，入面脂而發彼光華。辛夷氣味是辛溫，上引清陽透腦門。散熱驅風通九竅，鼻中諸患盡堪論。

沉香：香甜者平，辛辣者熱。屬陽分以升降，補右腎與胃脾。益氣和神，開心胸之鬱結。調中安臟，定霍亂之痛疼。力達下焦，愈便淋精冷。功除惡氣，痓瀉痢痰涎。去骨節痺麻，消皮膚風濕。下寒盡達，上熱悉除。朱雀丸治不足之心神，冷香湯療諸虛之寒熱。腎虛目暗，蜀椒伴而食鹽湯吞。腸祕便艱，蓯蓉佐而麻仁汁和。木香共散，胞轉可通。米酒相煎，惡中當解。安呃逆之胃冷，研加白蔻、紫蘇。起黑陷之痘瘡，荒蓺佐旃檀、熏陸。入于眾品，補其命門。合于熬膏，貼夫瘡腫。沉香辛味性多溫，理氣調中達命門。辟惡更除心腹痛，墜痰破滯定須吞。

丁香：雄曰丁香，母名雞舌。味辛而無毒，氣熱而純陽。入乎肺金，通乎胃腎。不宜見夫烈火，乃獨畏夫鬱金。暖腰膝而壯元陽，能消諸氣。溫胃脾而除風毒，能發諸香。驅腹內之冷勞，散心中之惡熱。蠱鬼蟲疳是去，痔痢痃癖胥消。暴心氣疼，投以老酒。乾霍亂病，送以沸湯。五味、廣茂同施，息奔豚于腎氣。柹蒂、人參並用，安呃逆于傷寒。胃冷者佐以陳皮，暮吐者丸以薑蔗。木香煎而濾黃泥之盌，關格能通。神麴末而和陳米之湯，食物可下。兒童吐瀉，橘紅助而蜜丸。稚幼冷疳，人乳蒸而薑引。石器煎陳皮、奶汁，安糞青之兒。米酒化(免)〔兔〕膽、乳香，救產危之婦。陰冷則盛以紗囊而納，崩中則煑以淳醞而吞。末傅愈奶頭之裂花，水下消妬乳之作痛。毒氣入腹，木麝、熏陸為煎。癰腫在身，五香、連翹作飲。傅而覆以膏藥，去惡肉

于疽瘍。擂而裹以絲綿，消瘡疳于脣舌。齒齲黑腐，煑而漱噙。口氣穢熏，含而吮咋。研當門、扁竹，揩彼牙宣。熬人乳、黃連，注夫目病。息肉用綿包以塞，腦疳向鼻管以吹。薑汁相調，拔白鬚而塗其孔。椒粒共佩，辟臭汗而香其衣。螃蟹傷引以薑湯，桑蠍螫勻以蜜汁。然氣血壯盛者用之勿宜，而脾胃虛寒者投之乃效。丁香辛熱性純陽，脾胃虛寒用自良。吐瀉癰瘡皆可治，更宜含口發芬芳。

檀香：皮有實潔腐之分，色有白紫黃之別。芳香之性，在陽中而有微陰。肺腎之經，通胃家而及大腑。白者以辛溫理衛，行于氣分之中。紫者以鹹寒和營，入于血分之內。棗薑是佐，橙橘是宜。豆蔻、縮砂助而居于咽噎，葛根、益智輔而上于膈胸。引香物而至極高，升胃氣而使進食。散冷氣而消腫毒，解中惡而殺鬼蟲。能除噎膈之虞，善止腎腰之痛。霍亂而疼心腹，清水煑之而投。黑子而生面顔，漿水洗之而抹。作飲而渴煩可解，塗身而熱惱自除。刮末以摻金瘡，止血止痛。研酢以傅卒腫，去惡去風。檀香紫白分營衛，氣血殊施各有功。紫治金瘡消腫毒，白調脾肺利中宫。

降真香：味辛而氣芳，性溫而色紫。香煙直上，為感引之最靈。齋醮必需，乃度籙之第一。兒童佩帶，辟惡氣與鬼邪。宅舍焚燒，除天時與怪異。五倍、銅花共末，傅金瘡而止血生肌。楓脂、滴乳為丸，熏惡毒而定疼消腫。辛溫氣味降真香，辟惡除邪用最良。腫毒癰疽熏可散，生肌止血治刀傷。

烏藥：辛多而溫，氣厚于味。入陽明之胃腑，行少陰之腎經。性主純陽，功疏結氣。本和平而來氣為少，不剛猛而走泄殊多。除中惡疰忤之災，元氣是理。定反胃瀉痢之患，宿食皆消。上治喘急攻衝，下療濁淋疝脚。內驅蠱毒鬼氣，外除疥癘瘡瘍。時行疫瘴不侵，霍亂轉筋自止。婦人血氣俱可宣通，稚子腹蟲皆堪消散。香烏之散，兼施男婦諸疴。烏沉之湯，專施氣冷諸疾。七情鬱結，磨同沉香、神草與檳榔。諸氣喘噓，末共茴香、良薑與青橘。水磨而入蘇橘，能止痛于腹心。茶調而合芎藭，可除疼于頭腦。疏風以安卒中，順氣散良。驅寒以止頻尿，縮泉丸妙。疝癩之腫，夜露而配升麻。瀉痢之紅，飯丸而引米飲。喉閉則醋烹而噙嚥，脚氣則酒浸而溫吞。煎以廣膠，消其孕中之癰。磨以清水，解夫脾慢之驚。陰毒傷寒，炒子而煑湯以飲。小便滑數，炙葉而代茗以吞。烏藥辛溫性竄香，七情鬱結善舒揚。溫中除惡兼消食，散氣宣風功用彰。

熏陸香、乳香：微溫而香竄，純陽而苦辛。入乎心經，行乎血分。消癰疽之毒，托裏護心。補腰膝之虛，益精下氣。治耳聾與口禁，去惡氣與伏尸。愈洩澼而大腑可安，停霍亂而中宫自泰。禳其時疫，浸井華新水，而眾飲歲朝。散厥癘風，合牛乳靈通，而夜祈北極。蜜煎而服，驅風氣而益容顔。火焚而熏，順血脈而正口目。陰證呃逆，燒並硫黃。風駁癧瘍，揩同白歛。取而噙于每日，使臭辟口香。嚼而嚥于三更，止夢遺精泄。淋癃之患，引之以米湯。莖腫之虞，擂之以葱白。配真茶而圓鹿血，住夫心氣之冷疼。加牡蠣而和雪糕，化其漏瘡之膿汁。癰毒而發寒顫，研以熟沸之湯。斑豆而不快行，拌以豬心之血。膽礬等分，泯弩肉于甲疽。巴豆偕丸，殺風蟲于齒病。磨水以下骨骾，煎酒以貼杖瘡。小兒急慢驚風，必須甘遂。稚子野火丹毒，端藉羊脂。沒藥、木香能除內釣，燈花、人乳可息夜啼。足月滑胎，佐枳殼而蜂糖以擣。臨盆難產，助朱砂而麝酒以吞。乳香善竄入心經，辛苦微溫味最馨。氣血調時諸痛止，舒筋解毒用多靈。

沒藥：其味則苦，其氣則平。補心膽之有虧，滋肝血之不足。能散瘀而消腫，可定痛而生肌。力破癥瘕，去宿滯而行經絡。功除雲障，捐暈痛而退昏矇。痔漏惡瘡需之甚急，折傷墜跌用之多良。熏陸、米粉、淳醪，貼筋骨之有損。滴乳、童尿、美醖，投金刃之所傷。大人歷節之風，配以虎脛之骨。小兒盤腸之氣，合以乳木之香。綿絮塞之，而引白湯，治女人月經之變異。血竭和之，而煎酒便，行產婦惡露之停留。腹疼只服以酳，心痛宜加以水。沒藥苦平專散血，瘀凝氣滯立舒通。金瘡折損消疼腫，退瞖除癥功亦崇。

騏驎竭：似人之膏血，乃木之液脂。甘鹹而入厥陰，和平而行血分。禀熒惑星氣而結，得蜜陀僧助而良。破積去瘀，消陰中之滯氣。生肌定痛，益陽分之精華。臟腑留邪，投之即去。腹心卒痛，用之自痊。蒲粉同吹，止鼻洪之衄。硫黃共服，逐白虎之風。脚氣欲攻，同乳香而入木瓜，麪包煑擣。瘡口須歛，配麝香而燒大棗，津和末塗。搽腸風血痔而可瘥，摻甲嵌臁瘡而即愈。疥癬及金損，末而傅之。血氣與內傷，醖以送之。沒藥佐而調童尿、米酒，救產後之惡衝。末藥助而合滑石、丹皮，消腹中之瘀塊。蓐婦昏狂血運，引用溫醪。幼兒瘛瘲慢驚，輔宜熏陸。血竭甘鹹色絳紅，生新逐滯有殊功。更除血痛還和血，跌撲金瘡奏效隆。

蘇合香：詭稱獅子之屎，實乃樹汁之香。燒而灰白者佳，濃而滓無者

上。氣溫而竄，能去蠱毒三蟲。味甘而和，善通臟腑諸竅。除邪而無夢魘，辟惡而殺鬼精。溫瘧癇痓之疴，醫方應用。水氣腫浮之恙，粉汞宜偕。治之為丸，辟一切不正之氣。煮之以酒，却五中諸疾之寒。氣竄甘溫蘇合香，除邪辟惡最稱良。蠱蟲癇瘧皆堪滅，夢魘無驚睡亦康。

龍腦香：性熱而純陽，味辛而善走。先則入肺，後乃傳心。杉木炭養之而不消，樟腦片亂之而宜辨。如梅花之式，其品始佳。似冰片之瑩，其功乃大。輕浮發散，世人誤認為寒。清烈芬芳，萬物無出其右。火鬱用以從治，心盛取以宣通。能達骨髓之風，而平其驚熱。能行經絡之滯，而發其斑瘡。散積聚而殺三蟲，驅痰涎而通九竅。小兒痘瘡不透，猪心血和為丸。婦人產難催生，新汲水調而服。化葱汁而搽痔瘡之內外，入蓬砂而嗃頭目之熱風。頭腦痛疼，以綿紙卷為條，火燒煙而熏鼻。目睛赤膜，與雀屎碾為末，乳調膏而點眥。同黃柏以治口瘡，伴朱砂以安牙痛。開中風之禁齒，必加虎掌、南星。退感熱之腫喉，宜佐燈心、礬蘗。摻而收傷寒之舌出，點而消息肉之鼻生。真酥和而去酒皶，膏煎入而除風皯。然其飛越輕浮之性，不可常施。而凡血脈肌肉之風，勿宜輒用。冰片辛溫善發越，能通諸竅治痰涎。驅驚散火清喉目，五痔三蟲盡可捐。

樟腦：辛熱之能，純陽之物。入水中而能熾火，性比焰消。煉盌內而得升飛，形淆片腦。通關竅，利滯氣，而除中惡之邪。驅濕風，解陰寒，而止腹心之痛。疥癬可治，霍亂能安。黃丹、肥皂同研，煉蜂蜜丸，用塞牙蟲之孔。花椒、脂麻共末，熖猪湯洗，取搽頭禿之瘡。脚氣腫疼，烏醋共置足心，而烘以微火。虱蟲蛀蠹，炭爐取安衣席，而熏以濃煙。樟腦竄香辛並熱，通關利滯有殊功。能除脚氣安心腹，衣篋藏之辟蛀蟲。

阿魏：性則辛平，功則消化。氣臭而能止臭，求真難得其真。破癥結而去勞尸，殺細蟲而除蠱毒。止痢截瘧，而定心腹之冷疼。驅風逐邪，而禦天時之瘟瘴。食物之毒可解，霍亂之恙能痊。麥麪以包，作為餛飩，治中尸疰之惡。牛乳以煮，暮更安息，辟染鬼氣之邪。脾積之凝，雞子佐而溶黃蠟。噎膈之阻，狗膽丸而配靈脂。檳乳芍碯，散疝疼之敗精惡血。葫蒜艾汁，止腹痛之內釣盤腸。痎瘧與臙脂研蒜膏，覆虎口而女男異置。蟲牙同臭黃丸麪糊，插耳竅而左右隨施。阿魏辛平消積宜，臭能止臭藥稱奇。殺蟲禦瘴驅邪氣，毒解癥除瘧痢離。

木部二　喬木類

蘗木：味苦氣寒而俱厚，性沈功降而純陰。入右腎而引膀胱，伏硫黃而惡蜀漆。補真水之不足，瀉相火之浮炎。手足痿痺之軟癱，療之即起。腸胃結熱之黃疸，驅之不留。殺腹內之疳蟲，除皮間之驚氣。明目涼肝而退熱，清血解毒而消瘍。女子帶漏之疴，非此不止。男子痿陽之疾，非此不瘳。熟用則胃不傷，生用則火自降。鹽炒捐下焦之患，酒炒治上部之殃。蜜製則理中宮，水煮則安消渴。得蒼朮則除濕清熱，為治痿之良方。得知母則降火滋陰，為潤燥之妙劑。補虛虧之證，九浸九曬為丸。息陰火之炎，四物四君分引。水火盛衰之失，四製為宜。淫濁赤白之虛，百補為要。真珠粉斂其精滑，清心丸止其夢遺。下血火多，卵清炙而吞溫水。嘔血熱極，蜂蜜炙而引麥冬。煮湯漬手足之疼，去傷寒之遺毒。含唾洗目睛之暗，免永世之昏沈。眼赤痛疼，五行湯用以熏洗。口疳臭腐，綠雲散取以摻搽。細辛佐而瀉火于膀胱，安其口舌。苦酒入而消痰于胸膈，利其咽喉。脣上瘡生，調以薔薇根汁。鼻中疳發，浸以冷冽清泉。酒醋童尿，除夫臟毒痔漏。川烏疳水，散夫腫惡癰疽。陰莖之熱瘡，洗共條芩，而傅配黃連之末。鬈毛之毒癤，擂同滴乳，而和用槐米之湯。雞子白消乳發之疼，蜂糖水收臁瘡之爛。凍瘡之裂，乳拌以塗。火毒之瘍，乾研以摻。調以麪糊，斂瘡口以生肌。送以清泉，解自死之毒肉。白痢之孕婦，煨蒜以匡。血痢之幼童，赤芍為助。清水調而貼足底，顋腫者可以無虞。米飲和而服空心，熱瀉者能以即止。稚兒重舌，漬苦竹瀝以搽。赤子紅睛，浸人乳漿以點。擂為細末，合彼臍瘡。拌以枯礬，除其膿毒。然必少壯氣盛而能食者，久服有伏火之功。若其邪熾慾縱而多虛者，過劑致中寒之變。苦寒黃蘗陰沈降，火旺膀胱用最良。利水補虛除濕熱，癰疽腫毒效無彊。

厚朴：木質朴而皮厚重，色紫赤而性苦辛。溫和而氣味俱厚，重濁而升降皆宜。為陽而在陰中，屬土而有火德。入陽明之胃，行太陰之脾。忌菽豆類而使乾薑，惡石膏消而及澤瀉。下氣則因其苦，健脾而消食調中。益氣則取其溫，散濕而逐痰解結。調其關節，而止虛吼雷鳴。瀉夫膀胱，而去吐酸留熱。虛損宜補，治作煎丸。霍亂須平，配為湯劑。合大黃、枳實，泄滿而化結消痰。偕蒼朮、陳皮，散濕而溫中平胃。三物湯安夫脈數，七物湯定其腹疼。氣脹悶而煆至黑焦，痰壅逆而炙須黃脆。配夫解利之品，能止痛于頭

顱。入于瀉痢之煎，可厚培夫腸胃。洞泄之子，蜂蜜和而佐乾薑。吐下之兒，米泔浸而需半夏。黃連以煑，止下痢水穀之疴。豬臟以丸，潤大腸燥乾之患。腎氣多濁，雲苓、水酒宜偕。月信不通，桃仁、紅花可助。然皆消導之用，初無補益之功。孕婦勿宜，元虛莫服。苦辛厚朴性溫多，散滿寬中脾胃和。食化痰消平霍亂，厚腸止瀉用無訛。

杜仲： 溫而能潤，甘而微辛。情性降沈，氣味淺薄。滋腎水而行肝經氣分，使菟絲而惡蛇蛻、玄參。神仙服而名乃傳，藥石用而絲宜去。補中固氣，驅風而脊攣身直皆安。強志益精，除冷而陰癢脚痠胥愈。補腎則能堅骨，補肝則可健筋。治腰應炒以鹽湯，去濕宜焙夫薑汁。傷于風冷，漬以米醑。患彼虛疼，配以羊腎。牡蠣同末，止虛汗于病餘。棗肉為丸，療滑胎于孕內。杜仲溫甘辛味全，補肝補腎兩周旋。強筋壯骨添精氣，腰脚痠疼定霍然。

漆： 有毒而具溫辛，屬金而兼水火。性急而飛補，功降而下沈。為陽中之陰，乃樹中之液。燒宜存性，濕應煎乾。畏雞子而忌夫油，使半夏而化于蟹。、鐵漿、甘豆、黃櫨之汁，飲之而毒即消。紫蘇、杉木、漆姑之湯，洗之而瘡即退。制錬用雲母，服之通神。口鼻抹川椒，近之不畏。破年深堅凝之痞積，削日久停結之血瘀。利小腸，殺蚘蟲，除風而去濕。續筋骨，填髓腦，安臟而補中。二聖丸療男子疝癩，與婦人血氣。萬應丸施胎前瘀滯，與產後癥瘕。臨經而阻滯硬堅，丸須地黃之汁。既產而痛疼青腫，煅合大麥之芽。山萸和柏棗之仁，施勞傷而補損。苦酒煑麥麪之糊，散積聚而安心。小兒蟲病垂危，研蕪荑而吞米飲。常人蠱毒卒中，丸平胃而送香醪。下部之瘡，生塗其汁。喉中之痺，燒吸其煙。乾漆辛溫有毒功，破堅行滯殺蚘蟲。除風去疝消瘕痞，經水如停亦可通。

海桐： 味得其苦，氣主乎溫。行經絡而達病源，入脾胃而專血分。安胃則霍亂不作，瀉痢皆停。去風則血脈皆通，痺頑得遂。合羣品入無灰之酒，止腰膝之痛疼。配蛇牀而和臘猪之脂，搽風癬之瘙癢。赤膚之目，浸水洗之而痊。風蟲之牙，煑湯漱之而愈。浸施風蹶之患，煑汁安中惡之疴。皮苦而溫是海桐，善行經絡更驅風。痺頑腰背除疼痛，疥癬疳瘡且殺蟲。

楝實： 氣寒而小毒，味苦而兼酸。利心包相火而下行，導小腸膀胱而去熱。蘹香為使，而陽乃在于陰中。醇酒以煎，而寒則因乎熱用。肉核不宜並用，皮殼所當盡除。殺瘍疥蟲殃，而兼消痔患。療傷寒溫疾，而能定熱狂。水道通行，臟腹安泰。心疼以熱厥，延胡索研之以投。耳腫以火升，絲綿絡裹之以塞。苦酒漬之，去腹痛之長蟲。煉蜜丸之，除臟毒之下血。腎消膏淋之證，助之以茴香。氣傷癩腫之疴，炒之以巴豆。吳茱萸麪醪作糊，安冷疝于兒童。川芎藭猪膽為丸，治五疳于稚子。寒苦金鈴小毒藏，水腸導火利膀胱。殺蟲治疝稱神品，又與傷寒定熱狂。

槐花： 采于未開為米，收而陳久為良。氣薄而涼，味厚而苦。主乎血分，屬乎純陰。入陽明之經，行厥陰之位。涼大腸而和臟腹，蟲疾皆除。清肝火而潤皮膚，熱風盡去。肛痔腸風不作，心疼眼赤無虞。中失音聲，夜深嚼以臥嚥。血由咯唾，糯飲送以仰眠。海螵蛸伴吹，鼻洪自息。麝臍香並服，口吐胥停。舌滲衄者末傅之，利赤白者焙下之。新水調枳殼，可止便紅。米醋煑豬腸，能清暴熱。臟毒為患，引用白皮。酒毒為災，佐須巵子。鬱金、淡豉，用于尿血之夫。椶灰、食鹽，施于崩中之婦。漏紅不止，燒存性而飲淳醪。帶白無休，炒為末而加牡蠣。入核桃仁、清酒，治腫惡之疔瘡。合綠豆粉、細茶，散積瘀之背發。陽明積熱之楊梅，酒入而以熬以服。肛口寸長之外痔，水煑而以洗以吞。無毒槐花苦且涼，殺蟲清血自相當。漏崩吐衄腸風愈，痔痢疔疽一槩康。

秦皮： 味苦而性濇，色青而氣寒。屬陰與沈，入肝與膽。忌吳萸而使大戟，惡苦瓠而及防葵。能逐風寒，善驅濕熱。明目而增光暈，久服則不白頭。益精而潤皮膚，常吞則能有子。治小兒驚風癎證，療婦人帶下崩中。暴腫眼疼，配川連與苦竹之葉。挑鍼弦病，入大黃與夾沙之糖。浸水以點赤瘡，作湯以洗瞖膜。退身熱于稚子，煎浴而佳。止血痢于連年，丸吞而妙。沐而摻之，消惡死虺之傷。煑而投之，解花蛛之毒。秦皮寒苦還兼濇，補腎平肝目自明。崩帶癎驚熱痢愈，益精填髓亦多情。

皂莢： 辛而帶鹹，溫而能散。氣浮而小毒，性燥而通關。屬金入肺陰大腸，勝木行肝經氣分。使以柏實，而伏丹砂、硇硫、粉霜。惡夫門冬，而畏空青、人參、苦蘵。開諸關竅，急中暴死可安。豁去痰涎，明目益精有效。塗之則消腫，搜風而散毒。服之則去濕，除脹而殺蟲。釣痰之膏，化其頑結。稀涎之散，救彼中風。瘖噤則炙用豬脂，喎斜則貼須米醋。五癎膏，取風痰之久聚。三皂丸，清煩熱之急勞。辟瘟疫之濕邪，蒼朮助之而焚。灌中暑之

昏運，甘草合之而調。火燒而井泉水吞，初起之傷寒即止。蜜丸而棗膏湯送，上氣之欬逆胥安。卒熱之勞，酥油炙擣。卒寒之嗽，豆豉煎投。入巴豆、杏仁、半夏于中，分製而消欬痰之喘。得剛子、醋墨、陳皮以佐，合服而退食氣之黄。脹在腹胸，先食入羊肉。腫歸身面，只煮夫香醪。吹末止轉筋，而鼻䶊頭疼並效。燒煙熏便塞，而腎風肛脱咸宜。下血之腸風，精羊肉丸而服。作腫之脚氣，赤小豆伴而傅。鐵脚丸，開關格之不通。黑龍膏，解咽喉之急痹。腫痛之喉病，炙醋以吹。喘息之齒病，煆酥以服。加鹽礬而黄泥固濟，揩牙以去熱風。擣薑地而濃汁蘸燔，擦齒以烏鬚髮。酒煎可貼腫痛，醋熬能抹癧疽。積久疥瘡，用而煮夫猪肚。大風癩疾，煎而丸以雪糕。合人糞麝香，惡疔可拔。偕米醋蛤粉，吹奶能消。下部䘌瘡，絲綿以包導。右胯便毒，水粉以和搽。炙而烙足上之風瘍，吹而嚏喉間之骾骨。小兒惡毒，擣用麻油。稚子頭瘍，燒為黑末。苦酒抹射工水毒，艾炷灸九里蜂傷。鬼魘與自縊將殊，吹于鼻管。水溺即經宵可活，納于肛門。皂莢辛鹹溫散含，開關通竅吐涎痰。死肌邪氣咽喉治，除濕搜風瘡癧奔。

角刺：味辛氣溫，力鋭功利。效則同莢，治風而殺蟲。性則上行，引藥以達病。久風下痢，合枳實、槐米、蜂蜜之丸。腸風便紅，研故紙、槐花、胡桃之末。補骨脂配，服而淋閉能通。醇旨酒煎，飲而腹瘡自愈。大風毒癘，黄蘗同投。癌瘭惡瘡，白及共末。米醞送而嚼冬葵之子，出彼瘍頭。耆草助而煎熏陸之香，潰其發背。欲除癬患，醋熬作煎。欲下胎衣，酒溫作引。和以蛤粉，消婦人乳癰之疼。入以朴消，退稚子舌重之腫。角刺辛溫與莢同，搜風除癘殺諸蟲。上行直達多鋒鋭，專治瘍科消腫癰。

蕪荑：性則溫平，味則辛苦。出太原同州為美，得訶子豆蔻為良。除骨節中淫淫如蟲行，散腸臟内嗢嗢多喘息。去三蟲而化食，安五内而逐邪。治婦女子宫風虚，療孩子腹疳痢冷。腸風痔瘻，無不消除。疥癬惡瘡，亦皆主治。鹽和而綿裹塞，定氣急之膀胱。飯丸而米飲吞，益氣泄之脾胃。結陰下血，雄猪膽汁以調。痛腹有蟲，生檳榔末為助。配連及麥芽、神麴，散風疳于嬰孩。佐連並豕肚、麝香，解熱疳于童稚。蟲瘸欲愈，合乾漆之灰。瘡毒欲除，和馬牛之酪。豕膏拌之，傅腫痛之熱瘍。蜂蜜調之，塗癢瘙之濕癬。牙間蟲䘌取而安于孔中。腹内鼈瘕，炒而作為煎劑。蕪荑辛苦專驅濕，肢節除疼更散風。痔瘻癬瘡冷痢愈，還清疳積殺諸蟲。

蘇方木：甘鹹而亦酸辛，涼平而可升降。主三陰而能散，為陽中之陰。得防風而愈良，為血分之品。和血則宜乎少，破血則取其多。治婦人月候不調，以及惡阻蓐勞，皆能生新而去舊。療瘡家癰疽腫痛，以及損傷跌撲，均可逐瘀而排膿。霍亂嘔逆胥安，赤白下痢即止。舒虚勞之氣滯，定心腹之攪疼。脚氣用之洗熏，配鷺鷥藤而定粉入。指斷以之傅摻，包原蠶繭而素絲拴。酒煎則施偏墜與破傷風，水煮則止嘔吐與産血悶。氣喘于坐蓐，取汁而下人參。口禁以中風，熬醞而調滴乳。蘇木甘鹹辛共涼，血膨血運效無疆。行經通絡還停吐，癰腫排膿力更强。

巴豆：氣薄而熱為純陽，味厚而辛有大毒。升降有止行之異，生熟有緩猛之殊。壓油、用殼、取仁，以及作而為霜，各有合宜之治。麩炒、火燒、酒煮，與夫采而生用，皆當因證以施。得火氣為良，而惡夫囊草。以芫花為使，而反夫牽牛。所畏為藜蘆、醬豉、大黄，而及蘆菰之筍。解毒有冷水、黄連、大豆，而宜沉香之湯。峻用則戡亂刦病有功，微用則撫綏調中亦妙。蕩滌胃腸之壅滯，開通臟腑之堅癥。消彼結痰，而殺蟲邪蠱疰。去夫瘀肉，而潰腫毒癰疽。療閉經爛胎，平水氣脹滿。導氣消積，而驚癎瀉痢皆安。通竅除風，而喉痹牙疼悉愈。備急丸治客忤之百病，蠟匱丸和脾胃之久傷。宿食停留，煮宜清酒。氣痢赤白，擣用猪肝。杏仁、大黄，泄痢佐之而止。蛤粉、蘗木，積滯合之而消。燒鐵鹹頭，安夏間之水瀉。煨雞子内，止日久之腸紅。食積瘧災，圓之以皂莢。霍亂乾病，研之以熱湯。水浸丹解伏暑之傷，走馬湯去飛尸之厄。傷寒陰毒，用以灸臍。風濕痰痾，取以熨掌。青皮包燒而調薑酒，定其寒喘之痰。艾炷安灸而滴葱鹽，通其水穀之道。水臌以杏仁並擣，藥毒以消石同丸。黄蠟杵而引蓮子、燈心，止吐瀉之子。竈墨佐而分米薑、甘草，救下痢之兒。氣喘多痰，絲綿裹安鼻竅。口瘡不乳，黄丹研貼顖門。線穿以牽，甦急喉之痺。紙卷作角，通纏喉之風。咽瘡因食夫飛絲，吹嗓須燒同礬石。口喎為中夫風氣，塗手更熨以暖湯。紙撚卷霜，入鼻以收舌出。髮灰調酒，下咽以止血流。風蟲之牙，咬宜綿裹。聾閉之耳，塞必紙包。石灰炒而研糯米、人言，消其疣痣。麻油煎而入硫黄、輕粉，退其瘡瘍。惡肉之瘀，滴乳香炒焦而點；疥瘡之癢，酥膩粉抓破而搽。清水煎而拭風瘙，生絹包而揩荷癬。箭鏃入肉，傅之以鐵脚蜣螂。牛疫動頭，灌之以麻油漿水。然帶膜則傷胃，留心則作嘔，治之不可不除。而泄下則枯津，峻利則損陰，用

之不可不慎。熱毒皆多巴豆辛，破堅行澼性超倫。斬關奪將真無比，切勿輕投須用神。

卷之十二　木部三　灌木類

桑白皮：　擇根之向東，采皮之裏白。甘厚辛薄，可升與降之功。性燥氣寒，為陽中陰之品。是為神木，乃箕星之精。補夫中虛，主太陰之肺。辨出土之伏蛇馬額，使續斷與麻子、桂心。去其青黄皮，忌夫鉛鐵器。甘以固其元氣之不足，辛以瀉其肺火之有餘。補五傷六極之虛，有定喘調中之益。治唾血與熱渴，止臚脹與頭疼。殺臟腹之蟲，而開胃下食。利大小之便，而消腫去浮。霍亂吐瀉皆安，羸瘦崩中多愈。瀉白散清肺金之熱盛，淨濃汁止消渴之尿多。欬嗽吐紅，與糯米共服。風水積氣，入散劑以投。煑湯利五臟之傷中，搥爛撥雜物之眯目。髮落者泉水淹之而頻洗，髮槁者柏葉配之而取搽。炙黄而用清流，定下血于產後。鋸屑而和淳酒，絕惡露于蓐中。稚子脾熱流涎，塗自然之汁。幼童天弔客忤，服東行之根。抹乳上以哺兒，消其重舌。傾盆中以浴子，退其火丹。為末以罨癰堅，酒膠烊和。作線以縫腸出，雞血熱塗。金刃之傷，燒而匡以馬糞。拗損之患，研而熬作傅膏。至若燒枝瀝以治瘡疥大風，取皮汁以消惡毒諸氣。傅蟲傷與創燥，抹唇腫與嘴瘡。鵞口兒生，調以胡粉。破傷風中，對以香醪。然性不純良，肺無火而虛者，不宜多用。且功主洩瀉，水無阻而利者，豈可輕投。瀉肺甘寒桑白皮，消痰利水火多宜。五勞六極皆能治，毒氣風瘡取汁施。

桑椹：　有烏白之殊，盡屬精英之聚。有濕乾之別，皆救荒歉之需。布濾熬膏，取其涼性。日乾擣蜜，見彼仙方。退水濕之腫浮，釀之為酒。利血氣之關節，合之為丸。擂飲以解酒傷，單食以止渴疾。風熱宜理，酥調蜜和而兼薑。陰證能除，絹包風乾以過伏。煎鍊用其黑，消瘰癧結核之痾。嚼嚥取夫紅，化骨瑣刺骾喉之厄。染鬚以變白，蝌蚪拌之而瓶封。塗髮以復生，清水浸之而日暴。杵汁以飲赤禿之子，曬化以洗白禿之兒。桑樹精英盡在椹，通關止渴鎮神魂。水浮風熱皆消散，荒歉還堪乾濕吞。

桑葉：　味則甘苦，性則寒涼。入陽明之經，為胃腸之藥。茶漿以送，吐血能停。米飲以吞，盜汗自息。解口中之渴，炙熟以代茶。驅腹內之風，采嫩以煑酒。霍亂筋轉，腫浮脚氣，煎汁必欲其濃。臟腹喘噓，關節悶煩，熬湯宜頻以飲。炙和衣而止痢疾，并治出血之金瘡。蒸擣滓而熨風疼，兼療停瘀之撲損。腸肛脫出，罨納則采厥黄皮。手足痹麻，淋滌則須夫霜降。陰乾杵末，神仙所服之方。燒煑澄清，青盲用洗之法。赤目澀痛，熏鼻取紙卷以爇之烟。風眼淚流，洗睛貴臘月不凋之品。沐同麻葉，能使鬢髮之長。傅共香油，可愈火湯之灼。風瘡由肺毒，蒸而日乾。腫惡穿掌心，搗而杵爛。研汁塗吻瘡之子，為末收潰癰之頭。蜈蚣毒擂搽而消，蛇蟲傷熟挼而貼。桑葉陽明手足經，施于目疾得光熒。代茶消水還除渴，收口驅瘀功亦靈。

桑枝：　苦平之性，冷熱之宜。仙藥之所必需，常服可以有益。除遍體之癢風乾燥，去四肢之水氣攣拘。潤其口乾，而利其小便。清其肺氣，而豁其嗽痰。下氣而耳目聰明，消食而皮膚光澤。脚氣水浮，焙而空心以服。臂疼風熱，煎而竟日以吞。馬膏法，鉤其口而更坐灰中。桂酒法，炙夫巾而用熨痺處。偏風取以作煎，諸痺須其煑藥。擇其南向，欬嗽能停。剉其木心，蠱蟲得吐。欲通血氣，為丸而用蜂糖。欲去癜風，熬膏而偕益母。然而吹息，灸瘡毒之頑瘀。炮而切齊，慰刺傷之犯露。桑枝平苦除寒濕，調肺舒肢關切通。乾燥潤時安欬嗽，偏風永絕一生中。

桑柴灰：　味辛氣寒而小毒，鍊金結汞而伏硫。能止血以生肌，善解噎以消塊。身面腫而坐臥不得，爇東枝沃汁，用煑赤豆以餐。尸鬼疰而痛癢不知，燒白皮淋湯，更作羊羹以佐。鼈沙、鼈肉同消腹內之癥瘕，唾沫、石灰共去面間之疵痣。止腫疼之赤目，配以黄連。豁昏暗之青盲，丸以童便。洗大癩之髮眉脫落，亦沐白屑之頭。漬諸瘡之風水沾傷，亦浸狐尿之刺。成斑之白癜，蒸而取其熱湯。作痛之金瘡，篩而傳其細末。桑灰氣味是辛寒，治積還教噎食安。更可淋湯煑赤豆，水浮尸鬼去無難。

楮實：　甘寒之性，軟堅之功。壯骨筋，補虛勞，能充肌而益氣。健腰膝，增顏色，堪起陰而助陽。配以茯苓、丁香，和丸而退水浮水蠱。采以端陽七夕，陰乾而治喉痺喉風。肝熱下以蜂蜜之湯，目昏佐以荊芥之穗。煎湯以除哽噎，和丹以通鬼神。石疽厚皮，細杵以抹。金瘡出血，爛搗以傅。雖久服有輕身之說，固詳《別録》之書。而常吞成軟骨之痾，亦載修真之冊。楮實甘寒補助宜，扶陽益氣更充肌。睛明水退增顏色，軟骨之虞亦應知。

楮葉：　性甘而涼，去風與濕。語言卒禁，同剉其枝。手足不仁，多茹其嫩。煎如餳而服空腹，消水腫之身。煑為粥而供常餐，退虛肥之面。耽眠沈睡，點之以湯。衂血吐紅，投之以汁。助以元麝，注遮眼之瞖雲。配以雄黄，

安木腎之癩疝。身熱之子,食不生肌,水煎而浴肢體。渴痢之兒,飲又作嘔,漿浸而煮木瓜。擣末引烏梅,為止瘴痢之劑。搜麪作餅飥,乃施水痢之方。脫肛不收,米湯和之。白濁不止,蒸餅丸之。可封痔瘻之腫疼,亦傅癬瘡之濕癢。合麻葉以漬蝮傷之毒,取濃汁以化骨鯁之虞。楮葉甘涼氣味優,去風利濕腫浮收。兼除痢疾安癩疝,吐衄能停瘡癬瘳。

枳實:氣厚而寒,味薄而苦。陰中陽性酷而速,升微降皮厚而堅。化日久之稠痰,削年深之結積。解虛痞而逐停水,寒熱氣痢皆除。清脹滿而去風邪,喘嗽癖癥悉愈。胃中濕熱,用此以驅。腎內冷寒,藉之以滅。明目而止溏泄,消食而散敗瘀。為益氣之需,參、薑佐而兼山薊。為破氣之用,消、黃配而及牽牛。薤白湯止逆氣之搶心,白朮湯消水飲之結腹。安其胸痺,擣而調湯。息其奔豚,炙而和飲。麥麩焙而粥漿引,開膈閉于傷寒。皂莢助而米飯丸,通便凝于大腑。腸風瀉血,炒黃而芰草碾吞。痢下脫肛,磨平而蜂糖炙熨。煎同芍藥,產娘之痛腹可停。裹用帛綢,婦道之腫陰自愈。久痢之童投以末,五痔之子進以丸。燒而調用豬脂,頭瘍塗之而退。浸而炙須米醋,風疹熨之而消。然具洩氣之能,本元虛者勿用。且有衝墻之力,積滯無者莫施。枳實微寒苦味含,衝墻倒壁瀉凝痰。胃中濕熱皆能逐,消食添肌力亦堪。

枳殼:苦酸而微寒,陰沈而無毒。大則性詳而緩,熟則皮薄而虛。陳久為良,功用倣實。解腹中之滯氣,導胸次之結癥。開胃健脾,滯痰結痰皆化。通關利節,風痺麻痺悉痊。消脹滿而退虛浮,水腫腸風可止。通腸臟而除瀉痢,裏急後重胥安。眼目當明,背膊去悶。洩肺氣而停欬嗽,驅風疹而愈瘡瘍。消積聚之停留,入之以巴豆。平傷寒之呃噫,佐之以木香。檳榔子與川黃連合調而堪化痞,萊菔子與茴朮漆分炒而得寬腸。去其腸風,羊脛炭同研而投米飲。止其氣痢,甘草末共擂而送沸湯。引木瓜而脚氣能疏,合桂枝而脇疼可散。治牙酒浸以頻含漱,明目麩焙而代茶漿。服而并塗,消其風疹。熏而後洗,退其痔瘡。懷孕腹疼,黃芩煎嘗而止。臨盆腸出,淨水煮浸而收。瘦胎飲,厚奉之婦可施。不驚丸,急慢之風俱息。祕塞之子,入甘草以吞。軟癤之兒,抹麪漿以合。然能損至高之氣,未可多投。且宜辨何部之經,當求別引。性詳枳殼苦酸寒,利節通關痰氣安。水退腫消寬壅塞,健脾開胃是靈丹。

巵子:味苦厚而沈降,屈曲下行。氣寒薄而升浮,輕清上達。主血分之熱,為陽中之陰。力可柔金,功堪染物。輕飄象夫肺,色赤象夫心。能引導乎諸經,善開通乎六鬱。明目而解消渴,去毒而殺蟗蟲。利小便之澀淋,除大腸之熱結。驅黃疸而止吐衄,五臟風毒皆消。瀉痞塊而愈瘡瘍,五內火炎盡息。上焦須殼,下焦須仁,而全用于中焦,皆資之以退熱。不炒主寒,黑炒主血,而和中以微炒,各治之以引經。火在心胸,用仁以逐。熱留肌表,藉殼以疏。煩躁之疴,香豉為配。食勞之復,淨水以煎。大黃、炙草、連翹,清心經之留熱。茵陳、蜜甘、豆豉,退皮色之發黃。去胃脘火氣之疼,對以生薑之汁。定胸腹熱寒之痛,佐以川烏之頭。炒黑煎薑,五臟之氣凝悉解。燒末調水,五尸之疰疾皆安。霍亂轉筋,和以熱醪,而亦止痢疴于臨產。腫浮陽水,勻以米飲,而并消濕氣于胎元。合滑石、芤葱,投而血淋自已。擣滄鹽、獨蒜,貼而尿閉能通。下利血鮮,取灰而服。喫飯直出,去皮而施。丸以蜂糖,除熱毒之痢。引以新水,化酒毒之紅。頭痛起于風痰,傅之以濃蜜。目赤兼夫祕結,入之以大黃。丸蠟以去酒皶,燒灰以吹衄血。昏迷狂躁者,豆豉、清水以煎。天釣盤腸者,白芷、草烏以助。油拌抹(練)〔煉〕眉之癬,水調搽火焰之丹。封其火瘡,麻子油妙。埽其灼爛,雞子清佳。麥麪傅折損之疼,硫黃署猘犬之咬。苦寒巵子專清熱,五內三焦鬱氣搜。止渴除淋黃亦退,懊儂吐衄效多優。

酸棗:肉酸而收,主夫肝分。仁甘而潤,入于膽經。去其皮尖,惡夫防己。除煩解渴,安臟腹而令健肥。散結補虛,堅筋骨而助陰氣。驅心胸之寒熱,和肢體之痠疼。能逐中邪,善消濕痺。膽熱則好睡,生研而配以蠟茶。膽怯則不眠,炒熟而行以竹葉。草薑、苓芎與蝭母,共治虛煩。草薑、苓朮與人參,協施振悸。骨蒸則絞漿以煮粳粥,地黃取汁而勻。汗出則擂末而佐參苓,陳米熬飲而送。風居筋骨,炒而研湯。刺入肉皮,燒而調水。甘潤和平酸棗仁,強筋止渴補中珍。生安膽熱多眠患,熟生虛煩夜息神。

白棘:列生而低小,白色而辛寒。刺或成鉤,宜療瘡瘍,排膿而止痛。鍼如作直,宜施虛損,補腎而添精。陰痿腰痛可痊,喉痺腹癰盡愈。同麝丁以嗃鼻,去其頭風。合檳榔以對醪,安其脇刺。睫毛倒入,加賊草及蚓,而兼木鼈之仁。齲齒腐朽,用炭火炙漿,而傅雄黃之末。煮水除血尿、丹毒,亦洗痔漏癰疽。燒灰治喉痺、口瘡,並出瘡頭膿汁。消其疳毒,瓜蒂佐之以吹。

拔彼疔根，橘皮煎之而服。燒枝塗鬢髮，解其垢膩之汙。擣葉傅臁脛，退其風瘡之爛。金傷內漏，宜用其花。痿痺心疴，須收其實。棘刺辛寒鉤直量，或宜補益或瘡瘍。腹癰喉痺皆能愈，陰痿腰疼盡不妨。

蕤核：色紫而赤，味甘而溫。破心中停積之痰，散腹內伏邪之熱。除氣結而消氣痞，療鼻衄而止鼻紅。熟可治夫不眠，生足醒其耽睡。力則可以強志，功獨著于眼科。赤爛之眥，應同杏仁、膩粉。飛血之目，須加苦竹、細辛。生蜜、梅冰，配而為春雪。青鹽、豝子，合而為撥雲。凡目可施，膏名百點。仙經獨祕，丸曰守中。蕤仁溫潤味甘藏，益氣常將風熱戕。更解腹心痰痞結，諸般目疾用尤良。

山茱萸：溫平之性，酸澀之能。乃陽中之陰，而入腎經肝經氣分之內。以蓼實之使，而惡防己、防風、桔梗之功。核滑陰精，去之為要。肉壯元氣，用之為良。下氣溫中，寒濕風痺之盡埽。益精添髓，長年強力之可期。堅陰莖，除疝瘕，而止水道之大利。安五臟，通九竅，而驅腦骨之多疼。消面皰而止耳鳴，退目黃而通鼻塞。腰膝得之而暖，腸胃服之而和。老人小便不時，使之有節。婦女有經不定，使之按期。功除一切之風，力逐諸凡之氣。祕精收滑，八味丸用之為君。續嗣延年，草還丹以之作主。酸平收澀山萸肉，補腎溫肝實賴之。耳目聰明通九竅，添精益髓好扶持。

金櫻子：味則酸澀，氣則溫平。止便數而固精，安脾泄而除痢。熬膏而米醋調服，活血駐顏。作煎而芡粉和丸，補真助氣。縮砂為佐，能益血精。粟殼相偕，能停久痢。花則色白，和鐵粉而黑髮烏鬚。根有東行，入糯米而殺蟲安胃。食鹽合而塗癰腫，桑苧配而罨金瘡，皆須嫩葉。炭火炒而止腸紅，米醋煎而化骨鯁，並取根皮。但澀性太覺有其祕氣之虞，而逞慾切勿資為快心之助。精不固者宜服，身無故者莫吞。酸而帶澀是金櫻，收斂為功治滑精。止痢停遺雖可服，但嫌閉氣却無情。

郁李仁：甘兼夫苦，氣則潤平。陰中之陽，性則下降。入脾經之藥，為氣分之宜。具芳香而忌雙仁，去皮尖而炒紫色。洩腸中之結氣，開關格之堅凝。逐水除浮，而小便自利。消食下氣，而大腑自通。腰胯冷膿，宣之而愈。膀胱急痛，泄之而安。破癖而五臟和，潤燥而三焦利。止其血汗，研末而汁取鵞梨。退其脚浮，煮粥而米須薏苡。以麪作餅，可解癖積，并消腫滿之喘噓。以酒作煎，可下膽橫，亦瀉心胸之結塞。眼赤欲退，和之以梅冰。兒熱宜清，研之如杏酪。大黃、滑石，解襁褓二便之不通。新水溫湯，散倉卒中心之作痛。郁李苦甘兼潤降，善通關格利幽門。水消腫散功多妙，年老精枯亦禁吞。

女貞：味苦氣平，性溫毒泯。為腎經之益，品列至高。乃少陰之精，藥為至妙。補中而安臟腹，除病而養精神。久服輕身，強陰而健腰膝。常吞不老，明目而黑髮鬚。兼益肝家，驅風補血。更清肺火，去熱滋陰。為丸用旱蓮以取漿，止衰頹之夜起。熬膏置淨瓶以埋地，點風熱之睛紅。胻爛頭疼，葉煮水而熱貼。口瘡舌腫，葉擣汁而時含。溫苦女貞稱妙品，益肝補腎養精神。安和五臟烏鬚髮，散血除風葉亦珍。

冬青：味甘苦而氣涼，葉長圓而子赤。去風虛以補益，米醋浸製而投。安痔患之痛疼，酒鹽蒸暴而服。煠嫩芽而和五味，食之可救凶荒。燒葉灰而入面膏，塗之以滅瘴瘃。苦甘涼性是冬青，痔腫風虛用極靈。葉可燒灰施瘴瘃，嫩芽煠食著荒經。

五加：味辛而苦，性溫而平。乃五車星之精，而號金鹽木骨。以遠志肉為使，而惡蛇蛻玄參。補中益精，堅筋肉而強意志。明目下氣，驅濕痺而逐惡風。治囊潮陰痿，而止小便之餘瀝。除疽瘡下蝕，而安少腹之疝疼。去遠年肌肉之血瘀，療初發緩弛之肢軟。婦人血風之倦，必得歸芎、丹皮。小兒行走之遲，宜合木瓜、牛膝。煮而為醖，延年以益老人。治而為丸，去濕以安脚氣。目瞑息膚之患，浸之以淳醪。石藥發毒之殃，煎之以淨水。造酒飲而除風痺，分時采而愈勞傷。枸杞根上之皮，配釀而虛羸病補。鐵冶槽中之水，和塗而火竈丹痊。辛苦溫平有五加，驅寒利濕逐風邪。益精順氣堅筋骨，釀酒常吞效足誇。

枸杞子：紅潤甘甜為上，和平滋補為功。益腎而可生精，潤肺而能增氣。堅筋骨，耐老不衰。補虛勞，輕身有效。邪熱自退，嗌乾引飲皆痊。風濕胥驅，腎病消中悉愈。精既足而血養，血既實而風除。金髓煎使氣壯與體輕，四神丸明眼花與睛暗。肝虛而下淚，浸酒以吞。眼赤而生雲，擣漿以點。榨生油點燈以明目，入地汁漬酒以補虛。注夏之疴，泡同五味。面皯之患，末並地黃。滋潤甘平枸杞子，堅筋健骨可輕身。扶持肺腎生精氣，更補肝虛明目睛。

地骨皮：即枸杞之根皮，得地骨之名目。氣寒而味甘淡，純陰而性升

浮。主氣分于下焦，去虛熱于內腎。能制砂硫之性，貴如犬物之形。解渴而消風濕之邪，涼血而清肌膚之熱。降肺家之伏火，瀉胞內之虛炎。治傳尸有汗之骨蒸，逐在表無常之風毒。善補正氣，亦治金瘡。筋骨得之而堅，精氣因之而益。同生地、菊花以釀酒，耐老延年。合杜仲、萆薢以浸醪，暖腰益腎。骨蒸之煩躁，必偕炙草、防風。口渴之虛勞，應入門冬、小麥。湯調服而驅客熱，麪拌吞而去腎風。吐紅飲之以煎，尿血投之以汁。清泉煑之，去骨槽之風。苦酒熬之，漱蟲䘌之齒。眼目暴赤，食鹽以加。口舌多糜，茈胡以佐。漿水浴而後傅末，消丈夫下疳于陰間。香油抹而先洗湯，化稚子腎疳于耳後。頑瘡氣瘻，作撚蘸納，而再送米漿。惡毒癰疽，取汁洗淋，而更貼細穰。紅花助而搽雞眼，葵根伴而退瘰疽。陰腫瘡生，淨水煎湯以洗。帶下脈數，地黃煑酒以吞。甘淡微寒是地骨，益精旺氣補三焦。渴消火降除虛熱，骨節勞蒸盡退燒。

石南：　味苦而兼辛，氣平而有毒。惡夫小薊，使以五加。養腎氣而主衰傷，療脚疾而扶軟弱。除悶煩邪熱，利筋骨皮毛。諸風是消，凡蟲可殺。浸酒以飲，驅其頭腦之有風。作散以吹，治其瞳人之不正。合其鼠瘍之口，配眾品以傅。平其乳石之煩，調新泉以送。取實入藥，破積而更殺蠱蟲。采芽為茶，去風而尤宜暑月。石南有毒氣還平，辛苦能驅邪熱行。筋骨皮毛皆得利，除風養腎內傷消。

蔓荊：　微寒而辛苦，至清而輕浮。小腸膀胱是行，烏頭石膏是惡。能行上而散，為陽中之陰。治表則驅頭腦之風邪，治本則清心胸之積熱。上部痛疼悉止，遍身寒熱皆消。涼血而除風氣之痼顛，利竅而舒濕痺之拘急。關節得利，則無昏暗沈悶之虞。頭目既清，則遠淚出腦疼之患。筋骨因之而健，齒牙得之而堅。殺白蟲，散邪益氣。通經血，耐老輕身。盛絹袋而浸醪，頭風止痛。和熊脂而調醋，髮黑且長。乳癰能消，吞之用酒。胃虛宜禁，服之生痰。辛苦微寒名蔓荊，搜風涼血最多情。舒筋利竅兼驅濕，寒熱先從頭目清。

紫荊：　花紫如珠，味苦如膽。其性則降，其氣則寒。入厥陰之經，主血分之品。活血而兼行氣，消腫而更長膚。解諸毒以洗瘡瘍，利小腸而通經水。便淋血滯，應煑濃湯。鶴膝風拘，宜煎老酒。丸之以醋，消婦人血氣之疼。對之以醪，止產母諸淋之患。痔瘡作痛，新水熬吞。背發初生，淳醋箍抹。服同香芷，而外傅配木蠟、赤芍，消癰毒之未成。浸以人尿，而調汁用地黃、生薑，退眼傷之發腫。鼻疳則陰乾而貼，犬咬則糖拌而搽。紫荊氣味苦還平，消腫除疼血氣行。解毒更能通月水，小腸得利五淋清。

木槿：　植于籬下，貴夫川中。氣厚而力優，味甘而性滑。炒而作飲，解熱渴于瀉痢之餘。切而煑酯，止帶下有赤白之色。錢癬生頭面，苦酒和之以傅。蟲癬多癢瘙，肥皂入之以擦。埽塗須河水、井水，浸大風子與半夏，以化牛皮之瘍。熏洗熬皮湯、葉湯，傅五倍子與白礬，以收肛門之脫。明目用皮為妙，消痔取根為良。煎花代茗而風驅，焙花調湯而痰降。禁口下痢之恙，麥麪餅蘸之以餐。反胃吐食之疴，糯米飲勻之以送。燒子以和豬髓，塗黃水之膿漿。燔實以取濃煙，熏頭風之偏正。木槿甘平滑力優，滋枯潤燥血無留。皮除瘡癬真靈妙，花子功勞亦可收。

木芙蓉：　味微辛而具滑粘，氣自平而無寒熱。能清肺中之火，專治瘡上之科。退腫排膿，涼血解毒。生研乾擣，均可施為。根葉皮花，同其功用。佐夫黃蘗，而木鼈磨醯以和，傅其偏墜之疼。擇彼九尖，而魚鮓蘸末以嘗，停其弱羸之欬。月經之當止不止，蓮蓬殼須加。癰毒之已成未成，赤小豆可助。井水調抹，而以蜒蚰螺次罨，拔彼疔根。香油拌搽，而以松柳湯先淋，去其頭癩。使毒不走，蒼耳草燒而同研。令腫即消，菊花葉摘而共煑。淨水勻而貼太陽之穴，眼赤能除。皂角偕而拌雞子之清，杖疼自止。灸瘡摻之以末，灼傷和之以油。辛平性滑木芙蓉，涼血清金熱自鎔。一切癰疽新久毒，皆堪箍散立時鬆。

木部四　寓木類

伏苓：　味甘而淡，氣溫而平。其性升浮，其功下降。入乎心經脾肺，行乎小腸膀胱。忌米醋而及諸酸，遇牡蒙、地榆、雄黃、龜甲、秦艽而畏。惡白歛而使馬藺，得防風、甘草、紫石、麥冬、烏藥而良。赤有瀉功，白有補功，當殊其途而待用。白為氣主，赤為血主，乃以其類而相從。或合或分，隨時而定。宜白宜赤，因證而投。補勞傷而中熱能和，氣虛能益。調水火而溲多能節，便澀能通。少津液而能生，得悸驚而能保。開胸間之結，而去寒熱與悶煩。利膈上之痰，而解抑鬱與恚怒。調臟腑而分利陰陽，伐腎邪而堅固營衛。得人參而安氣逆，得蘄艾而養血虛。服食辟穀之方，米蒸而牛乳和。神仙度世之法，湯淋而酒蜜加。膏曰龍涎，解夫鬱煩躁渴。丸名威喜，止其帶

濁淋遺。夢洩調以米湯，尿頻合以山藥。黃連佐而丸天花粉，安心腎之不交。蜜香助而引蘇木瓜，清泄痢之不止。耳聾以黃蠟和嚼，面斑以白蜜調傅。楮子、乳香，化豬雞之骨鯁。故紙、沒藥，消漏管之痔瘡。水腫之妊娘，宜兼葵子。血餘之怪證，必入胡連。至若抱木為神，配以沉香，魂可安而心得養。外皮入藥，合夫椒目，水可退而溺自通。正口喎而定虛驚，神木心妙。安脚氣而舒攣縮，黃松節佳。然用必去其赤筋，誤服定然損目。而投更須其實熱，多服則至傷元。心經有火莫施，脾胃有邪勿與。陰虧自汗，懼其利竅而脫陽。新產腎虛，防其淡滲而下洩。伏苓赤白淡而甘，氣血分行補瀉舍。抱木為神能益智，肌膚滲水藉皮探。

琥珀：　味甘而屬陽，氣平而主血。有香者美，拾芥者真。燥脾土以運行，清肺金而下降。能除痰飲，能利小腸。消瘀滯而去五淋，定魂魄而安五臟。生肌止血，治夫金傷。壯心鎮邪，療其蠱毒。破瘕調經而有效，明目磨翳而有功。服之佳顛，帶之辟惡。麝香末助，淋瀝可停。葱白湯調，轉胞即愈。下婦人之惡物，大黃、鼈甲當加。止小兒之胎驚，防風、朱砂宜佐。燈心湯清血尿之水道，童子便起悶絕之金創。墮損血瘀，酒吞其屑。食魚骨鯁，線引其珠。然勿宜于血少不利之人，恐反致夫燥急陰枯之患。琥珀甘平藥內尊，狂除顛靜鎮神昏。金瘡瘀化癥瘕散，更可通淋定魂魄。

豬苓：　甘重于苦，降少于升。體陽而陰，性淡而薄。為木餘之氣，在楓下則多。入于腎水之經，行乎膀胱之分。治溫疫大熱，主腫脹急疼。開腠除煩，療傷寒與中暑。利尿去濇，消腹滿與肢浮。淡利竅而甘助陽，苦泄滯而生行水。驅其痎瘧脚氣，止其帶下濁淋。寒濕鬱毒皆清，蠱疰不祥盡退。合而為散，而有發汗利便之功。煎而為湯，而作解渴驅邪之用。小兒燥結便祕，雞尿白偕。孕婦腫渴浮子淋，熟湯水送。然服久必損腎氣，每致昏目之殃。而火燥宜懼亡津，勿施無濕之子。甘淡猪苓苦亦藏，除淋行水渴消亡。傷寒火熱併瘟疫，分理陰陽用自良。

雷丸：　寒而小毒，苦而多甘。體實性堅，乃竹之餘氣。皮黑肉白，猶雷之有丸。似猪苓而圓，遇葛根而惡。使以芫花、厚朴，與夫茘實、蓄根。逐邪氣與惡風，而去皮中之結熱。殺三蟲與蠱毒，而清胃內之伏炎。消除風疾之癲狂，疏利丈夫之元氣。食炙肉而調粥飲，能下寸白之蟲殃。和米粉而撲周身，可收小兒之熱汗。作摩膏以除百病，服數粒而去癃聲。但常人陰痿，每以久嘗所致。而女人臟氣，又非疏利所宜。甘苦雷丸寒小毒，力專磨積殺諸蟲。小兒百病能除滅，狂走癲癇逐惡風。

桑上寄生：　苦平之性，川蜀之生。葉圓而尖，質柔而厚。面深青而光澤，背淡紫而蒙茸。須自采乃真，或連桑始美。助筋骨，益血脈，去內傷不足與崩中。充肌膚，堅齒牙，除腰強多疼與癰腫。保餘痾于產後，安傷漏于胎前。亦主金瘡，更下乳汁。加阿膠、艾葉，治胎動之痛疼。入甘草、芎防，止痢下之膿血。吐以膈氣，擣汁取飲而通。血後元虛，為末點湯以補。寄生桑上別為枝，益血強筋陰自滋。產後胎前均有效，金瘡癰腫盡堪施。

木部五　苞木類

竹葉：　其味有辛有苦，其性或冷或寒。亦陰亦陽，可升可降。涼心經而益元氣，緩筋急而散熱風。止喘促氣勝之上衝，除新久風邪之口禁。壓丹石而停嘔吐，治惡瘍而殺小蟲。逐毒滌痰，而解消渴之引飲。緩脾利竅，而驅瘟疫之時行。療幼兒之天弔癇驚，救孕婦之倒地眩冒。喉痺頭風宜用，口瘡目疾須投。加小麥、石膏，去時疾發黃之證。煎橘皮、清水，止飲冷上氣之痾。煑篁湯以熨霍亂轉筋，並安欬逆不定。熬淡汁以滯齒牙出血，亦洗肛脫難收。疥癬頭耳之瘡，燒苦葉而和夫猳豬之膽。惡毒癰疽之患，研苦灰而調以雞子之清。竹葉苦辛性大寒，涼心益氣勝金丹。咽喉口目皆須用，風痙瘡瘍效不難。

竹茹：　微寒為性，小甘為能。止吐血與崩中。除鼻衄與嘔啘。解虛煩而下熱壅，病後之懊憹可安。開噎膈而痊肺痿，腹內之結痰皆去。痔瘡可治，勞熱能清。熬以釅醯，治兒發熱之禁口。煎以清水，調女不斷之月經。病婦初愈動勞，栝樓應佐。妊娘失驚致損，淳酒須匡。參草苓芩，解產餘之煩熱。亂髮香醞，消傷後之血瘀。酒飲而頭疼，雞子煑子而食。熱極而齒血，米酢浸之而噴。熬汁而吞，解勞復之陰腫。煎湯而服，止熱結之血尿。氣味甘寒是竹茹，清金寬氣鬱堪舒。更痊噎膈還滋燥，吐衄停時熱亦除。

竹瀝：　味甘而緩，性滑而寒。潤其痰涎，使夫薑汁。皮裏膜外，捨此則不能行。百絡諸經，藉是乃可以達。潤脾胃而除煩悶，寬胸膈而止癲狂。清風火燥熱之痾，血虛不食者宜用。解消渴喘嘘之患，三陽祕結者多加。時氣服而定躁煩，肺痿投而停欬嗽。可退破傷之風中，能止清渴之尿多。丹石毒需淡竹之油，齒牙痛宜苦竹之汁。黃連裹浸，可散肝熱之眥。薑汁和衝，能

開暴風之口。治傷寒之子，汁並葛根。消重舌之兒，漬須黃蘗。合連柏丹，傳吻瘡而退。加人乳汁，點目赤而消。狂語者至夜而投，口禁者應暖而飲。產後急中，灌之即甦。孕內動胎，服之自定。頻吞以止子煩，連進以收虛汗。篁竹取炙，喉痺可通。慈竹用燒，熱風胥解。竹瀝甘寒兼滑性，行痰降火又消風。益陰利竅除煩悶，大熱癲狂並建功。

卷之十三　蟲部一　卵生類

蜂蜜：生涼而熟溫，甘和而柔緩。宜高燥而不宜卑濕，忌萵苣而尤忌芤葱。性喜入脾，功堪利下。溫則補中益氣，涼則清熱除煩。潤燥以柔之澤濡，解毒以甘之平善。緩以去其急，能安一切之沈疴。和以致其中，能調百凡之藥劑。止諸瘡與肌肉腹心之痛，使三焦並臟腑營衛之調。取而含之，舒噫氣食物之不下。煎而導之，利傷寒大便之不通。痢疾與血疼，加以地黃之汁。橫生與難產，對以脂麻之油。熟沸水調，解口乾于蓐婦。桐子漿抹，變髮白于少年。腫惡之疔，隔年葱擣之以貼。大風之癩，生薑汁鍊之以吞。摩而拭以升麻，斑瘡可愈。化而刷以翎羽，痘癢可瘳。丹毒合以乾薑，癮疹送以淳酒。豬膽熬而作挺，便道可藏。甘草煮而為湯，陰頭可抹。搽面上之皯點，和以白伏苓。含口內之瘡疳，浸以大青葉。采家養者以點，能撥眼之瞖雲。用生取者以塗，可去目之珠管。含嗾下咽中之魚骨，鍊服化腹內之銅錢。熱油灼傷，割白沙以貼。湯火燙壞，擣薤菜以傳。然或味酸而色赤青，易起心煩之恙。又如飽食而餐魚鮓，隨致暴死之虞。七月而啖其生，則來卒下與霍亂。無故而多取服，亦生風濕與熱蟲。蜂毒宜知，兒童尤戒。蜂蜜甘平百卉英，補中解毒熱能清。調和眾藥多濡澤，通閉除瘍效並呈。

露蜂房：氣平而有毒性，味甘而入陽明。惡夫苓芍、丹參，及彼乾薑、牡蠣。除顛癇瘛瘲，治寒熱鬼邪。消蠱毒而殺諸蟲，止下利而平上氣。葱白同研而手握，安陰毒之腹疼。蟬蛻等分而酒煎，解風氣之身癢。手足風痺，擣之以獨蒜、草霜。舌鼻血流，丸之以貝母、(盧會)〔蘆薈〕。炙而調醞，傅重舌之脹疼。燒而為灰，吹腫喉之痺痛。風蟲之齒，咬用綿包。風熱之牙，漱須酒和。水煎洗其病後，消熱毒之衝睛。火熬治彼邪疴，驅鬼精之在腹。陰寒傅之于初夜，陰痿送之以新泉。漏下崩中，關格閉塞，以及寸白蚘蟲之患，並宜佳釀以投。瘰癧風瘻，頑癬頭瘡，與夫蜂毒叮螫之殃，皆須臘脂以抹。蛇皮、亂髮，消腫毒之良方。巴豆、清油，退軟癤之妙劑。肛門漏痔，拌以菜油。鼻外瘡瘤，服以米酒。煎而溫飲，散妬乳之堅凝。熬而熱淋，去狐尿之刺痛。下乳石之熱，火炙而煮清泉。解藥毒之攻，麩炒而偕甘草。稚子痢下赤白，茶飲以調。小兒嗽發喘噓，米湯以下。燒末摻臍風之濕，濃汁浴癇氣之邪。蜂房有毒味還甘，喉齒瘍科好共探。瘛瘲癲癇邪鬼退，毒能攻毒殺蟲堪。

五倍子：生于膚葉之間，為蟲所造。具夫鹹酸之味，其氣則寒。能斂肺止血而化痰，可散熱除渴而收汗。泄痢濕爛之患，無不盡驅。瘡瘍腫毒之災，亦皆主治。解咽喉之渴，研為末而水以調。安心腹之疼，炒起煙而酒以傾。蕎麥麪作餅，止盜汗于寐中。鹽霜梅和丸，除血尿于小便。腎虛而真陽不固，必偕雲苓、龍骨、食鹽。脾泄而下痢不休，宜合丁木、細椒、倉米。米飯丸而水泄止，枯礬助而熱瀉停。赤痢和之以烏梅，滑痢炒之以釅醋。填鯽魚而甆瓶以煅，臟毒能清。合礬石而順流以圓，腸風可息。糞後下血，擂而引以艾湯。氣弱脫肛，煮而熏于木桶。或調冷水，或研全蠍，皆治耳之腫疼。或入蔓荊，或用飛丹，並療目之赤爛。鼻衄不止，宜新綿之灰。唇緊不開，須訶子之肉。配以鑪底，貼口舌之生瘡。佐以地龍，傅齒牙之傷動。除其疳臭，銅青、巴石同搽。定其風疼，黃丹、花椒共摻。蘗木、枯礬、青黛，除走馬之疳。殭蠶、甘草、白梅，消懸癰之咽。口鼻疳蝕，用之而痊。牙縫血宣，施之而止。蠟茶、膩粉，去濕于陰囊。川椒、細辛，滅疳于下部。白蜜勻傅腫毒，黃柏協抹瘡瘍。癩頭癤熬以香油，魚口毒煎以苦酒。臘醋脚能收瘡口，牛骨髓可泯裂傷。金損必藉降香，蟲癬當兼巴石。酢浸而炒，貼彼杖瘡。鹽納而煨，散其偏墜。河豚毒中，調水用礬。雞骨鯁疼，摻末入嗓。乾傅去婦女之陰血，酒吞止妊娠之漏胎。產母脫腸，羽涅煎之而洗。幼童下血，蜂蜜圓之而投。和以唾津，填臍而夜啼自息。勻以甘草，下咽而嘔逆即安。五倍酸鹹寒性成，化痰收汗肺金平。瘡瘍腫毒多消散，渴止煩除熱自清。

百藥煎：具酸鹹而帶餘甘，釀文蛤而成是品。輕虛其質，浮斂其功。清心肺之炎，治上焦之疾。化熱消酒而斂肺，解乾收水而生津。糜爛諸瘡，施之甚善。濕風諸患，用之多良。欬嗽欲停，偕黃芩、橘紅、生甘草。飲痰須散，入細茶、荊芥、海螵蛸。蠟茶配而梅肉圓，消暑炎而止渴。胡索加而雄黃末，揩牙齒而染鬚。止腸風以米飯為丸，除便血與假蘇作劑。槐花、五倍而酒痢住。香芷、烏梅而臟毒清。肛脫為殃，熬以白梅、木瓜、泉水。血淋為

患，佐以車前、滑石、香連。調以粥湯，安其氣痔。燒其棗子，散彼腸癰。脚肚之瘡，唾和之而外貼。乳盤之硬，酒煎之而內投。生礬、香油，傅鍊銀之毒。青鹽、銅綠，抹蝕齒之疳。風熱疼牙，泡湯噙漱。脂膏黏髮，研細摻搽。五倍釀成百藥煎，酸鹹甘味却相連。化痰止嗽生津液，風濕諸痾盡得痊。

白殭蠶：微溫而無毒，微辛而有鹹。乃病風之蟲，得純陽之體。屬火土兼金木，輕浮而升。入陽明及厥陰，氣味俱薄。桔梗、桑螵蛸是惡，萆薢、伏苓神亦憎。治彼痰痾，咽喉聲如鋸響。驅天風疰，皮膚走似蟲行。止女子之崩中，消丈夫之陰癢。化瘰癧而除痰瘧，通乳汁而解忤驚。療瘡可滅其瘢，去癥能破其結。止其酒嗽，調以茶漿。豁彼風痰，勻以薑汁。絲綿、朱砂、桃李，截瘧如神。蠍稍、附子、天雄，定驚有效。疳積體虛而天柱致倒，酒用薄荷。氣血否澀而皮膚如鱗，湯加蛇蛻。傅而拌蜜，治風之撮口，亦去通白之糜瘡。服而調醑，解中之失音，亦散作疼之瘾疹。正偏之頭痛，佐之以高良薑。瀉血之腸風，配之以烏梅肉。開關散通其喉痺，如聖散息其喉風。風牙蟲牙，蛻紙燒灰而並擦。重舌木舌，黃連炒蜜而同搽。白馬之尿，殺腹中之龜病。慎火之草，退背上之毒丹。風痔丸之以烏梅，項癧引之以清水。封疔瘡而根拔，傅金損而血收。白魚、鷹屎滅瘡斑，狗耳、牽牛消粉鼾。顏色黑黯，和水抹而立消。指甲薄柔，燒煙熏而即厚。通其乳汁，淳酒下而更進巨勝之茶。定其崩中，衣魚和而必投井華之水。溫辛氣味白殭蠶，散結行經兼化痰。瘰癧癥瘕能解散，金瘡疔毒盡堪啗。

蠶繭：甘溫而無毒，屬火而有陰。瀉相火于膀胱，引清氣于脣口。止淋而除下血，殺蟲而治諸瘍。消渴悶煩，煎水作飲湯而服。反胃嘔吐，取汁煑雞子而餐。包蓬砂而焙焦，抹口糜與舌爛。填白礬而煅末，擦疳蝕與痘瘡。代鍼散出癰疽瘡頭，淳醪調下。繭黃散止大小便血，米飲送吞。蠶繭苦溫屬火陰，諸疳諸血盡無侵。煑湯止渴功多效，最妙瘍科好代鍼。

原蠶沙：具甘辛而兼溫燥，伏粉霜而及硇消。除濕驅風，起脚軟而舒頑痺。消癥止渴，定腸鳴而解熱中。暖腰膝之冷疼，去骨筋之癱緩。佐以無灰酒，通月水而止血崩。引以井華泉，轉女胎而為男孕。解其口渴，取冷水以投。定其心疼，泡滾湯以飲。淋其灰汁，可洗頭風。浸彼麻油，能塗眼爛。眯目不出，取十粒而整吞。半體不仁，盛二袋而互熨。酒蒸以臥體，發汗而逐癱風。水煑以浴身，止癢而消瘾疹。破腹中之癥結，合桑灰汁煑鼈肉為丸。治骨竅之損傷，同綠豆粉研枯礬為末。蠶沙溫性味甘辛，勝濕追風洵可珍。筋骨緩癱皆得遂，更除爛眼效如神。

斑蝥：寒而大毒，苦而多辛。使以馬刀，製以麩醋。畏空青、丹參、巴豆，惡膚青、甘草、菽花、亭長、地膽、芫青。名隨時易，靛連葱茶黑豆。毒用此消，力能蝕夫死肌。性直走于下竅，治疝瘕而利水道，爛敗物而破石癃。除一切疥癬瘡瘍，驅諸凡鬼疰蠱惡。能解輕粉之毒，亦去沙虱之災。栗炒而共薄荷、烏雞子清以圓，蠟茶下而內消瘰癧。醋浸而加剛子、黃犬背毛以入，朱砂研而盡出瘻蟲。封疽癰以拔膿，擣宜大蒜。搽疥癬以除癢，浸必酸醢。劃而塗之，疔根可以立出。燒而服之，胎死用以催生。風狗所傷，糯米炒而熬淳醞。血疝為患，滑石研而送白湯。大戟桃皮，合以吐蠱。人言葷菜，和以點疣。痞癰在顏，生油勻之以抹。聾閉于耳，巴豆伴之以藏。然淋濁之人，所宜細斟以用。而妊娠之婦，尤當深戒勿施。斑蝥大毒苦辛寒，瘰癧癰疽用可安。血疝瘻蟲風狗咬，與同中蠱急須餐。

蠍：味辛兼甘而有毒氣，色青屬木而產東方。乃風病之良材，為肝經之要品。解疝氣而止帶下，除痰瘧而治中風。大石榴包煨，勻乳汁而癎痾自定。無灰酒塗炙，入麝香而臍風即安。薄荷助理風涎，朱砂協除天釣。慢驚加麻黃白朮，胎驚入丹麝麥冬。明天麻丸以蟾酥，散彼破傷風痙。當門子和夫佳釀，驅其濕痺風淫。腎氣冷攻，米酒、童尿以煑。小腸疝痛，麝臍、美醞以調。元麝研投，而耳膿自淨。生薑炒服，而耳閉能通。牙風配之以蜂房，腸風佐以巴石。土狗、地龍、五倍，清偏正之頭風。巵子、黃蠟、麻油，退腫疼之瘡毒。痔瘡發癢，燒而熏肛。子腸不收，炒而嗃鼻。蠍性甘辛有毒藏，色青屬木產東方。肝經諸疾稱為要，驚中瘡瘍用盡良。

蟲部二　化生類

蟬蛻：鹹甘兼寒之性，土木餘氣之生。驅風熱于皮膚，止眩旋于頭腦。婦人難產，能以催生。大人失音，可以開竅。研同滑石，清膈而胃反可安。飲用井華，發聲而口瘖遂愈。頭風作運，炒末以施。痢下多時，燒灰以服。薄荷葉去風皮之發癢，麝臍香止聤耳之出膿。驅破傷之風，葱涎和抹。消丁瘡之毒，蜜水交吞。取淨身而朱砂末加，定驚啼之子。用後截而鉤藤湯下，止夜擾之兒。在抱而天弔多痰，漿水、冷泉宜助。初生而噤風不乳，全蠍、輕粉必偕。作湯洗陰腫之疼，煎汁快疹瘡之出。痘如作癢，甘草同煎。目若生

花，羊肝以引。甘鹹蟬蛻性還寒，專治皮膚風熱寬。丁毒痘瘡多有賴，小兒諸恙藉其安。

蟲部三　濕生類

蟾酥：生于蟾蜍之眉，取于端陽之日。性溫而毒，味甘而辛。入胃腎之行經，乃瘡瘍之要藥。白麪黄丹作挺，插疔而拔其根。米飯巴豆為圓，取行而散其腫。化緊急之毒，合辰砂、麥麪調之以井華。鍼腫硬之瘡，用乳汁、臍香傅之以津唾。牙皂、草烏為佐，能消喉痺乳蛾。天麻、乾蠍為匡，可愈破傷風痙。兒之羸瘦，砂麝丸而服心空。子之腦疳，人乳調而滴鼻內。絲綿染以紝齒，驅風而去牙蟲。牛酥合以摩腰，助陽而除腎冷。蟾酥有毒性溫辛，入口甘甜始是真。疔腫瘍科功最著，小兒疳疾亦為珍。

蜈蚣：有毒而性辛溫，用炙而去頭足。為截風之品，主厥陰之經。畏夫蛞蝓、蝦蟇、蜘蛛，及夫桑汁、白鹽、雞屎。驅其寒熱，溫瘧當除。殺厥精邪，鬼疰立通。療瘡瘍而攻毒，去惡血而墮胎。可散癖癥，能停痰嗽。善制虺蛇之疾，亦散蠱蠱之殃。萬金散可止急驚，雙金散則療天弔。禁口不乳，炙而用豬奶以調。撮口有瘡，刮而取汁漿以抹。南星、麝臍、芷、半，合治口喎眼斜。白礬、百部、雷丸，共塗丹遊瘤腫。消便毒吞之用酒，化瘰癧傅之同茶。彘膽汁調，罨天蛇之頭。龍腦香拌，塗肛門之痔。小兒頭禿，和食鹽以浸油。女子趾瘡，用南星以勻醋。水下解鎖喉之瘴，末吹除聤耳之膿。破傷中風，研而擦其口齒。脚筋轉痛，燒而入以豕膏。裝雞子以煑嘗，消如箕之腹大。和淳醪以取飲，殺作吐之蛇癥。蝮蛇螫燒末以搽，射工毒和醯以罨。蜈蚣毒性善驅風，氣味溫辛力甚雄。一切蛇殃皆可制，瘡瘍瘰癧並多功。

蚯蚓：軫水之精，土德之應。味鹹而葱鹽是畏，性寒而濕熱是除。有小毒而驅風，善下行而利水。解急中與脚氣，消大腹與疸黄。鬼疰蛇瘕，俱能化滅。狂言謬亂，盡得清涼。熱結之傷寒，煎以人溺。中蠱之下血，浸以米醯。入薑蜜、薄荷，解結胸之陽毒。合赤苓、半夏，逐痛腦之熱風。熏偏正之頭疼，乳香共而作撚。搜急慢之驚氣，朱砂對而為圓。乳香丸專定慢脾，五福丸獨安急搐。治卵腫之患，勞復煑宜淨水，幼傷抹應唾津。通尿閉之殃，老年飲佐茴香，童子傅須蜂蜜。油搽而朴消助，收陽證之脫肛。油抹而輕粉加，去頭瘍之禿頂。對口之毒，取于韭地之中。龍纏之瘡，覓于水缸之底。乳沒、輕粉、甲片，共痊頸癧之虞。米醋、麥麪、吳萸，伴除口糜之患。舌木則食鹽化汁以消腫，喉痺則釃醋擂爛以取痰。礬麝以止牙宣，五倍以安齒動。風蟲牙化水和麪，火赤眼炙末以調茶。並牙皂以研，去鼻中之息肉。同棗肉以擣，退身上之癘風。蜒蚰入耳而點汁消，膿水出耳而吹末止。葱化水滴，可通聾閉，亦解蜘蛛之傷。火炒屑吞，可下蚘蟲，亦主虺蛇之咬。蚯蚓鹹寒有小毒，風侵腎臟下行宜。腹膨脚氣兼蟲疾，濕熱之疴盡脫離。

蝸牛：有毒而性鹹寒，畏鹽而制蜈蠍。解熱消毒，而逐夫賊風。利水息驚，而舒其拘搐。止鼻衄而開喉痺，損痔漏而鬭耳聾。豬脂研抹腸頭，收大肛之時脫。麝香擣塗臍下，順小便之不通。解消渴之疴，密器盛而浸清泉于內。作染鬚之用，墨水養而埋馬屎之中。眼起腎雲，丹砂之末宜入。鼻流衄血，烏魚之骨應加。燒殼揩牙，而䘌蝕以除。擣肉置耳，而蜒蚰以出。石膽、鍾乳可共通聾，梅肉、白礬能同開噤。咽喉壅塞者，風腫則用食鹽以化汁水，痺腫則用白梅以裹絲綿。瘰癧痛疼者，未潰則入丁香而貼紙花，已潰則入輕粉而槌脊髓。新水漬而調蛤粉，背發當痊。蕘椀盛而填麝香，痔瘡自退。腮邊痄腫，拌麪以搽。面上毒瘡，偕醬以貼。蒔蘿和肉以擂，解撮口之臍風。酥蜜入殼以蒸，除腹膨之疳積。蝸牛小毒鹹寒性，消腫驅氣解熱優。瘰癧咽喉耳目患，脫肛發背盡能瘳。

鱗部一　龍類

龍骨：甘平之性，陽中之陰。入心腎包絡與肝經，畏蜈菵石膏與楝葉。遇魚肉、鐵器而忌，得人參、牛黄而良。定魄安神，除其多夢。濇精固氣，收其脫肛。主帶脈之病疴，斂正氣之浮越。泄痢遺精稱聖，漏崩盜汗多功。殺清物而潤痿枯，舒結氣而停喘息。驅熱則悶煩不作，鎮心則驚悸不生。合遠志而施，除健忘以益智。共韭子而服，安夢泄以固精。淋瀝遺尿，桑螵蛸佐而食鹽為引。頻仍洩瀉，白石脂偕而蘇瓜作湯。老瘧則酒煎以取汗淋，必須熱服。毒痢則水煑以沉井底，尤貴冷吞。米飲丸而久痢停，泉水送而溺血止。脫肛摻粉而即上，衂血吹末而胥收。炭火煅研，傅臍瘡之濕爛。牡蠣粉和，撲陰汗之癢疼。濇甘龍骨性微寒，止熱除狂瘧痢安。正氣斂收平帶脈，暖精益智是靈丹。

鯪鯉甲：味鹹而微寒，性走而有毒。竄絡達病，出陰入陽。行厥陰陽明之經，為風痺瘡瘍之要。功專行散而不滯，用必炮炙而不生。破血排膿，消癰腫而通經脈。安驚截瘧，辟嵐瘴而逐風痰。同蠍、芤、薑、無灰酒佐取身

汗，除冷痺之痛疼。加川烏、海蛤、葱白汁調貼足心，治中風之癱瘓。下痢裏急，蛤粉伴炒而米醞吞。熱瘧無寒，乾棗偕燒而井華服。驚悲之邪氣，酒下而安。阻塞之乳漿，醪投而達。木通、自然銅配，吹奶能消。蝟皮、肉豆蔻增，痔膿可淨。瘰癧已潰，炙以熟艾、斑蝥。鼠痔成瘡，進以麝臍、鼈甲。豬脂和而消蟻瘻，貝母助而化馬疔。痘黑之兒，焙之以蛤粉。陰癩之婦，炒之以泥沙。穀芒炮而入當門，除腫毒之初起。清油和而加輕粉，去眉癬之方生。耳內聾鳴，配麝蠍而塞。耳中疼痛，夾土狗以吹。麝拌施而膿自乾，水調滴而蟻即出。散眼赤脈，白淨紙卷而燒熏。去目拳毛，羊腎脂炙而研噙。鹹寒帶毒穿山甲，透絡行經銳似蜂。宣散更驅風熱病，托癰發痘好排膿。

蛤蚧：　味鹹而平，性毒而小。用必除其眼目，製當去其肉毛。益陰血之功，入肺經之品。助陽道，停消渴，而傳尸邪氣不侵。下石淋，通月經，而咯血折傷皆治。水道投之得達，氣液服之不衰。添精扶羸，力同羊肉。定喘潤燥，功並人參。佐阿、鹿而益犀，羚，清虛熱之肺癰。用雌雄而入參、蠟，消喘嗽之面浮。蛤是雄名蚧是雌，鹹平小毒性中持。助陽補肺除煩渴，喘嗽安時血亦滋。

鱗部二　蛇類

蛇蛻：　味鹹而兼甘，氣平而小毒。淨白如銀者妙，完全在石者佳。得火性而良，遇酒磁而畏。靈而善變以辟惡，能治瘧蠱鬼邪。竄而屬巽以去風，能治驚癇咽舌。惡瘍痔漏疥癬之疾，用其毒以殺蟲。膈膜皮膚胎產之疴，取其義以會意。絹袋盛遶腰際，安未足月之腹疼。熱水泡浴陰門，救不即生之產難。下胞衣而順橫逆，鍛入楡白之湯。散吹奶而止痛疼，焚和微溫之酒。調以婦人乳，治吐紅于幼稚，亦消喉痺舌木之殃。拌以臘豬膏，療月蝕于兒音，並抹頭癬面瘡之患。顱顋解者，取髓于豬夾車。舌齶重者，藉力于陳苦酒。浸軟拭而口瘡滅，燒灰傅而口緊開。花粉入羊肝，化痘傷之目瞖。當歸煎米醞，通氣閉之喉風。眼卒生雲，作麪餅炙食。耳忽大痛，用鵞羽裝吹。豬脂油抹惡毒之無頭，雞子清搽魚臍之作腫。有膿之蟲瘻，燒之而塗。無汁之石癰，剪之而貼。豕膏抹而淳醋服，除似癩之惡瘡。漿水洗而雄黃封，去入肉之陷甲。癜風可退，必用酸醨。水道欲通，還宜佳釀。塞耳截瘧疴于發日，煎湯洗蟲毒于螫傷。亦能止夫兒之悸驚，不可施于婦之妊娠。蛇蛻甘鹹屬巽宮，性平多竄善搜風。驅邪殺蟲安驚悸，婦女兒童俱見功。

白花蛇：　味則甘而兼鹹，性則溫而有毒。龍頭而虎口，黑質而白章。眼光不陷者真，頭尾必去為要。棄骨宜遠，得酒為良。外徹皮膚，內走臟腑。實癩癬毒瘍之妙品，洵驚癇濕痺之良材。或熬膏，或配丹，皆治癘風之惡證。或釀酒，或為散，亦舒痛痺之危疴。陽少陰多者，宜加天麻、狗脊、薑漿、無灰酒煮。腦風頭痛者，應入南星、石膏、荊芥、地骨皮研。牽牛、犀角、青皮，同膩粉而消瘰癧。猩紅、水銀、黑錫，作紙撚而治楊梅。托痘疹配以丁香，殺疥癬芼以五味。甘鹹溫性白花蛇，毒大專將風病挐。癩癬惡瘡咸埽却，軟癱驚搐逐其邪。

烏蛇：　味甘而多平，性善而無毒。劍脊細尾者上，七錢一兩者佳。花蛇同功，鼠狼是畏。治眉髭脫落之癩，驅皮膚不仁之風。熱毒瘑疥之盡除，瘙癢癮疹之悉滅。撮口不乳，加麝香而荊芥為湯。破傷中風，伴蘄蛇而蜈蚣共末。餅丸喂烏雞以煮用，愈彼癘風。火燒和豬脂以調傅，消其面鼾。去癜風之紫白，配諸品浸酒以吞。消脾熱于口脣，用皮灰拌酥以抹。其膏裹綿而塞，可闢耳聾。其膽焙末而傅，能痊舌木。烏蛇屬水主風科，無毒甘平效自多。頑痺疾除癮疹滅，疥瘑癩癬盡消磨。

鱗部三　魚類

青魚膽：　味苦而酸，氣寒而泄。主夫肝血，入乎膽經。吐喉痺之痰涎，亦除骨骾。退目赤之腫痛，並療惡瘡。膽礬研末而裝入，俟陰乾以吹喉。黃連煎膏而和成，加梅冰以點目。灌鼻中而取吐，乳蛾由此而消。注眼角而頻施，障瞖應時而化。青魚膽味苦兼酸，色主東方性又寒。目疾點之紅瞖退，乳蛾喉痺吐痰安。

鯽魚：　色黑身促，體壯脊隆。味甘美而多溫，性偎泥而屬土。有厚腸之效，具潤胃之功。合五味以主虛羸，作鶻突以下飲食。益臟調中而扶胃弱，同蓴菜以作羹。除渴止飲而去心煩，填茗茶以煨熟。或入大蒜，或入綠礬，並炙而飲吞，安其吐食之膈氣。或用硫黃，或用文蛤，皆煅而酒服，定其下血之腸風。驅酒積則煮以淳醪，下丹石則合以茭首。茴香為配，散疝氣而止腹疼。礬石為匡，除血痢而開口噤。欲消水腫，商陸、赤豆宜加。欲定崩中，血竭、乳香應用。送以米酒，解妊娠之感寒。養以自尿，安兒童之齁喘。舌腫貼之以片，口撮灌之以醪。走馬之疳，砒、地、麝、礬共摻。出血之齒，當歸、鹽末同揩。硇砂助而牙壞除，附子入而頭瘡愈。癰瘍年久，調之以醬汁，

亦施患禿之頭。惡毒浸淫，釀之以鹽花，並擦作疼之齒。炙油以抹蟲蝕陰疳之患，擣生以搽瘍瘡惡核之殃。腸癰煮之以豬脂，便毒杵之以山藥。作羹餐而痔血止，煎膏貼而瘰疽痊。骨疽佐以白鹽，丹毒偕以赤豆。甲片、皂莢、井水，足去臁脛之瘍。柏葉、輕粉、麻油，可散癰疽之毒。目生弩肉，開竅而合于眶。病熱昏睛，作臛而食以飽。然同芥菜則成腫疾，而合沙糖則發疳蟲。偕麥冬則害人，和大蒜則少熱。豬肝、雞、雉、鹿、猴之肉，能動癰疽，鱠鮓、頭腦、膽骨之儔，俱入藥品。鯽魚屬土美非常，氣味甘溫厥用良。胃弱能調益五臟，厚腸止痢食無傷。

鱗部四　無鱗魚類

鰻鱺魚：　其味多甘，其氣有毒。能殺蟲而除瘡瘻，亦去風而補虛勞。治婦人之陰瘡，并停帶下。療小兒之蟲腹，并愈疳勞。疰氣傳尸皆其主治，風痺濕疾盡可驅除。暖腰膝以起陽，壓草石以解毒。蟲痾心痛，宜淡煮而飽餐。骨蒸腸風，應酒烹而調味。燒煙以熏痔瘻，常啖以愈癧瘍。炙取其膏，去白駮面風之患。割收其血，退瘡疹目瞖之災。骨鍛末以入膏，可貼一切癰疽惡毒。頭炙研而配藥，能治諸凡疳痢帶崩。然銀杏同者致軟風，而妊娠食者多胎疾。黑斑甚毒，巨大而水行昂首者勿嘗。四月殺人，無腮而背有白點者莫食。小毒鰻鱺甘作味，風驅蟲殺補虛勞。瘡瘍瘻癧宜常食，痔漏之痾熏更高。

鱓魚：　味甘而大溫，性竄而能補。善走經脈，逐十二之風邪。專益虛勞，充五六之臟腑。惡露淋瀝者，調其氣血為宜。瘦損弱羸者，驅其濕寒為急。可貼冷漏，亦止瀋脣。產後氣怯須餐，而補中住血。病患濕風應食，而取汗如膠。臁瘡用以引蟲，內痔服以去熱。肉散腸鳴之冷氣，皮除乳核之硬疼。至若血則取于尾間，頭則收于端午。其用血也，赤疵遊風之患，蒜墨汁和之而塗。喎口斜眼之痾，麝臍香加之而抹。搽癬瘻而點疹瞖，滴鼻衄而注耳疼。其用頭也，蟲入耳竅之殃，繭絲綿裹之而塞。癰生小腸之恙，蛇蚓頭燒之而吞。停下痢而破痞癥，解消渴而化食積。然黑者有毒，而食多動風。忌用桑之柴薪，惡夫犬之血肉。善復時病，能發諸瘡。太大每至殺人，過餐必生霍亂。鱓魚甘味性多溫，善逐風邪十二門。血治喎斜兼耳鼻。頭能止痢破癥根。

烏賊魚骨：　味鹹而走，性溫而微。主乎肝陰，入夫血分。白斂、附子、甘根是惡，淡鹽、伏硇、縮銀為能。住痢下而殺小蟲，益精理血。燥瘡膿而安驚氣，治瘧消瘿。散婦人腹內癥瘕，止丈夫陰中疼痛。或吐或衄，用之有功。為漏為崩，投之皆效。血枯之女，助以蘆茹。痰齁之兒，引以粥飲。木賊湯送，安下血于大腸。生地汁投，解赤淋于小便。陰囊濕癢，撲共蒲黃。水戶嫁疼，服須米醞。為末以傅疳痘，兼及陰瘡與諸傷。用炙以散血瘕，并可殺蟲與止痢。吐紅米湯以下，白駮陳酢以磨。膩脂、清油，並搽臍爛。膠香、輕粉，同抹頭瘍。疔毒腫焮，刺血而摻。灸瘡潰爛，研礬而搽。嗜之必共夫明礬，蠍傷可解。吹之宜偕夫槐米，衄血能停。去其鼻疳，增以白及、汞粉。化其骨鯁，配以橘紅、麪餳。紫粉霜勻，治喉痺咽疼之恙。雞子黃拌，消重舌鵞口之災。腫舌血出如泉，加甘蒲之粉。聤耳膿多不淨，合麝臍之香。銅綠除赤眼之血風，丹砂去攀睛之瞖膜。疳眼淚出，牡蠣擂而為丸。雀目夜昏，黃蠟化而作餅。性溫鹹味海螵蛸，血分肝經功自饒。吐衄漏崩皆得止，若還枯閉又能調。

介部一　龜鼈類

龜甲：　性屬金水，味具甘平。乃至陰之精，稟北方之氣。補心補腎，鑽灼陳久者良。治血治勞，中濕有毒者棄。能瘦銀而畏狗貼，惡沙參而及蜚蠊。益夫大腸，而止久痢久洩。養其陰血，而能去濕去瘀。除痎瘧而破癥瘕，心腹之痛可愈。續筋骨而安欬嗽，肢體之重弱俱瘳。傷寒之勞役停，則乍熱乍冷不作。漏下之赤白住，則陰瘡陰蝕不生。顖門合而頭無瘍，痔疾消而肛不脫。補陰丸以治勞益血，開骨散以保產催生。胎產下痢之痾，炙以苦酒。驚恚痛心之患，煮作濃湯。側柏、香附為匡，能舒抑結。輕粉、麝臍以佐，可抹臁瘡。腫毒乳癰，濕風脚弱，與夫瘧疾不止者，並宜燒而酒吞。頭瘍月蝕，口吻陰瘡，及彼脫肛不收者，皆應煅而乾摻。鼈骨助而治人咬，香油調而罨豬傷。龜板甘平屬至陰，下能滋腎上滋心。補虛益血功無比，瘧痢傷寒盡可尋。

鼈甲：　味鹹而多平，色青而無毒。入肝經之血分，惡理石與明礬。有九肋者佳，重七兩者上。去心腹之積結，解骨節之勞蒸。下瘀血而斂潰瘍，消宿食而除陰毒。小兒驚癇瘕痘，定喘停煩。婦人漏下脫陰，調經保產。奔豚氣痛，佐三稜與桃仁。癥結血凝，加大黃與琥珀。苦酒炙而調牛乳汁，積癖能消。蛤粉炒而配熟地黃，吐紅即止。夢泄為恙，童尿、葱酒以煎。漏下

之殃，乾薑、訶皮以和。雄黄偕而截老瘧，人乳引而止兒癎。腰痛與沙淋石淋，以及産發催生，皆炙而酒送。篤疾或勞復食復，與夫腸癰内痛，俱燒而水吞。煮合燈草心，止痘斑之喘急。調用雞子白，療陰莖之瘡瘍。傅唇瀋與人咬，摻背發與疽瘡。鼈甲鹹平性走肝，瘦勞骨蒸服之安。更除瘧母兼斑痘，又治腰疼及産難。

介部二　蛤蚌類

牡蠣：鹹平而入腎經，寒微而主血分。使以貝母，得(草)〔牛〕膝、蛇牀、遠志而良，伏夫硇砂，遇麻黄、辛夷、吳萸而惡。擅濇精之妙用，有斂汗之神功。化痰軟堅，消結核疝瘕與瘻癧。清熱除濕，殺鬼邪瘧痢與驚癎。除老血而止渴乾，女子之帶崩皆愈。去拘緩而強骨節，男子之遺洩胥瘳。加芰草、麻黄之根，止虚勞之盜汗，同小草、地黄之劑，解羸弱之熱煩。傷寒累變之疴，花粉配而陳米飲下。消渴引飲之證，黄泥鍛而鯽魚湯調。使地髓而益精，伴杜仲而截瘧。溲數多者煎以溺，精夢遺者圓以醯。黄蘗、小茴香，通尿腸之淋閉。乾薑、冷泉糊，消腎囊之水浮。病後衄血常流，石膏為助。氣實心脾作痛，米酒以投。酢搜而艾葉熬丸，定經期之血甚。麩炒而肉湯和末，收産後之汗多。背發初生，雞子清拌。項核不散，蠟茶飲吞。茈胡化脇下之堅，大黄除股間之腫。消其瘰癧，丸之以玄參。退其腫癰，勻之以清水。紅花煎酒，施潰爛之甲疽。蜂蜜為丸，愈黧黑之面色。破傷濕氣，取醞以調。金損血流，研末以摻。牡蠣鹹寒入腎行，化痰補水固遺精。濇腸止嗽除煩渴，利濕消堅熱亦清。

真珠：甘鹹寒涼之性，厥陰肝木之經。鎮心安神，除煩熱而停消渴。明目聰耳，好顏色而墜痰涎。下死胎與胞衣，止遺精與白濁。能解惡瘡之厄，亦去疔毒之虞。定魄安魂，石蜂糖和之而服。發聲去忤，雞冠血拌之而投。知母配而解渴煩，新水調而托斑痘。難産子死，引以淳醪。不下胞衣，研以苦酒。合夫寒水石，安拘急中風之兒。同夫左纏根，治麩痘侵睛之子。目生頑瞖，煮地榆而浸米醯。眼暗青盲，和鯉膽而兼蜂蜜。擇大粒而拭，去目之灰塵。裹絲綿而藏，通耳之聾閉。真珠寒性甘鹹味，定魄安魂可鎮心。清熱除驚痰得墜，聰明耳目主肝陰。

石決明：鹹而多平，寒而無毒。主夫肝分，行乎腎經。能益精而輕身，可明目而磨障。骨蒸得之而退，淋證遇之而通。木賊、棗薑共撥諸虛之赤膜，菊花、甘草同除怕日之羞明。雀目青盲，茅蒼朮加為妙。痘花雲瞖，穀精草助為宜。水飛而治小便之淋疴，火煅而解白酒之酸味。無毒鹹平石決明，從容只向腎肝行。青盲障瞖皆磨退，淋證平安骨熱清。

蛤蜊粉：味鹹氣寒之品，腎經血分之行。制火而潤腸，功則主降。散熱而走血，力則能消。用以軟堅，取其屬水而性滑。用以燥濕，因其火化而性收。利小便而去腫浮，散痰飲而安喘嗽。瘻核腫毒之皆解，積熱結氣之盡除。嘔逆與疝疼，投之即止。血病與帶下，服之皆停。大蒜擣丸，以退氣虚水腫。黄柏配劑，以除白濁遺精。心氣之疼，香附加而調薑汁。雀目之暗，油蠟化而入猪腰。調以油而塗湯火之傷，食其肉而消血瘀之塊。蛤粉鹹寒紫白良，瘻瘤腫毒治丹方。痰消濕滲堅能軟，降火清金熱便涼。

田嬴：品上而性無毒，味甘而氣大寒。能引熱氣以下行，可壓丹石以解毒。腹胸之結自散，大小之便咸通。玌葱、香豉煮餐，解沉醉而使清醒。大蒜、車前杵罯，利濕熱而去腫浮。反胃吐食之疴，取其泥而服之。消渴引飲之證，浸其汁而吞之。麝擣貼臍間，治痢于禁口。鹽研傅臍下，通便于小腸。息其腸風，燒而殼需其白。消其痘疾，擂而酒濾其漿。化以黄連，收其肛門之脫。抹于兩股，止其脚氣之攻。狐騷腋臭之嫌，宜偕巴豆。酒毒口糜之恙，應煮濃湯。鹽花著而點肝熱之赤珠，銅緑消而搽弦爛之風眼。目睛疼痛，真珠、連末同施。瘡癬風蟲，槿皮、礬紅並用。燒加輕粉，傅妬精之陰瘡。煅和香油，抹潰爛之項癧。疔腫必須冰片，痔疼又藉白礬。研肉貼結熱之瘡，擣生塗繞指之毒。是皆全嬴之用，亦有爛殼之功。驅尸疰而濇失精，止泄瀉而除下血。胃家多反，淨水以調。心氣久疼，松柴以爇。清油和抹，愈稚子之頭瘍。元麝勻投，止小兒之驚急。大寒甘味是田嬴，利濕消浮痢亦瘥。渴止淋通脚氣去，疔瘡惡腫效還多。

卷之十四　禽部一　水禽類

鷺：有蒼白之二色，善應夜之長鳴。甘寒者膏，治耳聾而潤皮膚，兼散癰疽之腫。甘平者肉，清臟熱而止消渴，更宜丹石之人。血則鹹平，解射工與藥毒。膽則寒苦，抹痔核與熱瘍。脚趾濕爛之殃，掌皮為用，且調油而貼凍瘡。手足皴裂之患，脺肉當施，並納竅而除聤耳。燒尾毛而勻米飲，能寬噎食，且去物之誤吞。選腹毳而絮嬰衣，可定癎驚，亦制溪之水毒。屎宜搽蟲傷鶩口，涎能化穀賊稻芒。卵甘溫而補益固佳，但多食則發沈疴痼疾。性

冷毒而氣味俱厚，如過餐則致霍亂腫瘡。鵞分二色白偕蒼，血肉膏毛掌盡良。蟲咬脣疳屎汁抹，津涎化穀去其芒。

鵞：　雌者鳴而雄者啞，性則有殊。嫩者毒而老者良，食之宜悉。清明過而肉陷，重陽後而體肥。其味則甘，其氣則冷。解丹毒而止熱痢，和臟腑而定癇驚。清熱補虛，可得金水寒肅之功，而用白者烏骨。治濕利便，宜取木水發生之象，而用雄者青頭。葱豉煮湯，去卒然之煩熱。五味作粥，消十種之腫浮。鴨頭丸治陽水脹而便難，白鳳膏療虛火乘于金位。凍瘡之裂，用腦以塗。痔瘻之蟲，取舌以制。津涎能除兒痓，亦抹蚓吹之陰囊。肪脂可益風虛，亦貼汁多之瘰癧。膽之辛苦，塗痔核而點赤睛。血之冷鹹，解食毒而救中惡。止兒之白積，熱滾酒衝血以吞。退瘡之腫疼，雞子清調通以罨。潰湯而乳石胥散，絞汁而金毒皆消。泄痢不停，炙其鹹卵。骨鯁不化，煅其肫皮。然目白者殺人，而身黑者有毒。能發冷利脚氣，最忌下血腸風。其脺勿嘗，其卵少食。發冷而令氣短，作悶而使背煩。小兒多餐，則脚軟是懼。瘡家若食，則肉突可虞。合鼈李而人必傷，同桑椹而產不順。味甘氣冷是家鳧，補損滋陰效可圖。嗽止痰清水道利，一身血肉盡相須。

禽部二　原禽類

烏骨雞：　味甘而氣平，屬巽而變坎。受水木之精氣，行肝腎之血陰。骨肉俱烏者佳，雌雄互用為妙。補虛勞與羸弱，止帶下與崩中。消渴得之而安，泄痢用之而解。大人小兒俱益，女子產婦咸宜。剖而薄心，驅鬼擊之中惡。煮而飲汁，止痢下之禁喉。蓮與白果、米椒，可去帶淋遺濁。雌用草果、豆蔻，能除滑泄脾虛。雞為烏骨甘平性，帶下崩中是所宜。肝腎皆滋虛熱退，勞傷得補渴煩離。

膍胵內黃皮：　味則甘而性則平，雌宜男而雄宜女。實肫中之膜，名雞內之金。能除熱而去煩，亦澀精而止痢。崩中帶下用之有功，瀉血腸風服之有效。禁痢幼瘧與鵞口，皆須乳汁以吞。反胃吐食與遺尿，又應米醋以送。配以乾葛粉，酒積可除。佐以栝樓根，膈消可解。淋瀝衹以湯下，咽喉乃以管吹。燈草裹燒，化雞骨之鯁。枯礬同末，退走馬之疳。傅口糜而即消，擦疣目而自落。鬱金研而摻蝕腮之瘡腫，綿絮焙而傅發背之潰膿。陰頭穀道之瘍，施之而愈，亦可以去口疳。背疽脚脛之毒，貼之而安，並用以斂潰癰。膍胵黃皮雞內金，甘平消熱解煩心。陰疳背發皆須此，止帶除崩又去淋。

雞子：　白象天而清明，有補氣之益。黃象地而重濁，有補血之功。帶溫者黃，微寒者白。兩合而用，適得其平。熱證值夫天行，水煮而加以醬。痰嘔逆不能食入，冷浸而乘其涼。蜜和解發熱之身煩，生吞定傷寒之狂發。痰涎哮喘，浸之于尿溺之缸。麻痺賊風，和之以豆淋之酒。燒而入酢，可退身黃。破而調鹽，能安心氣。白虎之風痛，揩而送于糞堆。身面之腫浮，和而塗于患處。醋煮止年深之痢，鹽偕去病內之胎。時疾發而孕中，沈于井而冷食。懷妊傷而血下，勻以粉而稀餐。用鹽水而取于三家，死胎即落。偕醋醪而分為四服，惡露當清。攪水以解口乾，煎酒以除心痛。痢作于產後，濁水以烹。帶下于常時，艾酒以煮。巴粉蒸之而增元麝，痊夫疳痢之膨。酒醅浸之而合殭蠶，去其痘瘢之赤。止痢者熬之以黃蠟，稀痘者泡之以童尿。湯煮沸而沐頭風，酢漬壞而傅面皰。腋下狐臭，去殼夾之而投。耳內聾鳴，炒蠟服之而靜。熬狗屎而貼癰毒，炒光粉而抹陰瘡。水臟有寒，釀之而暖吞其酒。乳石發渴，浸之而生飲其清。敲孔而合蛇蠍等傷，取生而灌野葛諸毒。然葱蒜偕嘗則短氣，韭子同食則成風。伴鼈肉而致損傷，合免肉而成洩痢。痘病遁尸因與獺俱，患響腹為其食多。孕中共糯與鯉魚，則子有瘡蟲之恙。痘中或食與聞氣，則目多翳膜之生。雞子清渾性各長，補精宜白補形黃。若還氣血皆須補，黃白同施功自良。

卵白：　氣清而無毒，味甘而微寒。驅遁尸，安欬逆，並應生吞。去黃疸，破熱煩，俱宜醋浸。包烏梅而鍛，停下痢之頻纏。入好漆而投，止蚘蟲之攻發。產後痙直發運，用荊芥以調。蓐中惡露不行，同米醯以和。赤豆研之而抹，消丹腫與腮疼。苦酒頓之而嘗，退鼻瘡與喉塞。除面顏之䵟皰，醪漬而夜塗。療湯火之灼傷，醞調而勤洗。髮垢抹之而光澤，目赤吞之而清明。卵白甘寒氣獨清，善除伏熱更明睛。滿煩欬逆皆能止，腮腫喉疼盡得平。

卵黃：　甘而兼溫，濁而無毒。乃純陰之品，有補形之功。煎食以去熱煩，煉過以除吐逆。乾嘔尿閉，生取而吞。疝氣腹疼，水調而送。佐常山、竹葉，久瘧能停。同膩粉、麻油，頭瘍可愈。已潰鼠瘻，米蒸熬黑而填。多臭脚瘡，蠟煎取油而抹。炒勻汞粉，搽火灼與湯傷。炙取濃脂，傅耳疳與天泡。瘢痕焙黑而拭，癇疾和乳而投。小兒熱毒熱痰，亂髮同熬以取液。妊婦痢赤痢白，黃丹納入以煨乾。薑汁共下死胎，米酒同安漏孕。渾濁甘溫雞子黃，厚于氣味補形良。能除嘔逆安胎產，瘡痢施之一槩康。

天鼠屎：本蚊蟲之眼，名夜明之砂。性則辛寒，主則肝血。白斂、微草是惡，灰土、惡氣須淘。破積聚而去悸驚，除寒熱而消瘰癧。治腫癰于頭面，定疼痛于皮膚。腹中血氣能和，頰上奸黯可退。瘧疾不止，送之以冷茶。狐臭堪憎，調之以豉汁。末匀美醞，截店于胎前。燒入醇醪，保產于子死。幼兒病魃，佩而盛以紗囊。童子無辜，擣而拌以米飲。豬肉同煮，能散毒疳。豕膽為丸，堪除雀目。蟬蛻、當歸、木賊，偕羊肝而障瞖全消。側柏、竹葉、米湯，共牛膽而青盲自朗。聤耳出汁，必合麝香。劣馬撲傷，宜投熱酒。吳萸、蟾酥而絲綿裹，去痛齒之風蟲。乳香、糖桂而井泉調，排潰瘍之膿水。辛寒氣味夜明砂，專主肝經血分嘉。破積除驚消瘰癧，神功却向眼科誇。

寒號蟲：蟲有寒號之目，屎名五靈之脂。甘溫純陰，氣味俱厚。肉則能補能益，脂則治木治風。主乎肝經，行乎血分。惡人參而不宜合，雜砂石而必須飛。血海大崩，宜加神麴。月經過泄，應佐當歸。失笑散除心腹之疼，而更益夫胎產。抽刀散化血瘀之滯，而亦治夫中風。產肚多疼，加桃仁而兼香附。惡露不快，熬米醋而入薄黃。或炒或生，和血氣而安兒枕。半生半炒，定眩運而下胞衣。脫出之子腸，煙熏以入。緩癱之風，酒送以平。川烏、乳沒為匡，舒冷麻于手足。檳榔、菖蒲為助，止蟲痛于心脾。欬嗽有皺肺之丸，消渴有竹籠之散。偕夫半夏，解其凝結之痰。配以黃耆，住其妄行之血。欲停吐逆，狗膽匀之。欲去酒黃，麝臍和之。木香、巴豆有化消食氣之功，頭垢、城灰，有斷截瘧疴之效。疳熱之子，胡連、豬膽以丸。蚘痛之兒，靈礬、清泉以煮。油調塗大風之癩疾，湯服救血潰之奇殃。毒蟲螫傷，末以搽之，而兼貼血流之痣。重舌脹痛，醋以漱之，而並含血惡之牙。烏賊魚骨同研，豬肝蘸之而嘗，退目生之浮瞖。滴乳粟粥先抹，茴香合之而摻，接骨折之重傷。寒號蟲屎五靈脂，無毒甘溫血分宜。諸痛善除風亦去，入肝最速效多奇。

獸部一　畜類

豕脂膏：肪脂是其凝，膏油乃其釋。取煉必須冬臘，氣味則具甘寒。性反乎梅，忌中夫水。解一切之毒藥，除諸種之惡瘡。冷結能消，宿血可散。利胃而通小便，潤肺而逐熱風。溫水化而治時氣之傷寒，白蜜煉而清暴瘖之肺熱。病夫五疸，飲其熱油。中彼五尸，灌同苦酒。醬醋食而欬嗽住，薑醪進而關格通。尿閉則以水煎，而胞衣亦下。髮癥則須醞煮，而帶證亦痓。薑酒、蜂糖，止產虛之多汗。酢泔、生鐵，使髮落之更生。寒咽之口瘡，用蜜連匡服。攻手之熱毒，以羊屎和塗。切片而浸冷泉，貼夫背瘡乳發。化膏而淹生地，搽夫鼠瘻癧瘍。代指痛疼，匀以白墡之土。四肢皺裂，洗以熱酒之漿。芫花佐殺疥蟲，綿紙粘填漏口。痘燥便凝腹內，食以塊臙。風禁物患口中，抹以薄肪。蚘病服之而愈，並解毒于諸肝。脣裂潤之而瘥，亦解癢于觸漆。炙肪而吞食下鐵釘骾骨，指擦除疣目贅瘻。煮油而滴鼻中，去眯睛之雜物。掩耳上，出入竅之諸蟲。豬脂性味是甘寒，解毒除黃血脈安。冷結宿瘀咸破散，瘡瘍門內合膏丹。

豬膽：味苦而入心通脈，氣寒而補肝和陰。有勝熱之功，具潤燥之用。解傷寒之熱渴，消勞極之骨蒸。殺蟲而去五疳，通便而傅熱毒。清其心肺，涼此肝脾。加入白通，治下痢之嘔乾氣逆。配同四逆，療霍亂之肢厥脈微。斑發之傷寒，必用苦酒家雞之子。羸瘦之欸嗽，宜借薑訶橘之皮。盛黑豆而兼麝香，赤白痢服之而止。和薑汁而同釅醋，濕䘌痢投之而除。大便不通，調酢而灌于穀道。小腸不利，連汁而籠于陰頭。定粉和丸，解消渴之飲水。米醯煮沸，去熱病之生蟲。入鹽點赤腫之睛，熬粒納瞖盲之目。喉風急閉，方則萬金不傳。兒瀉無休，丸則二聖為號。泡熱湯以浴，預除疥疾于生初。合柏油以傅，可退風瘡于產後。疔毒惡腫，風乾而擣生葱。湯火灼傷，取漿而調黃蘗。傅瘭疽而汁自止，點鬚孔而黑即生。豬膽和陰性苦寒，入心瀉火潤脾肝。殺蟲導便除煩渴，眼目瘡瘍盡可安。

狗肉：氣則溫而味則酸鹹，上者黃而次者黑白。暖脾胃而蔭腰腎，反商陸而畏杏仁。益氣輕身，補虛損勞傷之疾。壯陽安臟，填血脈精髓之虧。戊戌丸專治虛蒸，戊戌酒大補元氣。調五味而作臛，虛瘧可除。和白米而為糜，鼓膨可退。腫浮屎澁，熱蒸而空腹以餐。中惡命危，剖肝而當心以塌。煮粥用鹽豉，暖脾胃之虛寒。蘸汁須蓼藍，殺痔漏之蟲蝕。然止宜于虛弱陰寒之子，而勿宜于火多氣壯之夫。熱病後餐，令人不起。妊婦若食，致子無聲。九月服之傷神，燔炙嗜之消渴。同蒜則有損，同菱則病癲。猘者發狂，瘦者有疾。自死多毒，懸蹄傷人。赤股者勿嘗，紅目者莫用。狗肉酸鹹性大溫，壯陽安臟效堪論。專除脾胃虛寒疾，氣盛火多戒勿吞。

羊肉：屬火宜配苦，辨味則多甘。無毒之良，大熱之性。與半夏、菖蒲則相反，入杏仁、瓦片則易糜。解其臊者胡桃，助其味者竹鰡。解毒則須甘

草，補形可配人參。既安心而止驚，亦開胃而健力。歸、芍、甘草，定厥逆于蓐中。歸、耆、生薑，去疝疼于產後。下其乳汁，以麞鼠同烹。補其虛羸，宜調和以食。乾薑、當歸與生地，共止崩中。香豉、大蒜與乳酥，並停帶下。壯陽益腎，蒜薤以偕。開胃健脾，米粱以煮。麪薑、瓠子，治消渴之多尿。薑麪、橘皮，除膈痞之老疾。風入腠理，蒸熟而掺藥以嘗。病患勞傷，密蓋而煮湯以飲。合牙皂莢而煎以清酒，加黑錫以斷傳尸。蒸白石英而和夫葱薑，作餛飩以補虛冷。骨蒸久弱，山藥偕研。瘧疾虛寒，醇醪佐飲。草果、木瓜、糖、米豆，療脚氣與腰疼。商陸、五味、豉乣葱，去面浮與身腫。脾虛吐食之恙，調滋味而晨餐。胃寒下痢之疴，助莨菪而包塞。煑熨目之青腫，生貼體之損傷。治白禿之頭，火炙而至香以搨。止嗜土之患，繩穿而拽歸以燔。然病後食之則致危，而孕中食之則子熱。合醬麪而發痼疾，同米醋而損人心。女暴下而男損陽，煑勿用夫銅器。白頭黑而黑頭白，食乃患夫癰瘍。毿毛者膻，獨角者毒。大熱苦甘羊肉性，補形健力血能滋。蓐勞產後皆宜食，開胃扶陽又健脾。

牛肉：　黃甘溫而水甘平，黃補土而水利濕。名為一元大武，煑用蘆葉杏仁。黃耆同其功，人乳解其毒。按彼黃牛之效，養脾胃而安中益氣，止消渴而壯健補虧。小刀圭治一切之虛，返本丸療百凡之損。沈疴纏于胃內，長流煑而濾吞。痞積結于腹中，石灰擦而蒸食。常山煑熟，而必肉與汁湯並啖，癖塊堪消。五更炙嘗，而用酒調輕粉以傅，癬風自滅。若夫水牛之功，益氣力而壯骨強筋，止啘洩而消水除濕。小腸之便澁，蒸熟而配以醋薑。白虎之風疼，摩擦而合夫眾品。片肉以包手足，解時氣之毒攻。蒸皮以入豉湯，退腫浮之水患。然病死者多毒，能起疔瘡痼疾之災。而獨肝者噉蛇，定致痢血死亡之禍。患疥者發癢，白首者殺人。黍酒、猪肉同嘗，生蟲而為寸白。韭薤、生薑並食，損齒而及熱疴。黃肉多溫水肉平，味甘功向胃脾行。補虛益氣消風癬，水性還教濕病清。

牛膽：　苦寒者性，青黃者良。除熱渴之心煩，止下痢之口燥。諸種蟲災可殺，一切癰腫能消。槐子釀于臘中，益睛而驅疳濕。黑豆釀以百日，明目而鎮肝陰。欲定驚風，南星裝入。欲安陰冷，食萸袋盛。龍膽、蜂蜜、苦參，共治疸黃之證。蝟膽、麝香、膩粉，同施痔瘻之疴。苦寒牛膽用多端，明目除黃並鎮肝。疳濕能痊痔瘻愈，驚風陰冷悉平安。

阿膠：　水必阿井為真，皮以烏驢為上。性平無毒，味淡有甘。升浮則屬陽，氣味則俱薄。為心腎肝之藥，而亦益肺與大腸。去風血液之功，而又化痰與熱毒。使以薯蕷，畏夫大黃。得火氣而益良，用雜皮而不美。調一切之血證，而除帶下崩中。驅凡百之風疴，而免虛勞羸瘦。安產後胎前之患，去四肢腰腹之疼。利小便而潤大腸，水氣腫浮不作。和氣血而堅筋骨，癰疽惡毒皆消。喘促肺風，紫蘇、烏梅宜配。赤白痢疾，黃連、伏(免)〔菟〕是偕。蛤粉、辰砂佐治吐紅之證，木香、糯米助安嘔血之疴。癱緩風偏，煎豉湯以化。閟淋胞轉，煑泉水以烊。人參、葱豉之加，住經年之肺嗽。生地、蒲黃之入，停大衂之鼻洪。虛祕之老人，葱白煎而蜂糖和。漏胎之孕婦，地黃擣而米酒衝。化以淳醪，清有身之赤痢。引以粥飲，除懷娠之血尿。胎動不安，非艾葉、葱頭不定。產虛致祕，必枳殼、滑石為功。蛤粉炒成珠，調其月水。香醞和其末，止其經淋。阿膠無毒甘平性，益血驅風補瘵勞。產後胎前功莫大，化痰清肺用皆高。

黃明膠：　性亦甘平，補夫虛熱。功與阿膠相仿，水非濟瀆所煎。腎虛失精，化之以淳酒。肺破出血，炙之以美酥。佐桑葉而地黃汁調，救其肺痿。共人參而豉葱湯煑，清其嗽痰。風濕氣疼，烊須薑汁。妊娠血下，煑用米醋。鼻衂洪流，抹山根而至髮際。癰毒焮腫，開當頭而貼四圍。酒服而背疽消，醋化而乳癖散。便毒施之而退，瘰癧用之而消。助以黃丹，埽其癰腫。勻以美醞，滅其痘瘢。木痺患于面顏，桂調須厚。寒濕發夫脚氣，麪炒成珠。薑汁烊而南星末加，熨足心之木硬。熱醪送而冬瓜皮佐，療跌撲之損傷。破傷中風，酒衝而飲。火湯灼爛，水煑而塗。攤布而貼脚上之裂開，粘繩而引耳中之入物。黃明膠性亦甘平，力與阿膠仿佛行。血證可痊安肺嗽，癰疽發背盡能輕。

牛黃：　味苦而兼甘，性涼而小毒。本牛之病，為藥之珍。入心肝之經，用人參之使。遇牛膝、乾漆而畏，得丹皮、菖蒲而良。惡夫常山、生地黃，及彼蜚蠊、龍膽骨。清小兒之百病，利大人之諸風。益肝膽而壯精神，止顛狂而辟惡氣。安魂定魄，而逐鬼祟之兇邪。化熱清痰，而禦天行之時疾。能填虛乏，可治健忘。除邪惡于三朝，和蜜而新綿蘸吮。開禁瘖于七日，研末而竹瀝化吞。積熱成驚，調以竹油薑汁。初生胎毒，勻以人乳蜂糖。配砂而蜜浸臙脂，搽黑陷之瘮痘。佐砂而水磨犀角，定將發之驚風。奶汁化止夜啼，

蜜水調安嚼舌。然婦若身懷妊娠，能以墮厥胎元。而風在血脈腑間，恐反流于骨髓。是當細審，切勿輕施。牛黃性具苦甘涼，鎮魄清心定熱狂。通竅利痰邪可辟，中風入臟擅功長。

獸部二　獸類

虎骨：　味辛而微熱，屬陰而追風。黃者為佳，雄者為勝。中毒藥箭者勿用，炙酥酒醋者隨方。預知散可治健忘，通草煎可平急痛。煮湯以洗，除長大之病與癇驚。熬汁皮淋，去骨節之風與腫毒。清飲送而停痢久，虀汁浴而摻臁瘡。趾甲之嵌疼，傅之而安。肛門之凸出，服之而收。水調解犬咬之傷，泉下消獸骨之鯁。火湯灼爛者炙以罨，兒童白禿者油以塗。全骨固佳，其頭尤善。定頭風而截溫瘧，辟邪疰而止悸驚。能愈癰疽，可消鼠瘻。作枕除夫夢魘，置戶辟彼鬼邪。擣碎而煮猪脂，塗月蝕之疳患。酥炙而浸清酒，解百節之走疼。至于腰背之疴，須求其脊。手足之患，宜用其脛。附子合而驅白虎之風，沒藥同而止歷節之痛。脚氣腫重，搥碎而浸以酸醯。痔漏脫肛，蜜煅而丸以蒸餅。芍藥、羚羊角佐漬入酒，而痊脛臂之常疼。脊骨、全前足偕炙出油，而治脚腰之不隨。味辛虎骨兼微熱，定痛追風用自良。癇疾能安攣急愈，四肢腰背盡多康。

象牙、皮：　味甘氣寒為牙性，入心治肝是齒功。生殺而取者良，自死與蛻者次。治風癇驚悸，辟精物鬼邪。熱疾骨蒸，服之即解。瘡瘍腫毒，施之尤良。水腸脹急而不通，生煎以飲。小便過多而無節，燒灰以吞。炒以銅銚，水服而收痘疹。焙為黃色，飲送而定癇驚。刮之而傅出箭鏃物傷于肉內，磨之而下消獸骨諸刺于咽中。牙固有功，皮亦待用。燒而油抹，可以退彼下疳。炙而灰搽，能以合夫金損。象牙氣味具甘寒，定悸除癇心與肝。瘡毒骨蒸均有效，金傷疳患藉皮安。

犀角：　味苦而亦酸鹹，氣寒而無毒性。入胃經之藥，乃陽中之陰。雄而捕取者佳，黑而銳尖者勝。用生不經水火，欲燥熨于胸懷。使以升麻、松脂，而食鹽是忌。惡夫雷丸、(藋)〔雚〕菌，而烏頭亦然。能清心神，而救中風不語。能驅熱毒，而定傷寒發狂。止諸血而去驚癇，疏痘毒而除斑疹。化膿解毒，而癰腫痊。退黃豁痰，而虛勞補。鎮肝明目，清胃涼心。佐玉豉、生地黃為丸，治腸痢之鮮血。與桔梗、鶩鴨肝為散，停口吐之多紅。中惡方甦，配麝而入朱砂，調泉以送。夢魘不醒，唾面而嚙踵趾，作枕以眠。磨取生漿，解熱毒與嵐瘴。治為濃汁，化痘密與驚癇。服藥過劑而困煩，宜燒以末。食雉中毒而吐下，應生以研。塗而去蠷螋之尿瘡，飲而退瘰疽之毒氣。然其力則足以消胎，故治婦須審其懷妊。犀角酸鹹苦並寒，涼心清胃瀉夫肝。散風去熱消邪毒，諸血驚狂斑痘安。

熊膽：　其味自苦，其氣宜寒。入心胃包絡之經，惡防己、地黃之品。滴之于水，若線不散者為真。拭之以塵，其幕豁開者為上。平肝明目，退熱清心。治時氣與疸黃，療惡瘡與暑痢。能安疰忤，善殺蟯蚘。使君子同丸，去積疳之羸瘦。淡竹瀝以化，定瘈瘲之驚癇。水蒸洗子目之不開，湯調塗兒鼻之有蝕。障瞖之目，應入梅冰。淚癢之睛，宜加薑粉。抹而偕片腦、猪膽，止牙痛與腸風。搽而服清酒、雄黃，解射工與水毒。蚘攻心痛，和飲乃安。痔患年深，化傅而愈。苦寒熊膽善清心，和胃平肝熱自沉。蟲痛疰驚胥解釋，諸疳目障痔無侵。

羚羊角：　鹹寒之性，肝木之經。有懸痕者為真，得獨角者為勝。能平目而消障，可驅風而舒筋。安魂則絕驚駭夢魘等疴，散血則無瘀滯疝瘍諸證。降夫肝膽之火，而除煩滿冷熱與傷寒。具夫筋骨之精，而劈蟲鬼惡邪與蛇虺。墮胎而腹痛者，豆淋酒衝其灰。既產而汗多者，東流水調其末。刮角上尖而以醞，為蓐婦之催生。燒角中骨而送以湯，止小兒之下痢。赤丹遍體，和以雞子之清。驚悸動心，勻以無灰之酒。鍛之而用，安血氣之逆煩。服之而摩，開噎膈之滿塞。山嵐瘴氣，水飲而除。疝痢熱炎，蜜調而解。摩赤斑而自退，塗腫毒而即消。羚羊角性是鹹寒，降火驅風更瀉肝。散血辟邪消腫毒，起陰明目悶煩寬。

鹿茸：　甘溫之性，夏至而收。形必似分歧馬鞍，色當如瑪瑙紅玉。其使麻勃，其功補陽。養血強筋，而絕鬼交夢遺之虛損。生精益髓，而去手足腰膝之痠疼。崩帶之女人，用之而止。石淋之男子，施之而除。耳聾目暗以清，虛痢血尿以愈。消骨疽癰毒，散惡血留瘀。香茸丸解酒傷腹泄之疴，斑龍丸治眼黑頭旋之證。山藥伴而浸淳酒，陽痿可扶。當歸佐而丸烏梅，精血可補。室女寒帶，和白斂、狗脊，煎艾醋糯糊以為圓。丈夫虛陰，入菟絲、舶茴，煑羖羊腎泥以成劑。乳酥炙以勻美醞，固小便而利膝腰。麝香合以杵棗膏，止虛痢而益氣血。氣味甘溫是鹿茸，填精益血重斑龍。頭旋眼黑皆能止，崩帶淋遺盡得鬆。

鹿角：　味鹹而性溫，夏成而秋采。色黃緊重為上，年久尖好為佳。靈草其餐，杜仲其使。生用則行血而散熱，消腫而辟邪。熟用則活血而強精，補虛而益腎。附子配之而少睡，增氣力而通神明。蜂糖炙之而輕身，強骨髓而補陽道。嘔逆而食有阻，助之以人參。勞極而骨多虛，匡之以牛膝。磨以清水，治脫精溺血，且驅貓鬼妖魅之災。調以淳醪，止尿數腎虛，並安腰脊骨筋之痛。女病腰楚，炒之色黃。婦夢鬼交，服之撮許。燒灰去胞中之餘血，投酒舒孕內之疼腰。產婦死胎，應煎葱豉。妊娠下血，必伴當歸。薑湯以出胞衣，豉汁以平胎墮。血運灌之而醒，白濁施之而停。米飲收稚子之流涎，大豆去嬰兒之噦氣。赤白滯下，伴以髮灰。寒熱瘧疴，和以乳汁。炙熱而熨，重舌鵞口皆消。磨濃而塗，乳發瘡瘍盡退。注脚加以輕粉，而同拌以油。吹奶送以香醪，而更梳其乳。豬脂調而抹丹毒，苦酒勻而罨背疽。化蠼螋之尿，以醯送之。出竹木之刺，以水塗之。酒下而散血瘀，末含而消骨鯁。搽面皯則磨之為汁，傅風瘡則礪之以醪。鹿角鹹溫功不輕，小兒孕婦用皆亨。補虛益腎須求熟，散熱行瘀責取生。

鹿角霜、白膠：　霜即是粉，煑爛而成。粉又為膠，煎收而得。功皆滋補，而霜則微輕。性盡甘平，而膠為差勝。遇大黃則畏，得火氣則良。益氣填中，而除腰痛瘦羸之疾。延年悅色，而有輕身肥健之能。治男子臟損傷中，而補虛止嗽。療婦人血閉無子，而去冷安胎。崩中吐下之盡痊，折跌痛疼之並用。亦施腫毒，且愈瘡瘍。其用霜也，佐龜板、虎膝與茸，豬脊髓杵為丸，補中年之衰弱。加龍骨、牡蠣與酒，淡鹽湯送以下，止盜汗之遺淋。陽之虛者，伏苓以伴。下之冷者，米酒以圓。其用膠也，水化而吞，停其尿血。醞調而飲，澁其洩精。益髓長肌，服宜炙擣。湯傷火灼，塗用熬稠。霜膠氣味並甘平，角煑成霜霜又烹。益髓補中虛損愈，澁精止汗血能清。

麝臍香：　溫而竄烈，辛而芳香。取于春分節中，生于臍前皮內。自剔出者為上，而采取甚難。捕殺得者亦良，而西北為勝。偽者雜以餘物，真者號曰當門。靈貓之陰假其功，大蒜之品是其忌。通關竅，開經絡，而風毒溫瘧之不行。破癥瘕，辟凶邪，而積聚驚癇之悉散。通鼻窒而聞香臭，退目翳而見光明。能納子宮，善溫水臟。止心腹之痛，蝕瘡毒之膿。清油調而治中風，釅醋和而平霍亂。熨頭風之痛，同皂角置而炒鹽包摩。解毒蠱之殃，著雄黃研而羊肝裹食。肉桂為佐，消果積之傷。枳椇為匡，除酒病之渴。下其死胎，桂心共末。催其易產，鹽豉同燒。乳和療中水之兒，泉化止驚啼之子。邪瘧則磨墨以書額上，客忤則拌奶以納吻中。配以印鹽，腫毒痔瘡即愈。勻以蜂蜜，蠶傷鼠咬能痊。口內肉毬，進之以清水。牙間蟲蠹，咬之以絲綿。納一字而風水出于破傷，服三分而山嵐解夫瘴氣。置枕邊而偃臥，惡夢不侵。著足爪而入山，毒蛇悉辟。然香太走竄，久佩則透關而致墮胎。且內有白蟲，近鼻則入腦而成大癩。過劑不可，久服非宜。辛溫芳竄麝臍香，透骨通關力最強。止痛定驚安卒中，瘡瘍蟲蠱用皆良。

獸部三　鼠類

鼠糞：　名稱兩頭之尖，是為牡鼠之屎。甘寒小毒之性，肝陰血分之經。去彼疳積之疴，定夫驚癇之疾。消癰毒而並安折損，明眼目而更治傷寒。葱豉同煎，療時行之勞復。韭根共煑，止陰易之腹疼。便塞不通，傅臍而立效。鬼擊吐血，灌口而即安。火燒熏煙，收產娘之陰脫。水熬作粥，下妊婦之死胎。室女閉經，送以香醪，亦散初生之奶癖。小兒鹽齁，研以水酒，并解中毒于馬肝。川連、大黃，乳癰成者可愈。麻油、輕粉，頭瘍禿者能痊。疔毒腫焮，亂髮同燒而納。鼠瘻潰壞，密器久貯而傅。香油調之，擂夫末而搽瘡于燕窩，炙夫灰而抹傷于貓犬。豬脂和之，配故鞘而施馬之嚙踏，裹舊布而去損之血瘀。蛇毒所傷，水塗而須求夫野。兒牙不出，日拭而宜用夫雌。然誤食則致黃，成夫疸證。而所治皆主血，惟在肝經。甘寒小毒兩頭尖，陰易傷寒效可瞻。通便調經安鬼擊，疔癰鼠瘻患胥潛。

人部

亂髮：　上生而禀火氣，味苦而帶微溫。屬胃腎之經，宜燒灰以用。療夫癰腫，而通便除淋。補夫元陰，而消瘀止嗽。通婦人之月水，安稚子之驚啼。赤白之痢皆痊，哽噎之虞即定。乾霍亂以鹽湯取吐，中尸疰以杏霜為丸。流水以吞，除疸黃與便閉。醋湯以送，痊肺疽與尿紅。遺血入爪甲灰，而勻以清酒。淋血佐當門子，而引以米湯。柏葉、雞冠花，止大腸之瀉。敗椶、蓮蓬殼，安九竅之流。鼻衄洪奔，裝蘆管以吹，男用母而女用父。嗽傷咯吐，入麝香以下，男用陰而女用陽。用胎剃者，潤其肌膚。用炒研者，摻其齒縫。眩冒能清，上下皆止。酒吞去婦女之漏血，飲投停胎產之便紅。沐首中風，美醞、交藤應伴。行經不定，斑蝥、元麝宜加。以猳豕膏作煎，療婦陰吹，且治女勞以消疸。以雞子黃熬液，塗兒熱癖，且除百病以去痰。斷臍之初，

清油和之而罨。驚啼之作，乳漿拌之而投。豬脂抹吻瘡，飲汁以清斑疹。燕口服之而愈，重舌摻之而消。裹彼杏仁，塞耳中之出汁。燒夫已髮，化咽內之誤吞。耳鼻擦落能聯，蘸而綴縛。蜈蚣咬傷可解，爇而煙熏。鼠屎其塗疔毒之根，棗核同貼下疳之濕。欲合瘡口，必偕蛇蛻、蜂房。欲去癘風，當製竹筒、黑豆。丸須頭垢，服之而首常烏。煎用香油，染之而頭不白。亂髮方家號血餘，微寒味苦腎華舒。補陰最是功無比，正痢除驚退毒疽。

人中黃：皂蔗浸于糞清，古傳其製。蜜甘裝于竹管，今用其方。味苦有甘，氣寒無毒。能驅濕熱之患，善治狂躁之痾。解中蕈而愈惡，降陰火而消食積。清痰為效，化毒為功。嘔血心煩，引之以茜薑、竹瀝。大熱臟實，丸之以粳米、飯粘。人中黃用蜜甘湌，竹管裝成入糞潭。解熱安狂降陰火，治瘡消積更清痰。

人尿：味鹹而走血，性溫而不寒。停久乃佳，童男尤妙。上歸肝府，能引火而降行。下入膀胱，能通水而止渴。豉煎安至極之頭痛，蜜調散發熱之骨蒸。怯證之虛，服而壓以乾餅。消渴之重，飲而取于眾坑。浸甘草而晨吞，止肺痿之嗽病。調白蜜而去沫，截瘴渴之瘧殃。滿腹積癥，用以下其血片。絞腸痧氣，藉以散其毒氛。煑杏仁、豬肝，停其休息久痢。釀苦參、糯麴，舒其宿冷惡痾。中暍溺之于臍，中惡溲之于面。停久之臭者，能逐鬼疰之邪。自便之溫者，可沐狐腋之氣。胎傷血結，取童子為佳。子死腹疼，用本夫為妙。蔥薑合而子生胞下，礬石入而痔退肛安。吐血鼻洪，和薑而送。咽疼齒衄，乘熱而含。頻滴而豁勞聾，並出入耳之蟲患。抹洗而除目赤，且愈中風之破傷。蛇纏足而就漩，人嚙指而取浸。浴而消蠆蜂之螫，淋而解蛇犬之傷。浸蜘咬宜用臭尿，救火燒應取新溺。溫漬出鍼刺之在肉，煎吞散瘀血之攻心。療諸損傷，衝之以米酒。解諸菜毒，和之以乳漿。亦治金瘡杖瘡，且消菌毒椒毒。人溺溫鹹走血中，滋陰降火利無窮。骨蒸肺痿兼勞怯，瘧痢傷科並建功。

溺白垽：味鹹而潤下走血，性平而降火消瘀。風日久乾者佳，瓦器煅過者善。瀉肝經、三焦、膀胱之火，清肺痿、傳尸、心膈之炎。熱勞羸瘦可安，湯火灼傷可愈。亦消渴疾，兼理惡瘍。入麝而除汗赤與鼻洪，加綿而止竅血與大衄。治正偏之頭痛，入地龍、羊膽，而水化注病者之鼻中。療走馬之牙疳，佐銅緑、麝香，而刀刮取婦人之桶內。鍛之水出，以滴脚氣漏跟。抹于乳頭，以吮嬰孩霍亂。瘡生口舌，應入枯礬。疳患兒童，宜偕冰蘗。調以溫水，起痘瘡倒陷與熱煩。送以白湯，去鼻生瘜肉與腫滿。人中白性是鹹平，降火清瘀潤下行。肺痿熱勞諸衄證，頭風血汗痘疳清。

乳汁：味甘帶鹹，性平無毒。無病而首生男胎者妙，性和而飲食冲淡者佳。宜白色而稠，應乘熱而服。益氣而療瘦悴，和臟而潤肌膚。解陰虛火動之痾，補血衰脈枯之疾。德生丹除其勞瘵，接命丹救其虛衰。潤厥丹田，似醍醐之妙。安其舌本，用豆醬之陳。竹瀝對而解失音，古錢磨而點赤眼。除目之弩肉，雀屎以加。解牛之獨肝，豉汁以佐。頻滴而耳蟲出，日飲而月水通。赤子不尿，胡葱白頭宜共。嬰兒吐奶，牛黃鹽篾應偕。桐油和埽，臁瘡即除其爛。麥麪調傅，癰毒盡出其膿。甘鹹乳汁性平和，勞瘵風癱獲效多。明目發音調月水，臁瘡癰毒盡消磨。

清・張鑾《痘疹詩賦》卷二　張五雲寒熱溫平藥性詩

川黃連寒性　瀉心明目用黃連，能降能升大苦寒。解毒除煩驚可定，厚腸止痢復何難。苦寒藥品，皆酒炒良。虛寒者禁用。

升麻　性寒味苦屬升麻，解毒疎風理痘花。胃弱須知散胃氣，升陽提氣却堪誇。

丹皮　理血丹皮其性寒，通經破瘀善行肝。血中浮火爽然撤，無汗骨蒸涼自安。和血、涼血、生血、吐血、衄血必用之藥也。

元參　壯水元參味苦寒，療咽入腎治多端。無根浮火專清理，結熱毒壅解自安。

桑白皮　下氣辛寒桑白皮，消痰止嗽奏功奇。肺虛胃弱總無用，利水清金定喘宜。

蟬蛻　蟬蛻甘寒治紫紅，用來發痘有神功。通留翅足祛風熱，翅足全除入目中。

石膏　甘寒石膏墮頭疼，有汗止兮無汗生。發熱除煩清肺燥，胃中毒火復能清。清熱降火，生津止渴，牙痛、中暑、解肌要藥。

連翹　連翹味苦性微寒，氣聚血凝消腫安。十二經中綱領藥，諸瘡惡毒解何難。瘡科排膿要藥。

馬兜鈴　味苦微寒馬兜鈴，人傳蒸漏最多功。連聲嗽逆專清肺，熱退痰消喘不雄。

射干　瀉火微寒是射干，咽喉結核散何難。通經明目消痰積，能入脾經兼肺肝。兼消癰毒。

梔子　性寒味苦是山梔，生瀉三焦火自移。酒炒梔仁消內熱，連皮表熱始相宜。瀉心肺之邪熱，屈曲下行，兼治五黃五淋。炒黑止血。凡痘壯熱、吐衄血、七竅出血，必用之藥也。

山豆根　豆根味苦性微寒，消腫療癰須早餐。清理咽喉除痘毒，管教心肺兩相安。

地骨皮　氣味苦寒地骨皮，中寒忌用少人知。解煩止嗽兼涼血，有汗骨蒸却最宜。

白芍　謾言白芍味酸寒，能補能收善走肝。退熱斂陰兼腹痛，婦人胎動亦能

安。表發後紅暈散者，須用此斂之。　犀角　犀角鹹寒可瀉心，鎮肝明目復涼陰。利痰解毒升清胃，血弱嬰兒用要斟。治痘瘡黑陷。孕婦忌之。　柴胡　散熱柴胡性少寒，療肌解表善疏肝。宣和氣血調經妙，截瘧如神亦不難。　黃柏　黃柏苦寒專治癰，骨蒸便血耳中鳴。若將鹽水炒來用，降火滋陰目自明。瀉膀胱相火，理腎水不足。　知母　苦寒知母謾投虛，止嗽消痰熱渴除。清肺滋陰兼瀉腎，骨蒸有汗不難祛。　赤芍　從來赤芍味酸寒，破血消堅善抑肝。產後婦人切莫犯，血中滯氣理平安。　天冬　清金降火屬天冬，止渴甘寒理肺癰。滋腎消痰兼喘嗽，陰虛脾弱莫相逢。補血冷，溫肝心。　枳殼　下氣緩兮枳殼寒，通腸破積治多端。痞消脹退喘能定，氣散痰行腸胃寬。枳殼性緩，治氣分。　枳實　枳實寬胸性猛寒，多年堅積斬何難。冲牆倒壁消痰喘，下氣須分速緩看。枳實性速，入血分。　川大黃　川黃寒性號將軍，蕩滌能將腸胃新。梟毒迎鋒皆散去，全無壅滯自回春。性走而不守，下大便燥結，心腹脹滿，發熱譫語者，必用之藥也。　前胡　前胡甘苦解寒風，脾肺肝膀入四經。下氣消痰兼退熱，能除哮喘理胎甯。兼治咳嗽，嘔逆，痞膈，霍亂，小兒疳氣。　川貝母　芑辛貝母性微寒，咳嗽虛勞惟爾堪。潤肺清心煩熱解，能除毒結痘時痰。肺痿肺癰，乳閉產難。　花粉　行水通經花粉寒，生津利便潤唇乾。排膿消腫除煩渴，止嗽清痰胃熱安。　麥冬　消痰止嗽麥門冬，寒苦除煩補不攻。潤肺清心兼血衄，生津止渴又催膿。　蘇荷　蘇荷發汗性微寒，散熱消風入肺肝。引藥能行營衛地，熱痰消盡搐驚安。治痘壯熱，風涎驚搐。　紫草　紫草苦寒理痘瘡，小兒血熱正相當。能開九竅能通水，過用恐將腸胃傷。毒盛血熱，用此涼心開竅，痘則發越起也。　龍膽草　膽草苦兮性大寒，膀胱可入復平肝。下焦濕熱能除盡，防己煎來功一般。治時氣溫熱、癰疽瘡疥、脚氣。過服損胃。

木通　導赤除煩用木通，性寒直入小腸中。能開九竅血關節，瀉腎排膿亦奏功。降心火，清肺熱，消浮腫，化津液。　胡黃連　胡連味苦性微寒，勞熱骨蒸理不難。赤子疳驚真要藥，五心煩熱是仙丹。　地龍　地龍清熱最寒涼，蠢物焉能治痘瘡。利水下行療脚氣，瑣言活血總荒唐。本草未言治痘，時師頗用，後學戒之。朱先生《痘疹定論》中，蚯蚓辨亦此意也。　紫地丁　辛苦微寒紫地丁，無名腫毒必需儂。謾誇發背消疔腫，瘰癧兼能治疽癰。　益母草　益母草辛微苦寒，內科要藥莫輕看。生新去瘀調經妙，帶下崩中產不難。　朴硝　硝本寒涼味苦辛，軟堅除熱妙如神。朴硝性急芒硝緩，腸胃推陳可致新。止痰癖，通大腸。　常山　有毒常山辛苦寒，病人虛弱莫輕啖。從來截瘧如神妙，積飲能除袪老痰。　滑石　滑石微寒消暑良，上開腠理走膀胱。清除濕熱真神品，利澁能將六腑康。痘瘡潰爛，以此敷之。　羚羊角　羚羊鹹苦性微寒，明目袪風理肺肝。散血舒筋兼解毒，厥陰邪熱亦能安。　天竹黃　氣味微寒天竹黃，慣除風熱入心涼。鎮肝明目驚能止，利竅豁痰赤子康。治失音，滋養五臟。　側柏葉　側柏殺蟲性少寒，養陰滋肺用多端。崩淋吐衄腸風痢，血症百般最妙丹。　苦楝子　楝子殺蟲性苦寒，去皮取肉善舒肝。膀胱疝氣真仙藥，脾胃虛寒總莫餐。　生地　解熱甘寒生地黃，心肝脾肺四經良。若逢血熱深紅痘，壯水除煩易化漿。涼心火之血熱，瀉脾土之濕熱，止鼻中之衄熱，除五心之煩熱。　茵陳　茵陳利水復消痰，濕熱脾經藥性寒。調理疸黃真妙品，痘瘡搔痒可薰安。　苦參　腸風溺赤苦參寒，利竅生津五臟安。能理痘瘡潰似癩，腎肝虛弱莫輕餐。苦參、殭蠶等分，為細末，痘疹咽腫吹之最妙。

山甲　山甲瘡科要藥寒，痘瘡陷伏起何難。嬰兒血弱須知慎，燥烈通經達病端。用此透毒，必多用生地以制之，否則通身空泡矣。兼能排膿下乳，損傷氣血。　黃芩　瀉火黃芩性苦寒，消痰解渴用多端。大腸膽肺膀胱熱，一味清涼百病刊。瀉中焦之實火，除脾經濕熱，兼治五淋。　藤勾　藤勾甘苦性微寒，心熱能除善入肝。原是平風切要藥，利驚散悸小兒安。治胎風，發斑疹。　車前　甘寒味苦是車前，理肺清肝翳自蠲。能滲膀胱濕熱症，通淋止衄可當先。強陰益精，令人有子。　珍珠　拔毒珍珠性最寒，水精神氣入心肝。墜痰制火除雲翳，患痘驚疔皆可安。　蔞仁　蔞仁寒苦善寬中，下氣生津小便通。定喘消痰真要藥，上焦清火有神功。　桔梗　桔梗微寒入肺經，痰壅喘嗽利咽清。能將諸藥緩寒熱，不愧當年舟楫名。表散寒邪，頭目可清，開提氣血，鼻塞能通。　雙花　甘寒藥性是雙花，溽暑烹來可當茶。初結能消成可潰，諸癰毒解使人誇。治痘後癰腫。　香附　香附開鬱氣微寒，入胃醒脾走肺肝。爾乃通經血氣品，能牽諸藥至陰端。內科聖藥，治痘亦良。　糯米　糯米微寒發痘瘡，健脾止瀉化膿漿。補中利水調腸胃，入肺除煩清熱良。　菊花　氣味甘寒白菊花，益金滋水妙無涯。清風明目除煩熱，火降血生翳不遮。治痘後目病，兼理頭風。　肉桂　引火歸元肉桂長，辛甘大熱屬純陽。命門相火專能補，扶土疏通血脉良。　附子　附子通經善補虛，回陽反本熱何如。痘灰寒泄始堪用，莫把純陽補有餘。引補氣藥，復失散之元陽；引補血藥，滋不足之真陰；引發散藥，開腠裏在

表之風寒；引溫暖藥，達下焦在裏之寒濕。　鹿茸　鹿茸鹹熱是純陽，補髓生精筋骨強。若遇無盤無頂痘，雙行氣血迅成漿。治一切虛損，腰腎虛冷勞傷等症。

炮薑　苦辛大熱是炮薑，入腎祛寒理血良。定嘔消痰除胃冷，溫經止血善回陽。

人參溫性　味薄參為百藥宗，甘溫肺熱莫相逢。生金益土除煩渴，托補元陽可化膿。補中氣，益元陽，通血脈，治內傷。　黄芪　黄芪味厚氣溫平，蜜炙補中達表生。內托諸癰真聖藥，陽虛痘症可膿成。治痘，六日前生用，六日後炙用。四肢不起不灌，桂枝、酒煎用。　鷄冠血　微溫至峻屬鷄冠，鮮血純陽性不寒。痘陷頂平難起發，酒調溫服最靈丹。　茅蒼朮　茅朮燥烈性辛溫，發汗升陽始用君。濕痒痘瘡痂易結，小兒患痘可常焚。止吐瀉，逐痰水，消痰涎，辟惡氣。　使君子　健脾君子性甘溫，虛熱能除疳不存。每月上旬初五日，蟲頭向上易消魂。　冬花　冬花溫性是純陽，瀉熱消痰潤肺良。明目除煩驚可定，肺癰喘嗽可探囊。　白朮　白朮甘溫能健脾，溫中吐瀉奏功奇。痘瘡發泡浸淫用，起脹行漿大不宜。溫則和中，甘則補脾，入血藥則補血，入氣藥則補氣。

萊菔子　寬中利氣走脾端，萊菔辛溫味却甘。升用生兮降用妙，善調二便復消痰。　當歸　當歸養血味甘辛，破用尾兮補用身。一切虛勞陰弱症，善能逐瘀復生新。潤皮膚，生肌肉，善排膿，滑大腸。　川芎　氣味辛溫原屬芎，下行血海入肝經。搜風散瘀調經藥，縱理疽癰亦最靈。　熟地　微溫熟地善滋陰，能遣髮鬚白轉深。專理無膿血弱痘，調脾滋腎入肝心。　防風　去風勝濕屬防風，氣味辛溫是處通。若共黄芪畏並用，升陽發痘有奇功。痘瘡發痒，與蜜炙黄芪同用。手足瘡不起，共白芍、桂枝並煎。瘡太濕，用之亦可勝濕也。　紅花

辛溫甘苦酒紅花，欲養真陰須少加。痘熱血凝功最妙，入肝破瘀倍堪誇。

木賊草　木賊原因伐木名，肝邪伐盡本生榮。解肌發散益肝膽，翳退雲消目自明。治疝痛，脫肛，腸風，赤痢，崩中諸血症。　厚朴　厚朴辛溫入胃脾，消痰化食厚腸施。調中散結兼行水，瀉痢殺蟲嗽喘宜。　腹皮　開胃辛溫大腹皮，疏通關格最相宜。能除脹滿消浮腫，行水通腸復健脾。黑豆汁浸用。　檳榔　辛溫破滯是檳榔，去脹攻腎食免傷。逐水豁痰能破氣，殺蟲後重最為良。脚氣冲心，童便、薑汁、溫酒，調服妙。　紫蘇　無毒辛溫是紫蘇，一般藥品用偏殊。葉能發汗梗調氣，定喘消痰子必需。解肌發汗，寬中消痰，和血下氣，驅風定喘。　白芷　辛溫白芷去頭風，通竅生肌復理癰。表發痘瘡兼托頂，能除(養)〔癢〕燥可排膿。痘瘡潰爛，四肢發癰者宜用之。　羌活　中風不語用川羌，味苦微溫通散良。肌表風邪肢節痛，毒存筋骨總無妨。痘症發熱，身痛頭痛，及痘後瘡腫，目疾，皆用。　荊芥　荊芥微溫味却辛，天瘡用穗妙於身。散風除濕清頭目，發汗療咽更有神。痘瘡不快不透者，必用之藥也。　殭蠶　殭蠶溫性理驚風，咽腫消痰須用儂。女子崩中赤白帶，行漿定痒復催膿。兼治中風失音，牙痛，瘰癧。　木香　味苦辛溫廣木香，消痰止痢最為良。能調諸氣能行毒，頂陷虛時服不妨。治一切氣痛，九種心痛。　砂仁　虛寒痘症用砂仁，溫裏全憑氣味辛。痞脹調中兼嘔吐，醒脾和胃妙如神。　青皮　酸溫消食屬青皮，破滯削堅功最奇。治痘全無水泡起，疏肝瀉肺化痰宜。　陳皮　廣皮溫性妙無窮，隨降隨升補瀉同。去白消痰兼理氣，白留暖胃復和中。治痘能導滯行氣。

杏仁　溫苦殺蟲是杏仁，行痰降氣妙如神。風寒喘嗽通腸秘，潤肺鬆肌最可人。杏仁治氣秘。　桃仁　桃仁破血最為良，甘苦通經潤大腸。開瘀殺蟲陰燥愈，痘瘡血秘可成漿。桃仁治血秘。　山查　性溫查子味甘酸，行氣消痰脾可安。發痘兼能磨肉積，麥芽神麯莫同看。　麥芽　氣味鹹溫大麥芽，健脾開胃最堪誇。消痰去脹真王道，痘劑始終皆可加。　神麯　神麯甘溫須造工，入脾開胃善調中。能消水穀兼磨積，除脹驅痰最有功。神麯得六神氣者良。

山藥　入脾山藥性溫平，益腎強陰善補中。若是痘瘡泄瀉甚，同煎訶蔻有奇功。固腸胃，止瀉痢，治健忘，兼精遺。　白藊豆　甘溫藊豆味腥香，降濁升清消暑良。暖胃調脾兼止瀉，三焦通利自舒暢。　雄黄　辛溫石類別雌雄，辟鬼兼消百節風。轉女成男真假話，薰燒瘡疥殺諸蟲。　天麻　辛溫氣味屬天麻，善入肝經木自華。益氣疏痰風可散，小兒驚癇復堪誇。　肉蔻

肉蔻辛溫氣味香，理脾暖胃調中良。祛痰解酒兼消積，煨熟油乾濇大腸。

桑蟲　從來溫性屬桑蟲，入肺柔和須用儂。發痘全無燥烈氣，行漿最妙慣催膿。　沉香　性溫辛苦是沉香，行氣何曾氣分傷。更喜溫中不助火，入脾升降墜痰良。　香薷　香薷微溫氣味辛，善調霍亂是甘霖。每逢夏月兒生痘，服後難將暑氣侵。辛散皮膚之蒸熱，溫解心腹之凝結。　芫荽　皆傳芫荽痘科宜，氣味辛溫功最奇。若遇風寒難出痘，酒煎數沸細噴之。酒煎服亦良。　烏梅　烏梅痰結化如神，消腫濇腸瀉不頻。斂肺溫脾理嗽痢，殺蟲止渴復生津。　半夏　辛溫半夏炙需薑，除濕消痰止嘔良。和胃健脾兼潤腎，閨中孕婦莫輕嘗。　鯽魚　諸魚屬火性多雄，惟有鯽魚溫胃功。患痘嬰兒皆可用，催膿行水實腸中。　麻黄　冬用麻黄始見長，要知汗過必亡陽。能開九竅

通毛孔，須用辛溫陳久長。肺經喘藥，去營中寒邪，衛中風熱，痰哮氣喘。夏月禁用。

象牙平性　無毒平分屬象牙，磨漿點眼掃雲遮。浸淫潰爛難收靨，利水能將痘結痂。　茯苓　味淡甘平是茯苓，助脾滲濕最多功。甯心益氣安魂魄，白(花)〔化〕痰兮赤水通。生津止渴，退熱安胎，調營理衛。　琥珀　清痰琥珀性甘平，利水驅風治痘驚。定魄安神邪可鎮，眼生雲翳退光明。　蘇木　蘇木甘酸氣味平，通經破血善排膿。內科產後能和血，止痛兼能消疽癰。　牛膝

牛膝酸兮性苦平，酒蒸滋補下需生。益肝補腎強筋骨，能引諸般藥下行。治腰膝骨痛，心腹諸痛。　牛黃　清心解熱屬牛黃，其味苦平除燥狂。善利驚痰兼理痘，嬰兒百病可安康。　刺蝟皮　火煆蝟皮性苦平，腸風五痔最關情。脂投腦髓通聾耳，痘後膽療風眼明。　三春柳一名檉柳。　檉柳辛平入肺經，能除表熱散諸風。疹家妙藥無人識，快毒還鬆肌肉功。　蒲公英　通淋妙品是公英，其味甘兮性却平。烏髮搽牙兼走腎，慣消疔毒入陽明。專治乳癰。　荷葉　苦平荷葉妙無涯，理血升陽最可誇。倒靨痘瘡須急用，勝於龍腦共人牙。荷葉、殭蠶，等分為末，芫荽湯下，專治痘瘡倒靨。　硃砂　硃砂平性石中寶，明目清肝飛要好。除熱驚風是妙丹，鎮心邪辟胎能保。　浮萍　輕浮辛散是浮萍，入肺直將膚竅通。邪汗發揚止渴痒，能消三十六般風。煉蜜為丸，黃酒服，善治風，兼治風濕癱瘓。　沒藥　沒藥生肌止痛平，入肝破血致新生。去油痘後解餘毒，十二經中理氣行。　牛蒡子　辛平潤肺屬牛蒡，清利咽胸兼痘瘡。十二經中皆可入，瘡中起頂最為良。兼能解熱散結，除風理痰嗽。

葛根　平性乾葛氣味甘，疏肌達表散風寒。生津發汗兼瘟症，提胃除煩渴自安。能發痘疹。　甘草　甘平甘草最為良，善解嬰兒痘毒瘡。炙則溫中生瀉火，調和榮衛是君王。入和劑則補氣，入汗劑則解肌，入涼劑則瀉邪熱，入峻劑則養陰血，通十二經之要藥也。　燕窩　氣味甘兮屬燕窩，雖溫不燥性平和。氣虛血弱發瘡痘，脾肺兩經功最多。色白者佳。　乳香　托裏辛溫是乳香，內消腫毒護心良。諸經疼痛無難定，去腐生肌內外藏。通十二經，去風伸筋，活血調氣，使毒氣外出，不致內攻。又外科散中聖藥也。去淨油，同燈心研之，則成細末。　穀精　穀精辛性最溫平，明目能除頭目風。兼去眼中翳膜病，菊花不及爾多功。上行陽明胃，兼入厥陰肝。　無價散　取糞檢尋無病童，鹽泥封罐火燒紅。痘瘡黑陷專能理，片麝調來最有功。無病小兒糞，陰乾，將傾銀罐一箇，鹽泥固濟，火煆通紅，取出為末，蜜水調服一錢。　白雄鷄湯　白色雄鷄煮作湯，味甘其性屬純陽。嬰兒發痘多神妙，莫令加添鹽醋薑。糯米煮飲食，能發痘，將湯煎藥，亦妙。

清·龍柏《脈藥聯珠藥性考》　浮脈應用藥品

草部　上黨參甘，微苦性寒。與遼參別，地氣使然。熬膏補正，五臟能安。生津除熱，益氣煎丸。同黃芪亦可化毒托膿，不及遼參之補耳。〔即古人參。今則氣味俱異。〕　長松根甘，性溫除冷。血氣宿疾，療風骨緊。大風疥癩，惡瘡潰瘦。眉髮墮落，配藥酒飲。生古松樹下，根似薺苨。解諸藥毒，久服良。〔莖亦可用。〕

黃精甘平，補中益氣。安和五臟，大益脾胃。填精強骨，滋潤心肺。久服延年，坤土精粹。能除風濕，補五勞七傷，下三蟲，久服不飢。〔用根九蒸九曬，良。忌梅實。〕　桔梗苦辛，入肺瀉熱。利臟止嗽，開提氣血。喉痹痰喘，頭痛鼻塞。上焦鬱火，諸藥舟楫。能養血排膿，治肺癰腸澼，清頭目。苦者良。〔用根，米泔浸焙。〕

五芝五色，五味隨之。滋養五藏，潤澤膚肌。陰陽和暢，氣血相資。虛勞損症，丸有紫芝。芝類甚多，氣味相似，皆濕熱之氣蘊成耳。〔用莖蓋。〕　獨活甘辛，微苦微溫。諸風骨痛，頭眩齒疼。足痹癥疝，專入腎經。尺浮脈緊，可治奔豚。得細辛，治少陰頭痛。節疎色黃者為獨活。〔用根，去皮焙。〕　羌活辛苦，氣溫驅風。太陽正藥，寒濕堪通。時疫赤眼，瘋癲疽癰。足厥少陰，表裏有功。節密色紫者為羌活。其氣雄猛，虛人禁用。〔用根。〕　防風氣溫，味甘微辛。通療諸風，除濕疎經。太陽正藥，胃及太陰。頭目脇痛，浮脈宜斟。同黃芪能止汗。花、葉、子：除風去濕，治拘攣。〔用根。得葱行周身。〕　白及辛苦，性濇而收。止肺肝血，吐驗沉浮。折傷火灼，癰腫瘍瘤。生肌斂口，皯皰堪瘳。能補肺損，去腐生新。塗手足皴裂。反烏頭。〔用根。〕　秦艽苦辛，氣溫燥濕。大腸正經，疸黃便血。牙痛筋攣，骨蒸勞熱。益肝散風，疎通肢節。能利大小便，故治黃疸濕勝風淫之症。〔用根，拭去毛。童便浸晒。〕　茈胡味苦，氣寒性薄。三焦肝膽，氣血散藥。痰結虛熱，脹痹諸瘧。耳聾脇痛，清理頭目。治小兒痘疹，五疳黃。治卒聾，搗汁頻滴，效。〔用根，去皮陰乾。勿犯火。〕　前胡甘苦，入胃大腸。下氣散火，痰熱能降。破結寧嗽，頭目清涼。定喘止嘔，時疫疳瘡。脾肺間風痰，非前胡不能降，善發表安胎。〔用根，去皮，竹瀝浸，晒乾，忌鐵。〕　白前甘辛，微寒入肺。胸脇脹悶，賁豚逆礙。久患呷呷，下痰降氣。傷寒嗽症，澤漆湯對。似白薇、牛(滕)〔膝〕，長堅易斷者真。宜溫藥佐之。〔用根，去頭鬚，甘草水浸，焙用。〕　細辛溫辣，少陰正劑。諸風痹痛，咳逆上氣。頭疼脊強，鼻淵喉痹。眼淚耳聾，服之有濟。產華陰者真，

味厚性烈。不可過用。反藜蘆。〔用根，揀直而色紫者，去雙葉，瓜水浸，曝使。〕天麻辛溫，入肝氣分。筋骨麻痛，頭眩目暈。風濕頑痹，驚癇搐症。殺鬼精物，除蠱疝病。子名還筒，定風補虛。苗名赤箭，功同天麻。〔用根，煨，切片，酒浸，晒乾焙用。〕升麻苦甘，兼辛氣升。解鬱調血，泄痢咽疼。淋濁肺痿，疫蠱癘清。提斑提痘，殺毒鬼精。能升陽氣及至陰，引甘溫之藥上行補衛。〔用根，去頭鬚。〕鬼督郵根，微毒苦辛。專療鬼疰，邪氣攻心。瘟瘧疫疾，忤惡百精。強腰健膂，咳嗽能寧。獨搖草也。徐長卿、赤箭皆同其名而物異。〔用根，甘草水煮過，乾用。〕御風草根，天麻體同。莖葉雖異，治疾同功。落新婦草，升麻並蹤。挼葉湯煮，兒浴驚風。御風草與天麻並食，令人腸結。主治皆同。〔御風草根莖斑，葉背白，有青點。併落新婦皆用莖。〕土當歸辛，除風和血。閃拗手足，濃煎洗益。都管草苦，辛寒散熱。癰腫磨塗，咽痛含汁。二物相似。土當歸辛溫，都管草苦寒為異。〔二味俱用根。〕

鐵線草苦，無毒性平。療風消腫，解毒俱靈。透經通絡，風病能行。烏雞煎酒，發汗疾輕。古方治風，用五加皮、防風、烏骨雞搗煎服。〔用根。〕黃芪莖葉，療渴筋攣。癰疽瘡腫，內托消刪。人參蘆苦，專吐虛痰。甜桔梗頭，治亦同班。桔梗有甜、苦二種，用須甜者，與參蘆同功。〔參蘆、黨參、洋參、遼參者俱可用，而遼參勝也。〕

石韋辛甘，清肺膀胱。益精補勞，滋化為良。虛淋崩漏，發背諸瘡。降熱利濕，遺溺堪嘗。虛火為病宜之。性同石斛，專走太陽利水。〔用葉，刷淨毛，去根酥炙。〕

石蕊甘涼，芳香性濇。明目益精，清氣除熱。生津潤咽，化痰解結。久服益人，悅神却疾。生石山頂上。蒙山出者為蒙頂茶，更佳美。〔山東蒙陰及四川雅州皆有之。〕石長生苦，小毒微辛。惡瘡寒熱，邪魅鬼驚。下蟲療疥，風毒能平。四時常茂，故號長生。石生者佳。修莖茸葉，市人以鹼筋草為之。〔用莖葉。〕石胡荽辛，性溫散肺。驅痰通竅，齁鮐堪治。療聾去瘜，嗃鼻除瞖。瘡痔熏洗，頭腦嗅利。即鵝兒不食草也。治頭目齒鼻諸病甚效。〔用葉汁。不入湯劑。〕仙人草酸，療瘡丹毒。搗煮敷洗，汁點明目。仙人掌苦，痔血宜服。焙末油調，能瘳白禿。仙人掌性濇，與甘草浸酒飲，治腸風痔血。〔俱用苗本。〕石香葉辛，無毒香溫。治心腹痛，脹滿腸鳴。霍亂吐瀉，暑氣能清。調中益胃，煎飲頻頻。功比香薷更勝。產於石隙者良。制硫黃毒。〔根莖葉並用。〕蒼耳子甘，性溫發汗。通腦行腳，濕清風散。齒痛鼻淵，頭脹目暗。瘰癧瘡疥，莖葉同判。莖、葉：苦辛，治中風濕痹，喉痛疔腫。花：治癩。〔子搗去刺，酒拌炒。莖葉蒸熟。用忌猪肉。〕麻黃溫苦，專主肺經。消斑發汗，瀉衛通營。膀胱大腸，兼入少陰。解肌開竅，止汗節根。水腫，咳逆哮喘，斑疹溫瘧，為傷寒正藥也。〔表散用莖，止汗用根節，一物而主治懸殊。莖宜煎去白沫。〕飛廉根花，性味苦平。骨節酸痛，咳嗽眩昏。熱瘡疽痔，濕痹風驚。疳蝕下利，下乳強筋。久服大能益人，今時不復知用。治疳要藥。〔用根，去粗皮，酒拌蒸用。〕茼麻實苦，諸痢能已。癰腫無頭，吞之即起。卷毛倒睫，瘀肉瞖徙。根亦治痢，古方常使。即白麻實。為末，同猪肝炙食，治一切目疾。〔去殼用。〕紫菀辛溫，性滑潤肺。化痰止血，散結下氣。療熱治驚，惡涎喉痹。白紫二種，行氣血異。治喘逆上氣，胸脇咳結，瘻躄尸疰，痰血嗽。〔用根去鬚，蜜炙。〕女菀辛溫，瀉肺療嗽。霍亂洩痢，風寒閉腠。膀胱肢滿，熱脹能宥。令人面白，用鉛粉湊。一名白菀。性滑。潤肺利腸，治寒熱驚癇效。〔用根。〕蒴藋苦涼，治風癮瘮。濕痹瘑癩，腳氣腫脛。血運水腫，風旋閉緊。鱉瘕瘧疾，服之最穩。接骨草也。有小毒。除濕涼血，洗風瘮外症。〔用莖葉根。〕藎草苦平，即是菉竹。身熱驚悸，欬逆喘促。療疥殺蟲，瘡瘍白禿。一切惡瘡，頻洗頻浴。治久嗽，殺皮膚小蟲。又能染布，色黃鮮好。〔用莖葉。〕菊花甘苦，益腎與肺。治痹去翳，頭眩目淚。散濕滋陰，清煩安胃。制火平木，風消火退。黃入陰，白入陽，紫入血分。單瓣味甘者良。〔葉、莖、根、實功同。〕野菊根莖，花葉用同。苦辛小毒，能治疔癰。瘰癧瘜肉，止洩調中。破宿瘀血，外症化膿。花服之傷胃，不似白甘菊之益色宜人也。〔根、莖、花、葉並堪入藥。〕豨薟苦辛，生寒熟溫。肝腎風氣，麻痹骨疼。風濕瘡瘍，腸秘脹凝。三十六風，久服目明。治熱煩滿，久瘧陰癃。搗敷諸傷，止痛斷血。〔用葉嫩苗，治中濕癱瘓，九蒸九晒用。生汁吐人。〕欵冬花辛，性溫純陽。氣急風疾，肺病為良。痿癱喉痹，勞嗽宜嘗。痰喘寒熱，虛實同當。能使肺邪由腎順流而出。燒烟吸之，止嗽。〔去蕊中殼，甘草水浸，焙用。〕牛蒡子辛，解毒散結。潤肺利咽，消斑寬膈。通便去滯，止嗽清熱。諸腫瘡瘍，便利腰膝。以酒拌蒸用。治風熱水腫，咽喉症，痘疹，效。〔根莖在，敷脈部用。〕木賊苦甘，清火發汗。專益肝膽，退翳目患。腸風脫肛，崩痢痛疝。除積止血，鬱結可散。此為目疾翳障主藥，亦治沙淋、白帶等症。〔用莖發汗，去節炒。〕黃花蒿葉，辛苦性涼。小兒驚熱，風感寒傷。子辛無毒，下氣為良。開胃止汗，鬼疰消亡。即臭蒿，亦名草蒿。與青蒿、白蒿氣味不同。〔採以罨醬、黃酒麴佳。〕鹿啣味苦，入肺與心。力能止汗，密腠和營。風濕痿痹，逐水療驚。洗瘡治瘻，久服身輕。婦人服之絕產。為治風病要藥，亦治癰痔。〔用莖、葉、根。〕鼠麴草酸，性熱快利。下痰止洩，調中益氣。專治寒嗽，能開肝肺。多服損目，粉食有味。壓時氣，去寒痹，大能升散肺中寒熱火

鬱。〔用莖、葉。〕　決明子鹹，入肝與腎。除風散熱，益精膚潤。鼻衄腫毒，頭疼眼暈。退瞖止淚，一切目症。解蛇毒。作枕，治頭風。空心吞服，百日明目。〔葉可茹，利臟。〕　狼把草苦，無毒性涼。丈夫血痢，搗汁和陽。或蜜煎末，痞滿俱良。可染鬚髮，治癬奇方。又名狼耶草。治赤白久痢，寒熱痞滿，丹毒。〔用根莖。不療婦人疾。研末，摻濕癬效。〕　穀精草辛，性溫輕浮。肝胃本藥，明目利喉。風熱牙痛，退翳功收。小兒青盲，羊肝共投。羯羊肝不洗，入穀精煮食，或作丸，退星翳。〔用花。〕　火炭母草，其葉酸平。皮膚風熱，骨蒸酸疼。流注作痛，去熱舒筋。癰疽惡毒，搗爛敷輕。生思州。以莖、葉搗爛，鹽炒，敷腫痛處有效。〔生用全用。〕

紅茂草苦，無毒大涼。根葉搗貼，癰腫疽瘡。有通泉草，不入藥方。瀕梨花稱，治疥擂漿。二草俱名長生，與石長生名同而物異也。〔紅茂草用根莖，春採之。〕類鼻酸溫，形同豨薟。治濕痿痹，丸服痛減。問荊味苦，調急氣喘。疏經散結，癭瘤消斂。問荊似木賊，節節連續，煮汁服，能消結氣。〔類鼻用根，問荊用莖。〕　羊躑躅花，辛溫大毒。行十二經，除風痰速。諸痹鬼疰，蟲蠱並逐。痢痹賊風，壯人可服。不入湯劑。中風癱瘓用根，浸酒，不可過服。〔子能迷人，即麻漢藥也。根大毒。〕　茵芋辛苦，小毒氣溫。專理風濕，筋骨攣疼。亦療喉痹，濕瘧可斟。古治風癇，作丸酒行。茵芋酒治偏風有效。煎湯漱蟲牙、喉痹良。〔用莖、葉。〕　獐耳細辛，本名及己。苦平有毒，殺蟲療痔。疥瘻疳蝕，白禿癢止。牛馬惡瘡，洗敷堪使。根似細辛，故有其名。入口令人吐血，慎之。〔用根。不入丸散湯劑，惟外治使之。〕　芎藭辛溫，厥陰正味。開鬱搜風，散瘀理氣。潤肝調經，止痛血痢。散腫舒筋，用其開閉。婦人過經服末試胎，有胎則動，無則不動。〔根也，多服損真氣。〕

蘼蕪辛溫，芎藭之苗。定驚辟惡，逆咳風勞。三蟲鬼疰，蠱毒能消。頭風發眩，溫瀉堪調。細葉者為蘼蕪，大葉者為江蘺。花：作面脂。〔用苗曝乾。〕　藁本辛溫，除寒風濕。太陽諸病，督脈急厥。顛頂腦痛，皮膚瘋疾。陰腫癥瘕，排膿通血。其味雄壯，能散鬱寒，止腹痛。子：治四肢風。〔用根可作面脂。〕　白芷辛溫，專主陽明。鼻塞頭痛，目淚昏疼。腸風牙痛，利濕舒筋。生肌活血，外治瘢痕。置鞋中，治腳氣。血熱有火者忌。葉：浴丹毒。〔用根，石灰水拌晒，或以黃精片拌蒸佳。〕　杜若辛暖，入腎膀胱。霍亂腹痛，目暗健忘。腦風涕淚，頭暈䀮䀮。益精補正，上古稱良。治胸腹間逆氣，除口臭，暖胃，去皮膚風熱。〔用根，蜜水浸曝良。〕

薄荷辛涼，升浮發散。搜肝抑肺，清頭目眩。咽疼齒痛，眼赤耳爛。癮疹瘡疥，內熱痢患。舌胎口臭，含湯漱。解小兒驚藥，用以調服。〔用莖、葉。〕　鬱金苦辛，味厚性輕。入肝心肺，散鬱狂驚。血氣諸痛，破積調經。生肌吐蠱，痘毒攻心。能破血，又能止血，療吐衄、尿淋、金瘡出血。〔用根，赤心者真。凡使勿悞用薑黃。〕

藿香辛甘，入脾與肺。止嘔吐瀉，進食開胃。快氣和中，霍亂自退。上焦壅熱，通暢五內。治心腹絞痛。肺虛有寒，胃弱、胃熱嘔者忌。〔用枝、葉。〕　荊芥辛溫，血中風藥。肝脾氣分，清利頭目。喉痹吐衄，諸瘡宜酌。產風血暈，炒黑酒服。風熱在上，用穗。反無鱗魚、河豚、蟹、蟛、驢肉。〔用莖、穗。〕　雞蘇辛涼，清肝下氣。理血辟惡，血淋及痢。頭風目眩，喉腥鼻閉。邪熱諸病，服之通利。即是青蘇。亦治吐血肺痿，口臭、口靡等症。〔用莖、葉。〕　紫蘇辛香，溫能解表。下氣寬胸，利便不少。行血止痛，葉梗並好。定喘降痰，獨子微炒。葉發汗，梗順氣降痰，解蟹毒。忌鯉魚。〔嫩莖葉可蜜餞、鹽食。〕　薰草芳馨，甘辛氣散。傷寒頭痛，腹心脹患。明目濇精，鼻癰瘜爛。虛勞疳䘌，惡痢能斷。蕙實：明目補中。根莖：汁治虛風浮腫，五痔。〔用莖葉。即零陵香也。〕　香薷辛溫，清肺解暑。水腫腳氣，霍亂嘔吐。解表降熱，腹痛溺阻。舌血口臭，含嗽最妥。去熱風，止鼻衄，調中溫胃，為治霍亂要藥。〔用苗葉，嫩時可茹。八九月採穗，陰乾用。忌山桃。〕　莎草苗花，利氣解鬱。降痰疏絡，去風客熱。皮膚癮疹，憂愁減食。煎飲熬湯，浴使汗出。即香附之苗也。除內臟虛風，行血中之氣。〔搗爛外貼，可以消痞。〕　羊蹄根苦，小毒疏風。療便閉結，禿癬疥蟲。一切外症，敷洗全功。葉解魚毒，子亦相同。性走血分而滑利，功在涼血殺蟲。外治效。〔用根，能制三黃、石藥毒。〕　蒲黃甘平，除厥陰疾。行瘀生用，通經痛息。療傷瘡腫，涼血生血。止崩濇精，俱宜炒黑。香蒲，花上粉也。舌脹滿口，摻之即消。〔隔紙焙用，根笋可茹。〕　浮萍辛酸，肺經發表。利水驅風，透汗熱了。癱瘓瘙痒，鬚髮長好。外浴瘡疥，燒烟蚊少。紫背者良。搗和鷄子清，塗湯火瘡面上細疱。〔攤篩中，下置水，晒即乾。〕　五味酸鹹，性溫收斂。補肺滋腎，除煩定喘。益氣生津，濇精脫免。退熱補虛，勞嗽堪減。五味俱全，善收耗散之氣。風寒咳嗽禁用。〔用子。銅刀劈，蜜拌蒸。入嗽藥生用。〕　威靈仙苦，辛溫治風。宣疏五臟，十二經通。肢節頑痹，癥瘕宿膿。瘧疾黃疸，利濕奏功。去冷滯心膈，痰水腸閉，骨鯁。忌茗、麪、油膩。〔用根。〕　蓬虆酸平，入肝與腎。長陰益精，志強骨勁。中風身熱，寒濕諸症。久服悅顏，澤髮烏鬢。一名陰虆。又名覆盆，與覆盆子名同物異。〔用子、苗、葉，功同。〕　葛根甘辛，專主陽明。身熱嘔吐，頭脹目疼。疏表發汗，除瘧除瘟。排膿止血，解渴解醒。蔓：療喉痹。葉：治金瘡。穀：止痢。花：消酒俱效。〔生根汁大寒，解酒。〕　女萎辛溫，止

利消食。風寒洒洒，腸鳴瀉洩。霍亂驚癇，百病汗出。身體癧瘍，又治下䘌。一名蔓楚。用苗。能和肝脾理肺。非葳蕤也。〔用苗。〕木通寒淡，清心降熱。利便通淋，下乳解結。療濁除煩，目昏鼻塞。水腫黃疸，催生破血。能升能降，清火，故治一切熱閉，通利九竅。〔用藤。〕通草微甘，性寒平淡。利陰導水，瀉肺熱散。通淋下乳，催生救難。花上粉屑，療蟲瘡慣。陽明、太陰藥也。能清金降火，故去風明目。〔用莖。〕刺蒺藜苦，入肝潤肺。益精明目，諸風熱退。溺血遺精，諸瘡陰潰。白蒺藜甘，補腎療悴。花：治白癜。苗：煮洗疥癬、風瘡作癢，蠷螋傷。〔用子，酒拌蒸，或炒去刺。白蒺佳。〕九仙子苦，無毒性涼。咽喉痛痹，散血磨嚐。月季花甘，嫩頭入方。活血消腫，傅毒俱良。同沉香、芫花研，入鯽魚腹煮食，消瘰癧效。〔用根。〕甜瓜蒂苦，開胸探吐。大水浮腫，療疸殺蟲。喉痹眩運，瘜肉齆阻。除瘧定喘，痰癇並吐。籐：通月經。葉汁：生髮；末：療折傷。花：治心痛。〔即香瓜蒂也。用青色形團，俟瓜氣足而蒂自落者佳。〕黃瓜葉苦，治兒閃癖。挼攪服汁，一歲一葉。根傅狐刺，毒腫並失。錦荔枝子，壯陽氣益。黃瓜即胡瓜。錦荔枝即苦瓜。肉歸食部。〔黃瓜葉有小毒，服之吐下乃良。苦瓜子炒，用仁。〕仰盆辛溫，小毒療蠱。喉痹腫毒，飛尸堪主。有人肝藤，惡蠱能吐。除邪風痹，服清臟腑。皆以水磨汁服，解蠱毒。苗葉：俱似伏雞子。〔俱用根。〕恭菜根甘，通經寬膈。子煮半生，搗汁除熱。醋浸揩面，去鼾悅澤。合煮鯽魚，療痔出血。合芸薹、荊芥、芫荽、萵苣、蔓青、蘿蔔、葱七子。〔菜在食部。以大鯽魚去鱗腸，入七子，瓦器煮熟，焙為末，服二錢。〕蕪青子苦，明目療癉。去癥積聚，霍亂脹滿。升降汗吐，便通結緩。風瘮瘭疽，蜘蛛毒散。即蔓青也。花：辛，治虛勞目暗，為末水服效。〔子九蒸九晒，常服良。〕胡荽子辛，消穀進食。療痔肉毒，發痘疹疾。馬蘄子辛，治服脹急。開胃下氣，心痛服失。又有紫堇花，治脫肛。水堇花，療脈溢得效。〔紫堇花溫，而水堇花寒。〕灰藋菜甘，清熱寬中。洗瘡疥癬，殺蟲消風。蜘蛛蠶咬，搗爛油封。子仁可食，並去三蟲。灰藋大葉紅心者，即藜也。微毒。主治相同。〔能截痧症。〕秦狄藜辛，治胸腹脹。破氣消食，心痛悒快。子敷腫毒，食令口爽。茅膏菜同，久痢滌蕩。雞侯菜、優殿菜：味辛，能溫中下氣，消食。〔秦狄藜可茹，而於生菜中最香美。茅膏等俱可瀹食。〕醍醐菜甘，生血通經。孟娘菜苦，散結益陰。補虛瘦弱，壯陽健筋。利濕除痒，療痔消瘻。出四明山。性溫。食之補益，治血癥。可為茹。〔醍醐菜用汁，孟娘菜用莖、葉。〕罌粟殼酸，斂肺澀腸。遺精泄氣，瀉痢脫肛。止嗽固腎，骨痛勞傷。粟米潤燥，反胃宜嚐。行風氣，逐邪熱，壓丹石毒，去痰滯，止瀉痢。〔殼去蒂筋膜，或醋、蜜炒炙用。〕青蘘甘涼，即胡麻葉。祛風解毒，通痹活血。花能生髮，肉疔擦脫。麻稭燒灰，點痔肉失。麻枯餅：擦牙烏鬚。又痘瘡生蟲，油滓貼之。〔以脂麻種畦中，初生嫩葉亦可為茹，甘美性滑。〕大麻花辛，專治諸風。健忘能治，散瘀經痛。葉能潤髮。根止崩中。療淋白帶，撲跌傷融。麻皮：破血。同髮燒灰，乳香酒服，治跌傷效。〔或稱麻勃，即花也。〕黑大豆皮，療痘目瞖。豆葉搗敷，蛇咬毒去。花消翳膜，稭灰點痣。赤小豆葉，煩熱並治。赤小豆葉能止遺尿，芽治胎漏，研末酒服。〔大豆葉煮服，治血淋效。〕扁豆花甘，能止泄痢。赤白帶下，血崩亦濟。葉治霍亂，轉筋痛閉。並療瘕疾，藤亦同意。綠豆花：解酒毒。葉：療霍亂。蠶豆苗：能醒酒。〔扁豆花焙乾，末用。綠豆葉絞汁服。〕師系草甘，主癰瘡疾。疥癩瘋斑，煮洗可脫。姑活草甘，溫療寒濕。風邪痹痛，久服氣益。鴆鳥漿草，甘溫治血。療風解毒，癰腫瘡癤。獨搖草溫，游風癢熱。舞草芫夫，虞美人例。一物四名，女佩男悅。以上四種，諸名博識。救赦人者，味甘有毒。寒疝濕痹，諸氣不足。百藥祖辛，諸風能逐。石逍遙苦，虛邪宜服。癱瘓諸風，輕健手足。黃花了涼，口糜喉粟。小兒群辛，治淋白濁。白筳草香，洗疥癩禿。牛脂芳草，止血神速。以上七種，其名宜讀。雀醫草苦，久服有濟。療風水疾，爛瘡洗利。封華草甘，瘡疥惡去。馬逢味辛，蟲癬及癘。兌草酸平，補益正劑。兎棗味同，亦能益氣。倎華草甘，解煩筋痹。讓實味酸，止喉痛痢。滿陰實甘，除熱便閉。以上存名，共計八味。雀梅酸寒，一名千雀。其性有毒，蝕瘡洗濯。白辛味辛，寒熱可藥。根白芳香，毒性宜博。白背草苦，寒熱瘡惡。紫給草鹹，野葵名託。能治頭風，洩注宜酌。糞藍味苦，療諸瘡瘼。身癢漆瘡，並洗白禿。以上五種，外症須索。文石草甘，能止寒熱。心煩宜服，又名黍石。并苦草涼，治肺欬逆。彧薰玉荊，三名須識。路石草酸，又名陵石。心腹盜汗，生肌氣益。石劇草甘，消暑止渴。唐夷草苦，主療踒折。秘惡草酸，治肝邪疾。又名杜逢，六種分別。

補遺　老鸛草苦，微辛去風。疎經活血，筋健絡通。損傷痹症，麻木皮瘋。浸酒常飲，大有殊功。或加桂枝、當歸、紅花、芍藥等味，更有奇效。〔用莖嘴。出齊地。〕肥兒草產，廣西平樂。治兒諸疾，痧脹可藥。有紅果草，葉圓刺弱。辛治牙痛，含漱斟酌。又箭頭風花，形如箭鏃，能治風症。出南寧。〔紅果草亦產廣西。〕黃金茄毒，形似檳榔。誤食即死，蝦醬解嘗。杭藥大毒，鳥畏遠翔。形如

獨蒜，其毒宜防。菌藥所出，服葛人殃。血肉化菌，惡毒更強。乾之作蠱，畜者無良。菌化蜂惡，賊物難當。火旺草毒，魚遇即僵。墨茘氣臭，味辣毒剛。若或誤食，腐爛心腸。有蛇毒草，汁蘸鋒鋩。射物立斃，人遇不臧。雞母草毒，塗箭刀創。禽獸觸死，人遇即亡。諸般毒物，不入醫方。夷邦出入，防害条詳。〔菌藥乃服野葛，人死後其血肉滴草上，生菌毒勝莽草。造蠱者乾而藏用。或菌爛則化為毒蜂，螫獸至死，亦堪造蠱。或云以糞清、蕹菜汁解。〕

藤部　天仙藤苦，性溫風藥。疎氣活血，透達筋絡。妊娠水腫，子癇病作。麻黃合汗，大黃胎落。葉圓似葛有白毛，或云即青木香藤也。〔用根苗。〕　蔓荊子苦，兼辛微寒。氣輕升散，膀胱胃肝。目紅齒痛，血熱筋攣。通利九竅，頭腦痛安。去風利濕，殺蟲涼血，益氣，利關節，長鬚髮。〔去白膜，研用。〕　清風藤辛，微甘氣溫。濕痹骨痛，腳腿轉筋。鶴膝風痿，麻木膚疼。熬膏浸酒，治風有靈。一切瘙癢瘡腫，因風毒濕毒成者，服之效。〔用莖根。〕　南藤辛溫，性透經絡。排風補虛，強腰健腳。諸痹冷氣，浸酒為藥。黑髮起陽，咳嗽煎酌。治風血為病，或煮汁，或浸酒，熬膏服更良。〔用藤。〕　千金藤苦，種類頗多。治勞瘧瘴，癰腫瘡（痾）〔痾〕。霍亂中惡，癲疾能瘥。解藥石毒，血氣堪和。北產者良。有古藤、烏虎藤，同類同名同治。〔用藤。〕　鉤藤味甘，微苦性寒。能除心熱，驅風平肝。客忤斑瘆，頭目眩旋。小兒驚搐，降火消痰。專行厥陰，散風降火，為小兒驚癇要藥也。〔用鉤。不宜多煮，多煮則無力。〕　甘藤汁甘，調中益氣。活血解熱，止渴通閉。甘露藤甘，主風冷痹。甜藤解毒，蛇蟲螫濟。三藤氣味相同，皆能益元疎絡，令人肥健。〔俱用莖、葉。〕　倒掛藤苦，能破惡血。療風止痛，產後諸疾。烈節辛溫，追風通脈。定痛和筋，浸酒服益。同松節、牛膝、熟地、當歸浸酒，愈歷節風效。〔用藤、根。〕　陳思岌辛，苦解諸毒。掀熱丹瘡，癰腫蠱伏。天行熱症，喉痹磨服。去風補虛，疎經絡速。出嶺南。與千金藤諸藥子相類，故主治同。〔用藤。〕　風延莓苦，去熱療驚。解煩明目，利便通淋。下痰止痢，瘴毒能清。蛇傷蟲螫，瘡疥塗靈。性寒，無毒。產南海山野。或稱風衍，煎服效。〔用根、莖。〕　松蘿甘平，能平肝氣。瞋怒痰熱，溫瘧吐利。頭風頭瘡，癭瘤結聚。亦能探吐，膈痰熱去。松寄生同此，蔓生也。利水導痰，除胸中熱。〔松上寄生樹性味同。〕　葡萄根藤，葉味俱甘。能止嘔噦，腰腳疼酸。消腫脹滿，利便胎安。蘡薁味同，癃閉能寬。蘡薁即野葡萄，根藤主治相同。汁點障瞖。〔曝乾為末。用蘡薁，又治上焦熱。〕　地龍藤苦，產天目山。治風血痹，冷痛膚頑。鬼膊藤苦，療疾同班。搗敷癰腫，子葉俱堪。有曼遊藤，甘溫。久服益人，治老嗽，塗癬效。〔莖、葉俱用。〕　藍藤辛溫，治冷咳嗽。金稜藤同，筋骨痛宥。含春藤治，諸風功奏。有祁婆藤，經絡通透。藍藤出新羅，金稜產施州，含春、祁婆天台。〔諸藤俱能疎絡追風。用藤、枝、莖。〕

木部　側柏枝節，釀酒去風。濕痹疥癩，燒瀋塗功。脂除疣痣，研和同松。根白皮苦，湯火傷封。枝節煮汁，釀酒，除歷節痛。根皮水，長毛髮。〔瀋即瀝也。〕　桂枝辛甘，性溫氣薄。入肺膀胱，發汗通絡。解肌和營，臂痛風瘧，傷寒有汗，是為要藥。手足痛風、脇風，皆以作引經。陽盛者忌用。〔不可久煎。〕　木蘭皮苦，入腎肺家。皮膚中熱，酒疸鼻皶。傷寒水腫，陰痒斑邪。小兒重舌，癰癩宜搽。利小便，散風利濕，功近桂枝。去癩瘋等疾。〔剉碎，漿水浸，或酒漬，焙用。〕　辛夷溫辣，氣輕上浮。入肺與胃，明目清頭。鼻淵鼻塞，齒病宜投。開通九竅，邪熱難留。去淨毛，微炒用。毛入肺中，令人咳嗽。慎之！〔用苞。〕　楓脂香苦，解毒活血。止痛生肌，咯吐便結。齒痛風瘆，癰疽瘡節。皮療水腫，霍亂痢疾。皮：煎湯浴，去刺風。根、葉：療癰疽，酒服。滓貼。〔微炒，研如泥，入丸用。其癭瘤，南巫刻人形，以致鬼神。〕　乳香苦辛，行十二經。去風活血，托裏護心。生肌止痛，胸腹諸疼。癰疽瘡腫，產難狂驚。香入心，苦溫腎，調氣伸筋，療折傷，解諸毒。〔用脂，微炒。〕　紫檀甘鹹，微寒無毒。金瘡止血，腫消風逐。療淋定痛，筋舒血活。性專和營，惡瘡塗縮。白檀：走衛，專主氣分。紫檀：走營，專主血分。〔醋磨屑良。〕　海桐皮苦，辛溫透經。祛風洗目，除瞖赤筋。殺蟲癬疥，腿膝頑疼。赤白久痢，牙痛嗽輕。花：止金瘡血。又雞桐葉：煮洗風濕痹氣效。〔有刺者為刺桐，無刺者為雞桐，花色少異。〕　槐膠味苦，能逐諸風。筋脈抽掣，丸服有功。枝瀝塗癬，灰擦牙蟲。沐髮令長，服止崩中。皮、根：止血，治喉痹中風，洗疝痛、五痔、火瘡。〔皮、根俱用白皮，或微炒。〕　合歡木皮，味甘性平。安臟益志，解憂悅神。折傷癰腫，止血續筋。肺痿吐濁，髮落能生。能殺蟲，療蜘蛛咬傷毒。葉：洗衣極能去垢。〔去粗皮，炒用。〕　桓子皮肉，微毒微苦。去面䵟䵳，喉痹開吐。子中仁辛，療牙痛楚。煨食辟惡，口臭嚼數。桓子洗頭面，去風澤色。又主飛尸邪惡氣。〔即核外肉也。〕　訶子苦酸，定喘斂肺。破結降火，消痰開胃。止嗽嘔逆，崩帶胎墜。收脫止利，奔豚氣潰。核：磨點目，去赤痛。葉：下氣消痰，止渴治痢。〔酒浸，蒸，去皮用肉，焙。或用核。〕　蕪荑辛散，苦燥殺蟲。化食理積，利濕祛風。鱉瘕癥痛，痔瘻疳矇。瘡疥冷痢，蟲痛有功。能燥濕理氣，殺腹內諸蟲，小兒疳膨食積。〔用莢、仁。〕　檉柳枝葉，性味甘溫。療風消痞，利便和營。解酒止渴，解

毒熨筋。脂合質汗，傷折堪平。與楊柳不同，驢馬血入肉毒，炙熨之，或洗。〔木皮俱同。〕蒲柳枝葉，苦療久痢。痘毒倒陷，頻浴有濟。木白皮根，金瘡能治。乳癰諸腫，搗敷散利。即水楊也。治痘極效，俗醫誤用河柳，非也。〔搗汁良。宜用鮮者。〕蘇木甘鹹，辛走三陰。行血去瘀，療閉通經。表裡風氣，惡露冲心。排膿止痛，撲損瘡靈。主中風，霍亂嘔吐，虛勞，氣滯腹痛，療瘡瘍。〔去粗皮，取心，搗，以梅樹皮同蒸，陰乾用。〕樺皮苦平，煎治黃疸。傷寒時熱，小便急短。肺風瘡毒，乳癰能散。癘疥洗消，鬚髮堪染。煮汁冷飲，治大熱，豌豆瘡。燒木脂，辟鬼邪。

椶櫚苦濇，性能收脫。治吐衄崩，腸風痢疾。子花及筍，同功止血。髮柏共燒，三灰奏捷。久年敗椶更良，專能止一切血。初起者忌。〔燒存性，或煅灰用。〕海紅豆寒，能去皯黷。頭面花癬，游風澡裉。豬腰子甘，治瘡毒病。藥箭射傷，內服外應。海紅豆有小毒，入面藥中，令人肌膚澤美。〔豆堪為果飣。豬腰子鏤空，可為鼻煙瓶。〕桑白皮甘，辛瀉肺熱。下痰開胃，行水利濕。咳嗽喘滿，浮腫吐血。通大小腸，祛風止泄。皮汁：塗口瘡即愈。枝瀝：療大風瘡疥有效。〔用冬行嫩根白皮，焙用，或蜜炙。忌鐵鉛。〕桑葉甘寒，陽明經藥。除熱燥濕，去風明目。關節疼痛，盜汗宜服。赤眼火傷，脫肛腫毒。嫩葉煎酒，治一切風。可代茶飲。經霜者良。〔焙乾，或燒存性用。〕桑枝治風，拘攣癢燥。水風腳氣，咳嗽渴要。消食利便，眩運堪療。桑灰止血，滅痣疵妙。枝治偏風，灰蝕惡肉。桑霜：治噎食積塊效。〔用嫩條，剪細，炒香，煎良。〕楮葉甘涼，止衄痢疢。風濕濁疝，癬瘡功奏。白皮逐水，喉痹咳嗽。枝莖洗疹，小便通透。皮治腸風血痢，骨鯁。白汁：傅癬、蛇蟲傷毒。〔白皮釀酒，治腫脹腸風。汁膠五金貼金書。〕荊瀝甘平，除風退熱。化痰通絡，中風音失。眩運煩悶，熱痢吐逆。因寒而病，助以薑汁。黃荊條截長尺餘，架磚，炙取。止血氣熱痢。〔截長三四寸，束入瓶中，又以一瓶合住，糠火煨燒，其汁瀝下妙。〕

枸橘葉辛，治痢膿血。喉瘻怪症，末服飲汁。刺療牙痛，皮治痓直。下血不止，宜用其核。咽喉生瘡如疊，不痛，出臭水者，煎湯速飲。〔即臭橘。〕蕤仁甘寒，入肝肺經。散結清熱，強志聰明。療痰痞氣，鼻衄睛疼。熟治不眠，多睡用生。專療眼疾，內服外點，皆有殊效，功在益肝。〔以湯浸去皮尖，擘破，用木通、芒硝水煮一伏時，研用。〕山茱萸酸，辛溫性濇。補腎潤肝，逐風利濕。固精秘氣，耳聰目澈。強陰助陽，五臟利益。療精血不足，致九竅不利，耳鳴、鼻塞等症。〔用肉。〕女貞葉苦，除風散血。消腫定痛，頭昏目疾。胻瘡潰爛，諸腫搗貼。舌脹口瘡，含漱有益。又治風熱赤眼，研汁和黃連、朴硝熬，點效。〔葉形長者真，葉圓者乃凍青也。〕

女貞子苦，微甘性平。益肝與腎，五臟安寧。烏鬚黑髮，耳目聰明。驅風補虛，強骨健筋。少陰之精，隆冬不凋，釀酒能治虛損百病。〔色黑者為女貞子，色赤者凍青子也。〕冬青子苦，微甘去風。補虛悅色，皮亦相同。葉灰洗面，癉瘃消融。瘢痕盡滅，久見殊功。子療痔，鹽酒拌蒸服。亦性涼，活血之功也。〔嫩芽可茹。〕

山礬葉酸，治痢止渴。殺蚤蠹蟲，爛弦眼疾。楊櫨葉苦，療瘡瘻癧。性寒微毒，洗瘡煮汁。山礬即芸香，葉同老薑，浸水洗爛眼沿效。〔山礬子可食，葉可染黃。〕溲疏辛寒，除胃中熱。下氣利水，皮膚燥熱。遺溺諸症，婦人諸疾。清理下焦，丸有承澤。似枸杞，一名巨骨。蓋陽明衝任去熱之藥。〔用子。〕南天燭苦，上泄除睡。強筋益力，風疾能退。子堪固精，甘平酸味。肝腎之藥，北方稱貴。誤吞銅鐵，天燭根燒研，調服一二錢，即下。〔葉汁造烏米飯。〕石南葉辛，苦堅腎經。頭風腳弱，內補強陰。皮毛麻痹，服之有靈。子治蠱毒，祛風氣行。能破積，除蠱風痹，利筋骨，添腎氣，浸酒良。〔嫩芽可當茶飲。〕胡頹子酸，能止水痢。根止吐血，亦療喉痹。葉治肺虛，喘促欬劇。虛甚之人，加參美劑。根煎湯洗惡瘡瘑疥，犬馬咬傷，又治喉塞。〔寒熱病不可用。〕五加皮苦，味辛氣溫。祛風勝濕，活血舒筋。五緩虛弱，濕囊痿陰。明目愈瘡，堅骨益精。釀酒良。難得真者，蜀產芬香，五葉者佳。〔用根皮同莖。或云寧得一把五加，不用珠玉滿車，言其貴。〕木槿皮甘，活力潤燥。腸風下血，殺蟲為要。頑癬風疥，調塗極效。子花性同，療風亦妙。子燒煙，熏頭風。研末和猪骨髓，敷黃水瘡。〔川產者良。花白者可代茶，利便止痢，定嘔。〕伏牛花苦，治風濕痹。拘攣骨疼，眩運氣滯。五痔下血，頭風要劑。根葉枝同，腫痛並去。療一切風。無花用根、葉、枝，焙研末，酒服。〔根葉俱作湯，浸酒用。〕木天蓼辛，除積癥結。風勞冷痢，並用枝葉。小天蓼甘，追風最捷。手足痹疼，子療痃癖。二天蓼治風奇效。根：治牙痛，搗丸，塞之妙。〔木天蓼酒浸良。〕桑寄生苦，微甘性平。助筋強骨，腰腿腳疼。追風利濕，下乳止崩。諸瘡癬癩，用此宜真。必須桑樹上生者可用，他樹有毒，害人。〔以銅刀，和根枝莖葉細剉，陰乾用。忌火鐵。〕李仁苦平，療仆踒折。瘀血骨痛，令人悅色。利水散腫，小腸氣結。面皯黑子，研塗自失。女子少腹腫滿，研服。嚼塗蠍蠆螫痛有效。〔去皮尖用。〕杏枝治傷，能散瘀血。墜撲煩悶，煎酒飲益。花補傷中，療痹厥逆。葉治卒腫，膿煎熱漬。根：治多食杏仁，迷悶脹滿者，煎湯服，即解。〔枝用東引者良。〕梨樹木皮，能療瘟疫。霍亂氣冒，灰服或汁。葉治相同，小兒疝疾。解菌水毒，更是風疾。食梨過傷，用葉煎服。花：搗塗面，去黯粉滓。〔梨樹木燒灰，伏

雞卵殼中，合白菀、麻黄等分，丸服，治鬱冒效。〕 鹿梨根皮，洗瘡疥疾。棠梨葉枝，霍亂吐息。榅桲木皮，搗敷瘡癬。菴羅果葉，渴病呷汁。赤瓜木：即療水痢、頭風。根：消積。莖葉：洗漆瘡。〔棠梨枝葉，油炒去刺用。赤瓜木，即山楂也。〕 石榴皮濇，主痢漏精。崩中帶下，筋骨攣疼。濇腸止血，點目清明。東行根同，殺蟲最靈。根療蠱通經。花：治金瘡，止一切血有奇效。〔漿水浸用。忌鐵器。〕 枇杷葉苦，清肺下氣。治熱咳嘔，寬胸療痹。涼膈理痰，掃除面疿。和胃薑炙，潤金蜜製。花：治頭風鼻涕。木白皮：止嘔逆，不下食良。〔大者刷淨毛，或酥，或蜜，或薑汁炙用。〕 核桃青皮，染鬚黑髮。傅癧瘍瘡，癜風嵌甲。根皮止洩，沐頭染褐。殼燒存性，血崩可壓。油：辛熱，有毒，殺蟲，治癘風疥癬，楊梅，白禿。〔油乃陳壞者，壓油治病。〕 合新木辛，服解煩心。又療瘡痛，洗服俱行。枸核味苦，水腫堪平。馬瘍木皮，癬疥敷清。馬瘍用根皮，有小毒，能殺蟲，為末，油塗效。〔合新木產遼東，枸核五月採，炙用。〕 榕樹之鬚，配藥固齒。子可肥魚，脂黏似乳。枝束為炬，不畏風雨。老結伽南，奇香堪取。其脂與漆相似，可以貼金膠物，勝於楮脂。〔葉似大麻，子如冬青，枝幹拳曲，木本稜凹，不成材器，而結奇香。〕 櫻木似檜，亦名水松。抱木生者，性韌皮同。乘鮮剝削，造履輕鬆。除濕腳氣，堪辟邪風。有梌木：根葉似桃而細膩，性耐水，造器良。〔櫻抱木皮造履，俗稱抱香履，今潮州刳而為之。〕 鐵樹黑色，葉類石楠。逢丁卯歲，花發非難。形如瑞香，圓小不䅖。樹高數尺，止血下痰。有吐珠木、飛雲木，皆細緻波紋，可造器皿。〔鐵樹花開四瓣，紫白色，或採以治痰火症。〕 雞翅木苦，白質黑章。多癭堅緻，造器最良。鐵力木黑，沉水堅橿。海航作椗，不異鐵鋼。有橡木、櫨木，皆不蠹，堅細，可為棹、椅、箱、牀。〔橡木有青、白、黃三色，橒木白蟻不傷，皆佳材也。〕 菩提樹葉，形似柔桑。浸去渣滓，筋若絲張。飾燈置笠，綃縠相當。紅羅獺尾，並產高涼。有紫柏、虎斑、鳳眼、龍膽，諸木俱宜造器，良。〔紅羅、獺尾等木，皆細緻堅香之良材也。〕 蠅樹最奇，蒼蠅所集。栽茶樹傍，茶得滋益，茶不生螆，味更清潔。旱則降水，潦則升吸。瓊州多蠅傷茶，土人栽蠅樹護之，則無害。〔蠅樹不獨聚蠅不傷茶，更能降水吸水滋之，物之相感甚奇。〕 乞力伽木，瀕海所產。煎膏餌之，延年除瘡。有合成樹，一本三限。東楝西槐，南結橄欖。綏南有連山樫松杞梓，同本，蓋接木類耳。〔今之接木生果者甚多，而一本數種者，無若天成者，更奇矣。〕 臙脂木赤，鏇器甚堅。有龍骨木，色翠青妍。廣漆樹茂，漆出不粘。黃而光亮，無力霑霑。有韓木，俗傳韓文公所植，枝葉異於他樹。〔廣漆與川、浙、徽漆大不相同，今吳中皆用之，甚光亮。〕 男青女青，人皆未明。萬年枝是，羅浮志名。莖枝條蕊，朱色如藤。插枝灌水，即可敷榮。《本草》女青是草，而無男青，此藤生者是也。〔按志云男青似女青，蓋二物也。男青藤生，女青草生。〕

水部　立春雨水，味甘氣正。夫婦合飲，回房乃孕。煎發散藥，補中卻病。液雨殺蟲，消積亦應。立冬後十日為入液，小雪為出液，曰藥雨。〔液雨，百蟲飲之即蟄。〕 梅雨濕毒，壞物敗色。夏至壬起，小暑壬出。又三時雨，分三五七。夏至起時，小暑日結。三時雨水，不可造釀，惟洗瘡疥，入醬易熟。〔梅雨乃黃梅時候之雨，極能壞物，或稱黴雨亦通。〕 菊花上水，益色壯陽。去風明目，清熱和腸。菖蒲上水，洗目稱良。荷花中水，塗面生光。水者，或雨或露，久貯花間者，是得其氣也。〔菊花等水，以不見日色者良。〕 半天河水，即名上池。籬頭槐孔，甘潔存之。療狂鬼疰，辟疫邪迷。治蠱風疾，洗滅瘡痍。昔長桑君飲扁鵲以上池水，於樹柏中取。〔槐樹上者佳。或竹籬頭上取。〕 醴泉甘美，出應國瑞。飲除固疾，邪疰並退。玉井甘平，久服潤肺。毛髮滋榮，壽增神配。又鍾乳穴水，甘溫，補益，令肥健，壯陽耐老。〔玉井水，乃產玉處之泉也。〕 地漿甘寒，掘地成之。解諸食毒，霍亂悶施。酸漿定嘔，止洩調脾。消食通便，洗白膚肌。三家洗碗水：洗瘡。病人洗手足水：止勞復。〔須覓淨土，以清水攪土漿，澄清用。酸漿，忌李子。〕 飯甑氣水，淋頭長髮。疳瘡游爛，拂拭透達。粟米泔水，煩渴痢呷。瘙疥蟲疳，痔瘡髮拔。糯米泔：止煩渴霍亂，食鴨不消者，頓飲之。〔飯甑氣水，皆秈、粳、糯飯者。米泔水，俱用二泔。〕

土部　白堊苦溫，性濇止痢。寒熱癥瘕，血結月閉。吐衄水泄，咳嗽反胃。陰腫漏下，罨臁瘡痱。入氣分，利濕，療子宮冷。多服傷五臟，令瘦。〔搗篩，鹽湯飛淨，或煅用。〕 東壁土甘，性溫勝濕。療瘧霍亂，煩悶嘔逆。點目去瞖，諸瘡破癧。脫肛臍風，乾濕癬疾。療急心痛，解烏頭百藥、諸肉毒。年久者良。〔炒製諸藥必用，或用南壁、西壁，亦皆取氣之意耳。〕 杓上砂平，除面風粟。隱暗痛濇，唇瘡裂肉。婦人吹乳，取砂酒服。炊帚通孔，散之甚速。風粟脣瘡，於本家杓上刮去脣砂，即安。〔乃淘米杓也。有木杓、瓢杓，皆可用。〕 燈花味苦，止血金瘡。夜啼塗乳，吮咂安康。燭燼味同，疔腫塗良。醋調敷漏，馬齒莧勦。治九漏，先以泔水洗瘡，用臘猪油調塗效。〔用淨油燈心草者，若棉花紙捻，不用。〕 道中熱土，能療暍死。積於心口，尿臍可起。車輦上土，惡瘡塗取。嬰兒赤膚，摻敷肌理。千步峰土，便毒塗使。燒人場土，邪瘧塞耳。繫臂也堪，夜啼枕止。古塚上土，瘟疫辟去。馬蹄下土，東行者使。方術塗臍，臥致不起。　百舌窠土，治蟲

咬瘡。鬼屎地錢，治馬潰瘍。鼠壤土溫，冷痹熨良。中風筋痛，疔腫敷方。壖下蟲塵，惡瘡搽當。蟻垤土辛，救死胎殃。胞衣不下，炒熨用囊。白蟻泥土，瘡腫塗將。白鱓泥鹹，火帶瘡涼。驢軸上垢，治瘧為良。犬尿泥治，妊娠傷寒。令子不落，塗腹勿乾。驢溺之泥，蜘蛛咬搏。尿坑泥主，蜂蠍蟲殘。自然灰糞坑底泥，治發背頑。檐溜下泥，丹毒可刪。猪咬蜂螫，蛇毒傷堪。自然灰主，白癜風斑。瘡瘍瘰癧，和醋敷安。桑根下土，風水追完。〔自然灰生南海，澣衣去垢。瑪瑙、玉石埋之能軟，易於雕刻。〕門臼中塵，止金瘡血。諸般毒瘡，蒜醮擦歇。寡婦牀頭，土塗耳蝕。瓷甌白灰，游腫敷息。香爐灰溫，止金刃溢。撲跌損傷，生肌亦捷。爐岸塗疥，殺蟲亦切。煆竈灰辛，除癥堅積。辟惡邪氣，產後陰脫。有彈丸土，催生有益。〔彈丸土治難產，酒服一錢。〕

金部　金屑金薄，辛平除風。伐肝鎮心，下氣經通。療驚止嗽，重墜為功。骨蒸吐血，煎鍊宜融。生有毒，入丸散用。金薄煎劑，以熟金取氣。〔煎劑以金塊燒赤，入藥同煎。〕銀屑辛平，除熱鎮驚。驅風破冷，安臟鎮心。丹毒邪氣，宜用生銀。讝語煩悶，胎動服寧。烏銀、銀箔，性味俱同。入藥用生銀為上。忌血。〔用入煎劑，以大塊燒赤入藥。〕錫悋脂辛，可點瞖膜。風氣消渴，宜入丸藥。赤銅屑苦，賊風酒酌。接骨銲牙，血氣痛卻。銅屑療腋臭，醋調敷。燒潰酒服，去賊風痛。〔錫悋脂即鈋也。銅屑，即銅落，惟蒼朮能粉之。〕銅綠酸濇，入膽及肝。上焦壅甚，專吐風痰。爛弦赤眼，口鼻牙疳。殺蟲止血，瘡惡癬頑。療婦人血氣心痛效。金瘡瘜肉，去瞖明目。黑鉛甘寒，墜痰殺蟲。安神解毒，散腫消癰。明目固齒，下積調中。癭瘤鬼氣，實女能通。治風癇，腎氣噦逆，解砒霜、金石藥毒，烏鬚。〔熔化濾淨渣腳，炒成灰用。若入煎劑，則剪細同煎。〕鐵爇苦濇，燒刀取油。塗惡瘡疥，瘰癧筋瘤。破傷免爛，蟲蠹無留。染鬚黑髮，皸皺搽瘳。以火爇廚刀，出漿似漆，乘熱塗之，極有效。鐵秤錘燒，焠酒治風。產後血痛，胎漏收功。男子疝墜，熱痹喉嚨。誤吞竹木，舌腫俱鬆。鐵鋸，亦療竹木刺咽。車轄，治喉痹便血。〔鐵鋸、鐵車轄，亦燒赤，漬酒飲。〕鐵杵鐵銃，鐵斧鐵鍼，刀環淬酒，俱可催生。馬鐙振戞，能滅鬼燐。游光斂色，金葉之聲。馬銜，煮水，亦治吐血，喉痹，難產，小兒驚癇。〔馬鐙用古舊者良，宜造醫鍼佳。〕鐵剪刀股，煎治驚風。鐵鏃平胃，呃逆堪鬆。鐵甲解鬱，怒氣銷熔。鐵鏵醋淬，煮療怔忡。釘，止牙宣。鎖，治鼻瘜。鑰匙，治血噤失音。〔鐵甲、鏃匙俱煎，釘燒塞之，鎖磨取末，和豬脂塞。〕

石部　青玉碧玉，或出藍田。甘平無毒，煉服延年。玉英石鏡，並產于闐。除風膚燥，解熱悅顏。青玉令人有子。有黃玉，產甘肅，不堪服食。〔皆服食家用之。〕白石英辛，甘溫益氣。止渴潤燥，滋大腸肺。定嗽療痿，除胸膈滯。補臟通便，治風濕痹。實大腸，療肺癰，咳逆上氣，起痿止渴，補臟。〔攻疾暫煮汁飲，服食只宜吞砂，不可服粉。〕硃砂甘涼，色赤屬火。鎮心明目，補魂安妥。辟邪溫瘧，死胎能墮。定驚祛風，解痘毒可。治心熱神昏，下三蟲，打丹用之，療潰瘍效。〔取明淨者，水飛三次，蕎麥灰汁煮，再以清水飛，晒用。〕滑石甘寒，止血滲濕。降心肺火，清脾胃鬱。透癰下乳，療疸止渴。瀉痢石淋，開竅蕩熱。泄上焦熱，行腸胃滯，妊娠轉脬，清暑要劑。〔用牡丹皮煮過，飛淨佳。〕不灰木甘，性寒除熱。肺燥咳嗽，煩滿陽厥。咽喉腫痛，痱疹瘡癧。陰毒腹痛，熱藥並入。治陽絕有金針丸，蓋寒熱並用，調停陰陽。〔以牛乳煮之，黃牛糞燒之即灰。又有木類者，在木部。〕禹餘糧甘，寒濇體重。入大腸胃，固下宜用。咳逆下痢，血閉癥痛。大熱煩滿，生產易送。治骨節煩疼，四肢不仁，少腹痛，痔瘻等症。〔細研飛淨用。〕太乙餘糧，能治欬逆。癥瘕血閉，通利肢節。安鎮臟腑，輕身健力。耐寒卻老，久服大益。其味甘涼，與禹餘糧同類，而更純美者也。〔以黑豆、黃精汁煮，杵研用。〕石漆辛甘，有毒殺蟲。小兒痰疾，更治驚風。塗瘡癬疥，走竅經通。又有地溲，煉鐵剛鋒。蓋皆雄、硫之脂也。鍼箭入肉，塗可拔出，效。〔可燃燈，得水更焰，灰壓則滅。〕金星石甘，無毒性寒。肺損咳嗽，止血下涎。鎮心療哽，瘡毒蟲鑽。銀星石類，主治同班。或稱金精、銀精，能解眾毒，點眼藥用之效。〔鹽泥煆用，或水磨服。〕羊肝石甘，除熱目痛。點去障瞖，破血瘕用。礪石味同，宿血能送。伏鬼惡物，石淋開動。礪石、磨刀涎：治蠷螋尿瘡，塗瘰癧結核效。〔燒赤漬酒，或磨汁用。〕麥飯石甘，專治外症。癰疽發背，潰瘍百病。火煆醋焠，取屑研淨。鹿角白斂，調膏敷應。即黃鵝卵石也。取屑，研極細用，不致疼痛。〔煉時忌婦人、雞、犬。用時先以猪蹄湯洗淨膿血，上患處。〕黃礬酸濇，痔疥塗將。風熱牙痛，疳蝕陰瘡。湯瓶內鹼，止渴佳方。小兒糜口，丸用參湯。黃礬，染皮家用之。又磨古刀劍，能顯花紋。〔波斯出者，中見金絲紋更佳。〕光明鹽鹹，頭目病嘗。鹵鹽苦寒，治渴熱狂。除煩下蠱，去熱清腸。嘔逆喘滿，目痛點良。光明鹽，乃胡地所產，不經煎煉，天生鹽也。〔鹵鹽，即鹼也。又有鹽之滴滷下所生之鹼，有微毒，性稍異。〕玉火石甘，微辛氣溫。傷寒發汗，止眩頭昏。有龍石膏，止渴生津。有白肌石，健骨強筋。有松石，如松幹，不入藥。與不灰木相類也。〔玉火、龍石，皆與石膏同類。白肌，則理石類也。〕石肺味辛，治癘寒嗽。益氣明目，肺瘻可救。石肝味酸，身癢風透。令人色美，

皮膚去皺。石耆味甘，治咳逆侯。馬肝石甘，鍊丹益壽。猪牙石辛，明目散垢。龍涎石平，龍仙名又。大風癘瘡，敷服愈驟。以上六種，七名宜究。

禽部　陽烏嘴灰，治惡蟲傷。鵜鶘喙灰，下鯁奇方。毛解蟲毒，髓補精良。鸂鶒糞馥，塗治諸瘡。鷺鷥頭灰，治破傷風。鸊鷉毛、糞，療射工毒。〔陽烏，白鵶也。〕鵜鶘油溫，塗腫風痹。透絡治聾，嘴灰止痢。舌療疔瘡，毛灰嘔住。鴇肪長髮，散腫膚膩。鵰鷹膏，治耳聾。蚊母、鳥翅羽，作扇辟蚊效。〔鵜鶘油，即用其嗉盛之，庶免滲。〕鵝油滴聾，澤膚大妙。膵亦相同，聤耳吹竅。血制蜮毒，解藥毒效。膽消痔核，穀賊涎療。毛，亦治射工毒，驚癇。屎，治口瘡，塗蛇咬傷。〔白鵝辛涼，蒼鵝有毒，嫩鵝發瘡，老鵝良。〕鴈肪去風，偏枯拘急。解藥石毒，塗腫散結。治吐耳疳，生髮活血。毛辟驚癇，屎塗瘡癧。骨，燒灰，和米泔沐頭長髮。屎，炒和津，塗瘡。〔有蒼、白二色，用白者良。〕烏白雞血，治瘻骨痛。癜癧瘍風，馬咬塗用。丹毒驚搐，邪蠱服恐。腦治難產，燒灰酒送。俱用雄者。雞腎，焙研，治鼻齆有蟲，調敷良。〔雞血，服硫黃者忌。腦並治驚癇。〕鳳凰蛻者，抱雞卵殼。痘陷下疳，敷瘡灰着。卵殼燒研，亦堪點目。殼中白皮，久嗽焙酌。卵殼灰油，塗癬疥。烏牝雞召脂，服之易產。〔雞召脂，即雌雞之尾油也。〕野雉之腦，研塗凍瘃。尾毛燒灰，油敷丹毒。嘴治蟻瘻，屎療久瘧。鷓鴣脂膏，不龜手藥。蒿雀、瓦雀腦，塗凍瘡。鴿血，解諸藥、百蟲毒。〔野雉俱用雄者，雀腦亦用雄，而房術藥中使之。〕夜明砂辛，入肝活血。目盲障瞖，療驚逐積。腹痛死胎，面癰瘰癧。魃病疳毒，聤耳瘧疾。即蝙蝠矢，去面上黑皯。療胡臭，風蟲牙痛。〔淘淨灰土，取潔淨砂，焙用。〕鸜鵒目精，點目能明。百舌窠糞，蟲咬塗靈。啄木鳥舌，活齲作疼。腦血術用，變影易形。又鳴鳩腳脛骨，佩令夫婦相悅，男左女右。〔百舌，即告天子也。〕鷹頭燒灰，療痔頭風。睛汁明目，糞殺積蟲。毛能斷酒，骨接骨功。嘴爪灰服，狐魅潛蹤。糞去面黯，滅瘢痕，逐邪惡，療鳥骨鯁，服效。〔頭且治瘻，毛煮汁飲。〕鵰骨燒灰，療傷接骨。糞治骨鯁，鶚功同捋。嘴煅灰研，蛇傷塗服。鴟頭止眩，骨定鼻衄。又有鵂鶹鳥，即轂轆鷹。肝入法術家用之。〔鵰骨接骨，傷在上食後服；在下食前服，酒送。糞燒酒服。〕

獸部　豬血醎平，壓丹石毒。除瘴止血，頭風眩服。心血療癇，調硃砂末。尾血發痘，卒死救活。肟，療肺痿喘促，久痢，除面黯。膽皮灰，點瞖。〔豬血，服地黃者，首烏、硫黃、諸補藥者忌。〕臘猪頭灰，治魚臍瘡。雞子白調，敷易奇方。狗脂狗肟，皴皺塗光。柔金去〔黑十曾〕，白犬者良。五月戊辰日，以猪頭祀竈，所求遂意豐足。〔頭骨用雄者。〕羊頭與蹄，治風眩疾。五勞骨蒸，能除伏熱。皮灰去風，撲傷散血。腦塗鼾黯，髓通血脈。脬，治遺溺。肟，潤肺，去雀斑。黃羊髓，同補益。〔羊頭、蹄，水腫人忌。〕牛蹄甲灰，治赤白帶。牛癇臁瘡，接骨療疥。毛灰通淋，卵除疝害。口涎止嘔，噎膈無礙。鼻津，治小兒客忤，塗癬。胞衣，煅治臁瘡效。〔青牛者良。〕黃明膠甘，雜皮煎成。治吐衄血，便瀉崩淋。風濕注痛，撲打傷疼。湯火傷灼，癰腫疽皸。水牛、黃牛皮熬者為佳，今皆以雜皮煎就。〔炙用。〕

馬懸蹄灰，治急疳蝕。辟瘟療瘧，驚癇顛疾。殺蟲除䘌，止帶赤白。皮灰催生，禿瘡敷益。鬐毛灰，止血療驚，塗瘡。馬腦，有毒，可斷酒。〔赤白馬者良。腦食之令人顛。〕驢脂治瘧，服療癲狂。開聾止嗽，塗腫風瘡。驢血潤燥，利大小腸。骨止消渴，浴癧風良。頭骨灰，治小兒解顱。懸蹄灰，敷癰疽散膿。〔驢血以麻油一盞和攪，去末，煮熟，即成白色，亦一異也。〕驢皮覆身，可止瘧疾。豉汁煮食，除風喎僻。燒灰治癬，油調搽失。駒衣斷酒，煅研酒食。又騾蹄灰，入麝催生。屎，熨撲傷，中風腫痛。〔此用生皮，若熬膠用全黑者佳。〕阿膠甘平，清肺養肝。滋腎益氣，和血化痰。定喘止嗽，血疾俱堪。婦人諸病，外症須參。能療諸風血症，腰痠骨痛，胎動下痢，勞瘧。〔或酒化、水化，或蛤粉炒用。〕虎骨屬金，辛溫健筋。痛風頑痹，助陽起陰。熬膠浸酒，強骨除疼。肚治反胃，煅服如神。脛骨佳，酥炙用。熬膠，全副。威骨佩之，人畏。〔或酥炙，或酒、醋炙，熬膠用全副者良。〕虎油療禿，塗狗嚙傷。五痔下血，反胃酒嘗。虎血壯志，腎已瘰瘍。膽療驚癇，疳痢神慞。虎睛明目，鎮心定忘。鼻治癲疾，胎可轉陽。牙療疽瘻，猘犬咬狂。爪辟邪魅，皮止瘧殃。鬚剔齒痛，屎治骾方。屎中骨屑，敷湯火瘡。〔血熱飲，膽研汁服。睛以羊血浸一宿，焙乾用。或酒炙。鼻懸門戶，宜子孫。屎燒研，酒服。〕豹脂塗髮，烏黑易生。鼻驅狐魅，煮汁服靈。頭骨燒灰，頭風洗輕。作枕辟惡，皮寢神驚。廣南有唼臘蟲食人尸，以豹皮覆之即去。〔豹脂亦入面脂藥，皮不可作褥，令人夢驚。〕

羚羊膽苦，塗面除斑。鼻逐邪氣，遁尸宜餐。麂子頭骨，飛尸病刪。皮作韡韈，腳濕痹安。又麞髓、腦，澤面除風。其骨，煮服療虛，悅色。〔羚羊鼻炙用，麂頭骨燒灰服。〕香貍之陰，蟲疰能逐。功同麝香，鬼瘧邪伏。風貍之腦，諸風愈速。尿治大瘋，並是怪物。香貍即靈貓，自為牝牡。風貍不死，善變。〔陰焙炙末用。〕兎屎去瞖，療治殺蟲。五疳勞瘵，明月丹宗。皮毛灰服，產難奏功。又止白帶，淋閉能通。胞衣不下，酒服皮毛灰效。又治惡心搶心。〔臘月收之。〕兎肝明目，除勞眩旋。頭骨燒灰，治嘔風癲。產後陰脫，癰痢疳痊。預解痘毒，產後血纏。

肝能解丹石毒發上沖，目暗不見物，生食效。〔臘月兎頭湯浴小兒稀痘。〕猬皮苦平，專走陽明。大腸止血，五痔肛疼。反胃鼻衄，除疝寬膨。點目治瘻，用膽肝心。療血汗，陰腫。腦：治瘻。肉脂：同治。骨：令人瘦。〔細剉，炒黑入藥。〕牡鼠煎膏，續筋接骨。凍瘡火傷，金刃血出。鼠脂滴聾，灼傷塗貼。生牙止痛，擦用骨脊。頭灰：治湯火傷，瘻瘡鼻瘡。飛鼠皮：催生效。〔正旦朝所居處埋牡鼠，辟瘟疫。〕

諸般朽骨，煮淋骨蒸。磨塗癬疥，並滅瘢痕。打撲青腫，敷癧牙疼。服止水痢，麪炒等分。又雷震肉：治驚瘋癲。諸血：解莽草、諸菌毒。〔洗淨，或煮汁，或燒灰用。〕

鱗部　龍骨甘濇，入腎肝心。固腸止泄，肛脫遺精。斂氣益腎，鎮魄安魂。收汗定喘，治帶療崩。斂瘡口，辟邪解毒，療惡夢驚癇，瘧痢滑精。〔酒煮焙研，飛淨，或用黑豆同蒸。〕穿山甲鹹，入肝行胃。通經疎絡，腫消癰潰。止痛排膿，瘴瘧風痔。蟻瘻諸瘡，外科稱貴。性善竄達病所。療濕痹，消癰腫。已潰者忌。〔或炮酥炙，或醋炙、童便炙，油煎，土炒，各隨本方；或生用。〕蛇蛻甘鹹，能除風瘧。疔腫痔漏，諸瘡膚木。重舌驚癇，鬼魅蠱惡。產難目瞖，喉痹宜酌。治癲疾，瘈瘲弄舌，辟惡，去風。敷癧瘍白癜。〔白淨者以皂莢水洗，或酒、醋、蜜浸炙，或燒，或煅用。〕蚺蛇肉甘，專治痛風。諸瘡瘴疫，殺蟲追蟲。膽苦涼血，退翳療矇。五疳八癇，痢痔收功。牙：佩之辟不祥。膏：塞耳治聾，療大麻瘋癩。〔膽以粟許入水，浮而旋行不散者真。〕白花蛇肉，甘鹹氣溫。諸風疥癩，頑痹不仁。口眼喎斜，脈急抽筋。大風癱瘓，酒服安寧。頭：毒，治癜風惡癩。目：止夜啼。服蛇酒，忌風。〔用中段淨肉，酒浸三五日，去皮骨，焙乾。〕烏蛇甘平，療風頑痹。癮疹癬疥，濕熱癩癘。膏塞耳聾，皮退目瞖。膽治大風，卵功同意。功與白花蛇同，而性善，無毒。俱去骨用，效。〔酒浸一宿，或煮過，酥炙用。〕蝮蛇大毒，乃是胎生。肉療瘋癩，頑痹瘡淫。惡風惡蟲，瘰癧攻輕。膽摩痔瘻，皮治疽疔。骨：燒灰治痢。脂：塞耳聾。蛻：療瘑疥。屎：治漏。〔膽治痔漏，傅之，若作痛，杵杏仁摩之。〕虮蛇有毒，療痹內漏。破傷中風，瘋癩開腠。藍蛇頭毒，尾堪解救。兩頭蛇怪，瘧疾佩瘂。荀印蛇脂，治聾能透。又有蛇角，攻毒蠱候。赤鍊蛇惡，桑根又名。秤星竹根，禿灰毒騾。蛇吞蛙鼠，治噎勞嗽。以上諸蛇，治療須究。〔虮〕蛇、藍蛇、兩頭蛇，俱用肉。蛇角產哈嚨，赤蝀等皆毒蛇，無用。蛇吞蛙鼠，炙用。〕鯉魚血塗，火丹腫瘍。痔漏蟲蝕，敷用魚腸。魚目出刺，皮治疹瘡。魚鱗魚骨，崩帶同方。俱燒灰酒服，止赤白帶，痔瘻、骨鯁。鱗散血。〔骨灰酒服。〕鯉魚腦髓，治癇暴聾。和桂塞耳，蟲盡無膿。齒治石淋，末服能通。青魚眼汁，注目啟矇。鱖魚尾灰，傅軟癤。勒魚腮，入七寶丹止瘧。〔齒以陳醋煮研。〕

介部　鱉血治風，除疳勞熱。口眼喎斜，亦塗肛脫。鱉頭灰同，陰戶收入。歷年脫肛，小兒諸疾。脂：塗白髮孔，令不再生。爪：佩之令人不忘。〔或云：三爪團魚，四爪鱉，五爪即是蟬。五爪者有毒，不可食也。〕納鱉有毒，甲可通經。傳尸亦治，肉毒休吞。能鱉三足，寒性毒真。搗塗傷折，化血除氛。朱鱉辟惡，佩戴媚人。珠鱉酸甘，服辟疫瘟。黿甲味甘，蟲毒追輕。瘰癧疥癬，續骨連筋。脂摩風疾，膽點喉疼。以上諸類，功用宜斟。貝子鹹平，去瞀瞖目。療癃治水，解蠱諸毒。鼻淵膿血，疳蝕疰伏。除射罔害，拔藥箭簇。有小毒，治中一切食物毒。燒研，點目去瞖。〔燒過，研粉用。〕紫貝鹹平，除熱療瞖。石蜐微甘，使小便利。珂螺平鹹，斷血努瘀。能去面黑，生肌亦濟。又瓦壟子殼灰，消血化痰，治走馬牙疳效。〔用殼煅研，瓦壟子醋淬。〕海螺殼鹹，名曰甲香。心腹痛急，淋痢痔腸。癬疥諸瘻，塗服俱良。甲煎即是，傅甲疽瘡。海螺能籠住諸香，甲煎乃以他物合成者。〔灰汁煮，或泔水煮，焙煅黃，搗粉用。〕蚌珠甘鹹，性涼清熱。入心肝經，安魂定魄。磨翳催生，驚癇痰逆。拔毒斂瘡，耳聾宜塞。塗面，令好顏色。生肌拔毒，外症收口要藥。〔人乳浸三日，煮過，搗研乳用。〕

蟲部　蜜蜂子甘，下乳通淋。頭風蟲毒，白帶蟲癥。黃蜂子毒，乾嘔能清。治心腹脹，除面斑痕。蜂子俱有小毒，皆能去雀斑、疔腫，外科常用。〔俱炒用，以冬瓜、苦蕒、生薑、紫蘇制其毒。〕土蜂燒末，塗蜘蛛傷。蜂房煅灰，癰腫塗良。竹蜂相類，竹木窠藏。療驚發痘，煅服奇方。土蜂子，治癰疽嗌痛，利大小便，止白帶，效。〔土蜂、竹蜂子俱有毒，制如黃蜂法。〕赤翅蜂毒，疔腫塗消。蜘蛛傷螫，窠土和調。獨足蜂產，老樹根苗。亦塗癰腫，灰末火燒。有獨蜂、蛒蜂，出巴蜀，螫人致死，惟禁術堪療。〔赤翅蜂燒，油調塗窠，土酢和。〕露蜂房甘，有毒攻毒。癲疾驚癇，疔腫白禿。瘰癧瘻痔，癰疽附骨。痢疾歷風，亦堪燒服。治牙痛，舌血、妬乳，濕腫，殺蟲，土蜂房同。〔同鴉豆枕蒸一時，焙用。〕蠮螉辛平，微毒發表。止咳治聾，鼻窒通了。出竹木刺，罨拔甚巧。癰腫頭風，嘔逆可保。有雄黃蟲，形亦相似，能明目益氣，辟不祥。〔入藥焙用。〕蟲白蠟淡，微甘性溫。生肌定痛，止血續筋。補虛接骨，殺瘵丸吞。外科要藥，亦治血淋。又五倍子內蟲，治赤眼爛弦，同爐甘石敷。〔蟲白蠟與蜜蠟不同，乃蠟蟲所造，冬青樹上亦可畜之。〕五倍子酸，苦鹹性濇。斂肺降火，生津止血。定嗽瀉痢，消腫收脫。散熱斂瘡，化痰酒積。治癬

疳，口瘡牙宣，眼腫痛癢，臉爛，五痔，良。〔產鹽麩子樹上。〕　全蠍辛甘，屬木驅風。驚癇眩掉，急搐反弓。瘧疾帶疝，癮瘮耳聾。舒筋利節，功在疎通。全用去足，焙。或用尾。人被螫，塗蝸牛即解。〔去足焙用。〕　桑螵蛸鹹，益肝固腎。陰痿遺精，白濁淋症。傷中崩血，腰疼瀉病。小便頻數，能治不禁。螳螂卵也。螳螂，能出箭簇，同巴豆研敷，效。〔漿水浸，焙用。〕　雀甕小毒，甘平去風。名天漿子，即是蛓蟲。小兒撮口，蠱毒能攻。鬼疰驚癇，熱結喉瘋。治小兒臍風驚癇，取棘樹、石榴上者可用。〔取內有蟲者，炙用。〕　殭蠶辛鹹，微溫治風。入肝肺胃，散結殊功。失音喉痹，抽搐驚風。齒疼疔腫，血熱崩中。蠶連，治鼻衄崩便，痢疾淋閉，喉痹牙疳。〔去黃毛黑口，糯泔浸出涎，取焙研用。〕　蠶繭甘溫，療疳止渴。崩淋血痢，癰疽頭出。蠶砂去風，散瘀除濕。支癱痛痹，疎經活血。蠶蛻：老蠶所脫皮也。治血風，除翳障、疳瘡。〔繭燒灰服，出腫毒頭。〕　土蜘蛛毒，外治贅瘤。一切疔腫，附骨疽瘻。草蜘蛛同，疔毒根抽。繫臂截瘧，絲亦消疣。土蛛，一名螲蟷。穴土者，草蛛，即花蜘蛛也。〔螲蟷燒用，草蜘蛛搗。〕　青腰蟲毒，即赤飛蠾。大毒蝕瘜，殺癬蟲死。爛內剝皮，着膚腫起。又有棗貓，臍風豫已。棗貓生棗樹上，青灰色，能治小兒臍風，效。〔俱不可服。〕　蒼耳蠹蟲，能消疔腫。或搗或燒，白梅調擁。青蒿蠹蟲，驚風並攏。硃砂輕粉，乳汁服總。青蒿節蟲，治急慢驚風有大效，惜人不知。〔根有蛀眼者，收掛檐前備用。〕　蟬蛻甘鹹，氣涼清熱。發痘退翳，追風散鬱。產難驚癇，夜啼風疾。頭痛膚癢，煎服有益。又治久痢消渴。如攻毒發痘，宜全用有力。〔沸湯洗去翅足，漿水煮，晒乾用。〕　蟋蟀辛鹹，溫能發痘。丹戳味辛，破血更驟。飛生蟲苦，難產急救。天社蟲甘，孕絕復又。有蜉蝣，生糞土中，朝生夕死，乃蜣螂別種。〔蟋蟀古未用，今用以發痘勝桑蟲。丹戳有毒，飛生、天社無毒。〕　蜈蚣辛毒，入肝追風。驚癇噤口，消痞殺蟲。瘰癧瘡蠱，蛇毒能攻。邪瘧尸疰，墜產用雄。能治蛇癥，及一切魚蟲毒。燒灰，敷雞眼效。〔去尾足，以薄荷葉火炙用。〕　人蟲大寒，專治目疾。膚翳白膜，斷之點汁。並療冷瘻，燒灰塗益。驢肚內蟲，消障更切。驢蟲入石膽半錢，研，置磁盒化水，日點效。〔人蟲種類頗多，所用乃蛔蟲，即蚘也。〕　射工大毒，含沙傷人。取用研佩，反辟毒噴。水虎鬼彈，水黽同倫。沙蟲沙蝨，嚙害人身。蠱蟲治蠱，燒服取因。有金蠶蠱，惡役鬼魂。有唼臘蟲，聚蝕尸形。有砂挼子，能殺飛禽。豉蟲有毒，攻毒亦勤。以上十種，賊物傷人。

人部　人乳甘平，微鹹潤燥。止渴澤膚，明目利竅。便閉風火，服之最妙。血枯經閉，點睛有效。臟寒胃弱者忌。性味不同，在其婦性情斷。〔入藥取頭生男兒，無病婦人，白而稠者佳。有孕及病者，不可用。〕　人耳塞鹹，治蛇蟲螫。抓瘡傷水，疔腫塗息。爪甲止衄，利便尿血。乳蛾目翳，刮點消疾。耳垢治癲狂。又膝頭垢，綿裹燒，塗唇緊瘡。〔抓傷觸水腫痛，以耳塞封之，一夕水出，即愈。〕　人津吐甘，塗皶疥癬。明目消腫，澤膚去黶。人血味鹹，治傷狂犬。金刃血出，原血可斂。刃傷血不止，以紙承原血燒灰，罨之即止。〔人津消腫解毒，無論惡疽初起，唾於鞋底，磨獨蒜敷之，留頭良。〕

服器部　麻布鹽煅，逐瘀通經。固齒明目，旱蓮草并。青布解毒，熱丹洗平。灰療唇裂，蟲咬傷熏。青布治天行煩熱霍亂。白布拭口治唇緊。〔麻布同苧，青布同靛，白布同棉也。〕　舊箬笠灰，除精魅疾。故蓑衣灰，塗蠼螋溺。氈屜灰服，能消瘰癧。病人衣蒸，可辟瘟疫。初病不致纏染。小兒毛衫，置瓶中，止夜啼。　草鞋灰塗，游丹腫熱。霍亂臁瘡，催生服益。屐履繩灰，胸滿哽咽。遺尿煮飲，諸瘡灰貼。皮靴，燒灰，塗癬效。麻鞋，煮汁，治肉毒霍亂。　自縊死繩，灰治癲狂。死人枕席，尸疰服湯。石蚘疣目，盜汗浴良。孝子之帽，私拭鼻瘡。男子包腳布，洗汁治天行勞復、馬駿風、黑汗出。　雞棲木灰，服治失音。古櫬板木，療疰心癖。中惡喘急，夢祟鬼神。桃枝同煮，服吐稱靈。凡雷震木，煮汁，治失心風，召鬼神，辟火災。　鑿柄木灰，難產酒服。止吐反胃，拔刺出肉。鐵槌柄末，殺邪鬼觸。銃楔催生，忤邪並遂。弓鞘燒研，鬼打救活。馬鞭灰治，馬汗瘡毒。狐刺瘡腫，煩熱入腹。箭笴末服，催生下速。弓努絃灰，能止鼻衄。滑胎下胞，引耳中物。　汲餅口索，灰止消渴。馬絆繩煎，洗兒癇活。灰摻鼻瘡，亦塗口撮。縛猪繩灰，驚啼服豁。牛鼻拳灰，鼻瘡塗脫。牛癇喉風，煮汁飲末。廁籌燒燻，惡鬼辟沒。產難霍亂，牀下燒撥。尿桶舊板，吐痢煎服。舊箍燒灰，腳丫癢抹。

補遺　衣袂角觸，偷針眼消。油頭繩截，疔腫毒僬。括痧需用，蟲螫紮牢。箸籠線結，赤眼不遭。時行赤眼，初起以紅綠線結箸籠，免傳染。

造釀部　烏米飯甘，造用天燭。枝葉搗汁，浸米蒸熟。食益腎氣，筋骨髓足。能滅感冒，延年久服。功在南燭之汁，今四月八日造以供佛。　寒食日粥，煮和杏仁。百花相合，寧嗽生津。苡仁造粥，濕熱除清。栗子粥治，腰腳酸疼。山藥粥補，益腎固精。百合粉粥，潤肺清心。薺菜煮粥，肝利目明。葱豉粥散，發汗肌溫。雞羊肝粥，並益目精。以上造粥，米用糯粳。　屠蘇酒

美，方出華陀。辟疫却病，受益殊多。桂防菝葜，椒桔黄烏，同赤小豆，分兩勿訛。按古：桂心七錢五，防風一兩，菝葜五錢，川椒、桔梗、大黄五錢七，烏頭二錢五，赤小豆十四粒，共磨，盛以三角絳囊，除夕懸於井底，元旦取出，置酒中煎沸，合家自幼及長飲之，渣還井中，除災却疫，益壽延年。　逡巡酒美，造麴有法。桃花馬蘭，脂麻花穊。黄菊桃仁，水取臘八。治風濕痹，益壽顔滑。三月三收桃花三兩三，端日收馬蘭花五兩五，六月六收脂麻花六兩六，重陽日收黄菊花九兩九，春分取桃仁四十九枚，去皮尖，和白麪十觔，與花同搗，作麪，紙包風掛，用時以白水一瓶，麴二丸，熟麴一塊，封良久即成酒也。若味淡，加麴一丸。　桑落酒美，明目清心。造麴有法，功效真純。白麴八十，糯粉五升。水和餅子，風掛簷楹。嫩桑條末，如麴五觔。糯飯一石，和麴拌勻。蓋以燒酒，引出漿醇。漉清加蠟，黄者兩觔。蜜封重煮，緩飲怡神。白麴，即松江白酒藥。亦有蓼汁、麥麴造者。　造釀治病，皆仗藥力。氣味薰蒸，通達血脈。五加皮酒，去風散濕。痿痹病除，填精壯骨。或釀或浸，或加牛膝。當歸地榆，同煎取汁。女貞酒同，補虛勞怯。仙靈脾酒，除寒風疾。苡米造酒，風濕利出。以上四種，卻病補益。　百靈藤酒，治風得效。石菖蒲酒，聰耳開竅。三十六風，十二痹要。菊花酒香，明目稱妙。地黄歸杞，合麴米造。除痹百病，頭風眩掉。白朮酒甘，濕痹風療。葱豉酒散，經絡追到。寒熱頭疼，解肌汗淖。青蒿釀酒，瘧疾堪剿。　南藤釀酒，逐冷風痹。松液松節，造酒同治。風冷筋疼，並除腳氣。柏葉酒香，歷節風去。枳茹牛蒡，釀醞有味。並治風痰，經脈通利。蠶砂浸酒，癱瘓可濟。花蛇酒治，大瘋癩癘。烏蛇蚺蛇，蝮蛇同意。以上釀法，米麴常例。　太膳白麴，沉檀木香。砂仁甘草，丁藿同方。各用半兩，白朮倍雙。桂花茯芷，二兩五償。折蓮花鬚，一百朵將。甜瓜十五，搗取汁漿。白麪六十，糯粉四鑲。百觔共合，搜和勻量。加入藥末，再拌再搪。切塊風掛，造釀馨芳。或炒療疾，發表通腸。造諸藥酒，此麴稱良。　泉州神麴，微苦香甘。搜風解表，調胃行痰。止嗽瘧痢，吐瀉能安。瘟疫嵐瘴，散痧消斑。感冒頭痛，食滯心煩。薑煎溫服，或二三錢。造云百草，法秘不傳。得名范志，塊造方端。用之應效，饋遠人歡。他人造者，粗黑成團。　油胭脂平，豕膏合就。潤膚皴裂，活血點痘。西北風高，塗舒面皺。不龜手藥，古名非謬。胭脂，或紫鉚，或番紅花造，功在活血潤膚。

清・龍柏《脈藥聯珠藥性考》　沉脈應用藥品

草部　萎蕤甘平，潤肺與心。除煩止渴，濕毒風淫。四體拘攣，頭目虛疼。寒熱痁瘧，功代芪參。多用多服，功近參芪，風寒挾虛，宜用助正。〔用根，竹刀去皮節，蜜水浸蒸，晒焙用。〕　丹參味苦，入心與胞。生新去瘀，經脈堪調。腸鳴癥痛，腫毒癭消。骨疼崩帶，寒疝虛勞。功兼四物，能養神定志，通利血脈。反藜蘆。〔用根。〕　白朮苦甘，入脾清濕。溫中除滿，兼補氣血。止汗發汗，定痛嘔逆。水腫宜之，安胎進食。和中扶正，同枳實消積。血燥作膿者忌用。〔用根，水浸，土炒焦使。〕　蒼朮辛烈，味苦甘溫。強脾燥胃，發汗舒筋。除濕逐痰，解鬱辟瘟。消滿止瀉，治嘔頭昏。燥結多汗者忌用。苗能去水，亦止自汗。〔用根，以糯米泔浸，曝。或用脂麻炒使。〕　地榆苦酸，性沉微寒。除下焦熱，亦益膽肝。逐瘀止血，吐衄能安。乳產痙痛，內漏宜餐。味酸，性斂，治腸風下痢。葉作飲代茶，解熱。〔用根，伏丹砂、硫、雄毒。〕　貫眾味苦，微寒有毒。解熱殺蟲，破癥化骨。崩中帶下，血脹大腹。散斑發痘，金石毒伏。制乳汞五金毒，化疫氣。花治惡瘡，令人洩。〔用根，煮黑豆，日食五七粒，可食百草充飢。〕　王孫草苦，又名旱藕。五臟邪氣，四肢痛紐。濕痹膝冷，足疾難走。能療百病，悅顏去黝。或名牡蒙、黄昏，與紫參、合歡等名同物異。〔用根。〕　白鮮皮苦，性燥入脾。陽明熱毒，五疸服宜。時疾風痹，癬疥堪除。通關利竅，瘋毒專醫。治女子陰中痛，毛髮脫。花同功，治肺嗽效。〔用根皮。嫩苗可茹。〕　杜衡芳香，辛溫散寒。欬逆喘促，破血蟲疳。癭瘤結疾，逆氣停痰。噎食膈氣，吐血宜參。治喉痹腫痛，風寒頭痛，血瘀等症。似細辛。〔用根。〕

白薇苦寒，衝任正藥。產後煩嘔，熱淋溫瘧。傷中遺溺，祛邪魅惑。血厥氣厥，陰火炎灼。忽不知人事曰厥，有白薇湯，能利陰氣耳。〔用根，酒洗，或米泔浸用。〕

地筋甘平，除熱利筋。功同白茅，止渴清心。芭芒解毒，狼虎傷人。敗芒治血，腹脹癥疼。地筋、芭芒，皆與白茅同。賴茅，性微寒為異。〔根、苗、花並用。芭芒用莖。〕　茅花甘溫，煎飲止血。金瘡破傷，罨之痛息。茅針利水，潰癰有力。一針一孔，酒服效捷。屋上敗茅，止衄吐血。和醬研，敷斑瘡蠶咬。〔痘瘡潰爛，用屋上陳敗茅焙為末，摻之大效。〕　延胡索苦，辛溫味重。太陰厥陰，調經開壅。行氣血滯，止內外痛。經閉產難，疝墜急用。活血利氣要藥，治折傷風痹血暈，能墮胎。〔用根，或醋或酒或鹽水炒。〕　徐長卿辛，有毒除惡。百精邪蠱，疫疾溫瘧。鬼疰魅迷，神亂恍惚。關格之症，辟瘟宜服。注車注船者，同車前子、李根皮研，佩不犯。〔用根，蜜拌蒸用。〕　山慈菇甘，辛有小毒。清熱散結，瘰癧疔瘃。猘犬咬傷，蛇蠍螫觸。發背癰疽，風痰吐速。外用醋磨敷之。葉：搗敷癰腫。花：治血淋。〔用根，去毛殼。〕　釵子股根，無毒苦平。癰疽蠱惡，瘴瘧天行。大能作吐，或煮或

生。吉利草同，解蠱極靈。又有良耀草，性味俱同，皆專治蠱。並出嶺南。〔二草皆用根。良耀草用子，煨食。〕紫金牛草，氣味辛平。時疾膈氣，痰阻風紫。解毒破血，煮服用根。拳參微苦，能治氣淋。紫金牛出福州，拳參生淄州。療淋渫腫氣。〔拳參用本，晒乾。〕地錦草辛，能療心氣。女子陰疝，崩中血痢。癰腫惡瘡，金刃傷濟。散血止血，小便堪利。治血淋，臟毒下血，金刃傷，脾勞黃疸諸症。〔用莖，曝乾。〕石莧辛苦，能治齁𩨄。又吐風涎，甘草煎欲。佛甲草甘，性寒而滑。湯火灼傷，搗敷得法。有石垂子，生福州，搗丸服，治蠱。石莧之類。〔俱用苗葉。〕離鬲草辛，微寒小毒。瘰癧游丹，痞滿大腹。小兒寒熱，研汁頓服。吐去宿物，痰瘧愈速。為治小兒要藥，大能吐膈上熱痰，宜單服。〔用莖葉。〕木細辛苦，有毒通利。積聚癥瘕，溫破冷氣。徐黃草辛，心腹積聚。一切惡瘡，服之自去。木細辛不可多服，令人瀉困。徐黃無毒，良。〔木細辛用根，徐黃草用莖。〕菴藺苦辛，微寒入肝。散血行水，腰膝痛艱。折傷瘀積，經閉通關。亦能制蛇，癰腫可安。治血化為水成腫，及婦人月閉，男子陰痿。〔用子，去殼。〕著實味苦，無毒性平。益氣明目，智慧通靈。久服不老，悅色身輕。葉能療痞，奇效如神。同獨蒜、穿山甲、食鹽搗，好醋拌，貼痞立化。〔一本五六十莖者佳。〕茵陳苦寒，性燥勝濕。膀胱利水，脾胃並泄。療疸熱積，瘴瘧時疾。發汗清肌，化痰散結。石茵陳，主治俱同，功在引濕熱由小便出。〔用莖、葉。〕漏蘆苦鹹，入胃大腸。瘡疽痔痹，濕熱為殃。通經下乳，外症稱良。金瘡撲損，尿血須涼。解痘疹毒，癰疽發背，有漏蘆湯；並治遺精。〔用根苗，以甘草水拌蒸，晒乾。〕白蒿甘平，疎理五臟。風寒濕痹，療心痛蕩。聰明耳目，滋毛髮暢。利膈開胃，水痢淋脹。殺河豚毒，療惡瘡癩疾。子：能治鬼氣，酒服。〔用苗、根、子。〕地膚子甘，氣寒微苦。入腎膀胱，解煩帶補。益精強陰，患淋疝楚。能除虛熱，痿疾可輔。苗葉：苦寒，治諸淋泄瀉，赤白痢；燒灰，洗赤目效。〔焙用。〕牛膝苦酸，肝腎正劑。筋攣瘧痢，陰痿失溺。通經治淋，墮胎破結。引藥下行，直達足膝。嚼，罨出竹木刺。莖葉：治痿痹，淋瘧，諸瘡效。〔用根，以黃精汁拌蒸，或酒浸焙。生滑竅。〕車前草甘，涼血止血。通淋明目，消瘀用葉。子清肺肝，滲膀胱濕。催生利便，止瀉妙極。葉：治血。子：利便，為淋症、泄瀉、清濕熱要藥。〔用子，或炒，或酒浸，蒸作餅子，研用。或用根葉。勿使莖蕊。〕葶藶辛苦，氣寒性急。太陰膀胱，行水破積。消腫止嗽，通經瀉熱。痰湧肺癰，哮逆喘急。能瀉陽分氣閉。甜者緩，而苦者急，虛人忌。〔用子，與糯米焙，搗研用。〕蛇含草苦，性寒去熱。最宜金瘡，療癰止血。蛇虺螫傷，丹瘮毒濕。療痔諸瘡，治喉痹結。又名紫背龍牙草，煎膏能連接已斷之指。〔用莖、葉。〕女青辛平，二物同名。一藤生者，一蛇含根。治蠱逐邪，療瘧辟瘟。能救卒死，北產藤生。又名雀瓢，或云即龍銜根。用以北產者真。〔用根。〕蓼實辛溫，下水消腫。明目溫中，霍亂氣壅。瘰癧惡瘡，外傅消總。汁療蛇毒，葉洗足尰。有七種毒蛇傷人，心悶，絞汁服，渣敷傷處。〔多食吐水壅氣，傷陽。〕葒草實鹹，微寒去熱。明目益氣，亦治瘰癧。花能散血，疞痛痞積。根莖有毒，洗瘡痹濕。即水葒花也。根、莖濃汁洗瘡，腳氣水腫效。〔子炒用，或生使。〕海根味苦，性溫治蠱。喉痹霍亂，飛尸鬼忤。赤游風瘮，癰疽痛楚。蛇犬咬傷，中惡並主。出會稽海畔山谷。療諸疾，酒水磨服，並敷。〔蒸用。〕虎杖微苦，煎鍊甘涼。大熱煩躁，破血寬腸。排膿解毒，癧痔諸瘡。石淋消渴，癥聚撲作。治氣奔怪疾，墜撲血悶。燒灰，貼諸惡瘡效。〔用根。〕豬草甘寒，調中明目。潤肺止渴，濕痹腫腳。小腹脹急，便澀堪療。搗葉敷腫，頑痛可卻。一名馬唐。性滑利，與赤小豆煮服，消水腫。〔用根、莖。〕卷柏辛平，破血通經。癥瘕淋結，退熱用生。炙黑止血，肛脫陰疼。五臟邪氣，止嗽益精。治中風痿躄，百邪鬼魅啼泣，除面皯頭眩。〔用本鹽水、井水各煮半日，晒乾，焙研。〕萹蓄苦平，殺蟲療疥。蚘咬腹痛，服之無害。五淋熱痛，飲汁通快。眼腫黃疸，陰蝕不壞。能利小便，亦治霍亂吐痢，五痔陰瘡等症。〔用根、莖、葉，或搗汁。〕馬蘭子甘，除胃中熱。喉痹咽痛，血運悶逆。寒痹濕滯，崩中帶疾。利便療疝，癰腫瘡癧。花葉根：去白蟲，療喉痹，癰疽惡瘡，沙石淋。〔治疝用醋炒拌。〕紅花甘苦，辛入心肝。生新破瘀，經閉便難。消腫止痛，口噤風癱。胎死血暈，喉痹熱煩。多行血，少養血。子：療痘瘡血熱。苗：敷游腫。〔治風、治腫、行血俱宜用酒佐之。番紅花更良。〕蘘荷根辛，微溫小毒。沙蝨蛇傷，除蠱最速。一切惡瘡，芒塵入目。蘘草苦寒，辟邪療瘧。蘘荷似芭蕉而短小，氣味不同，專治惡蠱。〔供搗汁用。〕水英苦寒，專治骨風。煎湯淋洗，腿腫有功。雀翹鹹味，明目神聰。益氣清熱，生在藍中。水英其名不一，或云即芹菜，然治療不同。〔水英，春用苗，夏用莖、葉、花，冬用根。雀翹用莖、實。〕夏枯草苦，微辛純陽。補肝緩火，目痛為良。解熱散結，瘰癧頭瘡。腳腫濕痹，血出刀傷。治眼珠夜痛，赤白帶下，撲傷金瘡，罯之效。〔用莖葉。〕瓦松酸平，行血止血。去痢腸風，通經淋疾。湯火灼傷，口瘡脣裂。染鬚烏髮，頭風白屑。又紫衣：味苦，治黃疸熱痢。灰汁沐頭，長髮。〔用苗，晒乾用。〕劉寄奴苦，溫能破血。通經寬脹，亦治癥結。產後腹痛，更療水泄。湯火灼傷，金刃瘡益。湯火、金瘡，先用糯

米飲刷患處，摻末即愈。〔服用子，去殼，酒蒸。敷傷用莖、葉、花亦可。〕　旋覆花鹹，苦辛軟堅。陽明肺藥，治噫消痰。止嘔利臟，腹脹頭旋。一切結氣，水腫堪蠲。性走散，虛人忌。葉：傅金瘡、疔腫。根：治風濕。〔去蕊并殼蒂，蒸，晒乾用。〕　青葙子苦，入肝祛風。瘡疥痔漏，退障啟聾。堅筋益腦，寒痹堪攻。除濕清臟，止衄有功。莖葉：治風瘙惡瘡，殺蟲，止金瘡血，療溫癘。〔莖葉搗用，子去殼。〕　雞冠花甘，涼血入腸。崩漏赤帶，紅痢宜嚐。兼瀉肝熱，專療痔瘡。子苗同性，吐衄俱良。月經不止，紅雞冠花焙乾，為末，調服二錢。〔子苗同性，花力更大。赤入血分，白入氣分，雜色不用。〕　龍常草莖，味鹹氣溫。療寒濕痹，清熱益陰。苗堪作薦，服可輕身。薦，鼠莞也，俗稱粽心。與石龍芻相類，今出廣西，富州縣者為真。〔用莖。〕

大小薊根，甘涼破血。吐衄胎動，帶下赤白。葉治腸癰，撲損瘀結。小薊和經，消癰解熱。二薊功在行血散瘀涼血，故治癰腫疽瘡。〔苗葉亦可同用。〕　鼠尾草苦，惟用花葉。性寒無毒，療痢膿血。大腹水腫，亦治瘧疾。鼠瘻惡瘡，外敷有益。治久痢，煎如飴，日服。白用白花，赤用赤花。〔用花、葉。〕　陰地厥根，甘苦微寒。腫毒風熱，吐血能安。九牛草苦，體痛宜餐。不入眾藥，甘草同班。陰地厥似青蒿，用根、莖。九牛草似艾，用苗。〔用根、苗。〕　地楊梅辛，無毒平涼。治赤白痢，煎服稱良。水楊梅溫，能散疔瘡。製丹鉛毒，可伏三黃。三黃乃硫黃、雄黃、丹黃。水楊梅用實與莖。〔用莖、子。〕　夏臺草甘，能治百疾。與艾相同，堪濟氣絕。茳芒苦辛，除痰止渴。令人不睡，清神之力。夏臺即野艾也。茳芒與決明子同類，性涼。〔夏臺用葉，茳芒用子。〕　地柏甘平，炙療臟毒。止血調中，產於西蜀。金瘡小草，止崩鼻衄。跌打損傷，筋骨傅續。又有含生草：甘，平。治難產，含之嚥汁即生。〔俱用根莖，鮮者搗用。〕　桑蘚苦暖，健脾濇腸。吐衄崩帶，熱嗽俱良。松蘚柏蘚，氣味芬芳。諸樹上蘚，服並清涼。凡苔蘚皆濕熱熏蒸而生，故能利濕清氣。〔曝乾用。〕　商陸酸甘，肝脾兼行。療水腫脹，瘕疝瘡淫。濕熱喉痹，墜胎有靈。蠱毒鬼物，追下如神。花：治心昏塞，多忘喜臥，末服方寸匕，有效。〔用根，去皮切片，黑豆葉同蒸，曝乾用。〕　大戟苦寒，瀉水行濕。通經發汗，腹滿痛急。破癖祛風，腫毒瘟疫。逐瘀墮胎，黃疸瘧疾。功在解毒，行水痘症，百祥膏用之。反甘草。〔用根，去骨，漿水煮蒸。〕　防葵辛苦，小毒性寒。疝瘕肢滿，熱結溺難。濕瘖咳逆，鬼瘧邪患。痃癖氣塊，積散瘤安。宜詳明，不可悮用狼毒，蓋枯朽二物相似。〔用根，黃精汁浸炒。〕　藺茹辛寒，除大風熱。惡瘡癰疽，殺蟲破癖。排膿拔毒，惡肉能蝕。婦人血枯，服同烏鰂。性寒，有毒。功在殺蟲，除熱，治癬疥有效。〔用根，有黑白二種，治血枯同烏鰂骨末服。〕　莨菪子苦，微熱大毒。除邪逐風，殺蟲舒搐。齒痛冷痢，癲癇笑哭。多服反狂，根拔箭鏃。一名天仙子。被其毒則迷亂，服犀角、升麻。〔或醋煮，或牛乳浸，晒乾搗末用。〕　澤漆味苦，微寒小毒。療痰下蠱，腳氣脹腹。十種水病，咳逆脈伏。瘰癧癬瘡，退熱明目。其花綠色，莖有白汁，功在利便，逐水清熱。〔用莖、葉。〕　甘遂苦寒，瀉腎逐水。大腹脹滿，破癥化痞。留飲宿食，攻決可使。藥不瞑眩，厥疾不起。專攻逐陽水。虛人禁用。反甘草，或亦同用。〔用根，去黑汁，麪煨用。〕　藜蘆苦辛，有毒善吐。膠涎滯膈，風癇毒蠱。通頂發嚏，醒迷解苦。外治諸瘡，殺蟲是主。吐諸風痰惡瘧，葱湯止。反諸參、細辛、白芍。〔用根，糯米泔浸，不入湯劑。〕　芫花苦溫，行水消癖。腹大腿腫，脹滿喘急。破積殺蟲，痰飲咳逆。欲潔淨腑，十棗湯立。反甘草。根：療惡疥，心腹脹滿，毒風瘴瘧症。〔陳者良醋煮，或炒用。〕　蕘花辛散，氣寒有毒。傷寒水腫，通渠決瀆。破積滌腸，逐痰淨腹。功近芫花，虛人禁服。峻下之劑，不可輕投。欲潔淨腑，須此奏捷。〔陰乾用。〕　半夏辛溫，體滑性燥。和胃健脾，開鬱利竅。胸脹頭痛，咳逆眩掉。散痞除癭，逐痰力效。治濕痰要藥，止嘔逆。反烏頭。莖涎：塗髮落。〔用根，或造麴，或薑製。〕　常山苦辛，通行腑臟。五種積飲，吐下得暢。專治諸瘧，癭核結項。鬼蠱水腫，逐痰消瘴。苗即蜀漆，主治略同。老人及久病者俱禁。〔用根，以甘草水浸，或酒浸蒸，醋製。〕　蕁麻辛苦，性寒大毒。能療蛇傷，風瘮塗浴。格注草辛，性溫大毒。蠱疰垂危，亦堪少服。蕁麻能吐利人。格注草療蠱。以毒攻毒也。〔蕁麻用莖葉，格(註)〔注〕用苗。〕　續隨子辛，氣溫有毒。行水破血，消蠱脹速。除癥痰飲，追下惡物。塗疥癬瘡，百病俱逐。莖葉中白汁，剝(入)〔人〕面皮，去䵟黯、白癜、癧瘡。〔去殼，紙包壓去油，用霜。〕　醉魚草苦，性溫小毒。痰飲齁喘，粉和炙熟。久瘧成癖，鯽魚煨服。汁療骨鯁，諸魚毒伏。惟用花葉，能消水氣，故治痰癖，魚觸即死。〔用花、葉。〕　牛(遍)〔扁〕苦寒，除皮膚熱。癬疥諸瘡，洗之有益。煎用根苗，能殺蟣虱。虱蟲堪除，并療牛疾。牛扁有微毒，療牛病。又虱建草，主治相同。〔牛(遍)〔扁〕用根苗，虱建用汁。〕　博落迴毒，療瘡鼻瘜。蠱惡精魅，瘤贅瘻癧。山慈石苦，帶下能截。參果根苦，鼠瘻可絕。又馬腸根：味苦，性寒。除蠱毒及一切瘡疾。〔博落迴用莖，大毒，不可入口。馬腸葉亦療瘡疥。〕　蓖麻子甘，微辛有毒。偏風拔刺，消腫攣搐。鼻窒耳聾，外治奏速。喉痹舌脹，水癥研服。胞衣不下，研塗足心即出。服者忌食諸豆。〔鹽湯煮，去皮，研用。〕　蓖麻葉毒，痰喘能清。同礬煨肉，細嚼嚥吞。敷消腳氣，風腫不

仁。熨額止衄，久嗽服寧。同經霜桑葉、御米殼等分，蜜丸，服治嗽。〔經霜者佳。〕曼陀羅花，辛溫有毒。寒濕腳氣，煎湯洗浴。小兒驚癇，面瘡宜抹。大腸脫肛，子堪煎服。此花入麻藥，用酒調飲醉，開割不知痛楚。〔子亦同功。〕香附辛散，氣分君藥。六鬱結痛，痰血滯絡。通利諸經，升降並作。月候外症，隨方斟酌。功在解鬱，調和氣血，七情為病，婦科要劑。〔用根，去皮毛，酒、醋、鹽水、薑汁、童便浸煮，隨症施之。忌鐵。〕蘭草芳平，止渴生津。利水散鬱，益氣和營。消癰療脹，生血調經。牛馬肉毒，殺蠱猶能。或云澤蘭同類，汪紉菴詳辯之，即山蘭也。〔即今蘭花之葉也。不用花。有歐蘭、建蘭、惠蘭，入藥用蕙蘭葉。〕澤蘭甘苦，氣辛解鬱。舒脾通竅，理肝養血。鼻衄目痛，癥瘕淋瀝。補而能行，調經要劑。又地笋：主治同通脈止血。子：療婦人諸疾。〔用葉，風乾用。紫莖葉光者真，青莖不香者，箭風草也。〕

蜘蛛香根，辛溫辟疫。鬼氣尸疰，邪惡能滅。瑞香根甘，療喉風急。鬱金草苦，野蠱可絕。瑞香根汁，治喉風。蜘蛛、鬱金，去冷洗瘡疥。〔用根。〕莪蒁苦辛，性溫入肝。破氣中血，心痛吐酸。通經開胃，五積消完。雖云泄劑，兼補得安。散一切氣，消瘀撲損，治痃癖疝痛之要藥。〔用根，或煨，或醋煮搗，或醋磨用。廣產者為廣茂，誤作茂。〕三稜味苦，肝脾破結。血中氣藥，磨堅散積。消腫止痛，癥瘕痃癖。通乳墮胎，心腹痛急。宜同補氣藥並行，則不傷正，能調經脈。〔用根，炮，消積；醋煮，焙。〕瓶香性寒，治鬼邪精。天行時疫，風瘧煎熏。耕香辛緩，鬼氣調停。麻伯草酸，去葉用根。益氣補正，表汗亦能。且能止汗，茹食芳馨。益奶草苦，無毒味辛。脫肛五痔，止血極靈。蜜炙浸酒，疎絡和營。以上四種，主治詳明。〔瓶香、耕香，亦排草香之類，俱用根。〕澤瀉甘寒，微鹹瀉腎。利濕行水，腳氣腫症。淋瀝陰汗，濕熱諸病。止泄通便，嘔吐可定。葉：下乳強陰，通血脈。實：治風痹，亦益腎氣。〔用根，酒浸，曝乾用。〕海藻鹹寒，最利小便。消水泄熱，癭瘤結疝。陰癀腳氣，脛核可散。五腫五膈，沉牢痼患。功在軟堅行水，不傷正氣。反甘草，或並用。〔用莖，洗淨鹽水，焙乾用。〕昆布酸鹹，性冷寒滑。能消水腫，癭瘤結核。陰癩瘡瘻，行水破積。功同海藻，能通便結。胃虛者勿服。專治癭瘤。登萊閩粵皆有之。〔用莖葉，淡水煮去鹹味，晒、焙用。〕大蘋甘寒，性滑利水。熱瘡蛇咬，搗傅即已。萍蓬子濇，助脾甘美。根亦甘寒，補虛療餧。又酸惡草：如澤瀉，治惡瘡，去寸白蟲，效。〔萍蓬子，即蘋實也。〕海蘊酸寒，下水散結。癭瘤積氣，常食其葉。石帆甘鹹，石淋服汁。婦人血閉，煮服消釋。又有水松：味甘鹹，寒。治溪毒，水腫，催生效。〔鮮者佳，或曝乾用。〕乾苔鹹寒，專治癭瘤。散結熱症，霍亂堪投。殺蟲療痔，鼻衄能瘳。止煩解渴，茶積消抽。乾苔乃生海者，可以作脯，非尋常青苔也。〔有欬嗽人忌食。乾苔，乃海產者。〕菟絲子甘，辛入三陰。補肝明目，調衛和營。續絕煖腎，助脈添精。強筋益氣，止渴生津。潤心肺，好顏色。苗汁塗面，去鼾黯，洗頭瘡。〔酒浸，研作餅用。〕覆盆子甘，補虛續絕。強陰健陽，安臟益力。療痨縮便，明目悅色。葉酸治眼，去蟲收濕。眼弦赤爛，搗葉傅之，小蟲自出。根治目翳。〔搗餅晒，酒拌蒸用。〕首烏苦濇，入肝與脾。添精益血，祛風補虛。調和陰陽，惡瘡能除。強筋健骨，黑髮烏鬚。忌萊菔、五葷、無鱗魚。莖葉洗風瘡疥癬，效。〔用根，或豆汁拌蒸。忌鐵。〕使君子溫，開胃健脾。止痢止瀉，白濁也宜。小兒五疳，殺蚘最奇。行積消滯，蟲病皆除。每月上旬，空心煨食數枚，消蟲積效。忌茶。〔用仁或殼，煎湯。〕萆薢甘平，行胃除濕。補肝祛風，疏通關節。膀胱宿水，陰痿淋瀝。莖痛遺濁，痔瘻瘡癤。除風寒濕痹，腰痛久冷，堅筋骨，益精明目。〔用根，形大如商陸者是也。〕菝葜根酸，入肝與腎。腰背寒痛，風痹弱症。時瘴瘟疾，下痢宜進。小便滑數，服之自定。一名金剛藤。性溫而濇，能益氣血，止消渴。〔似萆薢，而葉圓光者是也。其根有刺而團。〕白斂苦甘，辛能散熱。金瘡撲損，癰疽瘡癤。止痛生肌，斂口最捷。火毒奸疱，凍瘡破裂。除溫瘧、驚癇，腸風痔瘻，赤白帶下。反烏頭。〔用根，去皮，搗。〕牽牛辛熱，性急善走。痃癖水腫，上焦鬱久。氣分濕熱，腸閉喘吼。墮胎泄腎，宜用黑丑。黑者力猛，去濕熱，開秘。胃弱氣虛者禁用。〔用子，酒蒸去殼。〕百部苦溫，潤肺清熱。新久諸嗽，蜜煎嗞汁。傳尸蟲瘵，骨蒸勞積。哮喘因寒，疥癬瘡疾。殺蚘、蟯、蠅、虱、木蠹諸蛀，燒煙熏之即死。〔用根，去皮心。〕鵝抱根苦，寒療風熱。咽喉腫痛，消毒散結。赭魁根甘，小毒除積。又殺三蟲，亦堪染色。鵝抱無毒，解藥箭傷。有合子草，傅蟲蛇傷毒。〔俱切片陰乾。〕防己苦辛，太陽經藥。療水腫喘，諸痹溫瘧。腳氣傷寒，濕熱病作。通十二經，癰疽瘡惡。子：甘，寒。除三焦熱，開胃利便。根：消癭瘤效。〔根苗並用，實代茶，治脫肛。〕茜草酸鹹，調厥陰血。通經消瘀，黃疸風疾。崩運撲損，痔瘻瘡癤。能行能止，又療遺泄。又有血籐，或云即其苗也。能攻血，治氣塊。〔用根，勿犯鉛鐵。〕白并味苦，止欬下氣。通行五竅，諸疾自去。折傷木甘，傷損痛住。散血補血，筋骨續濟。又會州白藥，研末罨金瘡，止血生肌俱效。〔白并似百部，用根。折傷木用莖，白藥用根。〕冬瓜藤灰，治腫瘡疾。瓜瓤甘涼，止煩躁熱。利腸治淋，洗面悅澤。瓜子疏腸，明目美色。葉：治瘧疾。藤：搗汁，解木耳毒；煎洗，脫肛。〔藤灰煎洗，黥繡得脫，去鼾黯。〕魚

腥草辛，又名蕺菜。消腫截瘧，痔瘡洗快。水苦蕒辛，療風熱退。咽喉腫痛，風癧消瘥。薺菜花：辟蟲、蚊蛾，治久痢。蕺菜不宜多食。〔蕺菜可茹，而多食令人氣悶，發腳氣，損陽。水苦蕒用根。〕 鹿藿味苦，即野菉豆。腸癰瘰癧，腰腹痛疢。頭瘍蠱毒，敷服俱透。苗葉與子，可將荒救。葉堪作菜。子即豆也，或煮食，磨麪，蒸餅食。〔《爾雅》云：蔨，鹿藿；其實莥，即此也。〕 萵苣子滑，通便下乳。翻白草根，諸血能止。癰瘡瘧疾，外症並使。仙人杖草，痰癖堪已。仙人杖有數種，此似苦苣，可作茹者，味甘。〔萵苣、白苣、紫苣同類，入藥用苦苣。子炒用。〕 萊菔子辛，入肺利氣。生升熟降，風痰吐去。消食除脹，定喘膈利。透發瘡疹，腹痛下痢。治風秘、氣秘，喘促後重。胡蘿蔔子：治久痢。〔入藥白萊菔子。〕 雀麥苗甘，催生下胎。蕎麥葉涼，耳目能調。稭灰淋汁，助鹼痣消。爛癰蝕惡，治噎煎膏。蕎麥稭作薦，辟蜈蚣、壁虱；淋汁，洗六畜瘡。〔蕎麥葉可茹，多食動氣。〕 蜀黍根甘，通淋止喘。燒灰酒服，救治難產。御麥根葉，通便熱減。沙石淋痛，煎飲可免。蜀黍即今造燒酒之高粱也。御麥，名玉蜀黍。〔高粱稭剝其皮可編薦，黃赤相間，成紋頗佳。〕

小豆花辛，治痰止瘧。頭痛洩痢，消渴病藥。腐婢是皮，解酒明目。丹毒中熱，消水煮酌。花，消疔腫惡瘡，痔瘻下血。黃豆稭灰：點痣。〔腐婢，諸家或謂豆花，或謂葛花，皆誤也。青霏，以為豆皮是也。〕 燕窠中草，尿血能斷。消渴遺溺，淫瘡敷澣。異草味甘，療瘻痹癛。節華治痹，去熱清脘。馬顛甘毒，水腫消散。雞涅草甘，洩痢可緩。白沃水瘇，去風清眼。犀洛味甘，開癃除滿。土齒草甘，益氣消痞。以上七種，治療宜纂。赤舉味甘，腹痛服宜。黃秫草苦，心煩熱移。金莖草苦，刃傷罨之。知杖草甘，疝痛用奇。黃辯草甘，治疝口糜。紫藍味鹹，食毒皆驅。巴朱草冷，止血無疑。柴紫草苦，破積生肌。小腹疼痛，瘕聚消除。以上八種，主治宜知。石芸草甘，治淋寒熱。竹付草甘，止痛散血。蘆精草苦，下蠱甚捷。區余草辛，心痛癃結。索千草苦，療耳痛急。船虹草酸，下氣止渴。五母麻苦，治瘻痢疾。載草味酸，惡氣消釋。慶草味苦，專治咳逆。以上九種，治療當識。五色符草，入臟隨色。苦溫治欬，明目潤澤。殺蟲安臟，驅邪補益。腂草味甘，久服和悅。吉祥草溫，兩種須別。明目強記，大補心力。雞腳草苦，止痢瘧疾。兔肝草甘，金瘡止血。解丹石毒，生肌去熱。以上五種，宜博考切。〔吉祥草產西域，味甘，非今之葉如漳蘭之吉祥草也。〕 胡堇草辛，止痛散血。癰腫惡瘡，撲傷筋骨。獨腳仙苦，血塊堅積。撮石合草，刃傷並益。蛇魚草涼，亦治傷折。蛇眼草寒，蛇傷毒抉。環腸草毒，治蠱勿失。耳環草涼，療痔最捷。九里香草，肚癰煎吃。以上八種，其名當識。

劉耳草辛，氣聾用塞。野芗草苦，能治蠱積。雙頭蓮草，產難握執，故名催生，腫脹服益，通利小便，牙疳搗貼。天芥菜苦，蛇傷腫撤。卮草味辛，金瘡止血。籩箕柴草，服治瘰癧。碎米柴草，癰疽傅滅。以上七種，治療並立。

山枇杷柴，療火湯傷。滿江紅草，主癰疽瘍。隔山消草，積滯滌光。氣膈腹脹，丸服為良。墓頭回草，帶下煎嘗。阿兒只草，療撲損殃。阿息兒草，亦治金瘡，膿血不出，嚼爛敷創。奴哥撒兒，續筋納腸。以上七味，外症多方。

補遺　破布葉香，如掌色綠。解迷悶藥，煎湯溫服。有九里明，煎洗瘡毒。作飲解熱，目疾效速。有奸人以香煙毒水迷客，服破布葉即解。〔破布葉，產陽江、陽春諸處。用莖葉。九里明產兩粵。〕 朱草似桑，高三四尺。朔生望落，葉應時節。本幹俱丹，其汁似血。可以染絳，能消瘀積。五岳、五臺、九華、四明、天台、峨嵋、羅浮並出。〔朱草本應瑞而生，然諸大名山皆有之，人不識耳。〕 水葱花葉，鹿葱一槩。妊婦佩之，轉男有賴。冬葉辟濕，包苴不敗。擦磨象牙，光白最快。又有油葱，形如水仙，葉中之汁，可以渥髮。〔冬葉，箬類。交廣人以之包物，久藏不壞。〕

藤部　木香辛苦，升降三陰。一切氣痛，破積瘕癥。瘧痢霍亂，寒疝腹疼。散結癃閉，辟瘴邪瘟。泄肺疎肝，和脾消食，行痰止嘔，安胎實腸。〔實大腸煨用。不入煎劑，惟研冲服。〕 石龍藤苦，微寒解熱。咽瘡喉痹，療驚散鬱。癰疽發背，消腫破血。利竅驅風，能堅筋骨。治蛇毒心悶；外症死肌，刀傷。內服外封，效。〔用莖、葉。〕 榼藤子仁，甘平性濇。療蠱飛尸，喉痹痔疾。脫肛血痢，燒灰服益。解諸藥毒，澡面去黑。一名象豆子，其子殼大者可作藥瓢甚佳。〔此乃與木部猪腰子同而形圓者也。〕 黃藤甘苦，解飲食毒。通利小便，去惡甚速。白花藤寒，蠱物共逐。更治虛勞，風熱煮服。凡遇惡食菌蠱，令人發悶，急服二藤汁，效。〔根苗俱用。〕 木蓮甘涼，下乳解渴。消腫止血，久痢臟毒。葉酸治癰，通淋末服。藤汁除瘧，癜疥癬抹。俗名鬼饅頭。苗、葉、實，皆涼解毒，治外症效。〔木蓮，嶺南食之發瘴，吳人絞其涎，以茄汁點為涼粉，調食。〕 扶芳藤苦，行氣活血。去冷除風，延年變白。地錦甘溫，破血產厄。白帶淋瀝，腹中塊結。二藤浸酒，久服宜人。地錦，又為婦科要藥。〔扶芳用莖葉。地錦用苗。〕 省藤苦甘，能殺蚘蟲。諸風齒痛，淋濇能通。紫藤小毒，氣味略同。癥黃濕病，煎服收功。省藤即紅藤，能下寸白蟲，煮粥飼狗，去瘑。〔用莖。〕 落雁木甘，所用莖葉。腳氣腹脹，風痛傷折。

陰瘡浮泡，產後諸疾。椿枌同煎，洗通氣血。又每始王木，主折傷筋骨，生肌破血止痛。〔用莖、葉。〕

木部　栢子仁辛，清香甘潤。益心養心，滋助肝腎。聰耳明目，智益神定。除風止汗，驚癇安靜。去淨油用霜，則不傷心氣。瀝油澤髮塗癬。〔蒸熟曝乾，取仁。〕側柏葉苦，性濇清涼。養陰滋肺，湯火燒傷。崩便吐衂，尿血灰良。歷風節痛，濕痹宜嘗。治赤痢，殺蟲。罨陳瘡，生肌。浸汁，塗髮長黑。〔去枝、莖，或生，或炒用。〕桂心辛甘，微苦入心。引血化汗，補損益精。化膿內托，瘀散肌生。九種心痛，風痹攣筋。痘瘡灰塌，癰疽內陷，一切陽虛不足症宜。〔去淨厚皮。忌鐵、火。產安南者良。〕沉香辛苦，入脾命門。調理諸氣，療疰破癥。心腹痛痢，壯陽暖精。冷風麻痹，痰滯氣淋。主霍亂，風濕水腫，吐瀉氣淋，喘急，諸痢積。〔或磨，或剉。不可近火。〕檀香辛溫，消風腫熱。疎通肺胃，殺蟲進食。霍亂腹脹，止痛利膈。鬼疰中惡，治噎吐食。為理氣消腫要劑，腎寒，邪攻心腹者宜之。〔剉末，或水煎，磨用。〕降真香辛，除惡怪異。天行時疫，燒辟邪氣。金瘡折傷，止血大利。定痛生肌，療傷稱秘。一名紫金藤，乃降香之佳者。能療傷止血。〔用瓷瓦刮末，勿以鐵器炒。〕沒藥苦平，通散結氣。行經活血，清心肝滯。金瘡諸痛，膽虛目翳。破癥墮胎，生肌散瘀。治產後血暈腹痛，推陳致新，為瘡家奇藥。〔掛窗隙間，取研易碎。或以酒研如泥，入丸。〕血竭甘鹹，補厥陰血。散瘀定痛，金刃傷折。心腹滯氣，陰和陽益。多用引膿，斂瘡性急。血竭單入血分，故去舊生新，為金瘡要藥。〔研篩，入丸。〕阿魏辛平，脾胃消積。殺蟲鬼疰，解毒瘴疫。心痛痘蠱，瘧症痢疾。痞勞傳尸，服之有益。治驚癇，內弔癩疝，噎膈，解一切菌、菜、肉毒。〔研細，熱酒器上熘過用。〕胡桐淚苦，鹹寒軟堅。除風散結，瘰癧風疳。蟲䘌齒痛，火毒腫咽，喉痹㿃毒，掃吐取涎。性能入骨，故治骨槽風。且治騾、驢、牛、馬病。〔研用，不入湯劑。〕厚朴苦溫，除痰散滿。去蟲利濕，清理胃脘。霍亂嘔吐，行水定喘。破血化食，積去正轉。專治肺脹血痹。子：甘，溫。療鼠瘻，明目益氣。〔用皮，去粗皮，薑汁浸炒，或酥炙。〕杜仲甘溫，補肝潤燥。益腎強精，固秘精竅。堅筋健骨，安胎為妙。腰膝酸痛，虛冷至要。櫛牙：去風毒腳氣，積冷，腸風下血，煎湯服。〔用皮，去粗皮，酥蜜塗炙用。〕乾漆辛溫，續傷筋骨。通痹殺蟲，行經破積。傳尸勞瘵，並堪服食。花治解顱，子下瘀血。葉：治五尸勞疾，殺蟲。曝乾。久服延年却病。〔搗碎，炒熟，或燒存性，或蟹化為水用。〕椿根白皮，微苦性熱。專入血分，斷下性濇。止痢濁帶，崩漏能截。嫩芽堪茹，消風痹疾。止下痢清血，白帶淋露，病在血分者宜用。〔刮去粗皮，陰乾焙用，或用葱蒸。〕樗白皮苦，專入氣分。性利行滯，臟毒濕病。溺閉淋濕，疳痢痹症。療疥殺蟲，洗服俱應。性涼而燥，去濕追蟲，除肺胃積痰、鬼氣，效。〔用根。即臭椿也。刮去粗皮，焙用。〕川楝子苦，入肝舒經。膀胱疝氣，心腹諸疼。利便瀉熱，引火下行。殺蟲療痔，治疥益精。皮根：洗瘡疥。花：辟蚤虱，療熱痱。葉：治疝痛。〔酒拌蒸。如用肉，則不用核；用核則不用肉。核須搗碎用。〕秦皮苦寒，清肝益腎。治風濕痹，白帶可定。目赤熱淚，火痢痛症。益精去翳，伏熱堪靜。煎水浴小兒驚癇，浸汁點赤眼，解蜘蛛毒。〔漬水和墨，畫色不脫。〕皂角辛燥，入肺大腸。搜風利竅，癥腫濕囊。痰喘喉痹，積滯蟲殃。開關透膈，治疥瘡癬。功在滌垢，外科、嗽症皆用。性燥，宜佐潤藥。〔水浸去粗皮，子或酥，或蜜炙，絞汁、燒灰用。〕松楊木甘，療傷破血。養血安胎，定痛續折。木白皮苦，止痢寒熱。水瀉腹痛，濃煎服汁。一名椋子木，即白皮松也。其材堪作器物。〔曝乾備用。〕榆白皮甘，性滑利竅。五淋便閉，疎通水道。除熱滲濕，消癰腫效。葉壓丹石，消食勞妙。花：治驚癇。莢仁：療不寐，蟲心痛，帶下，塗癬。〔研末，水調粘物，勝於膠漆。〕烏木甘鹹，解毒吐痢。亦止霍亂，酒服病去。緂木甘溫，療風血氣。益陽補腎，羸瘦得濟。緂木宜剉屑浸酒，久服妙。烏木，堪為器物。〔用末，酒浸良。〕柯樹木皮，小毒味辛。大腹水腫，煎膏丸吞。橉筋木灰，性味甘溫。心腹堅滿，治癖瘕癥。橉木灰汁，釀酒治痞。柯樹煎膏，為丸服效。〔柯樹膏丸梧子大，每服不過三丸，引水從小便出。〕烏椿木苦，涼下水氣。療風通便，散腫積聚。葉治疔腫，汁服毒利。子油甘涼，治瘡疥異。根皮：有微毒。子油消腫，殺疥蟲，塗髮變黑。〔用根白皮，炙乾。子油澆燭甚明。〕相思子苦，小毒性平。極能吐蠱，九竅通行。風痰瘴瘧，熱悶頭疼。心腹邪氣，蠱脹俱清。善令人吐。治貓鬼野道疾，俗悞稱赤小豆。〔貓兒野道，亦狐魅邪精之屬也。〕柘白皮甘，療崩血結。夢遺腎冷，鵝口瘧疾。釀酒治聾，補勞損特。奴柘苦溫，去瘕痃癖。柘根白皮相同，煎湯洗目令明。奴柘，用刺。〔柘根用東行者。〕櫧實甘寒，能助陽氣。陰瘻水腫，目昏並治。下諸骨骾，多服不利。書云軟骨，稱補是獘。入藥取沉水者，去皮，酒浸，蒸半日，焙乾用。〔或以實五升，用水一斗，煮取五升，去滓，熬膏亦佳。〕枳殼味苦，微寒帶酸。消痰開胃，逐火腸寬。心腹結氣，嘔痢能安。瀉肝利節，痞癖消完。枳茹：治中風身直。樹莖白皮：治水脹、骨痛。〔陳者良。小麥麩炒用。〕枳實比殼，其性更猛。去風除濕，痞脹水腫。止痢下積，上焦實湧。倒壁衝墻，五膈藥總。根皮：浸酒，漱齒痛。煮飲，止便血。葉：可代茶。

〔去核，微炙乾；陳久，炒用。〕 白棘木辛，療心腹痛。陰痿精出，外症宜用。腰脇刺痛，鍼鉤煎送。枝花實葉，主治略共。治頭風，眼睫拳毛，諸疳喉痹。俱用棘鍼鉤。〔用刺。〕 金櫻子酸，止洩下痢。濇精遺溺，益血固氣。花除白蟲，烏鬚髮異。葉消癰腫，金瘡血濟。東行根：除寸白蟲。皮：炒，止瀉血、崩中帶下。〔去刺核用，或煎膏入藥。〕 酸棗仁甘，酸補肝膽。香能醒脾，邪結自散。不眠多睡，神疲意懶。益志寧心，療虛憂瘖。治多睡生用，不寐熟用。是去風補虛之功。〔以葉拌蒸，去皮尖用。〕 蜜蒙花甘，入肝潤燥。青盲膚翳，丸服有效。赤腫眵淚，疳痘睛皰。夜痛羞明，氣血和妙。酒浸一宿，蜜拌蒸用。專治目疾，同黃柏良。〔每一兩用酒八兩，蜜半兩，漸拌漸蒸，以乾為度，日乾用。〕 郁李仁苦，辛甘入脾。破血行水，癃閉相宜。疎腸下氣，關格通臍。潤能散結，膽逆堪醫。酒浸入膽。根：治蟲牙，殺寸白，宣結氣，破積。〔湯浸去皮尖，同蜜研膏用。〕 枸骨木皮，苦涼補腎。枝葉煎膏，塗癜風褪。梫木苦平，破血下順。葉洗瘡癬，蛇傷敷應。枸骨木：浸酒益人。梫木，破產後血。俱無毒。〔枸骨木，《詩》云南山有枸，即此。其汁黏黐可粘雀。〕 紫荊皮苦，行氣破血。通便止淋，喉痹蠱急。蛇虺蟲傷，狂犬咬疾。散癰疽腫，經水凝濇。解諸毒物效。又石荊：燒灰淋汁，髮令長。〔梗及花葉功用相同。〕 山茶花甘，微苦性濇。可代鬱金，專能止血。敷湯火傷，子摻髮膩。臘梅花辛，解暑止渴。紅山茶花同童便、薑汁，止吐衄、便血極效。〔其葉類茗，可以作飲。臘梅有毒。〕 接骨木苦，治傷續筋。風痹水腫，瘀血能行。又吐痰瘧，齲齒漱輕。產婦血運，服汁堪平。葉：療痰瘧，大人七片，小兒三片，搗汁服效。〔有小毒。治水腫痰飲，用根皮。〕 楤木白皮，辛平小毒。水癊可下，熬熏并服。爛落蟲牙，塞孔效速。靈壽木皮，亦療水畜。靈壽木，一名扶老杖。根皮：苦，平，治水極效。〔楤木汁能吐人。〕 木麻甘溫，能破老血。月閉癥瘕，羸瘦風疾。大空皮根，微毒苦濇。性殺三蟲，能斷蟣虱。木麻久服，令人有子。大空殺蟲，勝於百部。〔木麻葉可釀酒。〕 白茯苓淡，滲濕助陽。利便清熱，洩腎膀胱。憂恚驚悸，渴瀉止良。痰火咳逆，氣血勞傷。能調營衛，安魂魄，止嘔噁，水腫淋瀝，遺精。〔搗細，漂去赤筋，煮曝用。〕 赤苓氣溫，入心小腸。能清血分，濕熱疸黃。通便止渴，熱去清涼。皮行陽水，膚腫宜嘗。補心脾白勝，瀉濕熱赤勝。皮專行水消腫。〔人乳拌。〕 茯神甘淡，微苦入心。開鬱益智，定魄安魂。療風虛眩，多恚多驚。健忘神亂，木可舒筋。茯神木名黃松節，治筋攣，偏風喎邪，心掣。〔去心。〕 豬苓甘苦，利竅發汗。除瘧蠱疰，水腫可散。帶濁濕瀉，子淋痛患。疎鑿膀胱，陽水不泛。五苓散用之以利水。然多服耗精液，昏目。〔去皮生用。〕 雷丸苦冷，微鹹小毒。入胃大腸，消積性速。功專殺蟲，應聲在腹。中病則已，不宜久服。亦療顛癇狂走，蠱毒。性能疎利，多服傷陰。〔甘草水浸去皮，酒拌蒸，炮。〕 天竹黃甘，滋臟微寒。涼心利竅，明目鎮肝。中風不語，癎忤驚攣。去風清熱，功在豁痰。功同竹瀝而不寒滑，小兒客忤驚癎尤宜。〔產鏞、篔竹中，津液結成，市中或燒骨、葛粉偽之，宜察。〕 桃寄生苦，能除蠱毒。淋露骨立，堅痛在腹。面目青黃，如茶點服。柳寄生同，治膈氣速。百勞踏枝：鞭兒語遲。治烏巢表：能療腳氣。〔桃寄生用葉為末，柳寄生用葉搗汁服，巢表作履屜佳。〕 梅葉止痢，服療霍亂。根亦相同，風痹浴斷。梅仁明目，煩熱解渙。代指忽腫，搗敷醋拌。葉：治月水不止，同棕煅灰酒服。洗葛衣佳。〔梅葉揉清水湔去衣上黴點。根湔湯，治霍亂。出土者殺人。〕 桃仁甘苦，厥陰血劑。行滯逐瘀，止欬血秘。疎腸殺蟲，除瘧鬼疰。癥痞腹痛，骨蒸風痹。生用行血，炒潤燥。雙仁殺人。血虛者禁用。〔去皮尖。潤燥行血，生全用。〕 桃花苦平，疎腹下水。行痰逐積，療狂消痞。根皮莖皮，除蠱辟鬼。腹痛黃疸，洗瘡蟲美。桃膠：下石淋，破血，除邪鬼疰，益氣，止痛痢。〔花不着土者良。皮用白皮。〕 桃梟苦溫，微毒殺鬼。中惡腹痛，伏梁宜使。邪瘧並除，燒煙燻痔。桃毛止崩，通經消痞。葉：除諸蟲，風痹，霍亂，惡氣客忤，通便發汗。〔十一月採，酒拌蒸，焙乾用。〕 栗樹皮涼，洗瘡丹毒。根治偏墜，用酒煎服。栗殼止血，定噦鼻衄。花治瘰癧，毛毬腫縮。毛毬洗腫毒，栗荴搗粉和蜜，塗面能去皺。〔栗外刺包煎，洗丹毒。荴乃肉上薄皮也。〕 木瓜酸濇，溫理脾肺。霍亂嘔逆，濕痹腳氣。止渴降痰，消腫熱痢。收散調筋，多服癃閉。忌鐵。能治轉筋，取其理脾伐肝，調筋脈也。〔木瓜用陳者良。或切片，以牛乳拌蒸，晒用。〕 木瓜樹皮，根則枝葉，並治腳氣，通利經脈。霍亂轉筋，熱痢服汁。核治煩躁，每嚼七粒。花：合面脂，去粉滓䵟黯。林禽根：殺腹蟲，止渴。〔木材造桶，濯足宜人。〕 山楂木苦，能治頭風。水痢身癢，葉洗瘡膿。根治反胃，消積調中。核療癩腫，難產吞通。核化食磨積，治難產。同百草霜吞七七粒。〔葉洗漆瘡效。〕 柿蒂濇平，治逆噦氣。木皮止血，焙研服濟。湯火傷瘡，油調灰繫。根治下血，並止赤痢。古有柿蒂散，治胃氣上逆嘔噦，或加生薑。〔焙研末用。〕 橘皮辛苦，入肺脾經。升降諸氣，補瀉兼行。除嗽嘔痢，瘧痞痰癥。通淋下水，霍亂積平。行痰去白，補劑留白。瓤上筋膜，療食橘傷。〔即陳皮也。或炒，或生。〕 橘核味苦，能入膀胱。專治疝痛，用合茴香。橘葉消腫，熨乳最良。能平肝氣，通膈煎嘗。核：去殼膚，治腰痛。葉：同麥麩炒，熨乳腫效。〔核鹽

水炒，去殼取仁用。〕 青皮辛苦，入膽疎肝。下焦積氣，久瘧結痰。脇痛諸鬱，乳癰痞堅。破滯治疝，瀉肺散寒。橙皮：甘辛，散腸胃惡氣，浮風。核：研塗粉刺。〔青皮，乃未熟之橘也。或以小橙、柑、柚僞之，不可用。宜醋拌焙良。〕 柚皮辛苦，名曰橘紅。性裂燥濕，出在廣東。化痰止嗽，利膈寬胸。能散憤氣，葉治頭風。化州新會者良。花：作面脂，蒸油，塗髮令長。〔橘紅陳久者良。豫章、閩省俱有，不及廣產者佳。〕 楊梅核仁，專治腳氣。皮根洗疥，瘡癬並去。能解砒毒，塗火傷愈。牙痛風蟲，搗貼有濟。同韭根搗，加廚案油泥，傅兩腮，蟲自出效。〔取仁，以柿漆拌核，曝之則自裂。〕 櫻桃葉甘，煮軟老鵝。傅毒蛇咬，飲汁堪瘥。東行根治，寸白蚘多。枝洗面黯，花亦同科。東行根，同石榴、苦楝根煮汁服，立下諸蟲。〔櫻桃枝同紫萍、白梅肉研，洗面去雀斑效。〕 橡木皮根，苦平止痢。惡瘡瘰癧，煎洗毒去。橡斗殼濇，腸風可治。帶下崩中，脫肛有濟。殼可染皂，烏鬚黑髮。燒灰，治牙疳、脫肛效。〔皮燒灰，殼搗細，炒用。仁可食。〕 槲葉甘苦，療痔止血。治痢通便，塗面皻赤。木皮殺蟲，煎服苦濇。諸痢腸風，療瘻瘰癧。洗諸般爛瘡痔漏效。背陰皮，大能吐蠱。〔葉炙用，仁可食。〕 荔枝核甘，破氣利腸。癩疝臚脹，胃痛磨嘗。殼能快痘，止痢煎湯。花皮根葉，喉痹嚥良。核治婦人血氣心痛，燒用。龍眼核：療胡臭。〔荔枝核燒存性，用香附治一切氣痛效。〕 榧花味苦，名曰棑華。水氣能下，除赤蟲瘕。茶子寒苦，定喘嗽佳。茶枯滌垢，油膩無些。哮喘氣急，用糯米泔磨茶子，滴鼻中即止。〔榧華，春月生採，曝乾用。〕 檳榔苦辛，微甘溫散。下胸膈氣，發上部汗。消食行痰，破堅猛悍。殺蟲磨瘴，瘟疫初犯。引諸藥下行，治瘧痢腸澼，腳氣冲心，止嘔。〔去皮，或鹽水炒。〕 大腹皮辛，氣溫泄肺。和脾定喘，霍亂腳氣。痞脹痰膈，水腫瘴癘。亦治醋心，大小腸利。〔子：辛，濇，微甘，性溫。與檳榔同功，而力稍緩。〔酒洗，再用豆汁洗，煨用。〕 俳蒲木甘，益氣止煩。遂楊木同，補氣共參。又有木核，腸澼宜餐。根療逆氣，花治虛癀。子亦補正，止渴中寬。白馬骨木，水利諸癉。瘰癧瘜肉，白癜風斑。慈母枝葉，治痞消痰。下氣止渴，令人睡安。以上五種，備用宜看。〔諸木俱無毒。遂楊木實可食，白馬骨木同黃連、細辛、牛膝、桑皮、黃荊燒末淋汁，治惡瘡瘜肉。〕

補遺　娑羅子肉，味苦微涼。寬中下氣，脘痛肝膨。疳積瘧痢，吐血勞傷。平胃通絡，酒服稱良。一枝七葉、九葉，苞如人面，花似牡丹，香白。〔用陰陽瓦炙灰，或煨食俱效。單用，不入他藥。或稱天師栗，非也。〕 玉蘭花溫，香滑消痰。益肺和氣，蜜漬嘉餐。瑞香花馥，糖餞芳甘。清利頭目，齒痛宜含。又丁香花：味辛微溫，窨茶弔露，清利頭目。〔玉蘭瓣，好事者以拖麵，油煎為玉蘭餅，甚佳。〕

水部　潢潦之水，氣味甘平。有毒無毒，地道須明。調和脾胃，濕熱能清。煎發黃藥，散熱疎經。仲景治傷寒瘀熱在裏，用煎連翹赤豆湯。 古塚中水，毒洗諸瘡。糧罌中水，治鬼疰殃；辛有小毒，蟲積消亡； 洗目見鬼，療噎奇方。噎膈得飲即愈，極有神驗。勿多飲，令人悶。 赤蛇浴水，小毒治瘕。療蟲傷咬，入腹飲些。車轍中水，洗癧瘍佳。牛(啼)〔蹄〕中水，風毒能遮。溺坑中水：止消渴。猪槽中水：解蠱療蛇咬。 虀水酸鹹，吐痰涌泄。銅壺滴漏，水性滑急。煎表散藥，上下透澈。磨刀水鹹，利便清熱。又鐵漿：洗虎、犬、蛇傷，蟲螯，六畜瘋狂疾。〔鐵漿是生鐵浸水出沫者。〕 浸藍水苦，性寒除熱。解毒殺蟲，下水蛭積。染青布水，治喉風疾。溫服一杯，並愈噎膈。藍水中有石灰，故殺蟲。又繅絲湯：止消渴。 燖豬湯水，治蟲夢魘。產後血痛，洗瘡瘍斂。燖雞湯鹹，雄雞者善。專愈消渴，洗腳雞眼。燖豬湯：療產婦血刺心痛，止消渴，濾清飲。

土部　甘土性溫，解藥菌毒。赤土甘溫，湯火傷觸。牙宣風瘮，或塗或服。太陽方土，煎止喘促。動土犯禁，小兒喘急，取太陽方土，煎湯服。〔甘土產龍門，澄取之。即澄泥也。〕 黃土甘平，除洩痢血。肉椒菌毒，藥熱絞結。心痛痧脹，馬蝗腹疾。湯火杖傷，蜈蚣蜂螯。又治小兒瘈瘲，用淨黃土，攪汁服得。〔須取山黃土潔淨者用。〕 市門柵土，酒服易產。戶限下土，吹奶服散。鞋底下土，他鄉病脘。土蜂窠土，癰腫亦斷。霍亂吐瀉，乳蛾吹返。鼢鼠壤土，鬼疰痛滿。孕婦腹鳴，腫毒共赶。田中泥土，療馬蝗瘡。碎砂鍋土，消積治懣。以上七種，內服病展。〔戶限土，酒服二錢，治產後腹痛； 吹乳，和雄雀糞服。鞋土，水調服； 蜂窠醋調，塗癰腫； 霍亂，水調服。鼠壤，療孕婦腹鳴，麝香湯送二錢以下，酒服。〕 伏龍肝辛，止一切血。定嗽療風，消腫瘡疾。心痛邪蟲，遺精帶白。催生下胞，中風煩熱。發背乳癰，醋磨塗。療反胃腹痛，小兒夜啼。〔即竈心中土，蓋以豬肝塗竈成之者真。〕 銷銀鍋粉，服治疝氣。敷煉眉瘡，湯火傷濟。白瓷器平，點目去瞖。血崩帶下，嘔吐止住。白瓷粉止一切血，敷腫丹疥，湯火傷滅瘢。〔即烊銀礶也，名甘鍋。〕 梁上塵苦，微寒微辛。腹痛噎膈，止吐止經。金瘡血出，喉痹牙疼。救魘縊死，逆產橫生。療霍亂、牙宣、乳蛾、瘜肉、脫肛、軟節、小便閉。〔燒令煙淨用。乃倒掛塵也。〕 土鹼苦鹹，消痰磨積。蕩滌垢膩，殺蟲清熱。治噎目瞖，潰癰瘰癧。除瘜點痣，疣贅痔核。同石灰，爛肉極速。功專消積除濕，去瞖效。〔浣衣洗物，必用去垢。發麪。〕 鵲巢燒灰，逐魅癲狂。蠱毒惡祟，傳漏亦良。巧婦巢灰，治

嘻奇方。其煙熏手，巧理髭鬚。小便不禁，用鵲巢草灰，薔薇根煎湯下，效。〔鴉巢灰，元旦撒大門內，辟盜。重巢燒研飲服治漏。〕

金部　自然銅辛，性涼微濇。安心定痛，消瘀破積。接骨續筋，散膿瘻疾。疔腫惡瘡，磨用礦石。專療折傷，定驚。礦中石，治腋臭，驢馬脊瘡。〔搥碎，煅，醋淬七次，研極細，水飛用。〕古鏡辛平，煮汁療驚。邪魅鬼交，蠱惡痛心。風癇疝氣，亦可催生。驅妖辟怪，神物通靈。煮汁，治一切怪疾。懸之，可卻魑魅魍魎。〔製自秦漢者佳。〕銅錫鏡鼻，能通閉血。癥瘕絕孕，伏尸邪疾。產後諸症，服之有益。鏡(繡)〔鏽〕療疳，腋臭敷特。鏡(繡)〔鏽〕治下疳瘡。鏡鼻醋煮，治產後一切症。〔銅鼻投醋熬呷。亦入藥煎。〕古文錢辛，性涼有毒。風沿赤眼，消障明目。五淋產難，俱堪煮服。跌撲損傷，氣逆喘促。須用五百年前者，如半兩莢錢、開元等佳。〔燒赤，醋淬用。〕生鐵辛寒，鎮心肝氣。消瘀解毒，癬疥並治。脫肛丹毒，癲癇服替。銅鐵甘平，主治同意。鋼鐵，去金瘡，煩滿熱中，胸膈氣塞，食不化。〔凡草木補藥，俱忌鐵。〕鐵落辛涼，平肝去怯。發狂善怒，賊風中熱。鬼疰驚邪，煎飲自息。鐵精明目，安神之魄。鐵孕粉：安神強志，除風養血，堅骨，去百病。〔鐵落，乃打物爆落者。鐵精，生煅，竈中孕粉，以醋酒塗鐵生衣也。〕鐵(繡)〔鏽〕苦濇，塗蟲咬傷。舌瘡癬疥，油醋調將。鹹砂治疽，水腫急黃。散瘻消積，止痢濕瘡。又鐵粉，是鋼飛煉成者，能化痰，鎮心抑肝。〔俱堪染皂，黑鬚髮。〕水銀辛寒，沉陰性毒。墮胎絕孕，五金能伏。功專殺蟲，諸瘡效速。食腦傷筋，慎令入肉。能下死胎。燒煙熏楊梅毒瘡，療急驚癇疾。〔硃砂中得者佳。以天葵、交藤汁煮用。〕蜜陀僧鹹，微辛性平。止血消積，墜痰鎮心。殺蟲散腫，定嘔療驚。瘧痢消渴，瘡痔瘢痕。療胡臭、汗斑、凍瘡、金瘡，染鬚滅瘢痕䵟黵。〔搗細，水煮，焙研用。〕

石部　青琅玕辛，涼治火瘡。癰瘍瘙疥，白禿塗良。煅服陰起，錫毒消亡。石闌干類，破血服漿。石琅玕，治石淋，或磨服，或火燒，投酒中服。〔青琅玕，即葱玉也。石闌干，即今之萊石也。〕珊瑚甘平，色赤走血。能除鼻衄，併行宿疾。小兒目翳，點之有益。療驚除癇，性堪清熱。明目，鎮心，止驚。丸散中鮮用，括下點翳效。〔研極細末，乳用。〕紫石英甘，入肝補血。兼行心腎，重以鎮怯。血海不足，專治產絕。溫暖子宮，癰腫敷貼。又五色石英，主治相同，其色異，各入本經。〔火煅，醋淬七次，水飛，晒乾用。〕雲母甘平，主肺補腎。益精明目，虛勞損症。瘧痢風瘮，淋帶血病。中風痰飲，生肌極應。能治百病，功在下氣，堅肌，補中續絕，煉服。〔煉服多方，不能盡載。惟以鹽湯煮透，懸風處，自然成粉，細研用。〕雄黃苦平，辟蛇解毒。殺蟲追風，暑瀉亦服。瘧痢驚疳，勞瘵疰伏。外治諸瘡，疥癩白禿。搜肝強脾，破癥逐積，辟邪殺蟲，除濕，變鐵。〔以米醋、蘿蔔汁煮透，乾用。〕雌黃辛平，亦療諸瘡。殺蟲解毒，雄者同方。陰氣變錫，製服亦良。不堪餌者，更有熏黃。雌黃體柔色暗，不似雄黃之堅燦。熏黃臭。〔熏黃惟堪療瘡疾，殺蟲毒。〕五色石脂，甘溫酸濇。止血固下，瀉痢腸澼。崩帶遺精，瘍癰痔瘻。通淋療悸，長肉收濕。五色石脂，各補本臟，斷下收濇，功用大同。〔俱火煅，水飛用。今惟用赤白，而入氣血之分。〕無名異甘，微鹹入血。金瘡折傷，癰疽瘡癤。止痛生肌，(拳)〔卷〕毛倒睫。臁瘡潰爛，性能收濇。臨杖服末二三錢，不甚痛。並療腳氣痛楚。〔煮蟹殺腥，塗剪燈，能斷火。〕土乳鹹平，能療陰蝕。功同鍾乳，服不發熱。石腦甘溫，補虛損益。風寒疼痹，安臟健力。石腦生滑石中，其狀如腦，不與石腦油同。〔土乳製如鍾乳法。〕石灰辛烈，療瘡燥濕。爛痣殺蟲，治痢消積。白帶白淫，產門不合。蟲牙髮落，染鬚能黑。風化陳者良。療瘜肉，粉刺，脫肛陰挺，染鬚。〔新塊礦灰，藏糖食底不軟，置箱籠底，衣服不黴變。〕慈石辛鹹，引氣入腎。益精補弱，明視聰聽。風熱周痹，骨節痠硬。五勞七傷，下脫諸症。止金瘡出血。毛：即鐵粉也。補絕，治瘡瘻。〔火煅，醋淬，研末水飛，或醋煮二日夜。〕空青酸寒，益肝明目。通血養精，瞳傷可復。開聾破積，退翳障膜。一切眼病，中風宜藥。石卵中之漿名空青。殼專磨翳；研服，治風。〔用中間水。若無水者，埋地下三五日即有。殼，煅研用。〕

曾青酸寒，益肝養膽。目淚赤痛，頭腦風癉。通關利竅，破癥積散。能治白蟲，斑瘡入眼。有綠膚青，味辛，治蟲、蛇、菜、肉諸毒，及惡瘡。〔用天葵、甘草、青芝同煮五日，研，飛用。〕綠青苦濇，益氣止洩。療痢定衄，風痰上逆。小兒疳瘡，胡臭敷脇。驚風拘扳，探吐最捷。痰瘀上湧，本元強壯者宜用。探吐，虛人忌。〔研篩，水飛，再研用。〕扁青甘涼，明目平肝。折傷癰腫，寒熱風痰。破積解毒，療痹風頑。莖中百病，生子不難。白青、碧青，皆同類，亦明目，治聾開竅，殺蟲。〔扁、曾、綠、白、碧五青，及綠膚青，皆一類。修治同。〕膽礬酸濇，解肝膽熱。驚癇目痛，石淋陰蝕。崩中喉痹，蟲牙鼻瘜。癥瘻風痰，探吐最捷。風熱在上，吐之則清，故治喉痹神效。殺蟲。〔塗鐵及銅上，燒之紅者真。〕礞石甘鹹，平肝下行。墜痰推滯，去塊消癥。止嗽定喘，治癇療驚。實痰為病，腹痛攻心。為墜痰聖藥。一切積滯，皆痰也。脾虛者忌。〔用硝石煅半日，取研，水飛淨硝用。〕花乳石酸，氣平性濇。入肝化瘀，磨翳止血。死胎胞衣，服之立出。金瘡傷損，外用奏捷。與硫黃同煅，研末，名花乳石散，治諸症效。〔煅過研，水飛用。〕金牙石鹹，能療諸疰。冷風鬼

疾，筋骨濕痹。暖腰利節，去水止悸。小兒驚癇，虛勞要劑。宜浸酒，除風毒傳尸，及腳弱不仁等症效。〔燒赤，去粗，研用。〕 水中白石，燒淬用屑。魚鱠成瘕，羸弱服汁。風瘙癮疹，發背腫癤。頻服頻洗，葱煮食益。嗜魚成瘕，燒赤投水，服當利。治一切外症。〔燒赤淬水。〕 霹靂碪毒，治失心風。驚悸恍惚，蠱毒勞蟲。魔夢瘵疾，泄瀉虛中。石淋可療，佩帶神聰。又雷墨：治小兒驚癇，邪魅病，桃符湯磨服。〔刮末，或磨汁煮服。〕 元精石鹹，性寒而降。風冷邪氣，濕痹頭脹。陰證傷寒，虛下盛上。正陽來復，鍊服極當。正陽丹、來復丹，合硝、硫有陰陽既濟之妙。〔煅用，不入湯劑。〕 朴硝苦鹹，性寒軟堅。除熱消滯，蕩滌痰涎。黃疸淋閉，破積利咽。墮胎散瘀，腫毒堪蠲。蕩滌腸胃三焦實熱，推陳致新，芒硝同功。〔汁煎煉為芒硝，馬牙硝更精潔，功用同。〕 枯礬平濇，療疸止血。治泄瀉痢，癰疽腫疾。風癬軟甲，齒痛目赤。能潤心肝，消痰止渴。治遺溺驚癇，鵝口舌膜，止嘔，陰脫，療諸瘡。〔燒令汁盡，色如雪者佳。〕 皂礬酸濇，不煎宜丸。腸風眼赤，燥濕化痰。喉痹腫脹，瘧痢驚疳。健脾消積，瘡癬宜攢。痰阻胸膈，同皂角、(稀)〔豨〕薟探吐，與白礬同功。〔煅赤，名絳礬。〕 鳳凰臺辛，療損積血。諸癇狂驚，安神利脈。氣感而生，又有虎魄。辟惡邪驚，此皆是石。鳳臺出崑崙，虎魄乃射殺虎地掘下得之。〔鳳立之地，掘下必有白石如卵是也。〕 石脾味甘，產在峨嵋。如棋如豆，輕薄黃微。除胃寒熱，益氣補虧。石腎酸濇，洩痢施為。石脾乃陰陽結氣，五鹽之精，能消積補正。〔石脾有以硝石煉成者，非真也。石腎，形如腎，紫色。〕 陵石味甘，卻寒益氣。汗後耳聾，服之通閉。遂石味同，消渴止住。五羽石餌，輕身不替。陵石有竅者，為末，每服一錢，冷水下，治聾。〔陵石出華山，遂石生泰山，五羽石生海中蓬葭山，色黃如金。〕

禽部 天鵝油涼，治癰腫瘍。絨毛止血，宜罨金瘡。鸕鷀頭骨，治鯁噎良。喙嗉翅羽，灰服同方。屎去面黯，傳疔瘡，治疳疣，斷酒，俱燒灰用。〔天鵝油，冬取肪煉收。鸕鷀屎，有微毒，治疳疣，炙豬肉蘸食。〕 鴨頭消腫，通便利水。白糞解結，惡痢自止。療金石毒，消癰腫使。腦塗凍瘡，舌療蟲痔。肫：灰，治骾。涎：療風痓。膽：點目赤，塗痔核良。〔糞用白(雞)〔鴨〕者，或乾為末，或絞汁服。肫即膍胵內皮也。〕 雄雞肝苦，補腎起陰。風虛目暗，胎滿腹疼。雞嗉療噎，並雞裏金。消積止痢，尿血遺精。即膍胵治疳瘧，吐食酒積，失溺崩帶，乳蛾。〔膍胵男用雌，女用雄，勿洗，炙研。〕 雞矢下積，蠱脹能消。破淋療痹，蟲咬塗調。翮翎破血，散疝癩脬，遺尿骨骾，出刺尾毛。毛燒灰，解椒毒，痘毒，腸癰。距：炙灰，治產難。〔用雄者炒。〕 雄麻雀糞，名白丁香。點消胬肉，服治急黃。決癰腫癤，痃癖伏梁。乳蛾牙蝕，諸腫瘡瘍。去目瞖，治中風癥瘕。喙、脛骨燒灰，治乳癖。〔左翼掩者，雄也。〕 燕屎辛毒，殺蟲鬼疰。破癃治瘧，療驚除瞖。口瘡牙痛，痔瘻並治。秦燕毛灰，解藥毒利。燕肉：有毒，不可食。能出痔蟲。卵黃，治浮腫。〔屎，炒用。〕 蝙蝠肉鹹，治淋帶濁。久嗽瘰癧，魃病老瘧。眼瞑癢痛，多服喜樂。腦塗面皰，血膽明目。血及膽滴目中，令人不睡，夜中見物，奇效。〔去毛，湯酒浸，煅存性用。〕 五靈脂甘，味厚純陰。入肝散瘀，滯積通行。心腹諸痛，蟲積瘕癥。炒黑止血，便利冲崩。能除風化痰，消積，療血氣驚疳，蠍、蛇、蟲傷。〔研細，以酒飛炙，晒乾用。〕

斑鳩屎治，聤耳耵聹。其血頓飲，解蠱毒清。駝鳥屎治，誤吞鐵金。百勞毛毒，繼病佩寧。繼病者，娠婦乳兒致病瀉痢也，抱之亦繼。〔百勞，即百靈也。〕 烏鴉肉臭，酸濇難食。煅灰存性，治瘦勞疾。殺蟲療癇，欬嗽吐血。破傷中風，拘攣救急。療五勞七傷，疝氣經閉，暗風。卵食之昏神。〔宜絞殺用。〕 烏鴉睛汁，點目見鬼。頭灰治瘻，羽療傷毀。出刺散瘀，發痘力偉。墮撲昏悶，右翅灰美。心：治卒然咳嗽，炙服。膽：點風眼紅爛有效。〔發痘，用左翅。〕 鴆鳥毛羽，大毒殺人。爪喙佩之，蛇蝮潛形。孔雀尾毛，入目青盲。血治蠱毒，屎療瘡淫。鵬鳥目：吞之令人見鬼。頭骨灰，能發痘。〔鴆肉大毒，殺人。〕

獸部 豬懸蹄甲，燒熏痔蝕。敷瘡白禿，能定喘息。母豬蹄甘，能下乳汁。解百藥毒，洗瘍潰疾。又托癰腫，壓丹石。毛灰，治湯火傷，油調敷。〔蹄有七星者良。〕 豬卵甘溫，治驚癇疾。鬼疰蠱毒，五癃疝急。莖疼腹痛，陰陽病易。靨治癭氣，焙研酒食。豬膚甘寒，煮汁，治少陰下痢，咽痛煩滿，效。〔卵，陰乾用。〕 豬脾消痞，並治瘧痢。耳垢研塗，蛇犬傷齧。骨灰發痘，治痢紅白。解諸藥毒，浸淫瘡貼。又齒灰，亦治痘陷驚風，蛇咬，中牛肉等毒。〔脾，為脾家引藥。〕 狗膽破血，消癒瘡惡。殺蟲除積，止衄明目。乳點青盲，塗髮不落。心血止痛，心痹和藥。涎：治諸骨骾，誤吞水蛭，取服之。又塗脫肛。〔用青、白犬良。〕 狗骨燒灰，治瘡及瘻。療驚止痢，鼻疳敷透。齒灰治癇，大能發痘。皮灰去風，腰痛裹炙。卵：灰治帶下。毛：止夜啼。燒灰，塗湯火、犬傷。〔黃犬者佳。〕 狗屎中粟，專療噎膈。痘瘡倒陷，風病毒釋。屎中骨治，驚癇寒熱。糞解百毒，灰服或汁。療瘰疽疔腫，痔瘻，痘毒，及癥瘕，霍亂，瘧痢。〔糞，白狗者良。〕 狗寶甘鹹，專治噎食。癰疽療腫，並能除息。有底野迦，產於西域。云生豬腹，除邪腹積。又有鮓答，乃諸獸之黃也。亦治驚癇、毒瘡。〔香而黃，透指甲者真。〕 羖羊角鹹，微寒無毒。療驚

安心，殺疥明目。骨節結痛，風疾恍惚。治蠱血症，斑瘭赤禿。燒，辟鬼、蛇毒。齒灰：治羊癇。羊石子：止精滑。〔角勿使中濕，則有毒。〕羊屎治癇，洩痢諸瘡。灰出簇刺，抹髮黑長。胲治反胃，筋去目芒。膽療風淚，赤障點亡。尿：治傷寒，手足腫痛欲斷，鹽豉煮，漬之良。〔屎，青羖羊者良。膽，羯羊者良。〕牛角鰓苦，氣溫無毒。心胞肝腎，血病能逐。瘀血閉痛，冷痢帶衄。燒灰性濇，止崩宜服。療痔疾，赤白帶，諸淋。水牛者，治水腫用之。〔久在糞土爛白者佳。〕牛皮治水，浮腫能消。便濇脾弱，煮汁熬膠。鼻止消渴，煮汁服饒。大能下乳，風疾堪調。口眼歪邪，鼻炙熨不患處。頭蹄：治風水腫。〔皮，水牛者良。〕馬眼療癇，佩治魃病。夜眼在膝，服療厥症。骨灰醋調，諸瘡敷應。馬齒治癇，灰拔疔盡。鬐膏：去面䵟，塗偏風口歪，沐頭生髮令長。〔白馬者良。〕白馬溺辛，有毒逐積。破癥疝痞，禿瘡洗滅。黑驢溺同，漬蟲犬嚙。反胃噎病，少飲即失。同薑擦白癜風，漬狐尿瘡，除癬癘惡癩，效。〔生飲殺蟲。〕驢骨髓溫，滴耳治聾。陰莖壯陽，糞熨痛風。心腹疰痛，水腫消融。燒灰止衄，瘡癬敷功。耳垢：研塗蠍螫。毛：炒，浸酒，治骨中諸風效。〔驢糞，療水腫。畫體驗之，成字者，用牝糞。不成字者，用駁驢糞。〕獅子糞臭，破血殺蟲。貘皮驅癘，辟惡邪風。膏塗癰腫，屎化鐵銅。有嚙鐵獸，狡兎豜同。豜與狡兎、嚙鐵獸，皆食銅錢，其糞可鑄劍。〔糞煉鑄劍，刃玉如泥。象糞燒煙，燻痔瘻鼠瘻效。〕野豬脂滑，婦服多乳。皮灰治瘻，癬疥塗已。黃亦療驚，血痢服止。膽散熱疳，疰疾並去。齒灰：治蛇傷。頭骨：止瘧。陰莖：灰止崩帶、痢。〔脂臘煉收用。〕貓頭骨灰，除鬼疰蠱。疳瘡瘰癧，痘黑堪輔。眼腦舌涎，瘰瘡瘻主。肝治勞瘵，追蟲清楚。全黑貓肝一具，勿洗，晒乾為末，五更酒服。〔貓頭骨灰，亦酒調服。〕貓屎治瘧，發痘最良。瘰癧蠱疰，蠍螫塗將。皮毛燒煆，癰腫傅瘡。胞衣止吐，反胃宜嚐。牙：同人、犬、豬牙燒，亦發痘。尿：滴耳，出諸蟲。〔屎，臘月採生用。〕野貍膏涼，治鼷鼠咬。肝治鬼瘧，屎灰亦好。并塗鬼禿，骨灰疰了。瘰癧游風，噎食通掃。頭骨：治食野鳥毒。陰莖：灰，治疝癩，通月經。〔俱燒煆用。〕狼膏補氣，潤燥敷瘡。牙佩辟惡，猘犬咬傷。除牛肉毒，屬治噎良。糞塗瘰癧，骾骨灰嚐。糞中骨：止夜啼，破傷風。皮尾：辟邪，去風痛。〔膏，臘月煉淨，收用。〕鼠膽治聾，青盲點益。肝療耳聤，箭簇拔出。腦亦治聾，塗刺出鏑。解顱塗合，目點眼疾。睛汁：點目，能夜視。四足及尾灰，催生墮胎。〔俱用牡鼠者。〕鼢鼠膏油，摩諸瘡癧。糞塗腫痛，蛇虺咬螫。鼹鼠之膏，痔瘻敷滅。鼫鼩鼨肚，喉痹嗽汁。鼧鼥頭骨，兒魘魅息。貂鼠毛皮，眯目拭失。鼺鼠熬膏，諸疽腫貼。鼬鼪𪕶肝，心治蟲疾。食蛇鼠屎，蛇咬搽歇。牡鼠腎印，令人媚悅。蛇吞之鼠，豬脂煎合，濾去焦滓，塗鼠瘻疾。

補遺　山羊血鹹，療撲損傷。咯吐嘔衄，便溺崩嚐。止血消瘀，和酒服良。角為火罐，風痛消亡。皮：作茵褥，愈筋骨疼痛。角：作火罐，炙頭風。〔血以粟許入水，一線不散者真。〕

鱗部　鼉甲酸溫，有毒破癥。婦人陰痛，帶下血崩。齒疳瘡疥，瘻瘄瘰瘻。驚風陰瘧，痔疾調停。肝：治五尸病。脂：摩風疾及一切惡瘡效。〔甲酥炙，或酒炙。〕蛇有黃蝘，螆蝘青蛸。肉甘小毒，瘋癩能消。犬傷吹乳，骨治瘧勞。蛇頭灰傅，癰疽痔調。蛇涎：有毒，入物人誤食，患腹疾。服雄黃解。巴蛇蟒蛇，其身大極。元蛇蚺蛇，夷人並食。响蛇肥壝，飛蛇曰螣。獸首人面，兩身蝎質。岐尾鉤尾，熇尾形別。桅蛇杵蛇，斫木惡咥。青蝰白蝰，蒼虺各色。白脛黑甲，文腹不一。赤目黃口，活褥蛇碧。雞冠三角，神怪考識。〔此皆毒蛇，被其傷嚙者，內服犀角、五靈脂、雄黃、半邊蓮、生甘草等味，外傅水苔、山慈菇、獨蒜、（主）〔生〕南星、鳳仙葉、續隨子、蜘蛛等，效。〕青魚魫骨，治卒心痛。氣血能平，研磨水送。石首魚魫，石淋必用。砒菌蠱毒，消解卻瘲。蟬魚頭：燒灰服，治小腸癰，止痢，除痞消積。〔石首鯇，燒研，吹耳聤。〕鯽魚頭灰，療嗽頭瘡。口糜重舌，下痢脫肛。婦人陰脫，骨治蟲瘍。腦滴聾耳，身用多方。鯽魚為水腫、血疾要藥。熬膏，治一切外症。〔凡用須重一觔者，留鱗，或熬或搗，或燒灰，按本方製用。〕河豚肝子，大毒殺人。蟲瘡癬疥，燒末敷靈。海豚魚肪，諸瘡塗平。鯊魚皮灰，魚毒能清。鯊魚皮治蠱毒吐血，鬼疰心痛，解諸魚毒。〔河豚子亦有以石灰製過，醃糟食之者。〕海螵蛸鹹，入肝和血。經閉血枯，漏下赤白。莖疼嫁痛，目瞖淚出。喉痹瘧痢，疳瘡陰蝕。治一切血症。腹中墨：止心痛。其血滴耳聾。〔炙黃，用紋順者真，橫者鯊魚骨也，須別之。〕一切魚鱗，能解魚積。燒灰服之，骨鯁並出。一切魚魫，消毒頗得。作器遇蠱，器即破裂。諸魚脂，甘溫，小毒。燃燈昏目。塗牛、狗疥效。〔魚腦骨，曰魫，曰丁。脂置銅器，燃炷令暖，熨癥疾效。〕鱁鮧即鰾，療傷止血。拔竹木刺，敷瘻瘡蝕。鰾膠鹹平，消腫活血。難產風痙，崩中赤白。治風血病，燒存性用。同蛤粉炒珠，大補精。〔石首魚之白造者佳。〕

介部　牡蠣鹹寒，入肝與腎。消痰清熱，瘰癧瘧症。遺精崩帶，止嗽煩悶。斂汗收脫，虛泄有應。鹹能軟堅散結，故墜胸中鬱痰，又能固脫。〔童便浸，煅研用。〕鱟魚骨灰，服殺痔蟲。尾能止痢，崩帶腸風。膽除疥癩，殺蠱麻瘋。

殼療呷嗽，貝母同功。鱟殼半兩，貝母倍之，桔梗、牙皂一分，丸服。〔骨尾同功。先食地黄與蜜，再服灰，米飲下。〕石決明鹹，除肺肝風。青盲內障，點服有功。骨蒸勞熱，五淋可通。酒酸能解，更治腫癰。久服益精補肝，除瞖。永忌山龜，犯之喪明。〔鹽水煮煅，去粗皮，研用。〕海蛤鹹苦，治喘欬逆。煩滿水腫，膀胱便急。嘔吐濕痰，熱積痢血。除瘻五痔，服壓丹石。文蛤：治惡瘡痔瘻，鼻痔，能止崩，開痹化痰。〔漿水煮，搗粉，篩用。〕蛤粉鹹寒，清熱化痰。肺熱咳嗽，浮腫嘔安。帶濁疝氣，瘿核消堪。婦人血病，精滑宜餐。痰壅上焦，嗽逆面腫，不得臥，和青黛調服。〔煅研用，不入湯劑。〕魁蛤殼鹹，微甘無毒。能治血氣，沉冷堪逐。癥癖積痰，瘀塊消速。走馬牙疳，灰傅併服。取陳久者，炭火煅赤，米醋淬三度，研粉用。〔即瓦壟子也。或云伏翼所化，故又名伏老。〕

蟲部　紫鉚甘鹹，性平小毒。能破積血，金瘡傷撲。止痛止血，生肌長肉。五臟邪氣，益陽陰足。治產後血運崩帶，牙宣瘡疥，入膏，同血竭。〔或用以造臙脂。〕樗雞苦毒，通血行瘀。猘犬咬傷，心腹邪氣。陰痿腰痛，強精益志。瘰癧便毒，目中生瞖。入藥用雄者，厥陰經藥，古方用辟瘟殺鬼。〔五色具者為雄，去翅足，同麩炒黄用。〕地膽辛毒，破癥墮胎。石淋疝痛，瘰癧消開。鼻癰瘜肉，鼠瘻瘡乖。或下或吐，惡疾能排。性寒，專療癌瘡，佐以白牽牛、滑石、木通等。〔麩同炒黄，或醋煮用。〕壁錢無毒，止衄療傷。急疳喉痹，牙蝕口瘡。窠幕止血，欬嘔煎嘗。口糜貼好，牙痛蟲殃。即蟢蛛，亦治野雞症，同白礬煅研，吹乳蛾。〔窠幕包胡椒，治耳痛，左痛塞右，右痛塞左，效。〕水蛭苦鹹，微寒有毒。月閉血蠱，惡瘀能逐。墮胎破積，折傷跌撲。咂血消癰，立時皺肉。置竹筒，咂癰疽立消。性極難死，服者慎之。〔以鹽、礬醃之，即化為水。〕蟻類頗多，或黄或赤。有大有小，有白有黑。或毒不毒，俱不療疾。惟有馬蟻，食之長力。大力丸有馬蟻，有樹生獨腳蟻，塗疔腫效。〔蟻子曰蚳，夷人作醢，似肉醬。〕蠐螬蟲鹹，有毒微溫。行血去瘀，療瞖青昏。吐血月閉，骨蹉傷疼。喉痹游瘮，脇下堅癥。下乳汁，療丹毒，治破腦傷風。汁：點瞖障效。〔或生研汁，或焙研末，隨方用。〕木蠹蟲辛，散瘀療損。月閉不調，腰腹痛緊。柳蠹蟲同，更治風瘮。糞止下痢，腸風治穩。糞治口瘡牙疳，耳腫風毒，或燒，或研汁用。〔各木不同，其性亦隨其木。〕蟬身鹹寒，治癎療驚。殺疳蟲積，腹內虛鳴。蟬花性同，止瘧催生。夜啼天弔，經絡風平。蛻行皮膚，身走經絡，臟腑為異，專治風熱。〔去翅足用。〕蜚蝱苦寒，有毒攻血。堅痞癥瘕，喉痹結積。消瘀墮胎，通肝性急。木蝱逐瘀，並治目赤。又有扁前蟲，甘，有毒，治鼠瘻癃閉，通水道。〔去翅足，炒熟用。〕蜚蠊有毒，辛辣氣臭。破瘀血癥，喉閉散透。䗪蟲治同，乳脈下驟。折傷接骨，木舌研漱。又蚊蟲蚋子，喜咂人血，故亦能破血積。〔䗪去頭足，炙用。〕𧏡螽辛毒，佩之人愛。有吉丁蟲，金龜子類。有腆顆蟲，叩頭蟲怪。細鳥媚蝶，媚藥宜戴。此皆不入藥，佩之令夫婦相愛，乃媚藥也。〔皆生用。〕蟾蜍辛涼，治毒蟲瘡。疳疽斑痢，癥積疔黄。蝦蟇同治，解熱邪狂。噎膈瘰癧，陰蝕大傷。肪能軟玉。又蛇吞鼃，以泥包燒，治噎嗝效。〔端日取東行者，陰乾用。老者為蟾，有酥。小者為蝦蟇，無酥。〕蟾酥辛毒，拔毒蟲疳。癰疽發背，疔腫消刪。牙宣喉痹，去腐膿乾。肋陽開閉，外症消頑。肝：塗蛇螫。腦：點青盲，小兒失音。膽汁：點舌。〔取酥：手捏眉稜，出白汁於油紙，陰乾用。悮入目赤腫，紫草水洗。〕馬陸辛毒，破積瘜肉。邪瘧痞滿，惡瘡白禿。山蛩毒甚，戒酒略服。又有蚰蜒，並稱百足。有蠼螋：皆毒蟲，亦節節能行，槩不服食。〔馬陸同糠炒焦，去頭足研。〕蚯蚓鹹寒，解毒清熱。溫病狂亂，黄疸蠱厄。諸風諸瘧，禿瘡瘰癧。喉痹赤眼，耳聤鼻瘜。去蛇瘕鬼疰，殺諸蟲，利便行濕，性能下行。〔收白頸者，米泔洗淨，或為末，或(花)〔化〕水，燒灰，隨本方用。〕石蠶鹹寒，微辛有毒。解癃淋結，墮胎更速。利便除熱，散氣用肉。雲師雨虎，同類之物。石蠶，非石部石蠶也，亦非草，乃水石間蟲。〔去皮殼用。〕黄蟲味苦，亦療瘧疾。地防蟲服，人不飢渴。梗雞味甘，治痹風結。益符療閉，蜚厲除熱。有灰藥蟲，畜之令人家富相愛，惟損兒畜。〔灰藥蟲，蟲類也。〕

補遺　洋蟲色黑，形如壁虱。活吞數枚，止血勞怯。地蠶鹹溫，造酢可食。禦寒僻冷，獠獞珍惜。又未蟲：海產，如血縷，自斷為蠶，土人捕食。〔洋蟲似叩頭蟲而短，出自西番，食以籽糓。〕

人部　髮髮灰苦，入腎肝臟。補陰消瘀，止血為上。轉脬產難，關格淋脹。哽噎止痢，外症用當。治血暈血閉，破傷風，胞衣不下，一切血症。〔以皂角水洗淨，煅用。產難用生養過婦人髮灰，服得效。〕頭垢鹹溫，有毒通淋。更療噎嗝，勞服先行。菜蕈脯毒，治蠱回生。下疳乳癧，敷貼俱靈。療猘犬咬，蜈蚣螫，竹木刺肉，飛絲入目，效。〔梳上者亦可用。〕天癸水鹹，用療勞復。布熨金瘡，出毒箭簇。熱病黄疸，霍亂燒服。齒埑塗癰，蛇蜂螫毒。人汗及淚有毒，悮食長疔。淚入人目，長瞖。〔陶氏以天癸治勞復，陳氏以經衣熨金瘡，蓋取相感之氣耳。〕紫河車鹹，甘溫大補。血氣羸瘦，虛損咳吐。怔忡恍惚，神勞志苦。潤色澤膚，能安臟腑。以人補人，治五勞七傷，大造丸用之得效。〔水洗淨，蒸爛，搗和丸用。〕臍帶燒灰，豫解

痘毒。臍瘡敷已，止瘧調服。陰毛嗛汁，蛇毒入腹。逆産横生，燒吞下迷。婦人陰毛：治五淋及陰陽易病，燒灰飲服。〔臍帶灰入硃砂少許，乳調服。〕

服器部　故錦煮汁，服療蠱疾。灰塗口瘡，止一切血。黄絲絹治，傷脬淋滴。並洗爛痘，血症灰截。緋絹灰：止瘧。緋帛灰：療疔腫，續筋骨，止血。楮紙灰平，止一切血。竹紙犬毛，燒服瘧截。藤紙療傷，衄燒熏鼻。草紙撚紝，拔癰膿汁。紙錢治疽，筒燒熏吸。青紙解毒，妬精瘡貼。印紙斷産，燒灰服歇。桐油繖紙，灰敷瘡疾。諸紙相同，療瘡痢息。老少尿牀，鋪紙燒喫。敗蒲扇灰，能止盜汗。血崩酒服，淋露可斷。草蒲敗蓆，通淋瘀散。撲損及瘡，吐瀉水渙。寡婦薦灰，嘔痢堪緩。蕈蓆燒灰，蠷螋瘡判。敗芒箔灰，血脹經癯。惡露不盡，疰痛鬼患。箔經繩灰，癰疽潰綻。廁籌灰治，小兒霍亂。鍋蓋上垢，煅治牙疳。飯籮灰治，疫病勞翻。蒸籠灰擦，白癜風斑。炊單布裹，筋骨傷殘。炊帚灰傅，白駁能刪。弊帚灰治，癲駁瘋丹。簸箕舌燒，重舌流涎。竹籃灰治，狗咬瘡安。魚笱鬚灰，骨鯁消蠲。魚網煮汁，下鯁非難。棺中石灰，名地龍骨。頑瘡痔漏，刃傷止血。船底油灰，名水龍骨。療損殺蟲，燒敷癬瘑。又北地古棺中松脂，合金瘡藥，止血效。〔愈陳愈良。燒研用。〕　敗鼓皮灰，專主中蠱。塗月蝕瘡，通淋無阻。諸氈燒灰，止血崩補。牙鼻疳蝕，吹同礬乳。又敗筆灰：通淋，治難産，脱肛，喉痛，莖瘻，服。〔敗筆有兎毫、狼毫、鼠毫、貂毫、羊毫、鼠鬚之不同，主治不異。〕

造釀部　銀朱辛溫，有毒破積。散結行水，痰涎並刼。癬疥臁瘡，外治有益。殺蟲攻毒，輕粉同列。療頑瘡惡癬，筋骨痛，同礬撚紙蘸油，熏臍。〔以水銀、石亭脂煉成者真。今人多以黄丹、礬紅雜之，宜辨。〕　黄丹辛鹹，墜痰止血。鎮心安神，定嗽吐逆。止痢殺蟲，驚狂瘧痢。外症諸瘡，解毒去怯。消積除熱，療傷生肌，定痛。外科熬膏要藥。〔以鉛、硫黄、硝石鍊，用米醋點成，水飛淨用。〕　輕粉辛冷，殺蟲要藥。刼痰消積，善入經絡。疳痹瘰癧，水腫脹瘨。風蟲牙痛，痘瘡入目。純陰變陽，其性燥烈，用以刼病，更防傷齒。〔用白礬、食鹽，或皂礬升鍊成之。〕　元明粉辛，微甘性冷。去腸胃熱，利咽喉哽。疫痢腹脹，滌垢最穩。潤燥破結，頭目眩緊。即朴硝同萊菔、甘草煎成，較硝性稍緩耳。〔以蘿蔔、甘草煎煉成之，又和甘草末用。〕

神麴辛甘，氣溫開胃。化積消滯，胸脇脹塊。驅痰進食，赤白痢退。霍亂暴泄，回乳酒配。白麪、赤豆、青蒿、蒼耳、紅蓼、杏仁，合為六麴。〔生用能發鬱，炒斂暴氣。〕　蒸餅麪造，寒食日蒸。風懸檐下，無毒甘平。養脾消食，利水通淋。止汗和血，丸藥調成。古人丸藥，皆以蒸餅和之。臘月造，陳者良。〔用酵糟發成，風乾備用。〕　紅麴米造，行經活血。消食止痢，嵐瘴能辟。打撲損傷，破癥行積。女麴黄蒸，甘溫消食。女麴落胎，止痢。黄蒸治癊黄病，絞汁服效。〔女麴即麩鼓黄也，黄蒸即麵醬黄也。〕　穀芽甘溫，快脾開胃。下氣和中，食消積退。粟芽溫苦，治疾同類。有穀神丸，术草合配。諸糵皆能利氣下積，推陳致新，墮胎下乳。〔去鬚炒用。〕　麥芽甘溫，能助胃氣。補脾寬腸，痰滯可利。消食除脹，霍亂冷痹。催生下胎，諸果積去。多服久服消腎氣。治産後秘結，鼓脹不通。〔炒生。〕　米粃甘平，通腸開胃。下氣救飢，消磨積塊。杵頭細糠，辛熱甘味。膈氣噎塞，穀賊並退。咽喉如物礙為穀賊。服之燒研服，催生效。〔用粳、稻、粟、秫之糠。〕　赤小豆粥，消腫脚氣。利便僻邪，並治惡癘。御米粟粥，反胃堪治。菱米粥涼，内熱解去。芋粥寬腸，滑潤療秘。萊菔粥辛，消麪積滯。胡蘿蔔粥，寬中同意。諸菜粥涼，行滯通閉。明目益肝，茯苓及薺。胡麻大麻，澤膚臟利。郁李蘇子，寬膈散痹。豬羊腎粥，鹿腎虛濟。鯉魚鴨粥，水腫食替。酥蜜粥滑，滋臟心肺。炒麪燒鹽，和粥止痢。　白楊皮酒，治痰風毒。石癖癥瘕，脚氣入腹。黄精地黄，補精血育。牛膝酒治，瘧痹痿骨。薯蕷酒治，諸風眩仆。主治同者，釀有白茯。桑椹酒行，水腫最速。補臟黑髮，聰耳明目。蜜酒消風，健脾有蓼。砂仁酒辛，調氣在馥。五臟疼痛，和中滯逐。莎根酒散，鬱結宜服。茵陳酒療，風濕攣縮。百部酒治，久嗽咳蹴。海藻黄藥，酒消癭速。通草酒行，三焦任督。疎十二經，五臟氣續。巨勝麻仁，酒療痹骨。補弱追風，諸痛自服。桃皮酒治，水腫皮肉。雞矢酒行，中風蠱毒。豆淋酒止，諸血尿衄。霹靂酒療，墜疝崩促。鐵器燒赤，焠酒飲服。以上諸酒，釀用白麴。

補遺　麩豉苦暖，煮麥麪勻。罨蓋黴綠，化積食清。鹽水和曝，漬瓜味珍。菉豆造者，性味涼平。吳人造之，醃茄瓜萊菔，味勝醬菜，宜病人。〔三伏時造，與醬同。〕

清・龍柏《脈藥聯珠藥性考》　遲脈應用藥品

草部　遼參苦甘，安神補氣。生血止血，添精益智。通脈療虛，扶正邪去。五勞七傷，表里並治。助藥力，固本元。反藜蘆。葉：清肺，生津止渴。〔用根，紅熟大枝者良。忌鐵器。〕　珠兒參辛，甘類薺苨。性溫托里，外症堪施。又有福參，辛苦甘齊。性溫益氣，虛冷人宜。福參出閩浙，頗似人參而辛熱，虛寒病宜。〔用根。與薺苨同而性溫。福參多食則喉痛，故知性熱。〕　黄芪甘溫，益肺氣好。生血生

肌，托膿至寶。健脾強胃，痘陷可保。熟則補中，生用固表。無汗能發，又能止。補陽虛，瀉陰火。中滿忌。〔用根。去頭上皮，搥扁，蜜炙，或以鹽湯潤蒸；生用固表。〕肉蓯蓉甘，鹹溫入腎。大補精血，臟腑滋潤。益髓強精，助三焦命。崩帶遺滑，虛勞骨疢。療絕陽不興，絕陰不產，五勞七傷，能滑腸。〔用本，酒浸，洗去沙土浮甲、中心白膜，蒸或酥炙。〕列當甘溫，治諸虛疾。補腰滋腎，興陽繼絕。五勞七傷，久服自益。令人有子，去風活血。又名草蓯蓉，蓋肉蓯蓉、鎖陽相類。浸酒良。〔用根。刮去花甲，日乾用。〕鎖陽甘溫，補陽益精。陰痿不起，久服能興。強筋健骨，補火滋陰。通腸潤燥，瀉者休斟。或云番馬遺精入地所化，故能大益陽道。〔用本，去皮甲，薄切，晒乾酒浸，焙。〕狗脊苦甘，堅腎益血。補脾養氣，疎利關節。寒濕周痹，腎虛溺泄。扶弱添精，健柔膂脊。利俯仰，益老人，去肉分間血痹。熬膏用良。〔用根。以火燎去毛，酒浸，蒸或炒用。〕巴戟辛甘，氣溫入腎。大瘋血癩，小腸疝症。五勞七傷，補藥並進。兼治水腫，風劑相並。強陰益精，療虛風冷氣，脈浮遲者宜之。〔用根，去心，酒浸焙。〕仙茅辛熱，益火壯陽。暖筋健骨，開胃溫腸。寒濕風痹，五勞七傷。聰明耳目，精長神強。專補命門而生土。陰寒者宜，相火旺者忌。〔用根，刮盡皮，黑豆汁浸，酒拌蒸。忌鐵氣。〕遠志苦辛，氣溫散鬱。能通心腎，補精洩熱。健忘驚悸，奔豚腎積。聰耳明目，壯陽強骨。能利竅，治癰疽腫。葉：亦補精益陰，止夢洩。〔用根，去心，甘草水浸曝。〕淫羊藿辛，溫腎命門。興陽強志，益氣添精。絕陰不產，風痹筋疼。補虛逐冷，益火為能。一名仙靈脾，主陰痿，莖中痛，冷風勞氣症。〔根葉俱堪用，剪去葉四畔花邊，羊酥拌炒。〕三七苦甘，性溫主血。陽明厥陰，吐衄崩急。金刃箭傷，杖瘡撲跌。癰疽赤痢，虎蛇傷疾。大能散血止血，內服外敷。莖、葉：研塗亦效。〔用根苗，名金不換。主治同。〕石蒜辛甘，性溫利竅。疔瘡惡損，煎服取效。傅貼腫毒，速能散勳。老鴉驚風，貼手足妙。中溪毒者，酒煎服取吐。療產腸脫出，熏洗。〔用根。有鐵色箭草，與此同。〕鹿藥甘溫，治冷風血。補衰起陽，解毒鹿食。委蛇草甘，補氣止渴。二草稍同，萎蕤辨別。俱似萎蕤，而鹿藥氣溫。委蛇非山草，宜辨。〔或云即是萎蕤苗。〕骨碎補苦，溫補腎虛。厥陰筋縱，骨痛能除。耳鳴火瀉，勞極攣拘。破血止血，傷損皆需。一名猴薑，療上熱下虛齒痛，惡瘡爛肉，效。〔用根，銅刀刮去皮毛，蜜拌蒸，或焙乾。〕鏡面草辛，治癰風瘮。脚氣腫痛，搗汁洗脛。便血吐血，鼻衄齲損。解鼠莽毒，惡瘡敷穩。一名螺厴草，治血淋。蟲牙腫痛，搗貼甚效。〔用莖葉。〕紫背金盤，辛濇性熱。能療氣痛，更治血結。焙研酒服，除消陳積。能消胎

氣，孕婦勿食。忌雞、魚、羊血、麪。又醋筒草：可以鹽、醋醃食。〔用根。〕白龍鬚辛，苦平無毒。專治風濕，骨疼筋縮。左癱右瘓，喎口邪目。滿身拘攣，壯者宜服。又有萬纏草，形相似，而主治無效。須辨之。〔用根皮，浸酒。忌魚、鵝、雞、羊、韭、蒜、蝦、蟹。〕牙椶甘辛，療疾用根。五勞七傷，血氣能平。有半天回，味苦性溫。有野蘭草，共用施能。夷人方也。皆生施州，性俱溫，故補虛除損。〔俱用根，去粗皮。〕艾葉苦辛，生溫熟熱。回陽理陰，宣通氣血。調經安胎，逐寒除濕。吐衄崩帶，霍亂痢疾。能殺蚘蟲，外治癬疥，炙火透諸經絡，療百病。〔搗成淨絨，或以酒、醋煮成餅，入丸，加茯苓少許，則易成末。〕艾實辛苦，明目臟安。壯陽益氣，卻鬼加餐。有千年艾，溫治虛寒。血氣諸痛，物異治班。艾實和乾薑末丸服，卻一切惡氣邪祟效。〔千年艾葉，搓之易碎。〕牡蒿甘苦，治瘧根擂。苗服補益，脈盛肌肥。無心草溫，積血能推。氣癖腹痛，止洩虛羸。無心草與鹿啣草相似，主治同，或即一物。〔用苗。無心草用根苗，晒乾。〕續斷苦溫，補腎肝經。宣通血脈，接骨榮筋。破瘀消腫，治漏帶崩。腸風尿血，傷損遺精。能縮小便，止痛生肌，女科、外科、傷科上劑。〔用根，酒浸焙。〕益母草苦，微辛散瘀。手足厥陰，新生惡去。血風運痛，崩漏帶瀝。經產要藥，子能順氣。子能益血，行中有補，明目和經，優於莖葉。〔調經用子仁；外症撲損行血，用根、莖、花、葉。白花者良。嫩苗名蓷菜，味辛可茹。〕益母膏苦，微甘性平。產婦有症，服之效靈。折傷肉損，瘀血凝疼。驅風益氣，煎煉宜真。取莖葉花子，細剉，於砂鍋熬汁，去渣煎膏。〔忌鐵器，遇之則不效。〕熟地黃溫，味甘氣厚。入心肝腎，療虛勞疚。陰虧精涸，內傷羸瘦。益血填精，潤枯功奏。大能補血，陰虛勞熱，內傷失血，產婦要藥。〔揀懷慶、太原枝，每觔加砂仁末五錢，以好酒煮過，九蒸九晒用。〕胡蘆巴苦，純陽益火。溫暖丹田，腎虛能補。瘕疝冷氣，脇膨如鼓。壯陽消痰，寒濕痹跛。引陽歸元，同附子、硫黃；治疝，同茴香、桃仁。〔用子，酒浸蒸，或炒用。〕蠶繭草辛，治諸蟲毒。人被咬傷，急宜煎服。蛇芮草散，蛇虺螫觸。搗爛敷之，毒不入腹。俱有小毒，專能療一切蟲豸傷；洗瘡疥效。〔俱用莖、葉。〕半邊蓮辛，入肺行痰。哮齁氣喘，瘧疾因寒。雄黃同搗，飯飲為丸。清晨一服，冷嗽能安。蛇虺咬，搗汁飲，以渣圍傷處，則毒不攻心。〔用莖、葉、花。〕獨用將軍，辛破惡血。下痢噤口，化癰散結。見腫消酸，微毒性濇。腫毒狗咬，搗葉傅貼。皆外症要藥。又有留軍待，治折傷風痛效。〔用根、葉。見腫消用莖、葉。〕紫梢花甘，或曰弔精。益陽起弱，虛冷能溫。帶濁並止，縮便通淋。腎囊濕癢，陰蝕瘡生。《綱目》為是吉弔脂所化，誤歸鱗部，今正

之。〔滇、黔、兩粵原野頗多。有莖有葉，花似蒲揾，秋日採，陰乾用。〕 胡面莽甘，療冷痃癖。腹痛因寒，煮服自益。有雲花子，洗馬疥疾。形似麻黃，中心堅實。胡面莽形似地黃。生嶺南，性溫，與地黃別。〔俱用根、莖。〕 石松苦溫，療寒除痹。血瘋瘙癢，腳疼筋閉。皮膚不仁，浸酒通利。玉柏味酸，止渴益氣。即萬年松也。生高山石上者力厚，久服良。〔石松用根莖，玉伯用莖葉。大者為石松，小者為玉伯。〕 狼毒苦辛，入肺及腎。殺蟲破積，消痰嗽病。鬼精蟲毒，瘡疽外症。九種心痛，陰疝蟲病。宜醋炒，合野葛塞耳治聾，外塗癬疥，極效。〔用根。〕 雲實辛溫，除蟲蠱毒。邪惡諸氣，瘧痢自縮。花令見鬼，殺精怪物。根療骨哽，咽痛研服。有毒，主下䘌膿血。花：燒之致鬼，令人狂走。〔子蒸曝。〕 附子辛熱，退陰助陽。理中達表，補散稱良。通經暖臟，風痹寒傷。嘔噎瀉痢，虛冷痰殃。性浮氣猛，有痧症者忌服。相反與草烏同。〔去皮臍，炮熟則補，生用發散，或薑製。〕 烏頭辛熱，療痞追風。寒濕血痹，痰塞胸中。陰疝腹痛，破積追蟲。尖堪取吐，外治疽癰。較附子性輕而緩，專治風寒濕痹。相反同。〔乃附子母，與草烏別。炮製同附子。〕 天雄辛溫，疎經利竅。風痰冷痹，癱瘓用妙。補虛強志，回陽最要。側子性輕，濕風追效。又漏藍子：苦辛，有毒。治冷痢，惡瘡癘風，效。〔即附子之形長者。炮製同附子。側子其小者也。〕 草烏頭苦，辛熱大毒。中風喉痹，痰壅氣促。墮胎破積，陰寒入腹。外治癰腫，或用烏啄。反半夏、貝母、栝蔞、白蘞、白及，畏黑豆、冷水。〔外敷生用，內服以黑大豆汁煮，去皮，或炮用。〕 射罔大毒，草烏汁煎。漬箭殺物，見血封咽。惡瘡瘰癧，鬼疰癥堅。傅蛇蠍螫，沙虱毒蠲。中其毒，急以甘草、豆葉、浮萍、藍汁等救之。〔外症破傷者，不可着。〕 白附子辛，性熱純陽。陽明經治，頭面斑瘡。補肝風散，冷氣腿僵。失音心痛，濕癢陰囊。為少陰、陽明引藥，故治頭面斑痕，面脂用。〔用根，或炮或生。〕 天南星辛，氣溫性燥。勝濕除痰，追風利竅。拔腫破結，驚癇眩掉。口噤喉痹，救急稱妙。小者名由跋，氣味同，亦治腫毒熱結，力薄。〔以薑汁製，或臘月牛膽九套為膽星更佳。〕 鬼臼辛溫，有毒解毒。殺蟲鬼疰，妄見煩惑。殗殜勞瘵，邪瘧瞖目。癰疽蛇傷，風疾去速。不入湯劑。療子死腹中，黑黃急病，射干毒。〔用根，去毛，焙乾為末。〕 鳳仙子苦，小毒性溫。產難積塊，噎膈堪吞。花療蛇咬，腰脇濕疼。根葉療傷，杖撲俱靈。俱能透骨軟堅，療哽治血。不可着牙，致損。〔子名急性，煮肉下數粒，易爛。〕 坐拏草辛，性熱有毒。專療風痱，亦壯筋骨。撲打損傷，麻藥用服。押不蘆草，令人麻木。押不蘆產回邦，酒服令人麻痹，不知痛楚。〔坐拏用苗，押不蘆根、莖、子俱可用。〕 羊不喫草，味苦辛溫。無毒療疾，能治風淫。活血帶補，酒浸頻斟。有紅躑躅，酸味同名。形皆似羊躑躅，而花色紅，無毒，羊亦不食。〔根、莖、葉、花俱用。〕 莽草辛溫，微苦有毒。療頭風腫，諸瘡白禿。咽痛疝墜，風痹麻木。瘰癧牙疼，猘犬傷肉。不入湯劑。中其毒者，紫河車草、黑豆汁解。〔用葉，去米。甘草水、蓼汁拌蒸用。〕 毛莨子葉，辛溫有毒。惡瘡癰腫，傅消甚速。不可入瘡，致令爛肉。截瘧縛臂，冷積塗腹。不可服，以一握縛臂，男左女右，成瘡瘧退。〔有海薑，有陰命，生海中，或即是此。〕 海芋辛毒，惡癩敷清。伏磠砒石，瘧瘴瘋平。小者野芋，治癘同云。透山根毒，點鐵成金。又有金英草，並透山根悞服之，俱化人為血水。〔金英草亦能化鐵成金，皆極毒，不可服用。〕 當歸辛甘，入心脾肝。血中氣藥，溫散風寒。和筋活血，諸痛拘扳。一切外症，經產須条。療虛勞寒熱，瘧痢，帶脈為病。頭尾治上下。〔上部病用頭，下用尾，通身病全用。行血，酒浸。〕 甘松香根，性溫理氣。開鬱醒脾，心腹痛去。腎虛齒痛，薰療勞瘵。面皯鼻䶑，外擦澤麗。治風疳齒䘌，野雞痔，腳氣膝浮，煎湯洗之。〔用根。〕 山柰辛溫，暖中辟瘴。除心腹冷，療血氣脹。寒濕霍亂，悒鬱惆悵。亦治牙疼，雀斑滌蕩。又石三奈子，能解鬱，煎丸鮮用，堪作浴湯。〔用根。〕 蛇牀子苦，微辛性溫。散寒補腎，強陽益陰。祛風燥濕，除痹腰疼。療癬疥癩，專益命門。治女子陰冷痛癢，產門不閉，能壯陽有子。〔按去皮殼，微炒，或地黃汁拌，全用。〕 廉薑辛熱，暖胃下氣。消食止逆，寬中去閉。山薑性同，中惡冷痢。霍亂腹痛，內寒極濟。山薑花子：辛溫。亦破冷調中，解酒止嘔，效。〔俱用根。〕 良薑辛熱，暖胃止嘔。散寒化食，行滯醒酒。霍亂瘴瘧，痛當胃口。紅豆蔻同，虛瀉宜有。治吐噁噎膈，醋心胃脘痛。肺胃熱者忌之。〔用根，東壁土炒過入藥。子亦炒用。〕 白蔻辛熱，流行三焦。溫暖脾胃，酒積滯消。散肺燥濕，瘧痢同調。腹痛反胃，瞖膜能消。消膨脹，去太陽經目眥紅筋。肺胃熱者忌。〔用仁，去皮炒。〕 草豆蔻辛，香散性熱。暖胃健脾，除痰化食。瘴癘瘟瘧，霍亂噎膈。痞滿積聚，破氣開鬱。殺魚、肉毒。多食耗氣損目。花：氣味主治同。〔用仁，麪裹煨去皮。〕 肉果辛溫，理脾開胃。下氣調中，消食解醉。祛痰行積，冷痢痛退。中惡吐沫，澁腸宜備。治心腹脹痛，霍亂冷疰，蟲痛。手陽明藥也。〔用實，粉裹煨熟。勿犯鐵器。〕 砂仁辛溫，益腎補肺。快氣調中，醒脾和胃。通行結滯，祛痰解醉。止痛安胎，下達為最。治嘔吐霍亂，奔豚崩帶。行地黃(帶)(滯)。有痧忌。〔去淨殼。入腎藥用鹽水炒。〕 益智仁辛，溫補心腎。益君相火，脾健食進。縮便止崩，精固氣禁。又開鬱結，吐瀉能定。諸辛香藥，皆耗真氣，惟此益氣安神，故名。

〔鹽水炒用。〕 蓽茇辛熱，下氣溫中。殺腥消食，陰疝胃風。瀉痢嘔吐，破積寬胸。蓽勃沒補，益腎有功。二物氣味同。多服損真氣，助脾肺火，損目。〔用根，去皮，粟醋浸，焙用。〕 補骨脂辛，大溫微苦。入胞命門，通君相火。壯陽暖丹，滑精能補。五勞七傷，腰疼服妥。明耳目，治頑痹，腎虛泄瀉，療墮胎，縮小便。〔用子，或酒浸，鹽炒用。〕 薑黃苦辛，入脾理血。兼入肝經，下氣破積。通經除脹，風痹寒濕。消癰腫毒，撲損有益。治產後敗血攻心，通月閉，入手臂，止風痛。〔用根。可染色。〕 茅香花苦，性溫除冷。中惡嘔吐，心腹痛緊。寒勞久病，丸服有準。苗葉辟邪，浴身芳引。或名香麻，同〔蒿〕〔藁〕本、艾葉、香附，煎湯浴，去風。〔焙乾，或燒用。〕 艾納香溫，去寒殺蟲。兜納香辛，瘧毒俱攻。藹車迷迭，燒辟邪蹤。白茅排草，湯浴經通。又有線香，乃諸香合榆皮造就，可熏瘡癬。〔皆用莖、葉。〕 馬蘭嫩葉，可以充蔬。根辛斷痢，酒疸羸瘠。破血止血，蛇咬堪塗。解菌毒蠱，諸瘧能舒。汁：治絞腸痧，喉痹水腫；搽丹毒；煮，熏痔良。〔嫩葉曝，曰馬蘭頭乾，充蔬大佳。〕 赤車使者，名小錦枝。辛溫微毒，治痓風痍。癥瘕積蟲，冷氣相宜。久服有益，悅澤肌皮。古方治大瘋風痹，以此浸酒。又作丸，辟疫。〔用根，童便拌蒸，晒。〕 薺薴莖葉，辛療冷閉。胸間停水，能止洩痢。石薺薴同，療瘡疥濟。下血痔瘻，風癢並去。薺薴，此地皆作薄荷用，具氣臭而不辛涼。〔俱用莖、葉。〕 相烏味苦，陽痿能興。天雄草甘，陰冷堪溫。必似勒草，出自崑崙。除心腹脹，寒痹俱行。必似勒形同馬蘭子，而性味不似。用莖、葉。〔相烏用莖，天雄莖實同用。〕 阿芙蓉酸，又名鴉片。溫濇微毒，止痢縮便。助神聚精，吸煙不倦。房術用之，久生災變。出東洋，云是罌粟花汁，非也。閩、粵人嗜之。〔凡用入鍋熬去渣，留膏如老蜜丸，入煙筒吸之。入膏丹用泥。〕 石菖蒲辛，微溫味苦。益心開竅，療瘧兼補。散癰逐風，除煩止吐。驚癇毒痢，療痹殺蟲。芳香，通心氣，舒脾開胃，寬中，導補藥成功。〔用根葉，洗大瘋瘡。〕 水菖蒲辛，苦溫去濕。療風除疥，能辟蚤虱。麠舌辛溫，除煩吐逆。霍亂腹痛，煎服有益。白菖大能殺蟲。汁：制雄黃、雌黃、砒石毒。〔白菖不入湯劑。皆端日採取良。〕 越王餘算，無毒鹹溫。治浮水腫，結氣瘕癥。久積宿滯，腹內虛鳴。又有沙著，並產海濱。有牛舌實，服之輕身益氣。或即羊蹄子也。〔並著汁服效。〕 陟釐甘溫，治心腹寒。和中消穀，強胃化痰。天行胸悶，洩痢能安。赤游丹毒，並去陰斑。陟釐乃池中水綿也。或生石上，謂之石髮。〔暴乾用。〕 旋花味甘，氣溫性濇。秘精益氣，去皯悅色。根利小便，除邪寒熱。能合金瘡，續筋接骨。即鼓子花也。根搗汁服，補勞損，主丹毒熱。〔花、根俱曝乾用。〕 土茯苓甘，健脾清胃。去風利濕，療癰發背。楊梅結毒，惡瘡可退。筋骨拘攣，令人不睡。治楊梅惡瘡，解輕粉毒，功在去濕熱，疏經。〔用根煎服。忌茶。〕 鐵葛溫補，去一切風。令人性健，經絡疎通。難火蘭酸，治冷血瘋。除痹腹脹，明目溫中。鐵葛似葛，而性味不同。難火蘭，開胃進食。〔鐵葛用根，難火蘭用子。〕 奴會子辛，治小兒疾。冷疳瘦損，脫肛骨立。海藥子溫，補傷續絕。消腫除蠱，止痢破血。海藥又名那疏樹子，治蛇毒。二藥生胡地。〔奴會用根，海藥子用仁。〕 鉤吻辛熱，大毒追風。破癥積聚，療蠱殺蟲。惡瘡瘋痹，毒結喉嚨。不宜服食，只入膏中。名胡蔓草，食之殺人。蕹菜汁灌之，可解。〔用莖、根。即野葛。〕 蒟醬辛熱，子藤及葉，下氣寬中，破痰散結。瘴厲蟲痛，霍亂吐逆。溫痹止瀉，解酒消食。子，滇黔稱蘆子，形如桑椹，與檳榔同食佳。〔子去粗皮，搗細，薑汁拌蒸，暴乾用。葉堪造麴。〕 扶留藤辛，即是蔞葉。氣味清香，合檳榔食。消磨嵐瘴，開胃利膈。無子無花，冬夏青色。《綱目》以蒟醬苗為扶留，悮也。蔞葉無花實。〔閩粵人嗜食之，蓋因能辟瘴癘，除胸中惡氣，久習成俗也。〕 畢澄茄辛，性熱純陽。暖胃快膈，溫腎膀胱。霍亂冷氣，吐水痰漿。食積脹痛，寒嗽宜嚐。有山胡椒，辛，熱，無毒。治心腹冷痛，破滯氣。〔去柄、皮，酒浸，蒸，晒乾用。〕 蔓椒莖實，根苦溫同。風濕寒痹，水脹堪鬆。四肢厥痛，蒸洗筋融。地椒同類，辟痓蠹蟲。又有雞翁藤，味辛性溫，能治五勞七傷妙。〔二椒可以調食。〕 韭子辛甘，溫補肝腎。暖健腰膝，丹田及命。遺尿溺血，白淫帶甚。陽痿洩精，鬼交弱病。療強中漏精，小便頻數。燒煙燻牙蟲甚效。〔蒸熟，曝乾，去皮，炒用。〕 葱子辛溫，調中利氣。花除心痛，脾脹如刺。葱鬚通絡，便血喉痹。葱汁消瘀，解毒蕈治。茖葱子：洩精。胡葱子：解諸肉毒，吐血萎黃。〔俱用鮮者。〕 芸薹子辛，破氣行滯。難產酒吞，通經血閉。產後腹痛，金瘡血痔。赤丹熱腫，夢遺亦治。經後同四物湯服，斷產。菘菜子：甘，解酒醉。〔子微炒用。菜枯餅殺蟲，去垢，壅蔗田甚肥。〕 五種芥子，辛熱治風。豁痰開竅，止嘔溫中。冷毒麻痹，撲損腫癰。止衄散瘀，敷貼有功。或醋調，敷諸癰腫痹損痛。水調，貼顖止衄。〔有青大紫馬石五種，性味同。研用，或炒。〕 白芥子辛，性浮入肺。寬胸通絡，溫中開胃。發汗散寒，豁痰消塊。痹木腳氣，腫消痛退。有數種，主治略同。療嗽白芥勝，多火者禁。〔或生或炒，隨方用。〕 乾薑辛溫，逐寒發表。炮則苦熱，守中和棗。痼冷寒痰，止血黑炒。瘧痢反胃，回陽勿少。薑皮：涼，消浮腫痞滿。葉：除鱠瘕，散傷瘀血。〔以長流水洗，切，晒乾。〕 山藥麻滑，甘入太陰。補虛益氣，耳目聰明。長肌止洩，堅骨強筋。遺精白帶，

風眩服停。益心強陰，能補虛勞健忘。生搗，敷癰腫。〔以銅刀刮去皮，洗淨涎，風乾，或烘焙用。〕 蘹香辛熱，入胃膀胱。開胃下食，補火溫陽。㿗疝腳氣，逐冷扶陽。霍亂腹痛，葉治癰瘍。即八角蘹香。苗葉主治同。與土小茴香異。〔用子，酒炒良。〕 蒔蘿子辛，即小茴香。治脹腹冷，開胃溫腸。蜀胡爛同，池得勒良。馬思答吉，數低相當。皆小茴也。溫中散滿，主治相同。苗，能利膈。〔池得勒用根。〕 菥蓂子甘，益精除痹。心腹諸痛，腎肝積聚。目痛熱淚，(努)〔胬〕肉點去。羅勒子辛，納眼除瞖。羅勒根灰，敷諸瘡，鼻疳赤爛，療鬼疰蠱氣。〔生搗篩用。〕 亞麻子甘，療風癬禿。油堪燃燈，氣惡難服。麻蕡利臟，殼有微毒。散痹破積，膿血能逐。又火麻油，塗頭治髮脫，煎熱啜，解硫黃毒。〔黃麻蕡、菖蒲、鬼臼等，丸服百日，即能見鬼祟。〕 稻稈辛熱，黃疸浸汁。亦治撲傷，喉痹消渴。殼芒同治，解蠱酒食。花可烏鬚，糠擦齒白。粳稈：解砒毒。秈稈：治反胃。穀奴：治喉痹。〔俱燒灰用。〕 黍穰莖根，辛熱解壅。妊娠尿血，腳氣並用。稷之稈根，治心氣痛。橫生難產，燒灰酒送。諸黍稈根葉煎汁，治小便淋閉，喘滿有效。〔皆煮汁用。〕 粟米糠苦，燒燻痔瘻。粟奴利腸，煩悶堪宥。秫米根苦，洗風疹透。䅟䅩根苗，金瘡血救。苡仁根：甘，寒，下三蟲，止心痛，黃疸。苗葉：暖胃。〔苡根葉俱煎用。〕 別羇草苦，性溫透肌。風寒濕痹，疼痛四肢。益決草辛，主肺咳痍。九熟草甘，止洩汗宜。有土落草：甘，溫。治腹冷氣痛，痃癖，酒煎服。〔用莖、葉。〕 莘草味甘，治痹腫瘻。茆質汗治，風血疼痍。英草華主，骨痛神疲。疸勞煩熱，筋骨堅隨。有筋子根：苦，治心腹痛，霍亂，蠱毒下血，效。〔用花、葉、根、莖。〕 可聚實甘，益氣明目。桑莖實酸，乳孕病服。赤涅草甘，止崩疰衄。白女腸辛，內疾病逐。白女腸溫，治洩痢腸澼，心痛癥疝，煮服效。〔用子。白女腸用莖，赤者為赤女腸，同。〕 倚待草甘，補虛搧擋。氣血緩弱，絕陽色喪。羸瘦勞疼，酒服無恙。疥拍腹草，治痹服當。又黃護草，無毒，散痹除風，益氣，令人進食。〔用莖、葉。〕 盧藥草鹹，補損安臟。折傷止痛，瘀血滌蕩。陀得花甘，療風血暢。建水草溫，痛疰浸釀。又父陛草，根味辛，有毒。熨癰腫膚脹。不服。〔盧藥草全用，末服；搗敷。建水草，用葉，焙。〕 催風使者，治風極好。虎刺甘溫，風腫並了。荔枝草溫，療蛇犬咬。以酒煎服，破傷風搗。虎刺淩冬不凋，治丹瘤癰腫瘡，搗汁塗之。〔用莖葉，浸酒佳。〕 水銀草辛，眼昏可保。透骨草辛，癘風痛攬。寒濕筋縮，腳氣瘡繞。反胃腫毒，疥癬一掃。地笳子：辛，溫。治風痰麻痹，破積消癰，墮胎。〔用根、莖。〕 纖霞草溫，療臟虛冷。氣攻臍腹，和藥服穩。石見穿溫，風痛癰疹。黃白支草，治疾用引。燕齒草辛，寒熱癇窘。鹿良草鹹，賁豚氣緊。瘈瘲驚癇，疰疾亦整。離樓草鹹，能補虛損。益氣多子，並療瘦瘠。以上六種，治病宜省。〔俱用莖、葉、根。〕 靈草神奇，故名神護。生自名山，守門人怖。盜賊遇之，叱咄如怒。得以佩服，邪瘧即住。扎人謂之護門草，掛於戶上，人過必叱之。〔產恆山，而五臺、羅浮大山中俱有之。〕

補遺　草棉甘溫，禦寒卻冷。燒灰止血，凍瘃敷穩。子熱補虛，暖腰治損。油毒昏目，塗癬疥等。棉子仁：辛。大補虛寒。去油用。油燃燈昏目。〔用棉取仁，以子水煮，焙，去殼，或蒸碾去殼。〕 菸草味辛，性溫開鬱。燒吸解倦，詈傷止血。煙油有毒，殺蟲最捷。諸蟲咬傷，塗之病失。耗人真氣、津液。嗜之者眾，受其弊而不知。〔用嫩葉。等類頗多，性味相似。〕 芸香草辛，生成五葉。產在昆明，治瘡毒疾。專能解蠱，急服其汁。韭葉芸香，瘴瘧可截。夷方多邪蠱，攜此草嚼之無味，即中毒矣。〔用莖、葉、根，專辟蠱藥。俱蘘荷、蘘草同類而形異。〕 靈通草勁，頂開七葉。頭實中虛，治聾煮食。有接骨草，莖綠花白。跌打損傷，敷之有益。靈通草產羅浮，接骨草產肇慶，《本草》未載。〔靈通草長三尺，小如箸，蓋仙草也。〕 不死草芳，如茅味甜。食之益壽，蠅蚋辟遷。又有薯良，形如柚圓。蔓生紅色，浸酒香兼。不死草置盆盂，蠅蚋遠去。薯良大能活血。〔不死草產於羅浮及粵西。蓋亦靈草也。〕

藤部　茉莉素馨，花俱辛熱。浸油潤髮，窨茗味益。根熱有毒，酒磨飲歠。沉醉昏迷，忘痛整骨。茉莉根一寸，酒磨服，昏迷一日。二寸二日。〔有木本、藤本二種。〕 蘿摩根苗，子名雀瓢。辛甘溫補，堪治虛勞。搗敷腫毒，蟲螫能消。金瘡血出，研子封包。即婆婆針線包也。療蛛蜘咬，并金刃血出。〔服食用子，外敷用葉。〕 常春藤苦，其子甘溫。補虛通絡，腫毒堪平。千歲藟甘，益臟續筋。療痹止痛，久服輕身。常春藤治衄血，黑疔。千歲藟根，緩筋止痛。〔用莖、葉、子。〕 含水藤甘，解煩渴燥。瘴癘濕痹，丹石毒躁。時氣便閉，損痛服效。鼠藤相同，補衰大妙。鼠藤治陰痿，冷風腰痛，壯筋骨，益陽道。〔用藤中水。〕 紫金藤苦，益腎散瘀。外療腫毒，勞損病愈。百稜藤同，諸風痛痹。一切風瘡，酒服皆去。二藤皆能去風濕，活經絡，故治五勞七傷。〔俱用皮，晒乾。〕 龍手藤甘，治風癱瘓。補虛益陽，冷痹能判。牛領藤同，諸病服渙。斑珠藤治，婦人諸癰。專主血虛羸瘦。又溫藤：治風血冷積得效。〔俱浸酒用。〕

補遺　玫瑰花溫，行血破積。損傷瘀痛，浸酒飲益。珍珠蘭辛，窨茶香

鬱。其根有毒，磨敷癰癤。又夜蘭花：頗香，其樹折之，逐蚊即皆遠散。〔玫瑰花蜜煎糖漬，充果甚香美。或合木樨為餳醬佳。〕五色龍鬚，藤細如髮。生無根蒂，掛樹長發。其液和灰，塗釁釁堅劼。花子浸酒，筋骨健凱。常繞數樹，似游絲，投以穢物，即消釋不見。〔按《綱目》有白龍鬚似此，而生處不同。又葛纏草枝莖不類此，當另一物也。〕乳藤之汁，通乳最靈。買麻藤汁，解渴生津。雞香藤馥，辟瘴嵐溫。蚺蛇藤異，蛇服遵行。凡捉蚺蛇，用此藤作圈牽之，蛇不敢強也。〔買麻藤之實亦可食。〕餘藤龘大，菝藤赤色。亘藤有刺，滑藤多汁。赤裏藤香，沙藤長葉。苦藤土藤，圭藤同質。黃藤青藤，有赤有白。花藤造皿，括藤磨礪。以上諸藤，並堪破篾，作纜紮物，編筐與薦，雖不入藥，日用需急。以之煎湯，洗瘡瘋疾。〔諸藤《本草》不載，其氣辛甘者多，皆能去風通絡，活血追蟲，人不識耳。〕

木部

松脂燥濇，苦除伏熱。通利耳目，并強筋骨。驅邪下氣，崩帶滑疾。濕風外症，煎膏敷貼。療一切風痹，煉服。堪辟穀延年，功難盡述。〔以白芽黃砂鋪甑底，加脂蒸，伺脂化入斧，取再蒸，如此三數遍，致極淨白如玉收用。〕松節苦溫，治風腳痹。筋骨節痛，血中濕去。松毛長髮，安臟蟲避。根皮補勞，松花清氣。花：除風止血。皮：治白禿，湯火傷。湍：療疥效。〔松節油，紅者佳。〕杉木辛溫，下氣辟惡。腳氣腹脹，奔豚良藥。外洗漆瘡，足腫風毒。皮灰止血，金瘡火灼。葉：洗牙蟲。子：治疝痛，一歲一粒，燒研酒服。〔久年杪枋，着濕出霜，辛香有毒，杀人。〕肉桂甘辛，純陽大熱。入肝與腎，踈通血脈。冷痛泄瀉，自汗咳逆。行痰補火，墮胎破血。能抑肝風，而膀胱化氣，療陰盛虛勞諸症。〔去粗皮用。〕山桂甘辛，性熱寒退。浮而不降，煎膏宜配。桂子甘辛，溫中暖胃。平肝益腎，散寒止噦。桂非安南交趾者，性不下達，惟膏藥用之。〔桂子似木犀蕊，而紫黑堅硬。〕木樨花熱，性濇味辛。窨茶造醬，調食芬馨。化痰辟臭，開胃生津。風牙蟲痛，含漱消疼。造面脂，去䵟䵳，熬頭油令香澤，惟能脫髮。〔以白礬水洗，則不變色。〕蜜香辛溫，行氣僻臭。腹脹鬼疰，心痛服救。枝結青桂，棧香幹湊。根成黃熟，馬啼節瘦。諸香皆沉，香之沉水者，同本異名異性。〔諸香惟蜜香乃半浮沉者，尚堪入藥，餘惟供燻爇而已。〕公丁香辛，溫肺胃腎。霍亂寒脹，奔豚痛甚。發痘殺蟲，口疳風症。消癖壯陽，寒呃噦定。皮治齒痛，心腹冷氣。枝亦散寒脹，止泄瀉。〔公丁香如鼓丁，母丁香如棗核。〕母丁香辛，溫中暖腎。胃痛疝瘕，服之最應。腦疳吹鼻，口臭含定。理氣回陽，補三焦命。根：毒，治腫毒內陷服之。花：堪造釀成香油。〔同薑汁點白鬚孔，再生即黑，奇效。〕楠木辛溫，能治霍亂。煎洗腳氣，筋骨痛泮。楠皮並溫，暖胃發汗。小兒吐乳，寒瀉能斷。又治聤耳出膿，燒灰吹洗。水腫腹脹俱效。〔宜用香楠木，水楠不用。〕樟木辛溫，療心腹痛。鬼氣中惡，霍亂上壅。寒濕腳氣，瘡疥洗共。欲治勞瘵，三節散用。樟節合皂槐節、天靈蓋、麝、牛黃等為末，服。〔用鋸屑。〕樟腦辛熱，樟木煎成。通關利滯，嘔吐心疼。殺蟲治禿，疥癬瘡淫，寒濕腳氣，貯襪着靈。純陽之性，能水中發焰。殺蟲驅濕有殊功。〔凡用入磁碗對合，火熁半時，冷定用。〕橡木辛暖，亦名釣樟。止金瘡血，霍亂磨嘗。奔豚水腫，腳氣浴湯。瘡痍疥癬，研末敷良。刮末，止金瘡血極效。莖葉插門，能辟時疫。〔用根皮，八九月採，日乾。〕烏藥辛溫，通腎脾肺。踈通寬膈，散風理氣。反胃脇痛，血凝食滯。中氣中風，霍亂瀉痢。止一切痛，殺蚘，療瘡癬疥癘，治貓犬百病。〔用根。〕烏藥葉飲，止小便滑。子治陰毒，腹痛煎啜。傷寒取汗，回陽得法。研藥苦溫，蠱毒服拔。研藥似烏藥，治中惡癨亂，下痢膿血，煎服。〔烏藥葉可代茶。〕水安息香，辛苦性溫。除風霍亂，暖腎陽興。心腹蠱氣，血噤遺精。鬼交鬼孕，勞瘵燻平。又有懷香，乃樹根也。味苦，濇。療頭瘤腫毒。〔樹脂燒之集鼠者真。〕必栗香辛，氣溫無毒。鬼疰心痛，煮汁頻服。性善殺蟲，燒之辟毒。搗葉置池，魚浮仰腹。搗葉置上流，魚皆死。以木為軸，不生蠹魚。〔用根。〕質汗甘溫，樹汁煎成。金瘡折傷，長肉續筋。血瘀腫痛，散結通經。補虛益損，酒服俱靈。乃檉乳、松淚、甘草、地黃、熱血煎成。出西番。〔或研，或炒用。〕

蘇合油甘，性溫走竄。通竅開鬱，瘟瘧霍亂。中風鬼疰，癇痓水渙。殺蟲精魅，蠱惡可斷。合諸香，能追風開秘，理氣下痰，有蘇合丸。〔宜鉛瓶貯之。〕詹糖香苦，樹汁熬煎。性溫行氣，水腫風痏。伏尸惡核，塗髮烏鬒。有結殺花，頭風可痊。花合胡桃、青皮，搗塗髮黑如漆。結殺相同。〔明軟者佳。〕篤耨香辛，香木凝脂。面黧䵟䵳，配藥傅之。肌營如玉，辟惡堪施。有膽八香，燒熏醒疲。同白附、白及、冬瓜子、石榴皮為末，塗面效。〔膽八不入藥，衹堪供熏爐用。〕冰片辛熱，開竅走散。殺蟲邪氣，骨風痛串。喉痹舌出，目翳痘陷。驚癇痰迷，閉症可渙。專療五絕，中惡痧脹。子：下惡氣，消食散滿。〔合糯米、炭、相思子貯之，則不耗。〕蒼龍腦辛，不可點目。䵟䵳風瘡，調塗配藥。有元慈勒，除障(弩)〔胬〕肉。能合金瘡，止帶痢惡。味甘，平。主心痛流血，散瘀生新，明目止淚。〔俱似冰片，而治稍不同。〕有返魂香，樹脂鍊得。燒之起死，專療瘟疫。有兜木香，亦治時疾。靈異之品，志在博物。二香皆漢武時，有外國異香也，存名以考。〔燒之可辟惡。〕肥皂莢辛，性溫無毒。去風利濕，痢疾宜服。癬疥腫癤，諸瘡白禿。燒灰存性，

油搽效速。子：甘，溫。治風有鬼。皂莢煎浴，去風瘡疥癬。〔入藥燒存性用。〕 皂刺潰癰，癘風瘓瘲。下胎殺蟲，外症必用。皂子仁溫，疎通臟壅。除痰開秘，瘰癧腫痛。皮根：去風痰，殺蟲，治脫肛。葉：洗風瘡有效。〔刺，燒灰用。子，水煮，剝取白肉用。其黃消人腎氣。〕 沒石子苦，益血生精。安神和氣，肌肉能生。烏鬚黑髮，療弱強陰。腸虛滑痢，脫症宜斟。治陰痿、陰毒、陰瘡、陰汗，小兒疳䘌等症效。〔勿犯銅鐵。陳小顆者，炒，以漿水研焙用，或燒存性。〕 婆羅得子，性溫味辛。治冷氣塊，破痃癖癥。能補腰腎，暖腹和經。染髭鬚髮，拔白黑生。有浮爛羅勒：味酸，治風氣冷痹，開胃補心。〔去皮，用仁汁。〕 花櫚木屑，氣味辛溫。產後胸悶，惡露衝心。癥瘕結氣，冷嗽堪寧。赤白帶下，煮汁服停。其木堅緻，可為器皿。如紫檀，俗作花梨，非。〔剉末，煎用。〕 巴豆辛熱，大毒刼病。蕩滌臟腑，斬關奪命。下胎通經，水腫蠱症。寒癖蟲積，痰飲逐淨。入丸壓淨油，用霜良。中其毒者，黃連水解。〔去心膜，或炒，或煮，或燒存性。反牽牛。〕 巴油辛毒，煙燻喉痹。舌血並療，風痰厥氣。殼燒逐積，亦止瀉痢。根搗末傅，癰疽毒濟。發背惡瘡，根搗水傅，留頭出毒，即潰收功。〔以紙包仁，壓油作燃，燒旺吹滅，存煙燻。〕 大風子仁，辛熱有毒。性能殺蟲，治癬極速。疥瘋蛇癩，楊梅皴瘯。最宜外用，不可多服。殺蟲攻毒之功，蓋不可少。勿多服，致傷目。〔或研爛，入磁器，熬色黑如膏為油，可以和藥良。〕 牡荊子苦，溫除寒熱。療風止咳，心痛疝疾。帶濁耳聾，服之有益。莖治灼傷，牙疼漱汁。根：除風發汗。葉：治霍亂，血淋，濕瘡腳氣效。〔炒用。〕 欒荊子辛，微苦微溫。諸風並治，濕痹寒疼。癲癇狂痙，癱瘓通經。益精明目，亦治瘡淫。又木藜蘆，苦辛，溫，有毒。洗癬疥蟲瘡效。〔合柏油熬，塗疥效。〕 木棉樹辛，花甘氣溫。堪洗凍瘃，灰治血崩。不凋木苦，性暖補真。去風健力，腰腳酸疼。木棉與草棉不同，其棉燒灰，罨金瘡血出。〔子無適用，惟可壓油治疥。〕 賣子木甘，專治傷折。補髓安胎，止痛續絕。放杖木溫，善理風血。和腰健腳，輕身變白。賣子木子，亦同功用。放杖木浸酒服，有益。〔用枝葉搗末，酥炒。放杖用根。〕 川椒辛熱，發汗散寒。入肺脾胃，燥濕行痰。消癥鬼疰，積破蚘安。水腫喘滿，椒目功專。葉：治奔豚腳氣，霍亂，殺蟲。根：止血淋，腎冷。〔去閉口者，微炒出汗，搗去內黃皮，取紅用。〕 吳茱萸辛，味苦大熱。入脾肝腎，除濕解鬱。陰疝腳氣，水腫裏結。下氣殺蟲，消痰痞積。能引熱下行，療三陰腹痛頭疼，噎膈瀉痢。〔揀去閉口者，以鹽水浸，揉去苦汁，或醋煮，焙用。陳者良。〕 吳萸葉辛，止心腹痛。霍亂轉筋，疝疼腦重。或罨或熨，醋搗拌用。枝通二便，根殺蟲眾。根白皮：治喉痹欬逆，經產餘血，癬瘡，止洩。〔或鹽炒，酒拌、醋拌蒸。〕 楓柳味辛，楓上寄生。大熱有毒，風疾能平。積年痛楚，腦麝酒行。亦治齲齒，功力非輕。有痛風久治不效者，用此追之，能透經絡。〔用皮。〕 棗葉微毒，發汗散痱。浴小兒熱，亦止反胃。木心療蠱，煎服吐最。根汁長髮，赤丹浴退。皮同桑皮，煎湯洗目，復明。核灰：摻脛瘡良。〔葉散服，令人瘦。〕 枸櫞皮辛，酸溫利肺。寬胸行痰，止痛平胃。佛手辛散，破氣消塊。解鬱平肝，功同阿魏。二物相同，逐痰水，止氣痛。香櫞根、葉同皮。〔陰乾用。鮮者俱可蜜餞作脯。〕 胡榛樹皮，辛溫治濕。陰腎痿弱，煎洗妙極。櫧子木皮，大能止血。葉貼臁瘡，一日三易。胡榛即榛，又名阿月渾子。櫧子即小栗也。〔俱煮汁用。〕 橄欖木苦，解河豚毒。核治魚鯁，痘陷灰服。癩疝腫痛，鱠積能逐。腸風下血，調敷凍瘃。橄欖木作櫓檝，着魚即死。欖仁：研塗脣裂。〔煮河豚、腳魚，宜用其核，毒自解。〕 椰子殼治，楊梅毒瘡。燒灰酒服，汗出痛亡。樹皮實皮，止血最良。霍亂吐逆，煮汁飲嘗。皮：治卒心痛，燒存性，以新汲水服一錢效。〔樹皮、根皮、實皮同炙用。〕 桄榔子苦，專破宿血。木中麪甘，療飢長力。補虛羸損，腴美人色。莎木麪同，溫中補益。二木出兩粵、蜀、滇。木中粉作餅食，可充糧。〔子焙研服。〕 城東腐木，甘溫上洩。心腹氣痛，治便膿血。手足不仁，煎湯頻漬。新雉木苦，療風眩欬。櫚木皮苦，治霍亂急。小兒吐乳，暖胃氣益。乾陀木皮，消癥塊積。溫腹暖胃，止嘔破血。角落木皮，苦止痢疾。木戟辛溫，能消痃癖。〔新雉以下俱無毒，皆水煎成，酒煎服。〕

補遺　伽南香辛，下氣辟惡。風痰閉塞，精鬼蠱着。通竅醒神，邪風追卻。十香返魂，丹中配藥。返魂丹用十種奇香，專救急症，另有秘方。〔香帶辛辣，紅堅者佳。其次黑軟，至虎斑金絲，皆雜木性，下品也。〕 丁香油辛，出自西番。壯陽暖腎，疝痛陰寒。檀香油苦，治亦同班。除惡開胃，吐逆風刪。氣味與丁、檀無別，云花子釀成，未知然否？〔和丸用。外塗臍腎丹田，大有益處。〕 梣樹子甘，壓油美食。枯餅浣衣，除垢最潔。燒灰敷瘡，亦可下積。洗風瘙癢，可用皮葉。其油為食甚繁，俗稱茶油。非茶子之油也。〔豫省、閩、粵俱食茶油，而不知為梣子油也。〕

水部　玉石間水，名曰玉液。出自密山，甘平味潔。服之延年，悅顏美色。又有玉泉，非煉玉屑。《本經》玉泉，乃水也，或云煉玉成漿者，非也。〔玉液今雖有，而人不識，惜哉。〕 石中黃水，甘來和味。久服輕身，延年稱貴。空青中水，點目障退。天造神漿，開盲啟瞶。有石卵如雞、鴨卵，內空有水，鑽取，點目良。〔此專用水。《綱目》歸石部，今政之。〕 陰陽水和，河井各半。生熟湯同，治瘧霍亂。勞

水發散，百沸湯緩。阿井水平，膈痰能判。阿井水乃濟水，伏流性重，下痰，煎阿膠良。〔冷者為生，沸者為熟，倒頓為勞，久煎為百沸。〕　溫泉水熱，除冷筋攣。頑痹癬疥，瘋癩俱刪。碧海水毒，能吐風痰。鹽膽水苦，蟲蠱瘡安。鹽膽即滴鹵，有大毒，殺一切蟲畜，並殺人。〔溫泉不一，有硃砂、硫黃、雄黃諸泉，然硫泉俱多。〕

土部　松煙墨辛，苦溫止血。生肌合瘡，吐衄崩溢。飛絲眯目，胞衣不出。通經利便，熱淋痢疾。須真松煙，陳者佳。或有雜冰片，故能走散。〔治血，醋磨用。〕　土墼煤赭，能治鱉瘕。頭瘡痰核，紅腫油搽。煙膠治禿，癬疥消爬。或加輕粉，其效堪誇。煙膠生熏牛皮竈口，土墼生石灰窑竈口。〔土墼轻虚者良。〕　百草霜辛，性溫止血。崩中吐衄，治痢消積。傷寒黃疸，咽瘡爛舌。白禿諸瘡，發斑噎膈。有釜臍墨，主治略同，功在止血解毒也。〔乃竈口煙，櫃中塵也。燒雜草竈中者佳。〕　冬灰辛溫，除疣黑子。瘜肉疽蝕，癬疥頻洗。血氣絞痛，水腫服已。溺死凍死，圍身可起。陰冷痛悶，燒熱熨之。又治犬咬，能蝕惡肉。〔乃雜草所燒者，入藥淋湯用。〕　藉田犂土，鎮悸安神。驚癇邪疾，強志心寧。春牛(晴)〔睛〕土，眼藥宜均。屋柱下土，暴卒腹疼。胞衣不下，雞子和吞。床腳下土，猘犬咬靈。胡燕巢土，浴去邪驚，風瘙癮疹，瘡刺浸淫，口吻白禿，油調敷平。以上五種，急治宜尋。〔用諸土，亦近壓禁法耳。如以社稷壇土塗戶，盜賊不入；春牛土撒簷下，辟蜒蚰；富家中庭土泥竈致富；亭部中土塗竈辟火災；塗屋角倉囷，辟鼠等類也。〕

金部　銅弩牙平，通血順產。月閉陰塞，焠酒飲散。銅熨斗辛，接骨研摻。銅匙柄燒，烙風爛眼。銅弩戽治誤吞珠錢，燒赤納水中，冷飲效。〔燒赤取氣。〕　諸銅器物，俱有微毒。霍亂轉筋，疰痛臍腹。炙器熨之，風寒可逐。上古銅器，祟邪見伏。銅秤錘：亦治產難橫生，俱燒赤淬酒服效。〔勿盛飲食過宿，有毒。〕

石部　桃花石甘，性溫療冷。大腸寒痢，膿血效併。久服悅顏，能療痍瘡。丸劑屬方，湯出仲景。與赤石脂相同，石脂收濇，桃花石潤滑也。〔今福建壽山所產，紅白間有，可雕圖章。煅研細入藥。生為末，起衣油，勝滑石。〕　爐甘石溫，善理陽明。止血消腫，退翳點睛。收濕除爛，聹耳能清。一切目疾，斂口極靈。不入煎丸。目疾要藥，生肌斂瘡，收濕之功。〔煅赤，以童便淬七次，水飛晒用。〕　鍾乳溫甘，氣厚慓悍。強陽益陰，精氣自灌。健脾進食，命門火煥。利竅通經，神充骨換。主五勞七傷，泄精寒嗽，壯陽補損，好顏色。〔以沉(霍)〔香〕、甘松、白茅、零陵同煮，又天葵、甘草煮，搗粉極細，乳飛用。〕　孔公孽辛，性溫開胃。一切寒瘡，療痹醒睡。殷孽是根，外症藥配。只宜煎服，服末致累。又有石床、石花、石骨、鵝管石，皆類也。〔修治同鍾乳。〕　石髓甘溫，治熱羸瘦。積聚便數，腸鳴腹疚。腰腳疼痛，皮膚枯皺。脹滿下痢，久服益壽。性壅，只宜虛寒瘦人。頗難得，龜茲國有之。〔以磁器收之。〕　石炭即煤，辛溫有毒。小兒驚癇，婦人經畜。血氣諸痛，積滯在腹。金瘡出血，急宜摻末。又然石，灌水即熱，可以烹鼎，亦煤之類也。〔研細用。〕　石芝甘暖，神物難尋。得以搗服，疾愈遐齡。石麵甘淡，益氣調神。止飢救餒，天賜奇珍。石麵即觀音粉之流，可以救餒，非可幸得。〔石芝神品，或遇之化水服妙。〕　陽起石鹹，性溫下引。專補命門，陰痿虛損。崩中漏下，癥結閉緊。子宮帶寒，莖頭濕冷。補五勞七傷，腰疼膝冷，陰濕，及月水不止。〔煅，酒淬，飛淨用。〕　元石鹹溫，能益腎氣。小兒驚癇，婦女經滯。絕孕精少，腹痛冷閉。久服輕身，水火得濟。與慈石相類，而不能吸鐵，性味亦不同也。〔火燒，醋淬，研，水飛淨用。〕　礬石微甘，有毒性熱。殺蟲破堅，驅寒逐積。蒼白特生，桃花掘雪。紅紫金星，諸名不一。煉服能消寒僻。置水中不冰者真，俱有毒。〔礬石燒赤，酒淬飲。或火煉百日用。〕　砒石辛苦，大熱大毒。哮喘膈積，截痰瘧服。砒霜尤烈，腐腸爛肉。瘰癧瘀腐，外蝕性速。酒服一錢即殺人。綠豆、冷水、羊血、糞清解。〔生用毒輕，火煅毒甚。治疾生用為是，外治可用砒霜。〕　石蠶苦熱，石淋結硬。金瘡止血，生肌痛定。赤石甘溫，主驚心鎮。除熱邪氣，久服自淨。赤石或云即赭石，而其性味不同，主治異。〔石蠶有毒，磨服。赤石煅煉服，無毒。〕　黃石華甘，治陰痿病。腸中鬱熱，百毒潔淨。黑石華同，興陽功並。通經散瘀，止消渴症。有終石：味辛，益精氣，療陰痿寒痹，通小便。〔俱研，水飛服。〕　紫佳石酸，療痹氣血。三十六水，配藥卻疾。有鉛光石，能下鯁骨。獅子石鎮，白虎症急。歷節風痛，服藥無效，名白虎症，以石獅壓伏。〔白石獅子，燒熨之。〕　鎮宅大石，能消災異。有朵梯牙，點目除翳。有阿飛勇，有可鐵刺。有安咱蘆，盌糖霜繼。朵梯牙以下諸名，不知何物。出《普濟藥方》。〔朵梯牙水飛用，合諸藥點眼。〕　焰硝味苦，性暖上升。與芒朴異，因火煎成。破堅散血，瘀疸諸淋。口糜喉痹，眩痛風驚。又有風化硝，乃芒硝再置風日中化出者。〔潔白如雪者佳。〕　硇砂苦鹹，辛毒性熱。下積破瘀，治癥噎膈。消(弩)〔胬〕去瞖，爛胎痃癖。月閉寒疝，陽痿冷疾。療腎冷積痢，喉痹頭風，懸癰疣痣，骨鯁症。〔醋煮。水飛三次用。〕　石硫黃酸，大熱純陽。補命門火，疎利大腸。暖精除疝，陽復陰強。冷風血痹，外治諸瘡。益真火，健脾胃，起羸弱，壯腎氣，老人虛閉。〔製法頗多，惟以萊菔剜空，入黃煨熟，再同浮萍煮，皂角水洗研用。〕　石硫赤苦，壯陽殺蟲。除冷風濕，滯下崩中。石硫青酸，益肝去風。色雖微別，主治同

功。又硫黃香，出昆南。氣香，皆似硫黃，惟色異。〔製法同硫黃。〕

補遺　水硫黃暖，產在滇南。溫泉水氣，蒸結凝乾。補陽無毒，氣薄味甘。能除百疾，專補丹田。無臭氣，補弱之功勝於硫、乳，益水中之火。〔煎煉，不甚臭，不可過製，失其本性。〕

禽部　白鶴血鹹，益力補虛。腦能明目，燈下細書。卵鹹兒食，痘毒預除。骨炙滋補，糞解毒殊。糞能化石，辟蛇。肫中砂石，能解一切藥毒。〔有蒼、黃、元諸色，皆不用。〕　丹雄雞頭，殺蠱辟瘟。冠血發痘，中惡塗靈。蟲咬癬疥，客忤風驚。烏雄雞者，點目赤疼。塗中風口喎，寢死縊死，蜈蚣、蜘蛛、馬齒瘡。〔雞礫東門者燒末。〕　鴿糞辛溫，名左盤龍。治瘡瘰疥，消腫殺蟲。心痛痞塊，療破傷風。麻雀頭血，點目除矇。雀卵：溫治陰痿，血枯帶下。雀肝：補腎強陽。〔鴿糞燒存性用。〕

獸部　狗頭骨灰，壯陽止瘧。久痢癰疽，止血罨着。外腎起痿，治崩帶濁。血辟邪魅，癲疾要藥。腦：殺蟲去頭風。敷猘犬咬傷，即用本狗者。〔黃狗者良。〕　羊脂止痢，去痹賊風。辟瘟鬼疰，治疥殺蟲。乳補虛冷，精氣堪通。驚癇心痛，治嘔膚槃。解蛇、蛛咬毒成蠱，服之。睛：曝研，點目翳。〔青白羊者良。〕　羖羊脛骨，除濕虛冷。攝精止濁，強腰補損。頭骨消鐵，驚風眩引。脊骨扶弱，尾骨益腎。毛：炙敷轉筋，鬚灰治小兒頤頷瘡，蠼螋毒。〔俱煆灰用，惟脊骨宜煉膠服佳。〕　牛血解毒，止痢便血。脂療癬疥，腦散痞積。定眩咯吐，塗膚皺裂。齒療牛癇，骨治瘧疾。骨灰療諸瘡，同豬脂塗。服止崩帶，一切血。〔金刃傷血不止，剖全牛裹之可活，用熱血之功也。〕　牛髓溫補，勞傷續絕。安臟潤腑，增益氣力。止痢療損，肌膚悅澤。陰莖療痿，漏下赤白。耳垢：塗蛇傷、蛓毛螫、癰腫疳蝕、疔瘡、鼻衄。〔髓同核桃、杏仁、山藥、白蜜搗膏，調服一匙，大補益。〕　馬屎絞汁，止一切血。中風炒熨，傷寒時疾。燒灰止痢，攪腸痧急。馬咬汗瘡，傷人敷益。胞衣灰，通經閉。尾毛灰，止崩中，小兒客忤。〔馬屎煨，養一切藥良。〕　白馬陰莖，味鹹性平。強陰健志，益脈療驚。馬肺治萎，肝毒通經。馬腎有墨，黃寶同倫。馬腎中有墨，亦如牛黃、狗寶之類，今未用。〔生取陰乾，銅刀切片，羊血拌蒸。〕　駝脂無毒，能柔五金。風攣周痹，塗損傷筋。虛勞冷積，瘡瘻服靈。毛灰止滯，療痔亦靈。糞：嗜鼻止衄，燒煙辟蚊虱。黃：治風熱驚疾。〔脂外塗、內服，以燒酒調之。〕　鹿茸甘溫，養血助陽。遺精崩帶，虛損勞傷。腎冷腰痛，頭眩目䀮。生精補髓，筋骨能強。療陰陽兩虧，四肢軟弱，諸虛損傷，托癰疽。〔燎去羢毛，切片酥炙，或酒炙，或蒸焙用。〕　鹿角鹹溫，其尖散熱。行血消腫，磨塗瘡癤。夢與鬼交，胞中惡血。滋陰助陽，麋鹿分別。麋補陽，鹿補陰，茸亦然。鍊霜熬膠，當詳之。〔服食截斷，火燒，搗末，再團再燒三五度，研用。〕　鹿角膠溫，能止諸血。傷中淋露，骨痛氣怯。角霜味鹹，壯陽健骨。外敷癰腫，散潰俱得。膠貼腫處，有膿即潰，無膿即散，霜治夢遺。〔以米泔浸七日，刮去皮，寸斷煮之三日，搗末為霜，或再煉膠。〕　鹿脂療痹，癰腫能消。腦堪澤面，出刺塗饒。精補虛損，筋釣骾牢。靨消癭核，皮治瘡燒。糞：研服，催生。膽：散毒消腫。齒：療鼠瘻，心痛。〔筋治塵沙眯目，嚼爛入目。〕　鹿骨安胎，殺精鬼魅。強骨除風，止洞瀉焙。血療陰痿，氣痛立退。崩帶吐衄，補虛益肺。髓：壯陽道，補絕傷腎，亦健陽安臟，治耳聾。〔髓合地黃煎膏，止欬療瘻，功效殊多。〕　麋茸甘鹹，滋陰益腎。筋骨酸痛，一切血病。虛勞陽弱，婦人損症。不共鹿茸，陰陽易性。冬至麋角解而茸生，得東南風氣，故補左腎。〔修治與鹿茸相同。〕

麋角霜甘，療痹止血。筋骨疼痛，追風通脈。補勞益髓，壯陽悅澤。心痛服瘥，塗面美色。角膠：與鹿膠同功，而多行血分為異耳。〔造製與鹿角膠霜同法。〕　麋脂辛溫，治寒濕痹。四肢拘緩，通經絡利。潤膚去風，諸瘡塗濟。臟腑血精，與鹿同意。骨：釀酒，補虛澤色。皮：製襪除腳氣。糞：解毒。〔十月取脂，煉過收用。〕　野馬陰莖，陰痿能起。山獺外腎，壯陽無比。火弱精寒，酒服少許。骨解箭毒，灰敷立已。有雙頭鹿胎糞：敷惡瘡、蛇咬。鹿胎屎：解毒。〔山獺莖以婦人手握之令熱，躍躍欲動者真。〕　麝香辛溫，疎絡通竅。中氣風痰，邪瘧蠱療。殺蟲墮胎，治痞痛暴。風毒瘴嵐，蛇虺傷效。除癥蟲百病，鼻窒耳聾，陰冷，去酒果積效。〔當門子最良，以子日開，微研。〕　水獺肝甘，小毒性溫。傳尸勞瘵，鬼疰邪瘴。伏連殗殜，服殺邪精。產癆惡瘧，蟲瘷能寧。水獺全身俱寒，惟肝性溫。治魚骨骾，灰服。〔獺肝一月一葉，又有退葉，燒灰，以神水和丸，治癆瘵鬼疰效。〕　豬貛脂胞，吐蠱哽噎。骨能止嗽，狗貛同列。木狗之皮，暖腰活血。除寒腳痹，裏消風濕。豺皮：除冷痹腳氣，腹瘡疳痢，齒䘌，夜啼效。〔貛骨研服；豺皮熟之，裹腳除痹。〕　膃肭臍鹹，性熱去恇。陰痿精冷，虛損勞傷。尸疰腹痛，鬼魅迷狂。破血消痞，功壯元陽。益腎氣，破冷積，治五勞七傷。浸水不冰者真。〔酒浸，紙包炙，或酒煮熟，搗，以川椒、樟腦同收則不壞。〕

鱗部　龍涎香甘，氣鯹性濇。能興陽道，通利血脈。吉弔脂毒，療癰腫疾。痧疥癬瘡，撲傷損折。弔脂極能透物，故治頑痹。耳聾，點摩即愈。〔二物皆出閩廣。難得真者，苟能得之，治疾速效。〕　蛟龍精毒，悞食生癥。髓塗澤面，催產亦

靈。又有鹽龍，甲內鹽生。收取酒服，可使陽興。蛟遺精入芹菜，人誤食生癥，服硬糖吐之。〔雄黃、朴硝亦可吐蛟癥。〕 黃鯝魚油，殺疥蟲行。鱧魚肝腸，貼瘻煮馨。蟲瘡蛀骭，引出為能。丹魚之血，塗足履冰。鱣魚肝：治疥癬，淡炙食。鱘魚子：殺腹中蟲。〔丹魚乃極大紅鯉也，全紅者神。〕 鱓魚血熱，療癬瘻瘡。口眼歪斜，塗合麝香。歪左傅右，扯正奇方。鼻衄耳痛，丹毒塗良。又點目瞖赤疵。皮灰：治乳核硬痛，酒服良。〔取血，剁，去尾寸則血多。〕 鰻魚頭灰，治疳久痢。腸風崩帶，蟲瘡薰愈。脂塗白癜，諸瘻並濟。蟲入耳中，滴之痛治。血：治瘡疹入眼生瞖，和冰片少許點之效。〔取脂熬油，或曝乾，炙油用。〕 海鷂魚齒，瘴瘧燒服。尾擦牙疼，殺蟲有毒。鮑魚頭汁，洗塵眯目。灰拔疔腫，瘟疫辟伏。治魚臍疔，以火針瘡，同髮灰、雞屎灰塗效。〔尾有毒，燒灰用。〕 海馬味甘，性溫無毒。婦人難產，或佩或握。垂危急救，燒末灌服。消痞壯陽，拔疔惡肉。療積聚血氣痛，能暖水臟，房中術多用之。〔有雌雄，雌色黃，雄色青，用須成對，或炒，或炙。〕 蛤蚧鹹平，肺癰急救。殺邪鬼氣，咯血勞瘦。益精助陽，通經月候。石淋折傷，止喘促嗽。功兼人參、羊肉，補虛最切，為定喘之要藥。〔去眼、足、尾、鱗、鬚，酥炙黃用。含之奔走，不喘者良。〕

介部　蠵龜筒鹹，療毒箭傷。解蠱藥毒，飲血猶良。秦龜甲苦，除痹瘻瘡。破積止帶，風痛消亡。頭骨：炙服，令人入山不迷。旋龜：佩之已聾。〔蠵龜解藥箭、蛇傷、惡蟲。南人畜以備用。〕 綠毛龜甘，能通任脈。助陽補陰，佩除災疾。瘧龜療瘖，燒灰服息。偏頭大嘴，與龜形別。又有六眼龜、六足龜、兩頭龜，畜之能辟邪。〔綠毛龜如錢大，畜之辟火災。瘧龜佩之，截瘧。〕 呷蛇龜毒，其腹斷折。能制蛇虺，內塗傷齧。亦療撲傷，接筋續脈。甲灰治瘡，潰爛敷益。尾：佩之辟蛇。有鶚龜：燒末，酒服治產難效。〔只堪外用，不可服食。鶚龜臨月佩之佳。〕 蝛蜼殼灰，塗痔堪平。爛蜆殼溫，止嘔嗽寧。治痢心痛，能止失精。車螯殼灰，解酒消癥。車螯散治癰疽，煅，醋淬，同甘草內服、外敷。〔蜆殼陳爛者佳。〕

蟲部　蜜蠟淡濇，益氣續絕。生肌斂瘡，止痢膿血。胎動崩漏，酒服救急。心痛霍亂，咳嗽呃逆。蜜之皮也，有黃、白二種，服之耐飢，治諸瘡。〔此蜂蜜蠟也，入藥用白蠟為勝。與蟲白蠟氣味各別。〕 雄螈蠶蛾，微毒鹹溫。壯陽暖臟，益氣固精。烏爛死蠶，丹瘮塗平。繭鹵汁治，蟲豸傷人。蠶蛹：治小兒疳瘦，瘑瘡，除蚘，消渴，炒末用。〔鹵汁乃繭中蛹汁也，塗諸蟲咬毒。〕 海蠶砂溫，味鹹益血。治虛勞冷，諸風羸疾。九香蟲鹹，開脘暖膈。健脾補腎，壯陽功特。九香蟲：產貴州。海蠶，生南海山石間。用屎。〔蠶砂潔白有節，土人以葛粉偽造，慎之！九香蟲生焙用。〕 雪蠶甘暖，俗稱雪蛆。溫中補腎，虛熱能除。興陽扶弱，房術藥需。蘹香蟲治，疝氣陽虛。雪蠶《綱目》載其性寒，誤也。其物性暖，補陽。〔雪蠶產峨嵋雪山陰處，採焙乾用。〕 枸杞蟲鹹，性溫益陽。令人有子，補腎膀胱。虛風能去，悅澤膚光。益精耐老，和服地黃。枸杞蟲炙合地黃為丸，日服，大起陽益精。〔此蟲各樹皆有，必得枸杞樹上者可用，焙研。〕 熒火辛溫，腐草所化。主治青盲，瞖障能瀉。犬膽魚膽，研和點下。火瘡熱瘡，瘟疫俱罷。術家配合他藥，佩之避水火、刀箭、盜賊禍。〔七月七日收取，陰乾焙用。〕 青蚨辛溫，益陽起陰。補中除冷，縮便閉精。蛺蝶鹹苦，治脫肛靈。為末唾調，塗在手心。有麗降：類青蚨。又有羅浮蝶：卵生，大尺餘。〔以青蚨母子血久塗錢，用母留子，用子留母，夜復還歸。〕 蜻蛉鹹寒，赤者性溫。壯陽暖臟，止洩遺精。陰陽交媾，戀結難分。房術故用，丹有龜齡。乃蠶蛾之類，龜齡丹用之者，取其興陽也。〔種類頗多，入藥惟用赤色雄者，雌尾凹而雄者突。〕 芫青辛溫，斑蝥同功。治聾點瞖，毒性更雄。葛上亭長，性味亦同。斑蝥、芫青、亭長、地膽，一物四變，主治相同。〔芫青必在芫花上者為真。去翅、頭、足，炒用。〕 狗蠅微毒，能吐痰瘧。治痘倒靨，用為奇藥。牛蝨相同，預解痘惡。人蝨研塗，雞眼刺腳。又蒼蠅：塞鼻，除卷毛倒睫。壁虱：害人，無用。〔人黑蝨置疔瘡上，以荻火炙，根自出。〕 乳蟲味甘，性溫補氣。益胃溫中，明目臟利。米粉釀成，虛羸服濟。斗粟倍蟲，陶朱生意。或云陶朱公豢雞，以黍釀蟲，一得雙倍喂養。〔取淘淨，晒乾，焙研用。〕 桑蠹蟲甘，溫除心痛。胸滿風瘮，崩漏胎動。障瞖下痢，驚疳要用。糞治腸風，燒灰酒送。痘陷不起用桑蟲，蓋取其能追風攻毒也。〔痘症活用，或收取，焙乾研末用。〕 桃蠹蟲辛，殺鬼邪癖。肥人悅顏，糞辟瘟疫。桂蠹蟲同，除冷痰澼。糞治骨鯁，醋煎飲亟。又柘蠹蟲屎，破血。棗蠹蟲屎，治耳聤，研吹。〔俱於本樹上取之，焙研用。〕 衣魚鹹溫，療疝治淋。尿血天弔，客忤風驚。中風重舌，目瞖眯睛。口歪癇疾，塗滅瘢痕。即書衣中蠹魚，乃太陽經藥，治轉脬便閉。〔採置瓶中備用，活研更妙。〕 鼠婦酸溫，治瘧癇疾。利水破瘕，氣癃月閉。療驚墮胎，產婦尿秘。風蟲牙痛，發痘亦異。治射工毒，鵝口白瘡，臍風，蚰蜒入耳，截瘧。〔或研和藥，或絞汁和丸用。〕

補遺　冬蟲夏草，味甘性溫。秘精益氣，專補命門。雪裏蝦蟇，性熱微辛。壯陽卻冷，痿弱能興。蝦蟇產峨嵋積雪中，故其性熱。蟲出嘉州。〔蟲長寸許，如蠐螬。草出尾端，如石菖蒲。焙乾用。蝦蟇炙用。〕

人部　人牙灰毒，除勞瘧疾。痘瘡倒靨，癰疽服出。淋石治淋，能通膈噎。腹中癖石，又消堅積。人精：和鷹糞滅瘢，塗金瘡血出，湯火傷灼。〔淋石，乃淫火煎熬，精氣鬱結成者，從溺中出。用以治淋，從治也。〕人氣溫暖，呵熨透經。卻寒活血，療痹除疼。人魄定怖，鎮志安神。髭鬚燒灰，癰腫敷靈。人魄在縊死人足下掘取，形如麩炭，治癲。〔人氣，大能斷金瘡血，止痛。〕

服器部　絲綿燒灰，治野雞病。止一切血，赤白帶症。下疳臍瘡，聤耳塞淨。氣結淋閉，麝調服應。霍亂轉筋，腹痛甚者，以苦酒煮綿熨裹之。〔用故舊絲綿佳。〕隔年曆書，灰療邪瘧。砌放竈下，蟻蟲辟卻。鍾馗辟邪，催生左腳。桃符除邪，桃橛辟惡。風蟲牙痛，卒心痛藥。救月杖灰，月蝕瘡托。撥火杖灰，蜂蠍螫攫。金瘡止血，驚忤呪作。火筒吹散，蚯蚓呵着。婦人吹之，腫消勿藥。〔以燒殘柴頭削平。向上硃書云：撥火杖，撥火杖，天上五雷公，差來門神將，捉住夜啼鬼，打殺不要放。急如律令。置床下，止夜啼。〕漆器煙燻，產後血運。灰止崩血，殺蟲瘡淨。研硃石槌，妬乳熨迅。燈盞油辛，吐喉風病。惡瘡癬疥，塗之俱裉。車脂油治，心痛蟲症。除瘧消腫，催生療悶。敗船茹末，諸血止定。竈案上屑，嚵瘡敷應。屠几上垢，霍亂救命。〔乾霍亂用屠几垢雞子大，溫酒調服，得吐即愈。〕

造釀部　靈砂甘溫，療五臟疾。頭旋煩滿，痰壅吐逆。霍亂心痛，鬼魅精吸。養正安神，平氣通脈。古法以輕粉再煉，粉霜亦逐痰，下積利水。〔以水銀半觔，合硫黃二兩，炒丹頭，鹽泥封，鍊升成者也。〕土黃辛熱，砒藥合成。木鱉巴豆，石腦團均。枯瘤贅痔，瘰癧瘻疔。又有火藥，小毒味辛。殺蟲癬疥，辟疫除瘟。又有神丹，飛金石并。諸藥合就，卻病長生。煙藥辛毒，療痔瘤瘻。瘰癧瘡瘻，亦是和成。以上四種，製煉須明。〔火藥乃硝、黃、杉木炭合成。煙藥用黃石、青桂、乾薑等燒成。〕豆黃甘溫，除濕痹疼。健脾益胃，消積踈經。嚼塗陰癢，撲損敷靈。豬脂丸服，健骨強筋。以黑豆蒸熟，罨之，待上黃衣，晒乾搗末用。〔人或羸瘦，以豬脂丸服，大有益。肥人勿服。〕小麥麴甘，消穀破癥。落胎除脹，開胃痰清。大麥麴同，化胎更靈。麪麴米麴，消積為能。麥造酒母，稱大麴。麪造者，小麴，冬釀白酒。〔俱炒用。〕酒糟甘辛，溫中消食。解諸菜毒，潤皮悅色。凍瘃蟲咬，撲損瘀血。杖瘡青腫，罨敷有益。大麥糟行滯氣，敷風痛。乾餳糟，止反胃效。〔臘日造者良。〕榆仁造醬，麪麴和融。加辣蓼汁，罨蓋黃鬆。如造醬法，曝久色紅。辛溫無毒，利便寬中。腹臟惡氣，追下諸蟲。蕪荑醬臭，造法亦同。治疚厥痛，滯積能攻。北人宜食，消酪酥濃。蕩滌臟垢，多食憔客。〔北人多食酥酪甘肥之物，臟易生蟲，食此化之，良有益也。〕古五辛盤，諸辛各就。葱蒜韭芥，蓼苗煮湊。辛溫助臟，溫中經透。消食下氣，除寒辟臭。古元旦食五辛菜，蓋取逐嚴冬之寒氣耳。〔多食昏神伐性，道家所忌。而北人常食，未免損靈。〕荷葉煮飯，資生發氣。通快三焦，厚胃暢肺。芥菜煮飯，豁痰寒去。菘菜白菜，寬腸開秘。又齒中殘飯，塗蠍螫。盆邊零飯，燒敷鼻瘡。〔荷葉飯，枳朮丸中用之，乃取其助少陽而發胃氣也。〕蓮子粉粥，健脾洩痢。芡實粉粥，固精明目。芥子粥辛，豁痰通絡。韭菜粥治，中寒白濁。枸杞粥補，精血氣藥。生薑暖中，花椒辟惡。茴香粥治，陰疝痛作。胡椒茱萸，辣米粥薄。俱療腹痛，內寒冷瘧。雞汁羊肉，鹿膠粥酌。去損療傷，並堪補弱。當歸酒辛，和血調經。止筋骨痛，補益人參。枸杞酒美，去冷陽仰與。仙茆除痹，痿弱宜斟。戊戌酒熱，黃狗肉珍。起羸除冷，壯骨強筋。鹿茸鹿骨，虛怯扶能。虎骨釀酒，歷節風清。經絡通達，健力消疼。茴香酒治，偏墜最靈。白石英酒，慈石同均。除風濕痹，耳目聰明。古方所載，釀法同倫。

補遺　白酒藥麴，松江得名。良薑四兩，草烏半觔，吳萸白芷，黃柏桂心，乾薑香附，辣蓼苦參，秦椒九味，一兩等分。菊花薄荷，二兩齊稱，丁皮益智，五錢杏仁，共為細末，滑石五觔，米粉斗八，河水拌勻，造丸乾用。釀酒芳馨，炒焦拌食，滯積消靈。百益酒苦，出在蕪湖。諸藥煎就，濃厚如糊。追風活絡，癱瘓頑膚，骨筋攣痛，緩飲通踈。又史國公藥酒，亦能追風療痹。另有本方。

清・龍柏《脈藥聯珠藥性考》　數脈應用藥品

草部　甘草性緩，生用瀉心。邪火急熱，癰腫皆平。炙補元氣，和藥調陰。解百藥毒，通十二經。稍：利小便。中滿忌。反大戟、芫花、甘遂、海藻。〔瀉火宜生，補中宜炙。頭入吐劑，行污濁。〕沙參甘苦，微寒清肺。兼益肝脾，能治疝墜。補虛去風，肌膚熱退。滋五臟陰，本經藥配。療胸痹心痛，治惡瘡。北產者良。反藜蘆。〔宜研末服佳。入煎劑，宜重用。〕南沙參苦，性涼清胃。瀉火解毒，止嗽寧肺。洋參甘苦，補陰熱退。薑製益元，扶正藥配。洋參味類人參，惟性寒，宜糯米飯上蒸用。〔南沙參形粗，似黨參而硬。洋參似遼參之白皮泡丁。〕薺苨根甘，利肺明目。瘟疾咳嗽，強中消渴。丹石毒發，疔腫宜服。治蠱蛇傷，解百藥毒。苗葉：名隱忍，亦治諸蠱腹痛，淋露骨立效。〔搗汁服更良。〕知母苦寒，瀉火安金。益腎清胃，潤燥滋陰。瘧痢熱嗽，虛煩骨蒸。利便消腫，斑疹堪平。同黃柏去膀

胱、命門邪熱。性滑，多服瀉人。〔用根，肥潤裏白者，去毛，或鹽水，或酒潤焙。忌鐵。〕百脈根苦，性寒無毒。根同遠志，莖如苜蓿。下氣止渴，補虛不足。去熱除勞，浸酒丸服。一名柏脈，《外臺》《千金》方多用，能去熱補虛。〔酒浸成，水煮，丸散兼用。〕元參苦鹹，入腎強陰。利咽通便，瘟瘧煩驚。消斑腫毒，傳屍骨蒸。瘰癧喉痹，解熱目明。能壯水制火，引熱下行。泄者忌服。反藜蘆。〔以蒲草相隔，蒸二伏，晒用。勿犯銅器，令人噎喉、喪目。〕紫參苦寒，入肝活血。除瘧吐衄，止痛破積。通利九竅，腸胃鬱熱。止痢通便，癰瘡諸疾。補虛益精。市中以丹參作紫參，性味不同。〔《本經》中品。亦反黎蘆。〕紫草鹹寒，入肝心胞。涼血活血，疽腫能消。痘瘡毒盛，便閉通脬。五疳腹痛，瘑癬塗調。性滑利竅，故治痘瘡毒不起。瀉者忌用。〔用根，以蠟水拌蒸，去頭鬚用。〕白頭翁苦，性寒涼血。入胃大腸，療熱痢疾。溫瘧骨痛，禿瘡瘰癧。痔疣偏墜，搗敷有益。治齒痛，鼻衄，癥聚風氣。花、子、莖、葉，功用同。〔用根。得酒良。〕黃連苦寒，入心解熱。痞滿伏梁，瘟狂痢疾。鬱火口靡，藥煩嘔逆。上焦實火，小兒疳積。治目赤痛，消渴，驚悸健忘，陰腫，蟲瘡外症。〔治心則生用，餘則應症或酒，或醋，或用鹽水、土硝、薑汁、茱萸水浸炒。忌豬肉。〕胡黃連苦，寒清肝膽。骨蒸勞熱，三消五疸。痔痢驚疳，胎蒸瘧反。癰疽血衄，乳點赤眼。傷寒勞復，熱結於內宜。忌豬肉，令人漏精。〔修治同黃連。〕貝母苦寒，辛解肺鬱。虛勞煩熱，咳嗽咯血。喉痹目眩，肺癰喘急。傅瘡斂口，亦療淋瀝。功專散結，治乳閉產難，癭瘤痰核。反烏頭。〔用根。先於柳木灰中炮去心用，糯米炒用。〕黃芩苦寒，除胃肺熱。喉腥火嗽，三焦濕鬱。安胎止痢，淋閉目赤。黃疸瘡瘍，血症溫疫。枯(岑)〔芩〕瀉心肺，條芩瀉腸胃。子：治腸澼膿血。〔酒炒即上行，豬膽汁拌瀉肝膽火。〕水仙根苦，辛寒性滑。療魚骨鯁，癰腫可拔。花能去風，澤身潤髮。五心煩熱，服除嘈雜。根汁能伏汞。花：同荷葉、芍藥為末，治煩熱。〔花，壓油塗身，去風熱。〕苦參苦寒，燥濕勝熱。逐水殺蟲，腸風溺赤。黃疸瘡疥，瘟病痢疾。安臟明目，瀉火有益。入肝腎瀉熱毒，利九竅。反藜蘆。子：能明目。〔用根。糯米泔浸去腥氣、浮水者，蒸晒用。外治生用。〕白茅根甘，涼心脾胃。復合止噦，行瘀火退。煩渴喘急，止血清肺。黃疸淋瀝，解酒醒醉。止吐衄崩中，通血脈。與菅茅、芭茅不同性。〔茅有數種，入藥惟用白茅根。〕龍膽草苦，大寒沉陰。瀉肝膽火，喉痹赤睛。骨蒸黃疸，腳氣時瘟。驚疳瘡疥，濕熱能清。酒浸亦能外行，兼入膀胱瀉熱。過服損胃。〔陰乾，銅刀切去鬚，甘草水浸曝。〕草犀根辛，解毒去惡。虎狼咬傷，蟲虺螫着。溪毒野蠱，天行瘴瘧。痰嗽喉瘡，血痢斟酌。療丹毒，飛尸鬼疰，野蠱惡刺，能起死回生。〔根如細辛，曝乾用。〕百兩金根，苦平除熱。咽喉腫痛，含嚥其汁。硃砂根涼，性味彷彿。亦治喉痹，醋磨救急。此皆能治上焦熱疾，故治咽喉腫脹甚良。〔採根曝用。〕辟虺雷根，味苦大寒。祛痰解毒，瘟疫能刪。咽喉痛痹，蛇咬能安。錦地羅同，消毒瘴嵐。辟虺雷、錦地歲皆出川廣，性能解毒辟毒。〔錦地羅亦用根，研酒服。〕金絲草苦，性寒涼血。吐衄崩便，咳咯能截。解諸藥毒，瘴癘并息。癰疽疔腫，惡瘡俱滅。此藥功在涼血散血，故治癰疽腫毒諸症。〔用苗。無根葉。〕石斛甘平，微鹹入腎。滋臟平胃，除煩解惱。腳弱遺精，虛勞怯症。自汗浮熱，益精扶困。味薄形枯，宜熬膏用。功在潤五臟，滋陰氣。〔川產者良。去根頭，用莖。或酒浸酥拌。〕金星草寒，味苦似竹。解諸藥熱，下丹石毒。涼血通淋，惡瘡宜服。浸油塗頭，黑髮長速。其性極寒，惟服熱藥而致發癰疽者宜之。〔葉、莖、根並用，背有七星者真。〕景天酸寒，外療丹毒。火瘡驚熱，風疹湯浴。眼翳點汁，陰脫煎服。花治白帶，又能明目。又名慎火，吳人稱龍虎草。搗汁，塗丹毒效。〔用苗葉。〕酢漿草酸，性寒解熱。殺蟲瘡疥，淋血砂石。痔瘻脫肛，帶下赤白。蛇虺傷毒，婦人血結。又有酸草，可消玉。三葉草：止寒熱，蛇、蜂螫。〔酢漿搗汁用良。〕虎耳草辛，苦寒療疫。生服吐利，熟呷止逆。聤耳脹痛，搗汁頻滴。痔瘡腫痛，燒煙熏息。即石荷葉，又名金絲荷葉，有小毒。治瘟熱。〔用葉。〕青蒿寒苦，療瘧骨蒸。尸疰鬼氣，血痢腹疼。除煩止渴，莖葉同斟。子能明目，瘡疥洗頻。秋冬用子，春夏用苗。止盜汗，治虛勞寒熱。〔葉用童便浸。根、莖、子、葉不宜並用。〕角蒿辛苦，微毒療瘡。燒灰塗摻，濕䘌俱亡。䕡蒿麻辛，破血為良。煮食下氣，莖葉嫩嚐。角蒿治口糜齒宣，及惡瘡有蟲，俱燒灰用。〔角蒿不可誤用紅蒿、邪蒿，形相似也。採得，槐砧上細剉用。〕馬先蒿苦，開鬱利濕。寒熱鬼疰，惡瘡瘋疾。五癃五淋，膀胱結熱。利水通便，白帶堪歇。治大瘋癩疾，為末，酒服。與益母相似，性寒。〔用莖、葉，陰乾，炒，搗末用。〕曲節草莖，甘平性涼。散膿拔毒，癰腫諸瘡。麗春花苦，專療癊黃。根治黃疸，飲汁奇方。曲節草性寒，能除熱毒。麗春草專利濕毒。〔曲節草採，陰乾，同甘草研末，米飲下效。〕苦芙苗葉，性寒解熱。能療丹毒，亦可生食。金刃破傷，燒灰止血。更治漆瘡，洗痔痛息。治面目通身漆瘡。無花實者名地膽草。〔其根白，食以醬醋調之，北人常食，稱苧麻菜，即苣蕒也。〕苧根甘寒，性滑破瘀。解熱潤燥，疫狂堪去。胎動下血，五淋痛閉。亦療骨鯁，外敷瘡痱。葉：治金瘡血，並止水瀉冷痢，敷蛇虺、蠶咬。〔產婦血暈，以苧酥皮作枕。子近蠶則不生。〕大青苦鹹，性寒解毒。心胃

熱極，狂斑血畜。傷寒瘟疫，喉痹宜服。熱痢黃疸，陽邪並逐。小青：相同，搗敷癰腫；服汁治血痢、蛇傷效。〔用莖、葉汁。〕惡實根莖，苦寒去風。逐水清熱，腫毒並攻。傷寒時疫，勞瘧肺癰。牙疼煩悶，止嗽便通。治一切外症熱毒，洗五臟惡氣，瘕疝積血。〔根鬚蒸熟，晒乾，否則吐人。〕天名精甘，寒解結胸。止血利便，癮瘮喉風。吐痰療瘧，痔瘻瘡癰。子名鶴虱，專殺諸蟲。鶴虱苦辛，為殺蟲要藥。治心痛，止瘧，傅瘡。〔根葉同功，子研散用。〕箬葉甘寒，止一切血。吐衄嘔咯，崩便淋溺。利肺消癰，咽喉閉結。去熱清火，可洗眼疾。新陳俱可用，燒灰存性，配以他藥冲服效。〔南人以之包物，作蓬笠者。〕蘆根甘寒，降火和胃。嘔吐噁心，煩渴不寐。熱症譫語，胎熱並退。噎嘔不止，服之解憒。胃熱火升則嘔逆，清之則已。亦治小便頻數。〔宜用鮮白者，搗汁佳。〕蘆花甘寒，霍亂服汁。解魚蟹毒，灰止諸血。莖葉治同，肺癰疽癧。灰汁煎膏，惡肉能蝕。蘆笋解河豚、諸肉毒，治五噎吐逆。可醃食。〔蘆與葦同類異味，用當肥白，水蘆在逆流者佳。〕芭蕉根甘，大寒性滑。天行熱狂，金石毒發。產後血脹，黃疸消渴。外貼癰腫，汁能黑髮。蕉油治頭風眩暈。葉：敷腫毒。花：燒治心痛。〔用鮮者，搗用。〕燈心甘淡，降火清心。利腸益肺，瀉熱療淋。止血下氣，傷破敷寧。灰吹喉腫，更治兒驚。燒灰塗乳頭，止夜啼。擦癬，久久蟲盡，自愈。〔入丸用。糯糊漿之，晒乾研末。水浸取浮者，燈草也。〕石龍芻甘，太陽行水。通淋利便，殺蟲消痞。鬼疰惡毒，明目聰耳。莖中熱痛，內虛能已。治心腹邪氣，去風濕，止盜汗，消滿，進飲食。〔用莖。即蓆草也，吳地最多。〕生地黃苦，微甘大寒。入心小腸，瀉火非難。清金消瘀，吐衄俱堪。花葉與實，功用同班。治虛火上炎，咯、吐、衄、崩諸血症，痘疹熱毒。〔搗，用汁。忌鐵器。〕乾地黃涼，沉陰而降。清腎肝心，小腸火旺。平諸血症，虛熱并蕩。滋陰抑陽，安和五臟。療虛熱勞嗽，痿痹驚悸，折傷，一切失血症。〔地黃百觔，揀大者六十，晒之，以餘四十觔搗汁，日拌日曝，汁乾為度，或焙。〕麥冬甘寒，微苦入心。復脈安血，瀉熱清金。嘔吐痿躄，行水生津。虛勞咳嗽，潤燥強陰。治心腹結氣，久服安五臟。性滑利，瀉者忌。〔用根，抽去心，焙，吹數次，研，或以酒擂爛，搗和丸。〕萱草甘涼，能療酒疸。寬膈利便，濕熱自貶。根治沙淋，熱衄能免。水腫脹滿，乳癰可散。屬水，故走下，專走陰分，安五臟，令人歡樂。〔根晒乾用，或擂汁。〕搥胡草根，無毒甘寒。能潤五臟，去熱消煩。鹿蹄草苦，止血非難。金瘡蟲咬，蛇犬傷殘。搥胡草，功用如麥冬。鹿啼實：可制雌黃毒。〔槌胡根去心，用花蒂，用莖葉。〕淡竹葉甘，寒除煩熱。通利小便，清心散結。根專墮胎，催生備急。名碎骨子，用堪搗汁。處處有之。細莖綠葉，儼是嫩竹，故有是稱。〔根苗搗汁，可以造麴。〕鴨跖草苦，大寒治熱。瘴瘧痰飲，小便閉濇。丹毒狂癇，氣腫痞積。蛇犬諸傷，癰疽敷貼。療喉閉，下痢，五痔腫痛，一切熱毒為病效。〔鮮用苗葉，其花翠碧，汁可畫彩羊皮佳。〕冬葵子甘，寒滑利臟。五癃淋結，熱痢水脹。乳癰內閉，服之通暢。除丹石毒，下胎穩當。根：甘寒。利竅，治惡瘡腫毒，通便，解蜀椒毒。〔揀淨炒用，或生研煮。〕蜀葵根莖，利便除熱。其子通淋，落胎破血。花亦潤燥，治帶赤白。療疹痎瘧，能通關格。又黃蜀葵花：治淋，諸瘡，催生。根、子：主治同。〔葵有各色，入藥用白者。黃葵又屬，二(腫)(種)而治同，陰乾用。〕紫背天葵，性寒解毒。五淋癃閉，虎蛇傷服。癰腫諸瘡，咽汁消速。鍾乳曾青，雲母俱伏。服食家製石藥，皆用天葵、甘草煎煮去毒。〔於端日同五葉芸香草嚼塗，于呪之曰：繫黎乎，俱當穌婆呵摩。〕龍葵苗葉，甘苦寒滑。消熱散血，疔腫可拔。解勞少睡，丹石能壓。子補明目，烏鬚黑髮。子名龍珠，益男子氣，婦人敗血，治疔腫效。〔一切瘡毒大效。其子生青熟黑者為龍葵，生青熟赤者為龍珠，一物也，故并之。〕酸漿草苦，利便除熱。清肺止嗽，大小便濇。殺蟲落胎，痰壅嘔逆。喉瘡黃病，五臟熱結。子：治熱煩，黃疸骨蒸，尸疰痰癖，產難吞之。〔苗、葉、莖、根同用。〕蜀羊泉苦，能療黃疸。外治白禿，諸瘡疥癬。蟲牙齲齒，蚯蚓毒染。專治漆瘡，漆姑名掩。主小兒驚，生毛髮，女子陰傷疼痛，皮間積。〔用莖、葉搗汁良。〕敗醬苦酸，陽明血藥。除癰疽腫，風痹熱卻。化膿為水，消腐退膜。產後諸病，胞胎可落。治瘡癧癬疥，丹毒痔漏，吐衄凝血，赤白帶。〔用根，去皮，同甘草拌蒸，焙。〕迎春花葉，苦濇無毒。熱腫惡瘡，研末酒服。金盞草酸，痔血能縮。剪春羅甘，火丹敷末。三草皆用葉，性俱寒，故治腸血、火丹、熱瘡。〔金盞草可拌食。剪春羅搗蜜調塗。〕瞿麥苦寒，入心小腸。降火利竅，熱滯膀胱。五淋癃閉，破血清涼。通經下胎，外症劻勷。葉：療痔瘻瀉血，蛔蟲，諸瘡腫毒，能壓丹石。〔用穗，去莖，只使蕋殼，篁竹瀝浸。〕王不留行，甘苦性平。行而善走，多入陽明。金瘡止血，利便通經。癰疽痛減，下乳催生。入陽明、衝任脈，活血散血，故治風痹惡瘡。〔用苗，蒸漿水浸，曝乾用。〕狗舌草苦，性寒小毒。蟲疥瘙瘡，洗塗不服。狗尾草涼，能滅疣目。卷毛倒睫，破瞼瘳速。狗尾即莠草也。貫髮，能滅目疣，不入湯劑。〔俱用莖葉，採鮮者。〕馬鞭草苦，微寒破血。通經消脹，殺蟲化結。氣血癥瘕，肋脹喉疾。陰腫核痛，間[illegible]瘡搗貼。根：辛，濇，溫。治赤白下痢。焙，搗末，米飲服效。〔用莖、葉、根，或搗汁良。〕陸英苦寒，療痹攣疼。風毒腿腫，運氣冲心。肌膚瘙癢，煎

洗能平。或名蒴藋，氣味不倫。主治雖同，蒴藋性味各異，究非一物，詳之。〔用花、莖、葉。〕 鱧腸草酸，又名旱蓮。止血止痢，烏髮鬚髯。排膿通氣，疔腫牙宣。益腎添腦，瘡症敷痊。旱蓮能止血，長髮烏鬚，其性涼血可知。〔用莖、葉、根、鬚，或搗汁用。〕 連翹苦涼，入包與心。三焦及膽，兼理陽明。排膿消腫，濕熱能清。瀉火散結，血閉通淋。性輕上浮，行血通氣，為瘡家要藥。治耳聾。〔用實。〕 翹根苦甘，益精下熱。明目解酒，黃病可釋。癰疽腫消，澤面悅色。心肺熱煩，宜服莖葉。治瘰癧結核，馬刀痔瘡，一切腫毒外症效。〔莖葉搗，煎洗腫毒，煮服亦效。〕 蓼藍實苦，寒調五臟。解毒殺蟲，經絡結脹。清利耳目，消腫氣暢。小兒魃病，服之無恙。葉汁：治蜘蛛螫，一切蟲咬毒，及火症有效。〔藍有數種，有木藍、松藍、馬藍、吳藍。若用藍實，專用蓼藍者佳。〕 馬藍甘冷，能止血崩。搗汁酒服，敗血歸經。菘藍同類，主治亦倫。木藍形別，子似決明。諸藍形異，而造澱則一。又有甘藍子：醒睡。〔馬藍葉大，菘藍似菘葉，木藍莖長，甘藍可食。〕 吳藍苦甘，性冷無毒。寒熱頭痛，風瘮煩渴。殺蟲療疳，出刺箭鏃。止血治狂，解百藥毒。治赤眼，疔腫游風，蛇傷、蜘蛛螫，排膿止痛。〔長莖如蒿，白花赤梗。〕 藍澱苦寒，微辛解毒。除熱殺蟲，噎膈飲服。止血消疳，敷瘡白禿。誤吞水蛭，蟲惡制伏。澱中有石灰，辛燥殺蟲，故能助力成功也。〔此即桑坊靛缸中汁也。〕 青黛甘鹹，性寒解鬱。瀉肝蓄蘊，五臟火結。殺蟲惡瘡，狂斑咯血。毒積驚疳，除三焦熱。治金瘡下血，蛇犬咬毒，敷臍腹濕熱瘡效。〔本波斯靛花也，今難得。以澱缸凝結，沫霜亦可用。〕 水蓼莖葉，辛冷去毒。腳氣腫瘡，蛇傷搗服。馬蓼辛酸，臟蟲可逐。毛蓼消腫，散癰瘰速。皆用莖葉，毛蓼引膿生肌，濯足治腳氣效。〔水蓼葉光狹，毛蓼葉有毛，馬蓼葉有黑點。〕 三白草辛，寒有小毒。水腫腳氣，便閉痰畜。積聚瘧疾，痞滿宜服。大能探吐，胸膈寬豁。根：療腳氣風毒脛腫，酒服有驗。煎洗瘡癬。〔莖似蓼藥，如商陸，頂有三葉，四月三變白色。〕 海金砂甘，惟寒滲濕。五淋腫滿，膀胱血熱。專通小便，傷寒狂疫。細莖如線，砂生在葉。專通利小腸，除濕熱，止鼻衄，退目瞖，發痘。〔採葉，以紙襯，晒乾擊之，砂自落。或莖葉同用。〕 地蜈蚣草，苦味寒性。能治諸毒，癰疽敷應。大便不通，服之自潤。一切腫疽，排膿惡盡。被蜈蚣傷者，入鹽少許，同搗爛，傅之痛止。〔根苗皆可用。〕 紫花地丁，苦寒微辛。癰疽發背，瘰癧瘡疔。無名腫毒，黃疸熱淫。外科必用，敷服俱靈。為外症要藥。又治喉痹，稻芒粘咽，嚥汁效。〔三伏時收莖葉，搗汁，和白麵乾之，用時以鹽、醋浸貼效。〕 鬼針草苦，療蜘蛛傷。攣倒甑同，汁治熱狂。水甘草甘，丹毒飲良。三味俱寒，外症劻勷。三草性俱寒，療蟲傷，風熱煩躁略同。飲汁效。〔水甘草不入眾藥。〕 地衣苦冷，名仰天皮。中惡心痛，丸服些兒。雀目夜昏，傷暑服宜。馬瘡丹腫，研末傅之。即濕地上青苔，陽光晒之，撬起者是也。〔以人垢膩同丸服七粒，治心痛效。〕 垣衣酸冷，止血定衄。黃疸心煩，欬逆氣促。暴熱在胃，口噤風搐。金瘡火傷，傅服長肉。即昔邪也。性微濇。久服補中益氣，好顏色。〔或酒漬，或搗汁服。外用燒灰，油調。〕 烏韭甘寒，微毒性濇。屋游相同，利腸去熱。治疽金瘡，止崩衄血。清理膀胱，治癇消渴。又土馬騣：味酸除煩。百蕊草：下乳。同類也。〔烏韭燒灰，塗髮令黑。餘同屋游。〕 馬勃辛涼，入肺清熱。散血止嗽，喉痹痛結。鼻衄失音，惡瘡疥疾。解毒消膿，外科要劑。生濕地朽木上，狀如肺肝虛軟者，取粉用。〔以生新麻布張擦取粉用。〕 巴棘草苦，又名女木。惡疥蟲瘡，只宜洗濯。鼠姑草苦，治寒熱瘧。咳逆瘻瘡，洗服良藥。巴棘有毒，不宜服。鼠姑非牡丹，另是一草。〔巴棘有毒，用根莖。鼠姑草用根。〕 對廬草苦，寒除大熱。療瘡惡疥，生肌服汁。陶朱術子，亦療目疾。婦人佩之，令夫愛悅。又雁來紅：治瘡止血。又天靈草：可制雄、硫。〔陶朱術以鏡向旁敲，子自發，五月五日收子佩之。〕 合明草寒，治便赤濇。小兒瘈瘲，五淋暴熱。明目下水，止血痢疾。頭眩熱風，搗絞服汁。又有思蓂子、鼠細子：俱似青葙，惟可療瘡。〔思蓂、鼠細，形似青葙，而氣味不同，煎之有涎。〕 大黃苦寒，入脾腸胃。蕩滌惡物，積聚淨潰。推陳致新，瀉火生配。酒製上行，熱狂堪退。凡實熱纏裏，血閉脹急，舌胎黃黑者宜之。〔用根葉，辟虱蟲。〕 狼牙根苦，有毒性寒。除邪熱氣，蟲積俱刪。赤白下痢，洗疥瘡頑。風瘙腸痔，陰蝕癢安。功在殺蟲，故治癬疥、蝕䘌等症，又能止血。〔莖葉亦可搗貼金瘡蟲咬。〕 蒟蒻辛寒，又名鬼芋。消癰腫毒，癆瘵能愈。灰製去毒，食調五味。堪止消渴，充殺可具。又有菩薩草：味苦，涼。療諸蟲傷，解食物毒。〔用根，以灰汁煮過，清水淘淨，再煮用。〕 蚤休苦寒，有毒去風。搖頭弄舌，熱鬱胸中。驚癇瘧疾，力下諸蟲。瘰癧癰腫，敷貼有功。能利水止泄，治小兒驚風抽搐，外症極效。〔用根，醋磨，敷癰腫大效。〕 射干苦寒，降火散血。咽喉急症，消腫解結。肺脾肝痰，瘧母結核。瘕疝便毒，用膏與汁。有毒。能通經閉，利大腸，鎮肝，為咽痛專藥。〔用根，米泔水浸，同篁竹葉煮，曝乾用。〕 鳶尾草毒，即射干苗。性平味苦，蠱惡能消。邪氣鬼疰，蟲瘵潛逃。破癥逐水，通利三焦。根名鳶頭，即射干也。惟花色不同為異耳。〔九十月採根，陰乾，為鳶頭，其力更大於苗。〕 玉簪花根，有毒辛冷。塗乳癰腫，能下骨鯁。刮骨取牙，斷產有準。葉療蛇傷，搗汁酒飲。根汁不可着牙，致傷齒。

葉渣：傳蛇咬傷效。〔用根汁同葉搗，和酒敷諸傷處。〕石龍芮苦，性寒帶補。除風濕痹，骨節痛楚。益腎平胃，滋陰潤阻。莖冷遺精，亦堪療主。除心煩燥熱，蓋熱退陰安，故云補陰益腎。〔用子，而根皮亦同。〕杜莖山苦，主瘴寒熱。煩渴頭痛，心躁嘔逆。胸悶服之，惡物吐出。土紅山甘，療瘴瘧熱。土紅山：甘，寒，治勞寒熱，骨節疼痛，瘴瘧效。〔杜莖用葉，土紅山用根，米泔浸一宿，清水洗淨，炒研用。〕白芍苦酸，和脾調血。安肺斂氣，緩中散熱。瀉痢腹痛，吐衄目濇。癰腫癥瘕，肝火能泄。固腠理，入血海，益陰，療一切血症。産婦禁。〔用根，或酒炒，各隨症製。〕赤芍酸苦，微寒瀉火。散血通便，腸風經阻。癰腫目赤，利水燥土。能行血滯，産婦休睹。治腹痛血痹，赤散而瀉，白補而斂。反藜蘆。〔用葉，紅花者佳。修治同白芍。〕

爵牀性寒，微辛能散。血脹血痛，腰脊牽扮。除熱療傷，杖瘡不爛。又曰香蘇，爵麻名判。俗稱赤眼老母草，似大葉香薷，其氣微臭。〔用莖葉。〕積雪草苦，微辛性涼。散熱解鬱，瘰癧鼠瘡。丹毒風瘮，血閉痛殃。胸膈氣壅，攻結飲湯。搗敷熱毒癰腫，浸淫赤熛，癬疥，瘰癧鼠漏。〔用莖葉，五月花時採，陰乾，研末用。〕蘄草甘寒，療熱喘息。小兒丹腫，服之有益。龍舌草同，癰疽乳癖。湯火灼傷，搗塗濟急。龍舌汁能軟鵝、鴨卵。蘄草可蒸魚食甚美。〔蘄草採莖，曝乾。龍舌用根莖，煮丹石。〕酸模根苦，酸寒是葉。暴熱腹脹，生搗服汁。皮膚蟲疥，汗斑擦釋。圍灸瘭疽，並止痢疾。治瘭疽，搗根葉圍住，艾灸百壯。合葵汁服。〔根葉花莖同羊蹄草，惟味酸耳。〕井中苔甘，大寒除熱。湯火灼傷，水腫瘡疾。船底苔冷，療熱淋疾。時疫解毒，鼻洪吐血。解野葛、巴豆毒。船底苔和陰陽，清利頭目。〔俱鮮用良。古井中萍藍亦佳。〕水苔甘冷，止渴去熱。利便消腫，火丹瘡癬。蓴菜甘寒，能壓丹石。逐水消腫，傷虛服益。蓴菜能下蟲，治熱疸，止嘔。不宜過食，傷人。〔二物俱可食。蓴多食之則擁氣，發痔，損髮齒。〕水藻甘寒，止渴除熱。游瘮火瘡，搗塗甚益。苦草平涼，白帶能截。嗜茶面黃，脂麻同食。藻有二種，入藥用葉長二三寸名馬藻者。〔水藻入藥，用馬藻，陰乾，或鮮使良。〕雞頭菜鹹，止煩除熱。根療偏墜，小腹痛急。慈菇葉寒，敷腫瘡癬。赤游丹毒，蛇蟲傷螫。葉調蚌粉，塗瘙痱。慈菇汁：下胞衣、石淋良。〔雞頭根，煮食如芋。〕蓮花鎮心，悅神益色。蓮蓬殼苦，療腹脹急。催生下胞，止一切血。解菜菌毒，燒灰服益。蓮薏：清心，止霍亂，消渴。蓮鬚：濇精血，黑髮。〔花用白者良。蓮薏、蓮鬚陰乾用。〕荷葉苦平，除煩止血。發痘下胎，清少陽熱。健脾益胃，消水腫疾。定痢安胎，宜用荷鼻。藕節：苦濇，止一切血症。荷梗：通氣，療瘟疫。〔荷葉宜用鮮者。〕石蓮子甘，微苦性濇。止吐嘔噁，熱渴欬逆。白濁遺精，便數可節。清心寧神，強志腎益。石蓮：乃帶殼沉水，久則堅黑，與蓮肉不同。〔此即野蓮也。搗去黑殼及心，炒研用。〕菱花性涼，其味苦濇。合染鬚藥，變白為黑。烏菱殼同，灰止痢疾。亦入染藥，鬚毛如漆。菱花背日向月，晝合宵開，乃純陰之物也。〔烏淩殼燒灰，止熱毒泄痢效。〕蛇莓枝葉，搗汁用之。甘酸大寒，熱病可施。傷寒狂躁，口噤口糜。射工蛇毒，飲汁堪醫。能通經療閉，及脇瘡癰腫，湯火傷，搗敷良。〔取莖葉並根，搗自然汁用。〕

木鱉子苦，微毒清涼。痞積瀉痢，瘰癧痔瘡。消腫追毒，喉痹最良。能除粉刺，狗食斷腸。病欲去胎，木鱉研膏，納牝戶。又洗肛腫效。〔用核仁，壓去油。〕番木鱉仁，苦寒療熱。喉痛痞積，磨之噙汁。白英甘寒，療疸消渴。除瘧丹毒，風瘮熱結。番木鱉下胎。白英子：名鬼目，除頭眩明目。〔番木鱉，豆腐制。白英用根、苗、葉、子。〕馬兜鈴寒，苦辛降熱。清肺定喘，理痰嗽急。根苦冷毒，吐蠱逐積。能去頭風，利腸止血。除鬼疰，塗諸瘡疔腫、蛇傷、白禿。苗：亦同。〔用實，去華膜，取淨子焙。〕預知子苦，性寒帶補。治癖氣塊，卻瘟療蠱。蛇蟲咬傷，藥毒堪吐。利水止煩，催生救阻。綴衣領中，遇蠱毒則鳴，故名。根，研服，功同。〔淘去浮者，去皮碾頭末，用雙仁者可帶辟蠱。〕王瓜苦寒，解五臟熱。黃疸消渴，癰腫時疾。月閉帶下，墮胎逐血。利大小腸，通乳散結。即土瓜。發斑，搗汁，和伏龍肝服效。瓜子同。〔用根。〕黃環根苦，有毒殺蟲。鬼疰邪氣，水腫便阻。痰熱咳逆，降下是主。子名狼跋，療瘡疥普。子治惡瘡蝸疥，酒磨塗效。投水中，魚皆死。〔採根，晒乾用。〕天冬苦寒，潤肺滋腎。去風殺蟲，勞熱燥症。咳吐膿血，肺癰喘病。陰虛骨蒸，消渴火盛。功在清金益水，邪火自散。腸滑胃虛者禁。〔用根，去皮心。蒸，曝乾用。禁鯉魚。〕伏雞子根，解百藥毒。熱悶黃疸，中蠱瘴瘧。除熱頭痛，傅癰腫惡。味苦性寒，功同白藥。療生畜諸病，馬黃牛瘡，騾驢病，水磨服之。〔根似烏形者良。〕山豆根苦，瀉火保金。口糜喉痹，風熱牙痛。蟲痛五痔，瘡腫消靈。治毒解蠱，止嗽清心。苦寒之味，去浮游火，急治其標，宜兼風藥。〔八月採根，曝乾用。吐蠱效。〕黃藥子苦，無毒性涼。降火止血，喉痹惡瘡。消癭神效，煎酒緩嘗。蛇犬咬毒，研服亦良。又名紅藥子，産後惡物冲心，同紅花煎服。〔用根。馬熱病要藥。〕白藥子根，苦冷微辛。消腫喉痹，熱症心疼。逐痰止血，火降嗽寧。解百藥毒，刀傷可平。解野葛、生金、巴豆毒。研末，敷金瘡止血效。〔用根皮，九月採，日乾。馬病要藥。〕陳家白藥，苦寒療熱。解諸藥毒，辟瘴瘟疫。甘家白藥，性味同一。有毒解毒，吐蠱惡物。衝洞根苦，治癰瘡癖。

蛇犬咬傷，宜磨服汁。 突厥白苦，金瘡止血。 諸藥合成，續筋接骨。 天壽根涼，除煩利膈。 以上五種，治療配出。〔俱用根。〕 剪草苦涼，能療惡瘡。 殺蟲癬疥，癆瘵奇方。 有神傅膏，末合蜜餹。 九蒸九曝，調服極良。 治肺損咯血，及血妄行，面東調服一匙效。〔用莖葉。不得犯鐵氣，宜冷服。〕 白兎藿苦，極能解毒。 猘犬咬傷，惡蟲菜肉。 鬼疰風疰，煮汁飲服。 蛇虺蜂螫，外敷消伏。 一名白葛，解一切毒物入腹。 外敷惡瘡效。〔用莖葉，莖有白毛，五六月採，陰乾。〕 紫葛苦寒，性滑止煩。 惡瘡癰腫，熱毒風頑。 生肌散血，癱瘓拘攣。 通腸利便，傷損俱堪。 功在生肌破血。 苗葉：似葡萄。 治產後煩渴。〔用根皮，八月採、乾。〕 赤地利根，無毒苦平。 冷熱諸痢，帶下白淫。 斷血破血，癰腫疽疔。 蛇蟲犬咬，莖葉敷靈。 能涼血解毒，故治游癬熱瘡，丹毒火瘡效。〔用根，同藍葉蒸用。 外敷生磨良。〕 葎草苦寒，通淋利便。 止痢除瘧，癩風治遍。 消蟲逐瘀，尿血汗見。 蛇蠍蟲傷，搗敷效驗。 又能止精益氣，去邪熱，辟瘟疫，止渴安臟。〔根苗汁俱用。〕 烏蘞苺酸，無毒苦寒。 尿血喉痹，瘡癧游丹。 惡蟲咬螫，撲跌傷殘。 涼血解毒，酒服能安。 搗敷一切腫毒，惡瘡熱癤，利小便，去邪熱。〔根苗並用。〕 羊桃苦寒，其性滑利。 除熱消風，能散積聚。 五水大腹，通便益氣。 湯洗瘡腫，排風惡癘。 除小兒赤游惡瘍，四肢腫。 葉：敷蜘蛛咬毒。〔用莖根。〕 蘩縷苦酸，破血下乳。 療瘻惡瘡，下疳淋痔。 雞腸草辛，腫散便止。 除熱斷痢，丹毒癢已。 又落葵子仁：細研，和白蜜塗面，鮮華嫩潔。〔蘩縷晒乾，為丸，下惡血。 雞腸草搗敷外症效。〕 薺菜子甘，去風毒氣。 除瞖明目，腹脹通利。 根葉燒灰，止赤白痢。 赤眼暴痛，搗汁滴濟。 老莖作挑燈杖，辟蚊蛾。 根灰，治痢極效。〔子，三月三日採，陰乾用。 饑歲亦堪煮食。〕 苦菜性寒，能調經脈。 止痢血淋，胃氣煩逆。 塗疔拔根，潰癰滴汁。 明目益人，除臟邪熱。 根：治赤白痢，諸淋。 花、子：去中熱黃疸，安神。〔採，煮湯，熏洗痔瘡大效。〕

蒲公英甘，清涼屬土。 專清脾胃，狐尿刺蠱。 散腫通淋，消癰通乳。 一切惡瘡，疎經無阻。 散滯氣，消惡腫解熱毒，療疔疳，外科要藥。〔採莖葉，陰乾用。 鮮者搗汁良。〕 苜蓿根汁，通淋瀉熱。 除煩酒疸，目黃便赤。 莧實甘寒，驅蚘風疾。 益氣滋肝，療瞖花黑。 根：治陰冷腹痛脹滿。 搗爛傅之，亦治牙痛。〔苜蓿根，服之吐利而愈疾。 莧根，擦牙燒灰用。〕 馬齒莧草，酸寒散熱。 消腫通淋，利腸破血。 諸風蟲疾，帶下赤白。 一切外症，蜂蠆蟲螫。 可作蔬食。 外治搗敷。 子：療目瞖，利腸除熱。〔外症搗敷。 內食解毒，去熱。 大葉者有水銀。〕 山丹花涼，療疔活血。 根治崩中，消腫最急。 草石蠶根，甘除風疾。 行血止痛，酒浸服益。 又菰根：寒。利便止渴。 灰：敷湯火瘡。 葉：利臟。〔山丹花曝乾可食。 草石蠶可醃食，多食生蟲。〕 絲瓜葉涼，擦癬瘡效。 疔腫癰疽，脬癩敷到。 籐根解毒，腦漏服療。 齒蠹牙宣，灰擦漱妙。 卷鬚稀痘。 有天羅勒：治溪毒，或即此藤也。〔收卷鬚，陰乾。 元豆煎湯浴兒，只一人知，解胎毒，稀豆大驗。〕 絲瓜筋涼，燒灰快痘。 踈風行痰，行經絡透。 下乳治疝，消癰腫驟。 解毒殺蟲，便血痔漏。 又冬瓜皮：為末，入面脂，治折傷，馬汗瘡。〔以經霜極老者，燒存性用。 或炒研，配藥。 冬瓜皮陰乾，為末，敷服。〕 茄蒂甘涼，擦癜風疾。 灰治腸風，乳裂齒蠹。 根葉莖煎，凍瘡洗漬。 陰挺口蕈，淋痛瘀血。 花：治金瘡、牙痛。 又苦茄子：醋磨，塗癰腫效。〔擦癜風，白者用白茄，紫者用紫茄。 花燒灰，研用。〕 壺蘆甘冷，除煩清熱。 利腸潤肺，石淋消渴。 腹脹黃腫，服壓丹石。 預解痘毒，蔓鬚花葉。 葉可以茹。 子：治齒痛齦腫，同牛膝煎湯漱。〔此可為瓢，為藥壺之壺蘆也。 嫩時亦可煮食，老則為器用。〕 苦瓠瓤子，寒治黃病。 陽水浮腫，便閉淋症。 惡瘡癬疥，蟲痔疣應。 齲齒蚘孳，漱服痛定。 花：治一切瘻瘡。 藤：煎浴麻瘡、白禿，入鹽效。〔急黃病，以煎汁滴鼻中，出黃水效。 花，曝乾，研末傅。〕 蕨根灰治，蛇蟓傷咬。 花焙末服，腸風熱了。 百合花治，天泡瘡好。 子止便血，末服酒炒。 蕨根及百合花俱用，菜子油調敷患處效。〔蕨花焙研，為末服，米飲下。〕 小麥苗辛，寒治熱疸。 時疾狂悶，利腸熱散。 麥奴解毒，瘟瘧渴反。 欲蝕疣痣，燒灰麥稈。 大麥苗：利便，洗凍瘃。 大麥奴：解藥毒，治同。〔苗俱煮汁服。 麥穗將熟而黑黴，曰麥奴，丸服。〕 浮麥甘寒，益氣除熱。 自汗盜汗，骨蒸炒食。 麥麩性涼，療傷散血。 慰諸痹痛，治痢瘡疾。 時疾熱瘡，湯火灼爛，醋調罯貼，並滅瘢痕。〔淘浮水面者，焙用。 麩炒熟用。〕 大麻仁甘，潤腸破血。 脾弱胃乾，三陽燥結。 利便通乳，催生去積。 皮膚頑痹，風癩蟲蝕。 補中益氣，治中風，止嘔逆，潤毛髮，復血脈。〔以帛包，置沸湯浸過，懸井中一宿，再曝焙，去殼用。〕 綠豆莢涼，治久赤痢。 嫩蒸食之，煎服亦濟。 豆皮解熱，能退目瞖。 白豆葉平，利臟下氣。 綠豆皮裝枕，能明目，去頭風，同菊花，更涼。〔發豆芽者，其皮頗多，乾用。〕 狼尾草子，甘平無毒。 服可療飢，蒯草並屬。 菰米甘冷，調胃止渴。 茵草子酸，久服氣足。 又葥草子：止嘔。 蓬草子：調中。 東廧子：益氣。〔此皆可以充糧救飢，調中益胃，俱熟食。〕。 雞窠中草，夜啼戴歇。 遺尿白禿，服搽俱得。 猪窠中草，夜啼亦辟。 牛齝囀草，反胃噎膈。 吐利流涎，噤口服汁。 王明草苦，浴兒除熱。 宜南草奇，佩止驚疾。 羊實草苦，禿瘡洗潔。 惡疥瘙痂，塗浴自滅。 田母草涼，除心煩烈。 屈草苦寒，療胸脇秘。 補益定痛，寒熱痛痹。 木甘草甘，熱

腫癰去。青雎草苦，療瘡惡癘。禿白可痊，殺蟲火氣。赤赫草寒，除蟲瘍異。曠石草甘，治熱渴濟。敗石草苦，渴痹堪庇。河煎草酸，使喉癰利。以上七種，九名並記。良達草涼，治渴痛齒。戈共草苦，驚氣邪止。傷寒腹痛，羸瘦堪使。白扇根苦，瘧疾能已。皮膚寒熱，汗出色美。常吏之生，常更名比。苦寒無毒，明目清理。芥草苦寒，梨葉即此。除濕止血，痰痹並起。以上五種，七名是紀。斷鑵草苦，能拔疔根。千金鑑苦，蛇蠍傷人。搗敷瘡癤，痛定肌生。藥王草苦，解毒煩驚。鼻衄吐血，躁熱俱清。黃寮郎草，倒摘刺名。治風喉痹，牙痛塞靈。灌草性滑，鼠肝別名。療瘡外疾，癰腫俱平。以上五種，七個名真。田麻草苦，治癰腫癤。苦芥子寒，療風煩熱。明目定躁，亦能清血。布里草甘，殺蟲疥疾。露筋草辛，氣涼性濇。蜘蛛蜈蚣，傷螫搗貼。九龍草苦，治喉風急。搗汁灌之，渣敷傷折。蛇虺咬痛，並療重舌。插入喉中，痰涎吐出。芥心草寒，敷瘡疥效。鵝項草苦，咽病急療。銅豉草寒，毒瘍敷到。鴨腳青苦，疔瘡拔弔。天仙蓮苦，外症敷要。猪藍子苦，通耳名號。耳內有膿，為末吹竅。佛掌花苦，疔瘡服導。醉醒草奇，解醒嗅炒。以上八種，九名齊叫。郭公刺苦，光滑刺名。天泡瘡毒，哮喘俱平。羊屎柴草，牛屎亦稱。曰鐵草子，發背癰成。排膿收口，下血能停。搗爛敷腫，毒魚用根。三角風辛，風濕疽疼。葉下紅甘，飛絲目侵。羊茅甘冷，喉痹服靈。以上五種，七號同云。百草燒灰，洗治瘰癧。猘犬咬傷，金瘡出血。洞注下痢，用管吹入。百草花丸，能治百疾。或釀成酒，或丸作粒。起死回生，卒死救急。有治小兒，諸草記識。井口邊草，夜啼貯薦。樹孔中草，腹痛能息。產婦塚草，浴兒諸疾。

補遺　金蓮花苦，無毒性寒。口瘡喉腫，浮熱牙宣。耳疼目痛，煎服俱安。有缽囊花，療熱亦堪。俱出五臺山。又名旱地蓮、金芙蓉，可代茗。〔金蓮色深黃，味滑。缽囊淡紅色，蕚似黃葵花，生葉上。九華亦有。〕　千年藴苦，微甘解毒。清胃降火，能止吐血。嫩者陰乾，棗煎七葉。根療喉風，痹痛點汁。卷心葉短尾圓者真。有牛舌草：形同。無用。〔於四月十四剪葉陰乾，每同紅棗七枚辟開煎飲，止血大效。〕　鹽蓬似蒿，燒灰淋汁。煎煉得鹽，可以調食。鹻蓬相同，鹻浣衣潔。性味鹹涼，清熱消積。產於北直鹹地，割之燒灰淋湯，煎熬得鹽。〔葉圓，長至秋，莖葉俱紅。燒灰煎鹽，勝海水煮者。〕　知風草苦，產在雷瓊。蔓生計節，占颶風靈。一風一節，無節休驚。得以煎服，風症追輕。蔓生，無毒。春日視其苗，一節則一次風，驗。〔以無節者浸酒，治風得效。〕　海棠花酸，性寒無毒。和蜜搽面，澤膚潤肉。紫茉莉涼，收子研末。和入面脂，皯黯漸脫。海棠幹：搗汁，治咽喉痛。紫茉莉，搗敷癰腫。〔海棠、紫茉莉皆喜背陰而生，故性俱寒，火熱症宜用。〕

藤部　忍冬甘涼，入肺散熱。解毒補虛，療風養血。五種尸疰，赤痢腸澼。癰腫楊梅，癬疥瘡癤。花、葉、枝、莖同功，花即金銀花，為外科要藥。〔花四月採，陰乾。或蒸露，清涼解毒，稀痘。〕　解毒子根，苦寒性降。清肺利咽，除痰安臟。止煩清目，療蠱辟瘴。消一切毒，散火熱壯。治咽喉腫痛，同山豆根、射干等末服，得效。〔用根。春採，曝乾。亦入馬藥。〕　凌霄花酸，微寒治血。崩中經閉，淋帶腸結。莖葉根苦，主治瘻躄。喉痹瘾癢，諸風熱疾。手足厥陰藥也。能涼血，去伏火，故療諸症。〔勿近鼻聞，傷腦。露入目，致昏眛。〕　薔薇根苦，性冷除熱。諸瘡疽腫，疳蟲血結。咽痛牙疼，消渴痢疾。主治略同，子名營實。療消渴，口糜，骨哽，金瘡，出箭刺，目昏，陰蝕。〔入藥用白花者良。〕　栝蔞仁甘，潤下清上。補肺定嗽，津生火降。消腫止血，利咽胸暢。鬱痰垢膩，熱積滌蕩。實：苦，寒。利便。仁：研。霜：佳。瀉者忌服。反烏頭。〔去油為霜，能出虛痰。〕　天花粉涼，甘苦潤肺。生津除熱，解毒消胃。時疫狂語，癰疽發背。滑痰破血，止渴熱退。即栝蔞根，磨細澄粉。莖、葉：酸，寒。清熱消暑。〔采括蔞根，去皮切，水浸日換，四五日，搗末濾汁，澄粉，晒乾用。〕　藤黃酸濇，微毒殺蟲。蚛牙點落，樹汁成濃。黃藤汁造，產粵西東。點眼藥用，撲損收功。黎洞丸中用，是療損傷。《本草》不載。番黃同。〔《綱目》為番地樹脂，今粵西東所產，皆黃藤汁熬成，具番黃或另一種。〕　千里及苦，小毒去瘴。療熱黃疸，蟲毒摒擋。退熱明目，赤痢腹脹。風眼爛弦，燒灰細上。不入眾藥。退熱同甘草，治痢同小青，煎服。〔用花葉。其莖入眼藥。〕　丹皮辛苦，微寒治熱。心腎胞絡，二陰火熾。和血涼血，破血生血。五勞煩燥，療癰通脈。下胞胎，治中風，止吐衄，瀉伏火，去骨蒸。〔用根皮，酒拌蒸。〕　獼猴桃藤，其汁甘滑。性寒無毒，反胃宜呷。亦治石淋，熱退通達。枝葉殺蟲，瘑疥洗拔。汁合生薑汁止嘔極效。枝葉煮汁，飼犬良。〔枝葉煮飼大豕，除癩。〕　萬一藤涼，敷蛇咬傷。百丈青治，瘧瘴疫良。瓜藤解毒，傅散諸瘡。石合藤葉，末斂瘡瘍。又野豬尾：苦，濇，性涼。治心氣痛，解熱毒效。〔俱陰乾，研末用。〕

補遺　金梏欖苦，大寒解毒。咽喉痹急，口爛宜服。癰疽發背，焮赤疔瘯。蛇蠍蟲傷，磨塗痛伏。治目痛耳脹，熱嗽嵐瘴，吐衄，一切外症效。〔產廣西。生於藤，根堅實而重大者良。藤亦可用。〕

木部　皁蘆葉苦，大寒清熱。止渴明目，消痰利膈。治淋頭痛，咽喉痛急。醒睡除煩，通腸水泄。即苦薆茶也，性冷。解毒，治牙疼，目痛，口糜。〔胃冷中寒，及虛火上浮者忌。〕蘆薈苦寒，涼肝明目。鎮心除煩，五疳要藥。殺蟲治癬，牙䘌齒落。腦疳鼻癢，驚風熱瘨。專殺諸蟲，故治疥癩齒䘌肛蝕痔瘻等症。〔出波斯國。或云樹脂，或云草質。未確存考。〕黃蘗苦寒，入腎膀胱。瀉火明目，血痢諸瘡。利濕療疸，堅腎涼腸。諸瘻帶漏，癰腫敷良。治驚骨蒸，疳蟲陰蝕，崩衄，口糜，痔瘡效。〔用皮，去粗，取黃者。治上酒炒，治中蜜炙，治下鹽水炒，生用降下。〕小蘗苦寒，治熱血崩。口瘡疳䘌，心腹熱行。檀桓味同，止渴安魂。五臟百病，久服輕身。檀桓乃老蘗根旁芝也。小蘗則另是一種。〔炮製皆與黃蘗同。檀桓為散，服盡一枚效。〕梓白皮苦，性寒去熱。能殺三蟲，亦止嘔逆。煎洗瘡疥，并療目疾。時氣溫病，濃熬服汁。葉：飼豬令肥。搗敷火爛蝕瘡，風癬疙瘩效。〔梓、桐、櫍、楸、榎同類而異名，主治則一。〕黃櫨木苦，其性燥寒。能除酒疸，專去熱煩。皮枝洗眼，赤痛能安。湯火漆瘡，敷浴俱堪。與黃蘗相類，而專治上焦熱。亦可染黃色。〔枝、皮、根、葉並用。〕楸木白皮，小寒味苦。消食濇腸，殺蟲定吐。一切外症，搗敷遍普。排膿生肌，能消能補。葉：亦同搗傅瘡疽瘻痔，癰腫發背，潰瘍效。〔白皮煎膏，貼諸瘡癰腫效。〕臭梧桐葉，苦寒無毒。腫毒惡瘡，洗敷可伏。木皮殺蟲，療痔淋濁。腎氣奔豚，俱堪煮服。沐髮滋潤，去頭風。花：敷豬瘡，飼豬能肥大。〔葉與木皮俱宜鮮用，煎洗瘡疥。〕梧桐白皮，微甘冷滑。能療腸痔，塗黑鬚髮。子治口瘡，葉敷背發。乾葉研末，蜜調得法。子：甘，平。可食。治疾燒灰用。木灰：乳調，抹髮。〔葉炙焦，研之，調敷一切癰腫，乾即易之。〕岡桐子油，甘寒有毒。風痰喉痹，惡在胸腹。掃喉探吐，砒霜蠱逐。蟲瘡疥癬，熬敷愈速。有椰桐皮，治蠶咬、蜘蛛傷毒入腹，服敷效。〔油以篾圈蘸起如鼓，不破者真。〕槐實苦寒，入肝氣分。踈風濕熱，便血痔症。明目固齒，頭腦眩運。治疝殺蟲，陰瘡癢病。性純陰，能潤肝燥，涼大腸，解煩悶，墮胎產。〔去單子及五子者，銅鎚打碎，烏牛乳浸，蒸用。〕槐花苦涼，入肝大腸。熱痢五痔，止血甚良。失音喉痹，赤眼風瘡。葉療癮瘮，難產飲湯。葉煎湯，治驚癇，疥癬，牙痛。嫩芽：可以代茶。〔采開者，陳久良。入藥微炒用。〕檀木皮根，辛有小毒。搗塗瘡疥，殺蟲亦速。合榆皮粉，服可斷穀。又有小檀，其根似葛。有黃、白二種，葉皆似槐，皮青，木可作藥杵。〔檀木杵搗藥及為斧柄，俱堅。葉堪代茶飲。〕莢蒾枝葉，無毒苦甘。下氣消穀，殺蟲化痰。煮汁作粥，小兒宜餐。更飼六畜，蛆瘡自安。又名擊蒾，又名羿先。亦檀榆之類，小樹也。〔莢蒾皮堪作索。〕欒華苦寒，治目痛淚。合黃連煎，赤爛俱退。又有石瓜，療心痛痗。煎洗風痹，諸藥不配。欒華子，俗稱菩提子，可作念珠。石瓜相類。〔欒華用子，其葉亦堪洗目消腫。〕欅木皮苦，性寒治熱。時行頭痛，水氣痢疾。毒風脇腫，蠱毒下血。妊婦腹疼，火瘡敷葉。治熱結腸胃，能安胎。葉和鹽搗，敷惡爛瘡。〔用久年老樹，只有半邊向西者良。去粗皮，蒸焙用。〕柳枝根皮，除風黃疸。消腫止痛，淋濁熱散。葉搗煎膏，續筋骨斷。洗諸瘡疥，熱病能趕。療心腹血痛，傳尸骨蒸，下水氣，解丹石毒。〔柳木削籤剔牙，去風痛。〕柳絮罨瘡，逐膿止血。濕痺疼痛，宜裹宜貼。柳華研汁，苦寒解熱。風水黃丹，塗面除黑。在樹曰華，飛颺為絮。又柳膠：亦治惡瘡效。〔華未開時，於枝上剝下，用絮則實亦相連。〕白楊木皮，苦療腳氣。牙痛口瘡，折傷風痹。消癭瘙腫，妊娠下痢。枝葉俱寒，口齒同治。皮煎膏，續筋骨，去痰癖。枝葉：漱齒痛，口糜。〔以銅刀刮去粗皮，蒸，陰乾用。〕

扶移木皮，與白楊同。微有小毒，殺瘃瘡蟲。散瘀療痹，腳氣血風。合五木皮，湯洗能通。即南土白楊也。五木，乃桑、槐、桃、楮、柳，同煎。〔炮製與白楊同，炭置酒中，味不敗。〕榔榆無毒，甘寒性平。通利水道，能下熱淋。小兒解顱，敷服能寧。令人得睡，退熱神清。與大榆同，皮有滑汁，八月莢為異耳。〔花、葉、莢性同，用皮。〕梔子苦寒，瀉心肺火。引熱由便，三焦不阻。止一切血，解熱狂可。懊憹瘡瘍，五疸並主。治皰皶、白癩、目赤，毒風時疾。花：澤顏色。〔子去皮鬚，甘草水浸。生瀉；火炒黑，止血。內治用仁，達表用皮。〕鼠李子苦，微毒性涼。治水癥疝，瘰癧蟲瘡。痘症黑陷，下血服良。皮主風痹，疳疾嘗湯。必勝膏用桃膠湯下，療痘陷，齒䘌疳蟲效。〔采黑熟子，於砂盆研爛，濾汁，銀器內熬膏收用。〕衛矛苦寒，微酸性濇。通經落胎，破癥陳血。皮膚風毒，止崩帶疾。殺蟲除祟，消磨鬼積。療中惡腹痛，百邪鬼病，人家蟠牆以衛祟。〔用箭頭拭去赤毛，酥拌炒。〕枸杞子甘，微苦微寒。滋腎益氣，潤肺清肝。生精堅骨，明目療瞞。助陽補虛，止渴除煩。去風，治心病嗌乾疼痛。榨油，點燈明目，效。〔揀淨酒潤，搗爛入藥。〕枸杞苗葉，甘涼益志。補勞損傷，扶陽助氣。消熱散腫，骨節風去。清心明目，消障除翳。去上焦心肺客熱。葉可代茶，除煩，大補益人。〔採，陰乾用。煮汁飲，解麪毒。〕地骨皮苦，微甘淡寒。腎虛風熱，降肺清肝。涼血補正，內熱勞煩。骨蒸齒痛，吐衄虛瘻。入三焦治熱淫症，除咳嗽，尿血，有汗風邪。〔東流水洗，甘草湯浸，焙用。〕木芙蓉葉，微辛清涼。一切癰腫，敷之極良。解熱止血，湯火灼瘡。扶桑花葉，治腫疽瘍。芙蓉葉搗敷一切腫毒極效。扶桑亦同功。〔芙蓉花、葉、根、皮俱堪搗用，名

清涼膏，清露散、鐵箍散，皆此也。〕 柞木皮苦，治黃疸病。鼠瘻難產，利竅亦應。黃楊木葉，催生亦稱。搗塗瘡癤，排膿消硬。柞木葉：亦治腫毒，有柞木飲，為外科要藥。〔柞燒研，水服。黃楊入水沉者無火，故作梳長髮。〕 懸鈎子酸，醒酒止渴。清熱降痰，射工毒拔。葉治喉風，根療崩脫。赤帶淋露，久痢能奪。厥陰、太陰藥也。能除積熱，和陰，故治久痢。〔葉燒灰，水服，主喉中塞。〕 琥珀甘平，入肝與心。療癲破積，定魄安魂。生肌止痛，利便通淋。磨翳明目，止血消癥。又豎珀：相同，安神破血，辟惡磨障，亦生肌。〔以柏子仁同煮，搗用。嫩黃者，為蜜蠟。〕 占斯木苦，即樟寄生。療水濕痹，堅積血癥。惡瘡癰腫，脾熱腹疼。手足瘡爛，內癰服靈。有木占斯散，治內癰，服之膿血上下分出。〔取皮，微炙用。〕 石刺木根，皮苦性平。破產後血，亦治結癥。淮木辛苦，久欬能清。陰蝕白沃，下漏俱輕。又有城裏赤柱：治難產，與淮木異，煮汁服。〔此皆是寄生也。〕 李根白皮，止渴煩逆。奔豚熱痢，帶下赤白。齒痛丹毒，漱洗瘡疾。花除鼾䵟，葉浴兒熱。小兒驚癇，煎湯浴。樹膠：治目瞖，定痛消腫。〔根取東行者，刮去皺皮，炙黃用。〕 苦棗酸苦，性寒味劣。除煩去滿，能解伏熱。取肉煮丸，通便閉寒。茶花老葉，解痢毒熱。茶葉嫩者稱茗，可品，泉作飲。老葉稱蠟茶。〔茶花色白微黃，形似野薔薇。四月採，陰乾用。〕 柑皮辛冷，下氣調中。肌浮喉痛，解酒有功。傷寒勞復，服汁煎濃。葉治聤耳，止血水膿。葉汁，滴耳效。核：入面脂藥，去鼾䵟、鼻皶效。〔皮多食，令人肺躁。〕 無花果葉，微辛小毒。五痔腫痛，熏洗收縮。馬檳榔仁，瘡腫毒服。難產嚼之，胞衣下速。其味苦寒，治傷寒熱病，欲斷產者食之。〔即優曇缽之葉也。形似枇杷葉而無毛。〕 都咸子樹，皮葉甘平。火乾作飲，肺潤痰清。傷寒咳逆，止渴神寧。枳椇子木，五痔能平。枳椇木解酒，療五痔。木汁治腋臭，洗之效。〔枳椇能敗酒，故能解醒。葉亦相同。〕 鹽麩子酸，鹹除瘴瘧。喉痹黃疸，咳痢蠱惡。白皮殺蟲，破血能約。根治酒疸，骨鯁軟卻。子：消痰飲，生津潤肺，降火，治風濕眼痛。〔有蟲生其上，即五倍子也。〕 黃屑味苦，能療霍亂。酒疸目黃，熱痢可斷。治野雞病，破血性悍。心腹諸病，酒服散渙。樹似檀。西番來者，如木屑，可染黃，其性寒。〔熱痢下血，野雞病，俱水煎服。〕 那耆悉苦，一名龍花。結熱黃病，便澁時邪。赤游丹毒，宜服宜搽。風弦爛眼，取汁洗嘉。出西南諸國。大能降熱，取汁點目，去障效。〔煎水服，或搗渾汁塗瘡。〕 古廁木板，燒辟瘟疫。魍魎神祟，杖瘡熏益。河邊腐木，令人大歡。學木核甘，平胃除熱。脇下留飲，服之自失。荻皮味苦，去蟲止渴。芙樹有毒，蒸熏痹濕。又有帝休，服解愁鬱。大木皮苦，熱毒總絕。以上七種，載之攷實。

補遺 金不換苦，名同三七。木本葉歧，生於石隙。別是一種，療傷止血。喉痹牙疼，膿磨服汁。此是木本，高三尺，葉厚，有三叉。性涼，味苦。〔按三七苗，名金不換，亦產粵西，與此性味不同。〕

苞木部 竹葉氣寒，痰火能清。除喘止渴，嘔噁煩驚。喉風胃熱，吐血失音。瘟疫狂亂，利便通淋。治頭旋驚癇，齒痛，壓丹石，殺蟲疰，洗脫肛。〔亦用淡竹葉，乃竹中之淡者，與草淡竹別。〕 䈽竹葉苦，除煩欬逆。風痙喉痹，嘔吐蟲熱。苦竹葉寒，解酒止渴。口瘡目痛，中風音失。服之醒睡。燒灰，和豬膽，塗一切惡瘡癬疥。〔此皆大竹，性俱寒。用鮮者。〕 䈽竹根苦，消毒止渴。淡竹根寒，去痰驚惚。煩悶煎飲，洗子宮脫。甘竹根涼，安胎功活。竹實：食之通神益氣。苦竹根：清五臟熱毒。〔諸竹根俱煮汁服。〕 竹茹甘寒，清金降火。止吐崩衄，胎煩服妥。噎膈嘔啘，傷寒勞瘴。五痔能消，虛熱最可。專治肺痿吐血。苦竹茹、䈽竹茹主治略同。〔竹茹亦用淡甘者佳。乃刮下青皮也。〕 竹瀝甘寒，性滑行痰。消風降火，利竅通關。口噤狂熱，胎孕子煩。驚癇天釣，痰下保安。此淡竹瀝，苦竹相同。䈽竹、慈竹治風熱痓。〔竹截二尺許，劈開，架兩磚中，以火炙兩頭，取瀝。〕 慈竹籜灰，塗惡瘡癬。山白竹灰，爛癰疽軟。諸笋搗汁，化痰除滿。清胃降火，滑腸利便。諸竹性皆寒滑，降火利痰，用惟淡竹為勝。〔籜笋，穀也。笋類頗多，汁當取苦竹笋者，力大。〕 竹仙人杖，鹹冷止逆。噦氣嘔乳，反胃吐食。驚癇夜啼，痁瘧可辟。鬼齒治忤，骨鯁服汁。仙人杖、死笋、鬼齒，腐竹根也。又治痔頭瘡。〔治痔頭瘡，俱燒灰用。〕

補遺 雲邱之竹，最為大極。可以為舟，只用一節。羅浮籠鐘，籠筄巨特。漢竹雲母，可作椑榼。麄冷蘇麻，椽瓦用葉。此皆大材，扶南產植。嶰谷籦龍，吹應呂律。䈡竹節疏，宜製長笛。思摩桂竹，筀竹同列。䈡簩石林，堅利如鐵。製鋌為刀，象皮能切。礪甲作弩，其皮最澁。箭竹堅勁，利堪勝鏑。又有毒竹，其名曰䈽。削鎗刺虎，中之則殪。簩竹亦毒，一枝百葉。人被其傷，潰爛死疾。箘簵二竹，造矢並直。筋竹堅緻，弩絃用力。籬竹有刺，蔓竹肉白。利竹絞索，篃竹柱立。棘竹編藩，刺竹名芀。隔境阻獸，與墉彷彿。篠竹如筋，外堅內結。拔之不曲，煙筒用吸。簞竹葉踈，碓煮絲出。以之為布，可紡可織。單竹形同，擘絲紡績。紙竹油竹，利用人益。有桃枝竹，編扇及薦。篠箹本同，試劍能截。棕竹皮色，勁挺中實。造扇作杖，為用多

益。斑竹雲華，湘妃竹即。簟扇稱佳，真者難得。石竹堅硬，造物若撴。筇竹為杖，方竹形別。人面竹奇，如面節凸。越王竹小，其細如荻。可作酒籌，愛其青色。建竹供玩，長不盈尺。細如燈心，竹形不忒。有釣絲竹，柔弱之質。簜竹相同，叢生葉密。可以編籬，園圃之隔。篔簹竹皮，每遭蟲囓，其紋如繡。符竹是葉，蟲食籀文，置書蠹辟。又有紫竹，大小不一。朱竹白竹，黃金間碧。鳳尾象牙，雞腿鶴膝。篸竹粉竹，諸般名列。竹類本多，繁難盡述。略敘其名，以備考識。

水部　露水甘涼，怡神殺祟。疥癬蟲癩，調敷藥對。百草上露，愈百疾瘸。頭痛勞瘵，點穴墨配。有甘露，潤臟明目。又甘露蜜，除熱益顏。〔秋露繁時，以金盤收取。甘露應國瑞，露蜜出西番。〕　柏葉上露，點目瞖退。韭葉上露，塗癜風痱。凌霄花露，傷目可畏。百花上露，澤膚色媚。有吉雲草上露，日照五色，服之諸病皆愈。〔吉雲草出吉雲國，或云東方朔得之，《呂氏春秋》美三危之露。〕　冬霜苦寒，解酒除熱。收拂痱瘡，蚌粉調益。臘雪甘冷，解毒狂疫。黃疸火症，洗目痛赤。又雹子，淡冷有毒，甕底久凝，納醬中轉味。〔霜雪俱於臘月收，甕藏用。〕　夏冰解煩，消暑止渴。熱症昏迷，燒酒醉釋。竹中神水，端日破得。清火化痰，消蟲逐積。又方諸水，乃銅鑄陰燧十一月壬子日取。〔五月五日午時有雨，急伐竹，中必有水，為神水也。〕　漚麻水平，止渴散瘀。粳米二泔，熱煩堪愈。利便涼血，吐衄止住。浸紅藤水，蟲疾下去。又漚苧汁：止消渴，療產婦血運，蠶咬傷毒。〔蔴乃黃蔴皮也。〕　胞衣化水，味辛氣涼。洗兒水飲，下胞最良。人胞衣埋地下，數年成水，治熱病大效。〔小兒落盆，胞衣不下，飲洗兒水一杯，即下。〕　浸蜆水寒，洗癰瘡痘。浸田螺水，痔腫洗皺。醃蟹汁鹹，喉風急救。細呷嚥之，齒痛含漱。浸蜆、田螺水皆澄清泥生用，取其性寒也。

補遺　陳芥菜滷，鹹味性涼。肺癰喘脹，飲呷救殃。下痰清熱，定嗽稱良。回生起死，真是奇方。芥滷汁貯甕中，埋於行人處三五年，取用。〔陳久者色如泉水，緩飲喘平。〕　豆腐泔水，清涼滌垢。通便下痰，癃閉能透。諸魚腥水，花木灑溜。辟截毛蟲，枝葉得懋。〔豆腐有用鹽滷點者，有用石膏點者，俱能清熱。〕

土部　蟑螂轉丸，苦鹹除熱。傷寒時氣，黃疸煩急。霍亂吐瀉，服當淋汁。燒灰存性，敷瘻瘡疾。一名土消，乃糞丸也。掘地得之，陳久者良。〔燒灰酒服，消項下癭瘤。〕　蚯蚓泥甘，治久熱痢。陰囊腫痛，熱瘧便閉。譫語狂疢，腮腫腳氣。一切外症，反胃膈膩。治金瘡、蛇犬諸蟲傷，諸瘡聤耳，牙宣症，效。〔治痢，譫語，沃汁飲。陰腫，甘草汁敷。諸外症，水敷。〕　螺螄泥涼，治吐胃熱。澄清曬乾，燒酒調食。豬槽上土，產難救急。和麪烏豆，服同煮汁。又治火焰丹毒赤黑者，水調敷，乾即易，效。〔以水浸取，晒乾。豬槽垢刮用。〕　井底泥涼，治湯火傷。妊娠熱病，心腹塗良。胞衣不下，和水飲漿。睡死不醒，塗眼奇方。勿令火照，嚙其踵，唾其面，垂井呼其名，效。〔以竹籮入井窔取。〕　烏古瓦土，止渴療熱。塗湯火傷，接骨傷折。古磚止噦，帶下痢疾。寒冷濕氣，燒熨有益。尿坑邊年久磚瓦，煅，醋淬，酒服，治傷損效。〔俱煅研用，或淬。年久者良。〕

金部　錫甘微毒，其性寒涼。消癭置井，服解砒霜。楊梅瘡惡，燃照燻良。能令銅響，鑄鏡生光。結砂塗玻璃為鏡，錫器中置食，隔夜有毒。〔錫為五金之賊，因能化砒，故有毒。又淘沙得者，曰斗錫，無毒，用良。〕

補遺　白銅礦辛，治風散毒。敷牛馬瘡，亦續筋骨。白銅辛涼，鎮氣不足。益肺下痰，伐肝明目。今白銅，以赤銅、砒石煉成者，有毒，不堪用。〔白銅礦煎煉質脆，必以赤銅點之始成。〕　菜花銅辛，產有自然。製刀切藥，性味不悛。打箔合劑，傷損堪痊。強脾益肺，除痹風癇。有風磨銅，置風露中，色燦如金，佩除風疾。〔此天生者，今之黃銅，乃赤銅合爐甘石煉成。風磨銅產西番。〕　紫銅鉚苦，產在滇南。金花鉚類，入藥亦堪。鎮心利肺，降氣墜痰。火瘕研末，續筋骨龕。錫鉚，有毒，磨塗疔腫。錢花：敷騾馬迎鞍效。〔錢花乃鑄錢爐中飛起黃沫，輕鬆者佳。〕

石部　玉性甘寒，服食用汁。療驚止煩，能消痃癖。清胃潤肺，開聲定息。滋養髮膚，養臟除熱。凡服玉者，皆不得用已成之器，及塚中之物。《淮南子》有三十六水法，化玉服之。〔《仙經》當搗如米粒，吞之良。〕　瑪瑙辛寒，無毒辟惡。治眼赤爛，熨之是瘥。玻璃味同，安心明目。治驚磨瞖，熨腫熱卻。玻璃亦琉璃同類，產西洋者佳。亦石煉成。〔瑪瑙十餘種，以砑木不熱者真。〕　寶石辛寒，能除目瞖。解熱安心，療煩驚悸。又有采石，五色俱備。貓眼鶻睛，得之不易。《山海經》云：騩山之淒水西注，產采石。即此。〔用紅者，研極細，配藥點眼。寶珠拭目，去塵灰。采石，即碧霞璽。〕　水晶辛寒，熨目除熱。亦入點藥，去瞖痛赤。硤石火珠，並是一物。製造眼鏡，睛明透澈。造眼鏡，合老少之光，昏目者明，短視者遠。〔有銀晶、墨晶、茶晶，銀晶透徹，茶墨養目。〕　琉璃石涼，熨赤眼瞖。菩薩石甘，解藥蠱毒。撲損瘀血，癰疽翳目。通經除淋，熱狂宜服。琉璃本產大秦國，有五色，刀刮不動者真。〔今晉省產琉璃，以煎煉造簪珥、燈器。亦有五色，稱為料石。〕　石膏辛甘，性寒入肺。發汗解肌，定喘清胃。舌焦牙痛，大渴神憒。專理陽明，三焦熱退。實火

灼金，陽明非下症，用以解肌表之熱。〔杵細，甘草水飛，曰生。或煆，或糖拌炒，則不妨脾胃。〕　理石味甘，大寒解熱。營衛邪煩，浮游火結。中風痿痹，去蟲破積。明目益精，酒服療癖。皮赤肉白，作斜斂，不似石膏，能解營衛熱。〔或生用，或煆用，性沉下。〕　長石辛寒，利便通血。明目去瞖，殺蟲逐熱。止渴下氣，五邪蕩滌。有方解石，主治功一。蓋石膏、理石、長石、方解石，同類而異出耳。〔俱煆研用。〕　井泉石甘，性寒除熱。風毒赤目，臉腫翳蠛。小兒諸疳，產婦搐搦。消毒療痈，五臟火結。消腫毒，治雀目青盲，膀胱熱閉，咳嗽等症。〔研極細，水飛過用。〕　浮石鹹寒，化積老痰。清金降火，嗽止瞖刪。消癭結核，疝氣腫寬。諸淋消渴，瘡毒能安。除野獸毒，疳瘡耳膿，腦痹。有暈石：通石淋。〔研極細末用，或煮飲。暈石磨汁服。〕　代赭石苦，寒入厥陰。專理血分，吐衄尿崩。金瘡長肉，疰蠱疳驚。膈噎嘔吐，鎮怯養陰。除五臟熱，止一切血，白帶遺精，墮胎下胞。〔煆赤，醋淬數次，研，水飛用。〕　石蛇鹹淡，解金石毒。婆（婆）〔娑〕石甘，瘴疫並逐。熱悶頭痛，藥毒宜服。白羊石淡，藥毒亦伏。三石俱淡，能解金石、百藥毒。又黑羊石同。〔石蛇左盤者良。婆娑，點血成水者真。曰羊石，生涼熟熱。〕　金剛石辛，塗湯火傷。砭石刺病，治癰腫瘍。石砮刺病，癰腫消亡。懸石性冷，專治火瘡。砭石出西方。懸石乃服鍊石人塚中所出。〔金剛石，以羚羊角同研碎之用。〕　薑石鹹冷，專治疔瘡。乳癰水腫，敷貼佳方。寶砂益氣，味性甘涼。止渴澄濁，赤眼洗良。薑石用白色不爛磣者佳，和雞子白調敷。〔寶砂即攻玉砂，產保德州者佳。研，浸水用。〕　河砂性涼，能治石淋。絞腸痧痛，風濕痹疼。筋骨攣縮，癱瘓不仁。血脈斷絕，曝熱圍身。治淋痧症，炒，淬酒，水飲，痹痛曝熱，取汗效。〔細白者佳。夏日蓋死尸，不臭腐。〕　石燕甘涼，諸淋宜服。磨眼障瞖，療治白濁。赤白帶下，催生手握。痔瘻腸風，久虛不足。治卷毛倒睫，傷寒尿濇，心煩，能牢牙止痛。〔或磨汁，或研末，或煆，米醋淬，各隨方用。〕　石蟹鹹寒，能療熱疾。催生下胎，癰腫疽癧。青盲止瞖，血運服益。喉痹漆瘡，金石蠱蠆。又有石鱉：甘，涼，無毒。治淋疾血病，磨水服。〔俱水磨用，或醋磨，敷腫。〕　蛇黃性冷，無毒鎮心。婦人難產，小子風驚。瘴瘧鬼瘧，便血肛疼。磨塗腫毒，疳熱能平。蛇黃生蛇腹中，或云蛇蟄含土結成，非也。〔燒赤，醋淬數次，研，水飛，或磨汁。〕　青鹽鹹寒，入腎涼血。吐衄溺紅，目痛赤濇。堅骨固齒，明目髮黑。心腹諸疼，外塗瘡癧。不經煎煉，故助水益氣，破積解毒，療瘡腫。〔有柔鹽、黑鹽、桃花、赤駁等名，皆西北晒鹽也。炒用。餘皆詳食部。〕　凝水石鹹，辛寒散熱。腹中積聚，五臟火鬱。傷寒勞復，水腫消渴。牙疼目痛，小便閉結。入腎，走血，除熱，壓丹熱毒，療湯火傷得效。〔此乃鹽精結成，堪以凝水以薑汁煮乾，研粉用。〕　綠鹽苦鹹，治目赤淚。膚瞖眵暗，並療疳痗。鹽藥鹹冷，熱煩可退。瘰癧諸瘡，蛇蟲傷碎。鹽藥治眼赤眥爛，點之。痰滿頭痛，鎮心，服。〔綠鹽產石上者佳，銅器中釀成者，不堪用。〕　蓬砂苦鹹，性涼降下。消痰清熱，散結破瘕。喉痹壹膈，口糜音啞。磨瞖軟骨，垢膩滌瀉。能柔五金，破堅積，治骨骾，利咽喉，去惡肉。〔有黃、白二種，西產白色者佳。〕　特蓬殺苦，散瘀療傷。蝮蛇咬毒，藥箭金瘡。膀頂敷救，惡水出黃。神悶能解，調服亦良。治癰腫惡瘡，痔瘻陰蝕，赤白游風，水傅良。〔出賀州山內。亦南硼砂類也。〕　生礬酸寒，除熱風痰。鼻齆喉痹，齒碎舌攣。口瘡口臭，胬肉疔頑。勞復女疸，瘧嗽蟲乾。解毒除蟲，點瞖，止痢，治痧症，霍亂，止諸血。〔俱用潔白，明礬化水服之，大能探吐，亦止嘔噁。雜色者不堪服。〕　波斯礬湯，淋洗腳氣。口瘡齒血，濯足反濟。洗目赤腫，漆瘡癬痢。卒死發斑，浸灌活異。治陰蝕陰癢，痔瘡下疳潰瘍，飲吐蠱毒，效。〔亦皆生用。枯礬別有專條。〕　紫石華甘，止渴清腸。白石華辛，涼脾膀胱。封石味甘，消渴宜嘗。熱中陰蝕，疽腫敷康。有冷油石，與凝水石相似，置沸油中即冷。〔俱研水服。〕

禽部　鸛骨大寒，治蠱服末。尸疰心痛，沐頭髮脫。腳骨及嘴，喉痹蛇哈。閃癖痞滿，煮汁灰服。卵：煮食，預解痘毒。屎：炒，治小兒天釣，蠍、麝同研。〔骨有毒，卵治傳尸有效。殺樹木蟲。〕　烏雄雞肪，治聾髮落。心治五邪，膽點赤目。肌瘡月蝕，痔淋搽酌。腸止遺溺，滑精白濁。止遺，男雌女雄，燒灰服。肪骨：療小兒羸瘦。〔肪，鍊用。腸，煮肪煆用。〕　鴨血鹹冷，解一切毒。野葛生金，砒霜並伏。射工咬傷，溺死灌活。肪甘治風，水腫宜服。掌黃皮：燒搽腳縫爛。鵜掌同。鵲腦：術家用。〔五月五日，或丙寅日，取鵲腦合媚藥。〕

獸部　豬膏甘滑，塗肌皸裂。殺蟲治瘡，潤腸通格。膽汁灌肛，滋枯下結。敷瘡殺疳，除瞖目赤。乳：治驚癇，五癃。脬：止遺溺，疝墜，玉莖生瘡。〔厚者為肪脂，粹者為膏油，臘月合雞子白鍊，埋地下備用。反烏梅。〕　豬屎灰治，黃疸濕痹。發痘療驚，救痧脹斃。尾治喉痛，鼻去目瞖。脣止盜汗，並煆灰劑。腦：治眩暈，凍瘡膚裂。髓：塗撲損，解顱、瘑疥。〔腦有毒，食之令人痿陽精滑。〕　牛膽止痢，明目鎮肝。汁釀槐子，黑豆同班。南星末拌，治熱風痰。穀疸痔瘻，消腫除頑。靨：治喉痹氣癭。喉：療呷氣反胃，醋炙末用。〔膽用黃牛、青牛者良。靨用水牛，喉同。〕　牛角煎汁，療熱除瘟。風毒喉痹，灰破血淋。尿能消水，利便除癥。黃疸腳氣，腫滿服靈。又聖虀：乃腸胃中未化草，解牛肉毒，消脹。〔角用㸉牛者良。溺用黑

牛者佳。〕　牛屎苦寒，治疸水腫。腳氣霍亂，便閉氣壅。痘瘡膚爛，痔漏足尰。犢子臍屎，灰止血湧。屎中豆：治小兒牛癇，婦人難產，齒落不生。〔牛屎煨火，養藥良。犢臍屎收乾，治九竅血出效。屎豆，洗晒收用。〕　牛黃苦良，益心肝膽。定驚利痰，清熱狂瘖。中風失音，健忘神懶。除邪逐魅，痘陷可挽。有角、心、肝、膽等黃，試摩指甲，直透黃者真。〔以喝迫而吐於水盆中者為生神黃，佳。研用。〕　馬脛骨煅，降火清涼。馬頭骨灰，治馬汗瘡。令人不睡，耳蝕敷瘍。汗血大毒，屎粟洗良。馬血汗入人肉，脹欲死，以馬一巾粟敷服。〔頭骨埋宅午地，宜蠶。〕　象牙屑甘，除邪癎疾。敷拔諸刺，療瘡骾骨。膽治疳瞖，瘡腫塗貼。睛能明目，和人乳滴。皮灰，合金瘡。骨，解毒。胸前骨，服，令人浮水。〔膽微甘，有竹紋斑者真。先搗細和藥。腦前小骨灰，酒服。〕　犀角苦酸，微寒清胃。涼心瀉肝，譫狂神憒。清斑止血，陽明熱痗。癰腫蠱毒，瘴癘堪退。為痧疹、痘斑、傷寒時疫要藥。孕婦忌之。〔黑雄犀生角尖佳。磨用，或杵粉，以人氣暖之，易碎。〕　犛牛角鹹，止血療驚。黃治癲癎，其味苦平。牦牛喉靨，能治氣癭。海山犎犩，月支五名。五種牛皆犀類異形。角、黃：主治俱同犛牛。〔其角無紋，其黃不香，所以異於犀也。〕　熊膽苦寒，治熱黃疸。久痢疳䘌，疰忤痛免。明目點瞖，蚘蟯蟲趕。腸風痔瘻，瘛瘲煩懣。治驚疰疳痔，瞖障，諸蟲。〔以粟許入水，一線不散，而能辟水面塵者真。〕　熊腦及髓，治聾禿散。骨浴歷風，血療忤瘡。豪豬肚屎，燒灰治疸。熱風鼓脹，腳氣並赶。熊脂：治風痹，蟲積嘔吐，白禿䵟黵，能長髮。〔豪豬喜食苦參，故治熱疸。熊脂，臘月以椒少許同鍊，收用。〕　羚羊角苦，散血平肝。定驚辟蠱，去熱除煩。中惡狂亂，風濕筋攣。噎塞疝痢，子癇能安。能明目益氣，僻邪熱悶，消瘴嵐，瘰癧惡瘡。〔凡用，須元對，剉極細，研篩入藥。〕　狐膽止瘧，灌救卒死。汁堪解酒，血亦同使。皮尾與鼻，邪魅病止。頭骨燒灰，傅瘰癧已。目：治破傷中風。脣：出諸刺。口涎：可和媚藥。〔膽用雄狐者。〕　雄狐糞臊，燒之辟惡。肝氣心痛，瘟疫鬼瘧。拔刺出肉，瘻瘜敷落。四足治痔，下血宜藥。肝：治癇抽搐，破傷風。腸：治蠱瘟疾。五臟同。〔糞在竹木石上，尖頭者是雄，五臟作羹，補人五臟，肝腸燒灰用。〕　兎血鹹寒，涼血活力。催生易產，解胎中熱。大能稀痘，心氣痛急。兎腦催生，塗皸膚裂。骨：煮，止消渴，霍亂吐痢，鬼疰。磨塗瘡疥效。〔於臘八日刺生兎血，炒麪和丸用，大效。〕　水獺膽苦，點目清明。通經磨瞖，腎益男精。足殺勞瘵，髓滅瘢痕。骨療魚鯁，嘔吐俱平。屎：治魚臍瘡；燒灰，止下痢。皮、毛：治水癊病。〔腎煮食，足為末，骨煮汁。屎亦治驢馬病。〕　牡鼠糞寒，下胎通經。疳疾驚癎，吹乳瘡疔。傷寒勞復，產後脫陰。解馬肝毒，貓咬塗靈。皮灰：治癰疽不合，貼附骨疽。涎：有毒，勿犯。〔兩頭尖者，牡鼠糞也。或燒用，或研服。〕　猴頭骨灰，治驚療瘧。寒熱鬼氣，手療癎瘼。屎塗猴疳，蜘蛛咬䘌。皮辟馬瘟，畜之馬樂。猴骨：洗女子足軟而易裹。狨猨脂：塗癬疥。〔小兒屁股赤爛，熱瘦淹纏，為猴猻疳，以糞燒灰，敷效。〕

鱗部

龍齒濇涼，殺鬼精蠱。驚癎疳痰，癲癎並主。龍角解熱，瘛瘲積苦。龍腦龍胎，治痢經阻。齒治熱煩，風痙喘息驚狂，散結氣，除骨蒸。〔齒煅，或酥炙。角得爛者良，磨汁服須濃。〕　石龍子鹹，寒能治熱。破血利便，五癃邪結。陰瘄諸瘻，調服宜炙。欲去生胎，用肝外貼。蜥蜴肝同蛇蛻，研，苦酒調敷臍上，胎立下。〔酥炙，或酒炙用。若治勞瘵，連腸肚醋炙四十九次。〕　金蛇銀蛇，能解眾毒。金石藥發，宜含宜服。鱗蛇膽寒，藥毒亦逐。並止牙疼，惡瘡愈速。金、銀蛇，解中金銀藥毒，又治瀉痢邪熱。〔諸蛇有毒，惟金、銀蛇無毒，而更解毒。〕　水蛇肉寒，治痢煩熱。皮敷骨疽，天蛇瘡疾。蛇婆味鹹，治蠱下血。五野雞病，惡瘡炙食。有泥蛇生水中，有毒不用。蛇婆，亦水蛇也。〔肉炙用，皮燒灰。蛇婆或燒，或炙用。〕　鮧魚涎治，三消渴疾。和黃連末，烏梅湯吃。睛灰出刺，肝下鯁骨。黃顙魚涎，渴疾亦撤。黃顙魚頰骨：燒灰，治喉痹腫痛，茶服三錢。〔黃顙魚涎，於翅下取之。〕　鯉魚膽苦，點目青盲。滴聾除熱，益志強陰。青魚膽同，療鯁瘡淫。鯽魚膽汁，塗蝕瘡平。鯇魚膽治，喉痹骨橫。鱖魚之膽，出刺為能。鮫魚膽吐，喉痹涎凝。鱧膽味甘，乳蛾救靈。七膽並寒，療鯁治昏。他魚不用，備藥宜明。〔諸膽臘月收，陰乾用。〕

補遺

脆蛇最異，產在順寧。遇人跌斷，人去續生。用療撲損，腫毒塗平。　量人蛇怪，豎立追人。量人蛇，見人則比，以履上擲，呼曰：我高。則退。〔量人蛇，閩粵川滇皆有，山行者聞有聲如呼我高者，則蛇至也。〕

介部

龜版甘鹹，屬金與水。補心益腎，治勞癥痞。破瘀止嗽，瘧痢痔瘵。療痹止崩，滋陰補髓。血：塗脫肛。膽：點目腫。溺：滴耳聾，點舌瘡瘖。〔龜版敗者良。着濕則毒。或酥、酒、醋、脂炙用。熬膠，大補陰血。〕　鱉甲鹹平，入肝散結。寒熱骨蒸，療瘧破積。腸癰瘡腫，痔核陰蝕。行經墮胎，瘦羸虛熱。除瘧母痃癖，瘀血，止漏下赤白，傷損陰脫。〔九肋者勝。生剔去肉，童便、醋炙，或煅，酒煮如膠更佳。〕　瑇瑁甲甘，消癰破結。止驚去風，稀痘解熱。利大小腸，除諸蠱孽。解百藥毒，鎮心行血。治傷寒熱結，狂言客忤。其血亦解諸藥毒。〔入藥用生者，磨汁服

良。〕 生蟹鹹冷，能治漆瘡。續筋散血，搗罨折傷。爪破宿血，墮胎為良。安生下死，辟魅奇方。殼： 燒，集鼠，辟壁虱。塗凍瘃，止血，消瘀積。〔以之化漆為水，服食長生，娠婦勿食，致橫產。〕 生蝤蛑鹹，解熱消痞。蟛蜞有毒，膏塗癬已。性俱鹹冷，敗漆共擬。解鱓魚毒，疽瘡敷使。蟹蝤蟛蜞膏，塗濕癬瘡疥，小兒解顱俱效。〔俱有毒，以蘇葉、蒜、蘆根、木香可解。〕 蚌殼粉鹹，止痢嘔逆。療白濁帶，化痰消積。馬刀性同，散癭除熱。厥痹石淋，漏下赤白。蚌粉撲熱痱，陰瘡濕癢，腳丫爛，小兒疳疾。〔蚌殼陳爛者良，煉粉。馬刀相同。〕 田螺爛殼，心痛服良。療驚定嘔，治血膿瘡。螺螄爛殼，傅痔脫肛。膈痰嘔嗽，瘡癤火傷。有郎君子，亦螺屬，生海中。難產握之，即下。〔在泥中及打墻上，年久者煅用。〕 琿璖鹹寒，色白清肺。解毒除熱，安神鎮魅。蛇傷蟲螫，磨同瑇瑁。人乳和之，諸藥毒退。琿璖乃貝蛤類也。作盃注酒，滿一分不溢。〔今以之作頂，六品官員帽戴，名為涅白頂。〕 蚧蛤類多，有不入藥。海鏡海螄，擔羅龜腳，蓼螺淡菜，海月名托。寄居蟶蟳，海燕俱殼。海鏡，明瓦也。海月，江瑤也。寄生隨寓他殼。〔此等殼皆不入藥，附其名以別蛤類。〕

蟲部 守宮鹹寒，功在其尾。中風癱瘓，手足不舉。歷節風痛，驚癇積痞。疳痢瘰癧，諸瘡療已。糞： 治胎赤爛眼。有十二時蟲： 同性、毒，無用。〔用後半截，焙研。有毒在首。或研爛，和藥。〕 斑蝥辛毒，性寒殺蟲。療猘犬咬，拔毒消癰。疥瘡瘰癧，潰肉行膿。石淋廣痘，墮產開癃。有大毒。攻楊梅惡瘡用之。能瀉人，虛者忌。〔去翅足同麩炒，又醋煮焙乾，研用。〕 蜘蛛毒寒，外治內服。蛇傷蜂螫，蜈蚣蠍觸。截瘧除疳，小兒大腹。瘰癧疔腫，鼠瘻便毒。蛻殼治牙疳，網療健忘，纏疣痣，金瘡出血。〔蜘類甚多，入藥惟取布網黑色大腹者良。研用。〕 糞(疽)〔蛆〕性寒，治兒疳積。毒痢作吐，疳瘡丹疾。蝦蟇蛆同，並堪解熱。馬肉蛆塗，鍼刺能出。泥中蛆： 洗療目赤。糞蛆： 治小兒一切積病。〔以米泔浸淘淨，置竹筒中，或焙乾，研末用。〕 竹蠹蟲苦，塗治禿瘡。蛀末療聤，湯火灼傷。蘆蠹蟲甘，小兒嘔噫。茶蛀蟲屎，聤耳吹良。又皂莢蠹蟲： 治蠅入人耳，研，同鱓血點之。〔竹蠹三枚，和竹黃燒，入酒飲，人醉叩問所事，必吐其實。〕 蜣蜋鹹寒，治兒疳蝕。驚癇腹脹，丈夫狂疾。通便療痔，奔豚瘍癧。止痢消疔，瘜肉重舌。傅惡瘡骨疽，出箭簇。心白肉： 塗疔瘡極效。〔五月五日採，陰乾，蒸藏之。去足翅用。勿置水中，令人吐。〕 螻蛄鹹寒，性能利水。潰癰療哽，石淋用美。產難便閉，炙服起死。面浮嗆鼻，治聾塞耳。解毒，除惡瘡瘰癧，又療箭刺入肉，研塗效。〔去翅足，炒。用腰以上，性濇。腰以下性利，治下用下效。〕 天牛有毒，能治瘧疾。驚風疔腫，箭簇塗出。行夜蟲辛，腹痛痢血。竈馬拔刺，搗塗有益。又有竹蝨： 有毒。治中風半身不遂，透經絡。〔天牛，去殼，陰乾用。行夜，炙食。竈馬，搗用。〕 蝌斗性寒，能除火熱。瘡疥搗敷，染鬚髮黑。溪狗小毒，能去蠱疾。山蛤同類，療嬰疳積。皆蝦蟇類，生水陸，大小不同。蝌斗卵： 明目。〔蝌斗、黑桑等分，搗，入瓶，懸屋東百日成泥，塗鬚髮，黑如漆。〕 蛞蝓鹹寒，又名蜒蚰。痔瘡痛脫，驚搐攣抽。賊風喎僻，腫痛焮浮。蜈蚣傷毒，塗罨俱瘳。研敷腫毒效。治腳腫爛瘡臭穢，焙研摻之。〔似蝸牛，而身無螺殼，鹽醃化水，或研爛用。〕 蝸牛性寒，療風止衄。喉痹耳聾，蠍蠆螫毒。筋急撮口，汁止消渴。殼療疳疾，并收肛脫。殼： 治牙疳鼻瘡。又綠桑蠃： 亦治驚風脫肛。〔遇鹽即化水。殼用自死者良。或煅，或生研用。〕

人部 秋石味鹹，陰陽二煉。陰涼補陰，陽溫陽健。虛羸遺濁，骨蒸神倦。止嗽消痰，滋腎止便。陽煉火煎，陰煉日晒。造如煎鹽，功難盡述。〔以童便攪，滌淨渣穢，晒煉成之。男用女溺，女用男溺妙。〕 童便鹹寒，引火下行。跌仆悶絕，產難宜斟。肺痿勞嗽，吐衄骨節。治虛傷損，自尿亦靈。殺蟲解毒，療瘧中暍，明目，洗赤，去熱止渴。〔取十二歲以下童子，勿食葷腥，清澈者良。〕 人中白鹹，煅研止血。口瘡鼻衄，血汗竅出。湯火灼傷，肺痿欬熱。牙疳痘靨，勞瘦渴疾。又胎屎： 和豬脂，塗鬼舐頭，惡瘡息肉，面印。〔以日乾，而久在風露者良。煅用。〕 人中黃苦，寒清大熱。疔腫癰瘡，沃湯飲貼。糞清解毒，療火狂疾。伏砒蕈毒，消痰逐積。糞清濾清，入甕中，埋路上，年久如泉者佳。〔以竹筒去皮，納糞坑，滲糞汁，即人中黃。亦有用甘草末收汁者。〕 人肉人骨，人膽人心，人腦蓋骨，人勢人筋，或云治瘵，接骨勞蒸。傳聞用者，未見有靈。方傳肉骨膽治疾，好奇者用之，終無效驗。〔藥物療疾，木草不少，何必殘人以治病，縱或有效，於心何忍?〕

服器部 褌襠灰治，陰陽易症。女癆黃疸，鬼忤服應。汗衫燒灰，鬼氣血病。男用女衣，女用男襯。男女衣帶： 同並止痢。孝子衫灰： 除面䵟黯。〔陰陽易病，亦用衣褲覆蓋。汗衫灰，百沸湯送。〕 紡車弦灰，坐馬癰消。以人髮轉，遯者難逃。梭頭刺手，吃舌舒調。連枷關灰，堪治轉脬。楤檐尖灰，腸癰潰銷。梳篦煮汁，虱癥破包。燒灰通便，乳汁疎澆。療噎霍亂，猘犬毒消。鍼線袋治，久痔服燒。產後腸癢，置褥如抓。中滿鼓脹，用敗水瓢。煅灰存性，酒服通脬。崩中下血，蟲積火燒。癭瘤腦漏，敷用舊爬。赤白帶下，便血服瓠。〔梭刺尖刺手心，男左女右，治噎塞用鑰匙湯下效。〕〔瓢、爬、瓠皆舊壺蘆也。俱燒灰，酒服。

便血加黃連，〔帶下加蓮房。〕　廚下木杓，打散筋核。　漆筋燒煙，燻喉痹急。　狂犬咬服，百家筯汁。　甑垢傅治，瘡生口舌。　臟腑癰疽，陰膠辨識。　甑帶汁治，腹痛肛脫。　小便淋瀝，燒灰止血。　白帶臍瘡，夜啼瘧疾。　甑蔽灰治，石淋痛結。止汗下胎，咽腫痛食。〔腹內生癰，不辨何經，用陰膠少許含之，直至患處。〕

造釀部　百藥煎鹹，微甘清肺。　定嗽生津，解熱平胃。　久痢脫肛，口舌糜碎。　下疳諸瘡，腸風濕退。　殺蟲，烏鬚髮，止牙宣、鼻疳，氣痔臟毒等症。〔以五倍子、真茶糟同搗罯成，亦有用桔梗、甘草、蓼汁等，造法不同。〕　燕脂甘鹹，大能活血。　專解痘毒，倒陷救急。　耳聤鵝口，或搽或滴。　更療漏瘡，乳頭破裂。　乃紫鉚合梅、柏皮、胡桐淚、梔子汁造成者。〔用汁。〕　孩兒茶苦，涼清上焦。　化痰生津，疳腫堪消。　生肌定痛，傷破俱療。　口瘡痔腫，止血宜調。　以茶末置竹筒，埋土中，日久取出，再熬成。〔雲南、老撾產者佳。〕　銀膏辛寒，療風去熱。　心虛驚悸，利水神寂。硃砂銀冷，治憂煩疾。　下蠱辟邪，安神益色。　銀膏能補齒缺，明目。　硃砂銀鎮心，補虛效。〔銀膏，銀同錫、汞鍊成。　硃砂銀，亦方士鍊成者。〕　鉛霜甘冷，消痰鎮驚。　胸膈煩悶，去熱涎清。　口瘡喉痹，止衄通經。　中風癇疾，解酒渴平。　鉛霜即《本經》之粉錫，因造法異，故日華重出此。〔鉛雜水銀十五之一鍊，置醋甕中，釀久粉出，掃下，鉛盡為度。〕　鉛粉辛寒，性入氣分。　消積行痰，墜胎瘕應。　殺蟲止痢，癰疽疥症。定嘔療疳，外科諸病。　治勞食復脾泄，折傷腫痛，鼻衄牙宣，染鬚。〔以鉛懸糟甕中，封固七七日，則化為粉。〕　紫雪除熱，療瘧瘴疫。　尸疰蠱毒，驚狂癇疾。　黃疸傷寒，煩悶救急。　黃金寒水，膏滑慈石。　各用三觔，同搗煮汁。　犀羚五兩，木沉香屑，元參升麻，一觔焙切，甘草八兩，丁香用一，再熬去渣，入硝八鎰，火硝兩觔，同鍊水竭，合麝硃砂，和攪凝結。　水服二錢，治兒百疾。　先以金石煮，後下諸藥末，熬去渣，再入二硝，鍊凝後下硃麝收之。〔黃金百兩，寒水石以下各三觔，硝十觔也。　麝一兩二錢五分，硃砂三兩。〕　碧雪鹹冷，聚用諸硝。　朴芒硝石，馬牙石膏，寒水甘草，等分共熬，不住手攪，水藥勻銷，去渣濾汁，青黛和調。　一切火症，水服能消。〔馬牙，乃火硝也，寒水石也。〕　紅雪破積，治黃疸瘧。　傷寒狂躁，斑疹毒惡。口瘡喉痹，腸癰腫腳。　重舌時疫，鼻塞赤目。　通利三焦，五臟熱卻。　黃芩升麻，三兩羚角，人參檳榔，甘草赤芍，竹葉木香，二兩枳殼，木通梔子，桑皮炙略，大青藍葉，葛根共削，各用半兩，四倍蘇木，淨水煎熬，濾渣忖度，朴硝十觔，和鍊攪作，水盡欲凝，再入末藥，麝香五錢，硃砂倍若，經宿丹成，隨病斟酌。　服二三錢，能除熱瘼。〔先以諸藥煎成濃汁，再下朴硝同煉。〕　綠豆粥涼，止渴解熱。　馬齒莧粥，消腫痹疾。　松仁粥潤，心腹臟益。　竹葉煮粥，清心散鬱。牛乳粥治，虛羸燥結。　天門冬酒，冬月釀成。　能潤五臟，和脈舒營。　五勞七傷，風癇疾平。　飲至十日，瘋疹出靈。　忌葷辛冷，常令微醺。　竹葉汁酒，風熱能清。　消煩暢意，造法同云。　槐枝酒治，痿痹不仁。　大瘋麻木，透絡疎經。龜肉釀酒，久嗽堪寧。

清·龍柏《脈藥聯珠食物考》　諸水考　雨水甘平，調中益氣。　節候之水，原有等第。　清明前曰：　神水和劑。　造釀製物，久留不替。　秋後臘水，性亦同例。　夏中梅〔梅或作霉，與黴同，言其敗物也。〕水，造飲易敝。　立秋端日，水除瘧痢。　井華水淨，明目洗翳。　井水多鹹，補陰血濟。　新汲水清，臟熱滌去。河水屬陽，流水性利，逆水性迴，急水性逝。　石水性寒，砂水性閉。　積水性凝，濁水性滯。　山溪水削，平川水膩。　泉水清神，澗水沉粹。　長流水行，瀑布水遽。　壑水生癭，濤水增悸。　潮水致淫，濫水致痹。　黃河水重，大江水費，瀆湖水散，池塘水聚。　水性不同，變隨土地，南北有別，東西有異。　方民飲之，性質所繫。　或剛或柔，或媸或麗，或直或詐，或愚或智，或雅或俗，或鄙或義。水土之殊，聲音沾濇。　水性之辨，先嚐其味，甘鹹苦淡，泉井河係。　美惡清濁，生居有際。　他鄉不服，故里無忮。　有毒之水，亦當識記。　古井龍淵，死坑物斃，水面五色，赤脈自沸，屋漏花瓶，糞田淤注。　曝熱之水，浴飲痢痱。　敗惡下流，飲皆有忌。　萬水難窮，明者會意。

諸火考　燧人鑽火，教民熟食。　火有陰陽，良毒辨別。　龍雷電火，流星焟熠。　澤焰鬼燐，井火地出。　有糞火獸，有厭火國。　樟腦獺髓，猾膏水烈。濃酒自焚，積油自熾。　諸屬陰火，變化莫測，或有或無，日用不及。　春取榆柳，棗杏夏赤，秋取柞楢，槐檀冬黑。　四季之火，桑柘最得。　此皆古法，猶非便易。　今之取火，以金擊石，鏡照太陽，尤為速捷。　引取陽火，於人有益。　既存火種，綿綿不熄。　或巨或細，或猛或威。　撥之而燃，罨之而歇。　燔焚草木，性亦有別。　不獨烹飪，亦可療疾。　艾火灸病，通經調脈。　陽燧火珠，引火開結。　神鍼之火，桃枝燒出。〔古人治疾有用雷鍼、火鍼、火罐、燈焠等法，亦艾灸、神鍼鍼之意也。〕心腹冷痛，風痹燻穴。　雷鍼散毒，雄硫乳沒，鼉甲烏頭，艾麝紙合。散癰腫毒，消癥痃癖，火鍼刼刺，風痹筋急，癱瘓癥瘕，癰疽潰捷。　燈火焠皮，痧驚並截。　火罐更奇，療痛痹濕。　俞穴打之，風寒能吸。　桑柴最良，堪消癰癧。　燻灸諸瘡，拔毒散鬱。　煎煉膏丹，能助藥力。　煮食去毒，利人關節。　灸

蛇見足，能殺老鱉。炭火性平，緊而不烰。櫟炭煅煉，烰炭焙炙，白炭栗炭，熔銷金鐵。煤炭火毒，致生瘡疾。臭毒斃人，救以薺汁。北地氣寒，常用不賊。南方炎蒸，燒之助熱。蘆火竹火，煎物不迫。雜草山柴，火性不一，炮藥不用，惟以熟食。火本陽氣，有形無質。附物為用，燒燎不息。珍羞美惡，烹飪得失。生熟之宜，惟火之力。神乎神乎，民用之急。萬變何窮，功用無極。附燒不盡，性情難述。調和鼎鼐，須當考識。

五穀部　稷黍粱辨，注者不實。攷古證今，庶無訛失。稷乃小米，粟名總一。其穗一柱，細顆攢集。去稃曰穄，在稈曰稷，炊熟曰粢，性黏曰秫。其米圓黃，中央正粒。黃者甘涼，健脾氣益。解苦瓠毒，能壓丹石。白者曰粟，性粳味別，鹹淡微寒，利臟除熱，通便止痢，補虛解渴。通稱小米，乃古之稷，種類頗多，名當攷識。〔稷與粱相似，但粱穗有芒，而稷穗無芒，猶大麥有芒，小麥無芒之別也。其米通稱曰粟，黏者曰秫。而《綱目》另立粟、秫二條，致相紊亂也。〕　黍乃穀子，其穗多歧。蓬鬆疏散，顆綴芒枝。形同稻尾，殼滑粒稀。在稈曰黍，離稈穀題。去稃稱米，二米曰秠。苗赤白黑，赤乃虋，黑者曰秬，定律無移。米亦稱粟，種類須知。稃殼雖異，顆粒黃齊。黑白二種，甘緩和脾。多食滯氣，肺病虛宜。動風熱者，赤黍更黐，性溫下氣，止嗽療饑。有黏不黏，粳糯性殊。粳者造飯，糯者造飴。俱堪釀酒，質味醨醲。〔黍有粳，有糯。粳者飯黍，惟關中有之；糯者為酒黍，燕、趙、齊、魯間俱種。惟為餻、造酒耳。其米亦統稱曰粟子，亦曰黃米，因其性糯，亦稱秫穀。〕　粱形似稷，其穗多芒。黃黑赤白，大粒柔香。赤虋白芑，粳糯分行。粳炊粥飯，糯造酒餹。健脾止洩，飯美黃粱，甘平益氣，除痹風殃，霍亂煩躁，磨粉調湯。白粱微冷，臟熱宜嘗，寬胸定嘔，煮汁和薑。青粱補氣，瀉痢食良，通淋利便，疏理膀胱。俗曰黃米，自古稱粱。〔粱性粳多而糯少，故堪造飯，參黍而造餻、造釀，其米亦稱粱粟。凡稷、黍、粱之米統稱為粟，黏者曰秫。如此分之，稷、黍、粱可一目了然矣。《陝西志》亦辨之甚詳。〕　諸稻水種，有糯粳秈。栽有早晚，穫有後先。有芒無芒，熟遄不遄。糯有紅白，粒有長圓。圓米釀足，長米酒鮮。粳是晚稻，各種名專。或遲或速，隨類栽田，或八十日，或逾百天。香粳別種，粒大皮斑。占城之種，秈稻不粘，其類亦眾。梭子米傳，亦有早晚，赤白色宣，熟惟兩月，收割為便。又有御稻，產在玉田，顆大潔白，地土使然。諸皆是稻，水插窪佃，收成遲速，節候無偏。種同名別，目錄詳編。〔此水田所種者也。以穀浸水，發芽曰芽穀；以穀撒田，發苗曰秧；拔秧分插水田，長高曰禾；禾上結穗，曰稻；剝穗上之粒，曰穀；礱去其稃，曰糙米；杵去其糠，曰白粱，碎米曰粞。〕　小麥甘寒，除煩渴熱，養心肝氣，止漏肛脫，殺蚘治淋，虛汗煎食。湯火瘡瘍，燒灰敷貼。入手少陰、太陽經，止吐血漏血，心病宜之。〔小麥連皮則涼，去皮則熱，物性然也。新者熱，陳者平。〕　小麥麪溫，厚腸強力。敷傷癰腫，止衄吐血。麪筋寬中，解勞除熱。北產者良，病後禁食。小粉甘涼，補中益脈。炒黑醋調，敷癰腫疾。〔麥麪北方者佳，南方者動熱發病。〕　大麥鹹溫，調中益脈。麪平胃氣，除脹涼血。穬麥性寒，久食勁力，除熱補中，亦宜造糵。二麥食之，不動風氣，又雀麥麪，甘平滑腸。〔大麥炒食則溫，煮食則涼。穬麥一名秭麥，產胡地。〕　蕎麥甘平，降氣止洩，治絞腸痧，能壓丹石。粉療遊丹，帶濁痢疾，磨積滓穢，動風髮脫。性燥傷血，故落鬚髮。苦蕎麥有毒，不宜人。〔蕎宜作河漏條，調蒜食，免致寒滯。苦蕎麥傷胃動風，不堪食。〕　高粱甘澀，本名蜀黍。益胃溫中，燒酒最旨。有玉高粱，即是玉米，開胃調中，滑腸消暑。南人稱御麥，北人稱玉蜀黍，有黃白赤色。〔高粱為心穀，造糟吊酒，大宜人。〕　薏苡仁甘，微寒益土，滲濕去熱，肺痿嗽吐，抑木清金，止淋兼補，濕痹腳氣，筋攣是主。治瀉痢水腫，利便進食，殺蚘止渴，破腫毒。〔凡使，同糯米炒熱，去米用，或以鹽湯煮，入藥。炊飯食，治冷氣。〕　穇子甘澀，益氣厚腸。稗子米辛，微苦性涼。作飯調氣，脾胃能強。稊名烏禾，亦可充糧。稗有水旱二種，水田生者稗，旱地生者稊。〔稗黃白色，稊紫黑色，皆斗粟可得米三升。〕　青稞、黃稞，形同大麥，皮薄麪脆，麥中之一。西南夷人，倚為正食。下氣寬中，壯筋益力。性平涼，除濕，發汗，止洩。多食脫髮，損顏色。〔青稞仁露於外，川陝滇黔多種之。味鹹，可釀糟吊酒。〕　黑大豆甘，腰子樣式，所以補腎，藥餌宜入，即是馬料，煮寒炒熱。調中下氣，止痢攣急，利水除脹，追風活血。生研敷腫，吞止煩渴。解一切毒，甘草煎汁。傷中淋露，產後諸疾，明目悅顏，製服有益。又有花豆，綠紫黃黑，形圓而大，炒煮美食，下氣寬中，多餐脹脅。〔《本經》黑大豆即今之馬料豆也，其色黑而形如人腰，故入腎經，益水明目，多服令人身重，一年後復原，久服身輕。非花豆中之黑大豆也。凡服豆，忌蓖麻子、厚朴、猪肉。〕　綠豆甘寒，除熱止渴，解一切毒，去風明目，止洩散滿，吐定水逐。赤丹風瘮，生研汁服。反榧殼，殺人。忌鯉魚同食，令人肝黃渴病。〔食綠豆宜連皮，則清涼；去皮，則壅氣。〕　豌豆甘平，除吐泄痢，調和營衛，益中平氣，解乳石毒，除脹水利。癰腫痘瘡，䵟黯塗濟。燒存性，同血餘灰、真珠和油、燕脂點痘疔。〔豌豆屬土，故補脾胃，多食動氣病。〕　小白豆甘，補臟調中，益腎助脈，鬼氣疏通。穭豆黑小，甘逐邪風，冷痹血滯，浸酒和融。穭豆

治產後血風冷痛，其粒細，不及馬料。〔白豆即白豇豆，穭豆即小黑豆，因其粒細稱驢豆，別馬料也。〕　黃大豆甘，煮溫炒熱。下氣寬中，利腸水釋。多食壅氣，生痰嗽呃。〔黃大豆鮮者為毛豆，皆綠色，老則出莢。有青者為美食，黃者榨油。〕　豇豆甘鹹，補腎健胃，生津止渴，調和營衛，治痢便數，莽草毒退。黎豆甘苦，溫中益氣。豇豆汁潑莽草即爛。黎豆小毒，多食悶人。〔豇豆為餻為醬俱佳。黎豆亦花豆中之一也。〕　乾蠶豆辛，快胃和臟，大能下氣，多食飽脹。發芽豆甘，炒煮食當。鮮豆不滯，食之無恙。悞吞鐵鍼，煮蠶豆同韭菜食之，其鍼自出。〔蠶豆煮食滯氣，炒食動熱，發芽以水浸，有微毒，發瘡。〕　赤豆甘酸，通心小腸。行水消脹，脚氣奇方，排膿散血，癰腫諸瘡，通乳解酒，瀉痢止良。一切瘡疽初起，研粉，合大黃、生南星研敷。〔磨粉，作頓沙餡甚佳。忌魚鮓，不宜造醬。〕　白藊豆甘，溫調脾胃，通利三焦，消暑解醉，升清降濁，霍亂嘔（退）〔吐〕，行風止泄，除濕清肺。止消渴，益中氣。多食臚脹，有寒熱病者忌。〔凡用，取白黃硬殼者，炒熟。或有去皮生用者。〕　黑脂麻甘，益氣潤臟，逐風止驚，虛勞困恙，催生長髮，洗陰瘡瘍。白脂麻同，補益為上。功專潤燥去風，蒸食延年。生嚼，塗頭瘡效。〔凡服食宜九蒸九曬，合茯苓良。〕

造食部　糯米炊飯，甘溫止泄。滋臟療虛，煮粥食益。打餈餻餌，過餐發熱，滯氣生痰，壅經血脈。縮小便，止盜汗。性粘滯難化，小兒病人忌。〔糯米造釀最醇，磨粉作食為用頗多。然性太粘，宜參粳米三分。〕　粳米飯甘，益氣和胃，通脈壯筋，長肌色媚，滋臟益精，利便補肺。粞亦同功，啜粥熱退。新米飯忌馬肉，發痼疾。蒼耳同食，致心痛。〔粳米，晚稻也。夏栽冬刈，得金全氣，故補肺粥飯俱宜。〕　秈米飯淡，養胃和脾，除濕止洩，長力澤肥，寬中行滯，易化善饑。煮糜不黐，力薄同粞。秈米多產山田瘠地，故粒瘦而少黏，不滯。〔秈米種類頗多而性俱不黏，故食之少滯。〕　陳廩米飯，微苦甘涼。調氣和脈，益胃清腸。性不凝滯，產婦宜嚐。病後弱極，煮粥研漿。嬰兒缺乳，調哺稱良。此指粳米，秈粟同方。蒸則力薄，造飯隨湯。北方陳粟，稷黍諸粱，或窖或廩，困積蓋藏。日久汗出，性並清涼。濃煎呷汁，救怯扶尫，緩調胃氣，復正回陽。諸麥同意，麪亦無傷。〔大凡新米、黍、粟、粱、麥，食之俱動風熱，滯氣。窖廩之後，蒸熱發汗，則性俱平，食之宜人也。〕　新炊之飯，益胃充腸。或秈粳糯，或粟黍粱，或新或陳，或白或黃，助氣血脈，足志神強，扶弱起倦，調達陰陽，生津長力，臟腑和臧。病後慢食，復疾須防，宗氣未轉，驟食致傷。雖養人物，損益須量，食勿過飽，餕餲休嘗。男女遺溺，飯潑尿牀，私拌與食，止住奇方。諸般飯灰，消飯積良，俱用本食，拌以沙餹。〔閩、粵、湖、湘、豫章多秈，故用甑蒸者多。江浙多粳，煮皆隨湯而乾者。北地皆潷湯飧飯。亦各處造法不同。治遺溺以飯潑尿床與食，勿令本人知。小兒傷食，即用本物燒灰服，即下。〕　諸般煮糜，俗稱曰粥。糯秫黍饘，益氣血足。止渴和中，粳秈粱粟。消煩利便，寬膈滋腹。推陳致新，痰滯能逐。補虛扶弱，潤火散毒。病後緩進，免致勞復。產婦嬰兒，多頓少服。諸般補藥，不如米穀。人食厚味，食不能篤。或加藥味，或合諸菽。或調酸鹹，或加諸肉。鄉方造作，味變氣馥。其性其治，詳在本物。總之和臟，治症另錄。〔粥乃扶內傷不足，脾胃不充之物。人之病後及產後、大慟哀號之後，皆五臟受傷，宗氣虧弱，不能運化食物。故古人造稀糜以調臟腑，用其質薄而易行，氣香而醒脾。然常人早啜亦大益。〕　炒米苦甘，香溫醒脾，濇腸滲水，舒氣消脂。炒米粉同，和胃充饑。穀粰粶淡，清肺實肌。此皆糯米參粳為之，和餹太多，亦生中熱。〔米粉有加茯苓、山藥、苡仁、芡實、藊豆、蓮肉、砂仁，為八珍粉。〕　麥麨甘涼，俗稱麥蠶。除熱止洩，解渴消煩。穬麥炒食，性味同甘。饊子巧果，麪作油煎，醒脾熱胃，味合甘鹹。餛飩、燒賣、湯餃、蒸饅、饆饠、餺餅、合子、湯糰，包餡性易，滯氣胸填。角黍餈糉，皆糯包搏。端節糉角，治瘧藥丸。諸餻養胃，粳糯相參。厚腸益氣，縮尿便堅，年餻陳者，治痢燒研。〔諸般粉麪之物，無病之人點饑有益，若有病及病後，俱宜戒之為是。〕　綠豆粉甘，性涼解酒。發背癰疽，護心毒走，爛痘痱瘮，灼傷身手，撲之收痂，服療吐嘔。作餌，頓餻、盪皮、索粉俱佳，脾胃寒者忌食。〔解砒霜、諸藥、菰菌毒。〕　豆腐甘鹹，清熱散血，和中利臟，解毒下結。水豆腐同。腐皮美食，鍋炙開胃，消滯逐積。豆腐能制硫黃毒。食豆腐傷者，蘿蔔解之。〔造豆腐，以煮熟豆漿入缸，用鹽鹵或石膏、酸齏汁點之則成。〕　熏青豆鹹，鮮豆淪焙，充果作餱，下氣開胃。水豆豉鹹，醬油淪配，加以補皮，飧酒美味。以鮮青豆鹽水淪熟，焙乾作果，可以帶遠。〔水豉以透骨青浸透淪熟，清醬漬之，飧酒甚美。〕

補遺　豆腐漿甘，微苦性涼，清熱下氣，利便通腸，能止淋濁，銀杏研漿。腐乾甘鹹，開胃充糧。腐乾有鹽湯醬油煮，可久藏，為路菜之要。〔皆以黃黑豆水浸去皮，同水磨成漿，以布濾去渣，煮熟再造。〕　小豆腐甘，帶渣造食，飽腹充腸，味粗而濇。腐滓氣腥，垢膩用滌，救荒療饑，飼豬肥益。北人浸豆連水磑，不漉渣煮食，稱小豆腐。〔此豆質未去，不用鹵汁，故性味與豆腐不同。〕

油部　豆油味甘，微辛性熱。熬去其沫，肥滑調食，厚胃益氣，潤腸解

結。外塗瘡疥，亦解髮膩。豆餅，飼豬壅田俱佳。荒年，人亦蒸食療饑。〔蒸熟榨油，氣腥性膩。熬去其沫，則清香肥滑，煎物良。〕　脂麻油甘，微寒利腸，下胞散結，塗癬疥瘡，殺蟲解毒，瘖瘂五黃，蚘蟲心痛，禿髮抹良。煎膏藥良，解河豚、砒霜毒，吐髮癥，解熱毒。〔入藥用生榨者良。今皆炒磨成醬，入水取油，止堪供食。麻醬同。〕　菜油辛溫，行滯破血，除冷潤腸，殺蟲散結，澤膚消腫，塗髮長黑，湯火風瘡，塗蜈蚣螫。湯火傷，調蚯蚓泥塗。蜈蚣螫，傾地取塗，效。〔吳人以菜油為正食，故婦女少血閉之症，而人不知也。〕

補遺　茶油甘涼，氣腥色綠，潤腸清胃，殺蟲解毒。不宜生食，用須熬熟。質清不膩，燃燈益目。以香料煎熬抹髮，解膩不滯，勝於他油也。〔乃梣樹子油也，閩、粵、豫章多有，為人正食。煎不熟，令人瀉。〕　果油色白，甘平氣腥。滑腸下積，膩膈痰生。調食味劣，點火少明。核桃油苦，有毒傷人。二油本佳，因人以陳壞者榨之，故味劣有毒。〔果油即長生果油也，人以參菜、豆、麻油市之，味劣。壞核桃油有毒，好者補火。〕

造釀部諸酒名考　酒類本繁，醚人惟一。生、煮、燒、吊，三種總結。方土異稱，近乎什伯，無非麴造，其名各立。曰醆曰醴，曰畣酤醨。未漉曰醅，醲釀名叶。桃花冬陽，春酒水白，隔宿三朝，俱言快易。醪帶米粃，釀是米汁，摻水曰酒，醡去糟粕，重釀曰酎。久存醞的，此皆生酒，飲之無益。或煎或煨，煮酒名得，熟酒黃酒，老酒無別。　吳蘇糯造，福珍三白，玉露天香，女貞琥珀，狀元紅燥。松江香雪，松酒清酒，泖水造澈。慧山泉酒，造於無錫，苦蒿苦露，金盤露潔。京口釀造，鍋粑酒黑，木瓜百花，俱指麴蘖。雪酒皮酒，江都糯粒，其味多甘。江南酒挈，花醞碧香，薔薇露徹，有竹葉青，梨花春設，造自杭州，鶴林舊說。秀州月波，並蓮花白，有清若空，臘中釀秫。明州金波，雙魚印貼。赤城蒙泉，靈江風月。金華蘭陵，鬱金香醇。瀔溪桃麴，香山黃蘗，風流泉酒，名於石室，灑落釀泉，嚴瀨之質。處州谷簾，清薄綠艷。紹興老酒，天下共歠。以上諸酒，皆造於浙。　閩中老酒，味甘紅色，造法不精，未入品列。江右麻姑，因泉名特，丁坊封缸，加燒酒蜜。廣中女酒，甕埋地澤，年久發飲，甘泉清絕。毒草釀成，造於南粵，有羅浮春。海南真乙，酒藤嚴樹，造釀搗葉。又有椰酒，樹生奇極，飲至酕醄，不生苦疾。楚滇黔酒，有名無實。俚釀村醪，未堪品及。黔中苗酒，味醇丹色，造法未明，蓋亦吊出。河東鶴觴，騎驢酒傑，盛以小瓶，任時啜吸。乾和桃博，蒲州美瀝。潞安紅酒，辛辣性烈。玉露珍珠，羊羔瑩徹，豆酒清香，汾陽吊積。天祿舜泉，芳馨清冽，桑落玉液，索郎名匹，造自太原。汾清餘滴，襄陵佳酒。河陝獨出，齊魯燕韓，滴花燒潔，或有黍酒，性味終劣。中國之酒，各省名畢。紅毛阿奈，葡萄醇馞。烏丸東牆，拂菻肉汁，扶南石榴，波斯三勒，更多藥料，能助氣血。頓遜國酒，樹花醞澤。有文章酒，即是果汁。烏孫國酒，水注果核，隨注隨飲，即成美醴。天下之廣，民用無極，方土釀醞，那堪盡述，馳名者錄，以備攷識。盡我所知，漏萬掛一。　糯米酒良，陳者為妙。行藥活血，經絡通導，暢意消憂，澤膚腠皺，扶肝卻寒，風痹並療。渾濁酸甜，清薄苦燥，色味不同，略提其要。吳酒多甘，無灰藏窖。閩粵兩湖，黔滇釀造。米用秈粳，醨而味拗，臘月造藏，老酒名號。以上米酒，入藥取效。天下通行，出於浙紹，其味多酸，釀亦糯稻，有灰及砒，製藥不妙。多飲頭疼，發痔難療。至於別穀，他物另道。酒性熱中，令人氣暴。〔此皆煮煎，或糠煨過，故稱煮酒，可久藏，又稱老酒，陳者佳。〕　黍酒苦甘，生熱熟濕，飲傷脾胃，飽腹內急。粱米酒甘，性味同列。粟米酒苦，升降散鬱。俱是無灰，拌藥亦得。豆酒氣腥，性味俱劣。生酒傷臟，熱毒煩渴。物變難詳，明者博識。〔此等酒不能久留陳飲，故為下品。惟黍、粟、粱於滄州造者，亦可久藏，而究為生酒。〕　燒酒類多，性皆辛烈，少飲宜人，高粱第一。禦寒驅瘴，補氣化積，寬膈行痰，燥皮開鬱，止痢腹痛，霍亂瘧疾。取其純陽，能散陰結，可布全身，胃家之粒。其次糟燒，肺穀色白，專達皮毛，腠理開密，亦堪散寒，令人氣逆。麥燒為下，味竦氣劣，升而不降，頭重鼻塞。麥本心穀，火隨火急，多飲傷神，有損無益。玉米青稞，䅟菽蕎麥，粟黍稗稷，糯粱秫，以上諸穀，釀糟拌蘗，敗酒壞糟，造之味劣。蒸吊雖同，性味有別。又有果酒，木性不一，蒸酒之性，不離本物。有地瓜燒，有棗柿汁，桃李杏乾，榧榛仁栗，其酒傷脾，助肝耗血。羊酥馬酪，牛駝乳醳，俱堪蒸露，氣羶不潔。以上諸酒，麴性總烈，飲之昏神，擾亂血脈，腐骨爛腸，被害難滌。善養生者，毋任貪饕。〔燒酒乃蒸吊之酒，以黍、粟諸米拌麴釀糟，入鍋蒸煮，其上升下溜之氣水，即酒也，故曰吊酒。諸物可吊，惟高粱即蜀黍最佳，其次糯粳秈糯吊皆可，其麥及諸物皆下品也。頭酒為乾燒酒，二吊三吊則味淡而不醇矣。被其毒者，鹽水、冷水、綠豆粉解之。〕　葡萄釀酒，氣味甘辛。性熱溫腎，少飲怡神。吊燒大熱，破冷消癥，行痰助氣，健骨強筋。有毒，多飲致發喉風，口爛痔瘻，諸瘡下血。〔北人常飲，習而不覺，南人服之致病，慎之。〕　糟壇底酒，名曰糟油。開胃暖臟，嘔噦飲瘳。解蔬菜毒，素食拌投。

糟筍中汁，調味同儔。糟油摩風瘙腰膝痛，筍汁亦塗癧瘍風。〔用粳米糟名曰大糟，臘月造成，陳年者佳。〕 米醋酸溫，滋肝益血，消癰腫毒，破癥散積，解魚肉毒，血運熏焠。多食傷脾，損人顏色。麥、豆、糟、酒、敗果，皆可造，性涼，惟米醋入藥。〔造法不一，而諸（殻）〔穀〕、粟、果俱堪釀之，大概罨黃拌水，攪打成之。〕 造醬之法，或豆或麨，蒸熟罨黃，鹽淹曝變。漉油磨滓，醃藏物擅，性俱鹹涼，解毒利便。多食令人皮黑，塗湯火傷，解諸菜毒。油同。〔以三伏曝鹽水下黃蒸，日晒熟，赤紅陳久者佳。〕 豆豉鹹寒，殺腥和味，解熱除煩，調中開胃。或益香料，性則變異，薑橘茴香，性溫利氣。凡調食宜淡豉，和鹽為正味，勝於醬油也。〔楚、粵、閩、浙多食豉，北人多食醬，吳人多食醬油，物同而造異耳。〕 飴餹甘溫，補虛去冷，潤肺止嗽，療傷撲損。能出箭鏃，治諸骨骾，解烏附毒，瘭疽塗隕。多食動風，熱傷腎損，齒中滿疳䘌者忌之。〔粳、秈、糯、粞及黍、粟諸粱，俱堪造。以大麥蘖和熬而成。〕

補遺　茶膏苦甘，和藥煎成。性涼氣馥，止渴生精，寬胸開胃，解酒怡神，舌糜口臭，喉痹俱清。或加甘草、貝母、橘皮、丁香、桂子等和煎者。〔諸茶膏俱非佳葉煎鍊，皆係回殘茶末造之也，然性俱涼。〕

蔬菜部　韭芽香美，多甘少辣。春韭甘溫，味肥性滑，安臟助陽，根塗長髮。夏韭辛苦，通腸膩刮。亦可醃食。花醃，韰白肉食爽口，多食昏目。〔生辛熟甘，食之便臭，其溫暖水臟可知。至於止痢止血，療撲傷，絞汁和童便飲。並除喘急，解肉毒，狂犬咬傷，蓋俱溫散功也。〕 山韭鹹寒，葉圓頭白，助腎健脾，利便除熱。孝文韭辛，除脹腸癖，溫中補虛，產於塞北。有孔明韭性味相同，又簽童嚴乃水韭也。 葱類頗多，各隨地土，性俱辛溫，和肴是主。小葱多辛，生熟並咀，散寒通氣，內結頽堵。有龍爪葱，不同葱伍，盆種根分，氣平微苦。〔小葱白冷青熱。同蜜食，下痢，壅氣殺人。同棗、犬、雉食，致病。服地黃、常山人忌。〕有黃芽葱，羊角名古，白多葉少，中實不皷。其味甘多，生啖脆乳。冬葱慈葱，木葱名數，茖葱山葱，沙水一譜。胡葱蒜葱，回回葱輔。形名雖別，性味合所。驅逐風寒，調和臟腑。鼎鼐生香，解肉毒蠱。黃芽葱生啖佳，冬葱同小葱。〔茖葱即大葱，佛氏五葷之一。胡葱，方術家用以煮石，先同梅子煮爛去梅，搗餅陰乾入藥。凡葱多食，昏神損性。〕 薤菜辛苦，俗稱藠子。白冷青熱，助陽同使。泄氣開滯，帶痢能止，心病宜食，金瘡塗已。溫中散結，下水氣，散血安胎，胸中痛，解毒。〔黃熱病人忌。勿同牛肉食，致生癥。汁塗湯火傷。〕 小蒜辛熱，莖葉似葱。消穀理胃，除痹溫中。汁塗丹疹，並治疔癰。醃食下氣，齏吐蠱蟲。多食損性。脚氣、風病人忌。殺蠱毛沙虱毒。〔獨頭少瓣者即小蒜也。吳地種之，北土俱栽大蒜。〕 青蒜甘溫，辟羶腥氣，調中開胃，善和五味。大蒜苗甘，醃食臟利，冷癖堪消，亦能止痢。苗，糖餞、醋浸、鹽醃，作蔬佳。久食傷目昏神。〔青蒜即胡蒜瓣種之所發青扁葉也，苗即葉老而中抽嫩莖也。〕 大蒜頭辛，大溫微毒。暖臟壯陽，消食積穀，能除百病，臟腑邪伏，蟲蠱痃癖，鱉癥水畜，霍亂瘧痢，諸風入腹，心膈疰痛，關格通速。外炙癰疽，疔腫散逐，搗塗蟲螫，貼足止衄。醋浸鹽醃，搗泥蘸肉。其氣熏烈，多食損目。〔葫氣極葷，置臭肉中，能掩其穢，故煮海魚諸肉宜之。夏月能解暑，嗅辟瘟疫惡氣，乃得純陽之氣者。〕 芥菜辛溫，種類不一。南旋青紫，花大皺葉，七種醃煮，利竅下逆，通肺豁痰，開胃暢膈。多食動風發痔，忌魚兔。白芥同子堪入藥。〔諸芥宜鹽醃而不宜煮食，或以醋醬潑辣，亦去寒開胃，然發病。〕 蕪菁辛苦，即是蔓菁，曰疙瘩菜。芥葉大根，生熟堪啖，利臟通經，消食除冷，解毒性平。宜醃食，可久藏，病人食之無礙。蔬中美品。〔代北者，大而甘；燕齊者，辛苦而小；吳楚（者），細長甘辣。一物數形。〕 藍菜甘辛，大利臟腑，通經活絡，關節無阻，益心堅腎，髓衰能補，聰耳明目，精神皷舞。多食健人少睡，去黃病，解諸毒。蔬食之珍。〔雲中產者根大，十餘斤，有九藪。亦稱菘根，燕稱擘藍即此也。〕 萊菔種多，味皆甘辛，有紅有白，大小粗精。沙地鬆脆，沃土堅輕。有圓有長，有紫有青。生升熟降，麨毒能清。消痰止嗽，血症安寧，寬腸化滯，療濁通淋，解酒止渴，利肺開音。或麩或醋，醃醬糟熏。菔藪辛苦，鹽拌裝瓶，曰天仙乾，春不老名，盡皆爽口，蔬食之珍。菔花糟食，能使目明。地黃參忌，同食傷營。伏硇硫毒，善解魚鯹。〔燕趙產者，脆實而甘美者曰水蘿蔔，生啖止渴，解煤火麨毒。兩淮產者，紅紫可愛而辛多。餘皆綠頭白身，辛多甘少。〕 胡蘿蔔香，小大二種，紅黃色異。下氣開壅，利膈寬腸。醃食味總，生熟宜人，家野共奉。小者氣芳，有丁香之名，生熟可啖，醃食佳。〔豫章人冬鹽醃作瓶菜，至春夏開食，稱狀元紅，甚佳。〕 薑有二種，老嫩之殊。紫薑辛熱，製造佳蔬，醬糟麩醋，餹漬蜜葅。清神溫臟，寒散風驅，下氣止嘔，暖胃和脾，解菌蟹毒，禽獸惡除。筵中助飱，哺啜佳茹。多食肝耗，血熱筋紓，更令傷目，發痔瘡疽。孕婦饕餮，致子指歧。水薑是老，味辣質粗，行痰逐冷，發汗喘舒，殺半星毒，莨菪惡沮。調和百味，外症忌咀。煎藥為引，透絡經疎。〔子薑醬醋糟醃，納蟬蛻，則雖老無筋。水薑連皮溫，去皮熱，單用皮涼，一物之變如是，故炮炙不可不詳。〕〔殺半夏、南星、莨毒，製藥作引，皆用水薑。〕 同蒿氣芳，辛甘利腸，醒脾開胃，痰化寬腔。邪蒿辛馥，胸膈舒張，通脈益氣，治癖療瘡。二物生食動風，熟食除惡。忌胡荽，令汗臭。〔同蒿、邪

蒿一類二種，在葉之粗細別之，今人並呼為蓬蒿。〕　蘼蕪莖葉，氣臭辛溫，利腸消穀，魚肉毒清。散熱頭痛，表汗舒筋，痘瘮不起，煮酒頻噴。發痼疾，昏神，伏鍾乳。口臭、胡臭、脚氣人忌。〔根不可同食，發痼疾。〕　芹菜甘香，開胃進食，除赤白沃，益氣止血，去風利腸，療煩解渴，淋血崩中，五種黄疾。去伏熱，殺石藥毒，療酒後鼻塞，小兒暴熱。〔水芹苗短根長，白如銀，生熟可茹，中有蟲子，宜洗淨，免致成患。〕　旱芹菜甘，性涼除熱，止煩霍亂，能下瘀血，瘰癧瘻瘡，生搗服汁，殺鬼吐蠱，外敷結核。氣似芎藭，能舒肝鬱，性走散，多食發狐臭。〔本草另出紫堇，乃即旱芹之赤色者，不中食，今並為一。〕　蕁菜辛溫，去冷利膈，療心氣痛，豁痰進食。草豉辛平，解五臟結，開胃調中，加餐氣益。草豉產巴西，形似韭豉，出花中，食之甚美。〔蕁菜，江右建陽、嚴陵人喜食之，而亦能發痼疾。〕　羅勒辛溫，調中消食，除惡水氣，啘嘔飲汁。多食動風，壅閉血脈。蒔羅苗辛，下氣利膈。蒔羅即小茴香苗，其子似蛇牀，不入肴饌。〔今藥中所用茴香，皆蒔蘿子，俗反稱大茴香，皆未攷耳。〕　櫰香苗葉，治嘔噁呃，小腸氣痛，騎馬癰癤，和酒煮飲，渣敷效捷。八角茴香，調羹臭辟。八角茴香出西番及兩粤，為調鼎之要品。〔櫰香子與蒔蘿子並稱茴香，而番舶之八角茴香別是一種。〕　秦椒辛熱，溫中散寒，除風發汗，冷癖能蠲，行痰去濕。多食眩旋，動火發痔，齒痛腫咽。北人為調食之要。若油煎炒醬，動火發痔。〔《綱目》諸注悮為秦地花椒，此乃草本辣椒也，又名辣虎。〕　胡椒辛熱，下氣溫中，去痰除冷，積滯行攻，魚肉蕈鼈，蔬毒消融。嗜食昏目，損肺發癰。山居石飲者宜之。他處過食，發瘡痔，吐血。〔研去黑皮用末，煮瓠瓜諸冷物宜以調之。〕　芸薹菜心，辛涼破血，風疹乳癰，火丹敷汁，產婦惡瘀，痹痛煮食。過食損陽，發瘡痼疾。患脚氣、狐臭、口齒病者忌。多食腹內生蟲。〔薹菜，吳人切碎拌鹽入瓶裝實，倒罨灰中，月餘開食，佳。〕　菘菜甘涼，下氣消食，通便解酒，治瘴煩渴，止嗽寬胸，和中清熱。多食噁心，能發冷疾。發皮風瘙癢氣虛有足疾者忌，壯人宜之。〔菘菜煮食宜用薑。醃食及瓶菜俱佳，宜加花椒。〕　菠菜甘冷，利胃通腸，解酒伏石，開壅尤良。菠菜多食，破腹脚弱。忌䱉魚。　莙菜性同，解熱痛瘡，止鬱積痢，禽獸諸傷。莙菜寒，動氣。〔莙菜治疾，俱搗汁服、外敷效。〕　蕹菜甘冷，產難宜服，寬膈利腸，殺莽草毒。有東風菜，清肝明目，風熱壅氣，食臞除卻。有水苦蕒，辛寒，治風熱上壅，咽喉腫痛效。〔先食蕹菜，後食野葛則無害，汁滴野葛則萎。水苦蕒食根。〕　蘄菜辛苦，性涼清胃，利膈寬胸，通腸降肺。堇葵菜寒，消煩熱退，剝葉而食，蒂芥名配。蘄菜有白毛，宜挼揉煮食，楚地豫章最多。〔堇葵，江右稱荅菜，浙江稱蒂菜，栽時剝葉而食，漸剝漸生。〕　芋魁辛滑，充胃寬腸，調中下氣，破血敷瘡。芋苗辛冷，胎動安良，治瀉癰腫，塗蛇蟲傷。芋子味美，療煩熱，止渴，令人肥，多食滯氣。〔煮芋宜用稻草灰汁良。凡野芋及獨根者，俱不可食，有毒殺人。〕　百合甘苦，潤肺寧心，清熱止嗽，益胃和營，補中利便，臚脹堪輕，肺瘻瘡腫，百合病清。治傷寒百合症，清熱和臟要藥，虛人宜之。〔白花者良，根形似肺，故專治肺病。百合症者，魄散也。〕　薯蕷煮食，補氣調中，滋養脾胃，筋骨豐隆。零餘子同，療饑有功，補虛益腎，利濕多功。薯蕷數類，入藥惟懷慶者勝，餘皆充飲饌。〔薯蕷即山藥，主治在遲部，零餘即山藥子也。〕　黃獨子根，即是土芋，辛寒微毒，諸藥毒除，蒸食甘美，熱嗽能去，厚腸充胃，稀痘食豫。生研飲汁能吐一切毒藥，蒸熟兒食有益。〔蒸熟食之，解一切藥石毒。〕　莧菜甘冷，除熱通竅，殺蟲止痢，通腸滯導，妊婦食之，快產得效。落葵酸滑，利腸味妙。有生瓜菜甘寒，治走注陽毒，除煩利膈佳。〔莧同豬肉食生癥。落葵，曾遇犬齧者不可食。生瓜菜服汁，去熱毒。〕　黃瓜菜苦，即野油菜，通結利腸，性亦相類。地瓜兒甘，鹽醋醬配，蜜漬餳浸，葅果可愛。地瓜兒亦名甘露子，與蘘荷根名同物異。〔黃瓜菜即野油菜，因西北不種故野生。而黃花又悮為黃瓜。〕　水蓟菜酸，形似蕎麥，苗可充蔬，江淮人喫。羊角菜辛，鹽葅可食，動風滯臟，傷痹無益。羊角菜花有黃白二種，俱有羶臭，不中食。〔羊角菜煎水洗痔，搗敷風濕痹痛，擂酒飲止瘧。〕　白苣甘寒，解酒毒熱，利腸開胸，理氣通脈。萵苣性同，通便尿血，殺蟲蛇毒，令人齒白。諸苣相同，多食動冷氣，昏目，有微毒，殺蟲。〔白苣、萵苣皆生食之菜，亦堪炒，食其筍，醃食作脯、蜜餞俱佳。〕　露葵苗葉，俗稱滑菜，味甘性寒，熱積行快，時疾黃疸，赤淋白帶，能壓丹石，塗瘡腫瘥。蜀葵苗葉同，忌豬肉。搗敷湯火傷、金瘡，效。〔多食動風，發留飲。冷利臟腑。忌鮮魚、黍米。狂犬咬過者勿食。〕　黃花菜甘，下氣怡神，解熱散鬱，利便疸清。紅花菜同，活血止崩，煮羹葅食，並號金針。黃花菜即萱花，紅花菜即山丹，並可調羹。〔金萱、山丹二花相似，齊汴人栽種，採其花，乾而貨之，和肴甚美。〕　蕨萁甘滑，性寒去熱，利水安臟，通經氣結。水蕨性同，除痰痞積。薇菜甘寒，逐水臟益。蕨多食，令人目暗、鼻塞脚弱。水蕨味微苦。〔薇菜調中益氣，消水腫。水蕨淡煮食，下惡物，忌雜食油膩。〕　薺菜甘溫，利肝明目，益胃和中，拌食解毒。菥蓂本同，沟茹味馥，搗汁點眼，能消(努)〔胬〕肉。菥蓂、薺菜一物也，惟菥蓂葉有白毛為異。〔薺有數種，蔬食惟取三月前嫩苗者，拌食佳。〕　荷花莨莨，古稱繁縷，嫩摘淪食，惡血下取。有金花菜，蔬食脆旨，除臟脂膩，雞腸名此。繁縷，南人種以糞泥壅田甚肥，子亦可食。〔北人食苜蓿，南人食繁縷，雞腸草惟吳人食之。〕　苦菜性寒，俗稱苣蕒，除臟熱邪，

血淋痢瘥，調經和脈，拔毒疔快，安臟止煩，塗惡瘡疥。食之，去口糜、舌爛、齒痛。搗煮，熏痔瘡大效。〔燕人於三四月采嫩苗，連根拌食。不可近蠶室，令蠶爛。〕 苜蓿甘淡，利臟除熱，和醬作羹，乾茹胃益。馬齒莧寒，除風散血，煮熟曬乾，食療毒結。苜蓿子可釀酒。有水馬齒莧可煠食，性同。〔西域有苜蓿草，可療目疾，又非此苜蓿也。〕

灰滌菜甘，煮食除痧。臙脂菜同，瀹食並佳。秦荻藜辛，作葅採芽。雞侯優殿，蔬喫餐加。又醍醐、茅膏、孟娘諸菜並可茹，治療另詳。〔此皆草類而可蔬食者也，山野貧人或為常食。〕 黃芽白甘，燕地佳菜，炒煮並美，臟腑寬快，醃葅嫩脆，窖藏不敗。他處種之，色味不類。安肅縣產者，葉嫩黃而緊緺，齊地則青鬆也。〔吳越種之，則矮而葉鬆如豬耳，故稱豬搖頭。閩、粵、黔、楚俱無。〕 合歡菜美，又名青囊，食蠲憂忿，出在高涼。有瑞蓮菜，食脆清香，解醒消暑，寬腹充腸。又洋葱，似獨蒜，切絲食，味辛甘，產粵門島。〔洋葱番人欵客切縷，瓏玜滿盤，不臭。〕 蓬生果美，又名乳瓜，青皮白肉，醬食脆嘉。樹同椶類，皮亦醃䐘，味如蘿蔔，結實不花。樹如椶櫚，葉同蒲葵，又稱木瓜樹，出肇慶。〔此蓋如菜瓜而樹生者也。〕 蓬蒿之實，名曰沙米，清熱消風，饑荒食旨。莿頭菜肥，作蔬滑美。杏葉菜甘，春蔬摘取。莿頭菜形似椿芽，出房山。杏葉菜，出盤山。〔沙米乃救荒寒苦人所食，其去風消熱，人不知也。〕 香芋藤生，如山藥子，味甜開胃，芳香散痞。土瓜似葛，甘涼脆旨，可果可蔬，解食消痔。土瓜，閩粵甚多，根如大升，可生啖，作蔬佳。〔香芋，吳人多種之，作蔬羹果食。多食，令人氣耗而悶。〕 蓴菜甘寒，多食發痔，損顏毛髮，傷胃及齒。病後忌食，病復致死。張翰之思，寓懷而已。性滑寒中，七月有蟲着上，悞食令人癨亂。〔蓴，水草也。因張翰有蓴鱸之思得著名，而食不宜人。〕 莕菜似蓴，葉尖為異，白莖脆美，餹醋拌味。芣菜即蘋，瀹食爽利，可以已勞，併除油膩。此皆澤居者常得而食之，亦與蓴同類耳。〔莕，《詩經》作荇，俗亦稱荇絲菜，黃花者是也。〕 紫菜鹹寒，消癭脚氣，利水散熱，咽喉痛閉。多食吐沫，飲醋即住。石蓴鹹平，利腸風秘。石蓴下水通便，散臍下結氣，治疳疾五膈。〔皆海產之物，能軟堅利水破結，用時勿太洗淡，減力。〕 海帶鹹寒，拌食味美，解熱利臟，療風下水，消癭瘰癧，結痰清理，催生下胎，散癥化痞。山居之人多癭宜食，故山陝人充蔬作菜。〔其白色者，切絲漂淡乾之，名披蟄，庖丁用以充燕窩，頗相似。〕 石花菜甘，微鹹寒滑。鹿角菜同，麫熱能殺，解丹石毒，浸水抹髮，煎膠醬食，經久得法。又名麒麟菜，煎膠為醬，凝乳多食發痼疾。〔石花、鹿角乃一物，形色少異，皆可煎膠醬，食為凝乳。〕 龍鬚菜寒，利氣消癭，又名石髮，解熱便清。睡菜甘寒，清熱定神，胸膈邪散，睡得安寧。睡菜葉似慈菇，根如細藕，食之令人思睡。〔龍鬚菜又名石髮，與石衣之石髮不同。〕 茭白甘冷，性滑利臟，解酒去熱，除煩消脹，止渴通便，丹石毒蕩。黃病熱痢，食之無恙。多食，發痼冷，傷陽道。禁蜜，忌巴豆。茭苗同。〔南人嗜食魚鹽多中熱，故種茭白以為蔬，雖多食無傷。〕 蒲筍甘涼，除臟邪熱，口臭糜爛，妊婦食益，安胎除煩，利便止血，聰明耳目，調氣和脈。生食止消渴。治乳癰腫痛，搗根敷之，並服。〔或鹽或糟甚鮮美，治病搗汁服良。〕 茄子甘寒，除勞散血，止痛消腫，滑臟寬膈。冷婦子宮，能發痼疾，動氣損目，多食少益。凡人冷瘧痢、傷寒病後、產婦，俱不宜食。〔煮茄食，宜加花椒或胡椒或砂仁，以制其冷性。〕 瓠子甘寒，利水清熱，開胃滑腸，止渴解鬱，壓丹石毒。發脚氣疾，虛冷脾寒，不宜多食。過食令人吐瀉發暴，以香薷湯解之得效。〔《本草》瓠、壺盧、瓠瓢，并而為一，蓋不知瓠乃瓢子，可食不可為器。〕 冬瓜甘寒，利水通腸，止渴解毒，消癰腫良，止痢通便，馬汗諸瘡。性走而急，多食瘦龐。瓜肉可茹、可果，可蜜脯。觸酒、漆、糯米即爛。〔冬瓜同桐葉飼豬，肥大三四倍。治疾生用，煮食宜薑。〕

南瓜甘溫，開胃益氣。多食發病，瘧疾尤忌，脚病黃疸，同羊肉閉。烏瓜番瓜，北瓜稱異。可窖藏，耐久充糧，蜜餞為脯。子炒食味佳。〔豫章稱北瓜。而北瓜另有一種，形小色黃，惟可供玩而不中食。〕 菜瓜甘寒，止煩利腸，通便解酒，麩醬煮嘗。黃瓜甘寒，利水發瘡，清熱解渴，痼疾宜防。越瓜發心痛癥結，病後忌。黃瓜滑中生疳。〔生瓜宜麩醬鹽醃，可久藏，為蔬菜之珍。黃瓜秖可鮮食淡晒乾。〕 絲瓜甘冷，多食痿陽，清胃解毒，除熱利腸。苦瓜苦寒，清熱邪亡。或醃炒肉，味亦佳良。又有天羅勒，即野絲瓜也，亦治外症諸瘡。〔苦瓜，閩、粵、豫章頗食之，其瓤可生啖，解勞，清心明目。〕 沿籬豆莢，甘寒清胃，瀹煮炒蒸，充蔬美味。多食氣脹，發瘧冷痢。帶莢而食，與諸豆異。此即藊豆之花色者，因食其莢，故入蔬部。〔與白藊豆同形異色，秖可帶莢鮮食，醬煮佳。〕 刀豆甘平，蜜餞醬漬，燒灰利腸，止虛呃逆。豇豆莢甘，色紫綠白，可蔬可果，醃煮脯食。刀豆惟堪蔬果，而豇豆又堪充糧，為勝也。〔刀豆嫩時蔬，其子止堪栽種，療呃。豇豆，惟寒熱病宜忌。〕 鹿藿可茹，生噉味苦，子亦可食，粉與豆伍。巢菜辛平，常食帶補，止瘧治疸，羹餡美咀。巢菜即翹搖，子名野蠶豆，可以磨粉充糧。〔凡豆葉皆稱藿，而此鹿藿即野綠豆也，又鹿喜食之，故名。〕 大豆黃卷，即是芽蘖，甘平無毒，消水除熱，濕痹筋攣，和臟破血。黃豆芽同，解藥毒結。又綠豆芽甘，清涼散火，利三焦，解酒熱毒。〔諸豆芽俱受濕熱〔鬱浥〕之氣，故療瘡動氣，食多膨脹。〕 木耳甘平，微毒療痔，拌食煮食，灰止血使。桑耳甘平，散癥積痞，治帶崩中，排毒痛痔。槐耳苦辛，腸風血止，燒灰殺蚘，能斷月水。

榆耳療饑，色白脆美，作蔬調羹，素餚必使。柳耳定吐，補胃氣理。柘黃解毒，肺癰堪已，百齒霜丸，服效無比。楊櫨耳平，破血酒煮。〔今之造木耳者，多於春末夏初，諸木或柳或槐諸雜木斷段，以刀鑿隙縫潑以粥漿用草罨之即生，收乾貨之。中其毒者，搗冬瓜蔓汁解之。〕地耳甘寒，地生色紫，明目益氣，令人有子。石耳寒平，石崖懸珥，氣並靈芝，久食色美，益精悅神，至老不毀，瀉血脫肛，灰服愈矣。〔石耳產諸石崖，形同木耳，堪茹味美清香。〕香蕈甘平，開胃通秘，破血引毒，調鼎美味。杉菌甘辛，心脾痛利。皂菌辛毒，蕩垢滌膩，腫毒塗消，腸風血住。葛花菌苦，醒酒積去。天花菌甘，蚘蟲能制。萑菌鹹平，心痛消棄，殺腹中蟲，白禿塗塈。舵菌鹹寒，清癭結氣。土菌甘寒，有毒宜試，悮食腹痛，霍亂吐瀉。鬼蓋地芩，鬼筆同意，燒灰傅疥，疔腫並治。蜀格味苦，療帶瘻痹。蘑菇甘寒，化痰行滯，素食佳品，生於北地。竹菰甘寒，止赤白痢，破血殺蟲，苦竹菌濟。雞㙎滇產，甘平益胃，消痔清神，菌大形異，蟲窠上生，其毒可計。又有雷菌，與之不啻。蛇菌大毒，色美食斃。菌類極多，筆難盡綴，濕熱蒸成，發瘡與癘。〔諸蕈皆濕熱熏蒸而茁於諸草木間，性良毒亦各隨所附，今採者不辨，食者何知。其有毒者，形色必異。若乾之，則其汁盡氣散，雖毒猶緩。若食鮮者，立致病亡，可不慎歟。其有毒者，如皂樹、楓樹、苦竹及杭藥、墨荔、爛蛇、死馬、蛇穴諸蕈，俱不可食。又南夷以胡蔓草毒人致死，懸尸樹上，滴汁於地，生蕈名菌藥，毒人更烈，皆當知識。凡中毒，以苦茗、白礬、地漿、糞清等解救。〕葛仙米淡，石耳之流，暴乾饋遠，色褐形柔，和羹素食，鼎鼐佳餚，清神解熱，痰火能療。產北流勾漏山，俗傳是葛稚川遺丹所化。〔生泉流之石上，細粒如米，或云久服延年，蓋亦能清臟熱者。〕茶菰南產，香甘質脆，味甲諸菌，調食無忌。黑蘑菰丁，涼州產粹，味美質瘦，清香柔細。茶菰，盱江南贛有之，質瘦而脆，生栘茶樹。〔黑蘑菰丁產涼州諸處，有莖而無蓋，形如鼓丁，味佳實脆。〕花椒紅辛，香調鼎食，殺魚肉毒，開胃散積，多食散氣，損心亂脈，中其毒者，涼水解得。閉口椒殺人。畏防風、附子、雄黃，能收水銀。〔素食用末，微出汗。研，煮物，生用，或連葱剁醬香美。〕醋林子酸，溫止久痢，痔漏下血，蚘蟲盡去，生津醒酒，諸疳服濟。多食舌粗，動火之弊。出兩川，形似櫻桃，鹽、醋藏收充果，葉亦酸。〔夷獠人採得，入鹽和魚鱠食，味〔勝〕米醋。〕香椿芽苦，瀹食性溫，鹽乾美味，拌腐甘馨，消風祛毒，多食神昏。木鹽、草鹽，並可調羹。又榆仁，可造醬釀酒，嫩莢煠食甚美，殺蟲。〔椿芽，多食壅氣，閉經，動風熱。木鹽即鹽麸樹，草鹽產北方。〕五加嫩葉，堪醃菹食，造釀作飲，能除風濕。椶筍及子，味苦性濇，可作果蔬，醋醬蜜漬。又槐芽、槿芽、枸杞芽，俱堪鹽菹，瀹食，代茗。〔枸杞嫩頭作蔬肥滑，槐芽以拌麪食佳。〕黃連頭苦，微甘代茗，鹽食酸甜，解喉痛哽，味如橄欖，消熱酒醒，舌爛口糜，嚼汁解柄。吳、越、閩中人皆採食，北方鮮知其味也。〔葉似槐而尖，嫩時採，乾代茶，勝槐、榆、柳葉也，木甚細膩。〕諸般竹筍，性滑甘寒。利膈下氣，去熱消痰。篁竹筍涼，解渴風刪。冬筍最美，食味宜餐。能發痘疹，解毒消斑。苦竹筍苦，解酒除煩。黃汗音啞，灰擦牙疳。淡竹筍治，驚癇遊丹。熱狂迷悶，胎運能安。桃竹筍苦，六畜瘡棄。酸筍性涼，解醒腸寬。刺竹筍毒，落髮瘦顏。諸般鹽筍，各種筍乾。名色不一，難載多般。其性雖滑，淬化卻難。稱刮腸篦，忌合羊肝。菜不宜人，筍蕨同班。〔凡竹之筍皆寒滑利臟，雖甘而回味終苦，若內熱燥結者，食之有益。若中寒不固者，非所宜也。〕藥苗充蔬，諸名備述。性味宜忌，亦當考識。香菜味美，卒溫氣苾。採拌作蔬，醒脾寬膈。地筍味佳，澤蘭根赤。醬醋拌之，甘溫氣馞。馬蘭頭辛，鮮汋芳潔。曝乾煮肉，味勝薇蕨。蓳菜清香，微苦瀹食。調以酸鹹，通經活血。有對節菜，乃是牛膝。以芼以瀹，苦味即失。仙菜辛香，紫菀苗即。醋漬鹽調，盤餐味傑。婆婆奶菜，地黃苗葉。亦可作蔬，滋陰火息。公公鬚嫩，王瓜藤摘。鹽拌晒乾，堪和脯腜。有蒡翁菜，子即惡實。根苗可茹，和中散結。地菘葉臭，救貧蔬食。蔛菜蒸啖，同魚美喫。亦解魚毒，外症消釋。禿菜水煮，寒止痢疾。多食滑腸，解毒效捷。蓤菜可餐，酸模名別。性亦寒涼，火毒散撤。仙人杖草，作蔬口適。溫除風冷，亦去痰癖。金簪菜甘，蒲公英苣，解毒消腫，食療乳癧。雞冠莧肥，青葙苗茁。炒煮作蔬，調羹滑啜。紅藍嫩苗，茹解瘀癖。子搗拌蔬，入醋煎汁。決明苗涼，食去目澀。利臟清頭，翳障退徹。菹菜小毒，食發氣逆。蘘荷旁根，作蔬蟲辟。本是佳蔬，鹽醬醋滴。車輪菜涼，善通淋溺。香蓼嫩芽，拌食辛烈。獨帚嫩苗，苦而味劣。明目止痛，頭風可歇。百部之苗，亦堪煮喫。罌粟苗甘，作蔬美特。開胃厚腸，除瀉痢泄。齊頭蒿苦，疏解血脈。有珊瑚菜，驅風散鬱。有筆管菜，黃精苗即。食之甘美，五臟利益。藕絲菜美，即是荷蔤。脆滑芳甘，食散瘀積。莜菜味甘，止煩消渴。昆布海藻，肴饌並列。蘆筍鹽食，能解五噎。除諸魚毒，利便嘔截。紫蘇薄荷，蜜煎餹漬。充果作蔬，華筵亦設。豆藿為羹，明目去熱。萍蓬草根，名曰水栗。味亦如之，儉年充食，子形如粟，煮粥味濇。天藕甘苦，形同白朮，救荒和飯，剝皮煮淅。菱莖曝乾，造飯和粒。以上諸苗，救荒濟急，野菜山蔬，名宜考切。

百果部　李子酸甘，肝病宜食，去骨節痛，痼疾勞熱，多餐臚脹，忌雀肉蜜，發瘧霍亂，曝脯美食。李類頗多，性味相似，鹽曝、餹藏，白李為勝。〔李不沉水者，有毒勿食。其樹接梨樹者不酸。有無核者曰徐李。〕　杏子酸熱，過食傷筋，損目發疾，生痰昏神。曝脯去冷，止渴益心。多食髮落，燥血之徵。凡五果樹皆以他木接之，則味不酸，形異。〔杏類梅者酸，類桃者甘，多食致瘡癰膈熱。〕　杏仁苦甘，降氣止欬，開胸喉痹，發汗脹快，驚癇瘟病，傷寒喘粫，利膈通腸，殺蟲瘡疥。能治百病，服食之需，去痰理肺，氣分要藥。〔凡用，湯泡去皮尖，炒用。雙仁有毒勿食。解錫毒、狗毒。〕　巴旦杏甘，止欬下氣，消心腹悶，研酪通秘，定喘止渴，虛煩服濟，補肺行痰，瀉者亦忌。杏仁有甜、苦二種，苦者入藥，甜者造酪食。〔研杏酪，以杏仁百枚，泡去皮尖，擣爛和水，漉漿去渣，即為杏酪。〕　梅子酸苦，多食損齒，傷筋脾胃，核桃解齼。蜜餞青梅，脆甘味旨。鹽作霜梅，罨傷血止，敷疔癰腫，喉痹點使。梅醬酸鹹，淹漬鹽水，加鮮紫蘇，解渴消暑。烏梅下氣，瘧痢用取，療吐霍亂，安蚘痛濟，解酒熱噎，利筋和體，寧嗽生津，內煩渴已，癰疽惡肉，灰敷蝕砥。〔北地無梅，種之變杏。造白梅：以鹽汁漬晒十餘次成。造烏梅：以稻草灰湯淋過，穰熏乾黑，凡用去核。〕　桃類不一，酸甘性熱，作脯悅顏，肺病宜食。多餐膨飽，所忌鱉朮，發丹石毒，有損無益。又發瘡癤。俗傳蟠桃，服之神仙，蓋非此類。〔柿接為金桃，李接為光桃，梅接為脆桃，梨為白桃，物性之妙。〕　栗子甘溫，厚腸益氣，健利腰脚，扶脾腎濟。生食難化，熟食多滯。療筋骨碎，塗腫散瘀。患風水人忌。小兒多食，令齒不生。作粉佳。〔一毬三顆中匾者為栗楔。〕　生棗甘熱，多食膨脹，損脾動氣。黑棗安臟，潤肺益腎，和中氣暢。紅棗健脾，曬棗味上。諸棗乾同，疳𧏾中滿人忌。多食助濕黃齒。　仲思棗美，形大核小，甘溫補虛，潤臟嗽少。西王母果，穀城紫棗，同是仙種，服之色好。此皆異種，致諸棗脯餹漬、蜜漬，性味已變。〔生棗滑腸，蒸黑棗調營衛，曬紅棗健脾胃，入藥惟用紅黑二種。仲思等棗皆長三四寸，乃異種也。〕　南棗甘暖，產浙金華，形大核細，香脆味佳，餹漬蜜餞，肉皺皮椵，食多痰膩，蟲𧏾傷牙。少食可口，因過甜則熱中傷腎，膩膈聚痰。〔生食香脆，泡熟蜜煎，可久藏寄遠，皺皮如穀，紅潤可愛，曰棗脯。〕　梨種頗多，味甘酸濇。北產者佳，其樹俱接。性味甘寒，品稱冰雪，潤肺清心，消痰降熱，驅風定喘，散痞塞結，解酒火毒，能壓丹石，欬嗽失音，虛煩氣急。湯火灼傷，切片易貼。　鹿梨濇酸，煨止痢疾。　棠梨味同，滑痢燒食。〔梨多食成冷痢，若病勞熱痰火症，則多食始有效也，然必得消梨、雪梨、鵝梨，不酸之梨乃可。〕　有海紅子，名海棠梨，酸甘可食，洩痢收提。楂子、木桃，榠楂、木梨，異名同類，酸梨名齊，味皆酸濇，解酒痰宜，止痢霍亂，醋心可醫。多食損齒，傷氣筋疲。　木瓜同類，主治如之，木瓜作脯，香美和脾，蜜餞餹漬，性味俱移。〔海紅、楂子，皆木瓜同類，而似梨可生噉，榠楂大而無重蒂者，味皆酸濇。多食損齒傷氣及筋致癃閉。或鹽、餹、蜜漬，庶易其性味。〕　菴羅果甘，微酸止渴，通經營衛，調和血脈，清胃生津，西域所出。多食動風，忌與蒜食。此亦梨也，皮細而嫩，北人呼為婆梨，味佳。〔其色半紅半黃，與梨同而形色稍異耳，又俗稱鴨子梨是也。〕　榅桲酸濇，俗稱檳子，溫中下氣，消食酒水，止瀉煩熱，辟臭甚美。多食動氣，聚痰發痞。似花紅氣香而大，北地有之，滯血脈，發疝。〔榅桲一名檳子，惟燕、趙、晉地有之，因其氣香，故名同榅馞之音，可以取汁造豉，又可壓醬作果單，乃澄粉也，調食頗佳。〕　蘋果即奈，香寒甘味，生津止渴，能益心氣，和脾消食。多餐脹肺，為脯曬乾，充食佳製。生時亦酸濇，熟則甘香清美，開胃和中。　林禽甘酸，即是花紅，俗稱沙果，下氣寬胸，消痰止渴，療痢和中，霍亂腹痛，閃癖因風。多食令脈弱，發冷熱疾、瘡癤。作脯，曬乾佳。〔樹生毛蟲者，以蠶蛾埋樹下，或以洗魚水洒之即無。〕　楸子甘酸，小於沙果，色黃紅黑，如櫻桃顆，產於代北，清香味頗，作脯點茶，怡神口可。多食濇氣，令人好睡，子宜去盡，食之煩心。〔與林禽同名而異類，本草未分，今正之。〕　柹類頗多，樹皆移接，性寒益肺，熟甘生濇，利臟清胃，通耳鼻塞。　紅紫青黃，其色不一，牛奶鹿心，銅盆形別，八稜雞卵，猴棗椑漆，解酒除煩，能壓丹石。　君遷梬棗，味美悅色，多餐引痰，忌同蟹食，腹痛吐瀉，木香解得。　各種柹乾，其名須識。　柹餅柹餻，黃酥烏白，性變甘平，補虛止血，潤和五臟，專療欬逆，腸風便毒，五痔瘻疾，反胃血淋，火瘡蟲𧏾，燒灰斷下，破瘀解結。　柹霜甘涼，清上焦鬱，生津化痰，咽痛糜舌，多食動脾，生痰膩膈。〔柹乃脾肺血分之果，故主治諸疾。生食寒中，同蟹食霍亂。柹乾生躁者，冷火燻者，熱。一物性殊，不可不察。致治疾之應，當先識本物由來。致酥柹，或水收鹽浸灰池，使汁盡存肉，性味大變，治病非所宜也。〕　山樝餻酸，微溫化滯，消肉冷積，平胃開秘。多食嘈煩，齒齲人忌。　熱胃損齒，因夾餹味。名棠毬子，北產者佳，亦可生食，消癥除脹。〔以棠毬子去皮核，擣爛，加豆粉、蔗餹和成，北京造者佳。〕　石榴甘酸，有紅有白，性溫收斂，能壓丹石，利咽損肺，療痢赤白，止帶崩中，因其性濇。多食損齒，生痰，能止瀉、斷痢，解渴，下三蟲。〔酸者，療痢止崩。皮能黑齒，其亦火化而丙辛成水之意耶。〕　橘瓤甘酸，開胃利膈，潤肺聚痰，多食脹逆，筋模能解，忌同蟹食。　柑瓤甘寒，利腸解熱。柑瓤利便，解丹石毒，多食冷肺。產難灰服。〔柑子瓤類橘，皮如橙，甘多酸少，

皮亦可食。橘皮辛苦不可食。〕　橙子瓤酸，殺魚蟹毒，傷肝發癧，最忌獱肉。皮辛苦甘，下氣甚速，開胃調中，解酒痰逐。橙餻酸甘，斂五臟浮熱、浮風，多食傷齒筋。〔可餹藏、蜜餞，其皮香，餹果餡中宜用之。〕　柚瓤酸甘，性寒解酒，產於楚粵，北地無有，逐臟惡氣，妊婦淡口，多食中寒，消食止嘔。味稍帶苦而酸少，故與橘、柑、橙性不同也。〔閩、粵、江右最多，閩稱文旦，粵稱匏，江右稱柚子，其瓤如絲。〕　香櫞脯甘，氣香開胃，調氣和中，性溫餹配，佛手脯同，快膈更鋭，散鬱消癥，去噦醒醉。橘、柚、柑、橙、金柑俱堪蜜餞為脯，性味略同。〔《本草》香櫞、佛手為一物，實兩種也，樹木果形俱異，古人未識耳。〕　金柑芳香，皮甘肉酸，同嚼佳美，快氣中寬，解醒止渴，止嘔胃安。金橘、金豆，性味一般。金柑如棗，橘、豆如彈，同類異形，俱堪作脯。〔形長、皮肉皆甘者，金柑也；圓而皮甘肉酸者，金橘也，又名金豆。產洞庭者最勝，廣中雖有，不及吳地之美。〕　枇杷甘酸，止渴下氣，定吐清熱，滑腸利肺，多食聚痰，諸麫所忌。亦可蜜餞，糟藏美味。北地絕無，南方有之，吳郡者勝，樹接不酸。　楊梅酸甘，微毒性熱，蕩滌腸胃，冷痢可絕。食損筋齒，令人衄血，發瘡致痰，忌同葱食。燒酒藏之不敗，更助其熱。鹽藏者可滅瘢。〔以桑樹接之不酸，以甘草釘釘之不癩，多生瘴地。〕　櫻桃甘熱，調中益脾，能益顏色，止洩痢奇。多食發熱，風動筋疲，喘嗽癰毒，受害無知。有山櫻桃，辛平味劣，止瀉腸澼，除熱調中。〔雨後則內生蟲，以水浸之則出，始堪食。山櫻桃有毛，別是一種。〕　桑椹甘苦，利臟安神，烏鬚黑髮，聰耳目明，醒酒活血，疏絡通經，消水散結，久服陽興。療諸骨骾、瘰癧、結核。熬膏浸酒，反老變白。〔須以紫黑者佳。搗汁熬膏忌鐵器。〕　枳椇子甘，大能解酒，並療消渴，通便止嘔，寬膈利腸，除風熱走，和脾理濕，淋症盡剖。一葉入酒，即能淡味，故解酒，利水止渴良。〔多食發蚘蟲。止頭風有效。〕　胡桃仁甘，潤臟澤肌，烏鬚黑髮，補腎相宜，止嗽養血，痿弱宜之，多食動火，虛熱勿施。潤肺腎之燥，連皮則濇精，與破故紙同用。〔胡桃，腎之果也，能透命門。油胡桃有毒，不可食。〕　梧桐子甘，清心益肺，解熱利咽，舒脾開胃。酸棗味酸，鮮食醒睡，止汗滋肝，生山萸配。酸棗、山萸俱可生噉作果。胡頹子亦可食。〔梧桐子亦可榨油，調食、燃燈俱佳，然造者甚少。〕　榛仁甘平，益氣實腸，調中開胃，健力筋強。阿月渾子，同類溫良，腎冷痿弱，止痢充糧。產處不同，乃一物也，俱開胃、除腸中穢積。〔阿月渾子得木香、山萸能興陽。〕　銀杏核仁，苦甘微毒，溫肺定喘，止帶便縮，生用降痰，殺蟲療濁，腸風齒䘌，陰虱塗伏。治狗咬、疳瘡、鼻皻。多服臚脹。忌鰻，致風疾。〔其樹於夜半開花即謝，人不得見，考其性陰毒。〕　鉤栗仁甘，充飢厚腸，令人肥健，久食無妨。（楮）〔櫧〕子仁同，苦濇性涼，止洩破血，亦可充糧。二物一類，有甜、苦之別，皆可作粉，療飢妙。〔櫧子多食不宜人，蓋其性枯濇，燥人津液故也。〕　橡實蒸曬，微苦性溫，止痢健胃，禦飢可珍。槲仁苦濇，蒸煮性平，救荒食粉，止痢功能。其性俱濇，故止瀉痢，救飢充腸而能益人。〔取仁，水浸，淘去濇味，蒸極熟食益人。槲仁同。〕　荔枝甘酸，性熱爽口，下氣寬膈，止渴解酒，消癭去瘰，瘤贅解紐。多食鼻衄，火病特抖。荔，火果也，形如心，多食血溢，飲㱿水解之。〔鮮者味美而熱甚，曝乾則性味俱變，酸多甘少，福產者佳。〕　圓眼肉甘，利滑五臟，滋心安志，歸脾血旺，鮮者香溫，壓蟲毒脹，性味和平，食之無恙。又有龍荔，味甘性熱，小毒，生食動風發癎。〔以荔接龍眼則結龍荔，形質既變，性味亦異。〕　橄欖酸濇，細嚼回甘，解酒魚毒，開胃除煩，生津止瀉，咽痛咀安，燒灰研擦，牙䘌風疳。鹽食、作脯俱佳。欖仁香甘，開胃。研敷唇裂。〔樹大子繁難採，但於根下刻孔，納鹽少許，一夕子盡落也。〕　餘甘子濇，性味酸寒，能壓丹石，清肺嗽蠲，塗頭生髮，除熱風痟，橄欖一類，俗號白圓。又木威子，亦橄欖之類，辛酸，治心下惡水。〔廣中所產橄欖也，形如棗，較橄欖更鬆脆，俗稱白圓。〕　毗梨勒苦，微溫帶濇，下氣止痢，療風髮脫，暖腸去冷，作漿性熱，能染鬚髮，變白為黑。又名三果，亦治風虛熱氣，燒灰，能乾血效。〔樹似胡桃，核如訶子，產於南海諸國。〕　五斂子酸，甘除風熱，止渴生津，晒乾美益。五子實甘，金瘡宜食，霍亂冷吐，性溫止得。有三廉子，即五稜子也，味俱同，可充脯。〔此皆產於閩廣，形如田家碌碡，皮肉脆軟。五子實相似。〕　榧實甘濇，消積化蟲，利腸療痔，經絡能通，止嗽白濁，助陽有功。柀子甘溫，主治相同。忌鵝肉，生風動火。多食引火入肺，致氣壅。〔榧、柀本一類也。榧、柀反綠豆，皮能殺人。〕　松子仁甘，滋臟除風，醒脾強智，止嗽神充，澤肌療痹，經絡疏通，潤燥開秘，毛髮敷榮。遼產者佳，久食悅顏潤膚，清神，開益脾胃。〔服食家多用之，同柏子仁治虛秘。〕　椰子瓤甘，治風益氣，悅色療饑，餹煎美味，漿曰椰酒，風水腫去，塗頭黑髮，吐血止住。多食昏人，故稱為酒，動氣增渴，性溫故也。〔緬甸有樹頭酒，即椰子中漿汁也。〕　無漏子樹，即是海椶，子溫甘美，消食寬胸，除痰止嗽，益氣調中，久食無損，肥健澤容。此即鳳尾蕉之子耳，或稱為棗，實非棗也。〔以刀剝去青皮，石灰湯瀹之，蜜浸瓶封，可久藏寄遠。〕　蕉子甘寒，止渴潤肺，通血破血，解酒醒醉，蒸熟晒乾，清肌熱退，小兒客熱，丹石毒潰。性滑不益人，多食動氣寒中，內燥者宜之。〔有數種，惟廣中所產羊角蕉最甜美。〕　波羅蜜瓤，甘香微酸，止煩解渴，醒酒悅顏。核仁味同，益氣除痰，療饑健力，五臟能安。不花而實，形似冬瓜，內肉如橘，子大如棗。〔核仁如栗，黃色，炒煮食

之俱佳，此果中之最大者也。〕　無花果子，性味甘平，開胃止洩，療痔咽疼。文光如栗，仙果如櫻，古度子酸，俱無花名。古度子煮作糉食，數日不煮，即化蟻飛去。〔無花果即優曇缽也，而文光等皆不花而實者。〕　阿勃勒子，味苦性寒，除心膈熱，殺蟲下痰，通經活絡，療小兒疳。有羅望子，甘美煨餐。此亦不花而實者，形如皂莢、刀豆，炙煨食。〔阿勃勒如皂莢，中有黑子，如飴美食。〕　沙棠果甘，能卻水病。探子甘濇，止嗽痢應。麂目酸甘，發冷痰症。都念子酸，嗽嘁可定。又都桷子酸濇，止洩療痔，解酒、止渴、除煩。〔沙棠如李無核，探子如梨，麂目似梅李，都念似軟棗，都桷如梅。〕　摩廚子甘，其汁如膏，益氣潤臟，可以煎熬，療飢肥健，氣血和調。有齊墩果，形似陽桃，壓油煎餅，香美佳殽。有德慶果，炙食如饒。又有韶子，甘溫味饒，治痢心痛，腹冷俱消。〔摩廚子似瓜，德慶果形大如盃，韶子似栗，肉如荔枝。又有藤韶子，大如鳧卵柹。〕　甜瓜甘寒，性滑通腸，有青有白，有黑有黃，除三焦壅，消暑為良，多食下痢，去瓤無妨，或發黃疸，解脹麝香。子仁炒食，破內癰瘡，月經能止，清肺熱方。有哈蜜瓜，多肉少漿，香甘柔美，作脯佳嘗，可藏可久，更可充糧。〔瓜雙蒂者殺人，子仁壓去油，水調服，止月經太過效。〕　西瓜瓤甘，消煩止渴，利便解酒，清暑退熱，多食傷脾，致成痢疾，瓜皮甘涼，鹽醬可食。皮，燒灰塗口瘡。瓜子甘寒，多食生痰動火。〔傷寒、瘟疫，煩熱大渴宜食，名天生白虎湯。〕葡萄酸甘，性熱當究，有白有紫，北產肉厚，除腸中水，五淋能透，益力強志，健人療瘦，食多發痔，煩悶心疚，亦可造釀，曝乾遠售。瑣瑣葡萄，如椒似豆，產在回邦，大能發痘。南產紫圓，蘡薁名舊，味甘酸濇，溫脾悅腠。俱是葡萄，分條則謬。〔南產葡萄形圓，紫色，酸多核大，即古之燕薁也。北產形長而肉厚者，乃西域之種。致瑣瑣葡萄亦蘡薁之類耳，《綱目》分之，悞也。〕　獼猴桃寒，酸甘止渴，調中下氣，解煩除熱，骨蒸風痛，能壓丹石，通淋療痔，瓤可煎食。內熱者宜之。多食冷脾胃，動洩癖。可晒乾。〔生時極酸不可食，熟則帶甘。過食寒中。〕　甘藷甘平，又名地瓜，生熟可啖，甘美味佳，補虛益氣，脾胃充誇，磨粉久貯，糧糗功加。可以造粉，可以釀酒，充飢救難，功佐糧儲。〔一名地瓜，閩粵人以為正糧，蔓生，食根。〕　鮮葛味美，如梨似蔔，甘涼清胃，解酒熱毒，和臟除煩，止血吐衄，濟渴療饑，澄粉調服。產于閩、粵、楚地者，大而鬆脆，他處不如也。〔造粉之法與造藕粉同。〕　甘蔗甘寒，多食反熱，下氣調中，除煩寬膈，解酒止嘔，利腸行積，多嗜損齒，口糜爛舌。燒滓油調，禿瘡塗失。沙餹甘溫，和脾行血，治痢酒毒，過餐引濕，生蚘心痛，成疳齒蠹。白沙餹同，緩肝脾益，潤臟和中，膩腔痰積。又有冰餹，稱為石蜜，煎煉澄成，色有黃白，味更鮮精，體存晶潔。煎酥和酪，浸酒調食，動火生蟲，其害則一。〔青皮者白荻蔗，白皮者曰竹蔗，紫皮者曰崑崙蔗。造餹惟用竹蔗，去皮葉磑成漿，用樟木槽澄清，煎過，入甕，凝結成沙餹。榨淨汁煉，凝為冰餹。亦等次不一。〕

刺蜜甘平，草頭上出，除痰嗽痢，消煩止血。又有甜齊，斷取枝汁，其味香甘，清美療疾。或云草蜜，甘露所凝，亦無考，實乃熬成者。〔草蜜，一種羊刺，一種蔓生，皆取草汁為蜜。達即古賓，蓋甘露也。〕　蜂蜜甘酸，性非一樣，產石土木，用宜孜當，緩中除邪，毒風追蕩，合薑止嗽，和藥滋臟。蜂之造蜜，採百花釀成，留師蜜性味相同。〔宜鍊，生者令人瀉，石巖者佳。除眾病和百藥。忌葱、萵苣，反魚鮓。〕　藕味甘涼，解熱散血，通氣清胃，醒酒止渴，蒸煮俱佳，魚蟹毒釋，止洩熱痢，霍亂煩急。風去水氣，其味更甘，水果之中，最為宜人。〔老藕味濇，惟可蒸食作蔬。六七月之嫩藕可生啖，宜人。煮，忌鐵。〕　藕粉淡涼，清五臟鬱，合冰餹沖，性溫味別，通便開胃，散血和血，太甜聚痰，調和宜蜜。澄粉其味已變，再用沙餹沖拌，則失本性。〔今造藕（於）（粉）俱是老藕，其性微濇，真者良。〕　蓮子甘溫，補中養神，益氣止痢，固腎濇精，強筋健骨，耳目聰明，除濕白濁，帶下血崩。煮食補虛益臟，多食滯氣，大便燥者忌之。〔蓮肉，脾之果也，能交媾水火，會合木金者也。〕　菱、芰一物，形味有別，四角兩角，青紫紅黑。青皮雙角，風菱腰折，甘嫩清涼，只宜生吃。入泥變烏，生餐味劣，熟煮甘平，堪充糧食。四角紅菱，嫩甜肥潔，生啖寬中，清胃除熱。餛飩、沙角，生熟俱得，老則甘香，補中氣益。生者解酒，能壓丹石，澄粉久藏，調食和蜜。水鄉皆產，吳中第一。〔三角、四角者為芰，兩角者為菱，生熟可噉，生甘熟香，可以充糧，故曰菱米。生食性冷傷陽，其花背日向月，乃純陰之性也。〕　葧臍甘寒，開胃下氣，消食除積，止崩血痢，化銅壓石，黃疸渴濟，療膈磨堅，癥痞並去。能辟蠱毒，多食發冷氣，煮食甘平，和胃良。〔生啖發冷氣。海蟄煮食，化痰癖。亦可造粉。〕芡實甘平，補中益精，除濕通痹，耳目聰明，白濁白帶，便數遺精，多食難化，動冷風生。雞豆殼濇，肉甘，濇精藥中，當連殼擣粉用。〔鮮者煮食佳，或曝乾剝仁用。以防風湯浸過，則不壞。〕　慈菇根苦，汁寒治淋，療驚解毒，產後血昏，煮熟甘涼，發瘡漏崩，腸風脚氣，食不宜人。多食滯氣，損齒，失顏色，燥皮，發緩風，乾嘔。〔孕婦忌食，恐滑胎。難產、胎衣不下，搗汁服。〕

雜果類多，性味當識，津符子苦，爽口呆舌。有必思答，產回回國，甘涼順氣，《飲膳》載集。甘劍子酸，多食發疾。楊榣子甘，異形有脊，生樹皮中，剝出可食。海梧子甘，形如大栗。有木竹子，如枇杷實。櫓罟子甘，攢聚毬

結。羅晃子酸，七層皮出。榹子似桃，酸同梅汁。夫編子平，調羹美辞。白緣子甘，核桃樣式。繫彌子苦，回甘佳餐。人面子酸，食用蜜漬，人面之稱，專指其核。黃皮果酸，揀子彷彿。四味果奇，味變刀切，竹刀剖甘，苦因遇鐵。木酸蘆辛，能止飢渴。千歲子甘，栗味類齕。侯騷子甘，冷消痰積。酒杯藤子，解酒散鬱。蔄子味淡，熟如梨赤。山棗如荔，味酸甘潔。限支味甘，與荔無別。諸般果品，多產閩粵，川蜀滇南，交趾西域。形色難詳，性味略筆。養生之家，辨其損益。〔津符子出《千金方》。必思答出回回地。甘劍子似巴欖，產閩、粵。楊搖子產閩、越。海梧子樹似青桐。櫓罟子夏熟色紅。羅晃去皮肉如栗。榹子、夫編子俱可鹽藏食之。白緣子味似胡桃。繫彌子如軟棗。人面子大如梅。黃皮果出閩、粵。四味果出祁連山。千歲子似李。侯騷子蔓生，大如雞卵。酒杯藤子味如豆蔻。蔄子核如魚鱗。山棗如荔。限支如荔而肉黃膚甘。皆南方之果也。〕

諸果有毒，亦當知識。未成核者，發瘡癰癤。落地之果，致成漏癧。雙仁殺人，雙蒂同例。沉水者毒，異色者一。蛇蝕、蟲緣，俱不可食，靈牀上果，除讝語疾。

補遺　櫻額甘濇，產於北地，實似燕薁，溫補脾氣。有菩提果，清甘美味，實似枇杷，食之快意。有箇摩子，藤生，黃殼，裡肉如蓮子，堪煮食。〔櫻額似野葡萄而樹生。菩提樹似冬青。〕有青欞子，產於四明，味甘青色，樹不可尋。天台異果，多南子名，土翁、侯闥，猴總柿形。此皆異果也，味甘美，產天台四明，他處所無。〔青欞子每於石上拾得，不知生於何樹，故稱仙果。〕落花生甘，名長生果，生研下痰，炒熟味可，開胃醒脾，滑腸積哆，乾嗽宜餐，滋燥潤火。多食生痰。反黃瓜。其油性同，煎食肥滑。〔藤生，種於沙地，花落沙中，結果於下，果不附本，是一異也。〕棹樹似椿，漬果煮葉，香甘而美，味在其汁，同熊肉餐，或遭雷擊。有赤黎木，子亦堪食。有黏子味酸甜，四月花，八月熟，色紅子細。〔按趙均黏子詩云結實重重黑正圓，蓋似紫葡萄也。〕浮沉藤實，其大如甌，熟時赤色，甜酢津流。子藤實赤，味與梨侔。蘭子藤實，桃味同儔。又野聚藤實，味甜酢，可煮食。藤俱堪用。〔此皆藤生之果，而其藤亦可束物。〕跳子性滑，不花而實，產在粵西，肉紫黃色，柏樹呼名，殼裂子出。卍果香甘，味佳生食。又留求子，形如梔子，肉味如棗，核治積滯。〔卍字果乃其形也，又名蓬鬆子。〕蒲桃殼厚，花似絨毬，實如蘋果，甜美香柔，造膏釀酒，產在羅浮。黎朦子酸，漿飲渴瘳。黎朦子大如梅，形似橘，孕婦宜食，能辟暑。〔黎朦即宜蒙，食之能安胎，故又名宜母。〕篷蓬柰乾，來自暹羅，形大如李，紅潤甘和。有冬榮子，似抽瓤皤，蔓生炙食，味美甘多。又豬膏子，大如盃，炙而食之似豬肉，甚美。〔蓬蓬柰產海外，來內地惟乾耳，以沸湯泡之，皮脫而肉美。〕古米子黃，肉如米粒。殼子果甘，橄欖一色。木蓮子紫，胡桃無別。有特乃子，如榧味濇。有不納子，甘酸可食，朱圓子紅，形同楝實。扁桃形扁，色青味潔。有蜜望實，酸甘香冽。又有天桃，木瓜形色，二物食之，船暈止得。核桃形者，有名石栗，殼厚肉少，腴甘熟食。有山核桃，檳榔樣式。有扁胡桃，形類半月。其味亦同，並名不忒。有萬壽果，味類柚橘。有草琢子，肉白殼黑，味賽核桃，甘香清蜜。以上諸果，並產南粵，少嘗佳美，多食不益。〔蜜望實食之能解船暈。夭桃止嘔吐。凡航海者，購買攜之，以濟治療。〕

茶部　茶類最多，精粗不一，性味苦寒，大概無別。碧螺、白雲，吳茶名特。細者清淡，產於閩浙，龍井、天目，旗鎗傑出，香林、寶雲，銀鍼相匹。顧渚、四明，紫筍、雀舌，徑山、雨前，雁山嫩質，上雲、羅岕，昌化、葉榴，去膩除煩，卻昏散積。武夷嫩者，竹心、蓮薏，麥顆、蘭芽，白茅、鳳翼，天下通行，味厚濃艷。止渴醒睡，下氣消食，清火除煩，和經調脈，陳者發汗，解藥性急。檳榔合飲，令人洞洩，多飲寒胃，發痧嘔逆。徽產松蘿，紫霞氣辞，或窨芝蘭，芬芳更烈，多飲寒脾，令人冷呃。雅山、六安，毛尖、大葉，梅片、香片，仙芝、嫩碧，金地源茶，味清綠澈，北方宜之，因其水劣，和胃理中，解煩去熱。湖湘君山，安化紅赤，味濃色黯，清臟利膈，通便下行，多飲瘦瘠。或造為甎，行於西北，苦寒峻利，葉雜不潔，去膩削脂，解毒燔炙，牛羊酥酪，得以蕩滌，濟渴養生，殆不可缺。佳於此者，廣西龍脊，亦造成甎，治療有力，除瘴解毒，治痢赤白。滇南普洱，團茶苦濇，逐痰下氣，刮腸通泄。感通、太華，並產美葉，其性俱寒，煎宜薑汁。諸方產者，名難盡筆，攷其性味，苦寒同列。垢膩能驅，傷脾引濕，壞胃敗腎，多損少益。嗜嚼葉者，生蟲成癖，面貌痿黃，神疲力怯，致死不改，深為慨惜。嗜茶之害，人皆不識，古者製飲，為濟火食。〔按陸羽《茶經》，但品茶之氣味，未及茶之性質。而又品泉水與之相合，則云若佳若否，此只是揚茶之美，為雅蘊之風，而但知飲茶之益，未及飲茶之害也。夫古人製茶為飲者，緣人食膏粱厚味，膩積於中，則發熱渴，遂飲茶以解火食之毒、蕩滌臟腑積熱，飯後渴時飲之，是得茶之益也。奈何風俗以茶款客，一碗未已，一碗復繼，本無熱渴而嗜飲綿綿。更酒後強飲，引濕入腎傷脾，致變病百出，此被飲茶之害，人不知也。又嫩茶上浮而氣平，老茶下降而氣利，新茶氣聚而滿中，陳茶氣散而發表，此皆《茶經》之所未及也。至各處地氣不同，產茶性味各別，皆錄正文，亦不免掛一漏萬耳。〕

禽部　麥雞肉甘，殺蟲解蠱。鵚鶖肉鹹，甘溫能補，療蟲魚毒，炙食作脯。雁肉除痹，利益臟腑。食雁去腎，多食除風，動氣傷神，解丹石毒。〔鶴、鸛、鷗、鸖，陽鳥諸肉俱不入饌，蓋鯹氣而不益人，傖父亦食之。〕　天鵝肉甘，益人氣力，通利五臟，宜醃炙食。鴇鳥肉補，去風痹濕。鶬鴰肉鹹，魚蝦毒釋。又旋目似鷺，又鴋同類，性味與鶬鴰肉等。〔天鵝煮冷炙食。鴇純雌無雄，與他鳥合，見鷲激糞射之，毛自脫。〕　鸕鷀肉酸，微毒利水，冷治鼓脹，燒灰服已。魚狗翠毛，肉鹹味美，能治魚鯁，亦煅灰使。魚骨鯁，默念鸕鷀數十遍則消。治水腫效。〔魚狗言其能啄魚也，翡翠指其羽采，雖屬林棲，亦遊溪澗。〕　野鴨肉甘，益氣補中，平胃消食，除熱驅蟲，病人食益，瘡癤收膿，利水解毒。鸊鷉同功。血解蠱毒，熱飲探吐。鸊鷉即䴀也，與鳧同。〔鳧有數種，刁鴨最佳。又冠鳧，乃海鳧，云是石首魚所化，味同。〕　鴛鴦肉鹹，小毒動風，作臛味美，肥澤膚豐，夫婦共食，相愛和同，療夢思慕，血痔收功。又鸂鶒肉甘平，食之去驚邪，治射工毒效。〔諸瘻瘡以酒浸，炙熱貼之效，鸂鶒能食短狐，故治其毒。〕　鷺肉鹹平，治虛羸瘦，益脾補氣，風疾能透。鷗亦同類，性味不謬。淘鵝肉滑，微帶醒臭。又越王鳥乃仁禽，惟食木葉，人當勿食其肉。〔越王鳥即鸀鳿，嘴鉤末如冠，可為酒器。〕　鸀鳿如鷺，俗稱白鷴，遊於大澤，不入林巢，肉味不美，鯹氣無臕。鷏鳥肉類，亦帶鯹臊。鷏，蟁母也，如雞，黃白色，常嘔吐蚊蟲數升。〔鸀鳿，《綱目》引為鸑鷟，悞也。鸀鳿色白如鷺，俗稱白鷴。〕　野雞肉甘，補中止洩，治痢蟻螻，多食發疾。鸐雉肉同，安臟喘息。鶡雞肉甘，食健氣力。雉肉同胡桃、鮮菌食，發頭風、痔疾，能瘦人。〔野雞忌同蕎麥、生葱食，致生腹蟲。鶡雞益人。〕　鷩雉肉甘，性溫微毒，食之聰慧，補虛不足。吐綬雞奇，行避草木，其肉溫肥，辟災宜畜。吐綬雞嗉囊中有采綬，每向日吐之煥爛。〔二雞俱宜豢畜，能禳辟火災。云吐綬雞亦反哺。〕　白鷳肉甘，補中解毒。鷓鴣肉溫，除蠱酒服，療瘧利臟，益心明目。竹雞肉甘，腹蟲能逐。鷓鴣、竹雞俱有毒，宜生薑解之。又杉雞同。〔鷳，白雉也。鷓鴣飛必南向。竹雞畜之，辟白蟻、壁虱，烹宜用薑。〕　英雞肉甘，溫益陽道，補虛悅色，冷患食妙，因食石英，其性克肖。秧雞肉甘，蟻螻服效。又一種鄧雞亦同類，食之俱宜人而無損。〔英雞，如雞而雉尾。秧雞，白頸、長嘴、短尾。鄧雞，雄褐而雌斑。〕　鶉肉甘平，益氣補臟，散熱止痢，除疳鼓脹。鷃肉味同，瘡疾可蕩。鶉鷃兩物，形體一樣。鶉，蝦蟆、海魚所化，有斑。鷃，田鼠所化，無斑。〔同豬肝食生黑痣，合菌食發痔。治脹用鶉。〕　白鴿肉鹹，調精氣益，解諸藥毒，瘡瘍宜食。蛋解痘毒，治蠱用血。鷸肉甘溫，補虛療怯。鷸，田蛙所化，知陰雨，與翡翠名同而物異。〔鴿最補氣，服他補藥者能解藥力，又不宜過食。〕　麻雀肉溫，益精壯陽，止崩帶下，補弱氣強。黃雀味美，糟炙肥香，入水化蛤，形小毛黃。又蒿雀味同，益陽道。突厥雀性熱，甘，補虛。〔忌李、諸肝，妊婦多食令子淫。合豆醬食生䵟黵。服白朮人忌。〕　巧婦鳥肉，甘溫味佳，稱十姊妹，雌類相諧。黃脰味美，穙雀同儕，白頭翁肉，開胃除痎。有三和尚，皆小雀也，肉味俱佳，病人宜食。〔皆能助陽，蓋與麻雀同類。〕　胡燕肉毒，治痔蟲瘡。土燕肉甘，暖臟壯陽，添精補髓，除瘴瘟疫。產於乳穴，食乳者良。紫燕不可食。土燕產鍾乳穴中，如蝙蝠形。〔渡海人不宜食燕肉，亦損人神氣。〕　蝙蝠肉鹹，微熱有毒，炙食解憂，止瘧明目。飛生鳥溫，有毒是肉，食之墮胎，催生亦速。寒號鳥肉，甘溫無毒，食之補益，即鶡鴠也。〔此等肉不入肴饌，惟傖人食之而可治病療疾。〕　斑鳩肉甘，補陽助陰，益氣明目，大宜病人，食之不噎，血解蠱靈。鳴鳩肉暖，定志安神。又蠟嘴雀肉甘溫，補虛羸，長肌肉，澤皮膚。〔或云斑鳩春分化為黃褐侯，鳴鳩秋化為鷹。〕　青鶴肉甘，味美安臟，助氣補虛，炙醃糟醬，瘡癰瘤瘻，服之膿暢。鷑鳩肉甘，味佳饋餉。又苦惡鳥味劣，陳思所謂聲嗅嗅者也。〔青鶴云斑鳩所化，秋復化斑鳩。〕　八哥肉甘，食治吃噎，五痔下血，久嗽並瘥。百舌肉同，兒食語快，即告天子，飛鳴不懈。又伯勞肉，小兒食之能言，即俗稱百靈也。〔此皆利舌之鳥，故小兒食之能言也。〕　練雀肉溫，益氣治風。黃鸝肉同，補氣調中，食令不妒，脾胃亦充。啄木鳥肉，療痔追蟲。啄木鳥治風癇、牙疳、痔瘻，燒灰納孔中效。〔啄木兒能以嘴畫符取蟲食，頭有赤毛者俗稱火老鴉，善食火。〕　慈烏肉酸，補勞虛瘦，骨蒸勞損，煮食止嗽。山烏、鴉烏，其肉氣臭。鬼雀不祥，老鴉白脰。諸鴉肉皆醒氣。又睢鳩肉臭惡，俱不堪食。〔烏與鴉有別，慈烏是烏也。有山烏、燕烏、楚烏、元烏皆是鴉也。〕　雄鵲肉涼，熱解淋通，亦止消渴，痰結能鬆。山鵲肉甘，諸果毒攻。鶻嘲肉鹹，益氣除風。鶻嘲即拙鳩也，食之治頭風目眩，益脾胃。〔其翼左覆右者是雄。又燒毛入水沉者雌，浮者雄也。〕　杜鵑肉甘，脆美佳食，瘡痔瘻蟲，薄切熟貼。鸚鵡肉溫，虛嗽煮喫。有秦吉了，鳥鳳同炙。孔雀肉鹹涼，味同雞、鶩，能解諸藥蠱毒效。〔凡食孔雀肉者，自後服藥無效矣。〕　鷹肉酸鯹，食辟狐魅。鵰肉鹹平，療傷逐祟。產鷹背狗，虎鷹同類。鴟肉療癲，諸鳥積退。轂轆鷹肉治惡瘧。鸛鳥肉治噎食、風癇、瘻。〔鸛鳥南方甚多，見不為怪。鴟鵂亦常聞其聲而不為災也。〕　白鵝肉甘，溫臟動熱，補虛生津，味厚而餒，多食生風，發瘡痼疾。蒼鵝有毒，生癰瘡癤。鵝蛋甘溫，補中益氣，醃糟味佳，多食發病。〔炙食動風發瘡。小鵝有毒，老者良。〕　鴨肉甘涼，補虛除熱，和臟利水，療驚痢疾，黃白者良，有毒是黑。鴨蛋鹹毒，醃食味益。蛋忌

鱉、李、椹，多食悶氣。鵁鶄、鴿、雁、鷺蛋同。〔以石灰拌鹽醃之為變，蛋黃白俱黑，溫中，多食滯氣〕　丹雄雞肉，甘溫補虛，益肺止血，帶漏能除。白雄雞同，安臟邪驅。烏雄雞補，孕產宜茹。多食助肝火，動風發瘡。六指、四距者有毒。　黑雌雞甘，安胎活血。黃雌雞同，強脾止洩，烏骨雞補，治虛勞怯，反毛雞同，反胃宜食。騸雞肉味美益人。老雞腦毒，肉性熱發痘。〔肉壞怪症，口鼻出臭水如鐵色，有蝦魚走躍者急，多食白雞饌。雞類最多，而味性俱補肝，故多食動風發瘡。雄補火，雌益血。〕　雞蛋鹹涼，除熱益氣，生吞開音，煮食止痢。白寒除煩，塗面黯去。黃溫補中，嘔逆能治。多食悶氣生癖，忌糯米、鱉、獺兔、鯉肉同食。〔黃雌卵佳，將毈者可造琥珀，而黃白入藥頗多。〕

畜部　豬肉鹹冷，為民正食，虛火宜餐，多食化濕，動風生痰，弱筋滯脈。產各有方，味性不一。北產肉粗，味薄氣劣；南產肥柔，厚臕噉膗。忌同食者，烏梅、連、桔，蒼耳動風，落髮蕎麥，牛肉、羊肝，雞蛋、鼂鱉，魚、豆、茱萸，有損無益。所療治者，火嗽關格，洗痘瘡瘍，能解丹石。豬頭有毒，除癃驚熱，敷魚臍瘡，灰調蛋白。槽頭肉同，能清酒積，去其滯膩，醃熏性別。火腿鹹溫，開胃寬膈，病人宜之，下氣療噎。臘醃風肉，脂清味潔，和胃補中，良不發疾。〔凡作餚饌，宜合菜蔬蘿蔔等，分其脂膩，不致傷人，十日一餐亦無妨碍。白煮酒爊，多食皆滯氣生痰。其黃臕米豬、病豬、老母豬俱不宜食。煮用土鹼、山查易爛，得皂莢、桑白皮、高良薑不發風，合砂仁不膩膈。修饌繁多，亦難盡錄，惟宜精潔少食，庶幾無損。〕　豬心鹹平，療驚悸疚，自汗怔忡，卒痛引救。肝苦性溫，益筋血膢，止洩虛冷，多食目瞀。肺甘微寒，療虛欬嗽。腰子鹹冷，腎熱通透，止痛治聾，定崩帶候。肚子甘溫，補虛勞瘦，益胃扶脾，澤膚肉厚。大腸甘涼，療痢血漏，臟毒腸風，黃連合湊。小腸苦暖，止便不謬。臟腑之性，與人合就，用以引導，藥力功奏。春不食肝，夏心勿遘，秋肺冬腎，旺臟勿菁。善養生者，食性當究。〔心，多食耗心氣，忌吳萸。肝，合魚食生癰傷神，合鵪鶉食生鼾黯。肺，合白花菜食滯氣，霍亂，忌飴。腎，多食冷腎。腸、肚，宜人。小腸，補火。〕　狗肉鹹暖，帶血用肴，種類不一，性味同條。雌者力薄，黃色雄高，壯陽健胃，益腎除勞，填精通脈，溫暖三焦。黑白花色，獫猲猗獒，肥尨獵犬，俱可充庖。虛寒宜食，陽盛休饕。蹄肉下乳，腎毒暖腰。心除恚氣，風痹能調，治瘡鼻衄，瘋犬傷消。肝療脚氣，治痢功饒，塗狂犬咬，氣味臭臊。肉反商陸，海鮋忌交。懸蹄猘狗，有毒勿餚。〔狗肉之補，功在於血，故宜絞殺，用之則有益。不宜炙食，令人消渴。孕婦食之，致子瘖瘂。傷寒疫病後大忌。道家為地厭，故不食。自死、赤眼、癲病者有毒，俱不宜食。肝和泥塗竈，令新婦孝順。〕　羊肉甘鹹，氣羶性熱，其類本多，性味有別。羯羊大尾，脂豐臕澤，補形暖臟，除寒通脈，治風眩瘦，開胃健力，五勞七傷，療虛勞怯，產婦宜餐，潤膚悅色，羖羊止驚，壯陽腎益，牝羊除風，能下乳汁，胡、夏、洮羊，膏多肉潔，綿、封、羋、黃，並產西北。骨種地生，不羶可喫。吳羊味苦，助陽燥血，性發瘡疥，動風復疫。山羊、羱羊，南北並出，肉美氣同，性溫一例。羊有毒者，白身頭黑，獨角赤目，黑身頭白，羵羊怪異，俱不可食。烹羊忌銅，令人洞泄。半夏菖蒲，鱖魚蕎麥，或共食之，能發痼疾。(古)〔牯〕羊肉湯，虛羸疝吷。〔煮羊肉以杏仁五片則易糜，入核桃則不臊，同竹𨣧則助味。黃羊腦不可食。傷寒、瘟疫、疥瘡、腫毒病後不可食，致復病。以銅器煮之令人傷陽。娠婦多食，產子發瘡疥。〕　羊心甘溫，亦能補心，解憂恚氣，有孔毒人。羊肺有蟲，食宜洗清，利便行水，止嗽肺寧。羊腰子暖，益腎固精，補虛陽健，更散瘕癥。羊石子同，更治滑淋。羊肝涼苦，肝熱能平。忌合梅食，椒豆傷經。羊肚益胃，虛瘦調羹。羊舌補氣，羊靨消癭。〔羊心，用白羝羊者良，有孔者殺人。肺，三四五月有蟲。腰子，補腎，煨食佳。羊肚，多食令人唾水，反胃作噎。〕　牛類不一，性味有殊。黃牛肉甘，溫胃養肌，補益腰脚，百疾堪醫。有倒倉法，熬膏服奇。水牛肉鹹，微冷療虛，強筋健骨，消水和皮。獨肝白首，自死病疲，食之有毒，致發疔痍。心亦補心，脾亦健脾，並治痔瘻，痞塊能驅。肺亦益肺，肝止瘧痢。腎理腰脚，胃治風痱。腦能除熱，煮食痢稀。廣南之犤，涼地犪犎，俱稱菜牛，肉嫩甘肥。〔《本經》緣祇用髓、膽、黃及角鰓，故不分種類。如食肉，則水牛、秦牛形體不同，性味各異，須宜分別也。然熱病後大忌。合豬肉、黍米、酒食之，生癥瘕。煮，入杏仁易糜。劣馬食之則馴，亦物性之異。〕　馬肉辛冷，除熱有毒，下氣強志，長筋健骨，亦療痿痹，汁洗白禿。心治健忘，乳能消肉。中馬肉毒，飲萊菔汁、杏仁可解。多食生疔。〔反蒼耳、蒼米。宜洗盡血，煮不可蓋釜。病死者有毒。宜飲清酒。〕　驢肉甘涼，除風止狂，補血益氣，勞損食良。頭肉治疸，風眩消亡。乳甘冷利，去熱急黃。肉反荊芥，婦食難產，病死者毒，乳點赤目。〔黑驢乳治小兒驚邪，赤痢，天吊。卒心痛，飲之良。〕　騾肉苦溫，性味俱劣，令難生產，孕婦勿食，稟氣不正，食之無益。牡馬交驢，駃騠名識。牡驢交牛，名曰馲䮀。牡牛交驢，𩥇𩦺稱切。牡牛交馬，駏驉呼別。惟驢交馬，羸名總攝。牝騾不孕，後有鎖骨。古用騾肝，亦堪療疾。〔騾乃非類交媾而成，故牝牡俱不能生育，其肉之性可知，善養生者須當攷之。〕　駝肉甘溫，除風下氣，壯筋健

骨，耐寒療痹。駝峰稱珍，蹄肉美異。乳甘性冷，經絡通利。駝，北方畜也，其臟雜與牛同，番人炙食之。〔駝肉蓋與牛肉相同，惟堪炙食，烹煮者少。〕　乳酪甘冷，煎煉和良，止煩解渴，飲理陰陽。諸乳并合，駝馬牛羊。牛寒羊暖，馬冷駝涼，并而熬就，潤燥滋腸。奶酥甘美，澤色膚光，酥之精液，醍醐更良。亦堪作酒，醇美肥芳。有酸奶餅，味醋色黃，生津齲齒，解熱療狂。奶茶即乳，甘涼除熱，多飲飽中，更令瀉泄。造腐甘鹹，利咽涼膈，多食傷脾，致成腸澼。北人造酪酥，南人造乳腐，單用牛乳為之。〔乳酪等性皆寒，北人嗜食。炙煿飲此，以解火毒。更風高土燥，服此得以滋潤臟腑，悅澤肌膚，土地相宜也。若南人效食，必致膩膈，生痰助濕，生蟲成痞，不可不知。惟虛火甚者堪服。〕

獸部　虎肉味鹹，益胃止噁，殺精鬼魅，能除惡瘧。豹肉相同，強志力作，安臟壯神，腎虧宜酌。虎肉臊劣，宜醃炙。豹胎味美，為八珍之一。〔虎肉只宜鹽食。豹肉食之，令人志性粗豪發勇。正月忌食。〕　豺肉酸熱，有毒食損，消脂傷精，令人瘦瘠。狼肉鹹熱，益臟除冷，味勝狐犬，補髓令猛。或云狼筋，焚之能發竊盜，亦術者所為也。〔豺瘦無肉，食之損人。狼肉味勝狐、犬，其腸直，鳴則諸竅沸應。〕　象肉甘淡，肥滑而脆，烹調味美，滋臟和胃，能通小便，灰又止濊，調油塗禿。臟雜可膾。自死者有毒，臭穢不堪饌。交緬有生殺者。〔《呂氏春秋》云：肉之美者，旄象之約。《爾雅》云：象肉肥脆。〕　犀肉甘涼，水牛同氣。犛即毛犀，肥甘美味。犩牛肉豐，㸲牛肉利。月支牛肉，療傷亦異。犀、犛與水牛同類。山、㸲、犩、犪，皆是野牛也。〔犀及諸野牛肉皆肥美無毒，食之益人。《綱目》失載，亦一缺也。〕　野馬肉甘，毒不沾沙，食亦味劣，治痹木麻，馬癇迷惑，筋脈抽斜，《千金方》用，羹煮腶脡。驨，一角似鹿。無角是騏。又騊駼皆野馬也。〔用當去淨血。其皮可以為裘。產遼東、甘肅，亦有山水二種。〕　野豬肉甘，味美勝豕，潤肌益臟，食療腸痔，癲癇亦除，多食風起。豪豬肉寒，利腸通裏。豪豬非野豬，有矢射人。南海有鮑魚所化。〔野豬多食，能減藥力，令人虛肥。豪豬有毒，不宜多食，瘦人。〕　豬獾肉酸，能除水脹，止痢欬嗽，肥膚和臟。狗獾肉美，補益肥壯。貉肉甘溫，食之無恙。三物一類異名，俱肥美宜人。又元豹肉同。〔狗獾、貉皮可為裘，甚溫煖。貉好睡，故俗云貉睡作瞌，渴，並非。〕　熊類數種，人、豬、馬、狗，其頭雖異，似人腳手。肉甘除風，筋骨健走。掌為八珍，補益悅口。性溫，禦風寒，除腳氣，補虛羸。有痼疾者忌。〔肉有痼疾人勿食。掌難腝，以酒醋水同煮，即如毬熟已。〕　羚羊肉甘，柔筋和骨，能去惡瘡，蛇蟲傷螫。山羊肉同，卻冷性熱。山羊肉、臟，俱熱，虛寒人宜。除瘴瘧、赤白帶。〔山羊，石羊也，或稱山驢。其血能療傷止血，非羱羊之山羊也。〕　鹿肉甘溫，去風養血，補中益氣，通調經脈。蹄止筋痛，腳風鶴膝。頭肉安神，鬼夢能釋。肉生切，貼中風口喎。忌雉、蒲、鮠、蝦等同食。〔正月前，九月後宜食，餘則發冷痛。炙不動、曝不燥者，毒，殺人。〕　麋肉甘涼，補臟不足，利陰益陽，虛火滋伏，亦健腰腳。〔多食發腳氣。孕婦食之子病目。〕　麂子肉甘，五痔食愈。麞肉甘溫，祛風帶補，益力悅顏，滋和臟腑。麝肉甘溫，去癥消蟲。食麞心肝，令人去肉。忌梅、鴿、李、蝦，能病人。〔麝肉鯹氣，不中食，而能解諸蛇毒。〕　狐肉甘溫，羹治迷惑，寒熱蠱毒，語言恍惚，補虛益臟，久瘡食臛。風貍肉同，驅風活絡。食狐去首。風貍雖死，吸風復活，皆妖獸也。〔狐之皮製裘，一身之間名色十數，以腹腋者貴。〕　兔肉甘涼，去熱濕痹，止渴健脾，涼血腸利。白兔味薄，黃兔味肥。孕婦忌之，食瘻陽事。忌雞、獺、橘、芥，致發病。多食傷血脈，發瘡毒。〔八月至十月食之美，餘傷人。孕婦食之難產，且令子缺唇。〕　香貍肉甘，食之性靈。虎貍肉同，疫鬼驅清。貓肉療疰，其味酸溫，瘰癧鼠瘻，蠱毒食平。靈貓，食之令人不妒，又野貓肉已瘋瘡，反藜蘆。〔貍類頗多，肉皆可食。惟貓貍肉不美。香貍能自為牝牡。〕　水獺肉鹹，性涼解熱，治水腫脹，骨蒸勞怯，疏經通臟，調理血脈，煮食味佳，亦去溫疫。又海獺即海驢，肉鹹溫，烹飪頗佳，出關東。〔其皮皆可製裘帽，甚佳。〕　海狗肉溫，即膃肭獸，補虛助陽，暖臟去疢。山獺肉溫，益精氣茂，療損補虛，興陽經透。山獺乃淫獸也，或云其精及莖用造緬鈴。〔海狗腎補陽，其肉可知。山獺，滇粵夷人珍食之，味美而溫補。〕　猴肉酸美，熏炙佳餐，風勞能去，瘧瘴消刪。狨肉及血，五痔食安。有獨、猨、⿰犭豦、⿰犭周、玃同班。玃無牝，⿰犭周無牡，猨善啼，⿰犭豦善擲，獨鳴猿散。〔猴頭作羹甚美，肉可鹽藏，粵夷喜啖。〕　果然獸肉，無毒鹹平，味非佳品，治瘧最靈，坐能止痎，其皮可珍。獑猢、蒙頌，猶豫異名。果然可必，猶豫無決，物類雖同，其性名別。〔果然乃仁獸也，食相讓，居相愛，生死可必。猶豫，多疑之獸也。〕　猩猩肉鹹，味美性溫，食之不昧，益力健行。猩唇佳美，品列八珍。血染毛罽，紅號猩猩。又野女亦類猩猩，遇男求合，腰間有肉印。〔猩猩似人形而不害人，故與人熊、狒狒有別也。〕　獏、豻、狡兔，嚙鐵獸別，性俱屬火，餐銅食鐵。肉同虎豹，味粗性熱，強骨堅筋，壯神多力。《神異經》云：南方嚙鐵獸如，牛肉食之長力。〔吳王武庫兵器皆盡，掘得二兔，臟腑皆鐵，取以鑄劍，能切玉。〕

獅子猛悍，象犀能裂，吞食百獸，惟畏天鐵。西域所產，肉精美潔。白澤應瑞，人言報德。麒麟似牛，有鱗采色，仁不傷生，盛世一出。酋耳似虎，其毛

黑白，專殺惡獸，騶虞名特。駮狀如馬，身白尾黝，獨角鋸牙，以虎為食。貜貜似犬，虎豹畏怯。黃腰逆獸，食母惡極，形小似豹，前後黃黑。山驢有角，曰閭羭即，歧蹄馬尾，《山海經》述。有驒如羊，四角翹立。有雙頭鹿，餘義名色。以上諸獸，良惡非一。肉稀有餐，錄備攷識。〔魏武至白狼山獲獅子，殺之。唐高宗時伽毘耶國進天鐵獸能擒獅猊。白澤似獅而能人言。或云黃腰亦虎生，長則食母。〕

狒狒之肉，味類猩猩，殺蟲癬疥，切薄貼平。彭侯似狗，賈朏如豚，肉溫酸美，食啖壯神。封肉似手，烹食強筋。視肉聚肉，如牛肝形。太歲土肉，炙食俱馨。猾獸膏髓，水中火生。方相四目，腦辟邪靈，二目為魌，物同異名。又有怪魅，羊彘首身，魍魎即是，曰弗述蝹，食亡人腦，插柏逃奔。山都、木客，旱魃、山精、山猱、山鬼，夔、獋共稱。山姑、山丈，夜叩人門，邪蹤不測，惟畏正人。遇之驅逐，爆竹之聲，老蟾能殺，善退呼名。〔此等或是野獸，或是山精，名雖異，而其作祟害人一也。或有獲之者，其血肉可食不可食，亦當識之。故備錄存考，或千歲蟾蜍能食之，或呼其名則退。〕　海馬肉暖，名曰海騮。海騾同類，皮可為裘。海虎、海龍，並有海牛，衣皮食肉，西北佳脩。海騮、海騾產遼東，海虎、海牛俱產鄂羅斯。〔海馬、騾皮如獺皮，可製帽沿。海虎，毛豐皮厚，製裘勝豹皮。〕　麞筋、麕筋，與鹿同類，煮食續絕，健筋開胃。麂子蹄筋，多食力倍，味薄稱珍，濃餚雜配。皆蹄筋也，味甘淡，合諸厚味為山珍之一。〔諸筋人皆偽充鹿筋市之，竟無可辨。〕　牛筋甘涼，食去風熱，能消脹滿，通小便濇。羊蹄筋鹹，作羹腊切，病冷人忌，性亦補益。牛筋多食令人生肉刺，蓋亦補筋所致耳。〔羊筋最補。患水病人不宜食之，百不愈一。〕

鼠部　猬肉甘平，肥滑美炙，理胃止嘔，令人進食，諸瘻能療，烹調飲汁。骨宜去盡，悮食瘦瘠。猬或作蝟，蓋能除胃蟲也，故治反胃有效。〔猬類頗多，惟脚似豬蹄者佳，鼠脚者次之，有山犹蜍，形相似。〕　倉牡鼠肉，溫甘似雞。小兒疳疾，煨裹黃泥，除骨作羹，水脹亦宜，骨蒸勞瘦，蟲積皆醫。竹鼺肉甘，益氣解毒。鼧鼥肉肥美，治諸瘻。〔糧艘及倉囷中者，肉肥而不臊。土地水中者鯹氣。〕　田鼠鴽化，肉味鹹涼。通經去熱，消散蟲瘡。或云魚變，烹食味良。貂鼠、銀鼠，肉美堪嘗。又相鼠肉，肥甘潤肺，煎膏療諸瘡，解毒效。〔田鼠春化為鴽，至秋鴽復為田鼠。亦有魚化者。〕

黃鼠狼肉，味劣氣臭，惟可煎油，塗瘡疥瘻。毫堪造筆，捕鼠技驟。又有松狗，肉味亦陋。鼠類極繁，肉有美劣，貴者不嘗，寒賤所食。〔黃鼠狼人捕之，急則放屁，極臊臭，肉亦不美。〕　火鼠之毛，火浣布織，鼨、鼮、鼱、鼩，鼶鼸災出。水鼠、冰鼠，竹鼬與鼴，即邛巨虛，即云其拙。鼷鼠無爭，與鳥同穴。鼩、鼣，鼢、鼥、鼿、鼤，鼢、鼶、鼲、鼳，鼤、鼫、鼩、鼢、鼢、鼭、鼷鼩，鼩鼩、鼬、鼸，鼴、鼰、鼭、鼰，鼱、鼸、鼪、鼸備識。鼷鼠無功，肉俱可食。〔鼠類本系大概肉皆可食，而皮皆可裘。惟鼷鼠形小，口毒嚙畜傷人，令成瘡致死，宜以貍肉療之。〕

鱗部　龍肉可醢，亦可作羹。漢和烹食，以賜群臣，作羹用錯，五色俱生，食之脆美，肝更稱珍。粵中有墮龍，海人烹食，云味美如鱘鰉。〔按《左傳》《述異記》《博物志》所云，則龍可食，《本草》未載，是缺也。〕　蛟本可食，骨青肉紫。漢昭作鮓，烹調稱美。蜃亦同類。龍雉之子，土人挖食，肉腴滑旨。或云龍、蛇與雉交，產卵入土，久化為蛟蜃。〔漢昭帝釣于渭水，得蛟作鮓食，甚美。又南夷挖二尋蛟而食。〕　鼉肉似雞，味甘小毒，補虛益氣，癥蟲並逐。鯪鯉肉濇，氣味鯹惡，有毒發瘋，血虧忌服。鼉身具十二生肖，惟蛇肉在尾，大毒殺人。〔鼉肉最補，然有靈之物，不宜多食。鯪鯉肉大動風疾，慎之。〕　鯉魚肉甘，止欬氣逆，黃疸水腫，燒灰療得，定喘利便，反胃痃癖。雄甚興陽，即是其白。白俗稱雄，公魚所有也。子合豬肝食，害人。〔脊上兩筋及黑血、腦有毒，俱不宜食。肉忌犬、葵菜。多食動風。〕　鰱魚肉甘，溫中下氣，醃食佳美，開胃腸利，多食熱中，發瘡疥痢。鱅魚相同，頭肉腴膩。又鱒魚性味俱同，多食皆能動風發疥。〔鱅魚之已疣同鱒，俱暖胃益人，味美滑脆。〕　青魚肉甘，食療濕痹，韭白同食，能療脚氣。肝腸鰾雜，肥美滑膩，醬豉調煮，甘腴美味。肉醃糟食佳，肚雜多食反胃。服朮、石人忌。〔忌生胡荽、生葵菜、豆藿同食。〕　鯇魚肉甘，暖胃發瘡；竹魚肉平，和氣甘芳；鯔魚肉潔，開胃寬腸；鰻魚肉同，醃乾食良。有鱤魚肉，食之止嘔，暖中益胃，俱不發疾。〔鰻魚產江湖，臘月淡風乾味美，或稱楚魚，因楚地多造也。〕　白魚甘平，調胃和經，益肝助脾，臟腑得寧。醃糟味美，多食痰生，熱中瘡發，癰腫可興。多食傷胃滯膈，致腹冷。與棗同食，患腰痛。〔用葱、豉、花椒調烹，少食宜人。〕　黃花魚肉，甘能開胃。乾稱白鯗，消瓜為最，下痢腹脹，食積並退，大能去膩，病家食配。此魚飲鹹水而無熱中之患，故宜食之也。〔鮮者味美。多食發瘡疥。臭敗者壞人。〕　勒魚肉甘，開胃暖中，作鯗鹹濇，下食腸通。江鱭味甘，性發瘡癰。鰣魚腴嫩，蒸食油融。皆海魚也。暮春始出，性俱溫，發痼疾瘡疽。〔甜瓜生者，用勒鯗骨插蒂即熟，白鯗亦可。鰣脂在鱗，宜帶鱗烹。〕　嘉魚肉甘，川產丙穴，益腎虛瘦，令人肥澤。鱸魚四鰓，吳淞所出，甘腴柔美，五臟補益。皆珍味也。有微毒，發瘡疾。鱸魚肝不可食。〔嘉魚常食乳石沫，故補益。鱸忌乳酪同食。二物為吳蜀佳品。〕　鯧魚肥美，食之健力。其子有毒，悮食痢疾。鯿魚甘溫，調胃脾益，助肺除風，疳痢忌食。有石斑魚，肉毒。其子、腸食之，令人吐瀉。〔鯧，海魚也，多

食發瘡。鯿食宜人。石斑與蜥蜴交，故毒。〕 鱖魚甘平，肉緊而脆，肥健益力，能補脾胃，腸風下血，腹蟲俱退，亦治勞瘵，又名石桂。又有鱖魚，形相似而味同，惟尾赤紋蒼耳。〔黃身黑斑或有桂花點，故稱桂花魚。仙人劉憑嗜食之。〕 沙鰮肉甘，俗稱阿浪，暖中益氣，食之無恙。 土鮒魚溫，肉緊脆壯，擘口咬卵，能消癩脹。此皆溪河中小魚也，肉多刺少，食之甘美。〔土鮒訛音杜父，其色黑，闊口大腹寬尾。小兒癩疝，以魚口含之。〕 鯽魚肉溫，止痢補土，調中逐水，腸澼痔阻。 餹食生疳，合芥腫苦，反麥門冬，忌同鹿脯。諸魚屬火，惟鯽屬土。又黔中石鯽，味美同。〔鯽魚治一切外症，或燒灰熬膏，治療俱在沉部。〕 鰟鮍魚溫，其名曰鰤。味甘氣鯹，多食中熱。 石鮅魚甘，發瘡疹疾。 黃鯝魚溫，煮食止洩。又鰲鰷魚甘溫，醃食更佳，暖脾胃，止冷瀉。〔此皆溪河中小魚也，不入餚饌，而常人食之，令人多子。〕 銀魚甘平，健胃寬中，曝乾炒煮，味美和沖。 鱵魚細脆，其啄消風，食之辟疫，開胃寬胸。有鱗魚名鵝毛脡，味甘勝蝦米，和中益氣。〔此亦魚之最小者。若天津銀魚，亦長四五寸，與吳越者異。〕 丹魚色紅，或鯉或鯽。 肉味甘鹹，食止痢疾。 金魚供玩，種類不一，肉韌味短，鱗黃赤白。金魚形小，鱗有花、黃、紅、白、黑者，鯹，不中食。〔凡丹魚，是鯉居多，故亦稱金線鯉，以葱、椒烹食，治噤口痢效。〕 烏鱧肉甘，性寒利水，通便消腫，除風療痔，浴兒稀痘，脚氣食止。 善發痼疾，道家忌此。頭有七星，道家為水厭，與蛇通氣，故有毒。〔同赤豆、葱白、冬瓜煮食，治十種水氣，效。〕 鰻鱺魚甘，性溫肥膩，療痔殺蟲，傳尸勞瘵，補虛益陰，諸藥毒制，濕風帶下，諸瘡食濟。海鰻味遜而功用同，煮之極爛則無毒也。〔腹下有黑斑及水行昂頭、四目、背有白點、無腮者，俱毒殺人。〕 黃鱓肉甘，大溫補益，健骨壯筋，增強氣力，追風疏絡，產後宜食。 黑者有毒，蛇變辨識。多食動風發瘡，難化，復疫症。忌犬肉及血。〔食之，勞動作強則增力健筋，若坐臥不動，致滯脹發病。〕 泥鰍甘溫，暖中益氣，補胃健脾，能興陽事，醒酒解渴，收痔止痢，作臛甘美，犬血所忌。生溪澗沙中者佳，池溝江中次。海鰍味劣。〔泥鰍處於土中，故亦屬土而溫補脾胃，不動風也。〕 鱣魚微毒，俗稱着甲，甘平肥膩，利臟性滑，動風發瘡，生熱氣乏。 蕎麥荊芥，切忌同呷。俗稱鱘黃魚，而實非鱘也。多食難化，發疾。〔其身灰色，體有甲三行，亦能化龍，大者千觔。〕 鱘魚即鮪，其肉甘平，補虛益氣，能治血淋。 鼻肉作脯，下氣調羹。 子亦肥美，殺蟲消癥。多食動風，發諸藥毒，瘡疥、心痛、癱瘓諸症。〔肉如鱣，而鼻長與身等，歧尾無鱗，亦能化龍。〕 鮠魚似鱘，其尾如鮎，開胃利水，發疾瘡痁。 牛魚似鱧，遼產味甘，肉腴刺少，醃脯風乾。牛魚治六畜病。又關東魚，似鯖，肉厚味佳。〔鮠形似鮎而肉似鱘，身白無鱗。牛魚似鱧而無鱗，背有斑紋。〕 鮎魚肉甘，作臛性溫，消水利便，療血痔疼，補虛開胃，有毒無鱗，牛肝鹿肉，同食風生。尾貼口喎。同野豬肉食，令人吐瀉。反荊芥。〔治食，先割其翅懸之，則其涎自流盡，不滑。〕 人魚白鱀，形似婦人，肉甘有毒，療蠱瘕癥，其膏不耗，可以燃燈。 孩兒魚毒，疫疾追清。孩兒魚能援木，獺魚也，悮為鰨、魶、鯢等字。〔人魚，白鱀也。至鯑、鯢，即孩兒魚，一物也，《綱目》為二條，非。〕 䱀魜魚甘，醒酒祛風，消水浮腫，利便疎中，灰治瘰癧，斂潰收膿，性反荊芥，外毒俱攻。無鱗魚也，有毒，其膽春夏在上，秋冬在下。〔無鱗魚也，似鮎而小，色黃黑，多食發瘡。〕 河魨魚溫，甘膩味珍。 血、脂、眼毒，肝、子害人。 煤炲、甘草，桔、菊、附、荊，相反毒發，橄欖救醒。中毒者，以槐花、胭脂、蘆根、甘蔗、糞汁解之。〔河魨似鮰魚而大，乃海魚也，江淮亦有，去盡臟雜、眼、血，則無毒。〕 比目魚甘，補虛長力，多食動氣，荊芥忌切。 海鷂魚鹹，食之無益，治濁膏淋，玉莖痛濇。有鼠尾魚、地青魚、雞子魚，有肉翅，無鱗同。〔海鷂有毒刺在尾，螫人致死，以獺皮解之。〕 鯖魚甘平，療痔下血。 文鰩魚肉，甘治痔蠶，燒灰酒服，難產即出，臨月佩佳，並療狂疾。文鰩有肉翅，群飛海上則有大風，狀如鯉。〔文鰩，鳥翼魚身，蒼文、白首、赤喙，其音如鸞，常夜飛。〕 江豚、海豚，拜浪風生，肉鹹醒膩，治蠱療癥，或稱懶婦，膏可燃燈，石灰調和，船縫艙憑。金陵人取其脂，揩元青緞，黑光潤而不泛。〔作脯食之，亦療瘴瘧，味如水牛肉。〕 鮫魚肉甘，補臟利益，作鮓宜人，功亞於鯽。 魚翅甘脆，海珍之一，味美清痰，開胃進食。鯊魚皮甘鹹，燒灰治蠱疰，下一切魚毒，效。〔即鯊魚有數種，鹿鯊能變鹿，虎鯊亦變虎，翅為正食。〕 墨魚肉鹹，活血通經。 柔魚相類，無骨異名，益氣強志，動風味珍。 章魚相似，性冷食平。章魚俗稱皮魚，似烏鰂而骨無用，肉味同。〔三魚俱可熇乾作鯗，豫章、閩、粵為正餚。〕 鮑魚鷃化，墨、柔、章類，即是鮇魚，淡乾食貴，行血利肝，通經療痹，醃稱鮑魚，作臛開胃。鮇，即墨魚。鷃化為鮇，乾稱鮑魚。鷃，音同也。〔鮑魚，即墨魚、柔魚、章魚所造，去骨熇乾，形似馬蹄者，淡魚也。〕 魚虎有毒，形如刺(猥)〔蝟〕，變豬變虎，物化之異。 又有魚師，殺人須記。 鯊魚化鹿，成乎大氣。或云，魚虎化鯊，鯊化虎，有化麋鹿、野豬者。〔魚虎有毒，或亦化鯊魚。鰤，老魚也，《綱目》作魚師，非。〕 魚鱠、蝦生，和以薑芥，味美脆滑，口爽胃快。 興陽利水，多食發疥，成癖生蟲，變異百怪。多食動風傷臟，受害無窮。瘡家、小兒尤忌。〔近夜勿食，不消，成積生蟲。〕 烏魚蛋咸，開胃利水，產在登萊，柔脆味美。 令人悶者，諸般魚子，小兒戒食，目疾藥使。決明散用之，亦祇取青魚、鯉、鯽之子而已。〔烏魚蛋即白也，凡魚雄有白，雌有子。〕 諸般醃魚，味鹹性暖，開胃進

食，利腸消滿。多食動熱，發瘡嗽喘，醃滷麪調，蒸食痢緩。凡魚皆動風，醃之則殺其性。然多食熱中。〔諸魚或有毒，或無毒，得硝、鹽、礬醃之，其性已殺。〕海蜇鹹涼，本名海蛇，或即是鮓，引動須蝦，除勞血癖，積聚癥瘕，河魚腹疾，丹毒瘋痧。諸外生者為白皮，近內者為花頭，陳者良。〔海蜇鮮者不堪食，皆以鹽、礬醃之，始堪食。〕蝦甘暖，托痘壯陽，開胃進食，下乳寬腸，動風發疥。鰕米味良，多食蟲積，熱反生瘡。海蝦肉粗味劣，有小毒，發疥癬癩，乾食佳。〔蝦清明後□□，芒種後抱子，味更佳，子煎醬油味美。〕滷鰕鹹溫，味鮮氣臭，爽口開胃，動痰發嗽。魚鮓甘鹹，療瘡痔瘻，白駁風斑，指擦熱透。魚鮓不熟，損人脾胃，發疾，忌蜜、豆藿同食。〔滷鰕、魚鮓皆生肉，糝鹽醞釀成者也。〕鮪鮝海產，俗稱靠子，肉少子多，煎食佳美，氣溫發瘡，鮓燒療痔，河生細小，鯹氣不旨。海鰳多食壞胃，發疥動火，醃曝乾，煎食良。〔產河澤者四時皆有，小而無子。海產者自二月至五月，有多子。〕鯛魚善嗔，皷氣如毬，肝大肉少，味佳微毒，開胃益氣，甘滑水逐，大姑似鯉，肥美子足。大姑魚大鱗無鯁，冬月子多味佳，發瘡疹。〔鯛魚似河鈍而小，產於江河，非河鈍也，《綱目》未分。〕琴魚細小龍鬣鰈腹。幞魚形同，無鬣美肉。更有桐魚，春時遊逐。俱產寧國，嫩腴味足。又琵琶魚，形同蝌蚪，無鱗，冬初始出，味美。〔桐魚，桐花時始有。諸魚烹調食之俱佳，過食反胃。〕帶魚形長，扁薄似帶，色白無鱗，肉細佳膾，醃鮑風乾，久藏不敗，煎烹味美，多食發疥。又鰢鮫魚，似鱅而無鱗，味亦腴美，如鯧魚。〔帶魚啣尾而行，得一可連數十，醃食佳。黑夜有光，故有毒。〕鮥魚肥美，似鯿一概，名火筲嘴，醃食可愛。又銅盆魚，味亦相類。海鰯、鰢魚，鰳魚佳配。諸魚俱產閩浙，多食動風發疥，宜醃食佳。黃河之魚，鮮白者多，滑柔肉嫩，味美性和。石花佳品，保德州窩，江湖淮海，味不能過。池塘溝洫，清濁泥沙，所產諸魚味性有別。〔《志》云，黃河無老魚，蓋水濁而無激湍，魚不勞也。石花最佳。〕香魚味美，產雁蕩山，潮通淡水，魚出其間。苦魚微辛，形細色斑，烹食腴美，消酒除痞。又蟲鮐魚尾有星穴。泥中田瑟，無鱗可食。〔此皆小魚也，可食而不入饌。〕

介部

龜肉甘溫，除濕風痹，踒折筋痛，止嗽血痢。諸龜肉同，氣味不異，惟呷蛇龜，有毒食忌。賁龜肉辟時疾消腫。蠵龜肉去風熱利腸。〔以龜肉釀酒，治大風拘攣，忌豬肉、菰米、瓜莧同食，六甲日忌殺，忌莧菜、豬肉、兔、鴨、芥子同食。反薄荷、荊芥。〕鱉肉甘冷，補陰療熱，益氣止痢，帶下赤白，虛勞羸瘦，脚氣宜食。鱉膽味辣，代椒鯹辟。凡赤腹、蛇紋、獨目、三足、五爪、旱鱉俱殺人。瑇瑁肉甘，除風逐熱，調氣安神，通經利脈。鼉肉甘毒，殺蟲利濕，熟煮毒消，食之補益。鼉性難死，剔其肉，懸之即垂長，多食成癖。〔瑇瑁肉解毒，去風膈熱氣，其卵可醃食，煮之白不凝。〕鱟魚非魚，形似熨斗，原屬介類，雌雄並偶，肉鹹療痔，殺蟲定吼。子醢醬美，開胃爽口。雌大雄小，常相負行，血碧色，脂燒之可集鼠。〔小者名鬼鱟，食之害人，肉微毒，多食發嗽、瘡疥。〕蟹肉甘鹹，蒸煮性冷，調羹去熱，胃清酒醒，多食痿陽，腹瀉痛緊，糟醬鹽藏，亦稱佳品。紫蘇、蒜汁、蘆根、木香解其毒。忌柹，反荊芥。〔獨螯、獨目、六足、四足、腹有毛、有骨頭、背有星、目赤者，害人。〕蝤蛑名蟳，鹹寒解熱，膔硬味佳。同美有蠘，蟛蜞、望潮，糟醬味益。蟛蜞、蛫、北，有毒少食。又蚌江、蠣奴、蟹奴，寄生蟲，似蟹，有毒害人。〔蟛蜞以下，皆形似而性異，今吳人概稱蟛蜞而堪食者，蟛蜞也。〕牡蠣肉甘，調中和血，補損澤膚，解煩止渴。蚌肉甘冷，醒酒除熱，止血崩帶，療痔眼赤。又馬刀與蚌同，多食俱動風濕，冷氣反熱。〔蚌中有珠者，其水點目，療痔更妙。〕蠣蛼肉冷，多食動風。蜆肉甘鹹，開胃氣通，解酒去濕，洗痘疔癰。石決明肉，與殼同功。又車螯，甘鹹性冷，解酒，止渴，消腫，勿多食。〔車螯俗稱蜞蛾，亦曰蜃，非蛟蜃之蜃也，多食冷胃。〕蛤蜊鹹冷，止渴潤臟，開胃散血，醒酒胸暢。蟶肉甘溫，治痢熱當，產後虛損，熱煩消蕩。又文蛤肉，與蛤蜊肉相同，或以黃雀所化。〔蛤冬天始有，乃黃雀所化者。蟶肉可晒乾，為海錯之一。〕瓦壟子肉，甘溫利臟，健胃進食，追風冷恙，痿痹洩痢，瘡腫消暢。車渠肉同，丹熱毒蕩。海蠃肉，甘脆開胃，下痰療心痛，洗目赤痛。〔瓦壟肉，過食壅氣。海蠃肉，脆滑味美益人。〕貝肉不一，其性相同，形如蝌蚪，食可消風。珂蠃、石蜐，肉少味融，閩粵人食，利水寬中。此皆滇南及海邊人以薑醋調食，味如蛤。〔貝大、小、紫、白、黃、黑色不同，古者以其殼為貨易。〕淡菜甘溫，補虛止痢，散血療崩，赤白帶治，興陽消癭，癥瘕積聚，多食脫髮，動風之弊。多食令人悶闇，腸結，發丹石毒，微利即止。〔以少米先煮熟去毛，同蘿蔔或紫蘇、冬瓜同煮佳。〕田蠃肉甘，大寒除熱，利便醒酒，黃疸痢疾，去濕通淋，水點目赤，疔腫火症，療痔痛捷。治一切火症咽腫大效。虛冷久瀉人忌食。〔煮食宜用椒、薑，否則寒人臟腑。痔瘡胃熱人宜之。〕螺螄肉甘，寒解熱痢，黃疸消腫，通淋便利，白濁痔痛，脫肛目瞖，解酒止渴，吐衄可治。又擔羅大能消水，合昆布散結氣，消飲食。〔春日採取，蒸之肉自出，晒乾酒烹，糟煮食佳。〕江珧柱肉，甘腴鮮美，調中利臟，滯消尿止。蓼蠃肉辛，薑醋和旨，飛尸遊蠱，亦能滌洗。琑珪腹中蟹，有毒不可食。琑珪即明瓦也。〔珧柱調羹食之，令人加餐。蓼蠃、琑珪，俱不中食。〕青蛙甘寒，食調疳瘦，除勞解熱，消腫水透，療痢噤口，肛蝕痔漏。蝦蟆肉同，性味不謬。其骨反熱，令人苦淋。娠婦食之，致子夭壽。〔漁人以蝦蟆

去皮，作田蛙，味似，而股肉多。惟狗俱不食。〕　蛇蜦甘溫，又名田父，味美勝鼉，開胃帶補，助陽通陰，除積逐蟲。　脆滑其皮，肉盈腿股。又山蛤肉，食之微毒味美，性味與蟾、鼉等。〔此山居之人取而食之，蛇蜦目赤者能食蛇，有毒，去頭目無害。〕　海參鹹寒，降火滋腎，通腸潤燥，除勞怯症。　遼產小佳，刺蜜脆硬，南產厚大，肉味稍遜。虛火燥結者，同木耳切爛，入豬大腸煮食。〔海參遼產者佳，吳、浙、閩、粵者肥大而無味。〕　燕窩甘鹹，降火化痰，調中益氣，清肺平肝，滋養五臟，定嗽利咽，生津止渴，虛熱能刪。燕歸海上，即水沫成之，故能清火化痰也。〔此乃海燕所造，或云食海邊蟲，蟲背有筋，吐而成窩，未知然否。〕　吐鐵鹹涼，肉韌殼軟，糟食最佳，海邊所產。海螄性冷，如蠶有靨，肉與螺同，暮春佳噉。吐鐵亦螺類也，似蝸牛而微長，口大無靨。〔海獅于清明前後有之，吳人以葱、椒煮食，過時則無。〕　彈塗味鹹，質同蚯蚓，潮退而出，跳躍形蠢，似鰍而短，亦名土筍，椒醬醋醢，多食性冷。又海膽亦螺類，取一連十，鮮煮食如鹿脯。〔土筍煮之如糊，而色赤味甚鮮美，閩人嗜之。〕

清·范在文《衛生要訣》卷三　藥性賦序　嘗考《神農本草》，藥分三品，計得三百六十五種。迨至梁陶弘景《別錄》而下，其昭然可見者不下數十家。有明瀕湖李氏，復輯《本草綱目》一書，類分六十，藥共一千八百七十三種，可云詳且盡矣。然卷帙浩繁，雖聰明之士，當亦苦於涉獵。茲因不揣固陋，爰本《銕鏡》集賦，參以張石頑《本經逢(源)〔原〕》、汪訒庵《本草備要》等書，裁對成篇，叶以韻語，摘其最關於醫家日用者，得二百五十八種，以便業醫者入道之門，未敢云有當也。

藥性備要賦　嘗謂用藥如用兵，機無輕發；製方猶製律，意在精詳。是故補中益氣而助脾，功惟白朮；脾實而無濕邪者忌。散寒邪以發表，能取麻黃。夏月及表虛者忌。丁香暖胃寒以止肝虛呃逆，附子能引補血藥以滋不足之真陰而引補氣藥以復散失之元陽。引發散藥開腠理，以逐在表之風寒，引溫暖藥達下焦，以祛在裏之寒濕。牛膝益下焦能引諸藥下行而強筋骨，并經閉不通。誤用墮胎。遺精及脾虛下陷者忌。黃蘗補腎水而瀉膀胱火邪。百部治肺寒，於喘嗽可止；梔子涼心肺客熱，使下從小便出。在鼻衄尤良。麥冬潤肺清心，驅逐煩熱；氣弱胃虛者忌。升麻升清陽之氣，於至陰之下，凡上盛下虛者忌。發散瘡瘍。及治泄痢。知母下潤腎燥滋陰，上有清肺熱瀉相火之用；虛損者忌。香附理血中之氣，擅調經解痰、火、氣、血、濕、食六鬱之長。澤瀉利膀胱濕除熱，煩燥兼效；鈎藤舒筋活血，拘攣堪嘗。利咽快膈，須用桔梗；降逆開氣，參以木香。桔梗能載諸藥，木香善通積氣。破滯氣消痰痞積，青橘皮為上；多汗及中虛者忌。頭痛連腦及齒頰痛者，藁本最當。溫熱病及產後血虛者忌。參須治久痢與滑精崩中下血等證，味苦降泄；每致增劇，然胃虛、嘔逆、咳嗽、失血諸病，亦能獲效。鬱金入心祛瘀血，破滯氣。性本輕揚。陰虛失血者忌。砂仁即縮砂蜜也。調胃醒脾，快氣調中，通行結滯。并益肺腎；氣血虛火炎者忌。燈心清肺熱降心火，兼利小腸。何首烏斂精氣而溫補，不寒不燥，功在地黃、天冬諸藥之上。薄荷消風熱以清涼。夏月多服泄人元氣。胃熱散以犀角肝經，血結任用羚羊角。白豆蔻入脾肺，行三焦，消滯消積；黃耆生用固表實腠理，炙用溫中益元氣，生血生肌。黃芩瀉三焦之火，陰虛伏熱及胎寒下墜，食少便溏者切忌；常山攻老痰積斂之味，截瘧須知。悍暴能損真，氣弱者慎之。丹皮瀉君相之伏陰火，山藥清虛熱於肺脾。陰不足則內熱，補陰故能清熱。烏梅斂肺濇腸，消痰止渴。治血痢，安蚘尤力；竹瀝潤燥行皮裏膜外痰壅，寒飲濕痰非宜。活血行氣去瘀調經須益母草，即茺蔚。脾胃不實及崩漏者忌。消腫皮裏之腫用生薑皮。入肝腎而清濕熱，健脾胃，祛風濕。土茯苓可取；除噎氣而消痰結堅痞，旋覆花堪奇。冷利，大腸虛者忌用。理痰消斑疹毒，散熱除風，當用牛蒡子；一名惡實。明目輕身，益精補腎，宜任沙蒺藜。香薷冷飲利小便而熱服暑邪兼散，淡竹葉清心化痰止渴、利小便。而上焦煩熱應除。桂枝解表，能調營衛；沙參清肺氣，體本輕虛。中焦寒邪拒閉，官桂即薄桂，專行胸脇。可理；九種心痛及腹內冷痛，桂心能祛。甘草炙用氣壯溫益三焦元氣，協和諸藥，生用氣平可瀉三經之火；土實脹滿者忌。人參大補肺中元氣，除煩瀉火故也。止渴，生津故也。實熱反來傷肺之虞。肝腎虛熱骨蒸自汗，地骨皮當用；固精枯痔，魚鰾膠堪須。黑瀉腎而白利肺，牽牛之質各異；能泄氣中溫熱，胃弱氣虛者忌。頭止血而尾破血，當歸之性本殊。和中止嘔消暑升清應知白藊豆，大小便血無過劉寄奴。金銀花即忍冬。養血補虛，解毒清熱；肉豆蔻益脾健胃，下氣調中。橘核止腰疼疝氣之痛，桃仁去皮尖生用和血，連皮尖炒用破血。施泄血滯通大腸血秘之功。血不足者忌。散表寬中，安胎定喘還紫蘇葉；其子功用尤力，梗則稍緩，虛者宜之。搜風去濕，氣在頭補肝血風虛潤肝燥務川芎。當歸身散內寒以和榮血，凡血受病及諸病夜甚者必須。獨活治厥陰經頭痛目眩以祛足少陰伏風。頭痛益心補腎濇精氣厚腸胃資蓮實，利水清心火藉木通。天南星去驚癇風眩痰濕之苦，陰虛燥痰忌之。酸棗仁有斂肝緩脾之雄。蓋棗仁有斂肝之功，肝不尅土故緩脾。腎虛精滑益智子，因熱者忌。熱毒入傷血分白頭翁。大黃潤燥結實熱而入脾、胃、

大腸、肝、三焦血分，病在氣分及胃虛血弱者忌。蘄艾除寒濕而溫子宮。能回垂絕之元陽，以之灸，火透諸經而治百病。槐角滋腎津，痔漏腸風兼效；沉香專化氣，扶脾達腎攝火歸源須逢。蒲公英解食毒散滯氣，使君子健脾胃殺蟲。暖脾胃除寒邪，高良薑快覓；腹疼非產後，產後以大補氣血為主，雖有他症，以末治之，故產後不宜三稜。血結，荊三稜可攻。虛者忌之。杜仲潤肝燥，補肝虛，子能令母實，故兼能補腎而主腰脊痛，茴香散寒結并治陰虛肝火從左上衝頭面者。開逐痰飲脇下皮裏膜外白芥子，久嗽肺虛者忌。滋益五臟補相火肉蓯蓉。能動大便滑泄。大棗有健脾之功，補中益氣，和百藥。須防中滿證；連翹瀉心經之火，排却瘡膿。生地黃滋陰以瀉丙火小腸，熟地黃潤腎而補真陰。葶藶子止喘嗽以逐水氣，蓮藕節散瘀血而止吐衄淋痢。石菖蒲去濕除痰，開心利竅；遠志肉益精強志，水虧相火旺者忌。通腎氣上達於心。石膏止煩渴解肌清熱，天門冬定肺氣熱喘降火清金。脾胃虛者忌。車前子清熱利竅，能通小便；栝蔞實降痰氣清上焦火，止渴生津。礞石泄積滯生痰而壅膈，蓮鬚秘精氣以固真。元陽不制者忌。厚朴平胃濕太過瀉實滿，除痰克驗；肉桂功堪補相火，抑肝扶脾。止腰腹寒痛回春。濕熱散以萹蓄，一名扁竹。脾燥潤以麻仁。黃連治噤痢而瀉實火，寒藥多瀉，惟黃連肥腸而止瀉。丹參調經脉而安妊娠。孕婦安生胎，落死胎，破宿血，生新血。防風祛風勝濕一身盡痛，崩中血色清稀者似聖；葳蕤益脾腎虛勞，寒熱不足之證可代參、耆，但其性緩，久服多服方效。如神。橘紅皮快膈消痰，導壅滯之逆氣；久嗽氣泄者忌。山茱萸肉養肝補腎，入二經氣分。固下部之遺精。其核滑精，當慎。細辛散浮熱溫少陰經，血虛內熱者慎。多服最忌；用當不過五分。半夏豁痰去濕，止嘔須明。天花粉降膈上熱痰除心上渴煩，虛嗽不利；貝母瀉心潤肺，燥痰可平。檳榔除痰，消脹泄胸中至高之氣；能墜諸藥下極。烏藥順胸腹邪逆之氣，舒鬱結之情。嘔逆產後虛煩，竹茹當用；能清胃府之熱。肺胃虛熱，竹葉可清。治妊娠喘嗽及頭痛如破者連須葱白，利小便王不留行。晚蠶沙專療風濕，天竺黃善治癇驚。為小兒治痰清熱之要藥。通水逆而開腠理，茯苓皮善任；陽痿而夢失精，桑螵蛸當烹。能治白濁，利小便，陰虛多火者忌。蒲黃止心腹痛療破瘀血，膠飴潤肺止嗽入脾經。清頭目以搜風痰，荊芥穗有取；穗在於巔，故善升發。行氣中血滯血中氣滯而通凝結，延胡索其靈。通經墮胎，血熱氣虛者忌。吐衄溺便諸血喘嗽須紫菀，婦人經脉不通用葛上亭長。蜂蜜潤燥和脾，熟則性溫。補其中生則性涼。而清其熱；脾胃腎虛者忌。萊菔子利氣，熟則降降則定痰嗽。

而生則升。升則吐風痰。穀蟲即蛆。消乎小兒諸疳積滯，青蒿治乎骨蒸。勞熱紫莖者良。紫河車峻補榮血，能治骨蒸羸瘦、喘嗽虛勞。烏賊骨入血分可醫經閉及帶崩。止腫痛調經索續斷，赤白帶下小兒驚癇覓浮萍。浮萍因風而動，故能止風。生於水之極上，故能提帶下。赤芍藥行血之中滯而療腹痛，不減當歸。羌活散風濕而治外因頭疼。寬中利氣，枳殼寬腸胃力緩而枳實利膈胸力速；療肌解表，柴胡散結調經，能引清氣上行，主陽氣下陷。次而葛根陽明頭痛及脾胃虛弱瀉者宜之。先。溫脾胃以止瘧，慎用草果；實邪盛者忌。主風濕而治胃脘積痛，務索威靈仙。然泄真氣，弱者慎之。菟絲子益脾腎肝三陰而止遺泄，補骨脂助相火以通君火而暖丹田。療男白濁女白帶而尚地膚子，補真元而以巴戟天。除風濕寒熱而治疸黃，茵陳是矣；降痰逆而消驚癇，金箔有焉。撫芎鬱在中焦須此開提其氣以升之，總解諸鬱；直達三焦，為通陰陽氣血之使。瓜蒂涌泄，能去胸膈痰涎。尺虛胃弱、產後、病後及膈上無熱痰邪熱者忌。炮乾薑用治裏表生薑辛溫，除寒邪而發表，炮則辛苦，除胃冷而守中，但多用防耗散，元氣血虛惡寒及產後大寒者宜之。吳茱萸潤肺燥脾溫中善降熱氣及通宣。表裏無拒閉之患，病非虛寒者忌。阿膠安胎補血，止血，為諸失血要藥。牡蠣散結軟堅。諸風掉眩小兒驚搐，主以全蝎；肺氣壅實有痰，降以白前。龍眼善補心脾之血，元氣虛者服之最妙。豬苓性善疏利經府專司利水之權。熱痢下重，秦皮與服；大腸風秘，郁李仁同煎。墨灰止吐衄血逆而上行，伏龍肝一類；孩兒茶即烏爹泥。性收斂以止血，百草霜亦然。生薑發散調中開痰，除諸噦嘔，胃熱而不可用；五味子寧嗽，且滋腎水，初嗽不可遽加。排膿利竅散濕熱風邪，無過白芷；驅肝虛風從內生者疏痰定驚癇，莫失天麻。溫中快膈開胃止嘔藿香葉，消痰潤肺款冬花。胡麻即黑芝麻。補腎滋肝，益脾肺而降心包火；茜草性溫行滯味苦，帶辛，入手足厥陰血分。却經中瘀積及女子經閉而理濕邪。散瘀血利大小便，用以百合；理脾虛濕熱收脫，氣脫能收，氣滯能和。主以木瓜。茯苓補心脾，利竅除濕，瀉肺熱而膀胱通利；茯神益心志，神魂俱安。肝肺風邪暴瞖，磨以木賊；多用令人目腫。產後敗血，流於腰肢疼痛者。通以澤蘭。滑石氣利，走膀胱而清肺胃；前胡性降，悅脾理胸腹因外感痰熱痞膈諸痰而暢肺解風寒。陰虛火動之痰忌用。濕熱下焦血分者除以防己，上焦氣分者忌。咽喉利以射干。能瀉實火，虛火忌用。蒼朮逐上濕而發汗，能升發胃中陽氣。煨生薑散鬱結而扶脾。氣降而不升。神麯麥芽，雖消積而不容過用；大能耗伐胃氣，傷中損血。芫花甘遂，縱利水而未可輕施。精氣不足，補以枸杞

子；心腹胸脇少腹諸痛，止用五靈脂。生用血閉能通，炒用經多能止。秦艽左文列為秦，治濕病；右文列為艽，發脚氣。燥濕祛風，榮經養血，婦人帶疾兼效；蘇子降痰順氣，虛勞欬嗽可醫。氣虛陰虛脾虛者忌。頑痰滌以五倍子，肺火瀉以桑根白皮。白芍藥補脾瀉肝火，護營血斂津液；產後及小便不利者忌。桑寄生去風除濕，止腰痛安胎。地榆入下焦理血，熱氣虛下陷崩帶及久痢瘀晦不鮮者忌；且能傷胃。苦參燥濕，多服者災。每致腰重。元參清無根浮游之火，淡豆豉勝濕解肌，調中下氣。除病後之虛煩。生用發散，炒熟止汗，入發散藥陳者勝，同吐藥新者良。皂角即皂莢。逐風痰，善通上下關竅；風痰牙皂最勝，濕痰大皂力優，然大傷元氣，喉風尤為切忌。鹿銜即微銜。理血中邪濕，溫補下元。子名延壽果，老人嬰兒資為上藥。胃脘痛因食寒物者療以草豆蔻，且散滯氣。吐衄便溺諸血和以白茅根。并止渴利小便。杏仁潤燥稍積降氣行痰以止喘逆，胡蘆巴導火歸源而治小腸奔豚。偏墜及小腹有形如卵上下走痛者。黑錫陰極之精，內通於腎；硫黄大熱之性，下達命門。補火，寒鬱火邪者宜之，然能疏利大腸。〇熱藥多秘，惟硫黄暖而能通。氣中之血，破以蓬莪；血中之氣，理以薑黄。血痢口噤，真藕粉頻服；痞氣腫脹，大腹皮來嘗。虛脹忌用。紅藍花可使活婦人經血，少則養，多則行，過用使血行不止。苦酒即醋。用以斂咽瘡。散瘀解毒。沙糖和緩肝脾，產後敗血衝心最當；山楂消除積滯，偏墜疝氣為散酒服。為良。用核尤捷。利水應知赤小豆，降陰氣上逆還須青木香。即馬兜鈴根。蜀椒助命門心包之火，開痹濕，溫中氣。芡實固精補脾治遺精濁帶之傷。胃反吐出黑汁者畢澄茄最效，降逆氣代赭石相當。龜版炙灰止泄痢，滋陰降火；鹿茸益精髓，扶陽固陰。鹿角膠力稍緩。白殭蠶散痰化結，訶黎勒即訶子，煨用能固脾腎。止瀉生用清金。止嗽，久嗽久痢忌之。芒硝鹹寒，用軟堅以清三焦腸胃實熱；白礬收濇，能行氣分而祛濕痰。人中黄天行狂熱溫毒發斑最妙，枇杷葉和胃胃和則嘔定噦止。下氣氣下則火降痰消，夏月傷暑氣逆最良。然胃寒及風寒咳嗽忌之。無過。陳橘皮消痰理氣，燥濕為上；留白則補脾胃，去白則補肺氣。辛夷入肺利竅逐陽分之風邪，開胃休訛。蘇合香治山嵐瘴濕之氣，襲於經絡，陽虛多火者忌。馬兜鈴清肺熱痰喘聲音不清之疴。下利滑脫，石榴皮有取；內熱呃逆，真柿蒂能和。銀柴胡涼血而熱可清，虛心極善；石蓮子除熱毒而脾可助，噤痢消磨。然必用人參開提胃氣方效。豬膚皮上白膏。調陰散熱甚效，青黛散鬱火及產後熱痢消斑毒何憂。牛黄清心而痰以化，風中心藏者宜。白及入肺而血用以止休。筋骨中寒熱並風寒目痛頭面虛風之證，蔓荊子當用；赤膈黄耳，紫荊皮可收。蜀(膝)〔漆〕治牝瘧獨寒不熱者而功捷，荷葉解虛頭風憎寒發熱而力優。風濕冷痹，渾身不能屈伸痛甚者宜。穿山甲莫失；壯筋除濕，溫補下元。五加根皮是求。秋石滋陰降火而不傷胃，而真火以補；為骨蒸勞熱之仙品，然陰虛多火精氣不固者忌之。川楝實導濕蕩熱止痛，而疝瘕無留。消渴黄疸，土瓜根取效；頭風拘攣，蒼耳子即瘳。赤苓利濕熱而心與小腸氣分以入，金汁金器解熱毒而時行堪投。梓白皮太陽陽明濕熱能利，柏子仁風濕能搜。鏟除日久凝聚之瘀血年深堅結之積滯，乾漆灰快索；收斂精氣，白龍骨服調。赤石脂入下焦血分而固滑脫，晚粳米和胃氣而溫中焦。至若水取汲井，凡湯液須新汲井華水。火取柴桑。治熱解毒及辛熱之味之藥宜冷飲，調補之劑宜溫嘗。苦寒驅火藥則又宜熱飲。寒熱溫涼，各適其性；君臣佐使，務在相當。丸散湯液，尚顧名而思義；藥有七情謂獨行、相須、相使、相惡、相畏及相反、相殺也。味謂甘、苦、辛、酸、鹹五味也。方謂大、小、緩、急、奇、偶、複七方也。劑，謂宣、通、補、泄、輕、重、滑、澁、燥、濕十劑也。要熟悉以条詳。炮製不同，謂炮、煆、炒、焙及酒、醋、薑、鹽、便、蜜等製法也。混用者失；新久宜別，藥有宜久者，亦有宜新者。誤服者殃。嚴以辨乎真偽，慎以審乎行藏。草木蟲魚，更當遐稽博採；脉因證治，尤宜較短量長。膽欲大而心欲小，智欲圓而行欲方。譬良將之將兵，指揮如意；庶射夫之挾矢，術妙穿楊。

清·蔡恭《藥性歌》卷一　山草部

人參：欲賦人參性，先吟採藥篇。空山明月滿，清夜浩歌傳。童子聞雲裏，枯松古嶺邊。紫團惟一本，服者壽同仙。《卓異記》曰：駱瓊採藥北山，月下見紫衣童子，歌曰：山涓涓兮樹蒙蒙，明月愁兮當夜空。烟茂密兮垂枯松。遂於古松下得參一本，食之而壽。皮日休《謝人參詩》曰：神草延年出道家，是誰披露記三椏。開時的定涵雲液，劚後還應帶石花。名士寄來消酒渴，野人煎處掇泉華。從今湯劑如相續，不用金山焙上茶。陸龜蒙和詩曰：五葉初成椵樹陰，紫團峰外即雞林。名參鬼蓋須難見，材似人形不可尋。品第已聞升碧簡，攜持應合重黄金。殷勤潤取相如肺，封禪書成動帝心。段成式《求人葠詩》曰：少賦令才猶彊作，眾醫多失不能呼。九莖仙草真難得，五葉靈根許惠無。韓翃胡盲切，音橫。《送人之潞州》詩曰：官柳青青匹馬嘶，回風暮雨入銅鞮。佳期別在深山裏，應是人參五葉齊。參性：茯苓為使。畏五靈脂，惡皂莢、黑大豆、紫石英、人溲，反藜蘆。為愛人參好，和平性自

持。生金還潤肺，益土善調脾。瀉火功無敵，行痰氣足支。既能開智慧，更可定驚疑。漏下難停際，虛勞欲起時。三椏香滿徑，五葉採連枝。飲去同仙液，餐來勝玉芝。藜蘆休並用，相反最當知。　黄耆：茯苓為使，惡龜甲、白鮮皮，畏防風。黄耆為長老，氣味兩和平。發汗祛邪性，充肌固衛情。排膿瘡似洗，舉陷子如擎。愈痘曾垂績，除癰素著名。補虛宜用炙，蜜炙。達表定須生。生用。中滿多凝滯，還宜斟酌行。景岳曰：其性味俱浮，純於氣分，故中滿氣滯者，當酌用之。　白术：防風、地榆為使。白术味甘辛，於潛世所珍。和中兼補氣，祛濕又生津。濕去則脾無病而生津。癥癖因虛積，腰臍使血勻。奔豚原忌用，奔豚遇之，恐反增氣。腫毒莫相親。腫毒遇之，必反多膿。燥以泔漿浸，溫宜蜜水勻。安胎芩作伴，孕婦喜逢春。　蒼术：防風、地榆為使。蒼术偏辛烈，茅山味較醇。苦溫開六鬱，升發擬三春。嵐障寒嘔者，腸風冷痢人。得茲皆可愈，痿促更堪珍。　甘草：苦參、乾漆為使。惡遠志。反大戟、芫花、甘遂、海藻，然亦有並用者。解毒推甘草，通行十二經。潤能涵血氣，甘可緩雷霆。止痛生肌妙，培元瀉火靈。不宜中滿症，泄滿仗雲苓。大戟芫花甘遂毒，苦鹹海藻性微寒。獨於甘草為相反，特筆提明莫浪干。　黄精：最好是黄精，性溫味更平。細餐頭返黑，久服體常輕。欲使元陽壯，須憑骨髓盈。三蟲從此下，諸濕自今清。純粹分天性，溫和得地情。長生須借此，芝草合齊名。　肉蓯蓉：忌鐵。洗淡肉蓯蓉，鹹溫性不雄。興陽瘳醜疾，暖膝起衰翁。益火功誠著，通幽妙莫窮。若能常服此，吉夢定占熊。　丹參：惡黄芪、萸肉、薑、棗，反藜蘆。一味丹參四物稱，氣平能澤退炎蒸。安生墮死胎無碍，去瘀生新血有憑。腫毒瘡痍功並濟，癥瘕經脈治俱能。婦科聖藥非虛譽，獨與藜蘆不作朋。　遠志：畏珍珠、藜蘆。遠志心經主，辛原散鬱論。熱除功在苦，氣化性因溫。不使癰疽潰，能治耳目昏。豈徒益神智，尤妙在奔豚。　巴戟天：覆盆子為使，惡丹參。巴戟甘溫性，勞傷首見推。強陰誠妙藥，消腫亦奇才。火熾投宜慎，精虧用莫猜。豈徒功入腎，風濕力能摧。　仙茅：仙茅性熱，精寒者宜之。若相火旺者勿服。忌鐵。仙茅功最大，服久可長生。益髓神明旺，填虛耳目清。強陽參化育，安夢定魂驚。潤澤容顏好，栽培道體輕。胃開思進食，筋暖喜閑行。為語精寒者，朝朝將此烹。　天麻：風症用天麻，頭旋眼更花。語言無不遂，血脈以通誇。痰飲應須此，驚癇音言可少耶。只緣性最懦，倍進始稱嘉。　沙參：沙參性寒，金受火尅者宜之。若寒客肺中作嗽者，勿服。惡防己，反藜蘆。沙參味甘苦，性本帶微寒。潤澤能滋肺，清涼更養肝。火炎宜早服，寒客莫相干。性與藜蘆反，那能共入丸。　元參：惡黄芪、山萸肉、薑、棗，反藜蘆。元參為腎藥，壯水又生金。善散浮游火，能祛懊惱心。骨蒸宜早覓，喉痺亦當尋。要語君須記，藜蘆總反參。　茅根：即白茅。良藥有茅根，甘涼性最敦。能調諸血症，善滅眾瘡痕。解毒除消渴，寧心定亂煩。崩中與淋瀝，借此可澄源。　淫羊藿：山藥為使。得酒良。部羊食斯藿，一日百宣淫。名以扶陽重，功原補腎深。能將勞氣療，不使冷風侵。年老無兒者，應將此味尋。　苦參：元參為使，惡貝母、菟絲、漏蘆，反藜蘆。參中斯最苦，性亦反藜蘆。寒質無昇氣，沉陰向一趨。痢停因熱血，癰腫退肌膚。陽疸除應盡，麻風息漸無。精遺功可必，蟲患力能驅。肝腎虛寒者，休將斯味須。　貝母：貝母反烏頭，燥痰治最優。喜除人肺病，肺痿、肺癰。善解我心憂。《詩》曰：言采其蝱。蝱，即貝母也。取其解鬱。血症惟君賴，吐血、咯血。瘡家向爾謀。火降邪散，瘡口自斂，非貝母性能收斂也。火炎頭目暈，淋瀝小腸愁。幸散消喉痺，微寒逐項瘤。還能祛惡疾，人面見如讎。唐時有人膊上生瘡如人面，能飲酒食物，諸藥遍投，悉受之。至貝母，瘡乃顰眉。灌之數日，成痂而愈。俗以半夏燥毒，代以貝母，不知貝毒寒潤，主清熱，肺有燥痰者宜之。半夏性燥，主散寒，脾有濕痰者宜之。設或誤用，貽害非淺。故凡風寒濕食諸痰，均非貝母所宜，當用半夏、南星。　土貝母：反烏頭。土貝與川貝，祛痰用略同。斯惟力較厚，能使早成功。治一切痰症，與川貝略同。此性味俱厚，較之川貝，清降之功不啻數倍。　山慈姑：一名金燈籠。山慈有小毒，清熱散癭瘤。蛇咬磨須醋，蟲傷或用油。疔瘡堪即退，瘰癧又何憂。欲覓無毛者，遂昌山裏求。　山慈根與慈姑、小蒜相類，去毛殼用。《廣筆記》曰：出處州遂昌縣洪山。無毛，少真者。有毛，誤也。　柴胡：半夏為使，惡皂角。柴胡耑表裏，味薄氣偏升。止眩停嘔妙，調經散結稱。火從肝胆發，痛自脇胸凝。血室邪乘入，傷寒熱不勝。升清誰得似，宣暢有餘能。虛火炎炎者，投之禍反興。　時珍曰：勞有五，若勞在肝、膽、心、心包，有熱則柴胡，乃手足厥陰、少陽必用之藥。勞在脾胃，有熱，或陽氣下陷，則柴胡為升清退熱必用之藥。惟勞在肺腎者，不可用耳。寇氏一概擯斥，殊非通論。　桔梗：畏龍膽、白及，忌猪肉。桔梗為舟楫，飄然載藥行。開提胸積滯，解散目昏盲。火盛喉頻痛，泄多腸自鳴。能祛諸疾去，更喜嗽無聲。　防風：惡乾薑、白

蘞、芫花，畏萆薢。殺附子毒。防風升散品，氣與味俱輕。若欲調脾胃，斯能引藥行。搜肝風患息，瀉肺熱邪清。陰弱陽虛者，無煩爾用兵。細辛：惡黃芪、山茱萸，畏硝石、滑石，反藜蘆。細辛味最辛，開竅速如神。鼻塞昏昏客，頭疼悶悶人。散風關自啟，祛濕氣旋伸。發汗功何大，行痰力更真。目安停下淚，嗽靜免吟呻。用勿過錢許，藜蘆切莫親。羌活：羌活氣何雄，祛寒定痛功。既能除濕痺，更足理遊風。肝腎邪能發，膀胱滯可通。血虛頭痛者，內症莫相攻。獨活：獨活性微涼，苦辛氣更香。比羌功稍緩，同細細辛用為良。既有搜風力，寧無祛熱方。頭旋昏欲暈，齒痛莫能當。濕痺邪凝盛，奔豚腎積强。病形須認確，二活勝瓊漿。升麻：升麻升散藥，善解四經邪。脾、胃、肺、大腸。熱氣蒸肌盛，元陽下陷賒。興隆提痘疹，腫脹愈風牙。毒癘頭疼客，虛寒飧泄家。《經》曰：清氣在下，則生飧泄。蟲蝕休作祟，升麻解百藥毒，吐蠱毒。精鬼靜揄揶。殺精鬼，性陽氣升，味甘故也。火動陰虛者，方中莫浪加。上實氣壅，諸火炎上及太陽表證，皆不可用。且其味苦氣散，若血氣大虛及水火無根者，並不可用。前胡：半夏為使，惡皂莢。忌火。同是風家藥，柴前性各偏。升清柴有力，降氣定推前。肺府風為客，肝經火欲然。膀胱邪可散，脾土濕能遷。降熱痰涎盡，除蒸咳嗽痊。證如非外感，此藥莫輕煎。延胡索：血凝氣滯病纏綿，惟有延胡力足宣。血分有邪醫有驗，氣中無滯藥無緣。言其性能破氣逐滯，如氣血無滯，不宜妄為使用。崩淋癥癖何難滅，跌撲刑傷亦易痊。性善墮胎君切記，血虛氣弱總須懸。紫草：紫草鹹寒滑性多，清涼功著痘瘍科。能通九竅能通便，便利脾虛莫用他。白及：紫石英為使，畏杏仁，反烏頭。金傷須白及，肺病定能收。骨折何難補，癰疽亦易瘳。遭刑宜服酒，酒服二錢。受灼合調油。湯火傷灼，菜油調末敷。去瘀功成速，生新力自優。使惟驅紫石，紫石英為使。反本自烏頭。反烏頭。試看台州獄，神方驗重囚。（捕元）〔《摘玄》〕云：試血法，吐水內，浮者肺血也，沉者肝血也，半浮半沉者心血也。各隨所見，以羊肺、肝、心蘸白及末，日日服之佳。台州獄吏，憫一重囚。囚感之云：吾七犯死罪，遭刑拷，肺皆損傷。得一方，用白及末，米飲日服，其效如神。後囚凌遲，剖開胸，見肺間竅穴數十，皆白及填補，色猶未變。蓋人之五臟，惟肺葉損壞者，可以復生也。三七：亦名山漆。三七苦甘溫，能全血症深。杖前宜早服，血自不衝心。能散血定痛，治吐血衄血，血痢血崩，目赤癰腫。醋磨塗，即散。已破者，為末滲之。為金瘡杖瘡要藥。杖前先服一二錢，則血不衝心。杖後敷之，去瘀消腫。經水不止，產後惡血不下，俱宜自嚼，或為末，米飲送下一二三錢。若虎咬蛇傷等症，俱可服可敷。白鮮皮：惡桑螵蛸、桔梗、茯苓、萆薢。白鮮風家味，祛蒸燥濕良。開關通九竅，行水退諸黃。熱黃、酒黃、急黃、穀黃、勞黃等症。豈特安脾胃，兼能利小腸。燥濕之功，行水之力。陰中常腫痛，女子陰中腫痛，乃濕熱乘虛客腎與膀胱所致。斯藥細煎嘗。一味白鮮皮湯，治產後風。時珍曰：世醫止施之瘡科，淺矣。秦艽：菖蒲為使，畏牛乳。手足陽明藥，秦艽較眾優。表能兼補潤，性獨具沉浮。活血非虛譽，榮筋有厥猷。痠疼諸痺退，攣急遍身瘳。口噤牙疼日，風淫濕勝秋。小兒潮熱甚，斯味總堪投。地榆：惡麥冬。地榆本寒降，血熱必須求。倘遇虛寒者，寧堪任意投。腸風悲不定，經水苦長流。斯味均能治，因知濇性稠。地榆，本草未嘗言濇，然能收汗止血，皆酸斂之功也。血鮮者為腸風，隨感而見也。血瘀者為藏毒，積久而發也。糞前為近血，出腸胃。糞後為遠血，出肺肝。黃芩：中虛者名枯芩，即片芩，瀉肺火。內實者名條芩，即子芩，瀉大腸火。上行酒炒，瀉肝胆火。猪胆汁炒。畏丹皮、丹砂。芩質分枯實，清金與大腸。性寒惟瀉赤，味苦亦除黃黃疸。力可安中土，權能靖少陽。保胎真聖藥，利氣亦良方。瀉熱，所以利氣。澼痢堪期愈，瘡痍莫惋傷。須知脾胃弱，慎勿浪煎嘗。便血曰澼。寒痛忌用。黃連：惡菊花、元參、殭蠶、白鮮皮，畏欵冬、牛膝。忌猪肉。殺烏頭、巴豆毒。大寒大苦黃連性，降火全憑法製精。火在上，炒以酒。在下，炒以童便。火而嘔者，炒以薑汁。火而伏者，炒以鹽湯。同吳茱萸炒，可以止火痛。同陳壁泥炒，可以止熱瀉。同枳實用，可消火脹。同天花粉用，能解煩渴。同木香丸，和火滯下痢腹痛。同吳茱萸丸，治胃熱吞吐酸汁。拌茯苓，治火炎眩暈。邪熱症消肝胆肅，秋涼氣至胃腸清。除煩祛瘀能去心竅惡血。心神喜，解毒安蚘音為蚘，得苦則伏。腹疾平。兼治癰疽外症疳同猪肚蒸為丸。目羊肝一具，黃連一兩，搗丸，凡是目疾皆治，名羊肝丸。痢。有藏連丸，濕熱鬱而為痢，黃連治痢要藥。噤口者同人參煎湯呷之，但得下咽便好。喻嘉言曰：下痢必先汗解其外，後調其內，首用辛涼以解表，次用苦寒以攻裏。《機要》云：後重宜下，腹痛宜和，身重宜除濕，脈弦宜去風。風邪內結宜汗，身冷自汗宜溫，膿血稠粘宜重劑以竭之。下痢赤屬血分，白屬氣分。戴氏曰：俗謂赤熱白寒者，非也。通作濕熱處治，但有新久虛實之分。虛寒為病莫相攖。道書言：服黃連犯猪肉，令人泄瀉。點眼赤，人乳浸。熱鬱惡心，兀兀欲吐，用黃連數分，甚效。胡黃連：性味功用，大似黃連。出波斯國。既識黃連性，胡連可勿言。倘逢烟醉客，為末共茶飡。

朱二允曰：胡連解吃烟毒，合茶服之甚效。知母：忌鐵。知母苦寒辛，下行滑似輪。胃家炎熱久，腎臟慾邪新。止渴安胎好，清金降火神。痰消能定嗽，便秘善通津。浮腫呻吟客，骨蒸困苦人。相聯黄柏用，協力共回春。

龍胆草：忌地黄。大寒大苦推龍胆，性本沉陰向下趨。肝胆膀胱與腎府，四經有火並能驅。骨蒸疳熱心常躁，咽腫瘡疼血似枯。酒浸上行兼外走，功同防己莫多需。

清・蔡恭《藥性歌》卷二　隰草部

生地黄：生地苦甘寒，涼心利腎肝。胃邪能解散，腎火莫盤桓。祛瘀寧無力，通經自不難。試觀諸血逆，賴爾保平安。乾地黄：捫腹常飢餒，還須乾地黄。沉陰陽可退，甘苦血能涼。利便安胎妙，調經定悸良。脾虚如泄瀉，禁例莫相忘。熟地黄：惡貝母，畏蕪荑。忌萊菔子、葱、蒜、鐵器。熟地耑滋腎，神功屈指論。真陰防欲絕，元海苦無根。能返鬚眉黑，尤除耳目昏。終嫌礙脾胃，多鬱莫輕吞。牛膝：惡鱉甲，畏白前。忌牛肉。酸苦淮牛膝，功耑引下行。產難尤賴此，經閉不容情。腰膝痠能去，咽喉痺可清。諸淋與尿血，雖痛不須驚。麥門冬：地黄、車前為使。惡欵冬花、苦參、青葙、木耳。忌鯽魚。麥冬性何似，甘重苦寒輕。潤肺清心火，强陰益腎精。痰消嗽自靜，熱退血安行。便滑中寒者，休將斯味呈。續斷：地黄為使，惡雷丸。續斷川中產，功從苦澀來。苦能消腫毒，澀可續筋骸。血症恆需用，精遺亦善培。生肌兼止痛，外症出群材。蜀葵子：蜀葵寒滑性，利竅善通津。二便何憂秘，諸瘍可去身。落胎催太速，消腫效如神。更喜黄花好，瘡家當異珍。黄葵花性亦滑利，與蜀葵畧同。若治諸惡瘡膿水久不瘥者，用花為末，敷之即愈，為瘡家要藥。浸油，可塗湯火瘡。車前子：即芣苡。應識車前性，微鹹向下行。氣寒祛熱痛，性滑善催生。尿管淋漓積，膀胱濕滯盈。肝經小腸火，喜爾總能平。根葉生搗汁飲，治一切尿血、衄血、熱痢，尤逐氣癃利水。白蒺藜：蒺藜通乳更催生，力破癥瘕日就輕。也愈瘻癰因瀉肺，能療肺癰肺瘻。不容翳膜漫遮睛。能療目赤翳膜。辛溫性使肝風散，苦降功成脾濕清。沙苑蒺藜耑在補，白蒺藜不過瀉氣破血之品，並不補腎，沙苑則不同矣。遺精帶下最能平。

紅花：紅花去瘀生新藥，活血通經落死胎。潤燥止疼消腫脹，用多翻致禍飛來。紫(苑)〔菀〕：欵冬花為使，惡天雄即附子、瞿麥、藁本、遠志，畏茵陳。紫(苑)〔菀〕清金降火昇，火昇血壅最堪憑。雖無補氣祛勞力，自有消痰定血能。辛潤善開喉痺結，苦溫更散熱邪騰。不寒不燥和平劑，金玉何慙君子稱。景岳曰：苦能降氣，辛能入肺，故治咳嗽上氣痰喘。惟肺實氣壅，或火邪刑金而致咳唾膿血者宜之。若以勞傷肺腎，水虧金燥而咳喘失血者，則非所宜也。觀陶氏《別錄》，謂其補不足，治五勞體虚，其亦言之過也。李士材曰：辛而不燥，潤而不寒，補而不滯，誠金玉君子，非多用獨用，不能速效。紫(苑)〔菀〕，色紫白者名女苑。時珍曰：紫入血分，白入氣分。甘菊花：白朮、枸杞、地骨皮為使。性稟靈和甘菊花，飽經霜露發英華。火風一靜金先肅，頭目能清翳不遮。作枕定能安夢寐，餐英更足醉烟霞。神仙得此猶珍重，豈特東籬處士家。景岳曰：味甘色黄者，能養血散風，去頭目風熱，眩暈疼痛，目中翳膜，及遍身游風風疹。作枕明目。葉亦可用，味苦者性涼，能解血中鬱熱，清頭目，去風熱，並治眼目腫痛，流淚。根葉辛香，能消癰毒，止疼痛。白菊花根善利水，搗汁和酒服之，大治癃閉。野菊花：一名苦薏，非真菊也。野菊原為苦薏花，能消疔毒火炎邪。連根帶葉同生搗，取汁衝須熱酒嘉。景岳曰：根葉莖花皆可同用，味苦辛，大能散火散氣，消癰毒疔毒，瘰癧，眼目熱痛，亦破婦人瘀血。孫氏治癰方，用野菊連根葉搗爛，酒煎熱服取汗，以渣敷之。或同蒼耳搗汁，以熱酒衝服。冬月用乾者煎服，或為末，酒服亦可。豨薟：豨薟去風濕，峻猛效如神。腰膝痠無力，筋骸痛不伸。瘡瘍生病體，麻木困愁身。此藥均能愈，虚人慎勿親。豨薟苦辛，生寒熟溫。治肝腎風氣，四肢麻木，筋骨冷痛，腰膝無力，風濕瘡瘍等症。若痺痛由脾腎兩虚，陰血不足，不由風濕而得者，忌服。蓋風藥能燥血故也。以五月五日，六月六日，七月七日，九月九日採者尤佳。去粗莖，留枝葉花實，酒拌蒸晒九次，蜜丸。益母草：子名茺蔚。忌鐵。益母寒微滑性多，調經行血效無過。生胎能滑死胎落，倘遇虚人莫用他。瞿麥：丹皮為使，惡螵蛸。瞿麥微寒治五淋，通經利竅善涼心。洛陽花好無求處，須向岐黄藥裏尋。瞿麥苦寒，降心火，利小腸，逐膀胱邪熱，為治淋要藥，故八正散用之。五淋大抵皆屬濕熱。熱淋者，八正及山梔、滑石之類，血淋宜小薊、牛膝。腎虚淋宜補腎，不可獨瀉。老人氣虚者，宜參、朮加木通、山梔。亦有痰滯中焦作淋者，宜行痰，兼通利藥，最忌發汗，汗之必便血。瞿麥性利善下，虚者慎用。冦宗奭曰：心經雖有熱，而小腸虚者服之，則心熱未清，而小腸別作病矣。花大如錢，紅白斑斕，色甚嫵媚，俗呼洛陽花。用蘧殼。茵陳：黄疸原從濕熱

來，茵陳為主再加陪。苦能燥濕寒祛熱，惟有陰黄一證，因以中寒不運，苦寒之味非所宜也。此外解傷寒瘴瘧火熱，散熱痰，風熱疼痛，濕熱為痢，尤其所宜。

青蒿：虚人病至骨如蒸，肝胆乘虚火上昇。惟有青蒿功最大，熱勞風毒總堪憑。

欵冬花：杏仁為使，惡皂莢、元參、硝石，畏辛荑、青葙、麻黄、連翹、黄芪、貝母。隆冬喜見欵冬黄，治嗽湯中獨擅長。潤肺消痰祛喘渴，辛溫性味氣純陽。百合、欵冬等分，蜜丸，名百花膏，治咳嗽痰血。凡陰虚勞嗽，通用欵冬、紫(苑)〔菀〕、百部、百合、沙參、生地、麥冬、五味、知母、黄柏、黄芩、白芍。如内熱骨蒸，加丹皮、地骨。若嗽而腹瀉者，為肺移熱於大腸，臟腑俱病。嗽而發熱不止者，為陰虚火炎，皆難治。欵冬於嗽家，不論寒熱虚實，皆可施用。冬用開花如黄菊，微見花未舒者良。

麻黄：發汗用莖，去根節，其根節反能止汗。或用醋湯畧泡，晒乾備用。或蜜炒，庶免太發。厚朴、白薇為使。惡辛荑、石膏。營衛伏風寒，頭疼胸不寬。痰哮喉以塞，咳逆舌常乾。若不通毫竅，何能截病端。麻黄耑入肺，發汗詎為難。既得辛溫性，還兼升發資。用時休過劑，有汗莫輕施。血溢尤當慮，亡陽所共知。至云根與節，功效兩相歧。

萱草：為愛宜男草，能消一世愁。除煩心自喜，利膈意忘憂。甘助脾家運，涼生肺臟秋。摘花頭上插，少婦女含羞。

連翹：連翹瀉心火，性味本輕揚。月水應無阻，五淋更不妨。排膿消腫脹，利氣退瘡瘍。聖藥非虚譽，蚘安體自彊。本草云：為十二經瘡家聖藥。

旋覆花：即金沸草。旋覆雙名金沸草，唾如膠漆力能攻。苦辛下氣兼行水，性帶微溫血脈通。

鼠粘子：一名牛蒡子，又名大力子。牛蒡因力大，鼠子乃相粘。一物原無異，三名此獨兼。苦寒諸火靜，辛散眾瘡熸。音尖，滅也。腰膝下疼痛，咽喉息氣炎。翻花堪搗貼，用根和猪脂搗貼瘡腫及反花瘡，其肉翻出，如花狀。虚痘莫輕霑。性冷而滑利，痘症虚寒泄瀉者忌服。十二經行遍，神功共仰瞻。

葶藶：有毒。榆皮為使。大寒大苦推葶藶，破積除癥是所長。水氣填膺胸作脹，熱邪留肺嗽難當。通經誰識扶陰力，利便方知泄閉良。氣不留通危急甚，須憑上將試干將。葶藶善逐水氣，不減大黄。但大黄能泄血閉，葶藶能泄氣閉，氣行而水自行也。若肺中水氣膹滿作脹者，非此不能除。然性急利殊甚，凡涉氣虚者，不不可輕用。

決明子：此係草本，非石決明也。肝經風熱眼如盲，垂淚盈腮痛苦生。不賴決明涼散力，雙眸只恐永難清。

夏枯草：肝經風熱眼常昏，痛入雙眸莫可捫。每到夜間疼益甚，夏枯方好最當存。樓全善云：夏枯草治目珠痛，至夜則甚者，神效。或用苦藥點眼反甚者，亦神效。一男子目珠痛，至夜則甚，用黄連點之，更甚，諸藥不效。乃用夏枯草二兩，香附二兩，甘草四錢，為末，每服一錢半，清茶調服，下咽即疼減，至四五服良愈也。

蒼耳子：一名羊負來。忌猪肉。蒼耳傳聞羊負來，祛風發汗不凡材。頭疼肢痛瘡生體，舍此誰能一掃開。

漏蘆：熱毒發瘡瘍，漏蘆治最良。遺精與尿血，痘疹用俱良。

劉寄奴草：姓氏依稀知有無，通經活血痛無虞。若非童子調仙藥，世上誰能識寄奴。味苦性溫，能破瘀血，活新血，通經脉，産後餘血，損傷瘀血，下氣，止心腹痛及小便下血，俱可為散，或茶或酒調服。搗敷金瘡，出血不止，其效尤捷。用治湯火傷，大效。但為末，摻之。多服令人吐利。劉裕小字寄奴，微時曾射一蛇，明日見童子林中搗藥，問之答曰：吾王為劉寄奴所傷，合藥敷之。裕曰：王何不殺之？童曰：寄奴，王者，不可殺也。叱之不見，乃收藥囘，每遇金瘡，敷之立愈。

萹蓄：心頭急痛不能當，我有仙人《海上方》。萹蓄醋煎通口嚥，管教時刻即安康。藥性内已有此歌，因不復作。味苦濇，利小便，除黄疸，殺蟲，去下部濕熱，陰蝕瘡疥瘡，痔漏，煮汁飲之。療小兒蚘蟲上攻心腹作痛，大效。

青葙子：野雞冠子也。青葙子出野雞冠，清火原因性苦寒，明目去風除疥癩，須知斯味善平肝。

艾：香附、醋為使。艾葉性純陽，經行十二長。溫中寒自散，開鬱體應彊。止痛推神品，安胎入妙方。胎動腰痛下血，膠艾湯良。阿膠、艾葉煎服，亦治虚痢。帶經除作患，治帶要藥。冷痢勿為殃。滯氣難留跡，祛滯。蚘蟲不敢猖。殺蟲。灸來祛百病，猶足療瘡瘍。外科有用乾艾作湯，投白礬二三錢，洗瘡，然後敷藥者。蓋人氣血冷，必假艾力以佐陽。而艾性又能殺蟲也。

佛耳草：一名鼠麴草。佛耳味微酸，性溫善散寒。痰行咳嗽靜，金臟自相安。

藍靛：用葉。藍性微寒味略甘，能祛百毒藥中含。並解百蟲毒。瘡瘍搗汁敷隨愈，治病宛同性所貪。

靛青：靛青藍與石灰成，敷毒除瘡素著名。止血殺蟲功更勝，飲須浄水細淘清。如欲入藥，須淘浄，因内有石灰故也。

青黛：青黛非他即靛花，即靛花，取嬌碧者，水飛浄用。内多石灰，故須細細淘浄。止血退腫不多差。瀉肝散鬱平邪火，敷毒還將馬莧加。若治諸熱瘡毒，或用馬齒莧同青黛搗敷之。若治天行頭痛，瘟疫熱毒及小兒諸熱驚癇發熱，並宜水研服之。

木賊：木賊升陽性，麻黄約畧同。解肌兼發汗，除濕又祛風。治目能磨翳，調經更有功。輕揚何所似，芤草並中空。

王不留行：一名金盞

銀臺。性滑體常輕，恍同善走兵。祛風通血脉，羨爾不留行。更有調經性，寧無利便情。能利小便。外科諸症發，斯亦總能平。能治發背癰疽瘡瘻，游風風疹。出竹木刺及金瘡止血，亦能定痛。

海金沙：忌火。水道凝邪熱，諸淋百病來。海金沙最好，癃閉善能開。此草出黔中，七月收其全科，晒乾，以杖擊之，則細沙自莖葉中落。味甘性寒，乃小腸膀胱血分藥也。善通利水道，解鬱熱，小便癃閉腫滿，熱淋、膏淋、血淋、石淋，莖中疼痛，解諸熱毒，或丸或散皆可用。

燈心草：更有燈心草，除淋與此同。並祛心肺熱，瀉肺熱，降心火。喉痺亦能通。宜燒灰吹之。若治下疳瘡，亦用燒灰加輕粉、麝香，為末摻之。

清・蔡恭《藥性歌》卷三　芳草部

當歸：畏菖蒲、海藻、生薑，惡濕麵。養血當歸好，諸經血自平。陰陽原有性，陰中有陽。升降豈無情。可升可降。陰德雖能補，其味甘而重，故專能補血。陽和又善行。其氣輕而辛，故又能行血。上行頭作主，頭止血上行。下達尾為兵。尾破血下行。便滑應先避，其性滑而善行，故大便不固者當避。陽虛合早迎。若陰中陽虛者，當歸能養血，乃不可少。經期血滯者，舍此孰堪令。若經期血滯，當以此為君。當歸頭止血上行，身養血守中，尾破血下流，全活血不走。大約佐之以補則補，故能養營養血，補氣生精，安五臟，強形體，益神志。凡有形虛損之病，無所不宜。佐之以攻則通，故能祛痛，通便，利筋骨，治拘攣癱瘓，燥濕等症。營虛而表不解者，佐以柴、葛、麻、桂等劑，大能散表。衛熱而表不斂者，佐以六黃之類，又能固表。惟其氣辛而動，故欲其靜者，當避之。性滑善行，大便不固者，當避之。凡陰中火盛者，當歸能動血，亦非所宜。若陰中陽虛者，當歸能養血，乃不可少。若血滯而為痢者，正所當用。其要在動滑兩字，如婦人經期血滯，臨產催生及產後兒枕作痛，俱當以此為君。小兒痘疹，驚癇，凡屬營虛者，必不可少。

川芎：反藜蘆，白芷為使，畏黃連、硝石、滑石，惡黃芪、山茱萸。芎歸俱血藥，芎散勝於歸。頭痛因寒發，筋攣為血微。搜風神欲舞，開鬱氣如飛。言芎性之散動如此。火壅頭疼者，服之翻助威。芎性善散，又走肝經，氣中之血藥也。反藜蘆，畏硝石、滑石、黃連者，以其沉寒，而制其升散之性也。芎、歸俱為血藥，而芎之散動，尤甚於歸，故能散風寒，治頭痛，破瘀蓄，通血脉，解結氣，逐疼痛，排膿消腫，逐血通經。同細辛煎服，治金瘡作痛。同陳艾煎服，驗胎孕有無。三四月後，服此微動者，胎也。以其氣升，故兼理崩漏眩運。以其甘少，故散則有餘，補則不足，惟風寒之頭痛，極宜用之。若三陽火壅於上而痛者，得升反甚，今人不明升降，而但知川芎治頭痛，謬亦甚矣。多服久服，令人走散真氣，能致暴亡，用者識之。

白芍：反藜蘆，惡芒硝、石斛，畏鱉甲、小薊。白芍苦酸寒，和脾善瀉肝。酸斂肝，肝以斂為瀉，散為補。肝脾均得養，金臟乃能安。肝木不剋土，則脾安，土旺能生金，故肺臟亦安。腠理斯堅固，襟懷覺大寬。肺主皮毛，肺氣旺則腠理固，而風寒難入，衿懷亦自喜悅矣。脾寒當謹避，冷痢莫相干。斂汗安胎劑，除煩利便丹。斂陰生津，小便自利，非通行之謂也。避寒減芍藥，寇氏語應刊。寇氏曰減芍藥以避中寒，微寒，如芍藥，古人猶諄諄告戒，況大苦大寒，可肆行而莫之忌耶？虞天民曰：白芍止治血虛腹痛，餘痛不治，以其酸寒收斂，無溫散之功也。赤芍主治略同，尤能瀉肝火，散惡血，治腹痛堅積，血痺疝瘕。邪聚外腎，為疝。腹內為瘕。經閉腸風，癰腫目赤。皆散瀉之功。產後俱忌用。

丹皮：赤者行性多，白者行性暖。忌胡荽、蒜。伏砒，畏貝母、菟絲子、大黃。丹皮味辛苦，血分用何多。既止尤能破，因涼更可和。虛寒胎氣忌，無汗骨蒸瘥。丹皮治無汗之骨蒸，地骨皮治有汗之骨蒸。瀉火通經脉，景岳曰：用此者用其行血滯而不峻。癰瘡更藉他。涼血之功。

白豆蔻：為愛辛溫白蔻香，和脾暖胃氣純陽。祛寒散滯寬膨脹，清爽能生肺臟涼。

肉豆蔻：麵包煨熟用，或剉如豆大，以乾麵拌炒熟，去麵用之尤妙。蓋欲其去油，而用其熟耳。忌鐵。肉蔻辛溫氣亦香，行痰消食逐蟲良。較他白蔻功相敵，濇性還能固大腸。

草豆蔻：產於閩。忌鐵。香散辛溫健胃脾，祛寒燥濕最能醫。吐酸霍亂如操券，惟有陰虛大不宜。

草果：產於滇、廣。草果能將食積攻，只緣辛熱性偏雄。除痰破氣消嵐瘴，截瘧當推輔佐功。佐常山能截瘧。

補骨脂：即破故紙。惡甘草。忌羊肉、芸薹。為愛辛溫補骨脂，下元無火最相宜。寒精轉暖緣扶腎，溏泄成堅為補脾。腰膝痠疼何足慮，陰囊濕腫亦堪治。墮胎性味恆多降，孕婦方中慎勿施。腎虛則命門火衰，不能薰蒸脾胃，脾胃虛寒，遲於運化，致飲食減少，腸鳴腹脹，嘔涎泄瀉，如鼎釜之下無火，物終不熟，故補命門相火，即所以補脾。破故紙四兩、五味三兩、肉蔻二兩、吳茱萸一兩，薑煮棗丸，名四神丸，治五更腎瀉。

木香：畏火。木香溫暖氣如春，能降能升味苦辛。開癖除癥疎散力，安胎健胃補功神。調經兼理多痰客，制木能和善怒人。嘔逆已祛心痛治九種心痛。愈，便通治癃閉氣順病離身。王好古曰：本草主氣劣，氣不足，補也；通壅導氣，破也；安胎，健脾胃，補也；除痰癖癥塊，破也。不同如此。

藿香：快氣和中廣藿香，絞腸霍亂力能匡。治心腹絞痛。陰虛胃

弱雖當忌，藿本止嘔，如胃弱胃熱而嘔者，忌用。尚有停嘔納穀良。　香附：忌鐵。婦人多鬱滯，香附最為宜。辛散能疎木，甘溫善理脾。血調諸症息，氣順眾邪離。痞滿胸難過，瘡瘍體不支。崩中帶下苦，產後血奔危。經阻常相用，胎前并可施。女科為聖藥，男症亦良醫。四製方為美，諸經共到奇。通行十二經。寸心如不靜，妙手總難治。繡閣風淒裏，羅幃月冷時。意中人不見，江上客歸遲。此藥雖仙品，何能去所思。癰疽瘡瘍，如由鬱怒而得者，香附一味，末服，名獨勝丸。如瘡初作，以此代茶，潰後亦宜服之。大凡瘡疽喜服香藥，行氣通血，最忌臭穢不潔之物。氣為血配，血因氣行，經成塊者，氣之凝。將行而痛者，氣之滯。行後作痛，氣血俱虛也。色淡亦虛也，色紫氣之熱，色黑則熱之甚也。錯經者，氣之亂。肥人痰多而經阻，氣不運也。香附，陰中快氣之藥，氣順則血和暢然，須輔以涼血補氣之藥。丹溪曰：能引血藥至氣分而生血。此正陽生陰長之義。時珍曰：凡人病則氣滯，而餒香附，為氣分君藥，臣以參、耆，佐以甘草，治虛怯甚速也。又曰：得參、朮則補氣，得歸、地則補血，得木香則散滯和中，得檀香則理氣醒脾，得沉香則升降諸氣，得川芎、蒼朮則總解諸鬱。得梔子、黃連則清降火熱，得茯神則交濟心腎，得茴香、破故紙則引氣歸元。得厚朴、半夏則決壅消脹，得紫蘇、葱白則發汗散邪，得三稜、莪蒁則消積磨塊，和艾葉則治血氣，暖子宮。乃氣病之總司，婦科之仙藥也。大抵婦人多鬱，氣行則鬱解，故服之尤效。非宜於婦人，不宜於男子也。士材曰：乃治標之劑，惟氣實而血未大虛者宜之。不然，恐損氣而燥血，愈致其疾矣。世俗泥於女科仙藥之語，惜未有發明及此者。　砂仁：良藥有砂仁，嶺南產是真。辛溫宜胃臟，香竄合脾神。行滯胸無阻，調中氣自伸。安胎除腹痛，消食醒醲醇。伫看奔豚去，何憂噎膈親。清咽祛齒疾，還愈痢來人。《經疏》曰：腎虛氣不歸元，用為嚮導，殆勝桂、附熱藥為害。　紫蘇：忌鯽魚。紫蘇溫散氣芬芳，香竄能通大小腸。口臭無聞脹滿去，安胎定喘闢風霜。　薄荷：薄荷辛苦氣輕揚，散熱消風滿口涼。頭痛已除痰嗽歇，語言清朗齒生香。　荊芥：反魚、蟹、河豚、驢肉。荊芥性升浮，芳香與氣侔。消風清眼目，散濕利咽喉。血病還宜炒，傷寒向爾謀。風家為要藥，外證亦當求。　白芷：惡旋覆花。白芷辛溫善散風，陽明主藥上行功。頭疼齒痛雙眸癢，外證還須借此攻。　香薷：惟有香薷定性難，士材主熱會卿寒。會卿即景岳。暑為陰症恒須用，斷作辛溫意頗安。香薷清暑藥，濕熱散炎蒸。如果寒涼性，何來發汗能。清金痰不作，利便水除凝。降火功應紀，常將嘔逆懲。暑必兼濕，治暑必兼利濕，若無濕，但為乾熱，非暑也。時珍曰：暑有乘涼飲冷，致陽氣為陰邪所遏，反中入內，遂病頭痛，發熱惡寒，煩躁口渴，吐瀉霍亂，宜用之以發越陽氣，散邪和脾，則愈。若飲食不節，勞役作傷之人傷暑，大熱大渴，汗出如雨，煩躁喘促，或瀉或吐者，乃內傷之症，宜用清暑益氣湯、人參白虎湯之類，以瀉火益元可也。若用香薷，是重虛其表，而濟之熱矣。蓋香薷乃夏月解表之藥，如冬月之用麻黃，氣虛者尤不宜多服。今人謂能解暑，概用代茶，誤矣。士材曰：香薷為夏月發汗之藥，其性溫熱，只宜於中暑之人。若中熱者誤服之，反成大害，世所未知。潔古曰：中暑為陰症，為不足，中熱為陽症，為有餘。《經》曰：氣盛身寒，得之傷寒。氣虛身熱，得之傷暑。故中暑宜溫散，中熱宜清涼。景岳曰：香薷味苦辛，氣寒，能升能降，散暑熱，霍亂，中脘絞痛，小便澁難，清肺熱，降胃火，除躁煩，解鬱滯。為末，水服，可止鼻衄。煮汁頓飲，可除風熱轉筋，濕熱水腫者可消。中寒陰臟者，須避之。與士材兩歧。　益智仁：益智喜多仁，芬芳可愛人。暖精安腎臟，開鬱悅脾神。臘去花方好，陽回氣自伸。此乃行陽退陰之藥。凡脾寒不能進食，腎寒每有夢泄者，皆宜之。夢遺小便澀，急服莫逡巡。　鬱金：川中良藥鬱金香，破宿生新是擅長。血積氣凝肝受鬱，善散肝鬱。問君何事不煎嘗。　薑黃：瀉破血行氣。片子者，能入手臂，治風寒濕痹。薑黃辛苦善祛風，破血還兼下氣功。若比鬱金差性烈，攻心敗血亦能通。時珍曰：薑黃、鬱金、莪蒁，形狀功用大略相同。但鬱金入心，專治血。薑黃入脾，兼治血中之氣。莪蒁入肝，治氣中之血。稍為不同。今時以扁如乾薑者為片子薑黃，圓如蟬腹者為蟬腹鬱金，並可染色。莪蒁雖似鬱金，而色不黃也。　澤蘭：泄熱和脾澤有蘭，通關利竅善扶肝。生肌養血調經品，外證還將藉此安。兼治癰毒撲損，補而不滯，行而不峻，乃女科要藥。　藁本：辛溫雄壯，去風寒濕。惡藺茹。太陽膀胱經寒鬱苦難當，頭痛牽連齒頰旁。為太陽頭痛必用之藥。更有疝瘕陰腫痛，並將藁本細煎嘗。　蓽茇：音必撥。蓽茇祛寒味大辛，慣醫胃冷吐酸人。虛寒瀉痢胸疼痛，溫補同煎性乃醇。其味大辛，須同參、朮、歸、地補之劑用之，尤效。　良薑：子名紅豆蔻。最喜嶺南豆蔻紅，良薑為母用相同。健脾醒酒除寒痛，須避無寒胃熱翁。凡心口一點痛，俗言心氣痛，非也，乃胃脘有滯，或有蟲，或因怒、因寒而起。以良薑酒洗七次，香附醋

洗七次，焙研。因寒者薑二錢，附一錢；因怒者附二錢，薑一錢；寒怒兼者，各錢半，米飲，加薑汁一匙，鹽少許服。荊三棱：善祛血滯有三棱，退腫消堅是所能。疎乳墮胎通月水，須知此味尚堪憑。功近香附而力峻，若蓬术則更峻於三棱也。蓬术：一名蓬莪蒁。蓬术消堅孰敢攖，祛除痃癖利於兵。若非真有堅頑積，剛峻鋒芒用莫輕。蛇床子：補命門，祛風濕。惡丹皮、貝母、巴豆。消風散濕賴蛇床，溫腎填精大益陽。子臟虛寒腰膝痛，外科諸症用俱良。治陰痿囊濕，女子陰痛陰癢。如濕生蟲，同礬煎湯洗。子藏虛寒，產門不閉，炒熱熨之。帶下脫肛，喉痺齒痛，濕癬惡瘡，風濕諸病，煎湯浴，止風癢。

清・蔡恭《藥性歌》卷四　蔓草部

天門冬：地黃、車前為使。惡款冬花、苦參、青葙子、木耳。忌鯽魚。天門冬性苦兼寒，肺腎經中熱內干。喘渴閉淋諸症作，定須斯味保平安。《蒙筌》曰：腎主津液，燥則凝而為痰，得潤劑則痰化，所謂治痰之本也。澤肌膚，利二便，治肺痿、肺癰。肺痿者，感於風寒，咳嗽短氣，鼻塞胸脹，久而成痿。有寒痿、熱痿二證。肺癰者，熱毒蘊結，咳吐膿血，胸中隱痛。痿重而癰稍輕。治痿宜養血補氣，保肺清火。治癰宜瀉熱豁痰，開提升散。癰為寔邪，痿為正虛，不可誤治。其性寒冷，胃虛無火及瀉者忌用。菟絲子：山藥為使。菟絲溫性氣和平，入足三陰肝脾腎善固精。精固氣充魂夢穩，勞傷諸症自然平。先用甜水淘洗淨，浸脹，次用酒漬煑熱，晒乾，炒之更妙。五味子：肉蓯蓉為使，惡玉竹。五味須知斂性多，除煩定喘氣融和。生津止渴精神固，初嗽吞酸用自訛。感寒初嗽當忌，恐其斂束不散。肝旺吞酸當忌，恐其助木傷土。

何首烏：茯苓為使。忌諸無鱗魚、葱、蒜、萊菔子、鐵器。補腎平肝何首烏，强筋壯骨黑髭鬚。問他年老無兒子，曾看時珍本草無。栝蔞仁：即瓜蔞仁。枸杞為使，畏牛膝、乾漆，惡乾薑，反烏頭。栝蔞仁性反烏頭，降火清金嗽自休。疎乳行痰通二便，氣虛泄瀉莫相投。天花粉：畏惡與栝蔞仁同。天花粉乃栝蔞根，瀉熱生津解渴煩。功與栝蔞無大異，胃虛無火勿加餐。金銀花：一名忍冬藤，又名左纏藤。銀花即是忍冬藤，解毒祛風力所能。瘡後瘡前須切記，朝朝煎服莫無恆。葛根：葛根涼散性何純，止渴生津發汗神。熱病渴煩真要藥，還能喚醒醉昏人。景岳曰：用此者用其涼散，雖善達諸陽經，而陽明為最，以其氣輕，故善解表發汗。凡解散之藥多辛熱，此獨涼而甘，故解溫熱時行疫疾。凡熱而兼渴者，此為最良，當以為君，而佐以柴、防、甘、桔，極妙。尤散火鬱，療頭痛，治溫瘧往來，瘡疹未透，解酒除煩，生津止渴，除胃中寔熱，殺野葛、巴豆、毒箭金瘡等傷。但其性涼，易於動嘔，胃寒者所當慎之。

茜草：茜音倩，一名茹蘆，又名血見愁。忌鐵。茜草酸溫入血功，能行能止閉能通。疸非濕熱須參入，風痺瘡湯用可同。土茯苓：忌茶。甘淡和平土茯苓，消風祛濕似通靈。惡瘡瘰癧皆能療，水道通行泄瀉停。防己：惡細辛，畏萆薢、女菀、鹹鹵。濕熱留連血分中，若無防己不能攻。腫因風水尤稱最，木漢須分效不同。治風用木，治水用漢。防己大辛苦寒，太陽經藥。膀胱。能行十二經，通腠理，利九竅，瀉下焦血分濕熱，為療風水之要藥。治肺氣喘嗽，熱氣諸癇，濕瘡脚氣，水腫風腫，癰腫惡瘡，或濕熱流入十二經，致二陰不通者，非此不可。然性險而健，陰虛及濕熱在上焦氣分者，禁用。足傷寒濕為脚氣，寒濕鬱而為熱，濕則腫，熱則痛，以防己為主藥，濕加苡仁、蒼术、木瓜、木通，熱加芩、柏，風加羌活、萆薢，痰加竹瀝、南星，痛加香附、木香，活血加四物，大便秘加桃仁、紅花，小便秘加牛膝、澤瀉，痛連臂加桂枝、威靈仙，痛連脇加胆草。又有足跟痛者，屬腎虛，不與脚氣同論。萆薢：薏苡仁為使，畏大黃、柴胡、前胡。忌茗、醋。下焦風濕惡瘡生，陰痿腰疼便不清。最是膀胱留宿水，若無萆薢詎能行。鈎藤：肝風心火用鈎藤，瘛瘲驚啼兒病增。並有丈夫頭目眩，應知斯味治俱能。山荳根：解毒無如山荳根，喉風齦腫痛昏昏。消癰退痔平痰喘，並療蛇蟲嚙蝕痕。威靈仙：忌茶茗、麵。偏體痠疼號痛風，癥瘕痃癖聚難通。膀胱宿水腰肢冷，總藉靈仙善走功。馬兜鈴：清金潤肺馬兜鈴，四散輕虛象肺形。風熱內傷痰喘起，煎嘗方信藥通靈。青木香：即馬兜鈴根，亦名土木香。味苦微辛青木香，性寒有毒漫輕嘗。煎湯堪吐蛇蟲蠱，擣末調塗疔與瘡。白蘞：音斂。反烏頭。癰毒刀鎗湯火瘡，頻年不斂意惶惶。須將白蘞根研擣，為末調敷免痛傷。木通：甘淡輕虛品，木通素著名。寧心心火靜，潤肺肺金清。大小腸俱利，膀胱熱並行。通關調血脉，下乳保孩嬰。口渴思狂飲，耳聾失眾聲。咽喉與外症，斯藥總能平。大凡利小便之藥，多不利大便，以小便愈通，則大便愈燥也。惟木通兼入大腸，以通大便。東垣曰：肺受熱邪，津液氣化之源絕，則寒水斷流，膀胱受濕熱癃閉約束，則小便不通，宜此治之。朱二允曰：火在上則口燥、眼赤、鼻乾，在中則心煩、嘔噦、浮腫，在下則淋秘、足腫，必藉此甘平之性，瀉諸經之火，火退則小便自利，便利則諸經火邪皆從小便而下降矣。君火宜木

通，相火宜澤瀉，利水雖同，所用各別。通草之性，大似木通，用亦相近。

毒草部

附子：畏人參、黃芪、甘草、防風、犀角、綠豆、童便，反貝母、半夏、栝蔞仁、白及、白斂。附子性純陽，經行十二長。生時原有毒，熟製豈無香。引藥扶元氣，回生起死亡。沉寒除逆冷，虛熱制飛揚。脹滿何難退，胎元亦易戕。陰疽應失去，喉痺免倉皇。既得英豪氣，還兼善走良。傷寒陽格症，珍重勿輕嘗。凡虛寒而厥者宜之，如傷寒陽盛格陰，身冷脉伏，熱厥似寒者，誤投立斃，宜承氣、白虎等湯。孕婦忌服，下胎甚速。合葱涎塞耳，亦可治聾。白附子：白附亦純陽，甘辛毒內藏。面脂敷面好，肝藥補肝良。心痛應停歇，風痰似遠颺。陰中多濕癢，何可不煎嘗。白附能去頭面遊風，作面脂，消斑疵。大黃：黃芩為使。熱邪凝血分，積聚病瘳難。不有將軍藥，何能頃刻安。性沉尤善走，味苦必偏寒。直擣中堅潰，推陳火府寬。蕩除痰壅遏，通利水瀰漫。瘧痢誠然妙，癥瘕不用歎。須知邪屬氣，猛烈莫輕干。使君子：忌茶。乳凝食滯腹蟲生，斯症原因濕熱成。賴有使君能殺戮，熱茶當避記須清。《經疏》曰：五疳便濁，瀉痢，腹蟲，皆由脾腎虛弱，因而乳停食滯，濕熱瘀塞而成。脾胃健則積滯消，濕熱散，水道利，而前症盡除矣。景岳曰：使君味甘，性溫，有小毒。性善殺蟲，治小兒疳積，小便白濁。凡大人小兒有蟲病者，但於每月上旬侵晨，空腹食數枚，或即以殼煎湯嚥下，次日蟲皆死而出也。或云：七生七煨食亦良。或云：小兒一歲食一枚，食後忌飲熱茶，犯之即作瀉。亦不宜頻而多，大約性滑，多則傷脾也。時珍曰：凡能殺蟲之藥，多是苦辛，獨使君子、榧子甘而殺蟲。每月上旬，蟲頭向上，中旬頭橫，下旬向下。道藏云：初一至初五，蟲頭向上。使君子專殺蚘蟲，榧子專殺寸白蟲。牽牛：一名黑丑。有毒。濕熱薰蒸氣分中，下焦鬱結亦能通。墜胎消腫祛痃癖，須識牽牛竝殺蟲。牽牛辛熱，有毒。屬火，善走入肺經，瀉氣分之濕熱。能達右腎命門，走精隧，通下焦鬱遏及大腸風秘氣秘，利大小便，逐水消痰，殺蟲墜胎，治水腫喘漏，痃癖氣塊。若濕熱在血分及胃弱氣虛人，並禁用。有黑、白二種，黑者力速。常山：栝蔞為使。忌葱、茗。截瘧有常山，功能祛熱痰。性寒兼有毒，虛弱莫加餐。半夏：柴胡、射干為使。畏生薑、秦皮、龜甲、雄黃。忌羊血、海藻、飴糖。惡皂莢，反烏頭。半夏辛溫性，行痰逐水奇。止嘔兼散痞，和胃更扶脾。咽痛火升頭旋際，火炎痰升則旋。心煩便秘時。能通二便。癭由痰可化，腫屬水能醫。肺燥須當忌，胎前莫浪施。古人三禁在，血渴汗非宜。南星：性烈，有毒。畏附子、乾薑、防風。南星亦是除痰劑，能破胸中積歲痰。有毒莫忘薑汁製，墮胎散血性應諳。胆星：人參為使。惡常山、地黃、龍胆草、龍骨。胆星即用黃牛胆，取汁和星入胆中。火動痰升為要藥，幼科還救急驚風。射干：性寒，有毒。實火頑痰賴射干，咽喉痺痛最能安。要知虛體休輕試，生性由來太苦寒。大戟：反甘草。大寒，有毒。赤小豆為使，惡山藥，畏菖蒲。水濕停留臟腑間，每逢火氣變成痰。水行濕瀉痰無質，治病真從本上探。行水應推大戟功，能將臟腑水行通。胎元易墮君須記，癥癖還應借此攻。痰之本，水也，濕也。得氣與火，則結為痰。大戟能泄臟腑水濕，甘遂能行經絡水濕，白芥子能散皮裏膜外痰氣，唯善用者，能收奇功也。甘遂：反甘草。性寒，有毒。瓜蒂為使，惡遠志。逐水無如甘遂優，水居何處自能搜。留痰宿食均堪滅，倘遇虛人慎勿投。芫花：反甘草。苦溫有毒是芫花，行水功高洶足誇。祛腫止疼除瘴瘧，根能療疥毒魚蝦。玉簪：性寒，有小毒。能解一切諸毒。諸毒侵膚痛欲昏，擣塗即用玉簪根。取牙妙法惟須此，乳畔癰生亦可飡。性能損齒，故亦可落齒取牙。乳癰初起，但取根擂酒服之，仍以渣敷腫處，即消。鳳仙花：性微溫，有小毒。子名急性子。為愛秋來滿眼紅，鳳仙花子有奇功。催生骨鯁應神速，噎膈還堪借此通。蓖麻子：忌鐵。消風散毒有蓖麻，毒病應將毒藥加。腫毒丹瘤針入肉，外科功用助無涯。續隨子：一名千金子。續隨消癖有神功，甘遂祛邪約畧同。血痛細研和酒服，試看解下是何蟲。婦人血結、血閉、瘀血等症，研碎酒服，不過三顆，當下惡物。多止十粒。若瀉，多以酸漿水，或醋粥食之即止。亦可研塗疥癬惡瘡。此物之功，長於逐水殺蟲，是亦甘遂、大戟之流也。木鱉子：癰生痔發痛如何，苦酒醋也須將木鱉磨。以醋磨用，敷諸毒俱妙。瘡疥癢時蟲作祟，捲同硃艾火薰他。如疥癬作癢，當同硃砂、艾葉捲筒，薰之為妙。

清・蔡恭《藥性歌》卷五　水石草部

石斛：惡巴豆，畏殭蠶。石斛本微寒，生津口不乾。火消嘈雜靜，邪退胃脾安。和緩輕清性，從容分解丹。諸家誠過譽，景岳語應刊。景岳曰：此藥有二種，力皆微薄。圓細而肉寔者，味微甘而淡，其力尤薄。本草云：圓細者為上，且謂其益精强陰，壯筋補虛，健脚膝，敺冷痺，却驚悸，定心志。但此物性味最薄，焉能滋補如此？惟是扁大而鬆，形如釵股者，頗有苦味，用

除脾胃之火，去嘈雜善肌，及營中藴熱，其性輕清和緩，有從容分解之妙，故能退火養陰，除煩清肺下氣，亦止消渴熱汗，而諸家謂其厚腸胃，健陽道，暖水臟。豈苦涼之性味所能也？不可不辨。

菖蒲：秦艽為使。惡麻黄。忌飴糖、羊肉、鐵器。水草有精英，菖蒲香滿莖。涼心開九竅，明目益雙睛。濕去脾神暢，痰消胃脘清。既能祛積滯，更喜發音聲。潤以泔漿浸，蒸須香飯烹。殺蟲兼解毒，外症盡堪平。

蒲黄：蒲黄治血著奇功，舌脹曾聞愈九重。生滑善行炒轉濇，通經利便更消癰。一婦舌脹滿口，以蒲黄末頻滲，比曉乃愈。宋度宗舌脹滿口，御醫用蒲黄、乾薑末等分，搽之愈。時珍曰：觀此，則蒲黄之涼血活血可知矣。蓋舌為心苗，心包相火乃其臣使，得乾薑是陰陽相濟也。

澤瀉：忌鐵器、文蛤。味鹹澤瀉氣微寒，治病多端備述難。除濕行痰稱聖藥，通淋利水號仙丹。《經》曰：除濕止渴聖藥，通淋利水仙丹。蓋濕去則脾胃强健，痰涎不生也。

海藻：反甘草。邪熱須憑海藻功，鹹寒能壓火炎紅。外科熱毒均堪倚，水氣奔豚亦善攻。

海帶、昆布：三物性味相同，則當俱反甘草也。海中帶藻功相似，並建行痰瀉熱勳。更喜登萊昆布好，鹹寒性味用無分。

骨碎補：一名猴薑。耳内長鳴屬腎虚，五更泄瀉復何如。五更泄瀉為腎泄。倘逢骨碎猶能補，名以功成豈濫居。苦溫補腎，故治耳鳴及腎虚泄瀉。研末，入猪腎煨熟，空心食之。蓋腎主二便，久瀉多屬腎虚，不可專責脾胃也。腎主骨，故治折傷。此藥以功命名，粥和敷傷處。牙痛，炒黑為末，擦牙咽下亦良。

竹木部

竹瀝：薑汁為使。竹瀝能行經絡痰，皮中膜外亦能探。竹瀝性寒，故當佐以薑汁。中風口噤癲狂痙，每用須將薑汁參。丹溪曰：凡風痰虚痰在胸膈，使人癲狂，及痰在經絡四肢，皮裏膜外者，非此不達不行。

淡竹葉：淡竹能涼心與脾，上焦風熱最相宜。生津止渴消痰喘，並保懷中驚急兒。

竹茹：涼血清金有竹茹，上焦煩熱也能疎。血家吐衄兒癇症，胎動崩中盡善祛。

天竹黄：天竹曾聞内有黄，豁痰瀉熱性微涼。驚癇客忤常須用，竹瀝功同性更良。功同竹瀝而不寒滑，性更和緩。

肉桂：得人參、甘草、麥冬良。忌生葱、石脂。桂性辛甘熱，疏通百脉論。導龍歸大海，枯木釘盤根。木得桂而枯，故能抑肝風。陰翳千重掃，真陽一點存。須知能動血，孕婦莫輕吞。

桂心：能入心脾有桂心，痘瘡灰塌急相尋。宣通氣血生肌妙，縱是癥瘕亦就擒。

桂枝：營衛調和讓桂枝，太陽無汗莫輕施。辛能利肺溫通脉，功效尤奇在四肢。

丁香：畏鬱金。忌火。辛熱有丁香，抑陰更壯陽。溫中脾土暢，去穢肺金昌。腹暖除虚痛，腰强免苦傷。腎寒無子病，婦女共堪嘗。

白檀香：氣血須分紫白檀，和營利膈更加餐。紫金藤散金瘡藥，不獨驅邪爇佛壇。

降真香：降真香者，焚之能降諸真，故名。其性辛溫，辟惡氣怪異，療傷折金瘡，止血定痛，消腫生肌。周崇逐寇被傷，血出不止，敷花蕊石散不效。軍士李高用紫金藤散敷之，血止痛定，明日結痂無瘢。曾救萬人。紫金藤者，即降香之最佳者也。

沉香：忌火。最好辛溫沉水香，消痰下氣善扶傷。寬中已覺中無滯，行氣還欣氣不傷。食進脾宫和始化，氣香入脾，能和氣調中。精藏腎府暖方强。色黑體陽，能入右腎命門，暖精而助陽。通天徹地能升降，能升能降。不減仙家玉液芳。

烏藥：順氣誰知烏藥靈，辛溫香竄益諸經。入脾、胃、肝、腎、三焦、膀胱諸經。暖腸止痢除膨脹，氣順胸舒病自寧。

枸杞子：雖强筋骨補虚勞，益腎滋肝枸杞高。霜裏看花君莫歎，賴他明可察秋毫。諺云：離家千里，勿食枸杞。不過謂其助陽耳。似亦未必然，此物微助陽而無動性，故用之以助熟地最妙。

地骨皮：即枸杞根也。甘淡微寒地骨皮，骨蒸内熱最相宜。尤除肝腎虚煩熱，功勝芩連與柏知。地骨皮治有汗之骨蒸。景岳曰：凡不因風寒，而熱在精髓陰分者，最宜。此物涼而不峻，可理虚勞。氣輕而辛，故亦清肺。假熱者勿用。

厚朴：乾薑為使，惡澤瀉、硝石。忌豆。苦降辛溫厚朴兼，極危霍亂得安恬。消痰化食能行水，孕婦方中慎勿添。王好古曰：《别録》言厚朴溫中益氣，消痰下氣，果泄氣乎？益氣乎？蓋與枳實、大黄同用，即承氣湯。則瀉實滿，所謂消痰下氣是也。與橘皮蒼术同用，即平胃散。則除濕滿，所謂溫中益氣是也。與解利藥同用，則治傷寒頭痛；與瀉利藥同用，則厚腸胃。大抵味苦性溫，用苦則瀉，用溫則補也。按脹滿症，多不用清補，貴得其宜，氣虚宜補氣，血虚宜補血，食積宜消導，瘀滯宜行瘀，挾熱宜清熱，濕盛宜利濕，寒鬱者散寒，怒鬱者行氣，畜血者消瘀，不宜專用行散藥。亦有服參、耆而脹反甚者，以挾食、挾血、挾熱、挾寒，不可概作脾氣虚弱治也。

棗仁：惡防己。棗仁辛潤益肝脾，斂汗除煩心自怡。肝胆氣虚眠不得，定須斯味尚何疑。

杜仲：惡黑參。杜仲能將肝腎充，補虚潤燥衆推崇。腰痠膝痛尋常效，託住胎元第一功。

山茱萸：惡防己、防風、桔梗。山萸補腎更溫肝，酸濇能通性不寒。秘氣固精腰膝暖，耳聾鼻塞一齊安。《聖濟》云：如何濇劑以通九竅？《經疏》云：精氣充，則九竅通

利。

蘇木：忌鐵。蘇木能宣表裏風，三陰血分建殊功。人參一兩同煎服，產後乘虛血上衝。景岳曰：少用和血活血，多用行血破血。凡產後血瘀脹悶勢危者，宜用五兩，水煮濃汁服之。

川椒：杏仁為使，畏雄黃、附子、防風、款冬花、涼水、麻仁。巴蜀多珍品，椒尤此地優。入脾兼暖胃，逐飲更安蚘。心腹疼何在，蟲魚毒可瘳。陽衰精易洩，陰汗溲長流。不獨工消腫，須知善止嘔。風寒與咳嗽，瀉痢盡堪投。

胡椒：胡椒辛熱性，暖胃逐諸寒。冷痢無留滯，虛痰不敢干。魚蝦宜共煮，鱉蕈合同餐。蓽茇相含際，牙蟲何處攢。若治風蟲牙痛，須同蓽茇為末，熔蠟為細丸，塞孔中即愈。胡椒功用雖多，然不宜多食，多食損肺走氣，動火發瘡痔藏毒，齒痛目昏。

金櫻子：補虛治脫有金櫻，甘濇微酸性味平。固腎添精除夢泄，養陰佳品莫相輕。丹溪曰：經絡隧道，以通暢為平和。而昧者取濇性為快，熬膏食之，自作不靖，咎將誰執？時珍曰：無故而食以恣慾，則不可。若精氣不固者，服之何害？景岳謂其强筋骨，益髓斂汗生津，安神補藏，止嗽定驚，其功不能盡述。此固陰養陰之佳品，而人忽之亦久矣，此後咸宜珍之。

槐蕊：性味純陰槐蕊涼，疎風散熱愈瘡瘍。殺蟲固齒明雙目，痔漏方中用最良。

柏子仁：畏菊花。辛潤微涼柏子奇，清香透腎悅心脾。安神定志除驚悸，更助佳人綽約姿。景岳曰：柏子仁益陰氣，美顏色。

枳殼：上焦氣順則痰行，腫脹無憂咳喘輕。更療結胸除後重，惟於孕婦避須明。

枳寔：破氣消堅殼寔同，寔惟力猛氣尤雄。虛人兩物均能慎，方見醫師不是庸。

蔓荊子：惡石膏、烏頭。蔓荊升散氣原輕，上部風邪藉此清。涼血平肝通九竅，能除頭痛腦間鳴。

五加皮：遠志為使，惡元參。五車精應五加皮，順氣消痰最所宜。拘攣豈容纏瘦骨，瘀凝肯使到豐肌。祛風勝濕溫誠好，堅腎添精苦亦奇。釀酒尤良功較速，仙漿祇恐不如斯。

川楝子：金鈴子。茴香為使。治疝群推川楝精，能驅邪向小腸行。殺蟲定痛除瘡疥，更治傷寒狂熱生。

女貞子：降火滋陰有女貞，甘涼原是少陰精。平肝益腎精神健，黑髮烏鬚耳目清。

桑白皮：桂心為使。忌鐵。止嗽消痰桑白皮，肺中伏火自能移。除煩定喘兼通便，更保驚癇客忤兒。

黃檗：惡乾漆。得知母良。相火飛升莫可支，苦寒黃檗力堪治。能驅現在陰虛熱，自補先天腎水虧。目赤耳鳴應速愈，腸風漏下豈難醫。殺蟲更有安蚘美，尺脉虛微慎勿施。《發明》曰：黃柏非真能補腎，盖腎苦燥，急食辛以潤之。腎欲堅，急食苦以堅之也。相火退而腎固，則無狂蕩之患矣。按腎本屬水，虛則熱矣。心本屬火，虛則寒矣。

梔子：梔子寒涼性，飄揚氣本輕。能祛心肺火，曲屈小腸行。吐衄憑全愈，五淋藉竝清。不眠懊憹客，服此免魂驚。

郁李仁：潤燥當推郁李仁，枯腸艱濇善通津。能通二便。莫言潤劑無功效，治悸曾聞愈婦人。一婦因大恐而病，愈後目張不瞑。錢乙曰：目系內連肝胆，恐則氣結，胆橫不下。郁李潤能散結，隨酒入胆，結去胆下，而目瞑矣。服之果驗。

訶子：訶子消痰斂肺金，酸輕苦重性尤陰。調中下氣通津液，聲啞還能善發音。海魚放涎凝滑，船不能行，投訶子湯，尋化為水，其化痰可知。

側柏葉：桂、牡蠣為使。惡菊花。宜酒。側柏微寒苦濇多，補陰涼血起沉疴。搗塗湯火傷痕痛，潤髮能令髩不皤。

辛夷：一名木筆，一名迎春。川芎為使。惡石脂，畏菖蒲、石膏、蒲黃、黃連。辛夷辛散氣輕浮，能助清陽上至頭。能助胃中清陽上行，通於頭腦。利竅通關開鼻塞，體中風熱自難留。時珍曰：肺開竅於鼻，陽明胃脉環鼻上行，腦為元神之府，鼻為命門之竅，人之中氣不足，清陽不升，則頭為之傾，九竅為之不利。吾鄉金正希先生嘗語余曰：人之記性皆在腦中，小兒善忘者，腦未滿也。老人健忘者，腦漸空也。凡人外見一物，必有一形影留於腦中。汪昂曰：人每記憶往事，必閉目上瞪而思索之，此即凝神於腦之意也。不經先生道破，人皆習焉而不察矣。

皂角：白朮為使。惡麥冬，畏人參、苦參。皂角性尖利，搜風泄熱同。關能通上下，痺可散喉胸。去垢兼除濕，摧堅且殺蟲。煎膏消腫毒，用棘潰疽癰。有孕休輕試，無痰莫浪攻。中風驚口噤，濟急有神功。

巴豆：芫花為使。畏大黃、黃連、涼水。巴豆性非常，通關莫可當。誰知大毒性，攻毒最為良。癥癖潛元府，沉寒鎖大腸。斬關奪門將，戡亂保封疆。

密蒙花：明目仙花號密蒙，肝經風熱蔽青瞳。羞明畏日多垂淚，此藥能開瞽與矇。有眸無明曰瞽，有眸無珠曰矇。

雷丸：厚朴、芫花為使。惡葛根。霹靂長雷丸，諸邪不敢干。殺蟲無價寶，消積最靈丹。

大楓子：治瘋用大楓，癬疥盡成空。取得楓油好，塗來善殺蟲。

蕪荑：蕪荑散滿殺諸蟲，燥濕還搜肢節風。腹內痛生諸種鱉，藉他用藥共相攻。諸蟲因濕而生，氣食因寒而滯，蕪荑辛苦溫，辛散滿，苦殺蟲，溫燥濕化食。《直指方》云：嗜酒人血入於酒為酒鱉，多氣人血入於氣為氣鱉，虛勞人敗血雜痰為血鱉，如蟲之行，上侵人咽，下蝕人肛，或附脇背，或隱胸腹，惟用蕪荑炒，兼暖胃理氣益血之藥，乃可殺之。

茯苓：惡白斂，畏地榆、秦艽、鱉甲、雄黃。忌醋。茯苓通竅益

心脾，濕熱頻從小便移。定魄安神清夢寐，祛痰利水止精遺。　茯神：二茯同惡。茯神甘淡最安神，能愈人間多恚人。恍惚健忘心太熱，藉他降火更生津。　猪苓：通關利水有猪苓，耑入膀胱與腎經。發汗除淋祛大熱，傷寒溫疫服俱靈。　桑寄生：忌火。桑樹無端有寄生，强筋壯骨固元精。安胎下乳寧崩漏，外症瘡瘍亦善平。　琥珀：松脂入土寶初成，琥珀光搖赤色明。能鎮神魂安夢寐，善祛邪祟定心驚。生肌去瘀同仙草，破血除癥似利兵。瀉水通淋磨目翳，金瘡傷損也能平。　松香：瘡家神藥有松香，癬疥癰疽用竝良。止痛排膿功獨勝，生肌活血效非常。　乳香：一名薰陸香。番舶新來薰陸香，光明透澈氣芬芳。辛歸肝藏筋舒暢，苦入心經意發揚。託裏護心毒外散，生肌止痛表無傷。折傷產難頻頻用，還治風家癲與狂。　沒藥：主治與乳香同。沒藥通行十二經，善平腫毒散羶腥。能安肝胆生新血，欲墮胎元服此靈。　又：乳香活血有誰同，沒藥還多散血功。竝是瘡家真要藥，癰疽已潰莫重攻。乳香活血，沒藥散血，皆能消腫止痛生肌，故每兼用。瘡瘍已潰者忌用，膿多者勿敷。　阿魏：辟臭應推阿魏神，殺蟲消積更堪珍。葷蔬有毒俱能解，還救傳尸病繞身。　樟腦：辛熱誰同樟腦香，通關破滯性非常。殺蟲除濕功雖著，尤妙孩兒患禿瘡。　冰片：一名龍腦。冰片原名龍腦香，氣雄力銳性非常。辛溫善散痰迷竅，急竄能開火鬱腸。五痔消來身免痛，三蟲殺盡體常康。名言到耳君須記，熱酒那堪與共嘗。冰片與熱酒服之，則能殺人。婦人氣逆難產，研末少許，新汲水服之，即下。凡用此者，宜少而暫，多則走散真氣，大能損人。　血竭：曾聞血竭出南番，去瘀生新眾所尊。外症金瘡傷折處，用來合口竝無痕。　蘆薈：更聞蘆薈出波斯，大苦沉寒清熱宜。明目鎮心蟲盡滅，虛寒作瀉勿輕施。　乾漆：半夏為使，畏川椒。乾漆磨堅氣似豪，諸蟲見爾豈能逃。血中積滯斯能破，炒至烟消用始高。　蘇合油：眾妙煎成蘇合油，懸絲不斷質何柔。通關開鬱戕精祟，一切邪魔不敢留。　孩兒茶：茶名何故號孩兒，因與疳瘡兒症宜。降火生津痰嗽靜，血家諸病亦堪施。

清・蔡恭《藥性歌》卷六　穀部

麥芽：化食和中喜麥芽，除煩消脹破癥瘕。落胎散血催生藥，元氣虛微少用些。　神麯：暖胃和中麯最神，消痰去滯自生津。腹堅已得安童子，胎動猶能愈婦人。小兒因積腹堅，婦人因滯胎動者，服之竝效。　白扁豆：止瀉溫中扁豆功，輕清和緩保脾宮。解煩清暑除消渴，還治河豚毒氣雄。　薏苡仁：苡仁利水性微遲，水利方能益胃脾。脾土健時肝不犯，肺金安靜眾邪離。　綠豆：綠豆田家不甚珍，誰知解毒效如神。除煩瀉熱無消渴，最救輕生服信人。　粟殼：澀性誰知粟殼多，大腸滑瀉效無過。脫肛能上遺精止，濕熱為殃莫用他。　麻仁：畏牡蠣、白薇、茯苓。甘平滑利大麻仁，便秘能行可快人。通乳催生關節利，精遺腸滑莫相親。　淡豆豉：音示。淡豉除煩更解肌，調中下氣引嘔奇。懊憹不寐功能必，直中傳陰大不宜。

果部

芡實：固澀功耑芡實誇，補脾助氣聚精華。甘平性好難消化，寄語孩兒少食嘉。芡實與芰寔不同，芰寔有三角、四角，菱兩角。　杏仁：惡葛根、黃芩、黃芪。降氣行痰有杏仁，搜風發汗肺家珍。潤枯消積通腸秘，虛咳金傷慎勿親。　桃仁：香附為使。桃仁泄滯更生新，若使無瘀切莫親。通秘通經通損積，任逢血症總生春。　木瓜：忌鐵。斂肺和脾有木瓜，能收脫氣信無加。只緣功在平肝木，筋轉呼名寫字嘉。陶弘景曰：凡轉筋呼木瓜名，寫木瓜字，皆愈。　陳皮：寬胸舒膈喜陳皮，導滯消痰百病宜。補澁藥中均用此，藉他利氣與和脾。入下氣消痰藥則去白。去白名橘紅，兼能除寒發表。　青皮：青皮破氣散頑痰，胆府肝經直入探。氣烈色青能發汗，虛勞久病恐難堪。　檳榔：忌火。行痰下水檳榔最，能瀉胸中氣至高。去脹攻堅停瘧痢，殺蟲消脹醒醕醪。程星海曰：陰毛生虱，世鮮良方，以檳榔煎水洗，即除。又方：以心紅擦之亦好。　烏梅：澀腸斂肺有烏梅，止渴生津醉夢回。蚘厥可安嘔可止，血崩霍亂一齊摧。　山查：消痰磨積是山查，油膩腥羶用不差。惡露未清兒枕痛，砂糖煎服效堪誇。惡露積於太陰，少腹作痛，名兒枕痛。煎山查汁，入砂糖，服之立效。　甜瓜蒂：食痰風熱膈中藏，喉痺癲癇並發黃。頭痛懊憹眠不得，只須瓜蒂吐為良。　大腹皮：大腹和脾下氣功，清金行水二腸通。用時酒洗還須炒，性與檳榔約畧同。　鴆鳥多棲其樹，故宜用酒洗，黑豆湯再洗，或煨或炒。　吳茱萸：惡丹參、硝石，畏紫石英。辛熱吳萸性，祛風並散寒。溫中常益胃，解鬱自疏肝。下氣憑含苦，吳萸性苦。清痰定吐酸。厥陰頭腹痛，有此愈何難。吳萸性熱，而能引熱下行。是集次序悉照景岳排列，緣果部內收錄太簡，因增數條。　棗：忌葱、魚同食。

大棗善和脾，生津悅顏色。潤肺更安心，中滿勿宜食。　梨：　涼心潤肺有生梨，降火除痰喜自攜。熱嗽失音消渴甚，或加蜂蜜搗如泥。　枇杷葉：　枇杷清肺更和脾，下氣消痰火自離。熱嗽口乾頻吐逆，拭毛浄葉重加宜。葉濕重一兩，乾重三錢，為氣足。　白果：　白果濇兼收，甘溫與肺投。熟呑能益氣，生食降痰稠。　石榴皮：　紅榴嚼過尚存皮，肛脫須憑濇性醫。浸水汁濃宛似墨，烏鬚方好報君知。　藕：　湖藕除煩解毒功，血淋吐衄用相同。生寒散瘀熟溫補，久服令人喜氣融。　荷葉：　荷葉青青象仰盂，能升陽氣助脾輸。血家凝瘀斯堪散，痘症還將倒靨扶。　蓮子：　蓮子脾家藥，能令水火交。蓮鬚清心腎，精洩莫輕拋。胡桃：　胡桃辛熱性，補腎利三焦。肉潤皮多濇，功同故紙超。胡桃屬木，破故紙屬火，有木火相生之妙。　龍眼：　龍眼益心脾，腸風下血宜。勞因思慮得，此味自能醫。　荔枝：　荔枝散滯祛寒品，欲退睾丸核煅便。不獨疝家為要藥，婦人氣血痛俱痊。睾音高，與皋同，又腎丸也。

菜部

山藥：　山藥甘微濇亦微，固精補腎又扶脾。諸虛百損均堪服，性緩難當獨任司。　乾薑：　生熟分薑性，何堪一例行。溫中宜用熟，發汗定須生。氣下痰因散熟薑，寒祛濕更平生薑。嘔家為聖藥生薑，前哲訓當明。　大茴香：　辛熱大茴香，調中胃自強。命門誠可補，癩疝亦云良。腫獨消陰器，寒能逐小腸。止嘔兼止痛，切記發瘡瘍。　小茴香：　氣味畧輕，治亦相同，但大茴性更緩，此則稍溫耳。　白芥子：　散寒發汗復溫中，脇膜痰凝最善攻。三子養親君白芥，氣虛久嗽治難同。　蘿蔔子：　菔子除痰破氣雄，風寒咳喘力能攻。氣虛體弱休輕予，須識衝墻倒壁功。　葱：　忌蜜。解肌发汗仗春葱，陽氣還教上下通。腹痛屬陰臍上熨，目睛能益耳能聰。安胎行乳有微功，血病還須仗氣通。溲秘轉脬危急症，納鹽吹入玉莖中。　蒜：　化食無如蒜，功教脾胃開。祛寒諸竅闢，殺毒眾邪摧。貼足衄能止，鼻衄不止，將蒜搗貼足心，能引熱下行。敷臍水自來。生痰動火物，多食恐為災。　韭菜：　韭性辛溫善補陽，固精益胃痢尤良。能從血分中行氣，吐衄停痰亦可嘗。　韭子：　炒黃用。韭子治遺精，壯陽暖腰膝。腎肝同受補，體健自無疾。　百合：　百合甘平潤肺金，也能清熱也寧心。如多涕淚兼虛嗽，甘斂名傳直到今。　蒲公英：　即黃花地丁。地丁簇簇發黃花，鬚髮能烏不少誇。不獨通淋為妙品，乳癰疔毒亦云嘉。　胡荽：　散寒發汗是胡荽，香竄辛溫直達脾。痘點不興煎水散，芳香到處總相宜。

清・蔡恭《藥性歌》卷七　金石部

金箔：　畏錫、水銀。重墜是真金，平肝更鎮心。驚癇風熱症，美女急抽簪。

水銀：　畏磁石、砒霜。水銀蝕腦腦成空，透骨鑽筋疾似風。外症楊梅瘋癩苦，藉他攻毒並祛蟲。　輕粉：　輕粉原多外用功，刧痰消積殺諸蟲。性藏大毒還多燥，誤用能令骨髓空。　銅綠：　銅綠須知醋製方，此銅之精華，惟醋製者良。硇製者毒也。眼沾風濕淚汪汪。性收斂，味酸濇，善治風眼爛弦，時時流淚。倘逢走馬牙疳症，滑杏同研擦最良。同滑石、杏仁等分為末，擦之立愈。　硃砂：　畏鹽水，惡磁石。忌一切血。硃砂稟性五行備，內用能將五臟清。解毒安胎休火煉，硃砂經火殺人。祛風散熱鎮心驚。　銀硃：　朱自硫黃煉，兼用水銀。丹成色倍鮮。殺蟲除癬疥，最善刧痰涎。　靈砂：　靈砂鎮墜藥，升煉法非輕。精鬼猶逃避，何憂疾病生。　硫黃：　硫黃大熱性純陽，心腹凝寒善用良。醫學未高當走穩，莫言斯味用無妨。　雄黃：　殺蟲解毒藥，最好是雄黃。並治頭眩暈，痰涎瘧痢傷。　自然銅：　鎮心定悸自然銅，散瘀消疼接骨功。燥烈絕無滋補益，用多恐致禍無窮。　黃丹：　安神定悸喜黃丹，降火安心善墜痰。解毒殺蟲除瘧痢，金瘡血溢力能擔。　白礬：　甘草為使，畏麻黃，惡牡蠣。白礬酸苦泄痰涎，其葉酸苦，可以涌吐。收濇常令淋帶痊。其性收濇，故治崩淋帶下。能愈濕邪緣性燥，其性燥，可治濕邪。外科功用大無邊。其性毒，大能解毒定痛。　赤石脂：　畏芫花，惡大黃、松脂。虛人久痢孰能支，重濇全憑赤石脂。外症潰瘍收口藥，催生還保腹中兒。　爐甘石：　眼藥誰為要，爐甘石有功。去膜還逐翳，消腫更除紅。　蓬砂：　即硼砂，俗名月石。蓬砂喉要藥，色白質原輕。痰熱俱消盡，喉瘡自不成。　水粉：　即官粉，一名胡粉，俗名鉛粉。水粉誠於外用宜，瘡與瘻潰總堪施。胎元能墮蟲能殺，虛症無煩斯藥治。　密陀僧：　消痰定嗽密陀僧，退腫祛堅瘡不興。蟲殺積除狐臭辟，大功還有染鬚能。　石膏：　雞子為使，惡巴豆，畏鐵。石膏清熱性陰寒，火壅金傷津欲乾。便赤舌焦牙作痛，發斑發疹並宜餐。　滑石：　石韋為使。宜甘草。甘寒滑石性能行，表裏三焦火善清。下入膀胱通水道，秘淋泄瀉病俱平。　青礞石：　利痰有聖藥，礞石始能當。製以芒硝利，頑痰何處藏。　芒硝：　大黃為使。芒硝蕩滌性何雄，積聚痰涎掃欲空。金石善消胎善墮，三焦二便

盡能通。芒硝，即朴硝之經煉者，其性比朴硝畧寬稍緩。朴硝，即皮硝未經鍊者。元明粉：畏苦參。元明粉用代芒硝，性冷能將胃熱消。潤燥破堅除腫脹，外科瘡毒用偏饒。海石：一名浮石。海石消堅化老痰，鹹寒氣味性中涵。癭瘤結核均堪破，治疝還能降火炎。花蕋石：花蕋金瘡藥，調敷口即連。死胎能速下，瘀血化為泉。代赭石：乾薑為使，畏雄、附。虛逆全憑鎮重除，養陰代赭石何如。血家邪熱能驅逐，倘治驚風力有餘。硇砂：硇砂辛熱毒中藏，腐肉旋消惡肉亡。痣靨贅疣均善去，殺蟲還可愈金瘡。青鹽：青鹽略與食鹽通，降火消痰明目功。益腎能除五臟積，並祛牙痛殺諸蟲。石灰：灰納黃牛胆汁中，消瘢蝕惡殺瘡蟲。生肌散血還堅物，內用尤多止痢功。

以下增入

禹餘糧：下痢崩淋咳逆時，若非濇藥那能支。下焦有病人難會，須用餘糧赤石脂。下二句乃李先知語。盖餘糧亦係鎮重之劑，與石脂之性同也。磁石：柴胡為使，惡丹皮。磁石功能補腎虧，痛深骨節服為宜。誤吞針鐵應須此，外症金瘡亦可施。陽起石：即雲母之根也。出齊州陽起山，雖大雪偏境，而此山獨無。桑螵蛸為使，惡澤瀉、菌桂，畏菟絲子。忌羊血。雲頭雨脚鷺鷥毛，雲母根深力最高。陰痿精寒子未得，試看陽石建勳勞。雲母石甘平，屬金，亦補中下氣之品也。石蠏：石蠏鹹寒性，能除目翳遮。醋磨敷腫毒，平復效堪誇。無名異：消腫無名異，金瘡敷即痊。罪人如受杖，早服二三錢。

清・蔡恭《藥性歌》卷八　禽獸部

雞血：雞血療驚風，消鹽殺毒蟲。雞冠頭上血，發痘最多功。鴨血：一躍清波命已沉，砒霜丹毒腹難親。即如野葛奚堪近，續命全憑鴨血神。溺水死者，灌之即活。凡中金銀、丹石、砒霜、鹽滷毒者，俱宜服之。若野葛毒，殺人至死，熱飲，入口即解。五靈脂：惡人參。寒號蟲糞五靈脂，血症多端總可施。衝任經虛風襲人，致成崩暴見神奇。也可祛痰也殺蟲，亦能消積亦除風。驚疳瘧疝均堪療，不獨功耑血脉通。虎骨：虎骨能祛骨節風，辟邪定痛有奇功。顛癎驚悸兼拘攣，妙在頭顱前脛中。象牙：象牙甘淡氣清涼，心腎能清火熱狂。痰壅骨蒸驚且悸，一經入藥定安康。鹿角膠：畏大黃。大補虛勞鹿角膠，熬成應合地天爻。填精益髓延齡藥，更辟陰邪與鬼交。鹿茸：鹿茸比角更為强，相火衰微用最良。頭眼昏迷精不禁，能扶筋骨助虛陽。角補陰，茸補陽。犀角：升麻為使。忌鹽。犀角涼心散火神，胃中大熱此為珍。消痰解毒祛時疫，斑痘方中用最頻。羚羊角：降火羚羊角所能，心肝邪熱自堪憑。舒筋活血安驚悸，明目祛風散結癰。牛黃：人參為使，惡常山、地黃、龍胆草、龍骨。牛黃瀉熱定痰驚，通竅清心肝胆平。散疫辟邪與痘疹，墮胎藥性亦須明。阿膠：山藥為使，畏大黃。補陰和血是阿膠，細剉須將蛤粉炮。血逆莫忘此聖藥，下趨濁水不能淆。阿井乃濟水伏流，其性趨下，用攪水則清，故治瘀濁及逆上之痰與血也。熊胆：熊胆苦兼寒，涼心更利肝。殺蟲明目品，驚痔並能安。麝香：香竄辛溫有麝香，通經利竅醒驚狂。辟邪解毒祛痰厥，鼻塞耳聾用最良。

蟲魚部

龍骨：龍骨甘平濇且寒，固腸堅腎利心肝。安神定悸除多夢，洵是生肌斂汗丹。海螵蛸：即烏賊魚骨。惡附子、白及、白斂。血枯須用海螵蛸，血分流行腹痛消。固腎添精種子藥，外科諸證用俱超。海螵蛸出東海，腹中有墨，亦名墨魚。書字逾年乃滅，常吐黑水，自罩其身，人即於黑處取之。牡蠣：貝母為使。惡吳茱萸、細辛、麻黃。得蛇床、遠志、牛膝、甘草等良。牡蠣鹹寒善軟堅，癭疾結核尤遇仙。濇能收脫崩淋止，精泄驚癎盡可痊。穿山甲：走散誰如山甲良，鹹寒善竄療瘡瘍。排膿止痛消堅腫，下乳通經最擅長。青魚胆：青魚胆治眼羞明，障翳消磨赤腫平。喉痺痰涎俱善吐，火瘡熱毒更能清。白花蛇：即蘄蛇也。祛風要藥白花蛇，透骨鑽筋走竄邪。癩癬楊梅諸惡症，去頭去尾酒頻加。真珠：水精感月蚌成胎，塗面能令色澤開。明目鎮心祛熱毒，定教火焰不成灾。石决明：惡旋覆花。磨障除盲石決明，肺肝風熱最能清。五淋自仗宣通力，常服尤堪藉益精。龜板：血弱陰虛可奈何，滋陰龜板效無過。骨蒸勞熱方堪使，無熱陽虛莫用他。殭蠶：惡萆薢、桔梗、茯苓、桑螵蛸。風痰並化喜殭蠶，下乳通經是所諳。齒痛可停喉痺愈，痘瘡丹毒用無慚。蟾蜍、蟾酥：俗名癩蝦蟇。殺蟲攻毒有蟾蜍，濕氣能行虛熱除。發背用他因吸毒，用活蟾繫瘡上。疔瘡惡疾定須酥。蟾蜍皮，辛涼，微毒。肉，甘平，無毒。酥，辛，溫，有毒。治疔腫發背，小兒疳疾、腦疳。酥，即蟾蜍眉間白汁，能爛人肌肉，惟疔瘡或合他藥，服一二釐，取其以毒攻毒。腦疳，乳和滴鼻中。外科用之。水蛭：即馬蟥。瘕癖潛藏水道中，因令經閉不相通。鹹寒水蛭能驅逐，更咂癰疽毒有功。鱉甲：散

熱滋陰鱉甲奇，瘧家有母此能治。驚癇斑痘均堪服，孕婦方中慎勿施。　蜈蚣：臍風撮口用蜈蚣，能療蛇癥善殺蟲。雞眼痛時行不得，急將此藥放其中。　蟬蛻：蟬本輕清蛻更清，能祛風熱發音聲。能行痘疹能除毒，障翳消磨目自明。　斑蝥：畏丹參、巴豆，惡豆花、甘草。大毒斑蝥敷毒瘡，死肌蝕去體應康。能抽瘰癧疔瘡毒，並治癲狂猘犬傷。　露蜂房：高懸樹頂露蜂房，能治成膿附骨瘡。瘰癧瘻成重舌苦，風蟲齒痛用俱良。　全蝎：甘辛全蝎治諸風，口眼喎斜語不通。痎瘧昏昏瘡癮疹，驚癇更喜愈兒童。　五倍子：一名文蛤。五倍微酸濇性昭，生津保肺火旋消。脫肛泄痢同消渴，瘡口難收並可調。　百藥煎：五倍釀成百藥煎，濇功酸性尚依然。清痰解渴收諸散，夢寐精遺亦善痊。　蝸牛：負殼而行者。研塗腫毒仗蝸牛，喉痺耳聾衄並瘳。功用尤能通小便，搗加香麝罨臍頭。小便不通，用蝸牛搗貼臍下，以手摩之，加麝香少許更妙。　蚯蚓：蚯蚓鹹寒性下行，能通二便熱狂清。耳聾喉痺陰囊腫，癉瘧蛛傷盡可平。　桑螵蛸：螳螂桑上作螵蛸，陰痿精流最善調。水道流通淋症息，令人有子補功昭。

人部

童便：童便鹹寒治熱狂，痰涎喘促血家傷。不宜妄用君須記，胃口虛寒大便溏。　紫河車：一名混沌衣。河車補血與强精，羸瘦應看肌肉盈。製服雖多效驗少，勸人何必禍孩嬰。　血餘：消瘀通淋用血餘，驚癇哽噎並安舒。癰疽疔腫燒吹鼻，鼻血能消舌血除。　人中白：鹹平降火人中白，消瘀清痰理肺傷。吐衄心煩勞熱病，更除濕潰下疳瘡。即溺垽，銀，去聲，滓泥也。煆，研細用。以蒙館童子便桶中及老僧溺器刮下者為佳。

清・陳啟運《痘科摘要》卷一

治痘藥性摘要賦　方不合宜，厥疾何瘳？藥不明性，方從何合？山查寬氣道而鬆痘，消食亦宜。桔梗順肺氣而清喉，藥中舟楫。蟬蛻發痘之必需，甘草解毒之莫缺。前胡清風熱之痰，亦能下氣。葛根散肌表之邪，兼能解渴。薄荷清風痰而散驚，鉤藤利驚搐而散悸。木通導赤除煩，毒從溺解。牛蒡清喉解毒，邪從肌洩。枳殼下氣寬胸，青皮散結消食。檳榔豁痰逐水，殺蟲去積。枳實倍於枳殼，推墻倒壁。澤瀉利水通淋，猪苓速於澤瀉。川芎助清陽而升頭角，毒火上炎者宜審。木香理滯氣而溫脾胃，乾紅色滯者何涉？大黄驅梟毒而不留，破惡瘀而不守，不令內潰。石膏解煩渴之如烟，退炎炎之火烈，不使焦黑。殭蠶催漿定痒之一隅，白芷托頂排膿之偏卒。荊芥散風熱而清血中之火，徹上徹下。防風散風邪而行周身之閉，驅風燥濕。生地黄涼血之聖劑，潤燥無雙。熟地黄補血最良，右莫能出。麻黄發痘而透淵潛，寒勝則宜。陳皮消痰而開逆氣，燥烈則撤。升麻升散而上提，火炎必戒。白芍斂陰而退熱，莫投血熱。山甲力透重圍，其性燥烈。地龍無地不透，最能活血。毒凝滯而不透，紫草當行。血乾滯而不榮，紅花莫失。羚羊清乎肺肝，犀角解乎心熱。黄芩瀉肺火而涼大腸，失血亦宜。黄連瀉諸火而解熱毒，乾嘔聖藥。赤芍藥破血中之滯氣，療毒壅之腹痛。牡丹皮退陰中之伏火，散血熱之氣結。桃仁佐大黄而退浮萍，血瘀必用。地丁君紅花而散紫黑，毒結尤良。貝母治毒痰而利心肺，桑皮瀉肺火而治氣逆。滑石利六腑之塞結，溺赤尤宜。杏仁開心氣之閉塞，止嗽亦得。連翹均□瀉火，花粉可以解渴。當歸補血虛之要劑，鹿茸振血冷之幾脫。猪尾膏透伏毒之深藏，無價散轉黑陷為紅活。元府留毒，化之無敵珍珠。毒凝痛楚，定之還須乳沒。牛黄護心解毒，清火開痰。琥珀利水除煩，安神散血。黄耆振氣虛之不充，排膿托裡而實表。人參補真元之不足，滋助五藏而內益。桂為參耆之使，壯血虛冷。附起虛脫之疴，回陽反本。白朮止吐瀉而健脾，茯苓利水道而滲濕。金銀花解痘後之餘毒，地骨皮退痘後之虛熱。茯神酸棗寧毒盡之心虛，訶子肉果塞脾虛之滑瀉。山藥助脾而益腎，米仁收濕而助脾。邪留下部，行走必需牛膝。毒存筋骨，通散無逾羌活。小柴解痘後之潮熱，引藥入肝而主升提。麥冬清心肺之煩渴，生津補液非虛弗合。元參去浮遊之火，解咽痛而快癍。山梔去曲折之火，清肺胃而止衄。木賊草退餘毒之目翳，甘菊花療痘毒之目疾。扁豆蓮肉助脾無嗔無喜，竹葉燈心清心可出可入。藥品浩繁，惟貴精擇。純熟其性，泛應不竭。

清・巽遠真人《跌損妙方》

用藥歌　歸尾兼生地，檳榔赤芍宜。四味堪為主，加減任遷移。乳香並沒藥，骨碎以補之。頭上加羌活，防風白芷隨。胸中加枳殼，枳實又雲皮。腕下用桔梗，菖蒲厚朴治。背上用烏藥，靈仙妙可施。兩手要續斷，五加連桂枝。兩脇柴胡進，膽草紫荊醫。大茴與故紙，杜仲入腰支。小茴與木香，肚痛不須疑。大便若阻隔，大黄枳實推。小便如閉塞，車前木通提。假使實見腫，澤蘭效最奇。倘然傷一腿，牛膝木瓜知。全身有丹方，飲酒貴滿卮。苧蔴燒存性，桃仁何纍纍。紅花少不得，血竭也難離。此方真是好。編成一首詩。庸流不肯傳，無乃心有私？

清·奎瑛《素仙简要》卷上 平性藥品

平藥總括，味淡性平。白芍和肝益肺，斂汗止痛以安胎。赤芍瀉肝散瘀，理疝除瘕消目赤。陳皮調中快膈，順氣消痰，宣通五臟。青皮開鬱破滯，消脹散痞，疏瀉肺肝。香附利三焦，解六鬱，理氣必用。當歸益肝脾，調榮衛，治血無遺。石斛退虛熱滋陰，能平胃氣。遠志遠志苗名小草。治迷惑驚悸，可益心神。天門冬潤燥滋陰，治肺痿肺癰，咳吐膿血。麥門冬清心潤肺，止咳嗽生津，解熱除煩。甘菊花明目清眩，平肝制火之用。枇杷葉清肺和胃，消痰降氣之施。荷葉蓮房，性平而止諸血。荊瀝竹瀝，潤澡專化痰涎。牛膝下氣，治腰膝而通虛淋。木瓜驅濕，理腳氣可醫轉筋。益母草、益母草一名茺蔚。澤蘭葉，療經產之病。蔤蒙花、石決明，治目科之疾。鈎藤鈎治驚癇抽搐，兼止眩暈。羚羊角能明目截風，可治拘攣。金銀花金銀花，一名忍冬藤。療癰疽疥癬，清熱解毒之劑。蒲公英蒲公英，一名黃花地丁。消乳癰腫核，利水通淋之需。水葱導濕熱，利膀胱，能醫泄瀉。馬勃清肺熱，治咽痛，可敷諸瘡。玉簪根玉簪根一名白鶴仙根。有刮骨取牙之力，金盞草為腸痔下血之需。水仙根能塗吹乳，茉莉花可入茗湯。椿根皮濇腸止血，有斷下之功。榆白皮滑胎利竅，有治淋之用。檳榔消食行痰，攻堅去脹。厚朴寬胸散滿，平胃調中。柴胡柴胡一名茈胡。宣暢氣血，清邪熱，和解表裏。葛根表出痘疹，治飧瀉，發汗解肌。薄荷散風清熱，治驚癇之疾。萆薢驅風去濕，治遺濁之症。地骨皮清肺中伏熱，退燒止嗽。牛蒡子牛蒡子一名鼠粘子，又名惡實。散諸腫瘡瘍，消疹利咽。夏枯草緩肝消癭，止目珠之痛。蔓荊子祛風涼血，治頭痛之疾。牡丹皮牡丹皮一名百兩金。定驚癇瘛瘲，涼血通經，吐衄必用之藥。天花粉治痰熱燥渴，降火潤肺，排膿消腫之施。燈心降心火，清除肺熱。荷梗調中氣，通暢胸膈。寬胸下氣，消脹散痞，枳殼緩而枳實速也。補虛退熱，破瘀生新，大薊大小薊一名野紅花。先而小薊次之。菰瓤菰瓤俗作瓜蔞。仁潤肺清火，止嗽之用。車前子車前子一名芣苢。利水止瀉，明目之施。貝母清痰止嗽而潤心肺，桔梗寬胸抑肺而利咽喉。地榆療崩漏腸風血痢，石韋治淋症通利膀胱。木耳、蓼實為止血之劑，紅麯、蘇木為行血之施。敗醬醫產後腹痛，惡露不止。酸漿治咳嗽咽痛，煩熱堪除。雞血藤能活血行血，醫癥瘕等症。雞冠花治尿血便血，療崩帶諸疾。地錦止下部諸血，地衣敷陰上粟瘡。大腹皮、荳蔻皮消脹，治水腫。預知子、菴藺子益氣，去癥瘕。紫花地丁解毒消腫，王不留行王不留行一名金盞銀臺。下乳催生。白鮮皮除濕熱，專理風痺。地膚子地膚子一名掃帚。治諸淋，可洗疥瘡。土茯苓驅風濕之藥，天仙藤治子腫之疴。蘆根降火而止嘔噦，椶櫚瀉熱而止諸血。芙蓉花調塗癰腫，馬齒莧馬齒莧一名五行草。搗敷諸瘡。天竺黃豁痰清熱，客忤驚癇之劑。水楊柳發斑快疹，痘瘡不起之施。白及有補肺之功，白斂有斂瘡之用。杜牛膝杜牛膝一名天名精，又名地松。治乳蛾喉痺，凌霄花凌霄花一名紫葳。破癥瘕去瘀。葫蘆皮、茯苓皮外腫內脹之藥，女楨子、女楨子一名冬青。枸杞子肝虛腎損之資。楮實助陽，楮皮能消浮腫。桑枝舒筋，桑葉能去風濕。以丹參功同四物，用葳蕤可代參芪。蒲黃利小便，消瘀止痛。卷柏破癥瘕，行血通經。桑白皮瀉肺火，痰嗽腫喘之藥。桑寄生助筋骨，風濕痿痺之需。百部、兜鈴清肺熱，治痰嗽喘促。昆布、海藻療五膈，治癩疝癭瘤。莪蒁莪蒁一名廣茂。醫痃癖，止心腹諸痛。薑黃薑黃一名寶鼎香。平肝氣，治氣脹血積。鬱金鬱金一名草麝香。能治血住痛，三稜可破氣除堅。血竭血竭一名麒麟竭。散瘀生新，為和血之用。沒藥消腫止痛，有理氣之能。馬藺子消痰理疝，透骨草透骨草一名鳳仙，又名染指甲草。活血舒筋。虎耳草煎汁，專滴聤耳。鹿角菜浸化，用以梳髻。冬葵子滑胎利竅，醫水腫狐疝。薏苡仁健脾滲濕，治腳氣肺癰。石榴皮有濇腸固下之力，枳椇子有除煩解酒之功。薤白治胸痺瀉痢，穀芽能開胃和中。白扁豆消暑除濕，醫腫脹瀉痢。淡豆豉發汗解肌，治煩燥懊憹。冬瓜皮消除水腫，萊菔子寬暢胸膈。蕎麥麪實腸胃，動風發病。豆黃卷療筋攣，行瘀去濕。麥芽助胃消食，除脹回乳之用。浮麥養陰止汗，骨蒸勞熱之施。山查山查一名山裏紅。消積，健脾行氣。神麯尅食，化飲調中。蘿蔔蘿蔔一名萊菔。寬胸化痰，治咳嗽吞酸之症。山藥山藥一名薯蕷。健脾理肺，療滑腸瀉痢之疾。消痰壅以白果白果一名銀杏。行瘀血以桃仁。菠菜滑腸，能發腰痛。竹笋利水，通暢胸膈。水芹和血止帶，蘑菇益胃化痰。黃瓜除煩而利水，紫菜開胃以消癭。芡實芡實一名雞頭子。有補脾固濇之力，麻仁有滋燥潤腸之能。赤小豆敷瘡瘍，能消水腫。冬瓜仁退翳障，可治腸癰。陳廩米醫霍亂吐瀉，杵頭糠治膈氣塞噎。糯米發痘止汗，粳米有除煩止渴之功。黃豆清胃解毒，黑豆有補腎明目之用。百合潤肺寧心而止嗽，秋梨清熱解渴以消痰。大棗和百藥，健脾潤肺。杏仁止咳嗽，降氣行痰。蓮子固腸健脾，治濁止瀉之劑。蓮蕊澀精止血，清心通腎之需。榧實殺蟲有效，菉豆解毒無疑。海松仁潤大腸，荔枝核治癩疝。烏梅解毒殺蟲，

澀腸而斂肺。桑葚聰耳明目，入腎以滋陰。菱米消暑安中之品，藕節養心止血之資。西瓜解暑利便醒酒，甜瓜除煩清熱生濕。柿乾去腸風潤肺以寧嗽，荸薺治反胃清熱以安中。甘蔗潤燥止嘔，橄欖利咽清火。白糖和中，黑糖活血。佛手止痛，香櫞緩肝。柿蒂止呃逆，柿霜治口舌瘡痛。橘核止疝痛，橘葉能消散乳癰。飴糖潤肺和脾，藕粉調中順氣。冬瓜、絲瓜利便，能消浮腫。鯉魚、鯽魚行水，可益胃中。麥麩醋拌蒸，能驅寒止痛。茄根水漬煮，可薰洗凍瘡。百沸湯百沸湯一名太和湯。助陽氣活絡之用，陰陽水定霍亂吐瀉之施。韲水解毒化飲，漿水止渴除煩。急流水通利二便，迴瀾水宣吐痰涎。無根水解熱煩，洗足止衄。臘雪水除瘟疫，抹痱為良。地漿治腹痛瀉痢，夏冰解熱甚昏迷。金有安神治癇之用，銀為鎮怯降逆之施。鉛鉛一名水中金。能墜痰，鉛丹鉛丹一名黄丹。熬膏必用。鐵能解藥，鐵落狂怒為宜。自然銅去折傷，散瘀止痛。密陀僧染髭鬚，止血殺蟲。鐵(鏥)〔銹〕治赤遊腫痛，銅綠能導吐風痰。硃砂硃砂一名丹砂，又名辰砂。鎮心肝，有定驚辟邪之驗。琥珀安魂魄，有通塞治淋之功。珊瑚退小兒麩翳，寶石拭入目灰塵。鉛粉鉛粉一名胡粉，又名錫粉。能拔毒生肌，青空治青盲內障。磁石磁石一名吸鐵石。通耳明目，驚癇為良。礞石下氣平肝，利痰必用。石燕止腸風帶淋之症，石蟹除目生障翳之疾。白石英以潤肺，紫石英以和肝。代赭石代赭石一名土朱。調逆氣，止抽搐，鎮驚有驗。鑪甘石點(醫)〔翳〕障，消雲蒙，治目為良。浮石浮石一名海石。清肺降火，痰嗽可止。蓬砂化痰清熱，喉痺能通。古文錢療跌撲傷損，沙石淋痛之症。白甆器治湯泡火灼，目生翳膜之疾。赤石脂、禹餘糧止崩治瀉，功專固下。花乳石、無名異化痰止痛，並治金瘡。白礬滌痰墜濁，敷陰蝕陰挺，膽礬有涌吐之功。食鹽導痰潤下，治積飲喘逆，青鹽有補腎之用。龍骨澀腸固精，斂汗定喘。龍齒鎮心安魂，止癇定驚。龜板補心益腎，治崩漏瀉痢產難，及傷寒陰虛不能作汗。鱉甲理肺和肝，療咳嗽癥瘕諸瘧，及骨蒸勞瘦寒熱往來。蛤蚧有止嗽定喘之用，蛤粉有固腸斂汗之功。珍珠收口生肌，雲母補中下氣。鰞鰂骨鰞鰂骨一名海鰾鮹。行瘀住崩，能通血脈。穿山甲潰癰排膿，性善通經。五棓子止嗽止血而斂汗，瓦楞子行瘀行血以消痰。蟬蛻治夜啼，退目翳，瘡瘍癮疹。殭蠶滌胎垢，利咽喉，消風化痰。牡蠣消瘰癧，有澀精斂汗固腸之用。蟾蜍貼癰疽，有殺蟲療疳退熱之功。露蜂房治驚癇而起陰痿，蟹爪甲消瘀血能下死胎。雞肫皮雞肫皮一名雞內金，又名膍胵。除熱止煩，能消水穀。牛皮膠牛皮膠一名黄明膠。化痰寧嗽，可治腸風。白蠟續筋接骨，黄蠟止痛生肌。蜂蜜調榮益衛，潤燥和中之品。阿膠滋陰和血，安胎止痢之資。桑蟲治痘瘡不起，蠶砂能驅風勝濕。桑螵蛸有益精固腎之力，雄蠶蛾有強陽不倦之功。蠶繭專醫消渴，象皮善治金瘡。螻蛄螻蛄一名土狗。治十種水病，蜘蛛塗瘰癧結核。蝦蟇有通乳壯陽之力，蜣螂為消脹利便之施。蛇蛻蛇蛻一名龍子衣。醫產難目翳，蝟皮塗五痔腸風。童便引火下行以滋陰，髮炭髮炭一名血餘。消瘀通經止諸血。金汁除煩熱而解瘟毒，秋石潤三焦降火滋陰。牛肉補脾，用牛乳以潤燥。羊肉益氣，用羊血以解毒。雞冠血治中惡驚忤，豬尾血治痘瘡倒靨。海參調中醒脾，燕窩益氣滋陰。鴨肉能補虛勞，雞肉性善溫中。胡麻胡麻一名脂麻，又名巨勝子。潤燥，麻油有消腫毒之功。豬蹄通乳，膽汁有導大便之用。雞矢治蠱脹，雞子益氣補血。驢溺治反胃，馬溺殺蟲破癥。凡二百九十種平性之藥，與病相宜者用之。

溫性藥品　溫藥總括，味甘性溫。人參通血脈，益精神，大補元氣。沙參補肝脾，止勞嗽，專理肺虛。炙黄芪補脾胃溫中，生肌肉，排膿內托，生用而固表虛。炙甘草益三焦元氣，解百毒，協和諸藥，生用而瀉心火。黄精黄精一名戊己芝。安五臟，補中益氣之用。半夏半夏一名守田。和脾胃，止嘔化痰之施。熟地黄補血滋陰，理胎產百病。何首烏何首烏一名九真藤。添精益髓，治癰腫諸疾。白茯苓有補脾除濕之力，赤茯苓有治腫通淋之功。覆盆子、菟絲子菟絲子一名金絲草。益腎固精，能醫陰痿。海桐皮、五加皮驅風勝濕，可治拘攣。白朮消痰燥濕，有補脾安胎之用。蒼朮除濕和胃，有解鬱治痿之功。五味子收肺氣，滋腎水，斂汗而定喘嗽。山茱萸安五藏，通九竅，固精專益腎肝。艾葉理氣血，驅寒濕，調經安胎，止崩治帶，以之熨灸能透諸經。續斷通血脈，理筋骨，崩帶胎漏，腰痛腸風，施之外科可消癰痔。杜仲補胎漏胎墮，腰膝痠痛之劑。紅花能活血破血，消腫潤燥之需。金櫻膏固精秘氣，圓眼肉葆血養心。訶子斂肺固腸，醫喘嗽瀉痢。蕤仁消風散熱，能明目生光。秦艽養血榮筋，退虛熱，療風寒濕痺。烏藥調中理氣，疏胸腹，治一切氣疾。甘草梢治淋濁莖中作痛，甘草節醫瘡瘍清熱解毒。酸棗仁治膽虛不眠，斂汗寧心之用。柏子仁能安神益智，滋肝悅脾之施。使君子除熱健脾，醫小兒百病。罌粟殼澀腸斂肺，治疼痛諸疾。狗脊強筋健骨，治脚弱腰痛之症。茯神養神益智，醫驚怯健忘之疾。威靈仙驅風濕腫脹，宣疏五臟，性極快利。延胡索

治氣滯血凝，內外諸痛，其效甚速。蒼耳子蒼耳子一名羊負來。清頭目，可治鼻淵。劉寄奴治金瘡，功專破血。石楠葉利筋骨，脚氣風痺之藥。豨薟草豨薟草一名粘糊草。強腰膝，冷痛麻痺之資。桂心止九種心痛，松節驅骨節風濕。旱蓮草療腸風下血，沒石子能固氣澀精。穀精草有明目退翳之功，白芥子有利氣豁痰之力。桐葉沐頭風而生髮，楸葉敷癰腫以消毒。茵芋理風濕拘攣痺痛，紫菀治欬逆潤肺消痰。石菖蒲利竅發音除痰，而開心孔。天南星天南星一名虎掌。治風散血降痰，可治驚癇。刺蒺藜散肝風，益精明目。沙蒺藜補腎氣，止帶固精。款冬花止咳治嗽，寒熱虛實皆可施用。旋覆花旋覆花一名金沸草。下氣行水，痰結堅痞噫氣並除。白藥子消瘦止血，黃藥子解熱除痰。茜草茜草一名血見愁。消瘀通經，能行血止血。三七三七一名金不換。散瘀止血，治金瘡杖瘡。木賊木賊一名萃草。解肌散火，可退目翳。蕪荑殺蟲化痞，能去風濕。百草霜專消積止血，伏龍肝伏龍肝一名竈心土。治吐衄嘔噦。縮砂消脹散痞，有快氣醒脾安胎之用。肉果肉果一名肉豆蔻。暖胃調中，有逐冷濇腸止瀉之功。骨碎補療腎虛久瀉，畢澄茄醫反胃吐食。木香疏肝脾，升降諸氣。沉香沉香一名沉水香。墜痰涎，止痛和中。樟腦樟腦一名韶腦。辟蛀蟲，除濕滯脚氣之疾。冰片冰片一名龍腦香。通諸竅，敷咽鼻口目之症。安息香辟邪，諸痛可止。零陵香潤髮，下痢堪醫。甘松香消脹止痛，松脂香活血排膿。蘇合香開鬱結，有辟惡之用。降真香降真香一名紫藤香。治金瘡，有止血之能。檀香檀香一名旃檀。利胸膈，開胃理氣。杉木治脚氣，消脹散風。乳香乳香一名薰陸香。活血調氣，能止諸痛。阿魏消積殺蟲，兼化癥瘕。山柰暖中止痛，松脂化毒生肌。皂角吐痰涎，搐鼻作嚏。皂刺達患處，潰散癰疽。桂枝調和營衛，解肌止汗，脇痛脇風並治。麻黃專入肺經，發汗散風，喘哮咳逆兼醫。芎藭開六鬱，潤燥調經，引少陽之藥。荊芥荊芥一名假蘇。清頭目，利咽解毒，愈產後之風。藿香開胃止嘔，醫霍亂吐瀉。香薷調中退熱，專清暑利濕。天麻治諸風掉眩，平肝理氣。白芷療目昏頭痛，消腫排膿。浮萍洗滌瘡瘍而發汗，紫蘇解肌發表以寬中。蘇子有潤肺消痰之用，蘇梗為開胃順氣之施。羌活治傷寒中風，兼除目赤。獨活醫痙癇濕痺，善理伏風。藁本治頭痛連腦，辛夷辛夷一名木筆花。療鼻塞鼻淵。前胡理肺消痰，止喘哮痰嗽。防風去風勝濕，除上焦風邪。升麻表疹消斑，瀉痢崩帶兼治。細辛宣風通竅，咽鼻口目皆醫。狼毒能塗乾癬，莨菪可治折傷。生薑驅寒發表，有暢胃開痰止嘔之力。胡荽通竅辟惡，有透表痧疹痘瘡之功。蒜能開胃辟瘟而達諸竅，葱能解肌通氣可熨陰毒。香蕈發痘疹，治溲濁不禁。小茴醫寒疝，專理氣調中。醋醋一名苦酒，又名醯。有散瘀消食之用，酒為遺興行藥之資。白花蛇白花蛇一名蘄蛇。截驚，醫中風癱瘓。烏梢蛇定搐，能透骨搜風。五靈脂治血症心腹之痛，猳鼠矢療傷寒陰易之疾。獺肝除傳尸鬼疰之症，鹿角有消腫散熱之功。望月砂療五疳，治痘後生翳。左盤龍療陰毒，塗人馬疥瘡。人牙起痘瘡倒靨，人乳潤五臟調中。紫河車治虛損勞極，大補氣血。裩襠末療傷寒陰易，腹痛舌出。凡一百三十二種溫性之藥，於病相符者用之。

寒性藥品　寒藥總括，味苦性寒。大黃大黃一名將軍。下燥結，除瘀熱，其用走而不守。芒硝破積聚，瀉實熱，可使推陳致新。梔子清心肺之熱，治吐衄，五黃五淋。黃芩瀉三焦之火，除脾濕，退熱安胎。犀角清心，除胃中大熱，譫語發斑之用。黃連涼血，退上焦火邪，腸澼瀉痢之需。石膏石膏一名寒水石。入三焦，清火解肌而消煩渴。滑石滑石一名畫石。通六腑，蕩熱生津兼治暑濕。元明粉有潤燥破結之力，元精石有清熱治目之功。木通利小便，導諸經濕熱。豬苓入膀胱，治煩渴懊憹。山豆根清肺熱，專理咽痛。龍膽草平肝火，兼治目疾。知母滋陰，治煩熱，有理肺之用。黃蘗潤燥，瀉膀胱，有治痿之能。大青治狂熱發斑，白薇醫中風身熱。青黛除五臟之鬱火，苦參利三焦之濕熱。胡黃連治五心煩熱，可理疳疾。白頭翁白頭翁一名野丈人。療熱毒血痢，能醫齒痛。元參元參一名口參。明目利咽，散浮游之火。連翹排膿消腫，治瘡瘍之疾。生地黃生地黃一名地髓。滋陰退陽，療驚悸，能調和諸血。側柏葉養陰清熱，去風痺，治一切血疾。澤瀉利濕行水，有聰耳明目之功。竹茹清熱除煩，有涼血開胃之用。茵陳治疸黃，發汗利水。防己醫脚氣，去熱除濕。郁李仁療水腫癃急之藥，馬鞭草為通經破血之施。胡桐淚清火，能利咽喉。芭蕉根消渴，可醫血脹。紫草涼血，治痘瘡熱毒之用。青蒿清火，退骨蒸虛熱之資。槐花止諸血，能薰洗外痔。槐實潤肝燥，療五痔腸風。青葙子青葙子一名草決明。明目鎮肝，治青盲障翳。決明子除風清熱，去一切目疾。通草通草一名通脫木。治五淋，專清肺熱。萹蓄萹蓄一名道生草。醫熱淋，而利膀胱。秦皮止崩治痢，木槿清燥潤腸。白茅根除伏熱，止吐衄諸血。淡竹葉解燥渴，清心脾熱煩。射干射干一名烏扇。瀉實火，消積痰，治喉痺咽痛。瞿麥利小腸，治熱淋，能明目通經。茶有消食清上之功，墨有塗癰止血之用。

苦楝子苦楝子一名金鈴子。利膀胱疝氣要藥，海金砂治五淋莖痛尤良。常山常山一名蜀漆。引吐行水，專治諸瘧。葶藶定喘止嗽，破氣消積。薔薇根漱口瘡齒痛，土瓜根能破血通經。鶴蝨治蚘嚙腹痛，漏蘆能下乳排膿。貫眾行血消瘀，浸水中飲之，辟時行瘟疫。雷丸消積化滯，和麻醬服之，殺腸胃諸蟲。橡殼止腸風崩中帶下，槐枝洗下部腫癢諸疾。烏（臼）〔桕〕木通腸利水，孩兒茶止血收濕。急性子破積塊下胎之藥，山茨菇敷癰瘡疔腫之需。甘遂、大戟、大戟一名下馬仙。芫花芫花一名頭痛花。行水攻決而性峻，蕘花、澤漆、澤漆一名猫兒眼睛。商陸商陸一名章柳。水腫脹滿而用同。藜蘆、瓜蒂導痰涎，入口則吐。硇砂、輕粉破積聚，到胃則行。牛黃有清心解熱、定驚癇之功，熊膽有平肝明目、塗五痔之效。地龍地龍一名白頸蚯蚓。清熱治瘟，兼理脚氣。田螺除煩止渴，善解瘟毒。五穀蟲小兒疳疾之藥，夜明砂目盲障翳之施。土蜂窩醋和塗腫毒焮痛，蚯蚓泥油調治足臁爛瘡。盤蝥猘犬毒，兼通石淋。地膽行經血，能下死胎。蝱蟲破血，水蛭消癥。人中黃解臟腑實熱，人中白治鼻衄牙疳。凡九十種寒性之藥，脉證屬熱者宜之。

熱性藥品　熱藥總括，味辛性熱。附子治三陰傷寒，中寒中風，嘔噦瀉痢，霍亂轉筋，一切沉寒痼冷，烏頭功同而稍緩。肉桂補命門相火，益陽消陰，脇滿腹痛，厥逆泄瀉，功專驅寒勝濕，官桂味薄而力微。天雄專補下焦，側子充達四肢。乾薑逐寒邪而發表，炮薑除胃冷而溫經。吳茱萸解鬱驅寒，治嘔逆吞酸，陰毒腹痛。益智子溫中補火，止瀉涮嘔噦，秘氣固精。蛇床子強陽益陰，治陰痿囊濕，陰痛陰癢，可服可浴。肉蓯蓉補髓強筋，治五勞七傷，腰膝冷痛，補血補精。白豆蔻暖胃順氣，有化食寬膨止嘔之用。草豆蔻草豆蔻一名草果。除痰開鬱，有消脹燥濕截瘧之功。白附子引藥上行，治面上百病。草烏頭性毒至峻，能搜風勝濕。良薑醫胃脘冷痛，蓽茇治虛冷腸鳴。破故紙破故紙一名補骨脂。治腎虛泄瀉，補陽壯火。巴戟天療脚氣水腫，溫散風濕。仙靈脾補肝腎，治麻木不仁之症。千年健強筋骨，療拘攣痿痺之疾。胡椒暖胃快膈，治陰毒腹痛。川椒潤肺除痰，漱口齒諸疾。牽牛牽牛一名黑丑。小毒，逐水除痰，通下焦之鬱遏。巴豆性烈，消積化痞，主臟腑之沉寒。膃肭臍膃肭臍一名海狗腎。助陽而起陰痿，葫蘆巴暖腎兼治疝瘕。瑣陽有興陽養筋之力，仙茅有補腎助火之功。胡桃胡桃一名核桃。潤腸而溫肺，韭子治濁而固精。鍾乳鍾乳一名鵝管石。強陽益陰，補虛助火。雄黃消積化聚，治瘧殺蟲。麝香治卒中諸風諸氣，有開關通竅之力。丁香丁香一名雞舌香。溫脾胃止吐止嘔，為暖陰壯陽之資。鹿茸生精養血，補一切虛損勞傷。虎骨健骨追風，理週身拘攣痺痛。陽起石治陰痿精乏，子宮虛冷。石硫黃補命門真火，暖胃溫脾。芥末溫肺，塗麻痺瘡毒。大茴暖腎，治七疝陰腫。椒目消腫脹，專行水道。附尖治癲癇，善吐風痰。續隨子續隨子一名千金子。性峻，能下惡滯。蓖麻子有毒，可以拔塗。木鱉子消腫追毒，大風子敷癬治疥。全蠍治口眼喎斜，驚癇抽搐。蜈蚣療臍風撮口，殺蟲墮胎。石灰殺瘡蟲，能蝕惡肉。乾漆破瘀血，可去堅結。凡五十二種熱性之藥，脉證屬寒者宜之。

清·岳昶《藥性集要便讀》卷上

人參氣味苦甘溫，益智精神定魄魂。五臟神安驚悸止，傷陽內弱補還元。功魁羣草應搖光，入肺脾經最補陽。氣旺精生形自盛，治虛勞損保元湯。生津止渴目光明，久瘧脾虛瀉慢驚。痘白漿清疽潰弱，脈微吐瀉橘薑并。治虛自汗夢多忘，欬血崩中攝自藏。倦怠虛羸頭眩暈，肺痿反胃細条詳。療脘心疼通血脈，虛風類中暑兼清。同連止痢蓮開噤，氣短元衰脉復生。寒攻補熱古方中，養正除邪破積同。皆用人參立正氣，胃洪肺實忌參壅。同辛熱以回陽氣，合涼性以瀉虛火。補者君之而效速，和者入之而邪解。茯苓氣化淡甘平，益胃脾經濕熱清。止嘔和中除瀉痢，治憂恐悸怒邪驚。養神鍊魄開心胃，保肺治痿欬嗽輕。伐腎奔豚通小便，能治水泛飲痰鳴。白入氣兮赤入營，車前水瀉腫消行。生津止渴除煩滿，口舌焦乾夢洩精。尿不禁兮精滑忌，安胎除濕可延齡。皮治水腫消膚脹，赤者通淋利水靈。茯神氣化成，松下抱根生。療健忘驚悸，安魂魄性平。心虛風眩定，益智養心神。得志交離坎，安眠合棗仁。白朮強脾胃，甘微苦性溫。除黃癉勝濕，止汗益坤元。化胃經痰水，治柔痓汗多。皮間風水腫，止瀉食消磨。除寒濕痺死肌滋，體重貪眠濕腫肢。補胃脾衰勞倦證，虛黃困懶力難支。生津止渴用蒸餐，荷葉飯為枳朮丸。進食溫中脾健運，胎前濕熱佐芩安。萎黃瀉血同生地，化痞消堅枳朮湯。痢久中虛而少食，於潛野朮最稱良。便閉陰虛消渴棄，腎肝動氣奔豚忌。癰疽若用痛生膿，燥腎傷陰防氣閉。蒼朮苦辛溫，強脾健胃呑。烟消災沴疫，辟惡鬼邪奔。發汗能開腠，祛風濕痙癉。香連平胃散，濕熱痢清安。辟穀延年除瘴氣，能消水腫濕痰蒙。同梔解燥防風汗，止瀉治痿燥濕功。寬中解鬱同香附，脇痛嘔酸飲澼通。燥結陰虛多汗忌，除寒濕痺死肌融。甘草味甘平，稱為九土精。能

消百藥毒，大豆汁兼并。除邪熱止渴，緩正氣和肝。止痛生肌肉，養陰血悸安。調和眾藥名元老，發育癰疽用最嘉。瀉痢懸癰胎毒解，能和臟腑熱寒邪。稟性能和能緩急，生金潤肺補脾多。極寒極熱皆能緩，冷熱同方用便和。生能瀉火除咽痛，炙用溫中散表寒。酒嘔不宜中滿忌，癰瘻欬嗽久新安。

五味子甘酸，鹹辛苦核完。微溫滋腎肺，耗散氣收安。治勞久嗽傷，壯水鎮虛陽。旱瀉吳萸止，滋源補腎良。收肺虛陽納腎藏，强陰除熱益精良。沉桃膝地同參麥，定喘酸收斂汗長。收瞳散大目增光，益氣生津止渴湯。實熱風寒無汗忌，寒薑暑麥散麻黃。

麥門冬色白，微苦味甘寒。潤肺清心熱，除煩渴燥乾。肺中伏火清，脉欲絕能生。補肺經元氣，人參麥味并。治虛勞客熱，胃絡絕餐傷。定魄滋津液，經枯乳不行。療肺癰膿穢，兼治血妄行。能除勞復病，棗草竹冬秔。根多脉理推原意，復脉通心暑氣清。苦瓠同連消渴止，車前生地使睛明。行水治瘻欬喘平，能清胃熱益陰精。虛寒嗽瀉痳前禁，又忌痧邪鬱欬聲。

黃耆補藥長，益氣肺脾經。實表甘溫性，癰疽內托靈。充皮膚腠理，實衛氣如屏。益胃三焦藥，治虛喘汗停。生耆達表能開闔，蜜炙虛勞止汗靈。止瀉清肌虛熱退，防風解托中風醒。排膿止痛生肌效，解渴癰疽鼠瘻平。衛弱邪輕能托汗，傷寒尺弱建中餳。起痘成漿止慢驚，崩中血熱痢歸并。邪多氣實肝强忌，療肺癰膿嗽草輕。

當歸能養血，活血痛如拈。性潤溫無毒，甘辛苦味兼。調經胎產後，去瘀養新安。理血中之氣，心脾血分肝。欬逆氣能寬，辛溫散內寒。甘溫和血脉，療倒產何難。引血歸經種子祧，溫中止痛腹身腰。排膿散腫癰疽效，痙痺筋攣血痢調。跌打癥瘕歸尾下，歸身補血潤腸宜。虛勞溫瘧和寒熱，血熱鮮紅瀉忌之。

芎藭氣味辛溫散，去瘀調經月閉通。上至于頭下血海，和營潤燥去肝風。撫芎止痢能開鬱，冷痺筋攣種子功。療膽肝經頭痛效，營中暢氣血邪融。療面頭風多涕淚，催生產後乳懸垂。排膿長肉胞衣下，欬嘔火升衄忌之。

白芍入脾肝，微寒味苦酸。除煩涼血熱，補血護營完。斂汗收陰氣，安脾肺瀉肝。能除虛喘脹，順逆氣平安。同歸治血痢，冷桂熱芩隨。止衄治崩漏，安胎固腠肌。治營虛腹痛，木侮土乘脾。勿用因無汗，寒疼瘀忌之。

乾生地小寒，填骨髓滋肝。味苦甘生血，崩中血運安。止衄堅筋骨，能涼血保姙。治陰虛火旺，補腎水真陰。滋陰以退陽，夜熱用之涼。唾血腸紅止，治勞理內傷。調經潤下養陰精，退骨蒸勞定悸驚。解熱生津而化汗，長肌潤燥止耳鳴。

鮮生地大寒，血熱妄行安。味苦甘涼血，治崩衄止完。涼心血熱退，益腎水清肝。解五心煩熱，脉洪實診看。跌折筋能續，傷胎血下痊。治溫邪舌絳，赤芍牡丹連。消斑利二腸，療齒動疼長。瀉丙丁之火，木通導赤行。吐衄脉洪強，煎膏入大黃。鮮寒防妨胃，酒製用相當。

製為熟地黃，日曬九蒸良。補腎中元氣，苦溫氣味嘗。補血生精通血脉，封填骨髓益真陰。能滋腎水堅筋骨，脛股痠疼保孕妊。治勞唾血骨瘻行，納氣歸原腎喘平。長志烏鬚而黑髮，耳鳴目眩復聰明。

丹皮即牡丹，色赤性微寒。味苦辛無毒，心包至腎肝。能令相火平，撲損瘀消行。散瘀除煩熱，血中伏火清。除癥瘀血留腸胃，內熱陰虛吐衄安。退骨蒸勞無汗用，治神志弱地黃丸。療瘲驚癇及中風，能涼血熱散瘡癰。通經脉閉防胎墮，產後和營退熱功。

澤瀉微寒性，叢生淺水中。甘鹹味入腎，利水有奇功。通淋除濕熱，耳目可聰明。療疝陰間汗，祛邪夢洩精。治支飲眩冒，療水瀉身輕。水痞停心下，行痰飲嘔平。能行伏水除脬垢，氣分膀胱小便行。利竅通癃消水腫，腎虛誤用滑精盲。

山藥味甘平，生敷腫毒輕。根形如種物，辟霧露藷蕷。補脾入肺清虛熱，潤澤皮毛長肉肌。鎮魄安神多記事，治勞益損補虛羸。益氣補中除瀉痢，強陰益腎止遺精。治頻小便腰虛痛，養胃不飢眼眩明。

山茱萸色赤，氣味濇溫酸。續嗣添精髓，興陽道合歡。酸收精氣閉，補腎氣溫肝。止耳鳴勍力，强陰膝痛安。小便年高滑，精充九竅通。堅陰莖暖膝，月水過期紅。除風腦骨痛，火熾不相宜。尿赤淋癃忌，陽强勿用之。

何首烏仙草，其藤至夜交。雌雄分赤白，味濇苦甘調。種子延年稟性溫，强陽續嗣子生孫。烏鬚黑髮容顏少，壯氣長生覔九根。長筋益血補溫肝，養腎髓精健骨髖。濇固精兮收斂氣，祛風養血酒同餐。陰傷久瘧同柴豆，赤療癰疽痔癧丸。熟補鮮通白入氣，風虛帶下瘦勞安。療膝腰疼骨軟風，多男七寶美髯功。藤治不寐風瘡癩，忌葍無鱗熱毒同。

菟絲子縷藤，火焰草通稱。附梗根離地，治腰膝冷疼。甘辛溫氣味，補衛氣加增。稟正陽之氣，助筋脉酒蒸。益腎堅筋骨，補肝續絕傷。治風虛潤肺，補不足康强。用去風明目，元參痘出稀。莖寒精自出，尿後滴零漓。益髓强陰添氣力，遺精白濁共苓蓮。車前菟子橫生順，食倍人肥燥渴痊。

枸杞子如櫻，甘溫色赤赬。年深根似犬，益壽體身輕。質潤堅筋骨，滋心燥嗌乾。治虛勞止渴，得熟地根安。滋肝止淚菊長明，補腎腰疼膝痛輕。耐暑寒兮能潤肺，多男益氣最生精。

地骨皮寒性，

味甘淡苦并。行三焦氣分，除熱益陰精。退腎肝虛熱，肺中伏火清。堅筋骨止渴，熱欬嗽能平。解骨蒸肌熱，除煩熄內風。青蒿佐地骨，退熱有殊功。療表風邪無定退，傳尸有汗骨蒸涼。虛勞客熱金瘡止，去骨槽風小便瘡。

補骨脂無毒，扶陽固髓精。暖丹田冷痺，屬火斂神明。性燥大溫味苦辛，除寒補腎斂精神。腰疼膝冷陰囊濕，腎冷精流小便頻。心包絡火命門通，壯火興陽益土功。腎泄虛寒并肉蔻，陽衰喘嗽核桃同。

懷牛膝補肝，酒製養筋完。達下根長直，性平味苦酸。治痿寒濕痺，膝痛屈伸難。手足拘攣解，舒筋活血安。療血淋奇效，莖疼尿濇通。治風痱久瘧，喉痺鎖喉風。杜仲陰痿起，治腰脊痛鬆。能强筋壯骨，補腎佐蓯蓉。生能去惡血，滑利破堅癥。產難胞衣下，通經血結疼。誤用傷胎落，崩中禁用之。遺精夢洩忌，竹木刺抽絲。

杜仲性溫純，强筋利屈伸。行肝經氣分，色紫味甘辛。能溫肝補腎，皮折有絲連。使骨筋相着，治腰脊痛攣。治腰膝痛益精餘，壯骨安胎續糯藷。脚軟酸疼難踐地，補肝潤燥療風虛。

續斷溫辛苦，通關節入肝。治勞傷益腎，胎產漏崩安。接骨續筋功，能宣血脉通。治癰瘍腫毒，療跌折良工。止洩精腰痛，安胎暖子宮。治腸紅尿血，縮小便脬容。治金瘡瘀血，益氣力除黃。血痢同平胃，安胎佐仲良。

骨碎補治傷，微溫味苦嘗。能行血止血，補腎骨痿强。止久泄功超，耳鳴齒痛搖。治傷折骨碎，上熱下寒調。療手足能收，薔薇刷髮留。治蟲牙鶴膝，骨極腎勞瘳。

狗脊以形名，强筋壯骨勁。微溫甘苦味，療脚軟難行。補腎肝堅脊，治腰膂背强。理關機緩急，利俯仰如常。治風虛足弱，周痺尿頻澄。展八谿肢節，除寒濕膝疼。

雲母性升平，能明目益精。味甘肌潤澤，色白肺經行。救婦人難產，同溫酒飲生。延齡須久服，五色四時更。治紅白久痢，解牝瘧多寒。療中風寒熱，如船上不安。除邪氣助陽，止帶下良方。膏療腸癰病，治瘍毒惡瘡。

黄精安五臟，益氣下三彭。氣味甘平潤，填精髓體輕。良方枸杞并，久食可長生。黑髮充肌肉，烏鬚駐色瑩。號太陽之草，延年耐暑寒。補黄宮潤肺，斷穀不飢丹。

萎蕤玉竹名，性緩味甘平。潤澤除煩燥，補中益氣精。治勞客熱除勞瘧，止渴胃虛損補完。養正祛邪風熱濕，風溫自汗語言難。風淫四末身難動，潤肺治痰欬嗽平。益腎莖寒腰痛住，養肝止淚眼花明。

南燭子甘酸，性平駐少顏。堅强筋骨力，益氣固精完。南燭葉連枝，能除睡不飢。輕身而止泄，味苦濇酸滋。强精鬚髮黑，益氣力長年。汁浸蒸粳米，青精飯道傳。

胡麻色黑味甘平，益腎滋肝耳目明。長肉堅筋填髓腦，延年辟穀朮同行。養血滋陰潤燥腸，扶羸益氣補中良。治瘡痔瘻風癰痪，體健言明髮黑長。

薺苨淡甘寒，治乾欬嗽安。功專利肺氣，百藥毒消完。解熱强中病，莖長興盛歡。不交精自出，大渴發癰丹。和中消腫毒，明目療疔瘡。

沙參益氣兼清肺，味淡甘寒又養陰。去嗽皮間邪熱退，輕虛泄熱用南參。肺痿久欬北沙參，補肺陰兮療疝淋。火剋金宜寒嗽忌，陰虛失血喘深沉。

百合白花名，其根眾瓣成。葉生皆四向，性降味甘平。益氣治邪氣，安神魄止驚。清心煩定悸，擅保肺金清。能收涕淚乾，百脉病咸安。善補中清熱，冬花久嗽完。治痰血肺痿，利二便清滋。鬼魅顛邪泣，中寒泄忌之。口苦心煩小便赤，行眠起坐不安然。如寒似熱脉微數，滑赭鷄知地百泉。

薏苡仁甘性小寒，健脾益胃食加餐。能清肺熱治脾濕，培土生金抑木肝。保肺消癰去臭膿，能除脚氣上衝胸。兼治瀉痢砂淋熱，濕熱筋攣縮短鬆。燥濕身輕水腫乾，除風濕痺疝消完。兼通小便除蛔痛，欬嗽虛勞肺痿安。根祛蛔積下三蟲，療肺癰兮汁酒沖。有孕陰寒筋急忌，黄疸搗汁酒和同。

白藊豆甘平，脾經氣分行。通三焦下氣，降濁化輕清。能消暑濕又和中，補胃脾經止泄功。霍亂轉筋并吐瀉，香茹豆葉白梅同。兼花粉蜜治消渴，毒藥傷胎似中風。草木河豚六畜毒，花治帶下痢崩紅。

大棗甘平擅養脾，培中止瀉食充飢。土能勝水奔豚洩，助脉强神潤肺宜。補氣生津和百藥，調營協衛棗薑隨。如中滿痞牙疼忌，臟燥悲傷草麥滋。

龍眼果甘平，除邪氣體輕。安心神易寐，益智慧聰明。補心能養血，開胃益脾功。療健忘安志，虛煩止怔忡。思慮過勞傷，歸脾引導良。强魂驚悸止，枸杞共煎嘗。

蓮子濇甘平，治脾泄固精。能交心腎治，相火靖心清。脾虛米粥餐，白濁帶崩安。噤痢同陳米，能吞健喜歡。止瀉遺精厚胃腸，養神益氣補中黄。蓮房苦濇治胎漏，止血崩淋溺血藏。湖藕味甘平，心脾血分行。鮮清煩止渴，解血熱和營。絲連孔竅通，止吐衄全功。化瘀為新血，留皮搗汁沖。生涼行熟補，霍亂渴煩調。解酒能開胃，蒸吞實下焦。髮灰藕汁血淋停，血悶童溲產暈醒。藕節濇兮專止血，研治蝋痢酒調靈。

蓮花益色瑩，潤肺暢心清。解暑除煩熱，書人字服生。蓮鬚黄性澀，固腎氣精藏。痔漏牛歸蕊，清心止血良。薏苦清心熱，生研血渴秔。勞神吐血糯，砞末止遺精。葉苦濇平如震仰，升清助胃食消爽。面頭疙瘩雷頭風，血痢崩中脚腫(疆)〔彊〕。地荷艾栢鮮紅止，倒靨荽蠶荷痘起。葉可安

胎上脫肛，疎肝用梗氣通矣。　西洋參味苦甘寒，養血陰兮桂肉餐。補肺生津煩倦退，陰虛有火用之安。　丹參味苦平，色赤入心營。活血行包絡，調經脉養生。安神開結氣，療婦養陰材。破宿生新血，安生落死胎。治癇悸健忘，胎產用為良。一味丹參散，功同四物湯。養血兼行血，除煩滿療崩。治風痺足軟，帶下腹腰疼。療腹心邪氣，腸鳴若水聲。除癥瘕積聚，瘍腫潰疼輕。　酸棗仁平性，分生熟用靈。甘多酸味少，血分膽肝經。療膽虛驚悸不眠，除煩止渴骨筋堅。安神固表酸收汗，潤補肝魂養血痓。生治好睡蠟茶薑，熟療難眠竹葉涼。知母苓芎甘草棗，虛煩不寐補肝湯。　栢子仁仙藥，行肝氣分伸。能安魂定魄，質潤味甘辛。芳香性燥平，療恍惚靈清。善養心之氣，安神定悸驚。能滋肝潤腎，耳目轉聰明。益智醒脾胃，童顏齒再生。祛頭風鬼魅，益氣血興陽。老秘松麻蜜，治虛損汗藏。　栢葉微寒辛苦濇，清肝濕熱補陰精。崩淋吐衄鮮紅止，歷節風疼濕痺輕。　人乳甘鹹性潤平，資生血液眼光明。消除赤澀能收淚，若合參苓氣血盈。養老延年營五臟，除煩退熱補真陰。能濡噎膈滋枯脘，益損虛勞養血心。火燥風痰梨竹瀝，虛寒滑泄忌餐之。能治悸渴營筋骨，活絡行經酒乳滋。　小麥味甘平，麩寒麪熱更。南紅新麥熱，北麥白陳清。屬火心之穀，兼金木品評。治悲傷臟燥，棗草麥功成。　中空浮小麥，止汗出肌膚。固腠收心液，清皮肺熱麩。除煩兼療渴，止血養心愉。退骨蒸勞熱，薑葱慰痛無。麪性溫微毒厚腸胃，力強充膚兼止血。　丹砂產錦辰，色赤味甘醇。質重微寒性，明如箭鏃珍。體陽性象陰，明目定驚侵。外赤中含汞，安神重鎮心。神注丹苓乳，治心熱止煩。除胎毒口渴，獨用悶呆惛。養心臟氣同龍志，佐以丹歸養血心。並卧同行身似兩，離魂異病合苓參。惡夢難眠髮內藏，治胎痘毒死胎行。癎驚憂慮癲狂病，佐茯心燈麥乳香。　磁石性微溫，沖和去熱煩。味辛鹹色紫，吸鐵指南轅。鎮心臟怔忡，重去怯通聾。止耳鳴憂恐，能明目保瞳。療腎虛風腰不利，除周痺證濕風平。治肢節痛難持物，養腎填精骨氣勁。鎮補磁硃丸合麴，昏花內障益光明。硃能養血平邪火，磁養瞳精水不傾。　沙苑甘溫固養精，强陰補腎益睛明。治勞損乏遺精鰾，帶下腰疼痔漏平。　刺蒺藜辛苦，治風勝濕功。疏肝氣利肺，下乳性溫融。退翳能明目，治牙動痛紅。除癥瘕疥痒，療白癜頭風。　石斛甘鹹淡性平，收涎清氣定虛驚。鮮涼入胃治虛熱，補腎強陰益智精。止泄腰疼脚膝强，溲餘滴瀝濕陰囊。治勞骨痛虛羸

瘦，明目生肌厚胃腸。　芡實濇甘平，能强志固精。治腰疼脊痛，補腎益睛明。治虛帶瀉停，養氣補脾經。止滑精遺尿，兼溲赤痛苓。二茯蓮鬚山節芡，櫻膏金鎖玉關丸。夢遺有火加黃栢，滑洩同櫻水陸丹。　覆盆子補肝，益腎氣精完。氣味甘微熱，能明目淚乾。堅筋力健陽，縮小便收藏。種子容顏少，補虛續絕長。　肉蓯蓉入腎，血分性微溫。質潤甘鹹味，扶陽補命門。治腰疼補血，男子絕陽興。益氣精多嗣，虛寒腹膝疼。女絕陰能產，寒癥帶下濃。陽强并瀉忌，假者草蓯蓉。療五勞兮理七傷，强筋益髓壯男陽。汗多便閉沉麻使，腎痢陽衰液涸腸。　鎖陽能益氣，潤燥大腸通。入腎甘溫性，强陰壯骨功。酒製强腰膝，補陰氣益精。治痿弱有效，養血壯筋勁。　巴戟甘辛溫血分，強筋壯骨起陰莖。能安五臟勞傷證，水腫虛寒脚氣平。補腎元陽精志倍，祛風益氣療風痱。陰虛相火須知忌，血海融和疝痛稀。　胡桃潤燥味甘溫，用利三焦益命門。養血滋肌能補氣，人肥體健食多吞。斂肺連皮濇固精，虛寒喘嗽佐參平。興陽補腎治腰痛，合骨脂鹽杜仲并。　栗味鹹溫補腎强，稱能益氣耐飢糧。治腰脚弱虛寒瀉，止骨筋疼厚胃腸。　女貞子性寒，益腎養精安。味苦甘除熱，能明目細觀。益血能涼血，頭昏目赤除。强陰腰膝健，黑髮補陰虛。　青鹽陰氣結，吐溺血皆安。固齒堅筋骨，甘鹹味性寒。助水臟增精，茯苓小便行。治牙疼出血，舌衄熱能清。補腎清肝明眼目，能除瘀赤澀昏瞢。治癥白濁勞淋已，止血歸陰引腎功。　元參色黑苦鹹寒，降火滋陰補腎完。壯水清金能止渴，除煩散結化斑丹。療骨蒸勞消頸癧，治瞳赤貫益精光。陰中氣分浮遊火，血分虛陽佐地黃。陽毒傷寒經汗下，心神顛倒懊憹安。脾虧泄瀉虛寒忌，勞復咽喉痛痺寬。　亂髮血餘灰，胎生髮髫孩。扶元胎毒解，髮髮頂心裁。仍自還神化，行肝腎入心。性微溫味苦，消瘀血治淋。止血補陰功，治關格五癃。小兒驚大痙，利小便滋通。川椒已髮烏，止血出肌膚。血痢腸風止，崩安赤帶無。同中白止衄，綴耳鼻粘連。栢葉雞冠蕊，髮灰瀉血痓。止血運金創，生新長肉良。治兒驚熱病，父髮炒雞黃。能除心竅血，胃弱不相宜。嘔瀉須知忌，痰紅欬嗽治。　麻黃味苦辛，溫峻散通神。產地無存雪，中空發汗頻。泄衛中風熱，驅營分重寒。散傷寒表證，喘欬實邪安。風寒痘倒靨，冬冷透痧難。上腫因風濕，黃疸表熱看。功專散肺太陽寒，無汗身疼表實看。偏徹皮毛開汗孔，頭疼發熱惡寒安。脉浮緊數實邪瘳，弱用亡陽汗直流。冷水盆中將髮浸，滋陰補氣撲能

收。

桂枝去冷風，暖散解肌功。足太陽心藥，溫筋血脉通。解表風頭痛，除煩欬嗽涎。辛甘溫氣味，心痛脇疼痊。辛甘發散是為陽，汗出惡風發熱涼。舌絳昏沉斑衄忌，奔豚腹痛臂疼忘。散表營寒衛中風，調營達衛汗從容。如無汗出麻黃配，有汗還同芍藥融。

羌活能疏散，氣溫味苦辛。治風寒勝濕，頭項痛難伸。療脊強而厥，透關利節中。搜肝風瀉氣，發汗表邪攻。治無汗痓反張弓，入太陽經督脉通。手足拘攣寒濕痺，氣雄色紫理游風。非時感冒防風佐，目赤喎斜血癲紅。血少頭疼虛痓忌，周身骨節痛神功。

防風能解表，氣薄味甘辛。稟性平而散，治風妙入神。兩太陽之肺，能祛大惡風。眼紅流冷淚，風激血崩中。療四肢攣急，游風在面頭。治瘡瘍欬嗽，瀉肺實邪瘳。周身盡痛兼葱白，去濕疏風潤劑兮。項脊強疼頭眩痛，同荊蒡子疹痧齊。

藁本氣溫香，行膀足太陽。治風巔頂痛，味苦大辛嘗。療胃風之泄，木香霧露邪。陰中寒腫痛，止婦疝疼瘕。治寒頭腦痛，熱痛不相宜。血弱頭疼忌，肝風火禁之。

升麻稟性平，脾肺大腸行。入胃升清氣，甘辛苦體輕。獨擅升陽性散宣，陽明表熱瀉同痊。治頭齒痛祛瘟疫，起痘疎斑標點前。升提邪陷舉清陽，瀉痢中虛益氣湯。吐蠱如神除百毒，治崩帶下脫肛腸。殺鬼精殃消瘴霧，氣虛後重效稱能。痰凝喘血痲痧忌，腎弱陰虛火禁升。

葛根開腠理，氣薄味甘辛。入胃脾平性，治消渴益津。陽明頭額痛，發散解肌功。化酒能開胃，溫邪合豉葱。療瀉痢升陽，痲痧痘點彰。治煩身熱嘔，散鬱火輕揚。葛粉除煩熱，治消渴熱瘡。祛丹石酒毒，利二便清涼。生根搗汁清溫熱，止血墮胎性大寒。葛穀十年之痢愈，葛花解酒便紅安。

葱白辛溫能發汗，中空入肺足陽明。傷寒寒熱頭疼解，脚氣奔豚尿秘行。傷胎下血腹疼安，跌打金創罨損瘢。厥逆脉微清穀痢，通陽達表散風寒。

淡豉苦甘寒，調中下氣寬。能升能散吐，熱越悶煩安。療發斑溫毒，宣虛熱懊憹。頭疼洪脉熱，吐汗豉兼葱。得酒則治風，薤和痢有功。蝦蟆椒毒解，血痢蒜煨同。胸中滿悶宜梔豉，療懊憹煩不得眠。瘴疫傷寒勞食復，能宣發汗解肌功。寒熱頭疼溫瘧止，傷胎下血保胎維。胃中熱結煩當忌，直中傳陰禁用之。

黑豆芽黃卷，治周痺酒行。滋皮毛益氣，補腎味甘平。婦人惡血凝能破，濕痺筋攣膝痛輕。解毒腦瘡秋石共，胃中積熱水清平。

瓜蔕苦而寒，功專涌吐噴。胸中邪滯越，痞鞕懊憹安。除陽明濕熱，食積水停胸。療濕家頭痛，黃疸嗃鼻中。治身面腫水浮汎，合麝同辛鼻塞通。豆豉湯調瓜蔕散，邪痰上脘吐之空。

常山蜀漆苦辛寒，破瘴行肝腹脹寬。湧吐黃涎專截瘧，生宣必嘔酒輕安。同甘草吐大黃下，草果檳脾肺秫麻。麥竹兼心龍附腎，并梅甲片入肝家。

藜蘆有毒苦辛寒，涌吐風痰實證看。入胃脾經通頂嚏，痰癡蠱毒嘔之安。療欬風癎疥癬瘡，宣壅導滯蛭蟲戕。連綿嘔吐葱湯止，反五參辛芍酒殃。

秦艽紋錯綜，活絡痛攣伸。入胃兼肝膽，性平味苦辛。祛風除濕痺，療酒病黃癉。退日晡潮熱，榮筋養血安。除邪寒熱氣，節痛便紅諧。療急勞煩熱，身酸痛草柴。絡熱骨蒸涼，牙疼口噤張。驅黃除濕熱，利二便牛漿。

白薇根細軟，氣味苦鹹寒。入胃衝任藥，除寒熱痛酸。治風溫灼熱，除熱益陰經。目閉昏眠噤，婦人血厥醒。療熱淋溫瘧，金瘡血出身。中風支滿熱，忽忽不知人。

茅根入胃肺脾行，色白甘寒伏熱清。止渴涼金除火喘，治溫熱病噦枇平。能和血閉之寒熱，吐衄崩淋血分涼。解酒黃疸行小便，祛除客熱胃中腸。

白芷溫辛苦，含之臭轉香。治頭風涕淚，胃肺大腸行。表汗能通竅，眉稜齒痛忘。陽明頭額痛，痔毒蝮蛇傷。發背乳癰瘡，排膿止痛瘍。治陽癰赤腫，表裏大黃行。治肌膚燥痒，去面皯疵瘢。療鼻涕陰腫，丹瘤白帶安。

柴胡生卯月，味苦性微寒。足少陽經藥，能和表裏間。達木鬱疏肝，耳聾脇痛安。治傷寒口苦，嘔目眩咽乾。和解少陽樞，升陽痢瘧驅。柴芩參半草，薑棗小柴胡。治寒熱往來，血室熱清哉。退早晨潮熱，調經結氣開。肝勞病鬱蒸，目暗癧筋凝。欬喘須當禁，陰虛火忌升。

銀柴胡退熱，長白軟甘寒。療骨蒸勞瘧，疳羸熱血安。

青蒿根葉梗，氣味苦微寒。去骨間留熱，三焦至膽肝。退骨蒸勞熱，煎童便有功。血虛之伏熱，盜汗蓐勞融。治溫瘧久痢，殺鬼疰傳尸。療目昏清暑，芬芳啟胃脾。

夏枯草紫莖，冬至一陽生。夏至陰來槁，微寒性體輕。味苦辛無毒，能明目養肝。治寒熱鬱火，產血暈崩安。夜目珠疼甚，同香附草痊。治眉稜骨痛，失血後難眠。辛能散結氣，解瘰癧良工。軟乳巖癥瘿，養肝血脉功。

荊芥苦辛溫，清頭目眩昏。行肝經氣分，散瘰癧盤根。風寒頭痛解，破結氣和平。療濕疸黃黑，芳香瘀血行。療產痓虛風，身強直反弓。眼歪斜瘓瘲，血暈噤奇功。驚癇風熱散，發汗利咽喉。吐衄腸紅止，風瘡疥毒搜。婦血風勞熱，崩中痔腫瘳。陰虛面赤忌，自汗不宜投。黃顙魚逢死，河豚毒反驢。諸無鱗及蠏，忌食載方書。

天麻用透明，無毒味辛平。號定風之草，肝經氣分行。能除蠱鬼精，語蹇澀清明。久服紅斑出，驅風癎定驚。療不仁

麻痺，頭旋眼黑痓。治風虛掉眩，風濕痺拘攣。利膝強筋力，治癱瘓不隨。同芎頭痛止，養血藥相宜。

獨活辨羌中，風寒濕有功。色黃兮氣細，獨本不搖風。足少陰經藥，微溫味苦辛。治筋攣骨痛，足濕痺難伸。中風身冷噤，產痓反弓張。黑豆燒淋酒，牙風痛地黃。奔豚瘕疝病，不語中風形。腎伏風頭痛，細辛佐有靈。理下焦之病，治腰膝冷疼。血虛諸痛禁，弱痓忌難勝。

細辛味極辛，紫細直根真。氣馥能溫散，風寒火鬱伸。行肝腎血分，利竅引經心。療脊强而厥，溫經發少陰。暢齆鼻淵聾，溫中下氣通。治頭疼腦動，倒睫淚迎風。治陰寒欬嗽，首面上風邪。口舌瘡浮熱，咽喉痺痛牙。解百節拘攣，治風濕痺痓。破痰行水氣，潤腎燥周全。性烈五分規，陰虛嗽戒之。血虛頭痛禁，有汗忌須知。

褌襠換炙黑，引出髓中邪。病後陰陽易，頭難舉眼花。膝脛拘攣急，衝任熱上胸。翻身重少氣，小腹急陰中。尿利陰頭腫，燒裩散有功。房勞黃病退，手足爪灰同。

韭菜暖辛酸，補中可久餐。生辛能散血，熟益腎溫肝。溫脾治瀉痢，打撲損傷完。血膈喉間噎，除胸痺痛安。治經脉逆行，下氣喘和平。暖膝腰强腎，起陽氣固精。腎氣攻心痛，五苓韭汁丸。童溲沖韭飲，胃脘瘀消寬。

鼠矢行肝腎，消疔腫乳巖。甘微寒小毒，雄者兩頭尖。達陰氣厥囘，發疹點紅來。療乳癰吹奶，通經下死胎。易陰陽腹痛，合用韭根宣。足冷而身熱，須同獨活煎。療鼠瘻瘡瘍，房勞復折傷。馬肝之毒解，狂犬咬砂餹。

白前色白辛甘味，下氣除痰性降平。肺實邪壅停飲嗽，治哮喉有水雞聲。

前胡能下氣，味苦帶辛甘。入肺三焦藥，微寒性降痰。氣實風痰降，安胎化食脾。陰虛痰火忌，外感飲涎宜。治痰熱喘頭疼嗽，脇痞胸痰結氣行。表散傷寒寒熱解，時邪內外熱皆清。

蘇香葉紫看，發表去風寒。入肺辛溫散，寒邪喘嗽安。紫血辛行氣，溫中止痛無。參芎香附擇，弱血氣三蘊。葉散除寒熱，妊娠解表肌。專宣兼下氣，解蟹毒魚鮏。梗順氣安胎，寬中脚氣回。治心腹脹滿，霍亂橘皮陪。子潤肺寬腸，消痰定喘當。虛勞邪夾雜，欬嗽橘紅芳。

桔梗苦辛平，少陰腎肺行。能開提氣血，療痢腹疼輕。除邪鼻塞寬胸痞，右脇胸疼枳桔推。甘草同為舟楫劑，排膿清肺療癰痿。療欬無痰開肺鬱，咽喉痺痛桔甘宜。陰虛久嗽須知禁，攻補下焦忌用之。

惡實苦辛平，除風熱肺清。治咽喉腫痛，大力鼠粘名。宣肺氣痧揚，消斑起痘瘡。治痲喉痺痛，檉柳最相當。散腫毒瘡瘍，治邪鬱欬傷。除風濕癮疹，性冷滑腸溏。

薄荷葉碧香，發汗性浮揚。味苦辛涼散，清頭目癧瘡。疏風頭痛止，下氣食消行。氣分司清化，消風散熱涼。解表通關節，痲痧癮疹彰。心經風熱散，退壯熱驚狂。

貫眾苦微寒，時行疫癘安。治崩中鼻血，快痘疹斑看。解腹中邪熱，癥瘕骨鯁行。治三蟲濕火，血熱毒消輕。

赤檉西河柳，先知雨性靈。甘鹹溫氣味，入肺胃心經。治痧痲疹隱，喘嗽悶昏煩。六一治痧痢，洗風疹痒番。除驢馬酒毒，利小便能通。用去風荊芥，消斑痞積功。

蒝荽辟惡氣，香竄味辛溫。發痘瘡痧疹，時寒酒煮噴。噴身項背足，出快點分明。大小腸通利，心脾胃並行。內用暢心脾，外能達四肢。治頭疼化穀，解蠱毒宜之。

香蕈味甘平，治風破血瑩。能開胃引毒，松蕈止溲精。

馬勃紫辛平，輕虛肺熱清。治咽喉痺痛，欬嗽失音聲。除瘟邪血熱，赤腫大頭溫。止衄能消毒，臁瘡斂沒痕。

辛夷苞頂上，入肺達陽奇。利竅辛溫散，治寒熱解肌。助胃升清氣，能開竅鼻通。輕浮香上竄，鼻塞涕垂葱。治風頭腦痛，面腫齒疼寒。眩冒身搖兀，如車上不安。

蔓荊子氣清，味薄苦辛并。入太陽肝胃，輕虛體性平。祛頭風作痛，療濕痺拘攣。止淚漓明目，能涼血熱痓。療骨筋寒熱，血虛火禁升。瞳神大散忌，退目赤睛疼。

朝天子向上，療正側頭風。反胃需花白，腸風赤帶紅。木槿根甘苦，微寒潤燥功。治腸風瀉血，擦惡癬瘡蟲。

蒼耳子治巔，頭風痛鼻淵。性溫甘苦味，益氣去風痓。梗葉微寒辛苦味，治風去濕疥瘡稠。除周痺證拘攣痛，療反花瘡癩疾瘳。去面烏斑猪肉忌，治身疹痒毒疔抽。血風腦悶頭旋倒，巔頂皮膚膝足周。

豨薟端午採，氣味苦辛寒。療四肢麻痺，除風氣腎肝。生寒九製轉溫良，去濕偏風活血行。口眼歪斜腰膝弱，兼治骨節冷疼瘡。

威靈仙屬木，色黑味鹹辛。稟性溫而猛，祛風濕若神。手足拘牽不遂癱，行難履地痛風痓。兼除冷滯行痰水，脚膝連腰冷痛蠲。脚氣上衝喘脹平，宣疏五臟太陽行。能消骨鯁除痰瘧，善走兼通十二經。

五加皮味辛溫馥，入腎肝經浸酒良。骨節拘攣腰痛止，舒筋壯骨可興陽。除風濕痺溫經絡，疝氣陰囊濕痒輕。若腎肝虛有火忌，治兒三歲躄難行。

松脂味苦甘溫燥，入肺祛風胃熱清。燥濕除邪兼下氣，能治惡癩死肌生。堅筋壯骨治崩帶，辟穀延年壽羡彭。止痛排膿肌肉長，頭瘍白禿瘻瘡平。節勁舒筋陳者效，能治骨節痛風傷。松毛去濕除風痺，長髮生毛解凍

瘡。松花能益氣，痘濕爛敷痂。止血收風濕，涼心潤肺嘉。海松子潤腸，益壽療風傷。燥欬胡桃蜜，甘溫潤肺良。杉木味辛溫，除蟲蝕齒根。治臁瘡黑爛，療上氣奔豚。木節治風毒，除心腹脹癧。平衡心脚氣，痞絕脇堅凝。

海桐皮味苦，血分胃經行。暢脉除頑痺，通經絡性平。專能去濕風，殺疥癬牙蟲。腿膝腰疼止，治風蹶有功。絡石苦甘平，治癰腫痛輕。堅筋骨養腎，療白濁澄清。治風熱血中，喉腫痺消通。舌脹腰髖痛，舒筋骨節融。

桑寄生真少，味甘苦性平。安胎崩漏止，益血脉流行。治風濕痺痛，脚腿痛腰疼。長髮堅筋骨，充肌固齒能。木瓜氣味濇溫酸，益肺理脾以伐肝。能去濕舒筋寬項彊，能治霍亂轉筋安。療吐瀉兮收氣脱，多餐小便閉難通。絲瓜嫩滑味甘寒，合蜜朱砂快痘看。解和氣滯調營衛，脚膝攣疼濕痺融。老者舒筋脉絡行，消癰痔疝化痰方。藤根毒除風涼血熱，腸紅槐米及崩安。木通藤細孔，利竅性平通。味苦辛甘淡，浴體能稀痘，腦漏喉風齒蠹瘍。宣通氣血功。去胃脾寒熱，心包兩太陽。治脾疸欲睡，降火水隨行。能疏血脉通關節，舌燥咽疼尿痛紅。足冷周身拘痛熱，催生下乳月經通。能通九竅開關格，止渴除煩退熱輕。利水治淋清濕熱，通心導火小腸行。酒味辛甘苦，通經性熱升。祛寒邪暖胃，動火血痰凝。臘釀陳佳溫飲少，紅通血脉白升清。宣行藥勢頭身表，擅禦風寒霧毒平。壯神逐穢辟邪瘳，苦烈甘醇辛散浮。助膽扶肝防發怒，宣心喜氣以忘憂。

清·岳昶《藥性集要便讀》卷中

廣鬱金平性，微甘味苦辛。輕香升後降，鬱鬯酒通神。行包絡至肺，療胃熱腸紅。去瘀兼宣氣，涼心解鬱功。能消血積而行氣，產瘀衝心痛暈醒。痘紫無漿驚搐亂，癲狂癡悶鬱礬靈。治淋尿血金創暈，宿瘀心疼唾血腥。蠱毒升麻分上下，經停吐衄倒行經。菖蒲味苦辛，砂石上為真。俾達心胸暢，脾經氣分伸。蚤虱耳疼聾，辛香九竅通。除風胎漏止，噤口痢奇功。小便多能止，治心積伏梁。宣通除脉痺，葉療疥膿瘡。辛溫達氣宣邪結，益智通神療健忘。不語昏譫寒熱引，開心孔竅發心陽。治尸厥魘療癲驚，冷腹心疼欬逆平。血少滑精多汗忌，除煩悶熱出音聲。下痢痞兮嘔食微，三焦不理胃無依。參苓朮草連薑枳，半夏菖蒲噤痢稀。遠志腎經行，能強志益精。苦辛溫氣味，益智慧聰明。治難眠夢洩，益腎氣通心。療善忘迷惑，交離坎茯參。治邪氣止驚，利九竅身輕。實火于心忌，壯陽道起莖。治皮膚內熱，血噤失音聲。解附烏頭毒，癰疽起七情。

蟬蛻性微寒，甘鹹味入肝。高鳴治啞病，飲露吸風餐。療噤風天弔，治驚癇夜啼。體輕浮性蛻，快痘疹痧齊。除風熱散邪，去翳障昏花。療破傷風證，鬆肌脱痘痂。痘翳羊肝佐，消疔腫毒瘡。治膚風疹痒，產子易何妨。鼻水萍濕化性輕浮，氣味辛寒發汗流。入肺宣通行小便，稱能下水腫消瘳。除血吹停洗癩瘡，治風熱病痒相當。除消渴證同花粉，蒡子薄荷癮疹揚。香茹宣暑濕，入肺胃辛溫。水腫須兼朮，同連解熱煩。先升後降兼金水，汗少腹疼霍亂治。壯熱惡寒頭痛用，乘涼飲冷暑相推。藿香廣產良，去惡氣宣陽。入肺脾溫性，甘辛苦味嘗。氣稟清芳烈，消除瘴疫和。安胎治口臭，快氣食增多。霍亂心疼止，能開胃助脾。溫中除嘔吐，胃熱忌寒宜。霍亂括要附：暑濕風寒飲食傷，三焦失道夏秋行。厥陰風木司天盛，濁氣清陽亂胃腸。吐瀉轉筋手足寒，心煩熱渴左金安。猪苓止瀉阿膠去，痞嘔藿香溫膽肝。先鍼手紫木通靈，暢痞分疏小便行。嘔瀉漸安無喘躁，肢溫脉復轉陽生。嘔瀉連連語失音，肢寒眶陷汗淋淋。沉微欲絕浮虛散，救脱冬苓四逆參。痞通嘔止瀉多空，用枳連苓入理中。瀉止痞堅頻嘔噦，熱煩半夏瀉心功。調和霍亂陰陽水，汗少香茹呃柿丁。止渴蛔梅清暑土，承先哲法後通靈。

芒硝消結熱，屬水太陰精。性大寒而潤，辛鹹苦味并。治陽强燥火，潤下軟堅功。破結除邪氣，胃腸實熱通。破血死胎驅，消痰積癖無。通經治瘰癧，赤障火丹塗。胃冷脾虛忌，液枯涸戒之。陰虛火動禁，便冷閉非宜。大承氣使令，火亢水承平。枳朴硝黃下，急攻實熱行。蕩滌腸中熱垢行，胎前裏熱蜜硝并。能消舌脹治喉痺，化食通淋腫毒平。大黃味苦寒，川產錦紋看。入大腸脾胃，心包血分肝。生攻急瀉頻，苦泄熱如神。蕩滌通腸胃，推陳積致新。熟下緩攻輕，黏痰宿食行。調中甘草緩，引上酒蒸烹。熱痞同連浸，通經止痛靈。攻癥瘕太過，瀉數粥餐停。正弱下難禁，黃龍妙合參。妊娠斟酌用，實火血連芩。欲與大承通，先探裏實空。小承湯少與，轉（失）〔矢〕氣當攻。專攻結熱大腸通，瀉胃中焦實火功。滿朴燥硝除痞枳，譫狂潮熱閉當攻。行脾燥結麻仁緩，自汗便難蜜導融。下瘀斑丹清血熱，能通痢積癩皮風。氣弱便難誤用危，脾虛痞脹不相宜。血枯便閉停經忌，動氣陰疽白禁之。

厚朴產川真，氣溫味苦辛。先升兮後降，洩實滿通神。色紫溫脾胃，除寒腹脹寬。治酸涎冷痛，散濕滿風寒。治驚煩霍亂，忌大豆須知。氣

弱脾虛禁，胎前炒用之。辛散頭疼寒熱嘔，除寒犯胃濕侵脾。溫中下氣消痰積，喘欬三蟲瀉痢治。

枳實入脾肝，辛酸苦小寒。攻堅積實痞，洩結熱中寬。性酷而行速，治胸痞結胸。能治寒熱結，散積血之壅。破氣真元損，胎前戒用之。脾虛痞積忌，氣弱禁須知。衝墻倒壁瀉痰涎，降氣除疼喘脹痊。宿食不消心下痞，更兼發熱佐黃連。

麻仁滑利味甘平，潤大腸脾蘊子烹。液竭津枯脾約用，陽明多汗便難行。緩脾潤燥肌肥健，益氣除風止渴休。怪證腸肛乾痛落，治淋倒產順生頭。

杏仁稟性溫，有毒者雙仁。下氣能平喘，甘辛苦味存。苦降辛能散，治頭痛解肌。祛風寒欬逆，狗錫毒消之。潤肺散邪功，除瘡疥殺蟲。能消索粉積，疏解面頭風。除蛆蟲入耳，風熱欬平治。泄瀉當知忌，陰虛嗽不宜。散肺風寒滯氣融，陳皮氣閉大腸通。痰紅火欬煎童便，解結寬胸潤燥功。

巴旦杏甘平，寬腸下氣行。消心腹逆滿，潤肺欬痰清。

葶藶苦辛寒，通經利水乾。治痰涎欬嗽，水氣喘平安。陽經水腫暴宜攻，喘渴煩兮漢己同。驟起肺癰同棗瀉，洩能去閉氣腸通。

甘遂苦甘寒，攻陽水腫胖。消留飲痞熱，決水結胸寬。能攻經隧水，十二水疏通。瀉腎除瘕疝，傷脾損氣凶。

大戟苦辛寒，能攻蠱腫寬。長驅十二水，緣入腎脾肝。苦洩辛能散，消癰二便通。專攻臟腑水，瘀血熱行空。

芫花攻五水，入肺腎脾膲。味苦辛溫毒，長驅五飲消。專攻水腫痔絲維，逐鬼邪胎蠱毒離。飲癖實宜虛忌用，水行養胃法當知。傷寒表解水汪洋，戟遂同芫十棗湯。潔淨腑兮通二便，脇疼喘欬嘔相當。

防己苦辛寒，治風水腫寬。除膀胱積熱，脚氣濕疼安。能通腠理行經脉，瀉血營中濕熱清。險健實宜虛忌用，疏通二便下焦行。

巴豆峻攻兇，除寒實結胸。陽中陽有毒，氣熱味辛濃。入肺腸脾胃，攻堅冷積功。能開通閉塞，水蠱杏仁同。急攻生用猛，熟以緩疏通。熱閉陰虛忌，液枯膈禁中。瀉痢寒凝滯久延，反治止瀉蠟丸仙。通腸導氣消痰癖，冷積堅癥熱下痊。纏喉急痺鬱金雄，合大黃薑備急攻。破血排膿疔毒拔，黃連冷水解其兇。

牽牛子苦辛，利二便頻頻。性烈溫行氣，陽虛腫忌娠。治風氣閉大腸通，瀉氣中之濕熱壅。黑達命門精隧腎，白行氣塊癖痃蟲。能治水腫實當攻，濬水牽茴號禹功。洩肺能平水喘滿，三焦氣順飲痰空。

檳榔入胃大腸攻，味苦辛溫禦瘴功。逐水奔豚能洩氣，除癥腹脹結胸空。性如鐵石之沉重，直達三焦一氣通。脚氣衝心膀疝痛，除痰癖積殺三蟲。痢滯停腸肛裏急，疏通後重實檳宜。氣虛下陷升麻舉，瘧癖除消弱忌之。

猪苓淡滲苦甘平，入腎膀胱利水行。尿閉熱煩消渴嘔，經邪及腑太陽清。兼開腠理治痎瘧，瀉熱通淋子腫娠。濕腫傷寒溫疫解，多傷腎目燥亡津。

滑石性寒甘淡滲，胃中上肺下膀胱。能祛濕火兼清暑，腑竅宣通小便長。利水通津兼滑竅，而除瀉痢石淋黃。治疸水腫行癃閉，濕熱分消渴熱涼。

車前草子味甘寒，解熱祛風養肺肝。利水通淋分瀉痢，能開水竅閉精安。治睛赤痛益精明，麥地同滋內障清。腎弱虛陽下陷忌，采治產難順胎生。

瞿麥苦寒涼，通心利小腸。治淋如石痛，利小便膀胱。破血行經胎損墮，梔燈熱結下焦通。諸癃利竅開關格，去刺決癰出箭功。

扁蓄苦甘平，膀胱小便行。治淋疸濕熱，陰蝕痔蟲傷。

海金砂出葉，手足太陽行。利水甘寒性，營中濕熱清。砂膏淋麥滑，腫滿朮牛攻。血熱淋莖痛，同梔六一通。

龍鬚為席草，味苦性微寒。利水通淋閉，陰莖熱痛安。

石韋清肺氣，水道上源通。稟性寒甘苦，治勞熱五癃。

萆薢胃肝行，祛風濕病輕。堅筋强骨節，氣味苦甘平。治腰膝痛除周痺，小便頻頻白濁癃。火熾陰虛茶醋忌，膀胱宿水濁清澄。

土茯苓甘淡，行肝胃性平。治梅瘡去濕，結毒久鬆輕。健胃脾除瀉，治癰漏癬瘡。陰疳肛潰爛，忌茗腎虛傷。梅瘡輕粉劫，瘡退毒潛藏。筋骨拘攣痛，喉陰痛爛瘍。搜風解毒湯，銀皂土苓防。苡太通瓜蘚，參歸氣血行。

地膚子味苦甘寒，清利膀胱濕熱完。下水益陰虛火退，通淋赤目疝瘡安。

郁李仁辛苦，行脾下氣功。性平消水腫，潤燥大腸通。療四肢浮腫，腸中氣滯鬆。治膀胱急痛，利水道除癃。恐悸張開目，須同酒飲瞑。通關格去癖，損水液傷形。

苦瓠味苦寒，療鼻塞黃癉。大水周身腫，同葶藶杏丸。宣陽通小便，去痔石淋乾。下濕令人吐，須知暴實餐。鼓脹用陳瓢，死胎齒匶銷。脾虛膨久忌，腋下潰瘤消。

赤小豆甘酸，心之穀色丹。性平治熱毒，止渴嘔煩安。健胃脾通氣，能消水腫平。除寒熱泄痢，利水小腸行。散血排膿效，消癰腫發頤。行津液暢乳，難產下胞衣。下氣同通草，祛瘟疫不臨。除牙疼脚氣，利小便治淋。

冬葵子下乳，性滑味甘寒。二便能通利，同苓水腫寬。滑胎難產易，利竅破癰頭。療痢除椒毒，砂仁乳腫瘳。治癰丹石毒，解疸毒烹葵。惡犬傷當忌，能除肉刺錐。秋葵復種經冬至，春作子者名冬葵。

榆皮滑利味甘平，利竅五淋濕熱清。喘嗽安眠胎順易，膀胱大小二腸行。滑去着兮消腫滿，治癰禿癬火丹瘡。能通二便行經閉，斷穀不飢可當糧。

連翹行氣分，散結熱能伸。兩少陽心藥，性涼味苦辛。破血

結通經，消瘤癭癧形。除心經客熱，散氣聚聽聽。治寒熱鼠瘻，鬱火膽經清。去上焦諸熱，通淋小便行。治瘡稱妙藥，結者散之良。　蒡子同瘍效，連軺濕熱黃。得薄荷清散，治咽疼膈熱。

山梔味苦寒，去客熱煩安。入肺心之胃，輕飄色赤看。清三焦降火，屈曲下行消。五內之邪氣，心疼導熱調。能清利二腸，解熱鬱癉黃。舊有微溏忌，除淋血滯行。止懊憹顛倒，虛煩不得眠。陽明胸熱擾，梔（鼓）〔豉〕吐之痊。治瘡紅白癩，熱吐衄先應。久則須當忌，能治目赤癧。

黃連性大寒，瀉實火身安。味苦清心胃，除煩熱渴乾。治天行熱疾，椒止嘔蛔蟲。小結胸蔞半，同薑夏痞通。兼辛療口瘡，目赤痛寒光。去眦傷流淚，能清胃厚腸。清寒水化成，火亢害能平。瀉有餘陽氣，行冬肅殺令。止嘔吳萸綠苦酸，專清內障霽羊肝。能治濕熱中焦血，伏暑煩蒸酒煮乾。熱病三黃狂熱渴，苦寒直折恐傳陰。薑開酒散能兼製，熱痢香連噤口參。下利嘔兮痞食微，三焦失運胃無依。參苓朮草連薑枳，半夏菖蒲噤口稀。三消渴甚東瓜麥，熱痢陽衰佐艾良。久服黃連防化火，諸虛火忌胃陽亡。

黃栢苦寒剋，治陰熱耳鳴。瀉膀胱相火，血分腎經行。味苦能堅腎，除淋閉濁淫。治痿蒼朮佐，療濕熱傷陰。擅瀉膀胱龍火旺，能治曠壯蝕陰瘡。夢遺足熱同生地，血痢黃癉毒痔瘍。能治口舌瘡辛蜜，熱結脬中尿不通。不渴通關知栢桂，溲紅澀痛澤苓同。療骨蒸勞夢洩傷，人心動火靜清涼。虛勞久服寒知栢，減食傷脾瀉恐亡。

黃芩味苦寒，瀉肺火金安。破大枯芩綠，清肌表熱完。除煩晝渴熱，去濕熱痰胸。目赤黃癉退，喉腥火嗽癰。苦燥堅腸胃，除丁腫火瘍。治溫邪熱痢，芩芍草良方。條芩細實黃，吐衄熱清涼。瀉大腸之火，養陰以退陽。治淋利小腸，佐朮保胎方。血熱崩中止，經行五十藏。止灸瘡流血，陽虛痢戒之。熱而無汗忌，虛火禁當知。

知母苦辛寒，治邪熱口乾。行陽明肺腎，氣分火清安。除煩清肺熱，潤腎燥滋陰。利水消浮腫，喉腥臭止淋。療熱中消渴，安胎止子煩。治陽明暑瘧，火欬嗽痰渾。

石膏軟者真，色白味甘辛。性大寒清暑，能除熱渴頻。行三焦氣分，肺胃熱清涼。自汗多消渴，脉洪大數長。熱渴陽明證，汗多白虎湯。頭疼無汗葛，裏熱結硝黃。能治尿赤斑牙痛，口舌乾焦喘發狂。潮熱昏煩多汗渴，陽明胃火脉洪長。青龍煩躁使清揚，白虎多膏喝熱涼。脉不實長虛熱忌，胃寒不食便溏防。

蘆根除客熱，止渴嘔和平。霍亂心煩悶，甘寒胃火清。能治勞食復，瀉痢渴瓊漿。馬肉河豚毒，妊心熱晚涼。葦莖止嘔除煩熱，療肺癰膿嗽臭紅。解毒河豚蘆笋效，蘆花止衄血崩中。

白頭翁白茸，氣味苦辛寒。止衄陽明藥，和營血痢安。治偏陰疝痔，入血分清涼。溫瘧狂寒熱，牙疼白禿瘡。能消贅癭瘤，熱痢厥陰瘳。下重思吞水，秦連栢白頭。

秦皮味苦寒，退熱帶崩安。性濇收兼燥，色青入膽肝。能明目益精，目赤腫疼輕。白膜消青翳，治癇熱止驚。清肝除熱痢，下重即輕鬆。忌胃虛餐少，能收血痢膿。

胡黃連味苦，療火痢紅安。退五疳潮熱，清肝膽性寒。療髓淫邪毒火消，癇驚五痔骨蒸勞。黴瘡解毒歸肥草，果積烟傷孕熱調。

龍膽草純陰，瀉肝膽火深。治驚狂實熱，苦濇大寒侵。專清濕火下焦行，弩肉兼柴退赤睛。尿血黃疸紅腫足，咽疼慾毒濁疳莖。

鈎藤氣味苦甘寒，止眩舒筋瘈瘲寬。十二驚癇功獨擅，肝風相火靜心安。治兒寒熱止驚啼，口眼歪斜火悶迷。客忤胎風心熱退，如同紫草疹斑齊。

白菊苦辛平，金精稟氣清。專治風熱病，去翳膜睛明。眩暈游風止，消疔血脉行。除頭疼止淚，濕痺死肌生。黃花益肺苦甘平，補水滋陰養目睛。眩暈頭風需菊酒，同麻杞地永光明。

苦參大苦寒，去實熱黃癉。益腎陰堅齒，腸紅熱痢安。理濕熱遺精，純陰性下行。腎虛無火忌，止淚赤睛明。療熱生風濕化蟲，惡瘡赤（癲）〔癩〕落眉風。指牙齒久防腰重，解酒丹癰火毒功。

馬鞭草入肝，理發背癰安。洗楊梅瘡毒，消魚鱠□□。破血月經通，治陰腫疥蟲。除癥瘕肚脹，下部䘌瘡叢。

山豆根寒苦，瀉心火肺安。治咽喉痛腫，喘滿腹膨寬。治人馬急黃，解藥毒蛇傷。退熱兼除欬，齦疼蠱毒瘡。

射干味苦寒，瀉實火清肝。入肺能消腫，咽喉痛痺寬。能通二便行經閉，散血消痰結核鬆。欬嗽痰稠言臭氣，銷除瘧母胃中癰。

盧會擅涼肝，除蛔味苦寒。治兒疳積熱，痔瘻急驚安。治黃水濕癬，䘌齒腦疳恫。胃弱脾虛忌，專清熱殺蟲。

大青味苦寒，入胃膽清肝。瀉火除煩渴，治喉痺火丹。清溫熱病靈，陽毒熱狂停。解赤斑邪火，犀梔豉大青。

蓼藍葉汁苦甘寒，去熱蜂斑毒解完。合麝雄黃蛛毒散，誅蠱噎膈靛胸寬。

青黛味鹹寒，除斑赤火丹。治驚疳熱痢，散鬱火清肝。止吐血功良，除蟲拔毒瘍。口疳冰溺白，濕熱腹陰瘡。

紫草甘鹹性滑寒，心包營分至于肝。稱能活血專涼血，便閉斑丹痘赤看。療腹心邪通大便，能除痘毒黑疔雄。治疸利竅消癰腫，痘白脾虛瀉忌中。

蒲黃水草花長夏，土轉秋金稟氣平。兩厥陰經涼活血，甘辛藥味瘀消行。能通小便行經絡，血滯心疼腹痛輟。產瘀而煩悶痛舒，治心臟熱消重舌。生消舌腫血敷

槐，炙止崩淋吐衄衃。心腹膀胱寒熱退，同膠地黛髮為灰。　槐角純陰五痔涼，治風眩倒吐涎徉。催生益腎吞槐子，黑髮烏鬚眼夜光。槐花氣味苦酸寒，上應虛星下血安。滌熱疏風涼血熱，消癰舌衄潤清肝。止衄涼腸療痔功，同芩酒服止崩樱。腸風熱瀉兼荊柏，尿血鬱金退目紅。　鱧腸草性寒，養血味甘酸。益腎陰堅齒，能涼血熱安。治腸風尿血，黑髮長鬚眉。止灸瘡洪血，中寒瀉忌之。　墨味辛溫陳者寶，生肌斂血止金瘡。治崩眩暈消癰腫，欬血磨沖藕汁良。和童便服血潛藏，血熱山梔瘀大黃。目觸飛絲燈草捲，髮灰鮮地準繩方。　卷栢味辛平，春分節出萌。生行癥可破，炙止血功成。炒熟甘溫性，强陰又益精。腸紅樱側栢，下血地榆并。女陰寒熱痛，暖水臟通經。解至陰邪薄，治啼泣鬼靈。　童便鹹寒胃肺胱，滋陰降火最為良。專治勞熱行傷損，血暈攻心產預防。止血不凝行不峻，陰虛欬血褚佳方。天行頭痛同葱豉，吐衄金瘡用最當。陰寒格拒使從治，食少脾虛瀉忌之。鼻衄綿灰中白止，麝同血汗不侵肌。　凝水石清（塋）〔瑩〕，鹽精滲地成。辛鹹寒氣味，用降火和平。退有餘邪火，除煩渴火丹。治心腎積熱，喉痛灼傷安。治時氣熱能清胃，體熱皮中似火燒。滑石冬葵通小便，兼除積聚軟堅消。　元精石鹵根，開寶味鹹溫。用益精治痺，除風冷積屯。《綱目》性陰寒，其形六出看。消涎重舌退，來復正陽丹。配火硝硫用，助陽又救陰。能扶危拯逆，上盛下虛任。引陽歸氣腎，目赤澀疼痊。霍亂元硫半，治煩渴利咽。　食鹽海鹵成，血分腎經行。潤下鹹寒性，清心止笑聲。軟堅消積聚，脚氣轉筋平。潤燥而涼血，除風洗眼明。寒能勝熱涼，解毒療癰瘡。止痛而除痒，牙疼齒䘌傷。蚓蛭消為水，蜂蜈螫痛拈。黄蠅蛇毒解，產手足塗鹽。塗收小舌垂，哮嗽不相宜。水腫須當忌，治消渴禁之。蚓螯夜鳴同，落眉體似風。牙烏皮出虱，痛痒舌流紅。胸痰積熱當探吐，納竅臍肛二便通。脘痞腹疼乾霍亂，不能嘔瀉涌噴功。　金鈴子苦寒，五製疝消完。熱厥心疼甚，延胡楝痛安。心包相火腸膀洩，濕熱清兮小便長。胃冷脾虛須忌用，伏寒化熱發煩狂。寒包熱疝使茴香，白楝根皮利大腸。蟲痛蕪荑消渴麝，游風疥（癲）〔癩〕擦蟲瘡。　勃臍辟蠱滑甘寒，痞積能消噎膈寬。削癖銷堅銅物化，除胸實熱渴黃瘴。　西瓜解熱味甘寒，滌暑清煩止渴乾。療酒口瘡通小水，傷脾助濕忌多餐。　梨味甘寒利大腸，微酸解渴療湯瘡。除胸結熱治痰痞，降火消風定喘狂。　除煩客熱最涼心，醒酒治勞療失音。潤肺咽喉平欬嗽，生清腑熱熟滋陰。　乾柹濇甘寒，除煩欬嗽安。益脾能止血，反胃飯同餐。下血腸紅止，能收澀厚腸。鮮生清胃熱，止嗽渴瓢漿。　柹蒂濇平治呃止，功能降逆氣和行。開痰散鬱丁薑佐，參半萸連橘辨明。　霜清心肺熱，止嗽療咽瘡。潤肺治脣痛，生津止渴嘗。　綠豆皮涼入胃肝，能清熱毒味甘寒。除煩止渴消丹石，附毒須同黑豆餐。厚胃腸兮治瀉痢，能行小便脹鬆寬。天行痘毒疳三豆，水石同藍砒毒刊。豆粉能消痘毒瘡，燈甘草乳護心良。皮消痘翳通神散，白菊穀精煎柹嘗。　銀花即忍冬，解熱毒消癰。氣味甘平馥，能治血痢膿。止渴補虛宜，中和理胃脾。癰疽甘草酒，腫潰兩功奇。去滿寬膨脹，除風逐五尸。消梅瘡毒痔，托裏合歸耆。　燈心草味淡甘寒，止血丹砂破損完。療夜啼驚塗乳哺，輕通小便五淋安。降火清心利小腸，除煩水腫渴疸黃。咽喉痺痛蓬砂效，炙黑陰疳粉麝香。　淡竹葉甘寒，治煩渴舌乾。昏迷溫疫悶，止齒衄驚安。解暑涼心兼益氣，不眠竹葉棗仁并。能清肺胃之虛熱，順氣消痰欬喘平。　淡竹茹甘寒，清疏噎膈寬。治虛煩渴嘔，胃脘熱煩安。肺痿唾血崩中止，產後虛煩熱嘔痓。鼻衄溫邪寒熱巇，女勞復病用胎全。　淡竹瀝寒甘，消風火燥痰。筋攣拘急展，欬嗽臭痰黏。能清熱養陰，走竅滑痰沉。療子煩胎動，治狂渴失音。消痰寒滑性，痰隱膜皮中。匿四肢經絡，同薑汁有功。療嗽癲狂痙，喉風類中風。胃寒腸滑忌，解不語痰蒙。　天竺黃甘冷，涼心客忤安。除驚風熱病，利竅豁痰完。治驚癇上視，明目療金瘡。解中風難語，消痰不滑腸。　茶葉微寒甘苦味，清心少睡解昏沉。功專降火清頭目，止渴除煩入厥陰。下氣消痰食饌行，能除炙煿痔肛瘡。同薑解痢芎頭痛，釋滯消壅滌胃腸。烟熏痘痒臘茶香，垢膩肥消小便長。子療頭鳴齁喘嗽，侵精瘠氣飲多傷。　兒茶苦濇平，上膈熱能清。止血兼收濕，生肌定痛輕。同硼治口碎，縮痔止金創。療下疳輕粉，胡連片腦涼。止鼻淵流水，生津又化痰。牙疳雄貝末，黑臭洗需泔。　枝桑味苦平，療脚氣身輕。止痛通關節，疏風濕痺行。除風燥痒痊，療手足拘攣。止嗽陰疽灸，偏風臂痛牽。　桑葉苦甘涼，烏鬚黑髮長。同麻明目效，止盜汗金瘡。代茗除消渴，治勞熱欬平。　祛風清肺胃，止淚洗青盲。　桑椹補血養神思，釀酒烏鬚可濟飢。止渴生津消瘰癧，虛風六極五勞羸。　桑皮入肺味甘寒，止嗽傷中唾血安。降氣涼金清肺火，兼能利水腹膨寬。除蟲止渴治鵞口，瀉肺經兮氣有餘。　桑縫金創雞血蓋，風寒嗽戒忌陽虛。　退熱清金瀉白散，消痰欬嗽喘

能平。桑皮地骨粳甘草，瀉火能從小便行。

通草淡甘寒，體輕色白看。通癃閉水腫，蟲痛目明觀。通陰竅五淋，瀉肺熱清沉。下乳催生産，頭風痛不侵。

天冬入肺兼通腎，降火清金保肺安。潤燥滋陰通二便，除煩解渴味甘寒。能强骨髓養肌膚，止血消痰定喘呼。潤肺治痿清燥熱，肺癰熱欬臭膿無。同參地棗號三才，養血培元補下該。惡食脾虚溏瀉忌，地黄貝母使相陪。

馬兜鈴味苦辛寒，療痔涼腸降氣寬。體象輕虚清肺火，治痰熱欬喘平安。

酸漿味苦寒，利濕熱黄癉。火欬咽疼止，喉瘡痛即安。味苦除煩熱，輕能療上焦。消痰清肺火，利水道通調。

茵陳苦小寒，療熱結黄癉。足太陽經藥，傷寒瘴瘧安。濕熱疸君藥，諸黄佐使分。瘟黄時疾熱，利小便瘕癃。尿閉五苓梔栢涼，陰黄色黑附推詳。陽黄汗解麻連豆，便秘茵梔下大黄。

梓皮味苦寒，療火毒黄癉。利太陽經藥，陽明濕熱完。溫邪寒飲啘，療疥痒膚瘡。壯熱時溫病，三蟲目疾黄。

王瓜根味苦，去濕火兒癉。解酒黄通乳，除消渴性寒。治黄癉變黑，導大便腸寬。去瘀通經閉，天行熱疾安。

鮮皮味苦寒，去濕熱中寬。性燥行脾胃，除黄酒穀癉。能除風濕痺，行步屈伸難。去死肌瘡癬，陰中腫痛安。

附子需川勝，行心腎命門。味辛甘有毒，性大熱還元。溫經散大寒，冷厥白青看。益火消陰翳，純陽冷痛安。治柔痙冷疝，督脉脊腰强。短呃虚寒喘，溫脾暖腎陽。直走三焦藥，通行十二經。溫邪熱厥忌，火毒孕傷形。陰寒生附峻，發汗桂枝薑。熟附麻辛草，驅寒表裏揚。治寒霍亂癥陰瘧，厥痢陰疽冷汗頻。合地同參耆及附，陽回寒谷轉長春。三陰厥冷沉微脈，主少陰寒四逆湯。救腎陽衰需附子，參苓朮芍附回陽。溫行水腫通經閉，冷濕陽虚各證治。實熱陰虧諸病忌，陽衰氣弱化寒宜。陰盛格陽當冷服，熱因寒用膽尿沖。解烏附毒須犀角，菔土黄連豆草同。

川烏頭附母，去濕冷麻風。活絡輕疎性，除寒痺痛功。

乾薑燥熱辛溫散，療腹心疼冷積瘕。解太陰寒治吐利，溫中達表逐寒邪。除寒濕痺通關節，味斂薑疏欬汗停。入肺溫脾治反胃，同參暖胃草溫經。消痰下氣能開胃，嘔痞寒凝痢色青。耗氣消胎多損目，炮治胃冷守中靈。

炭薑苦黑脈濡陰，血溢紅流冷藥深。止血從治甘草佐，血虚産後熱相尋。

生薑通肺氣，發表散寒風。順氣能開胃，辛溫發汗功。通神明辟惡，嘔聖藥調中。

反胃羸薑粥，和營衛棗圓。氣稟璇星散，能彊禦百邪。誅蟲除冷嗽，寒熱痢和茶。治風鼻塞寒頭痛，解臭行痰氣脹調。眼痔癰胎秋並忌，南烏夏菌毒鴟消。皮治表熱辛涼散，上腫消兮腹脹寬。若用乾生薑發汗，溫中下氣夜毋餐。薑汁中風竹瀝同，諸經絡脉滌痰空。功專止嘔除脾瘧，勃藕梨童噎膈通。

吳茱萸色綠，燥熱苦辛并。主厥陰寒氣，平肝胃腎行。苦洩辛能散，溫中降濁功。重陽災厄解，下氣滯流通。祛寒厥痢陽回暖，痞滿胸膨冷脹寬。燥濕除酸治滑瀉，萸連嘔瀉轉筋安。背冷嘔酸頭痛茯，衝心脚氣疝薑輕。非寒滯忌防昏目，解鬱寒疼噦呃平。

肉桂辛甘味，生交趾最良。芳香油紫色，性大熱純陽。補命門陽弱，行營分腎肝。消陰凝益火，去痼冷沉寒。療脚痺疏通，溫筋血脉融。能宣導百藥，忌血熱生葱。辛溫散結通關節，療腹寒癥疝痛深。酒桂椒薑冷痺熨，治痱語蹇中風瘖。血痢寒凝調桂芍，奔豚腎氣桂苓行。陽衰陰盛虚遲脉，引火歸原血喘平。桂心活血以溫中，入裏寒凝痃癖通。九種心疼腰膝冷，扶脾潤腎抑肝風。癰疽痘毒能溫托，引血成膿化汗功。舌赤溫斑昏衄忌，傷胎動血殺三蟲。

廣艾苦辛芳，肝脾腎肺行。生溫乾熟熱，辟鬼性純陽。能回垂絶返元陽，灸透諸經氣血行。合麝丁香鍼冷痺，溫中利竅用陳良。正療三陰祛冷濕，從治吐衄止崩中。除寒腹痛腸紅痢，膠艾安胎暖子宮。

紫石英無毒，能溫血益肝。辛甘暖氣味，定悸鎮心安。療十年無子，風寒在子宮。餐之能有孕，暖血海和融。似坎離交會，經停色淡施。陰虚火旺忌，血黑紫非宜。

石硫黄有毒，性大熱純陽。補命門真火，酸鹹味色黄。治陰寒製用，返滯復還清。化魄消陰翳，壯陽道暖精。擅破邪歸正，除寒濕利腸。治疽消冷癖，久服血陰傷。有救陽衰痼冷功，虚寒泄痢蠟礬同。能除脚膝疼無力，冷呃硫烟齅鼻中。陰毒傷寒同艾援，虚寒水腫煅硫通。年高冷秘硫薑半，療疥瘡蟲久服凶。

陽起石鹹溫，行經腎命門。治腰疼膝冷，止帶固精存。化雪性升揚，陰寒體用良。治莖冷濕痺，益氣壯元陽。外散喉風腫，虚寒大便溏。興陽能續嗣，忌火旺陰傷。破石瘕凝血，陰癥腹痛安。治陽痿不起，暖婦子宮寒。

鍾乳石甘溫，純陽暖命門。行陽明氣分，大壯下焦元。用益精明目，强陽補氣功。陽充通百節，利九竅圓融。石竅之靈液，山身氣脉通。陽洞真氣結，色白亮中空。脚弱寒疼止，治勞嗽吸烟。梅瘡成結毒，爛鼻蝕陽痊。慓悍興陽種子功，陰痿不舉壯標雄。荒淫不節傷精氣，火熾癰淋濁病凶。除哮定喘冷痰清，療肺陽衰欬逆平。忌朮參兮能下乳，治腸冷滑攝寒精。

火硝性暖升，破積散堅癥。味苦辛鹹合，水中火氣騰。除邪寒熱解，吐利腹中癥。伏暑并傷冷，治交錯病能。

升散三焦之火欝，調和臟腑去寒凝。從治障瞖并喉痺，妙用依憑佐使稱。

樟腦味辛香，除瘋癬疥瘡。能通關利竅，性熱散升陽。用水中然火，烟薰中惡魅。同烏頭合醋，脚氣足心塗。驅寒濕殺蟲，利滞氣之功。齒痛牙虫蛀，黄丹大皂同。

燒酒性純陽，甘辛大熱行。從治洗赤目，體熱用能凉。除欬嗽清痰，溫中腹痛拈。能消寒積瘧，冷氣痛同鹽。冷噎膈先嘗，辛開欝結行。祛寒毋久飲，腐胃爛柔腸。

淫羊藿味辛，潤腎性溫芬。療冷風勞氣，四肢木不仁。益氣力生郎，堅筋骨膝强。治偏風不遂，暖腎命門陽。

丁香燥熱味辛芳，朝食難消暮吐薑。療胃寒疼除嘔噦，祛邪辟惡性純陽。虚寒冷呃佐參良，痘白灰低起發揚。熱嘔難施火呃忌，除壅脹滿滞消行。洩肺溫脾能進食，牙疳臭痛骨槽風。壯陽暖腎并陰戶，白痢除消蟖積空。

胡蘆巴苦溫，陽氣引歸元。腎臟丹田暖，純陽入命門。膀胱寒濕痢，少腹冷疼痊。楝戟茴萸附，奔豚疝墜偏。

大茴香下氣，止痛暖丹田。入腎辛溫燥，膀胱冷疝痊。療小腸偏墜，兼開胃食增。陰丸癩疝腫，腎氣脇攻疼。

荔果甘酸性熱陽，治瘤赤腫益顔光。除寒健氣能增智，止呃消疔發痘瘡。

荔核甘溫濇入肝，暖能散滞氣行寬。治癩疝腫囊疼冷，血氣寒凝刺痛安。

蛇床子補腎，氣味苦辛溫。壯火强陽事，三焦至命門。止帶藏陰暖子宫，陰中疼痒脹寬鬆。除風濕痺腰酸痛，擦癬治瘡腫及蟲。

蓽茇胃之腸，溫中下氣行。治頭疼嘔瀉，性熱味辛香。氣痢同牛乳，除牙痛鼻淵。陽明浮熱散，心胃冷疼痊。

川椒性熱味辛香，散肺寒邪止嗽湯。除濕溫脾治痹痺，功能暖補命門陽。攻癥止嘔伏蛔蟲，宿食消行水腫通。引火歸原平腎氣，虚寒久痢瀉收功。下氣溫中腹痛安，三焦冷滞飲消完。調和血脉通關節，脉軟腰疼喘足寒。椒目惟從滲道行，消諸水腫喘能平。陰虚火旺須當忌，閉口傷人久失明。

胡椒熱味辛，去冷痛如神。快膈除痰積，溫中下氣伸。反胃寒凝吐，同薑半夏丸。治牙浮熱痛，嘔水胃中寒。鼈菌毒能消，魚腥食料椒。治蟲牙霍亂，綠豆熱寒調。解凍湯磨墨，祛風吐利功。防生瘡動血，嗜食目昏紅。

畢澄茄一類，暖腎氣膀胱。冷呃良薑佐，除寒噎蔻嘗。下氣能消食，溫脾止嘔方。為丸治反胃，吐黑汁薑湯。

良薑性熱味辛芳，暖胃脾經冷癖行。療瘴瘧邪寒吐利，溫中下氣脘疼忘。除寒噎膈寬中脘，反胃陽衰腹痛痊。冷氣疼兮香附佐，惡心忽嘔水清涎。

紅豆蔻溫辛，治寒吐瀉癉。能消食解酒，止冷痛如神。

刀豆子甘溫，溫中降濁渾。能治寒呃逆，益腎氣歸原。

竈心土色丹，又號伏龍肝。氣味辛溫燥，同粳反胃安。火土相生義，用陽以化陰。溫和營血脉，產後痢堪任。治崩中失血，吐衄久粳痊。火旺陰虚忌，溫中止嘔煎。赤白帶塵樓，治兒死腹中。除臁瘡久爛，去濕醋塗癰。

清・岳昶《藥性集要便讀》卷下

蘇合香開欝，甘溫性屬陽。祛除不正氣，辟惡鬼精殃。除邪無夢魘，去蠱毒三蟲。氣厥醒痰閉，通諸竅臟功。

安息香平味苦辛，燒之去鬼可來神。功專下氣兼行血，辟惡除邪下鬼娠。祛除中惡心疼厥，熏暖丹田斷鬼交。霍亂傳尸勞瘵噎，能清夢魘入心包。

龍腦香辛苦，開關隔竅通。行肝肺入骨，散火欝消風。體熱用辛凉，從治法審詳。清香冠百藥，走竄性飛揚。血脉肌風忌，治風在骨宜。驚癇牙痛止，目赤耳聾吹。催生新汲水，心腹鬼邪驅。佐使之功有，獨行勢弱乎。散心熱盛舌强長，夢漏口瘡蜜栢涼。痘悶狂煩猪血紫，治喉痺痛痔疳瘍。

皂莢辛鹹溫氣味，屬金勝木去肝風。上吹下導開關竅，肺大腸肝噎氣通。拯溺癇迷魘縊噎，宣壅導滞破癥功。除喉痺嗽風痰喘，合朮燒烟疫氣空。臁瘡濕毒死肌紅，鼽鼻中風口噤鬆。肥皂消痰除垢痢，腸風秘結皂仁通。

皂刺辛溫尖鋭利，癰疽潰處透穿膿。痘瘡氣滞低凹起，角刺大黄去癩風。

鵝兒不食草，達肺腦頭通。利竅辛溫散，專消瞖膜紅。嗃鼻黛川芎，治牙痛耳聾。寒痰齁喘瘧，貼痔痛頭風。

檀香氣味辛，辟中惡通神。稟性溫無毒，調脾肺腎勻。引胃氣升清，芳香進食行。調咽胸膈氣，噎膈吐能平。誅蟲治霍亂，散冷氣功奇。腹痛心疼已，膿多潰不宜。

白蔻辛溫治冷氣，溫中寒吐惡心平。脾虚反胃丁砂米，散肺胸中滞氣行。瘧疾脾虚寒熱嘔，香開噎膈上中焦。火疼熱嘔津枯忌，進食寬中白膜消。

沉香補命門，擅攝火歸源。降氣痰涎下，辛甘苦性溫。納氣歸于腎，陽虚喘嗽消。能扶脾達腎，上熱下寒調。溫中而不燥，色黑體沉芳。得酒先升降，能行氣不傷。治精寒腹痛，小便氣淋遲。實火邪當忌，氣虚陷禁之。液涸蓉麻便秘通，健忘驚悸茯神功。沉蘇蔻柿寒低呃，足冷虚陽喘膝同。

砂仁根上結，達下性溫陽。入腎行脾胃，膀胱肺二腸。辛酸鹹轉苦，引藥宿丹田。潤腎歸元氣，地黄向導先。散痞治寒飲，奔豚鬼疰蠲。消銅魚骨骾，霍亂轉筋痊。安胎止痛能通氣，噎膈心疼冷積平。氣滞虚寒凝痢愈，醒脾宿食化消行。口齒咽喉浮熱散，芳香溫燥性相推。和中止嘔能開胃，氣弱火升並忌之。

益智仁溫味苦辛，治心氣弱以安神。理元益氣除氣痛，補火扶脾進食頻。補腎虚寒遺濁止，夜多小便入鹽

煎。辛開鬱結宣通氣，益胃溫中攝唾涎。
烏藥辛溫行腎胃，能治脚氣疝攻胸。腰麻膝痺膀胱冷，下氣溫中腹痛鬆。能消瘴氣時行疫，白濁頻疼吐瀉輕。辟惡疏風除鬼疰，七情鬱喘四磨平。
香附辛甘苦性平，功專理氣血隨行。肝經氣分三焦藥，開鬱調經四製精。生行胸膈達皮膚，發散風寒疫紫蘇。暢利三焦開六鬱，多憂怒悸脇妨無。熟走衝任腰腎足，心脾氣痛冷良薑。癰疽怒起同甘草，吐血崩中小便涼。瘀血稜莪銷積塊，驚遺痞塞茯神調。青囊越鞠治諸鬱，黃鶴丹連鬱火消。血虛四物砂縮脾，氣弱參耆冷艾宜。若用多兮防耗氣，先期血熱忌當知。
木香溫燥性，散冷氣通神。引藥之精者，純陽味苦辛。香燥性偏陽，肺虛熱忌嘗。升衝陰火戒，血燥禁關防。三焦氣滯以疏通，九種心疼腹痛融。泄肺行肝開鬱氣，除寒痃癖疝瘕功。辛香苦燥能升降，胃氣和兮霍亂安。化食順胎治瀉痢，袪邪辟疫蠱消完。
廣橘皮溫味苦辛，調脾開胃用須陳。溫和苦泄辛能散，燥濕和中理氣伸。下氣消痰運食行，能治霍亂藿香良。杏通氣閉桃通血，止瀉同苓若嘔薑。去白疏通留白胃，治胸滿積草鹽零。芳香去臭除痰嗽，療瘧寒薑蠍痢苓。
橘紅肺氣行，療欬久新輕。解表寒痰飲，治虛損嗽平。
橘瓤酸者生痰滯，葉汁能消乳肺癰。絡解渴兮治吐酒，歪斜口眼正形容。
青皮味苦辛，散乳核如神。性烈溫行降，疏肝膽氣伸。削堅破滯氣雄驍，鼈甲青參瘧癖銷。左脇疼平治腹疝，辛能發汗膈胸調。
草蔻仁香烈，辛溫去內寒。除酸痰燥濕，暖胃健脾餐。化食能開欝，溫中霍亂安。除寒心腹痛，散滯氣胸寬。
草果辛而熱，除痰化積行。治脾寒瘴瘧，破氣冷疼輕。瘴癘傷人成瘴瘧，同知母用熱寒勻。邪輕瘧久同常截，截早邪停脹熱頻。
薰草味甘辛，性平廣產真。香辛散上達，酒服免懷娠。袪除臭惡氣，齆鼻塞宣通。療腹心疼滿，治頭齒痛風。五色痢多傷，同鹽酒木香。歸連治下痢，啟胃用芬芳。
甘松香上竄，辟惡氣醒脾。猝腹心疼滿，牙疳腦漏治。甘溫性味嘗，暢鬱氣通行。止渴丁沉澤，同檀五飲香。
山柰辛溫用暖中，袪除瘴癘齒疼蟲。治寒霍亂諸香合，療腹心疼冷氣融。
大腹皮辛濇，微溫性體輕。消肌膚水腫，下滯氣和平。止霍亂調中，能行脚氣壅。治懷胎脹悶，瘴瘧痞疏通。洩肺兼開胃，能通大小腸。須知虛脹忌，疏氣使鹽薑。
冬瓜性急味甘涼，泄熱行脾利二腸。解毒除煩癰腫退，養兒痢渴飲瓜瓤。除丹石毒治消渴，水腫瓜皮赤豆糠。子療腸癰明眼目，潤膚去黑補肝傷。
合歡皮屬土，和血補陰虧。止痛而消腫，甘平長肉肌。懷安五臟和心志，骨折筋傷芥子瘳。療肺癰煩治唾濁，花能蠲忿樂無憂。
萱草忘憂暢膈行，甘涼濕熱酒癉黃。根消乳腫能下水，溲赤砂淋小便長。
蘭香草子號光明，去瞖牙齦爛臭輕。齒黑落兮甘露飲，同銀粉醋密佗并。
蘭草秋為佩，能調氣養營。治胸痰癖散，止啘嘔辛平。辛香袪疫穢，牛馬毒如拈。散鬱除陳氣，治消渴口甜。利水道通膀，能除蠱不祥。生津泄肺鬱，開胃氣清香。
澤蘭血分肝脾藥，止痛消癰撲損痕。散瘀癥瘕除水腫，辛香解鬱苦甘溫。經停瘀化而為水，敗血流經痛脹平。產後腫浮防己酒，能消惡露水隨行。
茺蔚子三稜，益肝木數稱。辛甘溫氣味，去赤障堅凝。子性行中補，調經產病安。瞳神散大忌，活血濟陰丹。去瘀除風熱，能明目益精。治經停吐衄，下月水通行。益母葉枝莖，調經活血行。微寒辛苦味，主產難和營。療乳癰消水，查丹瘀熱清。除疔瘡癮疹，滯血暈疼輕。
月季花紅消腫毒，甘溫活血月經調。能治瘰塊沉芫酒，解痘逢經陷起標。
苧麻散瘀味甘寒，療尿癃淋退火丹。血暈腹疼行惡露，根清膈熱漏胎安。
葡萄性小寒，氣味濇甘酸。解渴人肥健，除煩噦嘔安。藕汁萄鮮地，同清熱血淋。治肢疼濕痺，胎孕上衝心。實葉子懸平，將萄釀酒清。藤根通小便，消水腫身輕。
黃楊葉苦平，閏不長枝莖。歛降治難產，順胎散達生。
雞冠花子味甘涼，止血砂淋五痔瘡。子療腸風紅白痢，花治帶下色相當。
慈姑性味苦甘寒，擅下胞衣產難安。血悶攻心須飲汁，能除百毒石淋渾。
王不留行之性速，入肝氣味苦甘平。能通小便除風痺，鼻衄金瘡止血營。治淋難產乳長流，出刺消針骨骾瘳。療奶癰疔通血脉，崩中孕婦不宜投。
鮮皮味苦寒，去濕熱中寬。性燥行脾胃，除黃酒穀癉。能除風濕痺，行步屈伸難。去死肌瘡癬，陰中腫痛安。
參三七苦甘，散血杖疼盦。定痛治傷效，金瘡止血堪。療吐衄神功，消癰跌撲恫。微溫肝胃藥，止血痢崩中。
山茶花色赤，味苦性平治。吐衄腸紅止，敷湯火灼肌。灸止紅童便，生行紫宿傷。春陽初動放，花簇寶珠良。
紫檀消腫毒，去產瘀金瘡。定痛和營氣，鹹寒止血良。治產後惡露，凝結頭腹痛。
茜草苦鹹酸，微溫色赤丹。通經治濕痺，療吐衄黃癉。行包絡入肝，活血撲傷完。六極傷心肺，腸紅吐血安。
蘇方木性平，色赤入心營。甘味鹹辛少，肝脾血分行。破宿滯通經，心疼血運醒。血行風自熄，瘀脹悶清靈。參蘇消肺瘀，面黑喘能平。破血當多用，和營以少輕。接指敷包繭，瘡瘍死瘀融。消癰治產暈，

可療破傷風。　琥珀味甘平，安魂魄定驚。顛邪心痛止，化瘀血徐行。能消翳障目生光，清肺通淋利小腸。辟魅除痕兒枕痛，生肌止血療金瘡。　花蕊石溫味濇酸，行營入足厥陰肝。能消瘀血為黃水，惡血衝心產運安。金創出血止功魁，擅下胞衣及死胎。吐血斗升童便煅，陰虛火熖忌之哉。　乾漆辛鹹兼苦味，行肝性降毒而溫。專消瘀血年深結，破久堅凝積滯根。產後身青腫麥消，能行血臟殺蟲蟯。如無瘀滯新營損，漆毒生瘡解蟹椒。　桃實酸甘熱，仙桃益壽顏。凡桃多食熱，膨脹癤癰患。桃仁能破血，氣味苦甘平。瘧癖癥瘕散，通經瘀結行。治皮膚燥痒，香附使成功。納下除陰痒，誅蟲血瘖通。除胸瘀結譫煩躁，少服堅疼小便行。熱入營中停血室，如狂畜瘀熱清平。紅花合用行經水，佐以陳皮血閉通。桃葉薰蒸能發汗，除風痺痛殺三蟲。辟惡神桃祛鬼魅，心疼鬼瘧蠱難撓。花消瘀飲癲狂定，桃橛桃符鬼魅逃。　紅花開盛夏，入血分心肝。稟性溫行血，辛甘苦色丹。活血脉通經，能行瘀滯停。宜和童便服，血悶運薰醒。治胎死腹中，六十二般風。氣血疼兼酒，桃仁破瘀通。能消赤腫癰，痘紫血凝容。少養多行血，崩中忌用凶。　降真香去瘀，色紫味辛溫。定痛生肌效，金創止血存。療折傷神效，時行疫氣消。治肝傷吐衄，宅怪異爐燒。　寒號鶡鴠鳥，矢即五靈脂。夏羽毛冬落，隨陽剝復推。濁陰歸下竅，《綱目》味甘溫。散血和營氣，生行炒止論。療疝兼治瘧，《逢原》味苦酸。行肝治產瘀，結血血崩安。失笑蒲黃醋，除身腹脇疼。治停瘀各痛，少腹塊堅癥。能行瘀絡痺，利氣脉流通。血貫瞳神翳，治風木殺蟲。能消重舌脹，蛇毒佐雄黃。氣濁而臊穢，防脾胃血傷。止血痣流紅，痰凝瘀半同。髮毛剛血潰，眼白黑奇功。　延胡通氣血，擅止痛如神。稟性溫能走，根黃味苦辛。春生三葉綠，體木用兼金。入肺肝脾藥，一身上下臨。暢氣中凝血，血中氣滯通。周身營衛轉，瘀結痛神功。筋攣肢體痛，血冷桂歸延。惡露癥瘕散，同茴疝痛痊。撲損傷平經絡暢，心疼脘痛酒調痊。諸虛痛忌防胎落，利氣通經活血延。　薑黃活血肝脾藥，味苦辛溫下氣融。散腫消癰行結積，癥瘕冷痛月經通。　蓬莪茂性溫，色黑療奔豚。味苦辛香烈，消痃癖積屯。破氣中之血，除痰癖吐酸。通肝經聚瘀，療中惡胸寬。化食香開胃，祛邪鬼疰平。治心脾久痛，跌撲損傷行。血氣寒凝結積消，行諸冷氣木香調。扶脾健運同參朮，四物通經止痛腰。　荊三稜力峻，體重苦甘平。破血中之氣，肝經瘀積行。能攻寒硬塊，散血結通神。石癖消為水，墮胎洗乳津。除瘡腫硬堅，產瘀結疼痊。瀉氣虛斟酌，通經閉痛攣。削癖除癥治腹脹，兼香附半鼈莢調。攻堅石塊加蓬茂，五積同參養正消。　阿魏出西番，專消癖積根。殺蟲除內積，氣臭味辛溫。破瘧癖堅癥，治心腹冷癰除傳尸蠱毒，下惡氣陰凝。瘧痢積能搜，除邪鬼疰瘳。能消菜菌毒，自死馬羊牛。捏血鼈塗持，銷諸塊外治。　番硇出北庭，性熱毒通經。味苦辛鹹合，塗消翳膜靈。破積化堅癥，除瘕冷癖凝。雄黃疔毒化，惡肉痣消能。噎膈丁檳結血調，垂疣八石五金銷。服多腐爛人腸胃，鼻痔同硼骨骾消。　蓬砂色白黃，去翳障開光。療上焦痰熱，甘鹹味性涼。治咽喉痺痛，化骨骾神方。結核牙疳擦，指消木舌强。滌除垢膩生津液，止嗽治痰鼻血瘳。化積癥瘕消弩肉，能開噎膈五金柔。　爐甘石點睛，去翳目光明。入胃甘溫性，能消膜腫平。退赤而收濕，能治爛眼沿。兼疏風止血，濕痒下疳痊。煅用黃連童便淬，硼硃甘石海螵蛸。諸般目病同龍腦，或合盆硝洗眼包。　石蟹味鹹寒，消膚翳亮看。能除金石毒，喉痺腫癰安。療血運青盲，消疔翳眼明。治天行熱疾，去漆疥催生。　密蒙花簇錦，色紫味甘涼。療痘疳膚翳，羞明怕日光。能消紫腫多眵淚，退翳開光眼倍明。滌熱和營除赤脉，滋肝潤燥療青盲。　蕤仁點眼明，療目赤疼輕。性味甘溫潤，消風熱氣清。療腹心邪熱，和肝結氣寬。撥雲消膜腫，赤爛淚收乾。生能醒睡熟能眠，配合蓬砂片腦研。去翳消障除赤痒，蕤連煮棗效方傳。　木賊草空輕，甘微苦性平。肺肝風濕去，散鬱火揚清。解肌發汗須除節，止血迎風淚自乾。暴怒營虛傷暑忌，能消翳膜眼明觀。　穀精草體輕，達胃至肝行。氣味辛溫暖，能消翳膜明。治牙疼疥痒，痘後翳昏眵。療夜盲喉痺，頭風痛眼眉。　決明子性平，去翳膜遮睛。療吻青眶爛，鹹而苦味并。止淚出羞明，驅蛇赤腫平。治肝風熱眼，療內障青盲。　青葙草子苦微寒，療口脣青可鎮肝。去翳疥瘡風熱退，兼消赤障復明看。　烏梅屬木性平酸，澀血固腸入肺肝。斂汗生津消渴已，專收赤痢止崩安。治休息痢薑茶配，潰後癰疽肉凸平。止嘔除煩蛔厥轉，条蚘霍亂用功成。齒閉同鹽擦可開，除痰久嗽氣收回。治咽核氣喉蛾痺，瘧痢風寒始忌梅。　消梅椰樹接梅枝，止渴生津密醒脾。開胃清神安睡穩，花稀痘毒爽神思。　米醋性溫味苦酸，芳香散瘀獨行肝。酸收氣血能藏斂，肉菜蟲魚毒解完。　燒紅炭火醋澆謦，血運昏狂產暈醒。　止痛咽瘡蟲出

耳，除疸黃汗腫癰形。癥瘕積塊癖癰除，久服生魚膾積餘。眼目昏花如見鏡，飢餐芥醋豁然無。金櫻子味濇酸平，固腎封藏芡實并。滑痢遺精遺尿止，酸收斂氣澀元精。白果溫甘苦，治寒嗽喘平。當分生熟用，益氣降痰聲。性濇而收降，治哮暖肺功。生漿除白濁，縮小便如童。浣垢除油膩，治陰𧏾殺蟲。塗疳瘡疥癬，食脹悶多凶。表寒喘嗽散麻黃，內熱芩桑實喘方。斂肺除哮須白果，蘇甘杏半欵冬芳。粟殼性微寒，能收味濇酸。升肛治久痢，斂肺澀腸完。治遺精久嗽，固腎骨疼痊。積痢邪當忌，風寒欬棄捐。地榆氣味苦酸寒，性濇沉陰入腎肝。止帶崩中并五漏，下焦血熱痢痊安。腸紅血痢同蒼朮，得髮良兮火盪除。胃弱血寒初痢忌，遷延血痢滑同樗。榴實味甘酸，皮溫濇入肝。三尸能使醉，木火象花丹。解渴能收淚，花紅白痢同。多餐傷齒黑，損肺滯痰蒙。酸榴皮斂濇，止久瀉腸紅。固漏精崩帶，收肛滑痢功。榴根用向東，殺寸白蛔蟲。汁吐金蠶蠱，烏鬚染髮工。滑痢皮灰參飲效，全榴五色痢薑茶。榴花千瓣治心熱，吐衄金瘡止血誇。樗樹根皮苦濇寒，治崩久痢滑精安。苦能燥濕寒清熱，澀血收陰固斂完。腸紅滑痢固腸圓，帶下疳蟲濕熱蠲。有滯并邪當忌用，遷延血痢佐參痊。同木香治休息痢，得地榆能止疳痢。椶皮錯縱如經織，色紫味兼苦濇平。止血歸經能固脫，崩傾衄久用之生。吐血金瘡淋赤痢，腸紅年久敗椶煤。當知瘀盡方能用，固澀須同亂髮灰。肉豆蔻溫辛苦味，芳香暖胃補脾良。調中下氣兼消食，止瀉虛寒固大腸。除蟲解酒能開胃，乳食傷兒吐瀉安。熱痢知非初痢忌，溫中冷痛脹鬆寬。訶子甘酸濇苦長，性溫入肺大腸行。其功下氣能收斂，苦泄酸收濇斂腸。斂肺消痰治久嗽，固腸瀉利脫肛收。除寒脹滿能消食，氣滯虛寒下痢瘳。赤石脂溫性，濇粘固下焦。辛甘酸止血，體重胃腸調。少陰膿血痢，用赤石薑秔。固脫能明目，養心氣益精。濕熱滯停初利忌，虛崩滑痢久宜之。如因瘀火須當禁，厚胃腸兮長肉肌。禹餘糧性濇，體重味甘平。固下焦崩痢，陽明血分行。傷寒痞痢下焦治，鎮濇餘糧赤石脂。漏下青黃紅白止，大腸欬嗽屎頻遺。蜜蠟先甘後淡嘗，微溫性濇質堅芳。同礬護膜金瘡合，止痛生肌續絕傷。治膿血痢補中腸，久利膠連蠟最良。養胃安胎和酒飲，懷娠動漏血歸藏。火痢禁之初利忌，松苓杏棗度荒年。椿桃柳楝槐荊芥，煮洗臁瘡蠟貼痊。白蠟甘溫止血紅，生肌接骨續筋功。補虛定痛腸風已，療下疳瘡殺瘵蟲。潤肺厚腸治瀉欬，煎膏長肉合歡同。稟金收斂堅强氣，佐及內癰護膜中。白及清金辛苦味，治癰吐衄火湯瘡。微寒性濇粘收斂，止血生肌補肺傷。苦泄熱兮辛散結，腸風痔瘻鼻紅安。因傷損肺能填補，手足皮皸拆裂完。金箔辛平生有毒，治驚癇病鎮心安。神魂守定難飄蕩，助肺金兮制木肝。可療驚邪風熱病，牛黃紫雪用清神。吞金欲下惟羊脛，辟惡平痰引水銀。自然銅醋煅，氣味濇辛平。療折傷神效，和營瘀血行。擅接骨筋完，先拏脫臼端。同當歸沒藥，止痛酒調安。銅青入膽肝，小毒性平酸。止淚能明目，金瘡血住安。婦人血氣心疼止，涌吐風痰又殺蟲。走馬牙疳中白麝，塗消濕爛眼沿紅。鐵粉真鋼末，除痰熱急驚。抑肝邪制木，屬水鎮心平。鋼鍼砂醋煅，體重味鹹平。散癭治肝氣，消除積聚行。脾勞黃腫滿，療濕熱中清。煅鐵精輕紫，治風癇悸驚。鐵落辛平能染皂，《經》云善怒發狂安。制肝下氣除風熱，療癬癰瘡退火丹。鉛青黑屬水，入腎味甘寒。鎮墜痰清熱，烏鬚噎膈寬。除硫黃熱毒，殺寸白蟯空。立解砒霜毒，同檳下積蟲。入肉生開竅，紝之耳自穿。將鉛為鋌係，實女畢姻緣。風癇眩掣南星製，上盛下虛腎喘平。止嘔安神治反胃，消瘤瘰癧殺蟲傾。代赭苦甘寒，行包絡入肝。治金瘡鬼疰，反胃嘔涎安。治肝氣喘平，解產難胞行。下部虛寒忌，除哮呷有聲。重能鎮逆氣痰平，瀉後睛黃上視驚。止衄行衃治血熱，同荊滑黛火丹清。靈砂九轉工，既濟汞硫同。氣味甘溫降，平離入坎中。鎮墜降痰涎，能平喘得眠。治虛陽上逆，上盛下虛痊。吐逆頭旋止，寒疼反胃薑。雖扶危救急，然熱毒須防。黃丹配煉味鹹辛，止痢除驚血分勻。截瘧墜痰消積滯，微寒體重鎮心神。同柴入膽鎮煩驚，吐逆癲癇反胃平。拔毒殺蟲兼止痛，臁瘡去腐好肌生。鉛粉辛寒治齒衄，消癰積聚伏尸邪。祛蛔寸白除狐臭，退腹皮青去鼈瘕。密陀僧生墜，小毒味辛鹹。稟性平肝積，治瘡腫毒芟。截瘧墜痰沉，平消重鎮心。治蛇狼逐駭，驚氣入心瘖。五痔臁瘡退，除狐腋臭塗。敷疽多骨出，鼻赤䵟黶無。水銀瘍外用，性滑重靈通。氣味辛寒毒，為升降藥功。能治瘡疥癬，止痒殺膚蟲。忌服韓公戒，揩消白癜風。殺蝨鎔金下死胎，腕生肉豆紫疼衃。鑽筋滲肉拘攣縮，入耳椒金引出來。雄黃須赤亮，氣味苦辛溫。稟正陽之性，祛邪鬼魅奔。化血而為水，陰疸瘧癖消。除痰涎積聚，殺蠱毒同硝。解暑濕邪治瘧痢，搜肝氣滯瀉肝風。癲癇眩運頭瘋痛，殺虺諸蛇百毒蟲。除狐惑病梅瘡毒，療髮蛇瘕酒癖痊。辟百邪兮尸注蒜，勞蟲鼠瘻痘疔穿。白

礬味濇酸，解毒性微寒。涌吐風痰熱，咽喉痛痺寬。療黑癉硝石，能收水濕乾。脫肛陰挺出，久痢帶崩安。降濁水澄清，消痰止血營。魚睛疔腫退，骨髓熱涼輕。解毒蠟礬丸，癰疽發背安。蛇頭瘡亦效，止痛膜全完。治眉脫落生礬麪，脚氣衝心口舌瘡。二證礬湯溫浸足，收陰即以引歸陽。吐蟲蛇蟲虎犬傷，消疔齒衄眼沿瘍。治風滌熱清陰蝕，鼻瘜銷除疥癬瘡。乳香味苦辛，活血縮筋伸。稟性溫心藥，諸經止痛神。消癰疽毒腫，內托護心丹。佐枳治難產，除胸腹痛安。禳瘟元旦飲，易產端陽丸。潰後膿多忌，兼調氣腎安。逐癘風甘草，入心療不眠。治風難語噤，止痢折傷痓。沒藥消癥味苦平，功專散血滯推行。通經絡滿能除腫，止痛生肌去翳明。跌打杖傷皮不破，停留滯血用奇功。營虛忌服胎前禁，產瘀凝疼血竭同。血竭性和平，心肝血分行。味甘鹹色赤，散瘀滯調營。定痛酒調良，專治折損傷。能收瘡口斂，止血療金創。治臁瘡不合，產後瘀衝心。血運昏狂語，蒲黃止衄任。

芙蓉梗葉味辛平，散熱除癰癤毒輕。性滑涎粘能止痛，敷消腫潰鐵箍名。能涼血熱而清肺，退腫排膿眼赤除。赤豆相宜蒼耳合，陰寒白色忌敷疽。蓖麻子性溫，療脚氣敷跟。有毒甘辛味，治諸病外援。性善走能收，通經絡竅搜。呼膿消腫毒，肉內刺針抽。貼足下胞囊，丹田上子腸。治頭風狗毒，去瘰癧瘤瘍。外用奏奇勳，歪斜口眼筋。吞蓖逢豆死，鼻塞耳聾聞。山慈姑小毒，入胃味甘辛。療惡蛇傷腫，治狂犬噬人。面鼾破皮敷，消堅癧醋塗。治疔瘡蠱脹，解毒散癰疽。攻諸毒病玉樞丹，療蠱蛇豚獸菌攢。五倍千金香麝達，毛姑紫戟糯漿丸。漏蘆入胃腸，解熱毒清涼。味苦鹹寒性，消癰腫惡瘡。拔毒排膿痘疹融，治陽發背腫高紅。時行面腫頭疼赤，止血生肌乳汁通。紫地丁辛苦，治疔腫惡瘡。消癰發背痘，解毒性寒涼。蒲公英入腎，解食毒陽明。固齒烏鬚髮，味甘苦性平。治疔腫熱毒，酒服乳癰消。惡刺須塗汁，通淋滯氣調。敗醬苦甘寒，除癰腫火丹。排膿能破血，入胃大腸肝。產後腹疼輕，腰癰四物并。腹癰膿苡附，瘀滯化膿行。南星燥毒苦辛溫，入肺脾肝脉絡筋。擅去風痰瘤結核，同龍腦擦齒開言。療中風痰痺有功，身强口噤破傷風。驚癇口眼歪斜正，勝濕除麻散血融。眩運痰迷顛仆醒，解顱鼻塞醋調封。虛風類中胎前忌，破積攻堅散腫癰。青礞石白點，硝煅味鹹甘。稟性平而降，專消積滯痰。下氣治肝木，除風熱急驚。膠粘痰塞結，定喘墜痰平。宿食癥消化，治癇欬嗽輕。陰虛脾弱忌，疏快利痰行。

半夏辛溫毒滑涎，健脾燥濕濕痰專。癰疽欬嗽胎薑製，和胃陰陽療不眠。治痰喘厥昏頭痛，濕熱痰涎嘔吐痓。潤腎燥兮通二便，傷寒熱結半蔞連。治心下滿痞堅通，五絕生研嗃鼻中。血渴燥痰胎汗忌，薑礬解毒水漂工。栝蔞潤肺味甘寒，化燥粘痰欬嗽安。洗滌膻中消垢膩，治胸痺痛結胸寬。治胸鬱火上焦涼，止渴清咽利大腸。食少脾寒溏瀉忌，黃疸酒熱腫癰瘡。天花粉味苦甘酸，降火除痰稟性寒。潤燥生津消渴已，治時疾熱發狂癉。利膈除煩治火嗽，清心胃熱潤唇皮。消癰腫痛排膿血，中土虛寒瀉忌之。貝母微寒味苦甘，治喉痺痛瘿聲齰。清心潤肺癰瘻退，滌熱除煩化燥痰。治淋產難乳癰丹，療欬紅痰勞損安。解孽冤瘡人面樣，心胸鬱結氣舒寬。浮石味鹹寒，玲瓏白色看。能清金降火，止欬肺經安。去上焦痰熱，消瘤結核瘳。兼之除目瞖，止渴佐瓜蔞。鹹寒潤下體輕漂，去瘿砂淋疝氣調。發背疔瘡兼沒藥，軟堅积塊老痰消。白芥子溫中，行經絡肺通。能開胃辟惡，利氣豁痰功。辛溫能發汗，反胃酒調餐。肺熱陰虛忌，痰凝體痛安。塗治癰腫痛，喘嗽脇胸調。膜外皮之裏，停痰脇下消。旋覆味鹹甘，消胸脇結痰。性溫通血脉，解唾漆膠粘。下氣而行水，除寒飲嗽靈。能開胃止嘔，入肺大腸經。能開結氣悸心驚，軟痞消堅噫氣平。半產虛寒而漏下，芤弦旋覆絳葱莖。枇杷葉肺行，氣味苦辛平。解暑而治渴，消痰欬熱清。能和胃下氣，止嘔噦同薑。蜜炙治勞欬，風寒嗽忌嘗。欵冬花映雪，色紫味辛溫。下氣治痰喘，燒烟嗽吸吞。潤肺能溫肺，癰瘻欬嗽安。紅痰同百合，喉痺氣舒寬。紫（苑）〔菀〕苦辛稟性溫，能治欬吐血膿渾。勞傷屍疰并瘻躃，下氣消痰散息賁。能疏肺氣平痰喘，氣化州都小便通。肺熱陰虛乾欬忌，兼治尿血纏喉風。

海藻苦鹹寒，消堅頸癧丸。同蠶蛇瘰散，瘿氣酒治安。入腎消癰腫，行痰飲膈寬。除癥通小便，洩水腫平安。昆布滑鹹寒，軟堅下噎寬。治頑痰瘿氣，積聚核消完。入腎除陰癀，陽邪水腫瘳。消堅瘤項瘿，久服瘦人愁。

薤苦辛溫滑，治胸痺痛功。安胎除冷痛，散結氣溫中。滑泄治寒熱，陽明氣滯融。少陰經厥逆，痢下重疏通。除胸痺痛牽心背，白酒瓜蔞薤共治。喘欬唾兮薑半枳，關弦數脉寸沉遲。大蒜味辛溫，宣通達竅門。能消穀肉積，化痃癖除根。襯艾灸陰疽，消癰腫毒除。車前通水脹，開胃健脾蔬。治寒濕腹痛，鼻衄足心敷。辟惡袪邪疫，途泥中暑甦。暢臟除溪毒，黃丹截瘧邪。眉搖難閉眼，齏吐蠱雞蛇。萊菔子辛甘，生升熟降堪。性平消麪積，

下氣速除痰。身虛毋浪用，厚味喘齁薑。忌首烏參地，醋消腫毒瘍。生研汁服吐風痰，炒用萊蘇芥子三。利氣平痰胸滿喘，消膨氣脹縮砂堪。　白蔔辛甘味，能消食性平。除痰哮膩嗽，下氣瘀傷行。入肺胃脾腸，治消渴酒傷。頭風偏痛止，食物作酸漿。止衄治初痢，魚腥麵積消。烟熏垂死活，化豆腐胸調。　山楂溫性味甘酸，暢痞能消肉積完。擅去腥羶油膩滯，兼行瘀血胃脾肝。起痘元查發疹瘡，治兒枕痛入砂餹。消癩疝腫同茴酒，下血腸風痢積行。　神麯須同六物奩，能消穀積味辛甘。兼治泄痢而回乳，暖胃健脾下氣痰。　麥芽助胃脾，除麵積知飢。五穀能消導，三焦運化之。甘鹹溫氣味，去脹滿和中。療腹鳴痰飲，寬腸下氣通。疏肝瘀血兼開胃，重用傷胎腎氣凋。有積能銷無滯耗，專回產乳乳癰消。　穀芽氣味苦甘溫，下氣和中食倍吞。擅健脾兮開胃口，能消穀積不傷元。　枳椇子甘平，治脾膈熱清。除煩消渴止，最解酒醒酲。　橄欖濇回甘，微溫解酒耽。能生津止渴，開胃暗香含。擅解河豚毒，陰痔欖合茶。專消魚骨鯁，止瀉凍瘡痂。　使君子五稜，益胃健脾稱。氣味甘溫潤，治痔白濁澄。療五疳虛熱，除蛔痛殺蟲。治脾衰腫痢，療濁忌茶同。　榧子溫甘濇，能治嗽積功。除茶黃五痔，殺寸白三蟲。　百部溫甘苦，治蟯痢有功。疳勞蛔疥癬，殺蝨蛀諸蟲。久欬蜜熬膏，除寒嗽喘哮。祛傳尸鬼疰，利肺骨蒸勞。　鶴虱苦辛平，治痰順氣行。蛔攻心痛止，擅殺臟蟲傾。　雷丸小毒苦鹹寒，寸白三彭可殺刊。止應聲蟲除惡蟲，能清胃熱積消完。　蕪荑入肺苦辛平，燥濕治痔積瀉輕。去節中風皮內動，除膚骨骱似蟲行。辛散皮膚五內邪，能除䘌齒癬瘡痂。陰肛寸白三蟲殺，止痛消癥戳鼈瘕。　黃土味甘平，治兒瘛瘲驚。除含椒菌毒，解暑腹疼輕。安蛔蟲誘出，斂萬毒消癰。瀉痢和寒熱，兼治下血膿。　粳米甘平白晚涼，能和五臟補中良。三方共用扶腸胃，竹葉桃花白虎湯。除煩止渴能清肺，產子無皮粉撲生。清熱陳粳和胃腑，資生氣血脉周行。　陳倉米飲清，養胃氣資生。止渴能消食，甘酸淡性平。反胃食相宜，寬中脘益脾。能調腸止瀉，噤口痢知飢。　糯米甘溫性，暖脾補肺經。安胎堅大便，尿若白泔停。溫中釀痘漿，益氣補中央。止泄能扶胃，同麩自汗藏。　秫粟粘為糯，微寒性味甘。治寒熱肺瘧，孕婦下黃泔。益陰利大腸，吐鴨積瘕行。療浸淫瘡毒，研塗疥漆瘍。衛氣行陽滿，陰虛睡不暝。　秈粟淡鹹寒，治消渴口乾。須知陳粟苦，降胃火消丹。水土德同并，能通小便行。兼鹽治反胃，益氣補脾清。熱痢開腸胃，須當煮粥餐。能除小麥熱，養腎氣平安。　飴餹益氣溫甘緩，潤肺消痰止嗽良。瘀血熬焦和酒服，脾虛腹痛建中湯。鹹哮欬嗽腸鳴止，下哽錢魚刺稻芒。吐逆疳蟲中滿忌，牙疼腎酒不宜餹。　甘蔗濇甜平，除煩渴火清。漿寒櫻熱解，療反胃薑并。滋燥潤腸融，寬胸膈暢中。扶脾兼解酒，止嘔節蛔蟲。　蔗汁作餹霜，甘溫止欬當。能和脾潤燥，多食齒牙傷。紫砂餹性暖，產後緩肝傷。止痢消烟毒，和營瘀血行。　石蜜即冰餹，生津止渴漿。消痰治欬嗽，潤肺緩肝良。　白蜜甘平潤，生涼熟性溫。清和純氣味，解毒定心煩。調脾胃緩行，蜂採百花成。潤燥三焦暢，和營衛痛輕。潤臟腑和融，養脾益氣功。生津和百藥，納導大腸通。解渴生清熱，煎之熟補中。同麻油易產，久服悅顏紅。能明目止欬，薤療火湯傷。始痢和薑汁，同熬去癩瘡。蜜忌葱萵苣，飽餐食鮓亡。須知中滿禁，蟲脹不宜嘗。　紅麯甘溫活血功，健脾燥胃食消融。調經產瘀疼兼酒，赤痢稠粘後重鬆。

清·廖雲溪《藥性簡要》　草部　黃耆甘溫而補中，陽虛自汗妙無窮。生血生肌排膿托，痘症不起有神功。　甘草甘溫和諸方，品稱國老道稱王。補脾瀉火兼解毒，能協群藥引經良。　人參苦涼熟甘溫，瀉火益土復生金。大補肺中真元氣，虛勞內傷脉絕生。　沙參苦寒補肺良，清肺養肝益腎強。久嗽金受火尅用，寒客肺中嗽勿嘗。　丹參平苦補心血，破宿生新調經脉。女科要藥四物兼，大治腸鳴腹痛切。　玄參苦寒亦入腎，傷寒陽毒發斑症。無根浮游火上燻，喉痺咽痛一切稱。　白朮甘苦燥濕強，甘溫補脾和中央。安胎止瀉服俱愈，胸中脹滿不相當。　蒼朮甘溫而辛烈，燥胃強脾發汗徹。惡氣能辟濕能除，燥結多汗忌相尅。　萎蕤甘平能補中，目痛眦爛有殊功。清心潤肺除煩渴，且治淫風與濕風。　黃精平甘中氣益，填精補髓助筋丸。久服不飢可成仙，九蒸九晒用更密。　狗脊甘溫益腎肝，能利俛仰強機關。脚弱腰痛寒濕痺，失溺六節一切堪。　石斛甘平入脾巷，益精強陰暖水藏。能平胃氣補虛勞。發熱自汗用之當。　(達)〔遠〕志辛溫達心絲，強志益智通腎餘。迷惑善忘驚夢洩，聰耳明目總能醫。　菖蒲辛苦而又溫，香散補肝且益心。發聲明目開心孔，通利九竅有聲名。　牛膝苦平走少陰，能引諸藥往下行。腰膝筋骨足痛效，悞用(隋)〔墮〕胎宜酌斟。　菊花甘平療目可，清心明目治風火。火降熱除醫膜揮，頭目眩運用不左。　五味性溫五味齊，歛肺滋腎生津液。風寒初嗽切勿用，氣虛病久喘嗽宜。　天冬苦寒入肺經，消

痰降火復清金。滋腎潤燥且止渴，痰嗽喘促嗌乾靈。麥冬苦寒入心經，消痰止嗽又生津。清心潤肺除煩熱，客熱虛勞脉絕生。欵冬辛溫氣純陽，瀉熱潤肺止嗽強。消痰除煩治咳逆，喘渴喉痺吐血良。紫(苑)〔菀〕辛溫入肺間，潤肺下氣治血痰。補虛調中消痰渴，肺經虛熱咳嗽堪。旋覆辛溫入肺經，下氣行水消痰凝。噫氣不除服而効，頭目之風用亦靈。百部甘溫潤肺間，肺熱咳嗽用亦然。殺虫骨蒸傳尸用，疳積疥癬寒嗽痊。桔梗苦平入肺經，諸藥舟楫載上行。開提氣血散寒邪，清利頭目咽喉疼。兜鈴苦寒清肺熱，大腸經熱用之捷。復療血痔與瘻瘡，以及喘促痰嗽咳。白前辛甘性微寒，降氣止嗽且下痰。肺氣壅寔用皆効，胸膈逆滿服必安。白及收濇並苦辛，可知其令得秋金。專入肺經吐血血，肺皆損傷能復生。半夏辛溫燥濕痰，下氣止嘔治頭眩。痰厥頭痛傷寒熱，反胃吐食胸脹堪。南星辛溫祛風痰，能治驚癎與風眩。身強口噤固能效，癰毒疥癬亦克痊。(只)〔知〕母解鬱辛苦寒，能潤心肺清虛痰。虛勞煩熱兼咳嗽，吐血肺痿肺癰痊。瓜蔞甘寒治熱痰，降下痰氣清上炎。生津止渴咳嗽要，猶能清咽利腸間。花粉甘寒入胃經，降火潤肺滑痰痕。解渴生肌排膿托，癰腫熱狂時疾平。夏枯苦寒氣純陽，目珠夜痛解熱強。能散結氣治瘻癧，肝中血火補綴良。海藻鹹寒瘰癧丸，功耑除熱軟堅痰。瘿瘤結核服而愈，陰潰堅聚用亦痊。獨活辛溫入少陰，本經傷風之頭疼。風熱齒痛服皆應，痙癎濕痺用俱享。羌活辛溫性上升，瀉肝搜風有奇能。肌表八風邪能散，周身百節痛可征。防風辛溫氣浮升，搜肝瀉肺用得真。去風勝濕之要藥，赤目能散滯氣行。藁本辛溫入腦頂，太陽風藥寒鬱懇。本經頭痛必用之，胃風泄瀉不須審。葛根辛甘性又平，能鼓胃氣而上行。生津止渴解肌熱，升陽散火發痘疹。升麻甘平入陽明，能引諸藥往上升。崩中帶下用有驗，久泄脫肛效愈靈。白芷辛溫氣芳香，陽明頭痛及眼眶。眉稜骨痛牙齒痛，活血排膿止痛長。細辛辛溫走少陰，本經頭痛喉痺忻。能通精氣利九竅，味厚性烈用數分。柴胡苦寒治傷寒，傷寒邪熱熱火煎。諸瘧寒熱並嘔吐，口苦耳聾脇痛痊。前胡辛溫解風寒，功耑下氣理胸間。痰熱哮喘咳嗽要，一切風痰獨能宣。麻黄辛溫散肺寒，發汗開孔此為先。咳逆上氣痰哮用，不宜妄施夏月天。荊芥辛溫入肝分，發表祛風理血病。功耑能散血中風，及治崩中產血運。連翹苦寒入心胞，能治諸瘡似火燎。散結瀉火兼解毒，消腫排膿用此高。紫蘇辛溫葉散寒，發汗解肌祛風痰。梗能順氣安胎孕，子能降氣開鬱閑。薄荷辛溫搜肝竅，消散風熱頭目要。中風失音及嗽痰，小兒驚癎骨蒸妙。木賊甘溫中空虛，性能發汗亦解肌。升散火鬱並風濕，目疾膜翳總能祛。蒼耳甘溫善發汗，頭痛能治風濕散。肢攣痺疼身癢瘙，齒痛鼻淵一切驗。天麻辛溫入肝經，疎風散痰治頭暈。虛中之風皆能定，風虛眩運功益神。秦艽苦平去風濕，手足不遂能治之。風寒濕痺身拘攣，虛勞骨蒸宜所施。豨薟味辛其性溫，肝腎風氣服必享。四肢麻痺筋骨痛，一切風濕可使征。靈仙辛溫善走行，宣通五臟十二經。中風頭痛俱能治，痛風頑痺効若神。鈎藤苦寒平肝風，宣去風熱定驚童。頭旋目眩與心熱，驚啼瘈瘲此為宗。當歸甘溫而和血，心肝脾經能通徹。耑治勞熱與虛寒，血症不足婦人切。川芎辛溫而行血，能助清陽開鬱結。頭目血海上下行，血虛頭痛驗胎捷。白芍苦寒能伐肝，歛汗安胎退熱煩。心痞脇痛及陰氣，瀉痢後重腹痛耑。赤芍苦酸性微寒，血中之滯能行焉。風寒產後君休採，土中瀉木治得權。生地苦寒而涼血，專治吐衄崩中切。能瀉丙火清燥金，消瘀通經平血逆。熟地甘溫入腎經，滋腎填髓補真陰。聰耳明目生精血，勞傷胎產百病清。首烏甘苦溫補肝，收歛精氣陰瘧痊。養血祛風強筋骨，烏鬚黑髮延壽年。丹皮苦寒吐衄丸，專瀉血中伏火煎。和血涼血而生血，破積通經除熱煩。續斷苦溫補腎肝，獨治腰痛胎漏完。宣通血脉理筋骨，崩帶遺精血痢堪。碎補苦溫補腎經，耳鳴腎虛久瀉寧。故治折傷並牙痛，破血止血莫與京。益母苦寒通行血，去瘀生新調經脉。血運血痛及血風，血淋胎漏崩帶切。澤蘭甘苦而瀉熱，和血舒脾散欝結。吐血破宿調月經，產後血瀝腰痛得。白微苦鹹而又寒，婦人傷中淋露堪。血熱廷孔欝結用，陽明衝任此為先。艾葉辛溫性純陽，理逐氣血寒濕當。經調胎安子宮暖，吐衄崩帶腹痛藏。延胡辛苦而又溫，活血利氣第一君。月候不調服更妙，上下內外諸痛亨。紅花辛溫入肝經，破瘀和血用得真。少用養血多行血，經閉逢之必有靈。茜草酸鹹氣且溫，行滯走肝又入營。故能行血復止血，消瘀通經止吐崩。紫草鹹寒入血分，涼血和血宜此順。又瀉血熱並滑腸，以及痘瘡熱毒盛。小薊味甘而性溫，皆能下氣破血停。去瘀生新兼涼血，並治結熱與血淋。三七甘苦又微溫，散血定痛吐血靈。金瘡杖瘡之要藥，崩血痢血衄血陳。地榆苦寒性沉濇，能入下焦除血熱。復治吐衄並崩中，腸風血痢真敏切。蒲黄

甘平性滑濇，生用行血炒止血。氣血腹痛靈脂兼，行血消瘀通經脈。鬱金苦寒性上升，血氣諸痛吐衄靈。下氣破血散肝鬱，及治婦人經逆行。薑黃苦寒入脾經，能理血中之氣行。下氣破血消風腫，功力猶烈於鬱金。莪朮辛苦而氣溫，故能消瘀且通經。氣中之血悉能破，立解心腹諸痛疞。三稜苦平入肝經，老塊堅積一掃平。血中之氣立刻破，血瘀氣結速能行。茅根甘寒陽明胃，消瘀止血復止噦。甘寒能引血下行，吐衄諸血無庸廢。大黃苦寒入大腸，能治傷寒發熱狂。下痢腹痛並裏急，一切實熱正相當。黃芩苦寒瀉肺火，養陰進陽且解渴。入同白朮最安胎，澼痢腹痛兼芍藥。黃連苦寒瀉心肝，燥濕開鬱解渴煩。且厚腸胃治痞滿，腸澼瀉痢木香兼。胡連苦寒而瀉心，能清煩熱及骨蒸。小兒驚疳之良藥，復消菓子積是真。苦參苦寒燥濕熱，溫病血痢俱能徹。瀉火止渴並生津，明目止淚大風捷。知母苦寒清肺金，下潤腎燥而滋陰。消痰止渴兼定嗽，且治煩熱並胃蒸。龍膽苦寒沉下行，益肝膽而瀉火燻。下焦濕熱惟此逐，肝經濕熱力能勝。青黛味鹹其性寒，色青散火及瀉肝。中下蓄蘊風熱解，又治傷寒與發斑。牽牛辛熱入肺經，大瀉氣分濕熱侵。能通大腸幽門氣，大小便秘用自肫。防己苦寒太陽經，能瀉血分濕熱侵。療風利水之要藥，寒濕脚氣水腫靈。葶藶辛苦而大寒，止嗽定喘消腫痰。大瀉氣閉通行水，肺中水氣膹急痊。甘遂苦寒且有毒，腎經水濕能導出。總為下水之藥君，大腹腫滿用此物。大戟苦寒有毒兮，臟府水濕盡能驅。大能行水利二便，十二水病更相宜。常山辛苦而又寒，引吐行水袪老痰。耑治諸瘧並積飲，吐痰截瘧此占先。木通甘淡體虛輕，下通大小膀胱經。淋瀝不通瀉火効，除煩退熱化液津。通草氣寒其體輕，味淡則升入胃經。通氣上達下乳汁，五淋水腫一切亨。澤瀉甘淡又微鹹，利便直入膀胱間。瀉去腎經之火邪，清氣上行止頭旋。車前甘寒而通淋，涼血瀉熱利水清。其利小便不走氣，強陰益精令目明。燈草甘寒體輕揚，能清肺熱利小腸。心能入心降心火，利水清熱明目良。瞿麥苦寒降心火，膀胱邪熱逐之妥。治淋要藥利小腸，破血利竅於斯可。扁蓄味苦其性平，能治黃疸與熱淋。復殺蟲疥利小便，蚘蚊腹痛用亦靈。地膚苦寒精陰強，復除虛熱入膀胱。皮膚之風特此去，利便通淋散惡瘡。石韋苦甘又微寒，能清肺經滋化源。並通膀胱利水道，妨精補勞治淋丹。茵陳苦寒燥濕熱，退(疽)〔疸〕惟此功最捷。通利濕熱治諸黃，一切黃(疽)〔疸〕稱

奇德。香薷辛散膚蒸熱，溫解心腹之凝結。利濕清暑是藥君，霍亂轉筋無事別。青蒿苦寒入厥陰，骨蒸勞熱用之靈。及治蓐勞虛熱病，鬼氣尸疰服必寧。附子辛熱又純陽，回陽補腎命火強。通逐表裏風寒濕，沉寒痼冷用不妨。草烏辛苦而大熱，搜風勝濕開痰結。以毒攻毒勝川烏，無所釀製不可攝。白附辛熱入陽明，能引藥熱往上行。風痰面疾皆能治，冷氣諸風却可平。故紙辛苦而大溫，燥補命門相火燻。丹田能暖小便縮，腰痛腎虛泄瀉亨。蓯蓉甘溫鹹入腎，能補命門火不峻。滋潤五臟滑大腸，益髓強筋絕陽稱。瑣陽味甘其性溫，興陽益精復補陰。故滑大腸治痿溺，亦能潤燥及養筋。巴戟甘溫入腎經，強陰益精用得真。並治勞傷散風濕，風氣脚氣水腫傾。蘆巴苦溫且純陽，燥補腎命寒濕當。能暖丹田腎虛冷，瘕疝冷氣用更強。仙茅辛熱助命門，陽道能益耳目明。虛勞失溺用皆効，腰脚冷痺服能行。菟絲甘平補三陰，強陰益精此為尊。精寒淋瀝用之妙，袪風明目治從因。覆盆甘酸而微溫，能益腎藏且固精。起陽痿以綜小便，補肝虛而令目明。蒺藜苦溫補腎中，辛溫瀉肺散肝風。益精明目虛勞當，遺精帶下癥瘕攻。使君甘溫健脾雄，能除虛熱殺藏虫。小兒諸病之要藥，足羨一丸火吾宮。益智辛熱入腎經，能燥脾胃補腎心。故攝涎吐縮小便，且治腸痛及泄精。砂仁辛溫補肺經，和胃醒脾調氣凝。通行結滯治腹痛，痞脹噎膈嘔吐靈。白蔻辛熱暖胃經，吐逆反胃此為尊。酒積能消滯氣散，及治翳膜皆紅筋。肉蔻辛溫氣又香，理脾暖胃濇大腸。下氣調中治積冷，能止虛瀉冷痢強。草蔻辛熱暖胃寒，寒客胃痛用此拈。且療噎膈並反胃，復治痞滿及吐酸。香附辛平月經調，九氣諸痛一切療。通行八脉經十二，婦人逢之用此高。木香辛溫氣分入，三焦諸氣降升物。嘔逆反胃後重調，任人氣痛總驅出。藿香辛溫能快氣，和中開胃止嘔利。總療吐瀉腹絞疼，正氣通暢百邪避。茴香辛熱入膀胱，溫暖丹田命門強。開胃下食調中嘔，小腸冷氣疝氣良。良薑辛熱能暖胃，散寒消食醒酒貴。吐惡噎膈可服之，胃脘冷痛無庸廢。蓽撥辛熱除胃寒，溫中下氣消食痰。虛冷腸鳴陰疝驗，頭痛牙疼鼻淵痓。銀花甘寒熱毒舒，癰疽瘡癰一切除。腸澼惡瘡血痢用，外科諸藥莫離吾。公英甘平入太陰，瀉熱解毒消腫軍。耑治乳癰之藥首，非此安能除其根。鶴虱殺蟲味辛苦，耑治蚘嚙腹痛主。氣狐炒之則香生，最粘人衣真足數。荳根苦寒解熱毒，大腸能瀉風熱逐。消腫止痛並喉風，喉齦齒痛都

堪服。　牛蒡辛平瀉毒熱，散結除風利咽膈。能理痰嗽消痘疹，諸腫瘡瘍俱相徹。　貫眾苦寒瀉毒熱，邪熱毒氣解之切。以此浸入水(釭)〔缸〕中，時行疫痢盡歸滅。　射干苦寒瀉火毒，散血消痰功愈速。喉痺咽痛是藥君，能瀉實火火降出。　(華)〔萆〕薢甘平入陽明，祛風去濕下焦行。膀胱宿水兼失溺，莖痛遺濁總分清。　土苓甘平入陽明，通祛濕熱補脾經。能利小便止泄瀉，總治楊梅瘡毒靈。　青葙苦寒入厥陰，瀉肝明目用不群。能治青盲並障翳，一切風熱俱可平。　決明甘平入肝經，能除風熱益腎精。平肝明目用此藥，何患口疾不清明。　穀精辛溫入厥陰，明目退翳勝菊君。亦治喉脾及齒痛，陽明風熱屈能伸。

木部　茯苓甘溫益脾陽，除濕瀉熱通膀胱。安魂定魄治驚悸，痰濕水腫淋瀝當。　茯神甘溫入心經，益智安魂且養神。復療風眩心虛病，健忘多志及開心。　琥珀味甘其性平，以脂入土結而成。通竅寧心定魂魄，且療癲邪與悸驚。　松節取其苦溫性，耑治骨節風濕病。祛風去濕之藥君，一切風濕服必應。　柏仁辛甘而潤香，能透心腎悅脾鄉。養心潤腎滋肝燥，益智生血止汗良。　柏葉苦寒陰足養，亦涼血分清血廣。吐衄崩痢及腸風，一切血症在反掌。　肉桂辛熱入腎黨，燥補命門火即長。脾胃衰敗釜無薪，腹中冷痛捷影响。　桂心苦辛入心經，引血化肝化脾神。噎膈腹滿腹冷痛，九種心痛何須斟。　桂枝辛溫入肺經，溫經通脉解肌寧。傷風自汗調營衛，手足痛風脇風亨。　枸杞甘平滋補腎，潤肺清肝益氣應。風去目明筋骨強，生精助陽補虛稱。　骨皮甘淡而性寒，能降肺中伏火煎。耑瀉肝腎虛熱症，骨蒸勞熱須此丸。　山茱辛溫其味酸，固精秘氣補腎肝。強陰助陽安五臟，耳鳴耳聾治不難。　棗仁甘潤而溫香，耑補肝膽醒脾湯。斂汗寧心除煩渴，胆虛不眠須炒嘗。　杜仲味甘其性溫，腰膝酸痛稱奇能。補腎補肝強筋骨，胎漏胎下托胎靈。　女貞甘平補肝腎，烏髭黑髮明目應。腰膝能強五藏安，又補風濡除百病。　楮實甘寒且助陽，陰痿虛勞一切當。強筋壯骨有捷效，明目充肌亦良方。　桑皮甘辛而且寒，能瀉肺火清嗽痰。肺熱喘滿斯為美，水腫膚脹亦孔安。　桑葉甘寒止盜汗，去風燥濕明目驗。每逢九月二十三，洗目一次絕暈暗。　寄生堅腎而味苦，齒固髮長筋骨補。外科惟用散瘍瘡，能追風濕勇可賈。　卮子苦寒入心經，能瀉三焦火下行。吐衄血淋病以息，鬱火以解心痛平。　(朱)〔猪〕苓苦泄淡利竅，能入膀胱行水道。耑治溫疫熱傷寒，淋濁瀉痢痎瘧妙。　黃柏苦寒瀉相火，退(疸)〔疽〕除濕清熱可。諸瘡痛癢搽必安，水瀉熱痢服之妥。　枳實枳殼苦微寒，功能破氣且行痰。枳殼力緩寬腸胃，枳實力猛利膈間。　厚朴辛溫真所罕，瀉實滿兼散濕滿。消痰化食且厚腸，喘咳瀉痢氣痛撿。　檳榔苦溫而破滯，能抑胸中至高氣。消食去脹兼行痰，裏急後重脚氣愈。　腹皮辛溫能瀉肺，下氣行水和脾胃。水腫脚氣痞脹當，痰腸瘴瘧霍亂對。　槐花苦涼入肝經，大腸血分涼血寧。能治風熱及目赤，五痔腸風一切靈。　槐實苦寒而純陰，能涼大腸走肝經。疎瀉風熱潤肝燥，痔血腸風效驗神。　苦楝苦寒入肝經，能導小腸膀胱行。總為疝氣之要藥，腹痛心痛殺蟲靈。　蔓荊苦寒入三經，目赤齒痛風熱乘。能去頭面風虛症，又治頭痛及腦鳴。　辛夷辛溫入肺經，能助胃中清陽升。通於頭腦並九竅，主治鼻淵鼻塞君。　金櫻酸濇入肺經，能治夢洩及遺精。固精秘氣效至速，泄痢便數驗亦神。　訶子苦酸濇又溫，濇腸斂肺瀉氣靈。氣虛嗽痢初起忌，泄痢脫肛久則烹。　烏藥辛溫氣香竄，中氣中風用此散。胸腹邪逆氣可疏，一切氣屬立即判。　加皮辛順氣化痰，苦堅筋骨益精田。溫宣祛風而勝濕，總療筋骨拘攣拳。　秦皮味苦其性寒，補肝膽兮益腎焉。雖能平木除肝熱，且為目疾之神煎。　桐皮味苦其性溫，祛風去濕行絡經。且療風靨頑痺病，及治膝痛與腰疼。　蕤仁甘溫入三經，消風散熱補目明。青痛膚翳及赤脉，赤腫眵淚功超群。　味辛性平號芙蓉，一切癰疽有殊功。清肺涼血兼解毒，止痛消腫並排膿。　皂角辛鹹性又燥，搜風泄熱通關竅。搐鼻作嚏涌痰涎，中風口噤喉痺要。　茶葉苦甘性微寒，下氣消食去熱痰。醒睡解酒刮油膩，最清頭目除渴煩。　吳萸辛熱入厥陰，溫中下氣開鬱冥。厥陰頭痛陰腹痛，嘔逆吞酸陰疝陳。　川椒辛熱氣純陽，能治心腹冷痛強。燥補右腎命門火，腎氣上逆安蚘當。　胡椒辛熱暖胃強，快膈下氣消痰良。冷痢陰毒並腹痛，胃寒吐水服亦康。　蘇木辛涼入三陰，行血去瘀散風亨。產後血暈並脹滿，血痛血瘕經閉靈。　沉香辛溫而獨沉，故能下氣墜痰行。能降能升理諸氣，心腹疼痛效如神。　檀香味辛性又溫，能去邪惡供上真。總為理氣之要藥，飲食能進胃氣升。　丁香辛溫溫胃良，療腎壯陽暖陰強。能治胃冷並壅脹，嘔噦呃忒力遠長。　乳香辛溫能舒筋，活血托裏且護心。生肌止痛兼調氣。　心腹諸痛必有靈。　沒藥苦平應兼辛，消腫定痛生肌靈。能散結氣通滯血，金瘡杖瘡惡瘡呈。　冰片辛溫氣香竄，故善能走又能散。鬱火以解

諸竅通，耑點目赤膚翳驗。　蘆薈大苦又大寒，總治驚癇並五疳。　功耑殺蟲與清熱，涼肝明目及除煩。　巴豆辛熱可降升，生猛(熱)〔熟〕緩能止行。　總去藏府沉寒積，斬關奪門之將兵。　竹茹味甘而寒滑，耑療噎膈及嘔啘。　涼血除煩清燥金，總治上焦之熱暖。　竹葉辛淡又甘寒，涼心緩脾消渴痰。　又治吐血及嘔噦，且除上焦邪熱煩。　竹黄涼心而甘寒，能去風熱並豁痰。　中風不語真足貴，客忤驚癇無不痊。　雷丸苦寒入胃經，功耑消積殺蟲軍。　楊公昔曾得異疾，發語腹中有應聲。

果部　大棗甘溫入脾經，補中益氣潤肺心。　傷寒補劑須加用，中滿之症忌入唇。　桃仁苦溫入厥陰，大腸血秘可通行。　積血血痢經閉症，畜血如狂效最靈。　杏仁溫苦瀉肺經，解肌除風散寒凝。　降氣行痰兼潤燥，欬逆上氣喘促純。　烏梅酸溫斂肺經，濇腸止渴又生津。　久嗽瀉痢安蚘効，牙關緊閉擦牙靈。　陳皮苦溫理氣堪，調中快膈導滯痰。　脾肺氣分之藥首，補瀉升降復燥宣。　青皮苦溫入肝經，疏肝瀉肺破滯凝。　肝氣鬱積並脇痛，久瘧結癖須相迎。　柿乾甘平而性濇，潤肺寧嗽消宿血。　霜乃化痰而生津，楴主反胃止呃逆。　木瓜酸濇而又溫，斂肺和脾及舒筋。　霍亂轉筋均可治，瀉痢脚氣用切親。　山查酸甘又鹹溫，健脾行氣散瘀停。　化痰消食磨積爛，止兒枕痛發痘疹。　梨甘微寒又微酸，止瀉降火且消痰。　潤肺涼心兼解酒，及治熱嗽並咽乾。　杷葉味苦其性平，清肺和胃降氣行。　氣下火降痰消降，熱欬嘔逆口渴寧。　白菓苦溫性濇收，能斂喘嗽定痰哮。　復收小便止帶濁，耑治痰濁力更周。　胡桃甘溫而皮濇，溫肺潤腸補氣血。　上治喘嗽之虛寒，下而腰脚虛痛切。　龍眼甘溫補心脾，益脾長智養心機。　思慮勞傷心脾耗，腸風下血總能醫。　荔枝甘溫入肝腎，能散滯氣寒邪病。　婦人血氣胃腹疼，癲疝卵腫更相應。　榧子甘溫殺蟲軍，蟲往上攻可使征。　獨治一切蟲積病，哭胃諸蟲永絕氛。　蓮子甘溫媾腎心，補脾濇腸且固精。　清心除煩開胃食，耑治噤痢及濁淋。　蓮鬚甘溫而又濇，清心通胃及益血。　烏鬚黑髮並固精，復止夢洩遺精切。　藕節甘寒而涼血，能消疼血解毒熱。　復止吐衄及痢淋，一切血症功甚潤。　荷葉苦辛其色青，震象空中又仰形。　燒飯含藥糊丸服，補助燥胃陽氣升。　芡實甘濇固腎經，耑治夢遺並滑精。　復療泄瀉兼帶濁，又醫腰膝與痺疼。

穀菓部　粳米甘涼氣中和，和胃補中且止渴。　色白入肺清煩熱，調湯養胃是婆娑。　穀芽味甘其性溫，開胃快膈善除停。　下氣和中為妙品，消食化積是大君。　麥芽味鹹其性溫，能助胃氣而上行。　補脾寬腸下氣美，消食除脹散結純。　綠豆甘寒解毒湯，痘瘡潰爛粉撲良。　其涼在皮連皮用，一切諸瘡用亦藏。　扁豆甘溫氣腥香，補脾除濕消暑腸。　耑治中宮之疾病，止渴止瀉暖胃良。　豆豉苦寒瀉肺熱，發汗解肌功亦切。　通治傷寒及頭疼，懊憹不眠與嘔逆。　胡麻味甘其能平，肺氣能補目能明。　復益肝腎潤五藏，且填精髓強骨筋。　麻仁味甘其性平，暖脾潤燥治陽明。　脾胃大腸之潤藥，胃熱汗多便難靈。　苡仁微寒又甘淡，補脾行水滲濕善。　水腫濕脾脚氣良，故治風熱筋拘攣。　粟殼酸寒斂肺腸，嗽痢遺精及脫肛。　一切偶爾初須忌，諸病常焉久則當。　神麯辛甘而又溫，中調胃開水穀行。　行氣化痰消食積，瀉痢脹滿總能平。　醋味酸酸性本溫，產後血運鼻可熏。　散瘀解毒並消食，(疽)〔疸〕黄癰腫敷之亨。　酒乃辛苦熱甘淡，淡利甘緩而辛散。　少飲氣行並血和，過則神傷兼性亂。　韭葉味辛而性溫，助腎補陽消瘀停。　子治筋痿兼遺尿，以及白帶並白淫。　葱葉辛溫而空中，汗發肌解陽氣通。　通脉回陽須加用，傷寒頭痛此為宗。　大蒜辛溫解毒妙，能通五藏達諸竅。　消癰腫兮辟暑瘟，耑搽疽癬惡瘡効。　薤乃辛溫一名(蚪)〔藠〕，調中助陽滑利竅。　散血生肌此物佳，胸痺刺痛斯藥妙。　胡荽辛溫氣香竄，通達四肢心脾善。　能辟邪惡發痘疹，不正之氣一切判。　生薑辛溫逐寒邪，止嘔暢胃開痰結。　黑祛痼冷之沉寒，甘燥回陽宣通脉。　山藥甘平入脾鄉，益腎強陰固胃腸。　故療遺精兼瀉痢，且治虛損又勞傷。　百合甘平潤肺經，清熱止嗽及寧心。　益氣調中止涕淚，傷寒百合病安寧。　萊菔味甘其性平，行氣寬中化痰凝。　散瘀消食能止渴，吐血衄血咳嗽靈。　芥子辛溫入肺經，利氣豁痰寬中停。　咳嗽痰在兩脇下，非此不能達其行。

金石水土部　然銅味辛其性平，耑主折傷續骨筋。　不但散瘀且止痛，須當火煅以醋烹。　石膏甘寒瀉胃火，發汗解肌且止渴。　舌焦牙疼飲而安，陽明頭痛服之妥。　滑石甘寒滑利竅，下走膀胱行水道。　中暑積熱並(疽)〔疸〕黄，淋閉水瀉熱痢妙。　芒硝鹹寒除實熱，蕩滌三焦腸胃結。　忌用胃虛實熱無，誤伐下焦真陰滅。　明粉味辛甘而冷，能去胃中實熱懇。　蕩滌宿垢於腸中，瀉熱潤燥破結穩。　礞石味甘而性鹹，體重沉墜色入肝。　治驚利痰之聖藥，平肝下氣滾痰丸。　赭石苦寒鎮虛逆，入肝與心養陰血。　二經血分

病能醫，小兒慢驚效愈捷。　甘石味甘其性溫，燥濕收濕除爛痕。　總為目疾之要藥，退赤去翳此為君。　雄黃辛溫殺百蟲，驚癇痰涎鬼魅逐。　暑瘧瀉痢急相需，泄瀉積聚亦可服。　硫黃號為熱將軍，味酸性暖陽極純。　大腸冷秘立刻效，陽氣暴絕悉能興。　青鹽鹹寒入腎經，水藏能助血熱平。　目痛赤澀吐溺血，齒舌出血固齒靈。　水性鹹重益脾胃，清熱止渴且解醉。　霍亂吐瀉有神功，養命之源此為貴。　草霜辛溫止血丸，咽喉口舌一切堪。　及治吐衄諸血病，且療陽毒與發斑。　伏龍肝味辛性溫，調中止血效亦靈。　燥濕消腫也堪用，反胃嘔(味)〔吐〕此為尊。

禽獸部　雞屬木而肉甘溫，補虛溫中第一羹。　內金平而性收澀，利水消食不二名。　鴨能入肺與腎經，味性甘冷而滋陰。　總為虛勞之聖藥，補虛止嗽除骨蒸。　靈脂甘溫入血分，一切血病總相稱。　心腹血痛及氣疼，諸痛服之又何問。　開砂牽寒入肝經，血和積消並目明。　目盲障翳及病寇，驚疳血氣腹痛勝。　猪肉鹹寒性味甘，五藏還補入五(官)〔宮〕。　雖然老弱常堪用，風寒泄瀉切忌焉。　牛黃甘涼清心熱，利痰通竅辟百邪。　中風入藏宜所施，驚癇口噤真堪啜。　阿膠甘平補肺肝，滋腎益氣潤燥丸。　虛勞咳嗽失血用，肺痿吐膿胎動堪。　虎骨味辛性微熱，追風健骨能辟邪。　風痺拘攣四肢疼，驚悸癲癇一切滅。　犀角苦寒瀉心肝，能清胃熱祛風痰。　痘瘡黑陷亦須用，傷寒時疫也宜煎。　羚羊苦寒清肺肝，明目去障治驚癇。　能瀉心肝之邪熱，並治傷寒伏熱煩。　鹿茸甘溫而助陽，生精補髓養血強。　耑主腰腎虛冷痛，均治虛損及勞傷。　麝香辛溫通諸竅，痰厥驚癇用之妙。　卒中諸氣及諸風，諸血諸痛實有效。　猬皮味苦其性平，耑治腸風瀉血靈。　五痔陰腫用皆效，產後風眼服必寧。　兔(絲)〔屎〕味甘其性寒，殺蟲明目治五疳。　痘後生翳之妙用，故以兔肝瀉人肝。　鼠矢味甘而微寒，傷寒勞復發熱堪。　男子陰易腹痛病，非此安能除其源。

鱗介魚蟲部　龍齒澀涼屬木肝，鎮心安魂理固然。　耑療瘋癲狂熱病，及治五驚十二癇。　鯉魚味甘其性平，水能下兮便能清。　脚氣黃(疽)〔疸〕用斯妙，妊娠水腫服此亨。　屬土之物鯽魚兮，其性甘溫味有餘。　土能制水非無故，和胃寬腸寔相宜。　蛇蛻甘鹹性本竄，故治驚癇風瘟善。　皮膚瘡瘍却能醫，產後目翳亦有驗。　山甲鹹寒性善竄，能行經絡耑行散。　痛止膿排腫潰消，瘡科用之即立見。　海螵鹹溫入腎肝，能通血脈祛濕寒。　血枯血瘕及崩閉，目醫淚出俱能宣。　龜板甘平性至陰，益腎滋陰復補心。　瀉痢久嗽及痎瘧，勞熱骨蒸用不群。　鱉甲鹹平性屬陰，色辨青綠入肝經。　且療寒熱兼瘧母，並治勞嗽及骨蒸。　牡蠣鹹軟堅化痰，能消瘰癧結核煎。　澀以收脫遺精驗，崩帶止嗽斂汗丸。　田螺味甘而大寒，利濕清熱止渴乾。　醒酒且利大小便，噤口毒痢貼臍安。　石決鹹平解酒酸，能除肺肝風熱痓。　復除青盲及內障，亦治骨蒸勞熱煩。　蜂蜜生涼兼清熱，熟溫補中潤燥結。　大便不通導之佳，腸滑中滿不須啜。　殭蠶辛溫入三經，治風化痰散結凝。　又醫頭風兼齒痛，專療中風並失音。　全蝎辛溫宜去風，諸風眩掉大有功。　驚癇搐掣俱得治，(目)〔口〕眼喎邪此為宗。　蜈蚣辛溫而有毒，能走能散效倍速。　臍風噦口並驚癇，瘰癧蛇癥瘡甲逐。　蚯蚓味性鹹而寒，清熱利水之藥煎。　故治瘟病及大熱，中其毒者解用鹽。　穀蟲味甘其性寒，兼治瀉熱與療疳。　毒痢作吐有(音)〔顯〕效，小兒疳疾無不痊。

人部　血餘味苦性微寒，補陰消瘀通格關。　復療諸血兼腹痛，以及轉胞並驚癇。　人乳甘鹹潤五臟，補虛潤燥用之當。　能止渴煩澤皮膚，大補血液此為上。　人中黃味甘性寒，一切諸毒效無邊。　大解天行熱狂病，痘瘡黑陷亦用焉。　童便鹹寒輪回湯，引火下行出膀胱。　潤肺滋陰兼散瘀，吐衄跌打產血良。

清·何本立《務中藥性》卷一

黃耆固表益元氣，溫補三焦壯脾胃。　補氣生血血生肌，補金生水補腎義。　內傷虛火與虛熱，虛汗虛喘諸虛治。　瘡痘用托排膿漿，表旺實火陰虛避。　甘草通行十二經，不論陰陽寒熱溫。　協和諸藥解百毒，緩急緩痛緩火升。　表散寒邪肌膚熱，補脾益氣養血陰。　稍達腎莖淋濁痛，瀉火補中生炙分。　人蔆大補真元氣，益土生金定心悸。　添精助神明耳目，生脈生津益人智。　外感輔正以除邪，內傷虛證皆可恃。　惟有實火則不宜，參蘆涌吐代瓜蒂。　沙參性補五臟陰，專補肺氣肺火清。　養肝益腎扶脾土，久嗽肺痿火剋金。　皮膚遊風瘡疥癬，諸痛驚煩熱結心。　寒客肺中不宜服，用代人參因火升。　丹參養血入心宮，養神定志血脈通。　勞熱吐衄腸胃血，目赤疝氣積痢癰。　風痺不隨骨節痛，調經安胎及崩中。　去瘀生新癥瘕散，功同四物女科宗。　元參足少陰經藥，壯水瀉火無根脚。　益精明目通二便，骨蒸煩渴中風瘧。　傷寒陽毒斑與疹，心熱狂邪心不樂。　喉痺咽痛瘰癧等，癰疽咳血由火爍。　白术燥濕能補脾，補氣補血藥同時。　無汗發汗加辛

散，有汗止汗同芍芪。泄瀉嘔吐竝痰水，腫滿黃疸濕痺宜。血燥無濕者禁用，安胎黃芩不可離。蒼朮除濕散風寒，甘溫辛烈燥脾強。脾濕生痰及水飲，止吐止瀉升胃陽。痰火氣血食濕鬱，腸風帶濁治痿良。消腫辟惡逐邪氣，燥結多汗者勿嘗。萎蕤益血又益氣，虛勞補中潤心肺。久服添精悅容顏，除煩止渴人參替。內傷頭痛與腰疼，目痛眦爛風淫致。中風自汗寒熱瘧，虛挾風濕相兼治。黃精原是土之精，久服不飢身體輕。補中益氣養陰血，益脾益胃潤肺心。添精補髓助骨力，袪風除濕壯健筋。調和五臟無寒熱，兼治癩疾蟲蛀身。金毛狗脊苦堅腎，養肝益血益氣稱。失溺不節腰脚弱，寒濕周痺在肉分。強機關兮利俛仰，滋腎養肝是其應。健骨強筋補腎虛，風虛兼濕諸般證。石斛益精益元氣，補腎益力益人智。甘淡補脾除虛熱，益氣生肌厚腸胃。夢遺滑精小便瀝，強筋壯骨療風痺。腰痛脚弱由腎虛，煎水代茶能清肺。遠志辛苦其性溫，能通腎氣達于心。溫能壯氣苦洩熱，益智壯陽又補精。聰耳明目利九竅，長肌助骨助筋伸。夢洩奔豚癰疽鬱，迷惑善忘悸與驚。牛膝酒蒸益肝腎，能引諸藥下行性。舒筋壯骨健腰膝，陰痿失溺久痢證。生用散血破癥結，心腹瘀痛淋血病。閉經產難喉齒疼，惟有脾虛下陷禁。石菖辛苦性烈溫，用則必須飲上蒸。補肝益心明耳目，除痰利竅發聲音。開胃寬中療噤口，崩帶胎漏暢脾經。風痺驚癇消腫毒，去濕殺蟲避邪瘟。首烏甘溫苦堅腎，補肝益血益氣分。添精斂精補骨髓，烏鬚黑髮悅顏俊。養血袪風強筋力，勞瘦風虛崩帶病。能醫宿疾止惡瘧，瘡痔瘰癧癰腫甚。續斷苦辛補腎肝，接續筋骨撲跌傷。消腫破瘀通血脉，腰痛胎漏暖宮方。崩帶遺精縮小便，腸風血痢痔漏瘡。乳癰瘰癧功殊效，女科外科兩科彰。骨碎補入少陰腎，五勞六極腎虛證。堅骨固齒益精髓，兩足痿軟房勞困。腎虛久瀉耳鳴聾，髮落牙疼風蟲病。厥陰心包肝同入，破血止血折傷應。旱蓮草即墨斗草，補腎滋陰浸酒好。久服添精添骨力，固齒烏鬚黑到老。能醫眼疾膜遮睛，處處皆有易尋找。腎虛牙疼止血痢，休云價廉不是寶。白薇苦寒入陽明，調經種子衝任承。中風痰湧陰虛火，身熱肢滿不知人。汗出過多成血厥，利陰下水治熱淋。產後遺尿虛煩嘔，溫瘧寒熱痰痛停。連翹微寒苦入心，氣分濕熱往上奔。心包大腸三焦膽，瘡科帶管十二經。血凝氣聚皆可散，消種止痛排膿升。經閉淋閉由濕熱，上焦諸火總能清。牛蒡子性消風熱，理痰潤肺利咽膈。風濕癮疹瘡毒腫，腰脚腫痛手指節。皮膚遊風牙齦疼，通利二便散熱結。小兒痘疹塞咽喉，婦人吹乳消腫核。澤瀉甘鹹性寒陰，行水滲濕膀胱經。通利小便瀉腎火，聰耳明目止頭昏。痰飲嘔吐泄瀉痢，淋疝尿血熱洩精。腫滿水痞脚氣濕，消渴陰汗濕熱清。知母苦寒清肺金，下潤腎燥而滋陰。二經氣分虛勞熱，能退有汗之骨蒸。清痰定嗽止煩渴，久瘧下痢胃火清。相火有餘知檗瀉，肢體浮腫二便分。丹皮微寒味苦辛，手足少陰竝厥陰。寒散血中之伏火，和血生血涼血清。破積散瘀通經脈，五勞吐衄風癇驚。除煩退熱療癰腫，能退無汗之骨蒸。花粉苦寒不傷胃，酸寒生津清潤肺。枯燥咳嗽皆虛熱，口燥脣乾胃熱致。熱狂時疾止煩渴，降火行水通經閉。跌打損傷散瘀血，瘡毒消腫排膿潰。栝樓下氣能補肺，潤下清上火痰氣。蕩滌胸中鬱熱結，生津止渴清咽閉。通乳消腫酒疸黃，二便不通及熱痢。胸痺利腸一切血，哮喘咳嗽般般治。五味生成有五味，酸寒收斂耗散氣。濇精明目滋腎水，益氣生津由斂肺。退熱斂汗止瀉嘔，五更腎泄並久痢。喘嗽煩渴及水腫，初咳用早恐邪閉。天冬甘苦性太涼，清金降火益水強。滋腎潤燥肌膚澤，痰嗽喘促肺火煬。肺痿肺癰吐膿血，骨蒸足熱少陰房。消渴嗌乾二便結，陰虛有火用之良。麥冬清心又潤肺，降火生脈生精氣。虛勞客熱止煩渴，嘔吐痿蹶火冲胃。肺痿吐膿諸熱毒，午後痰嗽陰火致。浮腫消渴水道行，血熱經枯通乳閉。淡竹葉性味甘辛，入足陽明手太陰。凉心緩脾消痰水，止渴除煩又生津。上焦風熱身壯熱，中風不語難出聲。咳逆喘促嘔吐血，孕婦頭旋小兒驚。冬花辛溫性純陽，治嗽不分熱與涼。瀉熱潤肺除煩渴，哮喘咳逆肺氣昂。痰嗽帶血肺癰血，喉痺亦由肺火強。定驚明目平肝熱，紫(苑)[菀]同行性更長。紫(苑)[菀]性與冬花同，不寒不熱也相從。潤肺下氣虛勞熱，咳逆上氣痰帶紅。消痰止渴止喘悸，寒熱結氣吐血膿。小兒驚癇由虛熱，喉痺惡涎自消融。金沸草開旋覆花，入肺大腸表裏家。下氣行水通血脈，結痰如膠水推沙。痞鞕噫氣胸中熱，代赭旋覆古方誇。頭風水腫肚腹腫，筋斷續筋根汁濾。百部甘苦微溫性，肺熱潤肺咳嗽定。疳積傳尸骨蒸熱，勞蟲疥癬蟯蚘盡。六畜生蟣煎水洗，蟲蛀樹木烟觸命。一切蠅蝨皆畏彼，寒嗽焙用以酒浸。桔梗上浮似舟楫，能瀉肺經氣分熱。心胃氣血舉開提，表散寒邪利胸膈。頭面咽喉口舌瘡，痰壅喘咳鼻齆塞。目赤舌痛心肺火，內漏下痢肺火迫。薺苨性寒能利肺，止嗽消渴和中氣。明目止痛清肺

熱，溫疾熱狂血痔痢。毒箭蛇傷並蟲咬，及諸藥毒伊可制。癰腫疔毒敷瘡毒，又治強中也誌記。兜鈴體輕似肺形，清熱降氣肺家平。痰嗽喘促因肺熱，補肺阿膠是此情。腸風下血痔漏血，肺與大腸表裏尋。千金單服治水腫，吐蟲吐蠱吐有名。白前辛甘性微凉，降氣下痰技藝長。久患咳嗽氣上逆，肺氣壅實下氣忙。胸膈逆滿能推蕩，脇肋逆氣藉此揚。喉中作聲不能卧，研末調酒飲如常。白及補肺治肺傷，兼治吐血出心肝。癰腫敗疽逐瘀腐，手足皴裂面生瘡。痱緩不收蟲疥癬，邪氣賊風鬼擊安。跌打折骨湯火灼，鼻衄不止山根圈。半夏除濕化痰涎，和胃健脾腎肝連。發表開鬱咳上氣，胸脹煩嘔利水能。傷寒寒熱反胃吐，咽痛聲閉瘧不眠。癰腫瘿痞眉骨痛，痰厥頭眩及頭疼。南星入肝肺與脾，治風勝濕除痰宜。驚癇風眩由痰起，身強口噤風痰迷。舌瘡喉痺利水道，瘕疝積結下氣奇。散血拔腫攻癰毒，疥癬蛇蟲搽圈圍。膽星南星可相同，南星燥烈性太雄。以膽套之去其燥，驚癇風眩痰消融。人不忍食牛膽者，飛霞十法半夏從。機變活動隨人意，水浸火炮製無窮。貝母微寒瀉心火，辛散肺鬱清淡顆。虛勞煩熱咳上氣，吐血咯血肺痿妥。喉痺目眩便淋瀝，瘻瘤乳閉產難頗。功專散結除痰熱，敷瘡斂口生肌可。海藻潤下以泄熱，軟堅行水消痰核。瘰癧瘻瘤癥瘕聚，陰癀疝氣癰腫結。脚氣水腫濕熱病，消食利便治五膈。昆布海帶形雖異，功性相同免分別。

清・何本立《務中藥性》卷二

獨活辛苦性微溫，入腎氣分足少陰。本經傷風頭腦痛，配合川芎與細辛。關節疼痛風寒濕，兩足濕痺不能伸。風熱齒痛奔豚疝，痙癇頭運目眩昏。羌活表散太陽風，少陰厥陰氣分中。風濕相搏頭頂痛，周身百節痛見功。督脈為病脊強厥，頭旋目赤風邪壅。血虛二活皆禁用，風病大小無不通。防風辛甘性微溫，升散風邪太陽經。頭項脊痛周身痛，目赤目眩風淫侵。濕留經絡身體重，以風勝濕知此因。內傷血虛陰虛火，不因風濕不宜升。藁本太陽經風藥，頭痛連腦須記着。寒鬱本經兼督脈，二經脊強而厥駁。下行去濕治疝瘕，陰寒腫痛腹痛却。胃風泄瀉風客胃，粉刺酒齇作粉撲。葛根發表陽明經，鼓舞胃氣往上升。頭痛如破肌大熱，脾虛渴瀉能生津。腸風血痢溫病瘧，痘疹難出未現清。太陽初病不宜服，葛花解醒小異分。升麻陽明與太陰，表散風邪胃氣升。升發火鬱頭齒痛，瘡痢時氣毒癘侵。久瀉脫肛崩帶痔，肺痿喉腫目赤睛。痘疹發熱點隱用，現齊不宜緊記心。白芷表汗散風濕，陽明二經太陰一。頭目昏疼眉骨痛，面皯牙疼鼻淵瘜。目淚目癢皮膚癢，腸風血閉血崩瀝。痔漏止痛瘡排膿，蛇傷砒毒解毒的。細辛散風治風痺，頭痛脊強少陰位。鼻淵齒蠹風淚眼，口瘡喉痺痰咳氣。膽虛驚癇益肝膽，水停心下行水滯。溫經下乳行血脈，通經利竅鳴耳閉。柴胡達表足少陽，厥陰心包相火狂。傷寒寒熱往來熱，頭眩目赤痞胸膛。耳聾脇痛並口苦，嘔吐心煩治瘧良。胎產諸熱血入室，陽氣下陷引上昂。前胡暢肺味甘辛，太陽厥陰二太陰。性陰而降專下氣，苦泄寒熱厥陰經。哮喘咳嗽霍亂痞，降火消痰實熱清。風寒頭痛內外熱，痰食推陳以致新。荊芥入肝經氣分，炒黑血分諸血困。發汗散風祛風濕，傷寒頭痛中風證。清頭利咽治眼花，助脾消食產後病。吐衄腸風痔漏崩，瘰癧瘡家稱為聖。薄荷辛散搜肝氣，升浮發散而抑肺。消散風熱清頭目，頭痛中風聲音閉。骨蒸痰嗽口舌胎，眼耳喉齒風熱致。皮膚癮疹瘰癧瘡，驚風風涎及血痢。龍腦薄荷有幾名，水蘇雞蘇似其形。依性另外是一種，專治血分忖此情。吐血衄血咳唾血，崩帶下血痔血淋。喉腥口臭口甜苦，攷實何物用有憑。蒼耳發汗散風濕，上通腦頂下足膝。外達皮膚止瘙癢，骨髓內毒疼痛極。瘟毒頭腫並頭疼，目暗齒痛鼻淵瘜。四肢拘攣周痺痛，癰毒瘡疥及瘰癧。麻黃正入足太陽，少陰陽明心大腸。肺家專藥通九竅，發汗解肌散風寒。痰哮氣喘頭疼痛，溫瘧咳嗽氣上昂。即當發汗不可過，止汗根節最為良。紫蘇散寒利心肺，氣香益脾又開胃。發汗解肌和血脈，寬中消痰能下氣。祛風定喘疏大腸，止痛安胎開鬱閉。梗性稍緩虛者宜，下氣子比葉加倍。香薷辛散皮膚熱，溫解心腹之凝結。性屬金水清肺氣，解暑利濕治水捷。暑月霍亂與頭疼，發熱惡寒或吐泄。煩躁口渴陰邪者，內傷東垣註明白。

清・何本立《務中藥性》卷三

當歸和血散風寒，心肝脾經養血強。虛寒勞熱咳上氣，頭腰心腹痛非常。溫瘧澼痢衝帶病，痿痺癥瘕及瘡瘍。女人血病通可用，頭止尾破油滑腸。芎藭辛溫善搜風，肝膽心包血氣中。補肝潤燥開諸鬱，血虛風濕寒氣攻。上助清陽止頭痛，下行血海調經通。目淚脇風並瀉痢，一切血滯及瘡癰。白芍瀉肝安脾肺，收斂陰氣和血氣。緩中止痛固安胎，心脇痞脹腹痛痢。除煩退熱收斂汗，鼻衄癰腫散瘕聚。婦人胎產一切血，產後中寒又當避。赤芍白芍畧相同，瀉肝散血赤更雄。血痺癥瘕堅積

塊，目赤瘡癰退腫紅。腹痛經閉衄不止，腸風下血又相從。婦人血分宜醋炒，下痢後得不炒庸。生地甘苦性大寒，入心腎胃大小腸。崩漏消瘀通經血，血逆吐衄瀉火狂。痘疹大熱血枯燥，傷寒熱證號陽強。地黃一本分三用，生寒熟溫乾地涼。乾地手足厥少陰，及手太陽涼血清。生血調經逐血痺，吐衄尿血血運昏。勞血咳嗽手足熱，痿痺驚悸腹痛心。崩漏安胎補腎水，折跌散瘀續絕筋。熟地味甘性微溫，手足少陰並厥陰。滋腎益水填骨髓，長肌生血又生精。聰耳明目烏鬚髮，勞傷風痺胎產經。男子陰虛宜熟地，婦人血虧生熟分。益母草性微苦酸，手足厥陰心包肝。消水行血調經血，去瘀生新胎漏安。血風血運血氣痛，產難崩中帶下堪。血淋止痛通二便，疔腫乳癰及諸瘡。益母子性治畧同，調經閃精明目矇。活血順氣逐風熱，行中有補惟子隆。心煩頭痛血熱病，崩中帶下白與紅。胎產百病皆可服，茺蔚補陰功無窮。澤蘭味苦能泄熱，散鬱破瘀利關節。養血養氣長肌肉，舒脾益肝和血脈。產後血瀝及腰疼，癥瘕水腫月經澁。吐衄鼻紅或目痛，頭風癰毒折傷跌。蘭草性與澤蘭異，澤蘭入血蘭草氣。飲食肥甘成消渴，久積陳鬱疎氣滯。殺蟲辟惡行水道，胸中痰癖及諸痺。東垣方中常用之，其味甘寒能清肺。零陵香草味甘辛，其氣芳香暢脾經。牙痛鼻䶊祛瘜肉，心痛腹脹頭旋昏。虛勞疳䘌逐惡氣，明目止淚療洩精。香家面脂澡皂用，女人浸油飾頭馨。艾葉純陽婦調經，暖宮安胎開鬱伸。理氣理血逐寒濕，十二經中走三陰。元陽垂絕能回轉，冷痢腹痛霍轉筋。吐衄崩帶止諸血，外科殺蟲灸洗蒸。延胡溫理血痛氣，性入心包肝脾肺。血中氣滯氣中血，通利小便除風痺。癥癖崩淋經不調，折傷積血疝氣治。產後血運血上衝，生破酒行止醋製。紅花破血入肝經，活血生血少陰心。血熱潤燥清腫痛，經閉便難產血昏。喉痺取汁服通塞，痘疹血熱血紫清。作成燕脂能解毒，聤耳滴耳點痘疔。紫葳一名凌霄花，寒入厥陰血分家。能逐血中之伏火，破血散瘀血閉誇。癥瘕崩中淋瀝血，古方肺癰累用他。血熱風癢大便結，陀僧合末敷酒皻。大薊小薊有同異，破血止血涼血是。吐衄腸風赤白濁，血崩血淋皆同治。金傷撲損蛇蟲傷，熱毒煩悶食開胃。小薊退熱補虛能，大薊消腫兼下氣。紫參苦寒能清熱，通利九竅二便結。心腹堅脹瘀血凝，狂瘧溫瘧退熱截。腸胃大熱唾衄血，婦人腸覃經閉澁。癰腫諸瘡腹積塊，熱痢腹痛下赤白。紫草性寒入厥陰，涼血活血熱在心。利竅通便療腫脹，惡瘡癘癬五疳蒸。痘疹便閉毒熱盛，涼以行血往外升。已出瀉利不宜用，紫茸性同畧帶溫。三七散血能止痛，跌打損傷杖傷共。未杖先服免攻心，杖後敷之去瘀用。吐衄崩痢經不止，產後惡血往下送。目赤癰腫蛇虎咬，金傷止血軍中重。地榆性寒沉而澁，能入下焦除血熱。吐衄腸風血熱痢，月經不止產內塞。大小便血諸瘡痛，膽氣不足補膽怯。小兒疳痢面瘡腫，婦人崩帶赤與白。茜草性溫行血滯，心包肝經血分利。行血止血消瘀血，崩運通經治風痺。黃疸吐血並尿血，跌打死血亦能治。痔瘻瘡癤酒煎服，今時作色染絳是。蒲黃血分入厥陰，生用性滑能通經。行血水瘀瘡癤腫，腹內血氣痛攻心。血癥兒枕跌打損，舌脹滿口不出聲。吐衄尿血膀胱熱，炒黑止血止洩精。卷柏生破止炒黑，癥瘕血閉久子絕。女子陰中寒熱痛，腸風脫肛散淋結。五臟百邪鬼魅啼，月候不勻通經服。頭風痿躄止咳嗽，強陰益精和顏色。藺茹其形似萊菔，味辛性寒有小毒。散血排膿治血枯，大風蝕肉疥蟲逐。癥瘕瘜肉能破除，敗瘡死肌熱痺木。脚脂腫爛煎膏佈，身體過充服消速。菴藺子性走血分，五臟瘀血心中悶。產後血氣經不通，閃挫折傷散血應。風寒濕痺腹脹滿，腰漆骨節諸痛病。散中有補治陽痿，用以制蛇取蛇命。鬱金苦寒氣純陰，其氣輕揚往上升。包絡與心兼入肺，下氣破血血熱清。吐衄尿血腸胃血，心腹諸痛逆行經。失心顛狂痘陷黑，產後敗血血衝心。薑黃辛苦黃入脾，兼入肝經血分宜。下氣破血除風痺，氣脹血積心腹臍。撲損瘀血消癰腫，手臂疼痛辟邪迷。經閉癥瘕產後血，小兒胎寒腹痛啼。三稜能破血中氣，肝經血痛心腹臆。兼入脾經散瘀血，氣脹血結食停滯。痃癖癥瘕積聚塊，產後腹痛月經閉。瘡腫堅硬腫痛消，撲損散血孕婦忌。莪茂辛苦氣性溫，氣中破血入肝經。食滯吐酸消諸積，痃癖癥瘕男婦分。通經消瘀療撲損，霍亂冷氣痛攻心。解毒止痛能通竅，中惡疰忤鬼氣侵。香附性平氣味辛，血中氣藥降又升。通利三焦解六鬱，胎產百病調月經。痰飲痞滿足跗腫，腹脹飲食積聚癥。癰疽諸痛由鬱起，血凝氣聚不分因。

清・何本立《務中藥性》卷四　大黃手足陽明經，手足厥陰中太陰。五經血中之伏火，推蕩陳積以致新。二便不通濕熱證，或生或酒洗浸蒸。病在氣分不宜用，傷寒表裏要分清。黃芩性寒瀉諸熱，枯芩實芩有分別。枯瀉肺火實大腸，下氣降火消痰膈。往來寒熱少陽證，五淋黃疸澼痢洩。目赤癰腫

孕安胎，失血喉腥因火迫。黃連大苦性大寒，入心瀉脾鎮肝強。涼血燥濕散鬱熱，心積惡血痞胸膛。解渴除煩止盜汗，調胃益膽又厚腸。腸澼瀉痢腹熱痛，目疾胎毒癰腫瘍。胡黃連同黃連義，性味相同而小異。入心去熱益肝膽，果積傷脾厚腸胃。骨蒸勞熱五心熱，能醫三消及五痔。婦人胎蒸小兒疳，驚癇霍亂溫瘧痢。苦參味苦氣純陰，入腎補陰固益精。養肝益膽安五臟，天行時毒大熱清。苦能燥濕寒勝熱，腸風熱痢積聚癥。明目止淚療黃疸，大風疥癩蟲蛀身。膽草味苦性寒涼，益肝益膽瀉火強。能除下焦之濕熱，寒濕脚氣並疸黃。目腫睛赤努肉出，骨蒸盜汗熱發狂。咽喉風熱溫熱痢，小兒驚癇熱毒瘍。大青性寒治時氣，頭痛大熱熱毒痢。瘟毒熱狂心煩渴，陽毒斑黑熱爛胃。風疹丹毒塗腫毒，口瘡喉風及喉痺。小兒肚皮卒然黑，危惡之候血氣滯。藍乃今時作靛葉，搗汁飲解天行熱。用中鼈癥應聲蟲，降火止嘔止熱泄。蟲咬紅絲貫及胸，頭面腫痛命將絕。陰陽易病手足拳，一切熱毒敷搽貼。青黛鹹寒其色青，正瀉肝火五臟分。天行頭痛諸風熱，吐血咯血肺與心。食積血痢解百毒，臍腹生瘡連二陰。傷寒發斑因蘊熱，小兒丹毒疳熱驚。白茅根甜補中氣，吐衄客熱在腸胃。喘急水腫並黃疸，解酒止渴小便利。崩中淋瀝經不勻，撲損瘀血寒熱閉。傷寒噦逆因伏熱，茅針煮酒瘡癤潰。芭蕉根甘性又涼，能治進疾熱發狂。解酒止渴除煩熱，風熱頭痛退疸黃。產後血脹血淋痛，蕉油梳髮黑且長。葉和薑汁塗腫毒，花醫心腹痛非常。苧根補陰又破瘀，解毒潤燥心膈舒。天行熱疾狂煩渴，胎漏下血能安居。五種淋疾脫肛出，癰腫丹毒赤如朱。鷄魚骨鯁本湯下，葉止金瘡折傷軀。野薔薇根即茅絳，子名營實性相通。能除陽明風熱病，癬疥殺蟲治瘡癰。遺尿好眠上焦熱，消渴瀉痢腸風宗。跌撲閉竅通關節，牙疼口爛延及胸。蘆根蘆笋性不異，甘寒降火能開胃。嘔噦反胃霍亂吐，客熱傷寒內熱治。肺脾腎熱小便數，消渴煩悶熱瀉痢。魚蟹河豚諸肉毒，蘆根搗汁或煎劑。山豆根性寒苦味，能瀉心火能清肺。喉癰喉風齒齦腫，大腸風熱赤白痢。熱厥咳嗽心腹滿，塗諸瘡毒五種痔。蛇蟲狗咬蜘蛛傷，人馬急黃血熱致。射干性寒微苦味，瀉火消痰肝脾肺。散血消腫解熱毒，心脾老血口臭氣。喉痺咽痛為要藥，瘕疝便毒通經閉。咳逆上氣不得息，瘡癰瘧母相火致。青蒿之葉二面青，節間有蟲便是真。最得少陽春令早，故入少陽厥陰經。苦寒能清血分熱，蓐勞虛熱侵骨蒸。風毒熱黃久瘧痢，瘡疥鬼氣疰纏身。茵陳微苦性微涼，脾胃濕熱發疸黃。小便不利膀胱熱，瘕疝瘴瘧濕熱強。傷寒發汗汗不徹，身面悉黃分陰陽。頭痛頭旋風熱眼，天行時疾熱發狂。

清・何本立《務中藥性》卷五

附子大熱性純陽，元陽失散最為良。三陰陰邪之要藥，厥陰唇青腎縮囊。陰盛格陽脈數散，陽盛實火不宜嘗。損益八言書不盡，一一註解細分詳。草烏初生龍安府，彰明取來種附子。生過附後名川烏，二味皆是附子母。草烏處處皆有之，川烏彰明一縣土。搜風勝濕開痰結，塗箭射獸見血死。狼毒苦辛有大毒，黑豆水煮醋炒熟。每服或分或幾釐，九種心痛止痛速。連年積冷在心胸，陰疝睾丸縮入腹。生用塗箭射猛獸，落馬墜車瘀血逐。蓽茇辛溫暖腸胃，臟腑虛寒溫中氣。辛散陽明之風熱，頭痛齒痛鼻濁涕。嘔逆醋心祛冷痰，腸鳴水瀉冷氣痢。痃癖陰疝腰脚冷，心腹滿痛冷食致。白附性熱味甘辛，引藥上行陽明經。面上百病口喎斜，中風冷氣喉失音。祛風化痰兼燥濕，血痺喉痺痛攻心。陰下濕癢面上皯，痰厥頭疼頭目昏。胡蘆巴性壯元陽，冷氣潛伏不歸元。能助右腎命門火，膀胱疝氣並小腸。溫暖丹田陽虛冷，寒濕脚氣用之良。一切元臟虛冷病，配添附子與硫黃。蓯蓉酸鹹味辛溫，滋潤五臟入腎經。補益命門之相火，絕陰不產絕陽興。腰膝冷痛崩與帶，峻補精血止遺精。強筋益髓長肌肉，驟服太多恐妨心。瑣陽性味甘濇溫，功同蓯蓉兩平分。大便燥結能潤燥，益精興陽大補陰。腰脚痿弱由腎冷，潤燥益血故養筋。諺云野馬遺精物，是與不是莫見真。仙茅辛熱有小毒，補益命門助陽速。腰脚冷痺不能行，溫暖五臟明耳目。填精補髓助骨筋，失溺無子過婬慾。陽弱陰寒正合宜，相火熾盛不宜服。故紙大熱味苦辛，燥性鹽炒酒浸蒸。心包命門補相火，溫暖丹田壯陽興。男子腎泄女血氣，腎冷精寒能使溫。腎虛泄瀉因無火，火旺助火反傷精。巴戟辛甘性微溫，補益血海補腎陰。強陰益精補虛損，陰痿助陽壯骨筋。陰中引痛白帶濁，夜夢鬼交自洩精。脚氣水腫散風濕，頭面遊風癩滿身。菟絲子性補三陰，即是肝腎脾三經。五勞七傷精寒冷，腰疼膝弱助精溫。小便淋瀝口苦燥，脾虛腎燥內熱清。祛風明目補衛氣，強筋益髓又添精。覆盆子酸性微溫，補肝益腎固陽精。小便淋瀝縮小便，陽痿不起復陽興。女人食之多孕子，榨油塗髮白轉青。葉汁滴目治蟲眼，痘瞖根汁同蜜蒸。蛇床子性苦而辛，男子壯陽女益陰。腰痠體痺帶下

病，子臟虛寒冷如冰。散寒祛風兼燥濕，腎命陽虛溫暖精。蟲食瘡癢陰戶癢，煎水殺蟲沐浴身。淫羊藿性辛甘溫，手足陽明及肝經。補助三焦命門火，益氣益力益脾心。婦人絕陰久無子，丈夫絕陽補天真。手足麻木腰膝冷，堅筋壯骨由補精。砂仁辛香和脾胃，下行達腎上行肺。噎膈痞滿並嘔吐，消積醒酒行結滯。霍亂轉筋及奔豚，咳嗽上氣泄瀉痢。冲和五臟暖丹田，安胎止痛逐冷氣。益智性熱其味辛，開鬱散結暢脾經。三焦命門元氣弱，溫中補腎兼補心。收攝涎唾縮小便，冷氣腹痛溢遺精。客寒犯胃諸冷病，嘔吐泄瀉用彼溫。草蔻草果不同地，二物性同免分義。暖胃健脾開鬱結，祛寒燥濕利痰氣。痞滿吐酸飲食積，寒瘧截瘧消瘴癘。霍亂瀉痢胃脘疼，婦人惡阻男反胃。白蔻辛熱暖脾胃，流行三焦專主肺。寬胸利膈止嘔吐，消酒化食散積滯。祛寒燥濕療虛瘧，感寒腹痛諸冷氣。目內大眦散紅筋，白膜遮睛退雲瞖。藿香辛甘性微溫，溫散手足二太陰。快氣和中開胃口，霍亂吐瀉絞腹心。肺虛有寒上焦熱，芳香之氣暢脾經。胎氣不安吐酸水，能降諸氣又能升。木香性溫辛苦味，溫能暢脾辛泄肺。疎肝和胃溫三焦，一切氣痛皆可治。痰壅氣結痃癖癥，裏急後重瀉與痢。嘔吐反胃氣上衝，消食安胎通癃閉。茴香辛溫氣芳香，祛散腎邪救肝傷。溫暖丹田補命火，小腸冷氣散膀胱。癩疝陰疝陰囊腫，乾濕脚氣寒濕殃。開胃下食止嘔吐，多食損目且發瘡。肉蔻辛溫逐冷氣，溫中補脾善暖胃。心腹脹痛中惡吐，祛痰解酒消食滯。小兒傷乳脾虛泄，溢腸止瀉止冷痢。久瀉虛瀉之要藥，瀉痢初起不可試。甘松味甘性微溫，香竄開鬱舒脾經。氣滯氣鬱理諸氣，腹滿腹痛上衝心。風疳蟲䘌煎水漱，面䵟風瘡沐浴身。脚氣膝腫水淋洗，勞瘵熏法殺蟲精。山柰性溫辛辣味，其香似屬樟木氣。寒濕冷氣攻心腹，暖中辟惡辟瘴癘。霍亂吐瀉胃不和，風蟲牙痛吹鼻嚏。頭上白屑研末擦，面上雀斑陀僧配。良薑辛熱理脾胃，散寒醒酒消食滯。心中一甘性非常，俗言心氣痛弗是。乃是胃脘寒滯冷，協同香附酒醋製。噎膈冷癖寒瘴瘧，霍亂轉筋吐瀉痢。紅豆蔻味辛香氣，手足太陰經脾肺。散寒燥濕溫大腸，水瀉冷瀉及冷痢。心腹絞痛因冷食，嘔吐酸水酒傷胃。噎膈寒脹寒虛瘧，風寒牙痛兼可治。

清・何本立《務中藥性》卷六　天麻辛溫入肝經，氣分益氣又強陰。強筋助骨通血脈，疎痰理氣風濕清。中風不語肢不遂，風眩眼黑頭旋昏。小兒驚癇諸風病，大小痱痺風攪身。鈎藤能除心經熱，平肝息風火自滅。大人頭旋及目眩，小兒驚啼瘛瘲掣。客忤胎風壅熱盛，內鈞腹痛止痛捷。十二驚癇皆可用，斑疹肝風相火刼。秦艽燥濕又散風，肝膽腸胃四經功。養血榮筋身攣急，風寒濕痺三氣中。虛勞寒熱骨蒸熱，口噤牙疼下齦癰。腸風瀉血大腸血，黃疸酒毒二便通。豨薟苦辛生用寒，九蒸九晒益氣元。能醫肝腎諸風濕，四肢麻痺或瘡瘍。腰膝無力及冷痛，筋痠骨痛手足蹺。又能明目烏鬚髮，加酒合蜜作成丸。靈仙宣疎五臟通，能行十二經絡壅。中風頭風風痛痺，腹內冷痛及心胸。痰水癥瘕痃癖聚，黃疸浮腫冷氣衝。大小腸閉風痰濕，腰膝折傷一切風。南藤清風二藤名，二味同功不同形。風濕流入筋骨內，腰膝痠疼風濕淫。損傷搔癢諸瘡腫，周身麻痺血氣凝。歷節鶴膝濕氣閉，浸酒熬膏在于人。茵蕷苦溫有小毒，療風祛濕功性速。古方風癇茵蕷丸，茵蕷酒治風痺服。產後中風茵蕷膏，四肢拘攣脚麻木。近世少用不識性，性與石南功同屬。浮萍辛散發邪汗，風濕癱瘓果堪算。輕浮入肺達皮膚，止癢消渴定霍亂。惡疾瘡瘍癩偏身，三十六種風同樣。煎汁沐浴諸疾可，燒烟辟蚊蚊自竄。牽牛辛熱能泄肺，右腎命門走精隧。氣分濕熱不周流，大便小便少通利。逐水消痰消水腫，大腸風痺與氣閉。喘滿痃癖及氣塊，病在血分則當忌。防己血分風水要，下行膀胱利九竅。水腫風腫癰腫毒，十二經中能開腠。濕瘧脚氣寒濕鬱，熱氣諸癇水喘嗽。上焦氣分則不宜，二陰不通用之妙。葶藶性急逐水氣，胸中痰飲壅塞肺。面目浮腫咳嗽喘，結氣癥瘕破積聚。通身水腫小便濇，膀胱水脹通經閉。水去則止休過服，苦寒泄肺而傷胃。芫花微苦又微辛，逐水泄濕性微溫。能療五水五臟水，皮膚脹滿喘急聲。水飲痰癖鬼瘴瘧，痛引胸脇咳失音。芫根毒魚治瘡疥，餘證相同不必分。甘遂苦寒性有毒，用則麪裹火煨熟。能瀉胃經濕與水，直達隧道下水速。大腹腫滿名水蠱，上下浮腫或面目。宿食痰迷及癲癇，積聚疝瘕留飲逐。大戟有毒漿水製，行血發汗二便利。能瀉臟腑水與濕，頸腋癧腫及脚氣。積聚癥瘕血癖塊，腹滿膚痛經水閉。天行黃腫風毒瘧，十二水腫皆能治。商陸甘遂與大戟，三味形異功則一。水腫瘻痺腹脹腫，癰腫喉痺不通吸。性陰下沉能行水，濕熱瘕疝瀉蠱積。煎劑必要白花者，敷瘡貼臍又要赤。常山性寒味辛苦，行水祛痰能引吐。老痰積飲在胸中，或澼在脇或腸肚。截瘧發散表邪後，久病虛瘧先用補。蜀漆即是常山

苗，功性同治瘧積蠱。石韋苦寒生石旁，生成有毛毛色黃。用則必須去毛梗，刺入咽喉咳非常。清利膀胱滲濕熱，小便短澁能使長。淋加滑石車前子，氣熱咳嗽加檳榔。木通甘淡清肺熱，心包心火二便結。膀胱濕熱淋不通，通利九竅通血脈。胸煩咽痛口舌乾，偏身拘痛踈關節。脾熱好眠消腫毒，催生調經下乳澁。通草甘淡其色白，氣寒體輕瀉肺熱。能引胃氣往上升，下行通利小便徹。催生下乳利陰竅，兼治五淋水腫捷。通竅降火發聲音，目昏耳聾鼻齆塞。海金沙性味甘涼，淡滲膀胱利小腸。二經血分之濕熱，脾濕腫滿及腎囊。五淋膏血石熱等，腎莖腫痛皆熱戕。傷寒大熱加梔子，牙硝蓬砂治熱狂。車前子性微甘味，寒清風熱入肝肺。小腸濕熱滲膀胱，通利小便不走氣。強陰益精功利水，明目退赤散障翳。橫產催生下胎衣，五淋暑濕水瀉痢。燈草甘淡性寒涼，能降心火利小腸。清肺通氣止血熱，五淋水腫及疸黃。燒灰吹喉治喉痺，小兒夜啼塗乳娘。痘瘡氣喘止煩渴，擦癬擦疥制蟲瘍。萹蓄之性味苦平，通利小腸治熱淋。霍亂吐利黃疸疾，疥瘙疽痔蟲侵淫。小兒蛔咬心腹痛，女子陰蝕或肛門。惡瘡痂癢搗敷止，濕熱生蟲殺蟲神。瞿麥苦寒治五淋，小便不通能使行。小腸膀胱逐邪熱，大小便血亦同情。月經不通破血塊，目翳退翳目自明。癰腫消腫皆可用，不宜體虛尿多人。地膚子葉有同別，能利膀胱小便澁。狐疝陰㿗孕婦淋，強陰益精除虛熱。雀盲目澁風熱眼，皮膚燥癢能潤澤。目赤瀉痢雷頭風，洗瘡洗眼則用葉。萆薢甘苦味性平，入足厥陰足陽明。祛風去濕固下焦，陰痿遺濁小便勤。補肝益腎堅筋骨，腰痛久冷水濕凝。痔漏惡瘡因風濕，緩弱𤸷痺風濕成。

清·何本立《務中藥性》卷七

菊花得受金水精，益金益水是此因。生金平木肝風息，助水制火固涼心。明目養血去翳膜，風熱眩運頭目清。濕痺遊風同一理，黃白紅紫各分經。青葙子性入厥陰，祛風散熱鎮肝經。堅筋壯骨療風痺，古方專治脣口青。蟲疥惡瘡因風熱，明目退翳散赤睛。瞳子散大不宜服，性助陽火記在心。雞冠花性微甘味，苗子皆涼性不異。一切血病皆可服，吐衄便血赤白痢。脫肛下血糞後紅，腸風瀉血五般痔。產後血痛經不止，赤白崩帶赤白配。決明子性入肝經，味鹹補腎益腎精。補肝明目利五臟，熱淚風眼風熱清。敷散太陽頭目腫，鼻衄不止貼胸心。圃中種有蛇不入，研末水調搽瘡疔。蓼實味辛能溫中，入腎明目耐寒風。面目浮腫下水氣，癧瘍敷洗瘡癬癰。霍亂煩渴煎水服，頭瘡殺蟲塗見功。苗葉釀酒治風冷，其餘功用畧相通。蒺藜性溫味苦辛，辛散肺氣溫腎經。能散肝風故明目，虛勞腰痛夢遺精。痔漏陰㿗及帶下，肺痿乳閉瘕與癥。刺藜肝風沙苑腎，功性皆同不須分。木賊發汗解肌熱，升散火鬱風濕克。厥陰少陽血分走，目疾退翳膜自滅。疝痛脫肛腸風痔，崩中赤痢諸血攝。腹內有積消積塊，月水不斷伊可絕。穀精草性味溫辛，入足陽明厥陰經。體輕上浮清頭目，撥雲退翳膜遮睛。小兒雀盲痘後翳，目中諸病屬厥陰。喉痺齒痛因何故，陽明風熱往上升。夏枯草辛苦微涼，生性之氣稟純陽。補肝緩火解內熱，鼠瘻瘰癧用者常。破癥治癭散結氣，濕痺腫毒亦稱強。目內黑珠惟夜痛，以陽治陰理上詳。土茯苓性甘淡平，專入手足二陽明。健脾補胃祛風濕，能利小便止瀉停。強筋壯骨止骨痛，楊梅結毒邪慾成。諸瘡解毒代茶飲，多服久服方有靈。金銀花葉性同功，又名左纏藤忍冬。味甘補虛養陰血，性寒解毒治瘡癰。腸癖血痢腹脹滿，清熱止渴濕熱風。喉痺乳蛾諸熱毒，五種尸疰二便通。紫花地丁味苦辛，寒性解毒苦味清。癰疽發背諸腫毒，瘰癧惡瘡治惡疔。喉痺腫痛調醬吐，黃疸內熱用酒蒸。稻芒粘咽不得出，嚼嚥下喉即出聲。杜牛膝乃鶴蝨根，能破產後血瘀堅。小兒驚風牙緊閉，乳蛾喉痺水濃煎。吐痰止瘧止牙痛，蛇蟲螫毒敷用生。清熱解毒豬瘟病，能化諸骨骾塞咽。鶴蝨辛苦殺諸蟲，蟲嚙心腹五臟同。小兒腹痛時作止，蟲痛面白嘴脣紅。大腸蟲出不斷絕，合蜜為丸治勞邛。或研為末肉汁下，並可止瘧洗瘡膿。君子味甘健脾胃，性溫殺蟲蟲自殪。五疳虛熱小便白，虛腫蛔痛並瀉痢。濕熱瘀塞故生蟲，皆由肥甘乳食滯。每月上旬食幾枚，忌飲熱茶要緊記。山慈姑味微甘辛，功專清熱解毒精。醋磨散熱塗癰腫，瘡瘻瘰癧結核疔。蠱毒蛇蟲狂犬咬，風痰癇疾茶調清。萬病解毒言不盡，加入大戟與千金。白藥子性溫辛味，散熱降火清熱氣。止嗽止渴止吐衄，風痰上壅喉不利。刀斧折傷研末塗，咽中常痛熱腫閉。癰毒不散敷消腫，一切熱證皆可治。黃藥子性平無毒，涼瀉馬心肺熱服。諸瘡惡毒能敷散，吐血衄血止血速。項下癭瘤第一方，同酒糠火內煨熟。蛇犬咬傷塗瘡口，天泡水瘡研末撲。漏蘆性寒治熱癰，小腸尿血大腸風。排膿生肌殺蟲疥，痔漏濕痺皆可宗。金瘡止血續筋骨，瘰癧皮膚熱毒攻。小兒肚熱風赤眼，婦人調經乳汁通。藜蘆氣味寒辛苦，濃煎入口即便吐。風癇證用吐痰

涎，中風不省及不語。吹鼻通頂令人嚏，喉痺鼻瘜肉塞阻。久年瘧痢腫疸黃，瘡毒殺蟲吐毒蟲。貫眾苦寒鹹軟堅，能化諸骨骾塞咽。破癥散瘕殺三蟲，赤白帶下血熱崩。鼻衄不止水調服，產後血氣痛脹膨。夏月痘疹出不快，漆瘡作癢加油添。續隨子性有小毒，行水破血性最速。癥瘕痰飲積聚塊，血結冷氣痛心腹。脹滿蠱蟲鬼疰病，疥癬惡瘡蛇蟲逐。腹內宿食通二腸，推出惡物免積蓄。蒲公英性味甘平，入足太陰與陽明。黃花屬土解熱毒，乳癰疔毒效如神。能消腫核化食滯，試驗奇方治諸淋。通腎擦牙烏髭髮，兼治膈噎亦有情。白頭翁性苦堅腎，手足陽明涼血分。溫瘧寒熱齒骨疼，牙齦陽明骨瞖應。血熱上行止鼻衄，下行熱痔熱痢證。禿瘡瘰癧癥疝瘕，一切血熱毒熱病。王瓜苦寒能瀉熱，或根或子或用葉。天行熱疾消渴飲，黃疸身黃變成黑。二便不通月經閉，水流四肢入骨節。瘡毒排膿消腫痛，利水除煩散熱結。王不留行味苦平，通利血脈走陽明。乳少下乳通乳汁，經閉通經衝任停。除風去痺消風疹，瘡癰腫痛散血凝。金瘡止血止鼻衄，能利小便治熱淋。天仙藤散治子氣，斯時市肆少此味。《本草》雖云似葛葉，《備要》又以青香替。其性疏氣能活血，妊娠水腫從脚致。不識不可勉強解，後賢知者載書記。冬葵子性本寒涼，甘淡利竅滑大腸。潤燥消水行津液，乳汁不通腫乳房。小便不利通關格，經絡凝滯生瘡瘍。血淋血痢取其滑，胎衣不下對沙糖。鮮皮性寒皮色白，能除脾胃中濕熱。膀胱小腸行水道，善行利竅通血脈。濕痺諸黃產後風，四肢麻木利關節。眉髮脫脆瘡疥癬，女子陰中腫痛掣。白斂性寒辛苦味，除熱去濕散結氣。能殺火毒消癰腫，女子陰腫風濕痺。面上皰瘡鼻酒皶，帶下赤白腸風痔。金瘡撲損劍傷口，驚癇溫瘧血熱痢。劉寄奴草味苦溫，金瘡止血有緣因。氣血脹滿心腹痛，下氣破血通月經。霍亂水瀉成血痢，大小便血散結癥。跌打損傷散瘀血，小兒尿血夜啼聲。鵞不食草寒辛味，臭氣能通九竅閉。頭痛腦疼耳聾塞，搐塞鼻中去目瞖。痰瘧齁鮯窒不通，瘜肉塞鼻取噴嚏。解毒明目散目赤，牙疼瘡腫敷腫痔。蓖麻子性有大毒，祇可外用不可服。瘡毒內攻拔出外，舌脹出口烟熏縮。偏頭嘴喎右貼左，眼斜向左貼右目。盤腸生產貼頭頂，胎衣不下貼于足。馬勃味辛入肺經，清熱解毒性上升。喉痺咽痛鼻衄血，散血止嗽治失音。惡瘡馬疥敷瘡毒，生肌去腐肉生新。普濟消毒飲所用，能治時行大頭瘟。木鱉子性原有毒，外科治瘡治跌撲。瘰癧乳癰肛門腫，消腫追毒生肌速。內治痞積腹痞塊，瘧痢黃疸脚腫木。煎劑當用宜少用，去油紙包火煨熟。馬錢子性毒如狼，又名番木鱉古傳。俗去人吃則解熱，狗若吃了則斷腸。此言半信半莫信，打藥八釐脹非常。既知有毒何必用，不若莫用更為強。

清·何本立《務中藥性》卷八

茯苓甘溫益脾肺，調榮理衛定心悸。瀉熱下行通膀胱，滲濕能使小便利。咳逆嘔噦膈痰水，水腫泄瀉遺精治。苓皮行水療膚腫，赤苓瀉心小腸氣。茯神主治同茯苓，茯神抱松根結成。茯苓入脾伐腎邪，茯神入心安神魂。驚悸健忘多恚怒，風眩心虛能調停。黃松節療筋攣縮，即是茯神心更名。松節性能祛風濕，活血舒筋助骨力。風蛀牙疼煎水漱，歷節風痛如脫膝。久風風虛脚痺痛，轉筋霍亂足攣急。跌撲損傷熬酒飲，反胃吐食止嘔逆。松脂一名號松香，祛風燥濕五臟安。強筋壯骨療風痺，耳聾鳴耳助目光。齲齒有孔塞孔內，金傷止血第一方。麻油熬膏貼軟癤，無名腫毒百般瘡。琥珀性味氣甘平，松脂入土久結成。心肝血分消瘀血，鎮心定魄定神魂。癥瘕破血生肌肉，金傷止血效如神。明目磨瞖鎮驚嚇，通利小便治五淋。松毛釀酒治濕痺，歷節風痺與脚氣。陰囊濕癢煎湯洗，癩毛大風惡疾治。松花止血亦祛風，釀酒益氣潤心肺。頭旋腦腫蒸酒飲，產後壯熱不退配。側柏葉性苦而澁，性寒最清血分熱。補陰益脾滋養肺，濕痺冷風成歷節。崩痢腸風尿血淋，止吐止衄加京墨。大風癩疾眉不生，搗汁塗髮黃成黑。柏子仁有清香氣，養心益腎悅脾胃。舒脾滋肝潤腎燥，助神益智定心悸。益血止汗澤皮膚，聰耳通竅明目視。歷節腰痛祛風濕，安魂定魄辟鬼魅。肉桂純陽性大熱，肝腎血分兩經捷。補益命門相火虧，調和榮衛通血脈。能引真火宿丹田，發汗上汗利關節。腹中冷氣咳逆氣，痼冷沉寒濕盛泄。桂心委實桂木心，紛紛論論失其真。以心入心調榮血，內寒腹冷和氣溫。通利關節開九竅，腰膝風痺續骨筋。瘡痘膿漿引血化，九種心痛手少陰。桂枝辛溫和榮衛，太陽膀胱太陰肺。傷風自汗頭疼痛，發汗解肌風邪閉。橫行手臂治脇風，溫經通關血脈利。寒實脈緊汗不出，兼與陽盛兩般忌。地骨皮苦性屬陰，寒涼肝腎肺三經。退熱涼血補正氣，五內邪熱皆能清。吐血尿血齒衄血，咳嗽消渴生津精。解表無定之風邪，傳尸有汗之骨蒸。枸杞子有甘露味，滋腎清肝潤心肺。生精助陽補虛勞，強筋壯骨益精氣。性潤生水利二腸，祛風明目退雲瞖。心病嗌乾心痛

渴，腎病消中陰火濟。酸棗仁性味甘酸，補肝益膽功力專。香能醒脾助陰氣，除煩斂汗止口乾。堅筋壯骨止久瀉，定心定悸五臟安。膽虛不眠炒熟用，膽熱好眠生者堪。山茱萸性濇酸溫，補腎益肝固斂精。安益五臟通九竅，助陽閉氣又強陰。溫暖腰膝縮小便，風寒濕痺理肝經。耳鳴耳聾腎虛冷，鼻塞目黃肝邪侵。杜仲性溫微辛味，補肝補腎補精氣。堅骨強筋止疼疼，小便餘瀝陰癢治。腰痛腰屈不能伸，脚膝痛軟不踐地。頻慣三五月墮胎，色慾過度精枯致。女貞甘苦性溫平，少陰之精所結成。質耐歲寒冬不凋，因性貞潔得此名。補益肝腎安五臟，強陰補中養精神。健腰健膝明耳目，烏鬚黑髮百病停。木瓜性溫酸澁味，理用和胃收斂肺。伐肝化食收氣脫，止渴生津和氣滯。調和榮衛利筋骨，項強筋急止瀉痢。暑月霍亂脚轉筋，腰痛無力療脚氣。楮實味甘性微凉，補益虛勞效非常。強筋壯骨健腰膝，益氣充肌助元陽。久服不飢明耳目，陰痿不起壯陽強。筋強骨硬難轉側，柔筋軟骨功最長。金櫻子性甘酸味，性入三陰腎脾肺。甘以悅脾止虛瀉，酸以斂肺止久痢。夢泄遺精小便數，溫澁固精精滑秘。合同芡實水陸丹，熬膏調酒活血氣。桑白皮性苦酸辛，性寒瀉火清肺金。通行水道利二便，咳嗽唾血熱痰清。水腫喘滿散瘀血，汁塗鵞口不出聲。風寒咳嗽肺虛嗽，叮囑慎用存于心。桑葉燥濕去風淫，甘寒凉血洗目明。研末米飲止盜汗，消渴代茶不傷神。桑枝行水利關節，癰疽不起火炙焫。脚氣濕痺浸酒飲，桑柴熬膏極易成。桑椹甘凉潤黑色，入腎補水利關節。聰耳明目益五臟，鎮驚生神安魂魄。行水消脹消腫滿，生津止渴解酒熱。瘰癧結核功勞緩，久服白髮變成黑。桑寄生借桑樹性，甘能益血苦堅腎。堅髮固齒長鬚眉，強筋壯骨助脚脛。外治瘡瘍追風濕，婦人崩中漏下病。懷孕腰痛血淋瀝，安胎下乳產後證。烏藥根性溫辛味，香竄入脾上行肺。下通腎經及膀胱，胸腹邪逆一切氣。小便頻數反胃吐，宿食不消瀉與痢。婦人血氣小兒蛔，猫犬百病皆可治。梔子苦寒瀉火烈，能瀉心肺之邪熱。心痛日久鬱成火，屈曲下行小便泄。吐衄淋痢諸血病，最清胃脘之血結。火熱證治言不盡，上下三焦皆用得。猪苓甘平淡苦味，膀胱腎經滲濕氣。通利小便行水道，淡以利竅苦泄滯。傷寒溫疫身大熱，懊憹消渴腫脹痺。能升能降開腠理，淋濁痎瘧濕瀉痢。黃蘗性寒苦微辛，性沉下降故屬陰。補水堅腎潤腎燥，直入太陽膀胱經。能瀉相火退歸位，虛勞火旺骨熱蒸。諸痿癱瘓小便結，下焦濕熱總可清。枳實枳殼共一蔕，功力大同而小異。枳實主血利胸膈，枳殼主氣寬腸胃。殼性稍緩實性急，餘性相同不分義。開胃悅脾消食積，順氣定喘能泄肺。行痰止嗽止嘔逆，痞滿脇脹開胸痺。痰癖癥結並水腫，淋閉腸風風痺痔。心腹刺痛五膈塞，瀉痢後重行滯氣。偏身風疹如痘麻，孕婦氣虛人少配。厚朴性溫味苦辛，入足陽明與太陰。寬腸理氣平胃土，消痰化食暢脾經。溫中去濕消脹滿，行水殺蟲破血癥。霍亂瀉痢腹冷痛，反胃嘔逆喘咳聲。大腹皮味辛瀉肺，性溫和脾能開胃。瘴瘧痰膈霍亂吐，胸腹痞脹降逆氣。氣冷氣熱攻心腹，大腸小腸氣通利。肌膚水氣脚浮腫，婦人惡阻胎氣滯。檳榔性溫苦澁味，辛散胸中至高氣。行痰逐水殺諸蟲，破氣醒酒消食滯。脚氣水腫腹脹滿，裏急後重吐瀉痢。痰癖癥結瘴癘瘧，大小二便風氣閉。槐角苦寒性純陰，入足厥陰潤肝經。頭眩煩悶疏風熱，腸風五痔血熱清。陰瘡濕癢乳瘕核，明目止淚眼花昏。殺蟲固齒烏髭髮，益氣補髓又補精。槐花未開槐米是，已開未開性不異。同凉血分大腸肝，風熱目赤赤白痢。吐衄唾咯舌衄血，崩漏尿血腸風痔。癰疽疔腫諸熱毒，中風失音咽喉痺。苦楝苦寒川產良，入肝舒筋導小腸。膀胱疝氣之要藥，傷寒熱厥熱發狂。能引心包相火下，心腹痛止發無常。通利小便行水道，楝根殺蟲治疥傷。巴豆大熱大辛味，開關通竅急證備。生冷硬物食所傷，臟腑沉寒久積滯。血瘕氣痞破痰飲，大腹腫脹冷瀉痢。驚癇口喎心腹疼，耳聾牙痛急喉痺。蔓荊子性苦微凉，輕浮升散足太陽。陽明厥陰搜風熱，通利九竅凉血強。濕痺拘攣肝風病，頭痛牙疼風邪戕。目赤目淚目睛痛，熊脂調塗髮則長。郁李仁性破結氣，能潤大腸氣分滯。面目四肢或身腫，通行水道小便利。膀胱急痛入腰胯，肝膽氣結心中悸。破癖破血消食積，膽橫不下目不閉。石南葉性味苦辛，散風去濕補腎陰。腎虛陰衰脚軟弱，養陰壯骨健筋伸。頭風風熱浸酒飲，五臟邪熱皆可清。瘡癢殺蟲諸風痺，能治小兒眼通睛。山樝性溫甘酸味，能消肉積飲食滯。健脾行氣消痞滿，散瘀化痰止水痢。腰痛腿疼腸風血，破癥散瘕理疝氣。痘疹不快色乾黑，兒枕作痛滯血閉。五加皮性氣溫辛，祛風勝濕堅骨筋。順氣化痰明耳目，補中益氣添腎精。兩脚軟弱腰脊痛，四肢拘攣不能伸。皮膚瘀血久不散，陰痿陰癢濕氣侵。水楊柳性味苦平，痘疹起發忽然停。皆因風寒閉經絡，以致氣滯血澁凝。速用枝葉煎湯浴，暖氣透達漿即行。根敷乳癰諸瘡

毒，枝煎汁治黃疸神。

清·何本立《務中藥性》卷九

椿樗白皮是二味，椿入血分樗入氣。燥濕清熱殺疳蟲，崩帶腸風久瀉痢。精滑夢遺小便瀝，陳痰積胃塞住肺。月信產後血不止，痢疾安起不宜閉。秦皮苦寒其色青，補肝益膽益腎陰。清熱明目退翳膜，目赤目腫瞼挑鍼。崩帶收澁止下痢，肝熱風癇膽熱驚。風寒濕邪成痺病，天道貴澁故補精。榆白皮性極滑利，荒年當糧不傷胃。下行膀胱大小腸，通利經脈開竅閉。五淋腫滿二便結，哮喘咳嗽不能寐。滲濕清熱下死胎，外科敷瘡消腫配。杉木氣味性微溫，祛逐惡氣痛攻心。脚氣腫滿脇石塊，霍亂奔豚氣上升。漆瘡煮湯侯冷洗，肺壅痰滯喉閉音。金傷止血湯火灼，木皮燒灰調油清。烏桕根皮苦微凉，服劑慢火炙乾黃。癥結積聚腹脹滿，利水通利大小腸。能解莽草砒石毒，冷水對汁救免亡。脚氣濕瘡敷消腫，汁對水服治疔瘍。海桐古名今釘皮，古今藥名有改移。祛風去濕療風蹶，腰膝疼痛脚不隨。能行經絡達病所，血衄頑痺治風痱。牙蟲水漱瘡疥洗，霍亂久痢服最宜。訶子味苦泄逆氣，酸以降火而斂肺。澁收脫肛腸風崩，調中開胃下食滯。冷氣腹脹胸膈滿，嘔逆痰嗽久瀉痢。開聲止渴消痰水，氣虚嗽痢初起避。蕤仁氣味性甘溫，直入心肝脾三經。養血益水明眼目，消風散熱風熱清。目赤目腫目眦爛，風淚風癢膜遮睛。生治足腫熟不眠，能破痰痞結在心。密蒙花性微甘味，肝經血分散熱氣。目中赤脈貫瞳人，羞明怕日眼流淚。赤腫多眵目不開，久患青盲退膚翳。小兒疳氣攻瞎眼，肝燥目疼總可治。芙蓉花葉味辛平，清肺凉血久嗽人。散熱解毒敷癰腫，不論已成與未成。瘍醫祕名清凉膏，清露鐵箍散三名。未成消腫能止痛，已成拔毒生肌神。紫荊皮性寒清熱，能通婦人經水澁。血氣疼痛心腹痛，活血行氣通血脈。產後血淋利小腸，癰疽惡瘡敷散捷。蛇蟲犬咬諸毒解，喉痺鼻疳因火迫。木槿根皮滑無毒，潤燥活血洗明目。醋調如膠搽諸癬，痔腫脫肛熏洗縮。腸風瀉痢血不止，痢後熱渴作飲服。花性相同不須分，多去風痰嘔吐穀。皂角牙皂性不異，入肝搜風理肺氣。中風口噤藥不入，吹鼻通關取噴嚏。服之破堅吐痰涎，瘟疫喉痺風濕癘。胸痺喘逆腹脹滿，塗瘡殺蟲導便閉。皂刺別號名天丁，性溫解毒氣味辛。癰腫妬乳堅不潰，癩風惡疾蟲蛀身。能引諸藥達病所，燒灰存性加酒蒸。其餘治風殺蟲等，功同皂角免重分。肥皂辛溫善搜風，除濕去垢治瘡癰。能敷無名諸腫毒，古時未用今時通。貧人倉卒無醫藥，一敷不效再敷鬆。予特傳記表其名，方知價廉有奇功。樺皮北地所產木，皮作靴襯裹蠟燭。燒烟熏紙成古畫，油烟染鬚黑且速。氣味苦平療黃疸，時行傷寒解熱毒。乳癰燒灰調酒飲，肺風諸瘡皆可服。山茶花性甘微辛，氣寒色赤入厥陰。吐血衄血腸風血，紅者為末酒調清。加入童便與薑汁，散血功同代鬱金。湯火傷灼研成末，麻油調塗痛即輕。枇杷葉性苦降氣，降火消痰能清肺。肺熱久嗽身如火，啘膈嘔噦調和胃。解暑清熱止衄血，產後口乾脚氣痺。胸面生瘡肺風瘡，疸後潰爛洗久痔。鬼箭羽是遣祟藥，卒暴心痛忽中惡。婦人產後血結聚，或停胸脇或經絡。兒枕塊硬小腹疼，加入紅花延胡索。殺蟲通經破結癥，研末嗃鼻祛鬼瘧。辛夷辛溫而走氣，體輕上浮故入肺。清氣上行通于腦，溫中解肌舒脾胃。頭痛目眩牙齒疼，鼻淵鼻瘡鼻塞閉。風熱面腫身戰搖，能通關節九竅利。椶櫚性平味苦澁，燒灰存性黑似墨。血熱妄行如湧泉，功能收脫清血熱。崩帶腸風下痢吐，鼻衄止血紅見黑。失血過多者正用，合同髮灰側柏葉。茶性微寒苦甘味，清熱下行小便利。除煩止渴清頭目，解酒消膩消食滯。能解煎炒炙煿毒，消痰下氣醒昏寐。胃寒之人宜少飲，過飲傷脾耗散氣。兒茶性寒味苦濇，輕浮上行凉胸膈。生津止渴化痰涎，苦寒能清心肺熱。陰疳痔瘻消紅腫，喉痺咽痛並口舌。定痛生肌塗熱瘡，金瘡止血合烟墨。吳茱萸性味苦辛，性熱能散又能溫。燥脾去濕溫暖胃，祛寒厥陰與少陰。乾嘔痰涎頭疼痛，陰寒膈塞氣不升。心腹疞痛諸冷病，少腹陰痛脚轉筋。胡椒大熱大辛味，暖胃快膈能下氣。陰毒腹痛胃寒吐，散寒消痰消食滯。牙齒疼痛散浮熱，大腸寒滑之冷痢。澄茄主治畧相同，二味多食反傷肺。蘇木性凉味微辛，專行血分入三陰。婦人血氣心腹痛，月候不調通月經。血瘕血癖氣壅滯，產後血脹血運昏。瘡癰撲損散死血，女人血噤喉失音。沉香微溫辛苦味，平肝墜痰理諸氣。右腎命門暖精陽，氣逆喘急腸虚閉。心腹冷痛破癥癖，能療氣淋噤口痢。霍亂中惡鬼疰迷，腰膝麻痺風冷致。乳香氣味性辛溫，香竄入心手少陰。活血調氣溫補腎，祛風定痛敷筋伸。心腹諸痛中風噤，耳聾癲狂邪氣侵。產難折傷行血滯，瘡毒內攻能護心。沒藥氣味苦微辛，破血止痛性畧溫。補心益膽助肝血，通行氣血十二經。惡瘡痔漏目赤翳，產後血氣痛破癥。跌打杖瘡消腫痛，乳香同行功平分。檀香性溫微辛味，氣味芳香調諸氣。能引胃氣往上

升，寬胸利膈暢脾肺。心腹冷痛霍亂吐，祛邪殺蟲治鬼魅。塗身能除諸熱腦，腎囊腫大腰痛痺。楓香氣味苦辛平，白膠云香共三名。癰疽風疹金瘡藥，解毒消腫活血凝。吐衄咯血便膿血，燒灰擦牙止痛靈。功與乳沒頗相近，焚之上達可通神。公丁母丁共一味，二味相同不分治。溫脾暖胃止呃逆，入腎壯陽療腎氣。陰毒腹痛嘔吐噦，霍亂壅脹能泄肺。腦疳齒䘌噙口臭，痃癖奔豚五色痢。氷片氣香味大辛，味雖清凉性實溫。香竄善走散鬱火，辛散痰迷風熱驚。透骨通竅通耳閉，目赤膚瞖點目睛。產難三蟲疘五痔，齒痛舌出喉痺音。樟腦性熱辛辣味，通關開竅利氣滯。霍亂吐瀉心腹疼，祛寒除濕理脚氣。疥癬風瘙齒䘌蟲，中惡邪氣皆可制。脂麻同研擦禿瘡，殺蟲辟蠹熏衣被。蘓合香性味甘溫，走竄通竅暢鬱伸。能辟一切不正氣，祛邪除惡殺鬼精。溫瘧蠱毒癇痓病，調和五臟爽神清。調酒夜飲無魘夢，路途冒寒備夙興。安息香性味苦平，卒然心痛鬼邪淫。小兒曲脚啼腹痛，勞瘵殺蟲免傳人。男子遺精暖腎氣，婦人產後血昏沉。夢交鬼胎魍魎鬼，焚之逐鬼神降臨。蘆薈大寒大苦味，功專清熱殺蟲殪。凉肝明目鎮心煩，小兒驚癇五疳配。鼻癢吹鼻殺腦疳，齒䘌瘡瘻塗外痔。合同甘草敷濕癬，脾胃虛寒作瀉忌。血竭一名號麒麟，麒麟樹脂所結成。心包肝血補不足，內傷和血散血凝。婦人一切血氣痛，小兒慢驚可安魂。跌休折撲散瘀血，斂瘡止血敷杖刑。阿魏性平微辛味，能殺細蟲去臭氣。專解蕈菜一切毒，自死牛馬肉毒滯。傳尸疳勞鬼疰蠱，心腹冷痛積瘧痢。辟瘟消脹破癥結，膈食因氣不如意。沒石子性味苦溫，入腎固澁性屬陰。安神補腎烏髭髮，和氣益血暗生精。陰瘡陰汗燒灰撲，牙疼齒痛疳䘌侵。血痢久痢產後痢，冷滑不禁溫腎經。蕪荑辛溫羶臭氣，殺蟲燥濕化食滯。心腹冷積腸內疼，皮膚肢節風濕痺。能殺鱉瘕破血癥，食即作痛蟲蛀胃。婦人子宮風虛冷，小兒驚疳冷瀉痢。乾漆氣味性辛溫，行血殺蟲性急奔。消散瘀血破堅積，絕傷筋骨續斷筋。祛蚘殺蟲傳尸嗽，經閉血氣痛攻心。炒令烟盡燒存性，生吞閉咽閉塞音。川椒辛熱純陽氣，發汗散寒咳傷肺。能補右腎命門火，入脾燥濕溫暖胃。消食消脹消癖積，殺蟲安蚘止久痢。寒冷風濕皆可醫，椒目行水消腫痔。大風子性有大毒，辛熱殺蟲功最速。瘡疥癬癩皆有蟲，皮膚瘙癢或麻木。去殼取仁蒸成油，合同苦參為丸服。內服叮嚀不宜多，外塗多寡不須屬。荊瀝性平甘淡味，去風化痰祛涎沫。中風失音痰迷心，開通經絡行血氣。頭運目眩心煩燥，消渴驚癇解熱痢。氣虛食少人勿服，協同薑汁不凝滯。雷丸生時在竹林，竹葉津氣所結成。必俟雷鳴驚竹葉，葉水墜地得此名。功專殺蟲清胃熱，筋肉變化似蟲形。消積除熱追蟲毒，腹內應聲蟲食人。竹瀝甘寒性滑利，消風降火潤燥閉。中風口噤不能言，風癇癲狂痰壅肺。經絡皮膜四肢痰，加入薑汁全和治。血虛自汗陰虛火，惟有寒濕腸滑忌。天竹黃是竹之津，味甘性寒故凉心。鎮肝明目通九竅，祛散風熱豁痰清。功比竹瀝性和緩，中風痰墜卒失音。小兒客忤諸癇疾，天弔痰壅發熱驚。竹茹微寒微甘味，能開胃土之鬱氣。肺痿唾血齒衄血，上焦煩熱清心肺。傷寒勞復腎囊腫，啘膈嘔逆胃熱致。小兒驚癇散肝火，婦人胎熱胎腫治。

清·何本立《務中藥性》卷一〇

棗子味甘性氣溫，補中益氣緩血陰。調和榮衛生津液，滋脾益土潤肺心。通利九竅和百藥，生發胃氣往上升。中滿忌甘不宜用，多食生蟲齒受侵。荔枝核性甘澁味，入腎與肝散氣滯。婦人血氣胃脘疼，腎囊腫大諸疝氣。連皮燒研止呃逆，風牙疼痛加鹽配。殼治痘疹不起發，合同榴皮止久痢。龍眼味甘性溫平，歸脾養血心悸停。開胃益脾補虛損，益氣益血助精神。思慮勞傷心脾血，健忘驚恐如失魂。調和五臟祛邪風，養心長智開聰明。核桃性熱甘澁味，補氣益血溫養肺。通利三焦補命火，虛寒喘嗽痰澁滯。腰脚疼痛由腎虛，心腹疝痛腸風痢。悞吞銅器宜多食，痰火積熱酒後忌。枳椇第一醒酒功，酒毒積久在胸中。除煩止渴潤五臟，止嘔清熱治頭風。飲酒發熱小腹急，能利大便小便通。腹內有蚘不宜食，蟲聞甘味往上沖。板栗茅栗性不異，活血補腎厚腸胃。生食能療腰脚弱，人畜咬傷燒灰制。折傷敷腫散瘀血，筋斷骨碎俱可治。小兒不可與多食，生則難化熟滯氣。石榴榴皮味酸澁，性溫澁腸能止洩。崩帶脫肛赤白痢，蟲脹腹痛治蟲齧。筋骨腰脚風不遂，撚汁染鬚令鬚黑。疔腫惡瘡脚肚瘡，煎敷搽洗按理別。白果性澁甘苦味，生性熟性分兩義。熟縮小便止帶濁，哮喘痰嗽溫斂肺。生嚼漿塗鼻面手，皶皰皯黯皴皺治。疥癬陰䘌殺諸蟲，過餘多食反閉氣。橄欖古名青果今，氣味甘澁性微溫。開胃下氣止瀉吐，入足陽明手太陰。醒酒清咽解胎毒，除煩止渴又生津。能療河豚魚骨骾，唇齒下疳敷蟲侵。生柿乾柿共一味，甘平寒澁雖不異。入藥乾柿性微凉，健脾濇腸潤心肺。肺痿熱咳吐咯血，反胃血淋腸澼痔。霜治咽喉口舌

瘡，蒂止呃逆上衝氣。青皮辛苦其色青，入足厥陰少陰經。左脇脹痛人多怒，削堅破滯氣烈溫。除痰消痞開胸膈，下焦諸濕足太陰。少腹疝痛乳癰腫，久瘧熱甚最能清。橘皮性溫辛苦味，升降補瀉隨所配。發表消痰則去白，留白下氣入補劑。百病取其燥濕功，調中快膈導氣滯。脾肺二經氣分藥，橘核專理諸疝氣。柑瓤大寒性無毒，肺胃有火人所欲。醒酒止渴利小便，多食生痰瀉完穀。皮能下氣調中氣，傷寒食復與勞復。葉治聤耳流膿水，擣汁滴耳愈即速。橙柚香橼佛手氣，四味氣同形則異。瓤解酒毒止消渴，過食敗胃損肝肺。皮寬胸膈理氣鬱，消食消痰暢脾胃。古方未用不入藥，糖煎待賓作果嗜。榧子甘平澁無毒，通利榮衛光明目。小兒蟲積身黃瘦，鬼疰惡疰殺蟲速。好嗜茶葉咽痛癢，飲食停滯消水穀。止嗽滑腸醫五痔，功性雖佳休過服。松子性溫味甘澁，潤肺潤腸潤燥結。虛羸少氣乾咳嗽，溫胃散水祛風熱。滋潤皮膚肥五臟，風眩風痺入骨節。久服不飢輕身體，齒落更生鬚髮黑。烏梅酸澁能斂肺，澁腸涌痰止瀉痢。生津止渴除煩熱，霍亂吐逆療反胃。骨蒸久嗽安蚘厥，中風口噤擦牙閉。瘴瘧血崩敷癰腫，瘡生努肉貼黑痣。梨性甘寒故涼心，醒酒止渴能生津。潤肺降火利二便，中風痰喘喉失音。傷寒發熱口乾燥，小兒心臟風熱昏。脾虛泄瀉不宜食，乳娘血虛防閉經。杏仁性溫辛苦味，發汗解肌能瀉肺。時行頭痛胸膈滿，祛風散寒降逆氣。煩熱咳嗽氣喘促，行痰潤燥消食滯。殺蟲治瘡制狗毒，通利大腸氣分閉。李子性溫味甘酸，入足厥陰血分肝。骨節間熱去痼熱，多食令人反不安。核仁折撲散瘀血，李花合粉擦面光。根皮能療奔豚氣，葉汁點治惡刺瘡。桃仁苦平微甘味，苦泄腹中之血滯。皮膚燥癢血熱凝，破瘀生新緩肝氣。熱入血室破畜血，大腸血結血燥閉。血痞損傷擊死血，通經止咳治血痢。藕性生熟要兩分，生性甘寒熟甘溫。生能涼血破瘀血，止渴除煩又生津。熟食大能益五臟，開胃健脾補養心。藕節消瘀止吐衄，藕粉益胃似佳珍。蓮子性溫甘澁味，澁精厚腸定心智。安靖上下君相火，夢遺白濁滑瀉利。婦人崩帶小兒疳，虛損百病皆可嗜。脾肺氣血俱全美，只有大便燥結忌。石蓮蓮子共一母，乾老連殼落入土。千年不壞堅如石，由此取名石蓮子。噤口痢疾功更勝，開胃進食清臟腑。淋濁心煩用石蓮，餘性相同無彼此。荷葉協同荷葉蒂，性味相同不分義。能散瘀血留好血，一切血病皆可恃。痘瘡倒靨色變黑，陰腫囊癢洗風癘。頭面疙瘩雷頭風，配合燒飯補脾胃。蓮鬚性溫味甘澁，入腎固精止夢洩。蓮花催生治難產，天泡濕瘡荷花貼。蓮心清心止遺精，產後口渴去血熱。蓮蓬酒煮下胎衣，血脹腹痛功最捷。芡實性平甘澁滯，補中生津能開胃。去濕健脾止瀉泄，聰耳明目強人智。夢遺滑精小便瀝，腰脊膝疼去濕痺。白濁帶下粉止渴，益腎澁精助元氣。菱角今名古名芰，兩角三角性不異。氣味甘寒解酒熱，清暑除煩定心悸。傷寒積熱止消渴，過食腹脹反傷胃。澄粉安中益五臟，花殼染鬚止瀉痢。荸薺甘寒能清氣，祛除胸中濕熱痺。善療五種之噎膈，消堅削積消食滯。黃疸消渴解蠱毒，血崩下血血熱痢。誤吞銅物能化出，荸粉厚腸能開胃。甘蔗甘平味微澁，性寒瀉火除煩熱。和中助脾能潤燥，清痰止渴寬胸膈。解酒止嘔止反胃，通利小便大便結。濾燒存性調柏油，塗搽禿瘡止蟲齧。沙糖性溫純甘味，和中助脾緩肝氣。心腹熱脹口乾渴，生津除煩潤心肺。能清大腸小腸熱，烏梅同治噤口痢。消痰止嗽解酒毒，多食生蟲濕熱致。甜瓜甘寒性滑利，通利三焦小便閉。解暑止渴除煩熱，口鼻生瘡清燥氣。多食令人陰濕癢，緊防秋痢最難治。瓜仁性同西瓜子，瓜蒂涌吐另分義。瓜蒂性寒味極苦，下水消腫殺蠱蟲。頭面身體四肢浮，胸痞膈痰諸實吐。風眩頭疼癲癇疾，喉痺痰涎鼻瘜阻。宿食諸果停上焦，總以瓜蒂散為主。西瓜性寒甘淡味，清熱寬中能下氣。除煩止渴解暑熱，口瘡含汁療咽痺。雖利小水解酒毒，古言損益須當記。瓜桃生冷宜少食，免致秋來成瘧痢。瓜子甘寒清潤肺，能祛口內之臭氣。潤腸止渴醒心煩，炒食和中悅人意。月經太過去油服，脾內壅氣血停胃。小腹腫滿小便淋，大便艱難腸癰潰。落花生時花落地，因此取名落花義。生食煮食滑大腸，性味甘寒清潤肺。加鹽煮食潤腎燥，大便閉結能通利。炒食甘香舒暢脾，爽口悅心大開胃。

清·何本立《務中藥性》卷一一

金銀之性不必分，治療之證同一因。驚癇癲狂風熱病，統屬心肝膽三經。金能制木平肝膽，生水濟火固涼心。安魂定魄定心志，兼治咳血骨熱蒸。自然銅性味辛平，能治折傷死血凝。協同理氣活血藥，續筋接骨委實靈。項下癭氣癱瘓病，產後心悸安神魂。火煅醋淬過七次，甘草水飛用要陳。銅綠又名為銅青，專入血分肝膽經。手足不遂風癱病，服療痰涎閉塞者。金瘡止血點黑痣，女人血氣痛攻心。殺蟲治瘡敷痔瘻，爛弦風淚塗眼睛。鐵性重墜能鎮心，鐵粉化痰治急驚。善怒發狂飲鐵

落，針砂黃疸水腫癭。鐵鏽惡瘡蟲疥癬，女人陰脫用鐵精。鐵華脫肛洗痔漏，鐵類多端難分清。黑鉛屬水入腎經，助水濟火安定心。能治上盛下虛病，氣升不降眩運昏。體重墜痰療噎膈，明目烏髭益腎精。解毒殺蟲塗癧腫，實女無竅鋌下陰。黄丹入藥莫過劑，墜痰去怯定心悸。驚癇癲狂中忤惡，寒熱瘧疾止下痢。消積殺蟲治驚疳，熬膏拔毒去目瞖。鉛粉主治性畧同，丹入血分粉入氣。蜜陀僧性味鹹辛，消積墜痰鎮癇驚。久痢五痔截諸瘧，驚氣入心閉塞音。止吐止渴療反胃，每服不可過一分。熬膏貼瘡消腫毒，外治狐臭染鬚青。水銀輕粉不宜服，二味大寒純陰毒。女人服之斷胎孕，男子食了絕陽慾。只可外用治瘡瘍，癬疥蟣蝨殺蟲速。餌丹死者人甚眾，不是耳聞是親目。靈砂水銀硫黃升，硫黃純陽水銀陰。配合陰陽水火濟，寒熱協同變為溫。安和五臟療百病，祛邪辟惡鎮心驚。霍亂吐瀉通血脈，陰陽水送理更精。銀朱靈砂共相溶，二味一罐性不同。罐口無脚為靈砂，貼罐水飛作猩紅。猩紅銀朱之別號，療瘡治癬毒蝨蟲。跌打損傷通血衇，服莫過分效無窮。朱砂體陽而性陰，鎮心安魂能輕身。清肝明目助發汗，祛風辟邪定悸驚。心熱非此不能治，命門邪火夢遺精。解毒止渴安胎固，多服過服反朦心。石膏甘辛其色白，性寒降火清肌熱。入肺三焦足陽明，傷寒無汗之鬱結。陽明頭痛發熱狂，大渴引飲舌焦黑。日晡朝熱發斑疹，小便紅赤竝熱澁。滑石甘寒不傷胃，滲濕補脾甘益氣。寒能瀉熱降心火，開腠發表太陰肺。下走膀胱而行水，通利六腑九竅閉。中暑煩渴嘔吐泄，黄疸水腫濕熱痢。海石味鹹色微白，輕浮清肺上焦熱。降火止渴止咳嗽，鹹能軟堅化痰結。頭核腦痺去目瞖，消瘤散癭散痰核。疔瘡發背耳底膿，疝氣消腫通淋塞。赤石脂性甘澁滯，澁能固脫甘固氣。除濕止血固下焦，久瀉虛脫厚腸胃。調中催生下胎衣，崩帶遺精腸澼痢。潰瘍收口長肌肉，五色總以赤為是。慈石寒鹹辛黑色，補腎益精除煩熱。能引肺氣入腎經，周痺痠痛兼骨節。通耳明目鎮驚癇，癧腫鼠瘻頸結核。子宮不收及脫肛，小兒誤吞針與鐵。禹餘糧石所主治，手足陽明大腸胃。質重鎮固達下焦，性澁固腸止下痢。大腸咳嗽咳遺屎，崩中帶下癥瘕聚。四肢不仁骨節疼，大風癘疾身頑痺。礞石鹹平其色青，重墜下行性屬陰。風木太過來制土，平肝下氣治癇驚。上中二焦之風熱，通利痰積痛衝心。小兒食積身羸瘦，婦人積年食滯癥。赭石性寒平苦味，肝與心包血分治。小兒泄瀉慢驚風，傷寒心下痞噫氣。婦人胎動竝難產，吐衄崩帶血熱痢。金瘡長肉固脫精，痔瘻遺溺止反胃。花乳石入足厥陰，專治吐血出斗升。能使瘀血化為水，打撲損傷血奔心。死胎胞衣能催下，產後惡血血運昏。金瘡止血膿不作，多年障瞖遮目睛。爐甘石性溫甘味，得受金銀之精氣。金能勝木燥勝濕，目赤目腫點目瞖。爛弦風眼諸目疾，童子小便火煅製。生肌止血消腫毒，聤耳出汁漏瘡治。陽起石性味鹹溫，溫暖命門右腎精。婦人子宮虛寒冷，崩漏冷瘕與寒癥。男子陰痿腎莖冷，腰膝疼痛冷如冰。陰下濕癢水腫證，外塗喉腫相火侵。雲母服食分五色，春青夏赤秋服白。惟有純黑不可用，季夏青黃冬白黑。色白入肺能下氣，補中堅肌固續絕。瘧痢淋帶敷金瘡，勞傷虛損痰飲豁。白石英性所主治，入手陽明太陰肺。能利小便實大腸，肺癰吐膿咳上氣。胸膈久寒腹脹滿，石水黃疸風濕痺。消渴陰痿補不足，化痰安神定驚悸。紫石英性味甘溫，入手少陰足厥陰。濕以去枯補肝血，重以去怯故鎮心。婦人血海虛寒冷，子宮絕孕風寒侵。心腹咳逆邪氣結，風熱瘛瘲鎮悸驚。雄黃得受正陽氣，能殺百毒辟鬼魅。肝經氣分搜肝風，驚癇痰涎暑瘧痢。運化腹中之瘀血，消散鼓脹澼積聚。嵐瘴癘風蛇蟲傷，疥癬鼠瘻惡瘡痔。石鍾乳乃石之精，入足陽明性甘溫。通利百節利九竅，充益陽氣以強陰。飲食倍進形體壯，命門火衰補天真。元氣虛寒可暫用，多服久服反禍身。石燕氣味性甘涼，利竅行濕清熱戕。血淋消渴熱瀉痢，腸風痔漏面色黃。婦人臨產手內把，一手一枚不著忙。熱眼障瞖磨水點，傷寒尿澁能利長。無名異性味平甘，脚氣收濕止痛痠。醋磨消腫搽瘡毒，調酒趕散折打傷。接骨內服外敷用，止痛生肌治金瘡。拳毛倒睫烟熏起，臨杖預服免心慌。石蟹味鹹性極寒，能退目瞖治青盲。善解金石諸藥毒，專療天行熱發狂。催生下胎止血運，漆瘡作癢摩自涼。喉痺腫痛磨水飲，醋磨消腫塗瘡瘍。砒石大毒性大熱，砒霜之性性尤烈。久瘧久痢哮喘病，善療風痰在胸膈。去腐殺蟲枯痔瘻，牙疳瘰癧攤紙貼。審證不的不宜用，不若不用免受責。礬石辛熱有大毒，沉寒痼冷能祛逐。鼠瘻死肌風濕痺，腹中堅癖破積速。鼻內瘜肉磨水點，風冷脚氣脚如木。委實冷積方可用，無是之證不宜服。石灰性溫味澁滯，能療崩帶上瀉痢。外洗脫肛塗陰挺，收斂產門久不閉。金瘡止血散瘀血，定痛生肌點疣痣。一切惡瘡貼口喎，殺蟲去腐敷積聚。金精銀精石一形，因色黃白分金銀。功力相同原不

異，金星銀星是古名。脾肺壅毒損傷肺，吐血嗽血下熱淫。配合蘄蛇治蟲癩，水磨少許鎮心神。寒水石有凝水名，鹽精入土久結成。斯時此物竟少有，真者入水水即凝。其性大寒清大熱，五臟伏熱胃中停。唐宋諸方石膏代，近用方解石同情。元精石內一點元，六稜似龜性極涼。能治上盛下虛病，配合硝石與硫黃。陰陽不和諸危證，功能救陰以助陽。來復丹治暑熱瀉，正陽丹用治傷寒。空青法水故色青，外石內水則是真。青盲瞖障之要藥，味甘微酸入肝經。瞳人破者可復見，鑽孔取水點目睛。通竅利水活血脈，其殼摩瞖服輕身。

清・何本立《務中藥性》卷一二　食鹽鹹寒和五味，入腎堅骨定心悸。鹹能潤燥通二便，過食滲津反傷肺。鹹能軟堅散結核，渾身蝨出鹽醋制。鹹走血分清血熱，哮喘水腫消渴忌。青鹽寒鹹平血熱，能治目痛目赤澁。入腎添精助水源，心腹積聚散癥結。堅肌壯骨擦牙疼，吐血溺血出齒舌。瘡毒殺蟲治疥癬，餘同食鹽不須別。青礬性寒酸澁味，祛濕燥脾消積滯。解毒涌吐化痰涎，黃腫脹滿久瘧痢。腸風下血崩不止，木舌風眼喉腫痺。癬疥牙蟲諸瘡毒，小兒食土療疳氣。膽礬寒酸味澁辛，入足少陽厥陰經。咳逆痙癇喉腫痺，涌吐痰涎風熱清。目痛赤爛磨水洗，崩淋帶下散積癥。殺蟲消腫諸瘡毒，口鼻牙疳蟲食陰。焰硝屬火味鹹澁，升散三焦火鬱熱。牙頷腫痛目赤淚，風熱口瘡咽喉塞。伏暑吐瀉五腫淋，腹脹食積破堅結。小兒驚邪瘛瘲風，塗搽鵞目點重舌。芒消苦鹹能下泄，蕩滌三焦腸胃熱。鹹能軟堅辛潤燥，通利大腸大便結。疫痢積聚癖血塊，淋閉黃疸小便澁。痰核瘰癧通月經，陽強之病普兼攝。元明粉即芒消製，明粉何以另分義。蘿蔔甘草水熬成，甘能緩急免傷胃。能瀉胃中之實熱，祛逐腸內宿垢滯。清熱明目消癰腫，功比芒消性緩異。白礬性寒酸鹹澁，燥濕追涎化痰結。崩帶脫肛陰蝕挺，風眼喉痺暑熱泄。祛風殺蟲辟蠱毒，一切癰疽解毒捷。虎犬蛇蝎百蟲咬，止血去腐除痼熱。硫黃性熱性純陽，能助命門真火強。陽氣暴絕救危急，挽回陰毒之傷寒。脾胃虛寒久泄瀉，老人虛閉利大腸。小兒慢驚諸冷病，殺蟲療瘡土硫黃。蓬砂鹹寒破癥結，能清上焦胸膈熱。消痰止嗽生津液，喉痺咽痛口齒舌。瘡毒努肉點目瞖，散積去垢治噎膈。小兒陰癀止鼻衄，飲食毒物骨鯁塞。醶性辛苦溫澁滯，消食磨積能破氣。噎膈反胃散痰結，過服多服則傷胃。發麪浣衣滌油垢，癰疽去腐點疣痣。去濕塗痔殺牙蟲，拳毛倒睫去目瞖。硇砂鹹苦辛大熱，破瘀散癥治噎膈。食肉飽脹不消化，痃癖堅塊久積結。努肉突出點目瞖，瘡毒去腐生肌捷。有是之證服是藥，必須少用多不得。水類四十有三般，一曰地水一曰天。霜露雨雪皆天水，河海井泉地所生。海鹹河淡天生就，清濁善惡自然偏。一方人服一方水，遠行異域問為先。四十三種本草有，茲將幾味緊要言。急流水用通二便，性速趨下不綿纏。迴瀾水逆而倒上，中風卒厥吐痰涎。甘瀾瓢揚萬遍水，補益脾胃甘且甜。百沸湯水助陽氣，溫暖經絡散寒能。陰陽水即生熟水，霍亂吐瀉攪腸疼。地漿水解諸菌毒，中暍卒死服安然。溫泉濁水洗瘡疥，飲食日用擇清泉。百草霜性辛溫味，消化酒食諸積滯。吐衄崩帶腸風血，胎前產後俱無忌。傷寒陽毒熱發狂，噎膈黃疸疽瘧痢。咽喉口舌一切瘡，上下諸血皆可配。墨性色黑味辛溫，吐衄止血止眩昏。飛絲塵芒吹入目，用水濃磨點目睛。猪膽汁磨塗癰腫，中惡客忤痛攻心。胎衣不下酒磨服，兼利小便通月經。灶心土性能調中，止血去濕消腫癰。咳逆反胃吐衄血，崩帶尿血治腸風。孕婦安胎護胎固，催生下衣兩見功。小兒夜啼重舌腫，臍瘡丹毒用變通。

清・何本立《務中藥性》卷一三　粳米甘涼補脾胃，能助五臟六腑氣。早晚三收稻總名，南稻北粟地土異。晚比早稻性更涼，清熱止渴功加倍。新米動氣多脹滿，陳久和緩不凝滯。糯米甘溫益脾肺，虛寒泄瀉能溫胃。痘瘡色白助膿漿，研粉撲汗同牡蠣。熬成飴糖緩中臟，一切糯食性皆滯。多食動火生濕熱，病人中滿腹脹忌。小麥性寒味甘溫，溫養脾胃寒養心。麪因鹽醶多口渴，餘性相同固不分。浮麥能止虛盜汗，兼療虛勞骨熱蒸。麥麩醋拌散瘀血，折傷蒸熨風濕侵。大麥微寒能清熱，調中益氣養血脈。補虛平胃實五臟，久服悅顏令人白。消食止渴除脹滿，滑腸下氣舒胸膈。涼血消積止下利，纏喉風痺嗌通塞。麥芽鹹溫調和胃，補脾寬腸破冷氣。心腹脹滿祛痰結，消化米麪果食滯。孕婦勿服防落胎，能通產後大便閉。乳脹回乳散乳核，穀芽消穀性同義。蕎麥味甘性微涼，消磨積滯能寬腸。脾積泄瀉久不止，噤口痢疾調沙糖。男子白濁女白帶，絞腸痧痛微炒黃。咳嗽上氣水腫喘，熱毒潰爛敷瘡瘍。稷米甘寒配六穀，脾胃虛寒補不足。補中益氣肥身體，合成羊肉煮成粥。寒血解暑止乾嘔，身有冷病不宜服。癰疽發背熬黑塗，能解丹石苦瓠毒。黍米氣味性甘溫，肺病宜食咳失音。益氣補中澁腸

胃，霍亂吐瀉痛腹心。男子陰易煮粥飲，生擂汁服治驚癥。小兒鵞口嚼汁擦，湯火灼調鷄卵清。粱米氣味性甘平，益氣和中助精神。客風頑痺身煩熱，霍亂下痢止瀉停。小兒腦熱鼻無涕，生磬水調貼顖門。赤丹小瘡如火炙，研末蜜水調塗靈。粟米味鹹性微凉，補益丹田養腎元。性凉能去脾胃熱，止渴通利小便長。霍亂轉筋縮入腹，熱痢反胃清脾強。鼻衄不止水煮飲，粟泔汁洗諸瘡瘍。黑豆甘寒能補腎，助水濟火鎮心靜。腰膝疼痛由腎虛，祛風散熱水腫病。妊娠腰疼胎不安，產後中風諸血證。協同甘草解百毒，痘瘡發狂試驗應。大豆黄卷治周痺，益氣出毒補腎氣。邪在血分不流行，五臟不足水畱滯。濕痺筋攣脚膝疼，水病脹滿血結聚。婦人產後惡血阻，胃中積熱大便閉。淡豉發汗治時氣，頭痛身熱加葱配。心中懊憹涌吐法，下後仍熱梔子豉。血痢不止合蒜煎，同薤止汗止暴痢。溫瘧發斑引嘔吐，鹽豉香美調和味。黄豆甘溫無大功，作腐造醬時用通。通利大腸行水道，調胃下氣能寬中。消水消脹消(種)〔腫〕毒，香油調敷痘後癰。黄水疥瘡不宜食，多食壅氣往上衝。赤小豆性甘酸味，去濕健脾行水氣。散血排膿消腫滿，下行小腸通便閉。清熱止渴解酒毒，通乳下胎止瀉痢。脚氣袋盛脚踐踏，敷瘡第一畱心記。綠豆甘寒清頭目，能解草木金石毒。清熱止渴利小便，連皮生研攪汁服。豆粉清胃止熱瀉，敷腫止痛折傷足。瘡毒內攻護心散，痘瘡潰爛乾粉撲。白豆入腎脾與肺，補益五臟暖腸胃。氣味甘平能調中，肺虛喘促能下氣。色白補肺腎之穀，肺金腎水相生義。補脾益氣助血脈，不惟無滯且導滯。豌豆甘平調榮衛，止吐止渴止瀉痢。四聖丹用取痘疔，脾胃虛弱補中氣。蠶豆氣味亦和平，功性大同而小異。專治誤吞針入腹，韭菜同食從便遞。藊豆甘溫暖脾胃，通利三焦降濁氣。清暑除濕止煩渴，霍亂嘔吐泄瀉痢。河豚酒毒腹脹滿，毒藥傷胎口噤閉。砒霜鳥獸諸肉毒，生嚼擂汁皆可治。脂麻甘平清潤肺，潤養五臟補肺氣。填精補髓烏髭髮，祛風除濕逐風痺。小兒頭瘡生嚼敷，大小腸澁能通利。壁蝨專療癲瘋疾，麻油解毒諸瘡配。火麻子仁性滑利，緩脾潤燥大腸肺。汗多津枯大便難，小便頻數火攻胃。通乳催生順倒產，老人產後大便閉。傳治大腸出糞門，乾落又出奇怪異。苡仁屬土健脾胃，甘寒清熱故補肺。筋急拘攣肺葉焦，乾濕脚氣風濕痺。肺痿肺癰咳嗽血，水腫淋疝濕瀉痢。煮粥止渴利便長，胸痺祛邪補正氣。罌粟殼性酸澁味，固精澁腸收斂肺。入腎斂氣止遺精，心腹筋骨疼痛痺。虛泄腸滑固脫肛，專療久咳久瀉痢。初起嗽痢不宜服，先要散邪先行滯。神麯味辛散鬱氣，甘能調中溫開胃。祛痰破癥消脹滿，水穀宿食化積滯。閃挫腰疼散瘀血，霍亂吐瀉赤白痢。食積心痛產後昏，下胎回乳要防備。紅麯甘溫燥脾胃，能消水穀飲食滯。色赤活血故和榮，心腹作痛濕熱痢。跌打損傷散死血，胎前產後諸血氣。小兒吐逆不食乳，山嵐瘴氣血阻痺。米醋氣味性酸溫，能治血氣痛攻心。開胃下氣消食積，痰癖堅塊破瘕癥。黄疸黄汗散水氣，傷損瘀血產血昏。敷瘡消腫解諸毒，多食軟齒反傷筋。酒性少飲方為貴，行血活血和血氣。入藥引藥往上行，戚友敘情寬胸臆。過飲傷神耗散血，濕熱生痰諸疾致。損處多端人自忖，亂性忘命忘禮儀。

清・何本立《務中藥性》卷一四

韭子性溫味甘辛，入足厥陰竝少陰。補益命門及肝腎，下元虛冷助精溫。溺血遺瀝小便數，腰膝冷痛脚瘻筋。婦人白淫與白帶，男子白濁夢遺精。韭菜辛溫酸澁味，肝經血分行肺氣。歸心益胃助腎陽，散瘀逐痰療胸痺。吐衄損傷一切血，噎膈反胃憂鬱致。汁塗狗咬蛇蟲毒，收斂脫肛洗腸痔。葱味辛甘性散溫，手足陽明肺太陰。發汗解肌通陽氣，傷寒頭痛時氣侵。陰毒腹痛脫陽證，四肢厥逆冷如冰。達表和裏止諸血，通利關節十二經。大蒜辛溫能開胃，通達五臟諸竅閉。解暑祛寒除風濕，散癖消腫化肉滯。鼻衄不止貼足心，二便不通敷臍利。切片爍艾灸惡瘡，蛇蟲水毒消瘴氣。乾薑辛熱生辛溫，逐寒燥濕故溫經。辛散表邪溫暖胃，感寒腹痛冷陰陰。定嘔消痰止吐衄，炒黑去惡以生新。沉寒痼冷無陽證，眼疾內寒久赤睛。生薑辛溫行陽氣，祛寒發表宣暢肺。解鬱調中開胃口，風寒頭痛鼻塞嚏。痰壅胸膈寒濕泄，消水辟瘴行血痺。薑皮辛凉治腫滿，專主行水和脾胃。白菜味甘性微凉，和中通利大小腸。胸中煩悶解酒渴，消食治瘴清熱強。小兒赤遊搗汁擦，胃寒之人不宜嘗。子油塗劒則不縮，塗髮不落且不黄。青菜氣味性辛烈，開胃通竅利胸膈。冷氣不和肺氣壅，咳嗽順氣化痰豁。瘡痔便血者最忌，久食積溫反成熱。子性功與菜性同，陰疽冷痺研敷貼。蒝荽芳香溫辛味，能辟一切不正氣。內通心脾外四肢，小腹氣脹通便閉。痧疹痘瘡出不爽，煎酒噴身即快利。脚氣金瘡不宜食，久食令人多忘記。芹菜甘平清風熱，益氣養精活血脈。能利口齒祛頭風，身熱煩渴鼻齆塞。小兒吐瀉便血淋，婦人崩中帶赤白。五種黄病搗汁

飲，通利大腸小腸結。

菠菜不分根與葉，其性甘冷清胃熱。通利五臟滑利腸，解酒除煩開胸膈。大便澁滯常不通，調中止渴潤燥結。痔漏之人正相宜，腹冷身寒不相德。

同蒿甘辛氣味平，冬食爽口快心神。養脾益胃安心氣，滑利腸垢消痰凝。多食過食動風氣，胸腹脹滿似食停。春深成蒿則無益，羶臊臭惡氣難聞。

薤藠兩名是一味，調中助陽開胸痺。肺氣喘急水氣腫，瀉利下重大腸滯。霍亂乾嘔卒中惡，妊娠胎動產後痢。滑引釵鐶魚骨鯁，咽喉敷腫目貼瞖。

油菜道家為五葷，散血消腫性辛溫。血痢腸風搗汁服，產後血風破結癥。搗貼乳癰敷丹毒，風熱腫毒皆可清。腰脚腫痛塗葉汁，痼疾多食轉見深。

白芥子性能開胃，溫散寒邪辛入肺。通行經絡消腫毒，豁痰止痛利諸氣。皮裏膜外脇下痰，非此袪散不能治。筋骨腰脚痰氣阻，燒烟及服辟邪魅。

蕹菜生成在水旁，無水則萎性畏陽。子蕹藤蕹性相似，甘平無毒氣味涼。葉滑莖空通利竅，產難對酒滑子腸。能解胡蔓野葛毒，胃寒氣痛者緊防。

莧菜性冷甘滑味，赤入血分白入氣。白莧補氣通九竅，赤莧涼血醫赤痢。漆瘡瘙癢煎湯洗，汁塗小兒脣緊閉。子能益精散肝風，眼見黑花退雲瞖。

馬齒莧性味酸涼，散血解毒滑利腸。袪風殺蟲療疳痢，血癖諸淋清熱強。小兒丹毒脣面皰，敷消多年惡瘡瘍。六月採取元旦服，一年疫氣能解禳。

萵苣性寒利氣結，堅筋補骨通關節。解酒止渴滑利腸，下氣和中寬胸隔。安和五臟殺諸蟲，袪除口氣齒牙白。小便不通尿血淋，乳汁不通能通澁。

苦蕒性寒微苦味，益心和血兼益氣。能調十二經脈通，霍亂吐瀉止熱痢。喉痺腫痛蛇蟲咬，血淋尿血熏洗痔。汁塗疔腫拔根出，惡癰滴上立時潰。

蔓青根葉溫無毒，其根鹽醃可久蓄。通利五臟肥健人，消食下氣止嗽服。子性苦辛消積癥，解毒利水能明目。小兒血痢腹脹滿，瘡疽蟲咬敷散速。

蒜菜寒滑通經脈，煎湯飲服通心膈。理脾和胃利五臟，能解時行之風熱。搗敷灸瘡禽獸傷，飲汁止痢止熱泄。子治小兒熱不退，醋浸擦面光潤澤。

萊菔子性辛入肺，甘走脾經消食滯。升散風寒吐風痰，寬胸利膈消脹氣。氣嗽痰喘咳膿血，後重腹疼調下痢。飲食停滯痘疹隱，沖利大腸風氣閉。

蘿蔔生升熟降氣，其性屬土補脾胃。解酒止渴利二便，寬中化痰消食滯。散瘀止嗽止吐衄，生搗汁療噤口痢。遇烟熏傷噙汁解，麫毒豆腐積能制。

胡蘿蔔性色帶赤，不論生熟皆可食。性溫味辛微蒿臭，能安五臟健氣力。寬胸利膈滑潤腸，無分有疾與無疾。下氣補中調和胃，少食無損而有益。

冬莧甘平性滑利，清肝瀉火悅人意。滑利大腸止煩渴，通利小便止心悸。病久思食宜少食，能清內熱能開胃。氣味均平雖無毒，寒體泄瀉者勿噬。

百合甘平清潤肺，安心定膽益人智。止嗽清熱止吐衄，肝熱流淚肺熱涕。浮腫臚脹胸痞滿，通利大小二便閉。乳癰發背諸瘡腫，傷寒百合證四治。

茄子損多而無益，甘性寒冷宜少食。大便結者滑利腸，多食令人發痼疾。外治燒灰乳裂塗，醋磨敷瘡消腫赤。秋茄多食損目睛，下痢食之轉裏急。

茄根散血消腫瘡，血淋血痢濕熱殃。齒䘌口蕈醋浸漱，陰挺燒灰調油安。夏月趾腫不能行，冬月凍瘡潰煎湯。國公酒用袪風濕，馬屎尿浸取牙方。

辣椒辛熱辛走氣，九損一益君須記。少食開胃進飲食，多食損肝腸與肺。咳嗽吐衄腸胃血，熱證逢之更加倍。助火昏目損目睛，上閉咽喉下發痔。

山藥甘溫補脾肺，益腎強陰固腸胃。潤澤皮毛清虛熱，化痰袪涎止瀉痢。噤口痢疾調米飲，遺精健忘益心氣。生搗敷瘡消腫核，勞傷虛損皆可治。

甘藷甘平助脾胃，功同山藥性小異。居山之人當糧食，生熟蒸曝皆可噬。身無疾病食無損，病後食之多停滯。鮮者生熟宜少食，曝乾蒸食則無忌。

芋子熟甘生麻澁，開胃益氣袪痰豁。合魚煮食能下氣，止血止渴除煩熱。產後食之破血瘀，調中滑腸通閉結。葉莖煮食止胎動，梗擦蜂螫性尤捷。

豇豆角甘微鹹味，補腎健脾調榮衛。理中開胃和五臟，生精補髓益元氣。小便餘瀝食能止，吐逆消渴止瀉痢。飲汁能解鼠莽毒，惟有水腫人勿噬。

刀豆甘平性無毒，溫中和胃下氣速。能利腸胃止逆氣，色青補肝故明目。其子似腎補腎元，疝氣疼痛過婬慾。病後呃逆聲不止，燒灰存性酒調服。

絲瓜清熱滑利腸，老則燒灰性亦涼。袪風化痰通經絡，下乳癰腫敷瘡瘍。痘疹稠密出不快，連皮燒灰調蜜糖。崩漏疝痔腸風血，小兒浮腫食積黃。

苦瓜苦寒性無毒，暑熱之時可常服。勞乏心煩清心火，熱淚赤眼食明目。一切熱證俱無忌，寒體之人自不欲。子性苦甘固益氣，能熄慾火壯陽速。

冬瓜性寒能瀉熱，甘益脾胃寬滿膈。清熱止渴除煩悶，小腹水脹利便澁。久病陰虛不合宜，熱毒癰腫切片貼。瓜仁潤肺醫濁帶，煎水洗面悅顏色。

南瓜之性無主治，性溫味甘助脾胃。潤澤肌膚滑利腸，多食令人發脚氣。黃疸腹腫不宜食，泄瀉下痢固宜避。羊肉同食助氣壅，無病之人隨人意。

黃瓜甘寒有小毒，利水清熱止渴速。小兒熱利同蜜煮，水病腹脹醋煮熟。咽喉腫痛透硝吹，火眼腫痛水點目。湯火傷灼取水

掃，損多益少莫多服。瓠瓜性滑甘平味，除煩止渴潤心肺。石淋黃腫腹脹滿，通利水道通便閉。口內鼻中肉爛疼，丹石熱毒心中悸。蔓鬚花葉解胎毒，斷腫露齒用子治。稍瓜味甘性寒涼，清胃瀉熱利小腸。除煩止渴解酒毒，不可過食不可常。口吻生瘡燒灰擦，陰莖熱痛敷瘡瘍。身有痼疾者勿食，損處多端筆難詳。黃花菜性涼清熱，安益五臟利胸膈。導滯利濕療酒疸，小便赤澁能通徹。根汁止衄治沙淋，大便後血潤燥結。吹乳乳癰擂汁飲，消腫止痛以濾貼。木耳甘平能益氣，少食輕身強人智。崩中漏下合髮灰，木賊同醫流冷淚。牙疼荊芥水煎漱，腸風下血專主治。多食衰精冷腎元，研末止痢鹿膠配。竹筍微寒能清熱，開胃益氣祛痰豁。通利水道利小便，止渴除煩寬膈塞。其味雖佳名刮腸，過食滑利脾遭厄。冬筍發痘亦宜少，緊防脾虛瀉痢泄。香蕈芳香能開胃，甘以悅脾舒暢肺。治風破血酒煮飲，生發瘡痘膿漿潰。蘑菰理氣化痰涎，溲濁不禁松蕈治。鷄菌羊肚菌可食，其餘要問土人義。豆腐甘寒性清熱，少食和胃舒胸膈。大腸濁氣腹脹滿，腸胃枯澁大便結。水腐收作石膏點，清胃瀉火性最捷。二腐氣味性皆冷，脾寒胃冷防瀉泄。豆芽氣味性甘平，綠豆生牙白似銀。清利三焦上下火，除煩止渴安心神。酒毒藥毒諸熱毒，能利小便祛熱淫。但受濕熱鬱浥氣，不宜胃寒氣痛人。

清・何本立《務中藥性》卷一五

鷄肉總言性甘溫，黃白紅黑各分經。補虛溫中功則一，雄鷄屬陽雌屬陰。烏骨鷄治鬼擊死，鷄冠血塗額與心。本草主治書九頁，摘出要言畧註清。鷄胵皮性甘澁滯，能消水穀止瀉痢。除熱止煩止遺精，酒積膈消療反胃。崩帶腸風小便血，牙疳乳蛾喉腫痺。小兒食瘧諸口瘡，癰疽已潰斂口配。雄鷄屎白性微涼，通利二便大小腸。下氣消積治反胃，胸腹腫脹及疸黃。破癥散瘕祛蠱毒，小兒客忤夜啼郎。醋和塗消百蟲咬，能療內外之瘡瘍。鷄卵之性有兩分，卵白性寒黃性溫。合而言之安五臟，補氣補血開聲音。散熱止嗽止久痢，順產安胎定悸驚。功性雖佳勿多食，過食停滯反悶心。鴨性甘冷入腎肺，滋陰補虛通便閉。利水定驚清骨蒸，大腹水腫止熱痢。久虛發熱咳嗽血，陰虛火炎乘金位。血解砒石諸藥毒，鴨卵多食發冷氣。鵞肉甘平五臟通，身無疾病食有功。白鵞肉性能止渴，蒼鵞發瘡引發風。痔核初起鵞膽擦，鵞卵益氣兼補中。鵞屎燒灰塗鵞口，鵞油灌耳治卒聾。白鴿肉性味鹹平，調精益氣助精神。消渴飲水不知

足，合酒同服治風淫。鴿血能解百藥毒，左盤龍是鴿屎名。腹中痞塊消腫脹，瘰癧陰毒殺蟲靈。五靈脂性味甘溫，專入血分氣純陰。通利血脈散瘀血，血痺血積能通經。血痢腸風崩帶血，一切血氣痛攻心。驚疳瘧疝目凝血，祛風經痰制蟲侵。夜明沙性寒辛味，肝經血分活血滯。寒能涼血清血熱，辛散內外之滯氣。血氣腹痛下死胎，青盲雀盲散障翳。魃瘧淋帶瘰癧瘡，撲損驚疳消積聚。白丁香性有微毒，治療止痛翳遮目。癰癖不潰塗即穿，努肉貫瞳點消速。痃癖癥瘕久不散，能令消爛蜜丸服。消積除脹通咽閉，齲齒牙疼塞孔逐。燕窩微涼味甘平，清肺益氣爽精神。生津止渴除煩熱，安心定志助目明。口內穢氣清胃火，肺枯咳嗽潤痰凝。脾寒胃冷宜少食，其性清涼按此情。猪肉不必遵古義，肉能補肉潤腸胃。豐肌澤體生精液，臘肉能療噤口痢。過食生痰動風濕，初起病後理宜忌。委實少精發宿疾，則無訓人畜母彘。猪膏潤澤肥腴身，虛悸不寐用猪心。肺虛咳嗽猪肺補，猪肝補肝明目昏。猪肚入胃健脾胃，猪腎益腎補腎陰。腸療臟毒止小便，脬止遺尿止遺精。膽汁潤燥灌穀道，少陰下痢猪膚清。猪蹄洗瘡下乳汁，髓治虛勞骨熱蒸。猪血解毒止嘈雜，猪心血療癲癇驚。痘瘡倒靨猪尾血，惟脾無益固不稱。犬能守夜牛耕田，無此二物豈安眠。功力於世人自忖，有損有益我不言。狗寶扣黃口吐出，牛黃可藉化痰涎。狗寶雖云治噎膈，目覩服者竟不然。牛屎散熱拔毒癰，水腫溲澁利便通。疳痢黃疸霍亂吐，婦人子死在腹中。痘瘡潰爛瘡潰爛，鬼使毒氣敷見功。脚氣腫痛孕腰痛，跌撲損傷炒熱封。羊肉甘熱益血氣，補虛助陽能開胃。羊肝補肝而明目，膽點風淚眼去翳。脛骨燒灰擦牙良，羊乳甘溫補腎肺。羊血善解丹砒毒，下焦虛冷羊腎治。馬屎諱名白馬通，能敷一切惡瘡癰。杖瘡跌打筋骨斷，時行百病來勢凶。吐衄產後諸血證，小兒客忤婦崩中。攪腸痧痛中惡死，手足腫脫熱毒攻。白馬溺破堅積聚，男子伏梁與疝氣。婦人癥瘕乳癰腫，小兒赤疵禿瘡治。腹內生鱉心腹疼，殺蟲熱飲止反胃。狐尿刺瘡痛甚洗，尿浸茄根取牙易。驢尿辛寒所主治，專療膈噎病反胃。狂狗咬傷蜘蛛傷，一切惡瘡癬疥癘。風蟲牙疼口內含，白玷風加薑汁配。添入地龍人中白，三味和勻滴耳閉。阿膠甘平清潤肺，養肝滋腎益血氣。補陰除風化痰涎，虛勞咳嗽定喘悸。通利小便滑大腸，傷暑伏熱而成痢。肺痿吐衄一切血，安胎崩帶癰腫痔。犀角酸苦性大涼，涼心瀉肝清胃強。祛風利痰辟邪

氣，傷寒時疫發斑黃。吐血衄血及下血，畜血譫語熱發狂。痘瘡稠密熱黑陷，療癰定驚明目盲。羚羊角入足厥陰，竝手太陰少陰經。清肝明目去障瞖，搐搦祛風舒筋伸。傷寒伏熱煩狂怒，瘀血疝痢腫毒清。食噎不通辟邪惡，驚癇夢魘安定心。虎骨性熱所主治，頭骨殺鬼辟邪氣。追風定痛健骨力，鬼疰癲癇鎮驚悸。手足疼痛用脛骨，身體拘攣療風痺。腰痛背痛脊骨佳，瘡漏脫肛久瘧痢。鹿茸甘鹹性則溫，氣稟純陽陽生陰。生精補髓養氣血，助陽健骨固強筋。腰膝痠疼腎虛冷，耳聾眼黑頭眩昏。一切虛損勞傷病，崩帶夢交止遺精。鹿角氣味性鹹溫，生用散熱逐邪侵。醋磨塗瘡消腫毒，折傷散瘀產血昏。婦人胞中血停阻，猫鬼中惡痛傷心。鹿膠功專于滋補，角霜性澁能固精。象牙敷出鐵箭鏃，諸物刺咽磨水服。象骨能療食噎氣，飲食不思消水穀。象膽治疳治瘡腫，口臭貼齒點明目。象皮生肌合瘡口，燒灰油塗下疳毒。熊膽性寒苦人心，入足陽明手厥陰。寒能凉心平肝熱，疰忤清熱定癇驚。明目去瞖耳鼻蝕，疳痔蟲牙蟯蚘侵。黃疸暑痢時氣毒，初生目閉洗眼睛。獺肝甘溫治鬼魅，咳嗽虛勞喘上氣。冷勞蠱毒寒障瘧，傳尸骨蒸大風癘。虛汗客熱魚骨骾，下血不止殺蟲痔。疰病三十有六種，九下九種書大意。麝香氣味性辛溫，開竅活絡竄通經。透肌入骨暖水臟，邪氣中惡痛腹心。中風痰厥驚癇病，果積酒積聚瘕癥。鼻塞耳聾去目瞖，瘴瘧解毒制蟲侵。蝟皮專主治五痔，痔瘡有頭炒黑製。陰蝕陰腫腰背疼，腹痛積塊諸疝氣。蠱毒脫肛鼻瘜肉，腸風瀉血五色痢。小兒驚啼如刺聲，眼睫倒毛療反胃。鼠尿甘寒能明目，專敷鼠瘻諸瘡毒。婦人通經下死胎，產後脫肛燒烟縮。小兒鹽哮疳癇病，傷寒陰易與勞復。折傷鬼擊散瘀血，蛇蟲咬傷或六畜。兔屎明月沙一味，能療五疳久下痢。勞瘵殺蟲解諸毒，目疾明目去目瞖。產後目瞖痘入目，納臍能通二便閉。月蝕耳瘡燒末塗，蟲蛀下疳漏瘡痔。

清·何本立《務中藥性》卷一六　龍骨寒澁足厥陰，手足少陰陽明經。收斂浮越之正氣，澁腸益腎固遺精。驚癇瘧痢吐衄血，崩帶脫肛定喘聲。止汗斂瘡澁止脫，龍齒安魂能鎮心。蛇蛻殺蟲治鬼魅，明目撥雲退目瞖。婦人吹乳催產難，小兒重舌唇緊閉。一百二十種驚癇，癬疥惡瘡疔腫痔。喉風蟲毒祛風瘧，證治難盡會其意。白花蛇性善搜風，外徹皮膚內骨中。風濕口喎癱瘓病，大風疥癩以為宗。骨節疼痛風瘙癢，九漏瘰癧可見功。小兒急慢驚風搐，風病大小無不通。烏稍蛇同白花義，祛風除濕性不異。癮疹疥癬風癢熱，眉髭脫落癩風癘。赤白癜風面皯瘡，皮膚不仁風頑痺。破傷中風身強直，小兒撮口熱毒治。穿山甲性入厥陰，瘡癰消腫排膿升。直達病所搜風毒，風瘧蟻漏制蟲侵。小兒五邪驚啼哭，婦人下乳通閉經。風濕冷痺臂脇痛，渾身強直不能伸。蛤蚧鹹平所主治，益水上源即補肺。潤腎益精助陽興，肺痿咯血咳上氣。定喘止嗽止消渴，折傷通淋通經閉。氣虛血弱者正服，風寒咳嗽則不利。海馬氣味性甘溫，婦人難產帶於身。臨產燒末作飲服，手中握之能鎮心。暖水溫臟壯陽道，血氣疼痛破瘕癥。外科海馬拔毒散，惡瘡腫毒點惡疔。海狗腎鹹性大熱，補腎壯陽功最捷。虛損勞傷精寒冷，蓯蓉瑣陽性同列。在海取之名海狗，入山更名膃肭別。夢與鬼交狐鬼魅，痃癖積塊破癥結。紫稍花性味甘溫，益陽秘精能起陰。真元虛備陰痿冷，白濁餘瀝止遺精。小便不禁囊濕癢，陽事痿弱助陽興。女人陰寒頻冷帶，陰瘡煎洗服酒蒸。鯉魚甘平下水氣，消腫能通小便利。黃疸脚氣喘嗽滿，發散風寒能平肺。懷妊身腫胎不長，惡風入腹通乳閉。痃癖伏梁結在心，童便浸煨止反胃。鱅鱮鯇魚三魚性，溫中益氣性相近。鱅魚多食引動風，鱮魚多發消渴證。鯇魚生瘡人勿食，百病皆忌不須問。鯇魚膽吐物刺喉，喉痺不通水調浸。鯽魚性比諸魚異，鯽魚屬土故開胃。消渴飲水消水腫，調中實腸止熱痢。小兒哮喘婦人崩，酒積腸風滴血痔。膈食反胃嘔吐食，諸瘡腫毒療疝氣。鱘鱑魚性無主治，取其甘美爽口味。鮰魚開胃性甘平，能下膀胱之水氣。鯿魚性與鯽魚同，助脾消食作成膾。白鰷鰲魚是一魚，性溫開胃止瀉痢。鰣魚補虛性甘溫，湯火灼傷蒸油清。白魚去水助脾氣，補肝不足明目睛。鱖魚益胃止瀉血，虛勞殺蟲退骨蒸。鮎魚主治療水腫，五痔下血潤二陰。石首魚性補益氣，氣味甘平能開胃。腹脹不消消宿食，乾者名鯗主下痢。頭中石魫主石淋，小便淋瀝通便閉。聤耳出膿燒灰吹，中惡蠱毒諸毒治。青魚甘平祛風痺，脚腫脚弱祛脚氣。魫骨能療心腹疼，睛汁注目能夜視。膽汁苦寒散熱毒，目赤腫痛去目瞖。喉痺乳蛾口含吞，鱼骨骾咽塗外痔。鱧魚俗名烏魚是，夜朝北斗取此義。面目浮腫身腫滿，脚氣風氣水氣治。用以療病不得已，無病之人休酷嗜。肝腸敷瘡引蟲出，膽汁吹喉治喉痺。鱓魚甘溫調血氣，能治風邪風濕痺。婦人產後血淋瀝，專貼一切冷漏痔。鱓血能塗口喎斜，耳痛鼻衄痘後瞖。頭療癥痞食不

消,燒服止渴止惡痢。鰍魚生性善穿泥,氣味甘平舒暢脾。暖中益氣生津液,舌乾口渴醒酒迷。消渴飲水燒灰服,腸痔脫出能收回。喉中物骾無可奈,線縛倒吞往上提。鰻鱺白鱔是一味,專主殺蟲風濕痺。傳尸勞瘵骨熱蒸,補益虛損理脚氣。風瘙陰戶蝕癢疼,瘡瘻癧瘍崩帶痔。取油塗消白駁風,骨炙研末療疳痢。魚翅食品作佳珍,活血行氣能舒筋。柔魚益氣養陰血,肝經血分滋血陰。鮑魚治崩血不止,血虛血冷暖血溫。銀魚寬中而健胃,寒熱均勻兩平分。烏賊魚性能益氣,骨名海螵蛸便是。專主肝經血分枯,崩瘕癥帶月經閉。吐衄瀉血一切血,蟲瘡瘧瘻止下痢。聤耳出膿及耳聾,眼赤熱淚點目瞖。海參氣味性屬陰,清潤五臟入腎經。益氣養血潤腎燥,滋陰益腎助生精。吐血下血平肝火,咳嗽煩熱清涼心。滑利大腸通便閉,脾胃不和不宜清。海鮀味鹹性微溫,鎮肝息風足厥陰。小兒風疾諸般證,丹毒外貼發熱清。婦人積血崩帶病,勞傷血分調月經。善解河魚毒成疾,湯火灼貼免攻心。鰕性補腎能壯陽,婦人少乳下乳長。中風痰涎喉如鋸,配合薑葱吐痰良。鼈瘕隱隱皮下痛,痘瘡托漿托膿強。小兒赤白遊風腫,臁瘡生蟲敷蝕瘍。龜板屬水又屬金,龜乃陰中之至陰。益腎滋陰補陰血,性靈資智固補心。四肢無力腰脚弱,專治勞熱清骨蒸。泄痢嗽瘧胎產病,崩漏癥瘕五痔分。螃蠏鹹寒散諸熱,能解胸中邪氣結。喎僻面腫塗漆瘡,養筋益氣通經脈。撲傷搗炒敷散瘀,筋斷續筋接骨折。瘧疾黃疸濕熱平,蟹爪下胎性最捷。鱉甲色青入肝經,勞瘵骨蒸退熱清。往來寒熱溫瘧母,腰痛脇堅血瘕癥。痔核腸癰消瘡腫,驚癇陰虛夢泄精。經阻產難諸血證,鱉肉涼血固補陰。瓦壟子肉所主治,能潤五臟健脾胃。通利關節止消渴,腰脊風冷療濕痺。溫中起陽益血色,便膿便血止洩痢。殼消血塊化痰積,散癥破癖溫冷氣。牡蠣鹹寒清虛熱,入足少陰軟堅結。柴胡引去脇下硬,茶引能消項結核。大黃引消股間腫,地黃為使益精澁。化痰斂汗固二腸,痞滿泄水開胸膈。石决明性所主治,肉與殼性功少異。益精明目輕身體,能除風熱清肝肺。善療骨蒸虛勞極,小便頻數通淋閉。一切青盲內障眼,水飛磨點外障瞖。蟶肉味甘性微溫,胸中煩悶熱氣清。甘溫無毒補虛損,婦人產後血虛昏。淡菜大同而小異,虛勞吐血滋腎陰。崩中帶下腰脚氣,能消宿食破結癥。蛤粉不必分蚌蜊,海鹹河淡性小異。清熱行濕利水能,軟堅化痰消積聚。治疳止痢塗癰腫,痰嗽面腫睡不寐。能利小便止遺精,白濁帶下療反胃。珍珠甘鹹性畧溫,安魂定魄能鎮心。墜痰拔毒斂瘡口,消渴煩熱卒忤驚。死胎胞衣下難產,塞耳治聾止遺精。明目點睛去瞖膜,痘瘡入眼點痘疔。田螺性寒微甘味,利濕清熱理脚氣。目赤熱痛止消渴,貼臍能療噤口痢。通利二便治黃疸,水氣浮腫通淋閉。瘰癧熱瘡風蟲癬,腸風脫肛塗外痔。

清·何本立《務中藥性》卷一七 蜜餹釀造是蜜蜂,生性清熱熟溫中。甘而和平故解毒,滑以潤燥潤便通。甘能緩急止諸痛,心腹肌肉及瘡癰。調和榮衛和百藥,義與甘草性同功。蜜蠟有黃有白色,專主下痢便赤白。補中益氣可度飢,金瘡止血續筋絕。肺虛咳嗽急心痛,諸般瘡毒攤開貼。婦人胎動血不止,拔髮點孔白變黑。露蜂房性外科重,以毒攻毒治瘡共。附骨癰疽入臟腑,風熱齦腫蟲牙痛。遺尿失禁起陰痿,小兒驚癇風瘛瘲。風痺痔漏敷瘰癧,瘙癢殺蟲逐蠱用。白蠟甘平所主治,肺痿咳嗽滋潤肺。補虛接骨續斷筋,瘵蟲禿瘡皆可制。童子常患尿血出,加入涼血滋陰配。外科熬膏藥用之,生肌定痛止血是。殭蠶辛鹹性微溫,祛風化痰風熱清。頭風齒痛咽腫痺,中風痰壅喉失音。丹毒瘙癢瘰癧核,婦人下乳小兒驚。痰瘧崩帶諸血病,腹內龜病破瘕癥。蠶沙屬火甘辛溫,性燥能去風濕侵。肢節不隨風頑痺,腰疼脚痛冷陰陰。酒拌炒熱熨患處,瘀血癮疹散結癥。爛弦風眼跌撲損,婦人血崩通閉經。桑螵蛸性味鹹平,入肝固腎補命門。補益虛損五臟氣,定心益智安神魂。夢寐失精止遺溺,血閉腰疼通五淋。陰痿白濁崩瘕疝,耳底疼痛效如神。斑蝥有毒性辛涼,外敷死肌諸瘡瘍。疔疽拔膿拔根出,積年癬疥殺蟲強。內服去頭去足翅,糯米水漬同炒黃。血疝石淋消瘰癧,瘋狗咬傷調酒嘗。紅娘子性有小毒,功比斑蝥功更速。雖能益精壯陰痿,無如生子好淫慾。行血活血通月經,微點結瞖脹塞目。瘰癧橫痃瘋狗咬,產後敗血結滿腹。全蝎屬木其色青,其性有毒味甘辛。中風抽掣身不遂,口眼喎斜語塞聲。女人帶下子腸出,小兒臍風搐癇驚。耳聾瘧疾腎氣疝,諸風掉眩屬厥陰。蝱蟲似蜂似麻蠅,用則須從牛身尋。取其善噉牛馬血,以類推之破血凝。仲景用治畜血證,抵當湯丸不易名。癥積堅結破瘀血,撲損死血用亦靈。水蛭之性似蝱蟲,一水一旱噉血同。撲墜散血功不異,破癥散結力更雄。畜血之證小腹滿,蝱蟲水蛭類相從。初起癰腫來勢惡,活箍患處咂腫紅。蝸牛負殼寒鹹味,賊風喎僻吹喉配。瘰癧惡瘡敷消

腫，大腸脫肛塗外痔。消渴引飲取水飲，貼臍能通小便利。撮口臍風汁塗口，止衄腮腫滴耳閉。蜈蚣有毒氣味辛，主治鬼疰蠱毒侵。小兒噤口不能乳，口眼喎斜天弔驚。便毒禿瘡敷瘰癧，痔漏蛇瘕與蛇癥。溫瘧痰嗽殺三蟲，箍消趾瘡鷄眼睛。蟾蜍微毒味辛酸，陰蝕疽癘敷惡瘡。溫毒發斑困篤病，鼠瘻殺蟲猘犬傷。發汗退熱除濕氣，小兒勞瘦諸積疳。瘧痢痔癖破癥結，折傷接骨收脫肛。蟾酥蟾蜍眉間津，性溫有毒味甘辛。小兒疳瘦腦疳毒，諸瘡腫硬拔惡疔。破傷風病牙齒痛，喉痹乳蛾腫塞音。每服只可一二釐，須知不可過一分。白頸蚯蚓性寒凉，善療溫病熱發狂。引熱下行能利水，小便短澁能使長。腎風脚氣咽喉腫，大腹腫滿濕疸黃。耳目鼻舌口齒痛，一切熱毒諸瘡瘍。蠐螬生在糞土中，夏至化蟬能飛空。取汁點目去瞖障，塗散痔疹諸瘡癰。脇下堅滿散瘀血，折傷金瘡破傷風。小兒臍瘡脣口緊，猪蹄同煮下乳通。蟬蛻甘寒其氣清，吸風飲露故體輕。能發痘疹去目瞖，小兒夜啼噤風驚。婦人下胞催難產，大人中風啞失音。皮膚癮疹風熱癢，疔毒入腹頭風昏。蜣螂性寒味鹹酸，專敷一切諸惡瘡。能拔箭鏃射入骨，痔漏引蟲出則安。二便不通血淋證，赤白下痢摻脫肛。大人癲狂腹脹滿，小兒重舌驚癇疳。䗪蟲一名號土鼈，主治心腹之寒熱。破堅下血之功用，跌撲散瘀接骨折。消癥散瘕通經閉，產後腹痛乾血結。小兒夜啼腹內疼，重舌木舌口腫塞。五穀蟲性所主疾，能消飲食傷脾積。氣味寒凉醫熱病，妄言譫語由火熾。熱毒惡痢食不下，湯水至咽反吐逆。爛弦赤眼齒鼻瘡，小兒疳疾化疳癖。五倍子性所主治，黃昏咳嗽火遊肺。降火生津化痰涎，腸風下血止瀉痢。散熱斂汗止消渴，一切諸瘡腫毒配。子腸墜下收脫肛，口瘡目腫咽喉痺。

清·何本立《務中藥性》卷一八　頭髮乃是血之津，一名血餘能補陰。驅逐心竅之惡血，因此能療小兒驚。婦人陰吹女勞疸，骨蒸雜瘡腫瘍疔。消瘀止血通二便，上下諸血證治分。人乳氣味甘鹹平，衝任之血所結成。能潤五臟補血液，悅澤肌膚助精神。虛損勞瘵身瘦瘁，益氣補中肥體形。目赤腫痛風火證，點眼止淚目自明。童便鹹寒性清熱，能引肺火下行捷。吐衄止血止久咳，跌打散瘀救中暍。產後血運下胞胎，少陰下利厥無脈。己尿名曰輪迴酒，功性相同固不別。人中白性味鹹平，人溺沉下所結成。降火散瘀清肺熱，鼻衄不止服之停。勞熱消渴三焦火，諸竅出血用皆靈。咽喉口齒痘倒陷，湯火灼傷止痛神。秋石味鹹性微溫，益水降火故滋陰。溫暖丹田安五臟，虛勞咳嗽退骨蒸。赤白帶下噎膈食，小便白濁自遺精。清潤三焦軟堅塊，補腎明目能清心。糞清性同人中黃，二味同功免分詳。清熱解毒降陰火，專主溫病熱發狂。丹石草木百藥毒，痘瘡血熱用之良。痰火食積五臟熱，一切熱毒惡瘡瘍。爪甲筋餘甘鹹味，鼻衄止血去目瞖。催生下胎下胞衣，小便尿血通便閉。陰陽易病破傷風，小兒腹脹消脚氣。針刺入目物入目，積年瀉血諸淋痔。口津唾味甘鹹平，皮毛小瘡唾塗靈。以唾舐目退目瞖，舌舐指甲擦目明。鬼能變化畏口唾，多唾鬼身現真形。毒蛇螫傷先尿洗，次用唾塗效如神。紫河車是人胞衣，載諸本草人共知。古訓深藏天德處，流傳後世豈我欺。小兒損此多難育，縱然育成者幾希。補腎大造丸雖用，註下旋言可無需。人肉人骨人膽血，此書緣何又著缺。慘忍邪穢義有虧，仁人一言可以決。有名未用諸冷僻，採取艱難概未說。纂成七言以便誦，前賢羣書再詳閱。

清·冉敬簡《醫詩必讀》卷九《藥性門》　二十類

溫補快氣與散寒，潤肺開心滋腎兼。和血破血與降火，去風除風及化痰。益陰溫中與瀉火，收濇行水清熱煩。消食消毒二十類，初學入門急早諳。

溫補　溫補炙草與參芪，白朮紅棗淨棗皮。蓮米(欠)〔芡〕實(准)〔淮〕山藥，龍眼胡桃並稱奇。　甘草生甘，心火是瀉。炙用性溫，三焦元氣。能和諸藥，能緩峻劑。毒解百千，經行十二。淋證用稍，中補宜忌。甘令人滿，中滿證忌之。　人參甘溫，大補元氣。益土生金，鎮驚定悸。明目開心，安神益智。通經除煩，消痰破聚。脹滿宣通，血脫益氣。氣能攝血，實陽生陰長之理。　黃芪甘溫，補中益氣。生用達表，排(農)〔膿〕妙劑。炙用溫中，大益元氣。陽虛甚宜，陰虛當避。若得防風，其功甚鉅。黃芪畏防風，得防風而功愈大。　白朮補脾，兼補血氣。治滿安胎，與黃芩為安胎聖藥。燥濕止瀉。　紅棗甘溫，補中益氣。脾虛可投，中滿宜忌。　棗皮辛溫，補腎益肝。固精秘氣，竅通臟安。　蓮米脾菓，宜去心皮。能交心腎，能治濁遺。鬚益精血，葉助胃脾。藕能暖胃，汁可去瘀。　山藥味苦，多用則靈。強陰益腎，健忘遺精。　龍眼甘溫，益智補中。養心補血，下血腸風。　胡桃入腎，三焦命門。補氣養血，故紙偕行。胡桃無故紙，黃柏無知母，猶水母之無蝦也，故二者相須而行。

快氣　快氣調中首砂仁，白蔻肉蔻草蔻丁香沉香。木香香附枳實殼，烏藥紫朴及青皮陳皮。　砂仁辛溫，益腎補肺。快氣調中，醒脾和胃。止吐安胎，積消食潰。　白蔻辛熱，流行三焦。吐逆反胃，滯散食消。　肉蔻辛溫，冷痢可貴。下氣調中，理脾暖胃。　草蔻辛熱，燥濕祛寒。破氣開鬱，化食除痰。　丁香辛溫，療腎(狀)〔壯〕陽。嘔噦呃逆，灰白痘瘡。　沉香性暖，入水獨沉。調中下氣，入腎命門。　木香辛溫，肝脾必用。一切氣疼，九種心痛。消食安胎，瀉痢後重。　香附氣藥，散降味豪。通行十二經，六鬱三焦。飲食停滯，積聚堅牢。瘡瘍必用，月經不調。熟用行下，生用行高。實殼味苦，破氣並同。用殼利氣，用實開胸。吐痞消脹，氣虛莫逢。　烏藥散逆，胸膈疏利。痢止食消，氣疑血滯。　厚朴苦降，氣理腸寬。調中止嘔，化食消痰。　青皮破滯，肝鬱能理。瀉肺疏肝，除痰消痞。乳腫痛疼，久瘧可已。　陳皮苦辛，燥濕利氣。快膈調中，消痰導滯。葉治乳癰，核治疝氣。

散寒　去風散寒首麻黃，桂枝桔梗杏生薑。荊防藿香升柴葛，蘇細芷藁獨蒼羌。　麻黃辛溫，發汗重劑。鼻喘可療，風寒可去。無汗可投，體虛當避。莖發根收，用必着意。　桂枝發汗，衛由風傷。陽虛可用，陽盛禁嘗。痛風手足，引導最良。　桔梗瀉熱，定表清頭。頭目胸膈，口齒咽喉。諸藥舟楫，載之上浮。　杏仁瀉肺，發汗解肌。行痰潤燥，咳嗽可醫。　生薑辛溫，調中解鬱。發表祛寒，頭痛鼻築。止嘔通神，能救暴卒。　荊芥升發，其性多浮。氣血風濕，頭目咽喉。疏風清熱，瘡症為尤。　防風辛溫，去風要藥。脊項風邪，頭目經絡。目赤瘡瘍，非此莫却。　藿香辛溫，能辟惡氣。快氣調中，霍亂吐瀉。肺虛有寒，上焦熱閉。　升麻辛平，引藥上行。散風發火，升陽引清。陰虛忌用，便秘提升。　柴胡苦平，散結引清。胸痞脇痛，少陽厥陰。五疳熱退，十二行經。傷寒邪熱，諸瘧悉靈。　葛根性平，鼓胃上行。解肌退熱，止渴生津。脾虛下瀉，投之必靈。　蘇葉解肌，入血入氣。用根安胎，用子降氣。　細辛去風，清頭止咳。口瘡喉痺，風淚鼻塞。　白芷表汗，除濕散風。眉痛齒痛，活血排膿。血虛頭痛，瘡毒腸風。　藁本除風，頭腦痛用。去濕療寒，兼治陰痛。　獨活辛苦，除濕祛風。痙癇濕痺，大有殊功。　蒼朮治痿，六鬱可散。辟惡升陽，除濕發汗。　羌活辛散，氣味獨雄。療寒除痙，去濕搜風。

潤肺　潤肺沙參實堪誇，二冬二母欵冬花。前部菓合枇紫(苑)〔菀〕，蔞及桑兜旋覆花。　沙參甘寒，專補肺氣。清肺養肝，熱咳良劑。　天冬甘寒，止渴清痰。骨蒸喘促，膿血便難。肺癰肺痿，均宜與啖。　麥冬甘苦，潤肺清心。除煩瀉熱，止嗽生津。　貝母苦辛，清脈滋陰。虛煩燥渴，痰咳骨蒸。　欵冬辛溫，潤肺除煩。療癰治痿，止咳消痰。　白前甘寒，虛人忌啖。止咳消滿，降氣下痰。　百部微溫，能治痰咳。疳積傳尸，殺蟲去虱。　白菓縮便，帶濁何難。益氣溫肺，定喘降痰。　百合甘平，潤肺清心。清熱止咳，益氣安神。　枇葉苦平，火降痰消。熱咳能止，嘔逆可療。　紫(苑)〔菀〕潤肺，血癆聖藥。治咳調中，消痰止渴。　蔞仁甘寒，治咳要藥。利膈清咽，生津止渴。　白及味苦，能止吐血。專療癰疽，亦治撲跌。　桑皮消痰，瀉肺火鬱。椹補腎虛，火拔瘡毒。　兜鈴入肺，能治肺熱。降氣陰痰，定喘止咳。　旋覆入肺，下氣除風。水腫無阻，痰結有功。

開心　開心益智栢子仁，琥珀志肉酸棗仁。茯神石蒲硃冰麝，開心利竅大有靈。　栢仁甘潤，鎮癇定驚。益血止汗，耳聰目明。　琥珀安神，心肝並治。散血生肌，明目磨翳。　志肉性溫，通腎達心。健忘迷惑，(狀)〔壯〕陽益精。　棗仁甘潤，補脾肝膽。解渴除煩，瀉止汗斂。　茯神入心，開心益智。定魄安神，鎮驚定悸。　茯苓滲濕，益氣清心。調營和衛，定魄安魂。　石蒲辛溫，噤口殊效。快氣調中，開心利竅。　硃砂性陰，熱瀉心經。清肝明目，辟邪定驚。　冰片辛熱，升散火鬱。鼻痔目紅，喉痺舌出。　麝香辛溫，經通竅利。解毒殺蟲，耳聾目翳。痰厥驚癇，中風中氣。

滋腎　滋腎地黃大堪珍，桑螵首烏與覆盆。鱉甲龜甲金狗脊，牛膝青鹽及女貞。　熟地甘溫，補腎益精。生地涼血，乾地滋陰。勞傷胎產，補血上乘。　桑螵甘鹹，入腎命門。益精固腎，縮便通淋。　首烏補肝，瘡瘍瘧痢。赤雄入血，白雌入氣。　覆盆益精，男生女養。縮便興陽，補肝明目。　鱉甲入肺，癆瘦骨蒸。溫瘧瘧母，腸癰瘕癥。　龜板甘平，補腎補心。腰足痠痛，難產骨蒸。　狗脊益血，去毛煎膏。腰痛脚弱，風散濕消。　牛膝酸平，引藥下行。養肝補腎，(狀)〔壯〕骨強筋。喉痺齒痛，散血破瘕。能治腰痛，兼愈諸淋。行下生用，滋補酒蒸。　青鹽甘寒，專入腎經。能平血熱，可治赤昏。　食鹽通便，補心有功。定痛止癢，消食殺蟲制蚓毒。　女貞補虛，大益肝腎。　桑椹旱蓮，同治百病。共合為丸。

和血　和血生血首芎歸，二芍益母澤蘭隨。乳沒阿便元胡索，丹參蘇木

用莫違。當歸和血，頭腰腹痛。秦補川攻，瀉者酌用。風痙瘡瘍，均堪見重。川芎升浮，調經開鬱。下行血海，上清頭目。和血行氣，瘡科稱穀。白芍平肝，益血理氣。白補而收，赤散而瀉。胎前甚宜，產後當忌。益母苦平，去瘀生新。崩中帶下，胎產血淋。其子明目，更善調經。澤蘭苦辛，散鬱調經。通關利節，破宿消癥。乳香消腫，活血伸筋。生肌止痛，托裏護心。通行十二，治顛如神。沒藥散結，入十二經。消滯消腫，目翳目昏。生肌定痛，金杖瘕癥。阿膠甘平，清肺養肝。潤燥定喘，骨痛腰痠。補陰和血，胎動不安。童便降火，下行膀胱。滋陰潤肺，吐衄損傷。胡索辛溫，和血利氣。內外諸痛，無往不利。丹參味苦，去瘀生新。安生墮死，通脈調經。蘇木甘辛，行血去瘀。血暈經閉，此並能醫。

破血　破血行血首鬱金，黃酒紅花與桃仁。二黃三七草霜髮，靈脂莪朮荊三稜。鬱金苦辛，疏肝涼心。吐衄尿血，顛狂失心。酒宜少飯，多則損神。用為引導，道行一身。紅花味苦，入肝入心。孕婦胎死，室女閉經。用少則養，用多則行。桃仁甘平，去滯生新。血熱便秘，破積通經。痰飲滯血，用花甚靈。有女病顛，食桃花而愈。薑黃苦辛，理血中氣。氣脹血積，並皆能治。蒲黃行血，消瘀通經。損傷能治，舌腫可平。三七止血，吐衄皆過。金傷杖傷，恃為要藥。草霜止血，兼能消積。陽毒發斑，口舌諸疾。髮名血餘，諸血能治。補陰消瘀，關格便閉。靈脂和血，血病自安。殺蟲消積，除風化痰。經閉生用，經多炒乾。莪朮辛溫，消瘀通經。化食解毒，止痛除癥。三稜破積，入肝入脾。老塊堅積，氣滯血瘀。

降火　降火瀉熱川錦紋，芒硝燈草與元明。地漿兒茶及蚯蚓，大青茅根與苧根。大黃苦寒，走而不守。實熱可除，瘀血出走。欲速用生，欲緩用酒。病在氣分，休令入口。芒硝潤燥，推陳致新。目赤經閉，氣聚血凝，蕩滌實熱，大黃偕行。燈草甘寒，能降火齊。灰吹喉痺，亦治夜啼。元明甘辛，熱除胃中。潤燥破結，大有殊功。地漿甘寒，善治熱毒。藥菌瘛瘲，菜菓魚肉。中暍卒死，蜞蟲在腹。入巴霜下之。兒茶清熱，口瘡甚靈。生肌定痛，化痰生津。蚓性大寒，清熱利水。內治熱狂，外敷病嘴。熱閉不開，搗敷即愈。大青苦寒，解熱甚敏。時毒發狂，陽毒(班)〔斑〕疹。茅根甘寒，能止吐衄。消瘀甚靈，通淋甚敏。苧根甘寒，解熱潤燥。消丹破瘀，胎滿血尿。

去風　去風清熱菊蔓荊，夏枯蒙花與穀精。殭蠶木賊川蜂蜜，蟲退蛇退石決明。菊花明目，亦清頭風。甘則為勝，苦則無功。蔓荊微寒，輕浮升散。濕症拘攣，風祛頭面。夏枯純陽，去熱散結。目珠夜疼，痒癆瘰癧。蒙花甘寒，入肝血分。赤脈青盲，腫消淚淨。穀精辛溫，入肝明目。退翳除雲，功高於菊。殭蠶辛溫，咽喉驚疳。行經散結，除風化痰。木賊微溫，升散火鬱。益膽助肝，退翳明目。蜂蜜解毒，合藥有功。生用清熱，(熱)〔熟〕用補中。蟬退甘寒，除風清熱。目翳可除，夜啼可尅。蛇退甘寒，目翳可攻。鎮驚定癇，辟惡除風。石決性平，風熱以清。內障外障，癆熱骨蒸。

除風　除風勝濕桑寄生，秦天松甲與鉤藤。萆苓蛇虎同全蠍，蒺藜甘松與威靈。桑寄益血，風濕可平。安胎下乳，健骨強筋。秦艽辛散，痺痛有功。營筋養血，去濕除風。天麻辛溫，疏風化痰。小兒驚癇，大人頭旋。茯神心木，松節名佳。筋骨疼痛，口眼喎斜。五甲辛溫，益筋強脚。筋骨拘攣，釀酒能却。鉤藤甘苦，去熱除風。大人眩暈，小兒瘛瘲。萆薢微苦，風濕可平。能療冷痺，兼治熱淋。土苓甘平，梅瘡有功。舒筋利骨，去濕除風。白花甘溫，入骨搜風。大瘋疥癩，癱瘓能攻。烏稍無毒，功同白花。眼枯是非，尾細為佳。虎骨微溫，拘攣可服。定痛辟邪，追風健骨。全蠍有毒，能治諸風。驚癇搐搦，喎斜耳聾。蒺藜明目，益精尤佳。風藥用刺，補藥用沙。甘松芳香，能理諸氣。上開脾鬱，下浴脚氣。靈仙性走，宣臟通經。痛風頑痺，無論久新。

化痰　療治風痰金礞石，半夏南星荊竹瀝。瓜蒂白芥與白礬，藜蘆牙皂及砒石。礞石重墜，其性微寒。平肝下氣，治驚化痰。半夏和胃，善治不眠。消癭散痞，止咳燥痰。南星味辛，治風散血。去濕除痰，拔腫攻積。荊瀝甘平，善走經絡。消渴熱痢，實痰妙藥。竹瀝甘寒，潤燥有功。消痰止渴，降火除風。瓜蒂吐藥，風熱痰涎。胸膈宿食，懊憹不眠。白芥辛溫，喘咳可啖。溫中開胃，利氣豁痰。白礬解毒，化痰燥濕。瘡症疼症，陰挺陰蝕。藜蘆性寒，其味微苦。風癇多用，入口即吐。牙皂性燥，善通關竅。風痰甚靈，喉痺尤妙。皂刺搜風，殺蟲清火。消散癰疽，直達病所。砒石熱毒，殺蟲燥痰。枯痔有準，截瘧何難。

益陰　益陰(狀)〔壯〕陽首淫羊，鹿茸枸杞與蛇床。杜續蓉菟楮實子，故

紙巴戟與瑣陽。　淫羊甘溫，肝腎命門。強筋健骨，陰產陽興。　鹿茸甘溫，益髓添精。助陽養血，健骨強筋。　枸杞味甘，補腎不足。生精助陽，去風明目。根退骨蒸，葉敷傷足。同生地、桃葉敷腫處。　蛇床辛溫，風癢惡瘡。去風除濕，益陰(狀)〔壯〕陽。　杜仲甘溫，固胎必用。大補腎虛，專療腰痛。

續斷苦溫，專補肝腎。崩帶遺精，腸風痢病。　蓯蓉入腎，兼補命門。陽興陰產，益髓添精。　菟絲甘平，滋補真陰。去風明目，助陽益精。　楮實助陽，益氣補虛。強筋(狀)〔壯〕骨，明目充肌。　故紙大溫，心包命門。君相火補，腰膝冷疼。(狀)〔壯〕陽縮便，腎瀉可平。五更瀉屬腎虛。　巴戟入腎，使以覆盆。去風除濕，強陰益精。　瑣陽甘溫，治痿滑腸。養筋潤燥，益陰壯陽。

溫中　溫中升陽首附子，二椒硫黃益智子。肉桂乾薑與良薑，蓽撥蘄艾吳萸子。　附子甘溫，大熱純陽。風寒發散，寒濕潛藏。引血血旺，引氣氣強。生用驅陰，熟用回陽。沉寒(錮)〔痼〕冷，惟此最良。　川椒辛熱，火補命門。殺蟲燥濕，心冷腹疼。　胡椒辛熱，善去胃寒。腹中冷痛，膈上寒痰。

硫黃補火，大腸疏利。脾胃虛寒，陰毒寒瀉。　益智辛熱，三焦命門。溫中縮便，固氣濇精。　肉桂大熱，氣厚純陽。沉寒(錮)〔痼〕冷，鎖陰益陽。抑木扶土，引火歸藏。肝腎血分，命火熾昌。　乾薑大熱，守中不移。(錮)〔痼〕冷獨妙，無陽甚宜。消痰定嘔，燥濕補脾。　良姜辛溫，胃(腕)〔脘〕冷痛。暖胃散寒，陳土炒用。　蓽撥辛熱，胃冷可平。能治疝痛，兼治牙疼。

艾葉純陽，吐止鬱開。殺蟲治痢，調經安胎。　吳萸大熱，下行有功。除痰去濕，下氣溫中。

瀉火　瀉火黃連首開先，黃芩黃栢與胡連。茵陳蘆薈山梔子，苦參龍膽與射干。　黃連苦寒，瀉火入心。解渴止痢，明目鎮驚。　黃芩苦寒，諸熱可却。養陰退陽，安胎解渴。　黃柏苦寒，堅腎潤燥。大熱可療，小閉立效。

胡連入心，潮熱煩渴。三焦妙劑，五疳良藥。　茵陳苦寒，入太陽經。能消濕熱，黃疸為君。　蘆薈苦寒，除煩有功。治疳明目，清熱殺蟲。　梔子苦寒，專涼心腎。火鬱可除，吐衄可定。　苦參大寒，疥癩可服。祛風殺蟲，止淚明目。　龍膽瀉火，入肝膽經。咽火喉痺，(努)〔胬〕肉赤睛。　射干苦寒，瀉火散血。專治咽喉，兼消痰結。

收濇　收濇訶子五味子，牡蠣龍骨五倍子。蓮鬚金櫻與烏梅，刺猬餘粮脂石匹。　訶子味酸，止瀉收脫。降火消痰，開音止渴。　五味性溫，斂肺滋腎。退熱生津，嗽寧喘定。　牡蠣化痰，止帶軟堅。瘰癧結核，虛勞熱煩。

龍骨止汗，定魄鎮驚。吐衄崩帶，脫肛遺精。　龍齒鎮心，其性收斂。大人癲狂，小兒驚癇。　五倍酸寒，化痰解毒。燥濕斂汗，降火明目。　蓮鬚甘溫，補腎清心。固精益血，遺濁帶崩。　金櫻入腎，脾肺三經。固精秘氣，夢遺滑精。　烏梅酸溫，瀉痢良藥。解毒除煩，生津止渴。　刺猬味苦，下血腸風。功專痔漏，脂滴耳聾。　餘粮性濇，血分重劑。固下催生，血崩久痢。　石脂甘溫，瀉痢可醫。調中固下，止血生肌。

行水　行水消脹大腹皮，防木山陸苦葶藶。苓瀉芫戟連珠遂，黑丑白檳及五皮。　腹皮味辛，下氣行水。泄肺和脾，洗用方美。去鴆鳥之毒。　防己消腫，風水要藥。濕熱下焦，功多在脚。　木通瀉火，濕熱下行。除煩止渴，耳聰目明。　常山苦寒，行水引吐。積飲老痰，諸瘧所主。　商陸瀉熱，塗痺療癰。水腫脹滿，戟遂功同。　葶藶苦辛，肺喘可平。下氣行水，利便通經。　猪苓利竅，開腠發治。治痰除煩，行水利便。　澤瀉止渴，火瀉腎經。濕熱既除，清氣乃升。　芫花苦溫，脹滿喘急。胸痛脇疼，水飲痰癖。　大戟苦寒，瀉水發汗。去積除癥，止滿利便。有病病當，用莫錯亂。　甘遂大寒，瀉水聖藥。腹大腫滿，用必的確。　黑丑性走，濕熱以痊。入氣利便，逐水消痰。　檳榔去脹，逐水除風。豁痰消食，利便殺蟲。

清熱　清熱瞿麥與元參，竹葉竹茹與海金。青蒿青黛膏滑石，菉豆犀羚與糞清。　瞿麥降火，破血通經。能去邪熱，故治濁淋。　元參入腎，火降浮游。除煩止渴，通便清喉。　竹葉甘寒，最能涼心。大渴引飲，中風失音。

竹茹甘寒，吐衄立效。涼血清熱，開鬱潤燥。　海金甘淡，火瀉膀胱。大熱利便，故治熱狂。　青蒿苦寒，不傷胃氣。癆熱骨蒸，並皆能治。　青黛微寒，解鬱清肝。下焦風熱，傷寒發班。　石膏辛淡，發汗解肌。頭疼口渴，班疹必需。　滑石利便，熱淋最良。上瀉心肺，下行膀胱。　菉豆甘寒，清熱解毒。煩渴煎湯，痘爛粉撲。袋貯撲之。　犀角解熱，火清心肝。辟邪解毒，風痰發班。　羚羊苦寒，火清肺肝。鎮驚定搐，解熱除煩。　人黃甘寒，疫症靈藥。無以糞清代之。　清痰清火，實熱可却。

消食　消食磨積首山查，巴麯麥芽與穀芽。萊菔制麪硇制肉，酒用枳椇與葛花。　山查破氣，不宜多啖。消食磨積，去瘀化痰。　巴豆辛熱，去臟

沉寒。生冷食積，霜丸立安。　神麯辛散，亦治目疾。開胃調中，化穀消食。

麥芽助胃，脾補腸寬。和中下氣，散結祛痰。　穀芽甘溫，健脾開胃。下氣和中，食消積潰。　萊菔辛甘，寬中化痰。生升熟降，止痢除煩。　硇砂味苦，辛熱有毒。消食破瘀，目翳（努）〔胬〕肉。　枳椇甘平，除煩止渴。滋潤五臟，解酒獨著。　葛性辛平，鼓舞胃氣。花治酒毒，根治血痢。

消毒　消毒殺蟲蒲公英，馬莧雷丸與使君。鷩鶴蜂楓並輕粉，蕪荑銀花與水銀。　公英通淋，熱腫並治。根療乳癰，汁塗狐刺。蟲遺毒樹上，人觸則腫，為狐刺。　馬莧酸寒，能治丹毒。祛風殺蟲，止痢解毒。　雷丸苦寒，入大腸經。殺蟲消積，可治應聲蟲。　使君甘溫，健脾殺蟲。五疳要藥，榧子同功。

木鱉利腸，追毒甚良。內症疳積，外科瘡瘍。　鶴虱辛苦，微有小毒。殺蟲除疳，去蚘在腹。　蜂房有毒，祛風殺蟲。小兒驚癇，附骨瘡癰。　大楓辛熱，刧毒殺蟲。瘡癬疥癩，是乃其功。　輕粉辛熱，善入經絡。殺蟲治瘡，瘛瘲良藥。　蕪荑辛溫，燥濕殺蟲。酒氣二鱉，惟此能功。　銀花解毒，清熱止燥。熬酒甚良，煎膏尤妙。內外諸瘡，服之奇效。　水銀味辛，功專殺蟲。瘡疥蟻虱，毒解銀銅。

補遺　前胡下氣，痰喘可療。散寒泄熱，火降痰清。　香薷辛散，獨宜中暑。火症便淋，大熱嘔吐。　花粉生津，火降痰驅。內症消渴，外症癰疽。

蒼耳性溫，祛風除濕。上通腦頂，下行足膝。　荸薺甘寒，清熱安中。開胃進食，去積殺蟲。　白附辛熱，去濕除風。下治陰癢，上治面風。　扁豆暖胃，通利三焦。渴止瀉止，暑消濕消。　草烏大熱，濕去風搜。薑汁炒用，不可輕投。　苡仁除濕，健脾益胃。抑木扶土，用之須倍。　貫仲苦寒，能解熱毒。煎膏殺蟲，浸水辟疫。　大茴辛熱，腎命丹田。理氣開胃，小茴之賢。　蓖麻有毒，能出諸刺。撚熏喉風，膏拔毒氣。　韭性辛溫，去瘀生新。汁治噎膈，子治白淫。尤補肝腎，更助命門。　白鮮性燥，通關利竅。瘡疥甚靈，風痺尤效。　寄奴苦溫，破血通經。止血定痛，下脹除癥。　牛蒡辛平，潤肺清熱。散結除風，清咽利膈。　紫草甘寒，涼血益氣。茸發痘瘡，亦治便（開）〔閉〕。　連翹瀉火，消腫排膿。血凝氣滯，止痛殺蟲。　茜草入血，能止能行。功專去滯，尤善通經。　青葙微寒，鎮肝明目。翳障青盲，散大忌服。　扁蓄通便，其味苦平。腹中蟲痛，陰中熱淋。　胡巴苦溫，腎命丹田。腎臟虛冷，引氣歸元。　地膚甘寒，大利膀胱。淋症熬酒，風癢煎湯。洗之即愈。　地榆沉寒，血熱可治。吐衄崩淋，腸風血痢。　楝子瀉熱，相火下行。疝氣用核，蟲痛用根。　海桐入血，去濕除風。腰疼可却，膝痛有功。

樟腦辛熱，關節能通。功堪除濕，性善殺蟲。　蕤仁甘溫，目疾甚良。消風去熱，益水生光。　芙蓉性滑，癰疽有功。散熱止痛，消腫排膿。　辛夷輕浮，通關利竅。主治鼻淵，上通頭腦。　杉木性溫，瘡毒可浴。根治班疹，亦疾病足。　仙芽辛熱，冷痺可醫。強筋和胃，（狀）〔壯〕陽補虛。　萎蕤補虛，去濕除風。少則不靈，多乃有功。　大薊小薊，血破氣行。腸癰吐衄，熱結血淋。　黃精甘平，心脾並治。益髓填精，補中益氣。　石斛甘淡，脾腎二經。風痺足弱，夢遺滑精。　牡丹微寒，涼血是主。破積退蒸，療癰止吐。

白微苦寒，涼血生血。能使經調，尤治血厥。　骨碎入腎，其根似薑。破血止血，故治折傷。　柿性甘平，濇腸潤肺。能治腸風，亦治反胃。　松香殺蟲，能治癘風。生肌定痛，去濕除風。　棕櫚瀉熱，固脫有功。黑能止血，崩漏腸風。　檀香辛溫，開胸利膈。消食理氣，辟邪去蠹。　降香生肌，金瘡巨擘。　木瓜和滯，利骨舒筋。濕熱瀉痢，霍亂轉筋。　梨甘微寒，潤肺涼心。生清肺熱，熟滋臟陰。熱渴痰火，起死回生。各食自收其效。　銅菉酸平，風弦爛眼。止血殺蟲，毒消瘡斂。　然銅止痛，專主折傷。接續筋骨，散瘀非常。　金能鎮心，亦治肝膽。定魄安魂，風熱驚癇。　鐵性味辛，鎮心所長。砂治水腫，落治癲狂。針砂丸、鐵落飲也。　鉛性甘寒，解熱拔毒。殺蟲墜痰，去瘀長肉。　蓬砂性涼，口瘡喉痺。止嗽生津，（努）〔胬〕肉目翳。磁石明目，補腎益精。誤吞針鐵，硝蜜同行。　花蕊化瘀，入肝血分。散血固佳，下胎尤迅。　甘石去翳，功專目疾。止血消腫，止爛除濕。　雄黃辛溫，殺毒祛風。蟲蛇瘡疥，用有奇功。　石灰辛溫，散血止血。定痛生肌，殺蟲瘕滅。　紫石性溫，心肝血分。血海虛寒，不孕能孕。　流水通便，逆水吐痰。甘瀾癆損，新汲解煩。　湯名百沸，陽氣生焉。陰陽引吐，霍亂可痊。

雞肉甘溫，補虛溫中。喎斜口眼，冠血有功。　烏骨屬水，補熱補虛。女則用雄，男則用雌。　雞子甘平，安臟鎮心。安胎益氣，止嗽清（因）〔咽〕。

內金甘平，能消水穀。反胃可醫，喉痺甚速。　月砂明目，亦治五疳。痘後生翳，服之立安。　蠶砂性燥，勝濕祛風。冷痺可却，爛弦有功。　夜砂辛寒，入肝血分。活血消積，目盲翳症。　鼠屎甘苦，頭尖為雄。膽汁明目，並治耳聾。勞復女復，活人有功。　鴨性甘涼，熱痢可醫。除蒸止嗽，滋陰

補虛。金石丹毒，熱血治之。乘熱飲下即愈。猪為水畜，內有五臟。以畜補人，以臟補臟。犬肉補虛，脾胃健勁。黄者補脾，黑者補腎。羊肉甘熱，補虛益氣。乳治蜘蛛，有人被蜘蛛所傷，百治不效。一道者命飲羊乳而愈。膽去目翳。黄牛甘溫，屬土之藥。治咳補脾，益氣止渴。牛乳味甘，補虛解熱。滋胃潤腸，反胃噎膈。白馬溺辛，殺蟲甚靈。其治反胃，驢溺同能。熊膽苦寒，平肝涼心。殺蟲明目，塗痔鎮驚。象皮壅腫，刀刺即合。善於生肌，或入膏藥。葱能解肌，安胎利便。折傷可醫，冷痛極驗。大蒜辛溫，開胃利竅。解毒固神，墊艾尤妙。芸薹辛溫，消腫散血。搗貼乳癰，丹毒更捷。冬瓜瀉熱，益脾利便。水腫消渴，明目子驗。絲瓜甘平，下乳甚速。除風化痰，涼血解毒。茄根散血，又能消腫。凍瘡可醫，風熱不壅。

刀豆甘平，止呃稱最。性能溫中，勝於柿蒂。胡麻補髓，骨健筋強。滋潤臟腑，嚼敷痘瘡。黑豆補腎，故能明目。散熱祛風，活血解毒。小豆利便，水腫有功。清熱解毒，消腫排膿。麻仁滑利，潤燥有功。腸風下血，大便不通。豆豉泄肺，懊憹可醫。除煩瀉熱，發汗解肌。粟殼酸濇，斂肺濇腸。久咳暴瀉，遺精脫肛。醋名苦酒，除風消食。和藥療癰，血暈薰鼻。粳米甘平，五臟兼滋。晨粥益胃，陳食健脾。糯米甘溫，自汗甚宜。堅大縮小，補肺和脾。稷味甘平，霍亂有功。煎湯飲。補脾利胃，益氣和中。蔗漿甘寒，反胃可啖。除熱潤燥，止渴消痰。鯽魚甘溫，其性屬土。和胃有功，行水無阻。鯉魚甘平，能下水氣。妊娠消腫，小便通利。鱧魚膽甘，善治喉痹。點入即瘥，使人不斃。鱔魚甘溫，風濕可去。血塗口喎，兼點痘翳。鰻魚甘平，即白鱔。能治骨蒸。傳尸要藥，起死回生。山甲除濕，瘡科有功。潰癰消腫，止痛排膿。海螵和血，去濕除風。風目流淚，聤耳出膿。蟹味甚鹹，除熱解結。血散經通，筋續骨接。蛤粉蛤蜊，殼煅為粉。除煩甚靈，止咳最敏。田螺味甘，清熱利濕。便閉可通，噤口思食。珍珠生肌，去翳亦靈。以水制火，定魄安魂。白蠟甘溫，止血生肌。續筋接骨，定痛補虛。外科要藥，血尿可愈。黄蠟解毒，胎漏可醫。同酒水煎飲。班蝥有毒，瘰癧可醫。內制犬毒，外蝕死肌。蜈蚣殺毒，能散能走。生塗蛇頭症，炙治撮口。蟾蜍解毒，疳症必需。酥治疔毒，惡瘡癰疽。人乳甘鹹，潤臟補血。老人便難，暴赤目疾。人白鹹平，降火散瘀。喉痺所重，牙疳必需。

清·佚名氏《錦囊藥性賦》卷一

鱉甲：【略】乃滋陰虛熱瘧，清勞熱骨蒸之藥也。主勞疫骨蒸，內熱勞傷，虛損不足，邪結寒熱。或瘧久截不止，或心腹癥瘕癖積。治婦人血閉淋瀝，或經脈不通痞脹，或五色漏下不止，或胎產瀝漿難生。是雖滋陰之劑，又兼有破血平氣之功，乃養正逐邪之神劑也。秋石：【略】乃滋腎水，養丹田，潤心肺，消痰渴，固元真之藥也。治男子真元失守，情慾妄泄，致病耳聾目盲，精神衰弱，咳逆痰涎，骨蒸勞熱等症。或嘔吐咯血而溺血便血，或虛熱虛火而午後乍發，或小便作疼而精滑淋瀝，或大便不通而腸胃積熱，或眼目生花而矇昧不明，或舌乾口燥而津液短少，或腰背無力而肢體酸疼，是皆腎虛不足之症，惟此秋石可以治之。大抵秋石由童便煉成，陽之精也，用治精虧之症宜矣。梨：【略】潤肺涼心，清痰降火之藥也。治積熱中風不語，解傷寒裹熱枯燥，煩喘不寧諸症。熱結二便不利，搗汁飲之，立驗。又治湯火傷，切片貼之，止痛不爛。【略】柿子：【略】潤心肺，養血臟之藥也。和胃健脾，治火炎土燥，血澁便難，產婦無乳。蒸熟和飯嚼喂兒，能充乳食，且善長養。又潤肺補心，治吐血咯血，嗽血咳血，及小便淋血，腸風瀉血，痔熱流血等症。大能益氣涼血，化痰寧嗽，止渴生津。大人虛勞，宜煎膏食之。入兒方中，可化乳水。入虛勞方，可代天麥二冬、生熟二地黄也。柿霜：【略】乃清上焦心肺熱之藥也。主生津止渴，化痰寧嗽，治咽喉口舌瘡痛，補五臟虛勞不足，消腹中宿血，清心熱咳嗽，止臟毒下血，濇中厚腸，解熱殺蟲，清心潤肺，健脾開胃，治吐血，療肺痿。夫柿屬金而有土，屬陰而有收意。其味甘氣平性濇，故有健脾濇腸，止血治嗽之功。益大腸者，肺之合而胃之子也。真正柿霜，乃其精液，入肺病上焦藥尤良。柿蒂：【略】治咳逆噦氣之藥也。欬逆者，氣自臍下衝脉直上至咽膈，作呃忒蹇逆之聲也。古方單用柿蒂煮汁飲之，取其降逆氣也。濟生柿蒂散，加丁香、生薑之辛熱，以開痰散鬱，蓋泛治之法。若病後虛人，又當益以人參。百藥煎：【略】乃清肺化痰，寧嗽解熱，生津止渴之藥也。其性酸鹹，故能斂肺刧嗽，清氣化痰，收(溫)〔濕〕消酒，止腸風下血，久痢脫肛，牙齒宣，面鼻疳蝕，口舌糜爛，風濕諸瘡，消暑而又烏鬚髮。考其功與五棓子不異，但經釀造，其體輕虛，其性浮收，且味帶餘甘，故治上焦心肺，欬嗽痰飲，熱渴諸病。噙化尤為相宜。白菜：【略】通利腸胃，除胸中煩熱之藥也。主解酒毒，消食下氣，除瘴，止熱氣嗽，和中，利大小便。其菜作葅食尤良，不宜蒸晒。若

氣虛胃冷人，不宜多食。仲景云：藥中有甘草，食白菜令病不除。梨：【略】能治風熱，潤肺涼心，清痰降火，解酒毒之藥也。去胸中痞塞熱結，解丹石熱氣驚邪。清熱嗽，止煩渴，吐風痰，治熱狂。止驚煩氣喘，利大小便難。又治客熱中風不語，傷寒裏熱枯燥。大抵今人痰病十居六七，梨之有益，亦不為少。而《別錄》止言其害，不著其功。蓋古人論病，多主風寒，用藥皆是桂附，故不知梨有治痰火之功也。若生之可清六腑之熱，蒸之可滋五臟之陰。生者多食，令人寒中萎困，金瘡、乳婦、血虛者，尤不可食。西瓜：【略】乃消煩解暑熱之藥也。主療喉痺，寬中下氣，利小水，治血痢，解酒毒。含汁治口瘡。西瓜性寒解熱，有天生白虎湯之號。然亦不宜多食。時珍曰：西瓜、甜瓜皆屬生冷，世俗以為醍醐灌頂，甘露洒心，取其一時之快，不知其傷脾助濕之害也。胡黃連：【略】治骨蒸勞熱之藥也。主小兒久痢成疳，驚癇寒熱。婦人胎蒸，五心煩熱，霍亂下痢，溫瘧咳嗽，三消五痔。益顏明目，補肝膽，厚腸胃，理腰腎，止陰汗，消菓子積。浸人乳，點目甚良。五穀蟲：【略】治五疳積熱之要藥也。夫小兒肚大筋青，面黃肢瘦，髮穗膚乾，身困神疲，飲食少進，小便色泔，時發潮熱，積聚痞塊，吐痢疳瘡，皆由脾胃受傷，血氣虛弱，不能運化消磨，又兼熱積臟腑，血脉枯燥，不能榮養灌溉，以致諸病生焉。蓋五穀蟲寒，能去熱，又能消積，專治諸疳。用之積消則脾胃自健，熱去則血脉自潤，脾胃健則肌肉充實，血脉潤則皮膚光澤，何患疳積之不愈哉。雞內金：【略】乃除熱去煩，止泄精尿血之藥也。主小兒食瘧疳積，療大人淋瀝反胃，止女子崩中帶下，腸風瀉血，小便頻遺，消酒積，止洩痢。又治喉閉乳娥，走馬牙疳。一切口瘡，研末敷之。核桃：【略】乃利三焦，通命門之藥也。主補氣養血，潤燥化痰，治虛寒喘嗽，溫肺潤腸。腰脚重痛，心腹疝痛，血痢腸風，澤肌膚，黑鬚髮，散毒，發痘瘡，制銅毒。若配補骨脂，同為補下焦腎命之藥。而補脂屬火，能使心包與命門之火相通；胡桃屬水，主潤血養血，血屬陰，陰惡燥，故用此以潤之。命門氣既與腎通，精血又不燥，則精血自然內充，飲食自健，肌膚光澤，腸腑潤而血脉通。此胡桃佐補藥，有令人肌健能食，潤肌黑髮，固精治燥，調血之功也。命門既通，則三焦利。上通於肺，而虛寒喘嗽者宜之；下通於腎，而腰脚虛痛者宜之。內而心腹諸痛可止，外而瘡腫諸毒可散。故古有云：黃柏無知母，補脂無胡桃，猶水母之無鰕也。所以二物並用有水火相生之妙。又油桃有毒，能傷人咽肺，而外科取之，是用其毒也。橘核：【略】。踈肝，散逆氣，治諸疝腫痛之藥也。主腎疰腰痛，膀胱氣痛，陰核腫痛氷硬等症。蓋橘核入厥陰，與青皮同功。故治腰痛㿉疝在下之病，不獨取象於核也。《和濟局方》治諸疝痛及㿉卵腫偏墜，或硬如石，或腫，或潰，有橘核丸用之有效。其葉氣味苦辛，氣溫，無毒，亦入厥陰肝經。故能導胸膈逆氣，止脚氣攻冲，消腫散毒。乳癰脇痛，用以行肝經之氣也。以上諸症，皆因血結、痰逆、火逆為患，搗汁飲之，取渣付貼，無不應手獲效。骨碎補：【略】能破血止血，為補折傷之要藥也。主治閃折筋骨，傷損骨，中毒气，風血疼痛，五勞六極，足手不收，上熱下冷，惡疾蝕爛。若研末，用猪腎夾煨，空心食之，又能治耳鳴及腎虛久泄，牙疼。再婦人血氣等症，總能治之。茜草根：【略】乃能活血，行血，止血之藥也。主治六極傷心肺，吐血瀉血，內崩下血，衂血尿血，撲損瘀血，產後血暈，月經不止，帶下泄精。又治骨節風痛，寒濕風痺，膀胱不足，踒跌蠱毒，黃疸諸症。取其能活血行血而通經脉也。震亨曰：俗人治痛風，用草藥取速效，如石綫為君，過山龍等佐之。皆性熱而燥，不能養陰，却能燥濕。病之淺者，濕痰得燥而開，瘀血得熱而行，故亦暫效。若病深而血少者，則愈劫愈虛，而病愈深矣。蟾蜍：【略】治小兒疳疾勞瘦之要藥也。凡面黃腹大，癥瘕結聚，冷熱疳瀉，鼠瘻惡瘡，癰疽諸毒，一切五疳八痢，腫毒脫肛，破傷風病，又能退虛熱，行濕氣，殺疳蟲，利水道，消腫脹。蓋蟾，土之精也。上應月魄而性靈異，穴土食蟲又伏山精，制蜈蚣，故能入陽明經，退虛熱，行濕氣，殺蟲，而為疳病癰疽諸要藥也。益智仁：【略】乃行陽退陰，補命門三焦氣分之藥也。主遺精虛漏，小便餘瀝，冷氣腹痛，夜多小水。又能益氣安神，補不足，利三焦，調諸氣，益脾胃，理元氣，補腎虛及心氣不足，夢洩赤濁，熱傷心系，吐血血崩。又古人進食藥中，多用益智，蓋土中益火也。蘆薈：【略】乃專於清熱殺蟲之藥也。主小兒諸疳積熱，癲癇驚風，熱風煩悶，胸膈間熱氣，明目鎮心，療五疳，殺三蟲及痔瘻瘡瘍。研末吹鼻，殺腦疳，除鼻痒，敷齒，治濕癬出黃汁。已上諸症，皆熱與蟲所生，故蘆薈悉能療之。

風濕之劑　羌活：【略】乃祛風逐濕，升陽發散之劑也。如頭痛目疼，發熱惡寒，腰膝強痛，四肢拘急，乃風寒之症也。或頭重目眩，四肢怠惰，不能屈伸，腰膝拘攣，難以俯仰，乃風濕之症也。以辛苦之劑，自能條達肢體，通暢血脉，攻徹邪氣。是故瘡症用之，發散驅風，排膿托毒；目痛用之，治羞

明隱澁，腫痛難開；風症用之，治痿痓癲癇，麻痺不仁，厥逆僵仆。又聞羌活之劑，其體輕而不重，其氣清而不濁，其味辛而能散，其性行而不止，故能上行於頭，下行於足，遍達肢體，以清氣分之邪，散風寒濕氣之神藥也，用者察之。又有血虛頭疼，遍身骨疼，因兼寒熱者，屬內虛者，誤用增劇。獨活：【略】乃善行血分，袪風行濕，散寒之藥也。凡病風之症，如頸項不能屈伸，腰膝不能俯仰，或痺痛難行，麻木不仁，皆風與寒之所致，暑與濕之所傷也。必用獨活之苦辛溫散，以活動氣血，袪散邪氣。故《本草》言能散脚氣，化奔豚，療疝瘕，消癰腫，清寒熱，止賊風百節攻痛，意在此矣。丹溪云：羌活、獨活，均能去風燥濕者也。然而表裏上下氣血之分，各有所長。羌活氣雄，入太陽，外行皮表而內連筋骨，氣分之藥也。獨活氣微，入太陰，內行經絡而下達足膝，血分之藥也。所以羌活有發散之功而解太陽，獨活僅可風濕寒痺之用而治少陰，其不同者如此。防風：【略】主諸風周身不遂，骨蒸痠痛，四肢攣急，痿痺癇痓等症。又散寒邪，治傷寒頭痛，發熱無汗，利肺氣，除濕熱，消腫毒，袪瘡痍，治風之通用藥也。與芎、芷上行治頭目之風，與羌、獨下行治腰膝之風。與當歸治血風，與白朮治脾風。與蘇、麻治寒風，與芩、連治熱風，與荊、栢治腸風，與乳、桂治痛風。又大人中風，小兒驚風，大凡風症，防風盡能去之。然無引經之藥，亦不能獨行者也。薄荷：【略】乃辛涼發散，清上焦風熱之神藥也。主傷風咳嗽，熱壅痰盛，目風珠赤，隱澁腫痛，賊風關節不利，頭風頭皮作疼，驚風壯熱搐搦，喉風咽痛等症，並皆治之。荊芥：【略】乃輕清之劑，散風清血之藥也。主傷風肺氣不清，頭風棹搖眩暈，血風產後昏迷，痰風卒時仆厥，驚風手足搐搦，目風眼瘴流淚，濕風黃疸悶滿，熱風瘡瘍痛癢，疥癬疙瘩，麻痺不仁之類。凡一切風毒之症，惟荊芥之輕揚，可以袪也。若夫腸風便血，崩中淋血，吐衄暴血，小腸溺血，一切失血之症，惟荊芥之炒黑，亦可以清之也。大抵此劑，辛溫可以散風，苦溫可以清血，為血中風藥。與防風共劑，治風最善。藁本：【略】乃升陽而發散風濕，上通巔頂，下達腸胃之藥也。凡頭風頭痛，大寒犯腦及連齒痛，惟此劑能清上焦之邪，辟霧露之氣。又治婦人陰中腫痛，腹中急疾，疝瘕淋瀝等症，惟此藥能利下焦之濕，消陰瘴之氣。大抵此劑，辛溫發散，升陽上行，袪風寒濕氣於太陽之經為耑功，若利下焦寒濕，必兼下行之藥。細辛：【略】乃散風寒，開關竅之藥也。主頭風腦痛，目風流淚，濕風痺痛，百節拘攣。開肺氣，通鼻塞，治口臭，療牙疼，消死肌，破結氣，溫中氣，利九竅也。但驅風逐冷，破氣除寒，雖為至捷。然而，開臟腑之寒，非佐薑桂不能開；破諸積之冷，非佐薑附不能破；除少陰頭痛，非佐獨活不能除；療諸經之風，非佐荊防不能療。又曰：佐以芩、連、荊、防，治風熱齒痛。或曰：細辛乃升陽辛熱之劑，用之以治風熱齒痛，寧不招風而助火乎？但風熱齒痛，散之則愈。細辛之熱，長於發散開竅，佐以芩連之類，夫何助火之有而齒痛不愈哉。白芷：【略】上行頭目，下抵腸胃，中達肢體，遍通肌膚，以至毛竅，而利泄邪氣，寒以之發散，風以之驅風，濕以之燥濕。是故頭痛目眩，四肢麻痺，肌膚不潤，或痛或癢，或瘡潰，膿濕不乾，浸淫糜爛，或兩目作瘴昏澁，痛癢無常，血閉陰腫漏帶，痘瘡行漿作癢，白芷皆可治之。得紫蘇、麻黃，可以解表而外泄風寒；得防風、荊芥可以驅風而散達皮膚；得藁本、川芎，可以上行頭目；得天麻、殭蠶可以追逐面風；得山梔、黃芩，可以清風熱於肌表；得獨活、蒼朮，可以散風濕於四肢；得黃芩、黃連，可以清濕熱於腸胃；得羌活、獨活，可以除痛癢於一身。至若陽明引經，無升麻、甘葛不能行；腸風泄瀉，無防風、白芷不能止。是皆白芷之功也，可不察歟。蒼朮：【略】乃健脾燥濕之藥也。蓋脾喜燥而惡濕，喜利而惡滯，喜溫而惡寒，蒼朮大辛溫之劑，能行氣而燥濕者也。故《本草》主健脾胃，療泄瀉，消宿食，行滯氣，清寒濕，辟瘴氣，散寒溫中之聖藥也。若風雨山蒸，瘴露濕氣，或頭重目眩，肚腹脹滿，或四肢困倦，腰疼重墜，或陰疝虛浮脹痛，或脚膝痺腫不仁，是皆濕氣之所為也，惟蒼朮可以治之。又如瓜菓魚腥，有傷脾胃，或腹痛泄瀉，脹滿痞塞，或霍亂吐利，積聚不清，是皆積濕停寒之症也，惟蒼朮可以理之。如欲補脾，必用白朮；如欲清濕，必用蒼朮。白附子：【略】乃袪風化痰，解風毒之藥也。主頭面風邪，口眼喎斜，中風痰壅，口禁失音，小兒驚風搐搦。善治面上風行百病。如血虛生風，當禁用之。漢防己：【略】善治下焦，自腰以下至足之濕熱，為必用之藥也。主腿足腫痛，腰膝重墜，脚氣寒熱，痛癢瘡疥，皆火與濕之所致，並皆治之。又木防己主中風，口眼喎斜，四肢攣急，為風家之劑。龍膽草：【略】主清肝膽，除目脹，去胬肉，利濕熱，退黃疸，療疳疾，消濕腫，利小便，化赤濁之藥也。嘗治上焦之症，以酒洗之；下焦之症，惟生用之。又佐柴胡而治目，佐黃栢而治脚，佐茵陳而治疸，佐苦參、荊芥而治痛癢諸瘡。能清濕熱，瀉肝火，有徹上徹下之妙也。但空腹勿餌，令

人溺之不禁。　甘菊花：【略】乃祛風清熱，養血明目之藥也。主頭風頭痛，或眩或暈，清目睛澁障，畏風羞明，或癢或疼，或腫脹難開，或淚流不止。又同龍膽、柴胡，治肝熱有餘而目赤脹痛；　同牛膝、地黃、枸杞，補腎陰不足而昏暗不明。風症目疾，解疔腫，去濕痺，散遊風丹毒，為必用之劑。　天麻：【略】乃祛風化痰，利週身，舒筋脈，止眩運之藥也。主頭風頭痛，眼黑虛旋，散諸風濕痺，肢節麻疼，大人顛癇痰痓，小兒搐搦驚風。大抵此劑，祛一切中風風痰，開九竅，通血脈，去肢滿，舒利週身經絡之神劑也。《衍義》云：凡用天麻，須將別藥相佐使，然後見功有效，仍復多用為宜。　萆薢：【略】乃利水清濕，驅風活血之藥也。主腎經濕滯腰痛，四肢風緩痺疼，骨節拘攣，脚氣濕腫，痛墜難履。或腸風臟毒，白濁白帶，精滑淋漓，或週身惡瘡，及一切風濕穢毒留滯之症，並皆治之。　威靈仙：【略】主風濕冷氣痰飲，通行十二經絡之藥也。治中風不語，手足頑痺，口眼喎斜，大風皮膚痛癢，腰膝冷痛，胻髁骨節酸疼，頭風眩暈，腦漏流涕，胃痛膈氣，膀胱宿水，脚氣痔痢，瘰癧痃癖，月閉氣血衝心，產後惡露不行，癲癇狂風，小兒胎風等症。大抵此劑，宣通五臟，通利腰膝，為諸風冷痛之必用。但其性走而不守，若多服傷人真氣，虛者禁之。　皂角刺：【略】攻諸般癰腫惡毒，治腸肚內發疽瘍。凡癰疽未破者能引之以開竅，已破者能引之以行膿，領諸藥直至毒處而踈散之。又厲風藥中之必用藥也。　金銀花：【略】解諸毒癰瘡，為四肢引用藥也。驅風除濕，散熱療痺，消癰止痢。凡病風濕火邪，筋脉受患者，未成可散，有解毒之功，已成即潰，有回生之力。此乃瘡瘍科始終表裏虛實之要劑也。　秦艽：【略】乃清熱去濕，驅風利水，養血榮筋之藥也。主頭風頭痛，眩暈虛旋，散風寒濕氣，痿蹇頑痺，肢節疼痛。又五疸濕熱，遍體發黃，或腸風臟毒，痔漏便紅，白帶等症，皆能治之。此乃辛溫之劑，為風寒濕之神藥也。又能清胃熱，去日晡潮熱，虛勞發熱，所以《聖惠方》用以治急勞煩熱，身體酸疼，及小兒骨蒸潮熱，減食瘦弱等症，取其能(厷)〔去〕陽明之濕熱。若陽明有濕，則身體酸疼煩熱，有熱則日晡潮热骨蒸，用秦艽，取其去陽明之濕熱也。五加皮：【略】乃活血祛風，舒筋定疝，治四肢痺痛之藥也。主四肢拘攣，腰膝疼痛；　或痺風脚氣，腫痛難履；　或小腹疝氣，睪丸挺脹；　或男子陰痿囊濕，小便餘瀝，或婦人血室不調，瘀留脹痛。凡一切下部風寒，濕熱結聚不散等症，並皆治之。入羌、獨，則能散風清濕；　入芎、歸，則能行血和血；入牛膝、杜仲，則能健力腰腎。同青皮、芍藥，則能瀉肝；　同地黃、枸杞，則能補腎。雖為風濕痛家之劑，隨所引用之則補瀉兩全。　萎蕤：【略】乃去風濕，益筋脈，補虛羸之藥也。主中風暴熱，四肢拘攣，或風溫自汗，身重語難，或頭風淫目，淚流皆爛，或氣血虛弱，筋骨痿軟。又主男子濕注腰痛及女人帶下白淫，是皆風濕等症，皆能治之。又能治虛勞發熱，痁瘧寒熱，脾胃虧損，虛弱羸瘦，小便頻數，夢泄失精，及一切不足之症。用代參、耆，不寒不燥，大有殊功，不止于去風濕熱毒而已。若虛弱人而受風濕之患，為必用之劑。　槐花：【略】乃涼熱血，清大腸之藥也。主腸風泄血，痔瘘瀝血，赤痢毒血，小便尿血，崩淋下血，及吐咯嘔血，或鼻齒耳舌衄血，皮膚風熱，赤眼腫脹。凡諸燥火動血為患，悉宜用之。其苦寒之性，可以涼血故也。《本草》又謂安蛔蟲。蓋蛔之性，得甘則動，得苦則安。用槐花之苦，則蛔乃自安耳。要知黃栢安蛔，亦是此意。設或有胃寒而蛔動者，或傷寒厥陰吐蛔，二藥皆不可用。　鈎藤：【略】祛風化痰，定驚癇，安客忤，攻痘瘄之藥也。主小兒寒熱驚癇，手足瘈瘲，胎風客忤，口眼牽搦，天吊急疾，內釣腹痛，能發癍疹。幼科十二種驚風之症，用此通心胞、肝、膽三經，使風靜火息，則諸症自除矣，為必用藥也。　蟬退：【略】乃祛肝經風熱，解風毒之藥也。專治小兒驚癇夜啼，壯熱風搐，或天吊口噤。托痘瘄隱納不透，功必倍之。兼治頭風目眩，翳膜昏脹，去皮膚風熱，肉上蟻行。一切風毒之症，用之甚驗。　蒼耳實：【略】乃通巔頂，祛風濕，解瘡毒之藥也。益氣脈，補虛弱，散頭腦諸風，療鼻塞腦漏，或血眩頭暈，目痛腫障。主四肢風濕，攣急痺痛，散疥癬瘡疹，黃水浸淫，或疔毒惡腫，痔漏膿血，並皆治之。　白殭蠶：【略】乃驅風痰，解風毒，散瘡腫之藥也。主大人中風，口閉失音，痰涎迷塞，人事不清。理小兒驚癇搐搦，恍惚夜啼。或喉痺腫塞，水穀不通，或頭風齒痛，腮頰硬脹，或諸風遍行，皮膚痛癢，斑沙疙瘩，或痘瘡起發不透，或麻疹隱納不紅，或痰痞癥塊，惡毒疔腫，功在驅風解毒。凡血氣風毒，濁逆結滯不清之症，用之無不立驗。　全蝎：【略】乃攻風痰，解毒氣之藥也。主小兒驚風搐搦，痰涎壅盛，或牛馬猪羊雞五般癇症。驅大人中風，口眼喎斜；　或頭風眩痛，耳鳴耳聾；　或便毒魚口，風毒癰瘍，遍身風癩等症。　穿山甲：【略】乃去風痰，攻毒推膿，直穿經絡，入達榮分之藥也。主發背疔腫，乳癰便毒，腸肚內發一切癰疽瘍毒等症。形勢已成，膿潰未出，用山甲之穿利，以透膿解毒，定痛消腫，則無

內陷之患矣。又能散諸風，肢節不利，頸項足膝酸痛，筋骨臂脇攻疼，久瘧寒熱無時，延月不愈，婦人乳汁不行，乳房腫痛。蓋此藥亦為追風之玅劑也。

蟾酥：【略】乃療疳積，消臟脹，攻毒解疔之藥也。善解疔腫惡毒，出無頭極痛之隱瘡。散蟲蝕牙疼，有攻毒拔毒之功。去小兒癥瘕之疳積。此劑氣味辛熱至捷，亦不宜多用。　桑寄生：【略】乃益血脈，養筋骨，安胎娠，療痺痛之藥也。治外科，散瘡瘍，追風濕，却腰背強痛之疾；治女科，安胎孕，下乳汁，止崩中漏血之疴。又健筋骨而充肌膚，去頑痰而益血脈之神劑也。蜈蚣：【略】治小兒驚癇風搐，臍風口噤之藥也。能驅風攻毒，如風痰風毒，若瘰癧便癰，小兒驚癇痰厥，臍風口噤等症，咸需用之。治心腹惡血積聚，血瘕血癖，寒熱面黃，又能逐瘀血也。已上惟風氣暴烈，血瘀血毒為患者，可以當之。如血虛生風，血熱成毒，宜斟酌投之。　羚羊角：【略】安神志，治驚惕，却鬼魅，除不祥之藥也。治肝虛內熱，驚惕夢魘，狂怒搐搦，大人中風，小兒驚風，傷寒呰氣，濕風注毒，留在肌膚，邪熱厥氣，伏在骨髓，心驚狂動，煩亂不寧，譫語無倫，人情顛倒，悉屬厥陰風木為眚，投此即定，有以類相感之效也。　蛇蛻：【略】散風毒，解癰瘍，開喉痺之藥也。專治風動為病，主小兒百二十種風邪，驚癇癲疾，四肢瘈瘲，搖頭弄舌，寒熱等症，皆是厥陰肝經為患也。治大人喉痺不通，小兒重舌重齶，目翳眵障，疔腫癰毒，亦取此屬風性竄，攻而善散，蛻而善解之義。　晚蠶沙：【略】祛風暖血之藥也。治緩風，皮膚麻木，手足不隨，腰脚痿軟，及婦人血閉不通，癥結腹痛，以此浸酒飲極效。又治頭風頭痛，爛弦風眼，用此能去風除濕也。　決明子：【略】乃祛風散熱，清肝明目止淚之藥也。除肝熱尤佳，和肝氣，收目淚，止目疼，主目疾，去赤翳白障，治頭風頭痛，兼敺蛇毒可解。　蔓荊子：【略】乃散風清熱之藥也。主頭風頭痛，頭重腦鳴，赤眼睛痛，散風邪，止目淚。治賊風關節攻痛，筋骨間寒熱，濕痺拘攣，明目堅齒，涼諸經血，搜肝經風。然此劑氣清味辛，體輕而浮，上行而散，故能治頭面風虛等症。

清・佚名氏《錦囊藥性賦》卷二　行血之劑　桃仁：【略】乃能行血活血，為血分之行劑也。血之閉者，可以開之；血之聚者，可以散之；血之實者，可以破之；血之瘀者，可以行之；血之積者，可以除之；血之燥者，可以潤之；血之結者，可以通之；血之滯者，可以泄之；血之損者，可以和之。或產婦惡露留心；或跌打傷損，心腹瘀滯；或傷寒太陽隨經，瘀熱在裏，血蓄成狂；或風暑不調，飲食停結，寒熱為瘧；或經行未盡，偶感寒熱邪氣，熱入血室，譫語見鬼者，皆從肝經受病。肝為藏血之臟，此藥苦能泄滯血，辛能散結血，甘溫能通行週身血絡。凡欲治血之有餘，用此立通，不可缺也。又曰：桃仁能治燥，因性潤而可以治燥也；桃仁能潤腸，因味厚而可以潤腸；桃仁能殺蟲，因破血而可以殺蟲也。故凡經閉不通，由於血枯，非血滯也。產後腹痛，由於血虛，非留血結塊也。大便不通，由於津液不足，非血燥閉結也，忌用之。【略】　紅花：【略】能破血行血，和血調血之藥也。主產後百病，因血為患；或血煩血暈，神昏不語；或惡露搶心，臍腹絞痛；或胞衣不下，子死腹中；或瀝漿難生，而蹊蹺不下，是皆產後等症，非紅花不能破血行血以治之也。又若經閉不通而寒熱交作，或月水不調而過期紫黑，或跌蹼損傷而氣血瘀積，或瘡毒腫脹而潰痛不安，或老人、虛人脾結而大便不行，是皆血氣不和之症，非紅花不能調血以治之也。大抵此劑得稜、朮則能破血而行血，得地榆則能斂血而生血，得薑、桂則能行血而散血，乃血家之要藥也。　蘇木：【略】乃破血之捷藥也。主婦人血氣不和，心腹攻痛，或產後血暈而惡露搶心，或月候不調而經水失斷，或瘡毒排膿而疼痛不止，或損撲瘀血而積滯腫脹，是皆血閉之症，非蘇木，不能破血而活瘀血以調治也。行瘀逐滯，每稱捷藥，此為血中損劑。非若紅花破血而和血也，非若歸鬚破血而養血也。若蒲黃破血而止血，若赤芍破血而又生血，若乳沒破血而調血也。凡用此者，必須血實之症，方可與之。苟或妄用不察，必有破而不覆之患矣。　五靈脂：【略】散血行瘀，止痛化積，為女科產後百症之要藥也。主女子氣鬱血閉，經水不行，產後瘀血停滯，兒枕作痛，惡露上攻，產婦血暈不止。又治婦人心腹攻痛，經行作痛，血氣刺痛，心腹冷痛。小兒五疳積聚，大人血痢腸風，此通利氣脉之神劑也。以之治血，則可行可止，不損血氣，于女科尤為要劑。如病屬血虛無瘀滯者，當忌用也。　蒲黃【略】乃血分行止之藥也。主諸家失血，若吐血衄血，溺血便血，崩漏下血，腸風瀉血，腫毒出血，惟蒲黃可以治之。大抵蒲黃能清膀胱之源，利小腸之氣。如血之上者，可以清之；血之下者，可以利之；血之積者，可以行之；血之行者，可以止之。凡藥之可止也，不可行；可行也，不可止。今蒲黃行止之兼全者，其生則行血而兼消，炒則味澁固血而且止也。　玄胡索：【略】能破血通經絡，乃行血中氣滯、氣中血滯之要藥也。主產後諸病，因血所為；或

積聚而停結；　或蘊蓄而積滯；　或脹或滿；　或瘕或痛；　或月水不調，腹中結塊；　或崩中淋瀝，漏下不止，或惡露上攻，惡心眩暈：　是皆婦人血分之病，用此劑治之。又於男子可治之症，心氣痛，小腹痛，暴腰痛，疝瘕痛，此亦血分之痛也，俱可用之。行血當以酒製，止血醋製，破血生用，調血炒用可也。苟非血滯之症，用之無益。　牡丹皮：【略】乃清心，養腎，和肝，益胞絡，并治四經血分伏火，為血中之氣藥也。治一切冷熱血氣，女子經脈不通及產後惡血不止，大人衄血吐血，瘀血積血，崩漏淋血，跌蹼損血，並皆可治。蓋緣此藥其氣香，香可以通氣而行血也；　其味苦，苦可以止血而下氣也；　其性涼，涼可以養血而生血也；　其味辛，辛可以推陳而致新也。吾按用治之法，同梔、栢而治陰中之火，同歸、芎而治產後諸疾，同芩、連而涼血止血，同稜、术而破血行血，同柴、苓而治無汗骨蒸，同知、貝而治驚癇鬱熱，同官桂而排膿治痛，同紅花而調經順脈。此為血中氣藥，調氣則血自和，養血則氣自安也。　赤芍藥：【略】乃瀉肝火，破積血，平癰毒，散瘡瘍之要藥也。是故目痛赤腫，血脉纏睛，非(芍赤)〔赤芍〕之酸寒不能清肝而去火；　腫潰癰癢，非赤芍之苦寒不能解毒而和榮。設若婦人癥堅腹痛，月經阻滯，赤芍可以通經脈而破結也；　下痢紫血，瘀積不清，赤芍可以消蘊蓄而清腸胃也。大抵善為破血涼血，所以目痛瘡瘍為必用之劑。　益母草：【略】能行血養血之藥也。吾見婦人臨產之時，氣有不順而迫血妄行，或逆於上，或崩於下，或橫生不順，或子死腹中，或胎衣不下，或惡露凌心，或血脹血暈，或瀝漿難生，或為嘔逆惡心，或為煩悶頭眩，是皆臨產危急之症，惟益母草善能治之。又瘡腫科以之消諸毒，及疔腫癰疽，以其能行血養血而解毒也。眼科用之明目益睛，及头風眼痛，亦以和血養血而去風也。大抵此劑，行血而不傷新血，是以治血之功大；　養血而不滯瘀血，是以和血之功多。　誠爲血家之聖藥也。臨產當以童便酒煎。　丹参：【略】乃去滯生新，調經順脈之藥也。主吐衄崩帶，淋血之症。或衝任不和而胎動不安，產後失調而血室乖戾，或瘀血壅滯而百節攻疼，或經閉不通而小腹作痛，或肝氣鬱結而寒熱無時，或癥瘕積聚而脹滿痞塞，或疝氣攻冲而止作無常，或脚氣痿痺而腫痛難履，或心腹留氣而腸鳴幽幽，或血脈外障而兩眼赤腫，是皆血滯為患，丹參悉能治之。如婦人諸病，不論胎前產後，可以常用。　澤蘭：【略】乃活血利氣，通關節，消水腫之藥也。善理產後宿血，積血胸腹脹痛，或吐衄淋帶，愈而復來，或撲損瘀血，肢節久疼，凡血脉留滯等症。澤蘭乃辛苦溫平，芳香馥郁之劑，可以利氣行血，開鬱消腫，推陳致新，不傷元氣。蓋脾喜芳香，肝宜辛散，脾舒則三焦通利而正氣和肝，鬱散則營衛流行而病可解。蘭草走氣分，故能利水道，除痃癖，殺蠱辟惡而為消渴主劑。澤蘭走血分，故能治水腫，塗癰毒，破瘀血，消癥瘕而為婦人要藥。古人雖云一類，而功用稍殊。　京三稜：【略】乃破血通經，為氣中血藥也。蓋血隨氣行，氣聚而血不流，則生氣結之患，惟三稜辛苦之劑，能破血中之氣。若積若癧，若結核，若癥瘕痞塊滯於關格，致令心腹攻痛，上下無時，非破血之藥不能去。或帶或淋，或癃閉，或便澁蘊蓄下焦，致使痛引小腹，急疾不利，非破血之藥不能通。大抵此劑，開結而至烈，破滯而不辭，有斬關奪將之功者也。元虛之人，還宜忌之。雖用炮製，亦不免大傷元氣，非氣盛血實之人，不可輕用。　蓬莪术：【略】乃破血耗氣，為血中氣藥也。主霍亂冷氣，心腹攻痛，積聚痞塊，每發無時。又破痃癖，化奔豚，通月水，消瘀血，開結氣，治血中之氣也。此劑猛勵，虛人禁用。　大黃：【略】能蕩滌腸胃，通利秘結，攻鑿積聚，破散瘀血，催逐留飲，并消宿痰宿食之藥也。蓋其用法，如傷寒溫熱，裏實蘊熱之症，大便燥而不行，必用沉寒之劑，非此不能疏也。癰腫初發，毒熱逆於腠理，必須苦寒之藥，非此不能散也。凡氣實之人，氣常有餘，或因怒激，氣閉於中，或因鬱結，聚而不散，致令中氣悶而大便結，與枳桔二陳之劑，少加酒蒸大黃，妙不可述。又有飲酒大甚，其脉大而有力，或弦洪長大，亦令中氣滿而大便閉，與芩連二陳之劑，量加火煨大黃，妙亦難窮。或有跌蹼損傷，瘀血閉而不行，用桃仁紅花之劑，加以酒洗大黃可也。又有陽明胃火，涎痰壅盛，喉閉乳蛾，腮頰腫痛及連口齒，用清痰石膏之劑，亦加生大黃可也。若夫產後去血過多，血虛秘而不行，當用養血潤腸之劑，必戒大黃為要。且如老人虛秘，當用麻仁丸，虛人痰秘，當用半硫丸，大黃亦不可加。若光明科以之治目，在初發時以瀉火。瘡腫科以之散熱援毒，在紅腫時而解毒也。治者不可畏此劑而不用，亦不可忽之而輕用。大抵功效之速，殺人亦速。若元虛不足，必不可用，恐下氣虛而亡陰也。脈勢無力亦不可用，恐大便行而不止也。風寒表症未解不可用，恐陰與陽爭而變症也。傷寒當下，脉勢無力不可用，恐陰盛則斃也。故陽症悞用，則下之早而為結胸；　陰症悞用，則下之早而痞氣。謹之。　乳香：【略】主調諸氣，療諸瘡，止疼痛，軟筋骨，利寒濕，散風腫之要藥也。大抵乳香之劑，

與諸香用，能驅邪辟惡；與歸、芎用，調血推生。並羌、獨、防風，散風濕於血滯；並歸、芍、芷草，排膿潰而生肌益血。痛瘍科治不可缺。沒藥：【略】破血行瘀，化積聚，止腹痛，善走血分之藥也。主破血止痛。凡跌撲損傷及閃肭瘀血，產後惡血，宿垢不行，或金瘡杖瘡，腫毒諸瘡，或腸癰內疽，腹中疼痛，或無名腫毒等症，皆以酒投飲之。若夫失血，行血之劑用治尤妙。

鬱金：【略】乃清氣化痰，消血鬱之藥也。其性輕揚，能散鬱滯，順逆氣，達巔頂，行下焦，為心、肺、肝、胃，氣血火痰鬱遏不行，胸胃膈痛，兩脇脹滿，肚腹攻痛，飲食不思。又治經脈逆行，宿血結聚，吐血衄血，溺血淋血之症也。

薑黃：【略】乃破血氣，利筋脈之藥也。主產後惡血攻心，或經閉蓄積，或蹼損閃肭，或瘀血作痛。凡一切瘀血留滯之症，非薑黃不能通也。苦楝根皮：【略】乃止心腹痛及疝氣痛之要藥也。又能殺諸蟲，消積聚，治熱狂，利小便，導小腸膀胱之熱，因其引心包相火下行也。烏賊魚骨：【略】散血瘕，通血閉，止赤白漏下之藥也。主血枯血瘕，經閉崩帶，下痢疳疾，乃厥陰本病也；寒熱瘧痢，陰中痛，疝瘕痛，乃厥陰經病也；目熱流淚，翳障攀睛，乃厥陰竅病也。厥陰屬肝，肝藏血，故諸血病皆宜用之。又治老人痰閉哮喘，呼吸不寧；婦人房事違理，(水)〔小〕戶腫痛。同雞子黃塗小兒重舌鵝口。研末傅走馬牙疳，併搽痘瘡濕爛不收。同蒲黃末傅舌腫血出如泉。同槐花末吹鼻，止衄血；同銀硃吹鼻，治喉痺；同白礬末吹鼻，治蝎螫疼痛。同麝香吹耳，治聤耳有膿水及耳聾。如痰與氣傷之症，風濕膿血為病，皆宜用之。專治有餘不足之症。有餘者，血滯；不足者，肝傷也。正與《素問》相合。入藥，煮去鹹味用。藕：【略】涼血散血，清熱解暑之藥也。治熱渴煩悶，產後瘀血，霍亂水泄，此屬熱邪為患，皆心脾血分之疾。然生更消酒食，能開胸胃。蜜蒸炙，下而補五藏。藕節：【略】消瘀血，止血妄行之藥也。治咳唾嘔血吐血及便溺淋血崩血，產後血悶腹脹，搗汁，和熱童便飲之有效。入四生飲、調榮湯中，亦行止互通之妙用也。三七：【略】乃止血散血，治一切血症之藥也。或吐血衄血，腸風下血，赤痢純血，或婦人經水不止，崩中漏血，或金瘡折傷，跌仆杖瘡，血出不止，或產後惡血不下，血暈血痛，或赤目癰腫，或虎咬蛇傷，以上諸症用此，可以止血而定痛，其效甚捷。

地榆：【略】乃除下焦血熱，止血止痛之藥也。主吐血衄血，腸風下血，熱痢純血，金瘡出血，崩漏淋血，諸瘡膿血，胎產諸般血疾，月經不止等症。又婦人乳產，痓痛七傷，帶下五漏，諸瘡疼痛，悉能療之。但此劑其性沉寒，專除下焦熱，治大小便血症，若熱血痢則可用。虛寒人及水瀉白痢，即未可輕使。如止血，取上截切片炒用。其稍則能行血，不可不知。紫草：【略】乃涼血活血，為斑疹痘毒之藥也。《本草》主心腹邪氣五疸，利九竅，通大腸。凡痘疹欲出未出，血熱毒盛，大便閉澁者宜用之。已出而紫黑便閉者，亦可用。若已出而紅活及白陷而大便利者，切宜忌之。故《直指方》云：紫草治痘，能導大便，使發出亦輕。得木香、白术佐之，尤為有益。又《活幼心書》云：紫草性寒，小兒脾氣實者猶可用，脾氣虛者，反能作瀉。古方惟用茸，取其初得陽氣，以類觸類，所以用發痘瘡。今人不達此理，一概用之，非矣。

補血之劑　當歸：【略】乃生血養血，止血活血之劑也。若吐血血衄，溺血便血，或經漏失血，或產崩損血，皆血虧也，必用歸頭以補之。如陰虛不足，精神困倦，或驚悸怔忡，健忘恍惚，皆血少也，必用歸身以養之。如瘡瘍目痛，癰疽腫毒，或跌撲損傷，經閉淋瀝，皆血聚也，必用歸鬚以破之。《本草》云：根升稍降，此之謂歟。又聞歸芍同用，可以養血而斂血；歸芎同用，可以養血而行血；歸耆同用，可以養血而補血；歸术同用，可以養血而生血。或者用之涼血，非配生地芩連不能涼；用之破血，非配稜术薑桂不能破；用之止血，非配地榆烏梅不能止；用之清血，非配蒲黃山梔不能清。此不易之良法也。若夫風寒之症不可用，恐滯寒邪；氣鬱之症不可用，恐滯氣不行。脾胃不和而脹滿泄瀉不可用，恐質潤性補，反閉氣而助滑。治者細詳。川芎：【略】乃上行頭目，下經調水，中開鬱結，血中氣藥也。蓋聞川芎嘗為當歸使，非茀治血有功而治氣亦神驗也。凡散風寒，破癥結，通宿垢，養新血，排膿毒，消瘀血，除脇痛，調經水，清寒濕，溫中氣，利頭目，調胎前，益產後，並宜用之。若目痛赤腫，睛散榮熱，非此莫療；痛癢瘡瘍，癰疽寒熱，非此莫和；疎通經絡，開達心孔，非此莫行。芎歸同用，可以養心血而通瘀血；芎芷同用，可以行頭目耳鼻之經絡；芎蘇同用，可以散初起之風寒；芎耆同用，可以治諸瘡排膿毒而托裏；芎苓同用，可以養心定志而開達心氣；芎术同用，可以溫中快氣而又通行肝脾。若夫咳嗽痰喘，有不可用，恐提氣上行也；熱劇火盛，有不可用，恐助氣上騰也；中滿腫脹，有不可用，恐行氣上行也；汗多表虛，有不可用，恐升發走散而耗真氣也。

白芍藥：【略】能扶陽收陰，益氣斂血之藥也。雖曰酸能入肝，而苦寒

亦能養木；　酸能斂血，而氣寒尤能生血。但赤者瀉而白者補，赤入肝而白入脾，赤者利下焦而破積，白者補血氣而和中，用之者稍有分辨耳。大抵此劑，調血室，行榮衛，和腹痛，斂虛汗，止崩漏，發痘疹，解毒痢，治胎產，滋肝緩中，其效甚捷。吾嘗用治之法，與苓术用，則能和脾而健胃；　與歸芎用，則能養血而和血；　與木香用，則能調胃而行肝；　與萸連用，則能治痢而止痛。若夫產後不可輕用，恐酸寒之味而伐發生之性也；　血虛生寒之人禁用，恐酸苦之味而反生其寒也。至如脩製之法，又所宜知。補血之劑，必宜酒炒；　清血之劑，止宜生用；　血虛腹痛，非火煨不能達血以止痛；　溫經回陽，非薑附桂萸不能佐芍以復陽；　涼血滋陰，非芩連並之不能生陰；　益氣扶元，非參术並之，不能歸元。此臣使之職，不能獨行也。雖為血家之藥，宜當歸並用，則無不驗。

人乳汁：【略】主充和臟腑，榮華腠理，灌溉陰陽，發育元氣，潤澤枯燥，此乃人身轉運之神液，益壽延年之聖藥也。凡治元氣不足，精神倦怠，咳嗽無痰，日晡潮熱，或虛火妄動而骨蒸盜汗，或久患勞嗽而時有紅痰，或面赤口燥而煩渴飲引，或肌瘦皮黃而毛髮焦槁，或筋攣骨痿而四肢乏力，或血竭陰消而腸胃閉結，或三消渴燥而多食易飢，或目暗昏朦而瞳仁乾結，是皆元虛火勝，精血耗竭之症。惟此大補氣血，濡潤養榮之物，統能治之。如以人參治心肺，恐補之太速，必用乳汁製之，則參自和而不妄補矣。以山藥治心脾，猶恐氣之太澁，必用乳汁和之，則山藥自不滯澁而和中矣。茯苓淡滲利小便而速行下焦，非乳汁之製亦不能守中而治心脾。芡實補澁精滑而利腰膝，非乳汁之拌亦不能補中而澁滑泄。大抵乳之入藥，治病甚美者也。設若胃寒而嘔吐不食，脾寒而瀉利不止，如斯二者，又宜禁之。

紫河車：【略】主諸氣不足，五勞七傷，情慾斲喪，咳嗽無痰，日晡發熱；　或飲食少進，咳嗽有痰，自汗盜汗；　或形瘦無力，四肢困倦，骨痿少氣。凡精血不足之症，用此精血所化之物，而補精血所虧之地，則精血完足而諸虛之症自無矣。設或男子精傷虛寒而子嗣難成，女人血氣有虧而胎孕不育，亦莫非精血不足之所致也。以此劑脩製服之，則精血充足，自能有子矣。　童便：【略】乃既濟陰陽，清和血氣之妙品也。主女人血氣有虧，陰無所附；　療男子真陰內損，陽有所乘。所以能除骨蒸勞熱，咳嗽吐血，及婦人臨產之時，惡心煩悶，血上搶心，或已產之後，頭暈眼黑，血崩不止，或呵欠狂躁，精神困倦，或嘔逆不止，譫語失笑。一切臨產之症，用此清和之劑治之，則陰與陽合，血氣和平而無偏勝之患矣。或衝逆於上者，得其鹹寒之味，可以順下；　或妄崩於下者，得其清揚之氣，可以復上。故於婦人為胎產之聖藥云。如男子陰虛不足者，用之可以滋陰；　陽火有餘者，用之可以抑陽。迨見嘔吐咯衂血者，用童便以止之；　咳嗽肺痿，骨蒸夜熱者，用童便以清之；　血虛勞火者，用童便以養之；　目赤腫痛者，用童便以散之；　火盛水衰者，用童便以調之。傷寒陽極狂躁者，用此以定之。香烈性燥之藥，用童便以製之。童便仍真陽之精，真陰之質，陰中之陽，陽可以附陰者也。所以血見則止，氣見則和，陰見則守，水見則升，火見則降也。豈非至寶乎。　血餘：【略】解癰毒，補陰髓，利小便之藥也。凡上下諸竅出血，吐衂淋血，齒舌出血，內崩脫血，腸紅便血，痔漏下血，凡血分虧損之症，服之立效。久服令人白髮者可黑。又治一切癰毒瘡腫，止痛生肌，能入心走肝，益血止血之勝藥也。【略】　雞蛋：【略】益氣養血，清火解熱毒之藥也。治咽痛欬逆，瘡腫盜汗，產後諸虛，力衰眩暈，久痢腸脫，疳積瘰癧，黃白並用，調氣生血，而與阿膠同功也。小兒患痘疹，忌食雞子及聞煎食之氣，令生翳膜。

發表之劑　麻黃：【略】主傷寒，有大發散之功。其味苦為地中之陰，辛為發散之陽，故入太陽之經，散而不止，能大發汗，非若紫蘇、乾葛、白芷之輕揚，不過能解表而已也。所以《本草》云：　淨肌表，泄衛中之實邪；　達玄府，去榮中之寒鬱。傷寒之症，若腠理閉密而無汗者，必用敗毒之劑，君以麻黃，使瘡毒盡出于外而無結毒內攻之患矣。又配天花粉用，治乳癰，下乳汁，以其辛能發散，辛通血脈故也。又配半夏用，能治哮喘咳嗽，以其氣之閉者，宜以辛散之故也。又論：　麻黃根能止汗者，何也？其根苦而不辛，蓋苦為地中之陰也，陰當下行，而麻黃之根亦下行，所以根能止汗者此也。又苗何以發汗而升上？《經》云：　味薄者，乃陰中之陽，氣之厚者，乃陽中之陰。所以苗能發汗而升上，亦不離乎陰陽之體也。故入手太陰、足太陽二經之劑。

紫蘇：【略】能散寒氣，清肺氣，開中氣，安胎氣，下結氣，化痰氣，乃治氣之神劑也。蓋蘇之一物，有三用焉。且如傷風而頭疼骨痛，惡寒發熱，肢節不利，脚氣疝氣，邪熱在表者，蘇葉可以散邪而發表；　氣鬱結而中滿痞塞，膈氣不清，胎氣上逼，胸脇脹滿者，蘇梗可以順氣而寬中。設或上氣喘逆，蘇子可以定喘而下氣；　痰火奔迫，蘇子可以降火而清痰。三者所用不同，法當詳之，自有奇論。　升麻：【略】乃散表升陽之劑也。主風寒之症，

發熱無汗，療傷寒在表而頭額作痛，或風熱之症，瘡疹痛癢而癍毒赤黃。二者之症不同，均之屬表者也，惟升麻可以散之，可以清之也。又如內傷元氣，脾胃衰敗，下陷至陰之分；或醉飽房勞，有傷陽氣，致陷至陰之中；或久患瀉痢，過傷脾胃，陽氣下陷而後重窘迫；或久病崩中，陰絡受傷，真氣衰虛而淋瀝不止。四者之症不同，是皆元氣下陷者也，唯升麻可以升之，可以舉之也。或產婦轉胞下墜而小便不通，或男子濕熱鎮墜而腰膝沉重，或瘡腫毒氣內陷而紫黑脹痛，或腸寒腸熱氣虛而肛脫不收。四者之症，亦是元氣下陷，邪氣反盛之故，非升麻不能扶正以驅邪也。大抵此劑，升提之藥，諸藥不能上升者，唯升麻可以升之。觀其與石膏治齒痛，與柴胡、山梔治腮腫咽疼，與參、耆補上焦不足，與桔梗、欵冬花治肺癰膿血，意可見矣。

柴胡：【略】能調達肝氣，升清降濁之藥也。主散表邪，清寒熱，除頭痛，瀉肝火，明目疾，止脇痛，升下陷，和表裏之聖藥也。其味苦寒，可以清熱；清揚，可以散邪。如傷寒之症，病在少陽之經；或溫瘧瘴瘧，邪熱不清；或邪陷陰中，日晡發熱；或瘡腫毒氣，攻作發熱；或脚氣疝氣，往來寒熱，悉用柴胡以治之。由其性之輕揚，調達發越屈曲不正之氣也。若夫氣陷在下不可上，舍柴胡其何以施；氣鬱於脇不可行，非柴胡莫能暢。本草云柴胡清氣逐邪，殆有理也。

乾葛：【略】主清風寒，解肌熱，淨表邪，止煩渴，瀉胃火之藥也。其功又與蘇、麻迭用，何也？蓋本溫可以攻表，甘寒可以瀉火。然而乾葛則甘寒者也，蘇麻則辛溫者也，果何如為迭用哉。彼傷寒之症，病在太陽之經，無麻黃之辛溫，不能汗解；其表邪風寒之症，病在於腠理之間，無紫蘇之甘溫，不能發汗而升陽。至若乾葛之甘寒，亦可以攻表之劑也。吾嘗考之傷風之症，風邪未散，其汗自生，苟欲發散，則不可投以再汗之藥也。溫熱之疫，亦在表也，自汗大來而表邪尤甚，苟欲解表，亦不可疫以辛溫之藥也。二者欲為解表，則何以宜？必須乾葛之甘寒，清肌以退熱可也。否則，舍乾葛而用辛溫，非惟表間空虛，亦且汗多亡陽也。然而當辛溫之藥，反用乾葛之甘寒，則又禁之。太陽之表邪，反不解而引邪入裏矣。治者宜辨之。

薑：【略】乃通神明，去穢惡，散風寒，和脾胃之藥也。生則浮而上升，乾則半浮半沉。生則解表，乾則溫中。生則性散，乾則性守。生則入太陽陽明，乾則入太陰厥陰。生則性散能驅肌表之風寒，乾則性守能攻腸胃之寒濕。生則止嘔而治泄瀉自利，乾則止痛而治臍腹攻疼。生則散結開鬱而通暢腸胃，乾則益陰回陽而厥逆溫中。生則佐大棗而厚腸胃，乾則君黃連而瀉陰火。生則配二陳而治痰尤捷，乾則配歸萸而治疝最良。然而血症不可用熱藥，以其血熱則妄行也。又妊娠禁用乾薑，以其辛能走血也。近有於吐血下血及崩漏淋帶等症，迫血妄行，反用炒黑乾薑以佐之，可以止血。其故何也？蓋物極則反，血去多而陰不復，使陽無所附，亦得炒薑之溫，助陽之生，則陰復而歸於陽也，豈血有不止之理乎。又生薑為治寒之藥，而治火尤佳。若芩連之劑，反拌薑炒，以薑從熱之性，使熱從而受之。殊不知苦寒之劑，因其從而治其熱也，何薑之不可用乎。大抵薑之一劑，隨其性而用之可也。設使血症，而遂用乾薑，必有悞投。熱症而妄用生薑，必有悞治。而且病痔之人，兼酒立發，癰瘍之症，多食即生惡肉。豈曰薑通神明、去穢惡而概可用之乎？

葱白：【略】乃發散寒邪，踈通氣脈，流散血鬱之藥也。主傷寒太陽，頭痛寒熱，無汗氣促。祛霍亂轉筋，嘔逆腹痛。凡陰寒之症，惟此可以攻之。又如喉痺不通，腮腫脥脹；或胎孕不安，腰腹疼痛，奔豚疝瘕；或心腹痃癖；或血積氣塊；或大小腸胃不利，溲便不通，大便陰塞；或脚氣內攻，腹脹厥逆。凡氣閉之症，惟此可以行之。凡諸肉食之味內俱用葱調，非惟取其香美可口，而亦可解百物之毒也。若蛇蟲所傷，同鹽搗爛，窨之即散。濕熱風腫，同椒搗爛，窨之即解。金瘡磕損折傷，血出不止，同砂糖等分研封，其痛立住，更無瘢痕也。又治小便不通，及轉脬危急者，以葱管吹鹽入玉莖內，極有捷效。大抵此劑，辛散之性最甚，而發散之功最多。若多食，則昏人頭目，損人元氣。或謂葱白解表，葱實補中，葱葉去毒，葱根止頭痛，極有理也。

芫荽：【略】通心氣，辟惡氣，發痘疹之藥也。內入心脾，外達肢體，能辟一切不正之邪，能發一切鬱逆之氣。故痘瘡痧瘮，發出不快透者，以此煎飲。懸掛床上，即百邪百穢可祛。和胃散風，開鬱導閉，用此大能辟除。若天令陰寒，兒體虛弱，用此最妙。

利水之劑

澤瀉：【略】乃宣行水道之藥也。主通利下焦，去胸中之垢，消蓄積之水，凡泄瀉自利，濕熱黃疸，四肢水腫，寒濕脚氣，陰汗濕癢，如上中下三焦停水之症。又或遺精夢泄，癃閉淋瀝，小便白濁，心忡悸動，奔豚疝瘕，並皆治之。其味甘鹹且厚，有固腎之理，陰中微陽，有滋陰生水之功。然而，與猪苓所治則一，但所用不同者。猪苓味甘淡微苦，氣平無毒，氣味俱薄，降也，陽中陰也，入足太陽、少陰經，能滲濕利水，分解陰陽之的藥也，善

開腠理，分表裏之氣，利小便，主痰瘧，散蠱毒。主傷寒瘟疫大熱，能發汗逐邪，此分表氣于外也。主腹滿脹痛，心中懊憹，瘧痢瘴瀉，此分裏氣于內也。蓋此藥開達腠理，分利陰陽之妙用也。蓋猪苓之性燥，澤瀉之性潤。猪苓治水有損元氣，澤瀉治水能生腎氣。古方以二藥並用者，由其性燥而兼性潤，則燥潤有合於中，和損氣而又生氣，是以元氣不為所害也。近醫補藥中用澤瀉，由此故也。但此劑味鹹入腎，仲景八味丸用此，為引桂附等劑以歸腎耳。蓋目為此劑味鹹，性善湧泄，宣通水道，長于行水。無水濕者悮服，病人眼。若水衰水而司膀胱臟者也，過于分利，則膀胱之水涸而火生矣，故曰病眼。蓋目為弱者，必君補益之劑，用此少佐可也。補藥中用之，以瀉地黃之滯。

木通：【略】乃開心通腎，泄金鬱，利氣竅，下行，徹利小便之藥也。《本草》主利九竅，除鬱熱，導小腸，治淋濁，通血脉，散堅結，消癰腫，定驚癎，攻狂越，為心與小腸之要藥也。大抵此劑，為宣通氣血之藥，腑通則臟通，臟病由腑結也。所以治驚之劑，多用木通，驚由心氣鬱故也。今則不治其心，而反治小腸，因其心與小腸相為表裏，使腸通則鬱心散也。由是觀之，用藥之法，故導赤散用之，舉此治彼，瀉火補水，扶金抑木，亦可見聖賢大意。

滑石：【略】滑而利竅，清暑解熱，行水道之藥也。故主小便癃閉，小水不通，或泄瀉水行，或傷暑濕熱，九竅不通，或時行中惡，傷暑發熱發渴，或山嵐瘴氣，水土不服。此甘寒之劑，性沉下墜，平復水土，陽明經至要之藥也。若泄上氣，行下氣，宣水道，滲脾濕，清三焦，利六腑，解燥渴，去妄火，莫可加也。

車前子：【略】乃利水道，徹溲便，通精氣之要藥也。主淋瀝癃閉不通，小便赤白帶濁，陰莖腫脹澁痛，精道熱結不清。大抵與茯苓同功，通利而不驟，去濁而澄清，利小便而不走精氣。補藥用之，令強陰有子；眼藥用之，治目赤腫痛；痢疾用之，使通徹小水；濕痺用之，能利水行氣，健運足膝。有速應之神效也。葉主金瘡出血不止，小便不通，尿血血淋，熱痢膿血，乳蛾喉閉等症，能清散利之藥也。

燈草：【略】乃通陰竅，利小便之要藥也。《開寶》單主五淋，治癃閉，清心肺，除鬱熱，能消水腫，散喉痺，定驚悸，止小兒夜啼，療大人痰熱。乃清輕之劑，肅清上下火邪，誠不可缺。

茵蔯草：【略】乃清黃疸，利小便之藥也。治風濕寒熱邪氣，熱結黃疸，小便不利，關節不通。大抵此劑，為黃家君主之藥，隨所引而佐之可也。如仲景治傷寒陰黃，佐以附子；陽黃，佐以三黃；蓄血發黃，佐以桃仁。又如濕症，佐以蒼、朴、龍膽；火黃，佐以知、栢；食積黃，佐以山查、檳實；小便不利而黃，佐以木通、車前。隨所引用，而取效也。

葶藶子：【略】主瀉肺氣，去留熱，破痰積，消腫脹，行蓄水之聖藥也。蓋肺主皮，膀胱主出納津液，肺氣壅閉，則津液不行，此膀胱病也。故仲景傷寒，用苦者；陽水暴腫面赤，煩渴喘急，小便短澁，用甘者。或有用而不分甘苦者。大抵苦則下泄，甘則少緩，量人虛實用，二者不可不審。《本草》雖云甘苦主治亦同，然甘苦之味，安得不異？仲景大棗瀉肺湯用之，意可知矣。

韭菜：【略】利氣行血之藥也。主和五臟，通九竅，破滯氣，興陽事，下瘀血，利小便，解中惡之奇物也。又搗汁用，治中風失音，噎膈吐食，胸中刺痛，胃口污血妨礙為患，及心脾痛，上氣鳴息，胸中結氣，中惡腹脹。又薫産婦血暈，能洗痔漏脫腸。韭子，味辛、甘，氣溫，無毒。主暖腰膝，治鬼交，通淋濁，止溺血遺尿，夢泄精滑，及婦人白淫白帶。已上諸症，皆厥陰為病，韭子能入厥陰，補下焦肝及命門之不足也。白花食之動風發氣。若未出糞土者，為韭黃，有小毒。主滯氣，發疥，不宜多食，最不益人。蓋含抑鬱未伸之氣故也。

猪苓：【略】除濕利小便之藥也。或濕勝泄瀉，肚腹脹滿，或膀胱蓄水，小便不利，或內蘊濕熱而為淋秘，或妊孕子淋而或胎腫，此皆濕熱為患。用猪苓之甘淡，以利竅除濕而利小便也。或傷寒瘟疫大熱，或冬時寒嗽如瘧，此又寒濕所生。用猪苓之升，發汗而開腠理也。腎虛之人不可久服，虛渴之症不可妄投。以其淡滲大燥，能損腎氣而亡津液也。

瞿麥：【略】破血利竅，通小便之藥也。治九孔出血，產婦艱難，關格癃秘，小便不通，出惡刺，決癰腫，明目去翳，破胎墮子，下血通經。

海金沙：【略】利小便，除濕熱腫滿之藥也。主莖中澁痛，小便不利，熱淋膏淋，血淋石淋。此劑能清膀胱小腸之濕熱，所以治五淋小便澁痛而有神效。

大蒜：【略】乃下氣消穀，化肉食之藥也。主歸脾，通五藏，達諸竅，(厷)〔去〕寒濕，辟邪惡，消癰腫，化癥瘕，下噎膈，殺蠱毒，除風邪，解中暑，治霍亂，理胃溫中。搗貼足心，能止鼻衄。古人用炙諸毒，稱有神功。然蒜之為物也，味久而不變，可以資生，可以致遠，化臭腐為神奇，調鼎俎，代醯醬，携之旅途，則炎風瘴雨不能加，食餲腊毒不能害。夏月食之，解暑氣。北方食肉麪，尤不可無，乃《食經》之上品，民生之多助者也。不可多食，若多食則傷肺傷脾，傷肝傷膽，生痰助火，昏神損目，其害亦速。

黃精：【略】補諸虛，止寒熱，填精髓之藥也。主五勞七傷，助筋骨，耐寒暑，益脾胃，潤心肺，久食可以延

年不飢。　火葱：【略】溫陽暖胃，行滯氣，禁洩痢之藥也。可通神明，安魂魄，益中氣，續筋力，補陽暖腎，非虛語矣。大抵韭歸心，葱歸目，蒜歸脾，薤歸骨，芥歸鼻，蓼歸舌，此氣味各有所歸也，用者審之。　絲瓜：【略】涼血解熱，利大小便之藥也。善止血痢，出癍疹，消熱痰，通利二便，取其下氣降火耳。如脾胃虛寒，腎陽衰弱，命門無火之症，須禁食之。　桑螵蛸：【略】通血閉，利五淋，利小便，止遺溺之藥也。主通血閉經阻腰痛。若五淋便閉遺溺，若疝瘕夢遺白濁，凡屬肝腎胞絡相火鬱逆，血氣不和等，用之立應。　茗：【略】解五臟鬱火，去痰熱，利小便，止煩渴之藥也。凡火鬱氣滯，痰結食停等症，飲之立清。傷暑中熱，煩渴不寧，宜涼飲之即安。傷酒傷食，煩躁嘔逆，悶脹不安，宜熱飲之即定。若熱渴凝悶，目澁腦痛，四肢煩倦，百節不舒，聊四五啜，與醍醐甘露抗衡也。則茶清肅之品，問非虛語矣。又痢症治以薑茶者何也？薑助陽，茶助陰，並能消暑解(濕)〔酒〕食毒，且一寒一熱，調平陰陽，不問赤白冷熱，用之皆良。時珍言：茶苦而寒，陰中之陰，沉也，降也，最能降火。火為百病，火降則上清矣。然火有五火，有虛實。若少壯胃健之人，心肺脾胃之火多盛，故與茶相宜，溫飲則火因寒氣而下降，熱飲則茶借火氣而升散。又兼解(濕)〔酒〕食之毒，使人神思闓爽，不昏不睡，此茶之功也。若虛虧及血弱之人飲之既久，則脾胃惡寒，元氣暗損，上不制水，精血潛虛，成痰飲，成痞脹，成痿痺，成黃瘦，成嘔逆，成洞瀉，成腹痛，成疝瘕，種種內傷，此茶之害也。民生日用，蹈其弊者，往往皆是，而婦嫗受害更多。習俗移人，自不覺爾。若日食炙煿之人，恐生癰疽，宜啜涼茶，可解炙煿之毒。

酸澁之劑　烏梅：【略】乃溫中暖胃，下氣除煩，斂汗濇精，止血治痢之聖藥也。大抵此劑，酸斂固脫，以收耗散之氣。心氣虛者可實，肺氣耗者可斂，脾氣脫者可收，腎氣虧者可補，腸胃膀胱亦然。若同訶子、五倍用，則能收斂；同橘皮、厚朴用，則能下氣。同人參用，則能補肺而治咳嗽。但風寒初起不可用，恐滯寒邪也；氣實喘咳不可用，恐助氣上盛也；胸悶鬱結不可用，恐酸收滯氣也。此乃和斂之劑，治氣血之虛，莫美於此。　訶黎勒：【略】澁腸止痢之藥也。乃酸斂收藏，斂肺降火，定喘嗽，引津液，止久痢，療腸風瀉血，禁帶下白淫之神劑也。　五倍子：【略】澁津收液，斂氣止血之藥也。性專收斂脫肛，禁瀉痢，解消渴，生津液，却頑痰，止咳嗽。療牙齒疳䘌，口舌生瘡；去眼目赤腫，淚眵濕爛；治濕癬瘙癢，膿水淫潰。消熱瘡癰毒，理痔漏下血，摻之即愈。如腸虛泄痢，投之即止。此藥能除濕熱火鬱，升清降濁之劑也。　側栢葉：【略】乃清血熱，瀉風濕之藥也。側，陰象也。遇寒而不凋，得陰氣最厚也。但氣味辛香，又能和陽而不偏于陰矣。凡暴吐衄血，崩血淋血，血熱流溢于外絡者，凡歷節風痛，週身走注，痛極不能轉動者，惟熱傷血分，風濕傷筋脈，係熱極妄行之症，可用，久而虛者禁之。蓋栢屬陰，與金善守，故採其葉為補陰之藥，其性兼辛燥，服之又能益脾土。　艾葉：【略】能暖血溫經，行氣開鬱之藥也。主婦人血氣寒冷，肚腹作痛，或子宮虛冷，胎孕不育，或寒氣內襲，胎動不安，或濕熱內留，白帶淋瀝，或男子風鬱大腸，下痢膿血，腸風便血等症。此劑大能暖子宮，調經脈，散寒濕，稱神劑也。揉碎入四物湯，安胎漏腹痛。擣汁和四生飲，止吐衄暴血。　罌粟殼：【略】澁下部虛脫之痢疾，斂肺家久嗽之虛痰，乃收斂止澁之捷藥也。若腸胃餘積未清，咳嗽風寒客邪未盡，遂用此劑，致生腹脹喘滿，飲食不進，為腫為膨之患矣。今人虛勞咳嗽，多用粟殼止刼，及泄痢亦用止澁，但要先去病根，此乃收後藥也。凡泄瀉下痢既久，則氣散不固而腸滑肛脫者，咳嗽諸痛既久，則氣散不收而肺脹痛劇者，故宜此澁之固之，收之斂之。下痢咳嗽，積消邪盡，當止澁者，不有此劑，何以對疾？但要有輔佐耳。若用醋製，加以烏梅浸炒，斯為得法。不致閉胃妨食，而獲奇效也。　木瓜：【略】入足太陰，能健腰膝；入足厥陰，能益筋脉；入足陽明，能入大腸而止瀉。其味酸，酸能斂腎水而有生津之妙，酸能固氣而有壯神之功。是以腰腎之虛，非此不補；足膝之酸，非此不去；霍亂轉筋，非此不止；濕痺脚氣，非此不除。香薷飲用木瓜，因其元虛津液不足，感冒暑邪，或熱煩作渴，足膝酸疼，治無不驗。六和湯用木瓜，因夏月寒熱不調，霍亂吐瀉，小便少而大便滑，取應甚捷。又有元虛之人，自汗乍來而精神失守，或煩渴倦怠而步履艱難，用補中益氣湯加木瓜，其效如神。亦有脚氣攻冲，腿足紅腫，發熱嘔逆，筋骨作痛，用檳蘇散加牛膝、木瓜，妙亦難窮。如濟陰湯用之以斂腎，羌活散用之以逐痺，六和湯用之以止泄，此用木瓜之大法也。　牡蠣：【略】澁精氣，止崩帶之藥也。生則味鹹，鹹能軟堅；煅則味澁，澁則固泄。本草主婦人赤白帶下，男子遺精夢泄，又軟積去痞，消癭散瘤，開結下氣之要劑也。聞之和杜仲服，可止盜汗；和黃耆服，可止自汗；和乾薑服，可止陰汗；和麻黃根服，可止頭汗。柴胡引之，能去脇下痞硬；茗茶引之，能除項上結核；大

黃引之，能消腹間腫痛；歸、朮、白薇引之，能止血淋白帶。若通淋止濁，車前、瞿麥為用可也；若益精止泄，山萸、地黃為使可也；澀腸去澼，防風、白芷為佐可也。大抵此劑，海水所化之物，而治痰涎欝結之症，則化可以去結，而鹹亦能下氣，如精汗之症，治之何難(成)？凡虛而有熱者宜之，虛而有寒者忌用。腎虛無火，精寒自出者，亦非宜矣。赤石脂：【略】能滲停水，去濕氣，固滑脫，澁精氣，斂瘡口，止瀉痢，禁崩中漏下之藥也。其味甘，其氣溫，其體重，其性澁。澁而重，故能收濕止血而固下；甘而溫，故能益氣生肌而調中固脫。脫者，腸胃肌肉驚悸黃疸是也；下者，腸澼泄痢，崩中淋帶失精是也。又曰：赤石二種，一入氣分，一入血分。故仲景用桃花湯，治下痢便膿血，取赤石脂之重澀，入下焦血分而固脫，乾薑之辛溫，暖下焦氣分而補虛，粳米之甘溫，佐石脂乾薑而潤腸胃也。【略】龍骨：【略】安心定魄，斂虛汗，收脫泄之藥也。主治泄瀉，斂瘡口，收水濕，安心神，斂正氣，止虛汗，除遺精，縮小便，固漏下濁帶之神品也。蓋龍稟陽氣以生，為神靈物，所以安心神而定魂魄，鎮驚癎而療狂越。龍能受水，所以斂虛汗而滲水氣，止泄瀉而澁腸滑。又云，從龍則能與氣合，所以禁滑脫而除淋濁，(而)固精氣[而]治遺泄。苟能因其性之近而条以人身之症，取效無難矣。犀角：【略】乃涼心鎮肝，散瘀血，解熱毒之藥也。主治一切百毒蠱症，邪惡瘴氣，傷寒瘟疫，火熱譫妄，中風痰熱，迷惑失音，或熱極失血，吐衄上逆，小兒驚癎，疳熱搐搦轉加，或痘瘡熱極，稠密黑陷，或瘖疹熱甚，內悶不清，或肝熱生翳，目睛不明，大人失血，諸瘡餘毒不解，並皆治之。此藥能安心定志，涼血清神，為至靜之劑也。然而取角之美，各有所在。鹿取茸，犀取尖。角乃犀精靈所聚，故能解毒也。如痘瘡氣虛枯陷者，傷寒陽虛陰極發躁者，陰寒在內，浮陽在外，發熱口燥，上衝咽嗌，面赤煩嘔，喜涼復吐，六脈數細，躁亂不寐者，此屬陰寒之症，慎勿投也。金樱子：【略】主脾泄下痢，止虛嗽，澁精滑及老人睡後遺尿，乃大收澁之藥也。又云，金樱子熬膏，和芡實粉為丸，名為水陸丹，益氣補真最佳。何首烏：【略】乃添精髓，養陰氣之藥也。主補精益血，種子延年，黑鬚髮，悅顏色，壯神明，健腰膝，潤筋骨。又治瘰癧，消癰腫，滅五痔，解瘡毒，固精滑，止泄痢。久服令人有子，其效若神應也。吾觀此劑，苦澁故能滋陰血，甘溫故能助陽氣。此等症，自當以甘溫培養之劑治之。色有二種，白為陽，赤為陰，白入氣，赤入血。其莖遇夜交合，稟天地精華結成者，為滋補良藥，故又名曰夜合，又名交藤。【略】山茱萸：【略】乃固精暖腎之藥也。止小便，秘精氣，主女人月水不定，老人小水不節，男子陽道不興，婦人陰器痿弱。蓋此藥能添精補髓，堅骨強志，益腰壯膝之捷藥也。其核又能滑精，用者宜取肉而去核。益智子：【略】主治心、肺、脾、腎虛寒，乃和中暖腎之劑也。故凡中氣不清，嘔吐自利，遺精虛滑，小便遺溺，或腸胃氣虛，大便久滑，用此益智之劑，調攝君相之火，健運脾肺之氣。寒則溫之，虛則補之，滑則澁之，滯則和之，能達上焦。調諸氣，以鹽水炒。兼補劑用，其治更驗。【略】蓮蕋鬚：【略】清心養腎，固精益血之藥也。此藥甘澀收斂，能止血崩吐血，調營固精。療帶，治夢遺精滑尤良。又能烏鬚髮，悅顏色。蓮薏青心：【略】清心氣，止逆血，固遺精，縮小便之藥也。綠礬：【略】化痰涎，消積滯，燥脾濕，除脹滿，治黃腫之聖藥也。主喉痺蟲牙，口齒諸疳，惡瘡疥癬，瘧痢風眼。蓋此礬色綠味酸，燒之則赤，既能入血分而伐木，又能燥濕而化涎。利小便，消食積，故脹滿黃腫，瘧痢疳疾等症，用之皆效。故時珍配平胃治中滿腹脹，其效如神。肉果：【略】暖脾胃，固大腸之藥也。主調中下氣，開胃消食。若脾胃虛冷，宿食不消，停痰積飲，嘔逆吐沫，霍亂吐利，心腹脹痛，冷熱虛洩，赤白痢疾，此皆脾胃虛冷，中氣不和，大腸不固之症，總能治之。白果：【略】定喘嗽，縮小便，止白濁之藥也。主益肺氣，降痰涎，消腫毒，殺諸蟲。大人多食，壅氣動風；小兒多食，昏霍發驚。然其性澀而收，食多則收斂太過故也。椿根白皮：【略】乃止瀉痢濁帶，夢遺精滑之藥也。凡男女赤白濁帶，遺精夢泄，皆由下焦虛而有濕熱，椿皮能燥下濕及去肺胃陳痰，故能治之。泄瀉痢疾，亦由腸胃虛而有濕熱，椿皮能除濕實腸，以其性涼而又濇血，故能療之。但痢疾滯未盡者，不可遽用。然椿與樗皮有氣血之分，不可不辨。椿皮色赤而香，入血分而性濇；樗皮色白而臭，入氣分而性利。其主治之功雖同，而濇利之效則異。正如茯苓、芍藥，赤白頗殊也。凡血分受病不足者，宜用椿皮；氣分受病有欝者，宜用樗皮。此予心得之徵也。

溫補之劑　杜仲：【略】乃行下焦，補肝腎，健腰膝之藥也。蓋肝主筋，腎主骨，肝充則筋強，腎充則骨健。《本草》云，主通腰腎，止遺溺，壯陰虛，強筋骨，堅脚氣，除痿痺，燥陰濕。故凡下焦之虛，非此不補；下焦之濕，非此不利；腰膝之疼，非此不除；足脛之酸，非此不去。考用治之法，去濕以

薑水拌炒，補腎以鹽水拌炒，益精以鹽酒拌炒，堅強骨髓必以酥炙透炒。要知脩製之法，俱以去絲為度。　枸杞子：【略】乃潤肺生液，固髓添精之藥也。主治內損不足，精元失守，腎氣傷敗，骨髓空虛，腰膝無力，血虧眼花，虛昏矇澁。又治骨間風痛，腎臟風癢，滋陰不致陰虛，興陽常使陽舉，強血氣，補陰陽，却寒暑，壯筋骨，止消渴，去風濕痺痛，有十全之功。又云，枸杞善能治目，非治目也，但壯精益神，神滿精血足，故能治目有效。又能治風，非治風也，但補血養榮，血足風滅，故治風有驗也。與參、耆能補氣，與歸、地能養血，與桂、附能壯陽，與知、栢能強陰，與芩、連能降火，與蒼、朴能散濕，與羌、防能祛風。殊不知枸杞得天地陰陽，四氣全備，五精俱存，故有十全之妙用焉。　牛膝：【略】乃健腰膝，壯筋脈，活滯血之藥也。主寒濕痿痺，四肢拘攣，不可屈伸，或腎氣空虛而腰膝軟弱，或夢遺精滑而淋濁不通，或焦下濕熱而脚氣腫脹，或產後去血而不時眩暈，或陰虛不足而精髓枯竭。是皆足三陰風濕，寒熱虧損之症，惟川牛膝可以補之。又逐瘀血，通經脈，破癥瘕，治乳癰，消腫毒，續折傷，散喉痺，潤腸胃，下胎氣。是皆足三陰氣盛血實之症，惟土牛膝可以破之。大抵牛膝之劑，川懷者補，土產者破。川淮者所禀壯厚，肥而且長；土產者所禀淺薄，短而且細。補精益髓，當用川淮；破氣破血，當用土產。二者隨症用之。　鹿茸：【略】補元陽，充血氣，生精髓，健筋骨，養腎命，乃滋陰之藥也。主男子勞傷不足，或真陽頻損，四肢羸瘦，或手足寒麻，腰脊冷痛，脚膝無力，或遺精滑泄，小便不禁，或女人久崩漏下，真陰日虧，或頭眩欲仆，夢交白帶，或小兒痘瘡虛白，漿水不充，或大便泄瀉，寒戰咬牙，或老人脾腎衰寒，命門無火，或飲食減常，肚腹溏滑。是皆傷中之症，鹿茸全陰陽之物，並能治之。此所以能補骨血，堅陽道，益精髓也。按：冬至陽生麋角觧，夏至陰生鹿角觧。觀其所觧，即知所治。麋茸可以補陽，鹿茸可以補陰。欲其補陰陽，須用麋鹿角治之。　鹿角膠：【略】治五臟陽虛氣弱，精血內損；或男子陽衰無子；或傷中勞絕，頭眩耳鳴；或四肢無力，腰膝痠疼；或小便欲遺，精水溢出，遷延瘧痢，久漏癰瘍，膿水不淨。療白帶下脫不痊，血冷阻閉，婦人子嗣不育；或血潰崩流，淋瀝作痛。又安胎元，止半產；或陽虛多汗，陰弱遺精。如血寒脫血等症，能補益腎命，通調營衛，功無匹焉。主壯元陽，強精氣，悅顏色，暖筋骨，健腰膝，峻補虛羸勞絕，乃血家之聖藥也。生用則散熱行血，消腫辟邪；熟則益腎補虛，強精活血；熬膏則專于滋補矣。　石斛：【略】壯筋骨，健脚膝之藥也。主傷中疲弱，五臟虛損，內絕不足，肌肉羸瘦。又強陰益精，壯筋骨，健腰膝，厚腸胃之藥也。若囊濕精少，小便餘者，宜加之。久服令人却病延年，定志安神，開胃進食，以其有益脾胃心腎之功力也。　補骨脂：【略】乃補腎命，暖丹田，固精髓之藥也。主五勞七傷，陽虛腎冷，精道不固，或腎虛久冷，小便頻多，或精髓傷敗，陽虛無力，或體虛襲風，四肢疼痛，或陰囊濕癢，陰汗如水。製法當以鹽酒炒令香熟，使鹽入腎經，酒行陽道，香則通氣，熟則溫補，治無不驗。

肉蓯蓉：【略】乃滋腎氣，養命門，補精血之藥也。主五勞七傷，陰虛不足，情慾斲喪，以致羸弱，或莖中寒而內熱交作，或陽道衰而陰器不舉，或精髓虛而腰膝無力，或崩帶下而血氣空虛。是皆腎氣不足，命門虛火妄動之症，以此治之，無不驗也。大抵蓯蓉，乃溫經之劑。男子絕陽不興，蓯蓉可以興陽；女子絕陰不產，蓯蓉可以生產。此為峻補之劑，有益陰養血，補精壯陽之功。又曰，命門相火不足者，以此補之，乃腎經血分藥。【略】　瑣陽：【略】補陰血虛羸，興陽固精，強陰益髓，潤大腸燥結之藥也。【略】　巴戟天：【略】強陽益精，乃腎家血分之藥也。主精滑夢遺，勞傷虛損，陰痿不起，陽事衰弱，筋骨痿軟，腰膝酸疼。又安五臟，養肌肉，添志益氣，能去風癩，益壽延年之妙藥也。　菟絲子：【略】乃補腎養肝，溫脾助胃之藥也。主男子精髓不足，陰莖痿弱，遺精夢泄，小便滑澁；女子腰腎虛寒，子宮久冷，小腹常痛，帶下淋瀝；及男婦腰脊酸痛，飲食減少，大便不實。此是腎虛不足之症，惟此益腎之劑，內兼溫補，其應如神。大抵此劑，補而不峻，溫而不燥，燥可以潤。非若黃栢、知母，苦寒而不溫，有瀉腎經之氣；非若肉桂、益智，辛溫而不涼，有動腎經之燥；非若蓯蓉、瑣陽，甘鹹而滯氣，有生腎經之濕者比也。按：此劑若龜甲之實腎，實之而又能補髓；若地黃之生腎，生之而又能添精。凡人精髓之虛者，用之必無疑也。稱為續絕陽，益氣力，明目精，皆由補腎養肝，溫理脾胃之徵驗也。宜用酒煮，以晝夜為度，搗餅晒乾，杵末用。　續斷：【略】乃調氣和血，補續血脈之藥也。主內傷，補不足，調血脈，治金瘡，續筋骨，療腰痛，解乳疽，固小便，止夢泄，暖子宮，安胎孕，益關節，治崩中淋血，腸風下血，痔瘻留血，折傷瘀血，乃婦人胎前產後之要藥。臨產艱難，內有所傷，可以續斷治之。接骨之劑，亦以此藥為先。內傷之症，可以此藥為補。凡所斷之血脈，非此劑不能續也，故名曰續斷。【略】　膃肭臍：

【略】興陽補腎，壯精助房力之藥也。性熱壯陽，如腎氣衰弱，精寒髓冷，陽絕莖痿者，服此立振而起。治積年心腹冷痛，或宿血結塊，或癥瘕寒疝，或四肢冷麻無力，或腰脊肩背久疼等症。蓋因陽氣不足，血液衰少，故諸邪纏疰而為病也。此藥壯助元陽，暖血生精，溫潤筋骨。近世滋補丸料，多用此者，以精不足而補之以味也。　魚膠：【略】甘、鹹而寒，秉夏令而出，得水土中和之氣，甘能養脾，鹹能歸腎，暖子臟，益精道之藥也。善種子安胎，生精補腎。治婦人臨產，艱澁不下，產後一切血崩潰亂，血暈風搐。入十全大補丸，大補陰陽兩虛，血虧精少等症。　女貞子：【略】補腎養精之藥也。主強陰精，健腰膝，明目睛，久服令人鬚髮為黑。乃得天地清陰之氣最厚，故入腎養陰，生精益髓，屢服輒效。又謂，安五臟，除百病，久服肥健，輕身不老。蓋腎本寒臟，因虛則熱而軟。此氣味俱陰，正入腎陰補精之要品。腎得補，則五臟自安，精神自足，百病去而身肥健矣。如命門火衰，脾胃薄弱，又當禁之。　磁石：【略】養腎臟，強精氣，益精髓，去風濕週痺，肢節疼痛之藥也。治耳聾，明目昏，安驚癇，消鼠瘻，治癰腫，亦莫非肝腎虛火之為眚耳。實有補腎益精，明目生子之功。　脂麻：【略】潤養五臟之藥也。言仙家所重，久服潤五臟，填精髓，於男子有益。如患人神氣虛而噓噓吸吸者，宜加用之。又言，病風人久服，則步履端，語言清利，無蹇澁之虞。則知養元氣，潤筋脉，正骨力可徵矣。　羊腎：【略】益精髓，補腎氣，却虛勞之藥也。治腎虛勞損，消渴脚氣等症。各從類也。　仙茅：【略】乃強陽暖精，補益虛羸之藥也。主五勞七傷，筋骨軟弱，精神衰憊，陽事不起，精寒無子，丈夫虛勞，老人失溺。然仙茅性熱，補三焦命門之陽。惟陽弱精寒，禀賦素怯者宜之。若體壯相火熾盛者，服之反能動火。不可以此劑，能興陽助腎而縱慾無節，則是速其生者也。　仙靈脾：【略】益精氣，補真陽不足之藥也。主暖腰膝，強心力，壯筋骨，益氣力，利小便，止莖痛，補腎命，興陽道，益精髓，男子絕陽，女子絕陰，老人昏耄，中年健忘，一切冷風勞氣，筋骨攣急，四肢不仁等症。又能消瘰癧赤癰，下部有蟲諸瘡。　覆盆子：【略】乃補腎添精，堅長陽道之藥也。主男子腎虛精竭，陽事不起，女人子藏有虧，陰器痿弱。補虛損，續絕傷，澤肌膚，悅顏色，和五臟，療勞損，縮小便，益氣輕身，補肝明目。　楮實子：【略】益氣充肌，明目之藥也。主壯筋骨，助陽氣，起陰痿，消水腫，補虛勞，健腰膝，益顏色，久服不飢，不老輕身。　虎骨：【略】追風定痛，壯筋骨之聖藥也。主風病攣急，不能屈伸，走注疼痛，脚膝無力，腰脊痠疼，骨節風毒，驚悸癲癇，辟邪魅，止邪瘧，驅尸疰，除頭風，治瘡瘻，止久痢脫肛，并獸骨哽咽等症。若頭風，當用頭骨；　手足諸風，當用脛骨；　腰脊諸風，當用脊骨。各從其類也。然虎，陰也；　風，陽也。虛嘯風生，陽出陰藏之義，故其骨能追風定痛。虎之一身筋骨氣力，皆生前足，故以脛骨為勝。　沙苑蒺藜：【略】補腎益精之藥也。治腎虛腰痛，夢泄遺精，虛損勞乏等症。　黃精：【略】補諸虛，止寒熱，填精髓之藥也。主五勞七傷，助筋骨，耐寒暑，益脾胃，潤心肺。久食可以延年不飢。

開心之劑兼安神　酸棗仁：【略】乃滋補五臟，斂氣安神，榮筋養髓，和胃運脾之藥也。酸入肝而斂血，亦入心而斂氣。如心虛不足，若驚悸怔忡，精神之失守者，非棗仁不能斂氣以壯心。或自汗盜汗，腠理之不密者，非棗仁不能斂心以止汗。又有肺氣不足，氣短神怯；　或乾咳無痰，脾氣不足；　或肉瞤驚惕，膽氣不足；　或悵悸不眠，腎氣不足；　或遺精夢泄，是皆五臟偏失之症，得棗仁之酸甘，能安臟腑而斂氣血。至如佐使之法，與歸、參用，可以斂心；　與歸、芎用，可以斂肝；　與歸、术用，可以斂脾；　與歸、麥用，可以斂肺；　與歸、栢用，可以斂腎；　與歸、苓用，可以斂腸胃膀胱；　與歸、耆用，可以斂氣而灌溉營衛；　與歸、地用，可以斂血而榮養真陰。此平補之劑，合諸類而用之，其效甚捷者也，古方治膽甚佳。膽氣空虛而不得眠，炒用可也；　膽熱有餘而多眠，生用可也。【略】　遠志：【略】乃通心氣，開腎氣之藥也。主利九竅，益智慧，聰耳目，強志力，止驚悸，去健忘，散鬱結，下腸氣，益精髓，止夢泄，散瘡痍于已頑之疾。其葉名為小草，所治皆同。雖曰葉不如身，而補陰益精之力大略相當。但遠志補於陽，小草補於陰。遠志利氣，小草益氣。本草云，根升稍降，此之謂也。　石菖蒲：【略】能通心氣，開腎氣，溫肺氣，達肝氣，快脾氣，透五臟六腑，入十二經十五絡，為通氣之藥也。故本草主咳逆上氣，心志不舒，兩腰沉滯，鬱怒氣逆，肚腹飽脹，水土不和等症，並皆治之。如手足頑痺，癱瘓不遂，及時行瘟疫，瘴瘧毒痢，噤口不食，喉脹乳蛾，又能清音聲，通耳聾，利小便，消瘡疥。大抵辛則上升而苦則下降，香則通竅而溫則流行。又可以散風，可以溫寒，可以去濕，可以行水，可以和血也。凡此為必需之藥，能補五臟，通九竅，延年益智者也。　栢子仁：【略】能潤澤臟腑，榮益精神之藥也。若驚悸怔忡，健忘恍惚，自汗盜汗，

此心神之不寧也。眼目昏花，虛風眩運，乃肝血之不足也。或遺精夢泄，腰弱耳鳴，是腎氣之空虛也。凡心脾腎肝不足之症，必用治之。　茯神：【略】乃安心神之藥也。主開心益智，安魂定魄，理驚悸怔忡，健忘恍惚，睡臥不寧，效非常也。又能療虛風眩暈，五勞口乾，人多恚怒，心下急痛。　琥珀：【略】乃鎮心化氣，行逐瘀血之藥也。善安心氣狂越，或躁亂不寧，驚悸怔忡，癲癇昏塞，殺邪魅，定驚搐，除蠱毒，去翳膜，破結氣，止血暈，消瘀血，合金瘡，通五淋，利小水。與茯苓所治不同而所生亦異。茯苓生於陽而成於陰；琥珀生於陰而成於陽。茯苓所生日淺，但可治氣而安心利水；琥珀所稟日深，蓋可治血而鎮心化氣也。　丹砂：【略】鎮固心氣，安定神明，乃心家血分之藥也。主寧心定志，止悸鎮驚，安魂定魄，壯氣精神。又能通血脈，止煩渴，涼心熱，殺鬼邪，却惡夢，驅邪瘧，明耳目，和五臟，療百病，治瘡瘍疥癬，瘰癧痔漏等症。久服通神明，延年不老。但丹砂生于炎方，秉離火之氣而成，體陽而性陰，故外顯丹色而內含真汞。其氣不熱而寒，離中有陰也；其味不苦而甘，火中有土也。是以同遠志、龍骨而養心氣；同當歸、丹參而養心血；同枸杞、地黃而養腎；同厚朴、川椒而養脾；同南星、川烏而祛風。又可以明目，又可以安胎，又可以解毒，又可以發汗。隨佐使而見效，無所往而不可者也。又小兒初生，細研乳調塗口中，令吮之，能解胎毒。又痘瘡將出，乳調服之，能解痘毒，令出稀少。古人常欲飛昇，將砂煉就靈藥服之，多生惡毒，何也？殊不知鎮固心神之藥，用之宜生而不宜熟，生則其氣輕揚，熟則其氣鎮墜，輕揚則發越于精神，鎮墜則有傷于藏府。且生則體輕，熟則體重。丹砂可服，水銀不可服，理固然也。《經》云，金石之藥不可多服，服之有損元氣，其中原有銀液，豈謬言哉。　珍珠：【略】主鎮心定志，安魂養魄，解結毒，化惡瘡，收內潰破爛之藥也。用與琥珀、人參同功，而治驚可稱為首劑。如驚悸怔忡，癲狂恍惚，神志不寧，魂魄散亂，及小兒血氣未定，精神未足，常多驚恐，以此神光寶足之物，而驚亂可鎮，神明自安矣。如目之瞳仁反背，翳膜昏障，以此光華受精開結之藥，而目可明也。又一切疽瘡，諸毒穿筋，潰爛損骨，破通關節，淋漓漏潰已久，膿血不收，以此精明瑩潔之物，而毒自解，膿自收，肌自長矣。又若宮女研細末而塗面，皆因光潔之美，潤肌肉，澤皮膚，而其色可增妍也。又云，珍珠入厥陰肝經，故能安魂定魄，明目治聾，解毒生肌。須研極細方可服，否則傷人臟腑矣。　金銀箔：【略】安心志，平肝氣，鎮癲狂，養魂魄，壯精神，除邪熱，主和五臟，寧六腑，為至寶之神藥也。小兒初生，驚風驚搐，驚癇驚哭，用此立效。蓋嬰孩初生，血氣未足，心神未定，如遇少驚，則恐惕而煩亂，或癲癇而搐搦，惟金銀為天地間神足氣滿之物，心神搖惑不定，藉此可以安鎮。蓋人身之中所主者心，心之所藏者神，神有所虧，則心不自守，而治心之病，必斂神為先也。故將神足之物而補其心，氣滿之物而充其神，使神足而心定，氣壯則心和矣。何況驚惕等症乎？　牛黃：【略】乃輕清之劑，清熱化痰，驅風解毒，定驚安邪之聖藥也。本草主神志不寧，癲狂妄動，或驚癇搐搦，忽作暈迷，或中風中惡，中熱中毒，失音不語，或魂魄飛揚，觸事喪志，或寒熱交作，乍見鬼神。此是心虛不寧，痰迷心竅之症，大人、小兒，牛黃皆可治也。但牛黃雖為治痰清心之藥，必得佐使而後可。故得丹砂而有寧神鎮氣之功，得參、苓而有保養元元之妙，得菖蒲、棗仁而有開達心孔之意，得山藥、遠志而有和平臟腑之理，得當歸、生地而有涼血安營之能，得龍腦、金銀而有清神壯志之美，得甘草、犀黃而有解時疫瘴癘，譫語狂言等症。或小兒初生，胎毒熱盛，并痘瘡熱結毒深，如紫黑焦枯者，用牛黃亦見回生。故治心之藥，無尚於牛黃，此世間神物，諸藥莫能及也。　浮小麥：【略】善斂虛汗之捷藥也。善除一切風濕在脾胃中，如濕勝自汗盜汗者，煎湯飲之立止。如陰陽兩虛自汗盜汗者，非其宜也。　猪心血：【略】治驚癇、癲疾、中惡、卒死之藥也。驚〔癇、癲〕疾，心氣閉而有痰也；中惡、卒死，心氣閉而有邪也。四症均屬心經，心主失令，血不歸元而然，用此藥以血導血也。用猪尾血以治痘瘡黑陷，取半盞好酒調服，須臾紅活，亦取生血回元之義。　蚺蛇膽：【略】退目翳，定癇疾，治小兒疳積成勞之藥也。主目赤腫痛，翳障昏朦，或五癇陡發，暴仆痰迷，或疳積久困，黃瘦成勞，或跌(蹼)〔撲〕杖打，血悶垂死，或厲風瘡癩，血潰肉崩，關節敗腐穢爛等症。用膽二三分，入口即安。功能化痰活血，護心止痛。受杖之人服此，使惡血流通，不上搏心，真救急之神丹也。　夜明砂：【略】消疳明目之藥也。破積聚，除寒熱，消瘰癧，治小兒無辜疳疾，大人血瘀氣滯，肝逆而成翳障目盲等症，皆足厥陰血分病也。　石決明：【略】去目翳赤障之藥也。專療肝肺風熱，治目疾，磨翳障，內服外點，無不相宜。須研細末水飛，方可入藥用。　雞肝：【略】補腎安胎，消疳明目之藥也。目乃肝小竅，疳本肝疾。小兒疳熱致虛，故成疳疾。目暗者，以肝和藥服，取其導引入肝，氣類相感之

用也。婦人胎娠，雖繫胞中，而實厥陰肝臟主之。今胎娠不安而欲墮者，以肝入養營諸丸，取其保固胞蒂養肝，以〔肝〕藏血之臟也。　羊肝：【略】補肝明目，治風淫目暗之藥也。如肝病目病，藥中搗為丸服，明目諸方，無出於此。　鯉魚膽：【略】主目熱赤痛，青盲翳障之藥也。治目患生翳，赤脈飛血纏睛，用膽汁滴銅鏡上陰乾，竹刀刮下，每點少許于目眥內。　人牙齒：【略】攻毒氣，發痘瘡倒靨之藥也。治痘癢陷伏，稱為神品。　初生臍帶：【略】補腎命，解胎毒，化痘毒之藥也。治痘瘡灰白，寒陷不起發者，炙燥為末，乳調服。　石首魚：【略】健養腸胃，清理積痢，消化瓜菓之藥也。骨能治久年腦漏。【略】　黃絲綿：【略】能治血虛消渴，血痢延久不愈。　鐵花落：【略】平肝氣，定狂怒，去賊風暴痙，定驚癇客忤，鬼擊鬼疰之藥也。煎汁飲服，不留滯於臟腑。借金虎之氣，以制肝木，不尅脾土，不受邪氣，諸疾咸消而寥兩南。治水腫溺脹，屢奏其功，有自來也。　斑蝥：【略】化瘰癧，托鼠瘻，爛疥癬，墮胎娠，通淋閉，潰死肌，解狂犬咬，以毒攻毒之藥也。此藥專主走泄下竅而潰化筋膜死肌，故瘰癧鼠瘻癬瘡，淋結不通諸症用之。　土茯苓：【略】健脾胃，強筋骨，去風濕惡毒之藥也。利關節，止泄瀉，治拘攣骨痛，惡瘡癰腫，楊梅結毒，屢有奇功。今之治楊梅等毒，多用輕粉，愈而復發，久則肢體拘攣，變為癰漏，延綿歲月，竟致廢篤。蓋此疾始由毒氣干于陽明而發，加以輕粉燥烈，久而水衰，肝挾相火，來凌脾土，土屬濕，主肌肉，濕熱鬱蓄于肌腠，故發為癰腫，甚則拘攣。《內經》所謂濕氣害人皮肉筋骨是也。土茯苓甘淡而平，能去脾濕，濕去，則營衛從而筋脈柔，肌肉實而拘攣癰漏愈矣。　使君子：【略】消疳殺蟲，健脾胃，除虛熱之藥也。主小兒五疳積聚，脾胃虧損，瀉痢頻頻，小便泔色，殺大人小兒諸蟲，及頭面、陰囊虛腫等症。但此劑味甘氣溫，既能殺蟲，又益脾胃，除虛熱而止瀉痢，為小兒百病之要劑也。　蕪荑：【略】除疳積之要品，殺諸蟲之神劑，乃幼科之要藥也，乃殺蟲消積化食之藥也。主心腹癥痛，積聚冷氣，除肌膚中風淫淫如蟲行，散腸中氣嗢嗢之喘息，殺中惡蟲毒，腸風痔瘻，惡瘡疥癬。又治婦人子宮風冷，小兒疳瀉冷痢，必兼訶子、肉蔻為良。然久服多服，亦能傷胃。

清·黃鈺《本經便讀》卷一　《神農本草經》上品　人參甘寒，開心益智。補五臟而安精神，定魂魄而止驚悸。久服則輕身延年，兼明目而除邪氣。　黃耆甘溫，敗瘡癰疽。既可排膿而止痛，並五痔鼠瘻而能醫。又主大風與癩疾，小兒百病兼補虛。　白朮氣味，甘溫入脾。風寒濕痹，痙疸死肌，止汗除熱，煎餌消食。久服輕身，延年不飢。　甘草甘平，功擅解毒。主治五臟與六腑，倍氣力而堅筋骨。除寒熱之邪氣，解瘡尰而長肌肉。　薯蕷甘平，入肺歸脾。除寒熱邪氣，主傷中虛羸。補中益力，強陰長肌。久服則耳目聰明，輕身延年而不飢。　肉蓯蓉甘，微溫無毒。勞傷補中，莖中痛除。養五臟而強陰，益精氣以多育。兼主婦人之癥瘕，若欲輕身須久服。洗去甲用。

地黃甘寒，絕筋折跌，填髓長肌，傷中逐血。生者作湯而除痹，兼除積聚之寒熱。不老輕身，久服始得。　天冬氣味苦平，主治諸暴風濕。療偏痺而強骨髓，殺三蟲而去伏尸。久服輕身益氣，故延年而不飢。　麥門甘平，心腹氣結，傷中傷飽，胃絡脈絕。又主羸瘦短氣，久服輕身可得。不必去心。　細辛辛溫，欬逆上氣，頭痛腦動，風濕痛痺，百節拘攣，死肌可治。久服則明目輕身，九竅亦利。　柴胡苦平，臟腑結氣，推陳致新，飲食積聚。久服明目益精，兼主寒熱邪氣。　黃連苦寒，主治熱氣。目痛眥傷而淚出，腸澼腹痛而下痢。婦人陰中腫痛，久服不忘善記。　防風甘溫，大風頭眩，惡風風邪，目盲無見。骨節痛疼，久服身健。　續斷氣味，苦溫無毒。金瘡癰瘍，折跌筋骨。通婦人之乳難，主傷寒而補不足。欲益氣力，須當久服。　牛膝苦酸，氣平無毒。痿痺肢攣，不可伸屈，傷熱火爛，血氣能逐。又主墮胎，孕婦忌服。　巴戟甘溫，補中益氣。安五臟而強筋骨，起陰痿而增腎志。專主大風，能除邪氣。　石斛甘平，傷中除痺。虛勞羸瘦，補臟下氣。強陰益精，兼厚腸胃。　澤瀉甘寒，風寒濕痺。養五臟而益氣力，肥健人而消水氣。兼主婦人之乳難，久服則耳目聰慧。　五味無毒，氣味酸溫。主治欬逆，益氣強陰，勞傷羸瘦，益男子精。　苡仁甘寒，久風濕痺，筋急拘攣，輕身益氣。　菟絲辛平，主補不足。益氣健人，絕傷可續。汁去面䵟，久服明目。　葳蕤甘平，中風暴熱，不能動搖，筋跌肉結。是諸不足，久服潤澤。　沙參苦寒，主除寒熱，補中益肺，驚氣血結。　遠志苦溫，傷中欬逆。聰耳明目，強志倍力。除邪氣而補不足，利九竅而智慧益。　菖蒲辛溫，風寒濕痺，開心通竅，欬逆上氣。明目出聲，耳聾便利。兼主癰瘡，亦溫腸胃。久服不忘，補臟益智，輕身延年，不老高志。　赤箭辛溫，殺鬼精物，長陰肥健，惡風蠱毒。善益氣力，須當久服。　車前甘寒，通便利水。濕痺能除，氣癃痛止。　羌活氣味，苦甘而平。風寒所擊，金瘡止疼。女子疝瘕，癇痙奔豚。倘能久服，耐

老身輕。　升麻甘平，苦寒無毒。頭痛寒熱，時氣癘疫。喉痛口瘡，風腫諸毒，中惡腹痛，蠱毒吐出。辟瘟瘴之邪氣，殺鬼精與老物。輕身延年，是在久服。　茵陳氣味，苦平微寒。熱結黃疸，濕熱風寒。久服益氣耐老，白兎食之亦仙。　甘菊氣味，苦平無毒。諸風頭眩，目痛淚出。去死肌而除濕痺，利血氣而宜久服。耐老輕身，延年可卜。　龍膽氣味，苦濇大寒。定五臟而殺蠱毒，主寒熱之在骨間。筋骨之絶傷可續，驚癇之邪氣能安。　紫蘇辛溫，下氣殺穀。除飲食而辟口臭，辟惡氣而去邪毒。輕身通神，貴在久服。梗寬脹而止心痛，枝通經而達脈絡，若用其子，下氣尤速。　蓮藕實莖，氣味甘平。益氣除疾，補中養神。久服不肌，耐老身輕。　芡實甘平，強志益精。主治濕痺，腰脊膝疼。補中除暴，耳目聰明。久服不飢，耐老身輕。　脂麻甘平，傷中虛羸。補五內而益氣，填髓腦而長肌。輕身不老，久服效奇。色黑者良。　益母花子，辛甘微溫。主除水氣，明目益精。葉作浴湯，能治隱瘮。

茜草苦寒，風寒濕痺。黃疸補中，血枯經閉。　茯苓甘平，胸脇逆氣。心下結痛則寒熱煩滿而欬逆，肝氣上逆則憂恚驚邪而恐悸。因之口焦舌乾，惟期小便得利。若欲安魂養神，是非久服不至。　猪苓甘平，通利水道。蠱疰不祥，痎瘧亦效。　牡桂辛溫，上氣欬逆。結氣喉痺，兼治吐吸。利關節而補中益氣，通神明而久服始益。　菌桂辛溫，主治百病。養精神而和顏色，為諸藥通使之先聘。不老輕身，久服乃應。　橘皮氣味，苦辛而溫。瘕熱逆氣，水穀通行。久服去臭，下氣通神。　枸杞苦寒，五內邪氣，熱中消渴，風濕周痺。久服則堅筋骨而耐寒暑，洵為服食之上劑。　木香辛溫，主辟邪氣。毒疫溫鬼，淋露強志。久服則陰陽氣和，不至夢寤而魘寐。　杜仲氣味辛平，補中而益精氣。主腰膝之痛疼，堅筋骨而強志。陰下之濕癢可除，小便之餘瀝亦治。　桑根白皮，甘寒氣味。主治傷中羸瘦，五勞六極可治。又主崩中絶脈，兼能補虛益氣。　桑上寄生，氣味苦平。長鬚眉而堅髮齒，充肌膚而主腰疼。兼治小兒之背強癰腫，女子之胎氣安甯。　槐實苦寒，五內邪熱。治五痔而療火瘡，止涎唾而補傷絶。兼主婦人乳難，子臟痛劇。　柏實甘平，主治驚悸。除風濕之痺痛，安五臟而益氣。久服則耳目聰明，潤澤美麗。　大棗甘平，心腹邪氣。補氣則通竅助經，安中則養脾平胃。滋津液而補不足，和百藥而四肢亦利。　朴硝苦寒，百病可治。去固結留瘕，除寒熱邪氣。能化七十二種石，善逐臟腑之積聚。　丹砂味甘，微寒無毒。主身體五臟之百病，殺精魅邪惡之鬼物。安魂魄而養精神，益中氣而明雙目。不老通神，是在久服。　滑石甘寒，寒熱積聚。身熱洩澼，小便癃閉。女子乳難，兼益精氣。　紫石英甘，氣溫無毒。主心腹欬逆之邪氣，補肝脾二經之不足。女子風寒在子宮，絶孕十年而不育。久服溫中，延年可卜。　石脂甘平，黃疸洩痢。腸澼膿血，赤白下利。惡瘡頭瘍，癰腫疽痔。陰蝕疥瘙，補髓益氣。肥健不飢，久服之利。石有五色，隨五臟氣。　餘糧甘寒，欬逆寒熱。大熱煩滿，下利赤白。血閉癥瘕，能消濕熱。鍊餌服之，不憂糧絶。　髮髲苦溫，主治五癃。利小便水，關格不通。又能療小兒驚大人痓，而有自還神化之功。　龍骨甘平，鬼精物絶。又主欬逆，洩痢膿血。女子漏下，癥瘕堅結。小兒驚癇，由氣之熱。治痰如神，水歸其宅。　阿膠甘平，心腹內崩，勞極如瘧，四肢酸疼，腰腹空痛。女子血崩，安胎有效，久服身輕。　白膠甘平，補中益氣。腰痛羸瘦，勞傷可治。止痛安胎，無子血閉。　牛黃苦平，驚癇寒熱。熱盛狂痓，逐鬼除邪。　麝香辛溫，主辟惡氣。殺鬼精物，三蟲可去。溫瘧驚癇，除邪魘寐。兼療蠱毒，孕婦當忌。　石蜜甘平，補中益氣。止痛解毒，諸驚癇痓。安五臟之不足，主心腹之邪氣。和百藥而除眾病，久服則輕身強志。　龜板之氣味甘平，破癥瘕而攻痎瘧。療五痔與陰蝕，去濕痺而健肢弱。又主漏下赤白，小兒顖骨不合。　牡蠣鹹平，傷寒寒熱。驚恚怒氣，帶下赤白。祛溫瘧而除拘緩鼠瘻，殺邪鬼而能堅強骨節。　桑螵鹹平，利水通淋。傷中疝瘕，陰痿遺精。女子血閉，兼治腰疼。　空青甘酸，寒而無毒。主治青盲，聰耳明目。利九竅而通血脈，養精神而益肝木。輕身延年，是在久服。　礬石氣味，酸寒無毒。寒熱洩痢，惡瘡痛目，白沃陰蝕。堅強齒骨，輕身增年，須鍊餌服。　膽礬酸辛，氣寒有毒。主諸癇痓，金瘡明目。女子陰蝕，崩中血出。石淋寒熱，諸邪氣毒。　蛇牀之氣味苦平，除痺氣而利關節。男子陰痿濕癢，婦人陰腫痛劇。又主癲癇與惡瘡，久服輕身好顏色。　蒺藜之氣味苦溫，主治惡血而破癥。療喉痺與乳難，並積聚而能平。久服則長肌肉，明目而輕身。　莧實氣味，甘寒無毒。主治青盲，除邪明目。利大小便，寒熱可除。欲益氣力，端在久服。　麻仁甘平，補中益氣。久服肥健，神仙可至。　瓜蒂氣味，苦寒有毒。主身面四肢之浮腫，下水氣而殺蠱毒。又主欬逆上氣，及諸病之在胸腹。功兼吐下，虛人慎服。　松脂氣溫，味苦而甘。癰疽惡瘡可治，白禿頭瘍能痓。又主疥瘙之風氣，熱除而

五臟亦安。久服輕身，不老延年。　辛夷無毒，氣味辛溫。主五臟身體之寒熱，去面皯而風動腦疼。久服則明目增年，耐老輕身。　棗仁酸平，邪結氣聚，心腹寒熱，酸痛濕痹。久服則五臟亦安，年延身利。　蕤仁甘溫，主治明目。眥爛腫痛，赤傷淚出。又主邪熱，氣結胸腹。益氣輕身，尤在久服。　女貞氣味苦平，安五臟而養精神，補中虛而除百病，久服則肥健輕身。　五加辛溫，益氣療躄，心腹疝痛，疽瘡陰蝕。　蔓荊氣味，苦而微寒。主筋骨間之寒熱，祛濕痹而治拘攣。去白蟲而輕身耐老，利九竅而目明齒堅。　地膚苦寒，補中益精。治膀胱熱，利小便淋。久服耐老，耳目聰明。　龍齒澀涼，主殺精物。痙痓癲狂，驚癇可除。心下結氣，喘息能續。　瓜子即冬瓜子。甘平，令人悅澤。益氣不飢，並好顏色。　雲母甘平，身皮死肌，中風寒熱，如在船車。益子精而輕身明目，安五臟而邪氣可除。　蓬虆無毒，氣味酸平。主安五臟，益精長陰。強志倍力，久服身輕。李時珍曰：蓬虆、覆盆子，一類二種。　蒼朮苦溫，風寒濕痹。痙疸可除，死肌能治。若欲輕身延年而不飢，是在久服作煎餌。陳修園曰：與白朮功用略同，偏長于消導。汗多者大忌之。　白英甘寒，補中益氣。寒氣入疸，消渴亦治。輕身延年，久服之利。　冬葵子甘，寒滑無毒。主臟腑寒熱之羸瘦，利小便而五癃可除。久服輕身延年，堅骨而長肌肉。　草決鹹平，主治青盲，赤白翳膜，目中膚淫，眼赤淚出，久服益精。　蒲黃之氣味甘平，主心腹膀胱之寒熱。兼利小便，消瘀止血。　乾漆氣味，辛溫無毒。主治絕傷，能續筋骨。填髓腦而安五臟，並風寒濕痹以消除。生者功能去長蟲，耐老輕身在久服。　文蛤無毒，寒平氣味。主治惡瘡，兼蝕五痔。　雄雞肉甘，氣溫無毒。主辟不祥，通神殺毒。女人崩漏，下赤白沃。　鯉魚膽苦，氣寒無毒。目熱赤痛，青盲明目。益氣強悍，是在久服。　蜜蠟甘溫，下痢膿血。主治金瘡，補中續絕。益氣不飢，耐老可得。　夜明砂辛，稟寒水氣。治面癰腫，主除驚悸。皮膚時痛，腹中血氣。兼破積聚寒熱，後人用治目翳。　漏盧鹹寒，皮膚熱毒，惡瘡疽痔，濕痹乳出。益氣輕身，聰耳明目。不老延年，是在久服。

清·黃鈺《本經便讀》卷二　《神農本草經》中品　乾薑辛溫，欬逆上氣。止血出汗，逐風濕痹。兼治胸滿，腸澼下痢。生者尤良，溫中之劑。　生薑氣味，辛而微溫。久服去臭氣，可以通神明。　葱白氣味，辛平無毒。治傷寒之發熱惡寒，中風之浮腫面目。並能出汗，可作湯服。　當歸苦溫，上氣欬逆。又主但熱不寒之溫瘧，及寒熱沈沈之在膚皮。婦人漏中絕子，瘡瘍金瘡能治。如法飲之，貴在煮汁。　芎藭味辛，稟春溫氣。主中風入腦之頭痛，拘攣緩急而寒痹。又主金瘡，婦人血閉。　淫羊藿辛，稟寒水氣。主陰痿與絕傷，益氣力而強志。莖中痛除，小便能利。　荊芥辛溫，氣勝於味。主治寒熱，破積聚氣。鼠瘻瘰癧並生瘡，除濕疸而下血瘀。　麻黃苦溫，發汗之劑。風寒頭痛，欬逆上氣。去邪熱而已溫瘧，破癥堅而消積聚。　葛根氣平，具甘辛味。主消渴而解大熱，止嘔吐而愈諸痹。兼解諸毒，亦起陰氣。至若葛穀之氣味甘平，通治十歲以上之下痢。　黃芩苦寒，腸澼洩痢。主諸熱與黃疸，逐水而下血閉。惡瘡疽蝕，火瘍亦治。　玄參氣寒，具有苦味。女子產乳餘疾，腹中寒熱積聚。令人目明，能補腎氣。　丹參苦寒，心腹邪氣。腸鳴幽幽，寒熱積聚。破癥堅而除瘕，止煩滿而益氣。　丹皮辛寒，主治寒熱。中風則瘈瘲及驚癇，邪氣留腸胃為舍宅。療癰瘡而安五臟，除癥堅而消瘀血。　防己辛平，熱氣諸癇。風寒溫瘧，除邪利便。　狗脊苦平，頗利老人。主腰背強而關機緩急，治周痹痛而寒濕膝疼。　秦艽苦平，寒熱邪氣。肢節痛疼，寒濕風痹。又主下水，小便能利。　紫(苑)〔菀〕苦溫，上氣欬逆。又主胸中，寒熱氣結。安臟去蟲，兼療痿躄。　知母氣味，苦寒無毒。主治消渴熱中，下水而補不足。兼治肢體浮腫，益氣而邪氣可除。　貝母氣平，具有辛味。傷寒煩熱，淋瀝邪氣。乳難金瘡，疝痛喉痹。性主陽明，風痙亦治。　花粉苦寒，消渴身熱。補虛安中，煩滿大熱。陰絡有傷，能續其絕。蔞仁用治胸痹結胸，以其能開胸前之結。　芍藥苦平，腹痛邪氣。破堅積疝瘕，除寒熱血痹。益氣止痛，小便能利。　木通氣味辛平，主除脾胃寒熱。通利九竅，血脈關節。令人不忘，惡蟲可滅。　白芷辛溫，漏下赤白，血閉陰腫，頭風寒熱。止目淚而長肌膚，作面脂而能潤澤。　苦參苦寒，心腹結氣。黃疸癰疽，癥瘕積聚。逐水補中，明目止淚。　水萍氣寒，味具辛辣。下水氣而勝酒，除身癢而長鬚髮。又主暴熱與消渴，久服得輕身大法。　欵冬氣溫，中含辛味。主治欬逆，善喘喉痹。療諸驚癇，寒熱邪氣。　厚朴苦溫，木氣火味。風寒頭痛，寒熱驚悸。行氣血而治痺痛死肌，散寒濕而三蟲可去。能得言外之旨，用以寬脹下氣。　卮子苦寒，五內邪熱。酒皰皶鼻，癩疾赤白。又主瘡瘍，面赤胃熱。　枳實之氣味苦寒，主大風之在皮膚。如麻豆兮苦痒，寒熱結兮可除。益氣而利五臟，止痢而長肌肉。　黃蘗苦寒，腸胃結

熱。療黃疸與腸痔，主五臟而止痢洩。兼治女子陰傷蝕瘡，漏下赤白。　山茱萸酸，氣平無毒。主治心下邪氣，寒濕之痺可逐。祛寒熱而去三蟲，溫中輕身宜久服。去核。　吳茱萸辛，氣溫小毒。溫中下氣而止痛，並血痺濕氣而能除。兼主欬逆寒熱，開腠理而風邪可逐。　杏仁之質性，冷利有小毒。其氣味則甘，苦而〔微〕帶溫。主欬逆上氣，喉痺而雷鳴。通產乳兮而功專下氣，療金瘡兮並寒心奔豚。湯泡去皮尖，雙仁者大毒，勿用。　烏梅酸澀，氣稟溫平。下氣除熱，煩滿安心，止肢體痛，偏枯不仁。能蝕惡肉，去痣黑青。　犀角苦酸，鹹寒無毒。主蠱疰邪鬼瘴气，解鉤吻鴆羽蛇毒。除邪則不迷惑魘寐，輕身則貴在於久服。　麢羊角鹹寒，主明目益氣。辟蠱毒而止注下，去惡血而起陰器。兼辟惡鬼不祥，常不夢寤魘寐。　鹿茸甘溫，漏下惡血，益氣強志，驚癇寒熱。生齒不老，大補督脈。　鼈甲鹹平，能去痞疾。心腹寒熱，癥瘕堅積。痔核惡肉，蝕肉陰蝕。　殭蠶氣味，鹹辛而平。主治小兒，夜啼癇驚。滅黑䵟而令人面色光好，去三蟲而療男子之癢在陰。陳修園曰：凡稟金氣色白之藥，俱不宜炒。　蚱蟬鹹寒，得金氣全。主小兒驚癇夜啼，寒熱病癲。古人用蟬，令人用蛻，氣性亦相近。　石膏氣寒，辛味白質。中風寒熱，心下氣逆。兼主口乾舌焦，驚喘而不能息。除邪鬼而療腹中堅痛，主陽明而產乳金瘡有益。　寒水石辛，氣寒無毒。主邪氣身熱之中皮膚，除煩滿積聚之在胸腹。　食鹽甘鹹，氣寒無毒。腸胃結熱，喘逆可服。病在胸中，令人吐出。　陽起石鹹，微溫無毒。主治崩漏，子臟血鬱。破癥瘕而療腹痛，起陰痿而補不足。　水銀氣味，辛寒有毒。主治疹瘻，痂瘍白禿。殺皮膚虱，及五金毒。除熱墮胎，未可輕服。　雄黃味苦，平寒有毒。主治寒熱，殺鬼精物。鼠瘻惡瘡，疽痔蟲毒。兼療死肌，輕身鍊服。　硫黃氣味，酸溫有毒。主治婦人，陰蝕疽痔。能化金銀，銅鐵奇物。兼除白禿頭瘡，去惡血而堅筋骨。　慈石無毒，氣寒味辛。風濕周痺，肢節痛疼。消除煩滿大熱，以及耳聾無聞。　紫參苦寒，心腹積聚。邪氣寒熱，通竅便利。　地榆氣味，苦寒無毒。主婦人乳產痓痛，並七傷五漏而兼除。治帶下而止汗痛，療金瘡而除惡肉。　白鮮苦　紫草氣寒，具有苦味。治五疸而心腹邪除，利九竅而補中益氣。寒，欬逆淋瀝。頭風黃疸，濕痺死肌。兼主女子之陰中腫痛，並治不可屈伸之在四肢。　澤蘭苦溫，品列於中。主治金瘡，癰腫瘡膿。　木耳小毒，氣味甘平。益氣不飢，強志輕身。　茅根甘寒，補中益氣。勞傷虛羸，瘀血血閉。兼除寒熱，小便可利。　白微氣味，苦鹹而平。主暴中風而身熱肢滿，心忽忽而不知人。並治狂惑邪氣，寒熱酸疼。溫瘧洗洗，有時而興。　藁本辛溫，頭風痛除。陰寒腫痛，腹中急促。兼主婦人之疝瘕，悅顏色而長肌肉。　海藻氣味，苦鹹而寒。主治癭瘤結氣，散項下硬核痛堅。下水腫而消癥瘕癰腫，腹中上下雷鳴而亦安。　敗醬苦平，疥瘙疸痔。兼主暴熱，火瘡赤氣。　瞿麥苦寒，主治關格。明目去翳，便閉癃結。出刺決癰，墮胎下血。　蓼實辛溫，溫中明目。耐風寒而下水氣，消浮腫而解癰毒。　紫葳即凌霄花。氣味，酸寒主血。崩中癥瘕，血閉寒熱。補羸瘦而養胎，祛產乳之餘疾。　黑大豆甘，氣平無毒。生研則塗癰腫而止痛，煮汁則殺鬼精而解毒。　卷主濕痺，膝痛攣縮。　赤小豆平，味甘而酸。主下水腫，癰膿排焉。　百合甘平，主治邪氣。腹脹心痛，大小便利。　土瓜根苦，稟寒水氣。寒熱酸疼，血瘀月閉。益氣愈聾，消渴肉痺。　石韋苦平，勞熱邪氣。癃閉不通，水道可利。　蜀椒有毒，氣味辛溫。主邪氣欬逆，溫中而下氣。逐骨節皮膚，寒濕之痺疼。久服則頭不白，增年而輕身。　秦椒有毒，氣味辛溫。除風邪氣，去寒痺疼。堅齒明目，久服身輕。　秦皮苦寒，風寒濕痺。除身中之洗洗寒熱，祛目中之白膜青翳。　皂莢辛鹹，溫有小毒。主治風痺，風頭淚出。利九竅而去死肌，逐邪氣而殺精物。　竹葉苦平，上氣欬逆。主殺小蟲，惡瘍筋急。根竹湯服，渴止氣益。又能補虛，下氣可必。　露蜂房毒，甘平氣味。驚癇瘈瘲，寒熱邪氣。癲疾鬼精，蠱毒腸痔。火熬之良，用克有濟。　䗪蟲有毒，鹹寒氣味。主心腹洗洗寒熱，破癥瘕而下血閉。　䖟苦寒而有毒，破堅積而逐瘀血。通血脈而利九竅，消癥瘕而除寒熱。　蠐螬味鹹有毒，稟春溫之木氣。主脇下堅滿血痛，破血痺而通月閉。又主目中青翳白膜，消惡血而逐血瘀。　氣溫味鹹，厥有烏賊。主治血閉，漏下赤白。陰蝕腫痛，癥瘕寒熱。　蟹鹹小毒，寒主熱疾。邪氣結痛，面腫喎僻。燒之致鼠，大能敗漆。　石灰氣味，辛溫有毒。主治疽瘍疥癩，瘡毒死肌，墮胎熱氣。可逐殺五種痔蟲，去黑子息肉。　蠡實甘平，風寒濕痺。皮膚寒熱，胃中熱氣。久服輕身，筋骨堅緻。花實莖葉，白蟲可去。　鐵落辛平，得金氣強。主治風熱，諸惡瘡瘍。氣在皮膚，善怒發狂。　蕪荑辛平，化食去蟲。兼治五內邪氣，溫毒在皮骨中。　刺猬苦平，陰腫陰蝕。痛引腰背，下血白赤。又主五痔，五色血汁。酒煮服之，諸證以息。

清・黃鈺《本經便讀》卷三　《神農本草經》下品　附子有大毒，具辛溫氣味。主風寒邪氣欬逆，破血瘕癥堅積聚。膝痛拘攣不能行，寒濕痿躄亦能治。兼主金瘡，溫中峻劑。　半夏有毒，辛平能散。主治咽喉之腫痛，胸脹欬逆而頭眩。傷寒寒熱心下堅，腸鳴下氣而止汗。　大黃無毒，苦味寒氣。主下瘀血，寒熱血閉。留飲宿食，癥瘕積聚。通利水穀而化食調中，推陳致新而蕩滌腸胃。五臟安和，其效無對。　桃仁苦平，瘀血血閉。兼殺小蟲，癥瘕邪氣。雙仁者大毒。　旋覆鹹溫，味勝於氣。去五臟間之寒熱，治脇下滿而驚悸。惟其散結氣而除水，所以能補中而益氣。　桔梗小毒，辛溫氣味。胸脇腹滿，痛如刀刺。腸鳴幽幽，驚恐悸氣。　葶藶辛寒，主治結氣。飲食寒熱，癥瘕積聚。破堅逐邪，水道通利。　連翹苦平，主治寒熱。鼠瘻瘰癧，癰腫瘡(節)〔癤〕。兼療癭瘤，蠱毒熱結。　夏枯草寒，味苦而辛。寒熱瘰癧，破癥散癭。療鼠瘻頭瘡與結氣，治脚腫濕痺而輕身。　代赭石苦，氣寒無毒。主鬼疰賊風，殺惡鬼精物。女子赤沃漏下，腹中邪氣蠱毒。　戎鹽鹹寒，主治明目。可去毒蠱，能堅肌骨。　鉛丹辛寒，反胃吐逆。除熱下氣，驚癇癲疾。　胡粉辛寒，主治伏尸。能殺三蟲，兼治毒螫。　貫眾味苦，微寒有毒。主腹中邪熱之氣，殺三蟲而解諸毒。　白頭翁苦溫，溫瘧可折。癥瘕積聚，狂陽寒熱。止腹痛而療金瘡，散癭氣而逐瘀血。　白及氣平，味苦有餘。主治癰腫，惡瘡敗疽。胃中邪氣，傷陰死肌。並賊風鬼擊而可治，痱緩不收亦能醫。　青葙莖葉，苦寒無毒。主治邪氣風瘙癢，除皮膚中熱，殺三蟲毒。子療脣口之青，後人用以明目。　澤漆味苦，微寒無毒。主皮膚熱，水氣大腹。四肢面目浮腫，丈夫陰氣不足。　商陸氣味，辛平有毒。主治水腫，疝瘕痺熨。兼除癰腫，殺鬼精物。　藜蘆氣味，辛寒有毒。主治毒蠱欬逆，洩痢腸澼可除。療頭瘍疥瘙之惡瘡，去死肌而殺諸蟲之毒。　天雄大毒，氣味辛溫。主治大風，寒濕痺疼。歷節痛而拘攣緩急，強筋骨而輕身健行。　兼破積聚邪氣，金瘡得暖而生。　烏頭氣味，辛溫大毒。中風惡風，洗洗汗出。主寒熱與欬逆上氣，破積聚而寒濕痺除。　狼牙苦寒而有毒，主治邪氣與熱氣。兼主疥瘙及惡瘍，去白蟲而療瘡痔。　大戟氣味，苦寒小毒。主治蠱毒十二水，積聚急痛滿在腹。中風皮膚之痛疼，嘔吐氣逆皆可除。　甘遂氣味，苦寒有毒。大腫疝瘕，浮腫面目。破癥堅積聚而消腹滿，去留飲宿食而利水穀。　常山氣味，苦寒有毒。傷寒寒熱，溫瘧鬼毒。痰結胸中，吐逆可服。　蜀漆有毒，辛平氣味。治瘧寒熱，欬逆上氣。腹中癥瘕，堅痞積聚。兼治蠱毒，鬼疰邪氣。　南星大毒，氣味苦溫。寒熱結氣，伏梁傷筋。療拘緩而利水道，去積聚而治心疼。《本經》名虎掌。　射干苦平有毒，主治上氣欬逆。喉痺咽痛，不得消息。散飲食之大熱，腹中氣結邪逆。　芫花小毒，氣味辛溫。主治欬逆，咽腫喉鳴。殺蟲魚而癰腫可去，祛鬼瘧而疝瘕亦平。　楝實小毒，氣味苦寒。主治溫疾，大熱狂煩。殺三蟲而療瘍疥，利小便而治傷寒。　巴豆辛溫有毒，主治溫瘧寒熱。去留飲痰澼，破癥瘕堅結。去惡肉而除邪殺蟲，利水穀而開通閉塞。　梓白皮苦，氣寒無毒。能去三蟲，主治熱毒。　斑蝥辛寒有毒，主治鼠瘻瘡疽。去寒熱而除蠱疰，破石癃而蝕死肌。　水蛭氣平，鹹苦有毒。主利水道，惡瘀能逐。善破血瘕，月閉可服。　螻蛄鹹寒，主治產難。除惡瘡而潰癰腫，出肉刺而哽噎以安。　鼠婦酸溫，氣癃月閉。利水墮胎，血瘕癇痓。　蜣螂鹹寒而有毒，主治寒熱之腹脹。叶平聾。小兒驚癇瘈瘲，大人癲疾狂陽。　白魚無毒，溫氣鹹味。摩小兒中風，背起項強。治婦人疝瘕，小便不利。　白斂苦平，主散氣結。目赤癰疽，止痛除熱。小兒驚癇溫瘧，女子陰蝕赤白。　雷丸苦寒，殺蟲無比。逐毒氣而除胃熱，利丈夫不利女子。　羊蹄苦寒，主除熱疾。頭禿疥瘙，女子陰蝕。　苦瓠有毒，氣寒味苦。主治水腫，能令人吐。　蔓椒苦溫，風寒濕痺。歷節膝痛，四肢厥氣。煎作浴湯，取汗大利。　白堊味苦，稟春溫氣。寒熱癥瘕，月閉積聚。　石南氣味，辛苦而平。主養腎氣，內傷衰陰。療風痺積聚，利皮毛骨筋。　蛇蛻鹹甘，氣平味劣。主治小兒，驚癇寒熱，癲疾瘈瘲，搖頭弄舌。腸痔蠱毒，取效甚捷。火熬之良。　茶葉氣味，苦甘微寒。止渴少睡，利便去痰《神農食經》。

清・黃鈺《本經便讀》卷四　《名醫別錄》梁陶弘景　藿香氣味，辛甘而溫。去惡氣而主風水毒腫，止霍亂而治心腹痛疼。　前胡苦寒，推陳致新。胸中痞滿，氣結腹心，傷寒寒熱，風頭痛疼。去痰下氣，明目益精。　香附微寒，具有甘味。充皮毛而除胸中熱，長鬚眉而令人益氣。　茯神甘平，益智開心。療虛勞風眩，止恚怒悸驚。辟不祥而善記憶，安魂魄而養精神。　竹茹甘寒，主治吐血。嘔啘溫氣，崩中寒熱。　竹瀝味甘，大寒無毒。療中風風痺胸熱，止煩悶消渴勞復。　木瓜酸溫，主治濕痺。吐下轉筋，霍亂脚氣。　枇杷葉苦，氣平無毒。卒啘不止，下氣最速。　龍眼甘平，久服強魂，安志

厭食，不老輕身。去三蟲而除蠱毒，安五臟而通神明。　小麥甘寒，主除客熱。利小便而止咽燥煩渴，養肝氣而止漏血唾血。　藊豆氣味，甘溫無毒。主治和中，下氣可卜。　穀芽苦溫，消穀下氣。又主寒中，除熱導滯。麥芽鹹溫，主治略同。　豆豉苦寒，頭痛寒熱。煩躁滿悶，瘴氣毒烈。兩脚疼冷，虛勞喘吸。　飴糖甘溫，止渴去血。主補虛乏，建中可得。　香薷辛溫，主治霍亂。腹痛吐下，水腫能散。　白芥子辛，氣溫無毒。胸膈痰冷，黃赤面目。發汗下氣，敷射工毒。　虎骨辛熱，主邪惡氣。療鼠瘻而治惡瘡，殺鬼疰而止驚悸。　檳榔苦辛，氣溫而澀。消穀逐水，除痰癖結。主殺三蟲，兼療寸白。　牽牛子苦，寒而有毒。主下氣而療水脹，利小便而除風毒。　忍冬無毒，氣味甘溫。主治寒熱身腫，久服長年輕身。　鉤藤無毒，氣味微寒。主治小兒，寒熱驚癇。　人乳甘鹹，氣平補臟。令人肥白，悅澤有象。　小便氣寒，具有鹹味。主療寒熱，頭痛溫氣。　萆薢苦平，主治氣熱。風寒濕痺及惡瘡不瘳，腰脊痛疼而堅強骨節。又主傷中恚怒，陰痿失溺。老人五緩，關節老血。　白前甘溫，主治胸脅。欬逆上氣，呼吸欲絶。　側柏苦溫，治吐衄血。益氣輕身，崩中赤白。去濕痺而耐暑寒，生肌肉而止痢血。　艾葉苦溫，吐血下利。辟風長肌，下部瘡䘌。婦人漏血，陰氣亦利。作炷灸疾，百病可治。　牛蒡子辛，氣平無毒。主除風傷，補中明目。　王不留行，氣味苦平。金瘡止血，出刺逐疼。止心煩鼻衄，除風痺瘡侵。兼主婦人產難，久服耐老身輕。　蒴藋無毒，氣味苦寒。主骨間痺，四肢拘攣。陰痿短氣，疼酸膝寒。　陳倉米溫，味酸而鹹。調胃止洩，下氣除煩。　秫米甘寒，主利大腸。兼治寒熱，可療漆瘡。　米醋氣溫，酸苦無毒。主散水氣，消癰殺毒。　米酒有毒，主行藥勢。氣味苦甘而辛熱，殺百邪與惡毒氣。　韭味辛酸，氣稟溫濇。歸心安臟，除胃中熱。大利病人，久食可得。　韭子氣味，辛甘而溫。主治夢中溺血遺精。　薤白辛苦而溫滑，主歸骨而除寒熱。療諸瘡風寒水腫，去水氣而溫中散結。兼利病人，可作羹食。　大蒜有毒，辛溫氣味。主歸五臟，散癰腫䘌。兼除風邪，亦殺毒氣。　甘蔗平濇，實有甘味。下氣而利大腸，和中而助脾氣。　乳香無毒，氣味辛溫。主風水毒腫，去惡氣隱疹。　李根白皮，氣味大寒。奔豚消渴，氣逆心煩。　楮實甘寒，益氣充肌。陰痿水腫，明目不飢。　良薑無毒，氣味辛溫。胃中冷逆，霍亂腹疼。　草果味辛，性濇氣溫。止嘔吐而去口臭，主溫中而治腹疼。　蟬蛻甘鹹，

氣寒無毒。小兒驚癇，婦人艱育。又治久痢，燒灰水服。　穿山甲鹹，微寒有毒。主治五邪，驚啼悲哭。用方寸匕，燒灰水服。療蟻瘻瘡癩，及諸疰疾毒。　石決鹹平，主治青盲。目障翳痛，久服益精。　雞子黃甘，稟春溫氣。醋煮治小兒發熱，產後虛痢。煎食則煩熱可除，鍊過則嘔逆亦治。　味甘氣寒，惟雞子白。主目熱赤痛，除心下伏熱。止煩滿欬逆，治小兒下泄。　生吞治產難，胞衣不出；　醋浸療黃疸，破大煩熱。　雞矢白寒，主破石淋。傷寒寒熱，消渴轉筋。利便止遺，兼滅瘢痕。　亂髮氣味，苦而微溫。止血鼻衄，欬嗽五淋。二便不通，小兒癇驚。　羊肉大熱，味苦而甘。主暖中及字乳餘疾，頭風汗而虛勞冷寒。補中益氣，驚止心安。　白馬通溫，止渴無毒。主治吐血，下血鼻衄，婦人崩中，金瘡血出。　獺肝氣味，甘溫有毒。主除魚鯁，鬼疰蠱毒。兼止久嗽，燒灰酒服。　竈心土辛，微溫無毒。吐血崩中，欬逆血出。癰腫毒氣，用醋調塗。　蜘蛛微寒，而有小毒。治大人小兒㿗疝，㿗音頹，亦作癩，陰病也。及小兒丁奚大腹。奚亦作絲，音系，註云：聯屬也。三年而不能行，吸蜈蚣蜂蠆螫毒。　粳米氣平，味苦而甘。益氣止洩，止渴止煩。　黃精甘平，主除風濕。五臟可安，中補氣益。延年輕身，貴在久食。　大薊甘溫，安胎止血。又主女子，帶下赤白。小薊性同，養精保血。　苧根甘寒，主貼熱丹。行滯破瘀，胎氣可安。漚麻之汁，止消渴煩。　蘘荷氣味，辛溫小毒。中蠱及瘧，擣汁與服。　蔓菁根葉，氣味苦溫。主利五臟，益氣輕身。子苦辛平，常服目明。　沉香辛溫，主去惡氣。風水毒腫，並皆能治。　覆盆無毒，氣味甘平。令髮不白，益氣輕身。　銀屑辛平，安臟定神。除邪止悸，久服輕身。

《唐本草》唐蘇恭　鬱金苦溫，止血生肌。下氣破血，金瘡可醫。　山楂酸冷，主止水痢。沐頭洗身，瘡癢能治。　薄荷辛溫，傷寒發汗。惡氣賊風，脹滿霍亂。下氣消食，生熟隨便。　蒲公英甘，氣平無毒。乳癰水腫，外封內服。　椒目無毒，苦味寒氣。除服脹滿，治水便利。　胡椒味辛，大溫無毒。下氣溫中而去痰，臟腑風冷皆可除。　片腦辛苦，微稟寒氣。主心腹邪風濕積聚，耳聾明目去目赤翳。　訶黎勒苦，無毒而溫。主下食而治冷氣，並脹滿之在腹心。　蘇木甘寒，氣平無毒。產後血脹，取濃汁服。　胡黃連苦，氣平無毒。治骨蒸勞熱，補肝膽明目。療洩痢與五痔，並五心煩熱而可除。　陀僧辛平，主治久痢。面上瘢䵟，金瘡五痔。　薑黃辛苦，下氣破血。

治心腹結積疰忤，消癰腫而除風熱。　菟葵氣味甘寒，下諸石淋蛇虎，諸瘡
解毒止疼。　三白草寒，味辛而甘。利大小便，破癖消痰。積聚水腫，脚氣
亦安。　酢漿酸寒，主解熱渴。殺諸小蟲，瘍瘻瘡惡。　芸薹辛溫，主治乳
癰。風遊丹腫，擣傅效隆。　血竭氣平，甘鹹無毒。心腹卒痛，金瘡血出。
破積去邪，止痛生肉。

《本草拾遺》唐陳藏器　烏藥氣味，辛溫無毒。中惡腹痛，鬼氣蠱毒。宿
食不消，天行瘴疫。膀胱腎間，冷氣衝突。兼治婦人血氣，小兒諸蟲在腹。
小茴辛溫，消脹下食。氣結而兩肋痞滿，腹冷而霍乱嘔逆。　益智辛溫，
益氣安神。小便餘瀝，虛漏遺精。利三焦而補不足，調諸氣而固腎根。　馬
齒莧酸，氣寒無毒。止消渴而破痃癖，主腫瘻而治疣目。　猪膽苦寒，傷寒
熱中。敷小兒頭瘡，治大便不通。　山慈姑甘，微辛小毒。癰腫瘡瘻，磨醋
可塗。兼治瘰癧，面䵟能除。　輕粉辛溫有毒，主殺瘡疥䘌蟲。瘰癧疳痺，
大腸可通。　蓽茇辛溫，下氣消食。溫中補腎，療陰疝癖。

《藥性本草》唐甄權　神麴味辛，甘溫無毒。主消宿食，善化水穀。癥結
積聚能除，暖胃健脾可服。　獨活苦辛，諸中風濕。勞損風毒，奔喘氣逆。
皮膚苦痒，手足攣急。

《蜀本草》蜀韓保昇　金櫻酸澀，主澀精氣。止小便多，脾洩下痢。耐寒
輕身，久服有濟。

《開寶本草》宋馬志　何首烏苦，氣溫無毒。主治瘰癧，消癰腫毒。兼療
五痔風瘡，帶下諸疾可除。止心痛而黑髭髮，益精髓而長筋骨。久瘧久痢，
是惟可服。　延胡辛溫，主治破血，崩中淋露，月閉塊結。產後血症，因損下
血。和酒煮服，酒磨亦得。　肉蔻辛溫，止洩滑脫。心腹脹痛，霍亂中惡。
鬼氣冷疰，精冷嘔沫。溫中消食，小兒乳霍。　故紙辛溫，勞傷可瘳。骨髓
傷敗，腎冷精流。婦人墮胎，服之無憂。　白蔻辛溫，消穀下氣。又主積冷，
吐逆反胃。　砂仁辛溫，虛勞冷痢。腹中虛痛，消食下氣。　紅花氣溫而味
辛，主產後血暈口噤。腹中絞痛，惡血不盡。能下死胎，療蠱毒病。　丁香
辛溫，主溫脾胃。止霍亂壅脹風毒，治諸種齒牙疳䘌。　綠豆甘寒，主治丹
毒。煩熱風疹，奔豚氣突。下氣壓熱，消腫解毒。　五靈脂甘溫，主心腹冷
氣。小兒五疳，女子月閉。治腸風而辟疫，並血脈而通利。　馬兜鈴苦，氣
寒無毒。肺熱欬嗽，痰結喘促。兼療血痔瘻瘡，凡屬虛嗽勿服。　沒藥苦
平，止痛破血。金瘡杖瘡，痔漏瘡瘍。目翳暈痛，卒暴下血。　使君甘溫，殺
蟲之劑。小兒五疳，白濁瀉痢。　五倍酸平，主肺風氣。風濕癬疥，齒宣疳
䘌。小兒面鼻疳瘡，大人下血五痔。　胡桃味甘兼平溫氣，潤肌黑髮強健肥
膩。燒研可和松脂而傅瘰癧，多食則利小便而去五痔。　燈心甘寒，主治五
淋。生煮服之，敗席尤珍。　木鼈甘溫，主治折傷。除粉刺䵟黯，消結腫惡
瘡。婦人乳癰肛腫，生肌止痛尤良。　元精石鹹，稟春溫氣。主除風冷，邪
氣濕痺。婦人漏下，心(復)〔腹〕積聚。頭痛解肌，兼益精氣。　仙茅有毒，
氣味辛溫。主治腰脚風冷，攣痺而不能行。療虛勞而益陽道，助筋骨而長精
神。　釜臍墨辛，氣溫無毒。吐血血運，酒水溫服。主中惡蠱，金瘡可塗。
甘松甘溫，主治惡氣。心腹卒痛，泄滿下氣。　三稜苦平，癥瘕積聚。通
經墮胎，止痛利氣。　莪蒁氣味，苦辛而溫。中惡鬼疰，心腹痛疼。霍亂冷
氣，消食通經。婦人血氣，丈夫奔豚。　青黛鹹寒，主治諸熱。天行頭痛，熱
瘡腫癤。小兒驚癇，金瘡下血。　威靈仙苦，溫主諸風。痰癖氣塊，膀胱宿
膿，腰膝冷痛，五臟宣通。兼療折傷，祛疫瘧功。　盧會氣味，苦寒無毒。清
熱殺蟲，鎮心明目。　蜜蒙花寒，甘平無毒。主治青盲，赤腫淚出。小兒麩
豆，疳氣攻目。　枳殼苦酸，稟寒水氣。勞氣咳嗽，胸膈痰滯。逐水消脹，散
結安胃。諸風痺痛，關節通利。　然銅辛平，主治傷折。能破積聚，止痛散
血。　砒石大毒，氣味辛酸。主治瘧疾，療諸風痰。　骨碎補根，氣味溫苦。
破血止血，傷折能補。

《圖經本草》宋蘇頌　青皮氣溫，苦辛無毒。破積下食，氣滯可除。　佛
指甲甘，氣寒微毒。湯火灼傷，細研可塗。

《嘉祐本草》宋掌禹錫　花蕋石平，味酸而濇。婦人血運，金瘡出血。
胡盧巴苦，無毒大溫。元臟虛冷，膀胱氣疼。腹脇脹滿，面色黑青。　木賊
甘苦，主治目疾。益肝膽而退翳膜，療腸風而消塊積。又主血痢，崩中白赤。
銅青氣味，酸平無毒。能合金瘡，止血明目。婦人血氣心痛，弦風(瀾)
〔爛〕眼淚出。兼治惡瘡疳瘡，亦去赤膚息肉。

《日華本草》宋大明　硼砂苦辛，兼稟暖氣。消痰止嗽，瘕結喉痺。　古
錢氣味，辛平有毒。療風赤眼，翳障明目。鹽鹵浸用。橫產五淋，燒以醋淬。

《本草補遺》元朱震亨　山茶花紅，氣味全缺。主治吐衄，腸風下血。

《本草綱目》明李時珍　土茯苓甘，溫平無毒。調中止洩，進食消穀。兼

瘰瘡腫，拘攣筋骨。　三七味甘，苦溫無毒。止血定痛，癰腫赤目。　雞冠甘涼，痔漏下血。帶下崩痢，用分赤白。　山柰辛溫，辟瘴暖中。寒濕霍亂，牙痛風蟲。心腹冷痛，惡氣能攻。　穀精草辛，氣溫無毒。主頭風痛，目盲翳膜。　刀豆甘平，溫中下氣。能止呃逆，兼利腸胃。　蘿蔔子平，味辛而甘。下氣定喘，消食治痰。下痢後重，瘡疹發焉。　芙蓉辛平，清肺涼血。排膿止痛，解毒散熱。癰腫惡瘡，大小一切。主治有效，不分花葉。　樟腦辛熱，通關利滯。霍亂心疼，寒濕脚氣。齲齒疥瘙，殺蟲最利。　孩兒茶平，味苦而濇。化痰生津，清上膈熱。生肌定痛，收濕止血。用治金瘡，諸瘡一切。　爐甘石甘，氣溫無毒。止血消腫，生肌明目。收濕除爛，能去翳膜。

猪膏甘寒，主破冷結。利腸胃而通小便，除五疸而散宿血。

清・何夢瑤《樂只堂人子須知韻語》卷三　十二經補瀉溫涼藥性歌　補心之藥北五味，次將用棗仁和遠志。栢子仁丹參並麥冬，圓眼茯神當歸白芍是。　瀉心犀角硃砂黃連，石菖蒲木通次車前。梔子連翹心并通草，三心更有竹捲心燈心連子心。　補肝枸杞北味首烏，次白芍茱萸當歸菟絲子。沙苑蒺藜龍骨鼈甲，首烏牡礪木瓜俱。　瀉肝桃仁鬱金莪朮沉香青皮，其次柴胡延胡索芎赤芍鉤藤。佛手木香香附川楝子，山梔瓜蔞殼白蒺藜增。　涼肝龍膽草胡連，其次羚羊角夏枯草先。青蒿亦與菊花並，石決明兮信自然。　溫肝肉桂桂枝辛細辛，骨碎補吳萸胡椒可真。次用菟絲兼艾葉，茴香等與山茱萸均。

補脾白朮與黃精，其次淮山扁豆呈。炙甘草苡仁和大棗，中州不足用皆靈。　瀉脾枳實萊菔子，次神麯山查麥芽枳殼白芷。厚朴檳榔陳皮大腹皮，雞內金兮使君子。　涼脾不特瓜蔞霜，更有黃芩與大黃。其次山梔并知栢，知母、黃栢。武夷茶及銀花良。　溫脾二蔻肉豆蔻、白蔻仁。二薑乾薑、煨薑。饒，草菓二仁益智仁、砂仁。并二椒。胡椒、川椒。巴豆二香藿香、木香。蒼朮附子，蕪荑烏藥穀芽焦。焦穀芽。　補肺黃耆與人參，次將淮山百合尋。黨沙二參黨參、沙參。訶子共，阿膠冰糖燕窩麥冬林。　瀉肺葶藶升麻麻黃，白芥子膽星桔梗商。次用蘇子牛蒡紫(苑)〔菀〕杏仁，前胡貝母竹茹桑白皮殭蠶。　涼肺黃芩石膏竹瀝山(茹)〔慈〕菇，馬兜鈴次山梔知母二冬天冬、麥冬。求。二參洋參、元參。地骨皮天花粉，海石薄荷仔細投。　溫肺麻黃南星北五味，次宜蘇梗欵冬花。或用生薑兼法夏，或吃烟兮用少些。　補腎杞子兼熟地，淫羊藿兮北五味。其次何首烏生地杜仲女貞巴戟天，龜板穭豆皮海參是。　瀉腎(朱)〔猪〕苓次澤瀉，知母赤茯及苡仁。　涼腎苦參朴硝元明粉，次用丹皮知母滑石生地真。　溫腎鹿茸破故(芷)〔紙〕，鹿角膠兮次菟絲子。大小茴香艾葉並，有時只用山茱萸。　補胃黃耆與白朮，大棗之次紅棗悅。炙甘草兮扁豆欵，圓眼肉哉淮山藥。　瀉胃石菖蒲枳實施，萊菔子雷丸白芥子宜。其次麥芽神麯合，枳殼蔓荊子蘇梗奇。　涼胃石膏犀角功，次推花粉葛根中。香薷石斛川萆薢，知母蘆根竹葉同。　溫胃三香丁香、木香、藿香。與二胡、川。椒，三薑乾薑、高良薑、煨薑。二蔻肉豆蔻、白蔻仁。益智仁砂仁調，草果辛夷兼烏藥，功仝半夏厚朴饒。

膀胱欲補即補腎，瀉用二羌、獨。活與前胡。藁本二防風、己。猪苓川(練)〔楝〕子澤瀉，葱通葶藶與麻蒲。麻黃、蒲黃。　膀胱欲涼膽草甘遂車前子，茵陳黃栢海金沙。溫用(莫)〔吳〕萸與烏藥，大小茴香實可誇。　補膽烏梅次棗仁。○瀉則青皮桔梗神。次用柴胡香附人，川芎秦艽添人即回春。　涼膽卻用龍膽草，次宜槐實與青蒿。○溫膽也應施玉桂，茱萸不讓細辛高。　大腸補用淫羊藿，粟殼百合訶子肉。○瀉用兩大黃、腹皮。并四仁，郁李仁、杏仁、桃仁、麻仁。雷丸升麻紫草白芷梨汁秦艽旋覆花。　大腸涼用芩黃栢，地榆槐實知母連翹。○溫須當歸破故紙，大紅杞子與胡椒。　小腸欲補惟生地。○瀉則木通苡仁是。　瞿麥川(練)〔楝〕子并金沙，赤芍赤苓燈心貴。　三焦補用黃耆羊藿。○瀉用青皮柴胡二木香附。　溫須白豆蔻胡桃烏藥。○山梔連翹黃栢地骨麥冬青蒿涼。

清・何夢瑤《樂只堂人子須知韻語》卷三　藥性草部　黃耆甘溫補氣益肺脾，能溫分肉固皮肌。瘡陷汗脫不可少，火動痰壅不必施。惡寒酒炒，胃虛泔治。外科用鹽製，嘈雜乳拌之。有汗蜜炙生瀉火，無汗煨用各有宜。力得防風而愈大，性惡龜甲白鮮皮。　甘草甘平生用能瀉火，蜜炙甘溫溫中而除熱。能和能緩百毒解，酒痢鬱滿不可啜。達莖用梢子，導毒須頭節。　人參生用氣微涼，土虛火旺用之康。隔紙焙熟性溫暖，脾虛肺怯得此強。面赤黑實熱者無藉，色黃白青瘁者最良。痰壅感寒之咳喘不可用，氣短喜按之痛熱亦相當。血虛養榮效復著，豈但補氣功用長。　沙參性寒體輕鬆，清肺補陰是其功。較之人參蘆能吐痰涎，虛用代瓜蒂。　丹參性平味苦，入心生〔血〕去瘀。一味功兼四物，女科要藥首數。　元參苦寒入腎，滋水用能制火。陽毒實熱宜之，陰症虛寒不可。　苦參苦寒沉陰，能降而不能升。暫用可除風疹，久服致腰重

疼。

白朮補脾燥濕，尺細無水勿施。鬱怒用之氣脹，發表潰瘍當麾。為其滯氣固邪，生用壅痛非宜。泔浸乳拌土蜜炒，酌其潤燥以行之。

蒼朮升發胃陽，辟邪通解六鬱。辛溫亦能發汗，不但功擅燥濕。

萎蕤甘平，補中益氣。能除煩渴，最潤心肺。用代人參，貧家可餌。兼療風濕，補脾之義。黃精功同，坤土精純。

石斛清涼入肺，能治久嗽火逆。甘淡亦益脾胃，鹹兼入腎當識。神農列之上品，泡茶頓健足力。

遠志入心開竅，去痰清神有功。苦溫泄熱壯氣，味辛鬱結能通。兼之能交心腎，健忘迷惑宜庸。

菖蒲辛溫，香透心竅。健忘聾噤，用之硃砂。

牛膝味厚下行，酒蒸能補肝腎。生用則散惡血，亦且墮胎當慎。不宜並用川芎，以其升降殊功。能引諸藥至膝，利便療痛莖中。脾虛下陷脚腫，精滑泄瀉勿庸。

菊花性平，獨得金氣。平肝清肺功奇。主治頭目諸痰，眩運翳膜能醫。頭痛鼻塞可療，一切風熱皆宜。須用家園大菊，小名苦薏勿施。

五味雖備酸多，耑拯久嗽肺病。華蓋喜斂惡散，此能遂其臟性。黑色故又入腎，明目濇精殊勝。生津斂汗止瀉，並以北產為正。

天冬體潤性寒，肺受火尅能痊。且其味甘而苦，腎臟惡躁喜堅。此味苦以堅之，故能入腎助元。腎火薄肺生痰，去痰清嗽宜然。但其苦寒敗胃，用者不可偏專。

麥冬兼清心肺，消痰止嗽生津。若合地黄阿膠，肺中伏火立痊。二冬味皆甘苦，此則不至大寒。

欵冬堅獨艷，辛溫純陽可參。冬生故不助火，肺病可以久飡。蕋乃一陽生機，已開則氣索然。甘草水浸晒用，梗蒂外殼去焉。

紫(苑)〔菀〕辛溫色紫，能入心肝腎肺。辛潤苦能降火，故治咳逆上氣。血痰在所必需，去涎能開喉痺。金寒誠乃相宜，肺燥亦所當忌。若與門冬同用，方於肺熱有濟。

旋覆長於逐水，能消胸上結痰。伏飲驚悸當用，腸冷不可妄飡。

桔梗苦辛入肺，大能開提氣血。散寒泄熱有功，清利頭目喉嗌。輕清主乎上升，用為諸藥舟楫。下虛火炎之病莫用，咳喘痢初火鬱之證莫缺。

半夏滌飲驅濕，能開寒痰鬱氣。若係陰血虛少，燥涸妊娠並忌。血渴汗家三禁，古人之言有謂。此本脾胃經藥，貝母用代背戾。

南星味辛而苦，治風散血破結。濕燥能除濕痰，性視半夏更烈。黄柏引以下行，防風使則不麻。膽製非徒治燥，葢借膽汁鎮邪。肝膽性氣之風，調和此為莫加。

貝母辛潤苦微寒，散鬱泄熱痰自利。半夏不與同性味，以此代彼何其戾。糯米炒黄或(羗)〔薑〕炒，獨顆無(岐)〔歧〕用當忌。

栝蔞根名花粉，瀉火生津解癰。仁亦潤肺降痰，善治熱痢結胸。二者性皆甘寒，功用畏惡相同。

夏枯草苦且辛，散結解熱最能。瘻癧鼠瘻莫缺，耑治止目珠夜疼。

海藻鹹能軟堅，性寒行水泄熱。故治瘻瘻馬刀，水腫脚氣痰結。○海帶昆布功同，無病何〔庸〕多啜。

羗活辛溫氣雄，能散太陽邪風。風濕癱瘓痛痺，頭痛目赤堪庸。若欲透關達節，必須佐以川芎。○獨活專入腎經，宜以細辛相從。本經風熱與濕，諸病一掃皆空。

防風合羗活，能除肝木風。若同耆芍用，止汗有奇功。風藥皆燥此獨潤，叉頭叉尾慎勿庸。

藁本辛溫而雄，上行巔頂足重。是為太陽風藥，耑治本經強痛。又能除去寒濕，胃濕泄瀉宜用。

葛根辛甘性平，多用解肌發汗。若其用止數分，熱渴酒毒立驗。鼓舞胃氣上升，用止飡泄最善。血痢腸風亦宜，陽明頭痛獨擅。搗汁用治吐衄，溫病火熱當嘸。

升麻辛甘微苦，酒炒升陽。佐藥實表有功。四分升巔頂，三分至胸中。合葛根以散鬱火，引石膏以止頭痛。癰瘡時氣毒厲，寒熱肺痿吐膿。舉陷功專泄痢，脫肛帶下崩中。

白芷疎風要品，辛香溫散良味。走肺胃而泄風熱，排膿血而消毒氣。頭面眉稜齒痛，鼻淵面皯並治。

細辛辛溫味厚，專散腎經寒邪。通氣利竅溫經，風濕痛痺宜加。用之不過數分，過多傷人可嗟。

柴胡耑主少陽，不可混用他經。能引清氣上行，以其味薄氣升。苦平性則微寒，厥陰邪熱亦甯。寒熱往來必用，亦治勞疳骨蒸。

前胡辛甘苦寒，性陰而降下氣。氣下火降痰消，外感風寒可治。

麻黄辛熱發汗，過用泄氣欠當。

荊芥丁香溫散，通肝行血祛風。以其性本升浮，又治腸風崩中。亦為瘡家聖藥，散熱解結有功。最忌河豚魚蟹，忌犯為害甚兇。

連翹輕揚芬芳，力能解散鬱熱。用清諸經之火，一切氣聚血結。

紫蘇溫能散寒，辛香亦解鬱氣。止痛安胎，益脾開胃。(鮮)〔解〕魚蝦毒，行胸腹滯。降氣用子，痰亦隨降。梗體中空，上下宣暢。順氣諸品，惟此最上。梗宜去節，安胎有益。子宜畧炒，不可越夕。其油甚迅，消鑠金石。

薄荷主散風熱，緣其辛涼上升。內傷陰虛熱症，本非外感勿行。血痢小兒驚熱，用之取其涼清。

木賊甘溫輕揚，形性頗同麻黄。升散火鬱風濕，退目翳膜最良。兼療腸風血痢，崩中疝痛脫肛。

浮萍味辛，發汗與麻黄同。亦能下水，功等木通。

天麻用治肝膽，氣虛急勁生風。甘溫養筋緩勁，眩掉驚癇奏功。血虛畏其助火，用之反以傷榮。

秦艽左交甚良，右交即發脚氣。苦辛燥濕散風，故治風寒濕痺。濕蒸成熱疸黄，煩渴便赤並治。

鈎藤甘苦微寒，能除心熱肝風。故治小兒驚搐，純用其鈎有功。

當歸甘香辛溫，補血去瘀生新。是為血中氣藥，治諸血症如神。頭止血而上行，身養血而中守。尾破血而下流，全活血而不走。防其滑便同米炒，吐血醋製餘用酒。　川(弓)〔芎〕辛溫升浮，能通氣血鬱滯。散邪上治頭痛，六經各有引使。(大)〔太〕陽羌活，陽明白芷，少陽柴胡，正其宜矣。太陰蒼朮，少陰細辛，厥陰吳萸，慎勿錯行。血痢痛不止，用之痛自治。感冒遍身痛，用之骨節利。血病與肝邪，一切皆可制。大抵四物皆血病，不治不足治有餘。血滯(弓)〔芎〕歸導，血熱芍地除。若血不足以是補，孤陰無陽能生無。古治脫血先益氣，陽生陰長理非誣。○撫芎但主開鬱，其他一無所需。　白芍寒且酸，肝散斂之安。肝熱脾失和，補脾實瀉肝。色白亦斂肺，久咳效可觀。以配當歸及甘草，血虛腹痛服之痊。惟有虛寒人勿服，古云減芍避中寒。制寒酒炒血分醋，後重生用不一般。　赤芍功專破惡血，血虛瘡潰所當刪。赤白畏惡均同。　地黃生(紫)〔則〕入肝，通(鮮)〔解〕諸經血熱。性雖寒涼而補，故治骨蒸勞怯。有如苦學勤政，勞神動火耗血。此同麥冬養神，清涼肝膽效捷。血熱吐衄壅瘀，痘毒陽強宜啜。若乃用酒蒸熟，製黑純陰效別。苦寒變作甘溫，耑入肝臟補血。肝急須用甘緩，兼益肝子心血。其色純黑入腎，封填骨髓妙訣。生地胃弱妨食，熟地痰多泥膈。生酒熟(羌)〔薑〕各炒，切勿犯及銅鐵。　首烏苦濇，堅腎斂精。加以甘溫，養肝益營。故能祛風消瘡，亦治痢瘧帶崩。強筋骨而烏鬚髮，何氏服效因得名。赤白各半泔浸，竹刀刮切豆蒸。　丹皮入心涼血，用之入腎何說。瀉南即以補北，緣其苦寒瀉熱。古方以治相火，今人止用黃柏。此較黃柏更勝，氣辛兼能行血。故夫積血吐衄，古人用以破結。　續斷補辛而溫，故行補乎腎肝。通血脈而破瘀痛，筋骨折傷能痊。暖子宮而縮小便，遺精崩帶皆安。女科外科上品，酒浸地黃使焉。　澤蘭苦甘辛溫，行血而不推蕩。兼治水腫，癥瘀亦尚。婦科血藥，此為至當。　骨碎補生陰地，飽經金石〔之〕氣。故補腎經之虛，齒耳骨脊受治。研末猪腎包煨，一味即愈久痢。便瀉久屬腎虛，不可但責脾胃。益母草清肝熱，疎濬行氣和血。去瘀生新消腫，經產痛滯宜啜。兼治血貫瞳人，瞳人散大当撤。其子主治畧同，行中有補較別。子則微炒用之，此物所忌惟鐵。　艾葉婦科專用，謂能種子調經。然惟後期血虛，並無〔血〕熱可行。若還用治先期，反令血熱沸騰。子宮虛冷不孕，以此暖之固應。假如血少用之，得母益涸其精。醋炒偏燥可治，酒炒熱性益增。　玄胡通利氣血，功能管理諸痛。然其苦溫辛走，血熱氣虛忌用。　紅花活血潤燥，故能散腫通經。多用破血，少用則生。血行即已，過用則崩。　紫草甘鹹氣寒，以清血熱有功。性滑能通二便，痘科毒閉宜庸。　三七苦溫散血，故治金瘡杖瘡。一切瘀血為病，用之立見平康。　地榆苦酸微寒，血熱用者頗多。上截(妙)〔炒〕黑止血，下稍相反勿訛。　蒲黃甘平性滑，生用行血消瘀。治痛利便通經，炒黑止血可取。　鬱金辛苦而寒，散鬱下氣破血。逆經敗血上行，諸痛蠱毒莫缺。此物入心肺肝。　(羌)〔薑〕黃入脾小別，片子(羌)〔薑〕黃又殊，溫痺臂痛可啜。　莪朮苦辛而溫，能破氣中之血。消積化食通經，一切痛滯能泄。　三稜苦平色白，能破血中之氣。較之(羌)〔薑〕黃莪朮，功用大同小異。凡用消散，須佐參地。剋削消補，然後無弊。　茅根甘寒，除熱益胃。解酒毒而治吐衄，利水腫而通血閉。針能消癰，孔以針計。○蘆根兼止小便數，魚蟹河豚毒可制。○苧根治熱尤良，瘟熱狂渴能濟。破瘀亦治瘡瘍，搗貼癰疽發背。○芭蕉之根亦良，四者性能相類。　大黃至苦至寒，蕩滌實熱燥堅。生用峻下熟緩，酒浸引上高巔。此瀉血中實火，病在氣分當捐。　黃芩苦寒清肺，條芩則清大腸。治瘧炒宜膽汁，入肝清鬱亦良。　黃連苦寒燥濕，清熱又能開鬱。肝火醋炒，實用膽汁，上酒中薑，製法不一。童便或鹽，治下能入，血中有火，妙用乾漆。水土炒以治食積，吳萸炒以治熱濕。能殺烏頭巴豆毒，猪肉不可同日食。　胡連力能除熱，三消五痔可清。並治驚癇疳積，兼療晡熱骨蒸。　知母入肺，清熱於上。若用鹽製，亦能潤降。多用致泄，脾虛弗尚。　膽草生用下降，酒炒上行有功。大苦大寒之品，肝火膽熱宜庸。切忌空心服，犯之溺無窮。　青黛性寒，色青涼肝。味甘屬土，脾熱能安。　牽牛辛熱有毒，大瀉上焦之氣。氣泄熱去濕除，水腫喘滿以治。若乃血分濕熱，誤用有害無濟。　葶藶辛苦下泄，惟泄故去氣閉。肺中水氣膹急，除逐惟此猛利。然其苦寒傷胃，輔以大棗始濟。　甘遂性專行水，所行多在經隧。大陷胸湯用之，水結胸症需是。反甘草，惡遠志，使瓜蒂。　大戟苦寒同甘遂，主治臟腑水濕聚。二物有毒墮胎，誤服損人真氣。　防(杞)〔己〕大辛苦寒，血分濕熱足重。惟其清利下焦，故治脚氣腫痛。然非水濕當捐，為其險峻難用。　芫花善逐水濕，直達痰飲窩囊。但其苦溫有毒，無故慎勿輕嘗。　常山辛苦寒毒，能吐老痰飲滯。瘧家往往用之。○苗名蜀膝無異。　木通甘淡輕虛，清肺利水導熱。濕去熱泄肺清，氣

化津生有說。兼能下乳行經，汗多勿用再泄。　澤瀉入腎分利，六味用去濁閉。古人用補兼瀉，邪去補乃有濟。腎水實出高源，此能上引肺氣。苓蘋同是白色，引肺水降便利。故夫水閉口渴，熱在上焦屬氣。便宜澤瀉茯苓，滋水上源乃治。若乃口中不渴，熱在下焦屬血。宜用知柏滋導，上下豈得無別。今人槩用澤瀉，此理尚未明徹。　車前利水子炒，真氣能不走耗。殆與茯苓同功，止瀉下胎亦效。○燈草同其甘寒，淡滲濕熱下導。燒灰用吹喉痺，塗乳止啼殊妙。○瞿麥、扁畜通淋，均能清熱利竅。　茵蔯苦寒，最利濕熱。亦能發汗，疸黄可啜。頭痛頭旋，疝瘕莫缺。　香薷暑月表藥，比之冬用麻黄。辛温亦能利濕，水腫霍亂宜嘗。熱服令人吐瀉，陳者冷飲為良。青蒿能退骨蒸，血虚有熱宜用。苦寒獨不傷胃，較之他品足重。　附子辛熱大毒，用治寒中陰經。真火虚衰暫服，久用水涸難勝。　故紙補火生土，能治氣不歸元。腰膝冷痛泄瀉，一切寒證立痊。以較附子毒烈，功過何啻天淵。　肉蓯蓉，去甲膜。鹹温能補腎，最宜尺脉弱。虚秘可用，精寒勿却。相火旺者，施之則錯。○鎖陽同此，痿陽可作。　淫羊藿，辛温香，補右腎，能壯陽。較仙茅，無毒良。　菟絲子甘辛平，平補三陰足經。温而不燥，旺氣益精。　覆盆子甘酸温，平補肝腎固精神。明目澤肌而黑髮，久服當覆其尿(盤)〔盆〕。　沙苑蒺藜，腎家補劑。有刺肝家風藥，目疾往往用之。亦能催生下胎，癥瘕陰癀能醫。　使君子甘温能殺蟲，健脾開胃有功。五疳便瀉泄痢，小兒諸病堪庸。忌食熱茶熱物，犯之泄瀉無窮。　益智子熱而辛，脾胃心腎能兼。温能開發鬱結，攝涎縮泉效神。遺精泄瀉崩帶，一切寒症回春。　砂仁行氣上品，其性温而不熱。補肺潤腎醒脾，止痛安胎散結。達下地黄同蒸，亦化骨硬銅鐵。　白豆蔻，熱而辛。寒滯能行濕能燥，化食消痰脾胃温。白睛翳膜亦能散，感寒腹痛效如神。　肉蔻功更擅兜濕，乳逆吐食所當珍。草蔻能解魚肉毒，至若解酒三蔻均。　香附辛苦散降，用之鬱氣開暢。性平微甘能和，婦科百病最尚。然惟氣實相宜，氣虚用之則妄。月事先期妄投，助火增劇孟浪。便製入血行瘀，醋炒肝肋能向。酒製能達經絡，鹽炒以潤腎臟。(羌)〔薑〕製以行痰飲，炒黑止血甚當。　木香辛温行氣，鬱滯諸氣能通。痰癖反胃後重，磨汁調入藥蛊。畏火麪裹煨熟，實腸止瀉有功。

藿香潤胃止嘔，亦能快氣和中。兼治(藿)〔霍〕亂邪惡，其餘功用相同。○茴香暖胃開胃，癩疝陰腫宜庸。　良(羌)〔薑〕辛熱散寒，能治胃(腕)〔脘〕冷痛。東壁土炒用之，功與豆蔻同重。　忍冬性味甘寒，散熱消腫敗毒。血痢用之亦良，濃煎熬膏力速。但治乳癰疔瘡，黄花地丁可逐。　牛蒡辛平潤肺，利便清咽消瘡。痘疹熱毒立解，虚寒泄瀉勿嘗。　射干苦寒能瀉火，血散腫消痰結開。喉痺咽痛用之效，有毒久服是禍胎。　蓖麻辛甘有毒，收引是其所長。拔毒下胎最應，喎邪喉痺亦良。能出有形滯物，竹木骨硬針傷。鹽煮去皮研用，内服不可輕嘗。　白頭翁苦而寒，熱滯温瘧服之安。　王瓜瀉熱而利水，天行熱病温渴良。下乳墮胎排膿腫，傷寒發(班)〔斑〕效最彰。

王不留行甘苦平，行血通經而去痺。癰瘍能散不須言，止血還將金瘡治。利便兼出竹木刺，下乳催生孕婦忌。　冬葵子，甘寒滑，潤燥利便滋血脉。能行津液消水腫，下乳滑胎通關格。　萆薢苦甘性平，入胃除逐分清。不使濕熱下流，陽痿筋骨拘疼。厥功相同土茯苓，兼治楊梅及毒疔。　旱蓮草甘涼汁黑，補腎而烏鬚髮。臟毒下血能清，腎熱齒動用擦。　劉寄奴，能通經，苦寒破血而除癥。以敷金瘡多效，蓋因劉氏得名。　穀精草辛而温，肝胃二經兼行。明目退翳宜用，亦治喉痺牙疼。　決明甘苦而鹹平，除肝風熱益腎精。一切目疾不可缺，以其功用而為名。　木鼈子苦温微甘，能治瀉痢及積痞。瘰癧乳癰兼除䵟，外科專用是為良。　豨薟氣臭味苦，引火直抵腎臟。水暖蒸騰滋水，肝潤龍潛不亢。義與既濟相符，何慮災生無妄。是用風癱可除，陽衰下部能壯。諸說聚訟紛紛，皆緣體認未當。

卷四　木部　茯苓甘温益脾氣，脾氣上升輸於肺。化而為水通膀胱，雲升雨降即其義。況其味淡能滲濕，故以行水屬此味。然非濕熱不可用，汗多便利益當忌。痘瘡起脹貫漿時，滲涸為害勿輕試。白入氣分赤入血，白滲兼補赤但利。其皮專行皮膚水，五皮飲中用之是。　茯神功專補心虚，怔忡健忘用良貴。久化琥珀鎮心神，散瘀生肌除目翳。　松節苦温利風濕，能除骨節之痛痺。　柏子仁，香透心。辛潤亦滋腎，腸滑不可任。其葉微寒苦澁，能止吐衄崩淋。　肉桂紫厚，專補命門。消除陰翳，引火歸元。木得桂枯，故能平肝。非治肝熱，乃治肝寒。血虚發熱，誤用難痊。　桂枝淡薄，性能發汗，又能横行，旁達肢幹。領藥直至病所，滯痰滯血立散。　枸杞潤滋腎陰，甘寒亦能助陽。每與人參相(需)〔須〕，平補王道堪嘗。參固氣則精堅，杞滋陰則火藏。腎滋肝得其養，去風明目最良。　地骨皮能退伏火，故治骨蒸陽光。骨内而皮屬外，以療表熱亦良。　山茱萸，辛温酸，耑入肝。固精

益氣暖腰膝，子令母實腎亦堅。濇劑反能通九竅，怔忡驚悸復能安。　棗仁甘潤而酸，耑補肝膽血虛。除煩斂汗寧心，炒香脾溫能舒。不眠用熟好眠生，此理有疑尚審諸。　杜仲甘溫，色紫入肝，補益陽氣。微辛又能潤腎，肝暖腎充健利。筋骨相着堅強，腰膝酸痛並治。　女貞子，甘苦平。隆冬不凋，少陰之精。益肝腎而強腰膝，冬至採之用酒蒸。　桑白皮甘辛寒，肺火服之安。下氣行水利二便，清痰止嗽又何難。　桑椹甘涼色黑，滋腎解酒烏髮。　桑葉甘寒涼血，風眼盜汗相宜。　寄生甘苦堅腎，益血風濕能除。　梔子苦寒之品，引火屈曲下行。心肺三焦邪熱，用之下導河清。表熱連皮用之，內熱用仁即平。　猪苓利便，兼開腠理。水濕五苓主治，性能分理陰陽，瘧疾用之甚效。　黃蘗苦而寒，沉陰入腎經。微辛亦潤燥，熱退水堅凝。用須合知母，兼使水源清。　枳殼色白入肺，厥功寬腸利氣。　枳實色黃味苦，主利胸膈脾胃。殼性頗緩實力猛，均能除痰行積滯。結胸用實除，後重以殼治。苦辛能散寒能清，故能瀉熱療風痺。陳者為良麩炒之，孕婦虛人均當忌。　厚朴辛溫而苦，鬱滯濕滿能除。消導之劑宜用，孕婦虛人慎諸。　檳榔下氣殺蟲，消食除痰有功。緣其辛苦堅重，故諸堅壘能功。　大腹皮，利腸胃。溫和脾，辛泄氣。脹滿宜，氣虛忌。　槐花涼血治瘍，功在肺與大腸。槐實苦寒入肝，兼治便血熱狂。　苦楝子，瀉濕熱。引火下從小便泄，治疝下蟲功更烈。　蔓荊子，苦且辛，微寒輕清而上行。耑散上部風熱，故治頭目齒疼。　金櫻子，固精氣，治夢洩，止泄痢。取半黃，去核刺，勿取熟，失酸味。　訶子斂肺開音，固澁大腸有力。六稜黑厚者真，非此他種勿食。苦酸生用清金，煨熟溫胃有益。　烏藥辛溫香竄，能踈一切風氣。氣行寒熱皆除，血滯食停亦治。　椿白皮，苦寒濇，止血除熱去疳䘌。腸風血痢服之宜，去其粗皮用醋炙。　榆皮甘而滑，能利熱與濕。妬乳調醋敷，死胎服其汁。通利大小便，積滯去如失。　蜜蒙花，治目病。甘而微寒能清肝，赤腫眵淚用立應。　芙蓉辛平性滑，清氣涼血散熱。搗敷瘡毒最良，不拘皮根花葉。

皂角氣味辛散，通關破痰力強。殺蟲下胎消腫，搐鼻服塗隨方。刺以潰瘡排膿，仁以利便潤腸。　椶櫚苦澁，泄熱收脫，燒黑用治一切失血。　吳茱辛苦大熱，能散肝經寒滯。血虛有火不宜，不獨小毒當忌。　川椒辛熱散寒，水腫瀉利能治。補右腎而暖下焦，除冷痛而溫脾胃。　胡椒功用頗同，暖胃快膈利氣。兼散牙齒浮熱，魚鼈蕈毒可制。　蘇木甘鹹辛涼，多用行血去瘀。產後血暈脹滿，加入乳香〔同〕煑。一切血痛宜之，血虛血寒不取。　沉香辛苦而溫，惟沉故能下氣。能降亦復能升，暖腎兼能脾肺。墜痰除冷辟邪，亦治噤口毒痢。　檀香白者入氣，氣行胸膈能利。紫者入血消腫，可敷金瘡須記。降真功用相同，止血定痛無異。　丁香能溫胃寒，嘔呃脹滿立安。兼之壯陽暖戶，血虛火盛勿飡。　乳香香竄入心，生肌止痛伸筋。用之護心托裹，毒氣不致內侵。　沒藥散血瘀熱，乳香活血效別。　冰片辛香竄走，故能散瘀利結。世人誤以為寒，不知性極辛熱。風在肌肉誤用，引入骨髓難撤。　血竭甘鹹色赤，染透指甲為真。止痛生肌要藥，和血去瘀生新。

阿魏辛平入胃，殺蟲而消肉積。蕈菜死牛馬肉，服之其毒可釋。　蘆薈大苦大寒，功耑清熱殺蟲。鎮心涼肝明目，驚癇疳病堪庸。　巴豆大熱大瀉，開竅破滯祛寒。若患纏喉急痺，斬關奪命功強。性毒亦能解毒，殺蟲磨積消瘡。峻用大能刦病，微用和中亦良。其性可升可降，亦復能止能行。生用力猛熟緩，爛胎爛肉須防。　竹瀝甘寒而滑，降火潤燥解煩。經絡四肢皮膜，凝痰非此難芟。刮取青皮名竹茹，清金涼胃性微寒。　竹葉甘寒兼辛淡，喘促嘔噦渴俱安。　竹黃甘涼去心熱，豁痰明目又鎮肝。大人中風而不語，小兒驚癇是金丹。

菓部　大棗甘溫，補血益氣，潤肺滋脾，調營和衛。多食損齒，中滿尤忌。

桃仁苦辛散結，潤燥生新破血。設若經閉不通，由於膿血枯竭。又或產後腹痛，血虛與瘀迴別。粗工不知誤用，病家豈可多啜。除痰行水用桃花，發汗散邪用桃葉。　杏仁辛苦甘溫，泄肺降氣散寒。用攪濁水即清，故以滌痰無難。又治大腸氣閉，燥熱欬喘能安。肺虛氣弱勿用，雙仁大毒宜刪。

烏梅溫酸斂肺，以治久嗽自蘇。久能止瀉固脫，安蚘截瘧亦需。食梅津生滿口，津竅通膽非誣。《經》云味過於酸，肝氣以津是夫。水性喜舒惡斂，筋病食酸可乎。　陳皮耑入肺脾，理氣不傷峻烈。但隨所配羣味，以為升降補泄。　青皮色青入肝，專疏下焦鬱結。味皆辛苦而溫，除痰利水散熱。

生柿甘寒乾性平，濇腸潤肺嗽以甯。腸風臟毒立能清，生津用霜尤為精。其蒂可止呃逆聲。　木瓜溫能益氣，氣慮其散酸收。氣益而收則旺，化生津液通流。水得溫利熱瀉，轉筋霍亂無憂。一切脚氣並治，大都濕熱當求。然其酸收太甚，多食癃濇難溲。　山楂善〔於〕消肉積，兒枕血滯痰積癖。若無食積誤服，破氣尅脾何益。　梨性甘寒清潤，生清熟可滋陰。比之蔗漿快

利，不愁泥膈難行。　枇杷葉，性苦平。火逆乘肺，能降能清。火降痰消，咳喝自甯。　橄欖甘濇而溫，除痰醒酒生津。能化魚骨之鯁，解毒可制河豚。

白菓甘溫苦濇，解酒殺蟲生食。煮熟止咳定喘，歛肺縮泉有力。漿能澤肌去垢，可知痰濁能滌。　榴皮溫濇止痢，崩帶脫肛能治。其汁可以烏鬚，用之勿犯銅器。　枳椇子，性甘平。止渴除煩潤五臟，用解酒毒更為精。　胡桃甘潤氣熱，肺腎虛寒大益。能補命門真火，水冷金寒多食。溫補去皮用肉，歛固連皮取濇。　蓮子肉則甘溫，最能補肺益脾。脾為心腎關紐，中調上下咸宜。皮能固氣濇精，精充腎氣上升。心苦能降心火，火降心氣下行。故治心腎不交，濁遺泄瀉帶崩。　蕋鬚濇精更勝，石蓮治痢尤能。　藕生甘寒涼血，散瘀止渴除煩。煑熟甘平益胃，實腸止瀉堪飡。多孔象心益血，久服能使人懽。生罨金傷瘡折，熟塗凍瘡拆裂。節濇止血瘀消，升發清陽用葉。

芡實甘濇，固腎益精，遺泄帶濁，用之即甯。　荸薺甘寒，開胃消食，能除實熱，化銅削積。　西瓜煩熱食之康，名為天生白虎湯。

穀部　粳米甘涼益胃，利便除熱清肺。糯米止泄實腸，性則甘溫粘滯。

麥芽溫脾健運，善助胃氣上行。消除米麪果積，通乳下胎亦能。穀芽功亦相同，麥鹹穀則甘溫。　小麥微寒除煩，清心利溲養肝。水淘取其浮者，盜汗勞蒸堪飡。瘡傷潰爛難卧，麥麪裝褥能安。醋蒸散血止痛，用熨風痺濕寒。

黑豆甘寒入腎，故能補水清心。兼散痘後風熱，活血解毒宜尋。　赤小豆，赤入心，利小便，性下行。清熱散血而消腫，用敷痘瘡效甚神。　綠豆甘寒清解毒，痘瘡潰爛搗粉(樸)〔撲〕。　藊豆仁甘溫香，色白而微黄。益脾肺而止渴瀉，除濕熱而利小腸。亦解河豚砒酒毒，子粗圓白乃為良。　刀豆甘平，溫胃止呃，勝於柿蒂。　淡豆豉，苦而寒，泄肺消熱而除煩。傷寒懊憹嘔逆，用此吐汗平安。　脂麻黑者治燥，以其色入腎經。利腸善逐風濕，防滑白朮兼行。白者入肺利氣，頭上浮風可清。　麻仁甘平潤燥，虛老風秘有功。須同杏仁紫(苑)〔菀〕，肺潤大腸自通。通乳催生破血，陽明胃熱堪庸。

薏苡甘寒，清肺益胃，能去濕熱，筋骨以利。引藥達足，脚氣主治。下行甚捷，孕婦所忌。肺癰肺痿，需其良味。但其性緩，少用弗濟。　罌粟殼性酸濇，瀉痢病久用之兜塞。醋炒加以烏梅，虛勞久嗽亦得。然是收後之劑，初病所當擯斥。　神麯醒脾，辛甘溫香，消痰化食，陳者為良。　紅麯白米淘蒸，罨熱變色為紅。與夫水穀入胃，薰蒸化血相同。同氣因之相求，以治營血有功。濕熱泄痢需之，食停血滯必庸。　醋能散瘀解毒，俾痺拘攣勿録。其味酸而氣溫，消食消瘡亦速。　酒以製藥，藉其宣通。多飲濕熱，為害無窮。

菜部　韭性辛溫微酸，大能益氣補陽。生者搗汁治瘀，子助腎氣尤強。

葱白發汗解肌，亦能通氣利便。同蜜食之殺人，同棗食亦不善。　大蒜消食破癥，辛溫胃開脾健。灸瘡毒氣能通，揀取獨頭切片，搗貼足心治衄，引熱下行功擅。若治中暑不醒，搗和地漿溫嚥。貼臍能達下焦，消水通行二便忌蜜。

胡荽辛香而溫，功能內通外達。辟除一切惡氣，痘疹不出能發。　生(羌)〔薑〕溫散寒邪，止嗽止嘔開痰。(羌)〔薑〕皮辛涼行水，浮腫脹滿宜噉。乾(羌)〔薑〕乾久氣泄，然其熱性常含，辛熱止而不行，其用專散裏寒。炮之變為苦溫，用以治血入肝。肝氣若虛則涼，溫膽益虛莫刪。產後大熱亦用，溫膽表熱亦安。又能去惡生新，陽生陰長之義。炒黑止泄溫腎，微炒溫中和胃。吐血必須炒黑，黑能止血固是。亦緣其性溫行，血得歸經復位。　山藥生涼乾溫，味甘耑補脾陰。色白兼能入肺，土旺即以生金。亦能濇精固氣，勞傷虛損宜尋。　百合甘平，潤肺清熱。以代五味，久嗽可啜。病藥同名，用之有說。清心安神，其義不越。　萊菔辛甘，通利諸氣，化痰消食，寬中開胃。酒麪豆腐，積毒可制。烟火湯傷，生用可治。頭痛搗汁，互注其鼻。夏食其菜，秋不患痢。子治痰食，功更快利。生升熟降，升吐降墜。氣行痰行，掃除凝滯。　白芥子，辛而溫，豁痰利氣如神。散寒止嗽通痺，皮膜胸脇横行。　甜瓜蒂，苦而寒。上焦熱痰宿食，用之涌吐平安。

金石部　丹砂性味甘涼，能瀉心經邪熱。清肝明目定驚，辟邪解毒涼血。

石膏耑清肺胃，辛寒清熱解肌。只宜畧煅帶生，過煅性膩非宜。此物味淡難出，當先諸藥煎之。　滑石滲濕瀉熱，為其甘寒滑利。氣輕亦能解肌，消暑除煩治痢。其效耑主石淋，取用質類相濟。　朴硝芒硝辛鹹寒，瀉熱潤燥而軟堅。朴性酷急芒硝緩，實熱始可入湯煎。　萊菔朴硝甘草煑，入礶煅粉亦可取。名曰玄明辛甘涼，以易朴硝劣鹹苦。　赤石脂，酸能濇，甘且溫，氣能益。細膩粘石者為良，研粉水飛乃可食。下焦脫滑無人會，此與餘糧同奏績。　蓬砂微鹹甘涼，色白而質則輕。耑治上焦痰熱，喉痺口齒能清。亦治(努)〔胬〕肉，目翳含之。　慈石色黑辛鹹，大能收歛腎氣。不使浮越上冲，耳聾目矇並治。石性重可去怯，無毒此更足貴。　礞石色青入肝，氣味鹹平又甘。其性下行沉降，用以滚痰最尚。痰因濕熱所積，服之除泄立

安。硝製性更快利，積滯痰壅能康。　代赭石，寒勝熱，苦而重，鎮浮越。能止吐血衄血，兼治驚痰(與)膈噎。　石藍瘀血化為水。死胎與胞衣，下之去如駛。刮末傅金瘡，流血亦可止。　爐甘石乃金之苗，金能平木肝熱消。退赤去翳除濕爛，諸般眼疾此能調。　雄黃辛溫，得正陽氣，肝風脾濕，蛇蟲鬼魅，痰涎驚癇，暑瘧泄痢，瘡疥百毒，無所不治。　硫黃大熱純陽，峻補命門之火。除却救急殺蟲，何必用此偏頗。　石灰辛溫性烈，生肌定痛止血。泡洗能收陰挺，水塗火傷效捷。　白礬鹹寒酸濇，墜濁消痰燥濕。最能涌吐風涎，兼治癰疽瘰癧。骨髓痼熱能清，何慮齒浮目赤。　皂礬解毒殺蟲，〔且〕與白礬同功。兼消肉食水腫，煅赤用名礬紅。　膽礬功亦相倣，以磨鐵色如銅。礬乃銅之精液，金能平木宜庸。　食鹽煎用皂角，故其性寒帶辛。血病無多食鹹，血脉凝濇不行。鹹辛走腎走肺，哮喘消渴太忌。引痰澁血助水，水腫戒之有(義)〔益〕。何以能治結熱，以北制南有說。潤腎入其本臟，軟心投其所悅。何以能吐痰癖，鹹味主乎涌泄。軟堅何以堅骨，濕熱骨消肉敗。有如夏暑濕盛，肉物易於腐潰。得此鹹寒制之，乃能堅久不壞。　青鹽陰氣凝成，不經煎熬獨精。功用同清血熱，擦牙漱洗目明。　百草霜，能止血，墨亦然，醋磨啜。

蟲介部　五靈脂甘而溫，氣羶味厚性純陰。　耑入肝經血分，炒黑止血生行，一切血滯痛痺，用之消散如神。　牛黃結於心膽肝，治病故亦在此間。涼驚消痰而解熱，中風入臟稱神丹。　阿膠甘平，潤肺清熱，利便調經，滋陰和血。肺痿肺癰，腫毒瘡癤，咳嗽吐血，諸病可啜。　牛膠功同，氣味畧劣。虎骨味辛微熱，平木故治痛風。攣痺驚癇可用，頭骨前脛更雄。　虎肚能治反胃，食膈用之有功。　犀角苦酸鹹寒，瀉肝清胃涼心。吐衄驚狂(班)〔斑〕疹，痘瘡時疫宜尋。繼之涼血解毒，能除風火邪侵。　羚羊木畜，角耑入肝，一切肝病悉安。肝開竅於兩目，目暗障(醫)〔瞖〕立痊。肝藏魂而合筋，故治驚癇筋攣。兼能辟邪解毒，夢魘驚駭能康。　毒瘡瘀血可散，為其鹹苦微寒。

鹿茸甘溫純陽，能治腰腎虛寒。溫補精血筋骨，崩帶遺精並安。　鹿陽麋陰有別，相火熾者宜刪。　鹿角生用散血，辟邪消腫何難。熟用益腎補虛，勝於九轉靈丹。　麝香通關利竅，中風入骨殊妙。若在肌肉妄用，引邪入骨難瘳。果酒遇麝則壞，果積酒渴用効。　熊膽苦寒勝肝熱，驚疳蟲痔不可缺。

獺肝甘鹹而溫，補虛殺蟲益陰。能治傳屍鬼疰，烘炙為末如神。　龍骨甘濇微寒，鎮心益腎涼肝。能斂浮脫之氣，辟邪魂魄能安。　多夢紛紜驚癇，遺精崩帶脫肛，諸病用之則效，固精止汗斂瘡。　穿山甲鹹而寒，善竄經絡達病間。耑治蟻瘻癰腫，瘧邪乳脹能安。　龜板至陰滋腎，耑治勞熱骨蒸。至靜能制至動，龍雷飛越上升。得此引之下伏，深潛固蟄無形。　鱉甲色青入肝，故宜寒熱癖痃。瘧勞驚癇陰瘡，皆主厥陰血邊。用須七肋九肋，陰中含陽有然。　牡蠣濇鹹寒，軟堅而去痰。遺精崩帶汗，諸脫得之安。補水能清熱，並可治勞煩。　蛤粉功相等，止嗽乃神丹，背有花紋是文蛤，煩渴溺濇所當餐。　田螺味甘大寒，利水止渴清熱。噤口毒痢目赤，痔瘡黃疸可啜。

殭蠶因風而殭，蓋得清化之氣。輕清味薄上升，故療風痰喉痺。搔痒驚疳胎垢，風熱諸症並治。　蟬退甘寒清虛，止飲風露不食。故除風熱諸症，皮膚癮疹奏績。惟脫故去目(醫)〔瞖〕，催生下胎可識。古方以治夜啼，取其晝鳴夜息。　五棓寒酸斂，化痰止渴汗。釀造用更良，名為百藥煎。　蠍子辛甘有毒，色青故入肝木。能治口眼喎邪，眩掉驚癇抽搐。　童便引火下行，仍循故道收功。吐衄瘀滯熱服，胞胎不下亦庸。秋石澄煉而成，真元之氣盡失。古取清白童便，滋陰降火有益。貴人惡其不潔，煅煉變寒為溫。服之水涸火起，反致熱渴燥陰。　珍珠甘鹹性寒，能入心肝清熱。收口拔毒生肌，亦治目中(醫)〔瞖〕屑。

清・劉仕廉《醫學集成》卷一　分類用藥歌

補氣箭耆與人蔘，黨參洋參北條參。雲苓焦朮淮山藥，炙草桂圓白茯神。下氣杏仁鐵鏽漿，鬱金蘇子甲沉香。前胡葶藶枇杷葉，萊菔瓜蔞枳實良。順氣青皮陳橘皮，藿香效與木香齊。香圓香附和烏藥，柿蒂砂仁白蔻宜。冷氣疼痛要肉桂，吳萸薑附胡椒配。小茴丁香炒砂仁，元胡靈脂諸氣退。破氣檳榔紫厚朴，三稜苦薤蓬莪朮。薑黃萊菔花青皮，枳實寬胸同枳殼。補血生熟二地黃，當歸白芍首烏良。一味丹參兼四物，河車不用又何妨。涼血丹皮地骨皮，丹參生地地榆宜。龜膠鱉甲焦荊芥，犀角青蒿赤芍奇。止血蒲黃茜草根，茅根三七髮灰靈。阿膠側柏灶心土，焦芥當歸藕節莖。破血桃仁歸尾加，澤蘭蘇木紅藍花。薑黃莪朮鬱金子，赤芍丹皮乾漆渣。暖胃丁香與藿香，良薑草蔻炮煨薑。砂仁白蔻兼紅蔻，蓽撥胡椒效最強。調脾開胃用參苓，焦朮炮薑半夏陳。白蔻砂仁甘草炙，藿香堪與木香倫。虛咳補肺欵冬花，五味阿膠紫(苑)〔菀〕加。懷藥參苓和炙草，天冬薏苡蜜升麻。實咳瀉肺用黃芩，葶藶桑皮桔

梗勻。枳殼杏仁花粉配，天冬貝母馬兜鈴。諸般咳嗽西防風，半夏陳皮天麥冬。蘇葉茯苓金沸草，杏仁貝母膽星同。肺實喘急欵冬花，兜鈴蘇子杏仁加。肺虛喘急當補氣，腎虛金匱或陽八。消痰半夏膽南星，枳殼杏仁兜茯苓。貝母瓜蔞金沸草，陳皮白芥枯黃芩。退諸火熱用黃芩，心熱黃連燈竹心。肝熱柴胡並白芍，脾熱明粉同熟軍。肺熱天冬桑皮效，腎熱黃柏知母臨。膽熱竹茹龍膽草，胃熱石膏花粉均。大腸槐花通大海，小腸木通車前仁。膀胱滑石同萹蓄，三焦有熱梔子尊。熱重羚羊犀角屑，火結硝黃效如神。虛熱元參天麥冬，女貞知母骨皮同。粉丹石斛懷生地，苓朮參耆任變通。骨蒸勞熱用青蒿，生地骨皮鼈甲燒。知母丹皮黃柏炒，胡連更比銀柴高。發汗麻黃並紫蘇，浮萍淡豉薄荷俱。升麻白芷霜蒼朮，荊芥葛根葱白鬚。收汗黃耆酸棗仁，桂枝白芍麻黃根。烏梅牡蠣冬桑葉，浮麥山萸合四君。消食山查油厚朴，麥芽香附六神麯。青皮萊菔花檳榔，枳實寬胸勝枳殼。寬中枳殼與陳皮，蒼朮腹毛厚朴宜。桔梗檳榔萊菔子，木香香附奏功奇。膨脹檳榔厚朴宜，冬瓜皮合茯苓也。腹毛枳實牽牛子，蘿蔔頭和香附施。止渴葛根與麥冬，石膏花粉烏梅宗。梨漿五味兼（蚊）〔文〕蛤，犀角飴糖竹葉同。解鬱川芎與鬱金，腹毛蒼朮炒梔仁。台烏芍藥和香附，神麯檳榔合二陳。大便不通用大黃，朴硝巴豆杏仁霜。油歸生地蓯蓉肉，松子麻仁郁李強。小便不通赤茯苓，猪苓澤瀉車前仁。木通滑石同瞿麥，葶藶石韋竹葉心。病屬氣虛微下陷，補中益氣最為靈。不通若是真寒閉，火藥煎湯效更神。浮腫不消用木瓜，猪苓澤瀉與芫花。木通大戟同商陸，薏苡牽牛信不差。嘔吐合曰並二陳，丁香白蔻縮砂仁。生薑草蔻延胡索，胃熱芩連梔子勻。止泄車前參朮苓，猪苓澤瀉縮砂仁。建蓮肉蔻淮山藥，訶子烏梅粟殼神。痢疾黃連廣木香，槐花歸芍地榆良。桃仁萊菔青皮草，枳殼檳榔薤子強。瘧疾常山草菓仁，檳榔蒼朮及威靈。柴胡乾葛焦知母，厚朴青皮合二陳。辟瘟草菓花檳榔，蒼朮雄黃及大黃。蘇葉枯芩油厚朴，藿香香附降真香。頭痛川芎白芷辛，天麻藁本菊花均。辛夷蒼耳蔓荊子，見證尤宜分六經。頭風眩痛明天麻，獨活細辛旋覆花。白菊蘇荷荊竹瀝，辛夷萆薢效無差。腹痛元胡白芍強，小茴蒼朮高良薑。梔仁草蔻吳萸子，香附沉香廣木香。心痛良薑及黑薑，元胡肉桂橘皮湯。靈脂沒藥焦梔子，香附檀香廣木香。腰痛菟絲熟地黃，寄生續斷小茴香。胡桃杜仲川牛膝，故紙蘆巴肉桂良。膝痛苡仁並木瓜，靈仙牛膝綠升麻。加皮杜仲漢防己，故紙羌防續斷加。喉痛射干山豆根，連翹大力廣元參。薄荷荊芥芩連等，甘桔僵蠶燈竹心。目痛羌防歸芍芎，黃芩梔子菊花同。柴胡荊芥穀精草，木賊蒺藜白木通。身體風痛海風藤，防風荊芥與威靈。秦艽羌獨延胡索，狗脊桐皮桑寄生。齒痛石膏北細辛，蒺藜生地與黃芩。骨皮梔子丹皮等，碎補荊防並穀精。耳聾全蠍石菖蒲，木通碎補乳香扶。氣虛耳聾當補氣，腎虛滋水是良圖。去風荊芥西防風，蒼耳天麻烏藥同。白菊薄荷羌獨活，僵蠶全蠍正川芎。蒺藜蟬退蔓荊子，藁本鮮皮白芷充。去寒宜用理中湯，白朮人參炙草薑。更有吳萸真肉桂，細辛附子蜜麻黃。去濕秦艽薏苡仁，木瓜蒼朮西茵陳。天麻白朮漢防己，萆薢菖蒲塊茯苓。補腎淮山熟地黃，胡桃枸杞首烏良。鹿茸杜仲蓯蓉肉，芡實棗皮及鎖陽。壯陽枸杞並蛇床，故紙胡巴桂附薑。陽起石同真韭子，仙靈脾與鹿葱良。補陰二地麥天冬，龜板龜膠鼈甲同。歸芍女貞淮薯蕷，首烏萸肉菟絲通。安魂定志用人參，遠志柏仁酸棗仁。龍齒硃砂龍眼肉，茯神益智效如神。強筋壯骨五加皮，枸杞菟絲續斷齊。虎骨鹿茸焦杜仲，胡桃碎補仙靈脾。夢遺精滑用金櫻，蓮蕊石蓮益智仁。龍骨鹿茸真牡蠣，菟絲巴戟合人參。補虛益損黃耆參，焦朮淮山白茯神。杜仲鹿茸甘枸杞，棗皮熟地當歸身。跌打損傷血木通，乳香沒藥加皮充。澤蘭碎補真山漆，蘇木桃紅並臭蟲。消腫排膿歸芍芎，連翹大力西防風。銀花羌活天花粉，白芷黃耆白木通。山甲漏蘆川貝母，陳皮皂刺及蒲公。地榆知柏療紅腫，白及還同白斂功。瘰癧銀花六穀根，夏枯香附蒲公英。黃耆海藻和昆布，貝母天葵及膽星。乳癰一痛金銀花，貝母公英山甲誇。沒藥乳香香白芷，木香甘草栝蔞加。腸風下血雞冠花，荊芥樗皮木賊誇。刺猬烏梅陳枳殼，地黃山甲地榆加。痔瘡流血地榆宜，槐角樗皮刺猬皮。苦參柿餅無花果，亂髮陳棕火煆齊。久流黃水健脾胃，（蚊）〔文〕蛤參歸朮地耆。熱淋又用海金沙，甘草木通通草誇。滑石石韋瞿麥穗，猪苓澤瀉大黃加。衄血丹皮百草霜，麥冬犀角及蒲黃。桑皮側柏焦荊芥，生地茅根白芍強。通經牛膝紅藍花，歸尾桃仁赤芍加。莪朮三稜香附子，木通蘇木丹皮誇。調經肉桂延胡索，香附澤蘭益母屬。血虛宜用四物湯，氣虛箭耆人參朮。安胎白朮與黃芩，艾葉阿膠桑寄生。杜仲菟絲川續斷，當歸酒芍縮砂仁。產後血昏用黑薑，芎歸童便桃仁良。靈脂益母延胡索，焦芥紅花熟地

黃。血崩山漆炒阿膠，續斷蒲黃茜草高。牡蠣地榆香附子，棕灰側柏血餘燒。白帶補中益氣湯，參耆歸朮廣皮良。升柴炙草全方用，加入苡仁引棗薑。傷暑益氣箭耆加，扁豆苡仁及木瓜。滑石香薷甘草配，陳皮參朮蜜升麻。蟲積檳榔與使君，雷丸榧子烏梅增。牽牛鶴虱霜蒼朮，乾漆川椒苦楝根。戒煙旋覆與西砂，榧子雷丸鶴虱誇。蜂蜜茯苓真韭子，青鹽粟殼金銀花。陽虛砂半參耆朮，陰虛熟地桂附加。

清・佚名氏《天寶本草・藥性賦》　寒性賦　草藥成性，首當論寒。水黃連清心止痢，茨黃芩退火清寒。地龍膽治肝燥而醫火眼，又療膀胱疝氣；荔枝草能殺蟲且乾黃水，兼治咳嗽風寒。鏵頭草敷瘡毒且去目翳，鐵馬鞭清心火而利水關。金鷄尾治淋症可醫帶下，鳳凰草散痒子且療瘡疣。清諸火解百毒金龜連之妙用，利水道補陰虛三百苔之功奇。臭草藤無根之火能去，青木香小便之利不移。雄黃連治蟮疳而清脾經濕熱，滑藥草敷癰疽而治傳染毒瘡。地麥冬清心而利肺兮，咳嗽可治。隔山鍬補虛又理脾兮，下乳一調。可以散筋骨之毒氣，土茯苓、金剛藤最妙；　治紅白痢之症候，過路黃、蔴樹根為強。又聞洋鵲花補脾清肺，衄血亦用；　矮茶風利肺清心，咳嗽可施。清風火毛秀才之功倍，消虛腫水皂角之用同。半邊錢有療臍風咳嗽之妙，猪棕草有治白帶乳病之功。若乃利水道治淋症，藍花草之使最驗；　療崩帶用止衄血，水案板之施有靈。虎舌草療咽喉之熱毒，開喉劍治喉火之功隆。治牙痛去風火用猪鼻孔，洗皮膚補陰陽使莫娘藤。挖耳草療火眼之魁首，馬連根噙火牙之靈方。療風丹薰風疥宜用浮萍草，治氣痛利水門當加四朵梅。水白蜡清胃火，又噙口燥；　紅姑孃利心肺，又治痔瘡。毛蜡根醫諸症兼治黃腫，而濕熱亦利；　瓜子草敷刑傷又敷瘡毒，即湯火亦宜。鳳尾連清心火，眼瘡可治；　捆仙繩利小便，損傷亦醫。銅針刺點眼目可清諸火，山慈姑去風火又敷百瘡。楊柳鬚、鐵燈心，通小便之功大；　天泡子、狗兒院，治蟮疳之妙奇。土木賊散雲霧而清肝肺，酸梅根敷魚口，又能止血。此寒性之藥品，惟在醫人之推詳。

熱性賦　熱性之藥，次當歸品。草蜈蚣諸毒痔瘡之用，天蜈蚣腰脊跌損之需。走馬胎能消腫脹，血牡丹痞塊可通。一枝箭壯陽威添精補髓，猪獠參強筋骨益腎補精。土巴戟生精壯骨，散血草破瘀生新。二郎劍開關利竅，白龍鬚和血調經。地胡椒引火歸源之藥，猪獠子回陽返本之需。大母花種子最利，香桂皮氣滯有靈。過山龍橫行肩背，响鈴草補腎治聾。跌打損傷，五通、五甲為妙藥；　止痛敷瘡，修天竹是靈方。勸夫舒筋活血，雀不站之功無盡；　透骨經通，野葡萄之用不窮。矮沱沱治手攣足氣，身死可返；　搜山虎療筋骨疼痛，脚軟亦宜。破骨紙追濕皆妙，八月瓜補腎一強。所以興陽行血，人人皆用到貫子。一氣補元，人人共使石南星。茨蘿蔔脚軟要藥，大風藤止血妙方。九節蟲一身之寒可散，箭桿居四體之濕可(餘)〔除〕。筋骨疼茨五甲用，肩背痛藤五甲行。搬倒甑散寒止嗽，又療跌損之痛；　商陸根利濕去熱，且消氣腫之功。此熱性之傳說，須當熟察於心中。

溫性賦　諸藥品性，此類最溫。無花菓補人元氣，且能生血。娃娃拳治小兒疳，又兼補脾。水蘿蔔兒童諸風可去，蘭草根水種痲症可通。母猪藤敷諸瘡痒子可散，苧蔴根軟筋骨腰痛可治。鷄骨連消疳疾，療瘦便利；　黃葛葡利濕熱，腎腫堪提。鵝豆根脚氣痰火之用，滿山香透骨散寒之宜。是故烏鬚黑髮，當尋旱連草；　療崩止漏，宜思棕樹根。苛草根療腫脹而消積聚，九連環治白帶亦療紅崩。故云清心明目，四葉連斯為妙用；　消腫益精，佛指甲可稱奇方。水彩團療鼻衄、消腎腫，且為催生之效；　榿木葉清肝目、皮止血崩，而治風火之奇。黃金根治目霧又治氣疼，鷄脚樹洗瘋痰入洗漆瘡。聞之療瘡疾、治傷風用六月莧；　調諸氣、治□□使清明香。若乃散寒走表，堪推茨三甲；　破氣散凝，當採一籠鷄。止血化痰，地韮菜與地白草；　風寒咳嗽，旋佛花與滴滴金。大茅香治刀傷而療痢疾，見腫消有大毒亦敷惡瘡。蒼耳子療小兒青筋臌脹，女兒紅解毒利喉咽。硃硃連生心血而安魂魄，水硃根殺蟮蟲而治疳癆。散雲霧去目翳，夜合花好；　翳損傷破血滯，羅漢參療(遼)〔療〕吐血。水澤蘭破氣滯，代治勞傷。星宿草塞鼻孔，翳膜可去；　藤蘿花壯筋骨，跌損亦醫。老人頭去痰消氣，筋骨草壯陽強筋。此溫性之論說，又有志士之覽觀矣。

平性賦　藥性一囊，終當論平。臭牡丹、左轉藤，能除暈運；　地蜈蚣、茨棃根，利食為尊。六月寒治諸□兼治咳嗽；　都總管治痢症又醫血崩。滔血藤能補血，又可和血；　九重樓治瘧疾，又消食痰。烏鴨風走腎經蟮氣尤當，千層塔治痢症止血刀傷。王不留敷瘡而利小便，兼能下乳；　水蜈蚣去毒而除寒食，亦且搜風。地五甲咳嗽可好，到水連筋骨強壯。治痒子、洗皮

膚，龍骨草妙；　療脚氣、取腫毒，白茹根強。宗子羊、鐵石子，專散堅硬；　觀音草、接骨草，獨醫損傷。散痰凝，治膀胱，用石棗子；　散痒子，治瘰癧，用鹿葱根。四季參大固元氣，玉竹參專補□精。竹林霄、覆盆子，健脾有益；　何首烏、烏水甫歸補血有靈。石洋參輕身健步，辰砂草安魂補心。草鞋板健脾下乳，水當歸活血相生。胭脂根補虛損，亦補腎氣；　好黃精補元氣，大健精神。去風毒，利濕熱，合麻根美；　治頭疼，去風寒，三角豐良。一朵雲補腎虛並治疝氣，鴨公頓除瘟疫兼療崩淋。壯筋骨，補虛氣，鑾子草好；　去筋骨，治頭疼，鐵杷頭高。倒竹傘、鬼茅針，吐血方用；　釣魚竿、茴香根，氣痛方因。橄山鞭通筋骨而治腰痛，藍布裙止咳嗽而治痒瘡。兔耳風醫背搭以除氣痛，班鳩草治白濁復洗疳瘡。故云山蘿蔔有消腫利濕之勢，靈芝草有除風氣痛之施。過江龍之效驗，治筋治骨；　順江龍之治病，療濁療精。此平性之神功，用者雖詳其優劣焉。

藥性歌

茨黃芩根性本涼，散寒清火功最強。目內諸般火翳症，退熱除燒並顛狂。　地龍膽瀉肝膽經，膀胱疝氣火能清。可行小水通淋症，諸般熱毒用之輕。　鏵頭草能敷瘡毒，清肝利濕皆能服。去翳散毒功最強，雲霧遮精功最速。　荔枝草專治咳嗽，耳邊瘡黃水相得。拔疔去毒黃糖搗，肺經火勝能消尅。　鐵馬鞭稍性本涼，通利小水走小腸。平肝瀉火最為上，赤瘡火眼亦非常。　金鷄尾淋症無雙，利小便第一稱強。赤白帶下皆可用，其功非小不可當。　鳳尾草能散諸痒，失榮氣火妙無雙。其性相似夏枯草，癰疽發背可稱強。　金龜蓮去火當先，敷瘡毒立時能安。消喉去毒功頗大，搽疥搽癰似手拈。　補陰興陽云白台，利水通淋保姙胎。能治頭暈與滯下，三焦之火即能開。　臭藤能去無根火，頭老暈運方為佐。口舌乾燥並牙疼，用之得宜如開鎖。　酸通一名雄黃連，脾胃濕熱螬氣連。能療週身筋骨痛，手足拘攣皆可痊。　甘苦無毒地麥冬，（尞）〔療〕火肌瘦小水通。止血除煩虛熱症，安魂定魄更調中。　仙遺根節土茯苓，解毒利水能強筋。諸般瘡毒稱妙劑，週身筋骨利通行。　筋骨疼痛金剛藤，行血利水稱為尊。跌打損傷功百倍，用之得當效如神。　橫行肩背懷木通，利水諸淋大有功。行氣清火百發中，跌打損傷妙無窮。　奶漿藤名隔山鍬，補陰不足有功勞。其性相似洋參味，下乳用藤有功勞。　清肺益脾地羊鵲，頭暈咳嗽皆宜服。諸般氣寒咆哮喘，五勞七傷血衄服。　滑藥又名草漏蘆，無名腫毒皆能除。共為細末水調敷，服之酒引堪相扶。　矮茶子名矮茶風，諸般咳嗽妙無（召）〔窮〕。安魂定魄利心肺，消風散寒有大功。　毛秀才名排風藤，能（尞）〔療〕小兒諸風症。脚氣消化腫用之，螬疳等症效如神。　肺經草即半邊錢，專包臍風又化痰。哮吼咳嗽稱第一，四時感胃散風寒。　水皂角味苦淡酸，消風除脹效為先。虛氣螬疳黃走膽，能敷腫毒即時安。　猪（綜）〔鬃〕草其性微溫，能治白帶並頭暈。乳腫方中皆可用，臨服之時酒煎吞。　蘭花專治紅白淋，心經邪熱通利行。能治濕熱並走膽，用之得當效如神。　水案板能通氣血，婦女崩帶最有力。赤瘡紅腫易敷散，淋症用之方有益。　虎舌草敷散熱毒，其功非小係良藥。咽喉腫毒寒火症，諸般熱毒功最速。　開喉劍名八爪龍，葉下藏珠狀元紅。咽喉紅腫皆能治，牙疼腫熱火症仝。　猪鼻孔補陰止血，牙疼面腫消熱積。能去風火百發中，敷（尞）〔療〕退熱無可敵。　木娘藤可洗皮膚，奶癬熱毒皆能除。引補陰虛興陽症，根行似兔定能除。　挖耳草根其性苦，赤瘡火眼皆為主。紅白痢症功最強，色勞腸厚而治土。　四朵梅來即木通，四朵花心方為貴。不拘冷熱氣病疼，能利小便功百倍。　草無根即水浮漂，煙薰臭風加清蒿。風濕疙瘩炒過用，甜酒為引去皮燒。　水白蜡多生河邊，能消火毒開牙關。口舌疼痛生白泡，熬水煎服自然安。　水黃連產水邊生，紅白痢症用根良。能清腸胃洗眼目，寒熱之症本非常。　紅姑娘其性最涼，能解熱毒（尞）〔療〕（痣）〔痔〕瘡。心肺二經實火旺，但逢此症最相當。　過路黃名毛脚鷄，安胎種子可稱奇。紅白痢症加倍用，小便熱結皆可醫。　（到）〔野〕黃麻性本溫涼，利水通淋走小腸。紅痢方中用酒下，白痢茶煎正相當。　毛蜡燭名即蒲黃，淋瀝濕腫妙無雙。能利小水並氣痛，黃沙走膽立安康。　鳳尾蓮清火平肝，口（食）〔舌〕疼痛俱宜飡。赤瘡火眼能點散，五臟熱邪俱相安。　捆仙繩治跌打傷，能醫痒瀝並諸瘡。癰疽發背最為上，能消面腫與牙哐。　銅針刺能清肝熱，氣血眼睛俱得力。為末吹喉除熱氣，清肺而且退咽隔。　楊柳鬚治紅淋症，妙劑清心用酒熬。除去熱毒方有效，專利小便最當先。　鐵燈心能利熱結，專引諸火功最切。赤白痳症皆有效，小便熱結無可敵。　筆筒草即土木賊，赤白雲翳皆治得。去風清火除濕氣，能通淋症並滯塞。　山慈菇性味最涼，追風清火除毒強。清心明目功最效，更（尞）〔療〕瘰癧並諸瘡。　馬連味苦性溫涼，能醫（痣）〔痔〕瘡與臟腸。消風去火皆為妙，清喉利隔治牙黃。　天泡子味苦甘溫，小兒臌脹肚青筋。胃火螬氣兼之用，

疳疾服之似仙針。　麵根草名狗兒完，其形相似串枝蓮。健脾開胃為魁首，(尞)〔療〕瘦肥肌治螬寒。　瓜子草炒利小便，敷大瘡腫痛易消。醫湯火症退濕熱，兼治淋症功最高。　二月桃花甚堪誇，專(尞)〔療〕紅腫與疳瘡。採取陰乾為細末，酒引調搽笑哈哈。　酸酸草止血散血，截瘧症揉細塞鼻。和酒炒熱敷魚口，紅白痢症功第一。　草蜈蚣性有大毒，內外(痣)〔痔〕瘡皆宜服。能治狗咬拔疔瘡，蛇咬毒根俱易出。　刮金槭名走馬胎，五種之積即消開。飲食諸疾並膨脹，氣滯血凝免受災。　飛天蜈蚣性最惡，跌打損傷為要藥。癥瘕痞塊皆能破，又(尞)〔療〕腰脊與手足。　開闢利竅血牡丹，疱塊癥瘕俱當先。婦女血滯腰脚痛，男子遺精痢症安。　壯陽固本一枝箭，補虛益腎並延年。腰腿疼痛皆可得，添精補髓氣血全。　猪遼參名龍抱柱，添精壯陽有妙術。頭暈酸軟並腰疼，炖(脎)〔肉〕服之精神固。　土巴戟性本微溫，強筋壯骨補中精。女人赤白並痢症，且止遺精與腹疼。　華芨辛溫壯骨精，跌打損傷脚手疼。腹內疱塊腰脊痛，通闢利竅效如神。　白金條名白龍鬚，舒筋活血痛能醫。手脚拘攣難伸縮，又能接骨功最奇。　鵝脚板名地楜椒，火牙噙之即刻消。葉搗敷於耳根後，眼內翳脫甚蹊蹺。　狗奈子辛甘大熱，反本固陽治眼黑。手脚冷痛酒飲下，目不遠視功倍(揚)〔百〕。　大母形來似綿芪，調經種子勝仙丹。婦女科中為妙藥，赤白帶下即時安。　過山龍橫行肩背，氣滯血凝皆可退。跌打損傷並咳嗽，補濟陰虛通水腎。　行氣和血水當歸，添精補髓壯陽威。橫身骨節酸麻痛，尾破疱塊瘀血追。　無花菓氣血兩補，安魂定魄養肌膚。添精補髓(尞)〔療〕腰脊，能健脾胃定不虛。　合散菌名靈芝草，解甘熱邪真個好。無論諸般氣痛病，起死回生如珍寶。　水人參味苦甘溫，補虛化痰(火)〔又〕生精。小兒七(由)〔十〕二風症，用之得當便安寧。　春蘭夏蕙係長青，秋解冬蟬俱用根。能消腫脹與淋症，各時隨用四季參。　苧蔴甘苦有微寒，能軟筋骨又化痰。腰膝疼痛皆為妙，跌打損傷保安然。　鷄肫褲名鷄骨蓮，(尞)〔療〕瘦肥肌即時安。小兒疳疾寒瘧症，諸虛螬雜保安然。　滿山香去風散寒，筋骨疼痛俱當先。專醫退熱脚氣症，酒引煎湯更安然。　田子草名四葉草，清心解熱治螬疳。敷瘡能去熱火毒，撥雲散霧自然安。　指甲花名小粉團，鼻血不止用當先。根莖能消腎子(種)〔腫〕，子能催生似崩山。　諸般氣痛黃京根，每用一兩酒炒行。研為細末去雲翳，葉(尞)〔療〕螬疳共肉吞。　苛草根味性本溫，葉洗(痣)〔痔〕瘡去毒行。開胞能(尞)〔療〕虛腫病，為末可治諸(痣)〔痔〕瘡。　黃葛藤根性屬土，利形濕熱加米煑。腎子腫痛皆可治，煑粥食之能通乳。　過江龍產生河邊，形如水竹浮深灘。能利濕熱行水道，筋骨疼痛立時安。　順江龍清心益腎，能去目霧與頭暈。耳鳴瘡毒皆可治，夜夢顛倒並遺精。　茨三甲散寒清火，脚膝疼痛不宜少。橫行骨節並麻木，偏正頭風亦可好。　清肺除熱滴滴金，嘔喘咳嗽有功勳。散寒去火並吐衄，開竅通淋鳴聲音。　銀沸草味淡性溫，咳嗽痰喘方可靈。潤肺血氣強筋骨，通淋痢便小水行。　地韮菜性本溫良，化痰清火可(以)〔算〕強。止血能清三焦火，去瘀生新亦非常。　地白草清寒化痰，諸般咳嗽與風寒。週身骨節疼痛症，虛火上炎亦當然。　大茅香散血有功，刀傷破損妙無窮。止血除疼皆有力，紅白痢症自然鬆。　清明香辛有大溫，除蟲定疼治驚風。諸般氣滯皆能用，其功非小妙無窮。　蒼耳草去風解毒，肚大青筋皆可服。皮膚騷癢風濕症，禁止肺經鼻涕出。　硃砂蓮解熱清心，安魂定魄治頭暈。婦女白帶男淋症，用之得當效如神。　夜合皮清肝治目，能退雲翳解熱毒。暴發火眼亦可用，勿犯鐵器功最速。　水(洙)〔珠〕根白帶有效，小兒螬疳其功妙。能(尞)〔療〕蠱脹肚青筋，殺蟲方中通闢竅。　羅漢參其功非小，跌打損傷如珍寶。破瘀生新止衄妙，婦女經閉用酒炒。　珠珠參能治努力，週身疼痛破瘀血。吐衄勞傷方可用，氣滯血疑通骨節。　還魂草生山石邊，產行氣血其功先。跌打損傷皆可用，童便酒炒二次殮。　珍珠花開四季形，根似當歸葉似雲。春圓夏長秋焦葉，專治吐血(疼)〔冬〕似芹。　女兒茶名女兒紅，清心明目效堪誇。能治頭暈虛熱症，咽喉熱毒妙無他。　獨脚蓮根毒最深，敷疔(疑)〔拔〕毒乃為尊。諸瘡疥癬皆可用，殺除百蟲便安寧。　牛耳大黃性平溫，胃火上冲用之靈。葉止咳嗽平肝木，磨搽疥癬便安寧。　藤羅花行血通筋，跌打損傷他為尊。痰火脚氣宜久服，治陰濕氣有功勳。　老人頭暈胃火痰，消除積聚妙當先。諸般氣滯能即下，肚腹脹滿妙不言。　星宿草平肝降氣，赤火眼皆可醫除。消疳疾此藥俱妙，退雲霧獨稱為尊。　筋骨草有陰有陽，筋骨疼痛正相當。跌打損傷兼之用，消除脚氣即能強。　楷木皮平肝伐木，清火利氣其功速。鼻衄不止與崩症，能(尞)〔療〕風火並赤目。　通經活血水滓藍，跌打損傷妙當先。婦女崩帶皆有效，風火瘰癧共熬煎。　臭牡丹性本溫良，專補肺腎兩虛狂。脚力不如用之當，能治頭暈最妙方。　左轉藤平肝濟火，小兒螬疳功最好。能(尞)

〔療〕紅崩淋瀝症，用之得當功非小。　六月寒性本溫平，散寒清火治諸疼。外瘴目翳皆能散，諸般咳嗽效如神。　活血藤性本溫良，行氣通暈走小腸。肩背兩脇諸氣滯，遍身疼痛效非常。　烏鴉風名老鴉藤，能利小水脚轉筋。小兒螬疳有功效，消煩解渴值千金。　猪(綜)〔鬃〕草性本溫良，利水通淋可稱強。　赤白痢症兩並用，醋炒(尞)〔療〕(痣)〔痔〕並脫肛。　王不留行下乳佳，活血通淋效堪誇。　小便不利加之用，清心明目定不差。　九重川根有大功，消積下氣自然鬆。　葉敷脉上截瘧疾，青筋蠱脹立時通。　地五甲皮走肺經，風寒咳嗽效有靈。　消腫能去皮膚濕，清肝解毒效如神。　到水蓮根功最高，強筋壯骨把疾(尞)〔療〕。　跌打損傷加之用，筋骨疼痛自然消。　千層塔性溫和平，清肝利濕小水行。　赤白痢症皆通用，刀傷止血生肌靈。　水蜈蚣辛除風熱，利竅行血止嗽咳。　下氣通關利乳妙，頭風疼痛功妙切。　龍牙草去風解毒，瘰癧氣火皆可服。　能洗皮膚利膀胱，與梨仝食解菌毒。　地蜈蚣其性平溫，細莖細葉遍地生。　專治紅白兩痢症，內有白漿乃為真。　茨藜子根性良溫，治白帶症與血崩。　又(尞)〔療〕紅白二痢症，諸般(痳)〔淋〕症便消清。　白茄子根去風強，下焦濕熱功最良。　痰火脚氣方為妙，火(緞)〔鍛〕利齒正相當。　宗子羊專治氣火，諸般瘰癧服最好。　稍葉不可加在內，酒熬數劑效如寶。　鐵石子名苦(橋)〔蕎〕頭，腰疼背痛即時瘳。　瘰癧楊梅並結毒，頭風疼痛大功勞。　觀音草清肺止咳，化痰治衄功湊急。　赤瘡火眼皆能治，跌打損傷鬬骨節。　接骨草性本溫良，清火平肝吐衄強。　頭暈疼痛亦可用，上虛下感並發黃。　石棗子清火化痰，跌打損傷俱當先。　胃虛咳嗽加之用，生新去瘀保安全。　四季參甘有微寒，止渴生津亦利痰。　明目開心通血脈，安魂補氣解虛煩。　竹林霄甘淡微溫，補脾潤肺又壯筋。　腸風下血(痣)〔痔〕等症，小兒膀胱便安寧。　覆盆參甘性微寒，扶養正氣用在前。　頭暈脚軟加之用，耳鳴腎虛並心煩。　王竹參專補脾肺，元氣虛損重加倍。　潤肺化痰並咳嗽，頭暈耳鳴正當配。　葵葉參甘淡微溫，耳鳴氣虛治頭暈。　能清虛熱無根火，眼花心跳便安寧。　草鞋板性溫和平，消食建胃有功勳。　能洗痘瘡多齊整，下乳排濃兩下分。　胭脂花味本苦甘，補虛益氣壯丹田。　赤白帶下並之用，遺精白濁保安全。　黃精味苦甘微溫，大補(毛)〔元〕氣助精神。反老還童延年壽，烏鬚黑髮又身輕。　神砂草味性微溫，安魂定魄保元精。開心利竅通五臟，益氣調中又補心。　一朵雲溫味甘良，補中益氣利膀胱。胃氣滯疼方為妙，頭暈腦痛可算強。　綠葱根名金針花，膀胱疝氣俱為佳。氣火瘰癧加倍用，清上益下效堪誇。　鷄公頭名地良薑，紅白痢症可稱強。清火解毒除瘟症，赤白帶下正相當。　蠻子草味溫淡甘，風寒咳嗽更化痰。強筋壯骨脚酸軟，腰疼脊痛效仙丹。　烏茶子性有大毒，通腸利便走小腹。大便閉結水(種)〔腫〕病，寒火結胸宜早服。　烏(旧)〔臼〕性熱毒最深，殺蟲消臌腫痛行。　通膀利便除邪氣，痞塊氣精稱為尊。　藍布裙涼味苦甘，清肺止咳散風寒。　氣火瘰癧兼之用，去風化痰即時安。　鉤魚杆溫味苦酸，平肝降氣火目(金)〔痊〕。　雲霧遮(精)〔睛〕螬疳病，心胃氣痛如手拈。　倒竹(散)〔傘〕石邊生根，生新去瘀又壯筋。　婦人產後皆為妙，男女吐衄可以稱。鬼茅針味甘性平，吐衄血他乃稱尊。　胎前禁忌切勿用，產後加之效如神。鐵扒頭味苦性溫，散寒走表遍身疼。　追風去濕並脚氣，頭風疼痛有功勳。金腰袋名趕山鞭，行氣和血入丹田。　腰脊疼痛利濕熱，脚氣痰火效如仙。茴香根性本溫和，膀胱疝氣廣用多。　胃氣脹滿兼之用，通利遍身氣滯疼。蓖麻根熱味甘辛，(氣)〔祛〕風解(被)〔破〕瘀血停。　能洗(及)〔皮〕膚利濕熱，去淨梗葉用根靈。　三角風性溫無毒，平肝順氣能明目。　頭暈諸火往上冲，風寒暑濕皆宜服。　兔耳風味溫辛香，能治氣痛療(腰)〔膀〕胱。　癰疽濕熱並發背，敷疔拔毒治(悉)〔惡〕瘡。

清・李厚堃、曹伯玉《諸症賦》　藥性賦

黨參固正氣而理中，洋參補虛勞而清熱。　沙參補肺養陰，丹參清心補血。　玉竹潤燥而祛虛風，白前下氣而治痰咳。　天花粉瀉熱生津，夏枯草清肝散結。　雞蘇清熱而治頭風，白及補血而止吐血。　海藻軟堅而瀉瘰癧，浮萍發汗而除風濕。　豨薟草治風濕痹痛，鉤藤鉤除肝風搐搦。　益母草去瘀調經，功同茺蔚子。　澤蘭葉散鬱強脾，用類佩蘭葉。　白薇治血熱煩嘔，茜草行血滯咽痹。　凌霄破血去瘀，紫草涼血活血。　蘆茹治血枯癥瘕，菴蕳能行水散血。　蘆根降火益胃以止嘔，苧根安胎補陰而清熱。　薔薇根漱牙痛口瘡，芭蕉根治熱狂煩渴。　龍膽草除濕熱而益肝膽，胡黃連治驚疳而退蒸熱。　苦參燥濕能治瘡瘍，青黛瀉肝兼解熱毒。　大青解時病發癍，板藍根之用同。　甘遂行水氣腫滿，紫大戟之效捷。　藜蘆吐風癇之痰涎，芫花療五水之飲癖。　通草、燈草清上焦熱能利小腸，桂枝、官桂和營衛氣溫通經脈。　扁蓄治黃疸熱淋，青蒿退骨蒸勞熱。　天仙藤治妊娠水腫，疏風活血之功。　海金砂治五淋莖痛，除濕瀉

熱之力。草烏頭治痹風頑痰，草豆蔻治寒瘧穢疫。蛇床子補腎命而除風濕，蒲公英消乳腫而解熱毒。紫地丁瀉熱，治癍疹疔疽。金銀花解毒，治瘡瘍外發。忍冬藤治瘡毒，能清痘疹之熱。杜牛膝治牙疼，又通咽喉之痹。鎖陽強筋，有潤燥之功。鶴虱殺蟲，止腹痛之劑。山柰辟惡溫中，漏蘆解毒入胃。山慈菇散結消腫，蓖麻子拔毒去滯。白頭翁瀉熱止血痢，冬葵子利竅通營衛。王不留行通血脈，下乳催生。冬蟲夏草發痘瘡，祛除癆瘵。土瓜根利水行血，治熱病發癍。白鮮皮消風去濕，療閉結不利。萆薢除風濕而治濁淋，白斂瀉熱毒而散結氣。青葙子、決明子祛風熱明目，木鱉子、急性子拔癰毒通經。馬勃清肺而止咽痛，蓼實溫中而下水氣。土茯苓解毒，去濕熱兼治痰瘡。預知子瀉熱，補勞傷又殺蟲蠱。馬鞭草經脈能通，枸杞子肝腎能補。女貞子強腎陰而定肝風，柏子仁養心氣而悅脾土。茯神木治筋骨拘攣，油松節治風濕痛苦。松香生肌斂濕瘡之痛，槐角涼血通大腸之腑。楮實助陽而壯筋骨，槐花涼血而止崩吐。秦皮性濇平肝而止下痢，兼療目疾。榆皮性滑利竅而下有形，又醫妒乳。蔓荊子清上焦，宜涼血祛風。辛夷花通九竅，治鼻淵鼻塞。海桐皮去風熱而行經絡，密蒙花潤肝燥因能明目。蕤仁治目疾而補肝虛，芙蓉治肺癰而消腫毒。杉木治肺氣腫滿，兼療脹痛。茶葉清頭目煩熱，又和陰陽。苦丁茶治上炎邪熱，川槿皮塗作癢癬瘡。肥皂角敷無名腫毒，山茶花治吐衄血傷。敗棕灰能泄熱，止血止痢。烏桕木解砒毒，利水通腸。蘇木去瘀，治產後血暈。降香降氣，和血滯打傷。痘疹不起用西河柳，通竅辟惡用蘇合香。冰片能通竅散鬱，荊瀝治痰熱顛狂。蘆薈清熱殺蟲，治疳癇最速。蕪荑殺蟲燥濕，療積痛尤良。胡桐淚塗齒䘌結核，大楓子治疥癩癬瘡。去風明目，清少陽有霜桑葉，降火除痰、定驚癇有天竺黃。樟腦燥濕殺蟲治外感，雷丸殺蟲消積治內傷。桑椹補腎水，生津明目。柿乾清心肺，除熱濇腸。柿蒂降氣，呃逆可止。桑枝去風，筋骨能強。青菓清咽，治魚骨鯁。雪梨潤肺，利大小腸。胡桃濇精固腎，荷葉通氣升陽。龍眼養心脾而保血，榴皮止瀉痢與脫肛。潤肺殺蟲有榧實，清熱養胃有蔗漿。蓮蕊鬚濇精最妙，荔枝核治疝為良。白果斂哮喘，帶濁可止。枳椇解酒毒，煩渴能忘。西瓜翠衣清暑去熱，大豆黃卷消滿通中。大蒜能通竅辟惡，黑薑〔可〕去陳固冷。白芥子開肺氣而豁痰，馬齒莧散熱毒而消腫。絲瓜穰清肺熱哮喘之痰，西瓜子滑大腸通乳之引。金銀鎮肝制木為良，鉛鐵墜痰定驚最捷。芒硝、元明粉均能潤下軟堅，太陰元精石大都救陰瀉熱。浮石降火化痰，蓬砂軟堅散結。磁石補納腎氣，耳目能聰。礞石能入肝臟，頑痰可劫。代赭石內鎮肝逆之不平，爐甘石外治瘡瘍之爛濕。雄黄辟暑濕惡邪，礬石吐風痰痧毒。膽礬、皂礬制肝木風痰喉痹，青鹽、食鹽引腎經燥潤滑痰。急流水宜二便風痹之劑，逆流水宜宣吐風痰之藥。甘爛水宜傷寒勞傷，陰陽水治霍亂吐利。臘雪水清熱痰，秋露水治暑痹。地漿解毒而治水，井泉補陰而止渴。孩兒茶收濕定痛治諸瘡，百草霜補火定血治諸積。陳墨汁治崩衄，下胞胎。伏龍肝止嘔吐，消溺血。雞冠血治惡忤，發痘漿。雞肫皮消水穀，除煩熱。烏骨雞治乾血虛勞，白毛鴨為滋陰聖藥。猪尾血治痘瘡倒靨，猪膽汁能潤燥通腸。猪脬能轉脬之引，猪蹄為通乳之湯。羊肉補形益氣血，牛肉補脾行倒倉。補虛潤燥有牛乳，清心解熱有牛黄。黄明膠補陰能養血，望月砂明目治痘瘡。獺肝治傳尸鬼疰，猬皮治腸風痔瘍。夜明砂治目盲障翳，猳鼠糞治陰易復傷。熊膽平肝明目，鱓血活血祛風。鯉魚膽點喉痹，青魚膽治目瘡。蛇蜕祛風辟惡，蜆肉下乳壯陽。山甲通經絡而散癰腫，蝌黄續筋骨而塗漆瘡。瓦楞子平胃柔肝消血積，蛤蜊粉清熱利濕治咳傷。田螺利二便水腫，真珠定心肝熱驚。蜂蜜和百藥，不宜中滿。蜂房治咳傷，解毒為能。海鰾鮹通經脈，治血枯。五味子斂肺氣，收脫肛。蟬蜕除風熱退翳發疹，僵蠶去風熱散結行經。白蠟生肌而止尿血，盤蝥攻毒以下有形。蜈蚣祛風治驚癇與頑癬。乾蟾制木治疳痞與陽明。白蚯蚓瀉大腸亦治經脈之痛，五穀蟲治疳積又治大便之不行。外清熱毒有蛞蝓，內治痰厥有膽星。蜣螂、螻蟈，攻積通絡。䗪蟲、水蛭，逐血行經。千年建、尋骨風，去濕追風足用。人中黃、人中白，瀉熱解毒為靈。血餘和諸血補陰治勞復，秋石補腎水清火退骨蒸。人乳補虛而潤，人牙發痘而溫。河車為固胎可用，難言補益。紅鉛為敗陽之物，豈曰養陰。散瘀降火，已溺不如童便。瀉熱解毒，金汁即是糞清。車軸木利水濕氣痛作滯，盤龍草治癃閉小便不行。補陰固氣有燕窠、(線)〔魚〕鰾，滋陰退熱有淡菜、海參。酸梅草內斂肝氣之用，急性子外通經絡之能。絳紗通瘀，緯屑活血。桑蟲發痘漿，䗪蟲療折傷。青布藉青黛以平肝，紅布藉紅花以活血。死人枕治尸癆鬼疰，炊單布治薰蒸熱毒。柴灰滲溺死水濕，黄土治夏日中暍。黄精填補，必須常服。鬱金舒鬱，順氣有功。三七消瘀，治跌打吐血。砂仁理氣，治飽脹腹膨。罌粟殼能收濇胃，使君子能殺蟲積。糯米填中而補胃，

粳米養胃而和中。荸薺消銅錢積，亦治噎膈。柿乾清肺熱，亦治痢紅。浮小麥虛汗能止，大麥芽乳脹能通。黑料豆腎氣能補，蕎麥麪食積能攻。秫秫葉、苡仁葉，清暑病脾胃可醒。紫豆藤、萊菔葉，治痧症氣血立通。菉豆清熱解毒，刀豆止呃溫中。洋米發痘瘡虛症，紅(麪)〔麯〕治滯下多紅。甜瓜蒂涌吐痰涎，胡荽酒起發痘漿。薤白利氣消痰，茹根散結消腫。

清・談鴻鋆《藥要便蒙新編》卷上

補益門

人參味甘，補肺生津。積精生氣，積氣生神。肺為五臟華蓋，屬陰；氣與神屬陽。人參入肺，補陽中之陰，陰長則陽生之義也。

茯苓甘平，益脾助陽。瀉熱赤勝，利水白良。有赤、白二種。赤者入心、小腸氣分，並除濕熱；白者入肺、膀胱氣分，通調水道。

白朮甘溫，健脾養中。若同參草，大有殊功。脾主四肢，虛則倦怠。脾健運則能進飲食而澤肌膚。

甘草甘平，理脾要著。普治百邪，協和群藥。生用氣平，炙用氣溫。贊化調元，為藥中良相。

當歸苦溫，入心肝脾。血中氣藥，婦科最宜。心生血，肝藏血，脾統血。

熟地黃溫，補腎上品。配合得中，莫教過甚。女子多血熱，宜生地；男子多陰虛，宜熟地。

川芎辛溫，肺肝之藥。上行至頭，下行至脚。助清陽，開諸鬱，為通陰陽血氣之使。

芍藥苦平，並入心胃。寒熱煩疼，調血利氣。有赤、白二種。白者補而兼行，赤者降而主瀉。

黄耆甘溫，脾虛勿少。炙者補中，生者走表。為百藥之長，故名耆。壯脾胃，故補中。實腠理，故走表。瘡家排膿托裏必用之。

丹參苦寒，入心補血。去瘀生新，滌煩除熱。味苦，色赤。入心生血，為女科要藥。

益母草溫，心包肝藥。補陰之功，能行經絡。調經養血用子良。蓋根、莖、花、葉專於行，子則行中有補也。

女貞苦平，補肝益腎。少陰之精，滋補何盡。女貞酒蒸，曬乾二十兩，桑椹乾十兩，旱蓮草十兩，蜜丸，治虛損百病。

肉桂大熱，燥補命門。欬逆結氣，引火歸元。兩腎中間，先天祖氣，為命門真火。真火一衰，則脾胃敗，無以蒸糟粕而化精微。

瑣陽甘溫，補精潤燥。起痿之功，非同小草。大便燥者啖之，可代蓯蓉。煮粥食彌佳。

遠志苦溫，入手少陰。能通腎氣，上交於心。精與志皆藏於腎，腎精不足，則志氣衰。遠志強志益精，故能治健忘。

茯神甘平，益智安魂。以療風眩，定悸除煩。古方茯神一兩，乳香一錢，炒研，每服二錢，木瓜湯下，治一切筋攣疼痛。

黄精甘平，充益五臟。若久服之，精神自壯。俗名山生薑，仙家以為芝草之類，久服長生。

丹皮辛寒，入肺與腎。無法骨蒸，退熱有準。色丹，故入血分，而瀉血中伏火。伏火即陰火，亦即相火也。

石斛甘平，入肺與脾。強筋壯骨，虛勞最宜。生石上，光澤如金釵，中實者良，名金釵石斛。

澤蘭苦辛，入肝散鬱。養血調經，功兼四物。補而不滯，行而不峻，為女科要藥。

桂心苦辛，引血化汗。內托瘡癰，莫教散漫。苦入心，辛走血，能引血化汗化膿，為內托癰疽痘瘡良藥。

楮實甘平，助陽起痿。若治水腫，惟當用皮。皮可為紙，楮汁和白及、飛麪調糊，接紙永不解脫。

續斷苦溫，腎肝所繫。壯骨舒筋，需為上劑。川產良。止痛生肌，為女科外科上品。

琥珀甘平，鎮逆安神。辰砂同用，一君一臣。松脂入土，多年結成。或云楓脂結成，以摩熱拾芥者真。

菟絲辛平，入脾肺腎。平補三陰，厥功靡盡。脾虛腎燥而生內熱，菟絲益陰清熱，而兼助筋脈。

益智辛熱，功專補脾。引入心腎，縮便尤宜。腎與膀胱相表裏，用鹽水炒，同烏藥等分，酒煮山藥糊丸，鹽湯下，名縮泉丸。

覆盆子溫，平補腎肝。婦人長服，受孕無難。(壯)〔狀〕如覆盆，故名。去蒂，淘淨，搗餅，用時酒拌蒸良。

蒺藜辛溫，益腎補肝。以療虛損，伫見加餐。蒺藜有二種：一名刺蒺藜，三角多刺，能散風；一名沙苑蒺藜，色綠似腎，能壯水。

巴戟天溫，入腎血分。益陽強陰，神氣自奮。一名不凋草。蜀產佳。去心，酒浸焙用。

骨碎補溫，益腎之主。久瀉腎虛，需為鎮撫。久瀉腎虛，碎補末入猪腰煨熟，空心食之多效。

旱蓮草鹹，補腎止血。薑汁和煎，不寒不熱。苗如旋覆，實似蓮房，斷之有汁，須臾而黑。熬膏良。

夏枯草辛，補肝血脈。以陽和陰，大有裨益。氣稟純陽，冬至生，夏至枯，故名。

菖蒲辛苦，開心利竅。消積寬中，治痢尤妙。芳香利竅，古方參苓白朮散加菖蒲，米飲下，療噤口毒痢甚效。

石南葉苦，腎虛要藥。內傷筋衰，能療脚弱。關中者佳。宜炙用。

胡盧巴溫，補腎命強。若患虛冷，能壯元陽。同茴香、巴戟、川烏、川楝、吳茱萸治冷氣。

桑寄生苦，益血安胎。以追風溼，能無後災。寄生頗多，以桑上採者為真，他樹生者，多不純正。

仙茅辛熱，入腎命門。若同故紙，益火之源。浸酒飲最宜，然性辛熱，相火盛者忌服。

杜仲辛平，專補腎肝。腰膝酸痛，服之即安。《經》曰：腰者，腎之府。轉移不能，腎將憊矣。膝者，筋之府。屈伸不能，筋將憊矣。

首烏苦溫，亦腎肝品。填髓生精，宜酒製飲。酷類人形，一雄一雌，夜則藤交，有陰陽交合之象。雌者入血分，雄者入氣分。

蓯蓉甘溫，峻補精血。益髓強筋，能療陰絕。長大如臂，重至斤許，有松子鱗甲者良。

紫河車溫，血氣所繫。損極虛勞，補益非細。以初胎及無病婦人者良，有胎毒者害人。用銀器同煮不黑，則無毒。

人乳甘寒，虛人所悅。合參為丸，大補氣血。老人大便秘，服人乳最良。

龍眼甘溫，並入心脾。怔忡諸病，此味最宜。心生血，脾統血，思慮過多，則心脾傷而血耗，致有健忘、怔忡、驚悸諸症。

大棗甘平，脾經補藥。養衛調榮，通利經絡。通利九竅，傷寒及補劑用之，以發脾胃升騰之氣。然多食

損齒，中滿症忌之。

蓮子甘平，補脾之品。心腎不交，用此為飲。脾者黃宮，故能交水火而媾心腎。然性微濇，燥者勿服。

芡實甘濇，補脾去濕。以療滑精，病可去十。古方用芡實熬膏，合粳米煮粥食之，大益精氣。

黑料豆寒，補腎之穀。鹽水和吞，鎮心明目。色黑屬水，似腎，久服腎水足，則目明。

白藊豆甘，補脾之穀。中宮氣虛，最宜常服。清香，色白微黃。專治中宮之病，降濁升清。

陽起石溫，重補腎命。下焦虛寒，能起痿病。出齊州陽起山。雲母根也。以雲頭雨脚，鷺鷥毛色白，滋潤者良。真者難得。

紫石英溫，養血為功。婦人不孕，能暖子宮。女子繫胞於腎及心包絡，虛則血寒，故不孕。紫石英辛溫散寒，為暖子宮要藥。

夜明砂辛，療肝血滯。若合決明，能治目翳。蝙蝠矢也。食蚊，砂即蚊眼，故治目疾。

空青甘寒，益肝明目。中空者良，取效甚速。產銅坑中。大塊中空有水者真。

鍾乳甘溫，胃經主藥。益精強陰，陽氣倍作。出洞穴中，石液凝成。下垂如水柱，中空輕薄如鵝翎管，碎之如爪甲。光明者真。

鹿茸甘溫，生精甚速。補血用麋，補氣用鹿。鹿陽獸，喜居山。麋陰獸，喜居澤。麋補陰，鹿補陽。故冬至麋角解，夏至鹿角解也。

麋茸甘溫，專入左腎。久患陰虛，此藥上緊。鹿茸屬陽，補人右腎精氣。麋茸屬陰，補人左腎血液。

虎骨味辛，追風要藥。若患驚邪，能舒經絡。治頭風當用頭骨，治手足風當用脛骨，治腰脊風當用脊骨，各從其類也。

龜板甘平，腎經所悅。熬膠尤良，大滋陰血。鹿首常還向尾，能通督脈，故以角養陽。龜首常藏向腹，能通任脈，故以甲養陰。

鱉甲酸平，色青入肝。補陰退熱，何慮血乾。龜色黑，故通心入腎而滋陰。鱉色青，故走肝益腎而退熱。陰性雖同，取用略別。

鹿膠甘平，補中益氣。衝脈血虛，滋養足貴。煮鹿角成膠，凡丈夫中年覺血氣衰，便可服之。異類有情，非金石草木比也。

阿膠甘平，入肺大腸。虛勞欬嗽，滋補最良。阿井水煎成。阿井乃濟水伏流，其性下，用攪濁水則清，故治濁流及逆上之痰。

海馬甘溫，大壯陽道。腎虛用之，奉為至寶。蝦類出南海，形如馬，雌雄成對。其性溫暖，陽虛方中多用之。

蛤蚧鹹平，益肺潤腎。助陽益精，補虛有準。出嶺南。雄者為蛤，雌者為蚧，屢日乃交，兩兩相抱。捕者擘之，雖死不開。

海狗腎熱，補腎最良。強精壯骨，功勝瑣陽。出西番，今海東亦有之。似狗而魚尾，置器中，長年溼潤。臘月浸水不凍者真。

雄蠶蛾溫，強陰益精。用以求嗣，大生廣生。蠶性最淫，出繭即媾，敏於生育，故精薄陰衰者用之。

九香蟲溫，大壯元陽。腰膝無力，轉弱為強。產於四川永甯縣赤水河中。冬日伏於石下，至驚蟄後即飛出，不可用矣。

宣通門

升麻甘苦，心胃之藥。引氣上行，臨診須酌。能引胃氣上行。若下元虛者，用此升之，則元氣愈虛，又當慎用。

桔梗苦平，並入心胃。腹滿腸鳴，開胸膈氣。入心、胃二經。開提氣血，凡一切上焦滯氣，並宜以此開之。

香附辛平，通利三焦。若和諸藥，能補能消。《經》曰：壯氣行則愈怯者，著而為病。香附為氣分君藥，佐以參、耆，治虛怯甚速也。

砂仁辛溫，醒脾和胃。散痞調中，通行滯氣。痞症有傷寒下早，裏虛邪入而痞者；有脾弱，食痰壅滯而痞者。宜分虛實治之。

藜蘆辛寒，入口即吐。風癇需之，厥效可覩。善通頂，令人嚏。風癇症多用之。

乳香辛溫，治瘡定痛。托裏護心，百發百中。香徹瘡孔，能使毒氣外出，不致內攻。

木香辛溫，入肺肝脾。升降諸氣，各當其施。凡一切疼痛屬胃脘，曰寒痛、熱痛、氣痛、血痛、溼痛、痰痛、食痛、蚘痛、悸痛。

檀香辛溫，入陽明胃。去一切邪，利胸膈氣。諸香多助淫火，惟檀香不然，故釋氏多焚之。

茴香辛熱，入腎膀胱。功專溫散，治疝尤良。古方用大小茴各一兩，為末，豬脬一箇，連尿入藥，酒煮爛，為丸服，能治陰疝。

丁香辛溫，暖胃補腎。若患腹疼，此藥要緊。純陽，泄肺溫胃，能治嘔噦呃逆。

藿香辛溫，脾肺之藥。正氣和中，能除穢惡。能理脾肺之氣，古方有藿香正氣散，正氣通暢，則邪氣自除。

降香辛溫，避怪纏身。望空焚化，能降諸真。又降香之最佳者，名紫金籐。

沉香苦溫，入腎命門。腎氣上逆，能治奔豚。其色黑，體陽，故入右腎命門。

紫參苦平，通利九竅。血熱妄行，止吐最要。古方紫參、人參、阿膠炒，等分為末，烏梅湯服一錢，治吐血不止。

青皮辛苦，疏肝破滯。消痞削堅，並宜醋製。陳皮升浮入脾肺，治高。青皮沉降入肝膽，治低。炒之以醋，所以助其氣也。

厚朴苦溫，心肝之藥。散滿寬中，勝於枳殼。凡脹滿症，有因氣、因血、因寒、因熱、因食、因痰、因濕、因怒、因鬱者，消補宜各當也。

三稜苦平，理肝脾脈。瘡硬食停，削堅破積。入肝經血分，破血中之氣。

牛蒡辛平，潤肺解熱。能利膈痰，驅風散結。一名鼠黏子。

牛膝酸平，腎肝之藥。其性下行，益筋強脚。肝得補，故益筋。腎得補，故強脚。

牽牛苦寒，瀉肺溼熱。兼通大腸，能療痔血。此瀉氣之藥，比諸辛藥泄氣尤甚。若熱在血分，胃弱氣虛人禁用。

薑黃苦辛，理肝脾血。能通月經，下氣甚烈。色黃入脾，治血中之氣，(壯)〔狀〕類鬱金、莪茂，主治大略相同。

沒藥苦平，通滯消腫。定痛生肌，莫教氣壅。乳香活血，沒藥散血，皆能消腫止痛。瘡已潰者忌用，膿多者勿敷。

鬱金甘寒，入心肝肺。經脈逆行，破瘀之輩。經不下行，上為吐衄諸症，用鬱金末加韭汁、薑汁、童便服，其血自清。

莪茂辛溫，入肝消瘀。用以通經，諸積皆去。入肝經血分，破氣中之血。

檳榔苦平，下滯行水。破脹攻堅，氣弱勿使。嶺南多瘴氣，以檳榔代茶。然過服則泄臟氣，無瘴之地忌

用。　桃仁苦平，通行蓄血。若血過虛，用之宜節。仲景治膀胱蓄血，有桃仁承氣湯。　續隨辛溫，利大小腸。行水破血，更醫癬瘡。一名千金子。去殼，取色白者，壓去油用。　雷丸苦寒，入胃大腸。功專消積，殺蟲尤良。昔人患異疾，每發語腹中有小聲應之。遇道士曰：此應聲蟲也。後服雷丸而愈。　延胡辛溫，心肝脾藥。主治血凝，通經活絡。大凡婦人月候不以時至者，用酒炒則行血，用醋炒則止血。生用則破血，炒用則調血。　蘇合香溫，開鬱通竅。辟一切邪，焚之最妙。出諸番。合眾香之汁煎成，以筋挑起，懸絲不斷者真。　枳實酸寒，下痞峻藥。虛人弗宜，惟須用殼。脾無積血，心下不痞。濁氣在上，則腹脹。枳實治下主血，與枳殼治上主氣不同。　紅花辛溫，入心生血。若用過多，破血亦烈。少用養血，多用行血，過用能使血行不止而斃。　白蔻辛熱，溫暖三焦。除寒燥溼，積散滯消。為三焦利氣本藥，氣利則諸症自平矣。　防己辛平，瀉腎溼熱。無滯不通，能利竅穴。《十劑》曰：通可去滯，通草、防己之屬是也。通草瀉氣分溼熱，防己瀉血分溼熱。　木通辛平，專通小腸。導諸溼熱，利便最良。小便利，則諸經火邪皆從小水而下降矣。　通草味淡，入肺胃經。通經利水，下乳尤靈。味淡則升，故入胃經。通氣上達而下乳汁。　甘松甘溫，宣理脾氣。開鬱之功，非同五味。出涼州及黔蜀。葉如茅，根極繁密。　烏藥辛溫，入肺腎脾。中風中氣，疏導最宜。厥逆痰壅，口噤脈伏，身溫為中風，身冷為中氣。又有痰為中風，無痰為中氣。　王不留行，苦平入胃。下乳催生，能通滯氣。其性行而不住，能走血分，通血脈，乃陽明衝任之藥。　郁李仁甘，入脾氣分。關格不通，善能行運。去皮尖，蜜浸研用。　冬葵甘寒，入腸利竅。下乳滑胎，此為最要。秋葵復種，經冬至春，作子者名冬葵子。根葉同功。　辛夷辛溫，主治鼻淵。通行頭腦，風熱去焉。肺主鼻，膽移熱於腦，則鼻多濁涕，如泉不已，故曰鼻淵。　香薷辛溫，入肺清暑。熱客皮膚，能達病所。香薷為夏月發汗之藥，只宜於中暑之人。若中熱者，服之大非所宜。　童便鹹寒，降火無匹。引熱下行，從膀胱出。凡跌打損傷，金瘡受杖，血悶欲死者，擘開口，以熱尿灌之，下咽即醒。　韭汁辛溫，胃經之菜。吐衄損傷，散瘀之輩。治吐衄血病，搗汁。用十二歲以下童便和服。　絲瓜甘平，宣通經絡。若患腸風，尤為要藥。絲瓜老者，筋絡貫穿，象人筋絡，故可假其氣以引之。　大蒜辛溫，利臟通竅。一切癰疽，艾灸尤妙。擣納肛中，能通幽門。敷臍中，能達下焦。切片，艾灸一切瘡疽。獨頭者良。　瓜蒂苦寒，吐劑必須。若係胃弱，代以參蘆。吐去上焦之邪，則木得舒暢。吐中就有發散之義，《經》所謂木鬱則達之是也。　荷葉苦平，益膽之氣。研末服之，並助脾胃。其色青，其形仰，其象震，感少陽甲膽之氣而生。研末，酒服三錢，能助脾胃而升發陽氣。　荸臍甘寒，能除內熱。益氣安中，尤治膈噎。膈有五種，恚膈、氣膈、熱膈、憂膈、寒膈。噎有五種，氣噎、食噎、勞噎、憂噎、思噎。　海藻鹹寒，善治癭瘤。軟堅散結，厥疾乃瘳。性反甘草。然李東垣治瘰癧馬刀，與甘草同用，亦激之以潰堅耳。　芒硝鹹寒，攻堅破的。熱鬱胃腸，通能蕩滌。硝者，消也。五金八石，皆能消之。病非熱邪固結，不可輕投。恐伐下焦真陰故也。　樟腦辛熱，通關利竅。除溼殺蟲，脚氣尤妙。以樟木切片，浸水煎成。升打得法，能亂冰片。　膽礬酸澁，入膽治風。痰涎湧上，立建奇功。醋調嚥，吐痰涎立效。　鉛丹辛寒，墜痰鎮驚。解熱拔毒，神氣自清。鉛丹體重性沉，故能墜痰而鎮驚，仲景龍骨牡蠣湯用之。　硇砂辛熱，消食破瘀。肉積需之，諸滯皆去。出西戎。乃鹵液結成。(壯)〔狀〕如鹽塊，置冷溼處即化。白淨者良。　丹砂甘涼，攻瘍甚速。然能墮胎，孕婦忌服。鄭康成註《禮記》：以丹砂、雄黃、石膽、礬石、慈石為五毒，古人用以攻瘍。　輕粉辛涼，刼痰消積。若用過多，非徒無益。性輕揚燥烈，能消涎積，瘛瘲症多用之。然善入經絡，走而不守，用者慎之。　蜜陀僧辛，墜痰鎮驚。更療狐臭，穢氣不生。出銀坑。難得，今用者乃傾銀爐底耳。　代赭石寒，入肝心包。重鎮虛逆，血分之交。質重能鎮虛逆，色赤能養陰血。今人用治噎膈甚效。　蘂石酸平，專入肝經。化瘀為水，妙不傷陰。又治金瘡出血，刮末敷之即合。　麝香辛溫，宣通諸竅。患骨髓風，服之最妙。中風不語，經絡壅閉，孔竅不開，用為引導。和清油灌之，先通其關。但不可過用。　蠶砂甘溫，燥溼去風。炒浸酒飲，百節皆通。晚蠶矢也。淘淨，曬乾用。

祛寒門

麻黃苦溫，膀胱表藥。過劑亡陽，臨用斟酌。汗者，心液。過汗則心血傷。古人以人參、麻黃同用，亦攻補法也。　附子辛溫，行十二經。回陽急救，用當則靈。寒厥者宜之。若陽盛格陰，身冷脈伏，熱厥似寒者，誤投立斃。　草烏頭熱，勝溼開痰。大毒無制，用時宜參。草烏頭熬膏，敷箭頭射獸，見血立死。　吳萸辛熱，潤肝燥脾。厥陰頭痛，此藥主之。仲景有吳茱萸湯。　紫蘇辛溫，通心利肺。發汗解肌，寒邪自退。葉發汗散寒，梗順氣安胎，子降氣開鬱。　胡荽辛溫，宣通心脾。酒煎和服，能達四肢。即香菜。內通心脾，外達四肢，辟一切不正之氣。　巴豆辛熱，去五臟寒。斬關奪將，積散即安。大黃、巴豆同為峻下之品。但大黃性寒，宜腑熱病。巴豆性熱，宜臟寒病。　淡豆豉苦，善治傷寒。若合梔子，能吐虛煩。凡傷寒嘔逆煩悶，宜引吐，不宜用下藥者，合梔子煎服，能吐虛煩。　生薑辛溫，暢胃調中。傷寒頭痛，發表即通。通神明，去穢惡，為中風、中寒、中氣、中暑、中惡、暴卒

等症必用之品。

乾薑辛溫，逐寒安胃。黑附同煎，能回陽氣。服乾薑以治中者，必僭上，宜輔以大棗。蓋辛熱能動血故也。

炮薑大熱，溫經止血。甘草緩之，性乃弗烈。炮黑止吐衄諸血，紅見黑則止也。

胡椒辛熱，快膈消痰。腹患陰痛，此味尤堪。純陽。暖胃。

川椒辛熱，入脾暖胃。更主殺蟲，能除溼氣。有異人治傳尸癆，用川椒炒出汗，為末，米飲下之，服至二斤，吐出蟲如蛇而安。

秦椒苦平，去腸胃熱。虛勞骨蒸，能養肝血。小兒骨蒸潮熱，加柴胡、甘草為末，調服多效。

艾葉溫熱，通十二經。能回陽氣，灸用則靈。熟用能透諸經，治百病。然灸火則氣下行，入藥則氣上衝，不可過劑。

諸酒甘苦，貴陳忌新。少飲和血，多飲傷神。苦者能降，甘者能和。用為嚮導，可以通行一身之表，引藥至極高之分。

蔥白辛平，中空入肺。發汗解飢，寒邪自退。諸物皆宜，故名和事草。白冷青熱，傷寒湯中不得用青。同蜜食殺人，同棗食病。

荔枝核溫，入腎散寒。若同香附，氣痛以安。煅存性五錢，香附一兩，為末，每服二錢，鹽湯或米飲下，名蠲痛散。

淫羊辛溫，入肝腎命。強陽益陰，還療冷病。一名仙靈脾。治絕陽不興，絕陰不產，以及冷風勞氣，四肢不仁等症。

蛇床辛苦，專補腎命。益陽扶陰，並除溼病。命門三焦氣分之藥。男子服之，所補非細，而且有益婦人也。

清・談鴻鋆《藥要便蒙新編》卷下

瀉熱門

大黃苦寒，降諸逆氣。推陳致新，蕩滌腸胃。凡一切實熱痞滿諸症，並宜以此通之。然傷元氣而耗陰血，虛人慎用。

黃連苦寒，入心瀉火。開鬱除煩，治痢尤安。濕熱鬱而為痢，黃連治痢要藥。同人參煎湯，服之多效。

胡黃連寒，瀉熱要著。小兒驚疳，最為良藥。出波斯國，今秦隴、南海亦有之。心黑外黃，折之塵出如烟者真。

黃芩苦寒，上中焦藥。瀉熱清金，莫教火鑠。古人以黃芩治燥痰，假其降火也。蓋痰因火動，火降而痰自除。

黃蘗苦寒，專入腎經。清熱利溼，起痿最靈。熱甚傷血，血不榮筋，則成拘急。溼甚傷筋，筋不束骨，則成痿痹。

梔子甘寒，心肺所宜。內熱用子，表熱用皮。輕飄象肺，色赤入心，故能瀉心肺之邪熱，使之從小便出。

蘆薈苦寒，大清肝熱。明目鎮心，殺蟲亦烈。出波斯國。木脂也。以味苦色綠者為真。功專清熱，研末，吹鼻，殺腦疳，除鼻癢。

膽草苦寒，入膽與肝。瀉下焦火，熱退即安。相火寄於肝膽，有瀉無補。膽草瀉火而益肝膽，瀉之即所以補之也。

蘆根甘寒，治胃嘔逆。火客上焦，能生津液。胃火上升則嘔逆吐食，《金匱》方蘆根煎服，甚效。

茅根甘寒，入心與胃。血熱妄行，能降火氣。心火旺則吐血，胃火盛則衄血。茅根甘和血，寒涼血，引火下降，故主之。

青黛酸寒，散肝鬱熱。若合杏仁，並治咯血。專治下焦蘊熱，若陰虛火旺者忌。合杏仁研，置柿餅中，煨食，治咯血。

青蒿寒苦，入膽與肝。骨蒸勞熱，服之即安。得春木少陽之令最早，佐地骨退大熱，屢有殊功。

苦楝子寒，入肝舒筋。若患疝氣，用此為君。川產良。宜酒蒸。寒因熱用也。

玄參苦寒，入腎之左。以鎮陽光，壯水制火。腎水受寒，真陰失守，孤陽無根，發為火病。玄參能入腎，壯水以制之。

苦參大寒，去腎經熱。利竅生津，補陰養血。腎虛無熱者勿服。

沙參苦寒，專瀉肺熱。火降水生，能滋陰血。肺受火剋，嗽者宜之。寒客肺中作嗽者，勿服。

生地甘寒，瀉脾腎火。虛人忌之，用乾則可。血熱妄行，宜以此涼之。

忍冬甘寒，入肺散熱。解毒補虛，療風養血。經冬不凋，釀酒代茶，熬膏並妙。

栝蔞苦寒，清上焦火。止渴生津，利腸最妥。消渴神藥，宜焙研，或米飲下。又治小便不通。

花粉甘寒，入胃潤燥。消渴用之，一服便好。即栝蔞根。古多用治消渴。

地骨甘寒，瀉肝腎熱。有汗骨蒸，能養陰血。地骨甘寒，平。補使精氣充足，而邪熱自退。世人多用芩、連、知、栢苦寒之藥，致傷元氣。惜哉。

桑皮苦甘，瀉肺中火。益氣清痰，止嗽最妥。火與元氣不兩立，火去則氣得安而嗽止，故《本經》又云益氣。

澤瀉甘寒，瀉膀胱火。尿血洩精，利濕最妥。古人用補藥必兼瀉邪，邪去則補藥得力。

竹茹甘寒，潤肺胃燥。熱鬱上焦，涼服甚好。清肺涼胃，齒血不止者，浸醋含之，甚效。

大青甘寒，解心胃熱。陽毒發斑，能散鬱結。熱甚傷血，裏實表虛則發班，大青能瀉心胃熱毒。

淡竹葉寒，入陽明胃。若合石膏，散熱足貴。仲景治傷寒發熱大渴，有竹葉石膏湯，乃假其辛寒，以散陽明之邪熱也。

蔓菁子苦，利水明目。若患禿瘡，搗敷愈速。敷禿瘡，醋調塗。諸熱毒，雞子清調。均宜搗汁用。

燈草甘淡，入心小腸。利水清熱，擦癬尤良。心與小腸相表裏，心火清則小腸亦清，而熱從小便出矣。

白頭翁苦，入胃大腸。熱毒血痢，服之最良。仲景治熱痢有白頭翁湯，加減用之甚效。

人中黃寒，入胃清痰。五臟實熱，解毒尤堪。納甘草末於竹內，塞其孔，冬月浸糞缸中，至春取出，洗懸風處陰乾，取甘草用。

金果欖寒，祛內外熱。腫毒疔瘡，能散鬱結。氣味極香烈，可入藥酒。風氣痛，老人最宜。

真珠鹹寒，鎮心安魂。水精所孕，解毒除煩。古方胎死胞衣不下，用真珠極細末，苦酒調服立下。又能收瘡口，生肌。

玄明粉辛，蕩滌腸胃。開鬱除煩，實熱所貴。一名白龍粉。

胖大海寒，快膈寬胸。寒熱積聚，泡飲即鬆。一名蓬大海。

朴硝苦寒，通泄五臟。閉絕停痰，消結所尚。《經疏》曰：硝者，消也。五金八石，皆能消之。況臟腑之頑痰乎？然非實結，不可輕投。

石膏甘辛，陽明胃藥。食止渴生津，熱病要著。一名寒水石。凡胃弱血虛，及傷寒病邪未入陽明者，禁用。

鹽鹹寒，入腎制火。病笑不休，煅服最妥。《經》曰：神有餘則笑不休。神，心火也。用鹽水制火也。一婦病此半年，如法用之而愈。

綠豆甘寒，利便之粟。其涼在皮，清熱解毒。行十二經，凡一切草、木、金石、砒霜毒，皆能解之。

冬瓜甘寒，瀉熱益脾。利便止渴，無所不宜。苗、葉皆治消渴。

王瓜苦寒，利腸瀉熱。然能墮胎，用之宜節。《經疏》曰：主治略似瓜蔞。傷寒發斑，用王瓜搗汁，和伏龍肝末服，甚效。

西瓜甘寒，醒酒寬腸。除煩解暑，號白虎湯。雖能除煩解暑，究不可多食，恐傷脾也。

荳根甘寒，瀉心肺火。能清大腸，治痢最妥。心火降則不灼肺而金清。肺與大腸相表裏，肺金清，則大腸亦清。

牛黄苦平，清心鎮肝。中風不語，服之即安。心熱則火自生痰，肝熱則木自生風。風火相搏，膠痰上壅，故成中風不語。

犀角鹹寒，入陽明胃。傷寒發斑，能退熱氣。傷寒下早，熱乘虛入胃，則發斑。下遲熱留胃中，亦發斑。犀角能瀉心胃大熱。

羚羊角寒，入心與肝。傷寒煩懣，熱退即安。角有掛紋者真。一邊有節而疎，乃山驢、山羊，非羚羊也。

熊膽苦寒，涼心鎮肝。驚癇五痔，塗之即安。通明者佳。性善辟塵，撲塵水上，投膽少許，則劃然而開。

蚯蚓鹹寒，善療溫病。大熱狂言，能治毒盛。治大熱，搗汁，井水調下，入藥。或曬乾為末，或鹽化為水，或微炙，或燒灰，各隨本方。

蟾蜍辛涼，入陽明胃。背發瘡癰，拔毒足貴。蟾，土精而應月魄。瘡未成者，用活蟾蜍繫瘡上；勢重者，剖而合之，三易必愈。

驅風門

防風甘溫，上焦風藥。牛膝同煎，亦能至脚。得葱白能行周身。若陰虛盜汗，陽虛自汗者，並忌用。

柴胡苦平，膽經表藥。何病用之，寒熱交作。邪在半表半裏，入與陰爭，陽勝則熱，出與陽爭，陰勝則寒，惟柴胡能和解之。

前胡苦寒，散肝膽風。欬嗽嘔逆，一服即通。柴胡、前胡，俱是風藥。但柴胡性升，前胡性降。

羌活苦平，心肺脾藥。以理遊風，舒筋活絡。頭眩目赤要藥。散肌表八風之邪，利周身百節之痛。若血虛頭身痛者，禁用。

獨活辛溫，入腎氣分。以理伏風，能治頭暈。入腎經氣分。搜風去溼，宜與細辛同用。

葛根辛甘，並入肺胃。止渴生津，能升清氣。風藥多燥，葛根獨能止渴者，以能升胃氣入肺，而生津耳。

荊芥辛溫，入肝驅風。皮裏膜外，透表為功。連穗用。治頭痛中風良。

白芷辛甘，胃家表藥。若作面脂，芳香馥若。陽明胃脈營於面，故治頭面諸疾。

白及苦辛，治肺吐血。肺損補之，能填竅穴。試吐血法：吐水內，浮者為肺血，沉者為肝血，半浮沉者為心血。

連翹苦平，入心心包。輕宣散結，血氣之交。形似心，苦入心，瘡家消腫排膿要藥。

薄荷辛溫，搜肝抑肺。小兒傷風，在所不廢。芳香通竅而散風熱，凡小兒治驚藥，俱宜薄荷湯調服。

桂枝辛甘，橫行四肢。膀胱風藥，用此解肌。肉桂氣厚，發熱下行而補腎。桂枝氣薄，發洩上行而解表。《經》曰：辛甘發散為陽。

菊花苦平，消風明目。白者延齡，最宜常服。得金水之精，同枸杞蜜丸久服，永無目疾。

松節苦溫，燥血中溼。筋骨煩疼，其功伫立。松之骨也，堅勁不凋，故取其苦溫之性，以治骨節間之風溼。

豨薟苦平，治腎肝風。腰膝酸痛，立建奇功。加酒、蜜蒸曬九次，搗汁熬膏服，能透骨搜風而却病。

細辛辛溫，腎家風藥。性烈異常，用時宜酌。用不可過一錢，多則氣不通，悶絕而死。

藁本辛溫，入膀胱經。巔頂風痛，升散最靈。夏英公病泄。醫以虛治不效。霍翁曰：此風客於腸胃也。飲以藁本湯而愈。

天雄辛溫，破諸積聚。壯骨強筋，厥效可覩。《金匱》方：天雄三兩，炮白朮八兩，桂枝六兩，龍骨三兩，為散，酒服，治遺精。

天麻辛溫，入肝氣分。肝氣不舒，善能掉運。諸風掉眩，皆屬肝木。凡肝病不能榮筋者，此藥主之。

秦艽苦平，去腸胃熱。虛勞骨蒸，能養肝血。小兒骨蒸潮熱，加柴胡、甘草，為末調服，多效。

鉤藤甘寒，主肝風病。定悸除驚，足延性命。純用鉤，其功加倍。

蔓荊辛平，散上部風。若患齒痛，去熱為功。齒為骨之餘，上齦屬足明陽，下齦屬手陽明，陽明風熱上攻，則動搖腫痛。

鮮皮寒苦，清三焦熱。溼鬱膀胱，能達竅穴。根黄白而心實，取皮用。

威靈辛溫，通行五臟。去經絡風，用之各當。痛風當分新久，久痛屬熱，宜清涼藥。新痛屬寒，宜辛溫藥。

側栢葉苦，滋肺養陰。歷節風痛，何須用鍼。萬木皆向陽，獨栢西指，受金之正氣，故能平肝木而治風。

五加皮溫，肝腎所珍。筋骨拘急，非此莫伸。浸酒飲，最能強筋骨。蓋筋得養，則邪風去而筋強。腎得養，則邪水去而骨壯。

天竹黄寒，散心風熱。小兒驚風，能治痰閉。出南海。大竹之津氣結成。即竹內黄粉，片片如竹節者真。

千年健辛，壯骨強筋。若患風痛，用以為君。古方喉中疼爛，用三錢為末，加冰片一分，吹之立效。

槐實苦平，入肝氣分。能治腸風，並療血暈。舌上無故出血如線者，名衂血，以槐實炒研，摻之立效。

五靈脂辛，治風傷營。止血宜炒，行血宜生。血暈者，半炒半生，末服一錢，甚效。

決明苦寒，去肝風熱。還益腎精，能滋陰血。治一切目疾，故有決明之名。

白花蛇溫，透骨搜風。截驚定搐，起瘻為功。出蘄州。龍頭虎口，黑質白花，脇有廿四方勝紋，腹有念珠斑，尾有佛指甲者真。

殭蠶辛鹹，入肺肝胃。中風失音，能升清氣。蠶病風則殭，故因以治風，能散相火逆結之痰。

蛇脫甘寒，輕宣去風。若患驚癇，服之見功。色白如銀者良。用時於地下掘深坑，安脫於中，一宿取出，醋浸，炙乾用。

蟬脫甘寒，療風熱閉。薄荷同煎，能退目翳。土木餘氣

所化，飲風露而不食。其氣清虚，故除風熱。其性善脱，故退目翳。

除痰門　貝母辛平，治肺燥痰。吐血咯血，解鬱尤堪。川産，開瓣者良。瀉心火，散肺鬱。《詩》曰：言采其蝱。蝱即貝母。

南星苦溫，入肝脾肺。並除溼痰，不留濁穢。燥能勝溼，古方南星、防風等分，為末，治破傷風、刀傷、撲傷如神。

半夏辛平，入肺與脾。能降諸逆，溼痰最宜。脾無溼不生痰，故脾為生痰之源，肺為貯痰之器。半夏燥能去溼，是以主之。

兜鈴苦寒，大清肺熱。引入大腸，能療痔血。肺與大腸相表裏，肺移熱於大腸，故為痔血。兜鈴能清肺熱，故主之。

陳皮辛苦，利脾肺氣。去白消痰，留白養胃。脾為氣母，肺為氣籥。凡補藥濇藥，必佐陳皮以利氣。

橘紅溫平，化痰主藥。消積寬中，尤為要著。真化州橘紅，煎之作甜香，取其汁一點，入痰盂內，痰皆變水，此為上品。

常山苦寒，通行痰飲。吐劑需之，氣弱宜審。凡吐劑，烏、附尖吐溼痰，萊菔子吐氣痰，藜蘆吐風痰，瓜蒂吐熱痰，常山吐瘧痰。

紫(苑)〔菀〕苦溫，能療肺熱。若患膿痰，並治欬血。血勞聖藥，故吐血保肺，收為上劑。

草果辛熱，暖胃健脾。破氣開鬱，化食尤宜。過劑助脾熱，耗氣損目。

白芥子辛，治嗽必須。皮裏膜外，其痰立驅。北産者良。煎湯不可過熟，熟則力減。

白前苦平，入肺止嗽。降氣下痰，其功立奏。治肺氣壅實，胸膈逆滿。然性過降，虚人禁用。

皂莢辛溫，主利九竅。患口噤風，通關最妙。凡人卒中風，昏昏如醉，口角流涎，斯須不治。急用藥肆皂莢稀涎散，吐之為要。

百部甘溫，亦治肺熱。骨蒸傳尸，殺蟲尤烈。一切樹木蛀蟲，觸烟即死。

肉蔻辛溫，理脾暖胃。逐冷驅痰，調中下氣。挾痰、挾溼者，並宜之。

荊瀝甘平，宣通經絡。若患實痰，需為要藥。虚痰用竹瀝，實痰用荊瀝，並宜薑汁助送，則不凝滯。

竹瀝甘寒，潤燥補虚。痰在經絡，非此莫除。痰在經絡四肢，皮裏膜外，非此不能運行。

礞石甘鹹，滚痰聖藥。若係脾虚，用須斟酌。堅細青黑，中有白星點者佳。

白礬酸濇，解內毒疾。風熱痰涎，吐之即出。凡癰疽發背，當服礬臘丸，礬一兩，黃臘七錢，鎔化為丸，服以護膜，防毒氣內攻。

浮石鹹寒，體輕入肺。頑痰膠黏，軟堅之輩。木入水則浮，而南海有沉水香。石入水則沉，而南海有浮水石。虚實之反如此。

蛤粉鹹寒，腎經血藥。若患燥痰，止嗽要著。蚌蛤研粉，少加青黛，治痰嗽面腫不寐。

潤燥門　天冬苦平，入肺清金。消痰止嗽，降火滋陰。陰虚火旺，故生燥痰，得潤劑則痰化。

麥冬甘平，潤肺清心。除煩瀉熱，益精強陰。夏月火旺灼金，尤宜服之。

款冬辛溫，瀉熱潤肺。百合同煎，並行不悖。欵冬、百合等分，蜜丸，治陰虚勞嗽。

麻仁甘平，緩脾潤燥。汗多便難，能潤穀道。汗出愈多，則津枯而大便愈燥，名曰脾約。《經》曰：脾欲緩，即食甘以緩之是也。

胡麻甘平，色黑入腎。桑葉為丸，滋補靡盡。即芝蔴。古方合桑葉等分，蜜丸，名扶桑丸。能除溼去風，烏鬚明目。立冬採者佳。

旋覆花鹹，下潤大腸。用根搗汁，續筋尤良。筋斷者，搗汁滴傷處，滓敷其上，半月不開，筋自續矣。

棗仁甘酸，溫膽補肝。除煩止渴，治臥不安。肝虚則膽亦虚，肝不藏魂，故不寐。血不歸脾，故臥不安。棗仁並皆治之。

知母苦寒，下潤腎燥。有汗骨蒸，退熱最好。瀉腎命相火，知母與黃栢二藥，每相須而行。

枸杞苦寒，潤腎益精。補水消渴，津液自生。諺曰：離家千里，勿食枸杞。以色赤屬火，故然。氣味甘寒而性潤，仍是補水之品。

百合甘平，潤肺止嗽。益氣調中，自能無疚。花白者入藥。人久嗽則肺氣虚，虚則宜斂而補，五味之酸收，不如百合之甘斂。

杏仁苦辛，瀉肺解飢。大腸秘結，用之可醫。治大便當分陰陽，夜便難屬陰結，宜桃仁、陳皮。晝便難屬陽結，宜杏仁、陳皮。

粳米甘涼，補脾之味。煮粥食之，能暢胃氣。粳得天地中和之氣，每晨煮粥食之，大能暢胃氣而生津液。新米動氣，勿食。

糯米甘溫，益肺補脾。然性黏滯，小兒忌之。糯米熬糖，名飴糖，仲景建中湯用之，取其甘以助脾氣。若小兒過食，多生熱痰。

枳椇甘平，通潤五臟。飲多溲多，消渴所尚。葛根解酒而發散，不如枳椇之甘潤除煩。

柏子仁甘，養心潤腎。兼能滋肝，安神有準。炒研，去油用。性最潤而香，能舒脾，燥脾藥中兼用良。

山慈姑辛，清肺腑熱。疔腫瘡癰，妙能散結。根與慈姑、小蒜相類。去毛殼用。

枇杷葉苦，清肺和胃。火降痰消，熱欬所貴。以鮮葉重一兩，乾葉重三錢者為氣足，須拭淨毛用，以毛射肺，令人咳故也。

甘蔗甘寒，和中助脾。止渴潤燥，嘔逆尤宜。古方用蔗汁、薑汁沖服，治嘔逆反胃。

蓮藕甘平，燥症可去。熟用補心，生用消瘀。古方一人病血淋，痛脹欲死。以髮灰二錢，藕汁調服，三日而愈。

梨實甘寒，肺經所悦。熟滋臟陰，生清腑熱。生者清六腑之熱，熟者滋五臟之陰。實火宜生，虚火宜熟。

白石英辛，入肺大腸。潤以去燥，暫用亦良。白如水晶者良。但係石類，祇可暫用。

蜂蜜甘緩，經絡皆通。生用清熱，熟用補中。與甘草同功，除眾病，和百藥。

利溼門　大戟苦寒，瀉臟腑水。有積皆通，痰飲亦止。痰之本，水也，溼也。得氣與火則結而為痰。大戟能泄臟腑水溼，故為治痰之本。

甘遂苦寒，瀉膀胱水。攻決為能，甚於防己。古人治水病以健脾為主，使脾實而氣運，則水自行，不專用利水藥。

芫花苦寒，治五臟水。水溢皮膚，非此莫止。仲景十棗湯：芫花、甘遂、大戟等分，枣十枚，用治裏邪，使水从小便出。

蕘花苦寒，蕩滌邪氣。補劑輔之，乃

不傷胃。行水捷藥，主治略同芫花。　葶藶苦寒，瀉肺水氣。性急下行，須防傷胃。有甜、苦二種，甜者性緩，苦者性急。泄肺傷胃，宜大棗輔之。　商陸苦寒，通利小水。沉陰下行，消脹無比。脹病朝寬暮急為血虛，暮寬朝急為氣虛。男自上而下，女自下而上，皆難治。　車前甘寒，瀉膀胱溼。若治五淋，此藥宜入。腎有二竅，車前子能利水竅，而固精竅，久服令人有子。　石韋甘苦，入肺清金。利溼行水，能不傷陰。利水道，益精氣，補五勞。　萆薢苦平，去胃溼熱。除濁分清，能治尿血。陽明溼熱流入下焦，萆薢能除濁分清，古方有萆薢分清飲。　茵陳苦寒，利膀胱水。以治諸黃，溼熱自已。為治黃疸君藥，以茵陳為主。陽黃加大黃、梔子；陰黃加附子、乾薑。　豬苓甘平，入脾肺經。利便行水，功同茯苓。豬苓為利便君藥，然必用肉桂辛熱引入膀胱以化氣，而後能出也。　萹蓄苦平，通利小便。以治熱淋，其功獨擅。一名扁竹。　澤漆辛寒，利大小腸。腹患水腫，消導最良。生平澤。葉圓，色黃綠，頗類貓睛，莖中有白汁，黏人者是。　蒼朮甘溫，強脾燥胃。暑月焚之，能避穢氣。同香附則解鬱，但香附散氣鬱，蒼朮除溼鬱，故患暑溼者宜之。　土茯苓甘，腸胃主藥。去溼驅風，解毒要著。溼鬱為熱，營衛不和則生瘡。土茯苓淡能滲，甘能補，患膿疥者，煎湯代茶甚妙。　地膚苦寒，大利膀胱。去風消腫，厥效維彰。除虛熱，利小便而通淋。用藥作浴湯，去皮膚風熱丹腫。　薏苡味甘，補益胃土。溼病用之，能清臟腑。陽明主潤宗筋，筋寒則急，熱則縮，由寒而鬱為熱，水液不行，故成溼症。　瞿麥苦寒，瀉膀胱熱。用治五淋，能通竅穴。性利善下。小腸虛者慎用。　大腹皮辛，通大小腸。下氣行水，同於檳榔。子似檳榔，腹大形扁，治水腫聖藥。氣虛者忌用。　雄黃辛溫，抑肝強脾。能避鬼魅，燥溼尤宜。生山陰者名雌黃，功用略同。劣者名薰黃，祇堪薰瘡疥，殺蟲虱。　滑石甘寒，下走膀胱。通行水道，消暑尤良。滑利竅，通行水，體重瀉火，氣輕解飢。古方用滑石六錢，甘草一錢，名六一散。　海金沙寒，通利小腸。傷寒狂越，清熱最良。古方海金沙草為末，煎生甘草湯調服二錢，治熱淋急痛效。　鶴虱苦辛，殺五臟蟲。蚘齒腹痛，舍此無功。面白唇紅，時發時止者，為蟲痛。古方用肥肉汁調末服，多效。　伏龍肝辛，去溼寬胸。臍瘡丹毒，調敷即鬆。臘月豬脂或雞子白調敷良。

收濇門

金櫻子濇，脾肺腎藥。夢洩遺精，能和經絡。經絡隧道，以通暢為平和，豈宜以濇性為快？惟精氣不固者，和芡實為丸最宜。　五倍子濇，降火生津。研敷臍上，止汗如神。凡濇藥能通，而後能秘，用茯苓合研，一瀉一收，尤妙。　秦皮性濇，平補腎肝。若患下痢，固脫何難。出西土。皮有白點，漬水碧色，書紙不脫者真。　訶子苦濇，開音止渴。崩帶腸風，尤能收脫。肺斂則音開，火降則渴止。若氣虛及嗽痢初起者，忌用。　罌粟殼濇，養臟利水。若患脫肛，功同訶子。古方有真人養臟湯。　山茱酸濇，補腎溫肝。固精秘氣，五臟得安。精滑則氣脫，精固則氣充，以精能生氣故也。　地榆苦酸，瀉下焦熱。若患腸風，治一切血。糞前為近血，出腸胃。糞後為遠血，出肺肝。血瘀者為臟毒，血鮮者為腸風。　蓮鬚甘濇，益血固精。以療夢洩，能使心清。止夢洩遺精，略與蓮子同功。　五味酸溫，功專斂肺。止渴生津，虛勞不廢。肺主氣斂肺，故益氣而生津，夏月服之尤宜。　石榴皮濇，止瀉止痢。崩帶脫肛，不令下墜。瀉痢至於脫肛者，加明礬少許，陳壁土濃煎，薰洗，再用五倍子炒研，敷托之，多效。　山藥苦平，濇腸補胃。健忘遺精，能固腎氣。色白而堅者入藥，性濇，故治遺精。　白果甘濇，溫肺之味。生食降痰，熟食益氣。過食令人壅氣。　胡桃甘濇，補腎養腰。若同故紙，大補下焦。胡桃屬木，破故紙屬火，有木火相生之妙。　木瓜酸溫，理脾疏肝。轉筋脚氣，煮汁服安。脾主四肢，或寒溼傷於足絡，或胃受溼熱上輸於脾，下流至足，故成足氣。　橄欖甘濇，肺胃之果。清咽生津，除煩瀉火。核燒灰，敷疰疳良。　柿乾甘平，濇腸潤肺。服之臟清，腑熱亦退。肺與大腸相表裏，古方治腸風下血，用柿乾燒灰，水煎服二錢，甚效。　烏梅酸溫，肺肝之果。解毒生津，血痢尤妥。昔梁莊肅公患血痢，陳用之用烏梅、胡黃連、竈下土等分，為末，茶調服而愈。　米醋酸溫，能散積血。敷藥用之，消瘀斂熱。陳久者良。醋性酸而收，瘡腫蓋消則外散，潰則內散，收處即是散處也。　禹餘糧濇，重鎮吐瀉。若患血崩，尤能固下。石中黃粉，生於池澤。無砂者良。　赤石脂濇，泄澼妙藥。久痢腸虛，固下要著。久痢虛脫，非濇劑不能固。赤石脂體重而濇，直入下焦陰分，故為泄澼要藥。　慈石辛鹹，補水養心。能引肺氣，入腎鎮陰。石藥皆有毒，獨慈石冲和，無悍猛之氣。故補腎益精，然體重浸酒服，優於丸散。　沒石苦溫，入腎濇精。能收陰汗，正氣自生。出諸番。顆小紋細者佳。　龍骨甘平，安魂鎮驚。辟邪解毒，尤治遺精。《十劑》曰：濇可去脫，龍骨、牡蠣之屬是也。　牡蠣鹹平，固腸斂汗。煩熱虛勞，用此解散。海氣化成。純雄無雌，故名。　龍齒濇涼，鎮心安魂。小兒驚癇，開鬱除煩。龍屬木，主肝，肝藏魂，故龍齒能安魂。　桑螵蛸鹹，固腎益精。夢遺白濁，安魂定驚。古方治便數，合茯神、遠志、菖蒲、人參、當歸、龍骨、龜甲，醋炙二兩，為末，每服二錢。

消散門

蒼耳子溫，能通頭腦。若患鼻淵，散風最好。即《詩》所云卷耳是也。采根葉，熬。又名萬應膏，治諸瘡腫。　馬藺子甘，能治寒疝。一切瘡癰，此可

免患。治疝氣，研末，用醋拌調敷甚效。　漏盧鹹寒，入大小腸。散熱解毒，下乳尤良。疔腫瘡癰，瘰癧結核，並宜醋磨塗之。　白斂苦辛，治瘡腫痛。毒散肌生，百發百中。斂瘡方多用之。每與白及相須。　射干苦寒，能療咽閉。火降腫消，結痰無滯。喉痺咽痛要藥。搗汁醋和，噙之能引涎。　百草霜辛，能治中滿。陽毒發斑，調塗即散。又患鼻衄者，水調塗之。紅見黑即止，水剋火也。　紫花地丁，辛苦而寒。一切瘡毒，消腫無難。葉如柳而細，夏開紫花。凡癰疽發背，無名腫毒，調敷即鬆。　使君子溫，健脾消積。兼能殺蟲，並除溼熱。小兒脾胃虛弱，因而成乳停食滯，便濁瀉痢，腹蟲諸症者，脾胃健則諸症悉除矣。　大風子熱，治癬疥癩。功專殺蟲，外科所賴。功專刼毒殺蟲。出南番。子中有仁，色白，久則油黃，不可用。入丸藥須去油。　鳳仙苦溫，透骨軟堅。活血消積，痞滿胥蠲。古方治風溼臥床不起，用白鳳仙花、柏子仁、朴硝、木瓜，煎湯，每日浴洗，多效。　馬齒莧寒，解毒止渴。溼癬禿瘡，膏塗即脫。多年惡瘡，研敷兩三遍即瘥。燒灰煎膏，塗禿瘡溼癬，甚效。　寄奴草苦，止金瘡血。合藥敷之，效可立決。一莖直上，葉尖長，花白蘂黃，如小菊花者是。　芙蓉辛平，清肺涼血。一切瘡癰，消腫散熱。用芙蓉花，或葉，或皮，或根，生搗，或乾研末，蜜調塗四圍，中間留頭，即散即消。　芸薹辛溫，血結可銷。研敷丹毒，隨手即消。即油菜，道家五葷之一。　阿魏辛平，並入脾胃。肉積能消，尤去臭氣。諺云：黄芩無假，阿魏難真。以臭而能止臭者為真。　山漆甘苦，散血定痛。金杖瘡傷，能止悲慟。杖時先服三錢，則血不衝心，杖後敷之，去瘀消腫，易愈。　萊菔辛溫，並入肺胃。熟食寬中，生食升氣。多食滲血，白人髭髮。　貫仲苦寒，治癥瘕病。解毒軟堅，尤化骨哽。浸水缸中，日飲其水，能避時疾。　木鼈子溫，瘡瘍主藥。除黚生肌，外科妙著。專入外科，松根靈氣結成，以大塊堅白者良。白者入肺、膀胱氣分，赤者入心、小腸氣分。　杜牛膝寒，解毒靈丹。乳蛾喉痺，濃煎服安。古良方用杜牛膝濃煎，加人乳、麝香少許，服之神效。　蒲公英平，主治乳房。瘡癰腫痛，搗敷最良。一名黃花地丁。主治乳瘡，及一切(蟲)[狐]尿、游毒。誤中刺痛者，取汁厚塗，即愈。　見腫消濇，善治瘡癰。一切腫痛，研敷即鬆。患狗咬，搗葉敷之，多效。　血竭甘鹹，補心肝血。散瘀生新，並療折跌。乳香、沒藥兼入氣分，血竭專入血分，和血聖藥，瘡不合口者，力能止痛生肌。　人髮苦寒，治諸血疾。血痢血淋，煅服若失。腎主髓。腦者，髓之海。髮者，腦之華。腦髓減則髮白，不堪用，惟壯者入藥。　人中白平，散瘀可使。鼻衄用之，調服即止。即溺垽，以蒙館童子便桶，山中老僧溺器刮下者，尤佳。　葛花苦甘，醒酒消積。最能解醒，還生津液。諸名山皆有之，惟太和山采者，津液最足。　山查甘溫，健脾利氣。肉積需之，滯消則慰。消油膩腥羶之積，與麥芽消穀食者不同。又服人參不相宜者，服山查即解。　穀芽甘溫，開胃快脾。和中消食，炒用乃宜。炒用，能化小兒食積。　神麯辛苦，開胃調中。水穀積滯，一服即空。古方治傷粽子成積，用麯末少加木香，鹽湯下，數日口中聞酒香，積遂散。　紅麯甘溫，消食強脾。婦人產後，去瘀尤宜。紅入米心，陳久者良。　大麥鹹溫，健脾寬腸。消食散結，通乳尤良。薛立齋治一婦人喪子，乳脹，幾欲成癰，單用麥芽三兩，炒服立效。　小麥微寒，養心除煩。婦人臟燥，尤能安魂。仲景治婦人臟燥症，悲傷欲絕，狀若神靈，用大棗、小麥、甘草煎服，立愈。　赤小豆鹹，入心之穀。敷一切瘡，不教熱伏。宋任承亮患惡瘡，友命敷赤小豆末，立愈。今醫匿其名，治一切瘡甚捷。　茄根甘寒，瘡瘍要藥。馬尿浸之，點牙即落。外科以馬尿浸三日，酒炒為末，取牙。　水銀辛寒，殺蟲之藥。頭瘡忌之，恐入經絡。誤用入筋絡，令人拘攣。　秋石鹹溫，降火如神。須用童便，煎鍊方真。若煎鍊失道，多服誤服，反生燥渴之患。　雲母石甘，色白入肺。下氣補中，虛勞不廢。有五色，以色白光瑩者為上。入火經時不焦，入土不腐，故云補中。　皂礬酸濇，解毒化痰。以療喉痺，如遇和甘。皂礬乃銅之精液，煅赤名絳礬，能入血分，伐肝木，燥脾去溼。　穿山甲鹹，善治蟻瘻。煅研調敷，厥功立奏。有婦項下忽腫一塊，偶刺破，出水，瘡久不合。醫曰：此蟻瘻也。急煅研調敷，遂愈。　蜂房甘平，治附骨疽。宣解臟毒，用此可醫。附骨疽根在臟腑，用蜂房和蛇退、亂髮燒灰，酒服多效。　文蛤鹹平，利便最宜。傷寒煩渴，此藥主之。出萊州海中。其形一頭小一頭大，背上有紫斑花文。以三月中旬采者良。　五穀蟲寒，治中下焦。小兒疳積，炒服即消。漂淨，曬乾。或炒，或煅為末用。

清・程曦、江誠、雷大震《醫家四要》卷四《藥賦新編》　寒性門

諸家本草，記誦誠難。爰編駢語，細別溫寒。姑棄繁而就簡，當舉一而反三。試觀：犀角之功，清熱利痰治吐血；　羚羊之效，定驚明目理拘攣。石膏發汗解肌，主治傷寒狂熱；　滑石通淋醫痢，又能却暑除煩。黃芩去少陽熱邪，遇白朮為安胎要藥；　黃檗除下焦濕熱，合蒼朮即治痿靈丹。黃連入心，瀉火平肝尤燥濕；　知母滋腎，安胎清熱且消痰。瀉心火，清濕熱，當用連翹；　化熱痰，生津液，必須花粉。麥冬最清心火，暑傷元氣堪宜；　天冬能益水源，熱刧真陰必應。生新破血，大薊強而小薊微；　行氣消癥，枳殼緩而枳實猛。菊花逢枸杞，養肝明目多功；　桑葉得芝麻，除濕祛風

可準。　柴胡解鬱，更清少陽邪熱；　前胡甯嗽，能祛肌表寒風。　白前治肺壅痰升，嗽家閉悶；　白薇主中風身熱，神識朦朧。　消疝氣利膀胱，當求川楝子；　治牙痛醫血痔，皆用白頭翁。　秦皮止痢除崩，且醫目疾；　槐實明眸去淚，更治腸紅。　生地黃養陰涼血，故主崩中；　女貞子補腎強腰，更兼明目。　苦參祛風濕，醫痢消癰；　元參滋腎陰，利咽解毒。　西洋參能清肺火，理虛煩；　北沙參耑補肺陰，治久咳。　鱉甲清骨熱，定驚祛瘧，猶消脇塊腸癰；　牡蠣治虛癆，止帶濇精，且化熱痰結核。　益腎退蒸治產難，龜版須嘗；　平肝清肺療青盲，決明可服。　牡丹皮瀉火退蒸，甯吐衄；　益母草生新去瘀，更調經。　薏苡扶脾，且理肺癰清濕熱；　石蓮開胃，能醫噤口又通淋。　石斛安神平胃氣，兼除虛熱；　鱧腸止血烏鬚髮，猶補腎陰。

散核消癭須海藻，化痰住嗽用兜鈴。　芍藥有白赤之分，白者補血而安胎孕，赤者散瘀而通閉經；　椿皮有臭香之別，臭者濇血而止崩遺，香者性平而力稍遜。　戎鹽入肝腎，齒痛目痛皆靈；　秋石治虛勞，咳嗽遺精可進。　人中白散瘀止衄清勞熱，又理牙疳；　人中黃消痰降火化食停，且平狂症。

梔子瀉火，功成吐衄崩淋；　膽草平肝，效在驚癇黃病。　車前子開水固精稱妙品，冬葵子滑胎利便建奇功。　葶藶子消痰止嗽能行水，栝蔞子止渴清咽開結胸。　貝母清痰，用在虛勞咳嗽；　鬱金解菀，施於產後瘀攻。　茵陳利濕退疸，蘆薈清熱殺蟲。　漏蘆下乳通經，兼醫癰毒；　澤瀉通淋消腫，且療耳聾。　凌霄花即是紫葳花，破血之功不小；　草決明一名青葙子，明眸之效無窮。　蟬蛻輕清，發音透疹；　薄荷升散，解鬱疏風。　疳積毒痢，宜於五穀蟲；　風瘧冷痺，須用穿山甲。　蟾蜍殺蟲拔毒，又理疳癆；　常山滌飲祛痰，更除諸瘧。　豨薟草乃風氣之神丹，山豆根為咽喉之聖藥。

青黛清斑散鬱，驚癇用之何妨；　青蒿祛暑退蒸，瘧痢逢之可却。　大戟陰寒善走，功在破癥逐水，體壯者方可權施；　大黃猛烈推攻，力能滌胃蕩腸，質弱者用宜斟酌。　甘遂為蠱脹要藥，極損真元；　（商）〔商〕陸與遂戟同功，最為剝削。　朴硝軟堅潤燥，能攻腸胃三焦，元明粉之功比硝略緩；　竹瀝降火消痰，又主中風癲痙，天竹黃之用較瀝稍和。　竹茹潤燥除煩，且理崩中之症；　竹葉消痰止渴，更甯喘咳之疴。　最暢肺金，開音利便須通草；　善清肝火，散結消癭用夏枯。　代赭平肝，吐衄噎翻當用；　地榆止血，崩中熱痢須圖。　蒲公英治疔毒乳癰，溺淋亦效；　側柏葉止吐崩血痢，湯火宜塗。　牛黃開竅，清心解熱可涼驚；　海石軟堅，入肺化痰能止嗽。

凝水石時邪熱甚當須，鉤藤鉤驚癇眩旋並救。　射干解毒，消痰降火，且利咽喉；　貫眾治崩，止帶化瘀，更清斑痘。　淡豉除煩清熱，善透皮毛；　水萍利水祛風，最開肌腠。　清咽喉，理痰嗽，治痘疹，急採牛蒡子；　除濕熱，通五淋，消腫滿，須用海金砂。　風痺諸黃兼癬瘡，白鮮皮有效；　熱淋尿閉同癩疝，地膚子為佳。　瞿麥通淋，逐下焦之濕熱；　桑皮止嗽，瀉肺經之火邪。　喉疼胸熱溺淋，木通最妙；　腫滿癰瘡濕瘧，防己堪誇。　歌曰：　潤肝明目蜜蒙花，地骨除蒸止嗽嘉。　石韋清金通水道，瘧魃疳障夜明砂。　此篇皆是寒涼性，對症投之靡不瘥。

熱性門　寒涼既述，熱性當明。　考諸書之箋注，知藥石之功能。　觀夫：

附子回陽，補腎命之火，兼逐風寒濕氣；　乾薑燥濕，祛臟腑之寒，更消積脹瘕癥。　側子是附子旁生，治手足諸痺，故達四肢毛竅；　黑薑係乾薑炮黑，除胃中積冷，又能去污生新。　烏頭乃附子之母，有暖土逐風之力；　煨薑即（考）〔老〕薑煨成，得和中止嘔之勳。　天雄治風寒濕痺，暖下焦而補腎命；　生薑能祛寒發表，去穢惡而通神明。　烏附尖吐風痰，癲癇為妙；　生薑汁援卒暴，噎膈堪稱。　肉桂平肝補命，更能引火歸元；　桂枝發汗解肌，抑且調和營衛。　散寒濕，補命火，止蚘痛，川椒之用無慚；　行水道，消水蠱，定喘急，椒目之功不愧。　秦椒散寒濕，殺蟲止痛且通經；　胡椒化食停，開膈消痰猶暖胃。　吳萸止痛，配茯苓療不食吐酸；　草果消痰，偕知母除寒熱瘧祟。　祛痰暖胃治水瀉，蓽茇為高；　逐瘧溫中止脘疼，良薑可貴。

巴豆攻瘕痞，且破臟腑沉寒；　牽牛治水腫，兼消痃癖氣塊。　燥脾胃，補心命，除冷痛，必須益智；　補虛勞，益陽道，治脚痺，當進仙茅。　蠡實七疝可效，芫花五水能消。　除風消腫逐瘀攻，薑黃力猛；　解鬱調經治冷痢，艾葉功超。　鳳仙子開膈軟堅，可使臨盆易產；　續隨子破血行水，頓教月閉通調。　蓬莪蒁行水消瘀，劉寄奴除癥破血。　韭子補肝益腎，又療精遺；　薤白下氣調中，更甯喘急。　萊菔子利氣定喘嗽，又散風寒；　白芥子豁痰通經絡，猶醫咳逆。　南星治風攻積，主化痰涎；　半夏和胃強脾，善開鬱結。　威靈仙宣五臟，行氣祛風；　使君子治五疳，殺蟲消積。　破滯用檳榔，截瘧殺蟲猶止痢；　和脾須大腹，寬胸行水且消痰。　小茴寒疝無妨，亦可甦中理氣；　大茴脚氣有驗，還宜補命暖丹。　皂角治中風口噤，亦是開

喉妙品；皂刺救胎衣不下，又為托毒神丹。乾(桼)〔漆〕行水療傷，最破年深結滯；蕪荑殺蟲化積，能瘳幼稺驚疳。蛇床子補腎命，洗女人之陰癢；五加皮祛風濕，舒筋骨之拘攣。厚朴調中散濕，破血消痰；青皮瀉肺疏肝，削堅化痞。蘇子寬胸開鬱，和芥、菔能醫喘滿痰多；紫蘇發汗解肌，協砂、陳可以安胎理氣。刺蒺藜通乳閉，力能催產消癥；穀精草治頭疼，功善明眸去瞖。甘松止心痛，又主風疳；山柰療腹疼，更祛瘴癘。木香疏肝行氣，瀉痢為宜；乳香止痛催生，癰疽兼理。砂仁有調中之妙，甯嗽消痰；烏藥有順氣之能，治風住痢。藿香治霍亂，止心腹之痛絞；香薷却暑氣，散皮膚之濕蒸。白芷散風濕，且理頭疼牙痛；白附去風痰，更主中風失音。行氣調中消風食，白豆蔻之力；祛寒燥濕溫脾胃，草豆蔻之勳。荔枝核散滯氣而醫癩疝，胡桃肉利三焦而補命門。化濕去風，蠶砂最效；辟邪健骨，虎骨稱能。伏龍肝乃竈心之黃土，調中止血治遺精；百草霜係竈突之烟煤，消積住紅除瘧痢。丁香溫胃壯陽事，亦醫痃癖奔豚；沉香下氣墜痰涎，猶愈心疼冷痺。白檀香調脾暢肺，足啟胸懷；降真香止血生肌，尤驅怪異。上通腦頂，下行足膝，外透皮膚治瘡癬，葈耳之力堪矜；表能發汗，裏可和中，下醫帶濁治腸風，蒼朮之功須記。藁本散太陽之風寒，頭疼可止；辛夷解上焦之風熱，九竅能通。麻黃主療傷寒，兼定喘哮咳逆；細辛能治水氣，並宜耳鼻喉嚨。獨活搜少陰之伏風，癇痺奔豚功可奏；羌活治太陽之遊風，中風厥痙妙無窮。斯彙熱品以成篇，無不班班可考；庶應臨時而酌用，自然一一有功。

溫性門　細糸溫性，補品偏多。平時讀之有益，臨症用之無訛爾。其白朮培脾，能燥能潤；甘草補土，能瀉能和。人參益氣生津，虛勞可治；熟地補陰培土，鬚髮能烏。炙黃耆益氣補中，欲瀉火生耆有功，護衛耆皮有效；全當歸溫中活血，欲養血歸身可進，破血歸尾可圖。理虛補水，宜乎沙苑蒺藜；益腎滋肝，須用金毛狗脊。巴戟天益精補腎，更理濕風；乾桑葚滋水生津，且通關節。枸杞子養肝腎而強筋骨，猶能明目去風；肉蓯蓉補腎命且理勞傷，亦可填精暖膝。瑣陽治痿弱，補陰陽，又滑大腸；覆盆縮小便，益腎肝，故醫目疾。山茱萸暖腰膝，除痺固精；菟絲子理勞傷，明眸止泄。何首烏補精血，又主癰瘡痔漏；烏賊骨治寒濕，能醫吐血腸風。膃肭臍原來海狗腎，陰痿精寒可用；混沌皮即是紫河車，虛勞損極稱功。蛤蚧能益水上源，故甯久嗽；獺肝治傳屍鬼疰，尤可殺蟲。補腎用海參，主興陽痿；養陰須淡菜，治吐鮮紅。辟邪消腫療折傷，當尋鹿角；益腎填精治損怯，宜進鹿茸。紫石英養肝血，主虛寒不孕；白石英潤肺燥，治陰痿吐膿。赤石脂腸澼可醫，崩遺可止；鍾乳石虛勞能補，乳汁能通。澤蘭葉通經散鬱理瘕癥，紅藍花活血破瘀治產運。芎藭去瘀行氣，還醫頭痛筋攣；茜草止血通經，猶療五黃撲損。海松子甦中理肺，續斷補腰壯骨，猶暖子宮；杜仲益腎養肝，且安胎孕。海松子甦中理肺，醫大腸虛秘，咳嗽無甯；酸棗仁歛汗甦脾，治膽虛不眠，心神不定。菖蒲宣九竅，兼逐風痰；遠志主聰明，能通心腎。補腎虛，療傷折，骨碎補為尊；治血病，止諸痛，五靈脂最穩。旋覆花下氣行痰消水腫，霞天麯補中益氣化虛痰。天仙藤即木香藤，消腫治風最易；沒石子是無石子，濇精止痢何難。止嗽安蚘澁大腸，烏梅有效；化痰住嗽開喉痺，紫(苑)〔菀〕無妨。延胡索治折傷，調經破血除諸病；葫蘆巴去寒濕，補命回陽且暖丹。橘皮主痰飲瘕癥，且理氣家諸病；百部治傳屍鬼疰，更醫咳嗽多般。淫羊藿即是仙靈脾，補肝腎之陽，又主冷風勞氣；補骨脂原名破故紙，補命門之火，故治虛瀉腰疼。驚癇眩暈用天麻，風痺賊風須穭豆。五味補虛歛汗，明目固精；杏仁潤肺行痰，寬胸止嗽。銀杏溫金益氣，止帶定哮；山查消食去痰，散瘀托痘。欵冬化痰潤肺，可醫欬逆喘氣，以及喉痺痿癰；訶子歛肺濇腸，能治瀉痢脫肛，并止帶崩嗽嘔。治霍亂之轉筋，除寒濕之瀉痢，必用木瓜；健脾胃而理氣，止咳嗽而化痰，還須佛手。大棗頭補中益氣調營衛，石榴皮止瀉除崩又殺蟲。紅麯活血去瘀，治痢療傷奏效；神麯化痰消食，調中止瀉多功。化食和中，麥蘗、穀芽功彷彿；補脾潤肺，飴糖、糯米用相同。按症而投，調治既見不忒；隨時而變，應用於以無窮。

平性門　平和諸藥，亦當細詳。考之有準，用之無妨。黨參益氣補中，除煩最合；芡實扶脾固腎，解暑誠良。南沙參利金和土猶甯嗽，懷山藥清肺培脾又固腸。益脾胃，填精髓，壯筋骨，除風濕，黃精效速；補氣血，止煩渴，愈中風，却寒熱，玉竹功彰。茯苓行水益脾，可安驚悸，而苓皮又醫膚腫；茯神安神益智，又補心虛，而心木可主健忘。柏子止汗甯神，

而袪鬼魅；琥珀安神破血，更利膀胱。龍眼最補心脾，而神衰可復；燕窩善調虛損，而痰嗽多嘗。潤肺金而定咳逆，宜乎巴旦杏仁；已勞嗽而止紅痰，端合冬蟲夏草。濇精住瀉，金櫻子之能；益氣強筋，南燭子之效。扁豆消暑濕，且使脾強；百合醫久嗽，可將肺保。木耳主治諸血，乃痔漏之佳珍；阿膠亦治諸血，為女科之至寶。龍骨濇精止汗，崩帶可誇；龍齒鎮心安魂，驚癇必要。蒲黃生用行血，炒黑能治崩帶；卷柏生用通經，炙之乃療腸紅。三稜破氣攻堅，猶通血閉；香附調經解鬱，復主崩中。敗醬又名苦菜，治產後諸病，并癰瘍腫毒；薇銜一號鹿銜，療風濕痺痛，及驚癇賊風。石楠浸酒愈頭風，利筋骨，還須生用；牛膝本來通經閉，補肝腎，亦憑酒功。赤檉柳解毒透風，能醫痧疹；雲母石下氣治瘧，亦療疽癰。大豆黃卷消水散瘀，除胃熱，可使筋攣得展；王不留行催生下乳，愈癰瘡，且教血脈能通。生新去瘀，力詡丹參；行血袪風，功推蘇木。桑枝通關節，故治臂疼；藕節散瘀血，還醫熱毒。桃仁治大腸燥秘，血痢經停；蓮子主瀉痢帶崩，遺精白濁。枇杷葉清肺胃而降火痰，桑寄生安胚胎而和血脈。止莖中痛，除淋濁，效在草稍；治黃疸症，通熱淋，功歸扁蓄。御米殼濇腸斂肺，甯嗽收肛；金銀花養血補虛，治癰止渴。萆薢治風寒濕痺，而堅筋骨；豬苓開腠理發汗，且利膀胱。枳椇子除煩渴而解酒毒，郁李仁消水腫而通大腸。荷葉助脾化瘀托痘，升麻解毒散火升陽。潤燥結於廻腸，大麻仁之力；散風邪於上部，蔓荊子之強。葛根鼓胃氣上騰，止渴生津，傷寒最要；桔梗載諸藥上浮，開喉住咳，快膈稱良。秦艽活血袪風，疸黃可餌；馬勃清音止咳，喉痺堪嘗。平肝下氣化頑痰，急服青礞石；止痢治崩援產難，速用禹餘糧。白兔屎治勞瘵，猶明眼目；紫檀香和營血，且傅金瘡。露蜂房驚癇能定，而牙痛能瘳，瓦楞子老痰可消，而血積可破。目翳惡瘡同產難，蛇蛻須嘗；喉風痰核及驚疳，殭蠶當佐。合歡皮生新和血，且養心脾；木賊草發汗明眸，又清風火。刺蝟皮胃氣可開痔可醫，桑螵蛸淋閉可通精可固。散瘀定痛，沒藥無疑；理血補陰，血餘不誤。吸鐵石定怔忡，更補腎虛，海桐皮去風濕，能行病所。中風失音，痰迷昏暈，用荊瀝庶可回生；驚癇眩掉，口眼喎斜，得全蝎自然痊可。百藥煎化痰止嗽，上理肺心；陳廩米利濕除煩，中安胃府。傷寒無汗，葱白當需；肝腎有虧，胡麻可補。此皆平性之功能，不揣愚衷而作賦。

清·潘宗元《分經藥性賦》 手太陰肺經集 肺主五臟華蓋，出聲音而澤逮皮膚。又為百脈宗筋，通呼吸而權歸清肅。實夢兵戈之競擾，虛夢田野之平蕪。有餘則喘嗽，瀉必辛涼；不足則太息，補須酸屬。人參甘溫微苦，補肺中元氣而虛脹自除。法在塞因塞用，非實熱所可沾唇。沙參甘苦微寒，補肺中真陰而火刑可袪，治由專任專成，豈寒客所能染指。東洋參味苦微溫，擅和脾益胃之功。西洋參苦寒微甘，得降火生津之旨。杏仁辛溫甘苦，散風寒而解表，宣肺氣而行瘀，利胸膈之鬱結，通大腸之氣壅。竹葉辛淡甘寒，消痰涎而清熱，涼心火而緩脾，除上之風邪，清氣冲之欬逆。前胡辛以暢肺，解風寒，甘以入脾，理胸腹，苦泄厥陰之熱，寒散太陽之邪，下氣有效，消痰甚佳。薄荷辛以通竅，散風邪，升以發汗，搜肝氣，香開胸腹之滿，涼清肺金之熱，失音可救，痰嗽更宜。燕窩甘平，養肺陰，理虛勞之聖藥，止咳嗽之無休。蟬蛻甘寒，治風熱，清聲音之良方，療驚癇之有益。百部甘苦微溫，利肺金之受刑，能使諸嗽立止。療小兒之疳積，可望諸蟲漸除。栝蔞甘寒苦潤，清上焦之火邪，能使痰氣下行。滌胸膈之鬱熱，可望津液上承。香薷辛溫，為炎天解表之妙品，夏月清暑熱之靈根。麥冬甘苦，退肺內潛藏之伏火，生肺中不足之辛金。紫(苑)〔菀〕辛溫而潤，得保金之功，能開喉痺而通利。白及苦濇而辛，得秋金之令，能化瘀血而生新。海粉甘寒，消痰而清熱。山藥味甘，益胃而濇精。桔梗味苦辛平，開提氣血，表散寒邪，清肺熱以治癰痿，通鼻塞而理咽喉。百合味甘而平，清熱止嗽，潤肺寧心，利二便以治浮腫，止涕淚而定驚癇。貝母味甘微寒，消痰潤肺，滌熱清心，喘咳痰經有藉，胸中(十)〔鬱〕結無虞。南星味苦而辛，攻積拔腫，療癇治驚，破血行痰可慮，風濕麻痺須尋。萊菔子味辛性溫，除膨脹，消食積，主下氣而散寒，生研能發瘡疹而風痰堪吐，炒熟能定喘嗽而腫能消。桑白皮性甘而寒，瀉肺火，利二便，止痰嗽而解渴，枝可養筋而袪風，而消食定喘。葉可明目袪風，而長鬚止汗。茅根甘寒，清火兼行水，花能止血而熱下潛，鍼能潰膿而毒外托。蘇子味辛，袪風而散寒，子則開鬱而能降氣，梗則順氣而保安胎。牛蒡子氣辛苦寒，散腫毒之瘍，而喉痺可理。馬兜鈴辛苦而寒，靖肺金之火，而痰嗽可甯。射干苦寒，消心脾老血，療喉痺咽乾。海石鹹寒，化上焦老痰，消癭瘤結核。天冬苦甘大寒，清肺降火而水徹上源。花粉酸苦微甘，助胃生津而熱從下

滲。烏梅肉酸溫，濇腸斂肺，血痢尤良。白芥辛溫，利氣豁痰，虛人宜禁。枯芩苦寒，治火嗽而退熱，瀉肺火而清心金。馬勃辛平，清肺火而解熱，主喉痺而兼疼〔痛〕。白前辛甘微寒，主下痰而降氣，能止嗽而快膈。五味子甘酸鹹溫，定喘嗽而滋腎，能斂肺而生津。葶藶子苦辛大寒，能泄氣閉之病，擅逐水氣之能，痰飲可理，散結調經。旋覆花辛苦鹹溫，治肺金臟腑之病，有通利血脈之能，下氣消痰，行水更勝。肺苦氣逆，急食苦以泄之。肺欲收斂，急食酸以收〔之〕。用酸補之，以辛散之。

手陽明大腸經　大腸當臍右疊廻，稱庚金之腑，轉輸糟粕，為傳道之官。實積而腸滿不通，瀉須遠熱；陽虛則腸鳴泄痛，補不宜寒。麻仁甘平滑利，潤腸中之燥結，療難便而緩脾。黄芩苦寒勝熱，瀉中焦之火邪，除脾家之濕熱。桃仁苦平微甘，能破大腸之血滯而生新血。大黄大苦大寒，滌蕩腸胃之積垢而除瘀熱。禹〔餘〕糧性濇甘平，止痢治咳逆。白頭翁味苦性涼，消疣止熱痢。元明粉辛甘鹹冷，去胃家之實熱而腸中宿垢堪平。樗白皮苦濇而寒，去肺胃〔之〕濕痰而久痢腸風有益。訶子苦溫，開音止渴，并治滑泄之疴。瑣陽甘溫，益精補陰，正屬溫潤之劑。淫〔陽〕〔羊〕藿甘溫，入肝與腎，理四肢兮補命門。牽牛子辛熱，逐水消痰，利二便兮息風祕。豨薟草苦辛，主大腸風濕之泄瀉。炙卷柏辛溫，治腸風下血而脫肛。地榆酸苦微寒，專入下焦，除腸風血熱血痢。槐角味苦而寒，直入大腸，治諸痔濕癢陰瘡。檳榔辛苦而溫，疏後重能降至高之氣而食滯宜進。枳實苦酸微寒，破積滯能利胸膈之氣而水腫堪嘗。

足陽明胃經集　胃為倉廩之官，平調則五臟安堵。又為水穀之海，寬暢則六腑冲和。審虛實骨節皆疼，驗實熱口乾舌枯。藿香辛甘微溫，止嘔開胃而中州得令。丁香辛溫純陽，泄肺溫胃而冷熱可平。神麯辛甘而溫，消胃〔中〕之積滯而調中亦可。豆卷味甘性平，除胃中之熱實而消水尤能。人中黄甘寒，入足陽明，大瀉五臟之熱毒。柏子仁辛甘，能透心脾，倍滋肝腎之真陰。海金沙以甘寒之性，能清血分之热於太陽，領釜底抽薪之義。山查肉得甘酸之味，善去油膩之停於倉廩，表胃中磨積〔之能〕。黑薑辛苦大熱，除胃中之沉寒，去臟腑之〔錮〕〔痼〕〔鈴〕〔冷〕。厚朴辛苦而溫，主寒客之犯胃，使濕氣之難侵。煨薑微散微燥，能止吐瀉之妙。薑汁辛溫而潤，可開噎膈〔之功〕。白芷味辛性溫，訂香芳上透之功，行肺胃大腸之經，主治排膿活血而癰疽堪平。升麻甘辛微苦，有表散風邪之效，具深散火鬱之能，主治後重痢下而陰虛火升切忌。蜜糖甘溫，潤肺中之枯燥。蝟皮苦平，治胃中之氣逆。麥芽甘溫益胃，主消食而健脾。穀芽甘溫扶脾，主開胃而下氣。米仁甘淡微寒，益胃土而勝水，補肺金而除蒸。竹茹甘而微寒，開胃中之炎邪，清肺金之燥烈。砂仁辛溫香竄，乃開胃和中之要藥，吐瀉均資。枳殼苦酸微寒，為逐痰破氣之神方，脾虛無益。石膏甘淡寒辛，清胃熱而降火，能止渴而生津。石斛甘淡鹹寒，平胃氣而安神，除虛熱而止汗。乾薑辛熱，開胃扶脾而宣諸脈絡，逐寒發表而燥濕溫經。生薑辛溫，暢胃開痰而祛寒發表，解鬱宣肺而定嘔止渴。葛根辛甘性平，升舉脾腸而退熱，鼓舞胃氣而生津。茯苓甘平淡滲，功專益脾而寧心，下通膀胱而利濕。

足太陰脾經集　脾為諫議之官，四肢是主。又為倉廩之本，萬物歸根。實則飲食消而肌堅膚潤，虛則身體瘦而氣黯神昏，辨則性味而欲甘欲緩，省生冷而宜熱宜溫。白术甘苦而溫，消胃經之痰水，去遍身之濕痺，和中以止瀉，燥濕而補脾。蒼术苦溫性烈，解六鬱之神方，升胃中之陽〔氣〕，逐痰而除濕，燥胃以強脾。甘草味甘，生補脾胃之不足，能瀉心火；炙補三焦之元氣而散表寒。黄芪甘平，生固表而補肺，虛火可瀉；炙補中而益氣，陰毒能醫。潞黨參甘平，補中氣之微虛，和脾胃而療渴。益智仁辛熱，補心氣之不足，能濇精而固氣。蒸餅甘平，利三焦，通水道，得化積而養脾。飴糖甘溫，益氣力，潤痰涎，能緩中而止嗽。秫米甘寒，主陰虛陽盛，妊娠漏黄汁是醫。御米甘寒，能潤燥厚腸，翻胃吐白涎可救。銀花性平味甘，除熱解毒而補虛，療風養血而止渴。陳皮辛甘而溫，調中消痰而導滯，利水止嗽而破癥。肉果辛溫，主理脾而緩胃，虛瀉援引。黄精甘平，主補中而益氣，風濕須尋。半夏辛溫體滑，斯有健脾和胃之功，兼具除濕化痰之效，胸下堅滿可通，痰厥之頓痛可掃。辛夷辛溫輕浮，爰擅通竅溫中之柄，還具利節解肌之權，胃中之清陽能助，九竅之風熱可平。

手少陰心經集　心為君主出神明，位定離宮憑靈爽。先存寡慾，見人道之光明。雖若無為，並天明之長養。虛寒則恐〔祛〕〔怯〕其情思，實熱必顛狂其形像。心陽不足，補須參附堪知；離火有餘，瀉用芩連可想。丹參氣平味苦，入心包絡，定血虛神志之難安，主瘀滯癥瘕之不散。鬱金甘辛苦寒，入心包絡，療產後攻心之敗血，治婦人逆行之月經。苦參大苦大寒，勝熱殺蟲，

消癰解毒，有治黃疸溺赤之功，有固夢遺精滑之效。玄參苦甘微寒，除煩止渴，降火滋陰，入心肺以清上焦之火，入腎陰以滋少陰之精。石蓮子味苦性寒，止噤痢而止煩，去濕而開胃。寒水石大寒鹹辛，治口渴之水腫，療時氣之熱盛。黃連入心瀉火，得大苦大寒之性，鎮肝涼血，具解鬱結之能。治熱毒之瀉痢，療火鬱之心痛。淡豆豉泄肺解肌，得苦寒無毒之性，下氣調中，除疫氣瘴氣之能，治懊憹之難眠，療煩躁之滿悶。珍珠味甘鹹寒，除豆疔，療驚熱，鎮心神以安魂，又止陰精遺泄而白濁亦平。琥珀味甘而平，消癥瘕，除實熱，定魂魄以寧心，又使肺氣下降而膀胱通順。蓮肉甘平濇精，心腎交而君相之火邪均靖，腸胃厚而瀉痢之滑脫俱收。芡實甘濇而平，能益脾而虛寒之泄瀉無虞，主封髓而帶濁之淋瀉有賴。天竺黃甘而微寒，能豁痰而治驚癇，識鎮肝之力奇。龍眼甘平而潤，能悅胃而頓神魂，諳(倍)〔培〕脾之功備。遠志苦溫而辛，能通腎氣，上達於心，資其宣導，臻於太和。茯神淡滲甘平，能使心氣內實其宅，賴此包容，至於純粹。金箔辛平有毒，安鎮安神魂免(以)〔於〕飄蕩，辟除惡祟，臟腑搜其伏邪。硃砂甘寒有毒，解平胎熱，明目只是清肝，定厥(巔)〔癲〕狂，多服令人愚昧。龍骨甘濇，固腸益腎是其長，媲龍齒以安魂而驚癇可鎮。虎骨辛溫，定痛辟〔邪非〕所短，配虎睛以安魂而精魅能攻。

手太陽小腸集　受任而出化物，職在小腸。揚清而又激濁，滲入膀胱，為丙火之腑，上則奉命乎心陽，行未時之令；下則直接乎大腸。君火倍難借折，導赤散宜嘗；鬱熱自當瀹決，八珍散最良。牛膝酸苦而平，係淋症之要藥，為肝腎之引經。生則散惡血而破瘕；蒸能理腰膝而強筋。猪苓甘苦淡滲，能泄滯而除淋，消腫脹而最適。升則開腠理而發汗，降則行水道以利濕。石韋甘平淡寒，清肺金以滋化源，能透膀胱而利水。澤瀉甘鹹微寒，入膀胱以利小便，能瀉腎火而去濕。海藻味苦而寒，能消癥瘕與瘰癧而散結核。昆布性雄而滑，能消頑痰(而)〔與〕癭瘤而除陰潰。萹蓄苦平利小便，治黃疸，能療女子之陰蝕，更為殺蟲之靈丹。瞿麥降心火，利小腸，能逐膀胱之邪熱，兼有治淋之神效。地膚子甘苦而寒，入膀胱除虛熱，利小便而通淋。大小薊甘苦而涼，入下焦療血淋，能破瘀而生新。大腹皮辛泄肺，溫和脾，能逐皮膚之水，可開心腹之氣，兼治霍亂而更適。綿茵陳苦燥濕，青入肝，能散五臟之火，可解中外之蓄，又療諸黃而最神。冬葵子甘寒淡滑，潤大腸以利小便，花以得帶下血淋之力。車前子性寒味甘，開水〔臟〕以固精竅，葉又得通淋明目之能。至若攻其太源，上承胃下之幽門；或如究其流溢，下趨奔之闌門，流通有道，水液自澄。開提合法，滓穢不停。

足太陽膀胱經集　膀胱〔守〕州都之職，津液存而又號黑腸。申時行壬水之交，氣化出而咸推腎表。赤白帶由臟而入浮經；水氣淫，因脹滿而塞滲道。淨腑之潔當知，鬼門之開宜曉。麻黃辛而溫，為太陽營方，主寒邪不得外通之劑；治發熱無汗衛實之人，能開閉拒之腠理，寔散火鬱肺金。藁本辛溫雄壯，為太陽風藥。主頭痛連於巔頂之中，治寒氣客於巨陽之脈，祛風以其上行，去濕偏能下達。防己苦寒大辛，能祛下焦之濕滯，兼瀉血分之邪熱。木通辛淡甘平，下導膀胱之濕熱，上清心肺之火邪。滑石淡滲寒滑，上清肺熱，下走膀胱，導六腑之濕熱，通九竅之津液。通草氣鹹味淡，引肺熱下行，提胃氣上達，能使乳汁通流，可滅火邪之瘧。桂枝辛甘而溫，解肌之邪而止汗。蔓荊味苦辛平，治頭腦之痛而搜風。羌活辛苦性溫，入太陽理游風氣，兼入肝腎氣分，得解表利節之功。防風辛甘微溫，走太陽除頭痛，又行脾胃二經，為祛風勝濕之宗。黃柏微辛苦寒，沉陰下降，洵屬膀胱引經，能通相火之炎於癃閉。烏藥辛溫香竄，上入脾肺，下行膀胱與腎，能疏邪熱之氣於胸腹。如或在上之氣不施，則徑入大腸而為泄；在下之氣不施，則苦以不出而為癃。

足少陰腎經集　出伎巧而作強，主封藏而(育)〔充〕骨。屬壬水之腎臟，應北方之黑色。右命門，女子繫胞之原；左名腎，男子係藏精之室。(珍)〔診〕候兩分於水火之谿，受病同歸於膀胱之職。獨活辛苦微溫而伏風可理，奔豚疝(辟)〔癖〕，由風寒濕客於胃中者可取。細辛之溫散寒而頭痛堪除，口瘡喉痺，因少陰火出於實喉者可啣。附子辛甘大熱，補元陽，堅筋骨，可休脘胃之冷疼，祛寒濕，消癥瘕，扶(濟)〔淆〕存陰之要藥。肉桂辛甘大熱，止奔豚，治腹痛，偉績皆由於助火，通血脈，定驚癇，奇功端賴乎平肝。蓯蓉甘酸鹹溫，補命門相火而五臟滋潤。萸肉酸濇微溫，護癸水元精而九竅宣通。川斷辛苦微溫，理筋骨而胎漏血崩，女科需為上品。地骨皮甘淡而寒，清虛火而退外潮內熱，立方屢有殊功。菟絲子辛甘而溫，溫補三陰而陽氣不餒。蛇床子苦辛而溫，能補腎命而風濕自終。金毛狗脊苦甘而溫，強機關，利俯仰，堪堅骨而滋肝。冬蟲夏草味甘性平，已勞嗽，化血痰，能保肺而補腎。胡麻

味甘而平，入肝而滋血，肌膚之癰瘓皆除。杜仲甘溫味辛，益胃而添精，腰膝之痠疼易盡。海螵蛸鹹溫，性能收濇，有輭堅止滑之功。金櫻子酸濇，扃鑰元精，合閉蟄封藏之本。熟地甘而微溫，滋真水而封填骨髓，利血脈而補益真陰。三虛損症可服，胸膈礙滯須斟。知母苦滑寒辛，利膀胱而兼瀉胃熱，瀉腎火而上清肺金，有汗骨蒸可退，肢體浮腫可尋。覆盆子甘濇而溫，美顔色，補肝虛，治腎臟之不足，女子不克受孕。胡蘆巴苦溫（潤）〔純〕陽，暖丹田，壯元陽，治腎臟之虛冷，陽氣不得歸（原）〔元〕。淡秋石鹹平，滋陰降火而骨蒸無虞。瓦楞子鹹平，（頗）〔破〕血消痰而瘕癖有藉。沙蒺藜味苦性溫，守封髓之藏，固益精竅。旱蓮草甘酸而寒，禀純陰之質，補益先天。御米殼酸溫而平，能歛肺而濇腸，治嗽而固腎。女貞子甘苦而涼，安五臟而明目，除虛火而補陰也。赤小豆甘酸平，能通便而行水。黑大豆甘而寒，能補腎而鎮心。牛黄味甘而涼，清心降熱而利痰治驚。鹿茸甘鹹而溫，助陽健骨而補髓添精。

手厥陰心包絡經集　心包絡相火之臟，實乃裹心之膜，受少陰之交，連三焦之絡。奉承主上，能呈喜樂之情；職守膻中，不啻人臣之託。功居外衛，使城郭無震動之虞；力重内援，俾深宫之熱無常。羚羊角味苦鹹寒，直達東方，瀉肝火而昏冒〔全〕無；專趨血海，止血痢而真陰有賴。祛風明目，驚駭狂越驅馳；解毒散瘀，瘰〔癧〕癰疽盡冰消。暹犀角酸苦鹹寒，解熱寧心定驚悸，而狂邪都掃；散風瀉肝明昏目，而痰壅宜操。清解胃热，吐血崩淋咸露釋；發癍攻毒，癰疽發背盡瓦解。連翹微苦微寒而性升浮，能散諸經之氣血。梔子輕飄瀉火而工屈曲，能通鬱結之炎蒸。代赭石入肝與心包，取其重以鎮虛熱。石菖蒲芳香開心竅，妙在苦而性辛溫。

手少陽三焦經集　三焦分乎上中下，出水道而決瀆有司。治病該乎頭腹足，統臟〔腑〕而經絡分支。秦艽燥苦而辛，統治濕勝風淫，却去榮筋活血。下部虛寒者忌，二便滑利者休，而身攣當服。木香辛苦而溫，主三焦氣分，沾九種心疼，消食開鬱不可無，利氣寬中不可缺，而後重宜（增）〔斟〕。佛手柑辛苦酸溫，理上焦之氣而止嘔，進中州之食而健脾。參三七甘苦微溫，破損傷之瘡而散血，入肝胃之經而除痛。沒藥味苦而平，破瘀血而疼病自止，散結氣而腫癰漸除。乳香辛苦而溫，理風冷而和平止痛，補腰膝而活血舒筋。白豆蔻辛熱，流布三焦，溫暖脾胃而吐逆不升。黑梔仁苦寒，曲行小便，寒泄熱邪而煩嘔可革。橘核苦平，治疝痛而何難。柿蒂苦溫，止呃逆而倍適。青皮辛苦而溫，破滯氣以消痰，能疏肝而瀉肺。木瓜酸濇而溫，調營衛以去濕，能歛肺而伐肝。製香附辛香苦甘，通行八脈十二經，能開六鬱，乃氣病之總司，為女科之聖藥。元精石鹹寒而降，主治下虛上盛，救陰助陽，得太陰之精氣，有拯逆之神功。益母草微苦寒辛，去瘀血止崩漏，調月經。子能順氣逐風，屬辛散滑利之品。補骨脂辛苦大溫，暖丹田壯元氣，縮小便。主治虛寒喘嗽，抱納氣歸腎之雄。山豆根苦寒，瀉心火以保肺金，去大腸之風熱。海松子甘溫，治諸風而順肺開胃，治肺燥而咳嗽。威靈仙苦溫，宣五臟而療痛風，去冷滯而痰水自行。陽起石鹹溫，固陰精而壯陽，益氣分而止崩帶。使君子性甘味溫，殺諸蟲而疼痛除，治疳積而效若神。

足少陽膽經集　膽應決斷之權，官名中正。腑無穢濁之行，聲稱清靜。娱情恬淡，依然王道之無私。矢志担任，儼若將軍之執競。禀無輸無受之資，託半表半裏之病。丹皮微寒苦辛，瀉血中之伏火，退無汗之骨蒸，行手足少陰并厥陰，治瘡瘍煩熱與驚癇。柴胡微寒而苦，主治陽氣下陷，能行清熱上行，平厥陰少陽之邪熱，散十二經脈之瘡疽。菊花甘苦微寒，平肝木益肺腎而心火堪制。除頭眩散濕痺而目翳頓除。鉤藤甘微苦寒，平肝風除心熱而驚啼頗效。發癍疹，療目眩而舒筋稱奇。五加皮性係辛溫，明目舒筋，克歸功於臟血之海；益精縮便，更得力於閉蟄之官。風濕宜求，疝家專掌。郁李仁辛苦甘溫，潤達幽門，而關格有轉輪之妙；宣通水腑，而腫（腸）〔脹〕無壅遏之嗟。破血有效，津傷非宜。常山寒而辛甘，能引吐兼行水，可却積飲者痰之病。草果性屬辛熱，克陰痰又消食，更治太陰獨勝之寒。豫知子性屬苦寒，殺蟲療蟲，理痃癖而氣塊能消，止煩悶而小便堪制。酸棗仁味係甘酸，益膽滋肝，療陰虛而陰氣克助，歛陰汗而心驚可安。

足厥陰肝經用藥賦　將軍而兼謀慮，銳不可当。竅目而為罷極，魂之所藏。性當急迫倉皇，早申寬假慰安之義。木欲扶疏條達，故有酸瀉補辛之方。當歸辛溫甘苦，為陰中之陽藥，治陰虛而陽無所附；又為血中之氣劑，使氣調而血有所歸。芍藥酸苦微寒，補脾陰之内損，營衛和而腠理皆充；瀉肝火之上冲，脇痛除而脘疼不作。澤蘭甘苦辛溫，主經候可通，癥瘕可散，消水總由耗傷之品，舒鬱亦由氣味之香。天麻辛溫無毒，治麻木不仁，語言不遂，去濕兼有治驚之功，却風又入厥陰之絡。龍膽草大苦大寒，瀉肝膽之

火邪，而下焦之濕熱可去。夏枯草辛苦微寒，散厥陰之鬱火，而夜痛之目珠堪醫。降香辛溫，行瘀滯之血如神，止金瘡之血至驗。海桐皮苦平，理腰膝之瘀若聖，除風濕之害稱奇。蒲黄味甘而平，療諸瘡(節)〔癤〕，消瘀通經，心腹膀胱之熱，一攻而殆盡。首烏苦濇甘溫，調和血氣，補益肝腎，產後崩帶之病，傾倒而無餘。艾葉苦辛而溫，得純陽之性，能回垂絕之元陽，理氣血走三陰，而吐衄崩帶有藉。青蒿味苦而寒，受少陽之精，能治陰分之伏熱，清暑邪走(自)肝膽，而目疾風毒無虞。茜草根酸而寒溫，行血止血，得通經導滯之能。蜜蒙花甘苦微寒，明目潤肝，為滌熱和營之用。全(蟲)〔蠍〕辛平有毒，逐肝風，透筋骨，而并治驚癇。天蟲鹹辛而平，化風痰，平驚疳，而兼療齒痛。萆薢甘苦性平，主風寒濕痺，腰脇作痛，既可去膀胱宿水，反能(上)〔止〕失溺便頻。沉香辛溫甘苦，主下氣調中，心腹作痛，(已)〔猶〕堪去脾土痰涎，更可療肌膚水腫。百藥煎甘酸，去咳嗽之痰，不啻掌示。療熱咳之病，猶如神靈。五靈脂甘溫，止血氣之痛，無異靈丹。行冷滯之瘀，(頁)〔亦〕同仙術。蒺(莉)〔藜〕辛平苦而溫，能疏肝而瀉肺，癥瘕不散者可嘗。延胡索辛苦而溫，能行氣而通經，瘀滯有餘者可食。荊芥(性)苦辛〔性〕溫，入厥陰又入太陰，行氣分兼行血分，功能發表而膜外之風從汗解。力備輕宣，而血中之風却潛消。芎藭辛溫升浮，為厥陰主藥，乃少陽行經，上行頭角，暢清陽之氣而止疼痛；下行血海，養新生之血以通壅塞。鍾乳甘溫，益精壯陽，下焦之虛弱宜寶；止嗽解渴，上焦之虛損堪珍。花蕊石酸濇，耑走肝經，金瘡之流血至要；能化瘀血，胎衣之不下殊靈。吳茱萸辛苦大熱，能溫中而除濕，可鎮逆而疏肝。劉寄奴味苦而溫，能下脹而止血，可通經而破癥。紫草甘寒而鹹，入厥陰而涼血，解瘡瘍之毒盛。紅花辛苦而溫，入肝經而活血，療產後之血凝。蘇木辛溫，宣表裏之風邪，除新舊之瘀血。蘆薈苦寒，解胸膈之煩悶，療稺子之驚癇。桑寄生苦甘，活絡舒筋在所勝。枸杞子甘溫，滋肝益腎乃其能。青黛鹹寒，瀉鬱火於肝家，治黄疸之(勝)君藥。紫參苦寒，消痞塊於肝臟，為血積之殊(珠)〔珍〕。鮮生地甘苦大寒，能燥經而諸經之血逆可平，又瀉丙火而吐衄與崩中並聖。乾生地甘苦而寒，養陰退陽而心之煩熱宜斟，生血涼血而血暈與崩中頗神。

奇經八脈經用藥賦　督帶衝任，并陰陽蹻(陰陽經)〔維〕，此之謂八脈。散絡分支，無表裏配偶，故謂之奇經。督主表而衝主裏，癇屬陽而癲屬陰。探原達委，得暗還明。洵有書為徵，詎無可憑。鹿角鹹溫，能通督脉，補腎生精(血)髓而崩中堪止；強筋壯腰膝，而吐血并除。龜版鹹寒，能通任脉養心，增志慧而崩漏即痊，補腎退骨蒸而痎瘧可截。當歸身甘辛苦溫，去瘀生新，散寒和血，治肢節之痛，帶脈為萬病之因。紫石英甘辛而溫，重以去怯，濕以潤枯，主肝血不足，衝脈虛寒之疾。阿膠鹹平無毒，止血兼能去瘀疏風，又且補虛。東走膽垣，養血強筋須。西歸金腑，化痰止咳實咸宜。牡蠣性味鹹寒，克斂肝而免崩淋，主固精而濇二便。功專清虛熱煩熱，赤痢不可無，力備輭堅，破瘰消癥庸可缺。鱉甲味酸而寒，解骨間之蒸熱，消心腹之癥瘕，婦人漏下五色可醫。海參甘鹹而溫，能壯陽而治瘻，堪補腎而益精，凡人虧損下焦得力。太子參甘苦微溫，耑補十二經之氣。留行子甘苦而平，通行十二經之血。桃仁泥苦平微甘，通大腸血秘，治熱入血之中。粉沙參甘而微寒，使清肅下行，虛損無降有升(逆)〔之熱〕。

解毒用藥賦　癰疽必由火而生毒，痛癢或由熱而生風。頂托乃為上策，調和豈屬中工。發於陰非溫經莫濟，發於陽唯涼解是宗。大青鹹苦大寒，可療熱狂，為陽毒發癍之藥。薺苨甘淡微寒，能消疔腫，皆利肺解毒之徵。蚤休苦寒，專理癰疽，兼理驚癇。敗醬苦平，既能解毒，不可止疼。皂角刺氣辛而溫，力補解毒而搜風，乃胎衣之可下。毛茹菰甘寒微辛，功專清熱而散結，亦疔腫之能消。蒲公英甘寒而苦，耑治疔毒乳癰，却屬通淋之妙品。紫地丁辛苦而寒，主治瘡瘍瘰癧，能消腫毒之無名。胡桐淚苦寒鹹，乃齒䘌骨槽風之克解。石決明味鹹寒，亦肝肺風熱之可平。忍冬藤養血，零餘子益精。

清・黄廷爵《黄氏青囊全集秘旨》卷上

藥性賦　藥有五味，性有溫涼。方知加減，變化多端。題綱總領，熟讀宜參。通經活血，劉寄奴草；行血定痛，王不留行。法煉廣生，花(雨)〔蕊〕石不可多服；惡血攻心，得馬溺真似活神。半夏止血，能走能散；土鼈活血，通絡通經。骨碎補主血氣，斷筋折骨皆有效；川續斷理筋骨，補肝益腎用之靈。澤蘭行損傷之血，紫草通九竅之關。桑寄療瘀舒筋，活血有靈；白及理敗死肌，並塗火傷。然銅火煆醋炙，挪接醫骨有效；海馬足膝骨痛，舒筋骨斷有靈。威靈仙醫折傷頗效，山甲珠達病所稱奇。乳香定諸經之痛，已潰忌服；沒藥醫瘡腐之膿，血虛忌之。石菖蒲利竅除腫，遠志肉上達於心。麒麟(結)〔竭〕和血污之上劑，真同仙授；五靈脂理氣血之刺痛，如用手拈。紅花破血，多服不止而斃；田

七散血，重用化血而亡。山稜破一切血凝氣滯而有據，莪朮破一切瘕（痃）〔癥〕達竅而有憑。當歸拈痛，頭能止血，尾稍破血，全用安營。蘇木醫新舊之惡血，能升能降；沉香除心腹之氣逆，降亦能升。桃仁緩肝氣而生新血，生地涼血脉並定痛寧。茜根有名血見愁，蚤休七葉草河車。金銀花消熱毒，故無禁忌；白芷稍排瘡膿，妙且生肌。天南星、生半夏童便調服可活，塞鼻門神效方奇。生川烏和草烏並星半研兑，合敷尤良。川杜仲除腰膝骨冷，破故紙補骨有靈。五加皮腰膝骨痛之用，海桐皮逐風濕宜求。槐實槐花而涼血，辛夷木筆竅能通。黃柏消瘀熱之上劑，黃芩活水而治乳癰。知母能除熱便，貝母潤肺消痰。麥冬調中定魄，天冬益氣養肌。生黃芪排膿托裏，西黨參補氣培中。白朮能治頭眩，益津補土；（槁）〔藁〕本可通頭頂，而至會陰。桂枝通節而止汗，厚朴益氣而寬腸。荊芥血暈治頭痛，炒黑止血；薄荷破血而通關，亦搜肝風。羌活除百節之骨痛，防風搜肝肺之邪風。桔梗消瘀療脇疾，蒼朮除濕解鬱靈。木通利竅施用，通草除閉難行。元參除無根浮遊火毒，前胡療乳膈肺熱極靈。防己開竅療濕熱，秦艽風濕遍宜求。生梔子涼心腎，鼻衄可服，炒黑亦理三焦；紅柴胡退諸熱，少陽要領，酒炒活血平肝。枳殼破至高之氣，有傳道之官；枳實破積風之勢，有倒劈之威。人參補元氣，吐血禁用；丹參破宿血，腹痛有靈。首烏寬筋治損，茯苓利水寧心。赤芍除紅退腫，白芍和中斂陰。香附血中氣藥，藿香快氣和中。川芎祛風醫頭痛，胡麻通血定諸風。沙參退皮間邪熱，補陰而治陽；苦參救金瘡有功，非大熱敢投。消瘀惡血須用羚羊角，治腰膝冷快覓真鹿茸。丹皮排膿破血，連翹清熱諸經。板藍、射干喉紅咽腫，豆根、牛子消毒利疼。明雄化血成水，赤豆散毒如神。木瓜止嘔醫脚氣；澤瀉治乳而生陰。地榆止金瘡之血熱，汁塗火瘡極妙；蔴油調諸藥解燥殺蟲，除毒尤良。白蠟生肌而潤燥，黃蠟定痛宜合膏。花粉、黃柏生津降火，芙蓉、茶花兼調火瘡。牡蠣澁腸醫腹脇，（朱）〔猪〕苓解毒利便難。車前利便而明目，苡米益氣而舒筋。瓜蔞退熱聖藥，蠶退乳痛腸鳴。胡麻療風，生肌長肉；殭蠶搜風，行走如雲。甘松、山柰心腹痛，理氣醒脾頗效；大茴、小茴治陰疝，能暖丹田。鬱金、薑黃祛風而破血速，降、沉、檀行瘀，可斂金瘡。青皮兼能發汗，性頗猛鋭；陳皮覺無峻烈，頗得中和。阿魏氣臭而止臭，藤黃消瘀而退疼。梅片能走而能散，神丹能降亦能升。熊膽涼血喉眼寶，珍珠敗肌可轉鮮。虎骨驅風而壯骨，犀角定狂而療風。協和諸藥甘草無二，發邪避惡硃砂無雙。海螵蛸燥膿收水，桑螵蛸益精何憂。箭頭入肉醫附骨，並是推車客；惡毒醫瘡敷跌損，本草即蟾酥。白蜜和藥而解毒，黃丹治痛炒黑傅。蜜陀僧鎮心，合膏主滅斑痕；橄欖骨磨塗，面傷無跡無踪。秦王試劍一名鹿蹄草，紫貝龍芽又名蛇含。落得打即名碎碎紛，實名長生草；血山七又名金不換，即是草河車。象皮合金瘡之要領，龍骨長肌肉之仙丹。此其大略而言，以便學者熟記。

清・張秉成《本草便讀》

草部　山草類　人參：性禀甘平，功資脾肺。氣純味厚，補真元而益血生津。助衛充營，安五臟而寧神益智。鬚則横行支絡，補而下行。蘆堪嘔吐虛痰，苦能上達。黨參則出於西潞，甘平賴以培中。別直乃產自高麗，溫熱宜分種野。如補虛而清肺，西洋參甘苦性寒。欲益氣以培脾，東洋參甘溫力厚。　丹參：功同四物，能去瘀以生新。色合南離，善療風而散結。性平和而走血，須知兩達乎心肝。味甘苦以調經，不過專通於營分。丹參雖有參名，但補血之力不足，活血之功有餘，為調理血分之首藥。其所以療風痺去結積者，亦血行風自滅，血行則積自行耳。　沙參：補肺陰之不足，甘苦微寒。降金令之有餘，肅清上熱。疏痰利欬，南參力薄形鬆。體潤質堅，北者功優性滑。沙參處處山原沙地皆有之，古無南北之分。然觀各家本草云其色白、其根多汁等語，似指北參而言。若南參則質粗大而鬆，氣薄味淡。大抵甘寒入肺，清養之功，北遜於南。其潤降之性，南不及北耳。南北之分，亦各隨地土之所出。故大小不同，質堅質鬆有異也。　元參：入腎滋陰，皆取鹹寒歸下部。清咽利膈，都因潤降引浮陽。故又兼達肺經，除上焦之煩熱。且可潛消癍毒，退時氣之溫邪。性滑色玄，滯脾妨胃。　苦參：大苦大寒，純陰純降。達心脾而及腎，三經濕熱盡蠲除。治疥癩與諸瘡，下部火邪都渙散。夢遺精滑，皆緣濕火為殃。血痢腸紅，並是陽邪作咎。若治黃癉積聚，宣洩中州。至其逐水殺蟲，流通火腑。

蒼朮：辛苦氣溫，燥濕強脾能發汗。芳香質壯，宣中解鬱並驅邪。破水結之澼囊，濁痰盡化。平胃中之敦阜，瘴癘全消。　白朮：補脾燥濕，法乾健之功能。冬採野生，隨坤土而運用。化水痰於胃脘，腰臍血結並能搜。進飲食於太倉，妊婦胎元均賴固。脾虛久瀉，溫燥多靈。痹着諸邪，苦甘有力。

甘草：味甘性平，和中解毒。生用退虛熱之功，補中寓瀉。炙服助脾元之力，守內有常。推其緩急多能，故諸病均堪相濟。且可協和群藥，而各方隨處咸宜。節醫腫毒成瘡，癰疽有驗。梢止陰莖作痛，淋濁無憂。　黃芪：

固衛氣而實皮毛，斂汗托瘡，宜生乃效。補中州以資脾肺，陽虛血脫，當炙為良。味甘性溫，色黃氣厚。　遠志：　開心竅而洩熱搜邪，味屬苦辛，兼能散腫。通腎氣以安神益志，性含溫燥，並可療忘。　玉竹：　補脾潤肺可填陰，有金玉威儀之象。散熱搜風不礙補，具甘平潤澤之功。　知母：　退腎臟有餘之陽，能壯水清金，甘苦微辛質厚滑。清陽明獨勝之熱，治風消燥欬，沉陰且降氣純寒。　貝母：　甘寒潤肺可消痰，當求川種。解鬱寬胸且散結，言采其蝱。象貝之功，治欬還能解表。浙中所種，疏痰並可消癧。為肺燥之神丹，清心滌熱。乃脾濕之禁劑，微苦兼辛。　秦艽：　養血祛風，和營利水。疏肌解表，苦平略帶微辛。散熱潤腸，入肝又能達胃。濕勝風淫之證，賴以搜除。筋痹骨痿諸邪，仗其宣利。　白鮮皮：　氣寒善行，味苦能降。清脾胃之濕熱，導水宣邪。治癬癩與瘋瘡，行皮達肺。　升麻：　升至陰於下極，達胃疏風。鼓脾土以上行，入腸治利。辟邪解毒，辛甘發散為陽。治痘消癍，宣透鬆肌有效。帶下脫肛等證，陷者舉之。陰虛火動諸方，又當禁使。

柴胡：　禀春氣以生升，轉旋樞機，主少陽表邪之寒熱。味苦寒而輕舉，通調上下，治厥陰熱蓄之譫狂。木鬱達之，疏土暢肝散結氣。銀柴性似，涼瘀滌熱理疳癆。　前胡：　辛能散風邪，苦以泄肺氣。寒堪清上，降可除痰。

獨活：　芳香氣散，辛苦性溫。搜少陰之伏風，表邪可解。宣腎經之寒濕，痹病能除。可愈奔豚，並療諸疝。因其有風不動，無風反搖。故能散以搜風，風以勝濕。　細辛：　性味辛溫，能發少陰之汗。輕揚香烈，可宣肺部之邪。散心下之水停，蠲除嘔欬。解腎經之熱鬱，從治咽瘡。性屬純陽，用宜審慎。　防風：　走太陽兼達肺通肝，表解風疏，甘辛溫之力。得黃耆則寓宣於補，痹舒邪化，隨所引俱宜。且為脾胃引經，風能勝濕。都道卑微卒伍，潤可柔枯。　羌活：　辛溫雄壯，散肌表八風之邪。獨走太陽，利周身百節之痛。濕留於表，由汗能宣。病在於顛，惟風可到。　桔梗：　為諸藥之舟楫，開提肺氣散風寒。掃上部之邪氛，清利咽喉平欬逆。升而復降，宣胸快膈有功。苦且辛平，泄鬱消痰多效。　黃連：　味苦性寒，體陰質燥。能化心脾濕熱，蘊留之痞滿全消。可除痢疫蟲瘡，粘膩之熱邪悉去。伏梁成積，可破可宣。目赤攀睛，能清能降。瘀鬱火邪均解退，口疳鼻䘌盡蠲除。　胡黃連：　沉寒入肝膽有功，治濕熱稽留，小兒疳積。苦燥與川連相似，理傷寒勞復，男子黃癉。　黃芩：　苦入心脾，堅腸胃而性燥。寒行肝肺，除濕熱之功多。質虛而空者為枯芩，上達可治心肺肌表之鬱火。色青而堅者為條芩，下行能除肝膽腸內之陽邪。同白朮可以安胎，火退則胎安之義。合白芍又堪止痢，熱除有痢愈之機。　天麻：　定虛風，理眩暈，因有有風不動之稱。達肝臟，味辛溫，當知質燥偏陽之品。　龍膽草：　苦濇氣寒，沉陰味劣。治淋治目，皆清肝膽之陽邪。消蟲消癉，總退下焦之濕火。　茅根：　甘能益血，寒可涼瘀。導上熱以下行，消癉利水。去內心而外達，散熱除風。止渴通淋，清胃兼能清肺。潰癰治衄，茅針却異茅花。茅根此物，自《本經》以下諸家本草皆未云可以發表，今人皆用之發表，未知何意。考其性味氣寒，味甘質潤。其所謂發表者安在哉？不過清養肺胃，涼瘀滌熱，是其所長。除風之說，亦血行風自滅之意耳。觀古人用茅針煎服，可以潰膿；茅花煎服，可以止血，皆所以入血分也。每見昔人治吐衄不止，用茅根搗汁服之即止，則茅根之用概可知矣。　延胡索：　行血中之氣滯，質屬溫香。使氣順而血調，味兼辛苦。入胃搜除瘀冷痛，達肝通治婦人經。　地榆：　酸苦入營陰，肝與大腸皆可及。沉寒涼血分，火同濕熱總堪除。且能散腫疏風，瘡疹常用。並可療崩治痢，痔漏多宜。　巴戟天：　能入腎肝血分，起痿強陽。質屬甘苦辛溫，益陰固下。疝瘕脚氣，藉以溫通。痹濕風寒，資其宣導。　肉蓯蓉：　壯陽滋腎，甘鹹少帶微酸。補命通幽，溫潤且猶兼黑。鎖陽之性，主治相同。　淫羊藿：　有助陽補火之功，辛味獨專，甘香並至。治腎弱肝虛等疾，寒淫所勝，痹痿咸宜。　貫眾：　辟時行之疫癘，入血除邪。化痘毒與癍疹，散瘀解熱。殺蟲化哽方多效，入胃行肝苦且寒。　金毛脊：　苦甘有強筋骨之功，腎肝並補。溫燥能利機關之疾，痹痿皆瘳。　白及：　清金治嗽，苦辛甘濇性平寒。止血生肌，散結斂瘡質膩滑。　黃精：　甘可益脾，使五臟豐盈，精完神固。潤能養血，從後天平補，辟穀充飢。　白薇：　鹹苦入陽明，寒能勝熱。芳香走血分，涼可除蒸。利水益陰，兼治癃淋成閉。產虛煩嘔，並醫血熱生風。　參三七一名山漆：　散血可和傷，入胃行肝，廣產野生種不一。行瘀並止痛，外敷內服，苦多甘少性偏溫。　白頭翁：　苦泄辛疏，能治傳裏傷寒，蘊成協熱痢。涼瘀解表，毋使外來溫疫，擾亂少陽明。　薺苨：　甘能解毒，清金除消渴之邪。寒可退陽，入腎治強中之火。

仙茅：　補腎壯陽除痼冷，味辛蠲痹理風邪。　白前：　藉苦辛以降氣行痰，仗微寒而清金除熱。　紫參：　色紫入肝，氣寒散血。行瘀破積，皆因微苦微辛。治痢通經，却又能通能降。　山慈菇：　殺蟲消癰，有毒而能解毒。

行瘀散結，辛寒又帶甘寒。

隰草類　地黃：　生者甘寒入腎，涼血補陰。熟則溫厚培元，填精益髓。細生地，柔細和營，在外證可以養陰不膩。鮮生地，新鮮散血，雖壯水實則清胃偏長。　麥門冬：　養胃陰，具柔滑功能，療金燥受戕之欬。潤肺臟，兼苦甘性味，治上焦不戢之焚。若或拌入辰砂，驚煩可定。假使炒同元米，寒苦堪除。乳壅能通，便溏須禁。　牛膝：　滋肝助腎，生者破血行瘀。鹽炒酒蒸，熟則強筋健骨。具苦酸平和之性，治拘攣痹着之邪。懷產者，象若枝條，下行力足。川產者，形同續斷，補益功多。　紫(苑)〔菀〕：　性溫利肺，治風寒欬逆之邪。色赤和營，療瘻躄吐紅之疾。皆為苦能降氣，金肅則小便增長。因其辛可行瘀，結散則上焦無阻。　川斷：　益肝腎，筋骨能強。利機關，勞傷可續。治帶脈之鬱結，暖子宮之虛寒。抑且補而能宣，味苦性溫瘀可散。況復行而不洩，婦人外證病咸宜。　車前子：　清邪火以下行，直達州都祛濕熱。味甘寒而降利，專清水道愈癃淋。治肝家有夢之遺精，精因火擾。導腎部諸般之留垢，垢盡虛回。滑可催生，黑能走血。　扁蓄：　入膀胱專主分消，降利功偏化濕濁。行脾肺並療疥疾，苦平性燥殺蟲瘡。　燈心：　清心肺煩蒸，味淡性寒輕且白。導小腸濕熱，通淋利水降而行。　甘菊：　味甘性寒，平肝疏肺。清上焦之邪熱，治目祛風。稟金水之精英，益陰滋腎。　益母草：　入肝行血，辛苦微寒。消水逐風，敷圍散腫。花能外散兼行表，子則行中帶補陰。　麻黃：　走太陽寒水之經，功先入肺。為發汗輕疏之劑，性則偏溫。寒飲稽留，藉味辛而宣散。痰哮久痼，仗苦力以搜除。

款冬花：　治嗽化痰，性暖平和不燥。潤金疏肺，味辛略帶微甘。　冬葵子：　滑利通淋，下乳催生悉主治。甘寒入胃，二腸水腑並分消。　萱花：　服之利水，甘涼賴以和脾。樹以忘憂，香滑可供快膈。　白蒺藜：　行瘀破滯，搜肝風有走散之功。味苦兼辛，瀉肺部而溫宣可貴。催生下乳，退翳除星。　沙苑：　補腎固精，味苦多甘能攝下。益陰明目，性溫滋水卻生肝。沙苑出陝西潼關等處，一名潼蒺藜。其形如豆，其色青綠，嚼之微有腥氣。味甘帶苦，其性微溫，故為補腎之藥，能治腰痛泄精等證。雖然力薄之品，而命門火熾，溼熱淋濁等證，仍不可用，以其性溫固攝也。　旋覆花：　鹹以軟堅，蠲飲化痰都有效。苦能下達，通腸導水悉皆能。具宣行肺胃之功，噫氣不除，賴其辛散。有斡旋胸中之力，肝邪痹着，藉以溫通。　紅花：　色赤而溫，心肝皆及。味甘且苦，辛散俱優。調血脈可去瘀生新，治折傷理胎前產後。　小薊：　破血行瘀，入心肝苦涼無毒。通淋治濁，走太陽分利有功。大薊則散力較優，消癰則功能為勝。　夏枯草：　雖稟純陽之氣，味仍辛苦而寒。獨走厥陰，能解肝家鬱火。功專散結，堪醫瘰癧瘡瘍。　葫蘆巴：　補腎壯元陽，辛苦溫通有效。入肝宣冷滯，疝瘕寒濕宜求。　牛蒡子：　苦辛入肺，散結清咽。潤降鬆肌，消痰化熱。解風溫於上部，利膈疏邪。宣疹痘於週身，通肝達外。　艾葉：　補命門以暖子宮，香達肝脾寒濕化。理血氣而療崩帶，溫通奇脈苦辛兼。可灸瘡疽，能薰蟲蝕。　木賊草：　平肝疏肺，解肌發汗散風邪。味苦性平，退翳除星行血滯。　豨薟草：　苦寒能除濕祛風，腎肝並入。製煉用酒蒸蜜拌，痹瘻皆宜。　青蒿：　得春初少陽之氣，味苦而香。行肝膽血分之經，氣升且散。辛能解表，營中鬱熱葉相宜。寒可除蒸，尸疰疳癆子可使。　茵陳：　下通水道，治濕熱之黃癉。上入陽明，味苦寒而無毒。兼能達表，專主分消。

海金沙：　利水通淋，行太陽之血分。性寒味淡，除瘀熱於胞宮。　穀精草：　得秋金穀氣以生成，溫可疏肝摩目翳。養中土胃陰而甘淡，輕能治上愈頭風。　青黛：　清肝火之結邪，丹毒蟲瘡，青碧鹹寒歸血分。治兒疳之鬱熱，癍疹瘟疫，輕浮涼苦到金家。　連翹：　苦先入心，寒能及肺。諸瘡各毒，皆緣邪火遊行。氣聚血凝，用此宣通表裏。　馬鞭草：　肝胃兩相宜，破血通淋消腫脹。苦寒偏稟劣，殺蟲散熱愈癰疽。　葶藶子：　功專苦降，氣屬辛寒。瀉肺氣以行痰，水滿上焦喘可愈。利二腸而治欬，熱從下導脹能消。　王不留行：　入陽明而達血，苦且辛平。通乳汁以行肝，走而不守。痺風淋痛，內服均除。癰腫金瘡，外敷並效。　瞿麥：　苦寒達膀胱以分消，功專利水。下降通小腸之閉結，力可行瘀。導濁須求，治淋有力。　地膚子：　治太陽濕熱癃淋，性味苦寒陽自降。化脾部陰淫晦疾，功能分利水濇消。

決明子：　微寒無毒，治水虛木實之邪。甘苦兼鹹，療赤腫羞明之疾。

青葙子：　青碧入肝療目疾，苦寒退熱治風淫。　紫草：　透肌涼血，甘寒鹹滑相兼。宣竅通腸，包絡肝經並入。若或痘瘡熱結，清心下導於二腸。即使毒滯瘀凝，解裏外鬆夫肌表。【略】紫草三月下子，九月子熟。有藤色紫。取苗用，即紫草茸也，故又能鬆肌解表。　土牛膝根：　生汁灌沖，可吐風痰喉閉。煎湯飲服，能除結熱瘀留。入胃腑，味則辛苦而寒。有小毒，功可瀉熱散腫。子名鶴蝨同前性，治主驅蟲獨見長。土牛膝根苦辛而寒，有小毒，入胃。功專破血下降，

煎服與懷牛膝同功而無補性。生搗汁服，能大吐風痰。其渣和醋調敷腫處，治喉風等證大效。鶴蝨即其子也，性味相同，殺蟲之功最優。或炒香為末，肉汁和服。又名臭花娘草，土牛膝即其根也。生升熟降，皆以散瀉為用，亦瞑眩之藥。其子如蝨有毛刺，善粘人衣。聞之有狐氣，比根葉為尤盛。殺蟲之外，無他長耳。

蘆根：性入陽明，甘寒清熱。功除煩嘔，潤降和陰。莖則清肅上焦，肺癰可愈。笋乃解消魚毒，膈熱能清。

旱蓮草：甘酸化陰，涼血有功於腎臟。沉寒色黑，烏鬚兼固夫齒牙。

大青：治傷寒陽毒癍疹，入心胃與肝，兼行肌表。療瘟疫時行熱病，味鹹寒微苦，直入營中。

敗醬：排膿消腫，腸癰藉辛苦之功。達胃行肝，瘀熱仗鹹寒之力。

馬勃：辛平利肺部之邪，治咽痛喉瘡，功能散血。輕淡解上焦之熱，除口疳面腫，力可療瘟。

蒼耳子：上通腦頂，外達皮膚。因能發汗以祛風，故可宣痺而散濕。鼻淵頭痛，均因苦降功能。疥疾癢瘡，又賴疏辛溫潤。

劉寄奴：破血行瘀兼逐水，辛苦微溫。和傷消腫並調經，肝脾兩達。

板藍根：辟瘟解毒能涼血，逐疫祛邪並殺蟲。肝胃收功，苦寒降熱。板藍根即靛青根。其功用性味與靛葉相同。能入肝胃血分，不過清熱、解毒、辟疫、殺蟲四者而已。但葉主散，根主降，此又同中之異耳。一云即馬蘭根，未知孰是。

甘蕉根：外敷消腫，散熱毒而性屬陰寒。內服清煩，止消渴以蠲除煩悶。功能走肺胃，甘可保陰津。

苧麻根：益陰涼血，安胎則賴其退熱之功。滑竅通淋，治病總不離下行之性。味甘寒而無毒，入心主與小腸。

蔓草類

天門冬：清金降火，苦寒味帶餘甘。壯水強陰，潤澤性偏在膩。欬血可療癰痿愈，尸蟲盡化燥痰除。腸滑勿投，胃虛當禁。

五味子：五味俱備，酸溫獨多。收肺氣耗散之金，喘嗽欬紅上受益。滋腎經不足之水，遺精滑瀉下承扶。能斂汗液之耗亡，奠安君主。且治瞳神之散大，迴護元陰。表有風寒，須知禁用。裏多邪滯，切禁輕嘗。

天花粉：清胸胃之煩熱，痰垢均除。解心肺之炎蒸，苦甘並濟。生津止渴，金燥宜求。行水消瘀，黃癉可治。消腫排膿結可散，澤枯潤槁性偏寒。【略】玉露霜即鮮天花粉，以水澄出之粉曬乾用。性味主治皆同，略分清濁耳。

瓜蔞：氣味相同花粉，治療各有偏宜。潤肺清腸，降痰火下行為順。消瘀滌垢，治結胸上實頗靈。用仁則潤滑腸中，用皮則清於肺部。

木通：入心且及小腸，通淋利竅。導濕下行水道，味苦性寒。滌熱行瘀，源流無阻。催生下乳，關節皆通。

通草：色白性寒，體輕味淡。清金肅降，通肺胃而導心主之熱邪。利濕分消，達膀胱可無閉癃之阻滯。

萆薢：祛風祛濕，微苦微溫。入肝胃兼入小腸，分清去濁。由膀胱內通腎臟，行水宣瘀。風寒痹濕可推求，腰膝痠疼當審用。

金銀花：其氣芳香入脾，其味甘寒解毒。通經入絡，取用其藤。治癧消癰，還當使蕊。或傳尸腹脹，各隨成法以推求。或治痢祛風，宜合古方而運用。

葛根：解陽明肌表之邪，甘涼無毒。鼓胃氣升騰而上，津液資生。若云火鬱發之，用其升散。或治痘疹不起，賴以宣疏。治瀉則煨熟用之，又主兩陽合邪之下利。解酒則葛花為最，因有解表利便之功能。孕婦固當忌投，有故亦能無殞。

何首烏：稟中和之性，益腎培肝。得坤土之純，悅顏黑髮。固真陰而性濇，崩中遺滑堪醫。續後嗣以添精，堅骨強筋可賴。祛風養血，毒化瘡消。荳製酒蒸，延年却病。藤可夜交熟寐，味則甘苦微溫。

馬兜鈴：輕浮象肺，降痰嗽有解散之功。清肅歸金，平喘促得苦寒之力。

百部：治肺寒之欬嗽，甘苦微溫。除蟲積之稽留，功能獨擅。

菟絲子：氣溫無毒，味甘且辛。補腎水以上騰，明目生津風可去。凝正陽而不動，精寒溺瀝病能痊。可堅骨以強陰，并扶羸而續絕。

鉤藤：入肝經以涼血祛風，退熱療驚，久煎無力。味甘寒而除邪定搐，治昏止眩，暫服為宜。

覆盆子：入腎兼酸苦之功，治專固攝。益下有封藏之力，味屬甘溫。

防己：辛可散，苦可行，氣寒之品。熱可蠲，濕可導，性下之功。漢入下焦，行膀胱之血分。木宣經絡，疏風水於皮中。

威靈仙：性急且溫，味辛而散。微鹹微苦，疏風邪走絡通經。可導可宣，治痹疾行痰去濕。

紫葳花：入心肝涼散行瘀，能去血中伏火。走營分酸鹹無毒，並療血熱生風。

使君子：入脾胃，用則治蟲治疳。味甘溫，服則或生或熟。

山荳根：解肺家結熱之邪，化痺宣癰味最苦。殺蠱毒諸蟲之積，通腸消脹氣純寒。

白歛：苦能瀉熱，辛可疏邪。散結行瘀，止為性寒能解利。消癰斂口，皆因毒火未潛消。白歛，苦辛而寒。散熱結，疏邪滯，並無酸斂之性。即《本經》亦無斂瘡口之句，但云主治癰腫瘡疽、散熱止痛等語。則後人用之斂瘡者，皆因火毒滯留營分而肌肉不斂耳。

土茯苓：利濕分消，皆謂邪留下部。舒筋定痛，多因毒伏經中。以能制輕粉之留邪，入胃通肝及腎。故為治下疳之良劑，性平味淡而甘。可助土以強脾，藉遺糧而當穀。【略】今人概以治楊梅惡瘡，毒竄筋骨，肌肉潰爛等證，亦不過因土茯苓之味甘淡，甘能解毒，淡可分消，又能益脾胃，使土旺溼除，肌肉自愈之意。非土茯苓可以治瘡也。

茜草：質稟鹹溫，入肝破血。味兼辛苦，行滯通經。

木鼈子：

苦寒有毒，外治為多。散血熱以消癰，追風毒而達絡。塞鼻則拳毛頓起，吹耳則痘眼能移。點痛痔而即平，搽火瘡而立效。木鼈子有番、土兩種，皆屬苦寒，而番者為尤甚。其寒毒之性，服之使人筋脈拘急，身體振動。瞑眩之藥，不可妄投。或風毒竄入經絡，或癰疽欲其解散，必須配製得宜，酌量多寡而用。土木鼈雖能治疳積痞塊黃癉等證，究竟二鼈長於外治，非服食所宜也。　漏蘆：入陽明下乳消癰，鹹苦性寒無毒品。清濕熱殺蟲涼血，祛除積久小兒疳。　燕脂：解痘毒以鬆肌，甘平入血。吹耳疳之蝕爛，炙黑和營。　牽牛：色形黑白宜分，瀉肺行痰，消脹逐邪於氣分。性味辛溫有毒，搜風導滯，通腸利水達胞宮。　藤黃：散腫搜膿性毒烈，殺蟲逐濕味酸溫。　青風藤：溫達肝脾，用使搜風兼勝濕。味歸辛苦，功能蠲痺並舒筋。

香草類

木香：燥脾土以疏肝，香利三焦破氣滯。味苦辛而散逆，溫宣諸痛解寒凝。理氣則生用摩沖，止瀉則麪煨取用。　川芎：辛甘微苦，力能解鬱調經。潤澤且香，功可和營理氣。愈頭風之偏正，性喜上升。補肝燥之虛衰，善通奇脈。溫宣之性，能疏血分風寒。走竄無方，防劫陰中元氣。　當歸：引諸血各歸其經，甘苦辛溫香且潤。雖理血仍能調氣，心肝脾臟暢而和。能解表以溫中，可養營而止痛。下行破血，尾力為強。補血守中，歸身獨得。調營血自然風滅，諸痺仗此以宣通。行臟腑旁及奇經，胎產須知能受益。　白芍藥：平肝斂營，氣逆汗多均可治。安脾禦木，疝疼腹痛總堪投。退營熱以除煩，具酸苦甘寒之性。補脾陰而清肺，賴芳香潤澤之功。通補奇經，產後胎前需賴。和調諸痢，裏虛後重堪憑。若夫赤芍功能，專司行散。倘欲諸般製炒，隨病相宜。白芍藥味苦微甘微酸，微寒，雖白而略帶紅色。其氣芳香，故入肝脾血分。上至於肺，能平肝益脾，斂虛熱，護營陰。古人所用甚多，各隨佐使取效。赤芍性味但苦不酸，從乎火化，色赤形槁，不若白芍之潤澤堅結。其功專司行散，無補益之功。凡癰疽瘡瘍，一切血熱血滯者，皆可用之。赤白兩種，各隨其花而異，並非別有一種。今之所售者，不知何物之根。　荊芥：邪風襲於血分者，可散可疏。浮熱客於上部者，能清能利。芳香之氣，用穗則更可上升。經產所需，炒黑又宜於營分。力可達肝而及肺，味則辛苦以微溫。　紫蘇葉：辛香快膈，宣脾肺以溫中。紫赤和營，行經絡而解表。子可消痰定喘，梗能順氣安胎。　薄荷：輕清入肺，味辛溫而氣稟芳香。解散上焦，清頭目而善宣風熱。　白芷：為胃經之表藥，祛寒燥濕味辛溫。宣肺部之風邪，散腫排膿功達遍。升浮之氣，頭目能清。香燥之功，崩淋可用。至若腸風臟毒，緣陽明濕濁為殃。即其澤面塗容，亦肌肉瘀邪之滯。　藁本：辛能達表，溫可行經。風寒顛頂之疼，賴其解散。陰濕疝瘕之疾，借此宣除。氣香獨走夫太陽，色紫堪行乎血分。　香薷：解夏月之表邪，入肺疏寒能達外。味辛溫而無毒，和脾利水可行經。【略】香薷長於解表，利水次之。茵蔯反是，香薷溫而茵蔯寒耳。　藿香：辛能解表疏邪，入脾達肺。香可宣中快膈，醒胃清神。性屬微溫，能辟疫而止嘔。功頗善散，防助火以傷陰。　香附：入肝脾而開鬱，為血因氣滯之方。理胎產以調經，有氣順血行之理。其味辛甘帶苦，故生者有解表之功。其質香燥而溫，經製服得純和之妙。乃女科之聖藥，為氣病之專司。　白荳蔻：性熱氣香，入肺部宣邪破滯。味辛質燥，行胃中止嘔除寒。　草荳蔻：性味較白蔻為猛，芳香則中土偏宜。暖胃溫中，療心腹之寒痛。宣胸利膈，治嘔吐之乖違。又能燥濕強脾，可變胃辟除陳腐。兼解鬱痰肉毒，故和羹服食馨香。　草菓：治太陰獨勝之寒，辛溫入胃。破瘴癘瘧邪之積，剛猛宣中。質燥氣雄，味多濁惡。利痰解鬱，性卻瞑眩。　肉荳蔻：味屬苦辛，溫中散逆。質原香燥，入胃除邪。逐冷滯以下氣行痰，脾家所喜。治虛寒而厚腸止瀉，腎臟偏宜。　薑黃：入肝脾破氣行瘀，味苦辛蠲痺散腫。片子橫行肢臂，氣溫解逐風寒。　砂仁：啟脾胃以寬中，辛溫有效。逐寒凝而快氣，香燥多功。治嘔吐腹疼，結滯冷痰可解化。能導歸腎部，附根縮密有收藏。　鬱金：解鬱寬胸，心肺可通肝可及。辛開苦降，血瘀能逐氣能宣。因其質屬芳香，豁痰涎於心竅。卻謂性偏寒燥，療癲癇於肝家。廣產者色黃，善行氣而有功肺部。川產者色紫，能破血而兼達營中。　莪朮：辛苦入肝脾，破氣行瘀磨積聚。溫香疏臟腑，除痰散滯逐寒凝。　三稜：味苦平用以入肝，能磨積攻堅，善破血中之氣。性剋削，偏於傷正，雖消癥化癖，還防病裏之虛。　補骨脂：興陽事，止腎洩，甘溫辛苦之功。固精氣，愈腰疼，益火消陰之力。虛寒欬嗽，補納有權。滑數便遺，攝虛可賴。夢遺濕火當須禁，便約津枯切勿投。　澤蘭：辛香無毒，甘苦微溫。行水消瘀，入肝脾而解散。除風逐濕，行經絡以分消。若夫另有佩蘭，開鬱功多，能省頭中垢膩。且可宣除陳腐，辛香較勝，堪醫脾病消癉。　益智仁：補心脾，益火消陰，縮泉止唾。味辛苦，氣香性熱，固腎培元。　暖胃祛寒，嘔可平而痛可止。溫中進食，滯能宣導鬱能開。　蓽撥：宣胃腑之沉寒，冷滯能消嘔吐散。治陽明之浮熱，頭風自愈齒疼安。　呃逆腸

鳴，辛熱且能下氣。吞酸痰阻，芳香自可宣中。　良薑：　除寒止心腹之疼，辛溫有效。散逆治清涎之嘔，脾胃偏宜。　蛇床子：　助陽暖下，有祛除寒濕之功。入腎行脾，乃辛苦性溫之力。陰蝕蟲瘡等證，煎洗頗宜。風淫疥癩諸瘡，外敷有效。　丹皮：　清少陽血分之火邪，寒而更苦。散營分瘀留之熱結，香以兼辛。色丹並入乎心肝，可治有邪於經隊。性竄直通夫腎臟，能除無汗之骨蒸。　甘松：　醫胃腑之寒疼，甘溫辟惡。散脾家之鬱結，香燥除邪。　山柰：　性味相同前藥，略過於辛。治療頗似甘松，同歸乎散。滌邪解穢，濯髮香肌。

水草類　菖蒲：　為水草之精英，氣稟芳香質屬燥。治風痰之痺閉，味含辛苦性偏溫。開心竅以祛邪，資其宣導。利清陽之蒙閉，賴以聰明。【略】宜產石上，其根一寸九節者良，出泥中大者不堪用。　澤瀉：　鹹寒入腎，治相火之陽邪。甘淡通淋，滲膀胱之濕熱。　蒲黄：　破血涼瘀，生用可行熟可止。味甘性冷，損傷能散腫能消。入心肝以達脾，通經脈而治痛。　海藻：　鹹以軟堅，消癭利水。寒能入腎，退熱除痰。　昆布：　功用相同海藻，治療亦本鹹寒。　浮萍：　發汗以開鬼門，味辛有效。行水而潔淨府，性冷多功。輕浮入肺可祛風，行踪無定。解散行經能勝濕，到處為家。　箬葉：　血因熱逼妄行，治標炙研服。性本甘寒無毒，欲表水煎嘗。其功本屬輕揚，其用直清肺胃。

石草類　石斛：　除陽明之虛熱，味甘鹹以微寒。悅胃厚腸，肺腎並清陰受益。金釵乾霍，方宜所產力難齊。鮮者治病除邪，每相宜於時證。川者氣輕味薄，究功用之平常。　骨碎補：　苦能堅腎，溫可補虛。行瘀血以理勞傷，長鬚髮並除風氣。　石韋：　導濕熱以通淋，甘苦微寒，下行火腑。清肺金而利水，分消降濁，直達州都。　絡石藤：　味苦性平，宣風通絡。

毒草類　半夏：　性溫體滑，入陽明並走心脾。質燥味辛，治嘔吐專消痰飲。通陰陽而和胃，不寐堪醫。散逆氣以調中，鬱邪可解。痰厥頭疼當取服，中風暴卒急宜求。辛潤通腸，半硫主津凝虛閉。溫宣消痞，製法係薑汁青鹽。　南星：　溫燥能行，逐風痰於肝臟。苦辛有毒，散堅結於脾家。性剛善走夫陽明，妊娠忌用。製法須藏乎牛膽，驚癇宜求。　附子：　味辛性熱，能回脾腎元陽。質燥氣剛，可逐下中寒濕。斬關奪門之將，痼冷何愁。善行疾走之功，沉寒立解。或溫經發汗，痺病賴此以宣通。或益氣調營，補藥仗之而有力。烏頭即附子之母，性猛祛風。天雄乃烏附之長，形單無附。均皆有毒，各自分名。　白附子：　入陽明治頭面之邪風，辛甘而苦。性燥毒治胃家之寒濕，溫散而升。　蚤休：　癰毒能消，味苦寒而散結。熱瘀可化，殺蟲積以通肝。　大黄：　沉降下行，苦寒有毒。通腸滌胃，瀉實熱之稽留。破積行瘀，蕩諸邪之閉結。製炒偏通於小便，分消善導乎州都。　商陸：　苦辛有毒，入脾胃逐水通腸。沉降偏寒，疏臟腑散堅消腫。　芫花：　入肺脾而兼腎，窠囊水飲立蠲除。導上下以通腸，留伏濕痰頓解化。散瘀消腫，味苦而辛。治癖殺蟲，性溫有毒。　大戟：　通腸滌臟，味辛苦而沉寒。導水行瘀，入肝脾而達腎。亦能發汗，且可消癰。澤漆乃是其苗，陰毒之功類戟。　甘遂：　潔淨府而有功，入腎通腸，直達水邪所結處。宣經隊而無滯，性寒味苦，生成陰毒勿輕投。　蓖麻子：　辛溫有吸引之功，宣風利竅。苦毒為外敷之藥，拔腐提膿。　射干：　瀉肺胃之結邪，苦降辛開，性平有毒。利咽喉之腫痛，消痰破血，力猛無餘。　常山：　服之吐利，刧肝胃蘊蓄之痰。味則苦辛，截痎瘧稽留之病。苗名蜀漆，宣發多功。氣屬腥寒，虛羸當禁。　藜蘆：　辛苦大寒，沉陰有毒。耑司湧吐，能宣胸胃之風痰。善殺蟲蟲，且愈肺脾之癬疥。　蘆茹：　散瘀積之稽留，烏鰂蘆茹，經方有法。達肝家之脈絡，辛鹹寒毒，風癩兼宜。　續隨子：　性稟辛溫，氣滯血瘀能蕩滌。質原毒厲，水停積結盡消除。所入者肝肺二腸，所利者疫邪濁惡。　玉簪花根：　消腫軟堅功至速，取牙有毒味辛寒。　急性子：　透骨軟堅，當知味苦性溫，毒能消積。催生滑竅，須識行瘀化哽，降可寬喉。　風茄花：　服食如麻，可止瘡瘍疼痛。辛溫大毒，能宣痺着寒哮。風茄花一名曼陀羅花。　鬧羊花：　痺痛風寒須審用，辛溫毒烈勿輕投。　狼毒：　辛平苦毒，破僻積治蟲消瘀。陰蝕蟲瘡，有狼牙煎薰洗滌。【略】狼牙苦寒大毒，其根形如牙。《本經》雖有除熱殺蟲諸功，然亦如狼毒之外用，不宜內服也。

木部　喬木類　槐花：　稟天地陰凝之氣，涼血清肝。除下焦溼熱之邪，祛風療痔。虛寒當戒，角則降且通腸。酸苦宜知，花可散而達表。　黄柏：　苦寒堅腎，瀉相火以制陽光。辛燥入陰，除溼熱而安下部。　杜仲：　氣溫而厚，味甘且辛。益腎培肝，腰膝虛疼用取治。除寒勝溼，筋皮連續類相求。　蕪荑：　治肺經蟲積疳癆，辛平無毒。去子臟風邪垢膩，洗服均良。　厚朴：　辛能達表，解風寒外客之邪。苦可宣中，破脘腹內留之滯。陰凝

溼聚，燥可蠲除。平胃寬胸，溫能疏暢。　海桐皮：　味苦性平，治痹疾諸邪羈留下部。循經達絡，入腎肝血分宣導沉疴。　合歡：　安五臟以益心脾，智足神充，功能夜合。味甘平而蠲忿怒，調營止痛，力主中和。【略】用皮用花，各隨所便。皮可行皮，花能養血。甘平之性，入脾胃，長肌肉，續筋骨，補而不滯。益神智，蠲忿怒，畢竟無甚治功。至于不寐一證，各有成病之由，不可因其有夜合之名而濫用之也。　秦皮：　味苦氣寒，色青性濇。主少陽協熱之痢疾，逐水行皮。洗厥陰溼火之陽邪，祛風明目。　西河柳：　性溫味屬甘鹹，透發痧疹，具宣表鬆肌之力。化毒功歸脾胃，浴除風癢，有解酒利便之功。西河柳，此柳遇天之將雨，望之必有鬱蒸之氣以應之。　榆白皮：　皮能入肺，性黏滑導滯通腸。榆令人瞑，味甘平和脾消水。榆白皮性極黏滑，故香作用之，勝於膠漆。其性甘平無毒，入脾胃，利二腸，滑胎導滯，無非皆取滑利之功。然下降之物，不可因嵇康有榆令人瞑一語而服之。其意不過欲令人之心神如此物膠黏之狀方可耳。即觀其合歡蠲忿，萱草忘憂，豈以二物服之果能蠲忿忘憂乎？考榆白皮之性，甘平無毒，畢竟非攻伐之品。故古人有榆羹、榆麪等服食諸法。可以充飢，可以辟穀。然其滑降之性多，恐耗津液耳。　大風子：　有殺蟲劫毒之功能，味辛性熱。為搽癬塗瘡之要藥，燥溼除風。　巴荳：　蕩滌陰凝之物，銳利難當。攻消堅積之邪，直前無阻。沉寒痼冷，賴辛熱以宣通。化腐傷肌，仗膏丹而施用。脾胃大腸皆可入，剛雄有毒勿輕嘗。　棕櫚皮：　吐血腸紅，達肝肺二經，入營止截。崩中帶下，味苦平性濇，炒黑功長。　皂角：　開關利竅，導滯宣風。滌垢行痰，殺蟲化食。或搐鼻而取嚏，或探吐以稀涎。或瘡毒用以外敷，或疫癘取其焚氣。性味竄通腑與臟，辛鹹潤下毒而溫。角刺純辛，力尤鋒銳。其搜風殺蟲之治，用若相同。而潰癰散毒之長，功能獨擅。角子燒灰，能通閉結。腸風致病，可仗鹹溫。　訶子：　斂肺除痰，降逆溫通能下氣。固腸治痢，酸收苦泄各隨方。大腸有濕熱者忌投，肺部有火邪者勿用。　川楝子：　清肝火，利小腸，濕熱疝瘕，專療熱厥痛。味苦寒，性有毒，溫邪蟲積，並治小兒疳。根皮達下殺諸蟲，性味相同無別用。　樗白皮：　味苦兼濇，性燥且寒。固下有功，治痢療崩愈帶濁。入腸奏效，涼瘀逐溼愈風虛。　郁李仁：　順氣搜風，燥結立開津易耗。通腸導水，腫浮頓退脹全消。辛苦甘酸，平和潤降。　蘇木：　味甘鹹而平性，入心肝以達脾。活血行瘀，消風散腫。　乾漆：　破血消瘀，能續絕和傷，通行肝絡。辛溫有毒，除痺風寒溼，善殺蟲瘡。

灌木類　五加皮：　治下焦痺溼風寒，苦辛兼備。強腰膝虛羸痿躄，肝腎咸溫。　蔓荊子：　宣肺家風熱於上焦，頭目均沾清利益。散肝臟溼淫於肌表，功能皆賴苦辛平。　桑白皮：　瀉肺火之有餘，降逆消痰嗽可愈。性甘寒而無毒，疏邪利水脹能鬆。子能養血生津，質甘且潤。枝可祛風活絡，味苦而平。　桑葉：　得箕星之精氣，能搜肝絡風邪。稟青帝之權衡，善泄少陽氣火。眵淚羞明等證，仗此甘寒。頭風目眩諸般，藉其疏利。　女貞子：　賦楨幹不彫之性，具甘涼純靜之功。入腎臟以益陰，目昏復見。達下焦而退熱，髮白重烏。　蕤仁：　宣風熱於肝家，眼目有災，氣升宜降。散結痰於心腹，甘寒無毒，性滑偏陰。　金櫻子：　味酸濇以性溫，達肝脾而入腎。濇精固氣，虛而無火則相宜。閉蟄封藏，病若有邪慎勿使。　山茱萸：　性斂偏溫，固精補腎。味酸而濇，壯水生肝。　山梔：　味苦通心，導熱歸腸寒勝火。氣輕達肺，炒焦入血黑平紅。仁則解鬱熱於胃中，殼乃退陽邪於皮部。　枳殼：　利膈寬胸，辛苦性寒破氣滯。行痰逐水，和中化食入陽明。　枳實：　性味與枳殼相同，功力較老者更猛。瀉痰破積，承氣賴之以先聲。導水行瘀，金匱取之而下達。治痞堅之峻劑，攻氣分之神丹。　石楠葉：　入腎善宣風氣，苦辛平有毒須知。助陽可勝溼邪，筋骨肉無微不到。　木芙蓉：　敷圍一切癰疽，消腫排膿能止痛。涼散諸般瘀熱，味辛質滑性平和。　山茶花：　色赤入營涼血分，味甘微苦散瘀邪。　密蒙花：　功歸肝膽，性屬甘寒。滌熱疏風，治目都因火氣逼。養營潤燥，凡花皆散障邪除。　枸杞子：　性平色赤，養肝補腎益真陰。質潤味甘，明目添精退虛熱。　地骨皮：　退伏熱以除蒸，深入黃泉，下歸腎部。降肺火而定喘，甘寒白色，清肅金家。　酸棗仁：　入肝臟藏魂鎮攝，用療膽怯無眠。走心家斂液固虛，可治表疏有汗。性頗平滑，味屬甘酸。【略】潤澤之品，故能入心肝，斂液固虛，但善滑大腸。至於炒熟治膽虛不眠，生用治膽熱好眠之說，亦習俗相沿。究竟不眠好眠，各有成病之由，非一物棗仁可以統治也。　鬼箭羽：　味苦氣寒能破血，殺蟲辟鬼并宣風。　川槿皮：　味苦性涼，雖潤燥和營，內方罕服。質黏色赤，可殺蟲治癬，外用多需。川槿皮川產者佳。土產者即土槿皮，俗稱之謂槿茄。可扦可插，植之為藩籬者也。

香木類　肉桂：　辛甘大熱，補命門助火消陰。紫赤多香，益肝腎通經行血。腹痛疝瘕等疾，可導可溫。風寒痺溼諸邪，能宣能散。　桂枝：　體用可通肢，由衛入營宣腠理。辛甘能入血，溫經達絡散風寒。　松節：　治

肢節有功，燥溼宣風痺可去。味苦溫無毒，骨強筋利病能除。惟松香具止痛之能，甘溫略異。除消腫與和營之外，功用相同。　柏子仁：　補心脾而暢中快膈，味貴甘辛。定驚悸以益智安神，性平香潤。　側柏葉：　涼血消瘀，能入肺通肝，芳香且燥。宣風勝溼，可除崩止痢，甘苦而寒。治臟毒之難痊，醫腸風而易愈。　辛夷：　稟春陽之氣，味薄而辛。具香竄之能，氣溫且散。開竅搜邪於肺部，鼻塞堪通。升清助胃於上焦，頭風亦愈。　丁香：　宣中暖胃，故味辛以且溫。達腎壯陽，因氣香而帶苦。並能療嘔吐呃逆，兼可醫痃癖奔豚。丁香有公丁、母丁兩種。公丁是花，母丁是實，公小而母大。一云樹有兩種，性味皆同。母者即雞舌香，古方多用之。今人所常用者皆公丁香耳。　沉香：　暢達和中，脾胃喜芳香之味。辛溫入腎，下焦建補火之勳。腎虛氣逆痰升，賴其降納。脾困寒凝溼滯，用以宣行。　檀香：　氣香無毒，辛溫入肺胃之經。質燥有功，宣發理上中之氣。或除邪而辟惡，或暢膈以寬胸。　降香：　性味與檀木相同，形色較前香為異。入肝破血，堪除瘀滯之稽留。辟惡搜邪，可解時行之疫癘。　蘇合香：　合諸香膏汁煎成，宣竅辟邪氣滯解。能主治心脾各病，中風痰閉病危安。味苦而甘，性溫無毒。　乳香：　和營定痛，活絡舒筋。香竄入心，辛溫兼苦。　沒藥：　活血與乳香相仿，性利能宣。行瘀則沒藥為長，味平而苦。　血竭：　色赤入營，功可行瘀止痛。性收斂口，力能和血生肌。性平潤而甘鹹，入心肝之血分。　冰片：　其體溫而用涼，其味辛而帶苦。香能達竅，內能透骨搜風。散可疏邪，外可通經宣毒。　烏藥：　上入肺脾，下通腎臟。性偏香竄，能疏氣閉之邪。味屬辛溫，可治血瘀之婦。冷氣腹疼宿疾去，症瘕便數舊邪除。　樟腦：　芳香燥溼，資外治之需。辛熱殺蟲，為搽瘡之藥。　蘆薈：　除邪退熱，能潤下性味苦寒。明目涼肝，可殺蟲消除疳積。　阿魏：　化積有功於脾胃，殺蟲獨稟夫辛溫。臭烈難聞，外消多效。　安息香：　芳香開竅，有溫宣氣血之功。辛苦辟邪，擅暢達心脾之力。或安神而息魅，或煎服而焚香。

寓木類　茯苓：　色本屬金，功先入肺。導膀胱而利水，無非氣化之神。清治節以行痰，專主分消之職。假松根之餘氣，甘淡平和。得坤土之精英，堅貞博厚。憂恚驚悸，皆緣痰結為殃。嘔吐怔忡，盡是飲邪作咎。均可審證而施治，自能對病以求方。抱根者為茯神，守臟寧心，安神獨掌。色紅者為赤茯，入營導赤，利水偏長。皮以行皮，性仍同性。　琥珀：　本靈氣以生成，通心竅安神定魄。性淡平而鍾結，降肺金導水分消。色赤入營，兼可行瘀燥溼。味甘化毒，並能摩瞖生肌。　桑寄生：　壯骨強筋，補肝腎虛羸，苦甘平潤。和營通絡，治痺風痛著，關節舒和。且其養血疏風，得附大桑之餘氣。又可安胎治產，都因寓木以生成。　豬苓：　淡滲分消，治各種癃淋，皆可自腸中下導。甘平赤黑，去諸般溼熱，卻能從釜底抽薪。

竹類　雷丸：　得竹之餘氣，苦寒能清熱殺蟲。感雷而成苓，陰毒可入肝達胃。　竹茹：　入胃清煩止嘔逆，用治多靈。行皮達絡埽邪氛，甘寒有力。竹瀝：　能豁痰而清熱，皮間膜外盡搜除。治類中與偏枯，經絡四肢都走偏。以其甘寒滑利，須同薑汁和沖。　天竹黃：　甘寒能清熱豁痰，鎮心有效。驚癇因風淫邪擾，肅肺多功。天竹黃乃大竹中脂膜結成黃片，積久而成。今藥店中所售者，皆如石塊，恐非也。　淡竹葉：　甘淡微寒，心肺火邪都下降。輕浮上達，太陽溼熱盡分消。

果部　果類　蓮子：　平補心脾，下交腎水。安寧神智，上澤容顏。因其甘可調中，且厚腸而止瀉。皆謂濇能固脫，治遺濁以藏精。　蓮房苦濇性偏溫，血室崩淋用宜炙。生藕消瘀滌熱，熟湯和血養陰。若論花鬚，甘濇固精可斂脫。欲知荷葉，苦平散水並升清。鮮者可解暑邪，用邊有效。乾者能宣脾胃，當炙為良。蒂則上升，舉清陽之下陷。節能止濇，固失血之妄行。　橘皮：　入脾胃以和中，燥可消痰理氣滯。味苦辛而散逆，溫能快膈逐寒凝。留白則宣補中州，去白則流行肺部。核乃入肝療疝，理寒滯以頗靈。葉則治乳消癰，味苦平而無毒。絡能通絡甘寒用，瓤可生痰酸冷多。　青皮：　入肝經破滯削堅，辛能發汗。治疝疾辟寒理氣，苦可宣邪。下焦之肝氣可疏，胸脅之鬱痰能解。性味與橘皮相仿，炒煎用醋水為良。　大棗：　甘可緩中，溫能養血。補脾益胃，潤中州能益氣調營。止渴生津，和百藥而強神助脈。紅棗之功不及黑，入營之力勝於烏。　芡實：　扶脾止瀉，治水則同氣相求。固腎益精，性味則甘平無毒。芡實生於水而能治水。諸家本草皆謂甘平性澀，然嘗之似無澀味，僅覺甘淡而已。此亦邪水去而真水固也。味甘入脾，水屬入腎，扶土利水，是其本功。畢竟稱其能澀精固氣，恐亦未必。豈一物而有通澀二用哉？或此藥同山藥等味則補，同苡仁等味則利，同金櫻子等則澀，各隨其用耳。　烏梅：　酸先入肝，肺絡脾經均可及。黑能走血，腸紅嗽疾久堪醫。因其溫濇之功，虛痢可療汗可斂。假此酸收之品，風痰能化噤能開。　蚘厥難安，得酸則伏。　惡瘡翻凸，擣

貼能除。白霜梅善豁痰涎，梅核膈宜求含噙。　柿：解肺熱以生津，甘寒可口。滋腸燥而涼血，紅潤歸營。清肅輕揚，須柿霜化痰寧嗽。苦溫降納，宜柿蒂平呃除寒。　荸薺：甘寒退熱消痰食，冷利除風毀頑銅。肺胃之丹毒堪除，胸膈之鬱邪可解。能行血分，善達腸中。　枇杷葉：苦降和陰，清肺消痰定喘嗽。甘平散逆，除煩下氣退陽邪。　甘蔗：潤上部以清金，止渴解醒能導下。入中焦而和胃，消痰滋燥性甘寒。赤沙糖係蔗汁煎成，能和血而性溫稍異。　桃仁：破瘀留於肝絡，味苦兼甘。通燥結於肺腸，性平且潤。可辟八方之鬼魅，乃緣五木之精英。【略】破血潤燥，殺蟲者，蟲因血裹而生也。祛風者，血行風自滅也。至其能治肝瘧、鬼疰、疼痛等證，均為肝病血結顯然。辟鬼除邪之説，自古相傳。故桃符、桃枝、桃梟、桃核之類，皆有所取也。欲散連皮尖，欲降去皮尖，均研用。　杏仁：苦辛宣壅，能疏肺部風寒。溫潤下行，善降大腸燥結。能寬胸而降氣，可治欬以搜痰。甜者因味屬甘平，用之則功多潤降。【略】桃仁、杏仁，其性相似。一入肝經血分，一入肺經氣分。至於解毒殺蟲，彼此均可，在乎用者之神明耳。〇甜杏仁別有一種，味甘性平。可供果食。主治亦皆相仿，用於虛勞咳嗽方中，無苦劣之性耳。　梨：性偏寒潤，味屬甘酸。解渴止醒，清心肺上焦之煩熱。消痰快膈，治胃腸內擾之風消。　橄欖：味酸濇，久乃香甘，專化魚豚鯁毒。入肺胃，頓歸清肅，並療酒食煩蒸。炙核治痘毒以無憂，摩沖化骨鯁而立效。　胡桃：補命門，潤腎燥，甘溫有攝納之權。斂肺部，保金家，喘欬起虛寒之疾。　龍眼肉：甘平無毒，悦胃氣以培脾。思慮傷神，養心營而益智。　山查：入方藥走脾達胃，有消磨剋化之功。走厥陰治疝行瘀，具酸苦甘溫之性。　榧子：功可殺蟲潤肺，性屬味甘氣溫。【略】凡殺蟲藥皆苦，惟此與使君子皆甘潤不傷脾胃耳。　石榴皮：甘濇治久傷之瀉痢，固腎攝腸。酸溫醫宿欬之虛寒，保金斂肺。腸紅吐血燒灰服，帶下崩中煎水嘗。　榴花散心鬱之吐紅，炙黑吹鼻中之衄血。　銀杏：潤降氣平，上斂肺金除欬逆。苦甘性濇，下行溼濁化痰涎。　荔枝核：散滯祛寒，治肝經之疝疾。味甘性熱，醫胃腑之瘀疼。　枳椇子：服食甘平解酒毒，渴煩渙散助津生。肺胃雙收，醇醪盡敗。　石蓮子：治噤痢之濕蘊邪留，甘寒微濇。開胃氣而清心降濁，真偽宜分。石蓮子即蓮子之老於房內，至冬墮入泥中，至春取出者。皮黑如石，味甘澀而寒。助脾胃，化溼熱。以其得水土之氣，故能治久痢噤口等證。今藥店中所售石蓮子，味極苦，不知何物也。　瓜蒂：苦寒通於胃腑，吐膈上蓄聚之熱痰。研散納之鼻中，治頭內蘊留之水溼。　西瓜：甘寒解暑熱，涼利退煩蒸。大腑之燥渴堪除，小便之清長可必。　檳榔：破至高之氣，消積消痰。攻下極之邪，入腸入胃。殺蟲截瘧，味則辛苦而溫。降氣寬胸，性則堅剛而峻。脚氣沉寒可引導，瘴邪蓄飲藉消除。　大腹皮：宣胸腹之邪氛，行脾達胃。散肺腸之氣滯，逐水寬中。辛苦而溫，輕疏有毒。

木瓜：香入肝肺，溫通經絡。氣因芳馥，筋急者得之即舒。味則酸收，筋緩者遇之即利。霍亂轉筋之證，用以疏和。風寒痹溼之邪，服能宣達。　甜瓜子：有開痰利氣之功，甘寒潤肺。具降濁排膿之效，滑利通腸。　栗：益氣厚腸，耐飢補腎。味以甘鹹而無毒，服則溫滯以難消。【略】雖有養胃厚腸、耐飢補腎之功，然生食難消，熟食滯氣，畢竟非治病之藥，為食物中之一品耳。　香圓皮：辛平快氣寬中，能宣脾肺。香苦消痰導滯，恐耗陰津。　佛手：理氣消痰，溫燥並兼酸苦。暢中散逆，辛香直達肝脾。　金橘皮：解醒止渴，辛甘可以醒脾。快膈和中，暢達頗能理氣。為果饌之足供，非藥石之所采。　楊梅：味屬甘酸行血分，可散可升。性專溫熱達肝家，止醒止痢。

穀部　穀類

山藥：【略】清肺脾之餘熱，論出前賢。治風氣與虛勞，方由《金匱》。　薏苡仁：清寒降肺，甘淡益脾。肅上部之邪氛，癰痿胸痺欬喘愈。導中州之水溼，拘攣脚氣濁淋痊。或生或炒之攸分，因病因方而施治。故《經》言治痿有獨取夫陽明，而醫用舒筋每相宜於服食。　百合：清心保肺，因甘寒微苦之功。治欬寧神，取述類象形之義。降上焦之邪熱，清肅多功。利二便以益陰，化源無阻。　胡麻：木穀善祛風，養肝益血。甘平能潤燥，滋腎填陰。胡麻，一云巨勝子，一云即脂麻，有黑白兩種。而今之藥店中所備胡麻又別有一種，未知孰是。甘平入肝腎，潤燥滑腸。入藥以黑者為勝。古人以麻為木穀，故能入肝治風。然亦止可治肝腎陰虧血燥之風，或肢體風淫癬癩等疾，用以滲入筋骨潤燥則可。若外來真中風邪，欲用此解散，則不可也。　麻仁：治脾約與津傷，甘平養肝血。能澤枯而潤燥，宣利導腸風。　飴糖：緩中補虛，脾賴甘溫而建立。養金治欬，肺承澤潤以滋培。行瘀止衄必熬焦，化哽除痰宜噙化。　黑荳：活血宣風，色黑形腰歸腎部。益陰利水，除煩解毒性甘平。　荳豉：性味則甘苦微溫，兩行肺胃。主治凡風寒時疫，專賴宣疏。能發汗以解肌，可吐邪而化腐。荳豉用黑荳蒸窨而成。雖諸家本草言性寒者多，然既經蒸窨，則味甘者變苦，其性豈有寒冷之理？入肺胃，行上焦，有宣發升散之力。故凡一切時溫溫瘧等證，內有伏

邪、表裏不解者，均可用之。所謂在表者汗而發之，在上者因而越之。須知豆豉能化胸中陳腐之氣，則解表宣裏之力自可知矣。　荳卷：　甘平解毒宣風溼，筋脈舒攣逐水邪。荳卷即黑荳浸水中生芽者也。　赤小荳：　能通心與小腸，行瘀利水。可排膿而散腫，治鼓消癉。味甘微酸，性平無毒。菉荳甘寒專解毒，蠲除水熱並和脾。其色可以入肝，其治似疑歸胃。赤小荳即今之杜赤荳，以緊小色赤者為佳。今藥店中之赤小荳，半紅半黑，謂之相思子，即紅荳也。有毒，不堪用。　扁荳：　味屬甘平，消暑益脾兼解毒。功歸胃腑，升清降濁並和中。花堪治痢以疏邪，皮可達飢而行水。　麥芽：　其味甘鹹，能溫胃助脾，消磨穀食。其功剋化，去麪停乳積，濁阻瘀留。　穀芽：　且甘且溫，啟脾進食。或生或炒，消導和中。

酒：　行經絡，禦風寒，味苦甘辛多蓄熱。通血脈，壯心神，氣雄剛猛善消愁。　醋：　收斂有功，酸溫無毒。敷癰化積，得斂極則散之能。止暈固崩，具危而復安之法。　罌粟殼：　止瀉痢以固精，腎臟虛羸需斂濇。收汗衄而寧嗽，肺家耗散賴酸溫。　浮麥：　甘鹹除虛熱，清冷斂心津。　小粉：　一切腫瘍，用醋敷圍可解散。諸般熱毒，隨方取用性酸涼。小粉乃麥麩洗麵筋時澄下之粉也。本屬甘涼之性，服之亦可養心神，益臟氣，功勝浮麥。因久則味變為酸，以之炒乾為末，用醋調敷，一切腫瘍，均可解散。亦斂極則散之意耳。　紅麯：　甘溫奪造化之功，行血和營兼治痢。蒸罯導中州之食，和脾助胃並調中。　喬麥：　降煉寬胸除積垢，甘平逐溼益脾元。　刀荳子：　溫中下氣，治呃逆有功。益腎歸元，味甘溫無毒。　神麯：　配六藥以糊成，性味辛甘，溫中和胃。合五色而俱備，消磨水穀，發表強脾。　淮小麥：　甘涼養胃氣，潤澤益心神。秫：　治陰虛之不寐，性卻甘涼。利肺壅以通腸，質偏粘膩。　阿芙蓉：　澀精止利，虛邪氣痛立時瘳。醒睡助陽，毒烈苦酸傾刻效。【略】此物可以治病，始於西人，故又謂之洋藥。止瀉痢，壯元陽，通氣血，卻有神效。然吸食一法，不知何人創始。固無性命之慮，然每每病根未除，煙癮已上，為終身之累，追悔莫及耳。　穭豆皮：　甘平無毒宣風氣，苦濇微溫行血瘀。　陳倉米：　養胃除煩，甘淡藉穀氣之資助。和中進食，酸涼利溼熱以分消。　蒸餅：　消食養脾化積滯，性味甘溫。和中益氣利三焦，功能宣導。

菜部　菜類　蒲公英：　走陽明散熱疏邪，兼能解毒。味甘苦性寒滑竅，並可消癰。　紫花地丁：　瀉疔瘡之毒壅，味苦性寒。入包絡與肝經，通營破血。　白芥子：　辛能發汗，熱可溫中。入肺胃以搜痰，並走皮間與膜外。寬胸膈而利氣，卻能散冷耗營陰。　萊菔子：　下氣消痰，生服性升能湧吐。寬中化食，炒香氣降味辛溫。可消脹以利腸，能定喘而止嗽。　乾薑：　入脾胃燥溼溫中，肺飲蓄痰嗽可愈。味辛熱逐寒散冷，腎邪痹著重能輕。炮黑則味苦性和，血藥用為引導。服食可入營守內，補方賴以前驅。　生薑：　達肺經發表除寒，橫行有效。入胃腑溫中止嘔，辛熱多功。去穢通神，化痰散逆。煨熟則緩而性降，治中焦腹痛之虛寒。蜜炙則潤以兼疏，散肺部風痰之欬嗽。薑汁豁痰通絡，體用頗殊。薑皮散水和脾，溫涼稍異。　蔥白：　行肺胃以通陽，可溫宣而發汗。味辛性熱，散氣昏神。　大蒜：　辛溫氣臭，脾胃功多。能破積以散寒，可辟邪而殺鬼。陰疽痃癖，火灸有功。擣貼外敷，隨宜施用。雖有解暑治蠱之功，不無耗陰損目之害。　韮菜：　熟食性味甘溫，助肝腎元陽，補中寓散。生汁卻專辛熱，治血瘀噎膈，脘內留邪。根鬚通絡行瘀，下行降濁。韮子固精暖腎，治帶療淋。　薤白：　辛滑通陽，開胸痹之痰血。苦溫散氣，治洩痢之邪氛。　馬齒莧：　酸辛色赤，散血行肝。苦滑性寒，利腸消腫。專長外治敷搽效，卻少煎方服食功。　絲瓜絡：　通經絡，涼血祛風。性甘寒，化痰解毒。　石花菜：　味本甘鹹，導腸中溼熱。性因寒滑，利肺部膠痰。　木耳：　性屬甘平，滋養營陰治吐衄。質兼涼黑，善療痔漏止腸紅。務宜知有毒無毒之不齊，當省察良木朽木之互異。　香菌：　甘平調胃疏風氣，香潤和中行血瘀。

味類　吳茱萸：　散厥陰之寒，辛苦疏肝降冷濁。燥脾家之溼，芳香治嘔愈寒疼。故疝瘕腳氣相宜，而鬱結飲邪亦效。吞酸胸滿，能導以下行。癖奔豚，可用其溫散。　茶葉：　能清心而入胃，滌垢除煩。可消食以行痰，解酲止渴。芳香清肅，甘苦陰寒。　川椒：　氣香有毒，走脾腎燥溼祛寒。色赤入營，達胃肝破癥解鬱。壯元陽而除痼冷，下焦之水腫堪除。仗辛熱以殺諸蟲，表裏之疫邪可辟。椒目乃善導水邪下降，苦辛則能使喘滿消除。　胡椒：　味辛性熱，入肺胃以散寒邪。下氣寬中，消風痰而宣冷滯。發瘡昏目，助火傷陰。　畢澄茄：　治療與胡椒相似，溫膀胱，治腎臟寒凝。性味卻辛苦不同，降逆氣，散胃中冷滯。　芫荽：　辛溫善散，可宣肺胃之寒凝。香竄難聞，能起痘疹之滯遏。　蘹香：　治腹痛，平嘔吐，理胃宣中，辛甘並合。療疝瘕，祛寒溼，疏肝暖腎，香燥偏優。蘹香有大小二種。形如八角者為大茴香，如蛇床子者為小茴香。食料入藥，皆以大者為勝。今人但知食料用大茴香，其小茴香概作藥

用，亦習俗相仍耳。

金石部　金石類　金：安魂魄，鎮心肝，辛平無毒。定風痰，辟鬼魅，下墜有功。　鉛：味屬甘鹹，功歸肝腎。墜痰下氣，都因重鎮之功。明目烏鬚，卻稟寒涼之性。　自然銅：續筋接骨，為傷損良方。破滯消瘀，味辛平小毒。　銅青：吹喉可吐風痰，入肝臟酸平有毒。點眼堪醫弦爛，治溼瘡蟲蝕無憂。　黄丹：辛鹹性寒，沉陰走血。墜痰退熱，能鎮逆以療驚。止痛生肌，可殺蟲而固脫。　密陀僧：鎮心主，墜痰涎，内服皆憑質冷重。滅瘢痕，退皻鼻，外敷咸仗味辛鹹。　紫石英：能走心肝，溫營血而潤養。可通奇脈，鎮衝氣之上升。雖有五色之分，性味甘辛則一。　硃砂：味甘性寒，鎮墜有功邪熱去。外丹内汞，癲狂無患癎痰除。能辟鬼以安神，可護心而解毒。　水銀：其質即硃砂之液，性極陰寒。其治則蟲蝕成瘡，毒偏重墜。還元返本，當知煅煉之得宜。拯逆扶危，須識配合之有法。　輕粉：即水銀之升煉，辛寒劫内伏之痰涎。能燥而提膿，毒烈殺外瘡之蟲積。　雄黄：稟陽精之氣以生，驅陰破血。具辛熱之功取效，入胃通肝。辟鬼除邪，化留聚痰涎之積。殺蟲治疥，塗外傷蟲虺之災。　石膏：退肺胃之火邪，清暑除煩能止渴。解陽明之鬱熱，袪溫逐疫可消癍。性屬甘寒，質頗重鎮。　滑石：甘淡性寒，清熱有功於肺胃。分消質滑，導邪直降於州都。除溼熱之稽留，宣表裏而無滯。　赤石脂：固大腸，治久痢腸紅，療崩帶淋漓，甘酸溫腎。養心氣，可和營斂血，塗癩風蝕爛，敷貼生肌。　爐甘石：得金銀壙氣以結成，能入陽明專燥溼。用三黄煎水而煅煉，善療目疾可平肝。止血生肌，甘溫無毒。　鍾乳石：上溫肺冷，下壯腎陽。質重性偏，補火強陰通乳汁。味甘氣熱，除寒治嗽理虛勞。　海浮石：體質輕浮，化痰火癭瘤，清金利欬。鹹寒潤下，治濁淋積塊，摩瞖開光。　磁石：引金氣以下行，氣納喘平，導歸水部。鎮腎虛之恐怯，耳聽瞖退，性味鹹寒。　青礞石：其色青碧入肝，其味鹹寒潤下。同焰硝而煅煉，化痰積之膠粘。　花蕊石：酸可入肝，消瘀化水。溫能治外，斂口生肌。　食鹽：走血具鹹寒之性，熱可退而結可通。入腎有潤下之功，食可吐而蟲可化。除風堅齒，明目強陰。　青鹽：性同鹽而不經煎煉，利水強陰。味帶甘而並可輭堅，退陽明目。功歸血分，治達腎家。　芒硝：鹹以輭堅，辛苦並兼下至速。寒而潤燥，熱痰互結蕩無餘。元明粉雖屬輕清，瀉燥實均歸腸胃。　蓬砂：柔五金，化痰垢，骨鯁瞖遮，皆可隨方應手。清胸膈，利咽喉，鹹寒辛苦，盡能取效由人。　硫黄：酸辛鹹熱，補腎火以助元陽。救逆扶危，潤大腸可疏風閉。冷癖陰凝之證，内服則用以宣通。蟲瘡疥癩諸方，外治則取其毒烈。　白礬：酸濇而收，鹹寒且斂。化痰滌熱，劫粘滑以稀涎。燥溼殺蟲，蝕惡肉而解毒。除風卻水，治痢敷瘡。　銀硃：煉同硫汞，能燥溼以提膿。功並埽盆，可劫痰而破積。殺蟲治疥諸般治，毒烈辛溫外用長。　禹餘糧：入陽明血分有功，治利鎮虛，崩帶並療能固下。秉太乙土精無毒，色黄質重，甘平兼濇性中和。　代赭石：噫痞能除，用治虛邪重以鎮。心肝並入，堪清血分苦而寒。　砒石：熱毒且剛，能燥痰而作吐。辛酸兼苦，可截瘧以除哮。枯痔殺蟲，腐瘡蝕肉。　石蟹：性味鹹寒善解熱，點摩瞖障並催生。　寒水石：辛鹹重寒無毒，清肺胃，並入大腸。溫邪暑熱有功，解渴煩，且涼血分。　元精石：稟太陰癸水之精，鹹寒沉降。治上盛下虛之疾，迴護真元。　膽礬：質本酸寒，湧吐風痰燥溼濁。功歸肝膽，點擦牙眼殺蟲疳。　火硝：鹹以苦辛，溫而升發。散堅凝之冷積，攻疞痛之沉寒。　硇砂：輭堅痰，消宿食，鹹熱可行瘀，内服須知性有毒。化肉積，除癥瘕，苦辛能散腫，外施頗覺效非常。　鉛粉：殺蟲澤面辛寒重，退熱除痰外治多。　古文錢：摩用退目中障瞖，重鎮平肝。煎湯治產逆癃淋，辛平有毒。　鐵落：平肝鎮（卻）〔怯〕，治驚風癲癎之痰。治怒療狂，為無毒辛平之品。　雲母石：甘平無毒，潤白歸金。飛補太陰，續絕堅肌顏悅澤。剿除牡瘧，除寒鎮（卻）〔怯〕正安舒。雖有煉服之功能，須知石藥之慓悍。　石燕：味甘涼無毒，力可催生。治溼熱諸淋，功堪磨瞖。　皂礬：燥溼化痰消食積，腫脹皆除。殺蟲潤下治瘡疳，酸涼並效。　針砂：消水腫以除癉，散癭瘤而化積。辛鹹無毒，鎮墜多功。

土部　土類　伏龍肝：味辛散逆以和中，治帶療崩，嘔家聖藥。質燥溫脾而暖胃，敷癰解魘，遠血良方。　墨：止血有功，色黑入營内可服。行瘀無阻，辛溫消腫外能敷。　百草霜：療傷寒陽毒之邪，化積行瘀，癍狂從治。醫疔毒瘡癰等證，溫通辛散，崩帶宜求。　黄土：甘平解百毒而除蟲絞痛因中州而成疾。　孩兒茶：苦濇且微寒，能點痔而止血。熱痰仗清化，可定痛以生肌。　煙膠：頭瘡癬癩油風，調敷有效。性味辛溫微毒，内服無功。　井底泥：療陽狂熱病，塗湯火瘡瘍。外治所需，甘寒無毒。

釜臍墨：　溫可行瘀，破積消癥塗舌腫。辛能散血，驅邪辟蠱治金瘡。　梁上塵：　辛苦微寒有小毒，辟惡行瘀。輕浮止血摻諸瘡，安胎治膈。　石鹼：　功消痰垢，其用則腐肉傷肌。味苦辛鹹，其性則微溫有毒。

禽部　禽類　烏骨雞：　補肝家血液之虧，理產治勞，甘平無毒。　治肺腎虛羸之疾，白毛黑骨，金水相生。巽木屬風，能動風而發毒。　內金化食，可消食以寬中。煅(捕)〔抱〕殼以調搽，磨瞖敷瘡，下疳盡愈。　煎矢白而酒服，通腸治鼓，性味鹹寒。　雞冠氣稟純陽，治中惡且除客忤。　雞子性平甘潤，安五臟尤養心神。　鴨：　味合甘鹹，功兼肺腎。養金治嗽，扶久弱之虛勞。退熱滋陰，可流行於水府。　生血專能解石毒，金銀砒葛都除。　野鳧並可益虛羸，性味功能相似。　雀卵：　甘溫助腎，能益精以壯陽。酸暖補肝，治血枯之經少。當識白丁香消癥破積，須求雄雀糞退瞖開光。　潰膿治疝有成方，味苦鹹溫無毒品。　五靈脂：　通肝破血，鹹酸溫痛滯均瘳。消積除風，腥穢濁虛人當禁。崩淋漏帶，皆屬寒瘀。摩瞖殺蟲，蟲由肝病。　燕窩：　養肺胃之陰津，平和甘淡。治虛勞之痰嗽，補潤安寧。　夜明砂：　感陰氣之精，其目夜明善治瞖。稟鹹寒之性，其砂辛苦可行瘀。能理兒疳，堪摩腹積。鵜鶘油：　味本鹹溫，行經絡而達病所。功頗滑利，治風痹而通耳聾。鴿：　解藥毒以補虛羸，性稟鹹平益血脈。稀痘瘡而用鴿卵，矢兼辛苦治蟲瘡。

獸部　獸類　麝香：　辛溫香苦，能開竅以搜邪。驚癇風痰，治卒中之內閉。瓜果蠱消酒毒解，腫瘍渙散蠱邪除。　牛黃：　甘苦微涼，芳香無毒。清心肝之煩熱，達竅搜邪。假靈氣以生成，疏風解毒。驚癇痰迷須取用，喉(癉)〔痹〕痘後最相宜。　阿膠：　用濟水以煎成，滌垢行瘀，功專治嗽。藉驢皮之功用，補陰益血，力主祛風。且能潤燥化痰，味甘鹹而平性。並可入肝及肺，治瘻弱與虛勞。　熊膽：　性本苦寒，功歸肝膽。退熱邪而明目，耳疳鼻蝕並相宜。搽痔漏與諸蟲，驚癇牙疼悉主治。　象皮：　鹹溫無毒，外治有功。長肌肉之神丹，合金瘡之要藥。象牙退管除星瞖，性味甘寒辟魅邪。　鹿茸：　甘鹹入腎，補精髓以壯元陽。血肉有情，仗仙靈能通督脈。稟純陽之氣，健骨有功。含生發之機，扶羸可賴。霜乃鹹溫力薄，膠則血液功優。生角酒摩又能散血，麋茸製服更可強陰。各種類同於性味，兩般須辨夫陰陽。　羊肉：　味甘溫，入肝胃，補血功優。壯陽道，治虛勞，發風力猛。羊血生吞石毒解，羊肝丸服眼科良。　狗寶：　反胃噎膈均瘳，皆賴甘平之性。癰毒疔疽並愈，全憑寶氣之功。狗寶生癩狗腹中，狀如白石，層疊可愛。雖有治反胃噎膈、癰疽疔毒之功，畢竟狗之寶、牛之黃，皆因病而生。如人之石淋石瘕，亦有此類。即人之病黃者，膽胃中亦有黃塊。由此觀之，所謂食仙草結成之說，自可想見。不過良毒美惡，皆有所用。如牛黃之入肝，狗寶之入心，用者以意度之可也。　虎骨：　得西方金氣以平肝，治痛搜風能健骨。其性味辛溫而無毒，辟邪殺鬼並安魂。用以煎膠，功兼滋補。　犀角：　鹹苦大寒。專入心家治血熱。輕靈解毒。善清胃腑退斑疹。治火鬱之吐紅，救痘瘡之陷黑。　羚羊角：　清肝膽之熱狂，性稟輕靈，鹹寒解毒。治厥陰之風痙，功專明目，辟惡除邪。　獺肝：　辟魅殺蟲，療傳屍之鬼疰。通肝達胃，性有毒而甘溫。　海狗腎：　補腎壯元陽，味鹹性熱。固精療屍疰，辟魅除邪。　白馬溺：　味辛寒而有毒，消癥癖以殺蟲。　豬脊髓：　味甘而鹹，質寒且膩。補虛勞之脊痛，除骨髓之煩蒸。心血共硃砂，入心而除驚癇。豬肺同薏苡，治瘻以保肺金。胃可益脾，腎仍歸腎。豬膽有導便之功，豬蹏有下乳之用。膚能清上，豬膚湯取治咽喉。腸可潤腸，臟連丸用為引導。　雄鼠矢：　甘寒導濁，陰陽易假以分消。鹹苦行瘀，鼠矢湯可療瘕疝。消乳癰而退瞖，入少陰與厥陰。　刺猬皮：　味苦氣平疏胃逆，寬腸療痔散瘀邪。　山羊血：　活血祛傷，酒服可行可散。續筋接骨，鹹溫能走能和。　酥油：　潤五臟，利二腸，諸藥炙之能入骨。宣風痺，達經絡，性平無毒味純甘。

鱗介部　鱗介類　龍骨：　性入東方，治肝臟魂無所附。功昭靈異，療驚風癇痙難痊。斂瘡口以止遺，甘平性濇。固崩淋而辟魅，重鎮能收。　牡蠣：　味屬鹹寒，退熱潛陽生可貴。性多濇固，療崩斂汗煅相宜。兼之燥溼輭堅，瘰癧結痰皆易散。且又益陰補水，骨蒸遺滑盡能瘳。　龜板：　補腎水，退骨蒸，鹹寒之力。通任脈，潛虛陽，介類之功。胎產崩淋，能調能順。癥瘕痔漏，可導可宣。　鼈甲：　性本鹹寒，入肝達絡。功行瘀癖，退熱潛陽。　鯽魚：　屬土相宜於脾胃，因味甘以性溫。利水不及于鯉烏，能動風而發毒。　珍珠：　得太陰精氣以生，清熱益陰專解毒。具甘淡鹹寒之性，鎮心定悸可療狂。治驚癇之痰迷，入肝明目。生肌肉而瞖退，澤面塗容。　烏鰂骨：　入肝經治血分之痾，帶下崩中，經方有考。去溼濁味鹹溫兼濇，蟲疳下痢，審證隨施。點眼則去瞖摩星，貼瘡可燥膿收水。　瓦楞子：　鹹可

輭堅，消老痰至效。寒行瘀結，治胃痛多靈。石決明：平肝除熱，明目潛陽。味鹹性寒，通淋益腎。蟹：通經絡，散瘀血，續筋骨，解漆瘡。有橫走之功，具鹹寒之性。動風發毒，解熱行胎。蛤蚧：補肺腎以納氣歸元，喘促頓平仗尾力。性鹹平而益精固下，虛勞並起奏全功。淡菜：味鹹溫，補陰益陽。治虛勞，填精養血。蘄蛇：透骨搜風，皆為鹹溫善走竄。治痹通絡，都因陰毒性輕靈。其皮有退管之功，並可驅風除翳。其治有殺蟲之用，還能吹耳敷瘡。甲片：達病所以成功，入胃行肝，消癰發痘。性鹹寒而善竄，治痺散血，通絡搜風。善化蟻瘻，專通乳汁。穿山甲亦鱗族之類。能水能陸。甲片即其鱗也。蛤殼：輭堅具介類之功，且潤燥化痰，兼能利水。入腎備鹹寒之性，並清金開胃，尚可行瘀。田螺：甘寒降熱能明目，利水通淋解酒醒。治脚氣之上攻，點痔瘡而止痛。

昆蟲部　昆蟲類　五倍子：酸濇輕浮，能斂肺化痰，鬚白還烏有染法。治癩鹹寒苦降，可固腸治痢，汗多能止出良方。擦痔漏與金瘡，或調或摻。治癩風之疳蝕，收熱收膿。百藥煎又經造釀，清心肺而味帶餘甘。化痰嗽亦可生津，入上焦而功兼降火。蜂蜜：甘平潤肺，滋大腸之結燥難通。香滑和中，悅胃氣而肌膚自澤。生則解毒而止痛，熟則緩脾以補虛。蠟：淡且微溫，久痢滑遺可固。甘而兼濇，虛淋欬瘻皆瘳。護內膜以安胎，白能入肺。摻金瘡而止血，斂可生肌。蠟有蟲蠟、蜜蠟兩種。蜜蠟係蜂蜜之底，蟲蠟乃有一種小蟲在樹而生，凝結樹上者，如五倍、血竭產於樹枝者。露蜂房：入陽明而質毒，疔瘡瘰癧宜求。味鹹苦而性平，癬癩頑風可治。風蟲牙痛，水漱為良。附骨癰疽，製方可采。雖《本經》可治驚癇諸邪，而服食總宜審詳慎用。桑螵蛸：鹹平無毒，和血強陰。固攝療遺，益精壯腎。桑螵蛸即螳螂子，一名賴尿郎，以桑樹上者為佳。甘鹹平，無毒，入腎經血分。益腎固精，是其本功。故凡小兒腎氣不足，夜多遺尿者，每每炙研服之。賴尿郎之名，即此之意。性能行血活血，故內服又能治女子血閉淋瀝，外敷可消癰腫痔漏也。《本經》又稱其利小便，似與固小便之說相反。或者亦如車前子之固者固其精氣，利者利其邪水耳。然一物總不能兼兩用，學者再當詳考可也。五穀蟲：性寒可治熱邪之毒痢，煅黑能醫疳積之孩兒。蜈蚣：其性走而有毒，散腫行瘀。其味辛而且溫，搜風定搐。殺蛇辟蠱先行胃，治癇療驚又入肝。地龍：性下行，利水通經，皆取鹹寒退火熱。治囊腫，毒因火附，須求蚯蚓淨泥砂。殭蠶：辛散風邪，鹹可豁痰入肺部。溫行肝絡，輕能治上利咽喉。備宣疏攻托之能，療驚通乳。有結化痺開之效，消腫除疳。蠶砂燥溼並袪風，性味辛溫兼治渴。斑蝥：直走精宮，腐肉墮胎毒至猛。專行血室，通淋逐積味辛寒。治瘋犬之毒邪，達下竅而攻瀉。蟾酥：性毒質粘，能辟邪而開竅。味辛氣熱，可拔毒以消癰。外用傷肌，鼻聞取嚏。蟾皮可療疳積，能發瘡疹。性味卻屬甘涼，善行脾肺。水蛭：入肝家破血行瘀，其味苦鹹消腫脹。尋經絡搜邪摩積，其功寒毒墮胎元。䗪蟲：破積墮胎，味苦寒而有毒。入肝行血，瀉大便以推陳。䗪蟲：補接折傷通乳脈，性味鹹寒。搜尋癖積達肝家，通行經絡。螻蛄：味鹹寒，性陰有毒。達下竅，逐水通淋。蟬殼：可解皮膚風熱，與驚痰乳蹇，氣稟輕虛。善療腎膜癍疹，及胞阻產難，功能脫退。晝鳴夜息，治小兒之驚嘑。味鹹性寒，化上焦之邪滯。蠍：入肝臟以搜風，定搐療驚全力足。達經絡而蠲痺，愈癇治疝尾功長。味合辛鹹，性含陰毒。九香蟲：壯脾腎之元陽，鹹溫無毒。理胸膈之凝滯，氣血雙宣。蜣螂：鹹寒有毒，肝胃雙行。便閉蟲疳，腸積能攻癇疾愈。驚風痔漏，瘡瘍並治骨疽消。拔箭簇之災傷，貼疔毒而病愈。蝸牛：鹹寒解熱能搽痔，涼潤清咽可治喉。敷瘰癧與疔瘡，點脫肛而通溺。

人部　人類　人髮：得血之餘氣，消瘀利水補真陰。味苦而微溫，達腎通肝入心臟。人牙則鹹熱有毒，為痘瘡攻托之方。人乳則甘潤益陰，乃營血調和之品。若求童便，類屬鹹寒。導瘀熱以下行，吐紅可愈。退骨蒸而治嗽，勞瘵堪醫。秋石之功，即可滋陰除伏熱。鹹寒之質，亦能治欬理虛勞。紫河車：假有情血肉之形，甘鹹入腎。療瘵疾虛勞之證，益下填陰。然與小兒感召相關，當為仁者革除禁用。人中黃：甘寒入胃，解火毒之陽狂。中白行瘀，味鹹涼而降熱。

水部　水類　春雨宜男，秋霜肅肺。雪能涼肺消癰毒，臘雪則專殺諸蟲。露還解暑退陽邪，花露則尤能潤肺。潦水乃輕清味薄，能除溼熱癉黃。逆流則湧吐功多，可治風痰喉閉。甘瀾水揚之萬徧，不助腎邪。順流水勢善下趨，可療腹疾。井泉新汲，煎之清熱養陰。地坎為漿，服則除煩解毒。阿井水疏痰利膈，麻沸湯通絡行經。至若水有陰陽，配宜生熟。可使調和霍亂，通利三焦。

清・馬文植《馬培之醫案》　一、發散風寒藥　麻黃：附麻黃節。味兼辛苦，性質溫和。專行肺絡膀胱，兼走大腸心部。解肌通竅，發汗之靈丹；

逐表驅邪，傷寒之正藥。中風氣腫皆施，拌蜜則定喘除哮。節： 能固衛止汗。 蘇葉： 附蘇梗。味辛走衛，色紫入營。發汗解肌，膀胱之妙藥； 通心利肺，喘嗽之靈丹。梗： 能下氣安胎。 桂枝： 味辛而甘，性溫而浮。調和營衛，發表膀胱。能行手足之間，溫經通脈宜嘗。 防風： 辛甘之物，升發之流。瀉肺以搜肝，祛風而勝濕。散頭目滯氣，逐經絡留邪，行脾胃之經，實太陽之藥。 羌活： 味苦而辛，氣雄而散。入膀胱之部，走肝腎之經，勝濕以搜風，上行而達表，治背脊反張，療骨節之疼。 白芷： 辛溫還帶芳香，表散諸凡風濕。雖行肺大腸之際，實為足胃經之主。牙痛目癢，腸風血閉何妨； 潤燥排膿，疥癬癰疽無事。產後傷風少服，血虛有火無烹。醫督脈之痾，背脊反張必用； 治膀胱經疾，頭巔疼痛當先。除邪以祛寒，搜香薷： 其經歸肺絡，祛暑最為靈。辛散皮膚熱，溫開心腹凝。轉筋正可服，小便亦能行。利水腫，清霍亂，去熱風。 藁本： 辛溫莫比，雄壯非常。風而勝濕。能治泄瀉，可消瘕疝。 細辛： 心絡引經，腎家本藥。能行水氣，可治肝風。性主祛寒發汗，功能通血溫經。專於利竅，耳聾鼻塞之需； 痰鳴驚癇，口瘡咽痛並解。其性則熱，其味則苦。 荊芥： 辛苦而溫，芳香而散，善清頭目，專利咽喉。發汗祛邪，理周身風濕； 助脾消導，走肝經氣血。項間強直能舒，口角喎斜自正。血暈崩中之妙藥，腸風吐衄之靈丹。專攻瘰癧之堅，還解瘡瘍之毒。 辛夷花： 以辛以溫，又散又升。引清陽於頂巔，宣風熱於上焦。解表和中，治頭旋與頭痛； 通關利竅，止鼻塞與鼻淵。又愈齒痛，還痊眩冒。 蒼耳子： 附蒼耳葉、蒼耳蟲。味甘而苦達周身，發汗祛風散濕靈，鼻淵瘡症都散却，頑痹瘙癢總相侵。 葉： 治產後痢疾。蟲： 敷疔瘡腫毒。

二、發散風熱藥 薄荷： 此物辛涼，可升可浮，搜肝瀉肺，能清能散。宣上焦風熱，治咽喉作痛，骨蒸兼痰嗽，血痢還教共。舌苔口氣濁，一一堪嘗烹。 蔓荊子： 升散輕浮辛苦寒，膀胱還入胃和肝，搜風瀉熱開胸膈，面腫齒痛睛紅安。 桑葉： 附桑椹子。散風熱，宣肺氣，滋陰而明目，涼血以祛風。子： 味甘而補腎水，滋肝血以烏鬚髮。 牛蒡子： 散癰疽之腫毒，利腰膝之氣凝。解熱以消痰，除邪而透疹。還通二便，並走諸經。味則辛平，性偏滑利。 蟬殼： 體輕虛以發痘瘡，性甘寒而除風熱。專治皮膚瘙癢，善療眼目雲翳。可發聲音，且止夜啼。 葛根： 鼓胃氣之升，生津止渴； 作脾經之用，發汗除邪。開腠解肌，痘疹之聖藥； 升清降濁，泄瀉之奇方。溫毒病賴以頓除，吐衄症因而若失。酒傷可解，火鬱堪舒。 升麻： 甘兼辛苦，性主上升。胃共脾絡皆從，肺與大腸併入。開提火鬱，收滯下以除崩； 表散風邪，舉脫肛而止泄。時行毒癘，莫不如神，透發斑疹，少須已驗。 淡豆豉： 寒可清金，苦能泄肺。祛邪瀉熱，發汗以解肌； 開鬱調中，除煩而止嘔。還痊痢疾，更發斑疹。 柴胡： 微寒微苦，且散且升。獨入肝經，專歸膽絡。除煩而止嘔，解結以調經。耳聾頭眩當先，胸痞脇疼尤要。清虛勞之肌熱，治瘧疾之仙丹。血室傳邪，產後發熱。

三、清氣分實熱藥 石膏： 附凝水石。辛甘而淡，重着而沉。降火於胃經，除邪於肺部，解肌而發汗，止渴以生津。通淋利水，發斑出疹。有壯火則可用之，慎大寒以傷胃。 凝水石： 治時邪氣熱之症，瀉水腫，治煩渴。 知母： 味極苦寒，經歸金水。清肺熱腎經之火，解傷寒煩渴之痾。止嗽以消痰，安胎而降氣。諸淋俱利，浮腫皆消。 梔子： 苦寒歸入肺心經，瀉火偏從小腸行，一行懊憹煩不寐，五淋血瘀莫相驚。內熱用仁，外熱用皮，止血須黑，薑炒止嘔。 蘆根： 甘寒清補胃和脾，煩熱傷寒正所宜，止渴生津治嘔逆，通淋利水用神奇。 花粉： 甘不傷胃，酸可生津。微苦微寒，止渴除煩而瀉火； 通經補血，消痰散腫以排膿。性能墮胎，孕婦勿用。

四、清熱燥濕藥 黃芩： 瀉火清心肺，脾家濕熱休。安胎平氣物，利水治淋流。痰嗽喉腥愈，腹痛腸澼瘳。往來寒熱症，相對亦堪投。片芩專瀉肺火，清肌表之熱。子芩瀉大腸火，補膀胱之水。 黃連： 其味大苦大寒，專瀉心經之火。燥濕開鬱，厚腸止瀉，清肝膽以明目，泄中滿而降氣。餘症之用，難以枚舉。 黃柏： 味苦而辛，性寒沉降。專瀉膀胱相火，以補腎臟真陰。清勞熱，退骨蒸，除濕潤燥，堅骨強筋。殺蟲以安蚘，通淋而利水。 龍膽草： 大寒大苦性偏沉，肝膽膀胱與腎經，瀉火除邪祛濕熱，咽疼可解目能明。 苦參： 沉潛之品，寒苦之流。入腎補精，養肝和臟。生津而止渴，利竅以通淋。濕熱盡祛，瘡瘍皆愈。 茵陳： 勝熱燥濕，味苦性寒。行及膀胱，發汗而利水； 泄夫脾胃，治疸以瀉黃。

五、清熱涼血藥 犀角： 苦寒專入胃家，酸鹹涼瀉肝經。清心臟，利痰治毒； 定驚狂，斑疹黃疸。血熱吐衄自無妨，心胃大熱可安康。 生地黃： 入心入腎，甘苦性寒。專瀉燥金，善降丙火。傷寒大熱，舍此不除，血

逆陽強，服此自愈。　乾地黃：甘寒依然，寒涼少遜。定驚而治嗽，清血以止崩。退熱滋陰，治勞而補血；通經利便，止痛以安胎。　牡丹皮：性寒而冷，味辛而苦。入包絡肝家，走心經腎部。除煩退熱，滋陰瀉骨裏之蒸；破積生新，涼血去中焦之火。通經脈，理吐衄，專治瘡瘍，又平瘛瘲。　玄參：味苦而鹹，性寒入腎。益精而明目，止渴以除煩。消殘斑毒，皆其壯水之功；退骨蒸熱，總是制陽之力。喉痹痰嗽還靈，脾虛便溏忌用。　紫草：附紫草茸。性寒而滑，味辛而鹹。既入肝經，又歸包絡。滋陰活血，利九竅以通腸；瀉熱除邪，理五疸而下水。痘瘡皆愈，惡毒盡痊。其茸：尤能發痘。

六、清虛熱藥　白薇：味苦而鹹，入衝與腎。利陰下水，主痰迷神憒之疴；瀉熱通淋，治血厥氣壅之症。產後嘔煩亦愈，傷中帶下皆痊。善利痰痞，專治溫瘧。　胡黃連：肝膽心經腸胃間，其功仿佛似黃連，治勞瀉熱胎蒸藥，小子驚疳更可煎。

七、清熱解毒藥　金銀花：甘寒止渴肺經中，一切瘡瘍大有功。瀉熱解毒兼療風，還醫腸澼與腸風。　連翹：味苦而寒物，治來心臟多。火邪能撲滅，濕熱可消磨。利水通經矣，排膿消腫疴。瘡家之聖藥，氣血亦能和。　大青：時疾傷寒與熱狂，發斑丹毒此堪當。還清咽腫喉痹症，味苦而寒實火降。　貫眾：味苦而寒，專瀉熱邪之毒；治崩與帶，偏醫產婦之疴。能寬血氣脹痛，可散症瘕積聚。發斑化毒，辟疫殺蟲。　蒲公英：味甘而平，黃花屬土，先行脾胃，解毒如神。又達腎經，通淋妙品。取汁敷疔毒，和酒治乳癰。　紫地丁：味苦攻堅解毒，性寒瀉熱消癰，還療發背疔腫，烹來能建奇功。　漏蘆：鹹可軟堅，苦能泄下。瀉熱邪之諸毒，入肺胃與二腸。下乳通經，又能解痘。排膿止血，並可生肌。　馬勃：質輕味辛，性散而平。清金解毒之需，咽痛喉痹之藥。專治瘀血，善療失音。衄發能除，嗽來可止。　杜牛膝：性味甘平破血流，滑痰瀉熱殺蟲儔。喉痹咽痛諸淋症，急慢驚風盡可投。　山豆根：保此肺全，瀉夫心火。性寒而味苦，消腫以止疼。治咳逆真無雙，理喉風為第一。五痔急黃，必需多用。　射干：咽痛與喉痹，是寒邪正所宜，苦溫平胸滿脹氣；消結核無疑，治瘧母真奇，並能醫便塞和經閉。　白頭翁：苦寒堅滑入陽明，涼血除邪瀉熱清，骨痛牙疼溫瘧症，症瘕血痢盡如神。　芙蓉花：癰疽疔毒有殊功，涼血清金散熱中。味苦而辛兼性滑，止痛消毒與排膿。　白斂：味辛且苦，性寒能降。祛除火毒，泄氣以除瀉；能逐熱邪，生肌而去腫。癰疽莫慮，跌打損傷還可服。益精潤腎，氣虛血竭正相宜。　人中黃：瀉臟蘊之實邪，治天行之時疾。善清痰火，專解痘瘡。味是甘寒，經歸胃腑。　綠豆皮：附綠豆芽。並走諸經，專祛暑毒兼清熱；甘寒之物，治瀉和中消口渴。芽：解酒毒熱毒，通利三焦。　青黛：瀉肝味苦性偏寒，鬱火消除病自安。一發斑疹和咯血，驚癇丹毒與諸般。　秦皮：補肝益腎，明目添精。除熱瀉痢以止崩，醒驚癇而斂風濕。味兼苦澀，性主苦寒。

八、清熱明目藥　青葙子：味苦辛寒，鎮肝明目，除翳而去障，散熱以疏風。　決明子：味鹹而苦，性甘而平，益腎以明目，入肝散風熱。　密蒙花：調和氣血，性味甘寒。善治眼昏，卷盡青盲赤目；又平肝燥，消殘厚翳瞳眵。　甘菊花：味為甘苦，性稟平和。益水清金，制火而平肝。定頭額之掉眩，清眼目之昏花，追逐遊風，祛除痹濕。　穀精草：味辛性溫，行肝入胃。明目而退翳，散熱以祛風。能解喉痹，可治齒痛。　蕤仁：去風散熱，兼以生光。目間腫痛俱消，眦上爛眵盡去。行歸血臟，性則甘溫。　木賊草：味甘微苦，氣溫無毒。發汗解肌，去風散火。入肝膽之經，明眼消雲翳。痔瘻崩帶可治，疝痛痢疾能醫。　夏枯草：辛甘而寒，純陽之物，肝經之用，補血所宜。熱痰可開，癭瘤能散。止目珠之夜痛，理氣結以常舒。　夜明沙：能祛瘧鬼，可解目盲。消積以除疳，寬中而止痛。行兼氣血，味至鹹寒。

九、治瘧藥　常山：味苦而辛，一切老痰可吐。性寒而毒，凡諸久瘧能痊。　青蒿：全得陽春之令，專歸肝膽之經。治煩勞與骨蒸，愈溫瘧而勝風。補中以明目，解毒而辟邪。

十、溫化寒痰藥　白附子：味辛而甘，純陽大熱。陽明之藥，理頭目諸疴；肝部所需，治風痰諸疾。心痛血痹盡愈，失音冷氣皆痊。　天南星：味苦而辛，治風散血；氣溫而燥，勝濕除痰。破血以墮胎，攻堅而下氣。定驚止眩，喉痹口噤皆用；解毒消癰，肺肝脾三經盡入。　半夏：是辛是溫，能走能散。補肝潤腎，和胃健脾。逐濕以除痰，止嘔而開鬱。發音利水，消癭散痞以止疼；解熱祛風，降氣通腸而定眩。製法多種，臨症選用。　白芥子：辛溫入肺，通經行絡。開胃以溫中，祛寒而發汗。豁痰利氣，散腫

以治疼。入骨行經，消瘀而導滯。能醫咳嗽，可治頑痹。　金沸草：附旋覆花。辛苦而鹹，沉潛以降。入肺經大腸之物，通血脈破氣之流。痰結可開，痞堅能軟。還能行氣，又逐風邪。花：名旋覆，與草同功。　白前：味是辛甘物，寬胸泄肺靈。由來痰氣塞，服此自然寧。

十一、清化熱痰藥　天竺黃：味是甘寒，性為和緩。祛殘風熱，滑盡痰涎。明目鎮肝，清驚而止眩；通心利竅，開噤以醒癇。　竹瀝：味甘性寒，消風降火。滑痰以潤燥，養血而補陰。善解癲狂，專清煩悶。　荊瀝：味甘性平，行經入絡，善治風熱，最消痰涎。驚癇口渴皆痊，煩悶失音盡愈。牛黃：心和肝膽之需，甘且寒涼之物。利痰解熱，開竅以定驚；辟疫除邪，止癇而通痙。還可發痘，並能墮胎。　貝母：性偏冷矣，瀉心火而如焚；味則辛兮，散肺經之久鬱。清虛勞之煩熱，逐咳嗽之痰涎。洽咯血之吐膿，理喉痹與目眩。還敷瘡痍，並解癭瘤。　海浮石：軟堅散結治癭瘤，止咳通淋痰熱休。解渴清金歸肺絡，鹹寒而潤性輕浮。　瓜蔞仁：甘而瀉肺，潤以滑腸。降痰於下焦，熄火於上部，逐留邪於咽內，滌鬱熱於胸中。解毒以生津，補陰而止渴。　礞石：體沉而重，味甘而鹹。最可平肝治驚癇，善能下氣化膠痰。　桔梗：開提血氣，表散風寒。兼入心經，專歸肺絡。喉中乾咳，咽痛與痰迷，膈下刺痛，鼻氣壅而喘。滿與腸鳴並治，痢兼腹痛皆除。既可排膿，又能止血。味辛而苦，色白屬金。　瓦楞子：甘鹹之物，攻散之流。雲消氣血症瘕，煙散痰涎積聚。頑痰之祛藥，軟堅之靈丹。　竹茹：性屬寒涼，味甚甘平。清燥於肺金，開鬱於胃土。補陰涼血，止吐衄以清神。瀉熱除煩，治驚癇之最捷。能平咳逆，可消痰涎，還止崩中，又安胎動。　海藻：附昆布、海帶。味則辛兮，軟堅而散結；性偏冷矣，行水以攻痰。瀉熱消癭，止疼治疝。海帶：則功同矣。昆布：則少滑而烈。

十二、止咳平喘藥　蘇子：味辛而溫性善流，心煩脘悶亦可投；溫中下氣潤心肺，順氣又能止痰嗽。　葶藶：味極苦辛，性偏寒冷。最能行水，膀胱與肺之需；善可除痰，積聚成症之用。緩急而定喘，利便以通經。甜者：其性稍緩，宜於虛體。　桑皮：附桑枝。性偏寒冷味甘平，瀉火消痰保肺金，止嗽治煩兼下氣，還堪行水有奇能。桑枝：利關節，行水以祛風。

杏仁：辛苦之流，和平之類。解肌而利肺，降氣以行痰。性能祛風，止嗽而下氣；功堪潤燥，瀉熱以除煩。　款冬：辛溫之物，虛實皆宜。下氣消痰，吐血咳逆頓止；潤金瀉熱，肺癰吐膿全消。　紫菀：味辛而苦，性溫而平。潤肺以調中，理虛而下氣。消痰止咳，吐膿咳血皆痊；瀉熱補陰，咽中喉痹盡治。　馬兜鈴：辛苦而寒，瀉熱還走肺經。降氣之物，消痰自可除咳。愈久痔之痾，入大腸之絡。　百部：瀉熱清金退骨蒸，消痰止嗽性甘溫，傳尸疳積兼瘡疥，殺得蟲來自可平。

十三、芳香化濕藥　白豆蔻：脾胃偕歸，三焦併入，肺家之藥，辛熱之流。善解酒傷，治脾虛而療瘧；專開氣滯，止腹痛以祛寒。平嘔吐之需，逐痰涎之物。專散心間痞氣，還消目上紅筋。　藿香：性溫暖而味辛甘，入肺經而行脾絡。除惡氣止心腹痛，理中焦暑濕霍亂。止嘔而開胃，瀉熱以和中。　砂仁：辛溫香竄，和胃以醒脾；理氣調中，補肺而潤腎。腹痛兼痞，霍亂瀉痢。嘔逆成格，久癖奔豚之藥；消食醒酒，止痛安胎之丹。善解凝痰，最清浮熱。　草果：味辛性熱，暖胃健脾。除邪截瘧，燥濕以消痰。開鬱止痛，祛寒而治瀉。霍亂吐酸並服，痞滿噎膈皆宜。　石菖蒲：芳香而散，辛苦而溫。開胃以清脾，調中而聰耳。通關利竅，除邪以發聲；逐濕祛風，解鬱而消痰。

十四、消食藥　穀芽：此物最甘溫，和中下氣行，快脾開胃腑，消食化痰靈。　麥芽：助胃氣上行，健脾而消食。寬腸而下達，降氣以除痰。消乳而下胎，味酸性偏暖。　神麴：辛能散氣，甘盡健脾。開胃除痰，破症而化食，除痰而磨積。發痘瘡之陷，止兒枕之疼。　萊菔子：辛入肺，甘走脾；生則升，熟則降。風痰盡吐，寬胸定喘以消食，裏急後重皆能除，治痢止疼而下氣。能發瘡疹，可祛風寒。

十五、行氣藥　烏藥：味實辛溫，性偏香竄。上行脾肺，下降入腎。善治中風，逐痰而下氣；能收小便，散鬱以祛寒。止嘔逆以殺蚘，理腹痛而治瀉。　陳皮：附橘核、橘葉、橘紅。味性苦辛溫，快膈以調中，燥脾而瀉肺。行瘀消食理胸中，通經導滯除痰濕，破症而利小便通。橘核：消疝。葉：解乳癰。橘紅：逐水消痰，除寒發表。　香附：辛微苦甘，能散能降。並走八脈，善可通經。帶下崩中自愈，最能順氣。痰飲痞滿皆除，胎產咸宜。生用上行胸膈，外達皮膚。熟則下走肝腎，旁徹腰膝。童便炒入氣分以補腎，黃酒炒則行經絡而止痛，醋拌炒則消積聚，薑汁炒以化痰飲。　木香：辛溫而味苦，疏肝瀉肺以和脾。升降以止痛，消瘀理氣而寬中。實大腸以除瀉

痢，破結塊而逐痰涎。能止胎動，堪平衝脈。　沉香：　辛苦而溫，沉潛以降。專歸右腎，助陽理氣以祛寒；　還走中宮，溫胃醒脾而止痛。氣痢濁淋盡愈，寒痰寒飲皆與。　枳殼：　大是苦酸，微為寒冷。行夫腸胃，破氣以攻癖；　逐此痰涎，泄痞而止痛。健脾快膈，嘔逆咳嗽皆痊；　消食調中，後重諸痢盡愈。能平脇脹，可治腸風。解肝結，利肝氣。　枳實：　胸膈橫行，倒壁沖牆之力；　症瘕善破，寬中下氣之功。　厚朴：　苦降之流除實滿，辛溫之物解濕源。化食消痰調中氣，平胃殺蟲破結安。行水攻堅平嘔逆，久痢可投霍亂痊。　青皮：　芳香氣烈，辛苦性溫。瀉肺疏肝，透表而發汗；　攻堅破積，泄痞以除痰。脇痛瘧癖須烹，疝痛乳癰宜服。　大腹皮：　和脾泄肺辛溫味，除瘴消痰行水技。通腸寬胸而下氣，霍亂腹脹皆能濟。　苦楝子：　性寒微苦，入肝絡以舒筋；　利水通淋，走膀胱兼行脾胃。通瘀而利竅，逐濕以祛風。平玉戶之腫疼，利金莖之淋瀝。　甘松：　芳香能開脾鬱，溫通可以止痛；　胸悶氣鬱可舒，胃痛不食能痊。　降香：　味辛而溫，穢惡氣閉方堪食。善治金瘡，生肌止血功真捷。

十六、催吐藥　藜蘆：　有毒而寒味苦辛，善通巔眩與神昏，止痛出噎能通竅，專逐風痰沖口傾。　甜瓜蒂：　宿食可傾，陽明之藥，頑痰善吐，苦寒之流。癲癇頭眩方痊，濕熱胸煩始愈。

十七、瀉火通腸藥　大黃：　此物大苦大寒，其性走而不守。沉而不浮，能蕩滌腸胃之積；　祛逐邪熱，有排山倒海之勢。稱曰將軍，信不誣也。　芒硝：　性寒而苦，味辛而鹹。滌腸胃之傳邪，蕩三焦之實熱。通經而墮孕，潤燥以軟堅。　蘆薈：　味苦而辛寒，殺蟲以逐濕。清心明目，瀉熱除煩。可治驚癇，能療疳積。

十八、潤下藥　火麻仁：　脾胃腸中之藥，甘平順下之流。通大便之艱難，利小便之淋瀝。上通乳汁，下以催生。　松子仁：　潤肺還能暖胃，皆由味是甘溫。止嗽消痰通秘，祛風散水清金。　郁李仁：　潤肺與心入脾經，辛苦而甘下氣行。利水通大便，潤燥與滲津。解膽結，利膽氣。　蜂蜜：　溫可補中，和營而調衛。甘能緩急，保肺以清金。可潤大腸，能平諸痛。

十九、峻下逐水藥　芫花：　水飲停聚胸脇痛，瀉水逐飲確有功。　牽牛：　獨入肺經，專平氣分，還通精隧，直達命門。逐水以消痰，泄滿以通秘。攻癖散瘕，破血墮胎。大熱大辛，善行善走。　商陸：　是苦是寒，能降能沉。善除水氣，疝瘕癰疽皆消；　專逐濕邪，蠱毒惡瘡盡愈。　大戟：　入臟由腑，味苦性寒。功兼行水通經，力可破症利便。止疼而泄滿，行血以墮胎。　千金子：　此物辛溫，專行水濕。攻症破血，泄滿以通腸；　逐水消痰，下蠱而治癖。

二十、驅蟲藥　使君子：　健脾強胃，積消濕化而愈；　溫攻堅鱉，腹中蟲痛皆痊。逐濕以搜風，除疳而消積。醫殘瘡癬，治盡痔瘻。　鶴虱：　性味兼辛苦，能除五臟蟲。無端頻腹痛，惟此可成功。　檳榔：　性實溫和味偏辛，殺蟲醒酒除瘴寧；　驅風逐氣下行順，消痰化食引藥靈。溫通胸脹，實以攻堅，水腫脚脹皆宜，裏急後重尤妙。

二十一、芳香開竅藥　蘇合香：　甘溫辛味專通竅，芳香開鬱寬懷抱，中風痰厥與寒閉，胸腹滿悶皆能效。　麝香：　辛溫之物，香竄之流。入骨透肌，開經行絡。通耳聾和鼻塞，醒痰厥與驚癇。除瘴而潰癖，辟邪以解毒。善開閉氣，最可墮胎。　冰片：　味最辛溫，性偏香竄。透骨而通竅，入肺以傳心。醒痰迷與驚癇，散火鬱以除疼。搜風而瀉熱，同氣以相求。　樟腦：　味辛性熱氣芳香，利竅通關事事良，最是水中能發火，殺蟲除濕此為長。

二十二、溫裏藥　附子：　附烏頭。回陽引火之君，其味辛甘大熱。能追散失之元陽，操撥亂反正之力。　烏頭：　性暖，溫脾而逐風。　天雄：　附側子。大補陽虛，偏能發汗。治寒濕痹症，性猛而有毒。　側子：　通徹手足，充達皮毛。　桂心：　入心入血，味辛味苦。暖夫腰脚，補彼勞傷。明目而添精，消瘀而散結。續筋接骨，解脈外之風痹；　止噎通關，治腹中之冷痛。引血以化汗，起痘以托癰。　官桂：　辛甘大熱，氣厚純陽，行血溫經之功，引火歸元之物。　乾薑：　附薑皮。守中暖臟皆須炮，逐寒邪，生用方由表。固中溫經，消痰定嘔回陽料。新產後，發熱還能療，溫肺燥脾，更可通心竅。開懷抱，沉寒風掃，解痞如雲了。　其皮：　走皮，泄浮腫而行水氣。　吳茱萸：　辛熱走肝經，還入脾經少陰，下氣祛寒，除腹痛如神。嘔逆吐酸種種靈，燥濕逐痰凝，衝脈淩，以此可平。開鬱解肌，通噎膈相引，又引胸中相火下行。　川椒：　附椒目。此純陽辛熱，發風寒之物。能祛濕除脹，燥脾以暖胃。治心腹冷痛，補命火下虛，降腎氣上逆，療肢體水腫。殺蟲蚘厥止，解鬱消食積。然能耗陰，不可長烹。　椒目：　行水殺蟲而定喘症。　胡椒：　寬胸開胃，味辛氣熱性純陽；　化食消痰，止嘔通關除積冷。助命門之真火，理腹內之絞

疼。　良薑：附紅豆蔻。此暖胃散寒，辛熱之最，止霍亂瀉利，脘腹冷痛。暖丹田，治噎膈。子：為紅豆蔻，能溫肺醒脾，消食解酒。　華撥：味則辛兮暖胃中，性偏熱兮治水腫。消痰解腥，下厥氣之上淩，散陽明之浮熱。平此陰疝，治彼腸鳴。　丁香：性熱味辛，泄肺溫胃，可舒脾鬱，大能補腎。　茴香：溫暖丹田命門，專歸足少陰經，云消疝氣兼癲症。和中逐冷，燥脾祛濕，大、小總辛溫。小茴走少陰氣海，大茴行厥陰肝經。

二十三、平肝息風藥　羚羊角：味苦而鹹，性寒輕靈，獨入肝家，兼心及肺。專主定驚，祛風下氣，長於明目，瀉火除邪。止搐舒筋，消瘀散血，除煩泄滿，其效無涯。堪治時行諸疾，還療腫毒交加。　鉤藤：味苦而甘，稟性微寒。肝風可逐，治大人頭旋目眩；　專於熄火，清小子驚癇搐搦。　僵蠶：附蠶繭、蠶蛾。微溫和辛鹹，氣味皆為薄。消痰散鬱，入肺行肝絡。咽腫喉痹，瘙癢兼丹毒。無脈無音，中風無語，服下諸般罷。　蠶繭：甘溫能抑相火，止消渴。　蠶蛾：氣熱性淫，主強陽固精，交接不倦。　天麻：辛溫無毒入肝經，利氣消痰胸膈清；　頭眩目昏言語蹇，中風驚癇始堪烹。

二十四、平肝潛陽藥　石決明：味鹹性平，去風散熱，除青盲赤目，治虛熱勞蒸。　白芍：味實苦酸，功偏收斂。入肺以除脹逆，行脾而主腹痛。補虛退熱，斂汗以安胎；　益氣除煩，緩中而止痛。能平肝火，可散血瘀。用赤更靈非所比，陽虛裏寒新產忌。　磁石：肺氣收將入腎經，軟堅消核味鹹辛，益精明目兼通耳，瀉熱清金止骨疼。　代赭石：通噎膈，除血熱，苦寒之質。肝與心包，吐衄崩帶諸般疾。胎動驚急，產難無策，惟此成功績。

龍骨：味偏甘澀，性帶寒涼。入得心經，歸於肝部。專收正氣，定喘以治崩。鎮驚安魂魄，辟邪而解毒。澀腸止痢以提肛，益腎固精而止汗。　沒石子：味為苦降，入腎以收陰；　性是溫和，澀精而固氣。　牡蠣：鹹以軟堅，澀能收脫。化痰消癧以止瘕，斂汗止崩而治帶。　固精補水，止嗽以除煩；　益氣澀腸，瀉熱而治痢。

二十五、安神藥　茯神：甘淡而平善養神，開心益智且安魂，還教療遍經攣縮，口眼歪斜總可平。　遠志：辛能散鬱，主政於靈臺；　苦可養陰，相交於北極。補精強志，治迷惑以善忘；　益智壯陽，療驚悸而夢泄。癰疽可解，腎積能散。　棗仁：酸潤而生，能扶肝膽，溫香以熟，亦醒脾胃。養陰定魄，膽虛不寐皆能醫；　止渴除煩，寧心斂汗有奇功。　柏子仁：保養心神辛且甘，悅脾潤腎又滋肝，定驚辟鬼除風濕，益智強陰止漫汗。　紫石英：甘以補肝，紫以入血。血海虛寒不孕，服即成胎；　心神驚悸而虛，用能安主。

二十六、利水消腫藥　茯苓：附赤苓、苓皮。甘平之物，益脾以助陽；　淡滲之流，利水而除濕。入膀胱而瀉熱，定魂魄以寧心。下氣寬胸，伐腎邪而下泄；　除煩止嘔，逐胸膈以橫流。止渴以生津，安胎以退熱。止夫遺泄，通彼淋癃。　赤：入小腸，尤利濕熱。其皮：走皮，善平水腫。　赤小豆：味本甘酸，色偏紅赤，消痰行水，散血排膿，消腫以治癰，清熱而解毒，通腸下乳，墮胎調經，能醫酒傷，堪除渴症。　薏苡仁：味淡祛脾濕，甘寒補胃陰，兼入太陰，益以清金。肺癰痿躄總可治，熱淋水腫亦能行。　澤漆：苦辛微寒，逐水如聖。濕消痰涎盡，癰腫皆能平。

二十七、利水通淋藥　車前子：直走膀胱，下行小便。能清肺熱，可治肝風。益精強陰，通經以明目；　消暑除濕，味甘而性寒。　木通：味是辛甘，性歸平淡。瀉肺金而清心火，通氣壅以行經絡。膀胱久寒之用，通淋利竅之長。遍身疼痛皆痊，終日好眠亦愈。　澤瀉：治尿血與遺精，通淋利水；　除嘔吐而止瀉，逐濕消痰。使耳目以聰明，解肌膚之腫脹。性入膀胱與腎，味兼甘淡而鹹。　冬葵子：味淡而甘，性寒而滑。通營入衛，利水以行津，解格開關，墮胎而下乳。　地膚子：附地膚葉。味兼甘苦，性屬寒涼。利小便以通淋濁，入膀胱而瀉濕熱。治癩疝及惡瘡，起陰痿以強陽。　葉：去皮膚風熱丹腫，洗眼除雀盲而止痛。　石韋：味甘而苦性微寒，潤肺清金滋化源，利水通淋多補益，精虧氣弱總能安。　瞿麥：心火平來下小腸，苦寒利水入膀胱，消癰散腫除邪熱，破血催生性實強。　海金沙：淡滲甘寒性味諧，功成多半小腸家，祛除濕熱平腫滿，莖痛諸淋盡能佳。　萆薢：味苦而甘，性平而潤，行歸胃絡，走入肝經。下水通淋，遺濁莖痛俱痊；　祛風逐濕，沉寒腰痛皆瘳。壯肌以強筋，添精而明目。　滑石：滑能利竅，淡可行津，寒則除邪，甘為益氣。降心火兮上開腠理，通便結兮下走膀胱。止瀉除煩，逐疸而清暑；　治瘡解毒，通乳以墮胎。　豬苓：既入膀胱，又走腎部，淡能利竅，甘可助陽。利濕行津，治久淋而止遺濁；　解肌發汗，通關節以利小便。　榆白皮：性偏滑下，味實甘平，經入膀胱，腸由大小。滲諸濕熱，利水以治淋；　下盡瘕症，消腫而泄滿。能通妒乳，善治不眠。

二十八、祛風濕藥　獨活：　腎經足少陰，辛苦而微溫，形象同羌活，功勞似細辛。頭旋兼齒蠹，背痛與奔豚。傷風濕，效如神。　威靈仙：　味辛而鹹，氣溫屬木，善祛痰水，可治頑痹，五臟皆行，最能泄氣，諸經並走，專治痛風。　蠶沙：　味辛甘而性溫暖，祛風濕以利機關。止腰脚之冷疼，適皮膚之頑痹。能消瘀血，可治爛瞼，上焦風熱，左右皆可。　漢防己：　味苦而辛，性寒而冷。外通腠理，下達膀胱。理嗽而泄太陽，瀉熱以通二便。行水去風，身痹腫脹皆消。逐濕消痰，氣厥驚癇亦愈。　秦艽：　苦能燥濕，辛可散風，去腸胃之邪，益肝膽之氣。榮筋而養血，醒酒以治疸。骨蒸血痢痊，口噤牙疼愈。　豨薟草：　熟是溫兮生是寒，善怯風濕腎和肝，四肢麻痹腰背弱，骨節痛瘍一切安。　木瓜：　酸澀性溫去濕熱，調營強筋利關節。斂肺和胃，理脾伐肝，還教治痢，又止霍亂。　虎骨：　性熱味辛，屬金制木。最宜強骨，拘攣疼痛皆痊；　善可追風，驚悸癲癇盡愈。　五加皮：　性帶芳香，味兼辛苦。祛風以勝濕，順氣而化痰。療筋骨之拘攣，逐肌膚之凝滯。益精堅骨，縱緩可收。　桑寄生：　味甘而苦不須推，勝濕去風大有為。堅骨強筋還益氣，止崩下乳又安胎。　續斷：　味苦而辛，補腎與肝，堅骨強筋，理脈通絡。縮流泉於小便，助真火於子宮。可續折傷，還敷瘡癰。　骨碎補：　苦溫而補足少陰，止瀉還教治耳鳴，牙痛折傷並可服，又能破血入肝經。　草烏：　苦辛大毒，搜風而勝濕；　氣猛性剛，除痰而解毒。　天仙藤：　辛苦治何因？風勞與腹疼，妊娠兼水腫，氣聚血為凝。

二十九、止血藥　棕櫚：　熱因苦泄，脫以澀收。固帶而止崩，治吐與鼻衄。腸風宜服，血流須烹。　地榆：　味苦兼酸，性寒偏澀。治腸風而止瀉痢，止吐衄以固崩淋。　小薊：　甘而且溫，行而帶補。破瘀退熱，止吐去衄以消癰；　安胎止帶，養血生新而下氣。　側柏葉：　澀而偏苦，潤且微寒。補血以養陰，清肺而燥土。能除骨熱節疼。可治崩淋吐衄。尿血腸風盡愈，火傷瘡毒皆痊。　茅根：　附茅針、茅花。甘寒清胃入心經，瀉熱祛邪小便行，水腫黃疸俱有效，除煩止渴又清金。　針：　可潰膿消癰。　花：　能止血治崩。

三七：　味甘而苦性微溫，破血消瘀效若神，散腫排膿兼止痛，金瘡要藥古來稱。　花蕊石：　味苦酸澀，性入肝經。下胎死之胞衣，化金瘡之血痕。

茜草：　色赤歸營，氣溫行滯，鹹能入腎，酸可走肝。止崩止衄，通經而下血。治癰治痔，瀉熱以消疸。有瘀可除，有痹能散。　生蒲黃：　行肝入絡，味甘而平，利便通經，消瘀止痛。除心胸之寒熱，治跌打之損傷。愈盡瘡瘍，平殘腫脹。　炒蒲黃：　黑能止血，治帶止崩，澀可斂精，止遺止泄。吐血衄血得治，胎漏腸風皆痊。　艾葉：　味苦而辛，行經入絡，生溫熟熱，救急回陽。開鬱溫中，止心胸之痛；　祛寒逐濕，解氣血之凝。理霍亂轉筋，暖血脈虛寒。止崩而治帶，調經以安胎。　山茶花：　性寒而赤，止腸風血漏之疴；　味淡而辛，治吐衄火傷之症。　炙卷柏：　血漏腸風盡可烹，除崩止帶，脫肛可升。　生卷柏：　性味是辛平，攻症利赤淋。由來能散結，破血與通經。　白及：　性澀而收，辛平而苦。能填肺敗，可接傷骨。治惡瘡而平腫，止吐血以消疼。　槐實：　附槐花。性寒而苦是純陰，清入肝膽大腸經，血痢腸風煩熱止，逐濕殺蟲明目靈。　槐花：　兼治吐衄，崩淋諸疾能平。

三十、活血祛瘀藥　川芎：　辛溫升散，氣血兼行。走心包與肝膽，助清陽而開鬱。入血海以調經。散血瘀而生新。搜風逐濕，頭腦脹痛，脇痛癰疼，寒痹筋攣，目眦淚墮，藥到功成。　鬱金：　輕揚上走，辛苦而寒，入包絡肺金，散肝邪心熱。消疼解毒，癲狂亂道皆痊；　下氣平經，吐衄逆行盡愈。

薑黃：　附片子薑黃。味辛而苦，色赤且黃，獨走肝經，兼行氣血。消疼攻積，何愁敗露攻心；　除脹寬中，莫慮堅症果腹。通痹而平腫，逐濕以祛風。片子者：　猶治手臂寒濕痹痛。　桃仁：　附桃花、桃葉。苦能破血，甘可緩肝。瀉血室之瘀熱，通腸中之風秘。邪蘊如狂皆愈，氣逆而咳俱痊。　桃花：下水除痰。　桃葉：　辟邪發汗。　紅花：　辛苦之流，甘溫之物。破瘀潤燥，通經閉可下死胎；　消腫止疼，治喉痹能消惡痘。產後血暈宜用，跌打損傷必需。　丹參：　味甘溫而色赤，入包絡與心經。破血以生新，安胎而墮死。調經除熱，女子之奇方；　解毒排膿，瘡瘍之聖藥。　性專降氣，功擅補陰。蓬莪术：　辛溫而苦入肝經，破血消瘀，逐風行氣靈。解毒止痛兼化食，還治痰癖與奔豚。　三稜：　辛苦而平，色白屬金，還入肝經，兼歸脾絡。血瘀氣結，莫不雲消；　食積痰症，盡堪冰解。墮胎而通乳，消腫以止痛。　乳香：苦能補腎，香竄開心，入絡以舒筋，生肌而調氣。消痰散結，善治心腹之疼；解熱祛風，亦治瘋癲之疾。　沒藥：　味苦辛平，行經入絡。止疼平腫，散結以消瘀；　下乳墮胎，活血而理氣。　血竭：　生肌之聖藥，味甘性暖而色赤；　和血之靈丹，去滯生新而止痛。　王不留行：　味苦而甘，行衝及任。通經利便，止痛而去痹；　下乳催生，除風而散血。　蘇木：　味甘而鹹，性

寒而冷。去瘀行血，發表裏之風邪；開閉通經，治瘡瘍之腫脹。氣壅皆解，血暈俱清。　五靈脂：性味甘溫，獨入肝家。散血行經，止疼最靈驗；通痹破積，胸痹腹痛痊。　牛膝：苦酸之味，肝腎之經。散血破癥，理經瘀而難產；強筋壯骨，治陰痿與遺溺。愈瘧以補中，通淋而止痢。喉痹咳痛，理下焦之萎弱；引火下行，退骨髓中邪熱。熟、生其功不一，有濕熱者忌用。

澤蘭：苦能泄熱，甘可和陰，香則寬中，辛而散鬱。止頭旋目眩，除產瀝腰疼。養氣調經，攻症而逐水；通關利竅，破血以消癰。　益母草：活血祛瘀，婦科良藥，辛苦微寒，利水解毒。產後瘀血腹痛若失，淋帶水腫諸恙能痊。還消疔腫，又解乳癰。　茺蔚子：調經活血，明目添精。順氣以消瘀，止崩而治帶。可解頭痛，又除心煩。　穿山甲：味鹹性寒，行脾入胃。通經入絡，逐濕以祛風。消腫止疼，潰癰而發痘。善通乳閉，可下經瘀。　紅麴：甘溫色赤入營中，破血消瘀化食功，惡露產餘流不盡，只須服下自能通。　菴蕳子：微苦性寒入肝經，行水消瘀散血勛。陽痿骨疼通經閉，產餘作痛總堪烹。　淩霄花：包絡之需，肝經之物，性寒而滑，味甘而酸。破血消瘀，去血中伏火；通淋理結，宜腸內之風。破彼癥瘕，止夫崩帶。　延胡索：味兼辛苦，性則暖和。入包絡肝經，走肺家脾部。通經以利便，平疝而墮胎。氣滯血凝，吐衄崩淋盡愈；風痹痰結，瘕癥疼痛能消。　藘茹：破血與排膿，除癥殺疥蟲；辛寒有小毒，惡血最能攻。　馬鞭草：味苦性微寒，通經破血源，臁瘡陰腫脹，癥結中能刊。

三十一、補氣藥　人參：補藥之首，能回元氣於無有之鄉；開心益智，可添精神於虛勞之疾。補脾土以生金，定驚悸而明目。性則偏溫，味甘微苦。　黃芪：內可益元氣以壯脾胃，外能實腠理而清虛熱。固表溫中，托癰起痘。陰虛忌用，恐升氣於表；表實當忌，恐閉其邪氣。　白術：味是甘溫，經歸脾胃。燥周身之濕，補中土之虛。同枳實以消痞，佐黃芩以安胎。　甘草：附甘草梢、甘草節。味極甘平，功專和解。瀉心火以補益脾胃，潤肺燥而溫暖三焦。諸藥皆宜，最能緩急。梢：治胸中積熱，止莖中之痛。節：善治癰疽。　山藥：專歸脾土，兼入肺經。清熱補虛，止瀉而固腸；益腎甯心，強陰而助氣。遺精可澀，癰腫皆消。炒則氣滯，生則性滑。　扁豆：味甘性溫，調脾暖胃。祛除濕氣，表散暑邪。降濁以升清，治瀉而止渴。利三焦之鬱，醫中土之疴。

三十二、補陽藥　鹿茸：甘鹹溫暖物，稟性是純陽，火衰最能旺，真陽弱可強。壯筋並強骨，治損與勞傷，補髓生精血，其功信不常。　鹿角：附鹿角膠、鹿角霜。生則散血消腫，治乳癰疼痛；熟則益精補虛，治夢與鬼交。膠：□肺溫腎，其性走而不守。霜：亦通督脈，能治脾腎虛寒。　破故紙：味則甘溫而辛苦，經由包絡與命門。治盡勞傷，腎氣元陽自壯。祛虛寒，暖丹田，相火方旺。療遺濁以固精，止流泉而縮便。　蛇床子：味兼辛苦，性則溫和。益腎以強陽，祛風而逐濕。治腰背痠疼，療前陰痛癢；補子臟虛寒，治產門不閉。　葫蘆巴：助真火於命門，壯元陽於右腎。祛寒而逐濕，治瘕以攻癥。藥雖純陽，其味偏苦。　蛤蚧：不拘牝牡盡是鹹，溫補肺腎助陽全，咳久嗽長方為妙，扶陽和陰服之痊。　蓯蓉：味是鹹溫，性偏滑利。入腎經之血分，補真火於命門。陽絕以能興，陰虧而可復。　鎖陽：甘溫補血又興陽，潤燥清金滑大腸，益髓添精治痿弱，強筋壯骨效非常。　巴戟天：補血強陰入腎經，回陽助氣是辛溫，祛風逐濕功還捷，水腫勞傷盡可烹。　紫河車：附坎炁。味是甘鹹，由來善補虛勞；性偏溫暖，自能豐氣益血。　坎炁：能接人真元。　杜仲：腰疲膝弱，非此不強；腎乏肝虧，用之即旺。孕漏與墮胎，陰癢溺餘瀝。能補脾陰，且可走腎。　山茱萸：味苦而酸，性溫而澀。補肝補腎，固精固氣。暖膝暖腰，祛寒以祛濕；助陽安臟，縮便而止淋。利竅強陰，聰耳明目。

三十三、補血藥　熟地黃：味甘色黑，補腎以強肝；性溫培元，生精而填髓。陰虧力弱方可服，氣鬱痰多不可烹。　阿膠：清肺養肝，補陰益氣之藥，甘平而潤，吐血固經之方。經枯能潤，胎動能安；勞嗽可療，溺血可醫。　當歸：補而不滯，陰虧血弱之所需；甘辛且溫，助汗祛寒而兩用。氣淩裏急，平衝脈以如神；腹痛腰疼，理帶經而若失。經入心肝，性偏滑利。首行上部，尾從下走，身能補血，全用則和。　枸杞子：滋腎清肝，善強筋骨。升陽益氣，專補虛勞。味甘微溫，明目益精。　何首烏：苦能堅腎，溫可補肝，澀以斂精，甘以益血。愈諸瘡與瘰癧，治勞瘦及風虛。　楮實：附楮白皮。味主甘寒，平補虛勞。回陰起陽功再捷，明目強筋骨。　楮白皮：治水腫氣滿。

三十四、補陰藥　沙參：味苦微寒，氣輕力薄，善清肺熱，亦補陰虛。　麥門冬：味苦而甘，清心保肺。生津行水，虛勞自可成功；止嗽消痰，

吐逆還能奏績。除煩而瀉熱，潤燥以強陰。　天門冬：甘寒味苦，肺腎之經，治癰第一，潤燥之功。益精益髓無雙，滋陰之力最妙，消痰止嗽皆靈，腸滑胃虛當禁。　黃精：性本甘平，補中潤肺強脾胃。填精培髓，久服可與人參賽。　玉竹：止渴與除煩，風淫濕毒刪，理頭目疼痛兼眦爛，悅顏色何難，潤心肺無慚。性甘平，補益功非慢。虛勞與瘧疾，莫不是金丹。　石斛：除虛熱而甘淡入脾，澀元氣而鹹平補腎。先和胃氣，益精補水以強陰；又及肝經，堅骨強筋而通痺。可痊囊濕，偏治夢遺。　女貞子：性平而緩，味苦而甘。安五臟以補益肝經，除百病而扶持腎臟。　龜版：介類潛陽，滋陰補血。功具益腎通心，專治勞熱骨蒸。崩漏痔漏能痊，癥瘕難產可順。性主甘平，屬金與水。　鱉甲：鹹平而靜，入肝經血分之所。退虛熱，消癥結，善治虛勞骨蒸，可消瘧母堅癖。痔疾疝氣可療，經阻難產亦醫。

旱蓮草：味苦而鹹，止血甚速，強陰益腎，黑髮烏鬚。　菟絲子：溫兮不燥，入腎以強陰；甘而且辛，補脾以益氣。既可通淋，又可止渴。強筋為首，明目當先。蓯蓉補腎家之陽，菟絲補腎家之陰。　百合：附百合花、百合子。味是甘寒，經歸心肺。保夫華蓋，遠年咳嗽最妙；清彼靈臺，指日驚煩無事。調中而益氣，泄滿以散寒。浮腫可消，諸淋能利。花：治天泡瘡，菜油調塗。子：酒炒研末，治腸風之血。

三十五、收澀藥罌粟殼：固水斂金，久嗽遺精莫慮；澀腸益氣，瀉痢脫肛何愁。且酸寒之性，理筋骨之疼。　訶子：苦多泄氣，酸盡斂陰，溫則調中，澀為收脫。止嘔快膈，更宜定喘消痰；治瀉澀腸，還主止崩除帶。專於解渴，善可開音。石榴皮：味性偏酸澀，由來治脫肛；除崩兼帶下，止瀉是神方。烏梅：味澀而酸，性溫而和。斂肺以澀腸，消腫而清熱。殺蟲解毒，除障以安蚘；醒酒湧痰，生津而止嘔。赤石脂：甘溫收濕，益氣以調中；酸澀斂精，止血而固下。專治瀉痢，善合瘡瘍，更下胞衣，還生肌肉。禹餘糧：味甘性澀，固下以調中；止痢除崩，催生而通閉。肉豆蔻：味則辛溫，氣偏馥鬱。理脾而暖胃，下氣以澀腸。逐冷去痰，消食而解酒；調中定嘔，止瀉以除疼。椿根皮：苦寒酸澀俱全，濕熱痰涎盡治。腸風崩帶，具固中之效；久瀉遺精，有斷下之功。金櫻子：味澀而酸治夢遺，固精秘氣是神奇，行脾入肺還歸腎，瀉痢遺尿總可醫。桑螵蛸：鹹潤甘平物，固精入腎經，赤淋兼吐衄，血熱盡能平。覆盆子：能興陽痿可縮便，多益腎臟以固精。味甘酸而性溫，補肝經而明目。潤肌膚之枯槁，治肺氣以虛寒。益智仁：辛熱走脾經，究入心經與少陰；君相真火弱，固衛溫中又澀精。暖胃散寒攝涎津，鬱結能宣理腹疼。止嘔治崩縮小便，因名益智信若神。烏賊骨：鹹能走血，溫可和陰，入腎兼肝，通經與脈。祛寒濕以治腫疼，止白帶而消目翳。石蓮子：味苦甘溫，性偏沉降。開胃而進食，清熱而除煩。噤口之痢如神，開竅諸淋盡愈。還能益氣，最可養陰。蓮鬚：性澀味甘溫，助陽以固精；清心入腎經，止血以強陰。

三十六、其他礬石：鹹酸以收澀，解毒以生津。燥濕而化痰，咽痛喉痺寧，熱蒸而體燥，癲癇疸疾效。至悍之物，用者宜慎。梧桐淚：味苦而鹹，性寒而冷，除䘌而固齒，殺蟲以除疳。善解咽喉，專消瘰癧。預知子：其味苦微寒，治天行時疾。五勞七傷，痰癖與氣塊；殺蟲療蠱，利便以下胎。阿魏：經歸脾胃，味辛性平，解毒以殺蟲，除疳而辟瘟。善消堅積，最治冷疼。爐甘石：味甘性溫，祛熱收濕。退紅筋而消腫，去紫翳以除疼。明月沙：刮翳祛眵而明目，殺蟲除瘵以消疳。孩兒茶：可除陰疳，能平痔腫。化痰而收濕，瀉熱以生津。性主清涼，味偏苦澀。五穀蟲：寒除火症，實熱實痢皆痊；甘補脾家，疳積瘡瘍盡愈。秋石：降火滋陰第一功，鹹溫補腎潤胸中。骨蒸咳嗽兼遺濁，一切瘕症盡可攻。雞椇子：潤臟腑，味極甘平，止渴除煩，瀉毒醒酒。青鹽：經歸肝腎，味是甘鹹。固氣益精，陰痿夢遺自治；通淋縮便，目痛吐衄皆痊。

清・陈明曦《本草韻語》卷上　草部補益類略分氣血兩門　黃耆：溫甘氣味是黃耆，固表升陽健肺脾。有汗旋收無汗發，氣能生血血生肌。扶陽起痘功兼擅，內托排膿效匪遲。下病亦堪從上取，按：崩帶，腎病也，而以黃耆舉之。所謂下病而上取也。補中益氣復何疑？　人參：要識人參補帶涼，熱而自汗可回陽。健脾充肺心神定，活血通經脈息昌。瘧痢二家虛可用，煩勞一證渴何妨。積痰喘脹兼亡血，病氣全資正氣匡。　甘草：協和諸品使無尊，國老由來著大名。溫散寒邪兼益氣，調停中土亦涼心。諸經偏走肌常解，百藥同煎毒盡平。中滿縱云多忌此，因時酌用有權衡。　白朮：附天生朮。白朮和中兼燥濕，甘溫性與脾家適。補氣還餘補血功，發汗更饒收汗力。制水生津泄瀉休，安胎止嘔壅飧益。按：脾胃虛寒，故多嘔逆。白朮甘溫，可以止之。壅飧益，謂能進食也。痞痰腫痹效皆神，血燥氣盈君莫給。按：近年出湖南平江

者，因其野生，故名天生朮。功力大勝白朮，然種不多。其由人力生長者，偽劣不可用。

蒼朮：甘溫辛烈推蒼朮，燥濕行痰效最先。升發胃陽生汗液，驅除脾濕辟邪緣。治瘻解鬱功堪述，止泄消風病可痊。水腫濕瘡胥賴此，表疏汗出勿同煎。按：本草云蒼朮能止嘔，然氣虛氣逆之人，聞蒼朮之氣，又能動嘔。不可不知。　萎蕤：萎蕤氣味極甘平，益氣兼滋肺與心。去濕消風能治目，除煩解渴賴生津。補虛不令頭腰痛，瘵瘧先教寒熱清。更治中風多暴熱，總之分兩不宜輕。　黄精：甘溫益氣是黄精，潤肺清心五臟平。益髓填精扶老叟，強筋健骨利行人。三蟲下後中無濕，二土培時氣屬坤。辟穀延年真妙品，仙家服此得長生。　五味子：藥兼五味酸鹹勝，肺氣收兮腎水增。益氣生津仍斂汗，濇精明目且強陰。心煩既解渴斯止，腎瀉能除欬亦停。若受風寒因喘嗽，須知殺賊怕關門。　沙參：質味輕而淡，沙參性略寒。益脾兼潤腎，清肺亦滋肝。嗽久金妨剋，陰生熱自安。犯寒因作欬，此味卻宜刪。　遠志：遠志氣原溫，嘗之苦帶辛。入心通腎氣，強志補元精。陽旺多筋力，神安少悸驚。舊書能記憶，益覺夢魂清。　熟地黄：生津益髓水瀼瀼，滋腎無如熟地黄。得血自堪資視聽，填陰何患有勞傷。汗枯得此能生汗，陽越因茲不格陽。厥少陰經俱可入，用醫胎產最為良。　何首烏：補肝堅腎保羸軀，收斂功多是首烏。益髓添精筋骨健，祛風養血痔癧除。元陰充足胎常孕，榮血調和瘧自驅。豈獨帶崩勞瘵療，延年益壽譽非虚。　當歸：甘能補血辛行血，血中治氣當歸協。頭腰心腹痛能除，瘻痺癥瘕寒可抉。瘧痢榮和風乃平，按：瘧為肝邪，發於風府。痢亦多由腸風。榮血調和，則風自息矣。瘡癰肉長膿先撤。虛勞經產更相須，治痙養筋胥妙訣。　白芍：白芍調榮更瀉肝，味兼酸苦性微寒。緩中退熱痛旋止，歛氣收陰汗自乾。利便消癰還治痢，安脾理肺亦除煩。脇疼目濇兼胎動，血病般般效請看。　藭芎：手足厥陰皆善入，升陽開鬱藉藭芎。散瘀止痢調經孕，行氣和榮療毒癰。能補肝虛兼治脇，亦醫頭痛並搜風。寒痺筋攣多涕淚，病因風木效皆同。按：前人不言動嘔，今特補入。　丹參：丹參色赤味還苦，肝腎心脾四藏該。療痺調經勞並治，養神定志疝兼排。破將宿血生新血，安就生胎下死胎。崩帶癥瘕和腫毒，用醫諸證是良材。　續斷：血脈宣通筋骨續，名為續斷顯其功。腰疼胎漏宜堅腎，帶下遺精在暖宮。能療痔癧兼腫毒，豈憂血痢與腸風。破瘀縮便功都著，佐以甘兮力更宏。　菟絲：辛溫偏不燥，質性菟絲純。補氣能開胃，強陰在益精。枯瘻兼燥渴，帶濁與遺淋。厥證胥堪療，祛風目更明。

草部溫熱類　附子：純陽大熱是烏頭，善走諸經靡不周。脾胃暖時無嘔利，癥瘕起處不勾留。瘡疽虛冷陽堪復，表裏陰寒病立瘳。霍亂慢驚痰氣厥，察為寒證儘堪投。　其二：種種沉寒病莫痊，怕嘗附子致纏綿。腹疼不止中宜理，膈噎難通火要添。體痺肢攣祛冷痼，邪消鬼辟樹威權。孕娠誤服胎先墮，陽證輕投命立捐。　白附子：白附純陽皆熱性，上行頭面理風邪。心疼痰壅功堪紀，血痺風淫效可誇。下濕勿憂陰腫癢，驚風豈任眼歪斜。諸般冷氣都能治，以熱祛寒總不差。　蓽茇：蓽茇溫中而下氣，吐酸停食惡心宜。寒痰氣痢沉疴起，水瀉腸鳴妙用施。痃癖病連陰疝治，頭牙痛並鼻淵醫。耗傷真氣毋多服，動火須防損目眦。　良薑：良薑辛熱入陽明，暖胃何愁胃脘疼。瘧祟糾纏宜辟瘴，虛人吐利要驅陰。散寒自可除陰癖，化食還能解宿酲。功力雖云醫霍亂，胃家有熱不須論。　艾葉：古人用艾救元陽，吐衄之家止血良。開鬱溫中崩可卻，驅寒逐濕痢無傷。子宮暖後胞胎穩，癸水調時氣血昌。霍亂轉筋綿取效，殺蚘治癬有兼長。　砂仁：砂仁入肺兼脾胃，快氣調中噎膈通。霍亂轉筋除嘔瀉，胞胎動氣止攻衝。痞消兼令寒痰逐，酒醒還教宿食融。口齒咽喉浮熱散，奔豚崩帶治皆同。　白豆蔻：白蔻肺家為本藥，溫脾暖胃三焦合。祛寒散滯氣無停，化食寬膨脾不弱。燥濕能教酒積消，清金還令睛膜豁。豈惟吐逆立時除，虛瘧用之尤止瘧。　草豆蔻：草果辛香脾胃暖，開通鬱氣使周流。祛寒燥濕陽堪復，化食行痰滯不留。瘴毒瘧邪除萬氣，胃翻膈噎運中州。他如嘔泄仍中滿，霍亂垂危疾可瘳。　大茴香：大茴辛熱入膀胱，益火尤堪補腎陽。開胃進餐資煥暖，調中止嘔藉芳香。疝寒不令居陰器，氣冷旋教出小腸。脚氣雖除毋過食，防他損目發瘡瘍。　藿香：藿香味薄氣殊溫，快氣兼行兩太陰。甘以和中消惡氣，香能開胃進盤飧。肺經調理平寒熱，心腹寬舒止痛疼。正氣暢時無逆氣，嘔兼瀉利效堪徵。　木香：木香兼入肺肝脾，升降都隨氣分移。瀉痢氣調無後重，閉癃氣順可前推。痰停好共癥堅化，心痛堪同霍亂醫，本草皆云除嘔逆，氣虛胃弱卻非宜。按：此物香竄太甚，胃弱氣虛之〔人〕，入口即嘔，且不免過於耗氣。　其二：木香辛苦氣原溫，常把三焦氣分平。裏急須除衝脈病，食停宜使胃陽伸。腸脂可並胎元固，蟲毒應隨瘴霧清。疏泄縱教痃癖療，須防真氣損三分。　肉蓯蓉：相火無形寄命門，蓯蓉入腎補天真。膝

腰痠痛扶痿弱，精血虛寒止帶崩。益髓頓教枯臟潤，生兒端賴絕陽興。虛人便結難攻下，用此通腸妙入神。　益智仁：　辛熱入脾推益智，兼行心腎效無窮。開通鬱結三焦暢，逐散寒邪二火充。水臟濇精因固氣，按：命門不衰則氣自固，氣固則精自濇。胃家進食在溫中。腹疼嘔泄兼崩帶，小便頻來總建功。按：諸證皆胃腎兩家虛寒所致，故益智之辛熱足以勝之，惟崩帶因熱而生者禁用。

蛇床子：　陰囊脹濕陽常痿，子臟虛寒腎不強。私處有蟲因痛癢，產門坐蓐不收藏。腰痠體軟多崩帶，齒痛喉疼並癬瘡。更有脫肛兼便數，醫家須識用蛇床。　仙茅：　仙茅辛且熱，命火得之良。縮便因強腎，生兒賴助陽。腳腰除冷痺，心腹去寒傷。耳目虛堪補，惟防相火揚。　破故紙：　故紙辛溫苦，心包右腎兼。健陽防小水，補火旺丹田。腎泄培斯止，腰疼暖便痊。精遺胎不固，服皮定安然。　胡盧巴：　盧巴溫帶苦，厥性是純陽。命火虛堪補，丹田暖更強。疝瘕寒可散，腳氣濕無傷。同是蘿蔔子，番生固氣良。

淫羊藿：　辛溫羊藿性，入腎亦行肝。益氣精常足，興陽火不寒。風勞和溺澀，骨軟與筋頑。手足憂麻木，諸般證可安。　巴戟天：　蜀地生巴戟，陽痿賴以興。腎經行血分，水臟助陰精。補益勞傷療，辛溫水濕平。豈惟消腳氣，亦可養心神。　使君子：　甘溫使君子，最可益兒童。健胃除虛熱，扶脾殺臟蟲。癬瘡功亦捷，瀉痢力尤宏。溺濁和疳證，均歸療治中。

草部寒涼類　黃芩：　黃芩善瀉中焦火，失血隨同血閉除。寒熱往來清膽病，疸淋澼痢補陰虛。消痰利水功無讓，解渴安胎力有餘。下走膀胱滋水府，療瘍一律起焦枯。　其二：　上焦病用酒黃芩，風熱隨同濕熱清。火鬱肺家涼可解，氣停胸次利於行。腫消豈慮目猶赤，嗽止不憂喉尚腥。陽退陰回功在即，只防胃弱血寒人。　黃連：　黃連入膽與心肝，涼血消瘀解渴煩。胸腹從茲無痞滿，孩提賴此止驚疳。亢陽甫退癰疽散，濕熱纔清澼痢安。夜寐自然除盜汗，按：心之液為汗，黃連涼心故止盜汗。可知君火喜沉寒。　其二：　開鬱更兼能活血，黃連善療目眦傷。蚘生腸胃除攻痛，積在心胸化伏梁。酒毒堪同胎毒解，濕邪還共火邪攘。虛寒致病毋輕用，陽氣衰微不可戕。按：此所謂水中之火，不可以水折也。水中之火，相火也。用桂附，據其窟澤而招之，同類相求，火乃下降矣。黃連苦寒，必實火乃可用之。韓懋曰：黃連與肉桂同行，能交心腎於頃刻。時珍曰：治痢用香連丸。又薑連丸，用黃連、乾薑；薑黃散，用黃連、生薑；左金丸，用黃連、吳茱萸。治口瘡，用黃連、細辛。止下血，用黃連、大蒜。一陰一陽，寒因熱用，熱因寒用，最得製方之妙。　胡黃連：　胡黃連出波斯國，肝胆心經治法兼。熱在五心煩可解，濕成五痔痛堪拈。胎蒸骨熱陽邪卻，瘧痢驚疳喜兆占。更有三消都奏效，豈容菓積胃腸粘。　生地黃：　地黃生用多寒性，丙火庚金瀉且清。出痘熱多須潤燥，傷寒陽勝賴滋陰。月經通暢瘀先散，榮血清涼逆自平。心腎二經俱善入，崩中吐衄見功能。　白茅根：　白茅寒入心脾胃，伏熱澄清小便行。解酒亦能醫吐衄，除煩兼可治淋崩。消瘀好共調經用，噦逆還隨喘急平。行水故消黃疸腫，不傷中氣最堪珍。　知母：　知母兼行肺腎家，清金潤燥允堪嘉。消痰定嗽渴斯止，截瘧除蒸痢莫嗟。利便並將浮腫退，安胎還使蓐勞瘥。滋陰瀉火清煩熱，虛損之人不可加。　龍膽草：　寒如膽草專清火，肝膽膀胱與腎經。熱挾濕流消腳氣，熱隨風上治喉疼。赤(胬)〔努〕肉光無損，黃疸驚疳病可興。瀉痢瘡癰兼骨熱，陽強方不忌沉陰。

防己：　太陽主藥推防己，偏走諸經通腠理。為瘧為痰悉治之，諸癇諸腫皆瘳矣。熱隨濕去二陰通，水並風消雙足起。專療下焦血分宜，上焦氣分非堪取。　苦參：　苦參燥濕兼清熱，賦性沉寒主腎經。利竅生津能止渴，補肝明目在填陰。疸黃溺赤多奇驗，血痢腸風有異能。解酒殺蟲除疥癩，祛風逐水總如神。　茵陳：　苦燥濕兮寒勝熱，茵陳入足太陽經。疸黃用此為君藥，脾胃多邪啟北門。時疾熱狂資發汗，蠻方瘴瘧賴消氛。頭旋頭痛和瘕疝，濕氣傳經不許停。　木通：　木通甘淡且輕虛，降火清金血脉舒。利竅能教聾眩治，化津堪使渴淋除。咽喉清利音旋出，關節宣通體不拘。小便既行浮腫退，何憂濕熱二陽居。　其二：　細孔叢生是木通，管教鼻齆自然空。若催生下乳多明效，止痛排膿有異功。脾倦好眠須去熱，經行不準要調中。若逢多汗毋輕與，過泄須防水液窮。　通草：　氣寒味淡惟通草，升降之經肺胃由。熱既下行淋亦止，氣因上達乳常流。失音當使辛金利，治腫先從小便求。耳目聾昏胥受治，催生也覺此堪投。　車前子：　車前涼血能清熱，吐衄瘕瘀藥力諧。便利不曾真氣走，目明豈畏賊風來。陰精受益能生子，淋痢兼醫卻下胎。滲濕自然消腫痺，膀胱證罷可無災。　澤瀉：　澤瀉功耑消濕熱，淡鹹入腎與膀胱。渴消吐瀉功堪奏，痞腫痰涎病可當。溲便流行無血下，疝淋歇止覺精藏。他如腳氣兼陰汗，諸證須知水濕防。　燈草：　燈草涼心清肺火，小腸通利不須疑。燒灰熱客吹喉痺，塗乳嬌孩止夜啼。味淡而甘諸血止，性寒能降五淋醫。況通水氣消浮腫，妙處奚徒擦癬宜。　瞿麥：

治淋要藥推瞿麥，熱蓄膀胱導水泉。利竅故能除目翳，通經卻忌損胎元。決癰消腫功殊捷，破血祛瘀妙莫言。心與小腸胥降火，虛人慎用是真詮。　山荳根：　荳根止痛兼除咳，喉痺喉癰效可憑。保肺全須心火瀉，消風先令大腸清。熱除自保齦無腫，痢止旋教腹不疼。瘡痔急黃兼藥毒，登時煎服罷呻吟。　射干：　藥有射干能瀉火，腫消血散積痰祛。咽喉痛痺辛金潤，瘧母糾纏相火驅。便毒消融腸自滑，月經通利疝兼除。能消結核還明目，平木清肝力有餘。　漏盧：　鹹可軟堅寒勝熱，漏盧解毒工於泄。排膿止血效何神，下乳通經機最捷。長肉先須藥殺蟲，治遺兼保溲無血。時行痘疹預防之，發背癰疽開鬱結。　白鮮皮：　善除濕熱白鮮皮，苦燥而寒入胃脾。(關)〔開〕竅宣通仍利水，疥瘡施治不傷肌。黃因熱發能中止，痺為風侵不久羈。女子陰中時腫痛，膀胱治療別無奇。　白頭翁：　苦寒稱曰白頭翁，善走陽明血分中。入腎優於堅骨齒，生明可以豁眸瞳。疝瘕不至頑難化，瘧痢須知熱易攻。瘰癧禿瘡兼血痔，消疣止衄法都工。　連翹：　瘡家聖藥是連翹，瀉火能將氣分調。利水因而除濕熱，通經不至釀虛勞。殺蟲止痛淋兼治，散腫排膿毒盡消。氣聚血凝經絡滯，疏通榮衛亦功高。　天門冬：　天冬入肺清金熱，腎臟交通益水源。滋潤澤肌兼利便，甘寒止渴亦消痰。唾多膿血炎枯解，肺患痿癰喘嗽安。足熱骨蒸消渴證，陰虛有火治無難。　麥門冬：　麥冬甘苦性微寒，潤肺清心亦悅顏。定嗽消痰能止嘔，生津行水自除煩。肺癰不令膿常吐，脉絕能教氣自還。痿躄虛勞經乳閉，清金降火是金丹。　海藻：　潤下軟堅推海藻，寒鹹性味腎家行。癭瘤可共陰㿉散，痰飲堪隨脚氣清。水導不憂囊尚腫，食消奚慮腹猶鳴。　石斛：　石斛扶陰而抑熱，鹹行腎臟淡行脾。成功和緩除嘈雜，賦性輕清止滑遺。濇氣益精筋骨健，定心平胃汗涎稀。便多餘瀝醫囊濕，亦治虛煩且善飢。　牡丹皮：　血中瀉火性原寒，吐衄多宜用牡丹。風定自然無瘛瘲，熱消何至有驚癇。骨蒸無汗清神志，經閉成勞責腎肝。煩熱瘡癰皆妙劑，惟逢胎孕暫從刪。　益母草：　益母微寒入厥陰，水消自覺血隨行。產難胎漏危堪救，帶下崩中病莫瞋。過月經調因導滯，逾時瘀去便生新。婦人血病多宜服，知是因功始命名。　青黛：　青黛頗鹹寒，惟青故入肝。臟中除火鬱，兒輩免驚癇。下血防成痢，傷寒治發斑。癰丹兼吐咯，病去便安閒。　元參：　元參鹹帶苦，色黑性微寒。入腎能滋水，驅陽可化斑。骨蒸憑解熱，口渴賴除煩。豈但清喉目，還醫二便難。　大青：　大青寒勝熱，心胃可兼司。丹毒吞旋解，喉瘡飲亦宜。熱狂時疾去，陽毒發斑醫。疸痢俱能療，休疑藥不奇。　葶藶：　下氣推葶藶，膀胱手太陰。積癥堅可破，臏急水能行。賴此沉寒物，醫他伏熱人。除痰還散腫，利便亦通經。　海金砂：　海金砂善滲，味淡入膀胱。濕熱侵營血，甘寒利小腸。治淋莖止痛，利水腫無傷。若得硝梔類，傷寒療熱狂。　地榆：　地榆走下焦，賦性沉而濇。產後斂真陰，營中消積熱。崩和血痢除，汗共腸風歇。吐衄治皆良，犬蛇蟲毒抉。　紫草：　活血兼涼血，書稱紫草茸。腹心寒勝熱，便溺閉能通。血滑瘡癰散，春回痘疹膿。甘鹹消腫疸，利竅亦同功。　青蒿：　早得春陽令，青蒿二月生。疥瘡風毒去，瘧痢火邪清。治血除肝熱，醫勞退骨蒸。熱黃胥對證，鬼疰豈能侵。　甘菊花：　甘菊經霜露，芳姿四氣交。木平風自息，火制熱潛消。目豈留膜翳，頭常止眩搖。涵濡金水臟，色白品彌高。　金銀花：　金銀花入肺，散熱補虛工。養血能除渴，醫瘡善去風。癰疽消冷熱，澼痢止殷紅。惡毒皆能化，違言疥癬叢。　貫衆：　貫衆原含毒，偏因解毒傳。帶崩能固脫，癥結可消堅。骨鯁須臾化，斑收次第宣。豈惟蟲可殺，血氣痛如拈。

草部性平類　蒺藜子：　蒺藜能使肝風散，瀉肺還能腎臟培。下乳須知胎易墮，填精自覺目無迷。虛勞遺帶兼腰痛，痔漏癥瘕並肺痿。解毒去風胥用此，何憂喉痺與陰㿉。　蒲黃：　蒲黃生用涼而滑，行血專司兩厥陰。熱蓄膀胱能利便，痛居心腹善通經。舌如脹大須臾散，瘀或停留頃刻行。炒黑用之偏止血，泄精崩帶效堪徵。　秦艽：　秦艽辛苦除風濕，養血榮筋治不仁。肝膽兩經資補益，胃腸二府退炎蒸。體攣骨熱生滋潤，口噤牙疼散惡氛。二便滯凝兼瀉血，疸黃酒毒病源清。　石菖蒲：　菖蒲利竅開心孔，耳目聰明受益多。去濕逐風痰亦散，寬中開胃積兼磨。帶崩胎漏除沉痼，毒痢驚癇致太和。腫痛既隨風痺治，殺蟲解毒亦知麽。　香附：　香附血中為氣藥，功兼散降亦兼和。性行八脉諸經遍，效在三焦六鬱多。氣順即時憂怒解，經調同日帶崩瘥。若非藥力宣通後，疼痛多門可若何。　其二：　善消腫脹推香附，腎氣潛隨脚氣瘳。血與氣和無吐瀉，痰隨飲滌不粘稠。疽瘍每逐芳香散，飲食無煩積滯憂。胎產病多胥莫外，用醫霍亂亦云優。　萆薢：　萆薢甘平固下焦，祛風去濕力原饒。益精明目還堅骨，療痺除寒不病腰。莖痛遺精胥受治，陰痿失溺並堪調。膀胱宿水能分利，瘡痔逢之毒盡消。　牛

蒡子：牛蒡潤肺而清熱，散結祛風力頗雄。咽膈利時痰亦豁，疹斑消後便隨通。氣凝腰膝辛能散，腫屬瘡瘍毒可融。十二經中稱善走，虛寒痘證慎無庸。土茯苓：藥中土茯苓，甘淡入陽明。泄瀉調脾胃，拘攣治骨筋。消除風與濕，清理衛兼榮。瘡腫全祛毒，還教小便行。香薷：治暑香薷妙，金清水自行。濕堪消水腫，熱可退膚蒸。解鬱除煩嘔，和中止痛疼。伊誰單服好，霍亂轉筋人。按：《本草正》云：藏寒者忌服香薷，與李氏之論不同，録之以备参酌。馬勃：馬勃頗辛平，輕虛入肺經。既能醫鼻衄，亦可療咽疼。散血旋清熱，吹喉不失音。諸瘡都可傳，內外用如神。蒲公英：公英脾胃藥，化毒有殊功。豈但消疔腫，尤工治乳癰。通淋莖不痛，塗刺汁須濃。固齒兼烏髮，誠哉利老翁。夏枯草：稟受純陽氣，微寒是夏枯。火平肝臟緩，血補厥陰虛。氣結身生瘰，宵寒目痛珠。輕浮因善散，濕痺亦堪除。

草部升發類

羌活：羌活辛溫氣最雄，太陽頭痛理遊風。表寒節痛邪俱退，目赤頭旋障一空。肝腎兩經風散鬱，剛柔二痙濕無蹤。血虛風中頭身痛，二活投之卻不中。獨活：獨活辛溫力善搜，少陰風伏不稽留。齒因風鬱熱旋散，頭受風傷痛可休。濕痺既隨癇痙療，奔豚還共疝瘕瘳。細辛合用尤為妙，眩運之人效可收。防風：痛遍頭身皆表病，搜肝瀉肺藉防風。胃脾轉運風邪掃，經絡宣通濕氣融。證見太陽為卒伍，血行上部止攻衝。瘡瘍目疾稱能品，血分虧虛過掩功。葛根：葛根涼性入陽明，胃氣隨之往上行。脾泄不令陽在下，頭疼務使汗周身。生津解渴肌無熱，止瘧祛風裏亦清。血痢腸風皆聖藥，疹斑已出不宜升。白芷：白芷去風還去濕，陽明主藥太陰兼。胃經熱解牙無恙，肺熱風消鼻不淵。頭目昏疼升最妙，皮膚燥癢散為先。面瘢黯䵟眉稜痛，病屬三經可並痊。其二：白芷辛溫功在散，芳香通竅還疏汗。血如崩閉塞兼通，毒起瘡癰呑且摻。活血排膿病者興，生肌止痛醫家仗。婦人產後偶傷風，頭痛血虛皆可啖。升麻：升麻陽性氣常升，手足陽明並太陰。表散風邪消癘疫，升提火鬱助甘溫。足寒陰痿下元舉，齒痛頭疼上部清。泄痢脫肛兼後重，總之地氣怕銷沉。其二：天地有升方有降，明人始許用升麻。瘡癰解毒風須散，痘疹升陽候莫差。目赤口糜消鬱熱，崩中帶下攝精華。陰虛火動君須忌。實實虛虛惹怨嗟。按：《經》曰：無實實，無虛虛。若陰虛火動而再用升散之品，則火愈炎而陰愈虧矣。柴胡：少陽主藥是柴胡，病在肝經亦可祛。退熱清肌頭不痛，升陽散結脇常舒。勞傷客熱從容去，瘧疾餘邪表裏除。木受風搖喜條達，自然氣血不牵拘。其二：柴胡味薄性微寒，清氣升提嘔吐安。按：嘔吐由清不升，濁不降。有升則有降，而嘔吐自已矣。並治耳聾兼口苦，亦醫目赤與心煩。熱侵血室調天癸，痞積胸間導宿痰。胎產疹疳諸熱退，瘡疽凝結亦能勘。麻黃：解肌發汗仗麻黃，榮衛風寒兩受傷。血脈調和通孔竅，肺經療治並膀胱。頭疼目赤資開散，氣喘痰哮藉發揚。斑毒瘧邪風水腫，輕堪去實是良方。按：諸論義理精微，深得仲景立方之旨，宜熟玩之。紫蘇：紫蘇行氣兼行血，利肺通心益胃脾。發汗祛風寒自散，寬腸下氣痛應稀。安胎和血真能事，定喘消痰有捷機。霍亂轉筋兼脚氣，用醫暑濕亦相宜。細辛：細辛能使風寒散，脊強頭疼咳逆平。喉痺耳聾須潤腎，血凝汗閉要溫經。通精利竅鼻無塞，散結除痰乳亦行。風眼口瘡兼齒䘌，熱浮上部散如雲。薄荷：發汗消痰是薄荷，咽喉頭目建功多。搜肝抑肺風邪去，止嗽清音熱病瘥。口齒痛疼如浸潤，皮膚癮疹勝摩挲。骨蒸血痢兼驚熱，惟有虛人少用他。前胡：前胡暢肺風寒解，亦理肝脾足太陽。退熱消痰因氣下，定哮止嘔是風降。小兒疳氣浮雲散，孕婦胎元美玉藏。豈但推陳消痞膈，暑天霍亂也無傷。荊芥：荊芥升浮能發汗，肝家氣血可兼行。風邪解散咽喉利，風濕消除頭目清。結破熱祛瘡去毒，氣行風定血歸經。蒼耳子：走遍周身蒼耳子，上巔下膝外皮膚。溫能發汗頭無痛，辛可消風目不糊。功在鼻淵兼齒腫，效推體痺及肢拘。身多瘡疥常瘙癢，濕氣風邪一併驅。威靈仙：威靈泄氣兼行水，屬木通行十二經。快利二腸消腫濕，宣疏五臟治風淫。癥瘕積聚堅能軟，痺痛痰膿去不停。木賊：木賊善行肝與膽，解肌發汗最輕揚。翳膜只為風侵目，赤痢原因熱入腸。血分滯凝除濕鬱，肛門滑脫散陽光。厥功更在崩兼疝，痔瘻腸風頌永康。藁本：太陽頭痛還連腦，藁本消風力最雄。督脈受寒因病脊，胃家作泄要驅風。疝瘕務令風邪去，腫痛無教濕氣充。瘴疫風癇俱至要，腹中痛急亦開通。浮萍：浮萍辛善散，質性頗輕浮。入肺皮膚達，疏邪汗液流。瘓癱風可去，瘙癢濕能搜。搗汁除消渴，無愁飲不溲。

天麻：天麻入厥陰，益氣亦強筋。血脈常通暢，風痰不滯凝。頭顱無眩掉，言語自分明。瘺痺驚癇證，風兼濕氣清。鈎藤鈎：鈎藤寒不甚，除熱亦平風。能使肝邪息，無虞相火冲。眩旋醫長老，瘛瘲療兒童。豈但疏斑疹，胎風萬籟空。

草部攻破類　大黃：　大黃大苦寒尤甚，入血消瘀蕩胃腸。下燥推陳除實熱，逐痰行水通陽黃。傷寒發熱譫狂息，留飲停心痞滿匡。下痢腹疼兼裏急，任他實證總平康。　其二：　大黃善走入陽明，包絡肝脾路亦經。吐衄總須除實火，積癥無任託深根。損傷能使瘀融化，瘴瘧還將熱蕩平。消腫蝕膿通二便，奏功真不愧將軍。　甘遂：　甘遂苦寒專下水，腎經隧道結堪攻。飲停食滯驅斯去，水蠱痰迷洗便空。腫滿癲癇都遣散，疝瘕積聚儘消融。陷胸湯內雖闌入，究竟虛人不可逢。　大戟：　大戟最能祛水濕，兼通二便少從容。消癥更見通經效，行血還饒發汗功。水聚腹腸能去滿，毒生頸腋善除癰。婦人切記胎防墮，治腫尤嫌正氣攻。　牽牛：　牽牛入肺走如奔，氣分驅將濕熱行。隧道水停通鬱遏，大腸風秘去堅凝。消痰利便蟲兼殺，破氣攻癥腫亦平。辛熱墮胎毋妄用，更防胃弱氣虛人。　紅花：　紅花破血肝經入，潤燥能將腫痛排。喉痺不通危可救，便難如結閉旋開。消瘀自可調經候，活血無难下死胎。少用允堪醫血運，痘瘡血熱亦無乖。　延胡索：　胡索最能除疝氣，氣凝血結破皆同。月經自覺期常應，產後無虞血上衝。跌撲凝瘀收捷效，崩淋癥癖建奇功。亦通小便消風痺，惟損胎元旦夕中。　澤蘭：　澤蘭泄熱兼和血，散鬱舒脾理月經。利竅通關消水腫，長肌破血化瘕癥。瘀留產後腰常痛，風起頭巔目不明。吐衄瘡癰和撲損，諸般病候總回春。　鬱金：　鬱金辛苦氣原寒，下氣何憂破血難。經血逆行除吐衄，顛狂失次致平安。毒為痘蠱行瘀塞，熱鬱心肝解燥煩。產後上攻多敗血，兼清尿血試詳參。　荊三稜：　省識三稜白屬金，血中破氣走肝經。乳通卻怕胎能墮，腫散因知痛不呻。瘡硬食停堅可削，血瘀氣結塊旋平。麩煨醋炒都堪用，最忌榮虛衛弱人。　莪蒁：　莪蒁途經足厥陰，氣中之血破而行。胃開可保無停食，瘀去從教不閉經。善治腹心諸冷痛，亦除痃癖與奔豚。吐酸得此須臾止，辛散還能毒氣清。　薑黃：　薑黃辛苦肝脾入，下氣兼收破血功。去脹通經功甚烈，除風消腫力尤雄。撲傷豈有瘀常積，產後何愁血上攻。片子更能行手臂，風寒濕痺氣冲融。　杜牛膝：　地菘性味是寒甘，止血仍煩破血看。產婦血行通水道，小兒驚急啟牙關。治淋還可消喉痺，除熱尤堪吐瘧痰。解毒殺蟲兼漱齒，乳蛾用此亦能彈。　卷柏：　卷柏如生用，辛平理月經。消癥因破血，散結亦通淋。止血終須炙，成功總在溫。腸風肛並脫，更治手陽明。　小薊：　甘涼推小薊，吐衄得之良。退熱虛還補，安胎氣可降。破瘀滋血液，治濁理膀胱。大薊同功用，腸癰獨擅長。　續隨子：　續隨能破血，行水亦多能。大小柔腸利，辛溫冷氣平。滌痰消脹滿，下滯化瘕癥。疥癬塗皆效，千金別號稱。

草部除痰類　款冬花：　氣味溫辛是款冬，除煩瀉熱不傷中。消痰幾見仍痰嗽，潤肺何曾苦肺癰。喘渴止時喉不痺，悸驚定後目無矇。咳而上氣兼膿血，實熱虛寒各有功。　紫(苑)〔菀〕：　潤肺常叨紫(苑)〔菀〕功，補虛下氣可調中。消痰止渴惡涎出，退熱除寒結氣融。稚子驚癇虛挾熱，老人咳吐血兼膿。有如上氣皆收效，保肺方中用可通。　桔梗：　桔梗微涼瀉肺經，載浮諸藥上焦行。開提氣血胸無痞，表散寒邪膈自清。喉痺能令虛火降，頭昏不聽濁陰升。太陰金燥常生病，鼻塞痰凝瀉以辛。　貝母：　貝母瀉心開肺鬱，虛勞有熱善行痰。血除吐咯兼醫嗽，肺療痿癰並解煩。淋瀝宣通喉不痺，產生順遂乳如瀾。癭瘤可化瘡堪傅，眩運奚虞火上干。　半夏：　半夏燥中仍帶潤，開通表鬱治痰凝。嗽停更覺音聲發，濕去旋看水道行。和胃健脾平氣逆，補肝潤腎愈眉稜。頭如眩痛多痰證，服此徐徐爽氣清。　其二：　半夏性溫仍體滑，往來寒熱善調和。咽疼胸脹除新病，濕腫痰癭起積痾。瘧並汗多功不爽，嘔兼胃反效無訛。陰陽會合眠應熟，暴卒還如一氣呵。　天南星：　南星能入肝脾肺，身強頭旋善治痰。破結消堅攻積腫，溫經去濕愈驚癇。調傷拔毒能行血，下氣祛風且散寒。喉痺舌瘡兼治療，但防胎孕不能堪。　栝蔞仁：　栝蔞降火行痰氣，氣海何曾鬱垢藏。清咽生津能止渴，開胸下乳亦通腸。腫消更治熱成痢，血止還醫酒發黃。補肺清金因潤下，泄家忌用試評量。　天花粉：　花粉甘酸氣稟陰，能除胃火且生津。熱狂黃疸乾枯潤，痔漏瘡癰腫毒平。清肺滑痰兼解渴，消瘀縮便卻通經。虛中挾熱從權用，脾胃異寒勿誤人。　旋覆花：　旋覆軟堅而下氣，兼行肺與大腸經。腸水降膚無腫，頭目風祛氣自清。開暢心胸除噫氣，宣通血脈治傷筋。消痰去痞雖堪取，虛弱之人不可行。　馬兜鈴：　馬兜鈴入肺，賦體本輕虛。氣降胸因暢，痰消意自如。肺腸消積熱，痔瘻滌沾濡。喘嗽隨時愈，蚘蟲吐不誣。

清・陈明曦《本草韻語》卷下　木、菓部補益類　枸杞：　枸杞甘平堪潤肺，清肝滋腎亦興陽。去風自可明雙目，壯水無難利二腸。益氣生精虛賴補，榮筋健骨力因強。勞傷消渴都無恙，用作功臣贊地黃。　杜仲：　甘溫

能補辛能潤，杜仲益肝兼益腎。腰膝痠疼任起居，骨筋軟弱旋強勁。按：腰痛不已者屬腎虛，痛有定處者屬死血，往來走痛屬痰，腰冷身重遇寒便發屬寒濕，或痛或止屬濕熱，而其原多本於腎虛，以腰者腎之府也。前陰有濕癢能袪，小便無時餘可禁。續斷淮山合作丸，幾多孕婦胎元蔭。　山茱萸：溫肝補腎賴山茱，祕氣藏精力有餘。耳目聾黃虛可療，膝腰溫暖濕堪除。陰陽得助風寒逐，精氣常充臟竅舒。縮便亦能醫帶濁，畏酸只恐是脾虛。　茯苓：茯苓淡滲下焦行，肺熱潛隨小便清。扶助脾陽防水飲，交通腎氣定心神。痰消胎穩無煩滿，濕去津回愈渴淋。肺胃火清除咳嘔，並醫腫泄與遺精。　酸棗仁：滋潤甘酸是棗仁，膽肝受補定神魂。脾無虛怯眠成夢，肝得滋榮力在筋。止泄安中舒己土，除煩斂汗益心君。生津自覺無乾渴，酸痺從茲任屈伸。按：肝主酸。酸痺，肝病也。棗仁補肝，故治之。　柏子仁：甘潤清香柏子仁，悅脾透腎亦通心。肝緣滋養陰無燥，血受資生汗不淫。耳目聰明神智益，皮膚滑膩濕邪清。袪風能保驚癇愈，腸秘因虛導滯凝。　楮實：甘寒推楮實，陰痿仗精填。瘦損肌膚長，昏蒙目力添。虛勞堪補益，筋骨自強堅。久服仍垂戒，修真有秘篇。　大棗：大棗入脾能益氣，生津緩血悅容顏。肺心滋潤還通竅，榮衛調和亦去寒。贊助諸經中忌滿，協和百藥味同甘。傷寒補劑皆加入，脾胃升騰氣一團。　胡桃：肉潤味甘皮卻濇，能通腎命是胡桃。潤腸溫肺除痰疾，益氣滋陰補下焦。喘嗽要充精與血，痛疼常療脚兼腰。三焦通利雖稱快，熱積痰凝且暫拋。　芡實：性濇味甘稱芡實，食之華液自周流。益精固腎濁遺止，去濕扶脾泄瀉休。溲便頻仍資障塞，膝腰痺痛任優游。濇精用此須連殼，煮粥還將粳米投。　蓮子：蓮子甘溫脾受益，常將君相火邪安。濇精能止遺兼濁，益氣堪除熱復寒。泄痢莫教坤土薄，帶崩須救坎宮傷。賴交水火通心腎，血病多般總不妨。　龍眼肉：甘溫龍眼肉，長智益心脾。思慮勞傷候，精神恍惚時。心常資葆養，血豈患支離。他若腸風病，都將血分醫。

穀、人、獸、菜、介、蟲部補益類　薏苡仁：色白微寒薏苡仁，淡能滲濕入陽明。泄淋腫痺水能瀉，咳吐痿癰熱可清。益土故教脾自健，生金堪保肺常榮。拘攣筋急消風熱，土厚兼之木亦平。　粳米：粳米中和物，呈功肺胃多。晚嫌金氣勝，陳令胃陽和。煩熱邪能解，滋培性不頗。溫涼南北判，在昔紀嘉禾。　糯米：甘溫惟糯米，脾肺補虛寒。能使痘瘡發，還教汗液乾。大腸堅不滑，小便縮無煩。厥性殊粘滯，加餐未可貪。　山藥：山藥歸脾兼入肺，補虛清熱緩而輕。按：山藥力緩而輕，用之宜倍於他藥。皮毛滋潤痰涎化，腸胃沾濡泄痢停。虛損勞傷培腎臟，健忘遺洩益心經。瘡癰欲用須生擣，敷貼旋看腫硬平。　百合：益氣調中需百合，消除腫滿熱兼寒。肺虛久嗽清斯潤，心悸多驚緩便安。喉痺乳癰平險隘，涕多便秘去煩難。病醫百合心神定，此法從來仲景諳。　人乳：人乳甘鹹五臟濡，補充血液澤皮膚。精隨氣益滋培易，火並風清燥渴除。便祕不憂津涸甚，眼紅能止淚漣如。臟寒胃弱毋多服，乳不精良性亦殊。　龜板：龜板甘平屬至陰，補心益腎智堪增。脚腰痠痛人隨健，瘧痢綿延氣一新。崩漏癥瘕將血益，骨蒸勞熱使陰生。產難嗽久肛生痔，血弱陰虛用作君。　阿膠：阿膠清肺養肝經，滋腎功多最補陰。氣益血和風自去，痰消喘定嗽旋停。症形枯燥添滋潤，病是虛勞固本真。大小二腸俱善利，味甘須識性還平。　其二：又道阿膠療肺痿，吐兼膿血病無危。腰痠骨痛終須罷，血痢腸風且勿悲。經水不調叨潤澤，胞胎易動荷滋培。諸般血病和風病，崩帶癰疽悉可為。　鹿茸：鹿茸賦性純陽者，養血生精更助陽。益氣自教腰腎暖，補虛還令骨筋強。肢痠眼黑頭兼眩，帶下精遺血亦傷。一切虛勞沉細脈，命門火少最相當。　桑螵蛸：桑上螵蛸肝腎入，命門虛損益陰精。疝瘕並治腰奚痛，遺濁兼調血豈崩。功在助陽而益氣，力能縮便亦通淋。取材無論醫男女，血閉陰痿效不分。　蜂蜜：蜂蜜生涼能解熱，熟溫還可補中虛。甘和幾見毒難化，滑潤應知燥可濡。榮衛兼調除嗽痢，痛疼悉止澤肌膚。便通終覺腸能滑，瀉滿之人盍棄諸。

木、石、菜、土部溫熱類　肉桂：肉桂辛溫肝腎藥，純陽大熱血中行。虛風條暢平陰木，相火資生補命門。榮分有寒能發汗，腹中時痛善驅陰。疏通血脈扶脾土，積冷沉寒不少停。　其二：表虛自汗終須桂，熱可回陽妙劑施。氣結不難除咳逆，脾虛終可啜饘酏。月經通後勞兼補，寒濕消時泄並醫。目赤暫遵從治法，胎防辛熱究宜知。　吳茱萸：腎肝氣分脾經血，均藉吳萸熱勝寒。除濕消痰開鬱結，溫中下氣止吞酸。痛居少腹沉陰去，氣壅迴腸瀉痢安。裏急大都因氣逆，病由衝脈藥能堪。　其二：厥陰受病頭常痛，最喜吳萸降濁陰。血痺腸風寒可卻，口瘡脚氣熱堪行。血餘產後瘀旋化，食賴脾陽積不成。胃氣蒸蒸除痞嘔，殺蟲治疝勿憂驚。　胡椒：胡椒

辛熱是純陽，暖胃消痰下氣良。冷痢症除腸不滑，陰邪痛止腹無傷。吐酸豈聽寒涎湧，下食無教積垢藏。浮熱不曾留口齒，只憂瘡痔熱難當。　川椒：入肺行脾熱滿腔，花椒賦氣最剛強。散寒發汗除痰嗽，燥濕驅陰健胃陽。痛為受寒醫大腹，腫因有濕治陰囊。食停吐瀉兼成痢，脹滿都憑藥力匡。　其二：花椒並治下元衰，兩腎中間火自回。破血通經癥亦化，濇精縮便齒無摧。蚘蟲在腹時常伏，陰汗沾裳日漸微。豈但散寒明兩目，任他鬼疰亦依皈。　五加皮：加皮逐濕去風痰，堅骨填精總不難。瘀去無憂膚痛痺，筋強奚至足蹣跚。五勞五緩沉疴起，陰癢陰痿下濕乾。明目愈瘡胥有效，用為釀酒勝膏丹。　烏藥：烏藥辛溫入肺脾，腹胸氣逆最相宜。氣調自爾風能散，氣順因之血亦隨。腸胃食停醫吐瀉，膀胱便數賴支持。腎經氣血消凝滯，瘡疥蚘蛔並治之。　韭：韭菜酸溫常入血，血中行氣肺堪充。安心益胃能除逆，助胃扶陽自暖中。按：脾土全賴腎命之火以生之，腎陽充盛則脾陽健旺，而中州未有不暖者。吐衄損傷瘀血散，胃翻膈噎積痰融。藥兼食毒俱能解，亦治蛇傷並犬蟲。　韭子：韭子辛甘氣更溫，補兼肝腎長精神。扶陽自可堅腰膝，益火應能暖命門。溺血澄清還縮便，筋骸健運益藏精。帶濕小腹常疼痛，一切陰寒治婦人。　生薑：氣味溫辛性屬陽，祛寒發表賴生薑。開痰下食陽明暢，解鬱調中治節強。鼻塞頭疼憑解散，胸填痰咳頌平康。嘔家聖藥真人語，胃熱陰虛却要防。　其二：生薑又可消風濕，血痺應隨水氣揩。濕重無虞周痺痛，山行不受瘴嵐災。去將穢惡瘀旋化，通却神明竅自開。暴卒宜和童便下，解除諸毒早安排。　乾薑：乾薑生用行於表，炒則居中熱性強。胃冷腹疼堪暖胃，陽虛血溢可回陽。溫經定嘔隨收效，止瀉消痰總見長。血藥用之為導引，血虛生血熱無妨。　其二：乾薑入腎祛寒濕，脈絕無陽賴挽回。痺冷痞寒無卻顧，痢多便數勿徘徊。溫中利肺心脾補，導絡通關臟腑開。炮作黑薑能止血，用醫吐衄亦堪裁。　雄黃：雄黃最善搜肝氣，殺毒祛風百節安。止瘧並堪除瀉痢，辟邪兼可治驚癇。頭疼目眩風痰去，濕注蟲生積聚戡。化血自然瘀易逐，蛇傷待療更何難。　石灰：金瘡止血還消血，定痛生肌是石灰。陰挺脫肛功在即，瘡蟲惡肉藥為魁。瘢疵入望都無迹，瘤核雖堅亦可摧。內用並堪除瀉痢，白淫白帶暖如煨。　石硫磺：命門補火用硫黃，大熱還堪利大腸。寒瀉無陽危可救，慢驚益火病無妨。殺蟲旋見風瘡愈，暖足無虞冷痺傷。寒澼好同陰蝕療，老人虛秘總回陽。　伏龍肝：消除濕腫伏龍肝，吐衄兼調血病安。患去帶崩精亦固，證除咳逆胃無翻。腸風尿血兼清便，丹毒臍瘡總化頑。須識胞胎還可下，是催是墮要詳參。

木部寒涼類

梔仁：梔子輕飄原象肺，卻因色赤入心經。熱生二臟行從下，火蘊三焦去不停。心痛而煩能解鬱，熱深而厥可回陰。痢淋吐衄皆清血，純用寒涼究誤人。　其二：病有懊憹眠不得，上焦熱證用梔仁。按：梔豉湯吐虛煩客熱，瓜蒂散吐痰食宿寒。血亡口渴添津液，目赤身黃退鬱蒸。熱結二腸能降濁，瘀留少腹可推陳。更清肝腎膀胱火，疝氣糾纏亦解紛。　黃蘗：即黃柏。黃柏苦寒滋腎水，沉陰下降瀉膀胱。熱清能令虛勞起，濕去還將痿痪匡。目赤耳鳴平相火，腸風痔血退陽光。諸瘡痛癢皆堪用，亦治頭瘡並口瘡。　其二：腎家有熱生諸病，黃柏能將腎火澆。小便閉癃寒勝熱，大腸瀉痢火除標。濕淫無慮黃兼腫，水壯何憂渴且消。漏下更能除赤白，腎虛胃弱詎堪遭。按：火有虛火、實火、燥火、濕火、鬱火、相火之異。虛火宜補，實火宜瀉，燥火宜滋潤，鬱火宜升發。濕火由濕鬱為熱，多病附腫，《經》所謂諸腹脹大皆屬於熱，諸病附腫皆屬於火是也，宜利濕清熱而兼補脾。相火寄於肝腎，乃龍雷之火，非苦寒所能勝，宜滋陰養血，壯水之主以制陽光。又按：諸病之中，火症最多。有本經自病者，如忿怒生肝火，焦思生心火之類是也。有子母相刻者，如心火剋肺金，肝木剋脾土之類是也。有臟府相移者，如肺火咳嗽久則移熱於小腸而為淋閟之類是也。又有別經相移者，有數經合病者，當從其重者而治之。　桑白皮：桑皮瀉肺能清火，氣下無憂二便難。止嗽平痰胸乃暢，散瘀解渴味常甘。清金自覺唾無血，定喘惟防肺有寒。行水故能消腫滿，氣虛忌用再詳參。　側柏葉：柏葉微寒血分司，養陰燥土肺兼滋。崩淋吐衄清涼候，尿痢腸風歇止時。濕痺不憂長附骨，冷風何至久侵肌。痛居骨節都無害，豈但能烏髮與髭。　槐實：槐實潤肝行氣分，苦寒能使大腸涼。疏風自爾頭無眩，止淚應知目不盲。消散腸風清痔血，驅除濕氣療陰瘡。烏髭固齒雖堪取，孕婦傷胎不可嘗。　地骨皮：骨皮降肺清肝腎，涼血仍教正氣存。肌熱挾風能外散，骨蒸有汗覺涼生。唾紅溺赤災旋退，脇痛頭疼藥有靈。嗽渴熱須平五內，二腸清濁自分行。　苦楝子：小腸積熱併膀胱，苦楝疏通小便良。引火下行除疝痛，入肝清熱治筋傷。熱深發厥邪堪伏，熱甚生狂氣可降。藥力亦除心腹痛，殺蟲尤見厥功彰。　茶：除煩解渴茶稱最，下氣行痰熱並淘。睡起自然頭目醒，食餘應覺胃腸消。酒殺生毒

清能解，便溺逾期膩不膠。多飲消脂寒犯胃，尤妨醉後腎家遭。　竹茹：　甘寒涼血堪除熱，竹茹常循上膈行。胃土鬱多開便暢，肺金燥甚降兼清。熱煩噎嘔稱能品，吐衄驚癇中病情。豈獨肺痿堪佐使，崩中胎腫亦生春。　淡竹葉：　竹葉甘寒淡且辛，緩脾有效亦涼心。咳停喘定兼除嘔，渴止痰消並發音。稃子驚癇除客忤，上焦風熱理陽明。吐而見血都無慮，竹嫩尤徵效驗深。　荊瀝：　荊瀝能將風熱去，開通經絡化痰涎。中風堪令音聲發，治痢先教血氣宣。眩運煩迷神自定，驚癇消渴病無延。飲時須用生薑汁，氣乏之人莫下咽。　竹瀝：　達痰惟竹瀝，降火更消風。潤燥血能養，滋陰竅自通。目明煩悶解，口啟熱狂鬆。消渴兼風痙，醫須汁取濃。　天竺黃：　天竺性微寒，涼心亦鎮肝。中風癡不語，客忤熱成疳。去熱兼明目，祛風更豁痰。頗无寒滑慮，和緩效徐看。　蘆薈：　蘆薈苦而寒，除蟲亦解煩。鎮心兼豁目，清熱可涼肝。不慮鼻常癢，何愁腦亦疳。兒如脾胃弱，勿以治驚癇。

果、菜、人、介、穀、石、獸部寒涼類　梨：　腸不宣通因火積，肺生喘咳是痰停。風邪入內音旋失，寒氣侵肌熱反生。潤肺清心梨最好，生津醒酒效皆神。脾虛血少防生冷，乳婦垂涎不可吞。　綠豆：　性味甘寒推綠豆，連皮咽下走諸經。清涼能解諸般毒，消渴旋生滿口津。足患折傷功最捷，腸憂瀉痢效如神。痘瘡研粉時常撲，利水還教小便行。　甜瓜蒂：　瓜蒂苦寒為吐藥，吐將風熱挾痰涎。按：吐為四法之一，用之得當，其妙莫名。奈時醫不講此法，而診病又無確見，以致殺人仍不能悟也。食留上膈消非法，按：食留上膈，正宜涌越，若用消導之劑，是謂誅伐無過，不惟食不能化，而反傷其脾胃，醫之罪也。濕在頭顱下豈然。喉痺癲癇黃且腫，頭疼眩運惱難眠。上焦邪實均須吐，濕熱多端病可痊。　藕節：　藕節消瘀清熱毒，痢淋吐衄血無形。生能涼血除煩渴，熟可填腸益胃心。酒蟹下咽消毒氣，晨昏裹腹動歡情。凍瘡好共金瘡罨，擣用仍分熟與生。　丹砂：　涼若丹砂可鎮心，心經邪熱立時清。汗周肌表神彌定，熱解肝經目更明。邪魅因風咸辟易，痘胎蘊毒不膠凝。安胎止渴皆能事，多服痴呆反害人。　石膏：　石膏體重走陽明，色白還行手太陰。發汗解肌頭止痛，疏斑降火口生津。日晡潮熱陽旋退，暑氣薰蒸汗不淫。發熱惡寒胥對症，胃家受病勿心驚。　其二：　體重須知氣卻輕，石膏降濁亦升清。緩脾清氣渴旋止，潤舌堅牙熱自平。小便允堪消赤濁，大腸端可化堅凝。血虛胃弱終須禁，是否陽明仔細詢。　蓬砂：　省識蓬砂性略寒，質輕色白味甘鹹。上焦胸膈痰涎去，口齒咽喉痛痺安。努肉翳膜消自易，癥瘕塊核化無難。病成噎膈都堪治，嗽汁還能骨骾彈。　代赭石：　赭石降痰兼下氣，厥陰血分火邪清。帶崩吐衄憂成喜，痔漏腸風否復亨。小子慢驚痰務去，婦人難主氣須行。金瘡得此能生肉，重鎮尤堪殺鬼精。按：赭石重墜之性，下氣甚速，最能損胎墮胎，孕婦不可輕試，慎之。　滑石：　滑石入脾堪益氣，竅通濕滲熱隨清。上開腠理表能發，下走膀胱水自行。肺與心家俱降火，腑偕竅位並通津。暑天積熱生煩渴，嘔瀉兼醫不困人。　其二：　黃疸濕多資滲利，毒瘡熱鬱費調和。石淋可散膀胱結，水腫應隨脚氣瘥。吐衄遏除神若此，乳胎通滑捷如何。痢成赤白都宜服，諸證原因濕熱多。　慈石：　慈石辛鹹原屬水，引將肺气腎家行。益精補腎還除熱，瘰痺扶羸亦定驚。耳目聰明通水臟，骨筋疫痛養真陰。引鍼消核皆神效，傷受金瘡血不淫。　食鹽：　食鹽潤下兼行血，二便宣通寒勝熱。目與癰瘍消赤腫，心偕腎臟無虛怯。骨堅故可治牙疼，肺燥亦能將火瀉。痰飲稠粘滯不留，何愁喘逆無休歇。　其二：　軟堅之方鹽為最，結核應同積聚消。涌吐痰涎惟片刻，滌除痛癢不崇朝。殺蟲並可平湯火，消毒還堪解濁醪。多食肺傷兼發渴，滲津走血反枯焦。　白礬：　白礬寒性濇而收，燥濕追涎力最優。省識津生因毒解，消除濁滯與痰稠。祛風自覺蟲兼殺，止血旋教痛亦休。惡肉蝕時生好肉，熱侵骨髓豈容留。　其二：　症患齒疼喉亦痺，或為黃疸與驚癇。鼻生瘜肉涕常出，眼受風邪淚不乾。崩帶腸風收積垢，脫肛陰挺閉重關。疔瘡虎犬蟲蛇毒，諸病都宜用白礬。　膽礬：　膽礬酸入少陽經，性斂而能向上行。相火散時風自去，痰涎吐後熱旋清。痙癇好共崩淋治，喉痺應同欬逆平。牙可去蟲瘡去毒，用醫陰蝕莫逡巡。　童便：　童便滋陰而降火，引將肺火出膀胱。陰虛藉以除勞嗽，瘀散因而治損傷。潤肺何曾仍失血，行痰須是不離薑。胞衣不下血還運，飲此咸知性最良。　犀角：　犀角涼心亦瀉肝，更清胃熱去風痰。逐瘟解毒邪氣辟，療熱醫狂血病安。出痘自然無黑陷，傷寒何患發黃斑。定驚明目癰膿化，胎氣翻嫌性太寒。　羚羊角：　羚羊屬木善清肝，兩目生明障不攔。風去自教筋節利，熱消應覺夢魂安。驚癇搐搦兒童療，攪亂譫狂鬼疰彈。只為神魂都有主，心肝兼把病源探。　其二：　肝屬厥陰原主血，羚羊行血走肝經。滯瘀可共風邪散，腫毒堪同血痢清。病起傷寒多伏熱，症為逆氣苦煩紛。此因氣分而生疾，氣下旋教火亦平。　牛黃：　牛黃涼性味偏

甘，肝膽心家治法諳。通竅自然宣壅滯，辟邪奚至有驚癇。精華凝結能消毒，風火開通可導痰。口噤用醫風入臟，風如中腑且從刪。鼈甲：鼈甲醫勞退骨蒸，往來寒熱瘧邪清。血瘕痔核鹹能軟，瘡腫腸癰毒可平。腰痛脇堅消宿疾，產難經阻轉洪鈞。色青入肺君須記，不止肝經血分行。

木、穀、菓部性平類　琥珀：療治癲邪需琥珀，心肝兩臟定神魂。辛溫並用金瘡合，淡滲交加小便行。血分瘀消能長肉，肺經氣降可通淋。破癥更覺能磨翳，煮用須同柏子仁。猪苓：猪苓腎與膀胱藥，去濕因而除痎瘧。化氣回津治懊憹，分清導滯醫淋濁。汗生無慮熱成瘟，便利豈憂消且渴。淡滲雖教腫瀉除，耗精損腎尤昏目。冬青：採取女貞冬至好，服之五臟自安然。精填耳目聰明長，氣溢鬚眉色澤鮮。肝腎二經資補益，膝腰終歲喜強堅。豈惟療治風虛病，得酒還教百病捐。荷葉：荷葉生原感少陽，用之燒飯作丸良。升陽力可扶脾胃，助氣功堪起痘瘡。血去瘀傷醫吐衄，頭消疙瘩協升蒼。崩淋產損胥堪治，豈但祛風洗腎囊。枇杷葉：肺胃火生痰亦積，火隨氣降則痰行。苦平惟有枇杷葉，清降能循肺胃經。熱客藉茲除咳嘔，渴家得此化痰蒸。古傳炙法薑兼蜜，二味仍從肺胃分。胡麻：胡麻補肺滋肝腎，潤臟填精骨力充。白朮同煎堪辟穀，苦參並用可消風。髮髭烏黑血無熱，耳目聰明腸亦通。若治頭瘡生嚼好，時時傅上毒消融。

木、鱗、蟲、菓、介部收濇類　金櫻子：金櫻甘補酸能斂，固氣藏精治滑遺。髓水骨筋同受益，崩淋帶濁儘堪持。脾經泄利宜扃戶，溲溺頻仍在鞏隄。久嗽肺虛收斂好，熬膏服食效稱奇。訶子：訶子苦溫酸且濇，功居收斂且消痰。固金自保音聲出，收脫旋看瀉痢安。喘咳雖除終洩氣，帶崩欲治另祛寒。若還嗽痢無多日，氣弱都須此味刪。蓮蕊鬚：甘溫而濇是蓮鬚，通腎清心不我欺。效在固精而益血，性能黑髮亦烏髭。吐崩失血須填海，遺洩傷精要鞏隄。功力略同蓮子好，但行心腎不行脾。柿乾：柿乾性濇且甘平，脾肺經中血際行。宿血消融津自上，辛金滋潤嗽旋停。脾強不令腸脂滑，腑熱應隨臟氣清。用治肺痿兼反胃，他如咯血亦堪陳。木瓜：酸濇伐肝兼斂肺，理脾化食木瓜能。氣和自可調榮衛，濕去無難利骨筋。泄痢止時腸固脫，暑邪去後口生津。有時脚氣非堪補，濕熱消除任屈伸。白菓：性如白菓濇而收，可使哮和喘嗽瘳。溫卻肺經常益氣，止將帶濁豈頻溲。效看解酒兼消毒，功在行痰且殺蚘。多食究須防壅氣，驚癇發動小兒憂。烏梅：脾肺兩經行血分，烏梅酸濇可生津。湧痰消腫腸兼濇，解毒安蟲酒亦醒。肺斂恰醫痰久嗽，熱清無慮骨常蒸。渴兼瘧痢都能止，霍亂還隨吐逆平。罌粟殼：病為嗽痢非初起，處治方堪粟殼嘗。嗽藉味酸堪斂肺，痢因性濇可凝腸。固將腎氣除遺洩，加入參耆止脫肛。收濇亦醫筋骨病，炒加醋蜜藥稱良。赤石脂：赤石調中而益氣，濕收血止下焦凝。生肌可治癰瘍潰，固下堪除澼痢殷。下却胞衣兼滑產，收將崩帶與遺精。甘溫性味兼酸濇，赤白須將血氣分。牡蠣：牡蠣化痰兼補水，鹹寒解熱性陰柔。疝瘕瘰核堅隨軟，崩帶遺精脫可收。瘧痢汗收津不竭，虛勞熱退嗽旋休。固腸利濕無相礙，肝腎均於血分求。龍骨：龍骨微寒性頗凝，濇腸益腎固真陰。斂收正氣無浮越，安定神魂少震驚。時氣有邪咸辟易，心旌入夢不紛紜。斂瘡解毒猶餘事，十劑良方莫漫論。其二：病因陽氣浮於外，氣不歸元喘汗隨。精為滑遺神不固，血緣吐衄內常虧。豈惟崩帶憐羸婦，更有驚癇慮小兒。他若脫肛和瘧痢，都須龍骨作藩維。五倍子：五倍濇酸常斂肺，鹹寒降火血歸經。化痰定嗽收多汗，止渴生津解宿酲。瀉止自教肛不脫，痔消那許毒猶停。斂將瘡口除膿水，療目收腸紀見聞。

木、菓部消散類　桂枝：桂枝氣薄專行表，肺與膀胱治法同。發汗亦能醫自汗，祛風故可已傷風。須知衛實榮先暢，豈有經溫脈不通。手足痛風皆聖藥，脇風均覺有殊功。桂心：桂有心兮專走血，化膿化汗血消融。腹疼腹滿兼心痛，噎膈癥瘕悉有功。蔓荊子：蔓荊升散本輕浮，善療風虛病在頭。體痺而拘將濕去，腦鳴而痛把風搜。清肝利竅邪應散，固齒明眸熱不留。性屬微寒涼血分，澤肌長髮亦知不。大腹皮：腹皮泄肺亦和脾，下氣通腸水自隨。脹退何曾憂脚腫，痞消兼可救胎危。瘧因瘴起邪堪卻，膈為痰停滯可推。霍亂無分寒熱治，虛人須慮氣原虧。乳香：乳香香竄走諸經，活血祛風亦治筋。心腹痛疼能理氣，癰瘡腫潰不攻心。耳聾口噤竅隨啟，痛止肌生毒遂平。產難折傷皆要藥，癲狂瘀去亦風清。沒藥：沒藥通行十二經，血凝氣結盡消沉。生肌止痛兼消腫，益膽滋肝亦補心。金杖傷痕旋長肉，痔瘡毒氣豈纏身。破癥磨翳雖云妙，墮損胎元莫誤人。厚朴：厚朴苦溫消實滿，能平胃土以調中。厚腸化食兼消水，破血除痰且殺蟲。嘔咳癥平眠不喘，腹胸痛止氣常通。雖醫瀉痢終傷氣，孕婦逢之更鮮功。丁

香：肺胃腎家俱善入，丁香氣味總溫辛。腦疳齒蠹消蟲病，腹痛胸疼暖胃經。氣壅中州醫嘔逆，陽扶下部療奔豚。更除口臭和痃澼，起痘宜防胃弱人。　沉香：沉香辛苦性殊溫，諸木皆浮此獨沉。下氣墜痰消冷癖，溫中暖腎旺陽神。痛居心腹調邪氣，痺屬風寒退積陰。色黑體陽非助火，氣淋氣痢用為臣。　辛夷：辛夷質性頗輕浮，胃腑清陽上至頭。鼻患塞淵將肺暢，腦憂眩痛使風收。解肌固齒寒無畏，利竅通關滯不留。氣分可教風熱散，氣虛火盛再籌謀。　桑寄生：桑株有寄生，堅腎骨無疼。血益髮旋長，筋強齒亦凝。胎安崩漏卻，腰健屈伸能。賴此驅風濕，瘡瘍不困人。　蕪荑：蕪荑辛散滿，苦亦殺諸蟲。化食兼除濕，祛寒且去風。鼈瘕堅可破，痔瘺毒能攻。冷痢和疳疾，尤堪療幼童。　冰片：冰片誠香竄，先行肺葉中。心兼脾並到，骨與竅皆通。火鬱能驅熱，痰迷善散風。眼紅中有翳，從治建殊功。　其二：耳聾和鼻瘜，冰片最相宜。舌並咽喉治，牙隨骨節醫。產難功不淺，痘陷效尤奇。五痔三蟲病，良工妙劑施。　青皮：下焦肝氣怎能平，惟有青皮烈且辛。瀉肺除痰消痞結，疏肝破滯削堅凝。乳憂腫痛氣能散，瘧苦纏綿脾可清。脇痛未休兼疝痛，病因鬱怒解糾紛。　陳皮：脾肺二家行氣分，陳皮燥瀉補和兼。調中快膈隨升降，導滯消痰，鮮擱延。利水不教脾尚濕，破癥須識氣為先。宣通五臟皆能事，少服方能正氣全。　杏仁：解肌瀉肺杏仁堪，潤燥通腸食積戡。氣降因而除欬逆，頭疼藉以散風寒。煩緣燥起須清燥，喘為痰停要豁痰。雖曰上焦風燥療，肺虛而欬務詳參。　荔枝核：荔核濇而溫，兼行肝腎經。寒邪能辟易，滯氣豈居停。煅治睾丸腫，煎除胃脘疼。男人癩疝療，血氣婦人伸。　山查：行氣山查好，脾家效驗多。疹瘡收即發，兒枕痛旋瘥。消食痰兼化，行瘀積並磨。庸醫常肆用，生氣不傷麼。

穀、人、介、菜、獸、蟲部消散類　酒：酒性最能行藥性，用為響導法誠工。血和氣走常消病，便利寒袪並理中。百會之巔高可到，一身之表遍能通。辟邪逐穢兼溫水，過飲翻教濕熱叢。　醋：苦酒酸溫可散瘀，食消氣下毒兼袪。治痰並使癥堅化，開胃還令水氣除。癰苦腫瘀消壅熱，血如痛運去沾濡。瘡生口舌須含漱，血積因傷入麵敷。　大麥芽：見說麥芽扶胃氣，又能下氣以和中。寬腸化食清陽運，散結袪痰濁氣空。消積故教脾益健，下胎還覺乳堪通。隨同參朮消兼補，單用焉能腎氣充。　赤小豆：赤豆入心往下行，小腸通利便隨清。水行自覺腫旋散，熱去應知毒不停。散血排膿痘可傅，回津止瀉酒還醒。下胎通乳均堪驗，腳氣消除效更神。《十劑》曰：燥可去濕，桑白皮、赤小豆之屬是也。按：二藥未可言燥，蓋取其行水之功。然以木通、防己為通劑，通燥二義似重。故本集改熱藥為燥劑，而以行水為通劑。　黑大豆：黑豆甘寒能補腎，鎮心明目理皆同。毒常腫痛都能解，血有瘀留不用攻。氣下自然堪利水，熱消從此亦袪風。小兒煮食能稀痘，甘草同煎藥毒融。　白藊豆：甘溫藊豆脾家穀，病屬中宮並可調。舒緩既能培二土，輕清亦可利三焦。瀉除便覺渴隨止，濕去旋欣暑自消。酒並河豚胥解毒，食多壅氣莫貪饕。　淡豆豉：豆豉治傷寒，頭疼且發斑。懊憹兼肺熱，嘔逆益心煩。發汗肌因解，調中氣不干。瘧邪和血痢，通治匪空談。　神麯：散氣憑神麯，調中胃自開。積堪消水穀，痰不滯胸懷。結去中無滿，癥消乳亦回。甘溫除泄痢，惟忌損兒胎。　白芥子：辛溫白芥常行肺，經絡之間亦可通。利氣豁痰堪止嗽，散寒發汗且溫中。身除腫痛兼消毒，腳療頑麻不倩筇。胃反筋疼皆受益，肺虛久咳究無功。　大蒜：健脾開胃無如蒜，諸竅皆隨五臟通。解暑辟溫兼去濕，破癥化食在溫中。效收鼻衄和關格，毒去癰疽並惡蟲。多食神昏痰火動，耗傷氣血目常矇。　萊菔：萊菔辛甘能利氣，化痰化食使中寬。渴消吐衄證旋罷，咳嗽吞酸效可觀。傷療火湯瘀並散，毒除酒麪意常歡。痢成噤口都無恙，二便開通總一般。　其二：入肺走脾萊菔子，生升熟降氣隨行。風痰既吐胸無壅，哮喘能醫咳少聲。疹或遲留升便發，痢如後重降旋伸。食停氣滯雖堪用，中氣虧虛莫誤人。　葱：外實中空原象肺，熟溫生散是為葱。益睛利便耳鳴罷，發汗解肌陽氣通。時疾熱狂堪散疫，傷寒頭痛並搜風。腹疼更可消陰毒，寒疾尤憑罨法工。　其二：氣通無慮血難活，止血消瘀好藉葱。血療折傷兼止痛，血除吐衄保無凶。便無紅者痢無赤，痺去風兮乳去癰。百毒用之都解散，建功也為氣能通。　薤：薤性溫兼滑，扶陽善理中。腸凝除下重，肺急使從容。散血生肌力，安胎利產功。豈徒胸痺療，湯火亦輕鬆。　馬齒莧：酸寒馬齒莧，散血亦袪風。療治淋兼痢，驅除毒與蟲。產難容易下，腸濇不難通。瘡癬和丹毒，無殊冰雪融。　髮：血餘入腎與肝經，利便消瘀且補陰。孕婦轉胞通壅窒，小兒發熱療煩驚。還神自可培精氣，止血無難治痢淋。鼻舌血來吹與服，亦醫關格病源深。　虎骨：虎骨味辛微性熱，以金制木有殊能。追風健骨痛旋止，截瘧

驅邪怪不侵。瘻痺拘攣扶弱質，癲癇驚悸定清魂。犬傷骨鯁都宜用，頭脛還隨病症分。　麝香：麝香溫腎行經絡，肌骨宣通九竅開。氣血滯凝消痛癢，風痰壅閉去陰霾。辟邪解毒兼消積，截瘧驅蟲卻墮胎。鼻窒耳聾和目翳，暫时少用效无涯。　海螵蛸：善行肝腎海螵蛸，血分寒祛濕亦消。枯閉崩瘕醫血疾，疳瘡腫痛殺蟲妖。耳聤出水膿隨斂，腹痛環臍氣並調。豈但婦人陰不蝕，病除瘧痢任逍遥。　穿山甲：經絡宣通風濕去，善行病所號穿山。通經下乳血無滯，止痛排膿毒可戡。冷痺既隨風瘧愈，腫癰還共毒瘡刓。和傷發痘行肝胃，元氣虛衰用卻難。　蟬蛻：蟬蛻清虛風熱消，發揚痘疹藉輕浮。翳生眼目遮闌去，瘡在皮膚痛癢瘳。健者風清音響出，嬌兒熱散夜啼休。催生自保衣隨下，蛻化應知性尚留。　殭蠶：殭蠶散結治風痰，肺胃肝經效一般。風去自然音不失，痰消幾見瘧仍還。咽喉痺腫涎堪吐，頭齒風傷熱不干。瘰核癭丹胥化毒，小兒亦可免驚疳。　原蠶砂：蠶砂原性燥，風濕病咸祛。血去瘀兼冷，腰無痛且拘。爛弦醫眼目，著痺治肌膚。支節不隨者，瓶常浸酒無。

木、菓、石、穀部攻破類　枳實、枳殼：枳實功原枳殼同，行痰定喘膈兼通。逐瘀化食痛疼息，破氣消癥痞脹融。瀉痢兼醫除後重，胃脾並健去腸風。力分猛緩功微異，一可寬腸一豁胸。按：《本草》殼實皆曰明目，思之不得其解。然目疾方中多用之，豈以其破濁氣即能升清氣乎？《本經》又言枳實益氣，想亦同此理也。故厚朴條中亦有益氣明目之方。王好古曰：枳實佐以參、朮、乾薑則益氣，佐以硝、黃、牽牛則破氣。此《本經》所以言益氣而復言消痞也。張元素曰：枳殼泄肺走大腸，多用損胸中至高之氣。　檳榔：散邪破滯檳榔好，氣鬱胸中使下通。消食行痰兼醒酒，祛風下水亦除蟲。嶺南瘴癘氛堪掃，腹地癥瘕結可攻。瘧痢氣疼和脚腫，便難後重效相同。　皂角：皂角大腸肝肺入，搜風泄熱效兼該。吹喉療痺痰涎吐，搐鼻通關口吻開，痺痛可將膏貼去，濕瘟須用火焚來。通腸散腫兼消毒，外用多方試取材。　其二：皂角服之除濕垢，殺蟲散結卻防胎。痰哮實滿凝能散，毒壅癥堅塞可開。用刺更徵鋒銳入，消癰還把癩瘡揩。胞衣不下憑推盪，妬乳難消藉遣排。　巴豆：熱如巴豆原含毒，生熟須知猛緩殊。升降止行惟所適，沉寒積滯儘堪祛。口喎喉痺惡涎吐，血聚痰迷舊病除。食積更傷生硬物，斬關奪隘信無虞。　其二：巴豆又能消氣痞，驚癇瀉痢有殊功。耳聾牙痛標堪治，腹腫經停滯可通。攻則善攻兼逐血，毒能解毒亦除蟲。須知峻厲毋輕用，胎爛尤防孕婦逢。　郁李仁：辛苦而甘郁李仁，脾經氣分藉調停。破瘀不至腸猶燥，下氣旋教水亦行。病患腫癰多捷效，症成關格有奇能。目張心悸宜醫膽，導引須將酒作臣。　漆：漆性辛溫耑走血，化瘀為水效無差。削堅自可除凝滯，破結無難理疝瘕。筋骨損傷堪接續，蚘蟲消化不交加。傳尸勞瘵需為佐，炒令無烟法可嘉。　蘇木：蘇木甘鹹味且辛，涼行血分走三陰。破瘀止暈疏風氣，消脹除瘕導月經。腫為生癰膿可化，傷因受撲痛應停。功多破血少和血，氣壅胸膛亦可行。　朴硝、芒硝：硝性軟堅兼潤燥，苦寒下泄治陽強。傷寒疫痢功都捷，淋閉瘡癰效異常。腸胃堅凝除實熱，血痰結聚療譫狂。若逢胎婦毋輕試，虛損之人更莫當。　桃仁：桃仁入血厥陰同，燥痞傷陰潤且通。結在大腸門啟鑰，熱侵血室脈調衡。血和氣降肝經緩，血去神清水府空。豈獨損傷防血積，通經降逆有殊功。　大麻仁：汗多難大便，潤燥藉麻仁。脾約甘能緩，腸剛熱可清。治風還破血，通乳亦催生。滑利陽明入，兼能小便行。

清・黃彝鬯《藥性粗評全注》　鹿膠止痛安胎，龜板破癥除痺。　沙參益肺氣，菌桂養精神。　馬鞭治下部之瘡，免肉利大腸之氣。　陰陽雙補，純賴班鳩；　喘息能平，有煩鸛雉。　穀芽下氣，楮實充飢。　逐惡血水蛭堪憑，止骨蒸慈烏足貴。　蜂蜜和百藥而除眾病，蟾蜍治犬傷而去陰疽。噎食瘡瘍詎不奇夫狗寶，陰虛勞損偏有賴於麋茸。　紫草治疳邪，白前平逆氣。　甘枸杞能堅筋骨，黑芝麻足補虛勞。　柴火出桑亦生肌而去腐，茯苓帶土能止洩而調中。　活鹿草頻銜何虞血瘕，活鹿草即天名精。獼猴桃共摘豈怕石淋。　葡萄酒暖腎利腰，藕實莖輕身耐老。　皮膚有熱向澤漆以求清，脚膝皆拘升陸英而自解。　皂莢蕈腸風洩血，黃明膠妊婦安胎。　冰如秋石主虛勞，蕈號天花多益氣。　石首魚頭中戴石且喜淋通，龍鬚菜根下如龍不妨癭結。　半枝萹蓄，瘡瘙足去乎浸淫；　一兩戎鹽，肌骨端資乎堅益。　惡瘍不去煎洗狼牙，蠱毒能除睜開龍眼。　宿食取資於礞石，疳瘡或恃乎青礬。　甘石在爐，去翳膜於不覺；　蜂窠得土，塗疔腫而旋消。　刺粘皂角下胎衣，皮脫茯苓開水道。　葫能殺毒，蕺則斷痁。　見腫能消，誰怕驚風急慢；　關門在夜，不憂疝氣纏綿。　皮膚或有風蟲，相思紅豆；　心腹而多積聚，默念紫參。　喉痺宜療西瓜味美，痘瘡不出冬筍功多。　魅邪頻換桃符，欬逆何嫌柹蒂。　煮薑皮而消腹脹，燒茄蒂以定腸風。　定風牙，逐

蟲牙，楊梅皮可剝； 解酒毒，辟蠱毒，枳椇子宜尋。 痔瘡且洗荷包，荷包草，一名金鎖匙。 盜汗還搖蒲扇。 蒂拈荷葉，煩躁心安； 皮削李根，奔豚氣息。 枸櫞可下心頭水，羅勒堪療齒脚瘡。 藕節、蓮房，藕消瘀而蓮破血； 桂根、韭子，桂療齒而韭止精。 白馬溺去癥堅，紫荊皮破宿血。 誰大補乎陰氣，請問瑣陽； 能潛殺乎諸蟲，且煩阿魏。 金瘡不合，獨取象皮； 筋骨多攣，偏宜虎脛。 痞消則資乎檉柳，腹冷則重乎蒔蘿。 飲白馬之通，崩中立止； 塗青魚之膽，暗目旋明。 痘瘡不快取絲瓜，喉瘻難消須枸橘。 渴來產後，研蓮薏而能清； 痛起腹中，嚼桂心而可忍。 猪蹄通乳脉，豕髓解眉瘡。 雅膽子療痔如神，雞血藤通經最妙。 羊腎補虛於精髓，牛皮去水於腫浮。 蜜蠟融來，續金瘡而消膿血； 壁錢掛處，療喉痺而整牙疳。 螺涎於水腫相宜，蟶殼與喉風有益。 飲牛乳皮膚自潤，食猪脬遺溺何傷。 癮疹能消，原蠶沙隨時得力； 喉風克斂，老鴉蒜格外稱奇。

牛鼻拳息纏喉之風，狗陰莖治帶下之疾。 解毒消癰土貝母，生肌定痛老材香。老材香即棺中松脂。 橘到化州，無憂痰逆；化州橘紅。 參來上黨，有益肺虛上黨參。 海參兼號遼參，清痰涎而攝小便； 浙貝一名象貝，解熱毒而殺諸蟲。 油熏巴豆利咽喉，瀝洒牡荊行血氣。 苦草固能治帶，角茶並可驅風。角刺茶，一名老鼠刺葉。 頭瘡身瘡，鳳凰衣可著； 疝氣脚氣，雞鴨艾能瘳。 陰痿吞雀卵而旋伸，肺乾得燕窩而復潤。 麥芽開胃，橘餅消痰。

膨脹頻聞，紫羅襴先清水道；紫羅襴，汪蓮士云主膨脹腫滿，清利水道。 肺癰初起，玉如意早斷膿根。玉如意，一名剪刀草，一名箭頭草。 蟹爪墮胎，鳳仙敷腫。

芭蕉花一朵，旋失心疼； 荔枝核三枚，不聞疝痛。 陰內熱寒疏卷柏，口中爛臭洗香蒲。 東洋參，西洋參，頗生津液； 黃藥子，白藥子，兼理喉瘡。

腰疼安睡夫爵牀，瘡爛試燒夫牛屎。 葛花消酒，蕎麥平瘡。 頭瘡傅鞋底之泥，舌腫點釜臍之墨。 屎收雄雀力決癰疽，卵出雌雞實除癎痙。 熱清豆腐，渴止米泔。 賊風喎僻主蛞蝓，小便淋漓安腿脛。 刮竹茹以止嘔，燃艾火以炙風。 咽喉多馬勃之才，驚癎賴蛇含之力。 草分三七，大利崩中； 水判陰陽，專療霍亂。 銀柴胡退骨蒸而最捷，金豆子除疔腫而無疑。金豆子，一名金豹子。 驚邪澄鐵落以取精，煩悶汲地漿而飲水。 紫花地丁若到疔腫無痕，阿月渾子能來腎虛得勢。 雞屎轉筋之用，虎脂反胃之防。 此藥性雖非悉出於《本經》，而醫人亦得藉明乎陋習。

清・任錫庚《醫宗簡要》卷二　本草彙鈔

《本草》之作，肇始炎皇。當依神農以見性，更體仲景以傳方。古制上中下兮三品，今分寒熱溫平四門。

上品寒性　上品之性，此類稱寒。安精神，補五臟，宜覓人參。宣血脈，益諸陰，無如地黃。黃連雖入心，統主溼熱。澤瀉能啓水，功歸灌溉。益腎瀉心有沙參，肺金賴之以安。宣氣通陽屬升麻，百毒於是可解。車前子得土氣利溼，善通水道。茵蔯蒿具生機散邪，更除溼熱。茜草主治風溼而理血，枸杞以其涼潤而入臟。此概根、苗、花、子而言，如獨論其子，色紅，兼屬少陰，為補益心腎之藥。固脾清熱桑白皮，堪補不足。行氣降逆禹餘糧，善醫溼熱。臟積腑聚，朴硝主治。安神養精，丹砂所長。滑石利腸胃，清熱導水。槐實清火熱，理痔醫瘡。牡蠣寒可勝熱，薏苡土能勝溼。

上品熱性　溫而多熱，又當審詳。強筋骨、療瘡補虛須續斷。通九竅、啓心出音以菖蒲。橘皮行氣，辛而必散。紫蘇下氣，溫可去寒。桂枝利關節，宣通血氣。肉桂理陰寒，既濟水火。

上品溫性　其性既溫，其功必良。黃耆固稱表藥，溫而必補。白朮雖為燥品，甘而多潤。無往不利稱細辛，散邪通竅。大地皆春巴戟天，理氣和風。益陰生精肉蓯蓉，滑可去著。醫咳止逆五味子，酸能斂氣。木香氣香調諸氣。遠志強志主聰明。紫石英補血納氣，善驅氣寒於子宮。血餘炭啓癃利水，交通心腎於至陰。

上品平性　取精用宏，平和為最。甘草主脾以應四臟，正勝邪，故堪解毒。薯蕷補中而除寒熱，津多潤，亦可填精。天門冬〻為水，水稟先天而上達。麥門冬〻則寒，寒濟胃陽以四運。清肺、補脾、益陰，石斛之效。補土、勝溼、祛風，天麻可施。葳蕤祇為潤澤，羌活可除風寒。菟絲子益腎益精，汁去面䵟。甘菊花散風散熱，良於頭目。蓮子清心養脾，芡實利溼益精。雲苓調達脾肺，利小便。豬苓通利太陽，行諸水。堅筋骨需杜仲，補中補腎。和百藥以大棗，入肺入脾。鹿角膠益氣補血海。設行溼熱赤石脂。蜂石蜜潤燥解諸毒。欲補五內黑芝麻。補腎桑寄生，堅骨餘之齒，潤血餘之髮，安身餘之胎。養神柏子仁，清擾心之火，定觸心之驚，斂虛心之汗。雖云上藥可久服，究為療病，非若五穀為民天，足以養生。

中品寒性　中品寒性，各有所長。淫羊藿利小便，且補陰虛而益腎。苦蔞根主消渴，更去表熱而清裏。經絡瘀血須丹皮，腸胃溼熱以黃芩。苦參燥